Erman Bürgerliches Gesetzbuch

Erman
Bürgerliches Gesetzbuch

Kommentar
mit
Nebengesetzen
(AGG, BVersTG, EGBGB, ErbbauRG,
ProdhaftG, VBVG, VersAusglG,
WEG – teils in Auszügen)
und Internationalem Privatrecht

herausgegeben von

Prof. em. Dr. Dr. h.c. mult.
Harm Peter Westermann

Prof. em. Dr. Barbara Grunewald

Rechtsanwalt Dr. Dr. h.c.
Georg Maier-Reimer

II

17., neu bearbeitete Auflage

2023

ottoschmidt

Bearbeitet von

Prof. Dr. Lutz Aderhold
Prof. Dr. Heribert M. Anzinger
Prof. Dr. Christian Armbrüster
Prof. Dr. Arnd Arnold
Prof. Dr. Markus Artz
Prof. Dr. Walter Bayer
Prof. Dr. Klaus Peter Berger
Prof. Dr. Anna K. Bernzen
Prof. Dr. Marcus Bieder
Dr. Daniel Blankenburg
Prof. Dr. Lars Böttcher
Prof. Dr. Petra Buck-Heeb
Prof. Dr. Christine Budzikiewicz
Dr. Marc Dickersbach
Dr. Andreas Dieckmann
Dr. Yves Döll
Prof. Dr. Tim W. Dornis
Dr. Frank Ebbing
Prof. Dr. Ina Ebert
Prof. Dr. Stefan Edenfeld
Dr. Oliver Elzer
Prof. Dr. Thomas Finkenauer
Dr. Detlev Fischer
Dr. Susanne Gescher
Prof. em. Dr. Barbara Grunewald
Prof. Dr. Dr. Herbert Grziwotz
Prof. Dr. Susanne Hähnchen
Prof. Dr. Johannes Hager
Eckart Hammermann
Dr. Jörn Heinemann
Dr. Adrian Hemler
Dr. Claus-Henrik Horn
Dr. Susanne Kappler
Dr. Tobias Kappler
Prof. Dr. Nadine Klass
Prof. Dr. Raphael Koch
Prof. Dr. Kathrin Kroll-Ludwigs
Prof. Dr. Jan Lieder
Prof. Dr. Dirk Looschelders
Dr. Klaus Lützenkirchen
Dr. Winfried Maier
Dr. Dr. h.c. Georg Maier-Reimer
Prof. Dr. Sebastian Martens
Prof. Dr. Thomas Mayen
Prof. Dr. Axel Metzger
Prof. Dr. Hans-Friedrich Müller
Prof. Dr. Michael Nietsch
Dr. Steffi Nobis
Dr. Johannes Norpoth
Prof. Dr. Henry Posselt
Dr. Mareike Preisner
Prof. Dr. Martin Rehborn
Prof. Dr. Karl Riesenhuber
Dr. Tobias Rodemann
Prof. Dr. Anne Röthel
Prof. Dr. Andreas Roth
Prof. Dr. Ingo Saenger
Wilhelm Sasse
Albrecht Schachtschneider
Prof. Dr. Jessica Schmidt
Michael Schmidt
Prof. Dr. Johanna Schmidt-Räntsch
Prof. Dr. Kai Schulte-Bunert
Hans Christian Schwenker
Dr. Michael Selk
Dr. Ulrich Simon
Prof. Dr.
Louisa Specht-Riemenschneider
Martin Strube
Prof. Dr. Michael Stürner
Dr. Stephan Teklote
Prof. Dr. Daniel Ulber
Dr. Eberhard Wagner
Dr. Frank Wenzel
Prof. em. Dr. Dr. h.c. mult.
Harm Peter Westermann
Prof. Dr. Friedrich Graf von Westphalen
Dr. Matthias Wiese
Prof. Dr. Rüdiger Wilhelmi
Prof. Dr. Dirk Zetzsche

Zitierempfehlung:
Erman/*Bearbeiter*, BGB, 17. Aufl., § … Rn. …

Bibliografische Information
der Deutschen Nationalbibliothek
Die Deutsche Nationalbibliothek verzeichnet diese Publikation in der Deutschen Nationalbibliografie; detaillierte bibliografische Daten sind im Internet über https://portal.dnb.de abrufbar.

Verlag Dr. Otto Schmidt KG
Gustav-Heinemann-Ufer 58, 50968 Köln
Tel. 02 21/9 37 38-01, Fax 02 21/9 37 38-943
info@otto-schmidt.de
www.otto-schmidt.de

ISBN 978-3-504-47113-2

Das verwendete Papier ist aus chlorfrei gebleichten Rohstoffen hergestellt, holz- und säurefrei, alterungsbeständig und umweltfreundlich.

Einbandgestaltung: Lichtenford, Mettmann
Satz: WMTP, Birkenau
Druck und Verarbeitung: C.H.Beck, Nördlingen
Printed in Germany

Inhaltsverzeichnis

Band I

Teil 1: Bürgerliches Gesetzbuch

Bürgerliches Gesetzbuch (BGB)

Band II

Bürgerliches Gesetzbuch *(Fortsetzung)*

Bürgerliches Gesetzbuch *(Fortsetzung)*

Band III

Bürgerliches Gesetzbuch *(Fortsetzung)* Seite

Teil 2: Nebengesetze

Teil 3: Internationales Privatrecht

Titel 6
Leihe (§§ 598–606)

Vorbemerkung vor § 598

1. Charakter der Leihe. Die Leihe ist ein **Schuldverhältnis.** Sie wird durch grds formfreien (Köln NJW-RR 2000, 152, 153; NJW-RR 1995, 751) Vertrag zw dem Verleiher und dem Entleiher über die unentgeltliche Überlassung des Gebrauchs einer Sache (§ 90) begründet. Die rechtsgeschäftliche Bindung tritt also schon mit Abschluss des Vertrags aufgrund einer formlosen Einigung und nicht erst mit der Übergabe der Sache ein (Staudinger/*Illmer* Rn 4 mwN; Grü/*Weidenkaff* Rn 1). Es herrscht inzwischen die **Konsensualtheorie** (MüKo/*Häublein* § 598 Rn 1; Grü/*Weidenkaff* Rn 2). Insoweit wird zusätzlich zwischen Handleihe (Übergabe der Sache mit Vertragsschluss) und Versprechensleihe (Übergabe der Sache nach Vertragsschluss) unterschieden (MüKo/*Häublein* § 598 Rn 1). Die Leihe ist ein **unvollkommen zweiseitiger Vertrag**; §§ 320ff sind daher nicht anwendbar. Nach der Besitzüberlassung hat der Entleiher die Rechte aus dem Besitz wie der Mieter. Die Vertragserklärung des Entleihers ist auf Duldung der Benutzung durch den Entleiher gerichtet (Köln NJW-RR 1992, 1497). 1

2. Leihe und Gefälligkeit. Von der Leihe als Rechtsverhältnis ist die **Gebrauchsgestattung aus Gefälligkeit** 2 streng unter Berücksichtigung der jew Umstände des Falls zu unterscheiden (BGH NJW-RR 2017, 1479, 1480), weil durch die reine Gefälligkeit kein Rechtsverhältnis begründet wird (BGH NJW 2010, 3087; 1992, 2474, 2475). Die Grenze zw beiden ist fließend (BGHZ 21, 102, 107; Köln NJW-RR 1995, 751; BeckOK/*Wagner* § 598 Rn 16). Maßgebendes Kriterium für die Leihe ist vor allem der rechtsgeschäftliche Bindungswille (BGH NJW 2010, 3087; MDR 1985, 666). Er ist nach den Grundsätzen von §§ 133, 157 festzustellen (umfassend MüKo/*Häublein* Rn 5ff). Dabei kommt es – wie stets – auf den **Empfängerhorizont** an, weil aus seiner Perspektive auf das Vorliegen eines Rechtsbindungswillens zu schließen ist (MüKo/*Häublein* § 598 Rn 5). Dieser dokumentiert sich vor allem in den Fällen, in denen eine rechtl und wirtschaftl Bedeutung der Gebrauchsüberlassung von einigem Gewicht gegeben ist (BeckOK/*Wagner* § 598 Rn 16). So kann etwa die Nutzungsgestattung eines Grundstücks als (stillschweigend vereinbarte) Leihe angesehen werden (Brandenburg BeckRS 2019, 3745) oder – umgekehrt – das Hingeben von Sachen zu kurzem, jederzeit widerruflichem Gebrauch durch nahestehende Dritte auf reine Gefälligkeit (differenzierend MüKo/*Häublein* § 598 Rn 7f) ohne Begründung eines Rechtsverhältnisses deuten, zB Hingabe eines Opernglases im Theater, von Hausratgegenständen oder anderen Sachen an einen Bekannten zur Ansicht oÄ. Leihe bleibt aber auch bei jederzeit widerruflichem Gebrauch möglich. Für Leihe spricht vielfach neben der **wirtschaftlichen Bedeutung** der Gebrauchsüberlassung, dass die **Gebrauchszeit** später nicht willkürlich abgekürzt werden kann (Düsseldorf MDR 1998, 409) oder dass mit dem Gebrauch Kosten für den einen oder anderen Teil verbunden sind. Auch liefern die Übernahme oder das Verbleiben von Gefahren oder Risiken, die etwa durch eine Versicherung abgedeckt sind, Anhaltspunkte für das eine oder andere (vgl Oldenburg MDR 1960, 405). Bei **Gefälligkeitsverhältnissen** liegt auch vielfach keine Besitzübertragung, sondern nur Besitzdienerschaft (§ 855) vor (Grü/*Weidenkaff* Rn 7; diff Staudinger*Illmer* Rn 10; MüKo/*Häublein* § 598 Rn 7f). Die Haftung richtet sich in diesen Fällen naturgemäß nicht nach den Grundsätzen des Leihverhältnisses; es kommt ausschließlich **Haftung nach außervertraglichen Grundsätzen**, zB nach §§ 823ff (BGH NJW 2010, 3087; 1992, 2474, 2475), bei Besitzübertragung auch nach §§ 987ff in Betracht. Entscheidend ist: Ein Rechtsbindungswille fehlt, so dass kein Vertrag angenommen werden kann (vgl auch Hamm NJOZ 2018, 1289 Rn 45f). Fraglich ist, ob die Haftungsmaßstäbe im Blick auf die **Schutz- und Rücksichtnahmepflichten** nach den § 241 II und § 311 II Nr 3 hier gem § 276, aber auch § 278 durchweg anwendbar sind, weil sie schärfer als nach § 599 sind, denn es wird für jede Fahrlässigkeit gehaftet (Soergel/*Heintzmann* Rn 15). Es gibt indessen keinen Rechtssatz des Inhalts, dass bei Gefälligkeiten außerhalb des Rechtsverkehrs nur für grobes Verschulden gehaftet werde. Bei **Probefahrten** neigt die Rspr (zu Besitzfragen bei Probefahrt nach erfolgter Reparatur BGH NJW-RR 2017, 818) zu dieser Annahme aufgrund stillschw Vereinbarung (BGH NJW 1968, 1472, 1473; Stuttgart NJW-RR 2009, 384 – Nachbarschaftshilfe; Rn 12). Umstr ist, ob nicht auch bei Gefälligkeiten jedenfalls an das Konzept der Schutzpflichten nach § 241 II anzuknüpfen ist (vgl auch MüKo/*Häublein* § 598 Rn 9; Soergel/*Heintzmann* Rn 15), so dass nicht nur Deliktsrecht als Haftungsnorm zur Anwendung gelangt (Staudinger/*Illmer* Rn 11). Begründet wird dies damit, dass die Möglichkeit der Exkulpation nach § 831 I 2 unbefriedigend sei. Die Argumentation, dass es in diesen Fällen an einer Hauptpflicht fehlt, an die dann eine entspr Nebenpflicht nach § 241 II anbinden könnte (instruktiv Rostock NJOZ 2007, 4885 – Beschädigung eines leihweise überlassenen Kunstwerks – Bejahung einer Haftung aus den § 241 II, § 280 I), ist wenig überzeugend, was vor allem im Blick auf § 311 II Nr 2 anzumahnen ist. Die Rspr bietet bei der Abgrenzung zur Gefälligkeit iÜ kein einheitliches Bild. Die Umstände des Einzelfalls entscheiden: So wird Leihe angenommen, wenn ein Pkw für eine Einkaufsfahrt überlassen wird (KG OLG 1976, 226) oder wenn, was häufig vorkommt, eine Kfz-Reparaturwerkstatt dem Kunden ein Ersatzfahrzeug zur Verfügung stellt, während eine erforderliche Garantiearbeit an dem gekauften Wagen durchgeführt wird (Hamm NJW-RR 1993, 672), oder bei Vereinbarung einer Probefahrt (BGH NJW 2010, 3087). Bei der Mitnahme im Auto wird jedoch regelmäßig eine Gefälligkeit, keine Leihe angenommen (RGZ 65, 17, 18). Die unentgeltliche Überlassung einer Werkstatt zur Wartung eines Kfz ist hingegen Leihe, nicht nur Gefälligkeit (Koblenz NJW-RR 2008, 1613). Auch die Überlassung von Diapositiven durch eine Bildagentur wird als Leihe qualifiziert (BGH NJW-RR 2002, 1027; aA MüKo/*Häublein* § 598 Rn 13, der nur ein vorvertragl Verhältnis nach § 311 II annimmt).

3 Ob im Einzelfall bei Bejahung einer **Gefälligkeit** ein konkludent geschlossener vertragl Haftungsausschluss oder ein einseitiger **Haftungsverzicht** unter dem Gesichtspunkt des Handelns auf eigene Gefahr anzunehmen ist (vgl auch Rn 12f), hängt von der Würdigung aller Umstände unter Berücksichtigung von Treu und Glauben ab (BGH NJW-RR 2011, 1578; NJW 2009, 1141, 1142). Anlass und Zweck der Gebrauchsüberlassung sowie die Interessenlage der Parteien entscheiden (Köln NJW-RR 1995, 751, 752), aber auch die rechtl und wirtschaftl Bedeutung der Angelegenheit für die Parteien (BGH NJW-RR 2011, 1578). Maßgebend ist auch, ob ein schutzwürdiges Interesse des Leistungsempfängers bejaht und ob die Gebrauchsmöglichkeit nicht willkürlich verkürzt werden kann (BGH NJW 1956, 1313; Köln NJW-RR 1995, 751, 752). Das ist bei der Überlassung einer **Kfz-Werkstatt** zur Durchführung einer Reparatur grds nicht anzunehmen, weil die Auslegung des beiderseitigen Interesses dahin zielt, dass der Berechtigte in die Lage versetzt werden soll, die Reparatur ungestört bis zum Ende durchzuführen (Koblenz NJW-RR 2008, 1613). Auch die Überlassung eines Kunstwerks zu Ausstellungszwecken ist Leihe und nicht nur Gefälligkeit (Rostock NJOZ 2007, 4885, 4887). Die Gestattung, ein Grundstück unentgeltlich als Zufahrt zu nutzen, ist indessen jederzeit kündbare Leihe (Saarbrücken NJW-RR 2002, 1385). Nicht jedoch die unentgeltliche Überlassung einer Skihütte an den Sohn und dessen Verlobte (München NJW-RR 1993, 215). Die gleichen Erwägungen – Abgrenzung zw Gefälligkeit und Leihe – sind auch für eine Milderung des **Haftungsmaßstabs** iSd § 276 heranzuziehen. Es gelten die allg Grundsätze (vgl aus der Rspr zu Gefälligkeitsfahrten BGH NJW 2010, 3087; BGHZ 2, 159; 22, 122; BGH NJW 1951, 916; RGZ 141, 262; 145, 390; 167, 207, 213; Oldenburg DAR 1956, 296). Für eine analoge Anwendung von § 603 ist kein Raum (BGH NJW 2010, 3087), denn es fehlt eine planwidrige Regelungslücke. Im Kern gilt Deliktsrecht. Ob sich die Tierhalterhaftung beim Verleihen eines Reitpferdes nach Leihegrundsätzen einschränkt (vgl BGH NJW 1974, 234; 1977, 2158; dazu *Knütel* NJW 1978, 297 und *Deutsch* NJW 1978, 1998 unter Hinweis auf ähnliche Haftungstatbestände), ist zweifelhaft, aber wohl zu verneinen (BGH NJW 1992, 2474 – Haftung nach § 833 bejaht). Volle Haftung aus Verkehrssicherungspflicht auch bei Verkauf und Übergabe eines stillgelegten Fahrzeugs an Käufer ohne Führerschein (BGH NJW 1979, 2309).

4 **3. Überlassung von Sachen zur öffentlichen Nutzung.** Das Zurverfügungstellen von Anlagen, Plätzen oder sonstigen Sachen zur öffentlichen Benutzung durch Anschlag oder öffentliche Bekanntgabe kann Vertragsangebot zum Abschluss eines Leihvertrags sein; es wird durch die Benutzung angenommen (§ 151 II). In vielen Fällen wird diese Konstruktion jedoch nicht der Lebensauffassung gerecht. Soweit nicht Benutzung auf öffentlich-rechtl Basis in Betracht kommt, liegt daher häufig eine **Benutzungsgestattung** ohne vertragl Grundlage vor. Sie nimmt aber auch hier der Benutzung die Widerrechtlichkeit. IÜ gelten nach hM die allg Grundsätze für außervertragl Haftung und für die Abgrenzung von Rechten und Pflichten (vgl Staudinger/*Illmer* Rn 12f mwN). Die Benutzungsregelung kann aber auch nur die nähere Ausgestaltung einer gesetzl Pflicht zur Benutzungsgestattung sein, zB nach den jew anwendbaren Forstgesetzen. Bei besonderer Benutzung öffentlicher Sachen, zB durch eine Leitung, kann Leihe vorliegen (RG Warn Rspr 1934, 152). Diese Entscheidung kann aber nicht verallgemeinert werden; nach heutiger Auffassung liegt hier Benutzung auf öffentlich-rechtl Basis vor, vgl Vor § 535 Rn 43ff. Das **Überspannen von privaten Grundstücken** mit Leitungen oder die Verlegung von Leitungen, insb bei landwirtschaftl Grundstücken, ohne nähere Regelung der Rechtsbeziehungen kann daher bloße Gestattung sein. Sie nimmt auch hier der Benutzung des Grundstücks zur Verlegung, Besichtigung und Reparatur die Widerrechtlichkeit und schließt den Abwehranspruch des Eigentümers aus; es kann aber auch Leihe vorliegen (BGH NJW 1976, 416 einerseits, *Schapp* NJW 1976, 1092 andererseits. Kriterium für Gestattung: Fortbestand der vollen **Sachherrschaft** [Besitz]; ihre Einschränkung lässt auf Leihe schließen). Problematisch wird die Grundlage der Benutzung bei einem Eigentümerwechsel; der Nachfolger im Grundeigentum ist nicht ohne weiteres an die Abreden mit dem Vorgänger gebunden. Deshalb ist, wenn nicht die Verpflichtungen oder Bindungen übernommen werden, nur für die Vertragschließenden der Herausgabeanspruch ausgeschlossen; denn weder § 604 noch § 986 sind im Allg anwendbar.

5 **4. Wertpapierleihe.** Die Wertpapierleihe – regelmäßig in Form eines Aktiendarlehens (*Cahn/Oster* AG 2008, 221ff) – ist dadurch charakterisiert, dass der „Verleiher" die Aktien auf Zeit und gegen eine Gebühr dem „Entleiher" übereignet, was zur Folge hat, dass dieser auch Inhaber des Stimmrechts wird und nach § 33 I WphG mitteilungspflichtig wird (MüKo-AktG/*Bayer*, § 34 WphG Rn 16). Zugrunde liegt in diesen Fällen stets, dass das Eigentum an den Aktien auf Zeit erworben wird (MüKo-AktG/*Oechsler*, § 71 Rn 80). Der Eigentumserwerb kann hier auch Kreditsicherheit für ein Gelddarlehen sein; es kann aber auch sein, dass dem Erwerber die wirtschaftl Nutzungsmöglichkeit auf Zeit (*Cahn/Ostler* AG 2008, 221ff; MüKo-AktG/*Oechsler* § 71 Rn 80ff) an den Aktien eingeräumt wird (im Einz *Bachmann* ZHR 173, 596ff). Am Ende der Leihe ist der Entleiher verpflichtet, Aktien gleicher Gattung und Zahl zurück zu gewähren (Pensionsgeschäft – hierzu auch MüKo-HGB/*Böcking/Wolsiffer/Bär* § 340b Rn 41). Zu den Fragen der Zurechnung des wirtschaftl Eigentums an den verliehenen Aktien nach § 39 II Nr 1 AO ausnahmsw zum Verleiher vgl BFH NJW 2016, 671.

6 **5. Abgrenzung von anderen Rechtsverhältnissen.** Die **Abgrenzung der Leihe** von **anderen Rechtsverhältnissen** muss zum einen berücksichtigen, dass der Ausdruck Leihe in der Umgangssprache vielfach für andere Rechtsverhältnisse gebraucht wird, zum anderen, dass die Elemente der Leihe vielfach so überdeckt werden, dass sie nicht mehr zum Zuge kommen. So hat sich im Bankverkehr für die Verpflichtung zur Rückgabe effektiver Stücke im Effekten- und Geldsortenhandel der Ausdruck „Leihe" eingebürgert (Rn 5). Diese Wortwahl ist rechtl irrelevant. Zur vertragl Überlassung eines Kfz an die getrennt lebende Ehefrau als vertragl Form der Unterhaltsgewährung durch den Mann BGH FamRZ 1965, 125. Auch kann Leihe die Überlassung eines Arbeitsgeräts oder

eines Kfz an einen ArbN durch den ArbGeb außerhalb des Arbeitsverhältnisses zum privaten Gebrauch aus Gefälligkeit sein (LAG Baden-Württemberg BB 1969, 581) oder die Überlassung einer Kfz-Werkstatt zur Durchführung von Reparaturarbeiten (Koblenz NJW-RR 2008, 1613). Ohne dass Leihe in Betracht kommt, findet sich vielfach die Überlassung von Sachen innerhalb von Auftrags- oder Dienstvertragsverhältnissen; auch bei reinen Arbeitsverhältnissen kommt Überlassung von Sachen zum privaten Gebrauch allein nach arbeitsrechtl Grundsätzen in Betracht.

a) Kauf. Kauf hat die Übereignung von Sachen gegen Geld zum Gegenstand (§ 443 I 2). Ein Verbleiben der Kaufsache im Eigentum des Verkäufers unter Benutzungsgewährung an den Käufer kommt daher nur beim **Eigentumsvorbehalt** (§ 449) in Betracht. Leihgrundsätze scheiden dabei aus, weil § 449 Rechtsgrundlage für die Benutzung ist. Für mit dem Kauf verbundene Nebenleistungen, die nicht vom Kauf umfasst werden, können Grundsätze der Leihe durchgreifen; so ist Platzleihe möglich, wenn der Verkäufer nach der Übereignung die Ware auf seinem Gelände liegen lassen soll, ohne Obhutspflichten zu übernehmen. Werden diese übernommen, liegt Verwahrung näher. Zur Leihe von Verpackungsmaterial, Flaschenleihe vgl § 433 Rn 32f, zur Leihe von Warenmustern neben Kauf Köln BB 1972, 1526. 7

b) Schenkung. Schenkung ist unentgeltliche dauernde Zuwendung unter Vermögensminderung für den Schenker (BGH NJW 2016, 2652, 2653 – offen gelassen; hierzu auch BeckOGK/*Lohsse* § 598 Rn 35) im Gegensatz zur Benutzungsüberlassung auf Zeit bei der Leihe (MüKo/*Häublein* § 598 Rn 11). Unter diesen Umständen, nämlich **als endgültige Vermögensminderung** zu sehen (BGH NJW 2016, 2652, 2653): Wohnrecht auf Lebenszeit als Schenkung (BGH NJW 1970, 941; Koblenz NJW-RR 1996, 843; LG Köln NJW 1973, 1881). Stets entscheidet die Auslegung der Individualvereinbarung nach den §§ 133, 157 (BGH NJW 2016, 1242, 1243). Im Allg ist auch die langfristige, unentgeltliche Überlassung eines größeren Gegenstandes (etwa: Wohnung) Leihe und nicht Schenkung (BGH NJW 2016, 2652 Rn 17f). Auch bei langfristiger Überlassung – auch über den Tod hinaus (BGH NJW 2016, 2652 Rn 18) – verbleibt die Sache (Mobilie oder Immobilie) im Eigentum und Vermögen des Leistenden (BGH ZEV 2008, 192). Schenkung hingegen ist wirtschaftl betrachtet stets endgültige Weggabe der Sache iSv Vermögensminderung (BGH NJW 2016, 2652, 2653). Offen gelassen hat der BGH die Frage, ob dann jedenfalls Schenkung anzunehmen ist, wenn die Gebrauchsüberlassung wegen ihrer Dauer der wirtschaftl Weggabe der Sache nahekommt (BGH NJW 2016, 2652, 2653; NJW 1985, 2553). Doch ist diese Frage aufgrund einer wirtschaftl Bewertung – bezogen auf den Zeitpunkt des Vertragsabschlusses – zu verneinen, weil dem Verleiher das Kündigungsrecht nach § 605 Nr 1 grds zusteht (BeckOGK/*Lohsse* § 598 Rn 38). Allerdings müssen die Umstände entspr eindeutig sein und die Rechte des Verleihers auf das nicht ausschließbare fristlose Kündigungsrecht begrenzt sein, so dass im Zweifel von einer Leihe auszugehen ist. IÜ verdrängen die §§ 516ff die §§ 598ff (MüKo/*Häublein* Rn 11; aM BeckOGK/*Lohsse* § 598 Rn 47.1). Das bedeutet, dass **keine Formpflicht** (§ 516) besteht (BGH NJW 2016, 2652). Das gilt selbst dann, wenn der Verleiher das Recht zur Eigenbedarfskündigung abbedungen hat (BGH NJW 2016, 2652). Wegen der sog Nebenkosten gilt – abdingbar – § 601 (BGH MDR 1982, 394 mwN; MDR 1985, 126; MDR 1985, 666, dazu auch § 601 Rn 4). Es kommt also darauf an, ob die wirtschaftl Substanz der Sache während der „Leihzeit" aufgezehrt wird, dann Schenkung (vgl BGH NJW 1985, 1553 – Wohnrecht auf Lebenszeit). Zu Leihversprechungen über einen größeren Gegenstand (Wohnung) von Todes wegen *Langer* ZMR 1986, 150. Eine **Dauerleihgabe** eines Kunstwerks an eine öffentliche Ausstellung dürfte jedoch idR deswegen als Schenkung einzuordnen sein, weil und soweit der Verleiher in diesen Fällen auf sein Rückforderungsrecht verzichtet. Doch ist dies stets Auslegungsfrage, weil es entscheidend darauf ankommt, ob die §§ 516ff die §§ 598ff verdrängen. Eine **gemischte Schenkung** liegt immer dann vor, wenn der Beschenkte – verglichen mit der von ihm erbrachten Gegenleistung (Koblenz DNotZ 2013, 678 – Vorkaufsrecht – Kaufpreis 64 % des Verkehrswertes: Wohnrecht als Leihe) – obj bereichert ist, so dass auch die Parteien sich darüber einig sind, dass der überschießende Betrag dem Beschenkten unentgeltlich zugewandt wird (BGH NJW 2012, 605). 8

c) Miete. Miete ist gegenseitiger Vertrag mit dem Inhalt **entgeltlicher Gebrauchsgewährung** (BGH NJW-RR 2012, 1007 – Turnierpferd; Brandenburg BeckRS 2022, 8758 – Beteiligung auch an Instandhaltungskosten des gesamten Hauses: Miete; Frankfurt NZM 2019, 411 – Nutzung eines Grundstücks als Gartengelände: Pflegepflicht = Miete; MüKo/*Häublein* Rn 12). Demggü ist Leihe nur „Gestattung" des Gebrauchs (BGH NJW-RR 2004, 1566). Der dogmatische Unterschied zw Leihe und Miete ist also nicht nur die Unentgeltlichkeit der Leihe nach § 598, sondern auch die fehlende, für die Miete typische Pflicht zur Gewährung des Gebrauchs der Sache (Frankfurt NZM 2019, 411f – Pflege eines Grundstücks – Entgeltcharakter aufgrund Auslegung der Parteiabrede: Miete). Auch wenn das Entgelt für die Nutzungsüberlassung noch so gering ist, kommt Mietrecht nach den §§ 535ff zur Anwendung (MüKo/*Häublein* § 598 Rn 12). Vereinbaren die Parteien, dass der Nutzer nur die Betriebskosten für die Räumlichkeiten zu tragen hat, liegt ebenfalls Entgeltlichkeit, mithin Miete vor (Stuttgart NZM 2010, 579). Bei einem Mietvertrag, bei dem die Benutzung der gemeinsamen Waschküche Teil des Mietvertrags ist, liegt trotz der Unentgeltlichkeit Miete, nicht Leihe vor (LG Wuppertal BeckRS 2013, 18064). Maßgebend für die Abgrenzung ist, ob das jew vereinbarte Entgelt für die Gebrauchsüberlassung geschuldet wird, oder ob lediglich eine Gestattung des Gebrauchs – dann Leihe – vorgesehen ist (BGH NJW-RR 2012, 1007; Stuttgart NJW-RR 2008, 1700), wie etwa auch bei der jahrelangen unentgeltlichen Überlassung eines Schuppens (AG Brandenburg NJOZ 2022, 153). Daher berechtigt die Leihe auch nicht zum Ziehen und Behalten etwaiger Früchte (BGH NJW-RR 2012, 1007), sofern nicht etwas Abweichendes vereinbart wurde. Diese Konstellation ist für die Annahme eines Pachtvertrages typisch (§ 581). Wenn lediglich die Kosten als Entgelt geschuldet werden, welche durch den Gebrauch eines Grundstücks entstehen, dh ohne Aufwendungen für Grundsteuer und Gebäudeversiche- 9 rung, dann liegt Leihe vor (Dresden ZMR 2003, 250; Stuttgart NJW-RR 2008, 1700). Deshalb ist auch die Zahlung der Betriebskosten kein Indiz für Miete, sondern spricht für Leihe (Stuttgart NJW-RR 2008, 1700 – auch unter Beachtung des bestehenden Verwandtenverhältnisses). Vereinbaren etwa die Parteien, dass die Bewohner einer Einliegerwohnung die **Reparaturen** übernehmen und auch sämtliche Instandhaltungskosten hälftig zu tragen haben, dann liegt Miete vor (Brandenburg BeckRS 2022, 8758). Wird für die Errichtung eines Wohngebäudes ein bestimmter Geldbetrag zur Verfügung gestellt und ist der „nicht abgewohnte" Teil beim Auszug zu erstatten, liegt Miete vor (MüKo/*Häublein* vor § 535 Rn 18). Auch eine **längerfristige** stillschweigende – unentgeltliche (BGH NJW 2016, 2652) – Duldung der Nutzung kann bei Überlassung eines Grundstücks Leihe sein (BGH NJW 1982, 820; Koblenz BeckRS 2011, 20739). Nichts anders gilt für die Einräumung eines unentgeltlichen Wohnrechts (Koblenz MDR 2013, 512). Wird eine Sache mit Bedienungspersonal zur Herstellung eines bestimmten Werks überlassen, liegt idR ein **Werkvertrag** nach §§ 631ff vor (BGH NJW-RR 2004, 1566, 1567; NJW 1985, 798). Steht jedoch die Verpflichtung zur Leistung von Diensten im Vordergrund, ist ein **Dienstvertrag** nach den §§ 611ff anzunehmen (BGH NJW-RR 2004, 1566, 1567). Liegt indessen der Schwerpunkt auf der **Nutzungsüberlassung** der Sache, vollzieht sich die Unterscheidung nach Maßgabe der jew vereinbarten Entgeltlichkeit nach dem Schema Miete oder – unentgeltliche – Leihe (BGH NJW-RR 2004, 1566, 1567). Wegen der Abgrenzung von Entgelt und „Anerkennungsgebühr", die die Unentgeltlichkeit nicht ausschließt, vgl § 598 Rn 5, wegen des Unterschiedes Gebrauchsgewährung ggü Gebrauchsgestattung vgl § 598 Rn 3. Die Schutzbestimmung des § 566 gilt aber nicht für die Leihe (Köln NJW-RR 2000, 150, 153).

10 **d) Verwahrung. Verwahrung** verpflichtet den Verwahrer, die Sache unter Ausschluss der eigenen Benutzung für den Hinterleger zu verwahren. Der Verwahrer hat kein Gebrauchsrecht, sondern nur entspr Verwahr- und Obhutspflichten (MüKo/*Häublein* § 598 Rn 12; BeckOGK/*Lohsse* § 598 Rn 42). Umstr ist, ob eine Leihe zustande kommt, wenn etwa ein Berufsfotograf Bildmaterial an die Redaktion einer Zeitschrift übersendet, damit diese prüfen kann, ob eine Veröffentlichung in Betracht kommt (bejahend Hamburg ZUM 1998, 665; verneinend Celle NJW-RR 2002, 259). Entscheidend ist hier, dass ein wie auch immer gearteter Leihvertrag (oder auch ein leihähnliches Vertragsverhältnis) erst dann zustande kommt, wenn die Redaktion das ihr zugesandte Material (Bilder oder auch Manuskripte) geprüft hat. Im Vorstadium reicht es aus, wenn die Haftung aus den § 311 II, § 241 II bejaht wird (Celle NJW-RR 2002, 259). Damit scheidet für die Rückgabe eine Bringschuld nach § 604 aus. Doch ist dann die Art der Rücksendung zu wählen, die der „Entleiher" selbst wählen würde (Celle NJW-RR 2002, 259). § 985 bleibt unberührt (München BeckRS 2009, 09007).

11 **e) Sachdarlehen.** Beim **Sachdarlehen** geht im Gegensatz zur Leihe die hingegebene Sache in das Eigentum des Darlehensnehmers über (MüKo/*Häublein* § 598 Rn 12). Auch die **Geldleihe** ist immer Darlehen (FG Hamburg DStRE 2012, 1426). Das gilt auch für die **Wertpapierleihe**, denn nach Ablauf der vereinbarten Leihzeit sind Wertpapiere gleicher Art und Güte zurück zu gewähren. Es handelt sich hier nicht um eine Leihe (Rn 5).

12 **f) Benutzungsgestattung.** Benutzungsgestattung von Sachen, etwa bei Vertragsverhandlungen (dazu Rn 13), zB **Probefahrt** mit einem Kfz, das gekauft werden soll oder das repariert wurde (BGH NJW-RR 2017, 818), erfolgt grds iRd durch die Vertragsverhandlungen begründeten Schuldverhältnisses gem § 311 II (BGH NJW 1968, 1472, 1473), womit gleichzeitig der Haftungsmaßstab des § 276 II festgelegt ist, was den Kfz-Händler nicht sonderlich belastet, weil er sich gegen diese Risiken versichern kann (Köln NJW 1996, 1228). Wird dem Käufer eines Neufahrzeugs ein Ersatzfahrzeug während der Dauer der Garantiearbeiten zur Verfügung gestellt, darf der Käufer mit Recht davon ausgehen, dass eine Kaskoversicherung besteht, so dass er nur bei grober Fahrlässigkeit und Vorsatz haftet (Hamm NJW-RR 1993, 672). Entscheidend ist hier auch die Fremdheit des entliehenen Fahrzeugs, die das Bestehen eines Versicherungsschutzes einfordert (Hamm NJW-RR 2000, 1047, 1048).

13 **g) Vertragsverhandlungen.** Vertragsverhandlungen iSv § 311 II, wie sie insb dann in der Praxis vorkommen, wenn einem Kaufinteressenten ein Kfz zur **Probefahrt** überlassen wird (BGH NJW 2020, 3711 – Fahrer ist dann kein Besitzdiener; auch keine Leihe– wegen Kurzfristigkeit BGH NJW 2020, 3711 Köln NZV 2006, 260; MüKo/*Schäfer* § 855 Rn 14; Grü/*Herrler* § 855 Rn 7), führen nicht dazu, dass der Tatbestand einer selbständigen Leihe angenommen werden kann (BGH NJW 2010, 3087; 1968, 1472, 1473). Werden dem Interessenten die Schlüssel übergeben, kommt es darauf an, ob es sich um eine Besitzübergabe oder nur um eine Besitzlockerung handelt, welche den unmittelbaren Besitz des Eigentümers des Kfz nicht aufhebt (BGH NJW 2020, 3711 Rn 13). Bei Probefahrt nach Reparatur ist der Besteller Besitzdiener (BGH NJW-RR 2017, 818). Die dann ggf eingreifende Haftung des „Entleihers", falls ein Sachschaden an der „entliehenen" Sache verursacht wird, richtet sich – streng genommen – nach den allg Regeln von § 241 II, § 280 I; eine Privilegierung der Haftung findet nicht statt, es gilt § 276 (BGH NJW 2010, 3087). § 603 S 2 findet keine Anwendung (BGH NJW 2010, 3087). Doch geht die Rspr in diesen Fällen auch teilweise – abhängig von den Umständen des Falles – einen anderen Weg: Es findet eine Reduzierung der Haftung auf Fälle grober Fahrlässigkeit statt, weil ein stillschw geschlossener Haftungsausschluss für Fälle leichter Fahrlässigkeit angenommen wird (BGH NJW 1986, 1099; 1980, 1681; Hamm NJW-RR 2016, 281, 282; Karlsruhe DAR 2000, 307; LG Osnabrück DAR 2008, 484). Hintergrund ist die Erwägung, dass jedenfalls ein gewerbsmäßiger Verkäufer ohne weiteres in der Lage ist, sich entspr gegen solche Risiken zu versichern (Köln NJW-RR 1996, 1228). Hinzu kommt, dass die Parteien redlicherweise einen Haftungsverzicht vereinbart hätten, wenn ihnen bekannt gewesen wäre, dass der Fahrer zum Zeitpunkt des Unfalls keinen entspr Versicherungsschutz besitzt (Hamm NJW-RR 2016, 281, 282). Etwas anderes gilt natürlich dann, wenn der Fahrer zuvor ausdrücklich darauf hingewiesen wurde, dass kein Versicherungsschutz besteht, weil er dann nicht schutzwürdig ist (Hamm NJW-RR 2016, 281, 282). Besondere Fragen ergeben sich, wenn der Besteller nach Durchfüh-

rung einer in Auftrag gegebenen **Reparatur** (Werkvertrag) eine Probefahrt unternimmt, bei der es anschließend zum Streit über die Bezahlung kommt. Hier ist der Besteller bei der Probefahrt kein unmittelbarer Besitzer, wenn diese in Anwesenheit des Unternehmers oder seines Besitzdieners stattfindet (BGH NJW-RR 2017, 818). Der Unternehmer bleibt hier unmittelbarer Besitzer (BGH NJW-RR 2017, 818). Es tritt auch keine Besitzlockerung ein (BGH NJW 2020, 3711, 3713). Dies stellt den Fall eines sog Kurzbesitzes dar (Grü/*Herrler* § 854 Rn 5). Die Probefahrt nach durchgeführter Reparatur ist dann nichts anderes als eine Ergebniskontrolle (AG Kassel SVR 2018, 347). Gibt der „Entleiher" die Sache nicht zurück, sondern „unterschlägt" sie, liegt darin auch ein Betrug, was jedenfalls dann den Versicherungsschutz entfallen lässt, wenn der Händler es pflichtwidrig unterlassen hat, die Vorlage des Ausweises zu fordern oder eine Kaution zu verlangen (Köln NJW-RR 2008, 1717). Doch liegt regelmäßig **kein Abhandenkommen** iSv § 935 vor, wenn das Kfz nicht zurückgegeben wird (BGH NJW 2020, 3711). Hier liegen auch nicht die Voraussetzungen einer Besitzdienerschaft nach § 855 vor, weil es im Rahmen einer Probefahrt an dem sozialen Abhängigkeitsverhältnis zw Kaufinteressent und Verkäufer fehlt (BGH NJW 2020, 3711, 3713).

§ 598 Vertragstypische Pflichten bei der Leihe

Durch den Leihvertrag wird der Verleiher einer Sache verpflichtet, dem Entleiher den Gebrauch der Sache unentgeltlich zu gestatten.

1. Gegenstand der Leihe. Gegenstand der Leihe sind nach dem Wortlaut der Norm nur **Sachen** (BGH NJW-RR 2004, 1566), also bewegliche Sachen (Kunstwerke vgl Rostock NJOZ 2007, 4885; Diapositive vgl BGH NJW-RR 2002, 1027; Fotoabzüge eines Berufsfotografen vgl München ZUM 2008, 982) wie auch Grundstücke (BGH NJW 2016, 2652; vgl auch Brandenburg BeckRS 2020, 37459), Grundstücksteile, Gebäude und Gebäudeteile (Sondereigentum vgl Celle BeckRS 2009, 04824), daher auch die – unentgeltliche – Gestattung der Benutzung von Grundstücken im Rahmen eines „Wegerechts" (zu Fragen des Gewohnheitsrechts BGH NZM 2021, 244; auch LG Karlsruhe BeckRS 2020, 5346;), Werkstatthallen (Koblenz NJW-RR 2008, 1613), Hausteilen, insb Dächern, zur Verlegung von Leitungen oder zur Anbringung von Projektoren oÄ (BGH NJW 1976, 416; dazu *Schapp* NJW 1976, 1092 zur Unterscheidung des unentgeltlichen Gestattungsvertrags von der Leihe; BGH NJW 2016, 2652; vgl auch Vor § 598 Rn 3), die Benutzung von Wegen oder Straßen für Leitungen, sofern sie nicht auf öffentlich-rechtl Basis erfolgt (RG Warn Rspr 1934, 152), Benutzung eines Grundstücks zum Gehen und Fahren (LG Kassel NJW 1969, 1174), Wohnungsbenutzung ohne Entgelt oder gegen sehr geringfügige „Anerkennungsgebühr" als **Leihe** (BGH MDR 1983, 394; NJW 1985, 1553 – offen gelassen; Köln NJW-RR 2000, 153; wegen der Abgrenzung zur Miete vgl Vor § 535 Rn 20), was insb bei der unentgeltlichen Gestattung der Nutzung eines im Sondereigentum stehenden Raums zutrifft (Celle BeckRS 2009, 04824); die Einräumung eines unentgeltlichen lebenslangen Nutzungsrechts an einer Wohnung ist Leihe (BGH NJW 1985, 1553; Köln NJW-RR 2000, 153); Benutzung von Bodenraum zur Unterstellung von Möbeln (RG DJZ 1924, 905); unentgeltliche Überlassung eines Hypothekenbriefs kann Leihe am Brief sein, wenn kein Pfandrecht an der Hypothek gewollt ist (RGZ 91, 155). Es ist kein konstitutives Merkmal der Leihe, dass der Entleiher in der Lage ist, auf die Leihsache körperlich zuzugreifen (Besitzausübung), solange die Nutzung anderweitig sichergestellt ist (BGH VersR 2005, 1295 – Überlassung eines Flugzeugs samt Personal zwecks Rolltests). Wegen Verpackungsleihe, Flaschenleihe (Flaschenpfand) vgl zu Fragen des Eigentums BGH NJW 2007, 2913; Köln NJW-RR 1988, 373; zu steuerrechtl Fragen BFH DStR 2013, 957, 959. Auch verbrauchbare Sachen können Gegenstand der Leihe sein, wenn sie nicht zum Verbrauch hingegeben werden, sondern selbst zurückgegeben werden müssen. Überlassung einer Sache zum unentgeltlichen Gebrauch bis zur Verwertung ist Leihe, nicht Schenkung. Leiheähnliche Rechtsbeziehungen aber bei Überlassung einer Hebebühne auf kurze Zeit (BGH NJW 2002, 1338) oder bei Hingabe von Mustern, Probestücken uÄ im Zuge einer Vertragsanbahnung (RGZ 83, 37), insb bei Probefahrten (zu den versicherungsrechtl Fragen, wenn der „Entleiher" das Fahrzeug entwendet, BGH NJW 2020, 3711 – Unterschlagung, Köln NJW-RR 2008, 1717 – Bejahung grober Fahrlässigkeit; zu den Fragen des Besitzrechts nach durchgeführter Reparatur und Probefahrt BGH NJW-RR 2017, 818). Doch liegt es in diesen Fällen näher, eine Haftung aus § 311 II in Erwägung zu ziehen (Vor § 598 Rn 12). Bei unbefugter Veröffentlichung (vgl § 97 UrhG) macht sich der Entleiher von Mustern, Proben, Fotos (vgl München ZUM 2008, 982 – Herausgabeanspruch nach § 985; vgl auch BGH ZUM 2007, 655 – Archivfotos) uÄ nach § 241 II iVm § 280 I schadensersatzpflichtig. Vgl weiter zu Abgrenzungsfragen Vor § 598 Rn 6ff. 1

Rechte können nicht Gegenstand der Leihe sein (MüKo/*Häublein* Rn 5). Die Vorschriften über die Leihe sind aber entspr anwendbar (RG JW 1904, 228). Das ist allerdings umstr. Eine Mindermeinung steht auf dem Standpunkt, hier die Vorschriften der §§ 581ff analog anzuwenden (Grü/*Weidenkaff* Rn 3). Mit Recht geht die hM jedoch unter Beachtung des Grundsatzes der Vertragsfreiheit davon aus, dass es sich in diesen – praktisch seltenen – Fällen um eine Leihe handelt (Staudinger/*Illmer* Rn 10; Soergel/*Heintzmann* Rn 9). Umstr ist die Antwort auf die Frage, wie denn eine **Überlassung digitaler Produkte** im Rahmen einer Miete nach § 548a (hierzu BeckOK/*Wiederhold* Rn 3ff) oder betr digitale Produkte im unternehmerischen Verkehr (Miete) nach § 578b (MüKo/*Artz* Rn 2) einzuordnen ist (hierzu MüKo/*Häublein* Rn 6). Entscheidend für das Eingreifen von § 548a ist, dass es sich bei solchen digitalen Produkten iSv § 327 I um einen **Oberbegriff** handelt (Grü/*Grüneberg* § 327 Rn 3). Darunter fallen dann auch digitale Inhalte (§ 327b III – betr Bereitstellen) und auch digitale Dienstleistungen (§ 327b IV – betr Bereitstellen), wie sich aus § 327 II ablesen lässt (MüKo/*Metzger* § 327 Rn 7f). Bedenkt man, 2 dass sich die Leihe nach § 598 nur auf **Sachen** bezieht, dann scheidet die Abgrenzung ggü den in § 327 II erwähnten digitalen Inhalten und auch digitalen Dienstleistungen sofort aus. Übrig bleibt also nur die Einordnung des Vertragstyps, wenn dem Verbraucher ein digitales Produkt nach § 327b II bereitgestellt wird, wobei es sich nach dieser Norm um die Regelung der primären Leistungspflichten des Unternehmers handelt, was zu einer Einordnung als atypischer Vertrag iSv § 311 I führt (MüKo/*Metzger* § 327b Rn 2). Da der übliche Vertragstyp in diesen Fällen aber der **Verbrauchsgüterkaufvertrag** nach den §§ 475a ff ist, berührt die hier interessierende Abgrenzung nur den Fall, dass ein digitales Produkt **unentgeltlich zur Nutzung** überlassen wurde. Folglich ist insoweit die allg Abgrenzung zw Leihe und Kauf (Rn 7) auch hier von Belang, soweit nicht im Fall der **Miete** die Sondernorm des § 548a eingreift.

3 **2. Unentgeltlichkeit. Inhalt** des Leihvertrags ist – im Unterschied zur Miete – nicht die – **unentgeltliche** – Gebrauchsüberlassung, sondern die unentgeltliche **Gebrauchsgestattung** (BGH NJW 2016, 2652; MüKo/*Häublein* Rn 27; instruktiv Frankfurt NZM 2019, 411 – Gartengrundstück – Pflege = Miete). Es kommt also darauf an, dass dem Verleiher **keine Gegenleistung** geschuldet wird (Grü/*Weidenkaff* Rn 4). Die Gestattung verpflichtet den Verleiher, die geliehene Sache dem Entleiher so zur Verfügung zu stellen, dass er sie vertragsgemäß als unmittelbarer Besitzer gebrauchen kann (BGH NJW-RR 2004, 1566). Die Gebrauchsgestattungspflicht des Verleihers verpflichtet ihn weiter, dem Entleiher nichts in den Weg zu legen, was den Gebrauch behindert oder ausschließt. Maßgebend ist, ob der Vertragszweck die Übergabe der entliehenen Sache einschließt (BGH NJW-RR 2004, 1566). Gleichzeitig sind die jew Weisungen des Verleihers zu beachten (LG Osnabrück BeckRS 2010, 30835). Indessen ist die Verschaffung des unmittelbaren Besitzes zwar die Regel, weil es um den Gebrauch der entliehenen Sache geht (Grü/*Weidenkaff* Rn 5), aber kein konstitutives Element des Leihvertrags (BGH NJW-RR 2004, 1566). Vielmehr setzt die Annahme eines Leihvertrags lediglich voraus, dass dem Entleiher die Nutzung der Sache gestattet wird (BGH NJW-RR 2004, 1566). So hat der Entleiher, in dessen Interesse der Gebrauch liegt, regelmäßig die Kosten der Übermittlung der Sache an sich zu tragen, ebenso die der Rücksendung (näher dazu § 604 Rn 2). Eine Gebrauchsgewährungspflicht wie bei der Miete besteht nicht, allerdings trägt der Verleiher die Gefahr des zufälligen Untergangs der Sache (vgl näher § 602 Rn 2). IÜ entspricht der Begriff des Gebrauchs dem der Miete (Frankfurt NZM 2019, 411 Rn 70). Jedoch bleibt bei der Abgrenzung der Rechte und Pflichten des Entleihers im Einz zu beachten, dass die Leihe ihrem Wesen nach ein Gefälligkeitsvertrag ist (RGZ 91, 158). Die Miete verpflichtet indessen den Vermieter – neben der Gewährung des Mietgebrauchs – auch zur Erhaltung der Mietsache in einem gebrauchsfähigen Zustand (§ 535). Wenn der Verleiher die entliehene Sache an einen Dritten **veräußert**, lässt dies die Leihe unberührt, weil die §§ 566, 578 auch nicht analog anwendbar sind (BGH NJW 1994, 3156, 3158).

4 Die Gestattung der **Fruchtziehung** gehört nicht zum gesetzl Inhalt der Leihe (BGH NJW-RR 2012, 1007 – Turnierpferd: Preisgelder), sondern stellt idR (bei Vorliegen der Unentgeltlichkeit) einen mit einer Schenkung gemischten Vertrag dar; insoweit kann aber auch (Vertragsfreiheit) Leihe vereinbart werden (MüKo/*Häublein* Rn 18; BeckOGK/*Lohsse* Rn 54: „inhaltliche Abänderung des Leihvertrages"). Die Gebrauchsgestattung enthält regelmäßig keine **Gebrauchspflicht**, sie kann sich aber ausnahmsw aus der Natur der entliehenen Sache ergeben, zB Reiten eines in Pflege gegebenen Pferdes oder Führung eines in Pflege gegebenen Jagdhundes, nicht aber Ausstellung geliehener Kunstwerke (Düsseldorf NJW 1990, 2000). Jedoch ist da, wo sich aus der Natur des Rechtsverhältnisses eine Gebrauchspflicht ergibt, sehr häufig nicht Leihe, sondern ein anderes Rechtsverhältnis gewollt, zB Auftrag oder Verwahrung; die Vorteile, die sich im Rahmen der Pflicht, die Sache zu gebrauchen, ergeben, können auch das zu gewährende Entgelt sein. Andererseits schließt die stillschw oder ausdrückliche Vereinbarung einer Gebrauchspflicht Leihe nicht aus (RG HRR 1932, 1551).

5 Die Leihe ist **unentgeltlich**. Dies ist dann zu bejahen, wenn die Gebrauchsgestattung rechtl von keiner Gegenleistung abhängt (BGH NJW 2009, 2737; MüKo/*Häublein* Rn 27). Insoweit besteht eine Parallele zur Unentgeltlichkeit der Schenkung nach § 516 (BGH NJW 1992, 2566). Langjährige unentgeltliche Nutzung eines Schuppens durch Mieter führt zur Annahme der Leihe (AG Brandenburg NJOZ 2022, 153). Jedoch schließt die Vereinbarung einer geringen „Anerkennungsgebühr", die nach den gesamten Umständen nicht als Entgelt, auch nicht als gering bemessenes Gefälligkeitsentgelt, angesehen werden kann, die Unentgeltlichkeit nicht aus (BGH MDR 1970, 1004; Staudinger/*Illmer* Rn 2). Auch die Übernahme der Betriebskosten für die Überlassung der Nutzung einer Wohnung hindert nicht die Annahme der Unentgeltlichkeit, weil und soweit darin kein „echtes Entgelt" zu sehen ist (Stuttgart NJW-RR 2008, 1700; Dresden ZMR 2003, 250 – Übernahme von Grundsteuer und Gebäudeversicherung). Aufgrund der subj Äquivalenz wird man auch sog „Freundschaftsmieten" trotz ihres geringen Gegenwerts der Leihe zuweisen. Auch die Überlassung eines Kunstwerks zum Zweck der öffentlichen Ausstellung ist daher Leihe (Rostock NJOZ 2007, 4885). Muss nach dem Inhalt der Abreden der „Entleiher" die Sache instand setzen, so dass dem „Verleiher" der erhöhte Sachwert zur späteren Verwertung außerhalb der Leihe verbleibt, wird allerdings im Allg Entgeltlichkeit anzunehmen sein. Bei einer als unentgeltlich zu beurteilenden **Reitbeteiligung** wirkt sich ein stillschw Haftungsausschluss (§ 833) zugunsten des Verleihers als auch ggü der gesetzlichen Krankenkasse aus (Schleswig r+s 2021, 420). Abzulehnen ist die Einordnung als Leihe, wenn der Entleiher sich an den **Nebenkosten** beteiligen muss (AG Hanau BeckRS 2018, 46487). In diesem Fall kann dann die Überwälzung der Instandsetzungs- und Instandhaltungskosten an § 307 II Nr 1 scheitern, nicht aber dann, wenn der zugrunde liegende Vertrag die hybride Form eines Vertrages sui generis aufweist (BeckRS 2016, 118795).

3. Unmittelbarer Besitz des Entleihers. Der Verleiher muss in der Lage und auch berechtigt sein, dem Entleiher den Gebrauch der Sache zu gestatten. (BGH NJW 2020, 3711 – Probefahrt – Problembereich des § 855). Regelmäßig erhält der Entleiher unmittelbaren Besitz an der entliehenen Sache (vgl BGH NJW-RR 2004, 1566); der Verleiher ist mittelbarer Besitzer (Staudinger/*Illmer* Vor §§ 598ff Rn 22). Doch notwendig ist dies nicht; es reicht vielmehr aus, wenn der Entleiher in der Lage ist, die Sache für seine Zwecke zu nutzen (BGH NJW-RR 2004, 1566). Denn die in der Norm vorgesehene – unentgeltliche – **Gestattung des Gebrauchs** ist gleichbedeutend mit der Verschaffung der Nutzungsmöglichkeit (BGH NJW-RR 2004, 1566). Eine Gebrauchspflicht wird man grds nicht annehmen können, soweit keine Fruchtziehung vorgesehen ist (BeckOGK/*Lohsse* Rn 55). Wegen der Gestattung des Gebrauchs wird man regelmäßig eine Holschuld iSv § 269 des Entleihers bejahen können (Grü/*Weidenkaff* Rn 6). So führt die Überlassung eines Motorrads zum Zweck einer Probefahrt dazu, dass der Entleiher – trotz der Lockerung des Gewahrsams (vgl auch BGH-NJW-RR 2017, 818 – Probefahrt nach Reparatur) – noch als Gewahrsamsinhaber anzusehen ist (Köln NJW-RR 2008, 1717, 1718). Ist dies der Fall, besteht für den Entleiher lediglich eine entspr Duldungspflicht. Da der Entleiher nicht – wie ein Vermieter – die Nutzung zu gewährleisten und diese auch für die Dauer des Mietvertrages zu erhalten hat (Frankfurt NZM 2019, 411 Rn 70), ist er gerade nicht zur Instandhaltung verpflichtet (Soergel/*Heintzmann* Rn 7). Der Verleiher braucht iÜ nicht Eigentümer der geliehenen Sache zu sein (Grü/*Weidenkaff* Rn 1). In diesen Fällen und bei Veräußerung der verliehenen Sache während der Leihzeit ergeben sich die Einwendungen des Entleihers ggü dem Herausgabeanspruch des Eigentümers oder des neuen Eigentümers aus den allg Vorschriften über den Schutz des unmittelbaren Besitzers ggü dem Eigentümer, darin finden sie auch ihre Grenze. 6

§ 566 gilt für die Leihe nicht (BGH NJW 1994, 3156, 3158; Grü/*Weidenkaff* Rn 1), vielfach hat aber § 986 die gleiche Wirkung. Eine im Eigentum des Entleihers stehende Sache kann nur dann an ihn verliehen werden, wenn der Verleiher schuld- oder sachenrechtl ihm ggü nutzungs- oder benutzungsberechtigt ist. Erwirbt der Entleiher das Eigentum an der entliehenen Sache, endet das Leihverhältnis, wenn nicht beim Verleiher die dargestellte Benutzungs- oder Nutzungsbefugnis verbleibt (BGH NJW 1994, 3156, 3158 – nur schuldrechtl begründetes Nutzungsrecht endet bei Veräußerung eines Grundstücks). Wird dem Entleiher der Gebrauch entzogen oder wird sein vertragsgemäßer Gebrauch durch Dritte eingeschränkt, haftet der Verleiher nach den allg Vorschriften aus §§ 276ff; dabei wird die Haftungseinschränkung des § 599 bedeutsam. Die Grundsätze über die Haftung für den Schaden Dritter, die in den Schutzbereich des Schuldverhältnisses einbezogen sind, gelten auch für die Leihe (BGHZ 49, 278). 7

4. Formfreiheit. Die Leihe bedarf **keiner Form.** Dies gilt auch dann, wenn es sich um einen langfristigen Vertrag über Wohn- oder Geschäftsräume handelt und das Recht des Verleihers zur Eugenbedarfskündigung abbedungen wurde (BGH NJW 2016, 2652). Auch ist der Abschluss eines Leihvertrags aufgrund schlüssiger Willenserklärungen möglich (Köln NJW-RR 1995, 751). 8

5. Dauer; Kündigungsrecht. Die **Dauer** des Leihvertrags ist von der jew Parteiabrede abhängig. Auch ein sehr langfristiger Vertrag – etwa die Einräumung eines lebenslangen, unentgeltlichen Wohnrechts – ist unproblematisch (BGH NJW 1985, 1553; Köln NJW-RR 2000, 153). Das Kündigungsrecht des § 605 bleibt unberührt. 9

§ 599 Haftung des Verleihers

Der Verleiher hat nur Vorsatz und grobe Fahrlässigkeit zu vertreten.

1. Haftungsprivilegierung des Verleihers. Die Regelung enthält eine **Ausnahme** von § 276 (wie § 521) mit Rücksicht auf die Unentgeltlichkeit. Diese gilt auch für die Haftung aus § 278 (RGZ 65, 17, 20). Auch die Deliktshaftung des Verleihers ist auf Vorsatz und grobe Fahrlässigkeit beschränkt (vgl BGHZ 46, 145; BGH NJW 1974, 234; 1977, 2158; dazu *Knütel* NJW 1978, 297 und *Deutsch* NJW 1978, 1998; Köln MDR 1987, 1023; NJW-RR 1988, 157; LG Osnabrück DAR 2008, 484; Grü/*Weidenkaff* Rn 2f). Die **Voraussetzungen** von Vorsatz (§ 276 Rn 7) und von grober Fahrlässigkeit (§ 277 Rn 1ff) entsprechen den allg Kriterien. Stets sind die Umstände des Einzelfalls genau zu prüfen (LG Osnabrück DAR 2008, 484 – Tanken von Diesel anstatt von „Biodiesel" keine grobe Fahrlässigkeit, da Probefahrt und Tankdeckel nur auf „Diesel" hinwies). Die **Reichweite des Haftungsprivilegs** ist umstr (vgl Soergel/*Heintzmann* Rn 2; BeckOGK/*Lohsse* Rn 4ff; MüKo/*Häublein* Rn 4). Zwangsläufig bezieht es sich auf alle Hauptpflichten (MüKo/*Häublein* Rn 3) und deren Nichterfüllung, wie insb Unmöglichkeit, aber auch auf den Fall des Verzugs sowie auf die Verletzung von Schutz- und Rücksichtnahmepflichten nach den § 241 II (BeckOK/*Wagner* Rn 2; Rostock NJOZ 2007, 4885 – Beschädigung eines leihweise überlassenen Kunstwerks; Soergel/*Heintzmann* Rn 3; MüKo/*Häublein* Rn 4; andererseits keine Haftung, wenn ein von einem Schüler hergestellter Kunstgegenstand in frei zugänglichen Räumen ausgestellt wird, dann aber abhandenkommt, Brandenburg NJW 2004, 620) und eine Haftung nach § 311 II (vgl Köln NJW-RR 1988, 157). Das Haftungsprivileg erfasst auch alle die Fälle, in denen ein Erfüllungsgehilfe nach § 278 tätig wird, weil der Verleiher hier nicht schlechter gestellt werden darf, als er selbst haftungsrechtl steht (Grü/*Weidenkaff* Rn 3). Str ist aber, ob § 599 auch für die Fälle der Verletzung einer Schutzpflicht nach § 241 II gilt, welche Schäden an anderen Rechtsgütern abdeckt als der entliehenen Sache. Dies wird teilw verneint, so dass dann auf die allg Regel des § 276 zurückgegriffen wird (Grü/*Weidenkaff* Rn 2; Jauernig/*Mansel* Rn 2). Dem ist jedoch nicht zu folgen (BeckOK/*Wagner* Rn 2f). Sieht man nämlich das Haftungsprivileg des § 599 in der **Unentgeltlichkeit** der Leihe (LG Osnabrück DAR 2008, 484), ist für einen Rückgriff auf § 276 im Rahmen des gesamten Vertragsverhältnisses kein Platz (vgl MüKo/*Häublein* Rn 5; aA wohl Rostock NJOZ 2007, 4885 – Beschädigung eines leihweise überlassenen Kunstwerks; im Einz auch 1

Staudinger/*Illmer* Rn 2 – Beschränkung auf die Verletzung des **Interesses** des Entleihers an der Leistung). Das gilt auch für etwaige Rechts- oder Sachmängel (BeckOGK/*Lohsse* Rn 5; vgl Rn 2). Im Fall der **Arglist** ist die Sondernorm des § 600 vorrangig. Kein Rückgriff auf die Privilegierung nach § 599 ist allerdings in den Fällen angezeigt, in denen die jeweilige Pflichtverletzung in **keinem Zusammenhang mit dem Vertragsgegenstand** der Leihe steht (MüKo/*Häublein* Rn 4; BeckOGK/*Lohsse* Rn 6). Hier verbleibt es bei der allg Norm des § 276. Es fügt sich in dieses Bild, dass auch die **Deliktshaftung** den Beschränkungen des § 599 unterworfen wird, was das Ergebnis der Anspruchskonkurrenz und der damit auch das Deliktsrecht ergreifenden Privilegierung des Schuldners ist (Grü/*Weidenkaff* Rn 2; aM MüKo/*Häublein* Rn 4). Zur **Tierhalterhaftung** und deren **Einschränkung** bei der Leihe, weil der Verleiher uneigennützig das Tier zum eigennützigen Gebrauch durch den Entleiher diesem gibt, vgl Schleswig r+s 2021, 420 – Reitbeteiligung, Wirkung auch ggü gesetzl Krankenversicherung; Hamm BeckRS 2019, 188; zu den Ausschlusstatbeständen in der Tierhalterhaftpflichtversicherung bei Leihe und Verwahrvertrag Hamm r+s 2020, 499. Eine Reitbeteiligung wird allerdings für gewöhnlich als Gefälligkeit eingeordnet (BGH NJW 1992, 2474; Schleswig BeckRS 2021, 11676 Rn 31). Besteht allerdings ein Leihverhältnis, kann auch zur Tierhalterhaftung nach § 833 Anspruchskonkurrenz bestehen (Schleswig BeckRS 2021, 11676 Rn 31). Zur **Probefahrt** und der dabei regelmäßig vereinbarten Haftungsreduzierung auf Fälle grober Fahrlässigkeit im Rahmen der deliktsrechtl Regeln s Vor § 598 Rn 12. § 599 betrifft im Einz Schädigung des Entleihers durch Störung im Gebrauch, vorzeitige Wegnahme, Veräußerung der Sache.

2 Die Vorschrift wird ihrerseits durch § 600 eingeschränkt, der bei etwaigen **Sach- und Rechtsmängeln** im Fall der Arglist vorgeht. Gerade bei der Haftung für etwaige Schäden – Mangelfolgeschäden iSd früher gebräuchlichen Terminologie – gilt der Schuldmaßstab des § 599 (Staudinger/*Illmer* Rn 2; Soergel/*Heintzmann* § 600 Rn 1; Grü/*Weidenkaff* Rn 3; BeckOGK/*Lohsse* Rn 5). Es ist kein Grund ersichtlich, den Maßstab des § 276 zu bemühen, zumal eine Differenzierung zw Erfüllungs- und Integritätsinteresse jedenfalls dann nicht angezeigt ist, wenn man selbst deliktische Ansprüche insg der Sondernorm des § 599 unterordnet, die ja anerkanntermaßen auch das Integritätsinteresse des Entleihers schützen.

3 **2. Haftung des Entleihers.** Der Entleiher haftet dagegen nach § 276 sowie nach § 278, jedoch **nicht für Zufall**, es sei denn, dass er die Leihsache vertragswidrig gebraucht oder gem § 287 in Verzug ist (BGH NJW 1979, 759). Die Haftung für Fahrlässigkeit kann durch Versicherungsschutz abbedungen werden (vgl Koblenz NJW-RR 2009, 1613; Hamm NJW-RR 1993, 672). Wenn jedoch der Verleiher weiß, dass der Entleiher Wert auf einen umfassenden Versicherungsschutz legt, hat er die Pflicht, ihn auf den fehlenden Schutz hinzuweisen (Hamm NJW RR 2000, 1047 – Vollkaskoschutz). Das Unterlassen des Hinweises führt zum Verlust des Schadensersatzanspruchs des Verleihers (BGH NJW 1979, 759). Das gilt auch dann, wenn der Hinweis nur in den rückseitig abgedruckten AGB, aber unter Beachtung von § 305 II aufgeführt ist und diese nicht gelesen werden (Hamm NJW-RR 2000, 1047, 1048 – „bei Unfällen bitte Rückseite beachten"). Selbst eine grob fahrlässige Verursachung des Unfalls schadet dann nicht, weil die Kasko-Versicherung diesen deckt (Hamm NJW-RR 2000, 1047, 1048). Dies gilt auch bei der Überlassung einer Werkstatthalle an eine Privatperson, so dass diese für einen fahrlässig verursachten Brand haftet (Koblenz NJW-RR 2009, 1613), was auch zur (recht extensiven) Anwendung von § 3 Nr 3 PflVG führt, weil und soweit die Deckungspflicht der Kfz-Versicherung in diesen Fällen begründet ist (Koblenz NJW-RR 2008, 1613, 1614). Zur Haftung bei einer Probefahrt vgl Vor § 598 Rn 12; *Ströfer* NJW 1979, 2553. Vgl § 602 Rn 2; § 603 Rn 1. Für die **Beweislast** gelten die allg Regeln des § 280.

§ 600 Mängelhaftung

Verschweigt der Verleiher arglistig einen Mangel im Recht oder einen Fehler der verliehenen Sache, so ist er verpflichtet, dem Entleiher den daraus entstehenden Schaden zu ersetzen.

1 An sich kein Einstehen des Verleihers für **Sach- oder Rechtsmängel**. Nur bei Arglist (§§ 444, 639) ist der aus dem Verschweigen („daraus") entstandene Schaden (§ 280) zu ersetzen, wie bei §§ 523, 524. Der Begriff der **Arglist** entspricht demjenigen des § 123. Der Begriff des Mangels im Recht (vgl § 453) deckt sich mit demjenigen des Fehlers nach § 434. Daneben auch Deliktshaftung denkbar (Anspruchskonkurrenz), so bei Ausleihen eines kranken Tieres, eines nicht verkehrssicheren Fahrzeugs oder Raumes (zB Verletzung übernachtender Wanderer durch nicht abgedeckte Luke des Heubodens). Doch Haftung auch hier nur bei grobem Verschulden. Denn durch §§ 599, 600 wird allg die Haftung des Verleihers (nicht die des Entleihers) eingeschränkt; dies gilt ganz allg, also auch für Schutzpflichten gem § 241 II (§ 599 Rn 1). Beschränkung der Haftung auch bei cic, wenn über Leihe verhandelt wird. Praktisch sind diese Fälle bedeutsam bei der Übereignung eines Reitpferdes (Proberitt) oder bei der Probefahrt mit einem Kfz (Vor § 598 Rn 12).

2 Der Umfang des zu ersetzenden Schadens ist immer nur auf Ersatz des **Vertrauensschadens** gerichtet, umfasst also den Schaden, der dem Entleiher daraus entsteht, dass er auf die Mangelfreiheit der Sache vertraut hat (statt aller Grü/*Weidenkaff* Rn 3). Damit ist der Schaden gemeint, der durch die Beeinträchtigung des Gebrauchs dem Entleiher entstanden ist. Der Mangelfolgeschaden iSd früher gebräuchlichen Terminologie wird über § 241 II, §§ 280ff ersetzt, wobei – wie dargestellt (§ 599 Rn 2) – str ist, ob hier auch das Haftungsprivileg des § 599 gilt, was zu bejahen und ggü dem Lösungsansatz nach § 276 zu bevorzugen ist.

§ 601 Verwendungsersatz

(1) Der Entleiher hat die gewöhnlichen Kosten der Erhaltung der geliehenen Sache, bei der Leihe eines Tieres insbesondere die Fütterungskosten, zu tragen.

(2) Die Verpflichtung des Verleihers zum Ersatz anderer Verwendungen bestimmt sich nach den Vorschriften über die Geschäftsführung ohne Auftrag. Der Entleiher ist berechtigt, eine Einrichtung, mit der er die Sache versehen hat, wegzunehmen.

Den Entleiher trifft die **Erhaltungspflicht**; diese Pflicht wird durch § 602 begrenzt (MüKo/*Häublein* Rn 1). Die uneingeschränkt abdingbare Verpflichtung zur Erhaltung der Leihsache geht also dahin, dass alle die Maßnahmen zu treffen sind, die erforderlich sind, um im Rahmen der gewöhnlichen, dh normalerweise entstehenden Kosten die Sache in dem Zustand zurückgeben zu können (§ 604), der sich unter Berücksichtigung der normalen Abnutzung bei ordnungsgemäßem Gebrauch am Ende der Leihzeit ergibt (vgl § 994). Es muss sich um Verwendungen als Vermögensaufwendungen (MüKo/*Häublein* Rn 2) handeln, die für den Erhalt der Sache erforderlich sind (Hamm NJOZ 2014, 1327, 1329 – Wegerecht; BeckOGK/*Lohsse* Rn 4). Die Rechtsposition des Verleihers ist insoweit anders als die des Vermieters nach § 535 I 2. IRv § 601 treffen vielmehr den Entleiher die gewöhnlichen (Soergel/*Heintzmann* Rn 2; BeckOGK/*Lohsse* Rn 2), nicht die außergewöhnlichen Kosten des Gebrauchs und der Erhaltung, also auch bei der Instandhaltung; dazu zählen die Kosten der verkehrsüblichen Wartung der Sache, idR auch Versicherungskosten. Der Entleiher hat aber nicht die Pflicht, die Leihsache zu verbessern (LG Gießen ZMR 1995, 160). Doch muss er bei Bekanntwerden außergewöhnlicher Erhaltungsmaßnahmen den Verleiher nach § 241 II auf diesen Tatbestand hinweisen (BeckOGK/*Lohsse* Rn 3; vgl Rn 5). Bei Tieren hat der Entleiher die Fütterungskosten zu tragen, ob auch die Kosten der Behandlung einer Krankheit, richtet sich danach, ob sie unter die gewöhnlichen Erhaltungskosten fallen; Krankheiten bei Tieren dürften jedoch meist außergewöhnliche Kosten verursachen; anders steht es mit verkehrsüblichen, turnusmäßig vorzunehmenden Schutzmaßnahmen, zB Schutzimpfungen uÄ. Schadensbeseitigungsaufwendungen sind keine Erhaltungskosten (BeckOGK/*Lohsse* Rn 7); sie sind iSd mietrechtl Terminologie Instandsetzungskosten; sie fallen daher nicht unter Abs I. 1

Ob die Verpflichtung des Verleihers **Holschuld** des Entleihers ist oder ob der Entleiher die **Kosten der Übermittlung** der Leihsache an den Gebrauchsort tragen muss, ist den Umständen zu entnehmen, vgl § 269. Dasselbe gilt für die Frage, ob die Rückgabepflicht des Entleihers Bringschuld ist oder ob er nur die Kosten der Übermittlung trägt, vgl auch § 604 Rn 2 und § 598 Rn 3. Aus den Umständen ist auch zu entnehmen, ob im Einzelfall § 270 III nicht anzuwenden ist. 2

Die **Verletzung der Erhaltungspflicht** macht den Entleiher nach allg Grundsätzen gem §§ 276, 280 ohne Milderung des Haftungsmaßstabes, § 599 Rn 2, schadensersatzpflichtig. 3

Andere Kosten als die gewöhnlichen Erhaltungskosten sind dem Entleiher nach den allg Grundsätzen der §§ 677ff gem Abs II S 1 zu ersetzen. Darunter fallen nicht übliche Verschleißschäden, welche nicht auf die Nutzung durch den Entleiher zurückzuführen sind (LG Kempten NJOZ 2018, 1486 Rn 39). Wegen des Zurückbehaltungsrechts daraus RGZ 67, 277; wegen der Erfordernisse der Geschäftsführung ohne Auftrag in diesen Fällen vgl BGH MDR 1985, 666. Es bleibt bei Ersatzansprüchen wegen Verwendungen nach Abs II insb § 685 zu beachten, der alle Ansprüche ausschließt, auch die aus § 812 (BGH MDR 1985, 666), was allerdings dann eine Beendigung der Leihe voraussetzt (BGH NZFam 2015, 502 Rn 21; Brandenburg NZFam 2015, 525). 4

Den Entleiher trifft eine allg **Anzeigepflicht** aus § 242 iVm § 241 II dahin (MüKo/*Häublein* Rn 5), den Verleiher über die Notwendigkeit von Erhaltungsmaßnahmen zu unterrichten; Ausfluss der allg Obhutspflicht ähnlich der bei der Miete. Das wird man auch dann annehmen müssen, wenn der Entleiher die Notwendigkeit sieht, ungewöhnliche Aufwendungen aufzuwenden, die er nach Abs I nicht zu tragen hat, damit der Verleiher sich entspr einrichten kann. 5

Der Entleiher hat das **Wegnahmerecht** an einer Einrichtung, aber keinen Herausgabeanspruch deswegen gegen den Verleiher (RGZ 109, 129). Einrichtung ist immer eine bewegliche Sache, die mit der geliehenen Sache körperlich verbunden ist und dem wirtschaftl Zweck der geliehenen Sache dient. Es ist nicht erforderlich, dass es sich um einen wesentlichen Bestandteil nach § 93 handelt (vgl BGH NJW 1969, 1114, 1115 zu § 547a aF). Die Kosten der Beseitigung und der Wiederherstellung des alten Zustandes (§ 258) trägt der Entleiher. § 539 II, § 552 sind iÜ auf die Leihe entspr anzuwenden (Grü/*Weidenkaff* Rn 3). 6

§ 602 Abnutzung der Sache

Veränderungen oder Verschlechterungen der geliehenen Sache, die durch den vertragsmäßigen Gebrauch herbeigeführt werden, hat der Entleiher nicht zu vertreten.

1. Vertragsgemäßer Gebrauch. § 602 entspricht § 538. Der Entleiher hat die Sache ordnungsmäßig zu behandeln (§ 601 Rn 1, § 603) und vor Schaden und Verlust zu **bewahren**. Er ist daher bei Abnutzung der Leihsache, die durch gewöhnlichen Gebrauch entsteht, haftfrei, wenn er ordnungsmäßige Erhaltungsmaßnahmen ergriffen hat (Staudinger/*Illmer* Rn 2). Was unter dem vertragsmäßigen Gebrauch – und damit auch unter Veränderungen oder Verschlechterungen – zu verstehen ist, entscheidet sich aufgrund der jew Parteivereinbarung sowie aus der jew Art und Zweckbestimmung der entliehenen Sache (Koblenz NJW-RR 2008, 1613, 1614). Es geht stets um ei- 1 ne **Abnutzung**, welche durch die vertragsgemäße Verwendung der Leihsache entsteht (BeckOGK/*Lohsse* Rn 5). Diese führt nicht zu einer Einstandspflicht des Entleihers. So führt etwa die riskante Durchführung einer Kfz-Reparatur in einer geliehenen Halle dazu, dass es sich im Schadensfall (Brand) nicht mehr um einen vertragsmäßigen Gebrauch handelt (Koblenz NJW-RR 2008, 1613, 1614). In einem solchen Fall ist die Pflicht zur ordnungsgemäßen Rückgabe der Leihsache verletzt (Koblenz NJW-RR 2008, 1613, 1614). Die Beweispflicht liegt beim Entleiher. Die Verjährung richtet sich nach § 606 (Rostock NJOZ 2007, 4885). Der Entleiher braucht, wenn kein vertragswidriger Gebrauch vorliegt, den Abnutzungsschaden nicht zu beseitigen, also nicht etwa den zu Leihbeginn bestehenden Zustand wiederherzustellen (RGZ 159, 66). Völlige Zerstörung ist kein Gebrauch mehr, vielmehr verbotener Verbrauch. Dann ist auch die Rückgabe ausgeschlossen (Rostock NJOZ 2007, 4885). Zum Problem der Beschädigung eines Fahrzeugs während einer **Probefahrt** und dem Vertrauen auf das Bestehen eines entspr Versicherungsschutzes oder Haftungsverzichts s BGH NJW 1979, 759; Hamm NJW-RR 1993, 672; 2000, 1047.

2 **2. Veränderung – Verschlechterung.** Der Untergang der Sache ist weder eine Veränderung noch eine Verschlechterung und wird daher durch den uneingeschränkt abdingbaren § 602 nicht erfasst; es gelten für die Rückgabe (§ 604) die allg Vorschriften (RGZ 159, 65). Doch ist im Fall des Untergangs der Entleiher nicht zur ordnungsgemäßen Rückgewähr in der Lage, so dass er diese Pflicht verletzt (vgl Koblenz NJW-RR 2008, 1613, 1614). Die Gefahr des zufälligen Untergangs für die Leihzeit, die Zeit der Übersendung und die der Rückgabe trägt der Verleiher (BeckOK/*Wagner* Rn 2) sofern nichts anderes vereinbart worden ist oder sich aus den Umständen ergibt. Die gleichen Grundsätze gelten für die **zufällige Verschlechterung**. Dient die Leihe ausschließlich dem besonderen Vorteil des Entleihers, kann im Wege der Auslegung unter Berücksichtigung aller Umstände angenommen werden, dass er und nicht der Verleiher die Gefahr der zufälligen Verschlechterung und des Untergangs trägt, also auch ohne Verschulden haftet (LG Aachen NJW 1952, 426). Die **Darlegungs- und Beweislast** für den vertragsgemäßen Gebrauch trägt der Entleiher (BGH NJW 1976, 1315 – zu § 548 aF; BeckOK/*Wagner* Rn 2).

3 Die Norm ist **abbdingbar** (BeckOGK/*Lohsse* Rn 10). Dies kann ausdrückl, aber auch – wenn die erforderlichen Umstände tatsächlich nachweisbar sind – stillschw geschehen (MüKo/*Häublein* § 603 Rn 10 – besonderes Schutzinteresse des Verleihers). Allein die Tatsache, dass die Leihe definitionsgemäß auf dem Grundsatz der Unentgeltlichkeit beruht, reicht für sich genommen nicht aus, eine stillschw Abbedingung des § 602 zu bejahen. In der Praxis ist es allerdings wohl idR so, dass eine Abbedingung in das Gewand einer **AGB** nach § 305 I 1 oder nach § 310 III Nr 1 und 2 gekleidet ist. Würde dann die Abbedingung des § 602 zu einer Zufallshaftung des Entleihers führen, wäre eine solche Klausel nach § 307 II Nr 1 sowohl ggü einem Unternehmer als auch ggü einem Verbraucher mit Sicherheit unwirksam, weil das sich aus § 276 ableitende Haftungsprinzip des Verschuldens für das dt Recht essentiell ist (BGH NJW 2018, 291; 2006, 47, 49). Die **Beweislast** dafür, dass der Schaden durch den Gebrauch entstanden ist, trägt der Entleiher (BeckOK/*Wagner* Rn 2; BeckOGK/*Lohsse* Rn 12).

§ 603 Vertragsmäßiger Gebrauch

Der Entleiher darf von der geliehenen Sache keinen anderen als den vertragsmäßigen Gebrauch machen. Er ist ohne die Erlaubnis des Verleihers nicht berechtigt, den Gebrauch der Sache einem Dritten zu überlassen.

1 Verletzt der Entleiher seine Pflicht, die Sache so zu gebrauchen, wie es vertragl festgelegt ist oder sich aus der Art der entliehenen Sache und der Verkehrsanschauung ergibt (Koblenz NJW-RR 2008, 1613, 1614), hat der Verleiher Anspruch auf Unterlassung und auf Schadensersatz wegen Vertragsverletzung nach § 280 (BeckOGK/*Lohsse* Rn 3); er hat weiter das Recht zur fristlosen Kündigung aus § 605 Nr 2 (MüKo/*Häublein* Rn 5f) und ggf einen Herausgabeanspruch gegen den Dritten aus § 604 IV. Dabei ist der vertragswidrige Gebrauch der Leihsache ein Unterfall der Verletzung der allg **Obhutspflicht** (MüKo/*Häublein* Rn 4). Zu dem Schaden, für den der Entleiher bei vertragswidrigem Gebrauch haftet, gehört auch der des **zufälligen Untergangs** der Sache, wenn er nicht beweist, dass der Schaden auch ohne die Vertragswidrigkeit eingetreten wäre (MüKo/*Häublein* Rn 8 – vergleichbar mit § 287 S 2). Voraussetzung ist, dass der Schaden adäquat kausal wegen des vertragswidrigen Gebrauchs der Leihsache eingetreten ist (BeckOGK/*Lohsse* Rn 7). Die Fortsetzung des Gebrauchs nach Beendigung der Leihe ist immer vertragswidrig. Das Verschulden bei vertragswidrigem Gebrauch der Sache braucht sich im Fall einer Haftung auf Schadensersatz nur auf eben diesen Tatbestand zu beziehen, nicht aber auf die dadurch verursachten Folgen (Staudinger/*Illmer* Rn 5). Es gelten daher die Grundüberlegungen betr Kausalität und Verteilung der Darlegungs- und Beweislast, die zu § 280 entwickelt worden sind. Eine für den Fall der Beschädigung bei Rückgabe der verliehenen Sache vereinbarte **Schadenspauschale** muss den Regeln des § 309 Nr 5a folgen (LG München MMR 2021, 579 – Neupreis für einen verlorenen Router: unwirksam).

2 Die **Überlassung** der geliehenen Sache an einen Dritten ist vertragswidrig, wenn der Verleiher nicht die Erlaubnis dazu erteilt hat (BGH NJW 1962, 1678). Zur Erlaubnis s § 540 Rn 9. Sie kann jederzeit während der Leihzeit erteilt werden, wenn sie nicht im Vertrag gegeben worden ist. Für den Dritten haftet der Entleiher, auch wenn die Weitergabe der Sache mit Erlaubnis des Verleihers erfolgt ist, nach § 278 (Stuttgart NJW 1953, 1512). Für die vertragswidrige Überlassung haftet der Entleiher nach den in Rn 1 dargestellten Grundsätzen (BGH NJW 2010, 3087). Die weiteren **Rechtsfolgen** (vgl Rn 1) sind: Kündigung nach § 605 Nr 2 sowie vor allem Unterlas-

sungsanspruch nach § 541 analog (Grü/*Weidenkaff* Rn 2). Auch kann der Verleiher die Sache von dem Dritten nach § 604 IV herausverlangen.

Die Überlassung der geliehenen Sache **an einen Dritten** mit Zustimmung des Verleihers iSd §§ 182ff kann eine Übertragung der Ansprüche aus dem Leihverhältnis auf den Dritten oder dessen Eintritt in das Leihverhältnis bedeuten; Auslegungsfrage. Die insoweit erforderliche Erlaubnis ist Gestattung. Es ist umstr, ob die Erlaubnis die Vertragswidrigkeit ausschließt, was vorzugswürdig ist, oder ob eine regelmäßig konkludente Änderung des Leihvertrags in Betracht kommt (vgl Grü/*Weidenkaff* Rn 1). Denn die hier gewählte Auslegung ist näher an dem Wortlaut der Norm. Anders sind die Fälle einer ausdrücklichen Vertragsänderung zu werten, für die die §§ 133, 157 gelten. Liegt indessen ein reines Gefälligkeitsverhältnis vor, scheidet eine analoge Anwendung von S 2 aus (BGH NJW 2010, 3087). Entscheidend ist insoweit, ob der Rechtsbindungswille fehlt (BGH NJW 1992, 2474, 2475), weil sonst Leihe vorliegt. Von Bedeutung im Rahmen einer dogmatischen Abgrenzung ist: Bei einer **Gefälligkeit – Probefahrt** – kann die verschuldensunabhängige Haftung des Begünstigten nicht ohne Wissen des „Gefälligen" zugunsten eines Dritten (Schadensverursacher) im Rahmen des § 603 S 2 begründet werden, weil es hier am rechtsgeschäftl Bindungswillen fehlt (BGH NJW 2010, 3087; vgl auch LG Lüneburg BeckRS 2010, 21714). 3

§ 604 Rückgabepflicht

(1) Der Entleiher ist verpflichtet, die geliehene Sache nach dem Ablauf der für die Leihe bestimmten Zeit zurückzugeben.

(2) Ist eine Zeit nicht bestimmt, so ist die Sache zurückzugeben, nachdem der Entleiher den sich aus dem Zweck der Leihe ergebenden Gebrauch gemacht hat. Der Verleiher kann die Sache schon vorher zurückfordern, wenn so viel Zeit verstrichen ist, dass der Entleiher den Gebrauch hätte machen können.

(3) Ist die Dauer der Leihe weder bestimmt noch aus dem Zweck zu entnehmen, so kann der Verleiher die Sache jederzeit zurückfordern.

(4) Überlässt der Entleiher den Gebrauch der Sache einem Dritten, so kann der Verleiher sie nach der Beendigung der Leihe auch von dem Dritten zurückfordern.

(5) Die Verjährung des Anspruchs auf Rückgabe der Sache beginnt mit der Beendigung der Leihe.

1. Rückgabepflicht. Die geliehene Sache ist vom Entleiher nach Ende der für die Leihe bestimmten Zeit (BeckOGK/*Lohsse* Rn 6) in dem Zustand zurückzugeben, der sich nach § 602 bei vertragsmäßigem Gebrauch ergibt (OGH 2, 174; BeckOK/*Wagner* Rn 1). Wenn die entliehene Sache durch den Entleiher pflichtwidrig beschädigt wird, steht damit gleichzeitig fest, dass sie nicht im vertragsmäßigen Zustand zurückgegeben werden kann (Koblenz NJW-RR 2008, 1613), so dass eine Schadensersatzhaftung nach § 280 I eingreift. Nach der hier vertretenen Auffassung setzt dies aber voraus, dass der Tatbestand des § 599 gegeben ist (§ 599 Rn 1). In diesen Fällen kann die Rückgabepflicht nur dadurch erfüllt werden, dass der Entleiher die entliehene und beschädigte Sache repariert (Grü/*Weidenkaff* Rn 2). Für den Fall, dass etwa bei einer **Probefahrt** wegen eines Unfalls das Fahrzeug nicht in einem ordnungsgemäßen Zustand zurückgegeben werden kann, kommt es darauf an, ob der Entleiher auf den Bestand eines entspr Versicherungsschutzes vertrauen durfte (Hamm NJW-RR 2000, 1047). Mit zurückzugeben sind Zubehör, Zuwachs und Früchte, sofern nichts anderes ausdrücklich oder konkludent vereinbart worden ist. Eine Veränderung der Besitzverhältnisse ist bei der Leihe genauso wenig erforderlich wie bei der Miete (BGH NJW-RR 2004, 1566, 1568). Entscheidend ist insoweit stets, dass das Leihverhältnis jedenfalls dann endet, wenn der Entleiher den Gebrauch der Sache einstellt und der Verleiher hiervon erfährt (BGH NJW-RR 2004, 1566, 1568). Denn dann kann der Entleiher die ungestörte Sachherrschaft wieder ausüben. Gläubiger des Rückgabeanspruchs ist der Verleiher, auch wenn er nicht Eigentümer ist (BGHZ 73, 321). Das Verhältnis zum Eigentümer bestimmt sich nach §§ 985, 986 (München BeckRS 2009, 09007); dementspr Anspruchskonkurrenz mit vertragl Ansprüchen, wenn der Verleiher Eigentümer ist. Wegen des Verschuldens bei Herausgabe an den Eigentümer statt an den Verleiher BGH MDR 1955, 279. Wegen seiner Ansprüche hat der Entleiher nach den allg Vorschriften ein Zurückbehaltungsrecht auch bei der Grundstücksleihe (RGZ 65, 276). Bei Vereinbarung einer **Schadenspauschale** für den Fall der nicht rechtzeitigen Rückgabe ist nach § 309 Nr 5a zu beanstanden, wenn sich diese am Neupreis ausrichtet (LG München I MMR 2021, 579). Die erforderliche Berücksichtigung der Abnutzung durch den vertragsgemäßen Gebrauch macht die Vereinbarung von Schadenspauschalen nahezu unmöglich. 1

2. Bringschuld. Da die geliehene Sache **zurückzugeben** ist, ist die Rückgabepflicht Bringschuld (BGH NJW-RR 2002, 1027; Hamburg ZUM 1998, 655 – Dias: Verlust – Schadensberechnung; Staudinger/*Illmer* Rn 2). Das Transportunternehmen ist kein Erfüllungsgehilfe (BGH NJW-RR 2002, 1027). Jedoch kann sich aus dem Gesamtinhalt der Abreden ergeben, dass der Entleiher nur die Versendungspflicht hat – Schickschuld –, häufig bei leiheähnlichen Verhältnissen im Zuge von Vertragsanbahnungen (Celle NJW-RR 2002, 259 – Zurücksenden von Bildmaterial – cic) oder bei besonderem wirtschaftl Interesse des Verleihers (vgl § 601 Rn 2). Ausnahmsw Erfüllung der Rückgabepflicht durch bloßes Abstellen im Geschäft des Entleihers, ohne jemanden zu benachrichtigen (KG MDR 1986, 933), weil dies als Bringschuld einzuordnen ist. Ist die Erfüllung der Rückgabe (im vertragsmäßigen Zustand) **unmöglich**, weil die Sache untergegangen ist, richten sich die Rechtsfolgen nach den §§ 275, 281 (Hamburg ZUM 1998, 663 – keine Rückgabe von Dias von Prominenten: Schadensersatz; Grü/*Weidenkaff* 2

Rn 2), so dass auch dann § 606 nicht anwendbar ist, sondern die allg Regeln der Verjährung nach den §§ 195, 199 eingreifen (Koblenz NJW-RR 2008, 1613, 1614). Zur Verjährung nach Abs V Rn 6.

3 **3. Fälligkeit der Rückgabepflicht.** Der **Rückgabeanspruch** wird fällig (BeckOGK/*Lohsse* Rn 6ff): **a)** nach Ablauf der vereinbarten Leihzeit; **b)** nach Beendigung des vertragsmäßigen Gebrauchs, der sich aus dem Zweck der Leihe ergibt (BGH NJW 1994, 3156, 3157 – Nutzungsrecht zwecks Verlegung und Unterhaltung einer Fernwasserleitung – Abs II S 1; BeckOGK/*Lohsse* Rn 8). Wenn aber keine Frist für die Rückgabe vereinbart ist, dann greift Nr 3 ein, so dass diese Pflicht vom Entleiher **jederzeit** auf Verlangen des Verleihers zu erfüllen ist (LG Köln BeckRS 2020, 27414; AG München BeckRS 2018, 14750 – jederzeitige Kündigung der Erlaubnis zum Aufstellen eines Maibaums, sofern vernünftiger Grund). Ob und in welcher Weise ein Zweck iSv **Abs II** vorliegt, ist stets durch Auslegung nach den §§ 133, 157 zu ermitteln (MüKo/*Häublein* Rn 2). Der Beendigung des Gebrauchs steht die Gebrauchsunmöglichkeit gleich. Für Dauerleihgaben an Kunstgegenständen Celle NJW-RR 1994, 1473; **c)** wenn nichts über die Dauer der Leihe vereinbart ist, kann der Verleiher die geliehene Sache jederzeit zurückfordern (Schleswig BeckRS 2012, 19631 – Pkw; AG Brandenburg NJOZ 2022, 153 Rn 43 – Überlassung eines Schuppens), sofern nicht die zu b) aufgeführte Dauer durchgreift. Die **Beweislast** für eine den Abs III ausschließende Vereinbarung einer bestimmten Leihzeit trägt der Entleiher (LG Köln BeckRS 2020, 2741 Rn 13; LG Göttingen MDR 1994, 248); **d)** in den Fällen a) und b) sind die **außerordentlichen Kündigungsgründe** des § 605 zu beachten. Ebenso wie der Verleiher den zu c) aufgeführten Grund nicht gegen Treu und Glauben zum Nachteil des Entleihers zur Geltendmachung seines Rückgabeanspruchs ausnutzen darf (keine Rückforderung zur Unzeit, Köln NJW-RR 1992, 1497 – **Notwegerecht** auf Grund von Leihvertrag; aber auch jahrelange Gestattung berechtigt Eigentümer zum Widerruf – Koblenz IBRRS 2020, 0742; zur Schaffung eines entspr Vertrauenstatbestandes Brandenburg BeckRS 2019, 37459; reine Duldung der Nutzung einer Scheune durch „Berechtigten" begründet kein Notwegerecht – Stuttgart BeckRS 2017, 140924; zur schuldrechtl Begründung dieses Recht BGH NJW 2020, 1360), darf der Entleiher die Sache nicht vorzeitig zurückgeben, wenn das gegen die Interessen (§ 242) des Verleihers ist. **Zurückzugeben** ist stets die „geliehene Sache", und zwar in dem Zustand, in dem sie sich aufgrund vertragsgemäßer Nutzung befindet (MüKo/*Häublein* Rn 5; Koblenz NJW-RR 2008, 1613 – Brand in einer Halle: keine vertragsgemäße Nutzung). Von dem Ergebnis einer Auslegung hängt es auch ab, ob gezogene Früchte (§ 99) zurückzugeben sind; das ist im Zweifel zu bejahen (BGH NZM 2012, 561 – Preisgelder eines verliehenen Pferdes). Wird für den Fall einer Beschädigung oder auch der Nichtrückgabe der Sache eine **Pauschale** vereinbart, so ist diese nach § 309 Nr 5a unwirksam, wenn sich deren Höhe am Neupreis der Sache ausrichtet (LG München MMR 2021, 579). Es ist eine Selbstverständlichkeit, dass dem Verleiher das Recht zur **fristlosen Kündigung** (Dauerschuldverhältnis – § 314) unter den dort genannten Voraussetzungen zur Seite steht (Brandenburg BeckRS 2017, 148615).

4 **4. Gebrauchsüberlassung an Dritte.** Bei (erlaubter oder unbefugter) Überlassung an einen Dritten, **Abs IV**, kann der Verleiher, unbeschadet seiner etwaigen dinglichen Ansprüche, die Sache „auch" vom Dritten, aber erst nach Beendigung der Leihe (Rn 2), zurückfordern. Zwischen dem Entleiher und dem Dritten entsteht in diesen Fällen eine Gesamtschuld (BeckOGK/*Lohsse* Rn 19). Auch seinem Eigentumsanspruch stände bei erlaubter Weiterleihe § 986 I 1 entgegen. Bei unbefugter Überlassung dagegen kann der Verleiher nach § 605 fristlos kündigen und dann gem § 604 III (schuldrechtl) nur nach § 985 auf Herausgabe gegen den Dritten klagen. Ihn schützt sein guter Glaube nicht. Aufwendungen kann der Dritte nach § 601 ersetzt verlangen. Wenn die Überlassung der entliehenen Sache an einen Dritten nicht gestattet war, dann stellt sich die Frage, welche Ansprüche dem Entleiher zustehen (MüKo/*Häublein* Rn 7). Relevant wird diese Frage allerdings erst, wenn der Entleiher berechtigt ist, die Früchte (§ 99) zu ziehen. Denn dann liegt praktisch der Fall einer **verbotenen Untervermietung** vor (MüKo/*Häublein* Rn 7). Hier verneint die **Rspr** eine Herausgabepflicht des Mieters (BGH NJW 1996, 838; NJW 1994, 2296; Köln IMR 2020, 372). Dem ist zu folgen, weil es sich um eine feststehende Judikatur handelt (Düsseldorf NJW-RR 1994, 596; Celle ZMR 1995, 159, 160). Der Verleiher ist durch das Recht, Rückgabe nach Abs IV vom Dritten zu verlangen (neben dem Recht auf Kündigung nach § 605 Nr 2) und auch durch sein Recht auf fristlose Kündigung gem § 543 II Nr 2 ggü dem Entleiher hinreichend geschützt. Es bedarf daher keiner gesetzl Ansprüche aus Bereicherungsrecht.

5 Wegen der hier sichtbaren, aber auch sonst gegebenen Konkurrenz der Ansprüche aus § 604 und nach Kündigung unmittelbar aus § 985 (München ZUM 2008, 982 – Fotoabzüge) mit der Folge der Anwendung der §§ 987ff vgl *Kahler* MDR 1985, 374.

6 **5. Verjährung.** Die Verjährung richtet sich nach Abs V. Es gilt ausschließlich § 195, nicht aber die eigentlich als „Zwillingsnorm" vorgesehene Bestimmung des § 199. Denn es handelt sich bei Abs V um einen verhaltenen Anspruch, auf den richtiger Ansicht nach § 199 keine Anwendung findet (*Mansel* NJW 2001, 89, 91; Grü/*Weidenkaff* Rn 9). Das bedeutet: Es kommt für den Beginn der Verjährung ausschließlich darauf an, wann der Leihvertrag beendet worden ist. Dieser Zeitpunkt gibt alleine Maß (*Schmidt-Räntsch/Maifeld/Meier-Göring/Röcken*, Das neue Schuldrecht, 2002, 635), weil auch in diesem Zeitpunkt der Anspruch auf Rückgewähr erstmals geltend gemacht werden kann (*Krämer*, FS Graf v Westphalen, 2010, 401ff; Naumburg BeckRS 2018, 4102 Rn 21): Daher führt die Erhebung der Herausgabeklage dazu, dass spätestens in diesem Zeitpunkt das Leihverhältnis als gekündigt anzusehen ist; dann besteht auch kein Recht mehr zum Besitz nach § 986 (München ZUM 2008, 982, 983). Die Verjährung des Rückgabeanspruchs beginnt also nicht bereits mit der Hingabe der Leihsache, weil dies sonst zu absurden Ergebnissen geführt hätte, nachdem der Gesetzgeber die Frist des § 195 eingeführt hat.

§ 605 Kündigungsrecht

Der Verleiher kann die Leihe kündigen:

1. **wenn er infolge eines nicht vorhergesehenen Umstandes der verliehenen Sache bedarf,**
2. **wenn der Entleiher einen vertragswidrigen Gebrauch von der Sache macht, insbesondere unbefugt den Gebrauch einem Dritten überlässt, oder die Sache durch Vernachlässigung der ihm obliegenden Sorgfalt erheblich gefährdet,**
3. **wenn der Entleiher stirbt.**

1. Kündigungsrecht. Außerordentliche, fristlose Kündigung des Verleihers nach Nr 1 (oder seiner Erben) ist Ausprägung des alle Dauerschuldverhältnisse prägenden Grundsatzes, dass ein fristloses Kündigungsrecht möglich sein muss (BGH NJW 1994, 3154, 3158; Brandenburg BeckRS 2017, 148615 – Leihvertrag über ein Grundstück); der Entleiher braucht kein solches Kündigungsrecht. Doch bleibt allemal § 314 unberührt. 1

2. Eigenbedarf. Nr 1: Eigenbedarf durch einen unvorhergesehenen (BGH NJW 1994, 3156, 3158) Umstand (Krankheit, Bedürftigkeit), unabhängig davon, ob dieser vorhersehbar war (AG Erfurt NJW-RR 2011, 879 – Kellerräume). Das Vorliegen von Eigenbedarf setzt keine Dringlichkeit voraus (BeckOGK/*Lohsse* Rn 5). Doch muss er im Zeitpunkt der Kündigung vorliegen (MüKo/*Häublein* Rn 4). Die beiderseitigen Bedürfnisse sind unter Beachtung der Umstände des Einzelfalls (BGH NJW 1994, 3156, 3158) gegeneinander unter Beachtung des Grundsatzes von Treu und Glauben abzuwägen (MüKo/*Häublein* Rn 3ff). Die Interessen des Entleihers können sich dann durchsetzen, wenn dieser im Vertrauen auf die Fortdauer der Leihe Investitionen getätigt hat (Düsseldorf NZM 2002, 74). Doch bleibt die Kündigung wegen Eigenbedarfs ein immanentes Vertragsrisiko für den Entleiher (BGH NJW 1994, 3156, 3158). Daher besteht auch kein Anspruch auf Schadensersatz des Entleihers (MüKo/*Häublein* Rn 5). Kündigung und Bedürfnis müssen zeitl zusammenfallen, Verleiherinteresse geht dem des Entleihers vor. Grundlegend: RG HRR 1933, 1000 (§ 605 Nr 1 beruht auf Billigkeitsgründen; Fall betraf Hochspannungsleitung); BGH NJW 1994, 3156; bei Grundstücksverkauf Koblenz NJW-RR 1996, 843. Bei Einräumung eines lebenslangen unentgeltlichen Wohnrechts haben die Erben nur dann das Kündigungsrecht nach Nr 1, wenn sämtliche Miterben bedürftig iSd Bestimmung sind (Köln NJW-RR 2000, 152). Nr 1 gilt entspr, wenn Bedarf oder Gefährdung des künftigen Rückgabeanspruchs (auch Entleiherinsolvenz) schon vor Überlassung eintritt, §§ 157, 242. 2

3. Vertragswidriger Gebrauch oder Tod des Entleihers. Nr 2: Verstöße gegen § 603; **Nr 3:** Bei Tod des Verleihers kann für Erben Nr 1 gegeben sein. Eine Abmahnung soll in diesen Fällen wegen fehlender Schutzbedürftigkeit des Entleihers nicht als Voraussetzung der Wirksamkeit einer fristlosen Kündigung gefordert sein (MüKo/*Häublein* Rn 7; BeckOGK/*Lohsse* Rn 10). Dem wird man wegen der Unentgeltlichkeit der Leihe vom Grundsatz her zustimmen können, sofern man diese Aussage strikt auf den Anwendungsbereich des § 605 begrenzt. 3

§ 606 Kurze Verjährung

Die Ersatzansprüche des Verleihers wegen Veränderungen oder Verschlechterungen der verliehenen Sache sowie die Ansprüche des Entleihers auf Ersatz von Verwendungen oder auf Gestattung der Wegnahme einer Einrichtung verjähren in sechs Monaten. Die Vorschriften des § 548 Abs. 1 Satz 2 und 3, Abs. 2 finden entsprechende Anwendung.

1. Verjährung – Ansprüche des Verleihers. Der **Zweck** der kurzen Verjährungsfrist besteht darin, die Abwicklung beendeter Gebrauchsüberlassungsverträge so schnell wie möglich sicherzustellen (BGH NJW 2002, 1336, 1337). Die kurze Verjährung des § 606 gilt für sämtliche Ansprüche des Verleihers, soweit eine **Veränderung oder Verschlechterung** der entliehenen Sache vorliegt (Rostock NJOZ 2007, 4885, 4889; Koblenz NJW-RR 2008, 1613 – Verletzung der Pflicht zur Rückgabe, wenn Halle aufgrund Unachtsamkeit des Entleihers durch Brand beschädigt wird; hierzu auch BeckOGK/*Lohsse* Rn 5), auch soweit auf unerlaubte Handlung (Beschädigung durch Entleiher) gestützt (RGZ 66, 363; Schleswig NJW 1974, 1712). Die Vorschrift ist weit auszulegen (Koblenz NJW-RR 2008, 1613, 1614 – Brand in einer Halle/Leihvertrag), so dass sie Ansprüche aus dem Leihverhältnis genauso erfasst wie konkurrierende Ansprüche. Ziel der Norm ist die rasche Abwicklung (BGH NJW 1968, 1472; Koblenz NJW-RR 2008, 1613). Die Bestimmung gilt auch, wenn Geräte im Rahmen eines Werkvertrages vom Besteller dem Unternehmer überlassen werden (BGH NJW 2002, 1336 – Beschädigung) oder anlässlich eines VOB-Vertrags (Frankfurt NJW-RR 2000, 1041). Die kurze Verjährungsfrist gilt auch dann, wenn ein Kfz zur Probe überlassen wird, obwohl kein eigentlicher Leihvertrag geschlossen wurde (Unfall des Kaufinteressenten mit einem Pkw des zukünftigen Verkäufers, BGH NJW 1964, 1225), oder einem ArbN zur Verfügung gestellt wird, damit er seine Arbeitsstelle besser erreichen kann (LAG Mannheim NJW 1978, 1400). Wird die Leihsache beschädigt und war ihr Gebrauch durch Dritte nicht ausgeschlossen, so kann sich ggü dem Ersatzanspruch des Verleihers auch die Hilfsperson des Entleihers auf die Einrede der Verjährung berufen, wenn sie in den Schutzbereich des Leihverhältnisses einbezogen war (BGHZ 49, 278). Die Frist des § 606 gilt aber auch für den Regress des Versicherers, wenn ein Leihverhältnis vorliegt (Koblenz VersR 2012, 610). Sie gilt schließlich auch bei einer Beschädigung eines Vorführwagens – Probefahrt – (AG Halle NJW-RR 2004, 602). Bejaht man in diesen Fällen das Vorliegen einer Gefälligkeit, dann ist bei einer Beschädigung der Sache auf deliktische Ansprüche zurückzugreifen, nicht auf § 606 (Karlsruhe BeckRS 2003, 30313488). Zudem gilt die Frist des § 606 **nicht**, wenn ein Gefälligkeitsverhältnis vorliegt (Frankfurt VersR 2006, 918); aber auch dann nicht, wenn der ArbGeb 1 einen Schadensersatzanspruch ggü seinem ArbN geltend machen will, weil dieser schuldhaft den für private Zwecke entliehenen Pkw beschädigt hat (BAG NJW 1985, 759). Denn das **Arbeitsverhältnis** enthält keine einem Gebrauchsüberlassungsvertrag vergleichbare Gestaltung.

2 **a) Haftung während der Vertragsverhandlungen.** Beschädigt ein Kaufinteressent einen ihm vom Kfz-Händler zur Fahrt überlassenen Wagen während der Vertragsverhandlungen (Koblenz BeckRS 1999, 30971626), verjähren Schadensersatzansprüche des Händlers entspr den Regeln über die Verjährung bei Gebrauchsüberlassung in sechs Monaten von der Rückgabe des Wagens an, gleichgültig, ob gerade der Unfallwagen als Kaufgegenstand in Betracht kam und ob ein Angestellter des Händlers mitfuhr (BGH NJW 1968, 1472), und zwar auch dann, wenn der Wagen nicht dem Händler, wie der Kaufinteressent fälschlich annimmt, sondern einem Dritten gehört. Dabei ist es unerheblich, ob der Händler aus eigenem oder abgetretenem Recht des Dritten klagt (BGH NJW 1970, 1736). Bei Beschädigung eines als Leihgabe für eine Ausstellung überlassenen Kunstwerks verjähren Ersatzansprüche, die nicht auf Vernichtung oder Untergang der Leihsache beruhen, gem § 606 sechs Monate nach Rückgabe (Rostock NJOZ 2007, 4885). Ein verliehenes Kunstwerk ist nicht vernichtet oder untergegangen, wenn es körperlich zurückgegeben werden kann, obwohl durch eine Reparatur der ursprüngliche Zustand nicht mehr vollständig wiederherstellbar ist. Denn § 606 stellt nicht auf wirtschaftl Betrachtungsweisen ab, sondern darauf, ob die Sache noch körperlich vorhanden ist und zurückgegeben werden kann (Köln VersR 1997, 497f).

3 **b) Zerstörung der Leihsache.** Doch gilt die kurze Verjährung des § 606 dann nicht, wenn die entliehene Sache **zerstört** worden ist, so dass eine Rückgabe (im vertragsmäßigen Zustand) nicht mehr möglich ist. Daher gelten bei **Unmöglichkeit der Rückgewähr** die allg Verjährungsregeln der §§ 195, 199, soweit wegen des Untergangs oder der Zerstörung der Sache Ansprüche des Verleihers aus §§ 275, 281 in Betracht kommen (BGH NJW 1968, 692; Köln NJW 1997, 1157; Rostock NJOZ 2007, 4885, 4889). Die Abgrenzung zwischen einer Veränderung/Verschlechterung und der Unmöglichkeit der Rückgabe ist vor allem bei der Beschädigung von **Kunstwerken** schwer zu vollziehen (Köln NJW 1997, 1157 – Einbeulung einer Bronzefigur, Beschädigung der Patina beim Ausbeulen: Verschlechterung; Rostock NJOZ 2007, 4885, 4889 – Gipsmodell: Knabe auf einem Pferd, Nachmodellieren möglich: Beschädigung; Düsseldorf NJW 1990, 2000 – Zerknicken, Einreißen und Verunreinigungen mehrerer Gemälde: Beschädigung). Daraus folgt, dass eine Beschädigung und keine Zerstörung jedenfalls dann vorliegt, wenn eine Rückgabe noch möglich ist, und zwar unabhängig davon, ob eine Reparatur des Kunstwerks dieses wieder in den ursprünglichen Zustand zurückversetzt (Köln NJW 1997, 1157; Rostock NJOZ 2007, 4885, 4889). Ob auch ein wirtschaftl Totalschaden daher nur eine Verschlechterung darstellt, so dass auch dann die Frist des § 606 eingreift (so Staudinger/*Illmer* Rn 12), dürfte zweifelhaft sein, weil ein solches Ergebnis von einer wirtschaftl Betrachtung nicht getragen wird. Feststeht aber, dass im Fall des **Untergangs der Leihsache** § 606 nicht einschlägig ist (MüKo/*Häublein* Rn 3). Darunter fällt allerdings nicht der wirtschaftl Totalschaden (Hamm NJW-RR 1993, 215). Entscheidend für diese Differenzierung ist der Befund, dass es im Rahmen von § 606 auf die Möglichkeit ankommt, die Leihsache körperlich zurückgeben zu können (BGH NJW 1968, 694; Köln NJW 1997, 1157; Hamm NJW-RR 1993, 215).

4 **2. Verjährung – Ansprüche des Entleihers.** Die kurze Verjährung des § 606 gilt aber auch für Ansprüche des Entleihers, soweit diese auf Ersatz von **Verwendungen** oder darauf gerichtet sind, die **Wegnahme einer Einrichtung** zu gestatten. Der Begriff der Verwendung entspricht dem des § 994: Es muss sich um Vermögensaufwendungen handeln, welche der Entleiher aufgewandt hat und die zumindest auch der entliehenen Sache zugute gekommen sind (vgl § 601 Rn 1), wie etwa die Kosten einer Reparatur (BGHZ 34, 122). Im Blick auf die Gestattung des Verleihers, dass der Entleiher berechtigt ist, eine Einrichtung wieder wegzunehmen, sei auf die Vorschrift des § 601 II verwiesen (§ 601 Rn 6). Zu bedenken ist auch, dass diese kurze Verjährungsfrist auch auf **konkurrierende Ansprüche** angewandt wird, etwa solche aus Eigentum (BGH NJW 1970, 1736; BeckOK/*Wagner* Rn 1), aber auch aus §§ 812ff (BGH NJW 1967, 980) sowie aus Delikt (BGH NJW 1992, 2413).

5 **3. Verjährungsbeginn bei Leihe.** Der **Beginn der Verjährung** richtet sich nach § 548 I 2 und 3 und II. Also beginnt die Verjährung der in § 606 erfassten Ansprüche in dem Zeitpunkt, in welchem der Verleiher die verliehene Sache **zurückerhalten** hat (Koblenz r+s 2012, 19; Rostock NJOZ 2007, 4885 – Kunstwerk; BeckOGK/*Lohsse* Rn 6). Dies ist regelmäßig zu bejahen, wenn der Verleiher die tatsächliche Sachherrschaft wiedererlangt hat, wie dies im Mietrecht nach § 548 anerkannt ist (Grü/*Weidenkaff* § 548 Rn 11). Da auch § 548 I 3 anwendbar ist, verjähren die Ersatzansprüche des Verleihers zusammen mit dem Anspruch auf Rückgabe der verliehenen Sache (§ 604 Rn 6f). Da auch § 548 II anwendbar ist, kommt es im Blick auf die Verjährung der Ansprüche des Entleihers (§ 604 Rn 6) auf den Zeitpunkt der rechtl (§ 604 Rn 6), nicht der tatsächlichen Beendigung des Leihverhältnisses an (vgl für Miete BGH NJW 2008, 2256). Zu bedenken bleibt, dass der Herausgabeanspruch nach § 604 seinerseits der allg Verjährung des § 195 unterliegt. Daraus ist abzuleiten, dass der Anspruch aus S 2 spätestens in dem Zeitpunkt verjährt, in dem der Herausgabeanspruch seinerseits verjährt ist (BeckOGK/*Lohsse* Rn 7).

6 **4. Verjährungsbeginn bei sonstigen Ansprüchen. Alle anderen Ansprüche** – vorbehaltlich konkurrierender Ansprüche (Rn 4) – verjähren in der gewöhnlichen Frist der §§ 195, 199, so insb auch der Schadensersatzanspruch wegen Zerstörung der entliehenen Sache. Für den Anspruch auf Rückgewähr gilt die Sonderverjährung nach § 604 V (§ 604 Rn 6).

Titel 7
Sachdarlehensvertrag (§§ 607–610)

Vorbemerkung vor § 607

I. Schuldrechtsmodernisierungsgesetz. Während §§ 607ff aF vor dem Jahr 2002 neben dem Sachdarlehen auch das Gelddarlehen regelten, hat das SchuldRModG insoweit zu einer Trennung geführt: Der Gelddarlehensvertrag findet sich ausschließlich in §§ 488ff; hingegen beurteilt sich das Darlehen über andere vertretbare Sachen mit Ausnahme von Geld ausschließlich nach den Regeln über den Sachdarlehensvertrag der §§ 607ff (vgl auch Vor § 488 Rn 7). Durch die Beschränkung auf vertretbare – nicht Geld entspr – Sachen ist die praktische Bedeutung der §§ 607ff im Vergleich zur früheren Rechtslage gering. Sie beschränken sich neben der vertragstypologischen Festlegung in § 607 auf die Kündigungsregelung des § 608 und die Fälligkeit des Entgelts nach § 609. Die Möglichkeit zum Widerruf des Darlehensversprechens wegen Verschlechterung der Vermögensverhältnisse des Darlehensschuldners ist entfallen bzw in § 490 I aufgegangen. Im Gesetzgebungsverfahren wurde deshalb sogar in Erwägung gezogen, auf die Regelungen über das Sachdarlehen gänzlich zu verzichten. Mit Blick auf die immer noch vorhandene Relevanz des Sachdarlehens, insb in Bezug auf die sog Wertpapierleihe (dazu § 607 Rn 2), hat man hiervon jedoch Abstand genommen (BT-Drs 14/6040, 258). Einen bloßen Verweis auf die Vorschriften über das (Geld-)Darlehen hielt der Gesetzgeber ebenso wenig für angezeigt (BT-Drs 14/6040, 258). Die Vorschrift des § 607 II weist klarstellend auf das Konkurrenzverhältnis von Sach- und Gelddarlehen hin, indem sie die Vorschriften der §§ 607–609 auf Gelddarlehen ausdr für unanwendbar erklärt. Weitere Anwendungsfälle betreffen die Überlassung von Mehrwegverpackungen, sofern sie nicht als Rückkauf, Miete oder Leihe ausgestaltet sind (zu weiteren Bsp aus der Rspr für Sachdarlehen s BGH MDR 1985, 753). 1

II. Konsensualvertrag. Durch den unmissverständlichen Wortlaut des § 607 I kann auch der Sachdarlehensvertrag entspr der bereits früher hM zu § 607 aF nur als Konsensualvertrag verstanden werden. Für die Annahme eines Realvertrags bleibt kein Raum; zum (Geld-)Darlehen vgl Vor § 488 Rn 3. Soweit nicht Sondervorschriften (wie etwa für die Wertpapierleihe das DepotG) eingreifen, ist der Vertrag grds formfrei (BeckOGK/*Lohsse* § 607 Rn 49). 2

Inhaltlich sind die §§ 607ff den §§ 488ff angepasst: Auch der Sachdarlehensvertrag begründet (anders als nach früherem Recht) im Gegenseitigkeitsverhältnis stehende **Pflichten** der Vertragsparteien. Hauptpflichten iSd §§ 320ff sind die Pflicht des Darlehensgebers zur Überlassung der vertretbaren Sache (§ 607 I 1) und die des Darlehensnehmers zur Zahlung eines Darlehensentgelts (§ 607 I 2; zum Gelddarlehen vgl Vor § 488 Rn 3). Nicht im Gegenseitigkeitsverhältnis zur Überlassungspflicht des Darlehensgebers steht die Pflicht des Darlehensnehmers zur Rückerstattung von Sachen gleicher Art, Güte und Menge bei Fälligkeit (BFH ZIP 2022, 1106 Rn 32). Ebenso wie der (Geld-)Darlehensvertrag begründet der Sachdarlehensvertrag ein Dauerschuldverhältnis. 3

III. Abgrenzung. Das Sachdarlehen ist insb von Leihe, Miete und Kauf abzugrenzen. Bei der **Leihe** iSd §§ 598ff ist nicht eine vertretbare Sache gleicher Art, Güte und Menge, sondern dieselbe durch den Verleiher überlassene Sache zurückzugeben. Während das Sachdarlehen grds entgeltlich ist (Rn 3), bleibt die Leihe gem § 598 zwingend unentgeltlich, was sie wiederum ggü der Miete abgrenzt. Zudem ist ein Leihvertrag auch bei einer nicht vertretbaren Sache iSd § 91 zulässig. Von der **Miete** (§ 535) grenzt sich das Sachdarlehen dadurch ab, dass hier (ebenso wie bei der Leihe) dieselbe nicht zwingend vertretbare Sache zurückzugeben ist. Das Sachdarlehen unterscheidet sich vom **Kauf** (§ 433) dadurch, dass der Käufer nicht verpflichtet ist, eine Sache gleicher Art, Güte und Menge zurückzuerstatten. Jedoch ist beiden Vertragstypen gleich, dass jew eine Übereignung der Sache stattfindet, der Käufer/Darlehensnehmer also Eigentum an der Sache erwirbt. 4

§ 607 Vertragstypische Pflichten beim Sachdarlehensvertrag

(1) Durch den Sachdarlehensvertrag wird der Darlehensgeber verpflichtet, dem Darlehensnehmer eine vereinbarte vertretbare Sache zu überlassen. Der Darlehensnehmer ist zur Zahlung eines Darlehensentgelts und bei Fälligkeit zur Rückerstattung von Sachen gleicher Art, Güte und Menge verpflichtet.
(2) Die Vorschriften dieses Titels finden keine Anwendung auf die Überlassung von Geld.

I. Aufbau. In Anlehnung an § 488 I beschreibt **Abs I** die **Hauptpflichten** der Vertragsparteien beim Sachdarlehensvertrag (BT-Drs 14/6040, 259). **Abs II** stellt klar, dass die Vorschriften über das **Sachdarlehen nicht für das Gelddarlehen** Anwendung finden. 1

II. Sachdarlehen. Als Gegenstand des Sachdarlehensvertrags kommen nur **vertretbare Sachen** in Betracht. Dies sind körperliche Gegenstände (§ 90), die im Verkehr nach Zahl, Maß oder Gewicht bestimmt zu werden pflegen (§ 91). Nicht hierunter fällt gem § 607 II die Überlassung von Geld, auch nicht in ausländischer Währung. Zu den Sachen gehören auch Wertpapiere wie Aktien (so auch BGH NJW-RR 2009, 828) und Inhaberschuldverschreibungen, selbst wenn diese Wertpapiere gem §§ 5f DepotG girosammelverwahrt und somit nur mittelbar verkörpert sind, da es zu einer Überlassung der verbrieften körperlichen Urkunde nicht mehr kommt (BT-Drs 14/6040, 259). Dennoch muss das Wertpapier in Abgrenzung zur Leihe/Miete übereignet werden (Vor § 607 Rn 4), was insb bei einer **Wertpapierleihe** stets der Fall sein wird, damit der Darlehensnehmer sich 2 durch die Weiterübereignung der Wertpapiere finanzieren kann (Überbl bei *Haarmann* BB 2018, 1623; *Anzinger* StuW 2022, 194ff). In einem vorbestimmten Zeitpunkt sind Wertpapiere gleicher Art auf den Darlehensgeber zurück zu übertragen und diesem idR eine Provision zu zahlen. Der Begriff der Leihe dient dabei in der Vertragspraxis durchaus der Kennzeichnung leihetypischer Elemente wie der Zuweisung der Früchte des übertragenen Gegenstandes an den Darlehensgeber (*Anzinger* StuW 2022, 194, 196), wobei diese vom Entgelt zu unterscheiden sind (BFH ZIP 2022, 1106 Rn 37). Stimmrechte und Verfügungsbefugnis liegen dagegen beim Entleiher. Abzugrenzen ist die Wertpapierleihe von Pensionsgeschäften bzw Repurchase Agreements (Repo-Geschäften), bei denen es sich um einen Kauf mit Rückübertragungsverpflichtung bzw (beim unechten Pensionsgeschäft) ein entspr Andienungsrecht des Käufers handelt. Maßgebliches Kriterium ist dabei neben der gewählten Bezeichnung die Verpflichtung, Wertänderungen durch Stellung zusätzlicher Sicherheiten auszugleichen.

3 Bei nicht körperlichen Gegenständen begegnet das **Problem der fehlenden Sacheigenschaft** (§ 90). Darüber mag bei Wertpapieren, die in ein Kryptowertpapierregister eingetragen sind, § 4 III eWpG hinweghelfen. Allerdings erfasst der Wertpapierbegriff des eWpG bislang nur Schuldverschreibungen auf den Inhaber und damit eine Eigenschaft, die **Kryptowerten** mangels Rechtsverkörperung fehlt (*Röß* NJW 2021, 3751, 3753). Jedoch verhält es sich bereits bei der Wertpapierleihe so, dass nur mittelbar, nämlich durch eine Globalurkunde, verkörperte Gegenstände gewährt werden. Berücksichtigt man sodann, dass mit dem Tatbestandsmerkmal der vertretbaren Sache weniger an ihre Körperlichkeit als an ihre Handel- und Verkehrsfähigkeit angeknüpft werden sollte und stellt dabei nicht zwingend auf die Möglichkeit des gutgläubigen Erwerbs ab, spricht nichts dagegen, Kryptowährungen wegen der fehlenden Sacheigenschaft die Eignung als Gegenstand des Sachdarlehens abzusprechen (so auch iE *Röß* aaO). Sitz des Problems ist eher die vertragstypologische Zuordnung zwischen Geld- und Sachdarlehen, bei der es im Kern um die Entscheidung der Frage geht, welches Schutzniveau dem Darlehensnehmer zu Teil werden soll (aus diesem Grund für die Annahme eines Gelddarlehen *Röß* aaO 3755f).

4 In Betracht kommt als Gegenstand des Sachdarlehens je nach Einzelfall auch die Überlassung von **Mehrweg-Verpackungen** wie Flaschen, Kisten, Säcke, Paletten (BGH NJW 2007, 2912; Hamm TranspR 2000, 332f; *Weber* NJW 2008, 948; BeckOGK/*Lohsse* Rn 24-34, aA hins des Palettentauschs Rn 43), Container usw (BT-Drs 14/6040, 259). Wegen **Pfandbriefdarlehen**, Hingabe von Pfandbriefen zur Verwertung (Verkauf) durch den Darlehensnehmer und Rückgabe gleicher Stücke vgl BGH WM 1963, 430; RGZ 79, 124; Hamm MDR 1951, 170 m Anm *Classen* und *Reinicke*.

5 **III. Pflichten der Parteien.** Der Darlehensgeber hat nach Abs I S 1 die Hauptpflicht, dem Darlehensnehmer die vereinbarte Sache zu überlassen, während der Darlehensnehmer die Hauptpflichten zur Zahlung eines Darlehensentgelts sowie zur Rückerstattung von Sachen gleicher Art, Güte und Menge hat. Sofern der Charakter des Sachdarlehens erhalten bleibt, ist eine Abbedingung dieser Pflichten – insb der Zahlungspflicht des Darlehensnehmers – auch durch AGB uneingeschränkt möglich.

6 **1. Pflichten des Darlehensgebers, Abs I S 1.** Die **Überlassung einer vertretbaren Sache** setzt aus Gründen der Abgrenzung zwingend die **Übereignung** dieser Sache zur freien oder vertraglich vereinbarten Verwendung voraus. Findet eine Übereignung nicht statt, liegt kein Sachdarlehen, sondern je nach Vereinbarung eines Entgelts Miete oder Leihe vor. Wie beim (Geld-)Darlehen löst erst die Überlassung die Zahlung des Darlehensentgelts durch den Darlehensnehmer sowie seine Rückerstattungspflicht nach § 607 I 2 aus (vgl § 488 Rn 7). Ungeklärt ist die Frage der fehlenden Eigentumsfähigkeit, allerdings wird man zumindest bei Kryptowerten die Übertragung in der Blockchain (bzw jeweiligen Wallet) ausreichen lassen, weil sich hier keine Abgrenzungsfragen stellen (so auch *Röß* NJW 2021, 3751, 3754).

7 **2. Pflichten des Darlehensnehmers, Abs I S 2.** Der Darlehensnehmer ist zur Zahlung des vereinbarten **Darlehensentgelts** verpflichtet (Hs 1). Näheres zur Fälligkeit regelt § 609. Die Entgeltlichkeit ist (ggf auch stillschweigend) abdingbar bzw bedarf bei Gegenständen mit entgegenstehender Verkehrssitte (wie zT bei Mehrwegverpackungen) uU der ausdr Vereinbarung. Die Pflicht des Darlehensnehmers nach Hs 2 zur **Rückerstattung** von Sachen gleicher Art, Güte und Menge bei Fälligkeit setzt voraus, dass er zuvor an Sachen gleicher Art, Güte und Beschaffenheit Besitz und Eigentum erlangt und ihm dadurch die Sache – wie beim Kauf – übereignet wird. Die Sachen müssen frei von Sach- und Rechtsmängeln sein. §§ 434ff und § 377 HGB finden grds entspr Anwendung (näher MüKo/*Berger* Rn 34f). Die Fälligkeit der Rückerstattung richtet sich bei einem auf bestimmte Zeit geschlossenen Vertrag nach der Vereinbarung und setzt bei einem auf unbestimmte Zeit geschlossenen Vertrag die Kündigung nach § 608 voraus.

§ 608 Kündigung

(1) Ist für die Rückerstattung der überlassenen Sache eine Zeit nicht bestimmt, hängt die Fälligkeit davon ab, dass der Darlehensgeber oder der Darlehensnehmer kündigt.

(2) Ein auf unbestimmte Zeit abgeschlossener Sachdarlehensvertrag kann, soweit nicht ein anderes vereinbart ist, jederzeit vom Darlehensgeber oder Darlehensnehmer ganz oder teilweise gekündigt werden.

1 **I. Zweck.** Die ausschließlich das Sachdarlehen betreffende Vorschrift übernimmt in **Abs I** die Fassung des früheren § 609 I aF, die inhaltlich der (Geld-)Darlehensregelung des § 488 III 1 entspricht. Für auf unbestimmte Zeit abgeschlossene Sachdarlehensverträge normiert **Abs II** ein beidseitiges ordentliches Kündigungsrecht (BT-

Drs 14/6040, 259). Ohne ein solches ordentliches Kündigungsrecht wäre der Sachdarlehensvertrag als Dauerschuldverhältnis nur aus wichtigem Grund nach § 314 außerordentlich kündbar.

II. Kündigung und Fälligkeit der Rückerstattung. Soweit die Fälligkeit des Rückerstattungsanspruchs nicht aufgrund des auf bestimmte Zeit geschlossenen Vertrags feststeht, beurteilt sie sich bei einem auf **unbestimmte Zeit** gewährten Sachdarlehen nach § 608 und ist von einer **Kündigung** (**Abs I**) des Darlehensgebers oder des Darlehensnehmers abhängig. 2

Gerade für den Bereich der Sachdarlehen wollte der Gesetzgeber eine schnelle Rückgabemöglichkeit schaffen (BT-Drs 14/6040, 259). Die Regelung des **Abs II**, die ein **jederzeitiges** gänzliches oder teilw **Kündigungsrecht** vorsieht, findet deshalb keine Entsprechung im (Geld-)Darlehensrecht. Für das Sachdarlehen wäre die dort vorgesehene dreimonatige Kündigungsfrist (§ 488 III 2) nicht interessengerecht. Lediglich bei unentgeltlichen (Geld-)Darlehen ist der Darlehensnehmer auch ohne Kündigung nach § 488 III 3 zur Rückerstattung berechtigt. 3

Die **Kündigungserklärung** führt dazu, dass die Rückerstattungspflicht des Darlehensnehmers gem § 607 I 2 Hs 2 zum Kündigungstermin **fällig** wird. Da § 608 – anders als § 488 III 2 beim (Geld-)Darlehen – keine gesetzl Kündigungsfrist vorsieht, bedarf es grds keiner Frist zw Kündigungserklärung und Kündigungstermin. Aus diesem Grund und wegen Fehlens eines Ausschlusses der Kündigung bei weiterer Nutzung wie beim Gelddarlehen (§ 489 III) wird die Kündigung bei fehlender gegenteiliger Vereinbarung gem § 130 sofort im Zeitpunkt ihres Zugangs wirksam. Die Regelung des Abs II ist dispositiv; hiervon abw Vereinbarungen sind dem Wortlaut nach ausdr zulässig. 4

§ 609 Entgelt

Ein Entgelt hat der Darlehensnehmer spätestens bei Rückerstattung der überlassenen Sache zu bezahlen.

§ 609 regelt die **Fälligkeit des Darlehensentgeltes** und lehnt sich an § 608 aF bzw für das (Geld-)Darlehen an § 488 II an. Ein Unterschied besteht aber insoweit, als § 609 zum einen nicht auf Zinsen als Entgelt beschränkt ist und andererseits das Entgelt im Zweifel nicht nach dem Ablauf eines Jahres, sondern grds spätestens **bei Rückerstattung** von Sachen gleicher Art, Güte und Menge fällig wird. Damit drückt der Gesetzgeber zugleich aus, dass die Rückerstattung der spätestens mögliche Fälligkeitszeitpunkt ist und der Sachdarlehensnehmer berechtigt ist, das Entgelt früher zu leisten (BT-Drs 14/6040, 259). Die Vorschrift des § 609 ist **abdingbar**, so dass die Vertragsparteien anderweitige Fälligkeits- und Erbringbarkeitsregelungen nach § 271 II treffen können. Gerade bei Sachdarlehensverträgen, wie bspw der Überlassung von Mehrweg-Verpackungen, kann sich aus der Verkehrssitte eine stillschw Abbedingung der Entgeltlichkeit des Sachdarlehens ergeben. Zum Grundsatz der Entgeltlichkeit des Sachdarlehens vgl Vor § 607 Rn 3. 1

§ 610 (weggefallen)

Titel 8
Dienstvertrag und ähnliche Verträge (§§ 611–630h)[1]

Untertitel 1

Dienstvertrag (§§ 611–630)

§ 611 Vertragstypische Pflichten beim Dienstvertrag

(1) Durch den Dienstvertrag wird derjenige, welcher Dienste zusagt, zur Leistung der versprochenen Dienste, der andere Teil zur Gewährung der vereinbarten Vergütung verpflichtet.

(2) Gegenstand des Dienstvertrags können Dienste jeder Art sein.

I. Allgemeines. 1. Dienstvertrag und Dienstverhältnis. Der Dienstvertrag iSd § 611 ist ein schuldrechtl Vertrag, durch den sich der Dienstnehmer zu einer idR **entgeltlichen Tätigkeit für den Dienstgeber** verpflichtet, ohne die Gewähr für einen bestimmten Erfolg zu übernehmen. Dienst oder Arbeit iSd §§ 611ff ist jede Tätigkeit für einen anderen zur Förderung von dessen wirtschaftl oder ideellen Zwecken (BAG AP 33 § 5 BetrVG; EzA 1

1 **Amtl Hinweis:** Dieser Titel dient der Umsetzung
1. der RL 76/207/EWG des Rates vom 9.2.1976 zur Verwirklichung des Grundsatzes der Gleichbehandlung von Männern und Frauen hinsichtlich des Zugangs zur Beschäftigung, zur Berufsbildung und zum beruflichen Aufstieg sowie in Bezug auf die Arbeitsbedingungen (ABl EG Nr L 39, 40) und
2. der RL 77/187/EWG des Rates vom 14.2.1977 zur Angleichung der Rechtsvorschriften der Mitgliedstaaten über die Wahrung von Ansprüchen der Arbeitnehmer beim Übergang von Unternehmen, Betrieben oder Betriebsteilen (ABl EG Nr L 61, 26).

§ 611 Arbeitnehmerbegriff Nr 36 betr Sport lässt nur wirtschaftl Zwecke gelten). Das Dienstvertragsrecht ist in der jüngeren Vergangenheit differenzierter kodifiziert worden. Neben die traditionellen Erscheinungsformen des selbständigen „freien" Dienstvertrags, des nunmehr in § 611a definierten Arbeitsvertrags und des arbeitnehmerähnlichen Dienstvertrags (Rn 7) ist noch der Behandlungsvertrag (§§ 630a ff) getreten. Diese Vielfalt spiegelt sich auch im normativen Referenzrahmen wider. Teile der §§ 611ff gelten für alle Formen des Dienstvertrags (etwa §§ 612, 613, 615 I, II, §§ 616ff), andere als Spezialvorschriften nur für Arbeitsverträge (zB §§ 613a, 615 S 3, §§ 619a, 622 f) und wieder andere nur für Dienstverträge, die keine Arbeitsverträge sind (zB §§ 621 und 627). Hinzu treten, wenn sog Dienste „höherer Art" geschuldet sind, noch die Regelungen des Rechts der Geschäftsbesorgung.

2 Dienstvertrag und Dienstverhältnis verhalten sich wie Ursache und Wirkung. Der Dienstvertrag begründet das Dienstverhältnis, dh das Rechtsverhältnis zw Dienstgeber und Dienstnehmer, dessen Inhalt durch den Vertrag, aber auch durch Gesetz, Kollektivverträge, einseitige Leistungsbestimmung sowie Taxen festgesetzt wird. Änderungen des Dienstvertrags führen zu einer veränderten Ausgestaltung, idR aber nicht zu Beendigung und Neubeginn des Dienstverhältnisses.

3 **2. Übersicht über mögliche Dienst- und Beschäftigungsverhältnisse.** Das BGB stellt verschiedene Vertragstypen zur Verfügung, in deren Rahmen Dienstleistungen erbracht werden können. Grund- und Auffangtatbestand ist der Dienstvertrag. Von ihm unterscheidet sich der Werkvertrag (§ 631) durch die vertragl Gewähr eines bestimmten Erfolges, der Auftrag (§ 662) durch die Unentgeltlichkeit, die GbR (§§ 705, 706 III) durch die Verfolgung eines gemeinsamen Zwecks und der Maklervertrag (§ 652) durch eine spezielle Erfolgsbezogenheit. Dienstleistungen können auch als Vereinsbeiträge erbracht werden (Rn 26ff). Das Familienrecht regelt in §§ 1360, 1619 ausdrückl nur gesetzl Dienstleistungspflichten unter Ehegatten und von Kindern ggü Eltern, doch können auch vertragl Vereinbarungen über Dienstleistungen in diesem Personenkreis familienrechtl Charakter haben (Rn 33ff). Dienstleistungen können ferner Gegenstand gemischter Verträge sein, insb wenn die Pflicht zur Überlassung einer Sache mit Dienstleistungen kombiniert wird (s Rn 17f).

4 Außerhalb des BGB enthalten zahlreiche privatrechtl Gesetze Sonderregelungen für den selbständigen Dienstvertrag und den Arbeitsvertrag, aber keinen Grundtyp des Vertrags über Dienstleistungen, der nicht auch schon im BGB enthalten wäre. Daneben stehen verschiedenartige öffentlich-rechtl Beschäftigungsverhältnisse (Rn 36f). Atypische Verträge, deren Hauptgegenstand eine Verpflichtung zu entgeltlicher Dienstleistung ist, dürften nicht bestehen. Im BGB nicht geregelt ist dagegen der Dienstverschaffungsvertrag, der den Schuldner nicht zur Erbringung eigener, sondern zur Verschaffung fremder Dienste verpflichtet. Ein wichtiger Sonderfall ist im AÜG geregelt (§ 611a Rn 76ff, auch zu sonstigen Fällen der Dienstverschaffung).

5 **3. Selbständige und unselbständige Beschäftigung.** Das vorwiegend nach dem Vertragsinhalt gegliederte System des BGB ist durch die nach seinem Inkrafttreten entwickelte Unterscheidung selbständiger, persönlich abhängiger und wirtschaftl abhängiger Tätigkeiten erheblich verändert worden, insb durch die Unterscheidung von selbständigen Dienstverträgen und Arbeitsverträgen. Die Begriffe Arbeitsverhältnis, ArbN usw waren in der ursprünglichen Fassung des BGB nicht enthalten (Planck/*André* BGB[3] 1907, Anm I 2). Bei der Abgrenzung geht es nicht um Inhalt, Zweck oder Erfolg der Dienstleistung, sondern um die Art und Weise ihrer Erbringung und die wirtschaftl Stellung des Leistenden. Die wesentlichen Abgrenzungsmerkmale sind hier die Selbständigkeit bzw die persönliche und/oder die wirtschaftl Abhängigkeit. Sie dienen vor allem zur Unterscheidung zw selbständigen Dienstnehmern, ArbN und arbeitnehmerähnlichen Personen (§ 611a Rn 6ff, 89ff). Die Unterscheidung zw selbständiger und unselbständiger Tätigkeit wird aber auch auf den Werkvertrag bezogen (Rn 19ff). Auch bei Dienstleistungen im Rahmen von Gesellschaftsverträgen und Aufträgen spielt sie eine Rolle (Rn 26ff). Eine umfassende, für alle Vertragstypen und Rechtsgebiete maßgebliche Definition von **Selbständigkeit** bzw Abhängigkeit einer Tätigkeit gibt es nicht.

6 Eine Tätigkeit kann persönlich und/oder wirtschaftl abhängig erbracht werden. Die **persönliche Abhängigkeit** beruht auf Weisungsgebundenheit oder sonstiger Eingliederung des Dienstleistenden. Dies wird durch § 611a I bestätigt. Auch nach st Rspr des BAG (NZA 2019, 1411; Einzelheiten § 611a Rn 6ff) ist ArbN, wer Dienstleistungen in einer von Dritten bestimmten Arbeitsorganisation erbringt. Die Eingliederung in die fremde Arbeitsorganisation zeigt sich insb darin, dass der ArbN hinsichtl Zeit, Raum und Ort der Ausführung der versprochenen Dienste einem umfassenden Weisungsrecht unterliegt.

7 Lediglich **wirtschaftl Abhängigkeit** liegt vor, wenn der Beschäftigte zwar persönlich unabhängig, dh in der Ausführung der Arbeit frei, aber für seinen Lebensunterhalt auf die Einkünfte aus der Beschäftigung angewiesen und sozial schutzbedürftig ist. Für das Tarifvertragsrecht enthält § 12a TVG eine Regelung, die den Begriff der wirtschaftl Abhängigkeit erschließen lässt. Hier ist die Rede von Personen, die wirtschaftl abhängig und vergleichbar einem ArbN sozial schutzbedürftig sind (arbeitnehmerähnliche Personen), wenn sie aufgrund von Dienst- oder Werkverträgen für andere Personen tätig sind, die geschuldeten Leistungen persönlich und im Wesentlichen ohne Mitarbeit von ArbN erbringen und a) überwiegend für eine Person tätig sind oder b) ihnen von einer Person im Durchschnitt mehr als die Hälfte des Entgelts zusteht, das ihnen für ihre Erwerbstätigkeit insg zusteht; ist dies nicht voraussehbar, so sind für die Berechnung, soweit im Tarifvertrag nichts anderes vereinbart ist, jew die letzten sechs Monate, bei kürzerer Dauer der Tätigkeit dieser Zeitraum maßgebend.

8 In § 1 II 2 HAG ist geregelt, wie für den Bereich dieses Gesetzes die wirtschaftl Abhängigkeit festzustellen ist, aus der die Schutzbedürftigkeit für die Gleichstellung mit Heimarbeitern abgeleitet wird. Dabei sind insb die Zahl

der fremden Hilfskräfte, die Abhängigkeit von einem oder mehreren Auftraggebern, die Möglichkeiten des unmittelbaren Zugangs zum Absatzmarkt, die Höhe und die Art der Eigeninvestitionen sowie der Umsatz zu berücksichtigen.

Andere Vorschriften wie § 2 BUrlG, § 5 I 2 ArbGG (vgl auch § 2 II Nr 3 ArbSchG, § 92a HGB) verwenden den Begriff der wirtschaftl Unselbständigkeit (dazu *Hromadka* NZA 1997, 569), ohne ihn näher zu definieren (Einzelheiten § 611a Rn 91). 9

4. Rechtsformzwang. Für die Abgrenzung des Dienstvertrags und der Dienstvertragsarten besteht Rechtsformzwang (BAG in st Rspr, s BAG AP § 611 Abhängigkeit, ausdrückl Nr 43; ähnl BGH NJW 1999, 639; *Fenn*, FS Bosch, 1976, 171). Die rechtl Einordnung von Beschäftigungsverhältnissen steht nicht zur Disposition der Beteiligten, sondern ist aufgrund der obj Merkmale der verschiedenen Vertragstypen vorzunehmen. Vertragsrecht ist vielfach zwingendes Recht, das nicht durch eine unzutr Einordnung umgangen werden darf. Dies gilt insb für den Arbeitsvertrag, ebenso für alle anderen Vertragsverhältnisse, weil deren gesetzl Regelung nach §§ 305ff weitgehend zwingende Wirkung erhalten hat. § 306a enthält ein ausdrückl Umgehungsverbot. Auch der Tarifvertrag kann nicht selbständig festlegen, wer ArbN ist (BAG AP 26 § 611 Abhängigkeit). Grds erfolgt die rechtl Beurteilung des Vertragsverhältnisses aufgrund der tatsächlichen Durchführung des Vertrags durch die Parteien, s § 611a I 6. 10

Trotz des Rechtsformzwanges haben die Parteien vielfältigen **Einfluss auf die Einordnung des Vertragsverhältnisses**. Nach der Rspr ist der Rechtsformzwang eingeschränkt, wenn die Parteien ein Arbeitsverhältnis vereinbaren; das Rechtsverhältnis sei dann als solches einzuordnen (BAG AP 1 § 611 Freier Mitarbeiter). Ggü Dritten kann das nicht gelten (§ 613a Rn 42). Jedenfalls sind die von den Parteien vereinbarten Rechte und Pflichten, soweit ernsthaft gewollt und durchgeführt, der Einordnung zugrunde zu legen. Auch in Grenzfällen soll die vertragl Zuordnung entscheiden (BAG AP 7, 12 § 611 Abhängigkeit; EzA § 611 Arbeitnehmerbegriff Nr 36; krit *Hilger* RdA 1989, 6f). Dabei kommt es nach der Rspr maßgeblich auf die Eigenart der zu verrichtenden Tätigkeit an. Bestimmte Tätigkeiten könnten regelmäßig nur im Rahmen eines Arbeitsverhältnisses verrichtet, andere Tätigkeiten könnten sowohl von ArbN wie von selbständigen Dienstnehmern ausgeübt werden (BAG AP 69 § 611 Abhängigkeit mN). Diese typologische Betrachtungsweise (BAG NZA 2010, 877) wurde vom BVerfG zur gleichliegenden Frage des sozialversicherungsrechtl Beschäftigungsverhältnisses in § 7 I SGB IV bestätigt (BVerfG AP 82 § 611 Abhängigkeit). 11

Auf die Durchführung des Vertrags durch die Parteien ist insb abzustellen, wenn eine Person zugleich als ArbN und selbständiger Mitarbeiter für denselben Unternehmer tätig ist. Ein derartiger Doppelstatus birgt die Gefahr der unklaren Abgrenzung. Nach der Rspr ist er dennoch grds zulässig, wenn die Person zwei rechtl unterschiedlich zu bewertende Teiltätigkeiten erbringt (BAG AfP 1995, 693; BFHE 85, 557; ähnl *Rumpenhorst* NZA 1993, 1067; anders wohl BAG AP 3 § 92 HGB). Zutr ist, dass sich der ArbN um einen freien Dienstvertrag wie jeder Dritte bewerben können muss. Allerdings ist zumindest der Abschluss zweier getrennter Verträge erforderlich. 12

Fraglich ist, ob ein Wechsel in den faktischen Beziehungen der Parteien zu einem Statuswechsel führt. Ein Wechsel vom ArbN zum Selbständigen bedarf nach der Rspr des BAG wegen der weitreichenden Folgen für den bisherigen ArbN einer klaren Vereinbarung durch die Parteien (BAG AP 1 § 611 Freier Mitarbeiter; NZA 1997, 194). Dies betrifft Fälle, in denen zunächst ein Arbeitsvertrag vereinbart war. Anders liegt es, wenn jemand nur durch den faktischen Vollzug zum ArbN wurde; dann muss dies durch den gegenteiligen Vollzug wieder entfallen. Schutzüberlegungen greifen beim umgekehrten Wechsel vom Selbständigen zum ArbN nicht. Nach Ansicht des BGH (NJW 1999, 639) ist ein Wechsel vom selbständigen nebenberuflichen zum selbständigen hauptberuflichen Versicherungsvertreter einverständlich erfolgt, wenn das Versicherungsunternehmen die hauptberuflichen Dienste widerspruchslos annimmt. 13

Eine **falsche Einordnung des Beschäftigungsverhältnisses durch die Parteien** ist unbeachtlich. Sie führt nicht zur Nichtigkeit des Vertrags, sondern zu dessen obj richtiger Einordnung (§ 611a I 6; BAG AP 17 § 611 Abhängigkeit; NZA 2013, 1348) nicht nur in einem faktischen Arbeitsverhältnis (*Keller* NZA 1999, 1311). Diese kann aber den Wegfall der Geschäftsgrundlage und damit die Anpassung oder Kündigung des Vertrags begründen, wenn die obj Rechtslage einer Partei unzumutbar ist (BAG AP 7 § 242 Geschäftsgrundlage). 14

Wird durch rechtskräftige Entscheidung rückwirkend festgestellt, dass die Einordnung des Beschäftigungsverhältnisses als freies Mitarbeiterverhältnis falsch war und wurde keine Vergütungsabrede getroffen, entspricht die Höhe des tariflich zu zahlenden Arbeitsentgelts der (ggf erheblich geringeren) eines ArbN (BAG AP 55 § 612). Wurde eine Vergütungsabrede getroffen, ist diese auszulegen; ggf greifen die Grundsätze über den Wegfall der Geschäftsgrundlage (§ 313; *Reinecke* DB 1998, 1282). Zur Rückforderung von Sozialversicherungsbeiträgen BAG BAGRp 2002, 31f. Dasselbe gilt, wenn der Rentenversicherungsträger die Versicherungspflicht und damit die ArbN-Eigenschaft feststellt (*Hanau/Peters-Lange* NZA 1998, 785). 15

Die Geltendmachung einzelner Rechte aus dem Arbeitsverhältnis kann als widersprüchliches Verhalten nach den Grundsätzen des Rechtsmissbrauchs unzulässig sein, wenn der ArbN in eigenem Interesse auf sog freier Mitarbeit bestanden hatte (BAG AP 35, 36 § 242 Unzulässige Rechtsausübung; ZTR 2000, 32; *Reinecke* DB 1998, 1282 auch zur Verwirkung). Der Rechtsformzwang geht nicht so weit, dass die Parteien ein bestimmtes Rechtsverhältnis vereinbaren müssen, auch wo ihre Beziehungen so gestaltet werden können, dass die Voraussetzungen für ein anderes Rechtsverhältnis vorliegen. Das BAG (AP 12 § 611 Abhängigkeit) hat angenommen, dass ein Dienstverhältnis, das als Arbeitsverhältnis gestaltet werden könnte, auch als solches vereinbart werden müsse, 16 wenn nicht ein sachlicher Grund für die Beschäftigung aufgrund eines selbständigen oder nur wirtschaftl abhängigen Rechtsverhältnisses vorliegt. Dies ist unzutr, weil die Rechtsordnung für die Beschäftigung einer Person verschiedene Vertragstypen zur Wahl stellt. Die Parteien können zwar nicht über die rechtl Qualifikation ihres Vertragsverhältnisses, wohl aber darüber frei bestimmen, ob sie es selbständig, persönlich abhängig oder wirtschaftl abhängig, mit oder ohne Erfolgsgarantie usw ausgestalten wollen (BAG EzA § 611 Arbeitnehmerbegriff Nr 36). Soweit solche Vereinbarungen ernsthaft durchgeführt werden, sind sie rechtl anzuerkennen. Unbeachtlich sind vertragl Vereinbarungen nur, wenn das tatsächliche Verhalten von den Vereinbarungen abweicht (§ 611a I 6; BAG AP 73 § 611 Abhängigkeit mN).

17 **II. Abgrenzung von anderen Rechtsverhältnissen. 1. Miete und Pacht.** Miete und Pacht berühren sich mit dem Dienstvertrag, wenn dem einen Vertragspartner von dem anderen ein Gegenstand überlassen wird, mit dem er tätig sein soll. So liegt es bei einem Tankstellenverwaltervertrag, wenn, wie üblich, die Tankstelle von dem Unternehmen zur Verfügung gestellt wird. Hier ist ein Arbeitsvertrag anzunehmen, wenn die diesen kennzeichnende persönliche Abhängigkeit gegeben ist (BAG AP 37 § 611 Abhängigkeit betr Pacht einer Bundeswehrkantine). Ein Arbeitsvertrag ist ebenfalls anzunehmen, wenn eine Telefonistin aufgrund eines „Handelsvertreter-" und „Mietvertrags" in persönlicher Abhängigkeit tätig wird. Fehlt eine so weitgehende Abhängigkeit, liegt ein aus dienst- und mietvertragl Elementen gemischter Vertrag vor.

18 Der Beherbergungsvertrag ist Mietvertrag mit untergeordneten dienstvertragl Elementen (Vor § 535 Rn 27). Bei den Heimverträgen hängt das Verhältnis miet- und dienstvertragl Elemente von dem Ausmaß der vertragsmäßigen Pflege ab (BGH NJW 1989, 1673), wenngleich dieser Frage nach der Änderung des HeimG (BGBl I 1990, 758) geringere Bedeutung zukommt (*Wiedemann* NJW 1990, 2238).

19 **2. Werkverträge (§ 631).** Werkverträge werden idR mit selbständigen Unternehmern geschlossen. Doch ist bei der Abgrenzung auch der unselbständige Werkvertrag mit wirtschaftl unselbständigen Personen zu berücksichtigen.

20 Der selbständige Werkvertrag unterscheidet sich vom selbständigen Dienstvertrag durch die Übernahme einer vertragl Garantie für einen bestimmten Erfolg der vertragl Tätigkeit (BAG NZA 2013, 1348). Alle Tätigkeiten, über die ein Werkvertrag abgeschlossen werden kann, können auch Gegenstand eines Dienstvertrags sein. ZB werden Architektenverträge heute generell als Werkverträge eingestuft (BGHZ 31, 224; 43, 227; 62, 204; 82, 100; BGHRp 2002, 149f), was nunmehr durch die §§ 650p ff klargestellt ist. Jedoch sind Architekten nicht gehindert, durch Ausschluss einer Erfolgsgarantie vom Werk- zum Dienstvertragsrecht überzugehen. Umgekehrt können auch Ärzte, deren Tätigkeit heute als Dienstvertrag eingestuft wird, eine Erfolgsgarantie übernehmen (Vor § 631 Rn 13; vgl auch Vor § 535 Rn 46 betr Automatenaufstellvertrag).

21 Bei der Vereinbarung eines Dienstvertrags anstelle des sonst üblichen Werkvertrags kann fraglich sein, ob die jew Gebührenordnungen einen Werkvertrag voraussetzen oder auch für Dienstverträge gelten. Die Honorarordnung für Architekten und Ingenieure (HOAI) gilt für Leistungen dieser Berufsgruppe. Sie fordert als öffentliches Preisrecht keine bestimmte Auslegung der vertragl Vereinbarungen iS ihrer werkvertragl Tatbestände (BGH NJW 1997, 586).

22 Während jede Tätigkeit, über die ein Werkvertrag abgeschlossen werden kann, zum Gegenstand eines Dienstvertrags gemacht werden kann, gilt nicht umgekehrt, dass über jede Tätigkeit ein Werkvertrag abgeschlossen werden kann. Denn es gibt Tätigkeiten, bei denen es aus tatsächlichen oder rechtl Gründen unmöglich ist, einen Erfolg zu garantieren. Dies gilt zB für die Vermittlung eines „Wunsch- oder Idealpartners" (BGHZ 106, 341; Karlsruhe NJW 1985, 2035).

23 Mit dem Status eines Werkunternehmers unvereinbar ist jede Tätigkeit, die wegen ihrer persönlichen Abhängigkeit die Voraussetzungen des ArbN-Begriffs erfüllt. Ein ArbN kann nicht dadurch, dass er eine ihn zusätzl belastende Erfolgsgarantie übernimmt, dem Schutz des Arbeitsrechts entzogen werden. Für die Abgrenzung zw freien Mitarbeitern und ArbN des Rundfunks wird deshalb ausschließlich auf die Merkmale des ArbN-Begriffs abgestellt (BAG AP 7, 74 § 611 Abhängigkeit; NZA 2000, 1102; 2007, 321; BVerfG NZA 2000, 653, 1049, 1097). Auch bei der Abgrenzung zw Werkvertrag und ArbN-Überlassung wird ausschließlich auf die Eingliederung als Grundvoraussetzung des Arbeitsverhältnisses abgestellt (§ 611a Rn 76ff); diese schließt einen Werkvertrag aus. Wirtschaftl Abhängigkeit (Rn 7) schließt dagegen einen Werkvertrag nicht aus. In § 12a TVG ist dies ausdrückl klargestellt. Auch die Heimarbeiter und gleichgestellten Personen werden überwiegend im Rahmen von Werkverträgen tätig. Ebenso gelten § 2 BUrlG, § 5 I 2 ArbGG, § 2 II Nr 3 ArbSchG, § 1 I Nr 3 JArbSchG für jede arbeitnehmerähnliche Person, gleich ob sie aufgrund von Dienst- oder Werkverträgen tätig wird. Einzelfälle der Abgrenzung Rn 61.

24 **3. Auftrag.** Auftrag und Dienstvertrag unterscheiden sich dadurch, dass der Auftrag nach § 662 unentgeltlich, der Dienstvertrag nach § 611 entgeltlich ist. Allerdings ist § 612 so formuliert, als ob es auch unentgeltliche (selbständige) Dienstverträge gebe. Es ist aber nicht ersichtlich, wie diese vom Auftrag abzugrenzen wären. Dagegen kann für den Arbeitsvertrag ein Entgelt nicht begriffsnotwendig sein, da sich das Schutzbedürfnis des ArbN durch den Ausschluss des Entgelts eher steigert und jedenfalls nicht so vermindert, dass auf die Anwendung der arbeitsrechtl Vorschriften verzichtet werden könnte. Persönlich abhängige Tätigkeiten ohne Entgelt fallen daher unter Arbeits-, nicht unter Auftragsrecht (ebenso i Erg BAG AP 25 und ausdrückl AP 26 § 5 BetrVG 72 betr Ausbildungsverhältnis; vgl auch BAG AP 1 § 5 BetrVG 72 Rotes Kreuz mN). Arbeitsrecht ist unmittelbar anwendbar, soweit der Ausschluss des Entgelts sittenwidrig ist (§ 612 Rn 21). Auf den Berufsausbildungsvertrag

finden nach § 10 II BBiG die für den Arbeitsvertrag geltenden Rechtsvorschriften und Rechtsgrundsätze Anwendung, soweit sich aus dem Wesen und Zweck des Ausbildungsvertrags und dem BBiG nichts anderes ergibt. Zur Vergütung im Praktikantenverhältnis Rn 52. Für die aus **karitativen**, religiösen und **erzieherischen Gründen** nicht erwerbsdienliche Tätigkeit schließt § 5 II Nr 3, 4 BetrVG die Anwendung des BetrVG aus (*Edenfeld*, Betriebsverfassungsrecht, Rn 59). Nach BAG EzA Art 140 GG Nr 26 gilt diese Abgrenzung des ArbN-Begriffs nur für das BetrVG. Die unentgeltliche Übernahme einer ehrenamtlichen Tätigkeit in der Telefonseelsorge wertet das BAG (NZA 2012, 1433) als Auftrag.

Zur Beschäftigung in Werkstätten für behinderte Menschen vgl §§ 219ff SGB IX. 25

4. Gesellschafts- und vereinsrechtliche Dienstleistungen. Die Tätigkeit eines Gesellschafters für die Gesell- 26
schaft bzw eines Mitglieds für den Verein kann auf einem Dienstverhältnis beruhen oder auf dem Gesellschaftsverhältnis bzw der Mitgliedschaft oder auf beidem. Nach § 706 III, der auch für die OHG (§ 105 III HGB), die KG (§ 105 III, § 161 II HGB) und die stille Gesellschaft gilt, kann der Beitrag eines Gesellschafters auch in der Leistung von Diensten bestehen. Bei der GmbH können Dienste als gesellschaftsrechtl Nebenleistungen vereinbart werden, allerdings nicht als Einlagen. Bei den Produktivgenossenschaften iSv § 1 I GenG ist die gemeinsame Arbeit zur Herstellung und zum Verkauf von Gegenständen Gesellschaftszweck (*Höland* ZRP 1987, 86; *Beuthien*, FS Ernst Wolf, 34). Auch Vereinsbeiträge können Dienstleistungen umfassen (BAG EzA § 611 Arbeitnehmerbegriff Nr 36, 37), allerdings darf die Begründung vereinsrechtl Arbeitspflichten nicht zur Umgehung zwingende arbeitsrechtl Schutzvorschriften führen (BAG EzA Art 140 GG Nr 26; § 5 ArbGG 79 Nr 11). Die Parteien können deshalb weitgehend wählen, ob und ggf in welchem Umfang die Mitarbeit ausschließlich im Rahmen des Gesellschafts- bzw Mitgliedschaftsverhältnisses geleistet werden oder ob zusätzl zu der gesellschafts- bzw vereinsrechtl Beziehung ein Dienstvertrag abgeschlossen werden soll (BAG EzA Art 140 GG Nr 26; § 5 ArbGG 79 Nr 11; AP 2 § 161 HGB; 1 § 5 ArbGG 53; 1 § 5 BetrVG 72 Rotes Kreuz; EzA § 611 Arbeitnehmerbegriff Nr 36, 37; BSG NZA 1991, 869). Eine ausschließlich gesellschafts- bzw vereinsrechtl Einordnung der Mitarbeit ist anzuerkennen, wenn sie ernsthaft erfolgt und in der Ausgestaltung gesellschafts- bzw vereinsrechtl Grundsätzen entspricht.

Auch weisungsgebundene Arbeit kann gesellschafts- oder vereinsrechtl einzuordnen sein, wenn das Rechtsver- 27
hältnis gesellschafts- oder mitgliedschaftsrechtl ausgestaltet ist (BAG aaO; *Baier* MDR 1985, 890 zur Abgrenzung von stiller Gesellschaft und partiarischem Arbeitsverhältnis). Für die Möglichkeit, weisungsgebundene Tätigkeiten im Rahmen eines Gesellschafts- oder Mitgliedschaftsverhältnisses zu leisten, spricht, dass das BGB den Arbeitsvertrag als Unterfall des Dienstvertrags einstuft, ihn also nicht als einziges privatrechtl Rechtsverhältnis über weisungsgebundene Arbeit ansieht. Auch ist die vertragl Weisungsgebundenheit mit der Stellung eines Gesellschafters vereinbar, wenn sie sich nur auf den Arbeitsablauf und nicht auf die gesellschaftsrechtl Grundlagen bezieht.

Ob ein Gesellschafter zugleich ArbN der Gesellschaft, deren Gesellschafter er ist, sein kann, richtet sich nach der 28
Art der Gesellschaft, den Umständen des Einzelfalls und dem Gesamtbild der zu bestimmenden Rechtsbeziehungen, insb nach Art und Umfang der Beteiligung und der Rechte als Gesellschafter (BAG AP 137 § 1 TVG Tarifverträge Bau). Die Verknüpfung einer Tätigkeit mit dem Gesellschaftsrecht kann so eng sein, dass der zusätzl Vereinbarung eines Dienst- und insb Arbeitsvertrags Grenzen gesetzt sind. Vertretungsberechtigte Organmitglieder von jur Personen und Personengesamtheiten können nicht deren ArbN sein. Dies ist in § 14 I KSchG, § 5 II Nr 1 und 2 BetrVG, § 5 I 3 ArbGG, § 3 I 2 MitbestG ausdrückl bestimmt und auch sonst anerkannt (s BGHZ 79, 291; 91, 1; BAG EzA § 2 ArbGG 79 Nr 35 betr GmbH-Geschäftsführer; EzA § 5 ArbGG 79 Nr 12 betr Vereinsvorstandsmitglied). Ihre Mitarbeit kann deshalb nur, soweit sie nicht ausschließlich gesellschaftsrechtl geordnet ist, aufgrund eines selbständigen Dienstvertrags erfolgen. Die entspr Anwendung einzelner arbeitsrechtl Vorschriften ist möglich und geboten (§ 611a Rn 102ff).

Auch Mehrheitsgesellschafter stehen nicht in einem Arbeitsverhältnis zu dem von ihnen beherrschten Unterneh- 29
men, da sie aufgrund ihrer Stellung keinem Weisungsrecht unterliegen können. Das gilt auch, wenn sie nicht geschäftsführungsbefugt sind und ihre Leitungsmacht tatsächlich nicht ausüben (BAG AP 95 § 611 Abhängigkeit; NZA 2014, 1293). Der Abschluss eines Arbeitsvertrags ist aber möglich (BAG AP 6 § 35 GmbHG). IÜ scheidet für sie auch die entspr Anwendung einzelner arbeitsrechtl Vorschriften aus (offengelassen in BGHZ 79, 291). Auch die Annahme eines sozialversicherungspflichtigen Beschäftigungsverhältnisses kommt grds nicht in Betracht (BSGE 42, 1). Das gilt jedoch nicht, wenn die Rechtsmacht des Mehrheitsgesellschafters zB aufgrund treuhänderischer Bindungen erheblich beschränkt ist (BSG NZS 1997, 432 mN). Auch der für Dienstverträge aller Art geltende § 17 BetrAVG findet keine Anwendung (BGHZ 77, 94; BGH AP 19 § 17 BetrAVG). Ein Minderheitsgesellschafter fällt dagegen unter § 17 BetrAVG, auch wenn er geschäftsführungsbefugt ist (BGH AP 19 § 17 BetrAVG).

Fraglich ist, ob die Rechtsgrundsätze, die für einen Mehrheitsgesellschafter gelten, auch anzuwenden sind, wenn 30
die Mehrheit mehreren mitarbeitenden Gesellschaftern gemeinsam zusteht. Im Bereich des § 17 BetrAVG ist dies vom BGH (BGHZ 77, 233; BGH AP 19 § 17 BetrAVG) angenommen worden, wenn mehrere Gesellschafter-Geschäftsführer nicht ganz unbedeutend an einer GmbH beteiligt sind und zusammen über die Mehrheit verfügen. Ebenso allg BAG EzA Arbeitnehmerbegriff Nr 37: Verfügen drei mitarbeitende GmbH-Gesellschafter jeder für sich über eine Sperrminorität, sind sie keine ArbN, können es mangels Abhängigkeit nicht sein; ebenso BAG EzA Arbeitnehmerbegriff Nr 39 zu einem Alternativbetrieb, bei dem alle Mitarbeiter selbst Gesellschafter und

Geschäftsführer waren. Auch ein Kommanditist kann auf gesellschaftsvertragl Basis für die KG arbeiten (BAG NJW 1970, 829).

31 Der Vertrag zw Künstler und Manager ist idR maklerähnlicher Dienst-, nicht Gesellschaftsvertrag (BGH AP 1 § 611 Künstlerbetreuer).

32 Der einem angestellten Anwalt eingeräumte Anspruch auf Sozietätsbeitritt ist nicht arbeits-, sondern gesellschaftsrechtl Natur (BAG AP 32 § 2 ArbGG 53 Zuständigkeitsprüfung). Der Vertrag zw einem Nichtgesellschafter als Liquidator und der Gesellschaft ist Dienstvertrag (BayObLG 1980, 429).

33 **5. Familienrechtliche Dienstleistungen.** Für Dienstleistungen unter Familienangehörigen gelten grds die allg Vorschriften des Vertragsrechts. Auch im Steuer- und Sozialversicherungsrecht werden Arbeitsverträge unter Angehörigen anerkannt, wenn sie ernsthaft durchgeführt werden.

34 Arbeitsverhältnisse zw Ehegatten können bestehen, insb seitdem der Gesetzgeber die Mitarbeitspflicht von Ehegatten beseitigt hat (*Menken* DB 1993, 161; *Depping* BB 1991, 1981). Abzugrenzen ist das Arbeitsverhältnis von der Mitgesellschafterstellung eines Ehegatten und der bloßen familiären Mithilfe. Dass das Weisungsrecht des ArbGeb-Ehegatten eingeschränkt sein kann, schadet nicht (BSGE 4 AP § 611 Ehegatten-Arbeitsverhältnis). IÜ müssen aber die Pflichten des Ehegatten-ArbN denjenigen einer fremden Arbeitskraft annähernd gleichkommen. Die Entgeltzahlung auf ein Konto, über das nur der Ehegatten-ArbN verfügen kann, ist seit BVerfG AP 5 § 611 Ehegatten-Arbeitsverhältnis nicht mehr notwendige Voraussetzung für die Annahme eines Arbeitsverhältnisses. Es spricht aber gegen die ArbN-Stellung, wenn der Ehegatte kein oder nur ein sehr geringfügiges Entgelt erhält (BSG AP 67 § 611 Abhängigkeit). Die im Betrieb einer KG tätige Ehefrau des persönlich haftenden Gesellschafters steht zu der KG in einem Arbeitsverhältnis, wenn sie eine Vergütung erhält, in den Betrieb eingegliedert (BSG AP 1 § 161 HGB) und nicht Mitunternehmerin (BSG AP 4 § 1 BetrAVG Unverfallbarkeit) ist.

35 Daneben kennt § 1619 die Mitarbeitspflicht von Kindern. Der Umfang der Mitarbeitspflicht richtet sich nach Alter, Fähigkeiten, Lebensstellung des Kindes und der Situation der Eltern (§ 1619 Rn 6ff). Nach BGH NJW 1991, 1226 kann auch die Bewirtschaftung des Hofs durch das erwachsene Hauskind allein aufgrund familienrechtl Grundlage erfolgen; entscheidend sei der Parteiwille. Für ein Arbeitsverhältnis spricht es, wenn die Parteien das Verhältnis in einer Weise, wie es zw ArbGeb und ArbN üblich ist, gestalten und abwickeln (BFH NJW 1994, 3374).

36 **6. Öffentlich-rechtliche Beschäftigungsverhältnisse.** Die §§ 611ff sind auf öffentlich-rechtl Beschäftigungsverhältnisse nicht anzuwenden. Dies gilt vor allem für das Beamtenverhältnis, während die Angestellten und Arbeiter des öffentlichen Dienstes dem gesamten Arbeitsrecht unterliegen, wobei sie anstelle des BetrVG in die Personalvertretungsgesetze einbezogen sind (*Edenfeld*, Betriebsverfassungsrecht Rn 310ff).

37 Die öffentlich-rechtl Beschäftigungsverhältnisse sind vielfältig; ein numerus clausus besteht nicht. Keine ArbN sind zB „Ein-Euro-Jobber“ mit Mehraufwandsentschädigung (BAG NZA 2007, 53, 1422) oder Strafgefangene, die in einem Privatunternehmen arbeiten (BAG AP 18 § 5 BetrVG 72) oder in der Anstalt eine Berufsausbildung absolvieren (BAG AP 5 § 2 ArbGG 1979). Der ArbN-Status wird nur für Strafgefangene bejaht, die aufgrund eines freien Beschäftigungsverhältnisses im sog echten Freigang tätig sind (LAG Baden-Württemberg NZA 1989, 886). Im Fall des sog unechten Freigangs darf die Anstalt den Gefangenen nicht unter die ausschließliche Leitungsgewalt eines privaten Unternehmers stellen; die Arbeit im Strafvollzug muss angemessene, nicht notwendig finanzielle Anerkennung finden (BVerfG NJW 1998, 3337; BVerfGE 98, 169). Zwangsarbeit während der NS-Zeit wird nicht dem Arbeitsrecht zugeordnet (BAG DB 2000, 432). Privatdozenten und Lehrbeauftragte stehen idR in einem öffentlich-rechtl Dienstverhältnis eigener Art (BAG AP 42, 43 § 611 Lehrer, Dozenten; AP 10 § 128 ZPO).

38 **7. Abgrenzung im Sozialversicherungsrecht.** Die Sozialversicherung knüpft an das Beschäftigungsverhältnis an. Beschäftigung ist nach § 7 I SGB IV die nichtselbständige Beschäftigung, insb in einem Arbeitsverhältnis. Das Wiedereingliederungsverhältnis nach § 74 SGB V ist kein Arbeits-, sondern Rechtsverhältnis eigener Art (BAG NZA 1992, 643; 1999, 1295; *Gitter* ZFA 1995, 123). Zur Rentenversicherungspflicht wirtschaftl abhängiger Selbständiger Rn 103.

39 **8. Abgrenzung im Steuerrecht.** Das Steuerrecht unterscheidet ua in §§ 19, 38 EStG zw selbständiger und unselbständiger Arbeit, bei der die Lohnsteuer vom ArbGeb einzubehalten ist. Die Definition der unselbständigen Tätigkeit in § 1 II LStDV deckt sich mit dem arbeitsrechtl Begriff der persönlichen Abhängigkeit, wird aber im Steuerrecht weitgehend auch auf die wirtschaftl Abhängigkeit bezogen.

40 Als unselbständig Tätige werden im Steuerrecht auch angesehen Minister, Beamte, Richter und Vorstandsmitglieder als Geschäftsführer (anders Aufsichtsratsmitglieder) jur Personen.

41 **III. Abschluss des selbständigen Dienstvertrags. 1. Vertragsparteien.** Die Rechtsform des **Dienstgebers** unterliegt keinen Beschränkungen. Dienstnehmer können nat und – anders als ArbN – jur Person sein. Bei Verträgen mit Rechtsanwalts- oder Steuerberatersozietäten ist im Zweifel eine gesamtschuldnerische Verpflichtung aller Sozien und Scheinsozien anzunehmen (für Rechtsanwälte BGHZ 56, 355; 124, 47; BGH WM 1988, 986; für Steuerberater BGH NJW 1990, 827; eingeschränkt auch für Mischsozietät BGHZ 83, 328; Frankfurt GI 1998, 117), die nach § 278 füreinander einstehen müssen (BGHZ 70, 247). Eine Haftung eines neu eintretenden Gesellschafters für bestehende Verbindlichkeiten besteht nicht (BGHZ 74, 240; Frankfurt GI 1998, 117). Die gesamtschuldnerische Verpflichtung wird man auf sonstige Personen- und Praxisgemeinschaften übertragen können (so BGHZ

97, 273 für gemeinsames Institut mehrerer Radiologen), soweit nicht aufgrund besonderer fachlicher Spezialisierung (zB Gemeinschaftspraxis mit Ärzten unterschiedlicher Fachrichtungen) im Zweifel eine höchstpersönliche Dienstleistung anzunehmen ist.

2. Vertragsschluss. Für den Abschluss des Dienstvertrags gelten die Bestimmungen des Allg Teils über Willenserklärungen (§§ 104ff mit den Sonderregelungen für Dienstverträge in §§ 112, 113) und Vertragsschluss (§§ 145ff). §§ 305ff gelten auch für selbständige Dienstverträge, ohne dass insoweit die Besonderheiten des Arbeitsrechts nach § 310 IV 2 zu beachten wären (§ 611a Rn 118, 193). Je nach Inhalt und Parteistellung sind aber die Sondervorschriften für die AGB-Kontrolle im unternehmerischen Geschäftsverkehr zu beachten. 42

IV. Gegenstände und Rechtsgrundlagen ausgewählter selbständiger Dienstverträge. 1. Allgemeines. Dienstverträge sind selbständig, wenn sie weder als Arbeitsvertrag in persönlicher noch als arbeitnehmerähnlicher Vertrag in wirtschaftl Abhängigkeit vollzogen werden. Man bezeichnet sie auch als freie Dienstverträge. Auch ist der ArbN zwar unselbständig, aber nicht unfrei. IdR handelt es sich um Vertragsverhältnisse zw Unternehmern (Gewerbebetrieb, Freiberufler) und ihren Kunden. An der Grenze stehen die Organmitglieder der jur Personen des Privatrechts, die als angestellte Unternehmer weder ArbN noch arbeitnehmerähnlich, aber auch nicht ganz selbständig sind. Zu den Konsequenzen § 611a Rn 89ff. Bei der Anwendung der §§ 611–630 ist zw den selbständigen und unselbständigen Dienstverträgen zu unterscheiden. Für beide gelten § 611, § 612 I, II, §§ 613, 614, 615, 618–620, 625, 626, 628, beschränkt auf dauernde Dienstverhältnisse die §§ 617, 624 (s § 624 Rn 3ff), 629, 630 (s *Hohmeister* NZA 1998, 571). Ausdrückl nicht für selbständige Dienstverhältnisse, sondern nur für den Arbeitsvertrag gelten die §§ 611a, 612a, 613a, 619a und das gesamte Arbeitsrecht. Ausdrückl nicht für den Arbeitsvertrag, sondern nur für die selbständigen und arbeitnehmerähnlichen Dienstverträge gelten die §§ 621, 627. 43

2. Rechtsberatung. Zw Rechtsanwalt und Mandant besteht idR ein selbständiger Dienstvertrag, der eine Geschäftsbesorgung (§ 675) zum Gegenstand hat (BGH NJW 1985, 2642; BGHRp 2004, 1534; *Edenfeld* MDR 2001, 972). Da das Dienstvertragsrecht keine Gewährleistung kennt, kann der anwaltliche Vergütungsanspruch bei mangelhafter Dienstleistung nicht kraft Gesetzes gekürzt werden (BGH NJW 1981, 1211f; BGHRp 2004, 1534f). Die Haftung wegen Schlechterfüllung bestimmt sich nach § 280. Dagegen Werkvertrag, wenn sich die Tätigkeit auf einzelne Rechtsauskünfte, Rechtsgutachten oder Vertragsentwürfe beschränkt (BGHZ 56, 355; 65, 106; BGH NJW 1996, 661). Rechtsgrundlage sind neben den §§ 611ff bzw 631ff (s Vor § 631 Rn 13) die BRAO, das RVG (s § 612 Rn 10) sowie die als AGB häufig zugrunde gelegten Mandatsbedingungen für Rechtsanwälte. 44

Die von den Anwaltskammern festgestellten Standesrichtlinien sind für das Verhältnis zum Mandanten nicht unmittelbar verbindlich, aber ein Indiz für die Angemessenheit von allg Mandatsbedingungen (zur Schadensersatzpflicht vgl § 276 Rn 49ff). Die Haftung des Rechtsanwalts ggü dem Mandanten kann in AGB nach §§ 307, 309 Nr 7 für grobe Fahrlässigkeit nicht ausgeschlossen werden (zum Vorsatz § 202 I); auch für einfache Fahrlässigkeit kann die Haftung nur in den Grenzen des § 52 BRAO abbedungen werden. Bei deutlich höheren Schadensrisiken sollte auf die Möglichkeit einer Einzelhaftpflichtversicherung hingewiesen werden. Bei der Verjährung der Schadensersatzansprüche gegen den Rechtsanwalt hilft die Rspr mit Selbstanzeigepflichten des Anwalts (BGH NJW 1996, 661; 1993, 2747; BGHZ 94, 380). In AGB kann die Verjährungsfrist nicht verkürzt werden. Das Gleiche gilt für die Verpflichtung des Anwalts gem § 50 I BRAO, die Handakten sechs Jahre nach Mandatsende aufzubewahren. 45

3. Steuerberatung und Wirtschaftsprüfung. Auch beim **Steuerberater** ist zu unterscheiden zw umfassender dienstvertragl Beratung und Werkverträgen über Einzelleistungen wie Aufstellung von Bilanzen, Steuererklärungen, Gutachten, Beratung über Einzelprobleme (BGHZ 54, 106; 115, 382, 386; BGH NJW 1997, 516; 2002, 1571; zur telefonischen Beratung über eine Steuerberater-Hotline BGHRp 2005, 856). Rechtsgrundlagen sind neben den §§ 611ff bzw 631ff (s Vor § 631 Rn 13) das StBerG (BGBl I 1975, 2735), die Steuerberatervergütungsverordnung (StBVV; BGBl I 1981, 1442), die Berufsordnung der Bundessteuerberaterkammer sowie als AGB ua die Allg Auftragsbedingungen für Steuerberater, Steuerbevollmächtigte und Steuerberatungsgesellschaften. Angesichts der gesetzl und standesrechtl Regelungen bleibt für AGB wenig Raum, insb ist ein Ausschluss der Haftung nicht zulässig. Eine Haftungsbegrenzung ist im Rahmen des § 67a StBerG für einfache Fahrlässigkeit möglich. 46

Wirtschaftsberatung und -prüfung. Die Tätigkeit der Wirtschaftsprüfer vollzieht sich idR im Rahmen von Dienstverträgen. Werkverträge können über abgrenzbare Aufgaben abgeschlossen werden wie Bewertungsgutachten, Vermögensaufstellungen, Vertragsentwürfe (*Beise* BB 1979, 352; *Schlechtriem* BB 1984, 1184), doch kann auch über solche Leistungen ein Dienstvertrag abgeschlossen werden. Dies sollte ausdrückl geschehen; der Hinw in AGB reicht nicht aus (*Beise* BB 1979, 352). Rechtsgrundlagen sind die WPO (BGBl I 1975, 2803), die VO über die Berufshaftpflichtversicherung der Wirtschaftsprüfer und vereidigten Buchprüfer (BGBl I 1967, 1212), die Berufssatzung der Wirtschaftsprüferkammer (BAnz 1996, 7509) sowie die Allg Auftragsbedingungen für Wirtschaftsprüfer und -prüfungsgesellschaften (BAnz 1990, 67; 1995, 1297; *Brandner* JZ 1985, 757). Bedenken bestehen gegen eine Abbedingung nachvertragl Hinweispflichten in AGB. Im Rahmen der gesetzl Abschlussprüfung ist die Haftung beschränkt; eine entspr AGB-Bestimmung ist zulässig. Im Rahmen der sonstigen Berufstätigkeit gilt § 54a WPO, der inhaltlich § 67a StBerG entspricht (Rn 46). 47

4. Produktberatung. Sonstige Fachberatung erfolgt im Rahmen von Dienstverträgen, wenn sie fortlaufend ausgeübt wird, wie zB die ständige Kontrolle eines Produkts. Für die Annahme eines selbständigen, neben dem Kaufvertrag stehenden Beratungsvertrags bedarf es besonderer Umstände (BGH BGHRp 2004, 1329f). 48

49 **5. Inkassodienste.** Zu **Inkasso**diensten aufgrund eines Geschäftsbesorgungsdienstvertrags BGH BGHRp 2004, 1065.

50 **6. Bewachungs- und Detektivverträge.** Sie sind idR Dienstverträge (BAG AP 2 § 1 AÜG). Daneben bestehen die AGB für das Detektiv-Gewerbe, die auf einer Konditionenempfehlung des Bundesverbandes Deutscher Detektive beruhen (BAnz 1986, 79; dazu BGH BB 1978, 636; Frankfurt ZIP 1984, 976).

51 **7. Vertragshandel.** a) Der **Vertragshändlervertrag** ist ein Rahmenvertrag eigener Art (BGHZ 29, 83). Er weist viele Elemente eines auf Geschäftsbesorgung gerichteten Dienstvertrags auf (*v Westphalen* DB 1999, 2553, 2555). § 89b HGB findet nach hM analoge Anwendung (BGHZ 68, 340; BGH NJW 1997, 655; *Ende* BB 1996, 2260), welche nicht durch AGB abbedungen werden kann (BGHZ 93, 29). Typischer Inhalt der AGB sind: Beschränkungen im Vertrieb von Konkurrenzprodukten (*Ulmer/Schäfer* ZIP 1994, 753; Köln NJW-RR 1995, 947); die Befugnis des Lieferanten zur Vertragsanpassung sowie die Befugnis des Herstellers, bestimmte Produktionen einzustellen (BGHZ 93, 29); Gebietsschutz und Gebietsänderung (BGHZ 124, 351; BGH NJW-RR 1993, 678; NJW-RR 1988, 1077; *Creutzig* EuZW 1995, 723); Kündigungsrechte (BGH NJW 1995, 1260; WM 1987, 962 und 964; *Ende* BB 1996, 2260); Gewährleistungsrechte (BGH ZIP 1985, 161; NJW 1994, 1060).

52 b) Der **Handelsvertretervertrag** ist ein Dienstvertrag mit Geschäftsführungscharakter, für den vorrangig die §§ 84ff HGB gelten und nur subsidiär das Dienstvertragsrecht sowie § 675. Die Sonderregelung des HGB verdrängt insb § 622 II, §§ 624, 626–628.

53 AGB sind nicht nur an §§ 305ff, sondern vorrangig an den zwingenden Vorschriften des HGB zu messen (BVerfGE 84, 242; BVerfG NJW 1996, 381). Diese können nicht dadurch umgangen werden, dass der selbständige Handelsvertreter als „Außendienstmitarbeiter" bezeichnet wird. Das ergibt sich aus § 306a und dem allg Rechtsformzwang (Rn 10). Die Vereinbarung einer weitgehenden Weisungsbefugnis ist mit der Stellung eines Handelsvertreters unvereinbar (BGH BB 1966, 265); sie führt zur Annahme eines Arbeitsverhältnisses nach § 84 II HGB (BGH NJW 1998, 2057). Macht ein Handelsvertreter geltend, er sei ArbN, so ist er für den fehlenden Spielraum bei der Arbeitszeitgestaltung darlegungs- und beweispflichtig (BAG BAGRp 2004, 1). Zw selbständigem Handelsvertreter und angestelltem Außendienstmitarbeiter steht der – regelmäßig arbeitnehmerähnliche (§ 611a Rn 89ff) – Einfirmenvertreter nach § 92a HGB. Die hauptberufliche Tätigkeit als Handelsvertreter ist nicht Tatbestandsmerkmal des § 92a HGB (BAG BAGRp 2005, 159 für selbständigen Vermögensberater als ArbN).

54 Typische Klauseln in AGB betreffen die Befugnis zur einseitigen Änderung von Provisionssätzen (BGHZ 89, 206; 33, 92) oder des Kundenbezirks, den Kundenschutz (BVerfGE 81, 242; BVerfG NJW 1996, 381; BGH WM 1993, 1471; 1995, 1415), die Kündigung durch den Unternehmer (BGH WM 1988, 1490), den Ausgleichsanspruch sowie entspr Vertragsstrafenversprechen.

55 c) **Franchising** ist eine Variante des Vertragshändlervertrags und insoweit Dienstvertrag, verbunden mit dem Recht zur Führung fremder Marken. Es ist zw dem sog Partnerschafts-Franchising und dem sog Subordinations-Franchising zu unterscheiden. Das Partnerschafts-Franchising ist kaum problematisch; es handelt sich um eine kooperative Form der Zusammenarbeit mit gemeinsamer Interessenverfolgung. Beim Subordinations-Franchising bestehen weitergehende Weisungs- und Kontrollrechte des Franchisegebers. Das kann zur ArbN-Stellung oder zur Stellung als Arbeitnehmerähnlicher des Franchisenehmers führen (§ 611a I; BAG AP 37 § 5 ArbGG 79; BGH NJW 1999, 218; Schleswig NJW-RR 1987, 230; krit Düsseldorf NJW 1998, 2978 und 2981). Wirtschaftl Druck allein begründet keine ArbN-Stellung. Er ist dem Franchising immanent. Dem Franchisenehmer muss jedoch ein Kernbereich unternehmerischer Freiheit erhalten bleiben. Der soziale Schutz von Franchisenehmern wurde zT durch Analogien zum Handelsvertreterrecht entwickelt (BGH DB 1987, 1040; Hamm NJW-RR 1990, 567; *Rieble* ZFA 1998, 327, 344ff), ist jedoch in erster Linie durch Inhaltskontrolle des Franchisevertrags zu leisten (*Franzen*, FS 50 Jahre BAG, 2004, 31).

56 **8. Direktunterricht.** Verträge über **Direktunterricht** sind Dienstverträge, auf die das FernUSG nicht entspr angewendet werden kann (BGH NJW 1993, 326). Hauptstreitpunkt der einschlägigen AGB sind Befristung und Kündigung (BGH NJW 1997, 193 und 793 betr Fitnessstudiovertrag). Der Fernunterricht ist vor allem im FernUSG (BGBl I 1976, 2525) geregelt. Die §§ 305ff gelten daneben, soweit das Gesetz keine abw Sondervorschriften enthält.

57 **9. Speditionsvertrag.** Der **Speditionsvertrag** iSd §§ 453ff HGB wird als Dienstvertrag über Geschäftsbesorgung angesehen (RGZ 109, 85; 114, 375; vgl auch BGH NJW 1999, 648; BAG DB 1999, 436), insofern der Spediteur die Versendung aller während der Laufzeit des Vertrags anfallenden Sendungen (einer bestimmten Art) übernimmt. Der Vertrag über eine einmalige Versendung wird dagegen überwiegend als Werkvertrag eingestuft.

58 **10. Behandlungsvertrag.** Verträge über **medizinische Behandlungen** sind in §§ 630a ff geregelt. § 630b ordnet das Behandlungsverhältnis als Dienstverhältnis ein, das kein Arbeitsverhältnis iSd § 622 ist.

59 Im Rahmen von Dienst- oder Behandlungsverträgen (§§ 630a, b) werden weiter tätig: freiberufliche Psychologen, Psychotherapeuten (*Schlund* NJW 1998, 2722), Philosophen, Heilpraktiker, freiberufliche Hebammen, Wochenpflegerinnen, Krankengymnasten, Masseure und Physiotherapeuten, Logopäden. Tierärzte werden ebenfalls im Rahmen von Dienstverträgen tätig.

60 **11. Sonstige Dienstverträge. Sonstige Dienstverträge** können sich ferner beziehen auf die Anbahnung einer Geschäftsverbindung (BGH NJW 1982, 2346) sowie auf die Führung von Kommissionsgeschäften (§§ 383ff HGB). Der Kommissionär kann jedoch wie der Franchisenehmer auch als ArbN oder Arbeitnehmerähnlicher

einzustufen sein (BAG DB 1997, 2544). Tätigkeiten als Berg- und Fremdenführer, Herausgeber von Zeitschriften (BGH ZIP 1986, 661), Tätigkeit betriebsfremder Mitglieder einer betriebsverfassungsrechtl Einigungsstelle, Schiedsrichter werden zumeist Gegenstand eines Dienstvertrags sein. Die Rechtsnatur des Schiedsgutachtervertrags hat der BGH offengelassen (BGHZ 43, 374; 98, 32); § 626 findet Anwendung (BGH DB 1980, 967). Auch der Vertrag über die Verschaffung des Zugangs zum Internet (Access-Provider-Vertrag) ist Dienstvertrag (BGH BGHRp 2005, 954; *Spindler* CR 2004, 203, 207f).

Werkvertrag: Autorenvertrag (BGH WM 1984, 1375; BGHZ 61, 71); Verträge über bestimmte Aufführungen zw Veranstalter und Orchester oder Ensemble, nicht aber die Verträge der Bühnen- oder Filmdarsteller (BGH NJW 1959, 649; BAG NZA 2007, 1072); Vertrag über den Aushang von Werbeplakaten (BGH NJW 1984, 2406); Wartungsverträge über Datenverarbeitungsgeräte jedenfalls, wenn einzelne beschädigte Geräte zur Reparatur gegeben werden (Frankfurt DB 1983, 1482; BGHZ 91, 316). 61

Forschungs- und Entwicklungsleistungen können sowohl Dienst- als auch Werkvertrag sein (BGH BGHRp 2002, 961). Für die Abgrenzung ist der Parteiwille maßgebend. Es kommt darauf an, ob die Dienstleistung als solche oder deren Erfolg als Arbeitsergebnis geschuldet wird. Dabei sind alle Umstände zu berücksichtigen. Die vertragl Beschreibung des Ziels reicht für sich genommen nicht aus. Die Beratung bei der Entwicklung neuer Ergebnisse und Verfahren ist als Dienstvertrag eingestuft worden (BGH GRUR 1956, 500; NJW 1961, 1251). 62

§ 611a Arbeitsvertrag

(1) Durch den Arbeitsvertrag wird der Arbeitnehmer im Dienste eines anderen zur Leistung weisungsgebundener, fremdbestimmter Arbeit in persönlicher Abhängigkeit verpflichtet. Das Weisungsrecht kann Inhalt, Durchführung, Zeit und Ort der Tätigkeit betreffen. Weisungsgebunden ist, wer nicht im Wesentlichen frei seine Tätigkeit gestalten und seine Arbeitszeit bestimmen kann. Der Grad der persönlichen Abhängigkeit hängt dabei auch von der Eigenart der jeweiligen Tätigkeit ab. Für die Feststellung, ob ein Arbeitsvertrag vorliegt, ist eine Gesamtbetrachtung aller Umstände vorzunehmen. Zeigt die tatsächliche Durchführung des Vertragsverhältnisses, dass es sich um ein Arbeitsverhältnis handelt, kommt es auf die Bezeichnung im Vertrag nicht an.

(2) Der Arbeitgeber ist zur Zahlung der vereinbarten Vergütung verpflichtet.

Schrifttum: *Bader/Fischermeier/Gallner ua*, Gemeinschaftskommentar zum Kündigungsschutzgesetz und zu sonstigen kündigungsschutzrechtlichen Vorschriften (KR), 13. Aufl 2022; *Brox/Rüthers/Henssler*, Arbeitsrecht, 20. Aufl 2020; *Däubler/Klebe/Wedde* (Hrsg), Betriebsverfassungsgesetz, 18. Aufl 2022; *Edenfeld*, Betriebsverfassungsrecht, 4. Aufl 2014; *Fitting ua*, Betriebsverfassungsgesetz, 31. Aufl 2022; *Grundmann/Riesenhuber*, Europäisches Arbeitsrecht, 2020; *Henssler/Willemsen/Kalb* (Hrsg),

Arbeitsrecht Kommentar, 10. Aufl 2022; *Hueck/Nipperdey*, Lehrbuch des Arbeitsrechts, 7. Aufl 1963 und 1970; Kasseler Kommentar Sozialversicherungsrecht, Loseblatt, 105. Aufl 2019; *Knickrehm/Kreikebohm/Waltermann*, Kommentar zum Sozialrecht, 7. Aufl 2021; *Löwisch/Caspers/Klumpp*, Arbeitsrecht, 12. Aufl 2019; *Löwisch/Rieble*, Tarifvertragsgesetz, 4. Aufl 2017; *Müller-Glöge/Preis/Schmidt* (Hrsg), Erfurter Kommentar zum Arbeitsrecht, 23. Aufl 2023; *Otto/Bieder*, Arbeitsrecht, 5. Aufl 2020; *Richardi* (Hrsg), Betriebsverfassungsgesetz, 16. Aufl 2018; *Richardi* (Hrsg), Münchener Handbuch zum Arbeitsrecht, 4. Aufl 2019; *Schaub*, Arbeitsrechts-Handbuch, 19. Aufl 2021; *Tschöpe*, Arbeitsrecht Handbuch, 13. Aufl 2023; *Waltermann/Schmidt/Chandna-Hoppe*, Sozialrecht, 15. Aufl 2022; *Wiese/Kreutz/Oetker ua*, Gemeinschaftskommentar zum Betriebsverfassungsgesetz (GK-BetrVG), 12. Aufl 2022.

1 **I. Einführung.** § 611a ist mWv 1.4.2017 durch das Gesetz zur Änderung des Arbeitnehmerüberlassungsgesetzes und anderer Gesetze eingefügt worden (BGBl I 2017, 258; *Gaul* Aktuelles ArbR 2016, 1; *Henssler* RdA 2016, 18; RdA 2017, 83; *Richardi* NZA 2017, 36). Er ist nicht das zT proklamierte „neue Herz des Arbeitsrechts", sondern normiert nach seiner Entstehungsgeschichte nur die von der Rspr entwickelte grds Abgrenzungsregel zur Feststellung der ArbN-Eigenschaft. Auf einen Sachkatalog hat der Gesetzgeber erfreulicherweise verzichtet, da den Abgrenzungskriterien im Einzelfall unterschiedliches Gewicht zukommt (Rn 18ff). **§ 611a** ist nach hM (*Böhm* NZA 2017, 494, 497; *Henssler* RdA 2016, 18; *Hromadka* NZA 2018, 1583; *Richardi* NZA 2017, 36; NZA 2018, 974; *Wank* AuR 2017, 140; aA *Preis* NZA 2018, 817, der hier nach der gescheiterten Kodifikation des Arbeitsvertragsrechts „Potenzial" sieht) **entbehrlich** und verschleiert nur die Bedeutung des Dienstvertrags für das Arbeitsverhältnis. Durch die gesetzl Kodifikation von einzelnen Versatzstücken aus der BAG-Rspr ist keine Klarheit geschaffen, sondern sind unnötig neue Fragen aufgeworfen worden. Das betrifft zB die unverständliche Abweichung des § 611a I 2 vom Wortlaut des für Inhalt und Grenze des Weisungsrechts maßgeblichen § 106 GewO (Rn 242ff). *Richardi* (NZA 2017, 36, 39) spricht treffend von einer politischen Verlegenheitslösung im ArbN-Überlassungsrecht ohne brauchbaren Inhalt mit ideologischer Komponente. § 611a ist ein weiterer Beleg für die Bürokratisierung des Arbeitsrechts (*Edenfeld* DB 2019, 1267, 1269).

2 Für die künftige Rechtsentwicklung bleibt festzuhalten: Das BGB erfasst den Arbeitsvertrag auch weiterhin als **Unterfall des Dienstvertrags** (BT-Drs 18/9232, 16; Rn 5, 6ff, 27), dessen Abschnitt einzelne auf das Arbeitsverhältnis bezogene Vorschriften enthält (vgl die Übersicht bei Rn 117). Die Rechtslage zu § 611 bleibt insoweit unverändert und der Rspr überlassen. Das BAG (NZA 2019, 1411, 1413) stellt unmissverständlich klar: Die Vorschrift des § 611a spiegelt die anerkannten Rechtsgrundsätze wider. Nicht mehr und nicht weniger. Die Rspr (BAG NZA 2017, 1463) hat die Vorschrift daher im Einklang mit der gesetzgeberischen Intention seiner Judikatur hinzugefügt („§§ 611, 611a"), ohne ihr inhaltliche Bedeutung beizumessen. Die Ergänzung ist Auslegungshilfe im Rahmen der zentralen Norm des § 611 ohne weitergehende Funktion für das Arbeitsrecht. Zum Weisungsrecht des ArbGeb, das in § 106 GewO umfassend geregelt, in § 611a I 2 aber nur in Teilen eingefügt ist, s Rn 242ff.

3 Entscheidend ist der Hinweis in § 611a I 5, 6: Die Feststellung weisungsgebundener, fremdbestimmter Arbeit in persönlicher Abhängigkeit (§ 611a I 1) ist stets unter **Würdigung aller Umstände** und der tatsächlichen Durchführung des Vertragsverhältnisses vorzunehmen. Das war auch schon vor Inkrafttreten des § 611a der Fall.

4 **II. Parteien und vertragstypprägender Inhalt des Arbeitsvertrags (Abs I). 1. Arbeitsverhältnis als Dauerschuldverhältnis mit personenrechtlichem Bezug.** Als Unterfall des Dienstvertrags ist der Arbeitsvertrag ein gegenseitiger, auf Leistungsaustausch gerichteter Vertrag mit Dauerschuldcharakter. Das Arbeitsverhältnis ist ein Austauschverhältnis mit der Besonderheit gesteigerter gegenseitiger Abhängigkeit in materieller und ideeller Hinsicht. Daraus resultieren erhöhte Schutz- und Rücksichtspflichten iSv § 241 II. Die Einstufung als personenrechtl Gemeinschaftsverhältnis (vgl RGZ 106, 272) ist seit der Neuausrichtung des BAG überholt: Das Arbeitsverhältnis enthalte zwar die vertragsüblichen Elemente von Leistung und Gegenleistung, werde aber durch die auf Treue und Fürsorge gegründete, auf Dauer angelegte personenrechtl Beziehung zw ArbN und ArbGeb geprägt (BAGE 1, 338; 8, 285; BAG AP 2 § 616; 1 § 615 Betriebsrisiko). Das ist heute ebenso anerkannt wie die Tatsache, dass die Schutzpflichten bei besonders schützenswerten ArbN wie zB schwerbehinderten Menschen (*Edenfeld* NZA 2012, 713, 718) oder Auslandsentsendeten (*Edenfeld* NZA 2009, 938; *Edenfeld* DB 2017, 2803) gesteigert sind.

5 **2. Vertragliche Begründung des Arbeitsverhältnisses.** Nach § 611a I 1 wird der ArbN durch den Arbeitsvertrag zur Leistung weisungsgebundener, fremdbestimmter Arbeit im Dienste eines anderen in persönlicher Abhängigkeit verpflichtet. Dies bestätigt die ganz herrschende **Vertragstheorie** (*Hueck/Nipperdey*, Bd 1, 115ff; *Konzen* ZFA 1982, 276; *Schwarze* ZFA 2005, 81), wonach das Arbeitsverhältnis durch den Abschluss des Arbeitsvertrags und nicht nach der früher insb von *Nikisch* (Arbeitsrecht, Bd 1^3 1961, 175) vertretenen Eingliederungstheorie durch die tatsächliche Eingliederung in den Beschäftigungsbetrieb entsteht. Wegen der für das Arbeitsverhältnis kennzeichnenden persönlichen Abhängigkeit (Rn 6ff) können nur nat Personen ArbN sein (*Hueck/Nipperdey*, Bd 1, 172; *Zimmermann*, FS Wiese, 1998, 657). Für den Bereich der Arbeitnehmerüberlassung hat das AÜG eine gesetzl Klärung gebracht (Rn 76ff). Zur Entstehung eines „faktischen" Arbeitsverhältnisses bei abhängiger Arbeit auf fehlerhafter Vertragsgrundlage Rn 225ff.

6 **3. Arbeitnehmerstatus aufgrund persönlicher Abhängigkeit. a) Allgemeines:** Die **persönliche Abhängigkeit** ist nach gefestigter und durch § 611a I bestätigter Rspr das entscheidende Merkmal des ArbN-Begriffs. Aufgegliedert wird dieses Merkmal in die Weisungsgebundenheit hinsichtl der Zeit, des Ortes und der Ausführung der Arbeit (§ 106 GewO; Rn 251ff) und in die Eingliederung in die Arbeitsorganisation des ArbGeb (BAG EzA § 611 Arbeitnehmerbegriff Nr 74; AP 74, 79, 90 § 611 Abhängigkeit; NJW 2013, 3672; NZA 2019, 1411). Dabei ist nicht erforderlich, dass alle Merkmale vorliegen; vielmehr kann das Fehlen eines bestimmten Merkmals

durch das besonders ausgeprägte Vorliegen eines anderen Merkmals ausgeglichen werden (BAG AP 34 § 611 Abhängigkeit). Es ist stets eine **Gesamtbetrachtung** vorzunehmen, § 611a I 5. Die Rspr betont seit langem, dass der Grad der persönlichen Abhängigkeit auch von der Eigenart der jew Tätigkeit abhänge (BAG AP 1, 103 § 611 Abhängigkeit; 122 § 611 Lehrer, Dozenten); die Abgrenzung müsse typologisch vorgenommen werden (BAG ebenda; vgl auch BVerfG AP 82 § 611 Abhängigkeit). Zu den beachtlichen Merkmalen gehört auch der Parteiwille (§ 611 Rn 11).

Teile der Lit begegnen dem Merkmal der persönlichen Abhängigkeit mit Kritik. Zw diesem Tatbestandsmerkmal 7
und der Rechtsfolge, Anwendung des Arbeitsrechts, bestehe kein Sinnzusammenhang (*Wank*, ArbN und Selbständige, 1988, 34ff). Als entscheidende Merkmale der ArbN-Stellung werden stattdessen vorgeschlagen: der Verlust der freien, wirtschaftl Dispositionsfreiheit und die Fremdnützigkeit der Tätigkeit; der Übergang der unternehmerischen Dispositionsfreiheit bzgl der eigenen Arbeitskraft auf den Auftraggeber; die rechtsgeschäftliche Zusage einer zeitbestimmten Arbeitsleistung mit im Voraus nicht abgegrenzten Einzelleistungen; das Fehlen einer freiwilligen Übernahme des Unternehmerrisikos. Die Kritik ist von Teilen der Rspr übernommen worden. Insb fanden die von *Wank* (Empirische Befunde zur Scheinselbständigkeit, 1997, 76f) vorgeschlagenen Abgrenzungskriterien – Übernahme einer eigenen Unternehmensorganisation (Mitarbeiter, Geschäftsräume, Betriebskapital), eigenes Auftreten am Markt, angemessene Verteilung der unternehmerischen Chancen und Risiken (zeitl, örtliche unternehmerische Freiheit, eigener Kundenstamm, freie Preisbildung) – Eingang in die Rspr.

Die hM, insb das BAG, stellt hingegen nicht auf das Merkmal **Unternehmerrisiko** ab. Das BAG zog dieses Krite- 8
rium bis 1980 heran (BAG AP 37, 36, 34, 26, 20, 2 § 611 Abhängigkeit); danach distanzierte es sich (anders als das BSG, EzA § 611 Arbeitnehmerbegriff Nr 40, BSGE 83, 246, und der BFH, vgl AP 63 § 611 Abhängigkeit) zumindest vom Begriff des Unternehmerrisikos (BAG DB 1999, 2648). In der Sache prüft es aber, ob die Übernahme bestimmter Kosten (eigene Mitarbeiter, Büro- und Geschäftsräume, Kfz) bzgl der jew Tätigkeit für einen ArbN untypisch ist (BAG AP 79 § 1 KSchG 69; krit BAG AP 90 § 611 Abhängigkeit aE; zum Einsatz eigener Mitarbeiter BGH BB 1999, 73; BAG BAGRp 2002, 301; s auch BAG NZA 2022, 401). Die Übernahme derartiger Kosten stellt aber allenfalls ein Indiz für den Selbständigenstatus dar. Zentrales Prüfungskriterium bleibt die persönliche Abhängigkeit.

Der Rspr des BAG ist vor dem Hintergrund des § 611a I zuzustimmen. Die Kriterien *Wanks* sind vor allem Indi- 9
katoren für das Vorliegen wirtschaftl Abhängigkeit bzw Unabhängigkeit. Der wirtschaftl Abhängige und ggf sozial Schutzbedürftige kann aber durchaus Selbständiger sein. Das Gesetz geht, wie § 2 BUrlG, § 5 I 2 ArbGG, § 12a TVG, § 92a HGB, § 2 II Nr 3 ArbSchG zeigen, nicht vom dualen Modell aus, in dem sich nur ArbN und Selbständige gegenüberstehen. Zw beiden Gruppen stehen die Arbeitnehmerähnlichen, die sich durch wirtschaftl Abhängigkeit auszeichnen und dennoch Selbständige sind (Rn 189ff). Daraus ergibt sich, dass nach geltendem Recht die wirtschaftl Abhängigkeit den Selbständigenstatus einer Person nicht zu begründen vermag. Eine Korrektur dieser Rechtslage ist der Rspr verwehrt; sie ist nur dem Gesetzgeber möglich (*Reinecke* ZIP 1998, 581; *Hanau*, Die Anforderungen an die Selbständigkeit des Versicherungsvertreters nach den §§ 84, 92 HGB, 1987; ähnl *Hilger* RdA 1989, 1), der aber in § 7 I SGB IV gerade das Gegenteil getan und die bisher anerkannten Kriterien auf das Sozialversicherungsrecht erstreckt hat. In diese Richtung geht auch § 2 S 1 Nr 9 SGB VI: Tätigkeit ohne ArbN und nur für einen Auftraggeber begründet (arbeitnehmerähnliche) Selbständigkeit (Rn 93). § 7 IV SGB IV hat allein prozessuale Bedeutung. Er begründet eine widerlegbare Vermutung für abhängige Beschäftigung (BSGE 83, 246). Auf das materielle Arbeitsrecht haben beide Regelungen keinen Einfluss.

b) Zeitliche Weisungsbindung: Sie stellt, § 611a I 3, ein zentrales Kriterium zur Prüfung des ArbN-Status dar. 10
Sie kann sowohl durch die Bestimmung der Dauer als auch der Lage der Arbeitszeit durch den ArbGeb entstehen (BAG AP 28, 38 § 611 Abhängigkeit). Beides fehlt, wenn Arbeitspflicht und Vergütung nicht zeit-, sondern ergebnisbezogen sind (BAG AP 47 § 5 BetrVG 72; 53 § 611 Abhängigkeit), aber auch, wenn die Arbeitszeit vertragl vereinbart wurde (BAG AP 60, 79 § 611 Abhängigkeit). Die größere Bedeutung ist der Bestimmung der Lage der Arbeitszeit zuzumessen (ebenso BAG AP 53, 59, 60 § 611 Abhängigkeit; 48 § 5 BetrVG 72; zur Dauer der Arbeitszeit BAG EzA § 611 Arbeitnehmerbegriff Nr 61; AP 20, 28, 38 § 611 Abhängigkeit; 32, 41 § 611 Lehrer, Dozenten). Der ArbN verliert dadurch die Möglichkeit, über seinen Tagesablauf frei zu verfügen. Unerheblich ist, ob sich dies aus Sachzwängen ergibt, wenn diese Bedingungen vom Auftraggeber gesetzt werden (BAG AP 22, 36, 42 § 611 Abhängigkeit, 4 § 611 Werkstudent; vgl auch BGH NJW 1999, 218). Von ArbN-Eigenschaft ist regelmäßig auszugehen, wenn der Unternehmer innerhalb eines bestimmten zeitl Rahmens über die Arbeitsleistung verfügen kann und dadurch der Mitarbeiter einer ständigen Dienstbereitschaft unterliegt (BAG AP 90, 74, 73, 68, 35 § 611 Abhängigkeit). Zur Bedeutung von Besprechungsterminen für außerhalb des Betriebes arbeitende Mitarbeiter BAG AP 24, 26 § 611 Abhängigkeit; EzA § 611 Arbeitnehmerbegriff Nr 38. Dass der ArbGeb sein nach der vertragl Vereinbarung bestehendes zeitl Weisungsrecht zurückhaltend oder nicht ausübt bzw auf entspr Wünsche eingeht, kann den Selbständigenstatus für sich genommen nicht begründen (BAG AP 1 § 611 Freier Mitarbeiter; 122 § 611 Lehrer, Dozenten; vgl auch BAG AP 4 § 611 Werkstudent).

Eine Weisungsbindung entsteht andererseits nicht dadurch, dass sich der Tätige im Anstellungsvertrag verpflich- 11
tet, zu bestimmten Zeiten zu arbeiten (vgl BAG AP 60, 79 § 611 Abhängigkeit; AP 133 § 611 Lehrer, Dozenten). Die vertragl Verpflichtung hängt vom Willen des Tätigen ab; sie bindet zudem auch den Dienstgeber für die gesamte Dauer des Dienstverhältnisses an eine bestimmte Arbeitszeit. Weisungsgebundenheit bedeutet dagegen die Unterwerfung unter das einseitige Leistungsbestimmungsrecht des ArbGeb. Zeitliche Weisungen des ArbGeb

sind daher nur möglich, wenn der Arbeitsvertrag einen Spielraum lässt, welcher durch konkrete Weisungen ausgefüllt werden kann (§ 106 GewO; Rn 251ff).

12 **Einzelfälle:** Zeitliche Bindung wurde **verneint** bei einem Jugendfreizeitmitarbeiter mit einer Arbeitszeit von 31 Stunden monatlich, der lediglich an die Öffnungszeit der Jugendeinrichtung von monatlich etwa 100 Stunden gebunden war (BAG AP 45 § 611 Abhängigkeit); ferner bei einer Behinderten-Psychologin, die sich ihre wöchentliche Arbeitszeit von 18 Stunden frei einteilen konnte (BAG AP 38 § 611 Abhängigkeit); bei einem Pharmaberater mit freier Arbeitseinteilung (LAGE Hamm, Düsseldorf § 611 Arbeitnehmerbegriff Nr 14, 18); bei einem Rundfunkbeauftragten, der tagsüber die Anmeldung von Rundfunkgeräten zu kontrollieren hatte (BAG AP 28 § 611 Abhängigkeit); bei mehrwöchiger Frist zur Bearbeitung von Musikarrangements (BAG AP 24 § 611 Abhängigkeit); bei nebenberuflicher Vorbereitung einmal jährlich stattfindender Festspiele (BAG AP 23 § 611 Abhängigkeit) und beim Übungsleiter eines Amateurvereins, der sich nach den dem Verein zugewiesenen Benutzungszeiten richten musste (LAGE Düsseldorf § 611 Arbeitnehmerbegriff Nr 25).

13 Zeitliche Abhängigkeit wurde **bejaht** bei einer Schadensbearbeiterin, die für eine Versicherung innerhalb von drei Tagen Schadensfälle zu bearbeiten hatte (BSG SozR Nr 71 zu § 165 RVO); bei einem Fotoreporter, der sich der Arbeitszeit eines Reporters anzuschließen hatte (BAG AP 44 § 5 ArbGG 79); bei voller zeitl Auslastung (BAG EzAÜG § 13 AÜG Nr 4); bei Zeitungszustellern, die sechs Tage in der Woche arbeiten. Gegen ihre ArbN-Stellung spricht es jedoch, wenn der Arbeitsanfall so hoch ist, dass sie Hilfskräfte einstellen müssen (BAG EzA § 611 Arbeitnehmerbegriff Nr 61 mN; vgl auch BAG AP 1 § 7 BetrVG; BGH NJW-RR 1990, 1975).

14 Auch bei **Lehrern** praktiziert das BAG eine typisierende Betrachtung: Lehrer, die an allgemeinbildenden Schulen oder die schulische Kurse unterrichten, seien idR ArbN; Volkshochschul-, Musikschullehrer und Lehrer an Abendgymnasien seien idR freie Mitarbeiter (BAG NZA 1997, 600; 2002, 1232; 2017, 1463; NZA-RR 2004, 9, 11; zu öffentl Musikschulen BAG NZA 2018, 448). Im Einzelfall kann auch bei letzteren die personelle und zeitl Weisungsunterworfenheit zur ArbN-Eigenschaft führen, zB wenn Unterrichtszeiten erst nachträgl durch den Schulträger einseitig festgelegt werden (BAG NZA 1997, 600; 2002, 1232; oben Rn 59). Für die ArbGeb-Stellung spreche auch, wenn der Lehrer neben dem Unterricht für sonstige Dienstleistungen zur Verfügung stehen müsse (BAG AP 32, 22 § 611 Lehrer, Dozenten), wobei es aber wiederum darauf ankomme, ob über diese Dienstleistungen eine vertragl Vereinbarung getroffen wurde (BAG AP 59 § 611 Abhängigkeit).

15 Das BAG differenziert auch bei **Rundfunk- und Fernsehmitarbeitern.** Programmgestaltende (Regisseure, in den Sendebetrieb eingegliederte Reporter etc; zum Begriff BAG AP 74 § 611 Abhängigkeit) Mitarbeit könne sowohl von ArbN wie von selbständigen Mitarbeitern ausgeübt werden; sonstige Tätigkeit idR nur innerhalb eines Arbeitsverhältnisses (BAG AP 74, 73 § 611 Abhängigkeit; 23, 25 § 611 Rundfunk; 96 § 611 Abhängigkeit; 44 § 5 ArbGG 79). Bei programmgestaltenden Mitarbeitern kommt es nicht primär auf die Abhängigkeit vom „Apparat der Anstalt“ an (BAG AP 74, 96 § 611 Abhängigkeit). Das Schwergewicht wird auf die Prüfung der zeitl Weisungsgebundenheit gelegt, die sich in Dienstplänen manifestiere, welche für den Mitarbeiter verpflichtend sind (BAG NZA 1995, 622; 2001, 551; 2007, 321; *Bezani* NZA 1997, 856; *Rüthers* RdA 2000, 364). Nicht programmgestaltende Mitarbeiter wie Übersetzer, Cutter, Kameraassistenten, Archivare oder routinemäßige Sprecher sind idR ArbN (BAG NZA 1995, 21, 622; 2007, 321; 2013, 903). Das verfassungsmäßig geschützte Recht der Rundfunkanstalten, über Auswahl, Einstellung und Beschäftigung ihrer programmgestaltenden Mitarbeiter zu bestimmen, ist beim ArbN-Begriff angemessen zu berücksichtigen (BVerfG NZA 2000, 653, 1049, 1097).

16 **c) Eingliederung in die Arbeitsorganisation:** Sie führt ebenfalls zu persönlicher Abhängigkeit, wenn die erbrachte Dienstleistung zu den Betriebsaufgaben des Auftraggebers gehört. Sie wird überwiegend iS einer räumlichen Eingliederung verstanden, die aber im Zuge des verstärkten Einsatzes von mobiler Arbeit, Beschäftigung im Homeoffice etc schwindet. Nach früherer Rspr konnte sich die Eingliederung auch aus dem faktischen Zwang zur Zusammenarbeit mit weiteren Beschäftigten oder aus der Notwendigkeit, Arbeitsgeräte, Material und andere Hilfsmittel des Auftraggebers zu gebrauchen, ergeben (BAG AP 22, 26 § 611 Abhängigkeit). Von dieser Abgrenzung hat die Rspr zunehmend Abstand genommen; die faktische Bindung an einen bestimmten Tätigkeitsort besage nichts über eine persönliche Abhängigkeit (BAG AP 74, 60, 45 § 611 Abhängigkeit; 32, 22, 13 § 611 Lehrer, Dozenten). Das BAG leitet nunmehr zu Recht die Eingliederung in den Betrieb insb aus dem Bestehen des Weisungsrechts ab (BAG AP 73, 68, 66, 61, 42 § 611 Abhängigkeit). Es weist auf das für den ArbN typische Unterworfensein unter die Kontrolle durch den ArbGeb hin (zutr BAG EzAÜG § 13 AÜG Nr 4; vgl auch BAG AP 90 § 611 Abhängigkeit; BGH NJW 1998, 2057). Der räumliche Aspekt ist von geringerer Relevanz.

17 **d) Fachliche und örtliche Weisungsbindung:** Auch sie können Abhängigkeit begründen (§ 611a I 2; BAG AP 23, 24, 42, 94 § 611 Abhängigkeit; 32 § 611 Lehrer, Dozenten). Ihr Fehlen schließt persönliche Abhängigkeit aber nicht aus, wie sich insb bei künstlerisch und wissenschaftlich Beschäftigten zeigt (BAG AP 73, 60, 59, 42 § 611 Abhängigkeit; 133 § 611 Lehrer, Dozenten). Zu berücksichtigen ist ferner, dass moderne Formen der Teamarbeit fachliche Weisungsbindung in weitem Umfang entbehrlich machen (BAG AP 20 zu § 611 Abhängigkeit; 42 § 611 Lehrer, Dozenten). Rahmenvereinbarungen, die nur die Art und den Inhalt der Tätigkeit festlegen und die konkrete Umsetzung nicht beeinflussen, begründen keine fachliche Weisungsbindung (BAG AP 38 § 611 Abhängigkeit; 32 § 611 Lehrer, Dozenten). **Örtliche Weisungsbindung** ergibt sich nicht aus dem faktischen Zwang, an einer bestimmten Arbeitsstätte tätig zu sein (BAG AP 74, 60, 45 § 611 Abhängigkeit); gemeint ist die nach dem Arbeitsvertrag bestehende Befugnis des ArbGeb, dem ArbN einen bestimmten Einsatzort zuzuweisen.

e) Notwendige Gesamtbetrachtung: Nach § 611a I 5 ist stets eine – gerade im Kontext des Art 5 GG auch durch die Grundrechte geprägte (BAG NZA 2022, 623: Sportfotograf) **Gesamtbetrachtung** vorzunehmen. Als für den ArbN-Status sprechende **Kriterien** lassen sich zusammenfassen: das Weisungsrecht des Unternehmers hinsichtl der Lage der Arbeitszeit und der Arbeitsdauer; Untätigkeit braucht Rechtfertigung (Urlaub, Krankheit); das Weisungsrecht hinsichtl des Inhalts und der Art und Weise der Ausführung der Tätigkeit; das Weisungsrecht hinsichtl des Arbeitsorts oder Einsatzgebiets; die Möglichkeit der Kontrolle und Aufsicht durch den Unternehmer; Berichtspflichten des Beschäftigten; keine Befugnis, Arbeitsaufträge abzulehnen; keine Befugnis, für andere Auftraggeber tätig zu werden; keine Befugnis, Preise zu gestalten; keine Befugnis, eigene Werbung zu betreiben; keine Befugnis, eigene Mitarbeiter einzustellen; Beschäftigter trägt keine Kostenlast; Beschäftigter hat keine Umsatzbeteiligung. 18

Von geringer bis keiner Relevanz sind nach der Rspr (BAG AP 1, 2 § 92 HGB; 68 § 611 Abhängigkeit; NZA 1996, 1145) die **formellen Merkmale**: Bezeichnung im Vertrag (§ 611a I 6); Gewerbeanmeldung; Zahlung von Lohnsteuer bzw Gewerbe-, Umsatz-, Einkommensteuer; Zahlung von Sozialversicherungsbeiträgen bzw privater Kranken- und Altersversicherung; Führung entspr Berufsbezeichnung; eigener Briefkopf; Eintrag ins Branchenverzeichnis; Mitgliedschaft in IHK oder Handwerkskammer; Führung von Personalakten; Teilnahme an Betriebsratswahlen. Keine Rolle spielen auch die Modalitäten der Entgeltzahlung (BAG AP 68, 60 § 611 Abhängigkeit). 19

Die Abgrenzung des selbständigen **Außendienstmitarbeiters** (insb Handelsvertreter) vom unselbständigen Außendienstbeschäftigten bereitet wegen der räumlichen Distanz zum ArbGeb, den wechselnden Einsatzorten und der oftmals weitgehenden Organisationsfreiheit auch des unselbständigen Außendienstbeschäftigten Schwierigkeiten. Das gilt insb für die große Gruppe der im Versicherungs- und Bausparkassenaußendienst Beschäftigten (BAG NZA 2010, 877). Für diese Gruppe kommt den Abgrenzungskriterien unterschiedliches Gewicht zu: 20

Merkmale mit keinem oder sehr geringem Gewicht sind: die vertragl Verpflichtung, allg die Interessen des Unternehmens mit der Sorgfalt eines ordentlichen Kaufmanns zu wahren (BAG AP 1 § 92 HGB); die Überlassung von für den im Außendienst Tätigen unverbindlichen „Geschäftsanweisungen" usw; die Tatsache, dass der im Außendienst Tätige seine Arbeitszeit nach den Anwesenheitszeiten der Kunden auszurichten hat; die Aufstellung eines für den im Außendienst Tätigen unverbindlichen „Erfolgsplans" oÄ; die vertragl Vereinbarung oder die erstmalige Zuweisung eines festen Vertreterbezirks; vertragl Klauseln, nach denen das Unternehmen den Vertreterbezirk durch einseitige Weisung ändern kann; die fehlende Befugnis, das vermittelte Produkt bzw die Produktpalette zu gestalten; die Verpflichtung, Versicherungsverträge, Abrechnungen, kassierte Beiträge oÄ pünktlich an das Unternehmen weiterzuleiten; die Vereinbarung eines Konkurrenzverbotes (BSGE 51, 164); das Verbot, allg für andere Unternehmen tätig zu sein (BSGE 51, 164; BAG AP 2 § 92 HGB); die vertragl vereinbarte Beschränkung auf bestimmte Verbote, die geeignet sind, ein wettbewerbswidriges Verhalten des im Außendienst Tätigen zu verhindern (BAG NZA 2000, 481), wie das Verbot systematischer Telefonwerbung, das Verbot der systematischen Ausspannung von Kunden, das Verbot unzulässiger Kopplung von Versicherungsverträgen mit anderen Produkten, das Verbot des Auftretens ggü potentiellen Kunden unter Verschweigen der Vertretereigenschaft, das Verbot, Veröffentlichungen zu Werbezwecken vorzunehmen, die nicht mit dem Unternehmen abgestimmt wurden, die Verpflichtung, Inkasso-Tätigkeiten wahrzunehmen; die Überlassung von Listen mit Kundenadressen, wenn der im Außendienst Tätige auf diese nicht beschränkt und er nicht verpflichtet ist, die genannten Kunden anzusprechen; die freiwillige Benutzung der Telefon- oder EDV-Anlage des Unternehmens; die Zahlung eines Provisionsvorschusses; die Tatsache, dass dem im Außendienst Tätigen keine Unkosten für seinen Geschäftsbetrieb entstehen; die Zahlung von handelsüblichem Aufwendungsersatz; die formalen Merkmale (BAG AP 2 § 92 HGB); die wirtschaftl Abhängigkeit vom Unternehmen (BSGE 51, 164; BSG SozR 2200 § 1227 Nr 19); die soziale Schutzbedürftigkeit des im Außendienst Tätigen. 21

Merkmale mit **variablem Gewicht** sind: die zeitl Beschränkung der Reisetätigkeit; die Verpflichtung, ein bestimmtes Mindestsoll – auf niedrigem Niveau – zu erreichen (vgl BAG AP 2 § 92 HGB); die Verpflichtung, Bericht über die Tätigkeit zu erstatten; die Verpflichtung, Untätigkeit (Urlaub, Krankheit) zu melden (BAG AP 2 § 92 HGB); die Verpflichtung, Revisionen des Unternehmens zu dulden (BAG AP 2 § 92 HGB; BSGE 13, 130); die Verpflichtung, Weisungen hinsichtl des äußeren Erscheinungsbildes (Büro etc) zu befolgen; die Verpflichtung, im Einzelfall Weisungen des Unternehmens hinsichtl Zeit, Ort und Art und Weise der Tätigkeit (§ 106 GewO; Rn 251ff) zu befolgen; die Verpflichtung, an bestimmten Veranstaltungen (Schulungen etc) regelmäßig teilzunehmen; die Verpflichtung, regelmäßig bestimmte Tätigkeiten zu verrichten (Bestandspflege, Verwaltung etc) (BAG AP 2 § 92 HGB). Diese Pflichten bieten, sofern sie von der Interessenwahrungspflicht des im Außendienst Beschäftigten erfasst sind, keinen Anhaltspunkt für das Bestehen eines Beschäftigungsverhältnisses. Im Einz kommt es auf den Umfang der Weisungsbefugnis bzw auf den Umfang der Beschränkung durch die einzelne Weisung an. Alle diese Beschränkungen führen, auch wenn sie von der Interessenwahrungspflicht nicht gedeckt sind, keinesfalls zwingend zur Annahme eines Beschäftigungsverhältnisses. Allenfalls eine Kumulation verschiedener Merkmale kann die Ablehnung der Selbständigeneigenschaft zur Folge haben. Dies gilt ähnl für die Zahlung einer echten Mindestprovisionsgarantie (BSGE 51, 164; vgl auch BGH NJW 1998, 2075); die Zahlung von Aufwendungsersatz über das handelsübliche Maß hinaus, insb als monatliches Fixum. 22

Merkmale, die sehr stark für das Vorliegen eines Beschäftigungsverhältnisses sprechen, sind die uneingeschränkte Verpflichtung, allen Weisungen des Unternehmens Folge zu leisten und dem Unternehmen regelmäßig in kurzen Abständen detaillierte Berichte zukommen zu lassen (BSGE 13, 130); die Verpflichtung, in Räu- 23 men des Unternehmens zu arbeiten; die Verpflichtung, ein bestimmtes Mindestsoll – auf hohem Niveau – zu erreichen (vgl Düsseldorf ZIP 1998, 1039); das Verbot, Untervertreter einzustellen (§ 613; dazu auch BAG DB 1998, 2280) sowie insb die Verpflichtung, nach bestimmten Tourenplänen zu arbeiten, ggf iVm dem Verbot der Kundenwerbung aus eigener Initiative und die Verpflichtung, Adresslisten abzuarbeiten, insb iVm dem Verbot der Kundenwerbung aus eigener Initiative. Diesen letzten beiden Beschränkungen misst die Rspr zu Recht das stärkste Gewicht zu, da sie mehr oder minder vollständig die Zeit, den Ort und die Art und Weise der Tätigkeit erfassen.

24 **f) Einzelnachweise:** Die ArbN-Eigenschaft wird **bejaht** bei Lizenzfußballspielern (BAG NJW 1980, 470 mN); Berufssportlern (*H. P. Westermann* in Reschke, Sport als Arbeit, 1985), anders bei Vertragsamateuren, die wie Amateure behandelt werden (BAG AP 51 § 611 Abhängigkeit); Chefärzten (BAG NJW 1961, 2085; NZA 2017, 581; diff zu Honorarärzten in Krankenhäusern BSG NZA 2019, 1583); Familienhelfern (BAG AP 94 § 611 Abhängigkeit); Kundenberatern (BAG NZA 1999, 4); Co-Piloten von Verkehrsflugzeugen (BAG AP 68 § 611 Abhängigkeit); Croupiers (BAG AP 1ff § 611 Croupier); Stripteasetänzerinnen in Nightclubs (BGH NJW 1985, 208); Fotomodellen (BSG EzA § 64 Arbeitnehmerbegriff Nr 40); Bühnenbildnern und -künstlern (BAG AP 17 § 611 Abhängigkeit; NZA 2007, 1072); Lektoren (BAG AP 53 § 611 Abhängigkeit); Sargträgern; Tagesmüttern (BSG NJW 1998, 3141). Rspr-Übersicht zur Rechtsstellung von Künstlern und Darstellern bei *Reinecke* NZA-RR 2019, 57.

25 Sie wird **verneint** bei Frachtführern (einschränkend BAG AP 90, 103 § 611 Abhängigkeit; BGHZ 140, 11); Zeitungszustellern (BAG NZA 1998, 368); Schlagersängern (BAG NJW 1985, 2133); Aushilfstaxifahrern (BAG AP 2 § 9 BetrVG 72); in Werkstätten für Behinderte Tätige (Rn 19); Betreuern in Jugendfreizeitstätten (BAG AP 45 § 611 Abhängigkeit); Praktikanten (BAG AP 2 § 21 KSchG; Scherer NZA 1986, 280; unten Rn 133); Ordensangehörigen, Diakonissen (BAG AP 26 Art 9 GG; AP 2 Art 140 GG; oben Rn 18); DRK-Schwestern, da sie aufgrund ihrer Mitgliedschaft im DRK karitativen Dienst erbringen (str; BAG AP 1, 2 § 5 BetrVG 72 Rotes Kreuz; 22 § 5 ArbGG 79); Leitern einer Außenwohngruppe (BAG BAGRp 2005, 361); ehrenamtlicher Telefonseelsorge (BAG NZA 2012, 1433); ärztlichen Gutachtern (BAG NZA-RR 2016, 344).

26 Zu freien Mitarbeitern beim Rechtsanwalt: München EWiR 1999, 821; BSG BB 1981, 1581; BSGE 46, 241; BAG BB 1998, 1481. Zu Büroangestellten, die mittels Telekommunikation (Homeoffice) in ihren Wohnungen arbeiten: *Körner* NZA 1999, 1190; *Peter* DB 1998, 573; *Wedde* NJW 1999, 527; *Kramer* DB 2000, 1329. Sie sind ArbN, wenn ihnen ausdrückl oder durch technische Zwänge (Kontrolle durch Online-Betrieb) bestimmte Arbeitszeiten vorgegeben sind. IÜ können sie bei wirtschaftl Abhängigkeit von einem Auftraggeber als Heimarbeiter (s Rn 140), sonst als Selbständige zu qualifizieren sein.

g) Besondere Beschäftigtengruppen.

27 aa) **Arbeiter und Angestellte:** Diese Differenzierung ist überholt (*Wank*, Arbeiter und Angestellte, 1992; *Hromadka* ZFA 1994, 251). Das BGB unterscheidet insoweit auch nicht mehr. Nach Angleichung der Regelungen der Entgeltfortzahlung, des Kündigungsschutzes sowie der Arbeitszeit bleibt für Ungleichbehandlungen kaum mehr Raum. Auch durch die Fusion der Rentenversicherungsträger zur Deutschen Rentenversicherung wurde die unzeitgemäße Unterscheidung aufgegeben.

28 Eine Legaldefinition gibt es nicht. Die Rspr stellt auf die Verkehrsauffassung ab (BSGE 47, 106), die von der Tarifpraxis geprägt wird (BAG AP 1 § 5 BetrVG). Die Verkehrsauffassung hat den Vorrang vor der individuellen Abgrenzung nach körperlicher oder geistiger Tätigkeit und dem Willen der Vertragsparteien (BSGE 29, 108; 47, 106; vgl auch BAG AP 126 §§ 22, 23 BAT 75).

29 Abgrenzungsentscheidungen der Sozialversicherungsträger sind für das Arbeitsverhältnis nicht bindend, wohl aber Sozialgerichtsentscheidungen im Rahmen ihrer Rechtskraft. Die Anknüpfung an das Sozialversicherungsrecht bezieht sich nur auf die Abgrenzung von Arbeitern und Angestellten, während die Einbeziehung der GmbH-Geschäftsführer in die Sozialversicherung (Rn 103) nicht zur Annahme eines Arbeitsverhältnisses zwingt (BAG AP 8 § 2 AngKSchG).

30 Soweit Gesetze noch zw Arbeitern und Angestellten unterscheiden, ist die vorgegebene Abgrenzung zwingend, falls die Gesetze selbst zwingend sind. Die Angestellten- oder Arbeiterstellung kann nicht tarifvertragl oder einzelvertragl festgelegt werden (BAG AP 1 § 59 HGB). Tarifverträge können aber die Abgrenzung für ihren Regelungsbereich selbständig regeln (BAG AP 4 § 1 TVG Tarifverträge Presse). Bei Mischtätigkeiten entscheidet die überwiegende Tätigkeit.

31 Als **Arbeiter** sind angesehen worden: Gewahrsamshelfer, der Inhaftierte zu durchsuchen und zu betreuen hat (BAG AP 59 § 1 LohnFG); Werksfeuerwehrmänner (BSG BB 1971, 1237); Fördermaschinist (BAG AP 1 § 5 BetrVG); Striptease-Tänzerin (LAG Düsseldorf AuR 1972, 254); Verkäufer in Zeitungs- und Süßwarenkiosken (BAG AP 3 § 59 HGB); Tankwart (BAG AP 126 §§ 22, 23 BAT 75); Laborhelferin (BAG AP 5 § 59 HGB); Koch (LAGE § 622 Nr 15); Schlossführer (LAG Berlin DB 1961, 1490, anders BAG AP 1 § 1 BAT). Als **Angestellte** wurden angesehen: Berufsfußballspieler (BSGE 16, 98); Croupiers (BAG AP 14 § 59 HGB); Kassierer (BAG AP 23 § 59 HGB); Musiker; Schulhausmeister bei überwiegend beaufsichtigender Tätigkeit (BAG AP 65 §§ 22, 23 BAT 1975); Texterfasserin in einem Zeitungsverlag (BAG AP 24 § 59 HGB); Schwimmmeister (BSG AP 6 § 3 AVG nF); Lesezirkelvertreter (BAG AP 4 § 63 HGB).

32 Tarifvertragl Differenzierungen finden eine Stütze in der Rspr des BAG, nach der die Tarifvertragsparteien den Geltungsbereich ihrer Regelung frei bestimmen können (BAG AP 143 § 4 TVG Ausschlussfristen). Soll die Bin-

dung des Tarifvertrags an den verfassungsrechtl Gleichheitssatz nicht leer laufen, dürfen aber auch in Tarifverträgen keine willkürlichen Abgrenzungskriterien sein (vgl BAG AP 32, 38, 42 § 622 und AP 31 § 1 KSchG 69). Unterschiedliche Lohngruppen für unterschiedliche Tätigkeiten sind zulässig, während unterschiedliche Manteltarifverträge nur gerechtfertigt sind, soweit sie auf Besonderheiten körperlicher Arbeit beruhen. Eine Regelung in einem Manteltarifvertrag, nach dem lediglich Angestellte einen Anspruch auf Zuschuss zum Kurzarbeitergeld haben, hat das BAG für nichtig erklärt (AP 147 § 242 Gleichbehandlung).

Auch freiwillige ArbGeb-Leistungen dürfen nur aus sachlichen Gründen, insb zur Gewinnung und Erhaltung von Arbeitskräften, zw beiden Gruppen differenzieren (BAG AP 44, 66–68 § 242 Gleichbehandlung). Das BAG hielt eine geringere Gratifikationszahlung an Arbeiter für zulässig, wenn diese höhere krankheitsbedingte Fehlzeiten aufwiesen (AP 172, 186 AP § 611 Gratifikation). Erstere Entscheidung hat das BVerfG aufgehoben, da nicht ausgeschlossen sei, dass die erhöhten Fehlzeiten der Arbeiter auf gesundheitsschädlichen Arbeitsbedingungen beruhten (BVerfG AP 203 § 611 Gratifikation; krit *Schulte* DB 1998, 204). Keine Ungleichbehandlung liegt nach BAG AP 113 § 242 Gleichbehandlung vor, wenn die Zahlung übertariflicher Zulagen an Angestellte durch eine erhöhte Weihnachtsgratifikation der Arbeiter ausgeglichen wird. Auch die unterschiedliche Ausgestaltung von Ausschlussfristen sei bei einer Gesamtbetrachtung zulässig (BAG AP 143 § 4 TVG Ausschlussfristen). 33

bb) Kaufmännische und technische Angestellte: Auch diese Unterscheidung ist gesetzl weitgehend bedeutungslos, während die Tarifverträge unterschiedliche Vergütungsgruppen enthalten. Das nachvertragl Wettbewerbsverbot für kaufmännische Angestellte (§§ 74ff HGB) wird auf alle ArbN angewendet (§ 110 GewO; dazu BAGRp 2005, 135; *Edenfeld* ZFA 2004, 463). 34

cc) Leitende Angestellte: Dies sind ArbN, für die die §§ 611ff uneingeschränkt gelten. Auch die sonstigen arbeitsrechtl Vorschriften sind anwendbar, soweit keine Sondervorschriften eingreifen. Den bestehenden Sondervorschriften liegt kein einheitlicher Begriff des leitenden Angestellten zugrunde. Nach § 5 III, IV BetrVG kommt es vor allem auf unternehmerische Entscheidungsbefugnisse an (*Edenfeld*, Betriebsverfassungsrecht, Rn 60ff). 35

§ 14 II KSchG modifiziert den Kündigungsschutz von Geschäftsführern, Betriebsleitern und ähnl leitenden Angestellten, soweit diese zur selbständigen Einstellung oder Entlassung von ArbN berechtigt sind. Zur Abgrenzung BAG AP 1, § 1 KSchG 51 Personenbedingte Kündigung. Zur Gruppe der **außertariflichen Angestellten** vgl *Blanke* (Hrsg), Außertarifliche Angestellte, 1995. 36

dd) Teilzeitbeschäftigte: Das Recht der Teilzeitarbeit ist im Teilzeit- und Befristungsgesetz (TzBfG) v 21.12.2000 (BGBl I 2000, 1966) geregelt. Den Grundsatz enthält § 6 TzBfG: Der ArbGeb hat die Teilzeitarbeit zu fördern. § 2 I 1 TzBfG definiert den Teilzeitbeschäftigten als ArbN, dessen regelmäßige Wochenarbeitszeit kürzer ist als diejenige vergleichbarer vollzeitbeschäftigter ArbN. Ist eine regelmäßige Wochenarbeitszeit nicht vereinbart, wird auf die wöchentliche Arbeitszeit im Jahresdurchschnitt abgestellt. Dagegen ist die Definition der geringfügigen Beschäftigung in § 8 SGB IV für das Arbeitsrecht grds unerheblich, § 2 II TzBfG. 37

§ 4 I TzBfG enthält einen **Gleichbehandlungsgrundsatz**, insb das **Gebot des proportionalen Entgelts:** Der ArbGeb darf einen teilzeitbeschäftigten ArbN ggü vollzeitbeschäftigten ArbN nicht wegen der Teilzeit unterschiedlich behandeln, wenn es nicht durch sachliche Gründe gerechtfertigt ist. § 4 I TzBfG stellt eine Konkretisierung des Gleichbehandlungsgrundsatzes dar. Die Bedeutung der Vorschrift liegt darin, dass sie Teilzeit und die typischerweise mit ihr verbundenen Belastungen des ArbGeb als sachlichen Grund für eine Differenzierung ausschließt. 38

Bei der Prüfung des § 4 I TzBfG sind **zwei Schritte** zu unterscheiden: Einmal verbietet die Norm Ungleichbehandlungen nicht, die nicht wegen der Teilzeit, sondern aus anderen Gründen erfolgen. Grund für die Differenzierung durch den ArbGeb muss das unterschiedliche Arbeitsvolumen sein (BAG AP 18 § 2 BeschFG; 4 § 611 Werkstudent; BAGRp 2002, 35, 36; BAGRp 2004, 3, 4; 38, 39). Ist das nicht der Fall, können die übrigen Gleichbehandlungsregelungen greifen. Zum anderen kann die Ungleichbehandlung durch sachliche Gründe gerechtfertigt sein. Mitunter sind beide Prüfungsschritte kaum trennbar (BAG AP 4, 18 § 2 BeschFG; 4 § 611 Werkstudent; NZA 2007, 687). Das Gleichbehandlungsgebot bezieht sich über das Entgelt hinaus auf alle personellen Maßnahmen (zur Gleichbehandlung bei der Einstellung Rn 208ff; zur Stellenausschreibung § 7 TzBfG). Es besteht auch bei der betrieblichen Altersversorgung (BAG AP 18, 26, 28 § 1 BetrAVG Gleichbehandlung; NZA 2009, 196). 39

Die Höhe der Vergütung des Teilzeitbeschäftigten ist anteilig nach derjenigen Vollzeitbeschäftigter zu bemessen und entspr anteilig zu erhöhen (BAG AP 16, 26 § 2 BeschFG 85; 97 § 611 Lehrer, Dozenten; DB 1999, 2116; EuGH I 1998, 3739). Dasselbe gilt für Urlaubsgeld (BAG AP 12 § 2 BeschFG 85; AP 7 § 17 BErzGG). Wird die Vollarbeitszeit herabgesetzt und als Ausgleich der Stundenlohn erhöht, muss diese Erhöhung anteilig auch den Teilzeitbeschäftigten gewährt werden (BAG AP 16 § 2 BeschFG 85). Bzgl freiwilliger ArbGeb-Leistungen dürfen Teilzeitbeschäftigte nur benachteiligt oder ausgeschlossen werden, soweit diese der Mehrbelastung Vollzeitbeschäftigter Rechnung tragen (zB ausgehend für besondere, sich aus der Vollschicht ergebende Belastungen, vgl BAG AP 18 § 2 BeschFG) oder eine anteilige Kürzung nicht zulassen (zB Werkswohnungen). Anteilige Gleichbehandlung daher ua erforderlich im Hinblick auf Weihnachtsgeld (EuGH DB 2000, 223; BAG AP 12 § 2 BeschFG 85; 124 § 242 Gleichbehandlung), Funktionszulagen (BAG AP 18 §§ 22, 23 Zulagen), Wechselschichtzulagen (BAG AP 1 § 34 BAT), Zulagen aufgrund des Familienstandes (BAG AP 34 § 1 TVG), Übergangsgeld (EuGH AP 21 Art 119 EWG-Vertrag), Beihilfezuschüsse (BAG AP 63, 68 § 2 BeschFG 85), Essensgeldzuschüsse (BAG BAGRp 2002, 35), Nachtarbeits- und Spätarbeitszulagen (BAG DB 1999, 52). 40

41 Teilzeitbeschäftigten kommt **Kündigungsschutz** zugute (BAG DB 1987, 1443). Nach § 11 TzBfG iVm § 134 unzulässig und nichtig ist eine Kündigung wegen der Weigerung des ArbN, von einer Vollzeit- in eine Teilzeitbeschäftigung oder umgekehrt zu wechseln. Im Rahmen der sozialen Auswahl gem § 1 III KSchG bleibt es zulässig zu berücksichtigen, dass ein Teilzeitbeschäftigter nicht Alleinverdienender der Familie ist. Nach Ansicht des BAG kann aber nicht generell von einer geringeren Schutzbedürftigkeit mitverdienender Teilzeitbeschäftigter ausgegangen werden (BAG AP 54 § 2 BeschFG 85).

42 Bei der Anwendung der gesetzl **Höchstarbeitszeit** sind nach § 2 I ArbZG mehrere Arbeitsverhältnisse zusammenzurechnen. Überschreitet das jew zuletzt erfüllte Arbeitsverhältnis die Höchstgrenzen erheblich, ist es nichtig (BAG AP 1 § 611 Doppelarbeitsverhältnis), sonst bleibt es bei einem Beschäftigungsverbot. Zur einseitigen Anordnung von Mehrarbeit ist der ArbGeb außer in Notfällen nicht berechtigt, zumal ein Anspruch auf Mehrarbeitsvergütung bei Überschreitung der individuellen Arbeitszeit noch nicht besteht (BAG NZA 2012, 145; Rn 121).

43 § 8 I TzBfG gewährt einen einklagbaren **Anspruch auf Teilzeitarbeit:** Ein ArbN, dessen Arbeitsverhältnis länger als sechs Monate bestanden hat, kann verlangen, dass seine vertragl vereinbarte Arbeitszeit verringert wird, sofern der ArbGeb – ohne Auszubildende – mehr als 15 ArbN beschäftigt (§ 8 VII TzBfG). Das BAG hat Konturen zum Teilzeitanspruch geschaffen und dessen Inhalt sowie das Verfahren bei der Geltendmachung des Anspruchs auf Arbeitszeitreduzierung verdeutlicht (Überblick bei *Schmalenberg* BAGRp 2005, 33ff mwN). Zur Frage, welche betrieblichen Gründe der ArbGeb dem Teilzeitverlangen des ArbN entgegensetzen darf, liegen einzelfallbezogene Bewertungen vor (vgl BAG NZA 2005, 769; 2007, 259; 2013, 1074). Unter den Voraussetzungen des § 9a TzBfG kann der ArbN seine Arbeitszeit auch für einen vereinbarten Zeitraum zwischen ein und fünf Jahren verringern und kehrt anschließend wieder zur ursprünglichen Arbeitszeit zurück (sog **Brückenteilzeit**, dazu *Bayreuther* NZA 2018, 1577).

44 Teilzeitbeschäftigte können von der Sozialversicherungspflicht frei sein. Maßgeblich ist die **Geringfügigkeitsgrenze** nach § 8 I SGB IV. In der Herausnahme der Gruppe der geringfügig Beschäftigten aus der Sozialversicherungspflicht liegt keine mittelbare Diskriminierung (EuGH AP 1 EWG-RL Nr 79/7).

45 **dd) Beschäftigte in Betriebs- und Eigengruppen:** Beides sind anerkannte, aber ungenau abgegrenzte und geregelte Formen der Gruppenarbeit. Für die **Betriebsgruppe** ist kennzeichnend, dass sie vom ArbGeb zusammengestellt wurde und durch Vereinbarung mit ihm in gewissem Umfang gemeinsam Verantwortung für die Erbringung der Arbeitsleistung übernommen hat. Eine Sonderform der Betriebsgruppe entsteht durch Arbeitsplatzteilung gem § 13 TzBfG (Rn 270ff). In der engsten Form der Betriebsgruppe, wie sie insb im Baugewerbe („Akkordkolonne") üblich ist, erbringen die ArbN aufgrund einer Leistungsvereinbarung gemeinsam als Gesamtleistung Arbeiten, die nach dem Leistungserfolg der ganzen Gruppe entlohnt werden. Es handelt sich weder um eine Gesamtschuld noch um eine gesamthänderische Schuld, sondern um eine Verpflichtung zum Zusammenwirken bei der Erfüllung der je eigenen Arbeitspflicht. Mehrere Gruppenmitglieder, die für einen Schaden gemeinsam verantwortlich sind, haften anteilig, weil sich der ArbGeb das Mitverschulden der jew anderen Gruppenmitglieder zurechnen lassen muss, außer bei Mittäterschaft und Verletzung von Aufsichtspflichten (BAG AP 4 § 611 Akkordkolonne; DB 1983, 2200).

46 Eine **Eigengruppe** liegt vor, wenn mehrere ArbN, die sich selbst zusammengefunden haben, für eine gemeinsam zu erbringende Dienstleistung angestellt werden. Soweit die Eigengruppe ihre Tätigkeit selbst organisiert und nicht dem Direktionsrecht des ArbGeb untersteht, ist sie mit diesem durch einen selbständigen Dienst- oder Werkvertrag verbunden. Im Innenverhältnis der Gruppenmitglieder besteht dann nur ein Gesellschaftsverhältnis oder zusätzl ein Arbeitsverhältnis (zur Abgrenzung § 611 Rn 26ff). Aber auch wenn nach außen Arbeitsverhältnisse vorliegen, weil die Gruppe nach arbeitstechnischen Weisungen des Dienstgebers tätig ist, werden von der hM Besonderheiten angenommen. So können die Arbeitsverhältnisse grds nur gemeinsam gekündigt werden (BAG AP 1 § 611 Gruppenarbeitsverhältnis). Der zwingende Schutz des Arbeitsrechts gilt auch für die Mitglieder von Eigengruppen, sofern sie nach Weisung des ArbGeb tätig werden.

47 Die Haftung bei Schlechtleistung regelt sich grds wie bei der Betriebsgruppe. Die gesamtschuldnerische Haftung der Gruppenmitglieder kann vereinbart werden, ist im Zweifel aber nicht anzunehmen, da eine so weitgehende Verantwortung für den gemeinsamen Arbeitserfolg nicht passt, wenn die Arbeit nicht selbst organisiert, sondern nach Weisung des ArbGeb durchgeführt wird.

48 **ee) Berufsausbildung, Praktikanten und Volontäre:** Das Berufsbildungsgesetz (BBiG) regelt das Recht des Berufsausbildungsverhältnisses, die Ordnung der Berufsbildung. § 1 I BBiG teilt die Berufsbildung auf in Berufsausbildungsvorbereitung, Berufsausbildung, berufliche Fortbildung und berufliche Umschulung. Inhaltlich geregelt ist nur die Berufsausbildung. Das BBiG regelt nicht die Berufsausbildung in den berufsbildenden Schulen. § 3 I BBiG verweist insoweit auf die Schulgesetze der Länder.

49 Inhalt der **Berufsausbildung** ist die Vermittlung einer beruflichen Grundbildung und fachlicher Fertigkeiten und Kenntnisse für eine qualifizierte berufliche Tätigkeit in einem geordneten Ausbildungsgang, § 1 III BBiG. Das Ausbildungsverhältnis iSd BBiG ist geprägt durch die betriebliche Integration und die Verknüpfung mit der Betriebsarbeit. Nach § 10 II BBiG sind die arbeitsrechtl Gesetze anwendbar, soweit nicht das BBiG Sonderregelungen vorsieht. Zahlreiche Gesetze beziehen das Berufsausbildungsverhältnis ausdrückl ein, zB § 1 I Nr 1 JArbSchG, § 2 S 1 BUrlG, § 5 I BetrVG, § 2 II ArbZG. Auch ohne ausdrückl Nennung sind ua anwendbar der Gleichheitsgrundsatz und die arbeitsrechtl Haftungsbeschränkung.

Das Berufsausbildungsverhältnis ist ein Arbeitsverhältnis atypischen Inhalts. Die Arbeitspflicht wird modifiziert durch den **Ausbildungszweck**. Die für das Berufsausbildungsverhältnis notwendige Verknüpfung der Ausbildung mit der Betriebsarbeit zeigt, dass die besonderen Ausbildungsverpflichtungen und Fürsorgepflichten die arbeitsvertragl Pflichten nicht verdrängen. Der Ausbildende schuldet vor allem die Vermittlung der erforderlichen Fähigkeiten und Kenntnisse, der Auszubildende die entspr Bemühung um deren Erlangung, §§ 13, 14 BBiG. 50

Rechtsgrundlage der **Fortbildung** ist regelmäßig ein gesonderter Fortbildungsvertrag, wobei die Fortbildung auch begleitend zu einem Arbeitsverhältnis treten kann. Für die Fortbildung im Arbeitsverhältnis gilt idR Arbeitsrecht, soweit die Fortbildung keine Sonderregelung erfordert. Bei Fortbildung während der betrieblichen Arbeitszeit wird die Arbeitspflicht durch die Fortbildungspflicht ersetzt. Die Verpflichtung zur **Rückzahlung von Fortbildungskosten** bei Misslingen und Beendigung des Arbeitsverhältnisses ist von der Rspr aufgrund von Art 12 GG eingeschränkt worden. An tarifvertragl Rückzahlungsklauseln legt die Rspr großzügigere Maßstäbe an (BAG EzA § 611 Ausbildungsbeihilfe Nr 17). Vorteile der Ausbildung und Dauer der Bindung müssen in angemessenem Verhältnis zueinander stehen (BAG BAGRp 2003, 153: sechsmonatige Dauer bei einmonatiger Weiterbildung; BAGRp 2004, 281: dreijährige Bindungsdauer; NZA 2006, 542: zweijährige Bindungsfrist; zu mehreren Ausbildungsabschnitten BAG NZA 2012, 85). Endet das Arbeitsverhältnis aufgrund einer Kündigung des ArbGeb, deren Grund in dessen Sphäre liegt, kann der ArbGeb keine Rückzahlung der Ausbildungskosten verlangen (Rn 401). Der ArbN muss es in der Hand haben, der Rückzahlungspflicht durch Betriebstreue zu entgehen (BAG NZA 2004, 1035; 2008, 1004; 2012, 738; 2019, 781). Eine Vereinbarung, die den Auszubildenden für die Zeit nach Beendigung des Berufsausbildungsverhältnisses in der Ausübung seiner beruflichen Betätigung beschränkt, ist nichtig. Gleiches gilt für eine formularmäßige Rückzahlungsverpflichtung, die hinreichend transparent sein muss (BAG NZA 2006, 1042; 2012, 738; 1428; 2019, 781). Eine geltungserhaltende Reduktion der Rückzahlungsklausel bei zu langer Bindungsdauer scheidet aus (BAG NZA 2009, 666, vgl auch BAG NZA 2010, 342). Auch die **Umschulung** erfolgt aufgrund eines gesonderten Umschulungsvertrags; vgl dazu §§ 58ff BBiG. 51

§ 26 BBiG erstreckt mit gewissen Modifikationen den arbeitsrechtl Teil des BBiG auf Personen, die eingestellt werden, um berufliche Kenntnisse etc zu erwerben, soweit nicht ein Arbeitsverhältnis vereinbart wird. Derartige Verträge sind insb der Praktikanten- und der Volontärvertrag. **Praktikanten** sind Personen, die im Rahmen einer Gesamtausbildung eine praktische betriebliche Tätigkeit zum Erwerb beruflicher Kenntnisse und Erfahrungen vorweisen müssen (BAG AP 2 § 21 KSchG). Sie können ArbN sein, da sie in den Betrieb eingegliedert sind und durch Mitarbeit lernen. Das Praktikantenverhältnis wird teilw als Unterart des Volontärverhältnisses verstanden. Soweit beide § 26 BBiG unterfallen, ist die Differenzierung ohne praktische Bedeutung. Unerheblich ist, ob ein Hochschulpraktikum vor, nach oder während des Studiums absolviert wird (BSG AP 1 § 611 Praktikant). Hat das Praktikum jedoch rein schulischen Charakter oder ist es integrierter Teil eines Studiums und damit von der laufenden Betriebsarbeit getrennt, findet § 26 BBiG keine Anwendung, da das BBiG nur für die betriebliche Ausbildung gilt. Derartige Ausbildungsverhältnisse können aber als Arbeitsverhältnisse ausgestaltet sein (BAG AP 1 zu § 1 TVG Ausbildungsverhältnis). 52

Volontäre sind Personen, die für ein bestimmtes Berufsgebiet aus eigenem Interesse heraus ausgebildet werden, ohne dass dies durch einen Gesamtausbildungsplan vorgeschrieben ist. Der Volontär will praktische Berufskenntnisse erlangen, jedoch keine abgeschlossene Fachausbildung in einem anerkannten Ausbildungsberuf. Dementsprechend frei sind die Parteien bei der Vereinbarung des Inhalts und der Intensität der Ausbildung. Wird der Volontär zum Zwecke einer möglichst intensiven Vermittlung berufspraktischer Kenntnisse wie ein ArbN in die Betriebsorganisation integriert, ist er Volontär iSd § 26 BBiG. Ist die Erlangung berufspraktischer Kenntnisse nur Motiv, nicht jedoch Vertragsinhalt, liegt ein normales Arbeitsverhältnis vor, das nach § 26 BBiG nicht dem BBiG unterfällt. 53

Einstweilen frei. 54–57

4. Arbeitgeberbegriff. a) Allgemeines: ArbGeb ist der jew Gläubiger des Anspruchs auf weisungsgebundene Arbeitsleistung und zugleich der jew Schuldner des Anspruchs auf Arbeitsentgelt (BAG AP 1 § 705 BGB; 1 § 611 Hausmeister). Der ArbGeb-Begriff hat deshalb keine eigenständige Bedeutung: ArbGeb ist, wer auch nur einen einzigen ArbN abhängig beschäftigt. Eine ArbGeb-Leistung kann auch vorliegen, wenn sie nicht vom ArbGeb, sondern von einem Dritten gewährt wird (Rn 339). ArbGeb ist auch, wer den Anschein erweckt, er sei Inhaber oder persönlich Haftender des Beschäftigungsunternehmens (BAG AP 3 § 128 HGB; BSG NZA 1986, 326). Bleibt der ArbN über die Person des ArbGeb im Unklaren, weil er keinen Arbeitsvertrag erhält bzw der ArbGeb den Anforderungen des § 2 NachwG (Rn 199ff) nicht entspricht, sind die Anforderungen an seine Darlegungs- und Beweislast in diesem Punkt erleichtert. Eine hilfsweise gegen den richtigen ArbGeb erhobene Kündigungsschutzklage wahrt die Frist nach § 4 KSchG (BAG AP 27 § 4 KSchG 69). Sozialversicherungsrechtl gelten die vom Insolvenzverwalter weiterbeschäftigten, freigestellten, aber eingestellten ArbN als Beschäftigte des Verwalters. Zwangsverwalter und Liquidatoren können nach § 613a in die ArbGeb-Stellung einrücken (§ 613a Rn 37). 58

Anstelle oder neben dem ArbGeb, der den Arbeitsvertrag geschlossen hat, kann ein anderer ArbGeb sein, wenn er das Weisungsrecht im Rahmen seines eigenen Betriebes ausübt (BSGE 34, 111; BSG SozR 2 zu § 393 RVO S Aa 4). Ein gesetzl geregelter Sonderfall ist § 10 AÜG (Rn 85f). Die Rspr zur gemeinsamen Führung eines Betriebes durch mehrere Unternehmen (Rn 75) führt zu einer partiellen Vervielfachung von ArbGeb-Pflichten. 59

b) Betrieb, Unternehmen und Konzern: Dies sind arbeitsrechtl bedeutsame Organisationseinheiten auf ArbGeb-Seite. **Betrieb** (s § 613a, § 622 II) ist nach einer zwar nicht gesetzl geregelten, aber allg anerkannten Defini- 60 tion eine organisatorisch selbständige Einheit, innerhalb welcher der ArbGeb mit seinen ArbN durch Einsatz technischer und immaterieller Mittel einen oder mehrere arbeitstechnische Zwecke fortgesetzt verfolgt, die sich nicht in der Befriedigung von Eigenbedarf (wie im Haushalt) erschöpfen. Entscheidend ist die einheitliche Leitung in organisatorischer und personeller Hinsicht (BAG AP 9 § 111 BetrVG; 3, 4, 5 § 4 BetrVG 72). Wird diese von **mehreren Unternehmen** aufgrund entspr Vereinbarung (BAG AP 1, 2, 5, 7, 9 § 1 BetrVG 72; 1 § 611 Hausmeister; 4, 9 § 23 KSchG; EzA 16 § 106 BetrVG), die sich auch konkludent aus den Umständen des Einzelfalls ergeben kann (BAG AP 5, 6, 9 § 1 BetrVG 72; *Rieble*, FS Wiese, 1998, 453), gemeinsam ausgeübt, liegt ein **gemeinsamer Betrieb** vor (§ 1 II BetrVG; dazu *Edenfeld* DB 2012, 575), so dass beide Unternehmen aus den Betriebsvereinbarungen und sonstigen betriebsverfassungsrechtl Pflichten haften, ein einheitlicher Kündigungsschutz (BAG DB 1999, 965) besteht usw. Eine gemeinsame Konzernleitung oder eine einheitliche unternehmerische Leitung iSd § 18 AktG ist weder erforderlich noch ausreichend; es muss sich um eine arbeitsorganisatorische Leitungseinheit mit entspr Vollmacht für alle beteiligten Unternehmen handeln (str, vgl BAG AP 30 § 15 KSchG 69). Die ArbGeb-Stellung bleibt aber getrennt, und es liegt auch keine wechselseitige ArbN-Überlassung vor. Zum Betriebsübergang § 613a Rn 7. **Nebenbetriebe** sind von ihrer Organisation her selbständige Betriebe, die dem arbeitstechnischen Zweck eines Hauptbetriebs dienen (BAG AP 2, 4, 5 § 4 BetrVG 72). Zum betriebsverfassungsrechtl Betriebsbegriff *Edenfeld*, Betriebsverfassungsrecht, Rn 44ff.

61 c) **Tendenzbetriebe** iSd § 118 BetrVG, § 1 IV MitbestG haben eine in diesen Bestimmungen umschriebene ideelle Zielsetzung, die mit der Absicht der Gewinnerzielung einhergehen kann. Neben den in diesen Bestimmungen geregelten Einschränkungen der Mitbestimmung (zur Einrichtung freiwilliger Repräsentationsorgane BAG BAGRp 2002, 72, 76; *Seiler* AfP 1999, 7, 17f) besteht eine Tendenztreuepflicht, die die Tendenzträger zur Respektierung der jew Zielsetzung verpflichtet (*Buchner* ZFA 1979, 335).

62 d) **Betriebsaufspaltung** ist nach der Bedeutung die Aufteilung einer arbeitsorganisatorischen Einheit, zB einer Fabrik, eines Büros usw. Als Betriebsaufspaltung wird aber meist die Aufteilung eines Unternehmens in Besitz- und Betriebsgesellschaft bezeichnet, die die Betriebe als arbeitsorganisatorische Einheiten unberührt lässt. IdR liegt ein Fall des § 613a und des § 111 S 3 BetrVG vor. Eine Haftung der Besitzgesellschaft für arbeitsrechtl und sonstige Verbindlichkeiten der Betriebsgesellschaft kann sich aus den aktienrechtl Vorschriften des Konzernrechts (§§ 302ff AktG), aus der Rspr zur Haftung im qualifizierten faktischen GmbH-Konzern (BGHZ 95, 330; 107, 7; 122, 123), der gesellschaftsrechtl Durchgriffshaftung und der gemeinsamen arbeitstechnischen Leitung des Betriebes (Rn 60) ergeben (im Rahmen des UmwG auch aus § 134; vgl *Belling/Collas* NJW 1991, 1919).

63 e) **Betriebsbezogenheit:** Das Arbeitsverhältnis ist vielfältig **betriebsbezogen**. Wegen Wegfalls seines Arbeitsplatzes kann einem vom KSchG erfassten ArbN nicht gekündigt werden, wenn die Weiterbeschäftigung auf einem freien Arbeitsplatz im Betrieb oder in einem anderen Betrieb des Unternehmens möglich ist (Rn 67). Andererseits ist die Kündigung eines ArbN nach § 1 III KSchG gerechtfertigt, um den Arbeitsplatz für einen sozial schutzwürdigeren ArbN des Betriebes freizumachen. Zum Betriebsbezug des Gleichbehandlungsgrundsatzes Rn 179.

64 Die **Betriebszugehörigkeit**, dh die Stellung als ArbN im Betrieb, ist für zahlreiche Gesetze (ua § 1 KSchG, § 622) und Verträge bedeutsam. Dabei kommt es grds auf den rechtl Bestand, nicht auf die tatsächliche Erfüllung des Arbeitsverhältnisses an (BAG AP 10 § 63 BAT; 8 § 1 GesamthafenbetriebsG). BAG NZA 1992, 119 wertet die Betriebszugehörigkeit bzw das Beschäftigungsverhältnis vom 2.1.-31.12. nicht als volles Jahr. Die Zugehörigkeit zu anderen Betrieben desselben Unternehmens ist häufig ausdrückl (zB § 622 II BGB, § 1 KSchG; § 8 BetrVG) oder sinngemäß (zB § 1 BetrAVG) gleichgestellt. Die Einbeziehung von Tätigkeiten in anderen Unternehmen eines Konzerns findet sich kollektiv in Konzernbetriebsvereinbarungen (§§ 58, 77 BetrVG; Rn 87) oder wird individualrechtl im neuen Arbeitsvertrag anerkannt. Betriebsinhaberwechsel (§ 613a), Mutterschafts- (§§ 18ff MuSchG) und Elternzeit (§§ 15ff BEEG) verkürzen die Betriebszugehörigkeit nicht. Auch eine Veränderung des Arbeitsvertrags, zB von Teil- zu Vollzeitbeschäftigung (vgl BAG AP 87 § 611 Gratifikation) oder von Ausbildungs- zu Arbeitsverhältnissen (vgl § 17 I 1 Hs 2 BetrAVG und BAG AP 56 § 611 Gratifikation) und umgekehrt (nach BAG AP 7 § 2 AngestelltenkündigungsschutzG) sind unerheblich.

65 Mit der Beendigung des Beschäftigungsverhältnisses endet die Betriebszugehörigkeit, außer wenn ein enger sachlicher Zusammenhang zu einem neuen Arbeitsverhältnis besteht (BAG AP 2, 3, 7 § 1 KSchG 69 Wartezeit). Ob ein enger sachlicher und zeitl Zusammenhang vorliegt, lässt sich nicht anhand starrer Grenzen festlegen. Maßgeblich sind insb Anlass und Dauer der Unterbrechung. Je länger die rein zeitl Unterbrechung währt (BAG NZA 2006, 429: höchstens fünf Monate), desto gewichtiger müssen die für einen sachlichen Zusammenhang sprechenden Umstände sein.

66 **Unternehmen** (s § 622 II) ist eine rechtl und wirtschaftl Einheit, dh ein Unternehmensträger mit einer einheitlichen Unternehmensorganisation zur Verfolgung wirtschaftl oder ideeller Zwecke; daher kann sich der organisatorische Zusammenhang der Einzelbetriebe auf den wirtschaftl oder ideellen Bereich beschränken (BAG AP 4 § 47 BetrVG 72; Einzelheiten *Oetker* ZFA 1986, 177). Absicht der Gewinnerzielung ist nicht erforderlich, doch versagt BFHE 145, 375 die steuerliche Anrechnung von Verlusten, wenn nicht Gewinnstreben, sondern die Erhaltung der Arbeitsplätze Motiv war. Dann handele es sich um Liebhaberei. Auch wenn die Gesetze (zB § 106 II BetrVG) vom Unternehmer sprechen, meinen sie idR das Unternehmen und nicht die für es handelnden Personen (BSG DB 1996, 1475; BSGE 60, 29). Ein Unternehmen kann mehrere Betriebe haben, wenn es seine Ziele durch mehrere arbeitsorganisatorisch selbständige Einheiten verfolgt. Zu gemeinsamen Betrieben mehrerer Unternehmen Rn 75.

Arbeitsverhältnisse sind nicht nur betriebs-, sondern auch unternehmensbezogen. Nach § 1 II 2 Nr 1 lit b KSchG ist eine Kündigung sozial ungerechtfertigt, wenn der ArbN in einem anderen Betrieb des Unternehmens weiterbeschäftigt werden kann und der Betriebsrat der Kündigung aus diesem Grunde fristgerecht widerspricht. Auch aus einem vertragl Recht des ArbGeb, einen ArbN im ganzen Unternehmen zu beschäftigen, ergibt sich die Pflicht, vor einer Kündigung nach passenden freien Stellen im Unternehmen zu suchen (BAG AP 22 § 1 KSchG Betriebsbedingte Kündigung). Das BAG nimmt dies seit AP 21 § 1 KSchG 69 Betriebsbedingte Kündigung in jedem Fall an, da § 1 KSchG den Unternehmensbezug in das Kündigungsschutzrecht eingeführt habe. Dies kann aber nur für räumlich oder funktionell nahe Arbeitsplätze gelten, weil die Versetzungsobliegenheit, soweit sie nicht in § 1 II 2 KSchG ausdrückl statuiert ist, unverhältnismäßig wäre und weil § 112 V BetrVG, der das Unternehmen ebenfalls als einheitlichen Beschäftigungsbereich sieht, durch das Erfordernis der Zumutbarkeit ebenso beschränkt ist. Die Sozialauswahl gem § 1 III KSchG ist nicht unternehmens-, sondern betriebsbezogen (BAG NZA 2006, 590; 2013, 837). 67

In einem **Konzern** besteht das Arbeitsverhältnis grds nur zu dem Unternehmen, mit dem der Arbeitsvertrag abgeschlossen wurde, nicht mit allen Konzernunternehmen. Auch die vorübergehende Arbeitnehmerüberlassung im Konzern begründet kein Arbeitsverhältnis zu dem Entleihunternehmen. 68

Das vertragl Recht des ArbGeb, einen ArbN zu einem anderen Konzernunternehmen zu **versetzen** (§ 106 GewO; Rn 251ff), gestattet es grds nicht, auch das Arbeitsverhältnis ohne Einverständnis des ArbN übergehen zu lassen. Es besteht allerdings die Möglichkeit zu vereinbaren, dass das bisherige Arbeitsverhältnis nur aufgehoben werden soll, wenn gleichzeitig ein Arbeitsverhältnis zu einem anderen Konzernunternehmen begründet wird. Es erscheint daher zulässig, die Möglichkeit eines ArbGeb-Wechsels zu einer bestimmten anderen Konzerngesellschaft im Arbeitsvertrag festzulegen (*Lingemann/v Steinau-Steinrück* DB 1999, 2161). Insofern können die Grundsätze herangezogen werden, die im Rahmen des § 613a für den vorweggenommenen Verzicht auf einen Widerspruch gegen den Betriebsübergang gelten (§ 613a Rn 59). 69

Aus vertragl Vereinbarungen und sonstigen Vertrauenstatbeständen können sich **Ausstrahlungen** des Arbeitsverhältnisses **zu anderen Konzernunternehmen** ergeben. **Bsp:** Einbeziehung von Geschäften für ein anderes Konzernunternehmen in eine Provisionsabrede (BAG AP 10 § 65 HGB; BGH DB 1987, 888) und den Ausgleichsanspruch des Handelsvertreters (BGH ZIP 1986, A 67). Mithaftung von Konzernunternehmen für Vergütungsansprüche (BAG AP 2 § 13 GmbHG). Haftung einer Tochtergesellschaft für eine konzernweite Unterstützungskasse (BAG DB 1982, 2470; s auch BAG NZA 1986, 174). Zusagen von Aktienoptionen durch die Muttergesellschaft (LAG Düsseldorf NZA 1999, 981). Bei Missbrauch der Rechtsfigur der jur Person kann eine Durchgriffshaftung zu einem anderen Konzernunternehmen oder zur Konzernmutter gegeben sein. UU kann eine konzernweite Gleichbehandlungspflicht bestehen (*Martens* ZGR 1984, 417; BAG NZA 1999, 544; abl BAG AP 6 § 1 TVG Tarifverträge Seniorität; vgl auch Rn 224). Geht die Konzernleitung über die unternehmerische in die arbeitsorganisatorische Führung, kann ein einheitlicher Betrieb entstehen mit einheitlicher Betriebsverfassung und einheitlichem Kündigungsschutz (vgl Rn 75). Einen konzernweiten Kündigungsschutz nimmt das BAG (ZIP 2005, 1044) aber nur im Ausnahmefall an. Zur konzernweiten Berechnung der Betriebszugehörigkeit Rn 64. 70

Einen **erweiterten Konzernbezug** stellen § 112 V 2 Nr 2, § 112a II BetrVG her. Danach sollen ArbN von Sozialplanleistungen ausgeschlossen werden, die in einem zumutbaren Arbeitsverhältnis eines zum Konzern gehörenden Unternehmens weiterbeschäftigt werden können. Der Wegfall der Sozialplanpflicht in neuen Unternehmen tritt nicht ein, wenn die Neugründung mit der rechtl Strukturierung eines Konzerns zusammenhängt. Aus der Obliegenheit des ArbN, sich insoweit im Konzern versetzen zu lassen, ist im Kündigungsrecht ein entspr Recht auf Versetzung abzuleiten. 71

Betriebsverfassungsrechtl können Konzernunternehmen durch einen Konzernbetriebsrat (§§ 54ff BetrVG) vereinheitlicht werden. Das Ausmaß der Vereinheitlichung durch Konzernbetriebsvereinbarungen ist von § 58 BetrVG abhängig (*Edenfeld*, Betriebsverfassungsrecht, Rn 164f). 72

f) Arbeitgebergruppe, Arbeitsgemeinschaft: Die ArbGeb-Stellung kann mehreren Personen gemeinsam zustehen. Wird ein Unternehmen in der Rechtsform einer GbR betrieben, sah die frühere Rspr die Gesellschafter in ihrer Gesamtheit als ArbGeb (BAG AP 1, 4, 8 § 705). Mit der Anerkennung als Rechtssubjekt ist die GbR jetzt selbst als ArbGeb anzusehen (BAG AP 14 § 50 ZPO; *Diller* NZA 2003, 401). 73

Nach BAG AP 1 § 611 Arbeitgebergruppe kann ein einheitliches Arbeitsverhältnis auch zu mehreren ArbGeb bestehen, die nicht gesellschaftsrechtl verbunden sind und nicht einmal die Arbeitsverträge gemeinsam abschließen. Erforderlich sei nur ein rechtl Zusammenhang zw den arbeitsvertragl Beziehungen, der es verbietet, diese Beziehungen getrennt zu behandeln. Die beteiligten ArbGeb könnten Gesamtschuldner hinsichtl der Vergütungs- und Beschäftigungspflicht sein. Im Regelfall könne der Arbeitsvertrag nur von und ggü allen ArbGeb gekündigt werden. Diese Konstruktion ist an die der ArbN-Gruppe (Rn 46) angelehnt. Vereinbart ein ArbN mit mehreren ArbGeb, dass er nach ihrer Wahl für sie arbeiten solle, ergibt sich die gesamtschuldnerische Verpflichtung und gesamthänderische Berechtigung der ArbGeb aus den §§ 427, 432. 74

Arbeitsgemeinschaften von Unternehmen zur Durchführung eines ihnen gemeinsam erteilten Auftrags bilden eine GbR. Arbeitsverhältnisse können mit dieser begründet werden oder gem § 613a auf sie übergehen. Das Haftungsprivileg der §§ 104 f SGB VII gilt zugunsten aller an der Arbeitsgemeinschaft beteiligten Unternehmen und ArbN. 75

76 **g) Arbeitnehmerüberlassung, Arbeitsvermittlung und mittelbares Arbeitsverhältnis:** Unternehmerleistung bzw eine zulässige Werkvertragskonstruktion liegt vor, wenn ein ArbN unter Leitung seines ArbGeb bei einem Dritten tätig, aber nicht in dessen Betrieb eingegliedert wird oder dessen Weisungen unterliegt. Dabei ist der ArbN idR Erfüllungsgehilfe (§ 278) des ArbGeb ggü dem Dritten im Rahmen eines zw ihnen bestehenden Werk- oder Dienstvertrags. Zur Abordnung von ArbN zu einer zur Herstellung eines Werkes gebildeten Arbeitsgemeinschaft mehrerer ArbGeb § 1 Ia AÜG.

77 ArbN-Überlassung ist hingegen anzunehmen, wenn ein ArbGeb einen von ihm angestellten ArbN einem Dritten zur Dienstleistung nach dessen **Weisungen** (§ 106 GewO; Rn 251ff) überlässt. Hier wird der ArbN in den Betrieb des Dritten eingegliedert und von dessen Arbeitsanweisungen abhängig (§ 1 I 2 AÜG; EuGH NZA 2017, 41; so bereits BAG AP 16, 19 § 1 AÜG; 8 § 10 AÜG; zur Neufassung des AÜG BGBl I 2017, 258; *Gaul* Aktuelles ArbR 2016, 321; *Henssler* RdA 2016, 18; *Schüren* DB 2016, 234; *Kainer/Schweipert* NZA 2017, 18). Zur Abgrenzung von Matrixstrukturen Rn 88.

78 Keine ArbN-Überlassung liegt vor, wenn das Überlassen als Nebenleistung anzusehen ist wie im Fall der Vermietung von Maschinen, bei der der Vermieter das Bedienungspersonal zur Verfügung stellt, sofern die Gestellung des Personals nur den Zweck hat, dem Vertragspartner den Gebrauch der überlassenen Maschinen zu ermöglichen (BAG AP 9 § 10 AÜG; 41 § 1 TVG Tarifverträge Bau). Für eine solche Zweckbestimmung spricht es, wenn der wirtschaftl Wert der Nutzung der Maschine den der Gestellung des Bedienungspersonals eindeutig überwiegt, wie beim Vermieten von wertvollen Baumaschinen.

79 Bei der Unternehmerleistung bzw einer zulässigen Werkvertragskonstruktion bleibt es bei dem Arbeitsverhältnis zw bisherigem ArbGeb und ArbN, so dass kein Arbeitsverhältnis zu dem Dritten entsteht, für den die Arbeit geleistet wird. Der Vertrag zw dem ArbGeb und dem Dritten ist aber idR entspr § 328 dahin auszulegen, dass der Dritte dem ArbN vertragl zur Beachtung aller Schutzvorschriften und zur Einhaltung der erforderlichen Sorgfalt verpflichtet sein soll.

80 Die ArbN-Überlassung ist von der ArbN-Vermittlung abzugrenzen. ArbN-Vermittlung bezweckt die Zusammenführung von Arbeitsuchendem und ArbGeb. Nach § 1 II AÜG wird vermutet, dass Arbeitsvermittlung vorliegt, wenn ArbN Dritten zur Arbeitsleistung überlassen werden und der Überlassende nicht die üblichen ArbGeb-Pflichten oder das ArbGeb-Risiko übernimmt.

81 Das AÜG verfolgt das Ziel, für die Überlassung von ArbN rechtl Rahmenbedingungen zu schaffen, die den Anforderungen eines sozialen Rechtsstaats genügen. ArbN dürfen daher idR nicht länger als 18 aufeinander folgende Monate an denselben Entleiher überlassen werden (§ 1 Ib AÜG) und sind der Belegschaft des Entleihers grds gleichzustellen (§ 8 I, §§ 13a, b AÜG). Zur Fristberechnung § 187 I, § 188 II, § 191.

82 ArbN-Überlassung ist nach § 1 I AÜG grds **erlaubnispflichtig**, sofern keine Ausnahme nach § 1 III, § 1a AÜG vorliegt. Verboten ist die ArbN-Überlassung gem § 1b S 1 AÜG in Betrieben des Baugewerbes für Arbeiten, die üblicherweise von Arbeitern verrichtet werden, sofern keine Ausnahme nach § 1b S 2 AÜG eingreift. Die Überlassung von ArbN an Entleiher erfolgt stets vorübergehend bis zur Überlassungshöchstdauer des § 1 Ib AÜG. Die ArbN-Überlassung wird nach § 2 AÜG behördlich erlaubt, wenn der ArbGeb die Voraussetzungen des AÜG erfüllt. Andernfalls wird die Erlaubnis versagt (§ 3 AÜG), zurückgenommen (§ 4 AÜG) oder widerrufen (§ 5 AÜG).

83 Arbeitsvertragl besteht bei erlaubten Leiharbeiten grds die gleiche Rechtslage wie bei Unternehmerleistungen, dh es entsteht kein Arbeitsverhältnis zw ArbN und Entleiher. Dass der ArbN hier faktisch in den Betrieb des Dritten eingegliedert ist und dessen Weisungen (§ 106 GewO; Rn 251ff) unterliegt, hat aber bestimmte Rechtsfolgen. So setzt der ArbN-Verleih stets die Zustimmung des ArbN oder eine entspr vertragl Grundlage voraus (§ 11 AÜG; § 613 Rn 5). Der ArbN ist darüber zu informieren, dass er als LeihArbN tätig wird, § 11 II AÜG. § 8 I AÜG normiert die **Gleichstellungspflicht** („equal pay"; *Bayreuther* NZA 2017, 18). Tarifvertragl Abweichungen hinsichtl des Arbeitsentgelts sind auf die ersten neun Monate der Überlassung beschränkt, § 8 IV AÜG. Ferner sind Lohnuntergrenzen nach § 3a AÜG zu beachten. § 14 II, III AÜG, § 7 S 2 BetrVG beziehen LeihArbN in begrenztem Maße in die Betriebsverfassung des Entleihers ein (*Edenfeld*, Betriebsverfassungsrecht, Rn 56, 106). IÜ bleiben sie auch während der Zeit ihrer Arbeitsleistung beim Entleiher Angehörige des entsendenden Betriebs (§ 14 I AÜG; *Edenfeld* NZA 2006, 126, 128f).

84 Bei unzulässiger oder verdeckter ArbN-Überlassung ist der Vertrag zw Verleiher und ArbN unwirksam, während ein **Arbeitsverhältnis** zw Entleiher und LeihArbN **fingiert** wird (§§ 9, 10 AÜG). Dadurch wird sichergestellt, dass der vermeintliche Werkunternehmer nicht besser gestellt wird als derjenige, der unerlaubt ArbN-Überlassung betreibt. § 10a AÜG dehnt diese Regelung auf weitere missbräuchliche Gestaltungen des Fremdpersonaleinsatzes aus. Der ArbN kann allerdings erklären, dass er am Arbeitsvertrag mit dem Verleiher festhält, § 9 I Nr 1–1b, II AÜG.

85 **Einzelheiten des Arbeitsverhältnisses** zw ArbN und Entleiher sind in § 10 AÜG geregelt. Ver- und Entleiher haften für nichterbrachte Sozialversicherungsbeiträge und sonstige an Dritte zu erbringende Teile des Arbeitsentgelts als Gesamtschuldner (§ 10 III AÜG). Der ArbN kann vom Verleiher Ersatz des Schadens verlangen, den er dadurch erleidet, dass er auf die Gültigkeit des Vertrags vertraut hat (§ 10 II AÜG).

86 Wegen der einschneidenden Folgen einer unzulässigen oder verdeckten ArbN-Überlassung spielt ihre **Abgrenzung zu Werkvertragskonstruktionen** in der Praxis eine erhebliche Rolle. Im Rahmen der Änderung des AÜG

ist daher § 611a eingefügt worden (BGBl I 2017, 258; *Gaul* Aktuelles ArbR 2016, 1; *Henssler* RdA 2016, 18; *Richardi* NZA 2017, 36). Er normiert die von der Rspr entwickelte grds Abgrenzungsregel zur Feststellung der ArbN-Eigenschaft. Es bleiben dieselben Merkmale maßgeblich, die für das Arbeitsverhältnis allg bestimmend sind (Rn 6ff).

Das **mittelbare Arbeitsverhältnis** betrifft Konstellationen, dass jemand zwar ArbN ist, andererseits aber so viel Selbständigkeit hat, dass er von ihm selbst angestellte ArbN unter eigener Leitung und Verantwortung im Betrieb seines ArbGeb beschäftigen kann, ohne dass sie dort eingegliedert werden. Das wichtigste Bsp in der Praxis sind Orchesterleiter (BAG AP 2, 3 § 611 Mittelbares Arbeitsverhältnis). Angesichts der umfassenden Regelung des AÜG besteht für die Anerkennung eines mittelbaren Arbeitsverhältnisses heute kein Bedürfnis mehr. In allen Fällen, in denen der Mittelsmann keine ausreichende Unternehmerstellung hat, wird eine Eingliederung in das Beschäftigungsunternehmen und damit die Anwendbarkeit des AÜG gegeben sein. So i Erg auch BAG AP 57 § 611 Abhängigkeit. 87

In mehrdimensionalen Unternehmensorganisationen bilden sich zunehmend sog **Matrix-Strukturen**. Durch Übertragung des fachlichen bzw disziplinarischen Weisungsrechts (§ 106 GewO; Rn 251ff) im Rahmen einer firmenübergreifenden Kooperation kann der ArbN mehreren Weisungsbefugten unterstellt sein (*Bauer/Herzberg* NZA 2011, 713; *Kort* NZA 2013, 1318; *Maschmann* NZA 2017, 1557; *Bachner* NZA 2019, 134, s auch § 613 Rn 5). Eine ArbN-Überlassung liegt vor, wenn der Verleiher ausschließlich Betriebszwecke des Entleihers fördern will. Verfolgt der Vertragsarbeitgeber hingegen wie bei der Etablierung einer Matrix-Struktur auch eigene Betriebszwecke, liegt keine ArbN-Überlassung vor (*Kort* NZA 2013, 1318, 1329; *Neufeld/Michels* KSzW 2012, 49, 54). Die Abgrenzung ist nicht immer leicht. 88

5. Arbeitnehmerähnliche Personen und Organmitglieder. a) Arbeitnehmerähnliche Personen: Sie stellen eine Sondergruppe zw den ArbN und Selbständigen dar. Sie sind Beschäftigte, die zwar nicht persönlich, aber wirtschaftl stark von ihren Auftraggebern abhängig und in ihrer Stellung einem ArbN vergleichbar sozial schutzbedürftig sind. Grundlage ihres Tätigwerdens ist regelmäßig ein Dienst- oder Werkvertrag. Es kommen aber auch andere Vertragstypen in Betracht. Zu den arbeitnehmerähnlichen Personen zählen insb die in Heimarbeit Beschäftigten, die Einfirmenvertreter und freie Mitarbeiter. 89

Arbeitnehmerähnliche Personen werden ua genannt in § 12a TVG, § 2 BUrlG, § 5 I 2 ArbGG, § 2 II Nr 3 ArbSchG, § 1 I Nr 3 JArbSchG. § 12a TVG enthält eine gesetzl Definition der arbeitnehmerähnlichen Person. § 5 III ArbGG bezieht sich auf selbständige Handelsvertreter, die vertragl oder faktisch nur für ein Unternehmen tätig sein können (sog Einfirmenvertreter). Das Gleiche gilt für Versicherungsvertreter, § 92a II HGB. Lediglich die Heimarbeit ist gesetzl ausführlich geregelt (Rn 94ff). 90

Die arbeitnehmerähnlichen Personen unterscheiden sich von den ArbN durch ihre **persönliche Unabhängigkeit** (vgl § 611a I 4). Bei ihrer Abgrenzung von den „echten" Selbständigen ist zu beachten, dass jeder Selbständige von seinem Auftraggeber wirtschaftl abhängig sein kann. Erforderlich ist daher nicht nur eine besonders ausgeprägte wirtschaftl Abhängigkeit, sondern zusätzl eine dem typischen ArbN vergleichbare soziale Schutzbedürftigkeit (BAG AP 9, 12, 22, 28, 30, 40 § 5 ArbGG 79; 1 § 12a TVG). Zum Vergleich der sozialen Stellung kann die Definition in § 12a TVG erg herangezogen werden, ebenso § 1 II HAG. Abgrenzungskriterien sind demnach Art und Dauer der Tätigkeit, Höhe der Vergütung, unternehmerische Chancen und die Anzahl der Auftraggeber. Abzustellen ist auch auf die Verdienstmöglichkeiten, die der Markt für die jew Tätigkeit bietet. Bei Arbeit für einen Auftraggeber kann trotz wirtschaftl Abhängigkeit die ArbN-Ähnlichkeit zu verneinen sein, wenn potentiell die Arbeit für mehrere Auftraggeber möglich wäre. Die Arbeit für mehrere Auftraggeber schließt die ArbN-Ähnlichkeit nicht aus, vgl § 12a I Nr 1 TVG (BAG 30 § 5 ArbGG 79). Die dadurch entstehende Streuung des Risikos kann ein Indiz für echte Unternehmereigenschaft sein. Entscheidend sind die Berufstypik und die Verkehrsauffassung (BAG AP 1 § 12a TVG mN). 91

Als arbeitnehmerähnliche Personen kommen in Betracht: Freie Mitarbeiter bei Rundfunk- und Fernsehanstalten (BAG AP 9 § 5 ArbGG 79; 1 § 12a TVG; BVerfG NZA 2000, 653, 1097); GmbH-Geschäftsführer bei der GmbH & Co KG (BAG AP 1 § 5 ArbGG 79; s Rn 150); Buchautoren; Lehrkräfte an Hochschulen und ähnl Instituten (BAG AP 3, 10 § 611 Lehrer, Dozenten; BAG ZTR 1996, 518; 97, 476); Hausmeister; Franchisenehmer (BAG AP 37 § 5 ArbGG 79); Repetitoren; Geschäftsführer (BAG AP 28 § 5 ArbGG 79; anders BAG NZA 2019, 490: arbeitgeberähnlich); Verkaufsfahrer (BAG AP 37 § 5 ArbGG 79); Rechtsanwälte, soweit sie nicht ArbN oder Sozien sind. Eine selbständige Hebamme gehört nicht dazu (BAG NZA 2007, 699). 92

Die Voraussetzungen der ArbN-Ähnlichkeit sind in arbeits- und sozialrechtl Bestimmungen unterschiedlich geregelt. Trotz Abhängigkeit von einem Auftraggeber und damit indizierter ArbN-Ähnlichkeit kann es bei der Selbständigkeit bleiben, vgl § 2 S 1 Nr 9 SGB VI. Dies bestärkt die arbeitsrechtl Grundauffassung (Rn 97), dass die wirtschaftl Abhängigkeit von einem Unternehmer nicht zur ArbN-Eigenschaft führt, und bestätigt die Grundannahme, dass arbeitnehmerähnliche Personen Selbständige sind. Auch Gastwirte sind trotz der Bindung durch Bierlieferungsverträge nicht arbeitnehmerähnlich, da sie in der Gestaltung ihres Auftretens am Markt frei sind. 93

Eine Sondergruppe der arbeitnehmerähnlichen Personen sind die in **Heimarbeit Beschäftigten**, deren rechtl Stellung durch das HAG und zahlreiche Einbeziehungen in arbeits- und sozialrechtl Gesetze geregelt ist. 94

Das HAG gilt für die Heimarbeiter und Hausgewerbetreibenden (in Heimarbeit Beschäftigte), vgl § 1 I, § 2 I, II HAG. Der Heimarbeiterbegriff des HAG umfasst auch Angestellte, die zu Hause arbeiten. Als mögliche Heim- 95 arbeit wurde beurteilt zB das Auswerten von Meinungsumfragen, Buchhaltung (BSG SozR 2200 § 162 Nr 2), Schreibarbeiten an rechnergesteuerten Textverarbeitungssystemen. Nach neuerer Ansicht kommt es auf die Art der Angestelltentätigkeit nicht mehr an. Auch qualifizierte Angestelltentätigkeiten können als Heimarbeit durchgeführt werden (offengelassen BAG AP 48 § 6 BetrVG 72). Bei vergleichbarer Schutzbedürftigkeit können bestimmte Personen in den Schutz des HAG einbezogen werden (Gleichstellung, vgl § 1 II HAG). Der Heimarbeitervertrag ist ein Vertrag sui generis, einem Werkvertrag in Form eines Dauerrechtsverhältnisses ähnl (*Otten* NZA 1995, 289). Die in Heimarbeit Beschäftigten sind im Gegensatz zu den AußenArbN persönlich unabhängig, da sie weisungsfrei arbeiten und nicht in den Betrieb eingegliedert sind (BAG AP 3 § 2 HAG; 48 § 5 BetrVG 72; BSG AP 7 § 2 HAG). Durch das nicht nur räumliche, sondern überwiegend organisatorische Verständnis der Eingliederung zählt ein beträchtlicher Teil der zu Hause arbeitenden Personen zu den ArbN (ebenso für die Telearbeit *Peter* DB 1998, 573).

96 In sachlicher Hinsicht enthält das HAG eine Kündigungsregelung in §§ 29, 29a HAG. Es enthält ferner Vorschriften über eine behördliche Überwachung der Heimarbeit, den Arbeitszeit- und Gefahrenschutz. Neben dem HAG sind für die Heimarbeit insb § 12 BUrlG, §§ 10, 11 EFZG, § 1 II, § 7 IV, § 8 MuSchG, § 5 I 2 BetrVG, § 5 I 2 ArbGG und §§ 286, 304 InsO von Bedeutung. Zur Einbeziehung in das Sozialrecht § 12 SGB IV.

97 Nach hM ist auf arbeitnehmerähnliche Personen das **Arbeitsrecht** grds **nicht anwendbar.** Die soziale Schutzbedürftigkeit allein trägt keine generelle Analogie. Ein spezifisches Schutzbedürfnis kann eine entspr Anwendung jedoch im Einzelfall rechtfertigen. Es ist daher nach den unterschiedlichen Schutzbedürfnissen zu differenzieren. Diese Ansicht wird zunehmend geteilt (*Hromadka* NZA 1997, 569; 1249; *Hümmerich* NJW 1998, 2625). Für verstärkte Anwendung von Arbeitsrecht auf ArbN-Ähnliche auch *Schliemann* RdA 1997, 322; *Reinecke* ZIP 1998, 581.

98 Verneint wird die Anwendbarkeit des **KSchG** (BAG AP 1 § 29 HAG). Nicht anwendbar sind ferner **§ 613a** (BAG AP 23 § 613a; 178 § 613a betr Heimarbeiter; aA *Heinze* DB 1980, 205; *Herschel* DB 1977, 1185, 1189), **§ 622** (Rn 153), das **ArbnErfG** (aA *Herschel* DB 1977, 1185), die arbeitsrechtl **Haftungserleichterung** (BAG AP 51 § 611 Haftung des ArbN), **§ 615** (BAG AP 1 § 29 HAG) und der **Gleichbehandlungsgrundsatz**, soweit er die Übertragung einer Lohnerhöhung für Betriebsarbeiter auf die beim gleichen ArbGeb beschäftigten Heimarbeiter betrifft (BAG AP 12 § 242 Gleichbehandlung; sehr zweifelhaft). Davon abgesehen ist nach hM (vgl BAG AP 12 § 242 Gleichbehandlung) auf die Verträge der in **Heimarbeit** Beschäftigten das Arbeitsrecht analog anwendbar, soweit nicht die strukturellen Unterschiede der Heimarbeit entgegenstünden, da der Heimarbeitsvertrag starke arbeitsrechtl Elemente enthalte. Bejaht wurde deshalb zB die analoge Anwendung des Urlaubsrechts (BAG AP 6 § 611 Urlaubsrecht, nun § 12 BUrlG; anders BAG BAGRp 2004, 1 zu § 7 BUrlG).

99 Die Einbeziehung der Heimarbeiter in die zuvor genannten arbeitsrechtl Gesetze zeigt, dass der Gesetzgeber weder die Anwendung aller arbeitsrechtl Gesetze auf in Heimarbeit Beschäftigte noch die Anwendung der für diesen speziellen Personenkreis geltenden Vorschriften auf andere arbeitnehmerähnliche Personen wollte. Es fehlt hier an der für eine Analogie erforderlichen unbewussten Gesetzeslücke, so dass weder für die in Heimarbeit Beschäftigten noch für die arbeitnehmerähnlichen Personen allg eine über die jew für diesen Personenkreis geltenden Vorschriften hinausgehende Anwendung von Arbeitsrecht möglich ist. Es verstößt auch nicht gegen Art 3 I GG, dass der gesetzl Kündigungsschutz bei Heimarbeitern schwächer ausgestaltet ist (BAG AP 2 § 29 HAG).

100 Die §§ 305ff sind auf arbeitnehmerähnliche Personen anwendbar. Die Möglichkeit der **AGB-Inhaltskontrolle** besteht zumindest aufgrund der Verweisung in § 310 IV 2.

101 Keine Frage analoger Anwendung von Arbeitsrecht werfen diejenigen Normen auf, die sowohl für den Dienst- als auch den Arbeitsvertrag gelten, es sei denn, dass es sich bei dem Vertragsverhältnis der arbeitnehmerähnlichen Person um einen Werkvertrag handelt. Auch hier sollten diese Normen aber, ggf analog, angewandt werden, um überflüssige Differenzierungen zu vermeiden.

102 **b) Organmitglieder juristischer Personen:** Die Organmitglieder jur Personen sind nach § 14 I Nr 1, § 17 V Nr 1 KSchG, § 5 II Nr 1 BetrVG, § 3 I 2 MitbestG, § 5 I 3 ArbGG aus dem Geltungsbereich dieser Gesetze ausgeschlossen. Dies gilt auch, wenn erhebliche Einschränkungen der Geschäftsführungsbefugnis im Innenverhältnis bestehen (s auch BAG NJW 2021, 2059). Teilw einbezogen sind Organmitglieder in das BetrAVG nach § 17 I 2 BetrAVG.

103 Sozialversicherungspflichtig sind nur GmbH-Geschäftsführer, die abhängig und nicht maßgeblich an der Gesellschaft beteiligt sind (vgl BSG NZS 1997, 432; NZA 1991, 869; 2006, 396 für Rentenversicherungspflicht). Vorstandsmitglieder von Aktiengesellschaften und deren Vertreter (BSG BB 1973, 1441) sind nach § 27 I Nr 5 SGB III nicht arbeitslosen- und nach § 1 S 3 SGB VI nicht rentenversicherungspflichtig. Sie haben keinen Anspruch auf Insolvenzgeld nach §§ 165ff SGB III; zu sonstigen Gesellschaften BSGE 25, 51; 47, 201; BSG BB 1973, 802; NZA 1990, 950. Die Frage, ob ein **sozialversicherungspflichtiges Beschäftigungsverhältnis** vorliegt, wird nicht durch den Wortlaut des Vertrags, sondern durch die tatsächlichen Verhältnisse entschieden (BSGE 36, 7).

104 Die Ausschlussregelungen sind nicht anwendbar, soweit der Anstellungsvertrag mit einer anderen, von dem Organmitglied nicht beherrschten Gesellschaft geschlossen wird (BAG AP 1 § 14 KSchG 1969; 36 § 2 ArbGG 79; 1, 23, 36, 40 § 5 ArbGG 79). Nach BAG 2, 6 § 5 ArbGG 79 können aktives Arbeitsverhältnis und organschaftliches Vertretungsverhältnis auch zu derselben jur Person bestehen, sofern beide Tätigkeitsbereiche eindeutig abgrenzbar sind. Bei § 17 I 2 BetrAVG zieht der BGH die Grenze dort, wo der Versorgungsberechtigte aufgrund seiner Möglichkeiten zur Einflussnahme oder seiner Beteiligung das Unternehmen „als sein eigenes" betrachten kann.

Der als Organ tätige Alleingesellschafter ist daher immer vom Geltungsbereich des BetrAVG ausgeschlossen, ebenso ein mehrheitlich beteiligtes Organmitglied (BGH AP 1, 4, 12 § 17 BetrAVG; *Hanau/Kemper* ZGR 1982, 123). Mehrheitliche Beteiligung ist ab einem Anteil von mindestens 50 % gegeben. Sind mehrere Gesellschafter zu Organmitgliedern bestellt, sind ihre Kapitalanteile zusammenzurechnen, soweit die jew Beteiligung nicht ganz unbedeutend ist (BGH AP 2, 3, 6, 10, 19 § 17 BetrAVG; Köln ZIP 1989, 182; s auch BAG WM 1991, 524). Eine Beteiligung von 11,86 % ist nicht mehr ganz unbedeutend (BGH AP 4 § 17 BetrAVG).

Nach hM (BGHZ 91, 217; 79, 291; BAG NZA 1986, 68; 2019, 490) sind Organmitglieder darüber hinaus generell keine ArbN, sondern selbständige Dienstnehmer, da sie die ArbGeb-Stellung der jur Person wahrnehmen („arbeitgeberähnlich"). Keine ArbN sind nach ganz hM auch die Organmitglieder von Personengesellschaften, da sie stets gleichzeitig Unternehmer sind und unmittelbar das wirtschaftl Risiko tragen; ebenso die Vereinsvorstandsmitglieder (BAG AP 24 § 5 ArbGG 79; für besondere Vertreter nach § 30 BAG AP 31 § 5 ArbGG 79). Zum Dienstvertrag eines Sparkassen-Vorstandsmitglieds BGH BGHRp 2004, 715. Nach einer Mindermeinung (*Diller*, Gesellschafter und Gesellschafterorgane als ArbN, 1994, S 137ff) ist auf den Einzelfall abzustellen. Liege ein ausgeprägter Einfluss, ausgeübt etwa durch die Gesellschafter oder den Aufsichtsrat, auf das Organmitglied vor, könne die ArbN-Eigenschaft gegeben sein, insb bei konzernabhängigen Gesellschaften oder bei nicht an der Gesellschaft beteiligten GmbH-Geschäftsführern (auch BAG EzA § 611 Arbeitnehmerbegriff Nr 76). Teils wird differenziert zw AG und GmbH, da der Vorstand der AG nach § 76 I AktG keinen Weisungen des Aufsichtsrats unterliegt, während der Geschäftsführer nach § 37 I GmbHG an Weisungen der Gesellschafterversammlung gebunden sei (*Kremer* GmbHR 1984, 259, 264; *Säcker* BB 1979, 1321, 1324). 105

Wird ein ArbN einer GmbH zum Geschäftsführer bestellt, ohne dass sich an den Vertragsbedingungen etwas ändert, war nach älterer Rspr regelmäßig anzunehmen, dass das bisherige Arbeitsverhältnis nur suspendiert ist (BAG AP 6 § 17a GVG; 6 § 5 ArbGG). Nach neuerer Rspr endet im Zweifel das Arbeitsverhältnis (BAG NZA 1986, 792; 2000, 1013). Dasselbe gilt, wenn ein ArbN eines Vereins zum Vorstandsmitglied bestellt wird und ein neuer Dienstvertrag mit wesentlich höheren Bezügen vereinbart wird (BAG 24 § 5 ArbGG 79). Vorrang hat aber eine ausdrückl Vereinbarung der Parteien (BAG AP 36 § 2 ArbGG 79, 6 § 5 ArbGG 79). Der **Verlust der Organstellung** führt hingegen nicht zur Umwandlung des der Organstellung schuldrechtl zugrunde liegenden Dienstverhältnisses zu einem Arbeitsverhältnis (BAG AP 17, 36 § 5 ArbGG 79; NZA 2000, 376; BGH NJW 2000, 1864; Karlsruhe GmbHR 1996, 208). 106

Die **Kündigung** des Anstellungsverhältnisses von Organmitgliedern ist vom Widerruf der Organstellung zu trennen, kann aber mit diesem vertragl verbunden werden (BGH NJW 1998, 1480). Auf die Kündigung wird § 622 analog angewendet, es sei denn, das Organmitglied beherrscht die Gesellschaft (BGHZ 91, 217; 79, 291; Hamm ZIP 1987, 123; ebenso bei Beteiligung an der Muttergesellschaft München WM 1984, 896 und eines Geschäftsführers der Komplementär-GmbH an der KG BGH DB 1987, 1084; dagegen *Timm* ZIP 1987, 69). Dagegen sprechen der Wortlaut des § 622 I und der Umstand, dass auf die arbeitnehmerähnlichen Personen nur § 621 Nr 3 angewandt wird (Düsseldorf BB 1976, 901). Es lässt sich aber wegen der vergleichbaren wirtschaftl Abhängigkeit rechtfertigen, § 622 I nicht nur auf Organmitglieder, sondern auch auf arbeitnehmerähnliche Personen anzuwenden. Die längeren Fristen des KSchG sind nach § 14 I Nr 1 KSchG jedenfalls nicht auf die Vorstandsmitglieder von AGs anwendbar. Das Gesetz gilt dagegen, wenn eine GmbH & Co KG einen zw ihr und dem Geschäftsführer der Komplementär-GmbH bestehenden Arbeitsvertrag kündigt. Es soll auch anwendbar sein, wenn neben dem Dienstverhältnis zw Geschäftsführer und GmbH ein inhaltlich abgegrenztes bzw ein ruhendes Arbeitsverhältnis besteht, soweit die Kündigung zumindest gleichzeitig mit der Abberufung als Geschäftsführer erfolgt (BAG AP 4 § 626 Ausschlussfrist; 6 und 16 § 5 ArbGG 79; aA *v Hoyningen-Huene* NJW 2000, 3233, 3238f). 107

Der besondere Kündigungsschutz der §§ 168ff SGB IX für Schwerbehinderte ist nach bislang hM (Hamm ZIP 1987, 122; Düsseldorf GmbHR 2012, 1347; s dazu aber auch EuGH NZA 2011, 143; 2015, 861) nicht auf Organmitglieder anwendbar. 108

GmbH-Geschäftsführer haben gegen die Gesellschaft einen Anspruch auf **Zeugnis**, wenn sie an ihr nicht oder unmaßgeblich beteiligt sind (BGHZ 49, 30; KG BB 1979, 988; *Hohmeister* NZA 1998, 571). Der Zeugnisanspruch kann sich aus § 630 oder § 109 GewO ergeben. In gleichem Umfang ist § 629 anwendbar. 109

Wettbewerbsverbote zw Gesellschaft und Organmitglied unterliegen nicht der für Handlungsgehilfen geltenden Beschränkung des § 74 II HGB, selbst wenn wirtschaftl abhängige Fremdgeschäftsführer betroffen sind (BGHZ 91, 1). Grds können die §§ 74ff HGB jedoch in diesem Verhältnis Anwendung finden; dies ist für jede Regelung gesondert zu ermitteln (BGH NJW 1992, 1892 mN). 110

Nicht anwendbar ist das **BUrlG**. Der BGH hat vor Inkrafttreten des BUrlG die Abgeltung eines unverschuldet entfallenen Urlaubsanspruchs entspr den arbeitsrechtl Grundsätzen (heute § 7 BUrlG) geregelt (AP 89 § 611 Urlaubsrecht; vgl auch WM 1975, 761). Die urlaubsrechtl Grundsätze sollen aber entspr anwendbar sein. All dies spricht für eine entspr Anwendung des BUrlG, zumal dieses nach seinem § 2 auch für arbeitnehmerähnliche Personen gilt. Das ArbnErfG kann auf Organmitglieder nicht angewendet werden (BGH GRUR 1965, 302); für sie kommt jedoch eine Vergütung nach § 612 II in Betracht (BGH WM 1990, 350). 111

Nicht anwendbar ist die arbeitsrechtl **Haftungsbeschränkung** (BGH WM 1975, 467; BGHZ 89, 253; *Edenfeld/Neufang* AG 1999, 49, 50ff; vgl auch *Schneider*, FS Werner, 1984, 795, der eine Vereinbarung der arbeitsrechtl 112

Grundsätze für unzulässig hält; aA für den Fremdgeschäftsführer *Pullen* BB 1984, 989). Offengelassen von Koblenz DB 1999, 522: jedenfalls Haftung für grobe Fahrlässigkeit.

113 Der allg Gleichbehandlungsgrundsatz gilt zumindest im Verhältnis zu leitenden Angestellten, wenn keine nennenswerte Beteiligung an der Gesellschaft besteht (BGH AP 7 § 35 GmbHG). Im Verhältnis zu ArbN ist der Anspruch auf Gleichbehandlung ausgeschlossen. BGHZ 10, 187 hat die Geltung von Treue- und Fürsorgepflichten und der Betriebsrisikolehre bejaht und einem Vorstandsmitglied trotz dauerhafter Verhinderung einen Teilanspruch auf die vereinbarte Vergütung zugesprochen. Dies widerspricht der ArbGeb-Stellung der Organmitglieder.

114 Bei **fehlerhaftem Anstellungsverhältnis** gelten die Grundsätze des faktischen Arbeitsverhältnisses (BGHZ 41, 282; 113, 237; BGH NJW 1995, 1158).

115 Die Vergütungsansprüche der Organmitglieder **verjähren** nach § 195 in drei Jahren.

116 Die **Bezüge** sind Einkünfte aus Dienstverhältnissen und unterliegen nach § 850 I, II ZPO dem Pfändungsschutz (BGH NJW 1978, 756; *Timm* ZIP 1981, 10, 11). § 113 InsO ist ohne Einschränkung auf Organmitglieder anwendbar (vgl BGH DB 1980, 151; NJW 1981, 1270).

117 **III. Zwingende Gestaltung des Arbeitsverhältnisses. 1. Allgemeines.** Anders als der selbständige Dienstnehmer gilt der ArbN als der schwächere Teil des Vertragsverhältnisses; er wird deshalb durch zahlreiche zu seinem Schutz zwingende Rechtsvorschriften geschützt. Das Dienstvertragsrecht des BGB ist allerdings als Bestandteil des Schuldrechts grds dispositiv, auch zuungunsten des ArbN. Alte Ausnahmen bilden die §§ 617, 618 (s § 619), 624, 626, neue die §§ 611a, 612a, 613a, 619a und grds § 622. Die außerhalb des BGB bestehenden Vorschriften des Arbeitsrechts sind zumindest zugunsten der ArbN zwingend, soweit nicht etwas anderes bestimmt ist. Die Abbedingung dispositiver Vorschriften durch vorformulierte einheitliche Arbeitsbedingungen wird durch die Inhaltskontrolle begrenzt (Rn 193ff).

118 Mit der **Schuldrechtsreform 2002** sind zusätzl die Grundsätze der **AGB-Kontrolle** auf **standardisierte Arbeitsverträge** erstreckt worden. Durch die Verweisung in § 310 IV 2 sind die §§ 305ff unter Berücksichtigung der im Arbeitsrecht geltenden Besonderheiten anwendbar. Zudem ist der ArbN beim Abschluss des Arbeitsvertrags Verbraucher iSd § 13 (BVerfG NZA 2007, 85); Arbeitsverträge sind Verbraucherverträge iSd § 310 III (BAG NZA 2015, 811; 2016, 441). Das weitet die Inhaltskontrolle formalisierter Arbeitsverträge aus (*Däubler* NZA 2001, 1329, 1334ff; *Gotthardt* ZIP 2002, 277ff; *Reinecke* DB 2002, 583ff; *Lingemann* NZA 2002, 181ff). Den ArbGeb trifft die daraus resultierende Rechtsunsicherheit, den ArbN eine immer komplexere Vertragsgestaltung.

119 **Einzelfälle:** Überraschende (§ 305c; BAG BAGRp 2004, 365) und widersprüchliche bzw intransparente (§ 307 I 2; BAG NZA 2008, 40; 2012, 81 und 620; 2016, 814; 2018, 1619) Klauseln in Formulararbeitsverträgen werden nicht Vertragsbestandteil. Voraussetzungen und Umfang der in einem Formulararbeitsvertrag vorbehaltenen Änderungen müssen möglichst konkretisiert werden. Die widerrufliche Leistung muss nach Art und Höhe eindeutig sein, damit der ArbN erkennen kann, was ggf auf ihn zukommt (BAG NZA 2009, 535; *Stoffels* NZA 2017, 1217ff). Der widerrufliche Teil des Gesamtverdienstes darf 25 % regelmäßig nicht überschreiten (BAG NZA 2005, 465; 2007, 87; 2008, 40; BVerfG NZA 2007, 85). Mit Blick auf den gesetzl Mindestlohn (§ 3 MiLoG) sind umfassende Verfallklauseln intransparent iSd § 307 I 2 (BAG NZA 2018, 1619). Zur unzulässigen Kombination von Freiwilligkeits- und Widerrufsvorbehalt BAG NZA 2012, 81; zur Anknüpfung von Sonderzuwendungen an eine oder mehrere Voraussetzungen BAG NZA 2012, 620; zur befristeten Übertragung einer höherwertigen Tätigkeit BAG NZA 2016, 814; zur Intransparenz einer Vertragsstrafenregelung BAG NZA 2018, 100. Geschützt wird der ArbN, nicht der ArbGeb als Klauselverwender (BAG NZA 2006, 257). Zur AGB-Kontrolle von Tariferhöhungen auf Zulagen BAG NZA 2006, 746. § 310 IV 3 ergänzt die Kontrolle insoweit, als vorformulierte Arbeitsverträge auch an Tarifverträgen, Betriebs- und Dienstvereinbarungen, die mit Rechtsvorschriften iSd § 307 III gleichgesetzt werden, zu messen sind. Für Kollektivvereinbarungen hat die Neuregelung keine Bedeutung. Tarifverträge, Betriebs- und Dienstvereinbarungen sind aus dem Anwendungsbereich der §§ 305ff ausgenommen (§ 310 IV 1; BAG NZA 2005, 465; 2006, 563; auch bei arbeitsvertragl Inbezugnahme: BAG NZA 2019, 1440), nicht aber kirchliche Arbeitsvertragsregelungen (BAG NZA 2006, 872). Die Regelung gilt für alle Neuverträge ab 1.1.2002 (Art 229 § 5 EGBGB), wobei schon die Formulierung in einem Änderungsvertrag (§ 311 I), dass „alle anderen Vereinbarungen unberührt bleiben", neues Recht anwendbar machen soll (BAG NZA-RR 2010, 530; NZA-RR 2016, 6, 9). §§ 312, 355 finden auf im Betrieb geschlossene Aufhebungsvereinbarungen (§ 623) keine Anwendung, der ArbN hat kein Widerrufsrecht (BAG NZA 2004, 597; NZA 2019, 688). Vgl dazu im Einz die Komm der §§ 305ff.

120 ZT wird geltend gemacht, die Parität zw ArbGeb und ArbN sei nicht typischerweise gestört (*Zöllner* AcP 196, 1 mN; zur Problematik auch *Picker* ZFA 1986, 199). Hierfür gibt es aber keine belastbaren Nachweise, so dass die besondere Situation des ArbN seinen Schutz durch zwingendes Recht rechtfertigt. Das BVerfG nimmt sogar bei Selbständigen (Handelsvertretern) an, der Gesetzgeber könne bei typisierender Betrachtungsweise davon ausgehen, dass sie nicht über ausreichende Verhandlungsstärke verfügen (BVerfGE 81, 242).

121 Arbeitsverträge, die gegen **zwingendes Recht** verstoßen, sind – ebenso wie freie Dienstverhältnisse (BAG BAGRp 2004, 246) – nach § 134 nichtig. Eine Schwarzgeldvereinbarung macht nur die Vergütungsabrede, nicht den ganzen Arbeitsvertrag nichtig (BAG NZA 2004, 808; NZA 2010, 881, 882). Zur Wirkung auf das Arbeitsverhältnis Rn 225ff. Die Rechtsfolgen einer Teilunwirksamkeit werden grds nach § 139 beurteilt (BAG AP 22, 25 § 611 Gratifikation; für den Tarifvertrag vgl BAG AP 26 § 1 BetrAVG Gleichbehandlung). Dabei darf der Verstoß gegen

ein dem Schutz des ArbN dienendes Gesetz keine dem ArbN nachteilige Folge haben (BAG AP 24 § 611 Hausarbeitstag; 117 Art 3 GG; *Gamillscheg* AcP 176, 203). Vertragl Regelungen zum Nachteil des ArbN werden im Wege geltungserhaltender Reduktion auf das zulässige Maß reduziert (s BAG AP 22, 25 Gratifikation betr unzulässige Bindungsklauseln). Die Verletzung arbeitsrechtl Vorschriften des In- und Auslandes kann unlauterer Wettbewerb iSd UWG sein (BGHZ 120, 320; Hamburg NJW 1987, 1651 betr Unterbietung allgemeinverbindlicher Tariflöhne; *Sack*, FS Wiese, 1998, 483 mN), nicht aber das Ausnutzen eines Schutzgefälles zw In- und Ausland (BGH GRUR 1980, 858 betr Asbestimporte). Zur Nichtigkeit nach § 117 (Scheingeschäft) BAG NZA 2009, 663; *Benecke* RdA 2016, 65.

2. Grundrechte. Grundrechte wirken in sog Drittwirkung vielfach auf das Dienstvertragsrecht, insb das Arbeitsvertragsrecht, ein. Dabei wird zw **unmittelbarer und mittelbarer Drittwirkung** unterschieden. Unmittelbar in das Privatrecht einwirkende Grundrechte sind Verbotsgesetze iSd § 134 und Schutzgesetze iSd § 823 II. Das BAG nahm zunächst eine solche unmittelbare Drittwirkung im Arbeitsverhältnis an (AP 1 Art 6 I GG Ehe und Familie), ist aber inzwischen auf die Rspr des BVerfG (BVerfGE 73, 261; BVerfG DB 1987, 279) eingeschwenkt, die eine durch die privatrechtl Generalklauseln vermittelte Drittwirkung annimmt (BAG GS AP 14 § 611 Beschäftigungspflicht; 15 § 87 BetrVG Überwachung; 103 § 611 Haftung des ArbN; 9 § 242 Kündigung, anders aber BAG DB 1986, 2444: Kündigung nach § 134 BGB iVm Art 3 III GG unwirksam, wenn sie wegen politischer Anschauungen erfolgt). Auch auf Betriebsvereinbarungen wirken die Grundrechte nur mittelbar ein (BVerfGE 73, 261; BAG GS AP 14 § 611 Beschäftigungspflicht). Für Tarifverträge gilt dies wohl entspr. Das BAG geht nur zT von einer unmittelbaren Anwendbarkeit des Art 3 GG aus (BAGRp 2004, 83, 87; vgl Rn 220). Die privatrechtl Gesetze sind unmittelbar den Grundrechten unterworfen. Darüber hinaus hat das Grundrecht der Koalitionsfreiheit nach Art 9 III 2 GG unmittelbare Drittwirkung in allen arbeitsrechtl Beziehungen. BVerfGE 81, 242 betont die Schutzfunktion der Grundrechte zugunsten wirtschaftl Schwächerer. So könne es Art 12 GG gebieten, dass der Gesetzgeber im Zivilrecht Vorkehrungen zum Schutz der Berufsfreiheit gegen vertragl Beschränkungen schafft (betr § 90a II 2 HGB). Zur Grundrechtsbindung der Tarifvertragsparteien BAG BAGRp 2005, 53ff. 122

Als Generalklauseln, die eine mittelbare Drittwirkung der Grundrechte im Dienstverhältnis herbeiführen, kommen in Betracht: §§ 138 (nicht 134), 242, 315; Fürsorgepflicht und Gleichbehandlungspflicht des ArbGeb; die Treuepflicht des ArbN; das Erfordernis eines wichtigen Grundes (§ 626) bzw sozialer Rechtfertigung (§ 1 KSchG) für Kündigungen. Auch im Rahmen des § 612a ist die Ausübung von Grundrechten zu berücksichtigen, soweit sie über eine dieser Generalklauseln Eingang in das Arbeitsverhältnis gefunden haben (vgl auch § 612a Rn 4). Aufgrund und im Rahmen dieser Vorschrift können auch mittelbar wirkende Grundrechte zur Anwendung der §§ 134, 823 II führen. Die Transformation der Grundrechte über Generalklauseln in das Arbeitsverhältnis wird uneinheitlich gehandhabt. BAG NZA 1986, 22 gibt § 315 den Vorzug vor § 242 bei der Begrenzung von ArbGeb-Weisungen durch die Gewissensfreiheit des ArbN. Damit wird ein Vorrang der speziellen Generalklausel angenommen. Dagegen sind als Schranke des Kündigungsrechts sowohl die §§ 138, 242 als auch die speziellen § 626 BGB, § 1 KSchG anerkannt. 123

Art 1 I 1 GG verbietet eine entwürdigende Behandlung. Als solche wird vom GS des BAG (AP 14 § 611 Beschäftigungspflicht) die Zurückweisung der Arbeitsleistung angesehen, doch ist auch hier eine Abwägung gegen die ArbGeb-Interessen erforderlich (Rn 354). Eindeutige Fälle sind beleidigende, sexistische und rassistische Verhaltensweisen (zur Beleidigung BAG AP 5 § 823 Persönlichkeitsrecht; zur Anprangerung *Edenfeld* JZ 1998, 645). 124

Art 2 I GG ist grundlegend für die Abgrenzung von Privat- und Betriebssphäre des ArbN (*Wiese* ZFA 1971, 296; zur Krankenkontrolle *Edenfeld* DB 1997, 2273). Zur durch das Persönlichkeitsrecht erfassten Privatsphäre gehört auch der Bereich des Geschlechtslebens (BAG AP 9 § 242 Kündigung). Wichtig ist das im Volkszählungsurteil des BVerfG (BVerfGE 61, 1; vgl auch BVerfGE 80, 367; 88, 87; 92, 191) entwickelte Grundrecht auf informationelle Selbstbestimmung, das auch im Arbeitsverhältnis gilt (BAG AP 11 § 75 BPersVG), aber ebenfalls gegen entgegenstehende ArbGeb-Interessen abzuwägen ist. Der Grundrechtsschutz wird zusätzl durch das Datenschutzrecht verwirklicht, das nach § 26 BDSG auch auf Arbeitsverhältnisse Anwendung findet. So ist das Aufzeichnen oder Mithören von Telefongesprächen unzulässig, wenn der ArbN nicht zustimmt. Auf solche Weise erlangte Beweismittel dürfen grds nicht verwertet werden (BVerfG AP 24 § 611 Persönlichkeitsrecht; 29 § 87 BetrVG Überwachung; BAG NZA 1998, 307). Zur Kontrolle von E-Mails *Hellich* NZA 1997, 862; *Raffler* NZA 1996, 862. Überwachung durch Videokameras ist nur in engen Grenzen zulässig (BAG AP 15 § 611 Persönlichkeitsrecht; BAGRp 2005, 15; *Edenfeld* PersR 2000, 323; *Wiese*, FS Lorenz, 2004, 915). Diese und ähnl Eingriffe müssen zugleich § 26 BDSG iVm der EU-VO 2016/679 (**Datenschutz-Grundverordnung – DSGVO**) standhalten (*Kort* RdA 2018, 24). Zum Fragerecht bei Einstellung Rn 263ff. Die durch Art 2 I GG ebenfalls geschützte Vertragsfreiheit ist im Arbeitsrecht sehr zurückgedrängt (Rn 127ff). Zum Gleichheitssatz gem **Art 3 GG** Rn 152, 174ff. 125

Art 4 GG schützt ArbN vor religiöser und weltanschaulicher Indoktrinierung durch ArbGeb und Vorgesetzte (BVerwG AP 1 Art 4 GG; BVerwGE 61, 152). Fraglich ist, wieweit der ArbN seine eigenen Überzeugungen im Betrieb betätigen darf. Druckern wurde der Einwand der Gewissensnot bei rechtsradikalen oder kriegsverherrlichenden Schriften zugebilligt (BAG AP 27 § 611 Direktionsrecht; krit *Reuter* BB 1986, 385; anders auch BAG AP 1 § 611 Gewissensfreiheit betr Medikamentenentwicklung). Auch hier sind bei der Interessenabwägung die Vorhersehbarkeit und das Ausmaß des Konfliktes entscheidend; s Rn 256. ArbN kirchlicher Einrichtungen müssen deren grundlegende Verhaltensgebote respektieren (BAG AP 20 Art 140 GG; vgl auch BVerfG AP 24 Art 140 GG). 126

127 Auch die **Meinungsfreiheit (Art 5 I GG)** ist gegen das ArbGeb-Interesse an inner- und außerbetrieblicher Konfliktfreiheit abzuwägen (*Buchner* ZFA 1982, 49; *Söllner*, FS Herschel, 1982, 389; *Krummel/Küttner* NZA 1996, 67). Gegen den ArbGeb gerichtete (BAG AP 2 § 134), Kunden provozierende, den ArbGeb schädigende und den Betriebsablauf störende oder die Neutralität des öffentlichen Dienstes beeinträchtigende Äußerungen und Betätigungen sind nicht erlaubt, außer wenn sie das einzige Mittel zur Verhütung schwerwiegender Schäden sind (Rn 452ff). Das BAG (AP 73 § 626) nimmt die Meinungsfreiheit weit zurück, wenn es das Tragen politischer Plaketten im Betrieb schon dann für pflichtwidrig hält, wenn wenige ArbN daran Anstoß nehmen (krit *Söllner* aaO 400; *Krummel/Küttner* NZA 1996, 67). Zurückhaltender BAG AP 26 § 626 Verdacht strafbarer Handlungen. An oder mit ArbGeb-Eigentum dürfen Meinungen nicht kundgetan werden (BAG AP 30 Art 9 III GG betr Gewerkschaftsembleme auf Arbeitgeberhelm). Ein elektronisches Informationssystem des ArbGeb darf nicht für Meinungsäußerungen genutzt werden; uU aber von Betriebsratsmitgliedern (vgl BVerfG NJW 1976, 162; BAG AP 1, 5 § 74 BetrVG 72; *Müller-Boruttau* NZA 1996, 1071).

128 Die **Rundfunkfreiheit (Art 5 Abs I, II GG)** führt zu einer Verstärkung der ArbGeb-Position, vor allem durch erleichterte Zulassung befristeter Arbeitsverträge, und zur Bindung von Meinungsäußerungen an die Prinzipien des öffentlich-rechtl Rundfunks (BVerfGE 59, 231; BAG AP 42, 43 § 611 Abhängigkeit). Ob sich dies auf die Pressefreiheit übertragen lässt, ist umstr (bejahend *Rüthers/Buhl* ZFA 1986, 19). Eine Verpflichtung zur Äußerung nicht geteilter Meinungen besteht jedenfalls nicht. Die Diskussion über die innere Pressefreiheit anerkennt Grundsatz-, Richtlinien- und negative Einzelweisungskompetenz von Verleger bzw Herausgeber. Auch sonstige Tendenzbetriebe iSd § 118 BetrVG können Loyalität verlangen (BAG DB 1980, 547 betr Gewerkschaftssekretär; *Buchner* ZFA 1979, 335).

129 **Art 6 I GG (Schutz von Ehe und Familie)** verbietet es, arbeitsrechtl Nachteile an die Eheschließung zu knüpfen, doch sollen „Verkündungsträger" der katholischen Kirche wegen Heirat mit einem geschiedenen Mann entlassen werden, erst recht bei eigener Scheidung (BVerfG AP 24 Art 140 GG; BAG AP 35, 36 Art 140 GG). Auch wenn man das Recht der Kirchen, nach ihren Prinzipien zu arbeiten und arbeiten zu lassen, bejaht, was in der Sache auf eine Überbewertung des kirchlichen Selbstbestimmungsrechts ggü den kollidierenden Grundrechten der Beschäftigten hinausläuft, muss dies jedenfalls auf verkündungsnahe Personen beschränkt werden. Der Schutz der Familie verpflichtet nicht zur betrieblichen Altersversorgung junger Frauen alter Männer (BAG AP 158 § 242 BGB Ruhegehalt; DB 1988, 347) und auch umgekehrt. Die Versorgung der Witwe bzw des Witwers kann vom Zusammenleben des Ehepaares abhängig gemacht werden (BAG AP 14 § 1 BetrAVG Hinterbliebenenversorgung). Erlischt der Anspruch mit Wiederverheiratung, liegt im Nichtwiederaufleben des Anspruchs im Falle der Auflösung der Zweitehe kein Verstoß gegen Art 6 I GG (BAG AP 16 § 1 BetrAVG Hinterbliebenenversorgung). Auch eine sog „Spätehenklausel", nach der keine Betriebsrente an den Ehegatten zu zahlen ist, wenn die Ehe erst nach Bezugsbeginn geschlossen wurde, verletzt Art 6 I GG nicht (BAG AP 27 § 1 BetrAVG Ablösung).

130 **Art 8 GG (Versammlungs- und Demonstrationsfreiheit)** erhält arbeitsrechtl Relevanz, wenn sich ArbN im Betrieb versammeln oder innerhalb der Arbeitszeit außerhalb demonstrieren wollen. Das BAG ist abweisend: ein Recht auf Sondernutzung betrieblicher Räume wird selbst für gewerkschaftliche Versammlungen abgelehnt (AP 28 Art 9 III GG), ein Recht zu Versammlungen und Demonstrationen während der Arbeitszeit wird nur im Rahmen des Streikrechts anerkannt, dh im Rahmen eines Tarifkampfes (NZA 1986, 13). Unabhängig von der Rechtmäßigkeit einer Versammlung oder Demonstration in der Arbeitszeit ist ihre Auswirkung auf das Entgelt: auch die rechtmäßige Aussetzung der Arbeit lässt nach § 326 das Entgelt entfallen (Ausnahmen ua §§ 615 f BGB, § 44 BetrVG).

131 **Art 9 III GG (Koalitionsfreiheit)** ist für das Arbeitsvertragsrecht bedeutsam, soweit er den ArbN vor arbeitsvertragl Nachteilen wegen Zugehörigkeit zu und rechtmäßiger Betätigung für eine Gewerkschaft oder wegen fehlender Zugehörigkeit schützt. § 612a BGB und § 75 BetrVG bekräftigen das auf einfachgesetzl Ebene. Im Gegensatz zum Tarifvertrag (Rn 153) ist die Gewerkschaftszugehörigkeit für Abschluss, Inhalt und Beendigung des Arbeitsvertrags unerheblich und berechtigt nicht zu Differenzierungen (vgl BAG AP 33 § 1 KSchG). Das Gleiche gilt für rechtmäßige gewerkschaftliche Betätigungen einschl des Arbeitskampfes vorbehaltlich des Wegfalls von Entgeltansprüchen streikender oder ausgesperrter ArbN. Zulässig sind Sonderzahlungen an Arbeitswillige während eines Streiks, soweit nicht durch ein tarifliches Maßregelungsverbot ausgeschlossen (BAG AP 88, 127 Art 9 GG Arbeitskampf). Unzulässig ist Zahlung nach Kampfbeendigung (BAG AP 88, 123, 124 Art 9 GG Arbeitskampf; außer es bestanden besondere Erschwernisse, BAG AP 123 Art 9 Arbeitskampf). Nach BAG AP 140 Art 9 GG Arbeitskampf ist es mit Art 9 III GG vereinbar, keine monatliche Anwesenheitsprämie zu zahlen, weil wegen Streikbeteiligung die volle monatliche Anwesenheit nicht erfüllt wurde. Auch eine Kürzung des Weihnachtsgeldes ist zulässig (BAG NZA 2000, 487). Ein Verstoß gegen § 612a liegt nicht vor. Ein überproportionaler Entgeltausfall ist hier aber ebenso unzulässig wie bei Krankheit. Auf die Anwesenheit kommt es aber nicht an, wenn die Sonderzahlung nur an die Betriebszugehörigkeit während eines „Beschäftigungsmonats" abstellt (BAG AP 141 Art 9 GG Arbeitskampf). Zur Minderung einer Monatspauschale BAG AP 150 Art 9 GG Arbeitskampf. Zur Bedeutung für den Abschluss von Arbeitsverträgen Rn 248.

132 Das in **Art 12 I GG** gewährleistete Grundrecht der **Berufsfreiheit** schützt die berufliche Betätigung von ArbGeb und ArbN, so dass eine Konkordanz der beiderseitigen Freiheitsrechte anzustreben ist (BVerfG EzA § 23 KSchG 17; *Söllner* ZFA 1981, 265). Im Arbeitsvertragsrecht geht es vor allem um die Freiheit des ArbN, einen Arbeitsplatz zu erhalten, ihn zu behalten und sich von ihm abzukehren (BAGRp 2002, 115, 119). Lange Zeit hat man

Art 12 GG vor allem zum Schutz der Abkehrfreiheit herangezogen, so durch Beschränkung von Rückzahlungsverpflichtungen (BAG AP 18 § 611 Ausbildungsbeihilfe; NZA 1996, 437; BAGRp 2004, 259; Rn 401ff) und Wettbewerbsverboten (*Edenfeld* ZFA 2004, 463).

Das BVerfG ordnet den Schutz des bestehenden Arbeitsverhältnisses Art 12 I GG zu (BVerfGE 59, 231; 83, 133; 92, 140; BVerfG EzA § 23 KSchG 17, 18). Es misst deshalb die Beendigung von Arbeitsverhältnissen durch den Einigungsvertrag an Art 12 (BVerfGE 84, 133; dazu *Dieterich* RdA 1992, 330). Dies ist auch für andere gesetzl Eingriffe in den Bestand von Arbeitsverhältnissen bedeutsam. Die geltenden Vorschriften zum Kündigungsschutz hält das BVerfG mit Art 12 GG für vereinbar (BVerfGE 84, 133; 85, 360; 92, 140); dies gilt auch für den schwächeren Kündigungsschutz von ArbN in Kleinbetrieben (BVerfG EzA § 23 KSchG 17, 18), der durch einen schwächeren, aus Art 12 GG iVm § 242 abzuleitenden Kündigungsschutz zu ergänzen ist (BAG AP 12 § 242 Kündigung; *Gaul* Aktuelles ArbR 2001, 440ff). Der Beschäftigungsanspruch des ArbN ist vom BAG (GS AP 14 § 611 Beschäftigungspflicht; dazu Rn 351) nicht aus Art 12 GG, sondern aus Art 1, 2 GG abgeleitet und dadurch auf das ideelle Beschäftigungsinteresse beschränkt worden (krit *Dütz* NZA 1986, 210). Aus Art 12 GG ergibt sich kein gem § 823 geschütztes Recht am Arbeitsplatz (BAG AP 7 § 823 m Anm *Edenfeld*; *Riesenhuber* JZ 1999, 711). 133

Umstr ist, inwieweit die Berufsfreiheit von Arbeitsuchenden eine Einschränkung des Schutzes bestehender Arbeitsverhältnisse rechtfertigt oder sogar erfordert (dazu *Oetker* RdA 1997, 9). Das BVerfG (BVerfGE 59, 231) hat die Befristung der Arbeitsverhältnisse von Rundfunkmitarbeitern ua damit gerechtfertigt, dass eine Festanstellung es Arbeitsuchenden wesentlich erschwere, von ihrem Grundrecht auf freie Berufswahl Gebrauch zu machen. Das KSchG lässt aber eine Kündigung im Interesse Arbeitsuchender nicht zu; zur Befristung von Arbeitsverhältnissen im Drittinteresse § 620 Rn 20. Tarifvertragl Regelungen, die bestimmten Arbeitnehmergruppen einen Vorrang bei der Besetzung von Arbeitsplätzen gewähren, hält das BAG für zulässig, sofern die dadurch erfolgte Einschränkung des freien Wettbewerbs um die vorhandenen Arbeitsplätze nicht außer Verhältnis zu dem angestrebten sozialen Schutzzweck steht (AP 1 § 1 Tarifverträge Druckindustrie; AP 57 Art 9 GG; *Wiedemann*, FS 25 Jahre BAG, 1979, 635; vgl auch *Hanau* RdA 1996, 158). Zu Transfergeldforderungen im Berufssport BAG AP 6, 12 § 611 Berufssport; EuGH NJW 1996, 505 – Bosman: unzulässig nach Vertragsablauf. 134

Dem grds Vorrang des Bestandsschutzes ist zuzustimmen, da er die Berufsfreiheit insg besser sichert als ein System, das keine gesicherten Arbeitsplätze kennt. Auch der Arbeitsuchende will nicht irgendeinen, sondern einen gesicherten Arbeitsplatz. Erforderlich ist aber eine Abwägung der beteiligten ArbGeb- und ArbN-Interessen. Zu einer solchen Abwägung zw verschiedenen Arbeitsplatzinteressenten kommt es im Rahmen der Sozialauswahl gem § 1 III KSchG. Diese wird allerdings gemeinhin nicht als Auswahl konkurrierender Berufsfreiheiten gewertet. Damit mag es zusammenhängen, dass die Beschränkung der Sozialauswahl durch gesetzl und vertragl Kündigungsverbote ohne verfassungsrechtl Überprüfung hingenommen wird (dazu *Weller* RdA 1986, 222). Die Berufsfreiheit des ArbGeb hat das BVerwG (NJW 1982, 62) im Arbeitsvertragsrecht mit herangezogen, um die Unwirksamkeit des (früheren) absoluten Kündigungsverbots während des Mutterschaftsurlaubs zu begründen. Dieses Verbot hat das BVerwG zugleich als Verstoß gegen den verfassungsrechtl **Eigentumsschutz (Art 14 GG)** gewertet. Auch das BVerfG zieht die Berufsfreiheit des ArbGeb zur Rechtfertigung der Kleinbetriebsklausel des § 23 KSchG heran (BVerfG EzA § 23 KSchG Nr 17, 18). Die betriebsverfassungsrechtl Mitbestimmungsrechte hat das BVerfG nicht als Eingriff in das unternehmerische Eigentum gewertet (AP 15 § 87 BetrVG Nr 15). Art 12 GG ist hier nicht berücksichtigt. Weder gegen die Berufsfreiheit noch gegen die Eigentumsgarantie verstößt die Altersgrenze von 68 Jahren für Kassenärzte und Kassenzahnärzte (BVerfG NJW 1998, 1776). Auch die Zulassungsbeschränkungen der kassenärztlichen Vereinigung für niedergelassene Ärzte verstößt nicht gegen Art 12 I GG (BSG SGb 1998, 309). Anerkannt ist ein Eigentumsschutz durch Arbeitsleistung und/oder Beitragszahlung erworbener sozialversicherungsrechtl Ansprüche und Anwartschaften (BVerfGE 69, 272). Dies gilt ebenso für arbeitsvertragl Ansprüche und Anwartschaften (für unverfallbare Anwartschaften BAG AP 185 § 242 Ruhegehalt; für verfallbare Anwartschaft BAG AP 1 § 3 RuhegeldG Hamburg). 135

Art 12 GG gewährleistet das Recht auf **Nebentätigkeiten**, soweit diese mit dem durch das Arbeitsverhältnis geschützten Interesse des ArbGeb vereinbar sind (§ 241 II; BAG AP 6 Art 12 GG; NZA 2010, 693). Die Verpflichtung eines ArbN im öffentlichen Dienst, einen Teil des Arbeitsentgelts aus der Nebentätigkeit an den ArbGeb abzuführen, ist mit Art 12 GG vereinbar (BAG AP 6 § 11 BAT). Zur Bedeutung des Art 12 GG für Altersgrenzen s § 620 Rn 59ff. 136

3. Gesetzliche Schranken. Erg zu den allg Hinw in Rn 117ff sind hier die Gesetze zu nennen, die das Arbeitsverhältnis zwingend gestalten und die Vertragsfreiheit begrenzen. Das Arbeitsrecht gehört nach Art 74 I Nr 12 GG zur konkurrierenden Gesetzgebungszuständigkeit, so dass nach Art 72 I GG die Länder nur tätig werden können, solange und soweit der Bund seine Kompetenz nicht genutzt hat. Das ist vor allem beim Bildungsurlaub der Fall (Rn 138). Zur Gesetzesbindung im Arbeitsrecht *Höpfner* RdA 2018, 321. 137

Die Grundsätze der **AGB-Kontrolle** (§§ 305ff) gelten nach § 310 IV 2 auch für Arbeitsverhältnisse, soweit es die Besonderheiten des Arbeitsrechts zulassen (Rn 118f). Das **AltersteilzeitG** soll älteren ArbN den gleitenden Übergang vom Erwerbsleben in die Altersrente ermöglichen. Das Gesetz zur Verbesserung der betrieblichen **Altersversorgung** (BetrAVG) gilt für Arbeitsverhältnisse und nach Maßgabe seines § 17 auch für selbständige Dienstverhältnisse. Das **ArbnErfG** regelt die Erfindungen und technischen Verbesserungsvorschläge von ArbN. Es wird ergänzt durch die Mitbestimmung der Betriebs- und Personalräte über das Vorschlagswesen gem § 87 I 138

Nr 12 BetrVG, § 75 III Nr 12 BPersVG und entspr Bestimmungen der Landespersonalvertretungsgesetze. Der Einfluss des Arbeitskampfes auf das Arbeitsverhältnis ist nicht durch Gesetz, sondern durch die Rspr geregelt (s § 615 Rn 60ff). Zur Arbeitszeit Rn 286. **Bildungsurlaub** für ArbN ist in Anlehnung an die allg Weiterbildungsgesetze landesgesetzl geregelt. IdR wird eine besondere Anerkennung und Öffentlichkeit der Veranstaltungen verlangt. Das **Datenschutzrecht** (vgl Rn 125) erlangt durch die vielfältige Erfassung, Speicherung und Übermittlung von Personaldaten zunehmende Bedeutung im Beschäftigungsverhältnis (Überblick bei *Dzida* BB 2018, 2677). Eingriffe in die Sphäre des ArbN bedürfen nach § 26 BDSG iVm der DSGVO einer kollektiv- oder individualrechtl Grundlage.

139 Der bezahlte **Erholungsurlaub** ist im BUrlG geregelt. Der gesetzl Mindesturlaub beträgt 24 Werktage (§ 3 BUrlG). Das **Mindestlohngesetz** gewährt in §§ 1, 3 MiLoG einen gesetzl unabdingbaren Mindestlohn, der nicht durch vertragl Verfallklauseln eingeschränkt werden darf (§ 307 I 2, BAG NZA 2018, 1619). Ähnl regelt § 17 **BBiG** eine Mindestvergütung für die Auszubildenden. Die **Elternzeit** nach der Geburt, der Aufnahme zur Adoptionspflege oder als Stiefkind ist im BEEG geregelt. Zum Gesundheits- und Umweltschutz am Arbeitsplatz s § 618. Die **GewO** enthält in §§ 105ff Vorschriften betr Zeugnis, Lohnzahlung, Weisungsrecht, Vertragsgestaltung und Wettbewerbsverbot. Das **JArbSchG** enthält Regelungen der Kinder- und Jugendarbeit. Die Entgeltfortzahlung im Krankheitsfall und an gesetzl Feiertagen ist im **EFZG** geregelt.

140 Zum **KSchG** § 620 Rn 147. Die **Arbeitnehmerüberlassung** ist im AÜG geregelt (Rn 76ff). Umfassende Regelungen enthalten das **MuSchG** und die §§ 151ff SGB IX für Schwerbehinderte (zum Reformbedarf *Edenfeld* NZA 2012, 713; PersV 2016, 364, 367). Für das Arbeitsverhältnis besonders bedeutsam ist der in beiden Gesetzen erweiterte Kündigungsschutz. Das **Teilzeit- und Befristungsgesetz** regelt in Bezug auf das Arbeitsverhältnis die Befristung (§§ 14–21 TzBfG) und die Teilzeitarbeit (§§ 6–13 TzBfG; dazu Rn 37ff).

141 Das Recht des Arbeitsverhältnisses in der **Insolvenz** hat durch §§ 113, 120ff InsO eine Regelung erfahren. Dazu *Lakies* BB 1998, 2638; *Giesen* ZIP 1998, 46.

142 **4. Tarifverträge.** Abschluss, Inhalt und Beendigung der Arbeitsverhältnisse zw tarifgebundenen Personen können nach §§ 1, 3, 4 TVG unmittelbar und zwingend (normativ) durch schriftlichen TV geregelt werden. Dieser kann alle Ansprüche erfassen, die mit dem Arbeitsverhältnis in Verbindung stehen (BAG AP 3 § 113 BetrVG 72), aber nicht selbständig neben dem Arbeitsverhältnis stehende Verträge (BAG AP 72 § 4 TVG Ausschlussfrist). Vgl auch §§ 105, 106 GewO und weiterführend *Höpfner*, Die Tarifgeltung im Arbeitsverhältnis, 2015.

143 Verbandstarifverträge werden zw Gewerkschaften und ArbGeb-Verbänden abgeschlossen, Firmentarifverträge zw Gewerkschaft und ArbGeb (§ 2 I TVG). Wie § 1 TVG klarstellt und § 613a I 2 bestätigt, sind die das Arbeitsverhältnis betreffenden Regelungen des TV Rechtsnormen und damit Gesetz iSd BGB, der InsO, der ZPO usw (BAGE 35, 7; 40, 126; 46, 206). Dies gilt aber nur ggü tarifgebundenen Personen und nicht, soweit TVe nur aufgrund arbeitsvertragl Vereinbarung gelten.

144 **Tarifgebundenheit** ist die auf Gesetz beruhende Bindung an die Normen eines TV. Bei einem VerbandsTV setzt sie grds beiderseitige Zugehörigkeit zu den vertragschließenden Verbänden voraus, bei einem FirmenTV Verbandszugehörigkeit der ArbN (§ 3 I TVG). Frühere Verbandszugehörigkeit steht nach § 3 III TVG gleich, wenn sie bei oder nach Inkrafttreten des TV bestand. Bei Normen über betriebliche, dh notwendig betriebseinheitliche, und betriebsverfassungsrechtl Fragen lässt § 3 II TVG die Betriebszugehörigkeit der ArbN ausreichen (s BAG AP 57 Art 9 GG). Diese Regelung ist verfassungsrechtl bedenklich (*Hanau* RdA 1996, 158). Bei der „OT-Mitgliedschaft", die eine Tarifbindung aufgrund entspr Satzungsbestimmung ausschließt (dazu *Buchner* NZA 1994, 2), handelt es sich nach Ansicht des BAG (AP 15 § 3 TVG Verbandszugehörigkeit; NZA 2006, 1225) um eine Frage der Tarifzuständigkeit. Lässt man die gespaltene Mitgliedschaft zu, ist der Übergang von Voll- zu OT-Mitgliedschaft tarifrechtl wie ein Verbandsaustritt zu behandeln (Rn 147).

145 Aufgrund ministerieller **Allgemeinverbindlicherklärung** erfassen die Normen eines TV auch die bisher nicht tarifgebundenen ArbGeb und ArbN im Geltungsbereich des Vertrags (§ 5 TVG; zu dessen Reform *Waltermann* RdA 2018, 137).

146 Bei einem **rückwirkenden Tarifvertrag** muss die Tarifgebundenheit zZt seines Abschlusses und seiner Geltung bestehen.

147 **Endet die Tarifgebundenheit** durch Beendigung der Verbandsmitgliedschaft, gilt der TV nach § 3 III TVG bis zu seinem Ablauf zwingend weiter. Nach Ablauf des TV gelten seine Rechtsnormen weiter, bis sie durch eine andere Abmachung ersetzt werden, § 4 V TVG. Wird ein TV nach Ende der Tarifgebundenheit teilw geändert, bleibt die nach § 3 III TVG bestehende Bindung an die unveränderten Regelungen bestehen, soweit diese selbständig angewendet werden können (BAG AP 3 § 3 TVG). Gem § 3 III, § 4 V TVG wirken TVe auch nach Verbandsaustritt nach (BAG AP 3 § 3 TVG Verbandsaustritt). Eine Betriebsvereinbarung oder arbeitsvertragl Abrede, die gegen die unabdingbare Wirkung eines TV verstößt, ist unwirksam und kann nicht nach § 139 für den Nachwirkungszeitraum aufrechterhalten werden (vgl Rn 173). Die Nachwirkung bezieht sich auch auf bereits vereinbarte, später wirksam werdende Regelungen (BAG AP 19 § 4 TVG Nachwirkung; *Hanau/Kania* DB 1995, 1229), aber nach Wegfall der Tarifbindung nicht auf später in Kraft tretende TVe.

148 Bestehen und Anwendbarkeit eines TV sind von den **Arbeitsgerichten** zu berücksichtigen, soweit gerichtsbekannt oder von den Parteien vorgetragen. Liegen Anhaltspunkte für das Bestehen eines TV vor, hat das Arbeitsgericht ihnen entspr § 293 ZPO von Amts wegen nachzugehen (BAG AP 4 § 4 TVG Tarifkonkurrenz; 51 § 4

TVG Ausschlussfristen). Auch sind tarifliche Ausschlussfristen (Rn 368) von Amts wegen zu beachten (BAG AP 56 § 611 Haftung des ArbN; 9 § 15 AZO; 9 § 59 BetrVG 1952).

Auch das **Ruhestandsverhältnis** ist tarifvertragl Regelung zugänglich (BAG AP 3 Deputat; AP 164 § 242 BGB Ruhegehalt). Es kann vereinbart werden, dass der jew geltende TV für ein Ruhestandsverhältnis gelten soll (BAG AP 29, 78, 164 § 242 Ruhegehalt). 149

Tarifvertragl Vergütungsregelungen gelten im Zweifel für alle vom TV erfassten ArbN, auch wenn ihre Tätigkeit in der Vergütungsordnung nicht aufgeführt wird. Solche Lücken müssen durch entspr Anwendung vergleichbarer Vergütungsgruppen geschlossen werden (BAG AP 69, 95, 159 §§ 22, 23 BAT). 150

Tatsächlich **trennbare, tariflich unterschiedlich bewertete Tätigkeiten** sind für sich zu beurteilen. Die Eingruppierung richtet sich nach der zeitl überwiegenden Tätigkeit. Tätigkeiten, die einer anderen Tätigkeit ein- und untergeordnet sind, sind dieser zuzurechnen. 151

Häufig gelten TVe nur für einzelne ArbN-Gruppen oder enthalten **Stichtagsregelungen** für Leistungen an Gewerkschaftsmitglieder (sog Binnendifferenzierung). Eine Gleichbehandlungspflicht des tarifgebundenen ArbGeb zugunsten der jew ausgeschlossenen Gruppen besteht dann nicht, ebenso wenig wie bei gesetzl Differenzierungen. Der arbeitsrechtl Gleichbehandlungsgrundsatz ist auf tarifliche Regelungen nicht anwendbar, weil durch diese die Rechte und Pflichten für ein Arbeitsverhältnis zwar privatautonom, aber unter den Bedingungen eines strukturellen Gleichgewichts vereinbart werden. Auch das BAG (AP 45 § 242 Gleichbehandlung; NZA 2015, 1388; NZA 2019, 112) lässt die Differenzierung zu, solange sich daraus nur ein faktischer Anreiz zum Gewerkschaftsbeitritt ergibt, aber weder Zwang noch Druck entsteht. 152

Aus der grds **Beschränkung der Tarifgebundenheit auf die Mitglieder** der tarifschließenden Gewerkschaft folgt, dass der ArbGeb nicht kraft Gesetzes verpflichtet ist, die tarifvertragl Leistungen Außenseitern zu gewähren (BAG AP 5 § 611 Mittelbares Arbeitsverhältnis; 7 § 4 TVG; DB 1990, 2023; DB 1999, 1555). Werden in arbeitsvertragl Regelungen allein die tarifvertragl Vorgaben umgesetzt, ist der Anwendungsbereich des arbeitsrechtl Gleichbehandlungsgrundsatzes ebenfalls regelmäßig nicht eröffnet (BAG NZA 2015, 1388). Dagegen ist der ArbGeb zu einer Gleichbehandlung unter den Außenseitern verpflichtet, wenn er auch ihnen kollektiv die tariflichen Leistungen gewährt. 153

Ist unklar, welcher TV gilt, sind zwei Fallgestaltungen zu unterscheiden: Bei der **Tarifkonkurrenz** wird ein Arbeitsverhältnis von mehreren TV erfasst, die dieselben Regelungsmaterien enthalten, etwa wenn ein Verbands- und ein FirmenTV vorliegen; hier geht die speziellere Regelung vor. Davon zu unterscheiden ist die **Tarifpluralität**. Sie liegt vor, wenn mehrere TVe für unterschiedliche Arbeitsverhältnisse eines Betriebes Geltung beanspruchen und der ArbGeb doppelt tarifgebunden ist. Diesen Fall der Tarifkollision regelt der durch das Tarifeinheitsgesetz (BGBl I 2015, 1130) eingeführte § 4a TVG. Die politisch umstrittene Regelung (*Richardi* NZA 2014, 1233; *Ballauf* AiB 2015, 22; *Greiner* RdA 2015, 36) musste durch die verfassungsrechtl gebotene Ergänzung des § 4a II 2 TVG nachgebessert werden (BVerfG NZA 2017, 915; *Richardi* NZA 2019, 215; *Giesen/Rixen* NZA 2019, 577). § 4a II TVG hält fest, dass der ArbGeb nach § 3 TVG an mehrere TVe unterschiedlicher Gewerkschaften gebunden sein kann. Soweit sich die Geltungsbereiche nicht inhaltsgleicher TVe verschiedener Gewerkschaften überschneiden (kollidierende TVe), sind im Betrieb nur diejenigen Rechtsnormen des TV derjenigen Gewerkschaft anwendbar, die im Betrieb die meisten in einem Arbeitsverhältnis stehenden Mitglieder hat. Wie nicht anders zu erwarten, hat diese Kollisionsregel zahlreiche Folgeprobleme ua bei der Feststellung der Mehrheitsgewerkschaft und der Frage, ob hieraus, was zu verneinen ist, Beschränkungen im Arbeitskampfrecht folgen, ausgelöst (*Gaul* Aktuelles ArbR 2015, 15ff; *Tiedemann* ArbRB 2015, 124). 154

In dem Arbeitsvertrag zw nicht tarifgebundenen Parteien kann die **Geltung eines** bestimmten oder des jew geltenden **Tarifvertrags** durch Bezugnahme **vereinbart** werden (BAG NZA 2006, 607; 2008, 179). Auch ein TV aus anderen Tarifbereichen kann einbezogen werden. Der TV kann auch durch betriebliche Übung (BAG EzA § 3 TVG Bezugnahme auf Tarifvertrag Nr 1; NZA 1999, 879) und durch Betriebsvereinbarung einbezogen werden, soweit § 77 III BetrVG das zulässt (*Edenfeld*, Betriebsverfassungsrecht, Rn 214f). Eine Bezugnahme auf „die tariflichen Vorschriften" ist ausreichend. 155

Die Einbeziehung kann sich auf einen Teil des TV beschränken, soweit es sich um inhaltlich zusammenhängende Regelungen handelt. Auch tarifvertragl Ausschlussfristen können einbezogen werden (BAG AP 9 § 1 Feiertagslohnzahlungsgesetz Berlin), aber nicht isoliert. Tarifliche Leistungen durch tarifgebundene ArbGeb beziehen im Zweifel den ganzen TV ein (BAG NZA 1999, 879). Im Zweifel ist die Bezugnahme dynamisch, dh sie gilt auch für künftige TVe, und stellt den nichttarifgebundenen ArbN so, wie wenn er tarifgebunden wäre (§ 305c II; BAG NZA 2006, 607; 2009, 151, 154; 2018, 363). Gleiches gilt für die Inbezugnahme unwirksamer TVe (BAG NZA 2018, 363). 156

Die arbeitsvertragl vereinbarte Geltung eines TV hat keine zwingende Wirkung; sie kann durch individuelle oder formularmäßige Abreden eingeschränkt und aufgehoben werden. Die arbeitsvertragl Bezugnahme auf eine tarifvertragl Vergütungsordnung ist aber im Zweifel dahin zu verstehen, dass die obj zutr Vergütung maßgeblich sein soll, auch wenn die Beteiligten im Arbeitsvertrag eine bestimmte, irrige Einstufung vornehmen. Dies ist vom BAG (AP 10 § 23a BAT; 7 zu § 1 TOA; 46 zu § 3 TOA) vor allem in Fällen entschieden worden, in denen die arbeitsvertragl vorgesehene Einstufung zulasten des ArbN vom TV abwich. Im umgekehrten Fall muss es ebenso gelten (BAG AP 31 § 75 BPersVG; BB 1998, 2243). Anders, wenn in dem Arbeitsvertrag bewusst eine Abweichung von der nach dem TV gebotenen Einstufung vereinbart wurde (BAG NZA 1992, 121). Auch die Be- 157 fristung eines Arbeitsvertrags, der einen TV in Bezug nimmt, ist im Zweifel nur in dem Rahmen gewollt, den der TV für eine Befristung lässt (BAG BB 1984, 723; AuR 1984, 189).

158 Der ArbN, der sich arbeitsvertragl mit der Geltung des TV einverstanden erklärte, will und muss sich so behandeln lassen wie die Organisierten. Str ist, ob die Annäherung an das Tarifrecht so weit geht, dass sich eine (zunächst) dynamische Verweisung auf den bei Verbandsaustritt des ArbGeb geltenden TV beschränkt. Das BAG hat in dieser Frage eine Kehrtwende vollzogen. Die Einbindung der Arbeitsvertragsparteien in die **dynamische Tarifentwicklung** endet auch dann nicht, wenn die Tarifbindung des ArbGeb entfällt (BAG NZA 2006, 607; 2007, 965; so schon *Hanau* NZA 2005, 489; *Annuß* ZFA 2005, 405, 421ff; anders noch BAG NZA 2005, 478). Das wird nicht nur beim Verbandsaustritt, sondern auch im Fall des § 613a bedeutsam. Soll die Tarifdynamik vom Betriebserwerber nicht übernommen werden, bedürfen Arbeitsverträge eines entspr Zusatzes: „Entfällt die Tarifbindung des ArbGeb, erfolgt keine weitere tarifliche Anpassung …" (*Giesen* NZA 2006, 625, 630 mit weiteren Bsp). Zur Auslegung der Klausel als große oder kleine dynamische Verweisung BAG NZA 2008, 364; 2009, 151, 154.

159 Nimmt ein Arbeitsvertrag auf einen TV Bezug, der **Schriftform** für Nebenabreden verlangt, so ist im Zweifel gewollt, dass die Grundsätze für die gesetzl Schriftform (§ 126) gelten, da der TV insoweit einem Gesetz gleichsteht (Rn 143). Dies bedeutet, dass das Schriftformerfordernis nicht durch mündliche Abrede geändert werden kann.

160 **Bundes- und Landesgesetze** haben nach hM Vorrang vor TVen, soweit sie nicht in den Kernbereich der Tarifautonomie eingreifen oder dem TV selbst den Vorrang lassen (BAGE 31, 381; AP 51 § 1 Tarifverträge Bau; DB 1985, 394; DB 1986, 440; *Schwerdtner* NZA 1985, 580 mN; anders *Biedenkopf*, Grenzen der Tarifautonomie, 1964, 122ff; *Peiseler* NZA 1985, 242; *Klöpfer* NJW 1985, 2497; vgl auch *Waltermann* RdA 2014, 86; RdA 2019, 94, 99). Die Tarifautonomie ist nach neuerer Rspr nicht nur in ihrem Kernbereich durch Art 9 III GG gewährleistet. Die Koalitionen können und sollen Löhne und sonstige materielle Arbeitsbedingungen in eigener Verantwortung und im Wesentlichen ohne staatliche Einflussnahme durch Gesamtvereinbarungen regeln (BVerfGE 44, 322; BAG AP 84 Art 9 GG Arbeitskampf). Dies lässt dem Gesetzgeber nicht die Freiheit, einzelne Fragen mit Vorrang vor dem TV zu regeln, soweit es nicht durch andere Rechtsgüter mit Verfassungsrang gerechtfertigt wird (BVerfGE 94, 268; BVerfG NJW 1999, 3033). Es verstößt auch gegen die durch Art 2 I GG mitgeschützte Vertragsfreiheit und den durch Art 20 GG garantierten Grundsatz der Verhältnismäßigkeit, den TV durch eine Vielzahl zwingender Gesetze einzuschränken, wenn und soweit die Vertragsparität nicht gestört ist (*Hanau*, Deregulierung des Arbeitsrechts, 1997, 20ff).

161 **Tarifdispositiv** sind arbeitsrechtl Normen und Rechtsprechungsgrundsätze, von denen (auch) zuungunsten der ArbN durch TV, aber nicht durch Betriebsvereinbarung und Arbeitsvertrag abgewichen werden darf. Die Regelungen erlauben Abweichungen vom Gesetz zuungunsten der ArbN auch durch Arbeitsverträge (auch im Nachwirkungszeitraum, BAG 105 EzA § 620) mit nicht tarifgebundenen ArbN, die auf die gesamte einschlägige Tarifregelung Bezug nehmen. Dies bezieht sich immer nur auf die für den jew Betrieb maßgeblichen TVe. Der TV kann die Abbedingung der Gesetze auf Betriebsvereinbarung oder Arbeitsvertrag übertragen, wenn Inhalt und Ausmaß der Ermächtigung bestimmt sind. Im Zweifel ist aber anzunehmen, dass ein TV nicht zulasten der ArbN von einem Gesetz abweichen will (BAG AP 22 § 7 BUrlG Abgeltung).

162 Tarifdispositiv sind auch die Rechtsprechungsgrundsätze über die Begrenzung von Gratifikationsrückzahlungsklauseln (Rn 401ff) und zur Befristung von Arbeitsverträgen (§ 620). Dabei ist den Tarifparteien zwar eine abw Ausgestaltung, aber keine Beseitigung des jew Grundsatzes gestattet, ähnl wie § 13 BUrlG dem TV zwar die Modifikation, aber nicht die Beseitigung des gesetzl Urlaubsanspruchs gestattet. In der Ausgestaltung eines vertragl Zusatzurlaubs sind die Tarifparteien dagegen ganz frei (BAG AP 11 § 13 BUrlG Unabdingbarkeit). Arbeitsverträge mit Nichtorganisierten können die vom Richterrecht abw TVe übernehmen.

163 Zu weitgehender Tarifdispositivität führt die Rspr, nach der durch zwingendes Recht begründete Ansprüche durch **tarifvertragl Ausschlussfristen** begrenzt werden können (BAG AP 6, 27, 28 § 4 TVG Ausschlussfrist; EzA § 4 TVG Ausschlussfristen Nr 134; BAGRp 2002, 83, 313; *Gaul* Aktuelles ArbR 2001, 140ff, 210ff; vgl Rn 421). BAG AP 92 § 4 TVG Ausschlussfristen lässt es für die Wirksamkeit einer tariflichen Ausschlussfrist ausreichen, dass der TV, in dem die Ausschlussfrist enthalten ist, enge Beziehungen zum Geschäftszweig des ArbGeb hat. Die Begründung von Ausschlussfristen ist auch für gesetzl zwingend geregelte Ansprüche sowohl durch TV als auch durch Arbeitsvertrag zulässig (zweifelnd BAG AP 1 § 1 TVG, Bezugnahme auf Tarifvertrag). Dies dient der Rechtssicherheit und -klarheit. Dass ein Anspruch durch zwingendes Recht geregelt ist, besagt nicht, dass die Dauer seiner Geltendmachung vertragl Abmachungen entzogen ist. Hier gilt § 202 I, in dem der Gedanke zum Ausdruck kommt, dass die Zeit, in der ein Anspruch geltend gemacht werden kann, von den Fällen des Vorsatzes abgesehen vertragl Regelung unterliegt (*Bauer* NZA 1987, 442). Arbeitsvertragl Verfallklauseln halten auch der Inhaltskontrolle (Rn 238) stand, soweit sie üblichen tarifvertragl Klauseln entsprechen (vgl auch BAG AP 2 § 74b HGB). Für die ArbN günstigere arbeitsvertragl Ausschlussfristen gehen TVen vor, soweit der Arbeitsvertrag nicht tarifvertragsoffen ist. Doch kann das Fehlen einer arbeitsvertragl Regelung nicht als günstiger angesehen werden. Zu arbeitsvertragl Ausschlussfristen Rn 368ff.

164 Gesetze, die tarifvertragl Regelungen zuungunsten der ArbN ausschließen oder begrenzen, sind selten. Das Gesetz über befristete Arbeitsverträge mit wissenschaftlichem Personal an Hochschulen und Forschungseinrichtungen (§ 620 Rn 88ff) hat angeordnet, dass arbeitsrechtl Vorschriften und Grundsätze über befristete Arbeits-

verträge nur insoweit anzuwenden sind, als sie den Vorschriften dieses Gesetzes nicht widersprechen. Damit sollten die gesetzl vorgesehenen Befristungsmöglichkeiten vor allem gegen frühere und spätere TVe abgesichert werden. Das ist vom BVerfG (DB 1996, 2082) gebilligt worden. Bereits entstandene Ansprüche können als wohlerworbene Rechte nicht rückwirkend beseitigt werden.

Günstigere Arbeitsverträge kann der TV weder gebieten noch verbieten oder einschränken (§ 4 III TVG). Das gilt auch im Verhältnis zu vortariflichen arbeitsvertragl Einheitsregelungen (BAG GS DB 1987, 383). Anders, wenn die Arbeitsverträge tarifvertragsoffen sind, dh ihre Abänderung und auch Verschlechterung durch Tarifvertrag ausdrückl oder stillschw zulassen (s BAG DB 1987, 383 entspr zur BV). Die Festlegung tariflicher Höchstlöhne ist deshalb unzulässig, während tarifliche Höchstarbeitszeiten umstr sind. Ob übertarifliche Leistungen auf Tariflohnerhöhungen angerechnet werden können, muss die Auslegung der ihnen zugrunde liegenden Abreden ergeben (BAG BAGRp 2004, 102, 104); tarifvertragsfest sind im Zweifel Zulagen für bestimmte Personen und Zwecke, außer wenn die Tariflohnerhöhung denselben Zweck verfolgt (s AP 12 § 4 TVG übertariflicher Lohn und Tariflohnerhöhung) oder ausdrückl anderes vereinbart wurde. 165

Tarifvertragl **Effektivklauseln**, die eine Anrechnung arbeitsvertragl Leistungen auf Tariflohnerhöhungen verbieten, sind unzulässig (BAG AP 7, 8 § 4 TVG Effektivklausel; DB 1987, 2522). Zulässig sind dagegen tarifvertragl Verdienstsicherungsklauseln, nach denen das Arbeitsentgelt einschl aller arbeitsvertragl Bestandteile während einer Krankheit oder eines Urlaubs fortzuzahlen ist (BAG AP 9 § 4 TVG Effektivklausel; 8 § 1 TVG Tarifverträge Metallindustrie). Str ist, ob ein tariflicher Lohnausgleich bei Arbeitszeitverkürzungen auch auf übertarifliche Bestandteile erstreckt werden kann (verneinend BAG DB 1987, 2522). Zulässig ist das tarifliche Verbot des (vorbehaltenen) Widerrufs an sich aufzustockender Leistungen wegen der Tariferhöhung. Nach BAG wäre es unverständlich, wenn die TV-Parteien die Macht besäßen, die Ausübung von Gestaltungsrechten an bestimmte Fristen zu knüpfen, nicht jedoch in der Lage wären, einen bestimmten Anlass für die materiellrechtl Ausübung eines Gestaltungsrechts abzubedingen (AP 1 § 4 TVG Besitzstand). Negative Effektivklauseln in TVen, die die Anrechnung übertariflicher Leistungen auf eine Tariflohnerhöhung zulassen, selbst wenn dies nach den zugrunde liegenden arbeitsvertragl Absprachen unzulässig ist, verstoßen gegen das Günstigkeitsprinzip und sind nach § 4 III TVG unwirksam (BAG DB 1986, 2031). 166

5. Betriebsvereinbarungen. Abschluss, Inhalt und Beendigung des Arbeitsverhältnisses können, soweit Gesetz und TV (§ 77 III BetrVG) nicht entgegenstehen, auch durch Betriebsvereinbarungen (BV) unmittelbar und zwingend geregelt werden (vgl §§ 105, 106 GewO), dh durch schriftlichen Vertrag zw ArbGeb und Betriebsrat (ggf Gesamt- oder Konzernbetriebsrat, §§ 50, 58 BetrVG). Die BV ist im BetrVG, insb § 77, geregelt (dazu *Edenfeld*, Betriebsverfassungsrecht, Rn 207ff). Das BGB erwähnt sie in § 613a. BV werden vom ArbGeb und Betriebsrat gemeinsam beschlossen, schriftlich niedergelegt und unterzeichnet (§ 77 II BetrVG). Die Durchführung obliegt ebenso wie bei formlosen Betriebsabsprachen (Regelungsabreden) dem ArbGeb (§ 77 I BetrVG). Die BV ist wie der TV ein Normenvertrag, der obj Recht setzt (vgl § 310 IV 3). Er beruht auf anderen Ordnungsgrundsätzen als der TV (Tarifautonomie) und kann nur über Fragen geschlossen werden, die der gesetzl Zuständigkeit des Betriebsrats unterliegen (Betriebsautonomie). Die praktisch wichtigste Funktion ergibt sich aus § 77 IV BetrVG: Die BV wirkt **unmittelbar und zwingend** auf die betrieblichen Arbeitsverhältnisse ein, ohne dass es einzelvertragl Regelungen bedarf. BV enthalten neben den normativen vielfach obligatorische Regelungsabreden, die nur zw den Betriebspartnern gelten (*Edenfeld*, Betriebsverfassungsrecht, Rn 207). Normativer und schuldrechtl Teil sind zu unterscheiden. 167

Auch wenn eine ausdrückl Regelung wie in § 4 III TVG fehlt, ist das **Günstigkeitsprinzip** im Verhältnis der BV zum Arbeitsvertrag anerkannt (*Edenfeld*, Betriebsverfassungsrecht, Rn 211 mwN). Individualvertragl vereinbarte Regelungen, die den ArbN besser stellen, sind zulässig und gehen der BV vor. Die arbeitsvertragl Bezugnahme auf BV zur Flexibilisierung der Arbeitsbedingungen ist unter Beachtung von § 77 III TVG, § 310 IV, §§ 305ff zulässig (*Rieble/Schul* RdA 2006, 339). Eine im Arbeitsvertrag konkludent vereinbarte Betriebsvereinbarungsoffenheit, die das Günstigkeitsprinzip aushebelt, ist jedoch im Zweifel nicht anzunehmen (BAG NZA 2018, 1273; *Creutzfeldt* NZA 2018, 1111; verfehlt BAG NZA 2013, 916; dagegen zutr *Waltermann* RdA 2016, 296). 168

BV sind als Rechtsnorm wie Gesetze auszulegen. Maßgeblich sind die für die Tarifauslegung geltenden Grundsätze (BAG AP 2 § 112 BetrVG 72; AP 1, 2 § 77 BetrVG 72 Auslegung; BAGRp 2003, 334f). Ihr Regelungsinhalt unterliegt der gerichtlichen Inhaltskontrolle (BAG AP 1 § 77 BetrVG 72 Auslegung; 138 § 611 BGB Gratifikation). Zur Geltung der Grundrechte Rn 122ff. 169

Aus dem Normencharakter der BV leitet das BAG (AP 24 § 59 BetrVG; 6 § 87 BetrVG 72 Arbeitszeit) zu Recht ab, dass bei einer **Teilnichtigkeit** § 139 nicht anzuwenden ist. Der wirksame Teil der Vereinbarung bleibt im Interesse der Kontinuität und Rechtsbeständigkeit der innerbetrieblichen gesetzl Ordnung bestehen. Voraussetzung ist stets, dass der wirksame Rest noch eine in sich geschlossene und sinnvolle Regelung enthält und mit dem nichtigen Teil in keinem unlösbaren Zusammenhang steht. 170

Die unmittelbare und zwingende Wirkung der Betriebsvereinbarung erstreckt sich, wenn sie ihren **Geltungsbereich** nicht selbst begrenzt, auf alle in dem jew Betrieb (Unternehmen, Konzern) beschäftigten ArbN des ArbGeb außer leitenden Angestellten iSd § 5 III BetrVG und Ruheständlern. Von den arbeitnehmerähnlichen Personen (Rn 89) sind nur die in Heimarbeit Beschäftigten erfasst, die in der Hauptsache für den Betrieb arbeiten (§ 5 I 2 BetrVG). Nach § 328 können ArbGeb und Betriebsrat aber schuldrechtl Verträge zugunsten anderer Personen schließen (BAG AP 8 § 112 BetrVG; aM BAG AP 11 § 77 BetrVG Tarifvorbehalt). Sind solche Regelungen 171 in einer BV enthalten, sind sie im Zweifel so zu verstehen, dass sie das rechtl Schicksal der Betriebsvereinbarung teilen.

172 BV **enden** durch Ablauf der in ihnen festgelegten Frist, Kündigung, eine ablösende Betriebsvereinbarung oder eine tarifvertragl Regelung der Materie. Zum Betriebsinhaberwechsel § 613a Rn 71. Die ordentliche Kündigung der BV ist nach § 77 V BetrVG zulässig; daran schließt sich im Bereich der erzwingbaren Mitbestimmung eine Nachwirkung an (§ 77 VI BetrVG). Die Kündigung kann in der BV ausgeschlossen oder beschränkt, die Nachwirkung erweitert sein. Für eine derartige Abrede müssen Anhaltspunkte vorliegen (BAG BAGRp 2002, 182, 184). Eine durch BV verdrängte ungünstigere arbeitsvertragl Regelung lebt wieder auf, wenn die BV ohne Nachwirkung endet (BAG NZA 1990, 351).

173 BV sind oder werden unzulässig und unwirksam, soweit eine tarifvertragl Regelung der gleichen Angelegenheiten besteht oder üblich ist, falls der TV den Abschluss ergänzender BV nicht ausdrückl zulässt (sog Tarifsperre, § 77 III BetrVG; dazu *Edenfeld* DB 2012, 575). Das BAG schränkt dies ein: Im Bereich des § 87 I BetrVG wird die BV nach dessen Eingangssatz nur durch wirksame und den ArbGeb bindende TVe eingeschränkt. Tarifüblichkeit genügt nicht (sog Vorrangtheorie: BAG BB 1987, 1246; AP 51 § 87 BetrVG 72 Lohngestaltung; zu Öffnungsklausel und Tarifvorbehalt BAG AP 15 § 77 BetrVG 72 Tarifvorbehalt m Anm *Edenfeld*; *Fischer*, Die tarifwidrigen Betriebsvereinbarungen, 1998, S 189ff). Im Verhältnis zu früheren und späteren arbeitsvertragl Einheitsregelungen gilt nach BAG GS AP 17 § 77 BetrVG das **Günstigkeitsprinzip** in kollektiver Ausgestaltung: Die BV darf die Verteilung, aber nicht die Gesamtsumme der Leistung ändern.

174 **6. Gleichbehandlung. a) Rechtsgrundlagen.** Generelle arbeitsrechtl Regelungen sind an den Gleichbehandlungsgrundsatz gebunden; sie dürfen einzelne ArbN oder ArbN-Gruppen nicht ohne sachliche Gründe ausschließen oder schlechterstellen. Dies ergibt sich für arbeitsrechtl Gesetze und Rechtsverordnungen aus Art 3 GG und Art 20 GRCh (s BVerfGE 62, 256; BAG NZA 2004, 321; NZA 2010, 701). ZT bestehen einfach-gesetzl Regelungen. So soll das **Entgelttransparenzgesetz** (v 30.6.2017, BGBl I 2017, 2152) mit einem Auskunftsanspruch des ArbN (§ 10 EntgTranspG) für mehr Lohngerechtigkeit sorgen, hat sich aber als wirkungsloses Instrument in der Praxis erwiesen und ist nur ein weiterer Beleg für die Bürokratisierung des Arbeitsrechts (*Edenfeld* DB 2019, 1267, 1269). Zur Gleichbehandlung von Männern und Frauen bei Teilzeit vgl Rn 38ff.

175 Auch auf TV beruhende Rechtsnormen sind an Art 3 GG gebunden (BAG AP 16, 17, 28, 132, 136 Art 3 GG; BAGRp 2002, 286, 310; BAGRp 2004, 84, 87 und 182; zur Frage unmittelbarer Bindung Rn 166). Das gilt auch für tarifvertragl Lohndifferenzierung; lediglich im Verhältnis zu einzelvertragl ausgehandelten Vergütungen hat die Vertragsfreiheit Vorrang (BAG AP 38, 102, 134 § 242 Gleichbehandlung).

176 Durch Art 1 des Gesetzes zur Umsetzung europäischer RL zur Verwirklichung des Grundsatzes der Gleichbehandlung v 14.8.2006 (BGBl I 2006, 1897) ist am 18.8.2006 das **Allg Gleichbehandlungsgesetz (AGG)** in Kraft getreten. Ziel des Gesetzes ist es, Benachteiligungen aus Gründen der Rasse oder wegen der ethnischen Herkunft, des Geschlechts, der Religion oder Weltanschauung, einer Behinderung, des Alters oder der sexuellen Identität zu verhindern oder zu beseitigen, § 1 AGG. Es gilt nicht nur für ArbN, sondern zT auch für Selbständige, § 6 AGG. § 7 AGG untersagt Benachteiligungen wegen der in § 1 AGG genannten Gründe, sofern keine zulässige Ungleichbehandlung nach §§ 8ff AGG vorliegt. Das gilt auch für Stellenausschreibungen, § 11 AGG. § 15 AGG regelt die Entschädigung des ArbN und Schadensersatzpflicht des AG, § 22 AGG die Beweislast. Zu den Einzelheiten vgl die Komm des AGG.

177 Für BV, Dienstvereinbarungen und arbeitsvertragl Einheitsregelungen gilt Art 3 GG kraft des ua in § 75 I BetrVG, § 1 I 4 BetrAVG, § 4 TzBfG anerkannten arbeitsrechtl Gleichbehandlungsgrundsatzes. Auch im Rahmen eines Sozialplans ist der Gleichbehandlungsgrundsatz zu beachten, vgl BAG AP 21, 32, 101 § 112 BetrVG 72; 114, 123 § 242 Gleichbehandlung; NZA 2008, 719. Zur Geltung des Gleichbehandlungsgrundsatzes bei Einstellungen Rn 208.

178 Die Kompensation eines Nachteils durch einen anderweitigen Vorteil kann die Verletzung des Gleichbehandlungsgrundsatzes verhindern; erforderlich ist ein **Gesamtvergleich** (BAG AP 97 § 611 Gratifikation; 124 § 242 Gleichbehandlung; 25 § 1 BetrAVG). Deshalb können Höherverdienende von Sonderleistungen ausgeschlossen werden (BAG AP 40 § 1 BetrAVG Gleichbehandlung; 207 § 611 Gratifikation). Die Verletzung der Gleichbehandlungspflicht ist durch Bildung einer angemessenen Vergleichsgruppe zu prüfen, die nur innerhalb des Zuständigkeitsbereichs des betreffenden Trägers eines Ordnungs- und Regelungsbereichs erfolgen kann (BAG AP 25 § 1 BetrAVG; 149, 150 § 242 Gleichbehandlung). Diese muss der klagende ArbN benennen. Das BAG hält es nicht für ausreichend, dass eine bestimmte (kleine) Gruppe vergleichbarer ArbN benannt, aber nur eine Besserbehandlung eines geringen Teils dieser Gruppe behauptet wird (BAG AP §§ 22, 23 BAT 75). Die Geltendmachung von Differenzierungsgründen obliegt dem ArbGeb (BAG AP 102 § 242 Gleichbehandlung). Der Gleichbehandlungsgrundsatz verbietet nicht allein die willkürliche Schlechterstellung einzelner ArbN innerhalb einer Gruppe, sondern auch die sachfremde Gruppenbildung (BAG BAGRp 2005, 140).

179 **b) Differenzierungsgründe.** Als sachliche Gründe für die Differenzierung von Entgeltregelungen sind **anerkannt**: Ausbildung (vgl aber BAG AP 107 § 242 Gleichbehandlung) und Verantwortung; Leistung, soweit ex ante gefordert und definiert (Rn 183); vielseitige Verwendbarkeit (BAG AP 48 § 612); gehobene, leitende Position (BAG AP 4 § 1 BetrAVG Gleichberechtigung; 37 § 1 BetrAVG Gleichbehandlung), ggf auch die Notwendigkeit der Schaffung von Motivationsanreizen (BAG DB 1998, 2372); Beschäftigung in verschiedenen Betrieben, Dienststellen (BAG AP 115 §§ 22, 23 BAT 1975; EzA 79 § 242 Gleichbehandlung) oder Konzernunternehmen

(BAG AP 6 § 1 TVG Tarifverträge Seniorität; s auch Rn 85), soweit keine überbetrieblichen Arbeitsbedingungen bestehen (BAG AP 15 § 242 Gleichbehandlung; NZA 2009, 367), selbst nach dem Zusammenschluss der Betriebe (BAG AP 41 § 242 Gleichbehandlung; NZA 2006, 265; 2007, 981; § 613a Rn 61) und bei gemeinsamer Führung eines Betriebes durch zwei Unternehmen (BAG AP 145 § 611 Gratifikation; *Rieble*, FS Wiese, 1998] 453; dagegen *Däubler*, FS Zeuner, 1994, 19; Beschäftigung in einem zur Schließung vorgesehenen Betriebsteil, BAG AP 207 § 611 Gratifikation; NZA 2007, 558); Gewinnung oder Erhaltung gesuchter ArbN (BAG AP 67, 97, 113, 133, 134 § 242 Gleichbehandlung; BAG AP 31 § 1 BetrAVG Gleichbehandlung); der Unterschied zw Beamten und ArbN auf Beamtendienstposten einerseits, sonstigen ArbN andererseits, sowie von Geschäftsführern und leitenden Angestellten (BGH AP 7 § 35 GmbHG); Beendigung des Arbeitsverhältnisses durch Arbeitgeberkündigung oder Eigenkündigung des ArbN (BAG AP 96 § 112 BetrVG 72); Beendigung des Arbeitsverhältnisses aufgrund Erreichens einer durch Gesetz bzw durch Tarifvertrag festgelegten Altersgrenze (BAG AP 7 § 48 BAT); Erschwernisse, die auch für bestimmte Dienststellen typisiert festgestellt werden können (BAG AP 54 § 242 Gleichbehandlung); prozentuale Inanspruchnahme des Job-Tickets durch jew Dienststellen (BAG EzA 78 § 242 Gleichbehandlung). Zw Betrieben mit und ohne Betriebsrat darf hinsichtl einer Maßnahme, die der Mitbestimmung unterliegt, differenziert werden (BAG AP 130 § 242 Gleichbehandlung). Auch nach der Betriebs- bzw Unternehmensgröße kann differenziert werden, weil kleinere Betriebe organisatorisch und wirtschaftl weniger stark belastbar sind. Zur Differenzierung bei **Sonderzahlungen** stellt BAG NZA 2009, 1135 klar: Der ArbGeb darf bei Sonderzahlungen grds ohne Verstoß gegen den arbeitsrechtl Gleichbehandlungsgrundsatz unterschiedliche Arbeitsbedingungen berücksichtigen und eine geringere laufende Arbeitsvergütung einer ArbN-Gruppe durch eine Sonderzahlung teilw oder vollständig kompensieren. In einem solchen Fall der Kompensation verstößt der ArbGeb auch nicht gegen das Maßregelungsverbot des § 612a. Voraussetzung ist jedoch, wie das BAG in derselben Entscheidung feststellt, dass dies der einzige Zweck der Sonderzahlung ist. Wird die Sonderzahlung mit anderen Voraussetzungen verbunden, die andere ArbN auch erfüllen können, liegt ein Verstoß gegen den Gleichbehandlungsgrundsatz vor. Dies gilt insb dann, wenn die Sonderzahlung auch frühere oder künftige Betriebszugehörigkeit belohnen will. Zur Gleichbehandlung bei Entgelterhöhung vgl BAG NZA 2010, 696; 2012, 31: Die Anwendung des Gleichbehandlungsgrundsatzes erfordert stets eine **verteilende Entscheidung**. Daran fehlt es, wenn der ArbGeb lediglich eine normative oder vertragl Verpflichtung erfüllen will.

Nicht anerkannt: Grds Differenzierung zw Arbeitern und Angestellten (BAG NZA 2004, 321; 2010, 701; Rn 114); 180
Zuordnung zu Tarifgebiet Ost oder West (BAG NZA 1997, 1177 bzgl Zulagen) Ausschluss von Leistungen wegen Leistungen mit anderer Funktion (BAG NZA 2007, 1424 bzgl Weihnachtsgeld) oder vom ArbN selbst finanzierten Leistungen (BAG AP 8, 14 § 5 BetrAVG); zulässig dagegen Wahlrecht zw Abfindung und vorgezogener Pensionierung (BAG AP 13 § 6 BetrAVG); Gewerkschaftszugehörigkeit, außer bei der Beschränkung von Tarifvertrag auf Tarifgebundene (BAG AP 25 § 112 BetrVG; DB 1999, 1555); Benachteiligung von Außendienstmitarbeitern, solange diese nicht anderweitige Vorteile genießen (BAG AP 97 § 611 Gratifikation – Provision; BAG AP 124 § 242 Gleichbehandlung – Weihnachtstrinkgeld). Zur Streikbeteiligung Rn 131, zur Sanktion von Pflichtwidrigkeiten Rn 351.

Die Durchführung **gesetzl Differenzierungen** ist mit dem arbeitsrechtl Gleichbehandlungsgrundsatz stets ver- 181
einbar, soweit das Gesetz nicht selbst gegen den verfassungsrechtl Gleichheitssatz verstößt. Daher haben leitende Angestellte keinen Anspruch auf Einbeziehung in den Sozialplan (BAG AP 32 § 112 BetrVG) und nicht tarifgebundene ArbN keinen Anspruch auf tarifliche Leistungen (BAG 7 § 4 TVG; vgl aber BVerfG AP 4 § 34a EStG; BAG AP 13 Art 9 GG und Rn 153). Auf außer- und übertarifliche Leistungen lässt sich dies nicht übertragen. Auch ist der Gleichbehandlungsgrundsatz wieder zu beachten, wenn der ArbGeb die gesetzl oder tariflichen Leistungen freiwillig auch solchen ArbN gewährt, die keinen Anspruch darauf haben.

Wie im Verwaltungsrecht gibt es im Arbeitsrecht keinen Anspruch auf **Gleichbehandlung im Unrecht bzw im** 182
Irrtum (BAG BB 1998, 2548; 1999, 1334; AP 2 § 77 BetrVG 72; BGH NJW 1985, 2482). Der ArbGeb kann Leistungen, zu denen er sich irrig verpflichtet glaubte, einstellen und muss sie nicht auch Personen gewähren, die ebenfalls keinen Anspruch haben (BAG AP 141 § 242 Gleichbehandlung).

Zum **Nachschieben von Differenzierungsgründen** (dazu *van Veenroy* RdA 1983, 329) ist die Rspr nicht ein- 183
heitlich. Soweit nach Leistung differenziert werden soll, müssen die entspr Anforderungen vorher bekannt gemacht werden (BAG AP 1, 2 § 305). Die Differenzierung nach Gruppen kann dagegen durch nachgeschobene Gründe gerechtfertigt werden (BAG AP 65, 66, 107 § 242 Gleichbehandlung; anders BAG AP 11, 40 § 1 BetrAVG Gleichbehandlung; AP 44 § 242 Gleichbehandlung; offengelassen BAG AP 184 § 611 Gratifikation). Notfalls ist nach § 287 ZPO zu schätzen, in welchem Umfang eine Gehaltserhöhung dem Kaufkraftausgleich oder anderen Zwecken dient (BAG AP 76 § 242 Gleichbehandlung).

Die Differenzierung von Leistungen nach **Stichtagen** wirft stets die Frage der Gleichbehandlung auf (Rn 152). 184
Dabei ist zw stichtagsbezogenen Leistungsverbesserungen und -verschlechterungen zu unterscheiden (BAG AP 165 § 242 Ruhegehalt). Stichtage für **Leistungsverbesserungen** müssen durch einen sachlichen Grund gerechtfertigt sein. So können finanzielle Erwägungen des ArbGeb ein sachlicher Grund dafür sein, die Versorgungsanwartschaften nur solcher ArbN zu verbessern, die nach einem bestimmten Zeitpunkt in den Ruhestand treten (BAG AP 187 § 242 Ruhegehalt; ferner BAG AP 165 § 242 Ruhegehalt; 13 Bergbau). ArbN, die einer Begrenzung ihrer Vergütung zugestimmt haben, können bei der Versorgung besser gestellt werden. Unzulässig ist die willkürliche Benachteiligung von Alt- ggü Neurentnern einschl ihrer Angehörigen (BAG AP 58, 64 § 242 Gleichbe-

handlung). Stichtagsregelungen sind nicht deshalb unzulässig, weil sie im Einzelfall zu Härten führen (BAG MDR 2002, 588; BAGRp 2004, 111, 113).

185 **Leistungsverschlechterungen** für ArbN, die nach einem bestimmten Stichtag eingestellt wurden, sind grds zulässig (BAG AP 30, 32 § 242 Gleichbehandlung; 47, 165 § 242 Ruhegehalt; 2 § 74 BAT; BAG AP 34 § 1 BetrAVG Unterstützungskassen auch zur Mitbestimmung des Betriebsrats). Dies rechtfertigt sich schon daraus, dass die früher beschäftigten ArbN einen Rechtsanspruch auf die Leistung haben, den der ArbGeb nicht einseitig beseitigen kann. Außerdem haben die neueingestellten ArbN nicht im Vertrauen auf die Leistungszusage gearbeitet. Diese Wertung liegt auch dem grundlegenden Beschl des BAG (AP 1 BetrAVG Ablösung) über ablösende Betriebsvereinbarungen in der betrieblichen Altersversorgung zugrunde. Hier wird die Notwendigkeit eines Bestandsschutzes bei verschlechternden Neuregelungen betont, während die aus dem Bestandsschutz folgende Schlechterstellung neueingestellter ArbN als unproblematisch behandelt wird. Folgerichtig wird auch im Rahmen des § 613a eine Differenzierung zw bisherigen und übernommenen Betriebsangehörigen zugelassen (BAG AP 41 § 242 Gleichbehandlung; DB 1979, 896).

186 Auch **tarifvertragl Leistungen** dürfen differenzieren. So können die Tarifparteien die Mitgliedschaft in der tarifschließenden Gewerkschaft zu einem bestimmten Stichtag als Anspruchsvoraussetzung formulieren. Dieser ist ein zulässiges Differenzierungskriterium, wenn er nicht willkürlich gewählt wurde, sondern es für ihn einen sachlichen Grund gibt (BAG NZA 2015, 1388; 2019, 112). Auch kann ein TV das Entstehen von Teilurlaubsansprüchen für neu eintretende ArbN hinausschieben (BAG AP 17 § 13 BUrlG).

187 **c) Rechtsfolgen einer Verletzung des Gleichbehandlungsgrundsatzes.** Aus einer Verletzung des Gleichheitsgrundsatzes werden von der Rspr unterschiedliche Konsequenzen gezogen. Eine **richterliche Anpassung** nach oben wird vorgenommen, wenn diese Lösung bei rechtzeitiger Erkenntnis des Gleichheitsverstoßes gewählt worden wäre, insb weil sie nach den Umständen der einzige Weg zur Gleichbehandlung war oder ist (BVerfG AP 92, 100, 113 Art 3 GG; 2 § 19 AZO BAG AP 111, 136 Art 3 GG; 26, 36 § 1 BetrAVG Gleichbehandlung; 1 § 24 TV Arb Bundespost; 143 § 1 TVG Tarifverträge Metallindustrie). Mit dieser Begründung wurden insb nachteilige Regelungen für Frauen vom BAG idR an die der Männer angeglichen (BAG AP 16, 17, 28, 68, 117 Art 3 GG; 1 § 1 BetrAVG Gleichbehandlung).

188 Solange der ArbGeb freiwillig und in Kenntnis seiner Gleichbehandlungspflicht an der ungerechtfertigten Bevorzugung einer Gruppe festhält, muss er die anderen Gruppen gleichstellen (BAG AP 39 § 242 Gleichbehandlung; 1 § 1 HausarbeitstagsG Hamburg; 2 § 77 BetrVG 72). Soweit eine Anpassung nach oben nicht eindeutig gewollt oder zwingend ist, muss sie dem jew Normgeber überlassen bleiben (BVerfGE 52, 369; 55, 100; 62, 256; BAG AP 111 Art 3 GG; DB 1986, 542; *Reuter* SAE 1981, 8; *Wank* RdA 1985, 14). Bis der staatliche Gesetzgeber ein gleichheitswidriges Gesetz korrigiert, ist die gerichtliche Entscheidung über Klagen der benachteiligten ArbN insoweit auszusetzen, damit eine spätere günstigere Regelung noch auf sie angewendet werden kann (BVerfGE 82, 126; 85, 191; 88, 5; BAG AP 30 § 622). Die Ansprüche der zu Unrecht bevorzugten ArbN werden von der Rspr bis zu einer gesetzl Neuregelung meist aufrechterhalten (BVerfGE 62, 256 betr längere Kündigungsfristen für Angestellte; BAG NJW 1985, 2493 betr Hausarbeitstag für verheiratete Frauen mit eigenem Hausstand; BAG AP 2 § 1 BetrAVG Gleichbehandlung betr unterschiedliche Altersgrenzen für Männer und Frauen in der gesetzl Altersversorgung), bisweilen aber auch ausgesetzt und der endgültigen Entscheidung des Gesetzgebers (einschl der Tarifparteien) anheimgestellt (BVerfGE 52, 369 betr Hausarbeitstag für alleinstehende Frauen mit eigenem Hausstand; 55, 100; dem folgend BAG AP 136 Art 3 GG betr Ehefrauenzuschlag). Die Aussetzung ist unbefriedigend, wenn der Gesetzgeber seinen Part nicht übernimmt und keine gleichheitskonforme Neuregelung schafft. Die Gerichte kommen deshalb oft nicht umhin, dem Gesetzgeber eine angemessene Frist zu setzen, nach der sie die Gleichheit selbst herstellen, und zwar so, wie es den Umständen entspricht, im Zweifel durch Angleichung nach oben (BAG AP 96 § 626). Das entspricht der Rspr des EuGH, nach der Gleichbehandlung nur dadurch erreicht werden kann, dass den Angehörigen der benachteiligten Gruppe dieselben Vergünstigungen wie den Angehörigen der bevorzugten Gruppe gewährt werden (EuGH AP 21, 58 Art 119 EWG-Vertrag; so auch BAG AP 1 § 612 Diskriminierung; krit *Nikolai* ZFA 1996, 481).

189 Problematisch ist die **Rückwirkung einer Entscheidung**, in der ein Verstoß gegen den Gleichheitsgrundsatz festgestellt wird. Sie kann, insb bei Systemen der Altersversorgung, zu erheblichen finanziellen Belastungen des ArbGeb führen. Das BAG bejaht grds den rückwirkenden Anspruch des ArbN auf Gleichbehandlung (BAG AP 34 § 1 BetrAVG Zusatzversorgungskassen; 18 § 1 BetrAVG Gleichbehandlung; 11 Art 177 EWG-Vertrag; 8 § 1 BetrAVG Hinterbliebenenversorgung, vgl auch BAG AP 136 Art 3 GG; 2 § 1 BetrAVG Gleichbehandlung). Erforderlich sei eine Interessenabwägung, wobei sich der ArbGeb auf den Vertrauensschutz berufen könne. Diesem komme jedoch im Rahmen der sich fortentwickelnden Rspr zum Gleichheitsgrundsatz geringere Bedeutung zu (BAG AP 222 Art 3 GG). Auch das BVerfG hat eine Begrenzung der Rückwirkung abgelehnt (BVerfG AP 32 Art 119 EWG-Vertrag; ZIP 1998, 1728). Es hält aber die sinngemäße Anwendung von § 79 II BVerfGG auch bei einem Verstoß von privatrechtl gesetzl Regelungen der Altersversorgung gegen Art 3 I GG für zulässig (BVerfG NZA 1998, 247).

190 Soweit Kollektivverträge oder arbeitsvertragl Einheitsregelungen ohne Widerrufsvorbehalt aufgrund des Gleichheitssatzes anzupassen sind, stellt sich die weitere Frage, ob der ArbGeb **für die Zukunft** in die Rechte der bevorzugten Gruppe eingreifen darf oder der Bestandsschutz dieser Gruppe zu einer Angleichung nach oben zwingt. Nach BAG AP 3 § 2 KSchG 69 ist eine Änderungskündigung unzulässig, die zur Vereinheitlichung der

Arbeitsbedingungen auf einem mittleren Niveau führen soll, da sonst die Funktion des arbeitsrechtl Gleichbehandlungsgrundsatzes als eines in erster Linie zugunsten der ArbN wirkenden Prinzips in sein Gegenteil verkehrt werde. Dagegen hat BAG AP 1 § 1 BetrAVG Ablösung die Verschlechterung noch nicht erdienter Versorgungsanwartschaften durch Betriebsvereinbarung im Interesse der Gleichbehandlung zugelassen. Vgl auch BAG NZA 2008, 709.

Der ArbGeb hätte hier freie Hand, wenn der Gleichheitsverstoß nicht nur die benachteiligende, sondern auch die begünstigende Regelung unwirksam machte. Dies wird in der Rspr aber meist nicht angenommen (Rn 188). Eine automatische Nichtigkeit der gleichheitswidrigen Begünstigung und damit eine Angleichung nach unten verstieße auch gegen den Grundsatz, dass der Normgeber selbst entscheiden muss, wie die Gleichheit hergestellt werden soll. Der Widerspruch von Bestandsschutz und Gleichheitsgebot lässt sich deshalb nur so auflösen: Soweit die rechtswidrig begünstigten ArbN einen Rechtsanspruch auf die Leistung haben, kann der ArbGeb einseitig grds nur nach oben anpassen. Diese zusätzl Belastung kann aber zu einem Wegfall der Geschäftsgrundlage der bisherigen Leistungen führen und dem ArbGeb deshalb ein Recht zur Anpassung der Gesamtleistung geben (§ 313). Der ArbGeb hat kein Recht darauf, die Anpassung auf Kosten unwiderruflicher und unkündbarer Rechtsansprüche kostenneutral durchzuführen, kann sich aber vor unzumutbarer Mehrbelastung durch Berufung auf den Wegfall der Geschäftsgrundlage schützen. 191

d) Sonstiges. Der ArbGeb darf in der **betrieblichen Altersversorgung** danach differenzieren, welche Bedeutung die Arbeitsleistung für ihn hat und welche Position der ArbN im Betrieb einnimmt (BAG 88, 23, 26f; BAGRp 2005, 255). BAG AP 8 § 5 BetrAVG: Das Gebot der Gleichbehandlung ist verletzt, wenn auf eine betriebliche Altersversorgung auch der Teil einer gesetzl Unfallrente angerechnet wird, der nicht den Verdienstausfall ausgleichen soll (dies gilt nicht für die Hinterbliebenenversorgung, BAG NZA 1986, 748). BAG AP 9 § 1 BetrAVG Zusatzversorgungskassen: Die Regelung einer Zusatzversorgungskasse des öffentlichen Dienstes, nach der die Witwenversorgungsrente bei Arbeitseinkommen der Witwen bis auf eine angemessene Mindestversorgung ruht, verstößt nicht gegen den Gleichheitssatz. BAG AP 16 § 4 TVG übertariflicher Lohn und Tariflohnerhöhung: Es verstößt gegen den Gleichheitssatz, durch Tarifvertrag die Anrechnung übertariflicher Leistungen allein für altersgesicherte ArbN an das Einvernehmen mit dem Betriebsrat zu binden. BAG AP 15 § 242 Ruhegehalt VBL: Versorgungsberechtigte nach dem Regelungsgesetz können von der Versicherungspflicht bei der VBL ausgenommen werden. BAG AP 14 § 5 BetrAVG: Leistungen einer Krankengeldtageversicherung dürfen auf eine wegen Berufsunfähigkeit gewährte Betriebsrente nicht angerechnet werden, wenn der ArbN die Beiträge allein erbracht hat. BAG AP 7 § 18 BetrAVG: Das Auszehrungsverbot des § 5 I BetrAVG gilt nicht für Angestellte des öffentlichen Dienstes, die Anspruch auf eine dynamische Gesamtversorgung haben (§ 18 I 1 BetrAVG). Im Verhältnis zu Organmitgliedern ist keine Gleichbehandlung geboten (BAG AP 137 § 242 Ruhegehalt; 6 § 16 BetrAVG). BAG AP 7 § 35 GmbHG: Aus dem arbeitsrechtl Gleichbehandlungsgrundsatz kann sich ein Anspruch auf jährliche Gehaltserhöhung eines angestellten GmbH-Geschäftsführers ergeben, wenn andere leitende Angestellte eine entspr Erhöhung erhalten. Dasselbe kann auch im Verhältnis von leitenden Angestellten und sonstigen ArbN gelten (BAG AP 42 § 242 Gleichbehandlung). 192

7. Inhaltskontrolle von Arbeitsverträgen. Vom ArbGeb oder – selten – ArbN aufgrund ausdrückl oder stillschw Ermächtigung im Arbeitsvertrag einseitig festgesetzte, geänderte oder widerrufene Vertragsbedingungen unterliegen richterlicher Inhaltskontrolle (BAG BAGRp 2004, 275; BAGRp 2005, 132). Die Rspr (BAG AP 1, 2 § 305; 1 § 339; BAGRp 2004, 204f) wandte dies gem § 315 entspr auf arbeitsvertragl Einheitsregelungen an, die ähnl AGB vom ArbGeb gestellt und nicht ausgehandelt werden. Es geht stets um eine Interessenabwägung, die bei generellen Regelungen generell im Blick auf alle betroffenen Rechtsverhältnisse zu handhaben ist (s auch BAG GS AP 17 § 77 BetrVG 72 zur kollektiven Anwendung des Günstigkeitsprinzips auf arbeitsvertragl Einheitsregelungen). Mit der **Schuldrechtsreform 2002** sind die Grundsätze der AGB-Kontrolle auf standardisierte Arbeitsverträge erstreckt worden (vgl im Einz Rn 118). 193

Das unmittelbare Verhältnis von Leistung und Gegenleistung unterliegt in arbeitsvertragl Einheitsregelungen entspr § 307 III regelmäßig nicht der Inhaltskontrolle, sondern nur dem Maßstab der guten Sitten (§ 612 Rn 21). Eine Ausnahme ergibt sich insoweit, als vorformulierte Arbeitsverträge nun auch an TVen, BV und Dienstvereinbarungen, die durch § 310 IV 3 mit Rechtsvorschriften iSd § 307 III gleichgesetzt werden, zu messen sind. So unterliegt das Unterschreiten des Tarifniveaus gerichtlicher Inhaltskontrolle, wobei eine Schwelle von 20 % befürwortet wird (*Däubler* NZA 2001, 1329, 1335; *Reinecke* DB 2002, 583, 585; krit *Lingemann* NZA 2002, 181, 189). Das geht über die Anforderungen nach § 138 hinaus. Außenseiter erhalten allerdings keinen Anspruch auf Gleichbehandlung mit Tarifgebundenen. Die negative Koalitionsfreiheit ist zu beachten. Untertarifliche Bezahlung bleibt zulässig. 194

Auch Vertragsbedingungen, die nicht iSd § 305 I für eine Vielzahl von Verträgen vorformuliert sind, können von einer Seite diktiert sein und entspr §§ 242, 315 der Inhaltskontrolle unterliegen (BGH AP 9 § 339; 18, 23 § 611 Ausbildungsbeihilfe). Umgekehrt können vorformulierte Vertragsbedingungen ausgehandelt werden. Die Beweislast trägt derjenige, der sich auf die Ausnahme beruft (Diktat individueller, Aushandeln vorformulierter Bedingungen). Wegen § 307 III ist eine Inhaltskontrolle nur bei allg Vertragsbedingungen möglich, durch die von Rechtsvorschriften (einschl Tarifverträgen, Betriebs- und Dienstvereinbarungen, § 310 IV 3) abw oder diese erg Regelungen vereinbart werden. Dies gilt entspr für die von den Gerichten entwickelten Rechtsregeln. 195

196 **Kriterien** der arbeitsrechtl Inhaltskontrolle sind neben der Grundvoraussetzung einer Abweichung vom dispositiven Recht die Üblichkeit im Arbeitsleben, eine angemessene Risikoverteilung sowie der Schutz berechtigten Vertrauens. Für Eingriffe in Ruhegeldansprüche hat das BAG (AP 1 BetrVG Ablösung; 1, 4 § 1 BetrVG Unterstützungskassen; 2 § 1 BetrAVG Gleichberechtigung) eine nach Vertrauenstatbeständen abgestufte Inhaltskontrolle entwickelt (dazu *Hanau/Preis* RdA 1988, 65). Vorformulierte Abweichungen von dispositivem Gesetzes- oder Richterrecht sind zulässig, wenn sie auf sachlichen Gründen beruhen und den Vertragspartner nicht unangemessen benachteiligen (*Wolf* RdA 1988, 274).

197 **IV. Abschluss des Arbeitsvertrags. 1. Allgemeines.** Für den Abschluss des Arbeitsvertrags gelten die Bestimmungen des Allg Teils über Willenserklärungen (§§ 104ff mit den Sonderregelungen in §§ 112, 113) und Vertragsschluss (§§ 145ff). §§ 305ff gelten nach Maßgabe des § 310 IV 2 auch für Arbeitsverträge (Rn 118, 193). Zur Änderung einheitlicher Arbeitsbedingungen Rn 231. Nach § 1 TVG kann der Abschluss von Arbeitsverhältnissen auch durch Tarifvertrag geregelt werden. Zu Ausbildungsverhältnissen mit eigenen minderjährigen Kindern § 10 III BBiG (§ 181 unanwendbar). Ein Dauerarbeitsverhältnis kann auch entstehen, wenn die einzelnen Einsätze jew vorher verabredet werden. Das setzt aber voraus, dass der ArbN häufig und über einen längeren Zeitraum herangezogen wird, er von seinem Ablehnungsrecht keinen Gebrauch macht und darauf vertraut hat, auch in Zukunft herangezogen zu werden; sechs Monate reichen dafür nicht aus (BAG DB 1998, 2608).

198 Der Arbeitsvertrag unterliegt grds keinen **Formerfordernissen.** Formvorschriften finden sich in § 11 I, II AÜG und § 11 BBiG; beide enthalten aber kein Formerfordernis iSd § 125 S 1. Die Nichtbeachtung des § 11 BBiG führt daher nicht zur Formnichtigkeit (BAG AP 1 § 4 BBiG). Tarifvertragl Formvorschriften begründen für tarifgebundene ArbN ein gesetzl Formerfordernis iSd § 126, haben allerdings im Zweifel nur deklaratorische Wirkung (vgl BAG AP 2 § 4 TVG Formvorschriften). Zur arglistigen Berufung auf das Formerfordernis BAG AP 12 § 4 BAT; 29 § 242 Betriebliche Übung. Zum Formerfordernis für Kündigung, Befristung und Aufhebungsverträge § 623 BGB, § 14 IV TzBfG.

199 Durch Gesetz v 20.7.1995 (**NachwG**, BGBl I 1995, 946, geändert durch Gesetz v 20.7.2022, BGBl I 2022, 1174) wurde die NachweisRL (ABl EG 1991 L 288/32) umgesetzt (*Schwarze* ZFA 1997, 43; RdA 1997, 343). § 2 I NachwG regelt die Einzelheiten der **Nachweispflicht.** Der Nachw in elektronischer Form ist gem § 2 I 3 NachwG ausgeschlossen. Die Änderung der wesentlichen Vertragsbedingungen ist dem ArbN spätestens einen Monat nach der Änderung schriftlich mitzuteilen. Das gilt nicht bei einer Änderung der gesetzl Vorschriften, TVe, BV oder Dienstvereinbarungen und ähnl Regelungen, die für das Arbeitsverhältnis gelten (§ 3 NachwG; dazu BAG BAGRp 2004, 59).

200 Das NachwG begründet kein Formerfordernis iSd § 125 S 1, § 126. Das Gesetz ist richtlinienkonform auszulegen. Laut S 2 der Begründungserwägungen ist es Ziel der RL, „die ArbN besser vor etwaiger Unkenntnis zu schützen und den Arbeitsmarkt transparenter zu gestalten." Nach Ansicht des EuGH folgt daraus, dass die Niederschrift als Nachw der tatsächlich bestehenden wesentlichen Punkte des Arbeitsvertrags oder des Arbeitsverhältnisses angesehen werden kann und demgemäß für sie eine ebenso starke Vermutung der Richtigkeit spricht, wie sie nach innerstaatlichem Recht einem solchen vom ArbGeb ausgestellten und dem ArbN übermittelten Dokument zukommen würde (EuGH EzA 1 § 2 NachwG m Anm *Krause*). Der nur vom ArbGeb unterzeichneten Niederschrift kommt die Beweiskraft einer Privaturkunde gem § 416 ZPO zu. Regelmäßig obliegt es daher dem ArbGeb zu beweisen, dass eine in der Niederschrift getroffene Regelung, auf die sich der ArbN beruft, falsch oder unvollständig wiedergegeben ist (ebenso *Hohmeister* BB 1998, 587).

201 Versäumt der ArbGeb die Niederschrift, trifft ihn eine verschärfte Substantiierungspflicht hinsichtl solcher Unterlassungen des ArbN, die über den Kern dessen Berufsbildes hinausgehen. Die Anforderungen an die Darlegungs- und Beweislast des ArbN können gemindert sein, etwa hinsichtl der Höhe der Vergütung. Schadensersatzansprüche können sich ergeben, wenn der ArbN die Geltendmachung eines Anspruchs aus Unkenntnis versäumt, der sich ihm aus der Niederschrift offenbart hätte (BAG BAGRp 2002, 329, 331).

202 **2. Abschlussgebote.** Eine Verpflichtung zum Abschluss und zur Änderung von Dienstverträgen kann sich aus Vertrag und Gesetz ergeben. **Vorverträge** müssen die vorgesehene Tätigkeitsart festlegen, während Entgelt und sogar Entgeltlichkeit aus § 612 ergänzt werden können (*Zöllner*, FS Floretta, 1983, 455). Rücktritts- und Kündigungsregeln gelten beim Vorvertrag nebeneinander; für die ordentliche Kündigung gilt dasselbe wie für die Kündigung des Dienstvertrags vor Arbeitsbeginn. Teilt eine Behörde einer Bewerberin mit, sie sei die einzige fachlich geeignete, es müssten jedoch noch Zweifel an ihrer Verfassungstreue ausgeräumt werden, liegt nach Auffassung des BAG (AP 5 Art 33 II GG) zwar kein Vorvertrag, wohl aber ein Vertrauenstatbestand vor, der es der Behörde verwehre, ihre Ablehnung auf sonstige Gründe zu stützen, die bei dem Einstellungsgespräch bekannt waren, von der Behörde aber nicht zur Sprache gebracht wurden (hier: Ausländer). Dem liegt die Annahme einer Selbstbindung des Ermessens durch eine Absichtserklärung zugrunde. Die langjährige Wiedereinstellung eines Saisonarbeiters reicht dafür aber nicht aus (BAG AP 2 § 1 KSchG 69 Soziale Auswahl; s auch BAG AP 1 § 611 Einstellungsanspruch; 1 § 620 Saisonarbeit).

203 Ein spezielles gesetzl Abschlussgebot enthält **§ 154 SGB IX**, nach dem ArbGeb, die über eine gesetzl Mindestzahl an Arbeitsplätzen verfügen, auf einem bestimmten Prozentsatz der Arbeitsplätze Schwerbehinderte zu beschäftigen haben. Als Sanktion ist kein Einstellungsanspruch bestimmter Bewerber vorgesehen, sondern eine öffentlich-rechtl Ausgleichsabgabe, § 160 SGB IX.

Ein gesetzl Anspruch auf Einstellung als ArbN **des öffentlichen Dienstes** (dh auf Abschluss eines Arbeits- oder Ausbildungsvertrags) kann sich aus **Art 33 II GG** ergeben, wenn alle Einstellungsvoraussetzungen in der Person des Bewerbers vorliegen und jede andere Entscheidung als die Einstellung dieses Bewerbers rechtswidrig oder sonst ermessensfehlerhaft wäre (BAG AP 19, 21, 26, 33 Art 33 II GG). Gerichtlich nachprüfbar sei, ob die Behörde im Rahmen ihres Beurteilungsspielraums alle wesentlichen Umstände berücksichtigt und sachgerecht gewichtet, allgemeingültige Bewertungsmaßstäbe beachtet, sachfremde Erwägungen vermieden und ein fehlerfreies Verfahren eingehalten habe. Dazu gehört auch, einem in Betracht kommenden Bewerber Gelegenheit zur Beseitigung von Bedenken zu geben. Soweit mehrere Bewerber in Betracht kommen, kann nur verlangt werden, dass ein auf verfassungswidrige Gesichtspunkte gestützter Ablehnungsbescheid aufgehoben wird (BAG AP 2 Art 33 II GG). 204

Oft hat sich das BAG (AP 16–20, 26, 35 Art 33 II GG) wie auch das BVerfG (BVerfGE 39, 335) und das BVerwG (AP 10, 13 Art 33 II GG) mit der Eignungsvoraussetzung der Verfassungstreue zu befassen: Von einem ArbN könne nicht in allen Fällen die gleiche politische Treuepflicht verlangt werden wie von Beamten. Vielmehr sei nach dem jew Aufgabenbereich zu differenzieren. Dabei müsse ein Lehrer ein aktiv-positives Verhältnis zur Verfassung zeigen, während bei Lehramtsanwärtern Neutralität (nicht notwendig wohlwollende) genüge. Die aktive Mitgliedschaft in einer verfassungsfeindlichen Organisation begründe Zweifel an der Verfassungstreue, die – außer im Vorbereitungsdienst – die Ablehnung eines Bewerbers rechtfertigten, solange sie nicht ausgeräumt seien. Bei Beförderungen, für die diese Grundsätze entspr gelten, wird vor allem abzuwägen sein, wie lange die verfassungsfeindliche Betätigung zurückliegt, wie sie sich im Dienst ausgewirkt hat und welche Verantwortung mit der Position verbunden ist. Eine vornehmlich mit der Betreuung von Hilfebedürftigen beschäftigte Sozialarbeiterin unterliegt einer gesteigerten politischen Treuepflicht (BAG AP 23 Art 33 II GG). Zur Sicherstellung der Verfassungstreue können dem Bewerber entspr Fragen, zB nach Tätigkeiten im ehemaligen Ministerium für Staatssicherheit gestellt werden (BVerfG NZA 1998, 587; BVerfGE 96, 171; BAG AP 24 § 242 Auskunftspflicht; AP 8 Art 20 Einigungsvertrag; AP 37 § 1 KSchG 69 Verhaltensbedingte Kündigung; 46 § 123). 205

Ein **Urteil** auf Einstellung oder Beförderung ins Arbeitsverhältnis **vollstreckt** sich bei Rechtskraft nach § 894 ZPO. Vorher besteht kein Beschäftigungsanspruch, doch kann nach Art 33 II GG iVm § 823 II Ersatz des Schadens durch die pflichtwidrige Nichteinstellung verlangt werden. Bei der Einstellung und Beförderung von ArbN des öffentlichen Dienstes macht die wegen Fehlbeurteilung rechtswidrige Einstellung eines Konkurrenten den Einstellungsanspruch tatsächlich und rechtl unmöglich. Der Einstellungsanspruch kann daher nur erfolgreich sein, wenn im Zeitpunkt der letzten mündlichen Verhandlung eine besetzungsfähige, haushaltsrechtl abgesicherte Stelle noch vorhanden ist (BAG AP 33, 41 Art 33 II GG). In diesem Fall ist vorbeugend eine **einstw Verfügung** (§ 940 ZPO) auf Nichteinstellung des Konkurrenten möglich, nachträgl ein Schadensersatzanspruch aus Art 33 II GG iVm § 823 II. 206

Ein weiteres verfassungsrechtl Abschlussgebot ist **Art 9 III 2 GG** zu entnehmen, der jede Benachteiligung wegen gewerkschaftlicher oder nicht **gewerkschaftlicher Organisation** oder Betätigung verbietet. Die schuldhafte Verletzung verpflichtet nach § 823 II zum Schadensersatz, der gem § 249 auch in Abschluss oder Änderung eines Arbeitsvertrags bestehen kann, der ohne die Benachteiligung zustande gekommen wäre (BAG AP 49 Art 9 GG). Die Gewerkschaft kann von dem ArbGeb Unterlassung verlangen (BAG AP 49 Art 9 GG). Ein **Vermittlungsgebot** kann sich aus **§ 35 II SGB III** ergeben, doch steht der Arbeitsverwaltung ein Ermessensspielraum zu (BSG NZA 1986, 69). 207

Umstr ist, ob die in **Art 3 I, III GG** enthaltenen verfassungsrechtl **Diskriminierungsverbote** für den Abschluss von Arbeitsverträgen durch **private ArbGeb** gelten. Auf einfachgesetzl Ebene wiederholt sich das in der Frage, ob § 75 BetrVG und der arbeitsrechtl Gleichbehandlungsgrundsatz auch für Abschluss und Änderung des Arbeitsvertrags gelten. Die Arbeitsgesetzbuchkommission wollte die Abweisung eines Bewerbers nur aus sachbezogenen, den zu besetzenden Arbeitsplatz betreffenden Gründen gestatten (ähnlich *Gamillscheg*, FS Werner Weber, 1974, 802; *Gamillscheg*, FS Berenstein, 1989, 267; *Otto*, Personale Freiheit und soziale Bindung, 1978, 13ff; *Hanau*, GS Kahn-Freund, 1980, 457, für Art 3 III GG). Dies wird überwiegend abgelehnt (*Zöllner* AuR 1976, 227 und Gutachten des 52. DJT, 1978, 80, 105ff; *Buchner* NZA 1991, 577). Dafür spricht jetzt aber die Rspr des BVerfG (BVerfGE 97, 169), nach der die durch Art 12 GG gewährleistete Freiheit der Arbeitsplatzwahl den willkürlichen Entzug des Arbeitsplatzes verbietet. Für die willkürliche Vorenthaltung muss das entspr gelten, allerdings mit abgeschwächter Sanktion (*Hanau*, FS Dieterich, 1999, 209). 208

Vom BAG gibt es ua Entscheidungen zur Wiedereinstellung nach lösender Aussperrung (AP 43 Art 9 Arbeitskampf), Kündigung (AP 1 § 611 Einstellungsanspruch; 2 § 1 KSchG 69 Soziale Auswahl; 4 § 1 KSchG 69 Konzern; 1, 4 § 1 KSchG 69 Wiedereinstellung; DB 1985, 1746; AP 27 § 626 Verdacht strafbarer Handlungen; 169 § 613a) und Fristablauf (AP 1 § 620 Saisonbetrieb) und zur Beförderung (AP 3 § 611 Schweigepflicht). 209

Auf einfachgesetzl Ebene gewähren §§ 1, 7, 15 VI AGG sogar bei Diskriminierung keinen Einstellungsanspruch, sondern nur mindere Sanktionen. Zum Diskriminierungsverbot nach dem **AGG** Rn 176. 210

Als weiteres Diskriminierungsverbot ist **Art 45 AEUV** beachtlich, nach dem **Staatsangehörige eines EU-Mitgliedstaates** mit dem gleichen Vorrang Anspruch auf Zugang zu den verfügbaren Stellen haben wie Inländer. Dieses Diskriminierungsverbot ist ein Schutzgesetz gem § 823 II, dessen schuldhafte Verletzung zu Schadensersatzansprüchen führen kann. 211

212 Fraglich ist, ob die **Verletzung von Ausschreibungs- und Informationspflichten** einen Einstellungsanspruch begründen kann, wenn rechtzeitige Information wahrscheinlich (§ 287 ZPO) zu Einstellung und Beförderung geführt hätte. *Löwisch* BB 1985, 1203 nimmt dies für die gem § 7 TzBfG bestehende Pflicht an, den ArbN über Teilzeitarbeitsplätze zu unterrichten.

213 An der Grenze von Abschlussgebot und -verbot stehen kollektivvertragl Regelungen, die bestimmten ArbN-Gruppen, neuerdings gerade auch von Leiharbeitnehmern, ein **Vorrecht auf bestimmte Arbeitsplätze** einräumen. BAG AP 1 § 1 Tarifverträge Druckindustrie ein tarifvertragl Vorrecht für Setzer anerkannt.

214 **3. Abschluss- und Beschäftigungsverbote. Abschlussverbote** richten sich gegen den Abschluss des Arbeitsvertrags und führen zu seiner Nichtigkeit gem § 134; stattdessen kommen die Grundsätze über das fehlerhafte Arbeitsverhältnis in Betracht. Dies wird ua für die Verbote nach dem JArbSchG angenommen; ebenso für inhaltlich unzulässige Beschäftigungen.

215 **Beschäftigungsverbote** richten sich nicht gegen den Abschluss des Vertrags, sondern gegen die tatsächliche Beschäftigung. Sie führen nicht zur Unwirksamkeit des Arbeitsvertrags, sondern zur rechtl Unmöglichkeit seiner Erfüllung mit den Rechtsfolgen des § 326. Bei dauernder Verhinderung ist regelmäßig die Kündigung zulässig (§ 314).

216 **4. Auslegung.** Für die Auslegung des Arbeitsvertrags gelten die allg Bestimmungen über die erläuternde (§ 133), erg (§ 157) und einschränkende (§ 305c II) Auslegung von Willenserklärungen und Verträgen.

217 Soweit Arbeits- oder Kollektivverträge **gesetzl Begriffe** wie Erwerbsfähigkeit und Unterhaltspflicht übernehmen, werden sie im Zweifel in ihrem gesetzl Sinn gebraucht (BAG AP 6 § 6 BetrAVG; 61 § 616; 35 § 1 TVG Tarifverträge Metallindustrie). Dabei ist die Auslegung zugrunde zu legen, die zZt des Vertragsschlusses anerkannt war. Spätere Gesetzes- und Rechtsprechungsänderungen können nur als Vertragsinhalt gelten, wenn die Parteien ersichtlich auf den jew Stand der Gesetzgebung abstellen wollten. Die betriebliche Arbeitszeit gilt als vereinbart, wenn nichts anderes bestimmt wird. Werden **im Betrieb übliche Leistungen** zugesagt, sind die einschlägigen betrieblichen Regelungen im Zweifel mit in Bezug genommen (BAG AP 71 § 611 Gratifikation; 1 § 31 BundesbankG). Die Zusage einer **„freiwilligen" Leistung** ist idR Hinweis auf das Fehlen einer gesetzl Verpflichtung, der die Begründung eines vertragl Anspruchs nicht ausschließt. Zur unzulässigen Kombination von Freiwilligkeits- und Widerrufsvorbehalt BAG NZA 2012, 81 und Rn 119. Die Bezeichnung von Zuwendungen als freiwillige Sozialleistung lässt idR nicht den Schluss zu, eine entspr Zusage des ArbGeb stehe unter Widerrufsvorbehalt (BAG BAGRp 2003, 259).

218 Zusagen an werdende und vorhandene **Pensionäre** sollen im Zweifel keine stärkere Bindungswirkung haben als entspr Zusagen für die aktive Dienstzeit (BAG AP 26 § 611 Gratifikation). Der Inhalt von **Stellenanzeigen** wird nach BAG DB 1985, 1482 nur aufgrund einer besonderen Vereinbarung Vertragsinhalt. Einbeziehung etwa dann, wenn im Vorstellungsgespräch darauf Bezug genommen wird oder es ArbGeb bzw Bewerber erkennbar darauf ankommt.

219 In den Vertrag aufgenommene Hinweise auf gesetzl, tarifliche oder betriebliche Regelungen sind im Zweifel nur deklaratorisch, dh sie setzen Wirksamkeit und Anwendbarkeit der Regelungen voraus (BAG BB 1987, 1392). Die arbeitsvertragl Bezugnahme auf Betriebsvereinbarungen zur Flexibilisierung der Arbeitsbedingungen ist unter Beachtung von § 77 III TVG, § 310 IV, §§ 305ff zulässig (*Rieble/Schul* RdA 2006, 339). Eine im Arbeitsvertrag konkludent vereinbarte **Betriebsvereinbarungsoffenheit**, die das Günstigkeitsprinzip (Rn 213) aushebelt, ist aber im Zweifel nicht anzunehmen (BAG NZA 2018, 1273; *Creutzfeldt* NZA 2018, 1111; verfehlt BAG NZA 2013, 916; dagegen zutr *Waltermann* RdA 2016, 296).

220 **5. Verschulden bei Vertragsschluss.** Die Grundsätze des Verschuldens bei Vertragsschluss (§ 311 II, § 280) gelten auch für den Abschluss des Dienstvertrags (BAG AP 1, 9 § 276 Verschulden bei Vertragsschluss). Bereits während der Vorverhandlungen entsteht ein vorvertragl Schuldverhältnis (§ 311 I Nr 1) mit Pflichten nach § 241 II. So besteht eine Aufklärungspflicht des ArbGeb ggü dem Bewerber, wenn bereits ein Stellenabbau geplant ist (BAG BAGRp 2005, 353). Arbeitsrechtl Besonderheiten (dazu *Wiedemann*, FS Herschel, 1982, 463) sind die Begrenzung von Fragerecht (Rn 222ff) und Abschlussfreiheit (Rn 202ff). Ein Problem ist, ob der Schadensersatzanspruch wegen unterlassenen Hinweisen auf Hindernisse für Vertragsschluss oder -durchführung entfällt, soweit der Schaden auch entstanden wäre, wenn der Verpflichtete den Vertrag abgeschlossen und frühestmöglich gekündigt hätte. Anders als beim Schadensersatz wegen Vertragsbruchs (Rn 291) lässt die Rspr (BAG AP 9 § 276 Verschulden bei Vertragsschluss; NZA 1986, 25) den Einwand der hypothetischen Kündigung und damit des rechtmäßigen Alternativverhaltens nicht zu. Anders zu Recht *Wiedemann* aaO 477: Wer Einkommen aufgibt oder Aufwendungen tätigt im Hinblick auf einen jederzeit kündbaren Vertrag, verdient keinen Vertrauensschutz, da er sich auf eine jederzeit entziehbare Position stützt. Eine weitere Vorwirkung eines angestrebten Arbeitsverhältnisses liegt darin, dass die arbeitsrechtl Schutzpflichten und Haftungsgrundsätze auch im vorvertragl Verhältnis anwendbar sind (BAG AP 74 § 611 Haftung des AbN).

221 **V. Fehlerhafter Arbeitsvertrag. 1. Nichtigkeits- und Anfechtungsgründe.** Nichtigkeits- und Anfechtungsgründe ergeben sich aus den §§ 104ff. Im Rahmen des § 134 spielt der Verstoß gegen Arbeitsschutzgesetze eine besondere Rolle, soweit sich diese gegen den Abschluss des Arbeitsvertrags und nicht nur gegen die tatsächliche Beschäftigung richten (s Rn 120, 214f).

2. Arglistige Täuschung. Die **Anfechtung wegen arglistiger Täuschung** (§ 123) wird dadurch begrenzt, dass Bewerber nur solche Fragen wahrheitsgemäß beantworten müssen, an denen der Dienstgeber im Hinblick auf das beabsichtigte Dienstverhältnis zur Beurteilung der Eignung und Befähigung des ArbN ein berechtigtes Interesse hat (BAG NZA 2005, 1243; NZA 2013, 1087; *Wiedemann*, FS Herschel, 1982, 468). Umgekehrt muss der ArbN auf solche Umstände hinweisen, die ihn an der Arbeit hindern oder für den Arbeitsplatz von ausschlaggebender Bedeutung sind. Dies ist für den Arbeitsvertrag anerkannt, muss aber für den Abschluss des selbständigen und des arbeitnehmerähnlichen Dienstvertrags entspr gelten, da auch hier Persönlichkeitsrechte zu respektieren sind. Zulässig sind Fragen, die die Fähigkeit zu der beabsichtigten Tätigkeit ermitteln sollen (§ 8 AGG) und für das Beschäftigungsverhältnis erforderlich sind (§ 26 BDSG iVm der **DSGVO;** *Kort* NZA-Beil 2016, 62). Fragen zum beruflichen Werdegang, zu Ausbildungs- und Weiterbildungszeiten und den entspr Zeugnissen sind daher regelmäßig zulässig. Die Frage nach einer **Schwerbehinderung** ist erst nach Ablauf von sechs Monaten im bestehenden Arbeitsverhältnis zulässig (BAG NZA 2012, 555), es sei denn, dass die Behinderung die Eignung des Stellenbewerbers für die vorgesehene Tätigkeit von vornherein beeinträchtigt (§ 8 AGG, *Düwell* BB 2006, 1741, 1743). Auch Fragen nach **Krankheiten** sind nur zulässig, wenn sie sich unmittelbar auf die Tätigkeit auswirken und ihr Fehlen eine wesentliche und entscheidende berufliche Anforderung für die Tätigkeit ist (§ 8 AGG, BAG AP 26, 27 § 123). Bei Aids-Infizierten gilt das nur für Tätigkeiten, bei denen die Gefahr besteht, dass Blut oder andere Körperflüssigkeiten mit dem anderer ArbN oder Dritter in Berührung kommen (*Löwisch* DB 1987, 940; *Richardi* NZA 1988, 73). Die **Vermögensverhältnisse** des Bewerbers sind nur für die Besetzung von Vertrauensstellungen erheblich. Die Frage nach **Lohnpfändungen** ist unzulässig, es sei denn diese verursachen einen derart großen Arbeitsaufwand des ArbGeb, dass betriebliche Abläufe gestört werden (BAG DB 1982, 498; str). 222

Gesetzliche Sonderregelungen können das Fragerecht konkretisieren, so § 94 BetrVG bei der Aufstellung von **Personalfragebögen. Vorstrafen** können nach § 51 BZRG notfalls auch durch Korrektur des Lebenslaufs verschwiegen werden. Die hM (BAG AP 7 § 1 KSchG 69 Verhaltensbedingte Kündigung; *Wohlgemuth* AuR 1985, 242; BAG EzA 52 § 123 zur Offenbarung anhängiger Strafverfahren, dazu *Raab* RdA 1995, 36) sieht darin keine abschließende Regelung, sondern begrenzt auch die mit dem BZRG vereinbare Frage nach nicht getilgten Vorstrafen durch das allg, hier schwer handhabbare Kriterium der Arbeitsplatzerheblichkeit (§ 8 AGG, § 26 BDSG). In Bezug auf die Frage nach der **Schwangerschaft** hat das BAG seine Position gewechselt. Zunächst hat es die Frage zugelassen (AP 2 § 9 MuschG; 15 § 123). Nachdem der EuGH die Schwangerschaft dem Geschlecht gleichgesetzt hat (EuGH AP 23 Art 119 EWG-Vertrag) und unter der Geltung der §§ 1, 3, 7 AGG betrachtet das BAG die Frage als grds unzulässig. Auch wenn die Arbeitsplatzbewerberin die Frage nach dem Bestehen der Schwangerschaft bewusst wahrheitswidrig beantwortet, steht dem ArbGeb kein Anfechtungsrecht zu, wenn die Bewerberin nach Ablauf der Schutzfristen die geschuldete Arbeit erbringen kann (BAG NZA 2003, 848). Die Frage nach Tätigkeiten im Dienste des **Ministeriums für Staatssicherheit** der DDR ist hinsichtl der Übernahme in den öffentl Dienst grds zulässig (BVerfGE 96, 171; *Belling*, FS Kissel, 1994, 11). 223

Die Begrenzung des Fragerechts ist auch bei **anderen Methoden der Informationsbeschaffung** wie zB bei der Auswertung sozialer Netzwerke zu beachten. Die Datenerhebung muss immer § 26 BDSG iVm der **DSGVO** standhalten. Ärztliche Einstellungsuntersuchungen sind zulässig, doch darf der Arzt dem ArbGeb nur mitteilen, was auch der Bewerber dazu mitteilen muss, wenn er es weiß. Genetische Analysen (*Wiese* BB 1994, 1209; *Diekgräf* BB 1991, 1854), Drogentests (*Rehwald* AiB 2000, 125), Lügendetektoren usw dürfen grds nicht zur Personalauswahl genutzt werden. Ein Verstoß kann wegen Verletzung des Persönlichkeitsrechts zum Ersatz materiellen und ideellen Schadens verpflichten. 224

3. Rechtsfolgen. Arbeitsrechtl Besonderheiten bei den Rechtsfolgen von Nichtigkeit und Anfechtung betreffen die **Anfechtungsfristen** und die Begrenzung rückwirkender Unwirksamkeit. BAG AP 4 § 119 hat § 626 II herangezogen, um das Erfordernis der unverzüglichen Irrtumsanfechtung (§ 121) zu konkretisieren (dagegen *Picker* ZFA 1981, 103). Auf § 124 lässt sich das nicht übertragen (aA *Reuter*, FS Hilger/Stumpf, 1983, 595; *Hönn* ZFA 1987, 89), doch ist die Anfechtung wegen arglistiger Täuschung oder Drohung nach § 242 ausgeschlossen, wenn der Umstand, über den der ArbGeb getäuscht wurde, im Zeitpunkt der Erklärung der Anfechtung seine Bedeutung für das Arbeitsverhältnis verloren hat (BAG AP 17, 24, 40 § 123; aA *Picker* ZFA 1981, 65). 225

Die **Begrenzung der Unwirksamkeitsfolgen** durch die **Lehre vom faktischen Arbeitsverhältnis** (genauer: Arbeitsverhältnis auf fehlerhafter Vertragsgrundlage) hat die Arbeitsgesetzbuchkommission (§§ 17ff) so zusammengefasst: Hat der ArbN bereits gearbeitet, bleiben Nichtigkeit und Anfechtung des Vertrags für diese Zeit außer Betracht, dies gilt auch für die Anfechtung wegen widerrechtl Drohung. Ferner ist ein Vertrag über eine Arbeit nichtig, die auf einen Verstoß gegen ein gesetzl Verbot gerichtet ist oder deren Inhalt gegen die guten Sitten verstößt (BAG BAGRp 2005, 318 für fehlende Approbation). Eine Rückforderung erbrachter Leistungen findet nicht statt. Kannte der Beschäftigte den gesetz- oder sittenwidrigen Inhalt seiner Arbeit nicht und beruhte die Unkenntnis nicht auf grober Fahrlässigkeit, kann er für die zurückliegende Zeit Erfüllung der vertragl versprochenen Leistungen verlangen. Ist ein Teil des Arbeitsvertrags nichtig, ist der Vertrag iÜ rechtswirksam, es sei denn, der nichtige Teil ist für den Inhalt der Arbeitsverhältnisse von so weitreichender Bedeutung, dass anzunehmen ist, verständige und die beiderseitigen Interessen wahrende Arbeitsvertragsparteien hätten in Kenntnis der Nichtigkeit vom Vertragsschluss abgesehen. Betrifft die Anfechtung wegen arglistiger Täuschung einen Umstand, der für die Bemessung des Entgelts von wesentlicher Bedeutung war, schuldet der ArbGeb für diese Zeit das obj angemessene Entgelt. Dies gilt besonders, wenn die erschwindelte Einstellung als Einstellungsbetrug (s BGH NJW 1999, 1485) zu werten ist. BAG AP 66 § 1 LohnFG betont, dass während des faktischen Arbeitsver- 226 hältnisses auch die Vorschriften über die Entgeltfortzahlung im Krankheits- oder Mutterschaftsfall uneingeschränkt gelten (ebenso BAG AP 32 § 63 HGB; 3 § 12 MuSchG; zum Urlaub BAG AP 1 § 611 Doppelarbeitsverhältnis), lässt es aber für Ansprüche offen, die als Gegenleistung für Betriebstreue erbracht werden, wie dies bei Gratifikationen der Fall sein kann. Hiervon ist das BAG (DB 1998, 2618) abgerückt: Im Fall einer Arbeitsunfähigkeit des ArbN, während der das Arbeitsverhältnis nicht vollzogen worden sei, besteht nach Auffassung des Senats kein Grund, von der Rechtsfolge rückwirkender Anfechtung abzuweichen. Das faktische Arbeitsverhältnis endet mithin durch Beendigung der faktischen Beschäftigung. Nicht ausgeschlossen ist auch die rückwirkende Korrektur irrtümlicher Vergütungsberechnung (Rn 364).

227 Eine weitergehende Begrenzung der Nichtigkeitsfolgen ist geboten, wenn Nichtigkeit und Anfechtbarkeit auf Schutzvorschriften zugunsten der ArbN beruhen. In diesem Fall wäre auch eine ex nunc eintretende Unwirksamkeit unangemessen. Stattdessen ist der Vertrag zu angemessenen Bedingungen aufrechtzuerhalten. Auf Seiten des ArbGeb wird Geschäftsfähigkeit bzw gesetzl Vertretung vorausgesetzt (s aber § 613a Rn 31).

228 Während ein faktisches Arbeitsverhältnis nach bisheriger Rechtsauffassung bei faktischer Arbeitsleistung aufgrund Gesetz bzw Gewohnheitsrecht entstand, hält BAG AP 66 § 1 LohnFG die vertragl Vereinbarung eines faktischen Arbeitsverhältnisses für möglich, und zwar während des Kündigungsschutzprozesses. IdR wird die Vereinbarung über die Fortsetzung der Arbeit während des Kündigungsschutzprozesses ein durch das Ende dieses Prozesses bedingtes Interimsarbeitsverhältnis begründen, das nicht, wie ein faktisches Arbeitsverhältnis, jederzeit beendet werden kann (BAG AP 22 § 611 Beschäftigungspflicht; 9 § 611 Weiterbeschäftigung). Es ist allerdings auch möglich, die faktische Erfüllung des str Arbeitsverhältnisses so zu vereinbaren, dass keine über dieses hinausgehende Bindungswirkung besteht. Dann kann die Tätigkeit von beiden Seiten jederzeit beendet werden; das Arbeitsverhältnis ist nur faktisch, wenn der Prozess die Wirksamkeit der Kündigung ergibt. S dazu auch Rn 332. Durch ein fehlerhaftes öffentlich-rechtl Beschäftigungsverhältnis entsteht kein faktisches Arbeitsverhältnis (BAG EzA § 611 Faktisches Arbeitsverhältnis Nr 1 betr gemeinnützige Arbeit). Ein solches werde auch nicht begründet, wenn der ArbN die Bescheidung seiner Erwerbsunfähigkeit dem ArbGeb verschweigt; die Erbringung der Arbeitsleistung sei in diesem Fall nicht vom Willen des ArbGeb getragen (BAG AP 20 § 812). Hier war allerdings § 625 in Betracht zu ziehen.

229 **VI. Änderungs- und Fortsetzungsverträge. 1. Allgemeines.** Die vertragl Änderung des Dienst- und Arbeitsvertrags (§ 311 I) begründet kein neues Dienstverhältnis, sondern setzt das alte mit verändertem Inhalt fort. Dies wird in § 2 KSchG vorausgesetzt, der die Änderungskündigung regelt. Folgerichtig unterbricht eine Änderung des Versorgungsanspruchs oder seine Übernahme durch einen anderen Schuldner gem § 1 I 3 BetrAVG nicht die Unverfallbarkeitsfristen.

230 Nach § 308 Nr 4 ist die Vereinbarung eines Rechts des Verwenders von AGB unwirksam, die versprochene Leistung zu ändern oder von ihr abzuweichen, wenn nicht die Vereinbarung der Änderung oder Abweichung unter Berücksichtigung der Interessen des anderen für ihn zumutbar ist. Im Arbeitsverhältnis ergibt sich dasselbe aus § 310 IV 2, § 315 (BAG NZA 2017, 1595; *Däubler* NZA 2001, 1329, 1336; *Gotthardt* ZIP 2002, 277, 285; *Reinecke* DB 2002, 583, 585; *Lingemann* NZA 2002, 181, 190f; auch Rn 238). Dieser Grundsatz begrenzt das Recht einer Partei, die Leistungspflicht der anderen einseitig zu ändern. Zur schwächeren Nachverhandlungsklausel *Horn* NJW 1985, 1123.

231 Dem Empfänger günstige Änderungsangebote werden durch **Schweigen** angenommen. Für nachteilige Angebote zur Änderung von Arbeitsverträgen hat das BAG den Grundsatz entwickelt, dass stillschw Weiterarbeit als Zusage auszulegen ist, wenn sich die Änderung unmittelbar im Arbeitsverhältnis auswirkt und der ArbN deshalb umgehend feststellen kann, welchen Einfluss die Änderung auf seine Rechte und Pflichten hat (AP 2 § 305; 101 § 242 Ruhegeld; 16, 20 § 2 KSchG 69). An die konkludente einvernehmliche Änderung von Arbeitsbedingungen gem §§ 133, 157 sind hohe Anforderungen zu stellen. Die bloße Hinnahme einer vom ArbGeb vorgegebenen Neuorganisation reicht idR nicht aus, es sei denn, die Vertragsänderung wirkt sich unmittelbar im Arbeitsverhältnis aus. Es muss aus dem Verhalten des ArbN eindeutig geschlossen werden können, dass er mit der Änderung einverstanden ist (BAG MDR 2002, 37; BAGRp 2004, 307). Längere oder umfangreiche Texte und Klauseln können im Allg nicht aufgrund bloßen Schweigens des Empfängers akzeptiert werden (BAG AP 13 § 165 HGB). Anders aber, wenn für den ArbN erkennbar ist, dass geänderte Verhältnisse eine Neuregelung erforderlich machen. Dies passt für alle Dienstverhältnisse. Die Erkennbarkeit kann auch auf der ausdrückl Aufforderung des Vertragspartners beruhen, die Ablehnung eines zumutbaren Änderungsgebots ausdrückl mitzuteilen. Rundschreiben zu einer Verschlechterung der betrieblichen Altersversorgung werden idR, weil sie nicht unmittelbar wirksam werden, nicht stillschw angenommen (BAG AP 12 § 1 BetrAVG). Anders bei besonderen Umständen, die nach Treu und Glauben ausdrückl Widerspruch erwarten lassen, zB wenn eine Anpassung der Altersversorgung erkennbar notwendig oder vom Betroffenen selbst betrieben wurde (BAG AP 101 § 242 Ruhegeld).

232 Häufig wird die Schriftform für jede Änderung des Arbeitsvertrags verlangt. Eine einfache **Schriftformklausel**, nach der Änderungen und Ergänzungen des Vertrags der Schriftform bedürfen, verhindert jedoch nicht, dass eine betriebliche Übung entsteht. Die Vertragsparteien können das für eine Vertragsänderung vereinbarte Schriftformerfordernis schlüssig und formlos aufheben (BAG NJW 2003, 3725). Eine Klausel, nach der auch die Aufhebung des Schriftformerfordernisses der Schriftform bedarf (doppelte Schriftformklausel), kann zwar regelmäßig nicht durch eine die Schriftform nicht wahrende Vereinbarung abbedungen werden, unterliegt aber der Klauselkontrolle nach § 305b, § 307 I, § 310 IV (BAG NZA 2008, 1233).

2. Betriebliche Übung. Eine betriebliche Übung ist die mehrfache vorbehaltlose Gewährung von freiwilligen ArbGeb-Leistungen (Entgelte, Freizeit, Aufwendungsersatz etc) ArbN alle oder Gruppen von ArbN und kann einen Rechtsanspruch auf Weitergewährung begründen. Das BAG betrachtet die bindende Übung als schlüssige Willenserklärung des ArbGeb iSd § 145, die die ArbN stillschw nach § 151 annehmen (AP 8, 9, 22 § 242 Betriebliche Übung; NZA 2009, 601; 2015, 992), früher zT als nach § 242 bindenden Vertrauenstatbestand der Erwirkung (AP 10 § 242 Betriebliche Übung). Eine Konsequenz aus der rechtsgeschäftlichen Theorie erwägt das BAG nicht: die Anfechtung nach § 119 I 1 Alt 1 wegen Irrtums des ArbGeb über die Bindungswirkung seines ständigen Verhaltens. Zur rechtsgeschäftlichen Begründung sei der tatsächliche Verpflichtungswille unerheblich; entscheidend sei, wie der ArbN das Verhalten verstehen muss (BAG AP 47, 53 § 242 Betriebliche Übung; NZA 2019, 106). 233

Ob die Bindungswirkung aus **Rechtsgeschäft oder Vertrauenstatbestand** abzuleiten ist, hat nur begrenzte Bedeutung. Oft kommt man zum gleichen Ergebnis: keine Bindungswirkung von Leistungen unter dem ausdrückl und deutlichen Vorbehalt der Freiwilligkeit (BAG AP 167, 175 § 611 Gratifikation; 10 § 242 Betriebliche Übung; BAG NZA 2000, 944 bzgl Weihnachtsgratifikation). Ein bloßer Widerrufsvorbehalt schließt die Bindungswirkung nicht aus, sondern lässt nur ihre Beseitigung unter den Voraussetzungen des § 315 zu (BAG AP 43 § 242 Betriebliche Übung; vgl auch BAG NZA 2017, 1595). Keine Bindung entsteht ferner, wenn deutlich wird, dass die Gewährung nur auf ein Jahr beschränkt sein soll (BAG AP 43, 45, 53 § 242 Betriebliche Übung; 192 § 611 Gratifikation). Die Erbringung unterschiedlich hoher jährlicher Sonderzahlungen schließt den Bindungswillen des ArbGeb nach § 145 nicht aus, sondern gewährt einen Anspruch, dessen Höhe der ArbGeb nach § 315 festsetzt (BAG NZA 2015, 992; anders noch BAG NZA 1996, 758). 234

Die betriebliche Übung setzt stets eine **Regelungslücke** voraus, dh eine Leistungserbringung ohne Grundlage in Gesetz, BV, TV oder Arbeitsvertrag. Ist der ArbGeb zu seiner Verhaltensweise verpflichtet oder glaubt er irrtümlich, aufgrund einer anderen Rechtsgrundlage zur Leistungserbringung verpflichtet zu sein, kommt die Entstehung einer betrieblichen Übung nicht in Betracht (BAG NZA 1999, 203; 2018, 1630). Die Anwendung einer bestehenden Norm begründet auch keine zusätzl, von der weiteren Geltung der Norm unabhängige Übung, ansonsten wäre zB eine Betriebsvereinbarung faktisch nicht mehr kündbar (§ 77 V, VI BetrVG; BAG AP 14 § 77 BetrVG 72). Im öffentlichen Dienst sind freiwillige, übertarifliche Leistungen im Zweifel nicht anzunehmen (BAG AP 33, 38, 46 § 242 Betriebliche Übung; NZA 1998, 950). 235

In jedem Fall sind Verallgemeinerungen zu vermeiden, vielmehr **Art, Bedeutung und Begleitumstände** der Leistung zu berücksichtigen (§ 133; BAG AP 43 § 242 Betriebliche Übung). Bekannt ist die Bindung an dreimal gewährte Weihnachtsgratifikationen (BAG AP 13, 47, 50 § 242 Betriebliche Übung; NZA 2007, 1293; 2015, 992). Für den Anspruch aus betrieblicher Übung ist unerheblich, ob der betreffende ArbN selbst bisher schon in die Übung einbezogen worden ist. Sie richtet sich an alle Beschäftigten eines Betriebs oder zumindest kollektiv abgrenzbare Gruppen (BAG NZA 2008, 941; 2019, 106). Der ArbGeb kann den Anspruch aber für die nach einem Stichtag eingestellten ArbN ausschließen oder einschränken (Rn 184). Eine weiter gehende Bindung selbst an einmalige Leistungen kann sich aus der Rspr des BAG zur Befristung von Einzelabreden ergeben, s § 620 Rn 17. 236

Einzelfälle für Bindungswirkung: kostenloser Werksverkehr (BAG DB 1985, 1482), Jubiläumszuwendungen (BAG NZA 2008, 941), Fahrkostenzuschüsse, Trennungsentschädigung (BAG AP 1 § 3 TV Arb Bundespost; einschränkend BAG AP 4 ebd), Erstattung von Fortbildungskosten, Wechselschichtzulagen (BAG AP 12 § 242 BGB Betriebliche Übung), Vergütung von Betriebspausen, Betriebliche Altersversorgung (BAG AP 1, 2, 7 § 1 BetrAVG Betriebliche Übung; BAGRp 2004, 13, 17f); Heimzulagen (BAG AP 2, 3 § 12 AVR Diakonisches Werk). Ebenso bzgl Bereitschaftsdienst von Hausmeistern bei außerschulischen Veranstaltungen (BAG AP 27 § 242 Betriebliche Übung), dh ein Anspruch auf Vergabe von Mehrarbeit an die ArbN, nicht an Dritte. Dies setzt voraus, dass die Mehrarbeit regelmäßig anfiel und nicht jew vereinbart wurde. Keine Bindung an langjährige Aufstockung von Zulagen bei Tariflohnerhöhung (BAG AP 13 § 4 Übertariflicher Lohn und Tariflohnerhöhung), wohl aber an langjährige Angleichung außertariflicher Gehälter an die Beamtenbesoldung (BAG AP 19 § 242 Betriebliche Übung) und jahrelang wiederholte Erhöhung des übertariflichen Entgeltbestandteils in Höhe der Tarifsteigerungen (BAG NZA 2019, 106). Bindung an Arbeitsbefreiung am Pfingstdienstag bzw Heiligabend (BAG AP 9, 45 § 242 Betriebliche Übung) und Rosenmontag im öffentlichen Dienst (BAG AP 38 § 242 Betriebliche Übung) und zu Geburtstagen ab 12:00 Uhr (BAG AP 46 § 242 Betriebliche Übung). 237

Der Anspruch aus betrieblicher Übung kann nicht aufgrund einer **gegenläufigen betrieblichen Übung** geändert werden. Das BAG hat seine frühere Rspr aufgegeben (BAG NZA 2009, 601; so bereits *Waltermann* RdA 2006, 257, 268f). Ansprüche aus betrieblicher Übung stehen auch nicht unter dem stillschw Vorbehalt einer ablösenden Betriebsvereinbarung (BAG NZA 2009, 1105). 238

Die §§ 145, 151 gelten ebenso für Individualübungen, dh wiederholte vorbehaltlose Leistungen an einzelne ArbN. Da die betriebliche Übung kollektiven Bezug hat, ist sie von einer individuellen Vereinbarung abzugrenzen (BAG BAGRp 2004, 305). Eine doppelte **Schriftformklausel**, nach der Ergänzungen des Arbeitsvertrags der Schriftform bedürfen und die mündliche Änderung der Schriftformklausel nichtig ist, kann die dauerhafte Übernahme einer Verpflichtung durch betriebliche Übung ausschließen, sofern die Klausel nicht gegen § 307 verstößt (BAG NZA 2008, 1233). 239

Betriebliche Übungen können durch Arbeitsverträge aufgehoben werden (§ 311 I), die jew für die beteiligten ArbN gelten, soweit dies mit dem Gleichbehandlungsgrundsatz vereinbar ist. Für die Aufhebung oder Ein- 240 schränkung durch Tarifvertrag oder Betriebsvereinbarung gelten die gleichen Grundsätze wie für die Einschränkung arbeitsvertragl Einheitsregelungen (Rn 173). Einseitiger Widerruf ist zulässig, wenn vorbehalten oder die Geschäftsgrundlage entfällt, insb, wenn er zur Bewältigung einer wirtschaftl Notlage erforderlich ist (§ 313). Der allg Hinweis auf die schlechte Konjunktur einer Branche reicht nicht aus (BAG AP 2 § 1 BetrAVG Betriebliche Übung).

241 Der Kläger trägt die **Beweislast** für die betriebliche Übung, doch genügt es zunächst, dass er die Umstände darlegt, die den Eindruck einer festen Übung erwecken. Dann obliegt es dem ArbGeb, den Anschein einer betrieblichen Übung zu erschüttern (BAG AP 2 § 1 BetrVG Betriebliche Übung).

242 **VII. Arbeitspflicht des Beschäftigten (Abs I S 1). 1. Allgemeines.** Rechtsgrundlage für den Anspruch auf die Arbeitsleistung ist § 611a I 1. Durch den Arbeitsvertrag wird der Beschäftigte „zur Leistung weisungsgebundener, fremdbestimmter Arbeit" verpflichtet. Die Arbeitsleistung ist neben der Vergütung Hauptpflicht des Vertrags. Welcher Art und welchen Inhalts die Arbeitsleistung zu sein hat, richtet sich in erster Linie nach dem Arbeitsvertrag, durch den sich der ArbN zu weisungsgebundener Arbeit verpflichtet. Freilich werden die zu leistenden Arbeiten im Arbeitsvertrag zumeist nicht abschließend geregelt. Schweigt der Arbeitsvertrag, so richtet sich der Gegenstand der Arbeitspflicht nach der für die Arbeitsvertragsparteien erkennbaren Üblichkeit in Branche, Beruf, Betrieb und am Ort (BAG AP 48 § 611 Lehrer, Dozenten). Die Konkretisierung der vertragl geschuldeten Arbeitspflicht erfolgt entweder über eine Auslegung nach dem Maßstab der §§ 133, 157, 242 oder subsidiär im Wege einseitiger Bestimmung durch den ArbGeb (§ 106 GewO). Der Arbeitsvertrag beinhaltet die Pflicht des ArbN, Weisungen des ArbGeb zu folgen. Grds hat der ArbGeb das **Direktions- oder Weisungsrecht**, Zeit, Ort und Art der Arbeit sowie das Verhalten des ArbN einseitig zu bestimmen (BAG NZA 2001, 780; 2006, 1149; 2007, 974; *Hromadka* NZA 2012, 233). Indes kommt das Direktionsrecht des ArbGeb nach § 106 GewO erst zum Tragen, wenn nicht bereits eine Regelung durch andere vorrangige Gestaltungsmittel (Gesetz, TV, BV, Arbeitsvertrag) erfolgt ist. Zu weitergehender Ersatzarbeit bei Unmöglichkeit der vertragl Leistung § 615 Rn 26, § 616 Rn 31.

243 Aufgrund des Arbeitsverhältnisses schuldet der Beschäftigte, auch wenn er nach Leistung bezahlt wird, keinen bestimmten Leistungserfolg, wohl aber eine bestimmte Intensität und Qualität der Dienstleistung (zur Vergütung von Schlechtleistung Rn 354ff). Auch diese kann vom Arbeitsvertrag umrissen werden, insb durch die Anstellung als Anfänger, Spezialist usw. Der ArbN ist verpflichtet, die Arbeit unter Anspannung der ihm möglichen Fähigkeiten ordnungsgemäß zu verrichten, dh konzentriert und sorgfältig zu arbeiten und die Arbeit nicht zu unterbrechen, um privaten Interessen nachzugehen (BAG AP 10 § 87 BetrVG 72 Ordnung des Betriebs). Es kommt auf die individuellen Fähigkeiten eines gewöhnlichen ArbN an (AP 99 § 626; 27 § 123 GewO; 3 § 11 MuSchG 1968; *Rüthers* ZFA 1973, 399), nur im Zweifel ist entspr § 243 I Arbeit mittlerer Art und Güte geschuldet. Eine Verpflichtung zur Teilnahme am Betriebsausflug und sonstigen betrieblichen Gemeinschaftsveranstaltungen besteht nicht.

244 **2. Ort, Art und Zeit der Leistung. a) Arbeitsort.** Er ergibt sich idR aus dem Arbeitsvertrag oder den erkennbaren Umständen (vgl § 269 I). Generelle Aussagen sind deshalb schwer möglich. Im Zweifel bezieht sich die vertragl Arbeitspflicht nicht auf den Betrieb, der ja verlegbar ist, sondern auf den Ort des Betriebes, so dass Versetzungen im Unternehmen (nur) im Rahmen ortsüblicher Wegezeiten zulässig sind. Der Ort des Betriebes ist im Zweifel auch Erfüllungsort iSd § 269 I und für den örtlichen Geltungsbereich von TVen maßgeblich (BAG AP 5 § 1 TVG Tarifverträge Großhandel). Etwas anderes kann sich jedoch aus der konkreten Vertragsgestaltung ergeben, so, wenn es zur Tätigkeit des ArbN gehört, an **verschiedenen Einsatzorten** zu arbeiten (Montagearbeiter, Außendienstmitarbeiter usw). Hier bestimmt der ArbGeb kraft seines Weisungsrechts den Arbeitsort (BAG AP 2 § 12 BAT). Möglich ist auch, in den Arbeitsvertrag einen Versetzungsvorbehalt aufzunehmen. Grds sind Versetzungsklauseln, die eine **Versetzung** in einen anderen Betrieb des Unternehmens vorsehen, anzuerkennen. Kompensiert wird diese Vertragspflicht durch die kündigungsrechtl Pflicht des ArbGeb, vor Ausspruch einer Kündigung zunächst die Versetzung des ArbN in Betrieb oder Unternehmen zu versuchen (vgl Rn 67). Dies gilt entspr innerhalb von Konzernen (vgl Rn 70). Sofern der ArbGeb kraft Arbeits- oder Tarifvertrag die Möglichkeit hat, den ArbN an einem anderen Ort einzusetzen, verlangt die Rspr stets, dass auch die konkrete Leistungsbestimmung billigem Ermessen entspricht (BAG AP 11 § 4 BAT; 26, 36 § 611 Direktionsrecht). Eine gegen den Willen des ArbN erklärte Versetzung ist unwirksam, wenn der Betriebsrat gem § 99 II BetrVG widerspricht (BAG AP 50 § 99 BetrVG). An- und Abreisekosten zum Arbeitsort hat der ArbN zu tragen.

245 **b) Art der Arbeitsleistung.** Sie wird ebenfalls durch den Arbeitsvertrag festgelegt. Auch hier stehen der Umfang des Weisungsrechts des ArbGeb und das Maß der vertragl Vereinbarung in einer Wechselbeziehung. Die weiteste Gestaltungsmacht steht dem ArbGeb zu, wenn der ArbN zur Verrichtung beliebiger Arbeiten, etwa allg zu Büroarbeiten oder zu Hilfsarbeiten, eingestellt wird (BAG AP 26, 44 § 611 Direktionsrecht). Zumeist werden aber die Tätigkeiten fachlich mit der Bezeichnung eines Berufsbildes umschrieben. In dem hierdurch abgesteckten Rahmen müssen sich die Weisungen des ArbGeb halten (BAG AP 2 § 611 Beschäftigungspflicht; 38 § 611 Direktionsrecht). Vielfach werden auch Arbeits- und Stellenbeschreibungen und generelle Dienstanweisungen zur Eingrenzung der Vertragspflichten herangezogen. Jede über die vertragl Grenzen hinausgehende Neubestimmung des Tätigkeits- oder Pflichtenkreises ist eine Vertragsänderung und kann nicht im Wege einseitiger Direktion nach § 106 GewO durchgesetzt werden (BAG AP 8, 17, 19, 22, 49 § 611 Direktionsrecht). Wichtig ist aber auch die praktische Durchführung des Vertrags. Die Rspr hat anerkannt, dass sich die Arbeitspflicht auf eine bestimmte Tätigkeit **konkretisieren** kann, wenn diese vom ArbN über einen längeren Zeitraum ausgeübt wurde

und sich aus besonderen Umständen konkludent entnehmen ließ, dass nur noch diese Tätigkeit geschuldet sein sollte (BAG AP 24, 26 § 611 Direktionsrecht). Derart besondere Umstände sollen Ausbildung, Beförderung und gar Gewöhnung an einen Rechtszustand sein (BAG AP 17 § 611 Direktionsrecht; einschränkend bei Probezeit BAG aaO 23). Zeitablauf allein reicht nicht (BAG PersR 1997, 179; 6 § 1 TVG Tarifverträge Bundesbahn). Der ArbN darf auch nicht mit geringerwertiger Arbeit als der vertragl geschuldeten Tätigkeit beschäftigt werden, selbst wenn er keine Lohneinbußen erleidet (BAG AP 17, 18, 19, 22 § 611 Direktionsrecht). Im öffentlichen Dienst kann er nur zu Tätigkeiten herangezogen werden, die die Merkmale seiner Vergütungsgruppe erfüllen (BAG AP 49, 44, 42 § 611 Direktionsrecht; BAG ZTR 1998, 187; vgl auch BAG PersR 1997, 179). Nur in **Notfällen** ist der ArbN aufgrund seiner Treuepflicht ausnahmsw gehalten, auch vertragsfremde Arbeiten auszuführen (BAG AP 17, 18 § 611 Direktionsrecht; 4 § 615 Böswilligkeit). Anhaltspunkte dafür, was als Notfall anzuerkennen ist, bietet § 14 ArbZG.

c) Lage und Dauer der Arbeitszeit. Deren Festlegung erfolgt individualarbeitsrechtl primär im Arbeitsvertrag 246
oder subsidiär kraft einseitiger Weisung durch den ArbGeb (BAG AP 54 § 611 Direktionsrecht). Ist vertragl eine eindeutige Regelung getroffen, kann der ArbGeb aufgrund seines Direktionsrechts keine Änderung vornehmen. Meist treffen die Parteien aber keine ausdrückl Vereinbarungen über Dauer und Lage der Arbeitszeit; im Zweifel wollten sie dann die betriebliche Arbeitszeit vereinbaren (BAG AP 1 § 611 Arbeitszeit). Bloßer Zeitablauf führt auch hier idR nicht zu vertragl Verfestigung bestimmter Arbeitszeiten. Im Regelfall erfolgt heute in der betrieblichen Praxis die Festlegung der Arbeitszeit durch ArbGeb und Betriebsrat gemeinsam, weil gem § 87 I Nr 2 BetrVG ein Mitbestimmungsrecht über Beginn und Ende der täglichen Arbeitszeit einschl der Pausen sowie Verteilung der Arbeitszeit auf die einzelnen Wochentage besteht, allerdings nicht über die Dauer der Arbeitszeit, so dass die Mitbestimmung über die Lage der Arbeitszeit die mitbestimmungsfreie Arbeitszeitdauer nicht beeinflussen darf. Die Festlegung der Arbeitszeit muss sich an die Arbeitszeitvorschriften, insb an das ArbZG halten. Das Arbeitszeitrecht hat sich zu einem immer stärker ausweitenden Spezialgebiet des Arbeitsschutzrechts nach europäischen Vorgaben entwickelt (*Junker* ZFA 1998, 105; EuGH NZA 2019, 683; *Ulber* NZA 2019, 677). Zur unzulässigen Mehrarbeit Rn 42. Tarifvertragl Arbeitszeiten sind Höchstsätze, die kürzere Arbeitszeiten nicht ausschließen (zur Vereinbarung längerer Arbeitszeiten Rn 165).

Kurzarbeit, dh eine vorübergehende Verminderung der regelmäßigen Arbeitszeit und Vergütung, kann das 247
Recht der ArbGeb- und der ArbN-Seite sein. Der ArbGeb kann Kurzarbeit einseitig (nur) aufgrund einer begrenzten (BAG AP 1 § 15 BAT-O) Ermächtigung im TV oder Arbeitsvertrag einführen, muss aber auch dann die Mitbestimmung des Betriebsrats gem § 87 I Nr 3 BetrVG beachten (BAG AP 11 § 615 Kurzarbeit). Hinnahme ohne Ermächtigungsgrundlage angeordneter Kurzarbeit bedeutet kein Einverständnis (BAG 29 § 1 BetrAVG Unterstützungskasse). Zum Mitbestimmungsrecht des Betriebsrats bei der Einführung von Kurzarbeit (§ 87 I Nr 3 BetrVG) *Edenfeld*, Betriebsverfassungsrecht, Rn 232.

Grds beginnt und endet die Arbeitszeit mit dem Betreten und Verlassen des Arbeitsplatzes (BAG AP 4 § 15 BAT; 248
8 § 611 Arbeitszeit). Wasch- und Umkleidezeiten gehören idR nicht dazu, es sei denn, der ArbGeb schreibt das Tragen einer bestimmten Kleidung und das Umkleiden im Betrieb vor (§ 612 Rn 6 mwN). Jede Arbeit, die über die normalerweise geschuldete Arbeitszeit hinausgeht, ist **Überarbeit** (BAG AP 5 § 7 AZO; AP 1 § 48 MTB II). Die über die gesetzl zulässige Arbeitszeit (Rn 42) hinausgehende Arbeit wird **Mehrarbeit** genannt. Der ArbGeb ist nur berechtigt, Überarbeit anzuordnen, wenn dies der Arbeitsvertrag vorsieht oder ein außergewöhnlicher Fall gem § 14 ArbZG vorliegt.

Die geschuldete Arbeitsintensität kann zeitweise herabgesetzt sein, so bei **Arbeitsbereitschaft**, dh Zeit wacher 249
Achtsamkeit im Zustand der Entspannung, während der der ArbN nicht seine volle angespannte Tätigkeit zu leisten braucht, sondern an seiner Arbeitsstelle anwesend ist und jederzeit oder zu vorgegebenen Zeitpunkten bereit sein muss, in den Arbeitsprozess einzugreifen (BAG AP 7 § 15 BAT; 2 § 35 BAT; 1 § 18 AZO; 4 MTB II; 1 § 67 BMT – G II; 5 § 1 Tarifverträge DRK). Die Arbeitsbereitschaft ist abzugelten, Pauschalabgeltung wird für zulässig gehalten (AP 1, 2 zu § 19 MTB II). Im Einzelfall kann jedoch fraglich sein, ob die Arbeitsbereitschaft eine geringere Anspannung als bei Vollarbeit verlangt. Beim **Bereitschaftsdienst** hält sich der ArbN an einer vom ArbGeb bestimmten Stelle auf, um nach Notwendigkeit seine Arbeit aufzunehmen, ohne sich im Zustand wacher Aufmerksamkeit zu befinden (BAG AP 5, 12 § 7 AZO; 6 § 12 AZO; 12 § 17 BAT). Wie die Arbeitsbereitschaft ist auch der Bereitschaftsdienst vergütungspflichtig, Pauschalabgeltung oder Freizeitausgleich sind möglich (BAG AP 1 AVR Caritasverband Anlage 5). Arbeitsschutzrechtl wurde der Bereitschaftsdienst lange Zeit als Ruhezeit gewertet und bei der Ermittlung der Höchstgrenzen des ArbZG nicht mitgezählt (BAG AP 27 § 242 betriebliche Übung). Dem ist der EuGH (AP 2 EWG-RL 93/104) entgegengetreten: Bereitschaftsdienst sei als Arbeitszeit im arbeitszeitrechtl Sinne zu werten. Auch wenn damit keine Aussagen im Hinblick auf die vergütungsrechtl Behandlung des Bereitschaftsdienstes verbunden sind (BAG BAGRp 2004, 33), folgt daraus, dass die in § 3 ArbZG vorgegebenen Höchstgrenzen für die werktägliche Arbeitszeit nicht überschritten werden dürfen. Das ArbZG ist daraufhin überarbeitet worden (BGBl I 2003, 3002; dazu *Gaul*, Aktuelles ArbR 2003, 339ff; 2004, 4ff). Arbeitsverträge dürfen für Bereitschaftsdienst und Vollarbeit unterschiedliche Vergütungen vorsehen (BAG BAGRp 2004, 213).

Die **Rufbereitschaft** ist keine Arbeitszeit iSd ArbZG (vgl EuGH EzA Nr 1 zu § 7 ArbZG). Sie ist die Verpflich- 250
tung, sich an einem selbst bestimmten, aber dem ArbGeb anzugebenden Ort auf Abruf zur Arbeit bereitzuhalten (BAG AP 3 § 7 AZO; AP Nr 2 zu § 611 Arbeitsbereitschaft; DB 2001, 102). **Dienstreisezeiten** (*Loritz* NZA 1997, 1188; *Hromadka* AuA 1994, 389) sind ebenfalls keine Arbeitszeit iSd ArbZG, soweit nicht mit Arbeit ausgefüllt

(BAG NZA 2007, 155). Eine Verpflichtung zur Durchführung von Dienstreisen besteht, soweit damit zu rechnen war, mit eigenem Fahrzeug aber nur, soweit ausnahmsw üblich oder vereinbart. Zur Vergütung § 612 Rn 6. **Ruhepausen oder Freizeit** erfordern völlige Freistellung des ArbN von seinen arbeitsvertragl Pflichten, auch von Arbeits- und Rufbereitschaft (BAG AP 1 § 3 AZO); der ArbN muss nach Belieben bestimmen können, wo und wie er diese Zeit verbringen will (BAG AP 5 § 3 AZO Kr). Ihre Dauer muss zu Beginn der Arbeitsunterbrechung feststehen (BAG BAGRp 2003, 291).

251 **3. Einseitige Leistungsbestimmung.** a) Das Leistungsbestimmungsrecht, im Arbeitsverhältnis mit Blick auf die geschuldete Arbeitsleistung **Weisungs- oder Direktionsrecht** genannt, wird in § 106 GewO richterlicher Billigkeitskontrolle unterworfen, auch § 315 ist entspr anwendbar (ohne § 315 III 2, BAG NZA 2017, 1452, 1460f). Im Arbeitsverhältnis ist es auf Seiten des Dienstberechtigten begriffsnotwendig enthalten, weil sich der ArbN zu weisungsgebundener Arbeit verpflichtet. Ermächtigungen zu einseitigen Leistungsbestimmungen können ferner in TVen enthalten sein (vgl BAG AP 2, 20, 21, 24, 44, 49 § 611 Direktionsrecht). Zur Übertragung des Weisungsrechts bei der ArbN-Überlassung Rn 77ff, in der sog Matrixstruktur Rn 88. Zum vertragl Recht des ArbGeb zur einseitigen Änderung der Vergütung, das grds nicht vom Weisungsrecht umfasst ist, Rn 378ff.

252 Das allg Direktionsrecht des ArbGeb beruht auf dem Arbeitsverhältnis und beinhaltet das Recht des ArbGeb, Art, Ort und Umfang der Tätigkeit des ArbN im Einz zu bestimmen sowie diejenigen Anordnungen zu treffen, die zur Aufrechterhaltung der Ordnung im Betrieb erforderlich sind (§ 106 GewO; zu den Grenzen *Hromadka* NZA 2012, 233). Eine immanente Grenze des fachlichen Weisungsrechts besteht dort, wo der ArbN der Fachmann (Wissenschaftler, Künstler, Lehrer etc) ist. Je spezialisierter die Tätigkeit, umso größer ist der **weisungsfreie Eigenbereich** des ArbN, der nicht durch fachliche Weisungen des ArbGeb dirigierbar ist. Zur Abgrenzung bei Gemeindeangestellten als Pfleger oder Vormund BAG AP 37 § 611 Direktionsrecht. Der ArbGeb kann sich bei der Ausübung des Weisungsrechts auch selbst binden, indem er das Weisungsrecht durch Erklärungen ggü dem ArbN auf bestimmte Fälle beschränkt (BAG AP 52 § 611 Direktionsrecht).

253 Das allg Weisungsrecht kann durch **Kollektiv- oder Einzelvertrag erweitert** werden (BAG AP 20 § 611 Direktionsrecht; 7 § 1 TVG Tarifverträge Bundesbahn; 3 § 1 TVG Tarifverträge Papierindustrie; 4 § 9 TVAL II). Eine bislang ungeklärte Frage ist jedoch, wo die Grenzen einzel- oder tarifvertragl Direktionsrechtserweiterungen zu ziehen sind; jedenfalls ist der Spielraum für tarifliche Regelungen weiter (BAG AP 11 § 615 Kurzarbeit). In BAG AP 2 § 611 Direktionsrecht hieß es noch, dass zwar das allg Weisungsrecht des ArbGeb nicht die Befugnis zur Versetzung des ArbN auf einen Arbeitsplatz mit geringerer Entlohnung umfasse, dieses Recht aber durch Tarifvertrag oder Einzelvertrag eingeräumt werden könne (so auch BAG 6, 7 § 1 Tarifverträge Bundesbahn; Zöllner NZA 1997, 121). Diese Sichtweise bedarf der Differenzierung. Nach BAG AP 6 § 2 KSchG 69 stellt eine arbeitsvertragl Vereinbarung, die bei arbeitszeitabhängiger Vergütung den ArbGeb berechtigen soll, die zunächst festgelegte Arbeitszeit später einseitig nach Bedarf zu reduzieren, eine obj Umgehung von zwingenden Vorschriften des Kündigungsrechts dar (vgl § 12 TzBfG, Rn 264). Daher sind vertragl Klauseln, nach denen der ArbN auch mit anderen, geringerwertigen Arbeiten betraut werden kann, ebenso wie Befristungen von Arbeitsbedingungen (BAG AP 34 § 2 KSchG 69) nur zulässig, solange sie nicht den Kernbereich des Arbeitsverhältnisses erfassen (so auch BAG AP 6, 34 § 2 KSchG 69; 20 § 1 Tarifverträge Lufthansa; 36 § 611 Arzt-Krankenhaus-Vertrag).

254 Dass die einseitige Leistungsbestimmung in einem Kernbereich des Arbeitsverhältnisses unzulässig ist, wird allg anerkannt (*Hartung* DB 1979, 1279; *Hueck* RdA 1968, 201); insb darf das Gleichgewicht von Leistung und Gegenleistung nicht einseitig grundlegend verändert werden (BAG AP 5 § 620 Teilkündigung; 36 § 611 Arzt-Krankenhaus-Vertrag). Dagegen sind Widerrufsrechte zulässig bei Zusatzvereinbarungen, die nicht wesentliche Elemente des Arbeitsverhältnisses berühren (so schon BAG AP 20 zu § 611 Direktionsrecht; AP 4 § 305 Billigkeitskontrolle). Daher können Zulagen widerruflich ausgestaltet werden (Rn 118ff, 193). Zulässig ist auch die Einschränkung von Arbeitsbereichen aus sachlichem Grund, soweit sie nicht zu unzumutbaren Vergütungsminderungen führt (BAG AP 26 § 611 Direktionsrecht; 5 § 620 Teilkündigung).

255 b) Für **Arbeitsverträge** gilt die Beschränkung des Änderungsvorbehalts nach § 308 Nr 4, wonach in AGB die Vereinbarung eines Rechts des Verwenders unzulässig ist, die versprochene Leistung zu ändern oder von ihr abzuweichen, wenn nicht die Vereinbarung der Änderung oder Abweichung unter Berücksichtigung der Interessen des Verwenders für den anderen Vertragsteil zumutbar ist, über § 310 IV 2 (*Däubler* NZA 2001, 1329, 1336; *Gotthardt* ZIP 2002, 277, 285; *Reinecke* DB 2002, 583, 585; *Lingemann* NZA 2002, 181, 190f). So können einseitige Bestimmungsvorbehalte und die Vereinbarung eines Widerrufsrechts in Formulararbeitsverträgen nur hingenommen werden, wenn sie als Instrumente der Anpassung notwendig sind sowie den Anlass, aus dem das Bestimmungsrecht entsteht, und die Grenzen seiner Ausübung möglichst konkret angeben (BAG DB 2005, 669 zur AGB-Kontrolle beim Widerruf übertariflicher Leistungen; dazu Rn 118ff, 193).

256 c) **Billigkeitskontrolle.** Sofern nach den vorstehenden Grundsätzen eine einseitige Leistungsbestimmung des ArbGeb möglich ist, muss er dabei wie stets bei der Ausübung seines Direktionsrechts die Grundsätze billigen Ermessens (§ 106 GewO, § 315 I) wahren. Eine Leistungsbestimmung entspricht billigem Ermessen, wenn die wesentlichen Umstände des Falles abgewogen und die beiderseitigen Interessen angemessen berücksichtigt wurden (BAG AP 36, 45, 48 § 611 Direktionsrecht, AP 3 § 611 Arzt-Krankenhaus-Vertrag; NZA 2017, 1452, 1456; NZA 2017, 1595). Ob das geschehen ist, unterliegt gerichtlicher Kontrolle, wobei § 315 III 2 nicht entspr anwendbar ist (BAG NZA 2017, 1452, 1460f). Allg Grundsätze für diese Inhaltskontrolle lassen sich nur schwer aufstellen. In umstrittenen Entscheidungen hat das BAG die einzelne Arbeitszuweisung daraufhin überprüft, ob

der ArbN durch die an sich vertragsgemäße Arbeitszuweisung in einen **vermeidbaren Gewissenskonflikt** gebracht wird (BAG AP 1 § 611 Gewissensfreiheit mN betr Medikamentenherstellung). Im Rahmen der Interessenabwägung hält das BAG es für entscheidend, ob der ArbN schon bei Vertragsschluss damit rechnen musste, dass ihm derartige Tätigkeiten zugewiesen werden könnten. Des Weiteren komme es auf die aktuelle betriebliche Erforderlichkeit sowie auf die Wiederholungswahrscheinlichkeit an. Das BAG erkennt die subj Gewissensentscheidung an, lässt den ArbN aber die Folgen mangelnder Beschäftigungsmöglichkeit tragen. Dazu *Kohte* NZA 1989, 161; *Henssler* AcP 190, 538; *Rüfner* RdA 1992, 1.

d) Rechtsfolgen. Durch den Arbeitsvertrag nicht gedeckte oder unbillige Weisungen braucht der ArbN nicht zu befolgen (BAG AP 39 § 611 Direktionsrecht; NZA 2017, 1452). Er unterlässt nicht böswillig die anderweitige Verwendung seiner Arbeitskraft (§ 615), wenn er es ablehnt, eine vom ArbGeb unter Überschreitung der Grenzen des Direktionsrechts zugewiesene Tätigkeit zu verrichten (BAG AP 24, 36 § 611 Direktionsrecht). Die zulässige Weigerung ist kein Sanktionsgrund, § 612a (BAG NZA 2017, 1452, 1456). § 315 III 2 ist nicht entspr anwendbar (BAG NZA 2017, 1452, 1460f). 257

Bei zulässiger Weisung ist die Weigerung der Befolgung hingegen eine Verletzung des Arbeitsvertrags, die eine Abmahnung oder verhaltensbedingte Kündigung rechtfertigen kann (BAG AP 24 zu § 611 Direktionsrecht), bei beharrlicher Arbeitsverweigerung auch eine fristlose Kündigung nach § 626. Die Berechtigung einer Weisung kann mit der Feststellungsklage gerichtlich geklärt werden (BAG AP 26, 37 § 611 Direktionsrecht; NZA 2017, 1452, 1454). 258

4. Anpassung der Arbeitszeit an den Arbeitsanfall. a) Allgemeines. Ein Fall einseitiger Leistungsbestimmung, die Anpassung der Arbeitszeit an den Arbeitsanfall, auch „Kapovaz" (Kapazitätsorientierte variable Arbeitszeit) oder Bandbreitenregelung (BAG NZA 2006, 423) genannt, ist in **§ 12 TzBfG (Arbeit auf Abruf)** geregelt: 259

Vereinbaren ArbGeb und ArbN, dass der ArbN seine Arbeitsleistung entspr dem Arbeitsanfall zu erbringen hat, muss eine bestimmte Dauer der täglichen und wöchentlichen Arbeitszeit festgelegt werden. Ist eine bestimmte Dauer der wöchentlichen Arbeitszeit nicht festgelegt worden, gilt eine wöchentliche Arbeitszeit von 20 Stunden als vereinbart. Ist in der Vereinbarung die tägliche Dauer der Arbeitszeit nicht festgelegt, so ist der ArbGeb verpflichtet, den ArbN jew für mindestens drei aufeinander folgende Stunden zu beschäftigen (§ 12 I TzBfG). Der ArbN ist zur Arbeitsleistung nur verpflichtet, wenn der ArbGeb ihm die Lage seiner Arbeitszeit jew mindestens vier Tage im Voraus mitteilt (§ 12 III TzBfG). Zur Abweichung durch Tarifvertrag § 12 VI TzBfG. 260

b) Anwendungsbereich. Die Vorschrift ist nach ihrer systematischen Stellung nur auf Teilzeitbeschäftigte anwendbar. Soweit das gleiche Schutzbedürfnis bei Vollzeitbeschäftigten besteht, ist eine entspr Anwendung geboten. Die Kontrolle einseitigen ArbGeb-Leistungsbestimmungsrechts über § 310 IV, §§ 305ff, 315 (Rn 118ff, 193) reicht nach hM nicht aus. Die Vorschrift gilt aber nur für den Abruf aus unbezahlter Freizeit, nicht für die bezahlte Rufbereitschaft (Rn 250). 261

Fraglich ist, ob die Vorschrift auch für solche Vereinbarungen gilt, die nur einen Teil der Arbeitszeit betreffen und/oder nur bestimmte Fälle veränderten Arbeitsanfalls. Für den Fall, dass sich Lage und/oder Dauer der Arbeitszeit bei Ausfall eines ArbN ändern sollen, der denselben Arbeitsplatz innehat, enthält § 13 TzBfG eine Sonderregelung, die § 12 TzBfG vorgeht (Rn 270). Bei sonstigen Vereinbarungen, die nur einen Teil der Arbeitszeit vom Arbeitsanfall abhängig machen, ist die Vorschrift ebenfalls anwendbar. Die Vorschrift gilt nicht, wenn Lage und Dauer der Arbeit grds festgelegt und nur bei Bedarf Überstunden vorgesehen sind. 262

§ 12 TzBfG gilt nur für die einseitige Festsetzung von Lage oder Dauer der Arbeitszeit durch den ArbGeb, hindert die Parteien aber nicht daran, eine Anpassung der Arbeitszeit an den Bedarf entweder von Einzelfall zu Einzelfall oder für von vornherein bestimmte Zeiten zu vereinbaren. Macht der ArbGeb die Beschäftigung davon abhängig, dass ständig Vereinbarungen über die Anpassung der Arbeitszeit an den Arbeitsanfall getroffen werden, liegt faktisch eine einseitige Festsetzung der Arbeitszeit vor, auf die § 12 TzBfG entspr anwendbar ist. 263

c) Anpassung der Arbeitszeitdauer. Nach § 12 I TzBfG kann in Arbeitsverträgen nicht wirksam vereinbart werden, dass der ArbGeb die Dauer (im Unterschied zur Lage) der Arbeitszeit einseitig und fortlaufend nach dem Arbeitsanfall festsetzt. Die Korridorregelung des § 12 II TzBfG verdeutlicht, dass das allg Direktionsrecht (§ 106 GewO) nicht die Befugnis zu umfassender Anpassung der Arbeitszeit an den Arbeitsanfall enthält. So darf die bei einer Vereinbarung von Arbeit auf Abruf einseitig vom ArbGeb abrufbare Arbeit des ArbN nicht mehr als 25 % der vereinbarten wöchentlichen Mindestarbeitszeit betragen (so bereits BAG NZA 2006, 423). Bei Vereinbarung einer Höchstarbeitszeit beträgt das flexible Volumen 20 % der Arbeitszeit. Das sichert sozialverträgliche Arbeitsbedingungen und Planbarkeit für den ArbN. Näher *Bayreuther* NZA 2018, 1577, 1581. 264

d) Anpassung der Arbeitszeitlage. Die Lage der Arbeitszeit (im Gegensatz zur Dauer) kann in den gesetzl Grenzen (zB ArbZG) der einseitigen Festsetzung durch den ArbGeb nach dem Arbeitsanfall überlassen werden. Gilt zB aufgrund ausdrückl Abrede oder gem § 12 I TzBfG eine 20stündige Wochenarbeitszeit als vereinbart, ist die Lage der Arbeitszeit in diesem Rahmen variabel. 265

Die **Mitteilung der gewünschten Arbeitszeit** muss die genaue Lage der Arbeitszeit enthalten. Wahrt sie die gesetzl und vertragl Abruf- und Arbeitsfristen, enthält sie eine einseitige Leistungsbestimmung iSd § 315. Der Tag des Zugangs zählt nach §§ 186, 187 I bei der Berechnung der Frist nicht mit. 266

267 Hält der ArbGeb die **viertägige Wartefrist** nicht ein, ist der ArbN nicht zur Arbeitsleistung verpflichtet. Er kann jedoch auf die Fristeinhaltung verzichten, indem er freiwillig der Arbeit nachkommt. Aus der Treuepflicht (§ 241 II) kann sich die Pflicht des ArbN zur Zurückweisung der Arbeitsaufforderung ergeben, wenn er eine dem ArbGeb verborgen gebliebene Ursache der Fristversäumnis erkennt.

268 Die Festsetzung der Arbeitszeit ist eine **Mitwirkungshandlung** iSd §§ 295, 296. Da sie sich nach dem Arbeitsanfall richten soll, ist kein fester Zeitpunkt vorherbestimmt. Ein Zeitrahmen ergibt sich aber aus der gesetzl oder vertragl vorgegebenen Arbeitszeitdauer. Geschieht dies nicht, gerät der ArbGeb in Annahmeverzug nach § 615.

269 Die Vereinbarung von **Jahresarbeitszeitverträgen** ist nach BAG NZA 1996, 597 zulässig. Arbeitszeitblockmodelle und Ausgleichszeiträume sind insb in Saisonbetrieben von Bedeutung.

270 **5. Arbeitsplatzteilung. a) Regelungsbereich von § 13 TzBfG.** Eine gesetzl Regelung für die Arbeitsplatzteilung (**Jobsharing**) findet sich in § 13 TzBfG. Beim Jobsharing verpflichtet sich ein ArbN, den ihm zugewiesenen Arbeitsplatz in Abstimmung mit den anderen am gleichen Arbeitsplatz Beschäftigten im Rahmen eines vorher aufgestellten Arbeitszeitplanes alternierend zu besetzen. Für den ArbGeb liegt der Vorteil ggü dem reinen Teilzeitarbeitsverhältnis darin, dass der Arbeitsplatz während der gesamten betrieblichen Arbeitszeit besetzt ist; für die ArbN darin, dass sie den von vornherein festzulegenden Arbeitszeitplan nach ihren persönlichen Bedürfnissen flexibel gestalten können.

271 Nicht anwendbar ist § 13 TzBfG auf die verwandten Vertragsgestaltungen des Jobsplitting und des Jobpairing: Beim Jobsplitting besteht keinerlei rechtl oder organisatorische Bindung zw den Arbeitsplätzen, so dass eine wechselseitige Verknüpfung nicht angebracht ist. Beim Jobpairing bestehen ohnehin vereinbarungsgemäß rechtl Beziehungen zw den ArbN, da diese ihre Arbeitsleistung dem ArbGeb von vornherein zusammen anbieten. Zur Turnusarbeit, bei der sich Gruppen von ArbN auf bestimmten Arbeitsplätzen in festgelegten Zeitabschnitten abwechseln, s § 13 III TzBfG.

272 **b) Vertretungsfragen.** § 13 I TzBfG regelt die Frage, ob ein ArbN den Partner im Fall der urlaubs-, krankheitsbedingten oder sonstigen vorübergehenden Arbeitsverhinderung vertreten muss. Eine generelle vertragl Verpflichtung zur Vertretung lässt das Gesetz nur für den Fall zu, dass dringende betriebliche Erfordernisse eine Vertretung notwendig machen und diese im Einzelfall zumutbar ist (§ 13 I 3 TzBfG). Daran sind strenge Maßstäbe anzulegen (*Zietsch* NZA 1997, 526). IÜ muss für jeden einzelnen Vertretungsfall eine gesonderte Zustimmung vorliegen (§ 13 I 2 TzBfG).

273 **c) Kündigung.** Gem § 13 II 1 TzBfG ist die Kündigung eines ArbN wegen des Ausscheidens eines anderen ArbN aus der Arbeitsplatzteilung unwirksam. Daraus folgt, dass das Jobsharing-Arbeitsverhältnis auch nicht unter der auflösenden Bedingung (§ 158 II) des Bestands des Arbeitsverhältnisses des Partners eingegangen werden kann. Die Änderungskündigung lässt § 13 II 2 TzBfG ausdrückl zu.

274 **6. Suspendierung, Freistellung und Arbeitsbefreiung. a) Allgemeines.** IdR kommt die Suspendierung im Zusammenhang mit Kündigungen vor, sei es im Vorfeld einer Entlassung oder nach Erklärung der Kündigung für die Dauer des Laufs der Kündigungsfrist. Grund für die Freistellung ist mangelndes Interesse des ArbGeb, den betreffenden ArbN bis zum Ablauf der Kündigungsfrist (§ 622) zu beschäftigen.

275 **b) Begriff.** Unter Suspendierung wird das Ruhen einzelner oder aller Rechte und Pflichten aus dem Arbeitsverhältnis verstanden. Tatsächliche Arbeitsverhinderung führt ohne besondere Vereinbarung nicht zum Ruhen des Arbeitsverhältnisses (BAG AP 129 § 611 Gratifikation; 92 § 1 TVG Tarifverträge Metallindustrie).

276 **c) Anwendungsbereich.** Zu differenzieren ist zw einer vereinbarten und einer einseitigen Suspendierung. Eine im Einverständnis mit dem ArbN ausgesprochene Freistellung wirft keine nennenswerten Probleme auf. Derartige einverständliche Änderungen des Inhalts des Arbeitsvertrags (§ 311 I) sind im Hinblick auf den im Arbeitsrecht geltenden Grundsatz der Vertragsfreiheit zulässig (BAG AP 1 § 611 Ruhen des Arbeitsverhältnisses; *Meyer* NZA 2012, 1249). Erfolgt die Suspendierung durch eine einseitige Erklärung des ArbGeb, ist sie zulässig, wenn die Beschäftigungspflicht ausnahmsw wegen überwiegenden ArbGeb-Interesses entfällt (BAG NZA 1994, 267; Rn 354f). Die Gründe für die ordentliche Kündigung reichen jedoch allein nicht aus. Es müssen zusätzl Interessen des ArbGeb beeinträchtigt und ein solches Maß an Betroffenheit gegeben sein, dass eine sofortige Freistellung berechtigt erscheint. Ein arbeitsvertragl eingeräumtes Suspendierungsrecht ist im Rahmen des § 315 und der Klauselkontrolle (Rn 118ff, 193) überprüfbar.

277 **d) Folgen.** Eine berechtigte Suspendierung führt zum Ruhen des Beschäftigungsanspruchs des ArbN und der Beschäftigungspflicht des ArbGeb. Ansonsten tritt Annahmeverzug nach § 615 ein (BAG NZA 2010, 781). Der gleichzeitige Wegfall des sich aus dem weiterbestehenden Arbeitsvertrag (§ 611) ergebenden Vergütungsanspruchs wird selten vereinbart und ist idR auch nicht konkludent gewollt. Durch die einseitige Freistellung wird der **Vergütungsanspruch** ebenfalls idR nicht beseitigt, weil das der Wirkung des § 626 gleichkäme, für den besondere Gründe vorliegen müssen (BAG AP 13 § 626 Verdacht strafbarer Handlungen; Ausnahmefall bei BAG NZA 1988, 465). Die Umdeutung (§ 140) einer Freistellungs- in eine Kündigungserklärung nach §§ 623, 626 ist idR schon wegen § 102 BetrVG nicht möglich. Die Freistellung kann auf den **Urlaub** nur angerechnet werden, wenn sie unwiderruflich erfolgt ist (BAG NZA 2006, 1008; *Kramer* DB 2008, 2538).

278 **e) Arbeitsbefreiung** im Interesse des ArbN hat vielfältige Rechtsgrundlagen. Auch sie kann mit und ohne Entgeltfortzahlung erfolgen. Arbeitsbefreiung mit Entgelt liegt in den Fällen der §§ 615, 616 vor, ferner ua aufgrund des Urlaubs-, Mutterschutz- und Betriebsverfassungsrechts. Eine Arbeitsbefreiung ohne Entgelt ist zB das frei-

willige „Sabbatjahr". Die Beteiligung an einem rechtmäßigen Streik führt zur Suspendierung des Arbeitsverhältnisses (BAG NJW 2000, 1285). Die Verpflichtung zur Entgeltfortzahlung entfällt nicht wegen eines Streiks während des Freistellungszeitraumes, an welchem sich der ArbN nicht beteiligt (BAG AP 122 Art 9 GG Arbeitskampf). Hat der ArbGeb den ArbN rechtswirksam von der Arbeitspflicht befreit, etwa Urlaub erteilt oder Freizeitausgleich angeordnet, kommen für diesen Zeitraum Ansprüche des ArbN auf Annahmeverzugslohn nicht in Betracht (BAG NZA 2001, 597).

Ein Anspruch auf Arbeitsbefreiung ohne Entgelt kann sich in Extremfällen aus § 275 III und der Fürsorgepflicht 279
(§ 241 II) ergeben, wenn besondere, in den Verhältnissen des ArbN liegende Umstände gegeben sind, die wegen zu langer Dauer oder zu geringer Dringlichkeit nicht unter § 616 I fallen, und wichtige betriebliche Interessen nicht entgegenstehen. Vgl BAG AP 7 § 1 KSchG 69 Verhaltensbedingte Kündigung betr zweimonatigen Wehrdienst in der Türkei.

7. Durchsetzung der Arbeitspflicht, Absicherung durch Vertragsstrafeversprechen. a) Klage und Voll- 280
streckbarkeit. Der Dienstberechtigte kann auf Erfüllung der Arbeitspflicht klagen (BAG AP 27 § 620 Befristeter Arbeitsvertrag). Auch eine einstw Vfg ist zulässig (str). Da es sich jedoch bei der Arbeitsleistung im Regelfall (§ 613) um eine unvertretbare Leistung handelt, ist gem § 888 II ZPO eine Zwangsvollstreckung aus dem Urteil nicht möglich.

b) Vertragsstrafe. Um den ArbN zur Erfüllung seiner vertragl Pflichten anzuhalten, ist die Vereinbarung einer 281
Vertragsstrafe grds möglich (BAG AP 9, 12, 14 § 339; unzulässig ist ein Vertragsstrafeversprechen zugunsten des Betriebsrats, BAG BAGRp 2005, 90; zur AGB-Kontrolle Rn 332). Vertragsstrafen können im Einzelarbeitsvertrag, aber auch in einem Tarifvertrag oder einer Betriebsvereinbarung (BAG AP 52 § 77 BetrVG 72) enthalten sein. Unwirksam soll nach BAG aaO eine Vertragsstrafenregelung in einer Betriebsvereinbarung sein, die auch ungünstigere arbeitsvertragl Abreden zulasse. Dies ist bedenklich, da der auf Betriebsvereinbarungen entspr anwendbare § 4 III TVG Öffnungsklauseln auch in Richtung ungünstiger Arbeitsverträge zulässt. Gegen einzelvertragl Strafabreden zw den Parteien bestehen keine Bedenken, wenn der ArbGeb mit ihnen die Einhaltung der Hauptpflicht des Vertrags, der Arbeitsleistung, sichern will. Umstritten ist, ob mit Vertragsstrafen auch Nebenverpflichtungen (§ 241 II) in einem Arbeitsvertrag zulasten des ArbN sanktioniert werden können (bejahend bei eindeutiger Vereinbarung: BAG AP 3 § 339). Eine einzelvertragl Vertragsstrafenvereinbarung der Parteien ist wegen § 4 III TVG unwirksam, wenn der betreffende Tarifvertrag bereits eine günstigere Vertragsstrafenregelung enthält, oder wenn derartige Vereinbarungen zugunsten des ArbN ausgeschlossen werden sollen (BAG AP 9 § 339). Bei Schweigen des Tarifvertrags über Vertragsstrafen ist einzelvertragl Vereinbarung möglich. Vertragsstrafe für Vertragsbruch erfasst nur die endgültige Arbeitsverweigerung (BAG AP 14 § 339) und ist verwirkt, wenn der ArbN die Arbeit während der Kündigungsfrist wegen Resturlaubs eigenmächtig einstellt, nicht aber bei durch vertragswidriges Verhalten ausgelöster fristloser ArbGeb-Kündigung (BAG AP 14 § 339).

Die Vertragsstrafe ist zu unterscheiden von der **Betriebsbuße**. Während die Vertragsstrafe der Sicherung schuld- 282
rechtl Ansprüche des ArbGeb dient, hat die Betriebsbuße pönalen Charakter und soll als Disziplinarmaßnahme die kollektive Ordnung und Sicherheit aufrechterhalten (BAG AP 12 § 339; 1 § 87 BetrVG 72). Eine Vereinbarung, nach der eine Vertragsstrafe nicht ohne weiteres verwirkt ist, sondern zunächst eine Sachverhaltsfeststellung durch eine der Parteien voraussetzt, kommt einer Betriebsbuße zwar nahe, ist aber im Rahmen einer Vertragsstrafe möglich (BAG AP 12 § 339).

Bei der Vertragsstrafe ist zw **selbständigem und unselbständigem Strafversprechen** zu differenzieren. Das un- 283
selbständige Strafversprechen dient dazu, die Erfüllung einer Verbindlichkeit zu sichern. Demggü wird das selbständige Strafversprechen für den Fall der Vornahme oder Nichtvornahme einer Handlung versprochen, ohne dass sich der Schuldner zur Nichtvornahme oder Vornahme verpflichtet. Dies ist zB der Fall, wenn im Rahmen von Vertragsverhandlungen eine Strafe für den Fall vereinbart wird, dass es nicht zum Abschluss des Arbeitsvertrags kommt. Das selbständige Strafversprechen ist eine Entschädigung für nichterfüllte Erwartungen; es ist eigentlich keine „Strafe", sondern eine Garantieleistung.

Gem § 339 I ist die Strafe **verwirkt**, wenn der Schuldner mit der geschuldeten Hauptleistung in Verzug kommt. 284
Die Verwirkung setzt Verschulden voraus (§ 276; BAG AP 6 § 339), wobei den Schuldner die Beweislast für Nichtverschulden trifft (§ 286 IV). Dies gilt auch, wenn die geschuldete Leistung in einem Unterlassen besteht (BAG AP 6 § 339).

Ist die **Strafe für den Fall der Nichterfüllung** versprochen, so wird der Anspruch mit der Verwirkung fällig. Die 285
Verwirkung tritt im Zweifel noch nicht ein, wenn der Schuldner die Verbindlichkeit nicht gehörig, insb nicht zur vorgesehenen Zeit erfüllt (BAG AP 3 zu § 340). Erfüllbar wird der Anspruch erst dann, wenn der Gläubiger dem Schuldner erklärt, dass er die Strafe verlangt (§ 340). Tarifliche Verfallfristen stellen idR auf Fälligkeit und Erfüllbarkeit ab (BAG AP 1 § 340).

Ist eine Vertragsstrafe **unverhältnismäßig hoch**, so kann sie auf Antrag des Schuldners durch Urteil auf den an- 286
gemessenen Betrag herabgesetzt werden (§ 343 I). Bei der Beurteilung der Angemessenheit ist jedes berechtigte Interesse des Gläubigers, nicht sein Vermögensinteresse in Betracht zu ziehen (BAG AP 16 § 4 TVG). Die formularmäßige Vereinbarung einer überhöhten Vertragsstrafe macht das Strafversprechen – wegen § 306 – idR aber bereits unwirksam. Regelmäßig wird eine Vertragsstrafe wegen Vertragsbruchs in Höhe eines Monatsgehaltes nicht als unverhältnismäßig hoch erachtet (BAG BAGRp 2004, 249, 254).

287 **Unwirksam** kann ein Strafversprechen aus zwei Gründen sein: Entweder kann die eigentliche Strafabrede unwirksam sein, oder sie kann infolge der bestehenden Akzessorietät zur Hauptverbindlichkeit unwirksam sein, weil die Hauptverbindlichkeit nichtig, angefochten oder untergegangen ist. Für die Unwirksamkeit eines Strafversprechens sind die allg Bestimmungen der §§ 134, 138 maßgeblich. Gesetzlich angeordnet ist die Nichtigkeit einer Vertragsstrafe in § 12 II Nr 2 BBiG. Sonst sind bei der Prüfung der Zulässigkeit oder Unzulässigkeit eines Strafversprechens immer die arbeitsrechtl Besonderheiten zu berücksichtigen. So kann die Zahlung einer Vertragsstrafe nicht für den Fall der fristgemäßen ordentlichen oder für den Fall der berechtigten außerordentlichen Kündigung durch den ArbN vereinbart werden, weil sonst die Ausübung des außerordentlichen oder ordentlichen Kündigungsrechts entgegen der Wertung von § 622 in unzulässiger Weise erschwert würde (BAG AP 9, 12 § 339; *Söllner* AuR 1981, 97, 104). Vertragsstrafen wegen nicht gehöriger Erfüllung der Arbeitspflicht können unwirksam sein, wenn hierdurch die Haftungsbestimmungen im Arbeitsrecht (vor allem in den Fällen der gefahrgeneigten Arbeit, Rn 293ff) umgangen werden.

288 Nach § 309 Nr 5 ist die **formularmäßige Vereinbarung** eines pauschalierten Anspruchs des Verwenders auf Schadensersatz oder Ersatz einer Wertminderung unwirksam, wenn die Pauschale den in den geregelten Fällen nach dem gewöhnlichen Lauf der Dinge zu erwartenden Schaden oder die gewöhnlich eintretende Wertminderung übersteigt oder dem anderen Vertragsteil der Nachw abgeschnitten wird, ein Schaden oder eine Wertminderung sei nicht entstanden oder wesentlich niedriger als die Pauschale. Das gilt wegen der Verweisung in § 310 IV 2 auch für formularmäßige Arbeitsverträge (s aber Rn 289).

289 Ferner gilt § 309 Nr 6, wonach formularmäßige Bestimmungen unwirksam sind, durch die dem Verwender für den Fall der Nichtabnahme oder verspäteten Abnahme der Leistung, des Zahlungsverzugs oder für den Fall, dass der andere Vertragsteil sich vom Vertrag löst, Zahlung einer Vertragsstrafe versprochen wird. Es sind allerdings die Besonderheiten des Arbeitsrechts zu beachten (§ 310 IV 2; BAG NZA 2019, 768). Der ArbGeb muss sich vor dem Vertragsbruch des ArbN schützen können. Er ist nicht auf Schadensersatz nach § 280 I oder § 628 beschränkt (so aber *Däubler* NZA 2001, 1329, 1336; dagegen *Gotthardt* ZIP 2002, 277, 283; *Henssler* RdA 2002, 129, 138; *Lingemann* NZA 2002, 181, 191). Das BAG (NZA 2004, 727; 2006, 34; 2008, 170; 2009, 370) hat das bestätigt: In formularmäßigen Arbeitsverträgen folgt aus der angemessenen Berücksichtigung der im Arbeitsrecht geltenden Besonderheiten (§ 310 IV 2) die grds Zulässigkeit von Vertragsstrafenabreden. Die Unwirksamkeit solcher Vereinbarungen kann sich aber aufgrund einer unangemessenen Benachteiligung ergeben, § 307 I. Die Vertragsstrafenabrede muss klar, verständlich und zumutbar sein (BAG BAGRp 2005, 295). Ist die Vertragsstrafe in einem Formulararbeitsvertrag zu hoch, kommt eine geltungserhaltende Reduktion grds nicht in Betracht.

290 **8. Nicht- und Schlechterfüllung der Arbeitspflicht, Haftung. a) Nichterfüllung.** Erfüllt der ArbN seine Arbeitspflicht nicht, bestimmen sich die Rechtsfolgen nach §§ 275ff, 320ff, da der Dienst- wie der Arbeitsvertrag ein gegenseitiger Vertrag ist. Die Nichterfüllung ist von der Schlechterfüllung (Rn 338ff) zu unterscheiden. Fraglich kann sein, ob bei (teilw) Nichtleistung Schuldnerverzug oder (Teil-)Unmöglichkeit vorliegt. Verzug setzt voraus, dass die Leistung nachholbar ist. Von der hL wird die Nachholbarkeit verneint, weil die ausgefallene Arbeitsleistung jedenfalls innerhalb der vorgegebenen Arbeitszeit nicht nachgeholt werden könne. Insoweit habe die **Arbeitsleistung absolut fixgeschäftlichen Charakter**; sie werde durch Zeitablauf unmöglich (*Beuthien* RdA 1972, 20ff; *Fabricius*, Leistungsstörungen im Arbeitsverhältnis, 1970, 98ff; *Nierwetberg* BB 1982, 995). Dies ist für den Regelfall anzuerkennen. Zu bedenken ist, dass die Gleichsetzung der Arbeitspflicht mit einer Fixschuld auf Wertungskriterien beruht, weil man die Nachleistung der Arbeit im normalen Arbeitsverhältnis nicht für zumutbar hält. Dort, wo diese Wertung nicht greift, kann auch Verzug vorliegen (dazu BAG AP 99 § 626). Schon die Einführung flexibler Arbeitszeitsysteme, insb der Gleitzeit, zeigt, dass der ArbN oftmals einen gewissen zeitl Spielraum hat, in dem er seine Arbeit anbieten kann. Gerade über die Gleitzeitarbeit „erwirtschaften" sich ArbN zusätzl freie Tage. Soweit eine Nichtleistung der Arbeit über wenige Stunden oder Tage vorliegt, könnte das Versäumte nachgeholt werden. Dies gilt nicht bei schichtgebundenen Tätigkeiten, bei denen die Arbeit nur zu einem bestimmten Zeitpunkt erbracht werden kann. BAG AP 99 § 626 nimmt im Fall eines Zeitlohnsystems, bei welchem die Arbeitsleistung innerhalb eines bestimmten Rahmens zu erbringen war, eine Fixschuld an. Im Regelfall sollte bei Nichtleistung der Arbeit von Unmöglichkeit ausgegangen werden.

291 Wird dem ArbN die Arbeitsleistung unmöglich (§ 275), darf der ArbGeb nach § 326 I die Zahlung der Vergütung im Umfang der versäumten Arbeitsleistung verweigern. Er kann nach Maßgabe der §§ 280, 283, 619a, 249 Schadensersatz wegen Nichterfüllung verlangen (BAG AP 7 § 249; 5 § 60 HGB; *Däubler* NZA 2001, 1329, 1331f). Der ArbGeb kann von dem vertragsbrüchigen ArbN die Kosten für die Gewinnung einer Ersatzkraft verlangen, außer wenn diese nachweislich auch bei planmäßiger Abwicklung des Arbeitsverhältnisses erforderlich gewesen wäre (zur Ersatzfähigkeit von Inseratskosten für den Nachfolger eines vertragsbrüchigen AN: BAG AP 7, 8 § 276). Muss die Arbeit des Vertragsbrüchigen von höher bezahlten Arbeitskollegen oder vom höherqualifizierten ArbGeb selbst übernommen werden, gilt die Differenz zum Gehalt des Vertragsbrüchigen als Schaden. Dem möglichen Rücktrittsrecht nach § 326 V geht das außerordentliche Kündigungsrecht nach § 626 vor. Eine Kündigung ist möglich, wenn die Nichtleistung einen „wichtigen Grund" für die sofortige Auflösung des Vertrags bildet (§ 626 Rn 68ff). Ggf besteht zusätzl ein Schadensersatzanspruch aus § 628 II (§ 628 Rn 23ff). Zu Auswirkungen auf den Entgeltanspruch Rn 349.

Soweit ausnahmsw Verzug (§ 286) vorliegt, kann der ArbGeb auf Erfüllung bestehen und nach §§ 280, 281, 619a Schadensersatz wegen der Verzögerung verlangen. Auch hier wird die Rücktrittsmöglichkeit durch § 626 verdrängt. 292

b) Schlechterfüllung. Bei schuldhafter **Schlechterfüllung** der Arbeitspflicht können Ersatzansprüche des ArbGeb aus §§ 280, 619a entstehen. Die Schuldrechtsreform 2002 hat nach dem Willen des Gesetzgebers an den arbeitsrechtl Grundsätzen über die Haftung der ArbN nichts geändert (so ausdrückl BT-Drs 14/7052, Erl zu Art I Nr 36b). Sie bestätigt die arbeitsrechtl Sonderordnung für die Arbeitnehmerhaftung (*Däubler* NZA 2001, 1329, 1331f). Zur Klarstellung ist § 619a eingefügt worden, wonach abw von § 280 I der ArbN dem ArbGeb Ersatz für den aus der Verletzung einer Pflicht aus dem Arbeitsverhältnis entstehenden Schaden nur zu leisten hat, wenn er die Pflichtverletzung zu vertreten hat. Die Beweislast bleibt beim ArbGeb (BAG NZA 2015, 1517). Für den Sorgfaltsmaßstab (§ 276) gilt die Differenzierung nach Rn 294ff nach wie vor. Zum Einfluss der Schlechtleistung auf das Arbeitsentgelt Rn 354ff. 293

c) Haftungsfragen. aa) Innerbetrieblicher Schadensausgleich. Dass die **Haftung des ArbN**, der seinem ArbGeb bei Erfüllung seiner Arbeit einen Schaden zufügt, zu beschränken ist, entspricht allg Rechtsauffassung. Alles Wesentliche ist bereits in einem Urteil des ArbG Plauen v 4.11.1936 (ARS 29, 62ff) erwähnt: das außerordentlich hohe Schadensrisiko, das in keinem Verhältnis zum Lohn des ArbN stehe, und die Tatsache, dass auch dem gewissenhaftesten Menschen angesichts der Unvollkommenheit der menschlichen Natur ein Fehler unterlaufen könne. Das Gericht betonte, dass der Ausschluss der Haftung für leichte Fahrlässigkeit als menschlich entschuldbar erscheine. Im Anschluss an BAGEr 5, 1 hat das BAG zunächst die Lösung in einer doppelten Modifizierung der Haftungsvoraussetzungen durch die Figuren der **gefahrgeneigten** Tätigkeit und der **Dreiteilung des Fahrlässigkeitsbegriffes** gesehen (BAG AP 8–80 § 611 Haftung des AbN). 1983 geriet die Rspr durch den 7. Senat in Bewegung, als die Dreiteilung aufgegeben wurde und der ArbN bei gefahrgeneigten Tätigkeiten nur noch für Vorsatz und grobe Fahrlässigkeit haftete (AP 82 und 84 § 611 Haftung des ArbN). 1988 kehrte der 8. Senat zur Dreiteilung zurück (BAG AP 93 § 611 Haftung des ArbN). Auf seine Anfrage (BAG AP 98 § 611 Haftung des ArbN) gab der GrS mit Beschl v 27.9.1994 (BAG GS AP 103 § 611 Haftung des ArbN) das Merkmal der Gefahrgeneigtheit der Tätigkeit als Voraussetzung für die Haftungsprivilegierung auf. Die Privilegierung greift nun bei allen Arbeiten, die **durch den Betrieb veranlasst** sind und aufgrund des Arbeitsverhältnisses geleistet werden, ein. Allerdings ist die Gefahrgeneigtheit weiterhin für die Verteilung des Haftungsrisikos von Bedeutung (BAG AP 111 § 611 Haftung des ArbN; BGH NJW 1994, 856). Der BGH hat sich der Auffassung des BAG angeschlossen (AP 102, 109 § 611 Haftung des ArbN). 294

Der **Umfang der Haftung** des ArbN ist durch eine Abwägung zu ermitteln, innerhalb welcher sämtliche Gesamtumstände, insb Schadensanlass und Schadensfolgen, nach Billigkeits- und Zumutbarkeitsgesichtspunkten zu gewichten sind. Zu den in die Abwägung einzustellenden Umständen gehören der Grad des Verschuldens, die Gefahrgeneigtheit der Arbeit, die Höhe des Schadens, ein vom ArbGeb einkalkuliertes und durch Versicherung deckbares Risiko, die Stellung des ArbN im Betrieb und die Höhe des Arbeitsentgelts, in welchem möglicherweise eine Risikoprämie enthalten ist (BAG NZA 2007, 1230; vgl auch *Waltermann* RdA 2005, 98). Weiter sind die persönlichen Verhältnisse des ArbN zu berücksichtigen, wie Dauer der Betriebszugehörigkeit, Lebensalter, Familienverhältnisse und sein bisheriges Verhalten (BAG AP 97, 106, 111 § 611 Haftung des ArbN; NZA 1999, 141; BGH AP 102, 109 § 611 Haftung des ArbN). Dies wird mit entspr Anwendung des § 254 begründet. Grds hält die Rspr daran fest, dass nach Verschuldensgraden abzustufen ist: Bei **leichtester** Fahrlässigkeit (culpa levissima) keine Haftung, bei **mittlerer** Fahrlässigkeit Schadensteilung nach Billigkeit, bei **grober** Fahrlässigkeit idR volle Haftung. Auch bei grober Fahrlässigkeit ist eine Haftungsreduktion möglich; entscheidend kommt es darauf an, ob das Arbeitsentgelt in einem deutlichen Missverhältnis zum Schadensrisiko steht (BAG AP 97, 111 § 611 Haftung des ArbN; NZA 2007, 1230 Wertpapierberater einer Bank). Zur innerbetrieblichen Schadensregulierung bei mitwirkenden privaten Schadensursachen *Schwarze* NZA 2018, 65. 295

Meist nimmt die Rspr in den Fällen der **groben Fahrlässigkeit** keine Haftungsreduktion vor (BAG AP 8, 23, 39, 70, 74, 81, 96, 111, 117 § 611 Haftung des ArbN; BAGRp 2002, 134, 135). Im Einzelfall kann die Haftungsquote aber in den Fällen der groben Fahrlässigkeit zw ⅔ (LAG München DAR 92, 181), 60 % (BAG AP 55 § 611 Haftung des ArbN), 50 % (LAG Schl-Holst EzA § 611 Gefahrgeneigte Arbeit Nr 20), 30 % (BAG NZV 95, 369), 20 % (LAGE Nürnberg § 611 Arbeitnehmerhaftung Nr 14) bis zu 13 % (BAG NZA 1998, 140) schwanken. In den Fällen der **mittleren Fahrlässigkeit** liegt die Haftungsquote zw ⅔ (BAG EzA § 611 Gefahrgeneigte Arbeit Nr 26), 50 % (BAG AP 72 § 611 Haftung des ArbN; EzA § 611 Gefahrgeneigte Arbeit Nr 28), 40 % (BAG AP 92 § 611 Haftung des ArbN), ⅓ (BAG AP 106 § 611 Haftung des ArbN), 25 % (BAG AP 93 § 611 Haftung des ArbN); 20 % (LAGE Nürnberg, Düsseldorf § 611 Arbeitnehmerhaftung Nr 14, 22), 17 % (BAG AP 16 § 611 Haftung des ArbN), der üblichen Selbstbeteiligung (BAG AP 82, 84 § 611 Haftung des ArbN) und dem Ausschluss der Haftung des ArbN (BAG AP 80 § 611 Haftung des ArbN). 296

Hinsichtl der Frage, welches Verschuldensmaß anzunehmen ist, räumt das BAG der Tatsacheninstanz einen weiten Beurteilungsspielraum ein (BAG AP 42, 58, 63 § 611 Haftung des ArbN). Für grobe Fahrlässigkeit verlangt das Gericht auch die Berücksichtigung subj vorwerfbarer Verhaltensweisen (BAG AP 69, 70, 111 § 611 Haftung des ArbN; 2 § 840). 297

Die **Mitverantwortlichkeit** des ArbGeb für den Schadenseintritt ist stets zu prüfen, § 254. Diese kann ua in mangelnder Überwachung, Schulung, Hilfestellung, unklaren bzw widersprüchlichen Arbeitsanweisungen (§ 106 298

GewO) oder auch Überforderung des ArbN begründet sein. Hinzu tritt die Fürsorgepflicht des ArbGeb (Rn 430ff). So kann er im Fall einer Schadensmitverantwortlichkeit des ArbN aus § 241 II zur Rücksichtnahme und vorrangigen Inanspruchnahme eines schädigenden Dritten verpflichtet sein (BAG NZA 2019, 44).

299 Die Rspr verneint zwar ohne ausdrückl einzel- oder kollektivvertragl Regelung eine Verpflichtung, sich gegen bestimmte Risiken zu versichern, insb eine Kfz-Kaskoversicherung abzuschließen (BAG AP 92 § 611 Haftung des ArbN; 2 § 840). Die Versicherbarkeit des Schadensrisikos durch den ArbGeb spielt aber für den Umfang der Arbeitnehmerhaftung eine Rolle (BAG AP 97, 106, 111 § 611 Haftung des ArbN). Im **Kfz-Bereich** nimmt die Rspr aus § 254 eine entspr Obliegenheit des ArbGeb an, deren Nichterfüllung derart zu seinen Lasten berücksichtigt wird, dass der ArbN nur in Höhe einer Selbstbeteiligung haftet, die bei einer Kaskoversicherung zu vereinbaren gewesen wäre. Die Bestimmung der Höhe der fiktiven Selbstbeteiligung differiert. Bis zu 1.000 € wird für angemessen gehalten. Das BAG räumt den Instanzgerichten einen weiten Beurteilungsspielraum ein (hierzu *Walker* NZA 1988, 758; krit *Arens* BB 1988, 1599; *Schwerdtner* DB 1988, 1801). Ob es gerechtfertigt ist, die beschränkte Arbeitnehmerhaftung zu verneinen, weil der ArbN selbst Versicherungsschutz genießt (so BAG AP 35, 68 § 611 Haftung des ArbN und BAG AP 111 aaO betr gesetzl für den ArbGeb vorgeschriebene Haftpflichtversicherung), ist zweifelhaft. Eine freiwillige Versicherung durch den ArbN (zB private Berufshaftpflichtversicherung) hat keinen Einfluss auf den Haftungsumfang (BAG AP 111 § 611 Haftung des ArbN; EzA § 611 Gefahrgeneigte Arbeit Nr 28).

300 Eine weitere Besonderheit der ArbN-Haftung ist der **arbeitsrechtl Freistellungsanspruch**, wenn der ArbN in Ausführung betrieblicher Tätigkeit **betriebsfremde Dritte** schädigt. Grds haftet der ArbN dem Dritten nach §§ 823ff, hat aber im Innenverhältnis einen Anspruch gegen den ArbGeb, entspr den geschilderten Grundsätzen der privilegierten ArbN-Haftung freigestellt zu werden (BAG AP 37, 45, 86, 94 § 611 Haftung des ArbN). Diese Grundsätze gelten auch für Sachschäden ggü Arbeitskollegen (BAG DB 1970, 546). Für Personenschäden greifen §§ 104, 105 SGB VII ein. Den ArbN treffen nicht die vom ArbGeb ggü Dritten übernommenen Schutzpflichten (BGH NJW 1987, 2510).

301 Hat der ArbGeb mit dem geschädigten Dritten einen **Haftungsausschluss** vereinbart, darf diese Vereinbarung nicht über die Inanspruchnahme des ArbN oder durch Pfändung des Freistellungsanspruchs umgangen werden. In einem Fall hat der BGH dem Haftungsausschluss auch Schutzwirkung zugunsten des ArbN beigelegt und dem geschädigten Dritten von vornherein einen Anspruch gegen den ArbN versagt (sog Wachmann-Fall, BGH NJW 1962, 388; erwogen auch in BGH NJW 1994, 853). Dem Leasingvertrag legt der BGH eine solche Schutzwirkung nur bei ausdrückl Vereinbarung bei (AP 99 § 611 Haftung des ArbN). In einem anderen Fall hat der BGH den Freistellungsanspruch für nicht abtretbar gehalten (BGHZ 41, 203). Da der Freistellungsanspruch aber von der Vermögenslage unabhängig ist, muss sowohl die Abtretbarkeit als auch die Pfändbarkeit von Freistellungsansprüchen bejaht werden (BGHZ 66, 1). Tarifliche Ausschlussfristen laufen erst, wenn der Anspruch feststeht (BAG AP 2 § 840).

302 **Einzelfragen. Anwendungsbereich:** Die Anwendbarkeit der Grundsätze der privilegierten ArbN-Haftung wird auch für wertungsmäßig vergleichbare Fallgestaltungen erwogen (vgl *Joussen* RdA 2006, 129): Für Anwendbarkeit auf abhängigen GmbH-Geschäftsführer *Pullen* BB 1984, 989; abl für ArbN-Vertreter im Aufsichtsrat *Edenfeld/Neufang* AG 1999, 49; für ehrenamtliche Gruppenleiter eines Pfadfindervereins BGH JZ 1984, 619; für leitende Angestellte bejahend BAG AP 80 § 611 Haftung des ArbN; für Auszubildende bejahend BAG NZA 2015, 1057; LeihAbN genießt Haftungsprivileg ggü Entleiher: BAG AP 7, 9 § 637 RVO; abgelehnt für Dienstverträge der selbständig Tätigen: BGH AP 28 § 611 Haftung des ArbN. Keine Anwendung bei Privatfahrten. Zur Haftung arbeitnehmerähnlicher Personen Rn 144.

303 Die **Beweislast** trägt der ArbGeb, § 280 I, § 619a (Rn 293). Das gilt auch, wenn mehrere ArbN an einem Arbeitsvorgang beteiligt sind, außer wenn sie, wie eine Akkordkolonne, die gemeinsame Verantwortung für den Arbeitserfolg übernommen haben. Für die Abgrenzung der normalen von der groben Fahrlässigkeit sind die Regeln des Anscheinsbeweises nicht heranzuziehen (BAG AP 72 § 611 Haftung des ArbN).

304 **bb) Ersatz von Eigenschäden.** Auch hinsichtl der Schäden an eigenen Sachen oder sonstigem Vermögen trifft den ArbGeb ggf eine Freistellungspflicht (BAG AP 6, 10–14 Gefährdungshaftung des ArbGeb). Zu ersetzen entspr § 670 (vgl Rn 358) sind die arbeitstypischen unabgegoltenen Schäden des ArbN. Voraussetzung ist, dass die eigenen Sachen „im Betätigungsbereich" des ArbGeb eingesetzt wurden. Das ist insb der Fall, wenn der ArbGeb ohne den Einsatz der Sachen des ArbN eigene Sachen hätte einsetzen müssen (BAG AP 13, 14 ebenda). Der eigene Pkw des ArbN ist daher bei Dienstfahrten regelmäßig geschützt (BAG NZA 2007, 870; 2011, 406; 2012, 91). Zur Fürsorgepflicht des ArbGeb gehört es auch, die berechtigterweise auf das Betriebsgelände mitgebrachten Sachen des ArbN durch zumutbare Maßnahmen vor Beschädigungen durch Dritte zu schützen (BAG NJW 1975, 2119; 2000, 3369 – Pkw auf Firmenparkplatz). Ein Verschulden des ArbN findet entspr den Grundsätzen der beschränkten ArbN-Haftung Berücksichtigung (BAG AP 103 § 611 Haftung des ArbN; 10, 14 § 611 Gefährdungshaftung des ArbN). Die Haftung tritt nicht ein, wenn der ArbN für das Schadensrisiko eine besondere Vergütung erhält (BAG AP 11 § 611 Gefährdungshaftung des ArbGeb). Zum vertragl Haftungsausschluss; BAG AP 5 § 611 Parkplatz.

305 **cc) Mankohaftung** für Fehlbestände in einer vom ArbN geführten Kasse: Nach Aufgabe des Kriteriums der Gefahrgeneigtheit geht die Rspr davon aus, dass sich der Haftungsumfang nach den Grundsätzen der ArbN-Haftung richte (BAG NZA 1999, 141; 2000, 715; *Deinert* RdA 2000, 22; *Schwirtzek* NZA 2005, 437). Der ArbN hafte

nur gem § 280 I, wenn der ArbGeb eine Tatsachenlage geschaffen habe, nach welcher der ArbN alleiniger Besitzer der Sache geworden sei. Vertragliche Vereinbarungen, auch Haftungsverschärfungen, werden für zulässig gehalten. Äußere Grenzen dieser vertragl Vereinbarungen werden über §§ 138, 242 kontrolliert. Unwirksam können Mankovereinbarungen sein, wenn sie den ArbN übermäßig benachteiligen, weil für die Übernahme der Mankohaftung kein Äquivalent geleistet wird oder der ArbN keine Möglichkeit hat, Mankoschäden zu verhindern, weil auch andere Zugriff auf Kassenbestände oder Warenlager haben (BAG AP 4, 53, 54, 67 § 611 Haftung des AbN; NZA 1999, 141). Eine vorformulierte Bürgschaftserklärung, mit der die Mankohaftung des ArbN auf seinen Ehepartner erweitert werden soll, verstößt gegen § 307.

dd) Abdingbarkeit. Die Grundsätze über die Beschränkung der Haftung des ArbN bei betrieblich veranlassten 306
Tätigkeiten sind einseitig zwingendes ArbN-Schutzrecht. Von ihnen kann weder einzel- noch kollektivvertragl zulasten des ArbN abgewichen werden (BAG MDR 1999, 364; BAGRp 2004, 228), entspr Vertragsklauseln sind nach § 307, § 310 IV unwirksam.

VIII. Beschäftigungsanspruch des Arbeitnehmers. 1. Unstrittiges Arbeitsverhältnis. Der ArbGeb ist ver- 307
pflichtet, den ArbN während des Arbeitsverhältnisses vertragsgemäß zu beschäftigen. Dies ist vom BAG (AP 2 § 611 Beschäftigungspflicht) allg und durch § 102 V BetrVG anerkannt. Der Anspruch beruht auf der sich für den ArbGeb aus § 242 unter Berücksichtigung der verfassungsrechtl Wertentscheidung der Art 1 und 2 GG über den Persönlichkeitsschutz ergebenden arbeitsvertragl Förderungspflicht der Beschäftigungsinteressen des ArbN. Er dient dem ideellen Interesse des ArbN an der Entfaltung seiner Persönlichkeit im Arbeitsleben (BAG AP 14, 23 § 611 Beschäftigungspflicht).

Die Beschäftigungspflicht ist die **Kehrseite der Arbeitspflicht**, vergleichbar der Abnahmepflicht des Käufers 308
(§ 433 II) im Verhältnis zur Lieferungspflicht des Verkäufers. Wie die Abnahmepflicht ist die Beschäftigungspflicht grds Nebenpflicht (§ 241 II), dagegen Hauptpflicht, soweit ein gesteigertes Beschäftigungsinteresse besteht, weil das berufliche Fortkommen oder das Arbeitsentgelt von der tatsächlichen Beschäftigung abhängig sind. Als Kehrseite der Arbeitspflicht ist die Beschäftigungspflicht ebenfalls absolute Fixschuld (vgl Rn 290).

Ein Beschäftigungsanspruch kann sich nur aus einem **bereits bestehenden Arbeitsverhältnis** ergeben; ein An- 309
spruch auf Begründung eines Arbeitsverhältnisses reicht nicht aus (BAG AP 9 § 611 Beschäftigungspflicht). Der Anspruch entfällt, soweit schutzwürdige Interessen des ArbGeb an der Nichtbeschäftigung überwiegen. So wie die Beschäftigungspflicht bei offenbarer Unwirksamkeit einer Kündigung bestehen bleibt (Rn 323), muss sie bei offensichtlichem Vorliegen eines Kündigungsgrundes entfallen. Bsp: Wegfall der Vertrauensgrundlage, Auftragsmangel, Gefährdung von Betriebsgeheimnissen, strafbares oder schädigendes Verhalten (BAG AP 2 § 611 Beschäftigungspflicht; NZA 2014, 719, 1082).

Generelle **Richtlinien für die Interessenabwägung** lassen sich schwer geben. Bei offensichtlichem Vorliegen 310
eines wichtigen Kündigungsgrundes (§ 626) ist die Weiterbeschäftigung stets unzumutbar. Bei dem Verdacht schädigender oder strafbarer Handlungen ist zu bedenken, dass eine Freistellung den Verdacht publik machen und das Beschäftigungsinteresse des ArbN verletzen kann. Wirtschaftl Unzumutbarkeit ist anzunehmen, wenn der ArbN ohne Verschulden des ArbGeb nicht sinnvoll eingesetzt werden kann. Hat der ArbGeb den Wegfall des Arbeitsplatzes zu vertreten, richtet sich der Anspruch in erster Linie auf Zuweisung eines gleichwertigen anderen Arbeitsplatzes, wobei auch vertragl Versetzungsklauseln zu berücksichtigen sind (BAG EzA § 611 Beschäftigungspflicht Nr 44). Der Entgeltanspruch besteht im Rahmen des § 615 unabhängig von dem Beschäftigungsanspruch. S auch Rn 277.

Der arbeitsvertragl Beschäftigungsanspruch kann **im Klagewege geltend gemacht** werden. Die Klage ist nach 311
§ 259 ZPO zulässig, wenn und solange den Umständen nach die Besorgnis gerechtfertigt ist, dass sich der ArbGeb der rechtzeitigen Beschäftigung entziehen werde.

In der Praxis lautet die **Verurteilung** häufig auf Weiterbeschäftigung zu unveränderten Arbeitsbedingungen. 312
Das ist missverständlich, weil der ArbGeb das Recht hat, die bisherigen Arbeitsbedingungen aufgrund seines Direktionsrechts zu beeinflussen (§ 106 GewO). Richtig ist deshalb die Verurteilung zur Weiterbeschäftigung zu unveränderten arbeitsvertragl Arbeitsbedingungen (*Reinhard/Kliemt* NZA 2005, 545, 547). Im Streitfall müssen die vertragsmäßigen Beschäftigungsbedingungen im Einz aufgeführt werden (*Schäfer* NZA 1985, 692). Der Entgeltanspruch ist davon nicht betroffen, sondern muss ggf selbständig geltend gemacht werden (*Berkowsky* BB 1986, 798).

Da die Beschäftigung eine unvertretbare Handlung ist, richtet sich die **Zwangsvollstreckung** nach § 888 ZPO 313
(*Eich* DB 1986, 695; *Schumann* NZA 1985, 689). Sie ist bereits aufgrund eines nach § 62 ArbGG vorläufig vollstreckbaren Urteils möglich.

Eine **einstweilige Verfügung** auf tatsächliche Beschäftigung aufgrund eines unstr Dienstverhältnisses ist zuläs- 314
sig, soweit nach allg Maßstäben ein Verfügungsgrund besteht (*Reinhard/Kliemt* NZA 2005, 545, 547f).

2. Betriebsverfassungs- und personalvertretungsrechtliche Sonderregelung. a) Rechtsgrundlage. Für die 315
Dauer eines Kündigungsschutzprozesses enthält § 102 V BetrVG eine Sonderregelung des Beschäftigungsanspruchs, die von § 85 II BPersVG sowie von einigen Landesrechten sinngemäß übernommen worden ist und den Bestandsschutz des Arbeitsverhältnisses verbessern soll (*Edenfeld*, Betriebsverfassungsrecht, Rn 285). Es handelt sich um eine materiellrechtl Ausnahmevorschrift, die auf die im Prozessrecht wurzelnden Fragen des allg Weiterbeschäftigungsanspruchs (s Rn 323) nicht entspr angewendet werden kann.

316 **b) Voraussetzungen.** Die Regelung setzt voraus, dass der Bestand des Arbeitsverhältnisses infolge einer ordentlichen Kündigung des ArbGeb str ist und der ArbN fristgemäß nach §§ 4, 7 KSchG Klage auf Feststellung erhoben hat, dass das Arbeitsverhältnis durch die Kündigung nicht aufgelöst ist. Zusätzlich muss der ArbN die **Weiterbeschäftigung während des Kündigungsschutzprozesses verlangen.** Eine Frist für das Verlangen ist nicht vorgesehen (BAG AP 1, 11 § 102 BetrVG Weiterbeschäftigung).

317 Weitere Voraussetzung ist ein **Widerspruch des Betriebs- bzw Personalrats** gegen die Kündigung, § 102 V BetrVG. Bei offensichtlicher Unbegründetheit des Widerspruchs (§ 102 V 2 Nr 3 BetrVG) steht dem ArbGeb eine Einwendung zu (Rn 321).

318 **c) Beginn.** Der Anspruch entsteht nach Ablauf der Kündigungsfrist, wenn der ArbN vorher die Weiterbeschäftigung verlangte. In diesem Fall bleibt der Beschäftigungsanspruch ununterbrochen. Wird das Verlangen später erhoben, wirkt es mit seinem Zugang ex nunc. Eine Übergangsfrist ist nicht vorgesehen, kann sich aber aus § 242 ergeben, wenn das Verlangen zur Unzeit erhoben wird.

319 **d) Materiellrechtl Wirkungen.** Die Weiterbeschäftigungspflicht des ArbGeb gewährt dem ArbN einen vorläufigen Bestandsschutz seines Arbeitsverhältnisses. Folge ist, dass nach §§ 611, 615 der Entgeltanspruch während des Kündigungsschutzprozesses besteht, wenn der ArbN die vertragsmäßige Arbeitsleistung erbringt oder auch nur anbietet, selbst wenn am Schluss rechtskräftig die Wirksamkeit der Kündigung festgestellt wird (BAG AP 7 § 102 BetrVG 72 Weiterbeschäftigung, 8 § 611 Weiterbeschäftigung).

320 **e) Prozessuale Durchsetzung.** Der Antrag auf Verurteilung zur Weiterbeschäftigung kann selbständig oder zugleich mit dem Antrag auf Feststellung der Unwirksamkeit der Kündigung gestellt werden. Inhalt und Vollstreckung des Weiterbeschäftigungstitels sind wie im unstr Arbeitsverhältnis (Rn 312). Lehnt der ArbGeb die Weiterbeschäftigung ab, kann der ArbN eine einstw Vfg beantragen.

321 **f) Einwendungen des ArbGeb.** Der ArbGeb kann nach § 102 V 2 BetrVG, § 85 II 2 BPersVG durch einstw Vfg von der Weiterbeschäftigungspflicht entbunden werden, wenn die Kündigungsschutzklage keine hinreichende Aussicht auf Erfolg bietet oder mutwillig erscheint oder die Weiterbeschäftigung des ArbN zu einer unzumutbaren wirtschaftl Belastung des ArbGeb führen würde oder der Widerspruch des Betriebsrats offensichtlich unbegründet war. Die Entbindungsentscheidung wirkt rechtsgestaltend, und zwar ex nunc (BAG AP 9 § 102 BetrVG 72 Weiterbeschäftigung).

322 **g) Ende.** § 102 V BetrVG (79 BPersVG) regelt den Weiterbeschäftigungsanspruch bis zum rechtskräftigen Abschluss des Kündigungsschutzprozesses. Obsiegt der ArbN, steht der Fortbestand des Arbeitsverhältnisses fest. Das Weiterbeschäftigungsverhältnis endet vorher, wenn der ArbN seine Kündigungsschutzklage zurücknimmt.

323 **3. Allgemeiner (Weiter-)Beschäftigungsanspruch im strittigen Arbeitsverhältnis. a) Rechtsgrundlage.** Die § 102 V BetrVG, § 79 BPersVG enthalten nach Auffassung des BAG (GS AP 14 § 611 Beschäftigungspflicht) keine abschließende Regelung des Weiterbeschäftigungsanspruchs. Auch sonst bestehe ein Anspruch auf Weiterbeschäftigung, wenn die Kündigung offensichtlich unwirksam sei und wenn und solange der ArbN im Kündigungsschutzprozess obsiege (krit *Adomeit* NJW 1986, 901).

324 **b) Voraussetzungen und Beginn.** Einer Beschäftigungsklage darf nach BAG GS AP 14 § 611 Beschäftigungspflicht stattgegeben werden, wenn ein Gericht für Arbeitssachen auf eine entspr Kündigungsschutzklage des ArbN feststellt, dass das Arbeitsverhältnis durch die Kündigung nicht aufgelöst worden ist. Grds soll der Beschäftigungsanspruch bis zu einer erstinstanzlichen Entscheidung über die Unwirksamkeit der Kündigung entfallen, weil solange das Interesse des ArbGeb überwiege, einen ArbN nicht zu beschäftigen, der vielleicht keiner mehr ist. Dies gilt entspr für andere Fälle des Streits um Wirksamkeit und Fortbestand eines Arbeitsverhältnisses (BAG AP 126, 125 § 620 Befristeter Arbeitsvertrag; 19 § 611 Beschäftigungspflicht betr Befristung oder auflösende Bedingung; 4 § 9 BPersVG betr Fortsetzung des Arbeitsverhältnisses mit Auszubildenden; EzA § 123 Nr 36 betr Aufhebungsvertrag).

325 **c) Durchsetzung.** Die Verneinung eines Beschäftigungsanspruchs bis zu einer erstinstanzlichen Entscheidung über den Bestand des Arbeitsverhältnisses ist für Leistungsklage und -urteil auf Beschäftigung bedeutungslos, da sie immer nur auf zukünftige Leistung gerichtet sein können. Dagegen ist für Feststellungsklagen und insb für den – vom BAG GrS nicht behandelten – einstw Rechtsschutz wichtig, dass der Beschäftigungsanspruch grds bis zu einer erstinstanzlichen Entscheidung über den Bestand eines str Arbeitsverhältnisses entfallen soll. Daraus folgt, dass ein Verfügungsanspruch für eine einstw Vfg auf Weiterbeschäftigung bis zu einem erstinstanzlichen Weiterbeschäftigungsurteil grds nicht besteht.

326 Kommt das ArbG erster Instanz auf Kündigungsschutz- und/oder Weiterbeschäftigungsklage zu der Auffassung, dass die Kündigung unwirksam sei, hat es auf Antrag grds die Verurteilung zur Weiterbeschäftigung auszusprechen (dazu und zum Umgang mit widerspr ArbGeb-Verhalten BAG NZA 2022, 1407). Nach § 62 ArbGG ist diese Entscheidung vorläufig vollstreckbar. Macht der ArbGeb glaubhaft, dass die Vollstreckung ihm einen nicht zu ersetzenden Nachteil brächte, hat das ArbG auf seinen Antrag die vorläufige Vollstreckbarkeit im Urteil auszuschließen.

327 **d) Einwendungen des ArbGeb.** Auch wenn der Kündigungsschutzklage von dem ArbG erster Instanz stattgegeben wird oder dieses sonst zu der Auffassung kommt, dass das Arbeitsverhältnis fortbesteht, ist die Weiterbeschäftigungsklage abzuweisen, wenn ihr überwiegende ArbGeb-Interessen entgegenstehen (BAG NZA 2021, 1625), da dies eine generelle Schranke des Beschäftigungsanspruchs ist (Rn 354).

e) Ende. Der allg Weiterbeschäftigungsanspruch ist bis zum rechtskräftigen Abschluss des Kündigungsschutzprozesses auszuurteilen (BAG NZA 2021, 1625). Dies muss im Tenor des Weiterbeschäftigungsurteils zum Ausdruck kommen und rechtfertigt sich aus § 259 ZPO, da im Regelfall keine Besorgnis bestehen dürfte, dass der ArbGeb sich seiner Beschäftigungspflicht entzieht, wenn der Bestand des Arbeitsverhältnisses rechtskräftig festgestellt worden ist. 328

Weist das Berufungsgericht die Kündigungsschutzklage ab oder hält es das Arbeitsverhältnis aus anderen Gründen für beendet, muss es eine bei ihm anhängige Weiterbeschäftigungsklage ebenfalls abweisen und ein abw Urteil erster Instanz aufheben. Der allg Beschäftigungsanspruch entfällt stets, wenn der Bestand des Arbeitsverhältnisses in zweiter Instanz verneint wurde; dies gilt auch für den Entgeltanspruch. 329

Wird während des Berufungsverfahrens str, ob das Arbeitsverhältnis oder der Weiterbeschäftigungsanspruch aufgrund einer weiteren Kündigung des ArbGeb oder aus sonstigen Gründen beendet worden sind, entfällt ein vorläufig vollstreckbares Weiterbeschäftigungsurteil erster Instanz nicht von selbst, doch ist die Zwangsvollstreckung auf Antrag einzustellen (BAG AP 4 § 767 ZPO; *Eich* DB 1986, 693) bzw eine einstw Vfg aufzuheben (*Dütz* NZA 1986, 214). 330

f) Rückabwicklung. Die zwangsvollstreckte, nicht freiwillig vereinbarte Weiterbeschäftigung begründet, soweit ihr letztlich kein Arbeitsverhältnis zugrunde lag, kein typisches faktisches Arbeitsverhältnis (Rn 226), da sie nicht auf freiwilligem Entschluss des ArbGeb beruht und nicht jederzeit beendet werden kann (BAG AP 1 § 611 Weiterbeschäftigung; AP 14 § 611 Beschäftigungspflicht; *Ramrath* DB 1987, 92; aA *Dütz* NZA 1986, 214). Es liegt nahe, wie das BAG (AP 1, 9 § 611 Weiterbeschäftigung) stattdessen eine Abwicklung nach **Bereicherungsrecht** vorzunehmen. BAG AP 1 § 611 Weiterbeschäftigung bestimmt den Wert der ungerechtfertigt geleisteten Arbeit nach dem jew Tariflohn; BAG AP 7 § 611 Weiterbeschäftigung bezieht anteiliges tarifliches 13. Monatsgehalt ein. Praktikabler ist ein **atypisches** (eingeschränktes) **faktisches Vertragsverhältnis**, das die Schutzpflichten und das Entgelt für die tatsächlich erbrachten Leistungen erfasst (ähnl BAG AP 4 § 4 BPersVG in Bezug auf den Beschäftigtenstatus in der Personalvertretung), jedoch nicht den Anspruch auf Lohnfortzahlung im Krankheitsfall und bei Schwangerschaft, der kein Entgelt für tatsächliche Leistungen, sondern Ausfluss des nicht bestehenden Arbeitsverhältnisses ist (vgl BAG AP 1 § 611 Weiterbeschäftigung; aA *Dütz* NZA 1986, 2144). BAG AP 66 § 1 LohnFG wendet die allg Grundsätze des faktischen Arbeitsverhältnisses an, wenn der ArbGeb den ArbN während eines letztlich vom ArbGeb gewonnenen Kündigungsstreits freiwillig weiterbeschäftigt (s Rn 228). 331

Die damit zusammenhängende Frage, ob der ArbN gem § 717 II, § 945 ZPO schadensersatzpflichtig ist, hat BAG AP 1 § 611 Weiterbeschäftigung bejaht. Eine solche Ersatzpflicht bestünde nicht, wenn der durch einstw Vfg oder vorläufig vollstreckbares Urteil titulierte Weiterbeschäftigungsanspruch bei schließlichem Obsiegen des ArbGeb nur ex nunc entfiele (so *Grunsky* NJW 1979, 88; *Falkenberg* DB 1987, 1534). Dies hat das BAG aber nicht ausgesprochen, sondern nimmt den allg Beschäftigungsanspruch ausdrückl nur bei unwirksamer Kündigung an (BAG GS AP 14 § 611 Beschäftigungspflicht). BAG AP 7 § 102 BetrVG 72 Weiterbeschäftigungsanspruch stellt folgerichtig klar, dass kein Entgeltanspruch aus § 615 besteht, wenn nach einem (sogar rechtskräftigen) Weiterbeschäftigungsurteil die Kündigungsschutzklage rechtskräftig abgewiesen wird. 332

g) Schadensersatz. Unterlässt der ArbGeb schuldhaft die vertragsmäßige Beschäftigung, ist er dem ArbN nach § 280 zum Ersatz verpflichtet. Bei der Abgrenzung des ersatzfähigen Schadens ist zu berücksichtigen, dass die allg Beschäftigungspflicht nach der Grundsatzentscheidung des BAG (GS AP 14 § 611 Beschäftigungspflicht) dem ideellen Beschäftigungsinteresse des ArbN dient. Soweit die Verletzung der Weiterbeschäftigungspflicht die Persönlichkeit des ArbN verletzt, hat er einen Schadensersatzanspruch aus § 823 I. Ein Bühnenkünstler, der nicht vertragsgemäß beschäftigt wird, hat daher Anspruch auf Ersatz des Schadens wegen Minderung der künstlerischen Entwicklung (BAG AP 23 § 611 Bühnenengagementsverträge). 333

4. Beschäftigungsanspruch bei streitigem Inhalt der Arbeitspflicht. Der Beschäftigungsanspruch bei unstr Arbeitsverhältnis, aber str Inhalt der Arbeitspflicht ist ebenso zu beurteilen wie der Beschäftigungsanspruch im str Arbeitsverhältnis, da die Interessenlage vergleichbar ist. Streiten die Parteien zB über die Wirksamkeit kollektiv vereinbarter Dienstpläne und damit zugleich über den Umfang der Dienstleistungspflicht des ArbN, kann dieser nicht die Aufstellung eines Sonderdienstplanes für sich verlangen; vielmehr überwiegt bis zum rechtskräftigen Abschluss des Rechtsstreits das Interesse des ArbGeb an der dienstplanmäßigen Beschäftigung aller ArbN. 334

5. Sonstiges. Der Dienstverpflichtete muss bis zur rechtswirksamen Beendigung des Dienstverhältnisses grds jeden Wettbewerb unterlassen, wenn er eine vom Dienstherrn ausgesprochene Kündigung für unwirksam hält und weiterhin die vertragl Rechte für sich in Anspruch nimmt (BGH BB 1988, 88). 335

IX. Vergütungspflicht (Abs II). 1. Begriff und Inhalt. a) Allgemeines. § 611 I, § 611a II enthalten eine Anspruchsgrundlage für die Vergütung von Diensten bzw Arbeit. Vergütung ist jeder als Gegenleistung für die geschuldeten Dienste bestimmte geldwerte Vorteil. Bei abhängiger Arbeit sind gleichbedeutend die Begriffe Arbeitsentgelt iSd § 4 I SGB IV und Lohn iSd § 19 EStG, § 87 I Nr 10 BetrVG. Wie in diesen Bestimmungen festgelegt, ist es gleichgültig, ob es sich um einmalige oder laufende Einnahmen handelt, ob ein Rechtsanspruch besteht und unter welcher Bezeichnung oder in welcher Form sie gewährt werden. Zur Vergütung zählen entspr § 19 I 1 Nr 2 EStG auch Wartegelder, Ruhegelder, Witwen- und Waisengelder und andere Bezüge und Vorteile für eine frühere Dienstleistung, gleichgültig ob sie dem Dienstnehmer oder seinem Rechtsnachfolger zufließen, auch Jubiläumsgeschenke und Essenzuschüsse (BAG AP 21 § 75 BPersVG; BFH BStBl II 1994, 771). Keine Vergütung sind der Schadensersatz einschl des Ersatzes für entgangene Vergütung gem § 628, der Aufwendungs- 336 ersatz (Rn 358) und die Abfindung für den Verlust des Arbeitsplatzes (Rn 359). Differenziert zu beantworten ist, ob gesetzl oder vertragl Zinsen auf die Vergütungsforderung sowie der Anspruch auf Ersatz des Verzugsschadens zur Vergütung gehören oder als nicht arbeitsrechtl, allgemeinschuldrechtl Ansprüche für Kapitalüberlassung oder -entziehung anzusehen sind. Der Verzugsschaden kann neben den Zinsen in einem Steuerschaden bestehen (BAG BAGRp 2003, 183). Auch die Kosten für einen zur Differenzberechnung hinzugezogenen Steuerberater können zum Verzugsschaden gehören. Zum Verzugsschaden bei verweigerter Weiterbeschäftigung Rn 362. Vergütungs- und Zinsansprüche entwachsen dem Arbeitsverhältnis und der Arbeitsgerichtsbarkeit ganz, wenn sie schuldumschaffend in ein Vereinbarungsdarlehen (§ 488) umgewandelt werden. Deklaratorische Schuldanerkenntnisse, wie sie von ArbN nach Schadensfällen abgegeben werden, ändern die Rechtsnatur des Anspruchs nicht, BAG DB 1999, 586.

337 Die Bemessung der Vergütung kann sich richten nach der Dauer oder Schwierigkeit der Arbeitsleistung oder nach Quantität oder Qualität des Arbeitsergebnisses oder nach sonstigen Umständen. Das **Mindestlohngesetz** gewährt in §§ 1, 3 MiLoG einen gesetzl Mindestlohn, der nicht durch vertragl Verfallklauseln (§ 307 I 2, BAG NZA 2018, 1619), Verzicht oder Verwirkung eingeschränkt werden darf. Die Grundvergütung der Angestellten und Organmitglieder wird traditionell als Gehalt bezeichnet, die Vergütung der Arbeiter als Lohn (enger Lohnbegriff im Gegensatz zu dem in Rn 336 behandelten weiten Begriff des Lohnes als Arbeitsentgelt).

338 In **Ausbildungsverhältnissen** ist die Vergütung keine Gegenleistung für Dienste, sondern eine Nebenleistung mit Unterhaltsfunktion (BAG AP 25 § 5 BetrVG; 25 § 5 BetrVG; 81 Art 9 GG Arbeitskampf; Rn 131). Dagegen kann die Ausbildung Gegenleistung für Dienste sein, sog Ausbildungsdienstverhältnisse. Im Anwendungsbereich des BBiG ist die Ausbildung Hauptpflicht des Ausbilders. Er hat nach § 17 BBiG eine angemessene und gesetzliche Mindestvergütung zu zahlen. Diese darf die tarifliche Vergütung im Regelfall nicht um mehr als 20 % unterschreiten (§ 17 IV BBiG, so bereits BAG NZA 2017, 1129).

339 Die **Vergütungspflicht** kann ganz oder teilw **von einem Dritten übernommen** werden, dem der Anspruch auf die Dienste nicht zusteht, ebenso die betriebliche Altersversorgung (s BAG AP zu § 7 BetrAVG). Die §§ 611ff und sonstige arbeitsrechtl Vorschriften sind auch in diesem Fall anwendbar. Bsp: Vergütung eines angestellten Berufssportlers durch einen Sponsor; Vergütung eines nachgeordneten Arztes durch den Chefarzt; Trinkgelder; Tronc der Spielbanken. Ob der Dienstberechtigte subsidiär haftet, ist Auslegungsfrage. Mindestens hat er, wenn tarifgebunden, für den tariflichen, sonst für den Mindestlohn einzustehen. Auch auf der Gläubigerseite kann der Vergütungsanspruch ursprünglich oder aufgrund Zession einem Dritten zustehen.

340 **Inhalt der Vergütung** können Leistungen aller Art sein, Geldleistungen, Verzicht oder Stundung von Ansprüchen, Zinsvorteile und Rabatte, Sachleistungen, Dienstleistungen, Gewinnbeteiligungen (einschränkend *Ricken* NZA 1999, 236) sowie die Zuwendung von Rechten. Das sog Truckverbot verbietet die Vereinbarung einer anderen, selbst vorteilhafteren Leistung an Erfüllungs statt (§ 107 II GewO; BGH DB 1976, 59; zu Warengutscheinen für Kaufhausmitarbeiter *Edenfeld* AuA 1996, 21) sowie alle gesetzl nicht vorgesehenen Lohnabzüge. Der ArbGeb darf sich nicht vom ArbN anweisen lassen, Lohnteile an Dritte auszuzahlen, außer an Gläubiger. Das hindert die ArbN nicht daran, Verbindlichkeiten ggü dem ArbGeb einzugehen, und schließt die Aufrechnung gegen Gehaltsansprüche nicht aus (BAG AP 1 § 392; 2 § 387), ebenso wenig die Zurückbehaltung (§ 273).

341 Zulässige Lohnverwendungsabreden, die auch unpfändbare Gehaltsteile umfassen können (RG Gruchot 57, 1101; JW 1913, 148), dienen ua der betrieblichen Altersversorgung, der Gruppenversicherung sowie der Vermögensbildung. Unzulässig ist die Verpflichtung zur Gehaltsverwendung zum Kauf von GmbH-Anteilen, um ein angeschlagenes Unternehmen zu retten (RAG ARS 30, 131).

342 **b) Brutto- und Nettovergütung.** IdR und im Zweifel ist die Vergütung von ArbN und lohnsteuerpflichtigen arbeitnehmerähnlichen Personen brutto gemeint und geschuldet, dh der ArbGeb ist berechtigt und verpflichtet, Lohnsteuer, ggf Kirchensteuer, sowie die ArbN-Beiträge zur Sozialversicherung einzubehalten und abzuführen (BAG AP 15, 19 § 670). Dies gilt auch nach Abtretung oder Legalzession des Vergütungsanspruchs (BAG AP 84 Art 9 GG Arbeitskampf; 11 § 117 AFG; *Klaas* DB 1991, 992) und für alle ArbGeb-Leistungen (BAG AP 44 § 1 TVG Tarifverträge Bau betr Verpflegungszuschuss im Baugewerbe; 1 § 1 TVG Tarifverträge Chemie; EzA 8 § 117 AFG). Lohnsteuerschuldner ist der ArbN, so dass der ArbGeb, der Steuern für ihn abführt, ggf einen Erstattungsanspruch nach § 670 hat. Einzelheiten zur Lohnsteuerabführung in den §§ 38ff EStG; zur tariflichen Ausschlussfrist für Ansprüche des ArbGeb gegen den ArbN auf Ersatz nachträgl veranlagter Steuern BAG AP 17, 20, 21, 22 § 670.

343 Die **Beitragspflicht zur Sozialversicherung** ist allg in §§ 2ff, 20ff SGB IV, erg für die Krankenversicherung in §§ 5ff, 220ff SGB V, für die Rentenversicherung in §§ 1ff, 157ff SGB VI und für die Arbeitslosenversicherung in §§ 24ff, 341ff SGB III geregelt. Anders als bei der Lohnsteuer gilt nicht das Zuflussprinzip, dh die Beitragspflicht entsteht nicht erst mit der Zahlung oder sonstigen Leistung des Entgelts an den ArbN, sondern schon mit Fälligkeit, die aber vertragl hinausgeschoben werden kann (BSGE 54, 136; 59, 183; 75, 61; 78, 224; krit *Peters-Lange* NZA 1995, 657; zu Ausschlussfristen Rn 422). Die vom ArbGeb zu tragenden Beiträge dürfen nicht auf die ArbN umgelegt werden, sind aber zu den Bezügen zu rechnen; verfassungsrechtl sind sie als eigentumsrelevante Eigenleistungen des ArbN anzusehen (BVerfGE 69, 272). Im Außenverhältnis haftet allein der ArbGeb auf den gesamten Sozialversicherungsbeitrag. Zu seiner Schadensersatzpflicht wegen Vorenthaltens von ArbN-Beiträgen BGH BGHRp 2002, 370, 372. Der Anspruch auf Erstattung zu Unrecht entrichteter Sozialversicherungsbeiträge steht nicht demjenigen zu, der die Beiträge an die Einzugsstelle abgeführt hat, sondern demjenigen, der die Bei-

träge getragen hat (BAG BAGRp 2002, 31f). Dieser hat durch die zu Unrecht erfolgte Beitragsentrichtung auf Kosten des Abführenden etwas ohne rechtl Grund erlangt (§ 812).

Der ArbGeb hat dem ArbN eine Abrechnung des Arbeitsentgelts zu erteilen (§ 108 GewO; BAG AP 14 § 242 Auskunftspflicht). Ansprüche gegen den ArbGeb auf Entgeltnachzahlung wegen zu Unrecht einbehaltener Sozialversicherungsbeiträge sind vor den ArbG geltend zu machen (str; BAG AP 1 § 2 ArbGG; 1 § 55 SGG; 1, 5 §§ 394, 395 RVO; aA BSG AP 4 §§ 394, 395 RVO), der Anspruch höherverdienender Angestellter auf ArbGeb-Zuschuss zur Krankenversicherung vor den SozG (GmS-OGB AP 3 § 405 RVO). Ein unterbliebener Abzug der ArbN-Beiträge zur Sozialversicherung kann nach § 28g SGB IV zwingend nur bei den drei nächsten Vergütungszahlungen nachgeholt werden, es sei denn, dass der Beitragsabzug ohne Verschulden des ArbGeb unterblieben ist oder der ArbN seine Auskunftspflichten aus § 28o I 1 SGB IV vorsätzlich oder grob fahrlässig verletzt hat (§ 28g S 4 SGB IV). Der Anspruch des ArbGeb ergibt sich aus § 670 (BAG AP 3 §§ 394, 395 RVO); ein Freistellungsanspruch scheidet aus. Der ArbGeb kann Zahlung der deshalb vom ArbN nicht zu erlangenden Anteile bei Verschulden der Einzugsstelle verweigern (BSGE 17, 179; anders in der Rentenversicherung BSGE 21, 52; 44, 114; 51, 31). Anders als bei der Lohnsteuer scheidet ein Anspruch des ArbGeb gegen den ArbN auf Erstattung von Sozialversicherungsbeiträgen nach Beendigung des Arbeitsverhältnisses und der Entgeltzahlung aus, solange der ArbN nicht grob fahrlässig oder vorsätzlich gem § 28g S 4 SGB IV gehandelt hat oder ein sonstiger Rechtsmissbrauch des ArbN (Beendigung des Arbeitsverhältnisses zur Vermeidung des Lohnabzuges; Veranlassung des ArbGeb zur Unterlassung der Beitragszahlung) bzw ein Fall des § 826 vorliegt. Dies gilt auch bei Nachzahlungspflicht des ArbGeb für ein irrtümlich als selbständig eingestuftes Dienstverhältnis (BAG AP 7 §§ 394, 395 RVO). 344

Durch Arbeits- oder Kollektivvertrag (BAG AP 2 § 1 TVG Tarifverträge Metallindustrie) – beschränkt auf das kollektivvertragl Entgelt – kann ein **Nettoarbeitsentgelt vereinbart** werden, so dass die Lohnsteuer und die ArbN-Beiträge zur Sozialversicherung auch im Innenverhältnis vom ArbGeb zu tragen sind. Als Arbeitsentgelt iSd Steuerrechts und Sozialversicherungsrechts gilt dann der Nettobetrag zzgl der darauf entfallenden Lohn- und Kirchensteuer und der ArbN-Beiträge zur Sozialversicherung. Der ArbGeb ist auch hier dem ArbN ggü vertragl verpflichtet, Steuer und Sozialversicherung abzuführen. Die Verpflichtung, die Sozialversicherungsbeiträge zu tragen, kann auch eine erst später geschaffene Beitragspflicht erfassen (BAG AP 9 § 611 Nettolohn betr Pflegeversicherung). Eine Eingruppierung ist stets erforderlich (BAG DB 1991, 2140). Die Abrede, eine Vergütung solle steuerfrei gewährt werden, kann Nettoabrede sein, aber auch die Auffassung der Parteien wiedergeben, dass das Entgelt der Lohnsteuerpflicht nicht unterliege (BAG AP 19 § 670). Das Gleiche gilt für den Zusatz brutto für netto bei Abfindungsvergleichen. Im Zweifel ist eine Bruttoverpflichtung anzunehmen. 345

Die **pauschalierte Lohnsteuer**, die im Verhältnis zum Fiskus vom ArbGeb zu übernehmen ist, hat im Innenverhältnis der ArbN zu tragen, wenn nichts anderes vereinbart wird (BAG AP 10 § 38 EStG; 1, 2 § 40a EStG; BFHE 173, 192; *Westhoff* DB 1987, 534). 346

Bei einem Bruttoentgelt ist die entspr **Klage** grds auf den Bruttobetrag zu richten. Die Zuständigkeit der ArbG ergibt sich aus § 2 I Nr 3 ArbGG, da es sich um Ansprüche aus dem Arbeitsverhältnis handelt. Wenn der Schuldner nicht gem § 775 Nr 5 ZPO die Abführung von Steuern und Sozialversicherungsbeiträgen nachweist (s BAG AP 3 § 1 TVG Tarifverträge Presse), wird der gesamte Bruttobetrag zugunsten des Gläubigers vollstreckt (BAG AP 20 § 611 Dienstordnungsangestellte; 13 § 611 Lohnanspruch), den dann die Abführungspflicht trifft. Bereits gezahlte Nettobeträge sind als solche vom Klagantrag abzusetzen (*Berkowsky* BB 1982, 1120), ebenso abgetretene oder kraft Gesetzes übergegangene Ansprüche (BAG AP 14 § 613a). Auch bei einer vereinbarten Nettovergütung kann Bruttoklage erhoben werden, wahlweise Nettoklage. Auch bei Bruttoabrede ist die Klage auf den Nettobetrag zulässig, wenn Steuer- und Beitragspflicht beziffert werden (BAG DB 1984, 2708). Die Drittschuldnerklage (Klage eines Zessionars oder Pfändungsgläubigers) ist netto zu beziffern. 347

Die **Verjährung** richtet sich nach §§ 195, 199. 348

c) Vergütung bei Nicht- und Schlechtleistung. aa) Nichtleistung. Werden Dienste zum vereinbarten Zeitpunkt nicht geleistet, ohne dass sie dadurch unmöglich werden, Annahmeverzug (§ 615) eintritt oder eine sonstige Ausnahmeregelung eingreift, kann der Dienstgeber dem Vergütungsanspruch gem § 320 die Einrede des nicht erfüllten Vertrags entgegenhalten und gem § 611 Nachleistung der Dienste verlangen. Werden die Dienste, weil zeit- oder zweckbestimmt, unmöglich, wenn sie nicht zu dem vereinbarten Zeitpunkt erbracht werden, hängt die Vergütung nach §§ 283, 326, 615 davon ab, wer die Fristversäumnis und die Unmöglichkeit der Dienstleistung zu vertreten hat. Nach § 326 I 1 entfällt der Vergütungsanspruch. Dazu bestehen insb für das Arbeitsverhältnis zahlreiche Ausnahmeregelungen, die die Vergütungspflicht bei Arbeitsversäumnis bestehen lassen (ua §§ 616 BGB, 2, 3 EFZG, 1 BUrlG, 3ff MuSchG). Wurde vom ArbN Arbeitsunfähigkeit vorgetäuscht, umfasst der Schadensersatzanspruch des ArbGeb die Kosten für die Aufdeckung durch einen Detektiv (BAG NJW 1999, 308; 2014, 877; *Edenfeld* DB 1997, 2273, 2279). Teilw Nichtleistung führt zu entspr Minderung der Vergütung (BGH ZIP 1988, 568 betr teilw für andere Gesellschaft tätigen GmbH-Geschäftsführer; BAG AP 2 § 611 Berufssport betr Bundesligaspieler, der infolge der roten Karte nur noch am Training teilnehmen konnte; AP 3 § 11 MuSchG; 27 § 123 GewO betr bewusste Langsamarbeit; AP 22 § 611 Bühnenengagementsvertrag; AP 46 § 1 TVG Tarifverträge Bau). Der Vergütungsanspruch entfällt auch für die Zeit, während der infolge eines Streiks oder einer rechtmäßigen Aussperrung der ArbN nicht gearbeitet wurde (BAG NZA 1999, 550, 552; 2005, 1402). 349

Sieht der Arbeitsvertrag vor, dass eine Arbeitsverhinderung, für die kein Fortzahlungsanspruch besteht, zu einer **überproportionalen Entgeltminderung** führt, handelt es sich um eine vertragsstrafenähnliche Abrede (BGH 350

NJW 1960, 568; 1968, 1625; 1972, 1893; *Götz*, FS Schiedermair, 1976, 203). Dies ist bei rechtmäßiger Arbeitsverhinderung mit Entgeltfortfall (Streik, Krankheit) unzulässig, bei pflichtwidriger Arbeitsverhinderung dagegen im pfändungsfreien Bereich in angemessener Höhe (§ 343) zulässig. Zur Verwendung von AGB beachte § 309 Nr 6, § 310 IV 2. Auch § 612a ist zu beachten (vgl BAG AP 18 § 611 Anwesenheitsprämie). Bei ArbGeb-Leistungen, die an den Bestand oder die Erfüllung des Arbeitsverhältnisses während eines Jahres oder eines längeren Zeitraumes anknüpfen, kann die Gegenseitigkeit zu der tatsächlichen Arbeitsleistung fehlen oder abgeschwächt sein. So ist der gesetzl (im Zweifel auch der vertragl) Urlaubsanspruch nach der Rspr des BAG (AP 11 § 3 BUrlG Rechtsmissbrauch) auch gegeben, wenn der ArbN während des gesamten Urlaubsjahres arbeitsunfähig krank ist.

351 Bei **freiwilligen Arbeitgeberleistungen** wie Gratifikationen kann vereinbart werden, dass sie wegen Zeiten der Nichtleistung, die zur Kürzung der laufenden Vergütung berechtigen, proportional gekürzt werden können (BAG AP 35, 36, 70, 73, 84, 105, 111 § 611 Gratifikation; 7 § 8a MuSchG; DB 1987, 795). Überproportionale Kürzungen wegen pflichtwidrigen Arbeitsausfalls sind vertragsstrafenähnlich und nach Maßgabe der §§ 339ff zulässig. Zur Verwendung von AGB beachte § 309 Nr 6, § 310 IV 2. Das BAG (AP 15, 18 § 611 Anwesenheitsprämie) ließ auch die Vereinbarung überproportionaler Kürzungen bei Fehltagen wegen Krankheit zu, wobei im Zweifel die Kürzung um 1/60 bzw 1/30 je Fehltag angemessen sein soll. Dies sollte aber nicht für Kleingratifikationen gelten. § 4a EFZG lässt Vereinbarungen über eine überproportionale Kürzung bis ¼ Tagesentgelt je Krankheitstag zu (BAG BAGRp 2002, 2). Dies kann nicht auf andere Fehlzeiten übertragen werden, kann aber als Untergrenze für Vertragsstrafen bei pflichtwidriger Nichtleistung aufgefasst werden.

352 Wenn die Bedeutung von Fehlzeiten, die zum Verlust des Vergütungsanspruchs führen, für **Jahresleistungen** vertragl nicht geregelt ist, kann sich der proportionale Wegfall der Leistung aus §§ 283, 326 ergeben. Dies setzt voraus, dass die Jahreszahlung als Gegenleistung für die fortlaufende Arbeitsleistung und nicht für Betriebstreue im Ganzen vereinbart ist. So für Tantiemen BAG EzA 1 § 611 Tantieme. Dies ist anzunehmen, wenn sie bei vorzeitigem Ausscheiden des ArbN anteilig geschuldet wird. Zwingend ist es bei Provisionen und vergleichbaren Leistungen (BAG AP 27 § 622; 9 § 87 HGB). Soweit dagegen nur die Betriebszugehörigkeit während des ganzen Jahres oder gar anschließend gefordert wird, ist anzunehmen, dass die Leistung in erster Linie als Entgelt für Betriebstreue gedacht ist.

353 Vereinbaren die Arbeitsvertragsparteien **unbezahlten Sonderurlaub**, hindert die Suspendierung der wechselseitigen Hauptpflichten aus dem Arbeitsverhältnis grds nicht das Entstehen gesetzl Urlaubsansprüche (BAG NZA 2014, 959). Unbezahlter Sonderurlaub wird nach BAG AP 79 § 242 Ruhegehalt nicht auf die Dienstjahre angerechnet, nach denen sich eine betriebliche Altersversorgung berechnet. Andererseits wurden Fehlzeiten von 16 Monaten bei einer tariflichen Abfindungsregelung für unschädlich gehalten, die fünfjährige Betriebszugehörigkeit voraussetzte (BAG AP 95 § 611 Gratifikation).

354 **bb) Schlechtleistung**. Nach traditioneller Auffassung (BAG AP 3 § 11 MuSchG; 71 § 611 Haftung des ArbN; Düsseldorf NJW 1975, 596; Köln DB 1989, 100; *Hueck/Nipperdey*, Bd 1, 227) mindert die Schlechtleistung im Gegensatz zur Nichtleistung den Vergütungsanspruch nicht, da sie kein Fall der Unmöglichkeit und eine Minderung wegen Schlechtleistung im Dienstvertragsrecht nicht vorgesehen sei. Dies schließt nicht aus, selbständigen Dienstverpflichteten vertragl eine Nachbesserungspflicht aufzuerlegen, verbunden mit einem Recht auf Minderung oder Wandlung bei Fehlschlagen der Nachbesserung (*Brandner* ZIP 1984, 1186). Bei Akkordarbeiten kann vereinbart werden, dass sich das Entgelt bei Leistungsmängeln aus der Sphäre des ArbN vermindert (BAG AP 13, 21 § 611 Akkordlohn; zur Beweislast beim Gruppenakkord BAG AP 4 § 611 Akkordkolonne). In Tarifverträgen ist zT vorgesehen, dass vom Tariflohn abgewichen werden kann, wenn der ArbN infolge körperlicher oder geistiger Beeinträchtigung nicht normal leistungsfähig ist. Für arbeitnehmerähnliche Personen belegt § 12a TVG die Zulässigkeit von Werkverträgen und damit erst recht von Dienstverträgen mit abgeschwächter Erfolgsgewähr. Demggü nimmt eine Auffassung (*Lessmann*, Schlechte Dienstleistung und Vergütung, FS Wolf, 1985, 385) an, dass die Schlechtleistung, soweit nicht nachbesserbar, zu einer proportionalen Entgeltminderung führen müsse, bei ArbN wegen des vom ArbGeb zu tragenden Betriebsrisikos allerdings nur bei grober Fahrlässigkeit. Zur Bemessung der Entgeltminderung zieht *Lessmann* aaO 414 § 628 heran: Vergütung der Dienste, soweit noch von Wert (so auch BGH NJW 1987, 315 und Koblenz NJW-RR 1994, 20 betr selbständige Dienstleistung).

355 Andere betrachten die Vergütungsminderung bei zu vertretender Schlechtleistung als Schadensersatz. Zu ersetzen sei die Differenz zw dem wirtschaftl Nutzen pflichtgemäßer und fehlerhafter Arbeitsleistung (BGH ZIP 1988, 568; Düsseldorf VersR 1985, 456; München NJW-RR 1986, 796; *Ullrich* NJW 1984, 585; aA BAG AP 71 § 611 Haftung des ArbN).

356 Die praktische Bedeutung dieses Streits hängt von der Auswirkung der Pflichtverletzung auf den angestrebten Leistungserfolg ab. Tritt der Erfolg trotz der fehlerhaften Arbeitsleistung ein, sind weder Vergütungsminderung noch Schadensersatz begründet. War die Dienstleistung allerdings infolge ihrer Fehlerhaftigkeit für den Erfolgseintritt nicht einmal mitursächlich, ist sie der Nichtleistung gleichzustellen. Tritt der Erfolg dagegen nicht ein, ist aber das Interesse des Dienstberechtigten an seinem Eintritt in Geld ersetzbar, bleibt der Vergütungsanspruch ebenfalls bestehen, da anstelle der geschuldeten Dienstleistung und des erhofften Erfolges der Ersatz des positiven Interesses tritt. Zum Schaden gehören auch die Aufwendungen für das Entgelt der Personen, die die ausgefallene Arbeit übernehmen, auch wenn sie nicht besonders angestellt werden (BAG AP 7 § 249; 5 § 60 HGB; anders BGHZ 85, 324 für den Verzugsschaden). Ein Problem stellt sich deshalb nur, wenn der Erfolg ausbleibt, ohne dass

dies als geldwerter Schaden ersatzfähig ist (Operation missglückt, führt aber nicht zu Einkommensverminderungen oder Bedürfnisvermehrungen; Erfolg einer Dienstleistung wäre auch bei fehlerfreier Arbeitsweise ausgeblieben, der Prozess etwa auch bei pflichtgemäßer Führung durch den Anwalt verloren gegangen). In diesen Fällen erscheint die Lehre von der Vergütungsminderung angemessener als die traditionelle Lehre, die jede Vergütungsminderung bei Schlechtleistung ablehnt, und die Schadensersatzlehre. Beide werden dem Synallagma von pflichtgemäßer Dienstleistung und Vergütung nicht gerecht, da sie beide davon ausgehen, dass die Vergütung auch für mangelhafte Leistungen versprochen und geschuldet werde. Dies wird dem Sinn des Dienstvertrags nicht gerecht. Dem Schadensersatz steht in diesen Fällen entgegen, dass hier kein geldwertes Interesse des Dienstberechtigten am Erfolgseintritt besteht, so dass der Schaden nicht im Ausbleiben des Erfolges, sondern ausschließlich im verringerten Wert der Dienstleistung gesehen werden kann. Dem wird der Gedanke der Vergütungsminderung besser gerecht. Daraus folgt, dass kurzfristige Fehlleistungen auch dann nicht zur Entgeltminderung berechtigen, wenn sie den erhofften, nicht in Geld ersetzbaren Erfolg der Dienstleistung vereiteln.

Auch die schwerwiegende **Verletzung von Nebenpflichten** (§ 241 II) kann eine Vergütungsminderung rechtfertigen, wenn sie die Hauptleistung wesentlich entwertet. Dies ist vom BAG unter dem Aspekt des Rechtsmissbrauchs bisher für die betriebliche Altersversorgung anerkannt (AP 5, 10 § 1 BetrAVG Treuebruch betr laufende Erpressung unterstellter Gastarbeiter bzw Untreue; einschränkend BAG AP 7, 9 aaO für Unterschlagungen bzw Konkurrenztätigkeit; vgl auch BGH AP 12 aaO mN), im Schrifttum auch für Gratifikationen (*Hueck/Nipperdey*, Bd 1, 313), muss aber folgerichtig auch für die laufende Vergütung gelten. Dabei muss es sich allerdings um Nebenpflichten handeln, die so auf die Erfüllung der Hauptleistung bezogen sind, dass auch von Schlechterfüllung der Hauptleistung in der jew Zeit- und Vergütungsspanne gesprochen werden kann. Bsp: Verfassungs- oder Werkschutzmitarbeiter informiert die Gegenseite; Verkaufsfahrer schwärzt Firma oder Produkt an; Vorstandsmitglied informiert Konkurrenz über Betriebsgeheimnisse; vorgesetzte Ausbilder oder Fürsorger missbrauchen oder erpressen die ihnen unterstellten Personen. Die Verletzung eines Wettbewerbsverbots (*Edenfeld* ZFA 2004, 463) berechtigt den Dienstherrn grds nicht, die Vergütung zu verweigern, außer in besonders krass liegenden Fällen, bei denen sich der Dienstverpflichtete grob unanständig verhalten hat (BGH BB 1988, 88). 357

d) Aufwendungsersatz. Aufwendungsersatz zählt nicht zur Vergütung iSd §§ 611ff, da er keine Gegenleistung für Dienste ist, sondern Ersatz von Vermögensopfern (BAG AP 9 § 2 ArbKrankhG; 99 § 87 BetrVG 72 Lohngestaltung). Aufgrund des bei Geschäftsbesorgungen iSd § 675 unmittelbar, sonst entspr anwendbaren § 670 hat der Dienstberechtigte die Aufwendungen des Dienstnehmers zu ersetzen, die von ihm verlangt wurden oder erforderlich waren oder scheinen konnten, soweit sie nicht mit der Vergütung abgegolten sein sollten (BAG AP 10 § 670; 19 § 618; NZA 2013, 1086). So kommt ein Aufwendungsersatzanspruch in Betracht, wenn der ArbN zur Erfüllung seiner Arbeitspflicht in seinem Eigentum stehende Räumlichkeiten in betrieblichem Interesse nutzt (BAG BAGRp 2004, 209). Auch § 668 (Verzinsungspflicht) und § 669 (Vorschusspflicht) sind entspr anwendbar. Pauschalierte Aufwandsentschädigungen sind Vergütung, wenn sie ohne Rücksicht auf die tatsächlich anfallenden Kosten ermittelt oder gezahlt werden. Im Zweifel ist auf den Parteiwillen abzustellen. Entschädigungen für Zeitaufwand gehören zur Vergütung (so BAG AP 10 § 46 II BPersVG). Kosten der Fahrt zur Arbeitsstätte und der Arbeitskleidung sind nur aufgrund besonderer Abrede zu ersetzen (BAG AP 31 § 670 betr Smoking eines Croupiers). Eine Entschädigung kann teils Vergütung, teils Aufwendungsersatz sein; die Anteile sind nach § 287 ZPO zu schätzen. Zur entspr Anwendung der Vorschriften über den Aufwendungsersatz bei Eigenschäden des ArbN s Rn 304. 358

e) Abfindungen. Abfindungen sind bei Beendigung des Dienst-, insb Arbeitsverhältnisses vom Dienstberechtigten zu zahlende Entschädigungen für den Verlust des Arbeitsplatzes. Rechtsgrundlagen sind §§ 9, 10, 13 KSchG (bei sozialwidriger ordentlicher Kündigung sowie fristloser Kündigung ohne wichtigen Grund), § 112 IV BetrVG (Sozialplanabfindung), § 113 I, III BetrVG (Nachteilsausgleich wegen unterlassenen oder verletzten Interessenausgleichs) sowie Vereinbarungen nach § 623. Der Abfindungsanspruch entsteht gem §§ 9, 10 KSchG durch gerichtliche Entscheidung, gem § 112 IV BetrVG durch den Abschluss des Sozialplans und gem § 113 BetrVG wie im Fall der §§ 9, 10 KSchG. Abfindungen zählen nicht zur Vergütung iSd §§ 611ff. 359

f) Vergütungsklage. Kann der ArbN seinen Vergütungsanspruch in Geld beziffern bzw eine beanspruchte Sachzuwendung nach Art und Menge bezeichnen, muss er idR eine Leistungsklage erheben. Ist der ArbN wie bei Provision, Gewinnbeteiligung usw ohne Mitwirkung des ArbGeb nicht in der Lage festzustellen, ob und in welcher Höhe der Vergütungsanspruch besteht, hat er einen Auskunfts- und Rechnungslegungsanspruch, der im Wege der Stufenklage nach § 254 ZPO zugleich mit dem Anspruch auf Arbeitsvergütung eingeklagt werden kann. Gleiches gilt, wenn der ArbN von einer Gehaltserhöhung ausgenommen worden ist und Gleichbehandlung begehrt (BAG BAGRp 2005, 107). 360

Die Leistungsklage ist grds nur zulässig, wenn der Vergütungsanspruch fällig ist. Eine Klage auf Zahlung noch nicht fälligen Arbeitsentgelts und damit einer zukünftigen Leistung ist unter den Voraussetzungen der §§ 257ff ZPO iVm § 46 II 1 ArbGG zulässig. Dies betrifft allerdings den Klageantrag nur insoweit, als er sich auf den Zeitraum nach dem Schluss der letzten mündlichen Tatsachenverhandlung bezieht (RGZ 88, 178). Künftig fällig werdende Vergütungsansprüche können zwar entfallen, wenn das Arbeitsverhältnis endet oder unterbrochen wird. Dies ist aber bei der Klage auf zukünftige Leistung gem § 259 ZPO nur zu berücksichtigen, falls es mit Wahrscheinlichkeit eintreten wird (BAG AP 4 § 850c ZPO; BAG ZUM 1998, 84). Auch der Anspruch des tatsächlich nicht beschäftigten ArbN auf künftiges Entgelt nach § 615 kann gem § 259 ZPO eingeklagt werden (anders BAG AP 30 § 615). Dass der Bestand des Anspruchs vom Annahmeverzug und damit von der Leistungsbereitschaft 361 und Leistungsfähigkeit des ArbN abhängt, hindert dies nicht, da ein von einer Gegenleistung abhängiger Anspruch immer gewissen Unsicherheitsfaktoren unterliegt. Entspr ist die Rechtslage bei der Weiterbeschäftigungsklage (Rn 328). Auch gilt für die Vergütungsklage ebenso wie für die Weiterbeschäftigungsklage, dass ihr grds stattzugeben ist, wenn gleichzeitig der Fortbestand eines str Arbeitsverhältnisses festgestellt wird. Folgerichtig ist die Entscheidung über die Entgeltklage nicht bis zur Entscheidung über den Fortbestand des Arbeitsverhältnisses auszusetzen. Auch für die Dauer der Verurteilung gelten für die Klage auf zukünftige Vergütung dieselben Grundsätze wie für die Klage auf zukünftige Beschäftigung (Rn 328).

362 In bestimmten Konstellationen können im str Arbeitsverhältnis die Entscheidungen über die Weiterbeschäftigungs- und die Vergütungsklage auseinander gehen. So ist der Weiterbeschäftigungsanspruch bei überwiegendem ArbGeb-Interesse an der Nichtbeschäftigung abzuweisen (Rn 310), während der Entgeltanspruch erst bei Unzumutbarkeit der Weiterbeschäftigung entfällt (§ 615 Rn 18). Auch in prozessualer Hinsicht können die Entscheidungen auseinander gehen. So ist die Zwangsvollstreckung aus einem vorläufig vollstreckbaren Vergütungsurteil gem § 62 I 2 ArbGG einzustellen, wenn mit einer Rückzahlung der Vergütung nicht gerechnet werden kann, während dies für die Vollstreckung der Weiterbeschäftigungsentscheidung keine Rolle spielt. Verschiedene Grundsätze gelten auch für die einstw Vfg auf Weiterbeschäftigung bzw Entgeltzahlung. Die einstw Vfg auf Entgeltzahlung ist ausschließlich nach den §§ 935, 940 ZPO zu beurteilen. Die erg materiellrechtl Erwägung des BAG GS AP 14 § 611 Beschäftigungspflicht, nach der ein Weiterbeschäftigungsanspruch vor einem Endurteil erster Instanz grds nicht durchgesetzt werden kann, ist auf den Entgeltanspruch nicht zu übertragen, zumal sie ohnehin problematisch ist (Rn 325). Aus diesem Grunde kann der ArbGeb bei Nichtzahlung des Lohns in Verzug kommen. Außerdem kommt es bei der einstw Vfg auf Weiterbeschäftigung auf das ideelle Beschäftigungsinteresse an, während für die einstw Vfg auf Arbeitsentgelt die wirtschaftl Lage des ArbN bestimmend ist, daneben in beiden Fällen die Wahrscheinlichkeit eines Fortbestehens des Arbeitsverhältnisses (zur einstw Vfg auf Entgeltzahlung *Vossen* RdA 1991, 216).

363 Eine Feststellungsklage für die geschuldete Vergütung ist zulässig, wenn der ArbN ihren Betrag noch nicht beziffern kann oder wenn gewährleistet ist, dass der Beklagte auch ohne Leistungsurteil der gerichtlichen Feststellung entsprechen wird. Diese Gewähr besteht bei öffentlichen Hoheitsträgern und jur Personen des Privatrechts mit vergleichbaren Aufgaben (BAG AP 40 § 256 ZPO; 5 § 59 HGB). Im öffentlichen Dienst ist die Eingruppierungsfeststellungsklage zulässig, die sich auf eine bestimmte Vergütungsgruppe bezieht (BAG AP 32 §§ 22, 23 BAT 1975), allerdings nicht auf einzelne Anspruchsvoraussetzungen des Bewährungsaufstiegs oder einzelne Fallgruppen beschränkt sein darf (BAG AP 40 § 23a BAT). Auch im Bereich der Privatwirtschaft kann die Eingruppierungsfeststellungsklage zulässig sein, wenn sie das geeignete Mittel zur Beilegung des Streitfalles (BAG AP 2 § 1 TVG Tarifverträge Großhandel) ist. Bei zukünftigen Ansprüchen besteht ggf ein Wahlrecht zw Leistungs- und Feststellungsklage.

364 **g) Rückgewähr rechtsgrundlos gezahlter Vergütung** ist nach §§ 812ff geschuldet (BAG AP 5 § 195; 5, 13 § 812; 2 § 818; NZA 2017, 449). Zu vertragl Rückzahlungsvorbehalten im Hinblick auf Gratifikationen Rn 401. Die einseitige Erklärung des ArbN auf einem vom ArbGeb vorgelegten Formular, ihm sei bekannt, dass er alle Bezüge zurückzahlen müsse, die er infolge unterlassener, verspäteter oder fehlerhafter Meldung zu viel erhalten habe, enthält keine Vereinbarung der Parteien über den Ausschluss des Entreicherungseinwandes nach § 818 III (BAG AP 5 § 812). Darüber hinaus dürfte die Inhaltskontrolle einer formularmäßigen **Rückzahlungsvereinbarung** ergeben, dass der Einwand der Entreicherung nur ausgeschlossen werden kann, soweit die Überzahlung dem ArbN erkennbar war. Bei Überzahlungen, die 10 % der regelmäßigen Vergütung nicht überschreiten, besteht ein Anscheinsbeweis für den Wegfall der Bereicherung (einschränkend BAG AP 13 § 812; AP 5 § 812 – nur bei Vorliegen entspr RL des ArbGeb). Grds für das Eingreifen des Anscheinsbeweises bei geringfügiger Überzahlung BAG AP 13 § 812; 3 § 818. Beamtenrechtl Vorschriften schließen den Einwand der Entreicherung nicht nur wie § 819 bei Kenntnis, sondern auch bei grob fahrlässiger Unkenntnis der Überzahlung aus. Teilw wird vertreten, dass dies auf Arbeitsverhältnisse zu übertragen sei (aA *Kusch* PersV 1979, 104; *Reckendrees* ZTR 1999, 115). Auch BAG AP 5 § 394 verweist auf die beamtenrechtl Regelung. Wegen des Unterschiedes von Beamten- und Arbeitsverhältnissen dürfte es richtiger sein, bei grob fahrlässiger Nichterkenntnis der Überzahlung durch einen ArbN nicht abw von § 819 den Einwand der Bereicherung auszuschließen, sondern einen Gegenanspruch aus § 280 I einzuräumen, da eine vertragl Hinweispflicht des ArbN auf ohne weiteres erkennbare Überzahlungen anzunehmen ist (ebenso bei herausgehobener Vertrauensstellung des überzahlten ArbN BAG AP 1 BetrAVG Überzahlung, wenn die Überzahlung auf unterlassenen Hinw des ArbN über seine Verhältnisse und deren Veränderung beruht).

365 Soweit danach keine Rückzahlung zu erfolgen hat oder erfolgt, bleibt es bei der **Steuer- und Sozialversicherungspflicht** für die überzahlten Beträge. Für den Fall der Rückzahlung gehen Finanzverwaltung (einheitlicher Ländererlass DB 1986, 725) und Finanzgerichte (EFG 83, 452) davon aus, dass der ArbN dem ArbGeb die auf den rückzuzahlenden Betrag entfallene Lohnsteuer zu erstatten hat. IÜ soll die Rückabwicklung zw ArbN und Finanzamt geschehen.

366 Der Rückzahlungsanspruch **verjährt** nach § 195 in drei Jahren. Wichtig ist in diesem Zusammenhang § 199 I: Die Verjährungsfrist beginnt erst mit dem Schluss des Jahres, in dem der Anspruch entstanden ist und der Gläubiger von den den Anspruch begründenden Umständen Kenntnis erlangt oder ohne grobe Fahrlässigkeit erlangen musste. Höchstfrist sind zehn Jahre, § 199 IV.

Tarifvertragl Ausschlussfristen für Ansprüche aus dem Arbeitsverhältnis gelten auch für den Rückforderungsanspruch (BAG AP 8 § 29 BAT; 10 § 37 BAT; 64 § 4 TVG Ausschlussfristen; 6, 7 § 70 BAT). Auch iÜ unterliegt der Anspruch tariflicher Regelung (BAG AP 5 § 812). Zurückhaltend ist die Rspr aber bei nachvertragl Überzahlungen (BAG EzA 92 § 4 TVG Ausschlussfristen). Die Geltendmachung der Ausschlussfrist kann nach BAG AP 16 § 812 rechtsmissbräuchlich sein, wenn der ArbN den ArbGeb durch aktives Handeln oder pflichtwidriges Unterlassen von Mitteilungen von der Geltendmachung des Anspruchs abgehalten hat (Rn 372). 367

h) Ausschlussfristen. Ein fälliger Anspruch auf Arbeitsvergütung muss aufgrund kollektiv- oder arbeitsvertragl Ausschlussfristen innerhalb einer bestimmten Frist ggü dem ArbGeb mündlich oder schriftlich, uU klageweise, geltend gemacht werden, soll er nicht nach Ablauf der Frist erlöschen. Ausschlussfristen für tarifvertragl Ansprüche können nach § 4 IV 3 TVG (nur) in Tarifverträgen vereinbart werden, doch gilt dies nicht für Tarifverträge, die aufgrund arbeitsvertragl Abrede gelten (BAG AP 1 § 1 TVG Bezugnahme auf Tarifvertrag). Im Allg lässt die Rspr tarifliche Ausschlussklauseln zu, denen nur ArbN-Ansprüche unterliegen (BAG 97 § 611 Haftung des ArbN), auch dann, wenn nicht nur tarifliche, sondern alle Ansprüche aus dem Arbeitsverhältnis erfasst sind (BAG AP 143 § 4 TVG Ausschlussfristen). Einzelvertragl Ausschlussklauseln unterliegen grds einer Rechtskontrolle. Bei Ausschlussfristen in **Formulararbeitsverträgen** ist § 307 zu beachten (*Däubler* NZA 2001, 1329, 1336f; *Gotthardt* ZIP 2002, 277, 286f; *Lingemann* NZA 2002, 181, 189f; allg zur AGB-Kontrolle Rn 163, 238). So sind einzelvertragl Ausschlussfristen unwirksam, welche die schriftliche Geltendmachung aller Ansprüche aus dem Arbeitsverhältnis innerhalb einer Frist von weniger als drei Monaten ab Fälligkeit verlangen (BAG NZA 2006, 149; 2008, 293). Unwirksam sind auch einseitige Ausschlussfristen, die nur für den ArbN zum Anspruchsverlust führen (BAG NZA 2006, 324). Mit Blick auf den gesetzl Mindestlohn (§ 3 MiLoG) sind umfassende Verfallklauseln intransparent iSd § 307 I 2 (BAG NZA 2018, 1619). 368

Ausschlussfristen sind auch von Rechtsnachfolgern zu wahren (BAG AP 78 § 4 TVG Ausschlussfristen). Zum Betriebsübergang BAG 126 § 4 TVG Ausschlussfristen. Ausschlussfristen bewirken keinen (ggf rückwirkenden) Wegfall der Sozialversicherungspflicht. Zulasten der Sozialversicherungsträger können die Parteien nicht verfügen (BSG AP 125 § 4 TVG Ausschlussfristen; krit *Peters-Lange* NZA 1995, 657). 369

Bei **Tarifverträgen** muss die Auslegung ergeben, ob sich Ausschlussfristen nur auf in ihnen selbst begründete oder auf alle Ansprüche aus dem Arbeitsverhältnis erstrecken sollen (BAG AP 72 § 4 TVG Ausschlussfristen; BAGRp 2002, 134, 135f). Auch unabdingbare Ansprüche können durch Ausschlussfristen begrenzt werden (BAG AP 9 § 1 FeiertagslohnzahlungsG Berlin; anders BAG AP 23 § 1 BUrlG). Ansprüche auf Ruhegeld sind idR nicht erfasst (BAG AP 4 § 1 BetrAVG Wartezeit; DB 1983, 2255). Sieht ein Tarifvertrag zweiseitig wirkende Verfallfristen vor, sind einseitige, nur den ArbN belastende einzelvertragl Ausschlussfristen unwirksam (BAG BAGRp 2004, 295). § 174 findet auf die Geltendmachung von Ansprüchen zur Wahrung einer tariflichen Ausschlussfrist keine entspr Anwendung (BAG BAGRp 2003, 63). Zur Einhaltung des NachwG BAG BAGRp 2002, 313. 370

Der **Beginn** der Ausschlussfrist kann auf die Fälligkeit des Anspruchs, die Beendigung des Arbeitsverhältnisses oder die Ablehnung der Erfüllung bezogen werden. Für Ansprüche aus str Arbeitsverhältnissen kann der Beginn auf den Zeitpunkt gelegt werden, in dem rechtskräftig feststeht, dass das Arbeitsverhältnis nicht aufgelöst ist. Dies lässt jede frühere Geltendmachung unerheblich werden (BAG AP 69 § 4 TVG Ausschlussfristen). Wird auf die Beendigung des Arbeitsverhältnisses abgestellt, ist im Zweifel nicht das tatsächliche, sondern das rechtl Ende gemeint. Sieht die tarifliche Ausschlussklausel zunächst eine Frist zur Geltendmachung und im Falle des Bestreitens eine Frist zur Klageerhebung vor, beginnt die zweite Frist zu dem Zeitpunkt, an dem der Anspruchssteller von dem Bestreiten Kenntnis erlangt. Die Ausschlussfrist des ArbGeb wird nicht durch eine Zahlung „unter Vorbehalt" verlängert (BAG AP 26 § 70 BAT). 371

Die zur Fristwahrung erforderliche **Geltendmachung des Anspruchs** setzt voraus, dass der Gegner erkennen kann, um welche Forderung es geht. Der Empfänger muss zur Entgegennahme solcher Erklärungen zuständig sein. Ist für die Geltendmachung keine bestimmte Form vorgeschrieben, reicht die Erhebung der Kündigungsschutzklage für alle Ansprüche aus, die vom Fortbestand des Arbeitsverhältnisses abhängen (BAG AP 86 § 4 TVG Ausschlussfristen). Dazu gehören nicht Forderungen, die sich bei Erfolg der Kündigungsschutzklage aus der nicht rechtzeitigen Zahlung des Entgelts ergeben; diese sind Verzugsschaden (BAG 19.2.1998 – 8 AZR 371/96, nv; Rn 387). Sieht die Klausel vor, dass str Ansprüche innerhalb einer bestimmten Frist gerichtlich geltend gemacht werden müssen, ist im Allg die Erhebung einer Zahlungsklage erforderlich (BAG AP § 4 TVG Ausschlussfristen; BGH NJW 1985, 1695). Zur Ablehnungserklärung des ArbGeb BAG AP 60, 86 § 4 TVG Ausschlussfristen. Bei vorgeschriebener gerichtlicher Geltendmachung kann eine Ausschlussfrist auch durch Anrufung eines örtlich unzuständigen Gerichts gewahrt werden, nicht aber durch den Antrag auf Bewilligung von Prozesskostenhilfe. Der Schuldner kann nach § 242 verpflichtet sein, Umstände mitzuteilen, die die Geltendmachung ermöglichen (BAG AP 16 § 812 betr ungewöhnlich hohe Lohnzahlung). 372

Der Zweck der Ausschlussfrist kann ihre **Anwendung im Einzelfall erübrigen.** Vor allem entfällt die Geltung für unstr Ansprüche (BAG AP 76, 92 § 4 TVG Ausschlussfristen). Keine Geltung in der Insolvenz (BAG AP 88 § 4 TVG Ausschlussfristen). Auch vor Insolvenz kann die Geltendmachung von Ansprüchen gegen zahlungsunfähige ArbGeb entbehrlich sein. 373

Der Lauf der Frist wird nicht dadurch **gehemmt,** dass es der ArbGeb entgegen § 8 TVG versäumt, den Tarifvertrag im Betrieb auszulegen (BAG AP 1 § 8 TVG 69). Dagegen läuft die Frist nicht, solange der ArbGeb eine für die Geltendmachung des Anspruchs erforderliche Abrechnung unterlässt (BAG AP 41, 89, 94 § 4 TVG Ausschluss- 374 fristen). Der Fristablauf wird jedoch nur gehemmt, wenn die Abrechnung notwendig war, um die Ansprüche berechnen zu können (BAG AP 89, 94 § 4 TVG Ausschlussfristen). Dieses Hemmnis entfällt, wenn der Anspruch auf Abrechnung seinerseits verfristet ist (BAG AP 89 § 4 TVG Ausschlussfristen). Allg läuft die Frist nicht, solange der Gläubiger schuldlos unfähig war, die Frist zu wahren (BAG AP 131 § 1 TVG Auslegung). Zum Verschulden von Rechtsanwälten BGH DB 1983, 1606; BAG AP 131 § 1 TVG Auslegung. Die Berufung auf die Frist ist ua **missbräuchlich**, wenn der Schuldner beim Gläubiger den Eindruck erweckte, auf eine Geltendmachung zu verzichten (BAG AP 87 § 1 TVG Auslegung); nicht aber, wenn der Schuldner eine falsche rechtl Auskunft über das Bestehen des Anspruchs gegeben hat (BAG AP 27 § 70 BAT). Zur Tragweite einer Musterprozessabrede BAG AP 115 § 4 TVG Ausschlussfristen. Mit Forderungen, die im Zeitpunkt der Aufrechnungserklärung durch Ablauf einer Abschlussfrist erloschen sind, kann nicht entspr § 393 S 2 **aufgerechnet** werden (BAG AP 4 § 390). Die Vorschriften über Hemmung und Neubeginn der Verjährung sind nicht entspr anzuwenden (BAG AP 18 § 46 BPersVG; 108 § 4 TVG Ausschlussfristen).

375 **i) Änderung und Widerruf der Vergütungsabrede.** Die Vergütung kann von beiden Seiten einvernehmlich durch Änderungsvertrag (§ 311 I; Rn 229) geändert werden. Änderungskündigungen (§ 2 KSchG) zur Gehaltsabsenkung sind wegen der hohen Anforderungen selten erfolgreich. Grundsatzentscheidung für die Änderungskündigung ist BAG AP 14 § 2 KSchG 69: Das Änderungsgebot muss der Kündigung vorangehen oder sie begleiten; es muss bestimmt und klar sein, dh es muss ein den Voraussetzungen des § 145 entspr Angebot zur Fortsetzung des Arbeitsverhältnisses zu geänderten Gehaltsbedingungen vorliegen (BAG NZA 2010, 333). Im Rahmen des § 1 II KSchG wird sodann ein zweistufiges Prüfungsverfahren praktiziert.

376 Im ersten Schritt ist zu prüfen, ob **dringende betriebliche Erfordernisse** das Änderungsangebot (§ 2 KSchG) bedingen und ob sich der ArbGeb bei einem anerkennenswerten Anlass zur Änderungskündigung darauf beschränkt hat, nur solche Änderungen vorzuschlagen, die der ArbN billigerweise hinnehmen muss (BAG NZA 2010, 333; 2018, 1264; 2019, 246). Die Unrentabilität des Betriebs kann Änderungskündigungen rechtfertigen, wenn durch die Senkung der Personalkosten die Stilllegung des Betriebs oder die Reduzierung der Belegschaft verhindert werden kann und soll (BAG AP 47 § 1 KSchG 69 Betriebsbedingte Kündigung; NZA 1999, 255; 2010, 333).

377 In einem zweiten Schritt ist die Verhältnismäßigkeit zu prüfen. Die vorgesehene Änderung der Arbeitsbedingungen muss geeignet und erforderlich sein, um die Rentabilität wiederherzustellen. Dieser Zweck darf nicht durch andere, mildere Maßnahmen erreichbar sein.

378 Eine Änderungskündigung ist nicht erforderlich, wenn der Dienstgeber ein vertragl **Recht zur einseitigen Änderung der Vergütung** hat (BAG AP 3 § 2 KSchG 69) oder wenn die Geschäftsgrundlage der bisherigen Regelung entfallen ist (§ 313; BAG AP 18, 24 § 611 Arzt-Krankenhaus-Vertrag). Das tritt heute kaum noch ein, zumal Anpassungsklauseln in **AGB** an § 308 Nr 4, § 310 IV 2 zu messen sind (*Däubler* NZA 2001, 1329, 1336; *Gotthardt* ZIP 2002, 277, 285; *Reinecke* DB 2002, 583, 585; *Lingemann* NZA 2002, 181, 190f; Rn 295). Die Kombination von Freiwilligkeits- und Widerrufsvorbehalt in Formulararbeitsverträgen ist wegen § 307 I 2 unwirksam (BAG NZA 2008, 40; NZA 2012, 81).

379 Sofern in Tarifverträgen oder Betriebsvereinbarungen (§ 310 IV 1) festgelegt wird, dass der ArbGeb bestimmte Vergütungsteile widerrufen kann (BAG AP 11 § 4 BAT; 4 § 9 TVAL II; 10 § 611 Croupier; 4, 15 § 1 TVG Tarifverträge Rundfunk; 1 § 29 TV Angestellte Bundespost; 21 § 75 BPersVG; 11 § 15 BAT), darf die einseitige Veränderung der Vergütung nicht in die Grundlagen des Vertrags eingreifen.

380 Nach § 315 kann die Ausübung eines einseitigen Leistungsbestimmungsrechts nach freiem oder **billigem Ermessen** erfolgen. Im Arbeitsverhältnis ist im Zweifel nur billiges Ermessen gestattet (§ 106 GewO). Eine Leistungsbestimmung entspricht billigem Ermessen iSd §§ 315, 106 GewO, wenn sie die wesentlichen Umstände des Falles abgewogen und die beiderseitigen Interessen angemessen berücksichtigt hat (Rn 251ff). Die gleichbleibende Ausübung des Leistungsbestimmungsrechts über einen längeren Zeitraum konkretisiert die Anspruchshöhe nicht dergestalt, dass jede andere Ermessungsausübung des ArbGeb unbillig wäre (BAG NZA 2017, 1595). In Formulararbeitsverträgen ist die AGB-Kontrolle von Widerrufsklauseln zu beachten, Rn 118ff, 193.

381 Eine schwächere Bindungswirkung als die widerrufliche Leistung hat die freiwillige Leistung, auf deren Fortsetzung auch ohne Widerruf kein Rechtsanspruch besteht (zur Abgrenzung BAG AP 1 § 4 TVG, 193 § 611 Gratifikation). Das BAG (NZA 2008, 40; 2012, 81) hält deshalb die Kombination mit einem Widerrufsvorbehalt für widersprüchlich und unwirksam, § 307 I 2.

382 **2. Vergütungsformen. a) Zeitvergütung.** Bei der Zeitvergütung wird die Vergütung **für eine bestimmte Zeit der Dienstleistung** gewährt. In selbständigen und arbeitnehmerähnlichen Dienstverhältnissen kann die Dienstleistung von einem Abruf des Dienstgebers abhängig gemacht werden, während die regelmäßige Dauer persönlich abhängiger Teilzeitarbeit nicht einseitiger Festlegung durch den ArbGeb überlassen bleiben darf (Rn 259ff). Die Festlegung von Zeitvergütung kann durch Kollektiv- oder Einzelvertrag getroffen werden. Nach § 87 I Nr 10 BetrVG hat der Betriebsrat darüber mitzubestimmen, ob um Zeit- oder Leistungsentgelt gearbeitet wird, soweit dies nicht durch Tarifvertrag geregelt ist. Zuschläge (= Zulagen) werden vom ArbGeb aus den unterschiedlichsten Gründen zusammen mit der laufenden Grundvergütung des ArbN gewährt. Sie können auf Gesetz, Tarifvertrag, Betriebsvereinbarung und Arbeitsvertrag beruhen. Im Wesentlichen unterscheidet man zw leistungsbezogenen und leistungsunabhängigen Zuschlägen. Mit ersteren sollen Arbeitsleistungen des ArbN vergütet werden, die bei einer ausschließlich an der Arbeitszeit orientierten Entlohnung nicht angemessen honoriert würden. Die

leistungsunabhängigen Zuschläge dagegen bezwecken in erster Linie einen Ausgleich der mit der Grundvergütung nicht ausreichend abgedeckten erhöhten Lebenshaltungskosten. Leistungsunabhängig können aber auch die Zuschläge genannt werden, mit denen der ArbGeb neben der Arbeitsleistung eine bestimmte Verhaltensweise des ArbN belohnen will. Die Unterscheidung der Zuschläge nach ihrem Zweck ist bedeutsam für die Frage, ob eine Tariflohnerhöhung auch für die ArbN wirkt, die bereits aufgrund von Zuschlägen eine übertarifliche Vergütung erhalten (Rn 165).

Das ArbZG sieht keinen sog Mehrarbeitszuschlag für die Arbeitszeit, in der der ArbN zulässigerweise über die 383
gesetzl Regelarbeitszeit tätig war (vgl Rn 248), vor. Ein Anspruch auf Vergütung kann sich aber aus § 612 oder aus § 812 ergeben.

Arbeitsstunden, die zwar nicht die gesetzl Regelarbeitszeit, dafür aber die **betriebliche regelmäßige Arbeitszeit** 384
überschreiten, sind aufgrund kollektiv- oder einzelvertragl Abrede üblicherweise zusätzl mit einem sog Überstundenzuschlag abzugelten, sofern nach diesen Abreden für die angefallene Überarbeit überhaupt eine besondere Grundvergütung zu zahlen ist. Der Überstundenzuschlag beträgt meist 25 % der dem ArbN für die in der betrieblichen Arbeitszeit geleistete Arbeit zustehenden Gesamtvergütung. Der Bezugszeitraum ist durch Auslegung zu ermitteln; diese kann ergeben, dass die in einer Woche erbrachte Mehrleistung durch Arbeitszeitverkürzung in der Folgezeit ausgeglichen werden kann (BAG AP 25 § 611 Mehrarbeit). Eine tarifvertragl Bestimmung, nach der ein Anspruch der Teilzeitkräfte auf Mehrarbeitszuschläge erst besteht, wenn die für eine Vollzeittätigkeit maßgebliche Stundenzahl überschritten wird, verstößt gegen § 4 I TzBfG (BAG NZA 2019, 790).

Streiten die Arbeitsvertragsparteien in einem **Prozess** über die Bezahlung von Mehr- bzw Überarbeit, hat der 385
ArbN darzulegen und zu beweisen, an welchen Tagen und zu welchen Tageszeiten er über die regelmäßige gesetzl oder betriebsübliche Arbeitszeit hinaus tätig war (BAG AP 1 § 1 TVG Tarifverträge Arbeiterwohlfahrt). Des Weiteren erstreckt sich die Darlegungs- und Beweislast darauf, wer die Mehr- bzw Überarbeit angeordnet hat, oder aber, ob sie zur Erledigung der vom ArbN verlangten Arbeit notwendig war bzw ob sie zumindest vom ArbGeb gebilligt oder geduldet worden ist (BAG AP 7 § 253 ZPO; 7 § 196 BGB). Zuschläge für ungünstig gelegene Arbeitszeiten sind kollektiv- oder einzelvertragl vor allem für Nacht-, Sonn- und Feiertagsarbeit vorgesehen. Nach § 2 III, IV ArbZG ist Nachtarbeit jede Arbeit von über zwei Stunden, die in die Zeit 23.00–6.00 Uhr, für Bäckereien und Konditoreien in die Zeit 22.00–5.00 Uhr fällt. In Kollektiv- und Einzelverträgen wird als Nachtarbeit zumeist die in die Zeit 22.00–6.00 Uhr fallende Arbeit vereinbart (BAG AP 2 § 87 BetrVG 72 Provision). Dort ist uU auch vorgesehen, dass die Nachtarbeitszuschläge entfallen oder zumindest gekürzt werden, wenn zur Nachtarbeit regelmäßig Schichtarbeit gehört. Fällt ein Feiertag auf einen Sonntag, kann der ArbN mangels einer entgegenstehenden Abrede nur einen Zuschlag verlangen. Für die Frage, ob in diesem Fall der oft niedrigere Sonntags- oder der höhere Feiertagszuschlag zu zahlen ist, kommt es auf den im Wege der Auslegung zu ermittelnden Zweck der Zuschlagsgewährung an (BAG AP 4 § 611 Akkordlohn).

b) Leistungsvergütung. aa) Akkord. Merkmal des Akkordlohns ist es, dass seine Höhe proportional zu der ge- 386
leisteten Arbeitsmenge ist. Eine Steigerung der Leistung oder ihr Absinken steigert oder mindert den Akkordlohn im gleichen Verhältnis. Nach der Art der Berechnung der Akkordlohnvergütung unterscheidet man Geld- und Zeitakkord. Beim Geldakkord wird die Vergütung dadurch berechnet, dass einer bestimmten Arbeitsmenge, zB der Zahl der gefertigten Arbeitsstücke, der Größe einer bearbeiteten Fläche, ein bestimmter Geldbetrag gegenübergestellt wird und die geleistete Arbeitsmenge mit diesem Geldfaktor multipliziert wird. Beim Zeitakkord wird dem ArbN eine bestimmte Zeit, die durchschnittlich für die Leistung einer Arbeitseinheit benötigt wird (Zeitfaktor), vorgegeben und für jede Einheit der Vorgabezeit, üblicherweise eine Minute, ein bestimmter Geldbetrag (Geldfaktor), festgesetzt (BAG AP 4 § 611 Akkordlohn). Die Vorgabezeit, dh die Zeit, die ein ArbN zur ordnungsgemäßen Ausführung der ihm übertragenen Arbeit unter den betriebsüblichen Bedingungen bei Normalleistung (BAG AP 2 § 87 BetrVG 72 Provision) benötigt, wird zumeist durch Zeitstudien nach anerkannten arbeitswissenschaftlichen Methoden (Refa-, Bédaux- oder MTM-System) ermittelt. Da sich die Vergütung beim Akkord nach dem Arbeitsergebnis richtet, trägt das Risiko einer Minderleistung der ArbN, es sei denn, der Grund dafür läge in der Sphäre des ArbGeb, zB weil er dem ArbN nicht das benötigte Arbeitsgerät zur Verfügung gestellt hat (vgl § 615 S 1). Dagegen geht, sofern tarif- oder einzelvertragl nichts anderes vereinbart ist, das Risiko mangelhafter Arbeitsqualität zulasten des ArbGeb (BAG AP 13 § 611 Akkordlohn). Vorübergehende Zuweisung von Zeitlohnarbeit ist im Zweifel mit dem Akkorddurchschnitt zu vergüten (ebenso zu einem TV für Putzer BAG AP 90 § 1 TVG Tarifverträge Bau). Für einige ArbN-Gruppen (vgl § 23 JArbSchG) ist die Einführung der Akkordvergütung unzulässig, da für sie die mit einer hohen Leistung verbundene Belastung unzumutbar ist. Wird die Arbeitsmenge nach der Arbeitsleistung eines einzelnen ArbN bemessen, spricht man von Einzelakkord, ist für sie die Leistung einer ArbN-Gruppe maßgeblich, liegt ein Gruppenakkord vor (s BAG AP 14 § 611 Akkordlohn).

Die Akkordvergütung kann durch TV, BV und Einzelvertrag eingeführt werden. Tariflich geregelt wird zumeist 387
nur die Methode zur Bestimmung der Ausgangsleistung, der Akkordrichtsatz (Stundenverdienst eines Akkordarbeiters bei Normalleistung) und ein Mindestverdienst, der dem Stundenlohn eines Zeitlohns entspricht oder in einem bestimmten Verhältnis hierzu steht (BAG AP 15 § 611 Akkordlohn). Stellt sich heraus, dass die Akkordvorgabe unrichtig war, zB der Akkordrichtsatz bei Normalleistung nicht zu erreichen ist, hat eine Akkordrevision stattzufinden. Die bisherige Akkordvorgabe kann in diesem Fall, soweit sie kollektiv- oder einzelvertragl nach arbeitswissenschaftlicher Methode zu erfolgen hat, ohne weiteres geändert werden. Einer Änderungskündi-

gung bedarf es nur, wenn einzelvertragl bewusst eine zu hohe Akkordvorgabe vereinbart war (BAG AP 4 § 611 Akkordlohn).

388 Dem **Betriebsrat** steht unter Beachtung des Gesetzesvorbehalts und des Tarifvorrangs gem § 77 III, § 87 I BetrVG bei der Frage, ob die betriebliche Lohngestaltung für alle ArbN oder Teile von ihnen auf der Basis eines Akkordlohnsystems erfolgen soll, ein Mitbestimmungsrecht nach § 87 I Nr 10 BetrVG zu. Das umfasst alle Elemente, die dieses System ausgestalten (*Edenfeld*, Betriebsverfassungsrecht, Rn 239f). Haben sich die Betriebspartner nach § 87 I Nr 10 BetrVG für die Akkordvergütung entschieden, hat der Betriebsrat ein weiteres Mitbestimmungsrecht nach § 87 I Nr 11 BetrVG bzgl der Festsetzung der Akkordsätze einschl des Geldfaktors. Das umfasst die Festsetzung sämtlicher Berechnungsfaktoren des Akkords (BAG AP 3 § 87 BetrVG 72 Prämie).

389 **bb) Prämien.** Wie der Akkord- ist der Prämienlohn eine leistungsbezogene Vergütungsform. Zur Ermittlung der Prämie wird zunächst eine Leistung des ArbN gemessen und mit einer Bezugsleistung verglichen. Die Höhe der Prämie bemisst sich dann in bestimmter Weise nach dem Verhältnis der Leistung des ArbN zur Bezugsleistung (BAG AP 2 § 87 BetrVG 72 Provision; 3 § 87 BetrVG 72 Prämie). Der Prämienlohn kann zur Erhöhung der Mengen- und Qualitätsleistung, aber auch zur besseren Nutzung der betrieblichen Anlagen oder Materialien oder zur Ersparnis von Roh-, Hilfs-, Betriebsstoffen oder Energie oder als Zeitersparnis bzw Termineinhaltungsprämie eingeführt werden (BAG AP 3 § 87 BetrVG 72 Provision). Er kann sowohl an die Arbeitsleistung des einzelnen ArbN (Einzelprämie) wie auch an diejenige einer Arbeitsgruppe (Gruppenprämie) anknüpfen. Wie der Akkord- ist auch der Prämienlohn zur Vermeidung zu hoher körperlicher Belastung für bestimmte ArbN-Gruppen ausgeschlossen. Kein echter Prämienlohn liegt vor, wenn der ArbGeb eine als Prämie bezeichnete Sondervergütung gewährt, mit der neben der Arbeitsleistung zusätzl eine besonders befriedigende Erfüllung einer Dienstobliegenheit (zB Anwesenheits-/Pünktlichkeitsprämie) oder längere Betriebstreue belohnt werden soll.

390 Wie bei der Akkordvergütung bedarf es auch bei der Prämienentlohnung der Festlegung einer Normalleistung, an der die vom ArbN tatsächlich erbrachte Leistung zu messen ist (BAG AP 3 § 87 BetrVG 72 Provision). Diese kann frei ausgehandelt, statistisch oder arbeitswissenschaftlich ermittelt werden. Die Normalleistung kann in Geld- und Zeiteinheiten gemessen werden. Letzteres setzt aber voraus, dass die Bezugsleistung, wie bei der Mengen- oder Terminprämie, zeitgemäß überhaupt erfasst werden kann.

391 Der Prämienlohn kann durch TV, BV oder Einzelarbeitsvertrag eingeführt werden. Die Vergütung ausschließlich nach einem Prämienlohnsystem findet sich in der Praxis selten. Zumeist wird der Prämienlohn neben einer Grundvergütung (Zeit- oder Akkordlohn) gezahlt. Besteht die Arbeitsvergütung nur aus einem Prämienlohn, verhindert die gesetzl Mindestlohngarantie das Absinken unter eine bestimmte Vergütungshöhe. Zur Anrechnung von Prämien bei Tariflohnerhöhungen BAG AP 12 § 4 TVG Ordnungsprinzip. Bei der Anrechnung von durch BV vereinbarter Prämienlohnerhöhung auf übertarifliche Leistungen kann ein Mitbestimmungsrecht des Betriebsrats bestehen (BAG AP 58, 60, 61, 64, 71, 73, 80, 85 § 87 BetrVG 72 Lohngestaltung).

392 **cc) Gedinge.** Es ist die für bergmännische Arbeiten typische Form des leistungsbezogenen Entgelts. Rechtsgrundlage für einen Vertrag, dem die Gedingevergütung zugrunde liegt, sind die einschlägigen MantelTVe für den Bergbau.

393 **c) Provision.** Die Provision ist, wie die §§ 87ff HGB zeigen, eine Vergütungsform, die in erster Linie für die Vertragsbeziehungen zw Selbständigen typisch ist. Außer mit Handelsvertretern kann sie nach § 65 HGB auch mit einem Handlungsgehilfen allein oder neben einem Festgehalt vereinbart werden (BAG AP 4 § 65 HGB). Sie stellt dann, wie Akkord- und Prämienlohn, ein leistungsbezogenes Entgelt dar (BAG DB 1998, 1719). Im Unterschied zu diesen Vergütungsformen ist Grundlage für die Bemessung der Provision nicht die durch bestimmte Fähigkeiten des ArbN beeinflussbare eigentliche Arbeitsleistung, zB die Geschwindigkeit seines Handelns, sondern der bloße Erfolg seiner Tätigkeit (BAG AP 4 § 87 BetrVG 72 Provision). Dieser besteht vor allem im Abschluss oder in der Vermittlung eines Vertrags zw ArbGeb und einem Dritten (Abschluss- bzw Vermittlungsprovision). Eine Provisionszahlung liegt aber auch noch vor, wenn der ArbN für einen erfolgreichen Geschäftsabschluss eines ihm unterstellten ArbN entlohnt wird, zu dem er nur mittelbar, dh durch Maßnahmen der Führung, Schulung und Unterstützung, beigetragen hat (sog Anteils- bzw Leistungsprovision; BAG AP 2 § 87 BetrVG 72 Provision). Wird dagegen die Vergütung des ArbN an Geschäfte gekoppelt, deren Abschluss oder Vermittlung er nicht einmal mittelbar beeinflusst hat, handelt es sich, sieht man von der in § 87 II HGB geregelten Bezirksprovision ab, um keine Provisionszahlung (BAG AP 4 § 65 HGB). Diese Situation ist bei einer Umsatzprovision gegeben, die üblicherweise neben einem Festgehalt gezahlt wird und den ArbN an dem Wert sämtlicher Geschäfte eines Unternehmens oder einer Abteilung unabhängig von seiner Eigenleistung beteiligt. Je nach der vertragl Absprache handelt es sich in diesem Fall um eine Gewinnbeteiligung oder gratifikationsähnliche Zahlung.

394 Provisionsabreden werden insb mit ArbN getroffen, die mit Vertriebsaufgaben betraut sind. Vorrangig soll dadurch das Eigeninteresse dieser Angestellten am Erfolg ihrer Akquisitionstätigkeit geweckt werden (**Anreizfunktion**; BAG AP 4 § 87a HGB; 2 BetrVG 72 Provision). Daneben führt die vom Erfolg der Bemühungen eines ArbN abhängige Provisionsbezahlung zu einer indirekten Kontrolle der kaum überprüfbaren Tätigkeit von Außendienstmitarbeitern (**Kontrollfunktion**).

395 Erfolgt die Vergütung eines ArbN zumindest teilw auf Provisionsbasis, finden nach § 65 HGB § 87 I und III, §§ 87a–c HGB entspr Anwendung. Dabei sind jew die sich aus der verschiedenen rechtl und wirtschaftl Stellung der Handelsvertreter einerseits und der ArbN andererseits ergebenden Unterschiede zu berücksichtigen (BAG AP 6 § 65 HGB). Die erwähnten Vorschriften des Handelsvertreterrechts gelten entspr nicht nur für Angestellte,

die mit dem Austausch von Waren beschäftigt sind, sondern auch für solche, die mit dem Abschluss oder der Vermittlung von Versicherungs- und Bausparkassenverträgen betraut sind. Die in § 65 HGB insoweit fehlende Verweisung auf § 92 I, IV HGB beruht auf einem Redaktionsversehen (BAG AP 3 § 92 HGB). Kraft ausdrückl Vereinbarung oder aufgrund eines Analogieschlusses können die für Handlungsgehilfen geltenden Provisionsvorschriften auch auf andere Arbeitnehmergruppen angewendet werden. Die in § 65 HGB in Bezug genommenen Regelungen betreffen nur die Abschluss- und Vermittlungsprovision (vgl § 87 I HGB). Andere Provisionsarten wie Bezirksprovision (§ 87 II HGB; BAG AP 3 § 65 HGB) und Inkassoprovision (§ 87 IV HGB) können aber vertragl ebenso vereinbart werden wie der dem ArbN gesetzl nicht zustehende Ausgleichsanspruch nach § 89b HGB bei Beendigung des Arbeitsverhältnisses.

Die Regelung des § 87 HGB über die Entstehung des Provisionsanspruchs ist bis zur Grenze zwingender ArbN-Schutzrechte auch zulasten des ArbN abdingbar. Es ist deshalb rechtl zulässig, mit einem ein Festgehalt beziehenden Angestellten zu vereinbaren, dass er Provision erst erhält, wenn die von ihm vermittelten Geschäfte der Höhe nach die Summe seines Festgehalts und seiner Reisekostenpauschale übersteigen (BAG AP 5 § 1 TVG Tarifverträge Versicherungsgewerbe; 14 § 1 TVG Tarifverträge Einzelhandel). Die Provision kann, wo keine anderen Regelungen eingreifen, als einziges Entgelt vereinbart, muss aber angemessen sein. Die Befristung einer Provisionsregelung stellt keine Umgehung des Kündigungsschutzes dar, wenn die Provision lediglich 15 % der Gesamtvergütung ausmacht (BAG AP 34 § 2 KSchG 69; Rn 293). Wird eine sog Topfabrede gekündigt, kann sich ein Provisionsanspruch aus erg Vertragsauslegung ergeben (BAG AP 57 § 612). 396

d) Gratifikationen. Gratifikationen sind Sondervergütungen, die der ArbGeb seinen ArbN über das für die Arbeitsleistung gezahlte Arbeitsentgelt hinaus aus bestimmten Anlässen (Weihnachten, Neujahr, Dienstjubiläum, Jahresabschluss etc) gewährt. Der Begriff der Sondervergütung ist in § 4a EFZG definiert als Leistung, die der ArbGeb zusätzl zum laufenden Arbeitsentgelt erbringt. 397

Der wirtschaftl Zweck einer Gratifikation kann in der Anerkennung für geleistete Betriebstreue des ArbN liegen. Die Gratifikation kann aber auch dazu dienen, dem ArbN Anreiz zu weiterem Verbleiben im Betrieb zu geben (BAG AP 1 § 611 Gratifikation). Welcher Zweck mit einer Sonderleistung verfolgt wird, ist im Wege der Auslegung zu ermitteln. Das bestimmende Motiv lässt sich idR aus den Leistungsvoraussetzungen ablesen. Soll vornehmlich bewiesene Betriebstreue entlohnt werden, wird die Entstehung des Anspruchs von dem Ablauf einer gewissen Betriebszugehörigkeit zu einem bestimmten Stichtag abhängig gemacht. Will der ArbGeb zukünftige Betriebstreue prämieren, wird er in seiner Zusage verlangen, dass der ArbN am Ende des Bezugszeitraums in einem ungekündigten Arbeitsverhältnis steht oder das Arbeitsverhältnis nach Beendigung des Bezugszeitraums bis zu einem bestimmten Stichtag des folgenden Jahres fortdauert. Die Beendigung des Arbeitsverhältnisses vor dem Stichtag lässt den Anspruch dann entfallen, auch wenn sie durch betriebsbedingte Kündigung erfolgt (BAG AP 137 § 611 Gratifikation; zur vorfristigen Kündigung BAG DB 1999, 1706). Eine solche Regelung unterliegt der richterlichen Inhaltskontrolle (BAG 147 § 611 Gratifikation). Nach BAG-Rspr (AP 138 § 611 Gratifikation) gilt dies auch bei betriebsbedingten Kündigungen, die zu oder nach dem Stichtag wirksam werden. Von der Gratifikation zu unterscheiden ist das sog 13. Monatsgehalt. Es stellt im Regelfall eine Sonderzuwendung des ArbGeb dar, die allein in der Vergangenheit geleistete Dienste des ArbN abgelten will und nicht wie die Gratifikation leistungsabhängig ist (BAG AP 102 § 611 Gratifikation; EzA § 611 Gratifikation, Prämie Nr 86). Der Stichtag schiebt die Fälligkeit des fortlaufend anteilig verdienten und schon unentziehbaren Anspruchs hinaus. Gratifikationen haben Entgeltcharakter. Sie sind auch bei freiwilliger Zahlung selbst dann kein Geschenk, wenn sie vom ArbGeb so bezeichnet werden (BAG AP 1, 92, 93, 162 § 611 Gratifikation). 398

Rechtsgrundlage für die Gewährung einer Gratifikation können Tarifvertrag, Betriebsvereinbarung und der einzelne Arbeitsvertrag sein. Kraft betrieblicher Übung entsteht ein Gratifikationsanspruch, wenn der ArbGeb eine Gratifikation wiederholt und vorbehaltlos gewährt und hierdurch für die ArbN ein Vertrauenstatbestand entsteht, dass der ArbGeb sich auch für die Zukunft binden wolle. Ein solcher Vertrauenstatbestand wird regelmäßig bei dreimaliger vorbehaltloser Zahlung anzunehmen sein (BAG AP 3, 4, 7 § 611 Gratifikation; dazu Rn 233). Ein arbeitsvertragl Anspruch auf Sonderzahlung kann nicht durch betriebliche Übung, sondern nur durch vertragl Abrede verschlechtert oder beseitigt werden (BAG BAGRp 2005, 112). Zur Auslegung einer über das Intranet zugesagten Sonderprämie BAG BAGRp 2003, 161. Der Gleichbehandlungsgrundsatz verbietet es dem ArbGeb, eine bestimmte Gruppe von ArbN ohne sachlichen Grund von dem Bezug einer Gratifikation auszuschließen. Willkürlich ist die Differenzierung zw Angestellten und Arbeitern (Rn 109; BAG AP 44, 67, 68 § 242 Gleichbehandlung; 145 § 611 Gratifikation); nicht aber die zw Beamten und ArbN im öffentlichen Dienst (BAG AP 149 § 611 Gratifikation). Anerkannte Unterscheidungsmerkmale sind zB Alter, Familienstand, Kinderzahl, Bedürftigkeit, Dauer der Betriebszugehörigkeit, Qualifikation. Auch zw befristeten und unbefristeten Arbeitsverhältnissen kann unterschieden werden (BAG AP 160 § 611 Gratifikation). Wird die Gratifikation unabhängig von der Arbeitsqualität gezahlt, darf nicht nach Ausbildungsabschlüssen differenziert werden (BAG AP 157 § 611 Gratifikation). Neu eingestellten Pflegekräften muss keine Arbeitsmarktzulage gezahlt werden, wenn kein Pflegekräftemangel mehr besteht (BAG NZA 2001, 782). 399

Inwiefern sich **Fehlzeiten des ArbN** auf die Höhe des Gratifikationsanspruchs auswirken, richtet sich in erster Linie nach der jew Gratifikationsregelung. Dabei ist auf die Einzelregelungen abzustellen, aber auch auf die generelle Zweckbestimmung der Leistung. Je mehr sie den rechtl Bestand des Arbeitsverhältnisses belohnt, desto weniger können tatsächliche Fehltage ins Gewicht fallen. Das BAG geht davon aus, dass der Bestand des Arbeitsverhältnisses zur Anspruchsbegründung genügt, wenn keine Regelung getroffen ist, nach welcher das Fehlen tat- 400 sächlicher Arbeitsleistung sich anspruchsmindernd oder anspruchsausschließend auswirken soll (BAG AP 143, 148, 152, 155, 156, 159, 162, 174 § 611 Gratifikation; 141 Art 9 GG Arbeitskampf). Von einem Bestand des Arbeitsverhältnisses idS könne aber nicht mehr ausgegangen werden, wenn der ArbN sich mit Einverständnis des ArbGeb arbeitslos melde (BAG AP 168 § 611 Gratifikation; 3 § 1 TVG Tarifverträge Bergbau; anders BAG AP 181 § 611 Gratifikation: Ruhen des Arbeitsverhältnisses). Ist ein „13. Monatsgehalt" aber Teil des Arbeitsentgelts ieS (Rn 388), wirken sich Fehlzeiten auf dieses Arbeitsentgelt aus (BAG AP 135, 173 § 611 Gratifikation). Die Zusage eines „Weihnachtsgeldes" wird von der Rspr (BAG EzA § 611 Gratifikation, Prämie Nr 86) als bloße Fälligkeitsregelung nach Art eines 13. Monatsgehalts ausgelegt, so dass es mangels anderweitiger Regelung bei Ausscheiden während des Jahres anteilig zu gewähren ist. Aber auch eine Auslegung, nach der eine Leistung in diesem Fall ganz ausscheidet, hat das BAG bestehen lassen (AP 161 § 611 Gratifikation). Zulässig sind grds Regelungen, nach denen Gratifikationen wegen Zeiten der Nichtleistung proportional zu kürzen sind. § 4a EFZG sieht sogar ausdrückl die Möglichkeit überproportionaler Kürzungen für den Fall der Arbeitsunfähigkeit wegen Krankheit vor. Eine Regelung ist jedenfalls dann zulässig, wenn die Kürzung von Tatbeständen abhängig gemacht wird, nach denen auch eine Minderung oder ein Wegfall des Arbeitsentgelts erfolgen kann (BAG AP 35, 36, 70–73, 84, 105, 111, 164, 166, 169 § 611 Gratifikation). Aber auch wenn ein gesetzl Anspruch auf Entgeltfortzahlung trotz Nichtarbeit besteht, kann sich die Nichtarbeit auf Sondervergütungen anspruchsmindernd oder anspruchsausschließend auswirken (BAG AP 18 § 611 Anwesenheitsprämie). Auch für Zeiten, in denen das Arbeitsverhältnis ruht, kann die Vergütung anteilig gekürzt werden (BAG AP 158, 165, 173, 174, 175 § 611 Gratifikation; vgl auch EuGH AP 74 Art 119 EWG-Vertrag; DB 2000, 223; BAGRp 2002, 2; auch im Falle des Streiks, BAG NJW 2000, 1285). Zur Frage, ob eine Kürzung des Gratifikationsanspruchs gem §§ 283, 326 in Betracht kommt, wenn es an einer vertragl Regelung fehlt, Rn 352.

401 Häufig wird die Zahlung von Gratifikationen mit einem **Rückzahlungsvorbehalt** für den Fall verbunden, dass der ArbN vor einem bestimmten Zeitpunkt aus dem Betrieb ausscheidet. Ein Rückzahlungsvorbehalt muss ausdrückl durch TV, BV oder einzelvertragl Abrede begründet werden (BAG AP 83 § 611 Gratifikation). Unzulässig ist die Vereinbarung von Rückzahlungsklauseln für Sonderzahlungen, die vom ArbN in der Vergangenheit geleistete Arbeit zusätzl vergüten sollen (zB 13. Monatsgehalt; BAG AP 84 § 611 Gratifikation). Möglich ist die Vereinbarung von Rückzahlungsklauseln nur, wenn der ArbGeb eine Leistung erbringt, die durch die bisherige Arbeitsleistung noch nicht verdient ist, sondern auch Anreiz für zukünftige Betriebstreue bieten soll (BAG AP 84 § 611 Gratifikation; vgl auch BAG AP 18 § 611 Anwesenheitsprämie). Zur Aufrechnung mit dem Rückzahlungsanspruch BAG BAGRp 2003, 162.

402 Aber auch dann sind Rückzahlungsklauseln nicht uneingeschränkt zulässig. Rückzahlungsklauseln dürfen den ArbN nicht unzulässig in seiner **Berufsfreiheit** (Art 12 GG) behindern. Erforderlich ist eine Abwägung zw dem berechtigten Interesse des ArbGeb, den ArbN an den Betrieb zu binden, und dem Recht des ArbN, grds frei seinen Arbeitsplatz zu wählen und zu wechseln. Die zulässige Bindungsdauer, die durch die Pflicht zur Rückzahlung einer Gratifikation für den Fall des Ausscheidens aus dem Betrieb erreicht werden kann, richtet sich nach der Höhe und dem Zeitpunkt der vereinbarten Fälligkeit der Leistung (BAG BAGRp 2003, 316). Für die Weihnachtsgratifikation hat das BAG (AP 15, 22, 23 § 611 Gratifikation) eine gestaffelte Regelung entworfen, die Anwendung findet, wenn sich nicht wegen der Umstände des Einzelfalls eine andere Beurteilung rechtfertigt. Bei Gratifikationen bis zu einem Monatsgehalt ist eine Bindung bis zum 31.3. des Folgejahres (BAG AP 150 § 611 Gratifikation: Ausscheiden mit Ablauf des 31.3. schadet nicht), bei einer höheren Gratifikation eine Bindung bis zum 30.6. möglich (BAG AP 22, 23, 25, 99, 106, 150 § 611 Gratifikation). Erhält der ArbN eine Sonderzahlung iHv einer Monatsvergütung, kann der ArbGeb sich die Rückforderung für den Fall vorbehalten, dass der ArbN nicht über die folgenden drei Monate hinaus bis zum nächstzulässigen Kündigungstermin bleibt. Eine weiter gehende Bindung des ArbN ist unwirksam (BAG BAGRp 2004, 259). Bei einer Gratifikation iHv zwei Monatsverdiensten und einer Staffelung der Rückzahlung auf ein halbes Monatsgehalt soll eine Bindung bis zum 30.9. des folgenden Jahres zulässig sein (BAG AP 69 § 611 Gratifikation). Die Ausschöpfung der maximalen Bindungsdauer ist nicht zulässig, wenn die Gratifikation im konkreten Jahr nicht voll gezahlt wird, weil der ArbN erst im Laufe des Jahres in das Arbeitsverhältnis eingetreten ist. Enthält die Rückzahlungsklausel keine konkreten Tatbestandsvoraussetzungen, ist sie unwirksam; eine „geltungserhaltende Reduktion" scheidet aus (BAG AP 176 § 611 Gratifikation).

403 Für den Fall des betriebsbedingten Ausscheidens des ArbN hat das BAG entschieden, dass eine Rückzahlungsklausel unwirksam ist (BAG AP 84 § 611 Gratifikation). Wenn dies schon für die betriebsbedingte Auflösung gilt, so wird dies erst recht für den Fall der vom ArbGeb zu vertretenden Kündigung anzunehmen sein. Für **Ausbildungskosten** hat das BAG entschieden, dass eine Verpflichtung zur Rückzahlung unwirksam ist, sofern der Kündigungsgrund aus der Sphäre des ArbGeb stammt, dh der ArbN die Kündigungsentscheidung und damit das Fehlschlagen der Bildungsinvestition nicht durch ein vertragswidriges Verhalten veranlasst hat (BAG NZA 2004, 1035; 2012, 738; 2019, 781; näher Rn 132). In jedem Fall ist unter den Gesichtspunkten von §§ 133, 157, 242, 305ff iVm § 310 IV 2 zu prüfen, inwieweit eine Rückzahlungsklausel in der konkreten Kündigungssituation anwendbar sein soll (BAG AP 1 § 607 für ArbGeb-Darlehen). Zur angemessenen Bindungsdauer Rn 132.

404 **e) Gewinn- und Vermögensbeteiligung. aa) Gewinnbeteiligung.** Unter Gewinnbeteiligungen sind Sonderleistungen des ArbGeb an ArbN zu verstehen, die dem Grunde und der Höhe nach an den Geschäftsgewinn des Unternehmens anknüpfen. Werden Gewinnbeteiligungen nur an leitende Angestellte ausgeschüttet, ist in der Praxis die Bezeichnung als Tantiemen üblich. Im Gegensatz zu Gewinnbeteiligungen werden Jahresabschlussver-

gütungen der Gesamtheit oder doch einem großen Teil der Belegschaft ohne Rücksicht auf Gewinn und Verlust des Unternehmens als Anerkennung für geleistete Dienste und erwiesene Betriebstreue gewährt (RAG ARS 41, 381). Wird die Beteiligung nicht vom Gewinn, sondern vom Umsatz bezahlt, spricht man von einer Umsatztantieme (Umsatzbonus), der nach Auffassung des BAG Provisionscharakter zukommt (BAG AP 4 § 87a HGB).

Für die **Gewinnberechnung** ist die Handelsbilanz nach Vornahme sämtlicher Abschreibungen und Rücklagen, nicht aber die davon abw Steuerbilanz maßgebend (BAG AP 2 § 242 Auskunftspflicht). Es kann aber auch die für Vorstands- und Aufsichtsratsmitglieder geltende Regelung als Berechnungsgrundlage vereinbart werden. Hat der ArbN Zweifel an der ordnungsgemäßen Gewinnfeststellung, so ergibt sich als vertragl Nebenpflicht des ArbGeb aus der Gewinnbeteiligungsabrede ein Auskunftsanspruch gem §§ 157, 242 (BAG AP 1, 2 § 242 BGB Auskunftspflicht). 405

Die Gewinnbeteiligung wird mit Aufstellung der Bilanz für das gewinnbeteiligungspflichtige Jahr **fällig** (BAG AP 9 § 59 HGB). Bei Verzögerung der Bilanzaufstellung tritt die Fälligkeit in dem Zeitpunkt ein, in dem die Bilanz bei ordnungsgemäßem Ablauf abgeschlossen worden wäre. Für die Verjährung gilt § 195. 406

Auf **Rückzahlungsklauseln** bei Beendigung des Arbeitsverhältnisses sind die vom BAG für Gratifikationen entwickelten Grundsätze anwendbar (BAG BB 1974, 695), so dass auch bei Zuwendungen, die ein Monatsgehalt überschreiten, höchstens eine Bindungsdauer von einem halben Jahr vereinbart werden darf (vgl BAG AP 22, 23 § 611 Gratifikation). Bei betriebsbedingter oder vom ArbGeb zu vertretender Kündigung wird eine Rückzahlungspflicht unzulässig sein (BAG AP 84 § 611 Gratifikation; dagegen BAG AP 123 aaO). 407

bb) Vermögensbeteiligungen. Hier sind rein arbeitsrechtl (Lohnstundung), schuldrechtl (ArbN-Darlehen) und gesellschaftsrechtl Formen der Vermögensbeteiligung zu unterscheiden. Die Möglichkeiten gesellschaftsrechtl Beteiligung variieren je nach Rechtsform und Größe der Unternehmen. Üblich sind zB die Ausgabe von Kommandit- oder stillen Beteiligungen, von GmbH-Anteilen oder Belegschaftsaktien. Größere Unternehmen schalten häufig Beteiligungsgesellschaften ein, die die Aufgabe einer organisatorischen Zusammenfassung der Vielzahl von Beteiligungsrechten haben. Die ArbN sind Gesellschafter der Beteiligungsgesellschaft, die ihrerseits wieder – zB als Kommanditistin – am Unternehmen beteiligt ist (*Horn* ZGR 1974, 133). 408

Für Streitigkeiten im Zusammenhang mit Vermögensbeteiligungen sind die **Arbeitsgerichte** regelmäßig **zuständig.** Für die Lohnstundung ergibt sich die Zuständigkeit aus § 2 I Nr 3 lit a ArbGG. Für schuldrechtl und gesellschaftsrechtl Beteiligungsformen folgt sie grds aus § 2 I Nr 4 lit a ArbGG, allerdings nur, wenn die Beteiligung nicht zu marktüblichen Konditionen erfolgt; denn erst die Einräumung unterschiedlicher Beteiligungsbedingungen für ArbN und betriebsfremde Dritte stellt den gem § 2 I Nr 4 lit a ArbGG erforderlichen unmittelbar rechtl oder wirtschaftl Zusammenhang des Beteiligungsvertrags mit dem Arbeitsverhältnis her. 409

Die Möglichkeit, sich am Unternehmen zu beteiligen, ist, wenn sie nicht auch betriebsfremden Dritten zu gleichen Konditionen offensteht, eine Vergünstigung aus dem Arbeitsverhältnis. Deshalb ist der ArbGeb bei der Einräumung von Beteiligungsmöglichkeiten an den **Gleichbehandlungsgrundsatz** gebunden (BAG DB 1971, 727; *Hanau* ZGR-Sonderheft 1985, 111). Der ArbGeb kann nicht willkürlich bestimmte ArbN-Gruppen von einer Beteiligungsmöglichkeit ausschließen. Sachlich gerechtfertigt ist es, Teilzeitbeschäftigten nach dem Verhältnis ihrer Arbeitszeit und Abwesenden nach dem Verhältnis der Tage, an denen sie Anspruch auf Arbeitsentgelt hatten, eine Förderung zu gewähren. 410

Um einen Abfluss des Kapitals von ArbN-Gesellschaften während des Arbeitsverhältnisses zu verhindern, wird häufig die Kündigung der **Beteiligung durch den ArbN ausgeschlossen.** Rechtl Bedenken gegen diese Praxis bestehen nicht. Insb kann hierin keine Knebelung iSd § 138 gesehen werden. Zum einen wird die Beteiligung im Hinblick auf das Arbeitsverhältnis eingegangen, zum anderen treffen den ArbN idR keine über die reine Kapitalbeteiligung hinausgehenden gesellschaftsrechtl Pflichten. Schließlich bleibt wegen des zwingenden Charakters von § 723 BGB, § 133 HGB das außerordentliche Kündigungsrecht erhalten. 411

Um einen Abfluss des Mitarbeiterkapitals bei Beendigung des Arbeitsverhältnisses zu verhindern, wird mitunter ein **Verfall des gesellschaftsrechtl Abfindungsanspruchs vereinbart.** Ein genereller Abfindungsausschluss ist wegen Verstoßes gegen § 723 III unwirksam. Richtig wird es sein, eine Verfallklausel mit einer Bindungsdauer bis zu fünf Jahren für zulässig zu halten. Wenn gem § 624 ein Kündigungsausschluss von fünf Jahren zulässig ist, muss diese Frist erst recht für Verfallklauseln gelten, da durch sie die persönliche Freiheit des ArbN nicht in größerem Maße eingeschränkt wird. Die Übertragbarkeit von Belegschaftsaktien kann nicht beschränkt werden (BayObLG DB 1989, 214). 412

cc) Der **Staat fördert** die Vermögensbildung der ArbN dadurch, dass der ArbN für die Anlage von vermögenswirksamen Leistungen eine ArbN-Sparzulage erhält. Vermögenswirksame Leistungen sind Geldleistungen, die der ArbGeb für den ArbN aufzubringen hat. Einzelheiten regeln die Vermögensbildungsgesetze. 413

f) Arbeitgeberdarlehen. ArbGeb-Darlehen (§§ 488ff, zu Sachdarlehen §§ 607ff) sind im Unterschied zu Vorschüssen anzunehmen, wenn entweder Rückzahlung oder Verzinsung vereinbart sind oder ein die jew Entgeltzahlung erheblich übersteigender Betrag zur Erreichung eines Zwecks gegeben wird, der mit den normalen Bezügen nicht oder nicht sofort erreicht werden kann und zu dessen Befriedigung auch sonst üblicherweise Kreditmittel in Anspruch genommen werden. Die Unterscheidung ist in erster Linie wichtig wegen des unterschiedlich ausgestalteten Pfändungsschutzes von Darlehen und Vorschuss (RAG ARS 26, 217; BAG AP 1 § 394 BGB; 11 § 850 ZPO). Im Zweifel ist ein Vorschuss anzunehmen. 414

415 Für den Fall der vorzeitigen Beendigung des Arbeitsverhältnisses kann die Fälligkeit des Darlehens vereinbart werden (BAG NZA 2018, 589). Eine unzulässige Kündigungserschwerung ist hierin nicht zu sehen, da beim Darlehen – im Unterschied etwa zur Gratifikation – nur eine zukünftige Leistung, die weitere Bereitstellung von Arbeitgeberkapital, eingestellt und nicht eine in der Vergangenheit gewährte Leistung zurückgefordert wird. Die besondere Vertragsgestaltung oder Kündigungssituation kann jedoch eine andere Wertung gebieten. Unzulässig wäre zB eine Klausel, nach der das ArbGeb-Darlehen rückwirkend (höher) zu verzinsen ist (BAG 1 § 19 BErzGG). Bedenken bestehen auch, wenn der ArbGeb die vorzeitige Beendigung des Arbeitsverhältnisses zu vertreten hat. Hier ist im Wege der Auslegung unter den Gesichtspunkten von §§ 133, 157, 242, 628 II zu prüfen, ob sich die Fälligkeit auf diesen Fall erstrecken soll (BAG AP Nr 1 zu § 607 BGB). Es kann den ArbN entgegen Treu und Glauben unangemessen benachteiligen, wenn die Kündigungs- oder Fälligkeitsklausel zu weit gefasst ist (BAG NZA 2018, 589).

416 Werden bei der Vergabe von ArbGeb-Darlehen vorformulierte Vertragsbedingungen verwendet, ist eine Kontrolle nach den §§ 305ff auch ohne die Verweisung des § 310 IV 2 möglich. Der ArbN ist **Verbraucher** iSd § 13 (BVerfG NZA 2007, 85; *Däubler* NZA 2001, 1329, 1332ff; aA *Joussen* NZA 2001, 749; *Löwisch* NZA 2001, 466). Gem § 87 I Nr 10 BetrVG steht dem Betriebsrat bei der Vergabe von zinsvergünstigten ArbGeb-Darlehen ein Mitbestimmungsrecht zu (BAG AP 5 § 87 BetrVG 72 Lohngestaltung). Für Streitigkeiten im Zusammenhang mit ArbGeb-Darlehen sind die ArbG gem § 2 I Nr 4a ArbGG zuständig, wenn das Darlehen durch Zinsvergünstigung oder auf sonstige Weise durch das Arbeitsverhältnis beeinflusst wird.

417 **g) Sachzuwendungen.** ArbGeb und ArbN können Sachbezüge als Teil des Arbeitsentgelts vereinbaren, § 107 II GewO. Begrifflich ist zw echten Sachleistungen, die dem ArbN allein aufgrund des Arbeitsverhältnisses gewährt werden, und verdeckten Sachleistungen zu unterscheiden. Als verdeckte Sachleistungen werden Personalrabatte bezeichnet, die dem ArbN im Rahmen eines Kaufvertrags mit seinem ArbGeb eingeräumt werden.

418 **Echte Sachzuwendungen** sind grds als Arbeitsentgelt anzusehen, so zB Deputate in der Landwirtschaft, freie Kost oder Heizung sowie die Überlassung von Dienstfahrzeugen zur privaten Nutzung. Eine Ausnahme besteht für Sachzuwendungen, die in überwiegend eigenbetrieblichem Interesse (BFH DB 1963, 951; DB 1976, 80 und 466; DB 1983, 156) gewährt werden. Diese Leistungen sollen nicht die Tätigkeit des ArbN vergüten. Bsp sind die Überlassung von Arbeitskleidung oder Arbeitsgerät und die Teilnahme an Betriebsveranstaltungen.

419 Auch **verdeckte Sachleistungen (Personalrabatte)** stellen eine Form des Arbeitsentgelts dar, denn zum Arbeitsentgelt zählen auch Leistungen, die generell dazu bestimmt sind, die bereits erbrachte und noch zu erwartende Betriebstreue zu vergüten (BAG AP 1 § 87 BetrVG Lohngestaltung). Davon ist bei einem Preisnachlass, wenn er ausschließlich ArbN und nicht betriebsfremden Dritten eingeräumt wird, auszugehen. Hat der ArbGeb ohne Widerrufsvorbehalt Personalrabatte in einer bestimmten Höhe zugesagt, kann er diese nicht mit der pauschalen Behauptung, die wirtschaftl Lage des Unternehmens erfordere eine Senkung der Personalkosten, senken (BAG AP 1 § 611 Personalrabatt).

420 Die arbeitsrechtl Besonderheiten iSd § 310 IV 2 (BAG NZA 2019, 768) stehen einer Anwendung der **AGB-Kontrolle** (§§ 305ff) auf vorformulierte Kaufverträge mit Personalrabatt nicht entgegen. Es handelt sich um den Abschluss eines selbständigen Kaufvertrags neben dem Arbeitsverhältnis, auch wenn durch Vereinbarung eines Personalrabatts ein Zusammenhang mit dem Arbeitsverhältnis hergestellt wird. Anders ist es bei der formularmäßigen Vereinbarung echter Sachzuwendungen. Hier gelten die §§ 305ff über § 310 IV 2, weil es sich um Arbeitsentgelt handelt (Rn 417f).

421 Ist eine echte Sachleistung mit einem **Mangel** behaftet, so ergibt sich das Problem, dass das Dienst- bzw Arbeitsvertragsrecht keine den §§ 434ff bzw §§ 536ff vergleichbare Regelung enthält. Hier kommt die analoge Anwendung kauf- oder mietrechtl Vorschriften in Betracht, soweit § 107 II GewO keine Regelung enthält. Bei verdeckten Sachleistungen (Personalrabatten) stellt sich das Problem nicht. §§ 434ff sind unmittelbar anwendbar, da zw ArbGeb und ArbN ein Kaufvertrag besteht.

422 Bei Beendigung des Arbeitsverhältnisses hat der ArbN einen privat genutzten **Dienstwagen** umgehend an seinen ArbGeb herauszugeben. Dies gilt auch, wenn der ArbN Kündigungsschutzklage erhebt. Da es sich bei der Überlassung eines Dienstwagens um eine Form des Arbeitsentgelts handelt, ist für den Zeitraum von der Kündigung bis zur rechtskräftigen Entscheidung über den Bestand des Arbeitsverhältnisses die vom BAG in der Weiterbeschäftigungsentscheidung (AP 14 § 611 Beschäftigungspflicht) aufgestellte Regelung maßgeblich. Folglich hat der ArbN den Dienstwagen bei Kündigung zunächst an den ArbGeb herauszugeben. Er kann jedoch Wiedereinräumung des Nutzungsrechts verlangen, wenn das ArbG die Kündigung für unwirksam hält. Stellt sich letztinstanzlich die Unwirksamkeit der Kündigung heraus, kann der ArbN für die Zeit, in der ihm das Fahrzeug nicht zur Verfügung stand, eine Entschädigung für die entgangene (private) Nutzung verlangen (BAG AP 4 § 611 Sachbezüge; 34 § 249; NJW 1999, 3507).

423 Beim **Jahreswagenkauf mit Personalrabatt** werden regelmäßig Nachzahlungsklauseln vereinbart, in denen ArbN verpflichtet werden, bei Ausscheiden vor einem bestimmten Zeitpunkt den vollen Kaufpreis zu zahlen. Sieht man Personalrabatte als Arbeitsentgelt an, müssen Nachzahlungsklauseln daraufhin überprüft werden, ob in ihnen eine unzulässige Kündigungserschwerung zu sehen ist. Die vom BAG für Weihnachtsgratifikationen entworfene gestaffelte Regelung (BAG AP 22, 23 § 611 Gratifikation) ist nicht übertragbar, da der Jahreswagenkauf nicht mit gleicher Regelmäßigkeit erfolgt wie die jährliche Gratifikationszahlung. Auch eine Bindungsdauer

von neun oder zwölf Monaten dürfte zulässig sein. Rückzahlungsklauseln müssen dem Transparenzgebot aus § 307 I entsprechen (vgl BAG AP 3 § 23 AGBG; NZA 2012, 1428).

h) Betriebliche Altersversorgung. aa) Begriff. Das Recht der betrieblichen Altersversorgung hat sich zu einem Spezialgebiet des Arbeitsrechts entwickelt. Unter betrieblicher Altersversorgung versteht man alle Leistungen der Alters-, Invaliditäts- und Hinterbliebenenversorgung, die ein ArbGeb aus Anlass seines Arbeitsverhältnisses seinen ehemaligen ArbN oder deren Hinterbliebenen erbringt (§ 1 I 1 BetrAVG). Übergangsgelder, dh Leistungen, die einem ArbN bei vorzeitiger Beendigung seines Arbeitsverhältnisses bis zum Erreichen der in der Versorgungszusage vorgesehenen Altersgrenze gezahlt werden, sind keine Leistungen der betrieblichen Altersversorgung (BGH DB 1981, 1561, 1971; BAG BB 1984, 1942). Sie bezwecken keine dauerhafte Altersversorgung, sondern sollen den Eintritt in den Ruhestand erleichtern. Das BAG betont den Versorgungs- und Entgeltcharakter des Ruhegeldes als Gegenleistung für die Betriebstreue des ArbN (BAG AP 142, 156, 162, 185 § 242 Ruhegehalt). Die Praxis wendet sich trotz aller Reformbemühungen des Gesetzgebers von Gesamtversorgungssystemen zunehmend ab. 424

bb) Versorgungsformen. Betriebliche Altersversorgung wird in verschiedenen Formen gewährt. Bei der **Direktzusage** (§ 1 I BetrAVG) verspricht der ArbGeb, die zugesagten Versorgungsleistungen aus den laufenden Mitteln des Unternehmens zu erbringen. Für die Versorgungszusagen sind steuerbegünstigte Pensionsrückstellungen zu bilden. Die Abhängigkeit der Versorgungsleistungen von der Liquidität des Unternehmens erfordert einen Insolvenzschutz für die Versorgungsansprüche (§§ 7ff BetrAVG). Kann eine Unterstützungskasse ihren Verpflichtungen aus finanziellen Gründen nicht mehr nachkommen, sieht das BAG den ArbGeb aufgrund seiner Versorgungszusage als verpflichtet an, die Kasse entspr auszustatten oder selbst die Leistungen zu erbringen (BAG AP 6–8 § 242 Ruhegehalt – Unterstützungskassen; gebilligt durch BVerfG AP 11–15 § 1 BetrAVG Unterstützungskassen). Betriebliche Altersversorgung liegt auch in den Fällen des § 1 II BetrAVG vor. § 1a BetrAVG gewährt ArbN einen Anspruch auf Umwandlung von Gehaltsansprüchen in Altersversorgung (Entgeltumwandlung). Diese Form der Altersversorgung wird steuerlich besonders gefördert. 425

cc) Rechtsgrundlagen. Der Ruhegeldanspruch bzw die Versorgungszusage kann beruhen auf Individualvertrag, Gesamtzusage (BAG BAGRp 2004, 14) oder vertragl Einheitsregelung, auf betrieblicher Übung (Rn 233), auf dem Grundsatz der Gleichbehandlung (Rn 174), auf BV (Rn 167) und auf Tarifvertrag (Rn 142). Der Betriebsrat hat bei der Einrichtung jeder Form der betrieblichen Altersversorgung ein Mitbestimmungsrecht entweder nach § 87 I Nr 8 BetrVG („Sozialeinrichtung") oder nach § 87 I Nr 10 BetrVG („Lohngestaltung"). Das Mitbestimmungsrecht bezieht sich nicht auf die Dotierung (das „Ob"), sondern nur auf die Ausgestaltung (das „Wie") des Leistungsplans (BAG AP 1 § 87 BetrVG Altersversorgung; 61, 69 § 87 BetrVG Lohngestaltung; *Edenfeld*, Betriebsverfassungsrecht, Rn 237, 240). Zur praxisrelevanten Frage der Änderung oder Ablösung von Versorgungszusagen nach Betriebsübergang bzw Umwandlung § 613a Rn 44f und *Gaul* Aktuelles ArbR 2001, 560ff. 426

dd) Änderung und Widerruf von Versorgungszusagen. Die Abänderbarkeit von Versorgungszusagen richtet sich primär nach der Rechtsgrundlage, auf der die Zusage beruht. Einzelvertragl Versorgungszusagen werden Bestandteil des Arbeitsvertrags und können allenfalls durch einverständliche Regelung oder Änderungskündigung (§ 2 KSchG) abgeändert werden. Dies gilt grds auch für Ansprüche, die auf vertragl Einheitsregelung oder Gesamtzusage beruhen. Umstr ist, ob letztere durch Kollektivverträge geändert, insb verschlechtert werden können. Der GrS des BAG hat dies in seinem Beschl v 16.9.1986 (AP 17 § 77 BetrAVG 72) in den Grenzen von Recht und Billigkeit bejaht, wenn die Neuregelung insg bei kollektiver Betrachtung nicht ungünstiger ist. Die Materie gehört zu den umstrittensten Fragen des Arbeitsrechts (vgl Rn 173). Beruht die Versorgungszusage auf einer Betriebsvereinbarung, kann diese nach dem Grundsatz lex posterior derogat legi priori abgelöst werden. Das BAG unterzieht diese Ablösung einer umfassenden Inhaltskontrolle, in der die Änderungsgründe gegen die Bestandsschutzinteressen der betroffenen ArbN abgewogen werden (BAG AP 9 § 1 BetrAVG Ablösung; EzA 1 § 77 BetrVG 72 Ablösung; DB 2000, 525). Eine verschlechternde BV zulasten von Betriebsrentnern ist nicht mehr möglich (BAG AP 1 § 1 BetrAVG Betriebsvereinbarung). 427

Versorgungsansprüche und -anwartschaften können, soweit sie als erdient anzusehen sind, nicht mehr auf ordentlichem Wege beseitigt werden. Ein **Widerruf** wegen wirtschaftl Notlage ist nicht möglich (BAG NZA 2008, 320). Wegen des Entgeltcharakters der Altersversorgung ist auch die Widerrufsmöglichkeit wegen **Treuepflichtverletzung** oder schwerer Verfehlungen des ArbN iSd § 626 eng begrenzt (BAG AP 1–7, 9, 12 § 1 BetrAVG Treuebruch). 428

ee) Gesetzliche Sicherung der Betriebsrentenansprüche. Auf der Grundlage der Rspr des BAG hat der Gesetzgeber im BetrAVG die Sicherung der Betriebsrentenansprüche weitgehend geregelt. Die **Unverfallbarkeit der Versorgungsanwartschaft** bestimmt sich nach § 1b I 1 BetrAVG, die Höhe der unverfallbaren Anwartschaft nach § 2 BetrAVG. Die Kürzung betrieblicher Ruhegelder durch Anrechnung anderer Versorgungsleistungen ist beschränkt möglich (**Auszehrungs- und Anrechnungsverbot**, § 5 BetrAVG). Die Betriebsrente muss entspr der flexiblen Altersgrenze in der gesetzl Rentenversicherung gewährt werden (§ 6 BetrAVG; dazu BAG BAGRp 2002, 148). Ruhegeldansprüche, die infolge einer Insolvenz oder sonstiger Zahlungsunfähigkeit des ArbGeb nicht erfüllt werden, können nach Maßgabe des § 7 BetrAVG gegen den Träger der **Insolvenzsicherung** (§ 14 BetrAVG) geltend gemacht werden. Geschützt gegen Geldwertverfall werden Betriebsrentenansprüche über § 16 BetrAVG. Der ArbGeb hat alle drei Jahre eine **Anpassung** der laufenden Leistungen zu prüfen und hierüber nach billigem Ermessen zu entscheiden. 429

430 **X. Treue- und Fürsorgepflicht. 1. Allgemeines.** Das Arbeitsverhältnis verpflichtet nicht nur zu Arbeit, Beschäftigung und Entgelt, sondern auch zu gegenseitiger Rücksichtnahme und Interessenförderung (§ 241 II). Vgl auch BAG AP 5 § 1 BetrAVG Zusatzversorgungskassen, wo betont wird, dass der jeder Partei zuzubilligende Eigennutz seine Grenze findet in dem schutzwürdigen Lebensbereich des anderen Teils. Mit der Beendigung des Arbeitsverhältnisses enden diese Pflichten nicht, schwächen sich aber ab. Eine dazwischen liegende Pflichtenstellung besteht nach einer unwirksamen, vom ArbN angegriffenen Kündigung (BAG AP 104 § 626). Zur Geltung während der Auslandsentsendung s *Edenfeld* NZA 2009, 938; DB 2017, 2803.

431 Die Rücksichtspflichten werden im Arbeitsverhältnis und auch in anderen selbständigen Dienstverhältnissen unterteilt in die **Fürsorgepflicht** des Dienstgebers und die **Treuepflicht** des Dienstnehmers. Darin kommt zum Ausdruck, dass die Rücksichtspflichten auf Dienstgeber- und Dienstnehmerseite jew einen entspr Inhalt bekommen. Dies erschwert die Verwendung eines gleichwertigen Maßstabs bei der erforderlichen Interessenabwägung. Trotzdem gibt es durchaus vergleichbare Situationen auf beiden Seiten, die einen einheitlichen Beurteilungsmaßstab zulassen, zB die Interessen, rufschädigende Texte vertraulich zu behandeln oder Schäden abzuwenden.

432 Treue- und Fürsorgepflichten sind als **Nebenpflichten** des Arbeitsverhältnisses anzusehen (§ 241 II; BAG NZA 2006, 545, 549; 2009, 671, 674; *Edenfeld* NZA 2009, 938f; DB 2017, 2803, 2804). Ihre Verletzung kann Schadensersatzansprüche nach § 280 auslösen (BAG NZA 2010, 337; 2019, 688).

433 Die Fürsorgepflicht ist stets Nebenpflicht, da alle im Austauschverhältnis stehenden Leistungen des ArbGeb heute zum Entgelt gerechnet werden, auch wenn sie im Einzelfall auf fürsorgerischer Motivation beruhen. Von den Treuepflichten mag eine Ausnahme für diejenigen Pflichten anzunehmen sein, die sich auf die Erbringung der Arbeitsleistung beziehen (Leistungstreuepflichten). Treue- und Fürsorgepflichten stehen in keinem synallagmatischen Verhältnis.

434 **2. Einzelfälle der allgemeinen Fürsorgepflicht.** a) Ein Anwendungsfall der allg Fürsorgepflicht betrifft den Umgang des ArbGeb mit den **Personalakten** des ArbN. Die Fürsorgepflicht konkretisiert hier zunächst den zulässigen Inhalt. Missbilligende Äußerungen, die eine unrichtige Tatsachenbehauptung enthalten, dürfen nicht in die Akten aufgenommen werden (BAG AP 93 § 611 Fürsorgepflicht). Abmahnungen dürfen in den Personalakten nur so lange verbleiben, wie der ArbGeb ein berechtigtes Interesse an der Aufbewahrung hat (BAG NZA 2013, 91; zum Datenschutzaspekt Rn 138 und Art 5 DSGVO). Im Fall der **Schadensmitverantwortlichkeit** des ArbN (zur ArbN-Haftung Rn 294ff) kann der ArbGeb aus § 241 II zur Rücksichtnahme und vorrangigen Inanspruchnahme eines schädigenden Dritten verpflichtet sein (BAG NZA 2019, 44).

435 Die §§ 81ff BetrVG (Mitwirkungs- und Beschwerderechte der ArbN) behandeln einen Sonderfall der arbeitsvertragl Treue- und Fürsorgepflicht (*Edenfeld*, Betriebsverfassungsrecht, Rn 88). Die Fürsorgepflicht verpflichtet den ArbGeb, Schriftstücke, die unberechtigt in den Personalakten lagern, aus diesen zu entfernen. Soweit § 83 BetrVG für ein Recht des ArbN auf **Akteneinsicht** nicht anwendbar ist, wird hierfür ebenfalls die allg Fürsorgepflicht herangezogen (BAG AP 78 § 611 Fürsorgepflicht; zum Datenschutzaspekt Rn 138 und Art 12ff DSGVO). Schließlich hat der ArbGeb die Akten sorgfältig aufzubewahren und vertraulich zu behandeln (BAG AP 14, 21 § 611 Persönlichkeitsrecht; NZA 2007, 269). Dazu gehört die Pflicht, über ihren Inhalt Stillschweigen zu bewahren und sie nicht Dritten zugänglich zu machen (BAG AP 8, 14 § 611 Persönlichkeitsrecht).

436 b) Zur Fürsorgepflicht des ArbGeb gehört der **Schutz der Person des ArbN** sowie seiner in den Betrieb eingebrachten Sachen (BAG AP 75 § 611 Fürsorgepflicht; *Edenfeld* NZA 2009, 938, 939; DB 2017, 2803, 2804). Hierzu zählen der Abschluss einer Versicherung sowie die Geltendmachung von Ansprüchen ausgeschiedener ArbN ggü einer Gruppenunfallversicherung. Der ArbGeb kann verpflichtet sein, bei der Wahrung von Ansprüchen seiner ArbN mitzuwirken (BAG NZA 2010, 337). Der Schutz der Person beinhaltet über § 618 hinaus eine Pflicht des ArbGeb, den ArbN von einer Tätigkeit abzuhalten, die diesen überfordert und seine Gesundheit zu ruinieren droht. Diese und andere Fürsorgepflichten sind heute vielfach spezialgesetzl geregelt wie zB in den §§ 3ff ArbSchG oder § 167 II SGB IX (betriebliches Eingliederungsmanagement, dazu *Edenfeld* DB 2019, 1267). Bei besonders schutzwürdigen Gruppen von ArbN – zB schwerbehinderten Menschen – ist die Fürsorgepflicht gesteigert (*Edenfeld* NZA 2012, 713, 718; PersV 2016, 364, 371).

437 c) Öffentlich-rechtl Verpflichtungen des ArbGeb (Arbeitsschutz; §§ 3ff ArbSchG) sind Bestandteil der arbeitsvertragl Fürsorgepflicht (BAG AP 79 § 611 Fürsorgepflicht). Der ArbGeb ist verpflichtet, den ArbN über Sozialleistungen (Altersversorgung: BAG AP Nr 76, 94, 99 § 611 Fürsorgepflicht; 22 § 1 BetrAVG Zusatzversorgungskassen; einschränkend *Wisskirchen/Worzalla* DB 1994, 577) sowie unabhängig von § 81 BetrVG über seine Stellung im Betrieb einschl Entwicklungs- und Aufstiegsmöglichkeiten zu unterrichten. In der Annahme von Unterrichtungspflichten über die Folgen von Aufhebungsverträgen ist das BAG (AP 99 § 611 Fürsorgepflicht; 24 § 1 BetrAVG) zurückhaltend, doch wird man eine solche Pflicht annehmen müssen, wenn die Initiative vom ArbGeb ausgeht und der ArbN die Konsequenzen ersichtlich nicht überschaut. Zur Arbeitsbefreiung Rn 279. Die Unterrichtungspflicht findet ihre Grenze in den berechtigten Interessen des ArbGeb (BAG AP 22 § 1 BetrAVG Zusatzversorgungskassen) und an seinem Pflichtenkreis (BAG AP 32 § 1 BetrAVG Zusatzversorgungskasse).

438 **3. Einzelfälle der allgemeinen Treuepflicht.** Die Treuepflicht verpflichtet den ArbN, **Schäden vom Betrieb** im Rahmen des Möglichen **abzuwenden** bzw in Grenzen zu halten. So muss er grds jeden drohenden oder eingetretenen Schaden dem ArbGeb anzeigen (vgl auch §§ 15, 16 ArbSchG). Kleinere Störungen muss er uU selbst beheben. Problematisch ist die Anzeigepflicht, wenn die Störung von einem anderen ArbN des Betriebs ausgeht. Sie kann in Bezug auf Untergebene eher bejaht werden als bei (gleichgestellten) Arbeitskollegen; im letzteren Fall

ist ein „Anschwärzen" nur in schwerwiegenden Fällen durch die Treuepflicht gefordert (BAG AP 57 § 611 Haftung des ArbN).

Aus der Treuepflicht ergeben sich weiter Einschränkungen bzgl der **Aufnahme einer Nebentätigkeit.** So darf der ArbN ohne Einwilligung des ArbGeb nicht bei einem Konkurrenzunternehmen arbeiten. Dem ArbGeb kann ein entspr Unterlassungs- oder Schadenersatzanspruch zustehen (BAG NZA 2010, 693; DB 2011, 305). Der ArbN darf sich jedoch auf seine spätere Selbständigkeit vorbereiten, auch wenn er mit dieser in Konkurrenz zum jetzigen ArbGeb treten will. IÜ darf die zeitl Gesamtbelastung des ArbN die Höchstgrenzen des ArbZG nicht überschreiten (BAG AP 1 zu § 611 Doppelarbeitsverhältnis). 439

Der Treuepflicht zugeordnet werden ferner gewisse Modalitäten der Arbeitsleistung (**Leistungstreuepflichten**). So muss der ArbN bei der Arbeit bereitgestellte Arbeitsschutzkleidung tragen und vorhandene Arbeitsschutzeinrichtungen benutzen. Insoweit fällt die Treuepflicht in den Bereich der arbeitsvertragl Hauptpflichten. 440

Weitere Fälle der allg Treuepflicht sind: Verbot der Annahme von Schmiergeldern; Pflicht, der Unternehmenszielsetzung nicht entgegenzuarbeiten (*Buchner* ZFA 1979, 335); Pflicht zur beschränkten Duldung ärztlicher Untersuchungen (BAG AP 142 § 626; einschränkend BAG DB 1999, 2369). Es begründet auch keinen Verstoß gegen die Treuepflicht, wenn sich der ArbN weigert, eine Alkoholtherapie durchzuführen (*Künzl* NZA 1998, 122; *Schäfer* NZA 1992, 529; aA *Gottwald* NZA 1997, 635). Ebenso wenig liegt ein Verstoß vor, wenn ein ArbN den ArbGeb wegen Steuerhinterziehung anzeigt. Der private Bereich des ArbN wird grds nicht von der Treuepflicht erfasst (BAG AP 9 § 242 Kündigung). Eine Verpflichtung, Verfehlungen anderer ArbN anzuzeigen, besteht, wenn Personenschaden oder schwerer Sachschaden entstanden ist oder droht. 441

4. Verschwiegenheitspflichten und Geheimnisschutz im Arbeitsverhältnis. a) Verschwiegenheitspflichten. 442
Den ArbN treffen vielfältige Verschwiegenheits- bzw Geheimhaltungspflichten. Für Betriebsratsmitglieder gilt § 79 I BetrVG. Diese und ähnl (vgl § 13 Nr 6 BBiG) Vorschriften sind Schutzgesetze iSd § 823 II (*Edenfeld*, Betriebsverfassungsrecht, Rn 95).

Über diese speziellen Geheimhaltungsnormen hinaus existiert die **allg Verschwiegenheitspflicht**; dies unabhängig davon, ob man sie aus der arbeitnehmerseitigen Treuepflicht herleitet (so BAG AP 1 § 611 Schweigepflicht) oder sie – was richtiger erscheint – als arbeitsvertragl Nebenpflicht § 241 II entnimmt (für § 242 *Kissel* NZA 1988, 145, 150). Dies gilt jedenfalls für die Verschwiegenheit während des bestehenden Arbeitsverhältnisses (zum Problem der nachvertragl Schweigepflicht Rn 449ff). Eine Kodifizierung dieser Pflicht, wie sie § 80 Arbeitsgesetzbuchentwurf 1977 vorsah, scheiterte aus politischen Gründen. 443

Gegenstand der arbeitsvertragl Verschwiegenheitspflicht sind alle **Geschäfts- und Betriebsgeheimnisse** (RGZ 149, 329; BAG AP 1 § 17 UWG; BGH NJW 1960, 1999). Unter einem solchen Unternehmensgeheimnis ist jede Tatsache zu verstehen, die im Zusammenhang mit einem Geschäftsbetrieb steht, nur einem eng begrenzten Personenkreis bekannt und nicht offenkundig ist sowie nach dem bekundeten Willen des Betriebsinhabers geheim gehalten werden soll (BGH DB 1955, 453; BAG BB 1982, 1792) und durch hinreichende Schutzvorrichtungen gesichert ist. Weiterhin muss letzterer ein berechtigtes wirtschaftl Interesse an der Geheimhaltung haben (RGZ 149, 329; BGH NJW 1960, 1999). 444

Eine Erstreckung der Verschwiegenheitspflicht **über Geschäfts- und Betriebsgeheimnisse** ist grds anzuerkennen, etwa auf vertrauliche Angaben des Unternehmers sowie in Bezug auf persönliche Umstände und Verhaltensweisen des ArbGeb vor allem dann, wenn dieser durch die Preisgabe geschädigt oder in der öffentlichen Meinung herabgewürdigt würde. Die Schweigepflicht darf keinesfalls sämtliche Gesetzesverstöße des ArbGeb umfassen. 445

Im Gegensatz zur Schweigepflicht über im Anbahnungsverhältnis bekannt gewordene Geheimnisse (vgl BGH NJW 1963, 2120) und der während des bestehenden Arbeitsverhältnisses ist die Behandlung der **nachvertragl Verschwiegenheitspflicht** problematisch. Der von Gemeininteressen überlagerte Interessenausgleich zw ArbN und ArbGeb bedarf einer unterschiedlichen Würdigung, je nachdem, ob die Arbeitsvertragsparteien eine ausdrückl Geheimhaltungsvereinbarung für die Zeit nach dem Ausscheiden des ArbN getroffen haben oder nicht. Begrifflich geht es im ersten Fall um die Fortwirkung, sonst um die Nachwirkung des Arbeitsvertrags. 446

Nach hM kann die sog **Nachwirkung des Arbeitsvertrags** den ArbN auch ohne ausdrückl Geheimhaltungsvertrag verpflichten, selbst nach dem Ausscheiden Geheimnisse zu wahren (BAG AP 4 § 611 Fürsorgepflicht; NJW 1963, 856; *Monjau* BB 1962, 1441). Dem ist zuzustimmen. Kriterien für das Eingreifen der nachwirkenden Schweigepflicht können sein: Wichtigkeit des Geheimnisses für das Unternehmen, Eigenanteil des Ausgeschiedenen am Geheimnis, Angewiesensein auf die Verwertung des Geheimnisses für dessen berufliches Fortkommen. 447

Rechtsfolgen bei Verstößen gegen die Verschwiegenheitspflicht begründen den Erfüllungsanspruch auf Unterlassung sowie einen Beseitigungsanspruch; häufig korrespondierend mit einem Herausgabeanspruch hinsichtl Geheimmaterial. Diese Rechtsbehelfe sind bei Verrat von Unternehmensgeheimnissen wenig attraktiv, da eine Rückgängigmachung der Informationsweitergabe faktisch weitgehend unmöglich ist und das Betriebsgeheimnis „eindeutig und unverwechselbar" bezeichnet werden muss (BAG AP 7 § 611 Betriebsgeheimnis). Bedeutsam ist deshalb der Schadensersatzanspruch des Verletzten. Im Bereich der Vertragsfortwirkung (Rn 447) geht es um Verletzungen der Geheimhaltungsabrede (§ 280 I). Gesetzl Grundlagen für Schadensersatzanspruch können ua § 823 I, II, § 826 sein. Zur Vorbereitung seiner Ansprüche steht dem Verletzten ein Auskunftsanspruch aus § 242 zu, der über die Stufenklage (§ 254 ZPO) mit dem Hauptanspruch verbunden werden kann. Zur Kündigung wegen Verschwiegenheitspflichtverstößen § 626 Rn 95. 448

449 **b) Nachvertragliche Wettbewerbsverbote.** Geheimhaltungsvereinbarungen zw den Arbeitsvertragsparteien für die Zeit nach dem Ausscheiden aus dem Betrieb können einen derart pauschalen oder unangemessen ausgedehnten Umfang annehmen, dass sie der Sache nach in ein den §§ 74ff HGB unterfallendes Wettbewerbsverbot münden. Letzteres ist nur schriftlich und insb nur dann verbindlich, wenn eine entspr Entschädigungsvereinbarung (§ 74 II HGB; hierzu *Grunsky* NZA 1988, 713) getroffen ist, sonst unwirksam (§ 75d HGB). Allein aus der nachvertragl Verschwiegenheits- und Treuepflicht resultiert kein Anspruch auf Unterlassen von Wettbewerbshandlungen (BAG AP 11 § 611 Treuepflicht; NZA 1999, 200). Die §§ 74ff HGB werden durch die Verweisung in § 110 GewO über die Handlungsgehilfen hinaus auf alle Arbeitsverhältnisse angewendet. Das Wettbewerbsverbot muss, insb bei einem Änderungsvorbehalt des ArbGeb, eindeutig formuliert sein (BAG AP 67 § 74 HGB) und berechtigten geschäftlichen Interessen dienen (§ 74a I HGB).

450 Eine Vereinbarung, wonach der ArbN **bestimmte Betriebsgeheimnisse**, die er aufgrund seiner Tätigkeit erfährt, nach Beendigung des Arbeitsverhältnisses nicht nutzen oder weitergeben darf, stellt keine Umgehung der §§ 74ff HGB dar (BAG AP 1 § 611 Betriebsgeheimnis). Mit dem BAG (AP 5 § 611 Betriebsgeheimnis) sind Kundenschutzabreden im Weingeschäft wegen der Intensität der Belastung des ausgeschiedenen Außendiensttätigen als Wettbewerbsverbote iSd §§ 74ff HGB zu klassifizieren. Dem ArbN soll nach Beendigung seines Anstellungsverhältnisses hinsichtl seiner beruflichen Tätigkeit entweder volle Entfaltungsfreiheit gewährleistet oder ihm im Falle der Beschränkung ein entspr Entgelt gesichert werden. Näher zu nachvertragl Wettbewerbsverboten *Edenfeld* ZFA 2004, 463.

451 Nach BAG AP 5 § 611 Betriebsgeheimnis fallen Kundenschutzabreden unter die §§ 74ff HGB, weil die in ihnen bezeichnete Geheimhaltungspflicht zeitl unbegrenzt ist. Im Blick auf die zeitl Begrenztheit des Schutzes gewerblicher Schutzrechte (vgl *Gaul* NZA 1988, 215) könnte über eine **zeitl Limitierung** der nachvertragl Schweigepflicht das strenge Regelungssystem der §§ 74ff HGB ausgeschaltet werden. Zwar ist eine dogmatische Begründung über den Verhältnismäßigkeitsgrundsatz – ob in öffentlich-rechtl (Dreistufentheorie bei Art 12 GG, BVerfGE 7, 377) oder zivilrechtl Ausprägung – grds möglich. Zu beachten ist, dass es sich bei der Eingehung von Geheimhaltungsverpflichtungen um ein Rechtsgeschäft handelt, das vom ArbGeb nicht einseitig vorgenommen werden kann; grds ist die Zustimmung des betroffenen ArbN erforderlich, so dass dieser idR auch Einfluss auf die Dauer seiner Verschwiegenheitspflicht nehmen kann. Auf Mandantenschutzklauseln sind §§ 74ff HGB entspr anwendbar (BAG AP 35 § 611 Konkurrenzklausel). Zu Wirksamkeit und Auslegung eines Wettbewerbsverbots BAG BAGRp 2005, 135; zur Umgehung durch Vorschieben von Angehörigen BGH BGHRp 2005, 557.

452 **c) Grenzen der Verschwiegenheit und des Geheimnisschutzes.** Das Grundrecht der **Meinungsfreiheit** (Art 5 I 1 GG), das auch im Arbeitsverhältnis gilt (Rn 127), wird durch die arbeitsrechtl Verschwiegenheitspflicht beschränkt (vgl BAG AP 2 § 134). Zunächst findet die Verschwiegenheitspflicht Grenzen im **Prozess**, wenn der ArbN eigene Rechte verfolgt, wobei seine Ansprüche allein noch von der Darlegung sonst geheimzuhaltender Umstände abhängen (BAG AP 1, 3 § 611 Schweigepflicht). In diesen Fällen kommt Ausschließung der Öffentlichkeit gem § 172 Nr 2 GVG bzw § 52 ArbGG in Betracht.

453 Besonders problematisch ist die Verschwiegenheitspflicht, wenn es um **persönliche Verhaltensweisen des ArbGeb** geht, die rechts- bzw gesetzeswidrig sind bzw wenn **innerbetriebliche Missstände** für den ArbN erkennbar werden. Hier stellt sich die Frage, inwieweit eine evtl Verschwiegenheitspflicht durch Rede- bzw Anzeigerecht oder gar Redepflicht des ArbN ggü den zuständigen innerbetrieblichen (Betriebsarzt, Sicherheitsbeauftragte, Betriebsrat) oder außerbetrieblichen Stellen (Gewerbeaufsichtsamt, Staatsanwaltschaft) ersetzt wird (vgl EGMR RdA 2012, 108). Das zur Umsetzung der EU-Richtlinie 2019/1937 (dazu *Gerdemann* RdA 2019, 16) dienende Hinweisgeberschutzgesetz (HinSchG v. 31.5.2023, BGBl I Nr 140) formt den bislang weitgehenden Vorrang innerbetrieblicher Abhilfe (BAG NZA 2004, 427; EGMR NJW 2019, 1273) im Grundsatz zu einem Wahlrecht des Hinweisgebers um (§ 7 HinSchG), dem Vertraulichkeit gewährt werden muss (§ 8 HinSchG) und der durch ein Maßregelungsverbot sowie Schadensersatzansprüche bei Repressalien geschützt wird, § 36 I 1, § 37 I HinSchG. Den ArbGeb trifft die Pflicht zur Einrichtung interner Meldestellen, § 12 HinSchG.

454 Grds ist auch eine **Hinweispflicht** des ArbN ggü seinem ArbGeb im Falle gesetzeswidriger Praktiken im Betrieb als arbeitsvertragl Nebenpflicht anzuerkennen; dies schon, um drohenden Schaden vom Unternehmen fernzuhalten (§ 241 II). Soweit reicht jedenfalls die Interessenwahrnehmungspflicht des ArbN (BAG AP 7 § 611 Treuepflicht; *Nikisch*, Arbeitsrecht[3] 1961, Bd 1, § 34 I 1; *Hueck/Nipperdey*, Bd 1, § 37 I). Spätestens wenn der ArbGeb von den Gesetzeswidrigkeiten Kenntnis hat und er keine Abhilfe schafft, besitzt der ArbGeb kein **schutzwürdiges Vertrauen** mehr in die Verschwiegenheit seines ArbN nach außen hin. Eine Anzeige ist berechtigt, § 612a anwendbar.

§ 611b (weggefallen)

§ 612 Vergütung

(1) Eine Vergütung gilt als stillschweigend vereinbart, wenn die Dienstleistung den Umständen nach nur gegen eine Vergütung zu erwarten ist.

(2) Ist die Höhe der Vergütung nicht bestimmt, so ist bei dem Bestehen einer Taxe die taxmäßige Vergütung, in Ermangelung einer Taxe die übliche Vergütung als vereinbart anzusehen.

(3) (weggefallen)

I. Abs I. Fehlen einer Vergütungsvereinbarung. Fehlt für eine vereinbarte oder hingenommene Dienstleistung eine – auch konkludent geschlossene (BAG NZA 2022, 1126; NZA 2021, 1794) – Vergütungsvereinbarung, gilt nach § 612 I eine Vergütung als stillschw vereinbart, wenn die Leistung den Umständen nach nur gegen Vergütung zu erwarten ist. Dies gilt auch bei Unwirksamkeit einer Vergütungsvereinbarung (BAG NZA 1994, 759; 1995, 958; 2011, 1173; 2016, 487; LAG München öAT 2022, 126: gegen § 4 TzBfG verstoßende Differenzierung). Mit dieser Fiktion ist sichergestellt, dass der Abschluss eines Dienstvertrags nicht am Fehlen der Vergütungsabrede scheitert, wenn die Dienstleistung nach obj Kriterien als entgeltlich anzusehen ist. Nach dem Wortlaut setzt die Vorschrift einen Dienstvertrag voraus und regelt nur die Vergütung. Da aber bei selbständigen Dienstleistungen die Vergütung begriffliche Voraussetzung für den Dienstvertrag ist (§ 611 Rn 24), greift § 612 I auch ein, wenn zweifelhaft ist, ob entgeltlicher Dienstvertrag oder unentgeltlicher Auftrag vorliegt. Insofern enthält die Vorschrift nicht nur eine Vergütungs-, sondern auch eine Vertragsfiktion (*Hanau* AcP 165, 265; etwa LAG Mecklenburg-Vorpommern BeckRS 2021, 30688: Vollzeiteinsatz im elterlichen Betrieb). Die Vorschrift gilt auch, wenn die Vergütung oder Teile von ihr durch eine spätere Vereinbarung festgelegt werden sollten, die dann nicht zustande kam (BAG NZA 2019, 1558: zu Unrecht angenommene zusätzl freie Mitarbeit; anders BAG AP 121 § 1 TVG Tarifverträge Bau), oder wenn eine Tätigkeit von den anwendbaren Tarifverträgen nicht erfasst wird. Zur Herleitung eines Provisionsanspruchs im Wege der erg Vertragsauslegung BAG AP 57 § 612. 1

Eine Vergütungsvereinbarung fehlt auch, wenn die **Dienstleistung** quantitativ oder qualitativ (ArbG Berlin BeckRS 2021, 24418: Einsatz eines Auszubildenden als Hilfskraft) das **Maß überschreitet**, für das eine Vergütung vereinbart wurde. Dies gilt zB für eine Überschreitung der vertragl vereinbarten Arbeitszeit (BAG AP 5 § 611 Mehrarbeitsvergütung; NZA 2021, 1794: jdf bei Existenz entsprechender Tarifverträge und dann idR zumindest zum normalen Stundensatz) oder wenn über die vertragl geschuldete Tätigkeit hinaus Sonderleistungen erbracht werden (BAG NJW 2019, 796). Die Vorschrift ist ferner anwendbar, wenn der ArbN zu höherwertigen Tätigkeiten herangezogen wird (BAG AP 2 § 24 BAT; 30 § 612; 7 § 75 BPersVG), soweit keine tarifvertragl oder sonstige vertragl Regelung vorliegt. Allerdings ist der ArbN für eine begrenzte Zeit verpflichtet, eine höherwertige Tätigkeit ohne zusätzl Vergütung zu verrichten (LAG Berlin-Brandenburg AuR 2020, 142), wie auch der ArbGeb für begrenzte Zeit verpflichtet ist, die strenge Gegenseitigkeit von Arbeitsleistung und Entgelt zugunsten des ArbN zu durchbrechen, insb im Krankheitsfall. Wenn die Lohnfortzahlung im Krankheitsfall sechs Wochen beträgt, wird man unter Berücksichtigung einer kurzen Einarbeitungszeit ohne vollwertige Leistung eine zweimonatige höherwertige Tätigkeit ohne zusätzl Vergütung für zumutbar halten können (BAG AP 2 § 24 BAT; *Roth/Olbrisch* DB 1999, 2110: ein Monat). Bei der Erprobung für eine höherwertige Tätigkeit erscheint im Regelfall eine Frist von sechs Monaten ohne zusätzl Vergütung als zumutbar, da erst danach ein abschließendes Urteil über die erforderliche Eignung möglich ist. 2

Für patent- und gebrauchsmusterfähige Diensterfindungen von ArbN sowie qualifizierte technische **Erfindungen** ist stets ein Entgelt geschuldet (Einzelheiten *Buchner* GRUR 1985, 1). IÜ sind **Sonderleistungen** des ArbN besonders zu honorieren, wenn sie eindeutig außerhalb des vertragl Rahmens liegen (BGH LM 16 § 2 UrhG; AP 1 § 612; BAG 44, 113; AP 19 § 612; ausf *Buchner* GRUR 1985, 1). 3

Der Vergütungsanspruch wird nicht dadurch ausgeschlossen, dass die Übertragung der zusätzl Leistung **gegen Arbeitszeit- oder Mitbestimmungsvorschriften verstieß** (BAG AP 54 §§ 22, 23 BAT; 7 § 75 BPersVG; 3 § 24 MTA). Ebenso ist die bei einem Bereitschaftsdienst angefallene Arbeitsleistung auch dann zu bezahlen, wenn der Dienst nicht angeordnet werden durfte, weil der erfahrungsgemäß zu erwartende Arbeitsleistungsanteil über dem vorgesehenen Maß lag. 4

Die Vorschrift wird entspr auf den Fall angewendet, dass jemand einem anderen **in Erwartung künftiger Vermögenszuwendungen** wie Erbeinsetzung, Betriebsübertragung usw Dienste erbringt, ohne dafür eine sonstige Vergütung zu vereinbaren und später die in Aussicht gestellte Vermögenszuwendung unterbleibt und nicht durchgesetzt werden kann. Es muss eine Erwartung bestehen, dass durch eine zukünftige Leistung in der Vergangenheit erbrachte Dienste abgegolten werden sollen; iÜ darf für die Dienste keine oder nur eine deutlich unterwertige Bezahlung erfolgen; es muss ein unmittelbarer Zusammenhang zw der unterwertigen oder fehlenden Zahlung und der Erwartung einer besonderen Zuwendung bestehen (BAG AP 13, 24 § 612). 5

Ob eine **Vergütung** zu erwarten ist, entscheiden die **Umstände des Einzelfalles**, insb die Verkehrssitte, Art, Umfang und Dauer der Dienstleistungen, die Berufs- und Erwerbsverhältnisse des Dienstleistenden und die Beziehungen der Parteien zueinander. Entscheidend ist, was obj zu erwarten ist, nicht was von einer Seite subj erwartet wird. Dienstreisezeiten sind voll zu vergüten, soweit in sie Arbeit fällt (BAG NZA 2019, 159; *Loritz* NZA 1997, 1188). Hat der ArbN seine Tätigkeit an einer auswärtigen Arbeitsstelle zu erbringen, leistet er mit den Fahrten zum Kunden und zurück vergütungspflichtige Arbeit, unabhängig davon, ob Fahrtantritt und Fahrtende vom Betrieb des ArbGeb oder von der Wohnung des ArbN aus erfolgen (BAG NZA 2018, 1211; abw LAG Düsseldorf NZA-RR 2021, 121: keine allg Vergütungserwartung). Kein Entgeltanspruch besteht hingegen für die Wegezeit zum Erreichen des gewöhnlichen Arbeitsplatzes und für die Zeit privater Verrichtungen während Dienstreisen. Ebenso wenig gibt es eine obj Vergütungserwartung, wonach jede Mehrarbeit oder jede dienstliche Anwesenheit über die vereinbarte Arbeitszeit hinaus zu vergüten ist (BAG NZA 2012, 145; LAG Düsseldorf 6

NZA-RR 2021, 121). Andererseits schließt die Vereinbarung von Vertrauensarbeitszeit die Anwendung des § 612 II nicht per se aus (BAG NZA 2019, 1361). Auch Wasch- und Umkleidezeiten sind idR nicht zu vergüten, es sei denn, der ArbGeb schreibt das Tragen einer bestimmten Kleidung und das Umkleiden im Betrieb vor (BAG NZA 2001, 458; 2014, 557, 787; 2018, 180; *Franzen* NZA 2016, 136).

7 Im Streitfall hat der Dienstleistende die Umstände **darzulegen** und zu **beweisen**, die eine Leistung nur gegen Entgelt erwarten lassen (BAG NZA 2013, 1100 bzgl Anordnung von Überstunden). Wird dieser Beweis geführt, hat der Dienstnehmer die ausdrückl oder stillschw Vereinbarung der Unentgeltlichkeit zu beweisen (BAG DB 1975, 1982).

8 Der Anspruch aus § 612 I **verjährt** gem § 195. In den Fällen der fehlgeschlagenen Vergütungserwartung (Rn 5) beginnen Fälligkeit und Verjährung, sobald das Fehlschlagen der Vergütungserwartung feststeht (§ 199 I).

9 **II. Abs II.** Wenn die Höhe der Vergütung weder durch vertragl Abreden noch durch gesetzl Regelung bestimmt oder sittenwidrig (Rn 21) ist, gilt § 612 II. **Taxen** sind bundes- oder landesrechtl festgesetzte abdingbare Vergütungssätze. Für die Dienstleistungen der Steuerberater gilt die Steuerberatervergütungsverordnung (**StBVV**), für Rechtsanwälte das **RVG** (Rn 10), für Architekten und Ingenieure die **HOAI**. Zur Abrechnung eines unter den HOAI-Mindestsätzen liegenden Honorars BGH BGHRp 2005, 772. Von Verbänden oder Privatpersonen erstellte Gebührenordnungen sind keine Taxen (BGH NJW 1970, 699). Die Gewährleistung eines „Rechts auf ein angemessenes Arbeitsentgelt" durch Art 4 der Europäischen Sozialcharta (BGBl II 1964, 1262) dürfte zu allg sein, um als Anspruchsgrundlage dienen zu können (s *Martinek*, FS Floretta, 1983, 237).

10 Eine ausf Regelung enthält das **Rechtsanwaltsvergütungsgesetz (RVG)** v 5.5.2004 (BGBl I 2004, 718, 847). Die Gebühren werden, soweit das RVG nichts anderes bestimmt, nach dem Wert berechnet, den der Gegenstand der anwaltlichen Tätigkeit hat (Gegenstandswert, § 2 I RVG). Die §§ 13, 14 RVG unterscheiden zw Wert- und Rahmengebühren. Bei Rahmengebühren bestimmt der Rechtsanwalt die Gebühr im Einzelfall unter Berücksichtigung aller Umstände, vor allem des Umfangs und der Schwierigkeit der anwaltlichen Tätigkeit, der Bedeutung der Angelegenheit sowie der Einkommens- und Vermögensverhältnisse des Auftraggebers, nach billigem Ermessen, § 14 I RVG. § 4 RVG regelt die Vereinbarung der Vergütung und ihre richterliche Herabsetzung, wenn sie unter Berücksichtigung aller Umstände als unangemessen hoch erscheint. Zur telefonischen anwaltlichen Beratung über eine Anwalts-Hotline BGH BGHRp 2003, 339; BGHRp 2005, 801; *Büring/Edenfeld* MDR 1999, 532.

11 Die Vergütung für die nicht von der Sozialversicherung abgedeckte privatärztliche Behandlung ist in der **Gebührenordnung für Ärzte** geregelt (**GOÄ**). Erlassen wurde sie von der BReg als Rechtsverordnung auf Grundlage des § 11 BÄO. Auch die GOÄ ist Taxe iSd § 612 II. Für Tierärzte gilt die auf der Grundlage von § 12 **BTÄO** (BGBl I 1981, 1193) erlassene **Gebührenordnung für Tierärzte** (**GOT**).

12 IdR darf bei ärztlichen Leistungen die Gebühr zw dem Einfachen und dem 2,3fachen (bei medizinisch-technischen Leistungen 1,8fachen, § 5 III GOÄ) des Gebührensatzes bemessen werden. Ein Überschreiten dieser Regelspanne ist nur zulässig, wenn Besonderheiten der Bemessungskriterien dies rechtfertigen (§ 5 II GOÄ), was bei der Rechnungslegung besonders zu begründen ist (§ 12 III GOÄ). Im Normalfall ist der Mittelwert anzusetzen, während bei einfachen Fällen bis zum Mindestsatz zurückzugehen ist. Ein typischer Prozentsatz besonders schwerer Fälle lässt sich kaum angeben. Die Abweichungen nach oben und unten sollten sich ungefähr entsprechen. Die Darlegungs- und Beweislast für eine unterdurchschnittliche Schwierigkeit trifft den Patienten, für eine überdurchschnittliche den Arzt.

13 **Honorarvereinbarungen** sind in beschränktem Umfang zulässig. Das Gebührenverzeichnis selbst kann nicht abbedungen werden. Nach § 2 I GOÄ kann eine von der GOÄ abw Gebührenhöhe vereinbart werden. Die Vereinbarung einer abw Punktzahl bzw eines abw Punktwerts ist unzulässig. Es kann daher ein bestimmter Steigerungssatz bestimmt, nicht aber ein Pauschalhonorar festgelegt werden. Die Beweislast für das Vorliegen solcher Vereinbarungen trägt derjenige, der sich darauf beruft.

14 Gem § 2 II GOÄ ist eine Vereinbarung nach § 2 I GOÄ nach persönlicher Absprache im Einzelfall zw Arzt und Zahlungspflichtigem vor Erbringung der Leistung des Arztes in einem Schriftstück zu treffen. Dieses muss neben der Nr und der Bezeichnung der Leistung, dem Steigerungssatz und dem vereinbarten Betrag auch die Feststellung enthalten, dass eine Erstattung der Vergütung durch Erstattungsstellen möglicherweise nicht in vollem Umfang gewährleistet ist. Weitere Erklärungen darf die Vereinbarung nicht enthalten. Der Arzt hat dem Zahlungspflichtigen einen Abdruck der Vereinbarung auszuhändigen. Da § 2 II GOÄ eine persönliche Absprache zw Arzt und Zahlungspflichtigem verlangt, ist Vertretung bei Abschluss der Honorarvereinbarung unzulässig.

15 § 2 GOÄ erlaubt auch vertragl Ermäßigung und Erlass der gesetzl Gebührensätze. Die Berufsordnung für Ärzte untersagt aber das unlautere Unterschreiten. Zur Unterschreitung des GOÄ-Einfachsatzes *Kamps/Kiesecker* MedR 2000, 72. Bei stationären, teilstationären sowie vor- und nachstationären privatärztlichen Leistungen sind die nach der GOÄ berechneten Gebühren einschl der darauf entfallenden Zuschläge zu mindern (§ 6a GOÄ; dazu BGH NJW 1998, 1790).

16 Die Pflegesätze für die Krankenhausbehandlung sind aufgrund der **Bundespflegesatzverordnung (BPflV)** (BGBl I 1994, 2750) festzusetzen.

17 Die Entgelte für Wahlleistungen müssen in angemessenem Verhältnis zu den Leistungen stehen. Wahlleistungen sind vor der Erbringung schriftlich zu vereinbaren (BGH NJW 1998, 1784); der Patient ist vor Abschluss der Vereinbarung über die Entgelte der Wahlleistungen zu unterrichten. Eine Vereinbarung über wahlärztliche Leis-

tungen erstreckt sich auf alle an der Behandlung des Patienten beteiligten Ärzte des Krankenhauses, soweit diese zur gesonderten Berechnung ihrer Leistungen berechtigt sind, einschl der von diesen Ärzten veranlassten Leistungen von Ärzten und ärztlich geleiteten Einrichtungen außerhalb des Krankenhauses (vgl BAG NZA 2022, 1126); darauf ist in der Vereinbarung hinzuweisen.

Die **Gebührenordnung für Zahnärzte** (**GOZ**) wurde aufgrund § 15 Zahnheilkundegesetz erlassen. Die allg Vorschriften für die Abrechnung der zahnärztlichen Vergütungen, an die sich als Anlage das Gebührenverzeichnis anschließt, wurden weitgehend an die Regelungen der Gebührenordnung für Ärzte (Rn 11) angepasst. Es besteht ein Gebührenrahmen vom Einfachen bis zum 3,5fachen des Gebührensatzes, der nach den Kriterien der Schwierigkeit, des Zeitaufwandes und der Umstände bei der Ausführung auszufüllen ist (§ 5 GOZ). Der Patient muss über die mögliche Überschreitung vor der Behandlung informiert werden (Köln MedR 1997, 273). Die Honorarvereinbarung ist eingeschränkt und bedarf der Schriftform (§ 2 GOZ; zu den Formerfordernissen BGH NJW 1998, 1787). Die Regelung ist abschließend (BGH MDR 1992, 854). 18

Die **Entgeltabrede** kann wegen Wuchers oder wucherähnlichen Verhaltens nach § 138 nichtig sein (BAG NZA 2006, 1354; 2008, 768; 2009, 837; 2012, 974; ZIP 2015, 992); in diesem Fall ist nach § 612 II das übliche, nicht etwa das niedrigste zulässige Entgelt zu gewähren. Bei der Anwendung des § 138 betrachten die ArbG die Hälfte des üblichen Lohns (BAG AP 30, 67 § 138; NZA 2012, 974) bzw zwei Drittel des üblichen Tariflohns (BAG NZA 2009, 837; 2012, 978; 2016, 494, 495) als unterste Grenze. Zum Verhältnis von Mindestlohn (§ 611a Rn 139) und Sittenwidrigkeitsrspr *Boeck* RdA 2018, 210. Ist der Wert der Arbeitsleistung mindestens doppelt so hoch wie der Wert der Gegenleistung, wird die verwerfliche Gesinnung des ArbGeb vermutet (BAG NZA 2012, 974; 2016, 487, 488). Das ist eine Faustregel, neben der andere Gesichtspunkte zu berücksichtigen sind (*Henssler/Sittard* RdA 2007, 159; *Böggemann* NZA 2011, 493). Bei Auszubildenden muss die Vergütung gem § 17 BBiG angemessen sein und der gesetzl Mindestvergütung entsprechen. Dies ist nicht der Fall, wenn mehr als 20 % der tariflichen Vergütung unterschritten werden (§ 17 IV BBiG). Die Abwälzung des Geschäftsrisikos auf den ArbN ist sittenwidrig, soweit sie nicht durch entspr Erhöhung des Entgelts kompensiert wird. Zur Provision § 611a Rn 393ff. 19

Üblich ist eine Vergütung, die am gleichen Ort in ähnl Gewerben oder Berufen für eine vergleichbare Tätigkeit gezahlt wird. Sätze an der oberen Grenze eines Vergütungsrahmens sind idR unüblich (BGH NJW 1985, 1895). Es ist nicht üblich, eine auf die Vergütung entfallende Mehrwertsteuer ohne besondere Vereinbarung zu zahlen (BAG AP 19 § 76 BetrVG 72). Für ArbN ist idR die tarifliche Vergütung üblich, soweit sich keine Anhaltspunkte für die Verbreitung über- oder untertariflicher Entgelte finden (BAG NZA 1993, 1049; 1995, 958; 1998, 594). Annexregelungen wie die Ausschlussfristen für die Geltendmachung von Ansprüchen werden von § 612 II nicht erfasst (BAG NZA 1991, 247). Lässt sich weder eine Taxe noch eine übliche Vergütung feststellen, richtet sich die Anspruchshöhe nach §§ 315, 316 (BGH NJW-RR 1990, 349; BAG NZA 2002, 624; 2010, 808). Notfalls ist in erg Vertragsauslegung (§ 157) der angemessene Betrag festzulegen (BGH NJW 1985, 1895; BAG NZA 1989, 859). 20

Das Rechtsverhältnis, an welches die Vergütungsvereinbarung anknüpft, beurteilt sich nicht nach dem Wortlaut des Vertrags, sondern nach dessen tatsächlicher Durchführung (§ 611a I 6; § 611a Rn 3, 6ff). Gehen die Parteien irrtümlich von der Vereinbarung eines selbständigen Dienstvertrags aus und wird später das Vorliegen eines Arbeitsverhältnisses gerichtlich festgestellt, richtet sich die Üblichkeit nach dem Entgelt, welches ein ArbN erhält (BAG AP 55 § 612). Eine für freie Mitarbeit individuell getroffene Vergütungsvereinbarung kann idR nicht zugleich für eine Beschäftigung im Arbeitsverhältnis als maßgeblich angesehen werden. Für eine solche Annahme bedarf es – vom ArbN darzulegender – besonderer Anhaltspunkte. Fehlt es daran, ist nach § 612 II die übliche Vergütung geschuldet (BAG NZA 2019, 1558). Im Streitfall hat der Dienstnehmer das Fehlen einer vertragl Vergütungsvereinbarung ebenso zu beweisen wie die von ihm geltend gemachte übliche Vergütung. 21

III. Abs III. Abs III wurde aufgehoben durch Art 3 XIV des Gesetzes zur Umsetzung europäischer RL zur Vereinheitlichung des Grundsatzes der Gleichbehandlung v 14.8.2006 (BGBl I 2006, 1897, 1909). Dazu § 611a Rn 176. 22

§ 612a Maßregelungsverbot

Der Arbeitgeber darf einen Arbeitnehmer bei einer Vereinbarung oder einer Maßnahme nicht benachteiligen, weil der Arbeitnehmer in zulässiger Weise seine Rechte ausübt.

Die Vorschrift wurde eingeführt durch das Arbeitsrechtl EG-AnpassungsG v 13.8.1980 (BGBl I 1980, 1308). Sie geht über die EG-RL insoweit hinaus, als dort nur von Kündigungen die Rede ist (Art 7 RL Nr 76/207; ABl EG 1976, L 39/40; Art 5 RL Nr 75/117; ABl EG 1975, L 45/19). Zur EU-Richtlinie zum Schutz von Whistleblowern LAG Nürnberg BeckRS 2021, 13407; *Gerdemann* RdA 2019, 16 sowie zum unionsrechtl Viktimisierungsschutz im Allg *Herbst* EuZA 2020, 78. Die Ausübung zustehender Rechte ist regelmäßig zulässig und darf nicht zur Benachteiligung führen (**allg Benachteiligungsverbot**). § 612a gibt einen allg Rechtsgrundsatz wieder, der für alle denkbaren Maßnahmen und Rechtsausübungen gilt (BAG NZA 2004, 399; *Lorenz* DB 1980, 1745; *Thüsing* NZA 1994, 728; *Benecke* NZA 2011, 481) und zT spezialgesetzl (§ 16 AGG, dazu ArbG Frankfurt aM NZA-RR 2020, 637, § 5 TzBfG, § 78 S 2 BetrVG) geregelt ist. Der Gesetzgeber will jede ungerechtfertigte Maßregelung erfassen (vgl BT-Drs 8/3317, 10; BR-Drs 353/79, 15). 1

2 § 612a ist unabdingbar. Die Vorschrift ist auf alle weisungsabhängig Beschäftigten anwendbar. Sie erfasst kurz- und teilzeitl Beschäftigte ebenso wie Leiharbeitnehmer. Für arbeitnehmerähnliche Personen und Stellenbewerber gilt § 612a nicht; hier ist § 138 anwendbar (BAG NZA 2005, 637, 1117; NZA 2013, 429; offen gelassen BAG NJW 2020, 2824). Gleiches gilt für freie Dienstverträge (BAG NJW 2020, 2824). § 612a regelt weder die Rechtslage bei Vertragsschluss noch die Beweislast. Dies gilt insb für die Kausalität. Es greifen aber die Grundsätze des Anscheinsbeweises, wenn sich die Maßnahme des ArbGeb unter Berücksichtigung aller Umstände des Einzelfalls als „Racheakt" für eine zulässige Rechtsausübung des ArbN darstellt (vgl § 22 AGG).

3 Die Rechtsausübung ist zulässig, solange sie mit der Rechtsordnung als ganzer in Einklang steht. Sie ist es nicht mehr, wenn der ArbN Haupt- oder Nebenpflichten seines Arbeitsvertrags zB durch Missachtung der Schweigepflicht oder angedrohtes „Krankfeiern" verletzt (§§ 611, 241 II). Aus der Ablehnung eines Betrieblichen Eingliederungsmanagements (§ 167 II SGB IX) darf zwar kein unmittelbarer Nachteil iSv § 612a entstehen. Der ArbN kann sich andererseits später – zB im Fall einer krankheitsbedingten Kündigung – nicht darauf berufen, dass man es ihm nicht angeboten oder durchgeführt habe (*Edenfeld* DB 2019, 1267, 1268).

4 Sachlich gehören zu § 612a das Benachteiligungsverbot des § 84 III BetrVG, ferner die nach § 138 nichtige Vergeltungskündigung wegen Ablehnung unsittlicher Zumutungen und Straftaten, eines geltend gemachten Hausarbeitstags, verlangter Nachtdienstentschädigung (BAG AP 22 § 138) und die zusätzl unter § 134 gefassten Kündigungen wegen zulässiger Grundrechtsausübung (vgl BAG AP 2 § 13 KSchG 51; 2 § 134; 5 § 611 Beschäftigungspflicht: politische Betätigung und Meinungsfreiheit, 1 Art 6 I GG Ehe und Familie: Zölibatsklausel), ferner Verstöße gegen tarifvertragl Maßregelungsverbote.

5 Besondere Bedeutung kommt der Vorschrift im Rahmen und nach (LAG Niedersachsen ArbRAktuell 2022, 462) der **Beendigung des Arbeitsverhältnisses** zu. Angewandt wurde § 612a auf die Kündigung wegen abgelehnten Änderungsangebots (BAG NZA 2004, 399) oder wegen des Verlangens nach Vorruhestand (BAG AP 1 § 612a), wegen des Einklagens von Gehaltrückständen (BAG NJW 1996, 1299), wegen Nichtanbietens eines Folgevertrags bei befristeter Beschäftigung (BAG NZA 2012, 317). Nicht gegen § 612a verstößt eine Kündigung wegen unzumutbar hoher Entgeltfortzahlungskosten (BAG AP 20 § 1 KSchG 69), bei Verweigerung von Kurzarbeit ohne vollen Lohnausgleich (LAG Nürnberg ZInsO 2021, 2328), bei der Weigerung, sich trotz sachlich begründeten Betriebskonzepts des ArbGeb nicht gegen COVID-19 impfen zu lassen (ArbG Berlin NZA-RR 2022, 238) oder wegen der Drohung, bei mangelnder Urlaubsverlängerung „krank zu werden" (BAG AP 4 § 626 Krankheit). § 612a gilt auch für Betriebsvereinbarungen (BAG NZA 2008, 56), hindert jedoch nicht daran, in einer Betriebsvereinbarung eine Abfindung für den Fall vorzusehen, dass der ArbN keine Kündigungsschutzklage erhebt (BAG BAGRp 2005, 280).

6 Eine Maßregelung iSd § 612a kann darin liegen, dass der ArbGeb den Adressatenkreis einer freiwilligen Leistung um diejenigen Mitarbeiter verringert, die zuvor in zulässiger Weise ihre vertragl Rechte ausgeübt haben (BAG BAGRp 2002, 364). Nachdem lange streitig war, ob **Streikbruchprämien** dem Maßregelungsverbot unterfallen (BAG NZA 1993, 1135; 1998, 47 mwN), hält BAG NJW 2019, 538 fest: Ein bestreikter ArbGeb ist grds berechtigt, mittels Zahlung einer sozialadäquaten Streikbruchprämie dem Streikdruck zu begegnen. Nimmt der ArbGeb einen ArbN allein deshalb von der Zuweisung von Überstunden aus, weil der ArbN nicht bereit ist, auf tarifliche Vergütungsansprüche zu verzichten, stellt dies eine Maßregelung iSd § 612a dar (BAG BAGRp 2003, 97). Zur Differenzierung im Rahmen eines **Standortsicherungskonzepts** und damit verbundenem Gehaltsverzicht der ArbN stellt das BAG (NZA 2009, 1135; 2016, 1160; 2018, 670) klar: Der ArbGeb darf bei Sonderzahlungen grds ohne Verstoß gegen den arbeitsrechtl Gleichbehandlungsgrundsatz unterschiedliche Arbeitsbedingungen berücksichtigen und eine geringere laufende Arbeitsvergütung der vormals verzichtsbereiten ArbN-Gruppe durch eine Sonderzahlung teilw oder vollständig kompensieren. In einem solchen Fall der Kompensation verstößt der ArbGeb auch nicht gegen das Maßregelungsverbot des § 612a. Entspr gilt bei Entgelterhöhung, wenn der ArbGeb keine verteilende Entscheidung trifft, sondern lediglich eine normative oder vertragl Verpflichtung erfüllen will (BAG NZA 2012, 31).

7 Nach § 612a ist der ArbGeb grds verpflichtet, maßregelnde Benachteiligungen zu unterlassen (LAG Niedersachsen ArbRAktuell 2022, 462: nachträgl Zeugnisänderung; zum einstw Rechtsschutz LAG Mecklenburg-Vorpommern BeckRS 2020, 11595). Willenserklärungen, wie insb Kündigungen und Weisungen, die gegen die Norm verstoßen, sind nichtig. Erforderlich ist, dass die Maßnahme gerade wegen der zulässigen Rechtsausübung erfolgt (LAG München COVuR 2021, 620). Bei Motivbündeln auf ArbGeb-Seite ist das wesentliche Motiv entscheidend (BAG NJW 2021, 2454; NZA 2022, 200). Eine krankheitsbedingte Kündigung, die nur künftigen weiteren Betriebsablaufstörungen entgegenwirken soll, fällt darunter nicht (BAG NJW 2021, 2454). Bei anderen Maßnahmen entstehen unter der gleichen Voraussetzung die Rechte aus §§ 273, 615 und auf Schadensersatz aus § 280 und § 823 II. § 612a ist Schutzgesetz. Es kommen auch Ansprüche auf Beseitigung und Unterlassung sowie bei schweren Verstößen Leistungsverweigerungsrechte (vgl *Eich* NJW 1980, 2329) in Betracht. Die Darlegungs- und Beweislast, auch für den Kausalzusammenhang, trägt der ArbN (LAG Mecklenburg-Vorpommern BeckRS 2020, 11595; LAG München COVuR 2021, 620).

§ 613 Unübertragbarkeit

Der zur Dienstleistung Verpflichtete hat die Dienste im Zweifel in Person zu leisten. Der Anspruch auf die Dienste ist im Zweifel nicht übertragbar.

I. Persönliche Dienstleistungspflicht (S 1). Nach § 613 S 1, der gemeinhin auch zur Begründung des allg (Weiter-)Beschäftigungsanspruchs gegen den ArbGeb herangezogen wird (BAG NZA 2020, 1169; NZA 2021, 1625), hat der Dienstpflichtige die ihm gem § 611 I obliegenden Dienste im Zweifel persönlich zu erbringen. Aufgrund dieser Auslegungsregel, die für selbständige Dienst- wie für Arbeitsverträge (Schleswig BeckRS 2021, 47391) gilt und auch freie Mitarbeiter erfasst (LAG Rheinland-Pfalz BeckRS 2020, 15385), ist der Dienstpflichtige grds nicht berechtigt, die Dienstleistung durch eine Ersatzkraft durchführen zu lassen, auch nicht bei Arbeitsverhinderung zB eines Berufskraftfahrers im Falle des Führerscheinentzugs (LAG Schl-Holst NZA 1987, 669; NZA-RR 2014, 582). Umgekehrt ist er nicht verpflichtet, bei Verhinderung (zB nach § 3 I EFZG) für Ersatz zu sorgen. Zur Zwangsvollstreckung § 611a Rn 280. Ist eine Arbeit geschuldet, die weder der Dienstpflichtige noch irgendjemand erledigen kann (§ 275 I), gilt § 311a. 1

II. Erlöschen. Aus dem Grundsatz der persönlichen Dienstleistung folgt das Erlöschen der Dienstpflicht bei **Tod des Dienstpflichtigen.** Dies entspricht der in § 673 S 1, § 675 für Geschäftsbesorgungsverträge getroffenen Regelung. Allerdings müssen die Erben des Dienstpflichtigen aufgrund ihrer Haftung nach § 1967 solche Ansprüche erfüllen, die nicht die Dienstleistung gem § 611 I betreffen, zB die Herausgabe von Dienstkleidung. Mit der Dienstpflicht erlischt auch der Anspruch auf Befreiung von ihr, dh auf Urlaub (BAG NZA 1990, 238; 2012, 326), nicht jedoch der Urlaubsabgeltungsanspruch (§ 7 IV BUrlG), der auf die Erben übergeht (EuGH NZA 2018, 1467; BAG NZA 2019, 829). Ist in einem Aufhebungsvertrag eine Abfindung vereinbart, entsteht dieser Anspruch idR nur, wenn der ArbN das vertragl vereinbarte Ende des Arbeitsverhältnisses erlebt (BAG NZA 1998, 643; 2000, 1236) oder man im Wege der Vertragsgestaltung bzw -auslegung zu einer Vererblichkeit gelangt (*Boemke/Danko* DB 2006, 2461; vgl auch BAG NZA 2006, 1238 bzgl Sozialplanabfindung). 2

III. Ausnahmen. Ausdrückl oder stillschw Abbedingung ist möglich, bei ArbN freilich selten (zur Heranziehung der Ehefrau durch einen Hausmeister RAG DR 1940, 1248), bei selbständigen Dienstnehmern in Bezug auf Hilfstätigkeiten weitgehend üblich, so bei Architekten (RGZ 81, 28), Anwälten (BGH NJW 1981, 2741), Ärzten (*Hahn* NJW 1981, 1977), Steuerberatern. Problematisch ist die Übertragung der Hauptleistung. Bei Behandlungsverträgen mit Chefärzten wird sie idR nur bei ausdrückl Vereinbarung zugelassen (Celle NJW 1982, 2129; Hamburg GuP 2018, 195; *Biermann/Ulsenheimer/Weißauer* NJW 2001, 3366; *Bäune* MedR 2014, 76). Zur Frage des Behandelnden beim Behandlungsvertrag § 630a Rn 13ff. Der Vertrag mit einer Anwaltssozietät besteht zu allen nach außen genannten Sozii, wenn nicht anders vereinbart (BGHZ 56, 355). Vertretung im Prozess gilt als zulässig, doch kann bei bedeutsamen Angelegenheiten oder aus sonstigen Gründen persönliche Tätigkeit erforderlich sein. Zur Ausleihe von Fussballspielern *Quirling* SpuRt 2016, 62. Für die Übertragung des Verwalteramts nach dem WEG ist § 613 irrelevant (BGH ZWE 2021, 410). 3

IV. Unübertragbarkeit des Dienstleistungsanspruchs (S 2). Aus der Unübertragbarkeit folgt gem § 851 I ZPO die Unpfändbarkeit, aber nicht die Unvererblichkeit des Anspruchs, die nach § 399 Alt 1 nur bei personenbezogenen Diensten anzunehmen ist (BAG AP 18 § 74 HGB; vgl auch BAG AP 20 § 626). 4

V. Dienstleistungen an Dritte. S 2 hindert nicht die Verpflichtung zur Arbeit in fremden Betrieben, wohl aber die Eingliederung in sie, dh die Unterstellung unter die Weisungsbefugnis eines anderen ArbGeb (§ 106 GewO; BAG AP 2 § 613). Die Arbeitnehmerüberlassung (§ 611a Rn 76ff) ist deshalb nur mit Zustimmung des ArbN oder entspr vertragl Grundlage möglich, welche die Auslegungsregel von S 2 durchbricht. Ähnliches gilt in sog **Matrix-Strukturen** durch Übertragung des fachlichen bzw disziplinarischen Weisungsrechts (*Bauer/Herzberg* NZA 2011, 713; *Kort* NZA 2013, 1318; *Maschmann* NZA 2017, 1557; näher § 611a Rn 88). Im Rahmen von Bauarbeitsgemeinschaften wird ein neues Arbeitsverhältnis begründet, so dass es nicht zur Übertragung des bisherigen Anspruchs auf die Arbeitsleistung kommt (§ 611a Rn 75). 5

§ 613a Rechte und Pflichten bei Betriebsübergang

(1) Geht ein Betrieb oder Betriebsteil durch Rechtsgeschäft auf einen anderen Inhaber über, so tritt dieser in die Rechte und Pflichten aus den im Zeitpunkt des Übergangs bestehenden Arbeitsverhältnissen ein. Sind diese Rechte und Pflichten durch Rechtsnormen eines Tarifvertrags oder durch eine Betriebsvereinbarung geregelt, so werden sie Inhalt des Arbeitsverhältnisses zwischen dem neuen Inhaber und dem Arbeitnehmer und dürfen nicht vor Ablauf eines Jahres nach dem Zeitpunkt des Übergangs zum Nachteil des Arbeitnehmers geändert werden. Satz 2 gilt nicht, wenn die Rechte und Pflichten bei dem neuen Inhaber durch Rechtsnormen eines anderen Tarifvertrags oder durch eine andere Betriebsvereinbarung geregelt werden. Vor Ablauf der Frist nach Satz 2 können die Rechte und Pflichten geändert werden, wenn der Tarifvertrag oder die Betriebsvereinbarung nicht mehr gilt oder bei fehlender beiderseitiger Tarifgebundenheit im Geltungsbereich eines anderen Tarifvertrags dessen Anwendung zwischen dem neuen Inhaber und dem Arbeitnehmer vereinbart wird.

(2) Der bisherige Arbeitgeber haftet neben dem neuen Inhaber für Verpflichtungen nach Absatz 1, soweit sie vor dem Zeitpunkt des Übergangs entstanden sind und vor Ablauf von einem Jahr nach diesem Zeitpunkt fällig werden, als Gesamtschuldner. Werden solche Verpflichtungen nach dem Zeitpunkt des Übergangs fällig, so haftet der bisherige Arbeitgeber für sie jedoch nur in dem Umfang, der dem im Zeitpunkt des Übergangs abgelaufenen Teil ihres Bemessungszeitraums entspricht.

(3) Absatz 2 gilt nicht, wenn eine juristische Person oder eine Personenhandelsgesellschaft durch Umwandlung erlischt.

(4) Die Kündigung des Arbeitsverhältnisses eines Arbeitnehmers durch den bisherigen Arbeitgeber oder durch den neuen Inhaber wegen des Übergangs eines Betriebs oder eines Betriebsteils ist unwirksam. Das Recht zur Kündigung des Arbeitsverhältnisses aus anderen Gründen bleibt unberührt.

(5) Der bisherige Arbeitgeber oder der neue Inhaber hat die von einem Übergang betroffenen Arbeitnehmer vor dem Übergang in Textform zu unterrichten über:
1. den Zeitpunkt oder den geplanten Zeitpunkt des Übergangs,
2. den Grund für den Übergang,
3. die rechtlichen, wirtschaftlichen und sozialen Folgen des Übergangs für die Arbeitnehmer und
4. die hinsichtlich der Arbeitnehmer in Aussicht genommenen Maßnahmen.

(6) Der Arbeitnehmer kann dem Übergang des Arbeitsverhältnisses innerhalb eines Monats nach Zugang der Unterrichtung nach Absatz 5 schriftlich widersprechen. Der Widerspruch kann gegenüber dem bisherigen Arbeitgeber oder dem neuen Inhaber erklärt werden.

1 **I. Entstehung und Entwicklung.** Abs I S 1, Abs II und III sind anlässlich der Novellierung des BetrVG mWv 19.1.1972 in das BGB aufgenommen worden (amtl Begr BT-Drs VI/1786, 27, 59, 67, abgedr bei *Seiter*, Betriebsinhaberwechsel, 1980, 152). Mit der Vorschrift wurden die Rechtsfolgen eines Betriebsübergangs erstmals gesetzl geregelt. Inzwischen bestimmt Art 3 I EG-RL Nr 77/187 v 14.2.1977 (ABl EG v 5.3.1977, L 61/26) für alle Mitgliedstaaten der EU, dass die Rechte und Pflichten aus einem im Zeitpunkt des Betriebsübergangs bestehenden Arbeitsverhältnis auf den Betriebserwerber übergehen müssen. Abs I S 2–4 und Abs IV beruhen auf dem EG-AnpassungsG v 13.8.1980 (BGBl I 1980, 1308), das die EG-RL umgesetzt hat. Seit 1997 richtet sich die Rspr des BAG zu S 1, insb zu dem grundlegenden Begriff des Betriebs- und Betriebsteilübergangs, nach der RL und ihrer Deutung durch den EuGH (Rn 13ff). In der EU und im EWR gilt die RL einheitlich, so dass es bei grenzüberschreitenden Vorgängen selten zur Anwendung der Kollisionsnormen des IPR kommt.

2 Die RL 77/187 ist durch die RL 98/50 v 29.6.1998 (ABl EG L 201/88; NZA 1998, 1211) und die RL 2001/23/EG v 12.3.2001 (ABl EG L 82/01) geändert worden. Sie haben Präzisierungen gebracht, vor allem der Begriffe des Betriebs, des Betriebsübergangs, der Unterrichtung und des Widerspruchsrechts der ArbN (*Gaul* BB 1999, 526; *Franzen* RdA 1999, 361). So sind Abs V und VI in Umsetzung von Art 7 VI der EG-RL 2001/23/EG eingefügt worden (BGBl I 2002, 1163, 1167f). Dazu Rn 47, 123; *Willemsen/Lembke* NJW 2002, 1159; *Worzalla* NZA 2002, 353.

3 **II. Sinn und Zweck.** § 613a verfolgt mehrere Zwecke: Er soll in erster Linie die ArbN vor dem Verlust ihres Arbeitsplatzes anlässlich eines Betriebsübergangs schützen (BAG DB 1980, 308, 310). Dies geschieht dadurch, dass der neue Betriebsinhaber nach Abs I S 1 in die Rechte und Pflichten aus den im Zeitpunkt des Übergangs bestehenden Arbeitsverhältnissen eintritt. Aufgrund dieses zwingend vorgeschriebenen ArbGeb-Wechsels kann der Erwerber eines Betriebs bzw Betriebsteils die Übernahme einzelner ArbN nicht ablehnen. In Ergänzung dazu verbietet Abs IV die Kündigung eines ArbN allein wegen des Betriebsübergangs. Neben dem Bestand des Arbeitsverhältnisses schützt Abs I S 1 die einzelvertragl Vorteile, die die ArbN aufgrund ihrer bisherigen Betriebszugehörigkeit erworben haben, zB Anspruch auf Sonderleistungen, längere Kündigungsfristen etc. Die kollektivvertragl Vorteile sichert Abs I S 2, § 613a will aber die Position der ArbN nur so schützen, wie sie sich im Augenblick des Betriebsübergangs darstellt (BAG DB 1977, 358, 359). Ein generelles Verschlechterungsverbot für die Zeit

nach dem Betriebsübergang begründet § 613a nicht (BAG DB 1986, 1779, 1780). Das folgt auch aus Abs I S 2 aE und S 4 sowie aus Abs IV S 2. Durch arbeitsvertragl **Bezugnahme- und Tarifwechselklauseln** gewinnt Abs I S 1 im Verhältnis zu Abs I S 3 zunehmende Bedeutung (Rn 94).

Die Vorschrift kann auch das Gegenteil bewirken, nämlich die Vernichtung von Arbeitsplätzen, wenn die Sanierung von Unternehmen am Unwillen potentieller Erwerber scheitert, alle bisherigen ArbN zu übernehmen. Bei ausdehnender Auslegung der Vorschrift ist daher Zurückhaltung geboten (*Hanau* ZIP 1998, 1817). Das gilt umso mehr, als die Vorschrift ArbGeb-Interessen fördert, da sie die abgebenden ArbGeb von ArbN und nach Maßgabe des Abs I S 2–4 von Kollektivverträgen befreit. Dies erklärt das Widerspruchsrecht der ArbN, Rn 47ff. Durch den automatischen Übergang der Arbeitsverhältnisse auf den Betriebserwerber sichert § 613a zugleich die Kontinuität eines im Betrieb bestehenden Betriebsrats (Rn 79). 4

Übernimmt der neue ArbGeb die Arbeitsverhältnisse so, wie sie zZt des Betriebsübergangs bestehen, folgt daraus, dass er außer in Insolvenzverfahren (Rn 32) auch für Verbindlichkeiten aus der Vergangenheit haftet. Abs II S 1 stellt dies klar und ordnet die Weiterhaftung des bisherigen ArbGeb für die vor dem Betriebsübergang entstandenen ArbN-Ansprüche an (Rn 58). 5

III. Betriebsübergang nach Abs I S 1. 1. Betriebsinhaberwechsel. a) Betriebsinhaber. Zu einem Betriebsübergang kommt es nach dem Wortlaut des Abs I S 1, wenn an die Stelle des bisherigen Betriebsinhabers ein anderer tritt. Betriebsinhaber ist, wer über die arbeitstechnische Organisations- und Leitungsmacht verfügt und den Betrieb im eigenen Namen fortführt und nach außen als Inhaber auftritt (BAG NZA 2006, 597; 2012, 1161; 2018, 933, 940; krit zu den Anforderungen an die Außenbeziehungen *Rieble* NZA 2018, 1302). Ob es sich um eine nat Person, eine Gesamthand oder eine jur Person des privaten oder öffentlichen Rechts handelt, spielt keine Rolle. Der für einen Betriebsübergang notwendige Betriebsinhaberwechsel setzt einen Wechsel der Rechtspersönlichkeit auf Seiten des Betriebsinhabers sowie eine Fortführung des Betriebes durch den neuen Inhaber voraus. S aber Rn 29. 6

Für den Erwerb der betrieblichen Fortführungsmöglichkeit ist auf Seiten des neuen Inhabers die selbständige **Übernahme der arbeitstechnischen Organisations- und Leitungsmacht** im eigenen Namen erforderlich, während die Übertragung der Rechte an den Produktionsmitteln weder erforderlich noch ausreichend ist. Das Eigentum an den Betriebsmitteln ist für die Frage, wer sie in ihrer Gesamtheit nutzt, bedeutungslos (BAG DB 1985, 2411, 2412; NZA 2006, 597, 601). Da die Übernahme der Organisations- und Leitungsmacht nicht rechtsgeschäftlich erfolgen kann, stellt der Betriebsübergang einen Realakt dar. Einer besonderen Übertragung der Leitungsmacht bedarf es dafür nicht (BAG DB 1999, 337). Die betriebliche Organisations- und Leitungsmacht hat der neue Inhaber inne, wenn er die wesentlichen sächlichen und immateriellen Betriebsmittel tatsächlich nutzen und den ArbN Weisungen erteilen kann. Dass der Betriebserwerber treuhänderischen Bindungen rechtl oder wirtschaftl Art im Innenverhältnis zum bisherigen Betriebsinhaber unterliegt, ist unerheblich (BAG DB 1985, 1135; *Schaub* ZIP 1984, 272, 274; *Seiter*, Betriebsinhaberwechsel, 1980, 44; *Willemsen* ZIP 1986, 477, 484f; *Krause* ZFA 2001, 67). Erst wenn sich ein Dritter nicht auf eine wirtschaftl Steuerung nach Art der Konzernleitung beschränkt, sondern wesentlich in die arbeitsorganisatorische Leitung eingreift, muss auch er sich als Betriebsinhaber behandeln lassen. Nach der früheren Rspr des BAG kam es nur darauf an, dass der Erwerber den Betrieb fortführen konnte; ob er es wollte, war unerheblich (EzA 81, 125, 139, 143 § 613a; NZA 1998, 1233). Demggü sieht der EuGH ein wesentliches Indiz für die Übernahme einer wirtschaftl Einheit in der tatsächlichen Fortführung oder Wiederaufnahme der Tätigkeit, EAS RL 77/187 Art 1 Nr 2, 7. Ebenso BAG EzA 177 § 613a: kein Wechsel der Inhaberschaft, wenn der neue „Inhaber" den Betrieb gar nicht führt. Der Rückfall des verpachteten Betriebs ist kein Betriebsübergang, wenn der Verpächter den Betrieb nicht weiterführt. Die Übernahme gemeinsamer Leitungsmacht im Rahmen eines **gemeinsamen Betriebs** reicht für die Anwendung des § 613a nicht aus, denn im gemeinsamen Betrieb bleiben die Arbeitsverhältnisse getrennt. Der Betriebsübergang auf einen gemeinsamen Betrieb ist ausgeschlossen (BAG NZA 2006, 592). 7

Zum Schutz der betroffenen ArbN ist eine analoge Anwendung des Abs I S 1 geboten, wenn ein anderer als der wahre **Erbe** aufgrund des Erbfalls einen zum Nachlass gehörenden Betrieb fortführt und später wegen der gesetzl oder testamentarisch angeordneten Erbfolge die arbeitstechnische Organisations- und Leitungsmacht auf den wahren Erben übertragen muss (*Walker*, Der Vollzug der Arbeitgebererbfolge mit einem vermeintlichen Erben, 1985, 143ff). Die von dem vermeintlichen oder vorläufigen Erben, der sich nach Rechtsscheingrundsätzen als AG behandeln lassen muss (BAG AP 159 § 242 Ruhegehalt), begründeten Arbeitsverhältnisse gehen deshalb mit Übernahme des Betriebs auf den wahren Erben über (ebenso *Stumpf*, FS Brackmann, 1977, 299, 306ff). Ebenso ist der Nacherbe analog §§ 2135, 613a an die vom Vorerben begründeten Arbeitsverhältnisse gebunden (*Walker* aaO, 139ff). 8

Bringt eine nat oder jur Person ihren Betrieb als Sacheinlage in eine Gesellschaft ein, geht dieser von einer Rechtsperson auf eine andere über. Das gilt sowohl für eine Gesellschaft mit eigener Rechtspersönlichkeit als auch für eine Personengesellschaft, bei der Rechtsträger des Betriebs nunmehr die Gesellschafter in ihrer gesamthänderischen Verbundenheit sind. Veränderungen in der Rechtsform des Betriebsinhabers oder in der Zusammensetzung seines Rechtsträgers stellen dagegen keinen Wechsel des Rechtssubjekts dar. Deshalb sind weder der Formwechsel des Rechtsträgers noch der Wechsel (Austritt, Eintritt) von Gesellschaftern einer Personengesellschaft als Betriebsinhaberwechsel anzusehen. Ebenso EuGH NZA 2017, 981 zum Erwerb von Gesellschaftsanteilen. Bei **Betriebsführungsverträgen** stellt sich die Frage, welche Anforderungen an das Auftreten des Inhabers 9 nach außen zu stellen sind. Das Auftreten als Inhaber im Innenverhältnis zur Belegschaft reicht nicht aus (BAG NZA 2018, 933; krit *Rieble* NZA 2018, 1302).

10 Die **Verpachtung** eines Betriebs ist mit einem Betriebsinhaberwechsel verbunden (BAG NZA 1998, 1233). Das trifft auch zu, wenn ein einheitliches Unternehmen in ein fortbestehendes Besitzunternehmen und in eine neu gegründete Produktionsgesellschaft aufgespalten wird und die Produktionsgesellschaft den Betrieb pachtweise fortführt (BAG DB 1981, 1190, 1191). Nach § 134 UmwG haftet die Besitzgesellschaft bei Umwandlungen fünf Jahre für Sozialpläne bei der Produktionsgesellschaft. Ein Pächter wird auch dann Betriebsinhaber, wenn der Verpächter als bisheriger Betriebsinhaber namens und für Rechnung des Pächters den Betrieb leitet. Dagegen ist ein Inhaberwechsel nicht gegeben, wenn der Verpächter im eigenen Namen für Rechnung des Pächters den Betrieb leitet. Bei dieser Konstellation handelt es sich um eine Gewinnabführung, die auf den Rechtsträger des Betriebs ohne Einfluss ist.

11 Das Erfordernis der Betriebsfortführung im eigenen Namen hindert im Regelfall (zu Ausnahmen BAG NZA 2012, 267) einen Inhaberwechsel auf Insolvenz- und Zwangsverwalter sowie Testamentsvollstrecker. Ohne eine besondere Absprache können diese **Verwalter** einen Betrieb nur für den Betriebsinhaber leiten (§ 611a Rn 58).

12 Für die Anwendung des Abs I S 1 kommt es nicht darauf an, ob der Betrieb von einem privaten oder öffentlichen **Rechtsträger** geleitet wird (BAG DB 1980, 1495, dazu Rn 23ff). Die Vorschrift gilt auch für Tendenzbetriebe nach § 118 I BetrVG (BAG AP 3 § 99 BetrVG) und für Betriebe von Religionsgemeinschaften mit karitativer oder erzieherischer Ausrichtung iSd § 118 II BetrVG (BAG AP 24 § 118 BetrVG 1972). Abs I S 1 ist auch bei Betriebsübergängen ins **Ausland** anwendbar (BAG NZA 2003, 93; 2011, 1143; *Junker* NZA Beilage 1/2012, 8, 13). Eine erhebliche räumliche Betriebsverlagerung kann allerdings die Wahrung der Identität zweifelhaft erscheinen lassen (Rn 13ff).

13 **b) Betrieb/Betriebsteil.** Gegenstand eines Betriebsinhaberwechsels kann sowohl ein Betrieb als auch ein Betriebsteil sein. Nach früherer Auffassung des BAG gehörten zum Betrieb iS dieser Vorschrift nur die sächlichen und immateriellen Betriebsmittel, nicht auch die ArbN, weil die Übernahme der Belegschaft Rechtsfolge und nicht Voraussetzung eines Betriebsübergangs sei (BAG DB 1985, 2409, 2410; ZIP 1986, 388, 392). Im Anschluss an die Rspr des EuGH (DB 1997, 628 – Ayse Süzen) hat das BAG die Begriffsbestimmung des Betriebs differenziert und erweitert (BAG EzA 119 § 613a; *Waas* ZFA 2001, 377; *Kania* NZA 2016, 1441). Nunmehr wird der Übergang einer **auf Dauer angelegten wirtschaftl Einheit** verlangt, einer organisierten Gesamtheit von Personen und Sachen zur Ausübung einer wirtschaftl Tätigkeit mit eigener Zielsetzung. Diese organisierte Einheit muss dabei ihre **Identität bewahren**; bei organisatorischen Veränderungen oder der Eingliederung in die Organisationsstruktur des Erwerbers führt das zu schwierigen Bewertungsfragen (EuGH NJW 2009, 2029; BAG NZA 2007, 1431; 2009, 905; *Junker* EuZA 2019, 45; Einzelfälle unter Rn 16ff). Die Einheit darf nicht als bloße Tätigkeit verstanden werden. Ihre Identität ergibt sich ua aus ihrem Personal, ihren Führungskräften, ihrer Arbeitsorganisation, ihren Betriebsmethoden und den ihr zur Verfügung stehenden Betriebsmitteln. In Branchen, in denen es im Wesentlichen auf die menschliche Arbeitskraft ankommt, kann eine Gesamtheit von ArbN, die durch ihre gemeinsame Tätigkeit dauerhaft verbunden ist, eine wirtschaftl Einheit darstellen (BAG NZA 1998, 534; 2006, 31; 2015, 1325). BVerfG EzA 1 Art 177 EG-Vertrag bestätigt dies dahin, dass die Ähnlichkeit von Tätigkeiten nicht ausreiche. Schon BAG EzA 157 § 613a erwägt, bei einem Modefachgeschäft könne die **Übernahme des Personals** bedeutsam sein, da es sich dadurch auszeichne, dass die Kunden persönlich umfassend beraten und nicht auf Selbstbedienung verwiesen werden. Damit erfordere der Betrieb eines Modefachgeschäfts neben den Geschäftsräumen, der Ladeneinrichtung und dem Warensortiment den Einsatz menschlicher Arbeitskraft in keinesfalls nachrangigem Umfang. Der Faktor Mensch besitze für die äußere Darstellung des Betriebs und seinen Erfolg beim Kunden erhebliches Gewicht. Auch BAG EzA 154 § 613a erwägt wie der EuGH im Ayse-Süzen-Fall, dass die Übernahme des Personals in der Reinigungsbranche zu einem Betriebsübergang führen könne. BAG NZA 1998, 534; 2006, 31 hat das bestätigt: Beschäftige ein Reinigungsunternehmen als neuer Auftragnehmer einen nach Zahl und Sachkunde wesentlichen Teil der Belegschaft in den bisherigen Funktionen weiter, übernehme es eine organisierte Gesamtheit von ArbN. Das genüge in Branchen, die durch einen objektbezogenen Personaleinsatz mit untergeordneter Bedeutung von Betriebsmitteln geprägt sind, um die Identität der wirtschaftl Einheit fortzuführen.

14 Nach LAG Köln LAGE § 613a Nr 68 ist das Merkmal **„nach Zahl und Sachkunde wesentlichen Teils des eingesetzten Personals“** nicht erfüllt, wenn bei dem Übergang eines Gebäudereinigungsauftrags das neue Unternehmen vier der insg sieben Raumpflegerinnen übernimmt. IdR werde in solchen Fällen die Übernahme von Führungskräften zumindest in Vorarbeiterstellung erforderlich sein. Ebenso BAG EzA 174 § 613a: Hält der neue Auftragnehmer die frühere Arbeitsorganisation nicht aufrecht und stellen die Arbeitsplätze keine hohen Anforderungen an die Qualifikation der ArbN, genügt die Übernahme von 75 % (sechs von acht) der früheren Beschäftigten nicht. *Joost* (FS Kraft, 1998, 281) hat geltend gemacht, dass die Übernahme des wesentlichen Personals durch den neuen Betreiber bzw Auftragnehmer ohne Mitwirkung des bisherigen ArbGeb nicht ausreichen könne. Ein Betriebsübergang ohne Veräußerungswillen und ohne jede Mitwirkungshandlung des Betriebsinhabers sei ein Fremdkörper in der Zivilrechtsordnung. Dies trifft nicht zu (Rn 30). Zudem ist diese Auslegung nach dem Sinn und Zweck der RL und des § 613a zur Anpassung an die Gegebenheiten der Dienstleistungsgesellschaft erforderlich, in der nicht die materiellen Betriebsmittel, sondern das Personal den Kern des Betriebs bildet. Andernfalls würden RL und § 613a leer laufen. Bei der wirtschaftl Mitbestimmung über Betriebsänderungen gem § 111 BetrVG ist von der Rspr und durch § 112a I BetrVG anerkannt, dass der Abbau von Personal eine Be-

triebsänderung darstellen kann. Ebenso kann die Übernahme von Personal eine Betriebsübernahme darstellen. Auch die Übernahme von freien Mitarbeitern, Handelsvertretern und anderen Personen, die keine ArbN sind, kann zu einem Übergang führen, wenn sich darin eine Organisationseinheit verkörpert.

Unter einem **Betriebsteil** iSd Abs I S 1 versteht man mehrere bzw eine Vielfalt von Gegenständen, die in ihrer Gesamtheit innerhalb des Betriebs eine bestimmte Teilaufgabe wahrnehmen, auch wenn es sich um untergeordnete Hilfsfunktionen handelt (BAG NZA 1998, 253; *Steffan* NZA 2000, 687). Eine einzelne Anlage oder Maschine (BAG DB 1976, 391; NZA 2000, 144 zur Veräußerung einzelner Lkw) oder ein einzelner Auftrag (BAG NZA 2007, 1427, 1431; 2008, 1130) kann daher idR nicht als Betriebsteil angesehen werden. § 4 BetrVG ist hier unmaßgeblich (BAG EzA 125 § 613a; zu betriebsverfassungsrechtl Fragen *Meyer* NZA 2018, 900). Das BAG verlangt, dass die übernommenen Betriebsmittel bereits beim früheren Inhaber die Qualität eines Betriebsteils hatten; dass der Erwerber erst mit ihnen einen Betrieb oder Betriebsteil gründet oder der verbleibende Restbetrieb fortgesetzt wird, sei unerheblich (BAG NZA 2004, 1383; 2006, 794; 2011, 1162, 1231; 2015, 1325). Das ist bei organisatorisch zentralisierten, aber in Teilaufgaben zerlegbaren Betrieben bedenklich, denn so kann § 613a umgangen werden (ebenso *Lieb* ZFA 1994, 229 betr Versorgungsbetriebe). Ist es infolge des Übergangs eines Betriebsteils nicht mehr möglich, den verbleibenden Betrieb sinnvoll zu führen, hat das nicht den Übergang aller Arbeitsverhältnisse zur Folge (BAG EzA 156 § 613a). 15

c) Einzelfälle. Angesichts der offenen Definition der wirtschaftl Einheit, deren Übergang die Rechtsfolge des § 613a auslöst, kann im Einzelfall erhebliche Rechtsunsicherheit bestehen. In der Praxis betrifft das ua Fälle des **Outsourcing.** BAG EzA 166 § 613a will das Gewicht der maßgeblichen Kriterien (Rn 13) nach der Art der Tätigkeit und der Produktionsmethoden differenzieren. Auch der EuGH geht mit seiner eigenen Begriffsbestimmung nicht immer richtig um. In der Christel-Schmidt-Entscheidung (NZA 1994, 545) hat er den Übergang einer bloßen Funktion ausreichen lassen, das aber durch die Ayse-Süzen-Entscheidung korrigiert (NZA 1997, 433; ebenso EzA 172, 178 § 613a betr Bewachungs- und Reinigungstätigkeiten). Die frühere Rspr des BAG ist nur mit Vorsicht verwertbar, da sie von einem heute nicht mehr maßgeblichen Begriff des Betriebsübergangs ausging (Rn 13). Da der Übergang einer „organisierten Gesamtheit von Personen und Sachen" erforderlich ist, kann die Übernahme einzelner Betriebsmittel wie zB eines Grundstücks nicht ausreichen, sondern es muss noch etwas hinzukommen, zB ArbN, Einrichtungsgegenstände, Know-how oder Kundenbeziehungen, die allein ebenfalls nicht ausreichen (BAG NZA 2007, 1428). 16

Im Folgenden wird die **BAG-Rspr** dargestellt, die sich an der neuesten EuGH-Rspr orientiert oder mit ihr vereinbar ist. Von besonderer Bedeutung ist die Entscheidung BAG DB 1997, 1920, die als erste nach der Ayse-Süzen-Entscheidung des EuGH (DB 1997, 628) ergangen ist. Wenn eine Firma lediglich ein nacktes, selbst von Bodenbelägen und Decken befreites **Geschäftshaus** anmiete und nach eigenen, firmentypischen Merkmalen umbaue, könne allein die Übernahme dieses materiellen Betriebsmittels sowie des damit verbundenen immateriellen Vorteils der für ein Einzelhandelsunternehmen günstigen Geschäftslage keine Gesamtbewertung dahin rechtfertigen, die Firma habe den bisherigen Betrieb übernommen. Dies gelte selbst dann, wenn die neue Firma mit ihrem Warenangebot auf dieselben Kundenkreise ziele. Insofern komme zum Tragen, dass die neue Firma an verschiedenen Orten über eine ganze Reihe gleichartiger Modefachgeschäfte verfügte und mit der fraglichen Filiale lediglich eine räumliche Ausweitung ihrer Betriebstätigkeit vorgenommen habe. In die gleiche Richtung weist BAG EzA 153 § 613a. Aus dieser Entscheidung ergibt sich, dass die Übernahme von Grundstück und Räumen für sich genommen für einen Betriebsübergang nicht ausreicht. Obwohl in diesem Fall der neue Pächter seine **Gaststätte** in denselben Räumen etablierte wie der bisherige Pächter, wurde ein Betriebsübergang aus folgenden Gründen abgelehnt: Unterbrechung der Tätigkeit für fünf bis sechs Monate, da dies in einem von zahlreichen weiteren Gaststätten geprägten Stadtteil einer Großstadt zum Ausweichen der Kunden auf andere Lokale führe; Wechsel der Bezeichnung des Betriebes einschl seines Charakters (arabische statt dt Küche; deshalb auch anderer Kundenstamm); keine Übernahme von Führungskräften oder sonstigem Personal. Die Übertragung der beweglichen Güter und die Anmietung desselben Gebäudes trete hinter gewichtigeren Gesichtspunkten wie der langen Schließung, der fehlenden Übernahme der Kunden und des Personals und der gänzlich andersartigen neuen Darstellung des Lokals zurück. Deshalb sei es unerheblich, ob die bisherigen ArbN bei dem neuen Pächter weiterarbeiten könnten. Ebenso hatte schon die ältere Rspr des BAG angenommen, dass die Übernahme von Geschäftsräumen nur ausreiche, wenn sie wegen gleich bleibenden Sortiments den gleichen Kundenkreis anzieht (AP Nr 58, 63 § 613a). Ausreichend sei, dass Betriebsräume mit Inventar und ArbN übernommen werden (EzA 146 § 613a). Zum Übergang einer **Betriebskantine** BAG NZA 2010, 499. 17

Weitere Bsp: Die betriebliche Identität im Rahmen eines Betriebsübergangs in der **Schuhproduktion** ist nicht gewahrt bei handwerklich ausgerichteter Einzelfertigung einerseits und Massenanfertigung andererseits (BAG BAGRp 2003, 112). Wird ein Bewirtschaftungsbetrieb (**Bahn-Bistro**) vollständig in die eigene Organisationsstruktur eines anderen Unternehmens eingegliedert, ist die Identität der wirtschaftl Einheit ebenfalls nicht gewahrt (BAG NZA 2006, 1039). Wesentliche Änderungen des Konzepts und der Organisation können dem Betriebsübergang entgegenstehen (BAG NZA 2006, 1096 – **Frauenhaus**). Ein **Forschungsschiff** kann eine wirtschaftl Einheit darstellen, die bei einer Neubereedung ihre Identität wahrt (BAG NZA 2006, 1105). Im Rahmen der Neuvergabe von Schlachtarbeiten in einem Schlachthof können die Zerlegearbeiten den Kern des zur Wertschöpfung erforderlichen Funktionszusammenhanges darstellen (BAG NZA 2007, 927). Bei Schließung und Neueröffnung von **Einzelhandelsgeschäften** hängt es von der Gesamtwürdigung aller Umstände ab, ob die Identität der wirtschaftl Einheit gewahrt wird (BAG NZA 2000, 369; 2006, 1357). Im Vordergrund steht hier der Erhalt 18 der regelmäßig durch Geschäftslage, Warensortiment und Betriebsform geprägten Kundenbeziehungen. Die Neuvergabe des Sortierauftrags für die bisher in einer Schicht anfallende Müllmenge eines im Zweischichtbetrieb organisierten **Müllentsorgungsbetriebs** führt zu keinem Betriebsübergang auf den neuen Sortierdienstleister (BAG NZA 2008, 1130). Bei einem **Lagerbetrieb** kommt es für den erforderlichen Funktionszusammenhang weniger auf die menschliche Arbeitskraft als auf die (im-)materiellen Betriebsmittel an (BAG NZA 2008, 1021). Die Veräußerung von Arbeitsgerät eines **Dachdeckerbetriebs** durch den Insolvenzverwalter löst auch dann keinen Betriebsübergang aus, wenn einzelne Handwerker mitübernommen werden (BAG NZA 2008, 112). In einem **Callcenter/Servicecenter** spielen sächliche Betriebsmittel wie die Telefonanlage neben der menschlichen Arbeitskraft nur eine untergeordnete Rolle für die wirtschaftl Wertschöpfung (BAG NZA 2009, 1412).

19 Das Problem, ob nur die Übertragung einer Sachgesamtheit oder aber die des Betriebs oder eines Betriebsteils vorliegt, stellt sich nicht, wenn die sächlichen und immateriellen Mittel eines **stillgelegten Betriebs bzw Betriebsteils veräußert werden.** Hierbei handelt es sich lediglich um die Übertragung einer Sachgesamtheit (BAG DB 1985, 2407, 2409; 1997, 1036). Das setzt aber voraus, dass die zw ArbGeb und ArbN bestehende Betriebs- und Produktionsgemeinschaft dauernd oder für eine ihrer Dauer nach unbestimmte, wirtschaftl nicht unerhebliche Zeitspanne aufgelöst wird und es deshalb zu einer endgültigen Betriebsstilllegung kommt (BAG DB 1985, 1399; EzA 146 § 613a). Stellt der Erwerber der Betriebsmittel ehemalige ArbN des stillgelegten Betriebs ein, kommt es zu einer Betriebsneugründung (BAG DB 1977, 310, 311; anders DB 1998, 316; Rn 122). Erfolgt die Einstellung der Produktion von vornherein nur vorübergehend, etwa um die Voraussetzungen für die Übernahme des Betriebs durch einen anderen Inhaber zu schaffen, und kommt es während dieser Betriebsunterbrechung zur Übertragung wesentlicher Betriebsmittel, mit deren Hilfe die Produktion durch den Erwerber wieder aufgenommen wird, liegt ein Betriebsübergang vor (BAG DB 1985, 2407, 2409). Zum Betriebsmittelaustausch BAG DB 1987, 99.

20 Im Einzelfall kann die Frage, ob eine nach **Produktionseinstellung** erfolgte Veräußerung von Betriebsmitteln die Übertragung einer Summe von Wirtschaftsgütern eines stillgelegten Betriebs oder die eines funktionsfähigen Betriebs darstellt, schwierig sein, weil die (endgültige) Betriebsstilllegung entscheidend von der ernsthaften Absicht des Betriebsinhabers abhängig gemacht wird, die betriebliche Zweckverfolgung auf unbestimmte Zeit aufzugeben (BAG DB 1985, 1399, 1400; 1986, 2547; LAG Hamm LAGRp 2002, 161, 162ff; zur Stillegung in mehreren Schritten BAG NZA 2020, 1091). Dies ist oft nur anhand von Indizien feststellbar. Es fehlt bei alsbaldiger Wiedereröffnung des Betriebs bzw bei **alsbaldiger Wiederaufnahme der Produktion** durch einen Erwerber von wesentlichen Betriebsmitteln (BAG DB 1985, 2407, 2409; DB 1987, 99). Das BAG hat eine Wiedereröffnung etwa zwei Monate nach der Betriebseinstellung für eine rechtswirksame Betriebsstilllegung als noch nicht ausreichend erachtet (BAG DB 1985, 1399f), neun Monate Schließung eines Textilkaufhauses (DB 1997, 1920) und fünf Monate Schließung eines Restaurants (NZA 1998, 31) dagegen ausreichen lassen. Gegen eine ernsthafte und endgültige Stilllegungsabsicht spricht, dass der Betriebsinhaber sich noch nach Ausspruch von betriebsbedingten Kündigungen um einen Übernahmeinteressenten bemüht (BAG DB 1985, 1399). Einschränkend, wohl auch um letzte Sanierungsbemühungen nicht zu vereiteln, BAG DB 1987, 1986: Kündigung zulässig, auch wenn trotz geringer Erfolgsaussicht versucht wird, die Stilllegung abzuwenden. Der Betrieb kann auch von einem Pächter geschlossen werden (BAG NZA 1987, 419), doch dürfte idR ein abgestimmtes Verhalten von Verpächter und Pächter erforderlich sein (BAG EzA 126 § 613a).

21 Die Unerheblichkeit der bloßen Übernahme einer Funktion oder Tätigkeit ist seit der Ayse-Süzen-Entscheidung des EuGH (DB 1997, 628) anerkannt. Ein Betrieb könne nicht mit der in ihm verrichteten Tätigkeit gleichgesetzt werden. Ist für die jew Tätigkeit die Nutzung von Arbeitsmitteln und Einrichtungen des Auftraggebers oder Dritter geboten, kam es nach BAG EzA 160 § 613a darauf an, ob der Auftrag *mit* oder *nur an* diesen Gegenständen erledigt werden, dh ob die Betriebsmittel aufgrund einer Nutzungsvereinbarung eigenwirtschaftl genutzt werden können (ebenso BAG DB 1998, 1132). Anders EuGH NZA 2006, 29; BAG NZA 2006, 723; 1039, 1101 (Neuvergabe des Auftrags zur **Personenkontrolle am Flughafen**): Die **eigenwirtschaftl** Nutzung der Betriebsmittel soll **keine notwendige Voraussetzung** oder prägendes Merkmal für den Betriebsübergang mehr sein. Zur Nutzung von Flughafeneinrichtungen für Bodendienste Rn 27.

22 **d)** Die Frage des Betriebsübergangs stellt sich nicht nur beim Outsourcing, sondern auch beim **Insourcing**: Der Betrieb eines Gefahrstofflagers, in dem für ein Automobilunternehmen Waren gelagert, kommissioniert und versandt werden, ist kein betriebsmittelarmer Betrieb, so dass ein Betriebsübergang auch ohne Übernahme von Personal vorliegen kann. Mietet ein Automobilunternehmen das Lager nebst den darin befindlichen Hochregalen, übernimmt es die bisherigen Standorte der Waren und stellt es – wie zuvor – die angeforderten Waren zusammen, geht der Betrieb über. Steht der Betriebsübergang bereits aufgrund anderer Kriterien fest, ist der Übergang der Arbeitsverhältnisse der ArbN Rechtsfolge und nicht zwingende Voraussetzung des Betriebsübergangs. Der Nichtübernahme von Personal kommt grds nur bei betriebsmittelarmen Betrieben den Tatbestand des Betriebsübergangs ausschließende Bedeutung zu (BAG BAGRp 2005, 78ff; 95f; krit *Steffan* NZA 2018, 154).

23 **e) Öffentliche Dienstleistungen.** Zu einem Betriebs- oder Betriebsteilübergang kann es auch bei der Privatisierung öffentlicher Dienstleistungen, zB durch die Übertragung eines kommunalen Eigenbetriebs (Krankenhaus, Kindergarten, Schlachthof usw) auf einen privaten Rechtsträger kommen. Auch hier ist erforderlich, dass wesentliche Betriebsmittel übertragen werden. Die bloße Aufgabenübertragung, die zB vorliegt, wenn eine öffentlich-rechtl Körperschaft eine private Reinigungsfirma mit der Durchführung von Reinigungsarbeiten betraut, die bisher von der Körperschaft eigenständig vorgenommen wurden, reicht nicht aus (BAG AP 5, 9 § 1 KSchG

1969 Betriebsbedingte Kündigung). Die Voraussetzungen des § 613a sind auch im Zusammenhang mit einer Umwandlung (Kreiskrankenhaus) selbständig zu prüfen (BAG NZA 2000, 1115). So kann die Gründung einer **Service-GmbH** durch Kommunalunternehmen mit anschließender ArbN-Überlassung einen Teilbetriebsübergang auslösen (BAG NZA 2009, 144).

Diese Grundsätze wurden vom BAG zunächst auch auf den **Übergang öffentlicher Aufgaben** von einer Behörde oder Stelle auf eine andere angewendet. In BAG EzA 136 § 613a ging es um den durch Verwaltungsvereinbarung geregelten Übergang einer Schule von einem öffentlichen Träger auf einen anderen öffentlichen Träger. Hier wurde ausgesprochen, dass sich der Übergang der Arbeitsverhältnisse gem § 613a nicht aus einer Funktionsnachfolge, aus der bloßen Übernahme einer öffentlichen Aufgabe ergeben könne. Die Anwendung des § 613a könne allein daran anknüpfen, dass nicht nur die öffentliche Funktion, sondern auch die für ihre Fortführung wesentlichen sächlichen Mittel übernommen werden. In diesem Zusammenhang wurde weiter ausgesprochen, dass ein auf Gesetz oder sonstigem Hoheitsakt beruhender Übergang nicht unter § 613a falle. Wohl aber könne eine öffentlich-rechtl Verwaltungsvereinbarung ein Rechtsgeschäft iSd § 613a sein. In die gleiche Richtung ging BAG AP 138 § 613a: Die analoge Anwendung des § 613a auf den Übergang öffentlicher Aufgaben scheide aus. Insoweit gab es eine klare Linie: Anwendung des § 613a nicht auf den Übergang einer öffentlichen Aufgabe als solcher, wohl aber auf die Übernahme von sächlichen Mitteln, wenn sie nach allg Kriterien als Betriebsübergang angesehen werden kann. EuGH NZA 1996, 1279 hat aber ausgesprochen, dass die Übertragung von Verwaltungsaufgaben von einer öffentlichen Verwaltung auf eine andere keinen Unternehmens- oder Betriebsübergang iSd RL 77/187 darstellen kann. So auch Art 1 EG-RL 98/50 (Rn 2). Der EuGH stellt nicht darauf ab, ob mit der öffentlichen Aufgabe auch die zu ihrer Durchführung erforderlichen sächlichen Mittel übernommen werden. 24

Damit stellte sich für das BAG die Frage, ob es dem EuGH auch insoweit folgen soll. Dies wurde von BAG NZA 1992, 1228 noch offengelassen. Eine Wahrung der Identität der Verwaltung sei bei Fortführung der Aufgaben innerhalb einer andersartigen Arbeitsorganisation der übernehmenden Verwaltung nicht denkbar. Es wurde auch offengelassen, ob „untergeordnete Arbeitsmittel, wie die von der Klägerin aufgeführten verschiedenen Einrichtungsgegenstände, Bürogeräte und Akten übernommen" wurden. Diese untergeordneten Aspekte würden nicht ausreichen, um in einer Gesamtbewertung von der Wahrung der Identität einer funktionierenden Verwaltung als Organisationseinheit auszugehen. BAG AP 24 Art 13 Einigungsvertrag stellte klar, dass sich die EuGH-Entscheidung nur auf hoheitliche Tätigkeiten beziehe, zu denen der öffentlich-rechtl Rundfunk nicht gehöre (vgl auch BVerfG NZA 2000, 1049: Betriebsübergang keine prinzipielle Einschränkung der Rundfunkfreiheit). Aber auch in diesem Bereich reiche die Funktionsnachfolge nicht zum Übergang der Arbeitsverhältnisse aus. Da sich das BAG nun grds der Begriffsbestimmung des EuGH angeschlossen hat, ist auch die **Übertragung hoheitlicher Aufgaben** in keinem Fall als Betriebsübergang anzusehen. Dies gilt umso mehr, nachdem die Neufassung der RL die Rspr des EuGH übernommen hat. Das BAG hat mehrfach betont, dass § 613a die Ausübung einer wirtschaftl Tätigkeit voraussetzt (EzA 151, 153, 156 § 613a). 25

Nach diesen Grundsätzen fällt die Übernahme einer **Notariatsstelle** durch einen Amtsnachfolger nicht unter § 613a (BAG NZA 2000, 371). Hier fehlt es ebenfalls schon an einem Rechtsgeschäft, da die „Nachfolge" in eine Notariatsstelle auf Verwaltungsakt beruht. Ferner ist das Notariat ein öffentliches Amt nicht wirtschaftl Natur. Ginge man trotzdem von einer Anwendbarkeit des § 613a auf die Übernahme eines Notariats aus, würde die Übernahme der Kanzleiräume in keinem Fall ausreichen, da sie keine organisierte Gesamtheit von Personen und Sachen darstellen. Auch die Übernahme des Kanzleipersonals dürfte idR die Voraussetzungen des § 613a nicht erfüllen, da die hoheitlichen Befugnisse, die das Notariat prägen, allein dem Notar zustehen. BAG NZA 2001, 1200 verneint die Anwendbarkeit des § 613a bei der gesetzl **Ausgliederung** von Betrieben aus dem Landesvermögen auf eine Anstalt öffentlichen Rechts. Bei gesetzl oder hoheitlicher Übertragung fehle es schon an einem Rechtsgeschäft. 26

Eine Sonderregelung besteht für die **Bodenabfertigungsdienste auf Flughäfen**, die nach der EG-RL 96/67 v 15.10.1996 (ABl EG L 272/36) in bestimmtem Umfang Selbst- und Drittabfertigern zugänglich sein müssen. Art 18 RL 96/67 ermächtigt die Mitgliedstaaten zu allen notwendigen Maßnahmen zum Schutz der Rechte der ArbN, die bisher mit den übergegangenen Aufgaben befasst waren. Demgemäß bestimmt § 8 II der VO über Bodenabfertigungsdienste (BGBl I 1997, 2885), dass die Übernahme von ArbN entspr den übergehenden Diensten verlangt werden kann. § 613a bleibt nach ausdrückl Bestimmung der VO unberührt. So können die Bodendienste eines Flughafens als Teilbetrieb übergehen (BAG NZA 2007, 1296). 27

Einstweilen frei. 28

2. Rechtsgeschäft. a) Allgemeines. Zu dem Realakt des Betriebsübergangs muss es aufgrund eines Rechtsgeschäfts, an dem der Erwerber beteiligt ist, kommen (BAG DB 1985, 2407; 1987, 100). Damit scheidet ein Betriebsübergang aus dem Anwendungsbereich des Abs I S 1 aus, der auf Gesetz oder sonstigem Hoheitsakt beruht (BAG NZA 2004, 274; 2006, 848; Rn 25). Anknüpfend an den Begriff des Rechtsgeschäfts muss der Betriebsübergang auf eine Willensäußerung zurückzuführen sein. Ein Betriebsübergang nach Abs I S 1 scheidet deshalb aus, wenn jemand den Betrieb bzw Betriebsteil gegen den erklärten Willen des bisherigen Betriebsinhabers oder auch nur ohne seinen konkludent zum Ausdruck gekommenen Willen, wie es bei einer Betriebsbesetzung der Fall ist, übernimmt (*Willemsen* ZIP 1986, 477, 486). Die Auslegung des Begriffs „Rechtsgeschäft" hat sich, da der maßgebliche Anknüpfungs- und Schwerpunkt des § 613a in der tatsächlichen Übernahme des Betriebs liegt, an den Erfordernissen dieses Realakts zu orientieren. Das Rechtsgeschäft iSd Abs I S 1 muss auf den Erwerb der 29 betrieblichen Fortführungsmöglichkeit und die selbständige Übernahme der arbeitstechnischen Organisations- und Leitungsmacht gerichtet sein (BAG EzA 83 § 613a). Bsp sind Kauf-, Pacht-, Schenkungs- und Nießbrauchsverträge über die wesentlichen Betriebsmittel. IÜ ist unerheblich, welchem Vertragstyp die Vereinbarungen zw altem und neuem Betriebsinhaber zuzurechnen sind. Entscheidend ist der derivative Erwerb der Betriebsinhaberstellung (BAG NZA 2003, 318, 321; 2012, 267; *Willemsen* ZIP 1986, 477, 486).

30 Der Übergang des Betriebs bzw Betriebsteils kann auf einem **Vertrag zw dem Erwerber und einem anderen als dem früheren Betriebsinhaber** beruhen. Das ist der Fall, wenn der andere aufgrund seiner dinglichen Verfügungsberechtigung über die wesentlichen Betriebsmittel in der Lage ist, dem Erwerber die arbeitstechnische Organisations- und Leitungsmacht zu übertragen. Diese Situation ist gegeben, falls der Verpächter den Betrieb bzw Betriebsteil nach Beendigung des Pachtverhältnisses mit dem Erstpächter unmittelbar einem Zweitpächter verpachtet (BAG DB 1981, 1140). Der Umstand, dass der bisherige Betriebsinhaber nicht an dem Rechtsgeschäft mit dem Erwerber beteiligt sein muss, ermöglicht es, einen Betriebsübergang anzunehmen, wenn der Erwerber die arbeitstechnische Organisations- und Leitungsmacht durch ein Bündel von Rechtsgeschäften über die einzelnen Gegenstände des Betriebsvermögens mit verschiedenen Dritten erlangt, die selbst zu keiner Zeit Betriebsinhaber waren, zB Sicherungsnehmer (BAG DB 1985, 2407, 2408; 1985, 2409, 2410; 1987, 100). Jedoch müssen die Rechtsgeschäfte auf den Übergang eines funktionsfähigen Betriebs oder Betriebsteils ausgerichtet sein. Es muss ein enger zeitl Zusammenhang zw den einzelnen Übernahmevorgängen bestehen. Das dem Betriebsübergang zugrunde liegende Rechtsgeschäft braucht nicht zweiseitiger Natur zu sein. Eine vom bisherigen ggü dem neuen Betriebsinhaber erteilte Ermächtigung zur Fortführung des Betriebs bzw Betriebsteils reicht aus.

31 Die **Unwirksamkeit** eines oder mehrerer Rechtsgeschäfte, auf denen der Betriebsübergang beruht, beeinflusst die Anwendbarkeit des Abs I S 1 nicht (BAG DB 1985, 2411, 2412; *Willemsen* ZIP 1986, 477, 486). Dies rechtfertigt sich daraus, dass die Rückabwicklung eines auf einem unwirksamen Rechtsgeschäft basierenden Betriebsübergangs noch mehr Probleme bereitet als die Rückabwicklung eines Einzelnen fehlerhaften Arbeitsverhältnisses. Bei diesem aber wird die Gültigkeit des Arbeitsvertrags bis zur Beendigung seines Vollzugs fingiert (§ 611a Rn 226). Entgegen BAG aaO reicht eine faktische Betriebsfortführung nicht aus, wenn als Betriebserwerber ein Geschäftsunfähiger bzw ein beschränkt Geschäftsfähiger ohne Zustimmung seines ges Vertreters auftritt (i Erg ebenso *Schröder* NZA 1986, 286). Der Schutz dieses Personenkreises verdient absoluten Vorrang vor den Interessen anderer, weshalb er auch nicht den Pflichten aus einem faktischen Arbeitsverhältnis unterworfen werden kann (§ 611a Rn 227). Ein Wechsel der arbeitstechnischen Organisations- und Leistungsmacht findet auch im Fall der Rückübertragung der wesentlichen Betriebsmittel auf den früheren Betriebsinhaber wegen Ablauf oder Fehlerhaftigkeit des Übernahmevertrags oder Störungen bei seiner Abwicklung statt, so dass Abs I S 1 anwendbar ist (EuGH EzA 89 § 613a; BAG DB 1988, 2154 betr Kündigung eines Handelsvertretervertrags, ebenso bei realer Betriebsteilung infolge Liquidation einer Gesellschaft).

32 **b) Rechtsgeschäfte im Insolvenzverfahren.** § 613a gilt bei rechtsgeschäftlichen Übertragungen durch einen Insolvenzverwalter (vgl § 128 II InsO). Das galt früher ebenso in Konkursverfahren (BAG DB 1980, 308; DB 1983, 2690) und wirkt sich nicht selten als Sanierungshindernis aus (*Heinze*, FS Uhlenbruck, 2000, 751). Nach der Rspr des EuGH (EzA 158 § 613a) gilt die RL 77/187 nicht in Insolvenzverfahren, doch ist die dt Rspr aufgrund des Günstigkeitsprinzips zulässig. Art 4a RL 98/50 bestätigt dies und enthält eine zusätzl Regelung für den Fall, dass ein Mitgliedstaat die Geltung der RL auch im Insolvenzverfahren vorsieht. Dann kann bestimmt werden, dass die vor dem Betriebsübergang bzw vor der Eröffnung des Verfahrens fälligen arbeitsrechtl Verbindlichkeiten des Veräußerers nicht auf den Erwerber übergehen, sofern dieses Verfahren einen Schutz gewährt, der dem der RL 80/987 betr Insolvenzrecht mindestens gleichwertig ist. Schon nach der alten Rspr des BAG (EzA 143 § 613a; EzA 132 § 611 Gratifikation, Prämie; EzA 70 § 40 BetrVG) hat der Erwerber bei einer Betriebsveräußerung durch den Insolvenzverwalter nicht für die im Zeitpunkt der Verfahrenseröffnung bestehenden Ansprüche der ArbN oder des Betriebsrats zu haften; diese sind im Insolvenzverfahren gegen den bisherigen Betriebsinhaber zu verfolgen. Der Erwerber trägt die Darlegungs- und Beweislast dafür, dass der Übergang nach Verfahrenseröffnung erfolgte (BAG AP 57 § 613a; BAGRp 2003, 178). Ein vorheriger Erwerb liegt vor, wenn der Erwerber die Leitungsmacht vor Verfahrenseröffnung ausüben konnte (BAG EzA 96 § 613a); dafür spricht, dass alle für den Betriebsübergang erforderlichen Rechtsgeschäfte bereits vor Verfahrenseröffnung abschließend verhandelt wurden (EzA 143 § 613a).

33 Die auf spezifisch insolvenzrechtl Überlegungen beruhende Haftungsbeschränkung des Betriebserwerbers kann entgegen einer früher vom BAG vertretenen Ansicht (DB 1980, 2443) nicht auf andere Fälle von Veräußerungen notleidend gewordener Betriebe außerhalb des Insolvenzverfahrens übertragen werden (BAG EzA 88 § 613a betr Sequester). Auch die Betriebsveräußerung vor Insolvenzeröffnung kann zur Haftungsbeschränkung führen, wenn sie als vorweggenommene Masseverwertung anzusehen ist (BAG DB 1988, 400).

34 Die Feststellung, inwieweit ein Anspruch des ArbN im Zeitpunkt der Betriebsübernahme entstanden und aufgrund der Haftungsbeschränkung des Erwerbers im Insolvenzverfahren gegen den bisherigen Betriebsinhaber zu verfolgen ist, erfolgt danach, welchem **Zeitabschnitt** die zu vergütende Arbeitsleistung zuzurechnen ist. Das kann im Einzelfall zu Schwierigkeiten führen, sofern es sich nicht um die regelmäßige, nach bestimmten Zeitabschnitten zu zahlende Vergütung handelt. Für Versorgungsanwartschaften hat das BAG folgende Regeln aufgestellt: Der Erwerber tritt in die Versorgungsanwartschaften der übernommenen Belegschaft ein, er schuldet im Versorgungsfall jedoch nur den nach der Verfahrenseröffnung erdienten Teil der Betriebsrente (DB 1980, 308, 310f; DB 1986, 1779), auch wenn noch nicht unverfallbar, aber ohne eine bereits erdiente Dynamik (BAG NZA

2021, 1099). War die übernommene Versorgungsanwartschaft bei Eröffnung des Verfahrens unverfallbar, haftet der Träger des Insolvenzschutzes im Versorgungsfall für den erdienten Teil zeitanteilig nach § 7 II BetrAVG. Entsteht der Anspruch auf eine Jahressonderzahlung erst am Fälligkeitstag, schuldet der Erwerber in der Insolvenz den vollen Betrag auch, wenn das Verfahren im Lauf des Bezugszeitraums eröffnet wurde (BAG EzA 132 § 611 Gratifikation, Prämie). Vom Grundsatz der Haftungsbeschränkung eines Betriebserwerbers in der Insolvenz (BAG EzA 211 § 613a) werden Urlaubsansprüche nicht erfasst, soweit sie nicht – infolge bereits erfolgter zeitl Festlegung – einem Zeitpunkt vor Eröffnung des Insolvenzverfahrens zugeordnet werden können (BAG BAGRp 2003, 300; BAGRp 2004, 232). Geht ein Betrieb in der Insolvenz über, hat der Betriebsinhaber für die Erfüllung bestehender Urlaubsansprüche einzutreten (BAG BAGRp 2004, 234).

Vergütungsansprüche für die letzten drei Monate vor Verfahrenseröffnung, für die ausschließlich der Veräußerer haftet, sind nach § 165 SGB III durch das Insolvenzgeld abgesichert. 35

Abs I S 1 setzt nicht voraus, dass der gesamte Betriebsübergang rechtsgeschäftlich vollzogen werden muss (BAG DB 1984, 1306, 1307). Deshalb kann es im Zusammenhang mit der **Zwangsvollstreckung** in ein Grundstück (§§ 864ff ZPO), auf dem der Schuldner einen Gewerbebetrieb betreibt, zu einem Betriebsübergang kraft Rechtsgeschäfts kommen: Führt ein Gläubiger die Zwangsversteigerung eines Grundstücks mit Gewerbebetrieb durch, erwirbt der Ersteher mit dem Zuschlag nach § 20 II, §§ 21, 55, 90 ZVG, § 1120 BGB kraft Hoheitsakts das Eigentum an dem Grundstück und an den von der Versteigerung miterfassten Einzelgegenständen. Der Zuschlag bezieht sich nicht auf den Betrieb als Wirtschaftseinheit. Ein Betriebsübergang kann nur dadurch erfolgen, dass der Schuldner als bisheriger Betriebsinhaber dem Ersteher des Grundstücks durch Veräußerung der nicht vom Zuschlag erfassten wesentlichen sächlichen und immateriellen Betriebsmittel die arbeitstechnische Organisations- und Leitungsmacht überträgt (BAG DB 1984, 1306, 1307). 36

Die Anordnung der **Zwangsverwaltung** eines Grundstücks bewirkt die Beschlagnahme des Grundstücks und der in §§ 20 f, 148 ZVG bezeichneten Gegenstände. Deshalb umfasst die dem Zwangsverwalter nach § 152 I ZVG verliehene Nutzungsbefugnis nur die beschlagnahmten Teile des Betriebsvermögens. Zu einem Betriebsübergang vom Schuldner als dem bisherigen Betriebsinhaber auf den Zwangsverwalter kommt es nur durch eine Vereinbarung zw beiden über die Übertragung der nicht von der Beschlagnahme erfassten wesentlichen Betriebsmittel (BAG DB 1980, 1497f). Wird das zwangsverwaltete Grundstück versteigert und scheitert eine Betriebsübernahme durch den Ersteher, bleibt dem Zwangsverwalter nur die Stilllegung des Betriebs und damit verbunden die Kündigung der bei ihm verbleibenden ArbN übrig (*Richardi* RdA 1976, 56, 60f). Statt den Betrieb fortzuführen, kann der Zwangsverwalter ihn mit Zustimmung des Schuldners an einen Dritten verpachten oder nach Ablauf der Pacht in eigenem Namen weiterführen. Auch in diesem Fall findet Abs I S 1 Anwendung (BAG NZA 2012, 267; *Heinze* DB 1980, 205, 209). 37

Bei **Treuhandverhältnissen** kommt es auf die Betriebsführung im eigenen Namen an. Diese ist zu verneinen, wenn der Treugeber bei der Sicherungsübereignung der Betriebsmittel weiterhin zur Betriebsführung befugt bleibt (BAG NZA 2003, 1338). Gleiches gilt für die Testamentsvollstreckung, es sei denn zum Nachlass gehört ein Handelsgeschäft und der Testamentsvollstrecker führt dieses nach § 2205 in eigenem Namen treuhänderisch fort. 38

3. Beweislast. Der ArbN, der gegen einen anderen als den bisherigen Betriebsinhaber gestützt auf den in Abs I S 1 angeordneten Schuldnerwechsel Ansprüche herleiten will, trägt für die Voraussetzungen dieser für ihn günstigen Rechtsfolge die Darlegungs- und Beweislast. Hinsichtl des Merkmals „durch Rechtsgeschäft" kommen dem ArbN die Grundsätze des Anscheinsbeweises zugute, da die Nutzung von bisher einer anderen Rechtsperson zugeordneten wesentlichen Betriebsmitteln bzw ihre tatsächliche Übernahme zum Zweck der Betriebsfortführung erfahrungsgemäß nicht ohne rechtsgeschäftliche Übereinkunft geschieht (BAG ZIP 1985, 1158; ZIP 1986, 388, 391). Der verklagte angebliche Betriebserwerber muss daher, sofern der tatsächliche Betriebsübergang feststeht, das Fehlen eines Rechtsgeschäfts iSv Abs I S 1 substantiiert darlegen und hierfür notfalls Beweis erbringen. Gelingt ihm das, trägt der ArbN für das Vorliegen eines Rechtsgeschäfts die volle Darlegungs- und Beweislast. Sie wird ihm erleichtert durch die Unterrichtungspflicht des ArbGeb. 39

4. Übergang der Arbeitsverhältnisse. Als Folge eines rechtsgeschäftlichen Betriebsübergangs ordnet Abs I S 1 an, dass der Erwerber in die arbeitsvertragl Rechte und Pflichten des bisherigen Betriebsinhabers eintritt, soweit diese aus einem zum Zeitpunkt des Betriebsübergangs bestehenden Arbeitsverhältnis resultieren. Das Gesetz ordnet einen Vertragspartnerwechsel auf ArbGeb-Seite an. 40

a) Maßgeblicher Zeitpunkt. Der ArbGeb-Wechsel vollzieht sich im Zeitpunkt des Übergangs des Betriebs oder Betriebsteils (EuGH EzA 144 § 613a). Der Gesetzgeber stellt auf den Realakt (Rn 24) Betriebsübergang ab und nicht auf das ihm zugrunde liegende obligatorische Rechtsgeschäft oder auf die für die Übertragung der Rechte an den einzelnen Betriebsmitteln notwendigen dinglichen Rechtsgeschäfte. Maßgeblich ist der Zeitpunkt, in dem der neue Betriebsinhaber die arbeitstechnische Organisations- und Leitungsmacht im eigenen Namen tatsächlich übernimmt (EuGH NZA 2005, 681; BAG NZA 2006, 597, 600 und 668; NZA 2008, 825). Ist dieser Zeitpunkt nicht exakt zu bestimmen, kann auf das im Übernahmevertrag enthaltene Datum zurückgegriffen werden. Besondere individualrechtl Probleme ergeben sich, wenn ein Betriebsübergang zunächst unentdeckt bleibt (*Fischer* DB 2001, 331). 41

b) Betroffene Arbeitsverhältnisse. Von dem Vertragspartnerwechsel werden nur Arbeitsverhältnisse betroffen. Der Begriff des Arbeitsverhältnisses richtet sich nach der üblichen Definition (§ 611a Rn 6ff). Nach der RL 42

98/50 (Rn 2) ist ArbN jede Person, die von dem betreffenden Mitgliedstaat aufgrund des einzelstaatlichen Arbeitsrechts geschützt ist. Nicht erfasst werden selbständige Dienstverhältnisse und Beamtenverhältnisse. Zwar kann ausnahmsw zw einer jur Person und ihrem gesetzl Vertretungsorgan neben dem selbständigen Dienstvertrag, auf dem die Organstellung beruht, ein Arbeitsverhältnis bestehen, was die Anwendung spezifisch arbeitsrechtl Normen im Einzelfall rechtfertigt (BAG AP 3 § 5 ArbGG 1979; BGHZ 49, 30, 32; § 611a Rn 107). Das gilt jedoch nicht für § 613a. Die Stellung der vertretungsberechtigten Organmitglieder ist derart vom Vertrauen der sie bestellenden Personen abhängig, dass es nicht angeht, das gesamte Dienstverhältnis kraft Gesetzes auf einen anderen Dienstherrn übergehen zu lassen (Celle DB 1977, 1840, 1841; s aber auch Rn 43 zum ruhenden Arbeitsverhältnis). Dagegen erfasst § 613a die Arbeitsverhältnisse leitender Angestellter (BAG DB 1978, 1453; NZA 2006, 1406). § 613a gilt auch für Altersteilzeit- (BAG NZA 2008, 705) und Berufsausbildungsverhältnisse (BAG NZA 2006, 1406). Auf Heimarbeitsverhältnisse findet § 613a keine Anwendung (BAG EzA 165 § 613a). Fraglich ist die Anwendbarkeit, wenn ein obj freier Mitarbeiter aufgrund Vereinbarung als ArbN eingestuft wird (Rn 2). Das ist zu verneinen, da es ein Vertrag zulasten Dritter wäre.

43 Der gesetzl angeordnete ArbGeb-Wechsel setzt ein zur Zeit des Betriebsübergangs bestehendes Arbeitsverhältnis voraus. Ob diesem ein wirksamer Arbeitsvertrag zugrunde liegt oder es noch „aktiv" ist, spielt keine Rolle. Der Betriebserwerber tritt auch in ein sog faktisches Arbeitsverhältnis (§ 611a Rn 226) ein, wobei er wie der bisherige Betriebsinhaber die Möglichkeit hat, dieses jederzeit zu beenden. Ebenso gehen anfechtbare Arbeitsverhältnisse (§ 142 II) zusammen mit dem Anfechtungsrecht auf den Erwerber über. In die von einer Seite vor dem Betriebsübergang gekündigten Arbeitsverhältnisse tritt der neue Betriebsinhaber ein, wenn deren Frist zum Zeitpunkt des Übergangs noch nicht abgelaufen ist (BAG DB 1978, 1453). Streiten ArbN und Betriebsveräußerer über die Wirksamkeit einer von diesem ausgesprochenen Kündigung, hängt der ArbGeb-Wechsel vom Ausgang einer hierüber anhängigen Feststellungsklage ab. Zum Übergang eines Wiedereinstellungsanspruchs BAG NZA 2008, 357; 2009, 29. Auch ruhende Arbeitsverhältnisse gehen über, zB während der Anstellung als GmbH-Geschäftsführer.

44 In keinem Fall tritt der neue Betriebsinhaber in die Arbeitsverhältnisse ein, die zum Zeitpunkt des Betriebsübergangs wirksam beendet waren (zum Wiedereinstellungsanspruch nach Ablauf des Arbeitsverhältnisses Rn 122). Aus diesem Grund muss der Erwerber die **Versorgungsansprüche** solcher ArbN, die vor dem Betriebsinhaberwechsel in den Ruhestand getreten sind, nach Abs I S 1 nicht erfüllen (BAG DB 1979, 1462, 1463; BAGRp 2004, 247). Ebenso wenig gehen ihn nach dieser Vorschrift unverfallbare (§ 1 BetrAVG) Versorgungsanwartschaften von ArbN an, die vor dem Betriebsübergang ausgeschieden sind (BAG aaO). Der Betriebserwerber haftet nur dann für Versorgungsansprüche von Ruheständlern bzw für Versorgungsanwartschaften ausgeschiedener ArbN, wenn eine vertragl Schuldübernahme oder ein Schuldbeitritt gem §§ 414, 415 oder die Voraussetzungen des § 25 HGB vorliegen (BAG DB 1977, 1466, 1467). Näher zur Änderung oder Ablösung von Versorgungszusagen nach Betriebsübergang bzw Umwandlung *Gaul* Aktuelles ArbR 2001, 560ff.

45 Nach § 613a I 1 wird der Erwerber eines Betriebes Schuldner der Versorgungsansprüche, die den übernommenen ArbN vom Betriebsveräußerer zugesagt worden sind. Hat der Veräußerer Versorgungsleistungen mit Hilfe einer selbständigen Unterstützungskasse erbracht, kann der Erwerber, da diese als eigenständiges Rechtssubjekt vom Betriebsübergang nicht betroffen wird, keine Rechte ihr ggü nach Abs I S 1 geltend machen und die in den Ruhestand tretenden ArbN an sie verweisen. Er tritt jedoch gem Abs I S 1 in die arbeitsvertragl Pflichten ein, die den Betriebsveräußerer bei einer solchen Form der betrieblichen Altersversorgung den übernommenen ArbN ggü trafen (BAG EzA 83 § 613a). Deren Versorgungsansprüche muss er erfüllen, soweit er nicht eine Unterstützungskasse gründet oder eine vorhandene Sozialeinrichtung entspr umgestaltet (BAG DB 1979, 1462, 1463). Den Erwerber trifft auch die Anpassungsverpflichtung nach § 16 BetrAVG (BAG NZA 2007, 931). Auf die vom Betriebsveräußerer gebildete Unterstützungskasse kann er zurückgreifen, wenn er diese zusammen mit dem Betrieb rechtsgeschäftlich erwirbt. Der Veräußerer muss die Unterstützungskasse zur Versorgung der bei Betriebsübergang bereits ausgeschiedenen ArbN dotieren (BAG EzA 84 § 613a), für deren Ansprüche und Anwartschaften er weiter haftet. Der Veräußerer haftet nur für die innerhalb eines Jahres nach dem Betriebsübergang fällig werdenden Betriebsrentenansprüche (BAG NZA 2009, 848). Zum Insolvenzschutz der Versorgungsansprüche BAG NZA 2021, 1099; EuGH NZA 2020, 1531.

46 Der Übergang des Arbeitsverhältnisses setzt voraus, dass der ArbN **dem übertragenen Betrieb(-steil) zuzuordnen** ist (BAG NZA 2013, 617). Die Feststellung, welche im Zeitpunkt des Betriebsübergangs bestehenden Arbeitsverhältnisse vom ArbGeb-Wechsel erfasst werden, bereitet keine Schwierigkeiten, wenn jedes Arbeitsverhältnis einem Betrieb oder Betriebsteil zugeordnet werden kann. Diese Feststellung kann im Falle organisatorischer Verknüpfungen problematisch sein. Bei der Tätigkeit eines ArbN für mehrere Betriebe oder Betriebsteile oder in einer zentralen Unternehmensorganisation richtet sich die Zuordnung des ArbN nach **obj Kriterien**. Hierzu zählen insb der Inhalt des Arbeitsvertrags, die Funktion des Arbeitsplatzes, der Schwerpunkt der Tätigkeit des ArbN und seine tatsächliche Eingliederung in den Betrieb oder Betriebsteil (BAG NZA 2005, 1302; 2013, 617). Es genügt nicht, dass der ArbN, ohne dem übertragenen Betriebsteil anzugehören, als Beschäftigter einer nicht übertragenen Abteilung Tätigkeiten für den übertragenen Betriebsteil verrichtet (BAG EzA 156 § 613a). Auf Einstellungs- und Wiedereinstellungsansprüche kann § 613a I 1 anwendbar sein (Rn 122), nicht auf Schadensersatzansprüche wegen Nichteinstellung oder aus § 628 II.

47 **5. Widerspruchsrecht des Arbeitnehmers (Abs VI). a) Gesetzliche Regelung.** Der in Abs I S 1 angeordnete Vertragswechsel auf der ArbGeb-Seite ist insoweit zwingend, als Veräußerer und Erwerber des Betriebs bzw Betriebsteils diese Rechtsfolge nicht abbedingen können. Nach Inkrafttreten des § 613a I 1 war umstr, ob er auch

ggü den ArbN zwingend ist oder ob sie durch Widerspruch ihren Übergang zum neuen Betriebsinhaber verhindern können. Das BAG hat sich früh für den Fall einer Betriebsteilübertragung (DB 1975, 601, 602) und später für den Fall der Übertragung des ganzen Betriebs (DB 1977, 2146) letzterer Ansicht angeschlossen. Als wichtigstes Arg führt es die in § 613 S 2 verankerte persönliche Natur der Arbeitsleistung an. Diese verbiete es, dem ArbN einen neuen Vertragspartner aufzuzwingen. Er müsse sich nicht „mitverkaufen" lassen (BAG NZA 2001, 840, 842; EuGH NZA 1996, 413, 415). Durch Art 4 des Gesetzes v 23.3.2002 (BGBl I 2002, 1163, 1167f) ist das Widerspruchsrecht in § 613a VI kodifiziert worden. Die Regelung dient der Umsetzung von Art 7 VI EG-RL 2001/23/EG (ABl EG L 82/16) zur Angleichung der Rechtsvorschriften der Mitgliedstaaten über die Wahrung von Ansprüchen der ArbN beim Übergang von Unternehmen, Betrieben oder Unternehmens- oder Betriebsteilen. Sie dient der Rechtsklarheit und steht in engem Zusammenhang mit der Unterrichtungspflicht nach Abs V (Rn 123). Zum Widerspruchsrecht *Hauck* NZA 2004 Sonderbeil 1, 34; *Willemsen/Lembke* NJW 2002, 1159; *Worzalla* NZA 2002, 353.

b) Ausübung. Das Widerspruchsrecht ist ein Gestaltungsrecht (*Seiter*, Betriebsinhaberwechsel, 1980, 67f; *Rieble* NZA 2004, 1), da es bei wirksamer Ausübung den Übergang des Arbeitsverhältnisses verhindert. Diesen abwehrenden Charakter teilt das Widerspruchsrecht mit anderen Gestaltungsrechten wie der Anfechtung oder Kündigung. Das Widerspruchsrecht besteht auch bei einem Betriebsübergang im Zusammenhang mit einer Umwandlung (BAG NZA 2000, 1115 bzgl Kreiskrankenhaus). Zu präventiven Vereinbarungen zw ArbGeb und ArbN über das Widerspruchsrecht für den Fall des Betriebsübergangs *Pröpper* DB 2000, 2322. 48

Wie diese Gestaltungsrechte wird der Widerspruch durch einseitige empfangsbedürftige Willenserklärung ausgeübt. Empfänger kann sowohl der alte wie der neue Betriebsinhaber sein (Abs VI S 2). Das gilt unabhängig davon, welcher ArbGeb die Informationspflicht nach Abs V übernommen hat. Es ist Sache des Betriebsveräußerers bzw -erwerbers, die andere Partei vom Widerspruch des ArbN zu unterrichten. Eine Unterlassung berührt die Wirksamkeit des Widerspruchs nicht. Der Widerspruch konnte vor Inkrafttreten des Abs VI S 1 ausdrückl oder konkludent, zB durch Verweigerung der Weiterarbeit ggü dem neuen Inhaber oder vorbehaltlose Weiterarbeit bei dem bisherigen in Kenntnis des Betriebsübergangs erklärt werden. Das Gesetz verlangt nun **Schriftform** iSd § 126. Dem ArbN soll die Bedeutung seiner Erklärung bewusst gemacht und allen Beteiligten die Beweisführung erleichtert werden. Wird die Schriftform nicht eingehalten, ist der Widerspruch nach § 125 unwirksam. Inhaltlich muss im Widerspruch der Wille zum Ausdruck kommen, den Übergang des Arbeitsverhältnisses verhindern zu wollen. Eine Begründung ist nicht erforderlich. Mehrdeutige Erklärungen des ArbN sind nach §§ 133, 157 auszulegen. Das gilt vor allem, wenn unklar ist, ob der ArbN dem Betriebsübergang unter Aufrechterhaltung des Arbeitsverhältnisses zum bisherigen ArbGeb widersprechen oder das Arbeitsverhältnis in jedem Fall durch Kündigung beenden wollte. Ergibt die Auslegung ersteres, ist eine im Zusammenhang mit einer Betriebsveräußerung erklärte Kündigung als Widerspruch anzusehen. 49

Wie andere Gestaltungsrechte ist der Widerspruch grds bedingungsfeindlich. So ist es mit Rücksicht auf das Interesse des Veräußerers und Erwerbers an Klarheit über das Schicksal der Arbeitsverhältnisse unzulässig, dem Widerspruch den Vorbehalt beizufügen, er solle für den Fall einer betriebsbedingten Kündigung durch den Veräußerer nicht gelten. Der ArbN muss sich entscheiden. 50

Das Widerspruchsrecht des ArbN ist befristet. Nach Abs VI S 1 muss es **binnen eines Monats** ausgeübt werden. Anders als nach früherer Rspr (BAG DB 1998, 1416) beginnt die Monatsfrist in jedem Fall mit Zugang (§ 130) der Unterrichtung des ArbN in Textform nach Abs V (Rn 123). Erfolgt die Unterrichtung schon einige Zeit vor dem Betriebsübergang, kann der ArbN nicht bis zum Zeitpunkt des Betriebsübergangs warten, sondern muss sich binnen eines Monats erklären. Nach Ablauf der Frist ist der Widerspruch idR unbeachtlich (*Dreher* BB 2000, 2358). Informationspflicht des ArbGeb und Widerspruchsrecht des ArbN stehen in wechselseitigem Bezug. Der Fristbeginn setzt eine **ordnungsgemäße Unterrichtung** nach Abs V (Rn 123) voraus (BAG NZA 2006, 1268; NZA 2018, 168). Daran fehlt es, wenn die Unterrichtung falsch oder unvollständig erfolgt ist, so dass dem ArbN die Entscheidungsgrundlage für die Ausübung des Widerspruchsrechts fehlt. Die Frist beginnt in diesem Fall erst mit nachträgl ordnungsgemäßer Unterrichtung zu laufen. Das kann jahrelange Rechtsunsicherheit bewirken (s Rn 53). Folgen mehrere Betriebsübergänge aufeinander, darf sich der Widerspruch allerdings nur gegen den letzten Übergang richten (BAG NZA 2014, 1074; 2016, 647; *Grau/Schaut* NZA 2018, 216, 221; abw BAG NZA 2023, 352). 51

Ein erklärter Widerspruch kann als einseitige empfangsbedürftige Willenserklärung nicht einseitig widerrufen (BAG BAGRp 2004, 150), aber nach §§ 119ff angefochten werden (BAG NJW 2012, 1677). 52

c) Ausschluss. Der ArbN kann nicht im Voraus auf die Geltendmachung seines Widerspruchsrechts verzichten. Der generelle arbeitsvertragl Verzicht ist unzulässig. Eine Vereinbarung zw Veräußerer und ArbN, wenn sich diese über den Übergang des Arbeitsverhältnisses auf den Erwerber geeinigt haben, schließt aber einen späteren Widerspruch des ArbN aus (BAG DB 1984, 1403, 1404; DB 1998, 1416). Bei der Auslegung einer Erklärung des ArbN als **Verzicht** sind hohe Anforderungen zu stellen. Der Verzicht muss eindeutig und zweifelsfrei zum Ausdruck gebracht werden (BAG NZA 2019, 1279). Durch Betriebsvereinbarung oder Tarifvertrag kann kein Verzicht auf das Widerspruchsrecht vereinbart werden. Die **Verwirkung** des Widerspruchsrechts ist ein Sonderfall unzulässiger Rechtsausübung (§ 242). Sie kann sich aus der Gesamtschau von Zeit- und Umstandsmoment ergeben (BAG NZA 2009, 552, 1149; 2019, 1279; *Dzida* NZA 2009, 641; *Bauer/Ernst* NZA 2018, 1243; zur Unbeachtlichkeit eines tariflichen Rückkehrrechts BAG NJW 2021, 3345). Je mehr Zeit seit dem Betriebsübergang verstrichen ist, 53 desto geringer sind die Anforderungen an das Umstandsmoment. Fixe Höchst- oder Mindestfristen existieren nicht (BAG NJW 2021, 3345), Verwirkung ist aber regelmäßig anzunehmen, wenn der ArbN sieben Jahre widerspruchslos weiterarbeitet (BAG NZA 2018, 168; 2018, 854) oder beim neuen ArbGeb über sein Arbeitsverhältnis disponiert und zB einen Aufhebungsvertrag oder grundlegende Vertragsänderungen unterzeichnet hat (BAG NZA 2010, 393; 2012, 1097). Das wird insb bei einer fehlerhaften Unterrichtung und nachträgl Widerspruch der ArbN (§ 613a V, VI; Rn 128) bedeutsam.

54 **Erlischt der bisherige ArbGeb** gesellschaftsrechtl – zB bei einer Verschmelzung – und tritt der neue ArbGeb durch gesellschaftsrechtl Gesamtnachfolge in die Arbeitsverhältnisse ein, hat der ArbN kein Widerspruchsrecht (BAG NZA 2008, 815). Andernfalls fiele das Arbeitsverhältnis „ins Leere".

55 Ein **sachlicher Grund** für die Ausübung des Widerspruchs ist nicht erforderlich (BAG NZA 2004, 481; 2005, 43; 2009, 1095). Das gilt auch im Fall des **kollektiven Widerspruchs** durch eine Mehrheit von ArbN, selbst wenn hierdurch eine Drucksituation für den ArbGeb entsteht. Andererseits darf das Widerspruchsrecht nicht als kollektives Druckmittel institutionell missbraucht werden. Widerspricht eine Vielzahl von ArbN, kann sich aus der Zweckrichtung der Widerspruchsausübung ein rechtsmissbräuchliches Handeln ergeben, soweit sie nicht im Schwerpunkt auf die Verhinderung des ArbGeb-Wechsels, sondern zB von der Motivation getragen ist, den Betriebsübergang als solchen zu verhindern oder Vergünstigungen zu erzielen, auf welche die ArbN keinen Anspruch haben. Ein kollektiver Widerspruch ist nach § 242 rechtsmissbräuchlich und unwirksam, wenn er dazu eingesetzt wird, andere Zwecke als die Sicherung der arbeitsvertragl Rechte und die Beibehaltung des bisherigen ArbGeb herbeizuführen (zutr BAG NZA 2005, 43ff; 2009, 1095; krit *Rieble* NZA 2005, 1).

56 **d) Rechtsfolgen.** Erfolgt der Widerspruch vor Vollzug des Betriebsübergangs, geht das Arbeitsverhältnis nicht auf den Erwerber über. Der widersprechende ArbN muss mit einer **betriebsbedingten Kündigung** seitens des Veräußerers rechnen, sofern dieser über keine anderweitige Beschäftigungsmöglichkeit verfügt (*Meyer* NZA 2005, 9). Abs IV S 1 steht nicht entgegen. Auch dem ArbN, der grundlos dem Übergang seines Arbeitsverhältnisses widerspricht, steht gem § 1 II 1, 2 KSchG das Recht zu, auf einem vergleichbaren freien oder freiwerdenden Arbeitsplatz im selben Betrieb oder in einem anderen Betrieb des Unternehmens beschäftigt zu werden. Hiervon geht das BAG in st Rspr aus (AP 22 zu § 1 KSchG 1969 Soziale Auswahl; AP 81 § 102 BetrVG; DB 1999, 154). ArbN, die dem Übergang ihres Arbeitsverhältnisses widersprechen, können sich bei einer nachfolgenden betriebsbedingten Kündigung durch den Betriebsveräußerer ebenfalls auf die mangelhafte Sozialauswahl nach § 1 III KSchG berufen. Dabei waren nach früherer Rspr die Gründe für den Widerspruch iS einer Missbrauchskontrolle zu berücksichtigen (BAG BAGRp 2003, 204; BAGRp 2004, 373). Nach neuerer Ansicht des BAG (NZA 2008, 33) können sich ArbN, die dem Übergang widersprochen haben, uneingeschränkt auf eine mangelhafte Sozialauswahl berufen. Die Motive für den Widerspruch seien auch im Rahmen des § 1 III KSchG irrelevant. Ein Abfindungsanspruch soll zwar nach Treu und Glauben entfallen, wenn der ArbN dem Übergang nur deshalb widerspricht, um an Abfindungsregelungen des Veräußerers zu partizipieren (BAG NZA 1994, 564). Diese Motivation wird allerdings idR kaum nachweisbar sein. Auch kommt Anrechnung böswillig unterlassenen Verdienstes (§ 615 S 2) in Betracht, wenn ein ArbN ein zumutbares befristetes Beschäftigungsangebot ablehnt (BAG NZA 2021, 1324)

57 Einstweilen frei.

58 **6. Wechsel der Gläubiger-/Schuldnerstellung auf Arbeitgeberseite.** Der gesetzl angeordnete Vertragspartnerwechsel führt dazu, dass der Betriebserwerber in die Rechtsstellung des bisherigen Betriebsinhabers eintritt. Er wird Gläubiger der vor dem Betriebsübergang ggü den übernommenen ArbN entstandenden arbeitsvertragl Ansprüche sowie Schuldner aller Verbindlichkeiten aus dem Arbeitsverhältnis, auch soweit sie vor dem Übergang entstanden sind (zur Haftungsbegrenzung in der InsO Rn 32). Hierzu rechnen die zu diesem Zeitpunkt entstandenen kollektivvertragl Ansprüche und Verbindlichkeiten. Für die vor dem Betriebsübergang entstandenen Schulden haftet der Veräußerer zusammen mit dem Erwerber in dem in Abs II S 1 beschriebenen Umfang.

59 Aufgrund des **Wechsels in der Gläubigerstellung** erwirbt der neue Betriebsinhaber den Anspruch auf Leistung der vom ArbN dem Veräußerer ggü versprochenen Dienste einschl der Nebenansprüche aus dem Arbeitsverhältnis. Auf den Erwerber gehen die vor dem Betriebsübergang entstandenen und fällig gewordenen arbeitsvertragl Ansprüche über. Zu ihnen gehören auch solche, die mit dem Arbeitsverhältnis in engem Zusammenhang stehen, wie Bereicherungsansprüche wegen überzahlter Vergütung oder Schadensersatzansprüche wegen einer zugleich eine arbeitsvertragl Pflichtverletzung darstellenden unerlaubten Handlung. Hat der bisherige Betriebsinhaber mit einem übernommenen ArbN eine Wettbewerbsabrede getroffen, ist hieraus bei späterem Ausscheiden der Erwerber berechtigt und verpflichtet. Der zulässige Umfang des Wettbewerbsverbots richtet sich ab dem Betriebsübergang nach seinem geschäftlichen Interesse (ebenso *Gaul/Ludwig* NZA 2013, 489, 491). Auf den Übergang der Gläubigerstellung des Betriebsinhabers sind nach § 412 die §§ 399, 404 und §§ 408, 410 analog anwendbar. Am Aktienkurs oder sonstigen Merkmalen des bisherigen Unternehmens orientierte Entgelte werden mit dem Betriebsinhaberwechsel hinfällig und sind nach den Grundsätzen des Wegfalls der Geschäftsgrundlage (§ 313) anzupassen. Zum Übergang von Verpflichtungen aus einem Aktienoptionsplan BAG BAGRp 2003, 142.

60 Der **Wechsel in der Schuldnerstellung** bedeutet, dass der Erwerber die vom bisherigen Betriebsinhaber versprochene Arbeitsvergütung bis zu einer einvernehmlichen Abänderung oder bis zum Wirksamwerden einer Änderungskündigung zahlen muss. Der Schuldnerwechsel bezieht sich auch auf die zur Zeit des Betriebsübergangs rückständigen Vergütungsansprüche der übernommenen ArbN. Bereits genehmigter Urlaub muss nicht neu ge-

nehmigt werden. Durch den Betriebsübergang entstehen keine Urlaubsabgeltungsansprüche, da das Arbeitsverhältnis fortgesetzt wird (vgl BAG NZA 2000, 480). Zu der ab Betriebsübergang vom Erwerber zu begleichenden Arbeitsvergütung gehören auch die freiwilligen betrieblichen Sozialleistungen (Arbeitsvergütung iwS). Darunter fallen Gratifikationen und andere aus bestimmten Anlässen im Laufe eines Jahres gewährte Sonderleistungen (BAG DB 1977, 1192), Ansprüche aus Ruhegeldzusagen (BAG EzA 83 § 613a), die Gewährung von ArbGeb-Darlehen sowie die Überlassung einer Werkdienstwohnung. Werkmietwohnungen kann der ArbN weiternutzen, sofern sich der bisherige Betriebsinhaber zur Überlassung von Wohnraum für die Dauer des Arbeitsverhältnisses verpflichtet hatte. Unberührt bleiben § 566 und die allg Mieterschutzbestimmungen.

Der Wechsel in der Gläubiger-/Schuldnerstellung auf der ArbGeb-Seite umschließt den Eintritt in die Rechte und Pflichten, die auf einer vor dem Betriebsübergang bindend gewordenen **betrieblichen Übung** beruhen (§ 611a Rn 233ff; BAG AP 8 § 1 BetrAVG Wartezeit). Ist eine solche Übung im Entstehen, muss sich der Erwerber den bisher vom Veräußerer gesetzten Vertrauenstatbestand anrechnen lassen. Für die Zukunft kann er unter Beachtung des arbeitsrechtl Gleichbehandlungsgrundsatzes die noch nicht verbindliche Übung abbrechen. Arbeitsvertragl Ansprüche der übernommenen ArbN, die günstiger sind als die der beim Erwerber vorhandenen Belegschaft, können von diesem nicht einseitig unter Hinw auf den arbeitsrechtl Gleichbehandlungsgrundsatz angepasst werden (BAG AP 7 § 2 AngKSchG). Die bessere Stellung der übernommenen ArbN ist für sich auch kein betriebsbedingter Grund für eine Änderungskündigung nach § 1 II 1, § 2 S 1 KSchG (BAG AP 3 § 2 KSchG 1969). Ob der schlechter gestellte Teil der Belegschaft Angleichung an die günstigeren Bedingungen des anderen Teils verlangen kann, beantwortet sich aus dem arbeitsrechtl **Gleichbehandlungsgrundsatz** (§ 611a Rn 174ff). Dieser ist nicht verletzt, wenn ein Unternehmen, das zwei selbständige Betriebe nach § 613a übernommen hat und zu einem Betrieb verschmilzt, jeder der beiden übernommenen Belegschaften eine Gratifikation nach den bisher im jew Betrieb geltenden Bedingungen gewährt (BAG DB 1977, 358, 359; DB 1979, 2431). Der Erwerber eines Betriebs hat zwar idR ein Interesse daran, unterschiedliche Arbeitsbedingungen anzugleichen, ist dazu aber nicht verpflichtet, weil bei der Weitergewährung der vor dem Betriebsübergang bestehenden Arbeitsbedingungen die tatbestandlichen Voraussetzungen für die Anwendung des Gleichbehandlungsgrundsatzes fehlen. Erst dann, wenn der ArbGeb neue Vergütungsstrukturen schafft, ist er an den Gleichbehandlungsgrundsatz gebunden (BAG NZA 2006, 265). Auch bei einer Gehaltserhöhung rechtfertigen unterschiedliche Arbeitsvertrags- und Vergütungssysteme keine Besserstellung der bisherigen Stammbelegschaft ggü den übernommenen ArbN (BAG NZA 2007, 862; 2010, 696). 61

Der **Lauf von Ausschluss- und Verjährungsfristen** für ArbGeb- oder ArbN-Ansprüche wird von dem mit dem Betriebsübergang verbundenen Vertragspartnerwechsel nicht berührt (allg BGHZ 60, 235, 240). Auf die beim bisherigen Betriebsinhaber begonnene oder eingetretene Verwirkung der Geltendmachung eines Anspruchs kann sich der ArbN auch noch nach dem Betriebsübergang berufen. 62

Der Vertragspartnerwechsel auf der ArbGeb-Seite hat den Übergang der **Gestaltungsrechte** wie Kündigung und Anfechtung zur Folge. Eine fristlose oder fristgerechte verhaltensbedingte Kündigung kann der Erwerber auf Gründe, die der betreffende ArbN vor dem Betriebsübergang verwirklicht hat, stützen, sofern diese noch nachwirken. Im Rahmen der sowohl nach § 626 wie auch gem § 1 II 1 KSchG erforderlichen Interessenabwägung kommt es auf die Belange des neuen Betriebsinhabers an. Kenntnis des Veräußerers (§ 626 II) muss sich der Erwerber anrechnen lassen. Hat der ArbN einen gesetzl, kollektiv- oder einzelvertragl Anspruch erworben, der an die Dauer der Betriebszugehörigkeit gebunden ist, besteht dieser unter dem Erwerber fort (BAG AP 41 § 242 Gleichbehandlung). Auch sonst bleiben bisher zurückgelegte Betriebszugehörigkeitszeiten (§ 611a Rn 64) erhalten. Das ist zB für die Berechnung der Kündigungsfristen nach § 622 II relevant. Soweit es um ArbGeb-Leistungen geht, können solche Zeiten aber nach BAG AP 7 § 46 TVÖD geringer als neue Zeiten bewertet werden. 63

7. Abweichende Vereinbarungen. Ein Betriebsinhaber kann mit seinen ArbN nicht losgelöst von einem konkreten Betriebsübergang die Rechtsfolgen des Abs I S 1 abbedingen. Dies würde zu einer Umgehung des gesetzl Schutzzwecks führen. Ein dahingehender Erlassvertrag ist nach § 134 nichtig (BAG NZA 2009, 1091). Aus dem gleichen Grund kann ein künftig möglicher Betriebsübergang nicht zum Gegenstand einer Befristung (BAG EzA 130, 161 § 620 BGB) oder auflösenden Bedingung des Arbeitsvertrags gemacht werden. Dagegen kann ein ArbN bezogen auf den Betriebsübergang durch eindeutige Vereinbarung mit dem Veräußerer vor bzw mit dem Erwerber nach dem Übergang das Arbeitsverhältnis beenden (§ 623; BAG AP 56 § 1 TVG Tarifverträge Einzelhandel; NZA 1999, 262, 422). Im Verhältnis zum Veräußerer ergibt sich diese Möglichkeit aus dem Umstand, dass der ArbN durch Ausübung seines Widerspruchs den ArbGeb-Wechsel verhindern kann. Ggü dem Erwerber folgt die Zulässigkeit eines Aufhebungsvertrags daraus, dass Abs I S 1 kein generelles Verschlechterungsverbot für die Zeit nach dem Betriebsübergang begründet. Ein Aufhebungsvertrag ist jedoch wegen gesetzwidriger Umgehung des § 613a nach § 613a IV, § 134 unwirksam, wenn zugleich ein neues Arbeitsverhältnis zum Betriebsübernehmer vereinbart oder verbindlich in Aussicht gestellt wird (BAG NZA 2006, 145; 2007, 866; 2012, 152; 2013, 203; Rn 110). Vergleichbar ist die Rechtslage, wenn der ArbGeb den ArbN vor dem Betriebsübergang zu einer Eigenkündigung veranlasst hat (BAG NZA 2013, 961). Die zusätzl rechtsgeschäftliche Übernahme des Arbeitsverhältnisses ist deklaratorisch (Rn 70). 64

Den **Verzicht** auf zZt des Betriebsübergangs rückständige Arbeitsvergütung und auf vom Veräußerer freiwillig versprochene betriebliche Sozialleistungen für die Zukunft hat das BAG nur als wirksam angesehen, wenn hierfür jew ein sachlicher Grund vorlag, insb die Sicherung der Arbeitsplätze (BAG AP 4 § 613a; AP 5 § 1 BetrAVG Betriebsveräußerung; AP 56 § 1 TVG Tarifverträge Einzelhandel). 65

66 Auch **Änderungsverträge** (§ 311 I) sind mit sachlichem Grund zulässig. Eine nach § 134 unwirksame Umgehung des § 613a stellt jedoch die fristlose Kündigung von ArbN wegen Lohnrückstands dar, zu der sie nach Absprache zw jetzigem und künftigem Betriebsinhaber sowie dem Betriebsrat und zuständiger Gewerkschaft veranlasst werden, nachdem ihnen der Betriebserwerber die Wiedereinstellung nach dem Betriebsübergang zu anderen, für sie ungünstigeren Bedingungen zugesichert hat (BAG DB 1988, 400). Ebenso EuGH AS 1988, 739 mit der Einschränkung: Die RL stehe einer mit dem neuen Betriebsinhaber vereinbarten Änderung des Arbeitsverhältnisses nicht entgegen, wenn das anwendbare innerstaatliche Recht eine solche Änderung unabhängig von einem Betriebsübergang zulässt. Eine zw altem und neuem Betriebsinhaber mit Zustimmung der ArbN getroffene Abrede, wonach ausschließlich der Veräußerer nach Betriebsübergang bestimmte Verpflichtungen aus dem Arbeitsvertrag erfüllen soll, steht mit dem Schuldnerwechsel in Einklang, wenn das gleiche Ergebnis unter Berücksichtigung zwingenden Rechts durch Schuldübernahme erreicht werden könnte (BAG DB 1982, 1067).

67 Einstweilen frei.

68 **8. Verhältnis zu anderen Haftungsgründen.** Im Rahmen eines Betriebsübergangs kommen für eine Haftung des neuen Betriebsinhabers weitere Tatbestände in Betracht: gesetzl Schuldbeitritt nach §§ 25, 28 HGB, vertragl Schuldbeitritt (*Edenfeld* JZ 1997, 1034) bzw Vertragsübernahme. Soweit die Voraussetzungen dieser Haftungsgrundlage vorliegen, kommen sie neben Abs I S 1 zur Anwendung. Selbständige Bedeutung erlangen sie, wenn die Voraussetzungen des Abs I S 1 nicht gegeben sind, zB im Zeitpunkt des Betriebsübergangs kein Arbeits-, sondern ein Ruhestandsverhältnis besteht.

69 Die Haftung nach § 25 HGB setzt den Erwerb eines Handelsgeschäfts unter Lebenden und die Fortführung der bisherigen Firma mit oder ohne Beifügung eines das Nachfolgeverhältnis andeutenden Zusatzes voraus. In den Rechtsfolgen bestehen zw § 613a und § 25 HGB Unterschiede: § 613a bestimmt zusätzl den gesetzl Übergang der Arbeitsverhältnisse; bei § 25 HGB bleibt der bisherige Inhaber Vertragspartner, der Erwerber haftet zusätzl; bei § 613a wird der Erwerber Vertragspartner, der bisherige Betriebsinhaber haftet nur noch im Rahmen des Abs II. Während § 613a weitgehend zwingend ist, lässt § 25 II HGB abw Vereinbarungen zu. Entspr gilt, wenn § 613a neben § 28 HGB zur Anwendung kommt.

70 Eine rechtsgeschäftliche Übernahme des Arbeitsverhältnisses, eine Abtretung von Ansprüchen oder eine Schuldübernahme nach §§ 414ff hat, sofern § 613a zur Anwendung kommt, nur deklaratorische Bedeutung, da der neue Betriebsinhaber kraft Gesetzes in die Arbeitsverhältnisse eintritt. Eine kumulative Schuldübernahme kann der Betriebserwerber sowohl mit dem ArbN wie mit dem Veräußerer schließen. Im letzteren Fall gilt § 329.

71 **IV. Kollektivvertragliche Regelungen (Abs I S 2–4). 1. Kollektivrechtliche Weitergeltung von Tarifverträgen, Betriebsvereinbarungenund Dienstvereinbarungen.** Die durch das arbeitsrechtl EG-AnpassungsG (BGBl I 1980, 1308) in Abs I eingefügten S 2–4 betreffen das Schicksal der für das Arbeitsverhältnis zw Veräußerer und ArbN geltenden kollektivvertragl Regelungen nach einem rechtsgeschäftlichen Betriebsübergang (ausf *Sagan* RdA 2011, 163). Tarifverträge (TV) und Betriebsvereinbarungen (BV) werden ausdrückl genannt, entspr Anwendung auf Dienstvereinbarungen und RL (§ 28 SprAuG) ist wegen ihrer unmittelbaren und zwingenden Wirkung geboten. Während die daraus bereits vor Betriebsübergang entstandenen Rechte zu den Individualansprüchen aus dem Arbeitsverhältnis zu rechnen sind und schon nach Abs I S 1 übergehen, ist dieser Weg für die kollektivvertragl Normen ohne ausdrückl gesetzl Regelung ausgeschlossen. Denn die Rechtsnormen eines TV und einer BV werden nicht Inhalt des Arbeitsverhältnisses, sondern wirken auf dieses wie ein Gesetz von außen ein (§ 611a Rn 143, 168). Anders ist es, wenn für einen übernommenen ArbN Tarifnormen nicht kraft gesetzl Tarifgebundenheit (§§ 3, 5 TVG), sondern kraft arbeitsvertragl Vereinbarung gelten. An diese ist der Erwerber gem Abs I S 1 gebunden (Rn 94). Zu Regelungsabreden Rn 82.

72 Als Grundsatz bestimmt Abs I S 2, dass durch TV und BV geregelte Rechte und Pflichten aus dem Arbeitsverhältnis bei rechtsgeschäftlichem Betriebsübergang Inhalt des Arbeitsverhältnisses zw dem Erwerber und dem ArbN werden, auch wenn der Betrieb bei dem neuen Inhaber nicht mehr in ihrem Geltungsbereich liegt (BAG EzA 147 § 613a). Die kollektivvertragl Normen verlieren ihre bis zum Betriebsübergang bestehende unmittelbare und zwingende Wirkung nach § 4 I TVG, § 77 IV 1 BetrVG und gelten beim Erwerber wie arbeitsvertragl Regelungen fort, behalten aber ihren kollektivrechtl Charakter (Rn 84; vgl BAG NZA 2022, 852). Damit hat sich der Gesetzgeber für eine individualrechtl und gegen eine kollektivrechtl Lösung durch Übergang der Parteistellung bzw Ausdehnung der Verbandstarifgebundenheit auf den neuen Betriebsinhaber ausgesprochen (BAG EzA 118 § 613a). Daraus ergibt sich andererseits, dass reine OrganisationsTV (§ 3 BetrVG), die keine Rechte und Pflichten für das einzelne Arbeitsverhältnis begründen, nach dem Sinn und Zweck der Regelung nicht erfasst werden.

73 Die in Abs I S 2 geregelte individualrechtl Weiterregelung von TV und BV bedeutet nicht den Ausschluss jeglicher kollektivrechtl Fortgeltung. Das zeigt sich daran, dass TV nach dem TVG auch für den Betriebserwerber verbindlich sind, soweit er und seine ArbN tarifgebunden sind. Auch wirken ehemals tarifliche Eingruppierungsregeln iSd § 87 I Nr 10 fort (LAG Hamm NZA-RR 2023, 33). Desgleichen ist eine unveränderte kollektivrechtl Fortgeltung von BV anzunehmen, wenn die Betriebsidentität im Wesentlichen bei dem neuen Inhaber erhalten bleibt. Denn dann besteht der Betriebsrat nach einem Betriebsinhaberwechsel fort (BAG DB 1991, 937), wodurch die Kontinuität der Betriebsverfassung bei einem Betriebsübergang zum Ausdruck kommt. Die Entstehungsgeschichte schließt die kollektivrechtl Weitergeltung von BV nicht aus. Sie erfasst auch die im Betrieb geltenden Gesamt- und KonzernBV. Zur normativen Fortgeltung einer GesamtBV als EinzelBV BAG NZA 2015, 1331.

Dagegen kann die vor Inkrafttreten des Abs I S 2–4 vertretene Ansicht, unter bestimmten Voraussetzungen könne es bei einem FirmenTV zu einer gesetzl kollektivrechtl Fortgeltung bei Betriebsinhaberwechsel kommen, nicht aufrechterhalten werden, soweit es sich nicht um eine Gesamtrechtsnachfolge nach § 20 UmwG handelt (BAG EzA § 20 UmwG Nr 1). Kollektivrechtl kann der neue Betriebsinhaber nur durch Vertragsübernahme oder durch Neuabschluss eines inhaltsgleichen Vertrags an einen für den Veräußerer verbindlichen FirmenTV gebunden werden. Abs I S 2–4 enthält somit eine subsidiäre Auffangregelung für den Fall, dass die Normen eines TV oder eine BV nicht bereits kollektivrechtl gelten (BAG EzA 93 § 613a). Auf BV sind deshalb Abs I S 2–4 wegen Verlustes der Betriebsidentität vor allem bei der Eingliederung von Betriebsteilen in einen anderen Betrieb sowie bei der Verschmelzung mehrerer Betriebe aus Anlass eines Betriebsübergangs anwendbar. 74

Außer bei Verlust der Betriebsidentität scheidet eine kollektivrechtl Weitergeltung von BV aus, wenn als Folge des Betriebsübergangs der Betrieb nicht mehr dem Geltungsbereich des BetrVG unterfällt. Geht der Betrieb von einem privaten Rechtsträger auf eine öffentlich-rechtl Körperschaft, Anstalt oder Stiftung über, wechselt der Betrieb aus dem Anwendungsbereich des BetrVG in den des BPersVG bzw in den des jew LPersVG (§ 130 BetrVG; BAG DB 1982, 1414, 1415). Wird eine bisher von einer Privatperson betriebene karitative oder erzieherische Einrichtung von einem kirchlichen Rechtsträger übernommen, wird sie allein durch den Trägerwechsel zu einer Einrichtung der Kirche, auf die nach § 118 II BetrVG das BetrVG keine Anwendung findet (BAG DB 1982, 1414, 1415). In beiden Fällen verbleibt es bei der individualrechtl Fortgeltung der im Betrieb bestehenden BV. Diese können in Analogie zu Abs I S 3 durch Dienstvereinbarungen nach dem jew PersVG bzw aufgrund kirchlicher Dienstvereinbarungen auch zulasten der ArbN abgeändert oder aufgehoben werden. Zur Ablösung von Betriebs- durch Dienstvereinbarungen *Edenfeld* PersV 2013, 368. 75

2. Analoge Anwendung auf betriebliche Umstrukturierungen ohne Betriebsinhaberwechsel. Aus der Stellung der S 2–4 in Abs I ergibt sich, dass ein Betriebsinhaberwechsel vorausgesetzt wird. Die Frage nach dem Fortbestand von TV und BV kann sich aber auch stellen, wenn ein Betrieb bei dem bisherigen ArbGeb umstrukturiert wird oder das Unternehmen seine Konzernzugehörigkeit ändert. Die S 2–4 sind in diesem Fall entspr anzuwenden (ebenso *Düwell* NZA 1996, 399). Denn für sie ist nicht der Wechsel des Betriebsinhabers wesentlich, sondern der Wechsel in den Geltungsvoraussetzungen von TV oder BV. 76

3. Weitere betriebsverfassungsrechtliche Auswirkungen. Der bisherige Betriebsinhaber hat den Wirtschaftsausschuss, der in Unternehmen mit mehr als 100 ständig beschäftigten ArbN zu bilden ist (§ 106 I 1 BetrVG; *Edenfeld*, DB 2015, 679), rechtzeitig und umfassend nach § 106 II BetrVG über eine geplante Betriebsübertragung zu unterrichten. Der damit verbundene ArbGeb-Wechsel erfüllt den Tatbestand des § 106 III Nr 10 BetrVG. Unabhängig vom Bestehen eines Wirtschaftsausschusses hat der alte Betriebsinhaber seinen Betriebsrat gem § 2 I, § 74 I BetrVG, im Einzelfall auch nach § 92 I BetrVG, zu informieren (*Gaul* DB 1995, 2265) und gem § 80 BetrVG die erforderlichen Unterlagen vorzulegen. Diese Unterrichtungspflichten treffen entspr den Erwerber, falls bei ihm schon ein oder mehrere Betriebe mit Wirtschaftsausschuss bzw Betriebsrat bestehen. Zur Unterrichtung der ArbN nach § 613a V vgl Rn 123. 77

Der Übergang eines Betriebs oder Betriebsteils allein löst nicht die Mitwirkungs- und Mitbestimmungsrechte des Betriebsrats nach §§ 111, 112 BetrVG aus. Anders ist es, wenn der Betriebsinhaberwechsel mit Maßnahmen verbunden ist, die einen der Tatbestände des § 111 BetrVG erfüllen (BAG DB 1980, 743; ZIP 1987, 1069). Dies muss im Hinblick auf § 111 S 2 Nr 3 BetrVG (Betriebsspaltung) vor allem bei der Übertragung eines Betriebsteils im Hinblick auf die Auswirkungen für den Restbetrieb geprüft werden. Die Schutzwirkung der Mitbestimmung bezieht sich aber auch dann nicht auf den Betriebsinhaberwechsel selbst, sondern nur auf die mit ihm verbundenen Umstrukturierungen; entspr ist der Sozialplan zu begrenzen (BAG DB 1997, 1623; s aber BAG AP 31 § 15 AGG zum diskriminierenden Ausschluss einzelner ArbN-Gruppen). Ist str, ob die Arbeitsverhältnisse auf einen Erwerber übergegangen oder vom bisherigen Inhaber vorsorglich beendet worden sind, kann für letzteren Fall vorsorglich ein Sozialplan aufgestellt werden (BAG DB 1998, 1471; zur Auslegung BAG NZA 2022, 646). Die Schließung eines Betriebs durch den Pächter kann dem Verpächter zuzurechnen sein, wenn die Verpachtung zum Zwecke der Stilllegung erfolgte (BAG ZIP 1987, 1005). Dies wird für Auffanggesellschaften und für Treuhänder entspr gelten und lässt die eigene Verantwortung des Pächters etc unberührt. Nach BAG DB 1999, 337, 339 kann die Übertragung eines Betriebs zum Zweck der Stilllegung gem § 111 BetrVG den Versuch eines Interessenausgleichs erfordern. Folgerichtig muss das Gleiche für den Sozialplan gelten. 78

Da durch Abs I S 1 die Kontinuität des Betriebsrats gesichert werden soll, hat der Betriebsinhaberwechsel allein keinen Einfluss auf den Fortbestand des Betriebsrats und auch eines bestellten Wahlvorstands (LAG Berlin-Brandenburg NZA-RR 2022, 136). Voraussetzung ist allerdings die Erhaltung der Betriebsidentität (BAG EzA 93 § 613a; Art 5 RL 98/50). Diese geht verloren, wenn durch Verschmelzung des übernommenen Betriebs mit einem beim Erwerber bereits bestehenden ein neuer Betrieb entsteht bzw ein Betrieb oder ein nach § 4 BetrVG betriebsratsfähiger Betriebsteil in einen Betrieb des Erwerbers so eingegliedert wird, dass seine Eigenständigkeit entfällt. Zum Übergangs- und Restmandat des Betriebsrats nach §§ 21a, b BetrVG *Löwisch* BB 2001, 2162ff; vgl auch BAG DB 2001, 1563. Zur Einwirkung eines Betriebsübergangs auf das Aufsichtsratsamt eines ArbN-Vertreters in mitbestimmten Unternehmen *Seiter*, Betriebsinhaberwechsel, 1980, 128ff. 79

Einstweilen frei. 80

4. Individualrechtliche Weitergeltung. Nach dem Wortlaut des Abs I S 2 werden von der individualrechtl Fortgeltung (Rn 72) nur Rechtsnormen eines TV oder einer BV einschl Gesamt- und KonzernBV, soweit nicht 81 kollektivrechtl fortgeltend, erfasst, die die Rechte und Pflichten aus bei Betriebsübergang bestehenden Arbeitsverhältnissen regeln. Damit sind die sog Inhaltsnormen, Regelungen über Inhalt und Beendigung des Arbeitsverhältnisses, gemeint. Während nach dem Sinn des Abs I S 2 eine Fortgeltung für Abschlussnormen und Tarifnormen über betriebsverfassungsrechtl Fragen ausscheidet, ist sie für Betriebsnormen, soweit sie zugleich den Inhalt der einzelnen Arbeitsverhältnisse gestalten, geboten. Sind die Arbeitsbedingungen in mehreren TV geregelt, wird der gesamte Bestand einschl bereits festgelegter dynamischer Veränderungen transformiert (BAG NZA 2010, 41). Im Verhältnis zu § 3 III, § 4 V TVG ist Abs I S 2 die speziellere Regelung (BAG AP 17 § 1 TVG Bezugnahme auf Tarifvertrag). Ihre Wirkungsweise entspricht regelmäßig derjenigen, die beim Austritt des Veräußerers aus dem ArbGeb-Verband nach § 3 III TVG eintreten würde (BAG NZA 2010, 41).

82 **Schuldrechtl Absprachen** in VerbandsTV verpflichten die tarifschließenden Verbände, nicht die einzelnen ArbGeb und ArbN. Schon deshalb werden sie von Abs I S 2 nicht erfasst. Soweit solche Abreden, zB bzgl der Friedenspflicht, Regelungen zugunsten der tarifgebundenen ArbGeb und ArbN enthalten, gelten diese nicht für die nur nach Abs I S 2 an den TV gebundenen ArbGeb und ArbN. IÜ fehlt es rein schuldrechtl Absprachen in einem TV oder einer BV an der Rechtsnormqualität. Das gilt auch für Regelungsabreden zw bisherigem ArbGeb und Betriebsrat, denen die Wirkung des § 77 IV BetrVG fehlt.

83 Die beim Veräußerer kollektivrechtl geltenden Inhaltsnormen werden in die **Arbeitsverhältnisse** nach Abs I S 2 transformiert, die **im Zeitpunkt des Betriebsübergangs** bestehen (BAG BAGRp 2002, 292). Für ArbN, die von dem neuen Betriebsinhaber eingestellt werden, können die individualrechtl fortgeltenden TV und BV allenfalls kraft arbeitsvertragl Vereinbarung gelten. Sie gehen mit dem Inhalt in die Arbeitsverhältnisse ein, den sie im Zeitpunkt des Übergangs haben (BAG AP 64 § 613a), einschl erst später in Kraft tretender Regelungen (BAG NZA 2008, 241). Die bisherigen Rechte aus TV oder BV bleiben dem ArbN auch erhalten, wenn die ursprünglichen Parteien der Kollektivnorm diese nach dem Betriebsübergang noch vor Ablauf der Jahresfrist des Abs I S 2 aE zulasten der ArbN ändern (BAG DB 1986, 698, 699).

84 Solange die Kollektivregelungen zwingenden Charakter haben, gelten sie einzelvertragl mit einer einseitig zugunsten der ArbN bestehenden zwingenden Wirkung weiter. Denn nach Abs I S 2 aE dürfen sie vor Ablauf eines Jahres nach dem Zeitpunkt des Übergangs zum Nachteil der ArbN nicht geändert werden, laufen dann aber nicht automatisch aus (BAG NZA 2022, 852). Dies gilt, wie Abs I S 3 zu entnehmen ist, nur ggü arbeitsvertragl Vereinbarungen, nicht ggü TV und BV. Wird eine BV im Zuge eines Betriebsübergangs Inhalt des Arbeitsverhältnisses, ist sie vor der Ablösung durch eine spätere BV im Erwerberbetrieb nicht in weiterem Umfang bewahrt, als wenn sie kollektivrechtl weitergegolten hätte (BAG BAGRp 2004, 271). Die Transformation von Tarifregelungen führt nicht dazu, dass sie individualvertragl Regelungen gleichrangig sind. Der kollektivrechtl Charakter der transformierten Normen bleibt erhalten und das Günstigkeitsprinzip weiter anwendbar (BAG NZA 2010, 41, 43). Eine einzelvertragl Abrede geht daher einer ungünstigeren transformierten Regelung vor. Ausnahmen von der in Abs I S 2 aE angeordneten einseitig zwingenden Wirkung der Kollektivregelung enthält Abs I S 4.

85 Die in Abs I S 2 vorgesehene individualrechtl Fortgeltung von TV und BV schließt ein zw den Kollektivvertragsparteien vereinbartes **Recht zur Kündigung** der ins Arbeitsverhältnis transformierten Normen oder deren **Befristung** ein. Nach dem Betriebsübergang kann das Kündigungsrecht, wenn TV oder BV nicht kollektivrechtl weitergelten, mit Wirkung für die übernommenen ArbN nur von und ggü diesen selbst, nicht von und ggü einem nun zuständigen Betriebsrat bzw dem Betriebserwerber ausgeübt werden.

86 Nach Ablauf der in Abs I S 2 aE enthaltenen **Jahresfrist** entfällt die zwingende Wirkung der in das Arbeitsverhältnis übergegangenen Kollektivnormen. Sie gelten als arbeitsvertragl Regelungen weiter, bis sie durch eine andere, uU zulasten der ArbN wirkende kollektiv- oder einzelvertragl Regelung ersetzt werden. Ihre Ablösung durch eine die Position der ArbN verschlechternde Betriebsvereinbarung unterliegt nicht den sonst bestehenden Grenzen (BAG BB 1987, 265). Der neue ArbGeb kann unter den Voraussetzungen von § 1 II 1, § 2 S 1 KSchG zur Angleichung der Arbeitsbedingungen Änderungskündigungen aussprechen (EuGH NZA 2017, 517; BAG NZA 2018, 255; s auch Rn 111ff und § 611a Rn 375ff).

87 **5. Ausschluss der Weitergeltung aufgrund anderen Kollektivvertrags (Abs I S 3).** Nach Abs I S 3 ist die Fortgeltung eines TV oder einer BV ausgeschlossen, falls dieselbe Materie (s Rn 91) in einem anderen TV oder in einer anderen BV geregelt ist und der neue ArbGeb hieran gebunden ist. Das gilt für die individualrechtl Fortgeltung aufgrund des § 613a ebenso wie für eine auf TVG oder BetrVG beruhende kollektivrechtl Fortgeltung (s Rn 79). Zweck dieser Vorschrift ist es, dem Betriebserwerber die Möglichkeit zu geben, die Arbeitsbedingungen der ArbN des übernommenen Betriebs an die in seinem Unternehmen üblichen Arbeitsbedingungen anzupassen. Dabei spielt es keine Rolle, ob der Kollektivvertrag nach Betriebsübergang für den übernommenen Betrieb neu abgeschlossen wird bzw durch Verbandsbeitritt Geltung erlangt (BAG DB 1986, 1575) oder der Betrieb nach Übergang vom Geltungsbereich eines bereits bestehenden Kollektivvertrags erfasst wird (BAG DB 1986, 596). Der Gesetzeszweck einer **Vereinheitlichung der Arbeitsbedingungen** im übernehmenden Betrieb hat außerdem zur Folge: Sowohl ein TV als auch eine BV können durch die beim Betriebsübernehmer geltenden BV und TV ohne Rücksicht auf § 77 III BetrVG abgelöst werden, auch wenn sie für den ArbN günstiger waren (BAG ZIP 2019, 1081). Zur Diskussion um ein Verschlechterungsverbot nach EuGH NZA 2011, 1077 (Scattolon) *Sagan* EuZA 2012, 247, 251ff. Die sog Über-Kreuz-Ablösung eines TV durch eine BV hält das BAG (NZA 2006, 383; 2008, 542, 600) für ausgeschlossen. Eine „andere" BV könne sich nach dem Wortlaut des § 613a nur auf eine BV und nicht auf einen TV beziehen. Das BAG will so den TV stärken, zwingt den ArbGeb aber im Zweifel

zur Verlagerung von der kollektiven auf die Individualebene, weil die BV als Regelungsinstrument ausscheidet. Ob dieses Resultat mit dem Sinn und Zweck des Abs I S 3 im Einklang steht, erscheint fraglich.

Zu einer Abänderung oder Aufhebung eines fortgeltenden Kollektivvertrags durch TV oder BV kommt es, soweit dies der generellen Regelungsmacht und dem konkreten Regelungswillen des nunmehr geltenden Kollektivvertrags entspricht. Darüber hinaus muss dieser nach allg Grundsätzen rechtswirksam sein. Eine BV des abgebenden Unternehmers kann die Fortgeltung der bisher geltenden TV und BV nicht festlegen (BAG NZA 1987, 593). Sichert der neue Inhaber die Erhaltung des bisherigen tariflichen Besitzstandes zu, bezieht sich das nur auf die zur Zeit des Überganges geltenden Tarifverträge (BAG EzA 147 § 613a). 88

Die generelle Regelungsmacht setzt für den ablösenden TV beiderseitige Tarifgebundenheit nach §§ 3, 5 TVG voraus, wie sich nicht nur aus dem allg Grundsatz aus § 3 I, § 4 I TVG ergibt, sondern auch aus § 613a I 4, der ersichtlich für die Geltung des S 3 beiderseitige Tarifbindung iSd TVG voraussetzt (BAG EzA 118, 127, 147 § 613a; BAGRp 2002, 12, 14f; *Kania* DB 1994, 529; DB 1995, 625; aM *Heinze*, FS Schaub, 1998, 275, 290; *Moll* RdA 1996, 275; *Wellenhofer-Klein* ZFA 1999, 239, 255). Es handelt sich um die gesetzl Regelung einer Tarifkonkurrenz (§ 611a Rn 154), wonach die beim Erwerber geltende Regelung vorgeht, die damit als der speziellere TV gilt. Näher zu Tarifpluralität und -einheit nach Betriebs(teil)übergang *Gräf* NZA 2016, 330. Da § 613a I 3 die Tarifgebundenheit sowohl des neuen Betriebsinhabers als auch des ArbN verlangt, greift die Norm nicht ein, wenn beim Erwerber ein anderer DGB-Tarifvertrag besteht als beim Veräußerer (BAG NZA 2001, 510, 1318). Der übernommene ArbN müsste die Gewerkschaft wechseln. Andernfalls genießt er den Bestandsschutz nach § 613a I 2. 89

Die mit Abs I S 3 bezweckte Vereinheitlichung der Arbeitsbedingungen erfordert, dass die ins Arbeitsverhältnis übernommenen TV und BV auch durch beim Erwerber nachwirkende Kollektivnormen verdrängt werden können. Die generelle Regelungsmacht wird iÜ eingeschränkt durch die allg Grenzen der Kollektivmacht: Rechtspositionen, soweit sie auf der Grundlage der beim Veräußerer geltenden Kollektivnorm zu Individualrechten geworden sind, können nicht durch Kollektivverträge im aufnehmenden Unternehmen verschlechtert werden. Wird eine im veräußerten Betrieb geltende BV über Leistungen der betrieblichen Altersversorgung durch eine beim Erwerber geltende BV nach Abs I S 3 verdrängt, bleibt der bis zum Betriebsübergang erdiente Versorgungsbesitzstand aufrechterhalten (BAG BAGRp 2002, 112, 114; *Henssler* NZA 1994, 913, 919f; s auch BAG AP 81 § 1 BetrAVG Ablösung). 90

Die miteinander konkurrierenden Kollektivverträge müssen sich auf die **gleiche Materie** (BAG AP 108, 242 § 613a; NZA 2002, 42) erstrecken. Das bloße Fehlen einer Regelung beim neuen Betriebsinhaber führt nicht zur Ablösung nach Abs I S 3 (BAG EzA 118 § 613a). Das Erfordernis der gleichen Materie darf aber nicht eng verstanden werden, weil die ablösende Wirkung leer liefe oder durch das Günstigkeitsprinzip („Rosinentheorie") ersetzt würde (*Zöllner* DB 1995, 1401, 1403). Da die Tarifwerke in der Praxis nie exakt dieselbe Materie enthalten, ist keine vollständige oder punktuelle Deckungsgleichheit erforderlich. Entscheidend sind die im Zusammenhang stehenden Regelungskomplexe. Man wird Entgeltregelungen als Einheit ansehen müssen. Haben die Kollektivpartner einen Regelungskomplex als Ganzes betrachtet und nur einen Teil geregelt, kann auch dieser nicht geregelte Teil nach Abs I S 3 abgelöst werden (*Hanau*, FS Küttner, 2006, 375: bewusste Null-Regelung). Es muss erkennbar sein, dass für dieselbe Sachgruppe beim Veräußerer und Erwerber jew ein unterschiedliches Regelungssystem existiert (ebenso *Moll* RdA 1996, 275, 284). So kann zB ein TV zum Schutz älterer ArbN ab 47 durch einen TV für ArbN ab 50 abgelöst werden. Es gilt dann weder Abs I S 2 noch das Günstigkeitsprinzip, für einen zum Ablösungszeitpunkt bereits 48-Jährigen uU Vertrauensschutz. Zur Aufrechterhaltung von Ansprüchen aus der Altersversorgung Rn 90, zu den Regelungsspielräumen bei Wiedereinstellungen nach Betriebsübergang BAG NZA 2022, 1138. 91

Durch arbeitsvertragl **Bezugnahme- und Tarifwechselklauseln** läuft § 613a I 3 zunehmend leer, tarifvertragl Bestimmungen gelten über § 613a I 1 fort (Rn 94). Auf arbeitsrechtl Einheitsregelungen ist Abs I S 3 analog anzuwenden, soweit sie durch Kollektivvertrag abgeändert werden können (BAG BB 1987, 265). Die Vorschrift gilt auch, wenn die Geltung des bisherigen TV (BV) arbeitsvertragl vereinbart war (BAG NJW 1987, 863; DB 1987, 1643; s Rn 94). 92

6. Ausschluss der Weitergeltung aufgrund Einzelvertrags (Abs I S 4). Abs I S 4 regelt zwei Fälle, in denen einzelvertragl schon vor Ablauf der Jahresfrist des Abs I S 2 die nach dem Betriebsübergang ins Arbeitsverhältnis transformierten Kollektivnormen zum Nachteil der ArbN geändert werden dürfen. Dabei enthält die in der 1. Alt getroffene Regelung etwas Selbstverständliches: Durch einen Betriebsübergang können die auf TV oder BV beruhenden Rechte eines ArbN nicht stärker werden als sie es ohne Betriebsübergang wären. Auch ohne Rückgriff auf S 4 Alt 1 können deshalb Inhaltsnormen eines TV oder einer BV, die bei Betriebsübergang gem § 4 V TVG, § 77 VI BetrVG nur noch nachwirken oder diese Wirkung später erhalten, jederzeit durch Arbeitsvertrag frei abgeändert werden. Das gilt auch für solche Tarifnormen, die in Einklang mit § 4 III TVG ausdrückl eine abw Abmachung zuungunsten des tarifgebundenen ArbN zulassen. Eine Änderungsvereinbarung nach S 4 Alt 1 ist entbehrlich, wenn ein TV in Abweichung von § 4 V TVG oder eine BV in Abweichung von § 77 VI BetrVG (BAG AP 9 § 77 BetrVG 1972) bzw mangels Regelung einer Frage der zwingenden Mitbestimmung (BAG AP 5 § 77 BetrVG 1972) ohne Nachwirkung vor Ablauf der Jahresfrist ersatzlos fortfällt (BAG DB 1986, 698, 699). Die Regelung in S 4 Alt 2 ermöglicht es dem neuen Betriebsinhaber, den für ihn kraft Tarifgebundenheit nach § 3 I TVG oder kraft einzelvertragl Abrede mit seinen vorhandenen ArbN geltenden Tarifvertrag auch 93 mit den übernommenen ArbN zu vereinbaren. Dieser muss insg verabredet werden. Da die Regelung in S 4 Alt 2 das Fehlen beiderseitiger Tarifbindung ersetzen will, findet sie auch Anwendung, wenn die Tarifgebundenheit einer Vertragspartei fehlt. Der Zweck dieser Vorschrift gestattet es dem neuen ArbGeb auch, zur Erzwingung des Einverständnisses des ArbN mit der Unterwerfung unter den einschlägigen TV eine Änderungskündigung auszusprechen. Die ohne diese Unterwerfung bestehende bessere Stellung des übernommenen ArbN ist kein betriebsbedingter Grund für eine nach § 1 II 1, § 2 S 1 KSchG zu beurteilende Änderungskündigung (BAG AP 3 § 2 KSchG 1969). Die Bezugnahme auf den einschlägigen TV durch BV scheidet wegen der Sperrwirkung des § 77 III BetrVG (*Edenfeld* DB 2012, 575) aus.

94 **7. Außenseiter, Bezugnahmeklauseln.** Da den Inhaltsnormen eines TV, soweit sie kraft einzelvertragl Vereinbarung für ein Arbeitsverhältnis gelten, keine Rechtsnormqualität zukommt, ergibt sich die Erstreckung dieser Abrede auf den Betriebserwerber aus Abs I S 1, nicht aus den S 2, 4. Daraus erwächst die Gefahr einer Begünstigung der nicht organisierten ArbN, wenn bei dem Betriebserwerber ein anderer, ungünstigerer TV gilt, der für die organisierten ArbN nach Abs I S 3 verbindlich ist. Einer analogen Anwendung des Abs I S 3 auf Außenseiter bedarf es jedoch nicht, da die einzelvertragl Bezugnahme auf einen TV nur das widerspiegeln soll, was tarifrechtl verbindlich ist (BAG AP 101 §§ 22, 23 BAT; AP 8 § 4 BAT). Im Fall eines Betriebsübergangs schließt deshalb diese Bezugnahme iVm Abs I S 1 die ablösende Wirkung eines TV gem Abs I S 3 ein. Derartige arbeitsvertragl **Bezugnahmeklauseln** auf TV sind heute vielfach üblich. Sie überlagern nach § 4 III TVG die normative Regelung, wenn die in Bezug genommenen TV günstiger sind als ein normativ geltender TV beim Erwerber. § 613a I 3 läuft leer, tarifvertragl Bestimmungen gelten über § 613a I 1 fort. Der Auslegung von Bezugnahme- und Tarifwechselklauseln („Auf das Arbeitsverhältnis finden die für den Betrieb oder Betriebsteil, in dem der ArbN beschäftigt ist, fachlich einschlägigen TV in ihrer jeweils gültigen Fassung Anwendung.") kommt daher in der Praxis wachsende Bedeutung zu (BAG NZA 2001, 510; 2003, 390; 2013, 512; *Bauer/Günther* NZA 2008, 6; *Greiner* NZA 2009, 877; *Zerres* NJW 2006, 3533; ErfK/*Preis* § 613a Rn 127ff mwN).

95 **V. Haftung (Abs II). 1. Weiterhaftung des bisherigen Betriebsinhabers.** Die in Abs I S 1 angeordnete Rechtsnachfolge umschließt das Ausscheiden des bisherigen Betriebsinhabers aus der Haftung für Ansprüche seiner früheren ArbN insoweit, als deren Arbeitsverhältnisse im Zeitpunkt des Betriebsübergangs noch nicht beendet sind, sondern darüber hinaus weiterbestehen. Aus zwei Gründen wäre es jedoch nicht interessengerecht, den Veräußerer gänzlich aus der Haftung zu entlassen. Einerseits steht nicht fest, ob der jetzige Betriebsinhaber als neuer Verpflichteter ebenso solvent ist wie der bisherige, zumal er für den Erwerb des Betriebs oft erhebliche finanzielle Mittel aufwenden muss. Andererseits enthält der Veräußerungserlös bzw die Pacht, die der bisherige Betriebsinhaber bekommen hat, auch die Wertsteigerung, die der Betrieb durch die Arbeit der Belegschaft erzielt hat.

96 Aufgrund dieser Überlegungen hat der Gesetzgeber in Abs II in einem genau umrissenen Rahmen eine weitere Haftung des bisherigen neben dem neuen Betriebsinhaber festgesetzt. Rechtsdogmatisch handelt es sich um die Anordnung eines gesetzl Schuldbeitritts des an sich nach Abs I S 1 aus der Haftung ausgeschiedenen früheren ArbGeb zur Haftung des neuen ArbGeb kraft Rechtsnachfolge. Die Regelung in Abs II führt im Außenverhältnis zu einer nebeneinander bestehenden, gesetzl Haftung von bisherigem und jetzigem Betriebsinhaber in dem in Abs II näher umschriebenen Umfang, dem im Innenverhältnis ein gesetzl Gesamtschuldverhältnis zw beiden gem §§ 421ff entspricht.

97 **2. Umfang.** Nach Abs II S 1 haftet der bisherige Betriebsinhaber als Gesamtschuldner neben dem neuen Inhaber für die Erfüllung solcher Ansprüche, die vor dem Betriebsübergang entstanden sind und vor Ablauf von einem Jahr nach diesem Zeitpunkt fällig werden. Auch wenn der Wortlaut des Abs II S 1 nicht eindeutig ist, muss der Veräußerer auch für die Verbindlichkeiten einstehen, die vor dem Betriebsübergang fällig geworden sind.

98 Aufgrund des Wortlauts des Abs II S 1, aber auch aufgrund des Umstands, dass der frühere Betriebsinhaber in diesem Zeitraum nie Schuldner des ArbN war, entfällt seine Haftung für die Erfüllung der Ansprüche, die erst nach dem Betriebsübergang entstanden und fällig geworden sind. Ebenso wenig hat der alte ArbGeb wegen der in Abs II S 1 enthaltenen zeitl Haftungsbegrenzung für Verpflichtungen einzustehen, die zwar vor Betriebsübergang entstanden sind, aber erst nach Ablauf eines Jahres nach dem Inhaberwechsel fällig werden, § 271.

99 Nach Abs II S 2 haftet der bisherige Betriebsinhaber für alle Verpflichtungen, die vor Ablauf eines Jahres nach Betriebsübergang fällig werden, in dem Umfang, der dem im Zeitpunkt des Übergangs abgelaufenen Teil ihres Bemessungszeitraums entspricht. Damit soll sichergestellt werden, dass der alte ArbGeb nicht für einen Zeitraum Arbeitsvergütungen zu erbringen hat, in dem er die Arbeitsleistung nicht mehr empfangen hat. Hauptsächliche Anwendungsfälle sind: 13. Monatsgehalt, Weihnachtsgratifikation und andere Jahressonderleistungen. Vom Übernehmer erfüllte Urlaubsansprüche sind vom bisherigen Inhaber anteilig auszugleichen (BGH WM 1999, 1026).

100 **3. Gesamtschuldnerische Haftung zwischen altem und neuem Betriebsinhaber.** Soweit die gesamtschuldnerische Haftung zw bisherigem und neuem Betriebsinhaber reicht, gelten die §§ 421ff. Unschädlich ist für die gesamtschuldnerische Haftung, wenn der alte ArbGeb von einer Verpflichtung frei wird, die er nicht mehr erfüllen kann (§ 275). Ein Gesamtschuldverhältnis nach § 421 S 1 setzt nur voraus, dass beide Schuldner zur gleichen Leistung rechtl verpflichtet sind, nicht aber, dass jeder die geschuldete Leistung auch tatsächlich erbringen kann. Daher besteht ein Gesamtschuldverhältnis selbst in dem Fall, dass der frühere ArbGeb den bereits vor Betriebs-

übergang entstandenen, aber erst später fällig gewordenen Urlaubsanspruch nicht mehr in bezahlter Freizeit gewähren kann (BGH EzA 47, 180 § 613a).

Wer im Innenverhältnis zw bisherigem und neuem Betriebsinhaber die Verpflichtungen ggü den übernommenen ArbN zu tragen hat, richtet sich vorrangig nach den im Übernahmevertrag getroffenen Vereinbarungen. Fehlen sie, gilt § 426 I 1, wonach die Gesamtschuldner untereinander zu gleichen Teilen haften. Diese Lösung ist nicht interessengerecht, wenn es um die Begleichung rückständiger Arbeitsvergütungen geht. Denn die Arbeitsleistung des ArbN ist dem früheren Betriebsinhaber zugutegekommen. Dieser Umstand rechtfertigt jedoch nicht, ohne ausdrückl Ausgleichsregelung den alten ArbGeb intern ausschließlich haften zu lassen. Immerhin ist es im Hinblick auf Abs II S 1 wahrscheinlich, dass der neue ArbGeb sein Haftungsrisiko bei der Vereinbarung des Entgelts für die Betriebsübernahme durch einen Abzug berücksichtigt. 101

4. Abweichende Vereinbarungen. Die in Abs II S 1 angeordnete Haftung des bisherigen Betriebsinhabers kann nicht zulasten der ArbN unabhängig von einem konkreten Betriebsübergang abbedungen werden. Keine Bedenken bestehen gegen einen Haftungsverzicht, den der ArbN mit seinem früheren ArbGeb vor einem bestimmten Betriebsübergang vereinbart hat (*Schreiber* RdA 1982, 137, 148). Die Rückgriffsansprüche des Betriebserwerbers nach § 426 I 1, II gegen den Veräußerer bleiben hiervon unberührt (BGHZ 12, 213, 217ff). Das Gleiche gilt, wenn der ArbN seinen bisherigen ArbGeb nach dem Betriebsübergang aus der Haftung entlässt (BGHZ 11, 170, 174). Wenn der Betriebserwerber sich mit einem ArbN über die Fortsetzung des Arbeitsverhältnisses geeinigt hat, ist er daran auch ggü dem Veräußerer gebunden, selbst wenn er mit diesem eine von § 613a abw Vereinbarung getroffen hatte (BGH DB 1987, 1482). 102

VI. Umwandlungsfälle (Abs III). Die Weiterhaftung des früheren Betriebsinhabers ist in den Fällen entbehrlich, in denen sich der Inhaberwechsel im Rahmen einer gesellschaftlichen Gesamtrechtsnachfolge vollzieht, die zum Erlöschen der bisher den Betrieb leitenden Rechtsperson führt. Hier erhält der Rechtsnachfolger, der kraft Gesetzes in die Rechtsposition des Vorgängers tritt, das Vermögen des alten Betriebsinhabers als Ganzes und damit zugleich die gesamte Haftungsmasse (*Seiter*, Betriebsinhaberwechsel, 1980, 146). Zur Klarstellung bestimmt Abs III, dass die in Abs II angeordnete Weiterhaftung des bisherigen Betriebsinhabers nicht gilt, wenn er durch Umwandlung erlischt. 103

VII. Kündigung (Abs IV). 1. Allgemeines. Die Kündigung eines Arbeitsverhältnisses wegen des Betriebsübergangs ist gem Abs IV grds unwirksam, es sei denn, sie beruhe auf einem anderen Grund. Die Vorschrift geht zurück auf Art 4 I EG-RL 77/187, der bestimmt, dass zwar der Übergang eines Betriebs als solcher für den Veräußerer oder den Erwerber keinen Grund zur Kündigung darstellt, Kündigungen aus wirtschaftl, technischen oder organisatorischen Gründen, die den Bereich der Beschäftigung beeinflussen, jedoch nicht ausgeschlossen sind. 104

Die Selbständigkeit des Kündigungsverbots des Abs IV S 1 hat zur Folge, dass sich auch ArbN darauf berufen können, deren Arbeitsverhältnis im Zeitpunkt der Kündigung weniger als sechs Monate bestanden hat (§ 1 I KSchG) bzw die in einem nach § 23 KSchG kündigungsschutzfreien Kleinbetrieb beschäftigt sind. Der ArbN muss die dreiwöchige Klagefrist des § 4 KSchG beachten, und zwar ohne Rücksicht darauf, ob die Kündigung wegen des Betriebsübergangs oder aus anderen Gründen ausgesprochen worden ist. Auf die Unwirksamkeit der Kündigung kann sich der ArbGeb nicht berufen, um einen Sozialplan abzuwenden (BAG EzA 31 § 111 BetrVG). Setzt der ArbN das Arbeitsverhältnis mit dem neuen Betriebsinhaber fort, hat der bisherige ArbGeb den Urlaub des ArbN auch dann nicht abzugelten, wenn er wirksam betriebsbedingt gekündigt hätte (BAG NZA 2000, 480). 105

Hat ein ArbN die Frist des § 4 KSchG versäumt, ist ihm der Einwand verwehrt, die Kündigung sei aus den in ihr angegebenen Gründen unwirksam. Die Kündigung wird wirksam, § 7 KSchG. 106

2. Geltungsbereich. Das selbständige Kündigungsverbot des Abs IV S 1 betrifft ordentliche oder außerordentliche Kündigungen unabhängig davon, ob sie zur Beendigung des Arbeitsverhältnisses oder zur Änderung der Arbeitsbedingungen führen sollen. Unerheblich ist, ob der Veräußerer vor oder der Erwerber nach Übergang des Betriebs die Kündigungen ausspricht. Kommt es zu einer Beendigung des Arbeitsverhältnisses, weil der Betriebsübergang eine wesentliche Änderung der Arbeitsbedingungen zum Nachteil des ArbN zur Folge hat, ist davon auszugehen, dass sie durch den ArbGeb erfolgt ist, Art 4 II EG-RL. Zu Änderungs- und Aufhebungsverträgen Rn 64ff. Über § 307 können sich Fernwirkungen ergeben. So ist die formularmäßige Verpflichtung eines Tankstellenpächters, bei Beendigung des Tankstellenvertrags die mit Familienmitgliedern eingegangenen Arbeitsverhältnisse zu kündigen, mit Abs IV S 1 unvereinbar (BGH NZA 2006, 551). 107

Abs IV S 1 findet auch auf Kündigungen Anwendung, die vom Insolvenzverwalter ausgesprochen werden. Nach § 128 iVm §§ 125, 126 InsO ergibt sich aus einem Interessenausgleich mit einer Liste der zu kündigenden ArbN oder seiner gerichtlichen Ersetzung eine Vermutung dafür, dass die Kündigung durch den Insolvenzverwalter wegen einer Betriebsänderung durch betriebliche Erfordernisse bedingt und auch nicht wegen des Betriebsübergangs erfolgt ist. Die soziale Auswahl kann nach § 125 I 1 Nr 2 InsO (ähnl: § 1 V KSchG) nur auf grobe Fehlerhaftigkeit überprüft werden. 108

3. Satz 2. Das in Abs IV S 1 enthaltene selbständige Verbot, Arbeitsverhältnisse wegen eines Betriebsübergangs zu kündigen, gilt nicht in der Weise, dass eine Kündigung schon rechtsunwirksam ist, wenn der Betriebsübergang für sie ursächlich ist. Dies folgt daraus, dass die in Abs I S 1 generell angeordnete Kontinuität des Arbeitsverhältnisses im Fall eines Betriebsinhaberwechsels den Arbeitsplatz auch vor Inkrafttreten des Abs IV S 1 nicht vor solchen Risiken schützen wollte, die sich jederzeit unabhängig von einem Betriebsübergang aktualisieren 109 können. Diesem Umstand trägt Abs IV S 2 Rechnung, wonach das Recht zur Kündigung aus anderen Gründen unberührt bleibt. Stehen somit beide Sätze des Abs IV in wechselseitiger Beziehung, ist in jedem Einzelfall zu prüfen, ob es neben dem Betriebsübergang einen sachlichen Grund gibt, der die Kündigung zu rechtfertigen vermag, so dass der Betriebsübergang zwar **äußerlicher Anlass, aber nicht tragender Grund** gewesen ist (BAG NZA 1993, 643; 2003, 1338; 2006, 668; 2007, 387). Dieser Feststellung bedarf es vor allem, wenn für das gekündigte Arbeitsverhältnis nicht das KSchG gilt. Denn kann sich der ArbN auf das KSchG berufen, hat der ArbGeb gem § 1 II 4 KSchG die für die soziale Rechtfertigung der Kündigung erheblichen Gründe darzulegen und zu beweisen. Gelingt ihm das nicht, ist die Kündigung schon im Hinblick auf § 1 I, II 1 KSchG unwirksam (BAG DB 1986, 1290, 1291).

110 Zu den Kündigungen aus anderen Gründen iSd Abs IV S 2 im Zusammenhang mit einem Betriebsübergang gehören vor allem Kündigungen aus dringenden betrieblichen Erfordernissen gem § 1 II 1 KSchG. Aber auch Kündigungen aus personen- oder verhaltensbedingten Gründen iS dieser Vorschrift sowie Kündigungen aus wichtigem Grund nach § 626 I zählen dazu (*Schaub* ZIP 1984, 272, 276). Unterliegt ein aus Anlass eines Betriebsübergangs gekündigter ArbN nicht dem KSchG, genügt als sachlicher Grund im Rahmen des Abs IV jede nachvollziehbare Erwägung, die den Verdacht einer Umgehung des Abs IV S 1 auszuschalten vermag (*Willemsen* ZIP 1983, 411, 414). Die beim Betriebsveräußerer erbrachten Beschäftigungszeiten sind bei der Berechnung der Wartezeit nach § 1 I KSchG für eine vom Betriebsübernehmer ausgesprochene Kündigung zu berücksichtigen. Das gilt auch dann, wenn das Arbeitsverhältnis zum Zeitpunkt des Betriebsübergangs kurzfristig unterbrochen war, die Arbeitsverhältnisse aber in einem engen sachlichen Zusammenhang stehen (BAG BAGRp 2003, 68). Zur vom ArbGeb veranlassten Eigenkündigung des ArbN, zu Aufhebungs- und Änderungsverträgen Rn 64ff, zum Wiedereinstellungsanspruch Rn 122.

111 **4. Kündigung bei sanierender Betriebsübernahme.** Im Zusammenhang mit einem Betriebsübergang können Kündigungen die Aufrechterhaltung eines notleidend gewordenen Betriebs mit verminderter Personenzahl bezwecken. Hier kann es zu einem Konflikt zw dem individuellen Bestandsschutzinteresse und dem Interesse an der Erhaltung der Betriebsorganisation kommen, wenn der Übergang einzelner Arbeitsverhältnisse zu einer Gefahr für den Fortbestand des ganzen Betriebs wird, gleichgültig ob der Insolvenzfall droht oder eingetreten ist (*Hanau* ZIP 1984, 141, 142; ZIP 1998, 1817). Dabei verdient nach Abs IV S 2 das Sanierungsinteresse ggü dem individuellen Bestandsschutz den Vorzug, wenn der Veräußerer oder Erwerber dringende betriebsbedingte Gründe iSd § 1 II 1 KSchG nachweisen kann (zur Anwendbarkeit des KSchG trotz § 113 InsO LAG Rheinland-Pfalz NZA-RR 2021, 244) und die Grundsätze der sozialen Auswahl gem § 1 III KSchG beachtet hat. In folgenden Fallkonstellationen kann es zum Interessenkonflikt kommen:

112 Der gegenwärtige Betriebsinhaber, der eine Betriebsveräußerung in Erwägung zieht, aber noch keine Verhandlungen mit einem Übernahmeinteressenten aufgenommen hat, spricht Kündigungen wegen Auftragsmangels oder wegen Rationalisierungsmaßnahmen aus, um den Betrieb wieder rentabel zu machen und die Verkaufschancen zu steigern. Hier muss der Bestandsschutzgedanke des Abs IV S 1 ggü dem Sanierungsinteresse zurücktreten, weil nicht der geplante Betriebsübergang für die Kündigungen ursächlich ist, sondern die Verminderung der Belegschaft aufgrund **betriebswirtschaftlicher Erfordernisse** für jeden vernünftigen Unternehmer unabdingbar ist (BAG DB 1983, 2690, 2692; 1996, 2288; NZA 2007, 387).

113 Der Bestandsschutzgedanke des Abs IV S 1 hat auch zurückzutreten, wenn der gegenwärtige Betriebsinhaber nach Aufnahme von Übernahmeverhandlungen im Hinblick darauf kündigt, dass der potentielle Erwerber zugleich mit der Übernahme des Betriebs aus dringenden betrieblichen Gründen iSd § 1 II 1 KSchG die Belegschaft verringern will. Es kann nicht Sinn der Abs I S 1, Abs IV S 1 sein, den Erwerber bei einer aufgrund betriebswirtschaftl Gesichtspunkte voraussehbaren fehlenden Beschäftigungsmöglichkeit zu verpflichten, das Arbeitsverhältnis mit einem ArbN noch einmal künstlich um die bei einer durch ihn auszusprechenden Kündigung zu verlängern (BAG DB 1983, 2690, 2692; ZIP 1996, 2028; BAGRp 2003, 296). Allerdings bedarf es zum Schutz der betroffenen ArbN vor Manipulationen eines Vorvertrags oder einer anderen rechtl Absicherung des Betriebsübergangs, da nur so gewährleistet ist, dass das betriebswirtschaftl Konzept des Erwerbers tatsächlich verwirklicht wird. Demnach verstößt die **Kündigung** des Betriebsveräußerers **aufgrund eines Erwerberkonzepts** nicht gegen Abs IV, wenn ein verbindliches Konzept oder ein Sanierungsplan des Erwerbers vorliegt, dessen Durchführung im Zeitpunkt des Zugangs der Kündigungserklärung bereits greifbare Formen angenommen hat (BAG BAGRp 2003, 296; NZA 2007, 387; zum Meinungsstand *Sieger/Hasselbach* DB 1999, 430). Ob dieses Konzept auch der Veräußerer bei eigener Fortführung des Betriebs hätte durchführen können, ist unerheblich (BAG aaO: jedenfalls in der Insolvenz). Ein solcher Vorbehalt lässt außer Acht, dass die erforderlichen Umstrukturierungsmaßnahmen vielfach erst durch die finanziellen bzw organisatorischen Voraussetzungen des Erwerbers ermöglicht werden (*Sieger/Hasselbach* DB 1999, 430, 432). In diese Richtung weist auch § 128 I InsO, der Kündigungen durch den Insolvenzverwalter aufgrund einer von dem Erwerber geplanten Betriebsänderung zulässt.

114 Die ggf nach § 1 III 1 KSchG notwendige Sozialauswahl hat nur unter den im übernommenen Betrieb beschäftigten ArbN zu erfolgen, wobei § 1 III 2 KSchG im Hinblick auf die für den Erhalt des Betriebs wichtige Übernahme leistungsstarker ArbN besondere Bedeutung zukommt. Da Abs I S 1, Abs IV S 1 lediglich dem ArbN die Rechtsposition sichern wollen, die er vor Betriebsübergang hatte, würde die Einbeziehung der beim Erwerber vorhandenen Belegschaft in die Sozialauswahl eine ungerechtfertigte Besserstellung der vom Betriebsübergang betroffenen ArbN im Rahmen des Erwerberkonzepts bedeuten (*Lipinski* NZA 2002, 75, 79; *Vossen* BB 1984,

1557, 1560; str). Auch die beim Veräußerer verbleibenden ArbN werden nicht einbezogen (*Schmädicke* NZA 2014, 515, 519).

Der individuelle Bestandsschutz des Abs I S 1, Abs IV S 1 verdient den Vorzug vor dem Sanierungsinteresse des gegenwärtigen Betriebsinhabers, wenn dieser auf die **Drohung** des potentiellen Erwerbers hin, den Betrieb sonst nicht zu übernehmen, kündigen würde. Abs IV S 1 soll sowohl Veräußerer wie Erwerber davon abhalten, allein den Umstand des Betriebsübergangs zu benutzen, sich bestimmter ArbN zu entledigen (BAG DB 1983, 2690, 2692; *Willemsen* ZIP 1983, 411, 414f). 115

Nur scheinbar handelt es sich um den hier in Rede stehenden Interessenkonflikt, wenn der gegenwärtige Betriebsinhaber ArbN kündigt, deren Arbeitsverhältnis infolge **Widerspruchs** nicht auf den Erwerber übergeht und für die nach dem Betriebsübergang nicht einmal im Restbetrieb oder in einem anderen Betrieb des Unternehmens eine Weiterbeschäftigungsmöglichkeit besteht, § 1 II 2 KSchG. Hier ist zwar der Betriebsübergang für die Kündigung mitursächlich, da bei Fortführung des Betriebs durch den bisherigen Inhaber der Arbeitsplatz nicht entfallen wäre. Auf den Bestandsschutz des Abs IV S 1 können sich die widersprechenden ArbN aber nicht berufen. Zum einen ist ihre Weigerung, unter dem neuen Betriebsinhaber zu arbeiten, die wesentliche Ursache für die Kündigung. Zum anderen kann die Komplementärvorschrift des Abs IV S 1 ihre Schutzfunktion nicht mehr entfalten, wenn ArbN durch ihren Widerspruch gegen den Übergang ihrer Arbeitsverhältnisse in zulässiger Weise auf den Schutz des Abs I S 1 verzichten. Soweit die widersprechenden ArbN dem KSchG unterliegen, ist die ihnen vom Veräußerer ausgesprochene Kündigung am KSchG zu messen (Rn 56). 116

5. Prozessuales. a) Passivlegitimation. Die Klage, mit der der ArbN die Unwirksamkeit einer Kündigung gem Abs IV S 1 oder auch nach § 1 I, II 1 KSchG iV mit Abs IV S 2 geltend machen will, ist gegen den ArbGeb zu richten, der sie ausgesprochen hat. Dies gilt jedenfalls, wenn der Veräußerer gekündigt hat und die Kündigungsschutzklage vor Betriebsübergang erhoben wird. Der Veräußerer ist und bleibt hinsichtl des Streitgegenstands einer Klage, der die Frage zugrunde liegt, ob eine ganz bestimmte Kündigung das Arbeitsverhältnis aufgelöst hat oder nicht, entspr § 265 ZPO grds passiv legitimiert (BAG EzA 179 § 613a). Dies schließt aber eine Klage des ArbN gegen den Erwerber nach dem Betriebsübergang mit dem Antrag, den Fortbestand des Arbeitsverhältnisses nach Abs I S 1 festzustellen, nicht aus (BAG DB 1985, 1842f). Der Veräußerer bleibt auch für den mit der Kündigungsschutzklage geltend gemachten allg Weiterbeschäftigungsanspruch (§ 611a Rn 323ff) passiv legitimiert, sofern der Betrieb nach Rechtshängigkeit dieses Anspruchs auf den Erwerber übergegangen ist. Dagegen ist die Rechtslage str, wenn der Veräußerer nach Betriebsübergang kündigt bzw wenn die Kündigungsschutzklage gegen den kündigenden Veräußerer erst nach Betriebsübergang erhoben wird. Der nach Betriebsübergang kündigende Veräußerer wird teilw als nicht passiv legitimiert angesehen, so dass die Kündigungsschutzklage als unbegründet abzuweisen sei (BAG NZA 2006, 597; LAG Köln NZA 1994, 815). Die Klageabweisung kann aber auch damit begründet werden, dass kein Arbeitsverhältnis (mehr) bestanden habe (BAG NZA 1999, 706; 2002, 1207). Erschwerend für den ArbN kommt oft hinzu, dass der Zeitpunkt des Betriebsübergangs unklar ist und er mindestens eine, wenn nicht sogar beide (*Preis/Steffan* DB 1998, 309, 313) Klagen verliert. Ratsam ist daher eine Klage gegen beide ArbGeb als notwendige Streitgenossen (§ 62 ZPO), mit der der ArbN die Feststellung beantragt, dass das Arbeitsverhältnis vor Zugang der Kündigung von der Beklagten zu 1. auf die Beklagte zu 2. übergegangen ist (BAG NZA 2016, 366). Anerkannt ist, dass der Auflösungsantrag gem § 9 KSchG nach Betriebsübergang nur gegen den Erwerber gestellt werden kann (BAG AP 30 § 9 KSchG; zum Auflösungsantrag des früheren ArbGeb BAG NZA 2005, 1178). 117

b) Rechtskraft. Das in dem Prozess gegen den Veräußerer ergehende Urteil wirkt nach § 325 I ZPO für und gegen den Erwerber, wenn der Betriebsübergang nach Rechtshängigkeit dieses Prozesses erfolgt ist. Mangels einer hier einschlägigen materiellrechtl Gutglaubensvorschrift kommt es auf die Kenntnis des Erwerbers von der Rechtshängigkeit (§ 325 II ZPO) nicht an. Die zw ArbN und Veräußerer rechtskräftig getroffene Feststellung, dass die aus Anlass des Betriebsübergangs ausgesprochene Kündigung gem Abs IV S 1 bzw § 1 I, II 1 KSchG unwirksam ist und das Arbeitsverhältnis nicht aufgelöst hat, ist für den Erwerber auch im Rahmen einer gegen ihn gerichteten Klage, in der es um die Zahlung von Arbeitsvergütung für nach dem Betriebsübergang liegende Zeiträume nach § 611 I, § 615 S 1 geht, gem § 325 I ZPO bindend, wenn der Betriebsübergang nach Rechtshängigkeit der Kündigungsschutzklage erfolgt ist. Denn sogar im Fall der Rechtsnachfolge nach Rechtskraft des Urteils im Vorprozess ist das nachentscheidende Gericht ArbN die im ersten Prozess rechtskräftig erkannte Rechtsfolge, die als Vorfrage entscheidungsrelevant ist, gebunden (BAG NJW 1981, 1517; BGH NJW 1983, 2032; s auch BAG NZA 1991, 639; 2010, 1198). Der Erwerber muss auch die Geltendmachung des Anspruchs ggü dem Veräußerer zur Wahrung tariflicher Ausschlussfristen gegen sich gelten lassen (BAG EzA 68 § 615). Um einen gegen den Veräußerer titulierten Anspruch gegen den Erwerber vollstrecken zu können, muss der ArbN sich eine vollstreckbare Ausfertigung des Urteils besorgen, §§ 727, 731 ZPO (BAG AP 1 § 325 ZPO). 118

c) Maßgeblicher Zeitpunkt. Wegen der wechselseitigen Beziehung zw S 1 und S 2 des Abs IV kommt es für die Feststellung der Unwirksamkeit einer Kündigung nach Abs IV S 1 auf die im Zeitpunkt ihres Zugangs vorliegenden Umstände an (BAG ZIP 1986, 388, 390; EzA 80, 82 § 613a). Zur Wiedereinstellung Rn 122. 119

d) Darlegungs- und Beweislast. Der ArbN trägt für die Voraussetzungen des Kündigungsverbots des Abs IV S 1 die Darlegungs- und Beweislast, da er sich auf für ihn günstige Umstände beruft. Trotz der damit verbundenen Schwierigkeiten hat der ArbN vorzutragen und zu beweisen, dass ein Betriebsübergang stattgefunden und er der 120 tragende Grund für die Kündigung war (BAG DB 1983, 2690, 2692). Für beides kann er sich auf die Grundsätze des Anscheinsbeweises berufen. Zur Unterrichtungspflicht des ArbGeb Rn 123.

121 Diese Verteilung der Darlegungs- und Beweislast gilt, wenn die Unwirksamkeit der Kündigung allein davon abhängt, ob die Verbotsnorm des Abs IV S 1 eingreift. Das ist bei Kündigungen von ArbN der Fall, die sich nicht auf das KSchG berufen können. ArbN, die den allg Kündigungsschutz genießen, kann nur unter den Voraussetzungen des § 1 I, II 1 KSchG gekündigt werden, ohne dass es auf das Kündigungsverbot des Abs IV S 1 ankäme (BAG DB 1985, 1399; 1986, 1290, 1291; *Berkowsky* DB 1983, 2683, 2686). Für die Umstände, aus denen sich die soziale Rechtfertigung einer Kündigung ergibt, ist aber gem § 1 II 4 KSchG der ArbGeb darlegungs- und beweispflichtig. Eine vorsorgliche Kündigung des Veräußerers für den Fall, dass kein Betriebsübergang vorliegt, ist zulässig (BAG EzA 99 § 112 BetrVG), ebenso eine vorsorgliche Kündigung des Erwerbers für den Fall, dass einer vorliegt.

122 **6. Wiedereinstellung.** Beruht eine betriebsbedingte Kündigung auf der Prognose des ArbGeb, bei Ablauf der Kündigungsfrist könne er den ArbN (zB wegen Betriebsstilllegung) nicht weiterbeschäftigen, und erweist sich die Prognose während des Laufs der Kündigungsfrist als falsch (zB weil es doch zu einem Betriebsübergang kommt), hat der ArbN einen Anspruch auf Fortsetzung des Arbeitsverhältnisses, wenn der ArbGeb mit Rücksicht auf die Wirksamkeit der Kündigung noch keine Dispositionen getroffen hat und ihm die unveränderte Fortsetzung des Arbeitsverhältnisses zumutbar ist (BAG AP 1 § 1 KSchG 1969 Wiedereinstellung; ArbG Düsseldorf NZA 2021, 332; *Nicolai/Noack* ZFA 2000, 87; *Raab* RdA 2000, 147). Dies entspricht einem allg Grundsatz des Kündigungsrechts. Das BAG hat sich in dieser Entscheidung nicht zu der Frage geäußert, ob diese Verpflichtung zur Wiedereinstellung auf den Betriebsübernehmer übergeht (offengelassen auch von BAG BAGRp 2004, 286, 288). Dies ergibt sich aus § 613a, wenn der Betriebsübergang während der Kündigungsfrist erfolgt. Ist er zu dieser Zeit oder später absehbar, kommt eine analoge Änderung des § 613a in Betracht, da die Norm nach ihrem Wortlaut nur auf Arbeitsverhältnisse anwendbar ist, die zum Zeitpunkt des Betriebsübergangs bestehen. Diese Regelung kann durch Analogie nicht ausgehebelt werden. Für den Fall, dass der Betriebsübergang auf der Übernahme des wesentlichen Personals beruht, hat BAG DB 1998, 316 (dazu *Preis/Steffan* DB 1998, 309) einen gegen den Übernehmer gerichteten Wiedereinstellungsanspruch angenommen, ohne Rücksicht auf den Lauf der Kündigungsfrist und Disposition des Erwerbers. Der Anspruch ist unverzüglich nach Kenntnis vom Betriebsübergang gegen den Erwerber geltend zu machen, und zwar ohne Bedingungen, die der Erwerber nicht beeinflussen kann (BAG EzA 171 § 613a). Dieser Anspruch besteht nicht im Insolvenzverfahren (BAG NZA 2022, 1201). Findet nach Ablauf der Frist einer insolvenzbedingten Kündigung ein Betriebsübergang statt, besteht kein Anspruch auf Wiedereinstellung bzw Fortsetzung des Arbeitsverhältnisses (BAG ZIP 1999, 320; BAGRp 2004, 286; *Langenbucher* ZFA 1999, 299; *Boewer* NZA 1999, 1179).

123 **VIII. Unterrichtungspflicht des Arbeitgebers (Abs V).** Durch Art 4 des Gesetzes v 23.3.2002 (BGBl I 2002, 1163, 1167f) ist in § 613a V ein Unterrichtungsrecht des ArbN geschaffen worden. Die Regelung dient der Umsetzung von Art 7 VI EG-RL 2001/23/EG (ABl EG L 82/16) zur Angleichung der Rechtsvorschriften der Mitgliedstaaten über die Wahrung von Ansprüchen der ArbN beim Übergang von Unternehmen, Betrieben oder Unternehmens- oder Betriebsteilen. Sie steht in engem Zusammenhang mit dem Widerspruchsrecht des ArbN nach Abs VI (Rn 47), das bei unzureichender, dh auch unvollständiger (LAG Düsseldorf NZA-RR 2022, 570) Unterrichtung durch den ArbGeb auch nach Ablauf der Monatsfrist bis zur Verwirkung fortbesteht (Rn 128). Die gesetzl Unterrichtungspflicht trägt zum einen dem Umstand Rechnung, dass der Wechsel des Betriebsinhabers für den einzelnen ArbN regelmäßig mit Änderungen der Arbeitsbedingungen und seiner beruflichen Weiterentwicklung verbunden ist. Diese Umstände können ihn ggf veranlassen, dem Übergang des Arbeitsverhältnisses auf einen anderen ArbGeb nach Abs VI zu widersprechen. Zum anderen soll dem bisherigen und dem neuen ArbGeb Planungssicherheit verschafft werden. Mit Zugang der ordnungsgemäßen Unterrichtung (§ 130) beginnt für die vom Betriebsübergang betroffenen ArbN die Monatsfrist für die Ausübung des Widerspruchsrechts nach Abs VI (Rn 51). Bei rechtzeitiger und ordnungsgemäßer Unterrichtung weiß der Betriebserwerber daher im Idealfall frühzeitig, mit welchen ArbN er rechnen kann und in welchem Umfang Neueinstellungen notwendig sind. Der Betriebsveräußerer wiederum erlangt Klarheit, welche ArbN er weiterbeschäftigen oder betriebsbedingt entlassen muss. Alter und neuer ArbGeb sind untereinander zur Kooperation bei der Auskunftserteilung verpflichtet (*Willemsen/Lembke* NJW 2002, 1159, 1162; *Meyer* NZA 2012, 1185, 1186; *Rupp* NZA 2007, 301, auch zum Problem widersprüchlicher Unterrichtung). Sonstige gesetzl Informationsverpflichtungen der beteiligten ArbGeb (insb ggü dem Betriebsrat, Rn 77) bleiben von der Unterrichtungspflicht nach Abs V unberührt (BT-Drs 14/7760, 41). Näher zur gesetzl Regelung der Unterrichtungspflicht *Jaeger* ZIP 2004, 433; *Worzalla* NZA 2002, 353.

124 **1. Unterrichtungspflichtiger und -adressat.** Unabhängig von der Betriebsgröße sind der bisherige und der neue Betriebsinhaber unterrichtungspflichtig. Sie müssen sich untereinander verständigen, in welcher Weise die gemeinsame Pflicht erfüllt wird (BT-Drs 14/7760, 42). Die Folgen unterbliebener oder fehlerhafter Unterrichtung (Rn 128) treffen sowohl den bisherigen als auch den neuen ArbGeb. Die betroffenen ArbN können ihre daraus resultierenden Rechte wahlweise gegen den Veräußerer oder den Erwerber geltend machen. In der Praxis trifft die Unterrichtungspflicht vor allem den Veräußerer des Betriebs, weil die Ausübung des damit zusammenhängenden Widerspruchsrechts nach Abs VI in erster Linie für ihn bedeutsam ist (Rn 47). Das schließt nicht aus, dass der Erwerber des Betriebs ein Interesse an der Beibehaltung der bisherigen Arbeitnehmerschaft hat und ihm im Innenverhältnis der beteiligten ArbGeb die Unterrichtungspflicht auferlegt wird. **Adressat** der Unterrichtung sind die vom Betriebsübergang betroffenen ArbN. Dazu gehören alle Beschäftigten, die den vom

Übergang berührten Betrieben oder Betriebsteilen zuzuordnen sind. Zur Frage, welche Arbeitsverhältnisse im Einz vom Übergang betroffen sind, vgl Rn 40ff.

2. Form der Unterrichtung. Abs V verlangt Textform iSd § 126b. Die Erklärung muss in einer Urkunde oder auf andere zur dauerhaften Wiedergabe in Schriftzeichen geeignete Weise abgegeben, die Person des Erklärenden genannt und der Abschluss der Erklärung durch Nachbildung der Namensunterschrift oder anders erkennbar gemacht werden. Die Unterrichtung der ArbN über den Betriebsübergang hat vor allem Informations- und Dokumentationsfunktion, weniger Beweis- oder Warnfunktion (BT-Drs 14/7760, 42). Dem ArbN soll die Information nicht nur mündlich und flüchtig (etwa in einer Betriebsversammlung) zugehen. Er soll die Möglichkeit erhalten, die für ihn neuen und nicht sofort überschaubaren Tatsachen nachzulesen, sich weitergehend zu erkundigen, ggf beraten zu lassen und auf dieser Grundlage zu entscheiden, ob er dem Übergang des Arbeitsverhältnisses nach Abs VI widerspricht (BT-Drs 14/7760, 42). Die Unterrichtung kann an jeden ArbN persönlich adressiert sein, aber auch durch Rundschreiben, Aushang oder Mitteilung im betrieblichen Intranet erfolgen. Eine Empfangsbestätigung des ArbN ist ratsam (*Gaul/Otto* DB 2002, 634, 635), da der ArbGeb darlegungs- und beweispflichtig ist für den Zugang der Information und den Fristbeginn nach Abs VI (Rn 51; BAG NZA 2006, 1268, 1270f: abgestufte Beweislast nach § 138 II ZPO). 125

3. Inhalt der Unterrichtung. Abs V zählt die Gegenstände der Unterrichtungspflicht abschließend auf. Über die Identität des Betriebserwerbers muss so informiert werden, dass die unterrichteten ArbN in der Lage sind, über ihren möglichen neuen ArbGeb Erkundigungen einzuholen. Maßgeblich für den Inhalt der Unterrichtung ist der Kenntnisstand von Betriebsveräußerer und -erwerber zum Zeitpunkt der Unterrichtung (BAG NZA 2006, 1268, 1270; 2010, 89). Die Informationen müssen inhaltlich **richtig, vollständig, präzise** und zugleich für juristische Laien **verständlich** sein. Daran stellt die Rspr hohe und in der Praxis kaum zu erfüllende Anforderungen (BAG NZA 2006, 1268; 2006, 1273; 2007, 682; 2009, 547; *Hohenstatt/Grau* NZA 2007, 13, 14; krit *Willemsen* NJW 2007, 2067). Der bisherige ArbGeb oder der neue Inhaber hat die vom Betriebsübergang betroffenen ArbN vor dem Übergang zu unterrichten über: 126

- **Nr 1: den Zeitpunkt oder den geplanten Zeitpunkt des Übergangs.** Der Betriebsübergang iSd Abs I tritt ein, sobald der Erwerber aufgrund der rechtsgeschäftlichen Vereinbarung mit dem Veräußerer die arbeitstechnische Organisations- und Leitungsmacht ausüben kann (Rn 7). Dieser Zeitpunkt muss nicht mit dem gesellschaftsrechtl Übergang des Betriebs oder Betriebsteils übereinstimmen. Für den ArbN ist die Kenntnis des Übergangszeitpunkts nicht nur im Hinblick auf die Haftung des ArbGeb nach Abs II (Rn 95), sondern auch auf das Direktions- und Weisungsrecht (§ 106 GewO; dazu § 611a Rn 242ff) von Bedeutung. Er muss wissen, ob er den Anweisungen des bisherigen oder des neuen ArbGeb Folge zu leisten hat. Verschiebt sich der Zeitpunkt des Betriebsübergangs ggü der Mitteilung nach Abs V Nr 1, muss der ArbN Anweisungen des unzuständigen ArbGeb nicht befolgen, es sei denn, dass ihm die Änderung mitgeteilt worden oder sie anderweitig erkennbar ist. Für das befristete Widerspruchsrecht nach Abs VI ist der Zeitpunkt des Übergangs dagegen weniger bedeutsam. Es knüpft an den Zugang der Unterrichtung, nicht an den Betriebsübergang an (Rn 51). Wird der geplante Betriebsübergang aber um so erhebliche Zeit vorgezogen oder zeitl hinausgezögert, dass dadurch die Entscheidung des ArbN über die Ausübung seines Widerspruchsrechts beeinflusst werden kann, ist die erneute Unterrichtung nach Abs V erforderlich (*Worzalla* NZA 2002, 353, 354). Das gilt vor allem dann, wenn mit der zeitl Verschiebung inhaltliche Änderungen nach Nr 2–4 einhergehen. Gerade bei umfangreichen Umstrukturierungsmaßnahmen wird man daher oft nur den geplanten Zeitpunkt des Übergangs angeben können und sich kurzfristige Anpassungen an die betrieblichen Bedürfnisse vorbehalten. 127
- **Nr 2: den Grund für den Übergang.** Weder Gesetzestext noch -begründung lassen erkennen, was darunter zu verstehen ist. Bei systematischer und teleologischer Auslegung ist der Rechtsgrund für den Betriebsübergang gemeint. Es muss das konkrete Rechtsgeschäft zw Betriebsveräußerer und -erwerber angegeben werden, das zur Anwendbarkeit des § 613a führt. Das BAG verlangt die Darstellung der geschlossenen Vereinbarungen (BAG NZA 2010, 89). Die wirtschaftl Beweggründe, die den bisherigen ArbGeb zur Veräußerung des Betriebs bewogen haben, gehören anders als bei der Information des Betriebsrats (Rn 77) nicht dazu. Sie sind für den betroffenen ArbN keine Grundlage für die Entscheidung über die Ausübung des Widerspruchsrechts nach Abs VI (Rn 47). Die wirtschaftl Beweggründe des bisherigen ArbGeb spielen auch für den Kündigungsschutz des ArbN nach Ausübung seines Widerspruchsrechts keine Rolle (Rn 56). Es kann aber erforderlich sein, über die Geschäftsaktivitäten des Erwerbers Auskunft zu geben (BAG NZA 2010, 89).
- **Nr 3: die rechtl, wirtschaftl und sozialen Folgen des Übergangs für die ArbN.** Nr 3 zieht erfahrungsgemäß die größte Rechtsunsicherheit (Rn 128) über den Inhalt der Unterrichtung nach sich. Laut Gesetzesbegründung (BT-Drs 14/7760, 41) ergeben sich die rechtl, wirtschaftl und sozialen Folgen des Betriebsübergangs vor allem aus den Regelungen der Abs I–IV. Es geht um die Weitergeltung und Änderung der Rechte und Pflichten aus dem Arbeitsverhältnis, die Haftung des bisherigen und neuen ArbGeb ggü dem ArbN und den Kündigungsschutz. Hier wird es einerseits nicht ausreichen, dass der ArbGeb den betroffenen ArbN lediglich den Gesetzestext des § 613a mitteilt. Andererseits wird man vom Unterrichtungspflichtigen nicht verlangen können, dass er ein Gutachten über alle Auswirkungen des Betriebsübergangs im Einzelfall erstellt. Vielmehr ist die in **verständliche Worte gefasste Darstellung** der rechtl Konsequenzen des bevorstehenden Betriebsübergangs erforderlich. Dazu gehören der Hinw auf den Übergang der arbeitsrechtl Rechte und Pflichten auf den Betriebserwerber nach Abs I S 1 (Rn 58), das Widerspruchsrecht des ArbN nach Abs VI (Rn 47), die gemeinsame Haftung des bisherigen und des neuen ArbGeb nach Abs II (Rn 95), die Unzulässigkeit einer Kündi-

gung nach Abs IV (Rn 104) einschl der Möglichkeit einer Kündigung aus anderen Gründen und die Besonderheiten der Weitergeltung von Tarifverträgen und Betriebsvereinbarungen nach Abs I S 2–4 (Rn 71). Weitere rechtl, wirtschaftl und soziale Aspekte, die für die Entscheidung des ArbN über die Ausübung des Widerspruchsrechts bedeutsam sein können, sind: in § 2 I NachwG genannte Arbeitsbedingungen; laufendes oder drohendes Insolvenzverfahren beim Betriebserwerber; fehlender Kündigungsschutz beim Erwerber (§ 23 KSchG); Fehlen eines Betriebsrats oder Nichterreichen bestimmter Schwellenwerte beim Betriebserwerber und dadurch bedingter geringerer kollektivrechtl Schutz (vgl §§ 99 I, 102 BetrVG).

– **Nr 4: die hinsichtl der ArbN in Aussicht genommenen Maßnahmen.** Der Begriff der Maßnahme ist weit zu verstehen. Hierzu gehören namentlich Weiterbildungsmaßnahmen im Zusammenhang mit geplanten Produktionsumstellungen oder Umstrukturierungen sowie andere Maßnahmen, die die berufliche Entwicklung des ArbN betreffen (BT-Drs 14/7760, 42). Wird der ArbN in der künftigen Personalentwicklungsplanung des Erwerbers berücksichtigt, ist ihm das mitzuteilen. Die Unterrichtungspflicht besteht allerdings nur dann, wenn die Maßnahmen bereits in Aussicht genommen sind, dh ein konkretes Planungsstadium erreicht haben. Die Einschaltung des Betriebsrats nach §§ 96ff BetrVG ist dafür ein Indiz.

128 **4. Folgen fehlerhafter Unterrichtung.** Die unterbliebene oder fehlerhafte Unterrichtung durch den ArbGeb wirkt sich vor allem auf das Recht des ArbN aus, dem Übergang des Arbeitsverhältnisses nach Abs VI zu widersprechen. Informationspflicht des ArbGeb und Widerspruchsrecht des ArbN stehen in wechselseitigem Bezug (Rn 47, 123). So beginnt die **Monatsfrist** für die Ausübung des Widerspruchsrechts nur bei ordnungsgemäßer Unterrichtung zu laufen (BAG NZA 2006, 1273; 2007, 682; 2008, 1354; Rn 51). Gleiches gilt für die inhaltlich unzutr Unterrichtung, wenn dem ArbN zB ein falscher Zeitpunkt nach Abs V Nr 1 genannt oder weitergehende Rechte in Aussicht gestellt werden, als es tatsächlich der Fall ist. Sofern in der unzutr Unterrichtung nicht schon eine verbindliche Zusage liegt, aus der der ArbN eigene Ansprüche geltend machen kann, hat er zumindest das Recht, nachträgl anders über die Ausübung seines Widerspruchsrechts zu entscheiden. Unklare Information geht stets zulasten des ArbGeb und kann einen Schadensersatzanspruch aus § 280 auslösen (BAG NZA 2008, 642, 1297). Die hohen Anforderungen an die Informationspflicht (Rn 126) werden nur über die Darlegungslast (BAG AP BGB § 613a Unterrichtung; dazu *Lingemann* NZA 2012, 546), die Verwirkung des Widerspruchsrechts (Rn 53) und die BAG-Rspr, wonach sich der Widerspruch allein gegen den letzten Betriebsübergang richten kann (Rn 51), in ihren Auswirkungen etwas relativiert. Zur nachträgl Vervollständigung oder Korrektur der Unterrichtung BAG NZA 2010, 89; *Meyer* NZA 2017, 960; zur nachträgl richtig werdenden Unterrichtung BAG NZA 2017, 783; *Annuß* NZA 2017, 976. Weiterführend *Grau* RdA 2005, 367.

§ 614 Fälligkeit der Vergütung

Die Vergütung ist nach der Leistung der Dienste zu entrichten. Ist die Vergütung nach Zeitabschnitten bemessen, so ist sie nach dem Ablauf der einzelnen Zeitabschnitte zu entrichten.

1 **I. Grundsatz der Vorleistungspflicht.** Die Vorschrift regelt erg zu § 271 die Fälligkeit der Vergütung des Dienstpflichtigen. Sie gilt auch im Arbeitsverhältnis. Fälligkeit tritt erst nach Leistung der Dienste (postnumerando) ein. Die Leistungsvergütung wird mit der Vollendung der Leistung fällig. Anspruchsgrundlage für die Vergütung ist aber nicht § 614, sondern § 611 I oder § 611a II. Leistung und Gegenleistung werden beim Dienst- oder Arbeitsvertrag als Dauerschuldverhältnis nicht Zug um Zug nach § 320 erbracht. Die Einrede des nichterfüllten Vertrags (§ 320 I) ist ausgeschlossen, soweit der Dienstpflichtige vorleistungspflichtig ist (Staudinger/*Fischinger* Rn 17ff). Das gilt bei einer nach Zeitabschnitten bemessenen Vergütung auch für Vergütungsforderungen für die Vergangenheit, da diese mit der gegenwärtigen Dienstpflicht nicht im Gegenseitigkeitsverhältnis stehen (ErfK/*Preis* Rn 17; BeckOGK/*Maties* Rn 36; aA HWK/*Krause* Rn 14). Zu § 273 s Rn 3. Ist Zahlung pränumerando vereinbart, kann der Dienstverpflichtete die Dienstleistung bis zur Lohnzahlung nach § 320 verweigern.

2 Vergleichbar mit § 699 I für die Verwahrung ordnet § 614 die **Vorleistungspflicht des Dienstverpflichteten** an. Die Verknüpfung der im Gegenseitigkeitsverhältnis stehenden Leistungen wird gelockert, nicht jedoch beseitigt (*Gernhuber*, Das Schuldverhältnis, 1989, 354). Betrifft der Dienstvertrag eine Geschäftsbesorgung, erstreckt sich die Vorleistungspflicht auch auf die nach §§ 666, 675 I geschuldete Rechnungslegung (RG JW 1907, 479; Hamm NJW-RR 1993, 845; Staudinger/*Fischinger* Rn 15). Die Erteilung einer **Rechnung** oder Abrechnung ist grds keine Fälligkeitsvoraussetzung, wohl aber Voraussetzung für den Lauf tariflicher Ausschlussfristen, wenn der Anspruch ohne Abrechnung nicht geltend gemacht werden kann (BAG AP 94 § 4 TVG; s auch EzA 81 § 4 TVG Ausschlussfristen). Entsprechendes gilt nach §§ 8, 10 RVG auch für das mit Erledigung des Auftrags oder der Beendigung der Angelegenheit fällige Anwaltshonorar, obwohl der Mandant erst auf Rechnung zur Zahlung verpflichtet ist (§ 10 RVG). Nach § 7 StBGebV tritt Fälligkeit der Vergütung des Steuerberaters mit Auftragserledigung oder Beendigung der Angelegenheit ein. Für Wirtschaftsprüfer regelt § 55 WPO den Vergütungsanspruch, für die Fälligkeit des Vergütungsanspruchs ist bei fehlender vertragl Abrede mangels Regelung in der WPO § 7 StBGebV analog anzuwenden. Privatärztliches Honorar wird nach § 12 I GOÄ und § 10 I GOZ erst mit Erteilung einer ordnungsgemäßen Rechnung fällig. Sie muss den Zeitpunkt der Erbringung und die Bezeichnung der einzelnen Leistungen enthalten (Stuttgart MedR 1995, 320). Da die Tierärztegebührenordnung (GOT) v 28.7.1999 für Tierärzte keine besondere Fälligkeitsregelung vorsieht, jedoch in § 6 III GOT den Mindestinhalt der Rechnung regelt, kann § 12 GOÄ analog angewendet werden. § 15 I HOAI, der allerdings meist für Werkver-

träge gilt, verlangt eine prüffähige Schlussrechnung. Nach § 15 II HOAI können auch ohne vertragl Vereinbarung Abschlagszahlungen in angemessenen zeitl Abständen für nachgewiesene Leistungen gefordert werden. Die Heuer des Seemanns wird grds mit Ablauf jedes Monats oder mit Beendigung des Heuerverhältnisses fällig, § 38 II SeeArbG. Der Anspruch auf die Heuer entsteht grds mit Dienstantritt, vor Beginn des Heuerverhältnisses hat das Besatzungsmitglied allerdings Anspruch auf Zahlung der Heuer für die Dauer der notwendigen Anreise zum vereinbarten Dienstantrittsort und auf Ersatz der Anreisekosten, §§ 31, 37 II 1 SeeArbG. Für Binnenschifffahrtspersonal gilt § 24 BinSchG: Ohne Vereinbarung kann Zahlung am Schluss jeder zweiten Woche verlangt werden. Für den gesetzl Mindestlohn gilt die Fälligkeitsregelung des § 2 MiLoG (ausf *Bayreuther* NZA 2014, 865, 869f).

Ausnahmen von der Vorleistungspflicht bestehen für zahlreiche Fälle: Das Gehalt des Handlungsgehilfen ist 3
zwingend am Schluss jeden Monats zu zahlen, über eine Provision ist monatlich abzurechnen, §§ 64, 65, 87c I HGB. Die Ausbildungsvergütung für den laufenden Monat ist spätestens am letzten Arbeitstag des Monats zu zahlen (unabdingbar), § 18 II, § 25 BBiG. Urlaubsentgelt ist vor Antritt des Urlaubs auszuzahlen, § 11 II BUrlG. Der Dienstpflichtige kann die Vorleistung und die Leistung nach § 273 verweigern und trotzdem nach § 615 das Entgelt verlangen, solange und soweit ein fälliger Vergütungsanspruch nicht erfüllt wird (BAG AP 32 Art 9 GG Arbeitskampf), es sei denn, der Vergütungsverzug ist nach Zeit oder Höhe gering, dem ArbGeb droht durch die Leistungsverweigerung ein unverhältnismäßiger Schaden oder der Anspruch ist auf andere Weise gesichert, § 320 II analog (BAG AP 3, 5 § 273; LAG Schl-Holst LAGE 1 § 273). Die Vorleistungspflicht kann auch unter den Voraussetzungen des § 321 I entfallen. Nach Dienstantritt soll § 321 durch § 626 verdrängt sein (MüKo/*Emmerich* § 321 Rn 7; str). Ist der Dienstnehmer allein oder weit überwiegend dafür verantwortlich, dass der Dienstpflichtige die Leistung nicht ausführen kann, behält der Dienstpflichtige nach § 326 II seinen Vergütungsanspruch. Der Vergütungsanspruch wird auch nicht berührt, wenn der Dienstpflichtige für eine verhältnismäßig unerhebliche Zeit durch einen in seiner Person liegenden Grund ohne Verschulden an der Dienstleistung verhindert wird, § 616 S 1. Zum Anspruch auf Insolvenzgeld gem §§ 165ff SGB III s ErfK/*Müller-Glöge* Einf InsO Rn 51ff.

II. Abdingbarkeit. Die Vorschrift ist abdingbar und wird vielfach abbedungen. Für den freien **Dienstvertrag** 4
ist die Abdingbarkeit in **AGB** durch §§ 305ff erheblich eingeschränkt. § 309 Nr 2 lit a gilt, da § 320 betreffend, nicht bei vereinbarter Vorausleistungspflicht (*Dörner* NJW 1979, 248). Eine solche liegt aber nicht vor, wenn für erbrachte Teilleistungen zu zahlen ist (BGH BB 1985, 148). Die Vereinbarung einer Vorleistungspflicht des Dienstberechtigten verstößt gegen § 307, soweit diesem ein unzumutbares Risiko zugewiesen ist (zur Sicherung des Kunden bei Vorauszahlung im Fall einer Insolvenz des Verwenders von AGB s Zweibrücken OLGRp 1998, 398). Eine Vorleistungsklausel im Unterrichtsvertrag kann ebenfalls gegen § 307 verstoßen (Celle NJW-RR 1995, 1465). Einen Anhalt für die Beurteilung von Unterrichtsverträgen gibt § 2 II 2 FernUSG (zweifelnd Frankfurt NJW-RR 1992, 1207; zur Grundgebühr der Fahrschule *Bunte*, Hdb der AGB, 353; WLP/*Stoffels* Klauseln U4; zum Werkvertrag BGH NJW 1985, 855). Die in den AGB der Krankenhäuser vorgesehene Vorauszahlung von 10 Tagessätzen ist unbedenklich, wenn mindestens mit dieser Verweildauer zu rechnen ist (WLP/*Stoffels* Klauseln K55; zum Vertrag über stationäre Kurzzeitpflege vgl Zweibrücken NJW-RR 1998, 1753). Die Verzögerung von Monatsraten für Unterrichtsverträge rechtfertigt eine vorzeitige Fälligkeit weiterer Raten jedenfalls dann nicht, wenn kein Verzug und damit kein Verschulden vorausgesetzt wird (BGH WM 1985, 945). Unzulässig ist auch die Vorfälligkeit bis zum nächsten Kündigungstermin bei unverschuldetem Rückstand der Unterrichtsvergütung (BGH WM 1985, 604; zur Abgrenzung von Vorfälligkeit und Vertragsstrafe BGH NJW 1986, 46, 48). Unwirksam sind die AGB einer Online-Partnervermittlung, wonach die Mitgliedsgebühr für die – mindestens ein Jahr dauernde – Laufzeit im Voraus zu zahlen ist (Dresden MMR 2015, 35). Eine Klausel im Adoptionsvermittlungsvertrag (Dienstvertrag mit Geschäftsbesorgungscharakter), nach der die gesamte Vergütung im Voraus zu entrichten ist und bei vorzeitigem Vertragsende auch nicht anteilig zurückerstattet wird, verstößt gegen § 308 Nr 7 iVm § 307 II (Koblenz MDR 2013, 1153).

Im **Arbeitsvertrag** ist eine Klausel unwirksam, mit der für die Erbringung der Leistung eine unangemessen lan- 5
ge Frist ausbedungen wird, § 308 Nr 1 iVm § 310 IV 2; als unangemessen anzusehen ist eine Verschiebung der Fälligkeit um mehr als 50 % der Gesamtdauer des Zeitabschnitts iSv S 2. Die Formularabrede, wonach zum 15. des Folgemonats der Monatslohn fällig wird, ist danach gerade noch wirksam. Eine Klausel, die ein Arbeitszeitkonto regelt, das weder eine Obergrenze für den Freizeitausgleich von Guthabenstunden noch einen feststehenden Ausgleichszeitraum regelt und eine Vergütung erst mit Beendigung des Arbeitsverhältnisses vorsieht, verstößt gegen § 308 Nr 1 (LAG Nds 6.5.2015 – 17 Sa 70/15). Eine Klausel, nach der eine Gewinnbeteiligung erst 25 Jahre nach Abschluss der Vereinbarung in 10 jährlichen Raten auszuzahlen ist, ist jedenfalls dann § 308 Nr 1 unwirksam, wenn eine Insolvenzsicherung und eine Verpflichtung zur angemessenen Verzinsung fehlen (LAG BW 26.9.2014 – 17 Sa 20/14). Mangels **tarifvertragl** Regelung hat der **Betriebsrat** gem § 87 I Nr 4 BetrVG über Zeit, Art und Ort der Entgeltzahlung erzwingbar mitzubestimmen (vgl auch § 80 I Nr 7 BPersVG). Die Beseitigung der Vorleistungspflicht gegen den Willen des ArbGeb ist auf diesem Wege jedoch nicht möglich. In der Pflegebranche sperrt die gesetzl Fälligkeitsregelung des § 3 I 1 PflegeArbbV dieses Mitbestimmungsrecht des Betriebsrats für das den Pflegekräften zu zahlende Mindestentgelt (BAG NZA 2014, 1151). Eine Abbedingung kann auch stillschw und durch betriebliche Übung erfolgen. Auch aus dem Zweck einer Leistung kann die Abbedingung folgen, so zB bei Unterkunft und Verpflegung. Eine Abbedingung zulasten des ArbN, vor allem Stundung, ist unzulässig, soweit sie einer kollektivvertragl Regelung widerspricht (§ 4 III TVG). Das Zurückbehaltungsrecht und die Einrede des nichterfüllten Vertrags können wegen § 309 Nr 2 im Arbeitsvertrag nicht vollständig

abbedungen werden (*Gotthardt* ZIP 2002, 283). Im Insolvenzfall kann abw vom Tarifvertrag der Lohn gestundet werden, um das Unternehmen zu sanieren und Arbeitsplätze in erheblichem Umfang zu sichern (*Belling/Hartmann* NZA 1998, 57).

6 **III. Fälligkeit von Zeitvergütung, S 2.** Eine nach Stunden oder Tagen bemessene Vergütung ist entgegen dem Wortlaut des § 614 S 2 üblicherweise erst am Ende der Arbeitswoche zu entrichten (Staudinger/*Fischinger* Rn 13; MünchArbR/*Krause* § 69 Rn 3; MüKo/*Müller-Glöge* Rn 11; ErfK/*Preis* Rn 5). Akkordlohn wird erst nach Feststellung des Arbeitsergebnisses fällig. Vorschüsse und Abschläge (dazu Rn 7f) sind hier jedoch üblich. Eine vom Jahresergebnis des Unternehmens abhängige Gewinnbeteiligung ist erst fällig, wenn die Bilanz erstellt ist oder sein müsste (LAG BW DB 1969, 1023; LAG Berlin DB 1976, 636). Bei Altersteilzeit im Blockmodell wird der der „Passivphase" zugerechnete Vergütungsanteil abw von S 2 erst zu dem „spiegelbildlichen" Zeitraum der Freistellungsphase fällig; der ArbGeb kann vorher erfüllen, § 271 II (BAG DB 2007, 1707). Auch Betriebsrenten werden nach Zeitabschnitten entrichtet und sind daher nach dem Rechtsgedanken des § 614 erst nach Ablauf der einzelnen Zeitabschnitte fällig (BAG DB 2008, 1505). Zur Fälligkeit von Entgelten, an deren Stelle Freizeitausgleich treten kann, s BAG AP 7 § 3 BAT. Der Beendigungszeitpunkt des Dienstverhältnisses hat keinen Einfluss auf die Fälligkeit nach S 2 (BAG AP 77, 100 § 611 Gratifikation; ErfK/*Preis* Rn 6; anders zT nach Spezialregeln, Rn 2). Zur Berechnung gilt § 628 I 1 entspr. IÜ tritt auch mit Ablauf des Zeitabschnittes iSv S 2 **Schuldnerverzug** ein. Insofern handelt es sich um eine kalendermäßig fixierte Leistungszeit iSv § 286 II Nr 1. Einer Mahnung des Dienstverpflichteten bedarf es daher nicht (Staudinger/*Fischinger* Rn 21; ErfK/*Preis* Rn 15; *Gotthardt* ZIP 2002, 283).

7 **IV. Vorschuss, Abschlag und Darlehen.** Ein Anspruch auf **Vorschuss** für noch nicht verdienten Lohn besteht nur aufgrund besonderer gesetzl Bestimmungen (§ 87a I 2 HGB, § 9 RVG) oder Vereinbarungen (BAG NJW 2015, 2364 Rn 21). Voraussetzung ist Einigkeit der Parteien, dass es sich um eine Vorauszahlung handelt, die bei Fälligkeit der Vergütung verrechnet wird (BAG AP 5 § 394; AP 2 § 138; ausreichend sind ein gem Betriebsvereinbarung vorgesehener Vorschuss und widerspruchslose Entgegennahme durch den ArbN, LAG Hamm 21.4.2006 – 10 Sa 2044/05). Grds soll der ArbN aber nur von Lohn leben, den er schon verdient hat. Anspruch auf Vorschuss kann daher nur höchst ausnahmsw aus der Fürsorgepflicht begründet werden, wenn der ArbN unverschuldet in eine nicht anders behebbare Not geraten ist, das Arbeitsverhältnis schon einige Zeit besteht und die Einbringlichkeit gesichert ist (MüKo/*Müller-Glöge* Rn 16). Da es sich bei dem Vorschuss, anders als beim Darlehen (Rn 9), um eine vorweggenommene Erfüllung des Vergütungsanspruchs handelt (§ 362 I), kann der ArbGeb den Betrag einbehalten, ohne aufrechnen zu müssen (zur Beweislast: BAG AP 3 Gehaltsvorschuss; LAG München LAGE 2 § 362). Entgegen der Sonderregelung in § 9 RVG schweigt die GOÄ, verbietet den Vorschuss jedoch nicht. Unter den Voraussetzungen von § 65 iVm § 87a I 2 HGB kann der auf Provisionsbasis angestellte Handlungsgehilfe Vorschuss verlangen. Werden nach Tarifvertrag bestimmte Bezüge „bis auf weiteres vorschussweise" gezahlt, begründet das nur die Befugnis des ArbGeb (der ja auch vor Fälligkeit bewirken kann, § 271 II Hs 2) zur bloß vorschussweisen Zahlung, die er aber auch ausüben muss; erst diese Ausübung kann einen vertragl Rückzahlungsanspruch begründen (Rn 11) oder den ArbN iSv § 819 bösgläubig machen (BAG AP 2 Gehaltsvorschuss; Staudinger/*Fischinger* Rn 29).

8 Im Unterschied zum Vorschuss wird die **Abschlagszahlung** für bereits verdiente, aber noch nicht abgerechnete Vergütung gewährt (BAG NZA 1987, 485, 486); ein Anspruch kann sich aus Gesetz (zB § 38 II 3 SeeArbG) oder Vertrag (Brandenburg 8.11.2007 – 12 U 100/07) ergeben. Zweck ist idR, den vorleistungspflichtigen Dienstverpflichteten zu entlasten. Nach Vertragsbeendigung kann ein Abschlag dementspr nicht mehr geltend gemacht werden (BGH NJW 1999, 3118). Abschlagszahlungen nach Fälligkeit sind Teilleistung; ohne Vereinbarung können sie zurückgewiesen werden, ohne dass Annahmeverzug begründet wird, § 266 (Staudinger/*Fischinger* Rn 31). Ist für eine Mehrheit von Diensten eine Gesamtvergütung vereinbart, kann entgegen S 1 eine verhältnismäßige Vergütung schon vor Abschluss der Gesamttätigkeit verlangt werden, soweit sich diese in selbständige Abschnitte zerlegen lässt (vgl Zweibrücken SeuffA 63 Nr 155). Eine privatärztliche Rechnung kann vor Abschluss der einheitlichen Behandlung erteilt werden, wenn die bereits erbrachten Leistungen für sich einen selbständigen Wert haben (*Goetz/Matzke/Schirmer* GOÄ § 12.1 S 87).

9 Um **Darlehen** an den Dienstverpflichteten – in Abgrenzung zu Vorschuss und Abschlag – handelt es sich (§§ 133, 157), wenn ein die Vergütung nicht unerheblich übersteigender Betrag zur Erreichung eines bestimmten Zwecks gezahlt wird, dieser Betrag mit der normalen Vergütung des Dienstverpflichteten nicht ohne weiteres erreicht werden kann und üblicherweise eine Kreditaufnahme erforderlich gemacht hätte (MüKo/*Müller-Glöge* Rn 22; BeckOGK/*Maties* Rn 66ff). Indiz für ein Darlehen ist auch die vollständige Vergütungszahlung zum nächsten Termin. Der Bezeichnung der Abrede durch die Parteien kommt nur geringe Bedeutung zu (§ 133). Bei vorzeitiger Beendigung des Arbeitsverhältnisses wird das Darlehen nicht ohne weiteres nach den Grundsätzen des Wegfalls der Geschäftsgrundlage fällig (LAG BW BB 1969, 1269). Das Darlehen wird idR unter Vereinbarung eines marktüblichen Zinssatzes weitergeführt (MüKo/*Müller-Glöge* Rn 23). Bei Darlehensgewährung zum Erwerb von WE oder Eigenheim kann zum Ausgleich Wohngeld (§ 3 WoGG) oder Sozialhilfe (§ 68 SGB XII) beantragt werden. Dient es der Sicherung einer Altersversorgung, kommt (abhängig vom Einzelfall) wegen Störung der Geschäftsgrundlage eine Anpassung der Bedingungen (zB höherer Zins) in Betracht (BAG AP 2 § 607). Eine Aufrechnung des Rückzahlungsanspruchs (§ 488 I 2) gegen den Vergütungsanspruch des Dienstverpflichteten kann nur innerhalb der Pfändungsfreigrenzen erfolgen (MüKo/*Müller-Glöge* Rn 25). Dem Betriebsrat steht bei der Vergabe gem § 87 I Nr 10 BetrVG ein erzwingbares Mitbestimmungsrecht zu (BAG AP 5 § 87 BetrVG 1972

Lohngestaltung). Darlehen bzw Zahlungsaufschub iSv § 506 I an den Dienstberechtigten liegen erst vor, wenn die gesetzl Fälligkeit nach § 614 um mehr als drei Monate hinausgeschoben wird (§ 506 IV iVm § 491 II Nr 3). Wählt der Dienstberechtigte (zB Unterrichtsteilnehmer) statt einer nach Zeitabschnitten bemessenen Ratenzahlung Vorauszahlung in einer Summe, liegt darin auch dann kein Darlehen, wenn die Summe der Raten höher ist als der Betrag der Vorauszahlung, sondern Zahlungsmodalität (BGH NJW 1996, 457; NJW-RR 1996, 1266; Koblenz OLGRp 2002, 22; krit *Dörner* EWiR 1992, 1134; *Thüsing* JR 1999, 273; aA LG Göttingen NJW-RR 1993, 181).

Bei nachfolgender **Lohnpfändung** ist der Vorschuss auf den unpfändbaren Teil des Arbeitsentgelts anzurechnen (BAGE 2, 322; BAG NZA 1987, 485; nach aA werden die geleisteten Zahlungen vom pfändbaren Lohn einbehalten, s Nachw bei ErfK/*Preis* Rn 24). Dem Dienstpflichtigen muss aber der notwendige Lebensbedarf nach § 850d I 2 ZPO verbleiben (ErfK/*Preis* Rn 24 mwN; aA MüKo/*Müller-Glöge* Rn 19). Der Abschlag wird von der späteren Lohnpfändung nicht erfasst. Er war schon verdient, mithin die Forderung schon entstanden, nur noch nicht fällig. Wegen § 271 II, § 362 I ist mit der Abschlagszahlung bereits Erfüllung eingetreten (Staudinger/*Fischinger* Rn 39). Nach der Pfändung kann der Dienstberechtigte weiter Vorschuss und Abschlag zahlen. Er kann dadurch jedoch nicht das Pfändungspfandrecht vereiteln und muss den wirksam gepfändeten Teil des Arbeitseinkommens nach Fälligkeit an den Gläubiger zahlen. Jetzt können auch Abschläge nur mit dem unpfändbaren Arbeitseinkommen ggü dem Gläubiger verrechnet werden. 10

Zur **Rückzahlung** verpflichtet sich vertragl (Vorschussabrede, BAG NJW 2015, 2364 Rn 21; ErfK/*Preis* Rn 26), wer Geld als Vorschuss nimmt, wenn und soweit die bevorschusste Forderung nicht oder nicht zeitgerecht entsteht; Anspruchsgrundlage ist nicht § 812 (BAG NJW 2015, 2364 Rn 21). Gleiches gilt für die Abschlagszahlung, wenn sich bei Abrechnung eine Überzahlung herausstellt; § 818 III gilt nicht. Erfolgt die Überzahlung bewusst, um bei Kündigung des ArbN die Rückforderung geltend zu machen, kann eine wegen Art 12 GG unzulässige Kündigungserschwerung vorliegen (ArbG Bochum DB 1970, 1545). Ein Anspruch des ArbGeb auf Rückgewähr überzahlter Entgelte wird fortlaufend im Zeitpunkt der Überzahlung fällig, ohne Rücksicht auf Kenntnis des Dienstberechtigten = Rückzahlungsgläubigers (BAG NJW 1986, 2902f; zur Verjährung s § 611a Rn 366). Fälligkeit iS tariflicher Ausschlussfristen soll dagegen erst vorliegen, wenn der ArbGeb den Anspruch erkennen und beziffern kann (BAG aaO). Das Erfordernis der Fälligkeit wird damit in das des Verzugs umgedeutet. 11

§ 615 Vergütung bei Annahmeverzug und bei Betriebsrisiko

Kommt der Dienstberechtigte mit der Annahme der Dienste in Verzug, so kann der Verpflichtete für die infolge des Verzugs nicht geleisteten Dienste die vereinbarte Vergütung verlangen, ohne zur Nachleistung verpflichtet zu sein. Er muss sich jedoch den Wert desjenigen anrechnen lassen, was er infolge des Unterbleibens der Dienstleistung erspart oder durch anderweitige Verwendung seiner Dienste erwirbt oder zu erwerben böswillig unterlässt. Die Sätze 1 und 2 gelten entsprechend in den Fällen, in denen der Arbeitgeber das Risiko des Arbeitsausfalls trägt.

I. Grundgedanke und Bedeutung der Vorschrift im System der Leistungsstörungen. Nach § 615 trägt der Dienstberechtigte das Verwendungsrisiko (Mot I, 461f; *Canaris*, Liber amicorum Prölss, 2007, 21ff; *Picker* JZ 1979, 285ff). Die Vorschrift schützt damit zugleich den Dienstverpflichteten, der idR für seinen Lebensunterhalt auf die Vergütung angewiesen ist und seine Arbeitskraft nicht ohne weiteres kurzfristig anderweitig verwerten kann (BeckOGK/*Bieder* Rn 2ff; MüKo/*Henssler* Rn 1; *Krause* ZFA 2018, 126ff). Der Vergütungsanspruch des § 611 Hs 2/§ 611a II bleibt bestehen (BAG NZA 2015, 35 Rn 23); der Schuldner braucht nicht zu leisten und ist 1 zur Nachleistung nicht verpflichtet (Rn 44f). Die Voraussetzungen des Gläubigerverzugs sind §§ 293ff zu entnehmen (Rn 7ff). Abw von den allg Regeln regelt S 1 bzgl der Dienste die Rechtsfolgen des Gläubigerverzugs: Die nicht erbrachten Dienste sind wegen ihrer zeitl Fixierung grds nicht nachholbar. Sie werden durch Zeitablauf unmöglich. Nacharbeit wäre daher eine andere als die geschuldete Leistung (*Beuthien*, Zweckerreichung und Zweckstörung im Schuldverhältnis, 1969, 247). **S 3 über das Betriebsrisiko** ordnet an, dass als Ausnahme zu dem in § 326 I 1 verankerten Grundsatz „ohne Arbeit kein Lohn" (BT-Drs 14/6857, 47f) dem Dienstverpflichteten die Vergütung auch zusteht, wenn die Leistungserbringung trotz seiner Leistungsfähigkeit und -bereitschaft an der fehlenden Mitwirkung des Dienstberechtigten scheitert. Es handelt sich somit um eine **Gefahrtragungsregel** zulasten des Dienstberechtigten (BAG AP 132; *Harke* Besonderes Schuldrecht Rn 218, 230; *Picker*, FS Kissel, 1994, 817).

2 Die wegen der unterschiedlichen Rechtsfolgen für die Gegenleistung gem § 326 I und II erforderliche **Abgrenzung von Annahmeverzug und Unmöglichkeit** bereitet beim Dienstvertrag in ähnl Weise wie beim Mietvertrag (§ 537 I 1) spezifische Schwierigkeiten (*Canaris* Liber amicorum Prölss, 2007, 24f). Was gilt, wenn der Patient beim Eintreffen des herbeigerufenen (Tier-)Arztes bereits genesen oder verstorben ist? Der Gesetzgeber wollte die Regelungen hier und im Mietrecht nach „demselben Prinzip" gestalten, auch wenn er in § 537 auf einen „in seiner Person liegenden Grund" Bezug genommen hat, in § 615 auf den „Annahmeverzug" (Mot II 461f). Leitender Gedanke ist: Das Risiko der Verwendbarkeit der vereinbarten Leistung (Verwendungsrisiko) trägt der Gläubiger (Mieter, Dienstberechtigte); er trägt daher insb das Risiko, die Leistung wegen Mängeln des Leistungssubstrats (also des Gegenstands [Person oder Sache], an dem der Schuldner seine Leistung zu erbringen hat; *Titze* Die Unmöglichkeit der Leistung, 1900, 24: „das für die Thätigkeit des Verpflichteten notwendige Stück Außenwelt") nicht verwenden zu können (*Canaris* Liber amicorum Prölss, 2007, 34f; *Picker* JZ 1979, 290ff). Dabei hat der Gesetzgeber klar gesehen, dass wegen des oftmals („regelmäßig") gegebenen **Fixschuldcharakters** der Dienstleistung mit dem Verzug zugleich Unmöglichkeit eintritt (Mot II S 461). Da dies Anlass für die Regelung war, versteht sich, dass die so begründete Unmöglichkeit den Tatbestand (der sie zudem erst herbeiführt) nicht entfallen lassen kann (*Huber* Leistungsstörungen I, 1999, 259ff). IÜ werden zur Abgrenzung verschiedene Theorien angeboten (die teils wegen ihrer Bezeichnungen nicht leicht zugänglich sind). (1) Nach der sog **Abstrahierungsformel** soll die Abgrenzung dadurch erfolgen, dass man bei der Beurteilung eines Sachverhalts von einer Unmöglichkeit der Mitwirkungshandlungen des Gläubigers „absieht" (abstrahiert) und fragt, ob dem Schuldner die Leistung bei unterstellter Annahmebereitschaft möglich ist; *Oertmann* AcP 116 (1918), 1. (Der [Tier-] Arzt könnte seine Behandlungsleistung noch erbringen, der Dienstberechtigte wäre im Annahmeverzug.) (2) Die **Sphärentheorie** grenzt danach ab, wessen Risikobereich die Störung zuzuordnen ist. *Canaris* (Liber amicorum Prölss, 2007, 21ff) begründet ähnl Ergebnisse, indem er die Rechtsgrundverweisung „Annahmeverzug" auf den vom Gesetzgeber allein intendierten Zweck reduziert, Leistungsfähigkeit und -bereitschaft des Schuldners und ihre Manifestation (und nicht sämtliche Voraussetzungen des Annahmeverzugs) vorauszusetzen; das führt zu einem Gleichlauf mit der Risikozuweisung auf die „in der Person" des Gläubigers liegenden Gründe von § 537 I 1 als Sphärenzuordnung. (Wiederum kommt man zum Annahmeverzug, da das Risiko [die Chance] zu genesen im Bereich des Patienten [Tierhalters] liegt.) Ein Anwendungsfall der Sphärentheorie ist die heute in S 3 bestätigte **Betriebsrisikolehre**, mit der bestimmte Risiken dem ArbGeb zugeordnet werden. (3) Nach der **Leistungstheorie** kann nur eine überhaupt noch mögliche (also nachholbare) Leistung Annahmeverzug begründen (Vorrang der Unmöglichkeit vor dem Annahmeverzug); bei dauerndem Hindernis liegt Unmöglichkeit vor. Allerdings wird die so begründete Anwendung von § 326 I 2 durch Rückgriff auf die speziellen Vorschriften der §§ 537, 615 korrigiert; zB *Beuthien*, Zweckerreichung und Zweckstörung im Schuldverhältnis, 1969, 235f; *Larenz*, Schuldrecht I, 388f). (Im Patientenbeispiel wird der Anspruch nach § 615 erhalten.) (4) Die **„Lehre von der Annahmeunmöglichkeit"** geht von der gemeinrechtl Einsicht aus, dass die Unmöglichkeit als Hinter-Grund den Annahmeverzug als Tatbestand nicht ausschließt (und wendet sich insofern gegen das „Dogma der Alternativität von Unmöglichkeit und Annahmeverzug"). Die Anerkennung des Annahmeverzugs („Annahmeunmöglichkeit" im Gegensatz zur „objektiven Unmöglichkeit") ist dann zugleich eine Verlagerung der Gegenleistungsgefahr, und zwar von bürgerlichrechtl Gehalt und nicht als Spezialregelung für das Arbeitsrecht (*Picker* FS Kissel, 1994, 813ff). Für die Substratsgefahr enthält § 615 nach dem Willen der Gesetzesverfasser eine solche Gefahrverlagerung auf den Gläubiger; nach dem Grundsatz *casum sentit dominus* hat der „Herr" des Leistungssubstrats nicht nur die in das Sachenrecht fallenden Nachteile (wie zB den Verlust), sondern auch die in das Obligationenrecht fallenden Nachteile zu tragen (wie die Unverwendbarkeit der darauf bezogenen Dienstleistung) (*Picker* JZ 1979, 285ff; 1985, 641ff, 693ff; historische Fundierung *Picker* GS Hofmeister, 1996, 549ff). (Im Patientenbeispiel bleibt der Anspruch des Arztes erhalten.) Das **BAG** hat jüngst Zuneigung zu dieser letzteren Lehre ausgedrückt, eine Entscheidung aber angesichts der gesetzgeberischen Übernahme der Betriebsrisikolehre für obsolet gehalten; BAG NJW 2022, 560. – Mit der Aufdeckung der tragfähigen Konzeption des Gesetzgebers von 1900 (*Canaris*, *Picker*) ist der theoretische Aufwand zur Begründung der weithin konsentierten Ergebnisse obsolet: Unmöglichkeit und Annahmeverzug sind keine Alternativen, § 615 stellt eine Gefahrtragungsregel dar, nach der dem Gläubiger das Verwendungsrisiko (einschl der Substratsgefahr) zugewiesen ist. I Erg läuft die Regelung, wie *Canaris* sagt, auf einen späten Triumph der Sphärentheorie hinaus, die auch das BAG über S 3 (Betriebsrisiko) anwendet. Ob das Hindernis die Verwendung für den Gläubiger, insb das Leistungssubstrat, betrifft oder die Leistungskapazität des Schuldners, ist anhand der gesetzl Wertungen zu bestimmen, wozu freilich *casum sentit dominus* in Zweifelsfällen (wie der pandemiebedingten Betriebsschließung; Rn 77) nur begrenzt beiträgt. Der

durch das SchuldRModG 2002 eingefügte Hinweis auf das vom ArbGeb zu tragende Betriebsrisiko erweist sich damit als deklaratorisch.

§ 615 ist nur im Rahmen der **beiderseits nicht zu vertretenden nachträgl Unmöglichkeit** gem § 326 I anwendbar. Hat der Dienstberechtigte die Unmöglichkeit allein oder weit überwiegend zu vertreten, erhält bereits § 326 II 1 Alt 1 den Vergütungsanspruch in voller Höhe aufrecht (BAG NZA 2016, 293 Rn 28). Ggü § 326 II 1 Alt 2 ist § 615 S 1 die speziellere Norm (*Gotthardt* Schuldrechtsreform Rn 130). Wird dem Schuldner die Diensterbringung schuldhaft unmöglich, entfällt sein Vergütungsanspruch nach § 326 I 1, die weiteren Rechtsfolgen ergeben sich aus § 275 IV, § 283, § 326. Bei Unmöglichkeit der Dienstleistung nach § 275 I entfällt der Vergütungsanspruch kraft Gesetzes; unverhältnismäßige Aufwendigkeit und Unzumutbarkeit, die wegen der persönlichen Verpflichtung (§ 613) gerade im Dienstverhältnis von Bedeutung sein können, begründen demggü nur zu erhebende Einreden, sodass der Vergütungsanspruch erhalten bleibt, wenn der Verpflichtete die Dienste trotzdem erbringt (*Löwisch* NZA 2001, 467). Mangels Rücktrittsmöglichkeit des Gläubigers nach § 326 V hat dieser regelmäßig das Recht zur außerordentlichen Kündigung nach § 626 (lex specialis ggü § 314 II 2 iVm § 323 II). 3

II. Anwendungsbereich. § 615 gilt für **sämtliche Dienstverträge** (BAG AP 84; BAG NJW 2002, 532 [Handelsvertretervertrag]); s auch Rn 8ff. Der Vertrag kann kurzzeitiges Aushilfsarbeitsverhältnis oder nach § 621 Nr 5, § 627 jederzeit kündbar sein (KGRp 2001, 137). Daher fallen grds auch **ärztliche Behandlungsverträge** unter die Regelung des § 615 (MüKo/*Henssler* Rn 9). Inwieweit vom Patienten versäumte Termine zur Anwendbarkeit von § 615 führen, ist – mit unterschiedlicher Begr zu unterschiedlichen Fallkonstellationen – umstr (angesichts des Zwecks einer Terminvereinbarung und des freien Kündigungsrechts des Auftraggebers, § 621 Nr 5, § 627, verneinend: LG München II NJW 1984, 671; LG Heilbronn NZS 1993, 424; LG Hannover NJW 2000, 1799; LG Osnabrück NdsRpfl 2008, 369; ArbG Diepholz NJW-RR 2011, 1501; für Kassenpatienten verneinend AG Tettnang NJW 2000, 1800; bejahend LG Konstanz NJW 1994, 3015; offengelassen Stuttgart NJW-RR 2007, 1214 mwN; ausf *Muthorst* ZGS 2009, 409; *Poelzig* VersR 2007, 1608; *Schinnenburg* MDR 2008, 837; s auch § 628 Rn 12f). 4

III. Abdingbarkeit und Verzicht. Der Anspruch nach § 615 S 1, die Anrechnungspflicht nach S 2 (Rn 51ff) und das Betriebsrisiko nach S 3 (Rn 75ff) sind vor und nach Entstehung des Anspruchs durch Einzelvereinbarung (BAG AP 16 Betriebsrisiko) und durch Kollektivvertrag (BAG DB 1983, 396) **abdingbar** (BAG NZA 2003, 973 mwN; 2007, 384); vgl § 619 (Schaub/*Linck* § 95 II Rn 4). Die Beweislast für die Abrede trägt, wer sich darauf beruft (Grü/*Weidenkaff* Rn 6; nach Schaub/*Linck* § 95 II Rn 4 der ArbGeb); für die Abbedingung von S 2 verlangt BAG NJW 1964, 1243 „zweifelsfreie" Vereinbarung. Die (einvernehmliche) Freistellung von der Leistungspflicht unter Fortzahlung der Vergütung enthält einen Verzicht auf das Angebot nach §§ 294f (vgl LAG Hamm NZA-RR 1997, 287). Die Ausgleichsquittung nach einem Streit über Vergütungsansprüche schließt § 615 S 1 ihrem Zweck nach idR aus (BAG AP 25 § 794 ZPO). Die Klausel „bezahlt wird nur die tatsächlich geleistete Arbeit" schließt die Vergütungsfortzahlung bei persönlicher Verhinderung nach § 616 I aus, nicht aber § 615 (st Rspr ua BAG NZA 1999, 1166; AP 5, 13 Betriebsrisiko). Wegen § 307 II Nr 1 ist eine Klausel unwirksam, nach der die Vergütungspflicht trotz beiderseitig verschuldeter Unmöglichkeit besteht (LG München VuR 1998, 202). § 615 hat **Leitbildfunktion** für den Dienstvertrag (*Rombach* AGB bei freien Dienstverträgen, 147; BeckOGK/*Bieder* Rn 137). Wegen des hohen Gerechtigkeitsgehalts der Norm (Staudinger/*Fischinger* Rn 11) ist **formularvertragl** Abweichung zum Nachteil des ArbN bedenklich (ErfK/*Preis* Rn 8). Der ArbGeb darf jedenfalls nicht generell das ihn treffende Arbeitsentgeltrisiko auf den ArbN verlagern oder zwingende Kündigungsschutzvorschriften umgehen (ErfK/*Preis* Rn 8; MünchArbR/*Tillmanns* § 76 Rn 11). 5

Die **Verzichtsverbote** nach § 4 IV 1 TVG, § 77 IV 2 BetrVG schließen die vorherige Abbedingung des Anspruchs aus § 615 nicht aus. Folgerichtig muss auch der nachträgl Verzicht auf den Grund des Anspruchs zulässig sein (wohl aA MüKo/*Henssler* Rn 11). Zulässig ist ebenfalls die rückwirkende **Aufhebung des Arbeitsverhältnisses** für Zeiten des Annahmeverzugs. Problematisch ist, inwieweit dadurch in abgetretene oder kraft Gesetzes **übergegangene Vergütungsansprüche** eingegriffen werden kann. Ein Eingriff zulasten von Sozialversicherungsträgern ist wegen § 157 SGB III, §§ 9, 10 KSchG zulässig (s *Hanau* AuR 1984, 335 mwN). Die in §§ 9, 10 KSchG vorgesehene rückwirkende Aufhebung des Arbeitsverhältnisses spricht dafür, dass diese auch Vorrang vor einer rechtsgeschäftlichen Zession des Vergütungsanspruchs für Zeiten des Annahmeverzugs hat. Der Zessionar hat grds keinen Schutz vor einverständlicher Aufhebung des Arbeitsvertrags, soll die Zession nicht zu Zwangsarbeit führen. Der Vergütungsanspruch des **Leih-ArbN** bei Annahmeverzug des Verleihers ist nach § 11 IV 2 AÜG vertragl nicht abdingbar. Die Vereinbarung eines Arbeitszeitkontos darf nicht zu einer Umgehung von § 11 IV 2 AÜG führen und das ArbGeb-Risiko auf den ArbN abwälzen (umstr; BAG NZA 2014, 1262 Rn 24 mwN zum Streitstand). 6

IV. Voraussetzungen des Anspruchserhalts, § 615 S 1. Erforderlich sind ein erfüllbares Dienstverhältnis, Annahmeverzug des Gläubigers (Rn 12ff) und die Möglichkeit der Erbringung der Dienstleistung durch den Dienstberechtigten (Rn 29ff). 7

1. Erfüllbares Dienstverhältnis. § 615 setzt einen wirksamen Dienstvertrag voraus. Die Beweislast für dessen Beendigung trägt der Dienstgeber (BGH EzA 56). Die Norm gilt im **Berufsausbildungsverhältnis** (§ 10 II BBiG; BAG EzA 10 und 11 § 14 BBiG) und im **fehlerhaften Arbeitsverhältnis**, bis dessen weiterer Vollzug abgelehnt wird (BAG AP 25, 27 § 123; Schaub/*Linck* § 95 V Rn 19; s dazu § 611a Rn 226). Der Anspruch kann auch auf einem gekündigten Arbeitsverhältnis beruhen, wenn der Fortbestand des Arbeitsverhältnisses später vereinbart 8 oder rechtskräftig festgestellt wird oder aus § 102 V BetrVG (BAG NZA 2003, 1191; BeckOGK/*Bieder* Rn 14; s dazu § 611a Rn 315) abzuleiten ist. Ein **rückwirkend** begründetes Arbeitsverhältnis genügt für die Vergangenheit **nicht** (BAG AP 15 Rn 15, 140 Rn 22; *Krause* ZFA 2018, 133; aA LAG Bln-Bbg 4.2.2015 – 15 Sa 1464/14; *Boecken/Jungbauer* RdA 2017, 216ff). Die Entbindung des ArbGeb von der Verpflichtung zur **Weiterbeschäftigung gem § 102 V BetrVG** lässt die für die Zeit bis zur arbeitsgerichtlichen Entscheidung angefallenen Vergütungsansprüche des ArbN unberührt (BAG AP 9 § 102 BetrVG 1972 Weiterbeschäftigung). Annahmeverzug besteht auch, bis ein nach § 78a II BetrVG begründetes Arbeitsverhältnis nach § 78a IV Nr 2 BetrVG mit ex-nunc-Wirkung rechtskräftig aufgelöst ist (LAG Nürnberg NZA-RR 2001, 197). Dagegen besteht kein Annahmeverzugsanspruch aufgrund § 615, wenn der ArbGeb der tariflichen Übernahmeverpflichtung ggü dem Auszubildenden nicht nachkommt; Pflichtverletzung des ArbGeb ersetzt den Vertragsschluss nicht (aber Ersatz des entgangenen Lohns nach § 286 I, § 280 I, §§ 249, 251; BAG NZA 1998, 1013).

9 Bei einvernehmlicher **Kündigungsrücknahme des ArbGeb** gehen die Parteien, soweit keine abw Regelung erfolgt, für § 615 vom Fortbestand des Arbeitsverhältnisses aus (auch zugunsten von Sozialversicherungsträgern BAG NZA 1987, 17; *Hanau* AuR 1984, 336). Ist eine Kündigung nur unwirksam, weil sie durch das Angebot veränderter Arbeitsbedingungen vermeidbar gewesen wäre (s § 1 II KSchG und BAG NJW 1985, 1797), scheidet ein Annahmeverzug hinsichtl der bisherigen Tätigkeit aus. Es ist widersprüchlich und übersteigt den Zweck des Kündigungsschutzes, Arbeitsbedingungen geltend zu machen, auf die nur deshalb ein formales Recht besteht, weil man sich auf andere Arbeitsbedingungen einlassen wollte (ebenso LAG BW LAGE 19, sobald der ArbGeb die Alternativbeschäftigung vorbehaltlos und endgültig anbietet; aA HWK/*Krause* Rn 63). Der vom BAG anerkannte **allg Weiterbeschäftigungsanspruch** während des Kündigungsschutzprozesses reicht dagegen allein als Grundlage nicht aus (BAG NZA 1986, 424, 425; s § 611a Rn 323ff).

10 Die Norm gilt auch für den **Beratungsvertrag** (München NJW-RR 1994, 507; München 22.5.2013 – 7 U 1381/12). Verzugslohn wird bei vereinbartem Pauschalhonorar geschuldet, nicht aber bei Vergütung nur für tatsächlich erbrachte Beratungsleistungen (KGR Berlin 2001, 137). Für **Heimarbeitsverhältnisse** gilt vorrangig § 29 VII, VIII HAG (BAG 20.8.2019 – 9 AZR 41/19, juris; LAG Nds 15.11.2018 – 6 Sa 1225/17, juris Rn 223ff; BAG NZA 1984, 42 zu § 29 V, VI aF HAG). § 615 ist jedenfalls unanwendbar, soweit die Heimarbeit auf Werk- oder Werklieferungsverträgen beruht (*Glaß* RdA 1960, 369; *Kappus* NJW 1984, 2386; offengelassen BAG NZA 1984, 42; für Dienstvertrag dagegen Soergel/*Kraft* Vor § 611 Rn 12).

11 Verweigert der Betriebsrat nach § 99 I BetrVG die **Zustimmung zu einer Einstellung**, bleibt der Arbeitsvertrag wirksam, es gilt aber ein Beschäftigungsverbot. Der ArbGeb gerät dann regelmäßig in Annahmeverzug (BAG AP 5 § 101 BetrVG 1972; MüKo/*Henssler* Rn 16). Im Falle des **Betriebsübergangs** nach § 613a muss der Erwerber des Betriebs den ggü dem früheren Inhaber eingetretenen Annahmeverzug gegen sich gelten lassen (BAG AP 49; bei unwirksamem Betriebsübergang BAG NZA 1998, 1233; ausf bei Widerspruch gegen Betriebsübergang *Schneider/Sittard* BB 2007, 2230). Ebenso muss der Übernehmer sich Vorgänge zurechnen lassen, die als Tatbestandsmerkmale des Annahmeverzugs für spätere Rechtsfolgen von Bedeutung sind, zB das Angebot des ArbN ggü dem früheren Inhaber (ErfK/*Preis* Rn 11; HWK/*Krause* Rn 17). Bei zulässiger Einführung von **Kurzarbeit** (s Rn 65ff) verringert sich die Arbeitspflicht des ArbN und die Vergütungspflicht des ArbGeb; Annahmeverzug kommt insoweit nicht in Betracht (BAG NZA 2009, 913; 2008, 900).

12 **2. Annahmeverzug des Gläubigers.** Voraussetzungen des Gläubigerverzugs ergeben sich aus §§ 293–296. Grds ist ein Leistungsangebot des Schuldners erforderlich. Die Art und Weise des Angebots richtet sich nach dem Verhalten des Gläubigers, §§ 295, 296. Er kann die Annahme der ihm ordnungsgemäß angebotenen Leistung verweigern, §§ 293, 294 (Rn 12ff), oder schon im Voraus erklären, die Leistung nicht anzunehmen, § 295 (Rn 19ff), oder aber an der Erbringung der ihm geschuldeten Leistung nicht mitwirken, §§ 295, 296 (Rn 27ff).

13 **a) Annahmeverweigerung nach Angebot, § 294.** Der Dienstberechtigte gerät in Annahmeverzug, wenn er die ordnungsgemäß angebotene Leistung nicht annimmt.

14 Nach § 294 sind die Dienste grds **tatsächlich anzubieten**; das gilt insb für das unstreitig bestehende Arbeitsverhältnis. Tatsächliches Angebot ist Realakt und setzt voraus, dass die geschuldete Arbeitsleistung so angeboten wird **wie vertragl vereinbart und ggf durch Direktion** (§ 106 GewO) **konkretisiert** (BAG NZA 2022, 1387 Rn 16 [PCR-Test nach § 106 GewO iVm § 618 angeordnet]; NZA 2014, 1407 Rn 22; 2008, 1410 Rn 13; vgl aber BAG GS NJW 1956, 1454: bei Schwangeren braucht die angebotene Leistung nicht in allen Punkten dem Vertrag zu entsprechen), am Erfüllungs**ort**, zur vereinbarten **Zeit** und in eigener **Person** (§ 613). Hat der ArbGeb eine bestimmte Arbeitsleistung verlangt, kann er sich nicht darauf berufen, etwas anderes sei geschuldet (BAG NJW 2017, 3804 Rn 28). Das Angebot eines schwerbehinderten ArbN, eine behinderungsgerechte Tätigkeit zu verrichten, auf die der ArbGeb die vereinbarte Tätigkeit zwar konkretisieren könnte (§ 106 GewO), die aber nicht der in Ausübung des Weisungsrechts näher bestimmten Tätigkeit entspricht, begründet keinen Annahmeverzug; Weisung ist Recht des ArbGeb, nicht des ArbN (BAG NZA 2021, 406 [ggf kommt aber ein – verschuldensabhängiger – Ersatzanspruch in Betracht, §§ 280, 241 II]; LAG Hamburg 13.10.2021 – 7 Sa 23/21 – „Maskenbefreiungsattest"). Das Angebot der Tätigkeit in einem Wiedereingliederungsverhältnis – ein durch den Rehabilitationszweck gekennzeichnetes Vertragsverhältnis eigener Art – ist nicht die geschuldete Leistung (BAG NJW 2018, 2147 Rn 12). Als Angebot gilt auch die Eintragung des Arbeitswilligen in einer Liste des ArbGeb, die dieser zwecks Aufrechterhaltung des Dienstbetriebs während eines Streiks im Dienstgebäude ausgelegt hat (BAG AP 138 Art 9 GG Arbeitskampf; aA LAG Hamm DB 1995, 1818; HWK/*Krause* Rn 31). ArbN müssen mithin den

Anstellungsbetrieb aufsuchen. Ausnahmsweise genügt ihr Erscheinen an einem anderen vereinbarten Treffpunkt, von dem aus der ArbGeb sie zum Arbeitsplatz bringen lässt, doch ist im Regelfall davon auszugehen, dass der ArbN sich zur Arbeitsstelle begeben muss, falls der Transport nicht stattfindet. Wurden mit dem ArbN keine bestimmten Arbeitszeiten vereinbart, so muss das Angebot der Arbeitskraft zu einer Zeit erfolgen, zu der es auch angenommen werden kann (vgl LAG Köln NZA-RR 2003, 128; vgl zum tatsächlichen Angebot bei str vertragl Arbeitszeitumfang BAG NZA 2007, 801). Im Allg trägt das Wegerisiko der ArbN (*Weynand* dbr 2008, Nr 2, 18), selbst wenn der ArbGeb einen Werksbus stellt (BAG AP 58 § 616; ErfK/*Preis* Rn 20). Bei Einsatzwechseltätigkeit muss der ArbN, soweit ihm bekannt, unmittelbar den Einsatzort aufsuchen. Sonst muss er zum Sitz des ArbGeb kommen. Nach einem Streik genügt es, wenn die ArbN zum Betrieb kommen und ein Gewerkschaftssekretär die Dienste insg anbietet.

15 **Leiharbeitnehmer** müssen ihre Leistung grds dem Verleiher anbieten. Er bleibt auch nach der Überlassung der Dienste an den Entleiher der Gläubiger. Da aber der Entleiher den Anspruch ausübt, genügt für das Angebot des Leih-ArbN, wenn er seine Dienste im Entleiherbetrieb anbietet (ErfK/*Preis* Rn 20; MünchArbR/*Tillmanns* § 76 Rn 21). Ist der Entleiher unmittelbar von einem Arbeitskampf betroffen, darf der Entleiher ihn grds nicht tätig werden lassen, der Leih-ArbN kann die Leistung verweigern, § 11 V 1, 3 AÜG. Dann hat er seine Dienste dem Verleiher anzubieten (ErfK/*Preis* Rn 20), was konkludent durch Ausübung des Leistungsverweigerungsrechts ggü dem Verleiher erfolgt (Folge: BeckOK/*Motz* § 11 AÜG Rn 31: Vergütung nach Regelung für Nichteinsatzzeiten).

16 Für die **Nichtannahme** der Dienste iSv § 293 reicht aus, wenn der Schuldner an seinem Arbeitsplatz **keine Gelegenheit zur Dienstleistung** vorfindet (von Unmöglichkeit ausgehend BAG AP 1 § 324) oder eine **vertragl nicht geschuldete Tätigkeit** zugewiesen bekommt (BAG NZA 2007, 561; AP 10, 23; zu Ausnahmen s BAG AP 18 § 611 Direktionsrecht). Eine Änderung des Tätigkeitsinhalts muss der ArbN nicht hinnehmen, ebenso wenig eine Änderung des Tätigkeitsorts (LAG Schl-Holst 19.1.2010 – 2 Sa 401/09). Auch die Entgegennahme der Leistung in einem faktischen oder für die Dauer eines laufenden Kündigungsschutzprozesses bedingten Arbeitsverhältnis sieht die Rspr als Nichtannahme an (BAG NZA 1986, 637, 638f). Zum Annahmeverzug kommt es auch, wenn der Gläubiger eine Weiterbeschäftigung des Schuldners in der bisherigen Form ablehnt, ohne gleichzeitig eine andere Tätigkeit zuzuweisen (zur Darlegungslast, welche Tätigkeiten der ArbN ausführen kann, vgl BAG AuR 1995, 332). Lehnt der ArbN ein Angebot des ArbGeb auf Abschluss eines Aufhebungsvertrags ab, wird ein tatsächliches Angebot noch nicht entbehrlich (LAG Brandenburg 24.4.2001 – 2 Sa 326/00). Erklärt der ArbGeb hingegen während eines Beschäftigungsverbots des ArbN, dass er ihn von der Arbeit freistelle, weil er keine andere Tätigkeit anbieten könne, bedeutet das keine Urlaubsgewährung, sondern den Verzicht auf die Annahme der Arbeitsleistung (BAG AP 16 § 7 BUrlG). Annahmeverzug entsteht auch, wenn der ArbGeb eine Maßnahme – wie den vorzeitigen Wechsel von Wechselschicht zur Normalarbeitszeit – ohne die erforderliche Zustimmung des Betriebsrats anordnet (BAG AP 99).

17 Nichtannahme der Dienste liegt auch in der **rechtswidrigen Ablehnungserklärung** ggü dem anwesenden Schuldner, so bei Kurzarbeit ohne entspr Rechtsgrundlage (vgl Rn 65–71), bei einseitiger unwirksamer Arbeitsfreistellung (BAG NJW 2016, 1977 Rn 19; ErfK/*Preis* Rn 60), Zurückweisung eines ArbN ohne Urlaubsanspruch während der Betriebsferien (BAG AP 3 § 7 BUrlG Betriebsferien) oder rechtswidriger Aussperrung (LAG Hamm AP 72 Art 9 GG Arbeitskampf). Für die Dauer eines bereits wirksam erteilten Urlaubs kann ein Annahmeverzug des ArbGeb aber nicht begründet werden, da der ArbN von der Arbeitspflicht befreit und der ArbGeb nicht zur Annahme der Arbeitsleistung verpflichtet ist (BAG AP 10 § 5 BUrlG; AP 93). Auch bei der Vorverlagerung der Arbeitszeit durch Freizeitausgleich liegt kein Fall des § 615 vor (BAG AP 15 § 611 Mehrarbeitsvergütung). Wird die Arbeitszeit rechtswidrig verlegt (dazu BAG AP 1 § 324), behält der Schuldner seinen Vergütungsanspruch, wenn er seine Leistung zur ursprünglich verabredeten Zeit anbietet. Ist die Verlegung der Arbeitszeit nur Einzelnen ggü rechtswidrig, weil sie während der neu festgesetzten Zeit nicht beschäftigt werden dürfen (zB im Hinblick auf § 3 MuSchG), gerät der Gläubiger in Annahmeverzug, wenn die Betroffenen zur ursprünglich vorgesehenen Zeit den Betrieb geschlossen vorfinden. Von einer kollektivrechtl eingeführten Arbeitszeitverkürzung sind dagegen auch Schwangere betroffen; § 17 MuSchG gilt weder unmittelbar noch entspr (BAG AP 3 Kurzarbeit, AP 4 § 10 MuSchG). Unterlässt der ArbGeb die ihm obliegende Vorgabe der Arbeitszeitverteilung und führt das zu einer Belastung des Arbeitszeitkontos des ArbN, gerät er mit jedem Arbeitstag in Annahmeverzug, wenn und soweit er die Sollarbeitszeit nicht ausschöpft (BAG NZA 2011, 640).

18 Der Dienstberechtigte darf die Leistung ablehnen, wenn die Beschäftigung gegen ein **gesetzl Beschäftigungsverbot** verstieße, zB wegen fehlenden Aufenthaltstitels oder mangels Approbation (BAG AP 29; Schaub/*Koch* § 27 II Rn 33). Auch **Unzumutbarkeit der Beschäftigung** hindert nach **§ 242** den Annahmeverzug; erforderlich ist „ein ungewöhnlich schwerer Verstoß gegen allgemeine Verhaltenspflichten (…), der den ArbGeb schlechterdings berechtigt, die Dienste abzulehnen", also ein Umstand, der noch schwerer wiegt als ein wichtiger Grund iSv § 626 (BAG GS NJW 1956, 1454, 1456; NZA 2014, 1082 [mehrjährige Untreuehandlungen des Buchhalters]). UU kann aber die Unzumutbarkeit mit der Zeit entfallen und dann ein erneutes Angebot Annahmeverzug begründen (BAG GS NJW 1956, 1454, 1456).

19 **b) Annahmeverweigerung vor Angebot, § 295.** Wenn der Dienstberechtigte im Vorhinein erklärt, die Leistung nicht anzunehmen, mutet § 295 dem Schuldner ein tatsächliches Angebot nicht mehr zu. Als Warnung an den Gläubiger verlangt das Gesetz jedoch ein **wörtliches Angebot**.

20 Nur bei **Ablehnungserklärung** des Dienstberechtigten **vor Leistungsangebot** des Schuldners ist ein tatsächliches Leistungsangebot entbehrlich (BAG NJW 1969, 1734). Die Ablehnungserklärung ist wie das Leistungsangebot eine geschäftsähnl Handlung. Sie muss bestimmt und eindeutig sein (BAG NZA 1999, 1044; BGH NJW 1997, 581) und kann auch konkludent erfolgen, bspw wenn der ArbGeb zu Unrecht eine Eigenkündigung des ArbN behauptet (BAG 21.3.1996 – 2 AZR 362/95) oder erklärt, die nach § 78a II BetrVG begehrte Weiterbeschäftigung sei nicht möglich (BAG AP Nr 149). Sie wird entspr § 130 mit Zugang beim Schuldner oder zu einem in der Erklärung bestimmten späteren Zeitpunkt (zB Ablauf der Kündigungsfrist) wirksam (BAG NJW 1985, 2662).

21 Wichtigster Fall des wörtlichen Angebots nach § 295 im Dienstvertrag war lange die **arbeitgeberseitige Kündigung** (so noch BAG AP 18, 31, 32). Sieht man indes die Beschäftigung des ArbN durch den ArbGeb als kalendarisch bestimmte Mitwirkung nach § 296 an (so BAG NJW 1985, 935; dazu BeckOGK/*Bieder* Rn 26ff; abl Staudinger/*Feldmann* § 296 Rn 4), kommt der ArbGeb, wenn er unwirksam gekündigt hat, nach § 296 auch **ohne wörtliches Arbeitsangebot** des ArbN in Annahmeverzug (BAG NZA 2018, 646 Rn 32; 2016, 1144; EzA 66, bei unterlassener Änderungskündigung BAG AP 32 § 2 KSchG; aA HWK/*Krause* Rn 37ff; MüKo/*Henssler* Rn 26ff mwN). Allerdings ist das Angebot nicht nach § 296 entbehrlich, wenn sich die vom ArbGeb mit fehlerhafter Frist erklärte ordentliche Kündigung als solche zu dem „richtigen" Termin auslegen lässt (BAG NZA 2013, 1076). Bei einer unwirksamen ordentlichen Kündigung beginnt der Annahmeverzug erst mit Ablauf der Kündigungsfrist (BAG NZA 2018, 646 Rn 32; 1992, 403), sofern der ArbGeb den ArbN nicht auffordert, die Arbeit ab dann wieder aufzunehmen (BAG AP 45). Annahmeverzug tritt grds auch nicht ein, wenn der ArbGeb den Kündigungsschutzantrag vor Ablauf der Kündigungsfrist iSv § 307 S 1 ZPO anerkennt; eine gesonderte Aufforderung zur Wiederaufnahme der Arbeit ist dann entbehrlich (BAG NZA 2018, 646 Rn 32). Der ArbGeb muss dem ArbN wieder Arbeit zuweisen (BAG AP 34, 35, 45, 60, 79), ausreichend ist eine nicht näher spezifizierte Arbeitsaufforderung (BAG NZA 2016, 1144 Rn 39). Ein tatsächliches Leistungsangebot des ArbN bleibt in den Fällen erforderlich, in denen das Arbeitsverhältnis ungekündigt fortbesteht (BAG EzA 77; AP 8 § 34 BAT; krit *Preis/Hamacher* Jura 1998, 17). Zwar ist der Begriff der Mitwirkungshandlung iSv §§ 295, 296 gleich. Mit der Kündigung tritt jedoch eine Zäsur ein (ErfK/*Preis* Rn 31). Wird der Kündigungsschutzprozess durch Vergleich beendet, der die Unwirksamkeit der Kündigung feststellt, kommt der ArbN mit Wirksamwerden des Vergleichs in Leistungsverzug, wenn er seine Arbeit nicht vertragsmäßig anbietet (LAG Rh-Pf EzA 82).

22 Die Ablehnungswirkung der **Kündigungserklärung** nach § 295 kommt noch zum Tragen, wenn der Schuldner nicht zu festgesetzten Tagen am Arbeitsplatz erscheinen muss; wenn die Mitwirkungspflicht des ArbGeb wegen Leistungsunvermögens des ArbN ausgesetzt ist (§ 297; vgl BAG NZA 1987, 57); bei Arbeitsverträgen mit bedarfsorientierter flexibler Arbeitszeit (§ 611a Rn 259ff); sowie bei Dienstverträgen, die nicht am Sitz des Gläubigers zu erfüllen sind (BGH EzA 55). Auch auf eine rechtswidrige Kündigung **organschaftlicher Anstellungsverträge** ist grds ein wörtliches Angebot erforderlich; die Rspr des BAG ist auf diese Fälle nicht übertragbar, da der organschaftliche Vertreter weder auf die Zuweisung eines Arbeitsbereichs noch auf die Erteilung konkreter Aufgaben angewiesen ist (Düsseldorf GmbHR 1999, 549; LAG Bln-Bbg 20.4.2010 – 12 Sa 2744/09 zum Direktor einer Limited; *Freund* GmbHR 2010, 117). Auch ein **konkludentes Angebot durch Widerspruch** gegen die Kündigung, Gehaltsklage bzw schriftliche Entgeltforderung genügt (BGH NJW-RR 1986, 794; 1997, 537; NJW 2001, 287; Koblenz GmbHR 1994, 888; Staudinger/*Feldmann* § 295 Rn 23; *Fleck* WM 1994, 1959). Die Erklärung der Dienstbereitschaft vor Kündigungszugang ist noch nicht ausreichend (BGH NJW 1988, 1201). Entsprechendes gilt für **freie Dienstverhältnisse** (BeckOGK/*Bieder* Rn 38f).

23 Das **wörtliche Angebot des Schuldners** wird als geschäftsähnl Handlung entspr § 130 **mit Zugang** beim Dienstgläubiger **wirksam** (BAG NJW 1985, 2662; LAG Berlin BB 1981, 2006); es hat keine Rückwirkung. Die teils abweichende Rspr zur Rückwirkung bezieht sich zumeist auf Fälle gekündigter Arbeitsverhältnisse. Diese werden seit BAG NJW 1985, 935 jedoch nach § 296 beurteilt (s Rn 21), sodass ein wörtliches Angebot entbehrlich ist und sich die Frage nach der Rückwirkung nicht stellt (HWK/*Krause* Rn 36; zur alten Rechtslage: LAG Berlin DB 1976, 587; ohne Begr BAG AP 18). Das Angebot des Leih-ArbN muss nach den in Rn 15 dargelegten Regeln dem Verleiher als Dienstgläubiger zugehen. Der Zugang beim Betriebsveräußerer reicht (BAG NZA 1991, 726).

24 Das „wörtliche" Angebot kann **ausdrückl oder konkludent** erklärt werden. Die Erklärung des RA, die Kündigung des Beratungsvertrags sei unwirksam, hat München NJW-RR 1994, 507 nicht als wörtliches Angebot ausgelegt, §§ 133, 157. Die Erhebung einer Klage auf Weiterbeschäftigung stellt ein Angebot dar, BAG NZA 2020, 174 Rn 21ff.

25 Unterlässt der Dienstschuldner das erforderliche wörtliche Angebot aus **Unkenntnis**, geht das zu seinen Lasten (BAG NJW 1961, 381, 382). Allerdings kann sich der Dienstberechtigte auf das fehlende Angebot nicht berufen, wenn er es schuldhaft erschwert oder vereitelt hat, Arglisteinwand, § 242 (BAG NJW 1961, 381, 382). Ein wörtliches Angebot ist **entbehrlich**, wenn der Dienstberechtigte offenkundig auf seiner Ablehnung beharren wird, etwa durch ernsthafte und endgültige Ablehnung oder Schaffung vollendeter Tatsachen (BGH NJW 2001, 287 umgehende Neubesetzung des Geschäftsführerpostens einer GmbH; Hamm 20.11.2017 – I-8 U 16/17; abl Staudinger/*Feldmann* § 295 Rn 2); dann wäre das wörtliche Angebot bloße Förmelei (BAG AP 99 AP 34). Auch in Fällen der unwiderruflichen Freistellung wird vom Erfordernis des wörtlichen Angebots abgesehen, da der Beginn des Annahmeverzugs aufgrund der Freistellungserklärung sowie der zeitl Festlegung der Arbeitspflicht hinr fixiert ist (BAG NZA 2007, 36).

Der Schuldner braucht ein einmal abgegebenes Angebot grds **nicht zu wiederholen.** Der (unwirksam) gekündigte erkrankte ArbN muss **nach Genesung** seine Fähigkeit zur Arbeitsleistung nicht nochmals anzeigen, egal ob er einfach oder mehrfach befristet oder unbefristet arbeitsunfähig geschrieben war (BAG AP 45, 50, 60; aA *Stahlhacke* AuR 1992, 8; zum Streitstand ErfK/*Preis* Rn 51ff). Das gilt nicht für das ungekündigte Arbeitsverhältnis (BAG AP 77); in diesem ist ebenso wie nach str Zustandekommen eines Aufhebungsvertrags ein tatsächliches Angebot erforderlich (BAG NZA 2006, 435). Leistungswille ist auch kundzutun, wenn das frühere Angebot durch Rücknahme oder ein Leistungshindernis iSv § 297, insb zwischenzeitl Leistungsunwilligkeit erloschen war (BAG NZA 2012, 858 Rn 27). 26

c) Verweigerte Mitwirkungshandlung des Dienstberechtigten, § 296. Wenn die **Mitwirkungshandlung kalendermäßig bestimmt** oder bestimmbar ist, braucht der Dienstschuldner kein wörtliches Angebot abzugeben. Gem § 296 gerät der Gläubiger in Annahmeverzug, wenn er die Mitwirkungshandlung nicht rechtzeitig vornimmt. Kalendermäßig bestimmt sind Mitwirkungen, die **täglich neu** anfallen (BAG AP 2 Kurzarbeit). Im Arbeitsverhältnis hat daher der ArbGeb kalendermäßig bestimmt für jeden Tag mit Arbeitsverpflichtung einen **Arbeitsplatz zur Verfügung zu stellen** (BAG AP 79). Liegt bei flexibler Arbeitsgestaltung die Verantwortung für die Arbeitseinteilung allein beim ArbGeb, hat er zudem konkrete Arbeitsanweisung im vereinbarten Rahmen zu geben (LAG Köln AuR 2010, 444) sowie den Überblick über noch ausstehende Arbeitsstunden zu behalten (Berechnung der kalendermäßig bestimmten Zeit in diesem Fall s BAG AuA 2009, 304). Ein allein praktizierender Arzt muss, bevor er in Urlaub geht, Anordnung treffen, was seine Arzthelferin während des Urlaubs zu tun hat (LAG Köln NZA-RR 1998, 393). Stellt der ArbGeb im Falle eines Widerspruchs bei Betriebsübergang nach § 613a VI die Kündigung des widersprechenden ArbN in Aussicht, gerät er bei Widerspruch ohne weiteres in Annahmeverzug, LAG München LAGE 31 § 613a 2002. Zum Annahmeverzug bei der Arbeit auf Abruf s § 611a Rn 268; LAG Rh-Pf ZTR 2000, 569. Der zu Unrecht entlassene oder suspendierte ArbN braucht seine Dienste nicht anzubieten (BAG AP 79), ohne dass ihm zuvor Hausverbot erteilt worden sein müsste (anders noch BAG NJW 1978, 72). Gleiches gilt bei einer fristgemäßen Eigenkündigung des ArbN und der sich anschließenden Freistellung von der Erbringung der Arbeitsleistung durch den ArbGeb bis zum Ablauf der ordentlichen Kündigungsfrist (BAG NJW 2002, 1739). Die hauptsächlich bei fristloser Entlassung bedeutsame Frage, ob der ArbGeb auch mit dem Ausscheiden seines ArbN in Annahmeverzug geraten kann, wenn dieser erst später Kündigungsschutzklage erhebt (vgl LAG Köln EzA 41, 42), hat sich daher weitgehend erledigt (vgl dazu ferner BAG AP 14 Betriebsrisiko; Staudinger/*Fischinger* Rn 71f). Soweit die Streitfrage noch von Bedeutung ist (vgl Rn 21 zum Annahmeverzug nach unwirksamer Kündigung), wollen viele die fristlose Kündigung durch den Dienstberechtigten über die Ablehnung nach § 295 hinaus als endgültigen Verzicht auf Angebot und Leistung bewerten, der dem Dienstberechtigten nach § 242 verwehrt, sich auf das fehlende wörtliche Angebot zu berufen (vgl MüKo/*Ernst* § 295 Rn 7; *Larenz* SchuldR I § 25 Ib; *Schaub* ZIP 1981, 349; aA Staudinger/*Feldmann* § 295 Rn 2). BAG NZA 1987, 57 fordert die ausdrückl Erklärung, dass auf Dauer oder während des Kündigungsschutzprozesses nicht weiterbeschäftigt werden solle. Dem ist zuzustimmen, weil die fristlose Kündigung angesichts der heutigen Verstärkung des Weiterbeschäftigungsanspruchs den Willen zur Weiterbeschäftigung nicht schlechthin ausschließt. Auch der BGH hält nach fristloser Kündigung ein wörtliches Angebot nur für entbehrlich, wenn diese die ernsthafte und endgültige Ablehnung der Dienste erkennen lässt (BGH NJW-RR 1986, 794). Ein gerichtlicher Vergleich über die Beendigung eines außerordentlich gekündigten Arbeitsverhältnisses zu einem bestimmten Termin beendet den Annahmeverzug nicht; der ArbGeb muss den ArbN vielmehr zur Wiederaufnahme der Tätigkeit auffordern (LAG Nds LAGE 18). Die Darlegungs- und Beweislast dafür, dass ein Angebot aus besonderen Gründen nicht erforderlich war, trägt der Dienstpflichtige. 27

Ist die **Mitwirkungshandlung nicht kalendermäßig bestimmbar**, muss der Dienstschuldner seine Leistung nach § 295 wörtlich anbieten. So ist bei einem Lehrer, der seine Arbeitsleistung auf der Grundlage eines Stundenplans erbringt, die vom ArbGeb zu erbringende Mitwirkungshandlung typischerweise nicht nach dem Kalender bestimmt. Der ArbGeb kommt daher nur in Verzug, wenn er ein wörtliches Angebot weiterer Unterrichtstätigkeit nicht annimmt (BAG NJW 2013, 2460). Dem Angebot kann die Aufforderung an den Gläubiger gleichstehen, die Mitwirkung vorzunehmen. Zu den Mitwirkungspflichten des ArbGeb gehören die konkreten **Arbeitsanweisungen** und die Bereitstellung von Arbeitsräumen, Rohstoffen, Energie, Werkzeugen und sonstigen Arbeitsgerätschaften (BAG NZA 2001, 1021; 1999, 925; 1995, 263; AP 79). Auch die Erfüllung der **Fürsorgepflicht** und die Gewährleistung des ArbN-Schutzes im Rahmen der öffentlich-rechtl und privatrechtl Schutzvorschriften gehören dazu (BAG AP 18; ErfK/*Preis* Rn 37). Anderenfalls kann der ArbN seine Leistung nach § 298 verweigern (LAG Hamm 11.5.2007 – 10 Sa 135/07; MüKo/*Henssler* Rn 23; ErfK/*Preis* Rn 38). Die ausgebliebene Mitwirkungshandlung ist im wörtlichen Angebot zu konkretisieren (BAG AP 28; MüKo/*Henssler* Rn 23). Ist die Verletzung von Mitwirkungspflichten so geringfügig, dass dem Schuldner die Dienstleistung zumutbar bleibt (BAG AP 28), genügt ein wörtliches Angebot nicht; die Dienste sind tatsächlich anzubieten. Ebenso, wenn der ArbGeb die Mitwirkungspflichten nachträgl erfüllt (BAG NJW 1969, 1734; ErfK/*Preis* Rn 36). 28

3. Unvermögen des Schuldners, § 297. Sie fehlt, wenn die Leistung aus tatsächlichen (Rn 31ff) oder rechtl (Rn 34ff) Gründen unmöglich oder der Schuldner leistungsunwillig ist (Rn 37ff). 29

a) Unmöglichkeit der Dienste. Der Gläubiger kommt nicht in Annahmeverzug, wenn der Schuldner zur Zeit des Angebots nach §§ 295f oder der Mitwirkungshandlung nach § 296 **außerstande** ist, die Leistung zu bewirken, § 297. Das gilt aber nur für eine Unmöglichkeit, die nicht auf der fehlenden Mitwirkung des Gläubigers beruht (BAG AP 18, 30; BGHZ 24, 96), sonst liefe § 615 weitgehend leer, da die Dienste wegen ihrer zeitl Fest- 30 legung oft Fixschuldcharakter haben. Die durch Zeitablauf eintretende Unmöglichkeit ändert daher nichts an der Anwendbarkeit des § 615; anders als bei anderen Austauschverträgen schließen sich Annahmeverzug und Unmöglichkeit beim Dienstvertrag nicht zwingend aus (Rn 2, 44). Dafür spricht auch der Wortlaut von § 297, wonach Unvermögen zur Zeit des Angebots den Annahmeverzug ausschließt. Unmöglichkeit iSd § 297 liegt somit nur bei mangelnder Leistungsfähigkeit oder -willigkeit des Dienstpflichtigen vor (Soergel/*Kraft* Rn 30).

31 **aa) Tatsächliche Hindernisse:** Zerstörung arbeitsnotwendiger und unersetzbarer Hilfsmittel (BAG AP 2 § 324: durch Brand zerstörte Tonbänder eines Solotänzers); Freiheitsentzug, es sei denn, der ArbN hätte die zusammenhängend verbüßte Strafe auch in Wochenendvollzug außerhalb der Arbeitszeit verbüßen können (BAG AP 20; verschuldet der ArbGeb die Untersuchungshaft des ArbN, kann ein Vergütungsanspruch nach den § 616 bestehen, BAG BB 1967, 630); Streik der öffentlichen Verkehrsmittel oder Eisglätte (BAG AP 58 § 616). Unvermögen des Dienstpflichtigen besteht auch bei Unvereinbarkeit mit Pflichten aus **anderem Dienstverhältnis** (BAG NJW 1979, 285; AP 3 Böswilligkeit); um Ansprüche aus § 615 zu behalten, muss der Schuldner daher ggf sein Arbeitsverhältnis bei seinem vorherigen ArbGeb kündigen. Der neue aus § 615 in Anspruch genommene ArbGeb handelt aber rechtsmissbräuchlich, wenn er sich auf § 297 beruft, obwohl er selbst den Dienstschuldner zuvor ausdrückl und unmissverständlich die Beschäftigung verweigert hat (BAG AP 3 Böswilligkeit). ArbN ist zur Leistung außerstande, wenn ihm der Auftraggeber des ArbGeb zu Recht Hausverbot erteilt (LAG Köln LAGE 58; LAG Bremen LAGE 61), es sei denn, eine anderweitige Beschäftigungsmöglichkeit besteht (LAG Frankfurt NZA-RR 2000, 633). Allein die Ortsabwesenheit des ArbN begründet noch kein Leistungsunvermögen, sofern er erreichbar und zur Rückkehr in der Lage ist (BAG 6.11.1986 – 2 AZR 714/85). Ordnet der ArbGeb eine rechtl nicht gebotene Quarantäne für Reiserückkehrer aus einem Risikogebiet an, begründet dies nicht Unvermögen des ArbN (BAG NZA 2022, 1396 Rn 27ff).

32 Anfängliche oder nachträgl **Arbeitsunfähigkeit** macht den Dienstverpflichteten unvermögend, § 275, und schließt den Annahmeverzug aus (BAG DB 2002, 1162; auch bei Schwerbehinderten BAG EzA 69); ein Vergütungsanspruch besteht ggf nach § 616, EFZG. Ist der ArbN **obj** aus gesundheitlichen Gründen arbeitsunfähig, greift § 297, auch wenn er sich nicht krank fühlt oder unabhängig davon arbeiten will (BAG AP 77; LAG Nürnberg 25.3.2014 – 5 Sa 487/12). Umgekehrt reichen Zweifel des ArbGeb an der Arbeitsfähigkeit nicht aus. Die Verweigerung einer ärztlichen Untersuchung kann aber eine Verletzung vertragl Nebenpflichten des ArbN darstellen und Abmahnung oder Kündigung rechtfertigen. Die **Beweislast** für die Arbeitsunfähigkeit trägt der ArbGeb (BAG NJW 2022, 103 Rn 11ff). Dabei reicht es, dass er ausreichende Indizien vorträgt, aus denen sich die Arbeitsunfähigkeit des ArbN ergeben kann; der ArbN hat sich darauf substantiiert einzulassen, sonst gilt die Behauptung des ArbGeb als zugestanden (BAG NJW 2022, 103, 11ff; 2019, 171 Rn 25). Erst wenn die Leistungsunfähigkeit des ArbN nach Ausschöpfung aller Beweismittel nicht geklärt werden kann, geht das zulasten des ArbGeb (BAG EzA 2002 2).

33 Für die Zeit der Nichtbeschäftigung schuldet der Dienstberechtigte keinen Verzugslohn. Das gilt auch dann, wenn durch arbeitsgerichtlichen Vergleich eine Freistellung unter Vergütungsfortzahlung vereinbart wurde und der ArbN bis zum Beendigungszeitpunkt arbeitsunfähig erkrankt blieb (LAG Sachsen NZA-RR 2001, 410). **Nach Ende der Dienstunfähigkeit** muss der Dienstpflichtige im ungekündigten Arbeitsverhältnis seine Leistungsbereitschaft erklären (BAG AP 31), nicht aber im (unwirksam) gekündigten Arbeitsverhältnis (BAG AP 45, 50, 60); s Rn 26. Gem § 295 S 2 genügt die Aufforderung an den ArbGeb, ihm Arbeit zuzuweisen (BAG NZA 1985, 120; DB 1985, 1745). Die Aufforderung ist nach § 296 entbehrlich, wenn der Gläubiger schon vorher den Verzicht auf weitere Dienste erklärt hat, bspw durch Kündigung (BAG NZA 1985, 121), oder dem ArbN Hausverbot erteilt (BAG AP 8 § 103 BetrVG 72). Dann setzt der Annahmeverzug mit dem Ende der Arbeitsunfähigkeit wieder ein.

34 **bb) Rechtl Leistungshindernisse:** Fehlende Nebentätigkeitsgenehmigung; Hausverbot bei einem Kunden des ArbGeb (BAG NZA 2017, 124); **Beschäftigungsverbote** nach dem MuSchG (BAG NJW 1960, 2163, AP 1 § 324) und andere Gesetzen (BAG NJW 2016, 1977 Rn 19ff; NZA 2009, 611; 2006, 611); **Ruhepausen**- und Ruhezeitbestimmungen in § 4 ArbZG (BAG NZA 2015, 494; AP 2 § 4 ArbZG) und § 5 ArbZG (BAG DB 1976, 1868); Fehlen einer für die Tätigkeit des Dienstschuldners (gesetzl) vorgeschriebenen **Erlaubnis** (BAG NZA 2016, 293 Rn 16 – Einsatzgenehmigung für Sicherheitsmitarbeiter bei den US-Streitkräften; NZA 2015, 1053 – Zugangsermächtigung zu Verschlusssachen eines Dolmetschers im Bundesamt für Verfassungsschutz; BB 1974, 740 – Approbation eines Arztes) oder eines gesetzl vorgeschriebenen **Gesundheitszeugnisses** (BAG DB 1970, 1933 – § 43 I IfSG); Berufsausübungsbeschränkung des Arztes nach Coronaschutzverordnung (BGH 12.5.2022 – III ZR 78/21); der Entzug der kirchlichen **Lehrbefugnis** („missio canonica", BAG AP Nr 36 Art 140 GG); für die Eignung iSv § 25c KWG zweifelnd Hamm 20.11.2017 – I-8 U 16/17. **Gründe in der Person des ArbGeb** sind kein Fall des § 297. Daher ist Annahmeverzug gegeben, wenn dem ArbGeb eine vorgeschriebene behördliche Erlaubnis fehlt oder wenn er den ArbN aufgrund einer gerichtlichen Entscheidung wegen fehlender Zustimmung des Betriebs- oder Personalrats nicht beschäftigen darf (BAG AP 5 § 101 BetrVG 1972); der ArbGeb kann sich durch eine entspr Bedingung im Arbeitsvertrag schützen.

35 Erfasst das Beschäftigungsverbot nur einzelne Tätigkeiten, ist der ArbN nicht leistungsunfähig, vielmehr kann er andere vertragl geschuldete Aufgaben übernehmen (BAG DB 1970, 1933). Darüber hinaus muss der ArbGeb dem an der vertragsmäßigen Arbeit gehinderten ArbN andere beiden Seiten **zumutbare Arbeit anbieten**, notfalls Abbau von Überstunden (BAG AP 2 § 297; hier: Führerscheinentzug wegen trunkenheitsbedingten Unfalls). Erklärt sich der ArbN zu solcher Ersatzarbeit bereit oder hätte er dies auf Befragen getan, gerät der ArbGeb mit

der Ersatzarbeit in Annahmeverzug, falls er sie nicht anbietet (BAG NJW 1985, 1797). Entspr kann der ArbGeb verpflichtet sein, den ArbN an einem anderen Ort (BAG AP 27 § 611 Fürsorgepflicht), zu anderer Zeit oder in einem anderen Betrieb (§ 611a Rn 67) mit beiden Seiten zumutbarer Ersatzarbeit zu beschäftigen; eingehend *Kaiser* RdA 2015, 76. Daher ist auch kein Unvermögen gegeben, wenn der Dienstverpflichtete krankheitsbedingt nicht mehr alle vertragl geschuldeten Arbeiten ausführen kann und es dem Dienstberechtigten ohne Vertragsänderung und ohne Auswirkung auf den Vergütungsanspruch gem § 315 möglich und zumutbar ist, dem eingeschränkt leistungsfähigen Dienstverpflichteten **leidensgerechte Arbeiten** zuzuweisen (BAG NZA 2014, 719 [betr Lage der Arbeitszeit]; NZA 2010, 1119; 2008, 1410; 2003, 1332; AP 120). BAG EzA 69 nimmt Annahmeverzug nur in Bezug auf Ersatzarbeit an, die von der vertragl Arbeitspflicht erfasst wird. Aus § 164 IV 1 Nr 1 SGB IX folgt aber die über die Fürsorgepflicht hinausgehende Verpflichtung des ArbGeb, den **Schwerbehinderten** so zu fördern, dass er seine eingeschränkte Arbeitskraft durch entspr Tätigkeit noch einsetzen kann. Er muss den Schwerbehinderten auf einem leidensgerechten Arbeitsplatz einsetzen, selbst wenn dieser nur durch innerbetriebliche Versetzung eines weniger schutzbedürftigen ArbN frei wird (LAG Sachsen-Anhalt LAGE 3 § 14 SchwbG 1986). Der ArbGeb kommt wegen § 164 IV 1 Nr 4 und 5 SGB IX in Annahmeverzug, wenn er das berechtigte Verlangen des Schwerbehinderten auf behindertengerechte Ausstattung und Gestaltung des Arbeitsplatzes sowie entspr Gestaltung des Arbeitsumfeldes und der Arbeitsorganisation verweigert. Da der ArbGeb nach § 1 II 2 KSchG vor einer Kündigung wegen des Wegfalls des Arbeitsplatzes zum Angebot freier Ersatzplätze verpflichtet ist, muss das erst recht bei fortbestehendem Arbeitsverhältnis gelten. Kann ein Schwerbehinderter aus gesundheitlichen Gründen seine vertragl geschuldete Leistung grds nicht mehr erbringen, steht ihm ein Anspruch wegen Annahmeverzugs nicht zu (BAG EzA 75; 103; NZA 2006, 442). Allerdings soll dem schwerbehinderten ArbN dann unter Berücksichtigung von § 164 IV SGB IX ein Anspruch auf Weiterbeschäftigung zu geänderten Vertragsbedingungen zugebilligt werden (BAG NZA 2006, 155; HWK/*Krause* Rn 51). Ist die Arbeitsleistung dem ArbN nicht möglich, weil er die zugewiesene Arbeit nicht mit seinem **Gewissen** vereinbaren kann, liegt Unzumutbarkeit der Leistungserbringung iSv § 275 III vor. Auch in diesem Fall hat der ArbGeb zunächst andere Arbeit innerhalb des vertragl Rahmens zuzuweisen. Nur wenn eine solche Ersatzarbeit nicht existiert, ist der Annahmeverzug nach § 297 ausgeschlossen (BAG AP 1 § 611 Gewissensfreiheit; ausf *Kamanabrou*, GS Zachert, 2010, 400).

Hat der ArbN während des Annahmeverzugs eine **andere Stelle angenommen** (S 2), wird das bisherige Arbeitsverhältnis dadurch weder beendet noch kann es gekündigt werden. Auch endet der Annahmeverzug nicht deshalb (Frankfurt NZA-RR 1998, 433). Kann der ArbN das neue Dienstverhältnis nur unter Einhaltung einer Kündigungsfrist kündigen, hat der ArbGeb gem § 326 II 1 die vorübergehende Unmöglichkeit der Leistung zu vertreten und ist unter Anrechnung des Zwischenverdiensts dazu verpflichtet, die Vergütung bis zum Ablauf der Kündigungsfrist des neuen Dienstverhältnisses zu zahlen (MüKo/*Henssler* Rn 35; ErfK/*Kiel* § 12 KSchG Rn 8). Hat der ArbN eine neue Stelle angetreten und im Kündigungsschutzprozess gegen seinen bisherigen ArbGeb obsiegt, kann er nach § 12 KSchG innerhalb einer Woche nach Rechtskraft des Urteils die Fortsetzung des alten Arbeitsverhältnisses verweigern. Entscheidet er sich dafür, erhält er Verzugslohn nur bis zum Zeitpunkt der tatsächlichen Arbeitsaufnahme beim neuen ArbGeb (§ 12 S 4 KSchG). Für die Zeit danach hat er auch keinen Anspruch auf Zahlung eines Überschussbetrags, wenn er dort weniger verdient (ErfK/*Kiel* § 12 KSchG Rn 6). Der Annahmeverzug endet, wenn der ArbN trotz obsiegenden Urteils im Kündigungsschutzprozess die Arbeit beim alten ArbGeb dauerhaft verweigert oder das neue Arbeitsverhältnis nicht unverzüglich kündigt (BAG 6.11.1986 – 2 AZR 744/85). 36

b) Fehlender Leistungswille. Annahmeverzug des ArbGeb ist ebenfalls ausgeschlossen, wenn der ArbN **nicht leistungswillig** ist (BAG NJW 2006, 1020). Das ist zB der Fall, wenn er den Vertrag irrtümlich für beendet hält und annimmt, dem ArbGeb nichts mehr zu schulden (LAG Köln EzA 42), oder wenn der ArbGeb nach Kündigung eine sog Prozessbeschäftigung anbietet, der ArbN aber den Verzicht auf die Wirkungen der Kündigung zur Bedingung der Arbeitsaufnahme macht (BAG NJW 2006, 1020), ferner wenn der ArbN nicht bereit ist, einen gem § 106 GewO iVm § 618 rechtmäßig angeordneten PCR-Test durchführen zu lassen (BAG NZA 2022, 1387), nicht aber, wenn der ArbN einen Auflösungsantrag nach §§ 9, 10 KSchG stellt (BAG AP 22). Ein zeitweiliger Auslandsaufenthalt schließt die Leistungsbereitschaft nicht aus (LAG Berlin NZA 1984, 125 [LS]; LAG Hamm DB 1986, 1394). Der vor Ausspruch einer Kündigung leistungsunwillige ArbN muss seinen wiedergefassten Leistungswillen ggü dem ArbGeb kundtun, idR indem er seine Dienste tatsächlich anbietet. Ein „**Lippenbekenntnis**" reicht nicht (BAG NZA 2012, 858; ggf reicht wörtliches Angebot, s LAG Bln-Bbg BB 2013, 1715). Erfüllungsbereitschaft bis zur Kündigung besagt nichts über den Leistungswillen danach, vor allem nicht, wenn der Schuldner während des Rechtsstreits den Aufenthalt im Hause seines Prozessgegners ablehnt (*Denck* NJW 1983, 253; aA LAG Berlin BB 1981, 2007). Von einem fehlenden Leistungswillen ist dagegen auszugehen, wenn sich ein ArbN nach rechtskräftigem Erfolg im Kündigungsschutzprozess und Ablauf der Frist des § 12 KSchG auch auf Arbeitsaufforderung des ArbGeb nicht meldet (BAG NZA 2012, 971; ErfK/*Preis* Rn 47). Nicht leistungswillig ist, wer **streikt.** So steht auch einem außerordentlich gekündigtem ArbN, der sich an einem Streik beteiligt, für diese Zeit kein Annahmeverzugslohn zu, selbst wenn in einem nachfolgenden Kündigungsschutzprozess die Unwirksamkeit der Kündigung festgestellt wird (BAG NZA 2012, 1432). BAG NZA-RR 2012, 342 hält zudem einen Rückschluss auf den fehlenden Leistungswillen für zulässig, wenn der ArbN ein Angebot des ArbGeb ablehnt, das trotz Aufrechterhaltung der Kündigung auf eine Weiterbeschäftigung zu unveränderten Bedingungen gerichtet und dessen Annahme auch sonst zumutbar ist. 37

38 Beruft sich der Schuldner auf ein ihm tatsächlich zustehendes **Zurückbehaltungsrecht**, schließt das den Leistungswillen nicht aus (LAG Schl-Holst 21.3.2013 – 1 Sa 350/12). Auf fehlenden Leistungswillen kann der Gläubiger sich nicht berufen, wenn er vorher auf die Leistung verzichtet hat. Der ArbGeb hat darzulegen und zu **beweisen**, dass der ArbN obj zur Leistung außerstande oder subj nicht zur Leistung willig ist. Schwierigkeiten beim Beweis des fehlenden Leistungswillens als „innere Tatsache" führen zur Modifizierung der Darlegungslast. Der ArbGeb muss jedenfalls Indizien vortragen. Dem ArbN obliegt es dann, diese Indizwirkung zu erschüttern (BAG AP 106; NZA-RR 2012, 342; NZA 2012, 858).

39 **4. Kein Verschuldenserfordernis.** Annahmeverzug tritt ohne Verschulden des Gläubigers ein. § 615 greift auch, wenn der Gläubiger den Schuldner irrtümlich für leistungsunfähig (BAG AP 27) oder sich für berechtigt hält, die Annahme weiterer Dienste von einer (amts-)ärztlichen Untersuchung abhängig zu machen. Ergibt die Untersuchung später die Dienstunfähigkeit des Schuldners, entfällt der Annahmeverzug ab dann (BAG AP 27 betr § 7 II BAT). Der Annahmeverzug wird nicht dadurch ausgeschlossen, dass der Gläubiger durch eigene Erkrankung oder hoheitlich verfügte Betriebsschließung die Dienste nicht annehmen kann oder von seiner Gläubigerstellung noch nichts weiß (zB bei Gesamtrechtsnachfolge nach § 1922). Wird ein ArbN von seinem alten ArbGeb gekündigt und freigestellt, gerät der neue ArbGeb nach erfolgtem Betriebsübergang gem § 613a I 1 ebenfalls in Annahmeverzug, wenn sich die Kündigung nachträgl als unwirksam herausstellt. Es ist nicht Sache des ArbN, seine Arbeitskraft ggü dem neuen ArbGeb anzubieten, um sich dem Einwand der Verwirkung zu entziehen (vgl BAG NJW 2004, 2324 iVm Vorinstanz LAG Berlin NZA-RR 2003, 409).

40 **V. Ende des Annahmeverzugs im Dienstverhältnis. 1. Annahme der Dienste.** Der Annahmeverzug endet ex nunc, sobald seine **Voraussetzungen entfallen** (BAG AP 79). Der Gläubiger erfüllt seine Mitwirkungshandlung. Er beschäftigt den Schuldner wieder bzw will diesen **erkennbar wieder beschäftigen** (BAG AP 21) und fordert ihn zur Aufnahme konkreter Arbeit auf (st Rspr, BAG NJW 1993, 2637 mwN). Hat der ArbGeb den Betrieb witterungsbedingt vorübergehend schließen müssen und die Wiederaufnahme der Arbeit von einer Wetterbesserung abhängig gemacht, kann die Mitteilungspflicht entfallen, wenn der ArbN die Wetterbesserung am Arbeitsort ohne Schwierigkeiten selbst feststellen kann (ErfK/*Preis* Rn 66). Die **Arbeitsaufforderung** ist vor allem nach einer ArbGeb-Kündigung erforderlich (BAG DB 1985, 1745), auch wenn der ArbN im Kündigungsschutzprozess obsiegte (Rn 20f). Das obsiegende Urteil beseitigt den Annahmeverzug nicht (BAG NZA 1991, 727). Entspr gilt beim Weiterbeschäftigungstitel. Der ArbGeb kann nicht verlangen, dass sich der ArbN ständig zur Arbeitsaufnahme bereithält. § 12 I TzBfG ist nicht analog anwendbar, weil es hier um Abruf aus bezahlter, nicht aus unbezahlter Freistellung geht.

41 Der Dienstberechtigte muss die Dienste **vorbehaltlos** annehmen und die Folgen einer Kündigung so weit wie möglich beseitigen. Er muss den Dienstschuldner unbedingt und unbefristet in den Betrieb zurückkehren lassen (LAG BW LAGE 20). Er muss die Dienste auf Grundlage des fortbestehenden Vertrags annehmen. Klarzustellen ist, die Kündigung erfolgte zu Unrecht, die „Prozessbeschäftigung" reicht nicht (BAG NZA 2013, 101; AP 32, 39, 98, 106). Die bloße „Rücknahme" einer rechtswidrigen Kündigung gegen den Willen des ArbN genügt nicht. Nötig ist eine auch konkludent mögliche Einverständniserklärung des Dienstpflichtigen (LAG Hamm LAGE 54). Zahlt der ArbGeb rückständige Vergütungen nicht, bleibt es nach §§ 298, 320 beim Gläubigerverzug, auch wenn der Gläubiger zur Annahme der Dienste bereit ist (BAG NJW 1982, 121).

42 **2. Anderweitiges Beschäftigungsangebot.** Der Annahmeverzug nach einer unwirksamen Kündigung endet **nicht** dadurch, dass der ArbGeb vorsorglich einen für die Dauer des Kündigungsrechtsstreits befristeten **neuen Arbeitsvertrag** oder eine durch die Wirksamkeit der Kündigung auflösend bedingte Fortsetzung des Vertrags anbietet und der ArbN dieses Angebot ablehnt (BAG AP 39; NZA 2004, 90; s jedoch Rn 58 zur Frage, ob S 2 gilt).

43 **3. Beendigung des Dienstverhältnisses.** Der Annahmeverzug endet mit Ablauf des Dienstverhältnisses. Wird nach § 9 II KSchG das Arbeitsverhältnis rückwirkend aufgelöst, werden dadurch auch während des Annahmeverzugs entstandene Lohnansprüche vernichtet. Der Lohnanspruch soll für die Zeit nach Ablauf der Kündigungsfrist unter dem Vorbehalt einer möglichen Ersetzung durch den Abfindungsanspruch des § 10 KSchG stehen (BVerfG EzA 34 und 36 § 9 KSchG nF). Dass eine rechtswidrige Kündigung durch den ArbGeb einen solchen Vorbehalt auslösen soll, wird – auch verfassungsrechtl – kritisiert (zum Meinungsstand KR/*Spilger* § 9 KSchG Rn 14) und kann – vor allem bei langer Prozessdauer – zu schwer erträglichen Ergebnissen für den ArbN führen (wenn der Auflösungsantrag vom ArbGeb gestellt wird). Der Gesetzgeber oder die Tarifparteien sollten korrigierend eingreifen und die durch § 9 II KSchG bewirkte Rückwirkung beseitigen (Regelungsvorschlag bei *Belling* DB 1985, 1893). Ein Aufhebungsvertrag kann konkludent geschlossen sein (§§ 133, 157), wenn der Gläubiger auf die Leistungen des Dienstschuldners verzichtet und die Fortzahlung der Vergütung für einen bestimmten Zeitraum vereinbart ist.

44 **VI. Rechtsfolgen. 1. Annahmeverzug.** Abw von der Grundregel ist der **Dienstschuldner von der (Nach-)Leistungspflicht befreit**, weil das Gesetz ihm nicht zumuten will, die ohne sein Zutun ausgefallene Arbeitszeit nachzuholen, denn das ginge regelmäßig auf Kosten späterer Arbeitszeit. Im Unterschied zum Normalfall des Annahmeverzugs ist der Leistungsgegenstand Dienst bzw Arbeit bei entspr zeitl Festlegung allein durch Zeitablauf vergänglich. Wie bei der absoluten Fixschuld wird die Leistung beim Dienstvertrag allein durch Zeitablauf unmöglich (BAG NZA 2018, 646 Rn 31; Staudinger/*Latzel* § 611 Rn 233; diff *Latzel* AcP 221 (2021), 881). Damit werden die Besonderheiten des Annahmeverzugs bei Dienstleistungen ggü der allg Regelung in §§ 293ff, vor al-

lem § 297, berücksichtigt. Eine aus der Treuepflicht abgeleitete Verpflichtung zur Nachleistung (so Soergel/*Kraft* Rn 44) widerspricht § 615 und kommt nur in Notfällen (auch insoweit abl BeckOGK/*Bieder* Rn 72) in Betracht, in denen auch sonst Überstunden geleistet werden müssen.

Der **Vergütungsanspruch des Dienstschuldners bleibt bestehen.** S 1 enthält keine eigene Anspruchsgrundlage. 45
Es wird lediglich der Vergütungsanspruch aus §§ 611, 611a iVm Dienst-/Arbeitsvertrag aufrechterhalten, der dem Dienstschuldner auch ohne Annahmeverzug zusteht. Fortzuzahlen ist nach dem Lohnausfallprinzip die Vergütung, die der Dienstpflichtige bei Weiterarbeit erzielt hätte. Der Anspruch ist auf **Erfüllung** gerichtet und **nicht** auf **Schadensersatz** (BGH NJW 1967, 248; BAG NZA 2003, 973; 22.3.2001 – 8 AZR 536/00; NJW 2002, 1740; 2001, 1666). Deshalb besteht Pfändungsschutz nach den §§ 850ff ZPO. § 254 ist nicht anwendbar (BAG AP 7 Böswilligkeit). Der Anspruch besteht auch ggü dem Rechtsnachfolger. Führt der ArbN im Falle eines Betriebsübergangs gegen den früheren Betriebsinhaber einen Kündigungsschutzprozess mit Erfolg, so muss der neue Inhaber den ggü dem früheren Betriebsinhaber eingetretenen Annahmeverzug ebenso gegen sich gelten lassen (BAG AP 49; vgl Rn 11, 39). Nach Eröffnung des Insolvenzverfahrens ist der Anspruch Masseverbindlichkeit iSd § 55 I Nr 2 InsO (BAG NZA 2007, 36; ausf *Ries/Berscheid* ZInsO 2008, 1161; LAG Rh-Pf 16.6.2014 – 2 Sa 24/14). Kündigt der Insolvenzverwalter nach Anzeige der Masseunzulänglichkeit zum ersten möglichen Termin und erweist sich die Kündigung als unwirksam, sind Ansprüche aus Annahmeverzug für die Zeit nach diesem Termin Neumasseverbindlichkeiten iSv § 209 II Nr 2, I Nr 2 InsO (BAG NJW 2018, 1563).

Die **Vergütungspflicht besteht erst vom Eintritt des Annahmeverzugs an.** Daher führt ein erforderliches, aber 46
verspätet eingegangenes Angebot nach § 295 zu Lohnausfällen. Hat der ArbGeb den ArbN rechtswirksam von der Arbeitspflicht befreit, etwa Urlaub erteilt oder wegen Überstunden Freizeitausgleich angeordnet, besteht für diesen Zeitraum kein Anspruch auf Annahmeverzugslohn. Eine während der Befreiung von der Arbeitspflicht ausgesprochene unwirksame fristlose Kündigung lässt die Arbeitsbefreiung nicht zwangsläufig entfallen (BAG AP 93 m zust Anm *Ramrath*). Solange der ArbN keinen Weiterbeschäftigungsanspruch hat, wird der Verzugslohn ebenfalls nicht fällig. Eine rechtskräftige Abweisung des Weiterbeschäftigungsanspruchs steht dem Anspruch nach S 1 nicht entgegen (LAG Hamm LAGE 55).

Zu zahlen ist das **Bruttoentgelt** (KG DB 1979, 170; LAG Hamm DB 1988, 2316; *Groeger* NZA 2000, 794). Bei zeit- 47
lohnbestimmter Dienstleistung sind erfasst: die regelmäßige Stunden-, Tages-, Wochen- oder Monatsvergütung (und zwischenzeitl Verdiensterhöhungen) einschl Akkordlohn, Provisionen (BAG 11.8.1998 – 9 AZR 410/97), Gratifikationen (BAG AP 22), mutmaßlich erreichte Zulagen (BAG AP 6 Gefahrenzulage, Chefarztliquidation, LAG Hamm LAGE 29), Trinkgelder (ArbG München AiB 1998, 600 m Anm *Helm*) und mutmaßlich weiterhin geleistete Überstunden (BAG NJW 2002, 1739; *Winderlich*, Der Annahmeverzug des Arbeitgebers, 1994, 155f). Ob ein vertragl Anspruch auf Leistung von Überstunden besteht, ist ebenso gleichgültig wie der Umstand, dass die Überstundenzahl gegen arbeitszeitrechtl Vorschriften (§§ 3ff ArbZG) verstieße. Entscheidend ist, ob Überstunden ohne Annahmeverzug **tatsächlich geleistet worden wären** (BAG NJW 2002, 1739). Überstundenvergütung ist auch dann wegen des Gleichbehandlungsgrundsatzes unter dem Gesichtspunkt des Annahmeverzugs zu zahlen, wenn ein arbeitswilliger ArbN ohne sachlichen Grund nicht zur Mehrarbeit herangezogen wird, obwohl Mehrarbeit für vergleichbare ArbN angeordnet oder angenommen wurde (LAG Frankfurt DB 2002, 794). Schwankende Vergütungen sind nach § 287 II ZPO zu **schätzen** (BAG DB 1998, 1719; AP 84). Ein Abschlag von 10 % auf den Durchschnitt ist möglich (LG Duisburg Stbg 2001, 189). Grds bietet die bis zum Verzugsbeginn erzielte Vergütung sichere Anhaltspunkte (BAG NJW 2002, 1740). Ist der ArbN vor Verzugseintritt bei **Arbeit auf Abruf** zu Arbeitsleistungen in erheblichem Umfang herangezogen worden, können Verzugslohnansprüche über die Grenzen von § 12 I 3 TzBfG bestehen (ArbG Trier 3.12.2010 – 3 Ca 507/10). Sog „Breakstunden" fallen in Abgrenzung zu unbezahlten Ruhepausen unter den Verzugslohn (LAG Köln 14.11.2012 – 3 Sa 565/12). Ist eine **Naturalvergütung** für die Vergangenheit nicht nachholbar, ist stattdessen deren Geldwert als Erfüllung (nicht als Schadensersatz) geschuldet (BAG 22.3.2001 – 8 AZR 536/00, juris Rn 35). Die unterbliebene Überlassung eines Dienstwagens zur privaten Nutzung ist auszugleichen, nach der Rspr als Schadensersatz in Höhe der steuerlichen Bewertung der privaten Nutzungsmöglichkeit (BAG NZA 2003, 973; 1999, 1038 m krit Anm *Meier* NZA 1999, 1083), nach zutr Ansicht verschuldensunabhängig als Vergütungsanspruch, MüKo/*Henssler* Rn 66. Auch in der Insolvenz des ArbGeb sind die Sozialabgaben bis zum Ende des Arbeitsvertrags weiterzuzahlen (BSG ZIP 1986, 237). **Aufwendungsersatz**, auch pauschaliert, gehört **nicht** zur vereinbarten Vergütung (BAG AP 84), auch nicht, wenn der ArbN regelmäßig nicht die gesamte Pauschale verbraucht und anteilig sparen oder anderweitig verwenden kann (BAG ZTR 2002, 37). **Urlaub** ist Freistellung von der Arbeit. Der ArbN muss sich nicht darauf verweisen lassen, er hätte während des Annahmeverzugs Urlaub nehmen können. Andererseits wäre eine unterlassene Urlaubserteilung des ArbGeb kein Rechtsmissbrauch (BAG AP 4 § 1 BUrlG). Unzulässig ist jedenfalls, nachträgl Urlaub auf die Dauer des Annahmeverzugs anzurechnen. **Steuern und Sozialversicherungsbeiträge** sind abzuführen wie bei der normalen Arbeitsvergütung (BAG NZA 2001, 599).

Der Annahmeverzugslohn erhöht sich nicht, wenn **durch die Nachzahlung** insg **höhere Abgaben** entstehen 48
(KG DB 1979, 170; LAG Hamm DB 1988, 2316). Das Steuerrecht wird durch den Annahmeverzug nicht beeinflusst. Entgangene Steuervorteile werden auch bei Unwirksamkeit der Kündigung nicht ersetzt (BAG DB 1991, 445). Anderes gilt nur bei gleichzeitigem Schuldnerverzug des ArbGeb (BAG NJW 1994, 2501) oder bei originärer Nettolohnvereinbarung (BAGNZA 2001, 599; 2000, 414; 1986, 191). Das Verhalten des ArbGeb kann Schadensersatzforderungen nach §§ 280, 286, 252 auslösen (BAG NZA 2001, 599). Voraussetzung ist, dass man als entgangenen Verdienst das Nettogehalt ansieht und die höheren Abgaben nicht auf dem Wegfall von Steuervergüns-

tigungen beruhen. Will der ArbN die Steuervorteile tatsächlich erhalten, muss er einen Weiterbeschäftigungsanspruch durchsetzen (BAG NZA 2001, 599). Ansprüche aus § 280 I kann die Verletzung von Vermögensinteressen des ArbN auslösen, wenn der ArbGeb die vertragl geschuldete Gewährung von Nebenverdienstmöglichkeiten vereitelt, so bspw das Liquidationsrecht aus genehmigter ärztlicher Nebentätigkeit (BAG ArztR 2002, 127). Hat der Arzt arbeitsvertragl die **Erwerbschance „Liquidationsrecht"**, so ergibt sich für ihn bei unwirksamer Kündigung ein Erstattungsanspruch für die entgangene Vergütung aus den Liquidationseinnahmen als Schadenersatzanspruch nach § 280 I, § 283, nicht (mehr) nach § 611 iVm § 615 S 1 (so die neuere Rspr des BAG NZA 2012, 377, str). § 615 hält den ursprünglichen Erfüllungsanspruch aufrecht. Die Verpflichtung, dem Arzt Liquidationsmöglichkeiten zu eröffnen, kann jedoch aufgrund ihrer zeitl Bindung nachträgl nicht mehr erfüllt werden (Fixgeschäft), die verstrichene Erwerbschance kann nicht nachgeholt werden. Zwar regelt § 615 wegen des Fixschuldcharakters der Arbeitsleistung auch die Fälle der Annahmeunmöglichkeit, trifft aber keine Regelung zu den Rechtsfolgen, wenn die Gegenleistung ihrerseits Fixschuldcharakter hat und unmöglich geworden ist; insoweit bleibt es bei den allg Regelungen, §§ 275ff (BAG aaO). Der Anspruch aus § 280 I setzt Verschulden des Dienstberechtigten voraus, das bei unklarer Rechtslage (zB Wirksamkeit der Kündigung) fehlen kann (*Stück* MDR 1999, 1485).

49 Verzugslohn ist zum selben Zeitpunkt **fällig** wie Lohn für geleistete Dienste (BAG AP 23), auch während des Kündigungsschutzprozesses (BAG AP 94 § 4 TVG Ausschlussfristen). Er kann auch durch **einstw Rechtsschutz** geltend gemacht werden, wenn und soweit der Zahlungsanspruch eindeutig ist. Zur Klage auf künftig fälligen Annahmeverzugslohn § 611a Rn 361, zu tariflichen **Ausschlussfristen** § 611a Rn 368 und BAG NZA 2000, 1237; unwirksam iHd Mindestlohns, § 3 S 1 MiLoG, BAG NZA 2022, 1465; zu Ausschlussfristen in AGB BAG NZA 2008, 757; zur **Verwirkung** LAG Köln LAGE 24. Neben der Kündigungsschutzklage ist in zweiter Instanz die Klageerweiterung um Verzugslohnansprüche wegen der Anrechnung von Anderverdienst regelmäßig nicht mehr sachdienlich, § 263 ZPO (LAG Köln ARST 1999, 235).

50 **2. Schuldnerverzug mit der Lohnzahlung.** Gerät der ArbGeb in Schuldnerverzug, weil er nach Ausspruch einer Kündigung die Gehaltszahlungen an den ArbN einstellt, so hat er dies zu **vertreten** und auch die rückständigen Beträge zu verzinsen, wenn er bei Anwendung der erforderlichen Sorgfalt hätte erkennen können, dass die Kündigung unwirksam war (BAG NZA 2012, 377 Rn 41; 2003, 267). Hierbei ist vor allem zu prüfen, ob sich der ArbGeb in einem entschuldbaren Rechtsirrtum befunden hat. Der Rechtsirrtum ist entschuldbar, wenn die Rechtslage obj zweifelhaft ist und der Schuldner sie sorgfältig geprüft hat. Beruht der Ausspruch der Kündigung auf einem vertretbaren Rechtsstandpunkt, handelt der kündigende ArbGeb so lange nicht fahrlässig, wie er auf die Wirksamkeit seiner Kündigung vertrauen darf (BAG NZA 2003, 44).

51 **VII. Anrechnung nach § 615 S 2. 1. Grundgedanke, Anwendungsbereich.** Der ArbN soll durch den Annahmeverzug **keine finanziellen Vor- und Nachteile** haben. Wie in § 326 II 2 muss sich der Dienstpflichtige auf den Verzugslohn dreierlei anrechnen lassen: Durch den Arbeitsausfall ersparte Aufwendungen (Rn 52), Einkünfte aus anderweitiger Verwendung seiner Dienste (Rn 54ff) und böswillig nicht erzielten Erwerb (Rn 57ff). Der Anspruch auf die Vergütung mindert sich von vornherein um die genannten Beträge und führt nicht zu einer Aufrechnungslage; der Dienstberechtigte wird von der Zahlungspflicht frei, ohne dass es einer Erklärung bedarf (st Rspr, BAG NJW 2022, 643 Rn 13). Da keine Aufrechnung kraft Gesetzes vorliegt, sind Überbezahlungen nach § 812 auszugleichen (BAG NJW 1994, 2041; AP 1 Anrechnung). Haben die Parteien in einem **Aufhebungsvertrag** unwiderrufliche Freistellung unter Fortzahlung der Bezüge und die Befugnis des ArbN vereinbart, das Arbeitsverhältnis vorzeitig zu beenden, findet § 615 mangels Beschäftigungspflicht keine Anwendung; ob eine Anrechnung anderweitig erzielten Verdienstes erfolgt, ist mangels ausdrückl Vereinbarung durch Auslegung (§§ 133, 157) zu ermitteln (BAG NZA 2021, 778). Für die Vereinbarung der Anrechnung trägt der ArbGeb die Darlegungs- und Beweislast. Das BAG wendet S 2 analog auf Urlaubsansprüche in Doppelarbeitsverhältnissen an (NZA 2012, 793).

52 **2. Ersparnisse durch den Ausfall der Dienstleistung.** Dazu gehören Aufwendungen, die mit Unterbleiben der geschuldeten Dienste **zwangsläufig entfallen** (zB notwendige Fahrtkosten, uU auch Anschaffung von Berufskleidung), aber nicht ersparte Aufwendungen für eine Hausangestellte, die der Dienstschuldner während des Verzugszeitraums entlassen musste (LAG Düsseldorf/Köln BB 1956, 305). Ersparte Aufwendungen sind nach § 287 II ZPO zu **schätzen** (Aufwandsentschädigung für GmbH-Geschäftsführer iHv 90 % nach Stuttgart NJW-RR 1987, 159; bei Steuerberater iHv 15 %, LG Duisburg Stbg 2001, 189).

53 Keine ersparten Aufwendungen sind anzurechnen, wenn der Annahmeverzug auf einer nach dem KSchG **rechtswidrigen Kündigung** beruht. Die spezielle (vorrangige) Anrechnungsvorschrift des **§ 11 KSchG** gestattet nur den Abzug tatsächlich erzielter oder böswillig unterlassener Andereinkünfte und verdrängt als speziellere Norm S 2 (st Rspr, BAG AP 47; NJW 2007, 2060; Unterschied verfassungsrechtl nicht zu beanstanden, BVerfG NZA 2010, 1004). Sonst unterscheiden sich die Vorschriften zwar im Wortlaut, sind inhaltlich aber deckungsgleich (BAG AP 7 Böswilligkeit; NJW 2007, 2060).

54 **3. Anderweitig erzieltes Einkommen.** Anzurechnen ist das anderweitig erreichte **Bruttoentgelt** (KG DB 1979, 170), auch das Einkommen aus einem neuen Vertrag mit demselben Dienstberechtigten und wenn der ArbN ein vorläufiges Weiterbeschäftigungsangebot des ArbGeb während des Kündigungsschutzrechtstreits annimmt. Abzuziehen sind auch öffentlich-rechtl **Sozialleistungen** (LAG Köln EzA 42; Soergel/*Kraft* Rn 24) wie Arbeitslosengeld I (§ 11 S 1 Nr 3 KSchG), Krankengeld (§ 44 SGB V), vorgezogenes Altersruhegeld für Arbeits-

lose (§§ 237, 237a SGB VI), erhöhte Unfallrenten wegen Arbeitslosigkeit (§ 58 SGB VII). Gründungszuschuss (BAG NZA 2015, 938); Erstattungsanspruch des Sozialleistungsträgers über § 115 SGB X. Das bezogene Arbeitslosengeld I ist nur iHd Anteils anzurechnen, den der ArbN unter Berücksichtigung der Anrechnung nach § 11 S 1 Nr 2 KSchG noch vom ArbGeb verlangen kann (BAG NZA 2006, 313; NJW 2006, 1452; keine Zinsen: BAG NZA 2003, 44). Nicht anrechenbar sind allerdings Sozialleistungen, die nur subsidiär bei Bedürftigkeit gewährt werden und auf deren Höhe umgekehrt der Verzugslohn anzurechnen ist, so das Arbeitslosengeld II und die Sozialhilfe (§ 11 Nr 3 S 1 KSchG).

55 Der Anderverdienst ist nur auf die Vergütung anzurechnen, welche der Dienstschuldner ohne den Annahmeverzug erzielt hätte. Die Anrechnung auf eine **Karenzentschädigung** für die Einhaltung eines vertragl Wettbewerbsverbots während des Verzugszeitraums (vgl BAG AP 25) richtet sich nach § 74c HGB. Weiterhin sind entspr der Rechtslage zu § 74c HGB nur Einkünfte aus anderweitiger Verwertung der gerade infolge der Nichtbeschäftigung frei gewordenen Arbeitskraft erfasst. **Nicht** abzugsfähig sind Einnahmen aus **Nebentätigkeiten**, die auch ohne Annahmeverzug erzielt worden wären (BAG EzA 67; LAG Köln AE 2009, 32; bei teilw zeitl Überschneidung: LAG Bremen NZA-RR 2002, 186) und Einnahmen aus **Kapitalvermögen** sowie aus Unternehmenserlösen (LAG Hamm 8.5.2001 – 11 Sa 14/01). Ein teilzeitbeschäftigter ArbN muss sich nicht jeden im Verzugszeitraum anderweitig erzielten Verdienst anrechnen lassen, sondern nur solchen, der **kausal** durch das Freiwerden der Arbeitskraft ermöglicht worden ist (BAG AP 47). Dabei können sich die Anhaltspunkte für die Kausalität sowohl aus obj als auch aus subj Umständen ergeben (BeckOGK/*Bieder* Rn 81). Die bloße zeitl Überschneidung allein ist nicht ausreichend, wenn der Dienstpflichtige belegen kann, er hätte die neue Tätigkeit auch neben der bisherigen Tätigkeit ausgeübt (*Spirolke* NZA 2001, 708). Nicht anzurechnen ist zudem ein **während des Urlaubs** erzielter anderweitiger Verdienst (BAG EzA 108). Anderweitige Einkünfte sind nicht nur pro rata temporis anzurechnen (RGZ 58, 403f; BAG AP 52; NZA 2006, 736; aA LAG Düsseldorf DB 2005, 2825; *Boecken* NJW 1995, 3222; *Boecken* SAE 2001, 59; ErfK/*Preis* Rn 96; ausf *Kühn*, Zur Methode der Anrechnung anderweitigen Erwerbs nach § 615 S 2 BGB, 2008). Der Gesamtvergütung für die Zeit des Annahmeverzugs einschl zwischenzeitl etwa wegen einer Verfallklausel erloschene Ansprüche ist der gesamte Anderverdienst im Zeitraum des Annahmeverzugs gegenüberzustellen (BAG AP 1 Anrechnung; NZA 2006, 736; krit zur Gesamtberechnung *Nübold*, RdA 2004, 31). Dauert der Annahmeverzug an, wird der Anderverdienst nur aus und für den geltend gemachten Verzugslohnzeitraum angerechnet. Die Anrechnung des Anderverdiensts in späteren Zeiträumen erfolgt noch nicht (BAG AP 1 Anrechnung).

56 Zunächst muss feststehen, dass der Dienstpflichtige aufgrund des Annahmeverzugs anderweitig Einkünfte erzielt hat, was grds der Dienstberechtigte **darlegen und beweisen** muss (BAG NJW 1979, 285; EzA 67; BGH NJW 2001, 288). Dem ArbGeb wird unter Sphärengesichtspunkten eine Beschränkung auf den Vortrag von Indizien zugestanden. Er soll Tatsachen vortragen, die den Rückschluss auf eine Erwerbstätigkeit zulassen. Den ArbN trifft die Widerlegungslast, § 138 II ZPO (BAG EzA 67). Es überzeugt jedoch mehr, dass der Auskunftsanspruch über die Höhe des Anderverdiensts bereits mit einer Offenbarungspflicht zum anderweitigen Erwerb korrespondiert (*Klein* NZA 1998, 1210; *Spirolke* NZA 2001, 708). Zu Recht soll deshalb ein abberufener und von seinen Dienstpflichten freigestellter Geschäftsführer einen Anderverdienst von sich aus mitzuteilen haben, macht er Verzugslohn geltend (BGH DStR 2001, 1312 m zust Anm *Goette*). Steht jedenfalls ein anderweitiger Verdienst fest, muss der Dienstpflichtige entspr § 74c II HGB über die Höhe Auskunft erteilen (BAG AP 1 Anrechnung; LAG Thüringen LAGE 62). Die **Dauer und die jew Höhe** des Anderverdiensts sind darzulegen und ggf zu beweisen (BGH NJW 1990, 3152; 2001, 288). Die Vorlage des Einkommensteuerbescheids kann ausreichen (KR/*Spilger* § 11 KSchG Rn 45). Unterbleibt die Auskunft, hat der Gläubiger am Verzugslohn ein Zurückbehaltungsrecht nach § 273 (BAG NJW 1998, 130; BGH NJW 2001, 288). § 390 gilt (BGH NJW 2001, 288). Auch eine Zug-um-Zug-Verurteilung scheidet aus (BAG AP 52). Die Klage auf Verzugslohn ist als derzeit unbegründet abzuweisen (BAG AP 1 Anrechnung). Ggf muss der Dienstberechtigte bei Verzugslohnklage widerklagend Auskunft geltend machen (LAG Berlin BB 1984, 1098). Bei unzureichender Auskunft ist der Dienstschuldner analog § 260 II zur Abgabe einer eidesstattlichen Versicherung verpflichtet (BAG NJW 1974, 1349; AP 52). In Unkenntnis des Anderverdiensts gezahlten Verzugslohn kann der Dienstberechtigte nach §§ 812, 814 zurückfordern (BAG AP 24; RGZ 58, 405). **Notwendige Aufwendungen** zur Erzielung des Ersatzeinkommens kann der Dienstschuldner abziehen, zB zusätzl Reise- und Übernachtungskosten oder auch Kosten zur Erhaltung einer erforderlichen Qualifikation (Qualifikationserhaltung), nicht aber Kosten für eine Weiterqualifizierung (Qualifikationssteigerung) (BAG NZA 2018, 1544 Rn 34ff; aM *Ulrici* jurisPR-ArbR 1/2019 Anm 3, da auch der Erwerb aus selbständiger Tätigkeit anspruchsmindernd wirkt, folgerichtig seien auch die dafür erforderlichen Aufwendungen abzuziehen). Erfährt der rechtskräftig zur Zahlung von Annahmeverzugslohn verurteilte ArbGeb nachträgl von anrechenbarem Einkommen des ArbN, kann er den Differenzbetrag nach § 812 zurückfordern (BAG AP 52).

57 **4. Böswillig unterlassener Erwerb.** Die Anrechnung des hypothetisch erzielbaren Verdiensts soll den Dienstberechtigten davor schützen, dass der Dienstpflichtige auf seine Kosten vorsätzlich Verdienstmöglichkeiten außer Acht lässt (BAG NJW 2000, 2374). Das Unterlassen ist (wie in § 326 II 2; BAG AP 1 Böswilligkeit) **böswillig**, wenn der Schuldner trotz Kenntnis aller obj Umstände vorsätzlich untätig bleibt und eine ihm nach Treu und Glauben zumutbare Arbeit nicht aufnimmt oder die Aufnahme bewusst verhindert (st Rspr, BAG NJW 2022, 643 Rn 13 mwN). Dies erfordert eine Bewertung aller Umstände des Einzelfalls im Wege einer Gesamtabwägung der beiderseitigen Interessen; das schließt aus, Einzelaspekte gleichsam absolut zu setzen (zB fehlende Zustim-

mung des Betriebsrates nach § 99 BetrVG, BAG NJW 2021, 2135 Rn 14; Verstoß gegen die sozialrechtl Meldepflicht nach § 38 I SGB III, BAG NZA 2023, 229 Rn 17). Eine Absicht, den Gläubiger zu schädigen, ist nicht erforderlich (anders noch RAG ARS 30, 113), doch genügt grob fahrlässiges Verhalten auch nicht (BAG AP 7 Böswilligkeit). Die in Betracht kommenden Einkunftsmöglichkeiten stimmen mit denjenigen der 1. Alt überein (dazu Rn 54f) umfassen daher auch **Sozialleistungen**, jedoch mit Ausnahme öffentlich-rechtl Leistungen infolge der Arbeitslosigkeit, weil der Verzugslohn auf sie angerechnet würde (§ 11 Nr 3 S 1 KSchG, der jedoch wegen der cessio legis nach § 115 I SGB X keine eigenständige Bedeutung mehr hat).

58 Anderweitige Verdienstmöglichkeiten iSd S 2 können **auch beim bisherigen Dienstgeber** bestehen (BAG AP 23, 39; EzA 97; BeckOGK/*Bieder* Rn 96ff). Der ArbN braucht jedoch nicht ggü dem bisherigen ArbGeb von sich aus aktiv zu werden (BAG NJW 2000, 2374). Die allg Aufforderung an den ArbN, eine jew im Einz zuzuteilende und jederzeit widerrufliche Tätigkeit aufzunehmen, genügt nicht (zu den Anforderungen an das Angebot des AG: BAG NZA 2008, 1063; 2000, 817). Auch kann der ArbN eine Tätigkeit verweigern, solange er ein **Leistungsverweigerungsrecht** wegen rückständiger Forderungen hat (BAG NJW 2007, 2060; 1982, 122). Keine Anrechnung erfolgt daher, wenn der ArbN nach Betriebsverlegung die Arbeitsaufnahme am neuen Betriebsort rechtmäßig verweigert (LAG Hamm NZA-RR 2008, 175 Unzumutbarkeit langer Pendelzeit nach Versetzung). Dagegen kann dem ArbN **zumutbar** sein, während des Kündigungsschutzprozesses im Rahmen des S 2 auf seinem alten Arbeitsplatz beschäftigt zu werden (BAG AP 39). Diese Wertung gebietet der Weiterbeschäftigungsanspruch (§ 611a Rn 323ff). Nimmt der gekündigte ArbN das Angebot des ArbGeb nicht an, bis zur Beendigung des Rechtsstreits zu den bisherigen Bedingungen weiterzuarbeiten, so liegt darin regelmäßig jedenfalls bei der betriebs- und personenbedingten Kündigung ein böswilliges Unterlassen anderweitigen Erwerbs (BAG NJW 2004, 316). Zumutbarkeit ist jedenfalls gegeben, wenn der ArbN gleichzeitig einen Weiterbeschäftigungsantrag stellt (BAG AP 6 Böswilligkeit); es ist widersprüchlich, trotz Rechtshängigkeit dieses Antrags die Unzumutbarkeit der Weiterbeschäftigung geltend zu machen (LAG München NZA-RR 2001, 414). Der ArbN braucht jedoch nicht von sich aus einen Weiterbeschäftigungstitel zu vollstrecken (BAG NJW 2000, 2374). Die Obliegenheit des ArbN zu einer Ersatzbeschäftigung beim bisherigen ArbGeb erstreckt sich im Rahmen der Zumutbarkeit zunächst auf die bisherige Arbeit. Zumutbar ist auch, was der Arbeitsvertrag bzw das Direktionsrecht abdeckt. Wo diese Grenzen im Hinblick auf Vergütung und Tätigkeit überschritten werden, braucht der ArbN prinzipiell keine Verschlechterung der Arbeitsbedingungen zu akzeptieren (vgl BAG NJW 2020, 643 Rn 15: 80 % unveränderte Tätigkeit grds zumutbar). Bietet der ArbGeb zwar eine vom bisherigen Vertrag abgedeckte Tätigkeit an, jedoch zu **geringerer Vergütung**, soll die Grenze der Zumutbarkeit bei etwa 10–20 % Unterschreitung zu ziehen sein (*Schirge* Anm BAG AP 2 § 11 KSchG 1969). Im Fall der Änderungskündigung kann ein böswilliges Unterlassen iSv S 2 auch darin liegen, dass der ArbN eine vertragl nicht geschuldete Leistung beim alten ArbGeb ablehnt, wenn diese Tätigkeit unter Abwägung aller Umstände als zumutbar anzusehen ist (BAG NZA 2007, 561; 2008, 1063; 2012, 260). Die Weiterbeschäftigung können die Parteien **rechtlich unterschiedlich gestalten**: als (durch Klageabweisung auflösend bedingte oder auf rechtskräftigen Verfahrensabschluss befristete) Fortsetzung des Vertrags, als zweiter (zweckbefristeter) Arbeitsvertrag oder als rein tatsächliche Beschäftigung aufgrund des Weiterbeschäftigungsurteils (BAG NJW 2022, 643 Rn 17). Hat der gekündigte ArbN ein vorläufig vollstreckbares Weiterbeschäftigungsurteil erstritten hat, ist es nicht treuwidrig (böswillig), wenn er auf einer Beschäftigung auf dieser Grundlage besteht und das Angebot des ArbGeb zu einer vertragl Gestaltung einer (iÜ zumutbaren Beschäftigung) ablehnt (BAG NJW 2022, 643 Rn 18).

59 Zum Unterlassen genügt grds nicht das **Brachliegenlassen der Arbeitskraft** (LAG Düsseldorf AP 1; LAG Frankfurt AP 2; LAG Berlin AP 3; anders noch RAG ARS 40, 231), wohl aber die unterlassene Arbeitssuche bei konkreter Erfolgsaussicht (LAG Berlin NZA 1985, 125). Der ArbN darf nicht untätig bleiben, wenn sich ihm eine realistische Arbeitsmöglichkeit bietet (BAG NZA 2017, 988). Wer seine Bereitschaft, einer Erwerbstätigkeit nachzugehen, nicht **dem Arbeitsmarkt anzeigt**, vereitelt jedoch böswillig, dass ihm überhaupt konkrete Angebote gemacht werden; der ArbN ist daher gehalten, sich bei der Agentur für Arbeit oder einem geeigneten privaten Arbeitsvermittler als arbeitsuchend zu melden (BAG NJW 2020, 2746 unter Aufgabe von BAG NJW 2001, 243; noch aM MünchArbR/*Tillmanns* § 76 Rn 72). Der ArbGeb hat gegen den ArbN, der Annahmeverzugslohn verlangt, nach allg Grundsätzen (§ 242 – allg Auskunftsanspruch, s § 260 Rn 3) Anspruch auf Auskunft über die von der Agentur für Arbeit/dem Jobcenter gemachten Vermittlungsvorschläge (BAG NJW 2020, 2746).

60 Der Dienstpflichtige muss sonst eine ihm **bekannte zumutbare Arbeitsmöglichkeit nicht wahrgenommen** haben. Ein Einstellungsangebot braucht ihm aber noch nicht zugegangen zu sein (BAG AP 1 Böswilligkeit). Es genügt, wenn er die Abgabe des Einstellungsangebots böswillig vereitelt. Verhindert er eine anderweitige Anstellung durch wahrheitsgemäße Auskünfte über seine Rückkehrabsicht in den alten Betrieb, liegt kein böswilliges Unterlassen vor (BAG AP 1 Böswilligkeit). Sofern nicht völlig aussichtslos, darf der ArbN auch versuchen, sich **selbständig zu machen** statt eine anderweitige Tätigkeit aufzunehmen (BAG AP 22). Von einem Wettbewerbsverbot erfasste Tätigkeiten darf der ArbN ausschlagen. Lehnt der neue ArbGeb seine Dienste vor Dienstbeginn ab, ist die Kündigung beim alten ArbGeb nicht böswillig (BAG AP 3 Böswilligkeit). **Auslandsaufenthalt** schadet nur bei konkret bestehender Beschäftigungsmöglichkeit (BAG NZA 1987, 58).

61 In Betracht zu ziehen sind, wie sich aus § 11 Nr 2 KSchG ergibt, **nur zumutbare Arbeiten** (*Hueck* Anm AP 2 Böswilligkeit). Die Grenzen der Zumutbarkeit bestimmen sich nach den Umständen des Einzelfalls, wobei der ArbN durch die Treuepflicht gehalten ist, Nachteile seines ArbGeb möglichst gering zu halten. Die in der Zumutbarkeitsanordnung der Bundesagentur für Arbeit festgesetzten Maßstäbe sind hier nicht verbindlich, doch

kann die dort getroffene Regelung gelten, soweit sie sich auf die erste Zeit der Arbeitslosigkeit bezieht. Wer beim alten ArbGeb unterqualifiziert beschäftigt war, kann sich darauf beschränken, einen seiner Vorbildung entspr Beruf zu ergreifen (LAG Berlin AP 4). Dauerarbeitsverhältnisse sind nur zumutbar, wenn der ArbN zeigt, dass er ohnehin nicht in den alten Betrieb zurückkehren will (BAG AP 2 Böswilligkeit). Dass am Ort der neuen Arbeitsstelle keine Wohnung vorhanden ist, macht die Arbeit nicht unzumutbar (LAG Frankfurt AP 2; anders uU bei großer Entfernung, LAG Hamm NZA-RR 2008, 175). Einfluss auf die Zumutbarkeit haben auch die in der neuen Tätigkeit zugrundeliegenden Arbeitsbedingungen (LAG Frankfurt AP 2: Wettbewerbsverbot mit hoher Vertragsstrafe unzumutbar). Nach **fristloser Kündigung** ist ein weiteres Arbeitsverhältnis beim bisherigen ArbGeb idR unzumutbar, da diese Art das Ansehen des ArbN beeinträchtigt wird (BAG AP 6 Böswilligkeit). Bei ordentlicher verhaltens- oder personenbedingter Kündigung kommt es auf Umstände des Einzelfalls an; bei verhaltensbedingter Kündigung soll vorläufige Weiterarbeit eher unzumutbar sein (BAG AP 6 Böswilligkeit; s auch Rn 58). Generell unzumutbar ist die Übernahme von Streikarbeit (BAG AP 3 Betriebsrisiko). Unzumutbar ist das Angebot, den ArbGeb zu wechseln, wenn der ArbN zunächst eine vom ArbGeb bezahlte Qualifizierungsmaßnahme absolvieren und im Gegenzug eine Rückzahlungsvereinbarung mit zweijähriger Bindungsdauer unterzeichnen muss (LAG Schl-Holst 28.10.2014 – 1 Sa 110/14). Ein Beschäftigungsanspruch gegen den ArbGeb macht eine andere Beschäftigung nicht unzumutbar. Widerspricht der ArbN wirksam dem **Betriebsübergang** (§ 613a VI), ist die Ablehnung einer Beschäftigung zu unveränderten Konditionen beim Erwerber – unmittelbar oder im Wege der Überlassung durch den Veräußerer – als böswillig zu beurteilen (BAG NZA 2021, 1324; AP 177 § 613a; ausf *Fischer*, FS Hromadka, 2008, 83). Inanspruchnahme von **Leistungen der Bundesagentur für Arbeit** (s Rn 57) ist zumutbar.

Kennt der ArbN die zumutbarkeitsbegründenden Umstände, geht ein **Rechtsirrtum** bei deren Würdigung zu seinen Lasten (*Herschel* Anm AP 23). 62

5. Abweichende Vereinbarung. S 2 ist dispositiv. Weil die Anrechnungsvorschrift auf einem allg Rechtsgedanken beruht, stellt die Rspr an den Beweis hohe Anforderungen (BAG NJW 1964, 1243: „ausdrücklich und zweifelsfrei"). Ein konkludenter Verzicht auf die Anrechnung kommt nur in Betracht, wenn der Dienstberechtigte durch sein gesamtes Verhalten zu erkennen gibt, dass ihn das Verhalten des Dienstverpflichteten bis zum Ablauf des Vertrags in keiner Weise mehr interessiert (BGH NJW 2001, 287). Er ergibt sich nicht schon aus der einseitigen oder einverständlichen Freistellung des ArbN bei unstr bestehendem Arbeitsverhältnis (LAG Thüringen LAGE 62 m krit Anm *Gravenhorst*; *Bauer/Baeck* NZA 1989, 785), wohl aber aus der ausdrückl Verpflichtung, für diese Zeit Entgelt zu zahlen (LAG Hamm LAGE 26, LAG Köln LAGE 30; aA LAG Thüringen LAGE 62); auch wenn nach fristloser Kündigung und Freistellung im arbeitsgerichtlichen Vergleich die Lohnfortzahlung unter weiterer Freistellung für die Dauer der Kündigungsfrist vereinbart wird (LAG Bln-Bbg LAGE 56). Die in einem Prozessvergleich begründete Verpflichtung des ArbGeb, das Arbeitsverhältnis „ordnungsgemäß abzurechnen", schließt hinsichtl der Ansprüche aus §§ 611a, 615 S 1 die Anrechnung nach S 2 mit ein (BAG NZA 2020, 1130). Gehen die Parteien im Einvernehmen über Zeitpunkt und Anlass der Vertragsbeendigung auseinander, ist ein konkludenter Verzicht jedoch nicht anzunehmen (anders BGH NJW 2001, 287). Der Verzicht auf die Anrechnung kann auch auf bestimmte **Gehaltsteile beschränkt** werden und erfasst nicht automatisch zum Grundgehalt gezahlte Zusatzvergütungen (BAG AP 25 zu Provisionspauschalen). Die Abbedingung kann gegen § 307 verstoßen (Frankfurt EWiR 1986, 425). Der formularmäßige Ausschluss der Anrechnung ersparter Aufwendungen bei vorübergehender Abwesenheit eines Heimbewohners bis zu drei Tagen ist wegen § 307 II Nr 1 unwirksam (BGH NJW 2001, 2971); ebenso eine Klausel unwirksam, nach der die Vergütungspflicht ohne Anrechnung nach S 2 auch bei Nichtinanspruchnahme von Unterrichtsstunden bestehen bleibt (LG Berlin WRP 2008, 1392). Unbedenklich ist die Vereinbarung eines Mindesthonorars bei Versäumen eines privatärztlichen Termins (vgl LG München MedR 1986, 45). 63

VIII. Verjährung. Für den Lohnanspruch und somit auch für den Annahmeverzugslohn nach § 615 S 1 gilt die Regelverjährung von drei Jahren gem § 195, die Verjährungsfrist beginnt nach § 199 Abs I Nr 1 und 2, wobei sich die Fälligkeit nach dem Zeitpunkt bestimmt, in dem die Vergütung bei tatsächlicher Beschäftigung in den einzelnen Abrechnungsperioden fällig geworden wäre (BAG NJW 2018, 1038 Rn 14f). Die Verjährung wird durch die Erhebung einer Kündigungsschutzklage nach § 4 KSchG oder eine Klage auf Feststellung des Fortbestehens des Arbeitsverhältnisses gem § 256 ZPO nicht gehemmt, § 204 I Nr 1, weil die Annahmeverzugsansprüche nicht Streitgegenstand der Kündigungsschutz- bzw Feststellungsklage sind (BAG NZA 2015, 1256; 2015, 35). Erforderlich ist Klage auf Leistung oder auf Feststellung der Leistungspflicht. Zu den Besonderheiten bei arbeits- oder tarifvertragl Verfallsfristen ErfK/*Preis* Rn 81. 64

IX. Kurzarbeit. 1. Begriffsbestimmung und Anwendungsbereich. Kurzarbeit ist die **vorübergehende** Veränderung der arbeitsvertragl Hauptpflichten durch die **Verkürzung** der regelmäßigen, betriebsüblichen Arbeitszeit unter entspr **Verminderung** der Entgeltansprüche des ArbN (ausf *Boecken* Liber amicorum Düwell, 2021, 595ff; *Cohnen/Röger* BB 2009, 46; *Bauer/Günther* BB 2009, 662). So können in Zeiten der Wirtschaftskrise mit Kurzarbeit die Produktion heruntergefahren und Personalkosten gesenkt werden. Kurzarbeit kann aber auch eingeführt werden als Folge von Arbeitskämpfen (Rn 71). Durch Kurzarbeit wird daher regelmäßig das **Betriebs- und Wirtschaftsrisiko** vom ArbGeb auf den ArbN übertragen (*v Stebut* RdA 1974, 336). Schon deshalb kann die Einführung von Kurzarbeit nicht durch das Direktionsrecht gedeckt sein (BAG AP 1, 2 Kurzarbeit) und nur auf besondere Rechtsgrundlagen durchgesetzt werden. 65

66 **2. Rechtsgrundlagen der Kurzarbeit. a) Änderungskündigung oder Individualvereinbarung.** Individualvertragl kann Kurzarbeit eingeführt werden (a) aufgrund vertragl Vereinbarung (AGB-Kontrolle nach §§ 307, 308 Nr 4; LAG Bln-Bbg NZA-RR 2011, 65; *Klocke* RdA 2020, 331) oder (b) im Wege eines – ggf konkludent (ArbG Marburg NZA-RR 2001, 144) oder im Wege der betriebsbedingten Änderungskündigung (dazu *Bauer/Günther* NZA 2020, 419: außerordentliche Änderungskündigung zur Krisenbewältigung in der Pandemie) geschlossenen – **Änderungsvertrags.** Hinsichtl der Modalitäten der Arbeitszeitverkürzung ist das Mitbestimmungsrecht des Betriebsrats aus § 87 I Nr 3 BetrVG zu beachten.

67 **b) Tarifvertrag.** Kurzarbeit kann auch durch Tarifvertrag oder aufgrund tariflicher Ermächtigungsnorm eingeführt werden (BAG AP 1 Kurzarbeit; *Säcker/Oetker* ZFA 1991, 131; dagegen *Heinze* RdA 1998, 14), letztere haben **Vorrang** vor Ermächtigung durch die Bundesagentur für Arbeit, § 19 III KSchG. Als Betriebsnormen gem § 3 II TVG (hM, MüKo/*Henssler* Rn 90; aM *v Stebut* RdA 1974, 335; *Boecken* RdA 2000, 9: Inhaltsnormen gem § 4 I TVG) binden Kurzarbeitsklauseln alle Betriebe des ArbGeb, nicht nur die beiderseits Tarifgebundenen iSd § 4 I TVG.

68 **c) Betriebsvereinbarung.** Kurzarbeit kann durch Betriebsvereinbarung eingeführt werden, § 87 I Nr 3, § 77 III 1 BetrVG, die unmittelbar und zwingend auf die Arbeitsverhältnisse einwirkt, § 77 IV BetrVG (BAG AP 4 Kurzarbeit; aM *Heinze* RdA 1998, 14). Zur vorübergehenden Einführung von Kurzarbeit bedarf der ArbGeb grds der Zustimmung des Betriebsrats. Bei Ablehnung kann er die Einigungsstelle anrufen (§ 87 II BetrVG). Dem Betriebsrat steht für die Einführung von Kurzarbeit ein Initiativrecht zu (BAG AP 3 § 87 BetrVG Kurzarbeit). § 87 I Nr 3 BetrVG gibt dem Betriebsrat nicht nur ein erzwingbares Mitbestimmungsrecht bei der vorübergehenden Verkürzung der betriebsüblichen Arbeitszeit, sondern ist auch eine gesetzl Ermächtigung zur Einführung von Kurzarbeit zum Ausgleich der Interessen des Betriebs und der ArbN (BAG AP 4 Kurzarbeit; NZA 1986, 433; 1991, 607; aM *Waltermann* NZA 1993, 681; *Heinze* RdA 1998, 19; *Boecken* RdA 2000, 11). Bei tariflichen Regelungen der Kurzarbeit ist das Mitbestimmungsrecht des Betriebsrats nur ausgeschlossen, soweit (vgl § 87 I BetrVG) sie die Einführung abschließend regeln (MüKo/*Henssler* Rn 91). Die Mitbestimmung wird durch Abschluss einer Betriebsvereinbarung oder Regelungsabrede ausgeübt (vgl LAG Rh-Pf ArbRB 2011, 207). Darin müssen Beginn und Dauer der Kurzarbeit, Lage und Verteilung der Arbeitszeit, die Auswahl der betroffenen ArbN sowie die Zeiträume, in denen die Arbeit gänzlich entfällt, geregelt sein (LAG Hamm NZA-RR 2015, 194; 2013, 244; LAG Frankfurt NZA-RR 1997, 479: Verweis auf vom ArbGeb auszuhängende Listen genügt nicht). Eine Ermächtigung des Betriebsrats an den ArbGeb, den Umfang der Kurzarbeit und die betroffenen ArbN eigenständig zu bestimmen, enthält einen rechtswidrigen Verzicht auf das Mitbestimmungsrecht (ArbG Marburg NZA-RR 2001, 144). Das Mitbestimmungsrecht des Betriebsrats kann auch durch formlose **Regelungsabrede** mit dem ArbGeb ausgeübt werden; diese wirkt aber nicht unmittelbar und zwingend (vgl § 77 IV BetrVG) und ändert daher die einzelvertragl Arbeitszeit nicht, mangels Änderungsvertrags (Rn 66) kommt der ArbGeb in Annahmeverzug (BAG AP 4 Kurzarbeit).

69 **d) Ermächtigung durch die Bundesagentur für Arbeit.** Ordnet die Agentur für Arbeit im Fall von Massenentlassungen nach § 18 KSchG eine vorübergehende Entlassungssperre an, kann sie als Ausgleich bestimmen, dass der ArbGeb bis zum Ablauf der Sperrfrist Kurzarbeit einführt (§ 19 I KSchG). Voraussetzung ist, dass der ArbGeb nicht in der Lage ist, die ArbN während der Entlassungssperre voll zu beschäftigen, wobei ausreicht, dass die Beschäftigung dem ArbGeb wirtschaftl nicht zumutbar ist. Die Entscheidung der Agentur für Arbeit ergeht durch Verwaltungsakt (§ 31 SGB X) mit Doppelwirkung. Die Fortzahlung der Bezüge während der Kurzarbeit bestimmt sich nach § 19 II KSchG.

70 **3. Wirkungen der Kurzarbeit.** Die wirksame Einführung der Kurzarbeit suspendiert die Arbeitspflicht und die korrespondierende Lohnzahlungspflicht des ArbGeb (BAG AP 110 § 611 Fürsorgepflicht; vgl auch BAG AP 32 Betriebsrisiko; zum Verhältnis zw Kurzarbeit und Urlaubsgewährung vgl BAGE 129, 46 m Bespr *Walker* SAE 2010, 70). Erfolgt die Einführung von Kurzarbeit unberechtigt oder unter Verstoß gegen die genannten Rechtsgrundlagen, gerät der ArbGeb in Annahmeverzug, sodass er weiterhin zur Lohnzahlung verpflichtet ist. Dieser Anspruch mindert sich nicht nach S 2. Wer seine Zustimmung zur Kurzarbeit verweigert, unterlässt nicht böswillig anderweitigen Erwerb (LAG Rh-Pf NZA-RR 1997, 331). Bei rechtmäßiger Einführung der Kurzarbeit wird dem ArbN nach §§ 95ff SGB III Kurzarbeitergeld gewährt. Widerruft die Agentur für Arbeit rückwirkend die Bewilligung von Kurzarbeitergeld, beseitigt das die Kurzarbeit nicht, der ArbN behält seinen Vergütungsanspruch iHd Kurzarbeitergeldes (BAG AP 32).

71 **4. Kurzarbeit und Arbeitskampf. a) Betriebsrisiko und Wirtschaftsrisiko.** Kurzarbeit kann notwendig werden, wenn eine Arbeitseinschränkung zB wegen fehlender Rohstoffe, Energie oder Zusatzteile erforderlich ist (Betriebsrisiko, Rn 75) oder wegen fehlenden Absatzes oder sonstiger wirtschaftl Gründe (Wirtschaftsrisiko, Rn 75). Beides kann auf einen Arbeitskampf zurückzuführen sein. Zur Frage des Entgeltanspruchs des ArbN beim Arbeitskampf s zum Betriebsrisiko Rn 80ff.

72 **b) Beteiligung des Betriebsrats.** Wird Kurzarbeit wegen arbeitskampfbedingter Arbeitseinschränkung in einem Betrieb eingeführt, dessen Belegschaft zT selbst streikt, ist das **Mitbestimmungsrecht** des Betriebsrats nach **§ 87 I Nr 3 BetrVG ausgeschlossen**, weil arbeitskampfbedingte Gegenmaßnahmen des ArbGeb behindert werden könnten (BAG AP 71 Art 9 GG Arbeitskampf); anders bei Betrieben, die von der **Fernwirkung** eines Arbeitskampfs betroffen werden. Im Arbeitskampf kann das Mitbestimmungsrecht seine Funktion nicht erfüllen, über die ausnahmsweise Verlagerung des Wirtschafts- und Betriebsrisikos mitzuentscheiden; darüber bestimmt

insoweit die Arbeitskampfrechtsordnung. Dem Mitbestimmungsrecht kann nur die Funktion einer Richtigkeitskontrolle hinsichtl der Verlagerung des Lohnrisikos bzw der Unvermeidbarkeit der Arbeitseinschränkung zukommen. Unberührt aber bleibt das **Mitbestimmungsrecht nach § 87 I Nr 2, 3 BetrVG**, soweit die **Modalitäten** dieser Verlagerung geregelt werden, dh bei Einführung der Kurzarbeit die Verteilung der restlichen Arbeitszeit (BAG AP 70 Art 9 GG Arbeitskampf; GK/*Wiese* § 87 BetrVG Rn 407ff). Verletzt der ArbGeb dieses (beschränkte) Mitbestimmungsrecht, bleibt er zur Fortzahlung des Lohns verpflichtet. In den Fällen, in denen das Lohnrisiko nicht auf die ArbN verlagert wird, ergeben sich für das Mitbestimmungsrecht des Betriebsrats nach § 87 I Nr 3 BetrVG keine Besonderheiten.

c) **Darlegungs- und Beweislast.** Der ArbGeb ist darlegungs- und beweispflichtig für den Wegfall des Lohnanspruchs und für den Arbeitsausfall infolge des Arbeitskampfs sowie dafür, dass die Fernwirkung des Arbeitskampfs zu Störungen der paritätsbedingten Faktoren geführt hat. Gleiches gilt für die Voraussetzungen der Einhaltung der Mitbestimmungsrechte des Betriebsrats. 73

d) **Kurzarbeitergeld.** Die ArbN haben gem §§ 95ff SGB III Anspruch auf Kurzarbeitergeld. ArbN, die selbst streiken oder ausgesperrt sind (Beteiligung am Arbeitskampf), haben keinen Anspruch, § 160 II iVm § 100 I SGB III. Mittelbar von einem Arbeitskampf betroffenen ArbN stehen Ansprüche unter den Voraussetzungen des § 160 III–VI SGB III zu, wobei vor allem darauf abgestellt wird, ob diese vom umkämpften Tarifvertrag profitieren. Gem § 100 SGB III hat der ArbGeb bei der Einführung der Kurzarbeit während des Arbeitskampfs das dort normierte Verfahren einzuhalten. 74

X. Betriebsrisiko, § 615 S 3

Schrifttum: *Beuthien*, Der Arbeitskampf als Wirtschaftsstörung, 1990; *Ehmann*, Betriebsrisikolehre und Kurzarbeit, 1979; *Hedemann*, Lohnzahlung bei Arbeitsverhinderung, 1923; *Jahnke*, Betriebsrisiko und Mitbestimmung des Betriebsrats, ZFA 1984, 69; *Kalb*, Arbeitskampfrisiko und Regelungsbetroffenheit, Arbeitsgesetzgebung und Arbeitsrechtsprechung, FS Stahlhacke, 1995, 213; *Kalb*, Dogmatische Rechtsgrundlage und Reichweite der Betriebsrisikolehre, 1977; *Lieb*, Fernwirkungen von Arbeitskämpfen, FS 25 Jahre BAG, 1979, 327; *Luke*, § 615 S 3 BGB – Neuregelung des Betriebsrisikos?, NZA 2004, 244; *Mayer-Maly/Nipperdey*, Risikoverteilung in mittelbar von rechtmäßigen Arbeitskämpfen betroffenen Betrieben, 1965; *Otto*, Haftung des Arbeitnehmers, ArbuR 1995, 72; *Picker*, Arbeitsvertragliche Lohngefahr und dienstvertragliche Vergütungsgefahr – Zur Wiederannäherung von Arbeits- und Zivilrecht, FS Kissel, 1994, 813; *Picker*, Betriebsstillstand und Lohngefahrtragung, GS Hofmeister, 1996, 550 (aus geschichtlicher Sicht); *Picker*, Betriebsrisikolehre und Arbeitskampf, JZ 1979, 285; *Reichold*, Betriebsrisiko als „Substratsgefahrtragung", ZFA 2006, 223.

1. **Begriff und Abgrenzung.** Gegenstand der **Betriebsrisikolehre** ist die Frage, wer das Arbeitsentgeltrisiko (also die Gegenleistungsgefahr beim Arbeitsvertrag) trägt, wenn der leistungsfähige und -bereite ArbN seine Arbeitsleistung infolge höherer Gewalt oder infolge von Eingriffen Dritter nicht erbringen kann und dies nach zivilrechtl Grundsätzen keine der Vertragsparteien zu vertreten hat. Davon zu unterscheiden sind die Fälle, in denen der ArbN leisten kann bzw leistet, die geleistete Arbeit für den ArbGeb jedoch wirtschaftl nutzlos ist, zB wegen Absatz-, Geld- oder Lagerproblemen. Dieses **Wirtschaftsrisiko** ist Teil des Verwendungsrisikos, das nach allg schuldrechtl Grundsätzen in die Sphäre des Gläubigers fällt (BAG AP 13, 30 Betriebsrisiko; AP 70 Art 9 GG Arbeitskampf; *Picker* JZ 1979, 285; BeckOGK/*Bieder* Rn 108) und von S 3 nicht erfasst wird (*Gotthardt* Schuldrechtsreform Rn 137). Betriebsstörungen aufgrund von Arbeitskämpfen werden nach den speziellen Regeln der **Arbeitskampfrisikolehre** beurteilt (Rn 80ff). Der **selbständige Dienstvertrag** unterliegt dem allg Leistungsstörungsrecht und § 615; die Lehre vom Betriebsrisiko ist grds nicht anwendbar (BGHZ 24, 96: Unternehmensberater hat Ansprüche aus § 615 bei Betriebseinstellung nach Exportbeschränkungen). Anderes kann, ggf unter Vergütungskürzung, bei langjährigen und bewährten Organmitgliedern gelten, deren Dienstverhältnis sich in Ausgestaltung und Dauer einem Arbeitsverhältnis angenähert hat (BGHZ 10, 193; BGH NJW-RR 1988, 420). Dem Auszubildenden ist die Vergütung bis zur Dauer von sechs Wochen auch zu zahlen, wenn er sich bereithält, die Ausbildung aber ausfällt, § 19 I Nr 2 lit a BBiG; das gilt auch für betriebsrisikobedingte Ausfälle (ErfK/*Preis* Rn 128). 75

2. **Systematik und historische Entwicklung.** Während die von der Rspr erzielten Ergebnisse in der Lit weitgehend gebilligt wurden, blieben Berechtigung und systematische Stellung der Betriebsrisikolehre umstr (Überblick bei Staudinger/*Fischinger* Rn 203ff). Die gesetzl Regelung der Betriebsrisikolehre findet sich jetzt in **S 3** (zur Genese der Betriebsrisikolehre *Ehmann* S 85ff). Der Gesetzgeber wollte mit dieser Regelung an den bisherigen Entwicklungsstand, insb der Rspr, anknüpfen (BT-Drs 14/6857, 48; 14/7052, 204). Da nur auf den ArbGeb abgestellt wird, gilt die Regelung **nur im Arbeitsverhältnis**, nicht jedoch im freien Dienstvertrag. Seit RGZ 106, 272 (Kieler Straßenbahn-Entscheidung) ging die Rspr von einer zivilrechtl Regelungslücke im Rahmen des § 323 aF (jetzt § 326 I 1) aus, die durch eine Heranziehung arbeitsrechtl Grundsätze („Betriebsgemeinschaft") zu schließen sei (ähnl BAG AP 2 und 28 Betriebsrisiko; *Hedemann*, Lohnzahlung, 32ff, 38ff). § 615 ist ebenso wie § 537 eine **Gefahrtragungsregel**, die dem leistungsfähigen und -bereiten Schuldner den Gegenleistungsanspruch abw von § 326 I 1 auch erhält, wenn der Gläubiger die Arbeitsleistung nicht annehmen will oder schuldlos nicht annehmen kann (vgl Rn 1). Eine Regelungslücke im Rahmen des § 326 I, die durch die Betriebsrisikolehre geschlossen werden musste, lag schon wegen § 615 S 1 nicht vor, was S 3 nunmehr ausdrückl klarstellt. 76

3. **Grundregeln.** Das BAG (AP 2 Betriebsrisiko) hat im Anschluss an das RAG (BenshSlg-ARS 3, 121; 5, 35; 4, 154) die Vergütungspflicht (ggf nur iHd Kurzarbeitergelds, BAG 2009, 913; NZA 1991, 67) auf einen Gefahrenbereich ausgedehnt, in dem der ArbGeb auch für **unvermeidbare Hindernisse** einstehen muss, die bei verständiger Betrachtung vorhersehbar sind. Er organisiert den Betriebsablauf und kann diese Störungen **einkalkulie-** 77

ren. Dazu rechnen alle nicht arbeitskampfbedingten Produktionsstörungen wie Brand (BAG NJW 1973, 342; LAG Hamm DB 1986, 1928), Naturkatastrophen und zu niedrige Temperaturen (BAG AP 31 Betriebsrisiko; EzA 94 m Anm *Boemke* JuS 2000, 410), Energie- und Rohstoffmangel (BAG EzA 12 Betriebsrisiko), auch regelmäßige Witterungsabhängigkeit (BAGE 127, 119; BAG NZA 2009, 913), Maschinenschäden, Stromausfall (BAG AP 33 Betriebsrisiko, auch ohne Berücksichtigung einer vorhergehenden Änderung des Manteltarifvertrags), Inventur (BAG AP 14 Betriebsrisiko), Landestrauer, Auftrittsverbot (BAG AP 15 Betriebsrisiko) oder auch ein Spielverbot einer Spielbank (LAG Berlin 6.1.2003 – 7 Sa 1826/02). So wird ein ArbGeb durch die tatsächliche und dauerhafte Einstellung seines privaten Schlachtbetriebs nicht nach § 326 I 1 von der Pflicht zur Lohnzahlung frei, weil der ArbGeb das darin liegende Betriebsrisiko einschl des Wirtschaftsrisikos tragen muss (BAG AP 56). Die Einstellung der Geschäftstätigkeit einer Bank aufgrund bankaufsichtsrechtl Maßnahmen stellt ein Betriebsrisiko der Bank dar (LSG Hessen ZIP 2010, 2019). Ein vom ArbN veranlasstes Hausverbot des Kunden, bei dem der ArbN eingesetzt ist, gehört nicht zum Betriebsrisiko des ArbGeb, sondern führt zu Unvermögen des ArbN (BAG NZA 2017, 124). Bei behördlich verfügter **Betriebsschließung** ist nach dem Zweck zu unterscheiden: Soll damit einem im Betrieb des ArbGeb angelegten Risiko begegnet werden (Bsp: produktionsbedingt hohe Ansteckungsgefahr), gehört sie zum Betriebsrisiko; erfolgt sie hingegen im Rahmen allg Maßnahmen staatlicher Stellen zur Pandemiebekämpfung, trägt der ArbGeb nicht das Risiko des Arbeitsausfalls (BAG NZA 2022, 1113 Rn 23; NJW 2022, 560 Rn 33f; ErfK/*Preis* § 615 Rn 132a ff; *Sagan/Brockfeld* NJW 2020, 1112, 1116; aM *Fischinger/Hengstberger* NZA 2020, 559). Das **Wegerisiko** liegt beim ArbN (Rn 14). Daher ist der Einwand des S 3 ArbN verwehrt, die aufgrund eines Flugverbots wegen einer Aschewolke nach Vulkanausbruch ihren Urlaubsort nicht verlassen konnten (vgl BAG NJW 1983, 1078; *Gutzeit* NZA 2010, 618; zu anderen mögl Ansprüchen s auch § 616 Rn 34). Dagegen greift S 3 zu Gunsten der Piloten und des Bodenpersonals, die wegen des Flugverbots nicht eingesetzt werden können, sowie solcher ArbN, deren Betriebe keine Materiallieferungen mehr erhalten.

78 Im Falle des Entzugs einer für die Erbringung der Arbeit vom Auftraggeber vorgeschriebenen **Einsatzgenehmigung**, hat der ArbGeb bis zum Ablauf der Kündigungsfrist das Verwendungsrisiko des ArbN zu tragen, wenn das Arbeitsverhältnis nach der vertragl Regelung durch den Entzug der Einsatzgenehmigung automatisch mit Ablauf der Kündigungsfrist endet und der ArbN bis dahin unter Anrechnung von Urlaub freigestellt sein soll (ArbG Stuttgart 26.4.2012 – 24 Ca 7542/11; ArbG Weiden 17.4.2012 – 5 Ca 1329/11). Gleiches gilt für den Entzug einer Zugangsberechtigung zum Flughafengebäude (LAG Frankfurt 30.3.2009 – 17 Sa 1308/08). Zum Betriebsrisiko sollen auch Minuszeiten rechnen, die sich aus rückwirkender tarifvertragl Verlängerung der Arbeitszeit ergeben, wenn die Umsetzung wegen § 87 I Nr 2, II BetrVG erst zu einem späteren Zeitpunkt erfolgen kann (LAG Bln-Bbg BB 2011, 2164, keine Verrechnung mit Arbeitszeitguthaben; zweifelhaft).

79 Die Pflicht zur Lohnfortzahlung entfällt aber nach Ansicht der Rspr, wenn sie die **wirtschaftl Existenz des ArbGeb** (Unternehmen, nicht nur einzelner Betrieb) **bedroht** (vgl BAG AP 28 Betriebsrisiko; jetzt offenlassend BAG NJW 2022, 563 Rn 24). Notfalls sind die erforderlichen Mittel aus der Substanz des Betriebsvermögens zu nehmen. Kriterien für die Existenzbedrohung: Kosten für den Wiederaufbau, Wirtschaftskraft des Unternehmens, Höhe des in die unzerstörten Anlagen investierten Kapitals, Nachschusspflichten der Gesellschafter; maßgeblich ist eine wirtschaftl Betrachtung (BAG AP 28 Betriebsrisiko). Dem ArbGeb wird zugemutet, die für die Lohnzahlung erforderlichen Mittel aus der Substanz des Betriebsvermögens zu entnehmen. Ggf kann die Lohnfortzahlungspflicht ganz oder teilw entfallen (vgl BAG AP 15, 28 Betriebsrisiko; 13.6.1990 – 2 AZR 635/89). Diese Einschränkung des Vergütungsanspruchs bei Existenzgefährdung des ArbGeb wird in der **Literatur** unter Hinweis auf das Institut der Kurzarbeit zunehmend **abgelehnt** (BeckOGK/*Bieder* Rn 123; MünchArbR/*Tillmanns* § 76 Rn 87; Staudinger/*Fischinger* Rn 230f). Es ist bisher kein Fall bekannt, in dem die Rspr wegen Existenzgefährdung einen Lohnanspruch verneint hätte. Eine Verortung des Problems im Rahmen des § 313 – Wegfall der Geschäftsgrundlage – fügt sich aber besser in das allg Recht der Leistungsstörungen ein.

80 **4. Arbeitskampfrisikolehre.** Sonderregeln über die Verteilung des Arbeitskampfrisikos erfassen den umkämpften Betrieb und die Fernwirkungen in **mittelbar betroffenen Drittbetrieben**, gleichgültig ob im Abnehmerbetrieb die Produktion wegen Materialknappheit technisch unmöglich oder im Zulieferbetrieb die Weiterbeschäftigung durch Auftragsmangel wirtschaftl sinnlos wird. Begründung und Tragweite der hier abw Verlagerung des Betriebs- und Wirtschaftsrisikos auf die ArbN sind umstr. Die Verteilung des Arbeitskampfrisikos ist eine Frage des Arbeitskampfrechts, welche durch S 3 in ihren Maßstäben nicht entschieden wird (*Luke* NZA 2004, 244).

81 Die **Rspr** folgte zunächst einer **Sphärentheorie**: Störungen aus der Sphäre der ArbN vernichten den Lohnanspruch. Die Sphärenzuordnung richtete sich danach, welche Seite die zur Betriebsstörung führende Kampfmaßnahme eingeleitet hatte. Das BAG hat 1980 die Sphärentheorie **aufgegeben** (NJW 1980, 1642; 1981, 937). Nunmehr lassen nach Auffassung des BAG Fernwirkungen von Arbeitskämpfen die Vergütungsansprüche der mittelbar Betroffenen grds unberührt. Eine wichtige Ausnahme besteht aber, wenn die mittelbar betroffenen ArbGeb mit einiger Wahrscheinlichkeit unter dem Druck der Lohnforderungen die Kampfbeteiligten auf ihrer Seite zum Nachgeben zu bewegen versuchen und dadurch für die streikende Gewerkschaft ein zusätzl Druckmittel entsteht. Das widerspräche dem Gebot der **Waffengleichheit**. Davon geht das BAG aus, wenn der bestreikte oder ausgesperrte und der mittelbar betroffene Betrieb zum selben Unternehmen oder zur selben Branche gehören, die streikführende Gewerkschaft die ArbN beider Betriebe vertritt, beide ArbGeb zum selben Verband gehören oder wenn sie zwar verschiedenen Verbänden zugehören, die Verbände aber eng verknüpft sind (BAG NJW 1981, 937). Auf die Zugehörigkeit beider Betriebe zum gleichen Tarifgebiet kommt es nicht an. Der Katalog ist

nicht abschließend. Weiterhin müssen gerade die Lohnansprüche den zusätzl Druck im ArbGeb-Lager verursachen. Schadensersatzforderungen der mittelbar betroffenen ArbGeb gegen die Bestreikten wegen Verletzung der Abnahme- oder Lieferpflichten berühren die Lohnansprüche nicht (BAG NJW 1981, 937; aA *Löwisch*, Streik und Aussperrung im Ausland, 1980, 36; *Seiter* DB 1981, 578). Außerdem muss die Betriebsstörung nachweislich kampfbedingt sein. Die Folgen unternehmerischer Fehlentscheidungen sind auf die ArbN nicht abwälzbar. Allerdings ist die Zweckmäßigkeit der Unternehmenspolitik und die Vermeidbarkeit des Arbeitsausfalls der gerichtlichen Nachprüfung entzogen; nur offensichtliche Fehler rechtfertigen die Abweichung vom Arbeitskampfrisiko (LAG Hannover LAGE 4 Betriebsrisiko).

Ob diese Regeln bei **wilden Streiks** gelten, hatte das BAG 1980 nicht zu entscheiden; seine Abkehr von der 82
Sphärentheorie verwehrt indessen gleichzeitig, den Arbeitswilligen das Verhalten der Streikenden zuzurechnen (bereits *Kalb*, 127ff).

Der ArbGeb ist berechtigt, einen **bestreikten Betrieb** für die Dauer des Streiks ganz **stillzulegen**, mit der Kon- 83
sequenz, dass auch arbeitswillige ArbN ihren Lohnanspruch verlieren (BAG NJW 1995, 477 und 2869). Das gilt aber nur, soweit es sich nicht um eine vorbeugende Kampfmaßnahme handelt, die über eine reine Gegenwehr hinausgeht (BAG NJW 1999, 2389). Ein einzelvertragl Anspruch, im Notdienst eingesetzt zu werden, besteht nicht (BAG NJW 1995, 477). Entscheidet sich der ArbGeb aber, einen bestreikten Betrieb nicht stillzulegen, sondern aufrechtzuerhalten, so verlieren arbeitswillige ArbN des Betriebs, die dennoch nicht beschäftigt werden, ihren Entgeltanspruch nur, wenn ihre Beschäftigung dem ArbGeb infolge des Streiks unmöglich oder unzumutbar wird (BAG AP 138 Art 9 GG Arbeitskampf). Besteht ein Ausfall auf ArbN-Seite, den der ArbGeb nicht zu ersetzen hat, wird im Falle gleitender Arbeitszeit nicht das Gleitzeitkonto des ArbN belastet, sondern die Arbeitsvergütung entfällt entspr, soweit nichts anderes vereinbart ist (BAG NJW 1995, 613).

Auch bei **rechtmäßiger Aussperrung** können die Lohnansprüche wegfallen (BAG NJW 1981, 942; ebenso *Kalb*, 84
166; *Brox/Rüthers* Arbeitskampf Rn 176ff; *Picker* JZ 1979, 285; abl *Bobke* BlStSozArbR 1981, 273). Der ArbGeb muss das Recht auf Aussperrung durch eindeutige Erklärung ausüben. Daran fehlt es, wenn unklar bleibt, ob die Schließung des Betriebs als Kampfmaßnahme dient oder Reaktion auf streikbedingte Betriebsstörungen ist (BAG NJW 1996, 1428). Bei sog Wellenstreiks lassen sich Abwehrmaßnahmen des ArbGeb oft nicht ohne weiteres so begrenzen, dass sie sich nur während der Dauer der einzelnen Kurzstreiks auswirken. Können ArbN deshalb für den Rest einer laufenden Schicht nicht mehr beschäftigt werden, verlieren sie ihren Lohnanspruch, wenn eine andere Planung dem ArbGeb unmöglich oder unzumutbar gewesen wäre (BAG AP 147; 152; 154, 155 Art 9 GG Arbeitskampf m Anm *Otto*; EzA 132 Art 9 GG Arbeitskampf m Anm *Gamillscheg*; *Fischer* RdA 1999, 406). Vergibt ein ArbGeb in Erwartung künftiger Streikmaßnahmen vorsorglich Arbeiten an ein Fremdunternehmen, entfällt wegen § 615 die Vergütungspflicht nicht, wenn der befürchtete Streikaufruf ausbleibt. Das gilt auch, wenn der ArbGeb zwar von Wellenstreiks schon betroffen war, die Fremdvergabe aber nur zur Vorsorge und nicht als aktuelle Reaktion auf die Arbeitsniederlegung erfolgte (BAG AP 154 Art 9 GG Arbeitskampf).

Zum **Wirtschaftsrisiko** des ArbGeb (Rn 75) rechnet das BAG, ArbN im kampfbetroffenen Kundenbetrieb nicht 85
einsetzen zu können (zu Leih-ArbN BAG AP 29 Betriebsrisiko m krit Anm *Mayer-Maly*; krit *Becker* NJW 1973, 1629; *Buchner* SAE 1975, 13; zu Monteuren BAG AP 30 Betriebsrisiko), weil er den ArbN an einer anderen Stelle beschäftigen kann (zust *Schmid* JuS 1977, 92; krit Staudinger/*Fischinger* Rn 252f).

Die Rspr birgt in mehrfacher Hinsicht **praktische Schwierigkeiten**: Zunächst ist unklar, wann auf ArbGeb-Seite 86
die notwendige enge koalitionspolitische Bindung vorliegt, die Zugehörigkeit der betroffenen Arbeitgeberverbände zur BDA oder der zuständigen Gewerkschaften zum DGB dürfte nicht genügen (vgl *Bobke* BlStSozArbR 1981, 273). Fraglich und im Voraus kaum feststellbar ist auch, wie viele ArbN mittelbar betroffen sein müssen, damit ihre Lohnansprüche zusammen hoch genug sind, um den erforderlichen Druck im ArbGeb-Lager auszulösen; offen und auch nicht festlegbar ist schließlich, wann und welche sonstigen vom BAG nicht angesprochenen Umstände die Kampfparität stören und einen Lohnausfall rechtfertigen (zB geringer Einfluss des mittelbar betroffenen Unternehmens im ArbGeb-Verband, Zugehörigkeit zu verschiedenen Branchen, Fernwirkungen ausl Arbeitskämpfe, fehlende Verbandszugehörigkeit mittelbar betroffener ArbGeb). S *Ehmann/Schnauder* Anm EzA 8 Betriebsrisiko; *Adomeit* DB 1981, 1086; *Otto* RdA 1981, 285.

Die Zahl der Lösungsvorschläge im **Schrifttum** zur Verteilung des Arbeitskampfrisikos ist kaum übersehbar 87
(dazu Erman/*Belling*[10] Rn 69).

Stellungnahme. Im Erg ist der Rspr des BAG zuzustimmen. Auch nach der Neufassung von § 615 S 3 ist aller- 88
dings fraglich, ob das Arbeitskampfrisiko direkt aus § 615 hergeleitet werden kann. Es spricht jedoch nach wie vor Vieles dafür, es idR aus § 615 abzuleiten (*Richardi* NJW 1987, 1231; *Picker* JZ 1979, 285), ohne auf eine richterliche Rechtsfortbildung oder eine Erweiterung des Vertretenmüssens im Bereich von § 326 I bzw II zurückzugreifen. Das BAG hat bisher nicht begründet, warum es Unmöglichkeit der Dienstleistung annimmt, wenn der ArbGeb den ArbN nicht beschäftigen kann, während es Annahmeverzug bejaht, wenn der ArbGeb die Leistung nicht annehmen will. Der ArbGeb gerät auch in Annahmeverzug, wenn er die Leistung nicht annehmen kann (so für den freien Dienstvertrag auch BGHZ 24, 91); der Grund für die Nichtannahme spielt keine Rolle, Verschulden ist nicht erforderlich. Die neue Rspr zu § 296 weist in die gleiche Richtung, da sie den Annahmeverzug gerade auf die fehlende Bereitstellung des Arbeitsplatzes stützt (Rn 27). Ferner war schon immer anerkannt, dass der Wegfall des Arbeitsplatzes nur eine ordentliche Kündigung rechtfertigt und während des Laufs der Kündigungsfrist ein Entgeltanspruch besteht, der sich nur aus § 615 ergeben kann. Folgerichtig setzt der

Vergütungsanspruch auch in diesen Fällen die sonstigen Voraussetzungen des Annahmeverzugs voraus, insb die Leistungsfähigkeit des ArbN. Zu Ersatz- und Nachleistung Rn 42, 54ff.

89 Geht die Betriebsstörung auf einen **Arbeitskampf** zurück, ist aus Gründen der Waffengleichheit eine teleologische Reduktion von § 615 geboten; insoweit ist der Argumentation des BAG (NJW 1981, 937 sowie oben Rn 80ff) zuzustimmen (s BeckOGK/*Bieder* Rn 128 mwN). Allerdings gewährt § 160 SGB III den mittelbar Arbeitskampfbetroffenen anderer Branchen stets Arbeitslosen- oder Kurzarbeitergeld, obwohl sie nach der Rspr des BAG (Rn 81) den Lohnanspruch gar nicht verlieren. *Otto* (RdA 1987, 1) und *Adomeit* (NJW 1987, 33) hatten daraus gefolgert, dass die Neufassung des § 116 AFG (jetzt § 160 SGB III) die Rspr des BAG dahin korrigiert habe, dass mittelbar arbeitskampfbetroffene ArbN stets den Lohnanspruch verlieren. Das Gesetz wollte aber die arbeitsrechtl Seite gar nicht regeln. Es greift nur in den Fällen ein, in denen der Lohnanspruch entweder aufgrund der Rspr des BAG oder aufgrund Vertrags oder Spruchs der Einigungsstelle gem § 87 I Nr 3 BetrVG entfällt. Immerhin spricht § 160 SGB III dafür, in Grenz- und Zweifelsfällen der Arbeitskampfrisikolehre den Wegfall des Lohnanspruchs anzunehmen, soweit Kurzarbeitergeld gewährt wird.

90 Das Arbeitskampfrisiko umfasst über Betriebsstörungen während eines Arbeitskampfs hinaus jedenfalls auch im direkt betroffenen Betrieb **kampfbedingte Anlaufschwierigkeiten** bei der Wiederaufnahme der Produktion, zB Materialengpässe (BAG AP 45 Art 9 GG Arbeitskampf). Dagegen gilt § 615, wenn der ArbGeb notwendige Werkstoffe nach Streikende nicht rechtzeitig zur Verfügung stellt (LAG Düsseldorf BB 1969, 1465).

91 **5. Abdingbarkeit.** Die Betriebsrisikolehre tritt hinter **gesetzl, kollektiv- oder einzelvertragl Regelungen** zurück (BAG AP 16 Betriebsrisiko; EzA 94). Daran hat sich durch die Einfügung von S 3 nichts geändert. Eine abw Vereinbarung muss aber hinreichend klar und deutlich sein (BAG NZA 2009, 913 Rn 22; AP 5 u 31 Betriebsrisiko). Sie kann untervertragl Vergütungen vorsehen (Beispielsfall: BAG AP 1 § 1 TVG Tarifverträge Holz). Auch **ständige Übung** kann das Betriebsrisiko anders verteilen. Ist zB üblich, wegen Arbeitsmangels überzählige Schichtarbeiter zur nächsten Schicht erneut zu bestellen, haben die Übriggebliebenen keinen Lohnanspruch. Anders ist es nur, wenn der Betrieb mehr ArbN einstellt, als er normalerweise ständig beschäftigen kann (LAG Bremen AP 1 § 611 Hafenarbeiter). Eine zumutbare Nachleistungspflicht kann vereinbart werden, nur ist dann aus Billigkeitsgründen auch ein entspr Nachleistungsrecht für unverschuldete Leistungsstörung des ArbN festzulegen. Betriebsvereinbarungen und arbeitsvertragl Einheitsregelungen unterliegen hier wie sonst (§ 611a Rn 169, 193) der Billigkeitskontrolle. Diese wird idR passiert, wenn der Entgeltausfall durch Kurzarbeitergeld ausgeglichen wird (so im Erg *Ehmann* NJW 1987, 401). Bedenken bestehen gegen die Abbedingung im Formulararbeitsvertrag, § 307 II Nr 1, § 310 IV 2 (ErfK/*Preis* Rn 129) und § 307 I 1 (LAG Hamm 25.11.2010 – 17 Sa 1185/10). Der ArbGeb darf das Arbeitsentgeltrisiko nicht generell auf den ArbN verlagern (Staudinger/*Fischinger* Rn 11). Die Grenze auch für Individualvereinbarungen wird gezogen, wo der ArbGeb generell das Betriebsrisiko auf den ArbN verlagert. Derartige Abreden sollen auch gegen § 138 I verstoßen (ArbG Leipzig AuA 2000, 185 m abl Anm *Keßler*; ErfK/*Preis* Rn 129, 8).

92 **Vergütungsansprüche** können, auch wenn sie aufgrund der Betriebsrisikolehre an sich bestehen, aufgrund Kollektiv- oder Einzelvertrags durch die Einführung von **Kurzarbeit** reduziert werden. Der Wegfall des Vergütungsanspruchs aufgrund der Arbeitskampfrisikolehre vollzieht sich dagegen kraft Gesetzes und mitbestimmungsfrei, soweit er eine bestimmte ArbN-Gruppe betrifft. Soweit der ArbGeb ein Gestaltungsermessen hat, wie er den arbeitskampfbedingten Arbeitsausfall verteilt, liegt eine personelle Maßnahme vor, für die in nur mittelbar kampfbetroffenen Betrieben die allg Mitbestimmungsrechte gelten (BAG NJW 1981, 937). Ein ArbN behält seinen Lohnanspruch iHd Kurzarbeitergelds, wenn dieses von der Agentur für Arbeit für eine mit dem Betriebsrat vereinbarte Kurzarbeitsperiode rückwirkend widerrufen wird (BAG EzA 11 Betriebsrisiko). Die fehlende Mitbestimmung des Betriebsrats bei der Durchführung einer vorübergehenden Betriebsstilllegung wegen Absatzschwierigkeiten führt zum Annahmeverzug (LAG Berlin DB 1986, 808).

93 **6. Beendigung des Arbeitsverhältnisses.** Unter eng begrenzten Voraussetzungen kann eine Betriebsstörung auch zur Beendigung des Arbeitsverhältnisses führen. IdR ist das aber nur durch ordentliche Kündigung möglich, und auch hier wird die nach § 1 II KSchG erforderliche Betriebsbedingtheit nur vorliegen, wenn der Betrieb nicht nur vorübergehend geschlossen werden soll (BAG 22.1.1998 – AZR 358/95); uU aber Änderungskündigung bis zur Wiedereröffnung. Ob während der Kündigungsfrist Lohnansprüche bestehen, richtet sich nach den Regeln des Betriebs- bzw Arbeitskampfrisikos. Vereinzelt hat die ältere Rspr auch die fristlose Kündigung zugelassen. Grds kann der ArbGeb das Betriebsrisiko aber nicht durch fristlose Kündigung auf den ArbN abwälzen (BAG AP 16 § 626; Soergel/*Kraft* Rn 51; ErfK/*Preis* Rn 137). Im Rahmen der nach § 626 erforderlichen Abwägung ist zu berücksichtigen, dass die Einhaltung kurzer Kündigungsfristen idR zumutbar ist, bei ArbN mit langer Kündigungsfrist hat ihre häufig lange Betriebszugehörigkeit besonderes Gewicht. Wesentlich für die Abwägung ist auch, ob es sich um eine vorübergehende Störung oder um eine endgültige Betriebsstilllegung handelt. Stilllegungen sind vereinzelt als wichtiger Grund iSd § 626 angesehen worden (BAG NJW 1985, 2606: „ganz ausnahmsweise"), sofern die ordentliche Kündigung des Arbeitsverhältnisses ausgeschlossen ist. In diesen Fällen muss der ArbGeb aber auch bei außerordentlicher Kündigung die Fristen einhalten, denen die ausgeschlossene ordentliche Kündigung unterläge (BAG NJW 1982, 2606; § 626 Rn 132f). Denkbar ist aber die fristlose Änderungskündigung, um den ArbN während der Betriebsstörung in eine andere zumutbare Beschäftigung zu überführen, soweit sich dies nicht schon aus den in Rn 42, 58 dargelegten Grundsätzen ergibt. Eine automatische Beendigung des Arbeitsverhältnisses ohne Kündigung kann nur in dem äußerst seltenen Ausnahmefall eintreten, dass die tatsächlichen Verhältnisse den Ausspruch einer Kündigung für den Empfänger erkennbar verhindern;

kein Auflösungsgrund besteht, wenn die Vertragsparteien sich darüber einig waren, dass das Arbeitsverhältnis als ruhendes weiterbestehen sollte (vgl BAG AP 2 § 7 AltbankenG).

7. Rechtsfolge von S 3. Rechtsfolge der Risikotragung des ArbGeb **ist die entspr Anwendung von § 615 S 1** 94
und S 2. Umstritten ist, ob auch die Annahmeverzugsvoraussetzungen vorliegen müssen (Rechtsgrundverweisung; BAG NJW 2022, 560 Rn 20; 2008, 3803 Rn 12; MüKo/*Henssler* Rn 97; HWK/*Krause* Rn 121; *Krause* ZFA 2018, 144f) oder ob es sich um einen selbständigen Tatbestand mit bloßer Rechtsfolgenverweisung handelt (so andeutungsweise BAG NJW 2018, 1609 Rn 20f; ErfK/*Preis* Rn 122). Der Wortlaut (beim allg Dienstvertragsrecht löst die Substratstörung gem S 1 nur unter Annahmeverzugsvoraussetzungen die Rechtsfolgen aus) spricht für eine Rechtsgrundverweisung. Allerdings kann das Leistungsangebot (§§ 293ff) im Einzelfall entbehrlich sein. Die Einschränkung bei Unvermögen des ArbN nach § 297 ist auch in Betriebsrisikofällen sachgerecht (*Krause* ZFA 2018, 145).

§ 616 Vorübergehende Verhinderung

Der zur Dienstleistung Verpflichtete wird des Anspruchs auf die Vergütung nicht dadurch verlustig, dass er für eine verhältnismäßig nicht erhebliche Zeit durch einen in seiner Person liegenden Grund ohne sein Verschulden an der Dienstleistung verhindert wird. Er muss sich jedoch den Betrag anrechnen lassen, welcher ihm für die Zeit der Verhinderung aus einer aufgrund gesetzlicher Verpflichtung bestehenden Kranken- oder Unfallversicherung zukommt.

Schrifttum: Zu § 616: *Benöhr*, Fast vier Tropfen sozialen Öls – Zum Arbeitsrecht im BGB, FS Kroeschell, 1997, 17; *Coester*, Mutterschutz-Beschäftigungsverbot-Arbeitsunfähigkeit, SAE 1997, 27; *Forst*, Verlust des Lohnanspruchs durch Aschewolken?, BB 2010, 1213; *Haase*, Der Anspruch des Geschäftsführers einer GmbH auf Fortzahlung seiner Vergütung im Krankheitsfall, GmbHR 2005, 1260; *Mittelmeier*, Regress des Arbeitgebers bei Fortzahlung des Arbeitsentgeltes, 1984; *Reinecke*, Entgeltfortzahlung bei Arztbesuchen, AuA 1996, 329; *Reinecke*, Der Anspruch auf Entgeltfortzahlung beim Zusammentreffen mehrerer Verhinderungsgründe, DB 1991, 1168; *Schaub*, Rechtsprobleme der Arbeitsverhinderung, AuA 1996, 82; *Sowka*, Freistellungspflichten des Arbeitgebers zur Ermöglichung der Pflege eines kranken Kindes, RdA 1993, 34; *Walk*, § 616 und Leistungshindernisse in „neutraler" Sphäre, 1997.

Zum EFZG: *Bauer/Röder/Lingemann*, Krankheit im Arbeitsverhältnis, 3. Aufl 2006; *Belling/Hartmann*, Ausschluss der Entgeltfortzahlung bei hypothetischer Nichtleistung, ZFA 1994, 519; *Boecken*, Entgeltfortzahlung bei nebentätigkeitsbedingtem Arbeitsunfall bzw Unfall, NZA 2001, 233; *Boecken*, Probleme der Entgeltfortzahlung im Krankheitsfall, NZA 1999, 673; *Buchner*, Entgeltfortzahlung im Spannungsfeld zwischen Gesetzgebung und Tarifautonomie, NZA 1996, 1177; *Giesen*, Das neue Entgeltfortzahlungs- und Urlaubsrecht, RdA 1997, 193; *Greiner*, Krankengeld und Entgeltfortzahlung bei Organ- oder Gewebespende, NZS 2013, 241; *Gutzeit*, Die schwangere Kranke vor dem BAG – monokausale Wirrungen, NZA 2003, 81; *Hanau/Kramer*, Zweifel an der Arbeitsunfähigkeit, DB 1995, 94; *Hunold*, Zum Beweiswert einer Arbeitsunfähigkeitsbescheinigung, DB 1992, 2633; *Kaiser/Dunkl/Hold/Kleinsorge*, Entgeltfortzahlungsgesetz, 5. Aufl 2000; *Kießling/Jünemann*, Dienstbefreiung, Entgeltfortzahlung und Kündigung bei der Erkrankung von Kindern, DB 2005, 1684; *Knorr*, Organlebendspende und Entgeltfortzahlung, NZA 2012, 1132; *Kramer*, Die Vorlage der Arbeitsunfähigkeitsbescheinigung, BB 1996, 1662; *Müller/Berenz*, Entgeltfortzahlungsgesetz, 3. Aufl 2001; *Schlünder*, Forderungsübergang bei Dritthaftung, NZA 2012, 1126; *Schmitt*, Entgeltfortzahlungsgesetz, 8. Aufl 2018; *Schulz*, Entgeltfortzahlung bei Erkrankung von Kindern, DB 2006, 838 mit Replik *Kießling*, DB 2006, 841;

Twesten, Entgeltfortzahlung bei Beendigung des Arbeitsverhältnisses, Die Leistungen 1999, 385; *Twesten*, Entgeltfortzahlung – Krankengeld Konkurrenzprobleme?, ZfS 2000, 3; *Twesten*, Entgeltfortzahlung und Fortsetzungserkrankung, Die Leistungen 2000, 450; *Twesten*, Entgeltfortzahlung bei Maßnahmen der medizinischen Vorsorge und Rehabilitation, Die Leistungen 2000, 65; *Twesten*, Unverschuldete Arbeitsunfähigkeit als Voraussetzung der Entgeltfortzahlung im Krankheitsfall, Die Leistungen 2001, 257, 321; *Twesten*, Sport und Entgeltfortzahlung im Krankheitsfall, Die Leistungen 2002, 65; *Wedde/Kunz*, Entgeltfortzahlungsgesetz, 4. Aufl 2015; *Willemsen/Müntefering*, Begriff und Rechtsstellung arbeitnehmerähnlicher Personen: Versuch einer Präzisierung, NZA 2008, 193; *Worzalla/Süllwald*, Entgeltfortzahlungsgesetz, 2. Aufl 1999; *Zwade*, Die Teilarbeitsfähigkeit aus arbeits- und sozialrechtl Sicht, 1995.

1 **I. Allgemeines. 1. Systematik und Darstellung.** § 616 enthält eine allg, für **alle Dienstverhältnisse** anwendbare Regelung für den Fall der persönlichen Verhinderung. Für ArbN gilt wegen Verhinderung durch **krankheitsbedingte Arbeitsunfähigkeit** die spezielle und für ihren Bereich abschließende Regelung des **Entgeltfortzahlungsgesetzes.** In vielen Bereichen werden die verschiedenen Regelungen aber einheitlich ausgelegt: So werden beide Regelungen hier als Anspruchserhaltung verstanden, nicht als Anspruchsgrundlagen (Rn 11, 97). Krankheit als persönliche Verhinderung iSd § 616 versteht man ebenso wie im EFZG (Rn 102); jew ist Monokausalität erforderlich (Rn 35ff); es findet ein einheitlicher Verschuldensmaßstab Anwendung (Rn 42). Die in § 5 EFZG geregelten Anzeige- und Nachweispflichten (Rn 144) werden bei § 616 als vertragl Nebenpflichten begründet, § 241 II (Rn 57). Wo § 6 EFZG eine Legalzession vorsieht (Rn 155), besteht dienstvertragl ein Abtretungsanspruch (Rn 83). Im Folgenden wird zunächst (Rn 2ff) § 616 und anschließend (Rn 96ff) das EFZG geschlossen erläutert. Zur Vermeidung von Wiederholungen verweisen die Kommentierungen aufeinander.

2 **2. Zweck und Standort im System der Leistungsstörungen.** § 616 begründet eine **Ausnahme** vom Grundsatz **„ohne Arbeit kein Lohn“, § 326 I.** Die Norm „beruht auf sozialpolitischen Rücksichten und auf Gründen der Humanität“ (Mot II, 463 = Mugdan II, 258), heute wird sie mit dem Fürsorgegedanken begründet (BAG AP 21, 22; BGHZ 62, 384; BeckOGK/*Bieder* Rn 3f; *Harke* Besonderes Schuldrecht Rn 234). Der Dienstschuldner ist idR wirtschaftl schwächer. Er kann den Ausfall idR nicht durch Gehilfen abwenden, weil er im Zweifel in Person zu leisten hat, § 613. Ohne die Regelung von § 616 ergäben sich Entgeltansprüche lediglich aus § 326 II. Aus sozialen Gründen erhält § 616 dem Dienstpflichtigen den Vergütungsanspruch für den Fall kurzfristiger Verhinderung aufrecht, wenn er die Verhinderung nicht verschuldet hat. Aus dem Charakter von § 616 als **Gefahrtragungsregel** folgt, dass die Bestimmung nur anwendbar ist, wenn an sich der Tatbestand von § 326 I (Leistungsbefreiung des Dienstpflichtigen gem § 275 I Fall 1 oder III – § 275 I Fall 2 und II scheiden aus, da der Dienstpflichtige durch einen in seiner Person liegenden Grund an der Dienstleistung verhindert sein muss) erfüllt ist und die Voraussetzungen von § 326 II nicht vorliegen. Daraus ergibt sich, dass § 616 ausschließlich das Schicksal des Anspruchs auf die Gegenleistung (Entgelt) regelt, aber nichts über dasjenige der Dienstleistungsverpflichtung aussagt. Eine Entbindung des Dienstpflichtigen von dieser oder seine Freistellung kann daher nicht aus § 616, sondern nur aus § 275 I, III oder aus § 242 wegen Unzumutbarkeit der Erbringung der Dienstleistung abgeleitet werden (vgl MüKo/*Henssler* Rn 10, 18 mwN; *Henssler* AcP 190, 545ff; *Löwisch* NZA 2001, 465).

3 **3. Anwendungsbereich.** § 616 gilt für **alle Dienstverträge**, freie und abhängige, befristete und unbefristete. Die Vorschrift erfasst sämtliche unverschuldeten, in der Person des Dienstpflichtigen begründeten Verhinderungen für eine verhältnismäßig nicht erhebliche Zeit. Im Rahmen einer Arbeitsgelegenheit mit Anspruch auf eine Mehraufwandsentschädigung (sog Ein-€-Job) gilt § 616 nicht, weil die Arbeitsgelegenheit auf einer Eingliederungsvereinbarung basiert, die ein öffentlich-rechtl Rechtsverhältnis darstellt (LSG Sachsen-Anhalt ArbuR 2013, 130).

4 **a) Spezielle Regeln der Entgeltfortzahlung wegen Krankheit: Spezielle Vorschriften** schließen zahlreiche Konstellationen – vor allem im Bereich der Arbeitsverhältnisse – von diesem zunächst umfassenden Anwendungsbereich aus.

5 **aa)** Im Fall der **Arbeitsverhinderung** wegen **Krankheit, Schwangerschaftsunterbrechung, Sterilisation** sowie **Maßnahmen der medizinischen Vorsorge oder Rehabilitation** haben ArbN Entgeltfortzahlungsansprüche ausschließlich nach den Vorschriften des **EFZG.** Bei Verhinderungen aus anderen als den vom EFZG erfassten Gründen haben auch ArbN Vergütungsansprüche aus § 616 (Grü/*Weidenkaff* Rn ½). Soweit nach den Vorschriften des EFZG kein Anspruch auf Entgeltfortzahlung besteht (etwa während der Sperrfrist des § 3 III EFZG oder infolge der restriktiven Regelung der „Schonungszeiten“ in § 9 EFZG, dazu Rn 104), ist der Rückgriff auf § 616 wegen des abschließenden Charakters der Spezialvorschriften versperrt (vgl Schmitt/*Schmitt* § 3 EFZG Rn 10). Im freien Dienstvertrag fällt auch die Dienstverhinderung wegen Krankheit etc unter § 616, dessen Geltung aber häufig vertragl ausgeschlossen wird (MüKo/*Henssler* Rn 22).

6 **bb)** Die **Entgeltfortzahlung an Seeleute** auf Kauffahrteischiffen, welche die Bundesflagge führen, richtet sich in Krankheitsfällen nach § 104 SeeArbG, der eine Modifikation zum EFZG enthält, aber iÜ auf dessen Regelungen verweist, § 104 I 2 SeeArbG. Auch insoweit sind Ansprüche aus § 611 iVm § 616 ausgeschlossen (BAG AP 2 § 78 SeemG).

7 **cc)** Für **Auszubildende** einschl der Volontäre und Praktikanten gilt § 19 BBiG, dessen Abs I Nr 2 lit b § 616 verdrängt. Im Krankheitsfall ist das EFZG anwendbar, die zur Berufsausbildung Beschäftigten sind ArbN iSd § 1 II EFZG.

8 **b) Entgeltfortzahlung in sonstigen Fällen:** In besonders häufig auftretenden Fällen sehen **Spezialgesetze Entgeltfortzahlung** vor. Sie schützen allerdings nur ArbN und nicht den freien Dienstpflichtigen. Zu den spezialge-

setzl geregelten Materien gehören die Wahrnehmung **betriebsverfassungsrechtl** Pflichten (§ 39 III, § 44, § 37 II, VI, VII BetrVG, dazu BAG BB 1982, 1546), die Entgeltzahlung an **Wochenfeiertagen** (§ 2 EFZG), **Musterung** und **Eignungstest** zum Wehrdienst (§ 14 ArbPlSchG), **Wehrübungen**, sofern der ArbN im öffentlichen Dienst tätig ist (§ 1 II 1 ArbPlSchG), **Berufsschulbesuch** (§ 9 JArbSchG), **Vorsorgeuntersuchungen** (§ 43 JArbSchG, § 7 MuSchG), **Beschäftigungsverbote** während der Mutterschutzfrist (§§ 18ff MuSchG), **Erholungsurlaub** (§ 1 BUrlG), **Bildungsurlaub**, sofern die einschlägigen Ländergesetze dies vorsehen. Zur Entgeltfortzahlung im Zusammenhang mit dem **PflegeZG** (insb § 2 III PflegeZG) s Rn 51.

In **anderen Fällen** wird der Dienstschuldner durch Dritte für den Ausfall entschädigt, zB durch § 22 JVEG, die 9
Entschädigung für Arbeitsverbote nach § 56 IfSG (BGHZ 73, 23); Kranken- oder Pflegekrankengeld nach §§ 44, 45 SGB V, Saison-Kurzarbeitergeld von der Bundesagentur für Arbeit, § 101 SGB III, § 47b SGB V. Diese Vorschriften sind **subsidiär** zu den Entgeltfortzahlungsvorschriften des § 616 und des § 3 EFZG (*Preis/Mazurek/Schmid* NZA 2020, 1137ff; ArbG Aachen NZA-RR 2021, 471; vgl auch § 49 SGB V; zur Subsidiarität von § 45 III SGB V: LAG Köln BB 1995, 625; *Sowka* RdA 1993, 34). Kandidaten zum **Deutschen BT** haben gem § 3 S 2 AbgG für wahlkampfbedingte Ausfälle (Wahlvorbereitungsurlaub) keinen Anspruch auf Entgeltfortzahlung; entspr Regelungen finden sich für **Landtagskandidaten** in den Abgeordnetengesetzen einiger Länder. Es handelt sich um einen allg Rechtsgrundsatz. Daher ergibt sich auch in den Ländern ohne gesetzl Regelung kein Vergütungsanspruch. Der gewählte Abgeordnete hat ebenfalls keine Ansprüche aus § 616 (MünchArbR/*Reichold* § 41 Rn 6; *Dobberahn* NZA 1994, 397).

c) **Zuschlagslösung für Heimarbeit:** Auf Heimarbeiter finden weder § 616 noch § 3 EFZG Anwendung (Staudinger/*Oetker* Rn 37). Statt eines Anspruchs auf Entgeltfortzahlung wird ihnen zur Vorsorge gem § 10 EFZG lediglich ein Anspruch auf Zuschlag zum Arbeitsentgelt gewährt, der dafür unabhängig von konkreten Verhinderungen ist (vgl BAG AP 1 § 5 ArbKrG; Schmitt/*Schmitt* § 10 EFZG Rn 1ff). 10

4. Rechtsnatur. § 616 **erhält den Erfüllungsanspruch** entgegen der Grundregel von § 326 I aufrecht. Es handelt sich nicht um einen Ersatzanspruch für entgangene Vergütung (st Rspr BAG NJW 1972, 703; DB 1981, 223; BGHZ 62, 385; *Brill* DB 1970, 1538). **Anspruchsgrundlage** bleibt § 611/611a I. Die zu zahlende Vergütung ist daher Lohn für geleistete Arbeit und als solcher zu behandeln: Es werden die gleichen Abgaben erhoben einschl der ArbGeb-Anteile; es gelten die Pfändungsgrenzen nach § 850c ZPO, die bisherigen Zahlungstermine bzw § 614 (BAG AP 11 § 6 LFG; BAG NJW 1972, 702f) und tarifliche Ausschlussfristen (BAG AP 52, 53 § 4 TVG Ausschlussfristen). § 614 stellt hier allerdings nur eine Fälligkeitsregel auf (die parallele Freistellung des Dienstschuldners von seiner Leistungspflicht gem § 242 schließt seine Vorleistungspflicht gerade aus). Zu bilanziellen Folgen *Höfer* BB 1992, 1753. 11

5. Abdingbarkeit. § 616 enthält **nachgiebiges** Recht (BAG GrS AP 21; BAG NZA 2002, 47; 1987, 2458; NJW 1980, 903); Umkehrschluss aus § 619 (BAG NJW 1983, 1078; AP 8; BeckOGK/*Bieder* Rn 47). 12

a) **Freier Dienstvertrag. Karenztage** sind in freien Dienstverträgen zulässig. Der **völlige Ausschluss** einer Entgeltzahlungspflicht bedarf nicht der sachlichen Rechtfertigung, etwa besonderer wirtschaftl Schwierigkeiten des Dienstberechtigten. 13

b) **Arbeitsvertrag.** Ansprüche aus den (neben dem EFZG) verbleibenden (nicht krankheitsbedingten) Verhinderungsgründen iSd § 616 sind auch zum Nachteil des ArbN tarif- und individualrechtl dispositiv. 14

Bsp für **konkretisierende Regelungen in Tarifverträgen:** Arztbesuch (BAG AP 22 zu § 1 TVG Tarifverträge: Metallindustrie); Eheschließung (BAG AP 61); Regelungen zu anderen Hindernissen: BAG NJW 1980, 903; 83, 1078; AP 55. Anerkannt als **Ausschluss** ist vor allem die Klausel „bezahlt wird nur die wirklich geleistete Arbeit". Die Gehaltsfortzahlung ist auch für die Arbeitsbefreiung zur **Stellensuche** nachgiebig, denn § 629 enthält keinen zwingenden Vergütungsanspruch (BAG AP 1 § 629; DB 1970, 211). Verweist ein Tarifvertrag „beispielsweise" für bestimmte Fälle auf § 616, liegt darin keine Abbedingung iÜ (BAG AP 23, 43). Bei eingehender Aufzählung einzelner bezahlter Verhinderungsgründe und -zeiträume ist grds von einer erschöpfenden Regelung auszugehen (BAG AP 8, 30, 35, 37, 38; DB 1979, 1993), die e contrario in nicht benannten Einzelfällen den Rückgriff auf § 616 verbietet (BAG AP 44, 64, 94; 110 zu § 1 TVG Auslegung; DB 1990, 2072; LAG Rh-Pf BB 1978, 1064). Bsp: Die Tarifverträge des öffentlichen Dienstes (TvöD/TV-L; zum BAT vgl LAG Nds BB 1963, 1136; BAG AP 1 § 29 BMT – G II betr Gerichtstermine). 15

Im **Einzelarbeitsvertrag** ist neben Modifikationen auch der völlige Ausschluss möglich, Soergel/*Kraft* Rn 4; offengelassen: BAG NJW 1980, 903. Die Hindernisse stammen aus der Sphäre des ArbN; es findet keine Abwälzung des Betriebsrisikos auf diesen statt. Auch die Fürsorgepflicht des ArbGeb verlangt keine Einschränkungen; denn sie ist ihrerseits in Teilbereichen abdingbar, soweit sie nicht als Ganzes in Frage gestellt wird (vgl BAG AP 26 § 611 Fürsorgepflicht; Schaub/*Ahrendt* § 106 Rn 4). Das ist bei den von § 616 erfassten Hindernissen nicht der Fall. **In AGB** (s § 310 Rn 32) ist die vollständige Abbedingung nur mit sachlicher Rechtfertigung möglich, zB aus den besonderen Verhältnissen des Betriebs oder Wirtschaftszweigs, § 307 I, II Nr 1 (BeckOGK/*Bieder* Rn 50; ErfK/*Preis* § 310 Rn 82; Staudinger/*Oetker* Rn 152 mwN). 16

c) An einen **konkludenten Ausschluss** sind hohe Anforderungen zu stellen (BGH NJW 1995, 2629; BeckOGK/*Bieder* Rn 47). Die Annahme eines solchen durch **betriebliche Übung** (RAG ARS 7, 140) ist ebenfalls nur unter engsten Voraussetzungen denkbar. Da es sich nur um eine Übung zuungunsten der ArbN handeln kann, ist eine konkludente vertragl Abrede unverzichtbar. In der bloßen Hinnahme durch die ArbN liegt eine solche nicht. Bei Verträgen, die auf die Erbringung von Einzelleistungen gerichtet sind (Unterrichtsstunden, Zahnarzttermin), 17 wird eine Vergütungsfortzahlung regelmäßig am Erfordernis der „verhältnismäßig nicht erheblichen Zeit" scheitern. Nur im Fall von ganz geringfügigen Verspätungen kann die volle Vergütung verlangt werden (s auch Rn 53), auf einen konkludenten Ausschluss kommt es nicht an.

18 **II. Anspruchsvoraussetzungen. 1. Wirksamer Dienstvertrag.** Zunächst muss ein **wirksamer Dienstvertrag** bestehen. Daran fehlt es, wenn das Dienstverhältnis kraft Gesetzes oder kraft Vereinbarung ruht (RGRK/*Matthes* Rn 11); Bsp: Grundwehrdienst (§ 1 ArbPlSchG, BAG AP 27 § 63 HGB); Wehrübungen (BAG DB 1971, 1627).

19 Bei **fehlerhaftem Arbeitsverhältnis** (dazu § 611a Rn 221ff) gilt § 616, bis sich eine Vertragspartei auf die Nichtigkeit beruft (vgl BAG AP 66 zu § 1 LFG; BAGE 135, 187 zum EFZG). Zur Anfechtung Rn 73.

20 Wird der ArbN nach Kündigung **weiterbeschäftigt** und erweist sich die Kündigung im Nachhinein als wirksam, ist zu differenzieren: § 616 gilt, wenn das Arbeitsverhältnis einvernehmlich fortgesetzt wurde (BAG AP 66 § 1 LFG; MüKo/*Henssler* Rn 17) sowie im Weiterbeschäftigungsverhältnis nach § 102 V BetrVG. In allen anderen Fällen, vor allem Prozessbeschäftigungsverhältnissen, besteht kein aufrechtzuerhaltender Vergütungsanspruch iSd § 616. Da der ArbGeb nur bereichert ist, soweit der ArbN tatsächlich gearbeitet hat, hat der ArbN für Zeiten der Verhinderung auch keinen Anspruch aus § 812 (BAG AP 1, 8 § 611 Weiterbeschäftigung).

21 **2. Persönliche Verhinderung.** Der Dienstpflichtige muss aus einem in seiner Person liegenden Grund an seiner Leistung verhindert sein. **Verhinderung** ist sowohl normativ als auch faktisch zu verstehen: Normativ bedeutet Verhinderung, dass der Dienstverpflichtete nicht leisten kann oder, nach wertender Betrachtung, nicht zu leisten verpflichtet ist. Faktisch bedeutet Verhinderung, dass er auch tatsächlich nicht tätig wird. Erbringt er eine ihm von der Rechtsordnung nicht zugemutete Leistung, bedarf es keines Rückgriffs auf § 616, es bleibt bei § 611 I, § 611a II. **In der Person liegende Gründe** sind nach hM neben der körperlichen Verfassung des Schuldners alle aus seinen sozialen Bindungen erwachsenden Hindernisse (vgl BAG AP 58). Die Gegenansicht (*Walk*, 145) grenzt die Gefahrenbereiche nicht nach dem Ursprung des Leistungshindernisses ab, sondern danach, in wessen Sphäre sich dieses auswirkt („Einschlagstelle des Zufalls").

22 **Tatsächliche Unmöglichkeit.** Verhinderung liegt (im Fall persönlicher Leistungspflicht, § 613) zunächst vor, wenn dem Dienstnehmer die Erbringung der Dienstleistung tatsächlich unmöglich ist (Unvermögen iSv § 275 I Alt 1), etwa im Fall der Festnahme oder **Untersuchungshaft** (vgl BAG NZA 2013, 1211, 1212; *Kleinebrink* BB 2016, 373; jedoch oft Verschulden des Verhafteten, Rn 46).

23 b) Die **Dienstunfähigkeit wegen Erkrankung** wird von § 616 nur erfasst, soweit es sich um Dienstpflichtige handelt, die **nicht ArbN** sind (zu diesen Rn 96ff). Wie bei § 3 EFZG muss der Dienstpflichtige wegen Krankheit an der Dienstleistung verhindert sein (im Einz Erl zu § 3 EFZG, Rn 102–111). Dienstunfähigkeitsgründe sind (ebenso wie nach § 3 II EFZG) auch die nicht rechtswidrige **Sterilisation** und der nicht rechtswidrige **Schwangerschaftsabbruch** sowie ein solcher iSd § 218a I StGB (MüKo/*Henssler* Rn 24).

24 Anordnung von **Quarantäne** (vgl § 28 I 1, § 30 I 2 IfSG: **Absonderung**) bedeutet eine persönliche Verhinderung (vgl BGH NJW 1979, 422), und zwar auch dann, wenn sie pandemiebedingt erfolgt und daher zahlreiche Menschen betreffen kann (*Preis/Mazurek/Schmid* NZA 2020, 1139f; BeckOK-ArbR/*Joussen* Rn 33a). S aber Rn 50.

25 **c) Unzumutbarkeit.** Eine persönliche Verhinderung kann sich auch daraus ergeben, dass dem Dienstpflichtigen die Dienstleistung unter Abwägung mit dem Durchführungsinteresse des Dienstberechtigten unzumutbar ist, § 275 III (s auch BAG AP 23, 59; Staudinger/*Oetker* Rn 48ff). Die schlichte Unzumutbarkeit der Dienstleistung allein rechtfertigt jedoch zunächst nur die Verweigerung der Leistung durch den Dienstschuldner (s Rn 2). Damit die Unzumutbarkeit zugleich als „Verhinderung" iSd § 616 anerkannt werden kann – mit der Folge des Fortbestands der Vergütungspflicht – muss die Zuweisung der finanziellen Lasten dem auch Dienstberechtigten zumutbar sein. Daran fehlt es, wenn dem Dienstpflichtigen nach Abwägung aller Belange die vorrangige Verfolgung anderer Freistellungsansprüche (vor allem Erholungsurlaub bei Arbeitsverhältnissen) angesonnen werden kann (ähnl Staudinger/*Oetker* Rn 52). **Jur Personen** müssen ihre Dienstpflicht stets durch jeden geeigneten Mitarbeiter erfüllen.

26 **Unzumutbarkeit** besteht und ist zugleich als **Verhinderung** iSd § 616 anzuerkennen, wenn die Weiterarbeit gegen eine **höherrangige**, den Dienstverpflichteten persönlich treffende **rechtl Pflicht** verstieße. Bsp: Arbeitsverbot nach § 31 IfSG (BGHZ 73, 23); gerichtliche Ladung als **Zeuge, Sachverständiger** (vgl BAG NZA 2002, 1105; Staudinger/*Oetker* Rn 68; aA LAG Düsseldorf DB 1971, 2315) oder **ehrenamtlicher Richter** (LAG Bremen LAGE 5); zur Verpflichtung im öffentlichen Dienst beschäftigter ehrenamtlicher Richter, gem § 29 II 1 TVöD Gleitzeit in Anspruch zu nehmen, vgl BAG NZA 2009, 735; Anordnung **persönlichen Erscheinens** vor Gericht, sofern der ArbN sich dort nicht ausnahmsw wegen Unabkömmlichkeit im Betrieb entschuldigen kann (LAG Hamm BB 1972, 177); die Ausübung eines **Wahlmandats** beruht auf freiem Willensentschluss und nicht auf öffentlichem Zwang und ist daher nicht persönliche Verhinderung (BAG AP 105: Stadtrat); Beteiligung an einem **Verkehrsunfall** (wegen Wartepflicht nach § 142 StGB, Dienstpflicht begründet hier keinen Notstand nach den §§ 34, 35 StGB; zu unfallbedingten Arztbesuchen LG Frankfurt Schaden-Praxis 2000, 269); Ladung zu **Behörden**, sofern nicht mit der privaten Lebensführung zusammenhängend und nicht durch Beauftragte wahrnehmbar (BAG AP 30). Von DFB-Sportgerichten verhängte **Sperrmaßnahmen** hindern nur die Teilnahme an Spielen, nicht am Training (BAG NJW 1980, 470); Ansprüche scheitern jedoch idR am Verschulden des Spielers. Bei **TÜV**-Termin (vgl BAG AP 30), **Prüfungsterminen** wie Fahrprüfung (Schaub/*Linck* § 97 Rn 7) ist die Inanspruchnahme anderer Freistellungsansprüche (Urlaub) zumutbar.

Wegen **vorrangiger sittlicher Verpflichtungen** greift § 616 ein bei: **Tod** und **Begräbnis** naher Angehöriger (Eltern, Ehegatten, Kinder, Geschwister, Großeltern, Enkel, Lebenspartner, § 11 I LPartG), bei anderen im Haushalt des Dienstverpflichteten lebenden Personen nur, wenn über die Wohngemeinschaft hinaus auch eine Lebensgemeinschaft bestand (BeckOGK/*Bieder* Rn 24; Staudinger/*Oetker* Rn 65; MüKo/*Henssler* Rn 46); ohne Ausnahme bei **Geburt eines Kindes** (MüKo/*Henssler* Rn 47; diff Staudinger/*Oetker* Rn 67: bei nichtehelichen Kindern nur, wenn die Eltern in einer eheähnl Lebensgemeinschaft leben), (tarif-)vertragl Beschränkung auf Niederkunft der Ehefrau oder Lebenspartnerin (§ 29 I 1 lit a TvöD/TV-L) möglich (BVerfG NJW 1998, 2043; BAG AP 38; AP 3, 8 BAT § 52; s Rn 14ff); kirchliche und standesamtliche **Eheschließung** des Dienstpflichtigen (vgl BAG AP 35, 61). Unzumutbar ist die Arbeitsleistung auch, wenn ein **Kind** des Dienstschuldners oder andere **nahe Angehörige** (vgl BAG NJW 1978, 2316; Staudinger/*Oetker* Rn 57ff) **erkranken**, aber nur, wenn sie nach ärztlicher Bescheinigung pflegebedürftig sind und solange zumutbarerweise keine andere Person gefunden werden kann, die diese Pflege zu übernehmen imstande ist (vgl BAG NJW 1978, 2316, st Rspr). Die Einzelheiten lassen sich in Anlehnung an § 45 SGB V ermitteln. Generell für Arbeitsbefreiung bei Erkrankungen von Eltern und Geschwistern ohne Rücksicht auf Hausgemeinschaft, allerdings über einen kürzeren Zeitraum (*Löwisch* DB 1979, 211). Sind mehrere Familienmitglieder berufstätig, entscheiden sie selbst, wer die Pflege übernimmt; der Anspruch steht dann nur einem zu (BAG AP 50). Zur Dauer der Verhinderung und zum Entgeltfortzahlungsanspruch bei Pflege naher Angehöriger und dem **PflegeZG** s Rn 51. Auch seltene und herausragende **Familienfeiern** wie Goldene Hochzeit der Eltern (BAG AP 43; zum Ausschluss durch Tarifvertrag vgl AP 55) sollen unter § 616 fallen, im Hinblick auf Art 4 II GG auch **religiöse Feiern** wie Erstkommunion, Firmung und Konfirmation (ErfK/*Preis* Rn 4). Dem ist nicht zu folgen; eine unbezahlte Freistellung oder die Inanspruchnahme von Urlaub ist zumutbar, sofern sich der Anlass nicht ohnehin auf einen arbeitsfreien Tag legen lässt. Zum kurzzeitigen Verlassen des Arbeitsplatzes zum Zweck des Betens Rn 29. 27

Unzumutbar kann die Dienstleistung auch sein, wenn der Schuldner noch während der Dienstzeit vorrangig seine **eigenen Angelegenheiten** ordnen muss und das keinem Beauftragten überlassen kann. Dazu gehören: **Stellensuche** nach Kündigung des Dienstverhältnisses (§ 629; das Freistellungsrecht indiziert jedoch nicht ohne weiteres Anspruch auf Vergütungsfortzahlung, BAG AP 41). Medizinisch notwendige **Arzt-** und **Heilbehandlungstermine** (Bestrahlungen, Massagen usw) können auch bei ArbN unter § 616 fallen, sofern nicht bereits krankheitsbedingte Arbeitsunfähigkeit besteht (dann gilt § 3 EFZG). Voraussetzung für eine Unzumutbarkeit ist, dass der Schuldner trotz intensiver Bemühungen (zB Berufstätigensprechstunde) keinen Termin nach Dienstschluss bekommt (vgl BAG AP 22 zu § 1 TVG Tarifverträge: Metallindustrie; DB 1990, 2072), wenn also die Teilnahme an der Untersuchung während der Arbeitszeit unvermeidbar ist (BAGE 50, 376; LSG BW 11.11.2016 – L 4 KR 4432/14, juris Rn 41). Unzumutbarkeit ist auch gegeben, wenn Anzeichen für eine ernste Krankheit bestehen (BAG DB 1962, 1049; AP 37; LAG Hamm LAGE 2), selbst wenn die ärztliche Untersuchung den Verdacht nicht bestätigt (LAG Frankfurt BB 1972, 268). Aufgrund ärztlicher Fehldiagnose **irrtümlich** angenommene Leistungsunfähigkeit macht die Dienste unzumutbar, wenn der Schuldner den Irrtum nicht erkennen konnte. Bei der Durchführung von **Umzügen** ist es grds zumutbar, den Termin auf arbeitsfreie Tage zu legen oder anderweitige Freistellungsansprüche (Urlaub) zu realisieren (Staudinger/*Oetker* Rn 74; vgl auch BAG AP 23 zu § 616). Keine Unzumutbarkeit begründet auch die Ausübung von **politischen** oder **gewerkschaftlichen Ämtern** (aA *Schaub* AuA 1996, 83). Sie darf nicht zulasten des Dienstberechtigten gehen. Gleiches gilt, wenn der ArbN eine flexible Arbeitszeit hat und er einer privaten Verpflichtung auch außerhalb der Arbeitszeit nachgehen kann (Tschöpe/*Grimm* ArbeitsR Teil 2 B Rn 86 mwN). 28

Umstr ist, ob **Gewissenskonflikte** eine „Verhinderung“ iSd § 616 begründen können (dafür *Kempen* ArbRGeg 1987, 75; *Henssler* AcP 190, 567). Richtigerweise ist zu differenzieren: Wegen des Gewichts von Art 4 GG begrenzt ein Gewissenskonflikt zwar die Pflicht zur Dienstleistung (BAGE 62, 59). Damit ist aber nicht zugleich eine „Verhinderung“ gem § 616 zu bejahen (Staudinger/*Oetker* Rn 50, 72f). Eine so weitgehende Überwälzung der Gegenleistungsgefahr ist dem Dienstberechtigten nicht zumutbar. Die Ernsthaftigkeit der Gewissensentscheidung muss sich gerade dadurch erweisen, dass der ArbN bereit ist, die sich aus seiner subj Entscheidung ergebenden finanziellen Nachteile zu tragen (MüKo/*Henssler* Rn 56). Der gläubige Dienstschuldner ist deshalb unter Berücksichtigung der betrieblichen Belange wegen seines Grundrechts aus Art 4 I, II GG zwar berechtigt, seinen Arbeitsplatz zur Abhaltung kurzzeitiger Gebete nach Rücksprache mit dem Dienstberechtigten zu verlassen (vgl LAG Hamm NZA 2002, 1090). Der Entgeltanspruch wird in solchen Fällen aber nicht nach § 616 aufrechterhalten (aA LAG Hamm NZA 2002, 1090). 29

Unzumutbar ist die Dienstleistung auch, solange der Schuldner in seiner äußeren Erscheinung erheblich **entstellt** ist, zB durch Reparatur der Zahnvollprothese (entgegen LAG Düsseldorf BB 1977, 1652 keine krankheitsbedingte Arbeitsunfähigkeit). Voraussetzung ist jedoch, dass eine vorläufige Abhilfe nicht möglich oder zumutbar ist. 30

d) Wenn der Dienstschuldner nicht arbeiten kann, weil er auf Anordnung des Gläubigers **vertragl Nebenpflichten** erfüllen muss oder der Dienstberechtigte auf andere Weise im Rahmen eines vertragl Weisungsrechts die Verhinderung veranlasst, gilt ausschließlich § 611/611a, nicht § 616 (vgl BAG AP 5 § 611 Lohnanspruch). Eine „Verhinderung“ scheidet auch aus, wenn das Hindernis in der **Gleitzeit** liegt, da insoweit keine Dienstpflicht besteht (BAG AP 5 § 52 BAT; LAG Köln LAGE 7); zur Verpflichtung gem § 29 II 1 TvöD, ein richterliches Ehrenamt in der Gleitzeit wahrzunehmen, vgl BAG NZA 2009, 735. 31

32 e) Der Schuldner muss gerade an der **ihm obliegenden Leistung** verhindert sein (vgl BAG AP 42 § 616). Könnte der Dienstpflichtige eine andere als seine übliche Tätigkeit ausführen, ist er so lange an der Leistung verhindert, wie die andere Tätigkeit nicht durch wirksame Ausübung des Direktionsrechts zum Gegenstand der geschuldeten Leistung geworden ist (LAG Rh-Pf NZA 1992, 170).

33 f) Ist der Dienstpflichtige **teilw verhindert**, ist er auch nur insoweit von der Leistungspflicht gem § 275 I entbunden bzw steht ihm nur insoweit ein Leistungsverweigerungsrecht gem § 275 III zu. Erbringt er gleichwohl die Dienste insg nicht, wird er bei nachträgl Unmöglichkeit des Teils der Dienstleistung, den er hätte erbringen können, zwar ebenfalls von seiner Leistungsverpflichtung gem § 275 I befreit. Für diesen Teil greift § 616 jedoch nicht ein, denn es fehlt an einem „in der Person liegenden Grund" für die Leistungsverhinderung (im Erg auch *Zwade*, 93ff; *Wank* BB 1992, 1997; aA LAG Rh-Pf NZA 1992, 170), der Vergütungsanspruch des Dienstpflichtigen geht insoweit gem § 326 I unter. Besonderheiten gelten bei der **Wiedereingliederung** von erkrankten ArbN gem § 74 SGB V (BAG AP 1 § 74 SGB V; s Rn 111).

34 g) Der **Vergütungsanspruch** des Dienstschuldners wird **nicht** nach § 616 aufrechterhalten (uU aber auf der Grundlage von Spezialgesetzen, Rn 8f), soweit er wegen **obj** Störungen nicht leisten kann (BeckOGK/*Bieder* Rn 15f). Dazu gehören alle Hindernisse, deren Ursache nicht in seiner körperlichen Verfassung, sozialen Bindungen oder rechtl Verpflichtungen liegt, wie **Naturkatastrophen, Straßenglätte** (BAG DB 1983, 396), regionale **Fahrverbote** (Smogalarm, BAG NJW 1983, 1078), Ausfall öffentlicher Verkehrsmittel, Verkehrssperren oder andere **Verkehrsstörungen** (Flugverbot wegen Vulkanasche), auch wenn sie nur einen einzigen Dienstschuldner treffen; entscheidend ist die Ursache der Störung und nicht die Zahl der Betroffenen (BAG NJW 1983, 1078). Ein Lohnanspruch nach § 616 ist auch dann nicht zu bejahen, wenn sich der ArbN auf Dienstreise befand (aA *Buchner/Schumacher* DB 2010, 1125), doch kommt unter den Voraussetzungen des arbeitsrechtl Aufwendungsersatzanspruchs (vgl zB BAG NJW 2007, 1486) ein Lohnanspruch analog § 670 in Betracht (*Forst* BB 2010, 1213). Ein allg Hindernis wird indes zu einem persönlichen, wenn es die Verfassung des Schuldners so verschlechtert, dass ihm die Dienstleistung vorübergehend nicht zumutbar ist (BAG NJW 1983, 1079), oder ihn geschädigt hat und **sofortige** Maßnahmen zur **Schadensbeseitigung** erfordert (Brand- oder Wasserschäden) oder er das Hindernis **gerade wegen seines körperlichen Zustands** nicht überwinden kann, zB als Behinderter auf den Pkw angewiesen ist und der Kfz-Verkehr lahmliegt (vgl *Bauer/Opolony* NJW 2002, 3503, 3506f). Das Zurückwirken obj (neutraler) Hindernisse in den persönlichen Bereich spricht für die Ansicht (vgl Rn 21; *Walk*, 117f), welche nach der „Einschlagstelle des Zufalls" unterscheidet. Das **Verpassen** öffentlicher Verkehrsmittel ist dagegen Teil des vom Dienstschuldner zu tragenden **Wegerisikos** (*Hessel* AuR 1971, 30).

35 h) Der in der Person des Dienstpflichtigen liegende Anlass muss alleinige Ursache der Dienstverhinderung sein (**Erfordernis der Monokausalität**, BAG AP 65; DB 1983, 2526; 73, 1027; NJW 1980, 470; NZA 1996, 641, st Rspr; BeckOGK/*Bieder* Rn 34). Treffen allg und persönliche Hindernisse zusammen, besteht kein Lohnanspruch. Gehaltsansprüche können sich nur ausnahmsw (Rn 38) oder aus Sonderregelungen ergeben (vgl Rn 8f).

36 Der Vergütungsanspruch aus § 611/611a wird durch § 616 daher nicht aufrechterhalten, soweit die Dienstverhinderung eine **zusätzl reale andere Ursache** hatte, die für den Ausfall der Arbeit im konkreten Fall auch wirksam geworden ist (BAG AP 17 § 3 EFZG). Gleiches gilt für den sich aus § 3 I EFZG ergebenden Entgeltfortzahlungsanspruch (Rn 112). Bsp: Beteiligung am **Arbeitskampf** (BAG DB 1988, 2104; konsequent AP 121 Art 9 GG Arbeitskampf: Anspruch, solange sich der betr ArbN nicht am Streik beteiligt oder ausgesperrt wird; kein Anspruch dagegen während in betriebsüblicher Weise bekanntgegebener arbeitskampfbedingter suspendierender Betriebsstilllegung, BAG NZA 2012, 995); Abordnung eines Arbeiters von seinem Stammunternehmen zu einer ARGE (BAGE 24, 90, gleichzeitig aber Gehaltsansprüche gegen die ARGE); **Arbeitszeitverlegung** (vgl BAG AP 42 § 1 ArbKrG); **Arbeitsunwilligkeit** (BAG NZA 1986, 193; aA *Reinecke* DB 1991, 1173; Arbeitsunwilligkeit liegt nicht schon vor, wenn der ArbN das Ansinnen des ArbGeb, den Vertragspartner zu wechseln, zurückweist: BAG AP 17 § 3 EFZG; zur Beweislast bei Arbeitsunwilligkeit vgl LAG Köln AE 2012, 226); **Arbeitsbefreiungen** (vgl BAG DB 1972, 634f; BAGE 46, 1; 49, 273; BAG NZA 2012, 1112); **Betriebsruhe** (vgl BAG AP 21 § 3 EFZG); **Mutterschutzfristen** gem § 3 I, II MuSchG (BAG AP 20 § 63 HGB; *Waldeyer* AuR 1971, 185; *Kitzelmann* DB 1971, 288), es sei denn, die Schwangere hat sich gem § 3 I MuSchG zur Arbeitsleistung bereit erklärt und erkrankt während dieser Zeit; **Ruhen der** sich aus dem Arbeitsvertrag ergebenden **beiderseitigen Hauptpflichten** nach den vereinbarten Arbeitsvertragsrichtlinien (AVR) aufgrund eines (später zurückgenommenen) Rentenbescheids über eine Erwerbsminderungsrente (LAG Rh-Pf ZTR 2013, 212); **Kurzarbeit** und **Schlechtwetterphasen** (für davon nicht betroffene Arbeitszeit gilt aber § 616, BAGE 23, 406); unbezahlter **Sonderurlaub** (BAGE 43, 1). Dient letzterer überwiegend der Erholung, kann der erkrankte ArbN auch den Urlaub abbrechen bzw nicht antreten (BAG AP 4 § 133c GewO; *Marburger* BB 1978, 104) und so den Bedingungszusammenhang zw Störung und Lohnausfall aufleben lassen. Auch diese Berechtigung ist aber abdingbar (BAG DB 1978, 499). An der Monokausalität fehlt es auch bei einem **Beschäftigungsverbot** gem § 284 SGB III (BAG AP 2 § 3 EFZG) und bei **Elternzeit** gem § 15 BEEG (vgl BAG AP 4 § 15 BErzGG). Keine Doppelkausalität besteht dagegen, wenn die Dienstverpflichtung an bestimmten Tagen durch den ArbGeb rechtswidrig ausgesetzt wird, dann bleibt der Anspruch aus § 611/611a gem § 616 erhalten (vgl LAG Düsseldorf DB 1970, 2376).

37 Die Monokausalität des Verhinderungsgrunds wird dagegen nicht durch **hypothetisch gebliebene Ursachen** ausgeschlossen (*Belling/Hartmann* ZFA 1994, 527). Bsp: Der verhinderte ArbN hatte dem Übergang seines Arbeitsverhältnisses durch Betriebsübergang wirksam widersprochen und lediglich eine Beschäftigung bei dem Betriebserwerber, nicht aber bei seinem ursprünglichen ArbGeb abgelehnt (keine mitursächliche Arbeitsunwillig-

keit; vgl BAG AP 22 § 3 EFZG). Zu Unrecht prüft BAG NZA 1996, 641 im Rahmen der Kausalität, ob ein Lizenzfußballspieler, wäre er nicht krank gewesen, aufgrund anderer Umstände nicht gespielt hätte. Gleichfalls unbeachtlich iRd Erfordernisses der Monokausalität ist, ob ein real vorliegendes weiteres Leistungshindernis **hypothetisch** hätte **beseitigt** werden können (aA BAG AP 2 § 3 EFZG: fehlende Arbeitserlaubnis führte real zu einem parallel zur Krankheit bestehenden Beschäftigungsverbot; das BAG verneint zu Unrecht Doppelkausalität, weil Arbeitserlaubnis auf Antrag erteilt worden wäre).

Besonderes gilt, wenn **beide** real kausalen Verhinderungsgründe **Entgeltfortzahlungsansprüche** auslösen (*Reinecke* DB 1991, 1168; *Belling/Hartmann* ZFA 1994, 522; zB Krankheit am Feiertag oder im Urlaub; Krankheit während mutterschutzrechtl Beschäftigungsverbots nach § 16 I MuSchG). Dann entzieht der persönliche Verhinderungsgrund der schon zuvor eingetretenen anderweitigen Dienstbefreiung die Grundlage und ist allein kausal. Krankheit und Urlaub schließen sich zB aus (BAG DB 1974, 2114). Der persönliche Verhinderungsgrund kann auch der Freistellung für betriebsverfassungsrechtl Aufgaben die Grundlage entziehen. 38

Nach der Rspr des BAG (zur aF) schließt die krankheitsbedingte Arbeitsunfähigkeit grds auch den Anspruch aus § 18 MuSchG aus; der Anspruch auf Mutterschutzlohn ist jedoch ggü dem Anspruch auf Entgeltfortzahlung vorrangig, wenn die bestehende Krankheit erst bei Fortführung der Beschäftigung die weitere Verschlechterung der Gesundheit und dadurch die Unfähigkeit zur Arbeitsleistung bewirkt (vgl BAG DB 2002, 1218). Vorzugswürdig ist es, krankheitsbedingte Arbeitsunfähigkeit und schwangerschaftsbedingte Beschäftigungsverbote nach § 16 I MuSchG nicht bereits tatbestandlich voneinander abzugrenzen, sondern das Konkurrenzproblem auf der Rechtsfolgenseite zu lösen (*Coester* SAE 1997, 29f; für den Vorrang von § 16 I, § 18 MuSchG: ArbG Berlin LAGE 9 § 11 MuSchG). Haben die Schwangerschaftsbeschwerden keinen Krankheitswert, liegt keine Konkurrenzproblematik vor. Es kommt ausschließlich ein Beschäftigungsverbot nach § 16 I MuSchG in Betracht (*Göhle-Sander* jurisPR-ArbR 47/2012 Anm 5). 39

Entzieht der eine Verhinderungsgrund dem anderen nicht die Grundlage, kollidieren die Entgeltfortzahlungstatbestände. Sofern eine gesetzl Kollisionsregel (etwa § 4 II EFZG) fehlt, ist der Vorrang unter den Tatbeständen wertend zu ermitteln. Bei Überschneidungen von krankheitsbedingter Arbeitsunfähigkeit und einem Beschäftigungsverbot nach § 16 I MuSchG ist der Entgeltfortzahlung im Krankheitsfall nach § 3 I EFZG der Vorzug zu geben (*Coester* SAE 1997, 29f; vgl auch *Gutzeit* NZA 2003, 81). 40

i) Bestand des Dienstverhältnisses. Ausreichend ist, dass im Zeitpunkt der Verhinderung das Dienstverhältnis und die Pflicht zur Dienstleistung voll wirksam bestanden. Das gilt auch, wenn die Verhinderung vor Beginn des Dienstverhältnisses begann und bei dessen Beginn fortbesteht (Staudinger/*Oetker* Rn 84; anders die Karenzregelung in § 3 III EFZG – während der vierwöchigen Sperrfrist ist ein Rückgriff auf § 616 versperrt, Staudinger/*Oetker* Rn 85). 41

3. Verschulden. „Verschulden" des Dienstpflichtigen an der Störung hindert die Aufrechterhaltung des Entgeltanspruchs. Es geht nicht um Verschulden iSv § 276, da der Dienstpflichtige durch die Herbeiführung der Dienstverhinderung keine Pflicht ggü dem Gläubiger verletzt und insofern nicht „Schuldner" ist (Staudinger/*Oetker* Rn 110; aM *Harke* Besonderes Schuldrecht Rn 235). Ähnl wie in § 254 I geht es um Verschulden des Dienstpflichtigen **gegen sich selbst** (BAG AP 46 § 1 LFG; *Larenz* Schuldrecht II/1, 322). Dies liegt, nach einer klassisch gewordenen Formulierung von *Alfred Hueck* (*Hueck/Nipperdey* Lehrbuch des Arbeitsrechts I[7] 33s), bei einem „gröbliche[n] Verstoß gegen das von einem verständigen Menschen im eigenen Interesse gebotene Verhalten" vor, dessen Folgen auf den ArbGeb abzuwälzen unbillig wäre (BAG NJW 1983, 2659; AP 45; BeckOGK/*Bieder* Rn 40; MüKo/*Henssler* Rn 63). 42

Das benannte grobe Verschulden erfordert eine **Abwägung** aller konkreten Umstände (BAG NJW 1983, 2659). **Mitverschulden Dritter** entlastet in aller Regel nicht (vgl BAG NJW 1972, 703). Dieser **Verschuldensmaßstab** ist in allen Fortzahlungsbestimmungen **einheitlich** (vgl BAG NJW 1984, 1707; Staudinger/*Oetker* Rn 109). Dienstpflichtige **jur Personen** haben dagegen keinen einer nat Person vergleichbaren privaten Lebensbereich. Ihnen ist deshalb zuzumuten, jede vorherseh- und vermeidbare Störung abzuwenden, § 276. 43

Bei **krankheitsbedingter Dienstunfähigkeit** des freien Dienstpflichtigen kommt es auf die Erkrankungsursache an. Es kann auf die Ausführungen zur verschuldeten Arbeitsunfähigkeit iSd § 3 EFZG (Rn 113–126) verwiesen werden (einheitlicher Verschuldensmaßstab, Rn 42). Auch die Wertungen aus § 3 II EFZG sind auf den Fall des freien Dienstverhältnisses übertragbar. **Schwangerschaftsabbruch** und **Sterilisation** sind daher unter den in Rn 23 genannten Voraussetzungen auch in freien Dienstverhältnissen unverschuldet. 44

b) Nicht krankheitsbedingte Dienstunfähigkeit. Ist dem Verpflichteten die Erbringung der Dienste aus einem nicht krankheitsbedingten Grund **unmöglich**, kommt es darauf an, ob dieser verschuldet ist. **Untersuchungshaft** setzt zwar gem § 112 StPO dringenden Tatverdacht voraus, besagt aber noch nichts über Täterschaft und Schuld. Die fehlende Nachweisbarkeit der Straftat schließt jedoch das Verschulden nicht aus (offengelassen in BAG AP 31 § 63 HGB), wenn der Tatverdacht grob fahrlässig hervorgerufen wurde. 45

c) Sofern die Verhinderung aufgrund einer **Unzumutbarkeit der Dienstleistung** angenommen wird, spielt die Verschuldensprüfung praktisch eine geringe Rolle. Ist das Hindernis vom Dienstpflichtigen verschuldet, wird es oftmals bereits an einer Unzumutbarkeit der Dienstleistung und damit an einer Verhinderung fehlen. An einer solchen, nicht erst am Verschulden fehlt es etwa, wenn der Dienstpflichtige die Nichtleistung hätte vermeiden können (zB **Arztbesuche, Behandlungstermine** und **Umzüge**, die in der Freizeit hätten stattfinden können, **Behördengänge**, die auch ein Beauftragter hätte wahrnehmen können, vgl Rn 26, 28). Ist in solchen Fällen den- 46 noch Unzumutbarkeit zu bejahen, scheitert die Anwendung von § 616, wenn der Dienstpflichtige die die Unzumutbarkeit begründenden Umstände vorsätzlich oder grob fahrlässig verursacht hat (aA ErfK/*Preis* Rn 4; *Kleinebrink* BB 2016, 373).

47 d) **Pflichtwidrigkeitszusammenhang.** Der Sorgfaltsverstoß muss das Leistungshindernis **verursacht** haben (Pflichtwidrigkeitszusammenhang, BAG AP 46 § 1 LFG; BB 1982, 1424). Wäre das konkrete Leistungshindernis auch ohne den Umstand, an den der Verschuldensvorwurf anknüpft, eingetreten, fehlt es am relevanten Verschulden (Bsp in Rn 127).

48 **4. Dauer der Verhinderung.** Tatbestandsmerkmal (und nicht nur Rechtsfolgenanordnung) ist, dass die Verhinderung nur eine **verhältnismäßig nicht erhebliche** Zeit andauert. Dieses Verhältnismäßigkeitserfordernis gilt für alle Verhinderungen, bei **freien Dienstnehmern** auch für die **krankheitsbedingten.**

49 a) Welcher Zeitraum „**verhältnismäßig nicht erheblich**" ist, ist im Einzelfall zu bestimmen. Unerheblichkeit ist **nicht** gleichzusetzen mit **Angemessenheit** nach § 629 (BAG DB 1970, 211). Maßgebend ist der **Anteil** der Verhinderung **an der planmäßigen Vertragsdauer** (Prot II, 280 = Mugdan II; BeckOGK/*Bieder* Rn 36; BeckOK-ArbR/*Joussen* Rn 46; aA ErfK/*Preis* § 616 Rn 10a; Schaub/*Linck* § 97 Rn 14: dieses Verhältnis sei nur ein Aspekt neben Dauer, Art und Schwere des Verhinderungsgrundes). Ungeeignete Kriterien sind Dringlichkeit und Art der Arbeit sowie Auswirkungen auf den Betriebsablauf (*Nikisch* I § 43 II 2). Die Erheblichkeitsgrenze ist vielfach in Tarifverträgen festgelegt (vgl zB BAG AP 37, 38, 44; 3 § 3 LFG).

50 **aa)** Als **Faustregel** kann man sagen: bei Beschäftigungszeiten bis zu drei Monaten ist ein Tag als unerheblich anzusehen, von 3–6 Monaten drei Tage, von 6–12 Monaten eine Woche, ab einem Jahr **höchstens zwei Wochen** (vgl LAG Frankfurt DB 1956, 647; HWK/*Krause* Rn 40). Hier ist für den einzelnen Verhinderungsfall die Höchstgrenze anzusiedeln (*Schaub* AuA 1996, 83; noch zurückhaltender Staudinger/*Oetker* Rn 106ff; diff ErfK/*Preis* Rn 10a). Darüber hinausgehende mehrwöchige Zeiträume, wie von der Rspr teilw zugestanden (vgl BAG AP 47: Sechswochengrenze), sind nicht anzuerkennen. Wegen dieser zeitl Begrenzung und wegen des Einzelfallbezugs (Rn 49) kann § 616 keinen allg Entgeltschutz bei längerdauernder **Quarantäne** (im Fall von Covid-19: 14 Tage) bieten (*Hohenstatt/Krois* NZA 2020, 415f; *Preis/Mazurek/Schmid* NZA 2020, 1140f; s auch Rn 24).

51 **bb)** Für die **Pflege kranker naher Angehöriger** gilt für ArbN neben dem PflegeZG (ausf *Preis/Nehring* NZA 2008, 729) das FPfZG (eingehend *Göttling/Neumann* NZA 2012, 119), das allerdings keine unmittelbaren Auswirkungen auf § 616 hat. § 2 I PflegeZG gibt dem Beschäftigten (§ 7 I PflegeZG) ein Leistungsverweigerungsrecht, der Arbeit bis zu zehn Arbeitstage fernzubleiben (kurzzeitige Arbeitsverhinderung), um die akute Pflege eines nahen Angehörigen zu gewährleisten. Hat der ArbGeb mindestens 16 Beschäftigte, kann der ArbN nach § 3 I PflegeZG Pflegezeit beantragen, die sich auf eine Höchstdauer von sechs Monaten verlängern kann. Gem § 5 I PflegeZG besteht für die kurzzeitige Arbeitsverhinderung und die Freistellung nach § 3 PflegeZG Sonderkündigungsschutz, näher § 626 Rn 2, 15. Einen Entgeltfortzahlungsanspruch enthält das PflegeZG indes nicht. Die Vergütungspflicht kann sich gem § 2 III PflegeZG nur aus Vereinbarung oder gesetzl Regelungen ergeben, zB § 19 I Nr 2 lit b BBiG, aus Tarifvertrag (zB § 29 I 1 lit e TvöD/TV-L) oder unter den Voraussetzungen des § 616. Die Tatbestandsvoraussetzungen und Rechtsfolgen des § 616 und des § 2 I PflegeZG sind nicht deckungsgleich. Der Angehörigenbegriff des § 616 S 1 (vgl Rn 27) ist enger gefasst als die Legaldefinition in § 7 III PflegeZG (ErfK/*Gallner* § 2 PflegeZG Rn 4). Unabdingbarkeit nach § 8 PflegeZG gilt nicht für § 616 (s Rn 12ff). Für die Frage nach der **erheblichen Dauer für den Vergütungsanspruch** aus § 616 **bei Pflege kranker Angehöriger** ist nach wie vor der – in Anlehnung an § 185c RVO/§ 45 SGB V aF begründete (BAGE 30, 240; 30, 339) – Zeitraum von fünf Tagen im Kalenderjahr unabhängig von der Vertragsdauer als unerheblich anzusehen. Die Neuregelung von § 45 II SGB V (zehn Arbeitstage pro Kind und Kalenderjahr) kann teleologisch nicht als Maßstab dienen (*Sowka* RdA 1993, 34; Staudinger/*Oetker* Rn 104). Der maßgebliche Zeitraum von fünf Tagen kann aber anders als bei § 45 II SGB V mehrmals im Kalenderjahr entstehen (*Brose* NZA 2011, 719, 721). Von § 45 I SGB V nF ist lediglich die Beschränkung auf Kinder bis 12 Jahren zu übertragen (BAG NZA-RR 2014, 672, 673; aA noch *Sowka* RdA 1993, 34: 8 Jahre). Bei Erkrankung von (Klein-)Kindern des ArbN gilt nichts anderes (ErfK/*Preis* Rn 10a; aM *Kießling/Jünemann* DB 2005, 1684, 1688f: Anwendung von § 3 EFZG; dagegen: *Schulz* DB 2006, 838, 839ff). Gem § 29 I 1 lit e bb TV-L/TVöD haben ArbN im Fall der Pflege erkrankter Kinder aus § 616 Anspruch auf bezahlte Freistellung für die Dauer von bis zu vier Arbeitstagen im Kalenderjahr (zur Konkurrenz mit § 45 SGB V LAG Hamm NZA-RR 2012, 384, 385).

52 **cc)** Bei **Erkrankung** freier Dienstpflichtiger ist der nicht erhebliche Zeitraum nicht anhand der Sechswochenfrist des § 3 EFZG zu bestimmen (Staudinger/*Oetker* Rn 103; *Schaub* AuA 1996, 82; *Haase* GmbHR 2005, 1260, 1266f; aA ErfK/*Preis* Rn 10a); auch eine Analogie kommt mangels Regelungslücke nicht in Betracht (*Schaub* AuA 1996, 82). Teilw wird langjährigen und besonders verdienten AG-Vorstandsmitgliedern oder GmbH-Geschäftsführern aus § 616 eine Vergütungsfortzahlung von bis zu über sechs Wochen zugesprochen (BSG NZS 1996, 345: 57 Tage für Gesellschafter-Geschäftsführer; *Habersack/Paefgen* § 35 GmbHG Rn 395; *Fleck*, FS Hilger/Stumpf, 217). Darüber hinaus soll sogar nach § 242 über mehrere Monate ein angemessenes gekürztes Entgelt zu zahlen sein (BGHZ 10, 192). Das ist als inkonsistent mit der Wertung von § 3 EFZG abzulehnen, wonach auch sozial schutzbedürftigere ArbN höchstens sechs Wochen Fortzahlung erhalten. Vielmehr sind auch bei Erkrankungen freier Dienstnehmer die allg Regeln heranzuziehen (Rn 49f). IÜ ist der Eigenvorsorge durch vertragl Regelung zu vertrauen (*Schaub* WiB 1994, 637; *Sudhoff*, Rechte und Pflichten des Geschäftsführers einer GmbH, 1970, 30).

dd) Bei Verträgen, die nur auf **einmalige Dienste** gerichtet sind, kann schon eine **minuten- oder stundenweise** Verhinderung erheblich sein. So wird allenfalls die fünfminütige Verhinderung des Klavierlehrers dessen vollen Vergütungsanspruch unberührt lassen (vgl auch Rn 17). 53

b) Bei **erheblicher Verhinderungsdauer** hat der Dienstpflichtige auch für den unerheblichen Teil **keinen Vergütungsanspruch** (eingehend BAG GrS AP 22). Das gilt auch in Fällen der Erkrankung eines freien Dienstnehmers (vgl *Schaub* WiB 1994, 637). Diese Auslegung entspricht Wortlaut und Entstehungsgeschichte der Vorschrift und ist auch vom Zweck gedeckt; rechtspolitischen Zweifeln (etwa *Greiner* NZA 2007, 490, 491 f) kann daher nur de lege ferenda Rechnung getragen werden. 54

c) Ob die **Erheblichkeitsgrenze** überschritten wird, ist für jede Verhinderung gesondert zu bewerten. **Mehrere Verhinderungen** sind grds nicht zusammenzurechnen (Schaub/*Linck* § 97 Rn 16). Eine Ausnahme gilt wie bei § 3 EFZG bei Fortsetzungserkrankungen (s Rn 135) und – in Analogie hierzu – sonstigen, auf einheitlicher Ursache beruhenden Verhinderungen (vgl LG Frankfurt Schaden-Praxis 2000, 269: Arbeitsfehlzeiten infolge von 50 auf einen Unfall zurückzuführenden Arztbesuchen in 13 Monaten; Ladung zu mehreren Gerichtsterminen in einem Verfahren [drei Termine überschreiten die Erheblichkeitsgrenze aber noch nicht – vgl ArbG Hagen 10.5.2011 – 5 Ca 146/10]; generell gegen eine Zusammenrechnung: MünchArbR/*Tillmanns* § 77 Rn 33). Anders aber als bei der erheblichen Einzelverhinderung führt die Erheblichkeit der zusammenzurechnenden Gesamtverhinderung nicht zum Entfallen der Entgeltfortzahlung bis zur Erheblichkeitsgrenze. Diese markiert hier (wie etwa bei der Fortsetzungserkrankung iRd § 3 EFZG, s Rn 135) die Höchstdauer der Entgeltfortzahlung (aA Staudinger/*Oetker* Rn 107: Pflicht zur Rückerstattung der zunächst fortgezahlten Vergütung). 55

5. Benachrichtigungspflicht. Um dem Dienstberechtigten frühzeitig andere Dispositionen zu ermöglichen, trifft den Dienstschuldner die – selbständige und theoretisch klagbare – **Rücksichtspflicht** (§ 241 II), die Verhinderung und deren Verlängerung anzuzeigen (BAG AP 12 § 63 HGB; 2 § 626 Krankheit; BeckOGK/*Bieder* Rn 44), auch wenn er **keinen Entgeltanspruch** hat (LAG Hamm BB 1971, 616); das gilt auch bei Ruhen der Dienstleistungspflicht. **Entbehrlich** ist die Mitteilung ausnahmsw, wenn von Anfang an feststeht, dass die Arbeit ohnehin erst nach Wegfall der Verhinderung wieder beginnt oder dem Gläubiger die Dienstunfähigkeit bekannt ist. Mitzuteilen sind **Grund, Beginn und voraussichtliches Ende** des Arbeitsausfalls, die **Art der Erkrankung** jedoch nur ausnahmsw (LAG Düsseldorf DB 1961, 1103), wenn der Dienstberechtigte daran ein begründetes Interesse hat (zB Schutz vor **Ansteckung**). **Betriebsleiter** und mit **dringenden** Arbeiten beauftragte Schuldner müssen den Gläubiger zusätzl über den **Arbeitsablauf** während ihrer Abwesenheit unterrichten, um Störungen oder Schäden möglichst zu vermeiden oder gering zu halten (BAG AP 2 § 626 Krankheit). Vorbehaltlich einzel- oder kollektivvertragl Regelung ist keine besondere Form einzuhalten. Die Mitteilung hat **unverzüglich** zu erfolgen (§ 121), also auf dem schnellsten Weg (Telefon, E-Mail, Fax, SMS, Einschaltung Dritter als Boten, vgl Schmitt/*Küfner-Schmitt* § 5 EFZG Rn 35; Brief dauert regelmäßig zu lange, *Lepke* NZA 1995, 1085) und **so früh wie möglich.** Unvorhersehbare Verhinderungen wie Erkrankungen sind spätestens in den nächstfolgenden Dienststunden anzuzeigen, vorhersehbare Ausfälle schon im Voraus, sobald ihr Eintritt feststeht. Schuldhaftes **Verzögern oder Unterlassen** des Hinweises beseitigt den Anspruch aus § 616 nicht, begründet aber ein **Zurückbehaltungsrecht** des Dienstberechtigten gegen diesen Anspruch (s Rn 76) und ggf Anspruch auf **Schadensersatz** aus § 280 I, falls der Gläubiger Einbußen bei rechtzeitiger Mitteilung hätte abwenden können. **Wiederholtes** Unterlassen kann die **Entlassung** rechtfertigen (BAG NJW 2020, 2428; AP 17 § 6 LFG), uU sogar fristlos (BAG AP 93 § 626; Schmitt/*Küfner-Schmitt* § 5 EFZG Rn 178). Hat der ArbN die Umstände, die seine Berufung auf § 616 rechtfertigen, nicht umfassend nachvollziehbar dargelegt, verstößt eine Kündigung wegen des Fernbleibens nicht gegen § 612a (LAG Nürnberg BeckRS 2016, 116129). 56

6. Nachweispflicht. Den Dienstpflichtigen trifft zudem die selbständige und klagbare Nebenpflicht (§ 241 II), den Grund seiner Verhinderung nachzuweisen (vgl LAG Düsseldorf DB 1961, 1103; MüKo/*Henssler* Rn 73; einschränkend HWK/*Krause* Rn 45; Staudinger/*Oetker* Rn 121: nur bei begründetem Anlass). Für ArbN im Fall der Krankheit ordnet § 5 EFZG das an (Schmitt/*Küfner-Schmitt* § 5 EFZG Rn 154ff). 57

III. Umfang der Entgeltfortzahlung. 1. Vollständiger Vergütungsanspruch. Rechtsfolge ist Fortbestand des vollständigen Vergütungsanspruchs. 58

2. Berechnung nach dem Lohnausfallprinzip. Der Dienstpflichtige erhält, was er fordern könnte, hätte er gearbeitet (*Belling/Hartmann* ZFA 1994, 532). Rückgriffe auf das **Referenzprinzip** (Vergütung der Abwesenheit nach dem Durchschnittsentgelt einer vorausgehenden Bezugsperiode) sind sowohl im Tarif- wie im Einzelvertrag möglich. Bei schwankenden Vergütungen sind Schätzungen anhand eines vorherigen Bezugszeitraums allerdings auch iRd Lohnausfallprinzips unvermeidlich (*Kappenhagen*, Lohnausfallprinzip und Bezugsmethode, 19. 59

a) Zu zahlen ist das **Bruttoentgelt** (BAG AP 9 § 2 LFG) einschl der ArbGeb-Anteile zur Sozialversicherung. Nettoeinbußen durch **ungünstigere Besteuerung** infolge der Verhinderung braucht der Dienstberechtigte nicht auszugleichen. Vereinbarte **Nettogarantien** sind erlaubt, müssen aber klarstellen, dass sie auch iRd § 616 gelten (BAG AP 9 § 2 LFG). Während der Dienstverhinderung eingetretene **Lohnerhöhungen oder -minderungen** sind zu berücksichtigen. **Endet** der Anspruch **vor Monatsablauf**, ist der Anteil der Abwesenheitstage an der Zahl der Arbeitstage des jew Monats einschl Wochenfeiertage zu vergüten (BAG DB 1986, 130). 60

b) Fortzuzahlen sind alle **laufenden Bezüge**, die Gegenleistung für die geschuldeten Dienste sind: 61

aa) Die Grundvergütung; bei **Akkord** der in der Abwesenheit erzielbare mutmaßliche Durchschnittsverdienst (vgl Schmitt/*Küfner-Schmitt* § 4 EFZG Rn 157ff), bei Gruppenakkord der Verdienst der anderen Kolonnenmit- 62 glieder (*Schneider* RdA 1973, 300), konnte die ganze Kolonne nicht mehr arbeiten, der bisherige Durchschnittslohn (BAG AP 10 § 2 LFG).

63 **bb) Zuschläge** wie Sonn- und Feiertags-, Nacht-, Gefahren-, Schmutz- oder Erschwerniszulagen und **Aufwendungsersatz** wie Auslösungen, Reisekosten, Wege- und Fahrgelder, Übernachtungsgelder und Trennungsentschädigungen unter folgenden alternativen Voraussetzungen: (a) Die ersatzpflichtigen Aufwendungen sind **trotz Abwesenheit** entstanden (vgl § 4 Ia 1 EFZG), (b) die Zulage entschädigt gleichzeitig **erschwerte Arbeitsbedingungen oder lange Anfahrtswege**, (c) sie wird **unabhängig vom tatsächlichen Aufwand** gezahlt (vgl BAG AP 5 § 2 LFG; 10 § 611 Anwesenheitsprämie; LAG Rh-Pf 19.10.2016 – 4 Sa 188/15 (Fahrtkostenpauschale); LAG Hamm DB 1971, 436) oder wird (d) nur aus **steuerlichen** Gründen als Auslöse bezeichnet.

64 **cc) Sozialzulagen** wie der Ortszuschlag im öffentlichen Dienst, **Sachleistungen** wie freie Kost oder Wohnung (Kaiser/Dunkl/*Hold*/Kleinsorge § 4 EFZG Rn 26), **feste Bedienungsgelder** im Gaststättengewerbe, **Prämien** für gute Arbeitsleistung einschl Inkassoprämien, auch wenn sie zugleich das Mankorisiko entschädigen (BAG AP 7 § 2 LFG), **Punkteprämien** bei Lizenzfußballspielern (BAG NZA 1996, 640), **Umsatzprovisionen** (BAG AP 13 § 63 HGB; NZA 1986, 290; eingehend *Westhoff* NZA Beil 3/1986, 25; abl *Lieb* DB 1976, 2207 unter Hinweis auf die Unternehmerähnlichkeit) einschl **Zusatzprämien** für bestimmte Abschlüsse (BAG NZA 1986, 290) werden gem § 287 II ZPO **geschätzt** nach der bisherigen Durchschnittsprovision (BAG AP 1 § 89b HGB); die Bezugsperiode kann hier bis zu 12 Monaten betragen, um größere **Schwankungen** auszugleichen (BAG NZA 1986, 290). § 616 betrifft allerdings nur **ausgefallene Neuabschlüsse.** Während der Abwesenheit fällige Provision für Nachbestellungen und vorher noch vermittelte Geschäfte sind aus den §§ 65, 87 I 1 HGB zusätzl zu vergüten (BAG AP 1 § 89b HGB). Weiterzuzahlen sind auch **vermögenswirksame Leistungen** nach § 2 VII 5. VermBG. Auch **Sachbezüge** wie die private Fahrzeugnutzung müssen weiter gewährt werden (LAG Köln LAGE 8; vgl auch BAG NZA 1999, 1038 – Privatnutzung des Dienstwagens als geldwerter Vorteil und Sachbezug; BAGE 96, 34 – als fortzuzahlendes Entgelt während der Schutzfristen des MuSchG). Diese sind aber **bar abzugelten**, wenn der Dienstschuldner sie aus zwingenden Gründen nicht annehmen kann (BAG AP 27; Kaiser/Dunkl/*Hold*/Kleinsorge § 4 EFZG Rn 27; für Auszubildende gesetzl Regelung in § 19 I BBiG). Auch Vergütungen für tarifvertragl festgelegte **Wegezeiten** sind fortzuzahlen (ArbG Bremerhaven BB 1971, 221).

65 **c) Nicht** weiterzuzahlen sind: **Aufwendungsersatz**, wenn nicht die in Rn 63 genannten Voraussetzungen vorliegen (vgl auch § 4 Ia 1 EFZG; Schaub/*Linck* § 97 Rn 21, § 98 Rn 85), **leistungsabhängige** Vergütungen, wenn auch ohne die Verhinderung ungewiss ist, ob der Schuldner das Soll erreicht hätte (BAG DB 1985, 1243: Mindestanzahl der Pflichtspiele für einen Sportverein; BAGE 93, 212: Punkteprämien eines Berufsfußballspielers). Ebenso wenig werden dem fortzuzahlenden Entgelt **einmalige**, von der Arbeitsleistung im Fortzahlungszeitraum unabhängige **Zuwendungen** zugeschlagen (Kaiser/Dunkl/*Hold*/Kleinsorge § 4 EFZG Rn 46): Jubiläums-, Weihnachtsgratifikationen, Tantiemen (BAG DB 1985, 1243: Jahresprämie für Lizenzfußballspieler; anders BAG NZA 1993, 750 für die Berechnung des Urlaubsentgelts), einmalige Gewinnbeteiligungen, Abfindungen, Erfindervergütungen, Krankheits-, Geburts-, Heiratsbeihilfen (vgl BAG AP 2 § 2 LFG; 11 § 611 Anwesenheitsprämie; DB 1982, 2190), Prämien für Sollübererfüllung (BAG DB 1985, 2696). Solche Zuwendungen dürfen aber andererseits bei Verhinderungen nicht einbehalten oder gekürzt werden, sobald der Anspruch entstanden ist (BAG AP 2 § 2 LFG; Kaiser/Dunkl/*Hold*/Kleinsorge § 4 EFZG Rn 47). Nicht zu vergüten sind auch **Leistungen Dritter**, zB **Trinkgelder** (BAG AP 112 § 37 BetrVG 1972) und das von der Bundesagentur für Arbeit gezahlte **Saison-Kurzarbeitergeld.** Weiterhin nicht vergütungspflichtig ist der **Freizeitausgleich** (etwa im Rahmen der 38,5-Stunden-Woche, BAGE 68, 218). Soweit Sonntags- oder Mehrarbeit durch Freizeit ausgeglichen werden, hat der ArbN vorgeleistet und kann hierfür Vergütung nach § 611a II beanspruchen (vgl BAGE 49, 273). Er hat dagegen keinen zusätzl Anspruch auf Freizeit oder Vergütung, wenn er während der Ausgleichsfreizeit erkrankt (BAGE 49, 273; BAG NZA 1986, 716). Soweit Dritte (Sponsoren; Chefärzte direkt oder aus einem Pool mit nachgeordneten Ärzten) zum Arbeitsentgelt beisteuern, ist die Vorschrift entspr anzuwenden.

66 **d) Anwesenheitsprämien** sind verschieden beurteilt worden. Sie stellen als Bonus für tatsächlich geleistete Arbeit zwar Arbeitsentgelt iwS dar, sind jedoch kein fortzuzahlendes Entgelt iSd § 616, § 4 EFZG (BAG AP 15, 18 § 611 Anwesenheitsprämie), und zwar gleich, ob sie laufend oder in Form einer Einmalzahlung in größeren Abständen gewährt werden (*Meisel* SAE 1995, 321; diff Schmitt/*Küfner-Schmitt* § 4 EFZG Rn 79f; Kaiser/Dunkl/*Hold*/Kleinsorge § 4 EFZG Rn 23f). Aus dem Schrifttum: *Lipke*, Anwesenheitsprämien bei Krankheit oder Schwangerschaft, 1986; *Gaul*, Sonderleistungen und Fehlzeiten, 1994.

67 **3. Regelmäßige Dienstzeit.** Dem Dienstpflichtigen steht nur das ausgefallene Entgelt aus der gerade für ihn regelmäßigen Dienstzeit zu (nicht immer gleichzusetzen mit der betriebsüblichen Arbeitszeit). Arbeitszeitverkürzungen wie Kurzarbeit gelten nach § 4 III 1 EFZG für ihre Dauer als regelmäßige Arbeitszeit mit entspr Entgeltminderung (BAG AP 6 § 2 LFG). Auf § 616 ist diese Wertung zu übertragen. Gem § 4 Ia EFZG werden Überstunden bei der Entgeltfortzahlung nicht berücksichtigt. Das betrifft sowohl die Zuschläge (BAG NZA 2002, 439) als auch die für die einzelne Stunde bezahlte Grundvergütung (*Däubler* NJW 1999, 601, 605). Unter Überstunden ist dabei diejenige Arbeit zu verstehen, die über die individuell maßgebliche Arbeitszeit des ArbN hinaus geleistet wird (BAG NZA 2002, 439; Staudinger/*Richardi*/*Fischinger* § 611a Rn 1513). Überstunden werden wegen bestimmter besonderer Umstände vorübergehend zusätzl geleistet (BAG NZA 2002, 439). **Unbezahlte Fehlzeiten** mindern idR nur das Entgelt, ausnahmsw auch die anrechenbare Arbeitszeit, wenn wegen ihrer Häufigkeit und Regelmäßigkeit auf eine **vertragl Arbeitszeitverkürzung** zu schließen ist (BAG AP 29 § 2 ArbKrG). Auch ArbN mit **flexibler Arbeitszeit** nach § 12 TzBfG oder im Rahmen von **„Kapovaz"** (§ 611a Rn 259ff) ist

die **Arbeitszeit zu vergüten, die sie ohne die Verhinderung hätten leisten müssen**, also schon abgerufene Stunden (einvernehmliche Verlegung ist aber möglich). Ohne Abruf ist das vereinbarte oder gesetzl **Mindestsoll** zugrunde zu legen. Die Lohnfortzahlung bei **arbeitsfreien Feiertagen** richtet sich nach § 2 EFZG (nicht zuungunsten des ArbN abdingbar, § 12 EFZG; dazu BAG NZA 2020, 237; 2018, 597; Entgeltausfall und MiLoG: BAG NZA 2018, 53). Hätte der Schuldner dagegen an dem gesetzl Feiertag ohne die Verhinderung arbeiten müssen, gelten § 616 und § 3 EFZG (BAG DB 1980, 2292).

4. Sozialleistungen. Bestimmte durch den Verhinderungsfall ausgelöste Sozialleistungen sind auf den Gehaltsanspruch nach § 616 S 2 **anzurechnen.** Darin kommt ein allg Rechtsgedanke zum Ausdruck, wonach es nicht zu **Doppelentschädigungen** kommen soll. Obwohl § 19 I Nr 2 lit b BBiG keine ausdrückl Regelung enthält, ist auch dort eine Anrechnung vorzunehmen. 68

a) Kranken- oder Unfallversicherung. Anzurechnen sind lediglich Leistungen einer aufgrund **gesetzl Verpflichtung** bestehenden Kranken- oder Unfallversicherung, **nicht** aus **freiwilligen Versicherungen** bei einer gesetzl Krankenkasse oder einem Privatunternehmen. Andere Sozialleistungen, vor allem der **gesetzl Rentenversicherung**, sind ebenfalls nicht abzugsfähig, auch wenn sie ein Krankenversicherungsträger ebenso hätte erbringen können (BAG AP 22 § 63 HGB: Kuren nach § 13 AVG). § 616 schließt nicht aus, im Tarifvertrag die Entgeltperiode bei gleichzeitigem Bezug von Erwerbsunfähigkeitsrenten zu verkürzen (BAG AP 5 § 37 BAT). 69

b) Lohnersatzleistungen. Entgegen dem allg gefassten Wortlaut des S 2 sind nur Lohnersatzleistungen anrechnungsfähig. Da Ansprüche auf **Krankengeld** nach § 49 SGB V ruhen, soweit der Dienstpflichtige Gehalt bezieht, und solche auf **Verletzten- und Übergangsgeld** der Unfallversicherung nach § 52 SGB VII um das erzielte Einkommen gemindert werden, ist die Bedeutung der Anrechnung nur noch gering. Die Anrechnung lebt nicht wieder auf, wenn der Dienstberechtigte die Vergütung zu Unrecht verweigert; denn das entzöge dem Forderungsübergang auf den Sozialleistungsträger nach § 115 I SGB X die Grundlage. **Ohne Rechtspflicht** gewährte Sozialleistungen sind abzugsfähig (anders offenbar BAG AP 22 § 63 HGB), weil der Dienstschuldner durch die §§ 50, 45, 48 SGB X bei Gutgläubigkeit vor Rückforderungen hinreichend geschützt ist. 70

c) Mehrbedarf des Schuldners. Nicht anrechenbar sind alle Kranken- und Unfallversicherungsleistungen, die den krankheitsbedingten Mehrbedarf des Schuldners ausgleichen sollen, so aus der **Unfallversicherung** das Pflegegeld nach § 44 SGB VII, Kraftfahrzeug-, Wohnungs- und Haushaltshilfe, §§ 40–42 SGB VII, Übernahme der Kosten für berufsfördernde Leistungen nach § 35 SGB VII iVm §§ 49–54 SGB IX, Reisekosten nach § 43 SGB VII; aus der **Krankenversicherung** Fahrkosten nach § 60 SGB V und die Sachleistungen im Rahmen der **Krankenhilfe** nach § 27 SGB V, vor allem der **Krankenpflege**, ebenso wenig die behinderungsausgleichenden erg Leistungen nach § 43 SGB V. Bei **Krankenhauspflege** nach § 39 SGB V ist der **Verpflegungsanteil anrechnungsfähig** (BAG AP 27 bei Entlohnung durch **freie Kost**). Abzugsfähig ist dabei der ggf nach § 287 ZPO zu schätzende Wert der Beköstigung. 71

IV. Einwendungen des Dienstberechtigten. 1. Ende der Verhinderung. Nach dem Ende der Verhinderung hat der Schuldner keinen Gehaltsanspruch, bis er den Dienst wieder aufnimmt (wohl aber, wenn sich ein ebenfalls vergütungspflichtiger Hinderungsgrund unmittelbar anschließt und beide zusammen die **Erheblichkeitsgrenze** nicht übersteigen). 72

2. Ende des Arbeitsverhältnisses. Endet das Arbeitsverhältnis, gleich durch welchen Beendigungsgrund, findet auch die Entgeltfortzahlung ihr Ende. Bei ArbN gilt gem § 8 I EFZG für die „aus Anlass" der krankheitsbedingten Arbeitsunfähigkeit erklärte Kündigung Abweichendes (Rn 139ff). Im freien Dienstvertrag beseitigt dagegen auch jede aus Anlass der Krankheit vorgenommene Vertragsbeendigung den Vergütungsanspruch. Bei einer **Anfechtung** des Arbeitsvertrags wegen arglistiger Täuschung im Anschluss an eine krankheitsbedingte Arbeitsunfähigkeit entfällt der Entgeltfortzahlungsanspruch rückwirkend. Die Beschränkung der Nichtigkeitsfolge von § 142 I auf ex nunc-Wirkung, die für das in Vollzug gesetzte Arbeitsverhältnis anerkannt ist, findet keine Anwendung, wenn das Arbeitsverhältnis – wie bei Erkrankung des ArbN (BAG BB 1999, 796) – außer Funktion gesetzt ist. 73

3. Aufrechnung. Aufrechnen kann der Dienstberechtigte nach § 394 gegen pfändbare Entgeltfortzahlungsansprüche im gleichen Umfang wie gegen Gehaltsansprüche für geleistete Arbeit (BAG AP 1 § 7 LFG; vgl Rn 11). 74

4. Rechtsmissbrauch. Die Geltendmachung des durch § 616 aufrechterhaltenen Vergütungsanspruchs kann nur aufgrund **besonders schwerer Vertragsverstöße** des Dienstpflichtigen rechtsmissbräuchlich sein (§ 242, dazu *Schmitt* ZTR 1990, 223). Die Rspr hat den Einwand **anerkannt** bei nicht ausgeräumten Zweifeln an der Arbeitswilligkeit (LAG Frankfurt BB 1976, 90), wenn der Dienstberechtigte fristlos hätte kündigen können, das aber unterlassen hat (BAG AP 12 § 63 HGB; LAG München ARST 68, 180), der ArbN in den letzten drei Monaten vor dem Hinderungseintritt häufiger gefehlt als gearbeitet (BAG AP 29 § 2 ArbKrG) oder bei Vertragsschluss nur vorgetäuscht hat, zum Arbeitsbeginn dienstfähig zu sein (LAG Stuttgart AP 1 § 63 HGB), der Dienstpflichtige während einer vom Dienstberechtigten nicht gestatteten Besorgung innerhalb der Dienstzeit verunglückt (LAG München DB 1974, 1968), die Arbeit zuvor grundlos verweigert hat (LAG Frankfurt BB 1976, 90) oder durch grobes Verschulden seines Ehepartners verletzt wurde (ArbG Essen DB 1967, 867, wegen der Wertung des § 67 II VVG aF [§ 86 III VVG nF] bei grober Fahrlässigkeit allerdings zweifelhaft), den Beginn einer bewilligten Kur einvernehmlich mit dem Träger hinauszögert, um den Entgeltanspruch nicht wegen Fortsetzungserkrankung zu verlieren (vgl BAG AP 2 und 3 § 7 LFG); bei unwahren Angaben über den ersatzpflichtigen Schädiger, 75

Verhinderung des Anspruchsübergangs auf den Dienstberechtigten oder Einziehung der übergegangenen Forderung (LAG BW MDR 1982, 527); **nicht dagegen**, wenn der Schuldner vom ersten Arbeitstag an Gehaltsfortzahlung verlangt (LAG Frankfurt DB 1972, 1683), die Verhinderung nicht anzeigt oder nachweist (s aber Rn 56), wenn der Dienstpflichtige eine Untersuchung bei einem vom ArbGeb genannten Arzt verweigert (BAG AP 3 § 3 LFG) oder einer Vorladung zum vertrauensärztlichen Dienst (s aber Rn 95) nicht folgt, ebenso wenig nach missglücktem Selbstmordversuch (BAG AP 44 § 1 LFG). Die Übernahme von **Nebentätigkeiten** begründet Rechtsmissbrauch, wenn die Tätigkeit gegen ein Wettbewerbsverbot (Kaiser/*Dunkl*/Hold/Kleinsorge § 3 EFZG Rn 208) oder das Gesetz zur Bekämpfung der **Schwarzarbeit** verstößt (LAG Frankfurt BB 1974, 740; ArbG Wetzlar GewA 1973, 238) oder vertragl ausgeschlossen ist (Kaiser/*Dunkl*/Hold/Kleinsorge § 3 EFZG Rn 208). Letzteres ist allerdings wegen Art 12 I GG nur zulässig, wenn die zusätzl Tätigkeit verbotswidrig, besonders anstrengend oder gefährlich ist oder die Erhaltung der Arbeitskraft gefährdet (vgl BAG DB 1980, 741; Kaiser/*Dunkl*/Hold/Kleinsorge § 3 EFZG Rn 210; zum Ganzen auch BAG NJW 1984, 1707; 1976, 823). Das muss gleichermaßen für Verletzungen eines **Berufssportlers** gelten (anders noch BAG AP 5 § 63 HGB). Auch der Umstand, dass die Nebeneinkünfte den überwiegenden Teil des Einkommens ausmachen, begründet nicht ohne weiteres den Einwand des Rechtsmissbrauchs (BAG AP 38 § 1 LFG; anders noch AP 24 und 30 § 1 LFG). Das **Verhalten während der Verhinderung** macht die Inanspruchnahme der Vergütung rechtsmissbräuchlich, wenn der Dienstschuldner während der zusätzl Freizeit **Straftaten** oder andere rechtl und sittlich missbilligte Handlungen begeht (BAG AP 40 § 1 ArbKrG) oder weiteren Erwerbstätigkeiten nachgeht, die ihm ohne die Verhinderung nicht möglich gewesen wären (ArbG Reutlingen AP 27 § 1 LFG) oder die den Arbeiten entsprechen, auf die sich die Arbeitsunfähigkeit bezieht. Der **Verstoß gegen ärztliche Anordnungen** führt weder zum Verschulden des ArbN noch zum Rechtsmissbrauch, wenn der ArbGeb den Dienstpflichtigen selbst dazu verleitet hat. UU erfasst der Rechtsmissbrauchseinwand nur einen **Teil** der Fortzahlungsperiode.

76 **5. Leistungsverweigerungsrechte.** Verletzung der **Anzeigepflicht** (Rn 56) als selbständige, theoretisch klagbare Nebenpflicht begründet ein – praktisch nicht sehr bedeutsames – Leistungsverweigerungsrecht aus § 273 (vgl Kaiser/Dunkl/Hold/*Kleinsorge* § 5 EFZG Rn 5; aA Staudinger/*Oetker* Rn 123). Zu weiteren möglichen Rechtsfolgen (Schadensersatz, Kündigung, Rechtsmissbrauchseinwand) Rn 56.

77 Weist der Dienstschuldner seine Verhinderung nicht nach, ist zu unterscheiden: Soweit er einer **Nachweispflicht** unterliegt (Rn 57), besteht ein Zurückbehaltungsrecht des Dienstberechtigten aus § 273 (nicht analog § 7 EFZG, der ausschließlich an die Nachweispflicht des § 5 EFZG anknüpft; vgl auch Rn 76). Das Zurückbehaltungsrecht entfällt, sobald der Schuldner den Verhinderungsnachweis erbringt (BAG DB 1971, 2265). Es lebt nicht wieder auf, wenn der Dienstpflichtige ohne triftigen Grund einer Vorladung zum Medizinischen Dienst nach § 275 SGB V nicht folgt. Hat er begründete Zweifel an seiner Arbeitsunfähigkeit erweckt, kann die Geltendmachung der Gehaltsansprüche jedoch am Verbot widersprüchlichen Verhaltens scheitern und ein Leistungsverweigerungsrecht begründen, bis die Zweifel ausgeräumt sind.

78 Soweit ausnahmsw **keine Nachweispflicht** (Rn 57) besteht, wirkt sich eine Versäumung nicht auf den Entgeltfortzahlungsanspruch aus. Im Prozess hat der Dienstpflichtige seine Verhinderung freilich zu beweisen.

79 Ein **Zurückbehaltungsrecht** aus § 273 hat der ArbGeb weiterhin, wenn der ArbN sich **weigert**, seine Schadensersatzansprüche gegen Drittschädiger **abzutreten** (Rn 84).

80 **6. Verwirkung.** Der Einwand der illoyal verspäteten Geltendmachung kommt nach allg Rechtsgrundsätzen (§ 242 Rn 101ff, 123ff) auch ggü gem § 616 aufrechterhaltenen Ansprüchen aus § 611/611a in Betracht (vgl BAG DB 1971, 2265; ArbG Kiel DB 1970, 1790). Das dazu erforderliche Vertrauen des Dienstberechtigten, der Dienstpflichtige werde keine Forderungen mehr erheben, ist jedoch bereits durch Anzeige der Verhinderung (BAG DB 1971, 2265) oder deren Nachw zerstört. Das Überschreiten einer Nachweisfrist um wenige Tage begründet für sich genommen noch keine Verwirkung (LAG Saarland DOK 1971, 607; ArbG Kiel DB 1970, 1790).

81 **V. Zusammentreffen der Entgeltfortzahlung mit Ansprüchen des Dienstschuldners gegen Dritte. 1. Öffentlich-rechtliche Ansprüche.** Öffentlich-rechtl Ansprüche des Dienstpflichtigen bleiben unberührt, soweit sie seinen verletzungsbedingten **Mehrbedarf** ausgleichen. Dagegen ruhen **Lohnersatzleistungen** im Allg während der Gehaltszahlungsdauer, werden nach § 616 S 2 auf die Gehaltsansprüche angerechnet (Rn 68ff) oder mindern sich ihrerseits um den Betrag der weitergezahlten Vergütung (zB § 52 SGB VII sowie die Entschädigung nach § 56 VIII Nr 1 IfSG).

82 **2. Privatrechtliche Ansprüche.** Privatrechtl Ansprüche des Dienstschuldners gegen Dritte auf **Schadensersatz** wegen der **Heilungskosten** und des **Verdienstausfalls** schmälern seine Rechte aus § 616 nicht. Umgekehrt hindert entgegen reinen Differenzbetrachtungen auch die Entgeltfortzahlung nicht die Geltendmachung von Verdienstausfall als Schadensposten. Die der Sicherung des Dienstpflichtigen dienende Entgeltfortzahlung kann einen Drittschädiger nicht in seiner Schadenersatzpflicht entlasten. Dafür spricht einerseits der Rechtsgedanke des § 843 IV (BGHZ 7, 47; 21, 114; ebenso im freien Dienstvertrag, vgl BGH NJW 1978, 40; VersR 1971, 570). Andererseits hat der Gesetzgeber das Entlastungsverbot mittelbar in § 6 EFZG bestätigt, da er dort vom ungeschmälerten Fortbestand des Schadenersatzanspruchs ausgeht (vgl Staudinger/*Oetker* Rn 142).

83 **3. Anspruch auf Abtretung.** Anders als § 6 EFZG sieht § 616 keinen gesetzl Übergang der Schadenersatzansprüche des Dienstpflichtigen auf den Dienstberechtigten vor. Die hM hält aber den Dienstschuldner aus dem Rechtsgedanken der §§ 255, 285 zur **Abtretung** an den Dienstberechtigten für verpflichtet (BGHZ 42, 81; *Sabel* VersR 1973, 302; *Mittelmeier*, 47), andere begründen dies als dienstvertragl Nebenpflicht aus § 242 (Soergel/

Kraft Rn 39; bzw aus § 241 II: Staudinger/*Oetker* Rn 145). Den Risiken einer **Zwischenverfügung** oder **Pfändung** (*Mittelmeier* 128) des Ersatzanspruchs vor Abtretung kann der Dienstberechtigte durch eine **Vorausabtretung** begegnen, und zwar auch in AGB (Staudinger/*Oetker* Rn 146). Hinreichende Bestimmtheit ist zu bejahen. Gesetzl ist der ArbN aber nur zur nachträgl Abtretung bereits entstandener Ansprüche verpflichtet.

Ist der Dienstverpflichtete zur Abtretung von Ersatzansprüchen verpflichtet (Rn 83), kann der Dienstberechtigte die Entgeltfortzahlung nach § 273 **verweigern** (*Grunsky* JZ 1989, 800; Staudinger/*Oetker* Rn 146). Macht sich der Dienstpflichtige schuldhaft die Abtretung durch anderweitige Verfügung endgültig unmöglich, ist er dem Dienstberechtigten zum Schadensersatz verpflichtet, § 280 I. Soweit der Dienstberechtigte von dem Dritten Ausgleich hätte erlangen können, kann er diesen Anspruch dem Entgeltfortzahlungsanspruch bereits einredeweise entgegenhalten (§ 242, *dolo agit*). Für den Entgeltfortzahlungsanspruch des ArbN ordnet § 7 I Nr 2 EFZG dasselbe ausdrückl an. 84

4. Einwendungen des Schädigers. **Einwendungen** gegen den Schadensersatzanspruch des Dienstpflichtigen, etwa einen Mitverschuldenseinwand, kann der Schädiger auch dem Dienstberechtigten als Zessionar entgegenhalten, § 404. Haftet einer von mehreren Drittschädigern (§ 840) privilegiert, zB nach §§ 104, 105 SGB VII, kann der Dienstberechtigte von den voll Haftenden nur den Anteil verlangen, den diese beim Gesamtschuldnerausgleich unter den Schädigern zu tragen hätten (LG München BB 1985, 805; zum gestörten Gesamtschuldnerausgleich § 426 Rn 28ff). Dasselbe gilt, wenn der Dienstberechtigte selbst neben einem Dritten verantwortlich ist und zu seinen Gunsten § 104 SGB VII eingreift (*Mittelmeier*, 157). 85

5. Familienangehörige als Schädiger. Lebt der Schädiger als Familienangehöriger des Dienstpflichtigen in dessen Haushalt, ist der Anspruchsübergang bei Legalzession nach dem Rechtsgedanken aus § 86 I VVG, § 116 VI SGB X bei nicht vorsätzlichen Schädigungen ausgeschlossen (BGHZ 66, 104; Hamm DB 1975, 939). Auch der Anspruch auf **rechtsgeschäftliche Abtretung** ist ausgeschlossen (BGHZ 66, 111; BGH VersR 1968, 248; *Hanau* BB 1968, 1044). Der BGH hält sogar die vollzogene Abtretung für unwirksam (vgl BGHZ 43, 72; BGH VersR 1968, 248). Ist der Familienangehörige **haftpflichtversichert**, gilt § 86 III VVG ebenfalls (BGHZ 66, 111; BGH VersR 1968, 249; NJW 2001, 754; krit Diering/Timme/Stähler/*Breitkreuz* § 116 SGB X Rn 23). 86

6. Berechnung des Verdienstausfallschadens. Die Berechnung des Verdienstausfallschadens entspricht nicht in allen Einzelheiten der Höhe des fortgezahlten Entgelts, weil sich die öffentlich-rechtl Abgaben durch die Dienstunfähigkeit ändern können. Bei ArbN ist das **Bruttogehalt** nebst ArbGeb-Anteilen zur Sozialversicherung zu ersetzen (BGHZ 43, 378). Umständlicher ist eine Berechnung nach dem **Nettogehalt** zzgl Steuern auf die Schadenssumme (so BGHZ 42, 76; 43, 378; BGH VersR 1961, 213 und 416), weil auch die Ersatzleistungen für die Steuern zu versteuern und diese Aufwendungen wiederum zu ersetzen wären. Von den übrigen Gehaltsbestandteilen sind die in Rn 61–64 genannten zu erstatten sowie anteilig **einmalige** Zahlungen wie **Gratifikationen**, die Gegenleistung für die erbrachten Dienste sind (*Sabel* VersR 1973, 302; *Ganssmüller* VersR 1978, 805); ferner die **Urlaubsvergütung** (BGHZ 59, 109); Beiträge des ArbGeb zu den Sozialkassen des Baugewerbes (BGH NJW-RR 1986, 512). Zur grds Erstattungsfähigkeit von erfolgsabhängigen Vergütungsbestandteilen bei Organmitgliedern BGH NJW 1978, 40. Bei **Krankenhausaufenthalt ersparte Verpflegungskosten** sind nur vom Schadensersatz für die **Heilungskosten** abzuziehen, nicht beim Verdienstausfall (BGH VersR 1984, 583; 1980, 455). 87

VI. Beweislast. Diese folgt **allg Regeln:** Der Dienstschuldner muss die Tatsachen beweisen, die seinen Entgeltanspruch begründen oder erhalten, der Dienstgläubiger die anspruchshindernden, -vernichtenden oder -hemmenden Umstände (BGH NJW 1989, 1729; BAG DB 1985, 2694; NJW 1977, 350). § 616 konstituiert Voraussetzungen, unter denen der Vergütungsanspruch entgegen § 326 I aufrechterhalten bleibt und ist daher „anspruchserhaltende Gegennorm“. Der Dienstberechtigte hat die Voraussetzungen für das Entfallen des Vergütungsanspruchs darzulegen und zu beweisen, der Dienstpflichtige trägt die Beweislast hinsichtl der (echten) Tatbestandsvoraussetzungen des § 616. Teilw greifen insoweit Beweiserleichterungen in Form des Anscheinsbeweises. 88

1. Beweislast des Dienstpflichtigen. Der Dienstpflichtige hat zu beweisen: **a)** das **Bestehen eines Dienstvertrags**, eines faktischen Vertragsverhältnisses, soweit sich aus ihm noch Ansprüche aus § 616 ergeben können, die Voraussetzungen eines Weiterbeschäftigungsverhältnisses gem § 102 V BetrVG oder die einvernehmliche befristete Weiterbeschäftigung während des Kündigungsschutzprozesses; 89

b) seine **Verhinderung** nebst **Grund und Dauer** sowie, dass die Verhinderung in seinen **persönlichen Verhältnissen** begründet lag und eine **verhältnismäßig nicht erhebliche Zeit** in Anspruch nahm, weiter die Rechtmäßigkeit eines Schwangerschaftsabbruchs (ArbG Iserlohn DB 1986, 1927) bzw das Vorliegen der Voraussetzungen von § 218a I StGB; 90

c) den **Kausalzusammenhang** zw Dienstverhinderung und dem geltend gemachten Grund (LAG Saarland DB 1964, 115); 91

d) die **rechnerisch zutr Höhe** des geforderten Entgelts. Hier spricht der Anscheinsbeweis dafür, dass er **Umsatzprovisionen** auch während der Verhinderungsdauer im regelmäßig vorher verdienten Umfang erreicht hätte (*Lieb* DB 1976, 2208; *Wiedemann*/*Manke* Anm AP 27 zu § 1 FeiertagslohnzahlungsG). 92

2. Beweislast des Dienstberechtigten. Der Dienstberechtigte muss beweisen: **a)** das **Verschulden** des Dienstpflichtigen an seiner Verhinderung (BAG AP 75; 12 § 63 HGB; 13 § 1 ArbKrG; 1 § 2 ArbKrG; 94 § 1 LFG) und dessen Ursächlichkeit für den Eintritt des Hindernisses (LAG Frankfurt DB 1972, 442). Damit trägt der Dienst- 93 berechtigte zwar die Darlegungs- und Beweislast für Umstände, die regelmäßig nicht seiner Kenntnissphäre zuzurechnen sind. Insoweit werden ihm aber Erleichterungen aufgrund der prozessualen Mitwirkungspflicht des Dienstpflichtigen gem § 138 III ZPO und nach den Grundsätzen des Anscheinsbeweises gewährt (vgl Staudinger/*Oetker* Rn 169). Die Gegenmeinung verlangt den Nachw fehlenden Verschuldens dem Dienstpflichtigen ab (MünchArbR/*Tillmanns* § 77 Rn 38; *Lepke* DB 1972, 823).

94 b) die Umstände, die ein **Zurückbehaltungsrecht**, die **Verwirkung** oder den **Rechtsmissbrauch** begründen.

95 **3. Beweisführung/-vereitelung.** Nach dem Rechtsgedanken des § 444 ZPO ist der Vortrag des jew Beweispflichtigen als wahr zu unterstellen bzw die Beweislast umzukehren, wenn der Gegner die Beweisführung vereitelt (vgl *Lepke* DB 1983, 449; 1974, 479), zB weder seinen Arzt von der Schweigepflicht entbindet (verspätete Entbindung steht gleich, BGH VersR 1981, 42) noch in anderer Weise sachdienlich an der Aufklärung (zB suchtbegründender Umstände) mitwirkt (BAG NJW 1983, 2660), die vertrauensärztliche Untersuchung ohne triftigen Grund verweigert (vgl BGH NJW 1972, 1131) oder sich weigert darzulegen, auf welche Umstände ein Haftbefehl nach § 112 StPO gegründet wird.

96 **VII. Anhang: Die Entgeltfortzahlung wegen Arbeitsunfähigkeit bei Arbeitnehmern (EFZG). 1. Anwendungsbereich, §§ 1, 3, 3a, 9 EFZG.** Das EFZG gilt für Dienstverhinderungen **von ArbN** (näher sogleich) **wegen Krankheit** und gleichgestellten Fällen (nicht rechtswidriger Sterilisation, Schwangerschaftsabbruchs, Organ- und Gewebespende, Vorsorge- und Rehabilitationsmaßnahmen (nachfolgend Rn 103). **Persönlich** sind alle ArbN (Arbeiter, Angestellte) auch für kurzfristig (aber Wartefrist gem § 3 III EFZG, Rn 128) und geringfügig Beschäftigte; auch Auszubildende, § 1 II EFZG (näher Rn 7), **nicht** dagegen freie Dienstnehmer und arbeitnehmerähnl Personen (ErfK/*Reinhard* § 1 EFZG Rn 2; *Willemsen*/*Müntefering* NZA 2008, 193). Auf Freiwillige im Bundesfreiwilligendienst ist das EFZG entspr anwendbar, § 13 I BFDG (*Tiedemann* NZA 2012, 602). Sonderregeln enthalten § 10 EFZG für Heimarbeiter (Rn 10) und § 104 SeeArbG (Rn 6).

97 **2. Rechtsnatur.** § 3 I EFZG begründet ungeachtet des mehrdeutigen Wortlauts (einerseits „Anspruch", andererseits „Entgelt*fort*zahlung") keinen eigenständigen Vergütungsanspruch (BAG AP 1 § 611 Gleitzeit; Kaiser/*Dunkl*/Hold/Kleinsorge § 3 EFZG Rn 184; Soergel/*Kraft* Rn 44; **aA** Schmitt/*Schmitt* § 3 EFZG Rn 9; Staudinger/*Oetker* Rn 187ff; *Giesen* RdA 1997, 194), sondern erhält den Vergütungsanspruch aus § 611a I entgegen § 326 I – dem Grunde nach – aufrecht. Daher bleibt es auch bei den für den Vergütungsanspruch geltenden Modalitäten (Fälligkeit, Erfüllungsort, Pfändbarkeit usw, vgl Rn 11).

98 **3. Abdingbarkeit, Verzicht, § 12 EFZG.** Von den Vorschriften des EFZG kann sowohl individual- als auch kollektivvertragl **nur zugunsten** des ArbN abgewichen werden, § 12 EFZG. Nur die **Bemessungsgrundlagen** der Entgeltfortzahlung können durch Tarifvertrag auch zu Lasten des ArbN abw geregelt werden, und nichttarifgebundene Arbeitsvertragsparteien im Geltungsbereich des Tarifvertrages können darauf Bezug nehmen (Schmitt/*Küfner-Schmitt* § 4 EFZG Rn 201ff); § 4 IV EFZG (Rn 152).

99 § 12 EFZG verwehrt zwar den im Voraus erklärten **Verzicht** auf die Fortzahlung (allgM, Schmitt/*Schmitt* § 12 EFZG Rn 23), steht aber einem Erlass, negativen Schuldanerkenntnis oder Vergleich über bereits **entstandene und fällige** Ansprüche nicht entgegen (BAG DB 1981, 111; 1976, 2118; *Hofmann*, FS BAG, 241; Schmitt/*Schmitt* § 12 EFZG Rn 24f; aA LAG Düsseldorf DB 1972, 196; *Trieschmann* RdA 1976, 72), gleich ob während des Arbeitsverhältnisses oder danach (BAG AP 12 § 9 LFG). **Ausgleichsquittungen** müssen **nach Ende des Arbeitsverhältnisses** ausgestellt sein (BAG NJW 1980, 2325). Der ArbN muss erkannt haben, mit der Unterzeichnung gerade auf die Entgeltfortzahlung zu verzichten (BAG DB 1981, 223). Das muss aus Erklärungswortlaut und Begleitumständen **eindeutig** hervorgehen (BAG ZIP 1980, 1122; NJW 1980, 2325). Ein Verzicht geht ins Leere, wenn der Anspruch vorher gem § 115 SGB X auf den Sozialleistungsträger übergegangen ist (vgl BAG DB 1981, 112). Ein **Vergleich über das Vorliegen tatsächlicher** Anspruchsvoraussetzungen ist zulässig (BAG DB 1981, 223: verschuldensbegründende Umstände; BB 1973, 427). Sofern er sich auf zukünftige Ansprüche bezieht, dürfte dem jedoch § 12 EFZG entgegenstehen.

100 **4. Voraussetzungen. a) Bestehen eines voll wirksamen Arbeitsverhältnisses** (vgl Rn 18ff). Bei Arbeitsunfähigkeit eines ausl ArbN entfällt der Entgeltfortzahlungsanspruch, wenn der ArbN keine Arbeitsleistungen erbringen darf, weil ihm die **Aufenthaltserlaubnis** fehlt, und feststeht, dass der ArbGeb den ArbN auch entspr dem Verbot nicht beschäftigt hätte (MüKo/*Müller-Glöge* § 3 EFZG Rn 23; ErfK/*Reinhard* § 3 EFZG Rn 18; vgl BAG NZA 1996, 1087).

101 b) **Verhinderung** bedeutet (a) normativ, dass der ArbN wegen Arbeitsunfähigkeit infolge Erkrankung nicht leisten kann oder, nach wertender Betrachtung, nicht zu leisten verpflichtet ist und (b) faktisch, dass er auch tatsächlich nicht tätig wird. Erbringt der ArbN eine ihm von der Rechtsordnung nicht zugemutete Leistung (**Arbeitsleistung trotz Arbeitsunfähigkeit**), bedarf es keines Rückgriffs auf § 3 EFZG, es bleibt bei § 611a II (*Merkel* DB 2012, 2691).

102 c) **Arbeitsunfähigkeit infolge Erkrankung. aa) Krankheit** ist wie im Sozialrecht jeder regelwidrige und behandlungsbedürftige Körper- oder Geisteszustand, auch Geburtsfehler (BAG DB 1976, 1386), ebenso Sterilität (vgl § 27 I 4 SGB V, ArbG Düsseldorf NJW 1986, 2394; aA *Müller-Roden* NZA 1989, 128). Dementspr besteht ein Anspruch aus § 3 EFZG auch im Fall der durch eine künstliche Befruchtung bedingten Arbeitsunfähigkeit, jedenfalls soweit die Behandlungen aufgrund eines von der Krankenkasse nach § 27a SGB V genehmigten Behandlungsplans erfolgen (LAG Düsseldorf 13.6.2008 – 10 Sa 449/08. Zeugungsunfähigkeit des Partners und der dadurch bedingte unerfüllte Kinderwunsch sind keine Krankheit des ArbN, die dadurch veranlasste In-vitro-Fertilisation

keine Heilbehandlung der ArbN, BAG NJW 2017,1129 Rn 20ff; zum Verschulden Rn 114). Das Sozialversicherungsrecht verdrängt die Regelungen über die Entgeltfortzahlungen nicht. Volle Erwerbsminderung iSd Rentenversicherungsrechts schließt eine krankheitsbedingte Arbeitsunfähigkeit nach § 3 EFZG nicht aus (BAG AP 24 § 3 EFZG). Keine Krankheit stellt die **Schwangerschaft** dar, wohl aber durch sie verursachte Komplikationen (BAG DB 1985, 710f). Es muss sich um eine Erkrankung des ArbN handeln, die Erkrankung Dritter, vor allem der Kinder des ArbN, führt nicht zur Aufrechterhaltung des Vergütungsanspruchs nach § 3 EFZG (*Schulz* DB 2006, 838; aA *Kießling/Jünemann* DB 2005, 1684). **Quarantäne** (vgl § 28 I 1, § 30 I 2 IfSG: Absonderung) oder **Beschäftigungsverbot** (§ 31 IfSG) ist für sich keine Krankheit und auch nicht gleichzusetzen (ErfK/*Reinhard* § 3 EFZG Rn 19a; BeckOK-ArbR/*Ricken* § 3 EFZG Rn 10).

bb) Der Krankheit gleichgestellte Arbeitsunfähigkeitsgründe sind die nicht rechtswidrige **Sterilisation** und der nicht rechtswidrige **Schwangerschaftsabbruch** sowie ein solcher iSd § 218a I StGB, § 3 II EFZG. Ihre Voraussetzungen sind vom ArbG inzident zu prüfen (s BGH NJW 1985, 2752). 103

Der Arbeitsunfähigkeit infolge Krankheit gleichgestellt ist die Arbeitsverhinderung durch **Maßnahmen der medizinischen Vorsorge oder Rehabilitation**, die ein Träger der gesetzl Sozialversicherung oder ein sonstiger Sozialleistungsträger bewilligt hat und die stationär oder ambulant durchgeführt wird, § 9 I 1 EFZG (vgl BAG BB 2016, 2044, 2045; ErfK/*Reinhard* § 9 EFZG Rn 11). Die stationäre Durchführung setzt voraus, dass in der Einrichtung selbst Unterbringung, Verpflegung und medizinische Behandlungen erbracht werden. Zudem muss die tatsächliche Durchführung der Maßnahme zu einer maßgeblichen Gestaltung der Lebensführung des ArbN während seines Aufenthalts in der Einrichtung geführt haben (BAGE 93, 205). Für nicht gesetzl kranken- oder rentenversicherte ArbN sind Maßnahmen der medizinischen Vorsorge oder Rehabilitation aufgrund ärztlicher Verordnung in einer entspr Einrichtung gleichgestellt, S 2. **Schonungszeiten**, in denen keine Arbeitsunfähigkeit besteht, hat der Gesetzgeber durch die Regelung in § 9 EFZG aus den Entgeltfortzahlungstatbeständen – auch aus § 616 (*Schmitt* RdA 1996, 10f; Kaiser/*Dunkl*/Hold/Kleinsorge § 9 EFZG Rn 2; aA *Leinemann* AuA 1995, 83) – ausgeklammert. Für die von § 9 EFZG nicht (mehr) erfassten Fälle ist der ArbN auf Erholungsurlaub verwiesen (vgl § 7 I 2, § 10 BUrlG). 104

cc) Arbeitsunfähigkeit. Die Krankheit muss **Arbeitsunfähigkeit** des ArbN zur Folge haben (BAG DB 1984, 1687; 1981, 2638). Arbeitsunfähigkeit liegt vor, wenn der ArbN die **geschuldete**, ggf gem § 106 GewO konkretisierte **Leistung** obj nicht erbringen kann oder nicht erbringen sollte (MüKo/*Müller-Glöge* § 3 EFZG Rn 6); vgl die ArbeitsunfähigkeitsRL nach § 92 I 2 Nr 7 SGB V. Das ist der Fall, wenn (alternativ): 105

(1) der ArbN tatsächlich krankheitsbedingt zur Arbeitsleistung außerstande ist (Kaiser/*Dunkl*/Hold/Kleinsorge § 3 EFZG Rn 32); 106

(2) die Arbeitsleistung ihm deshalb **unzumutbar** ist, weil zumindest die **Gefahr** besteht, dass die Weiterarbeit seinen Gesundheitszustand **verschlechtert** (BAG AP 86, 94 § 1 LFG; AP 23 § 63 HGB) und der Arzt ihm deshalb Schonung auferlegt (RVA Nr 2110 ArbN 1915, 762), 107

(3) der erkrankte ArbN wegen **Ansteckungsgefahr für Dritte** nicht weiterarbeiten darf (**Beschäftigungsverbot**) (BAG AP Nr 6 § 6 LFG; LG Tübingen NJW 1966, 1865); dem Beschäftigungsverbot gleichzustellen ist, wenn der symptomlos Erkrankte die geschuldete Leistung zwar erbringen könnte, sie ihm aber wegen der Ansteckungsgefahr für Dritte nicht zugemutet werden kann (§ 275 III) (ErfK/*Reinhard* § 3 EFZG Rn 10; aM *Preis/Mazurek/Schmid* NZA 2020, 1137: nur ggf Entschädigung nach IfSG; vgl dazu Rn 9; Arbeitsunfähigkeit bejahend, Vorrang der Entschädigung nach IfSG annehmend MüKo/*Müller-Glöge* § 3 EFZG Rn 10); oder 108

(4) er ohne Behandlung seine Arbeit hätte fortsetzen können und erst die vom Arzt veranlasste **Operation** ihn daran hindert (BAG DB 1972, 635: Handverletzung; DB 1976, 1386: Sehfehler). Die Operation muss aber einen regelwidrigen und heilungsbedürftigen Zustand beim verhinderten ArbN beseitigen, daran fehlt es bei Schönheitsoperationen (ArbG Hagen DB 1973, 1805) sowie Tätowierung und ihrer Beseitigung (LAG Hamm LAGE 13 § 1 LFG). Zur Operation des Spenders zur **Organtransplantation** § 3a EFZG und Rn 169ff. 109

(5) Die **Arbeitsunfähigkeit muss obj vorliegen.** Eine irrtümliche Annahme aufgrund entspr **Fehldiagnose** des Arztes genügt nicht, kann aber die Leistung unzumutbar machen. Entgeltfortzahlung erfolgt dann nach § 616 (Rn 28). Der medizinisch notwendige **Arztbesuch** (Rn 28) ist nicht notwendig mit Arbeitsunfähigkeit verbunden (BAG NZA 1997, 786). Keine Arbeitsunfähigkeit liegt etwa vor, wenn der ArbN außerhalb der Behandlungstermine ohne Beschwerden weiterarbeitet (zB Zahnplomben, leichte Magenstörungen, vgl BAG DB 1984, 1687; 1972, 635; 1962, 1049) oder die Arbeit nur wegen der langen Anfahrt zum Behandlungsort ausfällt (BAG DB 1985, 977). Es kann dann aber § 616 eingreifen (Rn 25, 28). Kann der ArbN zwar arbeiten, aber wegen seiner Erkrankung nur den **Weg** zum Leistungsort nicht zurücklegen, liegt keine Arbeitsunfähigkeit vor, denn das Wegerisiko hat grds der ArbN zu tragen (BAG AP 4 § 11 MuSchG; Staudinger/*Oetker* Rn 227). UU kann aber Unzumutbarkeit zur „Verhinderung" nach § 616 führen (vgl Rn 25). 110

(6) **Teilarbeitsunfähigkeit.** Grds ist die krankheitsbedingte **teilw Arbeitsunfähigkeit** Arbeitsunfähigkeit iSd § 3 EFZG (BAG DB 1974, 342; Kaiser/*Dunkl*/Hold/Kleinsorge § 3 EFZG Rn 46). Eine Teilarbeitsunfähigkeit mit teilw Arbeitspflicht und teilw Entgeltfortzahlungsanspruch soll es nicht geben (BAG NZA 2014, 719 Rn 24 m krit Anm *Wank* AP 29 § 106 GewO; NZA 1992, 643; ebenso ErfK/*Reinhard* § 3 EFZG Rn 12; **aA** MüKo/*Müller-Glöge* § 3 EFZG Rn 9; ausf Staudinger/*Oetker* Rn 229ff; zw qualitativer und quantitativer Teilarbeitsunfähigkeit diff: Schmitt/*Schmitt* § 3 EFZG Rn 72ff). Keine Arbeitsunfähigkeit liegt vor, wenn der ArbGeb dem krankheitsbedingt eingeschränkten ArbN gem § 106 GewO eine **leidensgerechte Tätigkeit** zuweisen kann (BAG NZA 111

2014, 719 Rn 23ff: keine Nachtarbeit; LAG Hamm 25.10.2016 – 7 Sa 803/16: keine Lasten über 10 kg). Für das **Wiedereingliederungsverhältnis** setzt § 74 SGB V voraus, dass ein Kranker, der teilw zu Verrichtung seiner Arbeit imstande ist, vollständig arbeitsunfähig und daher insg nicht verpflichtet ist (BAG AP 1, 2 § 74 SGB V). Die teilw Beschäftigung zur Wiedereingliederung erfolgt in einem Rechtsverhältnis sui generis; die arbeitsvertragl Hauptleistungspflichten ruhen (BAG AP 1, 2 § 74 SGB V; Kaiser/*Dunkl*/Hold/Kleinsorge § 3 EFZG Rn 47); § 3 EFZG findet keine Anwendung.

112 **d) Erfordernis der Monokausalität.** Die Arbeitsunfähigkeit infolge Krankheit muss die alleinige Ursache für die Arbeitsverhinderung sein (BAG AP 21, 22 § 3 EFZG), ebenso wie bei § 616; näher Rn 35-40.

113 **e) Kein Verschulden.** Die Arbeitsunfähigkeit muss unverschuldet sein (vgl *Twesten* Die Leistungen 2001, 275, 321). Gemeint ist ein „Verschulden" nicht iSv § 276, sondern „gegen sich selbst", das bei einem „gröbliche(n) Verstoß gegen das von einem verständigen Menschen im eigenen Interesse gebotene Verhalten" (*Hueck*) vorliegt, dessen Folgen auf den ArbGeb abzuwälzen unbillig wäre. Leichtsinn iSd allg Sprachgebrauchs genügt nicht (LAG Köln 19.4.2013 – 7 Sa 1204/11). **Mitverschulden Dritter** entlastet in aller Regel nicht (vgl BAG NJW 1972, 703). **Mitverschulden des ArbGeb** führt nicht zu einer Quotelung des Entgeltfortzahlungsanspruchs analog § 254. Bei alleiniger oder weit überwiegender Verantwortlichkeit des ArbGeb bleibt der Anspruch des ArbN auf Arbeitsentgelt gem § 326 II 1 erhalten, ein Rückgriff auf § 3 EFZG ist nicht erforderlich. Treffen sowohl ArbGeb als auch ArbN ein Mitverschulden und kann dem ArbN nicht der Vorwurf gröbster Fahrlässigkeit gemacht werden, steht ihm ein Anspruch auf uneingeschränkte Entgeltfortzahlung zu (Schmitt/*Schmitt* § 3 EFZG Rn 132; aA ErfK/*Reinhard* § 3 EFZG Rn 24; krit auch Staudinger/*Oetker* Rn 269). Da die Arbeitsverhinderung in § 3 EFZG krankheitsbedingt sein muss, kommt es hinsichtl des Verschuldens auf die **Erkrankungsursache** an.

114 **aa)** Verschulden ist zu verneinen bei Verletzungen infolge **Reflexbewegungen** (LAG Bremen DB 1972, 735), **Infektionserkrankungen** (zB Grippe), sofern nicht vorsätzlich oder grob fahrlässig zugezogen (LAG Heidelberg RdA 1950, 30). Verschulden einer (Covid-19-)Infektion ist anzunehmen, wenn der ArbN die in § 56 I 4 IfSG genannten Selbstschutzmaßnahmen unterlässt (*Beden* NZA 2021, 917). Das gilt auch für durch Infektion zugezogene Geschlechtskrankheiten. Mangelnde Vorsorge (zB Grippe-, Malaria-, Tetanusimpfung, geschützter Geschlechtsverkehr) kann nicht allg, sondern nur in Abwägung der Umstände des Einzelfalls einen Verschuldensvorwurf begründen. Kein Verschulden liegt vor, wenn im Rahmen einer nach allg anerkannten medizinischen Standards oder auf ärztliche Anordnung vorgenommenen **In-vitro-Fertilisation** eine zur Arbeitsunfähigkeit führende Erkrankung auftritt, mit deren Eintritt nicht gerechnet werden musste (näher BAG NJW 2017, 1131 Rn 39ff).

115 **bb)** Bei **Unfallverletzungen** hängt das Verschulden von **Anlass und Hergang** des Unfalls ab.

116 **(1)** Ist der ArbN verunglückt, während er für den ArbGeb **tätig** war (**Arbeitsunfall**), liegt Verschulden vor, wenn er vorsätzlich **Unfallverhütungsvorschriften** (LAG Frankfurt DB 1966, 584; LAG BW BB 1979, 1040; ArbG Bielefeld BB 1981, 496; *Händel* NJW 1979, 2290; *Wolber* BlStSozArbR 1982, 109) oder Sicherheitsvorkehrungen des ArbGeb (BAG AP 38 § 1 ArbKrG: verbotswidrige Benutzung einer Kreissäge, Bedienungsfehler nicht erforderlich) missachtet; zum Alkoholgenuss s Rn 119; **nicht dagegen**, wenn der Dienstberechtigte pflichtwidrig keine einwandfreie **Schutzkleidung kostenlos** stellt (ArbG Arnsberg DB 1971, 435; ArbG Solingen DB 1974, 1241). Der ArbN braucht sich dann zwar keine Schutzkleidung anzuschaffen, kauft er sie sich aber, muss er sie auch tragen (vgl LAG Berlin DB 1982, 707). Ebenfalls nicht grob fahrlässig ist das Tragen von Schuhen mit glatter Sohle, selbst wenn der ArbN auf die Ungeeignetheit der Schuhe hingewiesen wurde, der ArbGeb weitere Maßnahmen mit dem Ziel des Schuhwechsels aber nicht getroffen hat (LAG Köln 19.4.2013 – 7 Sa 1204/11). Die **Übernahme einer weiteren Beschäftigung** ist für sich allein **nicht schuldhaft** (BAG NJW 1984, 1706; 1976, 823), gleichgültig, ob abhängig oder selbständig (BAG NJW 1984, 1706; 1976, 823), genehmigungspflichtig oder -frei, mit oder ohne Genehmigung (LAG Bremen DB 1972, 735; insoweit auch nicht tarifdispositiv, BAG NJW 1984, 1706), erwerbsmäßig, als Hobby, im Rahmen der Nachbarschaftshilfe oder als Heimwerker (LAG Düsseldorf DB 1971, 103: Pkw-Reparatur; ArbG Marburg BB 1963, 1421: Abbrucharbeiten im eigenen Haus). **Ausnahmen:** besonders **gefährliche** oder den Schuldner **überfordernde** Arbeiten (BAG NJW 1984, 1706; 1976, 823), Verstöße gegen das **ArbZG** (BAG BB 1982, 1424), vertragl oder andere rechtl **Verbote** (BAG NJW 1976, 823; LAG Frankfurt BB 1974, 1164); zur **Schwarzarbeit** vgl auch Rn 75. Fehlt es am Verschulden, hat der ArbN Ansprüche aus allen Beschäftigungen. Auf die Höhe des Nebenverdienstes kommt es nicht an (BAG NJW 1976, 823). Zum Rechtsmissbrauch BAG AP 17, 19 und 30 § 1 LFG und Rn 75.

117 **(2)** Bei **Unfällen im Straßenverkehr** sind erlittene Verletzungen vom ArbN verschuldet bei **verkehrswidrigem Überholen** (LAG Düsseldorf BB 1959, 812), **überhöhter Geschwindigkeit** (BAG AP 28 § 63 HGB; LAG BW DB 1975, 1035), erst recht, wenn zusätzl fehlende Ortskenntnis, schlechte Straßen- oder Sichtverhältnisse dazukommen (BAG AP 28 § 63 HGB; LAG Hamm DB 1971, 2166), **Vorfahrtverstößen** (LAG München WA 1965, 66; LAG Hamm DB 1971, 2167), **abgefahrenen Reifen** (ArbG Celle ARST 1971, 22), **fehlender Verkehrssicherheit** (ArbG Marburg DB 1991, 869), **Überanstrengung** durch lange Fahrt (LAG Düsseldorf DB 1966, 1484), **Hineinlaufen** als Fußgänger in Kfz (BAG NJW 1972, 703), nächtlicher **Fahrradfahrt** ohne Licht oder auf Kraftfahrtstraße (ArbG Braunschweig WA 1965, 126), **Missachtung eines Hinweisschildes** Durchfahrt für Radfahrer nicht möglich (LAG Schl-Holst NZA-RR 2019, 528), Nichtanlegen des **Sicherheitsgurts** (BAG AP 46 § 1 LFG), Kraftradfahren ohne **Schutzhelm** (vgl § 21a II 1 StVO), Einnahme von **Medikamenten**, wenn Beeinträchtigung der Fahrtüchtigkeit aus Beipackzettel ersichtlich (LAG Frankfurt BB 1979, 1504; **nicht** aber, wenn Dienstberech-

tigter in Kenntnis dieser Umstände die Fahrt angeordnet hat, hier gilt § 326 II 1), Aufspringen auf fahrendes öffentliches Verkehrsmittel. IÜ werden in aller Regel grobfahrlässige Fremdschädigungen, die den **Haftpflichtversicherer** nach § 81 II VVG **befreien,** auch bei § 3 EFZG das grobe Verschulden begründen.

(3) Sportverletzungen sind iSd § 3 EFZG verschuldet, wenn sie zurückgehen auf **schwere Regelverstöße** des ArbN (BAG NJW 1982, 1014), erhebliche **Überbeanspruchung** (BAG NJW 1982, 1014; AP 5 § 63 HGB und 18 § 1 LFG; jedenfalls gegeben bei fünfmaliger gleicher Verletzung innerhalb von zwei Jahren, ArbG Hagen DB 1970, 1840, unregelmäßiges Training genügt aber nicht, BAG AP 39 § 1 LFG), besonders **leichtsinnige Sportausübung,** schlechte **Ausrüstung** (ArbG Dortmund DB 1966, 908), bekanntermaßen **schlechten Zustand der Sportanlage** (ArbG Hagen DB 1969, 134), Ausübung besonders **gefährlicher Sportarten.** Diese sind durch Risiken gekennzeichnet, die sich selbst durch gute Ausbildung und sorgfältige Beachtung aller Regeln nicht beherrschen lassen (BAG NJW 1982, 1014; AP 42 § 1 LFG). Dabei genügt die abstrakte Gefährlichkeit. Ob sie sich im Einzelfall verwirklicht hat, ist unerheblich (BAG AP 5 § 63 HGB; auf individuelle Leistungsfähigkeit abstellend LAG München BB 1972, 1324; 1979, 1453; LAG Berlin BB 1969, 1223). Ein Indiz ist die **fehlende Versicherungsbereitschaft** der Kranken- und Haftpflichtversicherer (BAG AP 18 § 1 LFG). Die Rspr ist mit der Anerkennung einer Sportart als besonders gefährlich bislang äußerst zurückhaltend gewesen. **Abgelehnt** bei: Fingerhakeln (LAG Frankfurt BB 1974, 1164); Skifahren (LAG Stuttgart AP 1 § 63 HGB); Skispringen (LAG München BB 1972, 1324); Drachenfliegen (BAG NJW 1982, 1014); Fallschirmspringen (LAG Berlin BB 1969, 1223); Fußball (BAG AP 39 § 1 LFG); Boxen, sofern unter ständiger Trainerbetreuung (BAG AP 42 § 1 LFG; aA Weimar JR 1978, 368); Grasbahnrennen (ArbG Hagen DB 1969, 134); Motorradrennen (ArbG Dortmund DB 1966, 908); Befahren einer Motorrad-Rennstrecke (LAG Köln AR-Blattei ES 1000.3.1 Nr 168); offengelassen für Moto-Cross-Rennen (BAG AP 18 § 1 LFG, verneinend LAG Frankfurt BB 1973, 1358; bejaht von Weimar JR 1978, 368); Bergsteigen (*Monjau* Anm AP 18 § 1 LFG); Inline-Skating (LAG Saarland NZA-RR 2003, 568). **Bejaht** bei: Bungee-Springen (*Gerauer* NZA 1994, 496; krit MünchArbR/*Greiner* § 80 Rn 60); Kick-Boxen (ArbG Hagen NZA 1990, 311; krit wiederum MünchArbR/*Greiner* § 80 Rn 60). **Kritik.** Allg sollte der Maßstab für die Qualifizierung als „gefährliche Sportart" **abgesenkt** werden (krit auch *Denck* BB 1982, 683; für eine völlige Aufgabe der Unterscheidung und zugunsten einer Einzelfallprüfung, ob der ArbN besonders leichtfertig gehandelt oder sich übernommen hat: ErfK/*Reinhard* § 3 EFZG Rn 26; MünchArbR/*Greiner* § 80 Rn 60). Unter Fürsorgegesichtspunkten ist dem ArbGeb die Pflicht zur Entgeltfortzahlung nur in begrenztem Risikorahmen zuzumuten. Besonders risikoträchtigen Sportarten wie Drachenfliegen, Fallschirmspringen, Moto-Cross-Rennen, Bungee-Springen usw übt der risikofreudige ArbN auf eigene Gefahr aus, mit der Verweisung auf seine Eigenverantwortung wird zugleich die Äquivalenzstruktur des Dienstverhältnisses gestärkt (*Kraft* ZFA 1994, 484). 118

cc) Arbeitsunfähigkeit durch **Alkohol- oder Drogeneinfluss** ist idR **verschuldet** (Kaiser/*Dunkl*/Hold/Kleinsorge § 3 EFZG Rn 112ff; zur Suchtkrankheit s aber Rn 120). Dabei ist gleichgültig, ob der Schuldner im Rausch nicht arbeiten kann, Tätlichkeiten provoziert (LAG Hamm DB 1971, 873), sich in anderer Weise verletzt (BAG DB 1987, 1495; LAG Hamm BB 1966, 1066; LAG Saarland AP 37 § 1 LFG; LAG Düsseldorf DB 1971, 2022; ArbG Nürnberg BB 1971, 1280) oder ob nach Abklingen des Rausches organische Schäden zurückbleiben. Schuldhaft ist auch, sich der **besonderen Gefahr auszusetzen,** durch berauschte Personen verletzt zu werden, zB Mitfahrt mit ersichtlich fahruntüchtigem Fahrer (LAG Düsseldorf DB 1968, 1908). 119

dd) Alkoholismus und andere Suchtkrankheiten. Die Arbeitsunfähigkeit kann durch das Erfordernis einer Therapie oder durch suchtbedingte organische Schädigungen verursacht sein. Der Rauschmittelkonsum aufgrund Abhängigkeit ist nicht schuldhaft, Anknüpfungspunkt kann daher nur die Verursachung der Suchtkrankheit sein (BAGE 43, 54). Dass Sucht stets auf Rauschmittelmissbrauch zurückgeht und aus eigener Kraft **abwendbar** war, lässt sich jedoch **nicht** als **Erfahrungssatz** annehmen. Vielmehr kann zumindest bei Alkoholabhängigkeit aufgrund ihrer multifaktoriellen Genese nicht von einem Verschulden ausgegangen werden (BAG NZA 2015, 801, 803 = AP 31 § 3 EFZG m Anm *Brose*; anders noch BVerwG NJW 1980, 1347; BAGE 43, 54; Schmitt/*Schmitt* § 3 EFZG Rn 160; Kaiser/*Dunkl*/Hold/Kleinsorge § 3 EFZG Rn 114, auf das Verhalten vor Eintritt der Alkoholabhängigkeit abstellend). Auch das Verschulden bei einem **Rückfall** in die Sucht nach längerer Abstinenz kann nur im Einzelfall anhand eines Sachverständigengutachtens bewertet werden (von regelmäßig fehlendem Verschulden ausgehend BAG NZA 2015, 801, 804; ErfK/*Reinhard* § 3 EFZG Rn 27; aM noch BAG AP 75; BVerwG NJW 1980, 1347; Schmitt/*Schmitt* § 3 EFZG Rn 161; jedenfalls kein Verschulden annehmend, wenn sich der ArbN durch die Heilbehandlung noch nicht soweit von der Alkoholsucht befreit hatte, dass er in Konfliktsituationen Rückfälle durch eigene Willensanstrengungen vermeiden konnte: BAG EzA 123 § 1 LFG). Entgeltfortzahlung für **Rauchpausen** kommt idR nicht in Betracht, da der ArbN zumeist weder krank noch arbeitsunfähig noch unverschuldet verhindert ist (vgl LAG Nürnberg 21.7.2015 – 7 Sa 131/15, juris Rn 53; LAG Schl-Holst 21.6.2007 – 4 TaBV 12/07). Beruht eine Arbeitsunfähigkeit auf übermäßigem **Rauchen,** hält BAG BKK 1986, 76 offenbar nur Missachtungen **ärztlicher Rauchverbote** für schuldhaft. Das überzeugt nicht. Raucher sind nicht besser zu stellen als andere Suchtkranke. Es ist daher Verschulden anzunehmen, wenn der ArbN das Rauchen fortsetzt, obwohl bereits ernste **Schäden eingetreten** sind, ein Loskommen willensmäßig noch möglich ist und die Entzugsfolgen gesundheitlich zu verkraften sind (ebenso Schmitt/*Schmitt* § 3 EFZG Rn 164). Auch **Arzneimittelabhängigkeiten** sind unter diesen Voraussetzungen verschuldet. In den Fällen der Suchtkrankheit sind die Einschränkungen der Entgeltzahlung nach den Regeln der **Fortsetzungserkrankung** zu beachten, § 3 I 2 EFZG (vgl LAG Frankfurt BB 1972, 838). Der beweisbelastete (Rn 166) ArbGeb hat materiellen Auskunftsanspruch, ob ein Sucht-Rückfall vorliegt, nicht aber nach den Gründen des Rückfalls, die nur von 120

Sachverständigem zu klären sind. Prozessual trifft den ArbN eine Mitwirkungspflicht gem § 138 II ZPO (BAG NZA 2015, 801, 804f).

121 ee) Ist die Arbeitsunfähigkeit Folge eines misslungenen **Selbstmordversuchs**, kann Verschulden nur bei **unbeschränkter Willensfreiheit** des Schuldners vorliegen. Eine solche wird kaum je anzunehmen sein (BAG NJW 1979, 2326; MünchArbR/*Greiner* § 80 Rn 58). Bei einem nicht ernsthaft gemeinten Selbstmordversuch kommt es auf die Umstände des Einzelfalls an. Ob die Willensfreiheit des ArbN beschränkt war oder nicht, lässt sich selten anhand pauschaler Richtwerte, sondern nur durch ein Sachverständigengutachten ermitteln (aA Schmitt/*Schmitt* § 3 EFZG Rn 153: Verschulden idR gegeben; BeckOK-ArbR/*Ricken* § 3 EFZG Rn 40: idR kein Verschulden).

122 ff) **Hungerkuren** und die Einnahme von Appetitzüglern ohne ärztliche Aufsicht sind schuldhaft (Schaub/*Linck* § 98 Rn 40), wenn die Nahrungsverweigerung keine seelischen Ursachen hat (LAG Hamm EEK I/407; vgl Schmitt/*Schmitt* § 3 EFZG Rn 140).

123 gg) Verschulden liegt weiterhin vor, wenn der ArbN sich **bei vorsätzlichen Straftaten verletzt** (ArbG Stade BB 1970, 1435; LAG Düsseldorf DB 1978, 215) oder durch Notwehr bzw Nothilfe gegen seine Tat arbeitsunfähig wird (*Marburger* DB 1980, 401). **Opfer** einer Straftat haben ihre Arbeitsunfähigkeit verschuldet, wenn sie den Täter provoziert haben (vgl BAG AP 45). Allein der Aufenthalt in einer schlecht beleumdeten Gegend genügt dagegen nicht (LAG Hamm DB 1972, 2120). Die Aufnahme einer Liebesbeziehung mit der Freundin eines als gefährlich bekannten Kollegen bedeutet nicht, dass die Arbeitsunfähigkeit infolge Überfalls durch den Kollegen selbstverschuldet wäre (BAG AP 45).

124 hh) Die **Verlängerung einer Arbeitsunfähigkeit** ist schuldhaft, wenn der ArbN bei schweren Erkrankungen den Arzt nicht oder zu spät hinzuzieht, ärztliche Anordnungen missachtet (LAG Düsseldorf DB 1955, 1043; ArbG Ulm BB 1957, 1112) oder ärztlich verordnete Heilbehandlungen nicht antritt (vgl ArbG Bremerhaven EEK I/138). **Nebentätigkeiten**, Besuch von **Kultur- oder Vergnügungsveranstaltungen** und **Sport** gehören zur Persönlichkeitsentfaltung nach Art 2 I GG (*Schäfer* NZA 1992, 530; vgl auch *Wiese* ZFA 1971, 299) und sind daher nur schuldhaft, wenn vom Arzt ausdrückl verboten oder die Genesungswidrigkeit offenkundig ist, so Aufenthalt im Freien bei fiebrigen Erkrankungen jedenfalls im Winter (LAG Düsseldorf DB 1955, 1043; zu weit ArbG Frankfurt BB 1954, 1062; ArbG Ulm BB 1957, 1112) oder Alkoholkonsum bei Leber-, Magen- oder Darmerkrankung. Verstöße gegen die Krankenordnung der Krankenkasse oder Entfernung vom Wohnort genügen dafür nicht. **Gerichtstermine** darf der ArbN wahrnehmen, wenn sein Ausbleiben möglicherweise unentschuldigt wäre und die Gefahr von Ordnungsmitteln nach sich zöge. **Reise- und verhandlungsfähig** kann auch der Arbeitsunfähige sein. Das prüft das ladende Gericht von Amts wegen (für Zivilprozess: Zweibrücken JB 1976, 1256; *Anders/Gehle* § 381 ZPO Rn 4; für Strafprozess: KG JR 1978, 36; Saarbrücken MDR 1969, 599). Tätigkeiten dieser Art können aber ein Indiz für die Arbeitsfähigkeit sein.

125 **ii) Weitere Verschuldensfälle.** Verwendung eines Trinkglases als Würfelbecher (LAG Düsseldorf DB 1958, 1423), leichtfertiger Umgang mit Handfeuerwaffen (ArbG Kiel BB 1969, 797) oder Chemikalien (ArbG Köln DB 1985, 604); Streicheln eines Hundes trotz Warnung des Halters (ArbG Wetzlar DB 1995, 1468); Sprung über Balkonbrüstung im Ehestreit (ArbG Berlin DB 1971, 1360).

126 jj) **Schwangerschaftsabbruch** und **Sterilisation** gelten unter den Voraussetzungen des § 3 II EFZG (Rn 103) als unverschuldet.

127 f) **Pflichtwidrigkeitszusammenhang.** Der Sorgfaltsverstoß, der das Verschulden begründet, muss die Arbeitsunfähigkeit **verursacht** haben (Pflichtwidrigkeitszusammenhang, BAG AP 46 § 1 LFG; BB 1982, 1424; Soergel/*Kraft* Rn 20). Deshalb liegt kein iRd § 3 EFZG relevantes Verschulden vor, wenn es sich im Erg nicht ausgewirkt, zB die Dienstunfähigkeit nicht verlängert hat (BAG DB 1980, 741: Nebentätigkeit; BAG AP 40 § 1 ArbKrG: Wallfahrt; LAG Nürnberg BB 1980, 262; Kaiser/*Dunkl*/Hold/Kleinsorge § 3 EFZG Rn 95f), wenn die Sicherheitskleidung ohnehin unbrauchbar war, der angelegte Sicherheitsgurt die Verletzungen nicht verhindert hätte (BAG AP 46 § 1 LFG; *Händel* NJW 1979, 2290; *Weiland* DB 1979, 1655; nicht dagegen, dass der Gurt möglicherweise andere Verletzungen verursacht hätte), wenn der Schuldner ohnehin mindestens sechs Wochen krank gewesen wäre und die Verlängerung deshalb den ArbGeb **nicht zusätzl belastet** (LAG BW DB 1964, 1378).

128 **g) Wartezeit.** Das Arbeitsverhältnis muss **vier Wochen ununterbrochen bestanden** haben, § 3 III EFZG (Zweck: Verringerung der Kostenbelastung bei Neueinstellung. Begründen die Parteien in engem zeitl und sachlichem Zusammenhang ein neues Arbeitsverhältnis, beginnt die Frist nicht erneut (BAG DB 2002, 640; teleologische Reduktion). Gleiches gilt, wenn dem Arbeitsverhältnis ein Ausbildungsverhältnis vorangeht (BAG NZA 2004, 205; zum Ablauf der Sechswochenfrist vgl Rn 133). Nach Ablauf der Wartefrist hat der ArbN auch wegen andauernder, bereits in der Wartefrist begonnener Erkrankungen Anspruch auf Entgeltfortzahlung, und zwar bis zur Dauer von sechs Wochen ab Ende der Wartefrist (BAGE 91, 370), nach aA für sechs Wochen ab Beginn der Arbeitsunfähigkeit (*Giesen* RdA 1997, 193; *Preis* NJW 1996, 3374). Entspr gilt, wenn die Arbeitsunfähigkeit zw Vertragsschluss und dem vereinbarten Beschäftigungsbeginn aufgetreten ist (Schmitt/*Schmitt* § 3 EFZG Rn 217ff). Aufgrund von § 3 III EFZG scheidet für viele kurzzeitige Beschäftigungsverhältnisse die Entgeltfortzahlung aus. Ein Rückgriff auf § 616 ist wegen des abschließenden Charakters der Entgeltfortzahlungsvorschriften weder vor noch nach Ablauf der Sperrfrist von § 3 III EFZG möglich (Rn 5, 23).

129 **5. Zeitraum der Entgeltfortzahlung.** a) Entgeltfortzahlung bei Krankheit – gleichgestellt: Maßnahmen der medizinischen Vorsorge und Rehabilitation (§ 9 EFZG), Schwangerschaftsabbruch und Sterilisation (§ 3 II

EFZG) – ist für **sechs Wochen** zu leisten, § 3 I EFZG. Diese Zeit ist auch vergütungspflichtig, wenn die Krankheit länger dauert oder in Berufs- oder Erwerbsunfähigkeit übergeht (BAG DB 1972, 733). Tarifliche Verlängerung der Bezugsdauer sind möglich, § 12 EFZG. Sie erfassen auch Ansprüche aus einer gegenwärtigen Erkrankung (BAG AP 5 § 37 BAT). Der Anspruch entsteht mit dem obj Beginn der krankheitsbedingten Arbeitsunfähigkeit (Kaiser/*Dunkl*/Hold/Kleinsorge § 3 EFZG Rn 134; Schmitt/*Schmitt* § 3 EFZG Rn 198).

Der **Beginn** der Sechswochenfrist richtet sich nach § 187 I (BAG AP 28 § 1 LFG), das **Ende** nach § 188 II. IdR beträgt sie 42 Kalendertage (BAG DB 2002, 640). Der **erste Erkrankungstag** zählt gem § 187 I nicht mit. Ausnahme: Der ArbN konnte schon zum Dienstbeginn nicht erscheinen (BAG AP 3, 6 § 1 LFG; Soergel/*Kraft* Rn 56). Für den angebrochenen Tag erhält der ArbN, soweit er gearbeitet hat, seine Vergütung nach § 611 II, iÜ nach § 3 EFZG iVm § 611 II; auch bei angebrochenen Tagen daher kein Verdienstausfall (BAGE 23, 340). 130

Bei **nicht täglicher Arbeitszeit** zählen die arbeitsfreien Werktage mit, auch sog Ausgleichstage für Überstunden (vgl BAG DB 1986, 177). Das Datum des freien Tags muss aber unabhängig von der Verhinderung feststehen und den Betroffenen bekannt sein (BAG DB 1986, 177). Eine Vorverlegung späterer Ausgleichstage in die Krankheitszeit scheidet aus. 131

Der Fristablauf wird **gehemmt**, wenn das **Arbeitsverhältnis ruht**, also die beiderseitigen Hauptpflichten suspendiert sind, zB infolge unbezahlten Sonderurlaubs, soweit er nicht Erholungszwecken dient (BAG AP 4 § 37 BAT; 36 § 1 LFG; *Marburger* BB 1978, 104), ebenso während der Schutzfristen der § 3 I, II MuSchG (BAG AP 20 § 63 HGB) und während der Elternzeit (vgl BAG AP 24 § 3 EFZG). Nach Ansicht der Rspr soll das **nicht** gelten, wenn der Schuldner täglich mit Wiederbeginn der Arbeit rechnen muss (BAG AP 29 § 1 LFG: **Arbeitskampf**; AP 5 § 1 LFG zust *Waldeyer* DB 1972, 679: **Schlechtwetter**; AP 13 § 1 LFG: Arbeitsausfall zw Weihnachten und Neujahr gem LohnausglTV im Baugewerbe; offengelassen v BAG AP 36 § 1 LFG). Der ungewisse Wiederbeginn mag zwar das „Ruhen" zweifelhaft machen (so BAGE 5, 13, 29 § 1 LFG), rechtfertigt indes keine Verkürzung der Bezugsdauer (für Fristverlängerung auch in diesen Fällen daher mit Recht *Brill* DB 1972, 534; *Scholz* BB 1978, 311). 132

Begründet der ArbN nach Beendigung des Arbeitsverhältnisses **zum selben ArbGeb** ein neues, so wird der im alten bereits zurückgelegte Teil der sechs Wochen hinzugerechnet, wenn ein enger sachlicher Zusammenhang zw ihnen besteht (BAGE 98, 375; Kaiser/*Dunkl*/Hold/Kleinsorge § 3 EFZG Rn 182; entspr bei der Wartefrist, vgl Rn 128); so bei vier Wochen Unterbrechung, Wiedereinstellungszusage oder unveränderten Arbeitsbedingungen (BAGE 42, 65) und bei Übernahme eines Auszubildenden in ein anschließendes Arbeitsverhältnis (BAGE 107, 172). 133

Beim **Wechsel des Arbeitsverhältnisses** während der Erkrankung entsteht (abgesehen von der Betriebsnachfolge nach § 613a, *Sabel* DB 1973, 1601) gegen den neuen ArbGeb ein erneuter Fortzahlungsanspruch über sechs Wochen (BAGE 42, 65; Schmitt/*Schmitt* § 3 EFZG Rn 292); ebenso bei Rückkehr in das Stammarbeitsverhältnis nach Abordnung an eine ARGE (BAGE 24, 90) und umgekehrt. § 3 I 2 EFZG findet dann keine Anwendung (Kaiser/*Dunkl*/Hold/Kleinsorge § 3 EFZG Rn 183). 134

b) Wiederholte krankheitsbedingte Arbeitsunfähigkeit löst grds jew einen neuen Anspruch bis zu sechs Wochen aus. Das gilt auch, wenn die Krankheitsart die gleiche ist (zwei Grippen in zwei Monaten, BAG AP 3 § 63 HGB). Ist jedoch das **Grundleiden** (auch eine irregulär verlaufende Schwangerschaft, BAGE 47, 195) trotz zwischenzeitl Arbeitsfähigkeit nicht ausgeheilt und setzt sich in späteren Erkrankungen fort (**Fortsetzungserkrankung**, vgl *Twesten* Die Leistungen 2000, 450), ist Entgelt gem § 3 I 2 EFZG nur für **insg** 42 Krankheitstage zu zahlen (BAG AP 28 § 1 LFG). Die einzelnen Erkrankungen brauchen nicht gleich zu verlaufen, sie müssen nur auf dasselbe Grundleiden zurückgehen (BAGE 47, 195; DB 1986, 600). Die Einschränkung des § 3 I 2 EFZG gilt auch, wenn wegen des Grundleidens eine Maßnahme der medizinischen **Vorsorge oder Rehabilitation gem § 9 I EFZG** erfolgt (BAG NJW 2014, 1139). In zwei Fällen wird der Fortsetzungszusammenhang **unterbrochen**, dh es gilt für jede Erkrankung die Sechswochenfrist: **(1)** Zw den Erkrankungen **liegen sechs Monate** (Fristberechnung wiederum nach §§ 187, 188), in denen der ArbN nicht infolge desselben Grundleidens krank war, § 3 I 2 Nr 1 EFZG. Zwischenzeitl anderweitige Erkrankungen, Urlaub oder sonstige Fehlzeiten hemmen den Fristablauf nicht (BAG DB 1983, 233). **(2)** Mit Ablauf eines **Zwölfmonatszeitraums**, gerechnet ab der erstmaligen krankheitsbedingten Arbeitsunfähigkeit, entsteht erneut der volle sechswöchige Entgeltfortzahlungsanspruch unabhängig davon, ob der ArbN innerhalb der Zwölfmonatsfrist wegen desselben Grundleidens arbeitsunfähig war, § 3 I 2 Nr 2 EFZG. Diese Zwölfmonatsfrist wird unterbrochen, wenn der ArbN wegen Ablaufs der Sechsmonatsfrist des § 3 I 2 Nr 1 EFZG einen neuen sechswöchigen Fortzahlungsanspruch erworben hat. Sie wird also mit Beginn einer außerhalb der Sechsmonatsfrist liegenden Arbeitsunfähigkeit infolge Fortsetzungserkrankung erneut in Gang gesetzt (BAG AP 41, 73 § 1 LFG). 135

Folgen **mehrere Dienstunfähigkeitsgründe nahtlos aufeinander**, verlängert sich die Bezugsdauer nicht (BAGE 37, 172; 43, 291; AP 27 § 133c GewO). § 3 EFZG stellt nicht auf die einzelne Krankheit ab, sondern auf die daraus folgende Arbeitsunfähigkeit (Grundsatz der **Einheit des Verhinderungsfalls**, BAG NJW 2020, 1386; AP 48, 49 § 1 LFG; Schmitt/*Schmitt* § 3 EFZG Rn 263; aA *Kehrmann/Pelikan* § 1 LFG Rn 63a; *Schulin* SAE 1978, 197). Das gilt auch, wenn die erste Krankheit selbst verschuldet war und deshalb keinen Fortzahlungsanspruch begründete (LAG Frankfurt NZA 1986, 432). Dagegen löst **zwischenzeitl Arbeitsfähigkeit** – auch wenige Stunden außerhalb der Dienstzeit – für die zweite Verhinderung erneut Gehaltsansprüche bis zu sechs Wochen aus (BAGE 37, 172; 43, 291; näher dazu *Heither*, FS Hilger/Stumpf, 1983, 299), sofern keine Fortsetzungserkrankung vor- 136 liegt. Fällt das Ende der ärztlich bescheinigten Unfähigkeit auf einen Arbeitstag, ist damit im Zweifel das Ende der Arbeitszeit gemeint (BAG AP 48 § 1 LFG); ist ein arbeitsfreier Tag bezeichnet, endet die Verhinderung im Zweifel erst mit Ablauf dieses Tages (BAG NZA 1989, 927; BAGE 43, 291). Folgt eine Maßnahme nach § 9 I EFZG unmittelbar auf eine Arbeitsunfähigkeit infolge Krankheit (§ 3 I EFZG), so liegt nur ein einheitlicher Verhinderungsfall vor, wenn beide Gründe auf demselben Grundleiden beruhen (BAG NZA 2014, 1139; krit *Knorr/Krasney* § 9 EFZG Rn 29).

137 **Überlappen** sich zwei Krankheiten, die nicht Fortsetzungserkrankungen sind, so folgt aus dem Grundsatz der Einheit des Verhinderungsfalls (Rn 136), dass für beide Erkrankungen die Vergütung für insg sechs Wochen fortzuzahlen ist. Gleiches gilt, wenn sich eine „normale" Krankheit mit einer Fortsetzungserkrankung überlappt (BAG AP 99 § 1 LFG: zum Rippenbruch tritt ein später immer wieder auftretendes Handekzem hinzu). Beide werden für den Zeitraum von sechs Wochen wie eine Erkrankung behandelt. Bei der Frage, ob die in den Sechswochenzeitraum fallende überlappende Fortsetzungserkrankung bei späteren Ausbrüchen der Erkrankung auf die Gesamtfortzahlungsdauer von 42 Krankheitstagen anzurechnen ist, muss differenziert werden: Eine Anrechnung als Teil einer Fortsetzungserkrankung findet nur statt, soweit diese allein ursächlich für die Arbeitsunfähigkeit war (BAG AP 93, 99 § 1 LFG).

138 **c) Vorzeitiges Ende der Entgeltfortzahlung. aa) Ende der Vergütungszahlung.** Unabhängig von der Beschränkung des Anspruchs auf Entgeltfortzahlung auf die Dauer von sechs Wochen durch § 3 I EFZG endet die Vergütungszahlung, sobald das **Arbeitsverhältnis ruht** (ErfK/*Reinhard* § 3 EFZG Rn 34; Schmitt/*Schmitt* § 3 EFZG Rn 104) **oder endet** (klarstellend § 8 II EFZG; vgl *Twesten* Die Leistungen 1999, 385). Das gilt vor allem für das Wirksamwerden einer Kündigung, auch wenn diese an sich unwirksam war, aber hingenommen wurde (BAG AP 3 § 6 LFG), und im Fall der Beendigung des Arbeitsverhältnisses infolge Bedingung oder Befristung.

139 **bb) Ausnahmen.** Der Anspruch des erkrankten ArbN besteht weiter, wenn der ArbGeb **aus Anlass der Arbeitsunfähigkeit kündigt**, § 8 I 1 EFZG. Die Vorschrift soll verhindern, dass der ArbGeb sich der Entgeltfortzahlung durch Kündigung entziehen kann. **(1) Obj** Voraussetzung ist grds das Vorliegen einer wirksamen Kündigung. Eine an sich unwirksame, aber hingenommene Kündigung reicht (BAG AP 7, 9 § 6 LFG). Teleologisch ist der Trennungsgrund entscheidend und nicht der konstruktive Weg der Beendigung des Arbeitsverhältnisses (BAG AP 15 § 6 LFG). Bei krankheitsbedingtem **Auflösungsvertrag** auf Initiative des ArbGeb ist § 8 I 1 EFZG daher entspr anwendbar (BAG AP 10, 14 § 6 LFG; Schmitt/*Küfner-Schmitt* § 8 EFZG Rn 20ff; aA LAG Berlin DB 1976, 1114; diff nach vorangegangener Kündigung ErfK/*Reinhard* § 8 EFZG Rn 15ff), ohne dass der ArbGeb zuvor gekündigt haben müsste (BAG AP 15 § 6 LFG). Das Gleiche gilt bei krankheitsbedingter ArbGeb-**Anfechtung** des Vertrages (Kaiser/*Dunkl*/Hold/Kleinsorge § 8 EFZG Rn 10; diff ErfK/*Reinhard* § 8 EFZG Rn 13), mangels vergleichbarer Schutzwürdigkeit des ArbN jedoch nicht, wenn der ArbGeb wegen arglistiger Täuschung des ArbN anficht oder sich auf die **Nichtigkeit** des fehlerhaften Arbeitsverhältnisses beruft (aA Kaiser/*Dunkl*/Hold/Kleinsorge § 8 EFZG Rn 10, 37).

140 **(2) Aus Anlass** der Arbeitsunfähigkeit kündigt der ArbGeb, wenn die Krankheit den **entscheidenden Anstoß** gegeben hat (BAG AP 1 § 3 ArbKrG; 1, 2 § 6 LFG; Schmitt/*Küfner-Schmitt* § 8 EFZG Rn 28). Dazu muss der ArbN entweder **tatsächlich arbeitsunfähig** gewesen sein, als der ArbGeb die Kündigung **aussprach** (nicht erst bei Zugang, BAG AP 14 § 6 LFG) oder die Arbeitsunfähigkeit des ArbN zumindest **unmittelbar bevorgestanden** haben, wobei hinreichend sichere Anhaltspunkte für den künftigen Eintritt der Arbeitsunfähigkeit vorhanden gewesen sein müssen (BAG AP 1 § 8 EFZG). Die Dienstunfähigkeit braucht nicht die alleinige oder unmittelbar leitende Ursache zu sein. Ausreichend ist, dass sie eine wesentlich mitbestimmende Bedingung für die Kündigung darstellt und der ArbN als Gesunder mit einiger Wahrscheinlichkeit nicht entlassen worden wäre (BAG AP 5, 8 § 6 LFG). Eine Kündigung erfolgt demnach aus Anlass der krankheitsbedingten Arbeitsunfähigkeit, wenn der ArbGeb die Gelegenheit der Erkrankung zur Wegrationalisierung des Arbeitsplatzes nutzt und den Betroffenen betriebsbedingt entlässt (BAG AP 1 § 3 ArbKrG); wenn durch die Neueinstellung eines anderen ArbN Betriebsstörungen vermieden werden sollen (BAG AP 1 § 6 LFG); ferner wenn die Kündigung wegen anschließender Berufs- oder Erwerbsunfähigkeit (BAG AP 2 § 6 LFG) oder eines durch die Krankheit bedingten Beschäftigungsverbots (BAG AP 6 § 6 LFG) erfolgt; schließlich wenn bei betriebsbedingten Entlassungen die Arbeitsunfähigkeit die Sozialauswahl dominiert (BAG AP 8 § 6 LFG) oder wenn der ArbGeb die Krankheit zum Anlass nimmt, auch wegen schlechter Arbeitsleistungen zu kündigen (BAG AP 5 § 6 LFG). **Nicht** erfasst sind dagegen folgende Fälle: Der ArbGeb erhält den Vertrag zunächst aufrecht und kündigt erst, nachdem Kollegen des Erkrankten ihrerseits gekündigt haben, weshalb keine Verwendung mehr für den ArbN besteht (BAG AP 1 § 3 ArbKrG); der ArbGeb stützt die Kündigung auf eine trotz Abmahnung wiederholt verspätete Mitteilung der Verhinderung (BAG AP 17 § 6 LFG); der ArbGeb kündigt nach einem Hinweis des ArbN auf eine bloße krankheitsbedingte Minderung seiner Leistungsfähigkeit (BAG AP 4 § 6 LFG). Ebenso reicht ein lediglich zeitl Zusammenhang mit der krankheitsbedingten Arbeitsunfähigkeit bei Vorliegen anderer Gründe, welche die Kündigung auch allein veranlasst hätten, nicht (Schmitt/*Küfner-Schmitt* § 8 EFZG Rn 35).

141 **(3)** Subj muss der ArbGeb bzw – nach § 166 I sein Vertreter – (LAG Berlin BB 1978, 206) von der bereits eingetretenen oder unmittelbar bevorstehenden Arbeitsunfähigkeit **Kenntnis** haben; dem steht gleich, wenn er mit Erkrankung und Arbeitsunfähigkeit sicher rechnen musste (BAG NZA 2002, 899). Um ArbGeb, die ohne Abwarten der Nachweisfrist des § 5 I EFZG sofort nach Bekanntwerden einer Fehlzeit kündigen, nicht zu privilegieren, sind sie so zu behandeln, als ob sie die Arbeitsunfähigkeit des ArbN bei Ausspruch der Kündigung gekannt hätten (BAG AP 5, 13 § 6 LFG). Kenntnis ist auch gegeben, wenn der ArbGeb die durch den ArbN ordnungsgemäß an-

gezeigte Arbeitsunfähigkeit lediglich bestreitet und dessen Fernbleiben dann zum Anlass der Kündigung des Arbeitsvertrags nimmt (BAG AP 3 § 6 LFG). Nach Ablauf der Nachweisfrist kann der ArbGeb aber davon ausgehen, dass der ArbN unentschuldigt fehlt, selbst wenn dieser zwischenzeitl erkrankt ist (BAG AP 13 § 6 LFG; Schmitt/*Küfner-Schmitt* § 8 EFZG Rn 41).

(4) § 8 I EFZG greift auch ein, wenn die **Kündigung** das Arbeitsverhältnis schon **innerhalb der Wartezeit** des § 3 III EFZG beendet und die Arbeitsunfähigkeit über den Ablauf der Wartezeit hinaus andauert (BAGE 91, 370). **Anspruch** auf Entgeltfortzahlung **endet** spätestens mit Ablauf der Sechswochenfrist (MünchArbR/*Greiner* § 81 Rn 42f), ansonsten mit Wiederherstellung der Arbeitsfähigkeit, nicht aber bereits mit Beendigung der bei Kündigung vorhandenen Krankheit, wenn der ArbN ohne Unterbrechung weiter und aufgrund einer neuen Krankheit arbeitsunfähig ist (BAG AP 19 § 6 LFG). 142

cc) Der Vergütungsanspruch besteht auch dann über das Ende des Arbeitsverhältnisses hinaus, wenn der ArbN **aus einem vom ArbGeb zu vertretenden Grund kündigt**, der ihn zur fristlosen Kündigung nach § 626 berechtigt, und zwar auch, wenn er fristgemäß kündigt, § 8 I 2 EFZG (Schmitt/*Küfner-Schmitt* § 8 EFZG Rn 53). 143

6. Anzeige- und Nachweispflichten, § 5 EFZG. a) Erkrankungen im Inland. Arbeitsunfähig erkrankte ArbN trifft die Nebenpflicht, dem ArbGeb unverzüglich (§ 121 I) die Arbeitsunfähigkeit und deren voraussichtliche Dauer oder das genaue Enddatum (vgl *Kleinebrink* ArbRB 2016, 47, 48) anzuzeigen, § 5 I 1 EFZG. Zum Zweck der Anzeigepflicht vgl Rn 56. Unverzüglich bedeutet so bald wie möglich und zumutbar (Kaiser/Dunkl/Hold/*Kleinsorge* § 5 EFZG Rn 7) und auf schnellstem Wege. Die Benachrichtigung durch Brief ist im Allg nicht unverzüglich (*Lepke* NZA 1995, 1085). Eine **Form** ist **nicht** vorgeschrieben, die Anzeige kann daher auch (fern-)mündlich, per E-Mail, Fax oder SMS erfolgen. Auch eine Übermittlung durch Dritte ist möglich (Schmitt/*Küfner-Schmitt* § 5 EFZG Rn 35). Zum **Inhalt** der Mitteilung allg s Rn 56. Da der ArbN aus Gründen der Unverzüglichkeit nicht die ärztliche Prognose hinsichtl der voraussichtlichen Dauer abwarten darf, reicht vorläufig seine Selbstprognose (vgl BAG NZA 1990, 433). Dauert die Arbeitsunfähigkeit entgegen der ersten Einschätzung länger, lebt die Anzeigepflicht insoweit wieder auf (*Hanau/Kramer* DB 1995, 94; Kaiser/Dunkl/Hold/*Kleinsorge* § 5 EFZG Rn 13). Zu den **Folgen unterlassener Anzeige** Rn 154. 144

§ 5 I EFZG verpflichtet auch zum **Nachweis der Arbeitsunfähigkeit** und deren voraussichtlicher Dauer. Der Nachw erfolgt regelmäßig durch Vorlage einer ärztlichen Arbeitsunfähigkeitsbescheinigung, der ArbN kann die Arbeitsunfähigkeit aber auch anders nachweisen (BAGE 86, 357). Geboten ist der Nachw aber nur, wenn die Arbeitsunfähigkeit länger dauert als drei Tage (bei einer Arbeitsunfähigkeit von bis zu drei Tagen besteht nur die Anzeigepflicht, *Kramer* BB 1996, 1663) oder wenn der ArbGeb sie vorher verlangt, § 5 I 3 EFZG. Bei der Fristberechnung ist der Tag, an dem die Arbeitsunfähigkeit eintritt, gem § 187 II mitzurechnen (Schmitt/*Küfner-Schmitt* § 5 EFZG Rn 50; *Kramer* BB 1996, 1663; aA Kaiser/Dunkl/Hold/*Kleinsorge* § 5 EFZG Rn 16: § 187 I). Zu erfolgen hat die Vorlage am „darauf folgenden Arbeitstag", dh grds am **vierten Kalendertag** der Arbeitsunfähigkeit (BT-Drs 12/5798, 21, 24; Schmitt/*Küfner-Schmitt* § 5 EFZG Rn 56). Der ArbGeb kann schon vor dem vierten Tag die Vorlage der ärztlichen Bescheinigung verlangen, § 5 I 3 EFZG, und zwar ausweislich Wortlaut und Entstehungsgeschichte nach freiem Belieben und ohne dass es einer Begründung bedürfte (BAG NZA 2013, 322, 323; aM *Wedde/Kunz* § 5 EFZG Rn 28f); Grenzen nur: Schikane- (§ 226) und Diskriminierungsverbot (§ 7 I AGG) (BAG NZA 2013, 322 Rn 14f). Das Recht des ArbGeb kann tarifvertragl (zB § 16 III MTV Flugsicherung: ArbGeb kann ärztliche Bescheinigung nur in begründeten Einzelfällen ab dem ersten Tag der Arbeitsunfähigkeit verlangen; LAG Bln-Bbg 14.8.2012 – 7 TaBV 468/12) oder arbeitsvertragl (zB Arbeitsunfähigkeitsbescheinigung bereits für den ersten Tag beizubringen; BAGE 86, 357) geregelt werden. Der ArbGeb kann die Vorlage auch kollektiv regeln (Kaiser/Dunkl/Hold/*Kleinsorge* § 5 EFZG Rn 23f); dann besteht grds ein Mitbestimmungsrecht nach § 87 I Nr 1 BetrVG (BAG NZA 2016, 1483; aA *Worzalla* NZA 1996, 66). 145

Die zum Nachw erforderliche Bescheinigung muss den gesetzl Erfordernissen entsprechen und von einem **approbierten Arzt** stammen (zur seit 1.1.2016 geltenden Neuregelung s *Kleinebrink* ArbRB 2016, 47). Der Krankenbefund gehört nicht zum Inhalt der Bescheinigung. Dauert die Arbeitsunfähigkeit länger als in der ärztlichen Bescheinigung angegeben, ist die Fortdauer der Arbeitsunfähigkeit dem ArbGeb unverzüglich anzuzeigen (ArbG Berlin DB 2012, 1752) und eine **Folgebescheinigung** vorzulegen (§ 5 I 4 EFZG), welche die Arbeitsunfähigkeit lückenlos belegt. Die S 1–3 sind hierbei analog anzuwenden (BAG NZA 2012, 607; Schmitt/*Küfner-Schmitt* § 5 EFZG Rn 130ff). Zu den Folgen der unterlassenen Vorlegung der ärztlichen Bescheinigung Rn 154. 146

b) Bei **Erkrankungen im Ausland** wird § 5 I EFZG durch Abs II ergänzt, der erweiterte Pflichten vorsieht. Insb ist die Mitteilung dem ArbGeb **schnellstmöglich** auf dessen Kosten zu übermitteln, § 5 II 1, 2 EFZG. Der Nachw ist durch eine ärztliche Bescheinigung zu führen, die erkennen lässt, dass der Arzt zw Erkrankung und auf ihr beruhender Arbeitsunfähigkeit unterschieden hat (BAGE 86, 357). Diesen Anforderungen genügt bspw eine Arbeitsunfähigkeitsbescheinigung nach Maßgabe des Deutsch-Türkischen Sozialversicherungsabkommens v 30.4.1964. Der Nachw kann auch durch andere Beweismittel geführt werden (BAGE 86, 357). Anzeigepflicht besteht auch ggü der gesetzl Krankenkasse, § 5 II 3 EFZG. 147

7. Umfang des Entgeltfortzahlungsanspruchs, §§ 4 f EFZG. a) Lohnausfallprinzip. Der Dienstpflichtige erhält (wie bei § 616), was er fordern könnte, hätte er gearbeitet (*Belling/Hartmann* ZFA 1994, 532f; Rn 59). § 4 EFZG **konkretisiert** das: (1) Bei der anzustellenden Hypothese ist die **regelmäßige** individuelle **Arbeitszeit** maßgeblich (§ 4 I EFZG), wie sie sich in erster Linie aus dem Arbeitsvertrag ergibt, nicht die allg im Betrieb geltende Arbeitszeit. Wurde Stundenvergütung vereinbart, ist die Zahl der infolge der Arbeitsunfähigkeit ausgefal- 148 lenen Arbeitsstunden (Zeitfaktor) mit dem vereinbarten Arbeitsentgelt (Geldfaktor) zu multiplizieren (BAG NZA 2003, 156; ErfK/*Reinhard* § 4 EFZG Rn 5). Bei festem Monatsgehalt ist dieses im Krankheitsfall fortzuzahlen (BAG AP 61 § 4 EFZG). **Überstundenvergütung** – Grundvergütung sowie Zuschläge (BAG NZA 2003, 156) – ist im Krankheitsfall nicht fortzuzahlen, § 4 Ia 1 EFZG. Entspr gilt für die Mehrarbeitsvergütung für außerhalb der individuellen Arbeitszeit geleistete Betriebsratstätigkeit gem § 37 III 3 Hs 2 BetrVG (BAG NZA 2018, 528). Wird jedoch regelmäßig eine bestimmte, erhöhte Arbeitszeit abgerufen und geleistet, ist diese Ausdruck der vertragl geschuldeten Leistung, kann von Überstunden nicht gesprochen werden (vgl BAG NZA 2015, 499). Überstunden liegen nur vor, wenn die übliche individuelle Arbeitszeit des ArbN aufgrund besonderer Umstände vorübergehend überschritten wird. Schwankt die Arbeitszeit, bemisst sich die Dauer nach dem Durchschnitt der vergangenen 12 Monate (BAGE 100, 25). **(2)** Beim **Akkordlohn** ist auf den in dieser Zeit erzielbaren Durchschnittsverdienst abzustellen (§ 4 Ia 2 EFZG). Beim Gruppenakkord ist der Verdienst der weiterarbeitenden Gruppenmitglieder maßgeblich (BAG AP 64 § 4 EFZG). **(3)** Hypothetische Einkommensminderungen durch **Kurzarbeit** sind dadurch zu berücksichtigen, dass die verkürzte Arbeitszeit als regelmäßige Arbeitszeit anzusehen ist (§ 4 III EFZG). **(4)** Rückgriffe auf das dem ehemaligen § 2 ArbKrG zugrundeliegende **Referenzprinzip** (Vergütung der Abwesenheit nach dem Durchschnittsentgelt einer vorausgehenden Bezugsperiode) dürfen nur Tarifverträge vorsehen, § 4 IV EFZG (vgl BAG AP 1 § 2 LFG; DB 1980, 2292; LAG Sachsen-Anhalt 15.9.2011 – 3 Sa 141/10), nicht auch Einzelverträge, § 4 IV, § 12 EFZG (zu § 616 II: BAG NZA 1996, 641). – Für Zeiten ohne Arbeitsleistung gilt das MiLoG nicht, doch perpetuiert das Entgeltausfallprinzip den **Mindestlohn**, der als Geldfaktor in die Berechnung des Fortzahlungsanspruchs einfließt (BAG NZA 2018, 53 Rn 24). Liegt der vereinbarte Lohn unter dem Mindestlohn gem § 7 AEntG iVm einem für allgemeinverbindlich erklärten Tarifvertrag, ist nach dem Lohnausfallprinzip der Mindestlohn maßgeblich (BAG NZA 2015, 1127, 1130); ebenso bei Unterschreitung des MiLoG, str, zum Meinungsstand *Vogelsang/Wensing* NZA 2016, 141ff; liegt der vereinbarte Lohn über dem Mindestlohn, ist der Arbeitsvertrag maßgeblich (BAG NJW 2018, 1416 Rn 17). Bei schwankenden Vergütungen sind Schätzungen anhand eines vorherigen Bezugszeitraumes allerdings unvermeidlich.

149 **b)** Zur Bestimmung des **fortzuzahlenden Arbeitsentgelts** und der **regelmäßigen Arbeitszeit** Rn 61–67.

150 **c)** Die **Höhe des Fortzahlungsanspruchs** beträgt **100 %** der Summe, die der ArbN hypothetisch als regelmäßiges Arbeitsentgelt für den Fortzahlungszeitraum erhalten hätte.

151 **d) Abweichungen** von den Bestimmungen des EFZG **zugunsten des ArbN** sind stets möglich, § 12 EFZG. Eine spätere Rückführung der Vergünstigungen auf das gesetzl Maß ist zulässig (BAGE 96, 249; ErfK/*Reinhard* § 4 EFZG Rn 22).

152 **Zulasten der ArbN** sind nur § 4 I, Ia, III EFZG dispositiv, und zwar **nur für die Tarifvertragsparteien**, § 4 IV 1 EFZG. Die Tariföffnung ist zudem inhaltlich begrenzt, weil sie sich ausdrückl auf abw Regelungen zur **Bemessungsgrundlage** des fortzuzahlenden Entgelts beschränkt. **Unwirksam** gem § 12 EFZG, § 134 wegen Verstoßes gegen das Lohnausfallprinzip nach § 4 I EFZG ist zB eine **tarifvertragl Vereinbarung** über Nacharbeit bzw über eine Kürzung des Arbeitszeitkontos im Fall der Entgeltfortzahlung (BAGE 99, 112); ebenso eine **betriebliche Regelung** zur flexiblen Verteilung der Arbeitszeit, nach der die sich in der Phase der verkürzten Arbeitszeit ergebende Zeitschuld nur durch tatsächliche Arbeitsleistung, nicht aber bei krankheitsbedingter Arbeitsunfähigkeit in der Phase der verlängerten Arbeitszeit ausgeglichen wird (BAGE 100, 256); eine **einzelvertragl Vereinbarung**, nach welcher der Vergütungsanspruch des ArbN für regelmäßige zusätzl Arbeitsleistungen an Tagen, an denen die Arbeit wegen eines Feiertags ausfällt oder an denen der ArbN wegen Arbeitsunfähigkeit an der Arbeitsleistung verhindert ist, ausgeschlossen wird (BAG DB 2002, 950), sind aber unwirksam, soweit sie die Geltendmachung des Anspruchs auf den Mindestlohn beschränken (BAG NJW 2018, 3472 Rn 19ff). Tarifliche **Ausschlussfristen** verstoßen dagegen nicht gegen das EFZG (BAG DB 2002, 797); anders nur iHd gesetzl Mindestlohns (BAG NZA 2019, 768 Rn 37ff). Der Gesetzgeber hat aber nicht allein die Berechnungsmethode, sondern **alle anderen Faktoren der Bemessungsgrundlage** zur Disposition gestellt, sodass über diese auch die Höhe des fortzuzahlenden Entgelts von den Tarifparteien abw bestimmt werden kann. Zur Bemessungsgrundlage gehört neben der **Berechnungsmethode** (Veränderung oder Ersetzung des Entgeltausfallprinzips; BAG AP 63 § 4 EFZG) auch die **Berechnungsgrundlage**. Insofern können sich Abweichungen auf Elemente beziehen, welche den **Geldfaktor** bestimmen, indem zB zusätzl Leistungen des ArbGeb (Prämien, tarifliche Zuschläge) aus der Entgeltfortzahlung herausgenommen werden (BAG AP 58 § 4 EFZG; Schmitt/*Küfner-Schmitt* § 4 EFZG Rn 193ff). Die Abweichungen können ebenso den **Zeitfaktor** verändern, zB dadurch, dass statt auf die konkret ausgefallene individuelle Arbeitszeit des jew ArbN **auf die tarifliche Regelarbeitszeit** abgestellt wird (BAGE 110, 90; Staudinger/*Oetker* Rn 523). Der hinsichtl der Bemessungsgrundlage eingeräumte Spielraum ist begrenzt durch die gem § 12 EFZG zwingenden Vorschriften des EFZG. Aus dem nicht tarifdispositiven § 3 I 1 iVm § 4 I EFZG folgt der Grundsatz der vollen Entgeltfortzahlung (100 %) im Krankheitsfall. Dementspr kann durch Tarifvertrag die Höhe der Entgeltfortzahlung nicht generell auf einen geringeren Prozentsatz als 100 % abgesenkt werden (BAG NJOZ 2010, 1060, 1062; LAG Bln-Bbg LAGE 47 § 4 EFZG Tarifvertrag). Fälle, in denen der Zeitfaktor zB durch die maßgebende tarifliche und nicht durch die individuelle Arbeitszeit bestimmt wird, zielen nicht generell auf eine Reduzierung der Entgeltfortzahlung ab, sondern entsprechen der regelmäßigen Vergütung der Mehrzahl der ArbN und sind zulässig, auch wenn sie sich zugunsten oder zulasten einzelner ArbN auswirken können (BAGE 110, 90). Untergrenze für die Entgeltfortzahlung dürfte in solchen Einzelfällen der Absicherungsstandard sein, den das Krankengeld (§ 47 I SGB V: 70 %) gewährt. Das BAG hält jedenfalls Einschränkungen, bei denen dem einzelnen ArbN 80 % der Vergütung verbleiben, für zulässig (BAGE 110, 90).

Ausgeschlossen durch § 12 EFZG bleibt etwa eine tarifliche Verkürzung des Entgeltfortzahlungszeitraums und eine Modifikation des Arbeitsunfähigkeitskriteriums (§ 3 I EFZG). Die Vereinbarung über die Kürzung von **Sondervergütungen** iSv § 4a EFZG ist (auch konkludent) möglich; BAGE 98, 245 (Anwesenheitsprämie); näher ErfK/*Reinhard* § 4a EFZG Rn 5ff.

8. Einwendungen des Arbeitgebers, § 7 EFZG. a) Zum **Rechtsmissbrauch** Rn 75 und BAG AP 5 § 63 HGB, zur **Verwirkung** Rn 80. 153

b) Leistungsverweigerungsrechte. Das Unterlassen der **Anzeige** der Arbeitsunfähigkeit entgegen § 5 I 1 EFZG begründet ein Zurückbehaltungsrecht des ArbGeb (*Müller/Berenz* § 7 EFZG Rn 11; aA Schmitt/*Küfner-Schmitt* § 5 EFZG Rn 175), allerdings nicht aus § 7 I Nr 1 EFZG, der nur die Verletzung der Nachweispflicht regelt, sondern aus § 273 (vgl Rn 76). Um Wertungswidersprüche mit § 7 I Nr 1, II EFZG zu vermeiden, ist dafür jedoch zusätzl Vertretenmüssen des ArbN zu verlangen. Zu weitergehenden Folgen Rn 76, 56. Solange der ArbN der Verpflichtung zur Vorlage einer § 5 I 2 EFZG entspr **ärztlichen Bescheinigung** über das Bestehen der Arbeitsunfähigkeit schuldhaft nicht nachkommt, steht dem ArbGeb gem § 7 I Nr 1 EFZG ein (vorläufiges – BAGE 23, 411) Leistungsverweigerungsrecht zu, das entfällt, wenn der ArbN die krankheitsbedingte Arbeitsunfähigkeit durch Arbeitsunfähigkeitsbescheinigung oder ein anderweitiges Beweismittel nachweist (LAG Rh-Pf 4.8.2011 – 10 Sa 156/11). Gleiches gilt, wenn der sich im Ausland aufhaltende ArbN den sich aus § 5 II EFZG ergebenden Verpflichtungen nicht nachkommt. Kehrt der ArbN in die Bundesrepublik zurück, erlischt das auf § 7 I Nr 1 iVm 5 II EFZG gestützte Leistungsverweigerungsrecht (LAG Köln AE 2013, 16). **Vereitelt** der ArbN schuldhaft die **Regressmöglichkeit** des ArbGeb gem § 6 EFZG, erwächst diesem ein dauerhaftes Leistungsverweigerungsrecht, § 7 I Nr 2 EFZG. 154

9. Regress, § 6 EFZG. Der ArbGeb kann wegen seiner Aufwendungen für die Entgeltfortzahlung den Drittschädiger, welcher ggü dem ArbN zB nach § 823 I oder den §§ 7, 18 StVG schadensersatzpflichtig ist (vgl Rn 81ff), über die **Legalzession gem § 6 EFZG** in Regress nehmen. Die Legalzession greift in dem Umfang ein, in dem der ArbGeb zur Entgeltfortzahlung verpflichtet ist und (anders als beim Forderungsübergang nach § 116 SGB X, für den der Bestand der Leistungsverpflichtung genügt) er die Vergütung **tatsächlich weiterzahlt** (zur Beweislast des ArbGeb BGH NJW 2020, 3176). Sie erfasst jedoch nur die Fortzahlung „nach diesem Gesetz", also diejenige, welche (zumindest auch) auf Grundlage des EFZG erbracht wird. Soweit der ArbGeb über das EFZG hinaus Entgeltfortzahlung nach vertragl, betriebl oder tarifl Vorschriften leistet, scheidet ein Forderungsübergang analog § 6 I EFZG mangels Regelungslücke aus. Ggf kommt eine vertragl, betriebl oder tarifliche Zession in Betracht. IÜ hat der ArbGeb vertragl Anspruch auf Abtretung und kann sich durch eine Vorausabtretung schützen (ErfK/*Reinhard* § 6 EFZG Rn 11; vgl Rn 83). 155

Zu **Einwendungen des Drittschädigers** allg Rn 85; bei Schädigungen zw Arbeitskollegen greift häufig der Haftungsausschluss nach § 105 I SGB VII, der sich auch auf den nach § 6 EFZG auf den ArbGeb übergegangenen Anspruch auswirkt (eingehend *Schlünder* NZA 2012, 1126, 1127); ist der Drittschädiger ein **Familienangehöriger** des ArbN s Rn 86; zur **Berechnung des Verdienstausfallschadens** Rn 87. 156

Die Legalzession kann gem § 6 III EFZG **nicht zulasten des ArbN** geltend gemacht werden. Im Falle der **Konkurrenz** von auf Schadensersatz gerichteten Ansprüchen des ArbN mit dem übergegangenen Anspruch des ArbGeb ist daher, wenn der Schädiger nicht vollen Ersatz leisten kann, der ArbN vorrangig zu befriedigen (Schmitt/*Schmitt* § 6 EFZG Rn 78). Muss ein Sozialleistungsträger dem verletzten ArbN Erwerbsersatzleistungen gewähren, ordnet § 116 SGB X ebenfalls eine Legalzession an. Im Fall eingeschränkter Leistungsfähigkeit des Schädigers gewährt die Bestimmung dem Sozialleistungsträger ein Quotenvorrecht an dem Anspruch auf Ersatz des Verdienstausfalls, das jedoch durch differenzierte Regelungen in § 116 II und III SGB X erheblich eingeschränkt ist. Die daraus erwachsende Begünstigung kommt angesichts § 6 III EFZG im Wesentlichen dem ArbN zustatten. Im Fall der Konkurrenz von Sozialleistungsträger, ArbN und ArbGeb um die Befriedigung der ihnen jew zufallenden Ersatzansprüche (praktisch im Fall anfallender Krankenhauspflege, s Kaiser/Dunkl/Hold/*Kleinsorge* § 6 EFZG Rn 41) ist zunächst der Sozialleistungsträger (nach Maßgabe der Einschränkungen in § 116 II, III SGB X) zu befriedigen, dann der ArbN, schließlich der ArbGeb (zum Ganzen Kaiser/Dunkl/Hold/*Kleinsorge* § 6 EFZG Rn 40ff; Schmitt/*Schmitt* § 6 EFZG Rn 72ff). 157

10. Beweislast. S allg Rn 88. 158

a) Beweislast des Arbeitnehmers. aa) Der ArbN hat das **Bestehen eines Arbeitsvertrags** zu beweisen, s Rn 89. 159

bb) Darüber hinaus muss der ArbN die **krankheitsbedingte Arbeitsunfähigkeit** sowie **deren Beginn und Ende** beweisen (BAG NZA 2016, 1076). Typisches Beweismittel ist das ärztliche Attest, der ArbN kann den Beweis aber auch mit jedem anderen zulässigen Beweismittel führen (BAGE 86, 357). Das Attest begründet zwar keinen Anscheinsbeweis, doch kommt ihm ein hoher Beweiswert zu (BAGE 71, 9), es begründet eine tatsächliche Vermutung, dass der ArbN infolge Krankheit arbeitsunfähig war (LAG Rh-Pf 18.4.2012 – 8 Sa 39/12). Anderes gilt von vornherein nur, wenn der Arzt nicht zw Krankheit und Arbeitsunfähigkeit differenziert hat (BAG AP 4 § 3 LFG). Den **Beweiswert des Attests** kann der Dienstberechtigte dadurch entscheidend **schmälern**, dass er ernstlich in Betracht kommende und gegen die Erkrankung und deren Dauer sprechende Tatsachen vorträgt und ggf beweist (BAG AP 2 § 3 LFG), zB dass der Arzt das Attest nur aus Gefälligkeit ausgestellt hat (LAG BW DB 1971, 245), den Dienstschuldner nicht selbst untersucht hat (BAG AP 2 § 3 LFG) oder nur dessen Angaben gefolgt ist (LAG Düsseldorf DB 1973, 2533), die Arbeitsunfähigkeit unabhängig von den vom ArbN am konkreten Arbeitsplatz zu verrichtenden Tätigkeiten (LAG Nds NZA 1990, 691; ArbG Hannover ARST 1993, 104) oder rückwir- 160 kend bescheinigt (vgl auch § 12 III BMV-Ä und LAG Hamm DB 1978, 2180; *Weiland* BB 1979, 1097; *Otten* DB 1976, 389), allerdings nur für den Rückwirkungszeitraum (Kaiser/Dunkl/Hold/*Kleinsorge* § 5 EFZG Rn 59), Folgebescheinigung und Erstattest dasselbe Datum tragen (LAG BW 30.10.1980 – 11 Sa 77/80). Gleiches gilt, wenn der ArbN seine Erkrankung vorher aus Unmut über eine Maßnahme des ArbGeb angekündigt hat, vor allem nach abgelehntem Urlaubstermin (BAG AP 3 § 3 LFG; ArbG Kiel DB 1975, 841; einschränkend: LAG Köln LAGE 6; LAG München 7.2.2012 – 6 Sa 631/11: nicht, wenn der ArbN während attestierter Arbeitsunfähigkeit Urlaub für die Zeit nach deren Ende beantragt, dann aber ein Attest über die fortbestehende Arbeitsunfähigkeit vorlegt; zu den Reaktionsmöglichkeiten des ArbGeb bei Krankmeldung nach Ablehnung des Urlaubsantrags *Hilgenstock* ArbRB 2013, 184) oder Urlaubsverlängerung (BAG AP 4 § 626 BGB Krankheit), verweigerter Gehaltserhöhung (vgl ArbG Wuppertal DB 1980, 1800), wenn er eigenmächtig Urlaub nimmt (LAG Saarland DB 1964, 115; ArbG Berlin DB 1980, 599), ebenso, wenn sich nach einer Auseinandersetzung eine ganze Gruppe betroffener ArbN ohne sonstigen Anlass krankschreiben lässt (ArbG Elmshorn BB 1983, 125; selbst wenn die Atteste von verschiedenen Ärzten stammen, ArbG Berlin DB 1980, 599), der ArbN einen Termin beim medizinischen Dienst der Krankenversicherung (s § 275 SGB V) ohne triftigen Grund versäumt (BAG AP 2 § 3 LFG), wiederholt seinen Urlaub überzieht (ArbG Stuttgart BB 1983, 125; LAG München DB 1989, 280), ursprünglich Urlaub beantragt und der Ehegatte im gleichen Zeitraum Urlaub hatte (LAG Düsseldorf NZA-RR 2000, 13). Erschüttert ist der Beweiswert, wenn die Krankschreibung nach Eigenkündigung des ArbN passgenau die Dauer der Kündigungsfrist umfasst (BAG NZA 2022, 39). Zerstört ist die erhöhte Beweiskraft des Attests auch, wenn das Verhalten des ArbN während der Arbeitsunfähigkeit offensichtlich der bescheinigten Krankheit widerspricht (ArbG München DB 1980, 888), vor allem, wenn er einer Tätigkeit bei einem anderen ArbGeb nachgeht (BAG AP 112 § 626 BGB), als Berufskraftfahrer längere Strecken mit dem eigenen Pkw zurücklegt (LAG Düsseldorf DB 1981, 900; LAG Hamm ARST 83, 150 Nr 109), schwere körperliche Arbeiten verrichtet (LAG Hamm DB 1970, 2379: Feldarbeiten; LAG Düsseldorf DB 1981, 900: Bauarbeiten), an einem Marathonlauf teilnimmt (ArbG Mannheim 3.2.2011 – 3 Ca 432/10 m Anm *Kirsch* BB 2011, 2931) oder generell seinen Vertragsleistungen entspr Tätigkeiten ausführt (vgl LAG Düsseldorf DB 1981, 900). Das Verlassen der Wohnung genügt aber nur, wenn die Arbeitsunfähigkeit gerade auf die Schädlichkeit des Aufenthalts im Freien gestützt wird (LAG Hamm ARST 83, 150 Nr 109). **Nicht** zur Schmälerung des Beweiswerts geeignet ist dagegen etwa, dass der ArbN mehrfach telefonisch zu Hause nicht erreichbar war, sofern der Arzt kein Ausgehverbot verhängt hat (LAG Schl-Holst EEK II/071). Für den Fall, dass eine Maßnahme nach § 9 I EFZG unmittelbar auf eine Krankheit nach § 3 EFZG folgt, gilt eine abgestufte Darlegungs- und Beweislast. Der ArbN muss darlegen, dass keine Fortsetzungserkrankung besteht (BAG NZA 2014, 1139); bestreitet der ArbGeb dies, muss der ArbN bspw seinen Arzt von der Schweigepflicht befreien (krit *Schuster* ArbR 2014, 536).

161 Stehen für das Gericht Tatsachen fest, die den Beweiswert des Attests schmälern, muss der ArbN auf **anderem Wege vollen Beweis** seiner Arbeitsunfähigkeit erbringen. Hohen Beweiswert haben dann die entspr Angaben in der Patientenkartei des behandelnden Arztes (Kaiser/Dunkl/Hold/*Kleinsorge* § 5 EFZG Rn 65 mwN). Die zur Erschütterung des Anscheinsbeweises notwendigen Tatsachen darf der Dienstberechtigte sich nur ausnahmsw durch Detektive verschaffen, wenn anders eine drohende Beweisfälligkeit nicht abwendbar ist (BeckOK-Datenschutzrecht/*Riesenhuber* § 26 BDSG Rn 142.3; BAG NJW 2017, 2853 Rn 21ff), zB eine Vorladung zum Vertrauensarzt zu spät käme (*Becker* DB 1983, 1255). Die Dauer der bisherigen Arbeitsunfähigkeit begründet für sich allein keinen Anscheinsbeweis für künftige Arbeitsunfähigkeit (BAGE 40, 361).

162 **Ausländischen Attesten** kommt der hohe Beweiswert nur zu, wenn der Arzt erkennbar zw Erkrankung und Arbeitsunfähigkeit unterschieden hat (BAG AP 4 § 3 LFG; *Lepke* DB 1993, 2027). **Europarechtlich** ist der ArbGeb gem Art 18 EWG-VO Nr 574/72 an die vom Träger der sozialen Sicherheit des Wohn- oder Aufenthaltsorts getroffenen ärztlichen Feststellungen gebunden, sofern er den ArbN nicht durch einen Arzt seiner Wahl untersuchen lässt (praktisch undurchführbar) (EuGH AP 1 Art 18 EWG-VO Nr 574/72 – Paletta I). Dem ArbGeb ist jedoch nicht der Nachw abgeschnitten, dass der ArbN seine Arbeitsunfähigkeit missbräuchlich oder betrügerisch gemeldet hat (EuGH AP 2 Art 18 EWG-VO Nr 574/72 – Paletta II). Für die Außerkraftsetzung der Bindungswirkung genügt aber nicht, dass, wie nach dt Recht für die Erschütterung des Beweiswerts ausreichend (Rn 160), der ArbGeb ernsthafte Zweifel an der Arbeitsunfähigkeit dartut. Der ArbGeb muss daher gegen eine Arbeitsunfähigkeitsbescheinigung aus einem EU-Mitgliedstaat den Vollbeweis erbringen, dass Arbeitsunfähigkeit nicht gegeben gewesen sei; das Gericht hat nach § 286 ZPO frei zu werten, ob es die tatsächlichen Behauptungen des ArbGeb für wahr erachtet (BAG AP 3 Art 18 EWG VO Nr 574/72).

163 Der Bewilligung einer **Maßnahme der medizinischen Vorsorge oder Rehabilitation** ist regelmäßig der Nachw deren medizinischer Notwendigkeit zu entnehmen (BAG AP 2 § 7 LFG). Wie beim ärztlichen Attest muss der ArbGeb ggf ernste Zweifel an der Berechtigung der Bewilligung nachweisen (BAG AP 3, 4 § 7 LFG: 11 Monate voller Arbeitsfähigkeit nach der fraglichen Erkrankung; urlaubsmäßiger Zuschnitt der Kur ohne ausreichenden Einfluss des Trägers auf die Lebensführung des Dienstschuldners).

164 **cc)** Dem ArbN obliegt die Beweislast dafür, dass die krankheitsbedingte Arbeitsunfähigkeit bzw Sterilisation oder Schwangerschaftsabbruch **monokausal** für die Verhinderung war, daneben für die **Erfüllung der Wartezeit** des § 3 III EFZG und die **Höhe** der verlangten Entgeltfortzahlung. Dabei genügt der ArbN seiner Darlegungslast zu der für ihn maßgebenden regelmäßigen Arbeitszeit gem § 4 I EFZG im Normalfall dadurch, dass er den Arbeitszeitdurchschnitt der vergangenen zwölf Monate darlegt (BAG AuA 2002, 39).

dd) Bei § 8 I EFZG muss der ArbN beweisen, dass ihm **aus Anlass** der Arbeitsunfähigkeit **gekündigt** wurde; bei Kündigung kurz nach der Krankmeldung spricht hierfür der Beweis des ersten Anscheins (BAG AP 11, 14, 17, 19 § 6 LFG; NZA 1998, 644; LAG Schl-Holst NZA-RR 2014, 291, aA ErfK/*Reinhard* § 8 EFZG Rn 10: Indizienschluss). Die erforderliche **Kenntnis** des ArbGeb ist bewiesen, wenn der Zugang der Krankmeldung beim zuständigen Sachbearbeiter feststeht (LAG Berlin BB 1977, 295). Beruft der ArbGeb sich auf krankheitsunabhängige Gründe, muss er darlegen, warum er sich gerade nach der Krankmeldung zur Trennung entschlossen hat (BAG AP 5 § 6 LFG; MüKo/*Müller-Glöge* § 8 EFZG Rn 18). 165

b) Beweislast des Arbeitgebers. aa) Der ArbGeb muss das **Verschulden** des ArbN an dessen Verhinderung beweisen (BAG AP 12 § 63 HGB; 13 § 1 ArbKrG; 9 § 1 LFG; näher Rn 93) und dessen Ursächlichkeit für den Eintritt des Hindernisses (LAG Frankfurt DB 1972, 442). Dem ArbGeb können beim Nachw eines schweren Sorgfaltsverstoßes die Erleichterungen des **Anscheinsbeweises** zugutekommen, etwa wenn der ArbN eine Schlägerei begonnen (LAG Düsseldorf DB 1978, 215; LAG Hamm DB 1971, 873), den Sicherheitsgurt nicht angelegt (LAG Berlin DB 1979, 2281; BAG 7.10.1981 – 5 AZR 475/80), sich beim Boxkampf im Schlagabtausch verletzt hat (LAG Saarland BB 1975, 1253) oder unter Alkoholeinfluss verunglückt ist (LAG Saarland AP 37 § 1 LFG), dagegen nicht bei Suchtkrankheiten (s Rn 120). Bei fehlgeschlagenem Selbstmordversuch geht das BAG sogar zu Recht von dem umgekehrten Erfahrungssatz aus, die freie Willensbestimmung des ArbN sei mindestens erheblich herabgesetzt (NJW 1979, 2326) und schließe Verschulden aus. Gem § 69 I Nr 1 SGB X kann die Krankenkasse dem ArbGeb Tatsachen mitteilen, die für das Verschulden erheblich sind (*Marburger* RdA 1986, 309). 166

bb) Der ArbGeb trägt die obj Beweislast für das Vorliegen einer **Fortsetzungserkrankung**, muss also die Folgen der Nichterweislichkeit einer Fortsetzungserkrankung tragen (BAG NJW 2020, 1386). Allerdings muss der ArbN darlegen, dass keine Fortsetzungserkrankung vorliegt, wenn er innerhalb der Zeiträume des § 3 I 2 EFZG länger als sechs Wochen arbeitsunfähig erkrankt. Im Bestreitensfall durch den ArbGeb hat er seinen Arzt von der Schweigepflicht zu entbinden und Tatsachen vorzutragen, aus denen geschlossen werden kann, dass keine Fortsetzungserkrankung vorlag (BAG NJW 2020, 1386; AP 25 § 3 EFZG). Die Krankenkasse ist zur Mitteilung einer Fortsetzungserkrankung an den ArbGeb nicht nur berechtigt, sondern über den Wortlaut des § 69 IV SGB X hinaus sogar verpflichtet (Kaiser/*Dunkl*/Hold/Kleinsorge § 3 EFZG Rn 233). Ein Beweis des ersten Anscheins ist nur selten denkbar (*Lepke* DB 1983, 449). Grds trifft den ArbGeb **keine Erkundigungsobliegenheit**, ob eine Fortsetzungserkrankung vorliegt (BAG NJW 2021, 2531, dort zum Beginn einer tarifl Ausschlussfrist für den Bereicherungsanspruch). 167

cc) Dem ArbGeb obliegt der Beweis für Tatsachen, aus denen sich für den ArbGeb ein **Leistungsverweigerungsrecht** ergibt oder aufgrund derer die Geltendmachung des Anspruchs auf Entgeltfortzahlung **verwirkt** bzw **rechtsmissbräuchlich** ist. 168

11. Entgeltfortzahlung bei Organ-, Gewebe- und Blutspendespende, § 3a EFZG. a) Anspruch auf Entgeltfortzahlung hat der ArbN – unabhängig vom Bestehen eines krankheitsgleichen Zustands –, wenn er durch Arbeitsunfähigkeit infolge der Spende von Organen und Geweben gem §§ 8 f TPG oder einer Blutspende gem § 9 TFG an seiner Arbeitsleistung verhindert ist (früher anders BAG NJW 1987, 1508). Die Regelung dient der Verbesserung der Absicherung des Lebendspenders von Organen und Geweben (BT-Drs 17/9773, 33). Auf den Erfolg der Spende kommt es nicht an; der Spender hat selbst dann einen Anspruch, wenn die Transplantation aufgrund einer Erkrankung des Empfängers verschoben werden muss und er in Vorbereitung auf die Spende schon einige Zeit im Krankenhaus verbracht hat oder die Ärzte ihm nach entsprechenden Voruntersuchungen doch von der Spende abraten (*Knorr* NZA 2012, 1132, 1134). Auch der Versicherungsstatus des Spenders ist nicht entscheidend (BT-Drs 17/9773, 34). Es muss sich aber um eine echte „Spende" handeln, was nicht mehr der Fall ist, wenn der ArbN eine Gegenleistung erhält (BeckOK-ArbR/*Ricken* § 3a EFZG Rn 5). 169

b) Soweit die Vorschrift voraussetzt, dass die Spende den **Vorgaben der §§ 8, 8a TPG** entsprechen muss, wird dem Spender eine Mitverantwortung für die Einhaltung der gesetzl Vorgaben übertragen. Sind Verstöße gegen das TPG allein dem ärztlichen, vom Spender nicht nachprüfbaren Bereich zuzuordnen (vgl § 8 I Nr 1 lit c, Nr 2, Nr 3 TPG) oder dient die verletzte Vorschrift lediglich dem Schutz des Spenders (Aufklärungspflichten nach § 8 II TPG), geht der Entgeltfortzahlungsanspruch nach § 3a EFZG deshalb nicht verloren (*Greiner* NZS 2013, 241, 243). Ist die verletzte Norm strafbewehrt (ua § 19 I Nr 1 iVm § 8 I 1 Nr 1 lit a TPG; § 19 I Nr 2 iVm § 8 I 2 TPG), wird ein Anspruch aus § 3a EFZG zT abgelehnt (*Knorr* NZA 2012, 1132, 1135), was aber in den benannten Fällen auch deshalb nicht gerechtfertigt erscheint, weil der Spender als Opfer dieser Straftaten durch den Entfall des Entgeltfortzahlungsanspruchs zusätzl gestraft wäre (so zu Recht: *Greiner* NZS 2013, 241, 243). Auf die Einhaltung der übrigen Vorgaben des TPG (vgl etwa § 9a TPG) kommt es dagegen von vornherein nicht an (BeckOK ArbR/*Ricken* § 3a EFZG Rn 3a). Den ArbN trifft grds die Obliegenheit, dem ArbGeb die Einhaltung der §§ 8, 8a TPG in geeigneter Form nachzuweisen, denn der ArbGeb hat davon idR selbst keine Kenntnis (ErfK/*Reinhard* § 3a EFZG Rn 2a). 170

c) Zeitl ist vom Anspruch jede im Zusammenhang mit der Spende stehende Abwesenheit des ArbN vom Ort der Arbeitsleistung erfasst. Dazu gehört nicht nur der Termin der Organ- bzw Gewebsentnahme selbst, sondern auch die gesamte medizinisch notwendige stationäre Vor- und Nachbehandlung, der sich anschließende Heilungsprozess und sogar ambulante Vor- und Nachsorgetermine, soweit sie lediglich während der Arbeitszeit terminiert werden können (*Greiner* NZS 2013, 241, 243; einschränkend BeckOK-ArbR/*Ricken* § 3a EFZG Rn 6: für ambulante Vorsorgetermine soll § 616 gelten). 171

172 d) **Örtlich** werden von der Norm nicht nur im Inland erfolgende Organentnahmen erfasst, sondern auch solche, die im Ausland stattfinden (mit eingehender Begründung: BeckOK-ArbR/*Ricken* § 3a EFZG Rn 4).

173 e) **Folgeerkrankungen**, welche kausal auf der Organ- oder Gewebsspende beruhen, fallen ebenfalls unter § 3a EFZG und nicht bereits unter § 3 EFZG. Dem ArbGeb soll auch insofern die Möglichkeit der Erstattung nach § 3a II EFZG (Rn 175) erhalten bleiben (BeckOK-ArbR/*Ricken* § 3a EFZG Rn 7; *Knorr* NZA 2012, 1132, 1134; aA *Greiner* NZS 2013, 241, 244).

174 f) Die **Höhe** des Anspruchs richtet sich nach § 4 I EFZG, der nunmehr ausdrückl auch auf § 3a EFZG Bezug nimmt; die zeitl Obergrenze liegt wie in § 3 EFZG bei sechs Wochen. Für die Behandlung von auf der Organspende beruhenden Fortsetzungserkrankungen wird durch § 3a I 2 EFZG auf § 3 I 2 EFZG verwiesen.

175 g) Dem ArbGeb steht ggü der gesetzl oder privaten Krankenkasse des Empfängers und ggf auch ggü öffentlichrechtl Trägern von Kosten in Krankheitsfällen des Empfängers ein **Erstattungsanspruch** zu (§ 3a II EFZG); denn die Arbeitsunfähigkeit des spendenden ArbN wird bewusst in Kauf genommen und ist nicht Ausdruck des vom ArbGeb zu tragenden allg Krankheitsrisikos des ArbN (BT-Drs 17/9773, 34). Der Anspruch umfasst das Bruttoarbeitsentgelt und die vom ArbGeb zu tragenden Sozialversicherungsbeiträge (ErfK/*Reinhard* § 3a EFZG Rn 7). Der Versichertenstatus des Empfängers hat letztlich keine Auswirkungen auf den Entgeltfortzahlungsanspruch des spendenden ArbN. Auch wenn der ArbGeb einen Kostenerstattungsanspruch nach § 3a II EFZG nicht geltend machen kann, besteht der sich aus § 3a I EFZG ergebende Entgeltfortzahlungsanspruch des Spenders (*Greiner* NZS 2013, 241, 242). Gem § 3a II 6 EFZG hat der spendende ArbN ggü seinem ArbGeb unverzüglich die zur Geltendmachung des Erstattungsanspruchs notwendigen Angaben zu machen und ihm vor allem die Identität des Empfängers und ggf auch die Kontaktdaten seiner Versicherung mitzuteilen (*Greiner* NZS 2013, 241, 244).

§ 617 Pflicht zur Krankenfürsorge

(1) Ist bei einem dauernden Dienstverhältnis, welches die Erwerbstätigkeit des Verpflichteten vollständig oder hauptsächlich in Anspruch nimmt, der Verpflichtete in die häusliche Gemeinschaft aufgenommen, so hat der Dienstberechtigte ihm im Falle der Erkrankung die erforderliche Verpflegung und ärztliche Behandlung bis zur Dauer von sechs Wochen, jedoch nicht über die Beendigung des Dienstverhältnisses hinaus, zu gewähren, sofern nicht die Erkrankung von dem Verpflichteten vorsätzlich oder durch grobe Fahrlässigkeit herbeigeführt worden ist. Die Verpflegung und ärztliche Behandlung kann durch Aufnahme des Verpflichteten in eine Krankenanstalt gewährt werden. Die Kosten können auf die für die Zeit der Erkrankung geschuldete Vergütung angerechnet werden. Wird das Dienstverhältnis wegen der Erkrankung von dem Dienstberechtigten nach § 626 gekündigt, so bleibt die dadurch herbeigeführte Beendigung des Dienstverhältnisses außer Betracht.

(2) Die Verpflichtung des Dienstberechtigten tritt nicht ein, wenn für die Verpflegung und ärztliche Behandlung durch eine Versicherung oder durch eine Einrichtung der öffentlichen Krankenpflege Vorsorge getroffen ist.

1 **I. Allgemeines. 1. Normzweck und Systematik.** § 617 ist eine Konkretisierung der Fürsorgepflicht des Dienstberechtigten als **zwingende** (§ 619) **vertragl Nebenpflicht** (§ 241 II). Zweck des Anspruchs auf Krankenpflege ist, die (früher erheblichen) **Lücken** im System der Krankenversicherung durch eine subsidiäre Einstandspflicht des Dienstberechtigten zu schließen (Staudinger/*Oetker* Rn 3f; BeckOGK/*Witschen* Rn 7f). Der Anspruch ist ggü dem Vergütungsanspruch selbständig und besteht, wie Abs I S 3 voraussetzt, ggf neben diesem (BeckOGK/*Witschen* Rn 9f). Er ist nicht abtretbar (§ 399) und unpfändbar (§ 851 ZPO).

2 **2. Anwendungsbereich und Bedeutung.** Der Anwendungsbereich erfasst prinzipiell alle Dienstverhältnisse. Durch das Merkmal der Aufnahme des Dienstpflichtigen in die häusliche Gemeinschaft und die darin manifestierte Abhängigkeit ist er jedoch praktisch auf (einen Ausschnitt der) **Arbeitsverhältnisse** beschränkt. Die Bedeutung der Norm ist heute gering. Einerseits werden ArbN nur noch selten in die häusliche Gemeinschaft aufgenommen, andererseits sind nahezu alle ArbN krankenversichert, sodass gem Abs II Ansprüche gegen den ArbGeb ausgeschlossen sind. Verdrängt wird § 617 durch die Spezialregelungen des § 30 I Nr 2 JArbSchG und der §§ 99–103 SeeArbG (näher MüKo/*Henssler* Rn 35ff).

3 **II. Anspruchsvoraussetzungen. 1. Dauerndes Dienstverhältnis.** Der Anspruch besteht nur im Rahmen eines dauernden – auch faktischen (krit BeckOGK/*Witschen* Rn 29) – Arbeitsverhältnisses (Rn 2). Verlangt ist damit eine gesteigerte zeitl Intensität des Verhältnisses. „Dauernd" ist dieses, wenn es entweder von den Parteien (subj) auf einen längeren Zeitraum angelegt ist oder unabhängig von der Parteivorstellung (obj) von längerer Dauer ist (RGZ 146, 117; Soergel/*Kraft* Rn 2). Dabei ist unerheblich, ob das Verhältnis unbefristet oder befristet ist oder auch auf mehreren nahtlos aufeinander folgenden, kurzzeitig befristeten Verträgen beruht. Das Verhältnis darf sich nicht nur auf einmalige oder sich mehrmals wiederholende Einzelleistungen beschränken (Staudinger/*Oetker* Rn 19). Keine Rolle spielen bei der Beurteilung Kündigungsfristen und Lohnfortzahlungsperioden (MüKo/*Henssler* Rn 5).

4 **2. Hauptttätigkeit des Arbeitnehmers.** Adressat der erweiterten Fürsorgepflicht iSd § 617 ist nur der ArbGeb des Arbeitsverhältnisses, das die Erwerbstätigkeit des ArbN vollständig oder zumindest hauptsächlich in Anspruch nimmt. Steht er zugleich in mehreren Dienstverhältnissen, so ist der zeitl Anteil maßgeblich, den die Er-

füllung der jew Dienstleistungsverpflichtung an der durchschnittlichen Wochenarbeitszeit ausmacht (Staudinger/*Oetker* Rn 23; BeckOGK/*Witschen* Rn 32). Unerheblich ist dagegen die jew Höhe der Vergütung sowie das Ausmaß der tatsächlichen Arbeitsleistung (Soergel/*Kraft* Rn 3). Haupttätigkeit kann also ggf auch diejenige sein, die in erheblichem Umfang bloße Bereitschaftszeiten umfasst. Eine Haupttätigkeit liegt nur vor, wenn der Zeitanteil mehr als die Hälfte des Gesamtzeitraums in Anspruch nimmt (vgl Staudinger/*Oetker* Rn 23; aA RGRK/*Matthes* Rn 11: mehr als 18 Stunden).

3. Aufnahme in häusliche Gemeinschaft. Weitere Voraussetzung ist die Aufnahme des ArbN in die häusliche 5
Gemeinschaft. Diese wird entscheidend durch das Bestehen einer Wohn- und Verpflegungsgemeinschaft charakterisiert (MüKo/*Henssler* Rn 7; Staudinger/*Oetker* Rn 24). Die erhöhte Verantwortlichkeit des ArbGeb rechtfertigt sich – kumulativ – durch zweierlei: zum einen durch die **gesteigerte Fürsorgebedürftigkeit** des ArbN, die im Fehlen eines eigenen Hausstands und der daraus folgenden Unselbständigkeit zutage tritt, zum anderen durch die besondere räumliche Nähe zum ArbGeb und dem damit **gesteigerten personalen Kontext** (Staudinger/*Oetker* Rn 28; Soergel/*Kraft* Rn 4). Vor diesem Hintergrund ist eine Aufnahme in die **häusliche Gemeinschaft mit dem ArbGeb selbst** für § 617 unabdingbar. Der entgegengesetzten hM, die den sozialen Schutzzweck der Bestimmung zum Anlass für ihre Ausdehnung auch auf eine lediglich mit anderen ArbN geschaffene Gemeinschaft (ArbN-Wohnheim) nimmt (MüKo/*Henssler* Rn 7; Grü/*Weidenkaff* Rn 2; BeckOGK/*Witschen* Rn 34; im Rahmen des § 618 II ebenso BAG AP 1 § 618, dazu § 618 Rn 27), ist daher nicht zu folgen. Angesichts der in diesen Fällen fehlenden personalen Komponente kommt auch eine Analogie zu § 617 nicht in Betracht (Staudinger/*Oetker* Rn 28).

4. Erkrankung. Der ArbN muss erkrankt sein. Das ist wie in § 3 EFZG zu beurteilen (s § 616 Rn 102). Die 6
Zuständigkeit für die Pflege gilt nur für solche Krankheiten, die nach Vertragsschluss und Aufnahme in die häusliche Gemeinschaft eintreten (MüKo/*Henssler* Rn 15; aA Soergel/*Kraft* Rn 5: auch schon vor Aufnahme). Wie bei § 3 EFZG kommt es nicht auf die tatsächliche Arbeitsaufnahme an. Die Krankheit muss nicht auf der Dienstleistung beruhen (Soergel/*Kraft* Rn 5). Mangels einer § 3 I 2 EFZG (dazu § 616 Rn 135) entspr Regelung gilt iRd § 617 für Fortsetzungserkrankungen keine Sonderregelung (aA RGRK/*Matthes* Rn 30).

5. Ausschluss des Anspruchs. a) Verschuldensmaßstab. Der Anspruch des ArbN entsteht nicht, wenn er die 7
Erkrankung **vorsätzlich oder grob fahrlässig verursacht** hat. Es gelten aufgrund des identischen Verschuldensmaßstabs dieselben Grundsätze wie bei § 616, § 3 EFZG (s § 616 Rn 42–47, 113–127).

b) Fehlen einer Krankenversicherung. § 617 hat zugunsten des erkrankten ArbN eine Lückenfüllungsfunktion 8
(Rn 1). Eine Inanspruchnahme des ArbGeb kommt daher gem Abs II nicht in Betracht, wenn für Verpflegung und ärztliche Behandlung schon durch eine Versicherung – vor allem die Krankenversicherung – oder eine Einrichtung der öffentlichen Krankenpflege Vorsorge getroffen ist. Um die effektive Absicherung des ArbN zu gewährleisten, ist dabei die wirksame Einstandspflicht eines Dritten ggü dem ArbN im nach Abs I geschuldeten Umfang (Staudinger/*Oetker* Rn 40) erforderlich. Unterschreitet die Einstandspflicht des Dritten die Reichweite der Verpflichtung nach Abs I, bleibt diese insoweit bestehen (Staudinger/*Oetker* Rn 40). Die bloße Versicherungsfähigkeit reicht nicht aus (Soergel/*Kraft* Rn 8). Wie der Vergleich mit § 616 S 2 zeigt, kann die Versicherung auch privater Natur sein (allg M, Soergel/*Kraft* Rn 9). In diesem Fall kommt es nicht darauf an, wer die Beiträge zahlt (Soergel/*Kraft* Rn 9; Staudinger/*Oetker* Rn 38; MüKo/*Henssler* Rn 12).

III. Anspruchsinhalt. Inhalt des Anspruchs ist die Leistung der erforderlichen Verpflegung und ärztlichen Be- 9
handlung bis zu einer Dauer von sechs Wochen.

1. Sachlich. Ärztliche Behandlung ist nur diejenige durch einen approbierten Arzt (MüKo/*Henssler* Rn 17). 10
Für den konkreten Inhalt der Verpflichtung des ArbGeb sind stets Art und Grad der Krankheit unter Anlegung eines obj Maßstabs maßgeblich (Soergel/*Kraft* Rn 10). Daher kann uU die Hinzuziehung eines Facharztes oder die Unterbringung in einer Fachklinik verlangt sein. Andererseits kann der ArbN bei leichteren Krankheiten nicht stets die Einschaltung eines Arztes verlangen (Soergel/*Kraft* Rn 10).

Der Begriff der **Verpflegung** erfasst über die Versorgung mit krankheitsangepasster Nahrung hinaus jede zur Hei- 11
lung obj erforderliche sachliche Leistung (allg M, vgl nur Staudinger/*Oetker* Rn 44; BeckOGK/*Witschen* Rn 45), vor allem die Pflege des Patienten sowie die Bereitstellung aller erforderlichen Medikamente und sonstigen aus medizinischer Sicht notwendigen Hilfsmittel wie etwa Verbandszeug. Im Einz kann eine Konkretisierung anhand der krankenversicherungsrechtl Vorschriften der §§ 27ff SGB V erfolgen, da der ArbGeb funktional an die Stelle der fehlenden Krankenversicherung tritt (MüKo/*Henssler* Rn 18; Staudinger/*Oetker* Rn 44). Abs I S 2 räumt dem ArbGeb eine **Ersetzungsbefugnis** in Form der Unterbringung des Erkrankten in einer (geeigneten) Krankenanstalt ein. Lehnt der ArbN ohne triftigen Grund die Unterbringung ab, so tritt mit Verstreichen des Weigerungszeitraums sukzessive nachträgl Unmöglichkeit der Leistungserbringung ein, die den ArbGeb befreit (Staudinger/*Oetker* Rn 52). Ein Entfallen des Anspruchs allg auch für die Zukunft (so *Nikisch* § 36 II 3b) ist dagegen nicht begründbar. Die Verpflichtung des ArbGeb zur Gewährung von Krankenpflege und ärztlicher Behandlung wird nicht nur durch das Kriterium der **Erforderlichkeit** begrenzt, sondern – ungeachtet der Anrechnungsbefugnis gem Abs I S 3 – auch durch dasjenige der **Zumutbarkeit** (§ 242).

Die anfallenden **Kosten hat der ArbGeb zu tragen.** Abs I S 3 bestätigt das, indem er ihm ein Gestaltungsrecht 12
einräumt, gerichtet auf Anrechnung der Kosten auf die fortzuzahlende Vergütung. Ob allerdings eine Fortzahlungspflicht besteht, richtet sich allein nach § 616 bzw § 3 EFZG. Die Anrechnung darf dem eindeutigen Wortlaut nach nur auf diejenige Vergütung erfolgen, die während der Zeit der Erkrankung fortzuzahlen ist (Staudin-

ger/*Oetker* Rn 64; weitergehend RGRK/*Matthes* Rn 33f). Die Pfändungsgrenzen (§ 394) sind dabei jedoch nicht zu beachten, da es sich nicht um eine Aufrechnung handelt (RGRK/*Matthes* Rn 33f). Nicht anrechnungsfähig sind die Kosten, die dem ArbGeb **auch ohne die Krankheit** entstanden wären, zB für vertragl geschuldete Kost und Logis. Eine Anrechnung kommt nur in Betracht, wenn die Einstandspflicht **allein auf § 617 beruht.** Sie scheidet daher aus, wenn die Krankenfürsorge als Schadensersatz für schuldhafte Krankheitsverursachung durch den ArbGeb zu leisten ist (Staudinger/*Oetker* Rn 68).

13 **2. Zeitlich.** Gem Abs I S 1 aE endet der Anspruch: spätestens mit Ablauf von **sechs Wochen**, gerechnet ab dem Tag, an dem erstmalig krankheitsbedingt Fürsorge **erforderlich** war (RGRK/*Matthes* Rn 29; aA Soergel/*Kraft* Rn 12: ab erstmaliger Gewährung), davor durch jede **Beendigung** des Arbeitsverhältnisses. Letzteres gilt gem Abs I S 4 nicht, wenn der Dienstberechtigte das Dienstverhältnis wegen der Erkrankung gem § 626 kündigt. Wegen der ggü § 8 EFZG (s § 616 Rn 139ff) abw Formulierung muss die Krankheit hier das tragende Motiv für die Kündigung sein (Soergel/*Kraft* Rn 13; Staudinger/*Oetker* Rn 59; aA RGRK/*Matthes* Rn 31). Diese Ausnahmebestimmung hat geringe Bedeutung, da weder die Krankheit noch die Kostenbelastung für sich kaum je einen wichtigen Grund darstellen werden (RGRK/*Matthes* Rn 31). Eine Erstreckung der Regelung auch auf die ordentliche Kündigung (MüKo/*Henssler* Rn 24) ist wegen des unzweideutigen Wortlauts methodisch nicht statthaft (Staudinger/*Oetker* Rn 60).

14 **IV. Rechtsbehelfe des Arbeitnehmers. 1. Bei Nichterfüllung der Krankenfürsorgepflicht.** Seinen Erfüllungsanspruch kann der erkrankte ArbN vor dem ArbG (§ 2 I Nr 3 lit a ArbGG) geltend machen, ggf im Wege des einstw Rechtsschutzes.

15 Ergreift der Erkrankte selbst die notwendigen Maßnahmen, kann er vom ArbGeb aus **GoA** Aufwendungsersatz verlagen (§§ 670, 683 S 2, § 679; Staudinger/*Oetker* Rn 72; MüKo/*Henssler* Rn 28) sowie, bei schuldhafter Verweigerung, **Schadensersatz** aus § 280 I (BeckOGK/*Witschen* Rn 64).

16 Schließlich ist er zur fristlosen Kündigung nach § 626 berechtigt. Übt er dieses Recht aus, so erwächst ihm ein Schadensersatzanspruch (§ 628 II), der die sonst nach § 617 zu erbringenden Leistungen umfasst.

17 **2. Weitere Schäden.** Bei weiteren Schäden, die etwa auf einer Verschlimmerung der Krankheit beruhen, kann der ArbN ggf aus § 280 Ersatz verlangen.

18 **V. Beweislast.** Der ArbN hat nachzuweisen, dass er in einem seine Haupttätigkeit ausmachenden dauernden Dienstverhältnis steht, die Erkrankung nach Aufnahme in die häusliche Gemeinschaft in dem og Sinne eingetreten ist und die betreffende Maßnahme nach Art der Erkrankung erforderlich ist (Baumgärtel/Laumen/Prütting/*Gäntgen* Hdb der Beweislast Rn 1). Dem ArbGeb obliegt der Beweis für alle Umstände, die einen Ausschluss des Anspruchs bewirken (Soergel/*Kraft* Rn 14), vor allem, dass der ArbN die Erkrankung vorsätzlich oder grob fahrlässig herbeigeführt hat oder dass eine Versicherung für Verpflegung und ärztliche Behandlung aufkommt.

§ 618 Pflicht zu Schutzmaßnahmen

(1) Der Dienstberechtigte hat Räume, Vorrichtungen oder Gerätschaften, die er zur Verrichtung der Dienste zu beschaffen hat, so einzurichten und zu unterhalten und Dienstleistungen, die unter seiner Anordnung oder seiner Leitung vorzunehmen sind, so zu regeln, dass der Verpflichtete gegen Gefahr für Leben und Gesundheit soweit geschützt ist, als die Natur der Dienstleistung es gestattet.

(2) Ist der Verpflichtete in die häusliche Gemeinschaft aufgenommen, so hat der Dienstberechtigte in Ansehung des Wohn- und Schlafraums, der Verpflegung sowie der Arbeits- und Erholungszeit diejenigen Einrichtungen und Anordnungen zu treffen, welche mit Rücksicht auf die Gesundheit, die Sittlichkeit und die Religion des Verpflichteten erforderlich sind.

(3) Erfüllt der Dienstberechtigte die ihm in Ansehung des Lebens und der Gesundheit des Verpflichteten obliegenden Verpflichtungen nicht, so finden auf seine Verpflichtung zum Schadensersatz die für unerlaubte Handlungen geltenden Vorschriften der §§ 842 bis 846 entsprechende Anwendung.

1 **I. Allgemeines. 1. Normzweck und Systematik.** Wie § 617 regelt die Vorschrift einen Teilbereich der allg Fürsorgepflicht des Dienstberechtigten ggü seinen Bediensteten (str; nach aM Interessenwahrungspflicht, BeckOGK/*Witschen* Rn 66 mwN). Regelungsgegenstand ist der vorbeugende Schutz vor Gefahren, welche Bediensteten im Zusammenhang mit ihrer Tätigkeit an **Leben** und **Gesundheit** drohen. Die Vorschrift formuliert **vertragsrechtl Verkehrssicherungspflichten,** § 241 II. Sie ist **zwingend** (§ 619) und im Rahmen ihres Regelungsbereichs abschließend (LAG Frankfurt LAGE 7; aA LAG BW DB 1978, 213). Die analoge Anwendung auf **Eigentumsschädigungen** kommt nicht in Betracht (BAG AP 9; MüKo/*Henssler* Rn 4). Es besteht auch kein Bedürfnis, die Verpflichtung zur Aufrechterhaltung der **guten Sitten** und des **Anstands** über Abs II hinaus entspr der Regelung in § 62 I HGB auch in Abs II hineinzulesen. Diese Verpflichtung ergibt sich ohne weiteres aus der allg Fürsorgepflicht (§ 241 II; Staudinger/*Oetker* Rn 127; MüKo/*Henssler* Rn 3).

2 **2. Anwendungsbereich.** § 618 gilt für **alle Arten von Dienstverhältnissen** (für die freien Dienstverhältnisse BGH NJW 1995, 2629; zu den Besonderheiten im öffentlichen Dienst vgl MüKo/*Henssler* Rn 79ff), nicht jedoch für das Beamtenverhältnis (Soergel/*Kraft* Rn 3; vgl insoweit § 78 BBG, zur Konkretisierung wird jedoch auf die Grundsätze von § 618 zurückgegriffen, vgl BVerwG DVBl 1993, 955). Abs II kommt jedoch praktisch, wie auch § 617 (s § 617 Rn 2), nur bei Arbeitsverhältnissen zur Anwendung. Für Teilbereiche gelten Sondervorschriften,

die weitgehend inhaltsgleich sind (§ 62 HGB, § 114 SeeArbG, § 3a ArbStättV), bei besonders schutzbedürftigen Personengruppen teilw sogar über den Pflichtenkreis des § 618 hinausgehen (§§ 28f JArbSchG, § 12 HAG, § 9 MuSchG ggf iVm § 2 I 1 Nr 2 MuSchEltZV, § 164 IV SGB IX).

Auf **Werkvertragsverhältnisse** ist § 618 entspr anwendbar, wenn die Werkleistung in Räumlichkeiten des Bestellers erbracht wird oder die von ihm gestellten Vorrichtungen und Gerätschaften die Gesundheit des Unternehmers gefährden (BGHZ 5, 62; 26, 365; 56, 269; RGZ 159, 268; BeckOGK/*Witschen* Rn 70). Bedeutung hat die Analogie vor allem wegen Abs III. Dass der Unternehmer mit Ablauf und Gefahren seiner Tätigkeit besser vertraut ist als der Besteller, spricht nicht gegen die Analogie (so aber *Lewer* JZ 1983, 336), ist aber ggf bei der Konkretisierung der Fürsorgepflichten und bei § 254 zu berücksichtigen (Soergel/*Kraft* Rn 4). Die Analogie kommt, soweit der Werkvertrag **Schutzwirkung für Dritte** hat, auch den Dienstpflichtigen des Werkunternehmers zugute (BGHZ 33, 249; 26, 365; RGZ 164, 399). Bei **Auftragsverhältnissen** ist eine Analogie gerechtfertigt, wenn der Unterschied zum Dienst- oder Werkvertrag allein in der Unentgeltlichkeit liegt (BGHZ 16, 265; BeckOGK/*Witschen* Rn 73 mwN). Dann darf der Beauftragte erst recht Schutzvorkehrungen erwarten. 3

3. Konkretisierung durch öffentliches Recht. a) Bei der Konkretisierung der Schutzpflicht aus § 618 I ist vorrangig auf die Bestimmungen des **Arbeitsschutzrechts** zurückzugreifen. Diese begründen einerseits öffentlich-rechtl Pflichten, deren Einhaltung durch die staatlichen Aufsichtsbehörden überwacht wird. Zugleich prägen sie, soweit sie theoretisch auch den Inhalt einer vertragl Pflicht bilden können, also nicht bloßen Ordnungs- und Organisationscharakter haben, den von § 618 erfassten Pflichtenkreis des Dienstberechtigten (sog **Doppelwirkung des Arbeitsschutzrechts**, BAG AP 17–19, 31; grundlegend *Nipperdey*, Die privatrechtl Bedeutung des Arbeiterschutzrechts, in Die Reichsgerichtspraxis im dt Rechtsleben, Bd IV,1929, 203ff; heute allg Auffassung, s nur BeckOGK/*Witschen* Rn 74ff). Das wirkt sich auf das Weisungsrecht des ArbGeb nach § 106 S 1 GewO aus (BAG AP 31). 4

Das **Arbeitsschutzgesetz**, das die Arbeitsschutz-RahmenRL 89/391/EWG umsetzt, trifft grundlegende Regelungen. Es hat den Charakter eines Rahmengesetzes (Staudinger/*Oetker* Rn 67), das durch die Bestimmungen des gefahrspezifischen Arbeitsschutzrechts ausgefüllt wird. Von zentraler Bedeutung sind im Rahmen von § 618 die Unfallverhütungsvorschriften der Berufsgenossenschaften, die ArbStättV sowie die GefStoffV. Die ArbStättV regelt die Anforderungen, die unter dem Aspekt des Gesundheitsschutzes an Arbeitsstätten zu stellen sind. Sie wird ihrerseits durch ArbeitsstättenRL konkretisiert. Die GefStoffV enthält Bestimmungen über das Inverkehrbringen von Stoffen, Zubereitungen und Erzeugnissen, zum Schutz der Beschäftigten und anderer Personen vor Gefährdungen ihrer Gesundheit und Sicherheit durch Gefahrstoffe (§ 1 GefStoffV), über Gefahrstoffinformation, Schutzmaßnahmen, Verbote und Beschränkungen sowie straf- und ordnungsrechtl Sanktionen. Dem ArbGeb wird ein abgestufter (vgl §§ 8–11 GefStoffV) Pflichtenkatalog auferlegt. Zu den § 618 I konkretisierenden gesetzl Regelungen gehört zudem auch § 3 ArbZG, nach dem die werktägliche Arbeitszeit des ArbN im Interesse des Gesundheitsschutzes acht Stunden grds nicht überschreiten darf (BAGE 110, 60; eingehend zum Arbeitsschutzrecht MünchArbR/*Bücker* §§ 172ff; *Riesenhuber* Europäisches Arbeitsrecht, 2021, § 16). 5

b) Sonstiges Gefahrenabwehrrecht. Neben dem Arbeitsschutzrecht, das spezifisch auf die Gesundheitsgefahren im Arbeitsverhältnis zugeschnitten ist, können auch andere, **allg Bestimmungen der öffentlich-rechtl Gefahrenabwehr** zur Konkretisierung des § 618 I herangezogen werden, wie etwa das Bauordnungsrecht einschl der AsbestRL (BAG AP 24; *Molkentin*/*Müller* NZA 1995, 876; krit *Mummenhoff* SAE 1997, 329). Voraussetzung ist allerdings, dass auch die Gesundheit von Dienstpflichtigen in den Schutzbereich der Vorschrift einbezogen ist und der verordnete Schutzstandard nicht vorrangig durch eine Personengruppe geprägt ist, die im Dienstvertragsrecht nicht vorkommt (zB Kinder). Eine in der Bestimmung fehlende spezifische Berücksichtigung der Belange des Dienstberechtigten kann ggf iRd Zumutbarkeitsprüfung (s Rn 18) vorgenommen werden. 6

c) Reichweite der Konkretisierungsfunktion. Die vom öffentlichen Recht hinsichtl Gefahrentatbestand und geeigneten Schutzmaßnahmen getroffenen Wertungen stellen **Mindeststandards** dar (allg M; Soergel/*Kraft* Rn 20). Sie sind jedoch nur in Ansehung des Normalfalls getroffen (*Löwisch* DB 1978 Beil 1, 8). Wegen ihrer individuellen Ausrichtung kann die vertragl Schutzpflicht, etwa bei besonderer Empfindlichkeit des Dienstpflichtigen, im Einzelfall darüber hinausgehen (BAG AP 23; LAG München LAGE 4, 5; aA *Börgmann* RdA 1993, 283; *Kort* NZA 1997, 854). Soweit die öffentlich-rechtl Bewertung von Gefahr und geeigneten Schutzmaßnahmen im Prinzip allg Gültigkeit hat, ist das öffentliche Recht auch über seinen Geltungsbereich hinaus zur Konkretisierung tauglich. Die Gründe des Normgebers für die Beschränkung des Geltungsbereichs sind iRd Zumutbarkeitsprüfung (Rn 18) zu berücksichtigen. 7

4. Rechtsentwicklung. Die **Bedeutung** von § 618 ist durch die Rechtsentwicklung im Laufe der Jahre erheblich **eingeschränkt** worden. Infolge der weitgehenden Prägung und Überlagerung der privatrechtl Pflichtenstellung des ArbGeb durch das öffentliche Recht stehen die dieser Ebene zugeordneten Überwachungssysteme – Kontrolle durch staatliche Aufsichtsbehörden sowie den Betriebsrat (§ 89 BetrVG) – in der Praxis im Vordergrund. Der privatrechtl Rechtsbehelf der Klage auf Erfüllung (Rn 28) hat in jüngerer Zeit im Zuge der Konflikte um Nichtraucherschutz und Asbestbelastung wieder Bedeutung erlangt. Ferner ist die Haftung des ArbGeb auf Schadensersatz infolge pflichtwidrigen Verhaltens (vgl Abs III) heute durch die unfallversicherungsrechtl Vorschriften der §§ 104, 105 SGB VII (näher BeckOGK/*Witschen* Rn 168ff) auf einen äußerst schmalen Bereich begrenzt. Danach trifft den ArbGeb eine Einstandspflicht für Personenschäden aus Arbeitsunfällen und Berufskrankheiten nur bei Vorsatz sowie bei wegbezogenen Unfällen. Seine eigentliche Bedeutung entfaltet § 618 III 8 daher im Wesentlichen nur noch bei den **freien Dienstverhältnissen** und in den Fällen der analogen Anwendung der Norm (Rn 3).

9 **II. Inhalt der Schutzpflicht des Dienstberechtigten gem Abs I. 1. Ausrichtung der Schutzpflicht.** Sinn und Zweck von § 618 I ist der Schutz vor Gefahren für Leben und Gesundheit. Damit ist allein die **physische Integrität** gemeint, nicht etwa der weitergehende Gesundheitsbegriff der WHO, der auf ein allg Wohlbefinden auch in geistiger und sozialer Hinsicht abzielt (Staudinger/*Oetker* Rn 142ff; BeckOGK/*Witschen* Rn 64). Eine Erweiterung des Gesundheitsschutzes ins Vorfeld eigentlicher Erkrankungen erfolgt über die Konkretisierungswirkung solcher Arbeitsschutzvorschriften, die unterhalb der akuten Erkrankungsschwelle liegende Beeinträchtigungen und Belästigungen verhindern wollen. Diese öffentlich-rechtl Schutzrichtung schlägt auch zivilrechtl durch, weil der Dienstpflichtige sich auch insoweit nicht mit weniger zufrieden geben muss, als das öffentliche Recht dem Dienstberechtigten abverlangt (Soergel/*Kraft* Rn 10). Wortlaut und Zweck von § 618 schließen eine Anwendung auf Fälle von **Mobbing** nicht per se aus.

10 **2. Gegenstand der Schutzpflicht.** a) Abs I Fall 1 gibt dem Dienstberechtigten auf, die von ihm zu beschaffenden **Räume, Vorrichtungen und Gerätschaften** ohne gesundheitliche Gefahren für den Dienstpflichtigen einzurichten und zu unterhalten. **Räume** sind in diesem Zusammenhang nicht nur umschlossene Gebilde, sondern auch Arbeitsplätze im Freien (BGHZ 26, 365: Bombenexplosion beim Straßenbau), ferner über Arbeitsstätten ieS hinaus alle Örtlichkeiten, die der Dienstpflichtige im Zusammenhang mit der Erfüllung seiner Verpflichtung bestimmungsgemäß aufsucht (BAG AP 24), also etwa Waschräume und Toiletten (RG Gruchot 48, 346), Kantinen, Treppen (LAG Gleiwitz ARS 29, 78), Betriebsparkplatz, Fahrstühle, Zugänge zur Arbeitsstätte und den genannten Stellen (RG JW 1907, 673; Gruchot 48, 346). Der Dienstberechtigte muss in diesem Zusammenhang diejenigen **Schutzmaßnahmen** ergreifen, die **geeignet** sind, bestehende **Gefahren effektiv auszuschließen.** Da der Begriff des „Raums" dem der „Arbeitsstätte" iSv § 2 ArbStättV im Wesentlichen entspricht (MüKo/*Henssler* Rn 34; Staudinger/*Oetker* Rn 113), werden sowohl der Gefahrbegriff wie auch die geeigneten Maßnahmen vor allem durch den Anhang zur ArbStättV konkretisiert. Danach ist etwa für ausreichende gesundheitlich zuträgliche Atemluft (zum Nichtraucherschutz Rn 20ff), Raumtemperatur (dazu *Grimm* DB 2004, 1666f), Beleuchtung etc zu sorgen (eingehend MüKo/*Henssler* Rn 28ff; MünchArbR/*Nebe* § 177 Rn 12ff). Die Gebäudesicherheit ist durch Einhaltung der bauordnungsrechtl Vorschriften zu gewährleisten (vgl BAG AP 24, zum Asbestschutz Rn 24). Zu den Befugnissen des **Betriebsrats** Rn 15.

11 Zu den **Vorrichtungen** und **Gerätschaften** zählen alle Gegenstände, mit denen der Dienstpflichtige bei der Erbringung der betreffenden Dienstleistung bestimmungsgemäß in Kontakt kommt (BeckOGK/*Witschen* Rn 103ff). Dazu gehören neben Maschinen und Werkzeugen auch zu verarbeitende Rohstoffe sowie Hilfsmittel wie Leitern (RG Warn Rspr 1917, Nr 12), Kraftfahrzeuge (vgl hierzu BAG AP 37 § 611 Haftung des ArbN), Schutzkleidung (BAG AP 17–19: Sicherheitsstiefel) etc, die dem Schutz des ArbN dient (BAG NZA-RR 2016, 565 Rn 21: nicht lebensmittelrechtl vorgeschriebene Hygienekleidung). Gefahrentatbestand und geschuldete Maßnahmen werden vor allem konkretisiert durch §§ 3ff GefStoffV, das ProdSG, die StrahlenschutzV und Unfallverhütungsvorschriften. In Bezug auf Anschaffung und Wartung von Gerätschaften hat der Dienstberechtigte die Einhaltung dieser Bestimmungen zu gewährleisten (BAG DB 1970, 1496). Ob **Schutzkleidung** erforderlich ist, richtet sich nach den jew konkretisierenden Regeln (vgl etwa § 10 IV GefStoffV). Ist das der Fall, hat der Dienstberechtigte die Schutzkleidung **kostenlos** zu stellen (s auch § 619 Rn 1), jedenfalls aber die Kosten analog § 670 zu erstatten (ausdrückl jetzt: § 3 II Nr 1, III ArbSchG, zuvor bereits BAG AP 17–19; NZA 1996, 883; s auch BeckOGK/*Witschen* Rn 127ff). Der zum An- und Ablegen gewidmete Zeitaufwand ist Arbeitszeit iSd § 87 I Nr 2 BetrVG (ArbG Berlin 17.10.2012 – 28 BV 14611/12).

12 **b)** Das Gebot von Abs I Fall 2, **Dienstleistungen,** die unter Anordnung oder Leitung des Dienstberechtigten vorzunehmen sind, **zu regeln,** wird durch § 3 ArbSchG in allg Form konkretisiert. Gefordert ist die Beachtung von Beschäftigungsbeschränkungen und -verboten aus dem MuSchG, dem JArbSchG, der GefStoffV und den Unfallverhütungsvorschriften (RGRK/*Schick* Rn 91); bei gefahrträchtiger Tätigkeit die Erteilung sachkundiger Arbeitsanweisungen sowie die Belehrung über die Gefahren und die bestehenden Unfallverhütungsvorschriften und -möglichkeiten (MüKo/*Henssler* Rn 52). Die Verpflichtung ist wegen des individualrechtl Charakters der Schutzpflicht auf die Ausgabe von Einzelanweisungen gerichtet. Sofern dies tunlich ist, kann der Dienstberechtigte seine Anordnungen jedoch auch in kollektiver Form an eine Mehrzahl von Dienstpflichtigen richten (sog Arbeitsordnungen, Soergel/*Kraft* Rn 14; zum Mitbestimmungsrecht des Betriebsrats in diesem Fall Rn 15). Schließlich darf der Dienstberechtigte sich nicht auf Arbeitsanweisungen beschränken, sondern muss gefahrträchtige Tätigkeiten beaufsichtigen und sichere Arbeitsbedingungen gewährleisten (LAG Bln-Bbg 24.4.2014 – 21 Sa 1689/13). Er muss überwachen, dass erforderliche Schutzausrüstung auch tatsächlich benutzt wird.

13 **c)** Eine **genetische Untersuchung** muss der ArbN grds nicht vornehmen lassen und dem ArbGeb vorlegen, § 19 GenDG. Können jedoch bei einer Beschäftigung an einem bestimmten Arbeitsplatz oder mit bestimmten Tätigkeiten schwerwiegende Erkrankungen oder gesundheitliche Störungen entstehen, für die besondere genetische Eigenschaften des ArbN mitursächlich sind, so kann der ArbGeb gem § 20 II 1 GenDG eine genetische Untersuchung verlangen. Dafür ist aber die Zustimmung des ArbN erforderlich (ErfK/*Franzen* § 20 GenDG Rn 5; BeckOK-DatenschutzR/*Riesenhuber* § 26 BDSG Rn 94.1).

14 **d)** Eine **gesundheitsschädigende Überanstrengung** des Dienstverpflichteten hat der Dienstberechtigte durch geeignete Anordnungen zu vermeiden (BAG AP 16), auch wenn der ArbN eine hoch dotierte und leitende Stel-

lung innehat (BAG AP 15). Die Einhaltung des ArbZG allein entlastet dabei nicht (RAG ARS 11, 88). Solange nicht der Dienstpflichtige auf das Erreichen seiner physischen Grenzen hinweist bzw der Dienstberechtigte davon Kenntnis hat (RAG ARS 4, 257; *Hueck/Nipperdey* I 395 Fn 14), kann dieser bei seinen Weisungen von der Leistungsfähigkeit eines durchschnittlichen Menschen ausgehen (Soergel/*Kraft* Rn 17). Unterlässt es der Dienstpflichtige, auf einen besonderen Sachverhalt hinzuweisen, kann es bei einer Pflichtverletzung durch den Dienstberechtigten am Verschulden fehlen. Zur Auswirkung eines Unterlassens auf Schadensersatzansprüche s Rn 35.

3. Mitbestimmung des Betriebsrats. Besteht ein Betriebsrat, ist beim Erlass von **Arbeitsordnungen** (Rn 12) die Mitbestimmung nach § 87 I Nr 1 BetrVG zu beachten (vgl Richardi/*Maschmann* § 87 BetrVG Rn 202). Soweit es um die Aufstellung von (kollektiven, vgl Richardi/*Maschmann* § 87 BetrVG Rn 577) Regelungen geht, die der **Ausfüllung von Rahmenregelungen des öffentlich-rechtl Arbeitsschutzes** dienen, besteht ein Mitbestimmungsrecht aus § 87 I Nr 7 BetrVG (dazu GK-BetrVG/*Gutzeit* § 87 Rn 620ff). Die Mitbestimmung setzt voraus, dass dem Dienstberechtigten ein Regelungsspielraum verbleibt (allgM; GK-BetrVG/*Gutzeit* § 87 Rn 625ff). Sie bezieht sich auf die Auswahl der konkreten Maßnahme. Der vom zwingenden Gesetzesrecht verlangte effektive Gesundheitsschutz darf aber i Erg nicht durch die Mitbestimmung verhindert werden. Daher ist der ArbGeb befugt, mitbestimmungsfrei die Abwehr von konkreten Gesundheitsgefahren sicherzustellen (**Eilkompetenz**, *Wlotzke* FS Hilger/Stumpf, 1983, 746; *Fitting* § 87 BetrVG Rn 299). Die Mitbestimmungsfreiheit beschränkt sich jedoch auf eine erforderliche vorläufige Regelung, die unter dem Vorbehalt einer Korrektur durch eine spätere Mitbestimmung oder eine Entscheidung der Einigungsstelle steht (*Fitting* § 87 BetrVG Rn 299). Nach § 88 Nr 1 BetrVG sind schließlich freiwillige Betriebsvereinbarungen zur Erweiterung des Gesundheitsschutzes möglich. 15

4. Grenzen der Schutzpflicht. a) Allgemeine Lebensrisiken. Die erste – ungeschriebene – Schranke des nach § 618 I geschuldeten Gesundheitsschutzes folgt daraus, dass der Dienstpflichtige nur vor den mit der Dienstleistung im Zusammenhang stehenden **spezifischen Gefahren** geschützt sein soll. Ziel ist nicht, ihn vor allg Lebensrisiken zu bewahren. Es reicht daher, wenn etwa die Schadstoffbelastung am Arbeitsplatz nicht über diejenige in der Umgebung hinausgeht (zur Asbestbelastung BAG AP 23, 24; *Mummenhoff* SAE 1997, 330). 16

b) Eine strikte Schranke des Schutzanspruchs bildet die **„Natur" der jew Dienstleistung** (vgl § 62 I HGB). Danach muss der Dienstpflichtige (nur) die Gefahren ohne Rechtsbehelf hinnehmen, die untrennbar mit der geschuldeten Dienstleistung verbunden sind und nach dem Stand der Technik nicht abgemildert werden können (RAG ARS 33, 65f: technisch nicht vermeidbare Staubentwicklung; Staudinger/*Oetker* Rn 233). So kann etwa vom Betreiber eines Delikatessengeschäfts nicht die Heizung der Geschäftsräume verlangt werden (RG LZ 1912, 453 zu § 62 HGB), der angestellte Tanzlehrer kann keinen gänzlich stumpfen Fußbodenbelag fordern. Über sachlogische Vorgegebenheiten hinausgehend ist es Sache des ArbGeb, in Ausübung seiner unternehmerischen Freiheit die „Natur" der Dienstleistung, mit der er sich im Wettbewerb profilieren will, im Rahmen der gesetzl Vorgaben zu definieren (BAG AP 20: mangels gesetzl Verbots kein Anspruch auf arbeitgeberseitiges Rauchverbot im Flugzeug). Diese Umstände sind im Rahmen der allg Zumutbarkeitsprüfung zu berücksichtigen (Rn 18). 17

c) Die Schutzpflicht wird ferner durch die **Unzumutbarkeit** begrenzt. Die Unzumutbarkeit als Ausnahmetatbestand ist durch eine umfassende Interessenabwägung zu prüfen. Der Dienstberechtigte kann daher nie einzelne Anstrengungen schlechthin unter Hinweis auf die damit verbundenen Kosten verweigern oder darauf verweisen, diese Maßnahmen seien im betreffenden Gebiet nicht üblich (vgl RG JW 1919, 820). In Betracht kommt eine Unzumutbarkeit nur, wenn die geeigneten Schutzmaßnahmen den Dienstberechtigten außergewöhnlich belasten oder in seiner unternehmerischen Freiheit besonders berühren (vgl Rn 17). Im Rahmen der Abwägung sind zB von Belang: Möglichkeit und Zumutbarkeit von Eigenvorsorge durch den Dienstpflichtigen (BAG AP 23 [aE]; LAG Frankfurt LAGE 7; Soergel/*Kraft* Rn 8), Einwilligung des Dienstpflichtigen in typische und sozialadäquate Gefahrenlagen durch Vertragsschluss (RG LZ 12, 453; LAG Frankfurt LAGE 7; ArbG Hamburg AiB 1991, 21; *Ahrens* PersR 93, 533), Wertungen des öffentlich-rechtl Normgebers (etwa arbeitsschutzrechtl Geltungsbereichsbeschränkungen, s Rn 7). 18

d) Kommen mehrere geeignete Schutzmaßnahmen als Schuldinhalt in Betracht, steht dem Dienstberechtigten das **Auswahlermessen** zu. § 315 findet Anwendung (*Riesenhuber,* Die Rechtsbeziehungen zw Nebenparteien, 1997, 238ff). Der Anspruch aus § 618 I ist dann auf fehlerfreie Ermessensausübung gerichtet (RGRK/*Schick* Rn 171). Durch ein bestehendes **Mitbestimmungsrecht** wird der Schutzanspruch des Dienstpflichtigen, soweit es um Schutz vor konkreten Gefahren geht, nicht beschränkt (Staudinger/*Oetker* Rn 196; aA *Löwisch* DB 1978 Beil 1, 13). Zur Abwehr solcher Gefahren ist der ArbGeb aufgrund seiner **Eilkompetenz** (Rn 15) rechtl in der Lage und daher auch verpflichtet (RGRK/*Schick* Rn 173). 19

5. Einzelfälle

Schrifttum: *Bergewitz*, Das betriebliche Rauchverbot, NZA-RR 2004, 169; *Kühn*, Rauchfreier Arbeitsplatz? Zur Beschäftigung von Arbeitnehmern in Raucherräumen, BB 2010, 120; *Siekmann*, Die Zuständigkeit des Bundes zum Erlass umfassender Rauchverbote nach In-Kraft-Treten der ersten Stufe der Föderalismusreform, NJW 2006, 3382; *Uhl/Polloczek*, Die Auswirkungen des neuen Passivrauchschutzgesetzes auf das Rauchen im Betrieb, BB 2008, 1114; *Wellenhofer-Klein*, Der rauchfreie Arbeitsplatz, RdA 2003, 155.

• In der Frage des **Nichtraucherschutzes** wird § 618 I im Wesentlichen durch die ArbStättV konkretisiert. Nach § 5 I 2 ArbStättV (dazu BT-Drs 16/5049, 7) hat der ArbGeb, soweit erforderlich, ein allg oder auf einzelne Bereiche der Arbeitsstätte beschränktes Rauchverbot zu erlassen. Zu Schutzpflichten des ArbGeb *Kock* NJW 2017, 198. Der **Anwendungsbereich** der ArbStättV entspricht dem des ArbSchG. § 5 ArbStättV umfasst **sämtliche Tä-** 20

tigkeitsbereiche und bezieht sich nicht nur auf Pausen-, Bereitschafts- und Liegeräume, sondern erstreckt sich grds auch auf Arbeitsstätten wie zB Arbeitsplätze im Reisegewerbe oder in Straßen-, Schienen- und Luftfahrzeugen des öffentlichen Verkehrs, die früher vom Schutzbereich der ArbStättV vollständig ausgenommen waren. In Arbeitsstätten mit **Publikumsverkehr** hat der ArbGeb beim Einrichten und Betreiben von Arbeitsräumen der Natur des Betriebes entspr und der Art der Beschäftigung angepasste technische oder organisatorische Maßnahmen zum Schutz der nicht rauchenden Beschäftigten zu treffen, § 5 II ArbStättV. Das betrifft vor allem Arbeitsplätze in Gaststätten, Restaurants und Bars. Für Gastronomiebetriebe, aber auch für Behörden und sonst öffentlich zugängliche Einrichtungen und Gebäude der Bundesländer gelten **Landesnichtraucherschutzgesetze**, die das Rauchen in umschlossenen Räumlichkeiten verbieten, zT jedoch Ausnahmeregelungen vorsehen. Für Einrichtungen des Bundes und öffentliche Verkehrsmittel bestimmt § 1 I BNichtrSchG ein grds Rauchverbot. Zur Verfassungsmäßigkeit landesrechtl Rauchverbote in Gaststätten BVerfG NJW 2008, 2409 NVwZ 2011, 294 (zum BayGSG).

21 § 5 I 1 ArbStättV schreibt dem ArbGeb keine konkreten Maßnahmen vor, sondern räumt ihm ein **Auswahlermessen** ein. Der Gesetzgeber verlangt die Ergreifung von Maßnahmen, die erforderlich sind, um den nicht rauchenden ArbN wirksam vor den Gesundheitsgefahren durch Tabakrauch zu schützen. Sofern keine anderen gleichgeeigneten Maßnahmen zur Verfügung stehen, trifft den ArbGeb eine Pflicht zum Erlass eines ggf beschränkten Rauchverbots, § 5 I 2 ArbStättV (BT-Drs 16/5049, 10). Ungeachtet des Nichtraucherschutzzwecks von § 618 I iVm § 5 ArbStättV hat der ArbGeb bei der Abwägung der in Frage kommenden Maßnahmen auch die ebenfalls grundrechtl geschützten (Art 2 I GG; vgl BAGE 90, 316) Interessen der Raucher zu beachten. Auch Nichtraucher sind zur Toleranz verpflichtet und müssen Beeinträchtigungen hinnehmen, die sich aus dem Zusammenleben mit anderen Menschen ergeben. In Betracht kommen zB informelle einvernehmliche Regelungen auf Betriebs-, Abteilungs- bzw Gruppenebene, Schaffung von speziellen Plätzen oder Räumen für Raucher, Einbau von Trennwänden. Ein den ganzen Betrieb betreffendes Rauchverbot wird idR unverhältnismäßig sein (nicht erforderlich). Ziel des betrieblichen Nichtraucherschutzes ist nicht, den Raucher vor sich selbst zu schützen. Erlass eines Rauchverbots ist aber nicht mehr nur ultima ratio (s noch BAGE 90, 316), sondern mit Rücksicht auf die intendierte Stärkung des Nichtraucherschutzes die einzige von Gesetzes wegen gebotene Lösung (*Uhl/Polloczek* BB 2008, 1114). Der ArbN hat **Anspruch auf Zuweisung eines tabakrauchfreien Arbeitsplatzes** gem § 618 I iVm § 5 I ArbStättV, wenn er von einem gesetzl Rauchverbot geschützt wird (BAG NZA 2009, 775). Dabei sind die Zumutbarkeitsschranken des § 5 ArbStättV („Natur des Betriebs“) sowie die unternehmerische Betätigungsfreiheit des ArbGeb zu beachten; letztere besteht freilich nur in den gesetzl Grenzen (BAG NZA 2009, 775).

22 Der ArbN hat **keinen Anspruch** darauf, dass sein Arbeitsplatz auch **außerhalb der Dienstzeit** rauchfrei gehalten wird. § 618 I iVm § 5 ArbStättV (kein Schutz vor dem nach Lüften verbleibenden Nachgeruch, vgl LAG Berlin BB 2005, 1576). Auf eine besondere Disposition des ArbN, der auf Rauch außergewöhnlich sensibel reagiert, muss der ArbGeb im Rahmen des Zumutbaren Rücksicht nehmen. Wenn das gesundheitlich erforderlich ist, kann der ArbN gem § 618 I einen **„tabakrauchfreien“ Arbeitsplatz** verlangen, also einen solchen, an dem nach dem Empfinden eines verständigen Durchschnittsmenschen kein Tabakrauch für die Sinnesorgane wahrnehmbar ist (BAG NJW 1999, 162). Diese Grundsätze dürften auch nach der heutigen ArbStättV gelten. Anspruch auf **Raucherpausen** während der Arbeitszeit oder auf Einrichtung eines **Raucherraum**s von ArbN im öffentlichen Dienstverhältnis verneinend VG Berlin ZBR 2010, 387; VG Köln NWVBl 2008, 319 (Tabakabstinenz von drei Stunden zumutbar); OVG Münster NJW 2011, 164 (kein subj Recht wegen § 3 II 5 NiSchG NRW).

23 Bei der Wahl der Maßnahmen ist das **Mitbestimmungsrecht** des Betriebsrats in Fragen des Nichtraucherschutzes gem § 87 I Nr 1 und 7 BetrVG zu beachten (zu dessen Grenzen vgl BGH BB 1999, 1380; für ein zurückgedrängtes Mitbestimmungsrecht des Betriebsrats angesichts der Aufwertung des betrieblichen Nichtraucherschutzes durch § 5 I 2 ArbStättV hingegen *Uhl/Polloczek* BB 2008, 1114).

24 • Hinsichtl der **Asbestverseuchung** von Arbeitsgebäuden wird § 618 durch die bauordnungsrechtl AsbestRL konkretisiert (BAG AP 24; *Wank* Anm BAG AP 4 § 273; *Molkentin/Müller* NZA 1995, 876; krit *Mummenhoff* SAE 1997, 330). Danach schuldet der Dienstberechtigte keine absolut asbestfreie Atemluft. Es genügt, wenn er für die Einhaltung der festgelegten Grenzwerte sorgt (BAG AP 24).

25 Die Fürsorgepflicht des Dienstberechtigten gebietet, erforderliche Maßnahmen zur Vermeidung einer **Aids-Infektion** bei Dienstverpflichteten zu treffen. Diese können allerdings nicht mehr Schutz beanspruchen als durch die Arbeitsschutzvorschriften gewährt wird, die den Inhalt der Fürsorgepflicht näher bestimmen (*Löwisch* DB 1987, 937). So ist der ArbGeb gem § 4 II ArbStättV verpflichtet, dafür zu sorgen, dass Arbeitsstätten den hygienischen Erfordernissen entspr gereinigt werden. Die Angst vor Ansteckung allein rechtfertigt keine strengeren Maßnahmen, da bei normalen Arbeitskontakten mit einem HIV-Infizierten das Ansteckungsrisiko sehr gering ist (*Lepke* Kündigung bei Krankheit Rn 426). Speziellere Schutzpflichten, die sich aus Unfallverhütungsvorschriften (UVV), der GefStoffV und anderen Hygieneverordnungen ergeben, müssen allerdings bei Tätigkeiten, bei denen eine erhöhte Ansteckungsgefahr besteht, eingehalten werden (zB im Gesundheitsdienst oder im Krankenhaus; *Richardi* NZA 1988, 77f). IÜ gilt aber auch hier, dass die Verhältnismäßigkeit zw Schutzmaßnahme und Infektionsrisiko gewahrt bleiben muss (zB keine Reihenuntersuchung auf eine HIV-Infektion, *Lichtenberg/Schücking* NZA 1990, 41).

• In einer **Pandemie** können den ArbGeb besondere Fürsorgepflichten zum Schutz vor **Infektionsrisiken** am Arbeitsplatz treffen (BeckOGK/*Witschen* Rn 122ff; für den Weg zur Arbeit ist der ArbN verantwortlich; wohl aM ErfK/*Roloff* Rn 11). Der ArbGeb ist gem §§ 3f ArbSchG gehalten, das Risiko einer schwerwiegenden Erkrankung für seine ArbN gering zu halten (BAG NZA 2022, 1387 Rn 23). Die Fürsorgepflichten können die Anordnung einer Testpflicht (ArbG Hamburg NZA-RR 2022, 19) oder einer Maskenpflicht rechtfertigen. Für die Corona-Pandemie (SARS-CoV-2) werden die ArbGeb-Pflichten weitgehend durch die Corona-ArbSchV konkretisiert. 26

III. Erweiterte Schutzpflicht gem Abs II. Abs II setzt voraus, dass der Dienstpflichtige in die **häusliche Gemeinschaft** aufgenommen ist. Aus systematischen Gründen ist das wie bei § 617 (§ 617 Rn 5) eng zu verstehen. Das Gesetz erweitert für diesen Fall den Pflichtenkreis des Dienstberechtigten in mehrfacher Hinsicht: Zunächst erstreckt es die gesundheitsbezogene Fürsorgepflicht aus Abs II in räumlicher Hinsicht über die in Rn 10 genannten Örtlichkeiten hinaus auf den Wohn- und Schlafraum des Dienstpflichtigen, also seinen privaten Lebensbereich. Weiterhin wird der Dienstberechtigte zur Gesundheitsfürsorge hinsichtl der Verpflegung sowie der Arbeits- und Erholungszeit seiner Bediensteten verpflichtet. Er hat dafür zu sorgen, dass die von ihm gestellte Kost gesundheitlich einwandfrei ist (RAG ARS 30, 231) und muss die Vorschriften des öffentlichen Rechts über den Arbeitszeitschutz einhalten (MüKo/*Henssler* Rn 70; Soergel/*Kraft* Rn 19). Schließlich soll die Vorschrift den Dienstpflichtigen, über den gesundheitlichen Bereich hinaus, auch in seiner Religion schützen. Dazu gehört, dass ihm Zeit zum Kirchgang eingeräumt (Soergel/*Kraft* Rn 19) und bei der Verpflegung nach Möglichkeit auf religiöse Besonderheiten Rücksicht genommen wird, wobei auch hier die Grenzen der Zumutbarkeit zu beachten sind (Staudinger/*Oetker* Rn 246). Die ausdrückl Anordnung einer Pflicht zur Rücksichtnahme auf die Sittlichkeit des Dienstpflichtigen inkorporiert einen von Abs I nicht erfassten (Rn 1) Teilaspekt der allg Fürsorgepflicht. Abs II ist mit seinem erweiterten Pflichtenkatalog auf die Unterbringung im **Arbeitnehmerwohnheim** entspr anzuwenden (BAG AP 1; Staudinger/*Oetker* Rn 238ff). Denn wenn der ArbGeb eine Unterkunft zur Verfügung stellt, kann seine Zuständigkeit, für deren gefahrlosen Zustand zu sorgen, nicht davon abhängig sein, ob er selbst in die Gemeinschaft einbezogen ist. 27

IV. Rechtsfolgen einer Pflichtverletzung. 1. Erfüllungsanspruch. Dem Dienstpflichtigen steht im Falle der Missachtung der Pflichten aus Abs I und II ein klagbarer Erfüllungsanspruch zu (BAG NZA 1997, 821; LAG München LAGE 4, 5; zur Verfolgung im einstw Rechtsschutz; ErfK/*Roloff* Rn 15). Die Tatsache, dass dem Dienstpflichtigen ein Zurückbehaltungsrecht zusteht (Rn 29), rechtfertigt nicht den Ausschluss der Klagbarkeit (*Riesenhuber*, Die Rechtsbeziehungen zw Nebenparteien, 1997, 236). Voraussetzung für den Erfüllungsanspruch ist aber, dass der Dienstpflichtige entweder Anspruch auf Beschäftigung hat oder aber zumindest tatsächlich beschäftigt wird und auf diese Weise den aus der Sphäre des Dienstberechtigten entspringenden Gefahren ausgesetzt ist (MüKo/*Henssler* Rn 87); auch im letzteren Fall darf er wegen der Bedeutung des Gesundheitsschutzes nicht auf repressive Rechtsbehelfe verwiesen werden. Der Dienstpflichtige hat nach allg Grundsätzen darzulegen und zu **beweisen**, dass der Zustand von Räumen, Gerätschaften usw ordnungswidrig und generell geeignet ist, Lebens- oder Gesundheitsgefahren herbeizuführen (LAG Hamm LAGE 3; vgl BAG AP 23, 24; für eine Umkehr der Beweislast bei möglicher Asbestgefahr LAG Köln LAGE 6 m zust Anm *Rotter*). Dem Dienstpflichtigen lässt sich ggf mit den Grundsätzen der Beweisvereitelung helfen (vgl Anm *Rotter* zu LAG Köln LAGE 6). 28

2. Leistungsverweigerungsrecht. a) Öffentliches Recht. Aus der allg Vorschrift des § 9 III ArbSchG ist für alle Fälle „unmittelbarer erheblicher Gefahr" für die Gesundheit des ArbN ein öffentlich-rechtl Leistungsverweigerungsrecht abzuleiten (Staudinger/*Oetker* Rn 270; aA *Wank* DB 1996, 1136). Das von § 9 III ArbSchG aufgestellte **Unmittelbarkeitskriterium** beschränkt die Anwendung auf Situationen, in denen (a) der Schadenseintritt sehr wahrscheinlich ist oder sein Eintritt nicht mehr abgewendet werden kann und (b) zu erwarten ist, dass der Schaden nach Art oder Umfang besonders schwer sein wird (BT-Drs 13/3540, 18). Der GefStoffV lässt sich kein Zurückbehaltungsrecht entnehmen, bei unzureichendem Schutz vor Gefahrstoffen ist auf § 618 iVm § 273 zurückzugreifen. Die öffentlich-rechtl Leistungsverweigerungsrechte sind unmittelbare Ausprägungen des **Zumutbarkeitsprinzips** und setzen keinen Gegenanspruch des ArbN voraus. Sie sind daher keine vorrangigen Spezialregeln zu § 273 (*Wlotzke* Anm BAG AP 23). 29

b) Zivilrecht. Auf der Grundlage und in den Grenzen seines Erfüllungsanspruchs (Rn 28) hat der Dienstpflichtige das praktisch wichtige Leistungsverweigerungsrecht aus § 273 (vgl BAGE 85, 155, 161; Staudinger/*Oetker* Rn 257ff mwN); § 320 ist nicht anwendbar, da § 618 keine synallagmatische Hauptpflicht darstellt (MüKo/*Henssler* Rn 94; aA *N. Fabricius*, Einstellung der Arbeitsleistung bei gefährlichen und normwidrigen Tätigkeiten, 1997, S 134f; MüKo/*Emmerich* § 320 Rn 15). Zurückbehaltung ist ein Recht des Dienstverpflichteten; die Fürsorgepflicht berechtigt den ArbGeb nicht, den ArbN gegen dessen erklärten Willen die Beschäftigung auf einem Arbeitsplatz zu verweigern, wenn er dies als für den ArbN gesundheitlich gefährdend ansieht (BAG AP 27). Das Leistungsverweigerungsrecht steht unter dem Vorbehalt der **Verhältnismäßigkeit** und von **Treu und Glauben**; es steht dem ArbN nicht zu, wenn die Zuweisung eines Arbeitsplatzes nur geringfügig oder kurzzeitig gegen § 618 verstößt und ein nachhaltiger Schaden des ArbN nicht zu besorgen ist (BGH NZA 2018, 1259; MüKo/*Henssler* Rn 92). In diesem Rahmen ist auch das bei den öffentlich-rechtl Leistungsverweigerungsrechten aufgestellte **Unmittelbarkeitserfordernis** (Rn 29) als Ausprägung eines allg Gedankens zu berücksichtigen. Eine Abwendung durch Sicherheitsleistung (§ 273 III) kommt nicht in Betracht (Staudinger/*Oetker* Rn 265 mwN). Die **Beweislast** für das Vorliegen der Voraussetzungen von § 273 trägt der Dienstpflichtige (LAG München LAGE 5). Zur Reichweite des Leistungsverweigerungsrechts wegen **Asbestemissionen** vgl BAGE 85, 155. 30

31 c) Macht der Dienstpflichtige von seinem Verweigerungsrecht Gebrauch, so bleibt sein **Vergütungsanspruch** unberührt. Für den Bereich des öffentlichen Rechts folgt das aus dem **Benachteiligungsverbot** des § 9 III 2 ArbSchG (lex specialis zu § 612a), iÜ aus § 615 (LAG Köln LAGE 6; Soergel/*Kraft* Rn 22). Entgegen hM (etwa Soergel/*Kraft* Rn 22) ist die Durchführung der gesetzl Fürsorgemaßnahmen zwar keine Mitwirkungshandlung des Dienstberechtigten iSd § 295. Der Dienstberechtigte gerät jedoch über §§ 298, 274 in Gläubigerverzug, wenn der Dienstpflichtige seine Leistung verweigert und er selbst die Fürsorgemaßnahme nicht vornimmt (Staudinger/*Oetker* Rn 276ff).

32 **3. Informations- und Beschwerderechte.** Dem ArbN steht ein Recht auf Information und Unterweisung zu (zB aus §§ 81ff BetrVG, § 12 ArbSchG). Er kann sich bei Nichtbeachtung der Vorschriften des technischen Arbeitsschutzes gem § 80 I Nr 1, 9 BetrVG an den Betriebsrat wenden (zu dessen Kontrollrechten BAG DB 1987, 101) oder das Beschwerdeverfahren nach § 84 oder § 85 BetrVG einleiten (dazu *Fitting* § 84 BetrVG Rn 1). Diese innerbetrieblichen Wege hat der ArbN vor dem Hintergrund seiner **Treuepflicht** vorrangig zu beschreiten, ehe er die staatliche Aufsichtsbehörde informiert. Nach § 17 II ArbSchG ist Beschwerde beim Gewerbeaufsichtsamt möglich, Benachteiligungsverbot nach S 2.

33 **4. Schadensersatzansprüche.** a) Im Fall einer Schädigung an **Leben oder Gesundheit** infolge einer Pflichtverletzung besteht ein Anspruch auf Schadensersatz aus § 280 I 1, sofern sich der Dienstberechtigte nicht nach § 280 I 2 entlastet; dieser umfasst auch **Schmerzensgeld**, § 253 II. Erfüllungsgehilfe des Dienstberechtigten (§ 278) ist nur, wer besondere Verantwortung für den Gefahrenschutz trägt, sei es aufgrund besonderer Anweisung oder allg Stellung des Betreffenden im Betrieb (Soergel/*Kraft* Rn 26). Das kann auch ein selbständiger Unternehmer sein, der im Betrieb des Dienstberechtigten tätig wird (RGZ 127, 224; vgl BGH NJW 1952, 217). Im Hinblick auf die **Haftungsbeschränkung** in § 104 SGB VII hat die Haftung des Dienstberechtigten im Arbeitsrecht marginale Bedeutung (s Rn 8; ErfK/*Roloff* Rn 18).

34 Der **Anspruchsumfang** wird durch Abs III im Wege der (Rechtsfolgen-)Verweisung auf einige deliktische Vorschriften um den Ersatz der Erwerbs- und Fortkommensnachteile (§§ 842, 843) sowie Ansprüche der Hinterbliebenen bei Tötung des Dienstpflichtigen (§§ 844–846) erweitert.

35 Eine Anspruchsminderung wegen **mitwirkenden Verschuldens** des Dienstpflichtigen (§ 254) kommt ua in Betracht, wenn er den Dienstberechtigten nicht auf diesem unbekannte Gefahrquellen aufmerksam macht (RG JW 1912, 529), er durch Verstoß gegen eine Unfallverhütungsvorschrift mitursächlich für den Schaden wird (aA MüKo/*Henssler* Rn 113; Staudinger/*Oetker* Rn 348, 353) oder wenn er eine Tätigkeit übernimmt bzw weiterführt, deren Belastung er aufgrund persönlicher Umstände nicht gewachsen war (BAG AP 15, 16). Die Obliegenheiten des Dienstpflichtigen iSd § 254 werden durch die §§ 15, 16 ArbSchG konkretisiert (Staudinger/*Oetker* Rn 297). Angesichts des faktischen Zwangs zur Arbeit (Sorge vor Arbeitsplatzverlust) darf aber nicht schon jede Durchführung einer als gefahrträchtig erkannten Tätigkeit zur Annahme anspruchsmindernden Verschuldens führen (vgl auch BAG AP 16; Soergel/*Kraft* Rn 27f).

36 Bei der ihn nach allg Regeln treffenden **Beweislast** kommen dem Dienstpflichtigen **Beweiserleichterungen** zugute: Er hat nur den Schutzpflichtverstoß nachzuweisen sowie, dass dieser nach allg Lebenserfahrung zur Herbeiführung eines Schadens der konkret eingetretenen Art geeignet ist (allg M, BAG AP 1; 16; 23). Umstr ist, ob damit eine echte Beweislastumkehr einhergeht, dem Dienstberechtigen also der volle Beweis des Gegenteils abverlangt wird (so BGHZ 27, 84; Soergel/*Kraft* Rn 29), oder ob damit die allg Prinzipien des Anscheinsbeweises gelten, der nur erschüttert zu werden braucht, indem eine andere ernsthaft in Frage kommende Schadensursache aufgezeigt wird (einfacher Gegenbeweis, so BAG AP 1; 2 § 611 Gefährdungshaftung des ArbGeb; wohl auch AP 16; Staudinger/*Oetker* Rn 312f; unscharf BAG AP 23; 24). Dem Schutzzweck von § 618 erscheint durch die Einordnung als **Anscheinsbeweis** hinreichend Rechnung getragen. IÜ geht er in der hier dargelegten Fassung ohnehin bereits insoweit über die ansonsten anerkannten Grundsätze des Anscheinsbeweises (vgl *Rosenberg/Schwab/Gottwald* Zivilprozessrecht § 114 III 16ff) hinaus, als die bloße Eignung für die Herbeiführung des Schadens ausreicht (vgl Soergel/*Kraft* Rn 30). Dem Dienstberechtigten obliegt gem § 280 I S 2 der Nachw fehlenden eigenen oder zurechenbaren fremden Verschuldens. Schließlich hat er auch ein etwaiges Mitverschulden des Dienstpflichtigen zu beweisen (BAG AP 16; vgl auch die ausdrückl Regelung des § 619a).

37 **b) Konkurrenz mit deliktischen Ersatzansprüchen.** Der vertragl Schadensersatzanspruch kann mit deliktischen Ersatzansprüchen konkurrieren. Beide eröffnen dem Geschädigten ein Recht auf Schmerzensgeld (§ 253). Sie unterfallen aber regelmäßig der Haftungsbeschränkung nach § 104 SGB VII (Soergel/*Kraft* Rn 41). Die Beweislast richtet sich nach den dort geltenden Regeln. Als Schutzgesetze iSd § 823 II sind die individualschützenden Vorschriften des Arbeitsschutzrechts anzusehen (Staudinger/*Oetker* Rn 317ff), nicht aber § 618 (RAG ARS 26, 13 m zust Anm *Hueck*; Staudinger/*Oetker* Rn 320; ErfK/*Wank*[7] Rn 39; aA RAG ARS 25, 115; *Herschel* RdA 1978, 72). Löste jede Verletzung dieser vertragl Pflicht auch eine Deliktshaftung aus, wäre die in Abs III angeordnete entspr Anwendung der §§ 842–846 überflüssig.

38 **5. Unterlassungsanspruch.** Eine Konkurrenz des Erfüllungsanspruchs aus § 618 mit § 1004 analog ist möglich (unzutr BAG AP 20: Spezialität von § 618). Dem Anspruch fehlt aber jede eigenständige Bedeutung, da § 1004 II wiederum auf die Prüfung des § 618 zurückführt (BAG AP 20; LAG Frankfurt LAGE 7). Abw Ergebnisse sind daher ausgeschlossen.

6. Kündigung aus wichtigem Grund. Schwerwiegende Fürsorgepflichtverletzungen können wichtiger Grund zur fristlosen Kündigung gem § 626 sein, regelmäßig aber erst nach Abmahnung, § 314 II. Ggf besteht ein Schadensersatzanspruch gem § 628 II. 39

7. Strafrechtliche Verantwortlichkeit. Strafrechtl kann § 618 eine Garantenstellung iSv § 13 StGB begründen (BGH NJW 2012, 1237; Naumburg NZA-RR 1997, 19; zu § 222 StGB). 40

§ 619 Unabdingbarkeit der Fürsorgepflichten

Die dem Dienstberechtigten nach den §§ 617, 618 obliegenden Verpflichtungen können nicht im Voraus durch Vertrag aufgehoben oder beschränkt werden.

I. Reichweite der zwingenden Wirkung. §§ 617, 618 sind insofern zwingend, als sie nicht im Voraus abbedungen werden können, weder durch Einzelvertrag noch durch Tarifvertrag oder Betriebsvereinbarung. Nach Sinn und Zweck von § 619 kann der Dienstberechtigte auch die Kosten für eine nach der Fürsorgepflicht zu stellende Schutzausrüstung nicht auf den Dienstpflichtigen abwälzen, verauslagte Kosten muss er analog § 670 ersetzen (BAG AP 17–19 § 618; NZA 1996, 883). 1

§ 619 steht nur **im Voraus** getroffenen Vereinbarungen entgegen (Staudinger/*Oetker* Rn 19), nicht einem Erlass bereits entstandener Rechtspositionen; deren Umfang und Bedeutung kann der Dienstverpflichtete ermessen. Da der Schutzanspruch des § 618 I in die Zukunft gerichtet ist, ist er als solcher stets der Disposition entzogen. Möglich dagegen ist der Verzicht auf entstandene Einzelansprüche wegen Verletzung des § 618 sowie auf die Rechte aus § 617 wegen einer bereits eingetretenen Krankheit (ErfK/*Roloff* Rn 1; MüKo/*Henssler* Rn 2). 2

II. Anwendungsbereich. Die unabdingbare Wirkung erfasst Dienstverträge sowie Verträge, die auf dienstähnl Leistungen gerichtet sind (zB Auftrag, BGHZ 16, 267ff). Auf **Werkverträge** (s § 618 Rn 3) wird § 619 analog angewandt, soweit es um den Schutz der Bediensteten des Werkunternehmers geht (BGHZ 26, 372), nicht aber im Hinblick auf den Werkunternehmer oder seine Subunternehmer, die grds selbst in der Lage sind, ihre Interessen bei der Vertragsgestaltung wahrzunehmen (BGHZ 56, 269; MüKo/*Henssler* Rn 4; mit beachtlichen Gründen krit BeckOGK/*Witschen* Rn 6). 3

III. Rechtsfolge. Eine § 619 zuwiderlaufende Vereinbarung ist unwirksam. Das folgt nicht (erst) aus § 134 (so aber MüKo/*Henssler* Rn 9; Staudinger/*Oetker* Rn 3, 23 und Voraufl), denn § 619 ist kein Verbotsgesetz, sondern eine anfängliche Beschränkung der privaten Gestaltungsmacht (*Neuner* § 45 Rn 4; MüKo/*Armbrüster* § 134 Rn 9). Dementspr ist auch die Erhaltung der Vereinbarung iÜ nicht aus § 139 Hs 2 zu begründen (so aber MüKo/*Henssler* Rn 9; Staudinger/*Oetker* Rn 23; Soergel/*Kraft* Rn 2); das folgt schlicht aus dem begrenzten Anwendungsbereich und Schutzzweck von § 619. 4

§ 619a Beweislast bei Haftung des Arbeitnehmers

Abweichend von § 280 Abs. 1 hat der Arbeitnehmer dem Arbeitgeber Ersatz für den aus der Verletzung einer Pflicht aus dem Arbeitsverhältnis entstehenden Schaden nur zu leisten, wenn er die Pflichtverletzung zu vertreten hat.

I. Normzweck und Systematik. Die durch das SchuldRModG eingefügte Vorschrift (BT-Drs 14/6040; 14/6857; 14/7052) soll sicherstellen, dass die in der Rspr des BAG zur ArbN-Haftung, insb Mankohaftung, aufgestellten Grundsätze von § 280 I 2 (Beweislastumkehr) unberührt bleiben (vgl zum Vorentwurf, der § 619a noch nicht vorsah, *Löwisch* NZA 2001, 465; zur Mankohaftung *Schwirtzek*, Die Mankohaftung im Arbeitsverhältnis, 2003). 1

§ 619a ist lex specialis zur (impliziten) Beweislastanordnung des § 280 I 2. Der Gedanke, dass § 280 I 2 letztlich Ausdruck des vom Schuldner übernommenen Leistungsrisikos ist, trifft bei der ArbN-Haftung nicht zu. Vielmehr muss der ArbGeb, der Betriebsablauf und -organisation beherrscht, ein erhöhtes Risiko tragen. § 619a bezweckt, die etablierten Grundsätze zur Beweislast der ArbN-Haftung aufrechtzuerhalten und die durch die beschränkte ArbN-Haftung zum Ausdruck kommende Risikoverteilung im Hinblick auf das Beweisrisiko zu erhalten. Es soll verhindert werden, dass das den ArbGeb treffende Organisationsrisiko über die Beweislastverteilung auf den ArbN verschoben wird (so zu § 282 aF BAG NJW 1999, 1049). Daher trifft grds den ArbGeb die volle Darlegungs- und Beweislast für die Voraussetzungen der Haftung des ArbN (BAG NZA 2015, 1517; 1999, 141; vgl auch § 611a Rn 303, 305). Das entspricht auch den Grundsätzen der Rspr zur Mankohaftung (BAG NZA 1999, 141; *Schwirtzek*, Die Mankohaftung im Arbeitsverhältnis, 2003). Liegt das schädigende Ereignis aber näher beim ArbN oder in seiner Sphäre, dürfen allerdings keine zu hohen Anforderungen an die Darlegungs- und Beweislast des ArbGeb gestellt werden (Rn 17). 2

II. Anwendungsbereich. 1. Geschützte Personen. Nach dem klaren Wortlaut von § 619a bezieht sich die Bestimmung nur auf den **aus dem Arbeitsverhältnis** entstehenden Schaden. § 619a gilt für alle **Arbeitnehmer** (zur Begr ausf BAG GS AP 101, 103 § 611 Haftung des ArbN), auch **Leih-ArbN** ggü dem Entleiher (BAG VersR 1978, 819), gem § 10 II BBiG auch für **Auszubildende** (BAG AP 59, 122 § 611 BGB Haftung des ArbN). 3

Arbeitnehmerähnl Personen (dazu *Neuvians*, Die arbeitnehmerähnl Person, 2002) erbringen ihre Tätigkeit nicht aufgrund eines Arbeitsverhältnisses und sind daher von § 619a dem Wortlaut nach nicht erfasst. Nach verbreiteter Meinung sollen die Grundsätze der beschränkten ArbN-Haftung – und folgerichtig auch die Beweispri- 4 vilegierung des § 619a – auf sie gleichwohl angewandt werden, weil sie ähnl schutzwürdig seien wie ArbN (*Otto/Schwarze/Krause* Haftung des ArbN § 30 Rn 8; MünchArbR/*Reichold* § 57 Rn 65; vgl auch § 611a Rn 97f). Die **Rspr** lehnt das aber bislang ab (BGH AP Nr 28 § 611 Haftung des ArbN; LAG Berlin LAGE § 611 Arbeitnehmerhaftung Nr 15; s aber LG Bonn NJW-RR 1995, 1435). Eine entspr Anwendung im Verhältnis **Soldat**-Dienstherr eher abl VGH München 18.5.2010 – 15 B 08.3111.

5 Bei Verletzung von Pflichten **aus einem anderen Dienstverhältnis** bleibt es bei der grds Beweislastverteilung des § 280 I 2. § 619a gilt daher **nicht** für die Haftung von **Handelsvertretern**, für Anstellungsverträge von **Organmitgliedern** und Dienstverträge **freier Mitarbeiter** (BAG AP 28 § 611 Haftung des ArbN). Die Anwendung von § 619a auch auf **leitende Angestellte** wird bislang abgelehnt, ist aber umstritten, die Diskussion ist im Fluss; es zeichnen sich zweckbezogene Differenzierungen ab. Der BGH (VersR 1969, 474; 1985, 693; AP 51 § 611 Haftung des ArbN) hat ihnen Haftungsbeschränkungen versagt, soweit sie durch den Arbeitsvertrag verpflichtet sind, ein vom ArbGeb sonst nicht beherrschbares Risiko für das Unternehmen zu übernehmen. Wenn der ArbN ein Risiko des ArbGeb selbständig beherrscht und die Organisation in den Händen hält, greift die Haftungsprivilegierung der ArbN ihrem Zweck nach nicht ein. Danach wurde es bislang abgelehnt, bspw einen Geschäftsführer einer Innungskrankenkasse, den Leiter einer Kreditabteilung einer Bank oder den Justitiar eines Unternehmens in den Anwendungsbereich von § 619a einzubeziehen, weil der ArbN in diesen Fällen seine Tätigkeit eigenverantwortlich gestalten könne. Das BAG will hingegen – jedenfalls in **Sonderfällen** – die Haftungsbeschränkungen auch auf leitende Angestellte ausdehnen, wenn die schädigende Handlung nicht in Ausübung der herausgehobenen Leitungsfunktion vorgenommen wurde (AP 80 § 611 Haftung des ArbN – Absicherung einer Baustelle). Der BGH scheint sich dieser Tendenz anzuschließen, allerdings bislang ohne klare Stellungnahme (BGHZ 148, 167; ausf *Joussen* RdA 2006, 129; *Waltermann* RdA 2005, 98; *Krause* NZA 2003, 577; MüKo/*Henssler* Rn 17; HWK/*Krause* Rn 20). Richtig ist, dass diese ArbN es arbeitsvertragl übernommen haben, besondere geschäftliche Risiken des Unternehmers aufgrund ihrer besonderen Sachkenntnis zu beherrschen und auszuschalten. IdR erhalten sie dafür entspr höhere Vergütungen und Risikoprämien (freilich nur bei besonderer vertragl Vereinbarung). Allerdings sind die Übergänge zw verschiedenen Arbeitsaufgaben – von frei gestaltbaren Aufgaben eines leitenden Angestellten zu stärker gebundenen eines „einfachen" ArbN – fließend. Daher wird künftig stärker danach zu unterscheiden sein, wie das Anstellungsverhältnis vertragl ausgestaltet ist und welche konkrete Pflicht ein leitender Angestellter verletzt hat. Eingehend *Krause* NZA 2003, 577. Als geeignete Grundlage für die Abwägung der Verantwortungsanteile im Einzelfall wird § 254 vorgeschlagen (MüKo/*Henssler* Rn 17 mwN).

6 § 619a gilt nach Wortlaut und Zweck **nicht für Pflichtverletzungen des ArbGeb.** Dieser muss gem § 280 I 2 darlegen und beweisen, dass er eine obj Pflichtverletzung nicht zu vertreten hat. § 619a gilt auch nicht für den Fall, dass der ArbN einen arbeitstypischen Eigenschaden erleidet, den der ArbGeb nach § 670 zu ersetzen hat. Beruft sich der ArbGeb auf ein Mitverschulden des ArbN, finden zu dessen Gunsten die Grundsätze der beschränkten ArbN-Haftung Anwendung (§ 611a Rn 304).

7 **2. Erfasste Ansprüche.** § 619a bezieht sich nach Wortlaut, Systematik und Zweck auf Ersatzansprüche aus § 280 I. Dem Normzweck (Rn 2) entsprechend ist die Beweislastumkehr ebenso wie das Haftungsprivileg des ArbN, das sie flankiert, beschränkt auf Schäden, die durch eine **betrieblich veranlasste Tätigkeit** entstanden sind. Steht das haftungsbegründende Verhalten des ArbN in keinem Zusammenhang mit dem Organisationsrisiko des ArbGeb, fehlt die innere Rechtfertigung für eine Beweislastverschiebung, es verbleibt bei der Beweislastverteilung des § 280 I 2. Zu den betrieblich veranlassten Tätigkeiten zählen solche, die dem ArbN ausdrückl von dem Betrieb und für den Betrieb übertragen sind, die er im Interesse des Betriebs ausführt oder die in nahem Zusammenhang mit dem Betrieb und seinem Wirkungskreis stehen und in diesem Sinn betriebsbezogen sind (BAGE 101, 107; AP 103 § 611 Haftung des ArbN; s auch VG Freiburg 16.3.2018 – 1 K 1182/16: Verlust eines Buches durch wiss Mitarbeiter).

8 § 619a ist nach Wortlaut und Zweck auf **Schadensersatzansprüche beschränkt** („... Ersatz ... zu leisten."). Unterlassungsansprüche des ArbGeb oder eine aufgrund einer Pflichtverletzung ausgesprochene Kündigung sind nicht umfasst.

9 Anwendung auf **Deliktsansprüche** ist unnötig, da hier keine dem § 280 I 2 vergleichbare Beweislastumkehr gilt (ebenso Staudinger/*Fischinger* Rn 10; MüKo/*Henssler* Rn 53; zur Geltung der Haftungsprivilegierung des ArbN im Deliktsrecht s BAG AP 16 § 611 Haftung des ArbN; AP 5 § 282). Auch auf die **Außenhaftung** des ArbN ggü Dritten (nicht seinem AG) greift § 619a nicht.

10 **Ansprüche aus Verschulden bei Vertragsschluss** werden ebenfalls auf § 280 I (iVm § 241 II, § 311 II) gestützt; § 619a ist jedoch seinem Zweck nach nur anzuwenden, soweit der ArbN bereits in die Betriebsorganisation eingebunden ist, zB im Rahmen eines Assessment Centers oder zum Probearbeiten (MüKo/*Henssler* Rn 54). Auf Ansprüche aus **§ 311a II** ist § 619a **nicht** anzuwenden (dazu HWK/*Krause* Rn 3), da es hier nicht um ein betriebliches Risiko (Rn 2) geht, sondern um das Einstehen für ein wirksames Leistungsversprechen.

11 **III. Voraussetzungen. 1. Pflichtverletzung.** Darunter fallen sowohl die Verletzung einer Hauptpflicht aus dem Arbeitsverhältnis als auch die Verletzung einer (vorvertragl) Nebenpflicht iSv § 241 II. Der Ratio nach (Rn 2) sind jedoch nur solche Pflichtverletzungen erfasst, in denen materiell die Grundsätze über die Haftungsprivilegierung des ArbN zum Tragen kommen (MüKo/*Henssler* Rn 55). Diesem begrenzten Zweck ist durch eine teleologische Reduktion Rechnung zu tragen, soweit es um die Nichterbringung oder Verzögerung der Arbeitsleistung geht: Sie kann zwar zu einem Schaden führen, ist aber regelmäßig nicht betrieblich veranlasst, sodass die

Haftungsprivilegierung des ArbN ihrem Zweck nach keine Geltung beansprucht. Die Organisationshoheit und das Betriebsrisiko des ArbGeb auf Umstände zu erstrecken, die in der Sphäre des ArbN, jedenfalls aber nicht im Einflussbereich des ArbGeb liegen, besteht weder Grund noch Bedürfnis (i Erg ebenso MüKo/*Henssler* Rn 56; Staudinger/*Fischinger* Rn 15; aA noch Erman/*Belling*[12]; Grü/*Weidenkaff* Rn 3 mwN).

2. Schaden. Gemeint ist jeder Schaden, der unter § 280 I fällt und kausal durch eine Pflichtverletzung des ArbN verursacht worden ist. Die Pflichtverletzung des ArbN muss im Rahmen seiner betrieblichen Tätigkeit erfolgt sein (dazu Rn 7). 12

3. Keine abweichende Vereinbarung. § 619a ist **nach hM unabdingbar.** Dafür spreche die systematische Stellung nach § 619 (über die Unabdingbarkeit von ArbGeb-Pflichten *Däubler* NZA 2001, 1332), aber auch der Schutzzweck der BAG-Rspr zu den Grundsätzen der ArbN-Haftung bei betrieblich veranlassten Tätigkeiten (seit BAG GS NJW 1995, 210). Das BAG (NZA 2004, 649; 1999, 141; dazu *Krause* NZA 2003, 577; *Waltermann* RdA 2005, 98) sieht die auf § 254 gestützten Grundsätze zur beschränkten ArbN-Haftung als einseitig zwingendes ArbN-Schutzrecht an, von dem weder einzel- noch kollektivvertragl zulasten der ArbN abgewichen werden darf. Eine **aA** erkennt zwar die Unabdingbarkeit der Grundsätze der ArbN-Haftung an, sieht § 619a aber als grds dispositiv an, eingeschränkt nur durch die AGB-Regeln, vor allem § 309 Nr 12 (MüKo/*Henssler* Rn 61). Nach wieder **aA** sind sowohl die Grundsätze der beschränkten ArbN-Haftung als auch § 619a **dispositiv.** Der Gesetzgeber des SchuldRModG habe die Grundsätze der beschränkten ArbN-Haftung auf die Grundlage von § 276 I 1 gestellt und sie als vertragl Haftungsbeschränkung qualifiziert. Als solche seien sie abdingbar (ErfK/*Preis* Rn 11; *Gotthardt* Schuldrechtsreform Rn 195, mit Verweis auf BT-Drs 14/6857, 48). Auch wenn man die Grundsätze der beschränkten ArbN-Haftung nach wie vor auf § 254 stütze, seien sie doch als (nunmehr gesetzgeberisch anerkannte) Fortbildung des dispositiven Haftungsrechts selbst dispositiv (Preis/*Stoffels* Der Arbeitsvertrag II H 20 Rn 19ff). Die systematische Stellung hinter § 619 begründe keinen gegenteiligen Schluss, da § 619a in § 619 nicht genannt sei und § 619a als reine Beweislastregel mit § 619 in keinem Zusammenhang stehe (*Gotthardt* Schuldrechtsreform Rn 200). 13

Stellungnahme. Der Gesetzgeber des SchuldRModG wollte die Grundsätze der beschränkten ArbN-Haftung ausdrückl bestätigen, und zwar ausdrückl unabhängig von ihrer dogmatischen Verortung bei § 254 oder bei § 276 I 2 (BT-Drs 14/6857, 48). Das spricht dafür, diese Grundsätze unverändert als (einseitig, zugunsten des ArbN) zwingend anzusehen. Die Beweislastregel des § 619a ist jedoch mit der wohl hM dispositiv, worauf systematisch die Lozierung nach § 619 hinweist. 14

Die **Zulässigkeit einer** individuellen **Beweislastvereinbarung** richtet sich (auf der Grundlage der §§ 138, 242) nach denselben Kriterien wie die von Mankoabreden (weiterführend § 611a Rn 305). Denn Beweislastvereinbarungen haben die gleiche Wirkung wie eine verschuldensunabhängige Mankoübernahme durch den ArbN. Eine abw Vereinbarung ist danach zulässig, wenn dem ArbN für die Last des Nachw fehlenden Verschuldens (nach § 280 I 2) ein angemessener Ausgleich gewährt wird, etwa in Form eines Mankogelds oder eines angemessen erhöhten Gehalts (zust Grü/*Weidenkaff* Rn 2); es muss eine sinnvolle, den Eigenarten des Betriebs und der Beschäftigten angepasste Beweislastverteilung getroffen werden. 15

In **Formulararbeitsverträgen** des ArbGeb sind Klauseln, die die Beweislast zuungunsten des ArbN verändern, unzulässig, § 309 Nr 12 (MüKo/*Henssler* Rn 61; ErfK/*Preis* Rn 41). Unwirksam sind daher auch Beweislastvereinbarungen in formularförmigen Mankoabreden (*Gotthardt* Schuldrechtsreform Rn 286, 302; aA Tschöpe/*Fuhlrott* ArbeitsR Teil 2 I Rn 47; *Schwirtzek* NZA 2005, 437). 16

IV. Rechtsfolgen. Abw von § 280 I 2 trifft den ArbGeb die Beweislast für das Vertretenmüssen des ArbN. § 619a betrifft aber nicht den Grund für die Haftung des ArbN ggü dem ArbGeb. Anspruchsgrundlage bleibt ausschließlich § 280 I. Auch auf den Haftungsmaßstab ist § 619a ohne Einfluss. Der ArbGeb hat im Prozess diejenigen Tatsachen darzulegen und im Streitfall zu beweisen, aus denen sich das Verschulden iSv § 276 ergibt (BAG NJW 2013, 635, 638). An den Beweis dürfen aber keine zu hohen Anforderungen gestellt werden, wenn das schädigende Ereignis näher am ArbN als am ArbGeb gelegen hat (BAG NZA 1999, 141: „gestufte Darlegungslast"). Es reicht daher zunächst aus, wenn der ArbGeb Tatsachen vorträgt, die den Schluss auf eine zumindest mittlere Fahrlässigkeit des ArbN zulassen. Als ein Indiz kann herangezogen werden, dass der ArbN die alleinige Kontrolle über einen bestimmten Arbeitsbereich hat. Zu diesen Tatsachen hat sich der ArbN substantiiert zu äußern. Unterlässt es der ArbN, sich zu den konkreten Umständen des Schadensfalls zu erklären, können daraus entspr negative Rückschlüsse gezogen werden. Ungenauigkeiten in der Schilderung können dem ArbN nicht angelastet werden, solange sie nicht in der Gesamtschau mit den Erkenntnissen zum Schadensfall den Verdacht begründen, der ArbN lüge (LAG Mecklenburg-Vorpommern 11.1.2006 – 2 Sa 397/05 zum unfallgeschädigten Pkw eines angestellten Taxifahrers). Unklarheiten (non liquet) gehen zulasten des ArbGeb (BGA NZA 1999, 141). 17

Auch die Grundsätze über den **Beweis des ersten Anscheins** können dem ArbGeb zugutekommen. Kann er einen typischen Geschehensablauf beweisen, bei dem nach der Lebenserfahrung auf das Eintreten einer schuldhaften Schädigung geschlossen werden kann, muss nunmehr der ArbN konkrete Tatsachen nachweisen, aus denen sich die ernsthafte Möglichkeit eines anderen als des erfahrungsgemäßen Ablaufs ergibt (ErfK/*Preis* Rn 66; Stein/Jonas/*Thole* § 286 ZPO Rn 227). Verbleibende Zweifel gehen jedoch zulasten des ArbGeb (ausf BAGE 90, 9). 18

Die Beweislast des ArbGeb nach § 619a bezieht sich auf den **subj Tatbestand** (BAG NZA 2015, 1517 Rn 25; LAG Rh-Pf 7.9.2009 – 5 Sa 269/09; *Oetker* BB 2002, 43), für die obj Pflichtverletzung trifft ihn die Beweislast bereits nach § 280 I 1. Im Falle grob fahrlässigen und vorsätzlichen Handelns des ArbN ist dazu der Nachw erfor- 19 derlich, dass sich der Grad des Verschuldens nicht nur auf die schädigende Handlung, sondern auch auf den Schadenseintritt als solchen bezieht (BAG NZA 2011, 345; 2007, 1230; 2003, 37). § 619a soll auch insoweit keine Abweichung von den bisherigen Grundsätzen bewirken.

20 § 619a bezieht sich nur auf das Vertretenmüssen des ArbN. Für ein **Mitverschulden** des ArbGeb (das auch in einem Organisationsdefizit liegen kann, BAG NZA 2015, 1517 Rn 46), bleibt es bei der allg Beweislastverteilung (dazu BGH NJW 2000, 664; 1998, 3706), wonach der Schädiger (AN) die Beweislast für ein Mitverschulden des Geschädigten (AG) trägt (BAG NZA 2015, 1517 Rn 47). Dem ArbN können jedoch die Regeln über den Beweis des ersten Anscheins erleichternd zugutekommen.

21 Einem **Zessionar** des Ersatzanspruchs kann der ArbN die Beweislastregel des § 619a analog § 404 (iVm § 412) entgegenhalten.

§ 620 Beendigung des Dienstverhältnisses

(1) Das Dienstverhältnis endigt mit dem Ablauf der Zeit, für die es eingegangen ist.

(2) Ist die Dauer des Dienstverhältnisses weder bestimmt noch aus der Beschaffenheit oder dem Zwecke der Dienste zu entnehmen, so kann jeder Teil das Dienstverhältnis nach Maßgabe der §§ 621 bis 623 kündigen.

(3) Für Arbeitsverträge, die auf bestimmte Zeit abgeschlossen werden, gilt das Teilzeit- und Befristungsgesetz.

(4) Ein Verbrauchervertrag über eine digitale Dienstleistung kann auch nach Maßgabe der §§ 327c, 327m und 327r Absatz 3 und 4 beendet werden.

Schrifttum: *Ascheid/Preis/Schmidt*, Kündigungsrecht, 6. Aufl 2021; *Boecken/Joussen*, Teilzeit- und Befristungsgesetz, Handkommentar, 6. Aufl 2019; *Boemke*, Arbeitsrecht: Auflösende Bedingung und Höchstbefristung, JuS 2012, 362; *Dörner*, Der befristete Arbeitsvertrag, 2. Aufl 2011; *Dörner/Luczak/Wildschütz/Baeck/Hoß*, Handbuch des Arbeitsrechts, 16. Aufl 2022 (zit DLW); *Gräfl*, Rechtsfragen der sachgrundlosen Befristung von Arbeitsverträgen, FS Bauer, 2010, 375; *Hromadka*, Befristete und unbefristete Arbeitsverhältnisse neu geregelt, BB 2001, 621, 674; *Knickrehm/Kreikebohm/Waltermann*, Kommentar zum Sozialrecht, 7. Aufl 2021; *Lakies*, Befristete Arbeitsverträge, 3. Aufl 2012; *Lange*, Die arbeitsgerichtliche Befristungskontrolle als Angemessenheitskontrolle, 2009; *Löwisch*, Die Ablösung der Befristungsbestimmungen des Hochschulrahmengesetzes durch das Wissenschaftszeitvertragsgesetz, NZA 2007, 479; *Preis*, Verbot der Altersdiskriminierung als Gemeinschaftsgrundrecht – Der Fall „Mangold und die Folgen", NZA 2006, 401; *Preis/Greiner*, Befristungsrecht – Quo vadis?, RdA 2010, 148; *Preis/Hausch*, Die Neuordnung der befristeten Arbeitsverträge im Hochschulbereich, NJW 2002, 927; *Riesenhuber*, Case-Note Mangold, ERCL 3 (2007), 62; *Riesenhuber*, „Mangold" verabschiedet, FS Adomeit, 2008, 631; *Temming*, Der Fall Palacios: Kehrtwende im Recht der Altersdiskriminierung, NZA 2007, 1193.

1 **I. Beendigung des Dienstverhältnisses durch Fristablauf, Abs I. 1. Grundsatz.** Sowohl im dt als auch im europäischen Arbeitsrecht besteht der Grundsatz des unbefristeten Dienst- bzw Arbeitsverhältnisses (BT-Drs 14/4374, 12; BAGE 125, 248; Begründungserwägung 6 Rahmenvereinbarung über befristete Arbeitsverträge, Anhang zu 1999/70/EG; *Riesenhuber* Europäisches Arbeitsrecht, 2021, § 18 Rn 1). Abs I stellt klar, dass Dienst- und Arbeitsverträge auch befristet abgeschlossen werden können. Diese Möglichkeit ist Ausprägung der berufsgrundrechtl Privatautonomie und somit im Grundsatz den ArbGeb und ArbN durch Art 12 I GG gewährleistet (*Papier* RdA 1989, 137, 140; *Söllner* RdA 1989, 144). Mit Fristablauf (oder auch mit Bedingungseintritt) endet das Dienstverhältnis von selbst, ohne dass es einer besonderen Erklärung (Kündigung, Aufhebungsvertrag) bedarf. Bei dieser Vertragsgestaltung entfällt folglich die unmittelbare Anwendung aller arbeitsrechtl Kündigungsschutzbestimmungen (KSchG, BetrVG, BPersVG, MuSchG, BEEG, SGB IX). Daher wird der befristete oder bedingte Vertrag in Abweichung vom Grundsatz des § 620 I bei **Arbeitsverhältnissen** nur begrenzt zugelassen. Einschränkende

Regelungen für die Befristung von Arbeitsverträgen enthält vor allem das Teilzeit- und Befristungsgesetz (TzBfG), auf das Abs III verweist; s auch § 624. Einschränkungen können sich ferner aus einer Inhaltskontrolle gem §§ 305ff ergeben (vgl bsphaft BAGE 126, 295; LAG Rh-Pf 19.2.2009 – 10 Sa 705/08; LAG Bln-Bbg LAGE § 14 TzBfG Nr 51; zum sog Floating-Vertrag LAG Thüringen 27.1.2011 – 3 Sa 282/10). Soweit eine Wiederholung befristeter Verträge vorgesehen und zulässig ist, kann ihr Inhalt durch **Rahmenvertrag** festgelegt werden (*Löwisch* RdA 1987, 97; *Hunold* NZA 1996, 113). Vom befristeten Vertrag ist der **unbefristete Vertrag mit zeitlich begrenzten Hauptleistungspflichten** zu unterscheiden, der nicht dem TzBfG, sondern nur der Kontrolle nach § 307 I 1 unterliegt (BAG NZA 2020, 374 – Bademeister).

Aus Abs II ergibt sich, dass die **ordentliche Kündigung** des Dienstverhältnisses vor Ablauf der vereinbarten (Mindest-)Vertragsdauer, also zB bei wirksamen Befristungsverträgen, grds ausgeschlossen ist (BeckOGK/*Sutschet* Rn 57; s zB § 43 I 1 Normalvertrag (NV) Bühne v 15.10.2002). Ihre Zulässigkeit kann aber vertragl vereinbart werden (BAG AP 55, 88, 195 Befristeter Arbeitsvertrag; NZA 2002, 288). Eine entspr AGB-Klausel zur Aufrechterhaltung der Kündigungsmöglichkeit ist wirksam (LAG Rh-Pf AuA 2009, 176; vgl auch BAG DB 2011, 2552; LAG Rh-Pf AA 2013, 108 zur Klausel: das – befristete – Arbeitsverhältnis ist „gemäß den gesetzl Regelungen kündbar"). Für Arbeitsverträge stellt das § 15 III TzBfG klar. Bei dieser Vertragsgestaltung wird in der Sache ein Vertrag mit einer bestimmten Höchstdauer vereinbart. Nur wenn Mindest- und Höchstdauer zusammenfallen, liegt ein echter Vertrag auf bestimmte Zeit vor (Staudinger/*Temming* Rn 4). Das Recht zur außerordentlichen Kündigung aus wichtigem Grund nach § 626 bleibt auch während der vereinbarten Vertragszeit unberührt (Staudinger/*Temming* Rn 4; BAGE 2, 245; 24, 292). 2

2. Anwendungsbereich. Der **Anwendungsbereich** von § 620 I beschränkt sich auf **selbständige Dienstverträge**, die nicht Arbeitsverhältnisse sind. Bei ihnen besteht die Gefahr der Umgehung arbeitsrechtl Kündigungsschutzvorschriften nicht. Grenzen der Vertragsfreiheit ergeben sich aus § 624 und §§ 307, 309 Nr 9 (Staudinger/*Temming* Rn 7). Zur analogen Anwendung von § 620 bei einer Honorarvereinbarung zw Chefarzt und Oberarzt vgl Celle NJW-RR 1996, 430. Für **Arbeitsverträge** gilt gem Abs III das am 1.1.2001 in Kraft getretene **TzBfG**, das RL 1999/70/EG umsetzt (zu den europarechtl Vorgaben ausf EuArbR/*Krebber* 500; KR/*Lipke*/*Bubach* § 14 TzBfG Rn 1ff; *Riesenhuber* Europäisches Arbeitsrecht, 2021, § 20). Die Zulässigkeit einer Befristung ist danach grds vom Vorliegen eines sachlichen Grunds abhängig (vgl Rn 18ff), ohne dass es auf eine Umgehung von Kündigungsschutzvorschriften ankäme, § 14 I TzBfG. Neben dem TzBfG und anderen gesetzl Sonderregelungen sind außerdem tarifvertragl Bestimmungen zu beachten, § 23 TzBfG (zB § 30 II TVöD/TV-L sowie Nr 1 SR 2y BAT; zu Befristungen im öffentlichen Dienst s *Hunold* NZA-RR 2005, 449; zu tariflichen Befristungsgrundformen s BAG ZTR 2007, 497 sowie zur Befristung wegen beschränkter Haushaltsmittel BAG NZA 2009, 676). Vertragl Befristungen mit **freien Mitarbeitern**, auch in **arbeitnehmerähnl Dienstverhältnissen**, unterliegen nicht den Beschränkungen des TzBfG und können frei vereinbart werden (BAG ZTR 2006, 390). 3

3. Arten der Befristung. a) Im Regelfall erfolgt der zeitl begrenzte Abschluss eines Dienstvertrags durch kalendermäßige Befristung (**Zeitbefristung**; kalendermäßig befristeter Arbeitsvertrag, § 3 I 2 TzBfG), wobei das Ende der Vertragszeit nach Tagen, Wochen, Monaten, Jahren oder einem anderen fest begrenzten Kalenderzeitraum festgelegt sein kann. In jedem Fall muss der Endzeitpunkt eindeutig bestimmt oder bestimmbar sein (KR/*Bader*/*Kreutzberg-Kowalczyk* § 3 TzBfG Rn 18; s auch § 1 II Hs 2 ÄArbVtrG). Bleibt der Endtermin hingegen unbestimmt („circa drei Wochen", „etwa ein Jahr"), ist eine Befristung nicht wirksam vorgenommen, sondern ein unbefristeter Dienstvertrag geschlossen (Staudinger/*Temming* Rn 23). 4

b) Für die nach Abs 2 zulässige **Zweckbefristung** ist kennzeichnend, dass das Dienstverhältnis nicht nach einem Kalenderzeitraum, sondern mit Eintritt eines von den Parteien als gewiss (der Zeit nach aber als ungewiss) angesehenen Ereignisses enden soll (vgl BAG AP 7 Bedingung; BB 1987, 405; BAGE 113, 184). Nach der (wenig aussagekräftigen) Legaldefinition des § 3 I 2 TzBfG liegt ein zweckbefristeter Arbeitsvertrag vor, wenn sich seine Dauer „aus Art, Zweck oder Beschaffenheit der Arbeitsleistung ergibt". 5

Bei **freien Dienstverträgen** sind Zweckbefristungen weitgehend zulässig, sofern sich nur Beschaffenheit und Zweck der Dienstleistung für beide Teile erkennbar, mithin obj aus dem Vertragsinhalt ergeben (so auch Staudinger/*Temming* Rn 24; MüKo/*Hesse* Rn 6; aA KR/*Lipke*/*Schlünder* Rn 9). Schutz bietet – neben § 624 – die Klauselkontrolle nach §§ 305ff, vor allem hinsichtl der Bindungsdauer des Dienstnehmers. Hinsichtl der Zweckbefristung von Verträgen von in **Heimarbeit** Beschäftigten ist zu berücksichtigen, dass die in § 29 HAG geregelten Fristen nicht umgangen werden. Im Arbeitsverhältnis werden jedoch an die Zulässigkeit der Zweckbefristung ebenso wie an andere Befristungsarten nach dem TzBfG strengere Anforderungen gestellt (vgl Rn 18ff). Außerdem muss der Zeitpunkt der Erreichung des Vertragszwecks nach obj Maßstäben bestimmbar sein (BAG 23.11.1988 – 7 AZR 12/88; KR/*Bader*/*Kreutzberg-Kowalczyk* § 3 TzBfG Rn 27). Zur Voraussehbarkeit der Zweckerreichung vgl Rn 33. 6

Eine Zweckbefristung wird im Regelfall zulässigerweise bei kurzzeitigen **Arbeitsverträgen** zur vorübergehenden Aushilfe sowie zur Erledigung bestimmter, nicht ständiger Arbeitsaufgaben in Betracht kommen (BAG EzA 64). Es ist stets zu beachten, dass die Dauer eines Arbeitsverhältnisses aus dem Zweck des Vertrags nur entnommen werden kann, wenn die Zweckerfüllung aus obj Umständen folgt, die nicht in der willkürlichen Disposition eines Vertragspartners oder eines Dritten liegen (KR/*Bader*/*Kreutzberg-Kowalczyk* § 3 TzBfG Rn 28f). Ungeklärt ist, ob es für § 2 I 2 Nr 3 NachwG ausreichend ist, nur den Zweck anstelle der Dauer anzugeben. Da die Nachweispflicht der materiellen Rechtslage folgt, genügt die bloße Zweckangabe, wenn das Ende der Befristung für 7 den ArbN frühzeitig erkennbar ist (ebenso ErfK/*Preis* § 2 NachwG Rn 13). Zudem besteht eine Unterrichtungspflicht des ArbGeb gem § 15 II TzBfG (Rn 9). Wegen des konstitutiven Schriftformerfordernisses von § 14 IV TzBfG besteht für § 2 I 2 Nr 3 NachwG allerdings ohnehin kein eigenständiger Anwendungsbereich mehr.

8 **Bsp:** Als zulässige Zweckbefristungen wurden angesehen: Einstellung eines Maurers für bestimmte Bauvorhaben (RAG ARS 16, 432); Aushilfe bzw Vertretung für einen verhinderten Mitarbeiter (st Rspr, vgl BAGE 101, 257; 97, 86; 12, 328; AP 7 § 14 TzBfG Vertretung); Einstellung für eine Saison (LAG Kiel BB 1954, 471; LAG Düsseldorf BB 1959, 379; BAG SAE 1968, 131); bestimmter, einmaliger Arbeitsanfall wie Schlussverkauf, Ausverkauf, Lottoauswertung (BAG BB 1961, 1380). Auch die Anhängigkeit einer Konkurrentenklage um eine dauerhaft zu besetzende Stelle kann eine Zweckbefristung rechtfertigen (BAGE 114, 146).

9 Der zweckbefristete Dienstvertrag **endet** grds mit Erreichung des Zwecks. Das zweckbefristete Arbeitsverhältnis endet allerdings frühestens zwei Wochen nachdem der ArbGeb den ArbN über den Zeitpunkt der Zweckerreichung **unterrichtet** hat, § 15 II TzBfG. Die rechtzeitige Unterrichtung soll dem ArbN, der den Zeitpunkt der Zweckerreichung häufig nicht erkennen kann, Gelegenheit geben, sich auf das bevorstehende Ende des Arbeitsverhältnisses einzustellen (Begr RegE, BT-Drs 14/4374, 20). Unterbleibt die Unterrichtung, besteht das Arbeitsverhältnis trotz Zweckerreichung fort, wird sie nachgeholt, setzt dies die Zweiwochenfrist in Gang (KR/*Lipke/Bubach* § 15 TzBfG Rn 23; MüKo/*Hesse* § 15 TzBfG Rn 18).

10 **c) Auflösende Bedingung.** Ein Dienstverhältnis auf Zeit iSv § 620 I ist auch gegeben, wenn das Ende durch den Eintritt eines zukünftigen, ungewissen Ereignisses festgelegt worden ist (auflösende Bedingung nach § 158 II, BAG AP 2, 17, 23 Bedingung). Anders als bei der Zweckbefristung ist bei der Bedingung nicht lediglich der Zeitpunkt des Ereigniseintritts, sondern der Eintritt des Ereignisses selbst ungewiss ist (BAGE 138, 242). Kennzeichnend ist, dass die Wirkungen des Rechtsgeschäfts nach dem Willen der Parteien entweder enden oder fortdauern, je nachdem ob die Bedingung eintritt oder ausfällt (potentielle Begrenzung, vgl *Belling* Anm BAG AP 9 Bedingung). Ist zweifelhaft, ob der Eintritt eines Ereignisses ungewiss ist, kommt es auf die auf konkrete Anhaltspunkte gestützte Prognose des ArbGeb an (BAG DB 1997, 232). Eine trennscharfe Unterscheidung von Befristung und auflösender Bedingung ist bei **Arbeitsverträgen** wegen der **Gleichstellung in § 21 TzBfG** entbehrlich. Beide Beendigungstatbestände unterliegen der arbeitsgerichtlichen Befristungskontrolle (BAG DB 1999, 693; 1998, 679).

11 Bei **freien Dienstverhältnissen** ist diese Vertragsgestaltung ohne Einschränkung zulässig. Wird ein **Arbeitsvertrag** unter einer auflösenden Bedingung geschlossen, gilt § 14 I TzBfG entspr (§ 21 TzBfG). Die Vereinbarung einer auflösenden Bedingung in einem Arbeitsvertrag bedarf deshalb zu ihrer Wirksamkeit stets eines sie sachlich rechtfertigenden Grunds (vgl Rn 18ff). Eine sachgrundlose Bedingung ist unzulässig, weil § 21 TzBfG nicht auf § 14 II, IIa, III TzBfG verweist. Ein besonders schwerwiegender sachlicher Grund ist hingegen nach dem Gesetz ebenso wenig erforderlich wie ein weiterer sachlicher Grund dafür, dass der ArbGeb anstelle einer Befristung eine Bedingung gewählt hat. Als uneingeschränkt zulässig sind Bedingungen anzusehen, die ausschließlich dem **Vorteil des ArbN** dienen oder deren Eintritt allein in seiner Macht liegt (*Felix* NZA 1994, 1111). Die Bedingung bedarf der Schriftform, §§ 21, 14 IV TzBfG.

12 Als **zulässig** anerkannt hat das BAG auflösende Bedingungen im Rahmen eines Prozessvergleichs als Kompromiss zw sofortiger Auflösung und Fortbestand des Arbeitsverhältnisses (BAG AP 7 Bedingung, AP 32 § 615; vgl auch LAG BW AP 5 Bedingung; LAG Hamm NZA-RR 2003, 486) sowie zur Wahrung der Rechte der Personalvertretung (BAG EzA 62), im Hinblick auf ärztliche Eignungsuntersuchung (LAG Frankfurt LAGE 4 Bedingung) sowie für die Dauer eines Kündigungs- oder sonstigen Bestandsschutzprozesses (BAGE 53, 17; 108, 191), ebenso bei Beurlaubung eines Beamten (LAG Köln LAGE 1 Bedingung). Als zulässige auflösende Bedingung anerkannt sind auch die Feststellung einer Berufs- oder Erwerbsunfähigkeit bei rentenrechtl Versorgung des ArbN (BAGE 113, 64; NZA-RR 2017, 84 Rn 25ff, aber nach Art 12 GG einschränkend bei vertragl Arbeitszeit von weniger als drei Stunden täglich, die der ArbN auch leisten kann; anders auch bei zeitweiser bzw befristeter Erwerbsunfähigkeit BAG DB 1986, 1827) sowie der Entzug der Einsatzgenehmigung durch die US-Streitkräfte, sofern daraus die fehlende Beschäftigungsmöglichkeit des ArbN folgt, also kein freier und geeigneter Arbeitsplatz mehr besteht (BAG ZTR 2008, 625; LAG Rh-Pf 11.4.2013 – 10 Sa 528/12). Zulässig ist die auflösende Bedingung im Tarifvertrag für Kabinenpersonal, dass infolge Flugdienstuntauglichkeit die Weiterbeschäftigungsmöglichkeit (auch im Bodendienst; ggf nach bEM-Maßnahmen, BAG NZA 2020, 1194) entfällt (BAG NZA 2019, 1355; gesetzeskonforme Auslegung). Zu Altersgrenzen s Rn 59ff.

13 Als obj **funktionswidrige und rechtsmissbräuchliche** Vertragsgestaltung wegen Umgehung zwingenden Kündigungsrechts oder anderer Schutznormen wurden angesehen: Beendigung des Arbeitsverhältnisses bei Urlaubsüberschreitung (BAGE 26, 417); zur Umgehung dieser Rspr durch funktionswidrige Vertragsgestaltung (Aufhebung des Arbeitsverhältnisses mit Ende des Tarifurlaubs und gleichzeitiger Verpflichtung zur Wiedereinstellung nach rechtzeitiger Rückkehr) vgl BAG AP 8, 9 Bedingung; bei Krankheit (LAG Bln Brdb 1961, 95; LAG BW LAGE 3 § 611 Aufhebungsvertrag); Vertragsende bei Lizenzverlust (BAGE 36, 112); bei Abstieg von 1. in 2. Liga (LAG Düsseldorf LAGE 5 Bedingung; einschränkend aber BAGE 104, 110) oder bei schlechten Noten im Berufsausbildungsverhältnis (BAG DB 1986, 2680); Beendigung eines Umschulungsvertrags bei Ende der Förderung durch das Arbeitsamt (BAG DB 1992, 896); Eheschließung oder Schwangerschaft (BAG AP 1, 3 Art 6 I GG Ehe und Familie, sog Zölibatsklausel). Soweit die Befristung von Arbeitsverträgen zulässig ist – wie außerhalb des KSchG und gem TzBfG – kann auch die Bedingung nur unzulässig sein, wenn ihr Inhalt anstößig (zB Zölibatsklausel) oder ihr Eintritt nach Ende der gesetzl Frist möglich ist.

Auch beim bedingten Arbeitsverhältnis ist der ArbN schriftlich über das bevorstehende Ende des Vertrags zu **unterrichten**, das Arbeitsverhältnis endet frühestens zwei Wochen nach Zugang, §§ 21, 15 II TzBfG (vgl Rn 5, 9). Der auflösend bedingte Arbeitsvertrag kann ordentlich gekündigt werden, wenn es einzel- oder tarifvertragl vereinbart ist (§§ 21, 15 III TzBfG). Will der ArbN die Unwirksamkeit einer Bedingung geltend machen, muss er die **Klagefrist** gem §§ 21, 17 TzBfG wahren (auch, wenn eine Tarifnorm die – unwirksame – Bedingung enthält; BAG ZTR 2011, 432). Dabei ist das „vereinbarte Ende" iSd §§ 21, 17 S 1 TzBfG mit dem Eintritt der auflösenden Bedingung erreicht; ist die Bedingung vor Ablauf der Zweiwochenfrist der §§ 21, 15 II TzBfG eingetreten oder streiten die Parteien darüber, ob die Bedingung eingetreten ist, beginnt die Klagefrist erst mit dem Zugang der schriftlichen Erklärung des ArbGeb (BAG ZTR 2013, 131; BAGE 137, 292; vgl zur Zweckbefristung und iÜ Rn 110). 14

d) Rechtl zulässig, uU sogar erwünscht, ist die Kombination von Bedingung oder Zweckbefristung mit einer Zeitbefristung (sog **„Doppelbefristungen"**); wegen der Unsicherheitsfaktoren bei Zweckbefristung und auflösender Bedingung kann es sachgerecht sein, zugleich eine kalendermäßig bestimmte Höchstbefristung zu vereinbaren (grds Zulässigkeit: BAG NZA 2018, 385 Rn 22ff [insb kein Verstoß gegen das Transparenzgebot von § 307 I 2]; NZA 2011, 1346). Die Höchstbefristung ermöglicht (auch) dem ArbN, sich darauf einzustellen, dass das Arbeitsverhältnis spätestens zu dem genannten Termin endet (BAG NZA 1994, 167; EzA 116; LAG München LAGE 1 § 3 TzBfG). Zweckbefristung/Bedingung und Zeitbefristung sind getrennt zu beurteilen (BAG NZA 2011, 1346); Unwirksamkeit der Zweckbefristung hat auf die kalendermäßige Befristung keinen Einfluss (BAG NZA 2018, 385; 2002, 85). Wird das Arbeitsverhältnis nach Eintritt der auflösenden Bedingung mit Wissen des ArbGeb fortgesetzt – die Vereinbarung einer Zeitbefristung neben der auflösenden Bedingung ist kein vorweggenommener Widerspruch (BAG NZA 2011, 1346) –, bleibt die Fiktionswirkung nach Sinn und Zweck der §§ 21, 15 V TzBfG auf den nur befristeten Fortbestand des Arbeitsverhältnisses beschränkt, der zeitl Höchstbefristung kommt insofern eine Auffangwirkung zu (BAG NZA 2011, 1346). 15

e) Nachträgl Befristung. Auch die nachträgl Befristung des ursprünglich unbefristeten Vertrags bedarf nach § 14 I TzBfG eines sachlichen Grunds (st Rspr des BAG, vgl AP 179 Befristeter Arbeitsvertrag m Anm *Plander*; NZA 1998, 821; BB 2008, 1184). Eine sachgrundlose Befristung des bereits bestehenden (maßgeblich ist Beschäftigungsbeginn, BAG NJW 2019, 3258 Rn 17f) unbefristeten Arbeitsverhältnisses scheitert am Anschlussverbot des § 14 II 2 TzBfG, ohne dass insoweit die vom BVerfG anerkannte teleologische Reduktion aufgrund von Unzumutbarkeit (dazu Rn 83) eröffnet wäre (BAG NJW 2019, 3258 Rn 20). Eine nachträgl Befristung kann auch im Wege der **Änderungskündigung** vereinbart werden. Ein Änderungsangebot iSd § 2 S 1 KSchG liegt auch bei einer mit dem Angebot befristeter Weiterbeschäftigung verbundenen Kündigung vor (BAGE 83, 82). Der ArbN hat daher die Möglichkeit, die Kündigung unter Vorbehalt anzunehmen und sie gleichzeitig gerichtlich prüfen zu lassen. Bei Vorliegen eines sachlichen Grunds ist die nachträgl Befristung selbst dann wirksam, wenn sich der ArbN des Bestehens eines unbefristeten Arbeitsverhältnisses nicht bewusst war und somit auch nicht den Willen hatte, auf seinen Kündigungsschutz zu verzichten (BAGE 87, 194). Ein sachlicher Grund liegt nicht allein darin, dass der neue befristete Arbeitsvertrag für den ArbN günstigere Arbeitsbedingungen vorsieht und der ArbN zw dem neuen Arbeitsvertrag und der Fortsetzung seines bisherigen unbefristeten Arbeitsverhältnisses frei wählen konnte (BAGE 89, 345). Vereinbaren die Parteien (eines befristeten Vertrags) lediglich eine Änderung von Arbeitsbedingungen wie Vergütung oder Arbeitszeit, findet eine Befristungskontrolle nicht statt (BAG EzA § 14 TzBfG 19; s Rn 17). 16

f) Die **Befristung von Einzelabreden** (zB vorübergehende Übertragung einer anderen Tätigkeit, BAG AP 19 § 2 KSchG; vorübergehende Erhöhung der Arbeitszeit, BAGE 140, 191; BAG EzA 173, 162; ArbG Stuttgart AuR 2012, 412; befristete Gewährung von Zulagen, BAG DB 1994, 2400) ist im TzBfG nicht geregelt. Da der **Schutzzweck** von § 14 TzBfG sich allein auf die Begrenzung der Befristung von Arbeitsverträgen beschränkt, ist eine Befristung von Einzelabreden im Rahmen der Vertragsfreiheit **grds zulässig** (KR/*Lipke*/*Bubach* § 14 TzBfG Rn 89 mwN). In Betracht kommt aber eine Inhalts- und Angemessenheitskontrolle am Maßstab der §§ 138, 242, 315 (ausf KR/*Lipke*/*Bubach* § 14 TzBfG Rn 95ff; BeckOGK/*Sutschet* Rn 38ff), klauselförmigen Änderungsabreden nach § 307 iVm § 310 III Nr 3, IV Schutz (zum Arbeitsvertrag als Verbrauchervertrag s BAGE 115, 19). Bei der Interessenabwägung nach § 307 I sind die Wertungen von § 14 I 2 TzBfG zu berücksichtigen. Die befristete Erhöhung der Arbeitszeit in erheblichem Umfang ist dann als nicht unangemessen zu beurteilen, wenn sie durch berechtigte Belange des ArbGeb begründet ist; liegt ein Sachgrund iSv § 14 I 2 TzBfG vor, überwiegt idR das ArbGeb-Interesse (BAG NJW 2012, 2296). 17

4. Befristung von Arbeitsverträgen aus sachlichem Grund, § 14 I TzBfG. a) Grundsatz. Nach § 14 I TzBfG ist die Befristung eines Arbeitsvertrags grds (Ausn: § 14 II, IIa, III TzBfG, vgl Rn 78ff) nur zulässig, wenn die Befristung durch einen **sachlichen Grund** gerechtfertigt ist. Das gilt unabhängig davon, ob dem ArbN durch die Befristung zwingender Kündigungsschutz entzogen wird. Ein sachlicher Grund für die Befristung ist deshalb auch in Kleinbetrieben mit nicht mehr als fünf bzw zehn ArbN (§ 23 I KSchG) und während der ersten sechs Monate eines Arbeitsverhältnisses (§ 1 I KSchG) erforderlich (KR/*Lipke*/*Bubach* § 14 TzBfG Rn 71). An die Regelungen des TzBfG sind die **Kirchen** bei der Gestaltung von Arbeitsverträgen gleichermaßen gebunden (BAGE 130, 146; OVG NRW DVBl 2012, 1585). Das gilt auch für tarifliche Regelungen (BAGE 132, 344; 136, 270). 18

b) Allgemeine Kriterien für Befristungen mit sachlichem Grund. aa) Bestimmung des Sachgrunds. Der im TzBfG nicht definierte unbestimmte Rechtsbegriff bedarf der Konkretisierung. Anhaltspunkte geben die in § 14 I 2 Nr 1–8 TzBfG beispielhaft aufgezählten acht Sachgründe. Dieser Katalog gibt im Wesentlichen die von der 19

Rspr erarbeiteten Grundsätze wieder und soll durch die Aufzählung typischer Befristungsgründe der arbeitsrechtl Praxis eine Orientierung geben (BT-Drs 14/4374, 13). Er ist **nicht abschließend** („insbesondere") und schließt weder andere von der Rspr bisher akzeptierte noch weitere Gründe aus (BT-Drs 14/4374, 18; vgl auch BAGE 132, 344; krit dazu im Hinblick auf die europarechtl Vorgaben KR/*Lipke*/*Bubach* § 14 TzBfG Rn 1ff mwN; vgl iÜ Rn 74). Der EuGH versteht unter Sachgrund „genau bezeichnete, konkrete Umstände, die eine bestimmte Tätigkeit kennzeichnen und daher in diesem speziellen Zusammenhang die Verwendung aufeinanderfolgender befristeter Arbeitsverträge rechtfertigen können. Diese Umstände können sich etwa aus der besonderen Art der Aufgaben, zu deren Erfüllung solche Verträge geschlossen worden sind und deren Wesensmerkmalen oder ggf aus der Verfolgung eines legitimen sozialpolitischen Ziels durch einen Mitgliedstaat ergeben" (EuGH NZA 2016, 1265 Rn 38).

20 Bei der Ermittlung sachlicher Gründe für die Befristung von Arbeitsverträgen sind die generellen Umstände und die **Interessen der Parteien** zu berücksichtigen. Umstr ist, ob und inwieweit **Drittinteressen** die Befristung eines Arbeitsvertrags rechtfertigen können. Das BAG hat das abgelehnt und gefordert, dass ein konkreter, das betreffende Arbeitsverhältnis berührender Umstand vorliegen muss (BAG AP 33, 64, 96 Befristeter Arbeitsvertrag; *Ritter* NZA-Beilage Nr 2 1985,15). So hat es nicht gebilligt, wenn Arbeitsverträge mit Lehrkräften, die an einer Dauerbeschäftigung interessiert sind, aus der ganz allg Erwägung befristet werden, künftigen Bewerbern Arbeitsplätze zu erhalten (AP 33, 64 Befristeter Arbeitsvertrag). Diese Auffassung ist durch eine Bemerkung im Rundfunkmitarbeiter-Urt des BVerfG (AP 1 Art 5 I GG Rundfunkfreiheit) in Frage gestellt worden, wonach es nicht iSd Sozialstaatsprinzips sei, durch zu viele Dauerarbeitsverhältnisse Nachwuchskräften jede Chance auf Anstellung zu nehmen und auch die Freiheit der Berufswahl für diese wesentlich zu erschweren. Andererseits ist zu bedenken, dass auch der Bestandsschutz des Arbeitsverhältnisses durch das Sozialstaatsprinzip abgesichert ist, sodass Drittinteressen, die den Bestandsschutz nicht grds in Frage stellen, nur in besonderen Fällen berücksichtigt werden können und müssen (BVerfG AP 1 Art 5 I GG Rundfunkfreiheit). Die krit Bemerkung des BVerfG hat ihre Wirkung insoweit nicht verfehlt (vgl auch *Koch* NZA 1985, 348), als das BAG Befristungen des Arbeitsvertrags aus **sozialen Gründen** anerkannt hat, um dem ArbN nach dem Abschluss seiner Ausbildung bei der Überwindung von Übergangsschwierigkeiten zu helfen (vgl Rn 57). Befristet der ArbGeb einen derartigen Vertrag auf ein Jahr, um auch den folgenden Absolventen eines Prüfungsjahrgangs die gleiche Chance zu geben, so liegt darin keine unzulässige Verfolgung von Drittinteressen (BAGE 47, 44; vgl auch LAG Schl-Holst AuA 2013, 242). Eine unzulässige Berücksichtigung von Drittinteressen hat das BAG auch nicht in der Befristung eines Arbeitsvertrags gesehen, der mit der Absicht geschlossen wurde, den Arbeitsplatz nach Fristablauf einem Auszubildenden nach erfolgreichem Abschluss der Berufsausbildung zu übertragen. Die Übernahme von speziell für die eigenen Zwecke geschulten Auszubildenden sei eigenes **berechtigtes Interesse des ArbGeb** (BAG DB 1984, 2708; s auch LAG Schl-Holst AuA 2013, 242 bei tarifvertragl Übernahmeverpflichtung). Dieser Befristungsgrund setzt nicht voraus, dass der Auszubildende nach seiner Übernahme gerade mit den Aufgaben des befristet Eingestellten beschäftigt wird oder dass dem Auszubildenden die Übernahme in das Arbeitsverhältnis zugesagt wurde. Ersichtlich sein muss lediglich ein Kausalzusammenhang, aus dem sich ergibt, dass der ArbGeb infolge der geplanten Übernahme des Auszubildenden an der Arbeitsleistung des befristet Eingestellten nur ein vorübergehendes Interesse hat (BAG NZA-RR 2015, 569 [zu Besonderheiten bei tariflicher Übernahmeverpflichtung]; DB 1994, 98). Allerdings ist die Befristung bis zu dem Zeitpunkt, an dem ein freier Dauerarbeitsplatz mit einem anderen ArbN (also nicht Auszubildenden) besetzt werden soll, nur gerechtfertigt, wenn sich der ArbGeb bereits im Zeitpunkt des Abschlusses des befristeten Arbeitsvertrags ggü einem unbefristet einzustellenden ArbN vertragl gebunden hat (BAG DB 1997, 1927). Zur Nachbesetzungskette im öffentlichen Dienst vgl LAG Köln NZA-RR 1997, 334. Für den Bereich der **Hochschulen** sind Drittinteressen durchaus relevant, wie der Gesetzgeber durch die besonderen Befristungsregelungen in §§ 2, 3 WissZeitVG und das BVerfG (94, 268) bestätigen (Rn 88ff). Die sachgerechte Förderung des akademischen Nachwuchses, eine aus Art 5 III GG folgende Aufgabe der Hochschulen, erfordert die generelle Befristung von Beschäftigungsverhältnissen, die Gelegenheit zur wissenschaftlichen Weiterbildung geben.

21 **bb) Prüfungsgegenstand.** Nicht erst die mehrfache, sondern bereits die erstmalige Befristung unterliegt der sachlichen Überprüfung (so schon BAGE 13, 96). Bei mehrfacher Befristung unterliegt allerdings regelmäßig nur die letzte Befristung der gerichtlichen Kontrolle, weil die Parteien typischerweise vorbehaltlos einen Folgevertrag schließen und damit die frühere Befristung durch konkludenten Aufhebungsvertrag erledigt ist (BAGE 130, 313; BAG NZA 2017, 1340; 2009, 35; anders die ältere Rspr, BAG AP 54, 60, 62 Befristeter Arbeitsvertrag). Der ArbN kann sich im letzten befristeten Arbeitsvertrag ausdrückl oder konkludent (Auslegung, §§ 133, 157) das Recht **vorbehalten**, die Wirksamkeit der vorangegangenen Befristungen überprüfen zu lassen (BAGE 139, 109). Auch der vorbehaltlose Abschluss eines neuen Vertrags steht der Überprüfung des vorherigen Vertrags nicht entgegen, wenn es um die Frage einer Anschlussbefristung (§ 14 II 2 TzBfG) geht und hinsichtl des vorherigen Vertrags die **Klagefrist** des § 17 TzBfG iVm § 7 KSchG **eingehalten** ist (BAGE 94, 118; 95, 186). Umgekehrt ist eine ausdrückl Vorbehaltsvereinbarung anlässlich einer erneuten Befristung unbeachtlich, wenn die Klagefrist des § 17 TzBfG versäumt ist (näher KR/*Lipke*/*Bubach* § 14 TzBfG Rn 141). Auch die begrenzte Überprüfbarkeit vorheriger Befristungen ändert freilich nichts daran, dass bei mehrfacher Befristung die **Anforderungen** an den sachlichen Grund ständig **steigen** (BAG EzA 110; DB 1996, 1679; Rn 23, vgl aber Rn 40). Überschneiden sich die Laufzeiten mehrerer befristeter Verträge, weil sie sich zB zu einer Vollbeschäftigung ergänzen, ist auf die letzten nebeneinanderlaufenden Arbeitsverträge abzustellen (BAGE 88, 327). Ist der letzte Vertrag **„unselbständiger Annex"**,

kommt es auf den vorletzten insoweit an, als beide Verträge zusammen den letzten der Befristungskontrolle unterliegenden Arbeitsvertrag darstellen (BAGE 136, 17; DB 1995, 1916); anders verhält es sich dagegen bei der Änderung von Tätigkeit und Vergütung, auch wenn die Befristungsdauer gleichbleibt (BAG EzA 106). Für die Prüfung, ob ein unselbständiger Annexvertrag geschlossen wurde, kommt es nicht darauf an, dass die Verträge in den Vertragsbedingungen übereinstimmen und die Arbeitsaufgabe unverändert bleibt (BAGE 111, 377). Für einen Annexvertrag ist entscheidend, dass in dem Anschlussvertrag lediglich eine verhältnismäßig geringfügige Korrektur des im früheren Vertrag vereinbarten Endzeitpunkts vorgenommen wird, diese Korrektur sich am Sachgrund für die Befristung des früheren Vertrags orientiert und es den Parteien nicht (allein) um die Anpassung der ursprünglich vereinbarten Vertragslaufzeit an erst später eintretende, zum Zeitpunkt des vorangegangenen Vertragsabschlusses nicht vorhersehbare Umstände ging (BAG NJW 2005, 2876; 2008, 1688).

cc) **Beurteilungszeitpunkt.** Maßgeblich für die Prüfung des Sachgrunds der Befristung ist der **Zeitpunkt des Vertragsschlusses** (BAG EzA 59, 71, 116, 138; NZA 2013, 1352; MüKo/*Hesse* § 14 TzBfG Rn 15), bei vergleichsweiser Befristung iSv § 14 I 2 Nr 8 TzBfG der Zeitpunkt des Vergleichsschlusses (BAG AP 1 § 14 TzBfG Vergleich; Ausnahme bei Widerrufsvorbehalt oder Bedingung der Zustimmung des Personalrats, BAG ZTR 2007, 694; vgl auch ZTR 2009, 155). Ein späterer Wegfall des sachlichen Grunds ändert an der Zulässigkeit der Befristung nichts (BAGE 138, 242; BAG NZA 2017, 1340 Rn 28; 2006, 784; AP 8 § 57a HRG). Umgekehrt wird eine bei Abschluss des Arbeitsvertrags unzulässige Befristung nicht durch nachträgl auftretende Sachgründe zulässig. Der Zeitpunkt eines **Änderungsvertrags** ist maßgeblich, wenn darin die Tätigkeit bei gleichbleibender Befristung geändert wird (BAG NZA 2017, 1340 Rn 28). Allerdings kann die Berufung auf die wirksame Befristung rechtsmissbräuchlich sein, wenn der Befristungsgrund nach Vertragsschluss entfällt (KR/*Lipke*/*Bubach* § 14 TzBfG Rn 128; vgl BAGE 15, 132). 22

dd) **Befristungsdauer – Prognose.** Die Befristungsdauer bedarf keiner eigenen sachlichen Rechtfertigung, ausreichend ist, dass sie den Sachgründen Rechnung trägt (s nur BAG EzA 102, 138, 145; AP 38, 60 § 14 TzBfG; BB 2003, 2132). Aus ihr lassen sich aber Rückschlüsse ziehen, ob ein sachlicher Grund gegeben ist (BAG 28.11.1990 – 7 AZR 625/89). Da mit der Dauer der Betriebszugehörigkeit auch der Bestandsschutz der Arbeitsverhältnisse wächst, muss der ArbGeb nach langjähriger Beschäftigung bei einer ins Auge gefassten weiteren Befristung besonders sorgfältig prüfen, ob schutzwürdige Interessen jetzt eine Dauerbeschäftigung gebieten (BAG BB 1992, 1831; 1996, 1615). Zur Frage, ob mit steigender Zahl der Verträge (sog Kettenverträge) die Anforderungen an die Zulässigkeit der Befristung steigen, vgl Rn 40. 23

Hinsichtl der sachlichen Rechtfertigung hat der ArbGeb eine Prognose zu treffen, an die **strenge Anforderungen** zu stellen sind (zur Prognose bei Zweckbefristungen vgl Rn 33). Freilich variieren die Anforderungen abhängig vom Sachgrund. Die Prognose ist Teil des Sachgrunds (BAGE 137, 178; BAG NZA 2006, 784). Sie wird nicht allein dadurch entbehrlich, dass der Sachgrund von der Entscheidung Dritter abhängt und daher für den ArbGeb schwer zu beurteilen ist (BAG AP 7 § 14 TzBfG Haushalt). Erforderlich ist, dass der ArbGeb aufgrund nachvollziehbarer Tatsachen mit einiger Gewissheit annehmen durfte, der in der Zukunft liegende Tatbestand werde eintreten (BAG EzA 145; AP 45, 70 § 14 TzBfG). Dabei wird dem ArbGeb eine eigenständige, der richterlichen Kontrolle entzogene Einschätzungsprärogative nicht zugestanden (ebenso KR/*Lipke*/*Bubach*§ 14 TzBfG Rn 145; mit guten Gründen **aA** ErfK/*Müller-Glöge* § 14 TzBfG Rn 18). Anderes gilt bei tarifvertragl vereinbarten Befristungsregelungen, weil den Tarifvertragsparteien regelmäßig ein eigenständiger, von den Gerichten zu respektierender Beurteilungs- und Ermessensspielraum zusteht (BAG AP 296 Art 3 GG; 132, 344). Tarifvertragl Befristungsregelungen müssen gleichwohl einem rechtl anerkennenswerten Interesse dienen (BAG aaO). Zweifel an den Prognosegrundlagen hat der ArbGeb offenzulegen (BAG DB 1997, 232). Die Prognose wird nicht allein dadurch in Frage gestellt, dass sich die Dinge tatsächlich anders entwickeln (BAG ZTR 2005, 268). Eine mangelhafte Prognose führt zur Unwirksamkeit der Befristung (BAGE 132, 45). Freilich bleibt es den Parteien unbenommen, eine erneute Befristung zu vereinbaren. Die nachträgl Änderung der Prognosegrundlagen eröffnet keinen Wiedereinstellungsanspruch, soweit einzelvertragl oder tariflich nichts anderes vereinbart ist (BAG EzA 189). Maßgeblich für die Beurteilung ist insoweit allein der **Zeitpunkt** der **Befristungsvereinbarung** (BAGE 111, 377; AP 3 § 14 TzBfG Vertretung; DB 2009, 2272). Die gerichtliche Kontrolle der Prognoseentscheidung beschränkt sich folglich darauf, die Plausibilität des Sachgrunds aus obj Sicht des ArbGeb zum Zeitpunkt des Vertragsschlusses bzw der Befristungsabrede zu beurteilen, nachträgl erlangte Kenntnisse von für die Befristungsentscheidung relevanten Umständen bleiben unberücksichtigt (BAG DB 1997, 232; NZA 2006, 784; AP 45 § 14 TzBfG). Bzgl der Prognose bei einzelnen Sachgründen s KR/*Lipke*/*Bubach* § 14 TzBfG Rn 151ff. 24

ee) **Vertragl Festlegung.** Eine Befristung erfordert aus Gründen der Rechtssicherheit und Rechtsklarheit eine unmissverständliche Einigung (§§ 133, 157), dass das Arbeitsverhältnis mit Zeitablauf oder Zweckerreichung enden soll (BAG NZA 2017, 912 Rn 17). Der **Befristungsgrund** muss bei **kalendermäßigen** Befristungen **nicht** vertragl festgelegt werden; es genügt, wenn er bei Vertragsschluss obj vorlag (BAGE 60, 282; 65, 16; 82, 101; 83, 60; 114, 146; Staudinger/*Temming* Rn 56; *Sowka* BB 1994, 1001; aA *Barwasser* DB 1977, 1944), selbst wenn im Arbeitsvertrag ein anderer Sachgrund oder § 14 II TzBfG als Rechtfertigung benannt ist (BAG USK 2009-153; ZTR 2013, 455). Weder das Transparenzgebot von § 307 I 2 (BAGE 132, 59) noch das Schriftformerfordernis des § 14 IV TzBfG (BAG AP 12 § 14 TzBfG) fordert schriftliche Festlegung des Grundes. Entgegen einer älteren Rspr (BAGE 36, 229; ZTR 1995, 166) muss auch der Probezweck nicht Vertragsinhalt sein (BAG ZTR 2005, 211). Beim **zweckbefristeten** Vertrag muss aber der Vertragszweck, der an die Stelle von Datums- und Zeitangabe tritt, genau bezeichnet und gem § 14 IV TzBfG **schriftlich vereinbart** sein (BAG DB 2012, 2638); auch der Befristungs- 25 grund muss in diesem Fall vertragl festgelegt werden, da eine Einigung der Parteien über den Vertragszweck erzielt werden muss (BAG DB 2006, 564). Gem § 2 I 2 Nr 3 NachwG hat der ArbGeb bei befristeten Arbeitsverhältnissen die vorhersehbare Dauer des Arbeitsverhältnisses schriftlich niederzulegen, es sei denn, dem ArbN ist ein schriftlicher Arbeitsvertrag mit diesen Angaben ausgehändigt worden. Eine formnichtige Befristung (§ 14 IV TzBfG) wird durch die nachträgl schriftliche Niederlegung indes nicht wirksam (BAG AP 15, 16 § 14 TzBfG). Zur Angabe der Befristungsgründe bei Befristungen mit wissenschaftlichem und künstlerischem Hochschulpersonal vgl Rn 88.

26 **Nachschieben von sachlichen Gründen** ist grds **möglich**, weil der Befristungsgrund dem ArbN grds bei Vertragsschluss nicht mitgeteilt werden muss (LAG Köln LAGE 66 § 14 TzBfG). Das gilt grds auch, wenn bereits ein **bestimmter** Grund vertragl vereinbart wurde (LAG Köln LAGE 66 § 14 TzBfG); Ausnahme: wenn der Grund einer Zweckbefristung nachgeschoben werden soll (s auch Rn 25).

27 Ein **Tarifvertrag** kann vorschreiben, den Befristungsgrund schriftlich im Arbeitsvertrag niederzulegen (zB § 30 TVöD/TV-L iVm § 14 IV TzBfG). Eine solche Regelung dient der Rechtssicherheit und Rechtsklarheit und beugt einem Streit darüber vor, welcher Grund für die Befristung maßgeblich war (BAGE 127, 74; BAG DB 1993, 2599; ZTR 2007, 497). Der ArbGeb kann sich dann nicht auf andere als die zunächst genannten Befristungsgründe berufen, die aber nur abstrakt angegeben werden (BAG EzA 109) und ggf später entspr konkretisiert werden können (LAG Köln LAGE 23). Unzutreffende Bezeichnungen des Befristungsgrunds sind unschädlich, wenn sich ein übereinstimmender Wille der Vertragsparteien feststellen lässt, § 133 (BAG DB 1993, 2599). Schreibt der Tarifvertrag für die Befristung Schriftform vor, bedeutet das nicht ohne Weiteres, dass auch der Befristungsgrund schriftlich vereinbart werden müsste (BAG EzA 105).

28 **ff) Betriebliche Mitbestimmung.** Ein Widerspruch des Betriebsrats gegen die Befristung ist in § 99 II BetrVG nicht vorgesehen, das dort vorgesehene Zustimmungsverweigerungsrecht bezieht sich nur auf die Einstellung selbst (BAG DB 1978, 2033; BAGE 49, 180; 76, 184; 77, 165). So kann der Betriebsrat zB seine Zustimmung zur befristeten Einstellung von Leih-ArbN gem § 14 III 1 AÜG, § 99 II Nr 1 BetrVG verweigern, wenn diese entgegen § 1 I 4 AÜG nicht nur vorübergehend erfolgen soll (LAG Bln-Bbg 21.3.2013 – 18 TaBV 2150/12). Jedoch besteht kein Anspruch des Betriebsrats auf Mitteilung, ob die Befristung sachgrundlos erfolgen bzw worin ggf der Sachgrund liegen soll (BAGE 136, 123). Die in § 99 BetrVG vorgesehene Mitbestimmung bei der Einstellung greift bei der Verlängerung befristeter Verträge und bei der Umwandlung auf unbestimmte Zeit (BAGE 65, 329; 113, 206). Auch bei der Beschäftigung des befristet eingestellten ArbN über den Befristungszeitpunkt hinaus besteht (wieder) ein Zustimmungsverweigerungsrecht des Betriebsrats (BAG ZTR 2009, 669; BAGE 113, 206; 136, 123). Dasselbe gilt für die Verlängerung des befristeten Einsatzes eines Leih-ArbN (BAG AP 136 § 99 BetrVG 1972). Zum Personalvertretungsrecht vgl BAG AP 16 § 1 BeschFG 1996.

29 **gg) Kein Missbrauch.** Ein ArbGeb handelt grds nicht missbräuchlich, wenn er einen vorübergehenden Mangel an Arbeitskräften durch – mit sachlichem Grund – befristete Arbeitsverträge kompensiert, selbst wenn der Mangel wiederholt auftritt (EuGH NZA 2012, 135 – Kücük). Trotz Vorliegens eines sachlichen Grunds kann aber ein Missbrauch vorliegen, wenn sich bei Berücksichtigung aller Umstände zeigt, dass ein nicht nur vorübergehender Bedarf an den vom ArbN zu erbringenden Leistungen besteht (EuGH NZA 2016, 1323 Rn 65f und 1265 Rn 49ff m Anm *Gooren*; NZA 2012, 134; vgl iÜ Rn 41).

30 **c) Die Sachgründe des § 14 I 2 TzBfG. aa) Vorübergehender betrieblicher Bedarf, Nr 1.** Die gesetzl Regelung greift die bisherige Rspr zu betrieblich bedingten **Bedarfsschwankungen** auf. Ein vorübergehender Mehrbedarf an Arbeitskräften kann die Befristung eines Arbeitsverhältnisses rechtfertigen, wenn im Zeitpunkt des Vertragsabschlusses zu erwarten ist, dass für eine Beschäftigung des befristet eingestellten ArbN nach Ablauf der Vertragszeit kein Bedarf mehr besteht (BAGE 133, 319), etwa bei projektbedingtem vorübergehenden personellen Mehrbedarf (BAG NJW 2019, 1697 [wechselnde Entwicklungshilfeprojekte]; NZA 2018, 663; 2016, 1531; LAG Nürnberg LAGE 2 § 14 TzBfG Rechtsmissbrauch; LAG Rh-Pf LAGE 64a § 14 TzBfG; ArbG Würzburg AuR 2012, 136). Kein Sachgrund liegt vor, wenn dem ArbN **Daueraufgaben** übertragen werden, also Tätigkeiten, die im Rahmen seiner unternehmerischen Ausrichtung kontinuierlich und im Wesentlichen unverändert anfallen (BAG NJW 2020, 98 Rn 23; 2019, 1697 Rn 27), auch wenn die von dem in der Dienststelle beschäftigten Stammpersonal wegen einer von vornherein unzureichenden Personalausstattung nicht erledigt werden können (BAGE 133, 319; BAG NZA 2008, 467). **Zusatzaufgaben** sind demggü solche, die nur für eine begrenzte Zeit durchzuführen sind und keinen auf längere Zeit planbaren Personalbedarf mit sich bringen (BAG NJW 2020, 98 Rn 23). Der ArbGeb kann auch nicht Daueraufgaben in organisatorisch eigenständige **„Projekte" aufteilen** (BAG NJW 2020, 98 Rn 24; 2019, 1697 Rn 35; NZA 2016, 1531). Auch ein „kw"-Vermerk („künftig wegfallend") allein rechtfertigt nicht die Prognose eines nur vorübergehenden Bedarfs (BAGE 132, 45). Auch ein zu erwartender Betriebsübergang rechtfertigt keine Befristung (BAG DB 2009, 739). Der ArbGeb hat anhand konkreter Anhaltspunkte eine **Prognose** zu Umfang und Dauer des voraussichtlichen vorübergehenden Mehrbedarfs zu erstellen (BAGE 137, 178; s bereits Rn 24). Deren tatsächliche Grundlage hat er offenzulegen (BAG NZA 2018, 663 Rn 16; DB 2009, 739; 1997, 232). Entspr gilt, wenn die Befristung mit einem sinkenden Bedarf gerechtfertigt wird (BAGE 40, 176). Die Sorge des ArbGeb um die konjunkturelle und wirtschaftl Entwicklung seines Unternehmens oder etwa um eine drohende Insolvenz rechtfertigt eine Befristung noch nicht, weil eine solche negative Entwicklung zum allg unternehmerischen Risiko gehört (BAGE 94, 130). Das BAG hat insoweit im Schulbereich eine exakte und detaillierte Bedarfsprognose gefordert, die sich etwa auf Zu- und Abgänge auf der Lehrer- und Schülerseite, Beurlaubung und Planstellenveränderung beziehen muss (BAGE 40, 176), wobei es ausreicht, wenn sich diese auf

den jew Regierungsbezirk bezieht (BAGE 42, 203). Die Vertragsdauer muss sich am Sachgrund orientieren. Die Richtigkeit der Prognose des ArbGeb über den vorübergehenden Bedarf an der Arbeitsleistung wird nicht allein dadurch in Frage gestellt, dass der prognostizierte vorübergehende Bedarf über das Ende des mit dem ArbN vereinbarten befristeten Arbeitsvertrags hinaus andauert (BAG NZA 2017, 711; AP 65 § 14 TzBfG; Rn 24). Die Befristung ist ebenfalls gerechtfertigt, wenn einem Maßnahmeträger die Erledigung staatlicher Daueraufgaben vertragl übertragen wird und feststeht, dass Anschlussmaßnahmen erst nach einer vielwöchigen Unterbrechung in Betracht kommen (BAGE 109, 339). Die Befristung wegen eines vorübergehenden Mehrbedarfs setzt voraus, dass der ArbN gerade zu dessen Deckung eingestellt wird (BAG NZA 2017, 711 Rn 16; DB 1997, 232), erfordert jedoch nicht, dass er gerade in dem Bereich eingesetzt wird, in dem der Mehrbedarf entstanden ist. Es genügt, wenn zw dem zeitweilig erhöhten Arbeitsanfall und der befristeten Einstellung ein vom ArbGeb darzulegender ursächlicher Zusammenhang besteht (BAGE 133, 319). Die bloße Unsicherheit über die künftige Entwicklung des Arbeitskräftebedarfs reicht für die Sachgrundbefristung eines Arbeitsverhältnisses allerdings nicht aus (BAG NZA 2015, 362 Rn 15; AP 68, 182, 221 Befristeter Arbeitsvertrag; EzA 116).

Im Bereich des öffentlichen Dienstes können **haushaltsrechtl Gründe** die Befristung eines Arbeitsvertrags wegen vorübergehenden betrieblichen Bedarfs nur rechtfertigen, wenn der öffentliche ArbGeb zum Zeitpunkt des Vertragsabschlusses aufgrund konkreter Tatsachen die Prognose erstellen kann, dass für die Beschäftigung des ArbN Haushaltsmittel nur vorübergehend zur Verfügung stehen (st Rspr, BAGE 137, 178). Dabei muss zumindest für den Fall, dass Haushaltsmittel für eine große Anzahl (5800) befristeter Arbeitsplätze zur Verfügung gestellt werden, im Haushaltsplan ein Bezug zur konkret betroffenen Stelle gegeben sein (BAG aaO). Nicht notwendig ist jedoch die Zuordnung des ArbN zu einer konkreten vorübergehend freien Planstelle, solange gewährleistet ist, dass die Vergütung des ArbN aus den Mitteln dieser Stelle erfolgt (BAG NZA 2009, 676). Allein die Abhängigkeit von Haushaltsmitteln rechtfertigt demggü – jedenfalls soweit nicht die besonderen Voraussetzungen des § 14 I 2 Nr 7 TzBfG erfüllt sind – keine Befristung nach § 14 I 2 Nr 1 TzBfG (LAG Köln LAGE 66 § 14 TzBfG). 31

Ein sog **Auslauftatbestand** kann im betrieblichen Interesse die Befristung rechtfertigen, wenn eine in einem befristeten oder gekündigten Arbeitsverhältnis begonnene Aufgabe sinnvoll abgeschlossen werden soll (BAGE 36, 171; BAG DB 1980, 1498). So einen Fall hat das BAG bei Weiterbeschäftigung des befristet angestellten Lehrers nach Wegfall eines Vertretungsgrunds bis zum Ende eines Schuljahrs angenommen, um kontinuierlichen Unterricht zu gewährleisten (BAGE 40, 176). Eine Auslaufbeschäftigung kommt auch in Betracht, wenn sich der ArbGeb bei Vertragsschluss zur Schließung des Betriebs oder der Dienststelle entschlossen hat und eine Weiterbeschäftigung des ArbN in einem anderen Betrieb bzw einer anderen Dienststelle voraussichtlich (Prognose) nicht möglich sein wird (BAGE 87, 194). 32

Im Fall der sog **Zweckbefristung** nach § 3 I 2 Var 2, § 15 II TzBfG (dazu BAGE 138, 242; s auch Rn 5ff) muss im Rahmen der Prognose mit hinreichender Sicherheit deutlich werden, dass der Zweck tatsächlich zu irgendeinem Zeitpunkt erreicht werden wird, wenngleich noch nicht feststeht, wann dies sein wird. Die auf § 14 I 2 Nr 1 TzBfG gestützte Zweckbefristung erfordert daher eine **hinreichende** – auf einen arbeitsorganisatorischen Ablauf gerichtete – **Prognosedichte** dahingehend, dass der in den Arbeitsvertrag aufgenommene Vertragszweck nicht nur möglicherweise oder wahrscheinlich erreicht wird, sondern dass im Rahmen des Vorhersehbaren sicher angenommen werden kann, dass er eintreten wird. An die Zuverlässigkeit der Prognose sind umso höhere Anforderungen zu stellen, je weiter die vereinbarte Zweckerreichung in der Zukunft liegt (BAG DB 2012, 2638). 33

bb) Befristung im Anschluss an Ausbildung oder Studium, Nr 2. Dieser Befristungsgrund soll „der Erfahrung Rechnung (tragen), dass Befristungen den Berufsstart erleichtern können" (BT-Drs 14/4374, 19). Den Berufseinstieg erleichtert aber bereits § 14 II TzBfG, der eine wenigstens zweijährige sachgrundlose Befristung gestattet und auf Befristungen im Anschluss an ein Berufsausbildungsverhältnis anwendbar ist, weil dieses nicht als früheres Arbeitsverhältnis iSd § 14 II TzBfG anzusehen ist (BAGE 139, 213). Praktisch bleibt für Nr 2 daher nur Raum, wenn es sich um eine längere Befristung handelt. Unklar ist die Abgrenzung zu anderen Befristungsgründen; **soziale Überbrückung** fällt unter Nr 6 (vgl Rn 57), **Erprobung** unter Nr 5 (vgl Rn 52). Ein eigenständiger Anwendungsbereich für Nr 2 verbleibt somit nur, wenn die Vorschrift weit ausgelegt wird und Befristungen ohne Vorliegen konkreter personenbezogener Gründe iSd Nr 5, 6 rechtfertigt (*Hromadka* BB 2001, 621, 622; KR/*Lipke/Bubach* § 14 TzBfG Rn 223). 34

Entspr dem Zweck der Vorschrift (Rn 34) ist die Tatbestandsvoraussetzung **Ausbildung oder Studium** weit auszulegen (näher KR/*Lipke/Bubach* § 14 TzBfG Rn 222ff). Auch das Merkmal **im Anschluss** ist zweckentsprechend weit auszulegen, ein nahtloser Übergang ist nicht erforderlich, wohl aber ein gewisser zeitl Zusammenhang, den man in Anknüpfung an die Wertung des § 14 III 3 TzBfG aF („enger sachlicher Zusammenhang") mit bis zu sechs Monaten bemessen kann (MüKo/*Hesse* § 14 TzBfG Rn 30; KR/*Lipke/Bubach* § 14 TzBfG Rn 232; ohne zeitl Beschränkung ErfK/*Müller-Glöge* § 14 TzBfG Rn 32). Nur der erste Vertrag kann im Anschluss stehen, ein anderes Arbeitsverhältnis unterbricht den Zusammenhang (BAG AP 85 § 14 TzBfG), auch mehrfache Befristung kann dem Zweck entspr nicht auf Nr 2 gestützt werden (BAG aaO sowie BAGE 124, 196). Im Hinblick auf die **Höchstdauer** der Befristung bleibt zu bedenken, dass mit zunehmender Befristungsdauer der Übergang in ein unbefristetes Beschäftigungsverhältnis nicht erleichtert, sondern erschwert wird. Zur Befristung **während** des Studiums vgl Rn 58. 35

cc) Vertretung eines anderen Arbeitnehmers, Nr 3. Die Befristung des Arbeitsverhältnisses zur Vertretung eines auf Zeit ausfallenden, ständig beschäftigten Mitarbeiters ist in der Rspr seit Langem als sachlich gerechtfer- 36 tigt anerkannt (s zB BAG NZA 2001, 1382; NJW 1998, 2237; NZA 1988, 201), daran knüpft Nr 3 an (BT-Drs 14/4374, 19). Die Regelung ist europarechtskonform, solange die Überprüfung des Vertretungsbedarfs obj und transparent gewährleistet ist (EuGH NZA 2016, 1265 Rn 44ff; 2012, 135; BAG NZA 2012, 1351). Regelmäßig wird es sich in Vertretungsfällen um ein zweckbefristetes Arbeitsverhältnis handeln, wobei die zusätzl Vereinbarung einer kalendermäßig bestimmten Höchstdauer aus Gründen der Rechtssicherheit ratsam erscheint (s auch Rn 15). Die sachliche Rechtfertigung der Vertretungsbefristung liegt darin, dass der ArbGeb bereits zu dem vorübergehend ausscheidenden Mitarbeiter in einem Rechtsverhältnis steht und mit der Rückkehr dieses Mitarbeiters rechnet (BAG NZA 2022, 478; 2001, 1382 mwN). Dieser Sachgrund rechtfertigt nicht die Vereinbarung, dass das befristete Arbeitsverhältnis bei Ausscheiden des Vertretenen aus dem Dienst endet, doch kann eine entspr Befristung aus anderen Gründen gerechtfertigt sein (BAG DB 2002, 2272; Rn 39). Ein Vertretungsfall kann auch vorliegen, wenn der ArbN nicht vollständig abwesend, sondern nur an der Erbringung der „eigentlich" geschuldeten Arbeitsleistung verhindert ist, etwa dadurch, dass er als **Stammkraft** aufgrund einer Entscheidung des ArbGeb vorübergehend zur Wahrnehmung höherwertiger Aufgaben **abgeordnet** wird; insofern kann ein vorübergehender Vertretungsbedarf auch aus der Sphäre des ArbGeb herrühren (BAG NZA 2018; 858 Rn 15; 2013, 611; 2013, 614; 2013, 1292; ErfK/*Müller-Glöge* § 14 TzBfG Rn 35b; zur Kausalität Rn 38, zur Prognose Rn 40 aE).

37 Zw dem zeitweiligen Ausfall eines ArbN und der befristeten Einstellung des Vertreters muss ein **ursächlicher Zusammenhang** bestehen (BAG EzA 106; DB 2010, 1186; MDR 2013, 663). Der vertretene Mitarbeiter muss außerdem nach der **Prognose** des ArbGeb seinen Dienst wieder antreten (BAG DB 1996, 1679; 1998, 679).

38 Kausalität ist in jedem Fall gegeben, wenn der befristet beschäftigte ArbN **unmittelbar** für die Stammkraft beschäftigt wird (BAG NZA-RR 2013, 185); dann muss der ArbGeb darlegen, dass der Vertreter nach dem Arbeitsvertrag mit Aufgaben betraut worden ist, die zuvor dem vorübergehend abwesenden ArbN übertragen waren (BAG aaO). Der Vertreter muss aber **nicht** unbedingt **dieselben Aufgaben** verrichten, wie sie der ausgefallene ArbN zu verrichten gehabt hätte; denn es ist unerheblich, ob und ggf in welcher Weise der ArbGeb anlässlich dieser Einstellung eine **Um-** bzw **Neuverteilung** der Aufgaben vornimmt (BAGE 136, 17; EzA 106, 176), solange die Beschäftigung des Vertreters wegen des Arbeitskräftemangels erfolgt, der durch die vorübergehende Abwesenheit des zu vertretenen ArbN entsteht (BAG BB 2013, 189). Der Vertreter muss also nicht den Arbeitsplatz des vertretenen ArbN einnehmen; es genügt, wenn die Verbindung zu diesem durch eine **Vertretungskette** (mittelbar) vermittelt wird (BAG NZA-RR 2013, 185). In diesem Fall muss der ArbGeb zur Offenlegung des Kausalzusammenhangs die Vertretungskette darlegen (BAG aaO; NZA 2018, 1003 Rn 15; NZA-RR 2008, 219). Verteilt der ArbGeb die Aufgaben in seinem Betrieb oder seiner Dienststelle wegen des zeitweiligen Ausfalls eines ArbN neu, so muss er zunächst die bisher dem vertretenen ArbN übertragenen Aufgaben darstellen. Anschließend ist die **Neuverteilung** dieser Aufgaben auf einen oder mehrere andere ArbN zu schildern und schließlich darzulegen, dass sich die dem Vertreter zugewiesenen Tätigkeiten aus der geänderten Aufgabenzuweisung ergeben (BAG aaO mwN). Der ArbGeb kann dem befristet beschäftigten ArbN aber auch Tätigkeiten übertragen, die der vertretene ArbN zu keiner Zeit ausgeübt hat, ohne eine tatsächliche Neuverteilung der Arbeitsaufgaben vorzunehmen (BAG NZA 2011, 507). In diesem Fall besteht Kausalität dann, wenn der ArbGeb rechtl und tatsächlich in der Lage wäre, dem vorübergehend abwesenden ArbN im Falle seiner Anwesenheit die dem Vertreter zugewiesenen Aufgaben zu übertragen (BAG NZA-RR 2013, 185, 186). Das ist nicht der Fall, wenn der Vertreter anders eingruppiert wird als der Vertretene bzw der Vertreter eine Tätigkeit übernehmen soll, die dem Vertretenen mangels ArbGeb-seitigen Direktionsrechts nicht übertragen werden könnte (BAG NZA 2011, 507; DB 2009, 2272). Ferner ist erforderlich, dass der ArbGeb bei Vertragsschluss mit dem Vertreter dessen Aufgaben einem oder mehreren vorübergehend abwesenden Beschäftigten nach außen erkennbar gedanklich zuordnet, etwa durch Angaben im Arbeitsvertrag (BAG NZA 2017, 307; 2011, 507; vgl auch LAG Bln-Bbg BB 2011, 2292; krit *Eisemann* NZA 2009, 1113; *Persch* BB 2013, 629). Eine nur **„gedankliche Zuordnung"** kommt jedoch nicht in Betracht, wenn ein Stamm-ArbN vertreten werden soll, weil der ArbGeb ihn anderweitig im Unternehmen einsetzt (bei sog Abordnung; s dazu Rn 36). In diesem Fall muss der befristet beschäftigte ArbN entweder die Stammkraft unmittelbar vertreten oder vermittelt über eine Vertretungskette beschäftigt werden, weil der ArbGeb seine Versetzungs- und Umsetzungsbefugnis – anders als bei vollständiger Abwesenheit der Stammkraft – aus identischem Anlass bereits wahrgenommen hat (BAG NZA 2018, 858 Rn 17; 2013, 611; 2013, 1292).

39 Die Vereinbarung, das Arbeitsverhältnis ende **mit der Wiederaufnahme** der Arbeit durch den vertretenen ArbN, ist idR nicht dahin (erg) auszulegen, das Arbeitsverhältnis ende auch, wenn der vertretene ArbN vor Wiederaufnahme seiner Tätigkeit aus dem Arbeitsverhältnis ausscheidet, denn das endgültige Ausscheiden lässt den Vertretungsbedarf gerade nicht entfallen (BAG NZA 1997, 200). Der Sachgrund der Befristung rechtfertigt für sich allein nicht die Befristung bis zum **Ausscheiden** des Vertretenen aus seinem Beschäftigungsverhältnis, doch ist das möglich, wenn weitere Gesichtspunkte hinzutreten, zB der Entschluss, den Arbeitsplatz bei Ausscheiden des Vertretenen nicht mehr oder mit einem Mitarbeiter zu besetzen, der über besondere Qualifikationen verfügt (BAG DB 2002, 2272; NJW 1998, 2237; NZA 1998, 1279).

40 Von der **Prognose** des ArbGeb **bzgl des Wiederantritts** der Dienste durch den vertretenen Mitarbeiter kann idR ausgegangen werden, soweit keine gegenteiligen Anhaltspunkte vorliegen (zur krankheitsbedingten Vertretung LAG Rh-Pf NZA-RR 2013, 16); eine allg Erkundigungspflicht des ArbGeb besteht grds nicht (BAG EzA 6). Solange der Vertretene das Recht zur Rückkehr hat, wird die Prognose auch nicht durch eine Vielzahl von Einzelbefristungen erschüttert (BAG DB 2009, 2272; s aber BAG BB 2013, 189). Eine Befristung nach Nr 3 scheidet

hingegen aus, wenn der ArbGeb bereits bei Abschluss des Arbeitsvertrags weiß, dass der zu vertretende Mitarbeiter nicht mehr an seinen Arbeitsplatz zurückkehren wird oder sich aufgrund besonderer Umstände erhebliche Zweifel aufdrängen müssen, ob die Stammkraft ihre Tätigkeit überhaupt wieder aufnehmen wird (vgl BAGE 97, 86; BAG DB 2002, 1274; 2009, 2272; KR/*Lipke/Bubach* § 14 TzBfG Rn 250f). Die Prognose muss sich nicht darauf beziehen, zu welchem Zeitpunkt mit einer Rückkehr des vertretenen Mitarbeiters zu rechnen ist, denn es steht dem ArbGeb frei, ob und in welchem Umfang er überhaupt für Vertretung sorgt (BAG DB 1996, 1679; DB 2009, 2272). Zulässig ist demnach, den Vertreter nicht über den gesamten Bedarfszeitraum zu beschäftigen, sondern einen oder mehrere kürzere Vertretungszeiträume zu bilden (BAG DB 2009, 2272). Wird der Vertreter jedoch aufgrund einer Abordnung des vertretenen Mitarbeiters eingestellt (Rn 36), muss die Prognose des ArbGeb zum Zeitpunkt der Befristungsabrede unter Berücksichtigung aller Umstände des Einzelfalls ergeben, dass er berechtigterweise mit der Rückkehr der Stammkraft rechnen durfte (BAG NZA 2018, 858 Rn 15; 2013, 614). Einzubeziehen sind dabei ua eigene Planungs- und Organisationsentscheidungen des ArbGeb, die wiederholte Verlängerung der Abordnung, die Rückkehrbedingungen sowie die Einstellung bzw Zustimmungsbedürftigkeit der Stammkraft zur (wiederholten) Abordnung (BAG NZA 2013, 614).

Ein **ständiger Vertretungsbedarf** oder auch der nach Ablauf der Befristung absehbar fortbestehende Vertre- 41
tungsbedarf steht dem Sachgrund von Nr 3 nicht entgegen; der ArbGeb ist nicht gebunden, diesen durch eine Personalreserve auszugleichen (BAG NZA 2012, 1351). Anders als bei Nr 1 ist für den Befristungsgrund der Vertretung unerheblich, ob der ArbGeb über ausreichendes Personal verfügt, um die ihm obliegenden Daueraufgaben zu erledigen (BAG NZA 2018, 1003 Rn 20). Unwirksam ist aber die Befristung zur **Dauervertretung**, die vorliegt, wenn der ArbN von vornherein nicht nur zur Vertretung eines bestimmten verhinderten Mitarbeiters eingestellt ist, sondern bereits bei Vertragsschluss beabsichtigt ist, ihn für eine noch nicht absehbare Vielzahl von Vertretungsfällen auf Dauer zu beschäftigen (BAG NZA 2012, 1351) oder wenn bereits bei Abschluss des befristeten Arbeitsvertrags eine über den Endtermin der Befristung hinausgehende Beschäftigung vorgesehen ist; angesichts der ständig gleichbleibenden Arbeitsaufgabe ist die Befristung für die Dauer des einzelnen Vertretungsfalls nicht gerechtfertigt (BAG DB 1985, 2152; 1991, 2548; einschränkend *Hunold* NZA 2002, 255, 257; zur sog **Gesamtvertretung** im Lehrbetrieb und zur Übertragung der von der Rspr aufgestellten Grundsätze auf andere Bereiche ausf APS/*Backhaus* § 14 TzBfG Rn 481ff; KR/*Lipke/Bubach* § 14 TzBfG Rn 288ff jew mwN). Unzulässige Dauervertretung liegt aber nicht schon deswegen vor, weil bei Abschluss des befristeten Arbeitsvertrags ein über das Fristende andauernder Vertretungsbedarf zu erwarten ist (BAG DB 2009, 2272). Dem ArbGeb steht frei, dem nach Ablauf der ersten Befristung eintretenden Vertretungsfall durch erneute Vertretung (auch mit einem anderen ArbN) oder in sonstiger Weise Rechnung zu tragen. **Wiederholte Befristungen** wegen Vertretung sind grds zulässig (BAG aaO; EuGH NZA 2012, 135), entscheidend ist, ob bei Abschluss der letzten Befristungsabrede ein Vertretungsfall vorlag (BAG BB 2013, 189). Auch erhöhen sich mit zunehmender Zahl und Dauer der Verträge nicht zwangsläufig die Anforderungen an den Sachgrund (BAG aaO; DB 2012, 2634; NZA 2010, 34; anders noch BAG EzA Nr 110, 88).

Ein **Missbrauch** (§ 242) der an sich zulässigen wiederholten Vertretungsbefristung kann in Betracht kommen, 42
wenn diese zur Deckung eines nicht mehr nur vorübergehenden Arbeitskräftebedarfs dient, sondern **dauerhafte Aufgaben** vorliegen, die zur normalen Tätigkeit gehören (EuGH NZA 2018, 858 Rn 26; 2016, 1265 und Rn 29). Dass der Vertretungsbedarf durch unbefristete Arbeitsverhältnisse gedeckt werden könnte, führt indes noch nicht zur Rechtsmissbräuchlichkeit der Befristung. Der Abschluss mehrerer aufeinander folgender befristeter Verträge, insb über einen erheblichen Zeitraum, indiziert, dass ein nicht nur vorübergehender Bedarf an der vom betreffenden ArbN zu erbringenden Leistung besteht (vgl EuGH NZA 2015, 153, 158; 2012, 135). Dementspr sind im Rahmen der Befristungskontrolle nicht nur der behauptete Sachgrund, sondern auch sonstige Umstände wie Anzahl und Gesamtdauer früherer aufeinander folgender Befristungen wegen Vertretung iS einer **institutionellen Rechtsmissbrauchskontrolle** (§ 242) zu berücksichtigen (EuGH NZA 2016, 1265 Rn 47ff – 7 Verlängerungen in 4 Jahren beruhen „offensichtlich nicht auf einem zeitweiligen Bedarf"; NZA 2015, 153, 158; 2012, 135; BAG NZA 2017, 382 Rn 23ff; NZA 2012, 1351). Bei der Prüfung geht BAG NZA 2017, 382 Rn 25ff von einem **dreistufigen System** aus: (1) Dabei markieren die gesetzl Wertungen von § 14 II 1 TzBfG den unproblematischen Bereich; ist ein Sachgrund nach § 14 I TzBfG gegeben, kann erst bei erheblichem Überschreiten dieser Grenzen auf einen Missbrauch geschlossen werden. (2) Werden die Grenzen von § 14 II 1 TzBfG alternativ oder kumulativ überschritten, ist eine umfassende Kontrolle geboten; Missbrauch liegt idR vor, wenn einer der Werte um das Vierfache oder beide um das Dreifache überschritten werden; die Bewertung hängt dann von vom Kläger vorzutragenden Umständen ab. (3) Werden die Grenzen von § 14 II 1 TzBfG in besonders gravierendem Ausmaß überschritten (einer um mehr als das Fünffache, beide um das Vierfache), ist Missbrauch indiziert. **Einzelfälle**: BAG NZA 2012, 1351 (13 aufeinander folgende Befristungen mit einer Gesamtdauer von mehr als 11 Jahren indizieren Missbrauch); BAG NZA 2012, 1359 (Gesamtdauer von 7 Jahren und 9 Monaten und 4 Befristungen noch nicht); BAG NZA 2015, 928 (10 Befristungen innerhalb von 15 Jahren können zulässig sein). Zulässig sind ferner sog **Platzhaltervertretungen**, bei denen der „platzhaltende" ArbN die Beschäftigung nur bis zur dauerhaften Arbeitsaufnahme eines anderen ArbN ausüben soll, etwa nach dessen Weiterbildung oder Zusatzqualifikation. Notwendig ist jedoch, dass der ArbGeb sich bereits vertragl ggü dem für die endgültige Stellenbesetzung vorgesehenen Bewerber gebunden hat (BAGE 132, 344). Zur sog Befristungskette aufeinander beruhender Vertretungen mehrerer ArbN vgl BAG NZA 2014, 430.

43 Beim Sachgrund der Vertretung muss es sich um eine Situation handeln, in der der ArbGeb eine **unvorhergesehene** Vertretungssituation (wie zB längerfristige Erkrankung oder Beurlaubung wegen Elternzeit oÄ) bewältigen muss; die Gewährung des jährlichen Urlaubs stellt jedoch keine unvorhersehbare Vertretungssituation dar, sodass § 14 I 2 Nr 3 TzBfG darauf keine Anwendung findet (ArbG Bremen AuR 2012, 453).

44 **§ 21 BEEG** konkretisiert § 14 I 2 Nr 3 TzBfG: Danach liegt ein sachlicher Grund für die Befristung eines Arbeitsverhältnisses vor, wenn ein ArbN zur Vertretung eines anderen ArbN für die Dauer eines Beschäftigungsverbots nach dem **Mutterschutzgesetz**, einer **Elternzeit**, einer auf Tarifvertrag, Betriebsvereinbarung oder einzelvertragl Vereinbarung beruhenden Arbeitsfreistellung zur Betreuung eines Kindes eingestellt wird. Dabei genügt es, dass die Stammkraft nur angekündigt hat, Elternzeit in Anspruch zu nehmen; ein Verlangen iSv § 16 I 1 BEEG muss nicht vorliegen (BAG BB 2016, 251 mwN). Die Vertretungskraft muss nicht mit den Aufgaben des ausgefallenen ArbN betraut werden, ein quantitativer Beschäftigungsbedarf reicht aus (LAG Köln NZA-RR 1998, 292). Über die Dauer der Vertretung hinaus ist die Befristung für notwendige Zeiten einer Einarbeitung zulässig, § 21 II BEEG. Die Dauer der Befristung muss bestimmt oder bestimmbar oder den in § 21 I, II BEEG genannten Zwecken zu entnehmen sein. Für die Vertretung im **Schulbereich** vgl BAGE 54, 10; 90, 335, wonach auf den gesamten Vertretungsbedarf eines Schulaufsichtsbezirks abgestellt werden darf, krit *Preis/Loth* ZTR 2013, 232; zur schuljahresbezogenen Gesamtvertretung vgl BAG NZA-RR 2013, 185; zur Vergütung aus Vertretungsmitteln vgl BAG EzA 104.

45 In Ergänzung des – ohnehin offenen – Katalogs von § 14 I TzBfG enthält § 6 I 1 PflegeZG einen (vorrangigen) Spezialtatbestand der **pflegebedingten Vertretungsbefristung**. Sachlich gerechtfertigt iSv § 14 I 1 TzBfG ist die kalendermäßige Befristung des Arbeitsvertrags mit einer Vertretungskraft für die Zeit, in der Beschäftigte nach § 2 PflegeZG kurzzeitig an der Arbeitsleistung verhindert sind oder Freistellung nach § 3 PflegeZG in Anspruch nehmen. Die Befristung setzt nicht die Wirksamkeit der Freistellung oder des Fernbleibens des zu vertretenden ArbN voraus (KR/*Treber*/*Waskow* §§ 1–8 PflegeZG Rn 65), sie muss aber kausal auf dem zeitweiligen Ausfall eines Beschäftigten iSv § 2 oder § 3 PflegeZG beruhen. Die Befristungsdauer kann über die Zeit der pflegebedingten Verhinderung hinaus eine notwendige Einarbeitungszeit umfassen, § 6 I 2 PflegeZG. Die Befristungsabrede bedarf der Form von § 14 IV TzBfG. Zu Einzelheiten zum PflegeZG *Treber* JbArbR 46, 91.

46 **dd) Eigenart der Arbeitsleistung, Nr 4.** Der Befristungsgrund knüpft nicht an den betrieblichen Bedarf an der Arbeitsleistung an (Nr 1, vgl Rn 30f), sondern an deren Charakter. Die Gesetzesmaterialien nennen zB die befristete Anstellung von Rundfunk- und Bühnenmitarbeitern (BT-Drs 14/4374, 19) und weisen damit besonders auf **verfassungsrechtl** geschützte Freiräume des ArbGeb (zB nach Art 5 GG) hin (BAG NZA 2018, 656 Rn 19; KR/*Lipke*/*Bubach* § 14 TzBfG Rn 298f). Jedoch ist der Anwendungsbereich von Nr 4 nicht auf verfassungsrechtl geprägte Arbeitsverhältnisse beschränkt (BAG NZA 2018, 1992 Rn 15: Profifußball; nicht ausreichend: Tätigkeit als Führungskraft, BAG NZA 2022, 1525 Rn 37). Neben der Eigenart der Arbeitsleistung können auch die – davon nicht zu trennenden – Besonderheiten des Arbeitsverhältnisses berücksichtigt werden (BAG NZA 2022, 1525 Rn 21; NZA 2018, 1992 Rn 16). Die Eigenart oder Besonderheit muss ein überwiegendes Befristungsinteresse des ArbGeb begründen.

47 Nach st Rspr ist die Befristung von Arbeitsverträgen mit künstlerisch tätigem **Bühnenpersonal** grds sachlich gerechtfertigt, sie entspricht der Auffassung verständiger und verantwortungsbewusster Vertragspartner und trägt dem berechtigten Bestreben der Bühne Rechnung, künstlerische Vorstellungen des Intendanten mit dem von ihm dafür als geeignet angesehenen künstlerischen Bühnenpersonal zu verwirklichen und damit zugleich auch dem Abwechslungsbedürfnis des Publikums entgegenzukommen (BAG NZA 2018, 656 Rn 20; AP 27, 45, 53 § 611 Bühnenengagementvertrag; KR/*Lipke*/*Bubach* § 14 TzBfG Rn 307ff). Allerdings sind die gegenläufigen grundrechtl geschützten Interessen der Kunstfreiheit (Art 5 III GG) einerseits und des Bestandsschutzes (Art 12 Abs I GG) andererseits als Teil der Sachgrundprüfung von Nr 4 in einer Abwägung in Ausgleich zu bringen (BAG NZA 2018, 229 Rn 30ff). Enthält ein Tarifvertrag einen Interessenausgleich, der das Bestandsschutzinteresse ausreichend berücksichtigt, ist das Gericht daran gebunden (BAG NZA 2018, 656 Rn 22). Nach dem entspr Tarifvertrag sind Arbeitsverträge für Mitglieder an Bühnen mit Rücksicht auf die künstlerischen Belange der Bühne Zeitverträge (§ 2 II **Normalvertrag [NV] Bühne** v 15.10.2002; eingehend *Nix*/*Hegemann*/*Schneider* Normalvertrag Bühne, 3. Aufl 2020). Gem § 61 II NV Bühne(-SR Solo) verlängert sich ein solcher, mindestens für ein Jahr (Spielzeit) abgeschlossener Arbeitsvertrag zu den gleichen Bedingungen um ein Jahr (Spielzeit), es sei denn, eine Vertragspartei macht ggü der anderen innerhalb einer bestimmten Frist eine sog **Nichtverlängerungsmitteilung**. Besonderheiten ergeben sich für Arbeitsverhältnisse, welche am Ende einer Spielzeit ununterbrochen mehr als 15 Jahre (Spielzeiten) bestanden (s dazu im Einz BAG ZTR 2012, 578).

48 Die Frage nach der Zulässigkeit der befristeten Verträge im **Medienbereich** ist eng verknüpft mit der Frage nach der ArbN-Eigenschaft. Nach Ansicht des BVerfG (NJW 1982, 1447) fordert die grundrechtl geschützte Rundfunkfreiheit (Art 5 I 2 GG) eine erleichterte Zulassung befristeter Arbeitsverträge. Deswegen ist nicht erforderlich, die Grenze von ArbN und freien Mitarbeitern anders zu ziehen; der Rundfunkfreiheit ist bei der Bewertung von Befristungsabreden Rechnung zu tragen (BAGE 41, 247 und 265; 83, 60; 88, 263; 119, 138; 132, 59 und 344). Die Rundfunkfreiheit kann die Befristung des Arbeitsvertrags mit einem programmgestaltend tätigen ArbN rechtfertigen, ohne dass weitere Gründe für die Befristung erforderlich sind (BAG NZA 1993, 354; BAGE 88, 263; 119, 138; 132, 59). Es bedarf dann einer einzelfallbezogenen Abwägung zw dem Bestandsschutz des ArbN und den zu erwartenden Auswirkungen auf die Rundfunkfreiheit bei Bejahung des Bestandsschutzes, also eines unbefristeten Vertrags. Zu berücksichtigen ist dabei vor allem, wie intensiv der ArbN die Programmgestaltung beeinflus-

sen kann und wie groß bei Annahme eines unbefristeten Arbeitsverhältnisses die Gefahr ist, dass die Rundfunkanstalten nicht mehr den Erfordernissen eines vielfältigen Programms und den sich ändernden Informationsbedürfnissen und Publikumsinteressen gerecht werden können (BAGE 83, 60; 88, 263). Ein sachlicher Grund für die befristete Beschäftigung eines programmgestaltenden Rundfunkredakteurs in einer Fremdsprachenredaktion ergibt sich aus der Gefahr, dass dem Redakteur bei längerer, unbefristeter Tätigkeit die aktuellen Verhältnisse und Entwicklungen des ausl Sendegebiets fremd werden könnten (LAG Köln NZA-RR 2005, 411). Auch die Einführung und Erprobung neuer Programme kann die befristete Beschäftigung programmgestaltender Mitarbeiter rechtfertigen (BAG AP 180 Befristeter Arbeitsvertrag m Anm *Rüthers/Beninca*; BAGE 88, 263; zum Ganzen *Löwisch*, Befristete Vertragsverhältnisse programmgestaltender Mitarbeiter in Rundfunkanstalten, 1983).

Gerade bei **schulischen Arbeitsverhältnissen** kann zB bei der Praktizierung eines Rotations-, Fluktuations- bzw Austauschmodells der Lehrkräfte eine Befristung der einzelnen Arbeitsverträge zulässig sein (BAG AP 68, 183 Befristeter Arbeitsvertrag), damit der zuständige Schulträger seinem Bildungsauftrag nachkommen kann. Im Hinblick auf das Grundrecht der Freizügigkeit verlangt das BAG lediglich den Nachw der Gewährleistung eines laufenden kulturellen Austauschs, sofern die entspr Stellen tatsächlich dem internationalen Austausch dienen (BAG NJW 2009, 795; s auch EuGH NZA 1994, 115). 49

Die Befristung des Arbeitsvertrags eines **Sporttrainers** kann nicht darauf gestützt werden, die Motivation der anvertrauten Sportler lasse regelmäßig nach (BAGE 91, 200; s auch *Bruns* NZA 2008, 1269; *Horst/Persch* RdA 2006, 166). Die Eigenart des **Profifußballs** rechtfertigt grds eine Befristung (BAG NJW 2018, 1992 Rn 17ff; *Walker* NZA 2016, 657). Sicherstellung des Aktualitätsbezugs des **Sprachunterrichts** ist kein rechtfertigender Sachgrund (BAGE 138, 91; BAG NJW 2009, 795). 50

Die Befristung der Arbeitsverhältnisse von wissenschaftlichen Mitarbeitern einer **Parlamentsfraktion** kann zur Sicherung der verfassungsrechtl geschützten Unabhängigkeit der freien Mandatsausübung sachlich gerechtfertigt sein (BAGE 89, 316). Fraktionen sind ebenso wie die Abgeordneten in ihrer Entscheidung frei, Inhalt und Ziel ihrer parlamentarischen Arbeit zu bestimmen. Diesem verfassungsrechtl verbürgten Teilhaberecht trägt die Befristung des Arbeitsverhältnisses des wissenschaftlichen Mitarbeiters Rechnung. Allerdings trägt dieser Sachgrund nicht die Befristung von anderen Fraktionsmitarbeitern im Büro- oder Verwaltungsbereich (BAGE 89, 316). Gleiches gilt für Arbeitsverhältnisse mit am politischen Willensbildungsprozess unbeteiligten und damit verfassungsrechtl nicht gesondert hervorgehobenen Organen, wie zB einem Personalrat (BAGE 106, 238). Das Arbeitsverhältnis mit einem Koordinierungsreferenten für Landtags- und Kabinettsangelegenheiten in einem Landesministerium kann demggü aufgrund der Eigenart der Arbeitsleistung auf das Ende der Legislaturperiode befristet werden (LAG Mecklenburg-Vorpommern ZTR 2013, 155). Jeder Minister, der nach Neuwahl des Parlaments das jew Amt übernimmt, muss die Stellen mit demjenigen Personal besetzen können, zu dem er das notwendige politische und persönliche Vertrauen besitzt (LAG Mecklenburg-Vorpommern ZTR 2013, 155). 51

ee) Die **Erprobung** des ArbN (**Nr 5**), für deren sachliche Rechtfertigung die Rspr den bloßen subj Wunsch des ArbGeb genügen lässt, ist ein lang anerkannter Befristungsgrund. Das Probearbeitsverhältnis soll ArbGeb und ArbN Gelegenheit geben, die Erfolgsaussichten einer längerfristigen Zusammenarbeit zu überprüfen (s § 622 Rn 16). Der ArbGeb darf die Fähigkeiten des ArbN noch nicht voll beurteilen können (BAG DB 2004, 2585). An dem sachlichen Grund der Erprobung fehlt es folglich, wenn der ArbN bereits ausreichende Zeit bei dem ArbGeb mit den nunmehr von ihm zu erfüllenden Aufgaben beschäftigt war und der ArbGeb die Fähigkeiten des ArbN deshalb ausreichend beurteilen konnte (BAG NZA-RR 2018, 180; DB 2010, 2809). Anhaltspunkte für eine angemessene Dauer können sich neben der Eigenart der Beschäftigung auch aus einschlägigen Tarifverträgen ergeben (BAG NZA 2018, 180 Rn 12). Nach der Wertung von § 1 I KSchG und § 622 III reicht idR eine Probezeit von **6 Monaten** aus (BAG NZA-RR 2018, 180 Rn 12). Kann der ArbGeb die Eignung und Leistung eines ArbN wegen der besonderen Anforderungen des Arbeitsplatzes innerhalb dieser Zeit nicht genügend beurteilen, darf eine **längere Probezeit** vereinbart werden. Eine längere Probezeit kann auch durch nachträgl befristete Verlängerung der Probezeit erfolgen (BAG AP 28 Befristeter Arbeitsvertrag). Dadurch wird verhindert, dass der ArbGeb verfrüht eine Entscheidung gegen eine dauerhafte Übernahme trifft, obwohl er bei Ablauf der ursprünglich vereinbarten Probezeit zwar Zweifel an der Eignung hat, es aber für möglich hält, dass diese Zweifel bei einem längeren Hineinwachsen in die jew Position ausgeräumt werden können (BAG NZA 1997, 841; LAG Bln-Bbg LAGE 37 § 14 TzBfG). 52

Die Vereinbarung einer Probezeit ist ohne weiteres nicht als Befristungsabrede auszulegen (§§ 133, 157). Im Zweifel ist ein unbefristetes Arbeitsverhältnis anzunehmen, da die Parteien mit Abschluss des Vertrags üblicherweise davon ausgehen, der ArbN werde sich bewähren (BAGE 6, 228). Ein Zeitvertrag muss daher **eindeutig vereinbart** worden sein. 53

Die Abrede der Erprobungsbefristung ist **unwirksam** (und der Vertrag damit auf unbestimmte Zeit geschlossen, § 16 TzBfG), wenn sie gegen das **Benachteiligungsverbot** von § 7 I, II AGG verstößt (zB LAG Köln LAGE 37 Befristung wegen „Schwangerschaftsrisikos"). Endet der befristete Arbeitsvertrag einer ArbN während der Schwangerschaft und erhält sie – anders als ihre Kollegen – kein neues Vertragsangebot, liegt darin eine Diskriminierung wegen des Geschlechts (EuGH NZA 2001, 1243); der Fall steht der schwangerschaftsbedingten Verweigerung der (Erst-)Einstellung gleich. Dann kann die ArbN (so wie ein abgelehnter [Neu-]Bewerber) Schadensersatz und Entschädigung verlangen, der Abschluss eines (unbefristeten) Arbeitsverhältnisses ist ausgeschlossen, § 15 VI AGG; die Fortsetzung des Arbeitsverhältnisses ist wie ein neuer Vertragsschluss zu behandeln (KR/*Lipke/Bubach* § 14 54

TzBfG Rn 364 mwN). Will der ArbGeb hingegen in jedem Fall mit der Bewerberin kontrahieren (das Arbeitsverhältnis fortsetzen) und liegt die Benachteiligung allein in der Befristungsabrede, bleibt es bei § 7 II AGG, § 16 TzBfG. Der Eingriff in die Abschlussfreiheit hat hier nicht das Gewicht eines Kontrahierungszwangs, da lediglich eine Nebenabrede zum ohnehin geschlossenen Vertrag betroffen ist.

55 Die in einem **Formularvertrag** enthaltene Befristung zum Ablauf der Probezeit kann eine überraschende Klausel nach § 305c I darstellen (BAGE 126, 295; LAG Frankfurt GWR 2013, 325).

56 **ff) Gründe in der Person des Arbeitnehmers, Nr 6.** Vorbild dieses Befristungsgrunds war die Rspr des BAG zu personenbedingten, vor allem sozialen Befristungsgründen (BT-Drs 14/4374, 19). Im Hinblick auf die Normierung spezieller personenbedingter Sachgründe (mit zT wesentlich geringeren Anforderungen) in Nr 2, 5 (zur Abgrenzung vgl Rn 31) stellt sich Nr 6 als **Auffangtatbestand** dar. Inhaltlich kann an die bisherige Rspr angeknüpft werden.

57 Als personenbedingte Gründe kommen vor allem **soziale Belange des ArbN** in Betracht (zB BAG ZTR 2013, 386; AP 85, 211 Befristeter Arbeitsvertrag; NZA 2002, 759 zum jetzt weitgehend von Nr 2 abgedeckten Übergangszweck). Der wenig konturierte Tatbestand ist restriktiv zu handhaben, um zu vermeiden, dass „angeblich soziale Erwägungen des ArbGeb zum Vorwand für den Abschluss befristeter Arbeitsverträge genommen werden" (BAG DB 1986, 1926 zum alten Recht). Die Befristung muss gerade den sozialen Belangen des ArbN dienen und nicht jenen des Betriebs (BAG AP 85 § 14 TzBfG). Der soziale Zweck muss überwiegendes Motiv des ArbGeb sein („sozialer Beweggrund") und die Befristung muss diesem Zweck obj dienen, etwa weil ohne Befristung überhaupt kein Vertrag zustande gekommen wäre (st Rspr s BAG aaO; ZTR 2009, 386; AP 85 § 14 TzBfG). Als personenbedingte Befristung aus sozialen Gründen ist zB anerkannt die Beschäftigung eines behinderten ArbN, um während des Ruhens seines Vollzeitarbeitsverhältnisses eine „Teilnahme am sozialen und beruflichen Leben zu ermöglichen" (ZTR 2009, 386); die Verlängerung des befristeten Arbeitsverhältnisses mit einem wissenschaftlichen Mitarbeiter um einen Monat für Abschlussarbeiten an seiner Dissertation (LAG Bln-Bbg ZTR 2013, 401).

58 Keine Rechtfertigung für die Befristung liegt in dem Umstand, dass der ArbN nur eine **Teilzeit- oder Nebenbeschäftigung** ausübt, mit der er nicht seinen vollen Lebensunterhalt verdient. Die Befristung liegt auch nicht stets im Interesse eines **Studenten** (BAG AP 162 Befristeter Arbeitsvertrag m Anm *Winterfeld*). Die Befristung von Arbeitsverträgen mit Studenten, die neben ihrem Studium bezahlte Beschäftigungsmöglichkeiten suchen, kann sachlich gerechtfertigt sein, wenn sie erforderlich ist, um die Erwerbstätigkeit den ständig wechselnden Erfordernissen des Studiums anzupassen; das ist nicht der Fall, wenn diesem Interesse durch eine entspr flexible Ausgestaltung des Arbeitsverhältnisses Rechnung getragen wird (BAG aaO; DB 1999, 964). Dem Interesse der Hochschule, ihren Studenten für wechselnde Studentengenerationen die Möglichkeit einer hochschulnahen und studienfördernden Nebenbeschäftigung einzuräumen, wird durch § 6 WissZeitVG Rechnung getragen (Rn 92); es rechtfertigt nicht die Befristung nach § 14 I 2 Nr 4 oder 6 TzBfG.

59 Auch das Erreichen eines bestimmten Lebensalters kann als Beendigungszeitpunkt vereinbart werden und stellt einen in der Person des ArbN liegenden Grund dar (aA HK-TzBfG/*Boecken* § 14 Rn 98, 135: sonstiger sachlicher Grund). Ob die Vereinbarung einer solchen **Altersgrenze** eine Befristung oder eine auflösende Bedingung darstellt, war umstr, spielt aber wegen der Gleichstellung nach § 21 TzBfG (vgl Rn 10) keine Rolle; das BAG geht mittlerweile von einer (Höchst-)Befristung aus (BAGE 127, 74; EzA 4, 13 Altersgrenze). Für die grds Zulässigkeit einer Befristung auf die Regelaltersgrenze spricht auch § 10 S 3 Nr 5 AGG sowie die Aufrechterhaltung von § 41 S 2 SGB VI. Sowohl individual- als auch kollektivvertragl Altersgrenzenregelungen müssen sich an dem Benachteiligungsverbot aus § 7 AGG messen lassen. Sie können aber gem §§ 8 und 10 AGG (dort insb gem § 10 S 3 Nr 5 AGG) gerechtfertigt sein (BAG NZA 2018, 507 Rn 43ff; im Einz s § 10 AGG Rn 4, 17ff).

60 Sowohl individual- als auch kollektivvertragl kann eine auf das **Regelrentenalter** abstellende Altersgrenzenregelung vereinbart werden. Ihre sachliche Rechtfertigung nach § 14 I TzBfG setzt eine angemessene Berücksichtigung der (teils) gegenläufigen Interessen von ArbGeb und ArbN voraus (BAG NZA 2018, 507 Rn 39). Für den ArbN zu beachten ist das legitime wirtschaftl (Existenzgrundlage) und ideelle (Selbstverwirklichung) Interesse an fortdauernder Beschäftigung; dabei vermindert sich das wirtschaftl Interesse bei Absicherung durch Altersrente; das ideelle durch langjährige Berufsausübung; zu beachten ist auch, dass Altersgrenzen die Einstellungs- und Aufstiegschancen des ArbN verbessert haben. Für den ArbGeb zu beachten ist das Interesse an einer sachgerechten und berechenbaren Personalplanung. Die ArbGeb-Interessen überwiegen, wenn der ArbN durch Bezug einer gesetzl Regelaltersrente abgesichert ist. Maßgeblich für die sachliche Rechtfertigung ist die Absicherung des ArbN durch eine gesetzl Altersrente; diese kann nicht durch eine Ausgleichszahlung des ArbGeb oder eine betriebliche Altersversorgung ersetzt werden (BAG NZA 2017, 849 Rn 37).

61 Seit Inkrafttreten des AGG (18.8.2006) bedarf nicht nur die Beendigung des Arbeitsverhältnisses **vor** Erreichen des allg Rentenalters (65 bzw 67 Jahre; vereinbarte Beendigung mit 65 bezeichnet idR das ggf angehobene jew Regelrentenalter, BAG NZA 2016, 695; zur Auslegung von AGB BAG NZA 2018, 507 Rn 22f; zur Auslegung von entspr Betriebsvereinbarungen BAG NZA 2016, 54) einer sachlichen Rechtfertigung, sondern auch diejenige **danach** (BVerfG NJW 2011, 1131; NZA 2012, 202; BVerwGE 141, 385). Das Alter muss dabei aufgrund der Art der auszuübenden Tätigkeit oder der Bedingungen ihrer Ausübung eine wesentliche und entscheidende berufliche Anforderung darstellen, § 8 I AGG (BAGE 140, 248; vgl iÜ die Komm zu § 10 AGG). Eine Befristung auf ein früheres als das 65. bzw 67. Lebensjahr bleibt auch unter Geltung des AGG grds möglich, sofern der Zweck rechtmäßig und die Anforderung angemessen ist (vgl § 8 I AGG), was nach mittlerweile gefestigter Rspr des EuGH

(DB 2011, 2205 – Prigge; BB 2009, 1811 – Hütter; NZA 2009, 305 – Age Concern, sich anschließend BVerfG NZA 2012, 202) bei ausschließlich **sozialpolitischen Zielen** einer Altersgrenzenregelung, wie zB aus den Bereichen Beschäftigungspolitik, Arbeitsmarkt oder beruflicher Bildung, gegeben sein soll.

Vor dem Hintergrund der EuGH-Rspr obliegt es den Tarifvertragsparteien, die kollektiven Altersgrenzenregelungen hinsichtl **branchentypischer Besonderheiten** zu bestimmen (BAG EzA 2, 8, 9 Altersgrenze; ZTR 2003, 402; 2005, 255; 2010, 581). Dazu zählen neben der wirtschaftl Absicherung des ArbN (so BAGE 127, 74) die Personal- und Nachwuchsplanung des ArbGeb, das Risiko altersbedingter Ausfallerscheinungen oder Fehlreaktionen bzw altersbedingte Gefahren für Dritte aufgrund besonderer physischer und/oder psychischer Belastungen. Die tarifvertragl geregelten Altersgrenzen – 60 Jahre – für Cockpit-Personal von Passagierflugzeugen hat der EuGH (NJW 2011, 3209 – Prigge) als nicht gerechtfertigt angesehen (folgend BAG NZA 2012, 866, 691 und 575). Zweifelhaft bleibt weiterhin die allg Annahme des BAG (aaO und BAGE 131, 113) und des EuGH (NJW 2011, 3209), die Gefahr einer Beeinträchtigung der Leistungsfähigkeit nehme generell mit zunehmendem Alter zu und rechtfertige daher grds die Altersgrenze. Dieser Gefahr kann, wie in ähnl gelagerten Fällen auch (BAG AP 94 § 14 TzBfG), ggf durch regelmäßige medizinische Vorsorgeuntersuchungen bzw ab einem bestimmten Alter durch den zwingend kumulativen Personaleinsatz und daher mit einem milderen Mittel begegnet werden. Zur vergleichbaren Problematik der Festlegung einer Altersgrenze für praktizierende Vertragszahnärzte auf das 68. Lebensjahr verneint der EuGH die Erforderlichkeit der Altersgrenze zum Schutz des potentiellen Patientenkreises, weil diese Altersgrenze nicht für andere (Nicht-Vertrags-)Zahnärzte gilt (EuGH NJW 2010, 587). Die für das Kabinenpersonal tarifvertragl festgelegten Altersgrenzen von 55 bzw 60 Lebensjahren hat die Rspr bereits vor Inkrafttreten des AGG als sachlich nicht gerechtfertigt angesehen, weil die physischen und psychischen Anforderungen geringer als beim Cockpit-Personal seien und auch das Sicherheitsrisiko als geringer anzusehen sei (BAGE 102, 65; BAG ZTR 2010, 581). Zur tarifvertragl Altersgrenze von 65 Lebensjahren für Stationierungsstreitkräfte s BAG ZTR 2012, 88. 62

Nach Erreichen der Regelaltersgrenze und aus Anlass desselben ist die Vereinbarung einer nachträgl Befristung eines zuvor unbefristet bestehenden Arbeitsverhältnisses gem § 14 I 2 Nr 6 TzBfG gerechtfertigt (LAG Bln-Bbg LAGE 17 § 99 BetrVG 2001). 63

Das **Geschlecht** des ArbN ist kein sachlicher Grund für eine Befristung, sondern verbotenes Differenzierungsmerkmal (§ 1, § 2 I Nr 2, § 7 I AGG; vgl BT-Drs 14/4374, 19), ebenso die – unmittelbar geschlechtsbezogene – **Schwangerschaft**. Allerdings hindert eine dem ArbGeb im Zeitpunkt des Vertragsschlusses bekannte Schwangerschaft nicht von vornherein die Befristung des Arbeitsvertrags. Art 6 IV GG zwingt bei der im Rahmen der Befristungskontrolle vorzunehmenden Abwägung schutzwürdiger Interessen nicht dazu, die Möglichkeit der Schwangerschaft allen anderen Gesichtspunkten vorgehen zu lassen; die Schwangerschaft ist aber bei der Bewertung der Interessenlage der Vertragsparteien bei Abschluss befristeter Arbeitsverträge zu berücksichtigen (BAG DB 1997, 1927). Auch die Nichtverlängerung eines befristeten Arbeitsvertrags ist geschlechtsspezifische Diskriminierung, wenn sie auf Grund der Schwangerschaft der ArbN erfolgt, EuGH NZA 2001, 1243. IÜ s Rn 54. 64

Nach st Rspr des BAG kann der ausdrückl **Wunsch des ArbN** die Befristung des Arbeitsverhältnisses rechtfertigen (BAG AP 16, 68, 91, 188, 260 Befristeter Arbeitsvertrag), wobei allerdings vorausgesetzt wird, dass der ArbN bei Vertragsabschluss in seiner Entscheidungsfreiheit nicht beeinträchtigt gewesen ist. Zum Zeitpunkt des Vertragsabschlusses müssen obj Anhaltspunkte vorliegen, aus denen gefolgert werden kann, dass der ArbN gerade an einer Befristung des Vertrags interessiert ist. Ein wichtiges Indiz ist, ob der ArbN auch bei einem Angebot des ArbGeb auf Abschluss eines unbefristeten Vertrags nur einen befristeten vereinbart hätte (BAG AP 188, 260 Befristeter Arbeitsvertrag). Doch auch wenn ihm ein solches Angebot nicht gemacht wurde, kann sein Wunsch erheblich sein, etwa wenn er wegen Plänen oder Verpflichtungen kein Dauerarbeitsverhältnis aufnehmen wollte (BAGE 10, 65 [GS]; 25, 125). Erklärt ein unbefristet beschäftigter ArbN sein Einverständnis mit einer nachträgl Befristung (Rn 16), weil der ArbGeb eine unbefristete Weiterbeschäftigung ablehnt, reicht das für Nr 6 nicht aus (vgl LAG Berlin MDR 2002, 1195). Auch ein im Rahmen der Kündigungsschutzklage des ArbN außergerichtlich vereinbartes, auflösend bedingtes Prozessbeschäftigungsverhältnis genügt nicht (LAG Köln AE 2013, 20). 65

Da die Auflösung eines unbefristeten Arbeitsverhältnisses mit einem **leitenden Angestellten** gegen Abfindung auch bei unbegründeter Kündigung möglich ist (§ 14 II KSchG), ging man früher davon aus, die Befristung eines Arbeitsverhältnisses mit einem leitenden Angestellten sei nicht zu beanstanden, wenn dieser bei Ablauf der Befristung einen an §§ 9, 10 KSchG orientierten finanziellen Ausgleich erhalten sollte (BAG DB 1979, 1991). Eine solche Ausnahme vom Anwendungsbereich sieht die dem TzBfG zugrunde liegenden RL 1999/70/EG indes nicht vor (MüKo/*Hesse* § 14 TzBfG Rn 11; *Vogel* NZA 2002, 313). 66

Der Arbeitsvertrag mit einem **ausl ArbN**, der nur mit einer Aufenthalts- und/oder Arbeitserlaubnis beschäftigt werden darf, kann nach Nr 6 befristet werden, wenn zum Zeitpunkt des Vertragsschlusses konkrete Anhaltspunkte dafür vorliegen, dass die Erlaubnis möglicherweise entzogen oder nicht wieder erteilt werden wird (vgl BAGE 93, 160; *Hromadka* BB 2001, 621, 626). 67

gg) Haushaltsrechtl Gründe, Nr 7. Sie sollen die Befristung im öffentlichen Dienst unter den in Nr 7 genannten Voraussetzungen rechtfertigen, gelten aber nicht für öffentlich-rechtl Religionsgemeinschaften (KR/*Lipke*/*Bubach* § 14 TzBfG Rn 457ff). Die Regelung geht weit über die früheren Rspr des BAG hinaus und führt zu einer nicht unbedenklichen Privilegierung der ArbGeb der öffentlichen Hand (*Preis*/*Gotthardt* DB 2000, 2065, 2071; *Plander* ZTR 2001, 499, 501). Offen ist, ob § 14 I 2 Nr 7 TzBfG mit dem Unionsrecht vereinbar ist im Hinblick 68 darauf, dass sich private ArbGeb nicht auf ihn berufen können (BAGE 136, 93). Das BAG hat die Anwendbarkeit des § 14 I 2 Nr 7 TzBfG dahingehend eingeschränkt, dass die Haushaltsmittel in einem **förmlichen** Haushaltsgesetz vorgesehen sein müssen (BAGE 137, 178). Nicht zu den Haushaltsmitteln zählen **Drittmittel** (BAG NZA 2018, 663; ZTR 2006, 509; vgl aber Rn 73); deren unsicheres Weiterlaufen stellt ebenfalls keinen sachlichen Befristungsgrund dar (BAG EzA 111; 115; zu Drittmitteln bzgl des WissZeitVG/HRG BAGE 81, 300; BAG DB 1997, 2225). Damit sich der öffentlich-rechtl ArbGeb durch die Gestaltung seines Haushalts nicht selbst die Befristungsgründe schaffen kann, müsse der Haushaltsplangeber demokratisch legitimiert und im Verhältnis zum ArbGeb personenverschieden sein, was etwa auf die Bundesagentur für Arbeit nicht zutreffe (BAG aaO; AP 19 § 14 TzBfG Haushalt; vgl auch LAG Köln LAGE 66 § 14 TzBfG).

69 Nr 7 gilt auch, wenn die befristete Einstellung nur aufgrund von **Haushaltsmitteln** möglich ist, die durch die zeitweise Beurlaubung von anderen Arbeitskräften **vorübergehend frei** sind (BAG ZTR 2005, 53). Ein Kausalzusammenhang wie bei Nr 3 ist hier aber nicht erforderlich (BAG ZTR 2013, 455).

70 Eine allg Zweckbindung der Haushaltsmittel für befristete Arbeitsverhältnisse genügt nicht (BAG NZA 2009, 676; BB 2008, 2016). Die die Ausbringung der Haushaltsmittel betreffende Regelung muss vielmehr eine **konkrete Zweckbestimmung** und eine Beschreibung der dem ArbN zu übertragenden Aufgabe enthalten (BAGE 133, 319). So liegt ein sachlicher Grund vor, wenn die Mittel befristet für eine sozialstaatliche Sonderaufgabe, für jew gesondert zu betrachtende, eigenständige Projekte vergeben werden (BAG ZTR 1989, 446). Die übertragenen Aufgaben dürfen nur vorübergehend, also nicht dauerhaft anfallen (BAGE 137, 178; 132, 45; *Bruns* NZA-RR 2010, 113). Nicht notwendig ist, dass die Mittel bereits bei Vertragsschluss bereitgestellt sind, solange mit der Bereitstellung zu rechnen ist (BAGE 130, 313). Maßgeblich ist auch hier der prognostizierte Mehrbedarf zum Zeitpunkt des Vertragsschlusses (vgl BAG NZA 2008, 467). Eine nach dt Recht zu beurteilende Kündigung zum Zweck der Befristung eines unbefristeten Arbeitsvertrags ist nicht allein deshalb gerechtfertigt, weil das **ausl Haushaltsrecht** des ArbGeb nur noch Stellen für eine befristete Beschäftigung vorsieht (BAGE 87, 144).

71 **hh) Gerichtlicher Vergleich, Nr 8.** Maßgeblicher Grund für die Anerkennung von auf gerichtlichem Vergleich beruhenden Befristungen ist nach der Gesetzesbegr die Mitwirkung des Gerichts an dem Vergleich, die eine hinreichende Gewähr für die Wahrung der Schutzinteressen des ArbN bietet (BT-Drs 14/4374, 19).) Doch kann die darin vereinbarte Befristung aus anderen Gründen sachlich gerechtfertigt sein (näher Staudinger/*Temming* Rn 164ff). **Kein gerichtlicher Vergleich** iSv Nr 8 ist der Prozessvergleich außerhalb der mündlichen Verhandlung auf Vorschlag der Parteien nach § 278 VI 1 Alt 1, S 2 ZPO, weil das Gericht in diesem Fall Zustandekommen und Inhalt des Vergleichs nur noch festzustellen hat und keine inhaltliche Verantwortung trägt (BAG NZA 2017, 706 Rn 14ff; 2016, 1485; BAGE 140, 368; aA LAG Nds ArbRB 2013, 358; *Serr* SAE 2013, 44); anders beim Vergleichsvorschlag des Gerichts nach Alt 2 der Vorschrift. Eine Analogie für den außergerichtlichen Vergleich kommt mangels Lücke und Rechtsähnlichkeit nicht in Betracht (BAGE 140, 368).

72 Nach der Rspr setzt der Sachgrund von Nr 8 weiterhin voraus, dass bei Vergleichsschluss zw den Parteien ein **offener Streit** herrscht, ob oder für welche Dauer zw ihnen ein Arbeitsverhältnis besteht (BAGE 140, 368). Nach Wortlaut und Zweck ist das **nicht begründet**, da auch bei anderen Streitigkeiten die Befristung eine sinnvolle Lösung sein kann und die Mitwirkung des Gerichts ausreichenden Schutz gewährleistest (wie hier auch MüKo/*Hesse* § 14 TzBfG Rn 76).

73 Vereinbart werden kann in einem Prozessvergleich nicht die Zulässigkeit künftig noch zu vereinbarender Befristungen (BAG EzA 113). Zu den Voraussetzungen von Nr 8 vgl iÜ BAGE 140, 368; LAG Nds BB 2012, 2760.

74 **d) Weitere Sachgründe. aa) In der Rspr anerkannte Sachgründe.** Der Sachgrundkatalog des § 14 I 2 Nr 1–8 TzBfG ist nicht abschließend (s Rn 19). Sofern eine als Befristungsgrund vorgetragene Fallgestaltung gewichtige rechtserhebliche Besonderheiten aufweist, die ihre nahtlose Einordnung in die anerkannten Typen von Befristungsgründen unmöglich macht, ist eine eigene rechtl Bewertung dieser Fallgestaltung geboten. Dabei ist zu prüfen, ob bei ihr nach den Wertungsmaßstäben der gesetzl anerkannten Sachgründe und der bisherigen Rspr ein sachlicher Grund für eine Befristung anzuerkennen ist (vgl BAG AP 89 Befristeter Arbeitsvertrag; EzA 115). Der von den Tatsachengerichten durch den unbestimmten Rechtsbegriff des sachlichen Grunds eröffnete und zugleich auszufüllende Wertungsspielraum ist darauf überprüfbar, ob der Begriff des sachlichen Grunds selbst verkannt, Denkgesetze und allg Erfahrungssätze verletzt oder wesentliche Umstände bei der Bewertung übersehen worden sind (st Rspr; zB BAG AP 20, 37, 62, 70, 89, 180 Befristeter Arbeitsvertrag; BAGE 88, 327; 113, 184; 119, 138).

75 **Einzelfälle.** So kann die Aus- oder Weiterbildung eines ArbN die Befristung eines Arbeitsvertrags nach § 14 I 1 TzBfG sachlich rechtfertigen (dazu im Einz BAG AP 85 § 14 TzBfG). Unverständlich ist, warum der Gesetzgeber **Arbeitsbeschaffungs- und Strukturanpassungsmaßnahmen** nicht als Befristungsgründe normiert hat, obwohl er an der Rspr des BAG dazu ausdrückl festhalten wollte (vgl BT-Drs 14/4374, 19; krit auch KR/*Lipke*/*Bubach* § 14 TzBfG Rn 500f). Auch ohne ausdrückl gesetzl Regelung zulässig sein soll die **übergangsweise Beschäftigung** eines ArbN auf einem Arbeitsplatz, dessen endgültige Besetzung durch einen anderen Mitarbeiter zB nach abgeschlossener Ausbildung vorgesehen ist (BT-Drs 14/4374, 19; so auch BAGE 134, 339 Rn 18; LAG Schl-Holst AuA 2013, 242; LAG Nürnberg DB 2011, 1058), doch wird man diesen Fall schon § 14 I 2 Nr 1 oder 6 TzBfG zuordnen können (Rn 57). Auch die **Sicherung der personellen Kontinuität des Betriebsrats** kann sachlicher Grund für eine Befristung sein (BAG NZA 2016, 1535). Der von § 14 I 2 Nr 3 TzBfG nicht erfasste sonstige Fall einer rechtl bindenden **Wiedereinstellungszusage** zugunsten eines ausgeschiedenen ArbN rechtfertigt die Be-

fristung eines Arbeitsverhältnisses mit einem anderen ArbN, wenn mit der Geltendmachung des Wiedereinstellungsanspruchs in absehbarer Zeit ernsthaft zu rechnen und die Befristung geeignet ist, eine Beschäftigungsmöglichkeit für den Fall der Wiedereinstellung des ausgeschiedenen ArbN freizuhalten (BAGE 134, 339; NZA 2011, 507). Außerhalb des Anwendungsbereichs des WissZeitVG ist eine Befristung aus Gründen der **Drittmittelfinanzierung** anerkannt (BAG AP 65 § 14 TzBfG), wenn die Drittmittel in Bezug auf eine bestimmte Stelle bewilligt wurden (BAG NZA 2018, 663 Rn 27ff; LAG Bln-Bbg NZA-RR 2013, 191). Gleichfalls stellt die Gewährung einer vollen Erwerbsminderungsrente auf Dauer einen Sachgrund dar, der von seinem Gewicht den in § 14 I S 2 Nr 1–8 TzBfG genannten Sachgründen gleichwertig ist (LAG Nürnberg ZTR 2013, 41; vgl auch BAGE 113, 64; LAG BW öAT 2012, 238), ebenso die auflösend – durch rechtskräftige Abweisung der Kündigungsschutzklage – bedingte Prozessbeschäftigung (LAG Köln AE 2013, 20).

bb) Gesetzl Sonderregelungen und Konkretisierungen. Ungeachtet des gesetzgeberischen Ziels, mit dem TzBfG das Befristungsrecht zusammenhängend zu regeln (BT-Drs 14/4374, 2), existieren nach wie vor gesetzl Konkretisierungen des Sachgrunds und Sonderregelungen zur Zulässigkeit von Befristungen (Einzelheiten bei KR/*Bader/Kreutzberg-Kowalczyk* § 23 TzBfG Rn 1ff). Sie werden durch das TzBfG nicht berührt (§ 23 TzBfG) und gehen den in § 14 I 2 TzBfG genannten Sachgründen als spezieller vor. 76

Die Zulässigkeit der Befristung von **Leiharbeitsverträgen** richtet sich seit 1.1.2004 (BGBl I 2002, 4607) nach dem allg Befristungsrecht des TzBfG (*Düwell/Dahl* NZA 2007, 889), vor allem §§ 14ff TzBfG. Leih-ArbN können somit grds mit Sachgrund gem § 14 I TzBfG oder sachgrundlos befristet nach § 14 II TzBfG eingestellt werden. Ungeachtet der Besonderheiten der ArbN-Überlassung ist für die Zulässigkeit der Befristung auf das Verhältnis zw Leih-ArbN und seinem ArbGeb, dem Verleiher, abzustellen (*Frik* NZA 2005, 386 mwN; *Lembke* DB 2003, 2702). Sachgründe für eine Befristung müssen daher in diesem Verhältnis vorliegen (zu einzelnen Gründen *Frik* NZA 2005, 386; *Düwell/Dahl* NZA 2007, 889; *Böhm* RdA 2005, 360); Umstände aus dem Verhältnis von Verleiher und Entleiher sind hingegen unbeachtlich. Unzulässig ist daher, wenn der Verleiher den Leiharbeitsvertrag für die Dauer der Überlassung an den Entleiher nach § 14 I 2 Nr 1 TzBfG befristet („Synchronisation"; ebenso *Düwell/Dahl* NZA 2007, 889; *Wank* NZA 2003, 14; aA *Frik* NZA 2005, 386). Andererseits kommt eine (sachgrundlose) Befristung in Betracht, wenn der Leih-ArbN vom Verleiher in ein befristetes Arbeitsverhältnis zum Entleiher (BAG DB 1989, 662) oder vom künftigen Entleiher in ein Leiharbeitsverhältnis zu einem Verleiher wechselt, selbst wenn es sich bei jenem um ein Tochterunternehmen des Entleihers im Rahmen der konzerninternen Überlassung handelt (BAG BB 2007, 943). Allein der Umstand, dass der ArbN zum Zweck der Leiharbeit beschäftigt werden soll, stellt indes keinen hinreichenden Sachgrund dar (weder als Eigenart der Arbeitsleistung iSd § 14 I 2 Nr 4 TzBfG, *Frik* NZA 2005, 386, noch als unbenannter Sachgrund, *Reipen* BB 2003, 787). 77

5. Befristung von Arbeitsverhältnissen ohne sachlichen Grund, § 14 II, IIa, III TzBfG. a) Grundsatz. Die kalendermäßige (Rn 4) Befristung von Arbeitsverträgen ist ohne sachlichen Grund nur bis zur Dauer von **zwei Jahren** zulässig, § 14 II 1 TzBfG (zur Berechnung zB BAG NJW 2021, 3657: Zeit zw Vertragsschluss und Arbeitsbeginn bleibt unberücksichtigt; Anreise vor Arbeitsbeginn muss nicht zur Vertragszeit rechnen). Eine Zweckbefristung (Rn 5) oder Bedingung (Rn 10) ist hingegen nicht ohne sachlichen Grund möglich. Befristungshöchstdauer und Anzahl der Verlängerungen können **durch Tarifvertrag** (nicht Arbeitsrechtsregelungen der Kirchen iRd Dritten Wegs, die keine Tarifverträge iSd § 14 II 3 TzBfG darstellen, vgl BAGE 130, 146; OVG Münster DVBl 2012, 1585) nicht nur alternativ, sondern **kumulativ** (BAG DB 2012, 2697; KR/*Lipke/Bubach* § 14 TzBfG Rn 529, 601f) abw geregelt werden (§ 14 II 3 TzBfG; zum HausTV vgl LAG Bln-Bbg 30.8.2011 – 19 Sa 791/11; ArbG Oberhausen BB 2012, 2880), und zwar sowohl zugunsten als auch zulasten des ArbN, vgl § 22 I TzBfG (BAG DB 2012, 2697; die Tarifvertragsparteien können die erweiterte Möglichkeit der sachgrundlosen Befristung auch von zusätzl Voraussetzungen abhängig machen (BAG NZA 2022, 1678; NZA 2018, 999 Rn 23). Die tarifliche Dispositionsbefugnis gilt allerdings nicht schrankenlos; die verfassungs- und unionsrechtl begründete äußerste zulässige Befristung sieht die Rspr bei max sechs Jahren und höchstens neunmaliger Verlängerung bis zu dieser Gesamtdauer festgelegt (BAG NZA 2022, 1678; NZA 2021, 728; 2017, 463). Die Anwendung der Abs II, III des § 14 TzBfG setzt nicht voraus, dass bei Abschluss des Arbeitsvertrags auf sie hingewiesen wurde, zumal ein Befristungsgrund nicht erforderlich ist (vgl BAG DB 1989, 1034; USK 2009-153; AP 83 § 14 TzBfG; Soergel/*Kraft* Rn 30). Das gilt selbst dann, wenn im Arbeitsvertrag ein Sachgrund für die Befristung angegeben ist (BAG AP 83 § 14 TzBfG). Die Parteien können aber die sachgrundlose Befristung vertragl – auch konkludent – ausschließen (im Einz BAG aaO; LAG Schl-Holst LAGE 72 § 14 TzBfG); allein der Benennung eines bestimmten Sachgrunds im Arbeitsvertrag kann ein solcher Ausschluss nicht entnommen werden, §§ 133, 157 (BAGE 139, 213; USK 2009-153). 78

Auch Arbeitsverhältnisse von **Betriebsrats(ersatz)mitgliedern** können nach § 14 II sachgrundlos befristet werden. Die Verpflichtung zum Schutz der ArbN-Vertreter nach Art 7, 8 RL 2002/14/EG begründet nichts anderes, da bereits die allg Schutzvorschriften (§ 15 KSchG, § 103 BetrVG) einen angemessenen Schutz vor nachteiligen Folgen der Amtsführung begründen (BAG NZA 2013, 515 Rn 45). 79

Bietet ein öffentlicher ArbGeb aus sachlich vertretbaren Gründen eine Stelle nur befristet gem § 14 II TzBfG an, verstößt es nicht gegen das Gebot der **Bestenauslese** des **Art 33 II GG**, wenn der ArbGeb die Stelle nicht mit einem Bewerber besetzt, der aus Gründen in seiner Person nicht die Möglichkeit bietet, ein befristetes Arbeitsverhältnis zu vereinbaren (LAG Bln-Bbg ZTR 2013, 210). 80

b) Verlängerung. Ein ohne sachlichen Grund kalendermäßig befristeter Arbeitsvertrag kann **bis zur Gesamtdauer von zwei Jahren** höchstens dreimal verlängert werden (§ 14 II 1 Hs 2 TzBfG). Es sind also insg vier befris- 81 tete Arbeitsverträge möglich. Bei Befristungen nach § 14 IIa 1 TzBfG kann bis zur Dauer von vier Jahren beliebig oft verlängert werden. **Verlängerung** ist die vor Ablauf der Befristung getroffene Vereinbarung über das Hinausschieben des Beendigungszeitpunkts bei ununterbrochener Tätigkeit („nahtlos") und iÜ unveränderten Arbeitsbedingungen; als Befristungsvereinbarung muss sie schriftlich erfolgen, § 14 IV TzBfG. Das Erfordernis **ununterbrochener** Tätigkeit folgt aus dem Verbot der Anschlussbefristung (§ 14 II 2 TzBfG); außerdem soll sich der ArbGeb nicht durch kurze Unterbrechungen dem Entgeltfortzahlungsanspruch des ArbN – ggf auch der Zahlung einer Gratifikation – entziehen, der erst nach vierwöchiger ununterbrochener Dauer des Arbeitsverhältnisses entsteht (§ 3 III EFZG) (*Rolfs* NZA 1996, 1134, 1137). Daraus folgt auch, dass die Vereinbarung **vor Ablauf** getroffen werden muss. Und schließlich wird dem Verbot der Anschlussbefristung sowie der Kennzeichnung als „Verlängerung" entnommen, dass ausschließlich der Beendigungszeitpunkt verändert werden darf, nicht auch andere Vertragsbedingungen; die **Veränderung** sonstiger Vertragsbedingungen (auch zugunsten, im Interesse oder auf Wunsch des ArbN; anderes nur bei Änderungen, auf die er Anspruch hat) ist ein Neuabschluss des Arbeitsvertrags, der nach § 14 II 2 TzBfG nur mit Sachgrund zulässig ist (BAG NZA 2021, 1187; BAGE 119, 212). Die Parteien können jedoch anlässlich der Verlängerung Anpassungen des Vertragstextes an eine geänderte Rechtslage vornehmen oder Bedingungen vereinbaren, auf die der ArbN Anspruch hat (BAGE 125, 248). Zuweisung einer anderen Tätigkeit im Rahmen des Direktionsrechts ist keine Veränderung (BAG NJW 2021, 3657). Ebenso unterliegt die Änderung der Vertragsbedingungen während der (unveränderten) Laufzeit des befristeten Vertrags keiner Kontrolle nach § 14 TzBfG (BAGE 119, 212). Auch eine **Verkürzung** der Laufzeit des befristeten Vertrags ist nicht von § 14 II TzBfG gedeckt und bedarf daher eines Sachgrundes; BAG 14.12.2016 – 7 AZR 49/15.

82 c) **Kein vorheriges Arbeitsverhältnis.** Eine Befristung ohne Sachgrund ist unzulässig, wenn mit demselben ArbGeb bereits zuvor ein (auch mit Sachgrund) befristetes oder unbefristetes Arbeitsverhältnis bestanden hat (§ 14 II 2 TzBfG). Damit sollen sog Befristungsketten durch den Wechsel zw Befristungen mit und ohne Sachgrund verhindert werden (BT-Drs 14/4374, 19; vgl auch BAGE 137, 275).

83 Der Tatbestand enthält keine **Einschränkung** auf Vorbeschäftigung in einem engen sachlichen Zusammenhang. Seine richterrechtl Reduktion auf mehr als drei Jahre zurückliegende Vorbeschäftigungen (so noch BAGE 137, 275; 139, 213) erwies sich als verfassungswidrige Rechtsfortbildung (BVerfG NJW 2018, 2542 Rn 34ff) und hat das BAG daher aufgegeben (NJW 2019, 700). Nur wenn die Anwendung des in § 14 II 2 TzBfG bestimmten Verbots der sachgrundlosen Befristung bei einer Vorbeschäftigung eine **unzumutbare** Beschränkung der Berufsfreiheit von ArbGeb und ArbN begründet, ist die Vorschrift verfassungskonform einzuschränken (BAG NZA 2022, 774 Rn 19ff). Eine teleologische Reduktion kommt danach in Betracht, wenn der Zweck das Vorbeschäftigungsverbot nicht erfordert, weil die Gefahr der Kettenbefristung in Ausnutzung der strukturellen Unterlegenheit der Beschäftigten nicht besteht und das Verbot der sachgrundlosen Befristung nicht erforderlich ist, um das unbefristete Arbeitsverhältnis als Regelbeschäftigungsform zu erhalten. Das kann der Fall sein, wenn die Vorbeschäftigung (1) sehr lange zurückliegt, (2) von ganz anderer Art oder (3) von nur sehr kurzer Dauer war (BVerfG NJW 2018, 2542 Rn 63). (1) Ein Zeitablauf von acht (BAG NZA 2019, 700 Rn 26; 2019, 1274 Rn 32), neun (NJW 2020, 92 Rn 26) oder 15 Jahren (BAG NZA 2019, 1271 Rn 24f; aM *Lempke/Tegel* NZA 2019, 1029, 1043: schon elf Jahre und vier Monate) allein genügt dafür nicht, 22 Jahre hingegen schon (BAG NZA 2020, 40 Rn 24f); auch acht Wochen Tätigkeit vor 13 Jahren zählen nicht (BAG NZA 2022, 774). (2) Zu anders gearteter Tätigkeit führt eine Aus- oder Fortbildung, die nicht nur zeitl, sondern auch inhaltlich einen „Bruch die Erwerbsbiographie" bedeutet und ihr „eine völlig andere Richtung gibt" (BAG NJW 2021, 1114: nicht wenn der frühere Sachbearbeiter nach VWA-Studium Referent im selben Bereich wird). Eine Beschäftigung ganz anderer Art liegt nicht vor, wenn der ehemalige Montagearbeiter nun als Facharbeiter im Bereich „Produktion und Logistik" angestellt (BAG NZA 2019, 700 Rn 27) oder ein Montierer in einer anderen Abteilung eines Automobilherstellers tätig wird (BAG BeckRS 2019, 6894 Rn 24); sie ist idR jedoch gegeben, wenn die Vorbeschäftigung nur eine Nebenbeschäftigung neben dem Studium oder der Schule war (BVerfG NJW 2018, 2542 Rn 63). (3) Eine Vorbeschäftigung von neun Monaten stellt keine kurze Dauer dar (BAG BeckRS 2019, 6894 Rn 25).

84 Ein **vorheriges Arbeitsverhältnis** iSd § 14 II 2 TzBfG ist auch ein nach § 625 oder § 15 V TzBfG fingiertes Arbeitsverhältnis (vgl BAG NZA 2001, 261). Da auch das vorherige befristete Arbeitsverhältnis schadet, verlangt BAG (NZA 2017, 634 Rn 26ff) auch für die **Verkürzung einer Befristung** einen Sachgrund. **Nicht** erfasst sind andere frühere Vertragsverhältnisse wie die Tätigkeit als Praktikant (BAG ZTR 2006, 388), ein Berufsausbildungsverhältnis (BAGE 139, 213; KR/*Lipke/Bubach* § 14 TzBfG Rn 569, 577f) oder ein Heimarbeitsverhältnis (BAG NZA 2017, 244 – kein ArbN). Auch ein Beamtenverhältnis ist kein Arbeitsverhältnis iSd der Vorschrift (BAG NZA 2016, 758). ArbGeb iSv § 14 II 2 TzBfG ist – sofern die Parteien nichts anderes vereinbart haben (vgl dazu BAG DB 2011, 1528) – der Vertrags-AG, also die nat oder jur Pers, die mit dem ArbN den Arbeitsvertrag geschlossen hat (BAG NZA 2018, 385 Rn 29; 2015, 1511; 2014, 840; 426); das Vorbeschäftigungsverbot knüpft also nicht an den Beschäftigungsbetrieb oder Arbeitsplatz an (BAG DB 2011, 2494), sodass ein Leih-ArbN (nach AÜG), der im gleichen Betrieb auf dem gleichen Arbeitsplatz gearbeitet hat, grds nicht vorbeschäftigt iSd § 14 II 2 TzBfG ist (BAG DB 2011, 1528; s auch AGH Stuttgart NJW 2018, 560 Rn 70). Die Ausnutzung dieser Sachlage kann uU aber rechtsmissbräuchlich sein (BAG NZA 2015, 1511; NJW 2013, 3465), sog individueller Rechtsmissbrauch (BAG NZA 2012, 1351, 1357; ausf *vom Stein* NZA 2015, 369, 373). Unter **demselben ArbGeb** sind alle nat und jur Personen zu verstehen, die sich zur Führung eines gemeinsamen Betriebs oder einer gemeinsamen Einrichtung des öffentlichen Rechts verbunden haben (BAG NZA 2014, 426, 428; LAG Köln AE 2013, 21;

aA LAG Hamburg öAT 2013, 148). Geht ein Arbeitsverhältnis gem § 613a I über, scheidet eine spätere sachgrundlose Befristung beim Erwerber nach § 14 II 2 TzBfG aus (LAG Köln ZIP 2011, 1633). Zulässig ist die Verlängerung eines noch auf Grundlage des BeschFG wirksam befristeten Arbeitsverhältnisses (BAGE 104, 244). Ohne Rücksicht auf eine frühere Beschäftigung zulässig bleibt auch die Befristung mit Sachgrund.

d) Neugründungsprivileg, § 14 IIa TzBfG. Bei Unternehmensneugründungen beträgt die Höchstdauer für sachgrundlose Befristungen vier Jahre. Das gilt auch bei Neugründung einer Tochter-Gesellschaft in einem Konzern (BAG NJW 2020, 96). Ausgenommen sind Neugründungen im Zusammenhang mit rechtl Umstrukturierungen von Unternehmen und Konzernen, § 14 IIa 2 TzBfG. Darunter fällt nicht die Neugründung einer Tochtergesellschaft, um neue wirtschaftl Aktivitäten zu verfolgen, ohne Änderung der rechtl Struktur des Unternehmens (BAG NJW 2020, 96). 85

e) Besonderheiten bei älteren Arbeitnehmern, § 14 III TzBfG. Die zum 1.5.2007 in Kraft getretene Neuregelung (BGBl I 2007, 538; BT-Drs 16/3793) des § 14 III TzBfG tritt an die Stelle der vom EuGH (NJW 2005, 3695 – Mangold) als unionsrechtswidrig angesehenen Vorgängerregelung des § 14 III 4 TzBfG aF, die die sachgrundlose, wiederholt verlängerbare Befristung ab dem 52. (bzw ab 2007 ab dem 58.) Lebensjahr des ArbN als zulässig regelte. 86

Arbeitsverträge mit ArbN, die bei Beginn des Arbeitsverhältnisses das 52. Lebensjahr vollendet haben, können abw vom Grundsatz des § 14 II TzBfG bis zu einer Dauer von fünf Jahren sachgrundlos befristet werden, wenn der ArbN **unmittelbar vor** Beginn des befristeten Arbeitsverhältnisses **mindestens vier Monate beschäftigungslos** iSv § 138 I Nr 1 SGB III gewesen ist, Transferkurzarbeitergeld bezogen oder an einer öffentlich geförderten Beschäftigungsmaßnahme nach SGB II oder III teilgenommen hat. Innerhalb des Zeitraums von fünf Jahren ist eine beliebige Zahl von Verlängerungen möglich (§ 14 III 2 TzBfG). Hinsichtl der Verlängerung gelten dieselben Anforderungen wie bei § 14 II 1 TzBfG (Rn 81). Gestattet ist die kalendermäßige Befristung eines Arbeitsvertrags iSv § 3 I TzBfG. Die sachgrundlose Zweckbefristung allein wegen Alters ist danach ausgeschlossen. Der Zeitraum der vorhergehenden viermonatigen Beschäftigungslosigkeit muss zusammenhängend sein; kurze Unterbrechungen sind unschädlich (BT-Drs 16/3793, 10). Mit der Anknüpfung an die sozialrechtl Terminologie der Beschäftigungslosigkeit iSv § 138 I Nr 1 SGB III will der Gesetzgeber auch die älteren ArbN erreichen, die aus persönlichen Gründen gehindert waren, einer Erwerbstätigkeit nachzugehen, aber nicht arbeitslos gemeldet waren (BT-Drs 16/3793, 7), zB wegen Pflege kranker Angehöriger, vorübergehender Erwerbsunfähigkeit oder Teilnahme an einer Rehabilitationsmaßnahme. Ebenfalls besonderer Hilfe bedürfen ältere ArbN, die durch eine Betriebsänderung ihre Einkommensquelle verloren haben, um Arbeitslosigkeit vermeiden zu können. Die Zeiten des Bezugs von Transferkurzarbeitergeld nach § 111 SGB III werden den Zeiten von Beschäftigungslosigkeit gleichgestellt (BT-Drs 16/3793, 7f). Vereinfacht befristet eingestellt werden können ferner ältere Personen, die an einer öffentlich geförderten Beschäftigungsmaßnahme nach dem SGB II oder III teilgenommen haben; die Gleichstellung mit Beschäftigungslosen soll deren Integrationschancen verbessern (BT-Drs 16/3793). In Betracht kommen dabei vor allem Arbeitsgelegenheiten nach § 16d SGB II. Der ArbGeb hat ein **Fragerecht**, ob diese Befristungsvoraussetzungen vorliegen. § 14 III TzBfG enthält kein Anschlussverbot, sodass auch nach Ablauf der fünfjährigen Befristungszeit eine Anschlussbefristung nach § 14 III TzBfG zulässig ist, sofern die Voraussetzungen vorliegen. § 14 III TzBfG ist unabdingbar. 87

6. Befristung von Arbeitsverträgen im Hochschulbereich (WissZeitVG). a) Zweck und Wirkungsweise. Das am 18.4.2007 in Kraft getretene WissZeitVG enthält teils spezielle, teils erg Regelungen für den Abschluss befristeter Arbeitsverträge mit wissenschaftlichem und künstlerischem Personal an Hochschulen (*Löwisch* NZA 2007, 479); für staatl anerkannte Hochschulen gelten die Regeln entspr, § 4 WissZeitVG (BAG NZA 2020, 658). Sie beruhen auf den Erwägungen, dass die Beschäftigung von wissenschaftlichem Nachwuchs stets dessen eigener Aus-, Fort- und Weiterbildung dient und der regelmäßige Austausch des Personals zur Sicherung der Innovation in Forschung und Lehre an den Hochschulen notwendig ist (BT-Drs 14/6853, 30; zu den verfassungsrechtl Grundlagen BVerfG NJW 1997, 513). Kern der Regelung ist die grds Zulässigkeit zeitl begrenzter befristeter Arbeitsverträge (§ 2 I WissZeitVG) ohne Sachgrund (insofern Ausnahme zu § 14 I 1 TzBfG) sowie der Befristung aus dem Sachgrund der Drittmittel (insoweit Ergänzung zu § 14 I 2 TzBfG) – unter Wahrung bestimmter formaler Anforderungen. Die Möglichkeit der **Befristung nach TzBfG** bleibt davon unberührt, § 1 II WissZeitVG (BT-Drs 16/3438, 11). Im Grundsatz kommt sowohl eine Befristung mit Sachgrund des § 14 I TzBfG als auch eine sachgrundlose Befristung nach § 14 II TzBfG in Betracht. Allerdings sind einige Sachgründe von § 14 I TzBfG praktisch ausgeschlossen (zB Probe), andere sind teleologisch ggü § 2 I WissZeitVG subsidiär, nämlich soweit die Befristung ausschließlich zur wissenschaftlichen Qualifikation des Mitarbeiters vereinbart wird; eine Befristung kann auf die Sachgründe von § 14 II TzBfG nur gestützt werden, soweit der Sachverhalt nicht abschließend von § 2 I WissZeitVG erfasst wird, wie zB bei den haushaltsrechtl Gründen von Nr 7 (BAG NZA 2017, 249 Rn 32; NZA 2016, 1276 Rn 21f). 88

Die **allg arbeitsrechtl Vorschriften** und Grundsätze über befristete Arbeitsverträge werden nicht verdrängt, sondern bleiben anwendbar, soweit sie den Vorschriften der §§ 2–6 WissZeitVG nicht widersprechen (§ 1 I 5 WissZeitVG). Auch bei Befristungen nach dem WissZeitVG sind deshalb das **Schriftformerfordernis** des § 14 IV TzBfG und die **Klagefrist** des § 17 TzBfG zu beachten (BAG NZA 2016, 1276 Rn 10; *Joussen* § 1 WissZeitVG Rn 12; *Preis/Hausch* NJW 2002, 927, 928). Ist die Befristung nicht von § 2 I, II WissZeitVG oder § 14 TzBfG gedeckt, gilt der Arbeitsvertrag als auf unbestimmte Zeit geschlossen, § 16 TzBfG (LAG Köln BeckRS 2009, 68222). 89

90 Das WissZeitVG ist **zweiseitig zwingend**, § 1 I 2 WissZeitVG, kann also auch nicht durch für ArbN günstigere Normen abbedungen werden (vgl auch BAGE 76, 234; *Joussen* § 1 WissZeitVG Rn 10). Durch **Tarifvertrag** kann für bestimmte Fachrichtungen und Forschungsbereiche von den in § 2 WissZeitVG vorgesehenen Fristen (Rn 102) abgewichen und die Anzahl der zulässigen Verlängerungen befristeter Arbeitsverträge festgelegt werden, § 1 I 3 WissZeitVG. Die Bestimmung von Fachrichtungen und Forschungseinrichtungen, in denen ein von § 2 WissZeitVG abw Befristungsbedürfnis besteht, ist eine rein hochschulrechtl Frage. Aufgrund der sich nur noch aus Art 74 I Nr 12 GG ergebenden Gesetzgebungskompetenz des Bundes wird diese Regelung deshalb für verfassungswidrig gehalten (umfassend *Hirdina* NZA 2009, 712). In der Praxis (TVöD, TV-L) wurde davon allerdings noch kein Gebrauch gemacht (*Löwisch* NZA 2007, 479).

91 **b) Anwendungsbereich. aa) Zeitlich.** Für die Wirksamkeit der Befristung eines Arbeitsvertrags ist die im Zeitpunkt ihrer Vereinbarung geltende Rechtslage maßgeblich (Rn 22). Das am 18.4.2007 in Kraft getretene WissZeitVG findet auf alle seit diesem Datum getroffenen Befristungsvereinbarungen Anwendung. § 7 WissZeitVG enthält Übergangsregelungen.

92 **bb) Persönlich** findet das Gesetz Anwendung auf die Befristung von Arbeitsverträgen mit **wissenschaftlichem und künstlerischem Personal** mit Ausnahme der Hochschullehrer (Rn 93), § 1 I 1 WissZeitVG (anders nach § 4 WissZeitVG für staatl anerkannte Hochschulen; BAG NZA 2020, 658: Juniorprofessor). Der **Begriff** des „wissenschaftlichen und künstlerischen Personals" nach § 1 I 1 WissZeitVG ist eigenständig und abschließend; auf landeshochschulrechtl Begriffsbezeichnungen oder Zuordnungsdefinitionen kommt es nicht an (BAGE 138, 91). Die Befristungsregelungen gelten nicht mehr nur für die wissenschaftlichen und künstlerischen Mitarbeiter und Hilfskräfte (so noch § 57a I 1 HRG), sondern für das gesamte wissenschaftliche und künstlerische Personal (zur Stellung eines Oberassistenten s BAGE 132, 240). Maßgeblich ist eine „inhaltlich-aufgabenbezogene" Bestimmung zum Zeitpunkt des Vertragsschlusses anhand der vertragl übertragenen Aufgaben (BAG NZA 2019, 451 Rn 20, 25; 2016, 824 Rn 34); ist die Vereinbarung nicht eindeutig, kann die Vertragsdurchführung Rückschlüsse auf das Gemeinte begründen (BAG AP 8 § 1 WissZeitVG Rn 26). **Wissenschaftliches Personal** ist solches, das wissenschaftliche Tätigkeiten erbringt (BAG NZA 2019, 451 Rn 21). Erfasst werden ua auch die Lehrkräfte für besondere Aufgaben (vgl zB § 42 HG-NRW; § 92 I BlnHG), die (nicht notwendig eigene) wissenschaftliche Erkenntnisse vermitteln (BAG AP 8 § 1 WissZeitVG Rn 18ff; NZA 2018, 305 Rn 16ff; 2016, 1078; zur Abgrenzung von Lehrtätigkeit ohne Wissenschaftsbezug BAG NZA 2016, 824), daneben etwaige neue von den Ländern geschaffene Typen wissenschaftlichen und künstlerischen Personals (*Löwisch* NZA 2007, 479). **Künstlerisches Personal** ist solches, das zur Erfüllung seiner vertragl Pflichten künstlerische Dienstleistungen zu erbringen hat; dazu kann auch die Lehrtätigkeit zählen, wenn sie darauf gerichtet ist, die Studenten unmittelbar selbst zu schöpferisch-gestaltendem Wirken zu befähigen (BAG NZA 2019, 451 Rn 23). Befristete Arbeitsverträge mit **Studenten** sind bis zur Dauer von sechs Jahren zulässig, sofern der ArbN wissenschaftliche oder künstlerische Hilfstätigkeiten zu erbringen hat, § 6 WissZeitVG (BAG NZA 2021, 1483). Für andere Tätigkeiten rechtfertigt das Interesse, Studenten eine hochschulnahe Nebenbeschäftigung zu ermöglichen, nicht nach § 14 I 2 Nr 4, 6 TzBfG die Befristung (BAG NZA 2021, 1483; s auch Rn 58).

93 Zur Regelung der Befristung von Arbeitsverhältnissen angestellter **Hochschulprofessoren sind** die Landesgesetzgeber zuständig (Art 72 I iVm Art 74 I Nr 12 GG; BAG NZA 2017, 1258; 2013, 1352). Das ergibt sich ua aus § 50 IV HRG sowie aus § 23 TzBfG, wonach besondere Regelungen über die Befristung von Arbeitsverträgen nach anderen gesetzl Vorschriften unberührt bleiben. Bundesgesetzl Vorgaben, die den landesgesetzl Regelungen entgegenstehen würden, bestehen nicht; abschließende bundesgesetzl Regelungen wurden in dieser Hinsicht nicht erlassen (im Einz BAG aaO; vgl auch § 1 I 1 WissZeitVG, s dazu Rn 92).

94 **cc) Betrieblich** findet das WissZeitVG Anwendung auf Einrichtungen des Bildungswesens, die **nach Landesrecht staatliche Hochschulen** sind, § 1 I 1 (BAG NZA 2018, 305 Rn 15; 2016, 1078 Rn 15). Für wissenschaftliches oder künstlerisches Personal an **staatlich anerkannten Hochschulen** (§ 4 WissZeitVG) und **staatlichen Forschungseinrichtungen** (§ 5 WissZeitVG) gelten §§ 1-3, 6 entspr. Zur Befristung des Arbeitsvertrags eines approbierten Arztes zur Weiterbildung außerhalb von Hochschulen nach § 1 I ÄArbVtrG BAG NZA 2018, 40.

95 **c) Zulässige Befristungen. aa) Formale Anforderungen.** Das Schriftformerfordernis von § 14 IV TzBfG ist anwendbar (Rn 89, Rn 104). Abweichend von den allg Grundsätzen (Rn 25) kann die Befristung nur auf die Vorschriften des WissZeitVG gestützt werden, wenn dies **im Arbeitsvertrag angegeben** ist (**Zitiergebot**, § 2 IV 1, 2 WissZeitVG); es müssen aber nicht die einzelnen Befristungsnormen angegeben werden (BAG NZA 2016, 954).

96 **bb) Materielle Anforderungen. (1) (Zeitl begrenzte) Befristung ohne Sachgrund (§ 2 I)** kommt nur als kalendermäßige Befristung in Betracht; Zweckbefristungen und Bedingungen sind ausgeschlossen, vgl § 2 IV 3 WissZeitVG. Vorausgesetzt ist, dass die befristete Beschäftigung zur Förderung der eigenen wissenschaftlichen oder künstlerischen **Qualifizierung** erfolgt (BAG NJW 2022, 2354). Diese kann nicht nur in der formalen Qualifizierung (Promotion, Habilitation) liegen; vielmehr genügt, „dass eine wissenschaftliche oder künstlerische Kompetenz angestrebt wird, die in irgendeiner Form zu einer beruflichen Karriere, auch außerhalb der Hochschule, befähigt" (BAG NJW 2022, 2354). Der Anrechnungsregelung von § 2 III 1 WissZeitVG hat das BAG weiterhin entnommen, dass das Gesetz überhaupt nur die Befristung von Arbeitsverträgen mit mehr als ¼ der regelmäßigen Arbeitszeit ermöglicht; es hat maW die Anrechnungsregel als Vorschrift über den Anwendungsbereich interpretiert (BAG NZA 2021, 786); das ist von der teleologischen Erwägung getragen, bei geringerem Zeitanteil

bleibe kein Raum für eigene Qualifizierung, aber systematisch zweifelhaft; mit Recht krit *Hanau/Herrmann* NZA 2022, 597).

Die (je selbständige und nicht zu addierende; BAG NJW 2020, 2490) **Höchstdauer** von Abs I S 1 und 2, ggf verlängert gem S 4-6 (Rn 98), darf nicht überschritten werden. **Vor Abschluss der Promotion** ist eine Befristung bis zu einer Dauer von sechs Jahren zulässig. **Nach abgeschlossener Promotion (Post-Doc)** ist eine Befristung bis zu sechs, im Bereich der Medizin bis zu neun Jahren möglich (zu den Voraussetzungen BAGE 132, 54). Abschluss der Promotion richtet sich nach den landesrechtl Vorschriften und den Promotionsordnungen (BAG NZA 2017, 254; 133, 105). Die zulässige Befristungsdauer nach der Promotion erhöht sich in dem Umfang, in dem die Promotionszeit (mit oder ohne Beschäftigung, BAG NZA 2022, 1474 Rn 23ff; inkl Zeiten für ein abgebrochenes oder aufgegebenes Vorhaben, BAG NZA 2020, 42 Rn 32ff) weniger als sechs Jahre beträgt, § 2 I 2 Hs 2 WissZeitVG; sie verkürzt sich aber nicht um die Zeit, die der ArbN vor seiner Promotion länger als sechs Jahre befristet tätig geworden ist (BAGE 139, 109). 97

Die Höchstdauer der gesamten, aus Promotions- und Post-Doc-Phase bestehenden Qualifizierungsphase von Abs I S 1 und 2 (also nicht der jeweiligen Phase; BAG NJW 2020, 491 Rn 13ff) **verlängert** sich nach § 2 I 4–6 WissZeitVG wegen **Betreuung** von Kindern um zwei Jahre je Kind (BT-Drs 16/3438, 12f; BAG NZA 2017, 189; NZA 2018, 1135 Rn 30ff [Adoptionspflege]; *Löwisch* NZA 2007, 479). Das gilt auch dann, wenn der Betreuungsbedarf erst innerhalb der letzten zwei Jahre vor Ablauf der Höchstbefristungsdauer eintritt (BAG NZA 2016, 954). Für die Betreuung ist nicht erforderlich, dass der ArbN mit dem Kind im selben Haushalt lebt; sie liegt auch vor, wenn der sorgeberechtigte ArbN das im Haushalt des anderen Elternteils im Rahmen der Umgangsregeln betreut (BAG NZA 2022, 560). Sie verlängert sich außerdem bei Vorliegen einer **Behinderung** iSv § 2 I SGB IX um zwei Jahre. Die Verlängerung tritt von Gesetzes wegen ein und setzt keine Vereinbarung der Parteien voraus (BAG NZA 2018, 1135 Rn 33). Innerhalb des Befristungshöchstrahmens sind beliebig viele Verlängerungen des Arbeitsvertrags möglich, wenn tarifvertragl nichts anderes vorgesehen ist, § 2 I 7 WissZeitVG. 98

Auf die Höchstdauer **anzurechnen sind alle befristeten Arbeitsverhältnisse** mit **mehr als** ¼ der regelmäßigen Arbeitszeit, die mit einer dt Hochschule oder einer Forschungseinrichtung iSd § 5 WissZeitVG geschlossen wurden, sowie entspr Beamtenverhältnisse auf Zeit und Privatdienstverträge nach §§ 3, 2 III WissZeitVG. Dazu rechnen auch Beschäftigungszeiten, im Rahmen eines während des Studiums begründeten befristeten Arbeitsverhältnisses als **studentische Hilfskraft** ab dem Zeitpunkt des Abschlusses des Studiums (§ 2 III 3 WissZeitVG), sofern sie zur wissenschaftlichen Qualifikation genutzt werden konnten (BAG AP § 2 WissZeitVG Nr 10). § 2 III WissZeitVG enthält zugleich eine – ggü § 191 spezielle – Anrechnungsvorschrift, nach der volle Beschäftigungsjahre als solche anzurechnen sind, nur unterjährige Teile eines Arbeitsverhältnisses werden nach Tagen auf die Höchstfristen von Abs I angerechnet (BAG NJW 2020, 2490). 99

Entgegen dem Hauptzweck, die zügige Qualifizierung zu fördern, kann sich die **Dauer** des befristeten **Arbeitsvertrags** nach § 2 V WissZeitVG **verlängern**, ua um Zeiten einer Inanspruchnahme von Elternzeit und eines Beschäftigungsverbots nach dem MuSchG (§ 2 V 1 Nr 3 WissZeitVG). Das dafür vorausgesetzte **Einverständnis** des Mitarbeiters ist keine Willenserklärung, sondern einseitige geschäftsähnl Handlung. Sie kann auch konkludent erklärt werden, Schriftform gem § 14 IV TzBfG ist nicht erforderlich (BAG NZA 2018, 305 Rn 31f); der „Zugang“ kann entspr § 151 S 1 nach der Verkehrssitte entbehrlich sein (BAG NZA 2018, 305 Rn 38; *Ulber/Domke* RdA 2019, 190ff). „Verlängerung“ bedeutet ein Fortdauern der vereinbarten Laufzeit, nicht das Wiederaufleben eines bereits ausgelaufenen Vertrags (BAG NZA 2020, 658). 100

(2) Sachgrund Drittmittelfinanzierung. „Finanzierung aus Mitteln Dritter“ liegt vor, wenn ein Projekt nicht aus den der Hochschule oder Forschungseinrichtung zur Verfügung stehenden regulären Haushaltsmitteln finanziert wird, sondern anderweitig. Dies rechtfertigt die Befristung, wenn (1) die Beschäftigung überwiegend, dh zu mehr als 50 % (BT-Drs 16/3438 S 14; BAG NZA 2016, 1463 Rn 18) aus Mitteln Dritter finanziert wird, (2) die Finanzierung für eine bestimmte Aufgabe und Dauer bewilligt ist (Zweckbestimmung des Drittmittelgebers; BAG NZA 2018, 1399 Rn 18) und (3) der Mitarbeiter überwiegend diesem Zweck entspr beschäftigt wird (bei anfänglicher Prognose, bezogen auf die Gesamtlaufzeit > 50 % projektbezogen tätig; BAG NZA 2016, 1463 Rn 20), § 2 II WissZeitVG. Die Zweckbestimmung (2) setzt eine konkrete aufgaben- und zeitbezogene Mittelzuweisung voraus; diese muss durch den Mittelgeber erfolgen, nicht durch hochschulinterne Stellen (BAG NZA 2018, 1399 Rn 18f). Die Dauer soll dem Projektzeitraum entsprechen, § 2 II Hs 2 WissZeitVG, und ist auch über den Zeitraum von Abs I hinaus zulässig (ErfK/*Müller-Glöge* § 2 WissZeitVG Rn 11a). 101

7. Tarifvertragl Befristungsregelungen. Vom Ausnahmefall des § 14 II 3, 4 TzBfG (Rn 78) abgesehen ist **jede Abweichung** von den Vorschriften des TzBfG **zuungunsten des ArbN ausgeschlossen,** § 22 I TzBfG. Das gilt nicht nur für Abweichungen durch Einzelarbeitsvertrag oder BV, sondern auch für Abweichungen durch Tarifvertrag (BAG DB 2012, 2697). Unzulässig ist etwa eine Erweiterung der Sachgründe oder eine Verkürzung der in § 15 II, IV TzBfG genannten Fristen (vgl KR/*Bader/Kreutzberg-Kowalczyk* § 22 TzBfG Rn 8). Zulässig bleiben hingegen für den ArbN günstigere Regelungen. Möglich ist etwa, durch Tarifvertrag die Anforderungen an den Sachgrund zu verschärfen oder sachgrundlose Befristungen ganz auszuschließen (BAG DB 2011, 1528; KR/*Bader/Kreutzberg-Kowalczyk* § 22 TzBfG Rn 5 mwN). 102

Es ist fraglich, ob es auf die **Tarifgebundenheit** bei Abschluss oder bei Beendigung des befristeten Arbeitsverhältnisses ankommt, ob also eine tarifliche Abschluss- oder eine Beendigungsnorm vorliegt. Befristungsregelungen werden teilw zu den Beendigungsnormen gezählt (Wiedemann/*Thüsing* § 1 TVG Rn 648). Es liegt aber eine 103

Abschlussnorm vor, da Gründe, Zulässigkeit und Dauer einer Befristung stets nach den Verhältnissen beurteilt werden, die bei Vertragsschluss bestanden haben (BAGE 64, 164; EzA 141; KR/*Bader/Kreutzberg-Kowalczyk* § 22 TzBfG Rn 5).

104 **8. Schriftform, § 14 IV TzBfG.** Dem Wortlaut des § 14 IV TzBfG entspr bedarf nur die **Befristungsabrede** der Schriftform, nicht der Abschluss des befristeten Arbeitsvertrags selbst (KR/*Lipke/Bubach* § 14 TzBfG Rn 688, 697). Das Schriftformerfordernis gilt ausschließlich für die Vereinbarung der **Befristung**, **nicht** aber für den **Befristungsgrund** und den übrigen Inhalt des Arbeitsvertrags und erfüllt eine Klarstellungs-, Beweis- und Warnfunktion (BAGE 107, 237; 119, 157; BAG DB 2004, 2585). Es erstreckt sich auf arbeitsvertragl Erstbefristungen jeder Länge ebenso wie auf vertragl Befristungsverlängerungen (BAG NZA 2016, 232; ZTR 2007, 207; KR/*Lipke/Bubach* § 14 TzBfG Rn 692, 699), aber nicht auf die Befristung einzelner Arbeitsvertragsbedingungen (BAGE 107, 237; 132, 59; AP 8, 52 § 14 TzBfG; aA *Bauer* NZA 2011, 241). § 14 IV TzBfG gilt auch für die befristete Weiterbeschäftigung des ArbN nach Ablauf der Kündigungsfrist bis zum rechtskräftigen Abschluss des Kündigungsschutzprozesses (BAGE 108, 191; vgl auch LAG Hamm DB 2003, 1739). Vom Schriftformerfordernis **ausgenommen** sind Verträge, die zwar auf bestimmte Zeit geschlossen sind, aber eine Verlängerungsabrede enthalten, wonach sich der Arbeitsvertrag um einen bestimmten Zeitraum verlängert, wenn nicht eine Person vorher kündigt; insofern handelt es sich um einen unbefristeten Vertrag mit Verlängerungsklausel (KR/*Lipke/Bubach* § 14 TzBfG Rn 727). Bezieht sich eine arbeitsvertragl Vereinbarung nicht auf die befristete Fortsetzung des Arbeitsverhältnisses, sondern auf die Beendigung des Arbeitsverhältnisses (wie beim Aufhebungsvertrag), ist § 14 IV TzBfG ebenfalls nicht anwendbar (BAGE 121, 257).

105 Ersatzweise sind die **elektronische Form** (KR/*Lipke/Bubach* § 14 TzBfG Rn 688, 708ff; beachte aber § 2 I 3 NachwG) und die **notarielle Beurkundung** zulässig (vgl § 126 III, IV), die wiederum bei einem **gerichtlichen Vergleich** durch die Aufnahme der Erklärungen in ein nach den Vorschriften der ZPO errichtetes Protokoll ersetzt wird, § 127a (BAG NZA 2007, 1831). § 126 II 1 ist zu beachten (BAGE 119, 149). Die **Befristungsabrede** hat bei einer Zeitbefristung den Endtermin bzw die Dauer (Rn 4), bei einer Zweckbefristung den Zweck (Rn 5ff) und bei einer auflösenden Bedingung (§§ 21, 14 IV TzBfG; Rn 10ff) die Bedingung zu enthalten (KR/*Lipke/Bubach* § 14 TzBfG Rn 731ff).

106 Wahrung der **Schriftform erfordert** grds eigenhändige Namensunterschrift unter der Urkunde, § 126 I, beim Vertrag grds auf derselben Urkunde, § 126 II 1, bei mehreren Urkunden gilt § 126 II 2 (BAG NZA 2017, 638). Die unterschriebene Urkunde muss dem anderen Teil auch (vor Arbeitsaufnahme) zugehen (BAG NZA 2018, 507 Rn 53ff; 2017, 638 Rn 43ff). S im Einz die Erl zu § 126 sowie § 623 Rn 15ff; BAG 14.12.2016 – 7 AZR 142/15; NZA 2016, 547; 2016, 232, 234; 2011, 1178; 2007, 1831 und ZTR 2009, 155 u 441 (bzgl Vertretung); LAG BW NZA-RR 2008, 66; LAGE 23a § 14 TzBfG; LAG Mecklenburg-Vorpommern AuR 2007, 58; LAG Berlin LAGE 19, 36 § 14 TzBfG; ArbG Berlin LAGE 45 § 14 TzBfG; *Bauer* NZA 2011, 241, 246f; *Schiefer* DB 2011, 1220.

107 Von § 14 IV TzBfG kann **nicht zuungunsten** des ArbN abgewichen werden, § 22 I TzBfG. Die Formunwirksamkeit der Befristung gem § 14 IV TzBfG muss der ArbN in der **Frist** des § 17 S 1 TzBfG geltend machen (BAG ZTR 2012, 402; NZA 2011, 1178; LAG BW AE 2008, 63). Die **Nichtbeachtung** von § 14 IV TzBfG führt nach § 125 S 1 nur zur Nichtigkeit der Befristung (BAG ZTR 2009, 155) mit der Folge, dass der Arbeitsvertrag als **auf unbestimmte Zeit geschlossen** gilt, § 16 S 1 TzBfG (BAGE 123, 109; LAG Düsseldorf DB 2003, 668; KR/*Lipke/Bubach* § 14 TzBfG Rn 735); § 141 II gilt daher nicht (BAGE 114, 146; 113, 75; *Riesenhuber* NJW 2005, 2268); zur möglichen ordentlichen Kündbarkeit bei Mängeln nur der Schriftform beachte aber – den zugunsten des ArbN abdingbaren (BAG NZA 2009, 1260) – § 16 S 2 TzBfG. Die erst **nach Vertragsschluss** schriftlich niedergelegte Befristung eines zunächst nur mündlich befristeten Vertrags führt grds nicht dazu, dass die zunächst formnichtige Befristung rückwirkend wirksam wird (BAG NZA 2008, 108 Rn 18, anders aber ZTR 2010, 537). Die Parteien können aber das zunächst unbefristet entstandene Arbeitsverhältnis nachträgl befristen, doch müssen sie dann auf diese Rechtsfolge gerichtete Willenserklärungen abgeben (BAG NZA 2008, 108 Rn 18). Unterzeichnen die Parteien nachträgl einen Arbeitsvertrag, in dem eine mündlich nicht oder nicht so enthaltene Befristungsabrede enthalten ist, ist diese Befristung eigenständig und genügt dem Formgebot (BAG NZA 2008, 108 Rn 18; krit KR/*Lipke/Bubach* § 14 TzBfG Rn 739ff). Etwas anderes gilt auch, wenn der ArbGeb in den Vertragsverhandlungen der Parteien den Abschluss des befristeten Arbeitsvertrags ausdrückl unter den Vorbehalt eines schriftlichen Vertragsschlusses gestellt (§ 154 I 2) oder dem ArbN die schriftliche Niederlegung des Vereinbarten angekündigt hat bzw wenn der ArbGeb dem ArbN – ohne vorangegangene Absprache – ein von ihm bereits unterschriebenes Vertragsformular mit der Bitte um Unterzeichnung übersendet; in diesen Fällen besteht zw den Parteien zunächst nur ein fehlerhaftes („faktisches") Arbeitsverhältnis, wenn der ArbN vor diesem Zeitpunkt die Arbeit aufnimmt (BAG NZA 2017, 2489; 2008, 1184).

108 **9. Rechtsfolgen unzulässiger Befristungen und Bedingungen.** Die unzulässige Befristungsvereinbarung führt nur zur Unwirksamkeit der Befristungsabrede, während der Vertrag iÜ fortbesteht, also als auf unbestimmte Zeit geschlossen gilt (§ 16 S 1 TzBfG). Beim individuellen Rechtsmissbrauch soll nach dem BAG (NZA 2014, 483) ein unbefristetes Arbeitsverhältnis mit dem letzten Vertrags-ArbGeb vorliegen (aA *Boemke* AP 4 § 14 TzBfG Verlängerung; ASP/*Backhaus* § 14 TzBfG Rn 576). Der ArbN kann das Arbeitsverhältnis jederzeit – unter Beachtung der Kündigungsfristen – ordentlich kündigen, der ArbGeb hingegen frühestens zum Ende der vereinbarten Befristung, wenn nicht eine frühere Kündigungsmöglichkeit (Rn 1f) vereinbart ist (zur vorhergehenden ordentlichen Kündbarkeit durch den ArbGeb bei Unwirksamkeit nur wegen Schriftformmangels s Rn 107). Unberührt bleibt das Recht von ArbGeb und ArbN zur außerordentlichen Kündigung aus wichtigem Grund, § 626. Mög-

lich ist auch ein Aufhebungsvertrag (im Einz ErfK/*Müller-Glöge* Rn 15ff). Ist die Befristung einer einzelnen Vertragsbedingung ausnahmsw unwirksam (Rn 17), läuft diese Vertragsbedingung auf unbestimmte Zeit weiter (*Löwisch* ZFA 1986, 8). Auch sonst ist die Rechtsfolge am Zweck der jew Befristungssperre zu orientieren. Deshalb kann sich auch nur der ArbN auf die Unzulässigkeit der Befristung berufen. Für unzulässige Bedingungen gilt das entspr (§ 21 TzBfG). Dem ArbGeb kann die Berufung auf eine an sich wirksame Befristung im Einzelfall als schikanös (§ 226) sittenwidrig (§ 138) oder treuwidrig (§ 242) versagt sein (BAGE 89, 316; BAG EzA 144; AP 202 Befristeter Arbeitsvertrag). Grds steht dem ArbN aber – wenn tarif- oder einzelvertragl nichts anderes vereinbart ist – nach Ablauf eines wirksam befristeten Arbeitsvertrags **kein Wiedereinstellungsanspruch** zu, selbst wenn sich entgegen der bei Vertragsschluss gestellten Prognose aufgrund neuer Umstände eine Möglichkeit zur Weiterbeschäftigung ergibt (BAGE 100, 304).

10. Darlegungs- und Beweislast. Die Darlegungs- und Beweislast für die **Befristung** und ihre **Dauer** trägt, 109
wer sich darauf beruft (BAG EzA 128). Die Darlegungs- und Beweislast für den **sachlichen Grund** ist nicht abschließend geklärt. Der Große Senat des BAG (AP 16 Befristeter Arbeitsvertrag) hatte sie zunächst grds dem ArbN auferlegt (Vermutung der Rechtswirksamkeit von befristeten Arbeitsverträgen), aber schon die Änderung der Beweisführungslast im Einzelfall für möglich gehalten, wenn das Vorbringen des ArbN dem ersten Anschein nach zutr ist; diesen Anschein habe dann der ArbGeb durch Gegendarstellung und Gegenbeweise zu entkräften (ebenso BAG EzA 39, 57, 59). Schon frühzeitig betonte das BAG die Schwierigkeiten des ArbN, der eine negative Tatsache, nämlich das Fehlen eines sachlichen Grundes beweisen müsse, während der ArbGeb unter dem Gesichtspunkt der Beweisnähe positive Tatsachen aus seinem Bereich leichter dartun könne (BAG EzA 14). Nach aA (LAG Rh-Pf 5.9.2011 – 5 Sa 552/10; KR/*Lipke*/*Bubach* § 14 TzBfG Rn 753ff mwN) trifft die Darlegungs- und Beweislast wegen des Ausnahmecharakters von Befristungen grds den ArbGeb; dieser hat in jedem Fall den Sachgrund nachzuweisen, weil ihn ansonsten die Vermutung von § 16 TzBfG trifft. Zum Sachgrund eines **vorübergehenden Mehrbedarfs** gilt nach der Rspr des BAG eine abgestufte Darlegungslast; danach hat der ArbGeb, nachdem der ArbN einen dauerhaften Bedarf dargelegt hat, Tatsachen für seine Prognose des vorübergehenden Bedarfs vorzutragen (BAG EzA 142; aA LAG Mecklenburg-Vorpommern 26.5.2010 – 2 Sa 321/09). Wenn ein **Tarifvertrag** sachliche Gründe zur Wirksamkeitsvoraussetzung für Befristungen erhebt, trägt der ArbGeb die Darlegungs- und Beweislast für sie (BAG EzA 105). Schließlich hat das BAG in Entscheidungen zur Befristung des Arbeitsvertrags aus **sozialen Gründen** strenge Anforderungen an den Nachw eines derartigen Sachverhalts gestellt und praktisch die gesamte Darlegungs- und Beweislast dem ArbGeb aufgebürdet (BAGE 47, 44; BAG BB 1986, 1502). Dafür spricht auch das gesetzl Regel-Ausnahme-Verhältnis, wonach grds jede Befristung eines rechtfertigenden Sachgrundes bedarf. Vgl dazu die ausf Darstellung bei KR/*Lipke*/*Bubach* § 14 TzBfG Rn 753ff; ErfK/*Müller-Glöge* § 17 TzBfG Rn 13f.

Die Frage der Darlegungs- und Beweislast für **sachgrundlose** Befristungen (§ 14 II-III TzBfG) ist zT ebenfalls 110
noch nicht endgültig geklärt. Während teilw (BAG ZTR 2006, 388; LAG Nds NZA-RR 2005, 410; *Lembke* NJW 2006, 325, 331) die Darlegungs- und Beweislast für den Verstoß gegen das Anschlussverbot (§ 14 II 2 TzBfG) beim ArbN gesehen wird, wird dem zunehmend unter Hinweis auf den insg als Ausnahmetatbestand zu wertenden Tatbestand der sachgrundlosen Begründung widersprochen (KR/*Lipke*/*Bubach* § 14 TzBfG Rn 758ff mwN). Der ArbGeb hat danach sämtliche Voraussetzungen der sachgrundlosen Befristung nach § 14 II TzBfG darzulegen und zu beweisen; Gleiches dürfte für § 14 IIa, III TzBfG gelten.

11. Prozessuales. Um die Unwirksamkeit der Befristung eines Arbeitsvertrags geltend zu machen, muss der 111
ArbN **innerhalb von drei Wochen** nach dem vereinbarten Ende des befristeten Arbeitsvertrags **Klage auf Feststellung** erheben, dass das Arbeitsverhältnis nicht aufgrund der Befristung beendet ist, § 17 S 1 TzBfG. Die Klageerhebungsfrist nach § 17 S 1 TzBfG gilt für jede Art der Befristung, also auch für Befristungen nach dem WissZeitVG und sonstigen Vorschriften außerhalb des TzBfG (vgl BT-Drs 14/4374, 21; zu § 1 V BeschFG vgl BAGE 90, 348; zu WissZeitVG BAG NZA 2018, 305 Rn 40; *Löwisch* NZA 1996, 1009; *Preis* NJW 1996, 3369). Auch die Unwirksamkeit einer Bedingung (Rn 10ff) muss innerhalb der Dreiwochenfrist geltend gemacht werden (§ 21 TzBfG), ebenso der Streit über den tatsächlichen auflösenden Bedingungseintritt (BAG AP 7, 9 § 21 TzBfG; ZTR 2013, 131; LAG Bln-Bbg BB 2013, 2547; aA noch BAGE 111, 148; BAG ZTR 2010, 34). Dagegen gilt die Klagefrist des § 17 S 1, § 21 TzBfG nicht, wenn es um die Frage geht, **ob überhaupt** eine Befristung oder auflösende Bedingung vereinbart wurde (das ist mit einer allg Feststellungsklage gem § 256 I ZPO geltend zu machen; BAGE 126, 295; AP 6 § 21 TzBfG; LAG Rh-Pf PersR 2013, 210; aA *Bauer* NZA 2011, 241, 248). Die Klagefrist nach §§ 21, 17 S 1 TzBfG beginnt nicht, wenn der ArbGeb weiß, dass der ArbN schwerbehindert ist und das Integrationsamt der erstrebten Beendigung durch auflösende Bedingung nicht zugestimmt hat; Analogie zu § 4 S 4 KSchG (BAGE 137, 113). Die Klageerhebungsfrist gilt für **alle Unwirksamkeitsgründe**, also auch die fehlende Schriftform nach § 14 IV TzBfG (BAG ZTR 2012, 402; *Hromadka* BB 2001, 674, 676; vgl schon Rn 107, zum Prüfungsgegenstand schon Rn 21). Die §§ 5–7 KSchG gelten entspr, § 17 S 2 TzBfG. **Vor** dem vereinbarten Vertragsende eines zweckbefristeten Arbeitsvertrags ist eine Befristungskontrollklage wegen § 15 II TzBfG frühestens nach Zugang der schriftlichen Unterrichtung des ArbN durch den ArbGeb über den Zeitpunkt der Zweckerreichung zulässig (BAG DB 2012, 2638; iÜ s Rn 11). Wird das Arbeitsverhältnis nach dem vereinbarten Ende mit Wissen des ArbGeb fortgesetzt (vgl § 15 II, V TzBfG), besteht für den ArbN zunächst keine Veranlassung zur Klageerhebung. Die Frist des § 17 S 1 TzBfG beginnt deshalb erst mit dem Zugang einer schriftlichen Erklärung des ArbGeb, dass das Arbeitsverhältnis aufgrund der Befristung beendet sei (§ 17 S 3 TzBfG; näher KR/*Bader*/*Kreutzberg-Kowalczyk* § 17 TzBfG Rn 27ff). Die Grundsätze des Großen Senats zum Weiterbeschäftigungs-

anspruch während des Kündigungsschutzprozesses (BAGE 48, 122) gelten entspr, wenn um die Wirksamkeit einer Befristung gestritten wird (BAG DB 1986, 1827; 1996, 2289; BAGE 107, 28).

112 **II. Beendigung unbefristeter Dienstverträge, Abs II. 1. Regelungsinhalt.** § 620 II berechtigt beide Parteien, einen auf unbestimmte Zeit geschlossenen Dienstvertrag zu kündigen, lässt aber die näheren Voraussetzungen offen. Auch Arbeitsverträge, die eine (kollektivrechtl begründete) Altersgrenze enthalten, sind idS „auf unbestimmte Zeit" geschlossen (BAGE 139, 357 zu § 14 III 2 TzBfG aF). Ob die Beendigung nur zu festen Zeitpunkten (Kündigungstermin) möglich ist und ob zw Erklärung und Vertragsende eine bestimmte Zeitspanne (Kündigungsfrist) liegen muss, ergibt sich für selbständige Dienstverträge aus § 621, für Arbeitsverträge aus § 622 II. Die Verweisung in § 620 II auf die nur für ordentliche Kündigungen geltenden §§ 621, 622 ist nicht abschließend; das – unabdingbare, § 626 Rn 17 – Recht zur außerordentlichen Kündigungen aus wichtigem Grund wird dadurch nicht eingeschränkt, ebenso wenig wie andere Möglichkeiten zur Beendigung von Dienstverhältnissen. Umgekehrt besteht, abgesehen vom Entlassungsverlangen des Betriebsrats nach § 104 BetrVG (dazu BAG NZA 2017, 985), **kein Zwang** zur Kündigung (MüKo/*Hesse* Vor § 620 Rn 2; Staudinger/*Oetker* Vor § 620 Rn 46f). § 620 II verlangt **keine Kündigungsgründe**; soweit nicht Spezialvorschriften einen Begründungszwang aufstellen (zB § 22 III BBiG), ist die Kündigung daher ohne Grund zulässig.

113 **2. Kündigung. a) Rechtsnatur.** Die Kündigung ist eine **einseitige empfangsbedürftige Willenserklärung.** Ihre Wirksamkeit setzt **keine Zustimmung** des Gekündigten voraus und grds auch **keine Anhörung** (vgl BAG NJW 2020, 634). Allerdings kann der ArbGeb ausnahmsw durch die arbeitsvertragl Fürsorgepflicht gehalten sein, einen ArbN vor der Entlassung anzuhören (Rn 164). Die Kündigung beendet den Dienstvertrag für die Zukunft, ist daher **Gestaltungsrecht** (*Neuner* AT § 20 Rn 31). Als solches steht es neben dem Anfechtungs- (s auch BAG NZA-RR 2012, 129 und § 626 Rn 11) und dem Rücktrittsrecht. Es kann **verwirkt** werden, **verjährt** aber **nicht** (Staudinger/*Oetker* Vor § 620 Rn 117). IÜ gelten die allg Regelungen über Rechtsgeschäfte und Willenserklärungen (insb § 130 über den Zugang, der vom Erklärenden zu beweisen ist, BAG DB 1961, 1232, auch bzgl des Zeitpunkts, und der Zugangsvereitelung, BAGE 83, 73; zu beachten ist auch § 179).

114 **b) Bedingte Kündigung.** Um beim Gekündigten Zweifel an der Beendigung des Dienstverhältnisses auszuschalten, müssen Kündigungen hinreichend bestimmt sein (näher zum Inhalt Rn 133f). Als Gestaltungsrecht ist die Kündigung **bedingungsfeindlich**, vgl § 388 S 2, da dem Gestaltungsgegner die damit verbundene Unsicherheit nicht zuzumuten ist (BAGE 97, 193). Dieser ratio entspr sind Bedingungen zulässig, mit denen der Gegner einverstanden ist oder deren Eintritt er in der Hand hat (sog **Potestativbedingung**; BAG DB 1995, 735; BeckOGK/*Sutschet* Rn 104f). Potestativbedingung kann insb die Ablehnung einer Vertragsänderung sein (**Änderungskündigung**, BAGE 25, 213; *Hromadka* NZA 1996, 1; *Kittner* NZA 1997, 968; zur Abgrenzung von Direktionsrecht und Widerruf *Berkowsky* NZA 1999, 293; zur Abgrenzung zur Beendigungskündigung BAGE 114, 243; zur Bestimmtheit des Änderungsangebots BAG NJW 2017, 1837 Rn 14; 132, 78; DB 2009, 1299); auch die Unterlassung einer Entschuldigung (vgl BAG DB 1968, 1588); nicht hingegen das Ausbleiben einer (vom Kündigenden zu beurteilenden) Leistungsverbesserung. Möglich ist in solchen Fällen auch die unbedingte Kündigung, verbunden mit gleichzeitigem (KR/*Kreft* § 2 KSchG Rn 15ff) und hinreichend konkretem (LAG Rh-Pf NZA-RR 2002, 670) Angebot eines geänderten Vertrags. Zum Vorbehaltsrecht des ArbN nach § 2 KSchG vgl KR/*Kreft* § 2 KSchG Rn 104ff. Auch **aufschiebend bedingte** Kündigungen sind möglich, die Frist beginnt dann allerdings erst mit Bedingungseintritt und Kenntnis des Betroffenen hiervon (LAG Düsseldorf DB 1954, 260; Staudinger/*Oetker* Vor § 620 Rn 153). Eine **„vorsorgliche" Kündigung** kann (§§ 133, 157) die Aussicht ausdrücken, die Kündigung „zurücknehmen" oder einen neuen Vertrag schließen zu können; die Kündigung ist gleichwohl unbedingt erklärt (Staudinger/*Oetker* Vor § 620 Rn 159). Die „vorsorgliche" Kündigung kann auch für den Fall erklärt sein, dass eine frühere Kündigung unwirksam ist (Rechtsbedingung, keine Bedingung iSv § 158); dann drückt der Vorbehalt aus, dass der Kündigende auf die günstigere Rechtsposition aus der früheren Kündigung nicht verzichtet; auch wenn die zweite Kündigung zu einem späteren Termin wirksam wird, ist die Erklärung jedoch unbedingt (BAGE 1, 110; widersprüchlich BAG NZA 2016, 485 Rn 21), sie geht jedoch ins Leere, wenn die Rechtsbedingung nicht „eintritt". Ist die Kündigung an bestimmte Gründe gebunden, ist eine weitere Kündigung nur zulässig, wenn inzwischen neue Gründe entstanden sind oder der Kündigende ältere Gründe erst nachträgl erfahren hat (BAGE 6, 257). Die Bestätigung einer Kündigung kann eine selbständige Kündigungserklärung darstellen (LAG Düsseldorf LAGE 20 § 130).

115 **c) Teilkündigung, Widerrufsvorbehalt.** Eine Teilkündigung ist eine Willenserklärung, mit welcher der Erklärende einzelne Vertragsbedingungen einseitig beendet. Während die Kündigung das Arbeitsverhältnis in seinem ganzen Bestand erfasst, soll die Teilkündigung unter Aufrechterhaltung des Arbeitsverhältnisses iÜ nur einzelne Rechte und Pflichten aus dem Arbeitsvertrag beseitigen (BAGE 121, 369; BB 1997, 2004). Ein solcher Eingriff in den konsentierten Inhalt, namentlich das vereinbarte Austauschverhältnis (*Belling/Hartmann* ZFA 97, 87, 128) ist (1) mit der grundsätzlichen Vertragsbindung nur vereinbar, wenn (a) ein entspr Recht vereinbart wurde oder (b) der betroffene Teil vertraglich selbständig ist und außerdem (2) nur zulässig, wenn kein zwingendes Recht, insb das arbeitsrechtl Kündigungsschutzrecht, entgegensteht (BAGE 121, 369; BAG DB 2011, 1926; BeckOGK/*Sutschet* Rn 226ff). Zulässig ist eine Teilkündigung vor allem, wenn sich ein Gesamtvertrag aus mehreren Teilverträgen zusammensetzt, die nach dem Gesamtbild des Vertrags jew für sich als selbständig lösbar aufgefasst werden können (BAGE 121, 369). Einer Teilkündigung bedarf es nicht, wenn der fragliche Vertragsbestandteil wirksam (gesetzl) widerrufen werden kann (BAG DB 2011, 1926: Bestellung zum Datenschutzbeauftragten). Vertragl Vereinbarungen zur Beendigung von Vertragsbestandteilen enthalten unabhängig von der Bezeichnung

Widerrufsvorbehalte (BAGE 40, 199). Sie sind anerkannt, wenn sie **nicht** in das ursprüngliche Verhältnis von **Leistung und Gegenleistung** eingreifen (BAGE 40, 199; 8, 338; BAG DB 1965, 1823), so bei Herabsetzung oder Wegfall von **Zulagen** (BAG AP 5 § 611 Lohnzuschläge), **Prämien**, auch **Provisionen**, sofern sie neben dem Festgehalt gezahlt werden (BAGE 40, 199; BAG BB 1994, 432). Der Vorbehalt ist gerichtlich nachprüfbar und gem § 315 bzw § 106 GewO nach billigem Ermessen auszuüben (BAG AP 61 § 315). Tarifvertragl kann hingegen ein Widerrufsrecht ohne Bindung an billiges Ermessen vereinbart werden (BAG 1 EzA § 315 2002). Eingriffe in die Grundvergütung und die vertragl geschuldeten Dienstpflichten sind nur im Wege der Änderungskündigung oder einer vertragl Einigung möglich (BAG BB 1994, 432). Keine Teilkündigung ist gegeben, wenn ein Dienstvertrag gekündigt wird, der mit **anderen selbständigen Verträgen** (Miete, Gesellschaft) **verbunden** ist.

d) Kündigungsberechtigt sind entweder die Parteien des Dienstvertrags, deren Testamentsvollstrecker, Nachlass- oder Insolvenzverwalter oder andere private Amtsträger mit entspr Zuständigkeit. Der **Dienstverpflichtete** kann im Rahmen von §§ 850ff ZPO, §§ 399, 400 zwar seinen Vergütungsanspruch auf Dritte **übertragen**, aber nicht das Kündigungsrecht. Der Dienstberechtigte kann einen **Dritten nach § 185 I ermächtigen**, Arbeitgeberbefugnisse einschl des Kündigungsrechts auszuüben (BAG NJW 2020, 2976: Klinikum kündigt als „rechtlicher ArbGeb" das mit der Universität bestehende Arbeitsverhältnis; allg Staudinger/*Oetker* Vor § 620 Rn 209). **Keine** rechtsgeschäftliche Übertragung ist bei **Leiharbeitsverhältnissen** gegeben; denn entweder bleibt der Verleiher dienstberechtigt (§ 611a Rn 76ff, 84) oder der Entleiher wird es von Anfang an (vgl § 10 I AÜG), wenn die Verträge des Verleihers mit ArbN und Entleiher wegen fehlender Überlassungserlaubnis nach § 9 AÜG unwirksam sind. Auch bei **mittelbaren Dienstverhältnissen** (Dienstnehmer wird von einem Mittelsmann beschäftigt, der seinerseits in Diensten eines Dritten steht, und beide arbeiten unmittelbar für den Dritten, § 611a Rn 87) liegt keine rechtsgeschäftliche Übertragung vor. In diesem Fall kann der Dienstnehmer sein Beschäftigungsverhältnis nur ggü dem Mittelsmann kündigen und umgekehrt, während das zw Mittelsmann und Drittem bestehende Dienstverhältnis von diesen Parteien kündbar ist. Der Dienstnehmer kann auf den Dritten nur zurückgreifen, wenn der Mittelsmann aus den Rechtsbeziehungen ausscheidet oder sich seinen Verpflichtungen entzieht (BAGE 4, 93). Dieses subsidiäre Recht des Dienstnehmers ergibt sich ohne Übertragungsakt allein aus dem Zusammenhang beider Beschäftigungsverhältnisse. 116

Stehen **mehrere Personen** auf einer Vertragsseite, kann der Vertrag grds **nur gemeinschaftl** von bzw ggü allen gekündigt werden, so beim **einheitlichen Arbeitsverhältnis** (Dienstnehmer arbeitet für mehrere Dienstberechtigte nebeneinander und zw den Verträgen besteht neben dem wirtschaftl auch ein rechtl Zusammenhang, § 611a Rn 74; BAGE 37, 1; zur Bruchteilsgemeinschaft zw mehreren ArbGeb vgl § 747 und BAGE 7, 304). Bilden mehrere ArbGeb eine **GbR**, gilt grds Gesamtvertretung, §§ 709, 714; ist gesellschaftsvertragl Alleinvertretungsbefugnis vereinbart, findet § 174 Anwendung, Rn 122 aE (vgl zum Aufhebungsvertrag BAG NZA 2008, 348). 117

Gruppenarbeitsverhältnisse (mehrere Dienstnehmer arbeiten als Gruppe für denselben ArbGeb, § 611a Rn 74) sind nur dann einheitlich kündbar, wenn sich die Dienstnehmer schon vor Vertragsschluss zur gemeinsamen Leistung erboten haben und die Leistung nur gemeinsam erfüllen können (**Eigengruppe**, BAG AP 2 § 611 Akkordkolonne, LS), auch beim **Jobsharing**, § 611a Rn 45; KR/*Rachor* § 1 KSchG Rn 58, 66; aA MüKo/*Hergenröder* § 1 KSchG Rn 14). 118

Bei Gruppenarbeitsverhältnissen ist die **Einzelkündigung** möglich, wenn sie besonders **vereinbart** ist oder wenn das Ausscheiden eines Schuldners die Leistung der Übrigen weder vereitelt noch wesentlich erschwert (BAG DB 1972, 244; LAG Düsseldorf AP 12 § 626) und wenn auch anderweitige Beschäftigung nicht in Frage kommt (*Hanau* Anm zu BAG AP 1 § 611 Gruppenarbeitsverhältnis). Sein Ersatz durch andere ArbN bleibt dabei außer Betracht. Die Einzelkündigung kann vertragl ausgeschlossen werden. Die gemeinschaftl Zurechnung von einem Gruppenmitglied verursachter **Kündigungsgründe** ist unzulässig, soweit die Einzelkündigung möglich ist; allerdings gilt § 13 II TzBfG nicht analog. Ist die Einzelkündigung ausgeschlossen, sind personen- und verhaltensbedingte Gründe der gesamten Gruppe zuzurechnen, allerdings hat die gebotene Abwägung auch das Fortbestandsinteresse der anderen zu berücksichtigen (BAG aaO). Ein etwaiger Sonderkündigungsschutz (Rn 154ff) bleibt auf den einzelnen Inhaber beschränkt; die Entlassung der Nichtinhaber ist möglich, wenn sie die besonders Geschützten nicht mittelbar zum Ausscheiden zwingt (*Hanau* aaO). Stellt der Dienstberechtigte dagegen die Gruppen aus einzeln eingestellten Personen zusammen (**Betriebsgruppe**), sind alle Verträge einzeln kündbar. Auch wenn jedes Gruppenmitglied Mängelleistungen der anderen beseitigen muss, stehen alle Verträge selbständig nebeneinander (BAGE 26, 130) und sind nicht durch gruppeninterne Vereinbarungen miteinander verbunden. 119

e) Stellvertretung ist auf beiden Seiten nach § 164 zulässig. Die ordentliche Kündigung ggü einem **Kapitän** oder Schiffsoffizier auf Kauffahrteischiffen, die die Bundesflagge führen, muss nach § 65 III SeeArbG der Reeder selbst aussprechen. Die Erklärung des Stellvertreters kann vertragl von einer Zustimmung des Vollmachtgebers abhängig gemacht bzw in bestimmten Fällen ausgeschlossen werden (BAG DB 1976, 441). Solche Vereinbarungen können Bestandteil des Dienstvertrags mit dem Gekündigten sein (BAG DB 1976, 441) oder im Innenverhältnis zw Vertreter und Vollmachtgeber getroffen werden; im letzteren Fall ist durch Auslegung zu ermitteln, ob die Vereinbarung zugleich die Vertretungsmacht ggü dem Gekündigten beschränkt (BAGE 10, 122: bejaht bei fristloser Entlassung eines KG-Prokuristen, wenn Zustimmungsvorbehalt den Kommanditisten vor Eigenmächtigkeiten des Komplementärs schützen soll). Die Vorbehalte gelten nicht, wenn der Vertretene auf unabsehbare Zeit an der Wahrnehmung seiner Rechte **verhindert** ist (BAG DB 1976, 441; BGHZ 12, 340). 120

121 **General- oder Handlungsvollmacht** nach § 54 HGB umfassen auch die Ermächtigung, Dienstverträge innerhalb eines Handelsgewerbes zu kündigen. Regelmäßig ist die Bevollmächtigung **formlos wirksam.** Vorlage der **Vollmachtsurkunde** ist zur Vermeidung des Zurückweisungsrechts **nach § 174 S 2 entbehrlich,** wenn **der Vollmachtgeber** den Adressaten auf anderem Wege unterrichtet; der eigene Hinweis des Kündigenden auf seine Vertreterstellung reicht nicht. Die eingetragene und bekannt gemachte **Prokura** muss der Dienstverpflichtete gegen sich gelten lassen, auch wenn sie nicht im Betrieb bekannt gemacht ist und der Kündigende nicht gem § 51 HGB mit Zusatz zeichnet; § 15 Abs III HGB. Mitteilung kann auch im **Arbeitsvertrag** erfolgen (MüKo/*Hesse* vor § 620 Rn 92), doch soll dafür die bloße Funktionsbezeichnung („Objektleiter/Niederlassungsleiter") nicht ausreichen, da die Berufung auf diese Stelle ein bloß interner Vorgang sei (so BAGE 137, 347; zweifelhaft; krit auch *Köhler* EWiR 2011, 771); Andeutung im (letztlich nicht unterschriebenen) Arbeitsvertragsentwurf reicht nicht (BGH NJW 2020, 1456). Aushang am „Schwarzen Brett" reicht nicht, wenn dieser Kommunikationsweg nicht üblich oder vereinbart ist (LAG Nds NZA-RR 2011, 22). Als Mitteilung an die Belegschaft genügt die **Bestellung zum Personalleiter** (BAG NJW 2021, 3138; NZA 2015, 159; das gilt auch, wenn der Personalleiter zugleich Prokurist ist, aber nur über Gesamtprokura verfügt, BAG NJW 2014, 3595; zur Generalhandlungsvollmacht vgl BAG DB 2008, 2641), auch wenn die Vollmacht des Personalabteilungsleiters im Innenverhältnis eingeschränkt ist (BAG DB 1993, 541), oder das Verschaffen einer ähnl Stellung, die entweder **üblicherweise zur Kündigung berechtigt** (BAG NZA 1998, 699) oder als solche bekannt ist (BAG ZTR 2011, 113), aber nicht eine solche zum Personalsachbearbeiter (BAG AP 2 § 174) oder zum Referatsleiter innerhalb der Personalabteilung einer Behörde (BAG BB 1998, 539).

122 **Mangels Kenntnis** ist zur Vermeidung einer Zurückweisung Vorlage der **Vollmachtsurkunde** erforderlich. Unzureichend sind beglaubigte Abschriften (BAG NZA 2011, 683, 686; BB 1981, 1182; BGH MDR 1981, 664, oder Fax- bzw Fotokopien, LAG Düsseldorf NZA 1995, 994). Das **Dienstsiegel einer Gemeinde** steht einer Vollmachtsurkunde nicht gleich (BAG NZA 1997, 1343; noch aM BAGE 59, 93), da es nichts über die Berechtigung zur Fertigung der Urkunde besagt. Eine Vollmachtsvorlage bei der Kündigung eines **angestellten Rechtsanwalts** ist entbehrlich, wenn der kündigende Rechtsanwalt eine Kanzlei selbständig so betreibt, dass die anderen im Briefkopf der Kanzlei aufgeführten Anwälte auf die tägliche Arbeit und die Personalentscheidungen erkennbar keinen Einfluss nehmen (BAG DB 1997, 1186). Führt der **Gesamtvollstreckungsverwalter** den Betrieb längere Zeit fort und beschäftigt den Personalleiter in gleicher Funktion weiter, so ist bei einer Kündigung durch diesen die Vollmachtsvorlage entbehrlich (BAG NZA 1998, 699). Bei **Gesamtvertretungsmacht** muss das Kündigungsschreiben auch vom anderen Gesamtvertreter unterzeichnet werden, und auch die Ermächtigung des anderen muss nachgewiesen werden (BAG DB 1981, 1044). Der Empfänger kann die Kündigung nach § 174 S 1 **unverzüglich zurückweisen** (allg zur Unverzüglichkeit, § 121 Rn 3f; § 174 Rn 10). Eine angemessene Zeitspanne zur Überlegung und zur rechtl Beratung wird zugebilligt (BAG AP 2, 3 § 174). Zurückweisung mehr als eine Woche nach der tatsächlichen Kenntnis des Empfängers von der Kündigung und der fehlenden Vorlegung der Vollmachtsurkunde ist nicht unverzüglich (BAGE 140, 64). Auf **gesetzliche oder organschaftliche** Vertretungsmacht findet § 174 keine Anwendung, die Vorschrift gilt aber analog für die **rechtsgeschäftliche Änderung** gesetzl Vertretungsregeln wie bei Kündigung durch den – abw von §§ 709, 714 – allein vertretungsberechtigten Gesellschafter im Namen der GbR (BGH NJW 2020, 1459; 2002, 1194).

123 **Jur Personen des Privatrechts** kündigen grds durch ihre gesetzl Vertreter; nur wenn deren Mitglieder entlassen werden sollen, bestehen gesetzl Sonderzuständigkeiten. **AG-Vorstandsmitglieder** entlässt der **Aufsichtsrat** (§ 112 AktG), **Vorstände einer eG** der Aufsichtsrat bzw ein Bevollmächtigter der Generalversammlung, den **Aufsichtsrat einer eG** ein Bevollmächtigter der Generalversammlung oder diese selbst (§ 39 GenG; eine vorläufige Amtsenthebung von Vorstandsmitgliedern kann der Aufsichtsrat vornehmen, § 40 GenG; BAGE 29, 158), **GmbH-Geschäftsführer** die **Gesellschafterversammlung** (§ 46 Nr 5 GmbHG und BGH MDR 1969, 213) bzw wenn vorhanden, ebenfalls der Aufsichtsrat, vgl § 52 GmbHG iVm § 112 AktG. Die Kündigungsbefugnis des Geschäftsführers einer GmbH kann durch den Gesellschaftsvertrag eingeschränkt sein (BAGE 88, 177). Sind die gesetzl, satzungsgemäßen oder vertragl Zuständigkeits- und Zustimmungsvorbehalte gewahrt, hängt die Wirksamkeit der Kündigung nicht von Mängeln in der vorausgehenden Willensbildung ab (BAGE 2, 207).

124 Zur Kündigung **minderjähriger** Dienstnehmer s § 113 Rn 9.

125 **Jur Personen des öffentlichen Rechts** erklären auch Kündigungen durch ihre gesetzl Vertreter. Im **Gemeinderecht** bestehen allerdings Besonderheiten. **Selbständige Dienstverträge kündigt** auch hier der allg Vertreter. Das ist in den **Gemeinden** der (Ober-)Bürgermeister oder der Gemeindevorstand, in Kreisen der Landrat, s die Gemeinde- und Kreisordnungen der Länder.

126 Sondervorschriften regeln die Kündigung von **Arbeitsverträgen.** Willensbildung und Erklärung liegen hier häufig in verschiedenen Händen. In **Gemeinden** liegt die **Erklärungskompetenz** beim (Ober-)Bürgermeister (ggf zusammen mit dem Vorsitzenden der Gemeindevertreter; anstelle des Bürgermeisters kann auch der Amtsdirektor handeln). Beschließen muss die Kündigung entweder der Gemeinderat (im Einvernehmen mit dem [Ober-] Bürgermeister), der Hauptausschuss im Einvernehmen mit dem Bürgermeister, der (Ober-)Bürgermeister oder der Gemeindevorstand; s die Gemeindeordnungen der Länder.

127 Für die **Kreise** muss regelmäßig der Landrat die Kündigung **erklären**, Beschlussfassung liegt regelmäßig beim Kreistag oder Landrat; s die (Land-)Kreisordnungen der Länder. Zur Kündigung eines Angestellten durch die Kommunalaufsicht *Schnapp/Rauert* JuS 1986, 631; *Gronimus* JuS 1987, 424.

Hat ein **gesetzl nicht ermächtigter Amtsträger** die Kündigung erklärt, ist sie wegen fehlender Vertretungsmacht unwirksam, auch wenn die Beschlussfassung korrekt war (BAG AP 7 § 125); eine Heilung durch nachträgl Genehmigung gem §§ 177, 180 S 2 ist möglich (BAGE 51, 314). Ist das zuständige Beschlussorgan nicht beteiligt worden, ist die Kündigung ohne Heilungsmöglichkeit unwirksam. Kündigungsberechtigter ist nur, wer über die Entlassung entscheidet, und nicht, wer die Erklärung nach außen abzugeben hat (BAG AP 1 § 54 BAT; AP 1 Art 38 GO Bay). Dasselbe gilt, wenn der Ausführende zwar gleichzeitig die Kündigung beschließen kann, aber an die Zustimmung eines anderen gebunden ist; insoweit sind die Grundsätze aus BAGE 10, 122 übertragbar. Nur in dringenden Eilfällen fallen unter den Voraussetzungen der entspr kommunalrechtl Bestimmungen Beschluss- und Erklärungskompetenz zusammen (BAG AP 1 § 54 BAT). Diese Notzuständigkeit kommt bei ordentlichen Kündigungen nicht in Betracht, bei außerordentlichen nur, wenn jede Weiterarbeit mit Gefahren für den Dienstgeber verbunden ist, und nicht, wenn der Kündigungsgrund sich erst nach längerer Zeit nachträgl herausstellt (BAG aaO), erst recht nicht, wenn das Kündigungsorgan die rechtzeitige Beschlussfassung versäumt (BAG AP 1 Art 38 GO Bay). Auch Unruhe in der Belegschaft durch unentschuldigtes Fehlen des Gekündigten genügt nicht (BAG AP 1 § 78 PersVG Nds). 128

Vollmachtlose Vertreter können gem § 180 S 1 und 3 grds weder wirksam kündigen noch eine Kündigung entgegennehmen. Lässt der andere Vertragsteil die behauptete Vertretungsmacht unbeanstandet oder ist er mit dem Handeln ohne Vertretungsmacht einverstanden, wird die Kündigung durch Genehmigung des Vertretenen geheilt, § 180 S 2, § 177 (vgl BAG AP 1 § 180). Rückwirkung gem § 184 wird der Genehmigung aber nur beigemessen, wenn sie innerhalb der Kündigungsfrist erfolgt (BAG AP 1–3 § 184; Staudinger/*Oetker* Vor § 620 Rn 167), bei § 626 innerhalb der Ausschlussfrist von Abs II (BAGE 51, 314). Die ggü dem Vertreter ohne Vertretungsmacht erklärte Kündigung kann der Vertretene unter entspr Voraussetzungen genehmigen, § 180 S 2, 3, § 177. 129

Erteilt der Erklärende **Gesamtvertretungsmacht**, sind Urkunden bzw Mitteilungen gem § 174 für alle Bevollmächtigten erforderlich (BAG DB 1981, 1044), besteht sie auf der Seite des Erklärungsempfängers, genügt es, wenn die Kündigung einem von ihnen zugeht (BAG AP 1 § 78 BetrVG 1972; AP 4 § 15 BBiG; Erfk/*Müller-Glöge* Rn 55). 130

Die **Prozessvollmacht** nach § 81 ZPO umfasst Kündigungen, wenn sie im Prozess zu erklären sind (vgl BGHZ 31, 209; BAG AP 2 § 81 ZPO). Dazu gehört die auf den streitbefangenen Sachverhalt gestützte Nachkündigung, um Erklärungsmängel oÄ zu beheben (BAG aaO), außerprozessuale Kündigungen aber nur, wenn sie das Ergebnis des anhängigen Streitverfahrens beeinflussen, zB eingeklagte Vergütungsansprüche begrenzen (BAG aaO) oder wenn der Vollmachtgeber die Prozessvollmacht entspr erweitert (MüKo/*Hesse* Vor § 620 Rn 95; Staudinger/*Oetker* Vor § 620 Rn 173). 131

3. Kündigungserklärung. a) Zugang. Als **einseitige, empfangsbedürftige** Willenserklärung wird die Kündigung wirksam, wenn sie dem Vertragspartner bzw dessen Vertreter zugeht (Einzelheiten zum Zugang § 130 Rn 5; zum Ehegatten als Empfangsboten vgl BAGE 138, 127). Von den allg Regeln abw Parteivereinbarungen sind unzulässig, soweit sie im Erg die gesetzl Mindestkündigungsfrist verkürzen. Zur Kündigung bei Ortsabwesenheit des Empfängers vgl § 130 Rn 11; zum Zugang bei Untersuchungs- oder Auslieferungshaft im Ausland BAG DB 1989, 2619 und bei Kündigung durch Einschreiben BAG EzA 27 § 130 m Anm *v Hoyningen-Huene*. Beim „Einschreiben Übergabe" oder „Einschreiben Einwurf" begründet der Auslieferungsbeleg, der Übergabe oder Einwurf dokumentiert, den Anscheinsbeweis für den Zugang des Schreibens (aA *Bauer/Diller* NJW 1998, 2795). Allerdings ist gesondert zu beweisen, dass es eine Kündigung enthielt. Bei Rücksendung des nicht abgeholten Schreibens liegt (schon materiell-rechtl) kein Zugang vor. Allg zum Einwurf-Einschreiben *Neuvians/Mensler* BB 1998, 1206; *Hohmeister* BB 1998, 1477; *Walk/Lipke* AuA 2008, 346. Zugang liegt auch vor, wenn die Kündigung in den Machtbereich eines ArbN gelangt, der der dt **Sprache** nicht oder nur unzureichend mächtig ist (BAGE 58, 9 und DB 1989, 2619, s iÜ § 130 Rn 10). 132

b) Inhalt. aa) Grundsätze. Ordentliche Kündigung. Die Erklärung braucht nicht ausdrückl als Kündigung bezeichnet zu sein (§ 133), muss aber aus der Sicht des Empfängers (BAG MDR 1956, 394) anhand der gesamten Umstände **zweifelsfrei** erkennen lassen, dass eine einseitige künftige Beendigung des Dienstverhältnisses gewollt ist (BAGE 119, 311; BAG NZA 2017, 502 Rn 63) und nicht nur Freistellung oder unbezahlte Beurlaubung. Unklarheiten gehen zulasten des Kündigenden (BAG DB 1959, 892; LAG Nürnberg BB 1994, 1290), der Erklärungsempfänger muss aber die etwa fehlende sprachliche Gewandtheit des Kündigenden berücksichtigen (ArbG Wilhelmshaven ARST 81, 95). Der Beendigungswille des **Dienstpflichtigen** folgt **zB** aus seiner Erklärung, er mache nicht mehr mit und komme morgen nicht mehr (LAG München ABl BayArbM 62 C 56), er verlange seine Papiere (ArbG Stade PraktArbR 1959 KSchG § 1 I Nr 80, 229, 255), der ArbGeb solle „seinen Dreck alleine machen" und der darauf folgende Einstellung der Arbeit (LAG Düsseldorf PraktArbR 1959 KSchG § 1 I Nr 169), der Erklärung einer Schwangeren, die Arbeit wegen ihrer bevorstehenden Niederkunft aufgeben zu müssen (ArbG Lübeck PraktArbR 1959 § 1 I KSchG Nr 8), selbst aus dem Unterlassen der Gesundmeldung nach längerer Arbeitsunfähigkeit (ArbG Wilhelmshaven ARSt 75, 15), erst recht dem Nichterscheinen zur Arbeit unter Übersendung der Betriebsschlüssel, wenn der Dienstberechtigte zuvor seine Trennungsabsicht bekundet hat (aA ArbG Wilhelmshaven ARST 79, 111); dagegen genügt **nicht** die Äußerung einer Schwangeren, nach ihrer Entbindung zum Ende der Mutterschutzfrist aufhören zu wollen (nur Absichtserklärung, LAG BW DB 1969, 931f), auch nicht die vorübergehende Arbeitseinstellung (MüKo/*Hesse* Vor § 620 Rn 87) oder die Äußerung eines bedingten Abkehrwillens (LAG Düsseldorf LAGE 1 § 611 Aufhebungsvertrag) oder das bloße Verlassen des Arbeitsplatzes, selbst wenn es den Abschluss einer Auseinandersetzung zw den Arbeitsvertragsparteien bildet und selbst wenn 133 der ArbGeb im Vorhinein erklärt hat, ein solches Verhalten werde als fristlose Kündigung aufgefasst (LAG Köln LAGE 5 Kündigungserklärung).

134 Der Beendigungswille des **Dienstberechtigten** ergibt sich aus der Ablehnung aller weiteren Dienste (BAG AP 18 § 611 Urlaubsrecht; LAG München ABl BayArbM 67 C 46), der Erklärung, die Weiterbeschäftigung habe keinen Zweck mehr (ArbG Osnabrück PraktArbR 1959 § 1 I KSchG Nr 47), der Verweisung von der Arbeitsstelle (LAG Frankfurt PraktArbR 1959 § 1 I KSchG Nr 16), der Aufforderung „geht heim" oder „verschwindet" im Handwerksbetrieb (LAG München ABl BayArbM 1968 C 35), der Aufforderung, der Dienstnehmer solle sich seine Papiere geben lassen (LAG BW DB 1961, 1620), deren Übergabe (LAG Hamburg PraktArbR 1959 § 1 I KSchG Nr 13), einem Hausverbot (LAG Freiburg ARST VI Nr 441), der Mitteilung, er betrachte den Vertrag als gelöst (BAG MDR 1956, 394) oder das Arbeitsverhältnis als erloschen (LAG Frankfurt PraktArbR 1959 § 1 I KSchG Nr 228; anders LAG Berlin NZA 1992, 365, 367 betr Mitteilung der Beendigung des Arbeitsverhältnisses durch den Einigungsvertrag), der Übersendung des Zeugnisses (LAG Düsseldorf PraktArbR 1959 § 1 I KSchG Nr 22), der Aufforderung, mit der Arbeit auszusetzen, aber nur ggü Aushilfen, sofern der Wegfall des Aushilfsbedürfnisses feststeht (LAG Düsseldorf BB 1957, 1072). **Nicht** genügen das Hinausweisen aus dem Zimmer (ArbG Essen WA 1963, 179), die Berufung auf eine auflösende Bedingung (BAG DB 1992, 896), die Erklärung, mit dem Dienstpflichtigen nur noch schriftlich zu verkehren (ArbG Husum WA 1964, 66), die Androhung oder Ankündigung der Entlassung mit der Erklärung, der Dienstpflichtige könne anderenfalls jederzeit gehen (ArbG Emden WA1965, 106; LAG Düsseldorf DB 1967, 1048), die Erklärung, der ArbN müsse aus seinem Fehlverhalten die gebotenen Konsequenzen ziehen (LAG Düsseldorf PraktArbR 1959 § 1 I KSchG Nr 80), oder die Aufforderung, wegen bevorstehender Betriebsschließung eine andere Stelle zu suchen (LAG BW DB 1967, 1139), die bloße „Bitte", der ArbN möge sich ab einem bestimmten Termin arbeitslos melden, ggf verbunden mit der Inaussichtstellung der Wiedereinstellung bei besserer Auftragslage (LAG Hamm AP 8 Kündigungserklärung), sowie vertragswidrige Versetzungen (LAG Frankfurt AuR 1966, 92) und das Angebot eines schlechter bezahlten Arbeitsvertrags in dem Glauben, der alte Vertrag sei erloschen, ebenso wenig die Erklärung des ArbGeb, er habe keine Arbeit, der Dienstpflichtige solle sein Geld beim Arbeitsamt holen (ArbG Celle ARST 79, 1132). Die **Bestätigung** des ArbGeb einer angeblichen mündlichen Kündigung des ArbN ist nicht als Kündigung auszulegen (LAG Köln NZA-RR 2006, 642). Zur Abgrenzung der Kündigung von der **Suspendierung** LAG Hamm AP 8 Kündigungserklärung.

135 Die Erklärung der **„Anfechtung"** kann schon als Kündigung zu verstehen sein (§ 133); jedenfalls lässt sie den Beendigungswillen erkennen und kann daher, wenn die Anfechtung nicht ausgeschlossen ist, in eine Kündigung umgedeutet werden (s auch Rn 144). Eine unwirksame Kündigung kann dagegen wegen der weiterreichenden Rechtsfolgen (§ 142 I) nicht in eine Anfechtung umgedeutet werden (BAG BB 1975, 1638). Wegen der weiterreichenden Rechtsfolgen scheidet auch die Umdeutung einer unwirksamen Versetzung des ArbN in den einstweiligen Ruhestand in eine Kündigung aus (BAGE 129, 265).

136 Bei einer **ordentlichen Kündigung** muss sich grds aus der Kündigungserklärung ergeben, zu welchem Zeitpunkt das Arbeitsverhältnis beendet werden soll (im Einz BAGE 135, 255). Dafür genügt regelmäßig die Angabe des Kündigungstermins oder der Kündigungsfrist. Eine Kündigung zum nächstzulässigen Termin ist möglich, wenn dem Empfänger die Dauer der Kündigungsfrist bekannt oder für ihn bestimmbar ist (BAG NJW 2016, 1117 Rn 15f; 2014, 3533 Rn 17f mwN).

137 **bb)** Bei einer **außerordentlichen Kündigung** ist neben dem Beendigungswillen **zusätzl** klarzustellen, dass das Dienstverhältnis aus **wichtigem Grund** enden soll. Der angegebene Grund darf sich nicht auf die Unzufriedenheit mit den Leistungen des Vertragspartners beschränken (BAGE 37, 267). Klarstellung ist auch erforderlich, wenn die ordentliche Kündigung ausgeschlossen ist (BAGE 33, 220), und erst recht, wenn die Kündigung anhand der Fristen nicht von einer ordentlichen zu unterscheiden ist, weil der Kündigende trotz wichtigen Grunds freiwillig eine Auslauffrist gewährt oder auch die ordentliche Kündigung entfristet zulässig ist (BAGE 33, 220). In solchen Fällen genügt die Bezeichnung als sofortige oder fristlose Entlassung nicht (zu allg daher BAG 37, 267).

138 **c) Form.** Die Kündigung von Dienstverhältnissen, welche keine Arbeitsverhältnisse sind, ist grds formlos möglich (ErfK/*Müller-Glöge* Rn 52). Für die Kündigung von Arbeitsverhältnissen gilt § 623, s dort.

139 **d) Begründung.** Eine Pflicht zur Angabe eines Kündigungsgrunds in der schriftlichen Kündigungserklärung besteht grds **nicht** (BAG ZMV 2005, 152); vgl § 626 II 3; § 1 III 1 Hs 2 KSchG. Ausnahmen: § 22 III BBiG; § 17 II 2 MuSchG. Eine einzelvertragl vereinbarte Begründungspflicht ist möglich (BAG DB 2013, 1305; ErfK/*Müller-Glöge* Rn 68).

140 **e) Anfechtbarkeit.** Als Willenserklärung ist die Kündigung nach den §§ 119, 120, 123 anfechtbar (BeckOGK/*Sutschet* Rn 239ff). Hat der ArbN gekündigt, um einer vom ArbGeb angedrohten **Entlassung zuvorzukommen**, kann er sich auf § 123 I Alt 2 (nur) berufen, wenn ein verständiger ArbGeb eine Kündigung nicht in Betracht gezogen hätte (entscheidend ist, ob eine widerrechtl Zweck-Mittel-Relation besteht; vgl BAG NZA 1996, 875; LAG Hamm 27.5.2011 – 10 Sa 1921/10). Die Drohung mit fristloser Kündigung ist nicht widerrechtl, wenn aus Sicht des ArbGeb ein wichtiger Grund iSd § 626 vorliegt. Darauf, ob die angedrohte Kündigung im Prozess Bestand gehabt hätte, kommt es nicht an (BAGE 32, 194; BAG DB 1970, 548; 1960, 956). Gleiches gilt bei angedrohter ordentlicher Kündigung durch den ArbGeb, wenn dieser eine Rechtfertigung nach § 1 KSchG annimmt (BAG NZA 1992, 1023). Die Androhung der Kündigung durch den ArbGeb muss für die vom ArbN abgegebene Kündigungserklärung kausal gewesen sein. Kausalität kann idR auch noch bei einer dem ArbN eingeräumten Bedenkzeit gegeben sein; sie scheidet aber aus, wenn der ArbN die Bedenkzeit nutzt, um die zw den Vertragspar-

teien getroffene Vereinbarung durch aktives Verhandeln – insb durch neue eigene Angebote – erheblich zu seinen Gunsten zu beeinflussen (LAG Hamm 27.5.2011 – 10 Sa 1921/10). Der **Irrtum** des Dienstverpflichteten über die mit einer Eigenkündigung verbundenen **Rechtsfolgen** (Verlust des Kündigungsschutzes nach § 1 KSchG, § 17 MuSchG usw) ist kein Anfechtungsgrund iSv § 119 (BAGE 57, 13), auch wenn die ArbN von ihrer Schwangerschaft noch nichts wusste (BAG DB 1992, 1529). Eine Anfechtung wegen Erklärungsirrtums nach § 119 I ist ausgeschlossen, wenn ein ArbN eine Urkunde ungelesen unterzeichnet (LAG Hamm 27.5.2011 – 10 Sa 1921/10).

f) Widerruf. Bis zum Zugang (§ 130 I 1) kann der Kündigende seine Erklärung nach § 130 I 2 einseitig widerrufen. Die verbraucherschützenden Widerrufsrechte (§§ 355, 312b, 312g) finden auf die einseitige Gestaltungserklärung (zum Aufhebungsvertrag Rn 187, § 623 Rn 10) keine Anwendung (vgl BAG NZA-RR 2012, 129; ErfK/*Müller-Glöge* Rn 14; BeckOGK/*Sutschet* Rn 237f). Bei unwirksamer Kündigung stellt ein späterer Widerruf nur die ohnehin geltende Fortdauer des Vertrags klar und fordert ggf zur Wiederaufnahme der Dienste auf. Der ArbN kann aber die Wirkung der §§ 13, 7 KSchG eintreten lassen (KR/*Klose* § 4 KSchG Rn 84; SPV/*Preis* Rn 149). 141

Die **rechtmäßige** Kündigung hat unmittelbare **Gestaltungswirkung** (BAG NZA-RR 2013, 609; AP 22 § 1 KSchG). Die **„Rücknahme"** der wirksamen Kündigungserklärung durch den Kündigenden ist ein Angebot entweder auf Abschluss eines geänderten oder auf einvernehmliche Fortsetzung des alten Vertrags (BAG aaO; KR/*Klose* § 4 KSchG Rn 85ff; s auch LAG Rh-Pf 14.6.2012 – 11 Sa 42/12: interne Zusagen ggü Drittem ist kein Weiterbeschäftigungsangebot). Die Vereinbarung nach Ablauf der Kündigungsfrist verlängert das Arbeitsverhältnis in aller Regel rückwirkend (BAG aaO; SPV/*Preis* Rn 152). Ausschluss der Rückwirkung setzt eindeutige Zusatzvereinbarung voraus und begründet vom Zeitpunkt des Inkrafttretens an einen neuen Dienstvertrag. 142

Erklärt der Kündigende, er nehme die Kündigung zurück, sind die Kündigungsgründe **verbraucht**, können also eine zweite Kündigung nicht rechtfertigen, sondern nur **neue** ähnl gelagerte Gründe **unterstützen** (BAG aaO). Auch nach Erhebung der Kündigungsschutzklage kann die Kündigung nur einvernehmlich „zurückgenommen" werden. Die entspr Erklärung des ArbGeb ist idR kein förmliches Anerkenntnis nach § 307 ZPO (BAG NZA 2018, 1127 Rn 38; LAG Hamm 9.6.1981 – 13 Sa 69/81; ErfK/*Müller-Glöge* Rn 75; KR/*Klose* § 4 KSchG Rn 90), sondern das Angebot, den Vertrag zu den alten Bedingungen fortzusetzen (BAG DB 1983, 663). Der ArbN kann nach §§ 145ff annehmen oder ablehnen (zB durch Auflösungsantrag nach § 9 KSchG); er hat durch die Klageerhebung nicht im Voraus die Annahme erklärt (BAG AP 22 § 1 KSchG; KR/*Klose* § 4 KSchG Rn 91; SPV/*Preis* Rn 159), andernfalls könnte ihm der ArbGeb entgegen den §§ 9, 12 KSchG durch seine Erklärung die Möglichkeit des Auflösungsvertrags abschneiden. Mit der Annahme durch den ArbN ist der Feststellungsantrag in der Hauptsache erledigt; es entfällt das Rechtsschutzbedürfnis (ArbG Siegen DB 1985, 974f; LAG Schl-Holst DB 1986, 2334, MüKo/*Hergenröder* § 4 KSchG Rn 81). 143

g) Die **Umdeutung** einer unwirksamen Kündigung nach § 140 in ein anderes Rechtsgeschäft ist möglich. Dieses muss allerdings obj schon in der Kündigung enthalten sein und darf keine weiterreichenden Rechtsfolgen verursachen (vgl Rn 135, § 140 Rn 11, § 626 Rn 26; MüKo/*Hesse* Vor § 620 Rn 126ff). Dementspr kann eine unzulässige ordentliche Kündigung nicht nach § 140 in eine außerordentliche Kündigung umgedeutet werden, wenn aus der Kündigungserklärung selbst nicht wenigstens der mutmaßliche Wille des Kündigenden hervorgeht, dass jedenfalls vorsorglich oder hilfsweise auch eine außerordentliche Kündigung mit sozialer Auslauffrist gewollt ist (vgl BAG NZA-RR 2011, 75 [offenlassend]; zum umgekehrten Fall BAG DB 2010, 2508; AP 217 § 626; zur Umdeutung einer außerordentlich fristlosen in eine außerordentliche Kündigung mit sozialer Auslauffrist s BAG BB 2004, 2303). Ergibt die Auslegung der Kündigungserklärung, dass der ArbGeb die ausgesprochene Kündigung nur zu dem erklärten Zeitpunkt gegen sich gelten lassen will (BAGE 116, 336: wenn der Termin ausnahmsw „integraler Bestandteil der Willenserklärung" ist), besteht für eine Umdeutung kein Raum, weil der notwendige Wille des ArbGeb, eine fristwahrende Kündigung auszusprechen, nicht anzunehmen ist. In diesem Fall muss die Kündigung in der Frist von § 4 S 1 KSchG angegriffen werden (BAG aaO), andernfalls gilt die Kündigung nach § 7 KSchG als wirksam (BAGE 135, 255). 144

4. Ort und Zeitpunkt der Kündigung. Falls in Tarifvertrag, Betriebsvereinbarung oder Einzelvertrag nichts anderes vereinbart ist, kann die Kündigung **jederzeit** (jedoch nicht zur **Unzeit**, etwa unter Missachtung der Würde des Kündigungsempfängers, s Rn 168; bei außerordentlicher Kündigung nur gem § 626 II) und an **jedem Ort** erfolgen, auch außerhalb der Arbeitszeit, am 24.12. (BAG DB 1985, 2003) sowie an Sonn- und Feiertagen. Grds braucht der ArbGeb auch auf einen bevorstehenden **Urlaub** des ArbN keine Rücksicht zu nehmen; Urlaub und Kündigungsfrist können zeitl zusammenfallen (BAG AP 3, 215). Nur bei sehr kurzen Kündigungsfristen (Baugewerbe) kann die Fürsorgepflicht gebieten, so frühzeitig zu kündigen, dass die Frist noch während der Beschäftigungszeit läuft (BAG AP 3, 215), damit der anschließende Erholungsurlaub nicht durch die Stellensuche beeinträchtigt wird. Das gilt aber nicht, wenn der ArbN auch nach Kündigungszugang auf einem Urlaub während der Frist besteht (BAG AP 3, 215). 145

Zulässig ist auch die Kündigung **vor Dienstantritt** (BAGE 16, 204; 26, 71; 31, 121; BAG DB 1986, 1781; SPV/*Preis* Rn 141ff; Staudinger/*Oetker* Vor § 620 Rn 161; KR/*Spilger* § 622 Rn 148; BeckOGK/*Sutschet* Rn 217ff; idR kein Schadensersatz wegen Insertionskosten BAG DB 1984, 1731), gleichgültig, ob ordentlich oder außerordentlich (so zum Unterrichtsvertrag AG Göppingen NJW 1981, 1675). Für den vereinbarungsgemäß kündbaren befristeten Arbeitsvertrag besteht keine Ausnahme (BAGE 33, 220). Die Kündigung vor Dienstantritt ist kein unzulässiger Rücktritt; denn sie wirkt nur in die Zukunft (BGHZ 73, 350 betr Miete). Es gibt **keine Erfahrungsregel**, dass das Kündigungsrecht vor Dienstantritt stets ausgeschlossen sein soll (BAGE 31, 121). Die **Abbedingung** des 146

Kündigungsrechts vor Dienstantritt muss ausdrückl oder konkludent vereinbart werden; die Aufgabe der bisherigen Erwerbstätigkeit reicht nicht. Genügen können eine zugesagte Lebensstellung, die Vereinbarung einer Vertragsstrafe für den Fall des Nichtantritts (LAG Frankfurt DB 1981, 533; SPV/*Preis* Rn 143) oder Abwerben aus sicherer Stellung; ein Umzug allenfalls, wenn vom kündigenden Teil veranlasst (vgl BAG DB 1986, 1781). Ein Ausschluss erfasst im Zweifel **nicht** die **außerordentliche** Kündigung. Die Frist nach § 626 II ließe anderenfalls wichtige Kündigungsgründe verfallen und zwänge den Kündigungsberechtigten in ein unzumutbares Dienstverhältnis. Von der grds Zulässigkeit zu unterscheiden ist die Frage, zu welchem Zeitpunkt die Kündigung vor Dienstantritt als Willenserklärung wirksam wird (entspr verschiebt sich dann der Ablauf einer evtl Kündigungsfrist, s BAG NZA 2006, 1207; dazu auch *Joussen* NZA 2002, 1177). Der einseitige Ausschluss des arbeitnehmerseitigen Kündigungsrechts vor Dienstantritt verstößt gegen § 622 VI und ist daher unwirksam (vgl LAG Hamm DB 1989, 1191 zu § 626 V aF).

147 **5. Besonderheiten bei der Kündigung von Arbeitsverträgen.** Kündigt der ArbN, bestehen keine Besonderheiten ggü der Kündigung eines selbständigen Dienstvertrags. Die vom ArbGeb erklärte Kündigung ist dagegen an zahlreiche weitere Voraussetzungen gebunden, in vielen Fällen ist sie sogar auf die außerordentliche Kündigung aus wichtigem Grund beschränkt.

148 **a) Ultima Ratio.** Die Beendigung des Arbeitsverhältnisses kommt für den ArbGeb erst in Betracht, wenn alle anderen Möglichkeiten ausgeschöpft sind, zB Ausübung des Weisungsrechts (vorrangig vor Änderungskündigung, BAG NZA 2016, 1461), Versetzung oder Änderungskündigung oder, bei Kündigung wegen Fehlverhaltens, erfolglose Abmahnung (zur Abmahnung s § 626 Rn 52ff). Zur Druckkündigung s § 626 Rn 124.

149 **b) Kündigungsschutz gegen die ordentliche Kündigung. Soziale Rechtfertigung:** Die Entlassung jedes ArbN, der über sechs Monate ununterbrochen in demselben Betrieb/Unternehmen beschäftigt war, muss sozial gerechtfertigt sein, § 1 I **KSchG**, sofern der Betrieb regelmäßig mehr als fünf bzw zehn ArbN beschäftigt gem § 23 I 2, 3 KSchG (Beweislast ArbN, BAG NZA 2017, 859 Rn 12). Es gilt der nationale, nicht der unionsrechtl ArbN-Begriff; GmbH-Geschäftsführer können daher nur „in extremen Ausnahmefällen" als ArbN anzusehen sein (BAG NZA 2021, 857); für sie kann aber die Anwendbarkeit des KSchG vereinbart werden (BGH DB 2010, 1518). Zur Wartezeit des § 1 I KSchG s BAG NZA 1999, 314. Der Kündigungsgrund kann nur in der Person des Entlassenen, seinem Verhalten oder in dringenden betrieblichen Erfordernissen liegen, die einer Weiterbeschäftigung entgegenstehen. Zu dieser grundlegenden Regelung s Komm in KR/*Rachor* § 1 KSchG Rn 1ff; Komm zum KSchG von *Linck/Krause/Bayreuther*; *Löwisch/Spinner*, KSchG. Nach § 4 KSchG (Einzelheiten §§ 5–7 KSchG) muss die Unwirksamkeit jeder Kündigung, gleich aus welchem Grund, binnen drei Wochen nach Zugang der Kündigung durch Klage geltend gemacht werden. Dies gilt jedoch nicht für die Eigenkündigung des ArbN (BAG NJW 2017, 3800 Rn 14ff). Zum **Kündigungsschutz außerhalb des KSchG** gelten folgende Grundsätze: Die Kündigung darf nicht willkürlich sein, es muss ein gewisses Maß an sozialer Rücksichtnahme gewahrt sein und das Vertrauen des ArbN in den Fortbestand des Arbeitsverhältnisses darf nicht unberücksichtigt bleiben (BVerfGE 97, 169; s auch Rn 166).

150 **aa)** Maßgeblicher **Zeitpunkt für die Beurteilung** der Wirksamkeit einer Kündigung ist der Zugang der Kündigungserklärung (st Rspr, BAG NZA 2015, 612; 2008, 357; 1998, 254 und hM; *Belling* RdA 1996, 223, 237). Zu diesem Zeitpunkt muss der Kündigungsgrund (§ 1 KSchG, § 626) vorliegen. Das spätere **Nachschieben von Kündigungsgründen** etwa im Kündigungsschutzprozess ist grds nur zulässig, wenn diese bereits bei Zugang der Kündigungserklärung bestanden haben, solange sie dem ArbGeb bei Ausspruch der Kündigung nicht bekannt waren (KR/*Rachor* § 1 KSchG Rn 256; BAG NZA 2008, 636).

151 **Nachträgliche tatsächliche Entwicklungen** (Umstandsänderungen) können die eingetretene Wirkung der Kündigung nicht mehr aufheben (SPV/*Preis* Rn 1010 mwN). Auch für die Beurteilung einer krankheitsbedingten Kündigung ist allein auf den Zeitpunkt des Zugangs des Kündigungsschreibens abzustellen, die spätere Entwicklung der Krankheit ist unerheblich (BAG NZA 2015, 612; 2006, 655; 1999, 978). Ungeachtet dessen kann man, wenn der Kündigung eine Prognose zugrunde liegt, aus deren Eintritt oder Ausfall Rückschlüsse auf die Ernsthaftigkeit und Plausibilität der Prognose ziehen. ZB kann die alsbaldige Wiedereröffnung des Betriebs oder Wiederaufnahme der Produktion durch einen Betriebserwerber eine tatsächliche Vermutung gegen eine ernsthafte Stilllegungsabsicht begründen (BAG NZA-RR 2012, 465, auch zur Darlegungs- und Beweislast). Fällt der Kündigungsgrund nachträgl weg, kann dem ArbN trotz der Bestandskraft der Kündigung unter bestimmten Umständen ein **Anspruch auf Wiedereinstellung** gegen den ArbGeb zustehen (zur betriebsbedingten Kündigung BAGE 140, 169). Die Herleitung dieses Anspruchs ist umstr (ausf *Elz*, Der Wiedereinstellungsanspruch des ArbN nach Wegfall des Kündigungsgrundes, 2002); das BAG (85, 194; 91, 271; ähnl *Belling* RdA 1996, 223, 238) greift auf § 242 zurück. Ein Wiedereinstellungsanspruch kommt in Betracht, wenn der weggefallene Kündigungsgrund aus der Sphäre des ArbGeb stammt und dieser deshalb das Risiko einer Fehlprognose über die Möglichkeit einer Fortführung des Arbeitsverhältnisses (Prognoserisiko; dazu *Meinel/Bauer* NZA 1999, 575) zu tragen hat. Das ist bei der betriebsbedingten Kündigung zB der Fall, wenn entgegen der Prognose des ArbGeb der Arbeitsplatz des gekündigten ArbN aufgrund eines überraschenden Großauftrags nicht dauerhaft entfällt, nicht jedoch in Kleinbetrieben gem § 23 I 2–4 KSchG, da dort § 1 II KSchG nicht anwendbar ist (BAG NZA 2018, 436). Bei der verhaltensbedingten Kündigung besteht nie ein Wiedereinstellungsanspruch, da ein Fehlverhalten des ArbN allein aus dessen Sphäre herrührt. Unentschieden ist, ob ein Wiedereinstellungsanspruch bei positiver Prognose nach krankheitsbedingter Kündigung besteht (BAGE 98, 141). Ungeklärt ist auch, ob der Wiedereinstellungsanspruch nur bis zum Ablauf der Kündigungsfrist gegeben ist. Dafür spricht, dass nach diesem Zeitpunkt kein rechtl Band

mehr zw den Beteiligten besteht (BAGE 86, 194; abl *Zwanziger* BB 1997, 42). Das führt allerdings bei einer Massenentlassung zu einer problematischen Differenzierung, wenn der ArbGeb (oder der Betriebsübernehmer) den stillgelegten Betrieb fortführt und die Kündigungsfristen unterschiedlich laufen (BAGE 87, 221; dazu *Kania* Anm zu 1 EzA § 1 KSchG Wiedereinstellungsanspruch). Den Wiedereinstellungsanspruch wegen Betriebsübergangs erstreckt das BAG (90, 153) auch auf die Zeit nach Beendigung des Arbeitsverhältnisses (es sei denn, der Betriebsübergang findet nach Ablauf der Kündigungsfrist anlässlich einer insolvenzbedingten Kündigung statt; BAGE 110, 336; NZA 2005, 405). Der Anspruch setzt weiter voraus, dass der ArbGeb noch nicht anderweitig disponiert hat und ihm die Wiedereinstellung zumutbar ist (BAG aaO). Bei der Auswahl der wiedereinzustellenden ArbN hat der ArbGeb soziale Gesichtspunkte (Alter, Betriebszugehörigkeit, Unterhaltspflichten) zu berücksichtigen (BAGE 87, 221). Allg zum Wiedereinstellungsanspruch KR/*Rachor* § 1 KSchG Rn 823ff; *Krüll*, Der Wiedereinstellungsanspruch des Arbeitnehmers, 2002; *Boewer* NZA 1999, 1121 und 1177; *Ricken* NZA 1998, 460 und zum Wegfall des Kündigungsrechts: *Grimm*, Zur Berücksichtigung nachträgl Umstandsänderungen zulasten des Gestaltenden bei der Ausübung rechtsaufhebender Gestaltungsrechte, 1999.

Im Rahmen einer Kündigungsschutzklage nach KSchG spielt ein eventueller Wiedereinstellungsanspruch des ArbN für den Prüfungsmaßstab und die Darlegungslast des ArbGeb keine Rolle, wenn sich die Prognose des ArbGeb bzgl der Betriebsstilllegung als fehlerhaft erweist, weil der von einem möglichen Wiedereinstellungsanspruch vermittelte Schutz hinter dem des Kündigungsschutzgesetzes zurückbleibt (BAG NZA-RR 2012, 465). 152

Eine frühzeitige Kündigung (zwei Jahre vor beabsichtigter Stillegung) kann rechtsmissbräuchlich sein und eine Umgehung des Kündigungsschutzes nach KSchG in sich tragen (LAG Schl-Holst ZIP 2011, 929). 153

bb) Die **ordentliche Kündigung ist ausgeschlossen** ggü **(1)** Mitgliedern des Betriebsrats, Personalrats oder der Jugendvertretung bis ein Jahr nach dem Ende ihrer Amtszeit, § 15 I, II KSchG; das Gleiche gilt für ein in Heimarbeit beschäftigtes Betriebsratsmitglied, § 29a HAG, **(2)** Vertrauensleuten der Schwerbehinderten, § 96 III SBG IX, in gleichem Umfang, **(3)** Mitgliedern einer Bordvertretung bis sechs Monate nach Ende ihrer Amtszeit, § 15 I KSchG, **(4)** Wahlbewerbern um ein Amt in den genannten Organen von der Aufstellung des Wahlvorschlags bis sechs Monate nach Bekanntgabe des Wahlergebnisses, § 15 III KSchG, **(5)** Wahlvorstandsmitgliedern von ihrer Bestellung bis sechs Monate nach Bekanntgabe des Wahlergebnisses, § 15 III KSchG, **(6)** für die zuvor genannten Fälle gelten als Ausnahmeregelungen für die Betriebsstilllegung § 15 IV, V KSchG, § 96 III SBG IX, **(7)** Datenschutzbeauftragte, § 6 IV BDSG (auch stellv BAG NZA 2018, 166); **(8)** Immissionsschutz- und Störfallbeauftragten, § 58 II, § 58d BImSchG, **(9)** Kandidaten und Abgeordneten des Deutschen BT und der Landtage von ihrer Aufstellung bis ein Jahr nach Mandatsende, § 2 III AbgG des Bundes und der entspr Ländergesetze; zum Ende des besonderen Kündigungsschutzes bei Nichterlangung des Mandats s KR/*Weigand* ParlKSch Rn 44, **(10)** Schwangeren bis vier Monate nach der Entbindung, § 17 I MuSchG (BAG NJW 2020, 1986: auch schon vor vereinbarter Tätigkeitsaufnahme), **(11)** ArbN während der Elternzeit, § 18 BEEG; die zuständige Behörde kann jedoch in beiden Fällen im Einzelfall Ausnahmen zulassen, **(12)** ArbN während einer Eignungsübung zur Auswahl freiwilliger Soldaten (§ 2 I EÜG); Entspr gilt für Kündigungen vor und nach der Eignungsübung aus Anlass der Teilnahme an der Übung (§ 2 II EÜG), **(13)** Wehr- und Zivildienstpflichtigen sowie Zeitsoldaten von der Zustellung des Einberufungsbescheids bis zur Beendigung des Grundwehrdiensts sowie während einer Wehrübung (§ 2 I ArbPlSchG), iÜ nicht aus Anlass des Wehr- oder Zivildiensts (§ 2 II, § 16a ArbPlSchG, § 78 II ZDG), **(14)** nahe Angehörige pflegenden ArbN von der Ankündigung (oder bei frühzeitiger Ankündigung ab 12 Wochen vor dem angekündigten Beginn) bis zur Beendigung der kurzzeitigen Arbeitsverhinderung nach § 2 PflegeZG bzw der Freistellung nach § 3 PflegeZG, § 5 I PflegeZG (Kündigungsverbot mit Erlaubnisvorbehalt, KR/*Treber*/*Waskow* §§ 1–8 PflegeZG Rn 10). 154

cc) **Behördenzustimmung.** Unabhängig vom Vorliegen besonderer Kündigungsgründe ist die Entlassung bestimmter ArbN-Gruppen wegen ihrer besonderen Schutzbedürftigkeit an eine vorherige **Zustimmung** der zuständigen Behörde gebunden, so bei **Schwerbehinderten** die ordentliche und die außerordentliche Kündigung, §§ 5, 174 SGB IX (zur Verwirkung des Sonderkündigungsschutzes BAG NZA 2017, 304), ebenso bei Inhabern eines **Bergmannversorgungsscheins** in NRW (§ 10 BergmVersG NRW, GVB 1 NRW 635) sowie im Saarland (§ 11 BergmVersG). Nicht zustimmungsbedürftig sind witterungsbedingte Entlassungen, sofern die Wiedereinstellung bei Wiederaufnahme der Arbeit gewährleistet ist, § 173 II SGB IX, § 12 II BergmVersG NRW. 155

dd) Wiederholte Kündigungen desselben Dienstverhältnisses (**Kettenkündigungen**), werfen besondere Probleme auf. Nach §§ 4, 7, 23 I KSchG (Rn 149) muss gegen **jede** Kündigung fristgerecht Klage erhoben werden, deren Unwirksamkeit geltend gemacht werden soll. Das kann für Kündigungen bis zum Ende der Tatsacheninstanzen grds durch allg Feststellungsklage (§ 256 ZPO) auf Fortbestand des Arbeitsverhältnisses vermieden werden (BAGE 85, 262; dazu *Diller* NJW 1998, 663). Zum Verbot der Wiederholungskündigung (aus denselben Gründen) Rn 180. 156

c) Eingeschränkte außerordentliche Kündigung; vgl § 626 Rn 14f. 157

d) Massenentlassungen sind nach § 17 KSchG der Agentur für Arbeit anzuzeigen; der Betriebsrat ist zu konsultieren, § 17 II KSchG (zB BAG NZA 2017, 175; 2016, 1198). Ohne deren Zustimmung werden sie frühestens einen Monat nach Eingang der Mitteilung bei der Agentur für Arbeit wirksam, § 18 KSchG. Zum Verfahren *v Steinau-Steinrück*/*Bertz* NZA 2017, 145. Zur zugrunde liegenden RL *Franzen*/*Gallner*/*Oetker*/*Spelge* Kommentar zum europäischen Arbeitsrecht[4] 2022, Kennziffer 490; *Riesenhuber* Europäisches Arbeitsrecht, 2021, § 26. 158

159 e) **Beteiligung der Arbeitnehmervertretung. aa)** Grds ist der **Betriebsrat** gem § 102 I BetrVG vor jeder ordentlichen und außerordentlichen Kündigung anzuhören; andernfalls ist die Kündigung unwirksam. Zu unterscheiden ist dabei aber zw dem durch den ArbGeb einzuleitenden Anhörungsverfahren iSd § 102 I BetrVG und der sich daran anschließenden Befassung und Entscheidung des Betriebsrats, ob und wie er dazu Stellung nehmen will. Nur **Mängel**, die dem ArbGeb bei der ihm obliegenden Einleitung des Anhörungsverfahrens unterlaufen, führen zur Verletzung des § 102 I BetrVG mit der Folge der Unwirksamkeit der Kündigung (BAG BB 2003, 1791). Auch eine erfolgte, aber fehlerhafte Anhörung des Betriebsrats führt zur Unwirksamkeit der Kündigung, dh der ArbGeb muss den Betriebsrat richtig beteiligen, vor allem ausreichend unterrichten (ausf BAG DB 2011, 2609; 2012, 926; NZA 2012, 992; BAG AP 1 § 343 InsO. Eine (analoge) Anwendung des § 174 auf die Anhörung des Betriebsrats ist nach dem Zweck des Anhörungserfordernisses in § 102 I BetrVG und dem Zweck der Zurückweisungsmöglichkeit des § 174 S 1 ausgeschlossen (BAG BB 2013, 1339). Ein Widerspruch des Betriebsrats aus den in § 102 III BetrVG genannten Gründen hindert gem § 1 II KSchG die soziale Rechtfertigung der Kündigung. Nach § 102 VI BetrVG ist es zulässig, durch **Betriebsvereinbarung** weitergehend die **Zustimmung** des Betriebsrats zu verlangen. Entspr gestattet § 3 II TVG den Tarifvertragsparteien (KR/*Rinck* § 102 BetrVG Rn 326ff; vgl auch BAG DB 2011, 1399 zur Auslegung des Begriffs „Zustimmung" in einer tarifvertragl Regelung). Auch die rückwirkende Zustimmung ist (eingeschränkt) möglich (KR/*Rinck* § 102 BetrVG Rn 336). In jedem Fall muss allerdings die **Überprüfung** der Zustimmungsverweigerung durch Einigungsstelle und ArbG gewährleistet sein; anderenfalls wäre die Grenze zur Mitwirkung in wirtschaftl Angelegenheiten überschritten (*Löwisch/Kaiser/Klumpp* § 102 BetrVG Rn 134; Richardi/*Thüsing* § 102 BetrVG Rn 337, 310 mwN; KR/*Rinck* § 102 BetrVG Rn 338, aA aber Rn 358). Ebenso wenig darf das Recht des Betroffenen ausgeschlossen werden, trotz Zustimmung des Betriebsrats die Rechtswidrigkeit der Kündigung (nicht der Zustimmung) vor dem ArbG geltend zu machen. Das BAG hält sogar eine tarifvertragl Überprüfung allein durch die ArbG für zulässig (BAGE 95, 124). Unzulässig ist in jedem Fall eine einzelvertragl Erweiterung des Beteiligungsrechts des Betriebsrats (BAGE 130, 364). Zur Regelung entspr Normen im Tarifvertrag einerseits *Löwisch/Kaiser/Klumpp* § 102 BetrVG Rn 136; *Fitting* § 102 BetrVG Rn 132 (zulässig), andererseits Richardi/*Thüsing* § 102 BetrVG Rn 316; Hess/*Schlochauer*/Worzalla/Glock/Nicolai/Huke § 102 BetrVG Rn 221 (unzulässig). Die Entlassung **leitender Angestellter** (§ 5 III BetrVG und § 611a Rn 35f) ist dem Betriebsrat nach § 105 BetrVG lediglich **mitzuteilen.** Eine unterlassene Mitteilung macht die Kündigung aber nicht unwirksam (BAG DB 1976, 1064; *Fitting* § 105 BetrVG Rn 9; *Löwisch/Kaiser/Klumpp* § 105 BetrVG Rn 5). Der ArbGeb trägt die Darlegungs- und Beweislast dafür, dass der ArbN leitender Angestellter iSd BetrVG ist und der Betriebsrat deshalb nicht nach § 102 I BetrVG anzuhören war (LAG Rh-Pf 26.4.2013 – 9 Sa 237/12). Bei Bestehen eines Sprecherausschusses ist dieser anzuhören. Eine ohne Anhörung des Sprecherausschusses ausgesprochene Kündigung ist unwirksam (§ 31 II 3 SprAuG). Hat der ArbN dargelegt und bewiesen, dass § 102 BetrVG zur Anwendung kommt, trägt der ArbGeb die Darlegungs- und Beweislast dafür, dass eine ordnungsgemäße Anhörung erfolgt ist (BAG ZIP 2013, 330).

160 **bb)** Auch im öffentlichen Dienst macht die Übergehung des **Personalrats** eine Kündigung unwirksam, § 85 III BPersVG für den Bund, § 128 BPersVG für die Länder. Gleiches gilt für die Übergehung **kirchlicher Mitarbeitervertretungen**, LAG Düsseldorf LAGE 4 § 611 kirchliche ArbN; grds zur Mitbestimmung bei Kündigungen im kirchlichen Arbeitsrecht *Richardi* NZA 1998, 113. Der Umfang der Beteiligungsrechte reicht aber unterschiedlich weit:

161 **Ordentliche Kündigung: Mitbestimmung** (Zustimmungsbedürftigkeit) besteht in den Personalvertretungsgesetzen der Länder Berlin (§ 87 Nr 8), Brandenburg (§ 63 I Nr 17), Bremen (§ 65 Ic), Hamburg (§ 87 I Nr 14), Hessen (§ 77 I Nr 2i), Nds (§ 65 II Nr 9), NRW (§ 74 I), Mecklenburg-Vorpommern (§ 68 I Nr 2), Saarland (§ 80 Ib Nr 10), Sachsen-Anhalt (§ 67 I Nr 8), Schl-Holst (§ 51 I MBG), Thüringen (§ 78 I). **Mitwirkung** (bei Nichteinigung entscheidet oberste Dienstbehörde) ist vorgesehen in den Personalvertretungsgesetzen des Bundes (§ 85 I) und der Länder BW (§ 77 I), Bayern (Art 77 I), Rh-Pf (§ 83 I), Sachsen (§ 78 I).

162 **Außerordentliche Kündigung.** Ein **Mitbestimmungsrecht** enthalten nur die Personalvertretungsgesetze in Berlin (§ 87 Nr 8), Bremen (§ 65 I c) und Mecklenburg-Vorpommern (§ 68 I Nr 2). **Mitwirkung** ist vorgeschrieben in Brandenburg (§ 68 I Nr 2) und Nds (§ 75 I Nr 3); **Anhörung** im Bund (§ 86), BW (§ 77 III), Bayern (Art 77 III), Hamburg (§ 87 III), Hessen (§ 78 II), NRW (§ 74 II), Rh-Pf (§ 83 III), Saarland (§ 80 III), Sachsen (§ 73 VI), Sachsen-Anhalt (§ 67 II) und Thüringen (§ 78 III).

163 **Probezeit.** Nur wenige Personalvertretungsgesetze **erleichtern** die Kündigung während der Probezeit. BW (§ 77 III), Hamburg (§ 87 III), Hessen (§ 78 II), NRW (§ 74 II), Saarland (§ 80 III), Sachsen (§ 73 VI) und Sachsen-Anhalt (§ 67 II) reduzieren die Beteiligung bei Kündigung während der Probezeit auf ein Anhörungsrecht, Nds (§ 75 I Nr 3) auf die Herstellung des Benehmens.

164 **f) Anhörung.** Abw von den allg Regelungen kann die arbeitsrechtl Fürsorgepflicht gebieten, den Betroffenen vor seiner Entlassung anzuhören, allerdings nur in Ausnahmefällen (BAGE 81, 27; BAG AP 63 § 626, zu **Verdachtskündigungen** s § 626 Rn 114); das ArbG Gelsenkirchen (AuR 2010, 439 m zust Anm *Däubler* AE 2007, 236) setzt eine Anhörung bei betriebsratslosen Betrieben voraus.

165 **6. Unwirksamkeit, Kündigungsmängel und -verzicht. Gesetzeswidrige Kündigung.** Die gegen einen ArbN ausgesprochene Kündigung ist nach **§ 134 unwirksam**, wenn der ArbGeb Kündigungsschutzvorschriften nicht beachtet, den Betriebs- oder Personalrat nicht – ausreichend (s Rn 159) – beteiligt (Ausnahme: Entlassung leitender Angestellter in der Privatwirtschaft ohne Mitteilung nach § 105 BetrVG lässt die Kündigung unberührt,

BAG DB 1977, 1852; beachte aber § 31 II 3 SprAuG) oder eine fehlerhafte Massenentlassungsanzeige erstattet (BAG DB 2013, 939), wenn der ArbGeb vor Kündigung eines schwerbehinderten ArbN die Schwerbehindertenvertretung nicht anhört (§ 178 II 3 SGB IX), wenn er zB entgegen Art 9 III 1, 2 GG, § 26 I ArbGG, § 20 I SGG, § 5 TzBfG, § 612a, § 16 AGG den ArbN wegen der Ausübung seiner Rechte maßregelt (*Wilken*, Regelungsgehalt des Maßregelungsverbots gem § 612a, 2001), wenn der ArbGeb gegen den Wahlschutz (§ 20 I BetrVG) verstößt (BAG DB 1978, 641) oder die Kündigung wegen des Übergangs eines Betriebs oder Betriebsteils (§ 613a I 1) oder wegen des Ausscheidens des Jobsharing-Partners erfolgt (§ 13 II TzBfG), wenn die Kündigung sozialwidrig iSv § 1 KSchG ist oder wenn der ArbN durch die Kündigung unmittelbar oder mittelbar diskriminiert wird (zur Geltung der Diskriminierungsverbote nach §§ 1–10 AGG im Rahmen der Prüfung der Sozialwidrigkeit von Kündigungen s BAGE 128, 238). Die Aufzählung ist nicht abschließend (zum Kündigungsschutz außerhalb des KSchG ausf *Preis* NZA 1997, 1256; s auch Rn 154).

Verstoß gegen Treu und Glauben („Ungehörige Kündigung"). Unwirksam ist in allen Dienstverhältnissen 166 (auch Arbeitsverhältnissen) eine treuwidrige Kündigung (BAG DB 1997, 1878). Neben § 1 KSchG ist § 242 nur anwendbar bei Treuwidrigkeit aus von § 1 KSchG nicht erfassten Gründen (BAG AP 17 § 242 Kündigung; NJW 2020, 634 Rn 12); dasselbe gilt, wenn das KSchG keine Anwendung findet, weil die sechsmonatige Wartezeit von § 1 I nicht erfüllt ist (vgl BAGE 123, 191; BAG ZTR 2008, 397). Typische Tatbestände sind widersprüchliches Verhalten des ArbGeb, Ausspruch zur Unzeit oder in ehrverletzender Form, willkürliche (auf keinem irgendwie einleuchtenden Grund beruhende – BAG NJW 2020, 634 Rn 17ff) oder diskriminierende Kündigung (BAGE 97, 92; s jetzt auch § 7 AGG). Treuwidrig ist auch eine Beendigungskündigung nach vorangegangener unwirksamer Änderungskündigung ohne Änderung des zugrunde gelegten Lebenssachverhalts (ArbG Trier BB 2013, 819 [LS]). Für Arbeitsverhältnisse in Kleinbetrieben (§ 23 KSchG) ergibt sich aus § 242 ein verfassungsrechtl (durch Art 12 I GG) gebotener Mindestschutz des Arbeitsplatzes (BVerfGE 97, 169; dem folgend BAGE 97, 92 insb zur Sozialauswahl; NZA 2009, 1260). Kleinunternehmern dürfen indes nicht praktisch die im KSchG vorgesehenen Maßstäbe der Sozialwidrigkeit auferlegt werden (BAG NZA 2009, 1260). Bei der Missbrauchskontrolle trägt der ArbN die Darlegungs- und Beweislast, dass sachbezogene und anerkennenswerte Gründe für die Kündigung fehlen (LAG Schl-Holst LAGE 4 § 242), ggf, wenn er die Gründe nicht kennt, in abgestufter Form (BAG NZA aaO).

Gegen das **Verbot widersprüchlichen Verhaltens** verstößt die Entlassung, wenn der ArbGeb zuvor der Eigen- 167 kündigung des ArbN widersprochen hatte (BAG NJW 1972, 1878) oder wenn der ArbGeb gleichzeitig mit der Ankündigung, das Arbeitsverhältnis mit dem ArbN beenden zu wollen, den vom ArbN angebotenen Auflösungsvertrag unter Abkürzung der Kündigungsfrist ablehnt und wenn er während der Kündigungsfrist keine Verwendung mehr für den ArbN hat (LAG Sachsen RDG 2012, 228). Umgekehrt ist die Geltendmachung der Unwirksamkeit einer „ohne jedes Drängen" des ArbGeb schriftlich erklärten fristlosen Eigenkündigung durch den ArbN ebenfalls regelmäßig treuwidrig (BAGE 87, 200; 130, 14; BAG NZA-RR 2012, 129; abl *Singer* NZA 1998, 1309; Gleiches gilt grds auch bei der ordentlichen ArbN-Kündigung, vgl LAG Rh-Pf 14.6.2012 – 11 Sa 42/12). Für treuwidriges Verhalten ist jedenfalls maßgeblich, ob der Kündigende eine ernsthafte und endgültige Lösungsabsicht erkennen lässt und der Kündigungsempfänger schützenswertes Vertrauen in die beabsichtigte Beendigung hat (BAGE 130, 14); letzteres fehlt, wenn der ArbGeb selbst die Beendigung des Arbeitsverhältnisses in Aussicht stellt (LAG Frankfurt ZMV 2012, 115 – Eigenkündigung des ArbN statt vom ArbGeb erwogener Kündigung aus wichtigem Grund). Will der ArbGeb eine außerordentliche Eigenkündigung des ArbN gegen sich gelten lassen, obwohl der ArbN geltend macht, sie sei unwirksam, ist er für das Vorliegen des wichtigen Grunds darlegungs- und beweispflichtig (LAG Frankfurt aaO). **Verwirkung** ist möglich, aber noch nicht erfüllt, wenn der ArbGeb die Kündigung aus sozialer Rücksicht trotz Abmahnung aufschiebt (LAG Schl-Holst DB 1981, 2440). Ein „Auf-Vorrat-Halten" von Kündigungsgründen, um bei passenderer Gelegenheit eine Kündigung auf sie zu stützen, kann nach den Grundsätzen der Verwirkung unzulässig sein; allerdings besteht keine Regelausschlussfrist für die Ausübung des Kündigungsrechts (BAG NZA 2003, 795). Auch die Kündigungsschutzklage außerhalb von § 4 KSchG kann verwirkt und daher unzulässig sein. Das Zeitmoment der hat BAG (NZA 2000, 540) nach 22 Monaten bejaht. Das zudem erforderliche Umstandsmoment setzt voraus, dass der ArbGeb vertraut und sich darauf eingerichtet hat, der ArbN werde nicht mehr klagen, und dieses Vertrauen das Überprüfungsinteresse des ArbN überwiegt (BAG NJW 2017, 3800 Rn 28ff). **Rechtsmissbräuchlich** ist die verletzende Kündigungserklärung (vgl LAG BW DB 1968, 807; ArbG Hagen DB 1970, 212), wenn der ArbGeb sie durch Pförtner oder Lehrling aussprechen lässt oder die Sekretärin mit der Entlassung eines leitenden Angestellten beauftragt oder bei Verdachtskündigung die fraglichen Umstände oder den Informanten nicht nennt und dem ArbN so die Wahrnehmung seiner Rechte abschneidet (BAGE 10, 207) oder wenn der ArbGeb dem ArbN wegen seines persönlichen Verhaltens innerhalb der Probezeit kündigt (BAGE 77, 128; der konkrete Fall ist heute schon von § 7 AGG erfasst). Grds berechtigt außerdienstliches Verhalten des ArbN, das den arbeitsvertragl Pflichtenkreis nicht berührt, den ArbGeb nicht, die ihm bekannt gewordenen Umstände aus der Privatsphäre des ArbN durch Kündigung zu missbilligen (BAG KirchE 46, 126). Die harte, aber sachliche Formulierung des Kündigungsschreibens genügt nicht (LAG BW DB 1968, 807). Heimkehrer, Aus-, Über- und Umsiedler, Minderbehinderte (deren Beeinträchtigung das SGB IX noch nicht erfasst) können sich allein wegen dieser Umstände nicht auf § 242 stützen, vor allem nicht während der Probezeit. § 242 berechtigt nicht zur Erweiterung des Sonderkündigungsschutzes.

Regelmäßig führt nicht allein der den ArbN besonders belastende Zeitpunkt der Erklärung, die **„Unzeit"**, zur 168 Unwirksamkeit der Kündigung. Diese Rechtsfolge setzt weitere Umstände voraus, die den ArbN besonders beeinträchtigen, wie die absichtliche oder die persönlichen Belange des ArbN missachtende Wahl des belastenden Zeitpunkts (vgl BAGE 97, 294 mwN). Zugang am Sonn- oder Feiertag oder an Heiligabend genügt dazu allein nicht (BAG DB 1985, 2003, anders Zustellung der Kündigung nach schwerem Arbeitsunfall, LAG Bremen AR-Blattei Kündigungsschutz Nr 268, oder bei Missachtung der Würde des Kündigungsempfängers, Rn 145). Die Kündigung zur Unzeit ist nur unwirksam, wenn der Gekündigte sie aus diesem Grund **unverzüglich zurückweist**. Die Erklärung kann bei Unwirksamkeit wiederholt werden, wirkt aber ohne Rücksicht auf die vorausgegangene Erklärung erst von ihrem Zustellungszeitpunkt an. Im selbständigen Dienstvertrag ist das fristlose Verlassen einer Vertrauensstellung nach § 627 II zwar möglich, verpflichtet aber zum Schadensersatz (s Erl zu § 627).

169 Die Kündigung kann wegen **Sittenwidrigkeit** nichtig sein, vgl § 13 II KSchG; da die Kündigung inhaltlich „an sich" neutral ist, kann die Sittenwidrigkeit vor allem in Motivation (zB Rachsucht) oder Verhalten des Kündigenden begründet sein (BAG NJW 2020, 634). Die Voraussetzungen gehen über § 242 hinaus und sind nur in besonders krassen Fällen erfüllt (BAG NZA 1998, 145). Das Verhältnis von § 138 zum KSchG entspricht dem von § 242 (Rn 166). Tatsachen, die sogar die fristlose Entlassung nach § 626 rechtfertigen, dürfen nicht zur Verdeckung eines verwerflichen Grunds vorgeschützt werden (BAG JZ 1975, 737). Sittenwidrigkeit liegt nahe, wenn der Dienstberechtigte vorsätzlich (bedingt genügt) einen Arbeitsunfall verursacht und den Verletzten anschließend entlässt (BAG DB 1972, 2071; LAG Hamm LAGE 6 § 242 2002 Kündigung) oder die Kündigung ausspricht, weil der Dienstpflichtige den Wunsch des Dienstberechtigten ablehnt, Kunden aus eigener Tasche Rabatte zu gewähren (BAG WM 1970, 715), oder mit der Kündigung Zeugen beeinflussen will (BAGE 16, 21). Der ArbGeb darf aber zur Aufrechterhaltung des Betriebsfriedens einen von den Kollegen angegriffenen ArbN kündigen, wenn dieser einen annehmbaren Vermittlungsvorschlag ablehnt (BAG aaO). Kündigt der ArbGeb wegen der infolge einer beabsichtigten künstlichen Befruchtung zu erwartenden Fehlzeiten, so verstößt die Kündigung nicht gegen §§ 138, 242 und 612a (LAG Schl-Holst LAGE 3 § 242). Zur Kündigung wegen Aids (iVm Suizidversuch und längerer Arbeitsunfähigkeit) BAGE 61, 151; *Lepke* Kündigung bei Krankheit Rn 406ff.

170 Außerhalb des Anwendungsbereichs des KSchG ist eine Kündigung nicht schon deshalb sittenwidrig, weil sie im Falle der Anwendbarkeit von § 1 KSchG als nicht mehr sozial gerechtfertigt beurteilt werden müsste. Sittenwidrigkeit ist vielmehr erst gegeben, wenn sie auf einem **verwerflichen Motiv** des Kündigenden beruht, wie Rachsucht oder Vergeltung (BAGE 61, 151; 97, 92). Die Darlegungs- und Beweislast für die tatsächlichen Voraussetzungen der Sittenwidrigkeit der vom ArbGeb ausgesprochenen Kündigung liegt beim ArbN (BAG aaO).

171 Die Entlassung eines **selbständigen Dienstverpflichteten** kann unwirksam sein, wenn sie wegen legitimer Grundrechtsausübung erfolgt ist. Allerdings kann sich der Selbständige nur in wesentlich geringerem Umfang ggü seinem Dienstgeber auf **Grundrechte** berufen. Die Grundrechte erfassen als obj Wertordnung alle Bereiche der Rechtsordnung (BVerfGE 21, 372; 33, 330; 89, 214, st Rspr); über die Schutzpflichtfunktion der Gerichte (Art 1 III GG) beeinflussen sie auch die Auslegung des Privatrechts (vgl BVerfGE 7, 198, 206; 89, 214; *Söllner*, FS Kissel, 1994, 1121). Diese Auslegung darf nicht zu Ergebnissen führen, die den Selbständigen ggü seinem Dienstgeber einem persönlich abhängig beschäftigten ArbN gleichstellen. Art 12 GG schützt nicht vor Abbruch der Geschäftsbeziehung oder Kündigung einzelner Verträge, auch nicht Art 14 I GG, da Vertragsfortsetzung nur künftige Erwerbsaussicht und damit kein Eigentum iSv Art 14 GG ist (BVerfGE 45, 142), während Art 12 GG aber den Willen des ArbN schützt, den Arbeitsplatz beizubehalten (BVerfGE 96, 171). Gegen das Diskriminierungsverbot des Art 3 GG verstößt eine Kündigung nur, wenn sich auch unter Berücksichtigung der beiderseitigen Vertragsbeendigungsfreiheit nach Art 2 I GG und der vom Dienstpflichtigen selbst gewählten Selbständigkeit kein sachlicher Beendigungsgrund finden lässt. Da jedenfalls die ordentliche Kündigung keinem Begründungszwang unterliegt, genügt grds zu ihrer Wirksamkeit, dass der Dienstberechtigte keine weiteren Leistungen seines Schuldners wünscht und umgekehrt. Anders liegt es nur, wenn der Kündigende seine Monopolstellung bewusst ausnutzt.

172 Nach Entstehung eines konkreten Kündigungsgrunds kann der Kündigungsberechtigte auf sein Kündigungsrecht einseitig (auch konkludent) **verzichten**; davon kann im Fall des Ausspruchs einer Abmahnung wegen der darin gerügten Gründe grds ausgegangen werden (BAG ZTR 2011, 739 mwN; „Verbrauch" der kündigungsrelevanten Gründe).

173 **7. Ausschluss und Beschränkung durch Vereinbarung. a) Ordentliche Kündigung.** Die ordentliche Kündigung eines Arbeitsvertrags durch den ArbGeb kann in **Tarifverträgen oder Betriebsvereinbarungen** ausgeschlossen werden (vgl BAGE 102, 40; so in § 34 II TVöD/TV-L nach Beschäftigungszeit von 15 Jahren, frühestens jedoch nach Vollendung des 40. Lebensjahrs, nicht im Tarifgebiet Ost), auf bestimmte der im KSchG genannten Gründe beschränkt (zB fehlende Weiterbeschäftigungsmöglichkeit auch nach Fortbildung und Umschulung), an längere als die gesetzl Fristen gebunden (§ 622), auf feste und ggü dem Gesetz seltenere Beendigungstermine begrenzt und von einer Zustimmung des Betriebsrats oder finanziellen Zuwendungen an den Entlassenen abhängig gemacht werden, wie dies in Rationalisierungsschutzabkommen häufig geschieht. Grds kann aber die Zustimmungsbedürftigkeit einer arbeitsrechtl Kündigung als Wirksamkeitsvoraussetzung rechtsgeschäftlichen Handelns nur durch Gesetz, wie zB § 103 BetrVG, bestimmt werden. Ob sich der Einzelne privatautonom binden kann, ein Rechtsgeschäft nur mit Zustimmung eines anderen rechtswirksam vorzunehmen, ist zweifelhaft (offen lassend BAG DB 1995, 735; verneinend *Flume* Rechtsgeschäft, 886). § 624 steht dem völligen Ausschluss der ArbGeb-Kündigung nicht entgegen (s auch Rn 176). Betriebsvereinbarungen können auch AuswahlRL für Kündigungen nach § 95 BetrVG festsetzen; ein auf sie gestützter Widerspruch des Betriebsrats ist im

Rahmen einer Kündigungsschutzklage nach § 1 II 2 Nr 1 KSchG zu berücksichtigen. Zu tarifvertragl Kündigungsbeschränkungen s auch SPV/*Preis* Rn 261ff.

174 Auch im **Einzelvertrag** darf die Beendigung durch Kündigung ggü der gesetzl oder tariflichen Regelung erschwert werden; die Kündigung des ArbN kann aber nicht an härtere Voraussetzungen gebunden sein als die des ArbGeb (§ 622 VI). Grds kann die ordentliche Kündbarkeit (beiderseits) auch nur für bestimmte Jahreszeiten (Saison) ausgeschlossen werden (LAG Köln MDR 2002, 830).

175 Das Vorliegen einer einzelvertragl Kündigungsbeschränkung ist häufig **Auslegungs**frage. Die Gewährung einer Pensionszusage genügt nicht, auch wenn sie den ArbN vor Eintritt der Unverfallbarkeit nach § 1 BetrAVG seine Anwartschaften kostet (LAG Düsseldorf BB 1963, 899). Der Arbeitsvertrag eines Gesellschafters mit seiner Personenhandelsgesellschaft ist nicht separat vom Gesellschaftsvertrag kündbar, wenn seine Mitarbeit wesentliche Voraussetzung für das Erreichen des Gesellschaftszwecks ist (BAG DB 1979, 362: Spezialkonstrukteur einer KG). Zulässig ist auch, für die Kündigungserklärung des ArbGeb Stellvertretung auszuschließen. Zum Ausschluss der Einzelkündigung im Gruppenarbeitsverhältnis Rn 119.

176 **Inhaltskontrolle.** Die einzelvertragl Verpflichtung des ArbGeb, von seinem Recht zur ordentlichen Kündigung Zeit seines eigenen Lebens keinen Gebrauch zu machen, verstößt nicht gegen § 138, weil § 624 und § 15 IV TzBfG eine längerfristige Bindung des ArbGeb ohne Kündigungsmöglichkeit zulassen und eine „Übersicherung" des ArbN nicht vorliegt (BAG BB 2004, 2303).

177 In **Formularverträgen und AGB** können Beschränkungen oder Ausschlüsse des Kündigungsrechts an § 309 Nr 9, § 307 I scheitern. § 309 Nr 9 wird im Arbeitsrecht keine Bedeutung erlangen. Bei Unterrichtsverträgen sind Kündigungsbeschränkungen im Allg unbedenklich, wenn dem Schüler (Dienstberechtigten) eine angemessene Probezeit eingeräumt wird (BGHZ 120, 108; LG Frankfurt NJW 1985, 1717; Köln NJW 1983, 1002). Zur Rechtsnatur und Kündbarkeit eines Fitnessvertrags s § 611 Rn 56. Im **selbständigen Dienstvertrag** sind Beschränkungen des **Verpflichteten** bis zur Grenze des § 624 gestattet. Ein Formularvertrag über die Ausbildung zum Tänzer, Musicaldarsteller und Tanzlehrer, der eine Laufzeit von zwei Jahren und ein Kündigungsrecht nur während der dreimonatigen Probezeit vorsieht, kann wegen Verstoßes gegen § 307 schon zum Ende des ersten Schuljahres gekündigt werden (BGHZ 120, 108). Auch die jederzeitige Ersetzbarkeit der Kursteilnehmer und ein geringer Nutzen für die Fortbildung schränken die Möglichkeit einer formularmäßigen Kündigungserschwerung ein (LG Frankfurt NJW 1985, 1717).

178 b) Die **außerordentliche Kündigung** darf grds tariflich oder vertragl weder erweitert noch beschränkt werden (s § 626 Rn 17).

179 c) **Rechtswirkungen.** Vereinbarte Kündigungserschwerungen können schuldrechtl zum Unterlassen verpflichten und lediglich Schadenersatzansprüche des Gekündigten aus § 280 auslösen, ohne die Wirksamkeit der pflichtwidrigen Kündigung zu berühren (BAGE 8, 132), sie können aber auch eine Verfügung über das Gestaltungsrecht enthalten, die die Kündigung bei Verstoß unwirksam macht. Für die Auslegung im Einzelfall gilt die Faustregel: Ist wie in § 627 II 2 die Kündigung nur untersagt und sind Verstöße mit Sanktionen wie Schadensersatz, Vertragsstrafe, Abfindung, Rückzahlung von Ausbildungskosten uÄ belegt, handelt es sich um eine schuldrechtl Kündigungsbeschränkung. Denn die Fälligkeit der ausbedungenen Ersatzleistungen setzt die wirksame Beendigung des Dienstverhältnisses voraus. Um eine Verfügung über das Gestaltungsrecht handelt es sich demggü grds, wenn sich der ArbGeb einzelvertragl zur Unterlassung der ordentlichen Kündigung verpflichtet mit der Folge, dass ihm der mit einer dennoch ausgesprochenen Kündigung bezweckte Rechtserfolg versagt bleibt (BAG BB 2004, 2303).

180 **8. Prozessuales: Rechtskraft; Wiederholungskündigung.** Mit **Rechtskraft** eines der Kündigungsschutzklage stattgebenden Urteils (Feststellung, dass das Dienstverhältnis nicht durch die Kündigung aufgelöst ist, sondern fortbesteht) wird festgestellt, dass das Dienstverhältnis (1) nicht durch die angegriffene Kündigung, aber (2) auch nicht durch sonstige Auflösungstatbestände beendet wurde. Die Rechtskraft des stattgebenden Urteils hindert den Kündigenden daher auch daran, nachträgl Tatsachen vorzubringen, die die **Umdeutung** der außerordentlichen in eine ordentliche Kündigung begründen würden (BAG BB 1965, 1070). Auch die Würdigung, ein bestimmter Lebenssachverhalt könne eine Kündigung nicht materiell rechtfertigen, nimmt an der Rechtskraft teil (BAG NZA 2013, 1003 Rn 27). Daher kann eine Kündigung nach rechtskräftiger Feststellung der Unwirksamkeit einer vorhergegangenen Kündigung bei gleich gebliebenem Kündigungssachverhalt und nach dessen materieller Prüfung nicht erneut auf denselben Sachverhalt gestützt werden (**Verbot der Wiederholungskündigung**; „Verbrauch" des Kündigungsrechts; BAG NZA 2013, 1003 Rn 27; 2010, 628 Rn 19; NJW 1994, 473; Hamm AG 2018, 45 AG-Vorstand; 20.11.2017 – I-8 U 16/17; MüKo/*Henssler* § 626 Rn 402). Dieses Verbot greift nur dann nicht ein, wenn (a) die erste Kündigung lediglich aus formellen Gründen (Formmangel; unzureichende BR-Anhörung) unwirksam war (BAG NZA 2013, 1003 Rn 26); (b) wenn der ArbGeb nunmehr nicht fristlos, sondern fristgerecht bzw mit sozialer Auslauffrist kündigen will; (c) wenn der ArbGeb statt einer außerordentlichen betriebsbedingten Beendigungskündigung nunmehr eine außerordentliche Änderungskündigung ausspricht (BAG NZA-RR 2007, 272 Rn 15); (d) wenn sich der Sachverhalt wesentlich geändert hat (BAG NZA 2014, 250 Rn 37; 2010, 628 Rn 19).

181 **III. Aufhebungsvertrag.** Vom Standpunkt der Privatautonomie ist der Aufhebungsvertrag der oberste Beendigungsgrund.

182 **1. Begriff.** Mit dem Aufhebungsvertrag (§ 623: „Auflösungsvertrag") vereinbaren die Parteien die Beendigung des bestehenden Arbeitsvertrags. Wird nicht die Aufhebung selbst vereinbart, sondern die Modalitäten der an die Beendigung anschließenden Vorgehensweise, liegt ein **Abwicklungsvertrag** vor (BAG NZA 2006, 48; Beck-OK-ArbR/*Hesse* Rn 86). Die einvernehmliche Beendigung löst keine Beteiligungspflicht des Betriebsrats nach § 102 BetrVG aus (BAG NZA 2006, 48). Ein **Anspruch auf Abschluss** besteht grds nicht (BAG NZA 2010, 561).

183 **2. Auslegung.** Der Anstellungsvertrag mit dem bisherigen ArbN als Organ bedeutet idR zugleich die konkludente Aufhebung des Arbeitsvertrags, die vermutet wird (st Rspr, BAG NZA 2011, 874 mwN; s auch § 623 Rn 5, 13; MüKo/*Henssler* § 623 Rn 28).

184 **3. Form.** Der Aufhebungsvertrag bedarf gem § 623 der Schriftform, s § 623 Rn 10ff.

185 **4. Inhaltskontrolle.** Klauselförmige Aufhebungsvereinbarungen (wegen § 310 Abs III Nr 2 auch Einmalklauseln) unterliegen der AGB-Kontrolle nach §§ 305c, 306–309 (BAG NZA 2016, 762 Rn 21ff; *Giesing*, Inhaltskontrolle und Abschlusskontrolle arbeitsrechtl Aufhebungsverträge, 2008). Die Beendigungsvereinbarung als solche und eine als Gegenleistung vereinbarte Abfindung unterliegen gem § 307 III nicht der Inhaltskontrolle (BAG NJW 2019, 1966 Rn 12), wohl aber, als Nebenabrede, eine Verzichtsklausel (BAG NZA 2016, 762 Rn 38) oder ein Klageverzicht (BAG NZA 2015, 676 Rn 21ff).

186 **5. Gesetzeswidrigkeit.** Der Aufhebungsvertrag darf nicht gegen zwingende Kündigungsschutzvorschriften verstoßen (BAG NJW 1985, 1918; 1975, 1531: „Umgehung"; „missbräuchliche Gestaltung") oder gegen § 613 IV 1 (BAG NZA 1988, 198). Gewährt der Aufhebungsvertrag dem Betriebsratsmitglied im Hinblick auf seinen amtsbedingten Kündigungsschutz besonders attraktive Konditionen, liegt darin keine unzulässige Begünstigung entgegen § 78 BetrVG (BAG NJW 2018, 2508).

187 **6. Lösung vom unerwünschten Aufhebungsvertrag.** Für die Annahme einer nach § 105 II zur Nichtigkeit führenden vorübergehenden Störung der Geistestätigkeit bedarf es besonderer Anhaltspunkte und reicht etwa eine fiebrige Erkrankung oder die Einnahme von Schmerzmittel nicht aus (BAG NJW 2019, 1922 Rn 10; NZA 1996, 811). Der Irrtum über die rechtl Folgen des Aufhebungsvertrags berechtigt grds nicht zur Anfechtung nach § 119 (BAG NZA 2004, 606; NJW 1983, 2958; unbeachtlicher Rechtsirrtum; näher ErfK/*Müller-Glöge* Rn 11f). Eine Anfechtung wegen Drohung mit Kündigung kann nach § 123 begründet sein, wenn ein verständiger ArbGeb die Kündigung nicht ernsthaft in Betracht gezogen hätte (BAG NZA 2008, 348 Rn 40ff mwN; NZA 1996, 1030f). Ein (Verbraucher-)Widerrufsrecht hat der ArbN grds nicht. Ließe auch der Wortlaut der §§ 312ff, 355 die Anwendung zu, widerspräche diese doch dem aus der Systematik von Tatbestand und Rechtsfolgen der (zur Umsetzung der VerbraucherrechteRL dienenden) Regelung erkennbaren Gesetzgeberwillen (BAG NJW 2019, 1922 Rn 13ff; ErfK/*Müller-Glöge* Rn 14).

188 Eine Auflösung wegen Verletzung eines **Gebots fairen Verhandelns** als einer (bezogen auf den Aufhebungsvertrag) vorvertragl Rücksichtspflicht kann gem § 280 I, § 241 II, §§ 249ff im Wege der Naturalrestitution zur Rückgängigmachung des Aufhebungsvertrags und Fortsetzung des Arbeitsvertrags führen („letztlich wirkungsgleich mit einer Anfechtung"); BAG NZA 2019, 1922 Rn 30ff; zust *Bachmann/Ponßen* NJW 2019, 1969f; krit *Bauer/Romero* ZFA 2019, 608; *Fischinger* NJW 2019, 729, 730f (zur Dogmatik: § 138 I vorzugswürdig), 733f (zur Rechtsfolge); *Holler* NJW 2019, 2206ff. Dafür reicht nicht aus, dass dem ArbN die Verhandlung unangenehm ist, doch ist die Verhandlungssituation „unfair", wenn der ArbGeb eine psychische Drucksituation schafft oder ausnutzt, die dem ArbN eine freie Entscheidung erheblich erschwert oder unmöglich macht; wenn er eine obj erkennbare körperliche oder psychische Schwäche oder unzureichende Sprachkenntnisse oder auch ein Überraschungsmoment ausnutzt (BAG NJW 2019, 1922 Rn 34ff). Das BAG hat dies (aaO) bei einer sachlich nicht begründeten Überrumpelung des erkrankten ArbN in seiner Privatwohnung in Betracht gezogen. Kein Verstoß liegt vor, wenn der ArbGeb den ArbN bei einem Gespräch im Büro des Geschäftsführers in Gegenwart eines Rechtsanwalts mit dem Vorwurf einer Untreue konfrontiert und – unter Androhung einer Strafanzeige – einen vorbereiteten Aufhebungsvertrag nur zur sofortigen Annahme anbietet (BAG ZIP 2022, 1121). Die Beweislast trägt, wer sich auf die Verletzung beruft.

189 **IV. Beendigung von Verbraucherverträgen über eine digitale Dienstleistung, Abs IV.** Die aufgrund der Digitale-Inhalte-Richtlinie 2019/770 durch Gesetz v. 25.5.2021 (BGBl I 2021, 2123) (Inkrafttreten: 1.1.2022) eingefügte Vorschrift dient der Klarstellung, dass diese Verträge nicht nur durch Fristablauf nach Abs I oder Kündigung nach Abs II beendet werden können (vgl BT-Drs 19/27653, 86), sondern auch wegen unterbliebener Bereitstellung nach § 327c, wegen Mangels des digitalen Produkts nach § 327m und wegen Änderung des digitalen Produkts nach § 327r; s die Erl dort.

§ 621 Kündigungsfristen bei Dienstverhältnissen

Bei einem Dienstverhältnis, das kein Arbeitsverhältnis im Sinne des § 622 ist, ist die Kündigung zulässig,
1. **wenn die Vergütung nach Tagen bemessen ist, an jedem Tag für den Ablauf des folgenden Tages;**
2. **wenn die Vergütung nach Wochen bemessen ist, spätestens am ersten Werktag einer Woche für den Ablauf des folgenden Sonnabends;**
3. **wenn die Vergütung nach Monaten bemessen ist, spätestens am 15. eines Monats für den Schluss des Kalendermonats;**

4. wenn die Vergütung nach Vierteljahren oder längeren Zeitabschnitten bemessen ist, unter Einhaltung einer Kündigungsfrist von sechs Wochen für den Schluss eines Kalendervierteljahrs;
5. wenn die Vergütung nicht nach Zeitabschnitten bemessen ist, jederzeit; bei einem die Erwerbstätigkeit des Verpflichteten vollständig oder hauptsächlich in Anspruch nehmenden Dienstverhältnis ist jedoch eine Kündigungsfrist von zwei Wochen einzuhalten.

I. Allgemeines. 1. Normzweck. Die Bemessung der Kündigungsfrist für freie Dienstverhältnisse nach der **Länge der Vergütungszeiträume** und zum Ende einer Entlohnungsperiode entspricht nach Ansicht des Gesetzgebers dem **mutmaßlichen Willen der Parteien**, die auch **angebrochene Vergütungszeiträume vermeiden** wollen (vgl ProtRJA 470, 471 = *Jakobs/Schubert*, Die Beratung des BGB Schuldrecht II, 1980, 797). Die Fristen sollen beiden Parteien erleichtern, sich auf das Ende des Dienstvertrags einzustellen, vor allem aber den entlassenen Dienstverpflichteten vor finanziellen Einbußen bewahren (vgl *Jakobs/Schubert* aaO, 797). 1

2. Anwendungsbereich. § 621 ergänzt das Kündigungsrecht aus § 620 II und bestimmt, welche Fristen und Beendigungstermine bei ordentlichen Kündigungen **selbständiger Dienstverträge** zu beachten sind (zB Mobilfunkverträge, München CR 2021, 350). Für Arbeitsverträge (zur Abgrenzung § 611 Rn 5) gilt § 622. § 621 findet jedenfalls auf die Kündigung des Anstellungsvertrags eines beherrschenden Gesellschafter-**Geschäftsführers einer GmbH** Anwendung (Hamm NJW-RR 1993, 493; Scholz/*Schneider/Schneider* § 35 GmbHG Rn 472f); für andere Gesellschafter-Geschäftsführer und Fremdgeschäftsführer ist umstr, ob § 622 entspr gilt. Der BGH hat das bejaht (BGHZ 79, 291; 91, 217; zust Staudinger/*Temming* Rn 8f; krit *Hümmerich* NJW 1995, 1177). Das BAG ist dem jetzt überzeugend entgegengetreten: Die Anwendung von § 621 entspricht dem Wortlaut; für ein „Redaktionsversehen" gibt es keinen Anhalt; sie ist auch teleologisch folgerichtig (BAG ZIP 2020, 1612 Rn 41ff; s ausf § 622 Rn 5; allg zur Kündigung von Organmitgliedern jur Personen § 611a Rn 107). 2

§ 621 setzt voraus, dass § 620 II gilt, die **Dauer** des Dienstverhältnisses also **nicht** zeitl oder durch die Beschaffenheit oder den Zweck der Dienste **bestimmt** ist (BGH NJW 1993, 326). Dazu zählen auch nach § 625 auf unbestimmte Zeit verlängerte Dienstverhältnisse (BGH NJW 1997, 739). § 621 kann daher nicht als Maßstab zur Inhaltskontrolle (§ 307 II Nr 1) von Verlängerungsklauseln bei – regelmäßig befristeten – Fitnessstudioverträgen herangezogen werden, die durch dienstvertragl Elemente entscheidend geprägt sind (BGH NJW 1997, 739; zur Laufzeit eines anlässlich eines Sportereignisses angebotenen Vertrags über eine Rabattberechtigung s BGH WM 2010, 1237; AG Rendsburg SchlHA 2005, 347). Verträge mit Privatschulen sind idR schuljahresweise oder durch das Ausbildungsziel befristet und werden von § 621 nur erfasst, wenn zusätzl Kündbarkeit vereinbart ist (BGH NJW 2008, 1064; 1985, 2585). Anders als Direktunterrichtsverträge, die an sich § 621 unterfallen, aber häufig auf einen Unterrichtungszeitraum oder das Erreichen des Ausbildungsziels befristet sind, unterliegen Fernunterrichtsverträge ausschließlich dem unabdingbaren Kündigungsrecht nach § 5 FernUSG. Für Heimarbeiter gilt § 29 HAG, für Handelsvertreter §§ 89ff HGB; bei arbeitnehmerähnl Personen (§ 611a Rn 89ff) mit Tarifbindung tritt § 621 hinter abw Tarifverträgen zurück (s auch BAG BB 2007, 2298, allerdings für § 622). Für die außerordentliche Kündigung gelten die §§ 624, 626, 627. 3

3. Abdingbarkeit. Die Kündigungsfristen und -termine nach § 621 sind **durch Einzelvertrag** in vollem Umfang abdingbar (BGH NJW 1964, 350; KG NJW-RR 2003, 1062; MüKo/*Hesse* Rn 29). Lediglich § 89 HGB enthält zT zwingendes Recht (BGH NJW 1964, 350; Nürnberg NJW-RR 1986, 782). Verkürzungen sind bis hin zur entfristeten Kündigung, Ausschlüsse und Verlängerungen bis zur Grenze des § 624 zulässig. 4

Eine bestimmte **Form** der Abbedingung ist nicht erforderlich; es genügt die Übernahme eines Tarifvertrags nach § 12a TVG. **Stillschw** Anschluss an ständige Übung oder **Ortsbrauch** (Staudinger/*Temming* Rn 12; MüKo/*Hesse* Rn 30) aber nur, wenn diese beiden Parteien bei Vertragsschluss **bekannt** sind (RG ARS 34, 182); von solcher Kenntnis ist nur unter den Voraussetzungen von § 346 HGB auszugehen (Soergel/*Kraft* Rn 7). Anders als bei Arbeitsverträgen (§ 622 VI) können die Parteien auch **für beide Seiten unterschiedliche** Fristen und Beendigungsbedingungen vereinbaren (RG JW 1904, 233 Nr 6; MüKo/*Henssler* Rn 29). 5

Beschränkungen in AGB können gegen § 309 Nr 9, § 307 verstoßen. Ist die Vergütung bei Vertragsschluss fällig, beginnt die Dienstpflicht aber erst später, erwog die Rspr die Unwirksamkeit nach § 309 Nr 9 lit a bereits, wenn zw Vertragsschluss und Ende der Dienstleistung mehr als zwei Jahre liegen (vgl Köln NJW 1983, 1002; s auch KG NJW-RR 1989, 1075). Die Koppelung des ordentlichen Kündigungsrechts eines **Betreuungsvertrags** an die Kündigung des Mietvertrags der Wohnung einer **Seniorenwohnanlage** durch die Mieter verstößt gegen § 309 Nr 9 lit a (vgl LG Lüneburg NJW-RR 2001, 1637). In einem Vertrag über die Erbringung von **Pflegeleistungen** verstößt eine klauselförmig vereinbarte 14-tägige Kündigungsfrist gegen § 307 (BGH NJW-RR 2011, 2955, vor allem auf die Abweichung von § 627 abstellend). Die jährliche Kündbarkeit zum Schuljahresende ist bei **Direktschulverträgen** grds unbedenklich (§ 5 FernUSG ist nicht anwendbar, BGH NJW 1984, 1531 m Anm *Nassall*; zu einer 14-monatigen Bindungsfrist bei einem zweijährigen Vertrag vgl LG Gießen 28.3.2012 – 1 S 251/11 mwN). Bei **Internatsverträgen** ist eine jährliche Kündbarkeit im ersten Jahr nach der Aufnahme wegen der schwer einschätzbaren Umstellungsfähigkeit des Schülers unwirksam, § 307; auch hier darf die Schule die Kündbarkeit aber auf den Schluss des Schulhalbjahrs beschränken (BGH NJW 1985, 2585). Die Zusage einer **Lebensstellung** schließt auch die kurzen Fristen nach § 621 aus (vgl RG SeuffA 63 Nr 40). Zur Kündigung bei **Sportlehrgängen**, die nicht an § 627, sondern an § 309 Nr 9 lit b, § 307 gemessen werden, vgl LG Hamburg NJW 1986, 262; NJW-RR 1987, 689; 1988, 317; DB 1987, 1482 m Anm *Berger*; *Schneider*, Die Kündigung freier Dienstverträge, 1987, 141ff; Staudinger/*Temming* Rn 15. Insg ist bei langen Laufzeiten von Verträgen zur **Berufsausbildung** Art 12 6

GG zu beachten mit der Folge, dass eine unkündbare Laufzeitklausel nach § 307 I 1 nichtig sein kann. Die daraus entstehende Regelungslücke soll durch erg Vertragsauslegung geschlossen werden (BGH NJW 1993, 326; NJW-RR 1997, 942 greift dabei auf § 620 II, § 621 zurück). Die in **eBay**-AGB vorgesehene Frist von 14 Tagen zum Monatsende zur Kündigung der Mitgliedschaft (Dienstvertrag mit Geschäftsbesorgungselementen) durch eBay entspr § 621 Nr 5 und ist daher nicht unangemessen iSv § 307 (LG Berlin CR 2005, 372; Brandenburg CR 2005, 662).

7 **II. Kündigungsfristen.** Der **Fristbeginn** richtet sich wie bei § 622 nach §§ 186ff. Maßgeblich ist der Tag, an dem die Kündigungserklärung als Willenserklärung wirksam wird (§§ 130ff). Auch die Kündigung vor Dienstantritt folgt beim unabhängigen Dienstvertrag den zu § 622 entwickelten Regeln (§ 622 Rn 7); die **Länge** der Frist richtet sich nach der **Bemessung der Vergütung**, nicht nach der Fälligkeit oder Zahlungsweise (Staudinger/*Temming* Rn 19; MüKo/*Hesse* Rn 18; aA Köln NJW 1983, 1002), auch die Art der Entlohnung (Bar- oder Sachlohn) ist ohne Belang. Sind bei gespaltener Vergütung die Entgeltarten nach unterschiedlichen Zeiteinheiten bemessen, entscheidet der wirtschaftl wichtigere Teil (Staudinger/*Temming* Rn 19). Die Fristlänge ist vorbehaltlich anderer Vereinbarung (Rn 4) von beiden Vertragspartnern zu beachten. Kündigung mit zu kurzer Frist beendet das Dienstverhältnis zum nächstmöglichen Termin.

8 **1. Nr 1.** Ist der Lohn **nach Tagen** bemessen, kann an **jedem Kalendertag** für den Ablauf des folgenden Tages gekündigt werden. Beides können auch Sonn- oder Feiertage sein, § 193 ist nicht anwendbar (BGHZ 162, 175; MüKo/*Hesse* Rn 19; Staudinger/*Temming* Rn 20). Ob der Dienstpflichtige an diesem Tag arbeiten muss, ist unerheblich. Bei **Stundenlohn** gilt Nr 1 entspr (KG KGRp 1994, 97; Staudinger/*Temming* Rn 21; MüKo/*Hesse* Rn 20).

9 **2. Nr 2.** Bei **nach Wochen** bemessenem Entgelt ist der Dienstvertrag zum Ablauf eines jeden **Sonnabends** kündbar; die **Erklärung** muss spätestens am ersten Werktag der ablaufenden Woche wirksam geworden sein. Das ist grds der **Montag**, verlagert sich aber auf spätere Wochentage, wenn auf den Sonntag gesetzl Feiertage folgen, und zwar ohne, dass es eines Rückgriffs auf § 193 bedürfte; Nr 2 bestimmt insofern keine Mindestfrist (BGH NJW 1972, 2083; Soergel/*Kraft* Rn 11; Staudinger/*Temming* Rn 20). Nr 2 findet nur Anwendung, wenn die Bezahlung für wöchentlich erbrachte Arbeit vereinbart ist, unabhängig vom tatsächlichen Umfang (MüKo/*Hesse* Rn 21).

10 **3. Nr 3.** Ist die Vergütung **monatsweise** bemessen, muss die Kündigung spätestens am **15. des Monats zum Monatsende** erklärt sein, auch wenn der 15. ein Sonn- oder Feiertag ist; § 193 findet keine Anwendung, da die Frist, die dem Schutz des Kündigungsgegners dient, nicht verkürzt werden darf (BGH NJW 2005, 1354; 1972, 2083; MüKo/*Hesse* Rn 16; aM Staudinger/*Temming* Rn 20, 23). Eine Frist von zwei Wochen reicht nicht aus (Staudinger/*Temming* Rn 23).

11 **4. Nr 4.** Sechs Wochen zum Quartalsschluss sind einzuhalten, wenn die **Entlohnung vierteljahresweise** oder nach noch **längeren** Zeitabschnitten bemessen ist. Die Kündigung zum 31.3. muss spätestens am 17.2. (Schaltjahr 18.2.) zugehen, zum 30.6. am 19.5., zum 30.9. am 19.8. und zum 31.12. am 19.11. Fällt der letzte Erklärungstag auf einen Sonn- oder Feiertag, muss wie bei Arbeitsverträgen die Kündigungserklärung spätestens am letzten vorhergehenden Werktag wirksam werden (BGH NJW 2005, 1354; 1972, 2083); § 193 ist nicht anwendbar. Erhält der Dienstnehmer neben seinem Lohn noch andere (Sach-)Bezüge, die nach einem längeren Zeitabschnitt bemessen sind (halbes oder ganzes Jahr), ist der wesentliche Teil der Vergütung für die Bemessung entscheidend. Die Sechswochenfrist findet Anwendung bei der Kündigung der Zulassung von Aktien zum Handel am Neuen Markt, da die Zulassungsgebühr jährlich zu entrichten ist (*Wolf* WM 2001, 1785).

12 **5. Nr 5.** Ist die Vergütung **nicht nach Zeitabschnitten** bemessen, kann grds **jederzeit** gekündigt werden. Bsp: Stückvergütung, Provision, Gewinnbeteiligung (Staudinger/*Temming* Rn 26). Auch die monatliche Abrechnung von Pflegeleistungen als Sachleistungen ggü der Pflegeversicherung ist nicht Vergütung nach Zeitabschnitten (BGH NJW-RR 2011, 2955 Rn 11).

13 Nimmt das Dienstverhältnis jedoch die Erwerbstätigkeit des Verpflichteten **vollständig oder hauptsächlich** in Anspruch, gilt eine Frist von zwei Wochen. Hauptsächlich in Anspruch genommen ist der Dienstschuldner, wenn er **über die Hälfte** der Zeit, in der er vertragl für andere tätig wird, für dieses Dienstverhältnis aufwendet; einzubeziehen sind auch Verpflichtungen aus Werkverträgen. Es kommt also nicht abstrakt auf die allg übliche Arbeitszeit an. Daher wird zB eine Hausfrau, die nur für den Dienstberechtigten tätig ist, „vollständig" in Anspruch genommen, selbst wenn die Arbeit nur wenige Stunden pro Tag bzw wenige Tage pro Monat umfasst (MüKo/*Hesse* Rn 26; Staudinger/*Temming* Rn 28). Nimmt die Beschäftigung die Arbeitszeit des Dienstpflichtigen nur in geringerem Maß in Anspruch, sind Kündigungsfristen entbehrlich, vor allem, weil der Dienstschuldner in aller Regel durch anderweitige Einkünfte bereits **hinreichend abgesichert** ist.

§ 622 Kündigungsfristen bei Arbeitsverhältnissen

(1) Das Arbeitsverhältnis eines Arbeiters oder eines Angestellten (Arbeitnehmers) kann mit einer Frist von vier Wochen zum Fünfzehnten oder zum Ende eines Kalendermonats gekündigt werden.

(2) Für eine Kündigung durch den Arbeitgeber beträgt die Kündigungsfrist, wenn das Arbeitsverhältnis in dem Betrieb oder Unternehmen

1. zwei Jahre bestanden hat, einen Monat zum Ende eines Kalendermonats,
2. fünf Jahre bestanden hat, zwei Monate zum Ende eines Kalendermonats,
3. acht Jahre bestanden hat, drei Monate zum Ende eines Kalendermonats,
4. zehn Jahre bestanden hat, vier Monate zum Ende eines Kalendermonats,
5. zwölf Jahre bestanden hat, fünf Monate zum Ende eines Kalendermonats,
6. 15 Jahre bestanden hat, sechs Monate zum Ende eines Kalendermonats,
7. 20 Jahre bestanden hat, sieben Monate zum Ende eines Kalendermonats.

(3) Während einer vereinbarten Probezeit, längstens für die Dauer von sechs Monaten, kann das Arbeitsverhältnis mit einer Frist von zwei Wochen gekündigt werden.

(4) Von den Absätzen 1 bis 3 abweichende Regelungen können durch Tarifvertrag vereinbart werden. Im Geltungsbereich eines solchen Tarifvertrags gelten die abweichenden tarifvertraglichen Bestimmungen zwischen nicht tarifgebundenen Arbeitgebern und Arbeitnehmern, wenn ihre Anwendung zwischen ihnen vereinbart ist.

(5) Einzelvertraglich kann eine kürzere als die in Absatz 1 genannte Kündigungsfrist nur vereinbart werden,
1. wenn ein Arbeitnehmer zur vorübergehenden Aushilfe eingestellt ist; dies gilt nicht, wenn das Arbeitsverhältnis über die Zeit von drei Monaten hinaus fortgesetzt wird;
2. wenn der Arbeitgeber in der Regel nicht mehr als 20 Arbeitnehmer ausschließlich der zu ihrer Berufsbildung Beschäftigten beschäftigt und die Kündigungsfrist vier Wochen nicht unterschreitet.

Bei der Feststellung der Zahl der beschäftigten Arbeitnehmer sind teilzeitbeschäftigte Arbeitnehmer mit einer regelmäßigen wöchentlichen Arbeitszeit von nicht mehr als 20 Stunden mit 0,5 und nicht mehr als 30 Stunden mit 0,75 zu berücksichtigen. Die einzelvertragliche Vereinbarung längerer als der in den Absätzen 1 bis 3 genannten Kündigungsfristen bleibt hiervon unberührt.

(6) Für die Kündigung des Arbeitsverhältnisses durch den Arbeitnehmer darf keine längere Frist vereinbart werden als für die Kündigung durch den Arbeitgeber.

I. Allgemeines. 1. Entstehungsgeschichte. In seiner Erstfassung regelte § 622 lediglich die Kündigungsfristen 1
für in Diensten höherer Art angestellte ArbN, wie zB Lehrer oder Erzieher, für sonstige Angestellte und Arbeiter waren die Kündigungsfristen jew in gesonderten Gesetzen geregelt, zT noch weiter differenziert (zur Normgeschichte näher BeckOGK/*Klumpp* Rn 2ff). Eine erste Vereinheitlichung erfolgte 1969 durch das 1. ArbeitsrechtsbereinigungsG, das eine weitgehend einheitliche Kündigungsregelung für die meisten ArbN in § 622 einführte, ohne jedoch die unterschiedlich geltenden Berechnungsmethoden der Kündigungsfristen für Arbeiter und Angestellte anzugleichen. Nachdem das BVerfG (NJW 1983, 617) die unterschiedlich geltenden Altersgrenzen von 35 bzw 25 Jahren für die Berechnung der Kündigungsfrist als gleichheitswidrig gerügt hatte, führte das Arbeitsgerichtsgesetz-ÄndG von 1990 in Abs II S 2 die einheitliche Maßgabe des 25. Lebensjahrs ein. Diese Regelung war freilich primärrechtswidrig altersdiskriminierend (EuGH NZA 2010, 85 – Kücükdeveci, s Rn 14) und wurde daher durch Art 4d des G v 18.12.2018 (BGBl I 2018, 2651) mWv 1.1.2019 gestrichen (dazu BT-Drs 19/6146, 30). Nachdem das BVerfG (BVerfGE 82, 126) die unterschiedlichen Kündigungsfristen für Arbeiter und Angestellte als mit Art 3 I GG unvereinbar beanstandet hat, vereinheitlichte das Kündigungsfristengesetz von 1993 diese (und passte auch § 29 HAG an).

Gem § 2 I Nr 9 **NachwG** sind die Kündigungsfristen in die Arbeitsvertragsniederschrift aufzunehmen. Anstelle 2
der Aufnahme konkreter Fristen ist auch der Hinweis auf einschlägige Tarifverträge, Betriebsvereinbarungen, Dienstvereinbarungen oder vergleichbare Regelungen bzw. das Gesetz möglich, § 2 III 1 und 2 NachwG.

2. Regelungsinhalt und -zweck. § 622 I legt eine Grundkündigungsfrist von vier Wochen für alle ArbN in 3
den ersten zwei Beschäftigungsjahren fest; Abs II verlängert die Fristen für die ArbGeb-Kündigung auf einen bis sieben Monate zum Monatsende. Durch den Verzicht auf Kündigungstermine zum Quartalsende sollen Unterschiede hinsichtl des Erklärungszeitraums bzw schubweise Belastungen des Arbeitsmarkts vermieden werden (BT-Drs 12/4902, 7). § 622 schränkt den Grundsatz der Vertragsbeendigungsfreiheit ein. Die Fristenregelung dient dem Schutz des Vertragspartners, der sich rechtzeitig auf die Beendigung des Arbeitsverhältnisses einstellen können soll (BeckOGK/*Klumpp* Rn 9ff). Die Grundkündigungsfrist des § 622 I ist das Ergebnis einer Abwägung zw den grundrechtl Positionen von ArbN und ArbGeb aus Art 12 I GG. Sie soll den Arbeitsvertragsparteien ausreichend Gelegenheit geben, sich auf die Beendigung des Arbeitsverhältnisses einzustellen (vgl APS/*Linck*[6] Rn 8). Der ArbN soll vor einem plötzlichen Arbeitsplatzverlust geschützt werden, das Flexibilitätsinteresse des ArbGeb soll angemessen berücksichtigt werden. Der durch die verlängerten Kündigungsfristen von Abs II erhöhte Bestandsschutz bei zunehmender Betriebszugehörigkeit ist dem ArbGeb ggü mit Rücksicht auf die erwiesene Betriebstreue zuzumuten (BT-Drs 12/4902, 8). Diese Interessenabwägung hat Leitbildfunktion für die Bewertung von Abweichungen in AGB (BAG NZA 2018, 297 Rn 32ff; unten Rn 39).

3. Anwendungsbereich. § 622 gilt für alle ordentlichen Kündigungen von auf unbestimmte Zeit eingegange- 4
nen **Arbeitsverhältnissen** (mit Arbeitern und Angestellten), **nicht** für Verträge mit **arbeitnehmerähnl Personen** (BAG AP 15 § 611, auch eine analoge Anwendung von § 622 II scheidet aus; krit *Uffmann* ZGR 2013, 273). Für **Hausangestellte** und -gehilfen gilt Abs I, die verlängerten Fristen gem Abs II finden keine Anwendung, da der Haushalt nicht als Unternehmen oder Betrieb iSd Vorschrift angesehen wird (BAG AP 78 m Anm *Riesenhuber*; Staudinger/*Temming* Rn 13). Die Vorschrift gilt für Beendigungs- und Änderungskündigungen (BAG EzA 47).

Für die außerordentliche Kündigung gilt § 626. Die Abs I, III–V gelten sowohl für Kündigungen durch den ArbGeb als auch durch den ArbN, Abs II gilt nur für Kündigungen durch den ArbGeb. § 622 gilt grds auch für **Kleinunternehmen**, doch kann in Unternehmen mit idR nicht mehr als 20 ArbN individualvertragl eine kürzere Grundkündigungsfrist vereinbart werden, Abs V S 1 Nr 2 (Rn 37).

5 Für Dienstverträge der GmbH-**Geschäftsführer** und AG-**Vorstandsmitglieder** ist **umstritten**, ob § 621 oder § 622 Anwendung findet. Der **BGH** wendet auf den Geschäftsführer **§ 622 analog** an, soweit dieser nicht herrschender Gesellschafter ist (BGH NJW 1989, 2683; 1981, 2749, BGHZ 91, 217; 79, 291; Hamm NJW-RR 1993, 493; LAG Rh-Pf NZG 2009, 195; *Uffmann* ZGR 2013, 273; MüKo/*Hesse* Rn 10; Staudinger/*Temming* Rn 14; *Bauer* BB 1994, 855; abl *Hümmerich* NJW 1995, 1177). Organmitglieder stellten ihre Arbeitskraft wie ArbN zur Verfügung und seien vom Fortbestehen des Anstellungsverhältnisses abhängig, ihre Interessenlage sei hinsichtl der zeitl Erfordernisse für die Suche nach einer beruflichen Beschäftigung der eines ArbN vergleichbar (BGHZ 79, 291; Das **BAG** wendet hingegen **§ 621** an und stützt sich dafür auf den Wortlaut, die Entstehungsgeschichte (für die Annahme eines Redaktionsversehens sei nach der Neufassung von 1993 kein Raum) und den gebotenen Wertungseinklang mit arbeitnehmerähnlichen Personen (Rn 4) (BAG ZIP 2020, 1609; zust *Uffmann* NJW 2020, 3210). Das ist methodisch und teleologisch überzeugend. Organmitgliedern ist die eigenverantwortliche vertragl Vorsorge zuzutrauen. Nur wenn Geschäftsführer ausnahmsw ArbN sind, findet § 622 Anwendung.

6 **4. Sonderregelungen.** In verschiedenen Bereichen bestehen Sonderregelungen. **Berufsausbildungsverhältnisse** können nach § 22 I BBiG während der Probezeit jederzeit ordentlich und ohne Einhaltung einer Kündigungsfrist gekündigt werden. Die Parteien können aber auch eine ordentliche Kündigung unter Einhaltung einer Auslauffrist aussprechen, die aber nicht zu einer unzumutbaren Verlängerung des Ausbildungsvertrags führen darf (BAG EzA 7 § 15 BBiG aF). In der Insolvenz des ArbGeb kann der Insolvenzverwalter das Ausbildungsverhältnis außerordentlich mit der Auslauffrist des § 113 S 2 InsO kündigen. Für das **Heuerverhältnis** gelten die Kündigungsfristen gem § 66 SeeArbG. Die Vorschrift regelt einheitlich die besonderen Kündigungsfristen für die Kündigung aller Besatzungsmitglieder einschl des Kapitäns (vgl BT-Drs 17/10959, 85). Für **Schwerbehinderte** gilt – als ArbN-Schutzvorschrift einseitig nur den ArbGeb bindend – § 169 SGB IX. Die Regelung hat seit der Neufassung von § 622 an Bedeutung verloren. Ihr Gehalt besteht hauptsächlich darin, dass die speziellen Fristen weder individual- noch tarifvertragl verkürzt werden können. Längere gesetzl, individual- und tarifvertragl Fristvereinbarungen gehen nach dem Günstigkeitsprinzip zugunsten des Schwerbehinderten § 169 SGB IX vor. Im Geltungsbereich des Heimarbeitergesetzes wurden die Kündigungsfristen für **Heimarbeiter** in § 29 HAG dem § 622 angepasst. § 19 BEEG normiert eine dreimonatige Kündigungsfrist zum Ende der **Elternzeit** für den elternzeitberechtigten ArbN; gem § 21 IV BEEG kann der ArbGeb einen befristeten Arbeitsvertrag unter Einhaltung einer Frist von mindestens drei Wochen, jedoch frühestens zum Ende der Elternzeit, kündigen, wenn die Elternzeit ohne Zustimmung des ArbGeb vorzeitig endet und der ArbN die vorzeitige Beendigung der Elternzeit mitgeteilt hat. Nach § 113 InsO kann ein Arbeitsverhältnis, bei dem der Schuldner der Dienstberechtigte ist, sowohl vom **Insolvenzverwalter** als auch vom anderen Teil, unabhängig von der vereinbarten Vertragsdauer oder einem Ausschluss des Rechts auf ordentliche Kündigung, gekündigt werden. Auf den vorläufigen Insolvenzverwalter mit Verwaltungs- und Verfügungsbefugnis ist die Norm nicht anwendbar (BAG AP 18 § 113 InsO). Die Kündigungsfrist beträgt drei Monate zum Monatsende, soweit keine kürzere Frist gilt. Sie gilt auch bei befristeten Arbeitsverträgen, wenn deren Dauer zum Zeitpunkt der Kündigung noch mindestens drei weitere Monate beträgt. § 113 S 2 InsO wird dabei nicht von einer kürzeren gesetzl Kündigungsfrist verdrängt, die auch vor Eröffnung des Insolvenzverfahrens nicht für den befristeten Arbeitsvertrag maßgeblich war (BAG NJW 2001, 317). § 113 S 2 InsO verdrängt jede (BAG DB 2013, 2093), auch eine längere tarifvertragl Frist (BAG NJW 2000, 972) oder den tariflichen Ausschluss des ordentlichen Kündigungsrechts (BAG NJW 2000, 2692), selbst wenn die Kündigung vor Dienstantritt erfolgt (BAG NJW 2017, 2698 Rn 30). Wird die Kündigung vor Dienstantritt erklärt, läuft die Kündigungsfrist ab Zugang der Kündigungserklärung und nicht ab Dienstantritt (BAG NJW 2017, 2698 Rn 50). Die Regelung ist verfassungsgemäß, sie stellt keinen unzulässigen Eingriff in Art 9 III GG dar (BAG NJW 2000, 972; BVerfGE 1999, 923 jew zur wortgleichen Vorgängerregelung in § 113 I 2 InsO aF). Ist arbeitsvertragl eine längere als die gesetzl Kündigungsfrist vereinbart, so ist bei einer Kündigung in der Insolvenz bis zur Höchstfrist des § 113 S 2 InsO diese längere maßgeblich (BAG NJW 1999, 1571). Die Unwirksamkeit der Kündigung durch den Insolvenzverwalter, gleich aus welchem Grund, muss binnen drei Wochen nach ihrem Zugang beim ArbG geltend gemacht werden. Für **Leiharbeitsverhältnisse** bleibt es bei der gesetzl Regelung des § 622 mit Ausnahme von Abs V S 1 Nr 1 (vgl § 11 IV 1 AÜG). Damit soll verhindert werden, dass durch die arbeitsvertragl Vereinbarung kürzerer als der gesetzl Fristen das Lohnfortzahlungsrisiko bei fehlender Einsatzmöglichkeit umgangen werden kann. Nur durch Tarifvertrag oder einzelvertragl Bezugnahme auf einen einschlägigen Tarifvertrag können bei Leiharbeitsverhältnissen kürzere Fristen vereinbart werden (KR/*Spilger* Rn 183). § 2 I 2 Nr 9 NachwG und § 11 I AÜG verpflichten den Verleiher, die Kündigungsfristen in einer besonderen Urkunde (zB im schriftlichen Arbeitsvertrag) aufzunehmen. Eine Verweisung auf die gesetzl oder tarifvertragl Fristen genügt. Ist das Arbeitsverhältnis für die **Lebenszeit** einer Person oder für längere Zeit als fünf Jahre eingegangen, kann es von dem ArbN nach Ablauf von fünf Jahren mit sechsmonatiger Kündigungsfrist gekündigt werden, § 15 IV TzBfG. § 622 wird durch § 15 IV TzBfG verdrängt. Eine Sonderkündigungsregel enthält auch § 16 S 1 TzBfG (KR/*Spilger* Rn 101). Nach § 6 III 1 PflegeZG kann ein ArbGeb einen mit dem Vertreter geschlossenen befristeten Arbeitsvertrag bei vorzeitiger Beendigung der **Pflegezeit** nach § 4 II 1 PflegeZG mit zweiwöchiger Kündigungsfrist kündigen.

II. Gesetzliche Kündigungsfristen. 1. Grundkündigungsfrist, Abs I. Nach § 622 kann das Arbeitsverhältnis beiderseits mit einer Frist von vier Wochen zum 15. oder zum Ende eines Kalendermonats gekündigt werden. Die Grundkündigungsfrist gilt sowohl für Kündigungen durch den ArbGeb als auch für solche durch den ArbN. Der Kündigende kann freiwillig längere Kündigungsfristen einhalten (vgl BAG AP 20; *Hromadka* BB 1993, 2372, 2373). Für die **Berechnung** der Fristen gelten die §§ 186ff. Gem § 187 I beginnt die Frist erst am Tag nach Zugang der Kündigung. Eine Vereinbarung, dass der Fristlauf bereits am Tag des Absendens beginnen soll, ist unwirksam (BAG AP 9 § 130). § 193 ist auf Kündigungsfristen weder unmittelbar noch entspr anwendbar (BAG AP 1, 2 § 193; BeckOGK/*Klumpp* Rn 35). Daher ist es auch ohne Belang, wenn der letzte Tag, an dem die Kündigung erklärt werden kann, auf einen Samstag, Sonntag oder staatlich anerkannten Feiertag fällt. Zu beachten sind folgende Tage zur Wahrung der Kündigungsfrist: Im Februar ist am 31.1. (Schaltjahr 1.2.) zum 28.2. (29.2.) oder 15.2. (Schaltjahr 16.2.) zum 15.3. zu kündigen. In Monaten mit 30 Tagen gilt: Am 2. des Monats ist zum Monatsende oder am 17. des Monats zum 15. des folgenden Monats zu kündigen. In Monaten mit 31 Tagen gilt: 3. des Monats zum Monatsende oder 18. des Monats zum 15. des Folgemonats. Das Arbeitsverhältnis endet am jew Tag um 24 Uhr. Eine **verspätete Kündigung** wirkt im Zweifel zum nächsten zulässigen Kündigungstermin (BAG AP 20). 7

Bei ordentlicher **Kündigung vor Dienstantritt** ist Beginn der Kündigungsfrist str (KR/*Spilger* Rn 148; s auch § 620 Rn 146). Das BAG stellt in erster Linie darauf ab, ob die Frist nach der Parteivereinbarung bereits mit dem Zugang der Kündigung oder erst an dem Tag beginnen soll, an dem die Arbeit vertragsgemäß aufzunehmen ist. Fehlt eine solche Vereinbarung, ist die jew Interessenlage dafür maßgebend, wann die Kündigungsfrist beginnt (BAG AP 2, 6 § 620). Zu berücksichtigen sind die Umstände des Einzelfalls, wie zB die Länge der Kündigungsfrist, die Art der Beschäftigung oder der Zweck der Anstellung (KR/*Spilger* Rn 149). Im Zweifel wollen die Parteien das Arbeitsverhältnis mit Zugang der Kündigung beenden und haben kein Interesse an einer zumindest vorübergehenden Durchführung des Arbeitsvertrags (BAG AP 1 § 620 Kündigung vor Dienstantritt; BeckOGK/*Klumpp* Rn 39; s auch KG GmbHR 2010, 37). 8

Die gesetzl Grundkündigungsfrist von Abs I ist eine Mindestfrist, die individualvertragl **grds nicht abdingbar** ist, sie kann einzelvertragl zwar verlängert werden (Abs V S 3, Rn 39), verkürzt nur in zwei Sonderfällen (Abs V S 1f; Rn 33ff). Eine Ausnahme von Abs I sieht § 622 nur während einer vereinbarten Probezeit vor (Abs III, Rn 17). Allerdings hat das BAG diese Beschränkung **teleologisch reduziert**: Sehen die Parteien in einer nach Erklärung der Kündigung getroffenen Vereinbarung über die Bedingungen, zu denen der ArbN ausscheidet (**Abwicklungsvertrag**), das Recht des ArbN vor, das Arbeitsverhältnis vor dem vorgesehenen Datum gegen Erhöhung des Abfindungsbetrags zu beenden (**Sprinterklausel**), bedarf der ArbN des Schutzes durch die Mindestfrist von Abs I nicht (BAG NZA 2016, 361 Rn 38f). 9

2. Gesetzlich verlängerte Kündigungsfrist, Abs II. Sie gilt **nur für ArbGeb-Kündigungen**. Die Fristen verlängern sich mit der Beschäftigungsdauer des ArbN: von einem Monat bei einer zweijährigen Beschäftigungsdauer bis zu sieben Monaten bei 20-jähriger Beschäftigungsdauer. Voraussetzung der Verlängerung ist nach dem Gesetz (1) die jew vorgeschriebene Dauer des Arbeitsverhältnisses, (2) sein Bestand. Das frühere Erfordernis eines Mindestalters des ArbN ist zum 1.1.2019 entfallen, s Rn 1. 10

a) Die **Dauer** der Beschäftigung hängt davon ab, wie lange das Dienstverhältnis zum ArbGeb bestanden hat. Entscheidend ist der Zeitpunkt des Zugangs der Kündigung, nicht der Zeitpunkt, zu dem das Arbeitsverhältnis tatsächlich beendet werden soll. Maßgeblich ist das letzte Arbeitsverhältnis beim ArbGeb. Frühere Dienstverhältnisse beim gleichen ArbGeb werden nicht berücksichtigt, es sei denn, mehrere Arbeitsverträge folgen nahtlos aufeinander, selbst bei verändertem Vertragsinhalt (MüKo/*Hesse* Rn 30; BeckOGK/*Klumpp* Rn 46ff). Die Gründe der früheren Vertragsauflösungen spielen keine Rolle (BAG NZA 1994, 214; EzA 1 § 20 SchwbG 1986). Die Dauer des Arbeitsverhältnisses wird durch einen Betriebsübergang gem § 613a selbst bei kurzfristiger Unterbrechung (BAG NZA 2004, 319, 320) nicht berührt. Bei der Übernahme eines freien Mitarbeiters in ein Arbeitsverhältnis sind frühere Beschäftigungszeiten mitzuzählen, wenn sich die Art der Beschäftigung nicht wesentlich verändert hat (BAG NJW 1980, 1304). Kurzfristige Unterbrechungen sind, soweit zw den Beschäftigungsverhältnissen ein enger sachlicher Zusammenhang besteht, ebenso wie im Rahmen der Wartezeit des § 1 I KSchG (BAG NZA 1990, 221) auch für die Berechnung der Dauer des § 622 II unschädlich (BAG DB 2011, 2850). Ebenso muss, wie das BAG im Rahmen des § 1 III 1 KSchG entschieden hat, die Möglichkeit bestehen, an sich nicht anrechnungsfähige frühere Beschäftigungszeiten auf die Betriebszugehörigkeitsdauer anzurechnen, wenn ein sachlicher Grund dafür besteht (BAG NZA 2006, 207, 210). Ein betriebliches Praktikum, das der betrieblichen Fortbildung gedient hat (vgl §§ 53ff BBiG), kann nur angerechnet werden, wenn es im Rahmen eines Arbeitsverhältnisses abgeleistet worden ist (BAG NZA 2000, 529). Auf die Dauer des Arbeitsverhältnisses ist auch ein Berufsausbildungsverhältnis anzurechnen, aus dem der Auszubildende in ein Arbeitsverhältnis übernommen wurde (BAG NJW 2000, 1355). Nicht angerechnet wird eine vorangehende Beschäftigung als Leih-ArbN (BAG NZA 2014, 1083 Rn 23 zu § 1 KSchG; ErfK/*Müller-Glöge* Rn 10b). 11

b) Das Arbeitsverhältnis muss **rechtl bestehen**, unabhängig von der tatsächlichen Arbeitsleistung, Krankheit oder Streik (*Wank* NZA 1993, 965). Mitberücksichtigt werden auch der Mutterschutz und Zeiten, in denen das Arbeitsverhältnis geruht hat, wie zB während des Wehrdiensts oder der Elternzeit (MüKo/*Hesse* Rn 29; BeckOGK/*Klumpp* Rn 48). 12

13 c) Die frühere Beschränkung des Abs II S 2 auf Beschäftigungszeiten vor Vollendung des **25. Lebensjahrs** verstieß gegen das primärrechtl Verbot der Altersdiskriminierung (EuGH NZA 2010, 85 – Kücükdeveci) und wurde zum 1.1.2019 aufgehoben, s Rn 1. Entspr Klauseln in Tarifverträgen, Betriebsvereinbarungen, Sozialplänen oder individualvertragl Vereinbarungen sind ebenfalls unwirksam (Rn 43). Abs II S 1 ist jedoch mit dem Verbot der Altersdiskriminierung vereinbar (BAG NZA 2014, 1400; zust *Bauer* ArbR 2014, 488)

14 Unabhängig von den genannten Voraussetzungen ist der ArbGeb ferner grds berechtigt, freiwillig mit einer **längeren Frist** als der gesetzl zu kündigen. In einer sog vorzeitigen Kündigung liegt idR zugleich ein Verzicht auf die gesetzl Kündigungsfrist (LAG Schl-Holst ZIP 2011, 929). Zu einer evtl Missbräuchlichkeit im Fall einer sog „verfrühten" Kündigung vgl § 620 Rn 153.

15 Die Kündigung kann jew nur **zum Ende eines Kalendermonats** erklärt werden. Für den Kündigungstermin und die Monatsfrist gelten § 187 I, § 188 II, III, sodass die Kündigung spätestens am letzten Tag des Vormonats zugegangen sein muss.

16 **3. Gesetzlich verkürzte Frist während einer vereinbarten Probezeit, Abs III.** Während einer **vereinbarten** Probezeit kann das Beschäftigungsverhältnis von ArbGeb und ArbN mit einer Frist von zwei Wochen gekündigt werden. Die Probezeit soll dem ArbGeb innerhalb eines überschaubaren Zeitraums ermöglichen, die Leistungsfähigkeit des ArbN zu erproben, dem ArbN, die Arbeitsbedingungen kennenzulernen, und bei negativem Ausgang das Arbeitsverhältnis beiderseits relativ kurzfristig zu beenden. Der Gesetzgeber wollte damit den Abschluss unbefristeter Arbeitsverhältnisse fördern (BT-Drs 12/4902, 7). Die Probezeit muss in angemessenem Verhältnis zu der in Aussicht genommenen Tätigkeit stehen und kann nachträgl innerhalb der Grenze von sechs Monaten verlängert werden (LAG Rh-Pf NZA 2000, 258; LAG Hamm 26.1.2000 – 18 Sa 1421/99). Wird eine längere Probezeit vereinbart, kann nach Ablauf des 6. Beschäftigungsmonats nur mit der allg Grundkündigungsfrist von vier Wochen gekündigt werden. IÜ beginnt nach Ablauf der sechs Monate der allg Kündigungsschutz (§ 1 I KSchG), es sei denn, es handelt sich um einen Kleinbetrieb (§ 23 I 2, 3 KSchG). Die kurze **Kündigungsfrist von zwei Wochen** gilt als **gesetzl Folge der Vereinbarung**, soweit ein Arbeitsverhältnis auf unbestimmte Zeit mit vorgeschalteter Probezeit vereinbart wurde. Entscheidend für die Anwendbarkeit der zweiwöchigen Kündigungsfrist ist der Zeitpunkt, zu dem die Kündigung zugeht, dh noch am letzten Tag der Probezeit kann mit der kurzen Frist gekündigt werden (BAG NJW 1966, 1478; vgl auch BAG NJW 1983, 2836), auch wenn das Ende der Kündigungsfrist nach diesem Zeitpunkt liegt (vgl Staudinger/*Temming* Rn 36). Durch einzelvertragl Vereinbarung kann die Zweiwochenfrist nicht verkürzt (Abs III iVm Abs V S 1), aber jederzeit verlängert werden, Abs V S 3 (BAG NZA 2017, 773 Rn 22). Ist im vorformulierten Arbeitsvertrag in einer Klausel Probezeit und in einer anderen eine Kündigungsfrist vorgesehen und gilt die Frist nicht unmissverständlich erst nach Ablauf der Probezeit, ist sie dahin auszulegen, dass sie auch für die Probezeit gilt (BAG NZA 2017, 773 Rn 22). An die Stelle einer unwirksamen verkürzten Frist tritt die gesetzl Regelung, dh, es gilt die zweiwöchige Kündigungsfrist des Abs II (BAG AP 13). Eine wirksame **Verkürzung** kann jedoch **durch** einen **Tarifvertrag** erfolgen (Abs IV).

17 Von einem Arbeitsverhältnis mit vorgeschalteter Probezeit ist das **befristete Probearbeitsverhältnis** zu unterscheiden (s auch § 620 Rn 52ff). Dieses kann ordentlich nur gekündigt werden, wenn die Parteien das ausdrückl vereinbart haben (BAG NJW 1982, 1173), ansonsten endet es mit Ablauf der eingegangenen Beschäftigungsfrist, § 626 bleibt unberührt. Die Befristung zur Erprobung ist nach § 14 I 2 Nr 5 TzBfG sachlich gerechtfertigt. Ein befristetes Arbeitsverhältnis für die Dauer der Probezeit kommt nur bei einer eindeutigen Vereinbarung zustande (BAG AP 3 § 620 Probearbeitsverhältnis). Eine vertragl Regelung, dass nach der Probezeit das Arbeitsverhältnis unbefristet gilt, ist dafür nicht ausreichend, weil sich erst im Umkehrschluss ergibt, dass eine Befristung des Probearbeitsverhältnisses gewollt war (LAG Schl-Holst ARST 2001, 243). Ist bei einem **Berufsausbildungsverhältnis** nach § 20 BBiG keine Probezeit vereinbart, wird im Wege „ergänzender Vertragsauslegung" eine Probezeit anhand des jew Ausbildungsberufs ermittelt.

18 **III. Tarifvertragliche Abweichungen, Abs IV S 1. 1. Tarifdispositivität.** Gem Abs IV S 1 können durch Tarifvertrag die Grundkündigungsfristen und Kündigungstermine (Abs I), die verlängerten Fristen (Abs II) und die Probezeitfristen (Abs III) geändert werden. Das gilt auch für Aushilfsarbeitsverhältnisse (Abs V 1 Nr 1). § 622 I–III sind in vollem Umfange tarifdispositiv. Dabei müssen sich die Tarifvertragsparteien selbst bei der Schaffung allg Kündigungsfristenregelungen nicht an dem „Modell" von Abs II orientieren (BAG NZA 2019, 246 Rn 36). Sie sind insb auch nicht gehalten, nach diesem Modell ältere ArbN durch längere Fristen zu schützen (BAGE 126, 309 Rn 19ff). Die tarifl Regelung trägt ihre Rechtfertigung in sich und bedarf nicht der Rechtfertigung durch branchenspezifische Besonderheiten (BAGE 149, 125). Durch die Formulierung „abw Regelung" ermöglicht Abs IV sowohl Verkürzungen als auch Verlängerungen der Kündigungsfristen, ebenso wie den Verzicht auf die Staffelung von Abs II. Die Tarifpartner können eine Verkürzung auch an bestimmte Voraussetzungen knüpfen (BAGE 168, 238: wenn das Arbeitsverhältnis in den Geltungsbereich eines Sozialplans fällt). Von der Tariföffnungsklausel erfasst werden nicht nur die Kündigungsfristen, sondern auch Regelungen der Kündigungstermine und die Voraussetzungen für einen Anspruch auf Fristverlängerung. Die Tarifparteien sind aber an das Gebot der Fristenparität des Abs VI (Rn 43ff) gebunden (BAG NZA 2019, 246 Rn 41). Auf kirchliche Arbeitsvertragsrichtlinien soll Abs IV keine Anwendung finden (ErfK/*Müller-Glöge* Rn 19; vgl BAG AP 59 § 14 TzBfG zu § 14 II 3 TzBfG); doch spricht der zugrunde liegende Gedanke der Richtigkeitsgewähr für eine analoge Anwendung (LAG Bln-Bbg EzA-SD 2007 10, 13; BeckOGK/*Klumpp* Rn 89).

Die tarifliche **Fristverkürzung** muss ausdrückl vereinbart werden, indem die Kündigungsfrist genau geregelt wird (Staudinger/*Temming* Rn 65). Die verkürzte Kündigungsmöglichkeit kann auch auf eine bestimmte Dauer des Arbeitsverhältnisses oder eine bestimmte Art der Tätigkeit begrenzt sein (MüKo/*Hesse* Rn 54). Eine Untergrenze für die Abkürzung von Kündigungsfristen besteht nicht, auch die **entfristete ordentliche Kündigung** ist möglich (BAG NZA 1988, 52). Allerdings ist nur die Fristenparität von Abs VI zu wahren (BeckOGK/*Klumpp* Rn 93). 19

2. Inhaltliche Anforderungen und Inhaltskontrolle. a) Eigenständige (konstitutive) Regelung. Tarifdisposition liegt nur vor, wenn die Tarifpartner die Kündigungsfrist **konstitutiv**, dh in einer eigenständigen, von der normativen Wirkung des Gesetzes unabhängigen Klausel vereinbart haben. **Deklaratorische** Klauseln erschöpfen sich demggü in der Übernahme der gesetzl Regelung. Sie werden idR in den Tarifvertrag aufgenommen, um die gesetzl Regelung im Interesse der Übersichtlichkeit und Klarheit und zur Information der Arbeitsvertragsparteien darzustellen (BAG AP 48; *Hromadka* BB 1993, 2372, 2375; *Bengelsdorf* NZA 1991, 126). Ob die Tarifvertragsparteien eine konstitutive oder bloß darstellende Regelung gewollt haben, ist durch **Auslegung** zu ermitteln. Mit der Übernahme des Gesetzestexts kann das eine oder das andere gewollt sein (*Kamanabrou* Anm AP 21 § 1 TVG Tarifverträge: Textilindustrie). Gibt eine Klausel im Tarifvertrag inhaltlich oder wörtlich den Gesetzestext wieder, handelt es sich jedoch im Zweifel um eine deklaratorische Klausel (BAG AP 30; 31; 48 m krit Anm *Bengelsdorf*, 50; 21 § 1 TVG Tarifverträge: Textilindustrie). Von einer konstitutiven Klausel ist auszugehen, wenn die Tarifpartner eine im Gesetz nicht enthaltene oder andere Regelung vereinbaren oder eine gesetzl Bestimmung übernehmen, deren Voraussetzungen nicht für den betreffenden ArbN gelten würden. Dafür sprechen auch Formulierungen wie „unabhängig von der gesetzl Regelung" oder „auch bei Änderung der gesetzl Regelung"; auch eine Anm oder Protokollnotiz kann den Normsetzungswillen dokumentieren (BAG AP 48). Die Tarifvertragsparteien können Kündigungsregelungen auch in einen deklaratorischen (zB über die Grundkündigungsfrist nach Abs I) und einen konstitutiven Teil (zB über die verlängerten Fristen nach Abs II) aufspalten (BAG AP 37; DB 2012, 807; AP 21 § 1 TVG Tarifverträge: Textilindustrie; zust Staudinger/*Temming* Rn 70). Eine Abweichung bei einer Gruppe macht die Regelung der anderen nicht notwendigerweise zu einer konstitutiven Klausel (MüKo/*Hesse* Rn 52). **Praktische Bedeutung** hat die Unterscheidung, wenn sich die in Bezug genommene **gesetzliche Regelung ändert**. Wird ein Gesetz aufgehoben, entfällt auch die deklaratorische Tarifregelung (BAG DB 2003, 51; *Wank* NZA 1993, 966; MüKo/*Hesse* Rn 51); ist es wegen Unionsrechtswidrigkeit unanwendbar, so auch die deklaratorische Klausel (BAG DB 2012, 807). 20

b) Sachliche Rechtfertigung von Differenzierungen. Konstitutive Tarifregelungen unterliegen der über die Schutzpflichtfunktion begründeten gerichtlichen **Kontrolle am Maßstab der Grundrechte**, namentlich Art 3 I GG (BAGE 168, 238 Rn 34; BAG NZA-RR 2020, 199; 2017, 478; *Löwisch/Rieble* § 1 TVG Rn 581ff). Im Rahmen der Gleichbehandlungskontrolle ist allerdings der weite Gestaltungsspielraum zu beachten, der den Tarifvertragsparteien als Grundrechtsträgern (Art 9 III GG) zusteht, hinsichtl der tatsächlichen Gegebenheiten kommt ihnen eine Einschätzungsprärogative zu. Sie sind nicht verpflichtet, die zweckmäßigste, „vernünftigste" oder „gerechteste" Lösung zu wählen, es genügt, wenn ein sachlich vertretbarer Grund vorliegt (BAGE 163, 205). 21

Das gilt insb für unterschiedliche Kündigungsregelung für **Arbeiter und Angestellte**. Der Gleichheitssatz verlangt zwar keine völlige Gleichstellung von Arbeitern und Angestellten, doch kann der Statusunterschied eine Differenzierung nicht rechtfertigen (*Löwisch/Rieble* § 1 TVG Rn 1980). Sachlich gerechtfertigt ist eine hinreichend gruppenspezifisch ausgestaltete unterschiedliche Regelung, die bspw entweder eine verhältnismäßig kleine Gruppe nicht intensiv benachteiligt oder **funktions-, branchen- und betriebsspezifischen Interessen** im Geltungsbereich eines Tarifvertrags mit Hilfe verkürzter Kündigungsfristen für Arbeiter entspricht. Auf der Grundlage der Rspr des BVerfG (BVerfGE 82, 126) berücksichtigt das BAG vorrangig das Bedürfnis nach erhöhter personalwirtschaftl Flexibilität im produktiven Bereich (BAG DB 1993, 1578; AP 117 § 1 TVG Tarifverträge: Metallindustrie), das aber mit Rücksicht auf die Besonderheiten einzelner Wirtschaftsbereiche oder Beschäftigungsgruppen (zB besonderen produkt-, mode-, witterungs- oder saisonbedingten Auftragsschwankungen) zu begründen ist (BAG AP 42). Ggü einer pauschalierenden Regelung für Statusgruppen (Arbeiter, Angestellte) ist die sachbezogene Differenzierung im Hinblick auf personalwirtschaftl oder betriebsorganisatorische Erfordernisse vorzugswürdig (*Hromadka* BB 1993, 2372; BeckOGK/*Klumpp* Rn 97). 22

Eine sachliche Rechtfertigung von Normen, die zw Arbeitern und Angestellten unterscheiden, kommt in Betracht, wenn bei den betreffenden Unternehmen **in der Produktion hauptsächlich Arbeiter** beschäftigt werden (BVerfGE 82, 126; BAG RzK I 3e Nr 71; zB BAG EzA 41: Arbeiteranteil von 65 % in der Textilindustrie NRW; EzA 42: Arbeiteranteil von 75 % in der Textilindustrie in BW; EzA 44: Arbeiteranteil von 75 und 90 % in der chemischen Industrie). Auch die **stärkere Fluktuation** der Arbeiter im Vergleich zu den Angestellten, vor allem innerhalb der ersten sechs Beschäftigungsmonate, könne eine Differenzierung rechtfertigen (BAG AP 35; 37; 38). Jedoch sei eine Unterscheidung umso schwerer zu rechtfertigen, je länger die Betriebszugehörigkeit dauere, sodass bei älteren Arbeitern eine Differenzierung ggü gleichaltrigen Angestellten idR ausscheide (BAG AP 29; 32; 36; 37; 38). Hinsichtl der Anrechnung der Betriebstreue verdienen Arbeiter und Angestellte grds gleichen Schutz (BAG AP 31 § 1 KSchG 1969 Krankheit). 23

Neben der vorwiegenden Beschäftigung von Arbeitern ist nach dem BAG weiterhin erforderlich, dass die Auftragslage unmittelbaren Einfluss auf den Produktionssektor hat, sodass **kurzfristiger Handlungsbedarf** besteht. Einen solchen Einfluss hat das BAG für Betriebe mit saisonalen Schwankungen wie Bauunternehmen (BAG EzA 43; vgl *Drüll/Schmitte* NZA 1994, 398) und Gärtnereien (BAG EzA 40) sowie für Betriebe mit produkt- und 24 branchenspezifischen Schwankungen wie Chemie- (BAG NZA 1993, 995), Metall- (BAG AP 117 § 1 TVG Tarifverträge: Metallindustrie; vgl auch BAG EzA 35 sowie BAG NZA 1994, 221) und Textilindustrie (BAG EzA 42) bejaht. Im **Baugewerbe** erkennt das BAG wegen der hauptsächlichen Beschäftigung von Arbeitern ein besonderes Interesse des ArbGeb an, auf Auftragsrückgänge und sonstige Konjunkturveränderungen unmittelbar und unverzüglich zu reagieren (BAG EzA 42, 43). Auch sei wegen der hohen Fluktuation in diesem Gewerbe eine Vereinbarung unterschiedlicher Grundkündigungsfristen sachlich gerechtfertigt. Die Erschwerung eines Stellenwechsels, vor allem in Zeiten der Hochkonjunktur, entspreche nicht dem Interesse der Arbeiter (Staudinger/*Temming* Rn 75).

25 **Einzelfälle.** Für verfassungswidrig erklärt hat das BAG verlängerte Wartefristen für die Kündigung älterer ArbN im MantelTV für gewerbliche ArbN in der bayerischen Metallindustrie (BAG AP 32). Für verfassungsgemäß erklärt hat die Rspr die Vereinbarung einer Grundkündigungsfrist für Arbeiter im RahmenTV Gartenbau in Schl-Holst von sieben Tagen (BAG AP 35); eine Grundkündigungsfrist im MantelTV nordrheinische Textilindustrie von zwei Wochen zum Wochenende (BAG AP 37); eine verlängerte Kündigungsfrist im MantelTV Textilindustrie BW von einem Monat zum Monatsende bei fünfjähriger Betriebszugehörigkeit (BAG AP 36); eine Grundkündigungsfrist von zwölf Tagen für Arbeiter im BundesrahmenTV für das Baugewerbe (BAG AP 38); eine Grundkündigungsfrist von zwei Wochen für Arbeiter in der Chemie (BAG AP 40); verlängerte Kündigungsfristen im RahmenTV für gewerbliche ArbN im Dachdeckerhandwerk (LAG Köln LAGE 19); eine Grundkündigungsfrist im RahmenTV für gewerbliche ArbN im Maler- und Lackiererhandwerk (LAG Köln LAGE 23); einen MantelTV für Arbeiter, Angestellte und Auszubildende in der Eisen-, Metall-, Elektro- und Zentralheizungsindustrie in NRW (BAG AP 29); einen MantelTV des Hotel- und Gaststättengewerbes (LAG Köln LAGE 30) sowie eine eintägige Kündigungsfrist im MantelTV Metallverarbeitendes Handwerk Rh-Pf (LAG Rh-Pf 21.8.2009 – 9 Sa 239/09). Mit dem Gleichheitsgebot vereinbar ist die Verkürzung der Kündigungsfrist für ArbN, die in den Anwendungsbereich eines Sozialplans fallen gem § 15 Nr 1 Abs 3 RTV-Technische Angestellte (BAG NZA-RR 2020, 199).

26 Die Tarifparteien haben im Rahmen der ihnen gewährten Tarifautonomie (Art 9 III GG) einen **Gestaltungsspielraum**. Es ist nicht Sache der Gerichte zu prüfen, ob die jew gerechteste oder zweckmäßigste Regelung vereinbart wurde. Den Tarifpartnern kommt insofern eine eigenständige Beurteilungskompetenz zu. Die Gerichte prüfen lediglich die Überschreitung der Grenzen der Gestaltungsfreiheit, wenn Unterscheidungen vorgenommen wurden, für die sachlich einleuchtende Gründe nicht existieren (BAG AP 5 § 611 Deputat). Die Tarifpartner können nicht gem § 622 IV zu Regelungen ermächtigt sein, die dem Gesetzgeber selbst von Verfassungs wegen verboten sind (BAG AP 24). So können zu ihren Gunsten keine weiterreichenden Eingriffsbefugnisse aus Art 9 III GG abgeleitet werden (st Rspr seit BAG AP 4 Art 3 GG; BAG NZA 2004, 1399; BAG NZA 2010, 521; *Buchner* NZA 1991, 47; *Marschollek* DB 1991, 1071; Staudinger/*Temming* Rn 78).

27 Werden Grundkündigungsfristen, verlängerte Fristen oder die Wartezeiten für die verlängerten Fristen in Tarifverträgen konstitutiv geregelt, prüfen die ArbG in eigener Kompetenz und, entspr § 293 ZPO, von Amts wegen, ob die Regelungen mit dem Gleichheitssatz gem Art 3 GG vereinbar sind (BAG EzA 35; 40; 41; 42; 43; AP 42; KR/*Spilger* Rn 280). Verfassungswidrige tarifliche Kündigungsfristenregelungen sind **nichtig**. Entstandene **Tariflücken** sind **durch § 622 zu schließen**. Eine Schließung der Tariflücken im Wege richterlicher „ergänzender Vertragsauslegung" ist idR nicht möglich, denn das würde voraussetzen, dass Anhaltspunkte dafür bestehen, wie die Tarifpartner diese geschlossen hätten (Staudinger/*Temming* Rn 85). Bestehen keine solche Anhaltspunkte, darf das Gericht nicht in die Gestaltungsfreiheit der Tarifpartner korrigierend eingreifen (BAG AP 19 § 611 Lehrer, Dozenten). Die Tariflücke kann nur – soweit keine Neuregelung vorliegt – durch die gesetzl Kündigungsfristen geschlossen werden (BAG NZA 1994, 801; *Worzalla* NZA 1994, 149; *Kramer* ZIP 1994, 935; aA *Hromadka* BB 1993, 2372, 2379).

28 **3. Günstigere Einzelabsprache.** Die Tarifnormen gelten in ihrem Geltungsbereich zw den beiderseits Tarifgebundenen unmittelbar und zwingend, § 4 I 1 TVG. Abw vertragl Abreden sind zulässig, soweit der Tarifvertrag das zulässt oder sie für den ArbN günstiger sind als die tariflichen Bestimmungen, § 4 III TVG.

29 Auch insoweit müssen die Arbeitsvertragsparteien aber die **Dispositionsgrenzen von § 622** beachten, die sich aus Abs III, V und VI ergeben (näher Rn 31ff): Eine **kürzere** als die in Abs I genannte **Frist** oder ein anderer Kündigungstermin kann einzelvertragl für Aushilfen (Rn 33ff) und in Kleinunternehmen (Rn 37ff) vereinbart werden, Abs V S 1. Die einzelvertragl Vereinbarung **längerer** als der in Abs I–III genannten **Fristen** ist nach Abs V S 3 möglich (Rn 39). Die ArbGeb-seitigen Kündigungsfristen Abs II sind zwingend und können nicht verkürzt werden. **Fristenparität** gem § 622 VI ist zu wahren (Rn 43ff).

30 Eine Verlängerung tariflicher Kündigungsfristen durch eine Individualabrede wird für den ArbN häufig **günstiger** sein. Das muss aber nicht so sein (*Belling*, Das Günstigkeitsprinzip im Arbeitsrecht, 1984, 176 mwN). Bei der Prüfung, ob individualvertragl Absprachen günstiger als tarifliche Regelungen sind, werden die Kündigungsfristen und Kündigungstermine nicht getrennt einander gegenübergestellt (BAG NZA 2015, 673; Staudinger/*Temming* Rn 87). Nach hL werden die tarifvertragl und einzelvertragl Kündigungsfristenbestimmungen nach einem am Einzelinteresse ausgerichteten, obj-hypothetischen Maßstab (sog Rosinentheorie; KR/*Spilger* Rn 275) im Rahmen eines begrenzten **Sachgruppenvergleichs** miteinander verglichen (BAG NZA 2002, 380; MüKo/*Hesse* Rn 97; zur Problematik des Sachgruppenvergleichs *Belling* aaO, 181–187). Demnach ist die **Gesamtbindungsdauer ausschlaggebend**, die sich aus Kündigungsfrist und -termin ergibt. So ist die gesetzl Kündigungsfrist von

sieben Monaten zum Ende eines Kalendermonats nach 20-jährigem Bestehen des Arbeitsverhältnisses bei einem Gesamtvergleich von Frist und Termin günstiger als eine vertragl vereinbarte Kündigungsfrist von drei Monaten mit Termin zum Quartalsende (BAGE 98, 205). Maßgebender Zeitpunkt für den **Günstigkeitsvergleich** ist der Vertragsschluss oder spätestens der Zeitpunkt, zu dem der ArbN in die einschlägige „Stufe“ des § 622 II eintritt (BAG NZA 2015, 673 mwN, abstrakter Günstigkeitsvergleich). Die Interessenlage bei Vertragsschluss kann ergeben, dass eine kürzere Frist, vor allem bei jüngeren oder hoch qualifizierten ArbN (Bsp IT-Fachleute), günstiger ist. Dann muss aber auch die einzelvertragl Vereinbarung einer ggü der tarifvertragl Regelung kürzeren Frist zulässig sein (MüKo/*Hesse* Rn 97). Lässt sich das nicht feststellen, ist die Vereinbarung nach § 4 I, III TVG unwirksam. Was für den ArbN günstiger ist, hängt also letztlich davon ab, ob bei ihm das **Mobilitäts- oder** das **Bestandsinteresse** überwiegt, dh, ob ihm mehr an der Möglichkeit eines raschen Arbeitsplatzwechsels oder mehr an der Sicherung seines Arbeitsplatzes gelegen ist (BeckOGK/*Klumpp* Rn 103; Staudinger/*Temming* Rn 88). IdR wird aber das Bestandsinteresse überwiegen, sodass eine ggü der tariflichen Regelung längere einzelvertragl Kündigungsfrist zulässig ist (§ 4 III TVG). Überwiegt das Mobilitätsinteresse, können die Arbeitsvertragsparteien die tarifliche Kündigungsfrist durch Individualabrede bis zur zulässigen Grenze des § 622 I kürzen. Lässt sich ein überwiegendes Interesse nicht feststellen, so liegt eine günstigkeitsneutrale vertragl Regelung vor, die nach § 4 III TVG unwirksam ist (BeckOGK/*Klumpp* Rn 106; aA *Joost* ZFA 1984, 183: Einschätzungsprärogative der Arbeitsvertragsparteien). Auf einen Günstigkeitsvergleich gem § 4 III TVG kommt es nicht an, wenn vertragl eine längere als die gesetzl und tarifliche Kündigungsfrist vereinbart wird, der Tarifvertrag jedoch nur die Grundkündigungsfrist des § 622 I abändert und iÜ die gesetzl Regelungen unberührt lässt (BAG ZIP 2002, 410, 412).

IV. Einzelvertragliche Abweichungen. Während das Gesetz einzelvertragl **Verlängerungen** der Kündigungsfrist grds zulässt (Abs V S 3; Rn 39) ist eine **Verkürzung** einzelvertragl nur in Bezug auf die Grundkündigungsfrist und nur in zwei Sonderfällen möglich (Abs V S 1f; Rn 33ff). Abw Kündigungsregelungen eines einschlägigen Tarifs können die nicht tarifgebundenen Arbeitsvertragsparteien durch **Bezugnahme** zur Geltung bringen, egal ob sie günstigere Fristen und Termine vorsehen (Rn 18). Arbeitsvertragl Regelungen, die diesen engen Dispositionsrahmen überschreiten, sind als Verstoß gegen zwingendes Recht unwirksam. 31

1. Einzelvertragliche Verkürzung der Kündigungsfrist. Die Fristen und Termine von Abs II können arbeitsvertragl nicht verkürzt werden. Eine Verkürzung der gesetzl Grundkündigungsfrist von Abs I können die Parteien bei vorübergehender Aushilfstätigkeit (Abs V S 1 Nr 1) und dann vereinbaren, wenn der ArbGeb Kleinunternehmen ist (Abs V S 1 Nr 2). 32

a) **Kündigung von Aushilfsarbeitsverhältnissen, Abs V S 1 Nr 1.** Im Rahmen eines Aushilfsarbeitsverhältnisses kann während der ersten drei Monate einzelvertragl eine kürzere Kündigungsfrist vereinbart werden als die in Abs I genannte. Eine Mindestkündigungsfrist ist nicht vorgeschrieben, auch eine fristlose ordentliche Kündigung kann vereinbart werden (BAG NJW 1987, 60; *Hromadka* BB 1993, 2372, 2274; Staudinger/*Temming* Rn 31). Für Leiharbeitsverhältnisse gilt Abs V S 1 Nr 1 gem § 11 IV AÜG nicht. 33

Ein **Aushilfsarbeitsverhältnis** liegt nur vor, wenn ausdrückl und von vornherein kein Arbeitsverhältnis auf Dauer eingegangen werden soll. Erfasst werden von Abs V S 1 Nr 1 grds nur solche Arbeitsverhältnisse, die nicht befristet sind. Allerdings werden Aushilfsarbeitsverhältnisse idR befristet sein (ErfK/*Müller-Glöge* Rn 16). In diesem Fall gilt Abs V S 1 Nr 1 nur, wenn die Befristung die Höchstdauer der Aushilfe darstellen soll und die ordentliche Kündbarkeit vereinbart wurde (KR/*Spilger* Rn 187). Durch die Einstellung des ArbN soll nur ein vorübergehender Bedarf an Arbeitskräften abgedeckt werden, der nicht durch den normalen Betriebsablauf, sondern durch einen zusätzl, zeitl begrenzten Arbeitsanfall oder durch den Ausfall von Stammpersonal verursacht wurde (BAG AP 23; BeckOGK/*Klumpp* Rn 63; KR/*Spilger* Rn 184). Erforderlich für die Anerkennung eines Vertretungsfalls für ausgefallene Mitarbeiter ist, dass durch den zeitweiligen Ausfall ein vorübergehender Beschäftigungsbedarf entstanden ist (BAG AP 97 § 620 Befristeter Arbeitsvertrag). Ob der ArbGeb die Arbeitsaufgaben dann umverteilt, ist unerheblich. Entscheidend ist, dass der vorübergehende Bedarf obj vorlag (BAG EzA 24; Staudinger/*Temming* Rn 32). 34

Ist eine **kürzere Kündigungsfrist vereinbart**, gilt sie innerhalb der ersten drei Monate, auch wenn feststeht, dass sich die Aushilfstätigkeit über einen längeren Zeitraum erstrecken wird. Die verkürzte Kündigungsfrist kann bis zum Ablauf von drei Monaten ausgenutzt werden, auch wenn das Ende der Frist nach diesem Zeitpunkt liegt. Maßgeblich ist der Zugang der Kündigung. Nach dem Wortlaut von Abs V kann nur die Kündigungsfrist verkürzt werden. Eine Veränderung des Kündigungstermins erlaubt die Vorschrift ausdrückl nicht. Da die Parteien jedoch auch eine entfristete Kündigung vereinbaren können, ist eine Kündigung am 15. oder am Monatsende zum selben Kündigungstermin zulässig. In diesem Fall wird durch den Kündigungstermin kein eigenständiger Schutz gewährt. Er kann daher durch Vertrag abw geregelt werden (BAG NJW 1987, 60; ErfK/*Müller-Glöge* Rn 17). 35

Die Fristverkürzung ist nur durch Vereinbarung möglich und kann nicht etwa schon dem Aushilfszweck des Arbeitsverhältnisses entnommen werden (nicht unstr, Übersicht bei KR/*Spilger* Rn 190). Die Vereinbarung kann indes nach allg Grundsätzen nicht nur ausdrückl, sondern auch konkludent getroffen werden. Das Erfordernis einer „Eindeutigkeit“ (MüKo/*Hesse* Rn 83) ist nicht begründet, doch ist bei der Auslegung zu beachten, dass der ArbN idR kein Interesse an einer Verkürzung hat. Schweigt der schriftliche Aushilfsvertrag, spricht das gegen die Annahme einer Fristverkürzung. Hat der ArbGeb den Vertrag vorformuliert, gehen Unklarheiten nach § 305c II zu seinen Lasten (Staudinger/*Temming* Rn 33). 36

37 **b) Kleinunternehmen, Abs V S 1 Nr 2.** Wenn der ArbGeb nicht mehr als 20 ArbN ausschließlich der zu ihrer Berufsbildung Beschäftigten beschäftigt, kann ebenfalls einzelvertragl eine kürzere Kündigungsfrist vereinbart werden. Die Vorschrift ist § 23 I KSchG nachgebildet. Die Zahl der ArbN wird durch eine Erhebung der Beschäftigtenzahl in der Vergangenheit und einer Einschätzung für die Zukunft ermittelt (Staudinger/*Temming* Rn 12). Verzichtet werden kann jedoch nur auf die Kündigungstermine des Abs I. Die Mindestkündigungsfrist beträgt auch in Kleinunternehmen vier Wochen (*Adomeit/Thau* NJW 1994, 11, 13; Staudinger/*Temming* Rn 48). Die verlängerten Kündigungsfristen des Abs II jew zum Monatsschluss gelten auch in Kleinunternehmen (LAG Rh-Pf 3.5.2012 – 8 Sa 591/11; MüKo/*Hesse* Rn 87; *Adomeit/Thau* NJW 1994, 11, 14). Nach Abs IV S 1 sind tarifvertragl Regelungen zulässig, die für Kleinbetriebe einheitliche Kündigungsfristen und Kündigungstermine ohne Staffelung nach Betriebszugehörigkeit und Alter vorsehen (BAGE 126, 309).

38 Maßgeblich ist die Beschäftigtenzahl im **Unternehmen**, nicht im einzelnen Betrieb. Abzustellen ist auf die Zahl der normalerweise beschäftigten ArbN, nicht auf die zufällige Belegschaftsstärke (BAG AP 5 § 17 KSchG 1969). Teilzeitbeschäftigte sind entspr der Dauer der Arbeitszeit anteilig zu berücksichtigen, Abs V S 2. Erkrankte und ArbN im Mutterschutz werden mitgerechnet; ArbN in ruhenden Arbeitsverhältnissen (zB Wehrdienst, § 1 ArbPlSchG; Elternzeit) nicht, wohl aber die für sie eingestellten Ersatzkräfte (MüKo/*Hesse* Rn 88; *Hromadka* BB 1993, 2372, 2373). ArbN, die ihre Altersteilzeit im Blockmodell wahrgenommen haben und danach tatsächlich nicht mehr im Betrieb tätig sind, werden nicht mitgerechnet (*Rieble/Gutzeit* BB 1998, 638, 642).

39 **2. Einzelvertragliche Verlängerung der Kündigungsfristen.** Eine Verlängerung der gesetzl Kündigungsfristen durch individualvertragl Absprache oder in den vom ArbGeb gestellten **AGB** ist gem § 622 V 3 grds möglich (BAG AP 7 § 611 Treuepflicht; ArbG Heilbronn AuA 2012, 732; *Wank* NZA 1993, 965). Dabei können nicht nur die Fristen verlängert, sondern auch die Kündigungstermine weitreichender gefasst werden (*Herschel* BB 1970, 7). Verlängerungen der gesetzl Fristen für die ArbN-Kündigungen unterliegen jedoch **Grenzen**. So ergibt sich aus § 624 S 1, 2 für den ArbN eine höchstzulässige Bindungsdauer von fünfeinhalb Jahren (vgl BAG NZA 2018, 297 Rn 39; Staudinger/*Temming* Rn 50; enger *Gaul* BB 1980, 1543: max ein Jahr zum Jahresende). Nach überwiegender Meinung ist durch Abwägung im Einzelfall zu ermitteln, ob eine sittenwidrige Beschränkung (**§ 138 I**) der wirtschaftl und beruflichen Handlungsfreiheit oder des Grundrechts auf freie Arbeitsplatzwahl (Art 12 I, 2 I GG) vorliegt (BAG AP 7 § 611 Treuepflicht; BeckOGK/*Klumpp* Rn 77; Staudinger/*Temming* Rn 50; KR/*Spilger* Rn 202). Dabei kommt es ua darauf an, wie komplex und kompliziert die mit dem konkreten Arbeitsplatz verbundenen Aufgaben sind (BAG AP 7 § 611 Treuepflicht; ArbG Heilbronn AuA 2012, 732); ob der in der Fristverlängerung liegende Nachteil durch einen sachlich damit zusammenhängenden Vorteil aufgewogen wird (BAG NZA 2018, 297 Rn 37 zur AGB-Kontrolle nach § 307 I 1). Eine Vereinbarung, die dem ArbN eine „unkündbare Lebensstellung" gewährt, ihm aber zugleich ermöglicht, sich im gleichbleibenden Fünf-Jahres-Rhythmus zu lösen, ist nicht zu beanstanden (BAG NZA 1992, 543). Für die **AGB-Kontrolle** auf unangemessene Benachteiligung hat der Interessenausgleich von § 622 I–III (dazu Rn 3) Leitbildfunktion (BAG NZA 2018, 297 Rn 32ff). Gem § 310 III Nr 3 sind bei der Beurteilung auch die konkret-individuellen Umstände des Vertragsschlusses zu berücksichtigen (BAG NZA 2018, 297 Rn 42); dazu können etwa die individuellen Arbeitsmarktchancen und die individuelle Vergütung gehören.

40 **3. Einzelvertragliche Bezugnahme auf tarifliche Bestimmungen, Abs IV S 2.** Im Geltungsbereich eines Tarifvertrags nach Abs IV S 1 gelten die abw tarifvertragl Bestimmungen auch zw nichttarifgebundenen ArbGeb und ArbN, wenn ihre Anwendung zw ihnen einzelvertragl vereinbart ist. Die fehlende Tarifgebundenheit einer der Vertragsparteien ist für die Anwendbarkeit von Abs IV S 2 ausreichend. Zum einen sollen die Arbeitsvertragsparteien die tarifliche Regelung, für die eine „Richtigkeitsgewähr" spricht (*Löwisch/Rieble* TVG Grdl Rn 194), individualvertragl übernehmen können (BeckOGK/*Klumpp* Rn 79; Staudinger/*Temming* Rn 41). Zum anderen sollen nicht tarifgebundene ArbN gleichgestellt werden können, sodass für alle ArbN einheitliche Bedingungen gelten und eine Bevorzugung nicht tarifgebundener ArbN vermieden werden kann. Die vereinbarte tarifliche Regelung ist vorrangig, so wie der Tarifvertrag selbst. Ist der Tarifvertrag wegen Verstoß gegen höherrangiges Recht (zB Art 3 GG) unwirksam, gilt dies auch für die darauf verweisende Individualvereinbarung (BAG DB 2012, 807; *Worzalla* NZA 1994, 150).

41 Die Parteien müssen nicht den gesamten Tarifvertrag, sondern können isoliert die Vorschriften über die Kündigung **in Bezug nehmen** (LAG Düsseldorf EzA 10), diese allerdings nur insgesamt und nicht nur ausschnittweise oder modifiziert (MüKo/*Hesse* Rn 73; BeckOGK/*Klumpp* Rn 81). Die Vereinbarung kann ausdrückl erfolgen, stillschw oder durch betriebliche Übung (ErfK/*Müller-Glöge* Rn 37; BAGE 101, 75; einschränkend BAG RzK I 3e Nr 62: nur wenn der ArbN die Übung kannte und damit einverstanden war; wohl abl Staudinger/*Temming* Rn 47). Auch schlichte Wiederholung einer tariflichen Regelung kann nach §§ 133, 157 als konkludente Bezugnahme auszulegen sein (ErfK/*Müller-Glöge* Rn 37; zurückhaltend LAG Rh-Pf AuA 2007, 369). Die Übernahme tariflicher Vorschriften mit für den ArbN zwingender Wirkung durch Betriebsvereinbarung ist unzulässig, wenn nicht der Tarifvertrag die Übernahme von Kündigungsbestimmungen durch Betriebsvereinbarung erlaubt (Öffnungsklausel) (Staudinger/*Temming* Rn 47).

42 Das Arbeitsverhältnis muss **im Geltungsbereich des Tarifvertrags** liegen, auf den Bezug genommen wird, die Verweisung auf fremde Tarifverträge ist nicht möglich. Dadurch wird verhindert, dass gesetzl Vorschriften ohne Rücksicht auf die Branchenüblichkeit umgangen werden (KR/*Spilger* Rn 206ff). Die Verweisung auf einen nachwirkenden Tarifvertrag (§ 4 V TVG) ist möglich (MüKo/*Hesse* Rn 72; vgl auch BAG AP 12 § 13 BurlG). Sie ermöglicht insb, die tariflichen Bestimmungen auch für an sich tarifgebundene ArbN zu Geltung zu bringen, die

erst im Nachwirkungszeitraum eingestellt werden und für die der Tarifvertrag daher keine *Nach*wirkung entfalten kann (Staudinger/*Temming* Rn 46; zur Nachwirkung *Löwisch/Rieble* § 4 TVG Rn 708). Auch die dynamische Verweisung auf den jew geltenden Tarifvertrag ist möglich. Die Bezugnahme kann jederzeit einvernehmlich oder durch Änderungskündigung aufgehoben werden. Nach Aufhebung der Bezugnahme gelten für den ArbN keine ungünstigeren als die gesetzl Kündigungsfristen und -termine.

V. Verbot einseitig längerer Fristen für Arbeitnehmerkündigung (Fristenparität), Abs VI. Für die ArbN-Kündigung – egal ob Beendigungs- oder Änderungskündigung – darf keine längere **Frist** vereinbart werden als für die ArbGeb-Kündigung, auch nicht im Tarifvertrag (Rn 29); entspr gilt für die **Kündigungstermine** (MüKo/*Hesse* Rn 110; *Preis/Kramer* DB 1993, 2128). Das Gebot der Fristenparität gilt für **Individualverträge und Tarifverträge** (BeckOGK/*Klumpp* Rn 108). Für die ArbGeb-Kündigung können – im Umkehrschluss – längere Fristen (BAG AP 11), aber auch ungünstigere Kündigungstermine vereinbart werden. Die Vereinbarung gleichlanger Kündigungsfristen für beide Seiten, also etwa die Geltung der Fristen und Termine von Abs II auch für den ArbN, ist nicht ausgeschlossen; § 622 VI schützt den ArbN zwar vor einer Schlechterstellung, nicht aber vor einer Gleichstellung mit dem ArbGeb (BAG DB 2009, 569; MüKo/*Hesse* Rn 94). Gleichstellung ist indes nicht formal verlangt, sondern nur dort, wo entspr Beendigungsinteressen bestehen können. Daher ist nicht zu beanstanden, wenn dem ArbGeb einseitig eine Kündigungsmöglichkeit eingeräumt wird, wo der ArbN kein Mobilitätsinteresse (Beendigungs- oder Änderungsinteresse), sondern im Gegenteil bloß ein Bestandsinteresse hat. „Dem Arbeitnehmer muss nicht eine – kurze – Frist für eine Kündigung eingeräumt werden, die er nicht erklären will (‚keine Kündigungsfrist ohne Kündigung')" (BAG NZA 2019, 246 Rn 44). 43

Über den Wortlaut hinaus bringt Abs VI den **allg Grundsatz** zum Ausdruck, dass die **ordentliche Kündigung durch den ArbN ggü der des ArbGeb nicht erschwert werden darf**, dh, es dürfen keine Regelungen vorgesehen sein, die auf den Kündigungsentschluss des ArbN auch nur faktisch kündigungsbeschränkenden Einfluss nehmen können (BeckOGK/*Klumpp* Rn 108; Staudinger/*Temming* Rn 53). So darf für den Fall der fristgemäßen Kündigung keine Vertragsstrafe zulasten des ArbN vereinbart werden (BAG AP 12). Gleiches gilt, wenn der Verfall einer durch den ArbN gestellten Kaution für den Fall einer Kündigung des Arbeitsverhältnisses vereinbart wurde (BAG AP 9), wenn ein ArbN bei Ausübung des Kündigungsrechts zum Ende des ersten Halbjahres wegen der Höhe der Jahressollvergabe keinerlei Provisionsansprüche erwirbt (BAG EzA 11 § 87 HGB; auch BAG AP 27) oder wenn eine Provision nur jahresbezogen (Quorum der Jahressollvorgabe) berechnet wird; der ArbN könnte nämlich ohne erhebliche Vermögenseinbußen praktisch nur einmal jährlich kündigen (BAG NJW 1997, 541). Gleiches gilt für den Verfall bereits verdienten Arbeitsentgelts (BAG AP 4 § 87a HGB; BAG NZA 1999, 420; § 628 Rn 4) oder für die Verpflichtung des ArbN zur Zahlung einer Abfindung (BAG AP 27). Sieht hingegen ein Sozialplan eine Abfindung für Mitarbeiter vor, die anlässlich einer Betriebsänderung zu einem anderen, nicht tarifgebundenen ArbGeb wechseln, und ordnet er zugleich eine zeitanteilige Rückzahlung für den Fall an, dass ein ArbN das Folgearbeitsverhältnis durch Eigenkündigung beendet, so soll dies nicht zu beanstanden sein (BAG EzA 81 § 112 BetrVG 1972). Ebenfalls nicht zu beanstanden ist, wenn der ArbN bei Beendigung des Arbeitsverhältnisses eine ihm übertragene Minderheitsbeteiligung zurückzuübertragen hat; sog Mitarbeitermodell (BGHZ 164, 107). 44

Die Vereinbarung einer längeren Frist oder von weniger Terminen für ArbN-Kündigungen ist unwirksam; sieht man in Abs VI nicht schon eine zwingende Vorschrift, folgt das aus §§ 134, 139 (so BAG NZA 2019, 246 Rn 49). Fällt isoliert die „Verlängerung" (oder Beschränkung der Termine) weg, bleibt es auch für den ArbN bei den günstigeren Regeln für die ArbGeb-Kündigung, ohne dass es eines weiteren gerichtlichen Eingriffs in den Vertrag bedürfte (BAG NZA 2019, 246 Rn 49). Die von der früher hM angenommene Heraufsetzung der Bedingungen für die ArbGeb-Kündigung (BAGE 115, 88; Staudinger/*Temming* Rn 56f; *Preis/Kramer* DB 1993, 2128; *Hromadka* BB 1993, 2372, 2373) lehnt das BAG jetzt ab; für eine Analogie zu § 89 II 2 HGB fehlen Regelungslücke und Vergleichbarkeit der Regelungssachverhalte, da § 622 IV eine Mindestmobilität sichern will, § 89 II 2 HGB hingegen einen relativen Mindestbestandsschutz begründet (BAG NZA 2019, 246 Rn 50). 45

§ 623 Schriftform der Kündigung

Die Beendigung von Arbeitsverhältnissen durch Kündigung oder Auflösungsvertrag bedürfen zu ihrer Wirksamkeit der Schriftform; die elektronische Form ist ausgeschlossen.

I. Entstehungsgeschichte. § 623 wurde durch das ArbeitsgerichtsbeschleunigungsG von 2000 eingeführt. 2001 wurde wegen § 126 III der Ausschluss der elektronischen Form als Hs 2 eingefügt, 2002 durch das SchuldRModG die amtliche Überschrift. Zu den Auswirkungen des Schriftformzwangs auf Lohnersatzleistungen nach SGB III vgl *Schweiger* NZS 2001, 519. Für die Befristung und Bedingung ist das Schriftformerfordernis seit 1.1.2001 in § 14 IV, § 21 TzBfG geregelt (dazu § 620 Rn 104ff). 1

II. Normzweck, Abdingbarkeit. Mit der Kündigung und dem Aufhebungsvertrag werden die am häufigsten zur Beendigung des Arbeitsverhältnisses verwendeten Rechtsgeschäfte der Schriftform unterworfen. Dadurch sollen in erster Linie die Rechtssicherheit erhöht und damit die ArbG entlastet werden (BR-Drs 321/98; krit *Böhm* NZA 2000, 561). Streitigkeiten über Bestand oder Inhalt von Kündigung oder Auflösungsvertrag können vermieden werden, wenn diese anfänglich schriftlich niederzulegen und zu unterschreiben sind. Das Erfordernis einer eigenhändigen Unterschrift (§ 126 I) bewirkt eine eindeutige Verbindung von Erklärung und Erklärendem (BAG DB 2013, 520; NJW 2008, 2521). § 623 hat demnach eine **Beweis- und Klarstellungsfunktion** (*Preis/Gott-* 2 *hardt* NZA 2000, 348). Darüber hinaus schützt die Schriftform vor übereiltem und unüberlegtem Handeln und gibt Gelegenheit, die Rechtsfolgen von Kündigung oder Aufhebungsvertrag zu bedenken (BAG DB 2011, 1400); sie hat daher auch eine **Warnfunktion**, vor allem für den ArbN (BAGE 117, 20; BeckOGK/*Klumpp* Rn 10).

3 § 623 ist **nicht abdingbar**, weder einzelvertragl noch durch Betriebsvereinbarung oder Tarifvertrag. Eine formularmäßige Verschärfung der Formerfordernisse zulasten des ArbN ist nach § 309 Nr 13, § 310 IV 2 unwirksam.

4 **III. Anwendungsbereich. 1. Persönlicher Anwendungsbereich.** § 623 betrifft nur die Beendigung des **Arbeitsverhältnisses** (vgl dazu § 611a Rn 5ff). Auf Dienstverhältnisse freier Mitarbeiter, von Freiberuflern oder arbeitnehmerähnl Personen (zB Heimarbeiter und Hausgewerbetreibende, dazu § 611a Rn 89ff) ist § 623 auch nicht analog anwendbar, auch nicht auf die Aufhebung eines Umschulungsvertrags nach BBiG (BAGE 117, 20; BeckOGK/*Klumpp* Rn 13).

5 Auf die Beendigung von Anstellungsverträgen von **Organmitgliedern** ist § 623 **grundsätzlich nicht** anwendbar (Hamm 8.4.2017 – 8 U 86/16; LAG Schl-Holst 10.4.2018 – 1 Sa 367/17; MüKo/*Henssler* Rn 6; aA KR/*Spilger* Rn 42f für GmbH-Fremdgeschäftsführer; ErfK/*Müller-Glöge* Rn 2); anders nur, wenn sie im Einzelfall ArbN sind. Gegen die Anwendbarkeit sprechen der unzweideutige Wortlaut und das Schweigen der Materialien, das beredt ist, weil die Sachfrage bekannt war; auch teleologisch ist die (analoge) Anwendung nicht geboten, da der regelmäßig erfahrenere Geschäftsführer der Warnung nicht bedarf und selbst für die beweiskräftige Klarstellung sorgen kann. Zum Sonderproblem der Beförderung eines ArbN zum Geschäftsführer Rn 13.

6 Auf **Berufsausbildungsverhältnisse** und Verträge mit Praktikanten und Volontären (§ 26 BBiG) ist § 623 gem § 10 II BBiG anwendbar. Für die Kündigung des Berufsausbildungsverhältnisses geht aber die spezielle Vorschrift des § 22 BBiG vor. Vorrangige Spezialregelungen enthalten auch § 65 II, § 88 III **SeeArbG** (aber nach BT-Drs 17/10959, 84 „klarstellend“) und § 17 II 2 **MuSchG.** § 113 InsO befreit nicht von § 623.

7 **2. Sachlicher Anwendungsbereich.** § 623 gilt für **Kündigungen** (dazu allg § 620 Rn 113ff) sowohl von Seiten des ArbGeb als auch des ArbN, für die ordentliche und die fristlose oder mit Auslauffrist ausgesprochene außerordentliche Kündigung. Auch die Kündigung durch den Insolvenzverwalter (§ 113 InsO) bedarf der Schriftform. Die Kündigung muss auf die Beendigung des Arbeitsverhältnisses gerichtet sein. Die Teilkündigung ist damit – unabhängig von ihrer Zulässigkeit (vgl § 620 Rn 115) – ebenso wie die Ausübung eines Widerrufsvorbehalts hinsichtl bestimmter Arbeitsbedingungen nicht betroffen, weil durch sie der Bestand des Arbeitsverhältnisses nicht berührt wird (MüKo/*Henssler* Rn 15; BeckOGK/*Klumpp* Rn 19). Die Mitteilung des ArbGeb, das befristete Arbeitsverhältnis werde nicht verlängert, ist Wissenserklärung und keine Kündigung und fällt daher nicht unter § 623. Gleiches gilt für den **Widerspruch** iSv § 625 bzw § 15 V TzBfG, weil das Arbeitsverhältnis in solchen Fällen durch die Befristung, nicht durch die Erklärung, endet. Für den Widerspruch des ArbN bei **Betriebsübergang** schreibt § 613a VI 1 speziell Schriftform vor.

8 Unter die Regelung fällt dagegen die **Änderungskündigung** (§ 2 KSchG; BT-Drs 14/626, 1), weil das Arbeitsverhältnis endet, wenn der ArbN die Kündigung und – damit verbunden – das Angebot mit geänderten Vertragsbedingungen nicht annimmt (BAG AP 7 § 20 GVG; NZA 2012, 628). Auch das **Lossagungsrecht** nach § 12 S 1 KSchG fällt unter das Schriftformerfordernis (BeckOGK/*Klumpp* Rn 21; *Preis/Gotthardt* NZA 2000, 348). Es handelt sich um ein Sonderkündigungsrecht. Mit der Erklärung des ArbN, das Arbeitsverhältnis nicht fortsetzen zu wollen, wird dessen Beendigung bewirkt.

9 Auf die **Anfechtung** einer auf den Abschluss des Arbeitsvertrags gerichteten Willenserklärung findet § 623 nach seinem unzweideutigen Wortlaut keine Anwendung. Eine analoge Anwendung scheidet aus, da zw Kündigung und Anfechtung grundlegende Unterschiede hinsichtl Zwecken und Voraussetzungen bestehen (*Richardi/Annuß* NJW 2000, 1231; *Preis/Gotthardt* NZA 2000, 348; aA *Däubler* AiB 2000, 188). Ebenso bedarf die einseitige Beendigung eines in Vollzug gesetzten **fehlerhaften Arbeitsverhältnisses** nicht der Schriftform (BAG NZA 2016, 358; *Preis/Gotthardt* NZA 2000, 348).

10 **3. Besonderheiten bei Auflösungsverträgen.** Auch für die einvernehmliche Aufhebung eines Arbeitsvertrags in Form eines Auflösungsvertrags („Aufhebungsvertrag“, „Ausscheidensvereinbarung“) ist die Schriftform erforderlich. Entscheidend für die Formbedürftigkeit ist nicht die Bezeichnung (§ 133), sondern der Zweck der Vereinbarung, das Arbeitsverhältnis zu beenden. Die Vereinbarung zw ArbN und Betriebserwerber über den Nichtübergang des Arbeitsverhältnisses bedarf deshalb nicht der Schriftform, weil sie nicht die Beendigung des Arbeitsverhältnisses regelt, sondern dessen Fortbestehen mit dem bisherigen ArbGeb klarstellt (LAG Hamm LAGE 3). Von § 623 erfasst ist – nach dem Warnzweck der Vorschrift – hingegen auch ein Vorvertrag, der eine Pflicht zum Abschluss eines Aufhebungsvertrags begründet (BAG NZA 2010, 273). Nicht formbedürftig ist die Aufhebung des Auflösungsvertrags.

11 Die Schriftform ist unabhängig vom **Wirkungszeitpunkt**, ex nunc, rückwirkend (vgl BAG NZA 1999, 422) oder für die Zukunft anwendbar. Auch auf **bedingte** Aufhebungsverträge findet § 623 Anwendung (KR/*Spilger* Rn 151, 79). Der Vertrag über die **befristete Fortsetzung** des Arbeitsverhältnisses ist als Aufhebungsvertrag nach § 623 formbedürftig, als nachträgl Befristung des unbefristeten Arbeitsvertrags (bedarf eines Sachgrunds, § 14 II 2 TzBfG; BAG NJW 2000, 2042) nach § 14 IV TzBfG).

12 Die **Vereinbarung über die Folgen** einer formwirksamen Kündigung des Arbeitsvertrags (zB über Erhebung/Rücknahme einer Kündigungsschutzklage, Abfindung, Resturlaub; **Abwicklungsvertrag**) fällt nicht unter § 623 (LAG Hamm 25.10.2001 – 8 Sa 956/01; LAG Nds 11.11.2005 – 16 Sa 203/05; BeckOGK/*Klumpp* Rn 34); er selbst

führt nicht zur Beendigung des Dauerschuldverhältnisses. Gleiches gilt für eine nur einseitig (durch den ArbN) unterzeichnete **Ausgleichsquittung**, wenn diese nicht – ausnahmsw – zur Beendigung des Arbeitsverhältnisses führen soll (hM; MüKo/*Henssler* Rn 27 mwN; LAG Düsseldorf LAGE 7 § 307 2002). Auch der **Änderungsvertrag**, mit dem lediglich der Inhalt des fortzusetzenden Vertrags modifiziert, dieser aber nicht beendet wird, unterfällt nicht § 623. Eine **Klageverzichtsvereinbarung** im unmittelbaren zeitl und sachlichen Zusammenhang mit dem Ausspruch einer Kündigung sieht die Rspr aber als Aufhebungsvertrag an (BAG NZA 2007, 1227 Rn 19ff) Die Ausübung eines im Abwicklungsvertrag vereinbarten Rechts zur vorzeitigen Beendigung des Arbeitsverhältnisses („**Sprinterklausel**"; s auch § 622 Rn 9) ist nach § 623 formbedürftige Kündigungserklärung (BAG NZA 2016, 361).

Wird der **bisherige ArbN zum Geschäftsführer**, findet § 623 auf den **Geschäftsführer-Dienstvertrag** Anwendung, soweit damit, wie regelmäßig, ein neues Rechtsverhältnis begründet und der Arbeitsvertrag beendet und geändert werden soll (BAG NZA 2011, 784; LAG Hamm 5.3.2018 – 2 Ta 451/17, juris Rn 35; *Bauer* GmbHR 2000, 767). Ist die Vereinbarung unklar, soll mit dem schriftlichen Vertrag im Zweifel das Arbeitsverhältnis beendet werden (BAG NZA 2014, 540 Rn 24; 2011, 784; 2007, 1095). Der schriftliche Geschäftsführer-Dienstvertrag mit einer **vom ArbGeb verschiedenen Gesellschaft** wahrt die (im Verhältnis ArbN-ArbGeb zu beachtende) Schriftform des § 623 nicht (BAG NZA 2014, 540 Rn 25). 13

Für die **Befristung** und auflösende **Bedingung** von Arbeitsverträgen schreibt § 14 IV (iVm § 21) TzBfG Schriftform vor, vgl § 620 Rn 104ff. 14

IV. Formerfordernisse. 1. Schriftform. Die **Kündigungserklärung** muss in einer schriftlich (aber nicht notwendig eigenhändig) verfassten Urkunde enthalten und eigenhändig durch Namensunterschrift oder mittels notariell beglaubigten Handzeichens unterzeichnet sein, § 126 I. Die Angabe von Zeit und Ort ist nicht Wirksamkeitsvoraussetzung (BAGE 88, 375). Die Kündigung muss nicht in der Muttersprache des betroffenen ArbN verfasst oder mit einer Übersetzung versehen werden (BAG 9.8.1990 – 2 AZR 34/90). Zum Erfordernis der Einheitlichkeit der Urkunde vgl § 126 Rn 6. Die Schriftform kann nicht durch die elektronische Form (§ 126a) ersetzt werden (§ 126 III, § 623 Hs 2). Eine im gerichtlichen Vergleich iSv § 278 VI 1 Alt 2 ZPO (nicht bloß gerichtlich protokollierte Kündigungserklärung) ausgesprochene Kündigung genügt analog § 127a den Anforderungen von § 623 (BAGE 120, 251 zu § 278 VI ZPO aF). 15

Die eigenhändige **Unterschrift** muss die Kündigungserklärung räumlich abschließen, also unter dem Text stehen. Die bloße Funktionsbezeichnung („der AG") oder ein Titel („Vorstand", „Direktor") sind nicht ausreichend (*Preis/Gotthardt* NZA 2000, 348). Ausf zu den Anforderungen an die eigenhändige Unterschrift vgl § 126 Rn 11ff. Der Kündigende kann zunächst „blanko" unterschreiben und den Kündigungstext nachträgl einfügen, sofern dieser vollständig über der Unterschrift steht. Der Aussteller der Kündigung braucht unmittelbar bei Abgabe der schriftlichen Erklärung für den zu Kündigenden noch nicht erkennbar festzustehen, dieser soll nur identifiziert werden können (BAG NJW 2008, 2521). Die Unterschrift ist grds durch Nennung des Familiennamens zu leisten; Lesbarkeit des Schriftzugs wird allerdings nicht verlangt, sofern sie die Identität des Unterzeichnenden kennzeichnende Merkmale aufweist (BAG DB 2013, 520; NJW 2008, 2521; LAG Nürnberg NZA-RR 2012, 409). Kaufleute können mit der Firma (§ 17 HGB) unterzeichnen. Die maschinenschriftliche oder faksimilierte Unterschrift genügt nicht (ArbG Frankfurt NZA-RR 2002, 133). Die **Übermittlung** durch Telegramm (ArbG Frankfurt ZInsO 2001, 776), Fotokopie, Telefax (BAG NZA 2016, 361), Computerfax, E-Mail, WhatsApp (LAG München 28.10.2021 – 3 Sa 362/21; LAG Rh-Pf 22.12.2022 – 5 Sa 408/21, juris Rn 46f) oder SMS ist daher nicht ausreichend (KR/*Spilger* Rn 121ff). Ein **Stellvertreter** kann die Kündigung sowohl mit dem Namen des Kündigenden unterschreiben als auch mit dem eigenen Namen, wenn sich die Stellvertretung aus der Urkunde ergibt (dazu *Kliemt*, Formerfordernisse im Arbeitsverhältnis, 1995, 242ff). Die Unterschrift eines **Boten** wahrt die Schriftform nicht. Der Zusatz „i.A." lässt jedoch nicht ohne weiteres auf Botenschaft schließen (BAGE 125, 208). Die Kündigung durch einen **Vertreter ohne Vertretungsmacht** („ppa.", „i.V." oA) ist dem Kündigenden erst bei ihrer Genehmigung nach §§ 180, 177 zurechenbar (BAG DB 2013, 520). Die Genehmigung kann grds ggü dem Vertreter oder dem anderen Teil erfolgen, s aber § 177 II, und formfrei erklärt werden, § 182 II. Im Hinblick auf die Frist nach § 4 I KSchG ist indes Zugang beim Kündigungsempfänger erforderlich. Kündigung der ArbGeb-**GbR** bedarf, wenn nicht alle Gesellschafter unterschreiben, der Kenntlichmachung der organschaftlichen (§ 714) oder rechtsgeschäftlichen Vertretungsmacht („i.V.") (LAG Rh-Pf 8.9.2020 – 8 Sa 411/19). Für den Zugang der Kündigungserklärung gelten iÜ die allg Grundsätze, vgl § 130 Rn 1ff. 16

Bei einer **Änderungskündigung** sind sowohl die Kündigungserklärung als auch das Änderungsangebot schriftlich abzugeben, weil es sich um einen einheitlichen Tatbestand handelt (BAG NZA-RR 2011, 155; ErfK/*Müller-Glöge* Rn 12; *Richardi* NZA 2001, 57; aA KR/*Spilger* Rn 138; *Caspers* RdA 2001, 28). Nicht formbedürftig ist dagegen die Annahme des Änderungsangebots mit oder ohne Vorbehalt gem § 2 KSchG. 17

Für die Wirksamkeit einer **Schriftsatzkündigung** während eines Rechtsstreits ist erforderlich, dass eine vom Kündigenden oder dessen zur Kündigung Bevollmächtigten **eigenhändig unterschriebene Abschrift** dem Kündigungsempfänger oder einem Empfangsbevollmächtigten zugeht. Anstelle der Unterschrift ist auch ein auf der Ausfertigung angebrachter, vom Prozessbevollmächtigten persönlich unterzeichneter Beglaubigungsvermerk ausreichend (LAG Nds LAGE 2). Der Prozessbevollmächtigte des Kündigungsempfängers ist zum **Empfang** der Kündigung ermächtigt, wenn sich die Kündigung auf den Streitgegenstand des anhängigen Prozesses bezieht. 18

Das ist bei der Verbindung einer Kündigungsschutzklage gem § 4 KSchG mit einer allg Feststellungsklage gem § 256 ZPO der Fall (LAG Nds LAGE 2).

19 Aus dem **Inhalt des Kündigungsschreibens** muss sich für den Erklärungsempfänger zweifelsfrei der Wille ergeben, das Arbeitsverhältnis einseitig aufzulösen, §§ 133, 157 (vgl zur Bestimmtheit BAG DB 2013, 2093). Auf die Bezeichnung „Kündigung" kommt es nicht an, § 133 (ErfK/*Müller-Glöge* Rn 15). Die Angabe des Kündigungsgrundes, der Kündigungsfrist und des -termins unterliegt nicht der Schriftform (anders § 17 II 2 MuSchG). Es bedarf zur Formwahrung auch keiner schriftlichen Angabe darüber, ob es sich um eine ordentliche oder außerordentliche Kündigung handelt.

20 **2. Schriftform bei Auflösungsverträgen.** Die Grundsätze für das Schriftformerfordernis bei einer Kündigung gelten auch für Auflösungsverträge. Darüber hinaus ist § 126 II zu beachten (vgl zu den Anforderungen § 126 Rn 16ff). Grds ist die Unterschrift beider Parteien auf derselben Urkunde erforderlich, § 126 II 1. Ausreichend ist, wenn von mehreren gleichlautenden Urkunden jede Partei die für die andere bestimmte unterzeichnet (§ 126 II 2), nicht aber, wenn die Vertragspartner bloß ihre jeweiligen Vertragserklärungen schriftlich austauschen oder eine Partei der anderen die mündliche Abrede schriftlich bestätigt, ohne dass der andere gegenzeichnet (*Kliemt* NZA 2001, 296).

21 **Inhaltlich** muss der Aufhebungsvertrag zur Wahrung der Schriftform alle maßgeblichen Abreden enthalten, ohne die der Vertrag ansonsten nicht zustande gekommen wäre (ErfK/*Müller-Glöge* Rn 20; aM BeckOGK/*Klumpp* Rn 58), zB die Zahlung von Abfindungen oder der Verzicht auf die Geltendmachung weiterer Ansprüche. Dazu zählt auch die Vereinbarung, wonach ein ArbN für eine Versorgungszusage so behandelt wird, als wäre er nicht aus dem Arbeitsverhältnis ausgeschieden. Bei einem dreiseitigen Vertrag wird nicht nur das Ausscheiden beim alten ArbGeb von der Schriftform erfasst, sondern auch die Begründung des neuen Arbeitsverhältnisses bei einem Dritten (*Preis/Gotthardt* NZA 2000, 348). Eine ohne Beachtung der Schriftform getroffene Nebenabrede, die wesentliche Bedeutung für den Vertrag hat, führt zur Unwirksamkeit des gesamten Vertrags. Ein formwirksamer Auflösungsvertrag liegt auch vor, wenn eine Kündigung Gegenstand eines gerichtlichen Beendigungsvergleichs gem § 127a ist und dieser protokolliert wird, s Rn 15 (KR/*Spilger* Rn 145f).

22 **V. Rechtsfolge bei Verstoß gegen § 623. 1. Grundsatz der Nichtigkeit.** Die unter Nichtbeachtung der Schriftform ausgesprochene Kündigung ist unheilbar **nichtig**, § 125 S 1. Das Einverständnis des Kündigungsempfängers mit einer nicht der gesetzl Schriftform entspr Kündigung oder sein Verzicht darauf führen nicht zur Wirksamkeit der Kündigung (Rn 3). Erforderlich ist eine formgerechte Wiederholung. Bei einer ordentlichen Kündigung bedeutet das uU die Beendigung des Arbeitsverhältnisses erst zum nächsten Termin; eine außerordentliche Kündigung muss innerhalb der Zweiwochenfrist des § 626 II wiederholt werden. Falls diese Frist verstrichen ist, kommt eine Umdeutung (§ 140) der formunwirksamen außerordentlichen Kündigung in eine ordentliche Kündigung oder in ein Angebot zum Abschluss eines Aufhebungsvertrags wegen des Formerfordernisses für alle diese Rechtsgeschäfte nicht in Betracht. Es bleibt allenfalls die Umdeutung in eine Anfechtungserklärung (*Preis/Gotthardt* NZA 2000, 348). Die Unwirksamkeit der Kündigung wegen Formmangels kann einredeweise oder mittels Feststellungsklage gem § 256 ZPO geltend gemacht werden. Der Formmangel kann auch noch außerhalb der Dreiwochenfrist des § 4 KSchG (§ 13 III KSchG) bis zur Grenze der Verwirkung geltend gemacht werden, weil § 4 KSchG nur für schriftliche Kündigungen gilt (BAGE 117, 68; 123, 209). Zur Verwirkung *Caspers* RdA 2001, 28. Bei einer durch den Insolvenzverwalter ausgesprochenen Kündigung gilt jedoch die Dreimonatsfrist des § 113 S 2 InsO.

23 **2. Formlose Befristung.** Bei einer formlos vereinbarten Befristung (§ 14 IV TzBfG) bleibt der Arbeitsvertrag iÜ wirksam, weil nur die Befristungsabrede formbedürftig ist, es kommt ein unbefristetes Arbeitsverhältnis zustande, § 16 TzBfG; näher § 620 Rn 108 und zur Geltendmachung § 620 Rn 111.

24 **3. Formverstöße bei Auflösungsverträgen.** Der formwidrige Auflösungsvertrag ist nichtig (§ 125 S 1), das Arbeitsverhältnis nicht beendet. Die zur Erfüllung des Auflösungsvertrags bereits erbrachten Leistungen (zB Abfindungen) sind nach Bereicherungsrecht (§§ 812ff) zurückzugewähren. Die Nichtigkeit wird einredeweise oder mittels Feststellungsklage gem § 256 ZPO geltend gemacht.

25 **4. Ausnahme.** Höchst ausnahmsw kann die Berufung auf den Formmangel gegen **Treu und Glauben** (§ 242, unzulässige Rechtsausübung) verstoßen, wenn die Konsequenz des Formmangels für die Parteien nicht nur hart, sondern „schlechthin untragbar" ist (BAG NZA 2011, 874; 2005, 162; DB 1987, 1996; *Kliemt*, Formerfordernisse im Arbeitsverhältnis, 1995, 552ff; s allg *Neuner* AT § 44 Rn 61ff mit Fallgruppenbildung); allg zu den Voraussetzungen einer unzulässigen Rechtsausübung, § 125 Rn 27ff. Es besteht grds keine allg Pflicht des ArbGeb oder ArbN, den anderen Teil auf das Schriftformerfordernis hinzuweisen (vgl ErfK/*Müller-Glöge* Rn 16 mwN).

26 § 242 ist bei **beidseitiger Kenntnis** des Formmangels nur anwendbar, wenn eine Partei ihre **Machtstellung** dazu benutzt hat, um die vorgeschriebene Form zu vereiteln (BGHZ 48, 396). Davon kann nicht allein deshalb ausgegangen werden, weil der ArbGeb die Schriftform verhindert hat. Hinzukommen müssen weitere konkrete Hinweis im Einzelfall (*Preis/Gotthardt* NZA 2000, 348). Nach BAG AP 12 § 23a BAT ist die Berufung auf den Formmangel trotz Kenntnis beider Parteien auch dann unzulässig, wenn bei dem Vertragspartner der Eindruck erweckt wurde, die Zusage solle auch ohne Rücksicht auf die vorgeschriebene Form erfüllt werden. Befinden sich beide Parteien in **Unkenntnis** über das Formerfordernis, bleibt es bei der Nichtigkeit gem § 125 (vgl § 125 Rn 32). **Einseitige Kenntnis** des Schriftformerfordernisses kann nur zur Anwendung des § 242 führen, wenn eine Partei die andere über die Formbedürftigkeit des Rechtsgeschäfts täuscht, um sich später zulasten des Getäuschten auf

die Unwirksamkeit des Rechtsgeschäfts berufen zu können. So kann sich ein ArbN nicht auf die Unwirksamkeit der Kündigung berufen, wenn das Arbeitsverhältnis mit einem neuen ArbGeb nicht zustande kommt und er dem alten ArbGeb arglistig vorgespiegelt hat, er könne formlos kündigen (*Preis/Gotthardt* NZA 2000, 348).

Wenn der Kündigungsempfänger eine formlose Kündigung widerspruchslos entgegennimmt und sich erst zu einem späteren Zeitpunkt auf die Formnichtigkeit beruft, begründet dieses Verhalten allein keinen Verstoß gegen das **Verbot widersprüchlichen Verhaltens** (BAG NZA 1989, 461). Anderenfalls liefe § 623 bei Kündigungen weitgehend leer (LAG Hamm LAGE 6 § 125). Wird dem Kündigungsempfänger dagegen im Gerichtstermin bei gleichzeitiger Anwesenheit des Kündigenden eine einfache Fotokopie der Kündigung übergeben und kann auch sofort Einsicht in das Original genommen werden, ist es treuwidrig, wenn sich der Kündigungsempfänger erst geraume Zeit später auf den Formmangel beruft, ohne dass er von den im Gerichtstermin bestehenden Aufklärungsmöglichkeiten Gebrauch gemacht oder die Kündigung wegen Nichteinhaltung der Form unverzüglich zurückgewiesen hat (BAG NJW 1999, 596). Ein widersprüchliches Verhalten liegt auch vor, wenn ein ArbN mehrmals und nicht nur einmalig spontan, auch auf Vorhaltungen der anderen Seite, ernsthaft eine Eigenkündigung ausgesprochen hat und sich nachträgl auf die Formunwirksamkeit beruft (BAG NZA 1998, 420 m abl Anm *Singer* NZA 1998, 1309, 1313; LAG Rh-Pf 8.2.2012 – 8 Sa 318/11; dazu *Zundel* NJW 2013, 579). Maßgeblich ist, dass der Kündigungserklärung eine erkennbar ernsthafte und endgültige Lösungsabsicht entnommen werden kann und dadurch ein besonderer Vertrauenstatbestand entstanden ist (BAG NJW 2005, 844; BB 2009, 2655; NZA 2011, 874). Die Berufung des ArbN auf die Unwirksamkeit einer nur einmaligen, spontanen formlosen Eigenkündigung ist daher nicht ohne weiteres widersprüchlich. Nimmt der ArbN eine formwidrige Kündigung hin und tritt eine neue Stelle an, so ist es treuwidrig, wenn sich der ArbGeb auf die Unwirksamkeit der Kündigung beruft und den ArbN zur Wiederaufnahme unter Unterlassung der neuen Beschäftigung auffordert (BAG NZA 1998, 420). Gleiches gilt auch für den umgekehrten Fall: Erklärt ein ArbN mehrfach ernsthaft mündlich, er kündige, und akzeptiert der ArbGeb das und besetzt nach einem längeren Auswahlverfahren die Stelle neu, kann sich der ArbN zu diesem Zeitpunkt nicht mehr auf den Formmangel berufen (*Preis/Gotthardt* NZA 2000, 348). Ein treuwidriges Verhalten liegt allerdings nicht schon vor, wenn sich der ArbN ggü dem ArbGeb verbunden mit dem zweifachen Zitat von Götz von Berlichingen auf den Formmangel einer mündlich ausgesprochenen fristlosen Eigenkündigung beruft (ArbG Nürnberg 5.6.2001 – 12 Ca 2734/01). Wenn der Kündigungsempfänger die formwidrige Kündigung schriftlich bestätigt, sich aber später auf die Formwidrigkeit beruft, handelt es sich dabei um widersprüchliches Verhalten (AG Gifhorn WuM 1992, 250). Das gilt nicht, wenn der Kündigende selbst nach der schriftlichen Bestätigung auf die fehlende Form abstellt (KR/*Spilger* Rn 208). Es verstößt gegen § 242, wenn der ArbGeb die Auszahlung der vorgesehenen Abfindung unter Berufung auf den Formmangel verweigert, obwohl der ArbN seine Kündigungsschutzklage sogleich bei Empfang des schriftlichen Vertragstextes in Erfüllung der vermeintlich bereits zustande gekommenen Vereinbarung zurückgenommen und den ArbGeb zeitgleich darüber informiert hat. Das gilt jedenfalls, wenn bei dem ArbN der Eindruck eines bereits zustande gekommenen Vertrags durch die unklare Formulierung im Anschreiben des ArbGeb hervorgerufen wird, er „bestätige" die (arbeitgeberseitig bereits unterzeichnete) Regelung (LAG Hamm 25.10.2001 – 8 Sa 956/01 für ein konstitutives Schriftformerfordernis). 27

VI. Beweislast. Wer sich auf die Kündigung oder den Auflösungsvertrag beruft, muss die Einhaltung der Schriftform beweisen (BAG NJW 2017, 2698 Rn 25). Für den Inhalt einer Urkunde gilt die (widerlegbare) Vermutung der Richtigkeit und Vollständigkeit (BGH NJW 2002, 3164). Zur Befristung § 620 Rn 109f. 28

§ 624 Kündigungsfrist bei Verträgen über mehr als fünf Jahre

Ist das Dienstverhältnis für die Lebenszeit einer Person oder für längere Zeit als fünf Jahre eingegangen, so kann es von dem Verpflichteten nach dem Ablauf von fünf Jahren gekündigt werden. Die Kündigungsfrist beträgt sechs Monate.

I. Normzweck, Abdingbarkeit. § 624 S 1 räumt dem Dienstpflichtigen – neben dem nicht abdingbaren Recht zur außerordentlichen Kündigung nach § 626 I – zum **Schutz vor einer übermäßigen Beschränkung** seiner persönlichen und beruflichen Freiheit die Möglichkeit zur Beendigung langfristiger Dienstverträge nach Ablauf einer bestimmten Frist ein (BAG NZA 1992, 543, 544; 1997, 597, 599). Damit wird eine Knebelung durch zeitl unbegrenzte Bindung an den Dienstberechtigten verhindert und gleichzeitig die Sittenwidrigkeit des Vertrags gem § 138 I allein wegen überlanger Dauer ausgeschlossen (KR/*Krumbiegel* Rn 2; Staudinger/*Temming* Rn 1). Die Grundgedanken des § 624 werden im Arbeitsrecht auch als Maßstab für die Bewertung von Kündigungserschwerungen herangezogen, etwa bei Rückzahlungsverpflichtung des ArbN bei Eigenkündigung (BAG NZA 1994, 937). S auch § 622 Rn 39. 1

§ 624 S 1 ist **zwingend** und weder einzel- noch tarifvertragl abdingbar (KR/*Krumbiegel* Rn 7). Der Gesetzgeber hat mit Bindung des ArbGeb einerseits und der – durch die sechsmonatige Frist eingeschränkten – Kündigungsbefugnis des ArbN andererseits eine Gesamtlösung geschaffen, mit der die widerstreitenden Grundrechtspositionen ausgeglichen werden und die sich im Rahmen seines Beurteilungsspielraums hält; daher kann nicht isoliert die Kündigungsfrist als Eingriff in die Berufsausübungsfreiheit in Frage gestellt werden (BAG NZA 1997, 597, 599). 2

II. Anwendungsbereich. § 624 S 1 gilt für **Dienstverträge** jeder Art. Für **Arbeitsverträge** gilt indes seit 2001 vorrangig die (inhaltsgleiche, BT-Drs 14/4374) Spezialnormierung von § 15 IV TzBfG; die zu § 624 ergangene 3

Rspr ist übertragbar (ErfK/*Müller-Glöge* § 15 IV TzBfG Rn 13). § 624 S 1 gilt grds auch für **Handelsvertreter**verträge; jedenfalls für solche Handelsvertreter, die im konkreten Einzelfall vor einer übermäßigen Beschränkung ihrer persönlichen und beruflichen Freiheit geschützt werden müssen (MüKo/*Henssler* Rn 4; Staudinger/*Temming* Rn 4). Das wird vor allem für arbeitnehmerähnl Handelsvertreter wegen ihrer wirtschaftl und sozialen Abhängigkeit von ihrem Dienstberechtigten angenommen (Hamm BB 1978, 1446; KR/*Krumbiegel* Rn 5). Ist bei einem Handelsvertretervertrag das Kündigungsrecht für den Unternehmer ausgeschlossen, gilt § 624 nicht analog; die Grenzen der Bindung ergeben sich aus §§ 138 oder 242 (BGH NJW 1995, 2350). Auf **gemischt-typische Verträge** ist § 624 anwendbar, wenn das dienstvertragl Element überwiegt (Koblenz 1.10.2013 – 3 U 328/13).

4 Darüber hinaus hat die Rspr gelegentlich eine analoge Anwendung auf **andere Dauerschuldverhältnisse** bejaht (so KG 2.7.2002 – 14 U 201/01 für Gestattungsvertrag über die Vermarktung von Kabelanschlüssen mit einer Laufzeit über 25 Jahre; Koblenz BB 2013, 2132 für Vertrieb von Kosmetikprodukten; OVG NRW KStZ 2012, 57 für zivilrechtl Vereinbarung über die Verteilung von energiewirtschaftsrechtl Konzessionsabgaben; SG Düsseldorf 30.5.2012 – S 2 KA 462/11 für Sozialverwaltungsvertrag; **abl** München 13.1.2011 – 23 U 3628/10 bei mehrjährigem Gesellschaftervertrag; ebenso LAG München 29.3.2012 – 4 Sa 997/11 und LAG Schl-Holst 1.4.2009 – 6 Sa 409/08 für Personalüberleitungsvertrag). Auf den sog **Tankstellen**-Stationärvertrag, bei dem der Tankstelleninhaber das Grundstück zur Verfügung stellt und die Mineralölgesellschaft Baulichkeiten und Einrichtungen für die Tankstelle schafft oder finanziert, ist § 624 nicht anwendbar (BGHZ 52, 171; 83, 313); der gebotene Schutz des Dienstverpflichteten vor einer übermäßigen Beschränkung seiner Berufsfreiheit ist über §§ 307, 138 zu gewähren, und zwar im Ausgleich mit dem gegenläufigen Amortisationsinteresse der Mineralölgesellschaft. Beim Tankstellen-Pächtervertrag, bei dem die Mineralölgesellschaft auch das Grundstück zur Verfügung stellt, soll § 624 anwendbar sein, weil das dienstvertragl Element überwiege (MüKo/*Henssler* Rn 6). Zu Dienstverträgen zw Fluggesellschaft und geschulten Piloten vgl BAG DB 1994, 1726.

5 **III. Tatbestand. 1. Anstellung auf Lebenszeit.** Diese ist vereinbart, wenn das Dienstverhältnis mit dem Tod des Dienstberechtigten oder des Dienstpflichtigen oder eines Dritten (zB Pflege eines Kranken) enden soll (KR/*Krumbiegel* Rn 9; BeckOK/*Plum* Rn 4). Dieser Nachw wird idR nur gelingen, wenn die lebenslängliche Anstellung ausdrückl mündlich oder schriftlich vereinbart worden ist (KR/*Krumbiegel* Rn 11; LAG Düsseldorf DB 1968, 1911). Von einer konkludenten Anstellung auf Lebenszeit kann nur ausgegangen werden, wenn besondere Umstände vorliegen. Die Zusage eines Ruhegelds für den Fall der Dienstunfähigkeit des ArbN reicht für sich allein nicht aus (RAG ARS 28, 169, 171f; KR/*Krumbiegel* Rn 12). Von der Anstellung auf Lebenszeit ist die Zusage einer **Lebens- und Dauerstellung zu unterscheiden**. Die Bandbreite der denkbaren Auslegungen reicht von einem völligen Ausschluss der ordentlichen Kündigung (RAG ARS 28, 332, 334ff) bis zu einer rechtl unverbindlichen Hoffnung (RAG ARS 5, 29, 31). Dazwischen sind möglich: Ausschluss der ordentlichen Kündigung für einen angemessenen Zeitraum (RAG ARS 31, 78, 81; RG JW 1938, 1392; BAG AP 3 § 66 HGB); angemessene Verlängerung der Kündigungsfrist (RG SeuffA 63 Nr 40); Vereinbarung der Geltung des KSchG ab Einstellung (BAG AP 8 § 1 KSchG; BAG AP 1 § 1 KSchG 1969) bzw ordentliche Kündigung innerhalb der ersten sechs Monate nur aus sachlichem Grund (LAG Schl-Holst AP 2 § 1 KSchG Unterbrechung des Arbeitsverhältnisses); Verpflichtung des ArbGeb zur Versetzung des ArbN in einen anderen Betrieb bei Betriebsstilllegung (LAG Bremen DB 1953, 276) oder zur besonderen Rücksichtnahme bei der Interessenabwägung im Rahmen des § 626 oder des § 1 KSchG (BAG AP 8 § 626). Die Vereinbarung eines auf Dauer angelegten Arbeitsverhältnisses allein reicht für eine Kündigungserschwerung nicht aus; es müssen besondere Umstände hinzutreten (BAG AP 1 § 1 KSchG 1969; KR/*Krumbiegel* Rn 18). Waren bei der Zusage schon Beschäftigungshemmnisse ersichtlich, haftet der ArbGeb, uU auch der ArbN, nach § 311 II, § 241 II (BAG AP 2 § 276 Verschulden bei Vertragsabschluss; KR/*Krumbiegel* Rn 19ff). Der tarifvertragl Ausschluss der ordentlichen Kündigung durch den ArbGeb reicht nicht aus, eine Anstellung auf Lebenszeit zu begründen, da das ordentliche Kündigungsrecht des ArbN erhalten bleibt.

6 **2. Anforderungen an das Dienstverhältnis.** Ein Dienstverhältnis **auf mehr als fünf Jahre** ist vereinbart: Das Dienstverhältnis wird auflösend bedingt oder zweckbefristet und die Bedingung oder Zweckerreichung tritt erst nach mehr als fünf Jahren ein (MüKo/*Hesse* § 15 TzBfG Rn 38); das Dienstverhältnis wird auf unbestimmte Zeit eingegangen, wobei die ordentliche Kündigung für beide Vertragsteile oder mindestens den Dienstpflichtigen ausgeschlossen wird (BAG AP 1 § 28 Anm *Reuter*). Es liegt **nicht** vor, wenn die Parteien wiederholt auf fünf Jahre befristete Verträge abschließen (MüKo/*Henssler* Rn 10; BeckOGK/*Klumpp* Rn 18; aA noch RGZ 80, 277, 278; diff KR/*Krumbiegel* Rn 23). Ebensowenig kann von einer Kündigungsbeschränkung für mehr als fünf Jahre ausgegangen werden, wenn sich der Vertrag um weitere fünf Jahre verlängert für den Fall, dass zum Ablauf des ersten nicht gekündigt wird (BAG EzA 1), erst recht nicht, falls eine angemessene Zeit vor Ablauf eines auf fünf Jahre befristeten Vertrags ein neuer Dienstvertrag abgeschlossen wird (RGZ 80, 277, 280; KR/*Krumbiegel* Rn 24).

7 **IV. Rechtsfolgen übermäßiger Bindung. 1. Kündigungsfrist.** Der **Dienstpflichtige** kann vorzeitig mit einer Frist von sechs Monaten kündigen. Die Fünfjahresfrist rechnet nicht ab Vertragsschluss, sondern ab Vollzug des Vertrags (KR/*Krumbiegel* Rn 27; MüKo/*Henssler* Rn 11). Erfolgt die Kündigung bereits vor Ablauf der fünf Jahre, beginnt die Sechsmonatsfrist erst nach dem Ablauf (KR/*Krumbiegel* Rn 27; MüKo/*Henssler* Rn 12). Die Ausübung des Kündigungsrechts des Dienstpflichtigen nach § 624 S 1 unterliegt weder einer Ausschlussfrist noch der Verwirkung gem § 242, ist also jederzeit nach Ablauf der Fünfjahresfrist möglich (KR/*Krumbiegel* Rn 28; BeckOGK/*Klumpp* Rn 20). Der Verzicht auf ein bereits entstandenes Kündigungsrecht ist jedoch möglich; nach dem Schutzzweck von § 624 wirkt er max auf weitere fünf Jahre (MüKo/*Henssler* Rn 12). § 622 I gilt im Rahmen von § 624 nicht, da diese Norm eine vorzeitige, nicht eine ordentliche Kündigung betrifft. Die Frist nach § 624

S 2 kann vertragl verkürzt, nicht aber verlängert werden. Eine außerordentliche fristlose Kündigung ist jederzeit möglich.

2. **Bindung des Dienstberechtigten.** Da § 624 S 1 nur den Dienstpflichtigen vor einer übermäßigen Beschränkung seiner persönlichen und beruflichen Freiheit schützen will, ist der Dienstberechtigte an einen auf Lebenszeit oder für mehr als fünf Jahre geschlossenen Dienstvertrag gebunden. Ist die ordentliche Kündigung für **beide Parteien** ausgeschlossen, erhält § 624 einseitig nur das Kündigungsrecht des Dienstpflichtigen. § 139 ist unanwendbar, weil der Verstoß gegen § 624 nicht zulasten des Dienstpflichtigen gehen darf (BAG AP 1 § 28 m Anm *Reuter*). Dem Dienstberechtigten bleibt bei einem auf Lebenszeit oder auf mehr als fünf Jahre abgeschlossenen Dienstvertrag nur das Recht zur außerordentlichen Kündigung nach § 626 I (BGH NJW-RR 1986, 982). 8

V. Beweislast. Die **Darlegungs- und Beweislast** für die Voraussetzungen von § 624 hat, wer sich auf den Ausschluss des Kündigungsrechts in der Fünfjahresfrist (Baumgärtel/Laumen/Prütting/*Leisten* Handbuch der Beweislast § 624) oder auf das Kündigungsrecht oder die Kündigungsfrist beruft. 9

§ 625 Stillschweigende Verlängerung

Wird das Dienstverhältnis nach dem Ablauf der Dienstzeit von dem Verpflichteten mit Wissen des anderen Teiles fortgesetzt, so gilt es als auf unbestimmte Zeit verlängert, sofern nicht der andere Teil unverzüglich widerspricht.

I. Normzweck. Leistet der Dienstpflichtige seine Dienste mit Wissen des Dienstberechtigten über das vorgesehene Vertragsende hinaus, ohne dass die Parteien dies ausdrückl vereinbart haben, kann unklar sein, ob der Vertrag konkludent verlängert wurde; deshalb ordnet die Fiktion des § 625 – ähnl der *relocatio tacita* nach § 545 – unter bestimmten Voraussetzungen die Verlängerung des Dienstverhältnisses an (vgl Motive II, 414 zu § 545 und 468 zu § 625; MüKo/*Henssler* Rn 1), und zwar unabhängig vom Willen der Parteien in Form einer unwiderleglichen gesetzl Vermutung (BAG NZA 1999, 482; BAGE 107, 237). Die Vorschrift dient **Zweckmäßigkeitserwägungen** der Rechtssicherheit und der Vermeidung eines vertragslosen Zustands, nicht aber Gerechtigkeitsgeboten oder dem Bestandsschutz. Erfolgt die Fortsetzung aufgrund einer ausdrückl oder konkludenten Vereinbarung der Parteien, findet § 625 keine Anwendung (BAG NZA 1999, 482). Für befristete und bedingte Arbeitsverträge enthält § 15 V (iVm § 21) TzBfG eine ähnl, aber sozialpolitisch motivierte und unabdingbare (Rn 4) Regelung. 1

II. Abdingbarkeit. § 625 ist – auch konkludent – abdingbar (BAG NJW 1964, 350; BAG EzA 32 § 4 KSchG 1969). Da die gesetzl Regelung nur den typischen Parteiwillen abbilden soll, steht es den Parteien frei, abw Vereinbarungen über die Weiterbeschäftigung zu treffen (BAG AP 9 § 15 AZO; LAG Hamm LAGE 4). Die Vorschrift gilt deshalb nicht, wenn der Vertrag nach seinem Ablauf bei Fehlen eines Widerspruchs zeitl befristet (BAG AP 9 § 15 AZO) oder bis zum Eintritt eines bestimmten Ereignisses fortdauern soll. Bedenken können aber gegen die Wirksamkeit einer § 625 ausschließenden Vereinbarung bestehen, wenn sie einem unzulässigen vorweggenommenen Widerspruch des Dienstberechtigten gleichkäme (vgl *Kramer* NZA 1993, 1118). Mit einer individualvertragl vereinbarten doppelten Schriftformklausel bedingen die Parteien idR konkludent § 625 ab, da diese bezweckt, die Parteien vor unbemerkt eintretenden Änderungen des Vertrags zu schützen; die rechtsgeschäftliche Verlängerung wäre eine solche Änderung (München 10.4.2019 – 7 U 2876/18, juris Rn 14). Die in einem Tarifvertrag vereinbarte Schriftformklausel hat das BAG (BAG 4.8.1988 – 6 AZR 354/86, juris Rn 15) mit Rücksicht auf eine beschränkte Zwecksetzung nicht als Ausschluss von § 625 ausgelegt. 2

Der für die Beurteilung einer **klauselförmigen Abbedingung** maßgebliche Grundgedanke von § 625 iSv § 307 II Nr 1 liegt in Zweckmäßigkeitserwägungen, nicht einem Gerechtigkeitsgebot; die Vorschrift soll den typischen Parteiwillen abbilden und dient nicht primär dem Bestandsschutz (Rn 1). In der Rückkehr zu den allg Vertragsschlussregeln liegt daher keine unangemessene Benachteiligung. Unzulässig ist nach § 309 Nr 9 lit b in Dienstverhältnissen eine den anderen Vertragsteil bindende stillschw Verlängerung des Vertragsverhältnisses um jew mehr als ein Jahr. 3

§ 15 V TzBfG ist unabdingbar (§ 22 TzBfG), für befristete oder auflösend bedingte Arbeitsverträge kann die Verlängerungsfiktion nicht ausgeschlossen werden. IÜ sind solche Abreden in Arbeitsverträgen unzulässig, soweit sie unter Umgehung des Kündigungsrechts zu unzulässig befristeten Arbeitsverträgen oder zu jederzeit auflösbaren Arbeitsverhältnissen führen würden. Unter diesem Vorbehalt ist § 625 unanwendbar, wenn vereinbart wird, das Dienstverhältnis nach seinem Ablauf zunächst fortzusetzen und darüber zu verhandeln, ob und unter welchen Bedingungen ein neuer Vertrag geschlossen werden soll (RAG ARS 16, 284, 286; 18, 42, 45; LAG Düsseldorf BB 1966, 741). Darin liegt die konkludente Verlängerung des Dienstverhältnisses unter Anwendung der gesetzl Mindestkündigungsfristen und mit dem gesetzl oder nach den Umständen nach Treu und Glauben zu erg Inhalt des Vertrags. Für den Schwebezustand kann auch ein befristeter Arbeitsvertrag begründet werden, der in dem Schweben der Verhandlungen über die Vertragsverlängerung seinen sachlichen Grund findet. Nach diesen Grundsätzen ist auch die Vereinbarung kurzfristiger Weiterarbeit aus Gefälligkeit zu beurteilen (dazu RAG ARS 13, 48, 51; 18, 42, 46; ArbG Bochum DB 1963, 173). 4

III. Anwendungsbereich. § 625 gilt seinem Wortlaut nach zunächst für alle Dienstverträge, damit auch für Arbeitsverhältnisse (auch Probearbeitsverträge LAG Düsseldorf BB 1966, 741). Für **befristete und auflösend bedingte Arbeitsverträge** gilt die Sonderregelung des § 15 V TzBfG. Wird ein **Auszubildender** nach Ausbildungs- 5 ende weiter beschäftigt, kommt § 625 nicht in Betracht, da das Ausbildungsverhältnis nicht fortgesetzt werden kann (BAG AP 1 § 22 MTV Ausbildung), doch gilt ein Arbeitsverhältnis auf unbestimmte Zeit als begründet, § 24 BBiG (BAG NZA 2018, 943 [Kenntnis von vorzeitiger Beendigung gem § 21 II BBiG erforderlich]; AP 12 § 14 BBiG). Für das Dienstverhältnis des **Vorstands** einer AG verdrängt § 84 I AktG zwar nicht § 625, doch kann sich der Anstellungsvertrag nicht ohne gleichzeitige Verlängerung der Bestellung über die Frist von fünf Jahren fortsetzen (MüKo-AktG/*Spindler* § 84 Rn 82; *Koch* § 84 AktG Rn 20; Karlsruhe AG 1996, 224), sonst würde der Zweck von § 84 I AktG vereitelt, den Aufsichtsrat alle fünf Jahre in verantwortlicher Beratung über die Weiterbeschäftigung entscheiden zu lassen (BGHZ 10, 187, 195; BAG ZIP 2012, 1750 Rn 27). Im Anstellungsvertrag können die Parteien auch ein anschließendes Arbeitsverhältnis vereinbaren, doch darf dieses nach dem Zweck von § 84 I AktG (Verbotsgesetz iSv § 134) nicht die unveränderte Weiterführung des Anstellungsverhältnisses vorsehen (BAG NZA 2009, 1205; Zweibrücken NZG 2011, 433). Wird die Bestellung verlängert, gilt dies auch konkludent für den Anstellungsvertrag (MüKo/*Henssler* Rn 6). Für **Handelsvertreter**verhältnisse gilt § 89 HGB abschließend, vgl § 89 III HGB.

6 **IV. Tatbestand. 1. Ablauf des Dienstverhältnisses.** § 625 setzt voraus, dass das Dienstverhältnis beendet ist, egal aus welchem Grund, zB Kündigung (RAG ARS 25, 59, 61f; LAG Saarland BB 1964, 176), Erreichen des Rentenalters (LAG Berlin NZA 1992, 365 – Renteneintritt nach Einigungsvertrag Anlage I KAP XIX A III Nr 1) oder Aufhebungsvertrag (BeckOGK/*Klumpp* Rn 11f, aber ggf – auch konkludente – Abbedingung; aM KR/*Krumbiegel* Rn 22). Endet das Arbeitsverhältnis allerdings infolge **Fristablaufs oder Bedingungseintritts**, gilt § 15 V TzBfG (vgl Rn 4). Erforderlich ist, dass das Dienstverhältnis als Ganzes sein Ende findet. Bei einer dem KSchG unterliegenden **Änderungskündigung** kann deshalb die Vermutungswirkung des § 625 nur eintreten, wenn der ArbN die geänderten Arbeitsbedingungen nicht annimmt, auch nicht unter dem Vorbehalt des § 2 KSchG. Zum Ablauf des Dienstverhältnisses kommt es nicht, wenn der ArbGeb den ArbN nach wirksamer Kündigung freiwillig und vorbehaltlos über den Ablauf der Kündigungsfrist hinaus weiterarbeiten lässt. Darin liegt ein schlüssiger Antrag auf Fortsetzung des Arbeitsvertrags, den der ArbN durch die Weiterarbeit annimmt (BAG AP 9 § 9 KSchG 69). Ist für den Abschluss eines Dienstvertrags eine Genehmigung erforderlich (zB öffentlich-rechtl oder kirchenrechtl Art), führt die duldende Entgegennahme der Leistung trotz Kenntnis beider Parteien nach Ablauf des Arbeitsvertrags nicht zur Verlängerung des Dienstverhältnisses nach § 625 (ArbG Bochum NJW-RR 1993, 1143).

7 **2. Fortsetzung des Dienstverhältnisses.** § 625 setzt eine **tatsächliche Fortführung** des Dienstverhältnisses durch den Dienstpflichtigen im unmittelbaren Anschluss an das Ende des Dienstverhältnisses voraus (BAG NZA 2003, 153, 156; 1999, 482; NJOZ 2008, 4224 zu § 15 V TzBfG), doch muss der Dienstpflichtige entspr §§ 104ff geschäftsfähig sein (KR/*Krumbiegel* Rn 8). Ob auch Geschäftsfähigkeit des Dienstgebers oder der für ihn handelnden Personen erforderlich ist, richtet sich nach den Grundsätzen des fehlerhaften Arbeitsverhältnisses (vgl § 611a Rn 221ff). Irrtum über Voraussetzungen und Folgen der Vermutungswirkung berechtigt als unbeachtlicher Rechtsfolgenirrtum nicht zur Anfechtung gem § 119 (LAG Bremen DB 1955, 536, BeckOGK/*Klumpp* Rn 15; MüKo/*Henssler* Rn 13). Der Fortsetzung der Dienstleistung muss der Wille des Dienstpflichtigen zugrunde liegen, die bisherigen Pflichten aus dem Dienstverhältnis auch künftig zu erfüllen (BAGE 107, 237; NZA 2011, 1346; 2008, 1207; BeckOGK/*Klumpp* Rn 17). Daran fehlt es, wenn der Dienstpflichtige aus Gefälligkeit ohne rechtl Bindungswillen für einen kurzen Zeitraum weiterarbeitet (RAG ARS 13, 48, 51; 18, 42, 46; ArbG Bochum DB 1963, 173). § 625 findet keine Anwendung, wenn es vor oder nach dem Ablauf eines Zeitvertrags zu einer **Vereinbarung** über die Verlängerung des Arbeitsverhältnisses kommt (BAG AP 26, 27, 28 § 14 TzBfG [zu § 15 V TzBfG]). Eine einverständliche Verlängerung kann nur angenommen werden, wenn die Vertragsparteien zumindest ein potentielles Erklärungsbewusstsein für ihre Willenserklärungen hatten (vgl BGHZ 91, 324, 327). Die Fortsetzung der Dienste braucht aber nicht auf dem bisherigen Arbeitsplatz zu erfolgen.

8 **3. Wissen des Dienstberechtigten.** Das Dienstverhältnis muss mit Wissen des Dienstberechtigten von der Beendigung (BAG NZA 2018, 943 zu § 24 BBiG bei vorzeitiger Beendigung nach § 21 BBiG) und der Fortsetzung fortgesetzt werden (BAG NJOZ 2008, 4224 mwN zu § 15 V TzBfG). Dabei kommt es auf das Wissen solcher Personen an, die auf Seiten des Dienstberechtigten zur Vertretung in dienstrechtl Fragen, zB Abschluss und Kündigung des Dienstvertrags, befugt sind (BAG NZA 2003, 153; AP 85 § 620 Befristeter Arbeitsvertrag; EzA 5; NJOZ 2008, 4224); bei Arbeitnehmerüberlassung ist das der Verleiher (BAG NZA 2017, 55 – ggf Zurechnung der Entleiherkenntnis aufgrund [Anscheins- oder Duldungs-] Vollmacht). Auch eine Zurechnung nach Rechtsscheingrundsätzen oder die Versagung der Berufung auf die fehlende Vertretungsmacht als treuwidrige protestatio facto contraria kommen in Betracht (ArbG Trier BeckRS 2015, 70324). Hingegen genügt nicht, dass ein vollmachtloser Kollege oder Vorgesetzter von der Fortsetzung der Dienstleistung weiß (LAG Köln 27.6.2001 – 3 Sa 220/01). Eine Fortsetzung mit Wissen des anderen Teils ist auch gegeben, wenn das Arbeitsverhältnis infolge eines Irrtums allein des Dienstberechtigten über den Ablauf fortgesetzt wird (LAG Bremen DB 1955, 536; MüKo/*Henssler* Rn 13). Setzt der Dienstverpflichtete seine Tätigkeit aufgrund eines **beiderseitigen Irrtums** über den Fristablauf fort, greift § 625 nicht ein (BAG AP 5 § 4 TVG; MüKo/*Henssler* Rn 13; Staudinger/*Temming* Rn 22).

9 **4. Kein Widerspruch.** Unverzüglicher Widerspruch des Dienstberechtigten schließt die Wirkung des § 625 aus. Der Widerspruch ist eine einseitige, empfangsbedürftige und formfreie Willenserklärung, die ausdrückt, dass der Dienstberechtigte die Weiterarbeit nach Ablauf der Dienstzeit nicht im Rahmen eines unbefristeten Dienstverhältnisses (BAG AP 22 § 620 Befristeter Arbeitsvertrag; 1 § 22 MTV Ausbildung) oder jedenfalls nicht

mehr zu den bisherigen Bedingungen (RGZ 140, 314, 317; BGH DB 1967, 1095) wünscht. Die Form des § 623 ist nicht erforderlich (BeckOGK/*Klumpp* Rn 22). Ein (konkludenter) Widerspruch liegt zB in dem Angebot des Dienstberechtigten, einen befristeten Vertrag zu schließen (BGH DB 1967, 1095; BAG AP 9 § 15 AZO; Staudinger/*Temming* Rn 26), in der Erklärung, den Dienstpflichtigen nur noch bis zu einem bestimmten Termin (LAG Berlin AuR 1969, 89; MüKo/*Henssler* Rn 18) oder bis zum Eintritt eines bestimmten Ereignisses weiterzubeschäftigen, zB Einstellung einer Ersatzkraft oder erfolgreiche Stellensuche des Dienstpflichtigen, oder in der Aushändigung der Arbeitspapiere (BAG AP 196 § 620 Befristeter Arbeitsvertrag). Derartige Angebote oder Erklärungen dürfen aber nicht zur Umgehung von zwingendem Kündigungsrecht führen. Deshalb ist ein Widerspruch, der in dem Angebot auf Abschluss eines befristeten Arbeitsvertrags enthalten ist, nur wirksam, wenn die Befristung zulässig ist (§ 620 Rn 4ff). Ferner ist der Widerspruch unwirksam, wenn er die Bereitschaft ausdrückt, den ArbN auf bestimmte oder unbestimmte Zeit weiterzubeschäftigen, ohne für diese Zeit aber einen Arbeitsvertrag abzuschließen. Bei zweckbefristeten Arbeitsverträgen tritt an die Stelle des Widerspruchs die Mitteilung der Zweckerreichung durch den ArbGeb (§ 15 V TzBfG).

Zum Widerspruch berechtigt ist jede Person, die über die Beendigung des Dienstvertrags entscheiden kann (BAG AP 1). Der Widerspruch kann auch schon kurz vor dem Ende des Dienstverhältnisses erklärt werden (BAG DB 1967, 1095; AP 22 § 620 BGB Befristeter Arbeitsvertrag, Soergel/*Kraft* Rn 7). Nach Ablauf der Dienstzeit ist der Widerspruch nur wirksam, wenn er **unverzüglich** (§ 121 I) erklärt wird. Die Frist beginnt mit Kenntnis des Dienstberechtigten oder eines Kündigungsberechtigten (Rn 5) von der Fortsetzung (MüKo/*Henssler* Rn 18). Sie ist zur Vermeidung eines längeren vertragslosen Zustands kurz zu bemessen, vor allem, wenn der Dienstberechtigte das Vertrauen erweckt hat, das Dienstverhältnis fortzuführen (BAG AP 117 § 242 Ruhegehalt). Ein Vergleich mit § 545 zeigt, dass die Frist in jedem Fall unter zwei Wochen liegen sollte. 10

Hat der Dienstberechtigte rechtzeitig und **wirksam widersprochen**, besteht nach Ablauf der Dienstzeit ein vertragsloser Zustand. Dieser kann durch den (auch konkludenten) Abschluss eines neuen, ggf befristeten Dienstvertrags beseitigt werden, zB dadurch, dass der Dienstberechtigte den Dienstpflichtigen trotz rechtzeitigen Widerspruchs nicht an der Weiterarbeit hindert (KR/*Krumbiegel* Rn 34). 11

V. Rechtsfolgen. Nach § 625 besteht das Dienstverhältnis zu unveränderten Vertragsbedingungen fort (LAG Hamm LAGE 4, 5 Vertragsstrafe; LAG Berlin NZA 1992, 365; Staudinger/*Temming* Rn 29). Daher ist die bisherige Vergütung unverändert zu zahlen, selbst wenn sich die Dienstleistung verringert haben sollte (Staudinger/*Temming* Rn 29). An die Stelle derjenigen Vereinbarungen, welche die Beendigung des Vertrags betreffen, tritt allerdings die gesetzl Regelung einer Fortdauer auf unbestimmte Zeit (§ 620 II), sodass vom Gesetz abw Kündigungsfristen durch die gesetzl Fristen ersetzt werden (RG JW 1908, 139; RAG ARS 25, 59, 61f; LAG Hamburg BB 1957, 78; anders, wenn sich die vereinbarte Kündigungsregelung nach Auslegung auch auf die Fortsetzung des Arbeitsverhältnisses beziehen sollte, BGH AP 5; Saarbrücken NJOZ 2008, 840). Ob die Fortsetzung gem § 625 Einstellung iSv § 99 BetrVG ist, ist str (abl BAG 12.9.1980 – 7 AZR 748/78; aM MüKo/*Henssler* Rn 22; BeckOGK/*Klumpp* Rn 29). Für die Beendigung des nach § 625 verlängerten Dienstverhältnisses gelten die allg Grundsätze. Die Rechtsfolge des § 625 entfällt, wenn beide Vertragsparteien darüber einig sind, dass eine Fortsetzung des Arbeitsverhältnisses auf unbestimmte Zeit nicht eintreten soll (LAG Düsseldorf BB 1976, 741; LAG Hamm NZA-RR 1996, 145). 12

VI. Beweislast. Wer sich auf die Verlängerung beruft, hat die Fortsetzung der Dienstleistung mit Wissen des Dienstberechtigten nach Ablauf der Dienstzeit darzulegen und zu beweisen (BAG AP 1 § 22 MTV Ausbildung; KR/*Krumbiegel* Rn 38), wer sich auf den Ausschluss beruft den unverzüglich erklärten Widerspruch. 13

VII. Prozessuales. Liegen die Voraussetzungen des § 625 oder des § 15 V TzBfG vor, kann der Dienstverpflichtete mit der **Feststellungsklage** nach § 256 ZPO geltend machen, dass mit dem Dienstberechtigten ein Dienstverhältnis besteht (vgl LAG Hamm LAGE 4). Die **Klageerhebungsfrist** des § 4 KSchG gilt nicht, auch nicht entspr. Allerdings kann Prozessverwirkung eintreten, zB wenn ein ArbN erstmals nach neun Monaten geltend macht, das Arbeitsverhältnis sei nach Ablauf der Befristung während einiger Tage nach § 625 fortgesetzt worden (LAG Köln 27.6.2001 – 3 Sa 220/01). 14

§ 626 Fristlose Kündigung aus wichtigem Grund

(1) Das Dienstverhältnis kann von jedem Vertragsteil aus wichtigem Grund ohne Einhaltung einer Kündigungsfrist gekündigt werden, wenn Tatsachen vorliegen, auf Grund derer dem Kündigenden unter Berücksichtigung aller Umstände des Einzelfalles und unter Abwägung der Interessen beider Vertragsteile die Fortsetzung des Dienstverhältnisses bis zum Ablauf der Kündigungsfrist oder bis zu der vereinbarten Beendigung des Dienstverhältnisses nicht zugemutet werden kann.

(2) Die Kündigung kann nur innerhalb von zwei Wochen erfolgen. Die Frist beginnt mit dem Zeitpunkt, in dem der Kündigungsberechtigte von den für die Kündigung maßgebenden Tatsachen Kenntnis erlangt. Der Kündigende muss dem anderen Teil auf Verlangen den Kündigungsgrund unverzüglich schriftlich mitteilen.

1 **I. Allgemeines. 1. Normzweck.** § 626 formuliert das **Freiheitsrecht** der Parteien eines Dienstverhältnisses, sich bei unzumutbaren Belastungen vom Vertragspartner zu trennen. Mit der Eingehung eines Vertrags auf unbestimmte Zeit korrespondiert stets das Recht zur Kündigung des Dauerschuldverhältnisses (ausf *Oetker*, Das Dauerschuldverhältnis und seine Beendigung, 1994, 248ff). Ein Zwang zur unbefristeten Fortsetzung eines auf Dauer beeinträchtigten Vertrags verstieße gegen Art 2 I und 12 GG. § 626 I ist damit ein Sonderfall des Wegfalls der Geschäftsgrundlage in Gestalt des Rechts zur außerordentlichen Kündigung; die fristlose Kündigung durchbricht den Grundsatz der **Vertragstreue** (Rn 7). Das Selbstbestimmungsrecht des Kündigenden und das Kontinuitätsinteresse des Gekündigten stehen in einem besonderen Spannungsverhältnis (*Oetker*, Das Dauerschuldverhältnis und seine Beendigung, 1994, 248ff, 257). In der erforderlichen Interessenabwägung ist zulasten der Kontinuität zu entscheiden, wenn solche Vertragsinteressen des Kündigenden verletzt werden, die das Vertrauen des Kündigungsgegners auf den Fortbestand des Vertrags überwiegen.

2 **2. Anwendungsbereich.** Nach § 626 können alle Dienst- und Arbeitsverhältnisse aus wichtigem Grund gekündigt werden, ohne Rücksicht darauf, ob Dienste höherer (s § 627) oder einfacher Art zu leisten sind (BGH NZA 1999, 320; KR/*Fischermeier/Krumbiegel* Rn 2; zur Entstehungsgeschichte Staudinger/*Temming* Rn 1ff; BeckOGK/*Günther* Rn 2ff). Die Vorschrift beruht auf dem – heute auch in § 314 ausgedrückten – **Grundsatz**, dass Dienstverhältnisse wegen Unzumutbarkeit der Fortführung aus wichtigem Grund beendet werden können (Prot Bd 2 S 912ff). Ggü § 314 ist die Vorschrift lex specialis. Sonderregelungen bestehen in einzelnen Kündigungsbeschränkungen (zB §§ 102f BetrVG, § 17 MuSchG, §§ 174, 179 SGB IX, § 18 BEEG, § 5 PflegeZG, § 2 III FPfZG iVm § 5 PflegeZG) und Sondergesetzen (vgl Rn 4ff). Für das Heimarbeitsverhältnis gilt § 626 gem § 29 VI HAG entspr. Zu beachten ist stets der **ultima-ratio-Grundsatz**, der die außerordentliche Kündigung prägt (st Rspr; s nur BAG AP 1 § 1 TVG Kündigung m Anm *Löwisch*; BAGE 67, 75; 81, 27; BAG AP 47 Verdacht strafbarer Handlungen; NZA 2013, 137).

3 Zwar ist § 626 als allg, auf alle Dienstverhältnisse anwendbare Regelung ausgestaltet, die §§ 621, 627 zeigen aber, dass der **selbständige Dienstvertrag** einfacher lösbar sein soll als das **Arbeitsverhältnis**. Aus Sinn und Zweck des KSchG, das die ArbN weitgehend vor der ordentlichen Kündigung schützt, folgen auch höhere Anforderungen an die fristlose Kündigung. Die Interessenabwägung kann daher bei Dienst- und Arbeitsverhältnissen unterschiedlich ausfallen.

4 **3. Sonderregelungen. a)** Für den **Handelsvertretervertrag** gilt als Sondernorm § 89a HGB, wonach von jedem Teil „aus wichtigem Grund" fristlos gekündigt werden kann. Der „wichtige Grund" iSd § 89a HGB wird von der Pflichtenstruktur des Handelsvertretervertrags bestimmt. Nach § 89 HGB kann auch ohne Grund, ordentlich und fristgemäß gekündigt werden. Ferner findet ein Interessenausgleich für die Beendigung des Vertragsverhältnisses durch den Ausgleichsanspruch nach § 89b HGB statt. § 626 II gilt nicht, da § 89a HGB § 626 insg verdrängt (BGH NJW 2011, 3361, 1994, 722; 1987, 57, 58); doch muss der Kündigende eine angemessene Frist wahren, die regelmäßig unter zwei Monaten liegt (BGH NJW 2011, 3361; BB 1992, 1162).

5 **b)** Die außerordentliche Kündigung des **Berufsausbildungsverhältnisses** richtet sich nach Ablauf der Probezeit für beide Seiten nach § 22 II Nr 1 BBiG (zur Berufswechselkündigung nach Nr 2 BAG NZA 2018, 575). Für den wichtigen Grund ist stets der Sinn und Zweck des Berufsausbildungsverhältnisses zu beachten (BAG AP 3 § 15 BBiG). Verhaltensbezogene Leistungs- und personenbezogene Charaktermängel, aber auch betriebliche Gründe können daher nur selten die Kündigung nach § 22 II Nr 1 BBiG rechtfertigen (KR/*Weigand* §§ 21–23 BBiG Rn 44ff); zB bei massivem rassistischen Verhalten des Auszubildenden (LAG Berlin LAGE 118); unentschuldigtes und verschleiertes Fehlen entgegen den Vorgaben der vereinbarten Ausbildungsordnung (LAG Rh-Pf 20.11.2018 – 8 Sa 24/18, juris Rn 67); nur unter engen Voraussetzungen lang andauernde Krankheit (LAG Rh-Pf 2.3.2017 – 5 Sa 251/16, juris); grds nicht Umstände, die der Ausbildende während der Probezeit erkannt und hingenommen hat (unzureichende Sprachkenntnisse; LAG Rh-Pf 2.3.2017 – 5 Sa 251/16, juris). Zur Verdachtskündigung

s BAG NZA 2015, 741. Die Fortführung des Ausbildungsverhältnisses ist zunehmend zumutbar, je kürzer die restliche Ausbildungsdauer ist (BAG AP 3 § 15 BBiG; MüKo/*Henssler* Rn 11); eine Kündigung kurz vor Ausbildungsende ist kaum möglich (LAG Rh-Pf 20.11.2018 – 8 Sa 24/18, juris Rn 70). Eine Ausschlussfrist wie § 626 II enthält § 22 IV BBiG. Ferner muss nach § 22 III BBiG die Kündigung schriftlich und in den Fällen des Abs II unter Angabe der Kündigungsgründe erfolgen, sonst ist sie nach § 125 nichtig (BAG AP 1, 4 § 15 BBiG; LAG Rh-Pf 19.4.2017 – 4 Sa 307/16, juris Rn 28: nicht nur pauschale und schlagwortartige Beschreibung). Die Begründung ist nicht nachfügbar (BAG EzA 1 § 15 BBiG), das Nachschieben von Gründen unzulässig (LAG BW LAGE 7 § 15 BBiG). Zur außerordentlichen Kündigung eines Ausbildungsverhältnisses in der Insolvenz vgl § 622 Rn 6.

c) Für die Beendigung des **Heuerverhältnisses** im Bereich der Seeschifffahrt enthalten die §§ 65–72 SeeArbG 6
(BGBl I 2013, 868) Sonderregelungen. Anders als noch die Vorgängerregelung in § 64 SeemG eröffnet § 67 Abs I SeeArbG mit dem Verweis auf § 626 nunmehr eine Abwägung der Einzelfallumstände und gibt damit die bisherige Ausnahmestellung der absoluten Kündigungsgründe (vgl Rn 31) im Seearbeitsrecht auf. Die früheren absoluten Kündigungsgründe sind indes in § 67 I 2 Nr 1–5 SeeArbG regelbeispielartig als typische, für das Heuerverhältnis wichtige Gründe beibehalten worden und konkretisieren somit § 626 I.

4. Ausnahmevorschrift. Das Recht zur außerordentlichen Kündigung ist ein Ausnahmerecht, ein Sonderfall 7
des **Wegfalls der Geschäftsgrundlage** gem § 313 (*Herschel*, FS G. Müller, 1981, 199; *Preis*, Prinzipien des Kündigungsrechts bei Arbeitsverhältnissen, 1987, 476; *Belling* RdA 1996, 223, 229ff). Gemeinsame Grundlage beider Institute sind die Treuepflichten der Vertragsparteien. Sie setzen jew voraus, dass einem Vertragspartner die (weitere) Erfüllung der vertragl Pflichten nicht zugemutet werden kann (BGHZ 133, 316). Im Gegensatz zur Berufung auf die Geschäftsgrundlagenstörung stellt die außerordentliche Kündigung eines Dauerschuldverhältnisses ein vertragsimmanentes Mittel zur Auflösung der Vertragsbeziehung dar, denn es geht um die Ausübung des in jedem auf längere Zeit geschlossenen Vertrag angelegten, im Kern nicht abdingbaren Kündigungsrechts, das sich im Allg nur auf Gründe stützen kann, die im Risikobereich des Kündigungsgegners liegen (BGH NJW 1991, 1828; 1996, 714). Das Kündigungsrecht trägt damit auch dem Umstand Rechnung, dass sich bei einem auf Dauer angelegten Vertragsverhältnis im Laufe der Zeit unvorhergesehene Umstände einstellen können, die die Parteien – wären sie ihnen bekannt gewesen – bei Vertragsschluss berücksichtigt hätten (BAGE 133, 316). § 626 ist eng auszulegen, weil diese Norm eine Durchbrechung des Grundsatzes der **Vertragstreue** (pacta sunt servanda; *Weller*, Die Vertragstreue, 2009, S. 289f: „systemnotwendige Korrektur der Vertragsbindung") bewirkt (Staudinger/*Temming* Rn 5). Das Ordnungsprinzip der Vertragstreue und der in ihm liegende Gerechtigkeitsgehalt (Versprechensbindung und Vertrauensschutz) kann nur ausnahmsw durchbrochen werden, wenn die Beeinträchtigung der Vertragsinteressen des Kündigenden die Bestandsinteressen des Kündigungsgegners wesentlich überwiegen. Dabei ist die Einhaltung der ordentlichen Beendigungsmöglichkeit umso eher zuzumuten, je kürzer die verbleibende Vertragsdauer ist, umgekehrt ist die Fortsetzung des Vertrags aber umso eher unzumutbar, je länger die reguläre Vertragsbindung dauert (BAG AP 6; BAGE 99, 331). Die außerordentliche Kündigung setzt eine **doppelte Unzumutbarkeit** der Vertragsfortsetzung voraus: Das Festhalten am Vertrag muss (a) als solches und (b) mit sofortiger Wirkung unzumutbar sein. Im Regelfall können auch unzumutbar gewordene Dauerschuldverhältnisse nur durch eine ordentliche Kündigung beendet werden. Es bedarf also besonderer Umstände, um die sofortige Auflösung eines Vertrags – ggf auch ohne einer „fiktiven ordentlichen Kündigungsfrist" als milderes Mittel (BAGE 99, 331) – nach § 626 zu rechtfertigen. Dieser Wertung entspricht, dass es nach § 626 keine absoluten Kündigungsgründe gibt, sondern stets eine Interessenabwägung erfolgen muss (Rn 31).

5. Abgrenzung. Das Recht zur außerordentlichen Kündigung gehört systematisch zum Leistungsstörungs- 8
recht (*Picker* ZFA 81, 1, 24f) und tritt in Konkurrenz zum allg Rücktrittsrecht (*Oetker*, Das Dauerschuldverhältnis und seine Beendigung, 1994, 352ff). Die Anwendung der zum Rücktritt berechtigenden gesetzl Vorschriften der §§ 323–326 werden durch § 626 als lex specialis ausgeschlossen. Ein Dauerschuldverhältnis wird für die Zukunft grds nur durch die Kündigung aufgelöst, vgl § 313 III 2 (vgl Staudinger/*Temming* Rn 13 mwN; *Herschel* BB 1982, 254). Auch bei einer Beendigung des Dienstvertrags vor Dienstantritt ist die Kündigung und nicht etwa der Rücktritt vom Vertrag der richtige Rechtsbehelf. Zum Vorvertrag vgl § 611a Rn 202.

Weil § 626 als gesetzl Konkretisierung des **Wegfalls der Geschäftsgrundlage** verstanden wird (vgl Rn 7), sind 9
kaum Fälle denkbar, in denen eine Vertragsbeendigung nach der allg Vorschrift des § 313 erfolgen wird. Liegen die tatbestandlichen Voraussetzungen von § 313 I iVm III vor, steht dem benachteiligten Teil ein Recht zur Kündigung zu. Unter Beachtung des Wortlauts des § 313 III 2 kann mit der schon bisher hM (BGHZ 133, 316; 181, 373) auf das Vorliegen einer entspr Kündigungserklärung nicht verzichtet werden (anders noch BAG AP 3, 4, 5 § 242 Geschäftsgrundlage).

Die außerordentliche Kündigung kann nur begrenzt durch eine **auflösende Bedingung** (des Vorliegens eines 10
wichtigen Grundes) ersetzt werden, bei deren Eintritt der Vertrag automatisch endet. Die auflösende Bedingung darf nicht obj funktionswidrig anstelle von § 626 einen absoluten Grund für die Beendigung des Arbeitsverhältnisses setzen (BAG NJW 1982, 788: Auflösung des Arbeitsvertrags mit einem Lizenzfußballspieler, wenn Verein DFB-Lizenz verliert).

Das Recht zur **Anfechtung** der bei Abschluss des Dienstvertrags gegebenen Willenserklärungen (§§ 119, 123) 11
bleibt durch § 626 unberührt. Es hat einen eigenen Anwendungsbereich und Zweck (Schutz der Willensfreiheit) und verdrängt das durch die Unzumutbarkeit der Vertragsfortführung begründete außerordentliche Kündigungsrecht regelmäßig nicht (*Oetker*, Das Dauerschuldverhältnis und seine Beendigung, 1994, 440ff). Ist der Anfech-

tungsgrund zugleich ein Kündigungsgrund, kann der Berechtigte nach seiner Wahl alternativ von beiden Rechten Gebrauch machen (BAG AP 3 § 119; *Wolf/Gangel* AuR 1982, 271). Die vor oder neben einer Anfechtung des Arbeitsvertrags ausgesprochene außerordentliche oder ordentliche Kündigung ist keine konkludente **Bestätigung** des Arbeitsvertrags iSd § 144 (BAG AP 64 § 123). Allerdings kann ein in Vollzug gesetztes Arbeitsverhältnis entgegen § 142 I grds nur mit **ex-nunc-Wirkung** angefochten werden (zu den Ausnahmen, wenn das Arbeitsverhältnis noch nicht in Gang gesetzt worden ist oder vorher außer Funktion gesetzt wurde s BAGE 51, 167; 90, 251; 112, 299). Insoweit tritt die gleiche Rechtsfolge wie durch die außerordentliche Kündigung ein (§ 611a Rn 226).

12 Die **Abberufung aus einer Amts- oder Organstellung** (zB § 27 II; § 84 AktG, § 38 I GmbHG, § 23 BetrVG, §§ 30, 32 BPersVG) ist nicht gleichzusetzen mit der außerordentlichen Kündigung des zugrundeliegenden Dienstvertrags. Eine Amtspflichtverletzung geht nicht zwangsläufig einher mit einem Verstoß gegen die Pflichten aus dem Dienst- oder Arbeitsverhältnis. Zur Abberufung und Kündigung von Organmitgliedern s *Martens*, FS Werner, 1984, 495; *Tschöpe/Wortmann* NZG 2009, 85, 161; BeckOGK/*Günther* Rn 52ff.

13 **6. Kollektiv- und öffentlich-rechtliche Kündigungsbeschränkungen, Zustimmungserfordernisse.** Die Rechtmäßigkeit einer außerordentlichen Kündigung hängt neben dem Vorliegen einer wirksamen Kündigungserklärung (dazu Rn 23ff) oft auch von der Beachtung kollektiv- und öffentlich-rechtl Kündigungsbeschränkungen ab. Der Gesetzgeber kann die Ausübung des Kündigungsrechts zusätzl Beschränkungen unterwerfen, deren Nichtbeachtung zur Unwirksamkeit der Kündigung führt, ohne dass es auf das Vorliegen eines wichtigen Grunds noch ankommt. Anders als bei dem selbständigen Dienstvertrag sind für das **Arbeitsverhältnis** Sonderregelungen zu beachten, die insb dem erhöhten sozialen Schutzbedürfnis der ArbN Rechnung tragen.

14 Soweit in einem Betrieb eine ArbN-Vertretung besteht, ist die **Anhörung des Betriebs- und Personalrats** vor Ausspruch der außerordentlichen Kündigung Wirksamkeitsvoraussetzung für die Ausübung des Kündigungsrechts (§ 102 BetrVG; §§ 86, 128 BPersVG; dazu BAG AP 90 § 1 KSchG 1969). Der Betriebsrat ist ordnungsgemäß angehört, wenn ihm der ArbGeb die die Kündigung aus seiner Sicht tragenden, vollständigen und wahrheitsgemäßen Umstände unterbreitet hat (Grundsatz der „subj Determinierung", BAG NZA 2015, 476; 2013, 665 Rn 39), und zwar auch solche, die den ArbN entlasten (BAG BB 1997, 1311). Die Wahrung der Ausschlussfrist von Abs II gehört nicht zu den nach § 102 I 2 BetrVG mitzuteilenden Gründen für die Kündigung (BAG NZA 2020, 1110). Die Kündigung von **Mitgliedern des Betriebsrats**, der Jugend- und Auszubildendenvertretung, der Bordvertretung des Seebetriebsrats, des Wahlvorstands und der Wahlbewerber, die ohnehin nur außerordentlich aus wichtigem Grund zulässig ist (§ 15 KSchG), bedarf der vorherigen ausdrückl Zustimmung des Betriebsbzw Personalrats (§ 103 BetrVG [ggf iVm § 29a HAG bei in Heimarbeit beschäftigten Betriebsratsmitgliedern], §§ 55, 80 I Nr 12, 105, § 127 I BPersVG; §§ 115, 116 BetrVG; dazu BAG NZA 2016, 116; EzA § 103 BetrVG 1972; für die Vertrauensleute der Schwerbehinderten gilt Entsprechendes, § 179 III SGB IX, dazu BAG DB 2013, 1057; Kündigung des einzigen BR-Mitglieds: BAG NZA 2018, 1087). Wird die Zustimmung verweigert, kann das ArbG diese auf Antrag des ArbGeb ersetzen, wenn die außerordentliche Kündigung gerechtfertigt ist (§ 103 BetrVG, 15 KSchG). Das Zustimmungsersetzungsverfahren nimmt den Kündigungsschutzprozess praktisch vorweg (BAGE 26, 219). Wird in diesem Verfahren die außerordentliche Kündigung für zulässig erklärt, kann in einem späteren Kündigungsschutzprozess das Vorliegen eines wichtigen Grunds nicht verneint werden; diese Rspr ist angreifbar (BAG EzA 6 § 103 BetrVG m Anm *Schlüter*). Von der gerichtlichen Zustimmungsersetzung nach § 103 BetrVG, § 55 BPersVG oder den entspr Vorschriften des Landesrechts geht jedenfalls hinsichtl solcher Umstände keine Präklusionswirkung aus, die als neue Tatsachen zu bewerten sind (BAG NZA 2000, 1106 für später mit Rückwirkung festgestellte Schwerbehinderteneigenschaft). Bei bestehendem **Sprecherausschuss** ist dieser vor der Kündigung eines leitenden Angestellten anzuhören, § 31 II SprAuG. Vor Kündigung schwerbehinderter ArbN ist die Schwerbehindertenvertretung zu hören, sonst ist die Kündigung unwirksam, § 178 II 3 SGB IX; eine Reihenfolge für Anhörung der Schwerbehindertenvertretung, Beteiligung des Betriebsrats und Ersuchung des Integrationsamts um Zustimmung ist nicht vorgeschrieben (BAG NJW 2019, 1016 Rn 19; aA *Bayreuther* NZA 2017, 87).

15 Während der **Schwangerschaft** und bis zum Ablauf von vier Monaten nach der Entbindung unzulässig ist die Kündigung ggü einer ArbN unter der Voraussetzung von § 17 MuSchG. Das Kündigungsverbot gem § 17 I 1 Nr 1 MuSchG beginnt 280 Tage vor dem prognostizierten Entbindungstermin (BAG NZA 2023, 291 Rn 17). In vergleichbarer Weise untersagt § 18 BEEG die Kündigung, wenn ein erwerbstätiger, personensorgeberechtigter Elternteil **Elternzeit** verlangt hat, für bis zu acht bzw 14 Wochen vor Beginn und während der Elternzeit. Nur ausnahmsw kann die für den Arbeitsschutz zuständige oberste Landesbehörde sowohl während des Mutterschutzes als auch während der Elternzeit in besonderen Fällen die Kündigung für zulässig erklären (§ 17 II MuSchG, § 18 I 4 BEEG); ein besonderer Fall ist nicht schon der wichtige Grund iSv § 626, dem ArbGeb ist idR ein Zuwarten bis zum Ablauf des Kündigungsverbotes zumutbar (*Göhle-Sander*, jurisPR-ArbR 5/2020 Anm 3). Bei **schwerbehinderten ArbN** kann die (außerordentliche) Kündigung nach §§ 168, 174 SGB IX nur mit vorheriger Zustimmung des Integrationsamts erklärt werden (BAG NZA 1998, 33). Das Integrationsamt hat nur zu prüfen, ob die Kündigungsgründe glaubhaft und nicht völlig haltlos sind (VG München Behindertenrecht 1986, 69). Gem § 5 I PflegeZG darf der ArbGeb das Beschäftigungsverhältnis im Zeitraum von der Ankündigung bis zur Beendigung der kurzzeitigen Arbeitsverhinderung nach § 2 PflegeZG oder der **Pflegezeit** nach § 3 PflegeZG nicht kündigen. In Ausnahmefällen kann eine Kündigung durch die für Arbeitsschutz zuständige Landesbehörde für zulässig erklärt werden, § 5 II PflegeZG (dazu *Novara* DB 2010, 503). Bei Inanspruchnahme einer **Familienpflegezeit** und der Nachpflegezeit gelten jetzt die Kündigungsschutzvorschriften des PflegeZG entsprechend,

§ 2 III FPfZG. Besonderen Kündigungsschutz genießen auch ArbN, die ein **öffentliches Ehrenamt** ausüben, wie bspw ehrenamtliche Richter (s zB Art 110 I 2 LV Bbg). Das Recht zur außerordentlichen Kündigung wird dadurch idR aber nicht ausgeschlossen oder eingeschränkt (LAG Bln-Bbg 21.12.2009 – 10 Sa 2194/09).

Sofern diese Anhörungs- und Zustimmungserfordernisse nicht eingehalten werden, ist die gleichwohl ausgesprochene Kündigung nach **§ 134 nichtig**. Der dadurch begründete Zwang zur Fortsetzung eines unzumutbar gewordenen Arbeitsverhältnisses wird gemildert, indem die **Beschäftigungspflicht** bei überwiegenden Gegeninteressen des ArbGeb (§ 611a Rn 309) und die Entgeltzahlungspflicht bei eindeutiger Unzumutbarkeit der Beschäftigung (§ 615 Rn 18) **entfällt**. Eine Rechtspflicht zur Duldung unzumutbaren Verhaltens besteht nicht. Die Rechtsordnung kann zwar die fristlose Kündigung hinausschieben, um die Zumutbarkeitsfrage prüfen zu lassen. Sie muss aber dafür Sorge tragen, dass in eindeutigen Fällen das unzumutbare Rechtsverhältnis sofort suspendiert werden kann. 16

7. Ausschluss, Erweiterung und Beschränkung des außerordentlichen Kündigungsrechts. a) Grundsatz. § 626 ist **zwingend** und kann weder durch Einzelvertrag, Betriebsvereinbarung noch Tarifvertrag abbedungen werden (BAG AP 14, 27, 143 mwN; 3 § 620 Bedingung; 1, 2 Kündigungserschwerung; KR/*Fischermeier*/*Krumbiegel* Rn 64ff; einschränkend *Herschel*, FS G. Müller, 1981, 191ff; *Gamillscheg* ArbuR 1981, 105ff). § 626 garantiert ein unverzichtbares Freiheitsrecht für beide Vertragsteile, sich bei extremen Belastungen vom Dienstverhältnis zu lösen. Selbst der Gesetzgeber könnte das Recht zur (außerordentlichen) Kündigung des Dienstverhältnisses nicht aufheben, da ein gesetzl Zwang zur unbefristeten Fortsetzung eines auf Dauer beeinträchtigten Vertrags gegen Art 1 I, 2 I und 12 GG verstieße (vgl *Zöllner* Gutachten zum 52. DJT D 119f; *Preis* Prinzipien des Kündigungsrechts bei Arbeitsverhältnissen, 1987, 59ff; *Papier* RdA 1989, 137, 140 [verfassungsrechtl Gewährleistung der außerordentlichen Kündigung durch Art 12 I GG]; vgl aber auch *Gamillscheg* ArbuR 1981, 105ff). Der Gesetzgeber kann aber das Recht zur außerordentlichen Kündigung zeitweise ausschließen (Rn 13f; Bedenken bei BVerwG NJW 1982, 62). Ist schon die einzelvertragl Gestaltungsmacht durch die zwingende Norm beschränkt, so erst recht die Möglichkeit der klauselförmigen Disposition; auf §§ 307ff kommt es nicht an. 17

b) Die **Erweiterung** des Rechts zur außerordentlichen Kündigung ist **bei Arbeitsverhältnissen unwirksam**, weil sonst die für beide Arbeitsvertragsparteien zwingenden Kündigungsfristen in § 622 umgangen würden (BAG AP 6, 8; BAGE 117, 81; BeckOGK/*Günther* Rn 102; Staudinger/*Temming* Rn 43). Das grds Erweiterungsverbot besteht für beide Seiten (vgl KR/*Fischermeier*/*Krumbiegel* Rn 66, 75). Im – nur nach § 626 kündbaren – Umschulungsvertrag ist daher die Vereinbarung unwirksam, es endet mit Einstellung der Förderung durch das Arbeitsamt (BAG AP 2 § 47 BBiG). 18

Generell können auch die **Tarifvertragsparteien** die außerordentlichen Kündigungsrechte über das gesetzl Maß **nicht erweitern** (BAG AP 67, 180; 187 KSchG § 1 Betriebsbedingte Kündigung). Allerdings haben sie dadurch, dass sie nach § 622 IV nicht an die gesetzl Mindestfristen gebunden sind, einen Regelungsspielraum (BeckOGK/*Günther* Rn 102). Nach Sinn und Zweck von § 622 VI dürfen für die Kündigung des ArbGeb keine kürzeren Fristen vereinbart werden als für die des ArbN. Auch sind die Tarifvertragsparteien gehindert, besondere Gründe für die entfristete Kündigung zu vereinbaren, die einseitig zulasten des ArbN gehen (vgl KR/*Fischermeier*/*Krumbiegel* Rn 80). 19

Für den **selbständigen Dienstvertrag** sind Erweiterungen der Kündigungsgründe in den Grenzen der §§ 138, 242 allg **zulässig**, weil die für den Dienstvertrag geltenden Kündigungsfristen des § 621 nicht zwingend sind (Soergel/*Kraft* Rn 15; Staudinger/*Temming* Rn 44; zu Einschränkungen durch AGB s § 621). 20

c) Beschränkungen. Tarifliche Beschränkungen des außerordentlichen Kündigungsrechts sind zwar nicht grds mit § 626 unvereinbar. Das BAG hat jedoch mehrfach darauf hingewiesen, dass die Möglichkeit zur außerordentlichen Kündigung aus wichtigem Grund in einem Dauerschuldverhältnis **nicht völlig** beseitigt werden kann (s nur AP 14; BAGE 102, 40; APS/*Vossen* Rn 7). Neben dem völligen Ausschluss ist auch die **Erschwerung** des Rechts zur außerordentlichen Kündigung unzulässig (BAG AP 1, 2 Kündigungserschwerung; Staudinger/*Temming* Rn 41f; KR/*Fischermeier*/*Krumbiegel* Rn 71ff). Eine solche kann in der Vereinbarung von Vertragsstrafen, Abfindungen, Rückzahlungen von Gratifikationen oder etwa der Fortzahlung von Vergütungen des gekündigten ArbN im Falle der außerordentlichen Kündigung liegen. Eine unzulässige Erschwerung kann auch die Bindung des Kündigungsrechts an die Zustimmung Dritter sein, es sei denn, die Zustimmung des Betriebsrats (vgl § 102 VI, § 103 BetrVG) oder einer sonstigen unabhängigen Schiedsstelle ist gesetzl vorgesehen (vgl Staudinger/*Temming* Rn 42; KR/*Fischermeier*/*Krumbiegel* Rn 71; BAG AP 14). 21

d) Zulässige Konkretisierung des wichtigen Grunds. Von der unzulässigen Beschränkung bzw Erweiterung des außerordentlichen Kündigungsrechts ist die zulässige Konkretisierung des wichtigen Grunds schwer abzugrenzen. Einerseits darf eine Konkretisierung **nicht zu absoluten Kündigungsgründen** führen (BAGE 45 EzA § 1 KSchG Verhaltensbedingte Kündigung; KR/*Fischermeier*/*Krumbiegel* Rn 75; Staudinger/*Temming* Rn 45). Auch kann der generelle vertragl Ausschluss bestimmter Gründe eine unzulässige Beschränkung sein (Staudinger/*Temming* Rn 41). Andererseits wird aber vertragl Konkretisierungen wichtiger Gründe insoweit rechtl Bedeutung beigemessen, als diese zeigen, dass die Parteien darauf **besonderes Gewicht** gelegt haben (vgl KR/*Fischermeier*/*Krumbiegel* Rn 76; Staudinger/*Temming* Rn 45; Soergel/*Kraft* Rn 16; BAG AP 8, 67; krit *Gamillscheg* ArbuR 1981, 105ff). *Herschel* (FS Nikisch, 1958, 49ff und FS G. Müller, 1981, 195f) ist dafür eingetreten, die Parteien in den Grenzen der relativen Unzumutbarkeit den wichtigen Grund selbst bestimmen zu lassen. Auch die Befürworter einer grds Unbeschränkbarkeit von § 626 halten zumutbare Einschränkungen für möglich (KR/*Fi-* 22

schermeier/Krumbiegel Rn 71). Die Frage, ob die Fortsetzung eines Vertragsverhältnisses „unzumutbar" geworden ist, hängt entscheidend von der vertragl Pflichten-, Rechte- und Risikoverteilung ab. Denn diese geben Anhaltspunkte für das Ausmaß der Interessenbeeinträchtigung und damit auch für die Frage der Unzumutbarkeit (BAG 45 EzA § 1 KSchG Verhaltensbedingte Kündigung).

23 **II. Kündigungserklärung. 1. Inhalt.** Das Dienstverhältnis wird nicht schon durch das Vorliegen eines wichtigen Grunds beendet. Erforderlich ist eine Kündigungserklärung (allg dazu § 620 Rn 132ff). Diese muss eindeutig erkennen lassen, dass das Dienstverhältnis aus wichtigem Grund aufgelöst werden soll, §§ 133, 157 (BeckOGK/*Günther* Rn 113); bei ausdrückl Bezeichnung als fristlose Kündigung erübrigt sich ein besonderer Hinweis.

24 **2. Fristlose oder befristete außerordentliche Kündigung.** Im Regelfall wird die außerordentliche Kündigung als fristlose Kündigung erklärt, die das Arbeitsverhältnis sofort, dh mit Zugang der Kündigung beim Empfänger, beenden soll. Es steht dem Kündigenden aber frei, aus wichtigem Grund auch mit einer Frist zu kündigen (sog **außerordentliche Kündigung mit sozialer Auslauffrist**), die der gesetzl, tariflichen oder vereinbarten Kündigungsfrist nicht zu entsprechen braucht (BAG AP 254; BeckOGK/*Günther* Rn 123ff). Der Kündigende muss aber hinreichend deutlich machen, dass eine endgültige Beendigung der Beschäftigung erklärt worden ist (LAG Mannheim AP 1; LAG Frankfurt BB 1984, 786; KR/*Fischermeier/Krumbiegel* Rn 28; SPV/*Preis*, Rn 526). Die Erklärung einer außerordentlichen Kündigung mit sozialer Auslauffrist ist für den Kündigenden nicht ohne **Risiko**. Zum einen trägt er bei ungenügender Klarstellung die Gefahr, dass der Gekündigte annehmen darf, ihm sei ordentlich gekündigt worden (vgl KR/*Fischermeier/Krumbiegel* Rn 31; MüKo/*Henssler* Rn 370f). Das gilt umso mehr, wenn die Auslauffrist einer tariflichen, gesetzl oder vereinbarten Kündigungsfrist entspricht. Zudem kann die tatsächliche Beschäftigung des außerordentlich Gekündigten während einer längeren Auslauffrist dahin gewertet werden, dass eine sofortige Unzumutbarkeit der Fortsetzung des Dienst- oder Arbeitsverhältnisses und also ein wichtiger Grund nach § 626 gerade nicht vorgelegen hat (so etwa LAG Bln-Bbg NZA-RR 2018, 651; MüKo/*Henssler* Rn 368; KR/*Fischermeier/Krumbiegel* Rn 29; SPV/*Preis*, Rn 526). Eine Pflicht zur Einhaltung einer Auslauffrist besteht bei der außerordentlichen Kündigung grds nicht. Der ArbN braucht die Auslauffrist daher nicht zu akzeptieren, sodass das Arbeitsverhältnis mit sofortiger Wirkung endet. **Sondernormen** der befristeten außerordentlichen Kündigung enthalten § 113 I InsO und § 2 III ArbPlSchG.

25 Die Rspr erkennt **Ausnahmefälle** an, in denen der ArbGeb außerordentlich befristet kündigen kann, obwohl ein ArbN **tarifvertragl ordentlich unkündbar** ist, eine Beschäftigungsmöglichkeit indes künftig nicht mehr besteht und die außerordentliche Kündigung die einzige Beendigungsmöglichkeit ist, so etwa bei Betriebsstilllegungen oder Stelleneinsparungen (vgl BAGE 48, 220; 51, 200; 88, 10; 102, 40; BAG AP 148; AP 228; BB 2003, 2130; NZA 2012, 1223; DB 2013, 1301; MüKo/*Henssler* Rn 231ff; *Weng* DB 1977, 676: s dazu auch Rn 121ff; *Loritz* NZA 1988, 633; *Groeger* NZA 1999, 850). Der ArbGeb ist jedoch im besonderen Maß verpflichtet, alle zumutbaren Möglichkeiten der Weiterbeschäftigung des ArbN zur Vermeidung der Kündigung auszuschöpfen (BAG DB 2013, 1301). Für den ersatzlosen Wegfall der Weiterbeschäftigungsmöglichkeit ist der ArbGeb darlegungs- und beweispflichtig (BAG DB 2012, 2402). Zur außerordentlichen Änderungskündigung ggü ordentlich unkündbarem ArbN s BAG NZA 2009, 481.

26 **3. Umdeutung.** Mit der Erklärung der außerordentlichen Kündigung gibt der Kündigende zu erkennen, dass er das Vertragsverhältnis auf jeden Fall aufgelöst wissen will (BAG EzA 20 § 140). Ist die außerordentliche Kündigung unwirksam (KR/*Fischermeier/Krumbiegel* Rn 383f; SPV/*Preis*, Rn 405ff), ist deshalb idR die Umdeutung (§ 140) in eine ordentliche Kündigung möglich, wenn dies dem mutmaßlichen Willen des Kündigenden entspricht (st Rspr, vgl BAG AP 230). Der Kündigungsschutzantrag gegen eine isoliert erklärte außerordentliche Kündigung richtet sich idR zugleich gegen die in eine ordentliche umgedeutete Kündigung, wenn nicht ausnahmsw anderes gewollt ist (BAG NJW 2019, 3468). Die **Rechtskraft** eines stattgebenden Urteils im Kündigungsschutzprozess gegen eine außerordentliche Kündigung umfasst auch die Feststellung, dass das Arbeitsverhältnis nicht durch sonstige Kündigung oder Auflösungsgründe beendet ist. Daher ist die Umdeutung der Kündigung in einem späteren Prozess nicht mehr möglich (BAG BB 1970, 754; 1965, 1070; MüKo/*Henssler* Rn 403). UU kann die unwirksame Kündigung auch in einen Antrag auf Abschluss eines **Aufhebungsvertrags** umgedeutet werden (BAG AP 64; KR/*Fischermeier/Krumbiegel* Rn 385; LAG Berlin BB 1989, 1121). Auch in diesem Fall ist bei Arbeitsverhältnissen die Schriftform zu beachten, § 623.

27 Das setzt allerdings die **Wahrung der Mitbestimmungsrechte** des Betriebs- oder Personalrats auch für die ordentliche Kündigung voraus, § 102 BetrVG bzw § 85 BPersVG (vgl BAG AP 10, 15 § 102 BetrVG 1972). Die Umdeutung in eine ordentliche Kündigung ist möglich, wenn der Betriebsrat der außerordentlichen Kündigung ausdrückl zugestimmt hat und die ordentliche Kündigung auf denselben Sachverhalt gestützt wird oder wenn der ArbGeb den Betriebsrat vorsorglich auch zu einer ordentlichen Kündigung angehört hat (vgl BAG AP 15 § 102 BetrVG 1972; NJW 2002, 2279; AP 217 zum Anhörungsrecht der Personalvertretung). Bei der Umdeutung sind auch kündigungsschutzrechtl Sonderregelungen zu beachten: So kann eine unwirksame außerordentliche fristlose Kündigung eines dem **Betriebsrat angehörenden ArbN** wegen § 15 KSchG nicht in eine außerordentliche Kündigung mit Auslauffrist oder in eine ordentliche Kündigung umgedeutet werden (BAG NZA 2013, 224).

28 **4. Mitteilung der Kündigungsgründe, Abs II S 3.** Der Kündigende ist verpflichtet, dem anderen Teil **auf Verlangen** den Kündigungsgrund unverzüglich (§ 121) schriftlich mitzuteilen, ggf auch noch nach Ablauf der Frist iSv § 4 KSchG. Zum notwendigen **Inhalt der Kündigungserklärung** gehört die Angabe des Kündigungsgrunds, wenn sie gesetzl (zB in § 22 III BBiG, § 17 II 2 MuSchG) oder einzel- oder kollektivvertragl vorgeschrieben ist.

Die Angabe der Kündigungsgründe hat vollständig und wahrheitsgemäß zu erfolgen. Die Mitteilung ist vertragl Nebenpflicht, deren Verletzung (auch unvollständige oder unrichtige Mitteilung) den Kündigenden zum Schadensersatz verpflichtet, § 280 I (zB Prozesskosten, BAG AP 65), die Wirksamkeit der Kündigung aber nicht berührt (BeckOGK/*Günther* Rn 116). (Kollektiv-)Vertragl können Tatbestand und Rechtsfolgen erweitert werden, Bsp: anfängliche Begründung ohne „Verlangen" des anderen Teils als Wirksamkeitsvoraussetzung; BAG NZA 2013, 900.

5. Anhörung des Gekündigten. Die vorherige **Anhörung des Gekündigten** ist keine generelle Wirksamkeitsvoraussetzung für die Erklärung der außerordentlichen Kündigung (BAG AP 63; KR/*Fischermeier/Krumbiegel* Rn 32; BeckOGK/*Günther* Rn 138ff; MüKo/*Henssler* Rn 77f). Zudem muss der ArbGeb den Vorwurf, welcher die Kündigung trägt, nicht derart untermauern, dass er alle erdenklichen Ermittlungen durchführt, etwa dem betroffenen ArbN belastende Zeugen gegenüberstellt (BAG NZA 1998, 95). Allerdings soll die arbeitsrechtl **Fürsorgepflicht** in Einzelfällen die vorherige Anhörung des ArbN gebieten (BAG AP 63; EzA 18 § 193 BetrVG 1972). Als ein solcher Sonderfall wird die **Verdachtskündigung** begriffen (st Rspr; s nur BAG AP 57; NZA 1986, 674; NZA 2009, 1136; BB 2013, 827; s Rn 113), aber nicht die Druckkündigung (BAG EzA 2 Druckkündigung; BeckOGK/*Günther* Rn 557ff, zu ihr Rn 121ff). Auch hat das BAG (44, 210) eine Kündigung nach § 242 für unwirksam erklärt, die der ArbGeb aufgrund unsubstantiierter Verdächtigungen ausgesprochen hat, ohne dem ArbN zuvor Gelegenheit zur Stellungnahme gegeben zu haben (krit *Hanau* ZFA 1984, 515). Der ArbN **ist nicht verpflichtet**, aktiv an der Aufklärung des ihm vorgeworfenen Geschehens mitzuwirken; auf die fehlende Mitwirkung kann eine Kündigung folglich nicht gestützt werden (BAG AP 218; LAG BW 30.6.2009 – 22 Sa 5/09). 29

III. Wichtiger Grund

Schrifttum: *Adam*, Die Struktur der arbeitsrechtlichen Kündigungsgründe, ArbuR 2013, 15; *Bartels*, Die arbeitsvertragliche Vertrauens(dis)kontinuität und ihre Folgen für § 626 BGB – Kündigungsgrund und nachträgliches Verhalten im Prozess, RdA 2010, 109; *Belling*, Die Kündigung wegen verdachtsbedingten Vertrauenswegfalls, RdA 1996, 223; *Breucker*, Die Druckkündigung im Sport – Arbeitsrechtliche Beurteilung von Trainerentlassungen, NZA 2008, 1046; *Bröhl*, Die außerordentliche Kündigung mit notwendiger Auslauffrist, Diss Gießen, 2004/05; *Herschel*, Gedanken zur Theorie des arbeitsrechtlichen Kündigungsgrundes, FS G. Müller, 1981, 191; *Klueß*, Geringwertige Vermögensdelikte – Keine zwangsläufige Entlassung, NZA 2009, 337; *Lepke*, Kündigung bei Krankheit, 16. Aufl 2018; *Preis*, Prinzipien des Kündigungsrechts bei Arbeitsverhältnissen, 1987; *Preis*, Minima (non) curat praetor? Pflichtverletzungen und Bagatelldelikte als Kündigungsgrund, ArbuR 2010, 186 (Teil 1), 242 (Teil 2); *Schaub*, Die Abmahnung als zusätzliche Kündigungsvoraussetzung, NZA 1997, 1185; *Scholl*, Leistungsverweigerung des Arbeitnehmers aus Glaubens- und Gewissensgründen, BB 2012, 53; *Schuster*, Die Internetnutzung als Kündigungsgrund, Diss Tübingen, 2009; *Steinkühler/Kunze*, Schmiergelder, Schwarze Kassen und ihre kündigungsrechtlichen Konsequenzen, RdA 2009, 367; *Wahlers*, Außerdienstliches Fehlverhalten als Kündigungsgrund im öffentlichen Dienst, PersV 2011, 364; *Walker*, Die Kündigung wegen eines Bagatelldelikts, NZA 2011, 1; *Westenberg*, Die außerordentliche Kündigung im Spiegel der Rechtsprechung, NZA-RR 2018, 225; *Wilsing/Ogorek*, Kündigung des Geschäftsführer-Anstellungsvertrags wegen unterlassener Konzernkontrolle, NZG 2010, 216; *Wisskirchen*, Außerdienstliches Verhalten von Arbeitnehmern, 1999; *Wollschläger*, Unzumutbarkeit als Rechtsgedanke im Rahmen der außerordentlichen Kündigung, Diss Potsdam, 2008; *Zuber*, Das Abmahnungserfordernis vor Ausspruch verhaltensbedingter Kündigungen, NZA 1999, 1142.

1. Grundlagen. a) § 626 ist eine typische **Generalklausel**, ein „Stück offengelassener Gesetzgebung" (*Hedemann*, Die Flucht in die Generalklauseln, 1993, 51, 52 Nr 15). Der Gesetzgeber hat dem Richter die Normfindung im Einzelfall überlassen (vgl *Mugdan*, Materialien zum BGB Bd 2 Prot, 262), wodurch ohne Gesetzesänderungen ständig neue sozialethische Leitgedanken in das geltende Recht einfließen können (*Wiedemann* Das Arbeitsverhältnis als Austausch- und Gemeinschaftsverhältnis 1). Eine solche Norm ist prädestiniert, „in der Zeit zu leben" (vgl *Fikentscher*, Methoden des Rechts I, 3ff). § 626 fehlt ein begrifflicher Kern; nur der „wichtige Grund" gibt der Norm ihr Gepräge (*Preis* 101). Der Richter wird auf die Umstände des Einzelfalls und die Abwägung der Interessen verwiesen. Geboten ist aber, wie bei allen Generalklauseln, typische **Fallgruppen** zu entwickeln (s BAG NZA 1985, 661; 84, 287; DB 1982, 2778; AP 4 § 620 Bedingung; KR/*Fischermeier/Krumbiegel* Rn 89 „Systematisierung"; *Preis* 94ff). 30

Diese rechtstechnische Ausgestaltung von § 626 verbietet die Anerkennung sog **absoluter Kündigungsgründe.** Seit dem 1. ArbRBerG v 14.8.1969 (BGBl I 1969, 1106) gibt es keine absoluten Kündigungsgründe mehr, wie sie früher abschließend (§§ 123, 124 GewO; §§ 82, 83 PrABG; § 64 SeemG) oder beispielhaft (§§ 133c, d GewO; §§ 71, 72 HGB) aufgezählt waren. Nach der heutigen Rechtslage kann ein Kündigungsgrund **nicht ohne Rücksicht auf die Einzelfallumstände** und ohne umfassende Würdigung der konkreten Vertragsbeziehung bestimmt werden. 31

b) Objektiver Beurteilungsmaßstab; Motive des Kündigenden. Ob ein wichtiger Grund gegeben ist, haben die Gerichte nach einem obj Maßstab zu beurteilen. Es wird gefragt, ob die Unzumutbarkeit bei obj Beurteilung zu bejahen ist und schon im Zeitpunkt der Kündigung (Rn 34) gegeben war (BGH NJW 2019, 1870 Rn 17; BAG EzA 41; SPV/*Preis* Rn 550f). Wenn das Gesetz die Abwägung der Interessen beider Vertragsteile verlangt, so schließt das zwar nicht aus, dass auch subj Umstände aus den Verhältnissen der Beteiligten berücksichtigt werden können. Ob diese Umstände allerdings schützenswert und gewichtig sind, unterliegt einer obj – von rechtl Maßstäben geleiteten – Beurteilung. Das Motiv des Kündigenden ist für das Vorliegen eines wichtigen Grunds zunächst unerheblich (BAG AP 42; *Herschel*, 191f). Deshalb ist auch das **Nachschieben** von Kündigungsgründen zulässig (Rn 34ff). Ein Kündigungsgrund verliert nicht schon dadurch sein Gewicht, dass dem Kündigenden jeder Grund recht gewesen wäre, das Rechtsverhältnis zu beenden (BAG AP 42). Allerdings ist eine Kündigung aus verwerflichen Motiven auch dann sittenwidrig, wenn obj Kündigungsgründe vorlagen. 32

33 Inwieweit **diskriminierende Motive** des Kündigenden und damit ein Verstoß gegen das AGG (§§ 1, 6 AGG) insb vor dem Hintergrund der nicht widerspruchsfreien Regelungen von § 2 I Nr 2 und IV AGG zu einer Änderung der kündigungsrechtl Dogmatik führen, ist noch nicht endgültig geklärt (dazu *Löwisch* BB 2006, 2189). Die unionsrechtl Diskriminierungsverbote gelten auch für Kündigungen (EuGH NZA 2006, 839). Das ua wegen § 2 IV AGG eingeleitete Vertragsverletzungsverfahren (Vertragsverletzungs-Nr 2007/2362; K [2008] 0103; dazu *Busch* AiB 2008, 184) hat die EU-Kommission allerdings wieder eingestellt (BT-Drs 17/4108). Das BAG (NZA 2009, 361; zust *Adomeit/Mohr* NJW 2009, 2255) hat – jedenfalls im Fall der ordentlichen Kündigung für die Frage der Sozialwidrigkeit – die Diskriminierungsverbote des AGG für beachtlich erklärt, dabei aber klargestellt, dass die Diskriminierungsverbote selbst keine eigenständigen Unwirksamkeitsnormen sind. § 2 IV AGG will keine selbständige „Diskriminierungsklage" neben der Kündigungsschutzklage statuieren. Gleichzeitig ließ das BAG offen, welche Rechte nach dem AGG im Fall einer unzulässigen diskriminierenden Kündigung bestehen (BAGE 128, 238; NZA 2010, 280; AP 7 § 15 AGG). Bei der außerordentlichen Kündigung knüpft der Verstoß gegen ein Diskriminierungsverbot an das Merkmal der Unzumutbarkeit an (KR/*Fischermeier/Krumbiegel* Rn 114; dazu Rn 46, 49f). Sowohl der Begriff der Sozialwidrigkeit als auch der Unzumutbarkeit sind als unbestimmte Rechtsbegriffe ausfüllungsbedürftig, sodass etwaige Verstöße gegen das Diskriminierungsverbot normkonkretisierend zu beachten sind (s nur BAG DB 2013, 2274).

34 c) **Beurteilungszeitpunkt; Nachschieben von Kündigungsgründen.** Die außerordentliche Kündigung bedarf zu ihrer Wirksamkeit keiner Angabe der Gründe (vgl Abs II S 3, Rn 28), sie kann sogar „blanko" erklärt werden. Sie kann auf alle Gründe gestützt werden, die im **Zeitpunkt des Wirksamwerdens** (§ 130) der Kündigung **obj vorlagen.** Kündigungsrelevante Umstände, die zum Zeitpunkt der Kündigung bereits obj vorlagen, aber erst **nachträgl bekannt** werden, können uneingeschränkt nachgeschoben werden, die Ausschlussfrist des § 626 II 1 ist dabei unbeachtlich. Es spielt auch keine Rolle, ob der zunächst angeführte Grund bereits bei Ausspruch der Kündigung verfristet war (BGH NJW 2021, 1483 Rn 3f; BAG AP 50; AP 1 Nachschieben von Kündigungsgründen; *Belling* RdA 1996, 236ff).

35 (Verstärkende oder mildernde) Umstände, die erst **später**, dh nach Wirksamwerden der Kündigung, **entstanden** sind, können die bereits erklärte Kündigung nicht im Nachhinein rechtfertigen, sondern lediglich als Grundlage für eine weitere Kündigung dienen (BAG AP 9). Sie können aber, wenn sie mit den anfänglichen Umständen, auf die die Kündigung gestützt wurde, in einem engen inneren Zusammenhang stehen und ein einheitliches Lebensverhältnis bilden, durchaus herangezogen werden, um jene im Rahmen der Interessenabwägung zu **erhellen und bewerten** (BAG AP 1 § 67 HGB; 62; Staudinger/*Temming* Rn 67; zur Berücksichtigung von ArbN-Verhalten nach Zugang der Kündigung BAG NZA 2015, 294 Rn 31; *Husemann* RdA 2016, 30). Ebenso kann auch dem **Prozessverhalten** des Gekündigten (zB Verstoß gegen die prozessuale Wahrheitspflicht, Belastung Dritter) eine **Hilfsfunktion** bei der Bewertung des Vorverhaltens zukommen, wenn zw Kündigungssachverhalt und Prozessverhalten ein **innerer Zusammenhang** besteht (BAG NZA 2010, 1227 Rn 53; 2006, 484; 2004, 307; *Walker* NZA 2009, 921; *Bartels* RdA 2010, 109). Dieser besteht, wenn das kündigungsrelevante Verhalten fortgesetzt wird, noch fortwirkt oder der ArbN die Sachverhaltsermittlung hinsichtl der Kündigungsgründe im Prozess dadurch erschwert, dass er etwa falsche oder widersprüchliche Angaben zum Kündigungssachverhalt macht (vgl BAG NZA 2010, 1227 Rn 53ff; 2006, 484 Rn 23).

36 Besteht ein **Betriebsrat**, können nur solche Gründe nachgeschoben werden, zu denen der Betriebsrat vor der Kündigung angehört wurde oder die der ArbGeb bei der Kündigung nicht kannte und zu denen er den Betriebsrat später anhörte (BAG EzA 62 § 102 BetrVG m Anm *Dütz*; NJW 1998, 101). Dies gilt auch, wenn die Kündigung erst auf eine Pflichtverletzung und dann auf deren Verdacht gestützt werden soll. Für die Beteiligung des Personalrats wird entspr verfahren (LAG Hamm LAGE 26).

37 d) **Zukunftsbezogenheit der Kündigungsgründe; Prognoseprinzip.** Die Kündigungsgründe sind zukunftsbezogen (*Herschel*, FS G. Müller, 202f; KR/*Fischermeier/Krumbiegel* Rn 118; Staudinger/*Temming* Rn 89ff; MüKo/*Hergenröder*, § 1 KSchG Rn 122; *Linck/Krause/Bayreuther/Krause*, § 1 KSchG Rn 172ff; *Preis* 322ff mwN; krit aber *Rüthers/Müller* Anm EzA 41 § 1 KSchG Verhaltensbedingte Kündigung; diff zw Zukunftsbezogenheit und Prognoseprinzip *Adam* NZA 1998, 284; allg *Gentges*, Prognoseprobleme im Kündigungsschutzrecht, 1995). Für die Rechtfertigung einer Kündigung sind in erster Linie die künftigen Auswirkungen vergangener oder gegenwärtiger Ereignisse ausschlaggebend. Das folgt aus der dem Kündigungsrecht bei Dauerschuldverhältnissen immanenten ex-nunc-Wirkung. Die Gründe, welche die Auflösung eines Vertragsverhältnisses rechtfertigen, müssen gerade für die Zukunft Gewicht haben. § 626 I stellt auf die Zumutbarkeit der „Fortsetzung" des Dienstverhältnisses ab. Ein zurückliegendes schwerwiegendes Ereignis kann aber als Indiz für die Gefahr zukünftiger Beeinträchtigung des Arbeitsverhältnisses dienen (*Herschel*, FS G. Müller, 202f). Der außerordentlichen Kündigung kommt **kein Strafcharakter** zu (Staudinger/*Temming* Rn 92). Sie pönalisiert keinen vergangenen Pflichtverstoß (Däubler/Deinert/Zwanziger/*Däubler* Rn 33), sondern hat einen **vorbeugenden Charakter** (s *Heine* JZ 1995, 651f). Am deutlichsten tritt der Prognosegedanke bei der krankheitsbedingten Kündigung zutage (vgl zu § 1 KSchG BAGE 33, 1; BAG NZA 1985, 357; 1984, 93 und 86), weniger hingegen im Bereich der verhaltensbedingten Kündigung. Hier scheint häufig eine Sanktion für ein in der Vergangenheit liegendes Verhalten beabsichtigt zu sein. Doch auch bei der verhaltensbedingten Kündigung bedarf es einer zweistufigen Prüfung. Zunächst ist das vergangene **vertragswidrige Verhalten** – als notwendige Basis für die Prognose – festzustellen und zu würdigen. In einem zweiten Schritt ist zu prüfen, ob das Vertragsverhältnis auch künftig beeinträchtigt ist bzw ob das Risiko weiterer Vertragsverletzungen droht, sog **Negativprognose** (*Löwisch/Schlünder/Spinner/Wertheimer* § 1

KSchG Rn 97ff; BAG DB 1986, 1339). Zu berücksichtigen sind regelmäßig das Gewicht und die Auswirkungen einer Vertragspflichtverletzung (BAG NZA 2019, 445 Rn 48: heimlich und kollusiv), der Grad des Verschuldens des ArbN, eine mögliche Wiederholungsgefahr sowie die Dauer des Arbeits- bzw Dienstverhältnisses und dessen störungsfreier Verlauf (BAG DB 2013, 706 mwN). Die Bedeutung der Negativprognose für die verhaltensbedingte Kündigung zeigt sich an dem Erfordernis der **Abmahnung** vor Ausspruch der Kündigung (Rn 52). Diese soll den ArbN gerade veranlassen, sein bisheriges, die Vertragspflichten verletzendes Verhalten künftig zu ändern. Die Abmahnung hat damit auch die Funktion, die Negativprognose bei der verhaltensbedingten Kündigung auf eine sichere Grundlage zu stellen (*Schwerdtner* Kündigung und Kündigungsschutz in der betrieblichen Praxis, 1982, 75).

e) **Verschulden** ist grds keine notwendige Voraussetzung des Kündigungsgrunds (hM; vgl BAGE 2, 214, 216; 38
BAG AP 9 § 313 ZPO; MüKo/*Henssler* Rn 113f; Staudinger/*Temming* Rn 64). Weil das Verschuldensprinzip aber ein wichtiges Bewertungsprinzip für menschliche Handlungen und Verhaltensweisen ist (*Larenz* SchuldR I § 20 I), ist es vor allem bei verhaltensbedingten Kündigungsgründen bedeutsam. Maßgeblich ist der zivilrechtl Verschuldensbegriff von § 276 I, II, nicht der strafrechtl Maßstab von § 46 StGB; die Kündigung ist keine Sanktion (s schon Rn 37) (BAG NZA 2019, 445 Rn 37f). Alkoholkrankheit lässt nicht Verschulden an sich entfallen (LAG Rh-Pf 13.12.2018 – 2 Sa 212/18 [wiederholte Vermögensdelikte]). Bei jeder Kündigung, die wegen eines steuerbaren Verhaltens des ArbN oder aus einem Grund in seiner Person ausgesprochen wurde, den er durch sein steuerbares Verhalten beseitigen könnte, ist indes das **Abmahnungserfordernis** zu prüfen (BAGE 86, 95; BAG DB 2013, 706). Denn in diesen Fällen kann die Wiederherstellung des Vertrauens durchaus erwartet werden, sofern keine besonderen Umstände vorliegen, die dies bei einer ex-ante-Betrachtung offensichtlich ausschließen (BAG DB 2012, 2404; 2011, 2427). Im Regelfall kann daher ein unverschuldetes Verhalten die außerordentliche Kündigung nicht rechtfertigen (st Rspr; s nur BAGE 11, 57; 86, 95; SPV/*Preis* Rn 625). Ausnahmsw kommt eine verschuldensunabhängige außerordentliche Kündigung in Betracht, etwa bei erheblichen fortdauernden oder wiederkehrenden Vertragspflichtverletzungen (BAGE 90, 367 m Anm *Berkowsky* RdA 2000, 109; zust *Büdenbender* SAE 2000, 88; LAG Rh-Pf 13.12.2018 – 2 Sa 212/18 [wiederholte Vermögensdelikte]; LAG Schl-Holst NZA-RR 2011, 572). Bisweilen wird für die Rechtfertigung einer verhaltensbedingten Kündigung stets schuldhaftes Verhalten des Gekündigten verlangt (*Löwisch/Schlünder/Spinner/Wertheimer* § 1 KSchG Rn 117; Düsseldorf DB 1987, 1099; APS/*Vossen* Rn 75; KR/*Fischermeier/Krumbiegel* Rn 146). Andererseits ist aber auch ein mitwirkendes Verschulden des Kündigenden an der Entstehung der Kündigungsgründe mit zu berücksichtigen, mit der möglichen Folge, dass die ausgesprochene Kündigung nicht gerechtfertigt ist (BAGE 30, 50, 65; BAG AP 9 § 313 ZPO; Staudinger/*Temming* Rn 64). Das Verschuldensprinzip und das Prognoseprinzip greifen bei der verhaltensbedingten Kündigung insoweit ineinander, als aus dem Grad des Verschuldens eine leichtere Prognose für die Zukunft des Vertragsverhältnisses hergeleitet werden kann.

f) **Vertrauensschutz.** Das Recht zur außerordentlichen Kündigung steht in einer engen Beziehung zu Fragen 39
des Vertrauensschutzes. Diese Problematik wird unter dem Stichwort **„Störung des personalen Vertrauensbereichs"** behandelt (BAG AP 58; AP 1, 2 § 1 KSchG 1969 Sicherheitsbedenken; AP 1 § 1 KSchG 1969 Verhaltensbedingte Kündigung; *König* RdA 1969, 13), doch ist das subj Vertrauen nicht maßgeblich (*Schwerdtner* Arbeitsrecht I, 1976, 131f, 186ff; *Otto*, Personale Freiheit und soziale Bindung, 1978, 65f). Entscheidend muss es auch im Kündigungsrecht auf die Objektivierung von Vertrauenstatbeständen ankommen (*Preis*, 364). Außerdem ist stets die Frage nach der obj Schutzwürdigkeit des Vertrauens zu stellen (Staudinger/*Temming* Rn 94). Zwar wird durch den Abschluss eines jeden Arbeitsverhältnisses ein Vertrauenstatbestand geschaffen. Objektivierbares kündigungsrelevantes Vertrauen entsteht aber nur, wenn die Parteien **„privatautonomes" Vertrauen** geschaffen haben (*Belling*, FS Kissel, 1994, 19; RdA 1996, 229), das gerade sie einander entgegenbringen und zu dessen Wahrung sie sich verpflichtet haben. Es wird dadurch begründet, dass die Parteien konkrete Vertrauenspositionen zum Inhalt ihres Arbeitsverhältnisses machen (Staudinger/*Temming* Rn 94). Das ist auch der Fall, wenn dem ArbN ein Tätigkeitsbereich anvertraut ist, der weitgehend selbständig oder aus anderen Gründen einer Kontrolle nur schwer zugänglich ist. Privatautonome Vertrauenstatbestände können dabei auf den Schutz des ArbGeb-Vermögens, auf die Integration des ArbN im Betrieb und auf besondere Loyalitätspflichten gerichtet schutzwürdig sein und bei Zerstörung die Kündigung aus wichtigem Grund rechtfertigen (*Otto*, Der Wegfall des Vertrauens in den ArbN als wichtiger Grund zur Kündigung des Arbeitsverhältnisses, 2000).

g) **Wegfall des Kündigungsgrunds und restitutiver Bestandsschutz.** Fällt ein Kündigungsgrund nachträgl fort, 40
berührt das die Wirksamkeit der ausgesprochenen Kündigung grds nicht (Staudinger/*Temming* Rn 71). Das gilt auch bei der Verdachtskündigung, wenn sich der Verdacht nach Ausspruch der Kündigung als unbegründet erweist. In diesem Fall gewährt die hM dem gekündigten ArbN einen aus § 242 abgeleiteten **Wiedereinstellungsanspruch** (BAG RdA 2001, 243 m Anm *Raab*; NZA 2000, 1097; BAG AP 3 § 611 Fürsorgepflicht; BAGE 85, 194; *Belling* RdA 1996, 223; KR/*Fischermeier/Krumbiegel* Rn 248; Staudinger/*Temming* Rn 72; *Ricken* NZA 1998, 460; krit *Kaiser* ZFA 2000, 205). Der Wiedereinstellungsanspruch ist ein notwendiges Korrektiv dafür, dass die Rspr bei der Prüfung des Kündigungsgrunds im Interesse der Rechtssicherheit allein auf den Zeitpunkt des Kündigungszugangs, nicht aber auf den Ablauf der Kündigungsfrist abstellt (BAG NZA 1997, 251). Der Wegfall der kündigungsbegründenden Tatsachen ist ein allg Problem des Kündigungsrechts, das nicht nur im Falle der Verdachtskündigung akut wird (*Hambitzer* NJW 1985, 2239; *v Stebut* NJW 1985, 293; BAG NJW 1985, 342; LAG BW DB 1987, 543). Doch kann der ArbGeb gerade im Fall der Verdachtskündigung aufgrund sozialstaatlicher Erwägungen verpflichtet sein, den ArbN wiedereinzustellen, wenn sich der Verdacht als unbegründet erweist. Ein Wie-

dereinstellungsanspruch kommt jedoch erst nach einer umfassenden Interessenabwägung und Zumutbarkeitsprüfung in Betracht (s nur BAG AP 3 § 611 Fürsorgepflicht; BAGE 92, 96; *Hambitzer*, Der Wiedereinstellungsanspruch des ArbN nach wirksamer Kündigung, 1987, 121f; *vom Stein* RdA 1991, 85). Ein allgemeiner Wiedereinstellungsanspruch wäre mit dem Wesen der Kündigung als Gestaltungsrecht unvereinbar. An die Zumutbarkeitsprüfung ist deshalb ein strenger Maßstab anzusetzen (*Belling* RdA 1996, 238). Die Wiedereinstellung kann unzumutbar sein, wenn ein geeigneter Arbeitsplatz nicht mehr frei ist (BAG AP 3 § 611 Fürsorgepflicht; *Brahm/Rühl* NZA 1990, 753 mwN). Wenn auch nicht die Entlassung eines bereits eingestellten Dritten verlangt werden kann, trägt doch der ArbGeb bis zur rechtskräftigen Abweisung der Kündigungsschutzklage das Risiko, vertragl doppelt gebunden zu sein. Bis dahin ist das Vertrauen des ArbGeb, den gekündigten ArbN nicht mehr beschäftigen zu müssen, idR nicht schutzwürdig. Allein die Neubesetzung des alten und das Fehlen eines anderen geeigneten Arbeitsplatzes vermögen die Unzumutbarkeit der Wiedereinstellung nicht zu begründen. Bei Unzumutbarkeit der Wiedereinstellung kommen als Sekundärfolgen die Abgabe einer Ehrenerklärung im Betrieb und nur in Extremfällen Schadensersatz- und Schmerzensgeldansprüche in Betracht (*Belling* RdA 1996, 239 mwN).

41 **h)** Auf das Recht zur außerordentlichen Kündigung kann (nachträgl) **verzichtet** werden (BeckOGK/*Günter* Rn 85f; Staudinger/*Temming* Rn 70: konkludent durch ordentliche Kündigung, Rn 113: konkludent durch Abmahnung; Soergel/*Kraft* Rn 81; *Löwisch/Schlünder/Spinner/Wertheimer* § 1 KSchG Rn 111; BAG NZA 2003, 1388). Zw dem Verzicht auf das Kündigungsrecht und der sog **Verzeihung** eines Kündigungsgrunds besteht kein rechtserheblicher Unterschied (*Löwisch/Schlünder/Spinner/Wertheimer* § 1 KSchG Rn 90; MüKo/*Henssler* Rn 308f; diff KR/*Fischermeier/Krumbiegel* Rn 68ff; BeckOGK/*Günther* Rn 86). IÜ kann die Ausübung des außerordentlichen Kündigungsrechts **rechtsmissbräuchlich** sein (§ 242), wenn sich der Kündigende mit der Kündigungserklärung zu seinem eigenen früheren Verhalten in Widerspruch setzt. Zur Abmahnung Rn 52ff.

42 **2. Konkretisierung des wichtigen Grunds. a) Zur methodischen Handhabung von § 626 I.** Da es keine absoluten Kündigungsgründe gibt (Rn 31) wird das Vorliegen eines wichtigen Grundes in einem **zweistufigen Verfahren** geprüft (grdl *König* RdA 1969, 8ff; s auch KR/*Fischermeier/Krumbiegel* Rn 91ff; BAG NZA 2013, 27 Rn 20; 1985, 286 und 91). Erstens wird gefragt, ob ein bestimmter Sachverhalt ohne die besonderen Umstände des Einzelfalls **an sich**, dh typischerweise **geeignet** ist, einen wichtigen Grund iSd § 626 I abzugeben. Dabei muss untersucht werden, ob ein bestimmtes Interesse schützenswert ist und wie es zu beurteilen ist. Anschließend muss zweitens unter Berücksichtigung aller Umstände des Einzelfalls eine **Interessenabwägung** vorgenommen werden, aus der das endgültige Urteil über die Zulässigkeit einer außerordentlichen Kündigung gewonnen wird. Methodisch zweifelhaft ist allerdings, aufgehobene Kündigungsvorschriften (§§ 71, 72 HGB aF und §§ 123, 124 GewO aF) als „im Grundsatz" geeignete Gründe heranzuziehen (so KR/*Fischermeier/Krumbiegel* Rn 94ff; zurückhaltender BAG NZA 1985, 661; ErfK/*Müller-Glöge* Rn 60; wie hier abl Staudinger/*Temming* Rn 53). Auch eine Indizwirkung ist abzulehnen, maßgeblich ist allein der einzelne Kündigungssachverhalt (s auch BAG NZA 2013, 27 Rn 21). Eine Kündigung, die auf **generell unbeachtliche Gründe** gestützt wird, ist offensichtlich unwirksam und berührt den Beschäftigungsanspruch nicht (BAG NZA 1986, 566). Die **Drohung** mit einer solchen Kündigung ist rechtswidrig iSd § 123.

43 **b) Vertragsbezogene Interessen** können im Rahmen von § 626 I immer Schutz beanspruchen. Umgekehrt können Interessen, die völlig außerhalb des Vertragsverhältnisses liegen, eine Kündigung nicht rechtfertigen (BAG AP 58; EzA 91; DB 1988, 1757). Hingegen sind alle Kündigungssachverhalte, die in irgendeiner Form das Vertragsverhältnis nachhaltig beeinträchtigen (Verweigerung der Arbeitspflicht, Schlechtleistung, Vertragsbruch, Verstoß gegen vertragl Verhaltenspflichten, Unpünktlichkeit, Zerstörung privatautonom erzeugten Vertrauens (s Rn 39) etc; BAG NZA 1989, 261) grds geeignet, einen wichtigen Grund iSd § 626 I abzugeben (KR/*Fischermeier/Krumbiegel* Rn 111). Überhaupt sind alle vertragsbezogenen Umstände zu berücksichtigen, die für oder gegen die eine oder andere Vertragspartei sprechen, etwa Dauer und Art der Beschäftigung, bisheriger Verlauf des Arbeitsverhältnisses, vor allem ob Abmahnungen vorliegen, Länge der Betriebszugehörigkeit (BAG NZA 2010, 1227 – Emmely; 1985, 288), die Zusage einer Dauerstellung; die Stellung des ArbN ggü anderen ArbN (LAG Schl-Holst BB 2009, 1237 [betr sexuelle Belästigung]).

44 Da das Arbeitsverhältnis primär ein wirtschaftl Austauschverhältnis ist, das zur Erreichung bestimmter wirtschaftl und betrieblicher Zwecke eingegangen wird, sind kündigungsrechtl alle Interessen bedeutsam, die mit dieser Zweckverfolgung zusammenhängen. Der Dienstberechtigte kann also die Kündigung auf **betriebs- und unternehmensbezogene Interessen** stützen. Das ist auch für die Negativabgrenzung einzelner Kündigungsgründe von Bedeutung: Alle Kündigungsgründe müssen betriebsbezogen sein (grdl *Herschel*, FS Schnorr v Carolsfeld, 1972, 170f). Auch verhaltens- und personenbedingte Gründe können daher die Kündigung nicht isoliert rechtfertigen; sie muss auch aus betrieblichen Interessen notwendig sein (BAGE 40, 361; DB 1985, 873).

45 Schutzwürdig im Rahmen von § 626 I sind schließlich alle **personenbezogenen Interessen**, soweit sie die beiden Vertragsparteien selbst betreffen. Es ist vor allem das personale Element im Arbeitsverhältnis (s § 611a Rn 4), das die Berücksichtigung dieser Interessen fordert. Personenbezogene Interessen sind etwa der Gesundheitszustand, eine (Schwer-)Behinderung oder Unterhaltspflichten des ArbN (vgl aber zur Unzulässigkeit der Kündigung wegen altersbedingten Absinkens der Leistungsfähigkeit *Schlüter/Belling* NZA 1988, 297, 299; *Lepke* Rn 190ff mwN). Personenbezogene Interessen auf der ArbGeb- wie auf der ArbN-Seite werden auch geschützt, wenn die grobe **Beleidigung** einer Vertragspartei als wichtiger Kündigungsgrund gewertet wird (BAG NZA 2010, 698;

LAG Düsseldorf ArbuR 2009, 144) ebenso die Bereitschaft, vorsätzlich falsch gegen den anderen auszusagen (BAG AP 95).

Schließlich sind **verfassungsrechtl Wertentscheidungen** zu beachten (vgl allg *Oetker* RdA 1997, 9), vor allem bei einer außerordentlichen Kündigung wegen politischer Betätigung (BAG AP 58; 73) und wegen tendenzwidrigen Verhaltens (BAG NZA-RR 2009, 362; NJW 1994, 3032; AP 152 § 2 KSchG 1969; *Belling*, Tendenzschutz LdR 12/1580, 1997, 4). Seit jeher kommt es bei der Kündigung kirchlicher Mitarbeiter zu verfassungsrechtl Konflikten zw der nach Art 140 GG iVm Art 137 III WRV gewährleisteten Kirchenautonomie einerseits (dazu BVerfG NZA 2014, 1387) und den verfassungsrechtl Garantien der Mitarbeiter andererseits, etwa nach Art 6 I, 12 I GG (vgl BAG EzA 13 § 1 KSchG Tendenzbetrieb; NJW; 1984, 1917; 1981, 1228; AP 92 § 1 KSchG 1969; *Dütz* NZA 2006, 65; *Vogler* RdA 1993, 257). Nach der Rspr ist bei der Beurteilung von Kündigungen auch die individuelle Gewissensfreiheit des ArbN nach Art 4 GG (BAG BB 1985, 1853; krit *Reuter* BB 1986, 385), seine Glaubens- und Bekenntnisfreiheit (BAG NZA 2003, 483; vgl Rn 101ff), das APR (BAG NJW 1995, 275) und die Kunstfreiheit gem Art 5 III 1 GG (BAG NJW 1985, 2158) zu berücksichtigen. Besonderen Schutz erfahren auch (werdende) Mütter nach Art 6 IV GG (BVerfG NJW 2005, 2383 zur Kündigung eines sog Fitnessvertrags). Von Bedeutung ist ferner der Gleichbehandlungsgrundsatz gem Art 3 I GG. Zu beachten sind auch die Grundfreiheiten nach der **EMRK** (BAG AP 92 § 1 KSchG 1969 zu Art 12 EMRK; EGMR NZA 2011, 277 – Obst und NZA 2011, 279 – Schüth, jew zu Art 8, 11 EMRK; dazu *Fahrig/Stenslik* EuZA 2012, 184; *Joussen* RdA 2011, 173; EGMR NZA 2017, 237 – Langner, zu Art 10 EMRK). 46

Generalklauseln sind dem Gebot der **europarechtskonformen Rechtsfindung** folgend auszufüllen. Das Tatbestandsmerkmal „wichtiger Grund" ist aufgrund der Bereichsausnahme für Kündigungen in § 2 IV AGG weiterhin anhand der AntidiskriminierungsRL 2000/43/EG und 2000/78/EG und 2006/54 zu konkretisieren (ausf *Thüsing* NJW 2003, 3441). Diese richten sich gegen Diskriminierungen aufgrund von Rasse und ethnischer Herkunft sowie gegen Diskriminierungen wegen der Religion oder einer Weltanschauung, einer Behinderung, des Alters oder der sexuellen Ausrichtung. 47

Um zu obj Abwägungsurteilen zu kommen, ist der Richter gehalten, **jedes schutzwerte Einzelinteresse** zu gewichten und zu werten. Zu berücksichtigen sind insb: Die Rangordnung der schutzwerten Güter und Interessen; ihre Häufung (Kumulation); ihre Intensität und Stärke (Untergesichtspunkte: Aktualität, Dringlichkeit und zeitl Priorität eines Interesses); das Verschulden und die Folgenberücksichtigung (dazu *Hubmann* Wertung und Abwägung im Recht, 1977, 20ff, 65ff, 118ff; *Preis* 244ff. 48

c) Der **Begriff der Unzumutbarkeit** steht im Mittelpunkt der Definition des wichtigen Grundes (zur rechtstheoretischen Präzisierung vgl Staudinger/*Temming* Rn 73ff; *Gusseck*, Die Zumutbarkeit – ein Beurteilungsmaßstab?, 1972; *Herschel* AuR 1968, 198ff; *Wollschläger*, Unzumutbarkeit als Rechtsgedanke im Rahmen der außerordentlichen Kündigung, 2008). Das BAG verwendet den Begriff der Unzumutbarkeit nicht nur bei der außerordentlichen Kündigung, sondern auch bei der ordentlichen Kündigung, obwohl er in § 1 KSchG nicht enthalten ist (BAGE 33, 1; 40, 369; BAG SAE 1984, 21; DB 1984, 1627; 19.5.1993 – 2 AZR 598/92) und verwischt damit die Grenzen zw den unterschiedlichen Kündigungsgründen. Bei einer Kündigung nach § 1 KSchG muss die Fortsetzung des Arbeitsverhältnisses nach Ablauf der Kündigungsfrist, bei einer außerordentlichen Kündigung hingegen ab sofort (vgl *Günter* AuR 1974, 143) oder zumindest vor Ablauf der Frist (s BAG NZA 2001, 277) unzumutbar sein. Bei der außerordentlichen Kündigung ist daher maßgeblich, ob dem ArbGeb das Festhalten am Arbeitsverhältnis mit dem zu Kündigenden für den Zeitraum einer (fiktiven) Auslauffrist noch zumutbar ist. Das BAG (NZA 1999, 978; DB 1986, 863) verlangt für die ordentliche Kündigung wegen Krankheit die Unzumutbarkeit der Belastung des Betriebs, nicht der Weiterbeschäftigung, was im Erg keinen Unterschied macht. Ist die ordentliche Kündigung durch § 15 KSchG oder andere Vorschriften ausgeschlossen, ist die Frist zugrunde zu legen, die ohne den besonderen Kündigungsschutz gelten würde (BAG DB 1986, 2605; AP 35 § 15 KSchG), nicht jedoch im Fall einer außerordentlichen betriebsbedingten Änderungskündigung (BAG AP 36 § 15 KSchG). Bei der fristlosen Änderungskündigung müssen die bisherigen Bedingungen für den Kündigenden unzumutbar sein, die neuen Bedingungen für den Gekündigten zumutbar (BAG AP 19 § 15 KSchG). 49

„Unzumutbarkeit" ist ein **Rechtsbegriff ohne eigenen normativen Richtliniengehalt**, der dem Richter die Möglichkeit eröffnet, mit Hilfe anderer materieller Wertungsgesichtspunkte im Einzelfall normschöpfend tätig zu werden (ausf *Preis* 134–184 mwN, in Anlehnung an *Henkel*, FS Mezger, 1954, 268, 302f; Staudinger/*Temming* Rn 73ff). Im Erg ermächtigt das Merkmal der Unzumutbarkeit den Richter zu einer **Güter- und Interessenabwägung** unter Berücksichtigung des Verhältnismäßigkeitsprinzips (*Belling/Hartmann* NZA 1998, 57, 60f). Ob die Fortsetzung eines Arbeitsverhältnisses obj (un-)zumutbar ist, kann nur nach Abwägung der schutzwerten Interessen von ArbN und ArbGeb entschieden werden (st Rspr, s nur BAG DB 2013, 706 und 1060; BB 2013, 1076, jew mwN). Der Gesichtspunkt der Unzumutbarkeit geht damit in der Güter- und Interessenabwägung auf. Allenfalls kann man in der Verwendung des Begriffs der Unzumutbarkeit in § 626 einen gesetzl Hinweis erblicken, dass nur in **Ausnahmefällen** ein Vertrag mit der außerordentlichen fristlosen Kündigung beendet werden darf und deshalb die Interessen des Kündigenden die des Kündigungsgegners wesentlich überwiegen müssen (BAG NZA 2013, 224). Der Begriff der Unzumutbarkeit bewirkt indes keine Subjektivierung der Voraussetzungen des § 626 (Rn 32). Ist die Zerrüttung der Vertragsgrundlage von beiden Teilen zu vertreten, so kann die Würdigung aller Umstände ergeben, dass derjenige, der die Zerrüttung überwiegend verschuldet hat, nicht wegen Unzumutbarkeit der Fortsetzung des Vertrags fristlos kündigen kann (BGH NJW 1999, 1177). Die außerordentliche Kündigung eines Angestellten in Führungsposition wegen Loyalitätsverstoßes ist nicht deshalb unwirksam, weil der 50

ArbGeb den ArbN unter Fortzahlung der Bezüge bis zum Ablauf einer ordentlichen Kündigungsfrist freistellen konnte; denn zur Fortsetzung des Dienstverhältnisses iSd § 626 I gehört die Beschäftigung des ArbN (BAG NZA 1999, 587). Auch das Vorliegen einer unwiderruflichen Freistellung macht die Fortsetzung des Arbeitsverhältnisses bis zum vorgesehenen Beendigungszeitpunkt nicht generell zumutbar (BAG NZA 2001, 837).

51 **d)** Ein wichtiger Faktor der außerordentlichen Kündigung ist der **Grundsatz der Verhältnismäßigkeit.** Eine außerordentliche Kündigung kommt nur in Betracht, wenn alle anderen, nach den jew Umständen möglichen und angemessenen milderen Mittel (zB Abmahnung, Versetzung, einverständliche Änderung des Vertrags, außerordentliche Änderungskündigung oder ordentliche Kündigung) erschöpft sind (s nur BAG AP 70 Anm *Hueck*; BAGE 81, 27; BAG DB 2013, 706; NZA 2010, 1227; 2009, 604; 1136; NZA-RR 2007, 571). Die außerordentliche Kündigung ist danach nur zulässig, wenn sie die unausweichlich letzte Maßnahme (**ultima ratio**) für den Kündigungsberechtigten ist (KR/*Fischermeier*/*Krumbiegel* Rn 265f). Das muss auch für **selbständige Dienstverträge** gelten. Die ordentliche Kündigung ist das vorrangige Lösungsinstrument. Man kann in dem Unzumutbarkeitserfordernis („nicht zugemutet werden kann") eine Konkretisierung des Grundsatzes der Erforderlichkeit erblicken, denn die ordentliche Beendigung des Vertragsverhältnisses ist ggü der außerordentlichen Kündigung eine mildere Maßnahme. Daraus folgt, dass eine außerordentliche Kündigung stets rechtsunwirksam ist, wenn die nachweisbaren Kündigungsgründe nicht einmal die ordentliche Kündigung nach § 1 KSchG tragen würden. Als **Faustformel** kann bei Pflichtverstößen gelten: Bei leichten Fällen ist zuerst eine Abmahnung zu erteilen, bei „normalen" oder mittleren Fällen die ordentliche Kündigung, bei schweren Fällen die außerordentliche Kündigung auszusprechen.

52 **3. Das Erfordernis der Abmahnung. a) Grundlagen, Anwendungsbereich.** Im **Arbeitsrecht** hat das Abmahnungserfordernis erhebliche Bedeutung erlangt (*Schmid* NZA 1985, 412; *Heinze*, FS Söllner, 1990, 134; *v Hoyningen-Huene* RdA 1990, 123; *Pflaum* Die Abmahnung im Arbeitsrecht als Vorstufe zur Kündigung; ausf Staudinger/*Temming* Rn 104ff). Sie hat sich dort zu einer **zusätzl Kündigungsvoraussetzung** sowohl für ordentliche als auch für außerordentliche Kündigungen entwickelt. Dogmatisch wird die Abmahnung als Ausfluss des **Verhältnismäßigkeitsgrundsatzes** (milderes Mittel) begründet und auf den Rechtsgedanken aus § 314 II (Abmahnung) und § 323 I (Nachfrist) gestützt, wonach der Gläubiger dem Schuldner vor der einseitigen Aufhebung des Vertrags die Folgen seines Verhaltens vor Augen führen und eine Besserungsmöglichkeit einräumen soll (BGH NZA 2010, 1348 Rn 27, 29; KR/*Fischermeier*/*Krumbiegel* Rn 276; Staudinger/*Temming* Rn 105; *Oetker*, Das Dauerschuldverhältnis und seine Beendigung, 1994, 176; *Nickel* SAE 1983, 209ff).

53 Nach dieser dogmatischen Grundlegung ist die Abmahnung grds auch bei der außerordentlichen Kündigung **freier Dienstverhältnisse** geboten (*v Hase* NJW 2002, 2278; Staudinger/*Temming* Rn 105). Allerdings lassen § 314 II 2 iVm § 323 II Nr 1 und 2 sowie § 314 II 3 Ausnahmen zu. Jedenfalls in bestimmten Fällen ist sie nach der Rspr entbehrlich, weil die soziale Schutzbedürftigkeit fehle und sich der Vertragspartner der Pflichten ohnehin bewusst sei (krit etwa MüKo/*Henssler* Rn 108 mwN; diff *Harke* Besonderes Schuldrecht Rn 240). Das gilt etwa für GmbH-**Geschäftsführer** (BGH NJW-RR 2007, 1520; NJW 2000, 1638); näher Rn 66. Bei **Handelsvertretern** hält die Rspr indes am grds Abmahnerfordernis fest (BGH BB 2011, 528 m Anm *Ayad*).

54 **b) Abmahnung ist** die Beanstandung einer Pflichtverletzung, verbunden mit dem Hinweis, bei Wiederholung sei Inhalt oder Bestand des Vertragsverhältnisses gefährdet (st Rspr, s nur BAG NZA 2013, 425 Rn 44ff; 1989, 633, 634; NZA-RR 2012, 567 Rn 21f). Die Abmahnung ist einseitige empfangsbedürftige Willenserklärung (BAGE 18 § 620 Kündigungserklärung), durch die der Kündigungsberechtigte ein vertragl **Rügerecht** ausübt (BAGE 50, 362; 79, 37: Recht zur Abmahnung ist kein Anspruch; DB 2012, 2939). Unverzichtbar ist die **Warn- und Ankündigungsfunktion**, die allerdings nicht erfordert, spezifische kündigungsrechtl Maßnahmen anzudrohen. Die Warnfunktion bezieht sich nur auf gleichartige Pflichtverletzungen (BAG NZA 2013, 425 Rn 47; 2011, 1342 Rn 31) und kann dafür auch wiederholt ausgesprochen werden. Allerdings kann die Warnfunktion dadurch derart geschwächt werden oder ganz entfallen, dass der Kündigungsgegner bei wiederholten Pflichtverletzungen die jew Abmahnung nur noch als „leere Drohung" auffasst (BAG aaO). Aber auch, wenn die kündigungsrechtl Warnfunktion entfallen ist, kann die Abmahnung im Rahmen einer Interessenabwägung bei verhaltensbedingter Kündigung bedeutsam sein (**Dokumentationsfunktion**; BAG NZA 2013, 91 Rn 20). Insoweit hat die Abmahnung eines (erstmaligen) Fehlverhaltens neben der Warn- und Ankündigungsfunktion auch den Zweck, eine sichere **Prognosegrundlage** für die Beurteilung der Rechtfertigung einer möglicherweise nachfolgenden Kündigung zu schaffen (*Preis* 375, 457f). Die Abmahnung soll den Vertragspartner künftig wieder zu vertragskonformem Verhalten veranlassen. Frühere Vorfälle, die Gegenstand einer Abmahnung waren, können nicht unmittelbar als Kündigungsgründe herangezogen werden (BAG NZA 1989, 633, 635). Die Abmahnung hat insofern einen **Verzichtseffekt** für die Kündigung aus gleichem Grund (NZA 2003, 1388). Dagegen schließt eine erfolglose Kündigung die Abmahnung wegen derselben Vorfälle nicht aus, sie kann sogar selbst als Abmahnung verstanden werden (BAG EzA 17 Abmahnung). Wird das störende Verhalten auch nach der Abmahnung fortgesetzt, so ist regelmäßig die Negativprognose gerechtfertigt, dass sich das Fehlverhalten auch künftig nicht ändern werde. Darüber hinaus ist das Mittel der Abmahnung geeignet, der Erzeugung von Vertrauenstatbeständen, zB durch längerfristiges Ignorieren unerwünschter Verhaltensweisen, entgegenzuwirken.

55 **c) Abmahnungsberechtigt** sind alle zum Ausspruch der Kündigung berechtigten Personen sowie alle Mitarbeiter, die befugt sind, verbindliche Anweisungen über Ort, Zeit sowie Art und Weise der vertragl geschuldeten Leistung zu erteilen (BAG EzA 7 § 1 KSchG Verhaltensbedingte Kündigung).

d) Eine bestimmte **Frist** zw Abmahnung und früherer Verfehlung fordert das BAG (DB 1986, 1075) nicht; es gelten hingegen die Grundsätze der Verwirkung (§ 242). Der Kündigungsberechtigte kann daher auch nach längerer Zeit eine Abmahnung wegen eines zurückliegenden Fehlverhaltens erteilen, solange er nicht bei dem Kündigungsgegner den Eindruck erweckt, er habe ihm sein Fehlverhalten nachgesehen (LAG Hamm 12.7.2007 – 17 Sa 64/07, juris Rn 97ff). Für das Zeitmoment kann schon ein Jahr ausreichen (LAG Köln DB 1988, 1170). Hinzukommen muss ein Umstandsmoment, dass der andere sich darauf einrichten durfte und eingerichtet hat, eine Abmahnung werde nicht mehr ausgesprochen. Ob eine bestimmte Frist zw Abmahnung und späterer Verfehlung nicht überschritten werden darf (**Wirkdauer**), beantwortet die Rspr zurückhaltend. Die Abmahnung könne drei Jahre oder länger wirken, es komme darauf an, ob der ArbN mit ihrer zwischenzeitl Bedeutungslosigkeit rechnen könne (BAG DB 1987, 1303; BAG EzA 17 § 611 Abmahnung). Zur Wirksamkeit einer Abmahnung verlangt die hM über ihren **Zugang** (§ 130) hinaus grds die **Kenntnis** des Empfängers (BAG DB 1984, 2703; MüKo/*Henssler* Rn 101; BeckOGK/*Günther* Rn 239); dafür gelten die Regeln über den Zugang von Willenserklärungen. 56

e) Die grds erforderliche **Abmahnung** kann **im Einzelfall entbehrlich** sein, doch ist die **Grenzziehung** umstritten. Rspr und Lehre ziehen zur Abgrenzung verschiedene – auch kombinierte – Elemente heran, nämlich zum einen die Systematisierung des Pflichtenprogramms in verschiedene „**Bereiche**" (verbundenen mit einer Typisierung im Hinblick auf die Abmahnung), zum anderen Sacherwägungen der **Steuerbarkeit** und der **Intensität** der Pflichtverletzung. 57

Nach einer älteren Rspr sollte die Abmahnung lediglich bei Störungen im **Leistungsbereich** erforderlich sein, nicht aber bei Störungen im **Vertrauens- oder Betriebsbereich** (BAG DB 1974, 1067). Jedoch hat das BAG von dieser Regel viele Ausnahmen gemacht. So sollte eine Abmahnung im Vertrauensbereich grds ebenso erforderlich sein, wenn das Arbeitsverhältnis durch die Vertragsverletzung noch nicht allzu stark belastet ist (BAG DB 1993, 486) oder wenn der ArbN mit vertretbaren Gründen annehmen konnte, sein Verhalten sei nicht vertragswidrig – etwa aufgrund einer unklaren Regelung oder Anweisung – oder werde vom ArbGeb zumindest nicht als erheblich, den Bestand des Arbeitsverhältnisses gefährdendes Fehlverhalten angesehen (BAG NJW 1984, 1919; DB 1984, 2702; NZA 2009, 1198). 58

Nach der jüngeren Rspr ist das Abmahnerfordernis stärker davon abhängig, ob die abmahntaugliche Pflichtverletzung auf einem **steuerbaren Verhalten** des ArbN bzw Kündigungsgegners beruht, weil in diesen Fällen grds davon ausgegangen werden kann, dass sich dieser durch die Androhung von Konsequenzen für Inhalt und Bestand des Arbeitsverhältnisses künftig zu vertragstreuem Verhalten beeinflussen lässt (BAG NZA 2019, 445 Rn 29f; DB 2013, 1060; auch bei außerordentlicher Kündigung während der Probezeit: LAG Bln-Bbg 12.3.2015 – 26 Sa 1910/14, juris Rn 20ff). Im Umkehrschluss bedarf es einer Abmahnung nicht, wenn eine Verhaltensänderung auch bei Abmahnung offensichtlich nicht zu erwarten ist oder die Pflichtverletzung derart schwerwiegend ist, dass schon deren erstmalige Hinnahme die Fortsetzung des Arbeitsverhältnisses für den Kündigungsberechtigten obj unzumutbar macht (BAG DB 2013, 1060; 2012, 2404; NZA 2011, 2905). Bei **nicht steuerbarem** wie auch personenbedingtem **Verhalten** ist eine Abmahnung hingegen mangels Beeinflussbarkeit des Verhaltens von vornherein zwecklos; ausnahmsw können schuldlose Pflichtverletzungen einen wichtigen Kündigungsgrund darstellen (BAG AP 151). 59

Diesen Grundsätzen folgend ist bei Störungen im sog **Leistungs- oder Verhaltensbereich** vor der Kündigung immer eine fruchtlose Abmahnung erforderlich (BAG NZA 1997, 1281; AP 57, 62, 116). Krankheitsbedingte oder sonst entschuldigte Fehlzeiten rechtfertigen keine Abmahnung (LAG Düsseldorf NZA 1986, 431 [Anspruch auf Entfernung]). Im **Vertrauensbereich** besteht jedenfalls grds ein Abmahnerfordernis, wenn es um ein **steuerbares Verhalten** geht und mit der Wiederherstellung des Vertrauens gerechnet werden kann (BAG NZA 1997, 1281 [schwerer außervertragl Alkoholmissbrauch eines Berufskraftfahrers]. Sie ist entbehrlich, wenn eine Verhaltensänderung nicht erwartet werden kann oder eine so schwere Pflichtverletzung vorliegt, dass mit einer Hinnahme des ArbGeb offensichtlich (dh auch für den ArbN erkennbar) nicht gerechnet werden kann (BAG NZA 2017, 1332 [illoyales Verhalten, das Betriebsfrieden stört]; NZA-RR 2012, 567 Rn 15 [Belästigung einer Kollegin]; NZA 2010, 1348 Rn 29 [vorsätzliches und nachhaltiges weisungswidriges Verhalten des ArbN]; NZA 2011, 1027 Rn 18 [fehlerhafte Arbeitszeitabrechnung]; LAG Mecklenburg-Vorpommern NZA-RR 2020, 419 [Zusendung pornographischer Videos]; LAG Düsseldorf NZA-RR 2021, 358 [Diebstahl einer Flasche dringend benötigten und schwer erhältlichen Desinfektionsmittels in Pandemie]; LAG BW NZA-RR 2022, 224 [Nichttragen der Schutzausrüstung im Altenheim in Pandemie]). Eine Vielzahl von Einzel-Pflichtverletzungen summiert sich hingegen ohne weiteres nicht zu einem Gesamtverstoß, der eine Abmahnung entbehrlich machen würde (Warnfunktion der Abmahnung!; LAG Köln 6.9.2018 – 6 Sa 64/18). 60

Stellungnahme. Die neuere Rspr ist zu begrüßen, auch wenn mitunter offenbleibt, nach welchen Grundsätzen Verhalten als steuerbar einzustufen ist. Die Differenzierung zw Leistungsbereich einerseits und Vertrauens- und Betriebsbereich andererseits erlaubt nur eine grobe Annäherung an die eigentlichen Sachfragen der Verhältnismäßigkeit und ist, weil sich die Bereiche oft überschneiden, auch wenig praktikabel (Staudinger/*Temming* Rn 117). Die eigentlichen Kriterien für das Abmahnungserfordernis sind nach dem **Verhältnismäßigkeitsprinzip** (Geeignetheit, Erforderlichkeit) **iVm dem Prognoseprinzip** zu begründen (*Oetker*, Das Dauerschuldverhältnis und seine Beendigung, 1994, 177; *Preis* 454. Die Abmahnung ist nur dann ein gleich geeignetes, milderes Mittel, wenn mit ihr der Zweck – Verhaltensänderung, Warnung – erreicht werden kann. Das ist regelmäßig bei schweren (BAGE 31, 153) oder bei hartnäckigen Pflichtverletzungen nicht der Fall (BAG AP 32 § 102 BetrVG; AP 3 § 127 BPersVG). Steht eine Negativprognose für den weiteren Verlauf des Arbeitsverhältnisses bereits fest, 61 ist eine Abmahnung sinnlos und folglich entbehrlich (Staudinger/*Temming* Rn 117). In diesen Fällen läuft auch die Warn- und Ankündigungsfunktion der Abmahnung leer (*Becker-Schaffner*, 651), etwa, wenn ein ArbN die Vertragswidrigkeit seines Verhaltens aufgrund entspr Hinweise oder angesichts der Evidenz der Pflichtwidrigkeit kannte oder kennen musste (BAG AP 137; AP 28 Verdacht strafbarer Handlungen). Anhand dieser Kriterien ist auch die Entbehrlichkeit einer Abmahnung im sog Vertrauensbereich zu prüfen. Solange nicht durch die **Schwere der Verfehlung** eine positive Prognose für die vertrauensvolle Fortführung des Vertragsverhältnisses ausgeschlossen ist, bleibt auch im sog Vertrauensbereich grds eine vorherige Abmahnung erforderlich.

62 f) Umstritten ist, ob bei **Bagatelldelikten** (insb gegen den AG) eine Bagatellgrenze – ähnl § 248a StGB – anzuerkennen ist, unterhalb der stets nur eine Abmahnung verhältnismäßig ist. Die Diskussion hat vor allem durch einzelne medienwirksame Fälle Nahrung erhalten (BAG NZA 2010, 1227 – Emmely – unberechtigtes Einlösen von Pfandbons im Wert von 1,30 €]; LAG Rh-Pf NZA-RR 2012, 520 – Diebstahl einiger weniger Zigaretten). **De lege lata** gibt es keine starre Grenze, doch folgt aus dem Gebot der Interessenabwägung und dem Verhältnismäßigkeitsgrundsatz eine flexible Grenze. **Rechtspolitische** Vorschläge (BT-Drs 17/648 und 17/649) für eine gesetzliche Bagatellgrenze konnten sich bislang nicht durchsetzen; in der Lit wird die Angleichung an die Praxis anderer Fachgerichtsbarkeiten in Anlehnung an § 248a StGB befürwortet (*Klueß* NZA 2009, 337 mwN; *Schaub* NZA 1997, 1185). Die Berufung auf § 248a StGB überzeugt indes wegen der unterschiedlichen Zwecke (dort Effizienz der Strafverfolgung; hier Prognose künftiger Vertragstreue) nicht, deretwegen auch der Anknüpfungspunkt (dort geringer Wert, hier Vertrauen) unterschiedlich ist. Krit auch *Schlachter* NZA 2005, 433; *Reuter* NZA 2009, 594; *Schmitt-Rolfes* AuA 2010, 212.

63 g) Der ArbN kann die Berechtigung einer **Abmahnung gerichtlich überprüfen** lassen, kann sich aber auch darauf beschränken, die abgemahnte Pflichtwidrigkeit in einem späteren Kündigungsschutzprozess zu bestreiten. Das **Nachschieben von Abmahnungsgründen** ist zulässig, soweit es sich im Wesentlichen um die gleichen Vorfälle handelt (LAG Berlin LAGE 19 § 611 Abmahnung). Gegen eine ungerechtfertigte Abmahnung hat der ArbN Anspruch auf **Widerruf und Beseitigung** aus entspr Anwendung der §§ 242, 1004, weil darin ein rechtswidriger Eingriff in sein Persönlichkeitsrecht liegt (BAGE 50, 202; BAG DB 1993, 1677; LAG Rh-Pf 8.11.2018 – 4 Sa 451/17; vgl auch § 611a Rn 434). Im Abmahnungs- wie im Kündigungsschutzprozess soll es Sache des ArbGeb sein, die frühere Pflichtwidrigkeit zu beweisen (BAG DB 1987, 1494; LAG Frankfurt LAGE 5 § 611 Abmahnung; LAG Bremen BB 1992, 998; LAG Hamm LAGE 20: selbst wenn der ArbN vergleichsweise zugestanden hatte, die Abmahnung ein Jahr in der Akte zu lassen; zweifelhaft). Die **Entfernung** einer gerechtfertigten Abmahnung aus der Personalakte kann der ArbN indes nur verlangen, wenn das mit ihr gerügte Verhalten für das Arbeitsverhältnis in jeder Hinsicht bedeutungslos geworden ist, dh wenn die Warnfunktion der Abmahnung entfallen ist und der ArbGeb kein berechtigtes Interesse mehr an der Dokumentation der gerügten Pflichtverletzung hat (BAG DB 2012, 2939). Die Abmahnung kann durch **Zeitablauf wirkungslos** werden (BAG NZA 1987, 418 [keine feste Frist, Umstände des Einzelfalls]). Steht die Pflichtwidrigkeit fest, belastet die Abmahnung den ArbN auf fast unbeschränkte Zeit (*Schwerdtner* EWiR § 1 KSchG 2/87, 705); ist die Pflichtwidrigkeit streitig, so ist die Abmahnung für den ArbGeb wertlos, da ihm die Beweisführung mit zunehmendem Zeitablauf immer schwerer wird. Diese Rechtslage ist für beide Seiten unbefriedigend. Es empfiehlt sich, in Betriebsvereinbarung oder Arbeitsvertrag **feste Fristen** zu vereinbaren, nach denen die Abmahnung aus der Personalakte zu entfernen ist und nicht mehr verwertet werden darf. Eine Abmahnung, die zB aus formellen Gründen nicht in die Personalakte aufgenommen werden darf, verliert nicht ohne weiteres ihre kündigungsrechtl Warnfunktion (BAG NZA 1992, 1028; 2009, 894). Der ArbN kann einen Anspruch auf **Widerruf** der in der Abmahnung abgegebenen **Erklärungen** des ArbGeb auch dann noch gerichtlich geltend machen, wenn dieser die Abmahnung aus der Personalakte entfernt hat (BAG NZA 1999, 1037).

64 **IV. Einzelfälle. 1. Kündigungsgründe bei freien Dienstverträgen.** Bei einem **Fitnessvertrag** kann Krankheit oder Schwangerschaft ein wichtiger Grund zur Kündigung durch die Dienstberechtigte sein (AG Brandenburg 17.5.2019 – 31 C 60/18 anfänglich vorhandene Krankheit bei Verschlechterung). Eine **Klausel** in einem Fitnessvertrag, die nur das Ruhen des Vertrags für ein Jahr bei Schwangerschaft vorsieht und damit das Recht zur außerordentlichen Kündigung ausschließt, ist unwirksam (idS LG Frankfurt VuR 1998, 205; AG Langen NJW-RR 1995, 823; s auch AG Bautzen NJW-RR 1998, 130; **aA** AG Tettnang NJW-RR 1987, 55; AG Köln NJW-RR 1987, 1271). Unwirksam ist auch eine Klausel, die das Recht zur außerordentlichen Kündigung des Fitnessvertrags übermäßig einschränkt (BGH NJW 2012, 1431). Bei der Bewertung ist auch der grundrechtl Schutz der werdenden Mutter nach Art 6 IV GG zu berücksichtigen (vgl BVerfG NJW 2005, 2383). Die Verpflichtung des Kunden, das Entgelt weiter zu entrichten, obwohl er die Fitnesseinrichtungen nicht nutzen kann, ist insb deshalb unwirksam, weil die Kündigung wegen dauerhafter Krankheit damit ausgeschlossen ist (BGH NJW 1997, 193). Fehlende Verfügbarkeit eines Belegarztes stellte einen wichtigen Grund für die Kündigung eines **Beleghebammenvertrags** dar (Koblenz MDR 2019, 815).

65 Bei **höheren Dienstverträgen**, wie bei Direktunterrichtsverträgen, sind kein wichtiger Grund: die Überschätzung der eigenen Fähigkeiten (BGH NJW 1984, 1531 m Anm *Heinbuch*; Köln NJW 1983, 1002); die Zusage einer Förderungsmaßnahme durch das Arbeitsamt (Celle NJW-RR 1995, 1465); unzureichende Sprachkenntnisse des Schülers (Düsseldorf NJW-RR 1997, 1074), weil diese ausschließlich in der Sphäre und dem Verantwortungsbereich der Dienstberechtigten liegen, wie auch die Nichtversetzung (Hamburg NJW 1984, 2107, es sei denn, die ordentliche Kündigung wird unzumutbar erschwert). Anders dagegen ist der Selbstmordversuch eines Internatsschülers zu beurteilen (BGH NJW 1984, 2091; krit *Picker* JZ 1985, 641), der einen obj, wichtigen Grund zur

Kündigung durch die Eltern darstellt und die Aufrechterhaltung des Dienstvertrags für sie unzumutbar macht. Andererseits kann ein Privatschulträger bei schwerwiegendem Fehlverhalten eines Schülers das Vertragsverhältnis außerordentlich fristlos kündigen (Brandenburg NJW-RR 2006, 1487). Die nur grds, in der Praxis aber nicht strikt monoedukativ gestaltete Privatschule kann dem Schüler mit Rücksicht auf seine gegenläufigen Interessen nicht wegen Geschlechtswechsels kündigen (Köln NJW 2020, 1976). Kreditgefährdende Aussagen können ein wichtiger Grund zur Kündigung eines Beratervertrags sein (Köln NJW-RR 1992, 1400). Bei Dienstverträgen höherer Art ist generell der Vertrauensverlust ein wichtiger Grund zur Kündigung nach § 626 und erlangt Bedeutung, wenn die Kündigungsmöglichkeit nach § 627 abbedungen ist. Aber auch neben **§ 627** I bleibt § 626 I anwendbar (*Heinbuch* MDR 1980, 980; MüKo/*Henssler* § 627 Rn 5). Der wichtige Grund kann dann ggf den Interessenfortfall iSv **§ 628** I 2 begründen, wenn die Parteien vereinbart haben, das obj Vertragswidrigkeit genügt (zulässig bei freien Dienstverträgen). Der Kündigende muss dabei deutlich machen, worauf er seine Kündigung stützt.

Die Kündigung eines **Organvertreters** aus wichtigem Grund ist möglich, wenn dem Dienstberechtigten bei Abwägung aller Umstände des Einzelfalls und der beiderseitigen Interessen die Weiterbeschäftigung in seiner bisherigen oder einer entspr Stellung bis zum Ablauf der ordentlichen Kündigungsfrist nicht zuzumuten ist (BGH NJW DStR 1997, 1338; NJW-RR 1996, 156; 1995, 1358; 1993, 464). Es gilt ein obj Maßstab (Köln GmbHR 1992, 674). Abwägungsrelevanz ggü dem Vertrauensverlust besitzen die Häufigkeit und Schwere der Verfehlungen und deren Folgen für den Dienstberechtigten, das Maß des Verschuldens und der Wiederholungsgefahr, die Dauer der Tätigkeit und die besonderen Verdienste für die Gesellschaft, aber auch die sozialen Folgen (Noack/Servatius/Haas/*Beuerskens* § 38 GmbHG Rn 12ff). Einer **Anhörung** bedarf es lediglich zur Verdachtskündigung (LAG Berlin NZA-RR 1997, 424; Rn 29). Eine **Abmahnung** (Rn 52ff) ist grds **entbehrlich**, da Warnungs- und Ankündigungsfunktion sie nicht erfordern; der Organvertreter muss seine Pflichten kennen. Sie kann leichten Pflichtverletzungen oder fehlendem bzw geringem Verschulden geboten sein (vgl BGH NJW 1993, 463). Sowohl organbezogene als auch allg verhaltens- und personenbedingte Gründe sind möglich. Organbezug haben die Änderung einer langjährigen Geschäftspolitik ohne Einbeziehung der Gesellschafter (BGH NJW 1991, 1681), die Weigerung des GmbH-Geschäftsführers, Gesellschafterweisungen nachzukommen (BGH NJW 2019, 3718 Rn 37), Verstoß gegen Compliance-Vorschriften (Hamm GmbHR 2019, 1060; s auch Rn 91), die Auskunftsverweigerung ggü den Gesellschaftern (Frankfurt DB 1993, 2324; München BB 1994, 736), schwerwiegende Fehlentscheidungen (BGH WM 1984, 29; 1967, 679), vorsätzliche Falschinformation (BGH DStR 1995, 1359), Verstoß gegen Informationspflichten (KG GWR 2011, 359) oder das Gebot der unbedingten Offenheit (München AG 2012, 753), sachlich nicht gerechtfertigte Amtsniederlegung des Vorstands/Geschäftsführers (Celle NZG 2004, 475; LG München I ZIP 2018, 1292), missbräuchliche Eigennutzung von Erwerbschancen der Gesellschaft (BGH NJW 1995, 1359), Verstöße gegen das Wettbewerbsverbot (Celle GmbHR 2005, 541) oder die Verletzung von Verschwiegenheitspflichten nach Abberufung (Hamm GmbHR 1985, 158), aber auch ein unaufhebbares Zerwürfnis zw Mitgeschäftsführern (BGH WM 1984, 29; 1992, 731). Allg Pflichtverletzungen sind Schmiergeldannahme (BAG NZA 2002, 232), Missbrauch des Gesellschaftsvermögens für eigene Interessen (BGH DStR 1995, 1120 [Geschäftsführer veranlasst Untergebenen, ihm eine nicht geschuldete Tantieme auszuzahlen]), oder sonstiger Gesellschaftsressourcen (Koblenz DVP 2013, 43; Düsseldorf AG 2012, 511), eigenmächtige Entnahmen aus dem Gesellschaftsvermögen zur Sicherung künftiger Ansprüche gegen die Gesellschaft (Köln GmbHR 1996, 290) und andere Untreuehandlungen sowie Subventionsbetrug (Düsseldorf ZIP 1984, 86), aber auch Tätlichkeiten gegen ArbN und Mitgeschäftsführer (Stuttgart NJW-RR 1995, 296). Ein **unwirksamer Anstellungsvertrag** eines GmbH-Geschäftsführers kann entspr den Grundsätzen des fehlerhaften Arbeitsverhältnisses ohne Vorliegen eines wichtigen Grundes grds jederzeit für die Zukunft aufgelöst werden (BGH NJW 2019, 3718; ausnahmsw anders bei begründetem und ausgeübtem Vertrauen auf die Rechtsbeständigkeit). 66

Anstellungsvertrag und **Bestellung** des Organvertreters begründen unterschiedliche Rechtsverhältnisse (BGHZ 113, 237; Zweibrücken NZG 1999, 1011). Die Organstellung endet jedoch regelmäßig mit der Beendigung des Anstellungsverhältnisses, auch wenn umgekehrt ein für den Widerruf der Bestellung ausreichender Grund nicht notwendig eine außerordentliche fristlose Kündigung rechtfertigt (München AG 2012, 753). Der Organvertreter ist ohne vertragl Vergütungsgrundlage grds nicht zur Dienstleistung bereit (BGHZ 79, 38; BGH NJW 1982, 383); anders nur, wenn die Organstellung nicht ausschließlich auf dem Anstellungsvertrag, sondern zB auf Gesellschafterbeschluss (BGH NJW 1982, 383) oder Gesellschaftsvertrag (RGRK/*Anders*/*Gehle* § 611 Rn 473) beruht. Der Kündigung des Anstellungsvertrags durch den Organvertreter ist ebenfalls der Wille zur Amtsniederlegung entnehmbar (BGH NJW 1982, 383). Da die Voraussetzungen für die außerordentliche Kündigung strenger sind als für einen Widerruf der Organbestellung, zB nach § 84 III AktG, berechtigt jeder wichtige Grund zugleich auch zur Abberufung (Staudinger/*Temming* Rn 19). Der Widerruf der Organbestellung kann bei vereinbarter auflösender Bedingung das Anstellungsverhältnis ebenfalls beenden (BGH NJW 1989, 2683 m Anm *Eckardt* AG 1989, 413). 67

2. Kündigungsgründe des Arbeitgebers (Dienstberechtigten). Entspr den im KSchG geregelten Gründen für eine ordentliche ArbGeb-Kündigung wird auch bei der außerordentlichen Kündigung zw verhaltens- (Rn 69ff), personen- (Rn 104ff) und betriebsbedingten Gründen (Rn 120ff) unterschieden (eingehende Kasuistik BeckOGK/*Günther* Rn 307ff). 68

a) Verhaltensbedingte Kündigungsgründe. aa) Ein von einem ArbN gezeigter **Abkehrwille** rechtfertigt nicht ohne weiteres die Kündigung (SPV/*Preis* Rn 621ff). Solange der ArbN seine vertragl Pflichten erfüllt, kann es 69 ihm grds nicht vorgeworfen werden, dass er sich nach einem anderen Arbeitsfeld umschaut. Art 12 GG garantiert dem ArbN die freie Arbeitsplatzwahl. Unter ganz engen Voraussetzungen erkennt die Rspr – sofern der Abkehrwille hinreichend konkretisiert ist und zufällig eine nur schwer zu findende Ersatzkraft zur Verfügung steht oder wenn der ArbN seine vertragl Pflichten zugunsten der neuen Tätigkeit vernachlässigt – eine ordentliche Kündigung aus betriebsbedingten Gründen an (BAG AP 16 § 1 KSchG Betriebsbedingte Kündigung; AP 213; LAG Mecklenburg-Vorpommern AA 2013, 90; LAG Frankfurt NZA 1986, 31). Nach allg Grundsätzen setzt die außerordentliche Kündigung dabei auch hier voraus, dass dem ArbGeb ausnahmsw nicht zuzumuten ist, das Vertragsverhältnis bis zum Ablauf der Kündigungsfrist fortzusetzen. Bei der Bewertung zu beachten sind bestehende (vertragl) Wettbewerbsverbote (zB iSv § 74 HGB) sowie das Verbot von Werbemaßnahmen und Vorbereitungshandlungen, welche die Interessen des ArbGeb unmittelbar berühren (BAG AP 213; SPV/*Preis* Rn 622). Das gilt nach Ausspruch einer außerordentlichen Kündigung auch für die Zeit des Kündigungsschutzverfahrens (LAG Schl-Holst NZA-RR 2012, 515).

70 **bb) Abwerbung.** Einem ArbN steht es grds frei, einen Kollegen zu befragen, ob er ihm folge, wenn er sich selbständig mache oder in ein anderes Unternehmen eintrete. Ein leitender Angestellter hat allerdings die Vertragspflicht, qualifizierte Mitarbeiter dem Unternehmen zu erhalten (LAG Düsseldorf DB 1957, 432; LAG Saarland DB 1965, 518; SPV/*Preis* Rn 624). Das gilt auch für andere ArbN, die in einer besonders vertrauensvollen Position tätig sind (s LAG Schl-Holst DB 1989, 1880; LAG Rh-Pf LAGE 64; LAG Schl-Holst NZA-RR 2012, 515). Eine außerordentliche Kündigung kommt in Betracht, wenn die Abwerbung im (entgeltlichen) Auftrag eines Konkurrenten oder zum Zweck des Wettbewerbs erfolgt oder mit der Abwerbung eine Aufforderung zum Vertragsbruch oder eine andere sittenwidrige Schädigung des ArbGeb verbunden ist (LAG Köln AuA 2004, Nr 9, 46; LAG Rh-Pf LAGE 64; LAG Düsseldorf AP 2 § 133c GewO). Maßgeblich sind dabei nach st Rspr des BAG der Grad des schuldhaften und vorwerfbaren Verhaltens des ArbN sowie die Art und Auswirkung der Konkurrenztätigkeit (BAG DB 2010, 1709). Vor allem erhebliches wettbewerbswidriges Verhalten kann eine (auch im schon gekündigten Arbeitsverhältnis ggf nochmalige) außerordentliche Kündigung rechtfertigen (LAG Schl-Holst NZA-RR 2012, 515).

71 cc) **Alkohol- und Drogenkonsum** während der Arbeitszeit kann ein wichtiger Grund zur Kündigung sein, wenn dadurch erhöhte Gefahren für den Betroffenen selbst und andere im Betrieb verbunden sind. Dabei ist es idR unerheblich, ob zuvor ein ausdrückl Alkoholverbot im Betrieb verhängt wurde, weil die mit Alkohol verbundenen Gefahren hinlänglich bekannt sind. Ein vorsätzlicher **Verstoß gegen ein ausdrückl Alkoholverbot** ist jedoch gleichzeitig eine schwerwiegende Vertragsverletzung und als solcher schon ein wichtiger Grund zur Kündigung. Entscheidend ist ferner, ob durch Alkohol betriebsspezifische Gefahren entstehen bzw verstärkt werden (vgl LAG Berlin BuW 2000, 608; LAG Hamm LAGE 52 – Steinkohlebergbau; BAG EzA 33 § 1 KSchG Krankheit – Hafenarbeiter; LAG Schl-Holst BB 1989, 224 – Hochdruckstanze; BAG NZA 1997, 1281 – Schienenfahrzeugführer; LAG Bln-Bbg LAGE 24 § 1 KSchG Personenbedingte Kündigung – Industrieelektroniker; weitere Einzelfälle *Lepke* Rn 358ff). Ist das nicht der Fall, kommt eine Kündigung nur in schwerwiegenden Fällen in Betracht, etwa bei alkoholbedingter Arbeitsunfähigkeit (*v Hoyningen-Huene* DB 1995, 142; *Bengelsdorf* NZA 2001, 993) oder alkoholbedingten Tätlichkeiten unter Kollegen (*Künzl* EWiR 1994, 857). Beruht die Alkoholisierung noch auf steuerbarem Verhalten und nicht auf zwanghafter Sucht, kann aus Gründen der Verhältnismäßigkeit beim erstmaligen Vorfall zunächst eine **Abmahnung** erforderlich sein, selbst wenn durch den Alkoholmissbrauch eine Störung im Vertrauensbereich verursacht wird (BAG NZA 1997, 1281 in teilw Abkehr von BAG AP 1 Arbeitnehmervertreter im Aufsichtsrat; näher Rn 60). Die (auch hochgradige) Alkoholisierung **im Privatbereich** begründet nicht zwingend die Unzuverlässigkeit des ArbN (BAG NZA 1997, 1281). Kraftfahrt trotz Konsums harter Drogen (Crystal Meth) – auch im Privatbereich – durch einen Berufskraftfahrer kann außerordentliche Kündigung rechtfertigen, auch wenn die Fahrtüchtigkeit nicht konkret beeinträchtigt war und keine erhöhte Gefahr für den Straßenverkehr bestand (BAG NZA 2016, 1527; zust *Bengelsdorf* SAE 2017, 31).

72 Geht eine Alkoholisierung auf eine **Alkoholsucht** zurück und wurde sie in einem Zustand unkontrollierbaren Willens erzeugt, entfällt die Möglichkeit der verhaltensbedingten Kündigung, stattdessen sind nach st Rspr die (strengeren) Voraussetzungen der krankheitsbedingten Kündigung (Rn 105) anzuwenden (BAG EzA 18 § 1 KSchG Krankheit; NZA-RR 2013, 627; *Lepke* Rn 370f mwN; ebenso bei Medikamentenmissbrauch aufgrund Abhängigkeit, LAG München 14.10.2021 – 3 Sa 83/21). Es wird in jedem Einzelfall nach der Einsichts- und Steuerungsfähigkeit des Betroffenen wie auch nach der Relevanz des Suchtverhaltens für die konkrete Tätigkeit des betreffenden ArbN differenziert (so kann eine schon geringe Alkoholisierung zB eines [Chef-]Arztes oder Berufskraftfahrers eine schwerwiegende Pflichtverletzung darstellen). Sofern bei dem Alkohol- bzw Drogensüchtigen ein Verschulden für die Alkoholisierung im Betrieb gegeben ist, kommt auch für diesen eine verhaltensbedingte Kündigung in Betracht (BAG EzA 152 nF). Eine pauschale Abgrenzung des steuerbaren Verhaltens nach dem Kriterium der Alkoholsucht führt allerdings zu Unsicherheiten hinsichtl des Verschuldensvorwurfs sowie in Beweisfragen. Stattdessen sollte für den Schuldvorwurf auf die konkrete Situation abgestellt werden, in der sich der ArbN in den Rausch versetzt hat: Der alkohol- oder sonst suchtkranke ArbN kann mitunter sein Suchtverhalten steuern, aber auch der gesunde ArbN kann sich im Einzelfall unkontrolliert verhalten, etwa aufgrund eines Schicksalsschlags oder einer ungewohnten Stresssituation. Zwar wird der ungesteuerte Rausch bei einem Suchtkranken eher der Regelfall sein, sodass hier der Beweis des ersten Anscheins naheliegt, es sei kein Verschulden gegeben. Doch sind neben der Tatsache der Suchtkrankheit alle weiteren Umstände des Einzelfalls heranzuziehen, um auf die Steuerung des Rauschzustands schließen zu können. Dazu gehören auch die Einzel-

heiten des Trinkverhaltens, der Alkoholverträglichkeit (genetische Veranlagung) und der Abbauwerte. Diese können ein Indiz für Alkoholgewöhnung sein (vgl BAG NZA 1997, 1281). Im Erg mag das allerdings zu ungerechtfertigten Privilegierungen des suchtkranken ArbN führen ggü demjenigen, der nur selten und gesteuert Suchtmittel verwendet; denn die krankheitsbedingte Kündigung ist schwerer zu rechtfertigen. Bei der personenbedingten Kündigung wegen Suchterkrankungen müssen deshalb geringere Anforderungen gestellt werden als bei anderen Krankheiten (s Rn 105). Eine verhaltensbedingte Kündigung eines Alkoholsüchtigen kommt ferner wegen der Verletzung der Offenbarungspflicht bei der Einstellung in Betracht, wenn durch die Sucht der ArbN die Eignung zur pflichtgemäßen Erfüllung seiner Arbeitsleistung nicht besitzt (*Lepke* Rn 89 mwN). Insofern wird die Alkohol- bzw Drogensucht sonstigen chronischen Erkrankungen gleichgesetzt. Ausf zur Kündigungsrelevanz von Drogenkonsum *Bengelsdorf* NZA-RR 2004, 113; *Hey/Linse* BB 2012, 2881.

dd) Anzeigen gegen den Arbeitgeber. Die Regeln über die Anzeige des ArbGeb bei Behörden oder Öffentlichkeit und der Hinweisgeberschutz (die wertende Bezeichnung „Anschwärzen" sollte vermieden werden) sind im Umbruch. Die Whistleblower-RL 2019/1937 (zu ihr *Riesenhuber*, Europäisches Arbeitsrecht, § 15) stellt jetzt – für ihren beschränkten sachlichen Anwendungsbereich – das hoheitliche Rechtsdurchsetzungsinteresse in den Vordergrund; das Umsetzungsgesetz ist in Vorbereitung. Demggü ordnet man die Problematik im dt Recht als Frage der vertragl Rücksicht (§ 241 II) ein. In der Sache geht es um den Ausgleich der (teils grundrechtl fundierten) Interessen des ArbGeb (Eigentum, Unternehmerfreiheit), des ArbN/Hinweisgebers (Meinungsfreiheit; BVerfG NJW 2001, 3474; EGMR NZA 2011, 1269 – Heinisch; Wahrnehmung staatsbürgerlicher Rechte), des Regelgebers der (möglicherweise) verletzten Norm, der von der Norm Geschützten sowie der Allgemeinheit. Dieser Ausgleich wird bei der Konkretisierung der Rücksichtspflichten und des wichtigen Grundes im Wege der Abwägung vorgenommen. Dabei sind vor allem folgende Kriterien von Bedeutung: (1) Die Bedeutung des angezeigten Fehlverhaltens (handelt es sich zB um eine Straftat?; zum Nachteil des ArbGeb, des ArbN, der Allgemeinheit?); (2) die Begründetheit des Vorwurfs (nicht notwendig auch seine Ahndung); (3) die Sorgfalt und Redlichkeit („Gutgläubigkeit") des ArbN (keine wissentlich oder leichtfertig falschen Angaben, zB LAG Rh-Pf 11.5.2022 – 2 Sa 349/21, juris Rn 28ff: haltlose Vorwürfe); (4) die zu erwartende Möglichkeit effektiver interner Abhilfe (nicht bereits fruchtlos oder nicht erfolgversprechend); (5) der Adressat der Anzeige (die – zuständige – Behörde; Öffentlichkeit); (6) der zu erwartende Nachteil für den ArbGeb; (7) die Motivation des ArbN (Aufklärungsinteresse; Rache). ArbGeb tun im eigenen Interesse gut daran, zu Hinweisen auf Missstände zu ermuntern, dafür geeignete Kanäle zu schaffen, Hinweisen nachzugehen und Missstände effektiv abzustellen; das dient in aller Regel dem Unternehmen und begrenzt den Spielraum für ArbN, externe Meldung zu erstatten. 73

Abzuschichten ist zunächst der Sonderfall, dass der ArbN mit seinem Verhalten **staatsbürgerlichen Pflichten** (zB Anzeigepflicht; Zeugenpflichten im Ermittlungsverfahren gegen den ArbGeb) erfüllt: Daraus dürfen ihm keine Nachteile entstehen, da nach der Einheit der Rechtsordnung nicht ein rechtl gebotenes Verhalten rechtl sanktioniert werden darf (BVerfG NJW 2001, 3474; KR/*Rachor* § 1 KSchG Rn 462). 74

IÜ (bei „freiwilligen" Anzeigen) kommt es auf eine Abwägung der in Rn 73 genannten Interessen an. Der ArbN ist gehalten, **sorgfältig** vorzugehen. Für eine Meldung bedarf es konkreter Anhaltspunkte. Er darf keine leichtfertigen Vorwürfe erheben oder wissentlich falsche Angaben machen (vgl BVerfG NJW 2001, 3474; zB LAG Köln NZA-RR 2004, 128: erfundener Vorwurf der Bedrohung, um den ArbGeb verhaften zu lassen). Leichtfertig ist die Anzeige, wenn zwar der angezeigte obj Sachverhalt richtig dargestellt ist, es aber keine Anhaltspunkte für die nach dem Straftatbestand erforderliche Absicht gibt (BAG NJW 2017, 1833). Das Antragsrecht des ArbN wegen einer (vermeintlichen) Straftat (§ 77 StGB) lässt die Rücksichtspflicht gegen den ArbGeb nicht entfallen (BAG NJW 2017, 1833). Grundsätzlicher **Vorrang der internen Meldung** (vgl § 17 II 2 ArbSchG): Der ArbN ist nach § 241 II verpflichtet, zuerst den ArbGeb (ggf über den Betriebsrat) auf Missstände hinzuweisen (BAG NJW 2017, 1833; Staudinger/*Temming* Rn 132), es sei denn, effektive Abhilfe wäre nicht zu erwarten zB weil eine interne Meldung fruchtlos war (vgl BAG DB 1973, 675; LAG Köln NZA-RR 1996, 330), der ArbGeb selbst am Fehlverhalten beteiligt ist oder der ArbN annehmen darf, es werde von ihm gebilligt (LAG BW NZA 1987, 756), insb wenn sich die Straftat gegen den ArbN selbst richtet (Staudinger/*Temming* Rn 132); der innerbetrieblichen Klärung gebührt daher nicht generell der Vorrang (BAG NJW 2004, 1547). Eine externe Meldung ist grds an die **zuständige Behörde** zu richten und darf im Regelfall nicht (sogleich) der **Öffentlichkeit** (Presse, Internet, …) gemacht werden (Staudinger/*Temming* Rn 133: „letzte Mittel"). **Niedrige Beweggründe** können die Meldung pflichtwidrig erscheinen lassen, zB die persönliche Rachsucht (BAG 4.7.1991 – 2 AZR 80/91: Ziel, den ArbGeb = ehemaligen Lebensgefährten „fertigzumachen"), Schädigungsabsicht (§ 226) (LAG Köln RDV 2000, 226). Zu eng erscheint jedoch, die obj unbegründete Anzeige nur dann als wichtigen Grund anzusehen, „wenn völlig haltlose und unfundierte Vorwürfe in einer zudem nach Art und Inhalt erheblich zu missbilligenden Beschwerde aus einer verwerflichen Motivation (Rache, Schädigungsabsicht) erhoben werden" (so aber LAG Frankfurt BB 1987, 1320). **Einzelfälle:** Anfrage einer angestellten Ärztin an die Ärztekammer zu fachlichen Standards ohne wissentlich oder leichtfertig falsche Angaben nach erfolglosem Versuch interner Klärung verletzt keine Rücksichtspflicht (LAG Berlin-Brandenburg 6.11.2020 – 9 Sa 426/20). 75

ee) Arbeitsniederlegungen, Gleichbehandlungsprinzip. Ein rechtmäßiger Streik um Arbeitsbedingungen kann nicht durch die verhaltensbedingte Kündigung einzelner ArbN, sondern nur mit dem Mittel der kollektiven Aussperrung beantwortet werden (BAG AP 1, 43, 51 Art 9 GG Arbeitskampf; für Flashmobs BAGE 132, 140). Eine gewerkschaftlich – auch nachträgl – nicht übernommene Arbeitsniederlegung, für die auch kein arbeitsvertragl Leistungsverweigerungsrecht besteht, ist ein rechtswidriger („wilder") Streik. Darauf kann der ArbGeb grds 76 mit einer fristlosen Kündigung reagieren, wenn trotz wiederholter Aufforderung die Arbeit nicht wiederaufgenommen wird (BAG AP 41, 49 Art 9 GG Arbeitskampf; AP 78; KR/*Fischermeier/Krumbiegel* Rn 426). Die Umstände des Einzelfalls sind zu berücksichtigen. So erkennt das BAG den Gesichtspunkt der Solidarität der Arbeitskollegen bei einer rechtswidrigen Arbeitskampfmaßnahme als den Einzelnen begünstigend an (BAG EzA 20, 24 Art 9 GG Arbeitskampf). Zugunsten des ArbN wird auch berücksichtigt, ob er sich in einem **unverschuldeten Rechtsirrtum** befunden hat bzw ob er sich auf die Rechtsauskunft der zuständigen Gewerkschaft verlassen durfte (BAG EzA Art 9 GG Arbeitskampf; AP 78). Bei der **rechtswidrigen Arbeitsniederlegung** kann sich die Problematik der **Gleichbehandlung** stellen, sofern der ArbGeb nur einzelnen Beteiligten kündigen will. Haben mehrere ArbN – möglicherweise zusammenwirkend – im gleichen Zeitraum eine bestimmte, zeitl gleich gelagerte Pflichtverletzung begangen, darf der ArbGeb bei der Ausübung seines Kündigungsrechts nicht willkürlich differenzieren (zum Gleichbehandlungsgrundsatz im Kündigungsrecht: *Egger*, Gestaltungsrecht und Gleichbehandlungsgrundsatz im Arbeitsverhältnis, 1979; MüKo/*Henssler* Rn 115f; *Preis*, Prinzipien des Kündigungsrechts, 1987 375ff; s auch § 2 AGG Rn 36). Das BAG (DB 1979, 1659 und BAGE 38, 348; ebenso LAG Hamm 5.3.2008 – 10 TaBV 63/07; dagegen LAG Thüringen LAGE 1 § 620 Gleichbehandlung) erkennt eine mittelbare Auswirkung des Gleichbehandlungsgrundsatzes auf die Interessenabwägung an. Jedoch darf der ArbGeb aus sachlichen Gründen differenzieren, etwa nach dem Gewicht der Vertragspflichtverletzung (zB bloße Arbeitsniederlegung vs Sachbeschädigung, Beleidigung).

77 **ff) Arbeitsversäumnis.** Die Pflicht zur Leistung der geschuldeten Arbeit ist die Hauptpflicht des Dienst- bzw Arbeitsverhältnisses. Sie kann durch jedes unberechtigte Fernbleiben vom Arbeitsplatz verletzt werden. Zeigt der ArbN durch wiederholte oder dauerhafte Arbeitsversäumnis eine besondere Unzuverlässigkeit und Verantwortungslosigkeit ggü dem Betrieb, kann die fristlose Kündigung gerechtfertigt sein, es sei denn, besondere Umstände erklären das Fernbleiben von der Arbeit. **Einzelfälle:** Häufiges unentschuldigtes Fehlen (LAG Schl-Holst BB 1981, 1641; SPV/*Preis* Rn 589); wiederholtes Zuspätkommen nach vorheriger Abmahnung und nur in besonderen Fällen (eingehend BAG DB 1989, 329; NZA 1997, 761; LAG Rh-Pf 8.12.2016 – 2 Sa 188/16; Soergel/*Kraft* Rn 48); eigenmächtiger **Urlaub**santritt (BAG NZA 2000, 1332; KR/*Fischermeier/Krumbiegel* Rn 471; auch während Prozessbeschäftigung BAG NJW 2021, 2602); eigenmächtige Urlaubsverlängerung (LAG Düsseldorf NZA 1985, 779; DB 1981, 1731; SPV/*Preis* Rn 592); fehlerhafte bzw manipulierte Arbeitszeiterfassung (BAG NZA 2019, 445 Rn 17; LAG Hamm LAGE 33 2002; LAG Rh-Pf LAGE 39 2002; LAG Thüringen 3.5.2022 2022 – 1 Sa 18/21: Raucherpause). Die **strafrechtl** Würdigung (vor allem Betrug[-sversuch]) ist dabei grds nicht entscheidend (LAG Hamm 30.11.2011 – 5 Sa 467/11). Eine außerordentliche Kündigung ist allerdings bei unerheblichen Urlaubsüberschreitungen regelmäßig nicht gerechtfertigt (SPV/*Preis* Rn 594), insb, wenn der ArbN die Überschreitung des Urlaubs nicht zu vertreten hat (zB wegen einer Naturkatastrophe). Im Rahmen der Interessenabwägung zu berücksichtigen ist, wenn ein Urlaubsantrag zu Unrecht abgelehnt wurde, der Verfall des Urlaubsanspruchs droht und gerichtliche Hilfe nicht rechtzeitig käme, ein „Recht zur Selbstbeurlaubung" folgt daraus aber nicht (BAG AP 115; vgl auch BAG DB 1994, 1477 – plötzlicher Erziehungsurlaub; LAG Köln LAGE 5 § 612a krankheitsbedingte Kinderbetreuung; krit *Hunold* DB 1994, 2497; *Kohte* AuA 1992, 60). Pflichtwidriger Arbeitsversäumnis steht gleich, wenn sich der ArbN Arbeitsbefreiung durch falsche Angaben erschleicht. Praktisch bedeutsam, aber schwer zu beweisen ist das **Vortäuschen einer Krankheit** mit und ohne ärztliches Attest (LAG Berlin EzA 67; NZA-RR 2001, 470; LAG Hamm DB 1975, 841; LAG Düsseldorf DB 1981, 1731; MüKo/*Henssler* Rn 215; ausf *Lepke* Rn 553ff mwN, 571ff mwN), sowie die Androhung der Krankmeldung für den Fall der Nichtbeurlaubung (BAG EzA 143 Anm *Kraft*). Bei berechtigter Arbeitsversäumnis kann der ArbN außerordentlich kündigen, wenn sie unter grober Vernachlässigung von ArbGeb-Interessen **nicht rechtzeitig mitgeteilt** wird (selbständige Nebenpflichtverletzung) (BAG DB 1984, 132).

78 **gg)** Ein wichtiger Kündigungsgrund liegt in der **beharrlichen Arbeitsverweigerung** des ArbN (BAG NZA 2018, 646 Rn 28ff; NJW 2017, 394 Rn 23ff; AP 272; 130 Anm *Bernstein*; AP 6 § 8a MuSchG 1968; AP 5 § 273; KR/*Fischermeier/Krumbiegel* Rn 428; SPV/*Preis* Rn 570ff). Eine Arbeitsverweigerung ieS liegt vor, wenn der ArbN die Übernahme bestimmter Aufträge und Arbeiten ablehnt. Beharrlich ist die Arbeitsverweigerung, wenn der ArbN seine Arbeit bewusst und nachhaltig nicht leistet (BAG NZA 2018, 646 Rn 29). Die Beharrlichkeit folgt aus der Willensrichtung sowie aus Grad und Schwere des Verschuldens des ArbN. Eine einmalige Verweigerung der Arbeitsleistung ohne vorherige Abmahnung (dazu Rn 52ff) genügt regelmäßig nicht (MüKo/*Henssler* Rn 144). Ob im konkreten Fall eine unzulässige Arbeitsverweigerung vorliegt, hängt davon ab, zu welchen Dienstleistungen der ArbN arbeitsvertragl und im Rahmen des Direktionsrechts (§ 106 GewO) verpflichtet ist (LAG Berlin DB 1963, 1123; LAG Hamm NZA-RR 2011, 640). Unerheblich ist, ob der ArbN seine Weigerung subj für rechtmäßig hält; entscheidend ist die obj Rechtslage; der ArbN trägt maW das Risiko eines Rechtsirrtums (BAG NZA 2018, 646 Rn 29; NZA 2017, 394 Rn 37ff; NJW 2016, 1754 Rn 22; NZA 2014, 533). Eine Kündigung ist ausgeschlossen, wenn der ArbGeb dem ArbN unter Überschreitung seines Direktionsrechts Arbeiten zugewiesen hat (BAG BB 1985, 1853; EzA 12 zu § 611; LAG Rh-Pf AA 2013, 133) bzw der ArbN ein Leistungsverweigerungsrecht hat (vgl LAG Kiel NJW 1983, 1222; LAG Berlin ZTR 1999, 326). Letzteres ergibt sich nicht schon aus der fehlenden Zustimmung des Betriebsrats zu dessen Wiedereinstellung (BAG NZA 2001, 893). Das BAG (BB 2011, 3004; 1985, 1853; krit *Reuter* BB 1986, 385) verlangt, dass der ArbGeb bei Ausübung seines Weisungsrechts nach billigem Ermessen (§ 315 I bzw § 106 GewO) auch das Grundrecht der Gewissensfreiheit (Art 4 I GG) beachtet. Er darf daher keine Arbeit zuweisen, die den ArbN in einen vermeidbaren Gewissenskonflikt versetzt. Generell unzumutbar ist die Übernahme einer sog direkten **Streikarbeit** durch einen nicht streikenden ArbN (BAG AP 3

§ 615 Betriebsrisiko; SPV/*Preis* Rn 584). Zur Rechtmäßigkeit einer fristlosen Entlassung von ArbN, die der Arbeit an hohen Feiertagen ihrer Religionsgemeinschaft fernbleiben, s LAG Düsseldorf BB 1964, 597; KR/*Fischermeier/Krumbiegel* Rn 149; MüKo/*Henssler* Rn 155. Zur Verweigerung einer vom ArbGeb angeordneten Rücksprache LAG Düsseldorf DB 1978, 751. Auch die Verweigerung der Ableistung von zulässigerweise angeordneten **Überstunden** kann einen wichtigen Grund darstellen (LAG Köln NZA 2000, 39, 40). Die **beharrliche Verletzung arbeitsvertraglicher Nebenpflichten** ist an sich geeigneter wichtiger Grund, zB wenn der ArbN die Arbeit in weisungswidriger Art und Weise ausführt (BAG AP 272).

hh) Eine Kündigung wegen **außerdienstlichen Verhaltens** (dazu grdl *Wisskirchen*, Außerdienstliches Verhalten 79 von Arbeitnehmern, 1999) kommt nur im Ausnahmefall in Betracht, die Privatsphäre ist vom betrieblichen Bereich zu trennen (KR/*Rachor* § 1 KSchG Rn 489ff). Die Kündigung kann nur gerechtfertigt sein, wenn das Arbeitsverhältnis konkret beeinträchtigt wird (BAG NZA 2000, 1282 Tötungsdelikt des öffentlichen Bediensteten; AP 177 jahrelange erhebliche Steuerhinterziehung eines Angestellten der Finanzbehörde; LAG Hamm PERSONAL 2008, Nr 12, 54 Fußballfan-Projektleiter, der in seiner Freizeit als Konzertveranstalter rechtsextremistisch geprägte Musik abspielt; LAG Rh-Pf 26.10.2017 – 2 Sa 165/17: sexuelle Belästigung des Kindes eines Arbeitskollegen; LAG Rh-Pf 11.5.2022 – 2 Sa 276/20: Nachstellen), im Leistungsbereich, im Bereich der betrieblichen Verbundenheit der Mitarbeiter, im personalen Vertrauensbereich oder auch im Unternehmensbereich (KR/*Fischermeier/Krumbiegel* Rn 122, 430). Bei Kraftfahrern ist die sofortige Kündigung wegen **Entziehung der Fahrerlaubnis** nur gerechtfertigt, wenn sie anderweitig nicht mehr beschäftigt werden können (BAG AP 70, 137 – U-Bahn-Fahrer; LAG Köln LAGE 34; LAG Frankfurt ArbN 2004, Nr 5, 37; LAG Hamm LAGE 26; LAG Schl-Holst, Jb des Arbeitsrechts, 1987, 236), aber nicht als Sanktion (so noch BAG AP 51). **Strafbare Handlungen** können allerdings von einer solchen Qualität sein, dass sie die Eignung des ArbN für die vertragl geschuldete Tätigkeit entfallen lassen (KR/*Fischermeier/Krumbiegel* Rn 122; BAG AP 128 – Volksverhetzung durch ausländerfeindliche Flugblätter; zur außerdienstlichen fremdenfeindlichen Betätigung des ArbN s *Lansnicker/Schwirtzek* DB 2001, 865). Insoweit kann ein personenbedingter Kündigungsgrund gegeben sein. Vermögensdelikte lassen etwa die Eignung eines mit der Verwahrung oder Verwaltung von Vermögensbeständen beauftragten ArbN entfallen. Trifft den ArbGeb als **Kreditinstitut** nach KWG oder GwG die Pflicht, Mitarbeiter auf ihre Zuverlässigkeit zu überprüfen, kann deswegen außerdienstliches rechtswidriges oder „zweifelhaftes" Verhalten zugleich Rücksichtspflichtverletzung iSv § 241 II sein und so einen wichtigen Grund darstellen (BAG NZA 2018, 1405 Rn 44ff). Eine kriminelle Veranlagung oder Sittlichkeitsdelikte können die Eignung für Lehrer, Erzieher oder in der Kinder- und Jugendarbeit tätige Mitarbeiter entfallen lassen (s KR/*Fischermeier/Krumbiegel* Rn 122; zur vorsätzlichen Steuerhinterziehung bei der Nebentätigkeit LAG Hamm LAGE 53). Nach den vorstehenden Grundsätzen kann auch die **Verschuldung** des ArbN als Privatangelegenheit grds keinen verhaltensbedingten Kündigungsgrund darstellen (vgl *Becker* BlStSozArbR 1981, 305; *Lepke* RdA 1980, 185). Es genügt nicht, wenn der Leiter einer Bankfiliale eine Spielbank besucht und dies anschließend leugnet (LAG Hamm LAGE 119). Die Verschuldung eines ArbN kann aber ein personenbedingter Kündigungsgrund sein, wenn die Eignung für eine bestimmte Vertrauensposition entfallen ist (BAG 45 EzA § 1 KSchG Verhaltensbedingte Kündigung). Auch häufige Lohnpfändungen rechtfertigen eine außerordentliche Kündigung im Regelfall nicht. Etwas anderes soll gelten, wenn durch die Lohnpfändungen erhebliche Verwaltungsarbeiten beim ArbGeb anfallen, die zu wesentlichen Störungen im Arbeitsablauf und in der betrieblichen Organisation führen (BAG NJW 1982, 1062); zweifelhaft, da die im Interesse der Gläubiger eröffnete Möglichkeit der Lohnpfändung und der damit verbundene Verwaltungsaufwand jedem Drittschuldner vom Gesetz zugemutet wird (vgl §§ 828ff ZPO).

ii) Weitergehend können **Kirchen und Tendenzbetriebe** wegen **außerdienstlicher Verhaltensweisen** außer- 80 ordentlich kündigen (zur Entwicklung in der Rspr und zum aktuellen Stand *Dütz* NZA 2006, 65; *Biskup* KuR 2012, 19; *Schoenauer* KuR 2012, 30). Den Tendenzträgern bzw den kirchlichen Mitarbeitern obliegt die Pflicht, sich nicht tendenzwidrig bzw im Gegensatz zu den tragenden Grundsätzen der kirchlichen Glaubens- und Sittenlehre zu verhalten (BVerfGE 14.1.2008 – 1 BvR 273/03; BAG DB 2009, 1544; *Buchner* ZFA 79, 335; KR/*Fischermeier/Krumbiegel* Rn 129ff; ausf *Richardi* Arbeitsrecht in der Kirche, 8. Aufl 2020, § 5 II; *v Notz*, Lebensführungspflichten im evangelischen Kirchenrecht, 2003). In konfessionellen, politischen, wirtschaftl oder publizistischen Zwecken dienenden Tendenzbetrieben ist die Tendenzförderungspflicht des ArbN Vertragspflicht. Die kündigungsrechtl Auswirkungen werden von der Tendenznähe des sich tendenzwidrig verhaltenden ArbN mitbestimmt. So darf ein Gewerkschaftssekretär sich nicht gegen die grds Zielsetzung seines ArbGeb richten (BAG EzA 5 § 1 KSchG Tendenzbetrieb; s ferner LAG Berlin EzA 11 § 1 KSchG Tendenzbetrieb – Zeitungsverlag; EzA 45 § 118 BetrVG – Buchverlag, Buchclub; BAG AP 5 § 87 BetrVG 1972 Arbeitszeit – Theater; BAG EzA 40 § 1 KSchG – Orchestermusiker).

Bei der Beurteilung von Kündigungen der Kirchen haben die ArbG die aufgrund der Verfassungsgarantie des 81 **kirchlichen Selbstbestimmungsrechts** (Art 140 GG iVm 137 III WRV) vorgegebenen kirchlichen Maßstäbe für die Bewertung vertragl Loyalitätspflichten zugrunde zu legen. Die Kirchen entscheiden grds autonom, ob und inwieweit bei kirchlichen Mitarbeitern eine „Abstufung" der Loyalitätspflichten eingreifen soll (BVerfG JZ 1986, 131 m Anm *Richardi*; seitdem st Rspr des BAG, s nur DB 2012, 690 mwN; DB 2013, 2274). Sie bestimmen grds selbst, was „die Glaubwürdigkeit der Kirche und ihrer Verkündigung erfordert", was „spezifisch kirchliche Aufgaben" sind, was „Nähe" zu ihr bedeutet, welches die „wesentlichen Grundsätze der Glaubens- und Sittenlehre" sind und was als Verstoß gegen die Loyalitätspflicht anzusehen ist (BVerfG aaO; umgesetzt in der „Grundordnung des kirchlichen Dienstes im Rahmen kirchlicher Arbeitsverhältnisse", zuletzt idF v 27.4.2015, dazu *Till-*

manns NZA 2013, 178, und in der RL des Rates der EKD über die Anforderungen der privatrechtl beruflichen Mitarbeit in der Evangelischen Kirche in Deutschland und des Diakonischen Werks v 1.7.2005). Gleichwohl muss die Rechtfertigung einer Kündigung des kirchlichen ArbN wegen einer Loyalitätspflichtverletzung noch nach den Maßstäben des § 626 geprüft werden, Art 137 II 1 WRV (BAG EzA § 611 Kirchlicher ArbN Nr 26 – Heirat eines Geschiedenen; Nr 27 – Entzug der Lehrbefugnis; BVerfG NZA 2001, 717 – nichteheliches Verhältnis einer Lehrerin mit einem die Schule leitenden Mönch und Abhalten einer Pressekonferenz zu diesem Verhältnis; BAG NZA 1998, 145 – Ehebruch, Mormonenkirche; LAG Rh-Pf NZA 1998, 149 – Kirchenaustritt). Bei der Urteilsfindung im arbeitsgerichtlichen Verfahren sind allerdings die verfassungsrechtl Grundsätze und die darin normierten Wertvorstellungen zu beachten (BVerfG JZ 1986, 134; NZA 2002, 609).

82 **Abzuwägen** sind namentlich das **Selbstverständnis der Religionsgemeinschaften** aus Art 4, 140 GG iVm Art 137 WRV sowie Art 9 und 11 EMRK und die verfassungsrechtl geschützten **Rechte des ArbN**, etwa auf Achtung seines Privat- und Familienlebens aus Art 2 und 6 GG (BVerfG NZA 2014, 1387 – Wiederheirat eines in einer Caritas-Einrichtung beschäftigten ArbN) und Art 8 EMRK (BAG AP 92 § 1 KSchG 1969; EGMR NZA 2011, 277 – Obst; NZA 2011, 279 – Schüth; dazu *Joussen* RdA 2011, 173) oder seiner Glaubens- und Gewissensfreiheit aus Art 4 GG und Art 9 EMRK (BVerfG NZA 2002, 609; EGMR NZA 2012, 199 – Entlassung wegen Sektenangehörigkeit). In die Abwägung einzubeziehen sind auch sonstige den ArbN schützende gesetzl Wertentscheidungen, so auch der Schutz vor **Diskriminierung**. Der Anforderung von Art 4 II RL 2000/78, wonach die Religion oder die Weltanschauung nach der Art dieser Tätigkeiten oder der Umstände ihrer Ausübung eine wesentliche, rechtmäßige und gerechtfertigte berufliche Anforderung angesichts des Ethos der Organisation darstellen muss, hat der EuGH eine weitgehende gerichtliche Verhältnismäßigkeitskontrolle entnommen. Näher § 9 AGG Rn 8ff.

83 Keinen Tendenzschutz genießen **Sekten** und andere nicht unter den Schutz von Art 4, 140 GG, Art 137 WRV fallende Weltanschauungsgemeinschaften (BAG EzA 26 Art 140 GG – Scientology Church; dazu auch LAG Berlin NZA-RR 1997, 422). Für einen kirchlichen Mitarbeiter ist die **Mitgliedschaft in einer Sekte** allein nicht wichtiger Grund (BAG NZA 2001, 1136). Darin kann ein obj Anhaltspunkt liegen, einem ArbN, der zB mit Betriebsgeheimnissen zu tun hat, das Vertrauen zu entziehen. Das gilt jedenfalls, wenn er einer Sekte angehört, die es als ein wesentliches Ziel verfolgt, ihre Angehörigen umfassend zu durchleuchten.

84 **jj) Beleidigungen, Tätlichkeiten, sexuelle Belästigungen, ausländerfeindliches Verhalten.** Die grobe **Beleidigung** des ArbGeb oder anderer Betriebsangehöriger ist ein wichtiger Kündigungsgrund, soweit nach Form oder Inhalt eine **erhebliche Ehrverletzung** damit verbunden ist (st Rspr; vgl nur BAG AP 1 § 124a GewO; DB 2003, 1797; NZA 2010, 698; BB 2013, 1076; LAG BW 14.3.2019 – 17 Sa 52/18: üble Nachrede per WhatsApp; LAG Köln AA 2010, 90; LAG Schl-Holst BB 2010, 2956). Die strafrechtl Bewertung ist dabei nicht maßgeblich (BAG AP, 51 Verdacht strafbarer Handlung). Es müssen aber betriebliche Interessen beeinträchtigt werden, die zB in einer Rufschädigung des Unternehmens oder in einer Verschlechterung des Betriebsklimas liegen können (BAG NZA 2015, 797; LAG Berlin LAGE 118 – massiv rassistisches Verhalten; LAG München PflR 2007, 529; MüKo/*Henssler* Rn 203). Ist auch künftig mit einer Beeinträchtigung betrieblicher Interessen zu rechnen, muss in einer Interessenabwägung geprüft werden, ob die außerordentliche Kündigung als ultima ratio wegen dieser Beleidigung zulässig ist. Beachtlich ist neben der verfassungsrechtl geschützten Meinungsfreiheit des ArbN die Unternehmerfreiheit des ArbGeb nach Art 12 GG (BAG NZA 2005, 158). Ferner fällt ins Gewicht, ob der Beleidigte mit dem ArbN zusammenarbeiten muss. Wird die grobe Beleidigung als eine die künftige Zusammenarbeit unzumutbar machende Pflichtverletzung eingestuft, entfällt auch regelmäßig die Erforderlichkeit einer vorherigen Abmahnung (vgl BAG DB 1999, 2216; 1985, 340; 1982, 1417). Dieselben Grundsätze gelten für **Tätlichkeiten** ggü dem ArbGeb oder Kollegen (BAG NZA 2006, 431). Das gilt vor allem, wenn durch eine Tätlichkeit ggü einem Vorgesetzten dessen Autorität untergraben oder der Schutz der Mitarbeiter in Frage gestellt wird (BAG ArbuR 1995, 194). Die Alkoholabhängigkeit des Betroffenen lässt das Verschulden für Tätlichkeiten nicht immer entfallen (BAG AiB 1988, 69 m Anm *Peiseler*).

85 Entspr den Beleidigungen wird auch bei **sexuellen Belästigungen** verfahren (BAG NJW 2021, 3138 [Entblößen der Genitalien eines anderen ArbN]; 2004, 3508; NZA 2015, 294; LAG Mecklenburg-Vorpommern NZA-RR 2020, 419 [Zusendung pornographischer Videos]; zur Kündigung wegen Verdachts der sexuellen Belästigung BAG NJW 2017, 3547 [Belästigung von Schülerinnen] und allg Rn 112ff). Eine sexuelle Belästigung ist eine unmittelbare Diskriminierung nach § 3 III, IV AGG und stellt gem § 7 III AGG eine Vertragsverletzung dar; näher § 3 AGG Rn 24. Auf eine sexuelle Motivation des Täters kommt es nicht an (BAG NJW 2017, 3018). Nach § 12 III AGG hat der ArbGeb geeignete und angemessene **Maßnahmen zum Schutz seiner Beschäftigten** vor (weiteren) Belästigungen zu ergreifen, wie bspw die Abmahnung, Umsetzung, Versetzung oder Kündigung; näher § 12 AGG Rn 9. Die außerordentliche Kündigung kommt als ultima ratio daher nur in Betracht, wenn keine gleich geeigneten, milderen Maßnahmen ergriffen werden können (BAG DB 2011, 2609). Der ArbGeb muss den Täter grds zunächst abmahnen (LAG Nds NZA-RR 2009, 249).

86 **Ausländerfeindliches Verhalten** im Betrieb kann ein wichtiger Grund zur Kündigung sein (BAG AP 26 Verdacht strafbarer Handlung – Pamphlete; LAG Köln ArbuR 1994, 315 – Hakenkreuzzeichnung; LAG BW LAGE 20 2002 – juden- und türkenfeindliche Wandschmierereien in der Betriebstoilette; LAG Sachsen NZA-RR 2018, 244; *Preis/Stoffels* RdA 1996, 210), auch in Form von Äußerungen (BAG ArbuR 1993, 124 – antisemitischer Witz eines Lehrers; ArbG Berlin NZA-RR 2023, 15 – nachträgl bekannt gewordene antisemitische Äußerungen einer Redakteurin; LAG Hamm LAGE 84 – rassistische Äußerungen; BAG NZA 1999, 1270: Schild mit Aufschrift: „Arbeit macht frei – Türkei schönes Land"; ArbG Berlin NZA-RR 2021, 364 – Bezeichnung der Vorgesetzten als

Ming-Vase). Menschenverachtende rassistische Äußerungen lassen sich nicht unter Berufung auf Art 5 I GG rechtfertigen (BVerfG NZA 2020, 1704 [„Ugah, Ugah"]; *Preis/Stoffels* RdA 1996, 210, 214). Durch sie können Betriebskollegen beleidigt und der Ruf des Anstellungsbetriebs geschädigt werden (BAG AP 26 Verdacht strafbarer Handlung). Kommt ein ArbN gegen seinen Willen mit rassistischem Material in Kontakt, muss er seinen Gewissenskonflikt zunächst anzeigen, bevor er die Arbeit verweigert (LAG Frankfurt LAGE 41 § 611 Abmahnung – Postzusteller). Kennt aber der ArbGeb den Gewissenskonflikt und ist dieser vermeidbar, darf er dem ArbN keine solche Aufgabe zuteilen (verfassungskonformen Auslegung von § 106 GewO; BAG EzA 16 § 1 KSchG Verhaltensbedingte Kündigung).

kk) Diebstahl, Unterschlagung, Betrug, Untreue, Urkundenfälschung. Begeht der ArbN innerhalb des Arbeitsverhältnisses Eigentums- oder **Vermögensdelikte zum Nachteil des ArbGeb,** rechtfertigen diese als schwerwiegende Vertragsverletzungen die fristlose Kündigung ohne Abmahnung (BAG AP 14 Verdacht strafbarer Handlung; LAG Rh-Pf 13.12.2018 – 2 Sa 212/18 wiederholt Wertgutscheine für Kunden ausgestellt und selbst eingelöst; ZD 2018, 325 Kaffeehaus-Bestellungen nicht boniert; LAG Bln-Bbg 16.8.2018 – 10 Sa 469/18 Fahrpreis vereinnahmt ohne Fahrschein auszustellen; LAG Rh-Pf 10.7.2019 – 7 Sa 427/18: Privatverkauf des Autoverkäufers; LAG Köln AP 127; SPV/*Preis* Rn 687). Der ArbGeb darf darauf vertrauen, dass seine Betriebssubstanz nicht verletzt (Zerstörung etwa von Produktionsmitteln), nicht entzogen (gestohlen oder entliehen, zB für „Schwarzfahrten", Strom zu privaten Zwecken verbraucht) und nicht unberechtigt (an einen Nichtberechtigten) weitergegeben werden. Ferner darf er darauf vertrauen, dass der ArbN dem Betrieb auch keine Vermögensschäden zufügt, zB indem er einen Geschäftskunden veranlasst, auf Rechnung seines Anstellungsbetriebs Werkzeug an ihn selbst zu liefern (LAG Schl-Holst DB 1996, 1291) oder indem er Scheinabrechnungen ggü dem ArbGeb vornimmt (LAG Bln-Bbg NZA-RR 2010, 633). Bei der Eigentums- bzw Vermögensschädigung muss kein **Straftatbestand** erfüllt sein. Praktisch bedeutsam sind aber die Fälle des Diebstahls (LAG Düsseldorf DB 1974, 928; auch des Versuchs, LAG Köln AP 127), der Unterschlagung (LAG Düsseldorf DB 1976, 680), des Betrugs sowie der Untreue (LAG Berlin EzA 80) und der Urkundenfälschung (BAG AP 131). 87

Umstr ist die fristlose Kündigung wegen der Entwendung geringwertiger Sachen des ArbGeb (**Bagatellkündigung**, s bereits Rn 62; vgl BAG AP 14 Verdacht strafbarer Handlung; AP 80, 81; NZA 2008, 1008; ArbG Lörrach ArbuR 2010, 79 – Diebstahl von sechs Maultaschen; LAG BW LAGE 27 2002 – Kinderreisebett; *Tschöpe* NZA 1985, 589). Während manche auf die Höhe des Schadens abstellen und bei kleineren Verfehlungen die außerordentliche Kündigung nicht für gerechtfertigt halten, erkennt das BAG grds jedes Bagatelldelikt „an sich" als geeigneten Grund für eine außerordentliche Kündigung an, uU sogar ohne vorherige Abmahnung (BAG AP 14 Verdacht strafbarer Handlungen – Kuchen für 1 DM; BAG NZA 2010, 1227 – Emmely: Unterschlagung von Pfandbons im Wert von 1,30 €; BB 2013, 125). Die Höhe des Schadens allein ist jedoch grds nicht geeignet, über die generelle Wichtigkeit eines Kündigungsgrunds zu entscheiden. Die strafrechtl (§ 248a StGB) und prozessualen (§§ 153, 170 II 1 StPO) Privilegierungen sind für die Kündigung ebenso wenig bindend, wie auch die Beurteilung im Strafverfahren für den Zivil- bzw den Arbeitsrichter nicht bindend ist (vgl auch BAG EzA 5 § 123 GewO für das Merkmal der „Entwendungen"; dazu auch Rn 57ff). Die Vertragspflichten würden verkehrt, wenn dem ArbGeb statt der Möglichkeit der Kündigung bei geringwertigen Diebstählen auferlegt wird, organisatorische Vorkehrungen gegen Materialschwund zu treffen. Ist ein Vorfall wirtschaftl belanglos, ist allerdings im Rahmen der Interessenabwägung zu prüfen, ob die Kündigung unverhältnismäßig ist (*Buß* NJW 1998, 337). 88

Auch wegen einer **außerbetrieblichen** Tat kann die Kündigung gerechtfertigt sein, wenn das Ansehen des ArbGeb geschädigt wird (LAG Frankfurt BB 1986, 193 – Gerichtshelferin). Der Ansehensverlust muss aber nachweislich sein oder konkrete Nachteile für den Betrieb haben. Das BAG (DB 1985, 1192) hat eine ordentliche verhaltensbedingte Kündigung einer ArbN anerkannt, die in ihrer Freizeit zum Nachteil einer Konzernschwester (Warenhaus) ihrer ArbGeb (Kreditinstitut) einen Diebstahl geringwertiger Sachen verübt hat. Dabei wurde weder das Eigentum des Anstellungsbetriebs unmittelbar geschädigt, noch waren sonstige Nachteile für diesen erkennbar. Das Gebot, sämtliche Konzernschwestern oder Geschäftskunden bzw -partner des ArbGeb nicht zu schädigen, übersteigt idR die vertragl Pflichten. Nur wenn daraus Nachteile für den Betrieb selbst entstehen, ist eine Kündigung gerechtfertigt (krit auch *Dütz* Anm BAG EzA 91 nF). Immerhin hat das BAG (DB 1985, 1244) hervorgehoben, dass es auch bei Vermögensdelikten einer umfassenden Interessenabwägung bedarf und dass auch die Dauer der Betriebszugehörigkeit in die erforderliche Abwägung einzubeziehen ist (krit *Tschöpe* NZA 1985, 589). Auch **ggü Dritten** (zB Kunden des ArbGeb oder Mitarbeitern) begangene Vermögensdelikte können zur außerordentlichen Kündigung berechtigen (LAG Köln NZA-RR 2002, 519 – „Kollegendiebstahl"). Als außerordentliche Kündigungsgründe kommen darüber hinaus auch sonstige Verstöße gegen nicht allein die Rechtsgüter des ArbGeb schützende, strafbewehrte Vorschriften in Betracht, wie zB gegen Umwelt- oder Lebensmittelvorschriften (LAG Köln NZA-RR 2009, 368). Verdacht der Mitgliedschaft in einer terroristischen Vereinigung rechtfertigt außerordentliche Kündigung nur bei konkreter Störung des Arbeitsverhältnisses, nicht bei bloß abstrakter Gefährdung des Betriebsfriedens (LAG Nds NZA-RR 2018, 421). 89

Ein **bereits begangenes Vermögensdelikt** rechtfertigt als eine schwerwiegende Vertragsverletzung eine außerordentliche Kündigung, wenn die Schädigung des ArbGeb bei der Abwicklung des Schuldverhältnisses geschieht oder wenn durch die Schädigung das vom Vertragszweck geforderte notwendige Vertrauen erschüttert wird. Missbraucht der ArbN die ihm im Rahmen seiner Tätigkeit eingeräumten Einwirkungsmöglichkeiten auf Eigentum und Vermögen des ArbGeb oder verletzt er die ihm obliegenden Obhutspflichten, so ist das Arbeitsverhältnis in einem erheblich größeren Maße beeinträchtigt als bei einem Vermögensdelikt, das jeder beliebige Dritte 90 ebenso begehen könnte (vgl *Dütz* Anm EzA 91 nF; *Oetker* SAE 1985, 176). Gerechtfertigt ist eine außerordentliche Kündigung daher, wenn der ArbN seine Tätigkeit zu betrügerischen Handlungen zum Nachteil des ArbGeb missbraucht (BAG DB 2013, 239). Das ist der Fall bei einem Spesenbetrug eines ArbN in vertrauensvoller Stellung, mag es sich auch um einen einmaligen und verhältnismäßig geringfügigen Fall gehandelt haben (BAG AP 42, 49, 208; SPV/*Preis* Rn 687f; s aber auch LAG Frankfurt LAGE 20 § 1 KSchG). Einer **Abmahnung** bedarf es in diesen Fällen nur, wenn der ArbN angesichts einer unklaren Regelung oder Anweisung annehmen konnte, sein Verhalten sei nicht vertragswidrig (vgl Staudinger/*Temming* Rn 189). In jedem Fall bedarf es jedoch einer sorgfältigen Prüfung der Erforderlichkeit der Abmahnung (BAG NZA 2009, 1198). Generell wiegen spontane Handlungen weniger schwer als vorbedachte.

91 **ll)** Verstoß gegen **Compliance-Vorschriften** ist idR ein an sich geeigneter wichtiger Grund (Hamm GmbHR 2019, 1060 m Anm *Backhaus/Brand* jurisPR-HaGesR 1/2020 Anm 4; vgl LAG Sachsen 7.4.2022 – 9 Sa 250/21 – Informationssicherheit/clean-desk-policy zu Datenschutz; LAG Bln-Bbg 17.5.2017 – 4 Sa 30/17; ArbG Mannheim 9.11.2017 – 8 Ca 121/17 m Anm *Mengel* CCZ 2018, 237). Compliance-Vorschriften enthalten üblicherweise die besonders wichtigen Verhaltensregeln, auf deren Einhaltung der ArbGeb größten Wert legt, egal ob es sich um prozedurale oder materielle Vorschriften handelt. Sie können daher auch antizipierte Abmahnung sein. Werden Compliance-Vorschriften nicht konsequent angewandt und effektiv durchgesetzt, können sie dadurch derogiert werden; das kommt freilich nicht in Betracht, soweit die zugrundeliegende Regel zugleich (straf- oder zivil-)rechtl begründet ist (zB Schmiergeldverbot). Umso wichtiger ist, dem ArbGeb die Sanktionierung von Verstößen auch mit Kündigung nach § 626 zu ermöglichen. Allerdings stellt nicht jede Abweichung oder Hinnahme einer Verletzung (durch die zuständige Stelle!) schon die Regel in Frage. Einzelne Compliance-Vorschriften mögen zur Disposition des ArbGeb stehen, zB wenn sie primär der Transparenz des Vorgehens dienen. Unsicherheit über Bedeutung und Geltung von Compliance-Vorschriften kann ggf im Rahmen der Interessenabwägung berücksichtigt werden (LAG Bln-Bbg 17.5.2017 – 4 Sa 30/17). Ein Verstoß gegen Compliance-Regeln wiegt besonders schwer, wenn er von einem Mitarbeiter mit Führungsverantwortlichkeit oder Compliance-Verantwortlichkeit oder von mehreren gemeinsam (Kollusion) oder verschleiernd begangen wird (Hamm GmbHR 2019, 1060 Rn 54; vgl BAG NZA 2019, 445 Rn 49, 53). Das Versäumnis eines Geschäftsführers oder leitenden Mitarbeiters, geeignete Compliance-Systeme einzurichten und effektiv durchzusetzen, kann eine Pflichtverletzung darstellen (vgl LAG Hessen 17.10.2017 – 8 Sa 1444/16).

92 **mm) Nebentätigkeiten** des ArbN rechtfertigen eine Kündigung, sofern sie eine unzulässige **Wettbewerbs- oder Konkurrenztätigkeit** ggü dem ArbGeb darstellen. Jedem ArbN, nicht nur dem kaufmännischen Angestellten (§ 60 I HGB), ist aufgrund seiner Treue- und Rücksichtnahmepflicht eine Konkurrenztätigkeit untersagt (BAG EzA 2 § 60 HGB), ohne dass es einer Vereinbarung im Einzelarbeitsvertrag bedarf (§ 241 II, BAG NJW 2015, 1403 Rn 27). Ein wichtiger Grund besteht somit erst recht, wenn ein vertragl oder tariflicher Erlaubnisvorbehalt des ArbGeb zur Ausübung der Nebentätigkeit besteht (BAG NZA-RR 2007, 571 – privatrechtl Nebentätigkeit neben öffentlich-rechtl Tätigkeit; NZA-RR 2009, 393). Verstöße gegen das Wettbewerbsverbot im bestehenden Arbeitsverhältnis rechtfertigen grds eine außerordentliche Kündigung (BAG AP 213; NZA 2002, 232; EzA 1 § 60 HGB; WM 1974, 350 – Versicherungsvertreter). Dem ArbN sind nicht nur Konkurrenztätigkeiten im eigenen Interesse, sondern auch zugunsten anderer Wettbewerber untersagt (BAG NJW 2017, 2853 Rn 15; DB 2010, 1709). Das gilt grds auch bei einer unberechtigten ArbGeb-Kündigung, gegen die sich der ArbN wehrt (BAG NJW 2015, 1403 Rn 29; AP 104). In gewissem Maße sind jedoch, sofern kein nachvertragl Wettbewerbsverbot (§ 74 HGB) vereinbart worden ist, schon vor Beendigung des Arbeitsverhältnisses – zB während eines laufenden Kündigungsschutzverfahrens – Vorbereitungshandlungen für die Aufnahme einer Konkurrenztätigkeit bzw die Gründung eines eigenen Unternehmens möglich, sofern nicht durch diese Vorbereitungshandlungen unmittelbar in Geschäfts- oder Wettbewerbsinteressen des ArbGeb eingegriffen wird (BAG AP 213, 227; EzA 3, 11, 13 § 60 HGB; vgl aber auch LAG Schl-Holst DB 1991, 1990 – Hotelgewerbe; *Salamon/Fuhlrott* BB 2011, 1018). Auch wenn die vertragl geschuldete Haupttätigkeit durch die Nebentätigkeit beeinträchtigt wird, kann eine Kündigung zulässig sein (BAG AP 60, 68). Vertragsklauseln, die dem ArbN jede vom ArbGeb nicht genehmigte Nebentätigkeit verbieten, sind dahingehend auszulegen, dass nur solche erfasst sind, an deren Unterlassung der ArbGeb ein berechtigtes Interesse hat (BAG AP 60, 68; MüKo/*Henssler* Rn 194). Unberührt davon bleibt die Verpflichtung, dem ArbGeb eine Nebentätigkeit anzuzeigen, sofern dies einzelvertragl oder tarifvertragl geregelt ist (LAG Frankfurt DB 1968, 2178). Handelt es sich um keine konkurrierende Nebentätigkeit, die aber während der Arbeitsunfähigkeit bei Entgeltfortzahlung ausgeführt wird, ist darin nicht zwingend ein wichtiger Grund zu sehen, auch wenn damit die Genesung verzögert werden könnte (LAG Köln LAGE 69; vgl aber auch BAG AP 112 m Anm *Berning*).

93 **nn) Politische Betätigung.** Das BAG hält die Kündigung eines ArbN wegen dessen politischer Betätigung für möglich, wenn es zu einer konkreten **Störung des Arbeitsverhältnisses** im Leistungsbereich, im Bereich der betrieblichen Verbundenheit aller Mitarbeiter (Betriebsfrieden), im personalen Vertrauensbereich oder im Unternehmensbereich gekommen ist (BAG AP 58, 73; 2 § 134; 5 § 611 Beschäftigungspflicht; 83 § 1 KSchG 1951; DB 1985, 341; DB 1978, 641). Im Rahmen der Interessenabwägung muss allerdings die herausgehobene Bedeutung von **Art 5 I GG** berücksichtigt werden. Das BAG sieht die Meinungsäußerungsfreiheit des ArbN durch die sog „Grundregeln über das Arbeitsverhältnis" begrenzt, die das Gericht als „allg Gesetze" iSd Art 5 II GG begreift (zuletzt AP 73; krit *Ünsal*, Politische und religiöse Symbole im Betrieb, 2009, 92). Grds ist das politische Verhalten des ArbN vertragl und damit auch kündigungsrechtl irrelevant (vgl *Otto*, Personale Freiheit und soziale Bin-

dung, 1978, 92; SPV/*Preis* Rn 669). Solange mit der Äußerung einer politischen Meinung keine Beleidigungen (BAG DB 1978, 641), bewusste Verbreitung unwahrer Tatsachen (BAG AP 5 § 611 Beschäftigungspflicht), Verrat von Betriebs- und Geschäftsgeheimnissen, Sicherheitsbedenken (BAG AP 3 § 1 KSchG Sicherheitsbedenken) oder sonstige Vertragsverletzungen bzw konkret eingetretenen Betriebsstörungen (BAG NZA-RR 2012, 43) zusammenhängen, ist eine gleichwohl ausgesprochene Kündigung unwirksam. Etwas anderes gilt nur, wenn die Zurückhaltung in politischen Fragen zum Pflichtenkreis des ArbN gehört, sei es aufgrund gesetzl Regelungen (etwa im Schulrecht der Länder für angestellte Lehrer) oder aufgrund verfassungsrechtl zulässiger, tarifvertragl (etwa im öffentlichen Dienst § 41 TVöD-BT-V – früher § 8 I BAT – dazu BAG AP 8 Art 5 I GG Meinungsfreiheit; DB 1985, 341) oder einzelvertragl (etwa in Tendenzarbeitsverhältnissen) Vereinbarungen. Ins Gewicht fällt auch, ob sich die Äußerungen gegen den ArbGeb richten (BAG AP 2 § 134) und ob Kundenkontakte dafür ausgenutzt werden. Nicht bereits der provozierende Charakter einer Meinungsäußerung begründet einen Kündigungsgrund (vgl BAG AP 69, 73). Eine inhaltliche Bewertung der abgegebenen Meinung ist verfassungsrechtl unzulässig. Die oftmals unter dem Deckmantel politischer Meinungsfreiheit abgegebenen rechtsradikalen, vor allem rassistischen Äußerungen verdienen keinen Grundrechtsschutz (*Preis/Stoffels* RdA 1996, 215; vgl ferner Rn 86), das Gleiche gilt für linksextreme Agitation oder das Gutheißen terroristischer Anschläge (LAG Schl-Holst NZA-RR 2004, 351). Einzelfälle **innerbetrieblicher Betätigung:** BAG EzA nF 86 m Anm *Löwisch/Schönfeld* – Plaketten; AP 58; 69 – parteipolitische Betätigung des Betriebsrats; LAG Rh-Pf LAGE 2 Art 5 GG; LAG Berlin LAGE 21 – Flugblätter; **außerbetriebliche Betätigung:** BAG AP 11 § 1 KSchG 1969 Verhaltensbedingte Kündigung und AP 2 § 1 KSchG 1969 Sicherheitsbedenken – DKP-Zugehörigkeit; DB 1996, 2134 – Verbreitung ausländerfeindlicher Flugblätter; NZA-RR 2012, 43 – Tätigkeit eines Angestellten im öffentlichen Dienst für NPD; LAG BW LAGE 104 § 1 KSchG Verhaltensbedingte Kündigung – politische Betätigung für rechtsextremistische Partei; LAG Hamm Personal 2008, Nr 12, 54 – Fußball-Projektleiter, der in seiner Freizeit als Konzertveranstalter rechtsextremistisch geprägte Musik abspielt.

oo) Schlechtleistungen. Die qualitativ oder quantitativ unzureichende Leistung des ArbN ist ein typischer verhaltens- oder personenbedingter Kündigungsgrund. Im Regelfall rechtfertigt dieser aber nur die ordentliche Kündigung (LAG Köln LAGE 32 betr fahrlässige Schädigung; LAG Rh-Pf 16.4.2008 – 8 Sa 9/08; KR/*Fischermeier/Krumbiegel* Rn 459). Die außerordentliche Kündigung ist der Ausnahmefall (BAG AP 27 zu § 123 GewO – bewusste Zurückhaltung der Arbeitskraft trotz AbmahnungMüKo/*Henssler* Rn 164; SPV/*Preis* Rn 600). Sie kommt in Betracht bei **schwerem, schädigendem Versagen** eines verantwortlichen ArbN mit erheblichem Schadensrisiko für den ArbGeb und Wiederholungsgefahr (BAG DB 1966, 155 – Pilotenfall; LAG BW BB 1964, 681; LAG Düsseldorf DB 1987, 1099). Auch die durch ein **Gruppenmitglied** hervorgerufene Minderleistung einer Kapelle kann die außerordentliche Kündigung der Gruppe rechtfertigen, wenn ein unzumutbarer Umsatzverlust droht (BAG AP 39). Mangelhafte Leistungen in einem Probearbeitsverhältnis bzw während der **Probezeit** rechtfertigen grds keine außerordentliche Kündigung, weil die Erprobungszeit den Sinn hat, die Eignung des ArbN festzustellen. IÜ gelten für die außerordentliche Kündigung des Probearbeitsverhältnisses keine Besonderheiten (LAG Frankfurt DB 1987, 1742; LAG München DB 1975, 1756). 94

pp) Sonstige kündigungsrelevante **Treue- und Nebenpflichtverletzungen.** Die Verletzung arbeitsvertragl Nebenpflichten kann „an sich" einen wichtigen Grund darstellen, egal ob diese sich auf die Hauptleistung beziehen (zB deren Vorbereitung, Durchführung und Sicherung dienen) oder weitere Verhaltens- und Rücksichtspflichten iSv § 241 II darstellen (BAG NZA 2018, 1405 Rn 43). In Betracht kommen zB: Drohung mit Amok/Selbstmord (BAG NZA 2017, 1605 Rn 23ff); unzulässige Abwerbung von ArbN (Rn 70); unberechtigte Anzeigen gegen den ArbGeb (Rn 73); Straftaten innerhalb des Arbeitsverhältnisses, insb der Spesenbetrug (Rn 90); Ausübung verbotener Konkurrenztätigkeit (Rn 92); Verrat von Betriebs- und Geschäftsgeheimnissen (Rn 97); Datenlöschung in erheblichem Umfang (LAG BW ZD 2021, 103); heimliche Aufzeichnung eines Personalgesprächs (LAG Hessen NZA-RR 2018, 73); Missbrauch von Kundendaten eines Kunden des ArbGeb durch IT-Berater (auch: um auf eine Sicherheitslücke hinzuweisen) (ArbG Siegburg ZD 2021, 113); unbefugte Kenntnisnahme und Weitergabe von an den Vorgesetzten gerichteter E-Mail (LAG Köln NZA-RR 2022, 129); Ankündigung einer Krankschreibung (BAG NZA 2009, 779; Rn 76); Vortäuschen der Arbeitsunfähigkeit und das Erschleichen einer Arbeitsunfähigkeitsbescheinigung (BAG NJW 2017, 2853 – je selbständige wichtige Gründe); beharrliche Weigerung, einen pandemiebedingt rechtmäßig angeordneten Mund-Nase-Schutz zu tragen (ArbG Cottbus 22.12.2021 – 11 Ca 10581/20); Vorlage eines gefälschten Impfausweise (ArbG Düsseldorf NZA-RR 2022, 241); Vorlage einer falschen Impfunfähigkeitsbescheinigung (ArbG Lübeck NZA-RR 2022, 365; zu Unrecht aM das Berufungsurteil von LAG Schleswig-Holstein 7.12.2022 – 5 Sa 82/22 Rn 59ff); Verletzung einer tarif- oder einzelvertragl geregelten Nebenpflicht des ArbN, an ärztlicher Untersuchung zur Feststellung der Arbeitsfähigkeit mitzuwirken (BAG NZA 2018, 845 Rn 27); illoyales Verhalten ggü Vorgesetzten, das den Betriebsfrieden stört (BAG NZA 2017, 1332); Nichtabwendung von voraussehbaren Eigenschäden des ArbGeb durch den ArbN (BAG NZA 2009, 192); Gewährung eines Darlehens an Stammgast einer Spielbank (BAG AP 220); zinsloses Darlehen von Patient an Pfleger (LAG Hamm 20.12.2018 – 18 Sa 941/18); Annahme von Schmier- und Bestechungsgeldern (SPV/*Preis* Rn 682ff; KR/*Fischermeier/Krumbiegel* Rn 465; BAG AP 65; s auch Rn 91). Letzteres gilt auch, wenn der Angestellte infolge der Bestechung tatsächlich nicht pflichtwidrig gehandelt hat und wenn dem ArbGeb kein Schaden entstanden ist bzw er sich nur Vorteile versprechen ließ oder diese annahm, ohne einen Schaden zu bewirken (BAGE 78, 612; *Canaris* SAE 1978, 180). Diese Gesichtspunkte sind allerdings innerhalb der Interessenabwägung zu berücksichtigen. Als Treuepflichtverletzung ist des Weiteren jede missbräuchliche Ausnutzung einer tatsäch- 95 lichen oder rechtl Befugnis zu verstehen, die der Dienstberechtigte dem Dienstnehmer im Vertrauen auf dessen Redlichkeit eingeräumt hat. Bsp: Vollmachtsmissbrauch (BAG AP 53); Führen umfangreicher Gespräche vom Diensttelefon trotz ausdrückl Verbots (LAG Düsseldorf BB 1963, 732) bzw ohne Verbot, aber in erheblichem Umfang (LAG Nürnberg BeckRS 2019, 29727); bei Erreichen eines exzessiven Ausmaßes (15–20 % der Arbeitszeit) können Privattelefonate eine fristlose Kündigung ohne Abmahnung rechtfertigen (LAG Mecklenburg-Vorpommern 7.1.2017 – 5 TaBV 8/16); Fertigung privater Fotokopien auf Dienstkopierer (ArbG Berlin BB 1980, 1105); unberechtigte Fahrt mit firmeneigenem Kraftwagen (BAG BB 1961, 642); unrichtige Angabe geleisteter Arbeitszeit (LAG Hamm 11.12.2019 – 6 Sa 912/19, juris Rn 57); Einsatz nachgeordneter Mitarbeiter für private Zwecke (LAG Köln 25.11.2016 – 4 Sa 1182/15). Keine Treuepflichtverletzung ist die Ausübung eines berechtigten Zurückbehaltungsrechts hinsichtl der Arbeitskraft wegen offener Vergütungsansprüche (BAG EzA 161). **Nicht** pflichtwidrig handelt der einen Betriebsrat initiierende ArbN, wenn er auf den Aufhebungsvorschlag des ArbGeb eine exorbitant hohe Abfindungssumme fordert (ArbG Solingen 25.1.2018 – 3 Ca 1081/17 lev).

96 **qq)** Übt der ArbN **Kritik** an den betrieblichen Verhältnissen ggü dem ArbGeb auf Betriebsversammlungen und in gewissem Maße auch in der Öffentlichkeit, rechtfertigt dieses Verhalten eine Kündigung regelmäßig nicht (BAG BB 1965, 332; DB 1973, 675; BVerfG NZA 2018, 924: Bezeichnung des Vorgesetzten als „Ausbeuter" keine Schmähkritik; BAG NZA 2020, 646 Rn 87ff). Der ArbN ist nicht unmündig im Betrieb. Die Grundregeln über das Arbeitsverhältnis, wie die Pflichten zu Loyalität und Rücksichtnahme bilden keine Schranken der Meinungsfreiheit iSv Art 5 II GG (ArbG Hamburg AiB 1995, 774 entgegen BAG EzA 2 § 611 Beschäftigungspflicht). Das Recht auf **freie Meinungsäußerung** ist von Art 5 GG wie auch Art 10 EMRK geschützt und muss im Rahmen der Interessenabwägung besondere Berücksichtigung finden (EGMR NZA 2011, 1269 – Heinisch). Dazu gehört auch sog **Whistleblowing**, Rn 73. Auch die **Kunstfreiheit** ist zu beachten (Art 5 III GG; LAG Hamm BB 2011, 1811). Die Kritik darf aber das zulässige Maß nicht überschreiten, etwa indem der ArbN ehrenrührige oder unwahre Behauptungen über den ArbGeb aufstellt (BAG BB 1983, 836; NZA 2010, 698 und 1128; BB 2013, 1076) oder sich in der Öffentlichkeit in geschäftsschädigender Weise über den ArbGeb äußert (BAG EzA 25 § 1 KSchG; NZA 1998, 95). Das Vertrauen in einen leitenden Angestellten wird zB zerstört, wenn dieser ggü einem Dritten ernsthaft erklärt, er werde den Interessen seines ArbGeb in existenzgefährdender Weise zuwiderhandeln (LAG Nürnberg BB 1993, 943; LAG München EzA 151). Die Ebene einer zulässigen Auseinandersetzung im Betrieb verlässt der ArbN, wenn er zur Durchsetzung seiner Auffassung die Verletzung vertragl Nebenpflichten androht, wie etwa den Verrat von Betriebs- oder Geschäftsgeheimnissen oder die Ankündigung, sich seiner Arbeitsverpflichtung durch „Krankfeiern" zu entziehen (vgl LAG Köln DB 1982, 2091; LAG Hamm DB 1982, 2705). Zur Kündigung wegen Nichtanzeige der Arbeitsunfähigkeit BAG EzA 45 oder bevorstehenden Wehrdiensts im Ausland BAG DB 1984, 132.

97 **rr) Verrat von Betriebs- und Geschäftsgeheimnissen.** Es gehört zu den arbeitsvertragl Verpflichtungen (nach § 241 II oder Vereinbarung) des ArbN, während des Bestands des Arbeitsverhältnisses Verschwiegenheit über Betriebs- und Geschäftsgeheimnisse zu wahren (MünchArbR/*Reichold* § 54 Rn 32; Schaub/*Linck* § 53 Rn 52). Die Verletzung der Verschwiegenheitspflicht kann je nach der Schwere des Verstoßes die außerordentliche Kündigung rechtfertigen (BAGE 26, 116; LAG Düsseldorf ZIP 1982, 217; LAG Hamm ZIP 1981, 1259; LAG Sachsen LAGE 129; LAG Rh-Pf ZD 2012, 133).

98 **ss) Verstöße gegen die betriebliche Ordnung** können nur dann Kündigungsgründe darstellen, wenn hinreichend konkretisierte und rechtl zulässige Ordnungspflichten im Betrieb bestehen und wenn durch deren Verletzung betriebliche Interessen oder der Betriebsablauf gestört werden.

99 Der ArbGeb kann – ggf auch durch Betriebsvereinbarung – für den Betrieb ein **Rauchverbot** erlassen, für öffentlich-rechtl ArbGeb gelten bereits die jew Landesnichtraucherschutzgesetze. Nach § 618 und den Vorschriften der ArbStättV (vor allem § 5 ArbStättV) ist der ArbGeb sogar verpflichtet, geeignete Maßnahmen zum Schutz der Belegschaft vor den Gefahren und Belästigungen des Passivrauchens zu ergreifen, insb durch Erlass eines Rauchverbots (ausf dazu § 618 Rn 20ff). Verstoßen ArbN wiederholt gegen das Rauchverbot, rechtfertigt dies nach erfolgter Abmahnung eine verhaltensbedingte Kündigung (SPV/*Preis* Rn 681). In Betrieben mit akuter **Brandgefahr** stellt ein Verstoß gegen das Rauchverbot einen Grund zur fristlosen Kündigung dar (KR/*Fischermeier/Krumbiegel* Rn 457; LAG Nds ARST 1967, 5). Auch in Betrieben ohne akute Brandgefahr stellt ein Verstoß des ArbN gegen das angeordnete Rauchverbot eine erhebliche Pflichtverletzung dar, weil der Verstoß ggf zur Begehung einer Ordnungswidrigkeit durch den ArbGeb führen kann, wenn dieser dadurch einer **behördlichen Anordnung** zur Durchsetzung des Rauchverbots nicht nachgekommen ist (§ 25 I Nr 2 lit a iVm § 22 III ArbSchG iVm § 5 ArbStättV). Die Missachtung des Rauchverbots kann je nach Gewicht der betrieblichen Interessen die außerordentliche Kündigung rechtfertigen (BAG DB 2013, 1060). Raucht der ArbN in den dafür vorgesehenen Bereichen, überschreitet er aber exzessiv die zulässigen Pausenzeiten, so verletzt er seine vertragl Arbeitspflicht so erheblich, dass eine außerordentliche Kündigung gerechtfertigt ist (BAG DB 2013, 1060). **E-Zigaretten** sind nicht vom Verbot des NRW-NiSchG erfasst (OVG NRW NVwZ 2015, 211), doch kann der Gebrauch uU auch Schutzpflichten des ArbGeb begründen.

100 Gleiches gilt für die Verletzung eines betrieblichen **Alkoholverbots** (LAG Nds DB 1981, 1985; LAG Hamm LAGE 52). Auch ohne explizites Verbot rechtfertigt der Alkoholgenuss während der Arbeitszeit die Kündigung, wenn dadurch die Arbeitsleistung beeinträchtigt oder die Unfallgefahr erhöht wird (s Rn 71f). Bei einem leitenden Angestellten kann die Abmahnung entbehrlich sein (LAG Düsseldorf DB 1956, 332).

Betriebliche Ordnungspflichten werden durch den Missbrauch betrieblicher **Kontrolleinrichtungen** (Stempeluhren) verletzt (BAG NJW 2006, 1545; NZA 2000, 27; EzA 16 § 103 BetrVG 1972). Ein wichtiger Kündigungsgrund ist auch gegeben, wenn der ArbN trotz Abmahnung die Einhaltung notwendiger **Arbeitsschutzbestimmungen** verweigert (LAG Düsseldorf DB 1953, 108; MüKo/*Henssler* Rn 238). Schwerwiegende und trotz Abmahnung wiederholte Verstöße gegen die betriebliche **Kleiderordnung** können einen wichtigen Grund zur außerordentlichen Kündigung darstellen. Von ArbN mit Kundenkontakt kann der ArbGeb erwarten, dass sie sich dem Charakter des Handelsgeschäfts und dessen Kundenstamm entspr kleiden und ihr äußeres Erscheinungsbild dem vom ArbGeb vorgegebenen „Stil des Hauses" anpassen (BAG NZA 2003, 483; ErfK/*Schmidt* Art 2 GG Rn 87). Eine solche Pflicht des ArbN kann bei Fehlen einer ausdrückl Vereinbarung auch durch Weisung des ArbGeb (§ 315; § 106 GewO) begründet werden oder Ausprägung der allg Rücksichtnahmepflicht (§ 241 II) sein. Bei der Bestimmung ihres Inhalts sind allerdings die Grundrechte der Beteiligten zu berücksichtigen (vgl Rn 46). Kollidiert das Recht des ArbGeb, im Rahmen seiner unternehmerischen Betätigungsfreiheit (Art 12 I GG) den Inhalt der Arbeitsverpflichtung des ArbN zu konkretisieren, mit grundrechtl geschützten Positionen des ArbN (zB Art 2 I, 4 I, 5 I, III GG), so ist dieses Spannungsverhältnis grundrechtskonform auszugleichen (BAG NZA 2003, 483; BB 2011, 3004). Gleiches gilt, wenn sich der ArbN auf ein Leistungsverweigerungsrecht iSv § 275 III beruft. Das Tragen **einheitlicher Arbeitskleidung mit Firmenemblem** kann mit dem APR der betroffenen ArbN vereinbar sein (BAG NZA 1993, 711). Dagegen rechtfertigt das durch Art 4 GG geschützte Tragen eines **islamischen Kopftuchs** regelmäßig keine ordentliche (BAG NZA 2003, 483 für Verkäuferin; bestätigt von BVerfG NZA 2003, 959) oder außerordentliche (ArbG Dortmund KirchE 43, 22 für Erzieherin in städtischem Kindergarten) Kündigung. Auch die beharrliche Arbeitsverweigerung eines ArbN aus Gründen des Glaubens und der Religion rechtfertigt keine außerordentliche Kündigung, wenn die Möglichkeit besteht, den ArbN in einem Arbeitsbereich einzusetzen, in dem ein Konflikt mit der Glaubensüberzeugung des ArbN nicht entstehen kann (BAGE 137, 164 – ArbN muslimischen Glaubens verweigert Verkauf von Alkoholika; ähnl BB 2011, 3004). Zur Beurteilung von Kopftuchverboten nach AGG, s § 8 AGG Rn 14. 101

tt) Surfen im Internet. Bei einer intensiven zeitl privaten Nutzung des Internets während der Arbeitszeit verletzt der ArbN grds seine (Hauptleistungs-)Pflicht zur Arbeit, auch wenn dem ArbN die private Internetnutzung nicht ausdrückl untersagt oder konkludent genehmigt war (BAG NZA 2006, 98 m Anm *Besgen* SAE 2006, 117; NZA 2006, 977; 2006, 980). Denn eine **Erlaubnis** des ArbGeb würde regelmäßig die private Nutzung nur in normalem und zeitl angemessenem Umfang gestatten. Die Pflichtverletzung kann nach Gesamtabwägung der Umstände im Einzelfall einen die außerordentliche Kündigung rechtfertigenden wichtigen Grund iSv § 626 darstellen (BAG NZA 2006, 98; NZA 2006, 977). Sie wiegt dabei umso schwerer, je mehr der ArbN bei der privaten Nutzung des Internets seine Arbeitspflicht in zeitl und inhaltlicher Hinsicht vernachlässigt (BAG NZA 2006, 977). Insb wenn der ArbN das Internet entgegen einem ausdrückl **Verbot** des ArbGeb privat nutzt, dem ArbGeb durch die private Internetnutzung des ArbN zusätzl Kosten entstehen, der Ruf des ArbGeb geschädigt wird, weil strafbare Darstellungen oder erhebliche Datenmengen aus dem Internet auf das betriebliche EDV-System heruntergeladen werden (**unbefugter Download**), ist die Annahme eines wichtigen Grunds für eine außerordentliche Kündigung gerechtfertigt (BAG NZA 2006, 98; 2006, 977 und 980; DB 2013, 706). Auch mit der Installation einer Anonymisierungssoftware auf einem dienstlichen Rechner verletzt der ArbN seine arbeitsvertragl Pflichten erheblich, wenn ihm die Vertragswidrigkeit seines Verhaltens ohne weiteres erkennbar war und er mit einer Hinnahme seines Handelns durch den ArbGeb nicht ernsthaft rechnen konnte (BAG NZA 2006, 980); zur Installation von „Hacker"-Software vgl LAG Hamm LAGRp 2004, 300. Zur Kontrolle privater Mail-Kommunikation durch den ArbGeb s BeckOK-DatenschutzR/*Riesenhuber*, § 26 BDSG Rn 165ff. 102

Ein wichtiger Grund liegt im Einzelfall nicht vor, wenn die private Nutzung des Internets die geschuldete Arbeitsleistung nur **kurzfristig** oder **unerheblich** beeinträchtigt oder der ArbN mangels Arbeitsanfalls ohnehin untätig gewesen wäre (BAG NZA 2006, 98 mwN). Jedenfalls bedarf es zunächst einer **Abmahnung**, wenn der ArbN mit vertretbaren Gründen annehmen konnte, dass sein Verhalten nicht vertragswidrig sei oder vom ArbGeb zumindest nicht als ein erhebliches, den Bestand des Arbeitsverhältnisses gefährdendes Fehlverhalten angesehen werde (vgl BAG NJW 1986, 2338; DB 2013, 607). Für die Praxis empfiehlt sich die ausdrückl vertragl Regelung der Internetnutzung bzw eine Betriebsvereinbarung nach §§ 77, 87 I Nr 1 BetrVG. Allg zur Nutzung elektronischer Medien durch den ArbN während der Arbeitszeit s *Besgen/Prinz*, Arbeiten 4.0[5] 2022. Zur Kündigung wegen privater Nutzung von betrieblichen IT-Einrichtungen BAG NZA 2016, 161 m Bespr *Kramer* NZA 2016, 341. 103

b) Personenbedingte Kündigungsgründe sind solche, die mit persönlichen Eigenschaften und Fähigkeiten des ArbN zusammenhängen. Sie rechtfertigen die fristlose Kündigung nur, wenn sie deutlich schwerer wiegen als die personenbedingten Gründe, die nach § 1 II KSchG eine ordentliche Kündigung erlauben. 104

aa) Nach heute überwiegender Ansicht erfüllen **Alkohol- und Drogensucht** die Voraussetzungen des arbeitsrechtl Krankheitsbegriffs (BAG DB 1983, 2420; *Lepke* Rn 88ff, 358ff), wie er iSd § 1 I 1 EFZG verstanden wird (vgl BAG AP 20 § 74 HGB zum vorherigen LFZG). Die Suchterkrankung kann psychologische, physiologische, genetische, mithin multifaktorielle Ursachen haben (*Lepke* Rn 359). Eine Kündigung wegen der durch Suchterscheinungen bedingten Fehlzeiten kann daher nur unter den engen Voraussetzungen einer Kündigung wegen Krankheit, also regelmäßig nur als ordentliche Kündigung erfolgen (BAG DB 2013, 882; Schaub/*Linck* § 131 Rn 31). Bei der Kündigung sind regelmäßig die Wertungen von § 7 AGG zu beachten (s Rn 33). Zwar ist Krankheit an sich grds keine Behinderung iSd RL 2000/78/EG (EuGH NZA 2006, 839; § 1 AGG Rn 10). Anderes gilt 105 jedoch, wenn eine (un-)heilbare Krankheit aufgrund physischer, geistiger oder psychischer Beeinträchtigungen die gleichberechtigte Teilhabe am Arbeitsleben dauerhaft einschränkt oder verhindert (EuGH NZA 2013, 553). Die krankheitsbedingte Kündigung erfordert eine **dreistufige Prüfung:** (1) die negative Prognose für den weiteren Gesundheitszustand sowie für weitere Fehlzeiten, die zusammen mit den entstandenen Fehlzeiten die betrieblichen Interessen erheblich gefährden müssen, (2) ferner, dass die Interessenbeeinträchtigung durch mildere Mittel nicht abgewendet und dem ArbGeb nicht zugemutet werden kann (BAG DB 2013, 882). (3) Schließlich muss diese Beeinträchtigung der betrieblichen Interessen zu einer billigerweise nicht mehr hinzunehmenden Belastung führen (BAG DB 2013, 882; BAGE 61, 131). Die pauschale Gleichsetzung von Alkoholsucht und Krankheit begegnet jedoch Bedenken, soweit (a) die Sucht oder die dadurch herabgesetzte Steuerungsfähigkeit eine Gefahr für Rechte und Rechtsgüter des ArbGeb oder anderer ArbN begründet und (b) vom ArbN selbst wesentlich mitverursacht ist. Der ArbGeb ist auch nicht aufgrund sozialer Erwägungen gehalten, diese Gefährdung hinzunehmen. Bei einer erheblichen Gefahr für den Betrieb ist ihm auch nicht zuzumuten, das Ergebnis einer Suchttherapie abzuwarten. Soweit der suchtkranke ArbN ein größerer Unsicherheitsfaktor für den Betrieb ist, fällt zudem die Prognose seiner weiteren Eignung regelmäßig schlechter aus, als bei einem sonst erkrankten ArbN. Sie verschlechtert sich weiter, wenn der ArbN nicht zu einer Suchttherapie bereit ist (BAG NZA 2014, 602; EzA 33 § 1 KSchG Krankheit). Dagegen besteht keine vertragl Nebenpflicht, sich einer Alkoholtherapie zu unterziehen (so aber *Gottwald* NZA 1997, 635 und NZA 1999, 180; dagegen *Künzl* NZA 1998, 122).

106 Ein Kündigungsgrund ist stets zu bejahen, wenn die Alkohol- oder Drogensucht die **Eignung** des ArbN für eine bestimmte Tätigkeit schlechthin entfallen lässt (Berufskraftfahrer, Verkehrspilot, vgl *Lepke* Rn 386) oder wenn es im Zusammenhang mit der Suchterscheinung zu verhaltensbedingten Kündigungsgründen kommt, etwa weil der ArbN infolge des Alkohol- oder Drogengenusses während der Arbeitszeit den Betriebsablauf stört oder wiederholt seine arbeitsvertragl geschuldeten Leistungen nicht oder nicht ordnungsgemäß erbringt. Im Regelfall dürfte allerdings nur eine fristgerechte Kündigung zulässig sein (LAG Berlin DB 1985, 2690; *Lepke* Rn 386). Zur Entziehung der Fahrerlaubnis eines Berufskraftfahrers infolge Trunkenheit s BAG AP 70. Haschischkonsum, der auf das Arbeitsverhältnis nicht einwirkt, soll eine außerordentliche Kündigung nicht rechtfertigen (LAG BW NZA 1994, 175).

107 **bb)** Die **fehlende Eignung oder mangelnde Fähigkeit** des ArbN für die vertragl geschuldete Arbeitsleistung sind personenbedingte Kündigungsgründe, die grds nur die ordentliche Kündigung nach § 1 KSchG rechtfertigen (KR/*Fischermeier*/*Krumbiegel* Rn 438; KR/*Rachor* § 1 KSchG Rn 320ff; Schaub/*Linck* § 131 Rn 27). Bei einem Versagen gehobener Angestellter, das ein Schadensrisiko zur Folge hat, hat die Rspr eine außerordentliche Kündigung wegen fehlender Eignung bzw Fähigkeiten für möglich gehalten (BAG AP 27 § 66 BetrVG). Das gilt entspr in anderen Fällen drohender Schäden und bei erheblicher Unterwertigkeit der Arbeitsleistung.

108 **cc) Fehlen einer Arbeitserlaubnis**, dh eines zur Ausübung einer Beschäftigung berechtigenden Aufenthaltstitels nach §§ 4, 18 AufenthG, kann ein personenbedingter Kündigungsgrund iSd § 1 KSchG sein (BAG AP 2–4 § 19 AFG). Die fristlose Kündigung ist allerdings idR unzulässig (KR/*Rachor* § 1 KSchG Rn 306). Da die fehlende Arbeitserlaubnis die Beschäftigungspflicht und, soweit nicht vom ArbGeb zu vertreten, auch die Entgeltpflicht entfallen lässt, wird der ArbGeb an der sofortigen Beendigung des suspendierten Arbeitsverhältnisses kein besonderes Interesse haben (*Hanau*, FS BAG, 1979, 190). Anderes gilt, wenn der Arbeitsplatz sofort neu besetzt werden muss. Ein verhaltensbedingter Kündigungsgrund kann auch darin liegen, dass sich der ausl ArbN nicht oder nicht rechtzeitig um die Erteilung bzw Verlängerung der Arbeitserlaubnis bemüht hat oder er seine vollziehbare Ausreisepflicht verschweigt (LAG Nürnberg BB 1994, 2208).

109 **dd) Krankheit.** Der krankheitsbedingte Arbeitsausfall oder die Minderung der Leistungsfähigkeit rechtfertigt unabhängig von der Dauer der Krankheit die außerordentliche Kündigung nicht ohne weiteres (BAG AP 3, 7 Krankheit; KR/*Fischermeier*/*Krumbiegel* Rn 442; SPV/*Preis* Rn 701; diff aber *Lepke* Rn 186ff). Nach dem Ultima-ratio-Grundsatz muss stattdessen der ArbGeb versuchen, der Minderung der Leistungsfähigkeit durch betriebsorganisatorische Maßnahmen (Arbeitszeiten, Versetzung) abzuhelfen (BAG AP 7 Krankheit; NZA 2007, 1041; BAGE 123, 234). Keine formelle Wirksamkeitsvoraussetzung ist die Durchführung eines **betrieblichen Eingliederungsmanagements** iSv § 167 II SGB IX (BAGE 123, 234), doch wirkt sich die Pflicht auf die Darlegungs- und Beweislast aus (Übersicht: *Beck* NZA 2017, 81; *Rupp* NZA 2017, 361). Den ArbN trifft eine Obliegenheit, sich ggü den Bemühungen des ArbGeb kooperativ zu verhalten (BAG AP 12 Krankheit). Fraglich ist, ob er bei seelischen Erkrankungen zunächst die Wirkung einer Rehabilitation abwarten muss, ähnl wie bei der Arbeitsunfähigkeit wegen Alkoholsucht. Das müsste dann für alle Krankheiten gelten, bei denen eine Therapie Abhilfe verspricht und führte zu einer unangemessenen Erschwerung der Kündigung wegen Krankheit. Die Rspr hat die Anforderungen an die Rechtfertigung einer Kündigung wegen Krankheit nach § 1 KSchG ständig verschärft (BAG AP 1, 2, 4, 6, 7, 10–12 § 1 KSchG 1969 Krankheit; NZA 1984, 93; DB 1984, 1627; 1985, 873; BB 1985, 800; EzA 31 § 1 KSchG Krankheit). Das gilt auch für die krankheitsbedingte Leistungsminderung bei (älteren) ArbN (BAG NZA 2014, 1089; EzA 156 Anm *Kania*; AP 3 Krankheit). Auch zu § 1 KSchG stellt das Gericht auf das nur in § 626 enthaltene Kriterium der Unzumutbarkeit ab.

110 Dem ArbGeb ist die **Einhaltung der ordentlichen Kündigungsfrist** regelmäßig zuzumuten (BAG DB 2013, 882), die außerordentliche Kündigung kommt nur ausnahmsw in Betracht, zB wenn die ordentliche Kündigung tarif- oder einzelvertragl ausgeschlossen ist (BAG NZA 2019, 1056 Rn 16). Ob im Einzelfall die Fortsetzung des Arbeitsverhältnisses für den ArbGeb unzumutbar ist, hängt nicht von der fiktiven Kündigungsfrist, sondern von der tatsächlichen künftigen Vertragsbindung ab (dazu Rn 132f; BAG EzA 144). Das gilt auch bei abschreckenden

Erkrankungen, die bislang als Ausnahmefälle für eine zulässige fristlose Kündigung behandelt wurden (*Lepke* Rn 312, 315), sofern der ArbN arbeitsunfähig und damit betriebsabwesend ist. Allerdings kann die fristlose Entlassung bei der Verletzung von vertragl Nebenpflichten während der Krankheit gerechtfertigt sein. Die Verletzung von **Anzeigepflichten** bei Arbeitsunfähigkeit kann ausnahmsw bei wiederholten und abgemahnten Verstößen die außerordentliche Kündigung des ArbN rechtfertigen (BAG EzA 45 nF; DB 1986, 2443; LAG Düsseldorf BB 1962, 373; LAG Berlin BB 1965, 749; KR/*Fischermeier*/*Krumbiegel* Rn 443). Auch der dringende Verdacht, der ArbN habe die Krankheit vorgetäuscht oder die Arbeitsunfähigkeitsbescheinigung mit unlauteren Mitteln erlangt, rechtfertigt die (verhaltensbedingte) außerordentliche Kündigung (vgl LAG Düsseldorf EzA 78 nF; BAG AP 3 § 1 KSchG 1969; AP Nr 6; LAG Schl-Holst DB 1984, 1355; LAG Köln EzA 82 nF; LAG Frankfurt ArbR 2010, 351; LAG Rh-Pf ArbN 2010, Nr 7, 31; Rn 76; zur Verdachtskündigung Rn 114). Anders als bei der Klage auf Entgeltfortzahlung genügt aber nicht, die Beweiskraft der Arbeitsunfähigkeitsbescheinigung zu erschüttern; vielmehr ist der ArbGeb voll beweispflichtig (LAG Mecklenburg-Vorpommern 5.8.2004 – 1 Sa 19/04). Wird dem ArbN eine beantragte Arbeitsbefreiung verweigert und kündigt dieser daraufhin den Nachw einer Erkrankung an, liegt der Anfangsverdacht nahe, das vorgelegte **Attest** sei erschlichen (LAG Düsseldorf DB 1981, 1094; LAG Köln DB 1982, 2091; LAG Hamm DB 1982, 2705). Kündigt er an, krank zu werden, falls ihm der **Urlaub** nicht verlängert werde, ist darin selbst ein wichtiger Grund zu sehen, unabhängig davon, ob er später tatsächlich erkrankt (BAG AP 4 Krankheit).

Umstr ist, welche **Betätigungen der ArbN während der Krankheit** zu unterlassen hat. Jedenfalls sind alle Tätig- 111
keiten zu unterlassen, die die Genesung hinauszögern könnten (BAG DB 1965, 1745; AP 14 Krankheit – Skiurlaub während Arbeitsunfähigkeit; LAG München DB 1983, 1931; LAG Rh-Pf ArbN 2010, Nr 7, 31; einschränkend aber LAG Köln LAGE 69; krit *Lepke* Rn 610ff, 638ff: Obliegenheitsverstoß, § 254 II 1), zB Weihnachtseinkäufe eines grippekranken ArbN. Nach dem BAG ist eine Beschäftigung des ArbN während der Arbeitsunfähigkeit nur kündigungsrelevant, wenn sie Wettbewerbsinteressen des ArbGeb verletzt oder den Heilungsprozess verzögert (BAG DB 1980, 741; krit *Pauly* DB 1981, 1282; gegen ihn *Willemsen* DB 1981, 2619 und *Lepke* Rn 610ff, 632ff). Zudem kann sich aus der Intensität der Nebenbeschäftigung der begründete Verdacht ergeben, die Arbeitsunfähigkeit sei nur vorgetäuscht (KR/*Fischermeier*/*Krumbiegel* Rn 446; MüKo/*Henssler* Rn 175; LAG Hamm LAGE 34 § 1 KSchG Verhaltensbedingte Kündigung unter Berufung auf BAG AP 5 § 1 KSchG Krankheit).

ee) Strafhaft, Untersuchungshaft. Die Verurteilung des ArbN zu einer Freiheitsstrafe bzw dessen Untersu- 112
chungshaft ist an sich geeignet, eine außerordentliche Kündigung zu rechtfertigen, wenn diese Verhinderung das Arbeitsverhältnis konkret beeinträchtigt (BAG EzA 154) und eine zumutbare Überbrückungsmöglichkeit nicht besteht (BAG AP 87; 123). Davon ist die Kündigung wegen einer begangenen Straftat als Pflichtverletzung im Arbeitsverhältnis abzugrenzen, welche ein verhaltensbedingter Kündigungsgrund ist. Auch steht nicht die Eignung des ArbN für die geschuldete Tätigkeit in Frage, wie etwa bei Sittlichkeitsdelikten durch Lehrpersonen und Erzieher.

Die Kündigung eines ArbN wegen der Verbüßung einer Haftstrafe ist nach den **Maßstäben eines personenbe- 113
dingten Grunds** zu beurteilen ist. Es hängt danach entscheidend von Art und Ausmaß der betrieblichen Auswirkungen ab, ob eine ordentliche und uU sogar eine außerordentliche Kündigung gerechtfertigt ist. Die haftbedingte Arbeitsverhinderung ist nicht in jedem Fall Kündigungsgrund (MüKo/*Henssler* Rn 227; ArbG Elmshorn BB 1984, 1749). Schon § 72 I Nr 3 HGB aF sah lediglich eine längere Freiheitsstrafe als Kündigungsgrund an (BAG AP 2 § 72 HGB). Rspr und Lehre haben bislang auf die Dauer der Straf- bzw Untersuchungshaft abgestellt (BAG AP 2 § 72 HGB; AP 17 § 519 ZPO; KR/*Fischermeier*/*Krumbiegel* Rn 470; SPV/*Preis* Rn 1274; MüKo/*Henssler* Rn 227). Ähnl wie bei der krankheitsbedingten Kündigung kommt es für die Unzumutbarkeit nicht allein auf die Länge der Haftdauer, sondern entscheidend auf die wirtschaftl Belastung des ArbGeb an (NZA 2011, 686 und 1084; 1985, 661; LAG Rh-Pf 25.9.2007 – 9 Sa 387/07; AuA 2008, 369). Nicht nur die generell möglichen, sondern auch die konkret eingetretenen betrieblichen oder wirtschaftl Auswirkungen einer bestimmten Störung des Arbeitsverhältnisses sind Bestandteil des vom Kündigenden darzulegenden Kündigungsgrunds (BAG NZA 1985, 661; NJW 1983, 2897). Um die außerordentliche Kündigung eines inhaftierten ArbN zu rechtfertigen, muss der ArbGeb vortragen können, dass der Arbeitsplatz sofort neu besetzt werden musste und dass es nicht möglich war, durch Aushilfskräfte oder andere zumutbare Maßnahmen die Abwesenheit des ArbN zu überbrücken (BAG NZA 1985, 661). Sonst ist er aus Gründen der Fürsorge gehalten, am Arbeitsverhältnis festzuhalten (zur Reichweite s *Franzen* SAE 1996, 37). Wirtschaftl ist zu berücksichtigen, dass der ArbN für die Haftdauer idR keinen Anspruch auf Vergütungsfortzahlung nach § 616 I hat, weil er die Unmöglichkeit der Arbeitsleistung regelmäßig zu vertreten haben dürfte. Grds gebietet die Fürsorgepflicht des ArbGeb, an der Erlangung des Freigängerstatus für den ArbN mitzuwirken (BAG AP 123).

ff) Verdachtskündigung

Schrifttum: *Belling*, Die Kündigung wegen verdachtsbedingten Vertrauenswegfalls, RdA 1996, 223; *Belling*, Die Verdachtskündigung, FS Kissel, 1994, 11; *Ebeling*, Die Kündigung wegen Verdachts, Diss Bonn, 2006; *Fischer*, Die Anhörung des Arbeitnehmers vor der Verdachtskündigung, BB 2003, 522; *Hoefs*, Die Verdachtskündigung, 2001; *Lembke*, Die Verdachtskündigung in Rechtsprechung und Praxis, RdA 2013, 82; *Prütting*, Das Wesen der Verdachtskündigung, FS Moll, 2019, 553; *Schönfeld*, Effektiver Rechtsschutz bei straftatbegründeter Kündigung?, NZA 1999, 299; *Wieg*, Zulässigkeit und Dogmatik der Verdachtskündigung, 2021; *Zborowska*, Die außerordentliche Verdachtskündigung, 2015.

Grundlagen: Die Verdachtskündigung ist ein Fall der personenbedingten Kündigung wegen Vertrauensverlusts 114
(*Belling*, FS Kissel, 24; MüKo/*Henssler* Rn 269; BAG NZA 2019, 893 Rn 23f). Ggü dem für eine Tatkündigung

relevanten Tatvorwurf stellt der Verdacht einen **eigenständigen Kündigungsgrund** dar (BAG NZA 2019, 893 Rn 20; AP 36, 51 Verdacht strafbarer Handlung Rn 13). Die Verdachtskündigung wird **kritisiert** (*Dörner* AR-Blattei SD 1010.9.1; Däubler/Deinert/Zwanziger/*Däubler* Rn 152; *Harke* Besonderes Schuldrecht, Rn 241), vor allem weil unschuldige ArbN ihren Arbeitsplatz verlieren können. Die Unschuldsvermutung nach Art 6 II EMRK (die unmittelbar nur den Richter bindet) steht nicht entgegen, weil die Verdachtskündigung weder einen Schuldvorwurf voraussetzt noch eine Strafsanktion ist (BAG NZA 2019, 893 Rn 25; *Belling* RdA 1996, 228; *Belling*, FS Kissel, 14). Daher ist es für die Wirksamkeit der Kündigung auch unerheblich, wenn ein wegen des gleichen Verdachts eingeleitetes Ermittlungsverfahren nach der Kündigung gem § 170 II 1 StPO eingestellt wird (BAG AP 27, 55 Verdacht strafbarer Handlung; NZA 2013, 371). Den Bedenken gegen die Verdachtskündigung wird aber durch die strengen Anforderungen Rechnung getragen (MüKo/*Henssler* Rn 271), die an den Kündigungsgrund angelegt werden. Insb muss der ArbGeb vor Kündigung alle Möglichkeiten der Sachverhaltsaufklärung ausgeschöpft und dem Betroffenen Gelegenheit zur Stellungnahme gegeben haben (BAG AP 57; NZA 2009, 1136; LAG Bln-Bbg ArbuR 2010, 78; MüKo/*Henssler* Rn 278; *Fischer* BB 2003, 522).

115 **Vorausgesetzt** ist, dass (a) nachdem der ArbGeb alle zumutbaren Anstrengungen zur Aufklärung unternommen und insb dem ArbN Gelegenheit zur Stellungnahme gegeben hat (b) ein auf konkrete (vom ArbGeb darzulegender) obj Tatsachen gestützter dringender Verdacht einer schweren Vertragsverletzung, insb einer gegen ArbGeb-Interessen gerichtete Straftat, besteht und dadurch (c) das für die Fortsetzung des Arbeitsverhältnisses erforderliche Vertrauen zerstört ist (st Rspr, für viele BAG AP 1, 23, 24, 40, 55 Verdacht strafbarer Handlungen; KR/*Fischermeier*/*Krumbiegel* Rn 225ff, 474). Die verdachtsbegründenden Tatsachen (zu (b)) dürfen nach allg Lebenserfahrung nicht ebenso gut durch ein Geschehen zu erklären sein, das eine außerordentliche Kündigung nicht rechtfertigen würde. Bloße, auf mehr oder weniger haltbare Vermutungen gestützte Verdächtigungen reichen dementspr zur Rechtfertigung eines dringenden Tatverdachts nicht aus (st Rspr BAG AP 55 Rn 22).

116 Die **vorherige Anhörung** des ArbN ist Wirksamkeitsvoraussetzung, das folgt aus dem Grundsatz der Verhältnismäßigkeit; solange der ArbGeb die zumutbare Aufklärung einschl Anhörung nicht geleistet hat, kann das für die Fortsetzung erforderliche Vertrauen nicht entfallen sein (st Rspr, BAG NZA 2018, 1405 Rn 31; BAGE 131, 155; BAG AP 24, 25 Verdacht strafbarer Handlung). Allerdings soll nur eine schuldhafte Verletzung der Anhörungspflicht zur Unwirksamkeit der Verdachtskündigung führen (KR/*Fischermeier*/*Krumbiegel* Rn 231). An diese Anhörung sind nicht die gleichen Anforderungen zu stellen, wie an die Anhörung des Betriebsrats nach § 102 I BetrVG. Der Umfang der Anhörung ergibt sich aus den Umständen des Einzelfalls (BAG NZA 2018, 1405 Rn 32). Die Anhörung muss sich auf einen konkreten Sachverhalt beziehen; der ArbGeb darf den ArbN nicht lediglich mit einer unsubstantiierten Wertung konfrontieren (BAG NZA 2018, 1405 Rn 32), er darf ihm wesentliche Erkenntnisse nicht vorenthalten. Er muss alle erheblichen Umstände angeben, aus denen er den Verdacht ableitet; nur dann hat der ArbN die Möglichkeit, sich zum Verdachtsvorwurf und den ihn tragenden Verdachtsmomenten in einer die Aufklärung fördernden Weise zu äußern (BAG BB 1995, 2655; AP 37, 42, 43 Verdacht strafbarer Handlung). Der ArbN muss grds die Möglichkeit erhalten, die Verdachtsgründe zu entkräften und Entlastungstatsachen anzuführen (BAG AP 37 Verdacht strafbarer Handlung). Die Anhörung darf nicht unter unzumutbaren Umständen stattfinden (LAG Köln NZA 1998, 203: vor Kunden). Dem ArbN ist die Zuziehung eines Rechtsanwalts zuzugestehen (BAG NZA 2008, 809 Rn 18; LAG Bln-Bbg ArbuR 2010, 78). Ist eine Verdachtskündigung mangels (prozedural und materiell ausreichender) Anhörung des ArbN unwirksam, hat das Tatsachengericht zu prüfen, ob die vom ArbGeb vorgetragenen Verdachtsmomente geeignet sind, die Überzeugung von einer entspr Tat zu gewinnen und damit die Kündigung unter dem Gesichtspunkt einer Tatkündigung zu rechtfertigen (BAG AP 47 Verdacht strafbarer Handlung).

117 Nach Ausschöpfung der Aufklärungsmöglichkeiten einschl Anhörung muss weiterhin eine **auf Tatsachen gestützte hohe Wahrscheinlichkeit** für die Tatbegehung durch den belasteten ArbN bestehen. Sobald der ArbGeb die erforderliche Kenntnis der obj und konkreten verdachtsbegründenden Tatsachen hat, muss er **binnen zwei Wochen** kündigen (LAG Rh-Pf 4.3.2010 – 2 Sa 519/09). Allerdings kann eine vorangegangene Ermittlungszeit zum Tatverdacht von vier Monaten noch angemessen sein (vgl ArbG Frankfurt NZA-RR 1998, 355 für die frühere entspr Regelung des § 54 II BAT). Der Verdacht stellt keinen Dauerzustand dar, der den ArbGeb berechtigt, die Kündigung bis zur strafrechtl Verurteilung des ArbN beliebig auszusprechen (BAG AP 31 Ausschlussfrist). Der ArbGeb kann aber bei strafbarem Verhalten des ArbN den Aus- oder Fortgang des **Ermittlungs- und Strafverfahrens** abwarten und in dessen Verlauf zu einem nicht willkürlich gewählten Zeitpunkt kündigen (BAGE 137, 54; AP 51 Verdacht strafbarer Handlung – Strafbefehl). Ein sachlicher Zeitpunkt besteht etwa bei der Erlangung neuer, den Verdacht bestärkender Erkenntnisse. Die Eröffnung eines Ermittlungsverfahrens oder die Anklageerhebung selbst begründen allerdings noch keinen kündigungsrelevanten Verdacht (BAG NJW 2017, 3547 Rn 23; AP 44, 51 Verdacht strafbarer Handlung). Die aus Ermittlungs- und Strafverfahren gewonnenen Erkenntnisse können jedoch die Einleitung eines Kündigungsverfahrens bis zum Ausspruch der Kündigung rechtfertigen (BAGE 137, 54), auch wenn der Ausgang eines Ermittlungs- und Strafverfahrens für die Beurteilung einer kündigungsrelevanten Pflichtverletzung grds nicht maßgeblich ist (st Rspr, s nur BAG AP 51 Verdacht strafbarer Handlung).

118 Würde der Sachverhalt, wäre er erwiesen, die **Tatkündigung nicht rechtfertigen**, ist auch die Verdachtskündigung ausgeschlossen (BAG NZA 2019, 893 Rn 29; AP 9 Verdacht strafbarer Handlungen). Andererseits ist die Verdachtskündigung stets möglich, wenn das für die vereinbarte Arbeitsleistung erforderliche **Vertrauen zerstört** ist (KR/*Fischermeier*/*Krumbiegel* Rn 243f; MüKo/*Henssler* Rn 270). Kann der möglicherweise zu Unrecht

Verdächtigte auf einen anderen Arbeitsplatz versetzt werden, der keine konkrete Vertrauensbeziehung zw ArbGeb und ArbN voraussetzt, muss der ArbGeb diese mildere Maßnahme vor Ausspruch einer Verdachtskündigung ergreifen. Kommt die Versetzung angesichts der konkreten Pflichtverletzung oder mangels freier Arbeitsplätze nicht in Betracht, ist die Möglichkeit der vorübergehenden Suspendierung des Arbeitsverhältnisses bis zur abschließenden Klärung des Vorganges zu erwägen (vgl KR/*Fischermeier/Krumbiegel* Rn 245).

Die Rechtmäßigkeit einer Verdachtskündigung beurteilt sich nach der durch sorgfältige Nachforschungen ermittelten obj Sachlage im **Zeitpunkt der Kündigung** (BGH AP 2 § 611 Fürsorgepflicht; KR/*Fischermeier/Krumbiegel* Rn 227; *Grunsky* ZFA 1977, 167; *Meyer*, Die Kündigung des Arbeitsverhältnisses wegen Sicherheitsbedenken, 1997, 117ff, 214ff). Die **aA des BAG** (NZA 2014, 429; AP 13, 24, 39, 42 Verdacht strafbarer Handlung; EzA 8 § 103 BetrVG 1972), wonach die Wirksamkeit der Verdachtskündigung von später bekannt gewordenen oder eingetretenen, be- oder entlastenden Umständen noch bis zum Zeitpunkt der **letzten mündlichen Verhandlung** abhängen soll, weicht von dem allg im Kündigungsrecht geltenden Beurteilungszeitpunkt ab (Rn 34ff) und führt zu Rechtsunsicherheit. Ein Nachschieben des Verdachts hängt jedenfalls davon ab, dass der ArbGeb alle Aufklärungsanstrengungen (vor allem Anhörung) unternommen und auch die kollektivrechtl Beteiligungsrechte beachtet hat (§ 102 BetrVG; KR/*Fischermeier/Krumbiegel* Rn 231). Reicht der Verdacht für eine Kündigung nicht aus, stellt sich aber während des Kündigungsschutzprozesses seine Richtigkeit heraus, kann sich der ArbN nach § 242 nicht auf das Fehlen der Verdachtsmomente berufen. Wird der ArbN während oder nach Ablauf des Kündigungsschutzprozesses von dem Verdacht entlastet, gewährt ihm die hM einen Wiedereinstellungsanspruch (Rn 40). Ergeben sich neue belastende Tatsachen, kann der ArbGeb eine weitere Kündigung erklären (BAG DB 1985, 1846). Eine Kündigung wegen der rechtskräftigen Verurteilung bemisst sich nicht mehr nach den Regeln der Verdachtskündigung (BAG EzA 4 Verdacht strafbarer Handlung). Der ArbGeb muss die Kündigung erkennbar zumindest hilfsweise auf den Verdacht stützen (BAG NZA 2001, 91). 119

c) Betriebsbedingte Kündigungsgründe. Betriebliche Gründe rechtfertigen regelmäßig nur die ordentliche Kündigung, weil der Dienstgeber sein Wirtschafts- und Betriebsrisiko nicht auf die Dienstnehmer abschieben darf (BAG NZA 2014, 895; DB 2013, 1365; 1996, 2131; 1985, 1743; EzA 17 nF; MüKo/*Henssler* Rn 231; SPV/*Preis* Rn 745; KR/*Fischermeier/Krumbiegel* Rn 162). Selbst bei unvorhergesehenen Ereignissen (Brand, Rohstoffausfall etc), welche in das **Betriebsrisiko** des ArbGeb fallen, ist eine außerordentliche Kündigung ausgeschlossen (BAG EzA 17; MüKo/*Henssler* Rn 234; dazu § 615 Rn 91). In Betracht kommt eine außerordentliche Kündigung aus betrieblichen Gründen allenfalls, wenn der ArbN ordentlich unkündbar ist, wegen Wegfalls der Beschäftigungsmöglichkeit aber noch für einen nicht unerheblichen Zeitraum weiter vergütet werden müsste, ohne die Arbeitsleistung zu erbringen (BAG DB 2013, 1365; NZA 2013, 730). In diesem Fall wird die außerordentliche Kündigung allerdings wegen der Vorhersehbarkeit des Kündigungsgrundes idR lediglich mit einer – der ordentlichen oder tarifvertragl Kündigungsfrist entsprechenden – Auslauffrist zulässig sein. Der Dienstberechtigte hat jedoch stets vorrangig alle (ggf tarifvertragl) Möglichkeiten auszuschöpfen, um dem Sonderkündigungsschutz des Dienstverpflichteten Rechnung zu tragen. Ist eine Betriebsumstellung aufgrund vorangegangener wirtschaftl Verluste seit einiger Zeit vorhersehbar gewesen, ist eine fristlose Kündigung eines Handelsvertretervertrags durch den Unternehmer nicht gerechtfertigt (BGH NJW 1986, 1931). 120

aa) Betriebsstilllegung, Einschränkung und Stockung. Die Betriebsstilllegung rechtfertigt generell nur eine ordentliche Kündigung. Ausnahmsw kann außerordentlich gekündigt werden, wenn die ordentliche Kündigung zB durch Tarifvertrag ausgeschlossen ist (BAG DB 2013, 1365; NZA 2013, 730; AP 18 § 118 BetrVG 1972 m Anm *Meisel*; DB 1985, 1743; EzA nF 141; Staudinger/*Temming* Rn 232; Soergel/*Kraft* Rn 62; s auch Rn 132). Auch wenn eine Versetzung in einen anderen Betrieb des Unternehmens nicht möglich ist, kann außerordentlich gekündigt werden (BAG AP 86; DB 1986, 2605). Der Grund für die außerordentliche Kündigungsmöglichkeit ist darin zu sehen, dass ansonsten der Dienstberechtigte auf unbestimmte Zeit verpflichtet wäre, das vereinbarte Entgelt zu zahlen, ohne die Dienste des Verpflichteten in Anspruch nehmen zu können (vgl BAG AP 86, zu B III 2b der Gründe m zust Anm *Herschel*). Angesichts des besonderen Schutzes des ordentlich Unkündbaren, muss der Dienstberechtigte aber jede Möglichkeit ausschöpfen, diesen weiter zu beschäftigen (BAG NZA 2013, 730). An den Nachw der fehlenden Weiterbeschäftigungsmöglichkeit sind strenge Anforderungen zu stellen. Die Betriebsstilllegung selbst ist nicht auf ihre Notwendigkeit oder Zweckmäßigkeit hin zu überprüfen, sondern darf nur nicht offenbar unsachlich, unvernünftig oder willkürlich sein (BAG EzA nF 141). Sind diese Nachw erbracht, wird man die Betriebseinschränkung und auch den Wegfall einzelner Arbeitsplätze nicht anders beurteilen können. Zur Kündigung bei Theaterschließung LAG Köln NZA-RR 1998, 255. Zur Kündigung eines Belegarztvertrags in einem Plankrankenhaus Hamm GesR 2004, 185. 121

bb) Auch die **behördlich verfügte Betriebsschließung** fällt in das **Unternehmerrisiko** des ArbGeb. Dieser ist für die öffentlich-rechtl Zulässigkeit seiner Betriebsführung allein verantwortlich. In Übereinstimmung mit den vorstehenden Ausführungen ist daher auch in diesem Falle regelmäßig die außerordentliche betriebsbedingte Kündigung ausgeschlossen (BAG EzA nF 141; LAG Berlin BB 1961, 605; aA LAG Düsseldorf BB 1964, 1259). Das gilt auch, wenn der Unternehmer die Betriebsschließung nicht durch eigenes schuldhaftes Handeln herbeigeführt hat. Die in Rn 121 behandelte Ausnahme gilt auch hier. 122

cc) Betriebsveräußerung; Tod des ArbGeb. Die Betriebsveräußerung als solche stellt weder für den Veräußerer noch den Erwerber einen betriebsbedingten Kündigungsgrund dar. Das stellt § 613a IV klar, wonach Kündigungen wegen des Übergangs eines Betriebs oder Betriebsteils unwirksam sind. Anderes gilt bei der Kündigung durch den Veräußerer, wenn aufgrund des (Sanierungs-)Konzepts des Erwerbers bereits im Zeitpunkt der Kün- 123 digung absehbar ist, dass eine Beschäftigungsmöglichkeit nach der Veräußerung nicht mehr besteht (BAG DB 2003, 1906) oder – im Fall des Widerspruchs des ArbN – wenn der Veräußerer keine Beschäftigungsmöglichkeit mehr hat (BAG NZA 1999, 1267; 2013, 730). Auch der Tod des bisherigen ArbGeb berechtigt die Erben nicht zur fristlosen Kündigung des Personals (MüKo/*Henssler* Rn 240; zum Sonderfall des Todes eines rheinischen Nur-Notars BAG AP 20).

124 **dd)** Von einer **Druckkündigung** spricht man, wenn der ArbGeb auf Verlangen der Belegschaft, des Betriebsrats (§ 104 BetrVG; BAG NZA 2017, 985) oder von Dritten einen ArbN entlässt, weil ihm gewichtige Nachteile angedroht wurden (BAG NZA 2017, 116; AP 1, 3, 8, 10 Druckkündigung; EzA 18 § 103 BetrVG 1972; MüKo/*Henssler* Rn 283; Staudinger/*Temming* Rn 235; KR/*Fischermeier/Krumbiegel* Rn 219). Eine Drucksituation kann als verhaltens-, personen- oder betriebsbedingter Kündigungsgrund in Betracht kommen (st Rspr, BAG AP 33 § 1 KSchG 1969 Betriebsbedingte Kündigung; EzA 3 Druckkündigung), zB autoritärer Führungsstil und mangelnde Fähigkeit zur Menschenführung eines leitenden Angestellten (BAG EzA 3 Druckkündigung).

125 Zulässig ist eine unter Druck ausgesprochene Kündigung, wenn der betroffene ArbN obj eine **schwerwiegende Vertragspflichtverletzung** begangen hat, welche selbst eine Kündigung trüge (nicht bloß pauschale Behauptung, LAG Rh-Pf 1.2.2018 – 5 Sa 357/17: Hausverbot wegen aggressiven Verhaltens). In diesem Fall liegt es im Ermessen des ArbGeb, ob er eine personen- oder verhaltensbedingte Kündigung ausspricht. Fehlt es an einer obj Rechtfertigung der Drohung, kommt eine Kündigung aus **betriebsbedingten Gründen** in Betracht, wobei das bloße Verlangen Dritter, einen bestimmten ArbN zu kündigen, nicht ohne weiteres geeignet ist, die Kündigung zu begründen. Ist die Forderung nach der Entlassung eines bestimmten ArbN unberechtigt, darf das Recht dem Druck nicht weichen. Vom ArbGeb ist aufgrund seiner vertragl Fürsorgepflicht zu verlangen, dass er sich schützend vor den ArbN stellt und die Drohung anderweitig abzuwenden versucht; geboten ist ein aktives Handeln, um den Druck abzuwehren (BAG NZA 2017, 500 Rn 11; 2017, 116 – ggf Mediation, wenn die nicht aussichtslos erscheint; AP 10, 13 Druckkündigung; 33 § 1 KSchG Betriebsbedingte Kündigung; LAG Düsseldorf 21.8.2008 – 5 Sa 240/08; LAG Rh-Pf 20.10.2009 – 3 Sa 430/09; LAG Schl-Holst BB 2012, 1862). In Ausnahmefällen wird aber aus betriebsbedingten Gründen eine Druckkündigung in Frage kommen, wenn dem ArbGeb schwere wirtschaftl Schäden drohen und die Kündigung das einzige Mittel zur Schadensabwendung ist (BAG AP 10 Druckkündigung; 33 § 1 KSchG Betriebsbedingte Kündigung; MüKo/*Henssler* Rn 285; Soergel/*Kraft* Rn 65; krit *Harke* Besonderes Schuldrecht Rn 241 [nur bei Geschäftsgrundlagenstörung]; Staudinger/*Temming* Rn 235). Nicht zulässig ist hingegen die Kündigung auf Druck der New Yorker Finanzaufsichtsbehörde (NYDFS), wenn sie die Bestrafung aus Gründen der Abschreckung bezweckt (LAG Frankfurt ZIP 2016, 2493). Eine vorherige **Anhörung** des Betroffenen ist keine Wirksamkeitsvoraussetzung (BAG EzA 2 Druckkündigung; BeckOGK/*Günther* Rn 139), bei der verhaltensbedingten Druckkündigung hingegen eine **Abmahnung** idR erforderlich ist (LAG Hamm 20.1.2011 – 15 Sa 20/10). Zur Druckkündigung in kirchlichen Einrichtungen vgl BAG AP 41 Art 140 GG.

126 Dafür soll dem gekündigten ArbN ggf ein **Schadensersatzanspruch** nach § 826 gegen den ArbGeb oder gegen die druckausübenden Dritten zustehen (BeckOGK/*Günther* Rn 568f). Ein Anspruch aus § 823 I besteht nur, wenn man das Recht am Arbeitsplatz als „sonstiges Recht" anerkennt (bejahend KR/*Fischermeier/Krumbiegel* Rn 224; tendenziell auch BAG AP 2 § 70 BAT; verneinend BAG AP 7 § 823; MüKo/*Henssler* Rn 286; *Zöllner*, FS BAG, 1979, 745ff mwN; *Riesenhuber*, Die Rechtsbeziehungen zw Nebenparteien, 1997, 224f; *ders* JZ 1999, 711). Gegen die druckausübenden Dritten kommt auch ein **Unterlassungsanspruch** in Betracht (*Schleusener* NZA 1999, 1078). Anerkannt ist schließlich ein Schadensersatzanspruch **gegen den ArbGeb** aus § 280 I, wenn dieser sich dem Druck ohne Abwendungs- oder Aufklärungsversuche gebeugt hat oder die Drucksituation selbst schuldhaft herbeigeführt hat (MüKo/*Henssler* Rn 286). Ob darüber hinaus im Falle der Druckkündigung ein verschuldensunabhängiger Ersatzanspruch in Form eines **Aufopferungsanspruchs** gegen den ArbGeb für den Verlust des Arbeitsplatzes besteht, ist fraglich (für Analogie zu § 904 vgl *Breucker* NZA 2008, 1046; *Herschel* RdA 1953, 41; für Analogie zu §§ 9, 10 KSchG vgl KR/*Fischermeier/Krumbiegel* Rn 224; MüKo/*Henssler* Rn 287). Reicht der Druck nicht aus, um die Kündigung zu rechtfertigen, kommt ein Antrag von ArbGeb oder ArbN auf Auflösung (wegen Unzumutbarkeit der Fortsetzung) gegen **Abfindung** nach §§ 9, 10 KSchG in Betracht.

127 **ee)** Auch die Gefahr der **Insolvenz** rechtfertigt die außerordentliche Kündigung des ArbGeb nicht (MüKo/*Henssler* Rn 236; LAG BW BB 1977, 296). Im Insolvenzfall des ArbGeb gilt § 113 InsO (zur Bestimmung der Kündigungsfrist bei ordentlicher Unkündbarkeit eines befristeten Vertrags BAG NZA 2001, 23).

128 **3. Kündigungsgründe des Dienstverpflichteten (Arbeitnehmers).** § 626 gilt auch für die Kündigung des Dienstverpflichteten bzw ArbN (BAG NJW 2018, 3267 Rn 23). Für das **Arbeitsrecht** ist zu berücksichtigen, dass die Anforderungen an die außerordentliche Kündigung aus wichtigem Grund durch den ArbN nicht so streng sein können wie an die Kündigung des ArbGeb (s aber BAG NJW 2018, 3267 Rn 23 [krankheitsbedingt]; EzA 1 GewO § 124; BAG AP 1 § 448 ZPO; LAG Berlin NZA 1989, 968; Staudinger/*Temming* Rn 237). Der ArbGeb ist durch eine Vielzahl kollektiv-, öffentlich- und individualrechtl Schutzbestimmungen, vor allem durch das KSchG, bereits in der Ausübung des ordentlichen Kündigungsrechts erheblich eingeschränkt. Angesichts des Stufenverhältnisses zur ordentlichen Kündigung bleibt das nicht ohne Rückwirkung auf die Maßstäbe für die außerordentliche Kündigung (vgl Rn 2f; ebenso MüKo/*Henssler* Rn 297). Da der ArbN in der Ausübung des ordentlichen Kündigungsrechts frei ist, kann bei ihm das Vorliegen eines wichtigen Grundes leichter bejaht werden; das Erfordernis eines wichtigen Grundes entfällt aber nicht (BAG AP 221). Nicht ausreichend ist die bloße Androhung der Eigenkündigung (LAG Schl-Holst BB 2012, 1862). Die grds erforderliche **Abmahnung** kann entbehr-

lich sein, wenn der ArbGeb seine Pflichten wiederholt und nachhaltig verletzt (LAG Hamm LAGE 38 2002 – wiederholt erhebliche nicht gerechtfertigte Lohnkürzungen).

Der Dienstberechtigte/ArbN kann die wirksam gewordene (§ 130) Kündigung **nicht widerrufen**. Ein Verbraucherwiderrufsrecht nach §§ 312b, 312g, 355 („außerhalb von Geschäftsräumen geschlossene Verträge") steht dem ArbN nicht zu (BAG NZA-RR 2012, 129 Rn 16; NZA 2004, 597 zur aF), s auch § 620 Rn 140. Auch aus § 242 hat er kein Recht auf eine Bedenkzeit („cooling-off-period"), dessen Verletzung ein Widerrufsrecht begründen würde (BAG NZA-RR 2012, 129 Rn 17; NZA 1996, 811; 1994, 209). Im Einzelfall kommt ein **Anfechtungsrecht** in Betracht (BAG FA 2004, 91 – widerrechtl Drohung des ArbGeb mit außerordentlicher Kündigung; NZA-RR 2012, 129 – Hinweis des ArbGeb auf die aussichtslose wirtschaftl Lage verbunden mit Angebot zur Eigenkündigung genügt nicht). Darüber hinaus ist es dem ArbN als **treuwidrig** (venire contra factum proprium) verwehrt, sich auf die Unwirksamkeit (etwa das Fehlen eines wichtigen Grundes) seiner Kündigung zu berufen, wenn er – etwa durch schriftliche Erklärung ohne Drängen des ArbGeb – ernsthaft und endgültig seine Lösungsabsicht bekundet hat (BAG NZA-RR 2012, 129; NZA 2009, 840 Rn 18ff). Zum **Schadensersatz**anspruch des ArbN bei Eigenkündigung wegen Lohnrückstands LAG Rh-Pf AuA 2011, 198. 129

Die Praxis der entschiedenen **Einzelfälle** belegt die weniger strenge Handhabung von § 626. Zwar rechtfertigt nicht schon der bloße Wunsch nach einem **Arbeitsplatzwechsel** die außerordentliche Kündigung (BAG AP 59), auch nicht ein günstiges anderweitiges Angebot (LAG Köln LAGE 1 § 611 Treuepflicht; LAG Schl-Holst LAGE 55); selbst, wenn dem ArbN sonst ein unbefristetes Arbeitsverhältnis entgeht (LAG Schl-Holst LAGE 55, kaum generalisierbar). Anerkannt wurde allerdings ein wichtiger Kündigungsgrund für den ArbN im Falle des kurzfristigen Angebots eines **Studienplatzes** (ArbG Bremen WA 1961, 61). Ein unmittelbares außerordentliches Kündigungsrecht steht dem ArbN auch bei groben **Beleidigungen** oder ungerechtfertigten Verdächtigungen durch den ArbGeb zu (SPV/*Preis* Rn 727; LAG Düsseldorf BB 1958, 986; LAG BW BB 1960, 985). **Krankheit**sbedingte Arbeitsunfähigkeit des ArbN für unabsehbare Zeit kann die außerordentliche Kündigung rechtfertigen (BGH NJW 2018, 3267 Rn 25). Allerdings sind beide Parteien gehalten, das Arbeitsverhältnis – ggf modifiziert (zB Teilzeit) – in zumutbarer Weise bis zum Ablauf der ordentlichen Kündigungsfrist aufrecht zu erhalten (BAG DB 1973, 927). 130

Die **Verletzung von Haupt- und Nebenpflichten** des Arbeitsverhältnisses durch den ArbGeb berechtigt den ArbN nach vorheriger Abmahnung regelmäßig zur außerordentlichen Kündigung. Einzelfälle (eingehende Kasuistik bei BeckOGK/*Günther* Rn 281ff): Missachtung zwingender Arbeitsschutzvorschriften durch den ArbGeb (BAG AP 62); Verletzung der Beschäftigungspflicht (BAG AP 4 § 611); nicht eine wissenschaftlich nicht erwiesene Luftbelastung im Flugzeug (aerotoxisches Syndrom, Fume-Event; LAG Köln 11.1.2018 – 7 Sa 356/17); mehrmonatige Gehaltsrückstände jedenfalls, wenn der Rückstand für eine erhebliche Zeit besteht und erhebliche Beträge ausstehen (BAG AP 221; MüKo/*Henssler* Rn 301; Staudinger/*Temming* Rn 245 mwN); fortgesetzt unterlassene Abführung einbehaltener Lohnsteuer und Sozialversicherungsbeiträge (LAG BW BB 1968, 874); Rückgang des Provisionseinkommens infolge geänderter Werbemethoden des ArbGeb (LAG BW BB 1969, 1312); Verweigerung einer vertragl zugesicherten Wohnunterkunft (BAG AP 1 § 124 GewO; LAG Düsseldorf DB 1964, 1032); Widerruf einer erteilten Prokura (BAG AP 5); Insolvenzeröffnung, wenn die Masse zur Befriedigung der zukünftigen Entgeltforderungen voraussichtlich nicht ausreicht (Schaub/*Linck* § 127 Rn 157). 131

V. Sonderfragen. 1. Ordentliche Unkündbarkeit und wichtiger Grund. Sofern eine außerordentliche Kündigung eines (tarif-)vertragl ordentlich unkündbaren ArbN (hierzu allg *Kania/Kramer* RdA 1995, 287; *Schwerdtner*, FS Kissel, 1994, 1077) zulässig ist (vgl etwa BAG AP 3 Krankheit – Deutsche Bundesbahn; DB 2004, 2273; NZA 2013, 730), stellt sich bei betriebsbedingten Kündigungsgründen (BAG DB 2003, 102; AP 143; s auch Rn 120), aber auch bei der Kündigung wegen Krankheit das Problem, dass der tarifvertragl geschützte ArbN teilw schlechter gestellt ist als der ArbN, der ordentlich kündbar ist: (1) Der ordentlich Unkündbare ist im Falle eines anzuerkennenden Kündigungsinteresses des ArbGeb nur noch außerordentlich kündbar und verliert den Arbeitsplatz trotz seines vertragl Schutzes uU fristlos. (2) Der anerkannte Rechtssatz, die Fortsetzung eines Vertrags werde umso eher unzumutbar, je länger die reguläre Vertragsbindung dauert (Rn 7), erleichtert sinnwidrig die Kündigung, wenn die ordentliche Kündigung ausgeschlossen ist (BAG AP 6; Staudinger/*Temming* Rn 61ff, 272). 132

Zur Vermeidung eines Wertungswiderspruchs findet in diesen Fällen eine fiktive **Auslauffrist** Anwendung, die ordentlichen (gesetzl oder tariflichen) Kündigungsfrist entspricht (st Rspr, BAG NZA 2018, 1056 Rn 16 [personenbedingte Kündigung wegen Krankheit]; NZA 2013, 730 Rn 14; 2001, 277; 1999, 258; 1998, 771 [zur betriebsbedingten Kündigung]; Staudinger/*Temming* Rn 62, 274ff; KR/*Fischermeier/Krumbiegel* Rn 321). Eine außerordentliche **fristlose Kündigung** ist entspr den Grundsätzen für ordentlich kündbare ArbN nur wirksam, wenn eine Weiterbeschäftigung bis zum Ablauf der fiktiven Kündigungsfrist unzumutbar ist (BAG NZA-RR 2011, 18 Rn 16; NZA 2006, 977). Der ArbGeb ist in besonderem Maße gebunden, mit allen zumutbaren Mitteln, ggf auch durch Umorganisation und Freimachen geeigneter gleichwertiger Arbeitsplätze, eine **Weiterbeschäftigung** zu suchen (BAG NZA 2013, 730 Rn 14; 1999, 258). Je länger der ArbGeb dadurch zur Gehaltszahlung verpflichtet bleibt, desto eher ist für ihn die Aufrechterhaltung des sinnentleerten Arbeitsverhältnisses unzumutbar (BAG ZTR 2006, 338). Bei der Sozialauswahl ist entspr der ordentlichen Kündigung zu verfahren (BAG AP 143). Im Insolvenzfall kann ein Dienstverhältnis nach § 113 S 1 InsO ohne Rücksicht auf eine vereinbarte Vertragsdauer oder einen vereinbarten Ausschluss des Rechts zur ordentlichen Kündigung gekündigt werden (Kündigungsfrist nach § 113 S 2 InsO). Entspr müsste auch das Problem bei **langanhaltenden Erkrankungen** des ordentlich unkündbaren ArbN gelöst werden (vgl BAG DB 2001, 338; EzA 142). Bei **häufigen Kurzerkrankungen** ist dreistu- 133 fig zu prüfen, ob (1) die prognostizierten Fehlzeiten (auf der Basis eines Referenzzeitraums von drei Jahren) (2) betriebliche Belange in hohem Maße beeinträchtigen; der Leistungsaustausch muss schwer gestört sein; sodass es (3) im Rahmen der Interessenabwägung zu einem gravierenden Missverhältnis von Leistung und Gegenleistung (Entgeltfortzahlung für ⅓ der Arbeitstage) kommt (BAG NZA 2018, 1056 Rn 19f; Sonderzahlungen iSv § 4a EFZG begründen keine relevante wirtschaftl Belastung, BAG NJW 2021, 3411). Im Rahmen der Abwägung über die Zulässigkeit der außerordentlichen Kündigung darf aber nicht auf die fiktive Frist für die ordentliche Kündigung abgestellt werden (KR/*Fischermeier/Krumbiegel* Rn 319; aA LAG Berlin EzA 84 nF) wie bei der außerordentlichen Kündigung der nach § 15 KSchG und § 78 BetrVG besonders geschützten betriebsverfassungsrechtl Funktionsträger (BAG EzA-SD 2006, Nr 12, 12; AP 57; *Linck/Krause/Bayreuther* § 15 KSchG Rn 97). Nach Auffassung des BAG kann die langfristige Vertragsbindung im Rahmen der einzelfallbezogenen Interessenabwägung entweder zugunsten oder zulasten des ArbN zu berücksichtigen sein. Welche Betrachtungsweise im Einzelfall den Vorrang verdient, soll unter Beachtung des Sinns und Zwecks des tariflichen Ausschlusses der ordentlichen Kündigung sowie unter Berücksichtigung der Art des Kündigungsgrunds entschieden werden (BAG BB 1985, 867; AP 150 [tariflicher Alterskündigungsschutz erfordert fiktive Auslauffrist]; AP 175 [fristlose Kündigung wegen Unzumutbarkeit der Weiterbeschäftigung selbst bis Ablauf einer fiktiven Auslauffrist]; AP 181; nach Staudinger/*Temming* (Rn 272) soll die Unkündbarkeit jedenfalls ohne Einfluss auf die Interessenabwägung sein, wenn aufgrund der Schwere des Pflichtenverstoßes auch einem ordentlich Kündbaren hätte fristlos gekündigt werden können; KR/*Fischermeier/Krumbiegel* Rn 318; *Pauly* ArbuR 1997, 94). Nach jüngerer Rspr des BAG (AP 202) soll in der Interessenabwägung neben Alter und Beschäftigungsdauer des ArbN dessen ordentliche Unkündbarkeit nicht mehr erneut zu seinen Gunsten zu berücksichtigen sein, um eine nicht gerechtfertigte Besserstellung ggü ArbN ohne Sonderkündigungsschutz zu vermeiden.

2. Betriebsverfassungsrechtliche Funktionsträger

Schrifttum: *Bauer*, Kündigung und Kündigungsschutz vertretungsberechtigter Organmitglieder, BB 1994, 855; *Gamillscheg*, FS BAG, 1979, 117; *Matthes*, Probleme des Kündigungsschutzes von Betriebsratsmitgliedern, DB 1980, 1165; *Oetker*, Rechtsprobleme bei der außerordentlichen Kündigung eines Vertrauensmannes der Schwerbehinderten, BB 1983, 1671.

134 Im Zusammenhang mit der Kündigung betriebsverfassungsrechtl **Mandatsträger** und **Ersatzmitglieder**, welche einen verhinderten ordentlichen Mandatsträger vertreten (BAG NZA 2013, 425), die nur fristlos außerordentlich (BAGE 125, 267; NZA 2008, 777; NZA 2013, 224), nicht aber außerordentlich mit Auslauffrist und nicht ordentlich gekündigt werden können (vgl § 15 I 1 KSchG; eine Umdeutung kommt nicht in Betracht; die Rspr zu ordentlich unkündbaren ArbN ist nicht übertragbar, BAG NZA 2013, 224; zu den Ausnahmen nach Abs IV und V s *Belling* NZA 1985, 481; *Bernstein* NZA 1993, 728), stellen sich im Spannungsfeld der individualrechtl möglichen Kündigung nach § 626 und dem notwendig kollektivrechtl Schutz eine Vielzahl str Einzelfragen. Die häufigen **Krankheiten** eines Betriebsratsmitglieds stellen keinen wichtigen Kündigungsgrund dar (BAG AP 35 § 15 KSchG 1969; NZA-RR 2002, 20), anders jedoch eine beharrliche und rechtswidrige **Arbeitsverweigerung** (LAG Hamm 10.2.2012 – 13 Sa 1300/11; iÜ s Rn 77) oder eine schwerwiegende Nebenpflichtverletzung (BAG NZA-RR 2011, 15 – Verletzung des Briefgeheimnisses). Die **Amtspflichtverletzung** als solche rechtfertigt die individualrechtl Kündigung nicht; anders aber, wenn darin zugleich ein Verstoß gegen die Vertragspflichten aus dem Arbeitsverhältnis liegt (BAGE 26, 219 sog Simultantheorie; LAG Berlin LAGRp 2003, 359; LAG BW DB 2012, 1632 – heimliche Übertragung einer Betriebsratssitzung an Dritte). Maßgeblich für die Zulässigkeit der außerordentlichen fristlosen Kündigung ist, dass dem ArbGeb die Weiterbeschäftigung bis zum Ablauf einer fiktiven ordentlichen Kündigungsfrist **unzumutbar** ist (gefestigte Rspr, BAG NZA 2013, 224; 2008, 777). Im Rahmen der **Interessenabwägung** ist zugunsten des ArbN die spezifische Konfliktsituation zu berücksichtigen, in die der Mandatsträger gerät, wenn er zur Erfüllung seiner gesetzl Aufgaben tätig wird und dabei zugleich seine Vertrags- und Amtspflichten verletzt; es ist nicht leichtfertig, von die Kündigung rechtfertigenden „Erpressungen" auszugehen (LAG Rh-Pf 1.8.2019 – 5 TaBV 9/19, juris Rn 44, 53). Der ArbGeb kann einem Betriebsratsmitglied erst dann wirksam eine außerordentliche Kündigung aussprechen, wenn der Beschl über die Ersetzung der vom Betriebsrat verweigerten Zustimmung (§ 103 II BetrVG) rechtskräftig bzw unanfechtbar ist (BAG NZA 2018, 1087 Rn 8); eine vorzeitige Kündigungserklärung ist nichtig (LAG Nds LAGE 10 § 103 BetrVG 2001). Zum **kirchlichen Mitarbeitervertretungsrecht** s *Richardi*, Arbeitsrecht in der Kirche[8] 2020, §§ 18f.

135 **VI. Prozessuale Fragen. 1. Klageerhebung.** Sämtliche ArbN müssen gem § 4, § 13 I 2, § 23 I KSchG die Rechtsunwirksamkeit einer außerordentlichen Kündigung **innerhalb von drei Wochen** nach Zugang der Kündigung durch eine Kündigungsschutzklage geltend machen. Das Erfordernis der fristgebundenen Kündigungsschutzklage gilt auch für die Rüge des ArbN, die Ausschlussfrist des § 626 II sei versäumt (BAG EzA 12) sowie für alle anderen Unwirksamkeitsgründe. Alle **Dienstverpflichteten**, die nicht den Regelungen des KSchG unterliegen, können auch nach Ablauf der Dreiwochenfrist eine Feststellungsklage nach § 256 ZPO erheben. Diese ist zwar nicht zeitl befristet, kann aber nach einem längeren Zeitablauf und bei Vorliegen besonderer Umstände nach § 242 prozessrechtl verwirkt werden (BAG AP 1, 2 § 242 Prozessverwirkung; LAG Hamm LAGE 3 § 134; LAG Mecklenburg-Vorpommern 7.6.2005 – 3 Sa 17/05; KR/*Treber* § 13 KSchG Rn 148ff zu § 13 KSchG). § 2 KSchG ist auf die außerordentliche **Änderungskündigung** entspr anwendbar; der ArbN muss den dort vorgesehenen Vorbehalt unverzüglich erklären (BAG DB 1986, 2604; BB 1988, 913). Der ArbN hat an der **Feststellung** der Unwirksamkeit der ihm ggü erklärten fristlosen Kündigung stets ein rechtl Interesse (§ 256 ZPO), der ArbGeb, wenn er den Vorwurf pflichtwidrigen Verhaltens ausräumen will (BAG DB 1986, 2678). Ein rechtl Interesse

kann auch an der Feststellung der Unwirksamkeit einer eigenen Kündigung bestehen, wenn man das Dienstverhältnis doch fortsetzen will.

2. Darlegungs- und Beweislast. Der Kündigende ist darlegungs- und beweispflichtig für alle Tatsachen, auf die er sein außerordentliches Kündigungsrecht stützt (auch wenn das Verhalten den Tatbestand der üblen Nachrede [§ 186 StGB] erfüllen könnte, BAG NJW 2022, 1331; allg *Becker-Schaffner* BB 1992, 557). Das gilt für ArbGeb- und ArbN-Kündigungen gleichermaßen (BAG AP 1 § 448 ZPO; AP 76). Vor allem muss der Kündigende alle Umstände für die Ausfüllung des wichtigen Grunds und die sofortige Unzumutbarkeit der Weiterbeschäftigung darlegen und ggf beweisen (BAG AP 8; KR/*Fischermeier/Krumbiegel* Rn 395; SPV/*Preis* Rn 559ff). Der Kündigende hat grds auch die fehlende Rechtfertigung des beanstandeten Verhaltens, einschl der zuvor ausgesprochenen Abmahnung, darzulegen und zu beweisen (SPV/*Preis* Rn 560; zur Abmahnung s Rn 52ff). Der Umfang der Darlegungs- und Beweislast richtet sich aber danach, wie substantiiert sich der Gekündigte auf die Kündigungsgründe einlässt (BAG AP 76; KR/*Fischermeier/Krumbiegel* Rn 397). Die Darlegungslast ist abgestuft, der ArbGeb muss nicht von vornherein alle Rechtfertigungs- und Entschuldigungsgründe ausschließen, den ArbN trifft eine sekundäre Darlegungslast (BAG NZA 2022, 1599 Rn 17f). Zu den Umständen, die der ArbGeb zu beweisen hat, gehören auch die Tatsachen, aus denen sich die Unmöglichkeit und Unzumutbarkeit der Weiterbeschäftigung ergeben (BAG DB 2012, 2402). Der ArbGeb hat mithin auch das Nichtvorhandensein freier Arbeitsplätze zu beweisen, auf die der ArbN hätte versetzt werden können (BAG AP 70). Zur prozessualen **Verwertbarkeit** rechtswidrig erlangter Tatsachen BAG NZA 2018, 1329 Rn 16; NZA 2014, 143; DB 2003, 2230; AP 5 § 284 ZPO Anm *Baumgärtel*; *Niemann* JbArbR Bd 55, 41ff; BeckOK-DatenschutzR/*Riesenhuber* § 26 BDSG Rn 190ff. Auch die Ergebnisse einer verdeckten Videoüberwachung können verwertbar sein (grundlegend BAG NJW 2003, 3436; NZA 2018, 1329 („Datenschutz, kein Tatenschutz"); 2017, 112; NJW 2017, 3258 [Keylogger] und 1193). Bei einer rechtskräftigen Verurteilung wegen einer Tatbegehung ggü dem ArbGeb kann das ArbG ohne Bindung an das strafgerichtliche Urteil dessen Ergebnis nach den allg Beweisregeln verwerten (BAG EzA 4 Verdacht strafbarer Handlung). 136

3. Revisibilität. Die tatrichterliche Anwendung der Generalklausel des § 626 bzw des Begriffs des wichtigen Grunds kann nur **eingeschränkt** überprüft werden. Die Kontrolle beschränkt sich darauf, ob das Berufungsgericht Rechtsbegriffe verkannt hat, die Unterordnung des Sachverhalts unter die Vorschrift Denkgesetzen und Erfahrungsregeln widerspricht und die erforderliche Interessenabwägung alle wesentlichen Umstände berücksichtigt, vor allem ob sie widerspruchsfrei oder offensichtlich fehlerhaft ist (st Rspr; vgl BAG NZA 2018, 646 Rn 54; AP 3, 4, 5 Verdacht strafbarer Handlung; 6, 7, 42, 68). Der begrenzte Prüfungsmaßstab soll dem Tatrichter hinsichtl der tatsächlichen Besonderheiten Beurteilungsspielraum verschaffen, der revisionsgerichtlich nicht zu überprüfen ist (vgl Staudinger/*Temming* Rn 319). Allerdings hat sich das BAG nie damit begnügt zu prüfen, ob der Kündigungsgrund „an sich", „allg" oder „in abstracto" richtig aufgefasst ist, sondern überprüft, ob der Tatrichter für die Anwendung des Begriffs alle wesentlichen Elemente herausgearbeitet und diese zu dem gesamten Sachverhalt in die richtige Beziehung gesetzt habe. Diese Verdichtung der revisionsgerichtlichen Rechtskontrolle wird im Blick auf die Kündigungsgründe als notwendig und wünschenswert erachtet (*Hueck* Anm AP 4; *Birk* Anm AP 65). So ist im Rahmen der in § 626 vorzunehmenden Interessenabwägung auch revisionsgerichtlich zu prüfen, ob die in Betracht kommenden Umstände und Interessen überhaupt rechtl geschützt sind und ob der Tatrichter ein Interesse im konkreten Fall rechtl zutr in Ansatz gebracht hat. Insoweit besteht kein Beurteilungsspielraum des Tatrichters, weil es bei diesen Fragen um das richtige Auffinden und Auslegen einer Rechtsnorm geht. Die einen unbestimmten Rechtsbegriff oder eine Generalklausel konkretisierenden Obersätze sind durch das Revisionsgericht insoweit nachprüfbar, als sie Rechtsfragen beantworten, die auch für andere Fälle Leitbildfunktion haben können (vgl Stein/Jonas/*Grunsky* § 549 ZPO Rn 29; *Dütz* Anm BAG EzA 91). Im Erg überprüft das BAG auch im Einz, ob die Vorderrichter ein schutzwürdiges Interesse (ausreichend) berücksichtigt haben (BAG DB 1985, 1244; AP 203; krit *Tschöpe* NZA 1985, 588). 137

4. Rechtskraft; Wiederholungskündigung. S die Erl zu § 620 Rn 180. 138

VII. Kündigungserklärungsfrist, Abs II S 1, 2. 1. Allgemeines. Die außerordentliche Kündigung kann gem Abs II S 1 nur binnen einer Frist von **zwei Wochen ab positiver Kenntnis** (nicht Kennenmüssen, Rn 146) der maßgeblichen Tatsachen erfolgen. Die Frist ist eine **materiell-rechtl Ausschlussfrist** (BAG AP 3 Ausschlussfrist), bei deren Ablauf die unwiderlegliche Vermutung gilt, die Fortsetzung des Arbeitsverhältnisses sei nicht unzumutbar gewesen, mag auch ein noch so erheblicher wichtiger Grund vorgelegen haben (BAG AP 31 Ausschlussfrist). 139

Die Frist gilt für alle **Dienstverträge** (MüKo/*Henssler* Rn 318; Staudinger/*Temming* Rn 285; für die freien Dienstverträge BGH NJW 2020, 2538) und für beide Vertragsteile (BAG NJW 2018, 3267 Rn 47). Sie geht § 314 III als lex specialis vor. Für das Ausbildungsverhältnis enthält § 22 IV BBiG eine entspr Ausschlussfrist. 140

Die Vorschrift gilt auch für die Kündigung von **Organmitgliedern** (aM *Kübler* und *Mertens*, FS Winfried Werner, 1984, 437, 495; Noack/Servatius/Haas/*Beurskens* § 38 GmbHG Rn 121ff). 141

Im **Arbeitsverhältnis** muss die Unwirksamkeit einer Kündigung wegen Versäumung der Ausschlussfrist fristgerecht nach § 13 I iVm § 4 KSchG durch **Kündigungsschutzklage** geltend gemacht werden (BAG AP 3 Ausschlussfrist; 1 § 13 KSchG 1969). Sie gilt auch für die außerordentliche Änderungskündigung, weil sie nach den §§ 2, 15 KSchG nicht von der Beendigung des Arbeitsverhältnisses ausgeht (BAG AP 36 § 15 KSchG 1969). Die Kündigung **Schwerbehinderter** kann nach Ablauf der Frist des Abs II ausgesprochen werden, wenn sie „unver- 142 züglich" (§ 121 I) nach Erteilung oder Fiktion der Zustimmung des Integrationsamtes erklärt wird, § 174 V SGB IX (BAG NJW 2020, 3546; dazu auch Rn 158f). Gleiches gilt für die Kündigung eines Schwerbehinderten während der Elternzeit, wenn der ArbGeb die nach § 18 BEEG erforderliche Zustimmungserklärung vor Ablauf der Monatsfrist von § 171 III SGB IX beantragt hat und die Kündigung trotz abgelaufener Frist unverzüglich nach Erhalt der Zustimmungserklärung erklärt (BAG DB 2012, 1390). Gleiches gilt im Fall der Zulässigkeitserklärung nach § 17 II MuSchG. IÜ dürfte die Rspr auf eine außerordentliche Kündigung während der (Familien-)Pflegezeit iSv §§ 2, 3 PflegeZG, § 2 FPfZG übertragbar sein, auch wenn in diesen Vorschriften keine vergleichbaren Verfahrensvorschriften enthalten sind (*Linck* BB 2008, 2738; KR/*Fischermeier*/*Krumbiegel* Rn 356).

143 Sachlich enthält § 626 II eine **abschließende Konkretisierung des Rechtsinstituts der Verwirkung** (BAG NZA 1986, 467; KR/*Fischermeier*/*Krumbiegel* Rn 329ff; aM *Popp* NZA 1987, 367). Bei Versäumung der Frist gibt es keine „Wiedereinsetzung in den vorigen Stand" (BAG AP 1 Ausschlussfrist). Allerdings kann ein verfristeter Kündigungsgrund immer noch eine ordentliche Kündigung tragen, für die die Frist nicht gilt (BAG AP 217; SPV/*Preis* Rn 796; vgl aber LAG Hamm DB 1979, 607). Die Frist gilt für jede außerordentliche Kündigung (allerdings nicht für das Verfahren nach § 78a IV BetrVG; vgl BAG AP 12 § 78a BetrVG 1972), auch wenn die ordentliche Kündigung ausgeschlossen ist (BAG AP 10 Ausschlussfrist) oder wenn nach § 626 entspr tarifvertragl Regelungen bestehen (zu § 54 BAT: BAG EzA 55).

144 § 626 II ist **nach hM zwingend** und kann weder durch Individualvereinbarungen noch durch Tarifvertrag ausgeschlossen oder abgeändert werden (BAG AP 5 [„Bedenken"], 6, 9, 13 Ausschlussfrist; BeckOGK/*Günther* Rn 166f; KR/*Fischermeier*/*Krumbiegel* Rn 335f; Staudinger/*Temming* Rn 287). Das ist allerdings nicht unumstritten. Zugunsten einer Dispositivität wird auf die Privatautonomie verwiesen, die § 202 im Grundsatz auch im Hinblick auf die Verjährung anerkennt. Dagegen werden die Zwecke der Ausschlussfrist ins Feld geführt, den Kündigenden zu einer raschen, aber nicht übereilten Entscheidung zu veranlassen und dem Kündigungsgegner zügig Klarheit zu verschaffen (MüKo/*Henssler* Rn 347). Vermittelnd ist der Vorschlag, den Tarifparteien eine Konkretisierung von (a) Kündigungsberechtigten (Rn 151 und (b) Voraussetzungen für den Fristbeginn (Rn 146) zu gestatten (so MüKo/*Henssler* Rn 348). In der Sache ist richtig, dass die Ausschlussfrist nicht so weit verlängert werden kann, dass die Unzumutbarkeit der Fortsetzung bis zum Ablauf der Kündigungsfrist in Frage gestellt wäre. Umgekehrt spricht der zugrundeliegende Verwirkungsgedanke, bei dem es um das ausgeübte Vertrauen der Parteien geht, eher für eine Dispositionsmöglichkeit. Anerkennt man eine Konkretisierungskompetenz, besteht kein Grund, diese nur den Tarifparteien zuzugeben, nicht auch den Betriebs- oder Vertragspartnern.

145 Der Berufung auf den Ausschluss kann der Einwand der **unzulässigen Rechtsausübung** (§ 242) entgegengehalten werden, wenn der Kündigungsgegner selbst veranlasst oder bewirkt hat, dass der Kündigende die Frist nicht einhält, etwa wenn dem Kündigenden eine Überlegungsfrist für eine einverständliche Vertragsaufhebung eingeräumt wurde, die Einigung aber scheitert und alsdann der Ablauf der Frist reklamiert wird (BAG AP 5, 6 Ausschlussfrist). Der Kündigende ist aber in jedem Fall gehalten, unverzüglich nach Klärung der Sachlage zu kündigen (Gebot, konsequent zu handeln; *Singer*, Das Verbot widersprüchlichen Verhaltens, 1993, 313, 336).

146 **2. Beginn und Hemmung.** Die Frist beginnt, sobald der Kündigungsberechtigte eine zuverlässige und möglichst vollständige **Kenntnis** von den kündigungsrelevanten Tatsachen hat, die ihm die Entscheidung ermöglicht, ob die Fortsetzung des Vertragsverhältnisses zumutbar ist oder nicht (BAG BB 2013, 1395; AP 44 Verdacht strafbarer Handlung; BB 2013, 1395). Zu den für die Kündigung maßgebenden Tatsachen gehören **alle Umstände, die für oder gegen eine Kündigung sprechen** (BAG AP 3, 6, 46 Ausschlussfrist; KR/*Fischermeier*/*Krumbiegel* Rn 337). Verlangt wird eine **positive Kenntnis** des Kündigungsberechtigten; bloße Vermutungen und selbst die grob fahrlässige Unkenntnis reichen nicht aus (BAG AP 1, 9 Ausschlussfrist; BGH NJW 1996, 1403; AP 45 Verdacht strafbarer Handlung; BB 2013, 1395; Staudinger/*Temming* Rn 289ff; Soergel/*Kraft* Rn 88). Die Frist beginnt daher nicht zu laufen, bevor der Kündigungsberechtigte die erforderlichen Tatsachenkenntnisse hat.

147 Da grob fahrlässige Unkenntnis nicht schadet, ist der Kündigungsberechtigte zwar berechtigt, aber nicht verpflichtet, den **Sachverhalt zu ermitteln** (BAG NJW 2020, 2976 Rn 31). Stellt er eigene Ermittlungen an, läuft die Frist nicht, solange er nach „pflichtgemäßem Ermessen" vorgeht: aus verständigen Gründen und mit der gebotenen Eile (BAG NZA 2017, 1332 Rn 66; EzA 5 Ausschlussfrist). Inwieweit Ermittlungen erforderlich sind, ist im Einzelfall und ex ante zu beurteilen; unerheblich ist, ob die Ermittlungen rückblickend ergebnislos verlaufen sind. Ermittlungsziel sind die für die Kündigungsentscheidung relevanten Tatsachen, nicht die „Ausermittlung" des Sachverhalts. Da sich die Kündigung auf den Einzelvertrag bezieht, kommt es auch für die Erforderlichkeit von Ermittlungen auf den jew Vertragspartner an, auch wenn es um das **Verhalten mehrerer Beteiligter** geht; soweit allerdings die fraglichen Verhaltensweisen (aus der ex ante-Perspektive des Dienstberechtigten!) in ihren be- und entlastenden Elementen zusammenhängen, bilden sie auch den zu ermittelnden Sachverhalt. Zudem ist dem Kündigungsberechtigten zumal bei komplexen Vorgängen eine Einschätzungsprärogative zuzugeben, die Ermittlungsmethoden zu bestimmen (zB mehrere möglicherweise Beteiligte parallel zu befragen; Hamm GmbHR 2019, 1060). Insb darf dem ArbGeb nicht dadurch die Verteidigung einer rechtskonformen Unternehmensführung (Compliance) dadurch erschwert werden, dass er über § 626 II gedrängt wird, seine Ermittlungsergebnisse vorschnell aufzudecken (so im Grundsatz zu Recht *Göpfert*/*Drägert* CCZ 2011, 25, 27f). Bei der Bewertung (!) der Sachverhaltsermittlung ist iÜ auch zu berücksichtigen, inwieweit der andere Teil ein Informationsdefizit verursacht hat (richtig *Göpfert*/*Drägert* CCZ 2011, 25, 27f); wer sich auf die Unredlichkeit des anderen Teils beruft, muss sich selbst redlich verhalten. Die Einrichtung und Einschaltung einer Compliance-Abteilung für sich kann

Verzögerungen nicht rechtfertigen; jedoch stellt ein kompetentiell und prozedural sauberes Vorgehen schon keine Verzögerung dar (BGH NZA 2022, 1276).

Geht es um **strafbares Verhalten** des ArbN, kann sich der Kündigungsberechtigte am Fortgang des Ermittlungs- 148 bzw Strafverfahrens orientieren. Weil es während eines Strafverfahrens mehrere für den Ausspruch einer (Verdachts-)Kündigung geeignete Zeitpunkte geben kann, bedarf es für den vom Kündigungsberechtigten gewählten Zeitpunkt eines sachlichen, dh nicht willkürlich gewählten Grunds (BAG AP 44 Verdacht strafbarer Handlung; BB 2013, 1395). UU kann auch noch eine zweite Anhörung des zu Kündigenden gerechtfertigt sein, bevor die Frist einsetzt (BAG AP 6 Ausschlussfrist). § 174 V SGB IX findet analoge Anwendung auf Fälle, in denen personalvertretungsrechtl Mitbestimmungsverfahren durchzuführen sind (BAG AP 204). Auch wenn die **Anhörung des ArbN** nicht (wie bei der Verdachtskündigung; Rn 113) Kündigungsvoraussetzung ist (BAG AP 63), ist der ArbGeb dazu doch berechtigt; dafür ist ihm im Regelfall – wenn keine besonderen Umstände eine kürzere oder längere Frist begründen – nach Abschluss der Sachverhaltsermittlung eine Woche Zeit zu geben; die Frist von Abs II beginnt erst anschließend (BAG NZA 2017, 1332 Rn 66; AP 2, 3, 6, 46 Ausschlussfrist). Die nach § 241 II gebotene Rücksicht auf einen anderen ArbN (hier: Opfer sexueller Belästigung) kann eine längere Frist begründen (BAG NJW 2020, 419); die Arbeitsunfähigkeit des anzuhörenden ArbN nicht, wenn ihm die Teilnahme an einem Personalgespräch nicht unzumutbar ist (LAG Düsseldorf 18.6.2019 – 3 Sa 1077/18).

Anhörungen sind vor allem im Fall der **Verdachtskündigung** erforderlich, bei welcher der Fristbeginn schwierig 149 zu ermitteln ist, weil sie nicht aufgrund feststehender Tatsachen, sondern aufgrund eines stets mit Unsicherheitsfaktoren belasteten Verdachts erfolgen soll (LAG Hamm LAGRp 2005, 384). Die Frist beginnt, wenn der Kündigende den Sachverhalt so weit ermittelt hat, dass er sich ein Urteil über Tragweite und Auswirkungen des Verdachts bilden kann (BAG AP 2 Ausschlussfrist; AP 44 Verdacht strafbarer Handlung; EzA 4 Ausschlussfrist; Staudinger/*Temming* Rn 296f; KR/*Fischermeier*/*Krumbiegel* Rn 338). Sie beginnt, wenn der ArbGeb alles ihm Zumutbare, in seinen Kräften Stehende getan hat, um den Verdacht zu erhellen (*Belling*/*Künster* Anm SAE 1994, 210, 216). Dem Kündigungsberechtigten steht es frei, das Ergebnis eines Ermittlungs- oder Strafverfahrens abzuwarten (BAG NZA 2006, 101; AP 9, 31 Ausschlussfrist; EzA 4 Ausschlussfrist; DB 2013, 641; LAG Berlin EzA 80; Staudinger/*Temming* Rn 296; krit MüKo/*Henssler* Rn 345), außer wenn der Kündigungsberechtigte bereits eine ausreichende Tatsachenkenntnis erlangt hat, zB aufgrund eines Geständnisses des Kündigungsgegners (BGH LM 18; LAG Düsseldorf EzA 76). Regt der **Betriebsrat erg Ermittlungen** des ArbGeb an, tritt nach LAG Frankfurt (BB 1986, 258) eine Hemmung der Frist nur ein, wenn der Kündigungsberechtigte einen dahingehenden Entschluss noch vor Fristablauf fasst und dies nach außen erkennbar macht. Der Verdacht einer strafbaren Handlung oder einer sonstigen Vertragsverletzung stellt jedenfalls keinen Dauerzustand dar, der es dem ArbGeb erlaubt, mit dem Ausspruch der Kündigung zu warten (BAG AP 31 Ausschlussfrist). **Staatliche Ermittlungen** befreien den ArbGeb auch nicht grds von der Pflicht, eigene Maßnahmen zur Aufklärung des Verdachts vorzunehmen (BAG AP 31 Ausschlussfrist). Bestehen jedoch seitens der Strafverfolgungsbehörden Mitteilungspflichten an den ArbGeb, die ua auch der Vorbereitung einer Kündigung dienen (zB nach MiStra oder § 14 I Nr 5 EGGVG), kann dem ArbGeb ein Versäumen von Unterrichtungsobliegenheiten idR nicht vorgeworfen werden, wenn eigene Erkundigungen unterbleiben (BAG AP 45 Verdacht strafbarer Handlung). Grundlose Untätigkeit nach Abschluss der eigenen Ermittlungen kann hingegen Verwirkung begründen (*Belling*/*Künster* Anm SAE 1994, 210, 216). Ist rechtskräftig festgestellt, dass die Verdachtskündigung wegen Versäumung der Ausschlussfrist unwirksam ist, so hindert die Rechtskraft dieses Urteils den ArbGeb nicht, nach Abschluss des Strafverfahrens eine erneute – nunmehr auf die Tatbegehung selbst gestützte – außerordentliche Kündigung auszusprechen, wenn er bis dahin noch keine sichere Kenntnis von der Tatbeteiligung des ArbN hatte (BAGE 47, 307; BAG NZA-RR 2008, 630).

Bei **Dauergründen** bzw **Dauertatbeständen** beginnt die Frist mit dem letzten Vorfall, der ein weiteres und letz- 150 tes Glied in der Kette der Ereignisse bildet, die zum Anlass für eine Kündigung genommen werden (BAG AP 4, 7 Ausschlussfrist; KR/*Fischermeier*/*Krumbiegel* Rn 341ff). Kein Dauergrund ist bei einem abgeschlossenen Tatbestand mit Fortwirkung gegeben. Die Frist kann nicht mit dem Vortrag umgangen werden, das frühere Fehlverhalten des ArbN (Spesenbetrug, Unterschlagung etc) beeinträchtige nach wie vor die vertrauensvolle Zusammenarbeit (BAG AP 4, 14 Ausschlussfrist). Begangene Straftaten oder solche, deren der ArbN verdächtigt wird, stellen keine Dauerzustände dar (BAG AP 31 Ausschlussfrist). Fehlt der ArbN unentschuldigt, beginnt die Frist des § 626 II frühestens mit dem Ende der unentschuldigten Fehlzeit (BAG AP 38 Ausschlussfrist). Bei dem eigenmächtigen Urlaubsantritt (Dauertatbestand, BAG AP 14 Ausschlussfrist) fängt die Frist also erst mit der Rückkehr des ArbN aus dem Urlaub zu laufen an (s auch LAG Hamm BB 1983, 1473; LAG Düsseldorf DB 1971, 2319; abzulehnen: ArbG Münster BB 1982, 1987). Auch häufige Kurzerkrankungen können ein Dauertatbestand sein (BAG AP 16 Krankheit m krit Anm *Verstege*). Bei **personenbedingten Kündigungsgründen** (Dauererkrankung, Trunksucht, fehlende Arbeitserlaubnis etc) beginnt die Frist, sobald der ArbGeb von dem dauerhaften und nicht nur vorübergehenden Ausfall des ArbN weiß und er dementspr seine Personalplanung einstellen muss (BAG AP 13 Ausschlussfrist; KR/*Fischermeier*/*Krumbiegel* Rn 344; SPV/*Preis* Rn 803; *Lepke* Rn 327; aA MüKo/*Henssler* Rn 338). Das BAG (AP 8 Krankheit m Anm *Bezani*; NZA-RR 2011, 155) stellt indes darauf ab, ob ein Dauerstörtatbestand vorliegt (vgl APS/*Vossen* Rn 137; *Zöllner*/*Loritz*/*Hergenröder* 282) und die zeitl Fixierung des Fristbeginns unmöglich ist, wobei es ausreicht, dass der Störzustand die letzten zwei Wochen vor Ausspruch der Kündigung angehalten hat. Bei den in Ausnahmefällen zulässigen **betriebsbedingten** außerordentlichen Kündigungen (s Rn 120ff) beginnt die Ausschlussfrist regelmäßig nicht mit der Unternehmerentscheidung, der zufolge eine betriebliche Änderung vorzunehmen ist, sondern erst wenn feststeht, wie sich die Entscheidung konkret auswirkt, dh welche ArbN ihren Arbeitsplatz verlieren bzw nicht mehr zu den bisherigen Bedingungen weiterbeschäftigt werden können (BAG AP 10 Ausschlussfrist). Kündigungsgründe, die dem Kündigenden bei Zugang der Kündigung noch nicht zwei Wochen bekannt waren, können später nachgeschoben werden, soweit dies nicht wegen § 102 BetrVG unzulässig ist (BAG AP 65).

151 **3. Kündigungsberechtigter.** Ausschlaggebend für den Fristbeginn ist die Kenntnis eines Kündigungsberechtigten. Kündigungsberechtigte sind zunächst die **Vertragsparteien** selbst, soweit sie geschäftsfähig sind, bzw die **Organe** einer jur Pers (BAG NZA 2022, 1276 Rn 12). Ansonsten kommt es auf die Kenntnis des gesetzl Vertreters an (§ 166 I). Minderjährige ArbN können selbst kündigen, wenn die Voraussetzungen von § 113 I erfüllt sind. IÜ kommt eine **Wissenszurechnung** nur in Betracht, wenn die andere Person eine herausgehobene Position und Funktion im Betrieb oder der Verwaltung hat und tatsächlich sowie rechtl in der Lage ist, einen Sachverhalt, der Anhaltspunkte für eine außerordentliche Kündigung bietet, so umfassend klären zu können, dass mit ihrer Meldung der Kündigungsberechtigte ohne weitere Erhebungen und Ermittlungen seine (Kündigungs-) Entscheidung treffen kann (BAG AP 217 – Schulleiter). Auf die Wahrung der Kündigungsfrist kann sich der ArbGeb indes nicht berufen, wenn er selbst zielgerichtet verhindert hat, dass eine für ihn kündigungsberechtigte Person von den maßgebenden Tatsachen Kenntnis erlangt (Rechtsgedanke des § 162), doch sind daran, da § 626 II allein auf Kenntnis abstellt, keine geringen Anforderungen zu stellen (BAG NZA 2022, 1276).

152 Zur Kündigung des **GmbH-Geschäftsführers** berechtigt ist idR die Gesellschafterversammlung (BGH NJW 2013, 2425 Rn 12; NZG 2002, 46, 48; NJW 2000, 1864). § 626 II beruht auf dem Gedanken, dass der Berechtigte aus seiner Kenntnis die seiner Ansicht nach gebotenen Konsequenzen ziehen kann; hierzu sind die Gesellschafter, selbst wenn sie sämtlich als einzelne außerhalb einer Gesellschafterversammlung Kenntnis vom Kündigungssachverhalt erlangt haben, nicht ohne den Zusammentritt als Kollegialorgan in der Lage (BGH NZG 1998, 634f). Allerdings darf dem betroffenen Geschäftsführer nach Sinn und Zweck des § 626 II nicht zugemutet werden, bis zu einem unabsehbaren Zusammentritt der Gesellschafterversammlung zuwarten zu müssen. Wird daher die Einberufung der Gesellschafterversammlung einer GmbH von ihren einberufungsberechtigten Mitgliedern nach Kenntniserlangung von dem Kündigungssachverhalt unangemessen verzögert, so muss sich die Gesellschaft so behandeln lassen, als wäre die Gesellschafterversammlung mit der billigerweise zumutbaren Beschleunigung einberufen worden (BGH NZG 1998, 634, 635). Hält eine jur Person sämtliche Geschäftsanteile der anstellenden GmbH, kommt es für den Fristbeginn darauf an, wann das für die Kündigung vertretungsberechtigte Organ dieser jur Person von den kündigungsrelevanten Tatsachen Kenntnis erlangt (Düsseldorf OLGRp 2003, 298). Neben den Organmitgliedern einer jur Pers, den einzelvertretungsberechtigten Gesellschaftern einer Personengesellschaft und den Prokuristen kann jede Person, der das Recht zur außerordentlichen Kündigung **übertragen** worden ist, „Kündigungsberechtigter" sein (BAG AP 1, 3 Ausschlussfrist; AP 217; MüKo/*Henssler* Rn 331). UU setzt auch die Kenntnis solcher Vorgesetzten die Frist in Gang, die **nicht selbständig zur Entlassung** von Mitarbeitern **berechtigt** sind, aber eine ähnl selbständige Stellung wie ein gesetzl oder rechtsgeschäftlicher Vertreter des ArbGeb haben und nicht nur zur Meldung, sondern auch zur Feststellung der kündigungsrelevanten Tatsachen verpflichtet sind (BAG AP 1, 3 Ausschlussfrist; DB 1986, 1339; allg zur Wissenszurechnung § 166). Das BAG (AP 11 Ausschlussfrist) hat zwar betont, dass der Begriff des Kündigungsberechtigten eng auszulegen sei, im Wesentlichen aber die frühere Rspr bestätigt. Auch andere **Organisationsmängel** in Behörden und größeren Betrieben, die den Informationsfluss behindern, muss sich der Kündigungsberechtigte zurechnen lassen; der Lauf der Ausschlussfrist wird dadurch nicht gehindert (BAG AP 13 Ausschlussfrist; AP 1 § 54 BAT).

153 Grds ist aber eine **vertragl Festlegung** möglich, die das Recht zur Kündigung auf die Person des Dienstgebers beschränkt, der damit regelmäßig allein Kündigungsberechtigter ist (vgl auch zu Einzelfragen bei der Vertretung: BAG AP 8 Ausschlussfrist; BGH DB 2013, 1102; MüKo/*Henssler* Rn 323; KR/*Fischermeier*/*Krumbiegel* Rn 371f). Bei **Gesamtvertretung** (zB § 26 II, § 28 II BGB; § 78 II AktG; § 35 II GmbHG; § 25 GenG) genügt die Tatsachenkenntnis eines Gesamtvertreters (BAG NZA 2022, 1276 Rn 12; AP 1 § 28; Anm *Windbichler* SAE 1985, 313; BGHZ 41, 282; 20, 149; BGH BB 1990, 1222; BeckOGK/*Günther* Rn 180).

154 Bei der Kündigung eines Vorstandsmitglieds einer **Genossenschaft** beginnt die Frist erst, wenn die Generalversammlung als ganze Kenntnis von den Kündigungstatsachen erhält, weil sie allein Kündigungsberechtigte ist (BGH LM 28; BAG AP 11 Ausschlussfrist; DB 2013, 1102); zur Bedeutung von Ladungsfristen BGH DB 1980, 1686. Die Kenntnis eines einzelnen Aufsichtsratsmitglieds kann der Generalversammlung und damit der Genossenschaft nicht zugerechnet werden. Ebenso wenig kommt es auf die Kenntnis einer Minderheit der Genossen an, die die Einberufung einer Generalversammlung verlangen könnte (BAG LM 28; BAG AP 11 Ausschlussfrist). Überhaupt können die Grundsätze der passiven Stellvertretung nicht auf Aufsichtsratsgremien oder Gesellschafterversammlungen übertragen werden (BGH NJW 1980, 2411; DB 1998, 1608; DB 2013, 1102). Eine Genossenschaft muss sich allerdings behandeln lassen, als ob die Generalversammlung bereits informiert sei, wenn der Aufsichtsrat die Generalversammlung nicht in angemessen kurzer Zeit einberuft, nachdem er selbst Kenntnis erlangt hat (BAG LM 28; BAG AP 11 Ausschlussfrist). Generell ist die Unkenntnis unbeachtlich, wenn die Kenntnisnahme treuwidrig vereitelt wurde, entspr der treuwidrigen Zugangsverhinderung (s § 130). Gleiches gilt für die Kenntnis der Mitglieder der Gesellschafterversammlung einer GmbH (vgl BAG NZA 1998, 997; 1998, 1005). Kennenmüssen oder grob fahrlässige Unkenntnis genügen jedoch nicht (BGH DB 2013, 1102). Nicht die außerhalb der Gesellschafterversammlung, sondern nur die nach dem Zusammentritt erlangte Kenntnis von den für

die Kündigung maßgeblichen Tatsachen löst den Lauf der Ausschlussfrist aus, es sei denn, die Einberufung wird nach der Kenntniserlangung von den Mitgliedern unangemessen verzögert. Dann muss sich die Gesellschaft behandeln lassen, als sei sie mit der zumutbaren Beschleunigung einberufen worden.

Zur vergleichbaren Problematik in **Gemeinden**, in denen allein ein kommunales Vertretungsorgan zur Entlassung befugt ist und nur eine Notzuständigkeit des Bürgermeisters für dringliche Geschäfte besteht, s BAG AP 1 § 54 BAT. Regelmäßig wird die Ausschlussfrist gewahrt, wenn ein kündigungsberechtigter Gemeinderat bzw ein zuständiger Ausschuss monatlich tagt und eine fristlose Kündigung in der auf die Kenntnisnahme des ersten Bürgermeisters stattfindenden Sitzung folgt (BAG AP 33 Ausschlussfrist). Eine ohne hinreichende Vertretungsmacht erklärte Kündigung kann mit rückwirkender Kraft nach § 184 nur innerhalb der Frist des § 626 II genehmigt werden (BAG AP 2 § 180; AP 24 Ausschlussfrist). 155

4. Berechnung der Frist; Darlegungs- und Beweislast. Für die Fristberechnung gelten die §§ 187ff. Nach § 187 I beginnt die Frist am Tag nach der Kenntnis. Tritt die Kenntnis zB an einem Montag ein, beginnt die Frist am folgenden Dienstag und endet am Montag der übernächsten Woche. Die Vorschriften über den Lauf von Verjährungsfristen sind nicht entspr anwendbar. Die Kündigung ist nur rechtzeitig, wenn sie innerhalb der Frist dem Kündigungsgegner zugegangen ist (BAG EzA nF 63 m insoweit abw Anm *Kraft*). Der Kündigungsberechtigte trägt die Darlegungs- und Beweislast dafür, dh er muss darlegen und ggf beweisen, dass er von den für die Kündigung maßgebenden Tatsachen erst innerhalb der zwei Wochen vor ihrem Ausspruch erfahren hat, und dazu die Umstände seiner Kenntniserlangung eingehend schildern (BAG NZA 2007, 744; AP 3, 4, 7 Ausschlussfrist; SPV/*Preis* Rn 814; MüKo/*Henssler* Rn 381ff; diff *Picker* ZFA 81, 127ff, 161). 156

5. Einfluss von Anhörungs-, Mitwirkungs- und Zustimmungsrechten. Die nach § 102 BetrVG und § 86 BPersVG erforderliche vorherige Anhörung des Betriebs- bzw Personalrats muss – um die außerordentliche Kündigung rechtzeitig erklären zu können – spätestens am 10. Tag nach Kenntnis der die Kündigung tragenden Tatsachen eingeleitet werden, weil die Frist des § 626 II nicht um die Anhörungsfrist von drei Tagen verlängert wird (BAGE 29, 270; MüKo/*Henssler* Rn 353). Der ArbGeb muss dem Betriebsrat für eine ordnungsgemäße Anhörung die aus seiner Sicht tragenden Umstände für die Kündigung vollständig und wahrheitsgemäß unterbreiten (Grundsatz der subj Determinierung, BAG NZA 2015, 476; DB 2013, 182 und 1304), wozu auch die Sozialdaten des ArbN gehören (BAG AP 67 § 1 KSchG 1969 Betriebsbedingte Kündigung), es sei denn, es kommt auf diese ersichtlich nicht an (BAG BB 1996, 488), sie sind dem Betriebsrat ungefähr bekannt und dieser kann sich ein ausreichendes Bild von den Kündigungsgründen machen (BAG AiB 1997, 665 m krit Anm *Wehrisch*). Zum Umfang der Mitteilungspflicht vgl LAG Düsseldorf LAGE 35 § 102 BetrVG 1972 m Anm *Schwerdtner*. Die Ausschlussfrist findet auch auf die außerordentliche Kündigung betriebsverfassungsrechtl (bzw personalvertretungsrechtl) **Funktionsträger** Anwendung, die den besonderen Kündigungsschutz nach § 15 KSchG und § 103 BetrVG genießen (BAG AP 1–4, 10 § 103 BetrVG 1972; NZA 2018, 1087 [Kündigung des einzigen BR-Mitglieds]; 2018, 240; 2001, 212; KR/*Fischermeier*/*Krumbiegel* Rn 351). Stimmt der Betriebsrat der Kündigung zu, muss der ArbGeb noch innerhalb der Zweiwochenfrist kündigen (vgl bei nachträgl Zustimmung des Betriebsrats BAG AP 14 § 103 BetrVG 1972). Verweigert der Betriebsrat die Zustimmung bzw gibt dieser innerhalb von drei Tagen keine Stellungnahme ab, muss der ArbGeb noch innerhalb der Frist das gerichtliche Verfahren auf Ersetzung der Zustimmung nach § 103 II BetrVG einleiten (BAG NZA 2018, 1087 Rn 18). Die Frist wird durch den Zustimmungsersetzungsantrag gewahrt (BAG AP 3, 10, 32 § 103 BetrVG 1972 mwN; KR/*Fischermeier*/*Krumbiegel* Rn 352), außer wenn dieser unwirksam bzw unzulässig ist, zB weil vor Zustimmungsverweigerung gestellt (BAG DB 1986, 1882; 1997, 1285). Ist die Entscheidung über die Ersetzung der Zustimmung rechtskräftig bzw unanfechtbar, muss der ArbGeb nunmehr unverzüglich die außerordentliche Kündigung erklären (BAG NZA 2018, 1087 Rn 17f; AP 3 § 103 BetrVG 1972; AP 16 Ausschlussfrist; DB 2012, 1390). 157

Für die wichtigsten öffentlich-rechtl Kündigungsverbote mit Erlaubnisvorbehalt zum Schutz der **Mutter** (§ 17 II MuSchG; LAG Hamm DB 1987, 544), des ArbN in **Elternzeit** (§ 18 BEEG), des **Pflegenden** (§ 5 PflegeZG, ggf iVm § 2 III FPfZG) und des **Schwerbehinderten** muss der Antrag auf Zulässigerklärung der bzw Zustimmung zur Kündigung innerhalb der Ausschlussfrist gestellt werden (Teilregelung in § 174 II SGB IX). Die Kündigung kann dann auch noch nach Ablauf der Frist des § 626 II ausgesprochen werden, sofern sie „unverzüglich" (§ 121 I) nach Erteilung oder Fiktion der Zustimmung oder dem Wegfall ihrer Notwendigkeit (zB durch Fehlgeburt) erklärt wird (zur Zustimmung des Integrationsamtes § 174 V SGB IX; BAG NJW 2020, 3546; KR/*Fischermeier*/*Krumbiegel* Rn 357ff; zu § 17 II: BAG DB 1980, 355; KR/*Gallner* § 17 MuSchG Rn 112; Staudinger/*Temming* Rn 302). Andererseits kann der Kündigungsberechtigte auch die Zweiwochenfrist des § 626 II voll ausschöpfen (BAGE 99, 358). 158

Besonderheiten bestehen bei **kirchlichen Arbeitsverhältnissen** nach den Vorschriften des MVG EKD und der MAVO-Rahmenordnung (vgl *Richardi* NZA 1998, 113; *Joussen* ZMV 2006, 116; *Schielke*, Das Mitarbeitervertretungsgesetz der Evangelischen Kirche in Deutschland, 2007; *Bartels* ZMV 2006, 78). 159

§ 627 Fristlose Kündigung bei Vertrauensstellung

(1) Bei einem Dienstverhältnis, das kein Arbeitsverhältnis im Sinne des § 622 ist, ist die Kündigung auch ohne die in § 626 bezeichnete Voraussetzung zulässig, wenn der zur Dienstleistung Verpflichtete, ohne in einem dauernden Dienstverhältnis mit festen Bezügen zu stehen, Dienste höherer Art zu leisten hat, die aufgrund besonderen Vertrauens übertragen zu werden pflegen.

(2) Der Verpflichtete darf nur in der Art kündigen, dass sich der Dienstberechtigte die Dienste anderweit beschaffen kann, es sei denn, dass ein wichtiger Grund für die unzeitige Kündigung vorliegt. Kündigt er ohne solchen Grund zur Unzeit, so hat er dem Dienstberechtigten den daraus entstehenden Schaden zu ersetzen.

1 **I. Normzweck.** Freie Dienstverhältnisse, die von besonderem Vertrauen des Dienstberechtigten in den Dienstverpflichteten geprägt sind und dabei keine ständige Leistung zum Gegenstand haben, können von beiden Seiten jederzeit gekündigt werden, ohne dass ein wichtiger Grund vorliegt, wie ihn das Kündigungsrecht nach § 626 voraussetzt. Die **ratio** drückt *Larenz* (Schuldrecht II[1] 1953, § 48 III d S 170; Schuldrecht II/1[13] 1986, § 52 II) in einer – klassisch gewordenen und heute meist ohne Nachw verwendeten – Formulierung so aus: „Der Grund für die jederzeitige Lösungsmöglichkeit liegt in dem ‚besonderen Vertrauen': Dieses kann schon durch unwägbare Umstände, ja durch rational nicht begründbare Empfindungen gestört werden, die obj, nach ‚verständiger Beurteilung', keinen ‚wichtigen Grund' darstellen. Bei derartigen, ganz auf persönliches Vertrauen gestellten und zudem lockeren, nicht auf eine ständige Tätigkeit gerichteten Dienstverhältnissen soll die Freiheit der persönlichen Entschließung eines jeden Teils im weitesten Ausmaß gewahrt bleiben." (daran anschließend etwa BGH DB 2019, 1379 Rn 15; NJW 2010, 1520 Rn 17; 1986, 373 mwN; NJW-RR 1993, 505, 506; NJW 1986, 373; MüKo/*Henssler* Rn 2). Die dispositive (Rn 3) Norm trägt dem **typischen Parteiwillen** Rechnung. Nicht nur überträgt der Dienstberechtigte die Dienste typischerweise aufgrund besonderen Vertrauens, auch der Dienstverpflichtete übernimmt sie auf dieser Grundlage; die mit dem Lösungsrecht verbundenen Risiken werden typischerweise durch die höhere Vergütung mit abgegolten. Daher ist die Regelung nicht als systemwidrige Ausnahme eng auszulegen (so MüKo/*Henssler* Rn 3), sondern nach allg Grundsätzen ihrem Zweck entspr. Der Tatbestand knüpft an obj-abstrakte, nicht subj konkrete Merkmale an und dient insoweit der Rechtssicherheit. Die – sich überschneidenden – Ausnahmebereiche (Arbeitsverhältnis, dauerndes Dienstverhältnis mit festen Bezügen) tragen typischen **Schutzinteressen** Rechnung.

2 **II. Anwendungsbereich von § 627.** Die auf dem 1. ArbRBerG v 1969 beruhende Fassung des Abs I stellt klar, dass die Regelung des § 627 auf Dienstverträge beschränkt ist, die **keine Arbeitsverträge** sind; freilich ist der ArbN ohnehin auf Dauer angelegt und zu festen Bezügen tätig. § 5 I FernUSG ist vorrangige Spezialregelung für Fernunterrichtsverträge; die Vorschrift gilt für Direktunterrichtsverträge weder unmittelbar noch entspr (BGHZ 90, 280; Koblenz NJW-RR 2011, 1355).

3 **III. Außerordentliches Kündigungsrecht, Abs I. 1. Abdingbarkeit.** § 627 I ist – anders als § 626 – abdingbar (RGZ 80, 29; 105, 416; Brandenburg 16.3.2016 – 4 U 151/13; AG Göppingen NJW 1981, 1675). Die erleichterte Kündigungsmöglichkeit kann eingeschränkt werden, zB durch die Vereinbarung einer Kündigungsfrist (etwa 24 Stunden oder bis 12 Uhr des folgenden Tages, dazu *Wertenbruch* MedR 1994, 394) oder auch ausgeschlossen. Einschränkung oder Ausschluss können auch konkludent erfolgen, sofern der entspr Wille der Parteien deutlichen Ausdruck gefunden hat (BGH NJW-RR 1991, 439 mwN). Die Vereinbarung einer bestimmten Dienstzeit von längerer Dauer erfüllt diese Voraussetzung alleine nicht (RGZ 80, 29; 105, 416; vgl auch LG Detmold MDR 1978, 756); doch kann dann ein dauerndes Dienstverhältnis mit festen Bezügen (Rn 8ff) vorliegen (BGHZ 90, 280). In Partnerschaftsvermittlungsverträgen ist der Ausschluss der Kündigungsmöglichkeit durch Individualvereinbarung wegen des besonderen persönlichen Bezugs unzulässig (Düsseldorf NJW-RR 1987, 691; *Peters* NJW 1989, 2793). Die Parteien eines freien Dienstverhältnisses (das kein Arbeitsverhältnis ist), können zudem auch **über die Tatbestandsmerkmale von § 627 disponieren**, also etwa stipulieren, dass die verabredeten Dienste nicht solche höherer Art seien. Ebenso können sie die Anwendbarkeit von § 627 für Verträge über andere als Dienste höherer Art vereinbaren, die Norm also **hinzuwählen**.

4 Durch **Formularverträge** kann § 627 I nach hM **nicht** abbedungen werden (BGH NJW 2021, 1392 Rn 35; 2016, 1578 Rn 24; *Dörner* NJW 1979, 241; *Heinbuch* MDR 1980, 980; *Schlosser* NJW 1980, 273; aA AG Göppingen NJW 1981, 1675; diff *Fischer*, Die fristlose Kündigung bei Vertrauensstellung [§ 627 BGB], 2015, 132 [Verweis auf Fristen des § 621 wegen vergleichbarer Interessenlage]; BeckOGK/*Günther* Rn 69; *Wertenbruch* MedR 1994, 396 [24-stündige Kündigungsfrist in AGB von ärztlichen Behandlungsverträgen wirksam] und *Peters* NJW 1986, 2676 [vierwöchige Kündigungsfrist in AGB von Partnerschaftsvermittlungen zulässig]); auch nicht im kaufmännischen Verkehr (BGH NJW 2010, 1520). Die Abbedingung widerspricht dem wesentlichen Grundgedanken von § 627 I, die Dispositionsfreiheit der Parteien in dem von besonderem Vertrauen geprägten Verhältnis zu erhalten, § 307 II Nr 1 (BGH NJW 2021, 1391 Rn 34; 2010, 150).

5 **2. Tatbestand. a) „Dienste höherer Art"** definiert das Gesetz nicht, doch nennen Prot II, 302 = Mugdan II, 913 als Bsp Ärzte, Lehrer und Rechtsanwälte. In Anlehnung an die Erörterungen im Gesetzgebungsverfahrens sind Kennzeichen von Diensten höherer Art, dass sie „eine besondere Fachkenntniß, Kunstfertigkeit oder wissenschaftliche Bildung voraussetzen" (vgl Prot II, 301f = Mugdan II, 912f Anträge 1 und 2), es geht also im Kern um Dienstleistungen im akademischen oder künstlerischen Bereich oder aufgrund besonders qualifizierter Fachausbildung. Erg wird auf Merkmale wie eine hohe geistige Phantasie oder Flexibilität abgestellt (ArbG Köln NJW-RR 1993, 1207; MüKo/*Henssler* Rn 21). Qualifiziert werden die Dienste höherer Art dadurch, dass sie aufgrund besonderen Vertrauens übertragen zu werden pflegen (Rn 6), doch ist das besondere Vertrauen nur Kennzeichen der Dienste, nicht Voraussetzung im Einzelfall. Auch wenn man die Beschränkung auf Dienste höherer Art rechtspolitisch als unbefriedigend empfindet, rechtfertigt das nicht, das Tatbestandsmerkmal durch einen unmittelbaren Zugriff auf den dahinterstehenden Aspekt des Vertrauens zu ersetzen (in diese Richtung aber *Fischer*, Die fristlose Kündigung bei Vertrauensstellung [§ 627 BGB], 2015, 83). Verfehlt ist daher, wenn als Dienste

höherer Art auch solche definiert werden, „die den persönlichen Lebensbereich betreffen" (so zB BGH DB 2019, 1379 Rn 13; Erman/*Belling/Riesenhuber*[15]); das kann auch auf einfache Dienste wie Pediküre, Körperreinigung oder Haushaltsführung zutreffen. Maßgeblich ist – nach Wortlaut („zu leisten") und dem Grundsatz der Privatautonomie – die **vertragl Vereinbarung**, nicht die tatsächliche Durchführung (BGH DB 2019, 1379 Rn 25; aM Erman/*Belling/Riesenhuber*[15]; MüKo/*Henssler* Rn 25, arg: Umgehung von § 626); im Einzelfall mag freilich entweder eine unbeachtliche Falschbezeichnung („Finanzberatung" für Finanzbuchhaltung) vorliegen oder konkludent eine Vertragsänderung vereinbart sein. Hat der Verpflichtete in einer einheitlichen Vereinbarung neben anderen auch höhere Dienste versprochen, kommt es für die Ausübung des Kündigungsrechts nicht auf den – zeitl oft zufälligen – Umstand an, ob er solche auch schon ausgeführt hat (BAG DB 2019, 1379 Rn 25).

Erfasst werden zudem nur solche Dienste höherer Art, die **aufgrund besonderen Vertrauens übertragen zu werden pflegen**. Das Vertrauen betrifft nicht nur die fachliche Qualität der versprochenen Dienstleistung, sondern auch die Person des Dienstpflichtigen (BGHZ 31, 224; BGH NJW 1986, 373; AP 6 § 419 BGB Betriebsnachfolge). Persönliches Vertrauen kann naturgemäß grds nur einer nat Person entgegengebracht werden, nicht aber einer Institution (Köln OLGRp 2004, 321; KG NJW-RR 2003, 1062; *Schlosser* NJW 1980, 273; aA Karlsruhe NJW-RR 1995, 691; *Dörner* NJW 1979, 241; *Fischer*, Die fristlose Kündigung bei Vertrauensstellung [§ 627 BGB], 2015, 90ff; *Heinbuch* MDR 1980, 980; NJW 1981, 2734; BeckOGK/*Günther* Rn 52). Es entsteht daher nicht, wenn mit einer Bildungseinrichtung die Erteilung von Unterricht durch von dieser noch zu benennende Lehrer vereinbart ist, die Dienstverpflichteten damit dem Dienstberechtigten zunächst unbekannt bleiben (Saarbrücken OLGRp 2004, 295; Karlsruhe NJW 1981, 1676; Celle NJW 1981, 2762 – Heilpraktikerkurs). Unschädlich ist aber, wenn der Dienstverpflichtete seine Dienste in der Form einer **juristischen Person** (GmbH) oder Personenvereinigung betreibt, sofern die Dienstleistung den persönlichen Lebens- oder Geschäftsbereich des Dienstberechtigten betrifft und daher in besonderem Maße Diskretion erfordert, wie im Fall steuerberatender oder wirtschaftsprüfender Tätigkeiten; in diesem Fall bezieht sich das persönliche Vertrauen des Dienstberechtigten auf eine entspr Auswahl, Zusammensetzung und Überwachung der Organe und Mitarbeiter der jur Person (BGH NJW 2011, 3575 Rn 9; 2010, 115 Rn 19; MüKo/*Henssler* Rn 27). Eine erfolgreiche Werbung des Dienstberechtigten durch den Dienstverpflichteten allein schafft noch kein persönliches Vertrauensverhältnis (BGH NJW 1986, 373; aA Schleswig MDR 1977, 753; *Heinbuch* MDR 1980, 980; NJW 1981, 2734). Unerheblich ist, ob der Dienstvertrag tatsächlich im Hinblick auf das in die Person des Dienstpflichtigen gesetzte Vertrauen zustande gekommen ist, entscheidend ist nach dem unzweideutigen Wortlaut („pflegen") die **typische Motivationslage** (BGH NJW 2011, 3575 Rn 9; 1986, 383; RGZ 146, 116, 117). Das Vertrauensverhältnis kann auch zw ArbGeb und Betriebsarzt bestehen, auch wenn er ärztliche Leistungen nur für die Betriebsangehörigen erbringt (NJW-RR 2015, 686; zweifelnd *Wank* JR 2016, 17). 6

b) Einzelfälle. Als Dienste höherer Art anerkannt sind vor allem diejenigen des Arztes (LG Stuttgart NJW 1986, 2374), Zahnarztes (BGH NJW 2018, 3513 Rn 15; Düsseldorf MDR 1986, 933), auch des Therapeuten einer individuellen homöopathischen Behandlung zur Gewichtsabnahme (BGH 10.11.2016 – III ZR 193/16); komplexe medizinisch begründete Vorsorgeleistungen im Rahmen einer Mutter-Kind-Kur (BGH NJW 2021, 1392 Rn 21); des Rechtsanwalts (BGH NJW 2019, 1870 Rn 8; 2002, 2774; 1987, 315); des Wirtschaftsberaters/-prüfers (BGH NJW 2011, 3575; BGHZ 47, 303); des Unternehmensberaters (LG Dortmund 3.1.2014 – 10 O 12/13); Steuerberaters (BGH DB 2019, 1379 Rn 14ff; 2010, 555 mwN), nicht aber des Finanz- und Lohnbuchhalters (BGH DB 2019, 1379 Rn 17ff); des Personalberaters (Brandenburg NJW-RR 2001, 137; Köln NJW-RR 1997, 885); des Architekten (BGHZ 31, 224; WM 2005, 1667 – „finanzwirtschaftliche Baubetreuung"); des Kommissionärs (RGZ 110, 119; Koblenz 14.7.2005 – 2 U 974/04); des Ehe- und Partnerschaftsvermittlers (BGHZ 106, 341; MDR 2010, 13; auch Online-Partnerschaftsvermittler, AG Bremen 3.7.2013 – 23 C 106/13 mwN; *Rockstroh/Gründner* NJW 2016, 3393; aA AG München VuR 2012, 68), und auch iVm Erstellung eines Persönlichkeitsgutachtens (AG Köln VuR 1994, 283); des Managers bzw Promotors in der Künstlerbranche (vgl BGH NJW-RR 1993, 505; NJW 1983, 1191); des Sportmanagers (Hamburg 28.3.2012 – 8 U 103/11 [Boxstall]; LG Kleve SpuRt 2010, 209; LG Mönchengladbach SpuRt 2011, 38; *Menke/Schulz* NJW 2011, 1845); einer Sportvermarktungsagentur (Karlsruhe SpuRT 2021, 93); die Dienste aus Girovertrag (BGH BB 1991, 371; Bremen WM 2012, 1239); eine Lehrtätigkeit dagegen nur, wenn sie eine anspruchsvolle Aus- oder Weiterbildung und nicht nur mechanisch-manuelle Fähigkeiten oder praktische Fertigkeiten (Verkaufsschulung) vermittelt (Karlsruhe NJW 1981, 1676; *Schlosser* NJW 1980, 273; *Heinbuch* MDR 1980, 980; NJW 1981, 2734; abl *Dörner* NJW 1979, 241). **Keine Dienste höherer Art** sind das Kurzseminar des „Verkaufstrainers" (BGH NJW 1986, 373); Kurzseminar Unternehmensgründung (LG Köln 3.5.2012 – 9 T 54/12); Heilpraktiker- und Buchführungskurse (LG Freiburg MDR 1981, 141; *Schlosser* NJW 1980, 273; aM LG Detmold MDR 1978, 756; AG Göppingen NJW 1979, 273; AG Karlsruhe MDR 1979, 670; *Heinbuch* NJW 1981, 2734 mwN); Haus- oder Grundstücksverwaltung (Hamm 6.10.2011 – 17 U 23/11; Hamburg ZMR 2011, 223; aM KG NZM 2002, 464 [dort aber feste Bezüge]; MüKo/*Henssler* Rn 23); Inkassotätigkeit (aM BGH NJW-RR 2004, 989); Privatschulunterricht (Köln NJW 2020, 1976); Einzelunterricht in einer Sprachschule (Düsseldorf MDR 2022, 1336); Kinderbetreuung in größerer Kindertagesstätte (Brandenburg MDR 2021, 734; zudem dauerndes Dienstverhältnis); ambulanten Pflegedienstleistungen einer Pflegefachkraft (*Bieback* JZ 2012, 205; aA BGHZ 190, 80; MüKo/*Henssler* Rn 23); Bahandlung gegen Haarausfall (LG Dortmund NJW-RR 1991, 1404); Haarentfernung mittels Photo-Epilation (AG Bremen 30.11.2018 – 16 C 264/18); Chauffeur; Masseur; Fußpflege. Das vorausgesetzte typische **Vertrauensverhältnis fehlt** regelmäßig beim Schulungsseminar eines Instituts (Bremen NJW-RR 2014, 311). 7

8 **b) Kein dauerndes Dienstverhältnis mit festen Bezügen.** Liegt zw den Parteien ein dauerndes Dienstverhältnis mit festen Bezügen vor – die Materialien nennen zB „Leibarzt, Hofmeister, Syndikus" (Prot II, 303 = Mugdan II, 913), ist die Kündigungsmöglichkeit nach § 627 I ausgeschlossen. Beide Merkmale müssen **kumulativ** erfüllt sein, um das Kündigungsrecht auszuschließen (BGH NJW 2011, 3575 Rn 11 mwN; *Dörner* NJW 1979, 245; Staudinger/*Temming* Rn 15ff).

9 Ein **dauerndes Dienstverhältnis** liegt vor, wenn eine ständige und kontinuierliche Dienstleistung erfolgt, diese also nicht nur einmalig oder vorübergehend erbracht werden soll (Koblenz MDR 2006, 697; vgl *Dörner* NJW 1979, 241). Das Dienstverhältnis muss dafür jedoch nicht zwingend auf unbestimmte Zeit eingegangen worden sein (BGH NJW 2016, 1578 Rn 26; BAG NJW 1967, 1416). Es genügt, wenn ein **befristeter** Dienstvertrag für eine bestimmte längere Zeit geschlossen ist (Brandenburg MDR 2021, 734: Betreuung in Kindertagesstätte bis zum Schuleintritt). Dafür soll bereits ein auf ein Jahr abgeschlossener Vertrag ausreichen, wenn es sich um eine Verpflichtung für ständige oder langfristige Aufgaben handelt und die Vertragspartner von der Möglichkeit und Zweckmäßigkeit einer Verlängerung des Dienstverhältnisses ausgehen (BGH NJW-RR 1993, 374; NJW 1985, 2585; 1984, 1531 m krit Anm *Heinbuch*; BAG NJW 1967, 1416; Karlsruhe NJW 1981, 1676). Der dreiwöchige Zeitraum einer Mutter-Kind-Kur ist zu kurz, um als dauernd zu gelten (BGH NJW 2021, 1392 Rn 25). Vertragl oder gesetzl **Kündigungsrechte**, bei deren Nichtausübung sich die Laufzeit eines Vertrages verlängert, stehen der Annahme eines Dauerdienstverhältnisses nicht entgegen (BGH NJW 2016, 1578; NJW-RR 2015, 686). Nicht notwendig ist ferner, dass das dauernde Dienstverhältnis die Erwerbstätigkeit des Verpflichteten vollständig und hauptsächlich in Anspruch nimmt (BGH NJW 2011, 3575); auf die **Häufigkeit** der erbrachten Dienste während der Vertragsdauer kommt es deshalb nicht an (vgl *Heinbuch* MDR 1980, 980; i Erg wohl auch BGH AP 1: einwöchige Tätigkeit im Monat; aA *Schlosser* NJW 1980, 273). Eine soziale und wirtschaftl **Abhängigkeit** des Verpflichteten wird ebenso wenig vorausgesetzt (BGH NJW 2016, 1578; NJW 2011, 3575 Rn 13). Die Rspr verlangt „eine gewisse persönliche Bindung zwischen den Vertragsparteien ..., an der es fehlt, wenn ein Dienstleistungsunternehmen seine Dienste einer großen, unbestimmten und unbegrenzten Zahl von Interessenten anbietet" (BGH NJW 2011, 3575 Rn 13); dafür bietet indes das allein zeit- und nicht inhaltsbezogene Merkmal der Dauer und auch der Zweck der Ausnahme keinen Anhalt.

10 **Feste Bezüge** liegen bei einer auf eine bestimmte Dauer vereinbarten Vergütung für eine Gesamtdienstleistung vor (LG München NJW 1980, 293). Entscheidend ist, ob sich der Dienstberechtigte darauf verlassen kann, dass ihm auf längere Sicht bestimmte, von vornherein festgelegte Beträge als Dienstbezüge in einem solchen Umfang zufließen, dass sie **Grundlage seiner wirtschaftl Existenz** sein können (BGH NJW 2011, 3575). Dabei reicht es aus, dass der Dienstberechtigte diese versprochenen Bezüge in seine Lebensplanung einbezieht und entspr kalkuliert (BGH NJW 2011, 3575; NJW-RR 1993, 374). Anders als vom BGH (NJW 2011, 3575) verlangt, sollte die Höhe der vereinbarten Vergütung aber nicht unbedingt einen signifikanten Beitrag zur Sicherung der wirtschaftl Existenz des Dienstverpflichteten darstellen müssen, um feste Bezüge iSd § 627 annehmen zu können (so auch *Simonet* BB 2012, 2053); vielmehr sollte es mit Blick auf Dienstleister mit einem großen Kundenkreis für die Bejahung fester Bezüge ausreichen, wenn – wie im Leitsatz der BGH-Entscheidung formuliert – ein „gewisses Maß an wirtschaftl **Erheblichkeit**" gegeben ist, etwa in der Form, dass die mit der Dienstleistung betrauten ArbN des Dienstverpflichteten von den fraglichen Bezügen entlohnt werden können. Andernfalls müssten vor allem Groß-Dienstleister stets mit Kündigungen gem § 627 rechnen. Nach welchen Zeitabschnitten die Vergütung zu leisten ist, ist unerheblich. Im Gegensatz dazu kann ein **variables Entgelt**, das zwar i Erg bestimmbar, jedoch von ungewissen außervertragl und schwankenden Voraussetzungen abhängig ist, nicht mit festen Bezügen iSd § 627 gleichgesetzt werden. Das ist zB der Fall, wenn die Vergütung vom Ergebnis der Dienstleistung wie dem erzielten Umsatz abhängt (Provisionen und Prämien; bzgl einer Vergütung für Hausverwaltung, zu zahlen gem fest vereinbartem Prozentsatz aus Mieteinahmen KG NZM 2002, 464) und demzufolge auch ganz entfallen kann. Ebenso ist es zu bewerten, wenn eine regelmäßig entrichtete **Abschlagszahlung** zurückzuzahlen ist, weil sich später herausstellt, dass ein Vergütungsanspruch nicht entstanden ist (BGH NJW-RR 1993, 374 und 505; *Dörner* NJW 1979, 241, 245). Feste Bezüge können in solchen Fällen nur bei Garantie eines bestimmten Mindesteinkommens angenommen werden (BGH NJW-RR 1993, 505 mwN; LG Mönchengladbach SpuRt 2011, 38). Feste Bezüge müssen iÜ für die gesamte Tätigkeit bezahlt werden und dürfen sich nicht lediglich auf einen Teilbereich erstrecken (BGH DB 2010, 555; aA *Henssler/Deckenbrock* EWiR 2010, 243). Bei jährlich wechselnden Bezügen handelt es sich daher nicht um feste Bezüge (BGH NJW-RR 2015, 686; krit *Wank* JR 2016, 11).

11 **3. Rechtsfolge.** Beide Parteien können nach § 627 I den Dienstvertrag ohne Einhaltung einer Kündigungs- oder mit einer Auslauffrist kündigen (BGH DB 2019, 1379 Rn 11). Eines Grundes oder einer Begründung bedarf es nicht. Neben § 627 I bleibt § 626 I anwendbar (*Heinbuch* MDR 1980, 980; MüKo/*Henssler* Rn 5). Aus der Kündigungserklärung muss hervorgehen, auf welchen Tatbestand sie gestützt wird, da die jew Voraussetzungen verschieden sind. Für § 627 I genügt die Erklärung, sich ohne Angabe von Gründen sofort vom Dienstvertrag lösen zu wollen. Dagegen ist von einer fristlosen Kündigung nach § 626 I auszugehen, wenn sich der Erklärende auf einen wichtigen Grund beruft (BAGE 37, 267). Liegen die Voraussetzungen für die auf § 627 I gestützte fristlose Kündigung nicht vor, kann sie in eine außerordentliche Kündigung nach § 626 I umgedeutet werden (§ 140), sofern deren Voraussetzungen gegeben sind. Das muss auch im umgekehrten Fall gelten (dazu LG Köln 7.5.2013 – 88 O (Kart) 68/12); s auch § 628.

12 **4. Beweislast.** Die **Darlegungs- und Beweislast** für das Vorliegen der Voraussetzungen von § 627 I trägt der Kündigende (Staudinger/*Temming* Rn 32).

IV. Keine Kündigung zur Unzeit, Abs II. 1. Allgemeines. Uneingeschränkt kann nur der Dienstberechtigte von § 627 Gebrauch machen. Der Dienstpflichtige darf gem § 627 II 1 nicht zu einem Zeitpunkt kündigen, in dem sich der Dienstberechtigte die Dienste nicht mehr anderweitig beschaffen kann. Das Verbot der Kündigung zur Unzeit entspricht § 671 II, § 675 I, § 712 II, § 723 II, § 2226 und wird teilw in standesrechtl Grundsätzen wiederholt, zB in Nr 3.1.4. der Berufsregeln der Rechtsanwälte der Europäischen Gemeinschaft (CCBE), wonach die Mandatsniederlegung nur derart ausgeübt werden darf, dass der Mandant in der Lage ist, ohne Schaden den Beistand eines anderen Kollegen in Anspruch zu nehmen (vgl auch BGH ZIP 2013, 1284). 13

2. Tatbestand. Eine Kündigung zur Unzeit liegt nicht schon deshalb vor, weil die anderweitigen Dienste nicht zu denselben **Bedingungen** und nicht in derselben **Art und Weise und Güte** zu erlangen sind. Der Dienstberechtigte muss nur imstande sein, die Dienste einem anderen zu übertragen (Staudinger/*Temming* Rn 28). Deshalb darf ein **Rechtsanwalt** den mit seinem Mandanten geschlossenen Dienstvertrag gem § 627 II 1 nur kündigen, falls dieser ausreichend Gelegenheit hat, einen anderen Rechtsanwalt zu beauftragen (BGH NJW 2013, 1591 Rn 14 [Mandatsniederlegung unmittelbar vor dem Termin]; allg zur Kündigung durch den Anwalt s *Borgmann/Jungk/Grams*, Anwaltshaftung, 2020, § 15 Rn 107ff). Allerdings kann der Prozessanwalt nach § 87 II ZPO die in § 627 II 2 enthaltene Rechtsfolge einer unzeitigen Kündigung abwenden, wenn er für den Vollmachtgeber so lange weiterhandelt, bis dieser für die anderweitige Wahrnehmung seiner Rechte gesorgt hat. Ein **Arzt** darf eine Behandlung nur abbrechen, wenn bis zum Eintreffen eines anderen Arztes weder Leben noch Gesundheit des Patienten gefährdet werden (Staudinger/*Temming* Rn 28). Eine Ausnahme von diesem Grundsatz macht § 627 II 1 für den Fall, dass ein wichtiger Grund für die Kündigung zur Unzeit vorliegt. Dabei ist der erforderliche wichtige Grund nicht mit dem aus § 626 I identisch (MüKo/*Henssler* Rn 35), da es hier nicht um den Fortbestand des Dienstverhältnisses geht. Es kommt nicht auf die Unzumutbarkeit der weiteren Diensterbringung an, sondern auf die Rechtfertigung der Kündigung der bisherigen Dienste (Prot II, 916). Es reicht, dass der Dienstberechtigte Anlass zur Kündigung gegeben hat (vgl Staudinger/*Temming* Rn 31) oder der Dienstpflichtige außerstande ist, die Dienste weiter zu erbringen (LG Mannheim VersR 1973, 1175). 14

3. Rechtsfolgen. Die ohne wichtigen Grund zur Unzeit ausgesprochene **Kündigung** ist nach hM **wirksam** (BeckOGK/*Günther* Rn 64). Darin liegt aber eine **Vertragspflichtverletzung**, die den Dienstverpflichteten zum Ersatz des resultierenden Schadens verpflichtet, § 627 II 2 (BGH NJW 2013, 1591 Rn 15; 1987, 2808; Soergel/*Kraft* Rn 10; MüKo/*Henssler* Rn 34; aA *van Venrooy* JZ 1981, 53, der Nichtigkeit der Kündigung nach § 134 annimmt). 15

Die **Drohung** des Dienstverpflichteten **mit der Kündigung zur Unzeit** (zB unmittelbar vor dem Termin), um günstige(re) Vertragsbedingungen durchzusetzen (hier: Übernahme der persönlichen Haftung für das Anwaltshonorar durch Gesellschafter der Mandantin), ist gem § 627 II 2 widerrechtl und kann den anderen Teil zur Anfechtung nach § 123 I Alt 2 berechtigen; darin kann zugleich eine Verletzung vorvertragl Pflichten liegen, die ihm Anspruch auf Befreiung von der Verbindlichkeit gibt (BGH NJW 2013, 1591). 16

§ 628 Teilvergütung und Schadensersatz bei fristloser Kündigung

(1) Wird nach dem Beginn der Dienstleistung das Dienstverhältnis aufgrund des § 626 oder des § 627 gekündigt, so kann der Verpflichtete einen seinen bisherigen Leistungen entsprechenden Teil der Vergütung verlangen. Kündigt er, ohne durch vertragswidriges Verhalten des anderen Teiles dazu veranlasst zu sein, oder veranlasst er durch sein vertragswidriges Verhalten die Kündigung des anderen Teiles, so steht ihm ein Anspruch auf die Vergütung insoweit nicht zu, als seine bisherigen Leistungen infolge der Kündigung für den anderen Teil kein Interesse haben. Ist die Vergütung für eine spätere Zeit im Voraus entrichtet, so hat der Verpflichtete sie nach Maßgabe des § 346 oder, wenn die Kündigung wegen eines Umstands erfolgt, den er nicht zu vertreten hat, nach den Vorschriften über die Herausgabe einer ungerechtfertigten Bereicherung zurückzuerstatten.

(2) Wird die Kündigung durch vertragswidriges Verhalten des anderen Teiles veranlasst, so ist dieser zum Ersatz des durch die Aufhebung des Dienstverhältnisses entstehenden Schadens verpflichtet.

I. Anspruch auf Teilvergütung, Abs I. 1. Bedeutung. § 628 I enthält eine §§ 611, 611a ergänzende Regelung des Vergütungsanspruchs bei vorzeitiger Beendigung von Dienstverhältnissen aller Art aufgrund der §§ 626f. Dafür benennt die Vorschrift deklaratorisch allg **Grundsätze** (*Gernhuber* Das Schuldverhältnis 402f; Staudinger/*Temming* Rn 13). Das Dienstverhältnis wandelt sich in ein vermögensrechtl Abwicklungsverhältnis um. Besondere Bedeutung hat die Regelung, wenn die Kündigung eine Abrechnungsperiode teilt oder eine Vergütung nur für die Gesamtleistung festgesetzt war. Eine abschließende Regelung **nachwirkender Vertragspflichten** erfolgt nicht. 1

2. Anwendungsbereich und Konkurrenzen. Nach der vorrangigen Spezialregelung des § 15 IV RVG berührt ein vorzeitiges Ende des Mandats bereits entstandene Gebühren nicht. Auf ein vereinbartes Pauschalhonorar ist § 15 IV RVG nicht anwendbar (BGH NJW 1987, 315; Düsseldorf GI aktuell 2010, 88). Herabsetzung nach § 628 I hat Vorrang vor Ermäßigung nach § 3a II RVG (BGH NJW 1987, 316; Düsseldorf MDR 1985, 845; Zweibrücken AGS 1999, 26 m Anm *Herrmann*, 17). Die Teilvergütung nach S 1 darf die gesetzl Gebühr jedoch nicht unterschreiten (*Papst* MDR 1978, 449). S 2 wird weder von § 15 IV RVG (BGH NJW 1995, 1954; LG Hamburg AnwBl 1985, 261) noch von VV 3101 RVG (*Mümmler* JurBüro 1995, 130) verdrängt. Entspr verhält es sich bei § 12 IV 2

StBGebV (vgl Düsseldorf GI 1997, 252; LG Duisburg NJW-RR 2002, 277). Für Vertragsbeendigung durch Verbraucherwiderruf ist § 357 VIII zum Schutz des Verbrauchers abschließend, Abs I S 1 ist nicht anwendbar (BGH NJW 2021, 2885 Rn 33).

3 **3. Abdingbarkeit.** Abs I ist abdingbar (NJW 2014, 2715; BGHZ 54, 106; LM 3 § 611), es sei denn, der Kündigungsanlass ist vorsätzlich gesetzt, § 276 III (Staudinger/*Temming* Rn 14). AGB, die dem Verwender eine weitergehende Vergütung von Teilleistungen zusprechen, die Rückzahlung entgegen S 3 ausschließen, die vereinbarte Vergütung auch unabhängig von der Erbringung der vertragstypischen Hauptleistung als verdient gelten oder eine Teilvergütung entfallen lassen, sind wegen der Leitbildfunktion von S 1 nach § 308 Nr 7, § 307 II Nr 1 regelmäßig unangemessen und unwirksam (BGH NJW 2010, 150; 1991, 2763; NJW-RR 2005, 642; NJW 2005, 2543; BGHZ 54, 106; 87, 309; *Rombach* AGB bei freien Dienstverträgen, 1997, 98); der Verwender soll aus der Vertragsauflösung keinen unangemessenen Vorteil ziehen, der Vertragspartner soll nicht von der Ausübung seiner Kündigungsrechte abgehalten werden (Schleswig VuR 1999, 99; Tanzkurs). Nach § 309 Nr 6, § 308 Nr 7, § 307 unwirksam sind auch Teilvergütungen und Abstandszahlungen an den Verwender, falls der Vertrag vor Beginn der Dienstleistung gelöst wird (AG Göppingen NJW 1979, 273). Die Klauselverpflichtung zur Zahlung der Teilvergütung entgegen S 2 ist ebenfalls nach § 308 Nr 7 lit a unwirksam, da die Vergütung einer Leistung, an der kein Interesse des Dienstberechtigten mehr besteht, regelmäßig unangemessen hoch ist (*Rombach* aaO 208). Wegen des Schadensausgleichscharakters von S 2 können abw Klauseln auch gegen § 309 Nr 7, 8 verstoßen (*Dörner* NJW 1979, 246). Eine Klausel, nach der der Partnerschaftsvermittler eine im Voraus empfangene, erfolgsunabhängige Vergütung auch bei vorzeitiger Kündigung in jedem Fall behalten darf, ist unwirksam, an ihre Stelle tritt der entspr anwendbare § 628 (BGHZ 87, 309; schon jährliche Vorauszahlungspflicht ist unwirksam, Dresden MMR 2015, 35). Ebenso unwirksam ist eine Klausel, nach der bei vorzeitiger Kündigung des Kreditkartenvertrags die Jahresgebühr nicht zeitanteilig erstattet wird; eine erfolgsunabhängige Vergütung auch bei vorzeitiger Kündigung stört das Äquivalenzverhältnis (Frankfurt NJW-RR 2001, 1269).

4 Bei **Arbeitsverhältnissen** sind Vereinbarungen zum Nachteil des Kündigenden unwirksam, weil sie eine mit § 626 unvereinbare Kündigungserschwerung bedeuten würden (§ 626 Rn 17; BGH NJW 1984, 2091). Über den Wortlaut von § 622 VI hinaus sind Vereinbarungen nichtig, nach denen ein ArbN nur unter Verlust von Vergütungsansprüchen kündigen kann (vgl BAG AP 4 § 87a HGB; § 622 Rn 44; s ferner § 626 Rn 21). Eine wirksame Vereinbarung zuungunsten eines ArbN ist erst nach Vertragsbeendigung möglich (Staudinger/*Temming* Rn 14; Soergel/*Kraft* Rn 3). Zum Wegfall der Vergütung bei Schlechterfüllung und sonstigen Pflichtverletzungen eingehend *Kramer* MDR 1998, 324; *Teumer* VersR 2009, 333; s ferner § 611a Rn 349ff.

5 **4. Voraussetzungen des Anspruchs. a)** Abs I S 1 und 2 setzen eine durch §§ 626, 627 gerechtfertigte Kündigung voraus. Bei unwirksamer Kündigung tendiert das BAG zu einer entspr Anwendung, um Wertungswidersprüche zu vermeiden (vgl BAG AP 2 Teilvergütung m insow zust Anm *Weitnauer*; Schaub/*Linck* § 127 Rn 5–7; ErfK/*Müller-Glöge* Rn 6; *Hanau* ZFA 1984, 578f; Staudinger/*Temming* Rn 22; BeckOGK/*Günther* Rn 39; aA Grü/*Weidenkaff* Rn 1; Soergel/*Kraft* Rn 4). S 1 kann auch auf alle anderen außerordentlichen Beendigungstatbestände angewendet werden, die die Abrechnungsperiode unterbrechen (BAG AP 2 Teilvergütung; aA BGH NJW 1994, 1069; Soergel/*Kraft* Rn 4). So auch bei Tod des Dienstverpflichteten (*Hueck/Nipperdey*[7] I, 712 Fn 2).

6 **b)** Die Rechtsfolgenregelung des **Abs I S 2** für die vom Dienstverpflichteten **veranlasste Kündigung** ist auf andere Beendigungstatbestände in gleichem Umfang anwendbar wie Abs II (s Rn 35; *Stoffels* Der Vertragsbruch des Arbeitnehmers, 1994, 115 Fn 442; aA MüKo/*Henssler* Rn 6; ErfK/*Müller-Glöge* Rn 7f). Gleiches gilt für die Pflicht zur Erstattung von **Vorauszahlungen** nach **S 3** (KR/*Weigand* Rn 18). Die Kündigung vor Dienstantritt ist ebenfalls erfasst (AG Göppingen VersR 1979, 581). Bedeutsam ist das bei Vorschussvergütung (*Stoffels* aaO, 116) und bei Aufwendungen des Dienstverpflichteten vor vereinbarter Aufnahme der Dienste (*Dörner* NJW 1979, 246). Nach Behandlungsabschluss scheidet hingegen die Kündigung eines Zahnarztvertrags aus (Koblenz VersR 2015, 1513). Dem Partnerschaftsvermittler steht bei einer Kündigung gem § 627 eine anteilige Vergütung zu mit der Folge, dass er zur Rückzahlung des restlichen Betrags verpflichtet ist, § 656 steht dem nicht entgegen (BGH NJW 2008, 982; 2005, 2543; 1999, 276; 1990, 2550; NJW-RR 2010, 410; zum Betreiber eines sog Video-Partnerportals BGH NJW 2010, 150).

7 **5. Berechnung der Teilvergütung. a) Vergütung ieS.** Stundenlohn ist konkret zu berechnen (Staudinger/*Temming* Rn 19). Die Berechnung des anteiligen Zeitlohns ist zur Vereinheitlichung ebenso vorzunehmen wie bei anderen Arbeits- und Entgeltunterbrechungen (vgl Schaub/*Linck* § 127 Rn 5–7; aA *Müller* NZA 1990, 769). Besteht in einem Vertrag über Dienste höherer Art nach § 627 kein eindeutiger Bezug zw einzelnen Dienstleistungen und Vergütungsteilen, wird ein Rückgriff auf den Grundgedanken des § 648 in Betracht gezogen (Brandenburg NJW-RR 2001, 138; BeckOGK/*Günther* Rn 48). Für die anteilige Vergütung aus einem Sportlerberatungsvertrag eines Profiboxers kann der vereinbarte Prozentsatz auf die zeitanteilig gekürzten Gesamteinnahmen (sog Kampfbörse) eines Abrechnungszeitraums angewandt werden, § 648 wäre nicht angemessen (Naumburg SpuRt 2009, 81). Bei vorzeitiger Beendigung eines Schiedsverfahrens kann für die Honorarberechnung auf den Rechtsgedanken von S 1 abgestellt werden (*Armbrüster* SchiedsVZ 2016, 81). Endet der Gehaltsfortzahlungsanspruch im Krankheitsfall nach Ablauf der Sechswochenfrist des § 3 I 1 EFZG während des laufenden Monats, ist das Bruttogehalt durch die in dem betreffenden Monat tatsächlich anfallenden Arbeitstage zu teilen und der sich danach ergebende Betrag mit der Anzahl der ausgefallenen Arbeitstage zu multiplizieren (BAG NZA 1986, 231; *Kaiser/Dunkl/Hold/Kleinsorge* § 4 EFZG Rn 77ff; konkrete Berechnung nach dem Lohnausfallprinzip). Feiertage sind als Arbeitstage zu berücksichtigen, vgl § 2 I EFZG (*Fuchs* BB 1972, 137; s ferner § 616 Rn 60). Zur

Beachtung der Gleichbehandlung wegen betrieblicher Übung kann eine typisierte Berechnung auf Basis von 30 Kalendertagen erfolgen, vgl § 18 I 2 BBiG, § 191 (BAG EzA 2 § 191; LAG Hamm EzA 17 § 611). Fälligkeit der Teilleistungen bei Beendigung des Dienstverhältnisses, § 614. Für fälligen Urlaub sind Urlaubsentgelt und vereinbarte Urlaubszuwendungen zu zahlen (KR/*Weigand* Rn 13).

Gewinnbeteiligungen werden erst aE der Ermittlungsperiode (Geschäftsjahr) fällig (KR/*Weigand* Rn 13). **Provisionen** sind auch verdient, wenn der Tätigkeitserfolg erst nach Kündigung eintritt (MüKo/*Henssler* Rn 11). Die Regelungen für Handlungsgehilfen in §§ 65, 87 III HGB finden insoweit auf ArbN entspr Anwendung (Staudinger/*Temming* Rn 21). Bei **Erfolgshonoraren** (für Rechtsanwälte, s § 4a RVG) kommt es darauf an, welchen Anteil die bis zur Kündigung entfaltete Tätigkeit für den letztlich (nach Beendigung) erreichten Erfolg hat (Düsseldorf MDR 2020, 19f; RG JW 1936, 1839); ist (Mit-)Ursächlichkeit nicht nachweisbar, kommt auch eine Vergütung aus Billigkeitsgründen nicht in Betracht (Düsseldorf MDR 2020, 19f; krit MüKo/*Henssler* Rn 16). **Sonderzuwendungen** mit ausschließlichem Entgeltcharakter werden zeitanteilig zum allg Termin fällig (*Gaul* BB 1994, 565; *Hanau/Vossen* DB 1992, 215). Bei Zuwendungen für Betriebstreue oder mit Mischcharakter entfällt ein Anspruch bei Kündigung vor dem Stichtag (vgl BAG NZA 1993, 354; s ferner § 611a Rn 397ff). 8

Bei **Pauschalvergütung** ist das Entgelt an die erbrachte Teilleistung anzupassen. Das kann nach § 287 ZPO erfolgen (Düsseldorf GI aktuell 2010, 88; LG Osnabrück NJW 1986, 2711; LG Hannover NJW 1981, 1678). Im Rahmen des Vereinbarten ist die bisherige Leistung ins Verhältnis zur jetzt von einem weiteren Dienstverpflichteten zu erbringenden Leistung zu setzen (Düsseldorf AnwBl 1985, 202, 259). Das zeitl Verhältnis ist neben qualitativen Momenten subsidiär. Der Arbeitsanfall kann wegen Schwierigkeit und Gefährlichkeit sowie bei Sonderleistungen zeitl differieren. Ein im Verhältnis zum Zeitanteil höherer Wert der Leistung für den Dienstgeber ist zu berücksichtigen, ein niedrigerer wegen S 2 nur in dessen Rahmen. 9

b) Abzugeltende „Leistungen" nach S 1 sind nicht nur die geschuldeten Dienste, sondern auch **Aufwendungen** (BGH NJW 1991, 2763). Soweit bei **Sachleistungen** Teilvergütung nicht in natura erbracht werden kann, ist der anteilige Wert zu ersetzen. Nicht anders verwendbare, irreversible, ausschließlich für den gekündigten Vertrag getätigte Aufwendungen (Werbeprovisionen, Reisekosten) können ungekürzt abgerechnet werden (BGH NJW 1991, 2763 m zust Anm *Hensen* EWiR 1991, 846f; vgl auch *Schneider* Die Kündigung freier Dienstverträge, 1987, 120ff, 139). 10

c) Jew anteilig auf eine Vielzahl von Dienstverträgen umgelegte **Allgemeinkosten** werden unabhängig vom Entstehungszeitpunkt nur nach Zeitanteilen (pro rata temporis) (BGH NJW 1991, 2763) oder entspr dem Verhältnis der Anzahl der bisher geleisteten Diensteinheiten zur vereinbarten Gesamtzahl (AG Köln VuR 1994, 285) vergütet. Höhere Anlaufkosten, die vereinbarungsgemäß entstanden sind oder die der Dienstverpflichtete vernünftigerweise für erforderlich halten durfte, sind grds zu berücksichtigen (BGH NJW 1991, 2763; LG Osnabrück NJW 1986, 2711). 11

d) Auch **Vorbereitungshandlungen** sind zu vergüten, wie Wortlaut („Leistungen") und Entstehungsgeschichte (Prot II, 914f) ausweisen, wenn sie spezifisch im Hinblick auf die eigentliche Dienstleistung unternommen wurden (BGH NJW 1991, 2763; vgl Staudinger/*Temming* Rn 18; wohl aM LG Bonn NJW-RR 1998, 1744 – Inkassoauftrag; für höhere Dienste – ärztliche Behandlung – abl AG Dortmund MedR 1992, 348), und zwar – anders als nach S 2 – unabhängig vom Interesse des kündigenden Dienstberechtigten an der Teilleistung (ErfK/*Müller-Glöge* Rn 9). 12

Zum **Unterrichtsvertrag** *Dörner* NJW 1979, 241, der aber nur eine entspr Anwendung von § 628 I 1 bejaht. Beim **Partnerschaftsvermittlungsvertrag** werden Anlaufarbeiten und Allgemeinkosten ersetzt, letztere jedoch nur pro rata temporis (BGH NJW 1991, 2763); nicht vergütungsfähig ist die Übersendung von Adressen ohne Abstimmung mit dem Partnerschaftsprofil (Düsseldorf OLGRp 1992, 201). Beim **Architektenvertrag** werden Vorbereitungsleistungen über Nebenkosten nach § 7 HOAI berechnet, wobei für die Höhe ein strenger Maßstab gilt, sie darf 5–10 % des Gesamtnettohonorars nicht übersteigen (Düsseldorf NJW-RR 1991, 345). In der kontrovers geführten Diskussion zum ärztlichen **Behandlungsvertrag** einen Anspruch abl: AG Waldbröl NJW 1989, 777 (widerspreche der Verkehrssitte); AG München NJW 1990, 2939; AG Calw NJW 1994, 3015; AG Kenzingen MDR 1994, 553 (jew Termin unverbindlich, ferner keine Regelung mehr in der GOÄ 1982); bejahend für Verweilgebühr trotz fehlender Regelung in der GOÄ: LG München II NJW 1984, 671; AG Dortmund MedR 1992, 348 m krit Anm *Wertenbruch*; *Natter* MedR 1985, 258; *Wertenbruch* MedR 1991, 167. LG Konstanz NJW 1994, 3015 bejaht bei kurzfristiger Terminabsage einen Vergütungsanspruch aus § 615, wenn die Weitergabe der Dienste wegen festgelegter Zeitfenster für die Termine nicht möglich ist (ausf zur Anwendbarkeit des § 615 s § 615 Rn 3). Dieselbe Wertung muss auch für § 628 I 1 vorgenommen werden. Die Höhe der Teilvergütung kann an der GOÄ/GOZ ausgerichtet werden. I Erg darf die jederzeitige Kündigungsmöglichkeit wegen Vertrauenswegfalls nach § 627 I jedenfalls nicht dazu führen, den Dienstpflichtigen mit Nachlässigkeiten des Dienstberechtigten zu belasten (im Einz auch *Uhlenbruck* Anm LG München MedR 1986, 45f). 13

6. Kürzung der Teilvergütung wegen Interessenwegfalls, Abs I S 2. Vertragswidriges Verhalten bedeutet die schuldhafte (§§ 276, 278) Verletzung einer – vertragl oder gesetzl – Vertragspflicht (BAGE 13, 234; BGH NJW 2018, 3513 Rn 21f; NJW 1995, 1954 [U-Haft des RA wegen Veruntreuung der Gelder anderer Mandanten]; 1985, 41). Daran fehlt es zB, wenn der gefertigte Zahnersatz nicht auf Anhieb beschwerdefrei sitzt (Düsseldorf MDR 1986, 934). **Nicht** erforderlich ist, dass die Vertragswidrigkeit einen **wichtigen Grund** iSv § 626 I darstellt (BGH NJW 2019, 1870 Rn 22). Das gilt auch, soweit es um eine Kündigung nach § 627 geht. Allerdings reicht 14 nach dem Gedanken von § 323 V 2 eine bloß geringfügige Pflichtverletzung nicht aus (BGH NJW 2018, 3513 Rn 22; NJW 2011, 1674; BeckOGK/*Günther* Rn 73ff; aM Brandenburg NJW-RR 2001, 137; MüKo/*Henssler* Rn 22ff). In freien Dienstverträgen können die Parteien vereinbaren, dass obj Vertragswidrigkeit ausreicht (Staudinger/*Temming* Rn 25). **Veranlassen** bedeutet Kausalität für die konkrete Kündigung, Mitursächlichkeit reicht; die Vertragswidrigkeit muss Motiv für die Kündigung gewesen sein (BGH NJW 2019, 1870 Rn 12; eingehend BeckOGK/*Günther* Rn 72). Daran fehlt es, wenn der Kündigende erst später Kenntnis von einer hinreichenden Vertragswidrigkeit erlangt (s Rn 34; BGH NJW 2019, 1870 Rn 12; aA Koblenz FamRZ 1996, 943f); insofern gibt es hier anders als bei § 626 kein „Nachschieben" von obj vorliegenden Gründen (BGH NJW 2019, 1870 Rn 17). Bei beiderseitigem vertragswidrigem Verhalten ist § 254 entspr anwendbar (vgl *Dieckhoff* DB 1959, 1004).

15 Das **Interesse ist entfallen**, wenn der Dienstberechtigte die Leistung **wirtschaftl nicht mehr verwerten** kann, sie infolge der Kündigung für ihn **nutzlos** geworden ist (BGH NJW 2018, 3513 Rn 25; NJW 1985, 41; Düsseldorf AnwBl 1985, 260). Es genügt einerseits nicht, dass die Leistung obj wertlos ist, wenn der Dienstberechtigte sie gleichwohl nutzt, andererseits aber auch nicht, dass der Dienstberechtigte sie nicht nutzt, obwohl er sie wirtschaftl verwerten könnte (zB indem der nachbehandelnde Arzt auf der Leistung des Erstbehandlers aufbaut) (BGH NJW 2019, 3513 Rn 25; NJW 2011, 1674 Rn 18). Das Interesse des Dienstberechtigten an der bisherigen Leistung muss gerade **infolge der Kündigung** entfallen sein, diese muss maW (mindestens mit-)ursächlich dafür sein. Bei Fortsetzung der Dienste müsste die Leistung für den Dienstberechtigten von Interesse gewesen sein (BAG ZFA 1984, 578 m Anm *Hanau*). War der Dienstverpflichtete urlaubsbedingt nicht zur Dienstleistung verpflichtet, kann der Leistungsausfall in dieser Zeit einen Interessenfortfall nicht begründen (BAG AP 2 Teilvergütung).

16 Der **Vergütungsanspruch geht ipso iure unter.** S 2 setzt weder das Bestehen eines (etwa Schadensersatz-)Gegenanspruchs (Karlsruhe OLG 1994, 541) noch eine (Aufrechnungs-)Erklärung voraus (BGH NJW 1985, 41; 1982, 438; 1977, 531); der Anspruchsuntergang lässt einen Schaden nicht erst entstehen (BGH NJW 1995, 1954, 1955 spricht – unter Berufung auf den noch anders gefassten § 566 E I – von Schadensausgleich). Der Teilvergütungsanspruch kann völlig entfallen. Bei Arbeitsverhältnissen ist das allerdings die Ausnahme (Schaub/*Linck* § 127 Rn 5–7; *Kraft* NZA 1989, 778).

17 Muss nach der Kündigung des **Anwaltsvertrags** (ausf MüKo/*Henssler* Rn 27ff) der Mandant einem nunmehr tätigen Rechtsanwalt dieselben Gebühren tatsächlich (Düsseldorf OLGRp 1994, 228; aA München OLGRp 1994, 154) nochmals zahlen, besteht Interessenfortfall (BGH NJW 1997, 189; 1995, 1955; Karlsruhe MDR 2010, 415; *Henssler/Deckenbrock* NJW 2005, 1. Zu den Anforderungen an das die Kündigung veranlassende vertragswidrige Verhalten des RA vgl BGH NJW 2008, 1307 m Bespr *Henssler/Deckenbrock* NJW 2008, 1275; Rostock MDR 2009, 59); anders beurteilt es der BGH, wenn der Rechtsanwalt seine Zulassung aus „achtenswerten Gründen" aufgibt (BGH NJW 2012, 3790 mwN; aA Naumburg OLGRp 2005, 438). Wenn eine Fortsetzung des Mandats für den Rechtsanwalt unzumutbar ist, weil der Mandant haltlose Vorwürfe erhebt, behält dieser den Gebührenanspruch (Düsseldorf FamRZ 2001, 510; AGS 2009, 6); ebenso, wenn sich der Mandant einer durch rechtl zutr Begutachtung begründeten Empfehlung verschließt (BGH NJW 2017, 3376 Rn 20). Sofern die Gebühr nicht erneut anfällt, verbleibt sie dem gekündigten Rechtsanwalt (*Henssler/Deckenbrock* NJW 2005, 1, 4). Wegen der Besonderheiten der gesetzl Verfahrenspauschalgebühren muss aber stets untersucht werden, ob einzelne Tätigkeiten des jew Gebührentatbestands für den Mandanten noch von Interesse sind. Das Interesse an der anwaltlichen Tätigkeit kann für den Mandaten auch dann entfallen, wenn sie wegen Fristablaufs nicht mehr nachholbar ist (BGH NJW-RR 2012, 294; aA Schleswig OLGRp 2008, 232; KG NJW 2002, 708); es kann jedoch fortbestehen, wenn der gekündigte Rechtsanwalt gutachterlich zu einem Rechtsmittel Auskunft gab (BGH 16.2.2017 – IX ZR 165/16, juris Rn 25f; Karlsruhe OLGR 1994, 541, 545f; Soergel/*Kraft* Rn 8). Der Anspruch bleibt bestehen, wenn ein Rechtsanwalt die Begründung eines aussichtslosen Rechtsmittels aufgrund einer inhaltlich zutr Rechtsprüfung ablehnt und ein anderer Anwalt sie vornimmt; es liegt schon kein vertragswidriges Verhalten vor (BGH NJW 2017, 3376 Rn 21; NJW 2014, 317; Hamm 10.7.1986 – 28 U 20/86 [Ablehnung einer aussichtslosen Klageerweiterung]; aA *Schneider* DAR 2014, 237).

18 Bei einem **Zahnarztvertrag** entfällt ausnahmsw das Interesse, wenn die angefertigte Zahnprothese für den Patienten wegen eines Behandlungsfehlers des Arztes völlig wertlos und unbrauchbar war (Oldenburg MDR 2008, 553; LG Berlin MedR 2009, 98; AG Charlottenburg ZM 2009 Nr 23, 103; keine Verweisung auf Nachbesserung, Hamm 5.9.2014 – 26 U 21/13), nicht dagegen, wenn der Patient das Provisorium verschluckt (LG Dortmund 11.11.2009 – 4 S 192/08). Beim **Arztvertrag** soll trotz obj zutr erstellter Befunde das Interesse des Patienten entfallen, wenn wegen der Vertrauensstörung eine darauf aufbauende anderweitige Behandlung unzumutbar ist (LG Essen NJW 1966, 404 m Anm *Menard*). Bei Diensten nach § 627 werden daher auch subj, das Vertrauen beeinträchtigende Umstände für den Interessenfortfall zu berücksichtigen sein.

19 **7. Erstattung vorausgezahlter Vergütung, Abs I S 3.** Hat der Dienstberechtigte im Voraus eine Vergütung gezahlt, die über die geschuldete Teilvergütung hinausgeht, ist der Dienstverpflichtete (AN) zur Rückzahlung verpflichtet. Abs I S 3 ist eigene Grundlage für den Rückzahlungsanspruch aus der Sonderbeziehung (MüKo/*Henssler* Rn 43). Das Rückabwicklungsregime unterscheidet sich danach, ob die Kündigung wegen eines Umstands erfolgt, den der Dienstverpflichtete (AN) zu vertreten (§§ 276, 278) hat – dann greift das strengere Rücktrittsrecht, § 346 – oder nicht – dann greift das Bereicherungsrecht, §§ 812, 818. Der Rückzahlungsanspruch ist nach Wortlaut und Zweck nicht nur auf den Fall von S 1 (Teilvergütung für Teilleistung) anwendbar, sondern auch

auf den Fall von S 2 (Kürzung wegen Interessenfortfalls) (BGH NJW-RR 1991, 1674 Rn 11; MüKo/*Henssler* Rn 45; aM Erman/*Belling*[14] Rn 13; *v Hoyningen-Huene* JuS 1995, 43).

Hat der Dienstverpflichtete (AN) – im gesetzl Regelfall – den **Kündigungsanlass zu vertreten** (unveranlasste Eigenkündigung; von ihm veranlasste Kündigung des Dienstberechtigten) sind Vorleistungen des Dienstberechtigten ohne Rücksicht auf eine noch vorhandene Bereicherung nach § 346 zurückzuzahlen. Hat der Dienstverpflichtete den Kündigungsanlass **nicht zu vertreten** (§§ 276, 278; seine Beweislast, Rn 22), erfolgt nach der Rechtsfolgenverweisung von S 3 (RGZ 139, 22; Vor § 812 Rn 8; *Gernhuber* Das Schuldverhältnis 403; zweifelnd *Reuter/Martinek* Ungerechtfertigte Bereicherung 729) die Rückzahlung vorausgezahlter Vergütung nach bereicherungsrechtl Grundsätzen. Der Entreicherungseinwand, § 818 III, ist bis zum Kündigungszeitpunkt zulässig (KR/*Weigand* Rn 18). Kenntnis vor Zugang der Kündigungserklärung schadet nicht, da der Rechtsgrund erst mit Wirksamkeit der Kündigung entfällt. Nimmt der ArbGeb eine unwirksame außerordentliche Kündigung des ArbN hin, ohne selbst zu kündigen, erfolgt die Rückabwicklung ebenfalls nach Bereicherungsrecht (RGRK/*Corts* Rn 16). 20

Grds ist auch vorgeschossener **Aufwendungsersatz** nach S 3 zu erstatten. Der Anspruch entfällt, wenn die Aufwendung bereits erfolgte, es sei denn, der gezahlte Betrag war ausdrückl für zeitl erst nach der Kündigung zu tätigende Aufwendungen bestimmt (KGBl 12, 94; Soergel/*Kraft* Rn 10). Zu Vorleistungen sonstiger Art (zB übertarifliche Lohnbestandteile wie Gratifikationen, Aus- und Weiterbildungskosten etc) ausf MüKo/*Henssler* Rn 46ff. 21

8. Darlegungs- und Beweislast. Für die Höhe der Teilvergütung muss der Dienstverpflichtete darlegen und beweisen, dass und welche Dienstleistung bis zur Kündigung erfolgt ist (Staudinger/*Temming* Rn 63). Inkongruenz von erbrachten und geschuldeten Diensten hat der Dienstberechtigte zu beweisen (Köln NJW-RR 1997, 886). § 628 I 2 enthält einen Ausnahmetatbestand ggü S 1, dessen Voraussetzungen der Dienstberechtigte darzulegen und zu beweisen hat (BGH NJW 2019, 1870 Rn 22; 1997, 189). Kündigt der Dienstberechtigte, trägt er die Darlegungs- und Beweislast dafür, dass der Dienstverpflichtete (Veranlassung der) Kündigung zu vertreten hat (Köln FamRZ 1996, 943; Hamm AGS 1996, 16; München OLGRp 1995, 198), bei Kündigung durch den Dienstverpflichteten dafür, dass er diese Kündigung nicht durch sein Verhalten veranlasst hat (BGH NJW 1997, 189 m zust Anm *Hörstel* WuB § 134 BGB 1.1997 und *Henssler* EWiR 1996, 1136; aA Düsseldorf OLGRp 1991, 9, da Beweislast für negative Tatsache durch einseitiges Gestaltungsrecht des Dienstverpflichteten dem Dienstberechtigten auferlegt würde). Gleiches gilt für Kausalität zw Vertragswidrigkeit und Kündigung (Köln NJW-RR 2001, 844; FamRZ 1996, 943), für Interessenfortfall (BGH NJW 1995, 1954; 82, 438; München OLGRp 1995, 198) und für Vorschusszahlung iSv S 3 (Hamm NJW-RR 1987, 244). Die Regelhaftung nach § 346 wendet der Dienstverpflichtete in die Haftung nach §§ 818ff ab, wenn er gegen den substantiierten Vortrag des Dienstberechtigten nachweist, dass er auf Veranlassung durch den Dienstberechtigten gekündigt hat oder der Kündigungsausspruch des Dienstberechtigten nicht durch sein Verhalten veranlasst war (vgl *Baumgärtel* Hdb der Beweislast I Rn 1). 22

II. Schadensersatz, Abs II. 1. Bedeutung der Vorschrift. § 628 enthält eine Sonderregelung der Haftung nach § 280 wegen Pflichtverletzung für Schäden infolge selbstveranlasster Beendigung des Dienstverhältnisses (vgl schon *Staub/Müller* Die pVV[2] 1913, 53f). Die Bestimmung stellt klar, dass die freiwillige Aufgabe des Arbeitsplatzes Ersatzansprüche wegen seines Verlusts nicht ausschließt, wenn sie veranlasst ist durch (nicht nur unerhebliches) vertragswidriges Verhalten der anderen Partei. Darin liegt zugleich eine Absicherung und Ergänzung des Kündigungsschutzes: Es wird verhindert, dass ein Vertragsteil, der nicht oder nur unter Einschränkungen oder Abfindungen kündigen kann, den anderen Teil ohne Kündigung durch vertragswidriges Verhalten aus dem Dienstverhältnis drängt. Mit dem Ausbau des arbeitsrechtl Kündigungsschutzes tritt diese Funktion der Vorschrift zunehmend in den Vordergrund und prägt ihre Auslegung. Auch sonst fördert die Vorschrift Rechts- und Vertragstreue im Dienstvertragsrecht, weil sie den Parteien erschwert, sich durch vertragswidriges Verhalten von den vertragl Bindungen zu befreien. Zudem ermöglicht der Ersatzanspruch dem Kündigenden wirtschaftl, ein unzumutbar gewordenes Vertragsverhältnis bereits vor Ablauf des nächstmöglichen ordentlichen Beendigungszeitpunktes aufzulösen (BGHZ 122, 14 m Anm *Schwerdtner* EWiR 1993, 465). Die Ausübung des Kündigungsrechts wegen Vertragsbruchs des anderen Teils soll nicht mit Vermögenseinbußen bezahlt werden müssen (BAG DB 1988, 2414; 1975, 1608). 23

2. Anwendungsbereich und Konkurrenzen. a) Anwendungsbereich. Abs II ist Ausdruck eines **allg Rechtsgedankens** (Mot II, 470) und beruht nicht auf spezifisch dienstvertragl Erwägungen; die Vorschrift ist daher auf andere Dauerschuldverhältnisse entspr anwendbar (RGZ 64, 384f; 76, 370; *Gessert* Schadensersatz nach Kündigung, 1987, 251; *Oetker*, Das Dauerschuldverhältnis und seine Beendigung, 1994, 367). Das ist für Miete (BGHZ 82, 129), Leasing (BGHZ 94, 194; *Herrmann* JR 1994, 314), Darlehen (BGHZ 104, 341f; *Canaris* NJW 1978, 1897; *Rieble* ZIP 1988, 1029; *Löwisch* BB 1985, 959), Gesellschaft (RGZ 89, 400; BGH WM 1963, 283) und Sukzessivlieferung (BGH WM 1981, 331f; *Oetker* aaO, 379) sowie Exklusivberichterstattung (Frankfurt ZUM-RD 1998, 281) anerkannt. Grds wird jede zur außerordentlichen Kündigung eines Dauerschuldverhältnisses berechtigende Pflichtverletzung die Liquidierung des Beendigungsschadens aus entspr Anwendung von Abs II eröffnen (vgl *Gernhuber* Das Schuldverhältnis 397). 24

b) Für **Handelsvertreter** gilt die in der Formulierung abw, sachlich ähnl Sonderregelung des § 89a II HGB (BGHZ 44, 273; 122, 12; die unterschiedlichen Zwecke hervorhebend BGH NJW 2019, 1870 Rn 18). Für **Auszubildende** gilt die speziellere Regelung des § 23 BBiG (BAG NZA 1997, 1224; NJW 2007, 3594). Es ist der ge- 25 samte Schaden, der sich aus der vorzeitigen Lösung des anderen Teils ergibt, zu ersetzen. Bei der Schadensermittlung ist das nicht ordnungsgemäß erfüllte Berufsausbildungsverhältnis mit einem ordnungsgemäßen zu vergleichen (BAG NZA 1988, 94). Vereinbarungen über Vertragsstrafen und Schadensersatzbeschränkungen sind nichtig, § 12 II BBiG. Für **Seeleute** s § 68 II SeeArbG.

26 Statt zu kündigen, kann der Betroffene den Arbeits- oder Beschäftigungsanspruch auch **nach § 61 II ArbGG** durchsetzen (ausf *Lüke*, FS Wolf, 1985, 467ff). Wird eine Kündigung **nach § 113 InsO** früher wirksam, als es nach der vereinbarten Kündigungsregelung möglich gewesen wäre, hat der Insolvenzverwalter den durch die frühere Aufhebung entstehenden Schaden („Verfrühungsschaden") zu ersetzen, § 113 S 3 InsO. Zu ersetzen ist der Schaden, der dem Dienstverpflichteten durch die vorzeitige (statt der regulären) Beendigung entsteht, unter Anrechnung (§ 615 S 2) sonstiger Einnahmen wie zB Sozialleistungen (*Zwanziger* Das Arbeitsrecht der Insolvenzordnung[5] 2015, Rn 23). Kein Anspruch aus § 113 S 3 InsO besteht, wenn der Dienstpflichtige selbst kündigt. Bei Vorliegen eines wichtigen Grunds (§ 626) ist aber Schadensersatz nach Abs II möglich (Kübler/Prütting/Bork/*Moll* § 113 InsO Rn 157).

27 Für **Werkverträge** mit Dauercharakter enthält § 648 S 2 eine dem Rechtsgedanken des Abs II vorgehende Sonderregelung (MüKo/*Henssler* Rn 2). Erfolgt die vorzeitige Kündigung wegen schuldhaft veranlassten, den Vertragszweck gefährdenden Verhaltens, kann wie nach Abs II Ersatz zu leisten sein (im Einz BGH NJW 1994, 443).

28 c) Erfolgt die Kündigung, **verdrängt Abs II die §§ 280ff** (*Gessert* Schadensersatz nach Kündigung, 1987, 316; *Stoffels* Der Vertragsbruch des Arbeitnehmers, 1994, 125; *Oetker* Das Dauerschuldverhältnis und seine Beendigung, 1994, 369, 373; Anm *Wolf* zu BAG AP 8 § 4 KSchG 1969). Nichterfüllungsschaden und Verzugsschaden können noch nach erfolgter Kündigung nach §§ 280ff geltend gemacht werden, soweit sie mit dem Beendigungsschaden nach Abs II nicht deckungsgleich sind (*Oetker* aaO 370, 374, 382; s ferner BGH WM 1985, 719).

29 **3. Abdingbarkeit.** Abs II ist bis zur Grenze von § 276 III einzelvertragl abdingbar (BGH LM 3 § 611). Klauselförmige einseitige Beschränkungen zugunsten des Verwenders verstoßen gegen § 307 (Staudinger/*Temming* Rn 35f; *Gessert* Schadensersatz nach Kündigung, 1987, 66); insoweit hat Abs II Leitbildfunktion iSv § 307 II Nr 1 (*Rombach* AGB bei freien Dienstverträgen, 1997, 219). Das Klauselverbot nach § 309 Nr 8 erfasst mit der Vertragsbeendigung wegen Pflichtverletzung auch Abs II als Spezialvorschrift zu § 280. Schadenspauschalierung ist bis zur Grenze von § 309 Nr 5 zulässig (BGH NJW 1984, 2094). Wegen des Verschuldens ist § 309 Nr 7 und Nr 12 lit a zu beachten.

30 Im **Arbeitsverhältnis** sind ungleiche Regelungen zuungunsten von ArbN wegen des Paritätsgebots als Kündigungserschwerung analog § 622 VI unwirksam (Rn 4; Staudinger/*Temming* Rn 35; MüKo/*Henssler* Rn 110). Darin läge zudem eine mit § 626 unvereinbare Kündigungserschwerung (Rn 4). Generelle Unabdingbarkeit des ArbN-Anspruchs vor Vertragsbeendigung ist nicht anzuerkennen. Ein lediglich einseitiger Verzicht kann jedoch erst nach Beendigung des Arbeitsverhältnisses vereinbart werden (Soergel/*Kraft* Rn 3). Wegen der Nähe zur Vertragsstrafe (§ 611a Rn 281ff) sind Pauschalierungen ebenfalls zulässig (Staudinger/*Temming* Rn 36).

31 **4. Voraussetzungen des Anspruchs. Kündigungsanlass. a) Voraussetzungen.** Die Vorschrift setzt, wie sich aus dem Bezug auf Abs I ergibt, eine durch §§ 626, 627 gerechtfertigte Kündigung voraus. Nach allg Grundsätzen der Vertragshaftung (§ 280 I 2) ist Abs II nur auf schuldhaft vertragswidriges Verhalten anzuwenden, § 276 (BAG DB 1981, 2234; 1990, 433; 1966, 1965; NJW 1984, 2094). Dieses Auflösungsverschulden muss das Gewicht eines **wichtigen Grunds** nach § 626 I haben (BGH NJW 2020, 2538 Rn 13; BAG NZA 2009, 547; 2002, 1323 mwN; 2002, 325). Widerruf der Bestellung eines Geschäftsführers nach § 38 I GmbHG ist kein vertragswidriges Verhalten der Gesellschaft iSd Abs II (BGH NJW 2003, 351; *Bauer/Diller/Krets* DB 2003, 2687, 2689; *Röhrborn* BB 2014, 1978; diff *Haase* GmbHR 2012, 614). Kündigt ein Organvertreter das Anstellungsverhältnis wegen haltloser, beleidigender Vorwürfe eines Mitorgans, muss sich die Gesellschaft dieses Verhalten nach § 31 zurechnen lassen (BGH WM 1992, 733). Sofern der Kündigende schuldhaft und vertragswidrig den Kündigungsanlass selbst setzt, gewährt die analoge Anwendung von Abs II dem Gekündigten Ersatz (*Hueck/Nipperdey*[7] I, 715; aA *Gessert* Schadensersatz nach Kündigung, 1987, 83). § 89a II HGB, § 23 I BBiG enthalten ausdrückl ein Verschuldenserfordernis. Haben beide Teile ein Recht zur Kündigung wegen vertragswidrigen Verhaltens, entfallen Ersatzansprüche nach Abs II (BAG AP 9 § 70 HGB) bei weniger gravierendem Mitverschulden eines Teils gilt § 254 I (BeckOGK/*Günther* Rn 145f).

32 Eine vorangegangene **unwirksame außerordentliche Kündigung** kann hinreichendes vertragswidriges Verhalten sein (BAG DB 1973, 1559; BGHZ 53, 151f; DB 1966, 1965; NJW-RR 1991, 157; NJW 1994, 444). Das KSchG schließt die Möglichkeit der Gegenkündigung (vgl noch Rn 40) nicht aus (BAG BB 1971, 959; MüKo/*Henssler* Rn 77). Schadensersatz begründet die pflichtwidrige Kündigung nur, wenn der Kündigende die Unwirksamkeit kannte oder bei gehöriger Sorgfalt hätte erkennen müssen, § 276 I (BAG AP 2 § 276 Vertragsverletzung; Staudinger/*Temming* Rn 38a).

33 Der Schadensersatzanspruch nach Abs II setzt voraus, dass die **Zweiwochenfrist** des § 626 II 1 eingehalten ist (BGH NJW 2020, 2538 Rn 15; BAG NZA 2002, 1323). Die Ausschlussfrist des § 626 II 1 soll nicht umgangen werden, Abs II ist nicht Auffangtatbestand für wegen Verfristung unwirksame Kündigungen (MüKo/*Henssler* Rn 78).

34 **Kausalität.** Die Kündigung muss ursächlich durch das vertragswidrige Verhalten des anderen Teils veranlasst (vgl BGH NJW 2019, 1870 Rn 14; BAG DB 1971, 1819; 1990, 433). Das konkret veranlassende Motiv der Kündigung muss eine den Ersatzanspruch rechtfertigende Vertragswidrigkeit gewesen sein (BGH NJW 2019, 1870

Rn 14; BAG EzA § 628 Nr 20; Koblenz MDR 1976, 44; Staudinger/*Temming* Rn 43; s Rn 14). Gefordert wird ein „Unmittelbarkeitszusammenhang" zw Vertragswidrigkeit und Vertragsbeendigung. Durch Nachschieben nachträgl zur Kenntnis gelangter Vertragswidrigkeiten wird ein Ersatzanspruch nicht begründet (BGH NJW 2019, 1870 Rn 17; BeckOGK/*Günther* Rn 147; s ferner BAG EzA 5).

Beendigungsform. Abs II ist entspr anwendbar, wenn das Dienstverhältnis auf andere Weise als durch fristlose Kündigung endet und der andere Teil durch sein schuldhaft vertragswidriges Verhalten die Beendigung veranlasst hat (hM, BAG DB 1990, 433; NZA 2002, 1323; NJW 1971, 2092; BGH 44, 271, 274; aA BGH NJW 1994, 1070; Grü/*Weidenkaff* Rn 1). Ist der Anlass, nicht aber die Form der Beendigung entscheidend, kann durch außerordentliche Kündigung mit sozialer Auslauffrist (BAG NZA 2002, 1323), Aufhebungsvertrag (BGHZ 44, 274; BAG DB 1971, 1819; 1976, 2215; 1981, 2234; LAG Hannover CR 1995, 409), ordentliche Kündigung (BAG DB 1981, 2234) oder Eigenkündigung des anderen Teils die Vertragsbeendigung erfolgen (Staudinger/*Temming* Rn 41). Gleiches gilt, wenn ein befristetes Dienstverhältnis ohne die Vertragswidrigkeit nach Zeitablauf widerspruchslos fortgesetzt worden wäre, § 620 I, § 625 (RGRK/*Corts* Rn 37). 35

Bei Beendigung durch **Aufhebungsvertrag** verlangt die wohl hM, dass sich der Anspruchsberechtigte Rechte aus Abs II **vorbehält** (str, BAG DB 1971, 1820 [nicht tragend]; LAG Düsseldorf DB 1972, 1879; MüKo/*Henssler* Rn 80; Staudinger/*Temming* Rn 41; Schaub/*Linck* § 127 Rn 54). Das ist abzulehnen. Die bloße Aufhebung kann nicht als konkludenter Verzichtsvertrag ausgelegt werden, zumal wenn der andere Teil die Aufhebung veranlasst hat (*Canaris* Anm zu BAG AP 6; Soergel/*Kraft* Rn 13). Nicht der Fortbestand (so MüKo/*Henssler* Rn 80, der auch eine „ergänzende Auslegung ausschließt"), sondern das Erlöschen des Anspruchs bedarf der Begründung (Soergel/*Kraft* Rn 13; Anm *Canaris* zu BAG AP 6); bei der Auslegung ist der Grundsatz zu beachten, dass normalerweise niemand ein Recht aufgibt, ohne etwas dafür zu bekommen. 36

Auf Beendigung durch **Anfechtung** nach §§ 119f, 123 ist Abs II **nicht** anwendbar; die Ersatzansprüche nach §§ 122, 823 II, §§ 826 und 280 gehen vor. In entspr Anwendung von Abs II erfolgt jedoch eine Begrenzung des Ersatzanspruchs, soweit Ersatz des Auflösungsschadens aus anderen Rechtsgründen als Abs II verlangt wird (vgl *Gessert* Schadensersatz nach Kündigung, 1987, 349, 361). 37

b) Verhältnis zu § 280. Berechtigt die Vertragswidrigkeit nur zur **ordnungsgemäßen Vertragsbeendigung**, weil die Vertragsfortsetzung nicht iSv § 626 unzumutbar ist, kann der Beendigungsschaden wegen Auflösungsverschuldens nicht nach § 280 liquidiert werden. Als speziellere Norm ist Abs II über seinen Anwendungsbereich hinaus im Hinblick auf den Verlust der Erfüllungsansprüche abschließend (BAG DB 1981, 2234 m zust Anm *Wolf* AP 8 § 4 KSchG; zw AP 2 § 16 [aF] BBiG; *Stoffels* Der Vertragsbruch des Arbeitnehmers, 1994, 125; ausf *Gessert* Schadensersatz nach Kündigung, 1987, 317ff; aA Düsseldorf OLGRp 1996, 55). 38

Ein Ersatzanspruch nach § 280 besteht, wenn ein ArbN **mit Kündigungsschutz** durch vertragswidriges Verhalten des ArbGeb **zur ordentlichen Kündigung veranlasst** wird. Das vertragswidrige Verhalten muss einen triftigen Grund für die ordentliche Kündigung des ArbN abgeben (nicht nur Bagatellen). Dabei können die für die verhaltensbedingte ordentliche Kündigung des ArbGeb geltenden Maßstäbe entspr angewendet werden. Das vertragswidrige Verhalten des ArbGeb muss es dem ArbN unzumutbar gemacht haben, das Arbeitsverhältnis auf Dauer fortzusetzen (s ferner BGHZ 91, 321 zu § 89b III 1 HGB). Der Ersatz des Vertrauensschadens wegen Verletzung vorvertragl Pflichten ist von Abs II nicht erfasst (BAG AP 2 § 16 [aF] BBiG). 39

c) Gegenkündigung. Auf eine unwirksame (fristlose) Kündigung kann der andere Teil selbst mit Kündigung wegen Pflichtverletzung (Vertragswidrigkeit) reagieren (Gegenkündigung). Gegen die ursprüngliche Kündigung braucht der Geschädigte nicht gesondert vorzugehen, die Vertragswidrigkeit ist im Rahmen von Abs II inzident feststellbar. Ein Feststellungsinteresse, dass das Arbeitsverhältnis erst durch die eigene Gegenkündigung beendet wurde, ist mit Abs II allein nicht begründbar. Anderes gilt, wenn der ArbN Ansprüche aus Abs II wegen einer unter das **KSchG** fallenden ArbGeb-Kündigung geltend machen will. In einem solchen Fall entfällt das Feststellungsinteresse für einen Kündigungsschutzantrag nur, wenn der ArbN auch für den Fall der Abweisung der Schadensersatzklage ausdrückl erklärt, er begehre weder Fortsetzung des Arbeitsverhältnisses noch dessen Auflösung gegen Abfindung nach §§ 9f KSchG. Grund ist die Wirksamkeitsfiktion von § 13 I 2, § 7 KSchG. Wird in der Frist nach § 13 I 2, § 4 S 1 KSchG weder Kündigungsschutzklage noch Schadensersatzklage erhoben, gilt der wichtige Grund als vorliegend (im Einz BAG DB 1981, 2233f). Daraus folgt nicht, dass für den Folgeanspruch nach Abs II ein vertragswidriges Verhalten mangels unwirksamer Kündigung nicht mehr feststellbar ist. Die Wirksamkeitsfiktion soll nur den Streit um den Bestand des Arbeitsverhältnisses beilegen. Über die Berechtigung der Kündigungsgründe wird nicht entschieden (*v Hoyningen-Huene/Linck* § 7 KSchG Rn 5; s ferner BAG AP 9 § 339; aA *Tschöpe* DB 1984, 1522f). Wegen der Wechselwirkung zw Ersatz nach Abs II und KSchG ist dem ArbN nach Fristablauf lediglich verwehrt, sich im Rahmen der zeitl Begrenzung des Anspruchs auf seinen Kündigungsschutz zu berufen (s Rn 43, 45). Um die Fiktion zu verhindern, muss der ArbN fristgerecht Kündigungsschutzklage, mindestens aber Schadensersatzklage erheben, § 6 S 1 KSchG analog (MüKo/*Henssler* Rn 77; s ferner BAG DB 1981, 2234). Schutzzweckerwägungen verlangen eine weite Auslegung der Norm. Wird Leistungsklage erhoben, ist ein zusätzl Kündigungsschutzantrag nicht notwendig. Schon bei einem Abfindungsantrag nach §§ 9f KSchG ist kein ausdrückl Kündigungsschutzantrag erforderlich (*Gessert* Schadensersatz nach Kündigung, 1987, 55; s ferner BAG AP 5 § 7 KSchG; NZA 1994, 265; KR/*Klose* § 4 KSchG Rn 40). Es würde zu unnötigen Kündigungsschutzprozessen führen, wenn im Falle der Unterlassung einer Kündigungsschutzklage die Rechtmäßigkeit der ArbGeb-Kündigung auch fingiert wäre, wenn die Schadensersatzklage innerhalb der Frist 40 des § 4 S 1 KSchG anhängig gemacht wird (ausdrückl BAG DB 1981, 2234; aA *Wolf* Anm zu AP 8 § 4 KSchG 1969). Kündigungsschutz kann hilfsweise geltend gemacht werden (vgl BAG AP 33 § 3 KSchG 1951). Sofern die Gegenkündigung unwirksam war, kann dann ein Auflösungsantrag nach §§ 9f KSchG erfolgreich sein. Soweit die Fiktionswirkung weitergezogen wird, wirkt sie jedenfalls beim ArbGeb-Anspruch nicht (ausf *Gessert* aaO, 53; aA *Tschöpe* DB 1984, 1522).

41 Vom Zeitpunkt der **Auflösung** des Arbeitsverhältnisses **gegen Abfindung nach § 13 I 3 KSchG** entfallen der Lohnanspruch und alle Ersatzansprüche wegen vorzeitiger Beendigung des Arbeitsverhältnisses nach Abs II (BAG DB 1971, 1531 m abl Anm *Gumpert* BB 1971, 960; DB 1973, 1559). Die Auflösung gegen Abfindung durch Urteil unterbricht den Rechtswidrigkeitszusammenhang (BAG DB 1973, 1559). Ersatz weiteren Schadens kann nur verlangt werden, wenn er nicht mit dem vorzeitigen Verlust des Arbeitsplatzes in Zusammenhang steht (BAG DB 1973, 1559, aA Staudinger/*Temming* Rn 42). So zB wegen unrichtiger Beurteilungen oder unrichtiger Auskünfte, welche eine etwaige Neueinstellung verhindert haben (KR/*Spilger* § 10 KSchG Rn 80). Wird eine fristlose Kündigung des ArbGeb wegen vertragswidrigen Verhaltens des ArbN im Kündigungsschutzprozess bestätigt, gilt sie auch im Rahmen von Abs II als gerechtfertigt, ebenso, wenn sie in einem gerichtlichen Vergleich anerkannt oder hingenommen wurde.

42 **5. Schadensersatz. a) Allgemeines.** Der Geschädigte ist so zu stellen, wie er ohne die veranlasste Beendigung stünde, § 249 S 1, § 252 S 1 (BGHZ 122, 11; BAG DB 1962, 1611). Er kann Ausgleich des Verfrühungsschadens verlangen, der gerade durch die Vorzeitigkeit der Beendigung des Dienstverhältnisses entstanden ist (BAG DB 1984, 1731; 1981, 1832f; *Lange/Schiemann* Schadensersatz 2003, 205). Nach der Differenzmethode ist das volle Erfüllungsinteresse (BAG NZA 2002, 1323) unter Berücksichtigung aller Haupt- und Nebenpflichten zu ersetzen (LAG Hamm NZA 1985, 159; Frankfurt OLGRp 1996, 181). § 287 ZPO findet Anwendung.

43 **b) Kündigungstheorie.** Bei unbefristeten Dienstverhältnissen **begrenzt** die **erste fristgerechte Kündigungsmöglichkeit** des anderen Teils den Ersatzanspruch (BGHZ 122, 11, 14f; BGH NZA 2008, 3436 zu § 89a II HGB; BAG NZA 2002, 325ff, daneben ist Entschädigung entspr §§ 9, 10 KSchG für Verlust des Bestandsschutzes möglich, s Rn 45; BAG AP 17 § 113 BetrVG; AP 18; Frankfurt OLGRp 1996, 182; ausf *Hadding* SAE 76, 220ff; *Wolff* ArbuR 1968, 262ff; *Orlowski*, Zeitliche Schranken des Schadensersatzanspruchs des Arbeitnehmers aus § 628 II, 1984, 27ff; *Stoffels* Der Vertragsbruch des Arbeitnehmers, 1994, 134ff; aA noch BAG DB 1959, 379). Das dürfte mit der Begrenzung auf Schäden gleichzusetzen sein, die bei vertragsgemäßer Beendigung nicht entstanden wären (ausdrückl BAG NZA 1997, 1224; s ferner DB 1984, 2701, 1731; 1981, 1832; 1980, 1847; 1975, 1608; 1972, 1299). Eine zeitl unbegrenzte Schadensersatzpflicht würde eine Stabilität des Dauerschuldverhältnisses voraussetzen, die dieses wegen des Grundsatzes der Kündigungsfreiheit nicht hat (*Oetker* Das Dauerschuldverhältnis und seine Beendigung, 1994, 631). Zwar ist die Kündigung auch für den nach Ablauf der ersten Kündigungsmöglichkeit entstehenden Schaden ursächlich (BGHZ 122, 14), doch ist eine Beschränkung der Ersatzpflicht auf den Verfrühungsschaden vom **Schutzzweck** der Norm geboten (s Rn 23; BGHZ 122, 14; BAG DB 1981, 1832). Über den nächstmöglichen Zeitpunkt einer ordnungsgemäßen Beendigung des Dienstverhältnisses durch den anderen Teil hinaus ist der Kündigende bzgl der wirtschaftl Folgen seiner außerordentlichen Vertragsbeendigung nicht mehr schutzwürdig. Er hat kein schutzwürdiges Vertrauen auf den Erhalt dieser Vorteile, da mit einer ordentlichen Kündigung stets zu rechnen ist (vgl BAG DB 1984, 1732; *Lange/Schiemann* Schadensersatz 2003, 205; *Stoffels* aaO, 137). Die Begrenzung der Schadensersatzpflicht folgt auch aus dem Arg des **rechtmäßigen Alternativverhaltens** (BAG DB 1980, 1847; Staudinger/*Temming* Rn 47). Ob es zu berücksichtigen ist, richtet sich wiederum nach dem Schutzzweck der Norm (BGHZ 96, 173; BAG DB 1984, 1731; Staudinger/*Höpfner* § 249 Rn 103). Ist die ordentliche Kündigung für den Dienstberechtigten jedoch einzelvertragl ausgeschlossen, kann eine Ersatzpflicht ggf auch bis zur altersbedingten Beendigung reichen (BGH NJW 2008, 3436). Nicht übertragbar ist die Begrenzung auf den Schadensersatzanspruch des ArbN gegen seinen Rechtsvertreter, durch dessen Verschulden ein Kündigungsschutzprozess verloren geht (BGH NJW 2007, 2043; vgl auch Düsseldorf VersR 2009, 835).

44 Unbeachtlich ist, ob der andere Teil **tatsächlich kündigen wollte oder kündigte** (BGHZ 44, 277; 122, 11, 15; BAGE 84, 1731 m Anm *Brox* SAE 84, 222; *Stoffels* Der Vertragsbruch des Arbeitnehmers, 1994, 137; aA *Canaris* SAE 67, 78; *Grunsky* JZ 1966, 275; s ferner München OLGRp 1996, 93). Wo Abs II auf andere Dauerschuldverhältnisse entspr anwendbar ist, begrenzt auch dort die nächste ordentliche Beendigungsmöglichkeit den Anspruch (BGHZ 122, 11, 14; Staudinger/*Schwarze* § 281 Rn C 29; *Rieble* ZIP 1988, 1031ff). Konnte der andere Teil ebenfalls nach §§ 626f fristlos kündigen, entfällt der Anspruch gegen ihn ganz (BGHZ 44, 277 m krit Anm *Grunsky* JZ 1966, 274; 122, 11, 15; NJW 1981, 1265; s ferner *Gernhuber* Das Schuldverhältnis 398). Der Ersatzanspruch setzt **eigene Vertragstreue** voraus. Nicht erforderlich ist ein innerer Zusammenhang der jew Kündigungsgründe (Staudinger/*Temming* Rn 40), auch nicht der tatsächliche Ausspruch der Kündigung (BGHZ 122, 11, 15). Ansonsten erfolgte ein Wettlauf der Kündigungserklärungen (*Oetker* Das Dauerschuldverhältnis und seine Beendigung, 1994,633). Bei **befristeten Verträgen** bildet der Fristablauf die zeitl Grenze, es sei denn, der andere Teil konnte früher kündigen (Staudinger/*Temming* Rn 46). Einseitige Verlängerungsmöglichkeiten des Kündigenden sind zu berücksichtigen, nicht aber die bloße Chance einvernehmlicher Vertragsverlängerung.

45 Genießt der kündigende ArbN **Kündigungsschutz nach dem KSchG**, so ist das dadurch rechtl geschützte **Bestandsinteresse** zusätzl zu dem aus der Kündigungsfrist resultierenden Verfrühungsschaden zu berücksichtigen. Wie diesem Interesse im Rahmen von § 628 II Rechnung zu tragen ist, ist umstritten. Nach einer Literaturansicht trifft den ArbGeb in diesem Fall eine grds unbegrenzte (außer § 254 II) Ersatzpflicht, sog Endlosschaden

(etwa ausführlich *Schwerdtner* SAE 74, 82ff; *Schwerdtner* EWiR 1993, 466; *Nikisch*, I, 3. Aufl, 854; *Trinkner* BB 1966, 1025, 1027). Die Möglichkeit einer sozial gerechtfertigten Kündigung soll der ArbGeb entweder nicht oder nur im Wege der §§ 323, 767 ZPO geltend machen können (RGRK/*Corts* Rn 50; aA *Gessert* Schadensersatz nach Kündigung, 1987, 138, 139). Die **hM** lehnt einen Endlosschaden als von Wortlaut und Entstehungsgeschichte nicht gedeckt ab und trägt dem Bestandsinteresse durch eine **Abfindung analog §§ 9f KSchG** Rechnung: Kündigt der ArbN, so verzichtet er damit auf den Bestandsschutz in ähnl Weise wie wenn er nach ArbGeb-Kündigung im Kündigungsschutzprozess einen Auflösungsantrag nach § 13 I 3 KSchG stellt (BAG NZA 2002, 325, 329 mwN; BeckOGK/*Günther* Rn 183f; ErfK/*Müller-Glöge* Rn 27ff; MüKo/*Henssler* Rn 93). Teleologisch-systematisch ist das überzeugend; die veranlasste Eigenkündigung steht der unberechtigten ArbGeb-Kündigung mit Auflösungsantrag wesentlich gleich, und die Wertungen des KSchG müssen auch im Rahmen des Schadensersatzanspruchs berücksichtigt werden.

Der Schadensersatzanspruch nach § 628 II umfasst daher im Fall des Kündigungsschutzes nach KSchG zum einen die entgangene Vergütung als **Verfrühungsschaden**, zum anderen (kumulativ) eine angemessene **Abfindung** entspr §§ 9f KSchG als Ausgleich für den Verlust des Arbeitsplatzes (BAG NZA 2002, 325, 329; 2007, 1419; ebenso Staudinger/*Temming* Rn 54). 46

Soll im Anwendungsbereich des KSchG Vergütungsersatz für mehr als bis zum nächsten ordentlichen Kündigungszeitpunkt geleistet werden, ist der Anspruch der Höhe nach **nicht auf den Wert der Abfindung nach §§ 9f KSchG begrenzt** (*Trinkner* BB 1966, 1027; *Weiß* JuS 1985, 596; *Gessert* Schadensersatz nach Kündigung, 1987, 172). Abfindung und Schadensersatz nach Abs II haben unterschiedliche Voraussetzungen und Funktionen. Die verschuldensunabhängige Abfindung ist eine Entschädigung für den Verlust des Arbeitsplatzes und kein Schadensersatz für die infolge der Vertragsauflösung entgangenen Lohnansprüche (BAG NZA 1989, 271; 1985, 395; *Belling* EzA 15 § 9 KSchG; ders DB 1985, 1893). Während der Verlust des Arbeitsplatzes durch gerichtliche Auflösung nach § 9 I KSchG ein Nachteil ist, der sich aus einer rechtmäßigen, nicht zum Schadensersatz verpflichtenden Maßnahme ergibt, resultiert der Ersatzanspruch nach Abs II aus einer schuldhaften Vertragsverletzung (vgl BAG DB 1971, 1531; 1973, 1559). 47

c) Schadensumfang. Angemessene Kosten für die Erlangung eines neuen Arbeitsplatzes oder Dienstnehmers sind (nur) zu ersetzen, soweit sie bei ordnungsmäßiger Beendigung des Dienstverhältnisses nicht entstanden wären (betr Inseratskosten BAG DB 1981, 1832 m Anm *Berkowsky* DB 1982, 1772ff; 1984, 1731 m Anm *Brox* SAE 1984, 219; *Stoffels* Der Vertragsbruch des Arbeitnehmers, 1994, 137ff; für Einarbeitungskosten LAG Berlin DB 1974, 538). Ein Schaden ist nicht durch die Aufhebung des Dienstverhältnisses entstanden, wenn er auch bei fortbestehendem Dienstverhältnis eingetreten wäre. Gewinn ist nicht entgangen, wenn der ArbN auch wegen Krankheit nicht gearbeitet hätte (BAG DB 1962, 1611 m Anm *Larenz* SAE 1963, 61; krit *Stoffels* aaO, 130ff; vgl auch BGH NJW-RR 2006, 243). Der Verlust des Konkurrenzschutzes aus § 60 HGB ist bis zur Grenze möglicher nachvertragl Wettbewerbsverbote zu ersetzen (BAG DB 1975, 1608 m krit Anm *Lieb* AP 8 und *Hadding* SAE 1976, 219ff; *Stoffels* aaO, 145ff; aA ausf *Reinfeld*, Das nachvertragliche Wettbewerbsverbot im Arbeits- und Wirtschaftsrecht, 1992, 84f). Der gekündigte Dienstverpflichtete kann die Karenzentschädigung für ein vereinbartes nachvertragl Wettbewerbsverbot bei Kündigung durch den Dienstberechtigten nicht verlangen, wenn er seinerseits mit Rücksicht auf ein vertragl Verbot den Wettbewerb als Naturalrestitution nach Abs II zu unterlassen hat (Frankfurt OLGRp 1996, 182; *Reinfeld* aaO, 86). Anteilige Provisionen sind bei nachwirkend erfolgreichen Vermittlungen geschuldet. Steuerersparnis durch Gewinnminderung ist nicht zu berücksichtigen (LAG BW BB 1968, 996). Schadensersatz wegen Wegfalls künftigen Einkommens ist durch entspr zukünftige Leistungen zu gewähren. Ersatz für Ruhegeldansprüche und Sonderzuwendungen ist nur zu leisten, wenn sie auch bei nächstmöglicher ordnungsgemäßer Auflösung des Arbeitsverhältnisses angefallen wären (*Kittner/Trittin* Rn 32). Anderweitig erlangte Zuwendungen sind anzurechnen (*Beckers* NZA 1997, 136f). Bezug von Arbeitslosengeld mindert die Ersatzpflicht nach den Grundsätzen der Vorteilsausgleichung nicht (aA RGRK/*Corts* Rn 60); Zweck der Arbeitslosenversicherung ist nicht, die Folgen fehlender Vertragstreue des ArbGeb zu kompensieren. Bei pflichtwidriger Kündigung des Mandatsverhältnisses umfasst der Schadensersatz die Kosten für einen anderen Rechtsanwalt; der Rechtsschutzversicherer hat einen Rückzahlungsanspruch nach § 628 II iVm § 17 VIII ARB (LG Saarbrücken NJW 2018, 3588). 48

d) Schadensminderung nach § 254 I kommt in Betracht, wenn die Vertragsverletzung durch vertragswidriges Verhalten des Kündigenden veranlasst worden ist (BGHZ 44, 276; BGH DB 1966, 1965; BAG DB 1971, 392; s auch Rn 31 aE; einschränkend bei der pflichtwidrigen Kündigung des Mandatsverhältnisses LG Saarbrücken NJW 2018, 3588). Die Ausübung des Kündigungsrechts ist kein Mitverschulden (aA *Lüke*, FS Wolf, 1985, 459). Der Dienstverpflichtete muss alle zumutbaren Verdienstmöglichkeiten ausschöpfen. Die Meldung beim Arbeitsamt reicht idR nicht aus (Staudinger/*Temming* Rn 55). Böswilliges Unterlassen wie bei § 615 S 2 ist nicht erforderlich. Anderweitige, auch zeitanteilig höhere Einnahmen sind voll anzurechnen. Die Kosten der Schadensminderung sind zu erstatten, zB Überstundenvergütungen (LAG Düsseldorf DB 1968, 90) sowie Abordnungs- und Reisekosten (BAG AP 5 § 60 HGB). Wird der Schaden nur durch eigene, höher zu bewertende Tätigkeit des Dienstberechtigten abgewendet, liegt er in der nach § 287 ZPO zu ermittelnden Einkommensminderung, die ohne schadensabwendende Tätigkeit über § 254 I hinaus eingetreten wäre (BAG AP 7 § 249). Möglich ist auch, eine Überstundenvergütung als angemessenen Ausgleich für die Überbelastung anzusetzen (Staudinger/*Temming* Rn 49; BAG AP 5 § 60 HGB). Entspr ist die Übernahme der Arbeit durch andere ArbN zu beurteilen (ausf *Stoffels* Der Vertragsbruch des Arbeitnehmers, 1994, 149ff). Das gilt nicht für Ausbildungsverhältnisse (LAG 49

Düsseldorf DB 1985, 180). Mehrere sich gemeinsam vertragswidrig verhaltende ArbN haften grds nicht gesamtschuldnerisch, sondern nur für den durch ihren eigenen Vertragsbruch entstandenen Schaden (BAG AP 50 § 4 TVG Ausschlussfrist; 4 § 276 Vertragsbruch).

50 **6. Besonderheiten der rechtlichen Einordnung als Lohnersatzanspruch. a) Verjährung.** Die Verjährungsfrist richtet sich nach dem Anspruch, für dessen Wegfall jew Ersatz zu leisten ist (BeckOGK/*Stoffels* Rn 60; allg BGHZ 50, 29). Tarifliche Ausschlussfristen erfassen den Anspruch, soweit sie Ansprüche aus der Beendigung des Arbeitsverhältnisses einbeziehen. Liegt das vertragswidrige Verhalten in einer vom KSchG erfassten ArbGeb-Kündigung, werden Verjährung und Ausschlussfristen durch die Kündigungsschutzklage nicht unterbrochen.

51 **b) Insolvenz.** Der Schadensersatz nach § 113 S 3 InsO ist Insolvenzforderung, nicht Masseforderung (*Zwanziger* Das Arbeitsrecht der Insolvenzordnung[5] 2015, Rn 22). Die sozialen Sicherungssysteme rechtfertigen eine Einordnung als einfache Insolvenzforderung (*Gessert* Schadensersatz nach Kündigung, 1987, 200). Wegen § 55 I Nr 2 InsO wird daran festzuhalten sein (BAG ZInsO 1999, 302). Nach § 108 III InsO sind alle ArbN-Ansprüche aus der Zeit vor Eröffnung des Insolvenzverfahrens nur einfache Insolvenzforderungen. Ersatz- und Abfindungsansprüche wegen rechtswidrigen Verhaltens des Insolvenzverwalters fallen dagegen unter § 55 I Nr 1 InsO. Bei der Bemessung des Anspruchs sind die hypothetischen Kündigungsmöglichkeiten des Insolvenzverwalters zu berücksichtigen (BAG DB 2007, 2265).

52 Sofern der ArbN **vor Eröffnung des Insolvenzverfahrens** kündigt, ist der Verfrühungsschaden nicht auf den Zeitraum nach § 113 S 1 InsO zu begrenzen (ArbG Herford DB 2004, 768).

53 **Insolvenzgeld** wird für den Anspruch aus § 628 II nicht gewährt. Es ist nach § 165 I 1 SGB III nur für die in den letzten drei Monaten des bestehenden Arbeitsverhältnisses entstehenden Ansprüche auf Arbeitsentgelt zu zahlen. Ersatzansprüche nach Abs II entstehen erst danach, wie § 166 I Nr 1 SGB III klarstellt (BT-Drs 13/4941, 188).

54 **c) Vollstreckung.** Im Rahmen des Pfändungsschutzes gehört der Anspruch zum Arbeitseinkommen nach §§ 850ff ZPO (Stein/Jonas/*Brehm* § 850 ZPO Rn 51; *Stöber* Forderungspfändung Rn 895; s ferner BAG DB 1980, 359 wegen §§ 9f KSchG). Als unselbständiges Nebenrecht wird der Ersatzanspruch jedoch auch von einem Pfändungs- und Überweisungsbeschluss gem § 832 ZPO erfasst, sofern er nach Wirksamkeit der Beschlagnahme entstanden ist (APS/*Rolfs* Rn 65; s ferner *Stöber* Forderungspfändung Rn 699, 702).

55 **d) Steuer.** Soweit der Anspruch Lohnersatzfunktion hat, unterliegt er der Besteuerung nach § 2 II Nr 4 LStDV und als Entschädigung für entgehende Einnahmen § 24 Nr 1 lit a EStG (*Gessert* Schadensersatz nach Kündigung, 1987, 222). Die Ermäßigung des Steuersatzes nach § 34 II Nr 2 EStG erfolgt nicht. Die Progressionsmilderung soll eine Abschlussentschädigung für wiederkehrende Einnahmen begünstigen. Laufenden Entschädigungszahlungen fehlt die Außerordentlichkeit (*Offerhaus* DB 1991, 2456; Blümich/*Lindberg* § 34 EStG Rn 43, 71; aA MüKo/*Henssler* Rn 107).

56 **e) Sozialversicherung.** Entschädigungszahlungen für den Verlust des Arbeitsplatzes werden für Zeiten nach Beendigung des Arbeitsverhältnisses gezahlt und sind daher kein Arbeitsentgelt iSv § 14 I SGB IV (vgl zu §§ 9f KSchG: BAG NZA 1989, 271; BSG NZA 1990, 752; 1990, 829 zur Anrechnung auf das Arbeitslosengeld). Unbeachtlich ist, ob die Zahlung als Einmalbetrag, in Raten oder fortlaufenden Bezügen erfolgt (*Benner/Bals* BB Beil 1/1997, 2). Es besteht daher keine Beitragspflicht zur Sozialversicherung. Der ArbGeb ist verpflichtet, dem ArbN den sozialversicherungsrechtl Status umfassend zu erhalten, § 249 S 1 (APS/*Rolfs* Rn 69; s ferner *Hänlein* NJW 1998, 105ff). Dies gilt auch hinsichtl entgehenden Schutzes bei Arbeitslosigkeit (MüKo/*Henssler* Rn 108; s ferner *Gagel/Müller* NZA 1993, 581).

57 **f) Arbeitslosengeld.** Der Ersatzanspruch ist eine anrechnungspflichtige entschädigungsähnl Leistung nach § 158 SGB I (vgl zum früheren § 117 II AFG BSG NZA 1990, 829; zum früheren § 140 SGB III: *Bader* AuR 1997, 384; *Bauer/Röder* BB 1997, 835; *Gagel/Kreitner* ArbRGeg 35 [1998], 47). Anzurechnen ist der Netto-Abfindungsbetrag (*Gaul* NJW 1998, 647). Bei der Berechnung der Erstattung von Arbeitslosengeld nach § 158 IV 2 SGB III findet eine Anrechnung nur iHd Beträge statt, die dem Arbeitslosen auch tatsächlich ausbezahlt worden sind (BSG NZA-RR 2002, 385). Die Verfassungsmäßigkeit der Anrechnung wird unter Berufung auf BVerfGE 42, 188 insb wegen Art 3 GG bezweifelt (*Bader* AuR 1997, 385; *Hümmerich* NZA 1997, 413f; *Rolfs* DB 1996, 2127ff; *Bauer/Röder* BB 1997, 840; s ferner NZA H 2/1997, VII). Eine Sperrzeit wird nicht ausgelöst, § 159 I SGB III.

58 **7. Darlegungs- und Beweislast.** Die Beweislast für den Kausalzusammenhang zw vertragswidrigem Verhalten, Kündigung und Schaden, vor allem für die Zeit der potentiellen Fortsetzung des Dienstverhältnisses, trifft den Anspruchssteller. Zur Beweisführung sind § 252 S 2 BGB, § 287 I ZPO nutzbar (BAG EzA 5; AP 2 § 252). Ein danach ermittelbarer Mindestschaden ist zuzusprechen (BGH NJW 1994, 664). Der andere Teil muss die begrenzende Gegenkündigungsmöglichkeit (*Baumgärtel/Laumen/Prütting/Leisten* Hdb der Beweislast Rn 3) oder einen vorangegangenen eigenen Kündigungsausspruch (BAGE 24, 361) beweisen. Der Kündigungsgegner hat schuldhaftes Unterlassen anderweitigen Erwerbs des Kündigenden nachzuweisen.

§ 629 Freizeit zur Stellungssuche

Nach der Kündigung eines dauernden Dienstverhältnisses hat der Dienstberechtigte dem Verpflichteten auf Verlangen angemessene Zeit zum Aufsuchen eines anderen Dienstverhältnisses zu gewähren.

I. Normzweck. Die Vorschrift ist Ausdruck der allg Fürsorgepflicht des Dienstberechtigten. Ein Dienstpflichtiger hat zur Sicherung fortlaufenden Einkommens ein Interesse, möglichst in unmittelbarem Anschluss an die Beendigung eines Dienstverhältnisses ein neues zu begründen. § 629 räumt ihm unter bestimmten Voraussetzungen einen Anspruch auf angemessene Freistellung zur Stellensuche ein. Bei der Auslegung sind die Wertungen der sozialversicherungsrechtl Vorschriften von § 2 II 2 Nr 3 SGB III zu berücksichtigen (MüKo/*Henssler* Rn 3). Der Anspruch ist nicht abdingbar (RAG ARS 3, 21, 23; MüKo/*Henssler* Rn 2), aber hinsichtl der Dauer im Rahmen billigen Ermessens vertragl konkretisierbar (näher *Brune*, Stellensuche, AR-Blattei SD 1510). 1

II. Anspruchsvoraussetzungen. § 629 gilt für alle Dienst- und Arbeitsverträge (MüKo/*Henssler* Rn 5; Staudinger/*Temming* Rn 4; einschränkend Soergel/*Kraft* Rn 2). Erforderlich ist allerdings ein **dauerndes Dienstverhältnis.** Dazu muss ein Dienstvertrag auf längere Zeit angelegt sein und tatsächlich andauern, unabhängig davon, ob der Vertrag entgegen den Erwartungen nach kurzer Zeit wieder beendet wird (*Vogt* DB 1968, 264). War schon von vornherein mit einem alsbaldigen Stellenwechsel zu rechnen, ist eine Freistellung teleologisch nicht geboten; so bei kurzzeitigen befristeten oder bedingten Dienstverhältnissen (Staudinger/*Temming* Rn 8; diff MüKo/*Henssler* Rn 6ff und *Vogt* DB 1968, 264; sehr weit auslegend BeckOGK/*Tillmanns* Rn 6ff). Bei Teilzeitverträgen besteht der Anspruch, wenn die Stellensuche gerade während der Dienstzeit erfolgen muss; bei mehreren Teilzeitverträgen ist ggf eine redliche Verteilung der Lasten auf die ArbGeb geboten (aM BeckOGK/*Tillmanns* Rn 10). Seinem Zweck nach ist § 629 aber auf Beendigung durch Zeitablauf, Bedingungseintritt, Zweckerreichung oder Aufhebungsvertrag **analog** anzuwenden (MüKo/*Henssler* Rn 10f; Soergel/*Kraft* Rn 3, 6; Staudinger/*Temming* Rn 12). Für Ausbildungsverhältnisse gilt § 629 gem § 10 II BBiG entspr (LAG Düsseldorf BB 1967, 799; MüKo/*Henssler* Rn 5; aA *Brill* AuR 1970, 9). 2

III. Entstehungszeitpunkt. Der Anspruch entsteht grds erst nach Zugang der Kündigung einer Vertragspartei. Eine Änderungskündigung genügt, da auch sie zu einer Beendigung des Dienstverhältnisses führen kann. Bei anderen Beendigungsgründen (Rn 2 aE) entsteht der Anspruch im Zeitpunkt der fiktiven Kündigungsfrist (Soergel/*Kraft* Rn 4–6; Staudinger/*Temming* Rn 12; krit MüKo/*Henssler* Rn 10, 11). Ausnahmsw kann der Dienstpflichtige schon vor diesem Zeitpunkt Freizeit zur Arbeitsplatzsuche verlangen, wenn der Dienstberechtigte ihm empfiehlt, sich um andere Arbeit zu kümmern (ArbG Ulm BB 1959, 740; MüKo/*Henssler* Rn 10; Staudinger/*Temming* Rn 13), oder Entlassungen aus dringenden betrieblichen Gründen ankündigt (ähnl MüKo/*Henssler* Rn 10). Der Anspruch besteht nicht, wenn der Dienstpflichtige eine berufliche Veränderung lediglich beabsichtigt. 3

IV. Geltendmachung. Zur Freistellung ist der Dienstberechtigte nicht von sich aus verpflichtet. Der Dienstpflichtige muss sie ausdrückl und rechtzeitig beantragen und kann sie nicht eigenmächtig nehmen (LAG Tübingen DB 1967, 1048; LAG Düsseldorf DB 1967, 1227; 1973, 676; MüKo/*Henssler* Rn 17). Umgekehrt kann der Dienstberechtigte ihn nicht auf noch offene Urlaubstage verweisen (vgl BAG AP 14 § 611 Urlaubsrecht). War dem Dienstverpflichteten nach Zugang der Kündigung bis zum Ablauf der Kündigungsfrist Urlaub gewährt und hatte er zuvor den Anspruch aus § 629 nicht geltend gemacht, kann er nicht Umwandlung des Erholungsurlaubs und Abgeltung der für die Stellensuche verwendeten Urlaubstage nach § 7 IV BUrlG verlangen (vgl BAG AP 14 § 611 Urlaubsrecht; LAG Düsseldorf DB 1973, 676). 4

V. Zeitpunkt und Umfang der Freistellung. Der Dienstpflichtige hat Anspruch auf **angemessene**, nicht zeitl unbegrenzte Freistellung zur Stellensuche. Die Festlegung des Freistellungszeitpunkts und -zeitraums ist einseitige Leistungsbestimmung des Dienstberechtigten iSv § 315. Billigem Ermessen entspricht eine Abwägung des Freistellungsinteresses einerseits und des Interesses an ungestörtem Arbeitsablauf andererseits (LAG Düsseldorf BB 1967, 799; ArbG Marburg BB 1964, 1259; Staudinger/*Temming* Rn 17f). Das Ermessen reduziert sich beim Termin zum Vorstellungsgespräch (ErfK/*Müller-Glöge* Rn 7). Für das Arbeitsverhältnis kann der Begriff der Angemessenheit durch Tarifvertrag, Betriebsvereinbarung oder Vertrag näher bestimmt werden. Eine tarifliche Regelung wird idR auch für nicht tarifgebundene Parteien die angemessene Dauer ausdrücken (MüKo/*Henssler* Rn 21). Sonst richten sich Angemessenheit des Zeitaufwands sowie Dauer und Anzahl der Freistellungen in erster Linie danach, welche Maßnahmen im Einzelfall für eine erfolgreiche Stellensuche zu treffen sind. Dazu zählen Besuche bei der Agentur für Arbeit und beim zukünftigen ArbGeb, soweit von diesen gewünscht auch Maßnahmen, die der Vervollständigung der Bewerbungsunterlagen dienen, wie Eignungstests und medizinische Untersuchungen (ArbG Essen BB 1962, 560; MüKo/*Henssler* Rn 12; Soergel/*Kraft* Rn 10). Die bisherige Dauer des Dienstverhältnisses ist nicht für § 629, wohl aber für den Entgeltanspruch aus § 616 S 1 (Rn 7) erheblich. 5

VI. Durchsetzung. Der Dienstpflichtige kann seinen Rechtsanspruch auf Gewährung von Freizeit zur Stellensuche klageweise oder ggf nach §§ 935ff ZPO durch einstweilige Verfügung durchsetzen. Dem Dienstpflichtigen, der zuvor eine angemessene Freistellung vergeblich begehrt hatte, steht nach Ansicht vor allem der Rspr ein Leistungsverweigerungsrecht und damit im Einz ein Selbstbeurlaubungsrecht zu (LAG Tübingen DB 1967, 1048; **aA** zu Recht MüKo/*Henssler* Rn 19; Staudinger/*Temming* Rn 21; BeckOGK/*Tillmanns* Rn 24ff). 6

VII. Vergütung. Nicht § 629, sondern § 616 S 1 sowie ggf vertragl Abreden und betriebliche Übungen regeln die Vergütungsfortzahlung während der Stellensuche (BAG AP 1; 41 § 616). Da § 616 S 1 dispositiv ist, kann die Vergütung für die Zeit der Stellensuche tarif- und einzelvertragl abbedungen werden (BAG AP 1; Staudinger/*Temming* Rn 22, 23). Ist die Vergütungsfortzahlung für verschiedene Fälle der persönlichen Verhinderung tarif- oder einzelvertragl geregelt, dabei aber Freistellung nach § 629 nicht erwähnt, bedeutet dies nicht notwendig einen Ausschluss des Vergütungsanspruchs; es kommt auf die Auslegung der jew Regelung an, §§ 133, 157. 7

8 **VIII. Schadensersatz.** Nicht- oder verspätete Erfüllung kann zum Schadensersatz verpflichten, §§ 280ff. Nichtgewährung kann die Kündigung nach § 626 rechtfertigen. Dann ist Schadensersatz gem § 628 II möglich. Der Insolvenzverwalter haftet nicht nach § 60 I InsO, weil Freistellung nach § 629 keine insolvenzspezifische Pflicht ist (BAG AP 4 § 61 InsO).

9 **IX. Aufwendungsersatz.** Anspruch auf Ersatz notwendiger Aufwendungen hat nach §§ 670, 662, wer sich nach Aufforderung durch den Dienstberechtigten vorstellt (BAG AP 8 § 196; NZA 1989, 468), es sei denn, der Dienstberechtigte lehnt die Kostenübernahme rechtzeitig und ausdrückl ab (ArbG Kempten BB 1994, 1504). Auf die spätere Einstellung kommt es nicht an. Erstattungsfähig können Fahrt-, Verpflegungs- und Unterbringungskosten (im Zweifel nach steuerlichen Bemessungsgrundsätzen) und Verdienstausfall sein (ErfK/*Müller-Glöge* Rn 14f; zu Flugkosten ArbG Düsseldorf NZA-RR 2012, 488).

§ 630 Pflicht zur Zeugniserteilung

Bei der Beendigung eines dauernden Dienstverhältnisses kann der Verpflichtete von dem anderen Teil ein schriftliches Zeugnis über das Dienstverhältnis und dessen Dauer fordern. Das Zeugnis ist auf Verlangen auf die Leistungen und die Führung im Dienst zu erstrecken. Die Erteilung des Zeugnisses in elektronischer Form ist ausgeschlossen. Wenn der Verpflichtete ein Arbeitnehmer ist, findet § 109 der Gewerbeordnung Anwendung.

§ 109 GewO Zeugnis

(1) Der Arbeitnehmer hat bei Beendigung eines Arbeitsverhältnisses Anspruch auf ein schriftliches Zeugnis. Das Zeugnis muss mindestens Angaben zu Art und Dauer der Tätigkeit (einfaches Zeugnis) enthalten. Der Arbeitnehmer kann verlangen, dass sich die Angaben darüber hinaus auf Leistung und Verhalten im Arbeitsverhältnis (qualifiziertes Zeugnis) erstrecken.

(2) Das Zeugnis muss klar und verständlich formuliert sein. Es darf keine Merkmale oder Formulierungen enthalten, die den Zweck haben, eine andere als aus der äußeren Form oder aus dem Wortlaut ersichtliche Aussage über den Arbeitnehmer zu treffen.

(3) Die Erteilung des Zeugnisses in elektronischer Form ist ausgeschlossen.

Schrifttum: *Bauschke*, Arbeitszeugnisse im öffentlichen Dienst – Bedeutung und Problematik, öAT 2011, 225; *Düwell/Dahl*, Die Leistungs- und Verhaltensbeurteilung im Arbeitszeugnis, NZA 2011, 958; *Gäntgen*, Die Leistungsbeurteilung im Arbeitsrecht, RdA 2017, 147; *Greiser/Kador*, Das Arbeitszeugnis im Wandel der Rechtsprechung, AuR 2012, 201; *Hoeser*, Rechtsprechungsübersicht zu Arbeitszeugnissen – insbesondere zur Bindungswirkung, NZA-RR 2012, 281; *Huber/Müller*, Das Arbeitszeugnis in Recht und Praxis, 17. Aufl 2019; *Mühlhausen*, Die Erwähnung von Ausfallzeiten im Arbeitszeugnis, NZA-RR 2006, 337; *Plitt/Brand*, Anforderungen an Arbeitszeugnisse im digitalen Zeitalter, DB 2018, 1986; *Schleßmann*, Das Arbeitszeugnis, 23. Aufl 2021; *Schulz*, Alles über Arbeitszeugnisse, 9. Aufl 2015; *Stiller*, Der Zeugnisanspruch in der Insolvenz des Arbeitgebers, NZA 2005, 330; *Weuster/Scheer*, Arbeitszeugnisse in Textbausteinen, 14. Aufl 2019.

1 **I. Systematik.** Eine einheitliche gesetzl Regelung des Zeugnisanspruchs fehlt. § 630 gilt nur für Dienstverhältnisse. Auf Arbeitsverhältnisse ist mWv 1.1.2003 nach S 4 die Vorschrift des § 109 GewO anzuwenden (BAG NZA 2005, 1237). Besonders geregelt ist der Zeugnisanspruch für Seeleute in § 33 SeeArbG, für Auszubildende in § 16 BBiG sowie für Entwicklungshelfer in § 18 EhfG. Im Arbeitsrecht kann ein Zeugnisanspruch darüber hinaus auch aus der allg Fürsorgepflicht des ArbGeb abgeleitet werden (MüKo/*Henssler* Rn 2). Die verschiedenen Vorschriften stimmen inhaltlich weitgehend überein, sodass sich daraus ein einheitliches Zeugnisrecht ergibt.

2 **II. Normzweck.** Das Zeugnis hat für die berufliche Zukunft eines Dienstpflichtigen, vor allem eines ArbN, große Bedeutung. Es gibt Auskunft über Art und Dauer der ausgeübten Beschäftigung sowie ggf über persönliche und fachliche Qualifikation. Folglich stellt es für ihn eine wichtige Unterlage für neue Bewerbungen und das weitere berufliche Fortkommen dar (BAG NZA 2006, 436; AP 23). Zugleich dient das Zeugnis dem potentiellen Dienstberechtigten als Entscheidungsgrundlage für eine mögliche Einstellung (BAGE 9, 289; BAG AP 20, 10; MüKo/*Henssler* Rn 4). Für den Betriebsrat hat es Bedeutung, weil ihm im Rahmen des Zustimmungsverfahrens aus Anlass einer beabsichtigten Einstellung gem § 99 I 1 BetrVG die Bewerbungsunterlagen vorzulegen sind (für Personalrat vgl § 78 I Nr 1, § 70 II BPersVG und entspr gesetzl Vorschriften der Länder).

3 **III. Anspruchsberechtigte. 1. Dienstverpflichtete.** Für Dienstverpflichtete gilt § 630. Umfasst sind grds Dienste jeder Art (§ 611 II). Darunter fallen zB sog Einfirmen-Handelsvertreter (§ 92a HGB), angestellte Handelsvertreter (§ 84 II HGB) und Organmitglieder jur Personen wie GmbH-Geschäftsführer, soweit sie nicht zugleich Gesellschafter sind (BGH 49, 30; MüKo/*Henssler* Rn 9; Staudinger/*Temming* Rn 3). Auch arbeitnehmerähnl Personen (§ 5 I 2 ArbGG), die von § 109 GewO nicht erfasst werden, können den Zeugnisanspruch nach § 630 geltend machen (Staudinger/*Temming* Rn 3), nicht aber Dienstverpflichtete, die einen freien Beruf ausüben (LAG Rh-Pf 16.2.2012 – 11 Sa 534/11; ErfK/*Müller-Glöge* Rn 2).

4 **2. Arbeitnehmer.** Für Arbeitnehmer gilt seit 1.1.2003 grds § 109 GewO (s Rn 1). Die Feststellung der ArbN-Eigenschaft richtet sich nach den allg Kriterien (vgl § 611a Rn 27ff). Der Anspruch auf ein Zeugnis über eine Umschulung, die im Rahmen eines Arbeitsverhältnisses durchgeführt wurde, ergibt sich aus § 109 GewO, außerhalb eines Arbeitsverhältnisses aus § 630 (BAG NZA 2014, 31 Rn 10ff).

5 **IV. Anspruchsgegner.** Anspruchsgegner ist der Dienstberechtigte/AG. Er kann die Ausstellung des Zeugnisses auch einem Betriebsangehörigen (nicht jedoch einem Dritten, etwa einem Rechtsanwalt) in Vertretung übertra-

gen (LAG Hamm DB 1966, 1815; MDR 2000, 590). Das bedarf allerdings der Kenntlichmachung im Zeugnis (LAG Düsseldorf DB 1969, 534). Dabei sind sowohl das Vertretungsverhältnis als auch die Funktion des Unterzeichners anzugeben. Das Kürzel „i.A." allein genügt nicht (LAG Schl-Holst 19.9.2013 – 1 Ta 148/13). Der Unterzeichner muss dem Dienstpflichtigen ggü weisungsbefugt, also „ranghöher" sein (BAGE 116, 95; EzA 24; Staudinger/*Temming* Rn 22; aA MüKo/*Henssler* Rn 53, nur bei qualifizierten Zeugnissen). So hat die Rspr für ArbN mit Prokura die Unterzeichnung des Zeugnisses durch einen vertretungsberechtigten Geschäftsführer verlangt (BAG EzA 24, 20), für angestellte Ärzte durch einen Chefarzt oder leitenden Arzt (LAG Hamm AR-Blattei ES 1850 Nr 36) und für Stationierungsstreitkräfte durch die von den Streitkräften dazu bestimmte Dienststelle (BAGE 51, 104). Nach Eröffnung des Insolvenzverfahrens richtet sich der Anspruch auf Zeugniserteilung auch für die zurückliegende Zeit gegen den Insolvenzverwalter, wenn er den Betrieb fortführt (BAGE 67, 112; 111, 135; weitergehend *K. Schmidt* DB 1991, 1930; krit *Hegmanns* EWiR 1991, 553; ausf zum Zeugnisanspruch in der Insolvenz des ArbGeb *Stiller* NZA 2005, 330), im Fall des Betriebsübergangs gegen den Erwerber (MüKo/*Henssler* Rn 51).

V. Tatbestand. § 630 fordert ein **dauerndes Dienstverhältnis.** Das Dienstverhältnis muss überhaupt „gedauert" haben, also während einer beliebigen Zeitspanne vollzogen worden sein (ArbR-BGB/*Eisemann* Rn 8). Erforderlich ist hingegen nicht, dass das Dienstverhältnis auf längere Zeit angelegt ist (aA LAG Düsseldorf DB 1963, 1260) oder – alternativ – bereits längere Zeit gedauert hat (so aber Staudinger/*Temming* Rn 4; MüKo/*Henssler* Rn 11 jedenfalls bzgl eines qualifizierten Zeugnisses). Fraglich ist allein, ob auch bei sehr kurzer Dauer bereits ein **qualifiziertes** Zeugnis verlangt werden kann (bejahend unter Bezugnahme auf LAG Düsseldorf DB 1963, 1260 bei zweitägiger Tätigkeit MüKo/*Henssler* Rn 11; Staudinger/*Temming* Rn 4). Ein solches Verlangen kann rechtsmissbräuchlich sein, wenn in Ermangelung einer erforderlichen Bewertungsgrundlage kein zuverlässiges Urteil möglich ist (ArbR-BGB/*Eisemann* Rn 8). Allerdings wird die nur beschränkte Aussagekraft wegen der Kürze des Dienstverhältnisses für den Leser durchaus erkennbar sein. Es sind auch sonst keine zwingenden Gründe ersichtlich, den Zeugnisanspruch nach § 630 von vornherein auf Dienstverhältnisse längerer (rechtl oder tatsächlicher) Dauer zu beschränken. Insoweit besteht kein Unterschied zu den anderen gesetzl Regelungen, die Zeugnisansprüche regeln: § 109 GewO setzt lediglich voraus, dass ein **Arbeitsverhältnis bestanden** hat und verzichtet damit ebenso wie andere spezielle Normen (Rn 1) auf das Kriterium einer bestimmten Dauer. Damit ist sichergestellt, dass ein Zeugnisanspruch auch bei faktischen, Probe- und befristeten Arbeitsverhältnissen sowie im Weiterbeschäftigungsverhältnis besteht. 6

Mit beendetem Dienstverhältnis richtet sich der Anspruch des Dienstberechtigten auf die Erteilung eines Endzeugnisses (München GmbHR 2012, 852; AP 16). Der **Anspruch** auf ein endgültiges Zeugnis **entsteht** jedoch nicht erst am Tag der tatsächlichen oder rechtl Beendigung eines Dienstverhältnisses, sondern bereits eine angemessene Zeit davor (BAG AP 16; MüKo/*Henssler* Rn 13). Der Wortlaut („bei der Beendigung") ist dafür offen, und dies entspricht dem Normzweck (Rn 2) und dem funktionalen Zusammenhang mit § 629. Das Zeugnis soll einem Dienstpflichtigen vor allem die rechtzeitige Bewerbung für ein neues Dienstverhältnis ermöglichen (MüKo/*Henssler* Rn 13; Staudinger/*Temming* Rn 12). Abzustellen ist deshalb auf den **Zugang einer Kündigung** oder den Abschluss eines Aufhebungsvertrags (MüKo/*Henssler* Rn 13, 16; *Kölsch* NZA 1985, 382 mwN). Bei befristeten Dienstverhältnissen entsteht der Anspruch mit Beginn der (fiktiven) gesetzl Kündigungsfrist (Schaub/*Linck* § 147 Rn 7): Maßgeblich ist der Tag, an dem das Dienstverhältnis hätte gekündigt werden müssen, um zum selben Zeitpunkt (Ende der Befristung) zu enden (ArbR-BGB/*Eisemann* Rn 20; Staudinger/*Temming* Rn 18; aA MüKo/*Henssler* Rn 16: „angemessene Zeit vor Beendigung"). Der Anspruch auf ein endgültiges Zeugnis wird durch die Erhebung einer Kündigungsschutzklage nicht berührt (BAG AP 16). Umstr ist aber, ob bei Weiterbeschäftigung bis zum Ablauf der Kündigungsfrist bzw Ende der tatsächlichen Beschäftigung ein Zwischen- (MüKo/*Henssler* Rn 12, 14) oder Endzeugnis zu erstellen ist (Staudinger/*Temming* Rn 16; offengelassen in BAG AP 16 mwN). 7

Ein **Zwischenzeugnis** kann nur bei tarifvertragl Regelung (vgl § 35 II TvöD/TV-L und dazu BAG AP 1; DB 1999, 1120; LAG Düsseldorf ZTR 1997, 276) sowie bei Vorliegen eines „triftigen Grundes" aufgrund der Fürsorgepflicht des ArbGeb verlangt werden. Letzteres ist etwa für den Fall anerkannt, dass die Kündigung konkret in Aussicht gestellt wurde, während des laufenden Kündigungsrechtsstreits, bei Fortbildung, Versetzung und Änderung des betrieblichen Gefüges (BAG NZA 2020, 1194 Rn 42; MüKo/*Henssler* Rn 19; Staudinger/*Temming* Rn 20). Für die Frage, inwieweit ein (qualifiziertes) Zwischenzeugnis den ArbGeb beim endgültigen Zeugnis bindet, kommt es ua darauf an, ob sich die tatsächlichen Umstände für die Beurteilung geändert haben, sowie darauf, wie lange das Zwischenzeugnis zurückliegt (s LAG Hamm LAGE 28; LAG Köln LAGE 18; LAG Düsseldorf BB 1976, 1562; Rn 14). IdR ist der ArbGeb bei der Erteilung eines Endzeugnisses an den Inhalt des zuvor erteilten Zwischenzeugnisses gebunden, soweit die jew zu beurteilenden Zeiträume identisch sind. Der Betriebserwerber ist auch an das vom Betriebsveräußerer vor dem Betriebsübergang ausgestellte Zwischenzeugnis gebunden (BAGE 124, 229). Während eines Kündigungsschutzprozesses kann der ArbN nach seiner Wahl ein Endzeugnis oder ein Zwischenzeugnis verlangen (MüKo/*Henssler* Rn 18; vgl BAG NZA 2020, 1194 Rn 42). Erhält er ein Endzeugnis, kann er nicht noch ein Zwischenzeugnis geltend machen (LAG Hamm NZA-RR 2007, 486). 8

Der Zeugnisanspruch ist mit Entstehung (Rn 7) fällig, aber erst mit **Geltendmachung** durch den Dienstverpflichteten erfüllbar (sog verhaltener Anspruch). Der Gläubiger muss insbes sein Wahlrecht (einfaches oder qualifiziertes Zeugnis; § 262) ausüben (BAG NZA 2014, 31 Rn 16 mwN). 9

10 **VI. Zeugnisarten und -inhalte.** Das einfache (Rn 12) und das qualifizierte Zeugnis (Rn 13ff) unterscheiden sich nach Inhalt und Anforderungen, für die aber gemeinsame Grundsätze gelten.

11 **1. Allgemeines.** Die Inhalte richten sich unabhängig von der Zeugnisart nach **gemeinsamen Grundsätzen**. Das Zeugnis muss **einheitlich, vollständig, klar und wahr** sein (BAGE 9, 289; AP 6; ErfK/*Müller-Glöge* § 109 GewO Rn 17ff; MüKo/*Henssler* Rn 33ff; vgl § 109 II 1 GewO). Oberster inhaltlicher Maßstab ist der **Grundsatz der Zeugniswahrheit**, der ergänzt wird durch das **Verbot, das Fortkommen zu erschweren**. Wahrheit bedeutet, dass das Zeugnis auf obj Tatsachen beruhen muss, dh nicht auf Mutmaßungen, Behauptungen oder Verdacht. Es darf nicht durch Angaben oder Auslassungen ein falsches Bild vermitteln und muss ein obj Bild vom Verlauf des Arbeitsverhältnisses vermitteln. Daher können zB wiederholte Tätigkeiten, Verhaltensweisen und Ereignisse, die sich als prägend darstellen, zu erwähnen sein, vereinzelte oder unwesentliche hingegen wegzulassen (BAG AP 10; 11). Das Erschwerungsverbot kann vor allem die Darstellungsform betreffen und eine wohlwollende Auswahl und Formulierung gebieten. Eine positive Falschdarstellung kann damit indes nicht begründet werden. Das Erschwerungsverbot ist zudem kein Förderungsgebot. Die formalen Gebote der **Einheitlichkeit** und **Vollständigkeit** hängen teilw mit dem Wahrheitsgebot zusammen. Einheitlichkeit bedeutet, dass es nur ein Zeugnis gibt, insb kein einfaches und qualifiziertes nebeneinander, keine Zeugnisse für unterschiedliche Zeitabschnitte (LAG Frankfurt AP 5; DB 1985, 820; aber zum Zwischenzeugnis Rn 8) oder inhaltliche Aspekte (wie zB Leistung oder Verhalten; LAG Düsseldorf LAGE 10). Vollständigkeit bedeutet, dass das Zeugnis alle für die Beurteilung wesentlichen Tatsachen und Bewertungen enthalten muss; insofern hängen Vollständigkeits- und Wahrheitsgebot zusammen. Auch insofern ist die Aufnahme singulärer Verhaltensweisen oder Ereignisse weder zulässig noch geboten. Das Zeugnis ist individuell auf den Dienstpflichtigen abzustimmen (MüKo/*Henssler* Rn 37). Dabei müssen Tätigkeits- und Leistungsbeschreibung im Umfang korrespondieren (BAG AP 12). **Auslegung** des an einen größeren Personenkreis gerichteten Zeugnisses richtet sich nach dem obj Empfängerhorizont eines durchschnittlichen Angehörigen dieses Kreises; abzustellen ist auf die Sicht eines obj und unbefangenen ArbGeb mit Berufs- und Branchenkenntnissen (BAG NJW 2021, 2906 Rn 12).

12 **2. Einfaches Zeugnis.** Das einfache Zeugnis enthält lediglich Angaben über die Art des **Dienst- bzw Arbeitsverhältnisses und seine Dauer** (§ 630 S 1, § 109 I 2 GewO). Dazu zählen Angaben zur Person des Dienstverpflichteten wie Vor- und Zuname mit persönlicher Anrede, akademische Grade und der erlernte Beruf. Anschrift (LAG Hamburg NZA 1994, 890) und Geburtsdatum dürfen nur nach Absprache erwähnt werden (MüKo/*Henssler* Rn 29). Erforderlich ist die Angabe des Ausstellungsdatums (LAG Frankfurt MDR 1998, 544). Eine Rückdatierung ist unzulässig (BAG AP 19 mwN; LAG Bremen LAGE 6; LAG Hamm DB 1969, 886; Staudinger/*Temming* Rn 29; aA MüKo/*Henssler* Rn 30); s aber zur Korrektur Rn 25. Weiterhin bedarf es über die bloße Berufsangabe hinaus einer vollständigen und genauen Tätigkeitsbeschreibung (BAG AP 11; LAG Hamm 4.9.1997 – 4 Sa 391/97; NZA-RR 1998, 490; Staudinger/*Temming* Rn 31), damit sich der potentielle neue Dienstberechtigte darüber ein Bild machen kann. Das Zeugnis soll Aufschluss über die während des Dienstverhältnisses unter Beweis gestellten Fähigkeiten, Fertigkeiten und Kenntnisse des Dienstverpflichteten geben sowie Angaben über seine berufliche Entwicklung enthalten. Es soll zeigen, in welchem Aufgabengebiet der Dienstverpflichtete tatsächlich eingesetzt war, mit welchen Tätigkeiten er betraut wurde, wie er sein Wissen in der Praxis umsetzen konnte und ob er sich in seinem erlernten Beruf bewährt hat (LAG Hamm NZA-RR 1998, 151). Die Angabe von Vollmachten ist für die Darstellung der Kompetenzen und der Verantwortung notwendig; sie lassen Rückschlüsse auf die Stellung im Betrieb und die hierarchische Position zu. Handelsrechtl Vollmachten sind konkret, ggf auch deren Beschränkungen, anzugeben (LAG Hamm 4.12.1997 – 4 Sa 2376/96). Weiter erfolgt die Angabe der rechtl Dauer des Dienstverhältnisses (BGH 49, 30). Kurzfristige **Unterbrechungen** bleiben dabei unberücksichtigt (LAG Chemnitz MDR 1996, 829; Staudinger/*Temming* Rn 34). Im Hinblick auf die Dauer bleiben unwesentliche Ausfallzeiten außer Betracht, längere Ausfallzeiten können aber nach dem Grundsatz der Zeugniswahrheit zu erwähnen sein, wenn nach den Umständen des Einzelfalls andernfalls ein unzutr Bild entstünde, insb mit Rücksicht auf die Bedeutung der (aktuellen, kontinuierlichen) Berufstätigkeit und -erfahrung für die Beurteilung (BAG NZA 2005, 1237: Koch ist 33,5 der 50 Monate des Arbeitsverhältnisses im Elternurlaub; LAG Hessen NZA-RR 2016, 179: Bilanzbuchhalterin mit GdB von 50 ist 5,5 von 7 Jahren krank; ErfK/*Müller-Glöge* § 109 GewO Rn 28a; aM MüKo/*Henssler* Rn 28). **Nicht zu erwähnen** sind die tarifliche Eingruppierung des Dienstverpflichteten (MüKo/*Henssler* Rn 28; einschränkend ArbR-BGB/*Eisemann* Rn 33: nur Eingruppierungsmerkmale; aA ErfK/*Müller-Glöge* § 109 GewO Rn 29 mwN), eine Wettbewerbsabrede (LAG Hamm BB 1962, 638), die Gewerkschaftszugehörigkeit (Art 9 III GG) sowie grds eine Tätigkeit als ArbN-Vertreter wegen § 78 S 2 BetrVG (BAGE 71, 110; LAG Frankfurt DB 1994, 1044; 1978, 167; LAG Hamm LAGE 13; Staudinger/*Temming* Rn 32; krit *Witt* BB 1996, 2194; zum qualifizierten Zeugnis vgl Rn 13ff), Beendigungsart und Beendigungsgrund (BAG AP 11; LAG Hamm LAGE 26; LAG Köln LAGE 11; LAG Hamm NZA 1986, 99; diff *Popp* NZA 1997, 588).

13 **3. Qualifiziertes Zeugnis.** Das qualifizierte Zeugnis muss zusätzl Angaben über **Leistung und Führung** (§ 630 S 2) bzw **Verhalten** (§ 109 I 3 GewO) enthalten (vgl LAG Hamm NZA-RR 1998, 151). Es ist **auf Verlangen** des Dienstpflichtigen auszustellen, und zwar auch, wenn der Dienstberechtigte bereits ein einfaches Zeugnis erteilt hat (MüKo/*Henssler* Rn 24; BeckOGK/*Novak* Rn 50; Staudinger/*Temming* Rn 54 als allg [nachwirkende] Vertragspflicht des ArbGeb; aA ErfK/*Müller-Glöge* § 109 GewO Rn 6). Voraussetzung ist, dass die Dauer des Dienstverhältnisses eine sachgerechte Beurteilung ermöglicht (s Rn 6).

14 Auf einen bestimmten **Wortlaut** hat der Dienstpflichtige keinen Anspruch, doch können sich die Parteien darauf einigen (LAG Hamm 14.11.2016 – 12 Ta 475/16). Es ist Sache des Dienstberechtigten, das Zeugnis zu for-

mulieren (BAG EzA 1, 16; LAG Hamm BB 2000, 1090; ArbG Bremen NZA 1992, 800; Staudinger/*Temming* Rn 42), keinesfalls des Dienstpflichtigen selbst (andere Vereinbarung im Vergleich möglich, LAG Hamm BeckRS 2016, 74518). Die vom Zweck des qualifizierten Zeugnisses gebotenen individuellen Hervorhebungen und Differenzierungen erfordern idR eine individuell abgefasste Darstellung als Fließtext; die tabellarische Aufführung von Einzelkriterien und deren Bewertung anhand von „Schulnoten" reicht nicht (BAG NJW 2021, 2906). Der Dienstverpflichtete hat grds keinen Anspruch auf die Formulierung von Schlusssätzen mit Dankescharakter und Zukunftswünschen („**Schlussformel**"; BAG NZA 2022, 783; 2013, 324; BeckOGK/*Novak* Rn 44; aM LAG Düsseldorf NZA 2011, 125 wenn Leistung über „befriedigend" aus Wohlwollensgebot). Ein solcher Schlusssatz ist Teil der (auch grundrechtl geschützten, Art 5 I 1 GG, negative Meinungsfreiheit; BAG NZA 2022, 783) Gestaltungsfreiheit des Dienstberechtigten. Der ArbN hat insofern etwaige negative Auswirkungen auf die Beurteilung hinzunehmen (BAGE 97, 57). Verpflichtet sich der ArbGeb allerdings in einem Vergleich zur Erteilung eines wohlwollenden Arbeitszeugnisses, welches „dem beruflichen Fortkommen förderlich" sein soll, so kann der ArbN gleichwohl verlangen, dass in das Zeugnis die im Arbeitsleben verbreitete Abschlussklausel aufgenommen wird: „Für die weitere berufliche und private Zukunft wünschen wir alles Gute" (LAG Hamm NZA-RR 2012, 71). Das Zeugnis muss aus sich selbst heraus verständlich sein und darf keine Widersprüche enthalten. Es darf keine auf den ersten Blick lobenden Worte („… hat sich bemüht …", „… hat Aufgaben mit großem Fleiß und Interesse durchgeführt …") aufweisen, die mittelbar einen Tadel aussprechen (BAG AP 12; MüKo/*Henssler* Rn 36). Nach § 109 II 2 GewO, der einen allg Rechtsgedanken ausdrückt, darf das Zeugnis keine **Merkmale oder Formulierungen** enthalten, die den Zweck haben, eine andere als aus der äußeren Form oder aus dem Wortlaut ersichtliche Aussage über den ArbN zu treffen. Das Zeugnis darf auch nicht mit **geheimen oder verschlüsselten Kennzeichen** versehen sein. Auch ist zu berücksichtigen, dass es der Verkehrssitte entspricht, bei bestimmten Berufsgruppen (zB Kassierer) gewisse Eigenschaften (zB Ehrlichkeit) hervorzuheben (vgl BAGE 127, 232; AP 6; Staudinger/*Temming* Rn 48). In einem späteren Kündigungs- oder Schadenersatzprozess ist der Dienstgeber an das Zeugnis gebunden, sofern ihm nicht nachträgl negative Tatsachen bekannt werden (BAG AP 7; LAG Bremen BB 1984, 473). Auch sonst sind einseitige oder vergleichsweise Leistungsbewertungen des ArbN bindend (BAG AP 12, 31; zur Bindungswirkung von Arbeitszeugnissen *Höser* NZA-RR 2012, 281). Beurteilungen aus einem **Zwischenzeugnis** sind im Schlusszeugnis bei gleicher Beurteilungsgrundlage (also abhängig von Umständen und Zeit) aufzunehmen (Rn 8). Der Dienstverpflichtete hat einen Anspruch auf die konkrete Formulierung aus dem Zwischenzeugnis, wenn die sprachlichen Änderungen auch Bewertungsabweichungen darstellen. Unerheblich ist, dass der Aussteller zwischenzeitl wechselte, jedoch für das Zwischenzeugnis hinreichend bevollmächtigt war (LAG Köln LAGE 30).

Der Dienstberechtigte entscheidet – unter Beachtung der Grundsätze von Rn 14 – darüber, welche Leistungen 15
und Eigenschaften er mehr hervorheben oder zurücktreten lassen will. Unter **Leistung** ist die berufliche Verwendbarkeit des Dienstverpflichteten zu verstehen. Sie umfasst sechs Hauptmerkmale: (1) Arbeitsbefähigung (Können), (2) Arbeitsbereitschaft (Wollen), (3) Arbeitsvermögen (Ausdauer), (4) Arbeitsweise (Einsatz), (5) Arbeitsergebnis (Erfolg), (6) Arbeitserwartung (Potential), bei Vorgesetzten zusätzl noch (7) die sog Führungsleistung (LAG Hamm LAGE 28; NZA-RR 1998, 151). Dem Dienstberechtigten steht bei der Leistungsbewertung ein **Beurteilungsspielraum** zu (BAGE 42, 41; BAG AP 6; LAG Frankfurt LAGE 3). Dabei hat er im Rahmen seiner Wahrheitspflicht verständig **wohlwollend** zu sein (BAGE 9, 289; AP 19; krit *Schleßmann* BB 2015, 2421). Erweislich negative Umstände sind jedoch anzugeben (BAGE 9, 289; AP 1; LAG Düsseldorf BB 1956, 1196; Staudinger/*Temming* Rn 41), außer wenn sie einmalig sind und für die Gesamtbeurteilung nicht ins Gewicht fallen (MüKo/*Henssler* Rn 43, 45). Zu bedenken ist, dass das Zeugnis dem ArbN während seines ganzen Berufslebens folgt (*Hoechst* AuR 1986, 153). Außer in schweren Fällen dürfen nur abgemahnte Verstöße berücksichtigt werden. Keinesfalls anzugeben sind bloße Verdächtigungen (BAG DB 2005, 1799; LAG Hamm LAGE 16; Staudinger/*Temming* Rn 41). Bei beschränkter Prokura kann der Dienstpflichtige nur einen entspr Hinweis unter exakter Zeitangabe verlangen (LAG BW LAGE 17; krit Anm *Pfleger* DB 1993, 1041). Der Grund für die Beendigung des Arbeitsverhältnisses ist nur auf Wunsch des ArbN oder als Vorgabe der Wahrheitspflicht aufzunehmen (Rn 11, 13; BAGE 9, 289; LAG Hamm LAGE 1; LAG Düsseldorf LAGE 4). Die Tätigkeit als **ArbN-Vertreter** bleibt auch beim qualifizierten Zeugnis (zum einfachen Zeugnis Rn 12) grds unerwähnt, wenn nicht der ArbN die Aufnahme wünscht (MüKo/*Henssler* Rn 46). Ausnahmsw kann aber die Erwähnung im Zeugnis zulässig sein, wenn Leistung und Verhalten des ArbN sich nicht verantwortlich beurteilen lassen, weil er wegen seiner Freistellung nach § 38 BetrVG lange Zeit keine arbeitsvertragl Aufgaben wahrgenommen hat (vgl BAGE 71, 110; 114, 320; MüKo/*Henssler* Rn 46). Andernfalls entstünde beim Zeugnisleser der Eindruck, die Dauer der tatsächlich erbrachten Arbeitsleistung entspreche dem rechtl Bestand des Arbeitsverhältnisses (BAGE 114, 320; zur Aufnahme der Elternzeit in die Schlussformel s LAG Düsseldorf NZA-RR 2011, 125 [offen gelassen]; zur Erwähnung von Ausfallzeiten allg vgl Mühlhausen NZA-RR 2006, 337, NZA-RR 2016, 179). Zu Ausfallzeiten und **Unterbrechungen** allg Rn 12.

Bei der **Beurteilung der Leistung** ist zu erläutern, wie der Dienstnehmer seine vertragl geschuldeten Aufgaben 16
erfüllt hat. Das geschieht allg auf der Grundlage einer mehrstufigen **Notenskala** (LAG Bremen MDR 2001, 575; LAG Hamm NZA-RR 2003, 71; LAGE 16; LAG Köln LAGE 23). Eine außergewöhnliche, weit überdurchschnittliche Leistung wird üblicherweise mit „stets zu unserer vollsten Zufriedenheit" bewertet (BAG EzA 16), gleichwertig und sprachlich besser: **„sehr gut"** (LAG Düsseldorf DB 1995, 1135 m Anm *Sibben*) oder „stets zu unserer größten Zufriedenheit". Das ist angebracht, wenn der Dienstpflichtige seine Arbeit ohne jede Beanstandung er-

bracht hat und darüber hinaus ihn besonders auszeichnende Umstände gegeben sind, zB schnellere Erledigung der Arbeit als üblich (BAG EzA 16; LAG Düsseldorf LAGE 2). Eine Tätigkeit, die ohne jede Beanstandung geblieben und deshalb als überdurchschnittlich bzw **„gut"** zu bewerten ist, wird „stets zu unserer vollen Zufriedenheit" bewertet (BAGE 108, 86; LAG Düsseldorf DB 1985, 2692; 1980, 546). Gebräuchlich sind ferner für gut durchschnittliche bzw **„befriedigende"** Leistungen „stets zur Zufriedenheit" (BAG AP 11, 28) oder „zu unserer vollen Zufriedenheit" (LAG Köln LAGE 23), für **„ausreichende"** Leistungen „zu unserer Zufriedenheit" (LAG Frankfurt LAGE 3; LAG Hamm LAGE 12) und für **„mangelhafte"** Leistungen „im Großen und Ganzen" oder „insg zu unserer Zufriedenheit" (LAG Hamm LAGE 16; *Schmid* DB 1982, 1111). Formulierungen, die lediglich das Bemühen des Dienstpflichtigen wiedergeben, zB Erledigung der Aufgaben mit großem Fleiß (BAG AP 12), enthalten keine vollständige Beurteilung, da das Ergebnis der Bemühung fehlt (Staudinger/*Temming* Rn 51). Sie verstoßen auch gegen das Gebot der Zeugnisklarheit. Zur Bedeutung der üblichen Formulierungen: *Backer*, Arbeitszeugnisse, 8. Aufl 2018; *Grimm* AR-Blattei SD 1850; *Löw*, NJW 2005, 3605; *Popp*, DB 2016, 1075; *Püttjer/Schnierda*, Arbeitszeugnisse formulieren und entschlüsseln, 5. Aufl 2019; *Richter/Gamisch*, DÖD 2013, 6; *Schleßmann* BB 2000, 1090; *Weuster/Scheer*, Arbeitszeugnisse in Textbausteinen, 14. Aufl 2019.

17 Angaben zur **Führung im Dienst** bzw zum Verhalten im Arbeitsverhältnis betreffen das gesamte Sozialverhalten des Dienstverpflichteten, seine Kooperations- und Kompromissbereitschaft, vor allem ggü Vorgesetzten und Kollegen sowie Kunden (LAG Hamm LAGE 26, 27, 28). Außerdienstliche Vorkommnisse, private Lebensgewohnheiten und Neigungen dürfen nur erwähnt werden, wenn sie sich auf den Dienst auswirken (vgl BAG EzA 16; MüKo/*Henssler* Rn 42) oder ArbGeb-Eigentum dazu missbraucht wird (BAGE 51, 104). Das gilt auch für Straftaten oder anhängige Strafverfahren (BAG AP 10: wegen sittlicher Verfehlungen des Heimerziehers; LAG Düsseldorf DB 2005, 1799; ArbG Düsseldorf NZA-RR 2004, 294). Bei der Frage, wieweit privates Verhalten sich auf den Dienst auswirkt, sind die in § 626 (§ 626 Rn 79ff) dargelegten Grundsätze zu berücksichtigen. Einwandfreie Führung muss frei von Beanstandungen jeder Art sein. Fehlt es daran, können Angaben über die Führung weggelassen werden (BAGE 51, 104). Im Umkehrschluss müsste man dem ArbN einen entspr Anspruch einräumen (*Hoechst* AuR 1986, 153). Allerdings dürften dann auch keine irreführenden Gesamturteile über den ArbN aufgenommen sowie erhebliche Verstöße nicht weggelassen werden. Die Feststellung, dass der ArbN es stets verstand, seine Interessen im Betrieb durchzusetzen, kann zu berichtigen sein, wenn keine rücksichtslose Durchsetzung der Interessen erfolgte (LAG Frankfurt EzA-SD 1998 Nr 22).

18 **VII. Form.** Dem Zweck entspr bestehen auch Anforderungen an die äußere Form eines Zeugnisses. Sie muss den Anforderungen des Geschäftslebens Rechnung tragen. § 630 S 3 und § 109 III GewO schließen eine Zeugniserteilung in **elektronischer Form** nach § 126a ausdrückl aus. Das Zeugnis ist auf haltbarem Papier von guter Qualität zu erstellen. Werden in einem Geschäftszweig für schriftliche Äußerungen üblicherweise Firmenbögen verwendet und tut das auch der Dienstberechtigte, ist ein Zeugnis auf Firmenpapier mit entspr Briefkopf zu erstellen (BAG AP 20; LAG Hamm BB 1995, 154; LAG Hamburg NZA 1994, 890; LAG Köln LAGE 15). Gebraucht der Dienstberechtigte für bestimmte Anlässe einen „Repräsentationsbogen", so ist dieser auch für das qualifizierte Zeugnis zu verwenden (LAG Hamm NZA-RR 1998, 151). Die Angabe der Anschrift auf dem Zeugnis im für Briefe üblichen Adressfeld darf nicht erfolgen, weil sonst der Eindruck erweckt würde, das Zeugnis sei dem ArbN erst nach gerichtlicher oder außergerichtlicher Auseinandersetzung postalisch zugestellt worden (LAG Hamm NZA-RR 1998, 151). Das Zeugnis ist grds in dt Sprache, sauber und ordentlich in Maschinenschrift abzufassen und vom Aussteller eigenhändig mit Tinte oder Kugelschreiber (Bleistift genügt nicht) voll und nicht nur als Paraphe zu unterschreiben. Es muss in einer üblichen Schriftgröße und in einer den herkömmlichen Lesegewohnheiten angepassten Form erstellt sein (LAG Frankfurt ARST 2004, 137: Schriftgröße 10 genügt). Orthographische und grammatikalische Mängel braucht der Dienstverpflichtete nicht hinzunehmen (MüKo/*Henssler* Rn 50). Faksimile oder kopierte Unterschrift sind unzureichend (LAG Hamm NZA-RR 1998, 151; NZA 2001, 576). Ein Anspruch auf persönliche Unterzeichnung durch den ArbGeb besteht nicht (vgl Rn 5). Ebenso wenig kann die Unterzeichnung durch einen bestimmten Bevollmächtigten des Dienstberechtigten abgelehnt werden (LAG Hamm 2.4.1998 – 4 Sa 1735/97). Der Unterzeichner muss die Unterschrift in der Art und Weise leisten, wie er auch andere wichtige betriebliche Dokumente unterschreibt (LAG Hamburg 23.12.2020 – 8 Ta 8/20; LAG Hamm NZA-RR 2016, 570). Unterfertigung mit Handzeichen bedarf der notariellen Beglaubigung (§ 126 I) oder Beurkundung (§ 129 II) (LAG Hamm NZA-RR 2016, 570). Die versandbedingte und sorgsam ausgeführte Faltung stellt keinen äußeren Mangel dar (BAG AP 23; krit *Papenheim* ZMV 2000, 289; abl Anm *Schleßmann* BB 2000, 411).

19 **VIII. Leistungsort.** Das Zeugnis ist als Arbeitspapier grds Holschuld (BAG AP 21 mwN und zust Anm *Kreitner* EWiR 1995, 759; *Haupt/Welslau* FA 1997, 37). Nach § 242 und aufgrund seiner nachwirkenden Fürsorgepflicht kann der ArbGeb im Einzelfall gehalten sein, dem ArbN das Zeugnis auf seine (des AG) Gefahr und Kosten nachzusenden. Das ist der Fall, wenn sich der ArbGeb mit der Erstellung im Verzug befindet und/oder die Abholung unzumutbar ist (BAGE 79, 258; MüKo/*Henssler* Rn 54; Staudinger/*Temming* Rn 9). In Verzug iSd § 286 I gerät der Dienstberechtigte mit seiner Pflicht zur Zeugniserteilung allerdings erst, wenn der Dienstverpflichtete sein Wahlrecht zw einfachem und qualifiziertem Zeugnis ausgeübt und – bei Nichterteilung des Zeugnisses – dessen Erteilung ggü dem Schuldner iSv § 286 I 2 angemahnt hat, sofern eine Mahnung nicht gem § 286 II ausnahmsw entbehrlich ist (BAG NZA 2014, 31).

20 **IX. Einreden.** Der Zeugnisanspruch **verjährt** in der regelmäßigen Frist von drei Jahren, § 195, die Verjährung beginnt mit Schluss des Jahres, in dem der Anspruch entstanden ist und der Dienstverpflichtete von den den

Anspruch begründenden Umständen Kenntnis erlangt oder ohne grobe Fahrlässigkeit erlangen müsste, §§ 195, 199 I; die Höchstfrist beträgt zehn Jahre, § 199 IV. Ggf sind kürzere **tarifliche Ausschlussfristen** zu beachten (Rn 23). Das Zeitmoment der **Verwirkung** kann nach zehn Monaten erfüllt sein (BAG AP 17). Hinsichtl der Verwirkung gelten für das Zwischenzeugnis dieselben Grundsätze wie für ein Endzeugnis (LAG Köln NZA-RR 2001, 131).

Die **Einrede des nichterfüllten Vertrags** (§ 320) steht dem Dienstberechtigten mangels synallagmatischer Leistungsverpflichtung nicht zu (Schaub/*Linck* § 147 Rn 13). Auf ein **Zurückbehaltungsrecht** (§ 273) gegen den Zeugnisanspruch kann er sich nicht berufen, weil es idR an der erforderlichen Konnexität fehlt und es dem Normzweck der Fürsorgepflicht des ArbGeb widerspräche (Staudinger/*Temming* Rn 55). 21

X. Untergang. Der Anspruch erlischt durch **Erfüllung**, wenn die geschuldete Leistung bewirkt wird, § 362. Entspricht das Zeugnis in formeller oder materieller Hinsicht nicht den gesetzl Anforderungen (Rn 10–18), kann der Dienstverpflichtete weiterhin Erfüllung verlangen, also die Erteilung eines einwandfreien Zeugnisses (BAG NJW 2021, 2906 Rn 14; AP 17 m zust Anm *van Venrooy*; BAGE 42, 41; 108, 86; MüKo/*Henssler* Rn 57; Staudinger/*Temming* Rn 64; aA ErfK/*Müller-Glöge* § 109 GewO Rn 67). Hat der ArbGeb auf Wunsch des ArbN das ursprüngliche Zeugnis durch ein „neues" Zeugnis ersetzt, ist der ArbN zur Herausgabe des ursprünglich erteilten Zeugnisses verpflichtet (LAG München AE 2009, 153 m zust Anm *Roßbruch* PflR 2009, 385). Verfügt der Dienstverpflichtete nicht mehr über das Zeugnis, ist der Dienstberechtigte verpflichtet, nach Möglichkeit auf seine Kosten eine neue Ausfertigung zu erteilen (Staudinger/*Temming* Rn 58). Nach Ablauf der Aufbewahrungsfrist für die Personalakte wird Erfüllung unmöglich (Staudinger/*Temming* Rn 52 mwN). Erlöschensgrund kann auch der Tod des ArbGeb sein (BAGE 51, 104). 22

Auf den Zeugnisanspruch kann vor Beendigung des Dienstverhältnisses **nicht verzichtet** werden. § 630 ist insoweit zwingend (BAG AP 9 mwN). Nach Entstehung kann der ArbN aber auf den Zeugnisanspruch verzichten (Staudinger/*Temming* Rn 7; MüKo/*Henssler* Rn 62; nicht für das einfache Zeugnis BeckOGK/*Novak* Rn 59; offengelassen von BAG AP 9). Der Verzichtswille muss aber wegen der Bedeutung des Zeugnisanspruchs unzweideutig zum Ausdruck gebracht werden. Allg formulierte Ausgleichsklauseln oder -quittungen begründen im Zweifel keinen Verzicht (BAG AP 9 m ausf Anm *Küchenhoff*; LAG Düsseldorf LAGE 24; LAG Köln LAGE 22; MüKo/*Henssler* Rn 62). **Tarifvertragl Ausschlussfristen** schließen je nach Auslegung der entspr Normen den Zeugnisanspruch zeitl aus (so BAGE 42, 41; 116, 95; LAG Hamm BB 1977, 1704; anders LAG Hamm BB 2000, 1786). Bspw verfällt der Anspruch nach § 37 I TVöD/TV-L (früher § 70 BAT), wenn er nicht innerhalb einer Ausschlussfrist von sechs Monaten nach Fälligkeit schriftlich geltend gemacht wird. Ausschlussfristen können auch **einzelvertragl** vereinbart werden (BAG DB 1989, 182; einschränkend LAG Nürnberg LAGE 20). Eine einzelvertragl Ausschlussklausel, die „alle Ansprüche, die sich aus dem Arbeitsverhältnis ergeben" betrifft, soll auch den Anspruch auf Berichtigung eines qualifizierten Arbeitszeugnisses erfassen (LAG Hamm LAGRp 2002, 276; zweifelnd Staudinger/*Temming* Rn 56). Die Erhebung einer Kündigungsschutzklage wahrt nicht die Ausschlussfrist für einen Zeugnisanspruch (MüKo/*Henssler* Rn 63; vgl BAG DB 1985, 658). 23

XI. Anfechtbarkeit, Widerruf. Das Zeugnis ist als Wissenserklärung nicht nach §§ 119ff anfechtbar. Bei erheblicher Unrichtigkeit kommt nur ein Widerruf in Betracht, der uU auch geboten ist (MüKo/*Henssler* Rn 68; MünchArbR/*Francke* § 138 Rn 48). Das fehlerhafte Zeugnis kann dann Zug um Zug gegen Ausstellung eines korrigierten zurückgefordert werden (vgl ArbG Passau BB 1991, 350; MüKo/*Henssler* Rn 70). Ein bewusst unrichtig ausgestelltes Zeugnis soll der ArbGeb nur widerrufen können, wenn dessen Verwendung gegen die guten Sitten verstieße (Staudinger/*Temming* Rn 61; Schaub/*Linck* § 147 Rn 36); das überzeugt nicht: Zeugniswahrheit und Verkehrsinteressen sprechen für die Bereinigung, der Dienstverpflichtete hat kein schutzwürdiges Vertrauen und der ArbGeb muss sich vor der drohenden Haftung (Rn 28) schützen können und sollte Anreiz zur Korrektur haben. 24

XII. Klageverfahren und Zwangsvollstreckung. Der ArbN kann seinen Anspruch auf ordnungsgemäße Zeugniserteilung klageweise vor dem ArbG (§ 2 I Nr 3 ArbGG) geltend machen. Beanstandet der Dienstpflichtige ein erteiltes Zeugnis, ist sein Klageantrag auf Erteilung eines neuen Zeugnisses zu richten, nicht auf Berichtigung (BAG NZA 2005, 1237). Als Streitwert wird idR ein Bruttomonatsgehalt zugrunde gelegt (LAG Köln MDR 2004, 1067; 2001, 717). Er kann sich bei einem gerichtlichen Vergleich auf die Höhe des Titulierungsinteresses beschränken (MünchArbR³/*Wank* § 105 Rn 33). Ist die Klage auf Erfüllung gerichtet, ist zunächst nur anzugeben, ob ein einfaches oder qualifiziertes Zeugnis gefordert wird. Berichtigungsanträge sind hingegen genau zu spezifizieren (BAG AuR 2000, 360). Der Antragsteller muss die angegriffene Textstelle sowie ggf das gesamte Zeugnis neu formulieren (LAG Düsseldorf DB 1973, 1853; 1985, 2692; LAG Hamm LAGE 16; Staudinger/*Temming* Rn 69; anders *Göldner* ZFA 1991, 225,). Auch bei der Berichtigung ist freilich der Grundsatz der Zeugniswahrheit zu beachten (LAG Köln 29.10.2014 – 3 Sa 459/14. Das Gericht prüft unter Wahrung des Beurteilungsspielraums des Ausstellers das Zeugnis als Ganzes und hat es im Hinblick auf eine mögliche Zwangsvollstreckung bei Bedarf vollständig zu tenorieren (vgl § 315 III 2; BAGE 9, 289; Staudinger/*Preis* Rn 69 mwN; krit *Schnorr v Carolsfeld* Anm AP 6 sowie *Göldner* aaO). Ein berichtigtes Zeugnis hat das ursprüngliche Datum zu tragen und darf die Erstellung aufgrund einer gerichtlichen Auseinandersetzung nicht erkennen lassen (BAG AP 19 mwN und krit Anm *van Venrooy*; LAG Nürnberg LAGE 21; Staudinger/*Preis* Rn 29, 73). Die **Beweislast** für die Erfüllung des Zeugnisanspruchs trägt immer der Dienstberechtigte (BAGE 108, 86; Staudinger/*Temming* Rn 67; Tschöpe/*Wessel* ArbeitsR Teil 3 K Rn 57ff). Hinsichtl des Zeugnisberichtigungs- bzw Neuerteilungsanspruchs ist nach zutr Ansicht des BAG (NJW 2015, 1128; 108, 86; LAG Köln LAGE 35; LAG Frankfurt LAGE 14; vgl auch Staudinger/ 25

Temming Rn 71; ErfK/*Müller-Glöge* § 109 GewO Rn 85ff) jedoch zu differenzieren: Danach trägt der ArbN die Beweislast, wenn er überdurchschnittlich iSv gut beurteilt werden will, der ArbGeb hingegen die Beweislast dann, wenn er dem ArbN eine unterdurchschnittliche Leistung bescheinigt hat (aA Soergel/*Kraft* Rn 17). Hat der Dienstverpflichtete das ihm erteilte Zeugnis als Erfüllung angenommen, zB dadurch, dass er es für Bewerbungen gebraucht, kehrt sich die grds den ArbGeb treffende Beweislast zulasten des ArbN um, § 363 (Staudinger/*Temming* Rn 71).

26 Die **Zwangsvollstreckung** richtet sich nach § 888 ZPO (BAGE 51, 104; Staudinger/*Temming* Rn 72). Im Vollstreckungsverfahren kann die inhaltliche Richtigkeit nicht nachgeprüft werden. Dazu müsste grds ein gesonderter Berichtigungsprozess angestrengt werden (LAG Düsseldorf AP 1; LAG Frankfurt LAGE 7). Ist ein Zeugnis formal unvollständig, kann seine Ergänzung über das Verfahren nach § 888 ZPO betrieben werden, zB wenn die Unterschrift fehlt oder durch eine Paraphe ersetzt wurde (LAG Hamm NZA-RR 2016, 570; 2.4.1998 – 4 Sa 1735/97). Ein vergleichsweise vereinbartes „wohlwollendes Zeugnis" ist mangels hinreichender Bestimmtheit nicht vollstreckungsfähig, weil sich daraus kein Anspruch auf eine bestimmte Formulierung oder einen bestimmten Wortlaut ergibt, sondern nur die Einhaltung der allg inhaltlichen Zeugnisgrundsätze gefordert werden kann (LAG Köln 3.9.2013 – 11 Ta 202/13).

27 **XIII. Ersatzansprüche gegen den Aussteller.** Dem **Dienstpflichtigen** können Schadenersatzansprüche nach §§ 280ff zustehen, wenn durch die Nichterteilung, die verspätete oder die nicht ordnungsgemäße Ausstellung des Zeugnisses eine Bewerbung misslingt und er dadurch einen Schaden erleidet (BAG NZA 2014, 31; München GmbHR 2012, 852; Staudinger/*Temming* Rn 76–80). Der Anspruch folgt aber nicht aus der schlichten Nichterteilung (§ 280 I), sondern nur unter dem Gesichtspunkt des Verzugs aus § 280 I, II, § 286 (BAG NZA 2014, 31; München GmbHR 2012, 852; zum Verzug vgl Rn 19). Das Verschulden des Dienstberechtigten wird nach § 280 I 2 widerleglich vermutet. Der Dienstpflichtige trägt aber die Beweislast für die Kausalität von Pflichtverletzung und Schaden. Wird der Dienstpflichtige bei einer Bewerbung um eine neue Stelle nicht berücksichtigt, kann er sich insoweit regelmäßig nicht auf einen Anscheinsbeweis berufen. Denn es gibt keinen allg Erfahrungssatz, dass ein Ursachenzusammenhang zw einer Verletzung der Zeugnispflicht und der Nichtbegründung eines neuen Dienst- oder Arbeitsverhältnisses herzustellen ist (BAGE 9, 289; BAG AP 12; EzA 20; LAG Hamm LAGE 29; LAG Düsseldorf LAGRp 2004, 14). Dem Dienstpflichtigen können nur Beweiserleichterungen nach § 252 S 2 BGB und § 287 ZPO zugutekommen. Der Schadensersatzanspruch kann entspr dem Zeugnisanspruch einredebehaftet sein oder erlöschen (vgl Rn 20–24; LAG Hamm LAGE 29; krit Staudinger/*Temming* Rn 80).

28 Ein Dritter, vor allem ein **neuer ArbGeb,** der durch das Vertrauen auf ein geschöntes Zeugnis vorsätzlich sittenwidrig geschädigt worden ist, kann den Aussteller aus § 826 in Anspruch nehmen (BGH AP 10; AP 16 § 826; BeckOGK/*Novak* Rn 65ff). Erkennt der Aussteller nachträgl, dass das Zeugnis grob unrichtig ist und dass ein Dritter durch Vertrauen auf dieses Zeugnis Schaden zu nehmen droht, soll er für den durch die Unterlassung einer Warnung entstandenen Schaden nach vertragl bzw vertragsähnl Grundsätzen haften (keine Exkulpation nach § 831 I 2) (BGHZ 74, 281; München OLGRp 2000, 337; *Gleisberg* DB 1979, 1227; MüKo/*Henssler* Rn 78ff; Staudinger/*Temming* Rn 82; aA *Kölsch* NZA 1985, 385).

29 Neben dem Zeugnis kann der ausgeschiedene Dienstverpflichtete bei Vorliegen eines berechtigten Interesses **zeugnisergänzende Auskünfte** an Dritte aufgrund der nachwirkenden Fürsorgepflicht des Dienstberechtigten beanspruchen (BAG AP 10; DB 1985, 2307). So ist gem § 242 iVm Art 2 II GG und § 5 TSG der frühere ArbGeb eines Transsexuellen verpflichtet, eine Abschrift unter Abänderung von Vornamen und Geschlechtsbezeichnungen zu erteilen. Die inhaltliche Übereinstimmung mit dem Ursprungszeugnis hinsichtl Führung und Leistung ist zu bestätigen (ArbG Gelsenkirchen EzA-SD 1998, Nr 13, 12). Weiter billigt die Rspr dem Dienstberechtigten die Befugnis zu, Auskünfte an Dritte auch ohne oder gegen den Willen des ausgeschiedenen Mitarbeiters zu erteilen (BAG AP 10; nicht Einsicht in Personalakten: BAG NZA 1985, 811 (APR-Verletzung; BeckOK-Datenschutzrecht/*Riesenhuber* § 32 BDSG Rn 97ff); weitergehend für den Bereich des öffentlichen Dienstes BAGE 9, 324; krit Staudinger/*Temming* Rn 84f; *Schulz* NZA 1990, 717; grds abl, aber Ausnahmen zulassend MüKo/*Henssler* Rn 85f). Der Dienstverpflichtete ist auf sein Verlangen von der erteilten Auskunft zu unterrichten (BAG AP 2). Inhaltlich gelten dieselben Anforderungen wie beim Zeugnis (Rn 11–17; BAG AP 10). Ebenso kann eine Schadensersatzpflicht nach den gleichen Grundsätzen (Rn 27, 28) entstehen (Staudinger/*Temming* Rn 86).

Untertitel 2
Behandlungsvertrag (§§ 630a–630h)

Vorbemerkung vor § 630a

Schrifttum: *Ahmadi*, Ärztliche Einbestellungspflichten, 2021; *Ahrens*, Das selbständige Beweisverfahren in Arzthaftungssachen und angrenzenden medizinischen Sachverhalten, FS Jaeger, 2014, 3; *Bäune*, Die Haftung in ärztlichen Kooperationsformen in zivil- und vertragsarztrechtlicher Sicht, FS 10 Jahre Arbeitsgemeinschaft Medizinrecht im DAV, 2008, 139; *Bayer*, Ärztliche Dokumentationspflicht und Einsichtsrecht in Patientenakten. Eine Untersuchung zu den §§ 630f und 630g BGB mit Bezügen zum nationalen sowie europäischen Datenschutzrecht, 2018 (zugl Diss München 2018); *Bayer*, Die Zurückbehaltung von Krankenunterlagen zum Schutz des Behandelnden, MedR 2017, 211; *Bel/Fritsch*, Keine Anwendbarkeit des § 630h Abs. 5 S. 1 BGB auf die Apothekerhaftung, MedR 2020, 556; *Bender*, Facharztvorbehalt und „fachfremde" Aufklärung bei der Erfüllung der ärztlichen Aufklärungspflicht nach dem Patientenrechtegesetz, VersR 2013, 962; *Bender*, Wahlärztliche Behandlung und Einwilligung ad personam, FS Dahm, 2017, 29; *Berbuir/Dittrich*, Die Arzthaftung wegen hygienischer Mängel unter Berücksichtigung der aktuellen Rechtsprechung, GesR 2021, 137; *Bergmann*, Die Beweisregeln des § 630h BGB in der anwaltlichen Praxis – Einführung in die Thematik, ZMGR 2017, 155; *Bergmann*, Vier Jahre Patientenrechtegesetz – Fragen, Kontroversen, Perspektiven, VersR 2017, 661; *Bergmann/Pauge/Steinmeyer* (Hrsg), Gesamtes Medizinrecht, 3. Aufl 2018 (zit NK-MedR); *Bichler*, Der Minderjährige und sein Recht auf Einwilligung in ärztliche Maßnahmen, GesR 2014, 208; *Birnbacher*, Vulnerabilität und Patientenautonomie, MedR 2012, 560; *Böhm/Hasselbach*, Stellvertretung durch Krankenhausmitarbeiter beim Abschluss von Wahlleistungsvereinbarungen; *Brückner*, Das medizinische Selbstbestimmungsrecht Minderjähriger 2014 (zugl. Diss Jena 2014); *Bruns*, Vorausverfügungen Minderjähriger für die medizinische Behandlung, 2022 (zugl. Diss Göttingen 2020); *Buchner*, Die Darstellung des Standards aus rechtswissenschaftlicher Sicht, in Arbeitsgemeinschaft Rechtsanwälte im Medizinrecht eV (Hrsg), Standard-Chaos? …, 2014, 1; *Cornelius/Spitz*, Auskunfts- und Einsichtnahmerechte von Patienten im digitalisierten Gesundheitswesen, GesR 2019, 69; *Damm*, Einwilligungs- und Entscheidungsfähigkeit in der Entwicklung von Medizin und Medizinrecht, MedR 2015, 775; *Damm*, Empirie der Einwilligungsfähigkeit. Zum Verhältnis von professionsinterner Regelbildung und Recht aus deutscher Sicht, FS Kopetzki, 2019, 105; *Damm*, Patientenrechte – grenzüberschreitende Betrachtungen zum deutschen und schweizerischen Recht, MedR 2018, 847 (Teil 1) und 939 (Teil 2); *Deutsch*, Kausalität und Schutzbereich der Norm im Arzthaftungsrecht, FS Geiß, 2000, 367; *Deutsch/Spickhoff*, Medizinrecht, 7. Aufl 2014; *Dölling/Duttge/Rössner/König*, Gesamtes Strafrecht, 5. Aufl 2022 (zit: HK-GS/*Bearbeiter*); *v Domarus*, Internationales Arzthaftungsrecht nach Inkrafttreten der Rom I- und Rom II-Verordnung, 2013; *Dorneck/Gassner/Kersten/Lindner et al*, Contextual Consent – Selbstbestimmung diesseits der Illusionen des Medizinrechts, MedR 2019, 431; *Drechsler*, Selbstbestimmungsaufklärung und Pandemiebekämpfung, MedR 2021, 439; *Dressler*, Ärztliche Leitlinien und Arzthaftung, FS Geiß, 2000, 379; *Dumbs*, Kriterien zur Feststellung des medizinischen Standards bei konkurrierenden Behandlungsmethoden, GesR 2014, 513; *Dumbs*, Mehrdimensionale Medizin und ihr haftungsrechtlicher Rahmen, GesR 2020, 77; *Eberbach*, Wird die ärztliche Aufklärung zur Fiktion? – Zu den divergenten Realitäten von Medizin und Recht, MedR 2019, 37 (Teil 1) und 111 (Teil 2); *Effertz*, Der Apotheker als Behandelnder ohne Behandlungsbefugnis. Zur Anwendbarkeit des Behandlungsvertrages nach §§ 630a ff BGB auf den Apotheker, GesR 2019, 15; *Ernst*, Die Feststellung des groben Behandlungsfehlers, FS Bergmann, 2016, 21; *Eser*, Die Regulierung des Lebensendes als rechtliche Herausforderung, MedR 2018, 734; *Fiekas*, Die mangelhafte Dokumentation – ein Plädoyer für Erfüllungs- und Schadensersatzansprüche des Patienten, MedR 2016, 32; *Fiekas*, § 630f – Die Dokumentation der Behandlung 2015 (zugl Diss Marburg 2015); *Finn*, Die Unterstützungspflicht von Kranken- und Pflegekassen nach § 66 SGB V, FS Plagemann, 2020, 329; *G. Fischer*, Zum Stand des Internationalen Arzthaftungsrechts nach den Verordnungen Rom I und Rom II, MedR 2014, 712; *Frahm*, Der Sachverständigenbeweis im Arzthaftungsprozess, MedR 2019, 117; *Frahm/Jansen/Katzenmeier et al.*, Medizin und Standard – Verwerfungen und Perspektiven, MedR 2018, 447; *Frahm/Walter*, Arzthaftungsrecht, 7. Aufl 2020; *Frister/Wostry*, Das Patientenrechtegesetz und der nemo tenetur-Grundsatz – Überlegungen zur Reichweite des § 630c Abs. 2 S. 3 BGB, in: AG Medizinrecht im DAV (Hrsg.), Aktuelle Entwicklungen im Medizinstrafrecht, 2014; *Fündling/Rathgeber*, Ärztliche Fehleroffenbarung im Spannungsfeld zwischen Zivil- und Strafrecht, ZMGR 2012, 88; *Gaßner/Strömer*, Mobile Health Applications – haftungsrechtl Standard und das Laissez-faire des Gesetzgebers, VersR 2015, 1219; *Gehrlein*, Besonderheiten des Arzthaftungsprozesses, GesR 2019, 545; *Gehrlein*, Wechselwirkungen zwischen Behandlungsfehler und Aufklärungsmangel bei der ärztlichen Berufshaftung, GesR 2016, 129; *Gehrlein*, Besonderheiten des Arzthaftungsprozesses, GesR 2019, 545; *Geiß/Greiner*, Arzthaftpflichtrecht, 8. Aufl 2022; *Gellner*, Der Begriff der „hinreichenden Wahrscheinlichkeit" im Arzthaftungsrecht, ZMGR 2014, 322; *v Gerlach*, Arzthaftung in der Antike, FS Geiß, 2000, 389; *Giesen*, Arzthaftungsrecht, 4. Aufl 1995; *Gössel*, Über das Verhältnis von Beweisermittlungsverbot und Beweisverwertungsverbot unter besonderer Berücksichtigung der Amtsaufklärungsmaxime der §§ 160, 244 II StPO, NStZ 1998, 126; *Graf*, Zum selbstständigen Arzthaftungsbeweisverfahren im Lichte der Entscheidung des BGH vom 24.9.2013 (VI ZB 12/13), VersR 2019, 596; *Graf/Johannes*, Ärztliche Aufklärung und richterliche Krankenaktenbeiziehung im selbständigen Beweisverfahren, MedR 2020, 26; *Graf/Johannes*, Die Fortführung des selbstständigen Arzthaftungsbeweisverfahrens nach Klageerhebung, VersR 2019, 1054; *Graf/Johannes/Schwuchow*, Zur Zulässigkeit von Beweisfragen zur ärztlichen Aufklärungspflicht im selbstständigen Beweisverfahren, VersR 2020, 1355; *Grams*, Erfolgsbezogene ärztliche Behandlung, insbesondere bei prothetischen (Zahn-)Arztleistungen. Der Behandlungsvertrag als Vertrag sui generis?, GesR 2012, 513; *Grams*, Zur gerichtlichen Feststellung des geschuldeten Behandlungsstandards im Arzthaftungsprozess, GesR 2015, 321; *Gross/Kucharz*, Organisationsverschulden in Krankenhäusern: Systematisierung von Pflichten der sorgfältigen Organisation, MedR 2018, 143; *Gutmann*, Die Dogmatik des „natürlichen Willens" im Medizinrecht, MedR 2021, 949; *Gutmann*, Die Pflicht des Arztes zur Information über Behandlungsfehler (§ 630c Abs 2 S 2 und 3 BGB), FS Bergmann, 2016, 59; *Gutmann*, Stärkung und Weiterentwicklung der Patientenrechte in Deutschland (Gutachten im Auftrag des Sozialverband Deutschland e.V.) 2021; *Hacker*, Einsicht in die Patientenakte – ein Thema mit (vermeidbarem) Konfliktpotenzial, GesR 2018, 163; *Hahn*, Eine „fast gelungene Klarstellung" zur Aufklärung des Patienten über Fernkommunikationsmittel (§ 630e Abs. 1 S. 4 BGB-RefE), MedR 2020, 16; *Hansen*, Aufbewahrungspflichten für Ärztinnen und Ärzte, MedR 2021, 613; *Hanten*, Die Beweisregeln des § 630h BGB in der anwaltlichen Praxis – Der grobe Behandlungsfehler im Arzthaftungsprozess, ZMGR 2017, 157; *Hart*, „Organisationsaufklärung" – Zum Verhältnis von Standardbehandlung, Organisationspflichten und ärztlicher Aufklärung, MedR 1999, 47; *Hart*, Die Erwartungen an die Rechtsprechung – aktueller Handlungsbedarf aus Sicht der Versicherten, ZMGR 2010, 256; *Hart*, Ein Patientenrechtegesetz ohne Eigenschaften, GesR 2012, 385; *Hart*, Kongruenz und Kontinuität in der Entwicklung von Medizin und Medizinrecht, MedR 2015, 1; *Hart*, Leitlinien und Haftung: Grundlagen, GesR 2011, 387; *Hart*, Patientensicherheit im Medizin- und Gesundheitsrecht, MedR 2019, 509; *Hart*, Patientensicherheit nach dem Patientenrechtegesetz, MedR 2013, 159; *Hart*, Patientensicherheit, Fehlermanagement, Arzthaftungsrecht – zugleich ein Beitrag zur rechtlichen Bedeutung von Empfehlungen, MedR 2012, 1; *Hart*, Vertrauen, Kooperation und Organisation, FS Laufs, 2006, 843; *Hart*, Vom Standard zur Leitlinie; Bewertungszusammenhänge im Gesundheitsrecht, KritV 2005, 154; *Hassner*, Ärztliche Selbstbestimmung und zivilrechtliche Haftung, VersR 2013, 23; *Hebecker/Lutzi*, Omnis definitio periculosa est. Wer ist Patient iSd Legaldefinition des § 630a Abs 1 BGB beim Behandlungsvertrag zugunsten Dritter?, MedR 2015, 17; *Heberlein*, Standards – Spannungsfeld zwischen GKV und Haftungsrecht?, ZMGR 2022, 13; *Hegerfeld*, Die Aufklärung und Information sprachunkundiger Patienten, MedR 2019, 540; *Hegerfeld*, Die Informationsbefolgungsfähigkeit – das Pendant zur Einwilligungsfähigkeit, MedR 2019, 710; *Heinz*, Ansprüche nach dem Opferentschädigungsrecht anlässlich „schlechter" ärztlicher Behandlung?, GesR 2018, 347; *Hermann*, Selbstbelastungsfreiheit im Strafverfahren und die Verpflichtung des Arztes zu wahrheitsgemäßen Angaben über die Haftpflichtversicherung, ZMGR 2011, 268; *Heyers*, Bedeutung von Leitlinien für die Arzthaftung, ArztR 2016, 201; *Höfling*, Salus aut/et voluntas aegroti suprema lex – Verfassungsrechtliche Grenzen des Selbstbestimmungsrechts, in Wienke ua, Die Verbesserung des Menschen, 2009, 119; *Holzner*, Die Behandlung nach Standard, RPG 2020, 95; *Huber*, Das Verhältnis von medizinischer Indikation und Patientenwille bei §§ 1901a ff BGB, GesR 2017, 613; *Huster/Kaltenborn*, Krankenhausrecht, 2. Aufl 2017; *Illian*, Fünf Jahre

Patientenrechtegesetz – Verbesserungsbedarf im Arzthaftungsrecht, ZRP 2018, 6; *Irrgang*, Die Rolle der Präklusion im Arzthaftungsprozess, MedR 2010, 533; *Janda*, Überversorgung am Lebensende – Ursachen und Lösungsansätze, MedR 2018, 778; *Jansen*, Der medizinische Standard. Begriff und Bestimmung ärztlicher Behandlungsstandards an der Schnittstelle von Medizin, Haftungsrecht und Sozialrecht, 2019; *Joerden*, Patientenautonomie am Lebensende, MedR 2018, 764; *Jorzig/Glaubitz*, Haftungsrechtliche Aspekte der Tätigkeit eines Durchgangsarztes, MedR 2018, 17; *Kaeding/Schwenke*, Medizinische Behandlung Minderjähriger – Anforderungen an die Einwilligung, MedR 2016, 935; *Katzenmeier*, Arzthaftung, 2002; *Katzenmeier*, Leitlinien und Multimorbidität. Rechtsfragen der medizinischen Versorgung in einer alternden Gesellschaft, FS Bergmann, 2016, 59; *Katzenmeier*, Die Rahmenbedingungen der Patientenautonomie, MedR 2012, 576; *Katzenmeier*, Haftungsrechtliche Grenzen ärztlicher Fernbehandlung, NJW 2019, 1769; *Katzenmeier/Achterfeld*, Delegation der Selbstbestimmungsaufklärung, FS Bergmann, 2016, 89; *Katzenmeier/Kurz/Jansen*, Rechtsfragen des Medizintourismus, VersR 2019, 1045; *Kesny*, Das zivilrechtl Einsichtsrecht in Krankenunterlagen nach der Neuregelung, MedR 2013, 767; *Kett-Straub/Sipos-Lay*, § 630c Abs 2 S 2 BGB im Spannungsfeld von Patientenrechten und dem nemo tenetur-Grundsatz, MedR 2014, 867; *Killinger*, Die Besonderheiten der Arzthaftung im medizinischen Notfall, 2009 (zugl Diss Regensburg 2008); *Kletečka-Pulker*, Sprachbarrieren im Gesundheitsbereich – Reduktion des Haftungsrisikos durch Videodolmetschen, GesR 2016, 206; *Kleuser*, Die Fehleroffenbarungspflicht des Arztes, 1995 (zugl Diss Köln 1994); *Klose/Straub*, Willensmängel bei der Einwilligung in eine ärztliche Behandlung, MedR 2019, 714; *Kniepert/Moeller*, Der einfache Befunderhebungsfehler – Kann die Rechtsprechung das Befunderhebungsverhalten von Ärzten steuern?, MedR 2019, 464; *Kolvenbach*, Diagnose- oder Befunderhebungsfehler? Ein medizintheoretisch fundiertes Abgrenzungsmodell, MedR 2018, 950; *Koziol*, Fehlende Einwilligung des Patienten und Haftung in Österreich – Notwendigkeit neuer Lösungen?, MedR 2019, 105; *Krämer*, Der Grundsatz der Waffengleichheit im Arzthaftungsprozess, FS Hirsch, 2008, 387; *Krapohl/Napp-Saarbourg*, Heilkunde in der Apotheke – gewollt und doch unzulässig?!, FS Möller, 2023, 637; *Kreße*, Aufklärung und Einwilligung beim Vertrag über die ärztliche Behandlung einwilligungsunfähiger Patienten, MedR 2015, 91; *Laimer*, Die Gewährleistung beim humanmedizinischen Behandlungsvertrag, RdM 2021, 98; *Laufs/Katzenmeier/Lipp*, Arztrecht, 8. Aufl 2021; *Laufs/Kern/Rehborn* (Hrsg), Handbuch des Arztrechts, 5. Aufl 2019; *Laumen*, Der Anscheinsbeweis im Arzthaftungsrecht, FS Jaeger, 2014, 71; *Lechner*, Die Auswirkungen des Patientenrechtegesetzes auf den Umfang der ärztlichen Aufklärungspflicht – eine strafrechtl Analyse, MedR 2013, 429; *Lehmann*, Vertrauen darf sein – Vertrauen muss sein. Ein Beitrag zum Vertrauensgrundsatz bei vertikaler Arbeitsteilung im Ramen der ärztlichen Behandlung aus der Perspektive des nachgeordneten Personals, FS Möller, 2023, 251; *Lindner/Huber*, Medizinische Versorgung von Strafgefangenen. Zur Anwendung der §§ 630a ff BGB im Strafvollzug, GS Tröndle, 2019, 443; *Lipp*, Der rechtliche Rahmen der Hospiz- und Palliativmedizin, MedR 2018, 754; *Lipp*, Die medizinische Indikation – ein „Kernstück ärztlicher Legitimation"?, MedR 2015, 762; *Lippert*, Die Behandlung des Patienten als Notfall in der präklinischen Notfallmedizin, GesR 2015, 268; *Loeschner*, Die Zurückbehaltung von Behandlungsunterlagen aus therapeutischen Gründen, ZMGR 2014, 156; *Makowsky*, Zivilrechtlicher Behandlungsstandard und (sozialrechtliches) Wirtschaftlichkeitsgebot, VersR 2019, 983; *Martis/Winkhart*, Arzthaftungsrecht, 6. Aufl 2021; *Martis/Winkhart-Martis*, Aktuelle Rechtsprechung zur Aufklärung des Patienten, MDR 2019, 779; *Martis/Winkhart-Martis*, Aktuelle Rechtsprechung zu voll beherrschbaren Risiken und Dokumentationsversäumnissen im Arzthaftungsrecht, MDR 2018, 449; *Mennemeyer*, Probleme bei einfachen Befunderhebungsversäumnissen und bei der Bestimmung der Primärverletzung, FS Bergmann, 2016, 145; *Middendorf*, Der Kausalitätsnachweis bei der Haftung aus Aufklärungsfehler, MedR 2019, 37; *Middendorf*, Krankenhausinfektionen – Beweislastfragen nach der Reform durch das Patientenrechtegesetz, FS Bergmann, 2016, 161; *Miranowicz*, Die Entwicklung des Arzt-Patienten-Verhältnisses und seine Bedeutung für die Patientenautonomie, MedR 2018, 131; *Müller*, Die Arzthaftung im neuen Patientenrechtegesetz, GuP 2013, 1; *Müller*, Macht und Grenzen ärztlichen Handelns, GesR 2004, 257; *Muschner*, Die haftungsrechtl Stellung ausländischer Patienten und Medizinalpersonen in Fällen sprachbedingter Missverständnisse, 2002 (zugl Diss Leipzig 2001); *Neelmeier*, Einvernehmliche Unterschreitung medizinischer Behandlungsstandards, NJW 2015, 374; *Neelmeier*, Organisationsverschulden patientenferner Entscheider und einrichtungsbezogene Aufklärung 2014 (zugl Diss Erlangen-Nürnberg 2014); *Nestler*, Zivil- und strafrechtliche Aufklärungspflichten – Besonderheiten bei ästhetisch-plastischen Eingriffen, medstra 2018, 330; *Nordmeier*, Was ist eine Streitigkeit über Ansprüche aus Heilbehandlung?, GesR 2020, 494; *Nußstein*, Befunderhebung oder therapeutische Aufklärung, VersR 2016, 641; *Nußstein*, Der grobe Behandlungsfehler – Versuch einer Neubestimmung, VersR 2018, 390; *Nußstein*, Die Haftung der Berufsgenossenschaft für Behandlungsfehler im durchgangsärztlichen Bereich, VersR 2015, 165; *Nußstein*, Die Haftung des Durchgangsarztes – und kein Ende?, VersR 2020, 1564; *Nußstein*, Haftung wegen fehlender Risikoaufklärung ohne Erfordernis eines Rechtswidrigkeitszusammenhangs, VersR 2016, 901; *Nußstein*, Rechtskraft und Arzthaftung, VersR 2016, 1291; *Ofner*, Rechtsfragen zum Abschluss des Behandlungsvertrages, FS Kopetzki, 2019, 451; *Olzen/Metzmacher*, Erste Überlegungen zum Referentenentwurf für ein Patientenrechtegesetz, JR 2012, 271; *Olzen/Uzunovic*, Der Behandlungsvertrag im BGB – Ein Vergleich des Referenten- und Regierungsentwurfs für ein Gesetz zur Stärkung der Patientenrechte, JR 2012, 447; *Pauge/Offenloch*, Arzthaftungsrecht, 14. Aufl 2018; *v Pentz*, Aktuelle Rechtsprechung des BGH zum Arzthaftungsrecht, MedR 2018, 283; *Preis/Schneider*, Das Patientenrechtegesetz – Eine gelungene Kodifikation?, NZS 2013, 281; *Prütting*, Medizinrecht Kommentar, 6. Aufl 2022; *J. Prütting*, Das zivilrechtliche Arztrecht im Spiegel fachübergreifender Betrachtung – Wirtschaftliche Aufklärung und sozialversicherungsrechtliche Zuzahlungsverpflichtung, MedR 2018, 291; *J. Prütting*, Die „immer-so"-Rechtsprechung – Eine kritische Würdigung aus prozessrechtlicher Perspektive, FS Dahm 2017, 359; *J. Prütting*, Rechtsgebietsübergreifende Normenkollisionen. Ein Lösungsansatz am Beispiel der Schnittstelle von Zivil- und Sozialversicherungsrecht im Gesundheitswesen, 2020; *J. Prütting/Friedrich*, AGB-Kontrolle bei ärztlichen Aufklärungsbögen, GesR 2019, 749; *J. Prütting/Friedrich*, Reformbedarf des § 630g BGB, MedR 2021, 523; *Prütting/Friedrich/Winter/Wolk*, Digitalisierung im Gesundheitswesen, GesR 2020, 756; *Rahn*, Haftungsfragen bei Corona-Impfschäden, ZMGR 2021, 345; *Ratzel/Lippert/Prütting*, Kommentar zur (Muster-)Berufsordnung für die in Deutschland tätigen Ärztinnen und Ärzte – MBO-Ä 1997, 7. Aufl 2018; *Ratzel/Lissel* (Hrsg), Handbuch des Medizinschadensrechts, 2013; *Rehborn*, Aktuelle Fragen der Lebendorganspende, FS Kopetzki, 2019, 537; *Rehborn*, Das Patientenrechtegesetz, GesR 2013, 257; *Rehborn*, Leitlinien und Haftung, GesR 2011, 391; *Rehborn*, Neue ärztliche Kooperationsformen und arzthaftungsrechtl Passivlegitimation, ZMGR 2008, 296; *Rehborn*, Patientenrechtegesetz 2013, MDR 2013, 497 (Teil 1) und 565 (Teil 2); *Rehborn*, Sekundäre Darlegungslasten im Arzthaftungsrecht, FS Möller, 2023, 269; *Rehborn*, Sind „Behandelnde" immer „Behandelnde"? Zum Begriff des Behandelnden iSd §§ 630a ff BGB, FS Bergmann, 2016, 209; *Rehborn*, Streitgegenstand, Rechtskraft und Amtsermittlung im Arzthaftungsrecht, GesR 2004, 403; *Rehborn/Schäfer*, Die Einwilligung Minderjähriger, FS 25 Jahre Arbeitsgemeinschaft Rechtsanwälte im Medizinrecht, 2011, 253; *Rehmann/Tillmanns* (Hrsg), E-Health/Digital Health, 2022; *Resch*, Wirtschaftliche Aufklärungspflicht und Behandlungsvertrag, RdM 2014, 321; *Reuter*, Der Abschluss des Arztvertrags durch einen minderjährigen Patienten 2018 (zugl Diss Leipzig 2017); *Riegger*, Die historische Entwicklung der Arzthaftung, Diss Regensburg 2007, http://epub.uni-regensburg.de/10597/; *Rosenberger*, Rechtliche Konsequenzen einer mangelhaften ärztlichen Dokumentation, FS Jaeger, 2014, 97; *Ru-*

metsch, Medizinische Eingriffe bei Minderjährigen 2013 (zugl Diss Basel 2012); *Schelling*, Die Pflicht des Arztes zur wirtschaftlichen Aufklärung im Lichte zunehmender ökonomischer Zwänge im Gesundheitswesen, MedR 2004, 422; *Schelling/Warntjen*, Die Pflicht des Arztes zur Offenbarung von Behandlungsfehlern, MedR 2012, 506; *Schiemann*, Das Hinterbliebenengeld und seine Bedeutung für das Arzthaftungsrecht, GesR 2018, 69; *Schmidt-Recla*, Die Rechtsnatur der Einwilligung nach dem PatRG, in Rosenau/Hakeri, Kodifikation der Patientenrechte, 2014, 124; *A. Schneider*, Ärztliche Dokumentationspflicht und Einsichtsrecht in die Patientenakte, GesR 2014, 385; *A. Schneider*, Der Behandlungsvertrag, JuS 2013, 104; *Schultze-Zeu/Riehn*, Ärztliche Behandlungsfehler – die Unterstützungspflicht der gesetzlichen Krankenversicherung gem § 66 SGB V und die Mitwirkungspflicht der Versicherten, VersR 2013, 1482, *Schumacher*, Arzthaftungsrecht aus alternativmedizinischer Sicht, MedR 2019, 786; *Schwarz*, Hinweispflicht des Arztes auf eigene Behandlungsfehler?, JR 2008, 89; *Schwedler*, Die Einwilligung des Berechtigten in die ärztliche Behandlung, MedR 2013, 652; *Siqueira*, Gesundheitsschädigende Patientenaufklärung – Grund und Grenzen einer Entbehrlichkeit der Aufklärung vor Heileingriffen, medstra 2018, 153; *Soukup*, Der Einwand des rechtmäßigen Alternativverhaltens bei ärztlichen Behandlungsfehlern, 2012; *Spickhoff*, Behandlungsfehler und Offenbarungspflicht: Gründe und Grenzen, JZ 2015, 15; *Spickhoff*, Die Arzthaftung im neuen bürgerlich-rechtlichen Umfeld, MedR 2015, 845; *Spickhoff*, Die Entwicklung des Arztrechts 2018/2019, NJW 2019, 1718; *Spickhoff* (Hrsg), Medizinrecht 4. Aufl 2022; *Spickhoff*, Patientenrechte und Gesetzgebung, ZRP 2012, 65; *Spickhoff*, Patientenrechte und Patientenpflichten – Die medizinische Behandlung als kodifizierter Vertragstypus, VersR 2013, 267; *Spickhoff*, Verständigungsprobleme zwischen nicht deutschsprechenden Patienten und Ärzten, ZMGR 2016, 21; *Spickhoff*, Zur Erstattungsfähigkeit von Dolmetschkosten bei medizinischer Behandlung, FS Jaeger, 2014, 119; *Spickhoff/Bleckwenn*, Zum Beweiswert digitaler Aufklärungsbögen bei Verwendung elektronischer Signaturen, VersR 2013, 1350; *Steffen*, Die Arzthaftung im Spannungsfeld zu den Anspruchsbegrenzungen des Sozialrechts für den Kassenpatienten, FS Geiß, 2000, 487; *Steiner*, Probleme des Arzthaftungsprozesses, MedR 2021, 957; *Stellpflug*, Arzthaftung bei der Verwendung telemedizinischer Anwendungen, GesR 2019, 76; *Stöhr*, Leitlinien, Richtlinien und ärztliche Haftung, FS Hirsch, 2008, 431; *Stöhr*, Qualität, Qualitätssicherung und Haftung – Infektionsschutz im Krankenhaus, GesR 2015, 257; *Süß*, Waffengleichheit? Substantiierungslast und Verjährung im Arzthaftungsverfahren, FS Bergmann, 2016, 305; *Taupitz*, Aufklärung über Behandlungsfehler: Rechtspflicht gegenüber dem Patienten oder ärztliche Ehrenpflicht?, NJW 1992, 713; *Taupitz*, Patientenrechtegesetz: Hemmschuh für den medizinischen Fortschritt?, GesR 2015, 65; *Terbille/Schmitz-Herscheidt*, Zur Offenbarungspflicht bei ärztlichen Behandlungsfehlern, NJW 2000, 1749; *Thole*, Das Patientenrechtegesetz – Ziele der Politik, MedR 2013, 145; *Ulsenheimer*, Fehlentwicklungen in der Medizin: Verrechtlichung und Ökonomisierung, MedR 2015, 757; *Verbunkic*, Die Rechtsnatur des ärztlichen Erstgesprächs, RdM 2020, 143; *Verbunkic*, Zum konkludenten Abschluss des ärztlichen Behandlungsvertrages, RdM 2021, 55; *Vogeler*, Kausalitätsfragen bei der Aufklärungsfehlerhaftung: Unterscheidung von vertraglicher und deliktischer Haftung, MedR 2020, 180; *Vogeler*, Zur Frühzeitigkeit der Einwilligungserklärung, MedR 2022, 478; *Vorwerk*, Das Prozessformularbuch, 11. Aufl 2019; *Wachter*, Wahrung der Patientenautonomie in akuten Notfallsituationen, medstra 2021, 30; *Wagner*, Kodifikation des Arzthaftungsrechts, VersR 2012, 789; *Wagner*, Neue Perspektiven im Schadensersatzrecht – Kommerzialisierung, Strafschadensersatz, Kollektivschaden. Gutachten A für den 66. DJT 2006; *Wagner*, Proportionalhaftung für ärztliche Behandlungsfehler de lege lata, FS Hirsch, 2008, 453; *Wallner*, Grenzen der ärztlichen Behandlungspflicht, RdM 2017, 212; *A. Walter*, Beweislastverteilung beim Vorwurf einer Infektion wegen Hygienemängeln, MedR 2013, 294; *A. Walter*, Das Beweisrecht der Behandlungsfehlerhaftung nach dem Patientenrechtegesetz, GesR 2013, 129; *Weber*, Die Beweisregeln des § 630h BGB in der anwaltlichen Praxis – Die Aufklärungspflichtverletzung, ZMGR 2017, 164; *Wellner*, Die Aufklärungspflicht nach dem Patientenrechtegesetz im Lichte der BGH-Rechtsprechung, FS Jaeger, 2014, 161; *Wever*, Über- und Unterdiagnostik in der Medizin – Haftungsrechtliche Überlegungen, FS Bergmann, 2016, 363; *Wienke/Kuball*, Facharztstandard versus Normungen in der Medizin, MedR 2016, 301; *Witte*, Keine „Entaktualisierung" der Patienteneinwilligung, ZMGR 2022, 194; *Ziegler/Ziegler*, Schluss mit „immer-so"?, GesR 2019, 205; *Zoll*, Der Fluch der Undine oder Gerechtigkeit im Arzthaftungsprozess, FS Müller, 2009, 365; *Zurlinden*, Zu den Rechtsfolgen einer unzureichenden ärztlichen Risikoaufklärung, GesR 2018, 477.

I. Entstehung der Vorschriften. Erstmals durch das **Gesetz zur Verbesserung der Rechte von Patientinnen und Patienten** v 20.2.2013 (nichtamtlich bezeichnet als Patientenrechtegesetz – PatRG, BGBl I 2013, 277), das zum 26.2.2013 in Kraft getreten ist – und erst auf Behandlungsverträge, die danach abgeschlossen wurden, Anwendung findet (*Spickhoff* MedR 2015, 845, 847; Köln VersR 2015, 455) –, werden Patientenrechte in Deutschland umfassend und explizit geregelt. Umfasst ist insb das, was zuvor als „Arzthaftungsrecht" galt. Unter diesen Begriff wurde üblicherweise nicht nur die Haftung von Ärzten subsumiert, sondern auch die Haftung von Krankenhausträgern, Zahnärzten, Heilpraktikern etc gefasst. 1

Dieses sog Arzthaftungsrecht reicht bis in die Antike zurück (vgl *Gerlach* FS Geiß, 2000, 389ff; *Riegger* S 33ff); insb im römischen Recht war es in der lex aquilia (Plebiszit zur Regelung des Schadensersatzrechts, wohl 286 v Chr) enthalten. Bis zum Inkrafttreten des BGB im Jahre 1900 (vgl Art 1 EGBGB, zur Entstehung Staud/*Merten* Art 1 EGBGB Rn 1) waren diese Vorschriften als Bestandteil des sog Gemeinen Rechts auch Grundlage der (arzt)haftungsrechtl Rspr (*v Gerlach* FS Geiß, 389, 400; dort auch Zitate der wesentlichen Regelungen). Im BGB unterblieb eine besondere Regelung; der Arztvertrag wurde schon früh als **Dienstvertrag** angesehen, auf den die Vorschriften der §§ 611ff angewendet wurden; die Haftung richtete sich nach allg schuldrechtl Grundsätzen (insb § 282 aF, heute § 280 I). Da es zunächst Schmerzensgeld nur aus Delikt gab (§ 847 aF), stand in der Rechtspraxis die neben der vertragl Haftung stehende deliktische Haftung aus § 823 I, II iVm Regelungen zur Strafbarkeit fahrlässiger, ggf auch vorsätzlicher Körperverletzung oder Tötung, §§ 831, 839, im Vordergrund. Mit der „Verlagerung" des Schmerzensgeldanspruchs in den Allg Teil, § 253 (vgl § 253 Rn 7ff), stand die vertragl Haftung „gleichberechtigt" neben der deliktischen Haftung. Bedeutung hatte die Unterscheidung nur für die Passivlegitimation. 2

Indessen wurde schon früher über eine Kodifizierung des Arzthaftungsrechts diskutiert; die Materie war auch Gegenstand der Deutschen Juristentage 1962 (*Schmidt*, 17ff) und 1978 (*Weyers*, A 1ff). Für die in den 1980er Jahren vom Bundesminister der Justiz eingesetzte sog Schuldrechtskommission machten *Deutsch/Geiger* den ersten namhaften Vorschlag einer Kodifizierung (Gutachten und Vorschläge zur Überarbeitung des Schuldrechts Bd II 1981, 1055ff); 1999 wurde ein für die Bundesländer Bremen, Hamburg und NRW erstelltes Rechtsgutachten (*Francke/Hart*, Charta der Patientenrechte, 1999) veröffentlicht. Die Schuldrechtsreform 2002 erfasste das 3

Arzthaftungsrecht eher tangentiell mit der Frage, ob die Regelungen des § 280 I auch für den Arztvertrag gelten sollten (explizit bejahend Pal/*Heinrichs*[62] Ergänzungsband § 280 Rn 42); weitergehend zu Normierungsbestrebungen vor dem PatRG *Kubella*, 15ff „Arzthaftungsrecht" existierte gleichwohl als eigenes Rechtsgebiet, entwickelt aus dem „bewährten Zusammenspiel von materiellem Recht, Beweislastregeln und prozessualen Regeln" (*Müller* GuP 2013, 1, 2) durch richterliche Rechtsfortbildung (*Katzenmeier*, 77ff), beruhend auf einem im Wesentlichen seit den 1950er Jahren immer weiter filigranisierten Konzept, orientiert an allg verfassungsrechtl Grundsätzen, sicherlich aber auch Gerechtigkeitserwägungen (vgl *Zoll* FS Müller, 365, 376). Als „Richterrecht" hat es auch der Gesetzgeber des PatRG angesehen (BT-Drs 17/10488, 1).

4 **II. Systematik.** Mit dem PatRG wurde die Systematik des BGB geändert: Der Titel 8 erhielt die Bezeichnung „Dienstvertrag und ähnliche Verträge", bestehend aus den Untertiteln 1 („Dienstvertrag", §§ 611–630) und 2 („Behandlungsvertrag", §§ 630a–630h). Diese Positionierung im Gesetz wie auch die mit dem PatRG veränderte Überschrift des Titels 8 sowie die Verweisung in § 630b unterstreichen, dass es sich beim Behandlungsvertrag um einen „dienstvertragsähnlichen" Vertrag handelt (allgM, *Spickhoff* VersR 2013, 267, 268f; *Thole* MedR 2013, 145, 146; demggü qualifiziert ihn das österreichische Recht als Dienstvertrag, vgl *Ofner* FS Kopetzki, 2019, 451, 452 mwN).

5 Die §§ 630a–630g regeln diverse (keineswegs alle, man denke nur an die Schweigepflicht) Rechte und Pflichten in der Beziehung von Patienten und Behandelnden; § 630h regelt Beweisfragen und verteilt für bestimmte Konstellationen die Beweislast. Ein Kernstück findet sich allerdings nicht: Die Regelung der **Haftung Behandelnder** („Arzthaftung") als solche. Das erstaunt indessen nicht; es entspricht vielmehr der Systematik des BGB, im Besonderen Teil den Inhalt bestimmter Vertragstypen zu regeln, die Anspruchsgrundlagen bei Verstößen gegen vertragl Pflichten hingegen für alle diese Vertragstypen vorab im Allg Teil des Schuldrechts zu regeln. Einschlägig für die vertragl Haftung des Behandelnden bei Behandlungs- oder Aufklärungsfehlern ist daher (weiterhin) § 280 I; daneben kommen ggf in Sonderfällen als spezialgesetzl Anspruchsgrundlagen §§ 84f AMG, § 1 I ProdHaftG (insb für Medizinprodukte), § 32 GenDG oder § 1 I OEG in Betracht (vgl dazu näher Ratzel/Lissel/*Kern* § 1 Rn 89ff; *Heinz* GesR 2018, 347).

6 **III. Kodifizierung.** Der Gesetzgeber hatte das **Ziel**, „Patientinnen und Patienten und Behandelnde auf Augenhöhe zu bringen"; da bislang „Wesentliches nicht im Gesetz" stehe, sondern Richterrecht sei, wüssten oftmals weder Behandelnde noch Patientinnen und Patienten, welche Rechte sie hätten. Es gelte daher, mit dem PatRG „Transparenz" zu schaffen. Den **Weg** hierzu sollte im Wesentlichen eine Kodifizierung der richterrechtl entwickelten Grundsätze weisen; dabei sollten „Unklarheiten beseitigt werden, die sich aus der bisherigen Rspr ergeben haben" (BT-Drs 17/10488, 9). Im Zusammenhang mit den Vorschriften im BGB muss daher insb eine zeitgleich erfolgte Änderung des § 66 SGB V gesehen werden. Während dieser bis zur Änderung durch das PatRG regelte, dass (gesetzl) Krankenkassen ihre Versicherten bei der Verfolgung von Schadensersatzansprüchen unterstützen *können*, ist das mit dem PatRG zum Regelfall erhoben worden; das Wort „können" wurde durch das Wort „*sollen*" ersetzt, so dass gesetzl Krankenkassen nunmehr im Regelfall zur Unterstützung verpflichtet sind; hierzu wird insb die Einholung eines Gutachtens durch den Medizinischen Dienst der Krankenversicherung (§§ 275ff SGB V) gehören (weitergehend hierzu *Preis/Schneider* NZS 2013, 281, 286f; *Schultze-Zeu/Riehn* VersR 2013, 1482), nicht aber eine finanzielle Unterstützung oder auch regelmäßige prozessbegleitende Beantwortung medizinischer Fragen (LSG Schl-Holst MedR 2016, 84; LSG Baden-Württemberg GesR 2018, 725).

7 **IV. Rechtspolitische Bewertung.** Am Gesetz ist – zT schon in der Entwurfsfassung – heftig Kritik geübt worden (*Dormeck* in Rosenau/Hakeri, 45, 57f; *Hart* GesR 2012, 385: „Mangel an legislativer Eigenständigkeit"; *Hart* MedR 2013, 159, 165; *Katzenmeier* MedR 2012, 576, 582: „langfristig droht das Gesetz die Patientenrechte … zu verkürzen"; *Mäsch* NJW 2013, 1354; *Montgomery* ua MedR 2012, 149ff; *Preis/Schneider* NZS 2013, 281, 288; *Spickhoff* ZRP 2012, 65; 69; *Spickhoff* VersR 2013, 267, 268; *Thurn* MedR 2013, 153, 157: Das Gesetz sei „ein Placebo"; *Wagner* VersR 2012, 789, 802: Das Gesetz „zielt nicht auf die Regelung der Rechte des Patienten, sondern in Wahrheit auf die Kodifizierung des Dienstleistungsvertragsrechts", wofür ein Bedürfnis „nicht ersichtlich" sei). Vielfach wird insb gerügt, die Kodifizierung stelle nur eine Momentaufnahme des Richterrechts dar, wodurch die „Entwicklungsoffenheit des Arzthaftungsrechts in bedauerlicher Weise beschnitten" werde (*Wagner* VersR 2012, 789, 802; ähnl *Deutsch* NJW 2012, 2009, 2013; *Hart* GesR 385, 388; *Katzenmeier* NJW 2013, 817, 823; *Spickhoff* VersR 2013, 267, 278). Angesichts der in den vergangenen Jahrzehnten seitens der Rspr gezeigten Kreativität, ein (arzt)haftungsrechtl System zu entwickeln, das vom Grundsatz her eine sachgerechte Betrachtung und Abwägung der Positionen von Patient und Behandelndem im Auge gehabt hat, das eine Behandlung für den Patienten sicher, für den Behandelnden aber nicht mit unübersehbaren Risiken gestaltet, scheint die Befürchtung, das PatRG führe mit den §§ 630a–630h zu einem Stillstand der Rechtsentwicklung, doch eher unbegründet; eine Behinderung der Weiterentwicklung des Rechts der Behandelndenhaftung wird nicht anzunehmen sein (so auch *Müller* GuP 2013, 1, 8). Rechtstechnisch kann dazu bei der Beantwortung im Gesetz nicht explizit geregelter Fragen neben der entspr Anwendung von Einzelvorschriften (vgl dazu § 630a Rn 44, § 630c Rn 30, 41, § 630d Rn 2, § 630h Rn 8) im Wege der **Gesetzesanalogie** insb an eine **Rechtsanalogie**, die Anwendung der gesetzl Grundgedanken und des auch vom Gesetzgeber gesehenen Grundsatzes der Waffengleichheit (BT-Drs 17/10488, 29) gedacht werden (*Rehborn* GesR 2013, 658, 670; aA *Katzenmeier* MedR 2020, 127, 128, wonach die §§ 630a ff generell auf deliktische Ansprüche aus § 823 I nicht anwendbar sein sollen). Das bietet sich insb auch an, wenn die Frage der Pflichten nicht vertragl gebundener Beteiligter im Raum steht. Auch sie müssen informieren, Einwilligungen einholen und aufklären, auch sie müssen dokumentieren und Einsicht in die Patientenakte gewäh-

ren. Auch bei ihnen stellen sich die in § 630h angesprochenen Beweisfragen im Rahmen einer deliktischen Haftung, §§ 823, 831, 839 (i Erg auch *Spickhoff* VersR 2013, 267, 281). Wesentliche Unterschiede zw vertragl und deliktischer Haftung hat die Rspr zu Recht schon vor Inkrafttreten des PatRG nicht gemacht.

Während die Rspr noch bemüht ist, durch das PatRG aufgeworfene Rechtsfragen erstmals zu beantworten, mehren sich in der Rechtswissenschaft die Rufe nach einer Reformierung der §§ 630a ff (insb *Ulsenheimer* MedR 2015 betr eine seines Erachtens jetzt schon bestehende Überregulierung; *Illian* ZRP 2018, 6 betr die Beweislast für die haftungsbegründende Kausalität; *Prütting/Friedrich* MedR 2021, 523 betr § 630g insb im Hinblick auf die DSGVO; *Hansen*, MedR 2021, 613 im Hinblick auf Aufbewahrungsfristen gem § 630f III; *Steiner*, MedR 2021, 957, 961 betr grobe Behandlungsfehler; *Gutmann* Gutachten 2021 betr Anforderungen an den Kausalitätsnachweis [S 12ff], Umkehr der Beweislast bei Anhaltspunkten für die Grobheit eines Behandlungsfehlers [S 17ff], Vermutung einer Haftung bei Hygienemängeln [S 22ff], erweiterte Vermutungen [„Positivnachweis“, vgl auch § 630h Rn 26] bei Dokumentationsmängeln [S 227], Einsichtsrecht des Patienten in Hygienepläne und ähnl Unterlagen [S 36ff], Versicherung der Vollständigkeit elektronische Abschriften der Patientenakte [S 37f]; namentliche Benennung an der Behandlung beteiligter Personen durch den Behandelnden [S 38ff]). 7a

V. Verhältnis zu §§ 823ff. Neben der vertragl Haftung kommt auch die Haftung Behandelnder aus § 823 I, II (insb iVm §§ 222, 229 StGB, bei fehlender Aufklärung aber auch §§ 212, 223ff StGB), § 831 I, § 839 I in Betracht. Diese Duplizität bestand bereits vor Inkrafttreten des PatRG, hatte aber nur praktische Bedeutung, wenn mit einzelnen oder auch allen Schaden(mit)verantwortlichen keine vertragl Beziehung bestand. Unterschiede ergeben sich nur im Bereich einer Anwendung der §§ 278, 831 (MüKo/*Wagner* vor § 630a Rn 26; MüKo/*Henssler* § 627 Rn 23), möglicherweise auch im Bereich der Kausalität bei der Haftung für Aufklärungsfehler (*Vogeler* MedR 2020, 180). 8

VI. Prozessuales. 1. Gerichtsstand, funktionelle Zuständigkeit. Als Gerichtsstand kommt der Ort der unerlaubten Handlung iSd § 32 ZPO in Betracht. Das kann der Ort der Schädigung sein, aber auch der Ort, an dem der Verletzungs*erfolg* eingetreten ist (KG GesR 2006, 409); der Ort, an dem verbleibende oder vertiefende Schmerzen als weitere sekundäre (§ 630h Rn 15) Schadensfolgen eingetreten sind, ist indessen kein Erfolgsort iSd § 32 ZPO (Hamm GesR 2015, 632, 633; aA für den Fall, dass dort selbstständige Gesundheitsschäden oder schwere Nebenwirkungen eingetreten sind, Saarbrücken GesR 2021, 43). Am Gerichtsstand der unerlaubten Handlung kann auch über konkurrierende vertragl Ansprüche entschieden werden (BGHZ 153, 173). Zur Bestimmung des Gerichtsstands in Arzthaftungsangelegenheiten bei vermeintlich gesamtschuldnerischer Haftung mehrerer Antragsgegner mit unterschiedlichen allg Gerichtsständen BayObLG GesR 2019, 656. 9

Mehrere nacheinander und unabhängig voneinander tätige Ärzte, die von einem Patienten wegen des Vorwurfs fehlerhafter Behandlung für denselben Schaden in Anspruch genommen werden sollen, können Streitgenossen iSv § 60 ZPO sein (BayObLG GesR 2022, 646), so dass eine Gerichtsstandsbestimmung gem § 36 I Nr 3 ZPO in Betracht kommt. Hierfür hat der Kläger regelmäßig den allg Gerichtsstand der Beklagten zu ermitteln und vorzutragen; die Angabe einer anderen Anschrift, zB der Arbeitsstelle im Krankenhaus, genügt nicht (Hamm GesR 2020, 260). 9a

Bei fast allen Land- und Oberlandesgerichten sind Fachkammern bzw -senate eingerichtet, denen – je nach Geschäftsverteilungsplan – im Allg „Streitigkeiten über Ansprüche aus Heilbehandlung“ funktionell zugewiesen sind. Zur Abgrenzung und Reichweite der § 72a GVG, § 348 ZPO in diesen Fällen *Nordmeier* GesR 2020, 494. 9b

2. Prozesskostenhilfe. Verfahren vor den **Gutachter- und Schlichtungsstellen oder -kommissionen** der Ärztekammern können im PKH-Verfahren verwertet werden (Oldenburg NJW 1994, 807 und MedR 1998, 417; Schleswig GesR 2009, 331; Stuttgart GesR 2009, 41). Die Verfahren haben verjährungshemmende Wirkung (§ 204 I Nr 4; BGH GesR 2017, 165). Zur Beachtlichkeit von Schmerzensgeldvorstellungen des Patienten im PKH-Verfahren BVerfG GesR 2020, 148 m Anm *Schiemann*. 10

3. Selbständiges Beweisverfahren. Während das selbständige Beweisverfahren gem § 485 I ZPO regelmäßig unproblematisch ist, stellt sich die Frage, unter welchen Voraussetzungen ein solches Verfahren nach § 485 II 1 Nr 2 ZPO zulässig ist. Entgegen zahlreichen Stimmen in Lit und Rspr hat der BGH (BGHZ 153, 302; BGH GesR 2013, 724) entschieden, dass ein rechtl Interesse an der Durchführung eines solchen Verfahrens bei Arzthaftungsansprüchen – für die Haftung der übrigen Behandelnden gilt das entspr – nicht aus grds Erwägungen ohne Prüfung der Umstände des Einzelfalls verneint werden könne. Der daraufhin kontroversen Rspr der Obergerichte (teilw wird die Behauptung einer Standardabweichung als Zulässigkeitsvoraussetzung eines solchen Verfahrens gefordert [Naumburg MedR 2006, 211]; zT werden Kausalitätsfragen als zulässig erachtet und eine Klärung im selbständigen Beweisverfahren als möglich [Düsseldorf VersR 2010, 1056; Hamm ZMGR 2004, 153; Nürnberg MedR 2009, 155; Oldenburg GesR 2008, 421]; teilw wird die Frage nach der Ursache eines Behandlungsfehlers auch als unzulässig angesehen [KG GesR 2011, 422; Köln GesR 2011, 157 – krit dazu *Ahrens* FS Jaeger, 3ff; Saarbrücken GesR 2011, 422 unter Aufgabe früherer entgegenstehender Rspr]) ist der BGH jedenfalls insoweit entgegen getreten, dass das selbständige Beweisverfahren sogar hinsichtl der Frage nach einem groben (§ 630h Rn 30) Behandlungsfehler (BGHZ 198, 237 Rn 22) und auch dann zulässig sein soll, wenn es trotz dessen für eine abschließende Klärung absehbar weiterer Aufklärung bedarf (BGH GesR 2013, 724 = MedR 2014 m zust Anm *Walter*). Die zunächst str Zulässigkeit von Beweisfragen zu Inhalt und Umfang der ärztlichen Aufklärungspflicht hat der BGH ebenfalls bejaht (BGH GesR 2020, 509; MDR 2020, 1122; näher dazu *Graf/Johannes/Schwuchow* VersR 2020, 1355). Auch im selbständigen Beweisverfahren bedarf es eines Mindestmaßes an Substantiierung 11

(BGH GesR 2016, 86; Bremen GesR 2019, 520). Str ist, ob die Beiziehung von Patientenakten einer Partei oder eines Dritten (im Hinblick auf die Frage der Anwendbarkeit der §§ 142 bzw 421 ZPO) möglich ist (bejahend Hamm MedR 2020, 40, zustimmend *Graf/Johannes* MedR 2020, 26; verneinend LG Aachen MedR 2019, 481 m abl Anm *Riemer*; zweifelnd und jedenfalls Anwendbarkeit des § 421 ZPO verneinend Köln GesR 2020, 380 = MedR 2020, 762 m Anm *Graf/Johannes/Schmidt-Troje*). Zur Fortführung des selbständigen Beweisverfahrens im Arzthaftungsrecht nach Klageerhebung *Graf/Johannes* VersR 2019, 1054.

11a **4. Musterfeststellungsklage.** Diese ist auch im Arzthaftungsrecht denkbar, insb wenn viele Patienten in gleicher Weise betroffen sind („massenhafte Behandlungsfehler"), wie zB beim Hygienemängeln, wiederkehrenden Problemen beim Einsatz von Medizinprodukten, Massenimpfungen oder standardisierten Aufklärungsfehlern (näher *Ziegler/Ziegler* GesR 2020, 205).

12 **5. Passivlegitimation.** Diese ist im Detail problematisch, insb hinsichtl der Frage, wer im Rahmen von GKV-Behandlungen Vertragspartner geworden ist. Dazu § 630a Rn 13ff; weitergehend im Einz Vorwerk/*Rehborn*[11] Kap 80 Rn 135ff.

13 **6. Substantiierungspflichten.** Besonders hervorzuheben sind die nur geringen Substantiierungsanforderungen (*Gehrlein* GesR 2019, 545), soweit es den medizinischen Sachverhalt betrifft, also nur dort, wo ein typisches Sachkundedefizit des Patienten besteht (Oldenburg NJW-RR 1999, 1153; grundlegend BVerfGE 52, 131; krit *Süß* FS Bergmann, 305, 312). Sie gelten nur im sog Arzthaftungsprozess, nicht allerdings im Regressprozess eines unterlegenen Patienten gegen den zuvor tätig gewordenen medizinischen Sachverständigen im Hinblick auf eine Haftung aus § 839a (BGH GesR 2020, 260 mwN). Der BGH verneint die Notwendigkeit der Angabe näherer Einzelheiten, soweit diese für die Rechtsfolgen nicht von Bedeutung sind; das Gericht müsse nur in die Lage versetzt werden, aufgrund des tatsächlichen Vorbringens der Partei zu entscheiden, ob die gesetzl Voraussetzungen für das Bestehen des geltend gemachten Rechts vorlägen. Insoweit dürften auch von der Partei nur vermutete Tatsachen eingeführt werden, wenn sie mangels entspr Erkenntnisquellen oder Sachkunde keine sichere Kenntnis von entscheidungserheblichen Einzeltatsachen habe (BGH GesR 2021, 528, Rn 19). Unbeachtlich sei ein auf Vermutungen gestützter Sachvortrag erst dann, wenn willkürlich Behauptungen „aufs Geratewohl" oder „ins Blaue hinein" aufgestellt würden, wobei der BGH bei der Annahme von Willkür ausdrückl Zurückhaltung gebietet (BGH GesR 2021, 528, Rn 20 mwN; vgl auch BGH GesR 2016, 86 zur Substantiierung im selbständigen Beweisverfahren; Köln VersR 2015, 1295; Naumburg GesR 2013, 624; Dresden GesR 2019, 112; zu erweiterten Substantiierungslasten im Rechtsmittelverfahren Dresden GesR 2020, 587). Je weiter fortgeschritten die Klärung der Geschehnisse gediehen ist, desto substantiierter muss der Vortrag auf Patientenseite sein; das gilt insb dann, wenn ein in einem Schlichtungsverfahren eingeholtes Gutachten einen Fehler verneint (*Sommerfeld* VersR 2015, 661, 675 unter Verweis auf Naumburg GesR 2013, 342; Jena GesR 2020, 376). Diese geringen Substantiierungsanforderungen werden ausgeglichen durch eine erweiterte Pflicht des Gerichts zur **Sachverhaltsermittlung von Amts wegen**, auch bezeichnet als „Amtsermittlungsgrundsatz". Diese Pflicht des Gerichts schlägt sich nieder in der Beiziehung der Patientenakte des Behandelnden, ggf auch Dritter (*Gehrlein* GesR 2019, 545, 548: der Patient soll nicht verpflichtet sein, seinerseits diese Unterlagen zu beschaffen), in deren Auswertung, ggf Einholung von Sachverständigengutachten von Amts wegen sowie in der Parteivernehmung von Amts wegen, sofern zuvor alle angebotenen Beweismittel ausgeschöpft wurden und keinen vollständigen Beweis erbracht haben (BGH GesR 2020, 89). Infolgedessen kann es schwierig werden, die **Rechtskraft** zu beurteilen. Maßgeblich dafür ist, ob über den **Streitgegenstand** (dazu Zöller/*Vollkommer*[34] Einl Rn 60) bereits rechtskräftig entschieden ist. Den Streitgegenstand soll der Kläger „einschränken" bzw begrenzen können, zB auf einzelne Behandlungsabschnitte (zeitl, Hamm NJW-RR 1999, 1589) oder Behandelnde (inhaltlich; vgl dazu – unter gesellschaftsrechtl Gesichtspunkten – BGH NJW 2011, 2048, anwendbar insb auf die Berufsausübungsgemeinschaft, vgl § 630a Rn 18; BGHZ 159, 245, dazu *Rehborn* GesR 2004, 403; Hamm MedR 2005, 351). Diese Bestimmung durch den Kläger erfährt eine Relativierung durch die Pflicht zur erweiterten Ermittlung des medizinischen Sachverhalts von Amts wegen, oft gekennzeichnet als Suche des Gerichts nach der, oft jedweder, medizinischen Ursache eines Schadens. Das kann dazu führen, dass es gegen oder ohne den Willen des Klägers zu einer Erweiterung des Streitgegenstandes kommt. Dieses Spannungsverhältnis zw Beschränkung des Streitgegenstandes durch den Kläger einerseits und Amtsermittlung andererseits ist noch nicht abschließend gelöst; zu den Auswirkungen bzgl der Rechtskraft Hamm NJW-RR 1999, 1589; Saarbrücken MDR 2000, 1317 m Anm *Rehborn*; LG Koblenz BeckRS 2009, 07440; LG Wiesbaden GesR 2014, 676; *Rehborn* GesR 2004, 403, 406; *Irrgang* MedR 2010, 533, 535). Sachgerecht erscheint in jedem Fall aber die Differenzierung von *Nußstein* (VersR 2016, 1291, 1293), wonach die Pflicht zur standardgemäßen Behandlung und die Pflicht zur Aufklärung im Falle ihrer Verletzung unterschiedliche Lebenssachverhalte, hingegen verschiedene Verletzungen des geschuldeten Standards und unterschiedliche Mängel der Risikoaufklärung jew einen einheitlichen Streitgegenstand darstellen.

13a **7. Sekundäre Darlegungslast.** Auch im Arzthaftungsprozess kann eine sekundäre Darlegungslast bestehen; generell hat der BGH eine solche angenommen, wenn der primär darlegungsbelasteten Partei nähere Darlegungen nicht möglich oder nicht zumutbar sind, während der Prozessgegner alle wesentlichen Tatsachen kennt und es ihm zumutbar ist – was regelmäßig der Fall sein soll (BGH GesR 2019, 226) –, nähere Angaben zu machen (BGH MDR 2015, 726). Diese Verpflichtung hat er explizit bei behaupteten Hygienemängeln angenommen, da sich der Kenntnis des Patienten die Einhaltung der Hygienebestimmungen (interne Qualitätssicherungsmaßnahmen, Hygieneplan, Arbeitsanweisungen) entziehe (BGH GesR 2016, 701, 703 = MedR 2018, 239 m zust Anm *Walter*; BGH GesR 2019, 226; *Stöhr* GesR 2015, 259, 261; aA zuvor München GesR 2013, 618). Zwar muss der Patient

Anhaltspunkte für einen Behandlungsfehler vortragen, um die sekundäre Darlegungslast der Behandlerseite auszulösen (BGH GesR 2016, 701; GesR 2018, 770; GesR 2019, 226); auch hierfür gelten aber nur maßvolle Anforderungen an seine primäre Darlegungslast. So genügt es, wenn der beweisbelastete Patient solchen Vortrag hält, der die Vermutung eines Hygienefehlers der Behandlungsseite aufgrund der Folgen für ihn gestattet (BGH GesR 2019, 569; GesR 2020, 374). Generell sind sekundäre Darlegungslasten Behandelnder denkbar hinsichtl des Behandlungsverlaufs, des Ergreifens von Schutzmaßnahmen (zB bzgl der Lagerung im OP, Verhinderung von Dekubiti, Sturzfallprophylaxe), der Qualifikation Behandelnder, Verwendung elektronischer Dokumentationssysteme und der Bezugsquellen verwendeter Medizinprodukte; auf Patientenseite kommen sie insb im Hinblick auf Kenntnis oder grobfahrlässige Unkenntnis von Verjährungstatbeständen in Betracht (detailliert *Rehborn* FS Möller, 2023, 269ff). Bei Annahme einer sekundären Darlegungslast und bislang unzureichendem Vortrag der Behandlungsseite in solchen Fällen kann eine Hinweispflicht des Gerichts gem § 139 ZPO bestehen (BGH GesR 2021, 317, 318 Rn 15).

8. Aussetzung. Insb wegen unterschiedlicher Beweisregeln kommt es in Arzthaftungsangelegenheiten regelmäßig nicht in Betracht, einen Zivilprozess im Hinblick auf ein gegen den bzw die Behandelnden laufendes Strafverfahren bis zu dessen Abschluss auszusetzen (Dresden GesR 2019, 714 mwN). 13b

9. Prozessuale Fristsetzung. Jedenfalls für das Arzthaftungsrecht ist in der Rspr zu Recht das **Verbot einer Überbeschleunigung** hervorgehoben worden (BGH NJW 2012, 2808); Klageerwiderungsfristen sind demgemäß unter Berücksichtigung der Umstände des Einzelfalls, insb eines komplexen Streitstoffes, angemessen zu setzen und jedenfalls bei einem komplexen Handlungsgeschehen mit einer Frist von zwei Wochen für die Verteidigungsanzeige und weiteren zwei Wochen für die Klageerwiderung unangemessen kurz (Düsseldorf GesR 2011, 668). Dasselbe gilt für die Stellungnahme zu einem Beschluss, wonach beabsichtigt sei, die Berufung gem § 522 II ZPO zurückzuweisen (BGH MedR 2019 m Anm *H. Prütting*). Andererseits gebietet Art 8 I EMRK einen Anspruch darauf, dass das Verfahren gleichwohl „innerhalb einer angemessenen Zeit beendet" wird (EGMR MedR 2017, 119, 121; GesR 2011, 557; vgl auch BGH MDR 2014, 832). 14

10. Richter. Der Einsatz eines **Einzelrichters** im Arzthaftungsrecht ist idR verfahrensfehlerhaft (BGH NJW 1994, 801; *Gehrlein* VersR 2001, 935). Ein Verstoß hiergegen stellt allerdings wegen § 348 IV ZPO keinen Anlass dar, den Rechtsstreit an die Vorinstanz zurückzuverweisen. Auch liegt hierin keine Verletzung des Anspruchs auf den gesetzl Richter gem Art 101 I 2 GG (BGH MDR 2013, 1063). Zur Befangenheit von Richtern im Arzthaftungsprozess Bremen GesR 2012, 164; Celle GesR 2011, 560; Koblenz MedR 2012, 677; KG GesR 2019, 157; München GesR 2019, 720. 15

11. Sachverständige. Zur Auswahl geeigneter Sachverständiger vgl § 630a Rn 38. Der Sachverständige ist befugt, den Patienten zu untersuchen; ein Anwesenheitsrecht des Prozessgegners besteht im Allg nicht, da bei der Untersuchung einer Person durch einen ärztlichen Sachverständigen die Parteiöffentlichkeit hinter den Schutz der Menschenwürde des Behandelten zurückzutreten hat (München GesR 2015, 634; NJW-RR 1991, 896); das soll auch schon für das Anamnesegespräch gelten (München GesR 2015, 634). Hingegen besteht keine Duldungspflicht des zu Untersuchenden (*Scholz* VersR 2016, 625, 637). Zur Befangenheit Sachverständiger im Arzthaftungsprozess *Heinz* GesR 2014, 141. 16

Zunehmende Bedeutung kommt der Beachtung von Privatgutachten zu. Widersprüche zwi diesen und den Gutachten eines gerichtlich bestellten Sachverständigen hat das Gericht durch Ergänzungsgutachten und/oder Befragung des gerichtlichen Sachverständigen aufzuklären (BGH GesR 2015, 88 mwN); in Ausnahmefällen kann es auch geboten sein, ein weiteres Gutachten („Obergutachten") gem § 412 ZPO einzuholen. 16a

12. Beweislastverteilung. Es gelten besondere Beweislastregeln; vgl dazu im Einz § 630h Rn 1ff. 17

13. Akteneinsicht. Einsicht in die Patientenakte(n) im Rahmen des Zivilprozesses steht allen Parteien zu. Da die Patientenakte aber nicht Bestandteil der Gerichtsakte sein soll, besteht ein Anspruch auf Überlassung allenfalls im Rahmen pflichtgemäßen Ermessens (Dresden GesR 2021, 580; GesR 2022, 189; Karlsruhe GesR 2013, 50), sonst nur ein Recht auf Einsichtnahme auf der Geschäftsstelle (Hamm GesR 2006, 569; LG Essen GesR 2012, 574). Str ist, ob ein Anspruch besteht, vom Gericht Kopien zu erhalten (verneinend Hamm GesR 2006, 569; richtigerweise bejahend unter dem Gesichtspunkt von Art 103 I GG Dresden GesR 2021, 580; GesR 2022, 189; Karlsruhe GesR 2013, 50). 18

Zumindest im Hinblick auf die Patientenakte(n) einer beklagten Partei wird sich diese Problematik mit der Einführung digitaler Akten und der zumindest im Anwaltsprozess bestehenden Verpflichtung zur Nutzung des Besonderen elektronischen Anwaltspostfachs (§ 31a VI BRAO) weitgehend erledigen, da (auch) die Patientenakte als elektronisches Dokument einzureichen sein wird (§ 130d iVm § 130a ZPO). Entspr gilt, wenn dem Kläger vom Gericht die Auflage gemacht wird, Patientenakten weiterer Behandelnder einzureichen. 18a

VII. IPR. Umfassend hierzu *Nordmeier* GesR 2013, 513; *Fischer* MedR 2014, 712; *Katzenmeier/Kurz/Jansen* VersR 2019, 1045; s ferner Erl zu Art 40ff EGBGB. Zur Zuständigkeit dt Gerichte bei Schadenseintritt in Deutschland nach Verschreibung eines Arzneimittels ohne die Aufklärung im Ausland BGHZ 176, 34; zur deliktischen Haftung bei Behandlung eines dt Patienten im Ausland BGHZ 190, 301. 19

§ 630a Vertragstypische Pflichten beim Behandlungsvertrag

(1) Durch den Behandlungsvertrag wird derjenige, welcher die medizinische Behandlung eines Patienten zusagt (Behandelnder), zur Leistung der versprochenen Behandlung, der andere Teil (Patient) zur Gewährung der vereinbarten Vergütung verpflichtet, soweit nicht ein Dritter zur Zahlung verpflichtet ist.

(2) Die Behandlung hat nach den zum Zeitpunkt der Behandlung bestehenden, allgemein anerkannten fachlichen Standards zu erfolgen, soweit nicht etwas anderes vereinbart ist.

1 **I. Behandlungsvertrag.** Das PatRG hat im Jahr 2013 (Details Vor § 630a Rn 1ff) mit § 630a einen zuvor im BGB nicht explizit beinhalteten Vertragstyp eingefügt, ausgestaltet als eine „spezielle Form des Dienstvertrags" (BT-Drs 17/10488, 17; vgl auch Vor § 630a Rn 4).

2 **1. Rechtslage vor Inkrafttreten des PatRG.** Der Behandlungsvertrag war bis zur Einführung durch das PatRG (BGBl I 2013, 277) im BGB nicht explizit geregelt. Für den *Arzt*vertrag war anerkannt, dass es sich um einen Dienstvertrag gem §§ 611ff handle. Die Rspr nutzte aber seinerzeit auch schon den Begriff des Behandlungsvertrags (BGHZ 47, 75; 76, 259; 97, 273), auch für die Behandlung durch Zahnärzte (BGH GesR 2011, 414), Psychotherapeuten (München NJW 1984, 1826) und Heilpraktiker (Stuttgart VersR 2009, 992).

3 **2. Abgrenzung zum Werkvertrag.** Beim Behandlungsvertrag handelte es sich nach einhelliger Meinung, bereits vor Inkrafttreten des PatRG, um einen Dienstvertrag gem §§ 611ff und nicht um einen Werkvertrag (vgl zB *Martis/Winkhart*[5] A 401; krit dazu *Grams* GesR 2012, 513). Geschuldet wird kein Heilerfolg, sondern nur die Dienstleistung des Behandelnden, die ua die Diagnose, Beratung und Therapie umfasst (D. Prütting/*J. Prütting/Tigges*[5] § 611 BGB Rn 1ff). Ursächlich dafür ist die Erwägung, dass ein Erfolg der Behandlung am lebenden Organismus im Allg nicht garantiert werden kann und der Behandelnde daher lediglich zu einer „fachgerechten" Vornahme der Behandlung verpflichtet ist (BT-Drs 17/10488, 17; zum österreichischen Recht *Laimer* RdM 2021, 98, 99)). Das gilt auch für die **zahnärztliche Behandlung einschl der prothetischen Versorgung**; allerdings ist – wie schon vor Inkrafttreten des PatRG (BGHZ 63, 306) – für die (rein) außerhalb der spezifischen Heilbehandlung liegenden Leistungen, insb die *handwerkliche* Herstellung (anders schon als die Eingliederung) der Prothese, eine Ergänzung um die gewährleistungsrechtl Regelungen des Werkvertragsrechts vorzunehmen, und zwar auch dann, wenn der Zahnersatz durch einen Zahnarzt eingegliedert wurde (Dresden GesR 201, 531). Nichts anderes gilt für sog **kosmetische Operationen** (Hamburg MDR 2006, 873; Köln GesR 2003, 85) oder **Sterilisationen** (BGHZ 79, 259). Auch der sog **Diagnosevertrag** bzw die Einholung einer sog **„second opinion"** sind keine Werkverträge, da auch ihnen die typischen Unwägbarkeiten im menschlichen Körper ablaufender Vorgänge innewohnen; aA *Spickhoff* MedR 2015, 845, 847). Anderes kann – je nach dem Auftrag im Einzelfall – für einen Vertrag über die Erstellung eines **medizinischen Gutachtens** gelten. Die Leistungen, für die ausschließlich das Werkvertragsrecht nach §§ 631ff gilt, können nur solche sein, bei denen eine medizinische Behandlung nicht vorliegt. Hierzu zählen zB **Labortests** (Stuttgart NVwZ-RR 2006, 6; LG Dortmund GesR 2007, 227; *Spickhoff* MedR 2015, 845, 847; *Laimer* RdM 2021, 98, 99), soweit es um die Erhebung (obj) Parameter geht, die bloße Erstellung von Röntgenbildern (Düsseldorf MDR 1985, 1028) oder die Anfertigung einer (Zahn-)**Prothese** (BGH NJW 1975, 305; Koblenz NJW-RR 1995, 567; *Spickhoff*, MedR 2015, 845, 847). Die werkvertragl Komponente tritt allerdings umso mehr zurück, als die individuelle Konstellation des Patienten an Bedeutung gewinnt (dh bei Befundung der Laborwerte oder der Röntgenbilder, bei Eingliederung/Anpassung einer Prothese).

4 Dem Behandelnden bleibt es aber unbenommen, aufgrund der gegebenen Vertragsfreiheit (BT-Drs 17/10488, 17) **individualvertragl** (zB bei zahnprothetischen Maßnahmen – dazu *Grams* GesR 2012, 513 – oder im Rahmen der sog Schönheitschirurgie uÄ) auch eine **Erfolgsgarantie** zu vereinbaren. Solchenfalls richtet sich die Rechtsbeziehung nicht nur nach den §§ 630a ff, sondern, insb hinsichtl der Gewährleistung und Kündigung, nach Werksvertragsrecht, §§ 631ff; für eine analoge Anwendung der §§ 630d, 630e in solchen Fällen *Spickhoff* VersR 2013, 267, 269.

5 **3. Vertragsschluss. a) Allgemeines.** Ein Behandlungsvertrag kommt zw den Vertragsparteien nach den allg Regelungen durch Antrag und Annahme (Vor § 145 Rn 11ff) zustande (speziell zum Abschluss durch Minderjährige umfassend *Reuter* 1ff). Vielfach erfolgt der Vertragsschluss zumindest konkludent, indem sich der Patient in die Behandlung des Behandelnden begibt und dieser die Behandlung übernimmt (BGH NJW 2000, 3429; näher auf Basis österreichischen Rechts *Verbunkic* RdM 2021, 55). Das entspricht der jedenfalls zivilrechtl Rspr vor Inkrafttreten des PatRG (BGHZ 47, 75; 97, 273, 276; aber auch BVerfG NJW 2005, 1103 für die ambulante ärztliche Behandlung; BGHZ 76, 259, 261 für die stationäre Behandlung). Streitig ist die Frage, ob die Vereinbarung eines Termins für eine Fernbehandlung (schon) zum Vertragsschluss führt (näher dazu *Kaeding* MedR 2019, 288).

6 **b) Vertrag mit GKV-Versicherten?** Die sozialrechtl Rspr (BSGE 73, 271; aber auch BGHZ 140, 102), oft im Einklang mit der sozialrechtl Lit (*Krause* SGb 1982, 425, 431; *Lüke* SGb 1985, 305, 306; *Schmidt-De Caluwe* VSSR 1998, 207, 224; *Schnapp/Düring* NJW 1989, 2913, 2916; *Schulin* VSSR 1994, 362) geht demggü davon aus, dass GKV-Versicherte, jedenfalls bei Inanspruchnahme gesetzl Leistungen, insb nach dem SGB V, keinen Vertrag schließen, dass vielmehr ein **öffentlich-rechtl Sonderverhältnis** vorliege (vgl zum Meinungsstand Huster/Kaltenborn/*Rehborn*, Krankenhausrecht, § 12 Rn 2ff; diff, letztlich aber offenlassend GmS-OGB GesR 2013, 249). Praktische Relevanz hat dieser Streit, wenn es um die Einbeziehung Allg Geschäftsbedingungen (insb bei Krankenhausbehandlung, *Rehborn* GesR 2013, 257) oder ein Ausfallhonorar bei Nichterscheinen des Patienten gem

§§ 611, 615 (Spickhoff/*Spickhoff*[4] § 630a Rn 21 mwN; VG Freiburg MedR 2017, 252; näher dazu BGH GesR 2022, 445; *Schinnenburg* MDR 2022, 985) geht. Der Gesetzgeber hat die Anwendung der §§ 630a ff nicht auf Selbstzahler beschränkt, sondern – in Kenntnis der vor Inkrafttreten des PatRG ergangenen sozialrechtl Rspr – ausdrückl die Behandlung GKV-Versicherter einbeziehen wollen; er formuliert unmissverständlich, es sei „der besonderen Konstruktion der gesetzl Krankenversicherung geschuldet, dass der Patient und der Arzt zwar einen privatrechtl Behandlungsvertrag abschließen und der Arzt aus diesem Vertrag die Leistung der fachgerechten Behandlung" (BT-Drs 17/10488, 18) schulde. Gleichwohl überlagere „das Recht der gesetzl Krankenversicherung an dieser Stelle das Privatrecht mit der Folge, dass sich der ansonsten synallagmatische Behandlungsvertrag zw dem Arzt und dem Patienten in ein partiell einseitiges Vertragsverhältnis" umwandle (BT-Drs 17/10488, 19). Trotz der zutr Auffassung, dem Sozialrecht werde hierdurch „die Grundlage entzogen" (*Wagner* VersR 2012, 789, 793), hält die sozialrechtl Rechtsprechung auch nach Inkrafttreten des PatRG daran fest, es bestehe ein „öffentlich-rechtl Behandlungsverhältnis" (BSG GesR 2016, 24 Rn 15). Zumindest wendet das BSG aber § 630g analog an. Zu beachten ist indessen bei GKV-Versicherten allein, dass der Behandlungsvertrag weitestgehend zu gesetzl Konditionen, insb auf Basis der Vorgaben des SGB V, abgeschlossen wird („sozialrechtl Modifikation", Quaas/Zuck/Clemens/*Quaas*, Medizinrecht[4], § 14 Rn 5; ähnl *Spickhoff* VersR 2013, 267, 270).

c) Vertragslose Behandlungsverhältnisse. Die Behandlung auf Basis eines Vertrags stellt den Regelfall dar. Bei grds möglichem Abschluss eines Behandlungsvertrags, der indessen im Einzelfall nicht zustande gekommen ist (zB bei Bewusstlosigkeit des Patienten), greifen die Regelungen der Gschäftsführung ohne Auftrag (vgl § 677 Rn 1ff); gehaftet werden soll in solchen Fällen nach § 280 (vgl § 677 Rn 51). Darüber hinaus gibt es Behandlungen ohne Behandlungsvertrag, insb im Rahmen der Erfüllung öffentlich-rechtl Pflichten, so die Tätigkeit des **Amtsarztes** (BGHZ 63, 265) und des **Impfarztes** (BGH NJW 1990, 2311); die Behandlung im Rahmen einer **Unterbringung** nach PsychKG der Bundesländer, auch mit Einverständnis des Untergebrachten (BGH NJW 2008, 1444; Dresden GesR 2018, 262 und GesR 2018, 302; Köln MedR 2015, 826 m Anm *Schmidt-Recla*; VG Freiburg MedR 2017, 252); die **Behandlung von Soldaten** durch **Truppenärzte** (BGHZ 108, 230; 120, 376; Brandenburg VersR 2001, 1428; Schleswig GesR 2014, 667; zur Abgrenzung von privatärztlicher Tätigkeit LG Berlin MedR 2004, 449; zur Schädigung des Kindes einer Soldatin unter der Geburt BSG GesR 2022, 112), aber auch durch niedergelassene Ärzte auf Überweisung eines Bundeswehrarztes (BGH NJW 1996, 2431; Brandenburg VersR 2001, 1428), nicht aber ohne Ein- oder Überweisung durch einen Bundeswehrarzt (Schleswig GesR 2014, 667); die **Behandlung von Polizeiangehörigen** durch **Polizeiärzte**, nicht aber iÜ (BGH GesR 2014, 150; Braunschweig GesR 2020, 311); die **Behandlung Strafgefangener** (Igl/Welti/*Nebendahl*, Gesundheitsrecht[4], § 47 Rn 64; *Lindner/Huber*, Medizinische Versorgung von Strafgefangenen. Zur Anwendung der §§ 630a ff BGB im Strafvollzug, GS Tröndle, 2019, 443, 454); die auf Basis der RettG der Bundesländer meist öffentlich-rechtl (anders Karlsruhe GesR 2016, 515 und GesR 2017, 235 [nur für Baden-Württemberg relevant]) ausgestaltete Tätigkeit des **Notarztes** (BGHZ 153, 268 = BGH GesR 2003, 201 m Anm *Petry* [Bayern]; BGHZ 160, 216 [Bayern]; Hamm GesR 2018, 425 m Anm *Becker-Wulf* [Nordrhein-Westfalen]; Koblenz GesR 2018, 514 [Rheinland-Pfalz]; BGH GesR 2019, 652; Dresden GesR 2017, 232 = MedR 2018, 562 m Anm *Lippert* [Sachsen – Besonderheit: Rettungszweckverbände]; BGH GesR 2017, 167 [Thüringen – mit der Besonderheit, dass dort die Kassenärztliche Vereinigung für Fehler bei einem Rettungseinsatz haften soll]); wie die eines **Rettungssanitäters/Rettungsassistenten** (KG GesR 2016, 509); die Tätigkeit eines **Durchgangsarztes** (D-Arzt), zuzurechnen der **Berufsgenossenschaft** (zur Abgrenzung öffentlich-rechtl Tätigkeit bei Übernahme auch der Behandlung durch denselben Arzt unter Aufgabe der vorherigen Rspr zur „doppelten Zielrichtung" BGHZ 213, 220; BGH GesR 2017,171: Diagnosestellung und sie vorbereitende Maßnahmen sowie die Erstversorgung (diese sehr weit ausdehnend Schleswig GesR 2020, 708 m Anm *Rehborn*: fast zweistündiger Eingriff ggf dazu gehörend) sind ebenfalls der öffentlich-rechtl Aufgabe des Durchgangsarztes zuzuordnen, dazu *Jorzig/Glaubitz* MedR 2018, 17; ebenso zu Recht bei „Fortsetzung" eines aus der Erstversorgung resultierenden Fehlers in der Nachbehandlung – solange und soweit nicht iRd Folgebehandlung eine Überprüfung der Diagnose standardgemäß geboten gewesen wäre – Karlsruhe GesR 2020, 51; Naumburg GesR 2020, 54 = GuP 2020, 80 m Anm *Ziegler* = NJW 2020, 1445 m Anm *Jorzig* = MedR 2021, 161 m Anm *Süß*; krit zu Recht *Nußstein* VersR 2020, 1594; Regress der Berufsgenossenschaft gegen den D-Arzt dann ggf vor dem SG: BGH GesR 2023, 161; Dresden GesR 2019, 783; LG Dortmund GesR 2019, 242) sowie des Heilbehandlungsarztes (H-Arzt; zur Abgrenzung zur zivilrechtl Haftung BGHZ 179, 115) und des von der Berufsgenossenschaft beauftragten Gutachters (Koblenz GesR 2005, 90), je nach den Umständen auch die Tätigkeit eines vom D-Arzt hinzugezogenen Arztes (BGH GesR 2020, 445 = JR 2020, 443 m Anm *Thiel* = MedR 2020, 1026 m Anm *Nußstein*); Stellungnahmen durch den **Vertrauensarzt** des MDK (BGH VersR 2006, 1684) sowie die öffentlich-rechtl Tätigkeit des **Amtsarztes** im **Gesundheitsamt** (BGHZ 63, 265; BGH VersR 2001, 1108; zur Differenzierung bei Impfungen BGH NJW 1990, 2311), nicht aber die Tätigkeit des sog Programmverantwortlichen Arztes beim **Mammografie-Screening** (LG Dortmund GesR 2016, 530, 531: Vertragsverhältnis). Außerhalb öffentlich-rechtl Tätigkeiten fehlt es an einem Vertrag zw Behandelndem und Patient zB bei der auf einem Vertrag des Arbeitgebers mit dem **Betriebsarzt** beruhenden betriebsärztlichen Tätigkeit (LG Paderborn MDR 2001, 1304). 7

d) Vertrag über widerrechtl Leistungen. Während Verträge über widerrechtl oder sittenwidrige Leistungen gem §§ 134, 138 im Regelfall nichtig sind, soll im Falle eines allein auf der Grundlage der Beratungslösung gem § 218a I StGB vorgenommenen Schwangerschaftsabbruchs rsp Versuchs desselben (Schwangerschaftsabbruch 8 zwar straflos, aber widerrechtl, BVerfGE 67, 26; 88, 203), trotz §§ 134, 138 ein wirksamer Behandlungsvertrag zustande kommen können (BVerfGE 88, 203; BGHZ 129, 178; BGH VersR 2002, 767).

9 **4. Vertragsinhalt.** Durch den Behandlungsvertrag wird der Behandelnde „zur Leistung der **versprochenen Behandlung**" verpflichtet. Primär umfasst das die zw den Beteiligten besprochene Vorgehensweise (§ 630c Rn 7). Mit dieser Formulierung hat der Gesetzgeber die Abgrenzung zum Werkvertrag hervorgehoben. Der aus dem Behandlungsvertrag Verpflichtete schuldet lediglich die Leistung, nicht aber einen Erfolg (vgl Rn 3).

10 Der Inhalt des Behandlungsvertrags richtet sich primär nach den getroffenen Vereinbarungen der Parteien. Da es in der Praxis vielfach keine expliziten, differenzierten Absprachen über die Behandlung gibt, kommt es auf konkludente Absprachen an; im Zweifel sind diese anzunehmen, orientiert an der Art der Erkrankung und der Indikation der Maßnahmen (*Laufs/Katzenmeier/Lipp*[8] III Rn 34). Sie umfassen Anamnese, Untersuchung, Diagnosestellung und Therapie nach dem Standard (unten Rn 34ff), aber auch die sich aus den §§ 630a ff oder anderweitigen Vorschriften ergebenden sonstigen Pflichten, insb zur Information (§ 630c), Aufklärung (§ 630e), Dokumentation (§ 630f), aber auch zum Entlassmanagement (Brandenburg GesR 2022, 796). Zum sog **„Erstgespräch"** *Verbuncic* RdM 2020, 143.

11 **5. Vertragliche Nebenpflichten.** Neben den vertragl kraft Gesetzes geschuldeten oder im Einzelfall zw den Parteien des Behandlungsvertrags vereinbarten Hauptpflichten bestehen sog unselbständige Nebenpflichten aus dem Behandlungsvertrag; zur Abgrenzung vgl § 241 Rn 2.

12 Im Zentrum dieser im Gesetz nicht explizit genannten, von den Vertragsparteien aber zumindest konkludent vereinbarten Pflichten steht insb die über § 203 StGB geschützte und dort im Einz weiter umschriebene **Schweigepflicht** (Ratzel/Luxenburger/*Griebau*, Hdb Medizinrecht[4], § 11 Rn 49); dazu im Einz unter strafrechtl Gesichtspunkten Ratzel/Luxenburger/*Giring* § 16 Rn 139ff; berufsrechtl (betr Ärzte) Ratzel/Lippert/J. Prütting/*Lippert*, MBO[7] § 9 Rn 3ff; D. Prütting/*Rehborn*[6] § 9 Rn 1ff; Spickhoff/*Scholz*3 § 9 MBO Rn 2. Patientenseits kommt die Verpflichtung zur **Mitteilung** ihm bekannter **ansteckender Krankheiten** zum Schutz des Behandelnden und seiner Mitarbeiter in Betracht (*Spickhoff* VersR 2013, 267, 271). Eine solche Mitteilung muss auch ungefragt und auch wenn mit der beabsichtigten/begehrten Behandlung nicht in erkennbarem Zusammenhang stehend, erfolgen (zB Hinw an den Zahnarzt auf das Bestehen einer HIV-Infektion, einer Hepatitis usw). Die Rspr hat zudem eine Hinweispflicht des Behandelnden für die Notwendigkeit einer **Antragstellung zur Feststellung eines Impfschadens** (BGH VersR 2001, 1108) bejaht. Nicht hierzu zu rechnen ist die **Aufklärung**, deren Verortung vor Inkrafttreten des PatRG streitig war, die jedenfalls jetzt aber zu den Hauptpflichten zu rechnen ist.

13 **6. Vertragsparteien. a) Behandelnder.** Die §§ 630a ff sprechen regelmäßig vom „Behandelnden"; das Gesetz bezeichnet als solche all diejenigen, die die medizinische Behandlung eines Patienten – gleich in welcher Eigenschaft – zusagen. Der Begriff wird indessen in den Folgevorschriften nicht einheitlich verwendet; mal ist „Behandelnder" die Vertragspartei iSd Legaldefinition des § 630a I, mal – so jedenfalls in § 630c II, § 630h IV – derjenige, der ohne Vertragspartner zu sein, Hand anlegt (näher *Rehborn* FS Bergmann, 209ff; zust *Bergmann* VersR 2017, 661, 662).

14 **aa) Definition. (1) Zusagende** sind diejenigen, die Vertragspartner des Patienten werden; terminologisch sind daher mit der Zusage das Angebot oder die Annahme eines Antrags auf Abschluss eines Behandlungsvertrags gemeint (so auch *Bender* VersR 2013, 962, 963). Zusagende iSd Abs I sind somit aber nicht diejenigen, die nur unselbständig, insb als Erfüllungs- oder Verrichtungsgehilfen, bestimmte Maßnahmen „versprechen". Hierunter fallen zB die Arzthelferin in der Arztpraxis, Krankenschwestern und -pfleger, Assistenz- und nicht liquidationsberechtigte Oberärzte im Krankenhaus.

15 (2) Nach dem Wortgebrauch versteht man unter Medizin die Heilkunde (Igl/Welti/*Igl*, Gesundheitsrecht[4], § 15 Rn 6). Als **„medizinische Behandlung"** kommt daher nicht nur die Erbringung von Gesundheitsdienstleistungen, „die physisches oder psychisches menschliches Leid lindern oder dessen Ursache beheben sollen" (*Wagner* VersR 2012, 789, 790), in Betracht, sondern auch jedwede darüber hinausgehende Tätigkeit der Ausübung von Heilkunde, insb auch ohne medizinische Indikation, wie zB Vorbereitung und Durchführung rein kosmetischen Zwecken dienender Operationen (sog Schönheitsoperation). Erfasst wird jedwede Diagnostik und Therapie am Menschen. Demgegenüber fehlt es an einer medizinischen Behandlung iSd Abs I bei rein pflegerischen oder Betreuungsleistungen (BT-Drs 17/488, 17), Transport einer Person im Rettungsdienst ohne weitergehende Behandlung (Braunschweig GesR 2021, 666; MedR 2022, 145 m Anm *Dörrenbächer*; pharmakologischen (BT-Drs 17/10488, 18; aA für den Fall der Nicht-Einbindung eines Arztes in die Arzneimittelabgabe *Effertz* GesR 2019, 15; auch *Bergmann* VersR 2017, 661, 662 spricht insoweit vom „behandelnden" Apotheker, sieht hierin aber gleichwohl – zutreffend – keinen Behandlungsvertrag; ähnl *Krapohl/Napp-Saarbourg* FS Möller, 2023, 637, 653) oder tierärztlichen (BGH NJW 2016, 2502 Rn 16) Leistungen, Leistungen des Rettungsdienstes beim bloßen Krankentransport (Braunschweig GesR 2021, 666; MedR 2022, 145), der Angehörigen gesundheits-handwerklicher Berufe (Frankfurt GesR 2021, 440 betr Hörgeräteakustiker), von Fitnesstrainern, Kosmetikern (Köln GesR 2020, 668 betr kosmetische Haarentfernung), Friseuren (*Wagner* VersR 2012, 789, 790), beim „Yoga für Schwangere" (Zweibrücken GesR 2018, 792), uU auch einer Therapie zur Gewichtsabnahme (AG Frankfurt/M GesR 2020, 671).

16 **bb) Behandelnde nach Gruppen.** Die amtl Begr (BT-Drs 17/10488, 18) erwähnt als Behandelnde namentlich **Ärzte, Zahnärzte, Psychologische Psychotherapeuten, Kinder- und Jugendlichenpsychotherapeuten, Hebammen** (nicht aber beim bloßen Abhalten eines Kurses „Yoga für Schwangere", Zweibrücken GesR 2018, 792),

Masseure, Medizinische Bademeister, Ergotherapeuten, Logopäden, Physiotherapeuten (vgl zu deren Haftung Oldenburg GesR 2015, 500), **Heilpraktiker** (München GesR 2021, 447 m Anm *Sasse*; NK-MedR/*Bergmann*/*Middendorf* § 630a Rn 4). Erfasst werden damit insb auch die in sog **Heilhilfsberufen** (so die Terminologie des BVerwG NJW 2013, 1320; früher: „Heilhilfstätigkeiten", vgl BVerwGE 35, 308) Tätigen. Zu den medizinisch Behandelnden sind alle in den Kreis der in Art 74 I Nr 19 GG genannten „ärztlichen und anderen Heilberufe" sowie des Heilgewerbes (*Spickhoff* VersR 2013, 267, 269; eingehend dazu BonnKomm/*Axer* Art 74 I Nr 19 GG Rn 17 [Bearb April 2011]; BerlKomm-GG/*Rehborn* Art 74 I Nr 19 GG Rn 42–53 [Bearb 2012]) einbezogenen Berufe zu rechnen. Angesichts der Anforderungen an die Berufsqualifikation sind Notfallsanitäter (*Lippert* GesR 2013, 583, 585), aber auch **Podologen** dazu zu rechnen (vgl die parallelen Erwägungen zur Qualifikation ihrer Leistungen als HeilbehandlungsleistungenVG Braunschweig GesR 2023, 194, BFH UR 2013, 381; zum Tätigkeitsfeld umfassend *Schnitzler* MedR 2011, 270).

Die Behandlung sagen aber nicht nur diejenigen zu, die selbst „Hand anlegen"; Vertragspartner werden auch 17
die, die ihre Leistung mit Hilfe eines den genannten Berufen zugehörigen Mitarbeiters (§ 278 S 1) erbringen, insb also auch die Träger von **Krankenhäusern** (§§ 107ff SGB V) oder **medizinischer Versorgungszentren** (§ 95 SGB V). Schwierigkeiten bereitet hierbei gelegentlich die Verknüpfung mit dem Sozialrecht (insb SGB V, Ärzte-ZV, Zahnärzte-ZV) einerseits und dem Berufsrecht (Berufsordnung der jew Landes[zahn]ärztekammer) andererseits. Für die typischen Gruppen (weitere Differenzierung bei Vorwerk/*Rehborn*[11], Kap 80 Rn 138ff) gilt:

(1) **Niedergelassene (Zahn-)Ärzte.** Sie werden im Regelfall Vertragspartner des Patienten, gleich ob die Behand- 18
lung privat- oder vertragsärztlich erfolgt (Rn 6). Bei einer in Form einer GbR (§§ 705ff) oder Partnerschaftsgesellschaft betriebenen **Berufsausübungsgemeinschaft** (früher: **Gemeinschaftspraxis**) wird diese Vertragspartner; unbestritten ist das für sog fachidentische Berufsausübungsgemeinschaften, solche also, bei denen alle Mitglieder einem Fachgebiet angehören (BGH MedR 1991, 561; zB Zusammenschluss von zwei Chirurgen). Letzte Klarheit fehlt demggü für sog fachübergreifende Gemeinschaftspraxen, solche also, bei denen die Mitglieder verschiedene ärztliche Fachgebiete repräsentieren (zB Zusammenschluss von Chirurg und Anästhesist). Während die Rspr zunächst meinte, in solchen Fällen komme wegen Nichtaustauschbarkeit der Leistungen nur ein Vertrag mit dem zur Behandlung berechtigten Arzt, nicht aber mit der Gesellschaft zustande (Oldenburg VersR 1997, 1492; VersR 1998, 1421), ist seit Anerkennung der Rechtsfähigkeit der GbR (BGHZ 146, 341; vgl im Einz Vor § 705 Rn 17ff) richtigerweise davon auszugehen, dass Vertragspartner die Gesellschaft wird, diese sich aber verpflichtet, die Leistungen nur durch einen zur Leistungserbringung befugten, ggf auch konkret bestimmten Arzt erbringen zu lassen (Dresden GesR 2008, 635; Saarbrücken GesR 2014, 559; so auch BGH NJW 2012, 2435 unter Aufgabe seiner vorherigen Rspr für die sog interprofessionelle Berufsausübungsgemeinschaft zw Rechtsanwalt und Steuerberater; Igl/Welti/*Nebendahl*, Gesundheitsrecht[4], § 47 Rn 35; *Rehborn* MDR 1999, 1169, 1170; ZMGR 2008, 296ff; GesR 2012, 679, 680). Zur Tätigkeit in Teilberufsausübungsgemeinschaften und überörtlichen Berufsausübungsgemeinschaften s *Rehborn* ZMGR 2008, 296, 298f.

Hingegen kommt entgegen der amtl Begr zum PatRG (BT-Drs 17/10488, 18; ihr folgend *Thole*/*Schanz* RDG 2013, 19
64, 65) die „**Praxisgemeinschaft**", eine reine Organisationsgemeinschaft vergleichbar der anwaltlichen Bürogemeinschaft, als Behandelnder nicht in Frage, da der Behandlungsvertrag immer nur mit einzelnen ihrer Mitglieder geschlossen werden kann (eingehend *Bäune* FS 10 Jahre ArGe Medizinrecht, 139, 142f; *Katzenmeier*, 103). Ebenso wenig werden der Vertreter (BGHZ 144, 296) oder der bei einem niedergelassenen Arzt **angestellte Arzt** (§ 95 IX SGB V) Vertragspartner; sie sind vielmehr seine Erfüllungsgehilfen (§ 278). Bei Tätigkeit als Durchgangsarzt s Rn 7.

(2) **Medizinische Versorgungszentren.** Es handelt sich hierbei um fachübergreifende Einrichtungen, in denen 20
Ärzte als Angestellte oder Vertragsärzte tätig sein können und die an der vertragsärztlichen (ambulanten) Versorgung gem § 95 I 1 SGB V teilnehmen. Sie können seit Inkrafttreten des GKV-VStG (v 22.12.2011, BGBl I 2011, 2983) nur in der Rechtsform einer Personengesellschaft, Genossenschaft oder GmbH gegründet werden (zur Passivlegitimation von zuvor gegründeten medizinischen Versorgungszentren vgl *Rehborn* ZMGR 2008, 296, 301ff). Da nicht der einzelne Arzt, sondern das medizinische Versorgungszentrum an der vertragsärztlichen Versorgung teilnimmt, kommt der Vertrag mit seinem Träger – das ist derjenige, der es im rechtl Sinne „betreibt" – zustande (so auch *Thole*/*Schanz* JuS 2013, 64, 65).

(3) **Krankenhaus.** Grundfall einer stationären Behandlung ist der sog **totale Krankenhausaufnahmevertrag,** 21
mit dem der Krankenhausträger – derjenige, der das Krankenhaus im rechtl Sinne „betreibt" – sich zur Erbringung der sog Allg Krankenhausleistungen (§ 2 KHEntgG) verpflichtet. Dazu gehören die ärztlichen Leistungen – einschl von ihm veranlasster Leistungen Dritter (insb Konsiliarärzte), § 2 II 2 Nr 2 KHEntgG –, ferner Pflege, Unterkunft und Verpflegung. Der totale Krankenhausaufnahmevertrag stellt – weil sich das Krankenhaus als Behandelnder zur medizinischen Behandlung iSv Abs I verpflichtet – einen Behandlungsvertrag dar, der allerdings zahlreiche andere Elemente, so insb des Miet- und Werkvertragsrechts, aber auch des Kauf- und Verwahrungsvertrags aufweist (Huster/Kaltenborn/*Rehborn*[2] Krankenhausrecht, § 14 Rn 2). Diese Regelungen gelten auch für ein Belegkrankenhaus, wenn die Belegärzte honorarärztlich dort tätig sind (§ 18 III KHEntgG), also ihre Leistung für den Krankenhausträger erbringen (§ 278) und ihre Vergütung von ihm erhalten, also keinen Behandlungsvertrag mit dem Patienten schließen.

Demgegenüber steht der sog **gespaltene Krankenhausaufnahmevertrag.** Schon die Formulierung ist missver- 22
ständlich; er besteht nämlich aus zwei Einzelverträgen, die zwar typischerweise zeitgleich abgeschlossen werden,

keineswegs aber dasselbe Schicksal teilen müssen. Beim gespaltenen Krankenhausvertrag sind typischerweise die ärztlichen Kernleistungen ausgenommen; ein sog Belegarzt (nicht am Krankenhaus angestellter Vertragsarzt, der berechtigt ist, seine Patienten im Krankenhaus unter Inanspruchnahme der hierfür vom Krankenhaus bereitgestellten Dienste, Einrichtungen und Mittel stationär oder teilstationär zu behandeln, § 121 II SGB V, § 18 I KHEntgG [Ausnahme: der sog Honorar-Belegarzt, vgl § 18 III KHEntgG; dazu *Makoski* GesR 2009, 225]) oder deren Gemeinschaft (BGHZ 165, 36 = BGH GesR 2006, 117 m Anm *Rehborn*) wird Vertragspartner für seine persönlichen Leistungen, die Leistungen des ärztlichen Bereitschaftsdienstes für Belegpatienten, die von ihm veranlassten Leistungen nachgeordneter Ärzte des Krankenhauses, soweit diese bei der Behandlung der Belegpatienten in demselben Fachgebiet wie er tätig werden, und von ihm veranlasste Leistungen von Ärzten und ärztlich geleiteten Einrichtungen außerhalb des Krankenhauses (§ 18 I KHEntgG). Die übrigen Leistungen schuldet – wie beim totalen Krankenhausaufnahevertrag (vgl Rn 21) – der Krankenhausträger. Entspr ist auch die haftungsrechtl Differenzierung; grds gilt das Prinzip der Haftungstrennung (BGHZ 89, 205; BGH NJW 2005, 886); im Einzelfall kann die Abgrenzung der vertragl Pflichten und damit der vertragl Haftung schwierig sein (zu Einzelheiten der Haftungsabgrenzung Huster/Kaltenborn/*Gaidzik*/*Weimer* Krankenhausrecht[2], § 15 Rn 16; BGH NJW 2006, 437; Frankfurt GesR 2006, 127; Naumburg GesR 2020, 441 m Anm *Brinkmann*). Die vorgenannten Grundsätze gelten für die Tätigkeit sog Beleghebammen (BGHZ 129, 6) wie auch für gespaltene Verträge innerhalb einer Hauptabteilung (in seltenen Fällen noch an Universitätskliniken vorkommend) entspr.

23 Patienten, die Wahlleistungen in Anspruch nehmen wollen, schließen mit dem Krankenhausträger (§ 17 I 1 KHEntgG) eine sog Wahlleistungsvereinbarung. Danach verpflichtet sich der Krankenhausträger entweder, Wahlleistungen durch einen bestimmten (meist: leitenden, sog Chefarzt) Arzt zu erbringen; dieser wird dann als Erfüllungsgehilfe (§ 278) des Krankenhausträgers zur Erfüllung von dessen Pflichten aus dem allg Krankenhausaufnahmevertrag und/oder aus der **Wahlleistungsvereinbarung** (zur Stellvertretung durch Krankenhausmitarbeiter beim Abschluss mit bewusstlosen Patienten *Böhm*/*Hasselbach* MedR 2021, 617) tätig. Übt hingegen nicht der Krankenhausträger das Liquidationsrecht aus, sondern liegt dieses beim leitenden Arzt, kann er aufgrund der zw Krankenhausträger und Patient getroffenen Wahlleistungsvereinbarung einen sog Arztzusatzvertrag schließen (zum Zustandekommen und den Voraussetzungen BGHZ 138, 91); man spricht dann auch vom **totalen Krankenhausaufnahmevertrag mit Arztzusatzvertrag.** Vertragspartner – und folglich Behandelnde iSv Abs I – werden dann sowohl der Krankenhausträger (für die allg Krankenhausleistungen) als auch der liquidationsberechtigte Arzt (für die von ihm persönlich geschuldeten Leistungen gem Arztzusatzvertrag); sie haften bei einem Pflichtenverstoß im Kreis der wahlärztlichen Leistungen gesamtschuldnerisch (BGHZ 95, 63, 67; Huster/Kaltenborn/*Gaidzik*/*Weimer*, Krankenhausrecht[2], § 15 Rn 15).

24 Vertragspartner bei **vor- und nachstationärer Behandlung im Krankenhaus** (§ 115a SGB V), bei **ambulanten Operationen im Krankenhaus** (§ 115b SGB V) sowie ambulanter Behandlung durch Krankenhäuser bei Unterversorgung (§ 116a SGB V) und bei der sog **ambulanten spezialfachärztlichen Versorgung durch Krankenhäuser** (§ 116b SGB V) wird der Krankenhausträger, ebenso ggf als Träger von Spezialeinrichtungen (Hochschulambulanzen, § 117 SGB V), psychiatrische (§ 118 SGB V) oder geriatrische Institutsambulanzen (§ 118a SGB V), Sozialpädiatrische Zentren (§ 119 SGB V). Vertragspartner bei sonstigen ambulanten Behandlungen wird idR der liquidationsberechtigte Arzt, dem der Krankenhausträger (wie meist üblich) die Führung einer sog **Privatambulanz**, idR in Nebentätigkeit, erlaubt hat. Das gilt auch für die Behandlung GKV-Versicherter im Rahmen einer Ermächtigung, und sogar dann, wenn in dieser Ambulanz nachgeordnete Krankenhausärzte eingesetzt werden (BGHZ 165, 290; BGH VersR 2006, 791). Ambulante Notfallbehandlungen erfolgen durch den Krankenhausträger (BSG MedR 1989, 208); sie werden daher Vertragspartner des Patienten.

24a cc) Zunehmende Bedeutung kommt der **Rechtsscheinhaftung** (§ 25 HGB analog) zu. Wer den Rechtsschein setzt, Vertragspartner zu sein, hat dafür einzustehen. Nicht erforderlich ist, dass sich der Patient gerade auch im Vertrauen auf die Richtigkeit des Rechtsscheins an den Behandelnden gewandt hat (aA Brandenburg GesR 2016, 89). Wer wie eine Berufsausübungsgemeinschaft/Gemeinschaftspraxis (Brandenburg GesR 2016, 89 [unzutr in der Würdigung der gegebenen Umstände]) oder überörtliche Gemeinschaftspraxis (LG Aurich GesR 2007, 256, näher Rn 18), wie eine Belegärztegemeinschaft (BGHZ 144, 296 = BGH-Report 2006, 94 m Anm *Rehborn*) oder ein Krankenhaus mit Hauptabteilung – ohne Klarstellung, dass die Ärzte als Belegärzte tätig sind (Köln GesR 2016, 439) – auftritt, muss sich auch so behandeln lassen. Dasselbe gilt, wenn ein tatsächlich angestellter Arzt auf dem Kopfbogen einer Arztpraxis wie ein Mitgesellschafter geführt wird (grundlegend für die vergleichbare Situation einer sog Scheinsozietät von Rechtsanwälten BGHZ 70, 247).

25 **b) Patient.** Nach der Legaldefinition in Abs I ist der Patient derjenige, der im Regelfall zur Zahlung verpflichtet ist (aA NK-MedR/*Bergmann*/*Middendorf*[3] § 630a Rn 38: „die natürliche Person, die die Behandlungsleistung in Anspruch nehmen möchte"). Wie der Begriff des „Behandelnden" (Rn 13) wird auch dieser Begriff im Gesetz nicht einheitlich verwendet; mal ist Patient der Vertragspartner, mal derjenige, an dem die Behandlung vollzogen wird (zutr *Hebecker*/*Lutzi* MedR 2015, 17 insb für den Behandlungsvertrag zugunsten Dritter).

25a Geschäftsfähige Patienten werden selbst Vertragspartner (s zur Vertretung § 164 Rn 1ff). Für geschäftsunfähige Personen (s § 104 Rn 3ff) schließt deren gesetzl Vertreter den Behandlungsvertrag. Für beschränkt Geschäftsfähige gelten auch für den Behandlungsvertrag die allg Regeln der §§ 107, 108. Eine Besonderheit ist für gesetzl Versicherte zu beachten; diese sind gem § 36 I SGB I ab dem 15. Lebensjahr partiell unbeschränkt geschäftsfähig (ähnl § 113 I; Einzelheiten zum Vertragsschluss durch Minderjährige bei *Reuter*, 1ff). Im Falle des Selbstzahlers kommt beim Vertragsschluss auch eine Mitverpflichtung des Ehegatten gem § 1357 I (zu den Voraussetzungen

§ 1357 Rn 9ff, für Behandlungsverträge § 1357 Rn 16) in Betracht; aufgrund der Kostentragung durch die gesetzl Krankenkassen ist das bei GKV-Versicherten nur ausnahmsw bei der Kostenübernahme gem § 13 II SGB V oder der Vereinbarung von „Zusatzleistungen" außerhalb des Leistungsspektrums der GKV (zB Wahlleistungen, § 17 KHEntgG, oder sog individuellen Gesundheitsleistungen, IGeL) denkbar (Huster/Kaltenborn/*Rehborn*, Krankenhausrecht[2], § 14 Rn 46 mwN).

Patienten stehen vertragl Ansprüche auch aus dem im Medizinrecht nicht seltenen **Vertrag zu Gunsten Dritter** (§ 328 Rn 1ff) zu, so oft, wenn Eltern (im eigenen Namen) einen Vertrag über die Behandlung ihres Kindes abschließen. 26

Besondere haftungsrechtl Bedeutung hat der **Vertrag mit Schutzwirkung für Dritte** (vgl § 328 Rn 59ff). Die Rspr hat einen solchen bei Verletzung ärztlicher Pflichten (Schwangerschaftsverhütung) ggü der minderjährigen Mutter zugunsten des Vaters bejaht und diesem einen Anspruch auf Freistellung von Unterhaltslasten für sein nichteheliches und ungewolltes Kind gegen den Behandelnden zugesprochen (BGH NJW 2002, 1489). Ebenso ist ein noch ungeborenes Kind in den Schutzbereich der Behandlungsverträge zw seiner Mutter, einem Belegarzt und dem Belegkrankenhaus einbezogen; aus dem Krankenhaus-Behandlungsvertrag kann dieses daher bei Vertragsverletzungen vertragl Schadensersatzansprüche in eigener Person geltend machen (Koblenz VersR 2001, 897). Hingegen entwickelt ein Behandlungsvertrag zwischen Arzt und Patient keine Schutzwirkung für die Beihilfestelle (Köln GesR 2021, 114). 27

II. Vereinbarte Vergütung. Das Korrelat der Behandlungspflicht des Behandelnden stellt die **Vergütungspflicht des Patienten** dar. Er ist zur Zahlung „der vereinbarten Vergütung" verpflichtet, allerdings nur, soweit nicht ein Dritter zur Zahlung verpflichtet ist. Ist keine Vergütung vereinbart und besteht auch keine taxmäßige Vergütung (vgl § 630b Rn 1), gilt gem § 630b iVm § 612 II die übliche Vergütung als vereinbart (vgl § 630b Rn 2ff). 28

1. Selbstzahler. Im Verhältnis des **Arztes** zum Selbstzahler ist die GOÄ zwingend (§ 1 I, § 2 I GOÄ; D. Prütting/*Rehborn*, § 12 MBOÄ Rn 3 mwN; anders, wenn Vertragspartner eine Kapitalgesellschaft, zB auch eine MVZ- oder Krankenhaus-GmbH ist: D. Prütting/*Hübner* § 1 GOÄ Rn 7 mwN); sie ist als solche auch nicht abdingbar (BVerfG NJW 1992, 737; BGH GesR 2006, 275). Str ist die Frage, ob niedergelassene Ärzte vom Selbstzahler einen **Vorschuss** verlangen dürfen (bejahend *Kern* GesR 241, 242; Spickhoff/*Scholz*[3] § 12 MBOÄ Rn 5; verneinend BG für Heilberufe Schleswig 8.6.1999 – BG 22/96; BG für Heilberufe beim VG Bremen 20.10.1982 – HB 2/79; Ratzel/Lippert/J. Prütting/*Ratzel*, MBO[7], § 12 Rn 9). Da weder die §§ 630a ff noch das ärztliche Standesrecht, insb § 12 MBOÄ oder auch die GOÄ ein Verbot beinhalten, ist gegen einen Vorschuss richtigerweise nichts einzuwenden; freilich darf eine Notfallbehandlung nicht wegen eines fehlenden Vorschusses verweigert werden. Von GKV-Versicherten, die selbst idR nicht zahlungspflichtig sind (vgl Rn 31), ist die Forderung eines Vorschusses unzulässig, sofern dieser nicht, insb angesichts der Nichtvorlage einer Versichertenkarte, auf eigene Rechnung behandelt wird (vgl § 13 I, II, § 18 VIII, IX BMV-Ä). Entspr gilt für den **Zahnarzt** (§ 1 I, § 2 I GOZ). Die Rspr billigt ihm jedenfalls einen Anspruch auf Vorschuss hinsichtl der Fremdlaborkosten (München OLGRp 1995, 198) zu. 29

Für stationäre Behandlungen im **Krankenhaus** sind die Regelungen des KHG und KHEntgG – ebenfalls ius cogens – maßgeblich (Ratzel/Luxenburger/*Rehborn*, Hdb Medizinrecht[3], § 30 Rn 277). 30

2. Zahlungspflicht Dritter. Bei **Selbstzahlern** kann neben oder statt der Zahlungspflicht des Patienten auch eine Pflicht Dritter, zB der Eltern (hier wird zumeist ein Vertrag zugunsten des Kindes vorliegen, § 328), eines Ehegatten (§ 1357 Rn 5) oder eines Bürgen (§ 765 Rn 5ff) bestehen. Zu anderen Formen der schuldrechtl Sicherung § 765 Rn 20ff. Der Hinw auf die Zahlungspflicht Dritter trifft insb aber **GKV-Versicherte**. So erhält der Vertragsarzt sein Honorar aufgrund des Sachleistungsprinzips des § 2 II 1 SGB V nicht vom Patienten, sondern von der Kassenärztlichen Vereinigung, die die Aufgabe hat, die sog Gesamtvergütung (§ 85 I SGB V) an die Vertragsärzte zu verteilen (§ 87b SGB V); Krankenhausträger erhalten die Vergütung unmittelbar von der Krankenkasse (§ 109 IV SGB V); für die übrigen Leistungserbringer im Rahmen der gesetzl Krankenversicherung gilt Entspr. Eine Leistungsverpflichtung des Patienten soll selbst dann nicht bestehen, wenn die Krankenkasse die Übernahme der Behandlung bestandskräftig verweigert (Ratzel/Luxenburger/*Grinblat*, Hdb Medizinrecht[4], § 7 Rn 71ff). 31

Ausnahme vom Sachleistungsprinzip ist die **Kostenerstattung gem § 13 II 1 SGB V**, bei der sich der Versicherte die Leistung selbst verschafft und sich die dadurch entstandenen Kosten von der Krankenkasse erstatten lässt (Quaas/Zuck/Clemens/*Quaas*, Medizinrecht[4], § 9 Rn 6ff). Diese Möglichkeit ist allerdings auf die gesetzl vorgesehenen Ausnahmen beschränkt. In diesem Fall hat der Behandelnde einen direkten Anspruch gegen den Patienten, der nach der GOÄ bestimmt wird; die Krankenkasse erstattet diesem dann den Teil, den sie bei der Erbringung als Sachleistung getragen hätte. 32

Der Vertragsarzt hat auch dann einen unmittelbaren Honoraranspruch gegen den Patienten, wenn bereits vor der Behandlung für den Arzt und den Patienten feststeht, dass die GKV nicht zahlungspflichtig ist (Schleswig NJW 1993, 2996) oder eine unaufschiebbare Leistung von der Krankenkasse nicht rechtzeitig erbracht werden konnte (§ 13 III 1 SGB V). 33

III. Fachliche Standards. 1. Behandlungsqualität. Abs II umschreibt die Behandlungs„qualität": Die Behandlung hat „nach den zum Zeitpunkt der Behandlung bestehenden, allg anerkannten fachlichen Standards" zu erfolgen, soweit nicht etwas anderes vereinbart ist (fraglich *Spickhoff* MedR 2015, 845, 849, dass „in bestimm- 34 ten Situationen die Grenze von allgemein anerkannten fachlichen Standards auch ohne entsprechende Vereinbarung bis zum noch Vertretbaren unterschritten werden darf, vgl auch BGH GesR 2016, 159; *Dumbs* GesR 2022, 77, 85 mit der Forderung nach einer „liberaleren Medizin").

35 a) Was hingegen der **Standard** ist, wie dieser festgelegt, wie er retrospektiv ermittelt wird, beantwortet das Gesetz nicht. Auch in den Motiven (BT-Drs 17/10488, 19) findet sich hierzu im Hinblick darauf, dass gerade „die Ermittlung dieses Standards ... eines der besonders heiklen Probleme des Arzthaftungsprozesses" (*Thurn* MedR 2013, 153, 154) ist, wenig.

36 Schon vor Inkrafttreten des PatRG hat man darunter „diejenige Behandlung, die ein durchschnittlich qualifizierter Arzt des jew Fachgebietes nach dem jew Stand von medizinischer Wissenschaft und Praxis an Kenntnissen, Wissen, Können und Aufmerksamkeit zu erbringen in der Lage ist" (Laufs/Katzenmeier/*Lipp*[8], X Rn 7ff mwN) verstanden; die Rspr stellte auf den „Erkenntnisstand der medizinischen Wissenschaft" ab (BGH NJW 1983, 2080; 1988, 763; Hamm VersR 2004, 516f). Allerdings führt erst die Anerkennung dieser medizinischen Erkenntnisse innerhalb der Profession zum Standard (*Hart* MedR 1998, 8, 9f; GesR 2011, 387, 388; *Hase* GesR 2012, 601, 602f; *Jansen*, 202ff; LG Flensburg MedR 2022, 177). Vermutlich hat der Gesetzgeber das im Auge gehabt, wenn in § 630e I 3 die Alternativaufklärung (vgl dazu § 630e Rn 14) auf „übliche Methoden" beschränkt wird. Diese primär für die spezifisch ärztliche Tätigkeit entwickelten Definitionen sind auf die übrigen Behandelnden entspr anzuwenden; auch sie schulden den von der Praxis anerkannten Erkenntnisstand der medizinischen Wissenschaft in ihrem jew Fachgebiet, soweit und sobald er innerhalb des jew Berufsstandes anerkannt worden ist.

36a Standard kann – und sollte – im Regelfall auf den Erkenntnissen der **evidenzbasierten Medizin** beruhen (näher *Hart* MedR 2015,1ff; *Jansen*, 202ff), muss das aber nicht (aA *Buchner* Darstellung des Standards, 5: Standard muss „allein auf wissenschaftlicher Erkenntnis" beruhen; Erfahrung soll nicht mehr ausreichend sein). Auch ein Rückgriff auf Normungen hilft – unbeschadet kompetenzieller Probleme – nicht weiter (zutr *Wienke/Kuball* MedR 2016, 301ff).

36b Weitergehend sind die Anforderungen des BSG zum sog **Qualitätsgebot**: Es wird „gewahrt, wenn die ‚große Mehrheit der einschlägigen Fachleute (Ärzte, Wissenschaftler)', die Behandlungsmethode befürwortet und von einzelnen, nicht ins Gewicht fallenden Gegenstimmen abgesehen, über die Zweckmäßigkeit der Therapie Konsens besteht. Dies setzt im Regelfall voraus, dass über Qualität und Wirksamkeit der Methode – die in ihrer Gesamtheit und nicht nur in Bezug auf Teilaspekte zu würdigen ist – zuverlässige, wissenschaftlich nachprüfbare Aussagen gemacht werden können. Der Erfolg muss sich aus wissenschaftlich einwandfrei durchgeführten Studien über die Zahl der behandelten Fälle und die Wirksamkeit der Methode ablesen lassen. Die Therapie muss in einer für die sichere Beurteilung ausreichenden Zahl von Behandlungsfällen erfolgreich gewesen sein." (BSG GesR 2018, 525 Rn 26 mwN).

37 b) Zu den heikelsten Fragen des Medizinrechts überhaupt hat bereits vor Inkrafttreten des PatRG die Frage gehört, ob es einen eigenen **„GKV-Standard"** gibt, ob für GKV-Versicherte also ein anderer Standard gilt als für Selbstzahler (umfassend dazu *Jansen*, 279ff). Eine klare Linie – auch – der Rspr steht bis heute aus; vielmehr hat sie sich dadurch „zu helfen" versucht, dass man forderte, das nach dem Recht der gesetzl Krankenversicherung unter Berücksichtigung von RL des (jetzt: Gemeinsamen) Bundesausschusses und des Wirtschaftlichkeitsgebots Zulässige müsse in den Augen des Fachgebietes zumindest einem „Mindeststandard" entspr (ausf *Steffen* FS Geiß, 487, 492ff mwN). Das PatRG hat die Diskussion nicht aufgenommen; es definiert den Standard ohne Ansehen der Versicherteneigenschaft. Er ist daher gleich (so auch *Schroeder-Printzen* 37; ähnl *Frahm et al* MedR 2018, 447, 454), wobei Abweichungen in der Zukunft denkbar erscheinen (so zB aus Kostengründen für die sog individualisierte Medizin *Makowsky* VersR 2019, 983, 985). Allerdings wird man davon auszugehen haben, dass – mangels ausdrückl anderweitiger Ansprachen – Behandelnder und GKV-Versicherter konkludent einen Vertrag des Inhalts abschließen, dass die Behandlung nach den Vorgaben des gesetzl Krankenversicherungsrechts (SGB V) erfolgt. Allenfalls dann, wenn dieses aus Sicht eines Behandelnden die erforderlichen Leistungen nicht oder nicht ausreichend zur Verfügung stellt, wird dieser verpflichtet sein, den Patienten hierüber zu informieren (so auch *Frahm et al* MedR 2018, 447, 456 mwN) und ihm die Behandlung auf eigene Kosten anzubieten.

37a Ebenso gibt es keinen reduzierten Standard für die Behandlung von **Asylbewerbern**; lediglich deren Leistungsanspruch ist beschränkt (vgl §§ 2, 4 AsylbLG; näher *Ossege/Köhler* GesR 2016, 276). Die geschuldeten wie erbrachten Leistungen müssen gleichwohl dem Standard entsprechend (Oldenburg VersR 2014, 1336).

37b c) Entgegen gelegentlich zu hörenden Stimmen bedarf es auch keines besonderen Standards für die **Fernbehandlung** („telemedizinische Behandlung"), insb mittels Videokonferenz zw Ärzten oder anderen Behandelnden mit ihren Patienten (so auch *Stellpflug* GesR 2019, 76, 79f; *Prütting/Friedrich/Winter/Wolk* GesR 2020, 756, 760; krit ggü der *generellen* Annahme einer vereinbarten Standardabweichung zur Telemedizin zu Recht *Katzenmeier* in Rehmann/Tillmanns, 178ff; *Katzenmeier* NJW 2019, 1769, 1771; Staudinger/*Gutmann*, § 630a Rn 151). Der Standard einer Behandlung ist nämlich die Frage nach der *medizinisch* erforderlichen Diagnostik oder Therapie. Dieser hängt nicht davon ab, auf welchem Weg die entspr Erkenntnisse gewonnen werden. Dass § 7 IV 3 MBOÄ in berufsrechtl Hinsicht strengere Anforderungen stellt, in dem eine ausschließliche Beratung oder Behandlung über Kommunikationsmedien nur im Einzelfall erlaubt ist, wenn dies ärztlich vertretbar ist und die erforderliche ärztliche Sorgfalt insb durch die Art und Weise der Befunderhebung, Beratung, Behandlung sowie Dokumentation gewahrt wird und der Patient auch über die Besonderheiten der ausschließlichen Beratung und Behandlung über Kommunikationsmedien aufgeklärt wird, ist für die Auslegung von Abs II irrelevant, zumal das ärztliche Berufsrecht als Satzungsrecht im Rang unter der bundesgesetzl Regelung des § 630a steht. Nach der Rspr des BGH zum Wettbewerbsrecht sind iÜ die Begriffe des „allgemein anerkannten Standards" iSd Abs II und § 9 S 2 HWG identisch. Für eine Fernbehandlung darf also nur geworben werden, wenn ein physischer ärztlicher Kontakt mit dem zu behandelnden Menschen standardgemäß nicht erforderlich ist (BGH GesR 2022, 173).

d) Zur **Bestimmung des Standards** im Rechtsstreit bedarf es regelmäßig der Einholung eines medizinischen Sachverständigengutachtens (BGH NJW 2015, 1601; MedR 2022, 127 m Anm *Jansen*; *v Pentz* MedR 2016, 16; *Stöhr* FS Hirsch, 431, 432). Der Sachverständige hat der entspr Profession zu entstammen; für die ärztliche Behandlung bedeutet das, dass es sich regelmäßig um einen Facharzt desselben Gebietes handeln muss (*Rumler-Detzel* VersR 1999, 1209; *Frahm* MedR 2019, 117, 119; BGH NJW 1953, 659; VersR 1999, 716; GesR 2009, 154; Hamm VersR 2001, 249); nur er kennt den Standard seines Fachgebietes, nur er nimmt dessen Veränderungen richtig und zeitnah wahr. Zur Fachgebietsbestimmung und -abgrenzung können die ärztlichen Weiterbildungsordnungen herangezogen werden (Naumburg OLGRp 2003, 348). Problematisch erscheint die Rspr, wonach der Sachverständige auch aus einem anderen ärztlichen Fachgebiet als dem des Behandelnden ohne Verstoß gegen § 411 I ZPO ausgewählt werden darf, sofern sich die jew Fachgebiete inhaltlich überlagern (BGH NJW 2009, 1209, 1212 zur Bestellung eines neurologischen Sachverständigen für die Beurteilung der durch einen Radiologen erbrachten DSA; Köln GesR 2016, 219; Oldenburg GesR 2016, 522); gerade die Akzeptanz innerhalb des jew Fachgebietes kann nämlich unterschiedlich sein. Problematisch deshalb auch eine Rspr, wonach es genügen soll, auf das Fachgebiet eines beteiligten Facharztes (hier: bei der Behandlung eines Kleinkindes) abzustellen, obwohl sich dies als „Gemeinschaftsprodukt" mehrerer Fachabteilungen darstellt (Hamm GesR 2021, 779). 38

e) Insb **Richt- und Leitlinien** (als Ausfluss von Erkenntnissen der evidenzbasierten Medizin, *Hart* MedR 2015, 1, 2) kommt hierbei mit ihrer gestiegenen Transparenz (dazu, zu Klassifizierung, Entwicklung, Beobachtung, Fortschreibung *Hart* KritV 2005, 154; GesR 2011, 387, 389; *Heyers* ArztR 2016, 201; *Sommerfeld* VersR 2015, 661f) zunehmende Bedeutung zu; sie können zwar Standards nicht konstitutiv begründen, sondern nur deklaratorisch wiedergeben (BGH VersR 2014, 879; *Stöhr* FS Hirsch, 431, 437; Hamm VersR 2004, 516f). Immer stärker setzt sich aber auch in der Rechtspraxis die Erkenntnis durch, dass Richt- und Leitlinien im Arzthaftungsprozess bei der Suche nach dem Standard eine zentrale Bedeutung haben (*Rehborn* GesR 2011, 391; *Sommerfeld* VersR 2015, 661; *Bergmann* VersR 2017, 661, 663: „Indizwirkung"; so auch *Hart* MedR 2019, 509, 512; *Martis/Winkhart-Martis* MDR 2019, 779, 786). Dennoch dürfen sie nicht unbesehen mit dem medizinischen Standard gleichgesetzt werden und demgemäß auch kein Sachverständigengutachten ersetzen (BGH VersR 2014, 879) Indessen hat der BGH jedenfalls den RL des Gemeinsamen Bundesausschusses (§ 91 SGB V) bescheinigt, sie würden den Standard wiedergeben (BGH GesR 2008, 361; so auch *Hart* MedR 2019, 509, 515); den Instanzgerichten hat er zu Recht aufgegeben, dem Parteivortrag nachzugehen, ein Sachverständigengutachten weiche von Leitlinien ab (BGH GesR 2011, 417). Die Rspr der Obergerichte ist uneinheitlich (im Einz *Rehborn* GesR 2011, 391f). Hingegen hat sich die Auffassung, Leitlinien eine „Indizwirkung" für die Richtigkeit oder Fehlerhaftigkeit einer Behandlung mit der Folge, dass derjenige – gleich ob Behandelnder oder Patient –, der sich auf Abweichungen rechtfertigende Besonderheiten der Behandlungslage beruft, hierfür darlegungs- und beweisbelastet sein soll (*Dressler* FS Geiß, 379, 382), nicht durchgesetzt. Demggü geben bloße Empfehlungen nicht per se den Standard iSd § 630 II wieder (*Hart* MedR 2019, 509, 513f). 39

f) Das Gesetz spricht von **„Standards"**, benennt diese also im Plural. Das ist einerseits so zu verstehen, dass alle für das jew Fachgebiet einschlägigen medizinischen Erfahrungssätze zu berücksichtigen sind (so auch *Neelmeier*, Organisationsverschulden, 199; ähnl *Frahm et al* MedR 2018, 447, 449), mithin auch unterschiedliche Auffassungen innerhalb eines Fachgebiets (*Dumbs* GesR 2014, 513, 514). Andererseits wird damit aber auch zum Ausdruck gebracht, dass dem Behandelnden ein Handlungskorridor zur Verfügung stehen kann, innerhalb dessen er dann im Rahmen der Therapiefreiheit diejenige Entscheidung zu treffen hat, die größtmöglichen Nutzen für den Patienten erwarten lässt (*Katzenmeier*, 304ff; FS Jaeger, 59, 61). Das wird regelmäßig die Therapie erster Wahl sein müssen. Problematisch ist deren Bezeichnung als **Goldstandard**, der nicht dem geschuldeten Standard entsprechen soll (Dresden GesR 2021, 776; aA Hamm GesR 2014,413). Unscharf demggü *Frahm et al* MedR 2018, 447, 449, die es unter Hinw auf Rspr und Lit vor Inkrafttreten des PatRG (insb BGH NJW 1987, 2291, 2292) als ausreichend erachten, wenn die Behandlungsmaßnahmen „vertretbar" waren; das beinhalte einen Korridor ärztlichen Handels iSd Therapiefreiheit; vgl auch Koblenz MedR 2015, 424 m Anm *Hart*. 40

2. Zeitpunkt. Dass die Standards „zum Zeitpunkt der Behandlung" bestanden haben müssen, versteht sich von selbst. „Der Standard" ist fließend und einem ständigen medizinischen Fortschritt unterworfen (vgl auch *Holzner*, 95, 98f); neue Erkenntnisse, neue Methoden können auch neue Standards erfordern und begründen (so zB für die Telemedizin, dazu *Stellpflug* GesR 2019, 76ff). Geschuldet werden kann behandelnderseits aber immer nur das, was im Zeitpunkt der Leistungserbringung bekannt ist bzw bekannt sein musste. Das entspricht schon st Rspr vor Inkrafttreten des PatRG (*Pauge/Offenloch* Rn 204 mwN); es schließt die Anwendung von Neulandmethoden nicht aus (BGHZ 172, 1; 172, 254; BGH NJW 2010, 2430). 41

3. Abweichende Vereinbarung. Zw den Parteien des Behandlungsvertrags kann (auch konkludent und formfrei, insb also auch im Rahmen eines Aufklärungsgesprächs, *Taupitz* GesR 65, 69f) vereinbart werden, von den Standards abzuweichen. 42

42a Solche Abweichungen können zum einen oberhalb einer Standardbehandlung iS einer besonders guten Versorgung liegen (zB die Anwendung sog Neulandmethoden oder Off-Label-Use von Arzneimitteln bei zwar vorhandener, aber unzureichend erscheinender Standardbehandlung). Der BGH hat zudem betont, dass es dem ärztliche Wahlleistungen (§ 17 KHEntgG) vereinbarenden Patienten darum gehe, „sich über den Facharztstandard hinaus … die Leistungen hochqualifizierter Spezialisten ‚hinzuzukaufen'"; erst deren „herausgehobene ärztliche Qualifikation", ausdrückl bezeichnet als **„Chefarztstandard"** rechtfertige die zusätzl Vergütung (BGHZ 138, 91, 96; 202, 365 Rn 25; in diese Richtung auch Spickhoff/*Spickhoff*[4] § 630a Rn 43 und *Grams* GesR 2015, 321, 325; aA Köln GesR 2018, 175: „Ein ‚Chefarztstandard', der in medizinischer Hinsicht über die Maßstäbe des für den Begriff des Behandlungsfehlers maßgeblichen Facharztstandard hinausgehen würde, existiert nicht").

42b Denkbar sind aber auch Abweichungen unterhalb der Standardbehandlung iS einer allenfalls noch ausreichenden Versorgung (zB mit preiswertem, uU auch minderwertigem Zahnersatz; Verzicht auf Blutersatz bei Zeugen Jehovas, *Spickhoff* VersR 2013, 267, 271 oder Verzicht auf Sicherungsmechanismen wie zB Hinzuziehung eines zweiten Arztes bei Sedierungen, Anbringung von Bettgittern etc, *Neelmeier* NJW 2015, 374, 375; **Fernbehandlung** („telemedizinische Behandlung") statt persönlicher Kontakt, sofern eigentlich ein unmittelbarer Kontakt geboten wäre, *Stellpflug* GesR 2019, 76, 79f; *Prütting/Friedrich/Winter/Wolk* GesR 2020, 756, 760; krit ggü der generellen Annahme einer vereinbarten Standardabweichung zur Telemedizin zu Recht *Katzenmeier* in Rehmann/Tillmanns, 178ff; *Katzenmeier* NJW 2019, 1769, 1771) oder die auch Behandlungen umfassen, bei denen sich Behandelnder und Patient (standesrechtl uU problematisch, vgl § 2 III MBOÄ) auf eine medizinisch außerhalb von Standards liegende Behandlung verständigen (zB bei Heilversuchen oder Neulandmethoden, wobei dann wiederum Standards iS besonderer Vorsichtigkeit im Hinblick auf diesen Umstand zu beachten sind, BGHZ 172, 1; 172, 254; *Schumacher* MedR 2019, 786; auch bei medizinisch nicht notwendigen Behandlungen der sog „wunscherfüllenden Medizin", dazu *Eberbach*, 1ff; *Groß*, 85ff; *Höfling*, 119ff; *Scholz*, 163ff; *Stock*, 145ff, „Einbecker Empfehlungen der DGMR", in Wienke ua, 179ff). Eine Einwilligungsgrenze stellt allerdings stets die Sittenwidrigkeit dar (Hamm GesR 2016, 668, 670; *Neelmeier* Organisationsverschulden, 196; NJW 2015, 374, 377).

43 Die Möglichkeit der Vereinbarung einer Standardabweichung verpflichtet indessen die Vertragsparteien nicht, generell eine **Vereinbarung zum Standard** zu treffen. Die gegenteilige Auffassung von *Katzenmeier* (MedR 2012, 576, 579; FS Jaeger, 59, 66), die vor Inkrafttreten des PatRG von der Rspr anerkannte ärztliche Therapiefreiheit sei durch Abs II eingeschränkt worden, überzeugt nicht; ist nichts Besonderes besprochen, ist der Standard als gesetzl Regelfall geschuldet. Innerhalb desselben ist der Behandelnde in der Wahl der Therapie frei, sofern nicht unterschiedliche Risiken oder Auswirkungen ohnehin eine Aufklärung (vgl § 630e Rn 8ff) und damit Entscheidung des Patienten gebieten.

44 **4. Vertragslose Behandlungsverhältnisse.** Die Pflicht zur standardgemäßen Behandlung besteht nicht nur im Rahmen eines Behandlungsvertrags, sondern schon angesichts der strafrechtl Folgen (insb §§ 223, 230 StGB) einer nicht den Standards entspr Behandlung auch bei einem vertragslosen Behandlungsverhältnis; abw Vereinbarungen sind auch solchenfalls denkbar, werden bei vertragslosem Zustand aber eher die Ausnahme bilden. Das gilt auch für den Fall einer **Notfallbehandlung** (Hamm GesR 2020, 92)

§ 630b Anwendbare Vorschriften

Auf das Behandlungsverhältnis sind die Vorschriften über das Dienstverhältnis, das kein Arbeitsverhältnis im Sinne des § 622 ist, anzuwenden, soweit nicht in diesem Untertitel etwas anderes bestimmt ist.

1 **I. Allgemeines.** Auf das Behandlungsverhältnis sind die Vorschriften über das Dienstverhältnis, das kein Arbeitsverhältnis ist, anzuwenden, soweit in den §§ 630a ff nichts anderes bestimmt ist. In Betracht kommen folgende Vorschriften:

2 **II. Anwendbare Vorschriften. 1. Vergütung.** Haben Patient und Behandelnder keine Vergütung vereinbart, greift § 612 II. Die danach geschuldete taxmäßige Vergütung ist für Ärzte und Zahnärzte nach der GOÄ bzw der GOZ zu bestimmen, für psychologische Psychotherapeuten, Kinder- und Jugendlichenpsychotherapeuten nach der GOP und für Heilpraktiker nach dem GebüH. Die Fälligkeit dieser Vergütungen richtet sich allerdings nur sekundär nach § 614; primär sind – sofern vorhanden – Fälligkeitsvorgaben in den Vergütungsvorschriften maßgeblich, vgl zB § 12 I GOÄ, § 10 I 1 GOZ, wonach die Fälligkeit der Vergütung eine entspr Rechnung erfordert.

2a Nach § 628 I 2 iVm § 630b kommt es zu einem **Wegfall des Vergütungsanspruchs**, wenn die Leistungen für den Patienten nicht mehr von Interesse sind (BGH GesR 2011, 414; Köln GesR 2020, 589) – was insb im Bereich prothetischer Leistungen der Fall sein kann – oder eine Indikation für den Eingriff von vornherein nicht bestand (Koblenz GesR 2007, 488).

3 **2. Persönliche Leistungserbringung.** Weiterhin gilt im Zweifelsfall auch das Gebot zur **persönlichen Leistungserbringung** gem § 613 S 1 (so auch *Spickhoff* VersR 2013, 267, 269; zum Gebot der persönlichen Leistungserbringung weitergehend *Peikert* MedR 2000, 352; *Steinhilper* in Heidelberger Kommentar, Arztrecht Krankenhausrecht Medizinrecht, „Persönliche Leistungserbringung, Nr 4060, 1, 9; unter strafrechtl Gesichtspunkten BGHSt 57, 95; vgl im Einz § 613 Rn 1).

4 **3. Kündigungsvorschriften.** Anwendbar sind ferner die Regelungen zur Kündigung. Diejenigen Behandlungsverträge, die (auch) als Verträge höherer Art iSd § 627 zu qualifizieren sind, können jederzeit und ohne Vorliegen eines wichtigen Grundes iSd § 626 von beiden Seiten gekündigt werden. Zu diesen Verträgen gehören

zunächst diejenigen mit Behandelnden, deren Tätigkeit eine akademische Ausbildung erfordert (§ 627 Rn 5). Erfasst werden insoweit also insb Ärzte, Zahnärzte und alle nichtärztlichen Psychotherapeuten, aber auch solche institutionellen Behandelnden, die sich dieser Berufsgruppen zur Leistungserbringung bedienen (insb Krankenhäuser und medizinische Versorgungszentren); abzustellen ist nämlich nicht auf die Profession, sondern die zu leistenden Dienste, § 627 I. Neben der Berufsausbildung soll für eine Qualifizierung als „Dienst höherer Art" auch auf das überdurchschnittliche Maß an Fachkenntnissen abzustellen sein sowie darauf, ob die Tätigkeiten den persönlichen Lebensbereich des Dienstberechtigten betreffen (§ 627 Rn 5 mwN). Zutr hat der BGH unter diesem Gesichtspunkt den Vertrag mit einer zugelassenen ambulanten Pflegeeinrichtung über ambulante pflegerische Leistungen als Vertrag über Dienste höherer Art gewertet, da der Umgang mit pflegebedürftigen Menschen neben Fachwissen auch den persönlichen Lebensbereich in einer vertraulichen bis intimen Form betrifft (BGHZ 190, 80; aA Hamburg OLGRp 1999, 125). Nichts anders gilt aber jedenfalls für Heilpraktiker (Nachw bei *Heinbuch* NJW 1981, 2734), Physiotherapeuten (so auch AG Andernach NJW-RR 1994, 121), Hebammen (so auch MüKo/*Henssler*[8] § 627 Rn 24), Ergotherapeuten und Logopäden. Neben einer umfassenden und anspruchsvollen Berufsausbildung ist auch hier die persönliche Nähe maßgeblich; auch hier offenbaren sich die Patienten in der Annahme eines besonderen Vertrauensverhältnisses. Hinzu kommt die mit dem PatRG erfolgte Einbeziehung in den Kreis der Behandelnden und die damit zumindest insoweit vom Gesetz explizit erfolgte Gleichstellung mit akademischen Heilberufen. Schließlich sind auch sie iSd § 203 I Nr 1 StGB „Angehörige eines anderen Heilberufs, die für die Berufsausübung oder die Führung der Berufsbezeichnung eine staatlich geregelte Ausbildung" benötigen und insofern auch vom Gesetzgeber als solche gesehen wurden, denen typischerweise vertrauliche Informationen zuteilwerden (zur Zuordnung dieses Kreises – mit Ausnahme der Heilpraktiker – zum Personenkreis des § 203 I Nr 1 StGB vgl HK-GS/*Tag*[4] § 203 Rn 11).

§ 630c Mitwirkung der Vertragsparteien; Informationspflichten

(1) Behandelnder und Patient sollen zur Durchführung der Behandlung zusammenwirken.

(2) Der Behandelnde ist verpflichtet, dem Patienten in verständlicher Weise zu Beginn der Behandlung und, soweit erforderlich, in deren Verlauf sämtliche für die Behandlung wesentlichen Umstände zu erläutern, insbesondere die Diagnose, die voraussichtliche gesundheitliche Entwicklung, die Therapie und die zu und nach der Therapie zu ergreifenden Maßnahmen. Sind für den Behandelnden Umstände erkennbar, die die Annahme eines Behandlungsfehlers begründen, hat er den Patienten über diese auf Nachfrage oder zur Abwendung gesundheitlicher Gefahren zu informieren. Ist dem Behandelnden oder einem seiner in § 52 Absatz 1 der Strafprozessordnung bezeichneten Angehörigen ein Behandlungsfehler unterlaufen, darf die Information nach Satz 2 zu Beweiszwecken in einem gegen den Behandelnden oder gegen seinen Angehörigen geführten Straf- oder Bußgeldverfahren nur mit Zustimmung des Behandelnden verwendet werden.

(3) Weiß der Behandelnde, dass eine vollständige Übernahme der Behandlungskosten durch einen Dritten nicht gesichert ist oder ergeben sich nach den Umständen hierfür hinreichende Anhaltspunkte, muss er den Patienten vor Beginn der Behandlung über die voraussichtlichen Kosten der Behandlung in Textform informieren. Weitergehende Formanforderungen aus anderen Vorschriften bleiben unberührt.

(4) Der Information des Patienten bedarf es nicht, soweit diese ausnahmsweise aufgrund besonderer Umstände entbehrlich ist, insbesondere wenn die Behandlung unaufschiebbar ist oder der Patient auf die Information ausdrücklich verzichtet hat.

I. Zusammenwirken. Gem **Abs I** sollen Behandelnder und Patient „zur Durchführung der Behandlung zusammenwirken". Ein konkreter Regelungsgehalt ist der Vorschrift damit nicht zu entnehmen; zu Recht werden „Blässe" (*Hart* GesR 2012, 385, 386) bzw „Banalität und Regelungsarmut" (*Thurn* MedR 2013, 153, 154f) der Vorschrift gerügt. In den Motiven wird ausgeführt, sie diene „insb der Begründung und der Fortentwicklung des zw dem Behandelnden und dem Patienten bestehenden Vertrauensverhältnisses, um gemeinsam eine möglichst optimale Behandlung zu erreichen"; die amtl Begr sieht hierin die Manifestierung eines bereits zuvor (*Katzenmeier*, 372) formulierten „Partnerschaftsgedankens" (BT-Drs 17/10488, 21). 1

1. Systematik. Abs I wird man primär im **Gesamtkontext** des § 630c iVm § 630e zu sehen haben. Diese Vorschriften sind rechtl Grundlage eines vom Gesetzgeber erwarteten – im Hinblick auf die im Zivilrecht eher ungewöhnliche **Sollregelung** aber keineswegs geforderten – interaktiven Dialogs zw Behandelndem und Patient (so in der Gesamtschau der Regelungen des PatRG auch *Katzenmeier* MedR 2012, 576, 582f). Abs I stellt in diesem Kontext eher generalklauselartig oder iS eines Programmsatzes (*Preis/Schneider* NZS 2013, 281, 283) den die gesetzl Idealvorstellung eines Behandlungsverhältnisses charakterisierenden Grundsatz dar. 2

2. Obliegenheit. IÜ manifestiert Abs I eine den Patienten im Zuge der Behandlung treffende „Obliegenheit" (BGH NJW 1985, 2749; *Katzenmeier*, 372; *Spickhoff* VersR 2013, 267, 270; BT-Drs 17/10488, 21), das Seine zu tun, damit die Behandlung zum Erfolg führen kann. Tut er das nicht, kann ihn ein **Mitverschulden** an der Entstehung eines Schadens (§ 254 I; zur vergleichbaren Situation in Österreich OGH RdM 2020, 278) bzw angesichts der ihn treffenden Schadensminderungspflicht (§ 254 II) treffen (so auch *Spickhoff* VersR 2013, 267, 270; für Österreich: *Wallner* RdM 2017, 212). Zwar kann im Hinblick auf sein Selbstbestimmungsrecht keine Mitwirkungshandlung erzwungen werden; unvernünftiges Verhalten oder das grundlose Unterlassen vernünftiger Maßnahmen können – je nach Sachverhalt – aber einen Schadensersatzanspruch seinerseits mindern (**verneint:** Nicht- 3 vornahme einer medizinisch indizierten Operation, die dem Verletzten unter Abwägung ihrer Chancen und Risiken von mehreren Ärzten empfohlen worden ist; erforderlich ist vielmehr, dass die Operation einfach und gefahrlos sowie nicht mit besonderen Schmerzen verbunden ist, ferner die sichere Aussicht auf Heilung oder wesentliche Besserung bietet, BGHZ 10, 18, 19; BGH NJW 1994, 1592, 1993; körperliche Prädisposition; hier: Neigung zur Kapselbildung nach Einsatz von Brustimplantaten, Köln VersR 1998, 1510; **bejaht:** Abbruch der Behandlung vor Diagnosestellung, Hamburg VersR 1989, 1296; Nichterscheinen des Patienten zum vereinbarten Untersuchungstermin, BGH VersR 1992, 1229; Ablehnen einer notwendigen zahnprothetischen Versorgung, Düsseldorf VersR 2004, 515; unterbliebene Information eines Zahnarztes an behandelnden Chirurgen über seine Diabeteserkrankung und Alkoholabusus, LG Dresden MedR 2008, 223). Allerdings kann dem Patienten die Nichtbefolgung ärztlicher Anweisungen oder Empfehlungen „mit Rücksicht auf den Wissens- und Informationsvorsprung" des Behandelndem ggü dem Patienten als medizinischem Laien nur dann als Mitverschulden angelastet werden, wenn er die erforderlichen Anweisungen seitens des Behandelnden erhalten und diese auch verstanden hat (BGH NJW 1997, 1635; 2009, 1820, 1822). Abs I dient damit im Wesentlichen der (überflüssigen) Verweisung auf die Rechtsgedanken der §§ 242, 254.

4 **II. Informationspflichten (Abs II–IV). 1. Wesentliche Umstände der Behandlung. Abs II S 1** verpflichtet den Behandelnden, dem Patienten alle **wesentlichen Umstände** der Behandlung zu offenbaren. Grds soll der Patient über alle Umstände informiert sein, die für sein Verhalten und zur Vermeidung einer möglichen Selbstgefährdung maßgeblich sind (BT-Drs 17/10488, 21). Die Verpflichtung besteht nicht erst auf Nachfrage des Patienten; die Informationen werden seitens des Behandelnden von sich aus, also auch ungefragt, als verpflichtender Bestandteil des Behandlungsvertrags geschuldet.

5 a) Als informationspflichtig sieht das Gesetz insb die **Diagnose** an. Erfasst werden im Hinblick auf den Grundsatz („sämtliche … wesentlichen Umstände") auch wesentliche **Verdachtsdiagnosen**. Frühere Diskussionen, die stärker auf eine Schonung des Patienten als auf die Information zwecks Ausübung seines Selbstbestimmungsrechts reflektierten – schlagwortartig bezeichnet als **„therapeutisches Privileg"** (*Deutsch* NJW 1979, 1305, 1306; 1980, 1305, 1306) iS einer „Aufklärungsreduktion wegen medizinischer Kontraindikation" (*Katzenmeier,* 336) –, sind spätestens damit obsolet, waren von der Rspr (RGZ 163, 129, 137; BGHZ 29, 176; BGH NJW 2005, 427) aber schon seit langem zurückgewiesen worden. Ein „barmherziges Verschweigen" (*Rehborn,* 241) kann daher allenfalls auf Ausnahmefälle, in denen das Risiko schwerster Schäden des Patienten, zB bei unzumutbarer psychischer Belastung durch die Diagnosemitteilung oder einer Risikoerhöhung durch die Aufklärung (Wenzel/*Wenzel* FAMedR Kap 4 Rn 144) bis hin zur konkreten Suizidgefahr besteht, beschränkt sein.

6 **b)** Zu informieren ist ferner insb über die **voraussichtliche gesundheitliche Entwicklung.** Diese Informationspflicht ist nicht neu; sie war vor Inkrafttreten des PatRG Bestandteil der seinerzeit sog „Verlaufsaufklärung", der Aufklärung über den Verlauf einer Erkrankung mit und ohne Behandlung (*Hart* GesR 2012; divergierende Definition bei *Kern* GesR 2009, 1, 5f). Das Gesetz will, dass dem Patienten die Zukunftserwartung vermittelt wird; da diese nicht sicher vorhergesagt werden kann, bedarf es ggf auch der Erl nicht unwahrscheinlicher Alternativentwicklungen, zudem der Wahrscheinlichkeit für ihren Eintritt.

7 **c)** Weiter bedarf es der Information über die **Therapie.** Unbeschadet des Umstandes, dass diese Information idR auch Bestandteil der Aufklärung (vgl § 630e Rn 7) ist, macht das Gebot der Information über die Therapie deutlich, dass der Patient in die Heilbehandlung einbezogen werden soll. Zur Therapie gehören alle Formen der physischen oder psychischen Intervention; da das „Wesentlichkeitsgebot" des S 1 auch für die Therapie gilt, muss nicht über jede Therapiemaßnahme (unbeschadet einer aufklärungsbedingten Notwendigkeit) informiert werden, sondern nur über die unter dem Gesichtspunkt der Schwere und Dauer der Erkrankung, aber auch der Erwartungshaltung des Patienten, wesentlichen.

8 **d)** Bedeutsamer ist die Pflicht zur Information über die **zu und nach der Therapie zu ergreifenden Maßnahmen.** Damit wollte der Gesetzgeber das erfassen, was in der Rspr vor Inkrafttreten des PatRG unter den Schlagworten **„therapeutische Aufklärungspflicht"** (BGH NJW 1995, 2407; 2005, 427, 428) bzw **„Sicherungsaufklärung"** (Frankfurt KHE 2012/85; Köln VersR 2013, 237; *Gehrlein* GesR 2016, 129,130) bezeichnet wurde; mit dem PatRG sollte eine „Umwidmung" (*Thole* MedR 2013, 145, 146) stattfinden, um deutlich zu machen – was die Rspr freilich zutreffenderweise schon immer so gesehen hat –, dass es sich hierbei nicht um einen Bestandteil der Risikoaufklärung handelt, sondern um Informationen im Rahmen der Therapie (BGHZ 107, 222, 226; *Katzenmeier,* 326f). Dem entspricht mittlerweile die Rspr des BGH, der nunmehr von der **„therapeutischen Information"** spricht (BGH GesR 2021, 434 Rn 40). Hierbei handelt es sich um eine vertragl Hauptpflicht (*Hart* MedR 2013, 159, 161; *Wagner* VersR 2012, 789, 792f). Zu informieren ist der Patient; ist er nicht in der Lage, die ihm erteilten Informationen zu befolgen, bedarf es analog § 630e IV, § 630d I 2 der Information des auch zur Einwilligung Berechtigten (*Hegerfeld* MedR 2019, 710, 713).

9 **e) Kasuistik. Information über Diagnose:** Drohende Verheilung eines Bruchs in Fehlstellung, BGH NJW 2005, 1718; Verdacht einer Krebserkrankung, Düsseldorf VersR 2003, 1310. **Information bei Verweigerung der Behandlung durch den Patienten:** Erfordernis stationärer Behandlung, BGH NJW 2009, 2820; Köln VersR 2013, 237 (mit sehr hohen Anforderungen); Erfordernis weiterer Untersuchungen und stationärer Behandlung bei psychisch auffälligem Patienten Düsseldorf, VersR 1997, 1402. **Informationen zur Sicherung des Behandlungszieles:** Hinw auf Versagerquote nach Sterilisation BGH NJW 1981, 278; 2008, 2846; Hinw auf Vermeiden anstrengender Betätigungen nach Augen-OP, Stuttgart VersR 1996, 979; Hinw auf Vermeidung körperlicher Belastungen

nach EKG mit Anzeichen für eine erhebliche Herzerkrankung Köln, VersR 1992, 1231; Notwendigkeit der Wiedereinbestellung *Ahmadi*, 1ff; **Informationen über zu beachtende Nebenfolgen:** Möglichkeit einer HIV-Infektion nach Gabe von Blutprodukten, BGH NJW 2005, 2614; Nebenwirkungen eines Arzneimittels, BGH NJW 2005, 1716; Ansteckungsrisiko für Kontaktpersonen nach Impfung, BGH NJW 2000, 1784; Risiko einer weiteren (künftigen) Schwangerschaft, BGH NJW 1989, 2320; Antikörperbildung mit Risiken für eine erneute Schwangerschaft, BGH VersR 1989, 700.

2. Selbst- und Fremdbezichtigung. Abs II S 2 normiert die Verpflichtung des Behandelnden, den Patienten über fehlerbegründende Umstände zu informieren. Diese Pflicht besteht entweder auf Nachfrage des Patienten (1. Alt) oder zur Abwendung gesundheitlicher Gefahren (2. Alt). 10

Der Gesetzgeber meinte, „im Wesentlichen an die bislang schon geltende Rspr" anzuknüpfen (BT-Drs 17/10488, 21; *Thole* MedR 2013, 145, 146). Das ist indessen allenfalls eingeschränkt zutr; überhaupt hatte die Rspr sich vor Inkrafttreten des PatRG nur vereinzelt mit einer vermeintlichen Fehleroffenbarungspflicht für Ärzte zu befassen (BGH NJW 1984, 661, 662; VersR 1989, 186, 188; NJW 1992, 1558; Hamm NJW 1985, 685). Keineswegs war dort eine generelle Fehleroffenbarungspflicht für Ärzte – anders als für Rechtsanwälte (BGH VersR 1967, 979, 980; NJW 1994, 2822; NJW-RR 2006, 279), Steuerberater (BGH NJW 1982, 1285) oder Architekten (BGH NJW 1985, 328) – anerkannt (*Kleuser* 40ff; *Terbille/Schmitz-Herscheidt* NJW 2000, 1749, 1750; MüKo/*Wagner*[8] § 630c Rn 29; *Spickhoff* JZ 2015, 15f). In der Lit wurde bereits im Vorfeld des PatRG eine Fehleroffenbarungspflicht kontrovers diskutiert (insb *Dann* MedR 2007, 638ff; *Fündling/Rathgeber* ZMGR 2012, 88, 90ff; Ratzel/Luxenburger/*Jung/Lichtschlag-Traut/Ratzel*, Hdb Medizinrecht[4], § 14 Rn 71ff; *Kleuser* 8ff, 83ff; *Schelling/Warntjen* MedR 2012, 506; *Schwarz* JR 2008, 89ff; *Taupitz* NJW 1992, 713, 715ff; *Terbille/Schmitz-Herscheidt* NJW 2000, 1749). 11

a) **Adressat der Informationspflicht** ist nach dem Wortlaut der Behandelnde. Dies ist nach der Legaldefinition des § 630a I derjenige, der die medizinische Behandlung „zusagt", mithin der Vertragspartner des Patienten. In Mehrpersonenkonstellationen (ambulante Ärztekooperationen, stationäre Behandlung, MVZ) ist Behandelnder daher nicht notwendig die natürliche Person, die die Behandlung selbst durchführt (hierzu ausf *Frister/Wostry*, Aktuelle Entwicklungen im Medizinstrafrecht, 78ff; *Gutmann* FS Bergmann, 61). Die Geltung des formalen Behandelndenbegriffes des § 630a I auch in Mehrpersonenkonstellationen kann daher zu einem Auseinanderfallen von Informationspflicht und Strafbarkeitsrisiko führen (*Frister/Wostry*, Aktuelle Entwicklungen im Medizinstrafrecht, 81f). 11a

b) Annahme eines Behandlungsfehlers. Betroffen ist die Offenbarung möglicher Behandlungsfehler (zum Begriff Vor § 630h Rn 2). Die Formulierung „eines Behandlungsfehlers" umfasst nicht nur vom Behandelnden selbst, sondern auch von anderen Behandelnden begangene Fehler (so auch BT-Drs 17/10488, 21; zweifelnd *Bergmann* VersR 2017, 661, 664). 12

aa) Erkennbarkeit fehlerbegründender Umstände. Die Informationspflicht erfordert für den Behandelnden die Erkennbarkeit von Umständen, die die Annahme eines Fehlers begründen. Die Formulierung stellt durch die Bezugnahme auf „den Behandelnden" klar, dass es hinsichtl der Erkennbarkeit auf dessen subj Sonderwissen (*Wagner* VersR 2012, 789, 796), nicht hingegen darauf ankommt, wie die Behandlung aus der Sicht eines obj Beobachters hypothetisch zu beurteilen wäre. Zu Recht hat der Gesetzgeber davon abgesehen, die anfangs im Gesetzgebungsverfahren verwendete Formulierung „erkennbare Behandlungsfehler" beizubehalten. Durch die jetzige gesetzl Formulierung wird das Aufklärungsinteresse des Geschädigten bei (für Dritte) unerkennbaren, aber dem Behandelnden bekannten Behandlungsfehlern befriedigt (*Wagner* VersR 2012, 789, 796; krit zum Begriff der Erkennbarkeit *Kett-Straub/Sipos-Lay* MedR 2014, 870). 13

Den Behandelnden trifft keine Recherchepflicht „zur Abklärung möglicher, für ihn aber nicht erkennbarer Behandlungsfehler" (BT-Drs 17/10488, 21); erkennbar müssen diese Umstände mithin dem Behandelnden ohne weitere zusätzl Untersuchungen oder Nachforschungen sein (*Wagner* VersR 2012, 789, 796). 14

bb) Den **Wahrscheinlichkeitsmaßstab** präzisiert das Gesetz nicht; das Anknüpfen an die „Erkennbarkeit von Umständen ..." macht deutlich, dass es jedenfalls keiner Sicherheit, aber einer gewissen Wahrscheinlichkeit bedarf, dass es zu einem Behandlungsfehler gekommen ist (*Rehborn* GesR 2013, 257, 261). 15

c) Information. aa) Der Gesetzesentwurf sah ursprüngl vor, dass der Behandelnde den Patienten „über erkennbare Behandlungsfehler" (RefE, 5) informieren sollte. Auf diese Formulierung hat der Gesetzgeber verzichtet und die Informationspflicht stattdessen auf die **Umstände**, die eine Schlussfolgerung auf einen Behandlungsfehler evtl ermöglichen, beschränkt; „**über diese**" macht deutlich, dass nur hierüber zu informieren ist. Einer medizinischen oder rechtl Bewertung, ob ein Behandlungsfehler tatsächlich vorliegt, bedarf es hingegen nicht (*Middendorf* ZMGR 2012, 324, 325; *Osmialowski* ArztR 2013, 201, 202; *Frister/Wostry*, Aktuelle Entwicklungen im Medizinstrafrecht, 59f; für medizinische Bewertung als Fehler MüKo/*Wagner*[8] § 630c Rn 47). 16

bb) Die Information hat in einer Weise zu geschehen, die dem Patienten die Schlussfolgerung erlaubt, die medizinische Behandlung sei möglicherweise nicht „lege artis", sondern unter Verstoß gegen den Standard (s § 630a Rn 34ff) erfolgt. Der Normzweck des Abs II S 2 Alt 1 („auf Nachfrage"), dem Patienten die Geltendmachung von Ersatzansprüchen zu erleichtern (*Wagner* VersR 2012, 789, 795; *Spickhoff* JZ 2015, 21; aA *Gutmann* FS Bergmann, 64f; *Ulsenheimer/Gaede*, Arztstrafrecht in der Praxis[6], Rn 1828), gebietet ebenso wie derjenige des Abs II S 2 Alt 2 („zur Abwendung gesundheitlicher Gefahren") eine hinreichende Deutlichkeit der Information; da es sich hierbei auch um für die Behandlung wesentliche Umstände (Abs II S 1) handelt, sind der Sprach- und Verständnishorizont des Patienten angemessen zu berücksichtigen. 17

18 **cc)** Das Kollegialitätsgebot des § 29 I MBOÄ steht einer Offenbarung fremder Behandlungsfehler nicht entgegen (D. Prütting/*Rehborn*, § 29 Rn 1; zu den Grenzen Gerichtshof für Heilberufe Nds MedR 1983, 185); zu verhindern ist aber nach Möglichkeit, dass die Offenbarung über vermeintliche Behandlungsfehler Dritter im Beisein (weiterer) Patienten oder von Nichtärzten erfolgt, § 29 IV MBOÄ (zu Ausnahmen Spickhoff/*Scholz* § 29 MBOÄ Rn 8).

19 **d)** Die Informationspflicht besteht – sofern nicht zur Abwendung gesundheitlicher Gefahren – nur **auf Nachfrage** des Patienten an einen Behandelnden. Eine entspr Frage muss nicht explizit gestellt sein; vielmehr muss sich aus den Gesamtumständen ergeben, dass der Patient vom Behandelnden eine Auskunft über eine evtl Fehlbehandlung begehrt (so auch *Spickhoff* JZ 2015, 22; aA MüKo/*Wagner*[8] § 630c Rn 45). Dieser ist sodann zur wahrheitsgemäßen Beantwortung verpflichtet (BT-Drs 17/10488, 21; *Thole* MedR 2013, 145, 146). Die Informationspflicht auf Nachfrage gewährt auch einen Anspruch auf Mitteilung, dass für den Behandelnden **keine** behandlungsfehlerbegründenden Umstände erkennbar sind (Oldenburg GesR 2016, 636f).

20 **e) Ungefragt** besteht eine Informationspflicht des Behandelnden über für ihn erkennbare behandlungsfehlerbegründende Umstände, wenn und soweit diese **zur Abwendung gesundheitlicher Gefahren** erforderlich ist. Das ist der Fall, wenn nicht sichergestellt ist, dass der Patient sich ohne die Information des Arztes richtig verhalten kann; der Information bedarf es also schon, wenn die Gefahr eines gesundheitswidrigen Verhaltens besteht. Darüber hinaus besteht keine Verpflichtung zur unaufgeforderten Information; Primärzweck des gesetzl Gebotes ist nämlich (nur) der Schutz der Gesundheit des Patienten, nicht aber eine umfassende Fürsorgepflicht, bspw in finanzieller Hinsicht (BT-Drs 17/10488, 21; zu weitgehend diesbzgl LG München II GesR 2022, 23 m Anm *Jaeger* GesR 2022, 190, wonach eine solche Verpflichtung auch noch erstmals nach Erhebung einer Arzthaftungsklage bestehen soll).

21 **f) Rechtsfolgen bei Verletzung der Informationspflicht. aa) Haftungsrechtl** kann eine Verletzung der Informationspflicht gem Abs II S 2 Alt 2 relevant sein; sie stellt jedenfalls einen Behandlungsfehler iwS dar. Sehr weitgehend bejaht das LG München (GesR 2022, 23ff = MedR 2022, 681 m abl Anm *v Hirscheydt*/*Schmidt-Recla*; krit auch *Jaeger* GesR 2022, 190, 193f) Informations- und Besprechungspflichten gem Abs II S 2 Alt 2 zur Abwendung psychischer Folgeschäden nach einem Narkosezwischenfall und stützt auf die Pflichtverletzung materielle und immaterielle Schadensersatzansprüche. Hingegen bleibt eine Verletzung der Informationspflicht gem Abs II S 2 Alt 1 insoweit ohne eigenständige Rechtsfolgen. Der Patient hat regelmäßig einen Schadensersatzanspruch ggf aufgrund eines Behandlungsfehlers, nicht aber wegen unterbliebener oder unwahrer Information durch den Behandelnden. In Ausnahmefällen erscheinen allerdings Konstellationen denkbar, in denen dem Patienten wegen – infolge unzureichender Information des Behandelnden – nicht geltend gemachter Ansprüche gegen Dritte (Frage an den Behandelnden, ob einem anderen Behandler ein Fehler unterlaufen ist) bzw nicht gestellter Anträge (zB auf Entschädigung nach §§ 56ff IfSG) finanzielle Schäden entstehen, die gem § 280 zum Schadensersatz berechtigen können.

22 **bb) Verjährungsrechtl Folgen** sind angesichts der Tatsache, dass die Verjährungsfrist des § 195 erst mit Kenntnis oder grob fahrlässiger Unkenntnis von den den Anspruch begründenden Umständen (§ 199 I Nr 2) beginnt und die Rspr an die grob fahrlässige Unkenntnis jedenfalls im Arzthaftungsrecht recht hohe Anforderungen stellt (vgl § 199 Rn 19f; BGH VersR 2010, 214), wohl nicht denkbar (*Katzenmeier* NJW 2013, 817, 819; *Wagner* VersR 2012, 789, 795; *Rehborn* GesR 2013, 257, 261; *Spickhoff* JZ 2015, 24f).

23 **cc)** Jedenfalls für Behandelnde, die standesrechtl Regelungen unterliegen, kann ein Verstoß gegen Abs II S 2 auch einen Verstoß gegen **Berufsrecht** implizieren. Dies gilt für die verkammerten Berufe der Ärzte (MBOÄ), Zahnärzte (MBOZÄ), Psychologischen Psychotherapeuten und Kinder- und Jugendlichenpsychotherapeuten (MBO-Psych). Das dortige Gebot, den „Beruf gewissenhaft auszuüben und dem … bei ihrer Berufsausübung entgegengebrachten Vertrauen zu entsprechen" (so zB § 2 MBOÄ) beinhaltet, die für die Berufsausübung geltenden Vorschriften zu beachten (D. Prütting/*Rehborn* § 2 MBOÄ Rn 5a; Ratzel/Lippert/J. Prütting/*Ratzel* MBO[7], § 2 Rn 5ff). Ein Verstoß beinhaltet das Risiko berufsrechtl Ahndung.

23a **dd) Strafrechtl** kann ein Verstoß gegen die Informationspflicht den Tatbestand des Betruges (§ 263 StGB) verwirklichen, wenn falsche Antworten auf Nachfragen des Patienten diesen von der Geltendmachung eines Schadensersatzanspruches abhalten (*Kett-Straub*/*Sipos-Lay* MedR 2014, 871; *Gutmann* FS Bergmann, 63).

24 **g) Strafprozessuales Verwendungsverbot. Abs II S 3** enthält ein strafprozessuales Beweisverwertungsverbot in Form eines sog Verwendungsverbotes (vgl dazu Meyer-Goßner/Schmitt/*Schmitt*[65] Einl Rn 57d; Radtke/Hohmann/*Radtke* Einl Rn 74; HK-GS/*Jäger*[5] Vorb §§ 133ff StPO Rn 7a, b im Einz zu § 97 I 3 InsO, § 630c II 3). Die Information, die der Behandelnde entspr seiner Verpflichtung aus Abs II S 2 ggü dem Patienten erteilt hat, darf zu Beweiszwecken in einem gegen ihn oder einen der in § 52 I StPO bezeichneten Angehörigen (Verlobte, § 1297; Person, der ggü der Beschuldigte versprochen hat, eine Lebenspartnerschaft zu begründen, § 1 III, IV LPartG; Ehegatte und frühere Ehegatten, § 1303ff; Lebenspartner und frühere Lebenspartner, §§ 1ff LPartG; in gerader Linie bis zum 3. Grad Verwandte, § 1589 Rn 2, bis zum 2. Grad Verschwägerte, § 1590 Rn 1f) geführten Straf- oder Bußgeldverfahren nur mit seiner Zustimmung verwendet werden.

25 Sowohl nach dem Wortlaut der Regelung von Abs II S 3 als auch nach dem Zweck der Vorschrift, die Anforderungen des sog Nemo-tenetur-Grundsatzes zu erfüllen, greift der Schutz des Beweisverwendungsverbotes nur bei Informationen des Behandelnden über eigene oder Angehörigen iSd Vorschrift unterlaufene Behandlungsfehler. Der Gesetzgeber will damit gewährleisten, dass dem Behandelnden aus der Offenbarung eigener Fehler in

einem eventuellen Straf- oder Bußgeldverfahren keine unmittelbaren straf- oder bußgeldrechtl Nachteile erwachsen (BT-Drs 17/10488, 22). Im Hinblick auf den Anwendungsbereich des Abs II S 3 bei Mehrpersonenkonstellationen (vgl Rn 11a) ist bei ambulanter gemeinschaftlicher Berufsausübung je nach Kooperationsform, bei stationärer Behandlung und MVZ je nach Vertragstyp oder Organisationsform zu differenzieren (hierzu ausf *Frister/Wostry*, Aktuelle Entwicklungen im Medizinstrafrecht, 82ff).

Die Vorschrift weist eine deutliche Parallele zu § 97 I InsO (Auskünfte, die der Schuldner seiner gesetzl Verpflichtung entspr ggü dem Insolvenzgericht, dem Insolvenzverwalter, dem Gläubigerausschuss und auf Anordnung des Gerichts der Gläubigerversammlung offenbart) bzw § 393 II AO (Tatsachen oder Beweismittel, die der Staatsanwaltschaft oder dem Gericht in einem Strafverfahren aus den Steuerakten bekannt werden, die der Steuerpflichtige der Finanzbehörde vor Einleitung des Strafverfahrens oder in Unkenntnis der Einleitung des Strafverfahrens in Erfüllung steuerrechtl Pflichten offenbart hat) auf. Die Grundlage des Nemo-tenetur-Grundsatzes bilden die Menschenwürde, das Allg Persönlichkeitsrecht und das Rechtsstaatsprinzip (Art 1 I, 2 I, 20 III GG, vgl BVerfGE 56, 37, 43 „Gemeinschuldnerbeschluss"; BVerfG NJW 2013, 1058, 1061 mwN; Dürig/Herzog/Scholz/*Di Fabio* Art 2 GG Rn 187; vgl Anh § 12 Rn 10f). Danach gebietet der verfassungsrechtl garantierte Grundsatz des Verbots des Selbstbelastungszwanges im Falle außerhalb des Strafverfahrens gesetzl auferlegter Auskunftspflichten (erzwungene Selbstbezichtigung) ein Verwertungsverbot in einem Strafverfahren gegen den Willen des Beschuldigten (so auch *Hermann* ZMGR 2012, 268, 269f). Wie der Schuldner in einem besonderen Pflichtenverhältnis zu von ihm geschädigten Gläubigern mit der Folge einer uneingeschränkten Auskunftspflicht steht, so dass den Interessen der Gläubiger der Vorrang vor seinem Interesse an einem Schutz gegen erzwungene Selbstbezichtigung gebührt (BVerfG NJW 1981, 1431, 1432), verhält es sich auch beim Behandelnden; das strafrechtl Beweisverwertungsverbot ist daher das verfassungsrechtl gebotene Korrelat (vgl dazu im Einz *Stürner* NJW 1981, 1757ff) zu den gesetzl auferlegten Auskunftspflichten des Behandelnden (so auch *Spickhoff* JZ 2015, 16f; *Frister/Wostry*, Aktuelle Entwicklungen im Medizinstrafrecht, 55f). Der Schutz des § 630c II 3 ist allerdings unzureichend, da berufsspezifische Verfahren (insb Berufsgerichtsverfahren) vom Verwendungsverbot nicht erfasst sind (vgl *Ulsenheimer/Gaede*, Arztstrafrecht in der Praxis[6], Rn 1828; dazu im Einz *Kett-Straub/Sipos-Lay* MedR 2014, 873ff, die darüber hinausgehend § 630c II 2 und 3 in derzeitiger Fassung für nicht verfassungskonform halten; für eine analoge Anwendung des § 630c II 3 in berufs- und disziplinarrechtl Verfahren HK-GS/*Jäger*[5] Vorb §§ 133ff StPO Rn 7b). 26

aa) Die Information nach Abs II S 2 darf gem Abs II S 3 **„zu Beweiszwecken"** in einem Straf- oder Bußgeldverfahren gegen den Behandelnden oder die Angehörigen iSd Vorschrift nur mit Zustimmung des Behandelnden „verwendet" werden. Strafprozessual handelt es sich dabei um ein sog selbständiges (dh nicht von einem vorherigen Rechtsverstoß bei der Beweiserhebung abhängiges) Beweisverwertungsverbot (dh Untersagung, einen bereits erhobenen Beweis zum Gegenstand der Beweiswürdigung in jedem Verfahrensabschnitt eines Strafverfahrens zu machen, vgl Radtke/Hohmann/*Radtke* Einl Rn 71f, 80 mwN; *Hefendehl* wistra 2003, 1, 4). 27

bb) Das Verwendungsverbot beinhaltet zunächst, die Information des Behandelnden unmittelbar nicht zum Gegenstand der Beweiswürdigung in jedwedem Verfahrensstadium innerhalb eines Straf- oder Bußgeldverfahrens zu machen; bei mangelnder Zustimmung des Behandelnden besteht Unverwertbarkeit sowohl bei der Prüfung des für die Anklageerhebung bzw Beantragung eines Strafbefehls sowie die Eröffnung des Hauptverfahrens hinreichenden Tatverdachts (§ 170 I, § 407 I, § 203 StPO) als auch in der Hauptverhandlung (§ 261 StPO) für die Frage von Freispruch oder Verurteilung. Fraglich ist, ob auch eine sog **Früh- oder Vorauswirkung** des Verwendungsverbotes, dh Wirkung schon *vor* Einleitung eines Ermittlungsverfahrens, maßgeblich vor allem für die Beurteilung eines Anfangsverdachtes (§ 152 II, § 160 I StPO), besteht (dazu insb *Hefendehl* wistra 2003, 1, 3; Meyer-Goßner/Schmitt/*Schmitt*[65] Einl Rn 57e; bejahend mit ausführlicher Begründung auch für die Verdachtsbegründung bei strafprozessualen Grundrechtseingriffen *Frister/Wostry*, Aktuelle Entwicklungen im Medizinstrafrecht, 65ff). Fraglich ist auch, ob Vorstehendes nur für die Informationen gilt, die der Behandelnde entspr seiner gesetzl Verpflichtung gem S 2 erteilt, oder ob das Verwendungsverbot auch darüber hinausgehende freiwillig (ohne zugrunde liegende Frage des Patienten, nicht zur Abwendung gesundheitlicher Gefahren) erteilte Informationen über fehlerbegründende Umstände, erfasst. Das ist zu verneinen, da das Beweisverwendungsverbot das Korrelat der gesetzl angeordneten Offenbarungspflicht ist; diese Situation ist nicht mit der freiwilligen, uU grundlosen, Offenbarung vergleichbar (zur im Wesentlichen vergleichbaren Rechtslage nach § 97 I InsO vgl insb MüKo-InsO/*Stephan*[4] § 97 InsO Rn 19; Uhlenbruck/*Zipperer*[15], § 97 InsO Rn 9ff). 28

cc) Darüber hinaus ist unklar, ob das Verwendungsverbot eine sog **Fernwirkung** hat, also zur Unverwertbarkeit anderer, erst aufgrund der Auskunft ermittelter Beweise führt (verneinend *Frister/Wostry*, Aktuelle Entwicklungen im Medizinstrafrecht, 63f). Nach hM ist eine Fernwirkung für Beweisverwertungsverbote grds zu verneinen (Meyer-Goßner/Schmitt/*Schmitt*[65] Einl Rn 57; *Bader* NZI 2009, 416, 417 jew mwN). In den Motiven zur Parallelregelung des Verwendungsverbotes des § 97 I 3 InsO wird indessen hervorgehoben, dass auch solche Tatsachen nicht verwertet werden dürfen, „zu denen die Auskunft den Weg gewiesen hat" (BT-Drs 12/2443, 142). Der im Laufe des Gesetzgebungsverfahrens zur InsO erfolgte Ersatz des zunächst vorgesehenen Begriffs „verwertet" durch „verwendet" sollte zur Klarstellung führen, „dass eine Auskunft des Schuldners ohne dessen Zustimmung auch nicht als Ansatz für weitere Ermittlungen dienen darf" (BT-Drs 12/7302, 166). Folglich führt hier das Beweisverwendungsverbot auch zu einem Beweisermittlungsverbot der auf die Auskunft gestützten strafprozessualen Maßnahmen (LG Stuttgart NStZ-RR 2001, 282, 283 unter Verweis auf *Gössel* NStZ 1998, 126; MüKo-InsO/*Stephan*[4] § 97 InsO Rn 18f; Kübler/H. Prütting/Bork/*Lüke*, § 97 InsO Rn 4a). Wenn im Hinblick 29 darauf, dass in den Motiven zum PatRG ausgeführt wird, es sollten „dem Behandelnden aus der Offenbarung eigener Fehler, die ggf strafrechtl oder auch aus der Sicht des Ordnungswidrigkeitenrechts relevant sein können, keine *unmittelbaren* strafrechtl oder ordnungswidrigkeitsrechtl Nachteile erwachsen" (BT-Drs 17/10488, 22; Hervorhebung nur hier), gefolgert wird, der Gesetzgeber habe die Situation anders als bei § 97 I 3 InsO gesehen und *mittelbare* Nachteile hingenommen (so *Schelling/Warntjen* MedR 2012, 506, 509; *Gutmann* FS Bergmann, 73), überzeugt das nicht (so auch *Spickhoff* JZ 2015, 17f). Vielmehr liegt hierin eine Überinterpretation der keineswegs so präzise formulierten Gesetzesbegr (vgl auch § 630a Rn 19). Im Hinblick auf den fundamentalen Unterschied beider Regelungen – die Offenbarungspflicht des § 97 I InsO erfasst rein geschäftliche Belange, während § 630c II das Arzt-Patienten-Verhältnis als persönliche Vertrauensbeziehung betrifft – wird darüber hinausgehend für angezeigt gehalten, die Verwendungsverbotsfolge des PatRG ggü derjenigen des § 97 I 3 InsO noch weitreichender auszulegen, um dem Nemo-tenetur-Grundsatz Rechnung zu tragen (HK-GS/*Jäger*[5], Vorb §§ 133ff StPO Rn 7b).

30 **3. Geltung bei vertragsloser Behandlung.** Die Pflicht nach Abs II S 2 Alt 1 („auf Nachfrage") ist Ausfluss eines vertragl manifestierten besonderen Vertrauens; sie gilt daher bei vertragsloser Behandlung auch nicht entspr. Hingegen ist Abs II S 2 Alt 2 („zur Abwendung gesundheitlicher Gefahren") eine Patientenschutzvorschrift; deren Nichtbeachtung wird sich idR auch als strafrechtl relevante Handlung (insb §§ 223, 230, 13 StGB) darstellen. Sie ist daher auch bei vertragslosem Zustand beachtlich.

31 **III. Wirtschaftliche Informationspflichten. Abs III** verpflichtet den Behandelnden, den Patienten über bekannte oder erkennbare Risiken hinsichtl der Übernahme der Behandlungskosten durch Dritte – insb Krankenversicherungen – zu informieren. Bis zum Inkrafttreten des PatRG haben Rspr und Lit diese Pflicht unter dem Begriff der „wirtschaftlichen Aufklärung" erfasst. Konsequenterweise spricht der Gesetzgeber nunmehr von einer Informationspflicht, womit deutlich gemacht wird, dass diese nicht Bestandteil der Selbstbestimmungsaufklärung ist (st Rspr schon vor PatRG: BGHZ 102, 106; Oldenburg NJW-RR 2000, 240; Köln VersR 2001, 66; so auch für Österreich: OGH m Anm *Leischner-Lenzhofer* RdM 2016, 309; OGH m Anm *Resch* RdM 2018, 71).

32 **1. Bedeutung. Abs III 3 S 1** ist keine eigenständige Anspruchsgrundlage, sondern legt nur den Pflichtenkreis des Behandelnden dar. Es handelt sich um eine vertragl Nebenleistungspflicht, deren Verletzung einen Schadensersatzanspruch nach § 280 I auslösen kann, den der Patient sodann dem Anspruch des Behandelnden auf Bezahlung entgegenhalten kann (Rn 40).

33 **2. Wissensstand des Behandelnden.** Nach dem Wortlaut ist klar, dass Behandelnde nicht generell zur wirtschaftlichen Beratung ihrer Patienten im Zusammenhang mit der Behandlung verpflichtet sind (so auch BGH GesR 2020, 255). Vielmehr besteht eine Informationspflicht nur, wenn der Behandelnde positiv **weiß**, dass die vollständige Übernahme der Behandlungskosten durch Dritte nicht gesichert ist oder nach den Umständen hinreichende (konkrete) Anhaltspunkte für **„begründete Zweifel** an der Erstattungsfähigkeit der Behandlungskosten bestehen" (BGH VersR 2011, 1187). In einem solchen Fall ist der Behandelnde verpflichtet, den Patienten zumindest auf die Möglichkeit der fehlenden Kostenübernahme hinzuweisen (zur entspr Rechtslage vor Inkrafttreten des PatRG BGH VersR 1983, 443; KG VersR 2000, 89; Stuttgart VersR 2003, 992). An ihm ist es dann, sich erforderlichenfalls Gewissheit – bspw durch Nachfrage beim Versicherer – zu verschaffen. Unmaßgeblich ist, ob eine abl Praxis des Krankenversicherers berechtigt oder unberechtigt ist; ist dem Behandelnden die Nichtanerkennungspraxis des Krankenversicherers bekannt, begründet diese Kenntnis bereits eine entspr Informationspflicht (zur Rechtslage vor Inkrafttreten des PatRG Stuttgart GesR 2013, 311, 312; LG Karlsruhe VersR 2006, 1217).

34 Die Vorschrift beruht auf dem Gedanken, dass der Behandelnde idR über bessere Kenntnisse und ein besseres Wissen bzgl der Behandlungskostenübernahme verfügt (BT-Drs 17/10488, 22 unter Hinw auf *Schelling* MedR 2004, 422; zur Rechtslage vor Inkrafttreten des PatRG BGH NJW 2000, 3429). Der Patient selbst kann dies nicht beurteilen. Es geht also nur darum, den Patienten vor überraschenden, möglicherweise von ihm selbst zu tragenden Kosten zu bewahren, mit denen er uU nicht rechnet.

35 In der bisherigen Rspr und Lit zur wirtschaftlichen Aufklärung wird in den Einzelheiten der Verpflichtung der Behandlungsseite zw gesetzl versicherten Patienten und Privatpatienten differenziert (eingehend *Martis/Winkhart*, A770ff). Diese Differenzierung findet sich auch in den Motiven des PatRG wieder; sie soll ihren Grund darin finden, dass sich der Informationsvorsprung der Behandlungsseite ggü gesetzl krankenversicherten Patienten meist größer darstelle als bei Selbstzahlern (BT-Drs 17/10488, 22; LG Düsseldorf GesR 2021, 565 m Anm *Makoski*; zuvor *Michalski* VersR 1997, 137, 144; *Schelling* MedR 2004, 422, 423f). Das überzeugt in dieser Pauschalität indessen nicht (zutr *J. Prütting* MedR 2018, 291, 294ff; zu Recht wurde insofern auch die Verpflichtung eines Arztes verneint, seinen Patienten über sozialrechtl Voraussetzungen und Zweifelsfragen im Zusammenhang mit der Ausstellung einer Arbeitsunfähigkeitsbescheinigung zu informieren, da ein Wissensvorsprung des Arztes nicht anzunehmen sei (Köln VersR 2018, 744). Allerdings haben Behandelnde bei Anwendung einer neuen, noch nicht allg anerkannten Behandlungsmethode die Möglichkeit in Erwägung zu ziehen, dass ein privater Krankenversicherer die dafür erforderlichen Kosten nicht in vollem Umfang erstattet; hierüber ist der Patient in einem solchen Fall zu informieren (BGH GesR 2020, 255 = JR 2021, 65 m Anm *K.-H. Möller* = JZ 2020, 472 m Anm *Katzenmeier/Voigt* = MedR 2020, 579 m Anm *Spickhoff*; dazu auch *Vogeler* ZMGR 2021, 141). Schließlich ist ein Behandelnder gem § 13 II 2 SGB V explizit verpflichtet, GKV-Versicherte bei Wahl von Kostenerstattung anstelle

der Inanspruchnahme von Sach- oder Dienstleistungen darüber zu informieren, dass Kosten, die nicht von der Krankenkasse übernommen werden, vom Versicherten selbst getragen werden müssen.

3. Kasuistik. Hinweispflicht bejaht: Krankenhausträger über eine bevorstehende Umstufung von einem stationären Behandlungs- zum Pflegefall, BGH VersR 2000, 999; Abschluss eines Krankenhausaufnahmevertrags mit pflege-, aber nicht behandlungsbedürftigem Patienten, BGH NJW 1988, 759; Abschluss eines Behandlungsvertrags für Privatkrankenanstalt unter dem Dach eines Plankrankenhauses, Stuttgart VersR 2013, 583; Rat eines Arztes zu stationärer Behandlung bei Möglichkeit auch ambulanter Behandlung, BGH NJW 1983, 2630; Vornahme einer medizinisch nicht notwendigen naturheilkundlichen Behandlung auf Wunsch des Patienten, Stuttgart VersR2003, 992; Beauftragung medizinisch nicht erforderlicher Laboruntersuchungen durch einen Laborarzt, Köln GesR 2014, 93; sehr weitgehend allerdings die Forderung, Ärzte müssten Ärzte-Kollegen darauf hinweisen, dass eine kollegiale Behandlung nicht umsonst erfolge, LAG Berlin-Brandenburg 13.3.2020 – 2 Sa 2184/19. **Hinweispflicht verneint:** GKV-Versicherter über Nichterstattung der Kosten einer Schönheitsoperation, Stuttgart VersR 2003, 462. 36

4. Form. Abs III gebietet die Information über die voraussichtlichen Kosten der Behandlung in **Textform** (§ 126b, zu den Anforderungen § 126b Rn 3ff). Ein im Gesetzgebungsverfahren gemachter Vorschlag des BR (BR-Drs 312/1/12 v 26.6.2012, 9), dass der Patient zudem die Kenntnisnahme in Schriftform zu bestätigen habe, ist nicht ins Gesetz aufgenommen worden. Das Formerfordernis berücksichtigt, dass die Beweislast für eine unterbliebene Information schon vor Inkrafttreten des PatRG dem Patienten auferlegt wurde (Stuttgart VersR 2003, 462, 463; *Stöhr* MedR 2004, 156, 160; *v Ziegner* MDR 2001, 1088, 1091). 37

Nach **Abs III S 2** bleiben Formerfordernisse, die über die Textform hinausgehen, unberührt. Das hat nur klarstellenden Charakter (RegE, BT-Drs 17/10488, 22, wo beispielhaft auf § 17 II KHEntgG und § 3 I, § 18 Nr 8 BMV-Ä Bezug genommen wird). 38

5. Inhalt der Informationspflicht. Der Gesetzgeber verpflichtet den Behandelnden zur Information **„über die voraussichtlichen Kosten der Behandlung"**. Unklar ist, ob es damit eines allg Hinw auf die Nichtübernahme der Kosten durch den Versicherer oder konkreter Angaben zur Höhe im Einzelfall bedarf. Für das Ausreichen allg Hinw könnte die Rspr zu § 17 II KHEntgG, wonach der Patient vor Abschluss einer Wahlleistungsvereinbarung „über die Entgelte der Wahlleistungen und deren Inhalt im Einz" zu unterrichten ist, sprechen. Zutr hat der BGH in dieser Norm jedenfalls für wahlärztliche Leistungen nicht etwa eine Verpflichtung zur Erstellung eines **„Kostenvoranschlages"** gesehen (BGH NJW 2004, 686), sondern eher allg Informationen gefordert („kurze Charakterisierung des Inhalts wahlärztlicher Leistungen", „kurze Erläuterung der Preisermittlung für ärztliche Leistungen" nach der GOÄ bzw GOZ, Hinw auf eine eventuelle erhebliche finanzielle Mehrbelastung und auf die „Wahlarztkette" gem § 17 III 1 KHEntgG, Hinw, dass die GOÄ/GOZ auf Wunsch eingesehen werden könne), diese aber auch als ausreichend erachtet. Indessen divergieren der Wortlaut von § 630c III 1 und § 17 II KHEntgG deutlich; das Gebot des § 630c III 1, konkret über die Kosten zu informieren, bedeutet insofern, dass es einer Information über deren voraussichtliche Höhe, also eines Kostenvoranschlages ähnl § 650, bedarf. Hätte der Gesetzgeber lediglich Informationen über die Art und Weise der Berechnung gewollt, hätte es nicht eines Hinw auf die „voraussichtlichen Kosten" bedurft (vgl auch § 9 GOZ, dazu *Gierthmühlen* GesR 2013, 453, 457). Freilich wird man die Rspr zum werkvertragl Kostenvoranschlag gem § 650 nicht nahtlos übertragen können; im Hinblick auf die Besonderheiten des menschlichen Organismus sind insb die Folgen einer Behandlung (zB nicht vorhersehbare paradoxe Reaktionen, Sepsis oder Schock mit darauf beruhenden uU immensen Kosten, bspw bei einer mehrwöchigen Intensivbehandlung) nicht vorhersehbar und daher auch nicht kalkulierbar. 39

6. Rechtsfolgen bei Nichteinhaltung. Entgegen hier in den Vorauflagen vertretener Auffassung führt ein Verstoß gegen das Textformerfordernis nicht zur Nichtigkeit des Vertrages (so zu Recht auch *J. Prütting*, 179; Staudinger/*Gutmann* Rn 156 und BeckOK/*Katzenmeier* [Stand: 1.8.2022], Rn 20, die im Hinblick auf eine bloße Ausgestaltung als Nebenpflicht und den Umstand, dass die zum Vertragsabschluss gem § 630a führende Willenserklärung von der wirtschaftli Information zu unterscheiden sei, zu Recht eine Nichtigkeit verneinen und stattdessen lediglich einen Schadensersatzanspruch wegen Nichterfüllung der Informationspflicht in Erwägung ziehen). Ein Schadensersatzanspruch umfasst idR den Kostenanteil, über den hätte belehrt werden müssen (BT-Drs 17/10488, 22; st Rspr schon vor PatRG: BGH MDR 1983, 2630; VersR 2000, 999; Köln VersR 2005, 1589; Stuttgart GesR 2013, 311; *J. Prütting* MedR 2018, 291, 294f). IÜ kann die Verletzung auch berufsrechtl geahndet werden (VerfGH Saarbrücken GesR 2014, 546). 40

Die **Beweislast** für eine Pflichtverletzung des Behandelnden sowie einen hierdurch kausal verursachten Schaden liegt beim Patienten (Staudinger/*Gutmann* Rn 160 mwN). 41

7. Vertragslose Behandlungsverhältnisse. Abs III manifestiert eine Schutzpflicht zugunsten des Vermögens des Patienten; angesichts der Auswirkungen einer möglicherweise (sehr) teuren Behandlung (zB wochenlanger Aufenthalt eines nicht geschäftsfähigen Patienten auf der Intensivstation eines Krankenhauses) ist eine analoge **Anwendung auf vertragslose Behandlungsverhältnisse** angezeigt. 42

IV. Entfallen der Informationspflichten. Abs IV lässt die Informationspflichten ausnahmsw aufgrund besonderer Umstände entfallen. Dies gilt insb, wenn die Behandlung unaufschiebbar – zB in einem Notfall (dazu näher *Wachter* medstra 2021, 30) – ist oder der Patient ausdrückl auf die Informationen verzichtet. Eine **Unaufschiebbarkeit** kommt allenfalls in seltenen Ausnahmefällen in Betracht, da fast alle Notfallbehandlungen vom Leistungsrecht der GKV und Versicherungsvertrag der PKV erfasst werden. Hier ist vorrangig an die Behandlung 43 eines gar nicht Versicherten zu denken (zB Inlandsbehandlung eines ausl Patienten mit unzureichendem Versicherungsschutz im Heimatland und/oder für Auslandsaufenthalte). An den **Verzicht** sind angesichts der Tatsache, dass es sich um eine Ausnahmeregelung handelt, strenge Anforderungen zu stellen; der Patient muss den Verzicht deutlich, klar und unmissverständlich geäußert haben (BT-Drs 17/10488, 22). Die Regelung gleicht dem § 630e III, der dieselben Voraussetzungen für ein Entfallen der Aufklärungspflichten festsetzt (dazu § 630e Rn 43ff). Die **Beweislast** für einen Umstand, der die nach Abs III S 1 an sich gegebene Informationspflicht gem Abs IV ausnahmsweise entfallen lässt, trägt der Behandelnde (BGH GesR 2020, 255 unter Hinw auf BT-Drucks 17/10488, S 23 und BeckOK/*Katzenmeier* Rn 22).

44 Die Aufzählung in Abs IV ist nicht abschließend. So ist die Information auch bei einem vorinformierten, wissenden Patienten verzichtbar; beweispflichtig für die Verzichtbarkeit ist der Behandelnde.

§ 630d Einwilligung

(1) Vor Durchführung einer medizinischen Maßnahme, insbesondere eines Eingriffs in den Körper oder die Gesundheit, ist der Behandelnde verpflichtet, die Einwilligung des Patienten einzuholen. Ist der Patient einwilligungsunfähig, ist die Einwilligung eines hierzu Berechtigten einzuholen, soweit nicht eine Patientenverfügung nach § 1827 Absatz 1 Satz 1 die Maßnahme gestattet oder untersagt. Weitergehende Anforderungen an die Einwilligung aus anderen Vorschriften bleiben unberührt. Kann eine Einwilligung für eine unaufschiebbare Maßnahme nicht rechtzeitig eingeholt werden, darf sie ohne Einwilligung durchgeführt werden, wenn sie dem mutmaßlichen Willen des Patienten entspricht.

(2) Die Wirksamkeit der Einwilligung setzt voraus, dass der Patient oder im Falle des Absatzes 1 Satz 2 der zur Einwilligung Berechtigte vor der Einwilligung nach Maßgabe von § 630e Absatz 1 bis 4 aufgeklärt worden ist.

(3) Die Einwilligung kann jederzeit und ohne Angabe von Gründen formlos widerrufen werden.

1 **I. Bedeutung.** Die Einwilligung ist durch das PatRG als ausdrückl Pflicht des Behandelnden in das Zivilrecht implementiert worden; aus verfassungsrechtl Erwägungen und angesichts des Einwilligungsgebots des § 228 StGB entspricht das im Grundsatz der vorherigen Praxis; seit langem stellt der Grundsatz der Einwilligung im Rahmen des „informed consent" die Basis der Behandlung unter Berücksichtigung des Selbstbestimmungsrechts, der Würde und der körperlichen Integrität des Patienten dar (darüber hinaus stärkere Wechselwirkungen zwischen der „individuellen, sozialen und ökonomischen Dimension des Arzt-Patienten-Verhältnisses" und den medizinischen und pflegerischen „Behandlungsrealitäten" fordernd *Dorneck et al* MedR 2019, 431ff). Die zivilrechtl Vorgaben sollen auch den Maßstab für die strafrechtl Beurteilung der Wirksamkeit einer Einwilligung darstellen (*Lechner* MedR 2013, 429, 430, 432).

2 **II. Vertragslose Behandlungsverhältnisse.** Schon angesichts der Drittwirkung von Art 1 I, 2 II GG (vgl dazu BerlKomm-GG/*Enders*, vor Art 1 GG Rn 69f [Bearb 2000]) sowie der auch aus dem Strafrecht (insb §§ 223, 228 StGB) abzuleitenden Notwendigkeit sind die Regelungen auch auf **vertragslose Behandlungsverhältnisse** anzuwenden; sie konkretisieren die diesbzglen Pflichten (für verkammerte Berufe auch das Berufsrecht, vgl insb § 8 MBOÄ).

3 **III. Einwilligungserklärung (Abs I S 1).** Die Einwilligungserklärung ist das ernstlich erklärte Einverständnis des zur Einwilligung Berechtigten; er erklärt damit, dass er bereit ist, eine konkrete Behandlungsmaßnahme an seinem Körper vornehmen zu lassen, den Eingriff in seine körperliche Integrität also zu akzeptieren. Das kann auch dergestalt geschehen, dass er dem Behandelnden eine Entscheidungsfreiheit einräumt, insbesondere dann, wenn sich bestimmte Umstände erst intraoperativ darstellen und demgemäß erst dann beurteilt werden können (Hamm GesR 2016, 255).

4 **1. Rechtscharakter.** Die Einwilligung stellt eine geschäftsähnliche Handlung (vgl Vor § 104 Rn 7f) dar (aA *Schmidt-Recla* in Rosenau/Hakeri, 119, 124f; aA für das dt wie österreichische Recht *Koziol* MedR 2019, 105, 106: Willenserklärung; „atypisches Rechtsgeschäft", daher ggf auch anfechtbar: *Klose/Straub* MedR 2019, 714, 716). Zu Recht hat BGHZ 90, 96 ihr in toto den Charakter einer Willenserklärung versagt, die sich einerseits aufspalten lasse in eine solche, die sich auf die Verletzung der körperlichen Integrität beziehe, und anderseits in eine solche, die die Selbstgefährdung durch Inkaufnahme etwaiger Risiken betreffe. Dass sie inhaltlich beide Momente umfasse, umschreibe nur, worin ihre rechtl Bedeutung liege; das habe aber nichts mit ihrem Erklärungsinhalt zu tun. Demzufolge können Minderjährige selbst einwilligen; die Vorschriften über die Willenserklärungen Geschäftsunfähiger bzw beschränkt Geschäftsfähiger sind nicht anwendbar. Entspr gilt auch für die Schweigepflicht des Behandelnden ggü den Eltern Minderjähriger (LG Köln GesR 2009, 43 hinsichtl der Schwangerschaft einer Minderjährigen).

5 **2. Form.** Die Einwilligungserklärung kann im Regelfall **formfrei** – mündlich – erfolgen; sie bedarf insb nicht der Schriftform, auf die in der Rechtspraxis indessen vor größeren oder mit erheblichen Risiken verbundenen Eingriffen aus forensischen Gründen reflektiert wird. Zu weitergehenden Anforderungen Abs I S 3 (Rn 21). Sie kann ausdrückl, aber auch konkludent abgegeben werden. Letzteres ist insb anzunehmen, wenn der Patient die Behandlung geschehen lässt und an ihr mitwirkt (*Deutsch/Spickhoff* Medizinrecht Rn 422; BGH NJW 1980, 676). Bedarf es ausnahmsw einer besonderen Form – wie z.B. bei der Lebendspende von Organen, § 8 II TPG –, muss

ein Verstoß gegen formelle Vorschriften nicht zwingend dazu führen, dass die Einwilligung unwirksam ist (Düsseldorf GesR 2017, 37; Hamm GesR 2016, 792).

IV. Einwilligungsberechtigter. Nach Abs I ist die Einwilligung „des Patienten" einzuholen. **Patient** iS dieser Vorschrift ist – wie sich schon aus Sinn und Zweck ergibt – nicht der Vertragspartner iS der Legaldefinition des § 630a I, sondern derjenige, an dem die Behandlung tatsächlich durchführt wird (näher *Hebecker/Lutzi* MedR 2015, 17, 19). 6

1. Einwilligung durch Einwilligungsfähige. a) Voraussetzungen der Einwilligungsfähigkeit. Für die Einwilligungsfähigkeit ist die natürliche Willensfähigkeit des Patienten, nicht etwa die Geschäftsfähigkeit gem §§ 104ff, entscheidend (so schon BGHZ 29, 33; zur dogmatischen Bedeutung des natürlichen Willens *Gutmann* MedR 2021, 949; zur Kriterienbildung und zu Prüfverfahren/Tests *Damm* MedR 2018, 939, 942f; *Damm* FS Kopetzki, 2019, 105). 6a

Beim **erwachsenen Menschen** ist die Einwilligungsfähigkeit die Regel, sofern die Gesamtschau der medizinischen Fakten die fehlende Einwilligungsfähigkeit nicht eindeutig indiziert. Stellt der Patient seine Einwilligungsfähigkeit in Abrede, muss er sein Vorbringen beweisen (Koblenz GesR 2014, 663, 664). Dabei ist zu berücksichtigen, dass auch starke Schmerzen idR die Einwilligungsfähigkeit nicht einschränken oder gar aufheben (Koblenz GesR 2014, 663, 664; GesR 2016, 258). Haftungsrelevant kann die fehlende Einwilligungsfähigkeit (angenommen unter der Geburt: Naumburg GesR 2015, 99) zudem nur werden, wenn das Fehlen auch für den Behandelnden erkennbar ist. 6b

Das BGB kennt keine **Altersgrenze**, ab der natürliche Einwilligungsfähigkeit anzunehmen sei; es regelt auch nicht, unter welchen Voraussetzungen von Einwilligungsfähigkeit auszugehen ist. Angesichts der mit der (ggf: Fremd-)Einwilligung in den Körper eines Minderjährigen verbundenen Folgen in dessen körperliche Integrität verbietet es sich auch, die Entscheidung stets dem Bereich der elterlichen Sorge (§§ 1626ff) zuzurechnen. Schon eine verfassungsrechtl Betrachtung belegt nämlich, dass Minderjährige nicht nur Träger des Grundrechts aus Art 2 II GG auf Leben und körperliche Unversehrtheit sind, sondern auch als grundrechtsmündig – also zur eigenen Wahrnehmung ihrer Grundrechte berechtigt – anzusehen sind, wenn sie über die notwendige geistige und sittliche Reife verfügen, um die Bedeutung des Eingriffs, die mit Durchführung oder Unterlassung desselben verbundenen Probleme sowie die Tragweite des Eingriffs und seiner Gestattung erkennen können (BVerfGE 10, 302; zur Grundrechtsmündigkeit Sachs/*Sachs*[8], vor Art 1 GG Rn 75f). Eine starre Altersgrenze hierfür gibt es nicht; vielmehr kommt es auf die individuelle Entwicklung des Betroffenen an, ggf auch in Relation zur Bedeutung und Schwere des beabsichtigten Eingriffs (so auch *Damm* MedR 2018, 939, 944: situationsspezifische Einwilligungsfähigkeit). Deshalb hat sich der Behandelnde im Behandlungsfall jew von der individuellen Einwilligungsfähigkeit des minderjährigen Patienten zu überzeugen, bevor er Maßnahmen aufgrund der von diesem abgegebenen Einwilligungserklärung ergreift. 6c

b) Einwilligungsfähigkeit Minderjähriger. § 630d I gewährt entscheidungsfähigen Minderjährigen ein originäres eigenes Entscheidungsrecht. Das ergibt sich aus Abs I S 2, wonach die Einwilligung eines gesetzl Vertreters nur einzuholen ist, sofern „der Patient einwilligungsunfähig" ist. (Nur) so entspricht es dem Willen des Gesetzgebers; in den Motiven wird ausgeführt, das Einsichtsvermögen und die Urteilskraft des Patienten müssten ausreichen, um die Aufklärung zu verstehen, den Nutzen einer Behandlung gegen deren Risiken abzuwägen und „schließlich eine eigenverantwortliche Entscheidung zu treffen" (BT-Drs 17/10488, 23 mit Verweis auf *Laufs/Kern*[4] § 137 Rn 7). 7

Gleichwohl sind Rspr und Literatur nach wie vor uneinheitlich. 1958 hatte der BGH zunächst die Einwilligung eines Minderjährigen in einen operativen Eingriff als rechtswirksam erachtet, wenn der Minderjährige „nach seiner geistigen und sittlichen Reife" die Bedeutung und Tragweite des Eingriffs und seiner Gestattung zu ermessen vermag; das elterliche Recht der Personensorge stehe der Einwilligung jedenfalls dann nicht entgegen, wenn die elterliche Zustimmung aus bes Gründen nicht zu erlangen sei (BGHZ 29, 33). Wohl einschränkend urteilte er im Jahre 2006, **bei ausreichender Urteilsfähigkeit** – Möglichkeit, Wesen, Bedeutung und Tragweite der Maßnahme zu erkennen und seinen Willen hiernach auszurichten, vgl auch § 40 IV Nr 3 S 4 AMG, § 14 I GenDG – könne minderjährigen Patienten bei einem nur relativ indizierten Eingriff mit der Möglichkeit erheblicher Folgen für ihre künftige Lebensgestaltung ein **Vetorecht gegen die Einwilligung durch die gesetzl Vertreter** zustehen (BGH GesR 2007, 14 = BGHRp 2007, 59 m krit Anm *Rehborn*).Das überzeugte schon damals nicht. Zum einen ist die Beschränkung auf nur relativ indizierte Eingriffe nicht gerechtfertigt; zum anderen sind die Rechte einwilligungsfähiger Minderjähriger nicht gewahrt, wollten diese selbst die Vornahme eines von den gesetzl Vertretern abgelehnten Eingriffs, zB einen Schwangerschaftsabbruch. Angesichts der verfassungsmäßigen Rechte Minderjähriger, auch Eingriffe an sich ohne Zustimmung eines gesetzl Vertreters vornehmen zu lassen, wurde schon unter der Rechtslage vor Inkrafttreten des PatRG Kritik an der Rspr geübt (*Kern* LMK 2007, 220412; *Rehborn* BGHRp 2007, 59; unter verfassungsrechtl Aspekten eingehend *Rehborn/Schäfer* FS 25 Jahre ArGe RAe im Medizinrecht, 253ff, unter strafrechtl Gesichtspunkten D. Prütting/*Duttge*, § 228 StGB Rn 7 mwN). Richtigerweise wird demgemäß ein **Alleinentscheidungsrecht einwilligungsfähiger Minderjähriger** angenommen (Hamm GesR 2020, teilw krit dazu *Lugani* NJW 2020, 1330; Koblenz GesR 2014, 280, 281, Nichtzulassungsbeschwerde zurückgewiesen durch BGH VI ZR 350/12; Saarbrücken GesR 2020, 728 m Anm *Ratzel*; *Rehborn* in Rosenau/Hakeri, 85, 87f; *Kerschner* RdM 2013, 214, 215 zur Rechtslage in Österreich; *Bichler* GesR 2014, 208, 212; *Kaeding/Schwenke* MedR 2016, 935, 940; *Brückner*, 90; ausf Staudinger/*Gutmann*, Rn 91ff; speziell zur Gen- 7a diagnostik *Opper/Fangerau/Braune/Gassner*, Prädiktive und präsymptomatische Diagnostik spätmanifestierender Erkrankungen, 2019, 80f; speziell zu Impfungen BVerfG NJW 2022, 2904; *Rahn* ZMGR 2021, 345, 350; Spickhoff/*Spickhoff*[3] § 630d Rn 8 (zuvor wohl anders *Spickhoff* VersR 2013, 267, 275; MedR 2015, 845, 850f; vgl auch AG München NJW 2012, 2452 betr Einwilligung einer 17-Jährigen in Tätowierung). Demggü wird von anderen ein sog **„Co-Konsens"**, also sowohl die Einwilligung des Minderjährigen als auch der gesetzl Vertreter, gefordert (Frankfurt GesR 2019, 714 = MedR 2020, 383 m abl Anm *Kreße*; Frankfurt GesR 2021, 672; Grü/*Ellenberger*[82] vor § 104 Rn 8; *Coester-Waltjen* MedR 2012, 553, 560).

7b Die Diskussion beruht darauf, dass auch grundrechtsmündige Minderjährige ihr Recht auf freie Entfaltung der Persönlichkeit (Art 2 II GG) sowie ihr Recht auf körperliche Unversehrtheit (Art 2 II 1 GG) selbst ausüben können. Andererseits haben Eltern nicht nur das Recht, sondern auch die Pflicht zur Pflege und Erziehung ihrer Kinder (Art 6 II 1 GG). Richtigerweise überlagern aber die vorgenannten Rechte Minderjähriger das Elternrecht mit zunehmendem Alter und zunehmender Urteilsfähigkeit; in dem Umfang, wie Minderjährige in der Lage sind, von ihren verfassungsmäßigen Rechten selbst Gebrauch zu machen („Grundrechtsmündigkeit"), tritt das Elternrecht sukzessive zurück („eine dem Kind zugewandte persönlichkeitsrechtliche Subjektivierung der Elternverantwortung", Dürig/Herzog/Scholz/*Badura* Art 6 GG Rn 135; BVerfGE 80, 81, 90; BVerfG NJW 2022, 2904; so auch *Birck/Solscheidt* MedR 2021, 970, 974). Unter diesem Gesichtspunkt können Minderjährige, die **noch nicht über das Einsichts- und Urteilsvermögen** verfügen, um sich durchzuringen, einer von den gesetzl Vertretern gewollten Maßnahme zuzustimmen, aber (schon) Bedeutung und Tragweite der Entscheidung verstehen, ihrerseits ein **Vetorecht** ausüben (LG München II GesR 2020,805; *Fenger* FS Bergmann, 43, 48); praktisch wird das aber allenfalls auf wenige Einzelfälle beschränkt sein. Demgegenüber fordern Frankfurt GesR 2019, 714, Ratzel/Lissel/*Uphoff/Hindemith*, Hdb des Medizinschadensrechts[1], § 4 Rn 17, 19, und wohl auch *Rumetsch*, 68 selbst bei Einwilligungsfähigkeit des Minderjährigen explizit die Aufklärung und Einwilligung von Eltern und Minderjährigen – wohl im Lichte von Art 6 II 1 GG.

8 **c) Feststellung, Beweislast.** Die Einwilligungsfähigkeit hat der Behandelnde festzustellen. Geschieht das, beruft sich der Patient später allerdings auf seine mangelnde Einwilligungsfähigkeit, soll er diese auch zu beweisen haben (BT-Drs 17/10488, 23; Staudinger/*Gutmann* Rn 275 mwN).

9 **d) Kasuistik.** Einwilligungsfähigkeit **bejaht:** Schilddrüsen-OP bei einem fast Volljährigen (damals noch mit 21 Jahren, vgl § 2 Rn 1) bei Unerreichbarkeit der Eltern, BGHZ 29, 33; Kniegelenkpunktion bei 17-jähriger, Schleswig VersR 1989, 810; Schwangerschaftsabbruch einer 16-jährigen, AG Schlüchtern NJW 1998, 832; Schwangerschaftsabbruch bei einer 16-Jährigen, Hamm GesR 2020, 106; Tympanoplastik bei einer 17-Jährigen, Koblenz GesR 2014, 280, 281; Verordnung von Ovulationshemmern an eine 14-Jährige, Saarbrücken GesR 2020, 728 m Anm *Ratzel*; **verneint:** Entfernung gemeiner Warzen im Chaoul'schen Nahstrahlverfahren im Jahre 1953 bei 16-jähriger, BGH NJW 1972, 335; Schwangerschaftsabbruch einer 16-jährigen, Hamm NJW 1998, 3424); **Co-Consens fordernd**: radikale Zirkumzision (Alter des Patienten unbekannt), Frankfurt GesR 2019, 714 = MedR 2020, 383 m abl Anm *Kreße*; Corona-Schutzimpfung bei einem fast 16-Jährigen, Frankfurt GesR 2021, 672; dazu auch *Rahn* ZMGR 2021, 345, 350.

10 **2. Einwilligung für Einwilligungsunfähige. Abs I S 2** gebietet, bei Einwilligungsunfähigkeit des Patienten die Einwilligung eines hierzu Berechtigten einzuholen, soweit nicht eine Patientenverfügung nach § 1827 I 1 die Maßnahme gestattet oder untersagt. Das betrifft sowohl einwilligungsunfähige Minderjährige (zur Abgrenzung von einwilligungsfähigen Minderjährigen vgl Rn 7) als auch einwilligungsunfähige Erwachsene.

11 **a) Berechtigte** sind bei einwilligungsunfähigen Minderjährigen gem § 1629 I 2 Hs 1 die Eltern, und zwar grds gemeinschaftlich. Nach der Rspr soll man im Allg davon ausgehen können, dass der mit dem Kind beim Behandelnden erscheinende Elternteil ermächtigt ist, die Einwilligung in die ärztliche Behandlung für den abwesenden Elternteil mit zu erteilen, worauf der Behandelnde „in Grenzen vertrauen" dürfe, solange ihm keine entgegenstehenden Umstände bekannt seien. Das gilt zumindest in „Routinefällen" (BGHZ 105, 45; 144, 1; Hamm GesR 2016, 90), nicht jedenfalls aber bei vital gefährdenden Eingriffen oder klinischen Studien (Huster/Kaltenborn/*Gaidzik/Weimer*[2], Krankenhausrecht, § 15 Rn 75). Demggü nimmt Frankfurt GesR 2029, 714, 717f, eine nach drei Stufen differenzierte Betrachtung vor: so dürfe der Behandelnde in Routinefällen (1. Fallgruppe) davon ausgehen, dass der mit dem Kind erscheinende Elternteil ermächtigt sei, die Einwilligung in die ärztliche Behandlung für den abwesenden Elternteil mit zu erteilen, während sich der Behandelnde bei Eingriffen schwererer Art mit nicht unbedeutenden Risiken (2. Fallgruppe) der Ermächtigung des anderen Elternteils versichern müsse und bei schwierigen und weitreichenden Entscheidungen, die mit erheblichen Risiken für das Kind verbunden sind (3. Fallgruppe), sich Gewissheit verschaffen müsse, dass der nicht erschienene Elternteil mit der vorgesehenen Behandlung einverstanden sei.

12 Ist ein Elternteil verstorben, steht das Sorgerecht dem überlebenden Elternteil allein zu (§ 1680 I); bei nichtehelichen Kindern liegt das Sorgerecht gem § 1626a II bei der Mutter, wenn die Eltern nicht eine Sorgeerklärung gem § 1626a I Nr 1 abgeben oder heiraten, § 1626a I Nr 2. Bei geschiedenen oder getrennt lebenden Eltern verbleibt es beim Sorgerecht beider Eltern, solange nicht das FamG gem § 1671 I eine anderweitige Anordnung trifft.

12a **Verweigern die Eltern** die Einwilligung in einen medizinisch absolut indizierten Eingriff, sind die Ärzte befugt, das Familiengericht zu informieren und Maßnahmen nach § 1666 anzuregen, ohne dass daraus Schadensersatzansprüche resultieren könnten (Naumburg GesR 2014, 99 im Hinblick auf die Fortsetzung einer Chemotherapie eines Kindes).

b) Einwilligung durch Bevollmächtigten. Da es sich bei der Einwilligung nicht um eine Willenserklärung handelt (Rn 4), finden auch die §§ 164ff keine unmittelbare Anwendung; gleichwohl sind die Regelungen über die Stellvertretung entspr anzuwenden (Vor § 104 Rn 8); dass eine Stellvertretung möglich ist, kann iÜ zwanglos aus § 1820 (Vorsorgevollmacht) gefolgert werden. Daraus folgt auch, dass der Gesetzgeber auch das Selbstbestimmungs- und Persönlichkeitsrecht als delegierbar angesehen hat (so auch BT-Drs 17/10488, 23); zu beachten ist aber, dass die Vorsorgevollmacht den besonderen Anforderungen des § 1820 II (BGH NJW 2016, 3297 zu § 1904 aF). 13

c) Einwilligung durch Betreuer. Betreuer ist nicht, wer eine einen Betreuungswunsch des Patienten äußernde Erklärung besitzt, sondern nur, wer gem § 18146 förmlich bestellt ist und zu dessen Aufgabenkreis (§ 1815) die Gesundheitssorge gehört. Für die Einwilligung durch Betreuer gelten die Sonderreglungen der §§ 1821ff; zu beachten ist insb, dass der gem § 1831 I Nr 2 erforderliche Überzeugungsversuch eine materiell-rechtl Voraussetzung für die Wirksamkeit der Einwilligung durch den Betreuer ist; der BGH fordert deshalb, dass der Überzeugungsversuch ernsthaft, mit dem nötigen Zeitaufwand und ohne Ausübung unzulässigen Drucks durch eine überzeugungsfähige und -bereite Person vorgenommen wird (BGHZ 201, 324 zu § 1906 I Nr 2 aF). 14

d) Einwilligung durch Ehegatten. § 1358 I Nr 1 (Inkrafttreten 1.1.2023) sieht schließlich die Möglichkeit einer gegenseitigen Vertretung von Ehegatten in Angelegenheiten der Gesundheitssorge vor. Kann ein Ehegatte aufgrund von Bewusstlosigkeit oder Krankheit seine Angelegenheiten der Gesundheitssorge rechtl nicht besorgen (vertretener Ehegatte), ist der andere Ehegatte (vertretender Ehegatte) berechtigt, für den vertretenen Ehegatten in Untersuchungen des Gesundheitszustandes, Heilbehandlungen oder ärztliche Eingriffe einzuwilligen oder sie zu untersagen sowie ärztliche Aufklärungen entgegenzunehmen, sofern er hiervon nicht ausnahmsweise – insb bei Getrenntleben – gem § 1358 III ausgeschlossen ist. Vgl hierzu im Einz § 1358 Rn 1ff. 14a

d) Einwilligung mittels Patientenverfügung. Für einwilligungsunfähige Erwachsene sind konkrete Vorgaben in einer Patientenverfügung gem § 1827 ggü einer Entscheidung des Betreuers oder rechtsgeschäftlich Bevollmächtigten gem **Abs I S 3** vorrangig (zutr *Schwedler* MedR 2013, 652, 653). Im Kontext zu § 1827 kann sich das nur auf die eindeutige Patientenverfügung beziehen, die ihrerseits eine konkrete Einwilligungserklärung enthält (was meist nicht der Fall ist; sie ist vielmehr idR durch eine Untersagung bestimmter Maßnahmen gekennzeichnet). Ansonsten gilt § 1827 I, wonach der Betreuer die Anwendung der Patientenverfügung zu prüfen und diese ggf umzusetzen hat (zur Auslegung einer Patientenverfügung im Hinblick auf konkrete ärztliche Maßnahmen BGH GesR 2019, 105 (zu § 1901a aF). Eine in einer Patientenverfügung nach § 1827 enthaltene Einwilligung kann ihrerseits nur dann wirksam sein, wenn ihr eine Aufklärung vorausgegangen ist oder sie einen ausdrückl Verzicht hierauf enthält (BT-Drs 17/10488, 23). Die Wirksamkeit einer solchen Aufklärung ist ihrerseits krit zu hinterfragen, wird sie vielfach doch sehr abstrakt, kaum aber auf eine konkrete Lebens- und Gesundheitssituation des Patienten (die idR bei Errichtung der Patientenverfügung noch gar nicht vorliegt oder auch nur konkret absehbar ist) abgestellt sein (vgl auch § 1827 Rn 2ff). Zur Problematik bei Minderjährigen vgl detailliert *Bruns*, 1ff. 15

V. Inhalt. Vielfach wird vertreten, eine **„Generaleinwilligung"** in jedwede medizinische Behandlungsmaßnahme sei unwirksam. Zur Begründung wird darauf hingewiesen, dass sich die Einwilligung immer nur auf eine konkrete medizinische Maßnahme oder „ein konkretes Bündel solcher Maßnahmen" (Staudinger/*Gutmann*, Rn 31; BeckOGK/*U. Walter*, Rn 6) beziehen könne; auch sei ein vollständiger Verzicht auf eine grundrechtl Schutzposition nicht möglich (MüKo/*Wagner*[8] Rn 1) und einer solchen Einwilligung schon die erforderliche Aufklärung nicht vorausgegangen (Staudinger/*Gutmann* Rn 31). Nach diesseitigem Dafürhalten ist zu differenzieren; natürlich kann eine Einwilligungserklärung nicht dazu eingeholt werden, jedweden Eingriff – gleich aus welchem Grund und zu welcher Zeit – in den eigenen Körper zu dulden. Andererseits muss es einem Patienten aber auch unbenommen sein, einem Behandelnden, dem er uneingeschränkt vertraut, die Entscheidung über alle Maßnahmen zu überlassen, die dieser aus seiner medizinischen Sicht als sinnvoll erachtet. Insoweit kann die Einwilligung auch ein inhaltlich durchaus noch unbestimmtes „Bündel von Maßnahmen" erfassen. Jedenfalls in diesem Umfang ist auch ein Verzicht auf eine Aufklärung möglich, sofern der Patient nur eine Grundvorstellung davon hat, um welche Maßnahme(n) es geht (§ 630e Rn 47; Staudinger/*Gutmann* § 630e Rn 177). 16

Eine Einwilligung kann inhaltlich differenziert erteilt werden; der Patient ist nicht nur darauf angewiesen, einen Vorschlag des Behandelnden anzunehmen oder abzulehnen. Ebenso kann er seine Einwilligung beschränken, bspw auf eine bestimmte Form des beabsichtigten Eingriffs, auf eine bestimmte Schnittführung (zB bei sog kosmetischen Operationen) oder auf einen bestimmten Operateur, zu dem er besonderes Vertrauen hat (**„Personengebundenheit"**). Das hat der BGH insb auch für ärztliche Wahlleistungen (§ 17 KHEntgG) angenommen; der Patient habe mit der vertragl Erklärung auch zum Ausdruck gebracht, seine Einwilligung grds auf den Wahlarzt zu beschränken (BGH NJW 2016, 3523; Braunschweig GesR 2014, 155; so auch zur Rechtslage in Österreich OGH RdM 2015, 153; RdM 2022, 35 m Anm *Leischner-Lenzhofer* und *Huber* RdM 2015, 135; aA Hamm, MedR 2014, 894 m Anm *Bergmann*; GesR 2014, 659, 661; Koblenz VersR 2013, 462; *Bender* FS Dahm, 2017, 29, 37ff). Auch können Patienten die Einwilligung von der Erfahrung des Operateurs abhängig machen (Naumburg GesR 2020, 322, 323). 16a

17 Im Regelfall umfasst die Einwilligungserklärung – ausdrückl oder konkludent – drei wesentliche Bereiche der Behandlung: die Einwilligung in die Behandlung selbst als Eingriff in die körperliche Unversehrtheit, weiter in die Gefahr, die mit der Behandlung verbunden ist und schließlich in die Erhebung und Speicherung der Daten des Patienten (*Spickhoff* VersR 2013, 267, 275; *Deutsch/Spickhoff*[7] Rn 414ff).

18 **VI. Vorherige Einholung.** Gem **Abs I S 1** ist die Einwilligung vor Durchführung einer medizinischen Maßnahme einzuholen. Zur Frage nachträgl Einwilligung Rn 20.

19 **1. Weg.** Die Forderung nach einer „**Einholung**" der Einwilligung beinhaltet die Pflicht des Behandelnden zur entspr Befragung des Patienten nach erfolgter Aufklärung (§ 630d II). Die Pflicht zur Einholung dem Behandelnden aufzuerlegen ist nur konsequent und entspricht langjähriger und allg Rechtspraxis im Hinblick darauf, dass die Einwilligung den Rechtfertigungsgrund (*Deutsch* NJW 2012, 2009, 2011) für den ansonsten widerrechtl Eingriff in die körperliche Integrität des Patienten liefert. Die Einholungspflicht beinhaltet auch, bei Zweifeln an der Bedeutung einer Erklärung nachzufragen, bis die Erklärung eindeutig ist und den gesamten Eingriff abdeckt.

20 **2. Zeitpunkt.** Dass die Einwilligungserklärung **vor** Durchführung einer Maßnahme einzuholen ist, ist angesichts ihres Charakters als Rechtfertigungsvoraussetzung klar. Die nachträgl **Genehmigung** einer ohne Einwilligung erfolgten Behandlung ist vom Gesetz nicht vorgesehen. Angesichts der Qualifizierung der Einwilligung als geschäftsähnliche Handlung und der entspr Anwendung der §§ 164ff hierauf (Rn 4) ist es gleichwohl möglich, eine bereits erteilte, unwirksame Einwilligung zu bestätigen (arg e § 174), wenn zu diesem Zeitpunkt der frühere Nichtigkeitsgrund weggefallen und die Entscheidungsfreiheit des Patienten gewahrt ist (BGH NJW 1992, 2351; *Deutsch/Spickhoff*[7] Rn 427). Eine bei der Behandlung nicht oder unwirksam vorliegende Einwilligung kann iÜ nur durch eine mutmaßliche (Rn 23) oder hypothetische (§ 630h Rn 18ff) Einwilligung ersetzt werden.

21 **VII. Weitergehende Anforderungen.** Gem **Abs I S 3** bleiben in anderen Vorschriften aufgestellte weitergehende Anforderungen an eine Einwilligung unberührt. Hiervon erfasst wird insb das von der grds Formfreiheit der Aufklärung für Sonderfälle im Gesetz geforderte Gebot der Schriftform (vgl zB § 40 I 3 Nr 3 lit b AMG; § 8 II 4, § 8b I 2, § 8c IV TPG; § 6 I 2, § 8 II 1 Nr 2, § 19 I 7 TFG; § 8 I 1 GenDG); es dient in den genannten Fällen einem sicheren späteren Nachw des Einverständnisses, hat aber ggü dem die Erklärung Abzugebenden auch eine Warnfunktion, dass von ihm nichts Alltägliches, sondern etwas Besonderes gebilligt werde.

22 **VIII. Entbehrlichkeit der Einwilligung.** Gem Abs I S 4 ist die Einwilligung des Patienten für eine unaufschiebbare Maßnahme entbehrlich, wenn sie nicht rechtzeitig eingeholt werden kann und die Maßnahme dem mutmaßlichen Willen des Betroffenen entspricht; beide Voraussetzungen müssen kumulativ vorliegen.

23 Eine **Mutmaßliche Einwilligung** kommt in Betracht, wenn eine Einwilligung nicht eingeholt werden kann; das Gesetz begrenzt diese Möglichkeit auf unaufschiebbare Maßnahmen. Damit ist die mutmaßliche von der hypothetischen Einwilligung (dazu § 630h Rn 18ff) abzugrenzen; letztere kommt in Betracht, wenn Aufklärungsmängel vorliegen; zur analogen Anwendung bei Einwilligungsmängeln vgl § 630h Rn 22. Krit zum Instrument der mutmaßlichen Einwilligung *Bergschneider* medstra 2022, 81.

23a Ist von einer mutmaßlichen Einwilligung des Patienten auszugehen, hat diese auch ggü einer (ansonsten erforderlichen) Unterbringung nach Landesrecht Vorrang; die Entscheidung über eine Unterbringung wird damit obsolet (AG Lübeck GesR 2020, 110).

24 **1. Unaufschiebbare Maßnahme.** Eine Maßnahme ist nur unaufschiebbar, solange und soweit sie unmittelbar erforderlich ist, um das Leben des Patienten in einer Notsituation zu retten, seine Gesundheit zu verbessern oder seine Leiden zu erleichtern (vgl auch § 41 I 2 AMG, der eine ähnl Regelung für die Arzneimittelforschung an Notfallpatienten vorsieht, für die prinzipiell noch strengere Maßstäbe gelten als für Heileingriffe). Die amtl Begründung fordert sogar einen dringlichen Notfall (BT-Drs 17/10488, 24; zum Begriff *Killinger*, 23ff); angesichts des Erfordernisses einer „**unaufschiebbaren Maßnahme**" bedarf es dieser Forderung – unbeschadet der Frage, ob darin ggü der „unaufschiebbaren Maßnahme" ein Mehr verbunden ist – nicht.

25 Bereits vor Inkrafttreten des PatRG haben Rspr und Lit sich des Instruments der mutmaßlichen Einwilligung bei vitaler oder bei zeitl dringender, absoluter Indikation bedient, wenn ein Unterlassen der Behandlung medizinisch unvertretbar gewesen wäre (vgl nur *Geiß/Greiner* Arzthaftpflichtrecht[8] C Rn 103; Bamberg GesR 2012, 157). Dogmatisch stellt der Einwand hypothetischer Einwilligung die Berufung auf ein rechtmäßiges Alternativverhalten dar.

26 Erfasst werden hiervon nicht nur Fälle, in denen die Einholung einer Einwilligung (zB wegen Bewusstlosigkeit des Patienten) überhaupt nicht möglich ist, sondern auch solche, in denen zwar eine Einwilligung vorliegt, sich im Verlauf der Behandlung aber herausstellt, dass diese nicht mehr ausreicht. Von besonderer Bedeutung ist das intraoperativ beim sedierten oder anästhesierten und infolgedessen einwilligungsunfähigen Patienten. Vor Inkrafttreten des PatRG nahm die Rspr die Zulässigkeit einer **Operationserweiterung** in einem solchen Fall an, wenn eine Situation eingetreten war, in der der Eingriff obj angezeigt war, um gesundheitliche Gefahren abzuwenden, die in ihrer Schwere deutlich über das hinausgehen, was der Eingriff an Beeinträchtigungen mit sich bringt *und* bei Abbruch des Eingriffs – zum Zweck der erweiterten Aufklärung – ernsthaft mit zusätzl gefährlichen Komplikationen gerechnet werden musste, die bei sofortiger Operationserweiterung nicht entstehen würden (BGH NJW 1977, 337; VersR 2000, 603; Frankfurt NJW 1982, 2144). Allerdings war die Rspr (zu Recht) streng: Wäre die Notwendigkeit einer Operationserweiterung bei ordnungsgemäßer Diagnostik und Planung zumindest als möglich vorhersehbar gewesen, hätte der Patient vor Eintritt der Notsituation „vorsorglich" aufgeklärt werden

können (BGH NJW 1993, 2372). Soll durch die Operationserweiterung hingegen einer zwar lebensbedrohlichen Entwicklung vorgebeugt werden, die aber in nächster Zeit nicht zu einer konkreten Gefährdung des Patienten führen wird, für den Patienten gleichwohl einen schwerwiegenden existenziellen Eingriff darstellt, der sich nicht aufdrängt, ist eine Operationserweiterung aufgrund mutmaßlicher Einwilligung unzulässig (zutr Koblenz NJW 2006, 2928 für die Sterilisation einer jungen Mutter im Zuge einer Sectio). Handelt es sich dagegen um eine belanglose Erweiterung, deren Risiken hinter denen der Nichtvornahme zurücktreten, ist eine mutmaßliche Einwilligung möglich (Hamm OLGRp 2002, 309).

27 **2. Mutmaßlicher Wille.** Die (unaufschiebbare) Behandlung ist trotz ihrer Dringlichkeit angesichts der Patientenautonomie, die das Recht beinhaltet, auch in vitalen Situationen „unvernünftige" Entscheidungen zu treffen, insb eine lebenserhaltende oder -verlängernde Behandlung zu verweigern, nur zulässig, wenn sie dem mutmaßlichen Willen des Patienten entspricht. Dieser ist primär nicht etwa an der Entscheidung eines (vermeintlich) vernünftigen Patienten festzumachen, sondern aus den persönlichen Umständen und individuellen Interessen, Wünschen, Bedürfnissen und Wertvorstellungen des betroffenen Patienten zu ermitteln (BT-Drs 17/10488, 24 mit Verweis auf BGH NJW 1977, 337; VersR 2000, 603). Zur Ermittlung sind vorrangig frühere mündliche oder schriftliche Äußerungen des Patienten, seine religiöse Überzeugung, seine sonstigen persönlichen Wertvorstellungen, seine altersbedingte Lebenserwartung oder das Erleiden von Schmerzen bei/nach der Behandlung heranzuziehen (BGH NJW 1995, 204). Eine unreflektierte Übernahme vorgelegter Erklärungen allein ist allerdings unzureichend (München GesR 2006, 524).

28 Gelegentlich wird vor der Gefahr einer „Aushöhlung" des Selbstbestimmungsrechts infolge (zu) extensiver Annahme mutmaßlicher Einwilligungen gewarnt und gefordert, solche nur in engen Grenzen anzunehmen. Angesichts der gesetzl Vorgaben wäre diese Gefahr nur gegeben, würde man den einwilligungsfähigen Patienten umgehen oder durch unzureichende Aufklärung über das Risiko der Notwendigkeit einer Operationserweiterung im Unklaren lassen. Diese Umstände rechtfertigen aber schon tatbestandlich nicht die Annahme einer mutmaßlichen Einwilligung; die Warnung vor einer extensiven Ausdehnung ist daher nur de lege ferenda maßgeblich.

29 **3. Kasuistik. Mutmaßliche Einwilligung verneint:** BGH NJW 2000, 885: Sterilisation bei intraoperativen Blutungen nach Sectio, um lebensgefährliche Komplikationen bei einer erneuten Schwangerschaft zu verhindern; Koblenz VersR 2007, 796: Sterilisation, wenn künftige Schwangerschaft (nur) nicht zu empfehlen ist; Frankfurt NJW 2002, 689: Einstellung künstlicher Ernährung. **Mutmaßliche Einwilligung bejaht:** Bamberg GesR 2012, 157: ruhigstellende Vorkehrung während eines künstlichen Komas aufgrund Alkoholentzugsdelirs; Dresden 14.7.2010 – 4 U 1834/09: Herzkatheteruntersuchung mit anschließendem Verschluss einer Koronarfistel in intraoperativer Notfallsituation; Karlsruhe NJW 2002, 685: Beendigung weiterer künstlicher Ernährung; Naumburg VersR 2008, 224: Erweiterung einer Wurzelspitzenresektion bei intraoperativer Entdeckung einer Knochenzyste im Bereich der Zahnwurzel; Zweibrücken VersR 1999, 1546: Hysterektomie bei vitaler Indikation aufgrund schwerer Blutungen während der Entfernung eines Eierstocktumors.

30 **4. Entbehrlichkeit kraft Gesetzes.** Einer Einwilligung bedarf es schließlich nicht, soweit eine Zwangsbehandlung gesetzl erlaubt ist, so insb bei ärztlichen Tätigkeiten im Strafvollzug (§ 101 StVollzG, § 36 V 3 IfSG [dazu BayObLG GesR 2020, 167; näher Laufs/Kern/Rehborn/*Kern*[5] § 75 Rn 6ff), im Maßregelvollzug (einschlägig sind die Landesgesetze über Hilfen und Schutzmaßnahmen bei psychischen Krankheiten, vgl zB § 18 V PsychKG NRW, § 57 PsychKG Berlin [dazu KG Beschl v 30.6.2021 – 5 Ws 66/21 Vollz, juris]), bei der gemeinschaftlichen Unterbringung insb von Asylbewerbern, Flüchtlingen und Spätaussiedlern (§ 36 V 1 IfSG), bei körperlichen Untersuchung des Beschuldigten im Rahmen eines gegen ihn laufenden Strafverfahrens (§ 81a II StPO), Untersuchungen zur Feststellung der Abstammung (§ 372a ZPO), Quarantäneanordnungen bei bestimmten Erkrankungen (§ 30 II, III IfSG).

31 **IX. Wirksamkeitsvoraussetzungen. Abs II** bestimmt, dass die Einwilligung nur wirksam ist, wenn der Einwilligungsberechtigte (vgl Rn 6ff) nach Maßgabe des § 630e aufgeklärt worden ist; das wird heute vielfach als **„informed consent"** bezeichnet. Die Vorschrift beruht auf dem Gedanken, dass nur derjenige wirksam von seinem Selbstbestimmungsrecht Gebrauch machen kann, der die Bedeutung seiner Erklärung, die daraus resultierenden Folgen oder möglichen Folgen, Chancen und Risiken, Alternativen oder Alternativlosigkeit kennt. Hierüber muss er informiert sein, ist es aber idR mit seinem (allenfalls vorliegenden) medizinischen Laienwissen nicht. Er kann sich dieses Wissen, nicht nur abstrakt-theoretisch, sondern bezogen auf seine individuelle Situation (vgl dazu § 630e Rn 1) auch in aller Regel nicht selbst verschaffen. Abs II fordert daher vom Behandelnden, dem Patienten die zur Ausübung seines Selbstbestimmungsrechts erforderlichen Informationen zu erteilen.

32 **X. Rechtsfolgen eines Verstoßes.** Der Behandelnde haftet infolge mangelnder Aufklärung (näher dazu Vor § 630h Rn 25f); weitere Voraussetzung hierfür ist insb dessen Kausalität für den eingetretenen Schaden. Voraussetzung dafür wiederum ist, dass pflichtgemäßes Handeln – eine hinreichende Aufklärung also – den Schaden verhindert hätte (BGHZ 192, 298; *Middendorf* MedR 2019, 37, 40). Ein Schaden liegt indessen nicht schon in einer (alleinigen) Verletzung des Persönlichkeitsrechts des Patienten, hervorgerufen durch eine sich über seine Autonomie hinwegsetzende Behandlung. Die Annahme, solchenfalls werde ein Schmerzensgeld oder eine Geldentschädigung wegen Verletzung des Allgemeinen Persönlichkeitsrechts (vgl Anh § 12 Rn 313ff) geschuldet (Jena VersR 1998, 586, 588 mwN aus der Literatur), hat der BGH ua mit Hinw darauf, dass sie „zu einer uferlosen Haftung der Ärzte" führe, zu Recht als unvertretbar verworfen (BGHZ 176, 342, 346f; i Erg auch Dresden NJW 2004, 298; Koblenz VersR 2004, 1564; Köln MedR 2012, 405; Naumburg GesR 2004, 494). Strafrechtl ist in Er-

mangelung eines Rechtfertigungsgrundes von einer vorsätzlichen Körperverletzung (§ 223 StGB, ggf auch qualifizierter Form) auszugehen (*Ulsenheimer*, Arztstrafrecht in der Praxis[5], Rn 336; HK-GS/*Dölling* § 223 StGBRn 9). Weitergehend zu strafrechtl Folgen *Spickhoff* ZRP 2012, 65, 69; VersR 2013, 267, 282.

33 Problematisch und zu weitgehend erscheint allerdings die Rspr des BSG, wonach das (sozialrechtl) Wirtschaftlichkeits- und Qualitätsgebot dazu führe, dass eine unzureichende Aufklärung – Voraussetzung einer wirksamen Einwilligung – den Vergütungsanspruch des Krankenhauses entfallen lasse, wobei das BSG davon ausgeht, dass bei objektiv medizinisch erforderlichen Behandlungen von einer ordnungsgemäßen Aufklärung iSe widerlegbaren Vermutung regelmäßig ausgegangen werden könne, es sei denn, dass mit der Behandlung ein hohes Risiko schwerwiegender Schäden verbunden sei, da dann nicht auszuschließen sei, dass der Patient bei ordnungsgemäßer Aufklärung von dem Eingriff Abstand genommen hätte (BSGE 130, 73 = GesR 2020, 327 m krit Anm *Gerlach* GesR 2020, 474, die ein Entfallen des Vergütungsanspruchs allenfalls bei einem Verstoß gegen die Grundaufklärung annehmen will; krit dazu *Hart* MedR 2020, 895 und *Felix* MedR 2021, 7).

34 **XI. Widerruf (Abs III).** Der Patient kann seine Einwilligung jederzeit, formlos und ohne Angabe von Gründen widerrufen. Für den Widerruf muss der Patient, wie auch für die Einwilligung selbst, über die natürliche Einsichts- und Urteilsfähigkeit verfügen (Rn 7). Die bloße Äußerung von Bedenken genügt nicht als Widerruf; er muss vielmehr in Form einer klaren und unmissverständlichen Äußerung zum Ausdruck kommen (BGH NJW 1980, 676). Auch hier ist der Behandelnde ggf zur Nachfrage verpflichtet. Ein Widerruf kann ausdrückl oder konkludent erfolgen; er kann insb auch in einer Kündigung des Behandlungsvertrags liegen (*Lippert* VersR 2001, 432; *Lippert* MedR 2013, 714, 717 speziell zum Widerruf im Rahmen klinischer Prüfungen). Von daher wäre es auch deplatziert, pauschal nach einem gewissen Zeitablauf eine „**Entaktualisierung**" annehmen zu wollen (*Witte* ZMGR 2022, 194); zu trennen davon ist die Frage, ob der Patient eine erneute Einwilligungserklärung im Hinblick auf eine (zu) lange zurückliegende Aufklärung erteilen kann (dazu § 630e Rn 44ff).

§ 630e Aufklärungspflichten

(1) Der Behandelnde ist verpflichtet, den Patienten über sämtliche für die Einwilligung wesentlichen Umstände aufzuklären. Dazu gehören insbesondere Art, Umfang, Durchführung, zu erwartende Folgen und Risiken der Maßnahme sowie ihre Notwendigkeit, Dringlichkeit, Eignung und Erfolgsaussichten im Hinblick auf die Diagnose oder die Therapie. Bei der Aufklärung ist auch auf Alternativen zur Maßnahme hinzuweisen, wenn mehrere medizinisch gleichermaßen indizierte und übliche Methoden zu wesentlich unterschiedlichen Belastungen, Risiken oder Heilungschancen führen können.

(2) Die Aufklärung muss

1. mündlich durch den Behandelnden oder durch eine Person erfolgen, die über die zur Durchführung der Maßnahme notwendige Ausbildung verfügt; ergänzend kann auch auf Unterlagen Bezug genommen werden, die der Patient in Textform erhält;
2. so rechtzeitig erfolgen, dass der Patient seine Entscheidung über die Einwilligung wohlüberlegt treffen kann;
3. für den Patienten verständlich sein.

Dem Patienten sind Abschriften von Unterlagen, die er im Zusammenhang mit der Aufklärung oder Einwilligung unterzeichnet hat, auszuhändigen.

(3) Der Aufklärung des Patienten bedarf es nicht, soweit diese ausnahmsweise aufgrund besonderer Umstände entbehrlich ist, insbesondere wenn die Maßnahme unaufschiebbar ist oder der Patient auf die Aufklärung ausdrücklich verzichtet hat.

(4) Ist nach § 630d Absatz 1 Satz 2 die Einwilligung eines hierzu Berechtigten einzuholen, ist dieser nach Maßgabe der Absätze 1 bis 3 aufzuklären.

(5) Im Fall des § 630d Absatz 1 Satz 2 sind die wesentlichen Umstände nach Absatz 1 auch dem Patienten entsprechend seinem Verständnis zu erläutern, soweit dieser aufgrund seines Entwicklungsstandes und seiner Verständnismöglichkeiten in der Lage ist, die Erläuterung aufzunehmen, und soweit dies seinem Wohl nicht zuwiderläuft. Absatz 3 gilt entsprechend.

1 **I. Systematischer Zusammenhang mit § 630d.** Die Aufklärung ist Voraussetzung einer wirksamen Einwilligung (§ 630d II); sie muss daher sämtliche – bezogen auf die individuelle Situation des Patienten – eingriffsrelevanten Umstände beinhalten. Diese benennt Abs I exemplarisch. Insb gehören hierzu Art, Umfang, Durchführung, zu erwartende Folgen und Risiken der Maßnahme sowie ihre Notwendigkeit, Dringlichkeit, Eignung und Erfolgsaussichten. Die Stellung im Gesetz ist sachgerecht und logisch: Voraussetzung einer rechtmäßigen Behandlungsmaßnahme ist zunächst die Einwilligung hierein; Voraussetzung einer wirksamen Einwilligung ist die Aufklärung. Die Vorschrift korrespondiert mit im Wesentlichen inhaltsgleichen berufsrechtl Vorschriften (vgl insb § 8 MBOÄ).

2 **II. Aufklärung als Hauptpflicht.** Mit § 630e wird die Selbstbestimmungsaufklärung zur Pflicht aus dem Behandlungsvertrag erhoben. Mag vor Inkrafttreten des PatRG fraglich gewesen sein, ob die Aufklärungspflicht eine Haupt- oder Nebenpflicht (so BGH VersR 1981, 456, 457; VersR 1990, 1010, 1011; VersR 2005, 836) darstellt, wird man sie jedenfalls jetzt, nicht zuletzt angesichts der vom PatRG auch beabsichtigten Stärkung der Patientenautonomie (BT-Drs 17/10488, 9), als **Hauptpflicht** des Behandelnden zu begreifen haben. Mit der gewählten

Fassung wollte der Gesetzgeber die bereits vor Inkrafttreten des PatRG bestehende gefestigte Rspr kodifizieren (BT-Drs 17/10488, 24; so wohl auch *Hassner* VersR 2013, 23, 24; aA *Schmidt-Recla* in Rosenau/Hakeri, 119, 121: eher selbständige Nebenpflicht).

Schutzzweck der Aufklärungspflicht ist primär die Gewährleistung der körperlichen Integrität des Patienten (so schon RGZ 68, 431, 434; auch BVerfGE 89, 120 = BVerfG MDR 1994, 85). Demggü hat ein „Selbstbestimmungsrecht“ keinen *eigenständigen* Wert; es ist lediglich Substrat des Rechts auf körperliche Unversehrtheit. Demgemäß ist es auch nicht seine Aufgabe, den Patienten oder seine Erben vor wirtschaftlichen Belastungen, zB einer Heimpflege, zu schützen (BGHZ 221, 352 = BGH GesR 2019, 364). 2a

III. Inhalt (Abs I). Die Aufklärung muss über sämtliche für die Einwilligung wesentlichen Umstände erfolgen. Hierzu gehören insb Art, Umfang, Durchführung, zu erwartende Folgen und Risiken der Maßnahme sowie ihre Notwendigkeit, Dringlichkeit, Eignung und Erfolgsaussichten im Hinblick auf die Diagnose oder die Therapie. 3

1. Grundsatz. Generell kommt es nicht auf alle Details an (vgl auch BT-Druchs 17/10488, 24); vielmehr entspricht es st Rspr, dass es ausreicht, wenn der Patient über den Verlauf des Eingriffs, seine Erfolgsaussichten, seine Risiken und mögliche Behandlungsalternativen mit wesentlich anderen Belastungen, Chancen und Gefahren „im Großen und Ganzen“ aufgeklärt worden ist (BGHZ 29, 46; 29, 176; 166, 336). 4

2. Mindestanforderungen. Die Rspr fordert aber in jeden Fall eine sog **Grundaufklärung.** Dazu gehört, dass der Patient einen zutr Eindruck von der Schwere des Eingriffs erhalte und dass er erfahre, welche Art von Belastungen für seine Integrität und Lebensführung auf ihn zukämen. Diese Risiken müssten nur „angesprochen“ werden. Auf diese Weise müsse dem Patienten die Möglichkeit gegeben werden, sich gegen einen Eingriff zu entscheiden und dessen Folgen zu vermeiden (BGHZ 106, 391, 399). Erforderlich sei, jedenfalls das schwerste möglicherweise in Betracht kommende Risiko zu benennen (*Pauge/Offenloch* Rn 422). Bei fehlender Grundaufklärung soll es auf den bei Aufklärungsmängeln zu hinterfragenden **haftungsrechtl Zusammenhang** nicht ankommen. Dieser haftungsrechtl Zusammenhang stellt darauf ab, ob sich im Einzelfall ein sehr seltenes und nicht aufklärungspflichtiges Risiko verwirklicht hat; ist das der Fall, entfällt bei jedenfalls vorhandener Grundaufklärung die Haftung mangels eines Zurechnungszusammenhangs (BGHZ 90, 96; 106, 391, 399; BGH GesR 2019, 512). So kann aus dem Eingriff keine Haftung hergeleitet werden, wenn der Patient in Kenntnis des verwirklichten Risikos seine Einwilligung erteilt hat (BGHZ 144, 1; 168, 303). Unmaßgeblich ist allerdings, ob der Primärschaden auch bei weniger invasiven Maßnahmen hätte eintreten *können*; eine hiermit behauptete „Reserveursache“ ist vom Behandler zu beweisen (Zweibrücken GesR 2020, 58). 5

3. Verlaufsaufklärung. Mit diesem Begriff wird die Aufklärung über den Verlauf einer Erkrankung mit und ohne Behandlung umschrieben (*Hart* GesR 2012, 385 (386); teilw divergierende Definition bei *Kern* GesR 2009, 1, 5f, der Ablauf und Diagnostik sowie „Umstände, die seine Entscheidung für die eine oder andere Behandlung beeinflussen können“, „voraussichtliche Operations- und Verweildauer“, „möglichen Misserfolg“, Möglichkeit der Verschlimmerung explizit mit einbezieht. Als „auffällig“ sieht *Hart* GesR 2012, 395, 396 es an, dass der Gesetzgeber trotz seiner Absicht einer Kodifizierung der bestehenden Rspr (BT-Drs 17/10488, 24) die von dieser geforderte Verlaufsaufklärung (BGHZ 90, 96; instruktiv Koblenz VersR 2003, 1313) weder ins Gesetz aufgenommen noch in den Gesetzgebungsmaterialien erwähnt habe. Das mag zutreffen; indessen ist sie unter dem Gesichtspunkt der Aufklärungspflicht über die Notwendigkeit der Maßnahme (vgl Rn 9), deren Umfang, Durchführung, Folgen (Rn 7) und über Alternativen (vgl Rn 14), die auch den Behandlungsablauf erfassen, keineswegs entbehrlich, zumal zum verfassungsrechtl geschützten Selbstbestimmungsrecht gehörig. Der Gesetzgeber hat es – wenig glücklich – nur nicht für erforderlich erachtet, an die herkömmliche Terminologie anzuknüpfen (*Rehborn* GesR 2013, 257, 264). Die folgenden Aspekte werden daher unter diesem Aspekt als der Verlaufsaufklärung zugehörig angesehen. 6

4. Art, Umfang, Durchführung, zu erwartende Folgen. Der Gesetzgeber hat mit dieser beispielhaften Aufzählung insb die den Verlauf beschreibenden Faktoren (Huster/Kaltenborn/*Gaidzik*, Krankenhausrecht[2], § 13 Rn 80) benannt. Der Patient soll so eine Vorstellung von der Maßnahme, in die er einwilligen soll, „im Großen und Ganzen“ (BGH NJW 1959, 2299; NJW 2011, 375) erhalten. Das beinhaltet im Groben zu wissen, wie und mit welchen Mitteln eine Maßnahme erfolgt (zB bei der Hysterektomie der Hinw, ob der Eingriff vaginal, laparoskopisch [minimal-invasiv in „Schlüssellochtechnik“] durch die Bauchdecke oder mittels Laparatomie [Bauchschnitt] erfolgt). Dem Patienten muss bewusst sein, was bei dem Eingriff geschieht, insb ob und welche Organe entfernt werden (im Beispielsfall: Hysterektomie mit oder ohne Entfernung der Adnexe [Eierstöcke]) und welche Folgen sich ergeben (im Beispielsfall: irreversibler Verlust der Gebärfähigkeit, Ausbleiben der Menstruationsblutung, hormonelle Veränderungen bei Entfernung der Adnexe). Insb die Folgen – vor einer Geburt natürlich auch für das Kind (BGH NJW 1984, 1395, 1396; 2006, 2108, 2109; Naumburg GesR 2015, 99, 100; Köln GesR 2019, 331) – sind eingehend und unmissverständlich darzustellen. Dazu gehört auch der Hinweis darauf, dass es sich bei der vorgesehenen Behandlung um eine noch nicht zum Standard iSd § 630a II gehörende „Neulandmethode mit ggf unbekannten Risiken (BGHZ 168, 103 „Robodoc“; 172, 254; GesR 2021, 528 [Bandscheibenendoprothese aus Kunststoff ohne äußeren Titanmantel]) und ggf auch um eine (zumindest noch) umstrittene Methode (BGHZ 172, 254 „Racz-Katheter“) handelt. Das gilt auch für den off-label-Einsatz (BGHZ 172, 1) bzw Einsatz neuartiger Arzneimittel (Köln MedR 2017 m Anm *Gödicke*) oder neuer technischer Geräte (Koblenz MedR 2017, 313). 7

8 **5. Risikoaufklärung.** Zu benennen sind die einem Eingriff immanenten Risiken. Die Immanenz bemisst sich nicht aufgrund einer bestimmten **Komplikationsdichte**; statistischen Risikowerten soll nur ein vergleichsweise geringer Wert zukommen (BGHZ 126, 386, 389; 144, 1, 5). Entscheidend für die Aufklärungspflichtigkeit eines solchen Risikos ist vielmehr, ob das betreffende Risiko dem Eingriff spezifisch anhaftet und es bei seiner Verwirklichung die Lebensführung des Patienten besonders belastet (BGHZ 126, 386, 389; 144, 1, 5: Aufklärungspflicht über die Gefahr, dass ein Kind aufgrund der Impfung mit lebenden Polioviren an einer spinalen Kinderlähmung erkrankt – Risikohäufigkeit 1: 5 Mio bzw 1: 4,4 Mio – bejaht). Die von Nürnberg (GesR 2015, 535; auch MüKo/*Wagner* Rn 12ff) ua erhobene Forderung, Häufigkeitsangaben in Aufklärungsbögen müssten sich an der Häufigkeitsdefinition des Medical Dictionary for Regulatory Activities (MedDRA), wie sie in Medikamenten-Beipackzetteln Verwendung finden, orientieren, hat der BGH zu Recht verworfen (GesR 2019, 230 – Verwendung des terminus „gelegentlich"; krit dazu *Drechsler* JR 2020, 47, 49f); ähnl Frankfurt GesR 2019, 328, wonach ein Risiko von 20 % noch als „vereinzelt" bezeichnet werden darf.

9 **a) Notwendigkeit.** Maßgeblich hängt die Aufklärungsintensität auch davon ab, wie notwendig eine Maßnahme ist. Zu Recht differenziert die Rspr hier. **Therapeutische Maßnahmen** mit wenig ernsthaften Alternativen – auch soweit es einen Verzicht hierauf angeht – stellen den Patienten idR nicht vor eine schwierige Entscheidung. Je höher die Indikation ist, je dringlicher die Ergreifung, desto weniger muss aufgeklärt werden. Die Aufklärungspflicht steigt, je weniger dringlich die vorgesehene Maßnahme ist, so bei nur **relativer Indikation**. Höhere Anforderungen sind bei rein **diagnostischen Maßnahmen** angezeigt (BGH NJW 1971, 1887). Das erklärt sich daraus, dass der Patient auf diese eher verzichten kann; allein das Wissen, ob bei ihm eine Erkrankung vorliegt oder nicht, führt nicht zur Heilung oder Besserung; ob und welcher Nutzen die Maßnahme für die weitere Behandlung bringt, ist offen. So kann es nachvollziehbar sein, dass ein Patient auf dieses Wissen angesichts der mit der Diagnostik verbundenen Risiken verzichten möchte (vgl zB BGHZ 90, 96: Vor einer rein diagnostischen Zwecken dienenden Rektoskopie ist über Schmerzen aufzuklären). Höchste Pflichten bestehen vor **medizinisch nicht indizierten Maßnahmen**. Hierzu gehören nicht nur sog kosmetische Operationen (dazu BGH NJW 1991, 2349; Düsseldorf OLGRp 1993, 320: „schonungslose Aufklärung" erforderlich; Düsseldorf VersR 1999, 61; Dresden GesR 2020, 170; nähere Details bei *Nestler* medstra 2018, 330ff), sondern bspw auch die sog Wunschsectio (Hamm GesR 2020, 172), weiter alle fremdnützigen Maßnahmen wie zB Blutentnahmen zur Blutspende (BGHZ 166, 336) oder Lebendorganspenden (BGHZ 221, 55 = MedR 2019, 554 m Anm *J. Prütting* = JZ 2019, 517 m Anm *Spickhoff*; näher dazu *Rehborn* FS Kopetzki, 2019, 537), auch – unabhängig von einer öffentlichen Impfempfehlung – **Impfungen** (BGHZ 144, 1; krit dazu *Deutsch* JZ 2000, 902 und *Terbille* MDR 2000, 1012; näher zur Impfung gegen das Coronavirus *Drechsler* MedR 2021, 439, 440ff) und insb Studien mit neuen Arzneimitteln und Medizinprodukten an Gesunden, sog Probanden (vgl zu klinischen Studien unter berufsrechtl Gesichtspunkten auch Ärztl BerufsG Nds/*Ratzel* GesR 2012, 534). Dazu wird man auch solche medizinisch relativ indizierten Maßnahmen zu rechnen haben, die ausschließlich der Prophylaxe dienen, so zB die Mastektomie einer (noch) nicht von Brustkrebs befallenen Brust bei ungünstiger genetischer Prognose.

10 **b) Dringlichkeit.** Dem Patienten ist auch aufzuzeigen, wann der Eingriff aus medizinischer Sicht indiziert ist (zur Zeit vor Inkrafttreten des PatRG: BGH VersR 1994, 104; 2010, 115). Dieses Gebot ist im Zusammenspiel mit den weiteren Aufklärungskriterien zu sehen; der Patient soll sich ein Bild machen können, wann er eine Maßnahme – wenn überhaupt – vornehmen lassen will. Dazu muss er die Entwicklung bei sofortiger/baldiger Vornahme einerseits und bei einem Zuwarten andererseits kennen, um zu entscheiden, ob er angesichts der Risiken eines Eingriffs noch wartet, weil ihm die vorherige Vornahme keinen oder keinen nennenswerten Vorteil bringt; er muss selbst entscheiden können, wie er ggf in sein Leben gestalten will, bevor er sich einer uU schwerwiegenden Maßnahme stellt. Er muss entscheiden können, wie er maßnahmenbedingte Rekonvaleszenzzeiten in seine Lebenssituation einfügt. Das bedeutet aber auch – im Einklang mit der Rspr vor Inkrafttreten des PatRG –, dass dem Patienten die Dringlichkeit unaufschiebbarer Maßnahmen ebenso klar gemacht wird (vgl BGH NJW 1990, 2928, 2929); verweigert er trotzdem – sei es auch nur auf Zeit – seine Einwilligung, müssen ihm die Folgen bewusst sein.

11 Nach der (strafrechtl) Rspr soll ein Arzt auch verpflichtet sein, über solche in seiner Person liegenden Risiken aufzuklären, die Einfluss auf die sachgerechte Durchführung der ärztlichen Heilbehandlung haben können (operativer Eingriff durch einen Facharzt für Augenheilkunde trotz eines vorangegangenen Schlaganfalls mit schwerer Hirnschädigung und erheblichen Beeinträchtigungen der Feinmotorik; LG Kempten GesR 2021, 291 m Anm *Hoven* = MedR 2021, 559 m Anm *Vogel* = medstra 2021, 322 m Anm *Sternberg-Lieben*; zu der Problematik auch *Nowrousian* JR 2020, 364).

12 **6. Eignung, Erfolgsaussichten.** Das Gebot, über die Eignung und Erfolgsaussichten einer Maßnahme aufzuklären, beinhaltet, dem Patienten einerseits darzulegen, ob es andere, ggf besser geeignete Maßnahmen gibt, von denen aus bestimmten Gründen im Behandlungsfall abgesehen werden soll. Es überschneidet sich insoweit mit der Pflicht, über Behandlungsalternativen (s Rn 14) aufzuklären. Andererseits beinhaltet es auch die Pflicht anzugeben, inwieweit und ggf mit welcher Wahrscheinlichkeit die vorgesehene Maßnahme zu dem beabsichtigten Erfolg (Heilung, Besserung, Linderung, aber auch weiterführender diagnostischer Erkenntnisgewinn) führen wird. Umfang und Genauigkeit der Aufklärung über Erfolgsaussichten sollen davon abhängen, ob eine absolute oder eine relative Indikation für den Eingriff vorliegt; ferner soll es auf die Relation zwischen den Risiken des Eingriffs und der Größenordnung der Heilungschancen ankommen (KG MedR 2014, 822).

Diese Pflichten bestehen sowohl **im Hinblick auf** die **Diagnose** als auch die **Therapie**. Das ist konsequent; sowohl diagnostische als auch therapeutische Maßnahmen können folgenarm oder -reich sein, bergen abzuwägende Chancen und Risiken, können in unterschiedlicher Intensität notwendig (absolut oder relativ) oder verzichtbar sein, können dringlich oder verschiebbar sein, können mehr oder weniger geeignet sein (das Ergreifen ungeeigneter Maßnahmen wäre ein Behandlungsfehler, über den nicht aufzuklären ist), können Vor- oder Nachteile im Ergreifen oder Unterlassen haben. 13

7. Aufklärung über Alternativen. Abs I S 3 gebietet, auch auf Alternativen zur avisierten Maßnahme hinzuweisen, wenn mehrere medizinisch gleichermaßen indizierte und übliche Methoden zu wesentlichen unterschiedlichen Belastungen, Risiken oder Heilungschancen führen können. Nach der Rspr ist die Wahl der Behandlungsmethode primär Sache des Behandelnden. Gibt es indessen mehrere geeignete Behandlungsmethoden, die unterschiedliche Risiken und Erfolgschancen haben, besteht also eine echte Wahlmöglichkeit für den Patienten, dann muss diesem die Entscheidung darüber überlassen bleiben, auf welchem Weg die Behandlung erfolgen soll und auf welches Risiko er sich einlassen will (BGH NJW 1982, 2121; BGHZ 102, 17, 23; BGH NJW 1988, 765: konservativer Behandlungsversuch als Alternative zur relativ indizierten Operation; Hamm GesR 2014, 234: prothetische Versorgung mittels Einzelkronen oder Verblockung; Koblenz GesR 2015, 91: TEP oder TAPP vor Leistenbruch-OP). Die Aufklärungspflicht besteht dann nur insoweit, wie **medizinisch gleichermaßen indizierte Methoden** zur Verfügung stehen. Das erfasst nicht nur die „Methode der Wahl", sondern alle Methoden, die standardgemäß (vgl § 630a Rn 34ff) sind, mag für sie auch nur eine relative Indikation bestehen (BGH VersR 2011, 1146 für die aus besonderen Gründen des Einzelfalls relativ indizierte Schnittentbindung als Alternative zur vaginalen Entbindung). Mit der Beschränkung der Alternativaufklärung auf Methoden, die auch „**üblich**" sein müssen, hat der Gesetzgeber eine Unklarheit geschaffen; *Hart* (GesR 2012, 385, 386; auch *Katzenmeier* VersR 2013, 817, 820) weist zu Recht darauf hin, dass die Alternative zur Verwendung des Begriffs „üblich" „entweder standardgemäß sein … [müsse] oder dem Standard des Heilversuchsrechts zu entsprechen" habe. So wird man das Gesetz i Erg auch zu verstehen haben; der Gesetzgeber hat hier – zT wörtlich – eine Formulierung des BGH (NJW 1988, 765) übernommen, die als übliche Behandlung wohl eine solche verstehen wollte, die zu den standardgemäßen (vgl dazu § 630a Rn 34ff) Methoden gehört. 14

IV. Aufklärungspflichtiger. Abs I S 1 legt dem Behandelnden (§ 630a Rn 13ff) die Aufklärungspflicht auf. Das ist aus den Gründen, aus denen er auch zur Einholung der Aufklärung verpflichtet ist (vgl § 630d Rn 1, 18), logisch. Der Behandelnde kann diese Pflicht selbst erfüllen oder sich hierzu eines Erfüllungsgehilfen (§ 278 I) bedienen (Abs II S 1 Nr 1, im Einz Rn 16ff; insofern liegt in der Formulierung auch kein – wie *Kellner* ZMGR 2013, 228, 233 meint – redaktioneller Fehler des Gesetzgebers). Neben dem Behandelnden als Vertragspartner des Patienten trifft die Aufklärungspflicht auch den persönlich tätig werdenden („handanlegenden", zB einen im Krankenhaus tätigen nachgeordneten [Ober- oder Assistenz-]) Arzt, der nicht Vertragspartner des Behandlungsvertrags ist (vgl § 630a Rn 14), der deliktisch gem § 823 I, II für eine fehlende Aufklärung einzustehen hat, stellt diese doch den Rechtfertigungsgrund auch für sein Handeln dar (vgl BGHZ 169, 364). § 228 StGB fordert vom Behandelnden Entspr. Hinzu kommen persönliche, nicht nur den Vertragspartner treffende Pflichten der standesrechtl Regelungen unterliegenden Personen, insb Ärzte bzw Zahnärzte (vgl zB § 8 MBOÄ). 15

Gem **Abs II S 1 Nr 1** muss die Aufklärung durch den Behandelnden oder durch eine Person erfolgen, die über die zur Durchführung der Maßnahme notwendige Ausbildung verfügt. 16

1. Aufklärung durch Behandelnden. Regelmäßig unproblematisch ist die Aufklärung durch den Behandelnden (vgl § 630a Rn 13ff), wenn es sich hierbei um eine nat Pers, insb einen niedergelassenen Arzt oder Zahnarzt, handelt. Er ist derjenige, der im Regelfall das beste und größte Wissen vom Patienten, seiner Erkrankung und deren Begleiterscheinungen haben wird. 17

2. Aufklärung durch Erfüllungsgehilfen. Institutionelle Behandelnde, insb Krankenhäuser, müssen sich zur Aufklärung eines Erfüllungsgehilfen (§ 278) bedienen. Auch hier ist es aus den vorgenannten Gründen am besten, wenn die Aufklärung durch denjenigen erfolgt, der die Behandlung koordiniert, Diagnostik und Therapie – in Absprache mit dem Patienten, § 630c I – festlegt und Eingriffe, insb Operationen, ggf selbst vornimmt. Der Rechtspraxis in Krankenhäusern entspricht das meist gerade nicht. Vielmehr erfolgt die Aufklärung idR durch einen nachgeordneten Arzt, oft den sog „Stationsarzt", der meist kein Facharzt, sondern erst in der Ausbildung dazu ist. Dieses Problem hat der Gesetzgeber erkannt; er trägt ihm dadurch Rechnung, dass die Ausbildung auch durch eine andere Person als den Behandelnden erfolgen kann, sofern diese über die **zur Durchführung der Maßnahme notwendige Ausbildung** verfügt. Die Verwendung des Begriffs „Ausbildung" stellt klar, „dass die Aufklärung auch durch eine Person erfolgen darf, die aufgrund ihrer abgeschlossenen fachlichen Aufklärung die notwendige *theoretische* Befähigung zur Durchführung der vorgesehenen Maßnahme erworben hat, auch wenn sie möglicherweise noch nicht das Maß an praktischer Erfahrung aufweist, das für die eigenständige Durchführung der Maßnahme selbst unverzichtbar ist" (BT-Drs 17/11710, 38f; Hervorhebung nur hier). Berücksichtigt man zudem, dass der ursprüngl Gesetzentwurf der BReg vorsah, die Aufklärung solle entweder durch den Behandelnden oder durch eine Person erfolgen, „die über die zur Durchführung der Maßnahme notwendige Befähigung verfügt" (17/10488, 6), wird deutlich, dass Abs II S 1 Nr 1 für die Eignung zum Aufklärenden nicht die praktische Fähigkeit und Erfahrung zur Durchführung der maßgeblichen medizinischen Maßnahme fordert. 18

a) Grds erfordert die Befugnis zur Aufklärung aber eine **abgeschlossene Ausbildung**; wer über wesentliche Ausbildungsinhalte nicht verfügt, kann auch Chancen und Risiken, Alternativmöglichkeiten und Verlauf nicht ein- 19 schätzen und dem Patienten demgemäß auch nicht sachgerecht erläutern. Das bedeutet, dass eine Aufklärung durch Auszubildende/Schüler bei den Heil-/Hilfsberufen nicht in Betracht kommt, ebenso wenig eine Aufklärung durch Nichtärzte für jedenfalls dem Arzt vorbehaltene Maßnahmen (*Katzenmeier/Achterfeld* FS Bergmann, 89, 98; für die Zeit vor Inkrafttreten des PatRG Karlsruhe VersR 1998, 718). Das gilt auch für Medizinstudenten im Praktischen Jahr (PJ'ler, *Katzenmeier/Achterfeld* FS Bergmann, 89, 92f, 95; aA für die Zeit vor Inkrafttreten des PatRG Karlsruhe GesR 2014, 161). Demgemäß ist der Gesetzgeber auch einer im Gesetzgebungsverfahren erhobenen Forderung, zumindest auch bei Routineeingriffen die Aufklärung bei dem Arzt vorbehaltenen Maßnahmen kompetentem Pflegepersonal zu überlassen (*Wagner* VersR 2012, 789, 792), nicht nachgekommen; dieses kann keine wirksame Aufklärung vornehmen (aA wohl *Preis/Schneider* NZS 2013, 281, 284).

20 **b)** Gleichwohl lässt auch die jetzt gefundene Formulierung mit Hinw auf die notwendige „Ausbildung" Fragen offen. Das Problem besteht insb darin, ob der Gesetzgeber für dem Arzt vorbehaltene Leistungen mit der „Ausbildung" auf deren bestätigten Abschluss durch die **„Approbation"** **oder** aber die **„Facharztanerkennung"** abstellen wollte. Würde man den nicht über eine Facharztanerkennung verfügenden sog Assistenzärzten angesichts der jetzigen Gesetzesformulierung die Aufklärung untersagen, hätte die Approbation indessen keinen eigenständigen Wert mehr. Diesen Wert hebt aber das BVerfG (GesR 2011, 241, 244) zu Recht als die Qualität ärztlicher Tätigkeit sicherstellend hervor; der Patientenschutz erfordere es nicht, einem bestimmten Fachgebiet zugeordnete Behandlungen nur durch Ärzte dieses Fachgebiets durchführen zu lassen (so i Erg auch *Bender* VersR 2013, 962, 963ff, der die Facharztanerkennung in Anlehnung an die Bezeichnung im ärztlichen Weiterbildungsrecht nicht der „Ausbildung", sondern der anschließenden „Weiterbildung" zurechnet; *Katzenmeier/Achterfeld* FS Bergmann, 89, 92; *Martis/Winkhart-Martis* MDR 2015, 429, 436; Ratzel/Lissel/*Uphoff/Hindemith*, Hdb des Medizinschadensrechts, § 4 Rn 28; aA wohl Spickhoff/*Spickhoff*[3] § 630e Rn 4: erforderlich sei das „Ausbildungsniveau eines Facharztes").

21 Letztlich entscheidend ist indessen stets, dass der Aufklärende die im Einzelfall, bezogen auf den jew Patienten, erforderlichen aufklärungsrelevanten Informationen erteilen und hierzu vom Patienten gestellte Fragen sachgerecht beantworten kann (so auch *Bender* VersR 2013, 962, 964; Ratzel/Lissel/*Uphoff/Hindemith* Hdb des Medizinschadensrechts[1], § 4 Rn 28; Bremen GesR 2020, 103, 106; Dresden GesR 2022, 740, 743). Ist das nicht der Fall, kann im Einzelfall die Übertragung der Aufklärung auf einen Nicht-Facharzt fehlerhaft sein. Insb hat in solchen Fällen der delegierende Facharzt dann auch die Pflicht nachzuweisen, welche organisatorischen Maßnahmen ergriffen wurden, um eine ordnungsgemäße Aufklärung durch den nicht die Maßnahme (zB Operation) vornehmenden Arzt sicherzustellen (BGHZ 169, 364). Entspr gilt auch für den Fall, dass andere Rechtsvorschriften (vgl zB §§ 23ff RöV für die Indikationsstellung und Durchführung von Röntgenuntersuchungen am Menschen) über die Approbation oder Facharztanerkennung hinaus weitergehende Qualifikationsnachweise erfordern.

21a **3. Haftung.** Eine Haftung für Aufklärungsfehler setzt ferner Verschulden voraus (Vor § 630h Rn 26ff). Angesichts § 830 I haftet auch der Arzt, der ausschließlich das Aufklärungsgespräch durchführt, selbst an einem Eingriff aber nicht beteiligt ist, im Falle einer fehlerhaften oder unzureichenden Aufklärung aus unerlaubter Handlung (BGH NJW 2015, 477), nicht aber derjenige, der einen Eingriff im Vertrauen auf die ausreichende Aufklärung durch einen anderen Arzt und mithin vermeintlich wirksame Einwilligung des Patienten vorgenommen hat (Koblenz GesR 2015, 91 für einen „assistierenden Chirurgen").

22 **V. Aufklärungsadressat (Abs I S 1, Abs IV, V). 1. Aufklärung Einwilligungsfähiger.** Gem **Abs I S 1** muss die Aufklärung ggü dem **Patienten** erfolgen. Patient iS dieser Vorschrift ist – wie sich schon aus Sinn und Zweck ergibt – nicht der Vertragspartner iSd Legaldefinition des § 630a I, sondern derjenige, an dem die Behandlung tatsächlich durchführt wird (näher *Hebecker/Lutzi* MedR 2015, 17, 19). Abzustellen ist daher stets auf den **Einwilligungsberechtigten** (vgl § 630d Rn 10ff); das ist nur logisch, denn er muss das Wissen haben, das Grundlage seiner Einwilligungserklärung wird.

23 **2. Aufklärung Einwilligungsunfähiger. Abs V S 1** gebietet in besonderen Fällen aber auch die Aufklärung Einwilligungsunfähiger. Die Vorschrift wurde als Reaktion auf eine Entscheidung des BVerfG eingefügt, um die Rechte Einwilligungsunfähiger zu stärken (*Thole* MedR 2013, 145, 148). Das BVerfG (BVerfGE 128, 282, Rn 59) hatte nämlich (primär für die Zwangsbehandlung im Maßregelvollzug Untergebrachter) festgestellt, dass auch bei Einwilligungsunfähigen die ärztliche Aufklärung über eine beabsichtigte Maßnahme „nicht von vornherein entbehrlich" sei. Sie könne zwar nicht als Grundlage einer rechtfertigenden Einwilligung dienen, sei vielmehr unter diesem Gesichtspunkt ihm ggü „insofern funktionslos". Unter Hinw auf Grundsatz 11 IX der „Grundsätze für den Schutz von psychisch Kranken und die Verbesserung der psychiatrischen Versorgung" der UN (A/RES/46/119, www.un.org/Depts/german/uebereinkommen/ar46119.pdf) hat das BVerfG gefordert, auch einen Einwilligungsunfähigen über das Ob und Wie einer Behandlung „grds nicht im Unklaren" zu lassen; eine den Verständnismöglichkeiten des Betroffenen entspr Information über die beabsichtige Behandlung und ihre Wirkungen erübrige sich daher nicht. Das (eingeschränkte) Aufklärungsgebot tritt in diesen Fällen neben die Aufklärung des Vertreters (vgl § 630d Rn 11ff) des Einwilligungsunfähigen, soweit dieser aufgrund seines Entwicklungsstandes und seiner Verständnismöglichkeiten in der Lage ist, die Erl aufzunehmen und soweit dies seinem Wohl nicht zuwiderläuft. Das erfasst nicht nur das „Ob" der Aufklärung des Einwilligungsunfähigen, sondern auch das „Wieviel" und das „Wie"; maßgeblich sind die Umstände des Einzelfalls. S 3 verweist auf eine entspr Geltung von Abs III (dazu Rn 43ff) betr die Entbehrlichkeit der Aufklärung oder den Verzicht darauf.

Nicht geregelt sind die **Rechtsfolgen eines Verstoßes** gegen Abs V. Angesichts der Tatsache, dass die Aufklärung des Einwilligungsunfähigen nicht den Rechtfertigungsgrund für Maßnahmen darstellen kann – dafür ist allein die Einwilligung des Vertreters maßgeblich, Abs IV iVm § 630d I 2 –, können sich hieraus keine haftungsrechtl Folgen bei Eintritt eines Körperschadens ergeben. Anders als bei Aufklärungspflichtverletzungen iÜ (vgl § 630d Rn 31) erscheinen angesichts des Schutzzwecks von Abs V aber Konstellationen denkbar, in denen dem betroffenen Einwilligungsunfähigen – ausnahmsw – ein Schmerzensgeldanspruch wegen Verletzung seines Allgemeinen Persölichkeitsrechts (dazu Anh § 12) aus § 823 I (vgl BGHZ 143, 214) zuzugestehen sein wird (so auch *Kreße* MedR 2015,91, 95). 24

VI. Form. Abs II S 1 regelt die formellen Anforderungen an eine ordnungsgemäße Aufklärung. Dazu gehört zunächst, die Aufklärung **mündlich** vorzunehmen (aA *Fenger* FS Bergmann, 43, 49: die Aufklärung müsse schriftlich erfolgen). Schriftliche Informationen (vgl Rn 26) können die Aufklärung zwar unterstützen, nicht aber ersetzen. Eine **AGB**-Kontrolle (§§ 305ff) von Formularen, die eine ärztliche Aufklärung und die Entscheidung des Patienten, ob er eine angeratene Untersuchung vornehmen lassen will, dokumentieren sollen, findet gem § 307III 1 angesichts der für die ärztliche Aufklärung durch die Rspr des BGH entwickelten eigenständigen Regeln nicht statt (BGH GesR 2021, 706; aA *J. Prütting/Friedrich* GesR 2019, 749 mwN). Insb soll das vertrauensvolle Gespräch zw Arzt und Patient im Vordergrund stehen, das möglichst von bürokratischem Formalismus, wie dem Beharren auf einer Unterschrift des Patienten, frei bleiben soll (BGH NJW 1985, 1399). Der RefE für das PatRG sah noch vor, dass „die Aufklärung bei geringfügigen Eingriffen auch in Textform erfolgen" könne (S 6). Diese Variante ist im folgenden Gesetzgebungsverfahren entfallen; daraus ist zu schließen, dass der Gesetzgeber nur eine mündliche Aufklärung will. Damit kommt die von der Rspr bislang in engen Ausnahmefällen, insb bei Routinemaßnahmen, gebilligte schriftliche Aufklärung (für die Routineimpfung BGHZ 144, 1; Koblenz MDR 2015, 213) nicht mehr zum Tragen (so auch *Andreas* ArztR 2013, 117, 119; in dieser Richtung auch *Wellner* FS Jaeger, 161, 168); so folgt es auch aus Abs II S 1 Nr 1 Hs 2 („ergänzend"). Das soll bezwecken, dem Patienten einerseits die unmittelbare Möglichkeit für Rückfragen zu geben; zudem soll der Aufklärende aus dem Gespräch heraus erkennen können, ob die Aufklärung für den Patienten verständlich (Abs II S 1 Nr 3, vgl Rn 28) ist. 25

Vor Inkrafttreten des PatRG hatte die Rspr für einfach gelagerte Eingriffe und mit Einverständnis des Patienten ausnahmsw eine **fernmündliche** Aufklärung als zulässig erachtet (BGHZ 144, 1, 13; BGH NJW 2010, 2430). Diese Entscheidung ist im Gesetzgebungsverfahren ausdrückl in Bezug genommen worden (BT-Drs 17/10488, 24). In einfach gelagerten Fällen kann sich der Behandelnde daher auch in einem telefonischen Aufklärungsgespräch davon überzeugen, dass der Patient die entspr Hinw und Informationen verstanden hat; ein Telefongespräch gibt ihm ebenfalls die Möglichkeit, auf individuelle Belange des Patienten einzugehen und eventuelle Fragen zu beantworten. Dem Patienten bleibt es gleichwohl unbenommen, auf einem persönlichen Gespräch zu bestehen. Handelt es sich dagegen um komplizierte Eingriffe oder Eingriffe mit erheblichen Risiken, ist eine telefonische Aufklärung regelmäßig unzureichend (BGH NJW 2010, 2430, 2431f). Zweifelhaft ist unter diesem Gesichtspunkt auch eine rein telemedizinische Aufklärung (*Hahn* MedR 2020, 16, 17f, auch zu einer beabsichtigten Anpassung des § 630e im Hinblick auf Anforderungen der Telemedizin; *Katzenmeier* in Rehmann/Tillmanns, 182). 26

Ergänzend zur mündlichen Aufklärung kann auf Unterlagen, die der Patient in Textform (§ 126b) erhält – gemeint sind vor allem die typischen und heute allg gebräuchlichen Aufklärungsformulare nebst anschließender Einwilligungserklärung des Patienten – Bezug genommen werden. Daraus ist indessen nicht zu schließen, dass zur Unterstützung des Aufklärungsgesprächs andere als dem Patienten in Textform übergebene Medien (zB Filme, Fotos, Schautafeln, anatomische Atlanten oder Modelle) nicht eingesetzt werden dürfen. Vielmehr kann hierauf zur Erläuterung ebenfalls zurückgegriffen werden. 27

VII. Zeitpunkt. Abs II S 1 Nr 2 gebietet, die Aufklärung so rechtzeitig vorzunehmen, dass der Patient seine Entscheidung über die Einwilligung oder deren Versagung **wohlüberlegt** treffen kann. Das geht über die Forderung nach der Möglichkeit, die Entscheidung „überlegt" zu treffen, noch hinaus. Die Regelung will dem Patienten die Ausübung seines Selbstbestimmungsrechts ermöglichen (*Martis/Winkhart-Martis* MDR 2013, 758, 761). Das beinhaltet nicht nur, die hierfür erforderlichen Informationen zu besitzen, sondern diese besonnen, ohne Hast durchdenken und hierauf seine Entscheidung – Einwilligung oder deren Versagung, aber auch die Suche nach weiterem Rat, nach der Beratung mit Vertrauenspersonen – gründen zu können. Dem Patienten soll so viel Zeitraum verbleiben, wie er prospektiv – unter Berücksichtigung der Dringlichkeit des Eingriffs (vgl für Österreich auch OGH RdM 2016, 153, 154) – zur Abwägung des Für und Wider benötigt. Das beinhaltet, nicht nur die Dringlichkeit in die Entscheidung für den Zeitpunkt des Aufklärungsgesprächs einzubeziehen. Auch alle weiteren – auch individuell patientenbezogenen – Umstände (zB Notwendigkeit eines Eingriffs nach einem Unfall, Köln GesR 2019, 239), soweit prospektiv erkennbar, sind zu berücksichtigen. Im Gesetzgebungsverfahren ist der Gesetzgeber mit der schon vor Inkrafttreten des PatRG hM davon ausgegangen, die Aufklärung vor operativen Eingriffen könne grds auch noch am Vortag erfolgen (BGH NJW 1985, 1399; NJW 2003, 2012), während bei eiligen Eingriffen auch eine stark verkürzte Frist zulässig sei, um diese noch am selben Tag zu ermöglichen. Allerdings hat er eine Aufklärung nur 30 Minuten vor dem Eingriff als im Regelfall verspätet angesehen (BT-Drs 17/10488, 25). Bei ambulant durchzuführenden Eingriffen *kann* sogar die Aufklärung am Operationstag noch rechtzeitig sein (BGH NJW 1994, 3009; NJW 1995, 2410; Dresden GesR 2020, 501 m Anm *Hempel* = MedR 2021 m zu Recht diff Anm *Achterfeld*). Zu weitgehend erscheint allerdings die Schlussfolgerung, eine Einwilligung, die durch Unterzeichnung des Aufklärungsformulars unmittelbar nach dem Ende des Aufklärungs- 28 gesprächs erfolge, sei in der Regel unwirksam, weil dieser zeitl Ablauf dem Patienten nicht die Möglichkeit eröffne, den Inhalt des Aufklärungsgesprächs so zu verarbeiten, dass er sich wohlüberlegt entscheiden könne (Köln GesR 2019, 234 = VersR 2019, 947 m Anm *Nußstein*; Bremen GesR 2022, 91 m krit Anm *Rehborn*). Dem ist der BGH (GesR 2023, 157) zu Recht entgegengetreten; maßgeblich ist, ob der Patient – gegebenenfalls auch konkludent durch Unterzeichnung der Einwilligungserklärung – erklärt, er benötige keine weitere Überlegungszeit. Solche **Fristen** können indessen nur beispielhaft-orientierenden Charakter für den „Durchschnittspatienten" haben. Ist bekannt, dass es der Behandelnde mit einem eher entscheidungsunfähigen oder besonders ängstlichen Patienten zu tun hat, muss dem – sofern medizinisch vertretbar – durch Einräumung ausreichender Überlegungszeit Rechnung getragen werden. Auch hier gilt aber: Reicht dem Patienten der Zeitraum für eine besonnene Entscheidung nicht aus und fühlt er sich vom Behandelnden – von diesem nicht erkannt – unter Entscheidungsdruck gesetzt, muss er das offenbaren; andernfalls ist ihm im Nachhinein eine Berufung auf eine für eine wohlüberlegte Entscheidung unzureichende Zeit verwehrt (vgl auch Rn 34).

28a Einer erneuten Aufklärung bedarf es, wenn sich die aufklärungsrelevanten Aspekte nach erfolgter Aufklärung noch einmal verschieben (BGH GesR 2016, 790 für eine Veränderung des „Nutzen-Risiko-Verhältnisses" der verschiedenen Geburtswege; Saarbrücken GesR 2016, 691 m Anm *Cramer*) oder die Aufklärung zu lange zurückliegt (Bremen AHRS 6410/310; Dresden MedR 2017, 716).

29 **VIII. Verständlichkeit. 1. Grundsatz. Abs II S 1 Nr 3** fordert, dass die Aufklärung für den Patienten verständlich sein müsse. Die gesetzl Forderung ist im Lichte ihres Zieles – der Patient soll sein Selbstbestimmungsrecht informiert ausüben können – zu sehen. Das beinhaltet ein Gestaltungsgebot für den Behandelnden; die Aufklärung hat, ggf auch unter Nutzung weiterer Hilfsmittel (vgl Rn 27), dem körperlichen, geistigen und seelischen Zustand des Patienten zu entsprechen. Insb bedarf es bei entspr Einschränkungen des Patienten einer einfachen sprachlichen Ausdrucksweise; erforderlichenfalls sind Inhalte – ggf auch mehrfach – zu wiederholen.

30 **2. Sprachkenntnisse.** Auch bei **mangelnden dt Sprachkenntnissen** des Patienten ist die Aufklärung an dessen Fähigkeiten anzupassen (Düsseldorf NJW 1990, 771; Köln GesR 2015, 518; München GesR 2003, 239; Nürnberg VersR 1996, 1372). Diesen Anforderungen ist durch den Einsatz einer **sprachkundigen Person** Rechnung zu tragen (Ratzel/Lissel/*Uphoff*/*Hindemith*, Hdb des Medizinschadensrechts[1], § 4 Rn 34).

31 **a) Auswahl.** Das kann der **Behandelnde** selbst sein, sofern er einer Sprache mächtig ist, die der Patient hinreichend (aktiv und passiv) beherrscht. Denkbar ist aber auch, auf **Mitarbeiter** des Behandelnden (zB fremdsprachige Ärzte, Krankenschwestern oder -pfleger im Krankenhaus, Arzthelferinnen in der Praxis niedergelassener [Zahn-]Ärzte etc) zurückzugreifen (*Rehborn* MDR 2004, 371, 373). Allerdings darf diesen, sofern sie nicht selbst über die zur Durchführung der Maßnahme notwendige Ausbildung verfügen, nicht das Aufklärungsgespräch an sich, sondern nur dessen Übersetzung übertragen werden (zur Haftung bei Aufklärung durch einen fremdsprachigen Krankenpfleger über Operationsrisiken Karlsruhe VersR 1998, 718). Denkbar ist ebenso, die Übersetzung – unter dem Gesichtspunkt ärztlicher Schweigepflicht: im Einverständnis mit dem Patienten – durch einen **Angehörigen** des Patienten vornehmen zu lassen. Das kann freilich die besondere Gefahr einer unpräzisen oder bewusst falschen Übersetzung mit sich bringen, insb um dem Patienten zu seiner Schonung das Ausmaß der Erkrankung, die Dringlichkeit der Behandlung oder deren Risiken zu verharmlosen oder gar zu verschweigen. Deshalb soll der aufklärende Arzt verpflichtet sein „in geeigneter Weise" zu überprüfen, ob der Angehörige die Erläuterungen verstanden habe und in der Lage sei, das Gespräch zu übersetzen (Köln GesR 2015, 518 m krit Anm *Hübel* GesR 2016, 794; GesR 2019, 331) Schließlich – und letztlich immer – kommt aber auch der Rückgriff auf einen **Berufsdolmetscher** in Betracht, ggf auch via Videoübertragung (*Kletečka-Pulker* GesR 2016, 206). In jedem Fall stellt sich die Frage nach der Kostentragung.

32 **b)** Während bei einer Krankenhausbehandlung davon auszugehen ist, dass die **Kosten** eines Dolmetschers zu den Allg Krankenhausleistungen iSd § 2 II 1 KHEntgG gehören, die idR mit der einheitlichen Vergütung iSd § 17b KHG – die eine Mischkalkulation darstellt – abgegolten und mithin vom Krankenhausträger zu tragen sind, stellt sich die Situation bei niedergelassenen Behandelnden, insb Ärzten und Zahnärzten, schwieriger dar. Nach der Rspr des BSG (BSGE 76, 109 = BSG NJW 1996, 806) sollen derartige Kosten jedenfalls nicht neben der vertrags(zahn)ärztlichen Vergütung von der Krankenkasse des Patienten zu tragen sein, da das Sozialversicherungsrecht – mit Ausnahme der Kosten eines Gebärdendolmetschers, für die § 17 II SGB I eine Kostentragungspflicht der zuständigen Leistungsträger vorsieht – keinen entspr Leistungsanspruch des Patienten kennt. Zwar ist den Motiven zum PatRG ausdrückl die Hinzuziehung eines Dolmetschers auf Kosten des Patienten erwähnt (BT-Drs 17/10488, 25); im Gesetz hat das aber keinen Niederschlag gefunden. Da die Aufklärung Voraussetzung einer wirksamen Einwilligung (§ 630d II), diese ihrerseits wiederum Voraussetzung eines rechtmäßigen Eingriffs (§ 630d I 1), sie ferner vom Behandelnden im Streitfall darzulegen und ggf zu beweisen (§ 630h II) ist, hat dieser auch dafür Sorge zu tragen, dass der Aufzuklärende der Aufklärung sprachlich folgen kann (*Spickhoff* FS Jaeger, 119, 120f; zur Rechtslage vor Inkrafttreten des PatRG: KG VersR 2008, 1649; Hamm VersR 2002, 192; Karlsruhe VersR 1998, 718; München VersR 1995, 95; Nürnberg VersR 1996, 1372; NJW-RR 2002, 1255. Da die Leistung indes nicht zum Leistungsspektrum der GKV gehört, haben sowohl GKV-Versicherte („Kassenpatienten") als auch Selbstzahler („Privatpatienten"); die Kosten selbst zu tragen (*Rehborn* in Rosenau/Hakeri, 85, 92). Möglich ist die Inanspruchnahme von Sozialhilfe durch Bedürftige (*Spickhoff* VersR 2013, 267, 276; FS Jaeger 119, 125ff; ZMGR 2016, 21). Weigert sich der Patient zu zahlen, wird man den Behandelnden – abgesehen von Notfällen – sowohl vertragsarzt- als auch berufsrechtl als berechtigt anzusehen haben, die Behandlung trotz des im Vertrags-

arztrecht grds geltenden Kontrahierungszwanges (§ 95 III 1 SGB V) als unzumutbar abzulehnen (so wohl auch *Hegerfeld* MedR 2019, 540, 543f; krit demggü *Spickhoff* VersR 2013, 267, 277).

c) Ist der Behandelnde, wenn er die Behandlung nicht zulässigerweise ablehnt, auch zur Hinzuziehung und ggf Kostentragung verpflichtet, trägt er auch das **Risiko fehlerhafter bzw unzureichender Übersetzung**, es sei denn, er hat die Pflichtverletzung nicht zu vertreten (§ 280 I 2), da der Dolmetscher im Pflichtenkreis des Behandelnden tätig wird und ihm dessen Tätigkeit gem § 278 I zuzurechnen ist (aA *Muschner*, 164f; diff für die dem dt Recht vergleichbare Rechtslage in Österreich *Leischner-Lenzhofer* RdM 2013, 12, 17: Das Risiko bei hinzugezogenen Mitarbeitern trage der Behandelnde, das bei vom Patienten hinzugezogenen Angehörigen oder von Berufsdolmetschern trage der Patient, da den Behandelnden, von einem eventuellen Auswahlverschulden abgesehen, kein Verschulden treffe; aA *Hegerfeld* MedR 2019, 540, 545, jedoch mit der fraglichen Begründung, den Patienten treffe eine Obliegenheit (woraus?), für das Verständnis der dt Sprache zu sorgen). Köln (GesR 2015, 518; Nichtzulassungsbeschwerde vom BGH unter VI ZR 702/15 zurückgewiesen) fordert für die Übersetzung durch einen Familienangehörigen des Patienten, der aufklärende Arzt müsse „in geeigneter Weise" überprüfen, ob der Familienangehörige die Erläuterungen verstanden habe und ob er in der Lage sei, das Gespräch in die andere Sprache zu übersetzen. Hierzu müsse sich der Arzt zumindest einen ungefähren Eindruck von den Deutschkenntnissen des Familienangehörigen verschaffen. Anschließend müsse der Arzt durch eigene Beobachtungen feststellen, dass eine Übersetzung stattfinde und er müsse aus der Länge des Übersetzungsvorgangs den Schluss ziehen können, dass eine vollständige Übersetzung vorliege. Schließlich müsse sich der aufklärende Arzt durch Rückfrage beim Patienten einen Eindruck davon verschaffen, ob dieser die ihm übersetzte Aufklärung auch verstanden habe. Das erscheint indessen realitätsfern und überspannt die Anforderungen. 33

d) Grds ist es Sache des Behandelnden, die Aufklärung für den Patienten verständlich zu gestalten. Angesichts des Kooperationsgebots des § 630c I soll der Patient aber auch seinerseits zur **Nachfrage** verpflichtet sein, wenn er etwas nicht verstanden hat; ähnl, allerdings hinsichtl der Nachfragepflicht sehr weitgehend und eher schwer mit den gesetzl Vorgaben und Vorstellungen des Gesetzgebers vereinbar – wenngleich vielleicht praxisnah – *Eberbach* MedR 2019, 111. Beruft er sich auf eine verminderte Auffassungsgabe, soll das haftungsrechtl unerheblich sein, falls er nicht darlege, aufgrund welcher tatsächlichen Umstände, insb Patientenerklärungen, der Behandelnde das hätte feststellen und berücksichtigen müssen; habe der Behandelnde die erforderliche Sorgfalt walten lassen, dürfe er darauf vertrauen, dass der Patient die Operationsaufklärung verstanden habe, so dass es an einem Verschulden fehle (Koblenz GesR 2011, 679). Im Lichte des § 630c I ist dem zuzustimmen; Konsequenz ist die Annahme eines – bis zur alleinigen Haftung führenden – Mitverschuldens des Aufzuklärenden iSd § 254 I. 34

IX. Beweisfragen. Darlegungs- und Beweislast für gesetzeskonforme Aufklärung obliegen den Behandelnden; das bezieht sich zum einen auf den Umstand, dass ein Aufklärungsgespräch überhaupt stattgefunden hat, zum anderen aber auch auf dessen Inhalt, insb darauf, dass alle maßgeblichen Risiken erläutert wurden (aM; BGH NJW 1992, 2351). Der **Beweismaßstab** ist vergleichsweise niedrig; nach st Rspr sollen an den Nachw keine unbilligen oder übertriebenen Anforderungen gestellt werden (BGH NJW 1981, 2002; NJW 1985, 1399). So soll im Regelfall den Angaben des Behandelnden (in den Streitfällen: Ärzte) über eine stattgehabte Aufklärung und deren Inhalt Glauben geschenkt werden, wenn sein Vortrag hierzu substantiiert, schlüssig und jedenfalls in Ansätzen dokumentiert ist (BGH NJW 1985, 1399; Karlsruhe OLGRp 2002, 396, 397); der Nachw einer ausreichenden Aufklärung soll ggf auch dadurch erbracht werden können, dass der Behandelnde den Inhalt seiner gewöhnlich in derartigen Fällen erteilten Patienteninformationen glaubhaft schildert und kein Anhalt für die Abweichung im konkreten Einzelfall besteht (Koblenz VersR 2013, 462). Als **Beweismittel** kann sich zunächst ein vom Patienten unterzeichneter **Aufklärungsbogen** eignen; zum Gebot der Erteilung von Abschriften Rn 36ff; zur Beweislage bei Nichtvorlage derselben § 630h Rn 17). Allein der unterzeichnete Bogen belegt aber trotz einer möglicherweise entspr Erklärung angesichts des Mündlichkeitsgebots für die Aufklärung Abs II S 1 Nr 1, vgl Rn 25ff, noch nicht, dass der Patient die darin enthaltenen Ausführungen zur Kenntnis genommen und verstanden hat. Allerdings bietet das Aufklärungs- bzw. Einwilligungsformular „sowohl in positiver als auch in negativer Hinsicht" ein Indiz für den Inhalt des Aufklärungsgesprächs (BGH NJW 2014, 1527 = MedR 2015, 594 m zust Anm *Schrag-Slavu*; ähnl *v Pentz* MedR 2016, 16, 22). Das wird man auch anzunehmen haben, wenn eine schriftliche Einwilligungserklärung vorgesehen war, das Formular vom Patienten aber (noch) nicht unterschrieben wurde (Köln MedR 2016, 616, 618). Zum Nachw der Aufklärung kommt iÜ der **Zeugenbeweis** in Betracht; dieser kann sowohl die unmittelbare Bestätigung von Umstand und Inhalt des Aufklärungsgesprächs im konkreten Fall, ggf unterstützt durch Vorlage des vom Zeugen ausgefüllten Aufklärungsbogens, umfassen. Denkbar ist aber auch der gerade in der Arzthaftung angesichts des genannten Beweismaßstabs im Allg anerkannte Zeugenbeweis durch „**Immer-so-Verfahren**", eine ständige Übung umschreibend (BGH NJW 1986, 2885; Dresden ZMGR 2021, 363; Hamm GesR 2005, 401; krit hierzu *J. Prütting* FS Dahm, 2017, 359ff; *Ziegler/Ziegler* GesR 2019, 205, 209ff). Besondere Bedeutung kommt schließlich der **Parteivernehmung** des die Aufklärung vornehmenden Behandelnden (§ 448 ZPO) zu; sofern ein Anfangs- bzw Anbeweis (BGH NJW 2014, 1527: „einiger Beweis") erbracht ist (häufig durch eine zumindest fragmentarische Dokumentation des Aufklärungsgesprächs, beispielhaft Köln GesR 2013, 413, 414f, oder ein unterzeichnetes Einwilligungsformular, BGH GesR 2014, 227), kommt eine Parteivernehmung zu den Details in Betracht (BGH NJW 1989, 3222, 3223; GesR 2014, 227; *Jorzig* MDR 2001, 481, 484). Selbst wenn dem Behandelnden das strittige Aufklärungsgespräch nicht im Gedächtnis ist, kann das Gericht solchenfalls seine Überzeugungsbildung auf dessen Angaben, wie er im Allgemeinen verfährt, stützen (BGH NJW 2014, 1527, 1528 = MedR 2015, 594 m zust Anm *Schrag-Slavu*). 35

36 **X. Aushändigungspflicht für Abschriften (Abs II S 2).** Hat der Patient im Rahmen der Aufklärung Unterlagen unterschrieben, sind ihm diese in Kopie auszuhändigen. Die Aufklärung unterstützende Informationsmaterialien, zB Schaubilder, die dem Patienten gezeigt werden, die aber nicht zu den unterzeichneten **Unterlagen** gehören, werden hiervon nicht erfasst (aA *Andreas* ArztR 2013, 117, 121). Das mag praktisch von Vorteil sein, hat aber für den Behandelnden den Nachteil, dass er im Streitfall – ohne sich auf die vom Patienten unterzeichneten Unterlagen berufen zu können – erforderlichenfalls den Nachw zu führen hat, dass der Patient auch diese unterstützenden Informationen zur Kenntnis genommen hat; ferner hat er ggf auch zu beweisen, wie diese Informationsmaterialien gestaltet waren.

37 Eine solche oder eine vergleichbare Regelung gab es vor Inkrafttreten des PatRG nicht. Der Regelungszweck besteht darin, angesichts immer wieder unklarer Situationen über vermeintliche spätere handschriftliche Hinzufügungen seitens des Behandelnden (vgl *Ramm* GesR 2012, 463, 466; *Thurn* MedR 2013, 153, 156) Rechtssicherheit zu schaffen, stellen diese Unterlagen doch oft das zentrale Beweismittel im Haftungsprozess hinsichtl der von Patienten erhobenen Rüge mangelnder Aufklärung dar (krit dazu *Ramm* GesR 2012, 463, 466).

38 **1. Begriff der Abschrift.** Abschriften iSd Abs II S 2 sind nicht wörtlich zu verstehen; erfasst werden von der Formulierung insb Kopien (krit ihnen ggü angesichts einer möglichen Manipulierbarkeit *Ramm* GesR 2012, 463, 466) oder sog Durchschreibesätze von Aufklärungsformularen. Die Abschrift muss im Rahmen der Aufklärung erfolgte handschriftliche Notizen beinhalten; der gesetzl Zweck (Rn 37) würde nicht erreicht, erhielte der Patient lediglich eine Abschrift des unausgefüllten Formulars („Vordruck"). Dieses Gebot gilt sowohl für Eintragungen des Behandelnden als auch für solche des Patienten. Allerdings fordert das Gesetz nicht, dass die vom Patienten (meist nicht aus Rechtsgründen, sondern angesichts forensischer Absicherung) eingeholte **Unterschrift**, die ihrerseits Tatbestandsvoraussetzung für die Anwendung von Abs II S 2 ist, auf der Abschrift enthalten ist. Abs II S 2 ist daher Genüge getan, wenn der Patient eine Abschrift der Unterlagen in der endgültigen Fassung, aber vor Unterschrift, erhält.

39 Findet nach erfolgter Unterzeichnung durch den Patienten eine **Erweiterung** der Aufklärung, zB wegen weiterer zwischenzeitl gewonnener eingriffsrelevanter Erkenntnisse statt und schlägt sich diese Erweiterung durch eine Ergänzung in dem bereits zuvor verwendeten, uU auch vom Patienten schon unterzeichneten Formular nieder, bedarf es einer erneuten Aushändigung einer Abschrift der komplettierten Erklärung. Zudem bietet es sich an, dass der Behandelnde den Umstand der Ergänzung in der Patientenakte (§ 630f I) dokumentiert.

40 Trotz der Verortung in § 630e, der primär nur die Aufklärung regelt, bezieht sich das Gebot der Aushändigung angesichts des klaren Wortlauts auch auf Erklärungen hinsichtl der Einwilligung. Das ist sachgerecht, beinhalten die Aufklärungsformulare aE meist nicht nur die durch Unterschrift des Patienten erfolgende Bestätigung, dass er die der Aufklärung dienenden Ausführungen zur Kenntnis genommen hat, mit ihm ein Aufklärungsgespräch geführt wurde und er keine weiteren die Aufklärung betreffenden Fragen hat. Vielmehr ist im Regelfall abschließend die Einwilligung des Patienten, an sich Regelungsgegenstand in § 630d, enthalten. Die Unterschrift bestätigt dann auch die Einwilligungserklärung.

41 **2. Aushändigung.** Aushändigen bedeutet, dass dem Patienten die Unterlagen zu übergeben sind. Auf seine Annahmebereitschaft kommt es nicht an. Der Patient darf also die Entgegennahme verweigern; er kann die Unterlagen nach Erhalt vernichten, wenn er das will.

42 **3. Beweisregeln.** Der Behandelnde hat zu beweisen, dass der Patient gem Abs II S 2 die **Abschrift erhalten** hat. Da davon abgesehen wurde, vom Patienten eine schriftliche Empfangsbestätigung zu verlangen, empfiehlt sich für den Behandelnden eine entspr Dokumentation, vorzugsweise mit Datum/Uhrzeit und Angabe des Aushändigenden. Im Haftungsprozess ergibt sich die Authentizität aus der Übereinstimmung von Original und Abschrift (*Ramm* GesR 2012, 463, 466). Daraus folgt: Legt der Patient trotz Aufforderung seine Abschrift nicht vor, hat er die fehlende Authentizität des Originals zu beweisen. Legt der Behandelnde das Original nicht vor, muss er die fehlende Authentizität der vom Patienten präsentierten Abschrift beweisen (zutr *Ramm* GesR 2012, 463, 466).

43 Ob bei nicht gelungenem Nachw der Aushändigung einer Abschrift aus dem vom Behandelnden vorgelegten Aufklärungsbogen „keine der Behandlungsseite nützlichen Folgerungen hergeleitet werden" (*Ramm* GesR 2012, 463, 466) können und ob es tatsächlich einer Individualisierung einer Abschrift in Form einer Kopie bedarf (*Ramm* GesR 2012, 463, 466), wird hingegen eher eine Frage der Würdigung im Einzelfall sein.

44 **XI. Entbehrlichkeit der Aufklärung. Abs III** regelt, unter welchen Umständen es der Aufklärung ausnahmsw nicht bedarf.

45 **1. Unaufschiebbarkeit.** Das ist zunächst der Fall, soweit die Aufklärung aufgrund besonderer Umstände entbehrlich ist; beispielhaft verweist das Gesetz auf die Unaufschiebbarkeit einer Maßnahme, über die an sich aufgeklärt werden müsste. Unaufschiebbarkeit ist aber nur anzunehmen, wenn und soweit die Maßnahme unter Berücksichtigung des Zustands des Patienten keinen auch nur eine Grundaufklärung ermöglichenden (vgl Celle GesR 2013, 407 zur Aufklärung über eine operative Entbindung bei fortgeschrittener Geburt) Zeitaufschub duldet. Entscheidungsmaßstab ist daher bei einem sich in einwilligungsfähigem Zustand befindlichen Patienten ebenso wie einem solchen, für den angesichts einer Einwilligungsunfähigkeit erst ein Vormund (§§ 1773ff) oder ein Pfleger (§§ 1809ff) bestellt werden müsste, allein die zeitl Komponente. Die Grenzen für die Annahme einer Unaufschiebbarkeit sind zur Wahrung des Selbstbestimmungsrechts des Patienten eng zu ziehen.

2. Voraufgeklärte Patienten. Die Aufzählung in Abs V ist nicht abschließend. Verzichtbar ist die Aufklärung insb auch bei einem schon voraufgeklärten Patienten. Davon ist auszugehen, wenn dieser aufgrund eigenen medizinischen Vorwissens ein hinreichendes Bild von dem bevorstehenden Eingriff und allen damit verbundenen einwilligungsrelevanten Umständen (Abs I S 2) hat. Das kommt insb in Betracht, wenn der Patient von einem Vorbehandler, zB dem die Überweisung zu einem Facharzt ausstellenden Hausarzt, oder dem eine Krankenhauseinweisung ausstellenden Haus- oder Facharzt, bereits entspr aufgeklärt wurde (BGH NJW 1984, 538; Köln VersR 1995, 1237) oder selbst Behandelnder ist und deshalb die spezifischen einwilligungsrelevanten Kenntnisse hat. Ob das insb auf einen Arzt zutrifft, der einem anderen als dem eingriffsrelevanten Fachgebiet angehört, ist Frage des Einzelfalls; hierbei kommt es letztlich darauf an, ob es sich um Kenntnisse handelt, die von jedem Arzt – quasi approbationsrelevant – zu erwarten sind, ob sie jedenfalls auch zu seinem Fachgebiet gehören oder ob die Kenntnis trotz „Berufsnähe" bei ihm nicht vorhanden ist. So bedarf eine ausgebildete Krankenschwester mit 20jähriger Berufserfahrung keiner Aufklärung über die Risiken einer Kropfoperation (BGH NJW 1961, 2302), ein Allgemeinarzt und Facharzt für Chirurgie vor einer Infusionsbehandlung mit jodhaltigem Kontrastmittel keiner Aufklärung über die Gefahr einer Schilddrüsenreaktion (Hamm VersR 1998, 322). 46

3. Verzicht. Entbehrlich ist die Aufklärung schließlich im Falle eines **Verzichts**. Dieser ist seinerseits Ausfluss der Patientenautonomie; so wie ein Patient über die Genehmigung oder Versagung einer Maßnahme entscheiden kann, steht es ihm frei, auf alle aufklärungsrelevanten Informationen (zB um sich nicht einer Beunruhigung auszusetzen) zu verzichten. Eine hierfür erforderliche Verzichtserklärung stellt wie die Einwilligung (vgl § 630d Rn 4) eine geschäftsähnliche Handlung (vgl Vor § 104 Rn 7f) dar. Der Verzicht, selbst ebenso eine geschäftsähnliche Handlung, kann situativ – dann vom Einwilligungsberechtigten (vgl § 630d Rn 6ff) –, aber auch generell, zB im Rahmen einer Patientenverfügung (vgl § 1827 Rn 2ff) abgegeben werden. Voraussetzung für die Beachtlichkeit einer Erklärung ist stets, dass sie hinreichend deutlich und unmissverständlich zum Ausdruck bringt, dass keine Aufklärung gewollt ist (BGHZ 29, 46, 54; Bremen MedR 1983, 111f). Unter diesen Umständen kann der Verzicht auch konkludent erklärt werden (*Katzenmeier*, 334 mwN). In jedem Fall muss der Patient aber eine Grundvorstellung davon haben, um welche Maßnahme es geht (weitergehend *Bergmann/Wever*, Die Arzthaftung[4], § 630e Rn 57). 47

Fraglich erscheint allerdings, ob es Fälle gibt, in denen die Aufklärung entbehrlich ist, wenn durch sie beim Patienten dauerhaft ein ernster physischer oder psychischer Schaden hervorgerufen werden kann (bejahend *Siqueira* medstra 2018, 153; dann lägen die Voraussetzungen der mutmaßlichen Einwilligung vor). 48

§ 630f Dokumentation der Behandlung

(1) Der Behandelnde ist verpflichtet, zum Zweck der Dokumentation in unmittelbarem zeitlichen Zusammenhang mit der Behandlung eine Patientenakte in Papierform oder elektronisch zu führen. Berichtigungen und Änderungen von Eintragungen in der Patientenakte sind nur zulässig, wenn neben dem ursprünglichen Inhalt erkennbar bleibt, wann sie vorgenommen worden sind. Dies ist auch für elektronisch geführte Patientenakten sicherzustellen.

(2) Der Behandelnde ist verpflichtet, in der Patientenakte sämtliche aus fachlicher Sicht für die derzeitige und künftige Behandlung wesentlichen Maßnahmen und deren Ergebnisse aufzuzeichnen, insbesondere die Anamnese, Diagnosen, Untersuchungen, Untersuchungsergebnisse, Befunde, Therapien und ihre Wirkungen, Eingriffe und ihre Wirkungen, Einwilligungen und Aufklärungen. Arztbriefe sind in die Patientenakte aufzunehmen.

(3) Der Behandelnde hat die Patientenakte für die Dauer von zehn Jahren nach Abschluss der Behandlung aufzubewahren, soweit nicht nach anderen Vorschriften andere Aufbewahrungsfristen bestehen.

I. Dokumentation in Patientenakten. 1. Anwendungsbereich. Die Dokumentationspflicht besteht nicht nur im vertragl Bereich, sondern auch bei vertragslosen Behandlungsverhältnissen (*Fiekas* § 630f BGB, 2015, 66f; für die Zeit vor Inkrafttreten des PatRG schon BGHZ 72, 132). 1

2. Terminologie. Abs I S 1 spricht von der „Patientenakte". Dieser Begriff war vor Inkrafttreten des PatRG terminologisch eher ungeläufig; meist bezeichnete man die ärztlichen Unterlagen als „Krankenakte", „Patientendokumentation" oder „Dokumentation" – umfassend gemeint einschl aller Ausdrucke von Aufzeichnungen, Briefen etc. Gemeint war und ist stets die Sammlung aller patienten- und behandlungsbezogenen Unterlagen einschl eigener Aufzeichnungen des jew Behandelnden. Diese sind patientenbezogen geordnet („...akte") zu erfassen. 1a

3. Rechtscharakter. Es handelt sich um eine selbstständige Nebenpflicht (*Fiekas* § 630f BGB, 2015, 223; *Fiekas* MedR 2016, 32, 33 *Sommerfeld* VersR 2015, 661, 667), nicht um eine bloße Obliegenheit (*Rosenberger* FS Jaeger, 97, 98). 1b

4. Normadressat. Die Vorschrift richtet sich nicht nur an den Behandelnden iSd Legaldefinition des § 630a I, sondern auch an denjenigen, der eine dokumentationspflichtige Maßnahme durchführt. Die Dokumentationspflicht ist ein Annex zum Tätigwerden, und zwar auch dann, wenn ein Arbeitsverhältnis, so zum Krankenhausträger, zwischenzeitl beendet wurde (LandesberufsG NRW GesR 2016, 114). Die Pflicht ist allerdings nicht höchstpersönlich. Die Dokumentation kann an Dritte delegiert werden; ein Arztvorbehalt besteht hierfür nicht (zutr *Bayer*, Dokumentationspflicht 2018, 64). 1c

2 **5. Form. Abs I S 1** verpflichtet Behandelnde, eine solche Patientenakte „in Papierform oder elektronisch" zu führen. Der Begriff „Akte" macht deutlich, dass die Unterlagen zu sortieren und so aufzubewahren sind; die Sortierung hat patientenbezogen zu erfolgen. Das schließt weitere patientenbezogene Aufzeichnungen (zB die Führung von Geburts- oder OP-Buch) nicht aus; auch kann hierauf in einem Rechtstreit zurückgegriffen werden. Der Verpflichtung aus Abs I S 1 ist damit aber nicht genügt. Das Gesetz verlangt – im Interesse der Übersichtlichkeit und damit der Patientensicherheit – die personenbezogene gesammelte Archivierung.

3 **a)** Die Patientenakte in **Papierform** ist tradiert; sie umfasst hand- oder maschinenschriftliche Aufzeichnungen, ggf eingestempelte Informationen, Ausdrucke technischer Aufzeichnungen, erhaltene und Durchschriften verfasster Arztbriefe.

4 **b)** Die Akte in Papierform wird insb in Krankenhäusern und Arztpraxen zunehmend durch **elektronische (digitale) Patientenakten** verdrängt. Die vollständig digitale Führung einschl aller technischen Aufzeichnungen und der Archivierung von dritter Seite zugegangener Unterlagen (Scannen), insb Laborbefunde oder Arztbriefe, ist ebenso zulässig wie die teils elektronisch, teils in Papierform geführte Akte in elektronischer Form. Die Rspr hat die elektronische Patientenakte – ebenso wie das ärztliche Berufsrecht, vgl § 10 V MBOÄ – längst anerkannt; das umfasst auch die digitale Signatur von Eintragungen (vgl umfassend *Spickhoff/Bleckwenn* VersR 2013, 1350 mwN). Da Abs III vorgibt, die Patientenakte für die Dauer von zehn Jahren nach Abschluss der Behandlung aufzubewahren, wird allerdings bei elektronischer Dokumentation in besonderem Maße auf die Reproduzierbarkeit zu achten sein; so wird man, auch angesichts der hohen Bedeutung dokumentierter medizinischer Daten, allein die Verwendung *einer* Festplatte wegen ihres Beschädigungsrisikos nicht als ausreichend anzusehen haben. Vielmehr bedarf es geeigneter Sicherungsmechanismen.

5 **6. Zeitpunkt.** Gem Abs I S 1 hat die Dokumentation in unmittelbarem zeitl Zusammenhang mit der Behandlung zu erfolgen. Das entsprach der bereits vor Inkrafttreten des PatRG bestehenden Auffassung (*Martis/Winkhart-Martis*, D 431ff; *Schmid* NJW 1987, 681, 682; Zweibrücken VersR 1999, 1546), die im Gesetzgebungsverfahren in Bezug genommen wurde (BT-Drs 17/10488, 25).

6 Was ein **unmittelbarer zeitl Zusammenhang** ist, erschließt sich aus der Gegenüberstellung mit den anderweitig im Gesetz verwandten Begriffen „unverzüglich" (ua § 111 S 2; § 149, § 174 S 1, § 230 III), dh „ohne schuldhaftes Zögern" (§ 121 I 1) oder „sofort" (§ 147 I 1, § 229, § 271 I), wobei auf eine (verschuldensunabhängige) Handlung „so schnell wie möglich" abgestellt wird (jurisPK/*Backmann* § 147 Rn 9). Die Differenzierung macht deutlich, dass der Zeitabstand zw Behandlung und Dokumentation größer sein darf als „sofort" oder „unverzüglich" (aA *Spickhoff* VersR 2013, 267, 277, der die Formulierung „in unmittelbarem zeitl Zusammenhang" ggü „unverzüglich" als strengere, striktere Vorgabe ansieht). Sachgerecht erscheint es hier, auf die vor Inkrafttreten des PatRG ergangene Rspr zur Verwertbarkeit der Dokumentation abzustellen; so soll eine erst ein Jahr nach einem Eingriff erstellte Dokumentation keinen Beweiswert mehr haben (Zweibrücken VersR 1999, 1546 mit Nichtannahmebeschl des BGH), hingegen ein einen Monat nach einem Eingriff erstellter Operationsbericht noch in angemessener Frist liegen (Naumburg GesR 2012, 310). Richtigerweise wird man im Zuge der Auslegung von Abs I S 1 keine pauschalen Fristen annehmen, vielmehr auf die Umstände des Einzelfalls und ggf auch die Gründe für den Zeitabstand zw Behandlung und Dokumentation abstellen (zB die Frage, ob ein Bericht diktiert, das Diktat aber erst später geschrieben wurde, eine Epikrise als Zusammenfassung von Geschehnissen erst erstellt wurde, als man sich deren Bedeutung nach Auftreten/Bekanntwerden eines Schadens bewusst geworden ist etc; weiter diff zur Rechtslage vor Inkrafttreten des PatRG *Schmid* NJW 1987, 681, 682: In einer Praxis mit Massenbetrieb könne es bereits zu spät sein, wenn am Abend oder gar erst am Wochenende noch erg Eintragungen nachgeholt werden; die Reinschrift eines Entwurfs oder sonstiger persönlicher Kürzel kann innerhalb eines Zeitraums von etwa einer Woche noch zulässig sein, da dann die Erinnerung, gestützt auf die vorhandenen Aufzeichnungen, noch hinreichend sichere Ergebnisse zulasse; erhebliches Misstrauen bei einer wesentlich späteren Überarbeitung).

7 **7. Berichtigungen.** Aus dem Umstand, dass **Abs I S 2, 3** regelt, wie Berichtigungen und Änderungen der Dokumentation vorzunehmen sind, ist zunächst zu schließen, dass solche nicht unzulässig sind.

8 Erfolgen Berichtigungen und Änderungen von Eintragungen in der Patientenakte – gleich ob in Papierform oder elektronisch geführt –, müssen sie so vorgenommen werden, dass der urspr Inhalt erkennbar bleibt. Damit soll eine „Revisionssicherheit" (*Thole* MedR 2013, 145, 148) der Dokumentation sichergestellt werden. Bei Dokumentationen in Papierform sind mithin Radierungen unzulässig, das Überdecken von Eintragungen mit Korrekturfolien oder -flüssigkeiten („Tipp-Ex"®) jedenfalls problematisch (und unzulässig, sofern der urspr Text damit dauerhaft unlesbar gemacht wird), sofern das Reproduzieren der Ursprungseintragung die neue Eintragung zerstört. Problematischer ist die Einhaltung dieses Gebots bei elektronischer Dokumentation; auch die ärztliche Berufsordnung kennt ein entspr Gebot, vgl § 10 V 1 MBOÄ. Zertifizierte Programme für Arztpraxen sehen solches regelmäßig vor; bei anderen Programmen ist darauf zu achten, dass entspr Veränderungen notiert werden (zB indem das Datum der Eingabe angegeben wird, wenn es ggü dem Behandlungsdatum differiert); damit ist dem Sicherstellungsgebot von Abs II S 3 Genüge getan. Entgegen vorheriger obergerichtlicher Rspr (Hamm VersR 2006, 872; Oldenburg MedR 2011, 163; Naumburg GesR 2012, 762; Köln GesR 2012, 434) stellt der BGH deshalb auch fest, dass einer elektronischen Dokumentation, die nachträgl Änderungen nicht erkennbar macht, keine positive Indizwirkung dahingehend zukommt, dass die dokumentierte Maßnahme von dem Behandelnden tatsächlich getroffen worden ist (BGH GesR 2021, 434, 436 Rn 15ff mwN = NJW 2021, 2364 m Anm

U. Walter = VersR 2021, 968 m Anm *Jaeger*). Allerdings fordert der BGH nicht, eine solche Dokumentation vollständig unberücksichtigt zu lassen; vielmehr räumt er dem Tatrichter die Möglichkeit der Berücksichtigung, angesichts der fehlenden Veränderungssicherheit aber unter krit Würdigung, ein (BGH GesR 2021, 434 Rn 30). Diesbzgl wird es – einzelfallbezogen – darauf ankommen, dass jedenfalls ärztlicherseits plausibel dargelegt wird, dass die Dokumentation nicht nachträgl verändert wurde und sie aus medizinischen Gründen plausibel erscheint. Ein solcher Nachw kann durch Sicherungskopien, insb durch gebrannte CDs, erbracht werden, die das Datum des Brennvorgangs irreversibel beinhalten.

II. Inhalt. Abs II regelt den Mindestinhalt seitens des Behandelnden vorzunehmender Aufzeichnungen. 9

1. Maßstab. Das gesamte Gebot der Dokumentation steht unter der Maßgabe, dass es der Aufzeichnungen 9a **„aus fachlicher Sicht"** bedarf; das korreliert mit § 10 I 1 MBOÄ. Mit dem Hinw auf die „fachliche Sicht" knüpft das Gesetz an die Rspr vor Inkrafttreten des PatRG an, wonach eine Dokumentationspflicht nur in dem Umfang bestand, in dem eine medizinische Notwendigkeit hierfür gegeben war. Hingegen hat die Rspr bei Verneinung eines medizinischen Erfordernisses auch eine Dokumentation aus Rechtsgründen nicht als geboten erachtet (BGH VersR 1993, 836, 837; GesR 2021, 434 Rn 16). Wenn der Gesetzgeber anordnet, Anamnese, Diagnosen, Untersuchungen und deren Ergebnisse, Befunde usw aufzuzeichnen, so steht all das kraft ausdrückl Formulierung nach wie vor unter dem Vorbehalt, dass es dessen „aus fachlicher Sicht" bedarf. Weitergehende Anforderungen *für die vertragsärztliche Tätigkeit* sollen sich allerdings aus §§ 294, 295 SGB V, § 57 BMV-Ä (beruhend auf § 82 I SGB V) ergeben, wonach der Vertragsarzt „die Befunde, die Behandlungsmaßnahmen sowie die veranlassten Leistungen einschließlich des Tages der Behandlung in geeigneter Weise zu dokumentieren" hat; dem sei nur genügt, wenn mit der Dokumentation der Nachweis für eine vollständige Leistungserbringung möglich sei, die Dokumentation ferner lesbar, in sich widerspruchsfrei und nachvollziehbar sei (SG Stuttgart GesR 2018, 118; SG München MedR 2021, 1031 m Anm *Dahm*; *Pawlita* GesR 2017, 620). Darüber hinausgehende Anforderungen sind im Einzelfall in den Gebührenordnungen für Vertragsärzte bzw -zahnärzte bzw Richtlinien des gemeinsamen Bundesausschusses zur Qualitätssicherung nach § 136 SGB V enthalten. Hieraus können aber – zumindest unter zivilrechtl Gesichtspunkten – keine höheren Dokumentationsanforderungen mit ggf beweisrechtl Konsequenzen bei Nichteinhaltung (§ 630h III) hergeleitet werden, als sie sich aus § 630f II ergeben (zutr insofern auch Nürnberg GesR 2017, 650).

2. Verständlichkeit der Dokumentation. Hingegen beinhaltet weder dieses Gebot noch das Aufzeichnungs- 10 gebot nach § 10 MBOÄ eine Verpflichtung, die Dokumentation so vorzunehmen, dass sie für jedermann **verständlich** ist; auch muss die Dokumentation nicht so gefasst (und umfangreich) sein, dass ein Fachmann allein anhand der Aufzeichnungen die Behandlung „nachvollziehen" kann (so Spickhoff/*Scholz*[3] § 10 MBOÄ Rn 3) bzw. „verständlich ist" (Spickhoff/*Spickhoff*[3] § 630f Rn 6). Das ergibt sich indessen nicht aus dem Gesetz, auch nicht aus Sinn und Zweck. Entscheidend ist, dass Mit- oder Weiterbehandelnde aus der Dokumentation erkennen können, was zuvor geschehen ist; (D. Prütting/*Rehborn*, Medizinrecht[4], § 10 MBOÄ Rn 7). Der Gesetzgeber hat davon abgesehen, an Forderungen anzuknüpfen, auch solche Umstände als dokumentationspflichtig anzusehen, deren es zwar nicht aus fachlicher Sicht, aber aus sonstigen Patienteninteressen bedürfe; eine solche sog „Rechenschafts- und Behandlungssicherungspflicht" (*Hart* FS Laufs, 843, 865) gibt es nicht. Der im Gesetzgebungsverfahren (BT-Drs 17/10488, 26) gegebene Hinw, Zweck der Dokumentation sei auch „die Wahrung der Persönlichkeitsrechte des Patienten, die durch die Pflicht des Behandelnden, Rechenschaft über den Gang der Behandlung zu geben, erreicht wird", findet sich im Gesetz nicht wieder.

3. Dokumentation von Einwilligung und Aufklärung. Gleichwohl geht das Gesetz über die Rechtspraxis vor 11 Inkrafttreten des PatRG mit der Vorgabe, auch Einwilligungen und Aufklärungen in die Patientenakte aufzunehmen, hinaus. Gemeint ist damit allein die Selbstbestimmungsaufklärung iSd § 630e I, nicht hingegen die therapeutische Information, früher auch bezeichnet als „therapeutische Aufklärung" (BGH GesR 2021, 434 Rn 14). Zwar steht auch dieses Gebot unter dem Vorbehalt der Notwendigkeit aus fachlicher Sicht (so auch *Schlag-Slavu* MedR 597, 598); hier wird es einer Dokumentation insb bedürfen, wenn Aufklärung und Eingriff zeitl oder hinsichtl der beteiligten Personen auseinanderfallen (zurückhaltender hinsichtl einer diesbzgl Pflicht zur Dokumentation *Martis/Winkhart-Martis* MDR 2013, 758, 763; MDR 2015, 429). Hingegen hat jedenfalls die Rspr für Sachverhalte vor Inkrafttreten des PatRG die Notwendigkeit der Dokumentation eines Aufklärungsgesprächs und seines wesentlichen Inhalts verneint, obwohl die Zweckmäßigkeit bestand (BGH VersR 1985, 361, 362; NJW 2014, 1527; München OLGRp 1994, 109, 110; KG KGRp 2001, 142, 143; Oldenburg OLGRp 1997, 176). Zur – zu bejahenden – Zulässigkeit der digitalen Dokumentation vgl umfassend *Spickhoff/Bleckwenn* Vers 2013, 1350.

4. Umfang. Der Umfang ergibt sich aus Vorstehendem – nur das, was im Rahmen der gesetzl Vorgabe aus 12 fachlicher Sicht maßgeblich ist, bedarf der Dokumentation. Diese kann im Alltäglichen kurz ausfallen; so reicht es aus, wenn ein Operationsbericht eine stichwortartige Beschreibung der jew Eingriffe und Angaben über die hierbei angewandte Technik enthält; der Wiedergabe medizinischer Selbstverständlichkeiten bedarf es nicht (Koblenz GesR 2012, 49; Naumburg GesR 2012, 310; speziell zur Pflegedokumentation: Kasseler Erklärung MedR 2014, 295). Eine solche sog **verkürzte Dokumentation** ist gesetzeskonform; für ihre Interpretation gelten die allg Regeln für Dokumentationsversäumnisse mit der Folge, dass dem Behandelnden der Beweis offensteht, die Eintragung sei in einem bestimmten Sinne zu verstehen (Karlsruhe GesR 2006, 211).

13 **III. Aufbewahrung. 1. Fristen. Abs III** verpflichtet den Behandelnden zur Aufbewahrung der Patientenakte für die Dauer von zehn Jahren nach Abschluss der Behandlung; das korrespondiert mit berufsrechtl Regelungen (§ 10 III MBOÄ). Der „**Abschluss der Behandlung**" liegt nicht etwa dann vor, wenn ein Arzt-Patienten-Verhältnis (dauerhaft) endet, sondern wenn die Behandlung eines Krankheitsvorgangs abgeschlossen ist. Bei der Zehn-Jahres-Frist handelt es sich nicht um eine Frist iSd Verjährungsberechnung (§§ 199ff) mit der Folge, dass hier nicht auf das Ende des Kalenderjahres der Behandlung, sondern auf das jew Behandlungsende – auch innerhalb eines Kalenderjahres – abzustellen ist.

14 Die Aufbewahrung muss der Behandelnde nicht höchstpersönlich vornehmen; er ist befugt, die Patientenakte – insb wenn eine Behandlung abgeschlossen ist – in die Obhut eines Dritten, der die Aufbewahrung für den Behandelnden vornimmt (zB der Praxisnachfolger), zu geben. Das beinhaltet allerdings die Beachtung datenschutzrechtl Vorgaben; die Unterlagen müssen also idR in einem verschlossenen und anonymisierten Behältnis sicher aufbewahrt werden (näher zum Verfahren *Rehborn*, Arzt und Krankenhaus 1996, 293); der kurzfristige Zugriff des Behandelnden muss gesichert sein (so auch LSG Niedersachsen-Bremen GesR 2018, 175, 178 betr Erbenhaftung für Arzneimittelregress). Zur Aufbewahrung bei Insolvenz des Aufbewahrungspflichtigen *Rigol* KrV 2017, 44.

15 Manches spricht dafür, dass Behandelnde nach Ablauf der Aufbewahrungsfrist nicht nur zur Vernichtung der Daten berechtigt, sondern im Hinblick auf Art 17 DSGVO grundsätzlich auch verpflichtet sind (näher *Hansen* MedR 2021, 613).

16 **2. Rückforderung.** Vor Inkrafttreten des PatRG hat die Rspr dem Behandelnden eine sog **Verpflichtung „zur Nacheile"** auferlegt, wonach der Behandelnde an den Patienten oder Nachbehandelnde herausgegebene Unterlagen zu gegebener Zeit zurückzufordern habe, um der ihm obliegenden Aufbewahrungspflicht zu genügen (BGH VersR 1996, 330; NJW 1996, 779; MedR 1996, 215). Es gibt keine Veranlassung, dieses Problem nach Integration des Behandlungsvertrags in das BGB anders zu beurteilen.

17 **IV. Rechtsfolgen bei Verstoß.** Auf nicht hinreichenden Aufzeichnungen, mangelnder Archivierung oder Aufbewahrung beruhende (obj) Behandlungsfehler (vgl Vor § 630h Rn 2) können zum Schadensersatz verpflichten (zB bei Schaden infolge nicht dokumentierter Allergie, näher dazu *Fiekas* MedR 2016, 32, 35f; *Rosenberger* FS Jaeger, 97, 98ff). Verstöße gegen die gesicherte Aufbewahrung können bei Bekanntwerden von Patientendaten Schadensersatz wegen Verletzung des Allgemeinen Pernlichkeitsrechts (vgl Anh § 12 Rn 1ff) auslösen. Im Rechtsstreit können daher Dokumentations- oder Aufbewahrungsversäumnisse mit nicht zu klärenden Sachverhalten zu Beweiserleichterungen bis hin zu einer Beweislastumkehr zugunsten des Patienten führen (vgl § 630h III, § 630h Rn 24ff). Ist allerdings die Aufbewahrungsfrist verstrichen, stellt das Nichtvorhandensein keine Beweisvereitelung da mit der Folge, dass sich Beweiserleichterungen für den Patienten nicht ergeben (NK-MedR/*Bergmann/Glanzmann*[3] § 630f Rn 18).

§ 630g Einsichtnahme in die Patientenakte

(1) Dem Patienten ist auf Verlangen unverzüglich Einsicht in die vollständige, ihn betreffende Patientenakte zu gewähren, soweit der Einsichtnahme nicht erhebliche therapeutische Gründe oder sonstige erhebliche Rechte Dritter entgegenstehen. Die Ablehnung der Einsichtnahme ist zu begründen. § 811 ist entsprechend anzuwenden.

(2) Der Patient kann auch elektronische Abschriften von der Patientenakte verlangen. Er hat dem Behandelnden die entstandenen Kosten zu erstatten.

(3) Im Fall des Todes des Patienten stehen die Rechte aus den Absätzen 1 und 2 zur Wahrnehmung der vermögensrechtlichen Interessen seinen Erben zu. Gleiches gilt für die nächsten Angehörigen des Patienten, soweit sie immaterielle Interessen geltend machen. Die Rechte sind ausgeschlossen, soweit der Einsichtnahme der ausdrückliche oder mutmaßliche Wille des Patienten entgegensteht.

1 **I. Systematik.** § 630g regelt die Einsicht in die Patientenakte. Diese beinhaltet naturgemäß patientenbezogene Daten, so dass Art 15 I Hs 2 Var 1 DSGVO (nicht anwendbar in konfessionellen Krankenhäusern: Hamm GesR 2023, 168) einschlägig erscheint, der Betroffenen – das sind Patienten in aller Regel – ein Einsichtsrecht in über sie gespeicherte Daten auch medizinischer Natur gewährt. Das beinhaltet auch die Erstellung einer gem Art 12 V 1 DSGVO kostenfreien Kopie. Indessen ist in der Rspr bislang ungeklärt, wie das Verhältnis dieser Vorschriften zueinander ist. Manches spricht dafür, dass die (jüngere) europarechtl Regelung wegen des europarechtl Anwendungsvorrangs ggü nationalem Recht (insb BVerfGE 89, 155, 190) die entgegenstehenden Regelungen in § 630g, insb die Kostenerstattungsregelung in § 630 II 2, verdrängt (näher *Cornelius/Spitz* GesR 2019, 69, 70ff; aA Köln GesR 2020, 591; LG Dresden GesR 2020, 646; für Österreich OGH RdM 2021, 116 m Anm *Gabauer* RdM 2021, 92). Der BGH hat diese Frage – wohl mit der Tendenz, einen Vorrang des Europarechts zu verneinen – dem EuGH zur Entscheidung vorgelegt (BGH GesR 2022, 360).

2 **II. Einsicht für Patienten.** Gem **Abs I S 1** ist dem Patienten auf Verlangen unverzüglich Einsicht in die ihn betreffende Patientenakte zu gewähren, soweit der Einsichtnahme nicht erhebliche therapeutische oder sonstige erhebliche Rechte Dritter entgegenstehen; das deckt sich mit der Rechtslage vor Inkrafttreten des PatRG (BVerfG NJW 1999, 1777; BGH NJW 1989, 764; 1985, 286). Das Einsichtsrecht ist **höchstpersönlich**, insb nicht vererblich. Umstritten ist die Frage, inwieweit **Minderjährige** ein solches Einsichtsrecht selbst geltend machen können.

Zutreffend erscheint die Argumentation von *Gutmann* (Staudinger/*Gutmann* Rn 30 mwN), wonach hier ein Gleichklang zur Einwilligungsfähigkeit (vgl § 630d Rn 7ff) herzustellen ist. Wer einwilligungsfähig ist, muss auch einsichtsberechtigt sein (aA *Prütting/Friedrich* MedR 2021, 523, 525, 526 – diff zwischen einem Anspruch aus Art 15 DSGVO einerseits und § 630g andererseits).

Das Einsichtsrecht soll aber – wie sich aus der übertragbaren Rspr zum Heimrecht ergibt – gem § 116 I 1 SGB X iVm § 401 I analog, § 412 auf den aufgrund eines Schadensereignisses zu kongruenten Sozialleistungen verpflichteten Sozialversicherungsträger übergehen, wenn und soweit mit seiner Hilfe das Bestehen von Schadensersatzansprüchen geklärt werden soll und die dem Behandelnden obliegende Pflicht zur Verschwiegenheit einem Gläubigerwechsel nicht entgegen steht. Das ist idR der Fall, wenn eine Einwilligung des Patienten in die Einsichtnahme der über ihn geführten Patientenakte durch den Sozialversicherungsträger vorliegt oder – soweit einer ausdrückl Befreiung von der Schweigepflicht Hindernisse entgegenstehen – zumindest sein vermutetes Einverständnis anzunehmen ist (BGH VersR 2013, 648). Zum postmortalen Übergang s Rn 25. 2a

Der Anspruch besteht nicht nur im Rahmen eines Behandlungsvertrags, sondern aufgrund „der objektivrechtl Bedeutung des Art 2 I iVm Art 1 I GG und dessen Übertragung auf die Vertragspflichten des Privatrechts" auch bei einem **vertragslosen Behandlungsverhältnis** (BVerfG MedR 1993, 232; VG Freiburg MedR 2017, 252, 254). 3

1. Einsicht in Originale. Abs I S 1 gewährt ein Einsichtsrecht in die Originale (zur Rechtslage vor Inkrafttreten des PatRG BGH MedR 1983, 62); eines besonderen rechtl Interesses für die Einsichtnahme bedarf es nicht (BGH NJW 1985, 674; NJW 1989, 764). Aus dem Einsichtsrecht ist eine Pflicht zur **Herausgabe der** (regelmäßig im Eigentum des Behandelnden stehenden) **Original-Patientenakte** grds nicht herzuleiten (BGH MedR 1983, 62). Die Rspr hat dem Patienten allerdings bei nicht oder nur schwer reproduzierbaren Unterlagen (insb Röntgenbilder: München NJW 2001, 2806; LG Kiel GesR 2007, 318) jedenfalls zur Vorbereitung eines Haftungsprozesses einen Anspruch auf zeitweilige Überlassung solcher Originalunterlagen jedenfalls an seinen Rechtsanwalt als Organ der Rechtspflege zugesprochen; einer Befristung des Antrags soll es nicht bedürfen. 4

2. Verlangen. Voraussetzung für die Fälligkeit des Anspruchs ist das **Verlangen** des Patienten; bei Geltendmachung durch einen Bevollmächtigten bedarf es der Vorlage einer ordnungsgemäßen und eindeutigen Vollmacht. An diese werden zu Recht „strengste Anforderungen" gestellt, da die Herausgabe höchstpersönlicher Daten begehrt wird (München GesR 2011, 674). Die Vorlage einer Vollmacht und Schweigepflichtentbindungserklärung des Patienten sind Anspruchsvoraussetzungen (Koblenz GesR 2014, 235; aA LG Stuttgart GesR 2016, 168 = MedR 2016, 450 m zu Recht krit Anm *A. Walter*; einschränkend auch LG Hannover MedR 2016,730: keine *Original*-Vollmacht erforderlich). 5

3. Unverzüglichkeit. Das Gesetz verpflichtet den Behandelnden zur unverzüglichen Gewährung der Einsicht. **Unverzüglich** bedeutet „ohne schuldhaftes Zögern" (arg e § 121 I 1, vgl § 121 Rn 3f). Unbeschadet dieser Anordnung sind gesetzte Fristen ggf nach Treu und Glauben zu verlängern (München GesR 2011, 674). Während schnellstmögliche Einsichtsgewährung oder Übermittlung bei Kenntnisnahme zur Fortführung der Behandlung – insb im Notfall – geboten ist, werden Einsichtsgewährung oder Übermittlung von Kopien zur Vorbereitung administrativer Maßnahmen, insb auch vorprozessual, mit einer für die Einsichtsgewährung oder Übermittlung erforderlichen und angemessenen Vorbereitungszeit einhergehen. Sind die Unterlagen für den Behandelnden aus irgendwelchen Gründen nicht bzw nicht sofort verfügbar, ist ihm zumindest auf sein Begehren hin eine – den Umständen des Einzelfalls gerecht werdende – Frist zu gewähren (München GesR 2011, 674). 6

4. Umfang. Das Einsichtsrecht erstreckt sich nur auf die **„ihn betreffende Patientenakte"** (vgl § 630f Rn 1), nicht aber auf sonstige Unterlagen, die – über die Patientenakte hinaus und nicht im Interesse des einzelnen Patienten errichtet – geführt wurden, so zB Aufzeichnungen nach § 23 I IfSG (Hamm GesR 2011, 671: Deren Zweck besteht nur darin, im übergeordneten allg Interesse die Verbreitung von übertragbaren Infektionen zu verhindern und die hierzu erforderliche Zusammenarbeit von Behörden, Krankenhäusern und Ärzten zu ermöglichen) oder einen Bericht über einen Unfall im Krankenhaus (LG Bonn VersR 2010, 358). 7

Für einen Anspruch auf **Abgabe einer Erklärung zur Authentizität oder Vollständigkeit** fehlt es an einer gesetzl Vorgabe; erst recht ist ein Behandelnder nicht zur Abgabe einer dementspr **Versicherung an Eides statt** verpflichtet (München GesR 2007, 115; LG Düsseldorf GesR 2007, 18). Ebenso wenig besteht ein Anspruch auf Herausgabe beglaubigter Kopien (LG Düsseldorf GesR 2007, 18). Darüber hinaus ist einzelfallbezogen zu prüfen, ob aufgrund vertragl Nebenpflichten, analog §§ 260, 666 oder nach Treu und Glauben (§ 242) die **Erteilung weitergehender Informationen** auf Verlangen des Patienten geboten ist. Insb stellt sich die Frage, ob patientenseits ein Anspruch auf Leseabschriften unleserlicher Unterlagen (bejahend Düsseldorf NJW 1984, 670; Hamm VersR 2001, 375; AG Offenbach NJW 1990, 2322; bejahend nur für den Fall, dass die Patientenakte auch für Mediziner nicht lesbar ist, LG Karlsruhe NJW-RR 2001, 236) oder ein Anspruch auf Bekanntgabe von Namen und ladungsfähiger Anschriften der (Mit-)Behandelnden (verneinend für den Fall, dass die Adresse zur Verfolgung der Ansprüche des Patienten nicht erforderlich ist, BGH NJW 2015, 1525; einschränkend auch Düsseldorf GesR 2003, 273; Frankfurt VersR 2006, 81), evtl auch ein Anspruch auf Nennung der Namen von Mitpatienten (verneinend für den Fall, dass hierfür das Interesse nicht gesondert dargelegt wird: Hamm VersR 2001, 375, 376; verneinend für die Geltendmachung von Schadensersatzansprüchen aufgrund der Schweigepflicht Karlsruhe GesR 2006, 471; bejahend BGHZ 206, 195 für den Fall einer Schädigung durch den Mitpatienten) besteht. Jedenfalls aber gibt es vorprozessual in Ermangelung einer Anspruchsgrundlage keinen Anspruch auf Auskünfte zum me- 8 dizinischen Geschehen außerhalb der Patientenakte zur Vorbereitung eines Haftungsprozesses (Koblenz GesR 2005, 156).

9 **5. Ablehnen der Einsicht.** a) **Gründe.** aa) **Schutz des Patienten. Abs I S 2 Hs 2** eröffnet dem Behandelnden ausnahmsw die Möglichkeit, einzelne Worte oder Passagen der Patientenakte in den Kopien zum Schutz des Patienten zu verdecken oder zu schwärzen, soweit der Einsichtnahme in diese erhebliche **therapeutische Gründe** entgegenstehen (krit dazu *A. Schneider* GesR 2014, 385, 388). Die Ausnahme soll dem Schutz des Patienten vor Informationen dienen, die zu einer gesundheitlichen (Selbst-)Gefährdung führen könnten. Angesichts der jüngeren verfassungsgerichtlichen Rspr (BT-Drs 17/10488, 26 legt dem § 630g die Entscheidung des BVerfG NJW 2006, 1116 zugrunde) sind die Anforderungen für deren Annahme hoch; das BVerfG gewährt selbst einem psychiatrischen Patienten im Maßregelvollzug volle Einsicht in seine Patientenakte. Entgegen *Loeschner* ZMGR 2014, 156, 157f ist die Regelung nicht verfassungswidrig; das besondere Interesse eines Untergebrachten auf Einsichtnahme zwecks Beendigung der Unterbringung und Widerruf ärztlicher Zwangsmaßnahmen kann in verfassungskonformer Weise bei der Abwägung sehr wohl berücksichtigt werden. Ggf wird auch in Betracht kommen, dem Patienten die Einsichtnahme nur durch Übersendung an einen Arzt seines Vertrauens und Eröffnung ggü dem Patienten durch ihn zu ermöglichen.

10 **bb) Schutz Dritter.** Als Versagungsgrund kommt zudem der Schutz Dritter in Betracht, falls diese in der Patientenakte erwähnt werden und ein berechtigtes Interesse am Schutz ihrer Daten haben, welches das Recht auf informationelle Selbstbestimmung des Patienten überwiegt. In Betracht kommt zB die psychiatrische Behandlung des Kindes unter Einbeziehung der Eltern unter Einfließen von den Eltern erteilter sensibler Informationen in die Patientenakte (BT-Drs 17/10488, 27; AG Charlottenburg GesR 2016, 796).

11 **cc) Schutz des Verfassers.** Hingegen gibt es grds kaum einen Schutz des Verfassers. Die persönlichen Eindrücke und subj Wahrnehmungen des Behandelnden vom Patienten sollen angesichts des starken Schutzbedürfnisses von dessen Persönlichkeitsrecht grds offenzulegen sein. Einzelfallabhängige Ausnahmen werden in den Motiven zwar offengelassen, aber nicht begründet (BT-Drs 17/10488, 27). In einem solchen Fall ist das Allgemeine Persönlichkeitsrecht (umfassend dazu Anh § 12 Rn 1ff) des Behandelnden als Verfasser gegen die Rechte des Patienten abzuwägen (so auch BGH GesR 2014, 274, 275f = MedR 2014, 306 m Anm *Schopohl* für die vergleichbare Situation auf Herausgabe von Kopien einer während einer psychoanalytischen Lehranalyse durch den Lehranalytiker gefertigten Dokumentation; *Bayer*, Dokumentationspflicht 2018, 105; Staudinger/*Gutmann* Rn 16 unter dem Gesichtspunkt einer ggf analogen Anwendung von Art 15 IV DSGVO und Art 23 I lit i DSGVO; *Montgomery ua* MedR 2013, 149, 152; *A. Schneider* GesR 2014, 385, 389; *Bayer* MedR 2017, 211, 212; dafür sprechen auch die Erwägungen des BVerfG GesR 2018, 459 Rn 29; aA *Kensy* MedR 2013, 767, 771; Spickhoff/*Spickhoff*[3] § 630g Rn 5; *Hacker* GesR 2019, 163, 165). Dem entspricht auch die Regelung im ärztlichen Berufsrecht (§ 10 II 1 MBOÄ) nach der Änderung 2015.

12 **b) Begründungspflicht (Abs I S 2).** Will ein Behandelnder in die Patientenakte oder Teile derselben keine Einsicht gewähren, bedarf dies gem Abs I S 2 einer Begründung. Diese ist so abstrakt abzugeben, dass die zu verbergenden Dokumentationsbestandteile noch vertraulich bleiben, andererseits aber so konkret, dass zumindest dargelegt wird, unter welchen allg Gesichtspunkten der Behandelnde sich an der Einsichtsgewährung gehindert sieht; ggf muss er seine Weigerung auf konkrete oder mutmaßliche Belange des zu Schützenden stützen (München GesR 2011, 674 für die ähnl gelagerte Situation, dass sich ein behandelnder Arzt prozessual auf ein Aussageverweigerungsrecht über die Behandlung eines verstorbenen Patienten mit einer allg Berufung auf seine Schweigepflicht beruft). Das kann im Einzelfall einer Gratwanderung gleichkommen (vgl auch *Buschhaus* GesR 2021, 688).

13 **6. Anwendbarkeit des § 811. Abs I S 3** verweist iÜ auf eine entspr Anwendung von § 811. Daraus ist zunächst auf den **Vorlegungsort** – der Ort, an dem die Einsicht zu gewähren ist – zu schließen. Das ist derjenige Ort, an dem sich die Unterlagen befinden (so zur Rechtslage vor Inkrafttreten des PatRG bereits Frankfurt GesR 2011, 672).

14 **III. Abschriften für Patienten.** Gem **Abs II** kann der Patient kostenpflichtige **Abschriften** der Patientenakte verlangen. Hierbei handelt es sich um eine Holschuld (LG Hannover MedR 2016, 730; zur Rechtslage vor dem Inkrafttreten des PatRG AG Waiblingen GesR 2011, 484); eines besonderen rechtl Interesses bedarf es hierfür nicht (BGH NJW 1985, 674; NJW 1989, 764).

15 **1. Keine Unmöglichkeit.** Allerdings muss dem Behandelnden die **Abschriftserteilung** auch möglich sein; das wird regelmäßig dann nicht der Fall sein, wenn die Patientenakte im Zuge eines Ermittlungsverfahrens beschlagnahmt worden ist bzw in einem Zivilrechtsstreit auf Anforderung des Gerichts im Rahmen der „Amtsermittlung" (vgl Vor § 630a Rn 13) oder zu Beweiszwecken vorgelegt worden ist.

16 Ausdr kann der Patient gem **Abs II S 1** die Abschriften der Patientenakte auch **in elektronischer Form** verlangen. Das bezieht sich nicht nur auf originär elektronisch geführte Akten, sondern auch auf die „Papierakte" (§ 630f Rn 3). Es hat zur Folge, dass der Behandelnde bei einem entspr Begehren die Akte einscannen und die entspr Informationen dann auf CD oder per USB-Stick zur Verfügung stellen muss (so auch AG Charlottenburg GesR 2016, 796).

17 **2. Kostentragung. Abs II S 2** verpflichtet zur **Erstattung** der für die Erstellung der Abschriften entstandenen **Kosten.** Die Kostentragungspflicht erstreckt sich trotz eines zunächst anders erscheinenden Wortlauts nicht nur auf elektronische Abschriften. Das folgt aus dem Gesetzgebungsverfahren; die Worte „auch elektronische" sind erst gegen Ende des Gesetzgebungsverfahrens in den Gesetzestext eingefügt worden; sie sind zu lesen, als ständen

sie in Parenthese. Auch die Kosten für Abschriften auf anderen Medien, insb als Fotokopien, sind daher vom Patienten zu tragen.

Die Motive (BT-Drs 17/10488, 27) machen deutlich, dass an § 811 II 1 angeknüpft werden sollte. Danach umfassen die Kosten regelmäßig die Transport-, Verpackungs- und Kopierkosten (jurisPK/*Martinek* § 811 Rn 5); dazu gehören auch die Kosten für die Erstellung am eigenen Kopiergerät. Unter Kostengesichtspunkten sind Auftragsarbeiten (zu erledigen durch dortiges Personal) in einem Copyshop unproblematisch; sie werden indessen unter datenschutzrechtl Gesichtspunkten nicht in Betracht kommen (LG Augsburg GesR 2012, 50). Erstattungsfähig sind auch zB Kosten für das Brennen einer CD etc. Terminologisch ist dem Gesetz mit der Formulierung „erstatten" indessen zu entnehmen, dass es sich um nicht mehr als die eigenen Aufwendungen des Behandelnden handeln soll; das verbietet gleichzeitig, für die seinerseits hierfür aufgewendete Zeit einen Ausgleich („Honorar") zu fordern. Die Rspr stellt an eine Kostenerstattung strenge Anforderungen; so sollen insb Personal-, Raum- und Sachkosten, also sog allg Praxiskosten, unberücksichtigt bleiben (BGH wistra 1994, 22, wenngleich im Hinblick auf Regelungen im vertragsärztlichen Vergütungssystem; Naumburg GesR 2008, 591, 593 zum Auslagenersatz nach § 10 GOÄ: ohne „Aufschlag"; so auch AG Kempten GesR 2018, 296 bzgl der Dokumentation in einem Pflegeheim). Da es sich explizit um eine Erstattungsregelung handelt, besteht keine Vorleistungspflicht des Patienten (*Kensy* MedR 2013, 767, 772). 18

IV. Postmortale Rechte Dritter. 1. Geltungsumfang. Abs III regelt das postmortale Einsichtsrecht. Angesichts des Umstandes, dass das Einsichtsrecht in die Patientenakte zu den höchstpersönlichen Rechten gehört, ist die Regelung als abschließend anzusehen; über das Einsichtsrecht der Erben und der nächsten Angehörigen für die gesetzl definierten Fälle hinaus gibt es kein Einsichtsrecht. Das bedeutet auch, dass Angehörige trotz Vorliegens einer Vorsorgevollmacht nicht das Recht zur Einsichtnahme in die Patientenakte haben, wenn der ausdrückl oder auch mutmaßliche Wille des Verstorbenen entgegensteht (Karlsruhe GesR 2019, 572 = MedR 2020, 588 m Anm *Bayer*). IÜ ist die Vorschrift für den Fall, dass der Behandlung des Verstorbenen **kein Vertragsverhältnis** mit dem Behandelnden zugrunde lag, angesichts einer identischen, gesetzl nicht geregelten Konstellation **entspr** anzuwenden. 19

2. Erben. Abs III S 1 regelt das Einsichtsrecht der Erben des Patienten in dessen Patientenakte. Die Erbenstellung ist, primär durch Vorlage eines (Mit-)Erbscheins (§ 2365), nachzuweisen. Potentielle Erben – zB bei fraglicher Gültigkeit eines Testaments, bei Streit über die Testierfähigkeit des Erblassers – fallen nicht hierunter; ihre Interessen können insb in einem Erbscheinsverfahren oder Zivilrechtsstreit über die Erbenstellung wirksam geltend gemacht werden; mit Zustimmung der Berechtigten kann das Gericht die Unterlagen beiziehen. Nach dem Tod des Erben geht das Einsichtsrecht auf die Erbeserben über, andernfalls ihnen die Geltendmachung vermögensrechtl Interessen – die ja gerade ermöglicht werden soll – grundlos erschwert würde. 20

Das Einsichtsrecht der Erben ist begrenzt auf die **Wahrnehmung vermögensrechtl Interessen** (so zur Rechtslage vor Inkrafttreten des PatRG schon München VersR 2009, 982). Bei vermögensrechtl Interessen kann es sich insb um die Geltendmachung von Schadensersatzansprüchen gegen den Behandelnden, aber auch um Fragen nach der Geschäfts- bzw Testierfähigkeit des Verstorbenen handeln. Eine Wahrnehmung ist nicht nur die Geltendmachung solcher Interessen ggü Dritten; sie beginnt schon mit der Prüfung, ob eine Geltendmachung in Betracht kommt. So besteht ein Einsichtsrecht insb auch zur Prüfung, ob aufgrund fehlerhafter Behandlung des Verstorbenen Schadensersatzansprüche gegen den Behandelnden, aber auch gegen Dritte, in Betracht kommen. Wollen Erben von ihrem Recht Gebrauch machen, so ist es erforderlich, aber auch ausreichend, wenn sie ggü dem Behandelnden die vermögensrechtl Interessen grob skizzieren (zB „zur Prüfung der Testierfähigkeit", „zur Prüfung von Schadensersatzansprüchen wegen eines Behandlungsfehlers" etc). 21

Ob sich Erben oder Angehörige auch auf den Auskunftsanspruch aus Art 15 DSGVO berufen können, ist im Hinblick auf die Frage der Vererblichkeit des Auskunftsanspruchs str (verneinend Staudinger/*Gutmann* Rn 107; bejahend *Prütting/Friedrich* MedR 2021, 523, 525). Eine höchstrichterliche Klärung steht aus. 21a

3. Angehörige. Abs III S 2 verhält sich demggü zum Einsichtsrecht der nächsten Angehörigen. Das BGB definiert den Begriff des Angehörigen nicht. Das Strafrecht (§ 11 I Nr 1 lit a StGB) definiert als solche Verwandte (§ 1589) und Verschwägerte gerader Linie (§ 1590), Ehegatten (§ 1303ff), Lebenspartner (§ 1 LPartG), Verlobte (§ 1297ff), Geschwister (§ 1589), Ehegatten oder Lebenspartner der Geschwister, Geschwister der Ehegatten oder Lebenspartner, und zwar auch dann, wenn die Ehe oder die Lebenspartnerschaft, welche die Beziehung begründet hat, nicht mehr besteht oder wenn die Verwandtschaft oder Schwägerschaft erloschen ist (§ 1590 II, § 11 II LPartG), ferner (§ 11 I Nr 1 lit b StGB) Pflegeeltern und -kinder (zu den Angehörigen iSd § 52 I StPO s § 630c Rn 24). Es erscheint sachgerecht, diese dem allg Sprachgebrauch, aber auch der Interessenlage entspr Definition zur Auslegung von Abs III S 2 entspr heranzuziehen. Mit dem Hinw auf die „nächsten" Angehörigen grenzt der Gesetzgeber den Kreis auf diese ein, setzt innerhalb dieses Kreises aber eine Hierarchie: Entfernte Angehörige (zB Lebenspartner der Geschwister des Verstorbenen) werden durch nähere Angehörige (zB den Ehepartner, Eltern oder Kinder) verdrängt (so auch jurisPK/*Herberger/Martinek/Rüßmann* Rn 33; wohl eher zu einer „Mehrheit von Anspruchsinhabern" tendierend VG Freiburg MedR 2017, 252, 254). Das Recht steht jedenfalls jedem von mehreren gleich nahen Angehörigen für sich zu; einer wie auch immer gearteten gesamthänderischen Geltendmachung bedarf es nicht. 22

Das Einsichtsrecht der Angehörigen ist begrenzt auf die **Wahrnehmung immaterieller Interessen**. Ein immaterielles Interesse kann das Strafverfolgungsinteresse nach § 205 II 1 StGB sein, für das gem § 77 II StGB ein An- 23 tragsrecht der dort genannten Angehörigen, nicht der Erben (Ausnahmen bei Schönke/Schröder/*Sternberg-Lieben/Bosch* § 77 StGB Rn 13), besteht. IÜ gehören hierzu alle Rechte, die ihre Grundlage im Persönlichkeitsrecht des Verstorbenen haben, so bei Angriffen auf den sog Achtungsanspruch des Verstorbenen (Anh § 12 Rn 69ff), nicht aber das Recht zur Geltendmachung von Schmerzensgeld, da es sich hierbei zwar um einen immateriellen Schaden handelt, damit gleichwohl aber materielle Interessen verfolgt werden (aA VG Freiburg MedR 2017, 252, 254). Anders als das Einsichtsrecht zur Wahrnehmung wirtschaftlicher Interessen (Rn 20) ist das Recht zur Wahrnehmung immaterieller Interessen nicht vererblich.

23a Zu einem möglichen Auskunftsanspruch Angehöriger aus Art 15 DSGVO s Rn 21a.

24 **4. Recht auf Abschriften.** Im Umfang des ihnen zustehenden Einsichtsrechts haben auch Erben und Angehörige einen **Anspruch auf Abschriften** von der Patientenakte gem Abs II.

25 **5. Ausschluss des Einsichtsrechts.** Das Einsichtsrecht sowohl der Erben als auch der Angehörigen ist gem **Abs III S 3** ausgeschlossen, wenn die Einsichtsgewährung dem ausdrückl **oder mutmaßlichen Willen des Verstorbenen widersprechen** würde (so für die Zeit vor Inkrafttreten des PatRG schon BGH VersR 1983, 834); das gilt auch bei Vorliegen einer Vorsorgevollmacht (Karlsruhe GesR 2019, 572). Hierdurch sollen die Persönlichkeitsrechte des Verstorbenen geschützt werden (BT-Drs 17/10488, 27), die als höchstpersönliche Rechte idR Vorrang vor den Interessen der Erben oder Angehörigen genießen. Will sich der Behandelnde auf einen entgegenstehenden Willen des Verstorbenen berufen, hat er zumindest Ansatzpunkte zu benennen, aus welchen Umständen er einen solchen Willen herleitet (vgl zur ähnl gelagerten Interessenkonstellation bei Verweigerung der Einsichtnahme durch den Patienten zum Schutz der Rechte anderer Rn 9f).

26 **V. Einsichtsrechte Dritter.** Nicht ausgeschlossen ist mit der gesetzl Regelung, auch sonstigen Dritten Einsicht zu gewähren. Das kann sogar geboten sein, so zur Überwachung des Betäubungsmittelverkehrs nach § 22 I Nr 1, II, § 24 BtMG (VGH Bayern GesR 2019, 574) oder im Rahmen einer Beschlagnahme (grundlegend BVerfG NJW 2000, 3557; BGHSt 38, 144 = BGH NJW 1992, 763).

27 **1. Anspruchsübergang auf Sozialversicherungsträger.** Das kommt insb bei einem Anspruchsübergang auf Sozialversicherungsträger in Betracht; das Recht ist, aber nur mit Zustimmung des Patienten, übergangsfähig, Rn 1. Nach der – übertragbaren – Rspr zum Einsichtsrecht bei Heimbewohnern wird regelmäßig davon auszugehen sein, dass die Offenlegung der Patientenakte ggü der gesetzl Krankenversicherung dem mutmaßlichen Willen des Verstorbenen entspricht, wenn die Entbindung von der Schweigepflicht dem Träger der gesetzl Krankenversicherung die Verfolgung von Schadensersatzansprüchen wegen der Verletzung von Betreuungspflichten des Altenpflegepersonals ermöglichen soll (BGH VersR 2013, 648, 650).

28 **2. Anspruchsübergang auf Erben des Behandelnden.** Nach der sozialrechtlichen Rspr sollen auch die Erben eines (Vertrags-)Arztes berechtigt sein, in die Patientenakte Einsicht zu nehmen, sofern das im Rahmen einer nach dem Tod des Erblassers erfolgenden Wirtschaftlichkeitsprüfung (§§ 106ff SGB V) erforderlich ist (LSG Niedersachsen GesR 2018, 175).

29 **3. Wahrnehmung berechtigter eigener Interessen.** Das kommt weiterhin in Betracht, wenn der Behandelnde hierbei in Wahrnehmung berechtigter eigener Interessen (§§ 34, 193 StGB analog, § 228, vgl Anh § 12 Rn 240) handelt, etwa wenn im Rahmen einer Honorarklage die Rechnung des Behandelnden einschl Diagnose, Behandlungsdaten und Therapie (vgl zB die Verpflichtung zur Angabe in § 12 II GOÄ), ggf auch die Patientenakte, vorgelegt werden. Erst recht handelt der Behandelnde solcherart gerechtfertigt, wenn im Rahmen eines Rechtsstreits um Behandlungs- oder Aufklärungsfehler die – von den Gerichten zur Aufklärung des Sachverhalts (vgl Vor § 630a Rn 5) ohnehin meist im Original angeforderte – Patientenakte bei Gericht, Gutachter- oder Schlichtungsstellen, Sachverständigen oder Privatsachverständigen vorgelegt wird (München GesR 2013, 471). Auch die Übermittlung an Standesorganisationen, insb berufsständische Kammern, kann hiernach zulässig sein. Stets bedarf es aber einer Abwägung der rechtfertigenden Interessen einerseits mit dem Interesse des Patienten andererseits; dabei ist auch einzubeziehen, warum und wem Einsicht gewährt wird.

Vorbemerkung vor § 630h

1 **I. Systematik.** § 630h trifft umfangreiche Beweislastregeln für Behandlungs- und Aufklärungsfehler, regelt aber selbst weder die den Beweisregeln des § 630h zugrunde liegende Frage, wann ein Behandlungs- oder Aufklärungsfehler vorliegt, noch die Voraussetzungen einer Haftung.

2 **II. Haftung für Behandlungsfehler.** Eine einheitliche Definition des Behandlungsfehlers gibt es nicht; die Definitionen in der Lit divergieren. So wird hierunter „jede ärztliche Maßnahme, die nach dem Standard der medizinischen Wissenschaft und Erfahrung die gebotene Sorgfalt vermissen lässt und darum unsachgemäß erscheint" (Laufs/Kern/*Laufs*[4] § 99 Rn 5), eine „Verletzung der Berufspflicht zur sorgfältigen Behandlung" (*Frahm/Walter* Rn 100), „das nach dem Stande der Medizin unsachgemäße Verhalten des Arztes" (*Katzenmeier*, 276), der „Verstoß … gegen anerkannte Regeln der medizinischen Wissenschaft" (*Rehborn*, 153) oder einfach der „Verstoß gegen den Standard" (*Müller* GesR 2004, 257, 258) verstanden. Teilw werden nicht nur die „klassischen Fehler bei der Behandlung selbst, sondern auch die Fehler im Behandlungsumfeld" (*Katzenmeier*, 276) hinzugerechnet.

Richtigerweise ist der Behandlungsfehler eine **Um- oder Abkehr des** vom Behandelnden **Geschuldeten**. Letzteres ist eine Behandlung nach fachlichem Standard, § 630a I, II (vgl § 630a Rn 9ff, 34ff); den Behandlungsfehler skizziert also die Standardabweichung der Behandlung. Dazu gehört nicht nur das rein medizinische Geschehen, sondern auch die Gestaltung des Umfelds, also auch die Gewährleistung einer solchen Organisation, die eine standardgemäße Behandlung ermöglicht und sicherstellt (für die Notfallbehandlung Hamm GesR 2020, 92; näher zum Verhältnis von Standardbehandlung und Organisationspflichten *Hart* MedR 1999, 47ff) ebenso wie die Erfüllung der dem Behandelnden vom Gesetz weiter auferlegten behandlungsbezogenen Pflichten, insb die Beachtung der behandlungsbezogenen Informationspflichten des § 630c II (dazu § 630c Rn 4ff). 3

1. Generalisierte Qualitätsmängel. Als Behandlungsfehler wirken sich zunächst sog generalisierte Qualitätsmängel (Igl/Welti/*Nebendahl*, Gesundheitsrecht[4], § 48 Rn 4) aus. Solche Fehler sind dadurch gekennzeichnet, dass es zu einer Standardabweichung kommt, die ihre Ursache in einem Pflichtenverstoß im Vorfeld der individuellen Behandlungsmaßnahme hat. 4

a) Hierzu gehören die sog **Übernahmefehler.** Im Rahmen der für einen Behandelnden bestehenden Pflichten hat er bei der Übernahme einer Behandlung seinerseits zu prüfen, ob er bzw seine Erfüllungsgehilfen in der Lage sind, die Behandlung standardgemäß durchzuführen. Das erfordert einerseits die für die Behandlung nach gewöhnlichem Verlauf erforderliche medizintechnische Ausstattung (BGH NJW 1989, 2321), deren Funktionsfähigkeit (BGH NJW 1978, 584) sowie das Wissen des Behandelnden oder seines Erfüllungsgehilfen um die Funktionsweise eines von ihm zur Behandlung eingesetzten technischen Geräts (BGH NJW 1978, 584). Ein Übernahmefehler liegt aber auch vor, wenn der Behandelnde oder sein Erfüllungsgehilfe nicht die zur Durchführung der Behandlung (gleich ob Diagnostik oder Therapie) erforderlichen Kenntnisse haben. Dabei kommt es nicht auf den Kenntnisstand der eigenen Profession an, sondern den für die Behandlung erforderlichen Kenntnisstand (BGHZ 113, 297: Wendet ein Heilpraktiker invasive Behandlungsmethoden an, hat er insoweit dieselben Sorgfaltspflichten zu erfüllen wie ein Arzt für Allgemeinmedizin). Die Kenntnisse sind durch Fortbildung so zu aktualisieren, dass stets eine standardgemäße Behandlung möglich ist; teilw geben das auch standesrechtl Fortbildungspflichten (vgl zB § 4 I MBOÄ) vor. 5

b) Vom Arzt wird ein besonders hoher Standard, nämlich angesichts dem Patienten drohender Gefahren der sog **Facharztstandard**, verlangt (BGHZ 88, 248; BGH NJW 1992, 1560; 1993, 2989). Dieser verlangt nicht, „dass der Facharzt jeden Handgriff persönlich vornehmen muss, sondern nur, dass er ärztliches und nichtärztliches Personal anleitet und jederzeit eingriffsbereit und eingriffsfähig ist“ (Stuttgart OLGRp 2001, 394, 396). Auch erfordert Facharztstandard nicht zwingend, dass die Facharztprüfung erfolgreich absolviert ist; erforderlich sind nur die diesem Stand entspr Kenntnisse für die Durchführung der jew Maßnahme/Behandlung (Dresden GesR 2022, 251; Düsseldorf NJW 1994, 1598; Karlsruhe VersR 1991, 1177; Koblenz NJW 1991, 2967; MedR 2009, 670; hohe Anforderungen stellend BGH NJW 1992, 1560: fehlender Facharztstandard, selbst wenn der operierende Arzt bereits 150 Blinddarmoperationen durchgeführt und fünfjährige chirurgische Erfahrung hatte). Maßgeblich ist immer der Facharztstandard des Gebietes, in dem der Arzt tätig wird; überschreitet er die Grenzen seines Fachgebietes (wobei zu beachten ist, dass sich viele ärztliche Fachgebiete überschneiden, vgl im Einz die Weiterbildungsordnung der jew [Landes-]Ärztekammer, die auch die Fachgebietsinhalte und damit -abgrenzungen beschreibt), schuldet er den Standard eines Facharztes des für ihn fachfremden Gebietes (BGHZ 99, 391). Einschränkungen können für die den sog ärztlichen Bereitschaftsdienst wahrnehmenden Ärzte außerhalb der Dienstzeiten niedergelassener (Vertrags-)Ärzte gelten (BGH NJW 1985, 1392; *Debong* ArztR 2003, 288, 291; krit hierzu *Teichner/Schröder* GesR 2013, 577). 6

c) Hierzu gehören weiter **Organisationsfehler** (zur praktischen Bedeutung *Gross/Kucharz* MedR 2018, 143). Im Rahmen seines Pflichtenkreises obliegt es dem Behandelnden, für eine Organisationsstruktur zu sorgen, die einen effektiven Schutz des Patienten gewährleistet. Übernahme- und Organisationsfehler können sich überschneiden, zB bei Einsatz eines erkennbar unzureichend qualifizierten Arztes durch den Krankenhausträger, der die Behandlung in Erkenntnis seiner mangelnden Qualifikation übernimmt. Hierzu gehört insb eine ausreichende **personelle Ausstattung**; diese beinhaltet, für die vorhersehbaren Behandlungen – auch bei Nacht, an Wochenenden und an Feiertagen – genügend qualifiziertes Personal vorzuhalten (Dienst- bzw Anwesenheitsbereitschaft) bzw in medizinisch vertretbarer Zeit herbeirufen (Rufbereitschaft) oder um Rat fragen zu können. Weiter gebietet eine ordnungsgemäße Organisation, für die notwendige **apparative Ausstattung** Sorge zu tragen. Vor- und einsatzbereit zu halten ist, was nach dem zu Erwartenden für den Betrieb der Einrichtung, für dort zu ergreifende Maßnahmen, auch im Notfall, benötigt wird. Vorzuhalten sind auch Einrichtungen zum Patientenschutz im Rahmen allg Verkehrssicherungspflichten. Generell gehören zur Organisationspflicht des Behandelnden aber **alle** zum Betrieb der jew Einrichtung **gebotenen Maßnahmen**, soweit sie – im Rahmen der Zumutbarkeit für den Behandelnden, vgl für den Bereich der Heimhaftung BGHZ 163, 53, 59 – erforderlich sind, um Schaden vom Patienten abzuwenden. Während die Medizin den Standard guter Behandlung bestimmt, wird der erforderliche organisatorische Standard durch das Recht definiert. 7

d) Kasuistik. Organisationspflichten bejaht: BGH NJW 1978, 1683 und NJW 1982, 699: Sterilhalten von Alkohol zur Desinfektion bzw Infusionsflüssigkeit; Hamm VersR 1980, 1030: Überwachung eines Röntgenbestrahlungsgeräts durch Hautarzt; BGHZ 88, 248: Übertragen einer Operation auf einen Anfänger; BGH NJW 1986, 776: Vermeidung des Einsatzes übermüdeter Mitarbeiter; BGH NJW 1989, 2321: Vagina-Verklebung nach Telecobalt-Bestrahlungen bei „dürftiger“ Ausstattung eines Kreiskrankenhauses; BGHZ 171, 358; BGH NJW 1991, 1541: Treffen organisatorischer und technischer Vorkehrungen gegen vom Operationspersonal ausgehende 8

Keimübertragungen; BGH NJW 1991, 1543: Nichtvorhalten erforderlicher Arzneimittel; BGHZ 116, 379: Treffen organisatorischer Maßnahmen zur Prüfung der Möglichkeit einer Eigenblutspende; BGH NJW 1992, 754: Rezidiv eines Morbus Hodgkin nach Einsatz der Mehrfeldtechnik statt gleichfalls verfügbarer Großfeldtechnik; BGH NJW 1992, 1560: Übertragung einer Operation auf einen Nichtfacharzt; BGH NJW 1994, 1594: Erfassen des Anschaffungsdatums, Überprüfung und Aussonderung von Wärmflaschen aus Gummi; BGH NJW 1996, 2429: Einschreiten gegen belegärztliche Gewohnheit, die Überwachung eines CTG durch die Nachtschwester trotz Überschreitens ihrer pflegerischen Kompetenz anzuordnen; Stuttgart VersR 2000, 1108: Nichtauffindbarkeit des Schlüssels zum OP für Notsectio; Koblenz VersR 2001, 897: Vermeiden des Einsatzes durch Fehlleistungen; BGH NJW 2003, 2309: Sicherstellen, dass sich ein operationsbedingt sedierter Patient nach durchgeführter Behandlung nicht unbemerkt aus der Praxis entfernt; BGHZ 161, 255; Hamm VersR 2006, 512: Verlegung der Patientin von einem sog Geburtshaus in ein Krankenhaus; München 15.12.2011 – 1 U 1913/10: Sicherstellen, dass Notfälle bei der künstlichen Beatmung von Patienten auf der Intensivstation zeitgerecht durch hinreichend qualifizierte Ärzte behandelt werden können; Nürnberg 25.3.2011 – 5 U 1786/10: Neugeborenenüberwachung auf Wöchnerinnenstation durch Anwesenheit einer Kinderkrankenschwester oder jedenfalls mit Neugeborenen erfahrenen Krankenschwester, Bedienenkönnen vorhandener Ausstattung (hier insb: Oxymeter und Wärme-/Sauerstoffbett); BGH GesR 2018, 640: Sicherstellen, dass Patient von Arztbriefen mit bedrohlichen Befunden Kenntnis erlangt. **Organisationspflichten verneint:** BGHZ 102, 17: Tubenkoagulation im Jahr 1980 mittels Elektrokoagulators, der (statt mit bipolarem Strom noch) mit monopolarem Hochfrequenzstrom arbeitete; BGH NJW 1992, 743: Überprüfung einer aus zuverlässiger Quelle bezogenen Blutkonserve; Köln VersR 1999, 847: Vorhalten mehrerer CT-Geräte für Bestrahlungsplanung durch eine Universitätsklinik im Jahr 1989; Jena VersR 2007, 69: Überhöhte Röntgendosis bei Strahlenbehandlung mit funktionsunfähigem Röntgengerät, wenn technischer Gerätemangel nicht vorhersehbar bzw erkennbar war, weil vor Inbetriebnahme die gebotene Überprüfung stattgefunden und das Gerät bis zum schädigenden Ereignis störungsfrei funktioniert hat.

9 **2. Konkrete Qualitätsmängel.** Die Rechtspraxis ist demggü durch sog **konkrete Qualitätsmängel** (Igl/Welti/*Nebendahl*, Gesundheitsrecht[4], § 48 Rn 24) geprägt. Hierunter fallen alle Diagnose- und Therapiefehler.

10 **a)** Ein Diagnosefehler, besser bezeichnet als **Diagnoseirrtum**, liegt vor, wenn ein Behandelnder erhobene oder sonst vorliegende Befunde falsch interpretiert und deshalb nicht die aus der berufsfachlichen Sicht seines Fachbereichs gebotenen – therapeutischen oder diagnostischen – Maßnahmen ergreift (BGHZ 188, 29; BGH VersR 1988, 293, 294; VersR 1993, 836, 838; VersR 1995, 46; VersR 2008, 644). Grds ist das (gar) nicht oder nicht rechtzeitige (vgl dazu Ratzel/Luxenburger/*Jung*/*Lichtschlag-Traut*/*Ratzel*, Hdb Medizinrecht[3], § 14 Rn 55; BGH NJW 1985, 2749) Erkennen einer erkennbaren Erkrankung und der für sie kennzeichnenden Symptome ein Behandlungsfehler (BGH VersR 1958, 545, 546; 1981, 1033, 1034; 2003, 1256). Zu berücksichtigen ist bei der Frage, ob ein Diagnoseirrtum einen Behandlungsfehler darstellt, allerdings, dass der Behandelnde auch im Bereich der Diagnosestellung nur eine Dienstleistung, nicht einen „Erfolg" iS einer richtigen und vollständigen Diagnose schuldet. Daher kann auch nicht allein aus einer falschen Diagnose auf einen Behandlungsfehler geschlossen werden. Objektive Werte wie subj Eindrücke des Behandelnden – diese Kriterien sind maßgeblich für die Diagnosefindung – sind bei dem einem Patienten klare Wegweiser zu einer bestimmten Diagnose, bei dem anderen Patienten Begleitsymptome einer zunächst undiagnostiziert gebliebenen Krankheit; jeder Patient kann „wegen der Unterschiedlichkeiten des menschlichen Organismus die Anzeichen ein und derselben Krankheit in anderer Ausprägung aufweisen" (BGH VersR 2003, 1256). Deshalb forderte die Rspr bereits vor Inkrafttreten des PatRG zu Recht, bei der Wertung eines Diagnoseirrtums als Behandlungsfehler eher Zurückhaltung walten zu lassen (BGH VersR 1981, 1033, 1034; 2003, 1256; Bamberg VersR 1992, 831; Köln VersR 1991, 1288; OLGRp 1992, 229; Oldenburg VersR 1991, 1141). Einen sicheren, klaren Weg zu (nur) einer Diagnose gibt es nicht immer. Hingegen stellt auch der Diagnoseirrtum einen einfachen Behandlungsfehler dar, wenn die Diagnose für einen gewissenhaften Arzt bei ex-ante-Sicht nicht vertretbar war. Dieser Fehler wird zu einem groben Behandlungsfehler (in Form eines Diagnosefehlers), wenn gegen bewährte Diagnoseregeln oder gesicherte Erkenntnisse verstoßen wird, die richtige Diagnose hingegen „auf der Hand" liegt (BGH MDR 1981, 928; Hamm GesR 2016, 92).

11 **b)** Diese Zurückhaltung ist dann nicht geboten, wenn die fehlerhafte Diagnose nicht auf der intellektuellen Befundinterpretation, sondern darauf beruht, dass medizinisch gebotene Befunde nicht erhoben wurden. In diesen Fällen sog **unterlassener Befunderhebung** fehlt es an der möglichen und gebotenen Differentialdiagnostik. Vgl hierzu und zu deren Bewertung als einfacher oder grober Behandlungsfehler im Einz § 630h Rn 38ff. Unmaßgeblich ist demggü, ob infolge des (vertretbaren) Diagnoseirrtums nicht die gebotenen – therapeutischen oder diagnostischen – Maßnahmen ergriffen wurden (BGH NJW 2003, 2827). Hat zB ein Arzt auf einem Röntgenbild eine auch für ein ungeübtes Auge ohne weiteres erkennbare, abklärungsbedürftige Verdichtung nicht erkannt und hat er es deshalb unterlassen, deren Ursache differentialdiagnostisch abklären zu lassen, liegt ein Diagnoseirrtum, hingegen kein Fall unterlassener Befunderhebung, vor (BGHZ 188, 29; LG Regensburg MedR 2015, 524 m Anm *Baur*). Auch wird ein Diagnosefehler nicht bereits deshalb zum Befunderhebungsfehler, weil der Behandelnde es unterlassen hat, die Beurteilung des von ihm erhobenen Befundes durch Einholung einer zweiten Meinung zu überprüfen (BGH GesR 2007, 233). Zur Abgrenzung zwischen einem Befunderhebungsfehler und einer unzureichenden therapeutischen Information iSd § 630c II 1 (dazu näher § 630c Rn 8) differenziert der BGH, ob der Schwerpunkt der Vorwerfbarkeit des Fehlverhaltens in der unterbliebenen Befunderhebung als solcher oder in dem Unterlassen von Warnhinweisen zum Zwecke der Sicherstellung des Behandlungserfolges liegt (BGH GesR 2020, 512).

c) Zu den Behandlungsfehlern gehören weiter die **Therapiefehler.** Sie können in einem „**Therapiewahlfehler**" (Igl/Welti/*Nebendahl*, Gesundheitsrecht[4], § 48 Rn 24), auch bezeichnet als „Therapieauswahlverschulden" (Ratzel/Luxenburger/*Jung*/*Lichtschlag-Traut*/*Ratzel*, Hdb Medizinrecht[3], § 14 Rn 68), bestehen; in diesen Fällen ist eine medizinisch nicht indizierte, nicht standardgemäße Therapie zur Anwendung gelangt. 12

Kommen mehrere Behandlungsmethoden in Betracht, ist die Entscheidung über das Vorgehen primär Sache des Behandelnden selbst (BGHZ 102, 17, 22; BGH VersR 1988, 190, 191; NJW 1989, 1538); er kann dann im Rahmen seiner sog **Therapiefreiheit** (anerkannt bislang zumindest für Ärzte, BGHZ 102, 17; umfassend hierzu *Katzenmeier*, 304ff) zw verschiedenen, im Wesentlichen gleichwertigen Methoden selbst diejenige wählen, die er zum Einsatz bringen will; dazu gehört auch der Off-Label-Einsatz eines Arzneimittels (Hamm GesR 2020, 707; zu Aufklärungsanforderungen, insb bei unterschiedlichen Risiken, s aber § 630e Rn 14). Hierdurch ist insb gewährleistet, dass der Behandelnde diejenige Methode anwenden kann, mit der er selbst die meiste Routine hat. Zulässig sind damit alle im Rahmen des Standards (§ 630a Rn 34) und der Einwilligung des Patienten (§ 630d) liegenden Methoden. Überschreitet der Behandelnde aber die ihm von der Therapiefreiheit gesetzte Grenze, ist seine Behandlung nicht mehr vertretbar, und es liegt ein Behandlungsfehler vor. 13

IÜ gehört hierzu die wohl häufigste Form fehlerhafter Behandlung überhaupt, der **Therapiefehler ieS.** Ein solcher liegt vor, wenn sich der Behandelnde zwar für eine richtige Therapie entschieden hat, diese aber behandlungsfehlerhaft vollzieht. Das kann sowohl durch fehlerhaftes Tun als auch durch Unterlassen gebotener Maßnahmen geschehen. Ein Unterlassen ist nicht erst dann behandlungsfehlerhaft, wenn die Maßnahme „zwingend" geboten war, sondern bereits dann, wenn ihr Unterbleiben dem im Zeitpunkt der Behandlung bestehenden medizinischen Standard (§ 630a II) zuwiderlief (BGH NJW 2016, 713). Hierzu gehört auch das sog Übertherapieren, also das Ergreifen von Maßnahmen, die in ihrer Intensität oder ihrem Risiko über die im Rahmen standardgemäßer Therapie liegenden Maßnahmen hinausgehen. 14

Den Therapiefehlern zuzurechnen ist auch ein Verstoß des Behandelnden gegen die Pflicht zur Information über die zu und nach der Therapie zu ergreifenden Maßnahmen (früher bezeichnet als „Sicherungsaufklärung", vgl § 630c Rn 8). 15

d) Aufgrund der immer filigraneren Spezialisierung innerhalb der Medizin und auch bei größeren Eingriffen ist ein **arbeitsteiliges Behandeln** des Patienten in weiten Bereichen längst zur Regel geworden. Hierbei wird zw horizontaler und vertikaler Arbeitsteilung differenziert. 16

aa) Die **horizontale Arbeitsteilung** meint das kollegiale Prinzip der funktionsbedingten Gleichordnung verschiedener zusammenarbeitender (meist ärztlicher) Fachabteilungen oder -disziplinen (*Giesen*, 72). Hier gilt grds der **Grundsatz des Vertrauensschutzes**; jeder Arzt darf zunächst darauf vertrauen, dass beteiligte Ärzte anderer Fachgebiete die ihnen – fachgebietsbezogen – obliegenden Pflichten ordnungsgemäß erfüllen, insb also fachgerecht behandeln (BGH NJW 1980, 649; 1989, 1536; 2002, 2944). Es besteht aber eine Pflicht zur „Koordination der beabsichtigten Maßnahmen, um Risiken auszuschließen, die sich aus der Unverträglichkeit der von den beteiligten Fachrichtungen vorgesehenen Methoden oder Instrumente ergeben könnten" (BGHZ 140, 309). Je stärker sich Maßnahmen und Zuständigkeiten überschneiden, desto intensiver muss die Koordination sein (*Rehborn*, 165). Zu Einzelheiten vgl *Hart* FS Laufs, 843ff. 17

Nur wenn sich ernste Zweifel an der Richtigkeit der Behandlung durch den anderen Beteiligten, offenbare Versehen oder ins Auge springende Unrichtigkeiten ergeben, dürfen diese nicht unterdrückt werden; vielmehr kann hieraus die Pflicht zu einem Hinw, ggf zur Rückfrage resultieren (Celle NJW-RR 2002, 314). Das kann sowohl die gestellte Diagnose (BGH NJW 1992, 2962, 2963; 1994, 797) als auch Therapiemaßnahmen (Naumburg VersR 2005, 1401) erfassen. Bei sich überschneidenden Pflichtenbereichen kommt eine gesamtschuldnerische Haftung in Betracht (Koblenz GesR 2006, 519 bei sowohl durch Operateur als auch Anästhesist unterbliebener präoperativer EKG-Auswertung). 18

Kasuistik. Vertrauensschutz bejaht: BGHZ 184, 61: Laborarzt auf Angaben des unmittelbar behandelnden Arztes; BGH NJW 1989, 2943: Laborarzt auf ordnungsgemäßen Umgang mit einer (vom Gynäkologen verwechselten) Blutprobe; Düsseldorf VersR 1984, 643: Radiologe auf Neurologen bei Indikationsstellung für Angiographie; Düsseldorf GesR 2012, 306: Anästhesist und Schmerztherapeut auf sorgfältige Untersuchung, Behandlung und insb Indikationsstellung durch überweisenden Facharzt für Neurochirurgie und Schmerztherapie; Jena GesR 2004, 180: Spezialisierter Augenarzt auf überweisenden Augenarzt für zutr Indikationsstellung vor Katarakt-OP; Köln VersR 2009, 1670: Chirurg bei Vornahme einer Testovarektomie auf OP-Indikation durch zuweisenden Chefarzt für Innere Medizin; Oldenburg VersR 1999, 452: Neurochirurgie auf Ausschluss einer Infektion durch Krankenhausabteilung für Neurologie; Zweibrücken OLGRp 2000, 386: Krankengymnast auf Indikationsstellung durch überweisenden Orthopäden; **Vertrauensschutz verneint:** Köln VersR 2009, 1670: Chirurg auf Indikationsstellung durch Gynäkologen für Testovarektomie bei intraoperativ abw Befund von präoperativ zu erwartendem Befund; Köln VersR 2011, 81: hochspezialisiertes Brusttumorzentrum auf Indikationsstellung zu elektiver Mastektomie wegen Krebsangst durch zuweisenden Gynäkologen. 19

bb) Die **vertikale Arbeitsteilung** meint demggü das hierarchische Prinzip einer fachlichen Über- oder Unterordnung (*Giesen*, 72). Auch hier gilt der Vertrauensgrundsatz. Einerseits darf ein weisungsgebundener, nachgeordneter Arzt sich grds darauf verlassen, dass der anweisende Arzt Diagnose und Indikation richtig gestellt sowie ggf eine richtige Weisung erteilt hat (Düsseldorf VersR 2005, 230; München VersR 1993, 1400). Der anweisende Arzt muss sicherstellen, dass der angewiesene Arzt zur Übernahme befähigt ist (vgl § 630h Rn 27). Entsprechendes 20 gilt ggü nichtärztlichem Personal (detailliert dazu *Lehmann* FS Möller, 2023, 251). Auch hier ist gesamtschuldnerische Haftung denkbar, so bei Erkennbarkeit der Nichteignung für beide Beteiligten.

21 **Kasuistik. Vertrauensschutz bejaht:** Celle VersR 2002, 1558; München VersR 1993, 1400: Assistenzarzt in Weiterbildung auf Diagnosestellung durch Oberarzt; Zweibrücken VersR 2000, 728: Stationsärztin auf Geburtsleitung durch Chefarzt; Zweibrücken VersR 1997, 833: Assistenzarzt in Weiterbildung bei Operation unter Aufsicht und Anleitung eines Oberarztes.

22 Die Grundsätze der vertikalen Arbeitsteilung gelten nicht nur unter Ärzten, sondern bei allen Aufgaben, die genuin ärztlicher Zuständigkeit unterliegen (Igl/Welti/*Nebendahl*, Gesundheitsrecht[4], § 48 Rn 79), insb in dem Bereich der sog **Behandlungspflege**, in dem Pflegekräfte – anders als in der sog Grundpflege – nur aufgrund ärztlicher Anordnung tätig werden dürfen (vgl auch die Differenzierung in § 3 II KrPflG hinsichtl „eigenverantwortlich" und „im Rahmen der Mitwirkung" vom Krankenpflegepersonal auszuführender Tätigkeiten).

23 **e) Besondere Fallgruppen.** Für bestimmte Fallgruppen gilt es, **Besonderheiten** zu berücksichtigen. Bei einem **Schwangerschaftsabbruch** ist zu differenzieren, ob dieser – unbeschadet der Wirksamkeit des Behandlungsvertrags (vgl § 630a Rn 8) iSd §§ 218ff StGB, interpretiert im Licht der Rspr des BVerfG (BVerfGE 88, 203), als gerechtfertigt gilt (Abbruch der Schwangerschaft aus sog medizinischer [medizinisch-sozialer] Indikation ohne Frist [Abbruch unter Berücksichtigung der gegenwärtigen und zukünftigen Lebensverhältnisse der Schwangeren nach ärztlicher Erkenntnis angezeigt, um eine Gefahr für das Leben oder die Gefahr einer schwerwiegenden Beeinträchtigung des körperlichen oder seelischen Gesundheitszustandes der Schwangeren abzuwenden, und die Gefahr nicht auf eine andere für sie zumutbare Weise abgewendet werden kann, § 218a II StGB] oder aus kriminologischer Indikation [Abbruch, wenn nach ärztlicher Erkenntnis an der Schwangeren eine rechtswidrige Tat nach den §§ 176–179 StGB begangen worden ist, dringende Gründe für die Annahme sprechen, dass die Schwangerschaft auf der Tat beruht, und seit der Empfängnis nicht mehr als 12 Wochen vergangen sind, § 218a III StGB]). Hingegen kennt das StGB eine allgemeine soziale Indikation nicht; Schwangerschaftsabbrüche, bei denen weder eine medizinische noch eine kriminologische Indikation vorliegen, sind – unbeschadet ihrer evtl Straffreiheit, § 218 I StGB – widerrechtl. Dasselbe gilt für die sog eugenische oder kindliche Indikation (schwerste Schäden des zu gebärenden Kindes zu erwarten); auch hierfür kennt das Gesetz keine Rechtfertigung, auch sie ist – sofern nicht gleichzeitig eine medizinische Indikation aus Sicht der Mutter damit verbunden ist (vgl BGH NJW 2002, 2636) – widerrechtl. Aus einem widerrechtl Schwangerschaftsabbruch – mag auch der Behandlungsvertrag wirksam sein – schuldet der Behandelnde bei „Fehlschlagen" (Fortbestand der Schwangerschaft, Geburt eines Kindes) keinen Schadensersatz, insb keine Erstattung des dem Kind durch die Eltern geleisteten Unterhalts (BGH NJW 1995, 1609, 1610; FamRZ 2003, 1378). Beweispflichtig für das Vorliegen einer rechtfertigenden Indikation sind die Mutter bzw der klagende Vater; hierzu bedarf es einer retrospektiven Betrachtung der damaligen Situation (BGH NJW 2006, 1660, 1661).

24 Anders ist die Situation bei einer **Sterilisation**; zielt diese auf Verhinderung einer weiteren Schwangerschaft, ist sie nicht widerrechtl. Kommt es infolge eines Behandlungsfehlers trotzdem zu einer Schwangerschaft, schuldet der Behandelnde Schadensersatz, insb in Form von Schmerzensgeld, bei Geburt eines Kindes auch dessen Unterhalt (BGHZ 124, 128; diese Rspr hat das BVerfG als verfassungskonform gebilligt, BVerfGE 96, 375). Dasselbe gilt für den Fall fehlerhafter **genetischer Beratung**, wenn es trotz dieser aufgrund eines Behandlungsfehlers zur (solchenfalls unerwünschten) Zeugung und Geburt eines geschädigten Kindes kommt (BGHZ 124, 128).

25 **3. Haftungsbegründende Kausalität.** Eine Behandlungsfehlerhaftung setzt zudem voraus, dass ein unmittelbar und primär eingetretener Schaden (meist an Körper, Gesundheit oder Leben, selten auch als reiner Vermögensschaden) auf dem Behandlungsfehler beruht (vgl im Einz Vor § 249 Rn 28ff); hierfür gilt der Beweismaßstab des § 286 ZPO (zu Unrecht krit diesbzgl *Illian* ZRP 2018, 6ff), während für die haftungsausfüllende Kausalität, den sog Sekundärschäden, § 287 ZPO gilt. Maßgeblich ist die primäre Beeinträchtigung. So ist (schon) von einem Sekundärschaden auszugehen, wenn infolge einer Fehlbehandlung und der damit hervorgerufenen Gesundheitsbeeinträchtigung ein Morbus Sudeck nach einer Fehlbehandlung eingetreten ist (BGH NJW 2008, 1381; Frankfurt GesR 2019, 368). Zum rechtmäßigen Alternativverhalten § 630h Rn 18; zum hypothetischen Kausalverlauf speziell bei ärztlichen Behandlungsfehlern BGHZ 192, 298; *Soukup*, 15ff.

26 **4. Verschulden.** Grds gelten hier die allg Regeln wie bei allen Verträgen (vgl § 276 Rn 3ff). Der Behandelnde hat im Hinblick auf den maßgeblichen **objektivierten zivilrechtl Fahrlässigkeitsbegriff** iSd § 276 (vgl § 276 Rn 14) „grds für sein dem medizinischen Standard zuwiderlaufendes Vorgehen auch dann haftungsrechtl einzustehen, wenn dieses aus seiner persönlichen Lage heraus subj als entschuldbar erscheinen mag" (BGH NJW 2001, 1786; GesR 2003, 267; *Taupitz* GesR 2015, 65, 67). Allerdings findet die Verschuldensvermutung des § 280 I 2 nach der Rspr keine Anwendung auf Behandlungsfehler – anders bei Aufklärungsfehlern – im Arzthaftungsrecht.

27 Ist dem Behandelnden allerdings ein Risiko im Zeitpunkt der Behandlung noch nicht bekannt und musste es ihm auch nicht bekannt sein, etwa weil es nur in anderen Spezialgebieten der medizinischen Wissenschaft, aber nicht in seinem Fachgebiet diskutiert wird, entfällt seine Haftung mangels schuldhafter Pflichtverletzung (BGH NJW 2011, 375).

28 **III. Aufklärungsfehler.** Hierunter sind nur Verstöße gegen die Pflicht zur Selbstbestimmungsaufklärung (vgl § 630e I; § 630e Rn 3ff) zu fassen. Haftbar ist derjenige Behandelnde, der in Missachtung des Selbstbestimmungsrechts des Patienten diesen nicht, nicht rechtzeitig oder nicht ausreichend aufklärt; weiter ist erforderlich,

dass infolge der damit unwirksamen Einwilligung (vgl § 630d II; § 630d Rn 30) der Eingriff widerrechtl und dem Patienten infolgedessen ein über die Verletzung seines Allgemeinen Persönlichkeitsrechts hinausgehender Schaden (§ 630d Rn 31) entstanden ist.

Haftungsrechtl bedarf es keiner weitergehenden Typisierung; haftungsbegründend ist ein Eingriff auf Basis einer Aufklärung, die der unter dem Gesichtspunkt der Selbstbestimmung erforderlichen Aufklärung nicht entspricht. Freilich bedarf es eines Rechtswidrigkeitszusammenhangs; hat sich gerade das Risiko verwirklicht, über das aufgeklärt werden musste und tatsächlich aufgeklärt worden ist, so spielt es regelmäßig keine Rolle, ob bei der Aufklärung auch andere Risiken der Erwähnung bedurften. Vielmehr kann aus dem Eingriff keine Haftung hergeleitet werden, wenn der Patient in Kenntnis des verwirklichten Risikos seine Einwilligung erteilt hat. (BGH VersR 2000, 725; BGHZ 90, 96; KG MDR 2014, 717; *Koch* in Rosenau/Hakeri, 97, 107; krit dazu *Nußstein* VersR 2016, 901). Erforderlich ist aber stets eine sog **Grundaufklärung**, wozu gehört, dass der Patient sich im Großen und Ganzen einen zutr Eindruck von der Schwere des Eingriffs und von der Art der Belastungen machen kann, die auf ihn zukommen können, wozu insb auch der Hinweis auf das schwerstmögliche Risiko gehört (BGH NJW 1998, 1533; 1991, 2346; 1996, 777; *Wellner* FS Jaeger, 161, 166f). Zur Beweislast vgl § 630h Rn 1ff, zur Berufung des Behandelnden auf eine hypothetische Einwilligung des Patienten § 630h Rn 18. 29

Die Haftung infolge eines Aufklärungsfehlers setzt **Verschulden** voraus. Hieran fehlt es, wenn ein am Eingriff Beteiligter davon ausgehen durfte, der Eingriff sei durch eine wirksame Einwilligung des Patienten gerechtfertigt (BGH GesR 2007, 108; Koblenz GesR 2015, 91; *Gehrlein* GesR 2016, 129, 133f; *v Pentz* MedR 2016, 16, 23; unter strafrechtl Gesichtspunkten BGH NStZ 2014, 30). Umgekehrt kann aber – jedenfalls in Ansehung des § 830 I – auch derjenige Arzt, der einen Patienten ausschließlich über den von einem anderen Arzt angeratenen oder durchzuführenden Eingriff aufklärt, dem Patienten im Falle einer fehlerhaften oder unzureichenden Aufklärung aus unerlaubter Handlung haften (BGH NJW 2015, 477). 30

Der Behandelnde kann sich auf einen **hypothetischen Kausalverlauf** berufen; dann ist es aber seine Sache zu beweisen, dass der Patient ohne den rechtswidrig ausgeführten Eingriff dieselben Beschwerden haben würde, weil sich das Grundleiden in mindestens ähnl Weise ausgewirkt haben würde (BGH NJW 2016, 3522). 31

§ 630h Beweislast bei Haftung für Behandlungs- und Aufklärungsfehler

(1) Ein Fehler des Behandelnden wird vermutet, wenn sich ein allgemeines Behandlungsrisiko verwirklicht hat, das für den Behandelnden voll beherrschbar war und das zur Verletzung des Lebens, des Körpers oder der Gesundheit des Patienten geführt hat.

(2) Der Behandelnde hat zu beweisen, dass er eine Einwilligung gemäß § 630d eingeholt und entsprechend den Anforderungen des § 630e aufgeklärt hat. Genügt die Aufklärung nicht den Anforderungen des § 630e, kann der Behandelnde sich darauf berufen, dass der Patient auch im Fall einer ordnungsgemäßen Aufklärung in die Maßnahme eingewilligt hätte.

(3) Hat der Behandelnde eine medizinisch gebotene wesentliche Maßnahme und ihr Ergebnis entgegen § 630f Absatz 1 oder Absatz 2 nicht in der Patientenakte aufgezeichnet oder hat er die Patientenakte entgegen § 630f Absatz 3 nicht aufbewahrt, wird vermutet, dass er diese Maßnahme nicht getroffen hat.

(4) War ein Behandelnder für die von ihm vorgenommene Behandlung nicht befähigt, wird vermutet, dass die mangelnde Befähigung für den Eintritt der Verletzung des Lebens, des Körpers oder der Gesundheit ursächlich war.

(5) Liegt ein grober Behandlungsfehler vor und ist dieser grundsätzlich geeignet, eine Verletzung des Lebens, des Körpers oder der Gesundheit der tatsächlich eingetretenen Art herbeizuführen, wird vermutet, dass der Behandlungsfehler für diese Verletzung ursächlich war. Dies gilt auch dann, wenn es der Behandelnde unterlassen hat, einen medizinisch gebotenen Befund rechtzeitig zu erheben oder zu sichern, soweit der Befund mit hinreichender Wahrscheinlichkeit ein Ergebnis erbracht hätte, das Anlass zu weiteren Maßnahmen gegeben hätte, und wenn das Unterlassen solcher Maßnahmen grob fehlerhaft gewesen wäre.

I. Allgemeine Grundsätze der Beweislast im Recht der Behandelndenhaftung („Arzthaftungsrecht"). 1
1. Regelfall. Schon vor Inkrafttreten des PatRG galt der **Grundsatz**, dass dem Patienten die Beweislast für einen Behandlungsfehler, Schaden und Kausalität obliegt (BGHZ 61, 118, 120; BGH NJW 1999, 1778; *Giesen*, 192; *Katzenmeier*, 420; *Pauge/Offenloch* Rn 553). Daran hatte auch die Neufassung des § 280 I nichts geändert (*Greiner* FS Müller, 213, 221 unter Hinw auf BGHZ 171, 358; *Müller* MedR 2001, 487, 494; GesR 2004, 257, 258; *Rehborn* MDR 2002, 1281, 1288; aA *Deutsch* JZ 2002, 588; wegen des sog objektivierten ärztlichen Fahrlässigkeitsbegriffs, vgl BGH NJW 2001, 1786, bestehen kaum praxisrelevante Auswirkungen, *Katzenmeier* VersR 2002, 1066, 1069). Der Gesetzgeber hat keine Abweichungen angeordnet, insb keine Vermutung einer haftungsbegründenden Kausalität, so dass es bei der allg Beweislastregel bleibt, wonach der Geschädigte im Regelfall die haftungsbegründenden Voraussetzungen zu beweisen hat (so auch *Thole* MedR 2013, 145, 148; *A. Walter* GesR 2013, 129).

Demggü bestand vor Inkrafttreten des PatRG Einigkeit, dass dem Behandelnden – seinerzeit wurde primär auf Ärzte abgestellt – die Beweislast für Einwilligung und Aufklärung oblag (RGZ 68, 431, 438; *Giesen*, 192f; *Katzenmeier*, 421; *Pauge/Offenloch* Rn 617f). 2

3 **2. Beweiserleichterungen.** Richterrecht hatte im Laufe der Jahre, insb auch im Hinblick auf den verfassungsrechtl Grundsatz der Waffengleichheit im Prozess (herzuleiten aus dem Rechtsstaatsprinzip iVm Art Art 2 I, 3 I, 103 I GG, Art 6 EMRK; Art 47 GRCh; grundlegend *Tettinger*, Fairness und Waffengleichheit, 1984, speziell zum Arzthaftungsrecht *Krämer* FS Hirsch, 387ff; *Tamm* JURA 2009, 81ff; BGH GesR 2013, 405) von der grds Beweislastverteilung abw Korrektive mittels **Beweiserleichterungen und Beweislastumkehr** für besondere Situationen geschaffen, die der Gesetzgeber des PatRG weitgehend in § 630h aufgenommen hat.

4 Diese Beweislastverteilung war lange umstr; das BVerfG (NJW 1979, 1925) hat sie in einem Mehrheitsbeschluss (vgl das abw Votum der Richter *Hirsch, Niebler, Steinberger* NJW 1979, 1930) als verfassungsrechtl nicht zu beanstanden angesehen.

5 An der Beweislastverteilung hat das PatRG nichts Grundsätzliches geändert (krit im Hinblick darauf *Illian* ZRP 2018, 6: Beweiserleichterungen noch nicht ausreichend, um eine Gesetzeslücke zu schließen, daher der allerdings nicht überzeugende Vorschlag, die Kausalität zwischen Behandlungsfehler und Gesundheitsschaden der haftungsausfüllenden Kausalität und damit dem Beweismaßstab des § 287 ZPO zuzuordnen); der allg Grundsatz, dass jede Partei die ihr günstigen Tatsachen zu beweisen hat, gilt weiter. So war es auch Wille des Gesetzgebers (BT-Drs 17/10488, 27). Einer expliziten Aufnahme dieses auch sonst im BGB nicht zu findenden Grundsatzes (dazu *Katzenmeier*, 419) bedurfte es im Hinblick auf den Umstand, dass es sich dabei um eine selbstverständliche Beweisregel des Zivilrechts handelt (Zöller/*Greger* Vor § 284 ZPO Rn 18), nicht (aA *Deutsch* NJW 2012, 2009, 2012; *Müller* GuP 2013, 1, 2). Die Regelung ist allerdings wenig geglückt; Beweislastregelungen für Behandlungs- wie Aufklärungsfehler, Beweiserleichterungen für Sachverhaltsermittlung und Kausalität wechseln innerhalb der Absätze ohne erkennbare Systematik.

6 **3. Anscheinsbeweis.** Auch der Anscheinsbeweis (hierzu Vor § 249 Rn 182ff) kam vor dem PatRG im Recht der Haftung Behandelnder zur Anwendung; er ist richtigerweise dem Bereich der Beweisführung und dem Weg zum Beweisergebnis zuzurechnen (*Katzenmeier*, 432). Er beinhaltet die Anwendung allg Erfahrungssätze und kommt dort in Betracht, wo ein bestimmter Behandlungsfehler nach medizinischer Erfahrung typischerweise die eingetretene Schädigung zur Folge hat, oder die ärztliche Behandlung einen Schaden zur Folge hat, der nach medizinischer Erfahrung typischerweise auf einen schuldhaften Behandlungsfehler zurückzuführen ist (BGH LM 25 zu § 286). Die §§ 630a ff erwähnen den Anscheinsbeweis nicht; als allg Beweisgrundsatz kommt er gleichwohl bei Bestehen allg medizinischer Erfahrungsgrundsätze zur Anwendung (näher *Laumen* FS Jaeger, 71ff).

7 **Kasuistik. Anscheinsbeweis bejaht:** BGH LM 15 zu § 286 (C) ZPO: Zurückbleiben einer Arterienklemme in der Bauchhöhle; BGH NJW 2007, 1682: Hygieneverstoß (Fehler im Hygieneverhalten des Personals, Umfüllen von Desinfektionsmittel, Aufbewahrung von Desinfektionsmittel außerhalb von Originalbehältnissen; Nutzung von Flächendesinfektionsmittel zur Hautdesinfektion); BGHZ 114, 284; 163, 209: Infektion durch kontaminierte Blutkonserve bei Auftreten einer HIV-Infektion; Dresden MedR 2013, 170: versäumte Anordnung von Schutzmaßnahmen vor Durchgangssyndrom bei Alkoholabhängigkeit für Sturz; München 18.2.2010 – 1 U 3871/09: Unterlassen eines Thorax-CT nach einem Thoraxtrauma für übersehene und unbehandelte Brustwirbelfraktur; Celle VersR 1998, 1023: Einnahme eines infizierten Immunglobulinpräparats für Hepatitis C-Infektion; Köln VersR 1992, 1475: zu große Kraftanwendung bei Einsatz eines Hebelinstruments für Beschädigung eines Nachbarzahns; **Anscheinsbeweis verneint:** BGH NJW 1989, 2943: Verwechslung einer Blutprobe, wenn unklar ist, in welcher Praxis diese genommen wurde; Zweibrücken 23.11.2010 – 5 U 11/10: Verwechslung der Spritzen mit Eigenblut einer Patientin mit einer Spritze mit Fremdblut eines anderen Patienten; Dresden 2.7.2010 – 4 U 307/10: operative Versorgung einer Oberarmfraktur für Nervenläsion; Hamm 18.4.2005 – 3 U 259/04: fehlerhaft durchgeführte operative transaxilliäre Resektion der ersten Rippe zur Behandlung eines Thoracic-Outlet-Syndroms für Schädigung des nervus medianus; Düsseldorf VersR 2001, 1157: Verwechselung von Bride und Kreuzband bei arthroskopischem Eingriff; Oldenburg VersR 1994, 54: Darmperforation bei Darmspiegelung für Behandlungsfehler.

8 **4. Vertragslose Behandlungsverhältnisse.** Angesichts der Verpflichtung des Behandelnden, auch außerhalb eines Behandlungsvertrags dem jew gelten Standard gem zu behandeln (vgl § 630a Rn 44), zu dokumentieren (vgl § 630d Rn 2) und aufzuklären und die Einwilligung des Patienten einzuholen (vgl § 630d Rn 2), ist es sachgerecht, die Beweislastregeln des § 630h auch auf vertragslose Behandlungsverhältnisse entspr anzuwenden.

9 **II. Beweislastumkehr/-erleichterungen. 1. Voll beherrschbares Risiko (Abs I). a) Bedeutung.** Abs I räumt dem Patienten in bestimmten Fällen Beweiserleichterungen hinsichtl der Annahme eines **Behandlungsfehlers** ein; str ist die dogmatische Einordnung, ob damit entgegen der amtl Begr (BT-Drs 17/19488, 28; auch Spickhoff/*Greiner* § 823 Rn 163; *A. Walter* GesR 2013, 129, 134; anders jedenfalls BGHZ 88, 248, 255f) Erleichterungen auf der Kausalitäts- oder Kausalitätsnachweisebene (Ratzel/Luxenburger/*Jung*/*Lichtschlag-Traut*/*Ratzel*, Hdb Medizinrecht[3], § 14 Rn 299; *Keilbar* in Büchting/Heussen, Beck'sches Rechtsanwaltshdb, § 28 Rn 120) oder Verschuldensebene (MüKo-ZPO/*H. Prütting* § 286 Rn 144) verbunden sind (dazu *Buchner*, ArGe Rechtsanwälte im Medizinrecht eV, Qualitätsmängel im Arzthaftungsprozess …, 99f).

10 **b) Voraussetzungen.** Eine Beweiserleichterung erfordert erstens eine (vom Patienten darzulegende und ggf zu beweisende) Verletzung von Leben, Körper oder Gesundheit. Zweitens muss feststehen (vom Patienten darzulegen und ggf zu beweisen), dass diese Verletzung aus dem Bereich der sog voll beherrschbaren Risiken stammt. Hierunter werden Risiken subsumiert, die durch den Betrieb des Behandelnden gesetzt und durch sachgerechte Organisation und Koordinierung des Behandlungsgeschehens obj voll beherrscht werden können; das sind Gefah-

ren, die vom Behandelnden obj voll ausgeschlossen werden können und müssen (BGHZ 89, 263, 269; BGH VersR 1978, 82, 83; 1978, 764; 1982, 161, 162; 1991, 1058, 1059). Liegen diese beiden Voraussetzungen vor, greift zugunsten des Patienten die Vermutung, dass die Verletzung auf einem Behandlungsfehler, also einer Pflichtverletzung (Vor § 630h Rn 2ff), beruht. Der oben dargestellte Grundsatz, dass die Beweislast – auch – für die Kausalität eines Behandlungsfehlers grds beim Patienten liegt, beruht auf der Erkenntnis, dass sich im Bereich des ärztlichen Handelns Risiken verwirklichen können, die aus den Eigenheiten des menschlichen Organismus erwachsen, vom Behandelnden also nicht vorhersehbar und ggf auch nicht steuerbar sind. Hier kam schon vor Inkrafttreten des PatRG der Rechtsgedanke des § 280 I 2 zum Tragen, wonach die Darlegungs- und Beweislast für Verschuldensfreiheit bei der Behandlungsseite liegt (BGHZ 171, 358 = BGHRp 2007, 603 m Anm *Rehborn*).

c) **Begriff.** Die **Terminologie** des Abs I ist indessen irreführend. Unerheblich ist, ob das Risiko im konkreten Fall vermeidbar war; entscheidend ist nur, dass es dem Herrschafts- und Risikobereich des Behandelnden zuzurechnen ist (BT-Drs 17/10488, 28 unter Hinw auf BGH VersR 2007, 847). In diesem Bereich soll sich der Patient darauf verlassen dürfen, dass der Behandelnde alles getan hat, den Patienten vor mit der Behandlung typischerweise verbundenen Gefahren zu schützen (BT-Drs 17/10488, 28 unter Hinw auf *Geiß/Greiner* Rn B 214), also nicht fehlerhaft gehandelt hat. 11

d) **Widerleglichkeit.** Das Gesetz regelt die Beweislast über eine Vermutung; hierbei handelt es sich um eine sog **widerlegliche Vermutung** (vgl dazu Hk-ZPO/*Saenger* § 286 Rn 61; H. Prütting/Gehrlein/*Laumen* § 292 ZPO Rn 1; Zöller/*Greger* § 292 ZPO Rn 1); den Beweis des Gegenteils hat der Behandelnde zu erbringen. Voraussetzung für den Eintritt der Vermutung ist indessen, dass der Patient zunächst darlegt und ggf beweist, dass die Rechtsgutverletzung auf einem vom Behandelnden voll beherrschbaren Risiko beruht (BT-Drs 17/10488, 28; zur Rspr vor Inkrafttreten des PatRG *Martis/Winkhart*, A 2258 mwN). 12

e) **Allgemeines Behandlungsrisiko.** Als solches sieht der Gesetzgeber ein Risiko an, das der ergriffenen Behandlung innewohnt; auf den Begriff „allgemein" hätte verzichtet werden können; er könnte auch durch „besonderes" oder „allgemeines wie besonderes" ersetzt werden (*Deutsch* NJW 2012, 2009, 2011). 13

f) **Verletzte Rechtsgüter.** Die Beweislastumkehr kommt nur für bestimmte Rechtsgüter, nämlich Leben (vgl § 823 Rn 16), Körper und Gesundheit (vgl § 823 Rn 17ff) in Betracht. 14

g) **Geltungsbereich.** Erfasst wird nur der der **haftungsbegründenden Kausalität** (§ 286 ZPO) zuzurechnende sog **Primärschaden** (BGH VersR 1969, 1148; 1978, 764; NJW 1988, 2948), nicht aber der der haftungsausfüllenden Kausalität (§ 287 ZPO) zuzurechnende sog **Sekundärschaden** (zur Abgrenzung BGH NJW 2008, 1381; VersR 2014, 632; LG Berlin MedR 2014,324); zur Abgrenzung bei Befunderhebungsfehlern BGH GesR 2013, 534. Bei unwirksamer Einwilligung liegt der Primärschaden in dem Eingriff als solchem (BGH GesR 2010, 19; NJW 2011, 375; *Zurlinden* GesR 2018, 477, 479). Für sonstige Rechtsgüter, insb das Vermögen, aber auch zur Feststellung der Höhe des durch die Verletzung von Leben, Körper oder Gesundheit entstandenen Schadens (Sekundärschaden) gilt daher § 287 ZPO. 15

h) **Kasuistik.** Zu den voll beherrschbaren Risiken werden **Transportverletzungen** (Hamm GesR 2006, 448; aA Braunschweig GesR 2021, 666 für den Fall des Bruchs eines Rads einer Rolltrage), uU auch Fehlverhalten bei **Pflegemaßnahmen** mit anschließendem **Sturz** des Patienten (KG GesR 2008, 425; Sturz aus Duschstuhl, KG NJW 1991, 2960; Sturz aus Rollstuhl, KG GesR 2005, 305; Sturz von Untersuchungsliege, Köln VersR 1990, 1240; Sturz in Begleitung einer Pflegekraft, Naumburg GesR 2013, 58; dagegen lässt allein der Umstand, dass der Patient im Bereich einer Klinik gestürzt ist, nicht auf eine schuldhafte Pflichtverletzung des Pflegepersonals schließen, KG GesR 2008, 425, ebenso wenig der Sturz eines Krankenhauspatienten bei eigenständigem Toilettengang, Hamm, GesR 2015, 229; anders bei begleiteten Toilettengang: Koblenz MedR 2016, 619 m Anm *Jaeger*); Wegrollen eines Krankenhausbetts, sofern auf Verhalten des Krankenhauspersonals beruhend (Koblenz GesR 2015, 231), **Gerätefehler** (BGH NJW 1978, 584; VersR 2007, 1416; Schleswig GesR 2014, 671: Ein „minimales Restrisiko", dass das Gerät auch bei Intaktheit und richtiger Bedienung nicht richtig funktioniert hätte, soll unerheblich sein) oder technische Fehler in der **Telemedizin** (*Stellpflug* GesR 2019, 76, 79), Fehler bei der **horizontalen Arbeitsteilung**, die durch entspr Absprachen hätten vermieden werden können (BGH NJW 1999, 1779), das **Zurücklassen von Fremdkörpern** im Operationsgebiet (BGH VersR 1981, 462 betr Tupfer im OP-Bereich; München GesR 2010, 206 betr Nasentamponade; OLGRp 2000, 121 betr Kompresse im OP-Gebiet; Stuttgart GesR 2019, 337 betr Nadel im Bauchraum; aA Köln MedR 2017, 879 m Anm *Süß* betr Vaginaltupfer) gerechnet. Ansatzweise hatte die Rspr hierunter auch fehlenden **Facharztstandard** (Operation durch einen nicht hierzu qualifizierten Arzt) subsumiert (BGH NJW 1993, 2989; zust *Greiner*, 213, 215, 219); mit der Regelung in § 630h IV hat der Gesetzgeber jedenfalls klargestellt, dass er hierin eine eigenständige Fallgruppe sieht. Hierzu wurden lange Zeit auch **Lagerungsfehler** bei der Operation (BGH NJW 1995, 1618) gerechnet. Mit fortschreitenden medizinischen Erkenntnissen rückt die Rspr hiervon zunehmend ab (BGH GesR 2017, 782 = MedR 2018, 234 m Anm *Jaeger*; Jena GesR 2007, 404: nicht im Voraus erkennbare seltene körperliche Anomalien; Koblenz NJW 2010, 1759: nicht erkennbare Prädisposition des Patienten; Köln GesR 2014, 345: verborgene Lagerung des Kopfes unter Operationstüchern; Köln GesR 2015, 725: „nur, wenn aufgrund medizinischer Feststellungen gewährleistet ist, dass bei der Art der Lagerung und der Konstitution des Patienten alle Risikofaktoren ärztlicherseits eingeplant und ausgeschaltet werden können" [was im Allg nicht der Fall sein wird]; zu Recht zweifelnd *Baur/Schwenzer* GesR 2013, 272; vgl auch *Martis/Winkhart-Martis* MDR 2018, 449, 450); dementspr auch die Verursachung von **Druckschäden** beim Einsatz eines Traktionsstabs im Rahmen einer Hüftarthroskopie (Dresden 16

ArztR 2021, 293). Fraglich unter diesem Gesichtspunkt auch die Herbeiführung von Verletzungen bei Verabreichung eines **Klysmas** (Zweibrücken GesR 2007, 317) oder bei einem Hebe-Senk-Einlauf (LG Hamburg GesR 2015, 728). Auch bei **Dekubiti** hat sich mittlerweile die Erkenntnis durchgesetzt, dass sie trotz Anwendung der gebotenen Lagerungsmaßnahmen nicht sicher vermeidbar sind (Dresden GesR 2022, 285 m Anm *Cramer*; Hamm GesR 2015, 688; *Martis/Winkhart-Martis* MDR 2018, 449, 450).

16a Nicht zu den voll beherrschbaren Risiken rechnet die Rspr die Einhaltung der EE-Zeit (Zeit zwischen Indikationsstellung für eine sectio und Zeitpunkt der Entbindung) wegen eines möglichen Fehlverhaltens der Gebärenden (BGH GesR 2018, 770).

16b Zu differenzieren ist bei **Hygienefehlern**; hier soll eine Beweislastumkehr nur in Betracht kommen, wenn feststeht, dass die eingetretene Infektion aus einem voll beherrschbaren Bereich stammt, insb von einem Mitglied des Behandlungspersonals ausgeht (BGH NJW 1991, 1541; BGHZ 171, 358; Köln VersR 2013, 463, 464; näher *Berbuir/Dittrich* GesR 2021, 137; *Kern/Reuter* MedR 2014, 785ff; *Middendorf* FS Bergmann, 161ff; *A. Walter* MedR 2013, 294ff). Allerdings nimmt der BGH in diesen Fällen eine sekundäre Darlegungslast des Behandelnden an (BGH GesR 2016, 701, 703; näher § 630a Rn 13).

17 **2. Nachweis der Aufklärung und Einwilligung (Abs II). a) Bedeutung. Abs II S 1** räumt dem Patienten Beweiserleichterungen für die Feststellung von **Tatsachen** – erfolgte Aufklärung einschl ihres Inhalts, erteilte Einwilligung – ein. Er normiert die beweisrechtl Folgen von Verstößen gegen das Gebot zum Einholen einer Einwilligung nach § 630d sowie das damit korrespondierende Aufklärungsgebot des § 630e. Er legt dem Behandelnden die Beweislast für **Einwilligung** und **Aufklärung** auf. Das entspricht st Rspr vor Inkrafttreten des PatRG (so schon RGZ 68, 431; aber auch BGH VersR 1985, 361). Die Rspr fordert zu Recht, hier einen maßvollen Maßstab anzulegen und dem Behandelnden im Zweifel zu glauben, sofern eine Aufklärung in irgendeiner Weise anbewiesen ist (BGH NJW 1985, 1399). Insb kommt hier der sog „Immer-so-Beweis" (entspr einer „ständigen Übung" Dresden ZMGR 2021, 363) in Betracht; können sich als Zeugen gehörte Mitarbeiter des Behandelnden zwar nicht an die Aufklärung im konkreten Fall erinnern, wohl aber bestätigen, dass dieser stets so verfährt, ist das ausreichend, um von einer ordnungsgemäßen Aufklärung auszugehen (BGH NJW 1986, 2885; Dresden ZMGR 2021, 363; Hamm VersR 1995, 661; München OLGRp 1994, 109). Ebenso kommt unterschriebenen Aufklärungsformularen eine Indizwirkung zu (BGH GesR 2014, 227; KG MedR 2018, 813 m Anm *Gödicke*).

18 **b) Hypothetischer Kausalverlauf.** Genügt die Aufklärung nicht den Anforderungen des § 630e, kann der Behandelnde sich gem **Abs II S 2** darauf berufen, dass der Patient auch im Fall einer ordnungsgemäßen Aufklärung in die Maßnahme eingewilligt hätte – das ist nichts anderes, als vor Inkrafttreten des PatRG unter der Bezeichnung „**hypothetische Einwilligung**" in st Rspr (BGH VersR 2009, 257 mwN) anerkannt war; dogmatisch handelt es sich um die Berufung auf ein rechtmäßiges Alternativverhalten (*Katzenmeier*, 347; *Soukup*, 11; *Ziegler* VersR 2021, 1271, 1272; vgl zur dogmatischen Einordnung des rechtmäßigen Alternativverhaltens als Problem der Kausalität oder der Schadenzurechnung Vor § 249 Rn 70ff). Das gilt allerdings dann nicht, wenn speziellere Vorschriften diese Berufung ausschließen; so soll das Regime des TPG auch für die Aufklärung und Einwilligung abschließend sein und demgemäß die Berufung auf eine hypothetische Einwilligung des Lebendorganspenders ausschließen (BGHZ 221, 5 = BGH GesR 2019, 233 = MedR 2019, 554 m krit. Anm *J. Prütting* = JZ 2019, 517 m krit Anm *Spickhoff*; BGH GesR 2020, 705 m krit Anm *Rehborn*; näher – ebenfalls krit – hierzu *Kreße* MedR 2019, 529; *Rehborn* FS Kopetzki, 2019, 537; *Rehborn* FS Hart, 2020, 465).

19 **aa)** Zwar hat der Gesetzgeber trotz ursprüngl anderer Absicht im RefE des PatRG („… und hätte sich der Patient in einem ernsthaften Entscheidungskonflikt befunden …", S 8) die noch vor Inkrafttreten des PatRG in st Rspr gesehene Möglichkeit des Patienten, sich gegen den behandlerseits vorgebrachten Einwand der hypothetischen Einwilligung mit der **plausiblen Darlegung eines Entscheidungskonflikts** zu verteidigen (BGH NJW 2010, 3230), nicht ausdrückl erwähnt. Das mag wenig verständlich erscheinen (zu Recht die Kritik bei *Thurn* MedR 2013, 153, 156). Indessen sollte diese Möglichkeit – wie die Motive ausweisen – nicht entfallen (BT-Drs 17/10488, 29; GesR 2019, 566 Rn 17 = MedR 2020, 125 m Anm *Katzenmeier*; *Koch* in Rosenau/Hakeri, 97, 108, 115). Die Nichtaufnahme in das Gesetz verdeutlicht zudem, dass es sich hierbei nicht um eine gesetzl Tatbestandsvoraussetzung handelt, die das Gericht von sich aus prüfen dürfte, sondern um eine Einwendung (vgl Rn 21), die nur dann zu prüfen ist, wenn der Patient sich (ausdr oder konkludent) darauf beruft. Auch unter dem die Beweislastverteilung in der Arzthaftung maßgeblich bestimmenden Grundsatz der Waffengleichheit im Prozess (BVerfG NJW 1979, 1925; vgl Vor § 630a Rn 2) erschiene es verfassungsrechtl zweifelhaft, hätte der Gesetzgeber dieses Instrument beseitigen wollen. Bei einer etwaigen Prüfung dieser Frage muss das Gericht berücksichtigen, dass es ausreicht, wenn der Entscheidungskonflikt plausibel, also nachvollziehbar dargelegt wird (BGH NJW 1994, 2414; BGHZ 90, 103; BGH VersR 2010, 1220, 1221; KG MDR 2014, 717). Diesbzgl fordert der BGH, an die Substantiierung der Darlegungen zum Entscheidungskonflikt „keine zu hohen Anforderungen" zu stellen; insb sei vom Patienten nicht zu verlangen, dass er plausibel macht, er hätte sich im Falle einer ordnungsgemäßen Aufklärung auch tatsächlich gegen die durchgeführte Maßnahme entschieden (BGH GesR 2005, 255; GesR 2022, 110).

19a Gedankliche Voraussetzung der Prüfung des Vorliegens einer hypothetischen Einwilligung muss stets die Hypothese einer ordnungsgemäßen, insb auch vollständigen, Aufklärung sein. Deren Inhalt hat das Tatsachengericht zu bestimmen; erst auf Basis dieses Inhalts kann es sodann prüfen, ob der Patient einen Entscheidungskonflikt plausibel gemacht hat (BGH GesR 2021, 528 = MedR 2021, 897 m Anm *Hart*) und auch bei Kenntnis des notwendigen Aufklärungsinhalts eingewilligt hätte (BGH GesR 2019, 566 Rn 18 = MedR 2020, 125 m Anm *Katzenmeier*).

20 **Kasuistik.** Plausibel dargelegter **Entscheidungskonflikt bejaht:** BGH NJW 2007, 2774: Patientin wäre notfalls in Schmerzklinik gegangen statt Behandlungsmethode außerhalb des Standards zu akzeptieren; BGH NJW 2007, 2771: Patient wäre das Risiko von noch nicht bekannten Nebenwirkungen bei noch nicht zugelassenem Medikament aufgrund seiner Vorerkrankungen nicht eingegangen; BGH NJW 2007, 271: Eltern hätten die Volljährigkeit der Tochter abgewartet, damit diese selbst entscheiden kann, da bisher kein Leidensdruck bestand; BGH NJW 2005, 259: Patientin legt dar, dass sie im Hinblick auf ihre bestehenden Beeinträchtigungen und den bisherigen Lebensweg ein Inkontinenzrisiko keineswegs akzeptiert hätte; BGH NJW 1990, 2928: im Hinblick auf die Möglichkeit der Rücksprache mit dem Hausarzt bei einem aufschiebbaren Eingriff zur Entscheidung, wann und von wem Patientin sich hätte operieren lassen; fraglich in der Absolutheit Dresden GesR 2020, 170, wonach bei einer rein kosmetischen Operation idR immer von der Plausibilität eines Entscheidungskonflikts auszugehen sei; Hamm VersR 2018, 1006, 1007: Leben mit Schmerzen statt sich einer Bandscheiben-OP zu unterwerfen. Plausibel dargelegter **Entscheidungskonflikt verneint:** München 28.2.2013 – 1 U 3933/10: Patient wollte Heilungschancen nutzen, als einzige kurative Möglichkeit blieb Strahlentherapie; Karlsruhe 27.6.2012 – 7 U 116/11: Ziehen eines kariösen Zahns, weil dieser Brückenpfeiler ist; Köln 3.2.2010 – 5 U 104/09: Absehen von OP bei Wissen um Risiko eines Lymphödems trotz Einwilligung in Risiko einer Beinamputation; München MedR 2009, 591: Nichtinkaufnahme von Schäden an Blase und Schilddrüse als mögliche Nebenwirkungen einer Strahlentherapie als Standardtherapie bei einer lebensgefährlichen Erkrankung mit guten Heilungschancen, statt dessen weitere Chemotherapie bei 20jähriger Mutter mit ca vier Jahre alter Tochter; Dresden GesR 2018, 368 = MedR 2018, 817 m Anm *Schmidt-Recla*: kein Konflikt im Hinblick auf konservative Behandlung statt OP, wenn konservativ austherapiert.

21 **bb)** Zur Darlegung eines Interessenkonflikts besteht für den Patienten erst Veranlassung, nachdem der Behandelnde die Einwendung der hypothetischen Einwilligung erhoben hat (BGHZ 172, 254, 262; Oldenburg VersR 1998, 1156). Zur Darlegung des Entscheidungskonflikts und zur Beurteilung von dessen Plausibilität ist der Patient im Regelfall durch den hierüber urteilenden Tatrichter persönlich anzuhören, § 141 ZPO (BGH NJW 1990, 2928; NJW 2005, 1364; VersR 2007, 999, 1000; NJW 2010, 3230). Ist das wegen Todes des Patienten nicht mehr möglich, fordert die Rspr aufgrund einer umfassenden Würdigung aller Einzelfallumstände festzustellen, ob der Patient aus nachvollziehbaren Gründen in einen ernsthaften Entscheidungskonflikt geraten wäre (BGH GesR 2007, 362; Köln MedR 2019, 725).

22 **c) Ausdehnung auf Einwilligungsmängel.** Ausdrückl hat der Gesetzgeber die hypothetische Einwilligung auf die unzureichende Aufklärung beschränkt. Hingegen hat er im Beweislastrecht der Abs I–V nicht den Fall einer fehlenden (zB: Der Patient hat sich Bedenkzeit ausgebeten, seine „Entscheidung" wurde aber nicht abgewartet/abgefragt) oder unwirksamen (zB: von Angehörigen stammenden) **Einwilligungserklärung** geregelt. Diese Situation wird auch nicht von der mutmaßlichen Einwilligung iSd § 630d I 4 erfasst; diese bezieht sich nur darauf, dass eine Einwilligung aus idR vom Behandelnden nicht zu vertretenden Gründen nicht eingeholt werden *kann*. Dem soll dadurch entsprochen werden, dass sich der Behandelnde am mutmaßlichen Willen des Patienten orientiert, diesen also bestmöglich berücksichtigt (zu Einzelheiten § 630d Rn 27f). Hingegen kann in den aufgeführten Fällen eine Einwilligung eingeholt werden, was aber aus idR dem Behandelnden zuzurechnenden Gründen unterblieben ist. Diese Situation ist derjenigen unterbliebener oder unzureichender Aufklärung vergleichbar. Jedenfalls hinsichtl der Missachtung der auf einen bestimmten Operateur beschränkten Einwilligungserklärung soll der Einwand rechtmäßigen Alternativverhaltens unerheblich sein, weil dies dem Schutzzweck des Einwilligungserfordernisses bei ärztlichen Eingriffen widerspreche und der rechtswidrige Eingriff in die körperliche Integrität des Patienten so sanktionslos bliebe (BGH NJW 2016, 3523; ähnl GesR 2019, 233 = JZ 2019, 522 m Anm *Spickhoff* = MedR 2019, 559 m Anm *J. Prütting* betr die Einwilligung in die Lebendorganspende). Das überzeugt nicht; dieselben Erwägungen könnte man auch der Annahme einer hypothetischen Einwilligung bei leichtfertiger Verletzung der Aufklärungspflicht entgegenhalten. Dem widerspricht indessen der klare Wille des Gesetzgebers (Abs II S 2). Entgegen der Auffassung des BGH scheint daher in solchen Fällen eher eine **analoge Anwendung** von Abs II S 2 geboten. Folge ist, dass in den Fällen, in denen eine mutmaßliche Einwilligung iSd § 630d I 4 nicht angenommen werden kann, in denen es ferner aus anderen als Aufklärungsgründen an einer (wirksamen) Einwilligung fehlt, ebenfalls der Einwand der hypothetischen Einwilligung zulässig ist. Zwar hat der Behandelnde in einem solchen Fall – idR wohl fahrlässig, zum vermeintlichen Schutz des Patienten aber in Einzelfällen vielleicht auch vorsätzlich – die Patientenautonomie missachtet. Es kann aber keinen Unterschied machen, ob das infolge einer unterbliebenen bzw unzureichenden Aufklärung oder einer nicht eingeholten oder unzureichenden Einwilligung der Fall ist.

23 **d) Einwendung. „Berufen"** beinhaltet, dass der Behandelnde den Einwand hypothetischer Einwilligung ausdrückl oder konkludent (Köln GesR 2012, 684, 685) erhebt. Ist das der Fall – und steht kein Entscheidungskonflikt entgegen –, ist Folge, dass die Berufung des Patienten auf eine fehlende oder unwirksame Einwilligung unbeachtlich wird (zur Präklusion im Berufungsverfahren BGH VersR 2009, 257; Koblenz VersR 2011, 1149; Köln GesR 2003, 85). Ist hingegen ein Interessenkonflikt plausibel dargetan, muss der Behandelnde – was idR kaum möglich ist – den Nachw dennoch die Annahme einer hypothetischen Einwilligung rechtfertigender Umstände erbringen (Brandenburg VersR 2000, 1283, 1284).

24 **3. Dokumentationsmängel. a) Bedeutung. Abs III** gewährt dem Patienten wiederum Beweiserleichterungen bei der Feststellung von **Tatsachen.** Er normiert die beweisrechtl Folgen eines Verstoßes gegen § 630f III. Die Dokumentation ist das zentrale Beweismittel im Arzthaftungsprozess; die Rechtspraxis orientiert sich bei der Aufklärung medizinischer Geschehnisse – zu trennen von der haftungsbegründenden Kausalität (*A. Walter* GesR 2013, 129, 133 mwN) – regelmäßig eng an der Patientenakte (vgl § 630f Rn 1). So entspricht es st Rspr, dass der Tatrichter einer glaubwürdigen Dokumentation Glauben schenken soll (BGH VersR 1978, 542; Naumburg GesR 2012, 310). Daran fehlt es allerdings im Regelfall, wenn die Dokumentation nicht fälschungssicher ist (§ 630f Rn 8).

25 Folgerichtig genügt es auch nicht, dass der Patient sich darauf beschränkt, die Richtigkeit der Dokumentation zu bestreiten (Düsseldorf GesR 2005, 464). Um die Annahme der Richtigkeit oder Vollständigkeit der Dokumentation zu erschüttern, müssen vielmehr konkret erkennbare Anhaltspunkte vorliegen, zB nachträgl Änderungen oder die Erstellung erst mit langem zeitl Abstand zur Behandlung (Naumburg GesR 2012, 310).

26 **b) Auswirkungen.** Nach Abs III wird lediglich vermutet, dass der Behandelnde eine medizinisch gebotene wesentliche Maßnahme **nicht getroffen** hat (**Negativfeststellung**), wenn er ihre Durchführung und ihr Ergebnis nicht aufgezeichnet oder die Patientenakte nicht aufbewahrt hat. Diese Vermutung entfällt nicht, weil der Behandelnde mitunter der Pflicht zur Dokumentation nicht nachkommt, noch deshalb, weil die Dokumentation insg lückenhaft ist (BGH NJW 2015, 411). Die Formulierung des Gesetzes ist an dieser Stelle missglückt; nicht erfasst wird nämlich der Fall, dass eine Maßnahme als solche dokumentiert ist (zB die Verabreichung einer Injektion), aber dokumentationspflichtige Begleitumstände (zB das konkret injizierte Arzneimittel) nicht aufgezeichnet wurden. Kommt es hierüber zw Behandelndem und Patient zum Streit, hilft die gesetzl Vermutung, dass die Maßnahme nicht ergriffen wurde, nicht weiter. Es ist daher im Wege der Analogie geboten, die Vermutung nicht nur – wie der Gesetzestext nahelegt – auf die Nichtergreifung nicht dokumentierter Maßnahmen, sondern darauf auszudehnen, dass der Sachverhalt – soweit dokumentationspflichtig – sich so ereignet hat, wie der Patient es behauptet. Aus der fehlenden Dokumentation ist also – jedenfalls bei hinreichender Wahrscheinlichkeit (BGH GesR 2020, 49 Rn 10f;) – richtigerweise nicht nur auf ein Unterlassen bestimmter Maßnahmen zu schließen, sondern uU auf ein Geschehen, wie es der Patient behauptet hat (**Positivfeststellung**). Eine andere Handhabung der Beweisregel in Abs III würde zu verzerrten Ergebnissen führen (zust Staudinger/*Gutmann* Rn 128; so i Erg für die Zeit vor Inkrafttreten des PatRG bereits Naumburg MedR 2012, 529, 530 m Anm *Gödicke*; ähnl München VersR 2012, 111; auf Wahrscheinlichkeitserwägungen abstellend *Rosenberger* FS Jaeger, 97, 104; aA BGH GesR 2020, 49 = VersR 2020, 233 m zust Anm *Laumen*, 236 „um der Gefahr einer uferlosen Haftung des Arztes entgegenzuwirken").

27 **c) Widerlegbarkeit.** Auch hier handelt es sich um eine widerlegliche **Vermutung** (vgl Rn 12); gem Abs III liegt die Beweislast für den Fall, dass der Behandelnde eine medizinisch gebotene wesentliche Maßnahme und ihr Ergebnis entgegen § 630f I oder II nicht in der Patientenakte aufgezeichnet oder er die Patientenakte entgegen § 630f III nicht aufbewahrt hat, bei ihm. Diesen Nachw kann der Behandelnde insb durch Zeugen, ggf auch durch den sog „Immer-so-Beweis" (BGH NJW 1986, 2885; Karlsruhe OLGRp 50/2012, Anm 5; *Jorzig* MDR 2001, 481, 485) erbringen, manchmal vielleicht auch durch retrospektive sachverständige Feststellungen. Bei der Interpretation einer lediglich **verkürzten Dokumentation**, zB bei Verwendung nicht allgemeingebräuchlicher Abkürzungen, gelten diese Regeln entspr mit der Folge, dass dem Behandelnden der Beweis offensteht, die Eintragung sei in einem bestimmten Sinne zu verstehen (Karlsruhe OLGRp 2006, 339).

28 **4. Fehlende Befähigung. a) Abs IV** stellt eine Konkretisierung des (hins der Qualifikation des Behandelnden) geforderten Standards iSd § 630a II dar. Er billigt dem Patienten Beweiserleichterungen bei der Feststellung der **Kausalität** zu. War ein Behandelnder für die von ihm vorgenommene Behandlung nicht befähigt, wird gem Abs IV vermutet, dass die mangelnde Befähigung für den Eintritt der Verletzung des Lebens, des Körpers oder der Gesundheit ursächlich war. Der Gesetzgeber wollte hiermit die Fälle von **„Anfängerfehlern"** erfassen (BT-Drs 17/10488, 30; *Müller* GuP 2013, 1, 7; die Rspr hat zumindest die Tendenz erkennen lassen, diese auch dem Bereich voll beherrschbarer Risiken zuzuordnen, vgl Rn 9ff). Die Befähigung des Behandelnden fehlt, soweit er nicht über die notwendige fachliche Qualifikation verfügt, so in der Ausbildung befindliche oder als Berufsanfänger noch nicht genügend erfahrene Behandelnde (BT-Drs 17/10488, 30). Wortlaut und Historie belegen, dass es auf die **tatsächliche fachliche Kompetenz** des Behandelnden, nicht nur auf seine ihn zur Leistungserbringung abstrakt befugende Ausbildung – anders als bei § 630e II 1 Nr 1, vgl § 630e Rn 20 – ankommt. Hätte der Gesetzgeber auf die Ausbildung abgestellt, wäre es zumindest für den ärztlichen Bereich naheliegend gewesen, auf „Facharztstandard" zu reflektieren (Dresden GesR 2022, 251, 252f; vor Inkrafttreten des PatRG Düsseldorf NJW 1994, 1598; Karlsruhe VersR 1991, 1177; Koblenz NJW 1991, 2967; MedR 2009, 670; aA seinerzeit BGH NJW 1992, 1560, der auf die mangelnde „Eignung" abstellte, selbst wenn der operierende Arzt bereits 150 Blinddarmoperationen durchgeführt und fünfjährige chirurgische Erfahrung hatte).

28a **b) Behandelnder** iS dieser Vorschrift ist – wie sich schon aus Sinn und Zweck ergibt – nicht der Vertragspartner iSd Legaldefinition des § 630a I, sondern derjenige, der die Behandlung tatsächlich durchführt (näher *Rehborn* FS Bergmann, 209, 216).

29 c) Die Ausgestaltung als **widerlegliche Vermutung** (vgl Rn 12, 26) führt dazu, dass der Behandelnde die Darlegungs- und Beweislast dafür trägt, dass der Schaden nicht auf der fehlenden Erfahrung und Übung des nicht ausreichend Befähigten beruht. Kann er die Vermutung nicht widerlegen, ist davon auszugehen, dass die man-

gelnde Erfahrung und Übung für die Rechtsgutverletzung ursächlich geworden ist (zum fehlenden Facharztstandard vor Inkrafttreten des PatRG BGHZ 88, 248; BGH NJW 1992, 1560).

30 **5. Grober Behandlungsfehler. a) Bedeutung. Abs V 5 S 1** gewährt dem Patienten Beweiserleichterungen bei der Feststellung der **Kausalität.** Bei schweren Fehlern soll ein Behandelnder nicht dadurch aus der Haftung kommen, dass er den Kausalitätsbeweis nicht erbringen kann. Die Regelung ist auch beim Innenausgleich zw Gesamtschuldnern anwendbar (BGH GesR 2023, 103); sie wird zudem auf Behandlungsfehler von Tierärzten (BGHZ 210, 197 Rn 17) und Ordinationsfehler von Apothekern (Koblenz GesR 2018, 516; Köln VersR 2014, 106; krit dazu zu Recht *Bel/Fritsch* MedR 2020, 556, diff *Krapohl/Napp-Saarbourg* FS Möller, 2023, 637, 656ff) angewandt, soll nach BGH sogar generell „wegen der Vergleichbarkeit der Interessenlage … entsprechend bei grober Verletzung sonstiger Berufs- oder Organisationspflichten, sofern diese, ähnl wie beim Arztberuf, dem Schutz von Leben und Gesundheit anderer dienen“, Anwendung finden (BGHZ 217, 50 Rn 24 = JZ 2018, 412 m zu Recht krit Anm *Katzenmeier*: „Bademeister“), so zB auch bei der Verletzung von Pflichten aus einem Hausnotrufvertrag (BGHZ 215, 44 = BGH MedR 2018 m Anm *Katzenmeier*; zu Recht krit ggü dieser Rspr *Laumen* MDR 2017, 797, 798).

31 **b) Terminologie.** Den Begriff des groben Behandlungsfehlers definiert das Gesetz nicht. Auch ist der Rspr bislang keine wirklich nützliche Definition gelungen (zu Recht *Hanten* ZMGR 2017, 157, 158; *Deutsch* NJW 2012, 2009, 2012; *Steiner* MedR 2021, 957, 958: „Niemand weiß genau, was ein grober Behandlungsfehler ist“; Alternativvorstellungen zu einer sog Proportionalhaftung, vgl *Wagner* DJT-Gutachten, A53ff; FS Hirsch, 453, 455ff, haben sich weder im PatRG noch in der Rspr durchgesetzt). Jedenfalls setzt ein sog grober Behandlungsfehler ein Fehlverhalten des Behandelnden voraus, das aus obj Sicht und bei ex-ante-Betrachtung nicht mehr verständlich und verantwortbar ist, weil einem Arzt ein solcher Fehler „schlechterdings“ nicht unterlaufen darf; maßgeblich ist die Frage, ob ein Verstoß gegen gesicherte medizinische Erkenntnisse vorliegt (BGH NJW 2012, 227 mwN). Hierzu gehören nicht nur die Erkenntnisse, die Eingang in Leitlinien, Richtlinien oder anderweitige ausdrückl Handlungsanweisungen gefunden haben, sondern generell die elementaren medizinischen Grundregeln, die im jew Fachgebiet vorausgesetzt werden (BGH GesR 2011, 718; dazu *Hart* MedR 2012, 453). Die Bewertung, ob deren Missachtung einen Fehler als „grob“ erscheinen lässt, ist unter Betrachtung und Würdigung aller Gesamtumstände – grds tatrichterlich (BGH GesR 2018, 640) – zu treffen (BGHZ 85, 212; BGH NJW 2012, 227). Die medizinischen Feststellungen des Sachverständigen (nicht nur seine Bewertung, ob ein „grober“ Fehler vorliegt) müssen mit dieser Definition übereinstimmen (BGH NJW 2012, 227; GesR 2015, 281; *Ernst* FS Bergmann, 21, 25). *Nußstein*, VersR 2018, 390, 393 meint, die Definition müsse um das „Element der Beweiserschwerung“ angereichert werden; dadurch werde sich der Kreis grober Behandlungsfehler erheblich verkleinern. Das scheint indessen aber dem groben Behandlungsfehler immanent zu sein.

31a Unmaßgeblich ist folglich auch die Frage, ob grobe Fahrlässigkeit vorliegt. Zu Recht betont der BGH, dass ein grober Behandlungsfehler vorliegen kann, ohne dass grobe Fahrlässigkeit zu bejahen ist; selbst die Indizwirkung eines groben Behandlungsfehlers für die Annahme grober Fahrlässigkeit wird verneint (BGH GesR 2022, 294 = NJW 2022, 1443 m Anm *Steiner* = VersR 2022, 635 m Anm *Jaeger*).

32 Aus dem Zusammentreffen mehrerer (einfacher) Behandlungsfehler *kann* sich in der Gesamtschau ein grober Behandlungsfehler ergeben (BGHZ 85, 212, 220; BGH VersR 1988, 495; 1998, 585; Celle VersR 2002, 1558; Köln VersR 2003, 1444; Hamm GesR 2014, 714; *Ernst* FS Bergmann, 21, 36f).

32a Das OLG Hamm (GesR 2013, 728) meint, es sei ein „fiktiver grober Behandlungsfehler“ anzunehmen, wenn ein zunächst einfach behandlungsfehlerhaftes Versäumnis (im entschiedenen Fall: Hinzuziehung eines Neurologen zur Beurteilung eines CT) dazu führe, dass eine massive Erkrankung (im entschiedenen Fall: massiver Hirnstamminfarkt) unentdeckt bleibe, der hingegen bei pflichtgemäßem Verhalten hätte erkannt werden müssen. Das überzeugt nicht; hierdurch würde auch der mit Abs V S 2 Alt 1 beabsichtigte Zweck, eine Waffengleichheit zwischen Behandelndem und Patient herzustellen (*Koch* in Rosenau/Hakeri, 97), überdehnt; so wird der einfache Diagnosefehler „im Handumdrehen“ zum fiktiven groben Befunderhebungsfehler, was nicht sachgerecht erscheint (so auch *Schmidt-Recla* GesR 2014, 91, 93).

33 **c) Kausalzusammenhang. aa) Grundsätzliche Eignung.** Das Erfordernis grds Eignung, mehrere Gesundheitsschäden bekannter oder noch unbekannter Art (BGH NJW 2012, 2653) zu verursachen, entspricht wiederum der Rspr vor Inkrafttreten des PatRG; es umschreibt nur, dass der Fehler generell zur Verursachung des Primärschadens geeignet ist, als Schadenursache also in Betracht kommt. Zwar erwähnt das Gesetz das in der Rspr vor Inkrafttreten des PatRG anerkannte „Korrektiv“ (*Thurn* MedR 2013, 153, 156), dass der **Kausalzusammenhang** zw Behandlungsfehler und Schaden **nicht „äußerst unwahrscheinlich“** (BGH NJW 2011, 2508 mwN) sein dürfe, nicht. Ausdrückl entfallen sollte es indessen nicht (BT-Drs 17/10488, 31; *Thurn* MedR 2013, 153; *A. Walter* GesR 2013, 129, 131); auch das wäre unter dem Gesichtspunkt der Waffengleichheit im Prozess (vgl Vor § 630a Rn 2) problematisch. Vielmehr ist dieses Kriterium in die Prüfung der grds Eignung einzubeziehen; an der grds Eignung fehlt es demgemäß bei ausgeschlossener oder äußerst unwahrscheinlicher haftungsbegründender Kausalität. Die Anforderungen an eine „äußerste Unwahrscheinlichkeit“ sind hoch; die Rspr hat eine Verursachungswahrscheinlichkeit von nur 10 % als noch nicht ausreichend angesehen, um eine Beweislastumkehr zu verneinen (Brandenburg VersR 2004, 1050; wohl eher zu 10-20 % tendierend *Hanten* ZMGR 2017, 157, 161). Für den Kausalitätsnachweis für Folgeschäden (Sekundärschäden) gelten die Grundsätze über die Beweislastumkehr beim groben Behandlungsfehler indessen nur, wenn der Sekundärschaden eine typische Folge des Primärscha-

dens ist (BGH GesR 2013, 543; GesR 2014, 16; Frankfurt GesR 2019, 368; dazu *Steiner* MedR 2021, 957, 959f). Zum Zurechnungszusammenhang unter Schutzzweckgesichtspunkten BGH GesR 2022, 499 Rn 28ff).

34 **bb)** Auch die Rspr zur **Mitverursachung der Unaufklärbarkeit** der Ursächlichkeit durch den Patienten (BGH NJW 2012, 2653 mwN) hat der Gesetzgeber trotz Intervention des BR (BR-Drs 312/1/12 v 26.6.2012, 16) nicht aufgenommen, wollte gleichwohl hieran aber festhalten. Er hat hierin (unzutreffenderweise) einen Unterfall eines äußerst unwahrscheinlichen Zusammenhangs gesehen (*A. Walter* GesR 2013, 129, 131). Dem Unterlassen des Gesetzgebers trägt die Rspr Rechnung; danach kann die mit einem groben ärztlichen Behandlungsfehler verbundene Beweislastumkehr entfallen, wenn ein Patient in vorwerfbarer Weise ärztliche Anordnungen oder Empfehlungen missachtet und so eine mögliche Mitursache für den erlittenen Gesundheitsschaden setzt und dazu beiträgt, dass der Verlauf des Behandlungsgeschehens nicht mehr aufgeklärt werden kann (Hamm GesR 2018, 371 = MedR 2019, 668 m Anm *Süß*; dazu *Nußstein* VersR 2020, 1294).

35 **d) Widerleglichkeit.** Zur Ausgestaltung als **widerlegliche Vermutung** vgl Rn 12. Köln (VersR 2016, 404) sieht eine solche Vermutung (entschieden für Befunderhebungsmängel) erst als widerlegt an, wenn der Schadenseintritt mit mehr als 95 %iger Sicherheit eine andere Ursache habe.

36 **e) Verletzte Rechtsgüter.** Wie Abs I, vgl Rn 14.

37 **f) Kasuistik. Grober Behandlungsfehler bejaht:** Unterlassen der Kontrollmessungen des Sauerstoffpartialdrucks im Blut von Brutkastenkindern (BGH VersR 1983, 729); grundloser Nichteinsatz vorhandener medizinischer Geräte (BGH VersR 1989, 851); mangelnde Information und Beratung des Patienten über einen bedrohlichen Befund, der Anlass zu umgehenden und umfassenden ärztlichen Maßnahmen gibt (BGHZ 107, 222); Geschlechtsverkehr eines Psychotherapeuten mit einer Patientin unter Verstoß gegen Abstinenzgebot (Düsseldorf NJW 1990, 1543); Injektion ohne aseptische Vorkehrungen (Karlsruhe VersR 1989, 195) oder mit nicht desinfizierten Händen (Naumburg GesR 2010, 73) oder ohne Einweg-Handschuhe (Düsseldorf NJW 1988, 2307), nicht aber bei lediglich fehlendem Mundschutz (Hamm MedR 2008, 217); unterlassene Blutgasanalyse und Geburtseinleitung bei vorgeburtlichem CTG mit über zwei Stunden mehrmals krit Abfällen der kindlichen Herzfrequenz (Koblenz GesR 2007, 591); Einsatz von palladiumhaltigem Zahnersatz (36,4 %) bei Palladium-Allergie (Oldenburg GesR 2007, 1699); unterlassener Hinw an den Patienten, bei einer beginnenden Glaskörperabhebung müsse bei fortschreitenden Symptomen sofort ein Augenarzt eingeschaltet und alsbald der Befund überprüft werden (BGH GesR 2005, 68); Übersehen der Anzeichen eines Schlaganfalls, Unterlassen weiterer Diagnostik und stationärer Einweisung (Düsseldorf MedR 2012, 179); unterlassene Einweisung einer Schwangeren bei pathologischem CTG (Hamm GesR 2022, 222 m Anm *Wambach*) unterlassener Hinweis an den Patienten über abstehende Kronenränder nach fehlerhafter Überkronung (Hamm GesR 2014, 723); unterlassene Abklärung eines Melanomverdachts (Hamm GesR 2016, 22); Ausübung ärztlicher Maßnahmen ohne Approbation (Köln GesR 2020, 451 = MedR 2021, 468 m Anm *Schröder*); unterlassenes Hinwirken auf eine schulmedizinische Behandlung bei Tumorerkrankung durch eine Heilpraktikerin (München GesR 2021, 447 m Anm *Sasse*, GesR 2021, 453; dazu *Ch. Jansen*, MedR 2021, 1045).

38 **6. Unterlassene Befunderhebung oder -sicherung (Abs V S 2). a) Befunderhebungsfehler.** Einen Befunderhebungsfehler nimmt die Rspr bei Unterlassen der Erhebung medizinisch gebotener Befunde an (zu den Auswirkungen dieser Rspr auf das Verhalten von Ärzten *Kniepert/Moeller* MedR 2019, 464). Im Unterschied dazu liegt ein **Diagnoseirrtum** (auch als Diagnosefehler bezeichnet) vor, wenn der Behandelnde erhobene oder sonst vorliegende Befunde falsch interpretiert und deshalb nicht die aus der berufsfachlichen Sicht seines Fachbereichs gebotenen – therapeutischen oder diagnostischen – Maßnahmen ergriffen hat (BGHZ 99, 391; 188, 29; BGH VersR 1993, 836, 838; VersR 1995, 46; VersR 2008, 644). Nicht abschließend geklärt ist die Abgrenzung zwischen Diagnose- und Befunderhebungsfehler. Die zT vertretene Auffassung, es sei auf den Schwerpunkt der Pflichtverletzung abzustellen (BGH GesR 2020, 512 Rn 22f = NJW 2020, 2467 m Anm *Frahm* = MedR 2021, 41 m Anm *Deuring*; Köln VersR 2018, 1129, 1130; *Martis/Winkhart*[5] D 23ff, U 17ff mwN; *Baur* MedR 2015, 525, 527; *Spickhoff* NJW 2019, 1718, 1722; wohl auch BGH GesR 2016, 155 Rn 18 [allerdings zur Abgrenzung zw einem Befunderhebungsfehler und einem Fehler der therapeutischen Aufklärung]) wird insb von Teilen der Lit aus unterschiedlichen Gründen abgelehnt (*Geiß/Greiner*[8] Rn 65a, 97; NK-MedR/*Glanzmann*[3] § 630h Rn 56; *Hausch* MedR 2012, 231; MüKo/*Wagner* § 630h Rn 98; *Ziegler* GesR 2001, 647, 649f; *Kolvenbach* MedR 2018, 950). Das überzeugt nicht; zutr weist der BGH darauf hin, dass ein Diagnosefehler nicht dadurch zu einem Befunderhebungsfehler werde, dass bei obj zutr Diagnosestellung noch weitere Befunde zu erheben gewesen wären (BGH NJW 2011, 1672; Koblenz MedR 2013, 443). Allerdings ist ein Befunderhebungsfehler anzunehmen, wenn die unrichtige diagnostische Einstufung ihren Grund bereits darin hat, dass der Arzt die nach dem medizinischen Standard gebotenen Untersuchungen erst gar nicht veranlasst hat (BGH NJW 2016, 1447). Hingegen führt das Unterlassen der Einholung einer Zweitmeinung nicht dazu, dass der Diagnosefehler zu einem Befunderhebungsfehler wird (BGH VersR 2007, 541). Im Fall eines Befunderhebungsfehlers werden die allg gesundheitlichen Beeinträchtigungen des Patienten unter Einschluss der Risiken, die sich aus der unterlassenen oder unzureichenden Befunderhebung ergeben können, dem Primärschaden zugerechnet (BGH GesR 2013, 534).

39 Vom Befunderhebungsfehler kann indessen lediglich auf ein reaktionspflichtiges positives Befundergebnis geschlossen werden, wenn ein solches hinreichend wahrscheinlich ist, nicht aber auf eine Kausalität der unterlassenen Befundauswertung für den Schaden (BGHZ 132, 47). Wenn allerdings bereits die Unterlassung einer aus medizinischer Sicht gebotenen Befunderhebung (auch) einen groben Behandlungsfehler darstellt, rechtfertigt

dies Beweiserleichterungen auch für den Ursachenzusammenhang zw Behandlungsfehler und Gesundheitsschaden (BGHZ 138, 1). Hingegen ist das Unterlassen der gebotenen Therapie im Falle der Nichterhebung medizinisch gebotener Befunde nicht Voraussetzung für die Annahme eines groben Behandlungsfehlers mit der Folge der Beweislastumkehr zugunsten des Patienten (BGH VersR 2010, 115; NJW 2011, 2508).

Bei einem einfachen Befunderhebungsfehler kommt eine Beweislastumkehr für die Frage des Ursachenzusam- 40
menhangs mit dem Gesundheitsschaden auch dann in Betracht, wenn sich bei der gebotenen Abklärung der Symptome mit hinreichender Wahrscheinlichkeit ein so deutlicher und gravierender Befund ergeben hätte, dass sich dessen Verkennung als fundamental oder die Nichtreaktion auf ihn als grob fehlerhaft darstellen würde, und diese Fehler generell geeignet sind, den tatsächlich eingetretenen Gesundheitsschaden herbeizuführen. Hingegen ist nicht Voraussetzung für die Beweislastumkehr zugunsten des Patienten, dass die Verkennung des Befundes und das Unterlassen der gebotenen Therapie völlig unverständlich sind (BGH NJW 2011, 2508). Diese Filigranisierung findet sich im Wortlaut von § 630h V 2 nicht wieder; ihre Nichtberücksichtigung hat der BR im Gesetzgebungsverfahren zum PatRG – zu Recht – gerügt, vgl Stellungnahme des BR, BR-Drs 312/1/12 v 26.6.2012, 18). Indes ist nicht davon auszugehen, dass der Gesetzgeber das nicht wollte; vielmehr ist er – irrig – davon ausgegangen, Entspr geregelt zu haben (vgl auch *Martis/Winkhart-Martis* MDR 2013, 634, 640). Jedenfalls aber bietet sich für diese Konstellation eine Analogie des in Abs V S 2 kodifizierten Gedankens an.

Das folgende Schema skizziert die **Darlegungs- und Beweislage bei Vorliegen eines Befunderhebungsfehlers:** 41

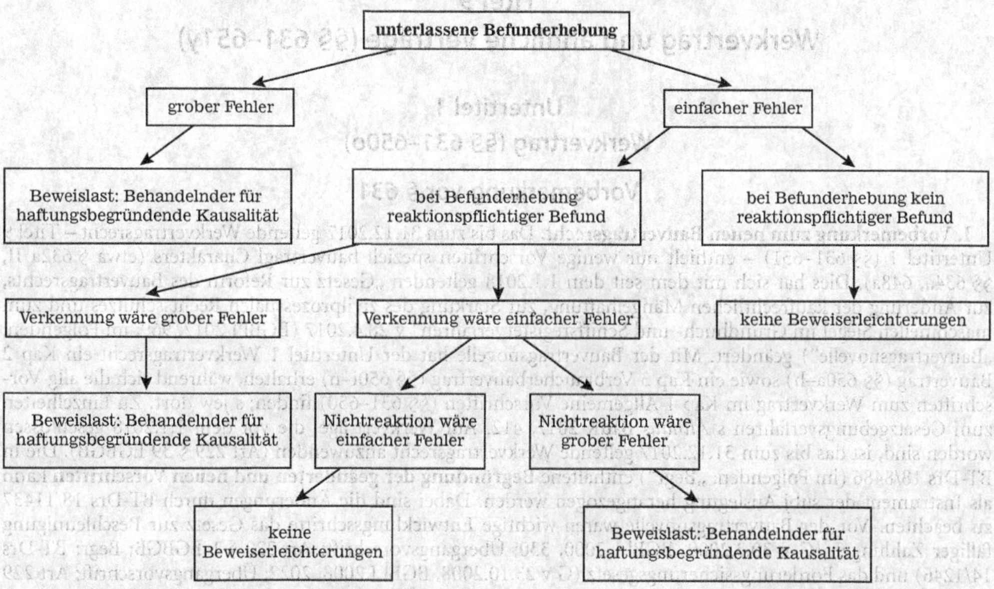

b) Befundsicherungsfehler. Die vorstehenden Folgen ergeben sich nicht nur, wenn ein Befund nicht erhoben 42
wurde, sondern auch dann, wenn die Erhebung zwar stattgefunden hat, der **Befund aber nicht gesichert** wurde, das erhobene Ergebnis einer Untersuchung also nicht dokumentiert oder anderweitig gesichert wurde.

c) Wahrscheinlichkeitsmaßstab. Das Gesetz fordert eine hinreichende Wahrscheinlichkeit. Eine solche ist zu 43
bejahen, wenn mit mehr als 50 % Wahrscheinlichkeit ein positiver Befund zu erwarten gewesen wäre, hingegen zu verneinen, wenn die Wahrscheinlichkeit unter 50 % liegt (*Pauge/Offenloch* Rn 609; Dresden VersR 2004, 648; Köln VersR 2004, 247; aA *Gellner* ZMGR 2014, 322, 325: Auch eine Wahrscheinlichkeit von 40–50 % ist geeignet, ein hinreichendes Maß darzustellen).

d) Verletzte Rechtsgüter. Wie Abs I, vgl Rn 14. 44

e) Vermutung. Vgl Rn 35. 45

f) Kasuistik. Ein Diagnosefehler wird nicht bereits deshalb zum Befunderhebungsfehler, weil der Arzt es unter- 46
lassen hat, die Beurteilung des von ihm erhobenen Befundes durch Einholung einer zweiten Meinung zu überprüfen, und daher an seiner falschen Diagnose festhält (BGH GesR 2007, 233); die Weigerung eines Patienten, Untersuchungen vornehmen zu lassen bzw einer dafür erforderlichen Krankenhauseinweisung zu folgen, wenn dies zur Abklärung einer Verdachtsdiagnose erforderlich ist, vermag den behandelnden Arzt nur dann zu entlasten, wenn dieser den Patienten auf die Notwendigkeit und Dringlichkeit der Untersuchung hingewiesen und ihm die bestehenden Risiken deutlich vor Augen geführt hat (Zweibrücken GesR 2003, 173); bleibt nach dem ergebnislosen Verlauf nicht invasiver Untersuchungsmethoden die schwerwiegende klinische Verdachtsdiagnose einer Beeinträchtigung der Gehirngefäße bestehen, ist eine diagnostische Abklärung durch eine Katheterangiographie (Arteriographie) medizinisch indiziert (Oldenburg VersR 1991, 1242); bestehen Unklarheiten hinsichtl des

Krankheitsbildes, müssen vor allem solche diagnostischen Maßnahmen ergriffen werden, die schwerwiegende Erkrankungen ausschließen oder bestätigen können (Hamm VersR 1992, 752); ebenso handelt der Gynäkologe fehlerhaft, wenn er im Rahmen der Behandlung von Menstruationsunregelmäßigkeiten bei obj bestehender Unsicherheit über das Vorliegen einer Schwangerschaft zu deren Ausschluss vor Beginn der Therapie mit einem Ovulationshemmer-Medikament einen Schwangerschaftstest durch Beta-HCG-Bestimmung des Blutes nicht vornimmt bzw nicht veranlasst (Braunschweig MedR 2008, 372); Gleiches gilt bei einer unterlassenen Untersuchung einer Schwangeren bei Verdacht einer Rötelninfektion (Karlsruhe VersR 2002, 1426); wird nach Durchführung einer Operation bei einer Patientin eine ausgeprägte Osteitis festgestellt, aber kein Wundabstrich vorgenommen, so stellt dies einen einfachen Behandlungsfehler dar (BGH NJW 1999, 3408); ein niedergelassener Arzt handelt grob fehlerhaft, wenn er bei einer akuten schweren Erkrankung eines zweijährigen Kindes mit hohem Fieber über 36 Stunden, Erbrechen und Schlappheit eine Klinikeinweisung wegen des Verdachts einer Meningitis unterlässt (Stuttgart MedR 1997, 275); ein Befunderhebungsfehler liegt vor, wenn der Hausarzt die gebotene Überweisung an einen Facharzt versäumt (Koblenz MDR 2015, 1237); ein grober Befunderhebungsfehler ist anzunehmen, wenn eine Hebamme die Vorlage bei einer Schwangeren zu spät kontrolliert, obwohl sie erfährt, dass es zu Blutungen gekommen ist (Rostock GesR 2022, 151 m Anm *Dautert*).

Titel 9
Werkvertrag und ähnliche Verträge (§§ 631–651y)

Untertitel 1
Werkvertrag (§§ 631–650o)

Vorbemerkung vor § 631

1 **I. Vorbemerkung zum neuen Bauvertragsrecht.** Das bis zum 31.12.2017 geltende Werkvertragsrecht – Titel 9 Untertitel 1 (§§ 631–651) – enthielt nur wenige Vorschriften speziell bauvertragl Charakters (etwa § 632a II, §§ 634a, 648a). Dies hat sich mit dem seit dem 1.1.2018 geltenden „Gesetz zur Reform des Bauvertragsrechts, zur Änderung der kaufrechtlichen Mängelhaftung, zur Stärkung des zivilprozessualen Rechtsschutzes und zum maschinellen Siegel im Grundbuch- und Schiffsregisterverfahren" v 28.4.2017 (BGBl I 2017, 969; im Folgenden: „Bauvertragsnovelle") geändert. Mit der Bauvertragsnovelle hat der Untertitel 1 Werkvertragsrecht ein Kap 2 Bauvertrag (§§ 650a–h) sowie ein Kap 3 Verbraucherbauvertrag (§§ 650i–n) erhalten, während sich die allg Vorschriften zum Werkvertrag im Kap 1 Allgemeine Vorschriften (§§ 631–650) finden; s jew dort. Zu Einzelheiten zum Gesetzgebungsverfahren s *Althaus* BauR 2017, 412. Auf Werkverträge, die vor dem 1.1.2018 geschlossen worden sind, ist das bis zum 31.12.2017 geltende Werkvertragsrecht anzuwenden (Art 229 § 39 EGBGB). Die in BT-Drs 18/8486 (im Folgenden: „Begr") enthaltene **Begründung der geänderten und neuen Vorschriften** kann als Instrument der subj Auslegung herangezogen werden. Dabei sind die Änderungen durch BT-Drs 18/11437 zu beachten. Vor der Bauvertragsnovelle waren wichtige Entwicklungsschritte das Gesetz zur Beschleunigung fälliger Zahlungen (G v 30.3.2000, BGBl I 2000, 330; Übergangsvorschrift: Art 229 § 1 EGBGB; Begr: BT-Drs 14/1246) und das Forderungssicherungsgesetz (G v 23.10.2008, BGBl I 2008, 2022; Übergangsvorschrift: Art 229 § 19 EGBGB; Begr: BT-Drs 16/511).

2 **II. Besonderheiten beim VOB/B-Vertrag.** Für Bauverträge – regelmäßig bei größeren Bauvorhaben – wird häufig die Geltung der VOB/B (Vergabe- und Vertragsordnung für Bauleistungen – Teil B: Allg Vertragsbedingungen für die Ausführung von Bauleistungen) vereinbart. Die VOB/B enthält **detaillierte Vorschriften**, die auf den **Bauvertrag als Langzeitvertrag** (BGH MDR 1996, 902) zugeschnitten sind und die Interessen des Unternehmers und des Bauherrn gleichermaßen berücksichtigen. Dabei werden die Vorschriften des Werkvertragsrechts durch entspr Regelungen der VOB/B modifiziert und umfassend ergänzt. Nach Inkrafttreten des AGBG am 1.4.1977 wurde kontinuierlich über die Inhaltskontrolle der VOB/B gestritten, Einzelheiten bei Erman/*Schwenker*[13] Rn 6. Diese Diskussion ist durch BGH MDR 2008, 1151 und § 310 I 3 beendet worden. Die Regelungen der VOB/B sind AGB. Stellt ein Unternehmer die VOB/B einem Verbraucher, ist die Inhaltskontrolle immer eröffnet. Sie unterliegen nicht der Inhaltskontrolle, wenn die VOB/B ohne inhaltliche Abweichungen („als Ganzes") in Verträgen zw Unternehmern einbezogen worden ist. In den überwiegenden Fällen, in denen die VOB/B durch besondere oder zusätzl Vertragsbedingungen abgeändert wird, hat auch im unternehmerischen Verkehr eine Inhaltskontrolle stattzufinden. Jede Abweichung führt zur Inhaltskontrolle. Nur wenn die VOB/B den Parteien ausdrückl die Möglichkeit einräumt, anderes zu vereinbaren (zB die Dauer der Verjährungsfrist, § 13 IV VOB/B), lassen angemessene Regelungen die Privilegierung unberührt (str, vgl *Ryll* NZBau 2018, 187). Durch die Bauvertragsnovelle wird die VOB/B verstärkt auf den Prüfstand gestellt, da erstmals ein gesetzl Leitbild speziell für den Bauvertrag eingefügt worden ist. Das hat erhebliche Folgen für die in der VOB/B geregelten Anordnungsrechte (*Rodemann* PiG 108, 121ff).

III. Abgrenzung des Werkvertrags von anderen Vertragstypen. Die Vereinbarung der Parteien ist nach Werkvertragsrecht zu behandeln, wenn sich eine Partei zur Zahlung einer Vergütung und die andere Partei zur Herstellung eines Werks verpflichtet hat. 3

In **Abgrenzung zum Dienstvertrag** steht bei Abschluss eines Werkvertrags nicht das „Tätigwerden“, sondern der zu erreichende werkvertragl Erfolg im Vordergrund. Der Besteller ist primär am Arbeitsergebnis, weniger an der Art und Weise von dessen Erreichung interessiert. Infolgedessen bleibt es regelmäßig auch dem Werkunternehmer überlassen, auf welchem Weg er den geschuldeten werkvertragl Erfolg zu erreichen gedenkt. Allerdings werden auch beim Dienstvertrag Dienste nicht um ihrer selbst willen, sondern wegen der durch sie erbrachten Leistung in Anspruch genommen, vgl dazu *Förster* ZGS 2010, 460ff. Die Abgrenzung kann daher im Einzelfall Schwierigkeiten bereiten, ist aber aufgrund der unterschiedlichen Rechte bei Leistungsstörungen von besonderer Relevanz. In neuester Zeit wird folgerichtig verstärkt eine typologische Abgrenzung anhand von **Fallgruppen** vorgeschlagen (*Ganten* FS Thode, 2005, 21, 28; BeckOK/*Voit* § 631 Rn 4 aE). 4

Bei Abschluss eines **Kaufvertrags** ist dagegen nicht die Herbeiführung eines Erfolgs, sondern die Eigentumsverschaffung an einem Gegenstand geschuldet, der unabhängig von individuellen Bestellerwünschen gefertigt ist. Sind bewegliche Sachen herzustellen, so findet – wenngleich die Schaffung eines Werks geschuldet ist – dennoch Kaufrecht auf den Vertrag Anwendung (vgl zu den Einzelheiten § 650). 5

IV. Einzelfälle (alphabetisch). 1. Architektenverträge. Der Vertrag zw Architekt und Bauherrn kann Leistungen des Architekten unterschiedlicher Art umfassen; einen fest umrissenen Typ des Architektenvertrags (nach Art der im BGB normierten Vertragstypen) gab es bisher nicht (BGH MDR 1997, 238). Mit der Bauvertragsnovelle hat sich dies geändert. Titel 9 Werkvertrag und ähnl Verträge enthält nunmehr einen Untertitel 2 Architektenvertrag und Ingenieurvertrag (§§ 650p–t), in dem in § 650p die vertragstypischen Pflichten aus Architekten- und Ingenieurverträgen rudimentär geregelt sind; vgl § 650p Rn 1ff. 6

2. Bauverträge (Bauunternehmerverträge). Verträge zw Bauherren und Bauunternehmern (Handwerkern) über Bauleistungen gehören zu den typischen Bsp des Werkvertrags. In der Baupraxis werden auf der Unternehmerseite verschiedene Einsatzformen unterschieden: Der Regelfall ist auch heute noch bei kleineren Bauvorhaben der Alleinunternehmer (als Einzelperson oder in einer Gesellschaftsform des BGB oder HGB). – Bei größeren Projekten kommt es häufig vor Auftragserteilung zu einer Arbeitsgemeinschaft (ARGE) mehrerer Unternehmer, einem Zusammenschluss, der zivilrechtl als Gesellschaft des BGB zu beurteilen ist (BGHZ 23, 307), mit der der Bauherr einen einheitlichen Bauvertrag schließt, so dass Rechte und Pflichten der ARGE dem Bauherrn ggü weitgehend mit denen eines Alleinunternehmers übereinstimmen. – Der **Generalunternehmer** übernimmt sämtliche zu einem Bau gehörenden Leistungen, die er aber zT nicht selbst ausführt, sondern im eigenen Namen und für eigene Rechnung mit Zustimmung des Bauherrn an Sub-(Nach-)Unternehmer vergibt. Bauverträge werden demnach geschlossen zw Bauherr und Generalunternehmer (über die Gesamtbauleistung) und zw Generalunternehmer und Subunternehmern (über Einzelleistungen; BGH NJW 1990, 1475; 1981, 1779). Der **Subunternehmervertrag (Nachunternehmervertrag)** stellt keinen eigenständigen Vertragstypus dar. Das Werkvertragsrecht verlangt zwar – anders als etwa das Dienstvertragsrecht – keine persönliche Leistungserbringung durch den Unternehmer (vgl § 631 Rn 30). Regelungen des Subunternehmervertrags kennt das BGB jedoch nicht; lediglich die Durchgriffsfälligkeit des § 641 II enthält eine spezielle Fälligkeitsregelung für Subunternehmerverträge (vgl § 641 Rn 15). Die VOB/B dagegen enthält in § 4 VIII den Grundsatz, dass der Auftragnehmer die Leistung im eigenen Betrieb auszuführen hat, erlaubt ihm aber gleichzeitig, sie mit schriftlicher Zustimmung des Auftraggebers an Nachunternehmer zu übertragen. Sowohl für den VOB/B-Bauvertrag wie für den nach BGB gilt, dass die durch den Einsatz von Sub- oder Sub-Subunternehmern entstehende Leistungskette nicht dazu führt, dass die jew Vertragsverhältnisse zw Auftraggeber und Auftragnehmer ihre Selbständigkeit verlieren. Steht aber im Rahmen einer werkvertragl Leistungskette fest, dass der Nachunternehmer von seinem Auftraggeber wegen Mängeln am Werk nicht mehr in Anspruch genommen wird, so soll der Nachunternehmer nach dem Rechtsgedanken der Vorteilsausgleichung gehindert sein, seinerseits Ansprüche wegen dieser Mängel gegen seinen Auftragnehmer geltend zu machen (BGH MDR 2007, 1251; dazu *Rodemann* ZfBR 2015, 634 – es ist zweifelhaft, ob es dieser Einschränkung nach Aufgabe der Rspr zum fiktiven Schadensersatz noch bedarf). Diese Beschränkung gilt nicht für Zurückbehaltungsrechte (BGH MDR 2013, 1274). Wird der Besteller wegen besonderer Regelungen mit einem Pächter mit den Kosten einer Mängelbeseitigung nicht belastet, finden die Regeln der Drittschadensliquidation Anwendung (BGH MDR 2016, 325). Hat der Bauherr gegen den Generalplaner einen Schadensersatzanspruch, weil sich ein Fehler des Subplaners im Bauwerk realisiert hat, besteht nur ein Freistellungsanspruch im Verhältnis Generalplaner/Subplaner, der nach Verjährung der Ansprüche des Bauherrn erlischt (BGH MDR 2016, 324). 7

Der **Generalübernehmer** (häufig Architekt) ist dem Bauherrn ggü zur Fertigstellung des Gesamtbauvorhabens, häufig unter Einhaltung eines Festpreises, verpflichtet, wobei er aber die Bau- oder auch Planungsleistungen durch dritte Unternehmer, mit denen er im eigenen Namen kontrahiert, ausführen lässt (dazu BGH MDR 1975, 569). – Begrifflich nicht scharf davon zu trennen ist der sog **Baubetreuer**, der ein Bauvorhaben technisch und wirtschaftl vorbereitet und durchführt und dadurch dem Bauwilligen die Tätigkeiten abnimmt oder erleichtert, die ihm als Bauherrn (Auftraggeber) obliegen (häufig bei Eigentumswohnungen oder Reiheneigenheimen). Der Betreuer kontrahiert mit den Bauunternehmern im eigenen Namen (Baubetreuung iwS) oder im Namen des Bauherrn (Baubetreuung ieS). Das Rechtsverhältnis zw Betreuer und betreutem Bauherrn ist ein Werkvertrag, der eine Geschäftsbesorgung zum Gegenstand hat (§ 675; vgl BGH MDR 1995, 254). Zum Umfang der Pflichten 8

des Baubetreuers vgl BGH MDR 1991, 428. **Bauträger** ist, wer im Auftrag des Bestellers auf eigenem Grundstück baut und nach Bezahlung das bebaute Grundstück auf den Erwerber überträgt. Zum Bauträger-Vertrag Erl zu § 650u.

9 **3. Beförderungsverträge.** Verträge über den Transport von Personen oder Gütern sind regelmäßig Werkverträge, auf die das Werkvertragsrecht des BGB allerdings weitgehend nicht passt (BGH MDR 2018, 980). Für die meisten von ihnen gibt es daher Sonderbestimmungen. Wird neben dem Transport die Verpackung des Guts geschuldet, unterliegt diese Verpflichtung dem Werkvertragsrecht (BGH MDR 2008, 219).

10 **Post.** Postdienstleistungen (definiert in § 4 PostG) erfolgen seit dem 1.7.1989 (PostStruktG; BGBl I 1989, 1026) weitgehend in privatrechtl Form. Verträge über die Beförderungen von Briefen, Päckchen, Paketen usw durch die Deutsche Post AG sind als Werkverträge zu beurteilen. Seit Aufhebung des § 452 HGB ist das Frachtrecht des HGB (§§ 407ff HGB) auf sie anwendbar. Außerdem verwendet die Deutsche Post AG weitgehend AGB, zB für den Briefdienst Inland oder für den Frachtdienst/Paket Inland.

11 Soweit keine Sondervorschriften eingreifen, gilt für alle Transportformen das Werkvertragsrecht des BGB.

12 **4. Verträge über EDV-Computeranlagen.** Hauptinhalt derartiger Verträge ist regelmäßig die Lieferung der Hardware, dh der körperlichen Bestandteile der Anlage, und/oder der Software, dh der Programme. Die entgeltliche Überlassung der Hardware auf Dauer ist Gegenstand eines Kaufvertrags. Bei der Software ist zu unterscheiden: Auf die Lieferung von Standardsoftware gegen einmaliges Entgelt ist nach heute hM gleichfalls Kaufrecht (unmittelbar oder entspr) anzuwenden (BGH NJW-RR 1988, 312; NJW 1990, 320; 1990, 3011; Brandenburg NJW-RR 1999, 850; Düsseldorf NJW 1989, 829). Dagegen ist der Vertrag über die Herstellung individueller, dh auf die konkreten Bedürfnisse des Benutzers/Anwenders zugeschnittener Programme nach allg M Werkvertrag (BGH MDR 1986, 910), unabhängig davon, ob Computerprogramme als Sachen iSv § 90 oder als immaterielle Güter zu beurteilen sind. Ebenso liegt ein Werkvertrag vor, wenn Standardsoftware noch in erheblichem Umfang (anders bei kleineren Anpassungsarbeiten) auf die Bedürfnisse des Anwenders umzuarbeiten ist (BGH NJW 1993, 1063; 1990, 3008; Karlsruhe CR 2003, 95; Frankfurt NJW-RR 1994, 122; München DB 1990, 1865; Hamm NJW-RR 2000, 1224; NJW 1989, 1041; Köln CR 2006, 440; NJW 1988, 2477; abw Düsseldorf CR 1989, 696; Köln CR 1989, 391: Werklieferungsvertrag), so dass eine Abnahme (§ 640) stattzufinden hat (BGH NJW 1993, 1063); weitere Nachw bei *Junker* NJW 1998, 947, 950. – Bei der Veräußerung von Hardware und Individualsoftware oder von Standard- und Individualsoftware in einem einheitlichen Vertrag sind die Grundsätze über gemischte Verträge anzuwenden (vgl dazu BGH NJW-RR 1988, 312; NJW 1990, 3011).

13 **5. Weitere Bsp von Werkverträgen, gemischten Verträgen (alphabetisch). Abfallverwertung und -entsorgung** geschieht regelmäßig aufgrund Werkvertrags (Oldenburg NJW-RR 1999, 1575; Schleswig NJW-RR 2000, 896). – **Anlagenvertrag** (Errichtung von schlüsselfertigen Industrieanlagen) ist Werkvertrag (PWW/*Leupertz* Rn 16: nur bei Errichtung auf bestellereigenem Grundstück, sonst § 650). – Die Erfassung von Adressdaten in einer **Anschriftendatei** erfolgt aufgrund eines Werkvertrags (Düsseldorf ZGS 2004, 437). – **Anzeigen- und Anzeigenvermittlungsverträge** sind regelmäßig Werkverträge (Düsseldorf MDR 1972, 688; LG Braunschweig NJW 1975, 782; LG Frankfurt NJW 1985, 1639; LG Hannover NJW-RR 1989, 1525; abw Braunschweig OLG 36, 74). – Zur Abgrenzung von Arbeits- und Werkvertrag BAG ZIP 2014, 239. Zur Abgrenzung von Werkvertrag und **Arbeitnehmerüberlassung** LAG München 29.4.2020 – 11 Sa 106/20, dazu *Hamann* jurisPR-ArbR 37/2020 Anm. 1. – Vertrag zw **Arzt** (Zahnarzt) und Patient ist meist Dienstvertrag; Werkvertrag oder gemischter Vertrag kann jedoch bei Operation (diese selbst, nicht Heilung des Leidens ist als Erfolg geschuldet) oder prothetischer Behandlung durch Zahnarzt vorliegen (abw Koblenz NJW-RR 1994, 52; Köln MedR 1994, 198; BGHZ 63, 306, wonach bei zahnprothetischer Behandlung Dienstvertrag besteht, für die technische Anfertigung der Prothese jedoch das werkvertragl Gewährleistungsrecht gilt); ebenso, wenn nur eine erfolgsbezogene medizinische Einzelleistung zu erbringen ist (Stuttgart NVwZ-RR 2006, 6 – Durchführung eines Labortests); Vertrag zw Zahnarzt und Labor über Anfertigung einer Prothese ist Werkvertrag (Koblenz NJW-RR 1995, 567); Vertrag über Herstellung von Diagnose-Hilfsmitteln, zB Röntgenaufnahmen, ist Werkvertrag (Düsseldorf MDR 1985, 1028). – **Aufsicht, Überwachung** der Herstellung eines Werks durch einen Dritten sowie der Einhaltung von Normen und Standards ist regelmäßig Werkvertrag (BGH NJW-RR 1998, 1027; Brandenburg IBR 2016, 24: baubegleitende Kontrolle). – Gewerbliche **Auskunftserteilung** ist Werkvertrag, falls bestimmte Informationen geschuldet werden (RGZ 115, 122, 125). – **Autowäsche** ist Werkvertrag (BGH NJW-RR 2009, 1030; Düsseldorf NJW-RR 2004, 962; BGH NJW 2005, 422). – **Beförderungsverträge** vgl Rn 9. – **Beratervertrag** ist oft Dienstvertrag (Dresden NJW-RR 2000, 652), ggf mit maklervertragl Elementen (LG Memmingen NJW-RR 2000, 870), kann aber auch Werkvertrag sein (Düsseldorf NJW-RR 1997, 1005: Unternehmensberatung). – **Bergungsvertrag** ist im Zweifel Dienstvertrag. – **Bewachungsvertrag** ist Dienstvertrag (BGH NJW-RR 2000, 648). – **Bewirtungsvertrag** (zw Wirt und Gast) ist gemischter Vertrag, der auch werkvertragl Elemente enthält. – Einstellung in ein **Branchenverzeichnis im Internet**: Werkvertrag (BGH MDR 2012, 1147). – **Buchführung** erfolgt regelmäßig aufgrund eines Werkvertrags, ist aber auch als gemischter Vertrag möglich (BGH NJW 2002, 1571). – **Cateringvertrag:** Vertrag über Planung und Konzeption, Übernahme eines Großteils der erforderlichen Gesamtorganisation sowie Übernahme des gastronomischen Catering (Verpflegung und Service) für eine Firmengroßveranstaltung in Gestalt eines Sommerfestes für 5000–5500 Gäste ist als Werkvertrag zu qualifizieren (Nürnberg 27.5.2010 – 12 U 1442/09). – **Chartervertrag** im Luftverkehr kann Werkvertrag sein, wenn Beförderungserfolg geschuldet wird – Produktion eines **Fernsehbeitrags** mit vereinbartem Thema einschl Buch und Regie ist Werkvertrag (LG Mainz NJW-RR 2005, 854). – **Ferienhausvermittlung** s unter Reisebüro. – **Filmentwicklung** fußt auf Werkvertrag (Saarbrücken NJW-RR

2003, 122). – Vertrag über **Forschungs- und Entwicklungsarbeiten:** nach vereinbartem Ziel Dienst- oder Werkvertrag (BGH NJW 2002, 3323, KG, Beschl. v. 18.4.2018 – 26 U 64/16). Vertrag über die Durchführung von Forschungs- und Entwicklungsarbeiten mit dem Ziel der Herstellung eines Prototyps ist Dienstvertrag, wenn der Auftragnehmer für die angestrebten Ergebnisse nur einzustehen hat, wenn diese ausdrückl zugesichert werden, und die Beschreibung der Projektarbeiten keine Zusicherung enthält, sondern lediglich allg Beschreibungen des Forschungsvorhabens, aus denen sich ergibt, dass ungewiss ist, ob das Forschungsprojekt überhaupt zur Herstellung eines Protoptyps führen wird (Düsseldorf IBR 2013, 112). – **Fördermittelberatung** oder Energieberatung soll Dienstvertrag sein (Celle BauR 2022, 544). – Vertrag über **Gebäudereinigung** ist Werkvertrag, sofern der Verpflichtete mit von ihm auszusuchendem Personal die Sauberkeit von Räumen schuldet, ohne dabei den Weisungen des Auftraggebers zu unterliegen (BGH MDR 2019, 1496). – **Gerüststellungsvertrag** kann mietvertragl Elemente enthalten, sofern Gerüststellung im Rahmen eines Bauvertrags über die als Nebenleistung geschuldete vertragl Laufzeit hinaus erfolgt (Celle OLGRp 2007, 434; aA Köln BauR 2000, 1874). – **Haarkreationen-Befestigungsvertrag:** Werkvertrag (BGH NJW 2008, 2250). – **Zerkleinerung von Betonbruchmaterial** eines gewerblichen Auftraggebers auf dessen Baustelle unter konkreter Vereinbarung der Qualität des Endprodukts: Werkvertrag (Naumburg BauR 2008, 1142). – Vertrag mit dem **Hufschmied** über Pferdebeschlag: Werkvertrag (BGH NJW 1968, 1932). – (Zahn-)**Implantate:** Der auf die Sanierung des Gebisses und die zahnprothetische Versorgung mittels Implantaten gerichtete Behandlungsvertrag ist insg Dienstvertrag über Dienste höherer Art. Der Zahnarzt verspricht regelmäßig nur eine den allg Grundsätzen der zahnärztlichen Wissenschaft entspr Behandlung, nicht aber ihr – immer auch von der körperlichen und seelischen Verfassung des Patienten abhängiges – Gelingen (BGH MDR 2018, 1373). – Der **Innenarchitektenvertrag** ist wie der normale Architektenvertrag Werkvertrag. – Der III. ZS des BGH hat sich zu der rechtl Einordnung einer Vielzahl von unterschiedlichen **IT-Verträgen** geäußert (BGH MDR 2010, 865): „**Access-Provider-Vertrag**": Dienstvertrag; „**Application-Service-Providing (ASP)-Vertrag**": Mietvertrag; „**Website-Hosting-Vertrag**": Werkvertrag, wenn der Schwerpunkt des Vertrags die Gewährleistung der Abrufbarkeit der Website des Kunden im Internet ist; „**Webdesign-Vertrag**": regelmäßig Werkvertrag, uU § 651 anwendbar; **Domain-Beschaffungsvertrag**: Werkvertrag, der eine entgeltliche Geschäftsbesorgung zum Gegenstand hat. Einzelheiten bei *Fritzemeyer* NJW 2011, 2918. – **Internet-System-Vertrag**, der die Erstellung und Betreuung einer Internetpräsentation (Website) des Kunden sowie die Gewährleistung der Abrufbarkeit dieser Website im Internet für einen festgelegten Zeitraum zum Gegenstand hat, ist Werkvertrag (BGH NJW 2010, 1449). – **Internet-Werbevertrag** (elektronisch gestaltete Werbeanzeige unter einer bestimmten Domain): Werkvertrag (BGH NJW-RR 2018, 1319). – **Inventurvertrag** ist (Sammel-)Werkvertrag (Brandenburg 25.5.2010 – 6 U 62/09). – **Kauf mit Montageverpflichtung** vgl unter Montage. Nach BGH MDR 2004, 737 kommt es darauf an, in welchem Umfang die Montage das Gesamtbild des Vertrags prägt. Dominiert die Montageverpflichtung, soll es sich um einen Werkvertrag handeln. – Lieferung und Montage einer **Solaranlage** sind nach BGH MDR 2004, 737 (VIII. ZS) Kauf mit Montageverpflichtung, anders BGH MDR 2016, 878 (VII. ZS): Werkvertrag. – **Planung, Lieferung und Einbau einer Küche:** Werkvertrag, wenn es Ziel ist, auf der Grundlage handwerklicher Fachkenntnisse durch Einbau und Einpassung einen funktionalen Küchenraum zu schaffen, und die dazu notwendigen Montage- und Bauleistungen dem Vertrag die maßgebliche Prägung geben (BGH MDR 2013, 508). – **Kunstwerk** (Lieferung und Einbau in Gebäude): Werkvertrag, Werkvertrag liegt vor, wenn nicht die Pflicht zur Eigentumsübertragung der Einzelteile, sondern die fachgerechte Einfügung dieser Gegenstände in ein Gebäude im Vordergrund steht (BGH MDR 2019, 1461). – Der in verschiedenen Formen vorkommende Vertrag des **Krankenhauses** mit dem Patienten ist bei eingeschlossener ärztlicher Behandlung gemischter Vertrag mit überwiegendem dienstvertragl Charakter (Brandenburg NJW-RR 2003, 1383). – **Lebensberatung (Life-Coaching):** Dienstvertrag (BGH NJW 2011, 756). – **Luftbeförderungsvertrag (über Personen):** Werkvertrag (BGH MDR 2019, 790). – **Machbarkeitsstudie** über die Auswirkungen einer Baumaßnahme auf Naturhaushalt: Werkvertrag (Frankfurt BauR 2013, 509, dazu krit *Fuchs* IBR 2013, 182). – Überlassung von **Maschinen** nebst Bedienungspersonal ist Miete und Dienstverschaffungsvertrag (Frankfurt VersR 2006, 83), Werkvertrag, wenn der Überlassende die Oberaufsicht bei den zu verrichtenden Arbeiten innehat (BGH NJW 1996, 1203; München MDR 1997, 1007) oder einen bestimmten Erfolg schuldet (Koblenz ZMR 2004, 265). Ein Vertrag über die Überlassung eines Großkrans auf bestimmte Zeit ist auch, wenn Auf- und Abbau des Krans geschuldet werden, kein Werk-, sondern Mietvertrag (Celle MDR 2013, 582). – **Mobile Werbeflächen:** Auf Vertrag über die Anbringung von Werbung auf mobilen Werbeflächen gegen Entgelt sind die Vorschriften über den Mietvertrag anzuwenden (BGH MDR 2019, 214). – **Montage** und Kauf eines Geräts ist kombinierter Kauf- und Werkvertrag, wenn die Montage spezielle technische Kenntnisse oder besonderen Arbeitsaufwand erfordert, sonst ist sie nur Nebenpflicht zum Kauf. – Herstellung spezieller **Medikamente:** Vertrag gem § 651, so dass (allein) die Vorschriften über den Kauf Anwendung finden (Köln NJW-RR 2012, 1520). – **Personenbeförderung mit Massenverkehrsmittel**: Werkvertrag mit vom allg Werkvertragsrecht abw Besonderheiten (BGH MDR 2018, 980). – **Plastische Chirurgie** (sog Schönheitschirurgie): kein Werkvertrag. Geschuldet wird nicht ein bestimmter Erfolg, sondern nur die Einhaltung des fachärztlichen Standards. Das gilt auch, wenn das vereinbarte Ziel der Operation die „Wiederherstellung der vorherigen Optik/Körbchengröße" war (Naumburg OLGR Ost 32/2012 Anm 5). – Vertrag mit **Privatgutachter:** Werkvertrag (BGH NJW 2006, 2472). – Vertrag über **Programmiererfernlehrgang:** Dienstvertrag (LG Frankfurt MDR 1970, 415; Hamburg MDR 1971, 216). – Auf Beratung und Betreuung bei der Erstellung einer Doktorarbeit gerichteter **Promotionsvertrag:** Dienstvertrag (Köln MDR 1999, 792). – **Prüfingenieur:** Privatrechtl Vertrag, kein Fall der Amtshaftung (BGH MDR 2016, 879). – **Reklamevertrag** (Werbeanzeige auf Internetdomain, Lichtreklame, Aushängen von Plakaten in öffentlichen Verkehrsmitteln usw): Werkvertrag; geschuldet sind die Werbemaßnahmen, nicht der Werbungserfolg (BGH NJW-RR 2018, 1319; NJW 1984, 2406); Vertrag über die Berechtigung, Flächen zur Werbung zu benutzen, ist dagegen Miete. Werkvertragsrecht unterliegt die Verpflichtung, vom Gläubiger zu überlassende Werbespots auf dem Videoboard mit einer bestimmten Wiederholungsfrequenz zu zeigen (NJW-RR 2008, 1155). – Vertrag mit **Rechtsanwalt** ist regelmäßig Dienstvertrag, kann aber auch Werkvertrag sein, wenn der Anwalt für einen bestimmten Erfolg eintritt und der erzielte Erfolg den Inhalt des Vertrags bildet (Erstellung von Gutachten oder Vertragsentwürfen). – **Reiseverträge**, Verträge mit **Reisebüro, -unternehmer, -veranstalter:** Vgl §§ 651a ff, § 675 Rn 118. – Vertrag zw **Sachverständigen** und Besteller über Erstattung eines Gutachtens: Werkvertrag (BGH NJW 1967, 719). – Vertrag zw **Schiedsrichter** und Parteien ist kein Werkvertrag. – Vertrag mit **Steuerberater** ist regelmäßig Dienstvertrag, der eine Geschäftsbesorgung zum Gegenstand hat (BGH WM 2006, 1411), Werkvertrag bei bestimmten Einzelleistungen (Erstattung eines Gutachtens, LG München NJW 1968, 1725; Anfertigung einer Steuererklärung, KG NJW 1977, 110; Beantwortung spezieller Fragestellungen oder Anfertigung des Jahresabschlusses, BGHZ 115, 382; BGH NJW 2002, 1107 und 1571; 2002, 1107). – **Monatliche steuerliche Beratungsleistungen**, die notwendigen Steuererklärungen und die Finanzbuchführung: Dienstvertrag (Celle BB 2011, 2626 unter Berufung auf BGH MDR 2006, 1137). – Verpflichtet sich der **Steuerberater** zur **Prüfung der Insolvenzreife** eines Unternehmens, handelt es sich um einen Werkvertrag, der keine steuerliche Beratung zum Gegenstand hat (BGH MDR 2012, 1089). – **Straßenreinigung:** bei öffentlich-rechtl Straßenreinigung ist Werkvertragsrecht nicht anwendbar (KG NVwZ-RR 2009, 974). – Vertrag betr die **Tätowierung** eines Menschen: Werkvertrag (AG Heidelberg NJW-RR 2003, 19). – **Telefondienstvertrag** zw Netzbetreiber und Anschlussinhaber: regelmäßig Dienstvertrag (BGH NJW 2002, 361; Brandenburg NJW-RR 2000, 1080) in Form eines Dauerschuldverhältnisses. – Vertrag über **Textübersetzung:** Werkvertrag (Hamm NJW 1989, 2066). – Ankaufsuntersuchung durch **Tierarzt:** Werkvertrag (BGH MDR 2012, 216). – Verpflichtung zur Herbeiführung der **TÜV-Abnahme** ist werkvertragl Art (BGH NJW 1972, 46). – **Verlagsvertrag:** kein Werkvertrag (RGZ 74, 359; 81, 233), sondern ein durch das Verlagsgesetz geregelter Vertrag eigener Art. – Vertrag zw **Verleger** und Herausgeber ist Geschäftsbesorgung und Dienstvertrag (RGZ 113, 72). – Vertrag über **Vermessung** eines Grundstücks oder Einmessung eines Hauses auf Baugrundstück: Werkvertrag (BGH NJW 1972, 901; 1993, 723). – **Viehmast- oder Zuchtvertrag:** im Regelfall Werkvertrag (BGH MDR 1972, 232; NJW 1991, 166). – Vertrag über entgeltliche Teilnahme als Zuschauer an **Veranstaltung** (Kino, Sport, Theater): Werkvertrag (RGZ 133, 138 – Theater) mit mietrechtl Einschlag hinsichtl des Zuschauerplatzes (AG Herne NJW 1998, 3651; AG Aachen NJW 1997, 2058 – Oper; AG Rüdesheim NJW 2002, 615 – Dichterlesung; LG Rostock NJW-RR 2006, 90 – Fußballspiel). – Vertrag über **Verteilung eines Anzeigenblattes:** Werkvertrag (Frankfurt NJW-RR 1988, 945). – „Vollberitt" eines Pferdes: Dienstvertrag (BGH MDR 2017, 334). – **Wartungsvertrag** (Inhalt und Terminologie uneinheitlich): Dient er der längerfristigen Erhaltung des Sollzustandes, ist er Werkvertrag mit dienstvertragl Elementen; zu unterscheiden von Inspektion (Dienstvertrag) und Instandsetzung/Reparatur (Werkvertrag; so in BGH NJW 1984, 2160; Karlsruhe NJW-RR 1992, 1014). – **Winterdienstvertrag:** Werkvertrag, sofern Verpflichteter die vereinbarten Flächen von Schnee- und Eisglätte „freizuhalten" hat. Danach wird ein bestimmtes Arbeitsergebnis geschuldet, weil es den Parteien darauf ankommt, dass die vereinbarten Flächen in der Wintersaison gefahrlos benutzt werden können. Vertragsgegenstand ist die erfolgreiche Bekämpfung von Schnee- und Eisglätte (BGH MDR 2013, 960).

Kapitel 1
Allgemeine Vorschriften (§§ 631–650)

§ 631 Vertragstypische Pflichten beim Werkvertrag

(1) Durch den Werkvertrag wird der Unternehmer zur Herstellung des versprochenen Werkes, der Besteller zur Entrichtung der vereinbarten Vergütung verpflichtet.

(2) Gegenstand des Werkvertrags kann sowohl die Herstellung oder Veränderung einer Sache als auch ein anderer durch Arbeit oder Dienstleistung herbeizuführender Erfolg sein.

1 **I. Vertragsschluss. 1. Zustandekommen des Werkvertrags.** Wie jeder Vertrag setzt auch der Werkvertrag für sein Zustandekommen (wenigstens) zwei kongruente **Willenserklärungen** voraus, welche einen bestimmten Mindestinhalt, die sog **essentialia negotii**, aufweisen müssen, zu denen die Vergütung nicht gehört (Rn 3). Nur dann kann von dem für die Qualifikation einer Äußerung als Willenserklärung erforderlichen Rechtsbindungswillen der Vertragsparteien ausgegangen werden. Der Umfang und der Konkretisierungsgrad der erforderlichen Einigung lassen sich nicht schematisch bestimmen, sondern hängen ab von den jew vertragsgegenständlichen Besonderheiten, vgl zur erforderlichen Bestimmtheit bei einem Architekten- und Ingenieurvertrag § 650p Rn 8. An dem Erfordernis zweier kongruenter Willenserklärungen ändert sich auch nichts, wenn der Auftraggeber der Bauleistung (die in der Baupraxis gebräuchlichen Termini Auftraggeber und Auftragnehmer entstammen der VOB/B und der HOAI, während das BGB von Besteller und Unternehmer spricht) öffentlicher Auftraggeber (iSd §§ 98ff GWB) ist und ein förmliches Vergabeverfahren nach der VOB/A durchzuführen hat. Auch bei der Beschaffung von Bauleistungen durch förmliche Vergabeverfahren ist Ergebnis dieses Verfahrens ein zivilrechtl Vertrag, weil der öffentliche Auftraggeber dem prospektiven Auftragnehmer nicht in einem für das öffentliche Recht typischen Über- und Unterordnungsverhältnis entgegentritt, sondern – trotz des förmlichen Vergabeverfahrens – einen Vertrag mit einem ihm rechtl gleichwertigen Vertragspartner anstrebt. Der das förmliche Ver-

gabeverfahren beendende Zuschlag (vgl 18 VOB/A, 21 VOL/A; die VOF spricht – aufgrund des für sie typischen Verhandlungsverfahrens – von der Auftragserteilung, § 17) ist nichts anderes als die Annahme des Angebotes des Bieters iSd §§ 145ff.

Insb bei **geistig und künstlerisch in besonderer Weise geprägten Werken** kann es zur Ermöglichung eines freien Schöpfungsaktes erforderlich sein, den zu erreichenden Erfolg nur umrissartig zu bestimmen, um so dem Künstler eine weitgehende Entfaltungsmöglichkeit einzuräumen (BGHZ 19, 382ff: „Der Künstler kann seine Gestaltungsfreiheit vertragl beschränken und sich verpflichten, ein Werk nach einem von ihm gefertigten, vom Besteller genehmigten Entwurf herzustellen. Auch in diesem Falle ist er grds nicht zu einer maßstabgetreuen Ausführung verpflichtet."). IdR wird aber für ein wirksames Zustandekommen ein größeres Maß an Konkretisierung des zu erreichenden Erfolges (Koblenz NJW-RR 2002, 890: „Art und Umfang der Leistung") erforderlich sein. Beim Architekten- und Ingenieurvertrag führt die fehlende Bestimmtheit der Leistungspflichten im Zeitpunkt des Vertragsschlusses dann nicht zur Unwirksamkeit des Vertrages, wenn die Vertragsparteien eine (stillschweigende) Vereinbarung getroffen haben, nach der dem Auftraggeber ein Leistungsbestimmungsrecht hinsichtl des Inhalts der Leistungspflichten des Architekten zusteht (BGH MDR 2015, 643). Es ist davon auszugehen, dass dem Besteller eines Architekten- und Ingenieurvertrags ein Leistungsbestimmungsrecht hinsichtl der noch nicht vereinbarten Planungs- (und ggf Überwachungs-)Ziele zusteht (BGH MDR 2023, 226). 2

Anders als etwa beim Kaufvertrag zählt die **Vergütungsvereinbarung** nicht zum zwingenden Mindestinhalt eines Werkvertrags, wie § 632 zeigt. Ist weder positiv noch negativ eine Vergütung vereinbart, wird eine solche Vereinbarung gem § 632 I **fingiert**, sofern die Voraussetzungen dieser Norm („wenn die Herstellung nur gegen Vergütung zu erwarten ist") vorliegen. 3

Insb im Zusammenhang mit **Architekten- und Ingenieurleistungen, die aus Akquisitionsgründen zunächst nicht selten ohne vertragl Verpflichtung erbracht werden**, bereitet in der Praxis häufig die Feststellung Schwierigkeiten, ob ein Vertrag geschlossen worden ist, auf dessen Grundlage eine Vergütungspflicht besteht (s § 650p Rn 7). 4

Einstweilen frei. 5–6

2. Form. Der Abschluss des Werkvertrags unterliegt **keiner besonderen Form**. Bei Werkverträgen, gerichtet auf die Herstellung von **Gebäuden,** ändert daran auch § 311b I 1 nichts, denn danach bedürfen nur solche Verträge der notariellen Beurkundung, durch die sich „der eine Teil verpflichtet, das Eigentum an einem Grundstück zu übertragen oder zu erwerben". Eine solche schuldrechtl Verpflichtung zur Änderung der Eigentumszuordnung findet sich jedoch in einem reinen Werkvertrag gerade nicht. 7

Etwas anderes kann gelten, wenn ein **typengemischter Vertrag** mit sowohl werkvertragl Verpflichtungen des Unternehmers als auch der Verpflichtung des Bestellers zum Erwerb des Eigentums an einem Grundstück abgeschlossen worden ist. Ob insg eine Beurkundungspflicht anzunehmen ist, richtet sich danach, ob der Vertrag **rechtl eine Einheit** bildet. Ist dies der Fall, so erstreckt sich der in § 311b normierte Beurkundungszwang auf den gesamten Vertrag, also auch auf die werkvertragl Elemente (BGH MDR 1988, 222). Maßstab ist, ob die unterschiedlichen Vereinbarungen der Parteien nach ihrem Willen so miteinander verknüpft sind, dass sie miteinander „stehen und fallen" sollen. Sind die Verträge nicht wechselseitig voneinander abhängig, ist der Bauvertrag nur dann beurkundungsbedürftig, wenn das Grundstücksgeschäft von ihm abhängt. Ein Bauvertrag kann auch dann beurkundungsbedürftig sein, wenn er vor einem Grundstückskaufvertrag geschlossen wird und die Parteien des Bauvertrags nicht identisch sind mit den Parteien des bevorstehenden Grundstückskaufvertrags. In diesem Fall ist ein Bauvertrag beurkundungsbedürftig, wenn die Parteien des Bauvertrags übereinstimmend davon ausgehen, dass der Grundstückserwerb nach dem Willen der Parteien des Kaufvertrags von dem Bauvertrag abhängt (BGH MDR 2010, 1313). 8

Nicht ohne weiteres kann eine solche Verknüpfung etwa bei Abschluss eines **Fertighausvertrags** angenommen werden, nach dem der Besteller zum Erwerb irgendeines Grundstücks verpflichtet ist (BGHZ 76, 43: „ein nur mittelbarer Zusammenhang"), denn in einem solchen Fall sollen die unterschiedlichen Vertragselemente nach dem Willen der Vertragsparteien gerade nicht miteinander „stehen und fallen". Wird dagegen bei Abschluss eines Bauvertrags zugleich auf den Erwerb eines ganz bestimmtes Grundstücks abgestellt (Köln NJW-RR 1996, 1484) oder der Zwang zum Erwerb eines ganz bestimmten Grundstücks begründet (BGH NJW 1994, 721: „Die auf das bestimmte Grundstück beschränkte Leistungspflicht ist ein gewichtiges Indiz dafür, dass die Parteien einen einheitlichen Vertragswillen in dem Sinne hatten, dass Bauvertrag und Grundstückserwerb miteinander stehen und fallen sollten."), so erstreckt sich die Beurkundungspflicht des § 311b I auf den Vertrag insg, mithin auch auf die werkvertragl Elemente (vgl insb zu den Einzelheiten der Wechselbeziehung dieser Verträge BGH MDR 2002, 1187 im Anschluss an BGH MDR 2000, 260: „Ist ein Bauvertrag von einem Grundstückskaufvertrag abhängig, dieser aber nicht von ihm, ist er nicht zu beurkunden"). 9

Beim sog **Bauherrenmodell**, dem Zusammenschluss von mind zwei Bauherren zwecks Errichtung und Finanzierung einer Wohn- oder Gewerbeimmobilie, besteht zwar in vielfacher Hinsicht ein Formzwang, der bloße Bauvertrag selbst wird davon idR aber nicht erfasst. 10

Auch **Architekten- und Ingenieurverträge** sind **nicht formbedürftig**. Lediglich die Honorarvereinbarung unterfällt der Textform (§ 7 HOAI). 11

12 **3. Unmöglichkeit.** Anfängliche obj Unmöglichkeit lässt die Wirksamkeit des Vertrages unberührt (§ 311a I), bei Verträgen vor dem 1.1.2002 war der Vertrag gem § 306 aF nichtig. Die Nichterreichbarkeit des geschuldeten werkvertragl Erfolges führt allein dazu, dass der Unternehmer von seiner Leistungsverpflichtung gem § 275 frei wird und der Besteller Schadensersatz statt der Leistung oder Ersatz seiner Aufwendungen unter den Voraussetzungen des § 311a II verlangen kann. Ist eine geschuldete Eigenschaft des Werks technisch nicht realisierbar, steht dem Besteller wegen dieses Mangels ein Anspruch auf Schadensersatz zu (BGH MDR 2014, 891). Allerdings führt die Unmöglichkeit gem § 275 idR nicht dazu, dass der Unternehmer wegen des Mangels von seiner Verpflichtung befreit wird. Oft kommt eine Anpassung des Vertrages in Betracht, der Unternehmer schuldet dann eine andere Ausführung, die den Anforderungen des Bestellers entspricht (BGH MDR 2005, 1284; 1989, 904; München NJW-RR 2012, 826, Stuttgart MDR 2022, 360).

13 Eine Abänderung, die zu unzumutbaren Nachteilen führt oder die Grundkonzeption des Werks verändert, muss der Besteller aber nicht hinnehmen (BGH MDR 2001, 563). – BGH MDR 2005, 1284: Bei Unmöglichkeit der Realisierung von Kreuzstockfenstern Einbau von Sprossenfenstern geschuldet; BGH MDR 1989, 904: Änderung der vertragl vereinbarten Ausführung der Heizung, weil die vertragl vereinbarte Heizung technisch nicht realisierbar ist; BGH MDR 1981, 747: Abdichtung von Stoßfugen durch an sich nicht vorgesehene Kunststoffteile, da dies ein einfache Mängelbeseitigung darstellt, die nicht mit einer ästhetischen Beeinträchtigung verbunden ist. Allg führt die Unmöglichkeit der Realisierung einer gewünschten Qualität des Werks nicht ohne weiteres zur vollständigen Unmöglichkeit. Andernfalls wäre auch der Verweis des § 634 Nr 4 auf § 311a gegenstandslos.

14 Sichert der Unternehmer eine Eigenschaft des Werks zu, die aus technischen Gründen dem Werk nicht verliehen werden kann, so haftet er dennoch nach den §§ 633ff (BGH BauR 1997, 1032ff; BauR 1986, 93ff); dies stellt gerade keinen Fall der anfänglichen obj Unmöglichkeit mit den in § 311a II beschriebenen Rechtsfolgen dar. Gleiches gilt etwa, wenn die vorgesehene Statik nicht ausführbar (BGH NJW 1970, 2021ff) oder ein vereinbarter Wärmedämmwert nicht erzielbar ist (BGH NJW 1986, 711). Unmöglichkeit iSv § 311a liegt damit stets nur dann vor, wenn das Werk nicht nur „nicht mangelfrei", sondern **nicht einmal in seinen Grundzügen** errichtet werden kann. Gleiches gilt bei **rechtl Hindernissen**, die der Vertragsdurchführung auf Dauer entgegenstehen, sofern eine Vertragsanpassung ausscheidet (vgl dazu aber auch Köln BauR 1997, 307ff: „Stellt sich nach Abschluss eines Werkvertrags heraus, dass die von dem Unternehmer zu erbringende Leistung aufgrund bauplanungsrechtl Vorschriften nicht genehmigungsfähig ist, so liegt ein Fall der *nachträgl* Unmöglichkeit vor. (…) Das Bauen bleibt als solches möglich, so dass eine anfängliche obj Unmöglichkeit (…) nicht gegeben ist.").

15 **4. Nichtigkeit des Vertrags gem § 134.** Der Verstoß gegen ein gesetzl Verbot iSv § 134 führt – als rechtshindernde Einwendung – zur Nichtigkeit des Vertrags. Verbotsgesetz iSv § 134 ist nicht bereits jede Rechtsnorm, die ein bestimmtes Verhalten ausdrückl oder nach Auslegung der Vorschrift unter Berücksichtigung ihres Gesamtzusammenhangs verbietet. Die Nichtigkeitsfolge tritt vielmehr nur dann ein, wenn sich nicht aus dem Verbotsgesetz „ein anderes" ergibt. Mithin ist eine Auslegung der im Einzelfall anwendbaren Verbotsnorm dahingehend erforderlich, ob diese gerade die zivilrechtl Wirksamkeit des Vertrags hindern oder nur Art und Umstände des Vertragsschlusses reglementieren will, ohne dass dies Folgen auf der Wirksamkeitsebene hätte.

16 **„Schwarzarbeit"**: § 1 II Nr 2 SchwarzArbG enthält das Verbot zum Abschluss eines Werkvertrags, wenn dieser Regelungen enthält, die dazu dienen, dass eine Vertragspartei als Steuerpflichtige ihre sich aufgrund der nach dem Vertrag geschuldeten Werkleistungen ergebenden steuerlichen Pflichten nicht erfüllt. Das Verbot führt jedenfalls dann zur Nichtigkeit des Vertrags gem § 134, wenn der Unternehmer vorsätzlich hiergegen verstößt und der Besteller den Verstoß des Unternehmers kennt und bewusst zum eigenen Vorteil ausnutzt. Keine Nichtigkeit bei einseitigem Verstoß des Unternehmers (Köln BauR 2022, 1358; Düsseldorf BauR 2016, 1774). Zu späte Rechnungsstellung kann auf Schwarzarbeit schließen lassen (Düsseldorf BauR 2021, 1489). Mängelansprüche des Bestellers bestehen bei Schwarzarbeit nicht (BGH MDR 2013, 1216). Der Unternehmer hat keinen bereicherungsrechtl Anspruch in Höhe des üblichen Werklohns (BGH MDR 2014, 650). Der Anwendung des § 817 S 2 stehen die Grundsätze von Treu und Glauben nicht entgegen.

17 Der auf Schwarzarbeit gerichtete Vertrag ist auch dann nichtig, wenn die Parteien erst nachträgl Schwarzarbeit vereinbaren (BGH MDR 2017, 564). Die Vereinbarung, dass (nur) ein Teil des Werklohns „schwarz" gezahlt wird, führt zur Gesamtnichtigkeit (Schleswig MDR 2013, 1399). Bei (potentiellen) Gesamtschuldverhältnissen kann die mit einem Unternehmer vereinbarte Schwarzarbeit dazu führen, dass auch ein anderer Unternehmer nicht mehr wegen Mängeln in Anspruch genommen werden darf (Schleswig BauR 2018, 1898). Schwarz beauftragte Mangelbeseitigungskosten sollen nicht erstattungsfähig sein (Schleswig BauR 2022, 1373 – zweifelhaft, weil es für den Schaden nicht auf den Grund des Vermögensabflusses ankommt).

18 Ein Verstoß gegen das **Rechtsdienstleistungsgesetz** führt idR selbst dann zur Gesamtnichtigkeit des Vertrags, wenn dieser auch erlaubte Tätigkeiten umfasst (BGHZ 50, 92; 70, 17; selbst dann, wenn der Verstoß nur einseitig durch den Unternehmer erfolgt, obwohl sich das Verbotsgesetz nur einseitig an den Rechtsberater richtet, BGHZ 37, 262). In der Praxis von besonderer Relevanz sind Verstöße gegen das RDG im Zusammenhang mit **Bauträgermodellen** (vgl zur Nichtigkeit BGH BauR 2002, 473). Hier führt die Nichtigkeit des zum Grundstückserwerb geschlossenen Geschäftsbesorgungsvertrags idR wegen § 139 auch zur Nichtigkeit der Vollmachtserteilung, so dass der Unternehmer als vollmachtloser Vertreter handelt und ggf entspr haftet.

19 **Architekten- und Ingenieurverträge**, die gegen das **Koppelungsverbot** des § 3 IngALG verstoßen, sind ebenfalls nichtig (§ 650p Rn 10).

Der **Verstoß gegen vergaberechtl Ausschreibungsvorschriften** führt grds nicht zur Nichtigkeit des Vertrags (BGH NJW 1993, 520). Soweit der unterlegene Bieter nachweist, dass ihm der Zuschlag hätte erteilt werden müssen, kann er Ersatz des positiven Interesses aus §§ 280, 311 II (cic) verlangen (BGH MDR 2019, 1461). Insb kommt eine Aufhebung eines einmal wirksam erteilten Zuschlags nicht in Betracht. – Der Schadensersatzanspruch eines Bieters wegen Verstößen gegen Vergabevorschriften ist seit der Schuldrechtsmodernisierung nicht mehr daran geknüpft, dass der klagende Bieter auf die Einhaltung dieser Regelungen durch den Auftraggeber vertraut hat (BGH ZfBR 2011, 669). 20

5. Sittenwidrigkeit gem § 138. Ein Vertrag ist sittenwidrig, wenn – so die überkommene Formel der Rspr – sein Inhalt „gegen das Anstandsgefühl aller billig und gerecht Denkenden" verstößt (so schon RGZ 80, 221; BGHZ 10, 232). Insoweit gelten keine Besonderheiten für Werkverträge. 21

Nicht ohne weiteres sittenwidrig ist ein im Zusammenhang mit einer **Bestechung** („Schmiergeldabrede") abgeschlossener Architektenvertrag (BGH BauR 1999, 1047ff). Sittenwidrig kann ein solcher Vertrag jedoch sein, wenn die Schmiergeldabrede zu einer für den Geschäftsherrn nachteiligen Vertragsgestaltung geführt hat (BGH MDR 1990, 710). Fehlt ein solcher Nachteil, ist der Vertrag trotz der Bestechung nicht sittenwidrig. Ist dagegen ein Anhaltspunkt für einen Nachteil gegeben, hat nach der st Rspr des BGH nicht der Geschäftsherr den Nachteil, sondern umgekehrt derjenige das Fehlen eines Nachteils zu beweisen, der bestochen hat (vgl BGH MDR 2018, 392). Es gelten die Grundsätze über den **Beweis des ersten Anscheins.** Gibt es keinen dahingehenden Anhaltspunkt, fehlt eine entscheidende Voraussetzung für die Sittenwidrigkeit des Vertrags. Diese kann insb solange nicht ohne weiteres angenommen werden, wie die betroffene Partei den Vertrag auch in Kenntnis aller Umstände für sinnvoll und ausgewogen hält. 22

Ebenfalls sittenwidrig nach den allg Grundsätzen kann ein Vertrag sein, bei dem eine **überhöhte Vergütung** vereinbart ist (KG NJW-RR 1995, 1422). Ein auffälliges Missverhältnis, das auf verwerfliche Gesinnung des Begünstigten schließen lässt, liegt vor, wenn die vereinbarte Vergütung doppelt so hoch ist wie die übliche Vergütung (Düsseldorf BauR 2014, 1473). Diese Rspr ist auf Verträge zw Unternehmern nicht zu übertragen (BGH MDR 2003, 1062). 23

Besonderheiten gelten für **Einheitspreisverträge.** Bei solchen Verträgen kann es zu einer unangemessenen Benachteiligung des Bestellers dadurch kommen, dass er in der Ausschreibung für eine Leistungsposition einen zu geringen Vordersatz ansetzt und der Unternehmer für diese Position einen besonders hohen Einheitspreis anbietet. Wegen des geringen Vordersatzes spielt der hohe Einheitspreis für die Endsumme des Angebots keine entscheidende Rolle, wohl aber bei der Schlussrechnung, wenn nach dem zutreffenden (hohen) Vordersatz abgerechnet wird. Der BGH hat in einem solchen Fall bei 800facher Überschreitung des üblichen und angemessenen Einheitspreises angenommen, dass nicht die gesamte Menge nach dem vereinbarten Einheitspreis abgerechnet werden darf, weil die Vermutung für ein sittlich verwerfliches Gewinnstreben des Unternehmers begründet sei (BGH MDR 2009, 256). Für die Sittenwidrigkeit kommt es sowohl auf die relative Überschreitung (die preisliche Überschreitung bei der Einzelposition) als auch auf die absolute Überschreitung (Auswirkung auf den Gesamtpreis – diese muss fühlbar sein) an. Die Vermutung der Sittenwidrigkeit liegt bei einer relativen Überschreitung um das Achtfache und einer absoluten Erhöhung von 39 % vor (BGH MDR 2013, 706), ebenso bei einer relativen Überschreitung um das Zwölffache und einer absoluten Überschreitung von 22 % (BGH MDR 2013, 705). Dem Unternehmer nützt es nicht, wenn er die Vermutung der Sittenwidrigkeit widerlegt, indem er einen Kalkulationsirrtum glaubhaft macht. Dann ergibt sich aus den Regeln des Wegfalls der Geschäftsgrundlage, dass er die überhöhten Preise nicht abrechnen darf (BGH MDR 2013, 706). Durch die Änderung der Rspr zu § 2 III VOB/B (BGH MDR 2019, 1186) sind die vorgenannten Grundsätze bei VOB/B-Verträgen weitgehend obsolet, weil für die über 10 % hinausgehende Überschreitung des Mengenansatzes die tatsächlichen Kosten mit angemessen Zuschlägen für Wagnis und Gewinn maßgeblich sind, der überhöhte Einheitspreis also nicht für die gesamte ausgeführte Menge gilt. 23a

6. Anfechtung. Die **Anfechtbarkeit** von Werkverträgen richtet sich nach den allg Vorschriften der §§ 119ff. Auch solche Willenserklärungen, die im Rahmen öffentlicher Ausschreibungsverfahren von Bietern abgegeben werden, können nach diesen Vorschriften wie jede andere Willenserklärung angefochten werden. Danach kommen sowohl Inhalts- und Erklärungsirrtümer als auch der Tatbestand arglistiger Täuschung als zur Anfechtung berechtigende Gründe in Betracht. 24

Ein **interner Kalkulationsirrtum** berechtigt grds als bloßer Motivirrtum nicht zur Anfechtung des abgeschlossenen Vertrags (BGH NJW 2002, 2312), weil derjenige, der aufgrund einer für richtig gehaltenen, in Wirklichkeit aber unzutreffenden Berechnungsgrundlage einen bestimmten Preis oder eine Vergütungsforderung ermittelt und seinem Angebot zugrunde legt, auch das Risiko dafür trägt, dass seine Kalkulation zutrifft (BGH NJW-RR 1986, 569ff). Dies gilt selbst dann, wenn der Erklärungsempfänger den Irrtum erkannt oder die Kenntnisnahme treuwidrig vereitelt hat. Allerdings kann der Erklärungsempfänger unter den Gesichtspunkten des Verschuldens bei Vertragsverhandlungen oder der unzulässigen Rechtsausübung verpflichtet sein, den Erklärenden auf seinen Kalkulationsfehler hinzuweisen (BGH BauR 1998, 1089). Insb **öffentliche Auftraggeber** sind während eines Ausschreibungsverfahrens idR nicht verpflichtet, Angebote der Bieter auf Kalkulationsfehler zu überprüfen oder weitere Ermittlungen anzustellen; ausnahmsw kann eine solche Pflicht bestehen, wenn sich der Tatbestand eines Kalkulationsirrtums und seiner unzumutbaren Folgen für den Bieter aus dessen Angebot oder den dem Auftraggeber bekannten sonstigen Umständen geradezu aufdrängt (BGH BauR 1998, 1089ff). Die Erteilung des Zuschlags auf 25 ein von einem Kalkulationsfehler beeinflusstes Angebot kann gegen die Pflicht zur Rücksichtnahme verstoßen (BGH BauR 2015, 479).

25a Umstr ist dagegen seit jeher die Behandlung **externer Kalkulationsirrtümer**, also solcher Angebote, deren Inhalt sowohl aus der Berechnungsgrundlage als auch aus dem Berechnungsergebnis besteht. Hier ist zunächst durch **Auslegung** (§§ 133, 157) zu ermitteln, ob ggf allein die Berechnungsgrundlage maßgeblicher Inhalt des Angebots ist. Lässt sich dies nicht feststellen, so kann ein **Dissens** anzunehmen sein mit der Folge, dass der Vertrag nichtig ist. Weiterhin wird vorgeschlagen, uU die Grundsätze über die **Störung der Geschäftsgrundlage** (§ 313) anzuwenden oder dem Anbietenden letztlich mit dem Grundsatz von **Treu und Glauben** (§ 242) zu helfen, indem der Kalkulationsirrtum ausnahmsw den Einwand des Rechtsmissbrauches rechtfertigen soll (vgl zur Problematik der Vertragsanpassung im Fall eines externen Kalkulationsirrtums auch BGH BauR 1995, 842).

26 Zur Anfechtung bei Architekten- und Ingenieurverträgen § 650p Rn 11.

27 **II. Inhalt des Werkvertrags.** Der **Inhalt** des Werkvertrags richtet sich nach der Vereinbarung der Parteien des Vertrags und ist ggf durch Auslegung zu ermitteln.

28 **III. Pflichten des Werkunternehmers.** Den Werkunternehmer treffen im Rahmen eines Werkvertrags unterschiedliche **Haupt-** und **Nebenpflichten**, deren Art und Umfang sich notwendig nach der individuellen Vereinbarung der Parteien im Einzelfall richten.

29 **1. Hauptpflichten.** Den Werkunternehmer trifft stets die **Hauptpflicht, das Werk** rechtzeitig und mangelfrei, also mit den geschuldeten Eigenschaften, **herzustellen**. Die Fälligkeit der Werkleistung richtet sich ebenfalls nach der Parteiabrede. Soweit etwas anderes nicht vereinbart ist, ist maßgeblich der Zeitpunkt für die Ablieferung des Gesamtwerks (BGH NJW-RR 1997, 1376). Mit der Herstellungspflicht korrespondiert im Werkvertragsrecht nicht gleichsam ein Herstellungsrecht, wie § 648 zeigt. Danach kann der Besteller den Werkvertrag jederzeit, ohne dass es dafür besonderer Gründe bedürfte, kündigen. Einem Interesse des Werkunternehmers an der Errichtung des Werks – etwa aus ideellen Gründen oder als Referenzobjekt – misst das Werkvertragsrecht keine Bedeutung bei. Im Fall einer solchen Kündigung berücksichtigt § 648 S 2 allein das wirtschaftl Interesse des Unternehmers, indem ihm trotz der Kündigung der vereinbarte Vergütungsanspruch abzüglich ersparter Aufwendungen erhalten bleibt.

30 Ob der Werkunternehmer **in Person zu leisten** hat, richtet sich ebenfalls nach der Vereinbarung der Parteien oder ergibt sich nach Auslegung unter besonderer Berücksichtigung des geschuldeten werkvertragl Erfolges. Da im Werkvertragsrecht, anders als etwa im Dienstvertragsrecht, nicht die Leistungserbringung, sondern der zu erreichende Erfolg im Vordergrund steht, ist **idR** davon auszugehen, dass der Werkunternehmer die Leistung **nicht persönlich** zu erbringen hat, sondern sich Hilfskräften auch in Form rechtl selbständiger (Sub-)Unternehmer bedienen darf.

30a Unabhängig davon ist die Frage zu beantworten, inwieweit der Unternehmer für die von ihm eingesetzten Dritten **haftet**; dies beantwortet sich allein nach § 278 und setzt danach voraus, dass die Hilfskräfte gerade bei Erfüllung einer dem Unternehmer obliegenden Verpflichtung tätig werden, was bei bloßen Nebentätigkeiten, wie etwa Vorbereitungstätigkeiten oder der Beschaffung bestimmter Materialien, nicht angenommen werden kann (vgl dazu im Einz § 278).

31 Soweit die Beauftragung des Werkunternehmers jedoch auf besonderem persönlichem Vertrauen beruht oder es dem Besteller erkennbar auf die individuellen Fertigkeiten des Unternehmers ankommt, ist dagegen von einer Verpflichtung zur **persönlichen Leistungserbringung** auszugehen. Dies kann etwa bei der Verfassung wissenschaftlicher Arbeiten oder bei der Herstellung von Kunstwerken der Fall sein.

32 Als zweite Hauptleistungspflicht trifft den Unternehmer die **Verpflichtung zur Ablieferung des Werks.** Diese Ablieferungsverpflichtung ist nicht etwa bereits Element der dargestellten Verpflichtung zur mangelfreien Herstellung des Werks, sondern steht selbständig neben ihr (aA wohl *Thode* NZBau 2002, 297ff). Folge dieser Auffassung ist, dass der Besteller die Abnahme nicht mit der Begründung verweigern kann, ihm sei das zu erstellende Werk noch nicht abgeliefert worden. Inhalt der Ablieferungsverpflichtung ist regelmäßig die Besitz- und Eigentumsverschaffung, soweit nicht letztere bereits aufgrund eines kraft Gesetzes erfolgenden Eigentumsübergangs obsolet ist. Die Übertragung von Eigentum und Besitz kann der Unternehmer gem § 320 von der Zahlung des Werkslohns abhängig machen (Mot II, 492). Dieser Schutz versagt bei Bauwerken, die auf dem Grundstück des Bestellers errichtet werden.

33 **2. Nebenpflichten.** Neben den jedem Werkvertrag immanenten Hauptleistungspflichten treffen den Werkunternehmer darüber hinaus zahlreiche unterschiedliche Nebenleistungspflichten, die sich im Einz durch Auslegung des individuellen Werkvertrags unter Berücksichtigung der Eigenarten des geschuldeten werkvertragl Erfolges bestimmen. Als derartige Nebenpflichten kommen **Aufklärungs-, Prüfungs- und Beratungspflichten** in Betracht.

34 Eine Beratungspflicht kann insb in Fällen bestehen, in denen der Unternehmer aufgrund überlegenen Fachwissens jedenfalls konkludent vertragl eine solche übernommen hat (BGH NJW-RR 1996, 789). Auch eine Pflicht zur Aufklärung **von lückenhaften Angaben im Leistungsverzeichnis** kann bestehen (BGH NJW-RR 1987, 1306). Bedenken gegen **unerprobtes Material oder unerprobte Technik** muss der Unternehmer dem Besteller ggü äußern (Köln BauR 1990, 1039). Ein Unternehmer, der eine neue und weitgehend unerprobte Technik liefert, hat die Verpflichtung, den Besteller über die Brauchbarkeit des Werks gerade für dessen konkrete Zwecke

zu beraten und ihn auf Bedenken gegen die Brauchbarkeit hinzuweisen (BGH NJW-RR 1993, 26). Zur Haftung für Verarbeitungshinweise vgl *Rodemann* ZfBR 2010, 523. Keine Beratungspflicht im vg Sinne ist die Hinweispflicht des Unternehmers auf Fehler der ihm vorgegebenen Planung oder auf Mängel von Vorgewerken. Die Leistung des Unternehmers ist auch dann mangelhaft, wenn sie auf einer fehlerhaften (Besteller-)Planung oder auf Fehlern eines Vorgewerks beruht. Der Unternehmer ist aber von der Haftung befreit, wenn er seine Hinweispflicht erfüllt hat. Die Rechtslage gilt auch beim BGB-Vertrag, ein Hinweis ist ebenfalls nötig, wie § 4 III, § 13 III VOB/B für den VOB-Vertrag vorsehen (BGH MDR 2012, 89).

Der Rahmen dieser Verpflichtung und ihre Grenzen ergeben sich aus dem Grundsatz der Zumutbarkeit, die anhand der besonderen Umstände jedes Einzelfalls zu beurteilen ist (Köln BauR 1988, 241). Welche Anforderungen insoweit zu stellen sind, bestimmt sich nach dem von dem Unternehmer zu erwartenden **Fachwissen**, nach seiner **Kenntnis vom Informationsstand des Vorunternehmers** und durch alle Umstände, die für den Unternehmer bei hinreichend sorgfältiger Prüfung als bedeutsam erkennbar sind. 35

Es entspricht st Rspr, dass der Maßstab, der an den Umfang der Prüfungs- und Hinweispflicht des Werkunternehmers anzulegen ist, regelmäßig bei Einschaltung eines Sonderfachmanns reduziert ist, ggf auch vollständig entfallen kann (BGH ZfBR 1998, 244; Köln NZBau 2016, 438; NZBau 2015, 777). Auch im Fall der Einschaltung eines Sonderfachmanns ist jedoch der ausführende Handwerker verpflichtet, zB **Planungsunterlagen auf offenkundige Fehler zu überprüfen**. Kommt er dieser Verpflichtung nicht nach und wird dadurch das Gesamtwerk beeinträchtigt, so ist die Leistung des Werkunternehmers selbst mangelhaft. Der Besteller ist berechtigt, ihn auf Gewährleistung in Anspruch zu nehmen (BGH NJW 1987, 643). 36

Nach Rspr des BGH bestehen die dargestellten Aufklärungs- und Beratungspflichten **auch ggü dem sachkundigen Besteller** (BGH MDR 2001, 502: „Auch wenn sich ein Bauherr die Sachkunde seines Bauleiters zurechnen lassen muss, entfällt dadurch allein die Prüfungs- und Hinweispflicht des Unternehmers nicht.") 37

Die iÜ bestehenden **Fürsorge-** und **Obhutspflichten** des Werkunternehmers verpflichten ihn, bei der Vertragsdurchführung Schäden vom Besteller abzuwenden und richten sich hinsichtl ihres konkreten Umfangs nach den Besonderheiten des jew Vertrags. Dazu können etwa der pflegliche Umgang mit Sachen des Bestellers (BGH NJW 1983, 113) und ihre sichere Verwahrung gehören. Eine **Pflicht zur Versicherung** von Gegenständen des Bestellers besteht dagegen grds nicht, es sei denn, eine solche Pflicht wurde vertragl vereinbart. Soweit eine solche Verpflichtung nicht besteht, kann es aber uU zum Pflichtenkreis des Werkunternehmers gehören, den Besteller gerade auf das Fehlen einer Versicherung hinzuweisen (BGH MDR 2016, 814). 38

Zu den Pflichten des Unternehmers gehört darüber hinaus aber die **Sicherung eigener Geräte**, um den Besteller vor davon ausgehenden Gefahren zu schützen. Soweit von dem herzustellenden Werk selbst Gefahren ausgehen können, trifft den Unternehmer auch eine **Warnpflicht** dem Besteller ggü. 38a

IV. Pflichten des Bestellers. 1. Hauptpflichten. Den Besteller treffen **zwei Hauptpflichten**. Er ist verpflichtet, die **Vergütung** zu zahlen, soweit eine solche vereinbart ist, und das Werk **abzunehmen**. Da die Vergütungsvereinbarung nicht zu den essentialia negotii des Werkvertrags gehört, trifft den Besteller eine Pflicht zur Zahlung der Vergütung stets nur dann, wenn eine solche zw den Parteien vereinbart ist oder die Vergütung aufgrund von § 632 stillschw als vereinbart gilt (Vergütungsfiktion), weil die Herstellung des Werks nur gegen eine Vergütung zu erwarten ist. 39

Fehlt die Vergütungsvereinbarung und ergibt sich eine Verpflichtung zur Vergütung auch nicht aus § 632, so ist der Besteller allein zur Abnahme verpflichtet. In diesem Fall liegt ein **unentgeltlicher Werkvertrag** vor. Zu sog Akquisitionsleistungen des Architekten s § 650p Rn 7. 40

Die Gegenleistung wird idR in der Zahlung von Geld bestehen; auch die Vereinbarung anderer Gegenleistungen ist möglich und steht der Qualifikation des Vertrags als Werkvertrag nicht entgegen. 41

Die **Höhe der Vergütung** richtet sich nach den konkreten Vereinbarungen des Einzelfalls (zur Bestimmung der Vergütungshöhe bei fehlender Vergütungsabrede in den Fällen, in denen die Herstellung des Werks nur gegen eine Vergütung zu erwarten ist, vgl § 632). Zu typischen Vergütungsvereinbarungen (Einheitspreisvertrag, Stundenlohnvertrag, Pauschalvertrag s § 632 Rn 12a ff). 42

UU kann die Privatautonomie der Vertragsparteien bei der Festlegung der Vergütung eingeschränkt sein. Das war früher bei der Erbringung von **Architekten-** und **Ingenieurleistungen** der Fall. Seit dem 1.1.2021 sieht die HOAI keine Mindest- und Höchstsätze mehr vor. 43

Die zweite Hauptpflicht ist die **Abnahme** des Werks. Diese besteht idR aus der körperlichen Hinnahme des Werks verbunden mit der Billigung als vertragsgemäß. Aufgrund der großen Bedeutung der Abnahme im Werkvertragsrecht ist diese nicht als bloße Obliegenheit ausgestaltet, sondern zur vertragl Hauptpflicht erhoben worden (vgl zur Abnahme im Einz § 640 Rn 1ff). 44

2. Nebenpflichten. Über die beiden beschriebenen Hauptpflichten hinaus treffen den Besteller zahlreiche und unterschiedlichste Nebenpflichten, deren Art und Umfang sich durch Auslegung des konkreten Vertrags ermitteln lassen. Dabei handelt es sich im Einz um **Aufklärungs-, Schutz und Obhutspflichten**. So muss etwa der Besteller den Werkunternehmer über für diesen erkennbar bedeutsame und für dessen Rechtsgüter bedeutsame Umstände aufklären, die dieser nicht kennt oder unzutr gewürdigt hat (Stuttgart NJW-RR 1997, 1241 für Kalkulationsirrtum) oder für die Sicherheit des Werkunternehmers Sorge tragen, sofern beim Besteller gearbeitet oder sogar dessen Gerät benutzt wird (BGH NJW 1958, 710). Eine Verpflichtung zur Prüfung der Eignung des Unter- 45 nehmers für die Herstellung des Werks besteht dagegen ohne besonderen Anlass nicht (BGH NJW 1993, 1191). Auch eine Überwachungspflicht besteht idR nicht (BGH NJW 1973, 518). Der mangelhaft leistende Unternehmer kann es dem Besteller daher nicht als Mitverschulden entgegenhalten, dass Mängel des Werkes nicht bereits während der Ausführung aufgedeckt worden sind.

§ 632 Vergütung

(1) Eine Vergütung gilt als stillschweigend vereinbart, wenn die Herstellung des Werkes den Umständen nach nur gegen eine Vergütung zu erwarten ist.

(2) Ist die Höhe der Vergütung nicht bestimmt, so ist bei dem Bestehen einer Taxe die taxmäßige Vergütung, in Ermangelung einer Taxe die übliche Vergütung als vereinbart anzusehen.

(3) Ein Kostenanschlag ist im Zweifel nicht zu vergüten.

1 **I. Vereinbarung der Vergütung (Abs I).** Die Vergütung kann **ausdrückl** vereinbart sein. Ist das nicht der Fall, beantwortet **Abs I** die Frage, ob eine Vergütung als **stillschw** vereinbart zu gelten hat. Danach wird eine solche Vereinbarung fingiert, wenn die Umstände, dh die tatsächlichen Geschehnisse bei der Beauftragung des Unternehmers, eine Herstellung nur gegen Entgelt erwarten lassen. Es kommt dabei auf die gesamten Verhältnisse, auf die gegenseitigen persönlichen Beziehungen der Parteien an, die aber nach obj Maßstäben zu beurteilen sind. Vergütungspflicht daher regelmäßig zu bejahen, wenn der Unternehmer gewerblich oder freiberuflich tätig ist (Düsseldorf NJW-RR 1991, 120; Saarbrücken NJW-RR 1999, 1035), zu verneinen zB, wenn der Unternehmer die Reparatur als Garantieleistung zusichert (BGH MDR 1983, 48). Führt der Unternehmer eine vermeintliche Nacherfüllungsmaßnahme durch und stellt sich dabei heraus, dass er für den aufgetretenen Mangel nicht verantwortlich ist, kann er sich auf eine stillschw vereinbarte Vergütung nicht berufen (Celle BauR 2003, 265). Vergütung für Nacherfüllungsversuche, bei denen sich nachträgl herausstellt, dass der Unternehmer nicht nacherfüllungsverpflichtet ist, weil sein Werk nicht fehlerhaft ist, schuldet der Besteller daher im Regelfall nicht. Der Unternehmer kann nur dann Kostenerstattung verlangen, wenn er seine Tätigkeit davon abhängig gemacht hat, dass bei Mangelfreiheit seines Gewerks seine Kosten zu erstatten sind (Karlsruhe MDR 2003, 1108). Unbeachtlich ist die subj Überzeugung des Bestellers, zur Vergütungsentrichtung nicht verpflichtet zu sein. Für das Kaufrecht hat der BGH entschieden, dass ein unberechtigtes Mängelbeseitigungsverlangen des Käufers nach § 439 I eine zum Schadensersatz verpflichtende schuldhafte Vertragsverletzung darstellt, wenn der Käufer erkannt hat oder fahrlässig nicht erkannt hat, dass ein Mangel der Kaufsache nicht vorliegt, sondern die Ursache für das Symptom, hinter dem er einen Mangel vermutet, in seinem eigenen Verantwortungsbereich liegt (BGH MDR 2008, 373). Die Grundsätze dieser Entscheidung sind zwar auf das Werkvertragsrecht übertragbar, werden aber nur in Extremfällen vorliegen. Solange der Besteller den Unternehmer für mängelverantwortlich halten kann, was insb bei baulichen Laien regelmäßig der Fall sein wird, liegt eine Vertragsverletzung nicht vor. Der in Anspruch genommene Unternehmer darf Maßnahmen zur Mängelbeseitigung nicht davon abhängig machen, dass der Besteller eine Erklärung abgibt, wonach er die Kosten der Untersuchung und weiterer Maßnahmen für den Fall übernimmt, dass der Unternehmer nicht für den Mangel verantwortlich ist (BGH MDR 2010, 1311).

2 Str ist die Vergütungspflicht vielfach bei der Erstellung von **Vorarbeiten** (Angeboten, Entwürfen, Zeichnungen), und zwar vor allem dann, wenn es nicht zum Abschluss des Vertrags und zur Ausführung des Werks kommt. Für Kostenanschläge sieht Abs III im Zweifel Vergütungsfreiheit vor. Entscheidend ist, ob solche vorbereitenden Leistungen Gegenstand eines selbständigen Werkvertrags geworden sind, was auch konkludent geschehen sein kann, wobei die Umstände des Einzelfalls und die Gewohnheiten des Geschäftsverkehrs zu berücksichtigen sind. Danach scheidet eine Vergütung regelmäßig aus, wenn der Unternehmer aus eigenem Entschluss und Interesse tätig geworden ist. Aber auch bei Veranlassung von Vorarbeiten durch die interessierte andere Seite ist die Vergütungspflicht zu verneinen, wenn die Leistungen des Unternehmers als Konkretisierung seines Angebots zu bewerten oder zu seiner Werbung zuzurechnen sind (Hamm NJW-RR 1986, 1280), anders wenn die Vorarbeiten des Unternehmers eine eigenständige Vertragsleistung darstellen (künstlerischer Entwurf; vgl Frankfurt NJW-RR 1997, 120 – Designerentwürfe für Titelbild und Spielmodell; weitere Bsp aus diesem Bereich Düsseldorf NJW-RR 1991, 120 – Firmenlogo; Zweibrücken NJW-RR 1995, 1265 – Selbstdarstellungsbroschüre; Frankfurt NJW-RR 1997, 120 – Titelbild) oder wenn im Einvernehmen mit dem Besteller so umfangreiche Vorarbeiten geleistet werden, dass dieser nach Treu und Glauben Unentgeltlichkeit nicht erwarten kann (Nürnberg NJW-RR 1993, 760). – Im Geschäftsverkehr gibt es unterschiedliche Gepflogenheiten. So ist zB bei der Elektrogerätereparatur die Entgeltlichkeit von Kostenanschlägen bisher zu verneinen. Auch eine tatsächliche Vermutung, dass **Architekten** nur gegen Entgelt tätig werden, entspricht nicht der Rechtswirklichkeit. Auch diese müssen vielmehr Umstände darlegen, aus denen sich ergibt, dass sie gegen Entgelt tätig werden wollten. Diese können etwa darin liegen, dass der Auftraggeber sie in ihrem Büro aufgesucht hat, während andererseits eine Zusammenkunft bei gesellschaftlichen Anlässen nicht für die Vermutung der Entgeltlichkeit begründende Umstände spricht. Einen Erfahrungssatz, dass Architektenleistungen nicht unentgeltlich erbracht werden, hat die Rspr nicht anerkannt (Celle MDR 2007, 86). Das für das gegenteilige Ergebnis regelmäßig zitierte Urt BGH NJW 1987, 2742 ist nicht ergiebig. Die dortige Aussage bezieht sich nur auf die Vermutung des § 632 I (*Quack* IBR 2003, 309). – Die Tatsache allein, dass die Vorarbeiten für die andere Seite erkennbar nennenswerte Kosten und Arbeitsleistungen verursachen, begründet keine Vergütungspflicht. Für diesen Fall ist dem Unternehmer eine Vergütung zwar teilw zugesprochen (etwa bei Vorentwürfen und sonstigen vorbereitenden Tätigkeiten von Architekten, vgl Koblenz

NJW-RR 1996, 1045; Düsseldorf BauR 1993, 108 – „unverbindlich" nicht identisch mit „kostenlos"), vom BGH aber mit Recht versagt worden (NJW 1979, 2202; 1980, 447, 448; 1982, 765; ferner Frankfurt NJW 1986, 2117; NJW-RR 1986, 931; Hamm NJW-RR 1996, 83; Koblenz MDR 1998, 343). Danach wird nur in Ausnahmefällen aus fiktiver Vereinbarung iSd § 632 I eine Vergütungspflicht für Vorarbeiten herzuleiten sein.

II. Art der Vergütung. Wie beim Dienstvertrag regelt das BGB die Art der Vergütung der Werkleistungen nicht. IdR wird sie in **Geld** bestehen. Sie kann aber auch (ganz oder teilw) in anderer Art vereinbart sein, zB in der Lieferung von Waren. Dann handelt es sich um einen gemischten Vertrag, auf den vor allem Werkvertragsrecht anzuwenden ist. 3

III. Höhe der Vergütung (Abs II). 1. Maßgeblichkeit der Vereinbarung. Über sie entscheidet in erster Linie die **Vereinbarung**. In Betracht kommen verschiedene Typen von Preisbildungen. Häufig ist eine Vergütung nach dem **Einheitspreis** zu leisten, wobei die Einheit idR Arbeit und Material umfasst (wie beim Einheitspreisvertrag nach § 4 I Nr 1 VOB/A): Jede nach Maß, Gewicht oder Stückzahl einheitliche Teilleistung erhält einen Einheitspreis (Einzelpreis); dieser wird mit der Anzahl (Masse) der jew Teilleistungen zu einem Positionspreis multipliziert; die Summe der Positionspreise ergibt den Gesamtpreis. Der Werklohn ergibt sich dann erst nach der Fertigstellung aus dem Aufmaß, durch den der Vordersatz festgestellt wird. Die Vergütung nach Einheitspreisen stellt für den VOB/B-Vertrag den Regelfall dar (§ 2 II VOB/B). Beim **Pauschalvertrag** findet ein Aufmaß nicht statt. Ist das Leistungsverzeichnis nach dem Muster eines Einheitspreisvertrages aufgebaut und pauschalieren die Parteien den Werklohn, liegt ein sog. **Detailpauschalvertrag** vor. Der vereinbarte Pauschalpreis gilt dann im Grundsatz unabhängig davon, ob die Vordersätze der Ausschreibung zutreffen oder nicht. Gleichwohl kann sich der Werklohn ändern, zB weil die Ausführung auf Wunsch des Bestellers geändert wird oder die Preisbildung auf der Grundlage von Angaben des Bestellers erfolgt und sich nachträgl herausstellt, dass diese Angaben nicht zutreffen. Ein häufiger Fall ist, dass in einem von dem Besteller im Rahmen der Ausschreibung zur Verfügung gestellten Leistungsverzeichnis (Einzel-)Leistungen fehlen, die zur mangelfreien Herstellung des Werkes erforderlich sind. Der Unternehmer muss auf die fehlenden Leistungen hinweisen. Ordnet der Besteller die Ausführung der Leistung an, hat er sie zu vergüten. Liegt keine Anordnung vor, kommt ein Anspruch nach den Grundsätzen der GoA in Betracht. In diesen Fällen kommt zum Tragen, dass der Besteller die Ausführung des Werks geplant hat und das Angebot des Unternehmers auf der Erwartung beruht, dass die ausgeschriebenen Leistungen ausreichend und geeignet sind, das Werk mangelfrei zu erstellen. Ein **Globalpauschalvertrag** liegt vor, wenn sowohl Planung als auch Ausführung des Werks in der Hand des Unternehmers liegen, etwa weil der Besteller lediglich die Leistungsziele vorgegeben hat. Beim Globalpauschalvertrag kann der Unternehmer keine zusätzl Vergütungsansprüche geltend machen, wenn die Ausführung des Werks aufwendiger ist als erwartet. Die Typologie von Einheitspreisvertrag und Detailpauschalvertrag ist im Baurecht entwickelt worden. § 631 geht davon aus, dass Planung und Ausführung in der Hand des Unternehmers liegen (zB Besohlen von Schuhen). Der Werklohn kann auch nach **Stundenlöhnen** (zuzüglich Materialaufwand) zu berechnen sein. Im Bereich des Handwerks ist das vielfach die **übliche** Vergütung iSv § 632 II. Die vereinbarten Vertragspreise schließen die **Mehrwertsteuer** ein; diese kann daher nur bei ausdrückl oder konkludentem Hinweis („Nettopreis") zusätzl verlangt werden. 4

2. Preisänderungsklauseln. Bei Vertragsschluss kann es vereinbarungsgemäß an einer bestimmten Vergütungshöhe noch fehlen, zB weil die Parteien auf eine Preisbestimmung bei Vertragsschluss überhaupt verzichtet haben (Preisvorbehalt) oder weil zwar ein bestimmter Preis erkennbar gewollt ist, aber dem Besteller unter bestimmten Voraussetzungen, zB Zeitablauf, eine Preisänderungsbefugnis gewährt wird (Preisänderungsvorbehalt, Preisanpassungsklausel); vgl dazu BGHZ 94, 335, 339ff; BGH NJW 1983, 1603, 1604; 1985, 2270, 2271. Namentlich bei länger laufenden Vertragsverhältnissen im kaufmännischen Bereich sind Preiserhöhungsrechte des Unternehmers im Wege von Anpassungsklauseln üblich und nicht zu beanstanden, sofern sie sich an die Grenzen des § 315 I, III halten (vgl dazu BGHZ 92, 200; BGH NJW 1984, 1177, 1179f) und bei formularmäßiger Vereinbarung § 307 beachtet wird (BGHZ 94, 335, 339ff). Im Einzelfall muss die Bedeutung solcher Preisklauseln (Bsp: „Unverbindlicher Richtpreis", „Preis freibleibend", „ca-Preis") durch Auslegung ermittelt werden (Bsp für eine vereinbarte Stoffpreisgleitklausel in BGH WM 1975, 182). Eine **Lohngleitklausel** in Form einer sog **„Pfennigklausel"** bedarf als Kostenelementeklausel keiner Genehmigung nach § 1 PrKG (früher § 3 WährG), wenn sich grds nur die entstehenden Lohnkostenveränderungen auf den Werklohn auswirken (BGH MDR 2006, 1342). 5

3. Ermittlung üblicher Vergütung. Fehlt eine Vereinbarung über die Höhe der Vergütung, ist nach der Auslegungsregel des **Abs II** die **Vergütungshöhe** nach zwei Kriterien zu ermitteln: Nach der **Taxe** und – falls keine solche besteht – nach der **Üblichkeit. a)** Unter **Taxen** sind – wie beim Dienstvertrag (§ 612 II) – nur die unter hoheitlicher Mitwirkung oder Genehmigung festgesetzten Vergütungssätze zu verstehen (vgl § 612 Rn 9ff). Gemeint sind ferner nur solche Taxen, die nicht ohnehin zwingend gelten (Dispositivtaxen). Bsp: Gebührenordnungen der Rechtsanwälte (RVG), Ärzte (GOÄ), Zahnärzte (GOZ) und der Architekten und Ingenieure (HOAI). – Die ohne hoheitliche Beteiligung aufgestellten Vergütungssätze berufsständischer Organisationen sind keine Taxen iSv § 632 II; sie können aber die Grundlage für die Ermittlung der „üblichen" Vergütung bilden. Keine übliche Vergütung bei der Kfz-Reparatur ist ein Fremdarbeitszuschlag von 10 %, den der Unternehmer für Arbeiten in fremder Werkstatt dem Besteller ohne vorherigen Hinweis in Rechnung stellt. Dasselbe gilt für einen nicht vereinbarten Generalunternehmerzuschlag. 6

Voraussetzung für die Anwendung des Abs II ist, dass ein vergütungspflichtiger Werkvertrag dem Grunde nach bewiesen ist (Düsseldorf BauR 2009, 699). Einigen sich die Parteien eines Bauvertrags entgegen ihren Vorstellungen nicht über die Vergütung, liegt ein versteckter Dissens vor, der regelmäßig die Nichtigkeit des Vertrags zur Folge hat. Nur wenn sich bei Anwendung der §§ 154, 155 die Wirksamkeit des Vertrags ergibt, bestimmt sich die Höhe der Vergütung nach § 632 II (Bremen NJW-RR 2009, 668).

6a b) Die **Üblichkeit** der Vergütung kann sich aus den in den Vertrag einbezogenen AGB-Regelungen ergeben. So ist bei einem VOB-Vertrag, bei dem es zu einer Einigung über den Werklohn nicht gekommen ist, die übliche Vergütung gem § 2 II VOB/B nach Einheitspreisen (vgl Rn 4) zu berechnen (Frankfurt NJW-RR 1989, 20). IÜ bemisst sich die Üblichkeit der Vergütung nach dem, was zur Zeit des Vertragsschlusses nach allg Auffassung der beteiligten Kreise am Ort der Werkleistung gewährt zu werden pflegt (BGH MDR 2001, 212), wobei der Vertragspartner von der Üblichkeit keine Kenntnis zu haben braucht. Beim Architekten- und Ingenieurvertrag gilt gem § 7 I HOAI der Basishonorarsatz als vereinbart, wenn die Parteien bei Auftragserteilung nichts anderes in Textform vereinbart haben.

7 c) Lässt sich nicht feststellen, ob die Parteien eines Werkvertrags über die Vergütung eine Absprache getroffen haben, und gibt es für die betroffene Werkleistung keine übliche Vergütung, ist die Vertragslücke nach den Grundsätzen der erg Vertragsauslegung zu schließen. Für die erg Vertragsauslegung sind Gegenstand und Schwierigkeit der Werkleistung und insb die mit dem Vertrag verfolgten Interessen der Parteien von Bedeutung (BGH MDR 2007, 75). Nicht selten ergibt sich aus Taxen oder Üblichkeit kein konkreter Preis, sondern nur ein Vergütungsrahmen (Höchst- und Mindestgrenzen, übliche Spannen). Dieser Rahmen ist dann nach der Rspr des BGH (MDR 2007, 75) im Wege der – notfalls erg – Vertragsauslegung auszufüllen. Die Auslegung wird selten dazu führen, dass dem Unternehmer ein Festsetzungsrecht in den Grenzen der §§ 315f zusteht. Bevor auf das einseitige Leistungsbestimmungsrecht zurückgegriffen werden darf, muss geprüft werden, ob sich eine zweiseitig vereinbarte Vergütung nicht über § 632 II ermitteln lässt (BGH MDR 2007, 75). Meist wird als von den Parteien redlicherweise gewollt ein Mittelwert anzunehmen sein, von dem je nach den Umständen des Einzelfalles, insb der Leistungsqualität des Unternehmers, ggf durch Zu- oder Abschläge abzuweichen ist.

8 **4. Vergütungshöhe nach billigem Ermessen.** Besteht keine Taxe und lässt sich keine übliche Vergütung ermitteln (selten), sind **§§ 315f** anzuwenden, dh die Vergütung ist im Zweifel durch den Unternehmer nach **billigem Ermessen** und mit ihn bindender Wirkung zu bestimmen. Nach der Rspr des BGH ist allerdings für den Regelfall ein solches Festsetzungsrecht des Unternehmers abzulehnen, und stattdessen sind die Grundsätze der (erg) Vertragsauslegung anzuwenden, da die vom BGH angeführten Gründe auch in den Fällen fehlender taxmäßiger oder üblicher Vergütung zutreffen (BGH MDR 2007, 75). Mit Hilfe der (erg) Vertragsauslegung dürfte es möglich sein, in allen Fällen dieser Art eine Vergütung zu ermitteln, die die Parteien redlicherweise vereinbart hätten.

9 **IV. Fälligkeit der Vergütung.** Der Vergütungsanspruch entsteht mit Vertragsabschluss (daher schon dann Aufrechnungsbefugnis des Bestellers gem § 96 I Nr 1 InsO; er wird fällig gem § 641 bei **Abnahme** des Werks, bei teilw Abnahme in Raten; gem § 646 bei **Vollendung** des Werks, wenn Abnahme nicht möglich. Das Gesetz sieht also eine Vorleistungspflicht des Unternehmers in der Gestalt einer Vorfinanzierungspflicht (dazu *Sienz* BauR 2004, 10) vor (vgl die Erl zu §§ 640, 646). Das ist grds sachgerecht, weil das Werk bei Vertragsschluss noch nicht existiert, so dass der Besteller die Vertragsgemäßheit noch nicht prüfen kann (Soergel/*Buchwitz*, § 631 Rn 73). – Die **Erteilung einer Rechnung** ist für die Fälligkeit der Vergütung aus einem Werkvertrag grds nicht erforderlich, anders für den Bauvertrag nach § 650g IV, § 16 III VOB/B und den Architekten- und Ingenieurvertrag (§ 650q, § 650g IV). Ein Handelsbrauch, dass auch bei Werkverträgen nur die Rechnungsstellung zur Fälligkeit führt, ist (noch) nicht zu erkennen, so dass nur Vereinbarung der Rechnungsstellung zur Fälligkeitsvoraussetzung führt (Frankfurt NJW-RR 2000, 750). Die Parteien eines BGB-Werkvertrags sind jedoch nicht gehindert, die Stellung einer prüfbaren Rechnung zur Fälligkeitsvoraussetzung zu machen. In diesem Fall tritt Fälligkeit erst mit Überreichung einer prüfbaren Rechnung oder nach Ablauf der Rügefrist von einem Monat ein (§ 650g I iVm § 650g IV aE), § 650g Rn 11. Wegen des Anspruchs auf Erteilung einer Rechnung gem § 14 UStG kann ein Zurückbehaltungsrecht begründet sein, auch gerät der Besteller nicht in Verzug, wenn er die Berechtigung einer Werklohnforderung ohne Abrechnung nicht nachvollziehen kann.

10 **V. Bindung der Parteien an die vereinbarte Vergütungshöhe. 1. Preisgleitklauseln.** Dazu vgl Rn 5 – Zu Lohngleitklauseln in Gestalt der sog Pfennigklausel vgl BGH MDR 2006, 1342.

11 Einstweilen frei.

12 **2. Vergütungsrechtliche Vertragstypen.** Beim **Einheitspreisvertrag** können sich **Änderungen der Vergütung** vor allem daraus ergeben, dass die Vordersätze geringer oder höher ausfallen, als von den Parteien bei Vertragsschluss erwartet. Solche Mengenabweichungen, die sich aus dem Aufmaß ergeben, sind dem Einheitspreisvertrag immanent und der Besteller kann nicht geltend machen, dass der Unternehmer nicht höhere Vordersätze abrechnen dürfe als in seinem Angebot zugrunde gelegt. Zudem sind Änderungen des Werklohns möglich, wenn der Unternehmer auf ein Leistungsverzeichnis des Unternehmers angeboten hat und nicht ausgeschriebene Leistungen zur Fertigstellung erforderlich werden. Solche Leistungen müssen zusätzl beauftragt werden. Werden sie ohne Auftrag ausgeführt, ergibt sich idR ein Anspruch aus Geschäftsführung ohne Auftrag.

12a Beim **Stundenlohnvertrag** kommt es auf die von dem Unternehmer aufgewendete Zeit an. Nähere Angaben sind nur dann erforderlich, wenn die Parteien eine Vereinbarung über Dokumentation und Nachweis der Stundenlohnarbeiten treffen (BGH 1.2.2023 – VII ZR 882/21). Will der Besteller geltend machen, der Unternehmer habe unangemessen viel Zeit für die Herstellung des Werks aufgewendet, ist er hierfür darlegungs- und beweispflichtig. Nur im Ausnahmefall trifft den Unternehmer eine sekundäre Darlegungslast, welche Zeit er für welche Arbeiten aufgewendet hat (BGH BauR 2017, 721).

Beim **Pauschalvertrag** ist zw verschiedenen Vertragstypen zu unterscheiden. Ist der Pauschalpreis auf der Grundlage von Angaben des Bestellers gebildet worden (zB Leistungsverzeichnis einer Ausschreibung), trifft den Unternehmer grds nicht das sog Vollständigkeitsrisiko. Auch wenn der Unternehmer zu einer mangelfreien Leistung verpflichtet ist, sind ihm doch nur die detailliert beschriebenen Leistungen vergütet. Fehlen für die mangelfreie Herstellung erforderliche Leistungen, muss der Besteller diese nachträgl beauftragen. Er kann nicht auf den Pauschalpreis verweisen. Der Unternehmer schuldet nicht „alles", sondern nur die detailliert beschriebenen Leistungen (sog Detailpauschalvertrag). Wegen der Massen selbst ist eine Abänderung des Pauschalpreises im Grundsatz ausgeschlossen. Denn beim Pauschalvertrag verzichten die Parteien auf ein Aufmaß. Anders liegt der Fall, wenn das Pauschalangebot des Unternehmers nicht auf Angaben des Bestellers beruht oder der Besteller lediglich ein Leistungsziel vorgegeben hat (funktionale Ausschreibung) und der Unternehmer für das Angebot selbst zu planen hatte, wie er das Leistungsziel erreicht (sog Globalpauschalvertrag). Dann ist er an den Pauschalpreis gebunden, auch wenn der Aufwand höher ist als erwartet. 12b

Bei allen Vertragstypen kann sich die Vergütung auch deshalb ändern, weil der Besteller eine geänderte Ausführung wünscht und der Unternehmer diesen Wunsch umsetzt. Einigen sich die Parteien in diesem Fall nicht auf eine geänderte Vergütung, kommt eine ergänzende Vertragsauslegung in Betracht. Es kommen zwei Lösungen in Frage. Der vertragl vereinbarte Preis wird „fortgeschrieben", der Besteller bezahlt den Preis, den die Parteien vereinbart hätten, wenn die Änderung von vornherein beauftragt worden wäre (Schleswig BauR 2022, 1500). Oder man nimmt an, dass die Vertragslücke dadurch geschlossen wird, dass der Unternehmer die tatsächlichen Mehrkosten der Änderung mit angemessenen Zuschlägen für Allgemeine Geschäftskosten und Wagnis und Gewinn erhält. – Die zuletzt genannte Lösung entspricht den Regelungen zur Anpassung der Vergütung in § 2 VOB/B und in den §§ 650b, c für den Bauvertrag (zur Auslegung von § 2 V und VI VOB/B nach der Rspr des BGH zu § 2 III VOB/B: Köln BauR 2021, 973, s auch § 650c Rn 13). 12c

3. Bindung an die Schlussrechnung. Für den Architekten kann unter strengen Voraussetzungen eine solche Bindung anzuerkennen sein (§ 650p Rn 17). Für die **VOB/B** hat der BGH die Bindungswirkung der Schlussrechnung des Unternehmers verneint (BGH MDR 1993, 237). Wenn § 242 die Grundlage für die Bindungswirkung der Schlussrechnung darstellt (so BGH MDR 1993, 237), muss die Frage nach dieser Bindung bei **jeder werkvertragl Schlussrechnung** geprüft und entschieden werden. 13

4. Änderungen der Wirtschaftslage. Insb der Lohn- und Materialpreisverhältnisse und damit der Produktionsbedingungen nach Vertragsabschluss. Nach der in §§ 631, 644 getroffenen Risikoregelung schuldet der Unternehmer den Erfolg des fertig gestellten Werks; er hat daher auch die auf dem Wege bis dahin auftretenden Risiken in Gestalt von Lohn- und Preiserhöhungen zu tragen. Eine Anpassung des Werkvertrags an derartige Kostensteigerungen kommt daher nur unter dem Gesichtspunkt der **Unzumutbarkeit** oder Überschreitung der Opfergrenze in Betracht, dh regelmäßig nicht. 14

Auf steigende Löhne und Materialpreise kann der Unternehmer sich einstellen und tut dies vielfach auch durch Vereinbarung von Preisgleitklauseln und Preisvorbehalten sowie durch Kalkulation von Wagniszuschlägen. Ein vereinbarter Festpreis ist somit auch bei längerer Vertragsdauer grds bindend; das Risiko von Kostensteigerungen trägt der Unternehmer (BGH MDR 1985, 926). – Zur Sonderproblematik bei immensen Stahlpreisverteuerungen: Der Auftragnehmer kann einen Anspruch auf Anpassung der Preise aufgrund der Stahlpreiserhöhung auf dem Weltmarkt nicht auf § 313 I stützen (Hamburg BauR 2006, 680). Zu den Auswirkungen der Corona-Pandemie und des Ukrainekrieges: *Lührmann/Egle/Thomas* NZBau 2022, 251). 15

VI. Abtretung des Vergütungsanspruchs. Werkunternehmer und insb Bauunternehmer sind im Regelfall Kaufleute, so dass bei unter den Kaufmannsbegriff fallenden Bestellern § 354a HGB anwendbar ist. Dies gilt auch dann, wenn die öffentliche Hand Auftraggeber ist (§ 354a I Hs 1 HGB). Ein formularmäßiges Verbot der Abtretung des Vergütungsanspruchs hindert danach die Wirksamkeit der Abtretung nicht. Der Schuldner darf daher mit befreiender Wirkung an den Zedenten leisten; das bedeutet jedoch nicht, dass er mit dem Zedenten einen Vergleich zu Lasten des Zessionars schließen könnte (BGH MDR 2009, 210). Ist eine in AGB des Auftraggebers enthaltene Klausel, wonach eine Forderung gegen den Verwender ohne dessen Zustimmung nicht abgetreten werden darf, wirksam, darf der Verwender seine Zustimmung nicht unbillig verweigern (BGH MDR 2000, 263). – Zulässig ist nach BGH MDR 2007, 136 auch ein Abtretungsausschluss in Bauvertrag-AGB trotz Vereitelung der Sicherung eines Lieferanten durch verlängerten Eigentumsvorbehalt. – Nach Offenlegung einer aufgrund eines verlängerten Eigentumsvorbehalts erfolgten Teilabtretung der gegen ihn gerichteten Forderung an den Vorbehaltslieferanten ist der Schuldner grds berechtigt, in entspr Anwendung des § 366 I nachträgl zu bestimmen, dass seine an den bisherigen Gläubiger erbrachten Abschlagszahlungen vorrangig auf die dem Vorbehaltslieferanten zustehende Teilforderung anzurechnen sind. Entspr dem § 121 I zugrunde liegenden Rechtsgedanken muss der Schuldner die Leistungsbestimmung unverzüglich vornehmen, nachdem er von der Teilabtretung Kenntnis erlangt hat (BGH MDR 2007, 136). 16

VII. Verjährung des Vergütungsanspruchs. Seit dem SchuldRModG beträgt die Verjährungsfrist unabhängig davon, ob die Leistung für den Gewerbebetrieb des Schuldners erbracht wurde, einheitlich drei Jahre, beginnend mit dem Schluss des Jahres, in dem der Anspruch entstanden ist und der Unternehmer von dem Anspruch Kenntnis erlangt hat oder ohne grobe Fahrlässigkeit hätte erlangen müssen (§ 199). Maßgeblich für den Verjäh- 17 rungsbeginn ist damit die Entstehung des Anspruchs, die subj Komponente spielt für Vergütungsansprüche des Unternehmers regelmäßig keine Rolle. Mit Entstehung des Anspruchs ist die Fälligkeit gemeint.

18 Die Anknüpfung an ein subj Moment soll die Verkürzung der regelmäßigen Verjährungsfrist von 30 Jahren auf drei Jahre ausgleichen (vgl § 199 Rn 1). Um die Verjährung bei Fehlen des subj Moments eintreten zu lassen, bestimmt § 199 IV, dass ohne Rücksicht auf die Kenntnis oder grob fahrlässige Unkenntnis Verjährung spätestens zehn Jahre von der Entstehung an eintritt. Die sog Ultimoverjährung gilt in diesem Fall nicht, die Verjährung beginnt taggenau (§ 199 Rn 32).

19 **VIII. Beweislast.** Beruft der Unternehmer sich auf die Vereinbarung einer bestimmten Vergütung, ist er dafür beweispflichtig (BGH MDR 1983, 745); das gilt auch für die Vergütung eines Kostenanschlags (BGH MDR 1997, 1023). Das SchuldRModG hat diese Rspr in Abs III kodifiziert, so dass sich in der Sache ggü dem früheren Recht nichts geändert hat. Behauptet der Unternehmer als Kläger, über die Höhe der Vergütung sei nichts ausgemacht (so dass Abs II eingreife), während der Besteller als Beklagter sich auf eine Vereinbarung über eine geringere Vergütung beruft, hat der Unternehmer nach st Rspr seine Behauptung zu beweisen (BGH MDR 1983, 745; Stuttgart 2.3.2021 – 10 U 57/14). § 632 II setzt voraus, dass keine Vereinbarung zur Höhe der Vergütung getroffen worden ist. Für diese Voraussetzung ist der Unternehmer darlegungs- und beweisbelastet. Da die Darlegung einer negativen Tatsache besonderen Schwierigkeiten unterliegt, trifft den Besteller eine qualifizierte Darlegungslast. Er muss nachvollziehbar und widerspruchsfrei darlegen, mit welchem genauen Inhalt, wann, wo, mit wem und unter welchen Umständen die von ihm behauptete Preisvereinbarung getroffen worden ist (BGH MDR 1992, 1028; *Kniffka/Jurgeleit/Rintelen* BauvertragsR, 4. Aufl, § 632 Rn 32). Ebenso liegt es, wenn der Unternehmer die Vereinbarung einer Vergütung behauptet, der Besteller aber geltend macht, es sei eine niedrigere Vergütung vereinbart worden (BGH MDR 1983, 745). Auch für die (umstrittene) Zusage einer Deckelung des Werklohns gelten die vorstehend dargestellten Grundsätze der Darlegungs- und Beweislast (BGH NJW-RR 1996, 952). Der Unternehmer ist von der Beweislast frei, wenn der Besteller eine bestimmte Vereinbarung nicht ausreichend substantiiert vorträgt (BGH MDR 1992, 1028; dazu *Baumgärtel* MDR 1992, 1028). Auch kann gegen seinen Vortrag sprechen, dass die behauptete Preisvereinbarung wirtschaftl unsinnig ist (Köln 29.8.2014 – I-19 U 200/13). – Behauptet der Besteller Unentgeltlichkeit, hat er diese Widerlegung der gesetzl Vermutung des Abs I zu beweisen (BGH MDR 1999, 1438). – Für die Umstände iSd Abs I, die die Herstellung nur gegen eine Vergütung erwarten lassen, ist der Unternehmer beweispflichtig (BGH MDR 1997, 1023). – Wer behauptet, nachträgl sei eine bestimmte Vergütung festgesetzt worden, hat die spätere Änderung des Vertrags zu beweisen (Frankfurt NJW-RR 1997, 276). – Für das Aufmaß beim Einheitspreisvertrag ist der Unternehmer beweispflichtig, ebenso für alle anderen anspruchsbegründenden Tatsachen.

§ 632a Abschlagszahlungen

(1) Der Unternehmer kann von dem Besteller eine Abschlagszahlung in Höhe des Wertes der von ihm erbrachten und nach dem Vertrag geschuldeten Leistungen verlangen. Sind die erbrachten Leistungen nicht vertragsgemäß, kann der Besteller die Zahlung eines angemessenen Teils des Abschlags verweigern. Die Beweislast für die vertragsgemäße Leistung verbleibt bis zur Abnahme beim Unternehmer. § 641 Abs. 3 gilt entsprechend. Die Leistungen sind durch eine Aufstellung nachzuweisen, die eine rasche und sichere Beurteilung der Leistungen ermöglichen muss. Die Sätze 1 bis 5 gelten auch für erforderliche Stoffe oder Bauteile, die angeliefert oder eigens angefertigt und bereitgestellt sind, wenn dem Besteller nach seiner Wahl Eigentum an den Stoffen oder Bauteilen übertragen oder entsprechende Sicherheit hierfür geleistet wird.

(2) Die Sicherheit nach Absatz 1 Satz 6 kann auch durch eine Garantie oder ein sonstiges Zahlungsversprechen eines im Geltungsbereich dieses Gesetzes zum Geschäftsbetrieb befugten Kreditinstituts oder Kreditversicherers geleistet werden.

1 **I. Allgemeines.** Durch das Gesetz zur Beschleunigung fälliger Zahlungen v 7.4.2000 (BGBl I 2000, 330) ist erstmals ein Anspruch auf Abschlagszahlung in das BGB eingefügt worden. Durch das ForderungssicherungsG v 23.10.2008 (BGBl I 2008, 2022) ist die Norm erheblich verändert und um Abs II und III ergänzt worden. Durch die Bauvertragsnovelle v 28.4.2017 hat sie ihre aktuelle Fassung erhalten. Die besonderen Bestimmungen zu Verbraucher- und Bauträgerverträgen finden sich nun in § 650m und § 650v.

Gem § 650q I besteht ein Abschlagszahlungsanspruch beim Architekten- und Ingenieurvertrag, der sich auch aus § 15 HOAI ergibt. Bei VOB/B-Verträgen trifft § 16 I VOB/B eine Sonderregelung. Verträge, die nach § 650 dem Kaufrecht unterfallen, kennen keinen Anspruch auf Abschlagszahlungen. Auch bei nicht vertretbaren beweglichen Sachen ist die Norm nicht anwendbar, weil § 632a nicht unter den gem § 650 S 3 anwendbaren werkvertragl Vorschriften genannt ist.

2 Der Abschlagszahlungsanspruch mildert das Vorleistungsrisiko des Unternehmers ab. Ohne Abschlagszahlungsanspruch könnte der Unternehmer erst mit der Abnahme den Werklohn beanspruchen und würde für die Dauer der Herstellung das volle Insolvenzrisiko tragen. Besteht ein Abschlagszahlungsanspruch, kann sich der Unternehmer auf § 320 berufen und bei Verzug des Bestellers die Arbeit einstellen. Zudem kann der Unternehmer Verzugszinsen beanspruchen, wenn Abschlagszahlungen trotz Mahnung ausbleiben.

3 § 632a ist Leitbild iSv § 307, eine Kürzung von Abschlagszahlungen auf 90 % in AGB des Bestellers ist daher nicht möglich (Düsseldorf BauR 2015, 1868), auch darf die Bezahlung nicht davon abhängig gemacht werden,

dass der Besteller den Leistungsstand bestätigt (aA Frankfurt IBR 2013, 459). Der Besteller kann den Anspruch auf Abschlagszahlung erst recht nicht vollständig abbedingen. Unwirksam sind auch Klauseln, die nachteilige Rechtsfolgen an das Verlangen von Abschlagszahlungen knüpfen, etwa eine 100%ige Vertragserfüllungssicherheit. Die Beschränkung von Abschlagszahlungen kann zusammen mit Sicherungsklauseln zur Übersicherung führen (BGH MDR 2016, 1014).

II. Vorauszahlungen. Abschlagszahlungen sind von Vorauszahlungen zu unterscheiden. Der Abschlagsforderung muss der Leistungsstand entsprechen, so dass das Äquivalenzprinzip gewahrt wird. Die Vorleistungspflicht des Unternehmers wird lediglich in verschiedene, durch Abschlagszahlungen entspr zu vergütende Abschnitte unterteilt (BGH MDR 1988, 135). Vorauszahlungen steht dagegen noch keine Leistung des Unternehmers entgegen; der Besteller bezahlt, bevor er eine Leistung erhält. Bei Bauträgerverträgen werden Vorauszahlungen geleistet, da dem Besteller das bebaute Grundstück erst nach Zahlung übertragen wird. 4

III. Abrechnung. Abschlagszahlungen haben nur vorläufigen Charakter; aus dem Ausgleich von Abschlagsrechnungen kann daher nicht geschlossen werden, dass der Besteller die Forderung endgültig dem Streit entziehen und diese anerkennen will (BGH MDR 2009, 1271). Abschlagszahlungen werden in die Schlussabrechnung eingestellt. Sie sind darin lediglich Rechnungsposten, die nicht auf einzelne Leistungspositionen des Vertrags bezogen werden können (BGH MDR 1997, 455). Die Verjährung des Abschlagszahlungsanspruchs hindert den Unternehmer nicht, die volle Werklohnforderung mit der Schlussrechnung durchzusetzen. Der Besteller hat einen vertragl Anspruch auf Abrechnung der Abschlagszahlungen. Fordert der Besteller die Rückzahlung von Abschlagszahlungen muss er nach seinem Kenntnisstand darlegen, wie der Unternehmer abrechnen müsste. Genügt er dieser Erstdarlegungslast muss der Unternehmer darlegen und beweisen, dass und inwieweit er die Abschlagszahlungen behalten darf (BGH MDR 2005, 140). Nach Schlusszahlung dagegen Darlegungslast des Bestellers (Köln BauR 2018, 1423). 5

IV. Voraussetzungen. 1. Erbrachte Leistungen. Grundlage der Berechnung der Abschläge ist der Wert der vom Unternehmer erbrachten Leistungen. Eine Leistung liegt erst vor, wenn sie sich im Werk verkörpert hat. Vorbereitungen (zB Aufstellen eines Krans) sind noch keine Leistungen (Köln NZBau 2021, 602). Auf den obj Wertzuwachs beim Besteller kommt es nicht an, maßgeblich ist, welche Vergütung für die Teilleistung vereinbart ist (BT-Drs 18/8486, 47). Danach ist es möglich, dass der vom Besteller bezahlte Abschlag den gleichzeitig erfolgten Wertzuwachs im Einzelfall geringfügig übersteigt, da bspw bei einem Bauvorhaben in bestimmten Bauphasen die Kosten für die Bauleistungen höher sind als der durch sie bewirkte Wertzuwachs an dem Grundstück. Dies wird sich jedoch mit den folgenden Abschlagszahlungen ausgleichen, teilw auch umkehren. Diese minimale und nur punktuell eintretende Risikoerhöhung für den Besteller ist mit Blick auf die damit einhergehende wesentliche Vereinfachung der Berechnung der Abschlagszahlungen und die bestehenden bzw neu eingeführten Vorschriften zum Schutz des Bestellers bei Verbraucherbauverträgen praxisgerecht. Der Wert der erbrachten Leistung ergibt sich aus der vereinbarten Vergütung. Bei EP-Verträgen kommt es auf die Vordersätze und die Einheitspreise an, bei Stundenlohnverträgen auf den Zeit- und Materialaufwand. Bei Pauschalverträgen muss die Vergütung für die ausgeführte Leistung wie nach einer Kündigung aus dem Pauschalpreis abgeleitet werden. Bei Änderungen des Vertrages gem § 650b trifft § 650c eine ergänzende Sonderregelung, um den Abschlagszahlungsanspruch für die geänderte Leistung zu bemessen. Den Parteien steht es frei, einen Zahlungsplan zu vereinbaren, um die Abrechnung zu vereinfachen. Auch Zahlungspläne können als AGB der Inhaltskontrolle unterliegen und sind daher daran zu messen, ob die Abschlagszahlungen in angemessener Relation zum Wertzuwachs stehen. 6

2. Mängel. § 632a I 2 aF erlaubte dem Besteller, Abschlagszahlungen schon dem Grunde nach zu verweigern, wenn an dem Bauwerk wesentliche Mängel bestanden. Nur bei unwesentlichen Mängeln bestand ein Anspruch des Unternehmers, dem der Besteller ein Zurückbehaltungsrecht entgegenhalten konnte (München, Vfg v 1.12.2015 – 28 U 2481/15 Bau; Düsseldorf 17.6.2022 – 22 U 192/21). Jetzt hat der Besteller nicht mehr das Recht, die Zahlung des Abschlags mit der Begründung zu verweigern, dass sich das Werk zu diesem Zeitpunkt in keinem vertragsgemäßen Zustand befindet. Bestehen an den erbrachten Leistungen zum Zeitpunkt der Abschlagszahlung Mängel oder sonstige Abweichungen vom vertragsgemäßen Zustand, hat der Besteller nur das Recht, einen angemessenen Teil der Abschlagszahlung einzubehalten. Das gilt sowohl für wesentliche als auch für unwesentliche Mängel. Schwierig kann (wie nach einer Kündigung) die Bewertung sein, ob eine Leistung teilw noch nicht fertigstellt ist oder es sich um einen Mangel handelt. Die Folgen sind unterschiedlich (die noch nicht fertig gestellte Leistung wird bei der Bemessung der Höhe des Anspruchs auf Abschlagszahlung nicht berücksichtigt, der Mangel führt zum Einbehalt in Höhe des zweifachen Betrages der Mangelbeseitigungskosten). Dem Leistungsverweigerungsrecht des Bestellers steht nicht entgegen, dass vor der Abnahme keine Mängelansprüche anerkannt werden (BGH MDR 2011, 1469). Es ergibt sich zudem unmittelbar aus § 632a I 4 mit § 641 III. 7

Abs I S 3 stellt klar, dass die Beweislast für die Vertragsgemäßheit – wie sonst vor der Abnahme auch (BGH MDR 1997, 236) – beim Unternehmer liegt. Für die Höhe des Einbehalts gilt § 641 III entspr. Danach ist idR das Doppelte der voraussichtlichen Kosten der Beseitigung des nicht vertragsgemäßen Zustands als angemessen anzusehen. Diese Regelung soll auch für in Bausachen unkundige Besteller praktikabel sein, da sie sich bei der Bemessung des Einbehalts an den jew Ansätzen für die Leistung in der Kalkulation orientieren könnten (BT-Drs 18/8486, 47). Das übersieht, dass sich für Kosten der Mangelbeseitigung in der Kalkulation keine Ansätze fin- 8 den. Eine Zustandsfeststellung gem § 650g findet bei Streit über Mängel nicht statt. Die Darlegungs- und Beweislast für die Höhe der Mängelbeseitigungskosten liegt beim Unternehmer.

9 **3. Stoffe/Bauteile.** Für erforderliche Stoffe oder Bauteile, die **noch nicht in das Bauwerk eingebaut** worden sind und an denen der Bauherr demgemäß kein Eigentum nach § 946 erwerben konnte, bestünde nach § 632a I 1 kein Anspruch auf Abschlagszahlung, weil noch keine Leistung vorliegt. § 632a I 6 erweitert den Anwendungsbereich der Norm auf „erforderliche Stoffe oder Bauteile, die angeliefert oder eigens angefertigt und bereitgestellt sind",da der Unternehmer seinerseits für diese Stoffe oder Bauteile seine Lieferanten bezahlen muss. Vorbild ist § 16 I Nr 1 S 3 VOB/B. Wie in der VOB/B wird in § 632a I 6 unterschieden zw Stoffen und Bauteilen, die nicht eigens für das konkrete Bauvorhaben angefertigt werden, und solchen, die für das konkrete Bauvorhaben angefertigt oder bereitgestellt werden. Handelt es sich um speziell angefertigte Stoffe oder Bauteile, ist es nicht nötig, dass sie bereits auf der Baustelle lagern. Nur bei nicht spezifizierten Produkten, die auch für andere Bauvorhaben verwendet werden können, ist notwendig, dass sie bereits angeliefert sind. Für beide Arten von Stoffen oder Bauteilen ist für den Anspruch auf Abschlagszahlung jedoch Voraussetzung, dass sie dem Besteller übereignet werden oder ihm Sicherheit geleistet wird. Das Wahlrecht liegt nach ausdrückl gesetzl Regelung beim Besteller.

10 **4. Prüfbarkeit.** Voraussetzung für die Abschlagsforderung ist, dass der Unternehmer „die Leistungen (…) durch eine Aufstellung" nachweist, „die eine rasche und sichere Beurteilung der Leistungen ermöglichen muss" (Abs I S 5). Dabei handelt es sich um eine Tatbestandsvoraussetzung, ohne die der Anspruch nicht fällig wird (Soergel/*Buchwitz* Rn 8). In der Sache muss die Abschlagsrechnung damit prüfbar sein. Zwar ist durch das FoSiG das Erfordernis der Prüfbarkeit der Aufstellung gestrichen worden; das jedoch mit der Erwägung, dass schon die Aufstellung die rasche und sichere Beurteilung der Leistungen ermöglichen und daher auch stets prüfbar sein müsse (BT-Drs 16/9787, 18). Die Anforderungen an die Prüfbarkeit sind geringer als bei der Schlussrechnung, weil es nur um vorläufige Zahlungen geht (BGH MDR 1997, 455). Die Aufstellung nach § 632a I 5 muss die Informationen enthalten, die der Besteller benötigt, um die Berechtigung der Abschlagsforderung zu überprüfen. Entspr § 650g IV 3 gilt die Aufstellung als prüffähig, wenn der Besteller nicht binnen 30 Tagen konkrete Einwendungen erhebt (BGH BauR 2005, 1951).

11 **5. Schlusszahlungsreife.** Der Anspruch auf Abschlagszahlungen kann nach der Abnahme nicht mehr geltend gemacht werden, da der Unternehmer dann Schlusszahlung fordern kann (BGH MDR 2009, 1271; Stuttgart MDR 2019, 932: negatives Tatbestandsmerkmal). Ist zusätzl die Erteilung der Schlussrechnung Voraussetzung der Fälligkeit (§ 650g IV), entfällt der Abschlagszahlungsanspruch mit Übergabe der Schlussrechnung (BGH BauR 1991, 81). Dies gilt auch, wenn Schlussrechnungsreife (durch Abnahme) eingetreten ist, der Unternehmer aber trotzdem binnen **angemessener Frist** keine Schlussrechnung stellt. Eine bereits erhobene Abschlagszahlungsklage kann, auf eine Schlussrechnung gestützt, fortgeführt werden (BGH NJW 2010, 227, auch in der Berufungsinstanz BGH MDR 2015, 909). Der Unternehmer kann seine Vergütungsklage jedenfalls hilfsweise auf den Abschlagszahlungsanspruch stützen, wenn der Besteller die Abnahme leugnet (BGH BauR 2020, 689; NZBau 2000, 507 für VOB/B-Vertrag; *Kniffka/Koeble/Jurgeleit/Sacher* 5/618). Das gilt nicht für vor dem 1.1.2018 geschlossene Verträge, weil dort ein wesentlicher Mangel den Anspruch ausschließt. Nach Fertigstellung sind Abschlags- und Schlusszahlung keine unterschiedlichen Streitgegenstände, § 632a ist von Amts wegen zu prüfen (*Rodemann* FS Lauer, 2021, 387).

§ 633 Sach- und Rechtsmangel

(1) Der Unternehmer hat dem Besteller das Werk frei von Sach- und Rechtsmängeln zu verschaffen.

(2) Das Werk ist frei von Sachmängeln, wenn es die vereinbarte Beschaffenheit hat. Soweit die Beschaffenheit nicht vereinbart ist, ist das Werk frei von Sachmängeln,

1. wenn es sich für die nach dem Vertrag vorausgesetzte, sonst

2. für die gewöhnliche Verwendung eignet und eine Beschaffenheit aufweist, die bei Werken der gleichen Art üblich ist und die der Besteller nach der Art des Werkes erwarten kann.

Einem Sachmangel steht es gleich, wenn der Unternehmer ein anderes als das bestellte Werk oder das Werk in zu geringer Menge herstellt.

(3) Das Werk ist frei von Rechtsmängeln, wenn Dritte in Bezug auf das Werk keine oder nur die im Vertrag übernommenen Rechte gegen den Besteller geltend machen können.

1 **I. Einleitung. Abs II S 1 und 2** sind gleichlautend mit § 434 I; Abs II S 3 mit § 434 III, jew in der bis zum 21.12.2021 geltenden Fassung. Die somit beiden Vorschriften zugrundeliegende Definition des Sachmangels entstammt der EU-KaufrechtsRL (Art 2). In dem Bestreben, Kauf- und Werkvertragsrecht aneinander anzupassen, hat sich der Gesetzgeber für einen einheitlichen Mangelbegriff entschieden (BT-Drs 14/6040, 84), der durch das Gesetz zur Regelung des Verkaufs von Sachen mit digitalen Elementen und anderer Aspekte des Kaufvertrages mWz 1.1.2022 aufgegeben worden ist. Da für das Kaufrecht der Mangelbegriff der RL umgesetzt werden musste, wobei der Gesetzgeber für den Verbrauchsgüterkauf keinen eigenständigen Mangelbegriff geschaffen hat, ist die Auslegung zumindest des kaufrechtl Mangelbegriffs letztendlich vom EuGH im Vorlageverfahren nach Art 267 AEUV vorzunehmen. Die Umsetzung der RL auch im Werkvertragsrecht durch überschießende Umsetzung hat zu einer sog Hybridnorm geführt, die einheitlich auszulegen ist. Die Auslegungskompetenz für die RL liegt allein

beim EuGH. Sache der nationalen Gerichte ist es zu entscheiden, ob sie die Auslegung der jew RL durch den EuGH für den außerhalb ihres Anwendungsbereichs liegenden vorgelegten Fall übernehmen wollen (§ 650 Rn 3).

Auch Abs I erklärt sich aus der Umsetzung der EU-KaufrechtsRL; er findet sein Vorbild in Art 2 I RL. Ob mit der Pflicht des Unternehmers, dem Besteller „das Werk frei von Sach- und Rechtsmängeln zu verschaffen", die das Gesetz vor der Schuldrechtsmodernisierung nicht kannte, eine eigenständige Pflicht begründet werden soll, erscheint fraglich. Dagegen spricht der Standort. Sollte eine den Unternehmer treffende Pflicht begründet werden, wäre richtiger Standort die die vertragstypischen Pflichten beim Werkvertrag regelnde Vorschrift, mithin § 631 I gewesen. Dies spricht gegen einen eigenständigen, über § 631 I hinausgehenden Gehalt von § 633 I (aA *Thode* NZBau 2002, 301). 2

Abs II S 3 stellt die Lieferung eines **minus** oder **aliuds** ausdrückl einem Sachmangel gleich. Von Abs II erfasst werden auch Fälle, in denen die tatsächliche Wohnfläche nicht der vertragl vereinbarten entspricht (BGH NZBau 2004, 269). Eine Toleranz ist in solchen Fällen nicht anzuerkennen, es sei denn, sie ist (zB durch ca-Angaben) vereinbart. Eine Einigung der Parteien über die Fläche oder andere Eigenschaften kann sich aus Prospektangaben ergeben, auf die im Notarvertrag nicht verwiesen wird (BGH MDR 1997, 1012; *Jurgeleit* NJW 2019, 2649). 3

Abs III definiert schließlich die Freiheit von Rechtsmängeln. Die Vorschrift entspricht § 435. Eine eigenständige Regelung von Rechtsmängeln kannte das Werkvertragsrecht zuvor nicht, vielmehr wurden die kaufrechtl Vorschriften entspr angewendet. 4

Einstweilen frei. 5

II. Verschaffung eines mangelfreien Werks als Leistungspflicht. Abs I statuiert die Verpflichtung des Unternehmers, dem Besteller das Werk frei von Sach- und Rechtsmängeln zu verschaffen. Die Vorschrift ergänzt und konkretisiert insoweit die Regelung des § 631, nach der der Unternehmer zur Herstellung des „versprochenen" Werks verpflichtet ist. Schon das „versprochene" Werk idS dürfte stets ein sach- und rechtsmangelfreies Werk sein. Geschuldet wird stets ein funktionstaugliches Werk, das zweckentsprechend ist. Entspricht die Werkleistung nicht diesen Anforderungen, ist sie nicht vertragsgerecht, auch wenn die anerkannten Regeln der Technik eingehalten worden sind (BGH BauR 1998, 872; Hamm NJW 2013, 545) oder wenn der Besteller die Vorgaben eines Leistungsverzeichnisses des Bestellers als vereinbarte Ausführungsart eingehalten hat (BGH BauR 2012, 115), s näher Rn 10a. Zur Frage, wie Leistungen zu vergüten sind, die nicht beauftragt, aber für den geschuldeten Erfolg notwendig sind, *Fuchs* BauR 2009, 404, der für den BGB-Bauvertrag eine erg Vertragsauslegung vorschlägt und nicht wie die hM die Anwendung der Vorschriften über die Störung der Geschäftsgrundlage oder der GoA. Dabei erstreckt sich die Verpflichtung zur sach- und rechtsmangelfreien Verschaffung über das reine Werkvertragsrecht hinaus auch auf typengemischte Verträge, etwa aus Kauf- und Werkvertrag, soweit gerade das werkvertragl Element des Vertrags betroffen ist. Es ist regelmäßig Sache des Unternehmers zu entscheiden, wie er den vereinbarten werkvertragl Erfolg erreicht. Die Herstellung des mangelfreien Werks kann bereits vollständig im ersten Versuch, durch Nachbesserung eines mangelhaften Werks oder durch Neuherstellung vorgenommen werden. Die Planung der Nachbesserung ist grds Sache des Unternehmers (*Motzke* BauR 2011, 153). Beruht der Mangel des Werks darauf, dass der Unternehmer einen Fehler der Planung des Bestellers nicht erkannt oder den gebotenen Hinweis auf den Planungsfehler nicht erteilt hat, muss der Besteller eine fehlerfreie Planung bereitstellen, bevor der Unternehmer zur Mangelbeseitigung verpflichtet ist (Stuttgart MDR 2022, 360). 6

Maßgeblicher Zeitpunkt für die Mangelfreiheit ist der Zeitpunkt des Gefahrübergangs und damit idR der Zeitpunkt der Abnahme des Werks. Wichtig ist die Bestimmung dieses Zeitpunktes insb für die Abgrenzung von Mängeln am Werk zu in der Folgezeit nach Abnahme auftretenden Verschleißerscheinungen. Letztere vermögen einen Mangel nicht zu begründen, soweit sie auf vertragsgemäßen Gebrauch des Werks zurückzuführen sind. 7

Neben der Verpflichtung zur sach- und rechtsmangelfreien Herstellung bestimmt Abs I, dass das Werk in dieser Weise zu **verschaffen** sei. Die Vorschrift korreliert damit sprachlich mit der Verpflichtung des Verkäufers aus § 433 I. Im Unterschied zu § 433 I statuiert § 633 I aber nicht ausdrückl die Pflicht, dem Besteller das Werk zu übergeben und das Eigentum daran zu verschaffen. 8

III. Sachmangel, Abs II. 1. Subjektiver Mangelbegriff, Abs II S 1. Zur Feststellung der Sachmangelfreiheit des Werks ist nach Abs II ein Vergleich zw der vertragl geschuldeten Soll-Beschaffenheit des Werks mit der tatsächlich erbrachten Ist-Beschaffenheit vorzunehmen (subjektiver Mangelbegriff). Die Parteien bestimmen damit autonom den Maßstab, anhand dessen Beschaffenheitsabweichungen zu messen sind, die ggf zu den in § 634 aufgezählten Rechten des Bestellers führen. Weicht das Werk von der Soll-Beschaffenheit ab, liegt ein Mangel auch dann vor, wenn er nicht zu einer Einschränkung der Gebrauchstauglichkeit führt (BGH MDR 2015, 1359). Dieser Umstand kann aber Anlass zur Prüfung der Unverhältnismäßigkeit der Nacherfüllung gem § 635 III geben. 9

Die Rspr hat eine Abweichung von der vereinbarten Beschaffenheit und damit einen Fehler iSd § 633 aF angenommen, wenn der mit dem Vertrag verfolgte Zweck der Herstellung eines Werks nicht erreicht wird und das Werk seine vereinbarte oder nach dem Vertrag vorausgesetzte Funktion nicht erfüllt (BGH MDR 2012, 89). Dies gilt unabhängig davon, ob die Parteien eine bestimmte Ausführungsart vereinbart haben oder die anerkannten Regeln der Technik eingehalten worden sind. Ist die Funktionstauglichkeit für den vertragl vorausgesetzten oder gewöhnlichen Verbrauch vereinbart und ist dieser Erfolg mit der vertragl vereinbarten Leistung oder Ausführungsart oder den anerkannten Regeln der Technik nicht zu erreichen, schuldet der Unternehmer die vereinbar- 10 te Funktionstauglichkeit (BGH MDR 2000, 449). Daran hat sich durch die Schuldrechtsmodernisierung nichts geändert (BGH MDR 2008, 200). Der Unternehmer muss daher auch dann für Mängel einstehen, wenn sie auf fehlerhaften Vorgaben des Bestellers beruhen, etwa weil die vom Besteller zur Verfügung gestellte Planung fehlerhaft ist. Er ist nur dann von der Haftung befreit, wenn er seine Prüfungs- und Hinweispflicht erfüllt hat. Der Unternehmer wird von seiner Mängelhaftung frei, wenn er den Besteller darauf hinweist, dass die vereinbarte Ausführungsart nicht geeignet ist, das vertragl geschuldete funktionstaugliche Werk zu erbringen und der Besteller gleichwohl anordnet, dass die vereinbarte Art der Leistung ausgeführt wird (BGH MDR 2008, 200). Der Bauleiter kann nicht Adressat des Bedenkenhinweises sein, wenn er sich den Bedenken verschließt oder selbst für den Mangel verantwortlich ist (Düsseldorf IBR 2023, 121; Oldenburg IBR 2020, 576, großzügiger für angestellten Bauleiter Köln BauR 2022, 949). Die Erfüllung der Prüf- und Hinweispflicht ist ein Tatbestand, der den Unternehmer von der Mängelhaftung befreit. Die Darlegungslast liegt daher beim Unternehmer. Ebenso haftet der Unternehmer nicht, wenn er die Fehlerhaftigkeit von Vorgaben des Bestellers nicht erkennen konnte (§ 631 Rn 34f). Hat der Unternehmer einen (gebotenen) Hinweis nicht erteilt, kann er immer noch einwenden, dass Besteller auch im Falle eines Hinweises an der ursprüngl geplanten Ausführung festgehalten hätte (BGH MDR 2011, 972 Rn 21). Der Besteller muss sich fehlerhafte Planungsvorgaben, die zu einem Mangel geführt haben, als Mitverschulden zurechnen lassen (BGH MDR 1991, 429).

10a Während § 633 I aF an das Vorhandensein aller zugesicherten Eigenschaften und die Nichtexistenz von Fehlern anknüpfte, sind diese Begriffe i Erg in dem Begriff der Beschaffenheit iSv § 633 II aufgegangen. Dabei ist zu berücksichtigen, dass es zur Annahme einer Beschaffenheitsvereinbarung anders als zur Annahme der nunmehr gestrichenen „zugesicherten Eigenschaft" der Feststellung eines besonderen Willens des Unternehmers, verschuldensunabhängig für das Vorhandensein der Eigenschaften einstehen zu wollen, nicht mehr bedarf. Soweit ein solcher Wille besteht, kann dies aber zu einer Garantiehaftung des Unternehmers führen, mit der Folge, dass er für die an sich Verschulden voraussetzenden Sachmängelgewährleistungsansprüche des Bestellers verschuldensunabhängig haftet (vgl § 276 I 1 aE).

11 Unter den Begriff der **Beschaffenheit** fallen alle dem Werk anhaftenden Eigenschaften, einschl der äußeren Umstände, denen das Werk zwangsläufig unterliegt. § 633 II entspricht inhaltlich insoweit der Definition des Sachmangels im Kaufrecht in § 434 I; die Vorschriften sind einander angeglichen. Im Unterschied zum Kaufrecht findet sich jedoch im Werkvertragsrecht keine Regelung über Montagefehler (dazu Hamm BauR 2006, 1149) oder die Abweichung der tatsächlichen Beschaffenheit von Werbeaussagen des Herstellers oder Verkäufers (BGH MDR 2010, 853). Hinsichtl der Abweichung von Werbeaussagen des Veräußerers von Immobilien hat die Rspr des BGH bereits zum alten Recht den Grundsatz entwickelt, dass Unklarheiten in Prospekten zulasten des Prospektverwenders gehen; es ist Sache des Erklärenden, von sich aus die Unklarheiten aufzuklären, eine Nachfragepflicht des Vertragspartners besteht nicht (BGH MDR 2000, 449; 2001, 503).

12 Erforderlich ist, dass eine konkrete Beschaffenheit zw den Vertragsparteien **vereinbart** ist. Die Beschaffenheit ist vereinbart, wenn sie von den Parteien übereinstimmend, und sei es auch konkludent, festgelegt ist. Jede verbindliche Beschreibung der Eigenschaften ist ausreichend und bedarf idR keiner besonderen Form. Etwas anderes gilt nur dann, wenn der Vertrag selbst ausnahmsw formbedürftig (etwa gem § 311b II) ist; in diesem Fall muss auch die Beschaffenheitsvereinbarung in der vorgeschriebenen Form erfolgt sein. Im Rahmen der Auslegung der beurkundeten Erklärung können aber auch nicht beurkundete Prospekte, Baubeschreibungen oder andere Erklärungen hinzugezogen werden. Auch ist bei § 311b die Heilung durch Eintragung zu beachten. Die Beschreibung des geschuldeten werkvertragl Erfolges kann auf unterschiedliche Weise erfolgen: Zum einen kann etwa das Werk nach der Art seiner Ausführung, zum anderen aber auch nach der zu erwartenden Leistung selbst beschrieben sein. Insb im Baubereich sind Leistungsverzeichnisse die Regel.

13 IÜ besteht auch nach Neufassung des § 633 kein Grund, von der st Rspr abzuweichen, nach welcher der Unternehmer, soweit eine ausdrückl Vereinbarung nicht erfolgt ist, sich jedenfalls konkludent zur Beachtung der **anerkannten Regeln der Technik** verpflichtet hat (BGH MDR 2013, 514). Maßgeblich sind die anerkannten Regeln der Technik im Zeitpunkt der Abnahme (BGH MDR 2018, 140: bei Änderungen der Regeln der Technik zw Vertragsschluss und Abnahme Hinweispflicht des Unternehmers, um Entscheidung des Bestellers zu ermöglichen, wie das Werk ausgeführt werden soll; bei höherwertiger Ausführung Anspruch des Unternehmers wegen der Mehrkosten). Diese anerkannten Regeln der Technik können etwa in DIN-Normen niedergelegt sein. Der BGH betont, dass die DIN-Normen insb nicht als Rechtnormen zu qualifizieren sind (BGH MDR 1998, 1026), die Werkleistung aber im Allg mangelhaft ist, wenn sie nicht den im Zeitpunkt der Abnahme anerkannten Regeln der Technik als vertragl Mindeststandard entspricht (BGH aaO). Bewusst hat der Gesetzgeber sich bei Erlass des SchuldRModG dagegen entschieden, die Einhaltung der anerkannten Regeln der Technik als Kriterium der Mangelfreiheit in das Werkvertragsrecht zu integrieren. Dadurch sollte der Eindruck vermieden werden, ein diesen Regeln entspr Werk sei in jedem Fall mangelfrei. Das trifft nicht zu, erfüllt ein nach den Regeln der Technik hergestelltes Werk die vorausgesetzte Funktion nicht, ist es mangelhaft (Hamm NJW 2013, 545). Da die Regeln der Technik lediglich Mindeststandards definieren, kann im Einzelfall durchaus auch ein „Mehr" geschuldet sein (vgl BGH MDR 2000, 449). Die insb von Sachverständigen vertretene Auffassung, ein Mangel liege nur bei Abweichungen von Regeln der Technik etc vor, ist daher falsch, weil es für die geschuldete Leistung allein auf die Vereinbarungen der Parteien ankommt.

13a Weicht der Unternehmer von Herstellerrichtlinien bei der Verwendung eines Bauprodukts ab, begründet dies nicht allein wegen dieser Abweichung einen Mangel. Es kommt auf die (nachhaltige) Gebrauchstauglichkeit des

Werkes an, sofern die Parteien nicht die Einhaltung der Herstellervorschriften vereinbart haben (BGH MDR 2011, 785; *Faust* BauR 2013, 363; *Seibel* BauR 2012, 1025). Ein Mangel kann vorliegen, wenn durch die Herstellervorgabe ein Risiko ausgeschlossen werden soll und infolge der nicht beachteten Vorgaben des Herstellers ungewiss ist, ob das Werk dauerhaft funktionstauglich ist.

Die Qualifikation einer Abweichung der Ist- von der vertragl geschuldeten Soll-Beschaffenheit als Mangel iSv 14 § 633 II setzt nicht voraus, dass es sich um eine wesentliche Abweichung handelt. Auch jede **unwesentliche Abweichung** der Ist- von der Soll-Beschaffenheit stellt einen Mangel des Werks dar (Celle BauR 2008, 1637). Die Auffassung, die unwesentliche Beschaffenheitsabweichungen nicht als Sachmangel des Werks ansehen will, findet im Gesetz keine Stütze. Insb die zentrale Vorschrift des § 633 lässt eine solche einschränkende Interpretation nicht zu. Dass das Gesetz selbst auch unwesentliche Abweichungen grds als Mangel und damit als Pflichtverletzung (Erbringung der Leistung „nicht wie geschuldet") ansieht, zeigt sich daran, dass es für unwesentliche Abweichungen gerade besondere Vorschriften bereithält: Die Ausübung der Totalrechte (Schadensersatz statt der ganzen Leistung oder Rücktritt) ist gem § 281 I 3 bzw § 323 V 2 ausgeschlossen, soweit die Pflichtverletzung unerheblich ist. Dieser Regelung hätte es nicht bedurft, wenn eine unerhebliche Beschaffenheitsabweichung schon keine Pflichtverletzung, mithin einen Sachmangel darstellen würde. Soweit eine Korrektur auch hinsichtl der übrigen Gewährleistungsansprüche (Nachlieferung, kleiner Schadensersatz, Minderung) im Einzelfall erforderlich scheint, muss diese über § 242 erfolgen, wonach Gewährleistungsansprüche ausgeschlossen sind, wenn der Besteller unter keinem Aspekt ein berechtigtes Interesse an deren Geltendmachung hat.

Eine haftungsbegründende Beeinträchtigung der Gebrauchstauglichkeit liegt nicht erst dann vor, wenn der nach 15 dem Vertrag vorausgesetzte Gebrauch konkret eingeschränkt ist (MDR 2003, 564). Es genügt, wenn ein relevantes Risiko künftiger Beeinträchtigungen besteht (vgl dazu *Quack/Thode*, Abnahme und Gewährleistung im Bau- und Bauträgervertrag, 2003, Rn 79).

2. Vorausgesetzte oder gewöhnliche Verwendungseignung, Abs II S 2 Nr 1 und Nr 2. Der vom Unterneh- 16 mer geschuldete werkvertragl Erfolg wird primär durch die vertragl Vereinbarungen der Parteien bestimmt. Der in Abs II S 1 normierte subj Mangelbegriff geht daher den in S 2 genannten Möglichkeiten zur Bestimmung der Mangelhaftigkeit bzw -freiheit vor. Fehlt eine vertragl Vereinbarung über die Beschaffenheit des Werks, so liegt ein Sachmangel dann vor, wenn sich das Werk nicht für die nach dem Vertrag vorausgesetzte Verwendung eignet.

Voraussetzung für die Anwendbarkeit von Abs II S 2 Nr 1 ist eine außerhalb des eigentlichen Vertragsinhalts lie- 16a gende (dann S 1) **Verwendungsvereinbarung**. Diese kann wie auch die vertragl Beschaffenheitsvereinbarung iSv Abs II S 1 konkludent erfolgen und ist insb dann anzunehmen, wenn die vom Besteller beabsichtigte Verwendung dem Unternehmer bekannt ist. Daraus ergibt sich, dass eine **nur einseitige Verwendungsvorstellung** des Bestellers, die dem Unternehmer nicht bekannt ist, **außer Betracht** zu bleiben hat, denn insoweit kann nicht von einer Verwendungs*vereinbarung* gesprochen werden (zu besonderen Hinweispflichten des Bestellers vgl Düsseldorf NJW-RR 1999, 1731). Auch unspezifische Beschreibungen wie „gehobener Standard", „energiesparend", „qualitativ besonders hochwertig" oÄ, die der Unternehmer im Bauvertrag zu Werbezwecken verwendet, können beim Besteller als Erklärungsempfänger eine bestimmte Vorstellung von der zu erwartenden Werkleistung auslösen. Nach der Rspr des BGH müssen Gerichte auf der Basis derartiger allg beschreibender Adjektive ermitteln, welche Leistung geschuldet ist (BGH BauR 2007, 1570; dazu eingehend *Boldt* NJW 2007, 2960). Für den Kaufvertrag gilt, dass mit der „nach dem Vertrag vorausgesetzten Verwendung" das Gesetz nicht auf konkrete Eigenschaften der Kaufsache abzielt, die sich der Käufer vorstellt, sondern darauf, ob die Sache für die Nutzungsart (Einsatzzweck) geeignet ist, den die Parteien dem Vertrag zugrunde gelegt haben (BGH MDR 2019, 597). Diese Grundsätze sind auch auf den Werkvertrag anwendbar.

Fehlt es neben einer Beschaffenheitsvereinbarung auch an einer vertragl vorausgesetzten Verwendung, so ist 17 gem Nr 2 darauf abzustellen, ob sich das Werk zur **gewöhnlichen Verwendung** eignet und die **übliche Beschaffenheit** aufweist, die der Besteller erwarten kann. Diese beiden Anforderungen stehen **kumulativ** nebeneinander. Dabei bedarf es nicht einer negativen Auswirkung auf den Wert des Werks. Die gewöhnliche Verwendung ist obj aus der Art der Sache aus Sicht der Verkehrskreise abzuleiten, denen der Besteller angehört. Vergleichsmaßstab sind damit nur **überindividuelle Erwartungen**. Die nach dem Vertrag vorausgesetzte Verwendung kann sich dabei von der gewöhnlichen Verwendung unterscheiden. Für den Kaufvertrag hat der BGH angenommen, dass der fehlenden Eignung für die Verwendung nach § 434 I 2 Nr 1 idR nur dann eine eigenständige Bedeutung ggü derjenigen nach § 434 I 2 Nr 2 zukommt, wenn die Parteien nach dem Vertrag eine andere als die gewöhnliche Verwendung vorausgesetzt haben (BGH MDR 2019, 597).

3. Erstellung eines aliuds und Herstellung in zu geringer Menge. Nach Abs II S 3 stehen die Leistung eines 18 anderen als des geschuldeten Werks und die Herstellung des Werks in zu geringer Menge einem Sachmangel gleich. Die Vorschrift entspricht § 434 III im Kaufrecht. Die Lieferung eines aliuds liegt vor, wenn ausgehend vom Vertragszweck das Werk nach Art und Bestimmung nicht dem vertragl vereinbarten Werk entspricht, mithin nicht lediglich ein Werk erstellt wird, das hinsichtl seiner Beschaffenheit vom Vertragsinhalt abweicht, sondern unter Berücksichtigung aller Gesamtumstände gleichsam nicht mehr „das geschuldete" Werk als solches darstellt. Da die Rechtsfolgen der Leistung eines aliuds und der Schlechterfüllung durch Erstellung eines mangelhaften Werks iSv Abs II identisch sind, kommt der Abgrenzung in der Praxis eine nur untergeordnete Bedeutung zu; die rechtl Gleichstellung soll wie im Kaufrecht auch gerade die Rechtsanwendung vereinfachen. Die Herstellung des Werks in einer zu **geringen Menge** stellt dann einen Sachmangel dar, wenn der Unternehmer damit den gesamten Werkvertrag erfüllen wollte. Soweit er bewusst nur einen Teil der geschuldeten Menge leistet, handelt es sich nicht um einen Sachmangel iSv § 633 III, sondern um eine **Teillieferung**, die von vornherein dem allg Leistungsstörungsrecht unterliegt.

18a Bei der Lieferung neu herzustellender beweglicher Sachen in zu geringer Menge, dem praktisch wohl am häufigsten vorkommenden Anwendungsfall, ist Abs III ohne Relevanz: Unabhängig davon, ob es sich um eine vertretbare oder eine nicht vertretbare Sache handelt, unterfällt ein solcher Vertrag gem § 651 I ausschließlich dem Kaufrecht.

19 **IV. Rechtsmangel, Abs III.** Gem Abs I S 1 schuldet der Unternehmer nicht nur die sach-, sondern auch die rechtsmangelfreie Erstellung des Werks. Abs III enthält insoweit eine **Legaldefinition des Rechtsmangels**. Die gesetzl Definition erfolgt in negativer Hinsicht: Normiert ist nicht der Rechtsmangel selbst, sondern wie auch schon bei Sachmängeln die Rechtsmangelfreiheit des Werks. Nach Abs III ist das Werk dann frei von Rechtsmängeln, wenn Dritte keine oder nur die im Vertrag übernommenen Rechte gegen den Besteller geltend machen können. Nicht klar zum Ausdruck kommt im Gesetzeswortlaut, ob bereits die bloße Existenz eines Drittrechts einen Rechtsmangel darstellt oder ob ein solcher erst dann anzunehmen ist, wenn dieses Recht auch die vertragl vereinbarte Verwendbarkeit des Werks einschränkt.

19a Im Kaufrecht hat sich der Gesetzgeber (entgegen der etwa im UN-Kaufrecht geltenden Regelung) ausweislich der Gesetzesbegr (BT-Drs 14/6040, 217f) dafür entschieden, einen Rechtsmangel bereits in der Existenz des Drittrechts zu sehen. Unter Berücksichtigung dessen, dass gerade eine Angleichung von Kauf- und Werkvertragsrecht beabsichtigt war, ist eine abw Interpretation des Begriffs des Rechtsmangels im Werkvertragsrecht nicht angezeigt. Vielmehr ist davon auszugehen, dass die Begriffe des Rechtsmangels im Kauf- und im Werkvertragsrecht gleich zu verstehen sind.

19b Aufgrund der Gleichstellung des Rechts- mit einem Sachmangel sind auch die Rechtsfolgen identisch. Dem Besteller stehen daher die allg Rechtsbehelfe des § 634 zur Verfügung (Soergel/*Buchwitz* Rn 39). Er kann zunächst Nacherfüllung verlangen, der Unternehmer also (anders als im Kaufrecht: nach seiner Wahl, vgl § 635) den Rechtsmangel beseitigen oder ein neues, rechtsmangelfreies Werk erstellen. Als Rechtsmängel kommen etwa Patentrechtsverletzungen oder Urheberrechtsverletzungen in Betracht.

20 **V. Beweislast.** Die Beweislast hinsichtl der Mangelfreiheit bzw der Mangelhaftigkeit des Werks hängt davon ab, ob bereits die Abnahme erfolgt ist. Vor der Abnahme hat der Unternehmer zu beweisen, dass er ordnungsgemäß – also mangelfrei – erfüllt hat (§ 363). Dies gilt auch im Vergütungsprozess des Werkunternehmers, wenn der Besteller aufgrund einer von ihm behaupteten Mangelhaftigkeit des Werks die Abnahme verweigert hat (BGH NJW-RR 1999, 347). Auch vor der Abnahme ist aber die Soll-Beschaffenheit als Voraussetzung eines Gewährleistungsanspruchs vom Besteller zu beweisen. Macht der Besteller nach Abnahme Mängelansprüche geltend, so trägt er für sämtliche anspruchsbegründende Tatsachen die Darlegungs- und Beweislast, mithin auch für die Mangelhaftigkeit des Werks (BGH MDR 2002, 27). Da der Besteller häufig die Ursache des Mangels aufgrund fehlender Fachkenntnis nicht wird beurteilen können, reicht zur schlüssigen Darlegung eines Gewährleistungsanspruchs die konkrete Benennung der Mangelsymptome aus.

21 **VI. Verhältnis zu allgemeinen Vorschriften.** Wenngleich das besondere Gewährleistungsrecht des Werkvertragsrechts im Wesentlichen auf das allg Leistungsstörungsrecht verweist, ist dennoch die zeitl Abgrenzung zw den allg Vorschriften und den in § 634 aufgezählten Rechten von Bedeutung. **Bis zur Abnahme** kann der Besteller seine Rechte aus dem allg Leistungsstörungsrecht geltend machen. Er ist also nicht darauf angewiesen, ein mangelhaftes Werk abzunehmen und anschließend die Gewährleistungsrechte geltend zu machen. Soweit er bei Mangelhaftigkeit des Werks berechtigt die Abnahme verweigert, kann er nach seiner Wahl Schadensersatz nach § 281 statt der Leistung verlangen oder etwa unter den Voraussetzungen des § 323 vom Vertrag zurücktreten, denn die Erstellung eines mangelhaften Werks stellt eine Pflichtverletzung in der Form der Schlechtleistung iSd allg Leistungsstörungsrechts dar.

22 Ob §§ 633ff vor der Abnahme anwendbar sind, war umstr. Der BGH hat die Frage dahin entschieden, dass vor der Abnahme grds keine Ansprüche gem § 634 Nr 2–4 bestehen (BGH MDR 2017, 328; 2017, 390; 2017, 513). Das spielt besonders für den Vorschussanspruch eine Rolle, für den es im allg Schuldrecht keine Entsprechung gibt (wenn nicht allg ein „Vorfinanzierungsschaden" anerkannt wird, s § 637 Rn 11a). Der Schadensersatzanspruch kann etwa vor Abnahme auf § 281 gestützt werden, im Ausnahmefall noch vor Fälligkeit des Erfüllungsanspruchs (Düsseldorf 2.6.2020 – 23 U 149/19; 17.6.2022 – 22 U 192/21). Der Besteller kann unter Vorbehalt von Mängeln abnehmen, wenn er Gewährleistungsansprüche geltend machen will. Ausnahmsw bestehen Gewährleistungsansprüche vor Abnahme unter den Voraussetzungen eines Abrechnungsverhältnisses. Das setzt aber im Falle des Vorschussanspruchs voraus, dass der Besteller jegliche Nacherfüllung des Unternehmers ablehnt, er also auch im Falle des Scheiterns der Ersatzvornahme nicht zum Erfüllungsanspruch zurückkehren kann. Allein der Umstand, dass nur noch auf Geld gerichtete Gewährleistungsansprüche geltend gemacht werden, begründet also nicht ohne weiteres ein Abrechnungsverhältnis. Ist der Unternehmer Verwender einer unwirksamen Abnahmeklausel (häufig bei Bauträgerverträgen) kann er sich ggü dem Vorschussanspruch nicht darauf berufen, dass eine Abnahme wegen Unwirksamkeit der Klausel nicht vorliege (BGH MDR 2016, 515). Die Rspr führt dazu, dass Gewährleistungsansprüche beim Architektenvertrag (mit Leistungsphase 9) praktisch ausgeschlossen sind, wenn die Abnahme ihre Voraussetzung ist. Der haftungsbegründende Tatbestand ist idR vor

der Abnahme der Architektenleistung verwirklicht. Das wirft die Frage auf, wie diese Ansprüche verjähren (dazu § 634 Rn 1, § 650q Rn 6).

Nach Abnahme sind die Vorschriften des allg Leistungsstörungsrechts nicht mehr anwendbar. Der Besteller kann nunmehr ausschließlich die ihm nach §§ 633ff zustehenden Rechte geltend machen. Nicht gehindert ist er, sich auf die Einrede des nichterfüllten Vertrags gem § 320 zu berufen. Die Mangelhaftigkeit des Werks lässt den Vergütungsanspruch des Unternehmers nicht entfallen; der Besteller kann ihm jedoch die Einrede der Nichterfüllung entgegensetzen. § 641 III konkretisiert diesen Grundsatz und legt insoweit den Umfang des Leistungsverweigerungsrechts fest. Im Vergütungsprozess führt die Einrede des nichterfüllten Vertrags zur Verurteilung Zug-um-Zug (§ 322). Der Tenor muss hinreichend genau gefasst werden, die zu beseitigenden Mängelsymptome müssen konkret bezeichnet werden (BGH MDR 2011, 419; MDR 2015, 909). 23

§ 634 Rechte des Bestellers bei Mängeln

Ist das Werk mangelhaft, kann der Besteller, wenn die Voraussetzungen der folgenden Vorschriften vorliegen und soweit nicht ein anderes bestimmt ist,
1. nach § 635 Nacherfüllung verlangen,
2. nach § 637 den Mangel selbst beseitigen und Ersatz der erforderlichen Aufwendungen verlangen,
3. nach den §§ 636, 323 und 326 Abs. 5 von dem Vertrag zurücktreten oder nach § 638 die Vergütung mindern und
4. nach den §§ 636, 280, 281, 283 und 311a Schadensersatz oder nach § 284 Ersatz vergeblicher Aufwendungen verlangen.

I. Einleitung. Entstehung und Regelungsgehalt. § 634 ist eine Neuschöpfung des SchuldRModG und findet in dem vor 2002 geltenden Werkvertragsrecht keine Entsprechung (s dazu im Einz BT-Drs 14/6040, 261). Die Regelung soll als „Servicenorm" (BGH MDR 2020, 718) dazu dienen, dem weniger mit dem Recht vertrauten Besteller die Rechtsdurchsetzung zu erleichtern und führt zu diesem Zweck die unterschiedlichen Bestellerrechte auf. Die aufgeführten Bestellerrechte setzen voraus, dass das Werk bereits abgenommen oder ein abnahmegleicher Tatbestand erfüllt ist (vgl § 633 Rn 21). Die Nichterfüllung der ihm obliegenden vertragl Hauptleistungspflichten durch den Unternehmer gibt dem Besteller neben der Einrede der Nichterfüllung gem § 320 insb ein Recht auf Schadensersatz statt der Leistung unter den in § 280 III, § 281 genannten Voraussetzungen oder ein Rücktrittsrecht gem § 323. Für den Zeitraum vor Fälligkeit der Fertigstellungsverpflichtung kommt eine Vertragsbeendigung wegen Erfüllungsgefährdung in Betracht (vgl BGH MDR 2012, 953). 1

Nach Abnahme ist damit gleichzeitig die unmittelbare Anwendbarkeit des allg Leistungsstörungsrechts für solche Pflichtverletzungen, die in der Mangelhaftigkeit des Werks iSv § 633 liegen, ausgeschlossen. Der Besteller kann nur die in § 634 aufgezählten Rechte geltend machen. Dazu gehören das Recht auf **Nacherfüllung (Nr 1)**, **Selbstvornahme (Nr 2)**, **Rücktritt und Minderung (Nr 3)** sowie ein Anspruch auf **Schadensersatz oder Ersatz vergeblicher Aufwendungen (Nr 4)**. Dabei beschränkt sich der Regelungsgehalt von § 634 darauf, die unterschiedlichen Rechte des Bestellers aufzuzählen; die jew Voraussetzungen ergeben sich aus den Vorschriften, auf welche verwiesen wird. 2

Wenngleich auf den ersten Blick die in § 634 genannten Rechte nebeneinander zu bestehen scheinen, ergibt sich doch aus den Tatbestandsvoraussetzungen für eine Selbstvornahme, den Rücktritt, die Minderung, den Schadensersatz oder den Ersatz vergeblicher Aufwendungen, dass es einen **Vorrang des Nacherfüllungsanspruchs** gibt. Die in den Nr 2–4 genannten Rechte setzen jew eine Nachfristsetzung voraus, innerhalb welcher dem Unternehmer Gelegenheit gegeben werden muss, das Werk durch Nachbesserung oder Neuerstellung mangelfrei zu gestalten. Dadurch hat der Unternehmer eine „zweite Erfüllungschance". Nach erfolgloser Fristsetzung zur Nacherfüllung kann der Besteller dann frei unter den in den Nr 2–4 genannten Rechten wählen. Es handelt sich um elektive Konkurrenz, auf welche die §§ 262ff anwendbar sind. 3

Die dargestellte Abstufung der Mängelrechte gilt nicht für Architekten- und Ingenieurverträge, sofern sich der Mangel bereits im Bauwerk verkörpert hat. In diesem Fall setzt der Schadensersatz- wie auch der Minderungsanspruch nicht voraus, dass dem Architekten Gelegenheit gegeben wurde, die Mängel seiner Planung oder des Bauwerks zu beseitigen. Es handelt sich um Schadensersatz neben der Leistung gem § 280. Der Schadensersatzanspruch kann daher nicht mit der Begründung zurückgewiesen werden, wegen der Mängel sei keine Frist gesetzt worden (BGH MDR 2017, 570; 2008, 79, aA Hamm MDR 2021, 558 für Planungskosten). 3a
Neben die Mängelansprüche kann eine deliktische Haftung wegen sog „Weiterfresserschäden" treten, wenn durch den verschuldeten Mangel eine zuvor unbeschädigte Sache beschädigt wird (BGH MDR 2021, 561).

II. Die einzelnen Bestellerrechte. 1. Nacherfüllung, Nr 1. Der Nacherfüllungsanspruch ist, wenngleich er systematisch der Phase der Gewährleistung und nicht der vor Abnahme erfolgenden Phase der Erfüllung zuzuordnen ist, ein **modifizierter Erfüllungsanspruch** (*Teichmann* ZfBR 2002, 13). Nach Abnahme ersetzt er den ursprüngl Anspruch des Bestellers, ihm ein sach- und rechtsmangelfreies Werk zu verschaffen. Die Modifikation ggü dem ursprüngl Erfüllungsanspruch liegt zum einen in der besonderen Begrenzung gem § 635 III (zu den Einzelheiten § 635 Rn 15ff), die es dem Unternehmer erlaubt, die „modifizierte Erfüllung", maW die Nacherfüllung auch außerhalb des Anwendungsbereichs von § 275 II und III, dann zu verweigern, wenn die Nacherfül- 4 lung gerade nicht unmöglich, sondern nur mit unverhältnismäßigen Kosten zu leisten ist, zum anderen in der Verjährung des § 634a (s Erl dort).

4a Im Unterschied zum Nacherfüllungsrecht des Kaufrechts (§ 437 Nr 1, § 439 I) hat im Werkvertragsrecht der Unternehmer ein **Wahlrecht** (vgl § 635 I „nach seiner Wahl"), auf welche Weise er das Nacherfüllungsverlangen erfüllt. Er kann zw Mangelbeseitigung und Neuherstellung des Werks wählen. I Erg ist ein Anspruch auf Neuherstellung des Werks für den Besteller nur dann gegeben, wenn die Beseitigung des Mangels aufgrund seiner besonderen Eigenarten nicht möglich, die Neuherstellung nicht unmöglich (§ 275 I) ist und sie auch vom Unternehmer nicht nach § 275 II und III oder § 635 III verweigert werden kann. Ggü dem Vergütungsanspruch des Unternehmers gibt der Anspruch des Bestellers auf Nacherfüllung ein **Zurückbehaltungsrecht** (zur Höhe vgl im Einz § 641 III; zu berücksichtigen ist regelmäßig ein sog Druckzuschlag; vgl zu § 641 III BGH BauR 2002, 1403). Der Anspruch auf Nacherfüllung entfällt, wenn der Besteller die Vergütung mindert, zurücktritt oder Schadensersatz statt der Leistung bzw Aufwendungsersatz verlangt.

5 **2. Selbstvornahme, Nr 2.** Während die Rechte des Bestellers im Werkvertragsrecht iÜ denen des Käufers im Kaufrecht entsprechen (vgl die Aufzählung in § 437), stellt das Recht zur Selbstvornahme eine von der kaufrechtl Systematik abw werkvertragl Besonderheit dar, die den Besteller eines Werks ggü einem Käufer besserstellt. Das Recht zur Selbstvornahme gibt dem Besteller die Möglichkeit, nach Ablauf einer Frist zur Nacherfüllung den Mangel selbst zu beseitigen und Ersatz der dazu erforderlichen Aufwendungen zu verlangen (vgl § 637). Von besonderer Bedeutung für den Besteller ist, dass er einen Anspruch auf **Vorschuss** bzgl der Aufwendungen verlangen kann, die bei der Selbstvornahme anfallen werden (vgl § 637 III). Der Vorschuss ist zweckgebunden und muss vom Besteller ggü dem Unternehmer abgerechnet werden. Bei nicht zweckgemäßer Verwendung innerhalb angemessener Zeit muss er zurückgezahlt werden (Einzelheiten BGH MDR 2010, 379; vgl § 637 Rn 18).

6 Sobald der Besteller, soweit im Einzelfall nicht entbehrlich, wirksam Frist zur Nacherfüllung gesetzt hat und diese abgelaufen ist, kann der Unternehmer nur noch mit Zustimmung des Bestellers die Nacherfüllung erbringen (BGH MDR 2003, 623). Nach Fristablauf kann der Besteller die Mangelbeseitigung selbst vornehmen. Ungeklärt ist, ob sich der Besteller wegen seines Nacherfüllungsanspruchs auf § 320 berufen darf, wenn er Kostenvorschuss beansprucht (von Bedeutung wegen § 641 III). Auch hinsichtl des Verlangens des Bestellers, einen Vorschuss zur Mangelbeseitigung zu erhalten, wirkt sich damit der grds Vorrang der Nacherfüllung aus. Vorschuss kann nachgefordert werden, wenn der zunächst geforderte Vorschuss zur Mangelbeseitigung nicht ausreicht (Köln BauR 2022, 1659, vgl zu weiteren Einzelheiten *Halfmeier* BauR 2022, 830ff; *Rodemann* FS Lauer,2021, 387ff).

7 **3. Rücktritt und Minderung, Nr 3.** Der in § 634 Nr 3 Alt 1 aufgeführte Rücktritt ersetzt die im Werkvertragsrecht vor Inkrafttreten des SchuldRModG existente Wandelung, der zumindest im Baurecht keine praktische Bedeutung zukam, was sich auch daran zeigt, dass die VOB/B dieses Institut nicht kennt. Die Diskussion über die Geltendmachung der Wandelung („Theorie des richterlichen Gestaltungsaktes") hat damit nur noch rechtshistorische Bedeutung, soweit neues Werkvertragsrecht anwendbar ist, denn der Rücktritt ist ein **Gestaltungsrecht.** Aus dieser Rechtsnatur folgt, dass für ihn keine originären Verjährungsregelungen geschaffen werden konnten, denn der Verjährung unterliegen allein Ansprüche. Für das Rücktrittsrecht gilt damit gem § 634a IV, § 218 eine Ausschlussfrist (vgl im Einz § 634a).

7a Für die Frage, ob das Gestaltungsrecht rechtzeitig geltend gemacht worden ist, kommt es allein auf seine Erklärung, nicht aber auf die gerichtliche Geltendmachung an. Entscheidend ist, dass das Gestaltungsrecht ausgeübt wurde, bevor der (vermeintliche) Mangelanspruch verjährt war. Der durch das Gestaltungsrecht entstandene Anspruch verjährt seinerseits in der regelmäßigen Verjährungsfrist der §§ 195, 199 (so zum Rücktritt im Kaufrecht BGH MDR 2007, 450). Durch die Integration des Rücktrittsrechts in die Mängelansprüche des Bestellers wurde eine Harmonisierung mit dem allg Leistungsstörungsrecht erreicht.

7b Da der Vorrang der Nacherfüllung auch für das Rücktrittsrecht des Bestellers gilt, setzt dieses tatbestandlich regelmäßig Fristsetzung zur Nacherfüllung voraus. Die Voraussetzungen im Einz ergeben sich insoweit aus §§ 636, 323, 326 V.

8 **Die Rechtsfolgen** eines wirksam ausgeübten Rücktritts ergeben sich aus §§ 346ff, so dass in erster Linie die ausgetauschten Leistungen zurückzugewähren sind. Das Schuldverhältnis ist in ein **Rückabwicklungsschuldverhältnis** umgewandelt. Weiterhin kann der Besteller Schadensersatz, insb Schadensersatz statt der Leistung, geltend machen (vgl § 325) oder Ersatz des Verzögerungsschadens (§ 280 II, § 286) verlangen.

9 Das in Nr 2 Alt 2 aufgeführte Recht zur **Minderung der Vergütung** ist ebenfalls als einseitiges Gestaltungsrecht konstruiert. Seine Ausübung führt zu einer **Vertragsanpassung**, so dass die Vergütung i Erg dem Wert des mangelhaften Werks unter Berücksichtigung des ursprüngl vereinbarten Preis-Leistungsverhältnisses entspricht (zu den Einzelheiten der Minderung und insb ihrer Berechnung vgl § 638). Auch das Recht, die Vergütung zu mindern, setzt idR ein vorheriges erfolgloses Nacherfüllungsverlangen des Bestellers voraus. Hat der Besteller wirksam gemindert, so ist sein Anspruch auf (kleinen) Schadensersatz gleichwohl nicht ausgeschlossen (BGH MDR 2017, 513). Minderung und großer Schadensersatz schließen sich demggü aus (BGH MDR 2018, 852).

10 **4. Schadens- und Aufwendungsersatz, Nr 4.** Der Besteller kann unter den Voraussetzungen des §§ 636, 281, §§ 636, 280 oder §§ 636, 283, 311a Schadensersatz oder nach §§ 636, 284 Ersatz vergeblicher Aufwendungen verlangen. Entscheidend ist es insoweit, den unterschiedlichen Anspruchsgrundlagen die zugehörigen Schäden zuzuordnen. Insoweit sind die Mängelansprüche des Bestellers nach Abnahme wiederum eng mit dem allg Leistungsstörungsrecht verknüpft worden. Sämtliche der in Nr 4 genannten Ansprüche setzen idR eine erfolglose

Fristsetzung zur Nacherfüllung voraus (zu ihrer Entbehrlichkeit iÜ vgl § 636). Schäden, die sich durch eine Nacherfüllung nicht vermeiden lassen, unterfallen § 280 und erfordern keine Fristsetzung (BGH MDR 2017, 350).

Nach § 634 Nr 4, §§ 636, 281 kann der Besteller **Schadensersatz statt der Leistung** verlangen. Systematisch resultiert dies daraus, dass das BGB in der Herstellung eines mangelhaften Werks grds eine Pflichtverletzung iSd §§ 280ff sieht. § 281 setzt in Abgrenzung zu § 283 voraus, dass der **Mangel behebbar** ist. Der Anspruch auf Schadensersatz statt der Leistung idS erfasst insb den Mangelschaden, also den Schaden, den der Besteller dadurch erleidet, dass er bei Zahlung voller Vergütung ein Werk erhält, das einen geringeren Wert aufweist (sog **Mangelunwert**). Es werden daneben die Schäden erfasst, die bei erfolgreicher Nacherfüllung des Unternehmers gerade nicht entstanden wären. Dazu gehören etwa die Kosten der Reparatur. 11

§ 634 Nr 4, §§ 636, 283 bzw § 311a geben dem Besteller ebenfalls einen Anspruch auf **Schadensersatz statt der Leistung**. Ggü dem Anspruch aus § 281 besteht jedoch der Unterschied, dass der **Mangel unbehebbar**, der Anspruch auf Nacherfüllung daher gem § 275 ausgeschlossen ist. Da bei unbehebbaren Mängeln ein Nacherfüllungsverlangen sinnlos ist, bedarf es bei § 283 (nachträgl Unmöglichkeit der Nacherfüllung) und bei § 311a (anfängliche Unmöglichkeit der Nacherfüllung) eines solchen nicht. Hinsichtl des Schadensumfanges bestehen keine Unterschiede zu § 281. Der Schadensersatzanspruch statt der Leistung gem § 634 Nr 4, §§ 280, 281 tritt an die Stelle der geschuldeten Werkleistung. Sein Anwendungsbereich bestimmt sich nach der Reichweite der Nacherfüllung. Da die Nacherfüllung gem § 634 Nr 1, § 635 auf Herstellung des geschuldeten Werks gerichtet ist, bestimmt dieses die Reichweite der Nacherfüllung. Die geschuldete Werkleistung ist dabei im Wege der Vertragsauslegung gem §§ 133, 157 zu ermitteln. Die Nacherfüllung erfasst danach die Beseitigung der Mängel des geschuldeten Werks, die auf einer im Zeitpunkt der Abnahme vorhandenen vertragswidrigen Beschaffenheit des Werks beruhen (BGH MDR 2019, 406). 12

Gem § 634 Nr 4, § 280 kann der Besteller eine weitere Form des Schadensersatzes geltend machen. Während §§ 281, 283, 311a Schadensersatz statt der Leistung gewähren und damit in erster Linie einen Anspruch auf Ersatz des Mangelunwerts bieten, ersetzt § 280 **sonstige Schäden**, die auf einem Mangel beruhen (sog **Mangelfolgeschäden**). Im Unterschied zu früherer Rechtslage ist keine Differenzierung zw „engen" und „weiten" Mangelfolgeschäden mehr erforderlich. Vielmehr werden alle Schäden an sonstigen Rechtsgütern des Bestellers erfasst. 13

Schäden, die **nicht mit der Mangelhaftigkeit des Werks zusammenhängen**, werden direkt über § 280 I ersetzt, sofern der Unternehmer eine Pflicht aus dem Werkvertrag verletzt und dies zu vertreten hat (vgl aber insoweit § 280 I 2), und unterfallen keiner Verweisung des § 634. Der Anwendungsbereich des Mängelgewährleistungsrechts ist schon aufgrund des Fehlens eines Mangels iSv § 633 nicht eröffnet, so dass alle sonstigen Pflichtverletzungen (Verletzung nichtleistungsbezogener Nebenpflichten und Verletzung leistungsbezogener Nebenpflichten, die nicht zu einem Sachmangel führen) erfasst sind. 14

Der Anspruch auf **Aufwendungsersatz** gem § 634 Nr 4, § 284 tritt an die Stelle des Anspruchs auf Schadensersatz statt der Leistung, so dass er dessen Voraussetzungen ebenfalls unterliegt. Der Aufwendungsersatzanspruch des § 284 ist eine Neuschöpfung des SchuldRModG (dazu *Canaris* JZ 2001, 516). Ersatz vergeblicher Aufwendungen konnte der Gläubiger eines Schadensersatzanspruchs bisher nur dann verlangen, wenn hinsichtl der geltend gemachten Schadenspositionen eine **Rentabilitätsvermutung** galt, also anzunehmen war, dass es bei Abwicklung des Vertrags zum Zufluss von Vermögensvorteilen gekommen wäre, die die Aufwendungen ausgeglichen hätten. Der Anwendungsbereich von § 284 dürfte sogar eher weiter zu ziehen sein. Anwendbar sind § 634 Nr 4, § 284 etwa für solche angefallenen („frustrierten") Aufwendungen, die der Bauherr in Ansehung der Errichtung des Werks erbracht hat (vgl zur Rentabilitätsvermutung BGH NJW 1983, 442 „Architektenwettbewerb"; NJW 1999, 3625 „Kaufvertrag, Umfang der Rentabilitätsvermutung"). 15

III. Prozessuales/Beweislast. Aus Sicht des Bestellers kommen insb Rückforderungsprozesse wegen aufgrund ausgeübter Minderung überbezahlter Vergütung oder die Geltendmachung des Anspruchs auf Vorschuss als **Leistungsklagen** in Betracht. Daneben ist es aber auch zulässig, dass der Besteller im Wege der **Feststellungsklage** beantragt, die Mängelhaftung des Unternehmers hinsichtl bestrittener Mängel festzustellen (BGH NJW 2002, 681). In einer Vorschussklage ist stets die Feststellung enthalten, dass weitergehende Kosten der Mangelbeseitigung zu erstatten sind (BGH MDR 2008, 1387). Eine Klage auf Feststellung der Ersatzpflicht für einen künftigen Schaden erfordert, dass ein Schaden tatsächlich droht. Das Vorliegen eines Konstruktionsfehlers oder Ausführungsmangels begründet auch ohne weitergehende Mängelsymptome eine hinreichende Wahrscheinlichkeit für einen Schadenseintritt (NJW-RR 2010, 750). Um den Anforderungen des § 253 II Nr 2 ZPO zu entsprechen, muss er jedoch „die Mängel im Einz so genau zu bezeichnen, dass kein Zweifel darüber entstehen kann, für welche Mängel die Gewährleistungspflicht besteht. Die Bezeichnung zur Konkretisierung des Streitgegenstands kann auch im Sachvortrag erfolgen." (BGH NJW 2002, 681). 16

Ansprüche, die auf verschiedene Mängel gestützt werden, sind **verschiedene Streitgegenstände**. Macht der Besteller unterschiedliche Mängelrechte geltend, so handelt es sich um verschiedene Streitgegenstände, soweit die Rechtsfolgen unterschiedlich sind. Bisher hatte der VII. ZS die Auffassung vertreten, dass eine Klage auf Schadensersatz in Höhe der Mängelbeseitigungskosten einen anderen Streitgegenstand als eine Klage auf Vorschuss in Höhe der voraussichtlichen Mängelbeseitigungskosten begründet (BGH MDR 2005, 470). Diese Rspr hat der Senat modifiziert (BGH MDR 2019, 1016; 2018, 465). Danach soll der Umstand, dass der Vorschuss zweckgebunden ist und abgerechnet werden muss, während der Schadensersatzanspruch grds auf endgültige Abwicklung des 17

Schadens gerichtet ist, sich als bloße Beschränkung des Klageantrags iSd § 264 Nr 2 ZPO darstellen. Daher soll es einem Besteller, der auf der Grundlage der bisherigen Rspr Schadensersatz in Höhe der fiktiven Mängelbeseitigungskosten geltend gemacht hat, nicht nur möglich sein, eine andere Form der Schadensbemessung zu wählen, sondern ggf auch auf den Vorschussanspruch zurückzukommen (dazu *Rodemann* ZfBR 2018, 320). Wechselt ein Kläger nur die Art der Schadensberechnung, ohne seinen Klageantrag zu erweitern oder diesen auf einen anderen Lebenssachverhalt zu stützen, liegt keine Änderung des Streitgegenstands vor (BGH MDR 2017, 1169). Bei der Bestimmung, welches Gewährleistungsrecht geltend gemacht wird, ist der BGH großzügig (BGH BauR 2004, 1477 für die „Vorschussklage" des Bauherrn gegen den Architekten). Des Weiteren ist es zulässig, im Wege eines Hauptantrags einen Anspruch auf Schadensersatz und hilfsweise für den Fall, dass dessen Voraussetzungen nicht vorliegen, Nacherfüllung zu verlangen. Dies stellt eine zulässige Eventualklagehäufung iSv § 260 ZPO dar (BGH NJW 1976, 143).

18 Die **Darlegungs- und Beweislast** hinsichtl der tatbestandlichen Voraussetzungen der in § 634 aufgezählten unterschiedlichen **Mängelansprüche** trägt der Besteller, da es sich insoweit um anspruchsbegründende Tatsachen handelt. Dies gilt damit insb für das Vorhandensein von **Mängeln** iSv § 633 (zu den Einzelheiten vgl § 633). Im Gewährleistungsprozess genügt es jedoch, wenn ein Auftraggeber die Mangelerscheinung und nicht den Mangel selbst bezeichnet, denn mit der Mangelerscheinung werden alle einschlägigen Ursachen des Mangels erfasst (BGH NJW-RR 1997, 1376). Die Pflicht zur Substantiierung von Baumängelrügen ist damit ggü der üblichen Substantiierungspflicht erleichtert. Hat der Besteller den Mangel im Stundenlohn beseitigen lassen, muss er detailliert zu den Arbeiten und der hierfür aufgewendeten Zeit vortragen (BGH MDR 2015, 999).

19 Behauptet der Besteller Mängel im Vergütungsprozess des Unternehmers, so hat der Unternehmer bei verweigerter Abnahme die Mangelfreiheit des Werks zu beweisen (BGH NJW-RR 1999, 347; für den Vergütungsanspruch bis zur Teilkündigung BGH NJW 1993, 1972).

§ 634a Verjährung der Mängelansprüche

(1) Die in § 634 Nr. 1, 2 und 4 bezeichneten Ansprüche verjähren

1. **vorbehaltlich der Nummer 2 in zwei Jahren bei einem Werk, dessen Erfolg in der Herstellung, Wartung oder Veränderung einer Sache oder in der Erbringung von Planungs- oder Überwachungsleistungen hierfür besteht,**
2. **in fünf Jahren bei einem Bauwerk und einem Werk, dessen Erfolg in der Erbringung von Planungs- oder Überwachungsleistungen hierfür besteht, und**
3. **im Übrigen in der regelmäßigen Verjährungsfrist.**

(2) Die Verjährung beginnt in den Fällen des Absatzes 1 Nr. 1 und 2 mit der Abnahme.

(3) Abweichend von Absatz 1 Nr. 1 und 2 und Absatz 2 verjähren die Ansprüche in der regelmäßigen Verjährungsfrist, wenn der Unternehmer den Mangel arglistig verschwiegen hat. Im Fall des Absatzes 1 Nr. 2 tritt die Verjährung jedoch nicht vor Ablauf der dort bestimmten Frist ein.

(4) Für das in § 634 bezeichnete Rücktrittsrecht gilt § 218. Der Besteller kann trotz einer Unwirksamkeit des Rücktritts nach § 218 Abs. 1 die Zahlung der Vergütung insoweit verweigern, als er aufgrund des Rücktritts dazu berechtigt sein würde. Macht er von diesem Recht Gebrauch, kann der Unternehmer vom Vertrag zurücktreten.

(5) Auf das in § 634 bezeichnete Minderungsrecht finden § 218 und Absatz 4 Satz 2 entsprechende Anwendung.

1 **I. Anwendungsbereich.** Die Fristen des § 634a gelten für den **Nacherfüllungsanspruch**, die **Selbstvornahme**, die **Minderung**, den **Rücktritt**, den **Schadensersatzanspruch** und den Anspruch auf **Ersatz vergeblicher Aufwendungen, wie sie in § 634 bezeichnet sind.** Dazu zählt auch die Neuherstellung des Werks, wenn sich der Unternehmer für diese Form der Nacherfüllung gem § 635 I entschieden hat. Für alle übrigen Ansprüche des Bestellers – wie etwa den originären Erfüllungsanspruch oder einen Schadensersatzanspruch aus § 280 I direkt wegen der Verletzung von vertragl Nebenpflichten durch den Unternehmer – gelten die allg Verjährungsvorschriften der §§ 194ff (BGH MDR 2022, 1206 für Verzugsschaden). Ungeklärt ist, nach welcher Bestimmung Ansprüche wegen Mängeln verjähren, die dem Besteller vor der Abnahme zustehen, zB der Schadensersatz gegen den Architekten wegen im Bauwerk realisierter Mängel der Planung. Sachgerecht ist die Anwendung von § 634a, zumal sonst der mit §§ 634a, 650s verfolgte Regelungszweck (Angleichung der Verjährungsfristen bei Planern und bauausführenden Unternehmern) verfehlt würde (vgl *Rodemann* NZBau 2016, 89; Schleswig MDR 2023, 162; Hamm ZfBR 2019, 570: Erfüllungsanspruch verjährt nicht vor Mängelanspruch; aA *Steiner* BauR 2019, 711; Köln BauR 2021, 1486; Rostock MDR 2021, 611).

2 **II. Systematik.** Die Vorschrift differenziert zw dem Anspruch auf Nacherfüllung, der Selbstvornahme und dem dazugehörigen Kostenvorschuss und den Ansprüchen auf Schadensersatz auf der einen Seite, sowie dem Recht, vom Vertrag zurückzutreten oder die Vergütung zu mindern, auf der anderen Seite.

3 **Abs I** gilt nur für die erstgenannte Gruppe von **Ansprüchen** und legt für diese die Verjährungsregelungen abhängig von der Art des zu erstellenden Werks fest. Da nur Ansprüche, also das Recht, von einem anderen ein Tun oder Unterlassen zu verlangen, der Verjährung unterliegen (vgl § 194), konnten konsequenterweise das Rücktritts- und Minderungsrecht nicht Verjährungsregelungen unterworfen werden, da es sich bei Rücktritt und Minderung

nicht um Ansprüche, sondern um **Gestaltungsrechte** handelt. Für sie gelten **Abs IV und V**, die die Ausübung der Gestaltungsrechte durch den Verweis auf § 218 zeitl ebenfalls begrenzen. Diese Differenzierung ist daher primär dogmatisch bedingt.

Hins der einzelnen Fristentatbestände des Abs I ist systematisch wie folgt vorzugehen: Vorrangig ist zu prüfen, ob Gegenstand des Werkvertrags ein solches Werk ist, das **Abs I Nr 2** unterfällt. Ist dies nicht der Fall, ist die **subsidiäre** Vorschrift des **Abs I Nr 1** anzuwenden (vgl insoweit den Wortlaut: „… vorbehaltlich der Nr 2 …"). Greift auch sie nicht ein, ist die regelmäßige Verjährungsfrist des **Abs I Nr 3** einschlägig. Treffen in einem einheitlichen Vertrag unterschiedliche werkvertragl Arten des Erfolges mit unterschiedlichen Verjährungsregelungen zusammen, so gilt idR die längere Frist. 4

III. Fallgruppen. 1. Zwei-Jahres-Frist, Abs I Nr 1. Die **Zwei-Jahres-Frist des Abs I Nr 1** entspricht der kaufrechtl Verjährungsfrist des § 438 I Nr 3 und regelt die Frist für solche Werke, deren Erfolg in der Herstellung, Wartung oder Veränderung einer Sache oder der Erbringung von Planungs- und Überwachungsleistungen besteht, soweit nicht der Anwendungsbereich von Nr 2 (Bauwerke) eröffnet ist. 5

Sachen iSd Vorschrift sind alle körperlichen Gegenstände (§ 90). Die Gleichstellung von Tieren (§ 90a) mit Sachen gilt auch für den Sachbegriff des Abs I Nr 1, wenngleich erfolgsbezogene Tätigkeiten an Tieren regelmäßig nicht der „Veränderung", „Wartung" oder „Herstellung" dienen und damit von untergeordneter Bedeutung sein dürften. Erfasst werden von Abs I Nr 1 alle Werkverträge, bei denen eine **körperliche Sache Gegenstand der werkvertragl Leistung** ist. Von besonderer Relevanz in diesem Zusammenhang ist die Abgrenzung zw Werklieferungsverträgen, die dem Kaufrecht unterfallen, und reinen Werkverträgen. Soweit Gegenstand des Vertrags die Lieferung einer – vertretbaren oder nicht vertretbaren – beweglichen Sache ist, **greift § 634a nicht ein.** Wegen des unterschiedlichen Beginns der Verjährung (Abnahme im Werkvertragsrecht, Ablieferung im Kaufrecht) können sich unterschiedliche Fristabläufe ergeben (Einzelheiten bei *Voit* BauR 2002, 145). 6

Zu den erfolgsbezogenen Arbeiten an beweglichen Sachen idS gehören insb **Reparaturverträge** an beweglichen Sachen, wie etwa an Kraftfahrzeugen oder Maschinen, oder Arbeiten zur **Grundstücksgestaltung** (vgl Düsseldorf NJW-RR 1999, 1182: Anlegen eines Teichs). Auch **Reparaturarbeiten an einem Bauwerk** können unter Abs I Nr 1 zu subsumieren sein. Abs I Nr 2 ist nur dann einschlägig, wenn der Bearbeitungsgegenstand **fest mit dem Bauwerk verbunden** ist und die Reparaturleistungen für das Bauwerk insg so wesentlich sind, dass sie einer Neuerrichtung vergleichbar sind. Dies ergibt sich unter Berücksichtigung der Rspr des BGH zur alten Rechtslage. Danach „gilt die lange Verjährung bei Bauwerken, wenn das geschuldete Werk selbst in der Errichtung oder der grundlegenden Erneuerung eines Gebäudes oder eines anderen Bauwerks besteht, wobei unter grundlegender Erneuerung Arbeiten zu verstehen sind, die insg einer ganzen oder teilw Neuerrichtung gleichzuachten sind" (BGH MDR 2002, 1061). 7

Darüber hinaus werden Planungs- und Überwachungsleistungen erfasst, sofern sie sich nicht auf ein Bauwerk iSv Abs I Nr 2 beziehen. 8

2. Fünf-Jahres-Frist, Abs I Nr 2. Die – systematisch vorrangig zu prüfende – Frist des Abs I Nr 2 gilt für Bauwerke und Werke, deren Erfolge in der Erbringung von **Planungs- und Überwachungsleistungen** hierfür bestehen. Bei der Auslegung des Begriffs **„Bauwerk"** kann auf die zu § 638 aF ergangene Rspr des BGH zurückgegriffen werden. Der Begriff ist, ohne dass es auf die sachenrechtl Zuordnung ankäme, weit auszulegen. Nach der Rspr des BGH sind unter Arbeiten „bei Bauwerken" iSd § 638 I aF nicht nur Arbeiten zur Herstellung eines neuen Gebäudes zu verstehen, sondern auch solche, die für die Erneuerung oder den Bestand von wesentlicher Bedeutung sind, sofern die eingebauten Teile mit dem Gebäude fest verbunden sind. Der Begriff des Bauwerks iSd § 638 I aF ist infolge des Normzwecks dieser Vorschrift, dem Interessenausgleich zw den Vertragspartnern des Werkvertrages zu dienen, weiter als der in den §§ 93ff verwendete Begriff des Gebäudes. Unter den Begriff des Bauwerks fallen auch ortsfeste technische Anlagen, die mit dem Grundstück dauerhaft verbunden sind. Für das Kriterium der Nutzungsdauer ist dabei entscheidend, ob Vertragszweck die Erstellung einer größeren ortsfesten Anlage mit den spezifischen Bauwerksrisiken ist, die der gesetzl Regelung zugrunde liegen. In diesem Fall genügt es, dass die Anlage allein durch ihr Gewicht mit dem Grundstück so verbunden ist, dass eine Trennung von demselben nur mit einem größeren Aufwand möglich ist (BGH NZBau 2002, 387). Für nachträgl Einbau von Photovoltaikanlagen ist die Rechtslage unklar. Die fünfjährige Verjährungsfrist des § 634a I Nr 2 findet bei einem Bauwerk und einem Werk Anwendung, dessen Erfolg in der Erbringung von Planungs- oder Überwachungsleistungen hierfür besteht. Von derartigen Planungs- und Überwachungsleistungen ist dabei nicht nur bei der Neuerrichtung eines Bauwerks, sondern auch bei einer grundlegenden Erneuerung eines Gebäudes auszugehen, also bei Arbeiten, die insg einer vollständigen oder teilw Neuerrichtung gleich zu achten sind. Nach diesen Grundsätzen handelt es sich bei dem Einbau einer in die Gebäudefassade integrierten Photovoltaikanlage, für welche Planungsleistungen und die Bauüberwachung durchgeführt werden, um einen Teilbereich der grundlegenden Umgestaltung eines Bürogebäudes in ein Studentenwohnheim. Diese Erneuerung des Gesamtgebäudes steht einer vollständigen oder teilw Neuerrichtung gleich (BGH MDR 2019, 412). Dagegen geht der VIII. ZS des BGH von einer zweijährigen Verjährungsfrist aus (BGH MDR 2014, 74). Es besteht somit eine Rechtsprechungsdifferenz zw dem VII. und dem VIII. ZS des BGH (dazu *Jacoby* NJW 2016, 2848). – Technische Anlagen können als Bauwerk angesehen werden. Das setzt voraus, dass die technische Anlage mit dem Erdboden unmittelbar oder mittelbar über ein Gebäude fest verbunden ist, ohne dass es sich um wesentliche Bestandteile (§§ 93, 94) handeln muss. Es genügt eine Verbindung der Anlage mit dem Erdboden oder dem Gebäude allein 9 durch ihr Gewicht, so dass eine Trennung nur mit einem größeren Aufwand möglich ist. Schließlich muss eine dauernde Nutzung der technischen Anlage beabsichtigt sein. Für die Beurteilung dieser Voraussetzungen ist entscheidend darauf abzustellen, ob Vertragszweck die Erstellung einer größeren ortsfesten Anlage mit den spezifischen Bauwerksrisiken ist, die der gesetzl Regelung zur langen Verjährungsfrist zugrunde liegen (BGH MDR 2018, 200). – Auch eine Terrassenanlage ist ein Bauwerk (Düsseldorf MDR 2019, 1187).

10 **Planungs- und Überwachungsleistungen** sind Leistungen, die im weitesten Sinne der Bauwerksplanung oder Bauwerkserstellung dienen. Dazu zählen etwa die Leistungen eines **Architekten** (BGHZ 37, 341), eines **Vermessungsingenieurs** (BGHZ 58, 225) oder eines **Statikers** (BGHZ 48, 257). Dabei reicht selbst die abstrakte Planung, die keinen unmittelbaren Bezug zu einem bestimmten Grundstück aufweist, aus.

11 **3. Regelmäßige Verjährungsfrist von drei Jahren, Abs I Nr 3.** Soweit Abs I Nr 1 und Abs I Nr 2 nicht einschlägig sind, verjähren die in § 634 aufgezählten Sekundäransprüche des Bestellers in der regelmäßigen Verjährungsfrist von drei Jahren. Da Werkleistungen, die an einer beweglichen Sache oder einem Bauwerk erbracht werden oder sich in einem solchen verkörpern, regelmäßig von Abs I Nr 1 und Nr 2 erfasst sein werden, beschränkt sich der Anwendungsbereich von Abs I Nr 3 im Wesentlichen auf **immaterielle Werkleistungen**. Erfasst werden etwa Konzerte, Gutachten, Auskünfte, Beförderungsverträge und Arbeiten am menschlichen Körper, wie etwa Operationen, soweit Werkvertragsrecht überhaupt anwendbar ist. – Die regelmäßige Verjährungsfrist beginnt nicht, wie sich aus Abs II entnehmen lässt, mit der Abnahme, sondern unter den Voraussetzungen des § 199 I 1 und 2. Dabei genügt für den Verjährungsbeginn die Kenntnis der den Anspruch begründenden Tatsachen. Es muss dem Geschädigten zumutbar sein, aufgrund dessen, was ihm hinsichtl des tatsächlichen Geschehensablaufs bekannt ist, Klage zu erheben, wenn auch mit dem verbleibenden Prozessrisiko, insb hinsichtl der Nachweisbarkeit von Schadensersatz auslösenden Umständen (BGH MDR 2014, 1390). Nur ausnahmsw kann die Rechtsunkenntnis des Geschädigten den Verjährungsbeginn hinausschieben, wenn die Rechtslage im Einzelfall so unübersichtlich oder zweifelhaft ist, dass sie selbst ein rechtskundiger Dritter nicht zuverlässig einzuschätzen vermag (BGH MDR 2019, 1027).

12 **IV. Beginn und Hemmung der Verjährungsfristen.** Abs II hält für die Zwei-Jahres-Frist des Abs I Nr 1 und für die Fünf-Jahres-Frist des Abs I Nr 2 einen eigenen Tatbestand des Verjährungsbeginns bereit, der von der Regelung über den Beginn der regelmäßigen Verjährungsfrist (Abs I Nr 3 iVm §§ 194ff) abweicht. Maßgeblicher Zeitpunkt für den Beginn der Verjährung ist die **Abnahme** iSv § 640 I, also die körperliche Entgegennahme verbunden mit der Billigung als vertragsgemäß (vgl zu den Einzelheiten des Abnahmebegriffs § 640 Rn 3). Soweit andere Tatbestände die Abnahme iSv § 640 ersetzen, wie etwa die **Abnahmefiktion** nach § 640 I 3 (unberechtigte Abnahmeverweigerung des Bestellers nach Fristsetzung), sind diese maßgeblich für den Beginn der Verjährung.

13 Bei Architektenverträgen ist zu beachten, dass diese regelmäßig der Vorbereitung eines weiteren – körperlichen – Werks dienen. Hier beginnt die Frist des Abs II nicht mit der Abnahme des Folgewerks, sondern mit der **Abnahme des Architektenwerks selbst** zu laufen (BGH NJW 1979, 214). Auch beim Architektenwerk kommt es auf die Abnahme an (BGH MDR 2011, 478), ebenso wenn der Vertrag gekündigt wird (BGH IBR 2009, 277).

14 Auch die **endgültige Verweigerung der Abnahme** setzt die Fristen des Abs I Nr 1 und Nr 2 in Lauf, ohne dass es darauf ankäme, ob die Verweigerung der Abnahme berechtigt oder unberechtigt erfolgt ist (BGH NJW-RR 1998, 1028). Fraglich war, was gilt, wenn weder die Abnahme noch deren Verweigerung festzustellen ist. Der BGH war früher davon ausgegangen, dass der schon vor der Abnahme für nicht mehr nachbesserungsfähige Mängel des Architektenwerks bestehende Schadensersatzanspruch des Bestellers aus § 635 aF der **Regelverjährung** unterliegt, weil § 638 aF nicht eingreife, wenn der Besteller die Architektenleistungen weder abgenommen noch deren Abnahme endgültig verweigert habe (BGH MDR 1999, 1499). Diese Rspr hat der BGH aufgegeben (BGH MDR 2010, 1316). Ob das auch für § 634a gilt, ist fraglich, vgl dazu auch Rn 1.

15 Unterliegen die Sekundäransprüche des Bestellers gem Abs I Nr 3 der regelmäßigen Verjährungsfrist von drei Jahren, so gilt **keine werkvertragl Sonderregel** für den Verjährungsbeginn. Maßgeblich für den Beginn der Verjährung sind vielmehr auch die allg Vorschriften; der Verjährungsbeginn richtet sich mithin nach § 199. IdR beginnt die Frist daher mit dem **Schluss des Jahres** zu laufen, in dem der Anspruch entstanden und der Gläubiger von anspruchsbegründenden Umständen und der Person des Schuldners **Kenntnis** erlangt oder ohne grobe Fahrlässigkeit hätte erlangen müssen (vgl § 199 I). Gem § 199 IV verjähren „andere Ansprüche als Schadensersatzansprüche“ unabhängig von Kenntnis oder Kennenmüssen in **zehn Jahren** nach ihrer Entstehung. Von den werkvertragl Sekundäransprüchen sind hiervon der Nacherfüllungsanspruch sowie der Anspruch auf Selbstvornahme erfasst. Bei Schadensersatzansprüchen, die auf der Verletzung des Lebens, des Körpers, der Gesundheit oder der Freiheit beruhen, tritt Verjährung unabhängig von Kenntnis oder Unkenntnis gem § 199 II in 30 Jahren nach Anspruchsentstehung ein.

16 Die **Hemmung** und der nach Inkrafttreten des SchuldRModG nur noch selten gegebene Fall des Neubeginns der Verjährung richten sich hinsichtl sämtlicher Verjährungsfristen des Abs I nach den allg Vorschriften der §§ 203ff. Die Hemmung durch Klage setzt grds voraus, dass der Berechtigte klagt. Für die „Berechtigung“ iSv 204 I 1 ist die materiell-rechtl Verfügungsbefugnis maßgebend. Berechtigter ist deshalb neben dem Rechtsinhaber und seinem Rechtsnachfolger auch der gesetzl oder gewillkürte Prozessstandschafter. Im Falle der Klageerhebung in gewillkürter Prozessstandschaft ist für die Berechtigung wesentlich, dass der Kläger wirksam zur Durchsetzung der Forderung ermächtigt ist. Dagegen hindert das Fehlen des für die Zulässigkeit der gewillkür-

ten Prozessstandschaft zudem notwendigen schutzwürdigen rechtl Interesses des Klägers die Hemmung der Verjährung nicht. Nicht abschließend geklärt ist die Frage, ob und in welchen Fällen die Prozessstandschaft offengelegt werden muss (BGH MDR 2022, 687). Die Klage muss hinreichend individualisiert sein. Die im Mahnbescheid nicht hinreichende Individualisierung des Anspruchs kann nachgeholt werden. Die Nachholung der Individualisierung hemmt die Verjährung nach § 204 I 3 zwar nicht rückwirkend, aber ab dem Zeitpunkt ihrer Vornahme (BGH MDR 2022, 1300 für Mahnbescheid, bei einer unbestimmten klage dagegen Rückwirkung BGH NJW 2017, 2623). Zum Umfang der Hemmung gem § 213 im Fall der Aufrechnung BGH MDR 2021, 94. – Die Zustellung des Antrags auf Durchführung eines **selbständigen Beweisverfahrens** führt gem § 204 I Nr 7 zur Hemmung der Verjährung. Die Hemmungswirkung tritt nur ein, wenn der Antrag auf Durchführung eines selbständigen Beweisverfahrens dem Antragsgegner förmlich zugestellt wird, wie es § 204 I Nr 7 bereits nach seinem Wortlaut verlangt. Allerdings wird die Verjährung auch dann gem § 204 I Nr 7 iVm § 189 ZPO gehemmt, wenn der Antragsgegner den Antrag auf Durchführung eines selbständigen Beweisverfahrens lediglich aufgrund einer formlosen Übersendung durch das Gericht erhalten hat. Auf den fehlenden Willen des Gerichts, eine förmliche Zustellung vorzunehmen, kommt es nicht an (BGH MDR 2011, 417). Für den praktisch wichtigen Fall der Hemmung durch Verhandlungen hat BGH MDR 2008, 192 festgestellt: Für ein Verhandeln iSd § 203 genügt, wie bei § 852 II aF, jeder Meinungsaustausch über den Schadensfall zw dem Berechtigten und dem Verpflichteten, sofern nicht sofort und eindeutig jeder Ersatz abgelehnt wird. Die zu § 639 II aF ergangene Rspr kann zur Ausfüllung des Begriffs herangezogen werden. Zu der problematischen Frage, wann die Hemmung endet, wenn die Verhandlungen nicht förmlich beendet werden: Eine Hemmung der Verjährung durch Aufnahme von Verhandlungen endet auch dann, wenn die Verhandlungen der Parteien „einschlafen"; die von der Rspr zu § 852 II aF entwickelten Grundsätze sind auf das neue Verjährungsrecht zu übertragen (BGH MDR 2009, 275); vgl auch: Für ein Verhandeln genügt jeder Meinungsaustausch, der zw dem Berechtigten und dem Verpflichteten über den Schadensfall stattfindet, sofern der Schuldner nicht von vornherein jeden Ersatz sofort und eindeutig ablehnt. Für die Fortdauer der Verjährungshemmung reicht es aus, wenn beide Parteien in fortlaufendem Meinungsaustausch über den Anspruch sind. Auch längere Zeiträume, in denen beide Seiten keinen Kontakt haben, begründen nicht zwingend die Annahme, dass die Verhandlungen auch während dieser Zeit eingeschlafen oder gescheitert sind (BGH BauR 2011, 263).

Ein **Neubeginn der Verjährung** (§ 212) ist möglich, wenn der Unternehmer einen Gewährleistungsanspruch 17
anerkennt, was bspw durch Mangelbeseitigungsarbeiten geschehen kann. Abzugrenzen ist in solchen Fällen von Arbeiten, die aus Kulanz erledigt werden (BGH BauR 2014, 1775; Frankfurt BauR 2009, 1315).

V. Frist bei arglistigem Verschweigen des Mangels, Abs III. Verschweigt der Unternehmer einen Mangel arg- 18
listig, so verlängern sich die Verjährungsfristen des Abs I Nr 1 (Zwei-Jahres-Frist) und des Abs I Nr 2 (Fünf-Jahres-Frist). In diesem Fall gilt die regelmäßige Verjährungsfrist von drei Jahren gem § 195, die aber gem § 199 I regelmäßig erst mit dem Schluss des Jahres beginnt, in dem der Anspruch entstanden ist und der Besteller von den anspruchsbegründenden Umständen und der Person des Schuldners Kenntnis erlangt oder hätte erlangen müssen (zu den Einzelheiten, insb zur Frist des § 199 II und III, s dort). Sollte im Einzelfall die Fünf-Jahres-Frist des Abs I Nr 2 länger sein als die regelmäßige Verjährungsfrist, so gilt die längere Fünf-Jahres-Frist gem Abs III S 2, so dass eine Fristverkürzung bei Anwendung des Abs III bei arglistigem Verschweigen des Mangels ausgeschlossen ist.

Ein **arglistiges Verschweigen** idS liegt vor, wenn der Unternehmer einen bestimmten Umstand nicht offenbart, 19
obwohl er sich bewusst ist, dass dieser für die Entschließung des Bestellers maßgeblich ist, und er nach Treu und Glauben zur Offenbarung verpflichtet ist (BGH NJW 1992, 1754). Ohne sichere Kenntnis eines Mangels liegt keine Arglist vor, daher auch dann nicht, wenn der Unternehmer einen Mangel nicht als solchen wahrnimmt (BGH MDR 2010, 1181). Der Architekt handelt arglistig, wenn er nicht offenlegt, ein überwachungspflichtiges Gewerk nicht überwacht zu haben. Erforderlich ist aber sein Wissen, dass das Gewerk überwachungspflichtig ist (BGH BauR 2010, 1966). Die Mangelkenntnis eines Subunternehmers kann dem Hauptunternehmer zuzurechnen sein, auch dann, wenn er einen Bauleiter zur Objektüberwachung eingesetzt hat. Das ist nach der Rspr des BGH dann der Fall, wenn der Mangel auch bei ordnungsmäßiger Bauüberwachung vom Bauleiter nicht wahrgenommen werden kann, weil er bei der Kontrolle der Leistung vom Bauleiter infolge weitergeführter Arbeiten nicht zu bemerken war (BGH MDR 2009, 197; 2007, 267). Zum Organisationsverschulden § 639 Rn 4ff.

VI. Auswirkungen auf die Gestaltungsrechte des Bestellers. Rücktritt und Minderung als Gestaltungsrechte 20
werden von den Verjährungsvorschriften nicht erfasst, da der Verjährung allein Ansprüche, nicht aber Gestaltungsrechte unterliegen. – Damit kann der Besteller eines Werks grds auch noch nach Verjährung des Nacherfüllungsanspruchs vom Vertrag zurücktreten. Gem § 634a IV, § 218 ist der Rücktritt jedoch unwirksam, wenn der Unternehmer sich auf die Verjährung der Sekundäransprüche beruft (vgl zu den Einzelheiten § 218). Die Wirksamkeit des Rücktritts nach Verjährung des Nacherfüllungsanspruchs hängt damit vom Verhalten des Unternehmers ab. – Sind die Sekundäransprüche des Bestellers verjährt, und ist der Rücktritt gem Abs IV iVm § 218 unwirksam, kann der Besteller auch **nach Verjährung der Gewährleistungsrechte** die Leistung der Vergütung gem Abs IV verweigern, soweit er aufgrund eines Rücktritts dazu berechtigt wäre (**Mängeleinrede**). Einer vorherigen Mangelanzeige bedarf es (im Unterschied zu § 639 I, § 478 aF) nicht mehr. Die Voraussetzungen des Rücktritts müssen jedoch vollständig vorgelegen haben. Der Unternehmer kann im Gegenzug zurücktreten, wenn der Besteller von diesem Recht Gebrauch macht (Abs IV S 3).

21 Für das **Minderungsrecht** gelten gem Abs V dieselben Grundsätze. Der Besteller kann die Leistung jedoch nur iHd Betrages verweigern, zu dessen Minderung er berechtigt wäre. Abs V verweist nicht auf Abs IV S 3, so dass bei einer Leistungsverweigerung des Bestellers aufgrund eines – verjährten – Minderungsrechts ein Rücktrittsrecht des Unternehmers nicht besteht. Der Besteller kann so die vollständige Rückabwicklung des Vertrags vermeiden.

22 Auch eine **Aufrechnungsmöglichkeit** des Bestellers nach Eintritt der Verjährung besteht fort; § 215 erhält dem Besteller die Aufrechnungsmöglichkeit, soweit sich Forderung und Gegenforderung zu einem früheren Zeitpunkt aufrechenbar und damit unverjährt gegenübergestanden haben. Bei einem Mangel ist erforderlich, dass dieser vor der Verjährung hervorgetreten ist (BGH MDR 2016, 18; zu den Einzelheiten s § 215). Ausreichend für das Entstehen der Gegenforderung ist die Fristsetzung in unverjährter Zeit, die Wahl des Gewährleistungsrechts ist nicht erforderlich (München BauR 2012, 663). Hat der Schuldner die Aufrechnung erklärt, setzt die Verjährungshemmung nach § 204 I Nr 5 voraus, dass sich die Aufrechnung gegen eine Forderung richtet, die Gegenstand des Rechtsstreits ist. Daran fehlt es hinsichtl des die Hauptforderung übersteigenden Teils der Gegenforderung (BGH NJW-RR 2009, 1169).

23 **VII. Beweislast.** Beruft sich der Unternehmer auf die **Verjährung von Sekundäransprüchen des Bestellers,** so trägt er für diesen ihm günstigen Umstand die Darlegungs- und Beweislast. Der Besteller muss eine vertragl Verlängerung der Verjährung als ihm günstige Ausnahme von der Regel sowie ein arglistiges Verschweigen von Mängeln durch den Unternehmer iSv § 634a III beweisen. Der Schuldner, der sich auf den Eintritt der Verjährung als rechtsvernichtenden Umstand beruft, ist darlegungs- und beweisbelastet dafür, dass die Voraussetzungen der von ihm in Anspruch genommenen Verjährungsvorschrift vorliegen. Diese Grundsätze gelten auch dann, wenn das Gesetz für einen bestimmten Anspruch je nach Fallgestaltung verschieden lange Verjährungsfristen vorsieht (BGH MDR 2016, 534).

24 **VIII. Vorrang von Sonderregelungen.** Soweit im Einzelfall **Sonderregelungen** für bestimmte Werkverträge bestehen, gehen diese § 634a vor. Dazu zählen etwa handelsrechtl Beförderungsverträge (§ 439 I 1 HGB: ein Jahr) oder die ADSp (acht Monate).

25 **IX. Verlängerung und Verkürzung von Verjährungsfristen.** Bis zur Schuldrechtsmodernisierung war die Verlängerung von Verjährungsfristen unzulässig (Erschwerung der Verjährung, § 225 S 1 aF). Die Praxis half sich über § 242, indem die trotz Vereinbarung des Verjährungsverzichts erhobene Einrede für treuwidrig erklärt wurde (BGH NJW 1986, 1861). Nach geltendem Recht ist eine Verlängerung der Verjährungsfrist bis zu 30 Jahren hingegen zulässig (§ 202 II). Da die Vorschrift lediglich ein „Rechtsgeschäft" voraussetzt, unterscheidet § 202 II nicht danach, ob die Verjährung durch Individual- oder Formularvereinbarung erleichtert oder erschwert wird. Unter den Begriff Rechtsgeschäft sind sowohl individualvertragl Vereinbarungen wie auch formularmäßige zu subsumieren. Allerdings ist bei formularmäßiger Verlängerung stets zu prüfen, ob der Vertragspartner unangemessen benachteiligt wird. Denn die gesetzl Verjährungsfrist sind Leitbild iSv § 307 (BGH MDR 2015, 781). Zum alten Recht vgl BGH NJW 1996, 2155: Gewährleistungsfrist bei Flachdacharbeiten von zehn Jahren und einem Monat in AGB wirksam. Eine Verkürzung der Gewährleistungsfristen ist in AGB des Unternehmers nicht möglich (§ 308 Nr 9 lit b ff), auch nicht bei Verträgen zw Unternehmern (BGH MDR 2016, 1377; 2013, 1453).

§ 635 Nacherfüllung

(1) Verlangt der Besteller Nacherfüllung, so kann der Unternehmer nach seiner Wahl den Mangel beseitigen oder ein neues Werk herstellen.

(2) Der Unternehmer hat die zum Zwecke der Nacherfüllung erforderlichen Aufwendungen, insbesondere Transport-, Wege-, Arbeits- und Materialkosten zu tragen.

(3) Der Unternehmer kann die Nacherfüllung unbeschadet des § 275 Abs. 2 und 3 verweigern, wenn sie nur mit unverhältnismäßigen Kosten möglich ist.

(4) Stellt der Unternehmer ein neues Werk her, so kann er vom Besteller Rückgewähr des mangelhaften Werks nach Maßgabe der §§ 346 bis 348 verlangen.

1 **I. Einleitung.** Der Unternehmer ist verpflichtet, dem Besteller ein sach- und rechtsmangelfreies Werk zu verschaffen. Weist das Werk einen Mangel iSv § 633 auf, so ergeben sich aus § 634 die Sekundäransprüche des Bestellers. Innerhalb der dort aufgeführten Mängelansprüche ist der Nacherfüllungsanspruch **vorrangig** (vgl dazu § 634), da die übrigen Mängelrechte regelmäßig voraussetzen, dass dem Unternehmer Gelegenheit zur Nacherfüllung gegeben worden ist.

2 Der Nacherfüllungsanspruch trägt sowohl den Interessen des Bestellers als auch denjenigen des Unternehmers Rechnung. Er berücksichtigt das Interesse des Bestellers am Erhalt eines mangelfreien Werks, gleichzeitig aber auch das Interesse des Unternehmers daran, die Mangelbeseitigung selbst vornehmen zu können. Führt der Unternehmer die Mangelbeseitigung selbst durch, so ist dies für ihn idR weniger belastend, als wenn er sich den übrigen Mängelrechten des Bestellers gegenübersieht, weil seine eigenen betriebswirtschaftl Aufwendungen zumindest durch die Ersparnis von Wagnis und Gewinn niedriger sind als die eines dritten Unternehmers.

3 Der Nacherfüllungsanspruch setzt voraus, dass das **Werk abgenommen** oder ein abnahmegleicher Tatbestand (§ 640 I 3) erfüllt ist. Vor der Abnahme steht dem Besteller aber der allg Erfüllungsanspruch zu. Der allg Erfüllungsanspruch ist darauf gerichtet, dass das Werk zum vertragl vereinbarten Termin mangelfrei hergestellt ist.

Vor dem zur Ablieferung bestimmten Termin hat der Besteller daher keine Ansprüche (Ausnahme: § 323 IV; bei Vereinbarung der VOB/B bestehen Ansprüche vor Abnahme gem § 4 VII VOB/B).

Der Nacherfüllungsanspruch ist ein **modifizierter Erfüllungsanspruch**, da er – wie auch der originäre Erfüllungsanspruch – auf die Erstellung eines sach- und rechtsmangelfreien Werks gerichtet ist. Im Unterschied zum ursprüngl Erfüllungsanspruch unterliegt der Nacherfüllungsanspruch den besonderen Verjährungsregeln des § 634a und kann, wenn die Nacherfüllung nur mit unverhältnismäßigen Kosten durchzuführen ist, gem § 635 III verweigert werden. 4

II. Anspruchsumfang. Nacherfüllung ist die endgültige Herstellung eines vertragsgemäß mangelfreien Werks. Der konkrete Inhalt des Nacherfüllungsanspruchs ergibt sich aus § 635 I. Danach kommen als besondere Formen der Nacherfüllung sowohl die Mangelbeseitigung als auch die Neuherstellung des Werks in Betracht. Da die Nacherfüllung gem § 634 Nr 1, § 635 auf Herstellung des geschuldeten Werks gerichtet ist, bestimmt dieses die Reichweite der Nacherfüllung. Die geschuldete Werkleistung ist dabei im Wege der Vertragsauslegung gem §§ 133, 157 zu ermitteln. Die Nacherfüllung erfasst danach die Beseitigung der Mängel des geschuldeten Werks, die auf einer im Zeitpunkt der Abnahme vorhandenen vertragswidrigen Beschaffenheit des Werks beruhen (BGH MDR 2019, 406; *Würdinger* jM 2019, 358). 5

Im Unterschied zum Kaufrecht (vgl § 439 I) überlässt § 635 es dem Unternehmer, auf welche der genannten Arten er die Nacherfüllung durchführt. Der Unternehmer hat ein **Wahlrecht**. Aus Sicht des Bestellers ist damit der Anspruch zunächst auf Behebung des Mangels, nicht aber auf eine bestimmte Art der Nacherfüllung gerichtet. Ist aber eine vom Unternehmer beabsichtigte Nacherfüllungsmaßnahme offensichtlich zur Mangelbeseitigung ungeeignet, so ist der Besteller nicht dazu verpflichtet, diese Nachbesserungsmaßnahme zu akzeptieren (BGH MDR 1996, 1237). Weist der Besteller die ihm angebotene Art der Nacherfüllung als unzureichend zurück und stellt sich heraus, dass sie geeignet war, gerät der Besteller in Annahmeverzug (BGH MDR 2010, 1210). Das Risiko der Fehlbeurteilung trägt der Gläubiger (Hamm BauR 1996, 123). Ist die endgültige Herstellung eines mangelfreien Werks nicht durch Mangelbeseitigung, aber durch Neuherstellung möglich, so beschränkt sich der Nacherfüllungsanspruch des Bestellers inhaltlich auf die einzig mögliche Art und Weise der Herstellung eines mangelfreien Werks, nämlich auf die Neuherstellung (BGH MDR 1986, 400). Ein Wahlrecht des Unternehmers besteht nicht mehr; seine Interessen werden allein durch die Möglichkeit gewahrt, bei einem zur Nacherfüllung unverhältnismäßigen Kostenaufwand die Nacherfüllung verweigern zu können. Weil mit der Neuherstellung gem § 644 auch die Gefahr wieder auf den Unternehmer übergeht, kann die Abgrenzung zw den beiden Formen der Nacherfüllung relevant sein. Schlägt der Besteller eine bestimmte Art der Nacherfüllung vor, so wird der Unternehmer auch dann nicht von seiner Nacherfüllungsverpflichtung frei, wenn sich die vorgeschlagene Nachbesserungsmaßnahme als ungeeignet erweist (BGH MDR 1998, 40). Die Nacherfüllung kann vom Besteller nicht mit dem Hinweis abgelehnt werden, der Unternehmer wollte erklärtermaßen nicht seiner Vertragspflicht nachkommen, sondern nur aus Kulanz tätig werden (Koblenz MDR 2010, 14). 6

Einstweilen frei. 7

III. Kosten der Nacherfüllung. Abs II stellt klar, dass die **Kosten der Nacherfüllung** vom Unternehmer zu tragen sind und den gesamten Aufwand umfassen, der zur endgültigen Mangelbeseitigung erforderlich ist. Die ausdrückl benannten Transport-, Wege-, Arbeits- und Materialkosten haben nur beispielhaften Charakter. 8

Macht der Besteller selbst Aufwendungen, die der Vorbereitung und Durchsetzung des Nacherfüllungsanspruchs dienen, so handelt es sich auch dabei um Kosten der Nacherfüllung, die der Unternehmer zu tragen hat. Insoweit folgt aus der Kostentragungspflicht des Abs II ein – von den Kosten der Selbstvornahme iSv § 637 zu trennender – Kostenerstattungsanspruch, zu welchem Gutachter- oder Rechtsanwaltskosten gehören können, wenn sie der Aufdeckung der Mangelursache dienen (BGH BauR 1999, 1056). Nicht vom Kostenerstattungsanspruch des Abs II erfasst wird ein Anspruch auf Ersatz entgangener Nutzungen. 9

Für den Umfang des kaufvertragl Nacherfüllungsanspruchs hat der BGH zunächst angenommen, dass dieser nicht weiter gehen geht als der Erfüllungsanspruch, dem er spiegelbildlich entspricht. Daher schulde der Verkäufer mangelhafter Parkettstäbe im Zuge der Nacherfüllung durch Ersatzlieferung (§ 439 I) nur die Lieferung mangelfreier Parkettstäbe, dh die Verschaffung von Besitz und Eigentum an einer mangelfreien Kaufsache (§ 433 I); zur Verlegung ersatzweise gelieferter Parkettstäbe ist der Verkäufer im Wege der Nacherfüllung auch dann nicht verpflichtet, wenn der Käufer die mangelhaften Parkettstäbe bereits verlegt hatte (BGH NJW 2008, 2837). Die Kosten des Ausbaus der mangelhaften Sache, ihrer Entsorgung und des Einbaus einer mangelfreien Sache schuldet der Verkäufer unter dem Gesichtspunkt der Nacherfüllung nicht, sondern nur als – verschuldensabhängigen – Schadensersatz (BGH NJW 2009, 1660). Die Rspr des BGH ist durch das Urt des EuGH v 16.6.2011 (NJW 2011, 2269) teilw überholt. Dem Verbraucher steht aus Gründen des Verbraucherschutzes ein verschuldensunabhängiger Anspruch auf Erstattung der Ein- und Ausbaukosten zu (dazu *Schulte-Nölke* ZGS 2011, 289; BGH MDR 2013, 18). Auch der Unternehmer hat jetzt diesen Anspruch, § 439 III, §§ 445a, 478. Der **werkvertragl Nacherfüllungsanspruch** geht weiter. Er umfasst nach der Rspr des BGH auch die Vor- und Nacharbeiten, die notwendigerweise im Zuge der Mangelbeseitigung anfallen (BGH MDR 1986, 401), etwa das Öffnen und Schließen einer Wand, um eine mangelhafte verlegte Wasserleitung abzudichten. 9a

Die Kostentragungspflicht des Unternehmers für Aufwendungen, die für die Nacherfüllung in der gewählten Form zu erbringen sind, sowie der ggf daraus resultierende Kostenerstattungsanspruch des Bestellers sind in **zweifacher Hinsicht eingeschränkt**: Schuldet der Unternehmer bestimmte Leistungen aufgrund der konkreten 10

Ausgestaltung des Vertrags, etwa durch ein Leistungsverzeichnis, nicht, sind diese aber dennoch zur ordnungsmäßigen Ausführung erforderlich, so finden hierauf die Grundsätze der **Vorteilsausgleichung** Anwendung (BGH NJW 1984, 245; NJW-RR 1988, 1044). Nach Auffassung des BGH darf der Unternehmer nicht mit den Kosten solcher Maßnahmen belastet werden, die er nach dem Vertrag nicht zu erbringen hatte und um die das Werk bei ordnungsmäßiger Ausführung von vornherein teurer gewesen wäre (sog **„Sowieso-Kosten"**, BGH NJW 1984, 1676; vgl auch zu Mängelansprüchen bei Vereinbarung einer nicht funktionstauglichen Ausführungsart BGH MDR 2007, 208). Von der Frage, welche Leistungen mit dem vereinbarten oder üblichen Werklohn abgegolten sind, ist die Frage zu unterscheiden, welche Leistungen nach den technischen Gegebenheiten zur Herstellung des Werks erforderlich sind. Ist die Funktionstauglichkeit des versprochenen Werks mit der vertragl vereinbarten Ausführungsart nicht zu erreichen, schuldet der Auftragnehmer – unabhängig von der Vergütungspflicht – dennoch die vereinbarte Funktionstauglichkeit (BGH MDR 2007, 208). Etwas anderes gilt nur dann, wenn der Unternehmer garantiert hat, dass pauschalierte Herstellungskosten nicht überschritten würden; in einem solchen Fall kann er nicht den Ausgleich der Kosten verlangen, um die das Werk bei ordnungsgemäßer Ausführung teurer geworden wäre, weil er durch die Herstellungsgarantie gerade dieses Risiko übernommen hat (BGH MDR 1993, 1207). S auch § 650c I 2.

10a Ein Vorteilsausgleich wegen einer Verlängerung der Nutzung des Werks durch die Nacherfüllung (Abzug neu für alt) kommt nur ausnahmsw unter der Voraussetzung in Betracht, dass sich der Mangel erst spät auswirkt und der Unternehmer die Mangelbeseitigung nicht pflichtwidrig verzögert (BGH MDR 1984, 833; noch enger für das Kaufrecht: BGH MDR 2022, 1006: eine Beteiligung des Käufers an den Kosten der Nachbesserung einer (gebrauchten) mangelhaften Kaufsache nach den Grundsätzen eines Abzugs „neu für alt" scheidet aus, wenn sich der Vorteil des Käufers darin erschöpft, dass die Kaufsache durch den zur Mangelbeseitigung erforderlichen Ersatz eines mangelhaften Teils durch ein neues Teil einen Wertzuwachs erfährt oder dass der Käufer durch die längere Lebensdauer des ersetzten Teils Aufwendungen erspart).

10b Hat der Unternehmer gegen den für die Entstehung des Mangels mitverantwortlichen Besteller Anspruch auf Zahlung eines Zuschusses zur Mangelbeseitigung, richtet sich dessen Höhe grds nach den im Rahmen der Erforderlichkeit im Zeitpunkt ihrer Ausführung bei dem Unternehmer tatsächlich angefallenen (Selbst-)Kosten der Mangelbeseitigung (BGH MDR 2010, 1047).

11 Des Weiteren hat der Unternehmer in den Fällen die Kosten der Nacherfüllung (teilw) nicht zu tragen, in denen der Besteller oder sein Erfüllungsgehilfe für die Entstehung des Mangels mitverantwortlich sind (Bsp: Architekt des Bestellers plant fehlerhaft, weshalb das Werk mit einem Mangel behaftet ist). Vereinbaren die Parteien eines Werkvertrags, dass der Unternehmer Mängel der Werkleistung nachbessert und nachträgl geklärt wird, wer für die Kosten aufkommt, hat der Unternehmer aus dieser Abrede einen vertragl Kostenerstattungsanspruch gegen den Besteller. Dieser ist auf Erstattung derjenigen Kosten gerichtet, die der Besteller nach der materiellen Rechtslage zu übernehmen oder mit denen er sich zu beteiligen hatte (BGH MDR 1999, 352).

12 **IV. Ausschluss des Nacherfüllungsanspruchs.** Zunächst gilt für den Nacherfüllungsanspruch nichts anderes als auch für Primäransprüche: Etwas Unmögliches kann nicht geschuldet sein. Ist die Nacherfüllung iSv § 275 I **unmöglich**, so wird der Unternehmer verschuldensunabhängig von der Leistung insoweit frei. Es kommt nicht darauf an, ob die Nacherfüllung obj oder subj unmöglich ist; diese beiden Formen der Unmöglichkeit sind in § 275 I gleichgestellt. Dabei ist jedoch zu berücksichtigen, dass subj Unmöglichkeit und damit ein Ausschluss der Nacherfüllungspflicht nicht bereits dann anzunehmen ist, wenn der Unternehmer selbst nicht in der Lage ist, die Nacherfüllung zu erbringen und das Werk endgültig mangelfrei zu gestalten; regelmäßig ist der Unternehmer nicht gehindert, einen Dritten mit der Nacherfüllung zu beauftragen. Solange es einen Dritten gibt, der zur Nacherfüllung bereit und in der Lage ist, liegt kein Fall der subj Unmöglichkeit vor.

13 Aber auch in Fällen obj Unmöglichkeit ist der Nacherfüllungsanspruch nicht per se in vollem Umfang ausgeschlossen: Er wird vielmehr nur hinsichtl seines Umfangs beschränkt. Der Unternehmer schuldet in diesem Fall nicht die endgültig mangelfreie Herstellung des Werks, sondern Nacherfüllung in den Grenzen des obj Machbaren, mithin den bestmöglich erreichbaren Erfolg.

14 Daneben erlischt der Nacherfüllungsanspruch in den Fällen des § 275 II und III, die systematisch in einer dem BGB bisher fremden Form der „rechtsvernichtenden Einrede" ausgestaltet sind. Tatbestandlich setzen diese Erlöschensgründe also voraus, dass der Unternehmer sich auf die darin normierten Tatbestände der Unmöglichkeit **beruft.** § 275 II erfasst die Fälle „faktischer" Unmöglichkeit, also die Fälle, in denen die Herbeiführung des Leistungserfolges einen **grob unverhältnismäßigen Aufwand** erfordern würde.

14a § 275 III erfasst Fallkonstellationen, in denen die Leistung vom Schuldner in Person zu erbringen ist und ein Festhalten an der Leistungsverpflichtung für ihn eine unzumutbare Härte („moralische Unmöglichkeit") bedeuten würde.

15 Abs III bestimmt eine weitere Form des Leistungsverweigerungsrechts wegen der **Unverhältnismäßigkeit der Nacherfüllungskosten.** Hierfür ist das Interesse an der Beseitigung des Mangels gegen den Beseitigungsaufwand abzuwägen, ein etwaiges Verschulden des Unternehmers ist zu berücksichtigen; § 635 III entspricht so § 251 II 1 (BGH MDR 2012, 1404). Die Anforderungen sind weniger streng als bei § 275 II, III. § 635 III findet nur auf den Nacherfüllungsanspruch Anwendung, setzt also die Abnahme voraus.

16 Die Frage der Unverhältnismäßigkeit idS ist eine Rechts- und keine Sachfrage, so dass sie sich nicht mittels sachverständiger Hilfe klären lässt. Maßgebend ist vorrangig das Verhältnis der Mangelbeseitigungskosten zu dem

Vorteil, den der Besteller durch die Mangelbeseitigung erhält (BGH NJW 1992, 2481). Dabei ist Unverhältnismäßigkeit nicht bereits dann anzunehmen, wenn die Mangelbeseitigungskosten die wirtschaftl Bedeutung des Mangels für den Besteller übersteigen; hat der Besteller an der Nachbesserung ein berechtigtes Interesse, dann ist es ohne Bedeutung, dass die dafür erforderlichen Aufwendungen wesentlich höher sind als die ursprüngl zu erbringende Leistung (BGH ZfBR 1995, 197; NJW-RR 1995, 540). I Erg stellt der Einwand der Unverhältnismäßigkeit eine besondere Ausprägung des Grundsatzes von Treu und Glauben dar, so dass es nicht allein um wirtschaftl Überlegungen im weitesten Sinne geht (*Quack*, FS Vygen, 1999, 368). Damit steht gleichzeitig fest, dass die Unverhältnismäßigkeit den Ausnahmefall darstellt (BGH MDR 2002, 1119). Bei Unverhältnismäßigkeit der Mängelbeseitigung ist eine Fristsetzung des Bestellers nur entbehrlich, wenn der Unternehmer die Einrede gem § 635 III bereits erhoben hat (BGH MDR 2013, 258).

Ein gegen einen Bauträger gerichteter Nacherfüllungsanspruch erlischt nicht bereits mit Eröffnung eines Insolvenzverfahrens über dessen Vermögen, sondern auch während eines Insolvenzverfahrens erst mit dem erfolglosen Ablauf einer vom Besteller gesetzten Frist zur Nachbesserung. Die Eröffnung des Insolvenzverfahrens führt nicht zum Erlöschen der (Nach-)Erfüllungsansprüche iS einer materiellrechtl Umgestaltung des Vertrages (BGH MDR 2010, 319). 17

V. Anspruch des Unternehmers auf Rückgewähr (Abs IV). Der Anspruch bezieht sich ausschließlich auf die Erbringung der Nacherfüllung durch den Unternehmer in der Form der Neuherstellung. Der Besteller darf in diesem Fall nicht das mangelhafte Werk behalten, sondern muss es dem Unternehmer zurückgewähren. Es entsteht hinsichtl des mangelhaften Werks ein Rückgewährschuldverhältnis, auf welches die §§ 346–348 anzuwenden sind. Erbringt der Unternehmer die von ihm geschuldete Nacherfüllung nicht durch Neuherstellung des Werks, sondern durch Mangelbeseitigung, ist Abs IV direkt nicht anwendbar. 18

Soweit der Besteller das komplette mangelhafte Werk bei Neuherstellung oder einzelne ausgewechselte Teile bei Mangelbeseitigung nicht zurückgewähren kann, hat er im Grundsatz gem § 346 II Wertersatz zu leisten, der jedoch unter den Voraussetzungen des § 346 III entfällt (im Einz vgl § 346). 19

§ 636 Besondere Bestimmungen für Rücktritt und Schadensersatz

Außer in den Fällen des § 281 Abs. 2 und des § 323 Abs. 2 bedarf es der Fristsetzung auch dann nicht, wenn der Unternehmer die Nacherfüllung gemäß § 635 Abs. 3 verweigert oder wenn die Nacherfüllung fehlgeschlagen oder dem Besteller unzumutbar ist.

I. Einleitung. § 636 hält – entspr der amtl Überschrift – allein „besondere Bestimmungen für Rücktritt und Schadensersatz" bereit. Die Vorschrift spielt nur dann eine Rolle, wenn der Unternehmer gem § 281 haftet. Bei Haftung gem § 280 bedarf es ohnehin keiner Fristsetzung (s Rn 22). 1

Das BGB sieht nunmehr auch die Schlechtlieferung (also die Herstellung eines mangelhaften Werks) als Pflichtverletzung iSd §§ 280ff an, so dass besondere Vorschriften entbehrlich wurden. Der Gesetzgeber konnte sich somit darauf beschränken, auf das allg Leistungsstörungsrecht zu verweisen, dessen einzelne Tatbestände jew derartige Pflichtverletzungen voraussetzen. So verweisen § 634 Nr 3 hinsichtl des Rücktritts und § 634 Nr 4 hinsichtl des Schadensersatzes auf die allg Vorschriften. Der Regelungsgehalt von § 636 selbst ist daher wenig umfangreich und beschränkt sich darauf, über die im allg Leistungsstörungsrecht geregelten Fälle hinaus festzulegen, in unter welchen Umständen eine Fristsetzung zur Nacherfüllung entbehrlich ist. Die übrigen Voraussetzungen für Rücktritt und Schadensersatz ergeben sich allein aus den Vorschriften des allg Leistungsstörungsrechts. 2

II. Voraussetzungen. Für den **Rücktritt** verweist § 634 Nr 3 sowohl auf § 323 als auch auf § 326 V. § 326 V ist anwendbar, wenn der Nacherfüllungsanspruch **unmöglich** gem § 275 I, II oder III ist (vgl dazu im Einz § 635). § 326 V normiert, dass es einer Fristsetzung des Gläubigers zur Vornahme der Leistung durch den Schuldner (maW zur Nacherfüllung) nicht bedarf, wenn diese unmöglich ist. Diese Regelung trägt dem Umstand Rechnung, dass eine Fristsetzung in den Fällen eine nutzlose Förmlichkeit wäre, in denen die Leistung (oder die Nacherfüllung) unmöglich ist; denn das Ziel der Fristsetzung, den Schuldner zur Leistung bzw den Werkunternehmer zur Nacherfüllung zu bewegen und ihm eine „zweite Chance" zu geben, könnte ohnehin nicht erreicht werden. IÜ verweist aber § 326 V auf § 323, so dass die Voraussetzungen identisch sind und nachfolgend einheitlich dargestellt werden: 3

1. Anwendbarkeit der §§ 633ff. Voraussetzung ist zunächst, dass ein dem Anwendungsbereich des Werkvertragsrechts unterfallender, wirksamer Vertrag abgeschlossen und das Werk abgenommen worden ist. Eine Anwendung der §§ 633ff auch vor Abnahme kommt grds nicht in Frage (vgl dazu § 633 Rn 21). 4

2. Nicht vertragsgemäße Leistungserbringung. Des Weiteren setzt der Rücktritt nach den allg Vorschriften voraus, dass die geschuldete Leistung nicht vertragsgemäß erbracht worden ist. Der Begriff der „nicht vertragsgemäßen Leistung" wird im Werkvertragsrecht konkretisiert durch § 633. Danach ist die Leistung dann nicht vertragsgemäß, wenn sie im Zeitpunkt der Abnahme einen **Sach- oder Rechtsmangel** aufweist (vgl zu den Einzelheiten § 633 Rn 9ff). 5

3. Fristsetzung oder Entbehrlichkeit der Fristsetzung. Des Weiteren muss der Besteller dem Unternehmer eine **Frist zur Nacherfüllung** setzen, soweit diese nicht im Einzelfall entbehrlich ist. Auch hier wirkt sich der grds Vorrang des Nacherfüllungsanspruchs vor anderen Mängelrechten aus. Eine vor Fälligkeit des Nacherfül- 6 lungsanspruchs gesetzte Frist ist unwirksam (BGH MDR 2012, 953). In Abkehr zum alten Recht ist **keine Ablehnungsandrohung** mehr erforderlich. Die vom Besteller gesetzte Frist muss **angemessen** sein. Sie ist so zu bemessen, dass der Unternehmer bei zügigem Vorgehen den Mangel beseitigen kann. Der BGH hat für eine Fristsetzung gem § 281 I ausreichen lassen, dass der Gläubiger durch das Verlangen nach sofortiger, unverzüglicher oder umgehender Leistung oder vergleichbare Formulierungen deutlich macht, dass dem Schuldner für die Erfüllung nur ein begrenzter (bestimmbarer) Zeitraum zur Verfügung steht; der Angabe eines bestimmten Zeitraums oder eines bestimmten (End-)Termins bedürfe es nicht (BGH BauR 2016, 1915; NJW 2009, 3153). Dadurch soll § 281 I mit den Vorgaben der VerbrauchsgüterkaufRL in Einklang gebracht werden (NK/*Langen* § 281 Rn 21). Erstreckung dieser Rspr auf den Werkvertrag ist wegen einheitlicher Auslegung von § 281 geboten. – Nicht ausreichend ist auf jeden Fall die Aufforderung, der Besteller möge innerhalb der ihm genannten Frist mitteilen, ob er zur Nacherfüllung bereit ist. *Thode/Quack* (Abnahme und Gewährleistung im Bau- und Bauträgervertrag, 2003, Rn 342) empfehlen die Fristsetzung mit der Aufforderung, den Mangel innerhalb der Frist zu beseitigen und ggf mitzuteilen, ob und aus welchem Grund die Frist zu kurz bemessen ist und welche Frist ausreichend wäre. Fristen für den Beginn der Mängelbeseitigung sind jedoch nicht ohne jede rechtl Bedeutung. Insb wenn der für die Mängelbeseitigung erforderliche Zeitraum nur schwer abzuschätzen ist und sich der Unternehmer trotz Frist zur Aufnahme der Arbeiten passiv verhält, kann dies Anlass zur Sorge geben, er werde sich der Pflicht zur Mängelbeseitigung entziehen. Dann ist es dem Auftraggeber nicht zuzumuten, noch eine Vornahmefrist zu setzen und diese erst ablaufen zu lassen, bevor er die Ansprüche wegen der Mängel geltend macht (BGH BauR 2006, 979). – Nach erfolglosem Ablauf der Nachfrist kann der Besteller, soweit die übrigen Rücktrittsvoraussetzungen vorliegen, unmittelbar zurücktreten. Die Fristsetzung kann unwirksam sein, wenn der Unternehmer wegen eines pflichtwidrig nicht erkannten Fehlers der Planung des Bestellers haftet und der Besteller keine geänderte Planung zur Verfügung stellt (Stuttgart MDR 2022, 360) oder wenn der Besteller keine Sowiesokosten ersetzen will (KG ZfBR 2021, 652).

7 Ist die **Nachfristsetzung im Einzelfall entbehrlich**, kann der Besteller ohne weiteres zurücktreten, wenn das Werk im Zeitpunkt der Abnahme einen Mangel aufweist. Die Entbehrlichkeit der Nachfristsetzung kann sich aus den Vorschriften des allg Leistungsstörungsrechts sowie aus § 636 ergeben.

8 Der Besteller muss zunächst dann keine Frist zur Nacherfüllung setzen, wenn die Nacherfüllung iSv § 275 I, II oder III unmöglich ist. In einem solchen Fall richtet sich der Rücktritt nach § 326 V, der die Nachfristsetzung aufgrund ihrer obj Sinnlosigkeit für entbehrlich erklärt und iÜ auf § 323 verweist. Darüber hinaus legt § 323 II selbst eine Entbehrlichkeit der Nachfristsetzung in drei Fällen fest (zu den Einzelheiten s § 323 Rn 38ff).

9 **§ 636 erweitert die Entbehrlichkeit der Fristsetzung** über die im allg Leistungsstörungsrecht geregelten Fälle. Danach bedarf es dann keiner Fristsetzung, wenn der Unternehmer die Nacherfüllung gem § 635 III verweigert, diese fehlgeschlagen oder für den Besteller unzumutbar ist. Dabei scheinen sich die Entbehrlichkeitsgründe mit denen zu überschneiden, die in § 323 II genannt sind. Bei genauer Betrachtung zeigen sich jedoch Unterschiede.

10 Zunächst ist der Besteller von der Pflicht zur Fristsetzung befreit, wenn der Unternehmer gem § 635 III die Nacherfüllung **verweigert**. Auch § 323 II Nr 1 erklärt die Fristsetzung bei ernsthafter und endgültiger Erfüllungsverweigerung für entbehrlich. Dabei erfasst § 323 II Nr 1 die unberechtigte Erfüllungsverweigerung, während § 636, § 635 III die Fälle erfasst, in denen der Unternehmer **berechtigt** – auch die unberechtigte Berufung auf Unverhältnismäßigkeit soll dazu führen, dass die Fristsetzung entbehrlich ist (Düsseldorf BauR 2014, 1158) – wegen der Unverhältnismäßigkeit der Kosten die Nacherfüllung verweigert (zu den einzelnen Voraussetzungen s § 635 Rn 15f). Dabei sind an die Annahme einer ernsthaften und endgültigen Erfüllungsverweigerung **hohe Anforderungen** zu stellen. Dies ergibt sich bereits daraus, dass der Besteller nach Abnahme die Beweislast für das Vorhandensein von Mängeln trägt. Dem Unternehmer muss es aber möglich sein, durch Bestreiten der Mängel eine gerichtliche Klärung auch der Frage herbeiführen zu lassen, ob er zur Nacherfüllung verpflichtet ist. Stets ist also mehr als nur prozesstaktisches Bestreiten des Mangels erforderlich, um von einer ernsthaften und endgültigen Erfüllungsverweigerung auszugehen. Das schlichte Bestreiten der Mängel im Prozess genügt nicht (BGH BauR 1990, 466). Dasselbe gilt für den schlichten Klageabweisungsantrag; bestreitet der Unternehmer aber zur Begründung des Klageabweisungsantrags den Mangel oder seine Nacherfüllungsverpflichtung, kann eine endgültige Erfüllungsverweigerung vorliegen (BGH MDR 2003, 262).

11 Nichts mit der Erfüllungsverweigerung ieS zu tun haben die § 275 II und III. In diesen Fällen verweigert der Besteller zwar ebenfalls die Leistung; die einredeweise Geltendmachung der Unmöglichkeit führt jedoch zu einem Erlöschen des Nacherfüllungsanspruchs, so dass schon wegen § 326 V die Nachfristsetzung entbehrlich ist. Die Erhebung der Einreden der § 275 II und III führt Unmöglichkeit herbei; § 323 II setzt aber gerade voraus, dass die Leistung noch möglich ist.

12 § 636 erklärt die Nachfristsetzung weiterhin dann für entbehrlich, wenn die **Nacherfüllung fehlgeschlagen** ist. Diese Regelung erfasst praktisch nur den Fall, in dem der Unternehmer, ohne dass ihm vom Besteller eine Nachfrist gesetzt worden wäre, nach Abnahme des Werks nachbessert und die Nacherfüllung fehlschlägt. Im Regelfall wird der Besteller aber ohnehin eine Frist zur Nacherfüllung gesetzt haben. Schlägt diese dann fehl, so liegen die allg Rücktrittsvoraussetzungen vor, denn eine wiederholte Fristsetzung ist nie erforderlich. Folgt man der Ansicht, dass für § 281 schon die Aufforderung zur Mangelbeseitigung genügt, verbleibt für die Bestimmung erst recht kein Anwendungsbereich. Ein Fehlschlagen der Nacherfüllung iSv § 636 Alt 2 ist dann anzunehmen, wenn davon auszugehen ist, dass die Nachbesserung insg nicht zu einem mangelfreien Werk führen wird.

Schließlich ist die Nachfristsetzung auch dann entbehrlich, wenn dies **dem Besteller unzumutbar** ist. Die Vorschrift weist eine Ähnlichkeit mir § 323 II Nr 3 auf; während dort bei der Feststellung der „besonderen, den Rücktritt rechtfertigenden Gründe" jedoch nach dem Wortlaut die beiderseitigen Interessen zu berücksichtigen sind, stellt § 636 Alt 3 allein auf die Unzumutbarkeit für den Besteller des Werks ab. Die Interessen des Werkunternehmers bleiben unberücksichtigt. Eine solche Unzumutbarkeit für den Besteller liegt dann vor, wenn aus seiner Sicht aufgrund obj Umstände das Vertrauen auf ordnungsgemäße Durchführung der Mängelbeseitigung **erschüttert** ist (BGH ZfBR 2001, 326). 13

Beseitigt der Besteller einen Mangel, ohne zuvor eine Frist gesetzt zu haben, hat er keine Ansprüche, auch nicht aus GoA oder ungerechtfertigter Bereicherung (BGH MDR 2008, 440). 13a

4. Ausschluss des Rücktrittsrechts. Das Recht des Bestellers zum Rücktritt kann im Einzelfall ausgeschlossen sein. Trotz erfolgloser Fristsetzung zur Nacherfüllung kann der Besteller in einem solchen Fall den Werkvertrag nicht in ein Rückabwicklungsschuldverhältnis umwandeln und sich auf diese Weise vom Vertrag lösen. § 323 V 2 normiert, dass bei „nicht vertragsgemäßer" – maW mangelhafter – Leistung durch den Schuldner der Rücktritt dann ausgeschlossen ist, wenn die **Pflichtverletzung unerheblich** ist. Der Ausschluss des Rücktritts trägt dem Gedanken Rechnung, dass der Werkunternehmer ein individuelles Werk erstellt, das nicht anderweitig abgesetzt werden kann. Daher kann dem Unternehmer die Rücknahme nur bei erheblichen Pflichtverletzungen zugemutet werden. Demggü erlaubt § 638 I die Minderung des Werklohns auch bei geringfügigen Mängeln, indem der Ausschlussgrund des § 323 V 2 ausdrückl für nicht anwendbar erklärt wird. Für die Beurteilung, ob ein Mangel als geringfügig iSd § 323 V 2 einzustufen ist, ist auf den Zeitpunkt der Rücktrittserklärung des Käufers abzustellen. Ein zu diesem Zeitpunkt erheblicher Mangel wird nicht dadurch unerheblich, dass es im Verlauf der sich anschließenden Auseinandersetzung einem gerichtlich bestellten Sachverständigen gelingt, den Mangel zumindest provisorisch zu beseitigen (BGH MDR 2009, 140). Diese Erwägungen gelten auch für den Werkvertrag. Die Unerheblichkeit des Mangels nimmt dem Besteller somit sein Totalrecht (vgl zum großen Schadensersatz ebenso § 281 I 2). Die übrigen Mängelansprüche bleiben im Falle der Unerheblichkeit des Mangels unberührt. Der Ausschlussgrund des § 323 V 2 gilt auch, wenn der Besteller nach § 326 V im Falle der Unmöglichkeit der Nacherfüllung zurücktritt, da § 326 V lediglich die Nachfristsetzung für entbehrlich erklärt, iÜ aber umfänglich auf § 323 verweist. 14

Zur Qualifikation eines Mangels als „geringfügig" dürften die von der Rspr vor Inkrafttreten des SchuldRModG entwickelten Grundsätze weiterhin heranzuziehen sein. § 634 aF sah für das Wandelungsrecht des Bestellers, das nunmehr durch das Recht zum Rücktritt ersetzt ist, einen ebensolchen Ausschlussgrund vor. – Maßstab ist primär eine entspr **vertragl Vereinbarung**, denn die inhaltliche Konkretisierung des Begriffs der „Unerheblichkeit" ist einer solchen Regelung zugänglich. 15

Fehlt es an diesbzgl Abreden, so kommt es bei der Feststellung der Unerheblichkeit auf die **Minderung des Wertes** sowie auf die **Einschränkung der Gebrauchstauglichkeit** für den Besteller an (Hamm NJW-RR 2010, 930). Selbst geringfügige Mängel können danach den Rücktritt rechtfertigen, wenn dem Besteller die Verwendung des mangelbehafteten Werks unter Berücksichtigung aller Umstände des Einzelfalls nicht zumutbar ist (BGH NJW-RR 1993, 309: „Dabei geht es … nicht um die Geringfügigkeit des erforderlichen Kostenaufwands für die Mängelbeseitigung, sondern um die geringfügige Minderung des Wertes oder der Tauglichkeit des Werks."). 16

Darüber hinaus schließt **§ 323 VI** das Recht zum Rücktritt in zwei weiteren Fällen aus: Bei **überwiegender Verantwortlichkeit** oder bei Eintritt des Mangels während des **Annahmeverzugs** des Bestellers besteht das Rücktrittsrecht ebenfalls nicht. Eine Verantwortlichkeit des Bestellers für Mängel des Werks kann sich etwa aus der Lieferung mangelhafter Stoffe oder fehlerhaften Anweisungen durch den Besteller ergeben. Dabei muss die Verantwortlichkeit des Bestellers derart überwiegen, dass § 254 einen entspr Schadensersatzanspruch des Bestellers ausschließen würde (BT-Drs 14/6040, 187). Der Ausschluss des Rücktritts bei Annahmeverzug (§§ 293ff) des Bestellers übernimmt den Rechtsgedanken aus § 324 II aF (vgl dazu § 323 Rn 63ff). Über die genannten spezifischen Ausschlussgründe des Rücktritts hinaus darf der Rücktritt auch nicht nach § 640 III (s dort) infolge vorbehaltsloser Abnahme des Werks in Kenntnis seiner Mangelhaftigkeit ausgeschlossen sein. 17

III. Rechtsfolgen. Die **Folgen eines** wirksam vom Besteller erklärten **Rücktritts** ergeben sich aus §§ 346ff. Das Schuldverhältnis wird durch Ausübung des Gestaltungsrechts in ein **Rückgewährschuldverhältnis** umgewandelt. In erster Linie sind die ausgetauschten Leistungen zurückzugewähren; soweit dies nicht möglich ist, hat die jew Partei nach § 346 II Wertersatz (Mängel sind bei der Berechnung zu berücksichtigen, BGH MDR 2011, 1230) zu leisten, wenn nicht im Einzelfall die Wertersatzpflicht nach§ 346 III entfällt (zu den Einzelheiten s § 346). Ein Anspruch auf **Beseitigung** des beim Besteller befindlichen Werks ist **keine Folge** der Ausübung des Rücktrittsrechts, aA für die Wandelung nach altem Recht Frankfurt BauR 1990, 473, 474. Die Beseitigung des Werks kann der Besteller vielmehr nur als Schadensersatz verlangen. 18

IV. Schadensersatz. In gleichem Umfang wie auch bzgl des Rücktrittsrechts ergänzt § 636 die allg Vorschriften über den **Schadensersatz**. Die einzelnen tatbestandlichen Voraussetzungen ergeben sich wiederum aus dem allg Leistungsstörungsrecht (s dort). Jeder der unterschiedlichen Schadensersatzansprüche setzt eine **Pflichtverletzung** voraus, welche insoweit in der besonderen Form der **Schlechtleistung** aufgrund der Herstellung eines **mangelhaften Werks** iSv § 633 (zu den Einzelheiten s § 633 Rn 9f) liegt. 19

Des Weiteren ist ein **Vertretenmüssen** des Unternehmers erforderlich. Zu beachten ist, dass § 280 I 2 die Beweislast für das Nichtvertretenmüssen dem Unternehmer auferlegt. Der Unternehmer hat gem § 276 Vorsatz 20 und Fahrlässigkeit zu vertreten und muss sich insoweit entlasten. Das Verschulden eines Dritten ist nach § 278 zuzurechnen, soweit der Dritte im Einzelfall als Erfüllungsgehilfe des Unternehmers tätig geworden ist. Dies bestimmt sich nach den vom Unternehmer übernommenen Pflichten. Regelmäßig **kein Erfüllungsgehilfe** ist daher der Materiallieferant, da der Unternehmer – soweit etwas anderes nicht vereinbart ist – nur zur Herstellung des Werks aus bestimmten Stoffen verpflichtet ist (BGH NJW 1978, 1176). Das Verschuldenserfordernis ist praktisch wenig relevant. Denn Verschulden des Unternehmers liegt auch dann vor, wenn er einen (unverschuldeten) Mangel trotz Fristsetzung nicht beseitigt.

21 Darüber hinaus muss der Besteller **erfolglos eine Nachfrist** gesetzt haben, soweit eine solche nicht aufgrund besonderer Umstände entbehrlich ist. § 636 hat allein Bedeutung für die Geltendmachung von **Schadensersatz statt der Leistung** gem § 634 Nr 4, § 281, denn nur dieser Anspruch setzt überhaupt eine Fristsetzung durch den Besteller zur Nacherfüllung voraus. Die Fristsetzung ist entbehrlich unter den Voraussetzungen des § 281 II (s dort; iÜ sind die Voraussetzungen identisch mit § 323 II Nr 1 und 3). Des Weiteren erklärt § 636 als Sondervorschrift für das Werkvertragsrecht die Fristsetzung entbehrlich für den Fall, dass der Unternehmer die Nacherfüllung **gem § 635 III verweigert**, diese **fehlgeschlagen** oder dem Besteller **unzumutbar** ist (zu den einzelnen Tatbeständen des § 636 vgl bereits Rn 6ff zum Rücktritt).

22 Keine Bedeutung hat § 636 für den Schadensersatzanspruch des Bestellers aus § 280 I. Davon erfasst sind Mangelfolgeschäden, also Schäden an sonstigen Rechtsgütern des Bestellers. Bzgl dieses Anspruchs bedarf es ohnehin keiner Nachfristsetzung (BGH MDR 2019, 406). – Ebenfalls ohne Bedeutung ist § 636 für den Schadensersatzanspruch aus § 283 (Schadensersatz statt der Leistung bei Ausschluss der Leistungspflicht). Soweit der Nacherfüllungsanspruch gem § 275 I–III unmöglich ist, wird der Unternehmer von der Verpflichtung zur Nacherfüllung frei. Da der mit der Fristsetzung verfolgte Zweck, dem Unternehmer eine zweite Chance zur Nacherfüllung zu geben, nicht mehr erreicht werden kann, sieht § 283 von vornherein ein Fristsetzungserfordernis nicht vor. Es macht keinen Unterschied, ob § 283 auf den Primär- oder den Nacherfüllungsanspruch des Bestellers angewendet wird.

23 Der **Schadensumfang** ergibt sich aus §§ 249ff. Zw der Pflichtverletzung des Unternehmers und dem geltend gemachten Schaden ist **haftungsausfüllende Kausalität** erforderlich. Der Besteller kann das positive Interesse ersetzt verlangen. Maßgeblich ist die Differenzhypothese. Gegenüberzustellen sind das hypothetische Vermögen des Bestellers ohne die Pflichtverletzung und seine tatsächliche Vermögenslage. Aufwendungen zur Mangelbeseitigung sind daher als Schaden zu ersetzen, soweit sie der Besteller für erforderlich halten darf. Erst das Mitverschulden setzt Grenzen (BGH MDR 2013, 772). Sind die Leistungen eines Nachunternehmers mangelhaft und schließt daher der Generalunternehmer mit dem Bauherrn einen Vergleich, ergibt sich der Schaden aus der Vergleichssumme. Nur im Ausnahmefall kann die Zurechenbarkeit des Schadens ausgeschlossen sein (vgl *Walter* FS Lauer, 2021, 463ff).

24 Vor der Mangelbeseitigung hat der Besteller grds ein **Wahlrecht zw dem sog kleinen und dem großen Schadensersatz**. Macht der Besteller den **kleinen Schadensersatz** geltend, kann er das mangelhafte Werk behalten und die Differenz zw dem Wert des mangelhaften und dem Wert des mangelfreien Werks als Schaden ersetzt verlangen (Ersatz des Mangelunwerts, vgl dazu BGH MDR 1989, 1088). Bei einem bebauten Grundstück ist der (hypothetische) Wert des Grundstücks bei mangelfreier Ausführung mit dem (tatsächlichen) Wert des Grundstücks mit dem mangelbehafteten Bauwerk zu vergleichen. Der VII. ZS des BGH hat (vorbereitet durch *Halfmeier* BauR 2013, 320) unter ausdrückl Aufgabe seiner bisherigen Rspr entschieden, dass ein Besteller, der den Mangel seines Werks nicht beseitigen lässt, seinen Schaden nicht mehr stets nach den fiktiven, etwa von einem Sachverständigen prognostizierten Mängelbeseitigungskosten bemessen kann, weil dies zu einer Überkompensation des Bestellers führen kann (BGH MDR 2018, 465; BauR 2021, 225). Die neue Rspr des VII. ZS soll nicht auf vor dem 1.1.2002 geschlossene Verträge angewendet werden können, weil eine entspr Neugestaltung und Harmonisierung der Ansprüche gegen den Architekten und Unternehmer auf der Grundlage des alten Schuldrechts nicht möglich sei (BGH MDR 2019, 156). Für Werkverträge, die vor dem 1.1.2002 geschlossen worden sind, bleibt somit die vom VII. ZS behauptete Gefahr der „Überkompensation" bestehen (*Schwenker* NJW 2019, 427). Auch nach der neuen Rspr des VII. ZS kann bei Mängeln, die zwingend beseitigt werden müssen (defekte Heizungsanlage), nach wie vor von den Kosten der Mängelbeseitigung auf die Wertminderung geschlossen werden (*Picker* JZ 2018, 676; München 26.4.2020 – 28 U 6762/19). Zudem lässt es der BGH zu, den Schaden wegen mangelhafter Leistungen in Relation zu dem hierfür vereinbarten Werklohn zu bemessen. Zur konkreten Berechnung vgl Düsseldorf BauR 2019, 1791.

25 Bei Geltendmachung des **großen Schadensersatzes** stellt der Besteller das Werk dem Unternehmer zur Verfügung und verlangt Schadensersatz statt der Leistung für die Nichterfüllung des ganzen Vertrags. Nur dann, wenn ein anderer Unternehmer das Werk vollständig neu erstellen soll, wird der Besteller diese Form des Schadensersatzes wählen. Schaden sind insoweit ua die Kosten des Drittunternehmers, von welchen ein evtl an den Altunternehmer noch nicht gezahlter Werklohn abzuziehen ist (BGH NJW 1974, 143). Der Besteller kann unter den Voraussetzungen des § 635 aF grds Schadensersatz in der Weise verlangen, dass er das mangelhaft errichtete Werk zur Verfügung stellt und den ihm aus der Nichterfüllung des Vertrags entstandenen Schaden geltend macht. Dieser sog große Schadensersatzanspruch führt jedenfalls vor der Abnahme dazu, dass der Werklohnanspruch untergeht (BGH NJW 2006, 2912).

Ebenso wie der Rücktritt stellt der große Schadensersatz ein Totalrecht dar und unterliegt insoweit besonderen Voraussetzungen. Gem § 281 I 3 ist die Geltendmachung des großen Schadensersatzes ausgeschlossen, wenn die Pflichtverletzung unerheblich ist. Die Vorschrift ist inhaltlich übereinstimmend mit § 323 V 2, so dass sich auch insoweit Besonderheiten nicht ergeben (vgl Rn 14ff). 26

V. Aufwendungsersatz. Gem § 284 kann der Besteller statt des Schadensersatzes auch Ersatz vergeblicher Aufwendungen ersetzt verlangen. Hinsichtl der Voraussetzungen dem Grunde nach ergeben sich zum Schadensersatzanspruch keine Abweichungen. 27

§ 637 Selbstvornahme

(1) Der Besteller kann wegen eines Mangels des Werkes nach erfolglosem Ablauf einer von ihm zur Nacherfüllung bestimmten angemessenen Frist den Mangel selbst beseitigen und Ersatz der erforderlichen Aufwendungen verlangen, wenn nicht der Unternehmer die Nacherfüllung zu Recht verweigert.

(2) § 323 Abs. 2 findet entsprechende Anwendung. Der Bestimmung einer Frist bedarf es auch dann nicht, wenn die Nacherfüllung fehlgeschlagen oder dem Besteller unzumutbar ist.

(3) Der Besteller kann von dem Unternehmer für die zur Beseitigung des Mangels erforderlichen Aufwendungen Vorschuss verlangen.

I. Einleitung. Das Selbstvornahmerecht ermöglicht es dem Besteller, sein primäres Leistungsinteresse zu verwirklichen (Soergel/*Buchwitz* Rn 1.). § 637 wurde durch das SchuldRModG vollständig neu gefasst, entspricht inhaltlich jedoch weitgehend § 633 II und III aF (BT-Drs 14/6040, 266). Während jedoch vor Inkrafttreten des SchuldRModG das Selbstvornahmerecht des Bestellers voraussetzte, dass der Unternehmer mit der Mangelbeseitigung in Verzug geraten war, ist dies nun nicht mehr erforderlich. – Systematisch baut das Selbstvornahmerecht auf dem Anspruch des Bestellers auf Nacherfüllung (§ 635) auf, der Anspruch auf Vorschuss wiederum auf dem Selbstvornahmerecht. 1

II. Voraussetzungen und Rechtsfolgen des Selbstvornahmerechts. 1. Notwendiger Nacherfüllungsanspruch. Das Selbstvornahmerecht des Bestellers setzt zunächst einen **Nacherfüllungsanspruch** iSv § 635 voraus. Nur wenn dessen Voraussetzungen vorliegen (s dort), kommt ein Recht zur Selbstvornahme in Betracht. Besteht im Einzelfall trotz Herstellung eines iSv § 633 mangelhaften Werks ein Nacherfüllungsanspruch nicht (zu derartigen Konstellationen s § 635 Rn 12ff), so liegen damit gleichzeitig die Voraussetzungen für die Selbstvornahme nicht vor. Nach BGH erlischt der Vorschussanspruch aber nicht mehr, wenn der Nacherfüllungsanspruch durch Schadensersatzverlangen erlischt. S Rn 8a. Lässt der Besteller nur die nachteiligen Auswirkungen eines Baumangels auf die Gebrauchstauglichkeit des Gebäudes, an dem die Bauleistungen erbracht werden, durch bauliche Maßnahmen beseitigen (Einbau längerer Türen bei einem mit zu geringer Höhe eingebrachten Estrichbelag), so liegt darin keine Ersatzvornahme. In einem solchen Fall bleibt der Unternehmer zur Mängelbeseitigung verpflichtet, wenn die Vertragsparteien nichts anderes vereinbart haben (BGH MDR 2009, 862). 2

2. Fristsetzung. Das Selbstvornahmerecht des Bestellers setzt voraus, dass dieser dem Unternehmer zunächst wirksam eine Frist zur Nacherfüllung gesetzt hat, die erfolglos abgelaufen ist. Auch bzgl des Selbstvornahmerechts setzt sich damit der Grundsatz vom „Vorrang der Nacherfüllung" durch. Das Nacherfüllungsverlangen des Bestellers muss **eindeutig und bestimmt** sein und erkennen lassen, die Beseitigung welchen Mangels begehrt wird. Die Mitteilung der **Mangelsymptome** reicht aus. Es genügt der Hinweis auf die bloßen Mangelerscheinungen (Symptomtheorie). Die Mangelursachen braucht der Besteller überhaupt nicht mitzuteilen und darf sie auch irrtümlich falsch angeben. Dies gilt auch dann, wenn der Besteller irrtümlich annimmt, dass einer obj Funktionsstörung gar kein Mangel, sondern lediglich ein Bedienungsfehler zugrunde liegt (BGH MDR 2008, 192). Der Besteller ist nicht verpflichtet, die Mangelursachen und die Verantwortlichkeit der am Bau beteiligten Unternehmer für die Mängel vorprozessual durch Sachverständigengutachten zu klären (BGH MDR 2003, 623). Das Mängelbeseitigungsverlangen genügt den Anforderungen, wenn der Besteller durch Bezugnahme auf ein dem Unternehmer bekanntes Gutachten aus einem selbständigen Beweisverfahren die „Mangelerscheinungen" bezeichnet (BGH MDR 2009, 81). Schadensersatzansprüche wegen eines unberechtigten Mangelbeseitigungsverlangens kommen nur in Betracht, wenn der Besteller hätte erkennen müssen, dass der Unternehmer für das Mangelsymptom nicht verantwortlich ist (BGH MDR 2008, 373). 3

Ob die vom Besteller gesetzte Frist angemessen ist, richtet sich nach der Art des Mangels und der zu seiner Beseitigung üblicherweise benötigten Zeit. Eine zu kurze Frist verlängert sich automatisch um die erforderliche Zeitspanne und ist damit wirksam. Befindet sich der Besteller im Annahmeverzug, kann dem Unternehmer nicht mehr zugemutet werden, sich für die Erbringung der Nacherfüllungsleistung ständig bereitzuhalten. In diesem besonderen Fall richtet sich die dem Unternehmer einzuräumende Frist nicht nur nach dem für die Nacherfüllung benötigten Zeitraum, sondern es muss dem Unternehmer zusätzl ein Zeitraum zugebilligt werden, um sich auf die nunmehr vom Besteller verlangte und zugelassene Nacherfüllung vorzubereiten. Die Bestimmung dieser zusätzl Frist ist Frage des Einzelfalls (BGH MDR 2007, 1005 zu § 634 I 1 aF). Für die vergleichbare Fristsetzung gem § 281 I hat der BGH es ausreichen lassen, wenn der Gläubiger durch das Verlangen nach sofortiger, unverzüglicher oder umgehender Leistung oder vergleichbare Formulierungen deutlich macht, dass dem Schuldner für die Erfüllung nur ein begrenzter (bestimmbarer) Zeitraum zur Verfügung steht; der Angabe eines bestimmten Zeitraums oder eines bestimmten (End-)Termins bedürfe es nicht (BGH MDR 2009, 1329); auch: Befindet sich der 4

Auftragnehmer bereits in Verzug und fordert der Auftraggeber ihn auf, die Baustelle „unverzüglich" ausreichend zu besetzen, und droht für den Fall der Nichterfüllung Auftragsentziehung an, ist dies eine für die spätere Auftragsentziehung ausreichende Fristsetzung (BGH MDR 2002, 575). Vgl dazu ausf bei § 636 Rn 6.

5 In Ausnahmefällen ist die **Fristsetzung entbehrlich.** Gem Abs II findet § 323 II entspr Anwendung. Umstände, die auch bei Ausübung eines Rücktrittsrechts zur Entbehrlichkeit der Fristsetzung führen, haben in Bezug auf das Fristsetzungserfordernis bei Selbstvornahme dieselbe Wirkung. Entbehrlichkeit der Fristsetzung ist damit gegeben bei **ernsthafter und endgültiger Erfüllungsverweigerung** durch den Unternehmer (§ 637 II, § 323 II Nr 1), **Wegfall des Leistungsinteresses bei Verzögerung der Leistung** (§ 637 II, § 323 II Nr 2) sowie **Vorliegen besonderer Umstände** (§ 637 II, § 323 II Nr 3), die unter Abwägung der beiderseitigen Interessen eine sofortige Selbstvornahme ohne vorherige Fristsetzung rechtfertigen (vgl zu den einzelnen Entbehrlichkeitsatbeständen § 323). Die Erfüllungsverweigerung muss ausdrückl oder durch schlüssiges Verhalten erklärt werden. Auf Mangelbeseitigungsverlangen des Bestellers nicht zu reagieren, stellt keine Erfüllungsverweigerung dar (aA BGH MDR 2009, 81 m krit Anm *Sienz* IBR 2009, 14).

6 Über die allg, in § 323 II festgelegten Entbehrlichkeitstatbestände hinaus erklärt **Abs II S 2** die Fristsetzung in zwei weiteren Fällen für entbehrlich. Der Besteller kann dann unmittelbar zur Selbstvornahme greifen, wenn die **Nacherfüllung fehlgeschlagen oder unzumutbar** ist. Diese beiden Voraussetzungen decken sich mit denen, die gem § 636 zur Entbehrlichkeit der Fristsetzung bei Rücktritt und Schadensersatz führen (zu den Einzelheiten s § 636). Keine Entsprechung in Abs II findet dagegen die in § 636 darüber hinaus festgelegte Entbehrlichkeit bei berechtigter Verweigerung der Nacherfüllung durch den Unternehmer gem § 635 III. Diese führt allein zum Entfallen des Fristsetzungserfordernisses bei Rücktritt und Schadensersatz und gilt – wie schon der Wortlaut von Abs II zeigt – in Bezug auf das Selbstvornahmerecht nicht. Ist der Unternehmer berechtigt, gem § 635 III die Nacherfüllung zu verweigern, führt dies vielmehr zum Entfallen des gesamten Selbstvornahmerechts. Das gilt nicht, wenn die Fristsetzung wegen unberechtigter Berufung auf § 635 III verweigert wird (vgl § 636 Rn 10).

7 **3. Verweigerungsrecht des Unternehmers.** Gem Abs I aE bestehen das Recht zur Selbstvornahme und der daraus resultierende Aufwendungsersatzanspruch nicht, wenn der Unternehmer die Nacherfüllung zu Recht verweigert. Die Berechtigung der Verweigerung richtet sich nach § 635 III und besteht somit dann, wenn die Nacherfüllung nur mit **unverhältnismäßigen Kosten** möglich ist. Danach besteht das Verweigerungsrecht, wenn der Aufwand des Unternehmers zur Mängelbeseitigung in keinem vernünftigen Verhältnis zu dem mit der Beseitigung der Mängel erzielbaren Erfolg stünde (zu den Einzelheiten vgl § 635).

8 **4. Fristablauf und Folgen des Fristablaufs.** Mit erfolglosem Ablauf der dem Unternehmer gesetzten Nachfrist kann der Besteller die Mangelbeseitigung selbst vornehmen. Die Nachfrist ist erfolglos abgelaufen, wenn der geschuldete Nachbesserungserfolg nicht eingetreten ist. Mit Ablauf der Frist verliert der Unternehmer das Recht nachzuerfüllen. Aus Sicht des Bestellers besteht dagegen der Nacherfüllungsanspruch fort und erlischt nicht. Der Besteller kann den Nacherfüllungsanspruch vielmehr weiterhin klageweise geltend machen, wenngleich dies kaum sinnvoll sein dürfte. Der Besteller ist aber auch nicht gehindert, dem Unternehmer, der nach Ablauf einer ihm dazu gesetzten Frist Nacherfüllung anbietet, dieses zu gestatten (BGH MDR 2003, 623). Zur Situation des Werkunternehmers nach Ablauf einer ihm zur Mängelbeseitigung gesetzten Frist vgl *Sienz* BauR 2006, 1816.

8a Erst durch den Rücktritt oder eine Minderung erlischt der Nacherfüllungsanspruch. Nach Wahl von Schadensersatz kann zwar gem § 281 IV nicht mehr Nacherfüllung, aber immer noch Vorschuss beansprucht werden (BGH MDR 2018, 465).

9 **5. Aufwendungsersatzanspruch.** Liegen die Voraussetzungen der Selbstvornahme vor, kann der Besteller die Mängel selbst beseitigen oder durch einen Dritten beseitigen lassen und Ersatz der dafür erforderlichen Aufwendungen verlangen (§ 637 I). Dazu gehören **alle tatsächlichen Aufwendungen** der Selbstvornahme, soweit sie obj erforderlich waren, und zwar auch dann, wenn die Mangelbeseitigungsmaßnahme erfolglos war (BGH MDR 1989, 153). Anders als im Auftragsrecht zählen zu den Aufwendungen idS auch Arbeitsleistungen des Bestellers oder seiner Familienangehörigen (BGH MDR 1989, 153). Im Prozess ist der Wert der Arbeitsleistung nach § 287 ZPO zu schätzen. Auch die vollständige **Neuherstellung** des Werks im Wege der Selbstvornahme durch den Besteller ist von § 637 erfasst. Mangelbeseitigungskosten, die durch Schwarzarbeit entstanden sind, sollen nicht ersatzfähig sein (Schleswig BauR 2022, 1373, s dazu § 631 Rn 16).

10 Ob die Aufwendungen **erforderlich** waren, richtet sich danach, ob ein vernünftiger, wirtschaftl denkender Besteller aufgrund sachkundiger Beratung diese aufgewendet hätte (BGH MDR 1991, 970). Das Prognoserisiko liegt beim Unternehmer (BGH MDR 2003, 867). Regelmäßig handelt es sich bei Aufwendungen für vom Besteller beauftragte **Drittunternehmer** um erstattungsfähige Posten. Der Einwand, der Drittunternehmer habe zu teuer gearbeitet, führt nur selten zum Erfolg, da der Auftraggeber nicht verpflichtet ist, im Interesse des mangelhaft leistenden und eine Frist zur Nacherfüllung nicht wahrenden Unternehmers besondere Anstrengungen zu unternehmen, um einen preisgünstigen Drittunternehmer zu finden.

10a Auch Kosten, die bei der Vorbereitung der Selbstvornahme anfallen, wie etwa die Erstellung eines Sachverständigengutachtens, sind gem § 637 vom Unternehmer zu ersetzen. Der Unternehmer hat des Weiteren auch die Kosten zu tragen, die zur Beseitigung von Schäden am Eigentum des Bestellers im Rahmen der Selbstvornahme entstehen (BGH MDR 1986, 401).

III. Vorschuss. Abs III gewährt dem Besteller einen **Anspruch auf Vorschuss** der zur Mängelbeseitigung im Wege der Selbstvornahme anfallenden Kosten. Der Anspruch auf Vorschuss setzt seinerseits voraus, dass der Besteller zur Selbstvornahme berechtigt ist, dem Unternehmer bei Mangelhaftigkeit des Werks also insb eine Frist zur Nacherfüllung gesetzt hat, soweit diese im Einzelfall nicht entbehrlich ist (vgl zu den Einzelheiten Rn 5ff). Vorschuss kann jedoch nur für solche Leistungen verlangt werden, die der Unternehmer selbst im Wege der Nacherfüllung ausführen dürfte. Mangelfolgeschäden wegen Beeinträchtigung anderer Gewerke durch den vom Unternehmer zu vertretenden Mangel sind daher nicht vom Vorschussanspruch erfasst (BGH MDR 1997, 238 zum merkantilen Minderwert). Auch ggü Planern, deren geistige Leistungen sich bereits im Bauwerk verkörpert haben, besteht ein Vorschussanspruch gem § 637 nicht. Zur Bemessung des Vorschussanspruchs Düsseldorf 13.1.2023 – 22 U 300/21. 11

Zu unterscheiden vom Vorschussanspruch des § 637 ist der vom VII. ZS des BGH *praeter legem* kreierte Schadensersatzanspruch des Bestellers ggü dem Architekten wegen Planungs- oder Überwachungsfehlern, die sich im Bauwerk bereits verwirklicht haben, auf Vorfinanzierung in Form der vorherigen Zahlung eines zweckgebundenen und abzurechnenden Betrags (BGH MDR 2018, 465; dazu § 636 Rn 24). Die für das Werkvertragsrecht getroffene Wertung des Gesetzgebers in § 637 III sei auch für Planungs- oder Überwachungsfehler des Architekten, die sich im Bauwerk bereits verwirklicht haben, zu berücksichtigen. Ein umfassender Ausgleich des verletzten Interesses des Bestellers im Rahmen des Schadensersatzanspruchs gem § 634 Nr 4, § 280 wegen Planungs- oder Überwachungsfehlern, die sich im Bauwerk bereits verwirklicht haben, erfordere danach auch die Überwälzung der Vorfinanzierung auf den Architekten in Form der vorherigen Zahlung eines zweckgebundenen und abzurechnenden Betrags an den Besteller. Damit wird dem Besteller ggü dem Planer ein weitergehender Anspruch als bisher eingeräumt, weil dieser als Kostenvorschussanspruch auch die Umsatzsteuer mitumfasst. Zwar ist der zu zahlende Betrag zweckgebunden und abzurechnen. Das Risiko der Insolvenz des Bestellers trägt aber der Planer bzw der hinter ihm stehende Versicherer. 11a

Sinn und Zweck des Vorschussanspruchs ist es, dem Besteller die Selbstvornahme zu ermöglichen. Macht er einen Vorschuss geltend, so ist zu unterstellen, dass er Mängel des Werks tatsächlich im Wege der Selbstvornahme beseitigen oder beseitigen lassen will. Steht dagegen fest, dass eine Selbstvornahme gar nicht beabsichtigt ist oder der Besteller den Mangel gar nicht beseitigen oder beseitigen lassen kann, entfällt der Anspruch auf Vorschuss (BGH MDR 2010, 379). Nach der Rspr soll kein Vorschussanspruch bestehen, soweit der Besteller Vergütung zurückbehält und daher eigene Mittel zur Mangelbeseitigung nicht aufzuwenden bräuchte (Oldenburg BauR 1994, 371; aA mit beachtlichen Gründen *Halfmeier* BauR 2022, 830, 832). 12

Nicht erfasst vom Vorschussanspruch wird der **merkantile Minderwert** des Werks (BGH MDR 1997, 238). 13

Trotz seiner Zweckbindung ist der Anspruch auf Vorschuss **abtretbar und verzinslich**; des Weiteren kann der Besteller mit ihm gegen den Vergütungsanspruch des Unternehmers aufrechnen. 14

Der Vorschussanspruch ist seinem Wesen entspr abzurechnen. Innerhalb welchen Zeitraums der Besteller auf Verlangen des Unternehmers abrechnen muss, ist Frage des Einzelfalls. Hat der Besteller den Vorschuss nicht zur Selbstvornahme verwendet, besteht ein Rückforderungsanspruch des Unternehmers. Diesem ggü kann der Besteller jedoch regelmäßig mit einem Schadensersatzanspruch aufrechnen (BGH MDR 2010, 379). 15

IV. Prozessuales. Die Rspr, wonach Vorschuss und Schadensersatz unterschiedliche Streitgegenstände sind (BGH MDR 2006, 586), ist modifiziert worden (BGH MDR 2018, 465; 2019, 1016). Danach ist der Vorschussanspruch als „kleinerer" Anspruch (wegen der Abrechnungspflicht) im Schadensersatzanspruch enthalten. Der Übergang von Schadensersatz auf Vorschuss und umgekehrt ist daher gem § 264 Nr 2 ZPO privilegiert. Der Anspruch auf Aufwendungsersatz nach erfolgter Mangelbeseitigung und der Schadensersatzanspruch in Höhe der Mangelbeseitigungskosten haben denselben Streitgegenstand (BGH BauR 2005, 1623). 16

Keine präjudizielle Wirkung entfaltet das rechtskräftige Urt über den Vorschuss bzgl der Selbstvornahmekosten. Diese können vielmehr in ihrer tatsächlich angefallenen Höhe geltend gemacht werden, so dass insb im Rahmen der Vorschussklage ein Feststellungsantrag bzgl weiterer Kosten entbehrlich, aber nicht unzulässig ist (zur Zulässigkeit der Geltendmachung in Eventualklagehäufung BGH NJW-RR 1989, 208; BauR 1986, 345). Ein Urt, das dem Auftraggeber Vorschuss auf Mängelbeseitigungskosten zuspricht, enthält regelmäßig die Feststellung, dass der Auftragnehmer verpflichtet ist, die gesamten Mängelbeseitigungskosten zu tragen, ggf auch die den gezahlten Vorschuss übersteigenden Selbstvornahmekosten (BGH MDR 2008, 1387). Gem § 197 I Nr 3 beträgt auch für den vom immanenten Feststellungsausspruch erfassten, noch nicht bezifferten Teil des Vorschussanspruchs die Verjährungsfrist 30 Jahre. 17

Der Unternehmer kann einen an den Besteller gezahlten **Vorschuss auf die Mängelbeseitigungskosten** zurückfordern, wenn feststeht, dass die Mängelbeseitigung nicht mehr durchgeführt wird. Das ist insb dann der Fall, wenn der Besteller seinen Willen aufgegeben hat, die Mängel zu beseitigen. Ein Rückforderungsanspruch entsteht auch dann, wenn der Besteller die Mängelbeseitigung nicht binnen angemessener Frist durchgeführt hat. Welche Frist für die Mängelbeseitigung angemessen ist, ist im Einzelfall unter Berücksichtigung aller Umstände zu ermitteln, die für diese maßgeblich sind. Abzustellen ist auch auf die persönlichen Verhältnisse des Bestellers und die Schwierigkeiten, die sich für ihn ergeben, weil er in der Beseitigung von Baumängeln unerfahren ist und hierfür fachkundige Beratung benötigt. Der Vorschuss ist trotz Ablauf einer angemessenen Frist zur Mängelbeseitigung nicht zurückzuzahlen, soweit er im Zeitpunkt der letzten mündlichen Verhandlung zweckentsprechend verbraucht worden ist oder feststeht, dass er alsbald verbraucht werden wird (BGH MDR 2010, 379). – 18

Der Anspruch des Unternehmers auf Rückzahlung des Vorschusses auf Mängelbeseitigungskosten verjährt in der regelmäßigen Verjährungsfrist von drei Jahren. Der Anspruch entsteht, wenn der Besteller den Vorschuss nicht innerhalb einer angemessenen Frist zur Mängelbeseitigung verwendet, seinen Mängelbeseitigungswillen aufgibt oder Rechnung legt über die Verwendung des Vorschusses. Die Verjährungsfrist beginnt mit dem Schluss des Jahres, in dem der Anspruch entstanden ist und die subj Voraussetzungen des § 199 I Nr 2 vorliegen (BGH MDR 2010, 379). Im Regelfall wird der Besteller gegen den Rückforderungsanspruch die Aufrechnung mit einem Schadensersatzanspruch erklären können, wobei ihm Umsatzsteuer auf den Schadensersatzanspruch nicht zusteht. Dazu eingehend *Schwenker* ZfIR 2010, 282ff.

19 **V. Verhältnis zu anderen Vorschriften.** § 637 enthält eine abschließende Regelung für den Aufwendungsersatzanspruch nach Selbstvornahme durch den Besteller. Liegen die Voraussetzungen des § 637 nicht vor, so hat der Besteller keinen Anspruch aus GoA, Bereicherungs- oder Deliktsrecht.

§ 638 Minderung

(1) Statt zurückzutreten, kann der Besteller die Vergütung durch Erklärung gegenüber dem Unternehmer mindern. Der Ausschlussgrund des § 323 Abs. 5 Satz 2 findet keine Anwendung.

(2) Sind auf der Seite des Bestellers oder auf der Seite des Unternehmers mehrere beteiligt, so kann die Minderung nur von allen oder gegen alle erklärt werden.

(3) Bei der Minderung ist die Vergütung in dem Verhältnis herabzusetzen, in welchem zur Zeit des Vertragsschlusses der Wert des Werkes in mangelfreiem Zustand zu dem wirklichen Wert gestanden haben würde. Die Minderung ist, soweit erforderlich, durch Schätzung zu ermitteln.

(4) Hat der Besteller mehr als die geminderte Vergütung gezahlt, so ist der Mehrbetrag vom Unternehmer zu erstatten. § 346 Abs. 1 und § 347 Abs. 1 finden entsprechende Anwendung.

1 **I. Einleitung.** § 638 enthält eine eigenständige Regelung über die Minderung, die zwar der kaufrechtl Minderungsvorschrift entspricht, aber – in Abkehr von der früheren Rechtslage – nicht mehr lediglich auf sie verweist.

2 Die Minderung ist, wie auch das Rücktrittsrecht, ein **Gestaltungsrecht**. Die Herabsetzung der geschuldeten Vergütung kann der Besteller damit einseitig durchsetzen, soweit die Voraussetzungen iÜ vorliegen. Auf ein etwaiges Einverständnis des Unternehmers kommt es nicht an. Die Minderung ist – anders als etwa der Rücktritt oder der große Schadensersatz – kein Totalrecht, sondern dient lediglich dazu, das Äquivalenzverhältnis zw geschuldetem Werk und vereinbarter Vergütung unter Berücksichtigung der Mangelhaftigkeit wieder herzustellen. Infolgedessen berechtigt auch ein nur unerheblicher Mangel zur Minderung der Vergütung, denn § 323 V 2 ist gem § 638 I 2 nicht anwendbar.

3 **II. Voraussetzungen der Minderung.** Der Besteller kann die Vergütung mindern, „statt zurückzutreten". Die Voraussetzungen von Minderung und Rücktritt sind damit identisch. Erforderlich sind daher die **Mangelhaftigkeit** des Werks iSv § 633, **Abnahme** des Werks sowie der **erfolglose Ablauf einer angemessenen Nachfrist**, soweit diese nicht im Einzelfall entbehrlich ist (vgl zu den Voraussetzungen im Einz § 636).

4 Die **Ausübung des Minderungsrechts** erfolgt durch rechtsgestaltende Erklärung ggü dem Unternehmer, welche hinsichtl verschiedener Mängel einheitlich abgegeben werden kann.

5 **III. Minderungsrecht bei mehreren Beteiligten, Abs II.** Vor Inkrafttreten des SchuldRModG waren das Recht, die Vergütung zu mindern, sowie die Geltendmachung der Wandelung bei einer Mehrheit von Bestellern oder Unternehmern unterschiedlich ausgestaltet. So konnte zwar jeder Besteller von jedem Unternehmer Minderung verlangen; der Anspruch auf Wandelung konnte dagegen nur einheitlich geltend gemacht werden. – Das für den Rücktritt bzw die frühere Wandelung geltende **Einheitsprinzip** gilt gem Abs II nunmehr auch für die Minderung (Düsseldorf BauR 2021, 1812). Grund für diese Änderung der Rechtslage ist die Gestaltungswirkung der Minderung: Da die wirksame Erklärung der Minderung das Rechtsverhältnis zw den Beteiligten insg umgestaltet, kann die Ausübung dieses Rechts nicht einzelnen Beteiligten überlassen bleiben. Werden dagegen mehrere – rechtl selbständige – Verträge über ein Gesamtwerk (Bsp Wohnungseigentum) abgeschlossen, so gilt Abs II nicht.

6 **IV. Rechtsfolgen der Minderung.** Durch Ausübung des Minderungsrechts wird das Schuldverhältnis zw den Parteien umgestaltet. Gem Abs III S 3 ist die **Vergütung** „in dem Verhältnis **herabzusetzen**, in welchem zur Zeit des Vertragsschlusses der Wert des Werks in mangelfreiem Zustand zu dem wirklichen Wert gestanden haben würde". Daraus folgt, dass nach dieser Vertragsumgestaltung das Werk nicht mehr mangelhaft ist. Die Ist-Beschaffenheit entspricht nun vielmehr der Soll-Beschaffenheit, so dass etwa Schadensersatz statt der Leistung gem § 281 nicht mehr verlangt werden kann.

7 Die **Berechnung der Minderung** erfolgt auch nach Inkrafttreten des SchuldRModG nach inhaltlich unveränderten Grundsätzen: Die Vergütung wird in dem Verhältnis herabgesetzt, in dem das Werk in mangelfreiem Zustand im Verhältnis zum Werk im mangelhaften Zustand stehen würde. Der ursprüngl im RegE enthaltene Vorschlag, die Minderung anhand des Betrages zu ermitteln, um welchen der Mangel sich wertmindernd auswirkt, wurde fallen gelassen (*Sienz* BauR 2002, 190). Gem § 638 III 2 ist die Minderung **ggf durch Schätzung** gem § 287 ZPO zu ermitteln. Die Rspr hat bisher zugelassen, die Minderung nach dem Geldbetrag zu berechnen, der

aufzuwenden ist, um den Mangel zu beseitigen (grds maßgeblich ist hierfür der Zeitpunkt des Vertragsschlusses), und zwar in Höhe des Nettobetrags ohne „Begleitkosten" (Schleswig MDR 2016, 582). Nach der Rspr-Änderung des VII. ZS des BGH zu den fiktiven Mängelbeseitigungskosten (BGH MDR 2018, 465; dazu § 636 Rn 24) kann daran nicht mehr festgehalten werden. Vielmehr kann der Besteller, der das Werk behält und den Mangel nicht beseitigen lässt, den Schaden in der Weise bemessen, dass er im Wege einer Vermögensbilanz die Differenz zw dem hypothetischen Wert der durch das Werk geschaffenen oder bearbeiteten, im Eigentum des Bestellers stehenden Sache ohne Mangel und dem tatsächlichen Wert der Sache mit Mangel ermittelt. Hat der Besteller die durch das Werk geschaffene oder bearbeitete Sache veräußert, ohne dass eine Mängelbeseitigung vorgenommen wurde, kann er den Schaden nach dem konkreten Mindererlös wegen des Mangels der Sache bemessen (Urt Rn 27). Der Schaden kann in Anlehnung an § 634 Nr 3, § 638 auch in der Weise bemessen werden, dass ausgehend von der für das Werk vereinbarten Vergütung der Minderwert des Werks wegen des (nicht beseitigten) Mangels geschätzt wird. Maßstab ist danach die durch den Mangel des Werks erfolgte Störung des Äquivalenzverhältnisses (Urt Rn 41).

Nach der Rspr des BGH kam es vor Inkrafttreten des SchuldRModG auf das Wertverhältnis im Zeitpunkt der Abnahme an (BGH NJW 1972, 821). Der Wortlaut von Abs III lässt für diese Auffassung jedoch keinen Raum mehr, nachdem die Vorschrift hinsichtl des maßgeblichen Zeitpunkts bewusst inhaltlich dem Kaufrecht entspr ausgestaltet wurde. Bewertungszeitpunkt ist vielmehr der **Zeitpunkt des Vertragsschlusses.** 8

Der Wert der vertragsgemäßen Leistung wird insoweit regelmäßig der vereinbarten Vergütung entsprechen; Schwierigkeiten kann aber die Ermittlung des Werts der mangelhaften Leistung ergeben, da es für diese einen „Verkehrswert" im eigentlichen Sinne nicht gibt, denn für mangelhafte Leistungen existiert kein Markt. Die Praxis behilft sich daher mit Abschlägen. Nach der bisherigen Rspr bemisst sich die Minderung nach den Aufwendungen, die zur Beseitigung des Mangels erforderlich sind zzgl eines ggf verbleibenden merkantilen Minderwerts des Werks (BGH BauR 1997, 700). Dies gilt nach der Änderung der Rspr des VII. Senats des BGH zum fiktiven Schadensersatz nicht mehr, vgl Rn 7. 8a

Für die Ermittlung des **merkantilen Minderwerts von Gebäuden**, welche vor Errichtung vom Besteller bereits veräußert wurden, kommt es für dessen Ermittlung allein darauf an, wie sich nach der Errichtung eine mängelbedingte Minderung des Verkaufswerts für den Erwerber darstellt; etwaige Ansprüche des Erwerbers gegen den Veräußerer bleiben unberücksichtigt (BGH MDR 1986, 311: „Ein merkantiler Minderwert … kommt erst nach der Beseitigung aufgetretener Mängel in Frage."). 9

Auch für einen **technischen Minderwert** des Werks kann der Besteller unter Berücksichtigung der dargestellten Grundsätze Minderung verlangen. Zu dessen Berechnung ist die Beeinträchtigung der Nutzbarkeit und damit der verringerte Ertrags- und Veräußerungswert der Maßstab. Soweit es sich bei dem geschuldeten Werk um eine Gewerbeimmobilie handelt, sind alle Nutzungsmöglichkeiten in Betracht zu ziehen, die bei einem vertragsgemäßen Zustand des Gebäudes in Betracht kommen; auf die konkrete Nutzung des Gebäudes dagegen kommt es gerade nicht an (BGH MDR 2003, 564). Zur Akkumulation von technischem und merkantilem Minderwert vgl BGH MDR 2003, 564. 10

Ist das mangelhafte Werk **wertlos**, so ist i Erg keine Vergütung mehr geschuldet, und der Auftraggeber kann im Gegenzug den gesamten bereits geleisteten Werklohn herausverlangen (BGH NJW 1965, 152), wenngleich damit ein Ergebnis erzielt wird, das dem Rücktritt nahekommt. In einem solchen Fall besteht jedoch kein Wertungswiderspruch. Ist das Werk völlig wertlos, so wird der Mangel nie unerheblich sein, so dass trotz der zusätzl Voraussetzung des § 323 V 2 auch ein Rücktritt grds möglich wäre. 11

Unter den Voraussetzungen des § 254 ist ein etwaiges Mitverschulden des Bestellers am Entstehen des Mangels zu berücksichtigen und der Minderungsbetrag entspr zu kürzen. 12

Hat der Besteller mehr als die geminderte Vergütung gezahlt, so hat er gegen den Unternehmer einen **Rückzahlungsanspruch (Abs IV S 1)**. Auf diesen sind die Vorschriften über Rückgewährschuldverhältnisse nach erfolgtem Rücktritt anzuwenden. Der Anspruch ergibt sich nicht aus Bereicherungsrecht. – Macht der Unternehmer gegen den Besteller klageweise einen Vergütungsanspruch geltend, so ist die Klage iHd Minderungsbetrags unbegründet, soweit der Besteller die Minderung erklärt und die Klageforderung die nach ausgeübter Minderung geschuldete Vergütung übersteigt. 13

§ 639 Haftungsausschluss

Auf eine Vereinbarung, durch welche die Rechte des Bestellers wegen eines Mangels ausgeschlossen oder beschränkt werden, kann sich der Unternehmer nicht berufen, soweit er den Mangel arglistig verschwiegen oder eine Garantie für die Beschaffenheit des Werkes übernommen hat.

I. Anwendungsbereich. Abzugrenzen sind haftungsbeschränkende Vereinbarungen iSv § 639 von solchen Abreden zw Unternehmer und Besteller, die zum Zweck haben, die vertragl geschuldete Soll-Beschaffenheit zu definieren; soweit im Rahmen der Soll-Beschaffenheit eine mindere Qualität des Werks vereinbart ist, liegt schon kein Mangel iSv § 633 vor, so dass Sachmängelansprüche per se nicht bestehen und somit der Anwendungsbereich von § 639 von vornherein nicht eröffnet ist. 1

2 **II. Arglistiges Verschweigen eines Mangels.** § 639 schließt die Berufung auf einen Haftungsausschluss aus, wenn der Unternehmer einen Mangel arglistig verschwiegen hat. Dies setzt Kenntnis des Werkunternehmers von einem Mangel des Werks iSv § 633 voraus und eine Pflicht, den Mangel zu offenbaren. Diese besteht nicht, wenn der Besteller den Mangel bereits kennt oder ohne weiteres selbst erkennen müsste. Der positiven Mangelkenntnis steht es gleich, wenn der Unternehmer die Mangelhaftigkeit des Werks in Kauf nimmt, weil er mit der Existenz eines Mangels rechnet. Bei einer Täuschung durch Verschweigen eines offenbarungspflichtigen Mangels handelt daher arglistig, wer einen Fehler mindestens für möglich hält (BGH NJW 1977, 1055). Entzieht sich der Werkunternehmer bewusst der Kenntnisnahme eines sich aufdrängenden Mangels, soll § 639 ebenfalls anzuwenden sein, etwa dann, wenn den Unternehmer besondere Prüfungspflichten hinsichtl des Werks treffen. Voraussetzung für ein vorsätzliches Verschweigen eines Mangels ist jedoch stets, dass der Schuldner den konkreten Mangel kennt oder zumindest für möglich hält (BGH MDR 2012, 638 zu § 444). Es genügt nicht, wenn sich ihm das Vorliegen aufklärungspflichtiger Tatsachen hätte aufdrängen müssen, weil dann die Arglist vom Vorsatz abgekoppelt und der Sache nach durch leichtfertige oder grob fahrlässige Unkenntnis ersetzt würde. Selbst ein bewusstes Sichverschließen genügt nicht den Anforderungen (BGH MDR 2016, 1258 zu § 444).

3 Bedient sich der Werkunternehmer bei der Herstellung des Werkes der Mitwirkung von **Erfüllungsgehilfen**, ist deren positive Kenntnis oder deren bewusste Inkaufnahme der Mangelhaftigkeit dem Werkunternehmer zuzurechnen, wenn es zu ihren Aufgaben gehört, das Werk auf seine Mangelfreiheit zu überprüfen. Zurechenbar ist daher die Mangelkenntnis von Bauleitern (BGH MDR 2009, 197), nicht aber schon die Kenntnis eines Arbeiters, der das Werk mangelhaft herstellt (BGHZ 62, 63). Maßgeblich ist, ob sich der Unternehmer des Nachunternehmers oder Mitarbeiters als Gehilfen für die Erfüllung der Offenbarungspflicht bedient (vgl dazu auch *Jurgeleit* BauR 2018, 389).

4 Des Weiteren kann ein **Organisationsverschulden** des Werkunternehmers dem arglistigen Verschweigen eines Mangels gleichgestellt sein und zur Anwendung von § 639 führen. Nach ständiger und auch auf die Zeit nach Inkrafttreten des SchuldRModG übertragbarer Rspr des BGH haftet der Unternehmer, wenn er vor Abnahme nicht die organisatorischen Voraussetzungen schafft, um sachgerecht beurteilen zu können, ob das Werk mangelfrei ist. Über das Organisationsverschulden wird das arglistige Verschweigen von Mängeln i Erg damit fingiert (*Neuhaus* MDR 2002, 131). Die Art und Qualität eines Mangels ist nur ausnahmsw geeignet, auf ein Organisationsverschulden schließen zu lassen (BGH MDR 2009, 197).

5 Die Organisationspflicht, den Arbeitsablauf sachgerecht so zu organisieren, dass sichergestellt ist, dass das Werk bei Abnahme mangelfrei ist, ist keine vertragl Verbindlichkeit ggü dem Besteller, sondern eine Obliegenheit des Unternehmers. Dem Unternehmer kann eine Obliegenheitsverletzung nicht allein deshalb angelastet werden, weil sein Nachunternehmer die Herstellung des ihm übertragenen Werks seinerseits nicht richtig organisiert. Eine Zurechnung über § 278 kommt nicht in Betracht (BGH NJW 2008, 145). Zwar ist es grds allein Sache des Unternehmers, wie er seinen Betrieb organisiert. Die interne Organisation darf jedoch nicht zu haftungsrechtl Nachteilen des Bestellers führen. Der Unternehmer hat dann einzustehen, wenn er die Überwachung und Prüfung des Werks nicht oder nicht richtig organisiert hat und der Mangel bei richtiger Organisation entdeckt worden wäre. Der Besteller ist dann so zu stellen, als wäre der Mangel dem Unternehmer bei Ablieferung des Werks bekannt gewesen (BGH MDR 1992, 675). – Dem Unternehmer kann die Kenntnis eines mit der Prüfung des Werks beauftragten Mitarbeiters eines Subunternehmers auch dann zuzurechnen sein, wenn er einen Bauleiter zur Objektüberwachung eingesetzt hat. Das ist der Fall, wenn der Mangel auch bei ordnungsgemäßer Bauüberwachung vom Bauleiter nicht wahrgenommen werden kann, weil er bei der Kontrolle der Leistung vom Bauleiter infolge weitergeführter Arbeiten nicht zu bemerken war (BGH MDR 2007, 267).

6 Maßgeblich für die Offenlegung eines Mangels ist grds der **Zeitpunkt der Abnahme**. Vereinbaren der Unternehmer und der Besteller den Gewährleistungsausschluss erst nach Abnahme, so ist dagegen dieser Zeitpunkt für die Offenlegung maßgeblich. Die Wirksamkeit des Gewährleistungsausschlusses bleibt dagegen unberührt, wenn der Werkunternehmer erst nach dem im Einzelfall maßgeblichen Zeitpunkt Kenntnis von der Mangelhaftigkeit des Werks erlangt.

7 Als Ausnahmetatbestand von der regelmäßigen Wirksamkeit von Haftungsausschlüssen obliegen **dem Besteller** im Prozess **die Darlegung und der Beweis** der Kenntnis des Werkunternehmers von der Mangelhaftigkeit des Werks bei Vereinbarung der Haftungsbeschränkung. Dabei reicht es aus, wenn der Besteller darlegt und ggf beweist, dass der Werkunternehmer den Mangel bei der gebotenen Kontrolle des Werks hätte erkennen können und müssen; in diesem Fall obliegt es dem Werkunternehmer, eine Nichterkennbarkeit des Mangels, mithin eine fehlerfreie interne Organisation darzulegen und zu beweisen (BGH MDR 1992, 675).

8 **III. Beschaffenheitsgarantie.** Übernimmt der Unternehmer eine **Beschaffenheitsgarantie** für das Werk, kann er sich ebenfalls nicht auf eine haftungsbeschränkende Vereinbarung berufen. Die Beschaffenheitsgarantie ist abzugrenzen von der bloßen Beschaffenheitsvereinbarung, die letztlich nur die Ist-Beschaffenheit und damit den geschuldeten werkvertragl Erfolg näher beschreibt. Eine Beschaffenheitsgarantie ist dann anzunehmen, wenn der Werkunternehmer verschuldensunabhängig für einen bestimmten Erfolg im Rahmen des Werkvertrags einstehen will (BGH NJW 1969, 787; sog „unselbständige Garantie"). Dabei sind an die Qualifikation einer Vereinbarung als Beschaffenheitsgarantie insb auch im Hinblick auf die weitgehenden Haftungsfolgen **hohe Anforderungen** zu stellen. Nicht zurückgegriffen kann insoweit auf die vor Inkrafttreten des SchuldRModG ergangene

Rspr zur „zugesicherten Eigenschaft", da diese im Anwendungsbereich des Werkvertragsrechts unter im Vergleich zum Kaufrecht weniger strengen Voraussetzungen angenommen wurde.

Soweit der Besteller eine über die gesetzl Regelungen hinausgehende Sachmängelhaftung übernimmt, steht es ihm jedoch – ohne dass insoweit § 639 entgegenstünde – frei, den Umfang seiner Haftung zu bestimmen (aA *v Westphalen* ZIP 2002, 545: zulässig sei nur eine Beschaffenheitsvereinbarung). 8a

IV. Rechtsfolgen. Hat der Werkunternehmer einen Mangel arglistig verschwiegen oder eine Beschaffenheitsgarantie für das Werk übernommen, so kann er sich nicht auf eine haftungsausschließende oder -beschränkende Vereinbarung berufen. Die Vereinbarung ist nicht nichtig, so dass etwa der Besteller aus für ihn vorteilhaften Bestandteilen der Vereinbarung weiterhin Rechte herleiten kann. Darüber hinaus stellt der Wortlaut von § 639 klar, dass die Berufung auf eine haftungsausschließende oder -beschränkende Vereinbarung nur hinsichtl der verschwiegenen oder von der Garantie erfassten Mängel nicht möglich ist. 9

V. Verhältnis zu §§ 305ff. § 639 gilt sowohl für individualvertragl Haftungsbeschränkungen als auch für solche, die in AGB enthalten sind. Insoweit kann sich der Anwendungsbereich der §§ 305ff mit dem von § 639 im Einzelfall überschneiden. Kann sich der Unternehmer auf eine haftungsbeschränkende Vereinbarung – unabhängig davon, ob diese individualvertragl oder in AGB vereinbart ist – bereits gem § 639 nicht berufen, so kommt den §§ 305ff eine eigenständige Bedeutung nicht zu. Nur soweit § 639 es dem Unternehmer nicht verwehrt, sich auf die Vereinbarung zu berufen, gewähren die §§ 305ff einen weitergehenden Schutz für den Fall, dass die Haftungsbeschränkung in AGB enthalten ist. 10

§ 640 Abnahme

(1) Der Besteller ist verpflichtet, das vertragsmäßig hergestellte Werk abzunehmen, sofern nicht nach der Beschaffenheit des Werkes die Abnahme ausgeschlossen ist. Wegen unwesentlicher Mängel kann die Abnahme nicht verweigert werden.

(2) Als abgenommen gilt ein Werk auch, wenn der Unternehmer dem Besteller nach Fertigstellung des Werks eine angemessene Frist zur Abnahme gesetzt hat und der Besteller die Abnahme nicht innerhalb dieser Frist unter Angabe mindestens eines Mangels verweigert hat. Ist der Besteller ein Verbraucher, so treten die Rechtsfolgen des Satzes 1 nur dann ein, wenn der Unternehmer den Besteller zusammen mit der Aufforderung zur Abnahme auf die Folgen einer nicht erklärten oder ohne Angabe von Mängeln verweigerten Abnahme hingewiesen hat; der Hinweis muss in Textform erfolgen.

(3) Nimmt der Besteller ein mangelhaftes Werk gemäß Absatz 1 Satz 1 ab, obschon er den Mangel kennt, so stehen ihm die in § 634 Nr. 1 bis 3 bezeichneten Rechte nur zu, wenn er sich seine Rechte wegen des Mangels bei der Abnahme vorbehält.

I. Allgemeines. Die **Abnahme** – im Gesetz nicht definiert – hat für den Werkvertrag zentrale Bedeutung. Sie stellt den „Dreh- und Angelpunkt" des Werkvertrags dar. Die Vorschrift ist durch die Bauvertragsnovelle neu gefasst worden: Der bisherige Abs I S 3, der die fiktive Abnahme regelt, ist mit einer Modifikation zu Abs II geworden. Der bisherige Abs II findet sich wortgleich als Abs III wieder. Demgemäß kann zur Auslegung von Abs I S 1 und 2 sowie von Abs III auf Rspr und Lit zu 640 I 1 und 2 und Abs II aF zurückgegriffen werden. Neben der Abnahme kennt das BGB die Teilabnahme (§ 641 I 2). Nur beim Architekten- und Ingenieurvertrag besteht ein gesetzl Anspruch auf Teilabnahme (§ 650s), sonst muss ein solcher Anspruch vertragl vereinbart werden. Die Regelung zur Abnahme wird beim Bauvertrag durch § 650g ergänzt, wonach bei Verweigerung der Abnahme eine gemeinsame Zustandsfeststellung stattfindet. 1

II. Wirkungen der Abnahme. Mit der Abnahme wird der Vergütungsanspruch fällig (§ 641), entfällt also die Vorleistungspflicht des Unternehmers (und zwar nicht nur bei Abnahme eines mangelfreien Werks, BGHZ 61, 45); geht die Gefahr auf den Besteller über (§§ 644, 645); wird der Nacherfüllungsanspruch begründet und kann sich der Unternehmer auf 635 III berufen (BGH MDR 2017, 513); werden Mängelansprüche für bei Abnahme rügelos hingenommene Mängel beschränkt (§ 640 III); Entspr gilt für verwirkte Vertragsstrafen (§ 341 III), aber nicht wenn die Aufrechnung mit der Vertragsstrafe bereits vor der Abnahme erfolgte (BGH MDR 2016, 151); beginnt die Verjährung für Mängelansprüche (§ 634a) und geht schließlich die Beweislast für nicht vorbehaltene Mängel auf den Besteller über (§ 363). Mit der Abnahme wird das Erfüllungsstadium des Vertragsverhältnisses beendet und das Abwicklungsstadium eingeleitet (BGH MDR 2003, 503). Nicht alle diese Rechtswirkungen stehen im sinnvollen Zusammenhang mit der Abnahme. So ist zB nicht erklärlich, warum die Abnahme trotz eines unerkannten Mangels zur Beschränkung des Nacherfüllungsanspruchs gem § 635 III führt oder der Gefahrübergang von der Billigung des Werks abhängt. 2

III. Begriff und Rechtsnatur der Abnahme. 1. Billigung. Rspr und die hL des Schrifttums sehen in der Abnahme einen **Doppeltatbestand**: Sie setzt voraus, dass der Besteller das Werk entgegennimmt und billigt. Die Abnahme soll dem Besteller die Möglichkeit verschaffen zu überprüfen, ob die Werkleistung vertragsgerecht erbracht ist (im Einz *Kniffka* ZfBR 1998, 113; *Thode* ZfBR 1999, 116). Mit „Abnahme" wird zugleich die Erklärung des Bestellers (die Billigung) und der zur Billigung führende Vorgang (die Abnahmeverhandlung) bezeichnet. 640 I regelt die Pflicht des Bestellers zur Erklärung der Abnahme. Der Besteller kann die Abnahme aber auch dann wirksam erklären, wenn er dazu nicht verpflichtet ist. Ebenso steht dem Besteller die Erklärung einer Teilabnahme frei, auch wenn der Unternehmer keinen Anspruch auf sie hat. Mängel stehen der Erklärung der Ab- 3 nahme daher nicht entgegen (BGH BauR 1973, 192), wohl aber dem Anspruch auf Abnahme. Die Auflistung von Mängeln in einem Abnahmeprotokoll schließt die Abnahme nicht ohne weiteres aus; es kann sich um eine Abnahme unter Vorbehalt von Mängeln handeln (§ 640 III). Unerkannte Mängel ändern nichts an den Wirkungen der Abnahme. Der Besteller kann die in Unkenntnis eines Mangels erklärte Abnahme nicht anfechten. Die (Schluss-)Abnahme kommt erst in Betracht, wenn der Unternehmer das von ihm hergestellte Werk anbietet. Zuvor sind nur Teilabnahmen möglich.

4 **2. Konkludente Abnahme.** Eine Abnahme kann nicht nur ausdrückl, sondern auch konkludent erklärt werden. Sie kommt erst in Betracht, wenn die Parteien davon ausgehen, dass das Werk im Wesentlichen fertig gestellt ist. Die Vollendung des Werkes ist deshalb nicht zwingende Voraussetzung für die konkludente Abnahme. Trotz Ausstehens einzelner Leistungen können die Parteien (subjektiv) von der Fertigstellung ausgehen (BGH MDR 2014, 458). Unerkannte Mängel hindern die konkludente Abnahme nicht (BGH MDR 2013, 1394). Es muss ein **Verhalten** des **Bestellers** festzustellen sein, dass der Unternehmer als eine **Abnahmeerklärung**, also eine grds Billigung des vollendeten Werks, verstehen konnte und durfte (BGH MDR 2014, 458). Das ist idR anzunehmen, wenn der Besteller den **Werklohn** vorbehaltlos **zahlt** (BGH BauR 1994, 103; s aber auch Frankfurt 29.7.2019 – 29 U 201/17: Die konkludente Abnahme eines Architektenwerks und/oder einer Tragwerksplanung kann erst nach einer angemessenen Prüfungsfrist angenommen werden. Die angemessene Prüfungsfrist für eine Statik ist mit drei Monaten ab Rechnungsstellung anzusetzen.), eine Ausführungsbestätigung nach Besichtigung des Werks unterzeichnet (Düsseldorf BauR 1998, 120) oder den Weiterverkauf des fertigen Werks betreibt (diff BGH MDR 1996, 1108). – Auch die **Benutzung** des fertig gestellten Werks durch den Besteller kann zu einer konkludenten Abnahme führen, sofern der Besteller über einen längeren Zeitraum keine Mängel rügt. Dann darf der Unternehmer davon ausgehen, dass der Besteller das Werk als vertragsgerechte Leistung akzeptiert (BGH MDR 2013, 1394). Der Ansicht, in diesen Fällen sei eine Abnahme insb zu verneinen, wenn die Benutzung nur unter dem Zwang der Verhältnisse erfolgt, etwa wenn der Besteller das Werk dringend benötigt und er durch die Benutzung den ihm sonst drohenden Schaden mindert (BGH BauR 1975, 344), überzeugt nicht. Das Motiv für die Benutzung spielt aus der Sicht des Unternehmers keine Rolle und der Besteller könnte jederzeit durch eine Mängelrüge die konkludente Abnahme ausschließen. Rügt er keine Mängel, ist dem Unternehmer die Zwangslage nicht bewusst. Der Einzug in das Bauwerk oder dessen Nutzung sind keine Grundlage für die Annahme einer konkludenten Abnahme, wenn der Auftraggeber vor dem Einzug oder der Nutzung die Abnahme zu Recht aufgrund von Mängeln verweigert hat, die zum Zeitpunkt des Einzugs oder der Nutzung nicht beseitigt worden sind (BGH MDR 1999, 1061). Auch eine mehrjährige Nutzung lässt nicht zwangsläufig auf eine Abnahme durch schlüssiges Verhalten schließen (BGH MDR 2004, 441). Die Ankündigung und die Durchführung einer Ersatzvornahme sind allein keine hinreichende Grundlage für die Annahme einer konkludenten Abnahme (BGH MDR 1994, 1185). Auch die Teilabnahme ist konkludent möglich (Jena BauR 2022, 970).

5 Beim Bauvertrag führt die Verweigerung der Abnahme unter Angabe von Mängeln zur Zustandsfeststellung gem § 650g.

6 **3. Erklärung.** Die nach hL in der Abnahme enthaltene generelle Billigungserklärung ist als eine **geschäftsähnl Handlung** zu beurteilen, so dass die Vorschriften über Rechtsgeschäfte weitgehend analog anzuwenden sind. Demnach muss der Besteller als der Erklärende geschäftsfähig oder wirksam gesetzl vertreten sein. Die Billigungserklärung braucht dem Unternehmer nicht zuzugehen (§ 151). Wird sie von einem Dritten, zB Architekten, für den Besteller abgegeben, müssen die Voraussetzungen der §§ 164ff, also insb Vertretungsmacht, gegeben sein (BGH MDR 1979, 837). Wegen ihrer rechtsgestaltenden Wirkung ist die Billigungserklärung, wie andere einseitige Rechtsgeschäfte, bedingungs- und befristungsfeindlich. Die Anfechtung der Erklärung ist im Fall des § 123 zulässig (BGH MDR 1982, 1010), dagegen ausgeschlossen, soweit es sich um Tatbestände handelt, die dem Gewährleistungsrecht unterliegen. Dann gilt die Sonderregelung zur Verjährung gem § 634a III.

7 **IV. Abnahmeunfähigkeit (Abs I Hs 2; § 646).** Die Abnahme entfällt, wenn sie nach der Beschaffenheit des Werks ausgeschlossen ist. Dann tritt an ihre Stelle die **Vollendung** des Werks (§ 646).

8 **V. Pflicht zur Abnahme (Abs I).** Die Pflicht zur Abnahme ist von Bedeutung, wenn der Besteller die Abnahme verweigert. Häufig wird über die Pflicht zur Abnahme als Vorfrage der Fälligkeit des Werklohns gestritten. Grds kann die Abnahme erst nach **fehlerfreier Vollendung des Werks** verlangt werden; sie darf wegen unwesentlicher Mängel nicht verweigert werden (Abs I S 2). Nach der Rspr des BGH ist ein Mangel unwesentlich, wenn er an Bedeutung soweit zurücktritt, dass es unter Abwägung der beiderseitigen Interessen für den Besteller zumutbar ist, eine zügige Abwicklung des gesamten Vertragsverhältnisses nicht länger aufzuhalten und deshalb nicht auf den Vorteilen zu bestehen, die sich ihm vor vollzogener Abnahme bieten (BGH BauR 1981, 284 zum Begriff des wesentlichen Mangels iSd § 12 III VOB/B). Maßgeblich für die Beurteilung, ob der Mangel wesentlich ist, ist der Zeitpunkt der Abnahme (BGH BauR 1992, 627). – Die Fälligkeit der Abnahme auf einen Zeitpunkt **nach der fehlerfreien Vollendung** des Werks zu verschieben, ist individualvertragl unbedenklich; AGB-Regelungen dieses Inhalts verstoßen dann gegen § 307, wenn sie die Fälligkeit der Abnahme ungewiss lassen oder sie auf einen nicht mehr angemessenen Zeitpunkt nach der Werkvollendung verschieben (BGH MDR 1989, 627).

9 Die Abnahme braucht nicht mit einer **Prüfung** verbunden zu sein, da der Besteller nicht zur Prüfung des Werks auf Mängel verpflichtet ist (Mot II 489; BGH MDR 1970, 317, der darüber hinaus auch keine sofortige Prüfungsmöglichkeit verlangt). – Beim beiderseitigen Handelsgeschäft besteht dagegen eine unverzügliche Unter-

suchungs- und Rügeobliegenheit, sofern eine nicht vertretbare Sache aus einem vom Besteller zu beschaffenden Stoff herzustellen ist (§ 381 II, § 377 HGB).

10 **VI. Verweigerung der Abnahme.** Die Abnahmepflicht für das hergestellte Werk ist eine **Hauptpflicht des Bestellers.** Verweigert der Besteller unberechtigt die Abnahme, beginnt die Verjährung gem § 634a und wird der Werklohn fällig. Verweigert der Besteller berechtigt die Abnahme und fordert er die Beseitigung von Mängeln, treten die Abnahmewirkungen nicht ein. Anderes gilt, wenn der Besteller die Abnahme ernsthaft und endgültig verweigert. Nach den Grundsätzen des Abrechnungsverhältnisses wird trotz berechtigter Abnahmeverweigerung der Werklohn fällig (BGH MDR 1999, 1500) und beginnt die Verjährungsfrist (BGH MDR 1999, 1499).

11 Auch beim gekündigten Vertrag treten die Abnahmewirkungen erst mit Abnahme der bis zur Kündigung erbrachten Leistung ein (BGH MDR 2003, 503 unter Aufgabe von BGH MDR 2006, 1401). Zum Anspruch des Unternehmers auf gemeinsames Aufmaß bei Kündigung BGH MDR 2003, 1174 und § 648a IV.

12 **VII. Klage auf Abnahme.** Der Unternehmer kann „isoliert" (also ohne zugleich Zahlung zu beanspruchen) entweder auf Erklärung der Abnahme klagen oder auf Feststellung, dass die Abnahme erklärt worden ist (BGH MDR 1996, 893). Der Unternehmer kann (sinnvoller) zugleich auf Abnahme und Zahlung klagen. Dem Unternehmer steht es aber ebenso frei, nur auf Zahlung zu klagen. Es ist dann inzident zu prüfen, ob ein Anspruch auf Abnahme besteht. Diese Grundsätze müssen ebenso für die fiktive Abnahme (§ 640 II) gelten. Die Frage, ob eine Abnahmeerklärung nicht erfolgt ist und deshalb die Abnahmewirkungen nicht eingetreten sind, kann gem § 256 I ZPO Gegenstand einer negativen Feststellungsklage sein. Gleiches gilt für die Frage, ob die Abnahmewirkungen gem § 640 I 3 aF nicht eingetreten sind, weil keine Verpflichtung zur Abnahme besteht (BGH MDR 2019, 1056).

13 **VIII. Fiktive Abnahme.** Durch das Gesetz zur Beschleunigung fälliger Zahlungen v 30.3.2000 (BGBl I 2000, 330) ist in das BGB eine **Abnahmefiktion** aufgenommen worden, die sich zuvor in **Abs I S 3** fand. Diese (wirkungslose) Regelung ist durch § 640 II ersetzt worden. Abs II S 1 sieht nunmehr vor, dass die Abnahmefiktion immer dann greift, wenn der Unternehmer dem Besteller nach Fertigstellung des Werks eine **angemessene Frist zur Abnahme** gesetzt hat und der Besteller die Abnahme nicht innerhalb dieser Frist unter Angabe von Mängeln verweigert hat. Die Fiktion tritt somit ein, wenn der Besteller sich entweder überhaupt nicht zu dem Abnahmeverlangen äußert oder wenn er die Abnahme ohne Benennung von Mängeln verweigert. Eine Mängelrüge vor dem Abnahmeverlangen genügt nicht, allenfalls ist das Abnahmeverlangen treuwidrig und damit unwirksam, wenn dem Unternehmer erhebliche Mängel bekannt sind (Schleswig MDR 2022, 156). Dem Besteller obliegt es bei der Abnahmeverweigerung allerdings nicht, alle Mängel anzugeben oder die Mängel im Detail darzulegen. Es genügt, wenn er bspw dem Unternehmer mitteilt, wo das Werk aus seiner Sicht nicht die vereinbarte Beschaffenheit hat. Das Gesetz verlangt nicht, dass ein angegebener Mangel wesentlich ist. Weitere Mängel, die der Besteller zunächst nicht angegeben hat, können gleichwohl bei der anschließenden Bewertung der Abnahmereife berücksichtigt werden. Im Gegensatz zur bisherigen Rechtslage führt ein **Schweigen** oder **Nichtbenennen von Mängeln** auch dann zur **fiktiven Abnahme, wenn wesentliche Mängel vorhanden** sind. Diese Rechtsfolge erschien dem Gesetzgeber unter Abwägung der Interessen beider Vertragspartner gerechtfertigt, da sie vom Besteller jederzeit durch die Angabe von Mängeln verhindert werden kann (BT-Drs 18/8486, 49). Ausdrückl in das Gesetz aufgenommen worden ist als **Voraussetzung** für die fiktive Abnahme die **Fertigstellung des Werks**. Durch die Einführung dieses neuen Kriteriums soll ein zu frühes Andienen des Werks unterbunden und damit ein missbräuchlicher Einsatz des Instruments der fiktiven Abnahme insb auch ggü Verbrauchern verhindert werden. Von einer Fertigstellung iSd Vorschrift ist dann auszugehen, wenn das Werk nach der vertragl Vereinbarung der Parteien als „fertig" anzusehen ist. Dies ist der Fall, wenn die im Vertrag genannten Leistungen abgearbeitet bzw erbracht sind – unabhängig davon, ob Mängel vorliegen oder nicht. Insofern unterscheidet sich der Begriff der Fertigstellung in § 640 II 1 von dem Begriff der vollständigen Fertigstellung in § 3 II 2 Nr 2 MaBV, der voraussetzt, dass sämtliche Arbeiten erbracht und alle wesentlichen Mängel behoben worden sind und damit Abnahmereife der Werkleistung voraussetzt (vgl BGH MDR 1998, 1023). Besteller, die **Verbraucher** sind, sollen nach Abs II S 2 vom Unternehmer über die **Möglichkeit der fiktiven Abnahme informiert** werden. Von einem Verbraucher kann nicht erwartet werden, dass er sich über die Rechtsfolgen im Klaren ist, wenn er sich auf die Fristsetzung des Unternehmers, mit der dieser eine fiktive Abnahme erreichen will, nicht erklärt oder die Abnahme ohne Angabe von Mängeln verweigert. Der neu eingefügte Abs II S 2 sieht daher vor, dass der Unternehmer den Verbraucher zusammen mit der Fristsetzung zur Abnahme nach Abs II S 1 in **Textform** darüber aufzuklären hat, dass eine ohne Angabe von Mängeln verweigerte Abnahme oder ein Schweigen die Fiktion der Abnahme herbeiführt. Informiert der Unternehmer den Verbraucher nicht entspr, tritt die Fiktion nicht ein. Durch § 650n wird diese Vorschrift zwingend ausgestaltet.

14 Der Optimismus des Gesetzgebers, durch § 640 II zu einer schnellen Abnahme und damit Beendigung der Erfüllungsphase eines Bauvertrages zu gelangen, erscheint nicht begründet. Wenn auch das bloße Schweigen auf das Abnahmeverlangen nicht ausreicht, den Eintritt der Wirkungen der fiktiven Abnahme zu verhindern, so ist es doch dem Besteller nicht verwehrt, unter Hinweis auf behauptete, tatsächlich aber nicht vorliegende Mangelsymptome die Abnahme zu verweigern. Der Besteller kann das berechtigte Abnahmeverlangen des Unternehmers wiederholt abwehren, indem er unter rechtzeitiger Behauptung auch unwesentlicher Mängel die Abnahme verweigert (*Orlowski* ZfBR 2016, 412). Rechtspolitisch ist es bedenklich, gesetzgeberisch darauf zu setzen, der Besteller werde seiner Erklärungsobliegenheit nicht genügen, so dass selbst bei Nichtbenennung wesentlicher Mängel die Abnahmefiktion eingreift (*Langen* NZBau 2015, 659).

15 **IX. Verlust der Mängelrechte aus § 634 Nr 1–3 bei vorbehaltloser Abnahme trotz Mängelkenntnis (Abs III).** Kenntnis bedeutet positives Wissen, nicht Kennenmüssen. Sie ist erst dann zu bejahen, wenn der Besteller weiß, dass durch den Mangel das Werk oder die vertragsmäßige Tauglichkeit gemindert wird (BGH NJW-RR 1993, 1461). Durch die vorbehaltlose Abnahme verliert der Besteller nur die Rechte aus § 634 Nr 1–3, jedoch nicht den – im Gegensatz zu den vorgenannten Rechten verschuldensabhängigen – Schadensersatzanspruch gem § 634 Nr 4. Das bedeutet aber nicht, dass der Besteller (ohne Fristsetzung) einen Anspruch auf Schadensersatz durchsetzen könnte. § 640 II begründet eine Einrede des Unternehmers (Köln, Beschl v 1.12.2021 – 16 U 115/21; aA Schleswig MDR 2016, 327, weil durch Erlöschen des Nacherfüllungsanspruchs die Voraussetzungen für den Schadensersatzanspruch nicht mehr eintreten könnten, dazu krit *Schwenker* NJW 2016, 1744). Auch bei einer konkludenten Abnahme kommt es gem § 640 III zu einem Rechtsverlust, wenn der Besteller sich die Rechte wegen der ihm bekannten Mängel nicht vorbehält (BGH MDR 2010, 566). Das soll nicht für die fiktive Abnahme gelten (Schleswig MDR 2022, 156).

§ 641 Fälligkeit der Vergütung

(1) Die Vergütung ist bei der Abnahme des Werkes zu entrichten. Ist das Werk in Teilen abzunehmen und die Vergütung für die einzelnen Teile bestimmt, so ist die Vergütung für jeden Teil bei dessen Abnahme zu entrichten.

(2) Die Vergütung des Unternehmers für ein Werk, dessen Herstellung der Besteller einem Dritten versprochen hat, wird spätestens fällig,

1. soweit der Besteller von dem Dritten für das versprochene Werk wegen dessen Herstellung seine Vergütung oder Teile davon erhalten hat,

2. soweit das Werk des Bestellers von dem Dritten abgenommen worden ist oder als abgenommen gilt oder

3. wenn der Unternehmer dem Besteller erfolglos eine angemessene Frist zur Auskunft über die in den Nummern 1 und 2 bezeichneten Umstände bestimmt hat.

Hat der Besteller dem Dritten wegen möglicher Mängel des Werks Sicherheit geleistet, gilt Satz 1 nur, wenn der Unternehmer dem Besteller entsprechende Sicherheit leistet.

(3) Kann der Besteller die Beseitigung eines Mangels verlangen, so kann er nach der Fälligkeit die Zahlung eines angemessenen Teils der Vergütung verweigern; angemessen ist in der Regel das Doppelte der für die Beseitigung des Mangels erforderlichen Kosten.

(4) Eine in Geld festgesetzte Vergütung hat der Besteller von der Abnahme des Werkes an zu verzinsen, sofern nicht die Vergütung gestundet ist.

1 **I. Allgemeines.** Die Vorschrift ergänzt die §§ 631, 632 durch Sonderbestimmungen über die **Fälligkeit** des Vergütungsanspruchs des Unternehmers (Abs I) und über die **Verzinsung** der fälligen Vergütung (Abs IV). Durch das Gesetz zur Beschleunigung fälliger Zahlungen v 30.3.2000 (BGBl I 2000, 330) und das FoSiG v 23.10.2008 (BGBl I 2008, 2022) ist § 641 geändert worden. Neben der Regelung des Leistungsverweigerungsrecht in III ist die sog Durchgriffsfälligkeit gem II eingeführt worden. Die Bauvertragsnovelle hat § 641 unberührt gelassen. Die Erteilung einer **prüfbaren Rechnung** gehört nach den §§ 631ff nicht zu den Fälligkeitsvoraussetzungen des Werklohnanspruchs. Anders für den Bauvertrag (§ 650g IV), den Architekten- und Ingeniervertrag (§ 650q I, § 650g IV), die VOB/B (§ 16 III) und die HOAI (§ 15 I HOAI). Ist die Abnahme nach der Beschaffenheit des Werks ausgeschlossen, so tritt gem § 646 an die Stelle der Abnahme die **Vollendung** des Werks; der Vergütungsanspruch wird also mit diesem Zeitpunkt fällig.

2 **II. Fälligkeit.** Der Vergütungsanspruch **entsteht** mit dem Abschluss des Vertrags (praktisch bedeutsam für die Hypothek gem § 650e und für Ausschluss der Kondiktion von Zahlungen vor Fälligkeit, § 813 II); vgl zur parallelen Struktur beim Kaufvertrag BGH NJW 2006, 2773. Seine **Fälligkeit** richtet sich nach der **Vereinbarung** der Vertragspartner (vgl § 271). Fehlt eine Vereinbarung, ist gem **Abs I** die Vergütung **bei der Abnahme** des Werks fällig. Abnahme bedeutet, wie auch sonst, dass der Besteller das Werk körperlich entgegennimmt und es als im Wesentlichen vertragsgerecht billigt (vgl § 640 Rn 3ff). Der Unternehmer ist hinsichtl der **Herstellung** des Werks grds **vorleistungspflichtig**, damit der Besteller die Prüfung und Entgegennahme des Werks vornehmen kann (vgl nur BGH NJW 2010, 2272 Rn 25). Vergütung kann der Unternehmer nur beanspruchen, wenn die Abnahme erklärt wird. Die Vorleistungspflicht des Unternehmers bedeutet nicht, dass er verpflichtet ist, das Werk ohne Gegenleistung aus der Hand zu geben; „bei" bedeutet nicht „nach" Abnahme. Zur Ablieferung (als Teil der Abnahme) ist der Unternehmer nur Zug um Zug gegen Entrichtung der Vergütung verpflichtet (§§ 320ff; vgl Mot II 492). Bei Bauwerken versagt diese Sicherung des Unternehmers, wenn sich das Bauwerk schon im Besitz des Bestellers befindet.

3 **III. Fälligkeit ohne Abnahme.** Der Werklohn kann ohne Abnahme fällig werden. Verweigert der Besteller die Abnahme wegen Mängeln, ist der Werklohn gleichwohl fällig, wenn das Werk tatsächlich frei von (wesentlichen) Mängeln ist und der Besteller daher die Abnahme erklären müsste. Der Unternehmer kann unmittelbar auf Werklohn mit der Behauptung klagen, das Werk mangelfrei hergestellt zu haben (BGH NZBau 2010, 557). Weist das Werk tatsächlich einen wesentlichen Mangel auf, ist die Werklohnklage mangels Fälligkeit als derzeit unbegründet abzuweisen. Das kann der Unternehmer vermeiden, wenn er sich hilfsweise auf den Abschlagszahlungs-

anspruch gem § 632a stützt (BGH NZBau 2000, 507). Zweifelhaft ist, ob der Abschlagszahlungsanspruch nach Fertigstellung ein anderer Streitgegenstand als der Schlusszahlungsanspruch ist (§ 632a Rn 5).

Wenn der Besteller grundlos und endgültig die Mitwirkung bei der Werkherstellung verweigert, kann der Unternehmer vor Fertigstellung des Werks Vergütung beanspruchen (BGH MDR 1996, 1108). Der Werklohn wird auch fällig, wenn der Besteller die Mängel im Wege der Ersatzvornahme beseitigt hat (BGH MDR 2006, 1401). Ebenso tritt nach den Grundsätzen des Abrechnungsverhältnisses Fälligkeit des Vergütungsanspruchs ohne mangelfreie Werkherstellung ein, wenn der Besteller nur noch auf Geld gerichtete Ansprüche geltend macht, die den Anspruch auf Nacherfüllung ausschließen (BGH MDR 2003, 151). Die Geltendmachung des Vorschussanspruchs führt zur Fälligkeit, wenn der Besteller jede weitere Nacherfüllung durch den Unternehmer ernsthaft und endgültig ablehnt (BGH MDR 2017, 328). Kein Abrechnungsverhältnis wird durch die Kündigung (BGH NJW 2006, 2475), die Insolvenz (BGH NZBau 2018, 143) oder die Verjährung des Erfüllungsanspruchs (BGH MDR 2020, 983) begründet. Zur Fälligkeit in der Leistungskette s § 641 II. 4

Einstweilen frei. 5–8

IV. Teilabnahme. Eine Teilabnahme (Abs I S 2) kann vereinbart sein oder auch freiwillig erfolgen; verlangen kann sie der Unternehmer nur bei Vereinbarung. Jeder abgrenzbare Teil eines Werks kann Gegenstand einer Teilabnahme sein. Ob dieser Leistungsteil in sich abgeschlossen ist, ist unerheblich. Auch die freiwillige Teilabnahme führt zur Fälligkeit der Vergütung (so wie auch die nicht geschuldete Schlussabnahme zur Fälligkeit führt). Es ist lediglich erforderlich, dass der Vergütungsanteil der Teilleistung für den Besteller bestimmbar ist. Bei Stundenlohn- und Einheitspreisverträgen ist das idR der Fall, bei Pauschalverträgen nicht, weil der Vergütungsanteil für die Teilleistung erst nach Offenlegung der Kalkulation des Unternehmers bemessen werden kann (vgl § 648 Rn 6). 9

V. Fälligkeitszins. Den Besteller trifft mangels abw Vereinbarungen die Pflicht zur **Verzinsung** der Vergütung ab Fälligkeit (**Abs IV**). Zinssatz: § 246; bei beiderseitigem Handelsgeschäft § 352 HGB. – Wenn die Höhe des Werklohns nicht von vornherein feststeht, tritt die Fälligkeitsverzinsung gem Abs IV erst mit Übergabe der Rechnung ein (Frankfurt NJW-RR 2000, 755). Ebenso, wenn nach § 650g IV eine Rechnung Voraussetzung der Fälligkeit ist. Ist der Vergütungsanspruch wegen eines Zurückbehaltungsrecht des Bestellers nicht durchsetzbar, entfällt die Zinspflicht aus Abs IV und § 291 (BGH WM 1971, 449). 10

VI. Durchgriffsfälligkeit. Abs II enthält eine spezielle **Fälligkeitsregelung für Haupt-/Subunternehmerverhältnisse** und regelt einen weiteren Fall der Fälligkeit ohne Abnahme. Ziel ist, dem tatsächlichen Missstand abzuhelfen, dass Hauptunternehmer Zahlungen ihrer Auftraggeber für (Teil-)Leistungen der Subunternehmer entgegennehmen und den auf die Subunternehmerleistung entfallenden Teil der Vergütung nicht weiterleiten. Die Bestimmung ist auf eine „Leistungskette" gemünzt; sie betrifft die Vergütung des Unternehmers für ein Werk, dessen Herstellung der Besteller einem Dritten versprochen hat. Voraussetzung ist vollständige oder partielle Identität der Verträge innerhalb der Leistungskette. Die von dem (Nach-)Unternehmer geschuldete Leistung muss Gegenstand der Vertragserfüllung des Bestellers (= Hauptunternehmer) ggü dem Dritten sein. § 641 II führt nicht zur Veränderung des Leitbildes, dass die Zahlungspflicht des Haupt-/Generalunternehmers bei Begründung der Fälligkeitsvoraussetzungen nach § 641 I unabhängig von Zahlungen des Bestellers auf die Subunternehmerleistung ist (Celle NJW-RR 2009, 1529). § 641 II ist kaum noch von Bedeutung, seit dem Unternehmer auch im Falle mangelhafter Leistung ein Abschlagszahlungsanspruch zusteht (*Rodemann* FS Pause, 2022, 359). 11

1. Fallgruppen. Drei Fälle sind zu unterscheiden: **a) Zahlung des Dritten**. Die Vergütung des (Nach-)Unternehmers wird fällig, wenn der Besteller von dem Dritten für das versprochene Werk seine Vergütung oder Teile davon erhalten hat. Die Darlegung dieser Voraussetzung ist schwierig. Erforderlich ist nämlich, dass der Besteller die Zahlung des Dritten gerade für die Leistung des Unternehmers erhalten hat. Es bedarf mithin einer Zuordnung der Zahlungen des Dritten zu den Leistungen der (idR zahlreichen) Nachunternehmer. Die Darlegungs- und Beweislast trägt der Nachunternehmer (*Kniffka* ZfBR 2000, 227). (Teil-)Zahlungen des Dritten auf die Schlussrechnung des Hauptunternehmers führen nur zu einer Verringerung des Saldos. Die Zahlungen sind nicht einzelnen Rechnungsposten zuzuordnen. Bei einer Schlussrechnungsprüfung des Dritten kann darauf abgestellt werden, welche Rechnungsposten er akzeptiert und bezahlt hat. 12

b) Abnahme des Dritten. Die Vergütung des Unternehmers wird fällig, wenn das Werk des Bestellers von dem Dritten abgenommen worden ist oder als abgenommen gilt (zu mehrgliedrigen Leistungsketten Brandenburg BauR 2021, 1820). Der Besteller kann also die Fälligkeit des Werklohns nicht hindern, wenn das Werk des Unternehmers zwar (wesentliche) Mängel aufweist, der Dritte das Werk des Bestellers (in welches das Werk des Unternehmers eingeflossen ist) aber gleichwohl abgenommen hat. Diese Wirkung tritt auch dann ein, wenn das Werk des Unternehmers mit wesentlichen Mängeln behaftet ist. Anderenfalls wäre die Regelung gegenstandslos, denn bei Herstellung des Werks ohne wesentliche Mängel tritt ohnehin Fälligkeit ein. 13

c) Fristsetzung. Schließlich wird die Vergütung fällig, wenn der Besteller erfolglos eine angemessene Frist zur Auskunft über die Voraussetzungen der Durchgriffsfälligkeit bestimmt hat. Fälligkeit tritt daher ein, wenn der Besteller keine Auskunft erteilt. Str ist, ob die fehlerhafte Auskunft der nicht erteilten Auskunft gleichzustellen ist. Das ist zu bejahen, wenn die Fehler schwer wiegen und die Auskunft unbrauchbar machen. 14

2. Sicherheitsleistung. Sofern der Hauptunternehmer wegen Mängeln Sicherheit geleistet hat, muss der Nachunternehmer Sicherheit „in entspr Höhe" leisten. Die Berechnung der Höhe der Sicherheit ist str. Es sollte auf den 15

Prozentsatz der Sicherheit abgestellt werden. Hat der Hauptunternehmer Sicherheit iHv 5 % geleistet, muss auch der Nachunternehmer Sicherheit iHv 5 % leisten, diese aber berechnet nach seiner Werklohnforderung.

16 **3. Mängel.** Dem Hauptunternehmer wird nicht der Einwand genommen, dass der Nachunternehmer den Werkvertrag nicht oder nur mangelhaft erfüllt hat (vgl dazu BGH BauR 2013, 1855). Der Gesetzgeber hat ausdrückl klargestellt, dass der Hauptunternehmer auch im Falle der Durchgriffsfälligkeit nach § 641 II wegen Mängeln die Leistung ggü dem Nachunternehmer verweigern kann (BT-Drs 16/511, 16).

17 **VII. Zurückbehaltungsrecht.** Dem fälligen Werklohnanspruch kann der Besteller gem § 320 I seinen Nacherfüllungsanspruch entgegenhalten. Die Zurückbehaltung des gesamten Werklohns wegen geringer Mängel wäre unverhältnismäßig. Abs III beschränkt das Zurückbehaltungsrecht auf das Doppelte der zur Mangelbeseitigung erforderlichen Kosten und konkretisiert so § 320 II. Dadurch wird Druck auf den Unternehmer ausgeübt, die ihm obliegende Nachbesserung umgehend zu erbringen (BGH BauR 1981, 547). Bei hohen Nachbesserungskosten kann ein geringerer und bei niedrigen Kosten ein höherer Druckzuschlag angemessen sein (BGH BauR 1992, 401). Abs III begrenzt die Einrede des § 320. Daher muss der Unternehmer die Höhe der erforderlichen Nachbesserungskosten darlegen, wenn er die Begrenzung der Einrede auf einen Teil der Werklohnforderung erreichen will (BGH BauR 1997, 133). Der Besteller muss die Zug um Zug zu erbringende Leistung so genau beschreiben, dass eine Zwangsvollstreckung möglich ist (BGH MDR 2015, 909). Bei Mängeln genügt es, wenn der Besteller Mangelsymptome beschreibt. Nach Aufklärung der Mangelursache ist Zug um Zug gegen deren Beseitigung zu verurteilen.

18 Nimmt der Besteller die angebotene Mängelbeseitigung nicht an und gerät er in Annahmeverzug, verliert er das Zurückbehaltungsrecht gem § 641 III nicht. In diesem Fall beschränkt es sich aber auf das Einfache der Mängelbeseitigungskosten (BGH NJW-RR 2002, 1025).

19 **VIII. AGB-Kontrolle.** § 641 I ist Leitbild iSv § 307. Regelungen, wonach die Fälligkeit des Werklohnanspruchs hinausgezögert werden, sind danach regelmäßig unwirksam (für pay-when-paid Klausel München NZBau 2011, 365). Durch einen Sicherheitseinbehalt wird die Fälligkeit eines Teils des Werklohns hinausgeschoben. Das ist nur dann akzeptabel, wenn dem Unternehmer eine faire Alternative zur Ablösung des SEB eingeräumt wird. Das ist zB nicht der Fall, wenn der SEB nur durch Bürgschaft auf erstes Anfordern (BGH MDR 2007, 1127) oder durch eine Bürgschaft, die den uneingeschränkten Verzicht auf § 770 II enthalten muss, abgelöst werden kann (BGH MDR 2018, 141). Der Verzicht auf die Einrede der Anfechtbarkeit ist unbedenklich (BGH MDR 2022, 511).

§ 642 Mitwirkung des Bestellers

(1) Ist bei der Herstellung des Werkes eine Handlung des Bestellers erforderlich, so kann der Unternehmer, wenn der Besteller durch das Unterlassen der Handlung in Verzug der Annahme kommt, eine angemessene Entschädigung verlangen.

(2) Die Höhe der Entschädigung bestimmt sich einerseits nach der Dauer des Verzugs und der Höhe der vereinbarten Vergütung, andererseits nach demjenigen, was der Unternehmer infolge des Verzugs an Aufwendungen erspart oder durch anderweitige Verwendung seiner Arbeitskraft erwerben kann.

1 **I. Allgemeines. 1. Zweck.** Häufig hängt die vertragsgemäße Herstellung des Werks von der **Mitwirkung des Bestellers** ab. Die Mitwirkung des Bestellers ist idR nur eine Obliegenheit, keine Pflicht. Unterbleibt die Mitwirkung (= Obliegenheit), obwohl der Unternehmer leistungsbereit ist, kommt der Besteller nach den allg Vorschriften zwar in Annahmeverzug (§ 293); er hat dem Unternehmer danach aber lediglich die Mehraufwendungen für das erfolglose Angebot seiner Arbeitsleistung zu erstatten (§ 304, zB Transport-, Lagerkosten). Dies ist angesichts des hohen Erfolgsrisikos, das der Unternehmer beim Werkvertrag zu tragen hat, als „offenbare Unbilligkeit“ (Mot II 495) angesehen worden. Daher ist die nach allg Schuldrecht unbefriedigende Rechtsposition des Unternehmers durch die – verschuldensunabhängigen – Rechte des Unternehmers auf Entschädigung (§ 642), Kündigung (§ 643) und Teilvergütung (§ 645 I 2) verbessert worden. Der Unternehmer wird dafür entschädigt, dass er seine Arbeitskraft wegen des Annahmeverzugs nicht nutzen und keinen Werklohn verdienen kann. Der Entschädigungsanspruch wird dafür gewährt, dass Produktionsmittel (die Arbeitskraft des Unternehmers selbst, aber auch seine Arbeitnehmer und Geräte) „brachliegen“.

1a Der Anspruch gem § 642 ist wegen der die Haftung des Bestellers einschränkenden Vorunternehmer-Rspr von großer Bedeutung. Der Besteller haftet nur dann auf Schadensersatz, wenn er das Unterbleiben der Mitwirkung („die hindernden Umstände“) zu vertreten hat. Bsp: Der Auftragnehmer kann nicht arbeiten, weil ein Vorunternehmer des Auftraggebers die ihm übertragenen Arbeiten nicht rechtzeitig fertig gestellt hat. Eine Pflichtverletzung Auftraggebers liegt nicht vor, weil das Verschulden des Vorunternehmers nicht gem § 278 zurechenbar ist. Auch besteht kein Anspruch des Auftragnehmers gem § 650b oder § 2 V VOB/B, da die Störung und die erzwungene Verschiebung der Arbeiten keine Anordnung des AG ist (BGH MDR 1985, 1016; aA KG BauR 2019, 823). Ein Anspruch kann sich aber aus § 642 ergeben (BGH MDR 2000, 578).

2 **2. Pflicht/Obliegenheit.** Erforderliche Mitwirkungshandlungen des Bestellers können eine Vertragspflicht (Bsp: vertragl geregelte Pflicht des Bestellers, erforderliche Planungen bereitzustellen) oder eine Obliegenheit (Bsp: Baugrundstück muss im baureifen Zustand zur Verfügung gestellt werden) sein. § 642 ist auf beide Fälle anzuwenden; es kommt nicht darauf an, ob der Annahmeverzug auf einer Pflicht- oder Obliegenheitsverletzung

beruht. Bei einer Vertragspflicht kommen aber über § 642 hinaus Schadensersatzansprüche des Unternehmers in Betracht. Die Mitwirkungshandlungen des Bestellers sind in zahlreichen Einzelbestimmungen der §§ 3ff VOB/B konkretisiert. Str ist, ob hierdurch nur Obliegenheiten oder Pflichten begründet werden (vgl *Kapellmann* NZBau 2018, 338).

II. Voraussetzungen des Anspruchs aus § 642. 1. Zeitraum. Bestehen eines Werkvertrags: kein Anspruch, wenn Vergabeverfahren zur Verzögerung der Auftragserteilung führt, für die „Wartezeit" (BGH MDR 2018, 733). Wird der Vertrag gekündigt, gewährt die Regelung eine Entschädigung nur für die Nachteile, die dem Unternehmer durch den Verzug des Bestellers während der ursprüngl Vertragsdauer entstanden sind und erfasst daher nur die bis zur Kündigung entstandenen Verzögerungskosten (BGH NJW 2009, 3717). 3

2. Fehlende Mitwirkung. Zur Werkherstellung erforderliche **Handlungen des Bestellers** im weitesten Sinn des Wortes. Bsp: Lieferung der vereinbarten Materialien und Geräte, Bereitstellung von Räumen und Grundstücken (nicht aber Abwehr ungünstiger Witterungseinflüsse, BGH MDR 2017, 698) sowie von Geldmitteln (Baufinanzierung), Hergabe von Plänen und Anweisungen, Stellen einer Sicherheit gem 650f (KG NZBau 2018, 533), Beauftragung eines zur Fertigstellung erforderlichen Nachtrags (Schleswig NZBau 2021, 530), Mitwirkung in Person (Schulfälle: Porträtsitzung, Anzugsanprobe). – **Nicht** hierher gehören andere Mitwirkungshandlungen wie die Abnahme des Werks. Deren Unterbleiben kann Verzugsfolgen, aber nicht die Rechte aus §§ 642f auslösen. Letzteres ist auch bei vereinbartem, aber unterbliebenem „Abruf" der Werkleistung anzunehmen. Hat der Besteller dagegen außerdem Räume usw bereitzustellen (wie in BGH NJW 1972, 99: Abruf entspr Baufortschritt), dann gilt § 642. 3a

3. Annahmeverzug des Bestellers. Der Unternehmer muss zur Werkherstellung berechtigt, bereit und imstande sein sowie die Leistung **angeboten** haben (§§ 271, 297, 293f; zur treuwidrigen Verzögerung rechtmäßigen Angebots vgl Stuttgart BauR 1973, 385), wobei gem § 295 S 2 dem Angebot der Leistung die Aufforderung zur Mitwirkung gleichsteht; der Besteller muss die gebotene Handlung **unterlassen** haben; auf sein Verschulden kommt es nicht an; Annahmeverzug ist auch bei vorübergehender Verhinderung des Bestellers (zB Erkrankung) zu bejahen, zu verneinen aber bei obj Unmöglichwerden der Mitwirkung (zB Tod) vor Eintritt des Annahmeverzugs, vgl Vor § 293 Rn 4ff. – Annahmeverzug setzt bei Vereinbarung der VOB/B eine Behinderungsanzeige gem § 6 I VOB/B oder Gründe für deren Entbehrlichkeit voraus. Der Auftragnehmer hat substantiiert vorzutragen, dass er tatsächlich leistungsbereit war. Erst wenn der Auftragnehmer dieser Darlegungslast substantiiert nachgekommen ist, ist der Auftraggeber beweispflichtig dahingehend, dass eine Leistungsbereitschaft nicht gegeben war (Frankfurt 8.5.2015 – 25 U 174/13). Annahmeverzug liegt nur vor, wenn der Unternehmer alle oder einzelne Produktionsmittel nicht einsetzen kann. Erschwerungen oder Verlangsamungen beim Einsatz der Produktionsmittel werden durch § 642 nicht erfasst (*Sienz* BauR 2019, 362; aA KG BauR 2019, 823). 4

III. Rechtsfolgen. Der Unternehmer kann eine **angemessene Entschädigung** verlangen. Entschädigt werden sollte ursprüngl der Zeitverlust (vgl Prot II 329). Nach der Rspr ist Entschädigung für die Wartezeiten des Unternehmers zu zahlen. Sie ist eine Kompensation für die Bereithaltung von Personal, Geräten und Kapital. Es handelt sich nicht um Schadensersatz. Ein vollständiger Ausgleich aller durch die Störung entstehender Nachteile ist nicht beabsichtigt. Ein Entschädigungsanspruch besteht nur für die Dauer des Annahmeverzugs. Dessen Auswirkungen auf den Bauablauf (zB höhere Löhne bei Verschiebung der Arbeiten durch Annahmeverzug) spielen für die Berechnung der Entschädigung keine Rolle. § 642 knüpft für die Höhe der Entschädigung an die vereinbarte Vergütung an. Neben den Kosten für die brachliegenden Produktionsmittel (zB Personalkosten, Miete für Baugeräte etc) sind daher auch Wagnis und Gewinn und Allgemeine Geschäftskosten bei der Bemessung der Entschädigung zu berücksichtigen. Nicht entschädigungsfähig ist aber entgangener Gewinn des Unternehmers, den er ohne Annahmeverzug mit einem anderen Vertrag erzielt hätte (BGH MDR 2018, 85). Die Entschädigung ist danach zu bemessen, welche Anteile der vereinbarten Vergütung einschließlich Wagnis, Gewinn und allg Geschäftskosten auf die während des Annahmeverzugs unproduktiv bereitgehaltenen Produktionsmittel entfallen (BGH MDR 2020, 557). – Ersparnis von Aufwendungen, Erwerb durch anderweitige Verwendung der Arbeitskraft muss sich der Unternehmer entgegenhalten lassen. Wenn und soweit der Unternehmer die infolge des Annahmeverzugs „frei" werdenden Produktionsmittel anderweitig einsetzt, besteht von vornherein kein Anspruch gem § 642. Einer Darstellung des geplanten und des tatsächlichen Bauablaufs bedarf es nur insoweit, als darzulegen ist, ob Produktionsmittel nicht eingesetzt werden konnten (KG MDR 2017, 392). Schätzung ist zulässig. Auch kommt die Bemessung nach einer im Leistungsverzeichnis vorgesehenen Position für die Vorhaltung in Betracht (KG BauR 2020, 1783). Auf den Anspruch kann der Unternehmer Umsatzsteuer verlangen (BGH MDR 2008, 499). 5

IV. Verjährung. Verjährung des Anspruchs gem § 195. Die Frist beginnt unabhängig von der Abnahme mit der Entstehung des Anspruchs (str, s hierzu § 650g IV). 6

V. Konkurrenzen. Aus dem besonderen und beschränkten Zweck des Anspruchs aus § 642, den Unternehmer für zunächst erfolglose Dispositionen über den Einsatz von Arbeitskraft, -zeit und Material zu entschädigen, folgt, dass daneben weitere Rechte geltend gemacht werden können. Im Einz gilt Folgendes: 7

– Der Unternehmer hat bei Obliegenheiten keinen einklagbaren Anspruch auf Mitwirkung des Bestellers; er kann also die Mitwirkung nicht durch eine „Selbstvornahme" ersetzen. Möglich ist ein Anspruch aus GoA, wenn der Unternehmer Mitwirkungshandlungen ersetzt. 8

- Endet der Annahmeverzug und stellt der Unternehmer das Werk fertig, hat er Anspruch auf vollen Werklohn und erhält für die Dauer des Annahmeverzugs Entschädigung. Die Entschädigung ist nicht auf den Werklohn anzurechnen.
- Ersatz von Mehraufwendungen kann gem § 304 beansprucht werden. Bsp: Einlagerung von Baustoffen oder Bauteilen für die Dauer des Annahmeverzugs.
- Schadensersatzansprüche wegen schuldhaft verzögerter oder unterbliebener Mitwirkung ergeben sich aus § 286 I und § 280 I. Sie setzen voraus, dass die Mitwirkungshandlung nicht nur Obliegenheit, sondern Pflicht des Bestellers ist. Nur wenn die Verletzung einer Obliegenheit zum endgültigen Scheitern des Vertrags führt, kommt ein Schadensersatzanspruch des Unternehmers in Betracht (BGH VersR 1960, 693). Mit dem Schadensersatzanspruch kann der Unternehmer eine vollständige Kompensation der Störung erreichen. Anders als nach § 642 sind also auch die Folgen nach Beendigung des Annahmeverzugs in die Berechnung des Schadens einzubeziehen.

§ 643 Kündigung bei unterlassener Mitwirkung

Der Unternehmer ist im Falle des § 642 berechtigt, dem Besteller zur Nachholung der Handlung eine angemessene Frist mit der Erklärung zu bestimmen, dass er den Vertrag kündige, wenn die Handlung nicht bis zum Ablauf der Frist vorgenommen werde. Der Vertrag gilt als aufgehoben, wenn nicht die Nachholung bis zum Ablauf der Frist erfolgt.

1 **I. Allgemeines.** Die Vorschrift trägt dem Umstand Rechnung, dass der Unternehmer zwar durch § 642 für die Bereitstellung seiner Arbeitskraft entschädigt wird, aber weiterhin leistungspflichtig bleibt und sich daher zur Leistung bereithalten muss (vgl Prot II 329). Da der Fortbestand der Verpflichtung ohne zeitl Begrenzung unzumutbar wäre, gibt § 643 dem Unternehmer die Möglichkeit, durch **Kündigung** den Vertrag zu beenden und damit die Dispositionsfreiheit über seine Arbeitskraft wiederzugewinnen. Wegen der Schwere des Eingriffs und weil der Werkvertrag regelmäßig nicht zeitbestimmt ist, erhält der Besteller während einer Nachfrist Gelegenheit, die versäumte Mitwirkung nachzuholen. Nach **§ 9 I VOB/B** besteht ein Kündigungsrecht des Auftragnehmers für den Fall des Annahmeverzugs. Sie setzt voraus, dass eine Frist zur Mitwirkung gesetzt und die Kündigung angedroht wird. Anders als bei § 643 bedarf es danach noch der schriftlichen Erklärung der Kündigung. **§ 6 VII VOB/B** räumt dem Auftraggeber ein Kündigungsrecht ein, wenn eine Unterbrechung länger als drei Monate dauert (nach KG BauR 2017, 1204 wirksam bei Verwendung durch AG).

2 **II. Voraussetzungen der Kündigung gem § 643. 1. Annahmeverzug.** Die Voraussetzungen des § 642 I müssen gegeben sein („im Falle des § 642"), der Besteller muss also die für die Herstellung des Werks erforderliche **Mitwirkungshandlung** unterlassen haben und dadurch in **Annahmeverzug** geraten sein (dazu § 642 Rn 3, 4).

3 **2. Fristsetzung.** Der Unternehmer muss dem Besteller eine angemessene Frist zur Nachholung der Handlung setzen und außerdem erklären, er kündige den Vertrag für den Fall, dass die Handlung nicht bis zum Fristablauf vorgenommen wird. Nach ergebnislosem Ablauf der Frist bedarf es keiner weiteren Erklärung. Für die mit dem Kündigungsrecht verbundene **Fristsetzung** mit **Sanktionsandrohung** muss die Frist angemessen sein. Darunter versteht die ganz hM, dass in ihren Grenzen die **Nachholung** der Mitwirkung überhaupt möglich ist, und zwar unter Berücksichtigung der subj Verhältnisse des Bestellers. Die Kündigung ist danach ggf über Jahre nicht möglich (zB Brand eines Rohbaus vor Ausführung der Fliesenarbeiten). Für die Fristsetzung sollte es deshalb darauf ankommen, welches Zuwarten dem Unternehmer zumutbar ist. Die Fristsetzung und damit die Kündigung können vor Fristablauf zurückgenommen werden (str.). Sie ist – ebenso wie bei § 634 II – entbehrlich, wenn die Mitwirkung nach Eintritt des Annahmeverzugs unmöglich geworden ist (RGZ 94, 29). Über Unmöglichkeit vor Eintritt des Annahmeverzugs vgl § 642 Rn 4. – Aus der mit der Fristsetzung verbundenen Erklärung muss unzweifelhaft zu entnehmen sein, dass **Vertragsbeendigung** und nicht etwa Mahnung beabsichtigt ist. Eine ordnungsgemäße Androhung der Kündigung gem § 643 S 1 liegt nicht vor, wenn durch den Unternehmer lediglich allg auf die Regelungen der §§ 642, 643 und die sich daraus ergebenden Rechtsfolgen hingewiesen, zugleich jedoch ausdrückl klargestellt wird, dass weiterhin Interesse an der Erfüllung des Vertrags bestehe, und als weitere Alternative eine einvernehmliche Vertragsaufhebung ins Spiel gebracht wird (Brandenburg BauR 2010, 1638). – Die Fristsetzung mit Kündigungsandrohung gem S 1 kann nur durch einen bevollmächtigten Vertreter wirksam erfolgen. Eine nach Fristablauf erteilte Genehmigung der Erklärung eines vollmachtlosen Vertreters ist wirkungslos (BGH MDR 2003, 263). Zweifelhaft ist, ob § 650h auf die Fristsetzung Anwendung findet.

4 **III. Rechtsfolgen.** Der Vertrag ist kraft Gesetzes (S 2) mit Wirkung für die Zukunft aufgehoben. – Der Unternehmer hat Ansprüche gem § 642 auf Entschädigung für die Vertragszeit bis zur Kündigung und gem § 645 I 2 auf Teilvergütung nebst Auslagenersatz für die bereits geleistete Arbeit. Kündigt der Unternehmer, weil der Besteller bei der Mängelbeseitigung nicht mitwirkt, sind die einfachen Mangelbeseitigungskosten von dem Werklohnanspruch des Unternehmers abzuziehen (München IBR 2016, 142).

5 **IV. Verhältnis des § 643 zu anderen Rechtsbehelfen.** Die Vorschrift schließt als Sonderregelung in ihrem Anwendungsbereich andere Vertragsauflösungsrechte des Unternehmers aus. Gefährdet oder stört der Besteller dagegen in anderer Weise als durch unterlassene Mitwirkung schuldhaft und schwerwiegend den Vertragszweck, zB dadurch, dass er sich unberechtigt vom Vertrag lossagt (BGH NJW 1996, 3270), ist der Unternehmer befugt, den Vertrag durch Kündigung zu beenden (§ 648a). Die Nachfristsetzung ist ähnl wie in anderen Fällen einer

Nachfristsetzung entbehrlich, wenn vertragsgemäßes Verhalten des Bestellers nicht zu erwarten oder dem Unternehmer aus anderen Gründen die Fortsetzung des Vertrags nicht zuzumuten ist (vgl Köln NJW 1993, 73).

§ 644 Gefahrtragung

(1) Der Unternehmer trägt die Gefahr bis zur Abnahme des Werkes. Kommt der Besteller in Verzug der Annahme, so geht die Gefahr auf ihn über. Für den zufälligen Untergang und eine zufällige Verschlechterung des von dem Besteller gelieferten Stoffes ist der Unternehmer nicht verantwortlich.

(2) Versendet der Unternehmer das Werk auf Verlangen des Bestellers nach einem anderen Ort als dem Erfüllungsort, so finden die für den Kauf geltenden Vorschriften des § 447 entsprechende Anwendung.

I. Allgemeines. §§ 644, 645 treffen Regelungen über die **Gefahrtragung** und den **Gefahrübergang**, die von den allg Regeln abweichen, zT aber auch nur diese bestätigen. § 644 weist die Vergütungsgefahr dem Unternehmer bis zur Abnahme zu. § 645 regelt Ausnahmen, in denen die Vergütungsgefahr den Besteller vor Abnahme trifft. Aus der Verwendung des Begriffs „Gefahr" ergibt sich nach allg zivilrechtl Sprachregelung, dass nur beiderseits nicht zu vertretende (zufällige) Störungen der Vertragsabwicklung gemeint sind. Bei Unmöglichwerden, das von einem Vertragspartner oder von beiden zu vertreten ist, gelten, wie sich auch aus § 645 II ergibt, die allg Vorschriften der §§ 280ff, 324ff. 1

II. Vergütungsgefahr. Bei zufälligem Werkuntergang (oder -beschädigung) **bis zur Abnahme** bleibt der Unternehmer zur Herstellung des Werks verpflichtet, er trägt die **Leistungsgefahr.** Er erhält wegen der ihm durch § 644 auferlegten **Vergütungsgefahr** keine Vergütung für die bis dahin erbrachten Leistungen (Bsp in BGH NJW 1981, 319). Bei Unmöglichkeit der Herstellung erhält der Unternehmer daher ebenso keine Vergütung, auch wenn die Unmöglichkeit nur Restleistungen betrifft (BGH NJW 1982, 1458). Ausnahme bei Teilbarkeit der Leistung, dann gilt § 326 I 1 Hs 2 iVm § 441 III, es sei denn, die Teilleistung ist für den Besteller nicht von Interesse (entspr § 323 V 2). 2

Ist der zufällige Untergang (oder Beschädigung) durch einen zweiten Unternehmer verschuldet, gilt für dessen Haftung ggü dem geschädigten ersten Unternehmer Folgendes (vgl BGH NJW 1970, 38): keine vertragl Haftung des zweiten Unternehmers ggü dem ersten Unternehmer, da allein durch Beteiligung mehrerer Unternehmer an einem (Bau-)Werk und die damit verbundene Notwendigkeit der Koordination noch kein Vertragsverhältnis begründet wird; regelmäßig keine deliktische Haftung wegen Eigentumsverletzung, da Verlust des Eigentums durch Verbindung (§ 946), Eigentümer also der Bauherr ist; zT stellt hier die Rspr aber auf die Besitzbeeinträchtigung ab (BGH NJW 1984, 2569); im Wege der Drittschadensliquidation (Fallgruppe der obligatorischen Gefahrentlastung) kann der Bauherr den zweiten Unternehmer in Anspruch nehmen und den Schaden des ersten Unternehmers geltend machen (München NJW 2011, 3375). Diesen Anspruch kann er an den ersten Unternehmer abtreten. 3

Erteilt der Besteller dem Unternehmer einen Reparaturauftrag, obwohl der Unternehmer die Gefahr gem § 644 trägt, kann gleichwohl eine Vergütungspflicht bestehen. Zwar sind ohnehin geschuldete Leistungen auch im Falle eines gesonderten Auftrags idR nicht gesondert zu vergüten (BGH BauR 2005, 1317). Aus den Umständen kann sich aber ergeben, dass der Besteller unabhängig von der Gefahrtragung einen Auftrag erteilen will, zB weil er einen Dritten als verantwortlich erachtet (BGH MDR 2012, 578). 3a

Bei zufälligem Werkuntergang (oder -beschädigung) **nach Abnahme** ist der Besteller zur Leistung der vollen Vergütung verpflichtet. Der Unternehmer muss keine weitere Leistung ausführen. 3b

III. Ausnahmen von der Regel des Abs I. Fehlt dem Werk die Abnahmefähigkeit, geht die Vergütungsgefahr mit der **Vollendung** des Werks über (§ 646). Eine weitere Vorverlegung der Gefahrtragung enthält **Abs I S 2:** Schon vor Abnahme muss der Besteller die Gefahr tragen, wenn er mit der Abnahme des vertragsgemäß hergestellten Werks in Verzug gerät. Der Annahmeverzug bei der Herstellung des Werks gem § 642 führt nicht zum Gefahrübergang Ebenfalls schon vor der Abnahme lässt **Abs II** die Vergütungsgefahr – wie beim Kauf (§ 447) – bereits dann auf den Besteller übergehen, wenn der Unternehmer das (vertragsmäßig hergestellte) Werk auf Verlangen des Bestellers an einen anderen Ort als an den Erfüllungsort **versendet.** Das gilt auch dann, wenn der Besteller ein Verbraucher ist; § 475 II ist beim Werkvertrag nicht anwendbar – Die Beweislast für die Vertragsmäßigkeit des Werks bei Versendung trägt der Unternehmer. Ausnahmsw entscheidet die Abnahme auch dann nicht über den Gefahrübergang, wenn **Materialien** oder Instruktionen **des Bestellers fehlerhaft** waren oder wenn der **Besteller** der sich aus anderen Umständen ergebenden **Gefahr näher stand** als der Unternehmer (**§ 645** in direkter oder analoger Anwendung; dazu § 645 Rn 10). 4

IV. Gefahrtragung für Stoffe. Bei der **Sachgefahr** geht es um die Frage, wer die durch zufälligen Sachverlust eintretende Vermögenseinbuße zu tragen hat. Das ist im Regelfall der Eigentümer (casum sentit dominus). **Abs I S 3** enthält nicht mehr als eine Bestätigung dieser Regel, wenn er den Besteller dieses Risiko für die von ihm gelieferten Stoffe tragen lässt; der Unternehmer ist allerdings verpflichtet, die ihm vom Besteller übergebenen Gegenstände ordnungsgemäß zu verwahren (Frankfurt VersR 1982, 555). – Eine Pflicht zur **Versicherung** dieser Stoffe trifft den Unternehmer nach einer früher begründeten Meinung nicht. Der Ansicht ist angesichts der heute weithin üblichen und zumutbaren Inanspruchnahme von Versicherungsschutz mindestens bei wertvollen Sachen (zB Reparatur von Pelzen, Schmuck) und bei gewerblicher Beförderung nicht mehr zu folgen; bei Branchenüblichkeit hat der Unternehmer den Kunden auf fehlenden Versicherungsschutz hinzuweisen (BGH MDR 5

2016, 814). – Ist str, ob der Untergang zufällig oder vom Unternehmer verschuldet ist, hat dieser sich zu entlasten.

6 **V. Leistungsgefahr.** Keine ausdrückl Regelung enthält § 644 über die **Leistungsgefahr**, also über die Frage, ob der Unternehmer bei zufälligem Untergang (oder Beschädigung) begonnener Werkleistungen noch einmal leisten muss. Diese Gefahr ist dem Unternehmer durch §§ 631, 633 auferlegt, wonach er ohne Einschränkungen Herstellung eines mangelfreien Werks schuldet (vgl BGH MDR 1978, 131). Indem aber Abs I S 1 dem Unternehmer nach Werkabnahme die vereinbarte Vergütung zuspricht, wird damit konkludent die Verpflichtung zu nochmaliger Leistung verneint, so dass nach dieser Vorschrift die Leistungsgefahr für den Unternehmer mit der Abnahme endet (Konkretisierung).

§ 645 Verantwortlichkeit des Bestellers

(1) Ist das Werk vor der Abnahme infolge eines Mangels des von dem Besteller gelieferten Stoffes oder infolge einer von dem Besteller für die Ausführung erteilten Anweisung untergegangen, verschlechtert oder unausführbar geworden, ohne dass ein Umstand mitgewirkt hat, den der Unternehmer zu vertreten hat, so kann der Unternehmer einen der geleisteten Arbeit entsprechenden Teil der Vergütung und Ersatz der in der Vergütung nicht inbegriffenen Auslagen verlangen. Das Gleiche gilt, wenn der Vertrag in Gemäßheit des § 643 aufgehoben wird.

(2) Eine weitergehende Haftung des Bestellers wegen Verschuldens bleibt unberührt.

1 **I. Allgemeines.** Die Vorschrift enthält in erster Linie eine gegenständliche **Einschränkung** der in § 644 I 1 angeordneten **Gefahrtragung** durch den Unternehmer bis zur Abnahme (vgl § 644 Rn 2ff), indem sie „aus Billigkeitsrücksichten" (konkreter: wegen größerer Gefahrnähe des Bestellers) dem Unternehmer eine **Teilvergütung** zuspricht, wenn die mangelfreie Werkherstellung an fehlerhaften Stoffen oder Anweisungen des Bestellers scheitert. Schon zur Zeit ihrer Entstehung ist diese Ausnahmeregelung zugunsten des Unternehmers als nicht weit genug gefasst stark kritisiert worden. Daher besteht seit jeher die Tendenz zu extensiver Auslegung und analoger Anwendung der Vorschrift. Besonderes gilt für Mängelansprüche. Gehen Mängel auf Anweisungen des Bestellers oder von ihm gelieferte oder vorgesehene Stoffe zurück, ist der Unternehmer von der Mangelhaftung nur frei, wenn er seine Bedenkenhinweispflicht erfüllt hat. Wird die Bedenkenhinweispflicht verletzt und haftet daher der Unternehmer für Mängel, ist der Anwendungsbereich von § 645 nicht eröffnet. Schließlich regelt § 645 die Berechnung der Vergütung, wie sie auch für den Fall der Aufhebung des Vertrages gem § 643 gilt.

2 **II. Voraussetzungen des Abs I S 1. 1. Mangelhafter Stoff.** Unter **„Stoff"** sind nicht nur – wie nach dem Wortsinn anzunehmen wäre – die Materialien zu verstehen, die zur Werkherstellung verwendet werden, sondern alle Gegenstände, an denen oder mit deren Hilfe das Werk herzustellen ist, also zB auch Baugrund oder Gebäude, Baugerüste oder Werkzeuge, bei Beförderungsverträgen auch das Frachtgut usw (BGH JZ 1973, 368; München NJW-RR 1992, 348). – Die so verstandenen „Stoffe" sind **mangelhaft**, wenn sie im Rahmen der Herstellung des Werks zu einer Gefahr für dieses führen (Bsp: Besteller stellt für Brücke Betonfertigteil zur Verfügung, das nicht tragfähig ist). Maßgebend ist der Zeitpunkt der Lieferung. Bei später auftretenden Mängeln des Stoffes, deren Ursachen nicht vor der Lieferung liegen, gilt § 645 nicht, sondern die Regel des § 644 I 1; der Unternehmer erhält also keine Vergütung, ersatzpflichtig für die mangelhaften Stoffe ist er aber nicht (§ 644 I 3). – § 645 ist außerdem jedenfalls nicht unmittelbar anwendbar, wenn der Vertragsgegenstand (an sich als „Stoff" iSd § 645 zu verstehen) nicht fehlerhaft ist, sondern zufällig untergeht (kein „Mangel" des Stoffs); Schulbsp: zu bergendes Schiff bricht in Sturmflut auseinander; zu restaurierende Kirche brennt ab; zu reparierender Pkw wird gestohlen.

3 **2. Anweisung.** Anweisungen sind einseitige Anordnungen des Bestellers über die Ausführung des Werks. Bereits im Vertrag enthaltene Bestimmungen darüber gehören also nicht dazu (zur Abgrenzung BGH NJW 1982, 1458). An dieser Unterscheidung ist festzuhalten, weil der Unternehmer mit Vertragsschluss Risiko und Garantie des Leistungserfolgs übernimmt, während spätere einseitige Eingriffe des Bestellers diese Risikolage verändern. Allerdings meint § 645 nach seinem Zweck nicht jede Ausführungsanordnung, die die Beeinträchtigung des Werks iSd § 645 verursacht hat. Eine überzeugende generelle Abgrenzung ist indes bisher nicht gelungen. Ein überzeugender Ansatz findet sich in BGH MDR 1996, 1117. Dort nimmt der BGH eine Abstufung danach vor, ob der Besteller eine speziellere oder nur eine generelle Anordnung trifft. Je spezieller die Anordnung ist, desto weiter reicht die Freistellung des Auftragnehmers von seiner Gewährleistungspflicht. Sucht der Auftraggeber von einem Baustoff, etwa Steinen, eine bestimmte einzelne Partie selbst aus, so wird er für Mängel dieser konkreten Steine ebenso zu haften haben, als hätte er den Stoff seinerseits geliefert. Bestimmt der Auftraggeber dagegen nur generell, welcher Stoff verwendet werden soll, dann muss er lediglich auf dieser allgemeineren Ebene das Risiko für Mängel übernehmen. Er hat nur dafür einzustehen, dass der Stoff generell für den vorgesehenen Zweck geeignet ist. Das darüber hinausgehende Risiko bleibt beim Auftragnehmer. Dieser muss für einen trotz genereller Eignung des Stoffes im Einzelfall auftretenden Fehler weiterhin einstehen. Diese Einstandspflicht gehört zu den für den Werkvertrag typischen Risiken des Auftragnehmers. Die generelle, an sich geeignete Anordnung des Auftraggebers ist kein hinreichender Grund für die Verlagerung auch dieses Risikos. Die Gefahr des ausnahmsw fehlerhaften Baustoffes ist unabhängig davon, ob die Entscheidung für das an sich geeignete Material vom Auftragnehmer oder vom Auftraggeber getroffen worden ist.

3. Art/Umfang. Hins Art und Umfang der durch die Handlungen des Bestellers ausgelösten schädlichen Folgen für die Werkherstellung ergibt sich aus § 645 und seiner Entstehungsgeschichte (Mot II 501) keine Einschränkung. Es ist nicht entscheidend, ob das Werk schon begonnen, teilw oder völlig fertig gestellt ist, ob es teilgeschädigt oder völlig untergegangen, ob seine Herstellung unmöglich geworden oder nachholbar ist (vgl Staudinger/*Peters* Rn 19). 4

4. Mitwirkung. Bei **Mitwirkung** eines vom **Unternehmer** zu vertretenden Umstands verneint § 645 die Vergütungspflicht des Bestellers. Ein solcher Umstand ist vor allem dann anzunehmen, wenn der Unternehmer die gelieferten Stoffe und die Anweisungen des Bestellers nicht überprüft hat, obwohl er dazu verpflichtet war. Dabei ist die Bedenkenhinweispflicht zu beachten. Der Unternehmer muss die Leistungen eines Vorunternehmers, Planungen des Bestellers oder von ihm gelieferte Stoffe dahin prüfen, ob ihre Verwendung zu Mängeln des Werks führen würde. – Vgl zur Bedenkenhinweispflicht § 633 Rn 10. 5

III. Rechtsfolgen. 1. Vergütung. Trägt der Besteller gem § 645 die Gefahr, dann steht dem Unternehmer trotz Werkuntergangs oder -verschlechterung eine Vergütung zu, und zwar die **volle Vergütung**, falls das Werk **vollendet** war, oder eine **Teilvergütung**, falls es erst **teilw fertig gestellt** war. Deren Bemessung orientiert sich nach der Regelung in Abs I S 1 Hs 2 nicht am Wert des bereits hergestellten Arbeitsergebnisses, sondern – was für den Unternehmer meist günstiger ist – am Anteil der geleisteten Arbeit an der Gesamtvergütung. Nach BGH MDR 1999, 801 ist die Vergütung entspr den zu § 648 entwickelten Grundsätzen zu berechnen. 6

2. Auslagen. Neben der Teilvergütung sind die in ihr nicht enthaltenen **Auslagen** voll zu erstatten (Abs I S 1 aE; vgl BGH MDR 1998, 100). Darunter sind Aufwendungen für die Vorbereitung der Vertragsdurchführung zu verstehen, also zB Kosten für erworbene Materialien, Transporte sowie für die Beschaffung und Benutzung von Maschinen und Geräten, nicht dagegen Aufwendungen, die durch das Schadensereignis notwendig geworden sind. 6a

3. Konkurrenzen. Nach der nur klarstellenden Vorschrift des **Abs II** ist eine **schärfere Haftung** des Bestellers bei Verschulden nicht ausgeschlossen. In Betracht kommen Ansprüche auf die volle Vergütung bei verschuldeter Unmöglichkeit (§ 326 II) und auf Schadensersatz nach § 280 I (BGH NJW-RR 2005, 669). 7

IV. Anwendung bei Kündigung. Nur auf die Rechtsfolgen des Abs I S 1 (vgl Rn 6) bezieht sich **Abs I S 2:** Sie gelten auch für den Fall der Kündigung des Werkvertrags durch den Unternehmer wegen verzögerter Mitwirkung des Bestellers bei der Werkherstellung (§§ 642, 643). 8

V. Beweislast. Die Beweislast für die Voraussetzungen des § 645 trägt der Unternehmer, das gilt auch, wenn str ist, ob ein Umstand mitgewirkt hat, den der Unternehmer zu vertreten hat (MüKo/*Busche* Rn 11). 9

VI. Analoge Anwendung. Die analoge Anwendung des Abs I S 1 ist nach einer vom BGH als Grundsatz bezeichneten Auffassung dann geboten, wenn die Leistung des Unternehmers aus Umständen untergeht oder unmöglich wird, die in der Person des Bestellers liegen oder auf Handlungen des Bestellers zurückgehen, auch wenn es insoweit an einem Verschulden des Bestellers fehlt (BGH NJW 1998, 456). Da der BGH andererseits aber ausdrückl offenlässt, ob der Unternehmer in allen Fällen eines Untergangs des Werks im Bereich („Sphäre") des Bestellers von der Gefahrtragung (teilw) zu entlasten ist (BGH NJW 1981, 391), ist die zitierte Formel wohl nicht mehr als eine RL, die letztlich stark von Billigkeitserwägungen beeinflusst ist, so dass ihre Anwendung unsicher bleibt. Es ist allerdings nicht anzunehmen, dass der Besteller noch weitere Risiken als die im Folgenden beschriebenen zu tragen hat. Höhere Gewalt gehört mit Sicherheit nicht zu ihnen; für sie gilt § 644. 10

Rspr und Lit haben in folgenden Fällen die **analoge Anwendung des Abs I S 1** befürwortet: **(1)** Bei **Gefährdung des Werks** durch eine nicht gebotene Handlung des Bestellers (BGHZ 40, 71: Abbrennen einer noch nicht übergebenen Scheune, in die schon Heu eingebracht war; Köln OLG 1975, 323: Veranlassen feuergefährlicher Schweißarbeiten in Altbau; ferner BGH NJW 1997, 3018; 1998, 456: Verantwortlichkeit für die teilw Beseitigung des Hochwasserschutzes, so dass das Schadensrisiko begründet wurde). **(2)** Bei **Wegfall des Leistungsobjekts** vor Übergang in die Sphäre des Unternehmers. Dazu gehören auch zufällige Leistungshindernisse, die in der Person des Bestellers begründet sind (BGH JZ 1973, 368: Unausführbarkeit der Reise wegen nach Vertragsschluss verschärfter Gesundheitsbestimmungen) oder die jedenfalls dem Besteller eher zuzurechnen sind als dem Unternehmer (BGH NJW 1982, 1458: Vertragserfüllung im Ausland unterbleibt wegen dortiger politischer Unruhen; Besteller war gegen dieses Vertragsrisiko abgesichert). **(3)** Bei **zufälliger Zweckerreichung**; Bsp: festliegendes Schiff kommt vor Eintreffen des Schleppers frei, Patient gesundet ohne die vorgesehene Operation. – Schließen die Parteien eines Werkvertrags einen Aufhebungsvertrag, nachdem die Werkleistung unmöglich geworden ist, bestimmt sich die Vergütung des Unternehmers nicht nach § 649. Beruht die Unmöglichkeit auf einem von dem Besteller gelieferten Stoff, richtet sich die Vergütung nach § 645 (BGH MDR 2005, 706). 11

VII. Sphärentheorie. Eine im Schrifttum vertretene Auffassung will die Vergütungsgefahr beim Werkvertrag allg nach Risikobereichen (Sphären) verteilen und sie den Besteller tragen lassen, wenn das zufällige Ereignis, das die Werkherstellung scheitern lässt, zu seiner Sphäre gehört (**Sphärentheorie**; allg dazu *Erman* JZ 1965, 67). Die Meinung ist bereits während der Vorarbeiten zum BGB vorgebracht, aber – vorwiegend wegen der zu unbestimmten und damit unpraktikablen Gefahrabgrenzung – von der zweiten Kommission ausdrückl abgelehnt worden (Prot 2248ff); stattdessen ist der detaillierten Regelung der §§ 644f der Vorzug gegeben worden. Eine Gesetzeslücke besteht demnach nicht. Nicht ausgeschlossen ist damit die analoge Anwendung des § 645 auf rechtsähnl Fälle vor allem durch Anknüpfung an den seit jeher in weiter Auslegung verstandenen „Stoff" des Bestellers (Rn 11 unter (2) und (3)). 12

§ 646 Vollendung statt Abnahme

Ist nach der Beschaffenheit des Werkes die Abnahme ausgeschlossen, so tritt in den Fällen des § 634a Abs. 2 und der §§ 641, 644 und 645 an die Stelle der Abnahme die Vollendung des Werkes.

1 **I. Allgemeines.** Für den Fall der **Abnahmeunfähigkeit** bestimmt das Gesetz ein anderes Kriterium, von dessen Eintritt die sonst mit der Abnahme verbundenen Wirkungen abhängen. Nach § 646 entscheidet die **Vollendung** des Werks über den Beginn der Verjährung für die Mängelgewährleistung (§ 634a II), über die Fälligkeit der Vergütung (§ 641), über den Gefahrübergang (§§ 644f). – Da die in der Abnahme enthaltene Billigungserklärung entfällt, ist bei abnahmeunfähigen Werken die Wirkung des § 640 II ausgeschlossen. Verzicht auf Mängelrechte ist daher nicht allein schon wegen vorbehaltloser Entgegennahme des vollendeten Werks in Kenntnis von Mängeln anzunehmen, kann aber nach allg Regeln durch schlüssiges Verhalten (Benutzung, Veräußerung des Werks usw) erklärt werden.

2 **II. Beispiele.** Die Anwendung von § 646 kommt in Betracht für unkörperliche Leistungen, die nicht von der Billigung des Bestellers abhängen. Bsp sind Konzert- oder Theateraufführungen, das Verteilen von Werbung in Briefkästen (KG NJW-RR 2007, 998) oder Beförderungsleistungen (BGH NJW-RR 1989, 160). Das bedeutet nicht, dass geistige Leistungen generell nicht abzunehmen seien. Leistungen aufgrund eines Architekten- und Ingenieurvertrags sind abzunehmen (BGH NJW 2000, 133).

3 **III. Sonstiges. Vollendung** bedeutet (nur) die **vollständige Herstellung** des Werks, selbst wenn der bedeutendste Teil bereits zu einem früheren Zeitpunkt fertig gestellt gewesen ist (BGH NJW 1994, 1276); es kommt nicht darauf an, dass es mangelfrei ist und die zugesicherten Eigenschaften besitzt. – Gem § 242 kann der Unternehmer verpflichtet sein, den (abwesenden) Besteller über die Vollendung zu **informieren**, um ihm Gelegenheit zu geben, das Werk zu schützen oder zu verwerten. Durch Verletzung dieser vertragl Nebenpflicht wird zwar nicht die Vollendung gehindert, wohl aber kann der Unternehmer nach § 280 schadensersatzpflichtig werden (§ 631 Rn 17).

§ 647 Unternehmerpfandrecht

Der Unternehmer hat für seine Forderungen aus dem Vertrag ein Pfandrecht an den von ihm hergestellten oder ausgebesserten beweglichen Sachen des Bestellers, wenn sie bei der Herstellung oder zum Zwecke der Ausbesserung in seinen Besitz gelangt sind.

1 **I. Allgemeines.** Die Vorschrift bezweckt die Sicherung der werkvertragl Forderungen des Unternehmers und bietet einen gewissen Ausgleich für dessen Vorfinanzierungspflicht (§ 640). Der Wortlaut dieser, ein gesetzl Pfandrecht begründenden Vorschrift ist durch das SchuldRModG nicht geändert worden. Er berücksichtigt nicht, dass Verträge über die Herstellung beweglicher Sachen dem Kaufrecht unterliegen (§ 650 S 1), so dass ein Pfandrecht nicht besteht. Dies gilt auch für neu herzustellende unvertretbare Sachen, weil § 647 bei den auch auf Kaufverträge anzuwendenden werkvertragl Vorschriften nicht erfasst ist (§ 650 S 3). Der Anwendungsbereich der Vorschrift beschränkt sich daher auf Reparaturverträge, die – gleich, ob sie bewegliche oder unbewegliche Sachen zum Gegenstand haben – weiterhin unbeschränkt dem Werkvertragsrecht unterliegen (BT-Drs 14/6040, 268). Eine analoge Anwendung der Norm auf dem Kaufrecht unterfallende Verträge über die Herstellung beweglicher Sachen erscheint nicht ausgeschlossen. Rspr dazu liegt jedoch nicht vor.

1a In der Insolvenz des Bestellers verschafft das Pfandrecht dem Unternehmer das Recht auf abgesonderte Befriedigung gem § 50 I InsO. Bei Verwertung der durch das Pfandrecht belasteten Sache durch den Insolvenzverwalter ist der Absonderungsberechtigte vorab zu befriedigen (§ 170 I 2 InsO).

2 **II. Voraussetzungen des Pfandrechts. 1. Gesicherte Forderungen.** Durch das Pfandrecht **gesichert sind sämtliche Forderungen** des Unternehmers, die durch den **Werkvertrag** – und sei es auch nicht unmittelbar, sondern infolge weiterer Umstände – begründet sind: Ansprüche auf volle Vergütung (§§ 631, 632, 648), auf Teilvergütung (§ 645), auf Entschädigung wegen verzögerter Mitwirkung des Bestellers (§ 642), auf Schadensersatz wegen Verzugs (bei der Zahlung oder Abnahme oder wegen verweigerter Mitwirkung bei der Abnahme oder bei Verletzung vertragl Nebenpflichten, nach hM auch auf Ersatz von Prozesskosten vgl §§ 1257, 1210 II). – **Nicht gesichert** sind außervertragl Ansprüche.

3 **2. Voraussetzungen. Belastungsobjekt** sind die vom Unternehmer ausgebesserten **beweglichen Sachen** des Bestellers. Bestandteile von Grundstücken sind nicht bewegliche Sachen, wobei es nicht darauf ankommt, ob es sich um wesentliche (§ 93) oder unwesentliche Bestandteile handelt (RGZ 158, 362). Die Beschränkung des Pfandrechts auf bewegliche Sachen erklärt sich daraus, dass sich in ihnen die Werkleistung des Unternehmers verkörpert und der Unternehmer durch ihre Verwertung den Wert seiner Werkleistung realisiert.

3a **a)** Gemeint ist nicht nur die Ausbesserung, sondern auch die Verbesserung und jede sonstige Veränderung der bearbeiteten Sachen. **b)** Zu den beweglichen Sachen gehören auch die **unpfändbaren Sachen**, anders als bei § 562; nicht dagegen eingetragene Schiffe, § 647a S 3, für nicht eingetragene Schiffe gilt hingegen § 647). **c)** Der Belastung unterliegen solche Sachen, deren Veränderung Inhalt des Werkvertrags ist, also zB nicht Werkzeuge oder (noch) nicht verarbeitete Stoffe des Bestellers, ferner Sachen, die kraft Gesetzes von der Belastung erfasst werden, wie der Kfz-Brief des zu reparierenden Kfz analog § 952 (Köln MDR 1977, 51). **d)** Die Sachen müssen nach dem Wortsinn des § 647 im **Eigentum des Bestellers** stehen. Subunternehmer des Unternehmers können daher idR kein Pfandrecht erwerben, weil die Sache nicht im Eigentum des Hauptunternehmers steht.

e) Bei der **Ausbesserung** (oder sonstigen Veränderung) ist str, ob das Pfandrecht des § 647 auch an Sachen Dritter, die dem Unternehmer vom Besteller übergeben worden sind, entstehen kann. Hier sind die folgenden Fragenbereiche zu unterscheiden: **aa)** Hat der Besteller die Sache vor ihrer Reparatur unter Eigentumsvorbehalt gekauft und damit eine **Eigentumsanwartschaft** erworben, so erwirbt der Unternehmer ein Pfandrecht nach § 647 an dieser (eigentumsähnl) Anwartschaft (und zwar ohne Rücksicht auf seinen guten Glauben, da der Besteller insoweit Berechtigter ist), das mit vollständiger Zahlung des Kaufpreises zum Pfandrecht am Volleigentum, also an der Sache selbst erstarkt (§ 1287 analog). Das Pfandrecht an der Anwartschaft bietet dem Unternehmer allerdings gerade in den praktisch bedeutsamen Fällen wirtschaftl Schwäche des Bestellers keine (oder bei Ablösungsmöglichkeit nur eine geringe) Sicherung, da es vom Bestand der Anwartschaft abhängig ist und diese untergeht, wenn der Verkäufer zurücktritt und die Sache vom Käufer/Besteller herausverlangt. 4

bb) Bei unter Eigentumsvorbehalt gekauften (ebenso bei gemieteten/entliehenen) Sachen kommt es häufig vor, dass der Eigentümer sich mit Reparaturen durch den Käufer (Mieter, Entleiher) einverstanden erklärt oder ihn sogar dazu verpflichtet. Damit stimmt er der (verfügungsähnl) Übergabe der Sache zwecks Reparatur an den Unternehmer zu, so dass dessen Pfandrecht analog §§ 183, 185 durch **Einwilligung** des Eigentümers begründet wird – ebenfalls unabhängig von der Gutgläubigkeit des Unternehmers (BGHZ 34, 125 „im Allg"). Diese Lösung ist auch wegen des begrenzten Umfangs der Einwilligung der Auffassung, die den Gutglaubenserwerb bejaht (s Rn 5), überlegen. Die Einwilligung deckt, was sachgerecht ist, nur die Kosten aus Reparaturen, nicht aus Verbesserungen usw, eine Einschränkung, die beim gutgläubigen Erwerb des Pfandrechts nicht zu begründen ist. – Ob allerdings in der Besitzüberlassung eines Pkw, zumindest in der langfristigen, regelmäßig das Einverständnis des Eigentümers zur Reparatur zum Ausdruck kommt, ist zweifelhaft. Bei einem Werkvertrag ist der Besteller, der nach erfolgter Reparatur seines Kraftfahrzeugs eine Probefahrt vornimmt, nicht Besitzdiener des Werkunternehmers. Jedenfalls dann, wenn eine zur Vorbereitung der Abnahme eines reparierten Kraftfahrzeugs durchgeführte Probefahrt des Bestellers in Anwesenheit des Werkunternehmers oder dessen Besitzdieners stattfindet, erlangt der Besteller keinen unmittelbaren Besitz an dem Fahrzeug. Vielmehr bleibt der Werkunternehmer unmittelbarer Besitzer; sein Besitz wird lediglich gelockert (BGH MDR 2017, 700). 4a

cc) Kontrovers wird schließlich die Frage beurteilt, ob das Pfandrecht des § 647 an bestellerfremden Sachen kraft **gutgläubigen Erwerbs** durch den Unternehmer entstehen kann (§§ 1257, 1207 analog). Sie wird teilw mit dem Hinweis auf die gutgläubigem Erwerb zugänglichen gesetzl Pfandrechte des § 366 III HGB sowie auf das wirtschaftl Schutzbedürfnis der Reparaturwerkstätten **bejaht** (Überblick über den Meinungsstand in § 1257 Rn 7). Die die Zulässigkeit des gutgläubigen Erwerbs **verneinende** Gegenmeinung, die auch von der Rspr (BGH NJW 1988, 255 mwN) vertreten wird und vorzuziehen ist, stützt sich auf den Wortlaut des § 1257 („kraft Gesetz entstandenes Pfandrecht"), ferner auf die Gesetzesmaterialien (Mot II 494, 432, 405: „Ein Bedürfnis zu dieser Ausdehnung des Grundsatzes ‚Hand wahre Hand' ist jedoch nicht anzuerkennen. Nach dem Entwurf findet er auf gesetzl Pfandrechte überhaupt keine Anwendung") sowie schließlich auf die Erwägung, dass § 994 eine bessere Lösung als die analoge Anwendung des § 1207 biete. – Vor allem im praktisch wichtigen Fall der Kfz-Reparatur hat die Frage an Bedeutung verloren, weil in die AGB der Unternehmer zulässigerweise vielfach eine Verpfändung des zu bearbeitenden Kfz aufgenommen ist (vgl BGH NJW 1977, 1240), so dass § 1207 unmittelbar gilt. Ob andernfalls die Nichtvorlage des Kfz-Briefes die Gutgläubigkeit entspr § 932 II ausschließt, erscheint zweifelhaft. Anders als bei der Veräußerung eines Fahrzeugs wird der Eigentümer regelmäßig den Kfz-Brief nicht mit sich führen. 5

3. Notwendiger Besitz. Das Pfandrecht entsteht nur, wenn die Sachen in den **Besitz des Unternehmers** gelangt sind. Gemeint ist die tatsächliche Sachherrschaft iSd §§ 854ff. Danach ist Besitz regelmäßig zu verneinen, wenn Herstellung oder Ausbesserung im Hause oder auf dem Gelände des Bestellers erfolgt. 6

III. Verwertung. Die **Verwertung des Pfandrechts** geschieht nach den für das Vertragspfandrecht geltenden Vorschriften (§ 1257), also im Normalfall durch Privatverkauf im Wege öffentlicher Versteigerung (§§ 1228ff). 7

IV. Erlöschen. Erlöschen des Pfandrechts mit der Werklohnforderung, für die es besteht (§§ 1257, 1253), ferner bei freiwilliger Auslieferung der Sachen an den Besteller oder auf dessen Weisung an einen Dritten (§§ 1257, 1253; § 1257 Rn 7), nicht bei unfreiwilligem Besitzverlust. 8

V. Weitere Rechtsbehelfe des Unternehmers zur Sicherung seiner Ansprüche. 1. Einwendungen gegen Herausgabeanspruch des Bestellers. Ggü dem Besteller, der gem § 631 Werkübergabe verlangt, kann der Unternehmer wegen seiner Ansprüche die Einrede aus §§ 320ff geltend machen; die Vorleistungspflicht umfasst nicht die Pflicht zur Ablieferung vor Zahlung. Beruft sich der Besteller auf sein Eigentum, stehen seinem Anspruch aus § 985 Rechte des Unternehmers zum Besitz gem § 986 entgegen, und zwar aus dem Werkvertrag, der ein Besitzrecht des Unternehmers begründet, und wegen des Pfandrechts gem § 647. – Bei Werklohnforderungen aus ständiger Geschäftsverbindung kommt schließlich ein Zurückbehaltungsrecht gem § 273 I wegen Forderungen aus früheren Werkverträgen in Betracht. 9

2. Einwendungen gegen Herausgabeanspruch des Eigentümers. Verlangt bei **bestellerfremden** Sachen der **Eigentümer** Herausgabe nach § 985, kommt ein Zurückbehaltungsrecht des Unternehmers gem § 1000 wegen seiner Verwendungsersatzansprüche (§§ 994ff) in Betracht. Ist der Besteller seinerseits dem Eigentümer ggü etwa als Vorbehaltskäufer zum Besitz berechtigt, fehlt es so lange an der erforderlichen Vindikationslage zw Eigen- 10 tümer und Unternehmer (§ 986 I 1), bis das Besitzrecht des Bestellers/Käufers (etwa durch Rücktritt des Eigentümers/Verkäufers) endet. Nach BGHZ 34, 122 kann der Unternehmer aber auch Verwendungen aus der Zeit vor Beendigung des Besitzrechts ersetzt verlangen. – Das Zurückbehaltungsrecht des Unternehmers erlischt mit der Herausgabe der Sache an den Besteller und lebt nicht wieder auf, wenn er später wieder in den Besitz der Sache gelangt (BGHZ 51, 250).

11 Solange das Besitzrecht des Bestellers andauert, braucht der Unternehmer dem Eigentümer die Sache demnach nicht herauszugeben (§ 986 I 1). Wenn er aber die Sache versteigert, ist er gem § 812 (Eingriffskondiktion) zur Herausgabe des Erlöses verpflichtet, da er zwar zum Besitz, (mangels Pfandrechts) aber nicht zur Versteigerung berechtigt war.

§ 647a Sicherungshypothek des Inhabers einer Schiffswerft

Der Inhaber einer Schiffswerft kann für seine Forderungen aus dem Bau oder der Ausbesserung eines Schiffes die Einräumung einer Schiffshypothek an dem Schiffsbauwerk oder dem Schiff des Bestellers verlangen. Ist das Werk noch nicht vollendet, so kann er die Einräumung der Schiffshypothek für einen der geleisteten Arbeit entsprechenden Teil der Vergütung und für die in der Vergütung nicht inbegriffenen Auslagen verlangen. § 647 findet keine Anwendung.

1 Der bisherige § 648 I, der die Sicherungshypothek des Bauunternehmers regelt, ist als spezifisch bauvertragl Vorschrift in das Kap 2 „Bauvertrag“ verschoben worden (§ 650e). Die bisher in § 648 II getroffene Regelung über die Sicherungshypothek des Inhabers einer Schiffswerft gehört aus systematischen Gründen in das allg Werkvertragsrecht des Kap 1. Sie ist daher inhaltlich unverändert in § 647a übernommen worden. Zu ihrer Auslegung kann auf Rspr und Lit zu § 648 II aF zurückgegriffen werden. Erg wird auf die Komm zu § 650e verwiesen.

2 **Schiffe**, die im Schiffsregister eingetragen sind, sind den **Bauwerken**, nicht den beweglichen Sachen **gleichgestellt**: Der Inhaber einer Schiffswerft erhält wegen seiner werkvertragl Forderungen aus Bau oder Ausbesserung Anspruch auf Einräumung einer Schiffshypothek am Schiffsbauwerk oder Schiff des Bestellers, und zwar, wie bei Bauwerken, iHd jew Arbeitsfortschrittes. Zur Schiffshypothek vgl § 8 SchiffsRG. Damit ist nach der ausdrückl Bestimmung in S 3 das gesetzl Pfandrecht des § 647 an (eingetragenen) Schiffen ausgeschlossen; dieses kann aber an nicht eingetragenen Schiffen (also außerhalb des Geltungsbereichs des SchiffsRG) entstehen.

§ 648 Kündigungsrecht des Bestellers

Der Besteller kann bis zur Vollendung des Werkes jederzeit den Vertrag kündigen. Kündigt der Besteller, so ist der Unternehmer berechtigt, die vereinbarte Vergütung zu verlangen; er muss sich jedoch dasjenige anrechnen lassen, was er infolge der Aufhebung des Vertrags an Aufwendungen erspart oder durch anderweitige Verwendung seiner Arbeitskraft erwirbt oder zu erwerben böswillig unterlässt. Es wird vermutet, dass danach dem Unternehmer 5 vom Hundert der auf den noch nicht erbrachten Teil der Werkleistung entfallenden vereinbarten Vergütung zustehen.

1 **I. Allgemeines.** Die Vorschrift, die vor der Bauvertragsnovelle wortgleich § 649 bildete, hat durch das FoSiG v 23.10.2008 (BGBl I 2008, 2022) einen S 3 erhalten. Die S 1 und 2 sind seit Inkrafttreten des BGB unverändert geblieben. Das durch § 648 dem Besteller eingeräumte Recht zur **Kündigung ohne Grund** (sog **freie Kündigung**) ist nach den Vorstellungen der Redaktoren des BGB (Mot II 503) sachgerecht, weil allein der Besteller ein Interesse an der Ausführung des Werks hat, während andererseits der Unternehmer nicht benachteiligt ist, weil ihm der Anspruch auf die Gegenleistung verbleibt (vgl BGH MDR 1997, 139). Soweit die Vergütung gem S 2 nicht auf schon erbrachte Leistungsteile entfällt, ist sie keine Gegenleistung, sondern hat Entschädigungscharakter. Daher wird fingiert, dass der Unternehmer das Werk fertiggestellt und damit die Vergütung vollständig, wenn auch mit Abzügen, verdient hat. Auf diese Weise soll der Unternehmer „schadlos“ gestellt werden (Mot 503). Begrenzt wird der Anspruch durch die vereinbarte Vergütung (BGH MDR 2008, 259). Eine Vertragsdurchführungspflicht des Bestellers besteht regelmäßig nicht; sie setzt eine besondere Vereinbarung voraus (Soergel/*Buchwitz* Rn 2). – Zur Kündigung durch den Unternehmer vgl § 643.

2 **II. Voraussetzungen der Kündigung gem § 648. 1. Kündigungserklärung.** Außer einem wirksamen (auch aufschiebend bedingten; Kündigung auch in der Schwebephase möglich; vgl Brandenburg NJW-RR 1998, 1746) Werkvertrag ist die **Abgabe einer Kündigungserklärung** erforderlich, die an keine Form gebunden ist und dem Unternehmer zugehen muss (§§ 130ff). Die Erklärung kann nach allg Regeln auch stillschw erfolgen, muss aber erkennen lassen, dass das Vertragsverhältnis endgültig beendet sein soll. Die Kündigung eines Vertrags setzt eine einseitige empfangsbedürftige Willenserklärung voraus, durch welche der Besteller zum Ausdruck bringt, den Vertrag nicht weiter fortsetzen zu wollen. Für den Bauvertrag (§ 650a) schreibt § 650h für die Kündigung die Schriftform vor (gilt auch für die VOB/B, München BauR 2023, 238). – Die Wirksamkeit der Kündigung ist nicht von einer Fristsetzung oder von Bestand oder Angabe von Gründen abhängig. Bei einvernehmlicher Vertragsaufhebung ist die Vergütung gem § 648 zu bemessen, wenn die Parteien keine andere Regelung treffen (BGH MDR 2018, 734).

3 Auf Vertragsbeendigung zielende Erklärungen des Bestellers sind wegen der den Besteller belastenden Vergütungspflicht nicht ohne weiteres als Kündigungen gem § 648 auszulegen, wenn der Besteller sie mit vertrags-

widrigem Verhalten des Unternehmers begründet und damit zum Ausdruck gebracht hat, dass er den Vertrag ohne eigene Zahlungspflicht auflösen will. Eine Kündigung, die ausschließlich für den Fall erklärt wird, dass ein außerordentlicher Kündigungsgrund vorliegt, ist unwirksam, wenn ein solcher Grund nicht gegeben ist. Ob eine außerordentliche Kündigung eines Bauvertrags auch als freie Kündigung verstanden werden kann, richtet sich nach dem Inhalt der Kündigungserklärung. Im Regelfall ist die Kündigung eines Bauvertrags dahin zu verstehen, dass auch eine freie Kündigung gewollt ist. Will der Auftraggeber seine Kündigung nicht so verstanden wissen, muss sich das aus der Erklärung oder den Umständen ergeben (BGH MDR 2004, 90 m Anm *Schwenker* ZfIR 2003, 939). Für andere Werkvertragstypen ist diese Auslegung nicht ohne weiteres möglich (BGH NZBau 2001, 621: Entwicklung von individualisierter Software). – Die Kündigung ist möglich bis zur Vollendung des Werks, auch wenn nur noch behebbare Mängel zu beseitigen sind (Dresden NJW-RR 1998, 882). Möglich sind auch Teilkündigungen, vgl § 648a Rn 5.

Zur Kündigung des Architekten- und Ingenieurvertrags nach § 650r I s § 650r Rn 2a, 6. Für die Bemessung der Vergütung nach freier Kündigung vor Abschluss der Zielfindungsphase kommt es nur auf die Leistungen an, die bis zur Vorlage einer Planungsgrundlage mit Kosteneinschätzung zu erbringen gewesen wären (BGH MDR 2023, 226). 3a

2. Subsidiarität. Die freie Kündigung und die Kündigung aus wichtigem Grund sind verschiedene Gestaltungsrechte. Eine freie Kündigung ist nicht deshalb unwirksam, weil der Besteller den Vertrag aus wichtigem Grund hätte kündigen können (*Rodemann* FS Leupertz, 2021, 577, 580). Gleichwohl können die Ansprüche des Unternehmers auf die Folgen einer Kündigung aus wichtigem Grund beschränkt sein (dazu Rn 11). 4

III. Rechtsfolgen der Kündigung. 1. Reduzierung des Vertragsinhalts. Aufhebung des Vertrags mit Wirkung für die Zukunft, nicht auch für die Vergangenheit. Daraus folgt: Die bereits erfolgten Leistungen sind mit Rechtsgrund erbracht (BGH MDR 1994, 35). Der Unternehmer ist nicht verpflichtet, das Werk fertig zu stellen oder auch nur den Stoff zu liefern, weder verpflichtet noch berechtigt, das teilw hergestellte Werk zurückzunehmen, wohl aber verpflichtet und berechtigt, Mängel daran zu beseitigen (BGH MDR 2001, 385). – Der Besteller ist nicht verpflichtet, bei der Herstellung des Werks weiter mitzuwirken oder das trotz Kündigung vollendete Werk abzunehmen, aber berechtigt, das teilw hergestellte Werk (nicht die noch nicht in sein Eigentum übergegangenen Materialien) zu behalten. 5

2. Ermittlung der Vergütung. Anspruch des Unternehmers auf die vereinbarte Vergütung unter Abzug von ersparten Aufwendungen und anderweitigem tatsächlichen oder böswillig unterlassenem Erwerb (**S 2**). Bei der Berechnung dieses Anspruchs ist zw der bereits erbrachten Teilleistung und dem noch nicht erbrachten Teil zu unterscheiden (BGH MDR 1998, 100; NJW 1996, 3270). Erbrachte Leistungen sind nur solche, die sich im Zeitpunkt der Kündigung bereits im Bauwerk verkörpern. Vorbereitungshandlungen gehören nicht zu den erbrachten Leistungen (Köln NZBau 2021, 602). Für die Abrechnung sind die folgenden Grundsätze zu beachten: 6

a) Nach älterer Rspr brauchen bereits erbrachte Teilleistungen nicht abgenommen zu sein (BGH NJW 1993, 1942). Diese Rspr ist aufgrund der Rspr-Änderung, nach der auch beim gekündigten Vertrag die Abnahme für die Fälligkeit der Vergütung Voraussetzung ist (BGH NJW 2006, 2475), überholt; es muss weiter eine prüffähige Schlussrechnung vorliegen (BGH NJW 1996, 1751; NJW-RR 1998, 594, 595; 1994, 1238), in der erbrachte und nicht erbrachte Leistungen abzugrenzen und abzurechnen sind. – Die erbrachten Leistungen sind abzurechnen beim Pauschalpreisvertrag, auch wenn kein Leistungsverzeichnis vorliegt (BGH NJW-RR 1998, 234), nach dem Verhältnis der bewirkten Leistung zur vereinbarten Gesamtleistung (BGH NJW 1997, 733; 1996, 3270; 1995, 2712; NJW-RR 1999, 960; dafür kommt es auf die Urkalkulation des Unternehmers an, Dresden IBR 2015, 471; zur Bewertung bei fehlender Kalkulation Hamm BauR 2016, 677; s auch *Althaus* NJW 2015, 2922), beim Einheitspreisvertrag detailliert nach den vertragl Einheitspreisen (BGH NJW 1996, 1282; 1999, 1253; NJW-RR 1999, 1464). – Die Vergütungspflicht für den bereits erbrachten Teil tritt (vor der Abnahme) nur bei dessen Mangelfreiheit ein. Vor Mangelbeseitigung muss der Besteller grds trotz der Kündigung eine Nachfrist setzen und hat bis zur Mängelbeseitigung ein Leistungsverweigerungsrecht gem § 320. Die Beweislast für die Mangelfreiheit trägt der Unternehmer (BGH NJW 1993, 1972). 6a

b) Die Vergütung für die nicht erbrachten Leistungen ist um die **ersparten Aufwendungen** zu kürzen. Als nach § 648 S 2 erspart anzurechnen sind die Aufwendungen, die der Unternehmer bei Ausführung des Vertrags hätte machen müssen und die er wegen der Kündigung nicht mehr machen muss. Dabei ist auf die Nichtausführung des konkreten Vertrags abzustellen. Es kommt auf die tatsächlichen Kosten an (Düsseldorf BauR 2022, 113). Maßgebend sind dabei die Aufwendungen, die sich nach den Vertragsunterlagen unter Berücksichtigung der Kalkulation ergeben. (BGH NJW 1996, 1282; 1997, 733). Der Abzug rechtfertigt sich – ähnl wie in §§ 326, 615, 642 – aus dem Gedanken der Vorteilsausgleichung. Der Unternehmer soll durch die Kündigung weder Vor- noch Nachteile haben (BGH NJW 1996, 1282; 1999, 1253; NJW-RR 1999, 1464), der Reinertrag soll ihm also verbleiben. Ein allg Wagnis, das der Unternehmer kalkuliert hat, ist daher nicht abzuziehen (BGH MDR 2016, 645). Daraus folgt im Einz: Da die Ersparnisse nach dem konkreten Vertrag und nicht etwa nach Maßgabe der Üblichkeit abzurechnen sind, reicht die Angabe lediglich eines bestimmten Prozentsatzes nicht aus (BGH NJW 1996, 1282; 1997, 259; 733; 1996, 1751 unter Aufgabe früherer Rspr, vgl BGH NJW 1969, 419). Es muss vielmehr die interne Kalkulation soweit offengelegt werden, dass es dem Besteller möglich ist, hierzu Stellung zu nehmen (BGH MDR 1999, 672). Dabei ist es aber nicht erforderlich, für jede Einzelposition die Ersparnis darzustellen (BGH NJW 1999, 1253). Wurde ein Pauschalpreis bisher nur „im Kopf" kalkuliert, so sind die Grundlagen nachträgl zusam- 6b menzustellen (BGH NJW 2000, 205). – Kein Anspruch aus § 648 S 2, wenn der Unternehmer bei Ausführung des Vertrags nichts verdient haben würde. – Der Unternehmer muss sich den Erlös anrechnen lassen, wenn er das ganz oder teilw hergestellte Werk verkauft (BGH NJW 1969, 237). – Der Unternehmer muss nach freier Kündigung des Bestellers seine Vergütung für nicht erbrachte Leistungen auf der Grundlage des dafür vereinbarten Preises abzüglich anderweitigen Erwerbs und der Kosten berechnen, die bei Fortführung des Bauvertrags tatsächlich entstanden wären. Entsprechen diese Kosten seiner Kalkulation, kann er diese vortragen (BGH BauR 2005, 1916). – Bereits geleistete Abschlagzahlungen des Bestellers sind in die Abrechnung einzustellen (BGH NJW 1996, 1751; NJW-RR 1994, 1238), wobei die Prüffähigkeit der Rechnung nicht schon deshalb entfällt, weil etwa eine bereits erbrachte Abschlagszahlung, die sich ohne großen Aufwand abziehen lässt, nicht mit eingerechnet worden ist (BGH NJW 2000, 653). Überschreiten die Abschlagszahlungen den gem § 648 S 2 geschuldeten Betrag, sind sie zurückzuzahlen. Dies folgt aus der mit der Vereinbarung von Abschlagszahlungen stillschw übernommenen Verpflichtung des Unternehmers, über die Abschlagszahlungen abzurechnen (BGH BauR 2004, 1940), was allerdings wieder nur im Rahmen der Gesamtabrechnung möglich ist (Saarbrücken OLGRp 2002, 67).

6c c) Die Vergütung für die nicht erbrachten Leistungen ist ferner um den **Erwerb** zu kürzen, den der Unternehmer durch den (statt im gekündigten Vertrag) anderweitigen Einsatz seiner Arbeitskraft erzielt oder böswillig nicht erzielt hat. In Betracht kommt vor allem die anderweitige Auslastung der Kapazitäten des Unternehmens („Füllaufträge“) unter den Voraussetzungen, dass die Füllaufträge an die Stelle des gekündigten Vertrags treten und dass die daraus erzielten Einnahmen die Kosten übersteigen, also Gewinn enthalten (vgl dazu BGH NJW 1996, 1282). – Böswillig unterlassener Erwerb setzt nicht voraus, dass der Unternehmer zielgerichtet in der Absicht handelt, den Besteller durch Unterlassen eines anderweitigen Erwerbs zu schädigen. Es genügt, wenn der Auftraggeber einen zumutbaren Ersatzauftrag nachweist und der Auftragnehmer diesen gleichwohl ausschlägt (Koblenz BauR 1992, 379). Zur Kündigung von Personal ist der Unternehmer nicht verpflichtet (BGH NJW 2000, 653). Zu weiteren Einzelheiten vgl *Kniffka* ZfBR 1998, 113; *Löwe* ZfBR 1998, 121. – **Mehrwertsteuer** auf die Vergütung für die nicht erbrachten Leistungsteile kann vom Unternehmer nicht verlangt werden. Die gem § 649 S 2 nach freier Kündigung eines Bauvertrags zu zahlende Vergütung ist nur insoweit Entgelt iSv § 10 I UStG und damit Bemessungsgrundlage für den gem § 1 I Nr 1 UStG steuerbaren Umsatz, als sie auf schon erbrachte Leistungsteile entfällt (BGH MDR 2008, 259).

6d d) Rechtstechnisch erfolgt der Abzug der Aufwendungen/Erträge durch **Anrechnung**, nicht durch Aufrechnung. Der abzuziehende Betrag mindert die Vergütung von selbst (BGH NJW-RR 1992, 1077; NJW 1996, 1282), praktisch bedeutsam etwa bei der Abtretung. Der Anspruch aus § 648 S 2 ist trotz des entgegenstehenden Wortlauts der Norm kein Vergütungs-, sondern Entschädigungsanspruch (BGH MDR 2008, 259).

6e e) **Darlegungs-, Beweislast.** Art und Höhe von ersparten Aufwendungen und anderweitigem Erwerb hat der Unternehmer darzulegen und zu beziffern, weil idR nur er dazu in der Lage ist (BGH NJW 1997, 259; 733; 1996, 1751, 3270; ferner KG NJW-RR 1998, 451). Sache des Bestellers ist es, darzulegen und zu beweisen, dass höhere Ersparnisse oder Erwerbsbeträge, als vom Unternehmer angegeben, erzielt wurden (BGH NJW 1996, 1282; 1997, 733; ferner Celle NJW-RR 1998, 1170). Eine komplette Gegenrechnung muss der Besteller nicht erstellen (BGH MDR 2016, 1260). § 287 I ZPO ist anwendbar (Düsseldorf BauR 2022, 113). Sind nur geringfügige Teilleistungen erbracht, kann der Unternehmer die gesamte Leistung als nicht erbracht zugrundelegen und nur die hinsichtlich der Gesamtleistung ersparten Aufwendungen absetzen (Celle NZBau 2020, 657). Ebenso müssen nur die ersparten Aufwendungen abgezogen werden, wenn im Zeitpunkt der Kündigung nur noch Leistungen im geringfügigen Umfang zu erbringen waren (BGH MDR 2014, 1439). Durch den mit dem FoSiG mWz 1.1.2009 eingeführten S 3 wird vermutet, dass „dem Unternehmer 5 % der auf den noch nicht erbrachten Teil der Werkleistung entfallenden vereinbarten Vergütung zustehen“. Es handelt sich um eine widerlegbare Vermutung, die dem Unternehmer die aufwendige Darlegung abnimmt, welche Aufwendungen erspart sind und welchen anderweitigen Erwerb er sich anrechnen lassen muss. Dabei kann der Unternehmer seinen Anspruch nur dann auf die Vermutung in S 3 stützen, wenn er den Teil der vereinbarten Vergütung darlegt, der auf den noch nicht erbrachten Teil der Werkleistung entfällt. Denn nur dieser Teil und nicht die gesamte vereinbarte Vergütung ist Bemessungsgrundlage für die Pauschale von 5 % (BGH BauR 2011, 1811). Der Besteller muss darlegen und beweisen, dass der Unternehmer höhere ersparte Aufwendungen gehabt hat, was ihm mangels Kenntnis der Betriebsinterna des Unternehmers nur schwer gelingen wird. Die Bemessung der nach S 2 zu zahlenden Vergütung orientiert sich nicht an den vereinbarten Zahlungsmodalitäten, wie etwa Ratenzahlungen. Maßgebend ist der Betrag, der dem auf die erbrachten Leistungen entfallenden Teil der vereinbarten Vergütung entspricht (BGH NJW 2011, 915).

6f f) Die Klage auf Vergütung der erbrachten Leistungen nach Kündigung kann, wenn der Auftraggeber nicht widerspricht, auf eine Abrechnung gestützt werden, wonach vom vereinbarten Werklohn die unstreitigen Drittunternehmerkosten für die Fertigstellung des Bauwerks abgezogen werden. Ein Widerspruch ist unbeachtlich, wenn der Auftraggeber nicht geltend macht, dadurch benachteiligt zu sein (BGH MDR 2014, 770).

7 **3. Allgemeine Geschäftsbedingungen.** Üblich und grds zulässig ist die Vereinbarung **pauschalierter** Reinerträge, Entgelte usw für den Fall vorzeitiger Vertragsbeendigung. Werden sie durch **AGB** vereinbart, sind die Kontrollvorschriften der § 308 Nr 7, § 309 Nr 5 analog, § 307 zu beachten (zu den entspr Vorschriften des früheren AGBG BGH NJW-RR 1998, 594; NJW 1997, 259; 1985, 632). Danach ist im Fertighausbereich für den Fall der Kündigung vor Baubeginn eine Pauschale von 5 % der Auftragssumme gebilligt (BGHZ 87, 120; BGH NJW

1978, 1054; 1983, 1491; 1985, 632), von 8 % und 10 % als angemessen (Rostock NJW-RR 1998, 310; Düsseldorf NJW-RR 1995, 1392) und von 18 % als „höchst zweifelhaft" (BGH NJW 1985, 632) bezeichnet worden. BGH NJW 2006, 2551 hat einen pauschalierten Schadensersatz iHv 10 % des Gesamtpreises für wirksam gehalten, soweit der Unternehmer daneben keine weiteren Ansprüche erhebt. Eine in AGB eines Ausbauhaus-Unternehmers enthaltene Vergütungspauschalierung auf 15 % des Teilbetrags aus dem Gesamtpreis, der auf den Teil der Leistungen entfällt, die der Unternehmer bis zu einer freien Kündigung noch nicht ausgeführt hat, ist unwirksam, wenn die Berechnung dieses Vergütungsteils von der Berechnung der Vergütung für erbrachte Leistungen abhängt und diese unklar geregelt ist (BGH MDR 2011, 784). – AGB-Klauseln, durch die dem Besteller der Nachw abgeschnitten wird, dass die Leistungen und Aufwendungen des Verwenders/Unternehmers tatsächlich geringer waren als die vereinbarte Pauschale, sind unwirksam (BGH NJW 1999, 3261; 1997, 259; 1985, 632; NJW-RR 1998, 594), vgl auch Rn 9. Dasselbe gilt für Klauseln, die dem Unternehmer den Nachw einer niedrigeren Ersparnis unmöglich machen (BGH NJW 1985, 631). § 649 S 3 ist kein Leitbild für die Vereinbarung von Vergütungspauschalen im Falle einer freien Kündigung (BGH MDR 2011, 784).

IV. Ausschluss des Kündigungsrechts. 1. Mangelfreie Vollendung des Werks. Der Besteller kann sich also der Abnahme des bereits hergestellten Werks nicht durch Kündigung entziehen. 8

2. Vertraglicher Ausschluss. Durch **Vereinbarung**, die auch konkludent nach den Umständen des Einzelfalles zustande gekommen sein kann, zB bei einem durch den Besteller anerkannten Interesse des Unternehmers an der Ausführung des Werks, kann die Kündigung ausgeschlossen werden. Eine in AGB vereinbarte feste Laufzeit schließt das gesetzl bestehende Kündigungsrecht aus § 648 S 1 nur aus, wenn ein entspr Parteiwille für den Besteller unmissverständlich zu erkennen ist (Oldenburg RdL 2010, 64). – **AGB-Klauseln**, die die Kündigung nach § 648 ausschließen, sind nur dann wirksam, wenn besondere Interessen des Unternehmers dies rechtfertigen, die über das reine Vergütungsinteresse hinausgehen (Düsseldorf NJW-RR 2000, 166; ohne Erwähnung der Ausnahme BGH NJW 1999, 3261). Zur Unwirksamkeit wegen Verstoßes gegen § 307 II Nr 1 (= § 9 II Nr 1 AGBG) vgl BGH NJW 1999, 3261, gegen § 309 Nr 9 lit a (= § 11 Nr 12 lit a AGBG) vgl BGH NJW 1999, 3261. 9

3. Kraft Sachzwangs. Bei **Dauerwerkverträgen** passt § 648 vielfach nicht. Dann sind die Kündigungsregelungen des Vertragstyps heranzuziehen, dem die konkrete Vereinbarung am meisten ähnelt. Bei einem Vertrag über die fortlaufende Reinigung von Geschäftsräumen gilt daher § 621 analog (Hamburg MDR 1972, 886), aA BGH NJW 2011, 915: nicht unbedenklich, soweit eine erg Vertragsauslegung zum Ausschluss des freien Kündigungsrechts führt. Fehlt es an einem passenden Vertragstyp, so ergibt sich ein Kündigungsrecht jedenfalls aus dem Umkehrschluss des § 309 Nr 9. Die Länge der Kündigungsfrist ist nach Treu und Glauben zu bestimmen – Bei **Bauträgerverträgen** ist eine Teilkündigung gem § 648 (bezogen nur auf die Bauleistung) ausgeschlossen. Die bisherige Rspr, dass bei Bauträgerverträgen eine Kündigung aus wichtigem Grund möglich ist (BGH ZfBR 1986, 19), ist durch 650u II obsolet geworden. Dort ist die Kündigung aus wichtigem Grund – jetzt § 648a – ausdrückl für nicht anwendbar erklärt worden. 9a

V. Anderweitige Regelung des Vergütungsanspruchs. Der Vergütungsanspruch kann abw von § 648 S 2 vereinbart werden. Grenze: Der Maßstab des § 242, der durch die in §§ 326, 615, 648 enthaltene Anrechnungsanweisung konkretisiert ist. Daher ist eine Vertragsklausel, die dem Unternehmer die volle Vergütung ohne Abzug zuspricht, entweder unwirksam oder iSd § 648 auszulegen, die Vergütung ist also entspr § 648 zu kürzen. – Umgekehrt ist eine AGB-Klausel gem § 307 unwirksam, mit der dem Unternehmer jeder Ausgleich für den ihm durch die Kündigung gem § 648 entgangenen Auftrag versagt wird (BGH NJW 1985, 631). 10

VI. Verhältnis des § 648 zu anderen Rechtsbehelfen. 1. Subsidiarität der Kündigung. Kann der Besteller seine Erklärung, mit der er die Vertragsauflösung bezweckt oder sonst seine Rechte geltend macht, auf für ihn günstigere Gründe als die freie Kündigung nach § 648 stützen, so gelten die Rechtsfolgen aus jenen Gründen; s *Rodemann* FS Leupertz, 2021, 577, 592 zur Konkurrenz von Kündigungsgründen. 11

a) Derartige für den Besteller vorteilhafte Rechtslagen können sich aus allg vertragsrechtl Regelungen ergeben (zB Anfechtung gem § 123, Leistungsstörungen gem §§ 323, 324, 325, 326) oder aus werkvertragl Sonderbestimmungen (§§ 634–638). 11a

b) Sofern die Geschäftsgrundlage entfallen ist, ist § 313 mit der Möglichkeit der Vertragsanpassung oder dem Rücktritt regelmäßig für den Besteller günstiger. 11b

2. Leistungsstörungsrecht. Zum Verhältnis des § 648 zu § 324 aF (heute § 326 II) Düsseldorf BauR 1973, 114. 12

3. Anspruch aus § 642. Bei unterbliebener Mitwirkung des Bestellers kann der Unternehmer bis zur Kündigung Entschädigung gem § 642 verlangen. 13

§ 648a Kündigung aus wichtigem Grund

(1) Beide Vertragsparteien können den Vertrag aus wichtigem Grund ohne Einhaltung einer Kündigungsfrist kündigen. Ein wichtiger Grund liegt vor, wenn dem kündigenden Teil unter Berücksichtigung aller Umstände des Einzelfalls und unter Abwägung der beiderseitigen Interessen die Fortsetzung des Vertragsverhältnisses bis zur Fertigstellung des Werks nicht zugemutet werden kann.

(2) Eine Teilkündigung ist möglich; sie muss sich auf einen abgrenzbaren Teil des geschuldeten Werks beziehen.

(3) § 314 Absatz 2 und 3 gilt entsprechend.

(4) Nach der Kündigung kann jede Vertragspartei von der anderen verlangen, dass sie an einer gemeinsamen Feststellung des Leistungsstandes mitwirkt. Verweigert eine Vertragspartei die Mitwirkung oder bleibt sie einem vereinbarten oder einem von der anderen Vertragspartei innerhalb einer angemessenen Frist bestimmten Termin zur Leistungsstandfeststellung fern, trifft sie die Beweislast für den Leistungsstand zum Zeitpunkt der Kündigung. Dies gilt nicht, wenn die Vertragspartei infolge eines Umstands fernbleibt, den sie nicht zu vertreten hat und den sie der anderen Vertragspartei unverzüglich mitgeteilt hat.

(5) Kündigt eine Vertragspartei aus wichtigem Grund, ist der Unternehmer nur berechtigt, die Vergütung zu verlangen, die auf den bis zur Kündigung erbrachten Teil des Werks entfällt.

(6) Die Berechtigung, Schadensersatz zu verlangen, wird durch die Kündigung nicht ausgeschlossen.

1 **I. Allgemeines.** Die durch die Bauvertragsnovelle eingefügte Neuregelung wird mit der Annahme gerechtfertigt, die Vorschrift werde zu mehr Rechtssicherheit beitragen (Begr 50). Im Hinblick auf die verwendete Generalklausel, wonach es auf alle Umstände des Einzelfalls ankommt, ist nicht zu erwarten, dass dieses Ziel erreicht wird. Für vor dem 1.1.2018 geschlossene Verträge besteht ein Recht zur wichtigen Kündigung entspr § 314 (MDR 2016, 705).

2 **II. Voraussetzungen, Abs I.** Beide Vertragsparteien haben das Recht, einen Werkvertrag **aus wichtigem Grund** ohne Einhaltung einer Frist zu **kündigen**. Ein wichtiger Grund liegt nach S 2 vor, wenn dem kündigenden Teil unter Berücksichtigung aller Umstände des Einzelfalls und unter Abwägung der beiderseitigen Interessen die **Fortsetzung des Vertrags bis zur Fertigstellung des Werks nicht zugemutet** werden kann. Von einer Normierung einzelner Kündigungstatbestände wie in § 8 VOB/B hat der Gesetzgeber abgesehen, weil nicht alle denkbaren Konstellationen erfasst werden könnten. Durch die stattdessen gewählte – sich an § 314 orientierende – allg Formulierung können neben den typischen Kündigungsgründen auch besondere Einzelfälle berücksichtigt werden, auch wenn diese Formulierung nicht sofort zu der erwünschten Rechtssicherheit für die Parteien führt (Begr 50). Auch für den Fall der Insolvenz des Unternehmers ist kein genereller Kündigungsgrund vorgesehen, obwohl dies häufig einen wichtigen Grund zur Beendigung des Werkvertrags darstellen wird (BGH MDR 2016, 705; MDR 1986, 224; zur Vereinbarung einer insolvenzabhängigen Lösungsklausel s auch BGH MDR 2023, 324). – Bei der Entscheidung, ob eine außerordentliche Kündigung gerechtfertigt ist, muss grundsätzlich eine Gesamtwürdigung unter Berücksichtigung aller Umstände des Einzelfalls erfolgen (vgl § 314 I 2); insb muss, wenn nicht schon ein einzelner Grund für sich allein die Kündigung rechtfertigt, eine Gesamtwürdigung unter Berücksichtigung aller Kündigungsgründe vorgenommen werden (BGH MDR 2019, 1496).

3 Als **Voraussetzungen** der Kündigung aus wichtigem Grund hat die Rspr anerkannt: Der Unternehmer muss eine **schwere Gefährdung des Vertragszwecks** zu vertreten (§§ 276, 278) haben, so dass der Besteller **kein Vertrauen** mehr in die weitere Zusammenarbeit haben kann und ihm die Fortsetzung des Vertrags nicht zumutbar ist (BGH ZIP 2023, 527). –Bsp für derartiges vertragswidriges Verhalten des Unternehmers: beträchtliche Überschreitung von Terminen und Kosten sowie Nichterfüllung des Wunsches nach weiterer Präzisierung (BGH NJW 1993, 1972); verzögerliche oder mangelhafte Arbeiten in erheblichem Umfang; nachhaltiger Verstoß gegen Vertragspflichten trotz Abmahnung (BGH NJW-RR 1996, 1108; Düsseldorf NJW-RR 1996, 1170; Hamm NJW-RR 1998, 380); grober Vertrauensbruch durch Annahme von „Provision" von bei der Werkherstellung Beteiligten (BGH NJW 1977, 1915); unberechtigtes Lossagen vom Vertrag (BGH NJW 1996, 3270).

3a Die mangelhafte Ausführung des Werks in der Ausführungsphase (vor Abnahme) begründet nicht ohne weiteres ein Kündigungsrecht des Bestellers. Ein solches setzt besondere Umstände voraus, die aus der Ursache, der Art, dem Umfang, der Schwere oder den Auswirkungen einer Vertragswidrigkeit oder eines Mangels folgen können (BGH ZIP 2023, 527).

4 Ein außerordentliches Kündigungsrecht war in der Praxis **insb für Bauverträge** anerkannt. Aufgrund einer vergleichbaren Interessenlage kann aber auch bei anderen Werkverträgen ein Bedürfnis für ein Recht zur außerordentlichen Kündigung bestehen. Das außerordentliche Kündigungsrecht wurde daher nicht in das Kap 2 „Bauvertrag", sondern in das Kap 1 „Allgemeine Vorschriften" eingestellt. Von einer Beschränkung des Kündigungsrechts auf Werkverträge, die auf eine längere Dauer der Zusammenarbeit angelegt sind, wurde abgesehen, um die Begründetheit der Kündigung nicht von einem weiteren unbestimmten Rechtsbegriff abhängig zu machen. Es ist jedoch davon auszugehen, dass bei „kleineren", schneller abzuwickelnden Werkverträgen häufig die Unzumutbarkeit der Fortsetzung des Vertrags bis zur Fertigstellung des Werks nicht gegeben sein wird und diese schon deshalb nicht in den Anwendungsbereich des Kündigungsrechts aus wichtigem Grund fallen. Für die Kündigung des Bauvertrages (§ 650a) schreibt § 650h für die Kündigung die Schriftform vor.

5 **III. Teilkündigung, Abs II.** Neben der Anordnung der entspr Anwendung des § 314 II und III wird eine **Teilkündigung** des Werkvertrags ermöglicht. Angesichts des Umfangs der in einem Werkvertrag bisweilen vereinbarten Werkleistungen und der in einem solchen Vertrag oftmals gebündelten unterschiedlichen Leistungen ist es nach Auffassung des Gesetzgebers sinnvoll, den Parteien die Möglichkeit zur Teilkündigung zu eröffnen. Die Teilkündigung muss sich dabei auf einen „**abgrenzbaren Teil des geschuldeten Werks**" beziehen. Das Abgrenzungskriterium unterscheidet sich von dem Abgrenzungskriterium der Teilkündigung in § 8 III VOB/B (dazu

Düsseldorf 8.12.2022 – 5 U 232/21). Der dort verwendete Begriff des „in sich abgeschlossenen Teils der Leistung" stellt eine unnötig hohe Hürde für die Vertragspartner dar. Entscheidend ist, dass die Vertragspartner eine klare Abgrenzung der von der Teilkündigung erfassten und der danach noch von einem anderen Werkunternehmer zu erbringenden Leistungen vornehmen können und der von der Kündigung betroffene Unternehmer in der Lage ist, die von ihm noch geschuldeten Leistungen ohne Beeinträchtigung zu erbringen. Das Kriterium „abgrenzbarer Teil des geschuldeten Werks" ist hierfür ausreichend.

IV. Abmahnung, Abs III. Für eine Abmahnung nach § 314 genügt die bloße Rüge vertragswidrigen Verhaltens 6
nicht; darüber hinaus muss aus der Erklärung des Gläubigers für den Schuldner deutlich werden, dass die weitere vertragl Zusammenarbeit auf dem Spiel steht und er für den Fall weiterer Verstöße mit rechtl Konsequenzen rechnen muss (BGH MDR 2011, 1462).

V. Feststellung des Leistungsstandes, Abs IV. Beide Vertragsparteien sind nach der Kündigung eines Werk- 7
vertrags zu einer gemeinsamen **Feststellung des Leistungsstandes** verpflichtet, wenn eine Vertragspartei dies verlangt. Die Feststellung des Leistungsstandes dient allein der quantitativen Bewertung der bis zur Kündigung erbrachten Leistung und soll späterem Streit über den Umfang der erbrachten Leistungen vorbeugen. Sie hat keine der Abnahme vergleichbaren Rechtsfolgen. Lehnt eine der Vertragsparteien die Mitwirkung ab oder bleibt sie einem vereinbarten oder innerhalb angemessener Frist bestimmten Termin zur Feststellung des Leistungsstands fern, trifft sie nach S 2 die Beweislast hinsichtlich des Leistungsstandes zum Zeitpunkt der Kündigung. Dies gilt nicht, wenn die betreffende Vertragspartei aufgrund eines Umstandes fernbleibt, den sie nicht zu vertreten und der anderen Vertragspartei unverzüglich mitzuteilen hat. Die Regelung orientiert sich an § 8 VI VOB/B, der die Vertragspartner nach einer Kündigung zu einem gemeinsamen Aufmaß verpflichtet, und an der Rspr hierzu (BGH MDR 2003, 1174).

VI. Vergütung, Abs V. Der Unternehmer hat anders als bei einer freien Kündigung nach § 648 nur Anspruch 8
auf die **Vergütung, die auf das bis zur Kündigung erbrachte Teilwerk** entfällt. Es ist abzurechnen wie nach einer freien Kündigung, aber beschränkt auf die erbrachten Leistungen. Fälligkeit setzt Abnahme voraus. **(1)** Der Vertrag ist nach allg Regel mit Wirkung (nur) für die Zukunft aufgehoben. Daraus ergibt sich, dass der Vergütungsanspruch für die bis zur Kündigung erbrachten Leistungen erhalten bleibt und mit Rechtsgrund erfüllt wird/ist (BGH NJW 1997, 3017; 1993, 1972; NJW-RR 1990, 1109). Sind diese Leistungen mangelhaft, kann der Besteller Nachbesserung verlangen (BGH NJW 1993, 1972; NJW-RR 1988, 208). Ist das Werk nicht nachbesserungsfähig und daher für den Besteller wertlos, wird keine Vergütung geschuldet (BGH NJW 1997, 3017). Die Wertlosigkeit ist im Unterschied zur Mangelfreiheit vom Besteller zu beweisen (BGH NJW 1993, 1972). **(2)** Dagegen entfällt mit der Vertragswirkung für die Zukunft auch der Vergütungsanspruch für die noch nicht erbrachten Leistungen (vgl BGH NJW 1999, 3554; 1993, 1972; 1983, 2439; 1975, 825; NJW-RR 1990, 1109; Düsseldorf NJW-RR 1996, 1170; 1992, 1237). **(3)** In Betracht kommen ferner **Schadensersatzansprüche** des Bestellers aus § 280, der die Grundlage für die Kündigung darstellt, oder bei mangelhafter Werkherstellung aus § 634 Nr 4; vgl zum früheren Recht BGHZ 45, 372; BGH NJW 1975, 825 – nicht zu vermeidende Mehraufwendungen für die Hinzuziehung eines anderen Unternehmers; NJW 1983, 243 – Kreditkosten im Zusammenhang mit unberechtigter Zurückbehaltung.

§ 649 Kostenanschlag

(1) Ist dem Vertrag ein Kostenanschlag zugrunde gelegt worden, ohne dass der Unternehmer die Gewähr für die Richtigkeit des Anschlags übernommen hat, und ergibt sich, dass das Werk nicht ohne eine wesentliche Überschreitung des Anschlags ausführbar ist, so steht dem Unternehmer, wenn der Besteller den Vertrag aus diesem Grund kündigt, nur der im § 645 Abs. 1 bestimmte Anspruch zu.

(2) Ist eine solche Überschreitung des Anschlags zu erwarten, so hat der Unternehmer dem Besteller unverzüglich Anzeige zu machen.

I. Allgemeines. Die Vorschrift entspricht dem früheren § 650 und regelt einen für den Werkvertrag typischen 1
Interessenkonflikt: Da die Kosten der Werkherstellung, die die Basis für die Berechnung der Vergütung bilden, vor Durchführung noch nicht abschließend beurteilt werden können, wird vielfach keine feste Vergütung vereinbart, sondern mit der Herstellung auf der Grundlage lediglich einer **Kostenschätzung** begonnen. Entspricht die Kostenentwicklung nicht den Erwartungen des Bestellers, kann dieser zwar grds gem § 648 den Vertrag jederzeit kündigen, aber mit der Folge der für ihn ungünstigen Vergütungspflicht des § 648 S 2.

Zweck des § 649 ist es deshalb, das Risiko des Entstehens höherer Kosten als der geschätzten, das nach der Rege- 2
lung des § 648 der Besteller zu tragen hat, auf beide Vertragspartner zu verlagern, was schon deshalb gerechtfertigt ist, weil die Schätzung regelmäßig vom Unternehmer als dem Vertragspartner mit dem größeren Sachverstand aufgestellt wird. Insofern wurde § 649 bereits vor der Kodifikation des § 313 als gesetzl geregelter Fall einer Geschäftsgrundlage verstanden und stellt somit eine Ausnahme von der Regel des § 648 dar. Verhindert wird durch die Vorschrift, dass die durch einen Kostenvoranschlag des Unternehmers hervorgerufenen Vorstellungen des Bestellers über den Preis nicht als Motiv – und ggf als Motivirrtum – unbeachtlich bleiben (vgl BGH NJW 1973, 140).

Abs II ist weder unmittelbar noch entspr anwendbar, wenn die Überschreitung einer Kostenangabe des Unter- 3
nehmers darauf zurückzuführen ist, dass der Besteller dem Unternehmer unzutr Angaben über den Umfang des herzustellenden Werks zur Verfügung gestellt hat (BGH MDR 2011, 419).

4 **II. Voraussetzungen des Kostenanschlags.** Der Begriff **Kostenanschlag** ist mehrdeutig: **1. Verbindlicher Kostenanschlag.** Der Unternehmer kann die Richtigkeit des Anschlags garantieren (**verbindlicher Kostenanschlag**). Dies ist nichts anderes als die Vereinbarung einer festen Vergütung gem §§ 631f. Der Unternehmer hat Anspruch (nur) auf die Anschlagsumme. Mehrkosten gehen zu seinen Lasten, geringere Kosten kommen ihm zugute. Diesen Fall meint § 649 nicht.

5 **2. Unverbindlichkeit.** Der Kostenanschlag, über den § 649 Regelungen trifft und der in der Praxis häufig vorkommt, ist in dem eben genannten Sinne nicht verbindlich; er ist andererseits aber nicht nur eine einseitige Kostenskizze etwa anlässlich von Vertragsverhandlungen, sondern ein meist, aber nicht notwendig vom Unternehmer angefertigter **Überblick über die voraussichtlich entstehenden Kosten**, der von den Parteien zur Grundlage des Vertrags gemacht werden muss. Dagegen wird die endgültige Vergütung erst nach Werkherstellung aufgrund der tatsächlich aufgewandten Materialien und Arbeitszeiten berechnet.

6 Eine Vermutung für eine bestimmte Art von Kostenanschlag ist nicht anzuerkennen; vielmehr ist nach den Umständen des Einzelfalls unter Berücksichtigung der Verkehrssitte (§ 157) zu entscheiden. Vielfach ist eine Verbindlichkeit in dem oben beschriebenen Sinn schon wegen der Unbestimmtheit der Ansätze (ca-Angaben) zu verneinen. Auch ca-Angaben können jedoch im Einzelfall als Kostenanschlag zu verstehen sein. Gegen die Verbindlichkeit kann insb der noch fehlende Überblick über den Umfang der Arbeiten (zB bei Reparaturen ohne Fehlerkenntnis) bzw die Konkretisierung des Werks (Hamm OLGRp 1995, 14) sprechen.

7 **III. Rechtsfolgen. Rechtswirkungen** des Kostenanschlags, die sich – trotz seiner Unverbindlichkeit – aus § 649 ergeben:

7a **1. Anzeigepflicht des Unternehmers gem Abs II.** Da der Unternehmer im Allg die Kostenentwicklung besser überschauen und daher die Nichteinhaltung der Kostenansätze eher bemerken wird als der Besteller, muss er die drohende wesentliche Überschreitung des Kostenanschlags dem Besteller anzeigen (vgl Prot II 2256). Wesentlich ist sie, wenn sie den Gesamtbetrag der Kosten erheblich überschreitet (eingehend dazu *Köhler* NJW 1983, 1633). In der Rspr werden im Durchschnitt 15–20 %, in Ausnahmefällen 25 % als Grenzwerte angegeben (Düsseldorf OLGRp 1998, 151). Derartige Prozentangaben können nur einen ungefähren Anhalt geben. Maßgebend sind die konkreten Umstände der Vertragssituation. Dazu gehören Art und Umfang der Werkleistung, das Verhältnis der Kosten des Werks zu seinem Nutzen, der Zeitpunkt der Erkennbarkeit der Kostenüberschreitung und der Bestimmtheitsgrad des Anschlags. – Der Grund für die Überschreitung ist gleichgültig; insb wird kein Verschulden des Unternehmers vorausgesetzt. – Der Rechtsgedanke des Abs II ist entspr heranzuziehen, wenn nach Stundenlohn abgerechnet werden soll und aus unvorhergesehenen Gründen der veranschlagte Zeitraum überschritten wird (Köln VersR 2000, 334).

8 **Schuldhaftes Nichtbeachten** der Anzeigepflicht macht den Unternehmer wegen Pflichtverletzung ersatzpflichtig. Demnach ist der Besteller so zu stellen, wie er stünde, wenn die Anzeigepflicht erfüllt worden wäre (Celle BauR 2000, 1493). Maßgeblich ist, ob der Besteller infolge der unterlassenen Mitteilung einen Schaden erlitten hat. Daher kein Schaden, wenn der Besteller auch bei zutr Kostenanschlag die Arbeiten ausgeführt hätte (Saarbrücken BauR 2015, 838). Der Unternehmer hat den Besteller so zu stellen, wie er stünde, wenn ihm die zu erwartende Kostensteigerung rechtzeitig angezeigt worden wäre. Hierbei muss er sich den höheren Wert anrechnen lassen, den er dadurch erlangt, dass der Unternehmer die ihm übertragenen Arbeiten in vollem Umfang ausgeführt hat, die bei einer vorzeitigen Kündigung des Vertrags entfallen wären (Naumburg BauR 2011, 149; Celle BauR 2000, 1493). Diese tatsächliche Wertschöpfung kann nicht durch die prozentuale Begrenzung einer noch zulässigen Überschreitung des Kostenanschlags begrenzt werden. Maßgeblich ist allein, ob beim Besteller eine Wertsteigerung eingetreten ist.

9 Ein etwaiger Anspruch entfällt mangels Kausalität zw Verletzung und Schaden, wenn der Besteller bereits auf anderem Wege von der unmittelbar bevorstehenden Überschreitung Kenntnis erhalten hat. Kennenmüssen reicht nicht aus, ist aber bei der Schadensberechnung gem § 254 zu berücksichtigen.

10 **2. Kündigungsrecht des Bestellers mit der Folge geminderter Vergütungspflicht gem §§ 648, 648a.** Das (jederzeitige) Kündigungsrecht ergibt sich schon aus § 648; aber § 648a schließt die sich im Fall der Kündigung aus § 648 S 2 ergebende Pflicht zur Zahlung der vollen Vergütung, mindestens des Reinertrags, aus und räumt dem Unternehmer lediglich einen Anspruch auf Teilvergütung, falls schon Arbeiten geleistet sind, und auf Ersatz der in ihr nicht enthaltenen Aufwendungen ein (§ 645). Der Unternehmer büßt also den Reinertrag ganz oder teilw ein. – Voraussetzung für das Eingreifen der Sonderregelung des § 649 ist, dass die Überschreitung des Kostenanschlags wesentlich (dazu Rn 7) und mit Sicherheit zu erwarten, wenn nicht schon eingetreten ist.

11 Bei der Veranschlagung der Baukosten durch den **Architekten** ist zu beachten, dass sich nach dem Grundgedanken der Vorschrift der Kostenanschlag auf das eigene Werk des Unternehmers bezieht. § 649 ist danach nur anwendbar, wenn das Honorar für die Leistung des Architekten wesentlich erhöht ist, nicht dagegen schon, und zwar auch nicht analog, wenn nur die Bausumme wesentlich überschritten ist (BGH NJW 1973, 140).

12 **3. Beweislast.** Die Beweislast dafür, dass gerade wegen Kostenüberschreitung gekündigt wird, trifft den Besteller. Dasselbe gilt für die Frage, ob bei rechtzeitiger Anzeige der Überschreitung des Kostenanschlags gekündigt worden wäre (Frankfurt NJW-RR 2000, 1470; Celle NJW-RR 2003, 1243). Da dieser Beweis vom Besteller im Regelfall nicht zu führen sein wird, geht der Schadensersatzanspruch des Bestellers regelmäßig ins Leere.

4. Konkurrenzen. Bei **schuldhaft falscher Aufstellung** oder **schuldhafter Überschreitung** des Kostenanschlags durch den Unternehmer ist dieser wegen **cic** oder **pFV** (heute § 311 II Nr 1, §§ 241, 280) schadensersatzpflichtig (Köln NJW-RR 1998, 548; Frankfurt NJW-RR 1989, 209). Für die Berechnung gilt das oben (Rn 8) Gesagte sinngemäß. 13

5. Vergütung. Mit der Schuldrechtsmodernisierung ist – unsystematisch – in § 632 III aufgenommen worden, dass ein **Kostenvoranschlag im Zweifel nicht zu vergüten** ist. Diese Bestimmung hat nur klarstellenden Charakter. 14

§ 650 Werklieferungsvertrag; Verbrauchervertrag über die Herstellung digitaler Produkte

(1) Auf einen Vertrag, der die Lieferung herzustellender oder zu erzeugender beweglicher Sachen zum Gegenstand hat, finden die Vorschriften über den Kauf Anwendung. § 442 Abs. 1 Satz 1 findet bei diesen Verträgen auch Anwendung, wenn der Mangel auf den vom Besteller gelieferten Stoff zurückzuführen ist. Soweit es sich bei den herzustellenden oder zu erzeugenden beweglichen Sachen um nicht vertretbare Sachen handelt, sind auch die §§ 642, 643, 645, 648 und 649 mit der Maßgabe anzuwenden, dass an die Stelle der Abnahme der nach den §§ 446 und 447 maßgebliche Zeitpunkt tritt.

(2) Auf einen Verbrauchervertrag, bei dem der Unternehmer sich verpflichtet,
1. digitale Inhalte herzustellen,
2. einen Erfolg durch eine digitale Dienstleistung herbeizuführen oder
3. einen körperlichen Datenträger herzustellen, der ausschließlich als Träger digitaler Inhalte dient,
sind die §§ 633 bis 639 über die Rechte bei Mängeln sowie § 640 über die Abnahme nicht anzuwenden. An die Stelle der nach Satz 1 nicht anzuwendenden Vorschriften treten die Vorschriften des Abschnitts 3 Titel 2a. Die §§ 641, 644 und 645 sind mit der Maßgabe anzuwenden, dass an die Stelle der Abnahme die Bereitstellung des digitalen Produkts (§ 327b Absatz 3 bis 5) tritt.

(3) Auf einen Verbrauchervertrag, bei dem der Unternehmer sich verpflichtet, einen herzustellenden körperlichen Datenträger zu liefern, der ausschließlich als Träger digitaler Inhalte dient, sind abweichend von Absatz 1 Satz 1 und 2 § 433 Absatz 1 Satz 2, die §§ 434 bis 442, 475 Absatz 3 Satz 1, Absatz 4 bis 6 und die §§ 476 und 477 über die Rechte bei Mängeln nicht anzuwenden. An die Stelle der nach Satz 1 nicht anzuwendenden Vorschriften treten die Vorschriften des Abschnitts 3 Titel 2a.

(4) Für einen Verbrauchervertrag, bei dem der Unternehmer sich verpflichtet, eine Sache herzustellen, die ein digitales Produkt enthält oder mit digitalen Produkten verbunden ist, gilt der Anwendungsausschluss nach Absatz 2 entsprechend für diejenigen Bestandteile des Vertrags, welche die digitalen Produkte betreffen. Für einen Verbrauchervertrag, bei dem der Unternehmer sich verpflichtet, eine herzustellende Sache zu liefern, die ein digitales Produkt enthält oder mit digitalen Produkten verbunden ist, gilt der Anwendungsausschluss nach Absatz 3 entsprechend für diejenigen Bestandteile des Vertrags, welche die digitalen Produkte betreffen.

I. Allgemeines. § 650 I entspricht § 651 aF. Der Wortlaut ist bis auf die Änderung der in Bezug genommenen §§ 648 und 649 unverändert geblieben. Daher kann auf die Rspr und Lit zu § 651 aF zurückgegriffen werden. § 651 aF ist durch das SchuldRModG grundlegend umgestaltet worden. Die gesetzgeberische Neuregelung beruhte auf der **VerbrauchsgüterkaufRL 1999/44/EG.** 1

§ 650 wurde durch Gesetz zur Umsetzung der Richtlinie über bestimmte vertragsrechtliche Aspekte der Bereitstellung digitaler Inhalte und digitaler Dienstleistungen (G v 25.6.2021, BGBl I 2021, 2123, BGBl I 2022, 105) mWv 1.1.2022 um Regelungen zum Verbrauchervertrag über die Herstellung digitaler Produkte ergänzt (Abs II–IV). 1a

Keine Bedeutung mehr hat die Rspr zu § 651 in der bis zum 31.1.2002 geltenden Fassung. Durch die Schuldrechtsreform ist die Bestimmung grundlegend umgestaltet worden. 2

Verträge, die die Lieferung herzustellender oder zu erzeugender beweglicher Sachen zum Gegenstand haben, sind **ausnahmslos dem Kaufrecht unterstellt** worden, ohne dass es auf eine Differenzierung nach der Art der herzustellenden (vertretbaren oder nicht vertretbaren) Sache ankäme. Wenngleich nach der VerbrauchsgüterkaufRL lediglich eine Umsetzungsverpflichtung in Bezug auf Verbraucherverträge bestanden hat, erstreckt sich § 650 I auch auf Verträge, an denen ein Verbraucher nicht beteiligt ist. Grund für dieses „Mehr" an Umsetzung ist die gesetzgeberische Intention, auf diese Weise eine übersichtlichere und einfacher zu handhabende Regelung zu schaffen. Diese **überschießende Umsetzung** der RL hat zu einer sog Hybridnorm geführt (im Einz *Rudolph*, Die Abgrenzung zw Kauf- und Werkvertragsrecht gem § 651, 2009, 33 mwN). Hybridnormen führen nicht zu einer gespaltenen Auslegung, die danach unterscheidet, ob der durch die RL vorgeschriebene Anwendungsbereich oder der freiwillig umgesetzte erfasst wird, sondern sind einheitlich auszulegen, weil durch die überschießende Umsetzung der Wille des Gesetzgebers zum Ausdruck kommt, beide Sachverhalte gleich zu behandeln (BGH MDR 2004, 1193). Bei der Auslegung von § 650 I ist daher die RL zu beachten. 3

II. Anwendungsbereich (Werklieferungsvertrag – Abs I). § 650 I findet nur auf **bewegliche Sachen** Anwendung. Unklar ist, ob für die Auslegung des Begriffs der **Sache** – wie auch schon in der aF der Vorschrift – auf die 4

Legaldefinition des § 90 zurückzugreifen ist. Sachen sind danach nur „**körperliche Gegenstände**" sowie die diesen rechtl gem § 90a gleichgestellten Tiere.

4a Die Anwendbarkeit von § 650 I setzt darüber hinaus jedoch voraus, dass die Sache **beweglich** ist. Wenngleich das BGB an unterschiedlichen Stellen den Begriff der „beweglichen" Sache verwendet, so findet sich dennoch keine Legaldefinition dieses Begriffs. Nach der Rspr sind „beweglich" alle Sachen, die nicht Grundstücke, den Grundstücken gleichgestellt oder Grundstücksbestandteile sind (RGZ 55, 284; 87, 51; zum Begriff der Grundstücksbestandteile vgl §§ 94, 95). Verträge, die zur Errichtung eines Gebäudes verpflichten, sind damit nicht auf die Lieferung beweglicher, sondern unbeweglicher und § 650 I nicht unterfallender Gegenstände gerichtet. Darauf findet allein das Werkvertragsrecht der §§ 631ff Anwendung.

4b Verträge, die allein die **Lieferung von herzustellenden beweglichen Bau- oder Anlagenteilen** zum Gegenstand haben, sind daher nach Kaufrecht zu beurteilen. Die Zweckbestimmung der Teile, in Bauwerke eingebaut zu werden, rechtfertigt keine andere Beurteilung (BGH MDR 2009, 1155; dazu ausf *Rudolph* BauR 2009, 1806). Unerheblich für die vertragsrechtl Einordnung ist, ob eine Sache nach den konkreten Vorstellungen und Vorgaben des Bestellers hergestellt werden soll (BGH BB 2010, 1561). Höchstrichterlich ungeklärt ist, ob Verträge zw Unternehmen, die über die Lieferung eines herzustellenden Investitionsgutes hinaus andere wesentliche Leistungen, wie bspw Planungs-, Konstruktions-, Integrations- und Anpassungsleistungen umfassen, nach Werkvertragsrecht zu beurteilen sind. Erwogen wird, dass auf Verträge zw Unternehmern über die Lieferung eines herzustellenden typischen Investitionsgutes, die andere zusätzl wesentliche Leistungen wie Planungs-, Konstruktions-, Integrations- und Anpassungsleistungen enthalten, § 651 aF nicht anwendbar ist (BGH MDR 2009, 1155; krit dazu *Thode* jurisPR-PrivBauR 11/2009 Anm 1). Dem steht entgegen, dass Kriterien für die hinreichende Gewichtigkeit der Planungsleistungen fehlen. Jedenfalls können solche Planungsleistungen, die als Vorstufe zu der im Mittelpunkt des Vertrags stehenden Lieferung herzustellender Anlagenteile anzusehen sind, der Beurteilung des Vertrags nach den Vorschriften über den Kauf regelmäßig nicht entgegenstehen. – Ein Werkvertrag fällt nicht unter § 650 I, wenn nicht die mit dem Warenumsatz verbundene Übertragung von Eigentum und Besitz im Vordergrund steht, sondern ein über die bloße technische Herstellung der beweglichen Sache hinausgehender Gesamterfolg den Schwerpunkt der Verpflichtung des Unternehmers bildet. Das ist vor allem der Fall, wenn für diesen Gesamterfolg weitere über die Pflicht zur reinen technischen Herstellung der Sache hinausgehende Leistungen erforderlich sind, die den Schwerpunkt des Vertrags bilden (Hamm NJW-RR 2013, 213).

5 Problematisch ist, ob über § 650 I Kaufvertragsrecht Anwendung findet auf Verträge über solche **Sachen, die § 95 unterfallen**. Dazugehören zum einen Sachen, die nur zu einem vorübergehenden Zweck mit Grund und Boden verbunden sind (§ 95 I 1). Diese werden vom Gesetz von den Bestandteilen eines Grundstücks ausgenommen, so dass sie als beweglich zu gelten haben. Zu denken ist im werkvertragl Bereich an transportable Häuser ohne feste Verbindung mit Grund und Boden etc. Wichtiger ist die Bestimmung des § 95 I 2, die ein Gebäude oder anderes Werk als nicht zum Bestandteil eines Grundstücks gehörig erklärt, sofern eine Verbindung mit dem Grundstück „in Ausübung eines Rechts an einem fremden Grundstück" erfolgt ist. Dazu gehört im Baubereich insb die Errichtung von Bauwerken auf einem Grundstück, das ein Erbbauberechtigter infolge Erbbaurechts nutzen darf (§ 2 Nr 1 ErbbauRG). Etwa 5 % aller Bauvorhaben sollen auf Erbbaugrundstücken errichtet werden. Wendete man auch auf Verträge über Bauleistungen auf Erbbaugrundstücke § 95 an, stellten derartige Verträge Kaufverträge dar. Nahe liegt daher eine richtlinienkonforme Auslegung des Begriffes der beweglichen Sache iSd § 650 I 1, die dazu führt, nur im natürlichen Sinn bewegliche Sachen als beweglich iSd § 650 I zu qualifizieren. Dies hätte zur Folge, dass die von § 95 erfassten „Scheinbestandteile" von Grundstücken entspr natürlicher Anschauung nicht als beweglich gelten (so auch *Preussner* BauR 2002, 23; *Vorwerk* BauR 2003, 1). Dass der Begriff der beweglichen Sache an unterschiedlichen Stellen des Gesetzes unterschiedliche Bedeutung hätte, müsste hingenommen werden. BGH MDR 2009, 1155 hat angedeutet, dass der an der Vorgabe des Art 1 II lit b VerbrauchsgüterkaufRL orientierten Auslegung der Vorzug zu geben sei vor der Auslegung nach den sachenrechtl Kriterien des dt Rechts.

6 Auch die Verpflichtung zur Herstellung eines **geistigen Werks** ist ausnahmslos nach Werkvertragsrecht zu behandeln. Dies ergibt sich schon daraus, dass ein geistiges Werk gerade nicht von dem in § 90 enthaltenen Sachbegriff erfasst wird. Etwas anderes gilt auch dann nicht, wenn sich das hergestellte geistige Werk in einem körperlichen Gegenstand manifestiert, denn prägend für den Vertrag ist insoweit nicht die Sache als „Träger" des geistigen Werks, sondern das geistige Werk selbst. So unterfallen etwa Architektenverträge ausschließlich dem Werkvertragsrecht (BT-Drs 14/6040, 268), wenngleich sich das Ergebnis architektonischen Schaffens in Zeichnungen, Plänen uÄ verkörpert.

7 **III. Herstellung/Erzeugung.** § 650 I setzt voraus, dass ein Vertragspartner eine Verpflichtung zur Lieferung **herzustellender** Sachen eingegangen ist. Sind die zu liefernden Sachen bereits hergestellt, sind §§ 433ff unmittelbar anzuwenden. Auf welchen Zeitpunkt dabei abzustellen ist, regelt das Gesetz nicht. Richtigerweise ist der Zeitpunkt des Vertragsschlusses entscheidend. – Durch das Merkmal des „Herstellens" grenzt sich der Werklieferungsvertrag vom reinen Kaufvertrag ab. Während bei letzterem ausschließlich die Verpflichtung des Verkäufers zur Übergabe und Übereignung der Kaufsache besteht (vgl § 433 I 1), beinhaltet der Werklieferungsvertrag zusätzl die dem Werkvertrag entspr Verpflichtung zur Herstellung eines körperlichen Arbeitserfolges für den Besteller. Die Hauptleistungspflichten im Rahmen eines Werklieferungsvertrags gehen insoweit über diejenigen eines Kaufvertrags hinaus.

Unter der **Herstellung** einer Sache ist die Schaffung von etwas Neuem zu verstehen. Vertragl Verpflichtungen, die gerade nicht auf Neuschaffung gerichtet sind, sondern Tätigkeiten an Bestehendem zum Inhalt haben, unterfallen damit dem Begriff der Herstellung und i Erg § 650 I nicht. Dies gilt etwa für **Reparaturverträge**, die auch ausweislich der Gesetzesbegr allein nach Werkvertragsrecht zu behandeln sind (BT-Drs 14/6040, 268). Derartige Verträge sind selbst dann nur nach §§ 631ff zu behandeln, wenn im Rahmen der Reparatur in erheblichem Maße Ersatzteile einzubauen sind, denn auch in diesem Fall wird nicht etwas Neues geschaffen, sondern an etwas Vorhandenem eine Leistung erbracht (so etwa der Einbau eines Austauschmotors). 8

Das **Erzeugen** einer Sache meint – in Abgrenzung zur Herstellung – nicht die Schaffung von etwas Neuem aus eigener Kraft, sondern **mittels der Natur.** Im Wesentlichen wird damit von diesem Begriff die tierische und pflanzliche Produktion erfasst sein, wenngleich auch in diesem Bereich genau zum Werkvertragsrecht abgegrenzt werden muss; die Verpflichtung zur Viehmast von Tieren, die der Vertragspartner zu diesem Zwecke überlässt, ist allein nach §§ 631ff zu behandeln, da nur der Erfolg (Erreichen eines bestimmten Gewichts) geschuldet ist. Gleiches gilt etwa für den Deckvertrag, da hier nicht Erzeugung und Lieferung eines (Jung-)Tieres, sondern nur der erfolgreiche Deckakt als solcher Gegenstand der vertragl Verpflichtung ist. 9

Fraglich ist, ob bei Verträgen, die auf die Lieferung herzustellender Sachen gerichtet sind, den Schuldner auch eine **Herstellungsverpflichtung** trifft. Der Wortlaut von § 650 I liefert für die Beantwortung der Frage keine Anhaltspunkte. Danach ist die Sache zwar „herzustellen“; dass dies gerade persönlich durch den Schuldner erfolgen muss, lässt sich nicht ableiten. Gegen eine Herstellungsverpflichtung wird vorgebracht, der Schuldner verpflichte sich primär zur Lieferung. Diese sei die im Synallagma stehende Hauptleistungspflicht (so zu § 651 aF BGH NJW 1967, 1903). Dagegen wird eingewandt, der Umfang der Verpflichtung des Schuldners könne sich nicht aus dem Gesetz, sondern nur aus der übernommenen vertragl Verpflichtung ergeben. Nicht § 650 I bestimme, ob eine Herstellungspflicht bestehe, sondern die individuelle Abrede zw Gläubiger und Schuldner. § 650 I lasse es vielmehr zu, sowohl eine Herstellungsverpflichtung des Schuldners zum Vertragsinhalt und zur synallagmatischen Hauptleistungspflicht zu machen, als auch die Verpflichtung auf die Lieferung zu beschränken. Maßgeblich ist insoweit die Auslegung des Vertrags. IdR dürfte eine Herstellungsverpflichtung nicht anzunehmen sein. 10

Unabhängig davon, ob neben der Lieferungspflicht auch eine Herstellungspflicht besteht, kann der Schuldner einen **Dritten** mit der Herstellung beauftragen, denn eine höchstpersönliche Pflicht zur Leistungserbringung dürfte nur in den seltensten Fällen anzunehmen sein. Das Bestehen oder Nichtbestehen einer Herstellungsverpflichtung des Schuldners entscheidet aber maßgeblich über die rechtl Qualifikation des Dritten. Dieser ist **Erfüllungsgehilfe** iSv § 278, wenn den Schuldner eine Herstellungspflicht trifft, denn in diesem Fall wird der Dritte nach den tatsächlichen Gegebenheiten mit dem Willen des Schuldners bei der Erfüllung einer diesem obliegenden Verbindlichkeit als dessen Hilfsperson tätig (BGH NJW 1987, 1323 mwN). Dabei kommt es weder auf eine Weisungsgebundenheit des Dritten an noch darauf, dass dieser davon Kenntnis hat, im Pflichtenkreis des Dritten tätig zu werden, so dass auch selbständige Unternehmer Erfüllungsgehilfen sein können. – Trifft den Schuldner lediglich eine Liefer- und keine Herstellungspflicht, so fehlt es an der Erfüllungsgehilfeneigenschaft des Dritten. 11

IV. Abgrenzung zu anderen Vertragstypen. § 650 I setzt weiterhin voraus, dass die **Lieferung** herzustellender oder zu erzeugender Sachen geschuldet ist. Darunter zu verstehen sind alle Handlungen, die der Schuldner vornimmt, um seiner Verpflichtung zu genügen, dem Gläubiger die Sache zu verschaffen. Im Einzelfall kann dazu auch die bloße Bereitstellung zur Abholung ausreichen. Dies richtet sich nach dem jew bestehenden Vertragsinhalt und ist nötigenfalls durch Auslegung zu ermitteln. 12

Abzugrenzen ist der Werklieferungsvertrag von einem **Kaufvertrag mit Montageverpflichtung.** Für die Einordnung eines Vertragsverhältnisses als Kaufvertrag mit Montageverpflichtung oder als Werkvertrag kommt es darauf an, auf welcher der beiden Leistungen bei der gebotenen Gesamtbetrachtung der **Schwerpunkt** liegt. Auf die Verlegung eines Parkettbodens ist daher Werkvertragsrecht anzuwenden (BGH 16.4.2013 – VIII ZR 375/11). Soweit es sich bei der Montage lediglich um eine Nebenleistungspflicht handelt, die neben Übergabe und Übereignung iSv § 433 I 1 von nur untergeordneter Bedeutung ist, so handelt es sich um einen Kaufvertrag mit Montageverpflichtung, auf welchen – ohne dass es auf die Verweisung des § 651 I ankäme – originär Kaufrecht Anwendung findet. Ein Kaufvertrag mit Montageverpflichtung wird regelmäßig dann anzunehmen sein, wenn die Montage grds auch vom Käufer selbst vorgenommen werden könnte, aber als „Serviceleistung“ gesondert vom Verkäufer angeboten wird. 13

Wird der Vertrag dagegen maßgeblich von der Einbauleistung geprägt und steht diese gleichwertig neben der Verpflichtung zur Verschaffung von Eigentum und Besitz, so handelt es sich um einen Vertrag iSv § 650 I. – Verpflichtet sich ein Unternehmer, einen Gegenstand wie eine Solaranlage zu liefern und zu montieren, so kommt es für die rechtl Einordnung des Vertragsverhältnisses als Kaufvertrag (mit Montageverpflichtung) oder als Werkvertrag darauf an, auf welcher der beiden Leistungen bei der gebotenen Gesamtbetrachtung der Schwerpunkt liegt. Dabei ist vor allem auf die Art des zu liefernden Gegenstandes, das Wertverhältnis von Lieferung und Montage sowie auf die Besonderheiten des geschuldeten Ergebnisses abzustellen (BGH MDR 2019, 412), vgl § 634a Rn 9. 13a

Steht allerdings der mit der Tätigkeit zu erbringende Erfolg allein im Vordergrund, so handelt es sich um einen Werkvertrag iSv §§ 631ff, denn die Qualifikation eines Vertrags als solchen wird nicht dadurch gehindert, dass der Werkunternehmer zur Erreichung des vertragl geschuldeten Erfolges auch einzelne Sachen verarbeiten muss (so zu § 651 aF BGH NJW 1998, 3197; Köln VersR 2000, 501; Hamm NJW-RR 2001, 1309; *Voit* BauR 2002, 145). Insb bei der Erbringung eines werkvertragl Erfolges an Gebäuden wird der Besteller häufig schon wegen § 946 13b

Eigentum daran erwerben, so dass es bereits insoweit an einer „Lieferung" fehlt, welche gerade durch Eigentums- und Besitzverschaffung durch Handlungen des Schuldners charakterisiert wird. Einen Vertrag über Planung, Lieferung und Einbau einer Küche qualifiziert der BGH als Werkvertrag, weil es Ziel des Vertrags sei, auf der Grundlage der handwerklichen Fachkenntnisse der Beklagten durch Einbau und Einpassung einen funktionalen Küchenraum zu schaffen und die dazu notwendigen Montage- und Bauleistungen dem Vertrag die maßgebliche Prägung geben (BGH MDR 2013, 508). Für die Abgrenzung von Kauf- und Werklieferungsverträgen einerseits und Werkverträgen andererseits ist maßgeblich, auf welcher der Leistungen bei der gebotenen Gesamtbetrachtung der Schwerpunkt liegt. Liegt der Schwerpunkt des Vertrags auf der mit dem Warenumsatz verbundenen Übertragung von Eigentum und Besitz, liegt ein Kauf- oder Werklieferungsvertrag vor. Liegt der Schwerpunkt des Vertrags dagegen nicht auf dem Warenumsatz, sondern schuldet der Unternehmer die Herstellung eines funktionstauglichen Werks, ist ein Werkvertrag anzunehmen (BGH MDR 2018, 1484).

14 **V. Rechtsfolgen. 1. Allgemeines.** Soweit die Voraussetzungen von § 650 I S 1 gegeben sind, ist auf den Vertrag **grds und ohne Einschränkung Kaufrecht anzuwenden.** Dabei kommt es in Abkehr der alten Rechtslage gerade nicht darauf an, ob eine vertretbare oder eine nicht vertretbare Sache zu liefern war. Innerhalb des Kaufrechts ist die im Einzelfall gegebene besondere Typisierung, wie etwa der Verbrauchsgüter- oder Handelskauf, zu beachten. Ist der Vertrag für beide Vertragsparteien ein Handelsgeschäft, muss der Käufer die Ware unverzüglich nach der Ablieferung durch den Verkäufer untersuchen und, wenn sich ein Mangel zeigt, dem Verkäufer unverzüglich Anzeige machen (§ 377 I HGB). Unterlässt der Käufer die Anzeige, so gilt die Ware als genehmigt, es sei denn, dass es sich um einen Mangel handelt, der bei der Untersuchung nicht erkennbar war (§ 377 II HGB). Der Verkäufer kann jederzeit und auch stillschweigend auf die Rechtsfolgen aus § 377 II, III HGB – bzw auf den Einwand der Verspätung einer Mängelrüge – verzichten. Hierfür müssen jedoch eindeutige Anhaltspunkte vorliegen, die der Käufer als (endgültige) Aufgabe des Rechts durch den Verkäufer verstehen darf (BGH MDR 2023, 165).

15 **2. Lieferung von Stoffen zur Herstellung durch den Besteller.** In Ergänzung zur dargestellten grds Anwendbarkeit der §§ 433ff stellt § 650 I 2 klar, dass Mängelansprüche gem § 442 I 1 auch dann ausgeschlossen sind, wenn **vom Besteller gelieferte Stoffe** die Ursache von Mängeln an der hergestellten und zu liefernden beweglichen Sache sind. § 650 I 2 stellt die Lieferung mangelhafter Stoffe durch den Besteller zur Weiterbearbeitung der positiven Kenntnis des Käufers vom Mangel bei Vertragsschluss gleich. Dabei kommt es nach dem Wortlaut der Vorschriften für den Ausschluss der Mängelansprüche insb nicht darauf an, ob der Unternehmer den Mangel erkannt hat oder hätte erkennen können. Dies stellt einen wesentlichen Unterschied zum Werkvertragsrecht dar; dort wird dem Besteller die Verantwortung für von ihm gelieferte Stoffe gem § 645 nur dann zugewiesen, wenn der Unternehmer den Mangel auch bei einer ordnungsgemäßen Materialprüfung nicht hätte erkennen können. Zur Erreichung eines Gleichlaufs zw § 650 I 2, § 442 und den §§ 631ff wird daher zT für eine teleologische Reduktion des § 650 I 2 plädiert. Dagegen spricht jedoch, dass § 650 I 3 als Ausnahme zu dem in § 650 I 1 aufgestellten Grundsatz die Anwendung von § 645 ausdrückl vorschreibt und insoweit im Umkehrschluss davon auszugehen ist, dass die Nichtanwendbarkeit mit den weitgehenden Folgen für den Besteller in allen übrigen Fällen gerade gewollt ist und insoweit die Berücksichtigung dieser Grundsätze auch nicht durch eine Reduktion von § 650 I 2 wiederum zur Regel gemacht werden darf.

16 **3. Ergänzende Anwendung werkvertragl Vorschriften bei der Lieferung nicht vertretbarer Sachen.** § 650 I 3 **weicht nicht von dem Grundsatz ab,** dass auf Verträge über die Lieferung herzustellender beweglicher Sachen Kaufvertragsrecht Anwendung findet, unabhängig davon, ob eine vertretbare oder unvertretbare Sache zu liefern ist. Die Vorschrift ordnet lediglich für die Lieferung unvertretbarer Sachen **erg** (nicht modifizierend) die Anwendung **einzelner werkvertragl Vorschriften** an. **Neben** den kaufrechtl Vorschriften anwendbar sind die Vorschriften über die **Mitwirkung des Bestellers** (§ 642 und § 643), die **Verantwortlichkeit des Bestellers** (§ 645), das **Kündigungsrecht des Bestellers** (§ 648) und die Regelung über den **Kostenanschlag** (§ 649). Die in § 650 I 3 enthaltene Aufzählung ist abschließend.

17 **Nicht anwendbar** sind damit die übrigen werkvertragl Vorschriften, insb die Regelungen über die Sicherungsrechte und die werkvertragl Mängelansprüche, wenngleich derartige Verträge häufig eine besondere Sachnähe zu reinen Werkverträgen aufweisen dürften. Die sich aus der Mangelhaftigkeit der gelieferten Sache ergebenden Ansprüche des Bestellers richten sich ausschließlich nach § 437.

18 Die **Abgrenzung** zw vertretbaren und nicht vertretbaren Sachen richtet sich im Grundsatz nach § 91. Entscheidend ist, wie der Wortlaut der Vorschrift schon vorgibt, allein die **Verkehrsanschauung,** nicht aber die Vereinbarung der Vertragspartner.

19 Eine **nicht vertretbare** Sache liegt vor, wenn diese auf die Wünsche des Bestellers ausgerichtet **und** deshalb für den Unternehmer anderweitig schwer oder gar nicht abzusetzen ist (BGH NJW 1966, 2307; 1971, 1793). Nicht vertretbar sind danach sämtliche Sonderanfertigungen von **Sachen, für die ein Markt nicht besteht,** wie etwa eine nach den individuellen räumlichen Vorgaben angefertigte Einbauküche (BGH NJW-RR 1990, 787), die Sonderanfertigung eines Serienmotorrads (LG Hamburg ZIP 1994, 290), auf die Bedürfnisse des Bestellers abgestimmtes Werbematerial (BGH NJW 1966, 2307), wobei die besonderen Umstände des Einzelfalls in seltenen Fällen jew auch eine andere Beurteilung rechtfertigen können.

20 **VI. Anwendungsbereich (Verbrauchervertrag über die Herstellung digitaler Produkte – Abs II–IV).** Statt der Einfügung eines besonderen Vertragstypus für die Bereitstellung digitaler Produkte hat der Gesetzgeber – wie entspr für das Kaufrecht in §§ 445c, 453 I 2, 3 und § 475a, für das Schenkungsrecht in § 516a sowie für das

Mietrecht in § 578b – § 650 dahin modifiziert, Vorschriften des Werkvertragsrechts bei Vertragsverhältnissen über digitale Produkte von der Anwendung auszuschließen und an deren Stelle §§ 327ff einzubeziehen (Einzelheiten: *Fellner* MDR 2021, 976).

Auf **Verbraucherverträge** iSd 650 II 1–3, die die Bereitstellung digitaler Produkte zum Gegenstand haben, kommt § 650 gem Art 229 § 57 I EGBGB **ab dem 1.1.2022** zur Anwendung. Ist der Vertrag schon vor dem 1.1.2022 abgeschlossen worden, kommt das neue Recht gem Art 229 § 57 II EGBGB zur Anwendung, wenn die Bereitstellung des digitalen Produkts erst ab dem 1.1.2022 erfolgt. Für den persönlichen Anwendungsbereich ist die Legaldefinition in § 310 III maßgeblich (BT-Drs 19/27653, 38). Es muss ein Vertrag zw einem Verbraucher iSd § 13 und einem Unternehmer iSd § 14 vorliegen. 21

§ 327 II definiert die Begriffe „digitale Inhalte" und „digitale Dienstleistung", deren Oberbegriff „digitale Produkte" ist. Danach sind **digitale Inhalte** Daten, die in digitaler Form erstellt und bereitgestellt werden. **Digitale Dienstleistungen** sind Dienstleistungen, die dem Verbraucher die Erstellung, die Verarbeitung oder die Speicherung von Daten in digitaler Form oder den Zugang zu solchen Daten ermöglichen, oder die gemeinsame Nutzung der vom Verbraucher oder von anderen Nutzern der entspr Dienstleistungen in digitaler Form hochgeladenen oder erstellten Daten oder sonstige Interaktionen mit diesen Daten ermöglichen (§ 327 Rn 18ff). 22

Digitale Produkte mit Merkmalen eines Werkvertrags: 650 II 1 Nr 1 erfasst Werkverträge zw Verbrauchern und Unternehmern, bei denen der geschuldete Erfolg darin besteht, digitale Inhalte herzustellen, somit nach der Legaldefinition des § 327 II 1 Daten, die in digitaler Form erstellt oder bereitgestellt werden. Maßgebend für den Begriff der Herstellung ist, dass vom Unternehmer ein Erfolg versprochen wird, der nach den Spezifikationen des Verbrauchers entwickelt wird (BT-Drs 19/27653, 87). Die Gegenleistung des Verbrauchers kann auch darin bestehen, dass er (über die zur Bearbeitung erforderlichen hinausgehende) personenbezogene Daten zur Verfügung stellt (BeckOK BGB/*Voit*, 64. Ed 1.11.2022, Rn 27). Es reicht nach § 327 III außerdem aus, wenn der Verbraucher sich zur Bereitstellung der Daten verpflichtet (§ 327 Rn 53). Nicht anwendbar auf einen derartigen Vertrag sind §§ 633–639 über die Rechte bei Mängeln sowie § 640 über die Abnahme (§ 650 II 1). Was die Mängelrechte angeht, besteht ein Vorrang der §§ 327d–327n und der dort eigenständig geregelten Mängelgewährleistung (§ 650 II 2). Die Rechte des Verbrauchers bei Mängeln listet als „Servicenorm" (BGH MDR 2020, 718) – entspr § 634 – § 327i auf (§ 327i Rn 3ff). §§ 641, 644 und 645 sind nur mit der Maßgabe anwendbar, dass an die Stelle der Abnahme die Bereitstellung des digitalen Produkts tritt (§ 650 II 3). 23

Digitale Produkte mit den Merkmalen eines Werklieferungsvertrags: 650 II 1 Nr 2 setzt voraus, dass der Erfolg durch eine digitale Dienstleistung (zum Begriff s Rn 22) herbeigeführt wird. Für die Mängelrechte ordnet Abs II S 2 den Vorrang der §§ 327d–327n und der dort eigenständig geregelten Mängelgewährleistung an. Statt § 640 ist § 327k einschlägig, wonach zugunsten des Verbrauchers vermutet wird, dass das digitale Produkt schon bei seiner Bereitstellung mangelhaft war, wenn sich ein von § 327e oder § 327g abw Zustand innerhalb eines Jahres nach Bereitstellung zeigt. 24

Herstellung eines körperlichen Datenträgers: Abs II S 1 Nr 3 regelt Verbraucherverträge, in denen der Unternehmer sich verpflichtet, einen körperlichen Datenträger herzustellen, der ausschließlich als Träger digitaler Inhalte dient (DVD, CD, USB-Stick). Die Verkörperung in dem Träger dient in diesen Fällen allein dazu, die digitalen Inhalte zu verschaffen. Zu denken ist hier etwa an die Herstellung von CDs oder USB-Sticks, bei denen Audio- oder Videodateien eines Verbrauchers vom Unternehmer unveränderbar gespeichert werden. Derartige Sachen können sowohl Gegenstand eines Werkvertrags (§ 650 IV 1) als auch eines Werklieferungsvertrags (§ 650 IV 2) sein (MüKo/*Busche* Rn 29). Abs II S 1 Nr 3 ist nur anwendbar, wenn der Herstellungsprozess die digitalen Inhalte einschließt (BeckOK/*Voit*, 64. Ed 1.11.2022, Rn 30, 31). Auf einen Verbrauchervertrag iSd § 650 II 1 Nr 3 sind abw von Abs I S 1 und Abs II § 433 I 2, die §§ 434–442, § 475 III 1, IV–VI und die §§ 476 und 477 über die Rechte bei Mängeln nicht anzuwenden. An die Stelle der nicht anzuwendenden Vorschriften treten §§ 327, 327a–s. 25

Für einen Verbrauchervertrag, bei dem der Unternehmer sich verpflichtet, eine Sache herzustellen, die ein digitales Produkt enthält oder mit digitalen Produkten verbunden ist, gilt der Anwendungsausschluss nach Abs II (Rn 23) entspr für diejenigen Bestandteile des Vertrags, welche die digitalen Produkte betreffen. Für einen Verbrauchervertrag, bei dem der Unternehmer sich verpflichtet, eine herzustellende Sache zu liefern, die ein digitales Produkt enthält oder mit digitalen Produkten verbunden ist, gilt der Anwendungsausschluss nach Abs III entspr für diejenigen Bestandteile des Vertrags, welche die digitalen Produkte betreffen. 26

Kapitel 2
Bauvertrag (§§ 650a–650h)

§ 650a Bauvertrag

(1) Ein Bauvertrag ist ein Vertrag über die Herstellung, die Wiederherstellung, die Beseitigung oder den Umbau eines Bauwerks, einer Außenanlage oder eines Teils davon. Für den Bauvertrag gelten ergänzend die folgenden Vorschriften dieses Kapitels.

(2) Ein Vertrag über die Instandhaltung eines Bauwerks ist ein Bauvertrag, wenn das Werk für die Konstruktion, den Bestand oder den bestimmungsgemäßen Gebrauch von wesentlicher Bedeutung ist.

1 **I. Systematik.** Die Vorschriften des Kap 2 „Bauvertrag" (§§ 650a–h) gelten für den in Abs I definierten Bauvertrag erg zu den allg Vorschriften des Kap 1. In Kap 2 werden die bisher in Untertitel 1, den Regelungen zum Werkvertrag, verstreuten Vorschriften zum Bauvertrag zusammengefasst und um weitere Vorschriften ergänzt. Neu in das Kap 2 aufgenommen werden eine **Definition des Bauvertrags** (§ 650a), Regelungen zum **Anordnungsrecht** des Bestellers (§ 650b) sowie **Vorgaben für die Preisberechnung** bei Mehr- oder Minderleistungen (§ 650c). § 650d soll Verfügungsverfahren ermöglichen. Außerdem werden die Vorschriften der bisherigen § 648 I, § 648a zur Sicherungshypothek des Bauhandwerkers und zur Bauhandwerkersicherung weitgehend unverändert in den §§ 650e, 650f übernommen. In § 650g werden Regelungen über die **Zustandsfeststellung** für den Fall getroffen, dass die Abnahme verweigert wird. In § 650h wird zudem ein generelles **Schriftformerfordernis für die Kündigung** von Bauverträgen eingeführt.

2 **II. Legaldefinition, Abs I.** Bisher enthielt das BGB keine **Definition**, was unter einem Bauvertrag, insb in Abgrenzung zum „einfachen" Werkvertrag, zu verstehen ist. Eine Legaldefinition des Bauvertrags ist allerdings bereits vorhanden in § 103 III GWB idF v 17.2.2016: „Bauaufträge sind Verträge über die Ausführung oder die gleichzeitige Planung und Ausführung 1. von Bauleistungen im Zusammenhang mit einer der Tätigkeiten, die in Anhang II der Richtlinie 2014/24/EU des Europäischen Parlaments und des Rates v 26. Februar 2014 über die öffentliche Auftragsvergabe und zur Aufhebung der Richtlinie 2004/18/EG (ABl L 94 v 28.3.2014, S 65) und Anhang I der Richtlinie 2014/25/EU des Europäischen Parlaments und des Rates vom 26. Februar 2014 über die Vergabe von Aufträgen durch Auftraggeber im Bereich der Wasser-, Energie- und Verkehrsversorgung sowie der Postdienste und zur Aufhebung der Richtlinie 2004/17/EG (ABl L 94 v 28.3.2014, S 243) genannt sind, oder 2. eines Bauwerkes für den öffentlichen Auftraggeber oder Sektorenauftraggeber, das Ergebnis von Tief- oder Hochbauarbeiten ist und eine wirtschaftl oder technische Funktion erfüllen soll. Ein Bauauftrag liegt auch vor, wenn ein Dritter eine Bauleistung gem den vom öffentlichen Auftraggeber oder Sektorenauftraggeber genannten Erfordernissen erbringt, die Bauleistung dem Auftraggeber unmittelbar wirtschaftl zugutekommt und dieser einen entscheidenden Einfluss auf Art und Planung der Bauleistung hat." In der Baupraxis bewährt ist die Definition in 1 EG VOB/A, Fassung 2016: „Bauleistungen sind Arbeiten jeder Art, durch die eine bauliche Anlage hergestellt, instand gehalten, geändert oder beseitigt wird." Warum der Gesetzgeber nicht auf diese beiden Definitionen zurückgegriffen hat, die sich in der Praxis bewährt haben, ist nicht ersichtlich (vgl *Langen* NZBau 2015, 662). – Kein Bauvertrag liegt vor, wenn sich der Vertrag auf den Anschluss einer auf einem Gebäudedach installierten Photovoltaikanlage an das Stromnetz beschränkt (KG ZfIR 2019, 548). Auch Verträge über die Erbringung von Teilleistungen können unter § 650a fallen und es ist bei größeren Bauvorhaben geradezu typisch, dass aufgrund einer Mehrzahl von Verträgen unterschiedliche Gewerke jew Teilarbeiten ausführen und dabei untereinander sowie mit dem Bauherrn, Architekten oder Statiker zusammenwirken (*Rodemann* IBR 2019, 532).

3 Während bei Herstellung, Wiederherstellung, Beseitigung oder Umbau eines Bauwerks, einer Außenanlage oder eines Teils davon der Umfang des Bauvorhabens unerheblich ist, sieht das für die Instandhaltung in Abs II anders aus. Definitionen für Bauwerk und Außenanlage enthält die Vorschrift nicht. Die Begr verweist auf die vorhandene Rspr und Lit zu § 634a I Nr 2 bzw § 648 aF.

4 **III. Instandhaltung, Abs II.** Durch Abs II wird geregelt, wann ein **Vertrag über die Instandhaltung eines Bauwerks als Bauvertrag** iSv Kap 2 anzusehen ist. Dies soll nur dann der Fall sein, wenn das Werk für die Konstruktion, den Bestand oder den bestimmungsgemäßen Gebrauch des Bauwerks von wesentlicher Bedeutung ist. Nur unter diesen Voraussetzungen kann davon ausgegangen werden, dass es sich nach Vertragsdauer und -umfang um einen auf längerfristige Zusammenarbeit angelegten Vertrag handelt, bei dem die Anwendung der folgenden speziellen bauvertragsrechtl Vorschriften gerechtfertigt ist.

5 Unter **Instandhaltung** sind Arbeiten zu verstehen, die zur **Erhaltung des Soll-Zustandes** des Bauwerks dienen (s auch § 2 IX HOAI; § 1 VOB/A). Instandhaltungsarbeiten, die für Konstruktion, den Bestand oder den bestimmungsgemäßen Gebrauch des Bauwerks von wesentlicher Bedeutung sind, können etwa Pflege-, Wartungs- und Inspektionsleistungen sein, die der Erhaltung und/oder der Funktionsfähigkeit des Bauwerks dienen. Erfasst werden etwa Verträge zur Inspektion von Brücken oder zur Pflege- und Wartung von tragenden oder sonst für den Bestand eines Bauwerks wichtigen Teilen (Begr 53); Karlsruhe BauR 2022, 1496: sofern im Einzelfall Malerarbeiten sich nicht auf den bloßen Anstrich der Fassade eines Hauses beschränken, sondern darüber hinaus die Reparatur von Schäden des Untergrundes, wie etwa Setz- und Spannungsrisse, umfassen, dienen sie bei wertender Betrachtung der Wiederherstellung der Funktion der Fassade. Sie sind daher von wesentlicher Bedeutung iSv § 650a II; Stuttgart MDR 2022, 631: Anbau von zwei Balkonen mit Glasdach und Außentreppe an ein bestehendes Gebäude stellt keine erhebliche Umbaumaßnahme iSd 650i I dar und begründet daher keinen Verbraucherbauvertrag.

6 Auch insoweit kann auf die Rspr und Lit zurückgegriffen werden zu § 2 Nr 9 HOAI bzw § 1 VOB/A. Instandhaltung wird dabei vom Gesetzgeber nicht anders verstanden als Instandsetzung (krit *Orlowski* ZfBR 2016, 424). Instandhaltung einer Außenanlage ist demnach kein Bauvertrag.

§ 650b Änderung des Vertrags; Anordnungsrecht des Bestellers

(1) Begehrt der Besteller
1. eine Änderung des vereinbarten Werkerfolgs (§ 631 Absatz 2) oder
2. eine Änderung, die zur Erreichung des vereinbarten Werkerfolgs notwendig ist,
streben die Vertragsparteien Einvernehmen über die Änderung und die infolge der Änderung zu leistende Mehr- und Mindervergütung an. Der Unternehmer ist verpflichtet, ein Angebot über die Mehr- oder Mindervergütung zu erstellen, im Falle einer Änderung nach Satz 1 Nummer 1 jedoch nur, wenn ihm die Ausführung der Änderung zumutbar ist. Macht der Unternehmer betriebsinterne Vorgänge für die Unzumutbarkeit einer Anordnung nach Absatz 1 Satz 1 Nummer 1 geltend, trifft ihn die Beweislast hierfür. Trägt der Besteller die Verantwortung für die Planung des Bauwerks oder der Außenanlage, ist der Unternehmer nur dann zur Erstellung eines Angebotes über die Mehr- oder Mindervergütung verpflichtet, wenn der Besteller die für die Änderung erforderliche Planung vorgenommen und dem Unternehmer zur Verfügung gestellt hat. Begehrt der Besteller eine Änderung, für die dem Unternehmer nach § 650c Absatz 1 Satz 2 kein Anspruch auf Vergütung für vermehrten Aufwand zusteht, streben die Parteien nur Einvernehmen über die Änderung an; Satz 2 findet in diesem Fall keine Anwendung.
(2) Erzielen die Parteien binnen 30 Tagen nach Zugang des Änderungsbegehrens beim Unternehmer keine Einigung nach Absatz 1, kann der Besteller die Änderung in Textform anordnen. Der Unternehmer ist verpflichtet, der Anordnung des Bestellers nachzukommen, einer Anordnung nach Absatz 1 Satz 1 Nummer 1 jedoch nur, wenn ihm die Ausführung zumutbar ist. Absatz 1 Satz 3 gilt entsprechend.

I. Allgemeines. §§ 631–651 aF kannten ein Anordnungsrecht des Bestellers nicht. Grds war auch im Werkvertragsrecht zur Änderung des Vertrages ein Änderungsvertrag notwendig (§ 311 I). Damit wurde das Werkvertragsrecht dem auf eine längere Erfüllungszeit angelegten Bauvertrag und dem komplexen Baugeschehen häufig nicht gerecht, insb wenn während der Ausführung des Baus Veränderungen eintreten. In der VOB/B wurde diesem Bedürfnis durch Anordnungsrechte gem § 1 III, IV VOB/B Rechnung getragen. § 650b ist eine – wenig geglückte – Mischung zw Änderungsvertrag und Anordnung. Das Gesetz knüpft an ein Änderungsbegehren des Bestellers an, das einen Einigungsprozess einleitet. Erst wenn dieser scheitert, kann eine Anordnung getroffen werden. 1

II. Gegenstand des Änderungsbegehrens. Eine Änderung des Werkerfolgs nach Abs I S 1 Nr 1 ist **nicht an bestimmte Ziele gebunden.** So kann sie darauf zurückzuführen sein, dass sich die Vorstellungen des Bestellers geändert haben oder er bei der Planung Umstände, etwa unterzubringende Möbel oder sonstige Gegenstände, nicht berücksichtigt hat. Die Anordnung muss sich aber im Rahmen des versprochenen Werkes halten. Der Besteller kann nicht durch Anordnung dem Unternehmer die Planungsverantwortung oder andere Gewerke übertragen. 2

Anordnungen nach Abs I S 1 Nr 2 dienen dazu, den vereinbarten Werkerfolg zu erreichen. Solche Anordnungen des Bestellers können aus verschiedenen Gründen veranlasst sein, etwa durch Änderungen der Rechtslage oder behördliche Vorgaben. Betroffen sind auch Fälle, in denen die ursprüngl Leistungsbeschreibung des Bestellers lücken- oder fehlerhaft ist und ihre Umsetzung deshalb nicht zur Herstellung eines funktionstauglichen Bauwerks führen würde. Dann wird der Anordnung oft ein Bedenkenhinweis des Unternehmers vorausgehen. Unter „Änderung des Werkerfolgs" können Anordnungen zur Bauzeit nicht erfasst werden (str; aA *Joussen* BauR 2018, 151). 3

Für alle Änderungsbegehren (und Anordnungen) gilt, dass sie hinreichend konkret sein müssen. Wenn der Besteller die Planungsverantwortung trägt, sollte er zugleich mit dem Änderungsbegehren die Planung hierfür übergeben. Denn erst dann muss der Unternehmer ein Angebot erstellen. Voraussetzung eines wirksamen Änderungsbegehrens ist die Übergabe der Planung aber nicht. 3a

Das Änderungsbegehren geht in Fällen lückenhafter oder fehlerhafter Leistungsbeschreibung häufig nicht vom Besteller, sondern vom Unternehmer (durch Erfüllung der Hinweispflicht) aus. In diesem Fall kommt es darauf an, ob der Besteller den Hinweis aufgreift.

III. Einigungsprozess. Die Neuregelung verlangt von den Vertragsparteien, **zunächst** auf eine **Einigung** hinzuwirken, **bevor** der Besteller von seinem **Anordnungsrecht** Gebrauch macht. Erst 30 Tage nach Zugang des Änderungsbegehrens kann der Besteller eine Anordnung treffen. Zu Recht wird diese obligatorische Verhandlungspflicht in der Lit als „merkwürdig" bezeichnet (*Althaus* BauR 2017, 415). Es ist nicht nachvollziehbar, warum der Gesetzgeber von der Einführung eines einseitigen Anordnungsrechts des Bestellers Abstand genommen hat. Das in Abs I und Abs II angeordnete Procedere wird den Bedürfnissen der Praxis nicht gerecht, weil Verzögerungen drohen (vgl *Langen* NZBau 2015, 663). Die durch die Einigung angestrebte Rechtssicherheit besteht nur bedingt. Nach der Rspr zur VOB/B sind (vermeintliche) Zusatzleistungen nicht zu vergüten, wenn zwar ein „Nachtragsauftrag" vorliegt, die Leistung aber ohnehin hätte erbracht werden müssen (BGH MDR 2005, 1276). Das gilt auch für Vereinbarungen gem Abs I. 4

Wesentlicher Bestandteil einer einvernehmlichen Lösung ist, dass sich die Parteien auch über die **Auswirkungen** einigen, die die **Änderung für die vom Besteller zu zahlende Vergütung** hat. Das Gesetz regelt nicht den Fall, dass die Parteien nur über die bauliche Änderung, nicht aber über die Vergütung eine Vereinbarung treffen. Ein Anordnungsrecht nach Abs II besteht in diesem Fall nicht, weil die geänderte Ausführung bereits vertragl vereinbart ist. Sachgerecht ist die entspr Anwendung von § 650c, um den Vergütungsanspruch zu bestimmen.

4a Der Unternehmer ist nach Abs I S 2 grds verpflichtet, ein **Angebot über die Mehr- oder Mindervergütung** zu erstellen (bei Planungsverantwortung des Bestellers aber nur, wenn ihm eine Planung zur Verfügung gestellt wird, Rn 6). Eine Regelung zum erforderlichen Inhalt des Angebots fehlt. Der Unternehmer ist nicht darauf beschränkt, sein Angebot an dem Anspruch gem § 650c auszurichten, er kann seinen Angebotspreis „frei" bestimmen (die tatsächlichen Kosten stehen ohnehin noch nicht fest). Der Besteller ist vor unrealistischen Angeboten nicht geschützt und muss ggf die Frist von 30 Tagen abwarten, um die Leistung mit der Vergütungsfolge gem § 650c anzuordnen. Ein Anspruch auf Ersatz von Kosten für die Erstellung des Angebots steht dem Unternehmer nicht zu. Das Gesetz bestimmt keine Frist für die Vorlage des Angebots, der Unternehmer darf es allerdings nicht unbillig verzögern.

4b Sowohl die Pflicht des Unternehmers, ein Angebot über die Mehr- oder Mindervergütung zu erstellen, als auch das Anordnungsrecht nach Abs II soll in den Fällen der Änderung des vereinbarten Werkerfolgs nach Abs I S 1 Nr 1 nicht uneingeschränkt bestehen. Abs I S 2 und Abs II S 2 legen fest, dass der Unternehmer dazu nur verpflichtet ist, wenn ihm die Ausführung der Änderung zumutbar ist. Dieses **Zumutbarkeitskriterium** kann bspw die technischen Möglichkeiten, die Ausstattung und Qualifikation des Bauunternehmers betreffen, aber auch betriebsinterne Vorgänge und die zeitl Dispositionen des Unternehmers (etwa drohender Verzug bei Anschlussaufträgen). Hinsichtl der Frage der Unzumutbarkeit aus betriebsinternen Gründen ist bei einem Generalunternehmer eine Gesamtbetrachtung unter Einschluss der Nachunternehmer angezeigt. Es ist nicht nur auf den Betrieb des Generalunternehmers selbst abzustellen, sondern es sind auch die betrieblichen Möglichkeiten der Nachunternehmer zuzurechnen, ohne die der Generalunternehmer den Auftrag nicht erhalten hätte (Begr 54). Bei der Abwägung, welche Leistungen für den Unternehmer zumutbar sind, sind die Interessen beider Parteien zu berücksichtigen und müssen in einem ausgewogenen Verhältnis in die Bewertung einfließen. Zu berücksichtigen ist einerseits, dass der Unternehmer durch die Anordnung zu Leistungen verpflichtet wird, die nicht der ursprüngl Vereinbarung der Parteien entsprechen. Die Schwelle für die Unzumutbarkeit einer Anordnung soll daher unterhalb der des allg Leistungsverweigerungsrechts wegen Unzumutbarkeit (§ 275 II, III) liegen. Andererseits ist zu berücksichtigen, dass beide Vertragsparteien in dem Stadium der Abwicklung des Bauvertrags aneinander gebunden sind und ein Wechsel des Vertragspartners für den Besteller nur schwer möglich und mit hohen Kosten verbunden ist. Nicht geregelt sind die Rechtsfolgen einer unberechtigten Leistungsverweigerung der Ausführung wegen Unzumutbarkeit. In Frage kommt ein Schadensersatzanspruch des Bestellers gegen den Unternehmer (*Orlowski* ZfBR 2016, 425).

4c Im Gegensatz zu den Änderungen des vereinbarten Werkerfolgs soll für Änderungen, die zur Erreichung des vereinbarten Werkerfolgs erforderlich sind (Abs I S 1 Nr 1), kein neues Zumutbarkeitskriterium eingefügt werden. Hier sollen dem Unternehmer nur die allg Leistungsverweigerungsrechte wegen Unzumutbarkeit (§ 275 II, III) zustehen.

5 Die Verteilung der **Beweislast** für die (Un-)Zumutbarkeit einer Anordnung des Bestellers soll den **Verantwortungssphären der Parteien** Rechnung tragen. Beweispflichtig für die Zumutbarkeit ist grds der Besteller, da er den Vertrag ändern will. Dies gilt beispielsweise für die Frage, ob das zur Ausführung notwendige Material tatsächlich im Handel erhältlich ist. Der Unternehmer trägt nach Abs I S 3 nur dann die Beweislast für die Unzumutbarkeit, wenn er sich auf betriebsinterne Vorgänge beruft, in die der Besteller keinen Einblick hat.

6 Trägt der Besteller die Planungsverantwortung, ist der Unternehmer nach Abs I S 4 nur dann zur Erstellung eines Angebots über die Mehr- oder Mindervergütung verpflichtet, wenn der Besteller die für die Änderung erforderliche Planung vorgenommen und dem Unternehmer zur Verfügung gestellt hat. Damit wird dem Umstand Rechnung getragen, dass der Unternehmer erst dann zur Erstellung des Angebots über die Mehr- oder Mindervergütung in der Lage ist, wenn er die geänderte Planung und die darin vorgesehenen Leistungen kennt. Bei geteilter Planungsverantwortung (Bsp: Entwurfsplanung bei Besteller, Ausführungsplanung bei Unternehmer) kommt es darauf an, welcher Planungsbereich durch die Änderung betroffen ist. Das Gesetz sieht keine Frist für die Vorlage der Planung vor.

7 Trägt der Unternehmer die Planungsverantwortung, steht ihm gem § 650c I 2 kein Anspruch auf zusätzl Vergütung zu, wenn eine Änderung zur Erreichung des vereinbarten Werkerfolgs notwendig ist. In diesem Fall ist kein Angebot über die Mehr- oder Mindervergütung zu erstellen und die Parteien sollen nur Einigkeit über die geänderte Ausführung anstreben. § 650c I S 2 muss allerdings einschränkend ausgelegt werden (§ 650c Rn 7).

8 **III. Anordnung, Abs II.** Für den Fall, dass die Parteien auf der Grundlage der nach Abs I zu erstellenden Unterlagen keine Einigung erzielen, bestimmt Abs II, dass der **Besteller die Änderung anordnen** kann. Die Anordnung muss sich im Rahmen des Änderungsbegehrens halten, ihm aber nicht exakt entsprechen. Die Frist von 30 Tagen knüpft allein an das Änderungsbegehren an. Eine Frist für die Vorlage des Nachtragsangebots gibt es nicht, auch keine Frist für die Vorlage der Planung. I Erg wird die Frist von 30 Tagen bis zur Ablehnung des Nachtragangebots leicht überschritten. Die Anordnung setzt nicht voraus, dass der „Einigungsprozess" nach Abs I „fehlerfrei" durchlaufen worden ist. Sonst würde Streit der Parteien über die Rechtzeitigkeit und den Inhalt der Planungsunterlagen des (planungsverantwortlichen) Bestellers dazu führen, dass die Wirksamkeit der Anordnung zweifelhaft wäre.
Einer Anordnung, die auf eine Änderung des Werkerfolgs gerichtet ist, muss der Unternehmer nach Abs II S 2 nur nachkommen, wenn ihm die Ausführung zumutbar ist. Der Begriff der Zumutbarkeit ist ebenso zu verstehen wie in Abs I (Begr 54). Hinsichtlich der Beweislast für betriebsinterne Vorgänge gilt Abs I S 3 entspr (Abs II S 3).

Eine Anordnung und ein Änderungsbegehren liegen nicht vor, wenn der Besteller Leistungen fordert, die aus seiner Sicht von vornherein vertragl geschuldet sind. In diesem Fall kann aber häufig eine bedingte Anordnung für den Fall angenommen werden, dass die geforderte Leistung tatsächlich nicht vertragl geschuldet ist. 9

Für die Anordnung des Bestellers ist die **Textform** (§ 126b) ausreichend. Sie soll für Klarheit sorgen und vor Übereilung schützen. 10

Das **Procedere** für Änderungen des Bauvertrags sieht demnach wie folgt aus (*Orlowski* ZfBR 2016, 426): 11
- Der Besteller äußert einen Änderungswunsch.
- Hat der Besteller die Planungsverantwortung, muss er dem Unternehmer die geänderte Planung zur Verfügung stellen (Abs I S 4).
- Der Unternehmer muss hiernach unentgeltlich ein Angebot über die Mehr- oder Mindervergütung erstellen; dies gilt nicht, wenn kumulativ die Änderung zur Erreichung des vereinbarten Werkerfolgs nicht notwendig und die Ausführung dem Unternehmer unzumutbar ist (Abs I S 2) oder wenn gem § 650c I 2 kein zusätzl Vergütungsanspruch besteht.
- Die Parteien sollen eine Einigung über die Vertragsänderung anstreben (Abs I S 1).
- Kommt eine Einigung nicht zustande, kann der Besteller die Änderung einseitig anordnen; der Unternehmer kann die Ausführung nur dann ablehnen, wenn sie ihm unzumutbar und nicht zur Erreichung des Werkerfolges notwendig ist (Abs II).

Erst die Anordnung ändert den Vertrag, nicht schon das Änderungsbegehren. Der Unternehmer bleibt zunächst verpflichtet, die unveränderte Leistung herzustellen. Lediglich unter Gesichtspunkten der Kooperation kann er gehalten sein, den Weiterbau zunächst zu unterlassen, um einen späteren Rückbau zu vermeiden. Ordnet der Besteller im Hinblick auf sein Änderungsbegehren einseitig einen Baustopp an, kann der Unternehmer unter den Voraussetzungen des Annahmeverzugs Ansprüche gem § 642 und/oder Schadensersatzansprüche geltend machen. 12

Die Einhaltung der 30-Tages-Frist ist entbehrlich, sobald feststeht, dass die Bemühungen der Parteien um eine Einigung gescheitert sind. 13

§ 650b regelt nicht den Fall, dass der Unternehmer geänderte oder zusätzl Leistungen erbringt, ohne dass eine Anordnung vorliegt. Der Besteller kann aus GoA Wertersatz für die geänderten und zusätzl Leistungen beanspruchen, wenn sie zur mangelfreien Fertigstellung des Bauwerks erforderlich waren (§ 632 Rn 4). 14

§ 650b ist Leitbild iSv § 307. Bei Verwendung durch den Auftraggeber und isolierter Inhaltskontrolle sind daher § 1 III, § 1 IV VOB/B nicht wirksam, weil sie ein sofortiges Anordnungsrecht vorsehen. § 1 III ist zudem ggü § 650b keine spezielle Regelung (vgl *Rodemann* PiG 108, 121). Eine maßvolle Abkürzung der Einigungsfrist sollte der Inhaltskontrolle standhalten. 15

§ 650c Vergütungsanpassung bei Anordnungen nach § 650b Absatz 2

(1) Die Höhe des Vergütungsanspruchs für den infolge einer Anordnung des Bestellers nach § 650b Absatz 2 vermehrten oder verminderten Aufwand ist nach den tatsächlich erforderlichen Kosten mit angemessenen Zuschlägen für allgemeine Geschäftskosten, Wagnis und Gewinn zu ermitteln. Umfasst die Leistungspflicht des Unternehmers auch die Planung des Bauwerks oder der Außenanlage, steht diesem im Falle des § 650b Absatz 1 Satz 1 Nummer 2 kein Anspruch auf Vergütung für vermehrten Aufwand zu.

(2) Der Unternehmer kann zur Berechnung der Vergütung für den Nachtrag auf die Ansätze in einer vereinbarungsgemäß hinterlegten Urkalkulation zurückgreifen. Es wird vermutet, dass die auf Basis der Urkalkulation fortgeschriebene Vergütung der Vergütung nach Absatz 1 entspricht.

(3) Bei der Berechnung von vereinbarten oder gemäß § 632a geschuldeten Abschlagszahlungen kann der Unternehmer 80 Prozent einer in einem Angebot nach § 650b Absatz 1 Satz 2 genannten Mehrvergütung ansetzen, wenn sich die Parteien nicht über die Höhe geeinigt haben oder keine anderslautende gerichtliche Entscheidung ergeht. Wählt der Unternehmer diesen Weg und ergeht keine anderslautende gerichtliche Entscheidung, wird die nach den Absätzen 1 und 2 geschuldete Mehrvergütung erst nach der Abnahme des Werkes fällig. Zahlungen nach Satz 1, die die nach den Absätzen 1 und 2 geschuldete Mehrvergütung übersteigen, sind dem Besteller zurückzugewähren und ab ihrem Eingang beim Unternehmer zu verzinsen. § 288 Absatz 1 Satz 2, Absatz 2 und § 289 Satz 1 geltend entsprechend.

I. Allgemeines/Zweck. § 650c enthält Vorgaben zur **Berechnung der Mehr- oder Mindervergütung** bei Anordnungen gem § 650b. Entspr anwendbar, wenn nur Einigkeit über die Änderung erzielt worden ist, nicht aber über die Vergütung. Keine Anordnung liegt vor, wenn beim Einheitspreisvertrag die Vordersätze vom Angebot abweichen. Für Mehrungen und Minderungen der Vordersätze besteht daher kein Anspruch gem § 650c. Anders, wenn sich Vordersätze auf Grund einer Anordnung verändern. Die Regelung soll Spekulationen einzudämmen und Streit der Parteien über die Preisanpassung weitestgehend vermeiden. Durch die Berechnung der Mehr- oder Mindervergütung nach den tatsächlich erforderlichen Kosten soll insb verhindert werden, dass der Unternehmer auch nach Vertragsschluss angeordnete Mehrleistungen nach den Preisen einer Urkalkulation erbringen muss, die etwa mit Blick auf den Wettbewerb knapp oder sogar nicht auskömmlich ist oder inzwischen eingetretene Preissteigerungen nicht berücksichtigt. Zugleich soll der Berechnungsmaßstab der tatsächlich erforderlichen Kosten die Möglichkeiten für den Unternehmer einschränken, durch Spekulationen ungerechtfertigte Preisvor- 1 teile zu erzielen (Begr 55). Nach Abs II kann der Unternehmer (wahlweise) nach seiner Urkalkulation abrechnen, wenn diese vereinbarungsgemäß hinterlegt ist. Der Praxis sollte daher die grs bewährte Möglichkeit erhalten bleiben, auf der Grundlage der Urkalkulation abzurechnen.

2 Die Mehr- oder Mindervergütung soll **nicht auf der Grundlage** der für die geänderte Bauleistung insg **„üblichen Vergütung" iSd § 632** berechnet werden. Zum einen gibt es für viele (Spezial-)Bauleistungen keine „übliche" Vergütung. Zum anderen würde bei Änderungsnachträgen, bei denen nur die Art der Ausführung der Bauleistung, nicht jedoch der Aufwand (Material, Zahl der Arbeitsstunden etc) geändert wird, eine Berechnung der Mehr- oder Mindervergütung nach der üblichen Vergütung nicht zu angemessenen Ergebnissen führen (Begr 55).

3 Erwogen wurde, bei der Berechnung der Mehr- oder Mindervergütung zw einer Anordnung zur Erreichung des vereinbarten Werkerfolgs und der Anordnung zur Änderung des Werkerfolgs zu unterscheiden. Der Gesetzgeber hat sich dagegen entschieden, da eine Differenzierung zw den beiden Anordnungsvarianten schwierig sein und unnötige Probleme bereiten kann (Begr 55).

4 Die vom Gesetzgeber in Abs I gefundene Lösung verwirft die in § 2 V und VI VOB/B (nach traditionellen Verständnis) vorgegebene Preisfortschreibung nach Maßgabe der Urkalkulation (auch Auftragskalkulation) des Unternehmers (dazu BGH MDR 2013, 904; s aber Rn 13). Nach der sog Zuschlagskalkulation ergibt sich der Angebotspreis aus den (erwarteten) tatsächlichen Kosten der Ausführung (Einzelkosten der Teilleistung = EKT, zB Löhne für Mitarbeiter, Materialkosten, Kosten für Baumaschinen), die der Unternehmer mit Zuschlägen für Wagnis und Gewinn (WuG), allg Geschäftskosten (AGK) und Baustellengemeinkosten (BGK) beaufschlagt. Für geänderte oder zusätzl Leistungen sind nach der VOB/B die kalkulierten Zuschläge auch für die geänderte und zusätzl Leistung maßgeblich. Von hohen Zuschlägen profitiert der Unternehmer bei geänderten und zusätzl Leistungen, niedrige Zuschläge (oder sog Unterdeckungen: der Angebotspreis liegt noch unter den EKT) belasten ihn. Zudem bleibt dem Unternehmer eine „gute" oder „schlechte" Kalkulation der EKT erhalten. Bsp: Der Unternehmer kalkuliert für sein Angebot Materialkosten iHv 50 €/qm, der übliche Einkaufspreis beträgt 25 €/qm. Der Besteller ordnet eine Materialänderung an, die zu einem üblichen Einkaufspreis von 50 € führt. Der Zuschlagsfaktor (Vertragspreisniveaufaktor) für das Material beträgt 2,0, deshalb kann der Unternehmer bei der Berechnung des Preises für die geänderte Leistung 100 € für das Material ansetzen. Dieses Modell der vorkalkulatorischen Preisfortschreibung eröffnet erhebliche Spielräume, weil verschiedene Positionen eines Leistungsverzeichnisses unterschiedlich kalkuliert werden können und die Berechnung der Vergütung für die geänderte Leistung nach der (von der Anordnung betroffenen) Bezugsposition erfolgt. Bei vom Unternehmer erwarteten Leistungsänderungen kann er die Bezugsposition mit hohen Zuschlägen kalkulieren, was auf die Nachtragsberechnung „durchschlägt". Die Berechnung gem § 650c I kann danach für den Unternehmer günstig oder ungünstig sein. Bei Unterdeckungen oder niedrigen Zuschlägen ist sie für ihn günstig, weil er für die geänderte Leistung immer deren tatsächliche Kosten mit den angemessenen Zuschlägen erhält. Bei einer Urkalkulation mit hohen Zuschlägen ist sie für ihn ungünstig, weil er auf angemessene Zuschläge für Wagnis/Gewinn und AGK begrenzt wird und die Basis der Berechnung die tatsächlichen Mehrkosten sind.

5 **II. Berechnung des Vergütungsanspruchs, Abs I.** Die für die unveränderten Vertragsleistungen vereinbarten Preise bleiben unberührt. Mehr- oder Minderleistungen werden nach den hierfür **tatsächlich erforderlichen Kosten mit angemessenen Zuschlägen für allg Geschäftskosten, Wagnis und Gewinn** abgerechnet. Bei der Ermittlung des veränderten Aufwandes nach den tatsächlichen Kosten ist die **Differenz** zw den **hypothetischen Kosten**, die ohne die Anordnung des Bestellers entstanden wären, und den **Ist-Kosten**, die aufgrund der Anordnung tatsächlich entstanden sind, zu bilden. Diese Differenz ist die Grundlage für die Vergütung für den geänderten Aufwand. Die Zuschläge für allg Geschäftskosten, Wagnis und Gewinn müssen angemessen sein. Das Gesetz gibt keinen Maßstab für die Angemessenheit der Zuschläge vor (vgl *Langen* NZBau 2015, 664). Ausgeschlossen ist ein Rückgriff auf die hinterlegte Urkalkulation zur Bestimmung der Zuschläge. Die Berechnung der Mehr- oder Mindervergütung wird **nicht** um einen sog **Vertragspreisniveaufaktor** ergänzt. Die Anwendung dieses Faktors würde dazu führen, dass die ursprüngl einkalkulierte Gewinn- oder Verlustspanne auch bei der Berechnung der Vergütung für die Nachträge zugrunde zu legen wäre, was i Erg zu einer Potenzierung der Gewinne oder Verluste der Ausgangskalkulation führen würde. Stattdessen soll die im Wettbewerb für die Ausgangsleistungen zustande gekommene anteilige Gewinn- oder Verlustspanne für die jew Bezugsposition in ihrer ursprüngl Höhe (dh als Absolutbetrag) erhalten bleiben und dadurch das Preisrisiko für die Vertragsparteien begrenzt werden (Begr 56). Da die Zuschläge nicht aus der Urkalkulation hergeleitet dürfen, sind branchenübliche Zuschläge oder die sonst von dem Unternehmer erzielten Zuschläge anzusetzen, wie sie aus der Bilanz des Vorjahrs abgeleitet werden können (vgl *Althaus* NZBau 2019, 15; Richtwerte bei *Bartel/Hofmann* BauR 2021, 429). Entspr § 648 S 3 ist ein Gewinn von 5 % des vereinbarten Werklohns zu vermuten. Danach kann ein Mindestzuschlag von 5,26 % auf die tatsächlichen Mehrkosten angesetzt werden (KG BauR 2018, 1738).

5a Das Gesetz erwähnt nicht die Baustellengemeinkosten (BGK), dh die Kosten, die für die Einrichtung und Aufrechterhalten der Baustelle entstehen und sich nicht einzelnen EKT zurechnen lassen (Bsp: Absperrung der Baustelle, Vorhaltung eines Krans für eine Vielzahl von Arbeiten). Nach § 650c I müssen Auswirkungen auf die Kosten der Baustelle durch geänderte Leistungen (zB längere Vorhaltung) bei den tatsächlichen (Mehr-)Kosten berücksichtigt werden. Das gilt ebenso für bauzeitl Auswirkungen von Anordnungen.

Führen Anordnungen zu vermindertem Aufwand, sind die tatsächlichen Minderkosten von der vereinbarten Vergütung abzuziehen. Nach dem Wortlaut des § 650c ist dieser Abzug um angemessene Zuschläge zu erhöhen. § 650c weicht insoweit von § 648 ab, da bei der (Teil-)Kündigung der Gewinn dem Unternehmer erhalten bleibt. Das ist zur Erleichterung der Abrechnung hinzunehmen. 6

Nach Abs I S 2 steht dem Unternehmer kein Anspruch auf Vergütung für zusätzl Leistungen zu, die zur Erreichung des Werkerfolgs notwendig sind, wenn seine Leistungspflicht auch die Planung des Bauwerks umfasst. Die Vorschrift wird damit begründet, dass dem Unternehmer kein zusätzl Vergütungsanspruch daraus erwachsen dürfe, dass ein Mangel seiner Planung aufgedeckt wurde. Sie passt damit auf Fälle funktionaler Ausschreibung, wenn also der Unternehmer zum vereinbarten Preis ein Leistungsziel erreichen muss und selbst die dafür erforderlichen Schritte plant. Die Vorschrift ist allerdings zu weit gefasst. Allein aus der Übernahme der Planung folgt nicht stets, dass der Unternehmer alles schuldet, um den Werkerfolg zu erreichen (KG NZBau 2021, 606). Stellt sich etwa der Baugrund anders dar als vom Baugrundgutachter prognostiziert, sollten dem Unternehmer nicht allein deshalb Ansprüche abgeschnitten werden, weil er geplant hat. Die Vorschrift ist zudem äußerst unklar, weil häufig nur Teile der Planung Aufgabe des Unternehmers sind. Generalunternehmer werden regelmäßig mit der Ausführungsplanung betraut, können aber ihr Angebot nur auf Grundlage der vom Besteller erstellten Entwurfsplanung kalkulieren. 7

III. Urkalkulation, Abs II. Um die Abrechnung praktikabel zu gestalten, wird dem Unternehmer die Möglichkeit eröffnet, zur Berechnung der Vergütung für den Nachtrag auf die **Kostenansätze einer vereinbarungsgemäß hinterlegten Urkalkulation** zurückzugreifen. Es greift eine widerlegliche Vermutung, dass die in dieser Urkalkulation enthaltenen bzw fortgeschriebenen Preis- und Kostenansätze den tatsächlich erforderlichen Kosten entsprechen und hinsichtl der Zuschläge angemessen sind. Hinsichtl eines Zuschlags für allg Geschäftskosten wird mithin vermutet, dass er weiterhin zutr ist. Haben sich die allg Geschäftskosten erhöht, hat der Unternehmer die Möglichkeit, die Berechnungsmethode nach Abs I zu wählen und sie auf andere Weise schlüssig darzulegen. In die Vermutung für die Ansätze der Urkalkulation einbezogen wurden auch Zuschläge für Wagnis und Gewinn. Solche Zuschläge werden im Wettbewerb um die Ausgangsleistung erzielt, so dass es sachgerecht ist, sie über die Vermutung im Zweifel fortzuschreiben. Bei unternehmensbezogen kalkulierten Zuschlägen bezieht sich die widerlegliche Vermutung auch auf die in der Urkalkulation ausgewiesenen Ansätze und Bezugsgrößen wie Umsatz, Bauzeit oder projektbezogene Festbeträge. Dadurch wird gewährleistet, dass die Vertragsparteien für die Ermittlung der tatsächlich erforderlichen Kosten keine Neuberechnung vornehmen müssen, sondern – wie bisher – auf die idR vorhandene Urkalkulation des Unternehmers zurückgreifen können. Die Vermutungswirkung kann jedoch nur greifen, wenn die vom Unternehmer offenbarte oder zumindest hinterlegte Urkalkulation ausreichend aufgeschlüsselt ist. Fehlende Plausibilität ist für die Vermutung dagegen unschädlich, sie ist bei der Widerlegung durch den Besteller zu würdigen. Ein wichtiger Nebeneffekt dieser Regelung ist der Anreiz für den Unternehmer, die Kalkulationen nachvollziehbar zu gestalten, um sie – gestützt auf die gesetzl Vermutung – für die Berechnung der „Ist-Kosten" heranziehen zu können. 8

Der Besteller kann die Berechnung gem § 650c II ausschließen, indem er keine Vereinbarung zur Hinterlegung der Urkalkulation trifft. Allein die Entgegennahme einer Urkalkulation begründet nicht die Möglichkeit zur Berechnung gem § 650c II. IdR ist darin auch keine konkludente Vereinbarung der Hinterlegung der Urkalkulation zu sehen. 9

Für den Unternehmer ergibt sich ein **Wahlrecht**, ob er „Nachträge" auf Basis seiner **ursprünglichen Kalkulation (Abs II)** oder nach den **tatsächlich erforderlichen Kosten (Abs I)** abrechnen will. Um Spekulationen bei der Preisgestaltung zu verhindern, kann der Unternehmer das Wahlrecht für jeden Nachtrag nur insg ausüben („Vergütung für den Nachtrag"). Je nachdem wie er sich entschieden hat, hat er konsequent entweder die Urkalkulation fortzuschreiben oder die tatsächlich erforderlichen Mehr- oder Minderkosten für die nachträgl angeordnete Leistung darzulegen (Begr 56). Für verschiedene Nachträge kann der Unternehmer verschiedene Berechnungsmethoden anwenden. An seine Wahl ist er nicht gebunden, da sich die „richtige" Vergütung aus Abs I ergibt. **Widerlegung:** Die Vermutung gem Abs II kann widerlegt werden. Die Vermutung kann nicht schon deshalb als widerlegt gelten, weil ein Kalkulationselement von den tatsächlichen Kosten abweicht. Dass eine Kalkulation mit den tatsächlichen Kosten nicht übereinstimmt, ist dem Verfahren der Kalkulation immanent, die nur von geschätzten Kosten ausgehen kann. Erst im Falle von erheblichen Abweichungen bzw. „unrealistischen" Kalkulationsansätzen ist die Vermutung widerlegt. Es ginge jedoch zu weit, von dem Besteller eine komplette Gegenrechnung zu verlangen. 10

IV. Fehlende Einigung, Abs III. Besteht zw den Parteien Streit über die nach den Abs I, II geschuldete Mehrvergütung, ergibt sich für den Unternehmer das Risiko, dass er die infolge der Änderung geschuldete Mehrleistung zunächst ohne Vergütung erbringt und eine Klärung der Mehrvergütung erst im Zusammenhang mit der Schlussrechnung erfolgt. Um hier zu gewährleisten, dass jedenfalls ein Teil der geschuldeten Mehrvergütung im Rahmen von Abschlagszahlungen berücksichtigt wird, sieht Abs III eine **vorläufige Pauschalierung** vor. Danach kann der Unternehmer bei der Berechnung von vereinbarten oder gem § 632a geschuldeten Abschlagszahlungen 80 % einer in einem Angebot nach § 650b I 2 genannten Mehrvergütung ansetzen, wenn sich die Parteien nicht über die Höhe geeinigt haben oder eine anderslautende gerichtliche Entscheidung ergeht. Auf diese Weise erhält der Unternehmer während der Ausführung des Baus einen leicht zu begründenden **vorläufigen Mehrvergütungsanspruch.** Hält der Besteller ihn für überhöht, muss er gerichtlichen Rechtsschutz in Anspruch nehmen. Dafür muss er darlegen, dass das Angebot die Vergütung gem Abs I übersteigt (strenger KG NZBau 2022, 92: starke 11

Überhöhung erforderlich). Kommt die vorläufige Berechnung der Abschläge nach der 80 %-Regelung zur Anwendung, erfolgt die genaue Berechnung der Mehrvergütung erst in der Schlussrechnung. Der Anspruch des Unternehmers auf die nach den Abs I, II berechnete Mehrvergütung wird dann erst nach der Abnahme des Werkes fällig (S 2). Für den Fall, dass sich nunmehr eine Überzahlung durch den Besteller ergibt, sieht S 3 einen Rückgewähranspruch vor. Die Begr (57) geht somit davon aus, dass der Unternehmer einen Mehrvergütungsanspruch selbst begründen kann, indem er ein Angebot erstellt. Das hat zur Folge, dass er die weitere Ausführung der Leistung gem § 320 von der Befriedigung des erhöhten Abschlagszahlungsanspruchs abhängig und erhöhte Sicherheit gem § 650f fordern kann. Dass es einer Vertragspartei ermöglicht wird, durch ein selbst erstelltes Angebot (auch wenn es unzutr und überhöht ist) erhebliche Rechtswirkungen herbeizuführen, ist äußerst ungewöhnlich. Der Besteller kann Rechtsschutz in Anspruch nehmen, trägt also die Prozesslast. Abs III gilt nur, wenn dem Grunde nach ein Anspruch des Unternehmers auf zusätzl Vergütung besteht. Auf einen nicht bestehenden Anspruch kann der Unternehmer keine Rechtsposition gründen. Bei einer bedingten Anordnung (der Besteller ist der Ansicht, dass eine vermeintlich zusätzl Leistung bereits im Leistungsverzeichnis erfasst ist) findet Abs III daher nur Anwendung, wenn tatsächlich eine Anordnung vorliegt.

12 Um **überhöhte Nachtragsangebote** unter Ausnutzung der 80 %-Regel zu **vermeiden**, sieht Abs III S 3 eine **Verzinsung** überzahlter Beträge vor. Zahlt der Besteller auf die Abschlagsrechnung, sind seine Zahlungen vom Unternehmer zu verzinsen, wenn sie die nach den Abs I und II geschuldete Mehrvergütung übersteigen. Die Regelung ermuntert, überhöhte Angebote zu stellen, weil die Sanktion erst bei Überschreitung des letztlich geschuldeten (100 %igen) Betrages greift und die Überschreitung der 80 %-Grenze sanktionslos bleibt. Zudem ist die Regelung unpraktikabel, weil Nachtragsansprüche nur Rechnungsposten der Schlussrechnung und der Abschlagsrechnungen sind. Häufig wird deshalb unklar bleiben, „worauf" der Besteller gezahlt hat und ob eine überhöhte Nachtragsforderung dadurch kompensiert werden kann, dass der Unternehmer für andere Leistungen Abschläge hätte beanspruchen können. Um eine Zuordnung von (Teil-)Zahlungen auf zusätzl Vergütungsansprüche gem § 650c zu ermöglichen, ist § 366 entspr anzuwenden.

13 **V. VOB/B.** Die **VOB/B** sieht nach traditioneller Ansicht in § 2 V, VI VOB/B ein abw Modell der Preisbestimmung für geänderte und zusätzl Leistungen vor (s Rn 4). Danach kommt es für den neuen Preis auf die Auftragskalkulation an. Bei Änderungen des Vordersatzes gem § 2 III VOB/B kommt es nach Rspr des BGH (BGH MDR 2019, 1186) nicht mehr auf die Urkalkulation an, sondern auf die tatsächlichen Kosten zzgl angemessener Zuschläge. Das wird ebenso für § 2 V und § 2 VI VOB/B gelten müssen (Köln BauR 2021, 973; Düsseldorf BauR 2021, 1812; Düsseldorf NZBau 2020, 509; KG BauR 2021, 823-833; Brandenburg BauR 2020, 1487-1490; *Pamp* BauR 2021, 299, 306). Dies gilt aber nicht, wenn die Parteien übereinstimmend davon ausgegangen sind, Nachträge vorkalkulatorisch zu bemessen (BGH MDR 2013, 904; *Luz* BauR 2020, 698).

§ 650d Einstweilige Verfügung

Zum Erlass einer einstweiligen Verfügung in Streitigkeiten über das Anordnungsrecht gemäß § 650b oder die Vergütungsanpassung gemäß § 650c ist es nach Beginn der Bauausführung nicht erforderlich, dass der Verfügungsgrund glaubhaft gemacht wird.

1 **I. Zweck.** Durch § 650d sollen **einstweilige Verfügungen** zur Durchsetzung von Forderungen des Unternehmers auf Abschlagszahlungen oder Sicherheitsleistungen, die sich wegen Anordnungen des Bestellers geändert haben, **erleichtert** werden. Der Gesetzgeber hat sich gegen das sinnvolle Konzept einer Bauverfügung entschieden und verfolgt die (fernliegende) Auffassung, komplexe Nachtragsansprüche könnten im einstw Verfügungsverfahren, in dem eine Beteiligung von Gerichtssachverständigen nicht möglich ist, sachgerecht verhandelt werden. Wegen der strengen Haftung gem § 945 ZPO birgt die Einleitung eines Verfügungsverfahrens zudem hohe Risiken für den Antragsteller. In der Praxis spielen Verfahren gem § 650d bisher kaum eine Rolle.

2 **II. Anwendungsbereich.** Die **Glaubhaftmachung des Verfügungsgrundes ist nicht erforderlich** bei Streit über das Anordnungsrecht oder die Vergütungsanpassung. Die Regelung greift erst ab Beginn der Bauausführung. Bei entspr Anwendung auf Architekten- und Ingeniuerverträge kommt es auf den Beginn der Planung an. Einstweilige Verfügungen kommen für den Besteller zur **Durchsetzung von Anordnungen** in Betracht, für den Unternehmer zur **Durchsetzung zusätzl Vergütungsansprüche**. Str, ob nach Fertigstellung der Bauarbeiten durch den Unternehmer und Schlussrechnungsreife der Anwendungsbereich des § 650d noch eröffnet ist (dagegen Karlsruhe BauR 2023, 88; aA KG BauR 2021, 823). Macht der Unternehmer von seiner vorläufigen Pauschalisierungsmöglichkeit der Mehrvergütung nach § 650c III 1 Gebrauch, kann der Besteller überhöhten Ansprüchen mit der einstweiligen Verfügung entgegentreten (KG BauR 2022, 1074; keine Anwendung auf Streit über Bauzeit LG Berlin BauR 2020, 1038). Wie in anderen Fällen der Entbehrlichkeit der Glaubhaftmachung des Verfügungsgrunds (§§ 650e, 885 I 2) kann die Vermutung für den Verfügungsgrund widerlegt werden, zB durch Zuwarten des Unternehmers nach einer Anordnung oder wenn der Besteller eine auf zusätzl Vergütungsansprüchen beruhende Abschlagsrechnung bezahlt.

3 **1. Leistungsverfügung.** Nach der Begr soll dem Unternehmer durch die einstweilige Verfügung Liquidität verschafft werden. Dem liegt die Vorstellung zugrunde, dass im einstw Verfügungsverfahren eine Zahlung angeordnet werden kann. Damit übergeht die Gesetzesbegr, dass eine solche Leistungsverfügung nur unter sehr eingeschränkten Voraussetzungen möglich ist. Sie kommt nur bei existenziellen Notlagen in Betracht, die Anforderungen an den Verfügungsgrund sind sehr viel strenger als bei bloß sichernden Maßnahmen (vgl Musielak/

Voit-Huber § 940 ZPO Rn 14). Ob die Regelung des § 650d von diesen strengen Anforderungen dispensiert oder der Verfügungsgrund ohne weiteres widerlegt werden kann (eine Notlage liegt selten vor), ist unklar. Wenn man annimmt, dass sie die Leistungsverfügung ohne weiteres eröffnet, ergeben sich erhebliche Wertungswidersprüche. Der Besteller einer Werkleistung kann sehr viel dringender auf eine Mangelbeseitigung angewiesen sein als der Unternehmer auf Abschlagszahlung (Bsp: wegen Mangels unbenutzbare Heizung bei extremer Kälte). Für den Besteller ist eine auf Mängelbeseitigung gerichtete Leistungsverfügung aber nicht möglich.

Die Anordnung einer (unbeschränkten) **Leistungsverfügung** sollte idR unterbleiben. Es reichen sichernde Maß- 4 nahmen, zB die Anordnung, dass der Auftraggeber in Höhe der Mehrvergütung Sicherheit leistet. Wird eine Zahlung angeordnet, muss zugleich geregelt werden, dass aus der Leistungsverfügung nur gegen Sicherheit vollstreckt werden darf. Denn der Besteller ist davor zu schützen, dass sich das Zahlungsverlangen als unberechtigt oder überhöht herausstellt. Die Sicherheit ist nach der Höhe der Mehrkosten zzgl Zinsen zu berechnen. Der Zeitraum richtet sich nach der noch zu erwartenden Zeitspanne bis zur Beendigung des Bauvorhabens und der Beendigung der gerichtlichen Auseinandersetzung. Umgekehrt kann bei Durchsetzung einer Anordnung gem § 650b bestimmt werden, dass dem Unternehmer Sicherheit oder ein zusätzl Abschlag für den Werklohn zu leisten ist. Solche Einschränkungen rechtfertigen es zugleich, die hohen Anforderungen an die Leistungsverfügung abzusenken. Bei einer auf Abschlagszahlung gerichteten Leistungsverfügung kann berücksichtigt werden, dass der Unternehmer der Anordnung Folge geleistet und daher selbst in (ungesicherte) Vorleistung gegangen ist. Hätte der Unternehmer die Befolgung der Anordnung verweigert, so hätte der Besteller ein Verfügungsverfahren beantragen müssen, bei dem zu Gunsten des Unternehmers abmildernde Anordnungen hätten getroffen werden müssen.

2. Mängel. Beruft sich der Besteller ggü einem Zahlungsverlangen auf Mängel, trägt der Unternehmer (vor 5 Abnahme) die Beweislast für die Mangelfreiheit, muss also den Vortrag des Bestellers zu Mängeln widerlegen. Bei einem Verlangen nach zusätzl Sicherheit gem § 650f kommt es auf Mängel nicht an; Mängel schließen den Anspruch gem § 650f nicht aus.

3. Beschränkung auf Nachträge. Der Verfügungsgrund ist bei Vergütungsansprüchen (oder bei einem An- 6 spruch auf Erhöhung der Sicherheit gem § 650f) nur entbehrlich, soweit sie auf § 650c beruhen. Die Werklohnforderung kann nicht insg im einstw Verfügungsverfahren geltend gemacht werden, nur weil auch Ansprüche gem § 650c zu beurteilen sind. Gleichwohl kann es erforderlich sein, auch andere Vergütungsansprüche zu beurteilen. Die Vergütungsanpassung gem § 650c tritt idR nicht isoliert auf, sondern ist Teil einer Abschlags- oder Schlusszahlungsforderung des Unternehmers für die von vornherein vereinbarten Werkleistungen und die Nachträge. Die Mehrvergütung gem § 650c ist lediglich ein Rechnungsposten des Werklohnanspruchs. Rechnungsposten können nicht isoliert geltend gemacht werden. Denn (Abschlags-)Zahlungen sind nicht einzelnen Rechnungsposten zuzuordnen, es bedarf immer eine Gegenüberstellung des (Abschlags-)Zahlungsanspruchs für alle erbrachten Leistungen und der Abschlagszahlungen, um den offenen Saldo zu ermitteln (KG BauR 2021, 823). Wegen der rechtl Sonderstellung von Ansprüchen gem § 650c III ist auf sie § 366 entspr anzuwenden. Das ist erforderlich, weil sonst nach Teilzahlungen des Bestellers nicht feststünde, in welche Höhe noch erleichtert durchzusetzende Ansprüche bestehen (*Rodemann* FS Oppler, 2020, 411, 413).

III. Feststellungen. Nach der Begr soll § 650d auch Feststellungsverfügungen ermöglichen, etwa zur Wirk- 7 samkeit einer Anordnung (KG MDR 2021, 1387). Das ist abzulehnen, weil Entscheidungen im einstw Verfügungsverfahren nicht in Rechtskraft erwachsen und auch keinen Einfluss auf die materielle Rechtslage nehmen (LG Berlin BauR 2020, 1038). Bsp: Der Besteller befolgt eine wirksame Anordnung nicht. Er verhält sich vertragswidrig, auch wenn (zwischenzeitl und zu Unrecht) ein Gericht mit einstweiliger Verfügung feststellt, dass die Anordnung unwirksam ist. Zulässig ist eine Feststellungsverfügung nur für den Fall, dass der Besteller einem überhöhten Abschlagszahlungsverlangen gem § 650c Abs III (80 %-Regel) entgegentritt. Zu prüfen ist aber nur die Anspruchshöhe, weil sich die Fiktion des § 650c III 1 nur hierauf bezieht (aA KG NZBau 2022, 92 m Anm *Rodemann*).

IV. Disponibilität. § 650d ist eine Regelung des Prozessrechts. Gleichwohl kann sie i Erg **abbedungen** wer- 8 den, weil sich die Prozessparteien durch Prozessvertrag zu jedem prozessualen Verhalten verpflichten können, das möglich ist und nicht gegen ein gesetzl Verbot oder die guten Sitten verstößt; es kann daher vereinbart werden kann, von einer Verfahrensart keinen Gebrauch zu machen (MüKo-ZPO/*Rauscher* Einl Rn 436). In AGB ist der (vollständige) Ausschluss der einstweiligen Verfügung nicht möglich.

V. Zuständigkeit. Nach § 71 II Nr 5 GVG sind für Streitigkeiten über das Anordnungsrecht des Bestellers 9 nach § 650b und über die Höhe des Vergütungsanspruchs infolge einer solchen Anordnung (§ 650c) ungeachtet des Streitwerts die Landgerichte zuständig. Der Antrag auf einstweilige Verfügung ist daher an das LG zu richten.

VI. VOB/B. Die Vereinbarung der **VOB/B** schließt § 650d nicht aus (KG NZBau 2022, 92; KG BauR 2021, 10 823). Die Regelung der der Anordnungsrechte und Vergütungsansprüche in §§ 1, 2 sind lediglich Modifikationen von §§ 650b, c. Auch bei Verträgen gem § 650p I ist § 650d anzuwenden. Der fehlende Verweis in § 650q I ist ein Redaktionsversehen.

§ 650e Sicherungshypothek des Bauunternehmers

Der Unternehmer kann für seine Forderungen aus dem Vertrag die Einräumung einer Sicherungshypothek an dem Baugrundstück des Bestellers verlangen. Ist das Werk noch nicht vollendet, so kann er die Einräumung der Sicherungshypothek für einen der geleisteten Arbeit entsprechenden Teil der Vergütung und für die in der Vergütung nicht inbegriffenen Auslagen verlangen.

1 **I. Systematik.** Die Vorschriften zur Sicherungshypothek des Bauunternehmers (§ 648 I aF) und zur Bauhandwerkersicherung (§ 648a aF) betrafen ausschließlich Bauverträge. Sie werden daher durch die Bauvertragsnovelle aus systematischen Gründen in Kap 2 übernommen. Aufgrund der Definition des Bauvertrages in § 650a mussten geringfügige redaktionelle Änderungen an beiden Vorschriften vorgenommen werden. Dabei wird der Anwendungsbereich des bisherigen § 648 I (jetzt § 650e) geringfügig erweitert, da nunmehr auch ein mit der Errichtung einer Außenanlage betrauter Unternehmer eine Sicherungshypothek verlangen kann. Ansonsten können Rspr und Lit zu § 648 aF für die Auslegung des § 650e herangezogen werden.

2 **II. Allgemeines.** Die Sicherung der Ansprüche des Unternehmers, die bei (Reparatur-)Arbeiten an beweglichen Sachen durch das gesetzl Pfandrecht des § 647 gewährleistet ist, war für Bauarbeiten nicht in gleicher Weise eindeutig zu lösen. Daher wurde dem Unternehmer eines Bauwerks ein **Anspruch auf Einräumung einer Sicherungshypothek** gewährt. Dabei war von Bedeutung, dass der Unternehmer durch seine Leistungen den Wert des Grundstücks erhöht. – § 650e ist **dispositiv**, jedoch Ausschluss durch AGB ohne Einräumung einer anderen angemessenen Sicherheit unwirksam (BGH MDR 1984, 833). Auf jur Personen des öffentlichen Rechts ist die Norm nicht anwendbar, weil bei diesen kein Insolvenzrisiko existiert, vor dem der Unternehmer geschützt werden muss (Zweibrücken NJW-RR 2008, 469; Köln NZI 2019, 687). Zwar enthält die Norm – anders als § 650f VI Nr 1 – keine Einschränkung. Es ist anzunehmen, dass der Gesetzgeber die entsprechende Regelungsbedürftigkeit bei § 650e schlicht übersehen hat. Die Voraussetzungen für eine Analogie liegen daher vor. Die Auffassung, eine Bauhandwerkersicherungshypothek können auch gegen einen öffentlichen Auftraggeber eingetragen werden überzeugt daher nicht.

2a Sicherungshypotheken nach § 650e spielen in der Praxis keine große Rolle. Denn das Schutzziel der Sicherung des Werklohnanspruchs läuft weitgehend leer, wenn Grundeigentümer und Auftraggeber nicht identisch sind und die zur Projektfinanzierung in Abteilung III des Grundbuchs eingetragenen Vorbelastungen eine nachrangige Sicherungshypothek wenig sinnvoll erscheinen lassen. Des Weiteren handelt es sich bei der Sicherungsvormerkung um keine revolvierende Sicherheit. Der Sicherungszweck erledigt sich häufig durch fortschreitenden Bautenstand und Abschlagzahlungen während der Bauausführung (*Leicht* jurisPK-BGB[9] 2020, Rn 3).

3 § 650e darf nicht einschränkend dahin verstanden werden, dass nur solche Forderungen sicherungsfähig sind, die zu einer Wertsteigerung des Grundstücks geführt haben (KG MDR 2021, 481; aA Celle BauR 2020, 1509 m krit Anm *Schwenker* NJW 2020, 1077). Die Werterhöhung des Grundstücks ist keine Anspruchsvoraussetzung. Dem Unternehmer soll eine Sicherungsmöglichkeit für vertragl Ansprüche geboten werden, die unabhängig davon entstehen, ob eine Wertsteigerung des Grundstücks eingetreten ist (vgl den Anspruch aus § 642). Die früher vom BGH verlangte Wertsteigerung des Grundstücks (vgl nur BGH MDR 1977, 659) wird in neuerer Rspr nicht mehr verlangt (BGH MDR 2000, 879). Diese Entscheidung erkennt dem Unternehmer eine Gesamthypothek auf mehrere Grundstücke des Bestellers ohne Berücksichtigung des den einzelnen Grundstücken zugeflossenen Werts zu.

4 Als erg Schutz war eine bevorzugte Behandlung von Forderungen aus Bauarbeiten bei der Zwangsvollstreckung in Grundstücke beabsichtigt, die aber erst durch das BauFdgG v 1.6.1909 (RGBl I 449) erfolgte. Der Titel dieses Gesetzes ist mWz 1.1.2009 durch das FoSiG neu gefasst worden in Bauforderungssicherungsgesetz (BauFoSiG). Das BauFoSiG bringt erhebliche Verschärfungen mit sich. Insb ist innerhalb von Vertragsketten (etwa Bauherr, Generalunternehmer, Subunternehmer) nunmehr Baugeld alles, was im Zusammenhang mit der Herstellung des Baus bezahlt wird (§ 1 III Nr 2 BauFoSiG). Zur Haftung (§ 1 BauFoSiG ist Schutzgesetz iSv § 823 II) BGH MDR 2018, 861.

5 **III. Voraussetzungen des Anspruchs aus § 650e. 1. Materielle und immaterielle Leistungen.** Unternehmer iSd § 650e ist derjenige, der Schuldner eines Bauvertrags ist, wie er in § 650a legaldefiniert ist. Danach ist auch derjenige Unternehmer, der mit der Herstellung, Wiederherstellung, Beseitigung und dem Umbau einer Außenanlage beauftragt ist. Darin liegt eine Erweiterung des Unternehmerbegriffes ggü dem bis zum 31.12.2017 geltenden Recht. Wer mit der Instandhaltung beauftragt ist, ist Unternehmer, sofern das Werk für die Konstruktion, den Bestand oder den bestimmungsmäßigen Gebrauch von wesentlicher Bedeutung ist (§ 650a II).

6 Soweit es sich um **materielle Leistungen** handelt, müssen diese in das Bauwerk eingefügt sein. Die Erhöhung des materiellen Wertes des Grundstücks ist entgegen älterer Rspr keine Anspruchsvoraussetzung (vgl Rn 3). – § 650e ist dagegen nicht anwendbar bei Leistungen, die sich in Vor- oder Hilfsarbeiten erschöpfen, zB Anlieferung von Gerüsten, Baumaterialien oder Bauteilen, deren Einbau dann durch andere Unternehmer oder durch den Besteller selbst erfolgt (Hamburg BauR 1994, 123; Zweibrücken BauR 1981, 294); zweifelhaft bei Ausschachten der Baugrube (bejahend BGH BauR 1984, 64). Die Lieferung beweglicher Sachen, die zum Einbau in ein Bauwerk bestimmt sind, unterfällt, sofern die Sachen nicht vom Lieferanten selbst eingebaut werden, nach § 65o dem Kaufrecht, so dass eine Sicherung nach § 648 nicht in Frage kommt.

Zweifelhaft kann die Abgrenzung bei **immateriellen Leistungen** sein, die dem Bauwerk zugute kommen, also insb Architekten-, Statiker- oder Leistungen sonstiger Sonderfachleute. Für Architekten- und Ingenieurverträge gilt § 650e entspr, wie sich aus § 650q I ergibt. Dass Architekten- und Ingenieurverträge keine materiellen Bestandteile enthalten, die dem Bauwerk „eingefügt" werden können, ist nicht entscheidend (zutr BGH NJW 1960, 1198). Abzustellen ist mit der neueren Rspr des BGH nicht auf ihre werterhöhende Bedeutung und „enge Beziehung" (so Düsseldorf NJW 1972, 1863) zum Bauwerk, sondern darauf, ob die Leistungen sich im Bauwerk manifestieren. Daher steht auch dem **Architekten** der Anspruch aus § 650e zu, wenn er nach dem Architektenvertrag sämtliche Teilleistungen von der Planung bis zur Bauüberwachung erbracht hat (BGH NJW 1969, 419). Der Architekt wirkt aufgrund eines Werkvertrags an der Errichtung des Bauwerks mit. Planung und Bauleitung dienen der Herstellung des Bauwerks. Durch seine Leistungen trägt er nicht weniger als der Unternehmer dazu bei, dass das Bauwerk funktionstauglich und zweckentsprechend errichtet wird. Die Rspr hat in der Vergangenheit darüber hinaus den Architekten auch für sicherungsberechtigt gehalten, sofern seine Leistungen zur Werterhöhung des Grundstücks beigetragen haben (Düsseldorf NJW-RR 2000, 166; Koblenz NZBau 2006, 188). Die Wertsteigerung ist jedoch keine anspruchsbegründende Voraussetzung. Der Architekt und Sonderfachmann kann danach eine Absicherung des Vergütungsanspruchs für bauwerksbezogene Leistungen verlangen. Dass mit der Bauausführung bereits begonnen worden ist, ist keine Voraussetzung (aA Celle BauR 2020, 1509, m krit Anm Schwenker NJW 2020, 1077). 7

2. Eigentümer als Vertragspartner. Zw Unternehmer und Eigentümer des Baugrundstücks muss ein **Werkvertrag** abgeschlossen sein. Nicht aus § 650e berechtigt sind daher Subunternehmer, die nicht mit dem Eigentümer kontrahiert haben (Dresden BauR 2008, 722), und Lieferanten, die zwar mit dem Eigentümer abgeschlossen haben, aber aufgrund eines Kauf- oder Werklieferungsvertrags leisten. Aufstellung und Inbetriebnahme der geleisteten Sachen (zB Waschmaschine, Elektroherd) sind lediglich Nebenleistungen, die die Verträge nicht zu Werkverträgen machen. 8

3. Grundstück. Pfandgegenstand ist das **Baugrundstück**, das den ausgeführten Bau trägt; bei Bauverträgen mit Erbbauberechtigten ist Pfandgegenstand das Erbbaurecht, wobei § 5 II, § 7 II, III ErbbauRG zu beachten sind. 9

4. Identitätserfordernis. Der Besteller des Bauwerks muss **Eigentümer** des Grundstücks sein, und zwar noch im Zeitpunkt der Geltendmachung des Anspruchs aus § 650e. Der Unternehmer kann deshalb Einsicht in das Grundbuch verlangen (München MDR 2015, 507). Dieses **Identitätserfordernis** ist eng auszulegen. Das gilt verstärkt seit der Einfügung des § 648a (jetzt: § 650f), weil dadurch die früher kritisierte schwache Rechtsstellung des Unternehmers verbessert und damit das rechtspolitische Motiv für eine extensive Auslegung des Identitätserfordernisses im Wesentlichen gegenstandslos geworden ist (Celle IBR 1996, 506; aA KG NJW-RR 1999, 1247). Die bisher teilw befürwortete „wirtschaftliche Betrachtungsweise" ist abzulehnen (BGH NJW 1988, 255; Düsseldorf BauR 1985, 337; KG NJW-RR 1987, 1230). Dagegen soll eine wirtschaftl Betrachtungsweise heute angebracht sein, sofern der Grundstückseigentümer auch die tatsächlichen Vorteile aus der Leistung des Unternehmers zieht (KG ZfIR 2009, 202 m Anm *Klein* ZfIR 2009, 207). – Sofern mehrere Grundstücke im Eigentum des Bestellers stehen, kann eine Gesamtsicherungshypothek an den Unternehmer nur verlangt werden, wenn sie aufgrund eines einheitlichen Werkvertrags bebaut worden sind (BGH NJW 2000, 1861). Zu **verneinen** ist die Identität grds etwa, wenn eine Bauträgergesellschaft im eigenen Namen Bauverträge abschließt und auf fremdem Grundstück bauen lässt, wenn der Ehemann Bauherr und die Ehefrau Grundstückseigentümerin ist, wenn der persönlich haftende Gesellschafter der Eigentümerin mit dem persönlich haftenden Gesellschafter der Bestellerin identisch ist bzw bei wirtschaftl Beherrschung der Bestellergesellschaft durch den Grundstückseigentümer (Celle NJW-RR 2003, 236; Frankfurt BauR 2002, 137; aA Hamm NJW-RR 1989, 1105), oder wenn Grundstückseigentum zur Zeit der Erhebung des Anspruchs bereits auf Dritten übertragen ist; anders bei Eintragung einer Vormerkung zugunsten des Anspruchs vor Eigentumsübertragung. – Die Identität zw Besteller und Eigentümer wurde bisher bejaht, wenn Besteller eine OHG, der Eigentümer einer ihrer Gesellschafter ist, oder in ähnl Fällen enger gesellschaftsrechtl Verbindung zw Besteller und Eigentümer, insb Personenidentität zw Bestellergesellschaft und Grundstückseigentümergesellschaft (Hamm NJW-RR 1989, 1105), ferner gem § 242, wenn der Eigentümer/Nichtbesteller faktisch Vorteile aus der Werkleistung zieht (BGHZ 102, 95, 104; Dresden BauR 1998, 136). Der Gesellschafter einer OHG, auf dessen Grundstück die Gesellschaft mit seinem Einverständnis Bauleistungen erbringen lässt, muss aus haftungsrechtl Gründen (§ 128 HGB) die Eintragung einer Bauhandwerkersicherungshypothek auf diesem Grundstück dulden (Frankfurt NJW-RR 2008, 1117). Die geforderte Personenidentität zw Grundstückseigentümer und Besteller ist nach den Grundsätzen von Treu und Glauben unbeachtlich, wenn der Grundstückseigentümer die Bestellerin, eine jur Person, gesellschaftsrechtl und wirtschaftl weitgehend beherrscht und aus der erbrachten Werkleistung des Unternehmers tatsächlich Vorteile zieht (Celle BauR 2006, 543). Wird nach Durchführung der Bauarbeiten **Wohnungseigentum** gebildet, erfasst der Anspruch aus § 650e demnach nur die (noch) im Eigentum des Bauherrn befindlichen Eigentumswohnungen; er richtet sich auf Eintragung einer Gesamthypothek an diesen Wohnungseigentumsrechten. – Wird nach Eintragung der Sicherungshypothek Wohnungseigentum gebildet, besteht die Hypothek als Gesamthypothek an sämtlichen Wohnungseigentumsrechten fort. 10

5. Gesicherte Forderungen. Gesichert sind, wie in § 647, **sämtliche Forderungen** des Unternehmers aus dem Werkvertrag (vgl § 647 Rn 2), sofern die Hypothekeneintragung nicht auf bestimmte Ansprüche beschränkt war (BGH NJW 1974, 1761: nur Werklohnforderung); die Kosten der Rechtsverfolgung gehören ab Verzug dazu. – 11

Fraglich ist, ob der an die Stelle des Vergütungsanspruchs tretende Anspruch aus § 648 S 2 sicherungsfähig ist. Dies ist abgelehnt worden, weil eine Wertsteigerung des Grundstücks nicht eingetreten sei (Jena BauR 1999, 177). Da jedoch die Wertsteigerung des Grundstücks keine Anspruchsvoraussetzung ist (vgl Rn 3), ist auch der Anspruch aus § 648 S 2 sicherungsfähig. Auch Ansprüche aus einem Vergleich, der auf einem Bauvertrag beruht, unterfallen dem Anwendungsbereich des § 650e (Dresden BauR 2010, 953).

12 **6. Fälligkeit. Fälligkeit** der Forderungen (§ 641) ist nicht notwendig; andererseits reicht die Begründung des Anspruchs durch den Abschluss des Werkvertrags nicht aus (BGH MDR 1984, 833). Vielmehr kommt es auf die **Ausführung der Bauarbeiten** an. Der Anspruch aus § 650e wird daher fällig ab Baubeginn und wächst mit dem Baufortschritt. Soweit für die Fälligkeit die Prüfbarkeit der Schlussrechnung erforderlich ist, kommt es darauf bei § 650e nicht an (Brandenburg BauR 2003, 548). Der Anspruch kann jew in der Höhe der Teilvergütung geltend gemacht werden, die der bereits geleisteten Arbeit entspricht. Dies bestimmt nunmehr § 650e S 2 ausdrückl. Daraus folgt im Einz: Fälligkeitsvereinbarungen sind bei der Berechnung der Höhe der Hypothek nicht zu berücksichtigen, wohl aber Umstände, die den Wert der geleisteten Arbeiten beeinflussen, zB Mängel (Hamm BauR 1998, 885), so dass bei Untergang des Werks vor Abnahme und infolge eines Umstandes, den der Besteller nicht zu vertreten hat, der Anspruch aus § 648 völlig entfällt. – Vorübergehende Leistungsverweigerungsrechte hindern den Anspruch nicht (Celle BauR 2003, 134). – Auch die Mehrwertsteuerforderung des Unternehmers kann erst nach Leistungsausführung geltend gemacht und gesichert werden. – Aus dem Grundsatz der Akzessorietät folgt weiter, dass der Anspruch aus § 650e nicht mehr durchsetzbar ist, wenn die Werklohnforderung **verjährt** ist (LG Aurich NJW-RR 1991, 1240).

13 Darin, dass die Sicherung nur für bereits erbrachte Leistungen greift und auf Fälle der mit dem Eigentümer bestehenden Werkverträge beschränkt ist, liegt die Unvollkommenheit des Schutzes, den § 650e den am Bauwerk Beteiligten gewährt. Die Schwäche lässt sich auch nicht durch die Eintragung einer Vormerkung gem §§ 883ff vor Vollendung der Arbeiten ausgleichen. Diese Eintragung ist unzulässig, da § 650e als Sondervorschrift die allg Regelung des § 883 I 2 (auch künftige Ansprüche sind sicherungsfähig) ausschließt (BGH MDR 1977, 659). § 650f gewährt hingegen eine Sicherheit auch für die Vorleistungen des Unternehmers.

14 **IV. Einigung und Eintragung.** Die **Erfüllung** des Anspruchs aus § 650e geschieht gem § 873 durch Einigung und Eintragung, wobei die Einigungserklärung des Eigentümers durch rechtskräftiges Urt ersetzt werden kann (§ 894 ZPO). Eingetragen wird eine Sicherungs- (nicht Verkehrs-)hypothek; deren Umfang bestimmt sich also nach Bestand und Höhe der durch sie gesicherten werkvertragl Forderungen des Unternehmers (§§ 1184ff). Eine Untergrenze wie bei § 866 III ZPO von 750 € muss dabei nicht beachtet werden (Musielak/*Becker* § 866 ZPO Rn 4). Auch § 867 II ZPO greift im Falle einer Gesamtsicherungshypothek nicht ein (Frankfurt NJW 1995, 1359).

15 **V. Sicherung durch Vormerkung.** Der **Anspruch aus § 650e** kann durch Eintragung einer **Vormerkung** gesichert werden, allerdings erst nach mindestens teilw Fertigstellung der Arbeiten (vgl Rn 12f). Die Eintragung erfolgt aufgrund der Bewilligung des Eigentümers oder – praktisch nahezu ausschließlich – durch einstweilige Verfügung, wobei die Gefährdung des Anspruchs nicht glaubhaft gemacht zu werden braucht (§ 885 I), auch nicht – wie bei § 935 ZPO – ein besonderes Sicherungsbedürfnis des Unternehmers. Die Dringlichkeitsvermutung kann aber widerlegt sein (Düsseldorf BauR 2015, 140). Auch durch zu langes Zuwarten kann der Verfügungsgrund entfallen. – Glaubhaft zu machen ist die Höhe des Werklohns. Dafür kann, wenn Preise und Mengen der Leistungen des Unternehmers str sind, ein Prüfvermerk ausreichen, den der Architekt des Bestellers auf der Rechnung angebracht hat (Karlsruhe IBR 2010, 567). – Die Kosten der einstweiligen Verfügung trägt der Besteller, der Unternehmer ausnahmsw gem § 93 ZPO, wenn der Besteller keinen Anlass zum Vorgehen nach §§ 935f ZPO gegeben hat, wobei dies aber bei Fehlen einer vorherigen Aufforderung zur Bewilligung nur ausnahmsw anzunehmen ist (Rostock IBR 2002, 652). Im einstw Verfügungsverfahren kann auf Antrag des Bestellers der Austausch der Vormerkung gegen eine Bürgschaft angeordnet werden.

16 Zu unterscheiden von der Vormerkung zur Sicherung des Anspruchs aus § 650e ist die **Sicherung der werkvertragl Zahlungsansprüche** des Unternehmers (nicht des Anspruchs aus § 650e) durch Arrest (§§ 916ff ZPO), bei dessen Beantragung die Gefährdung der Ansprüche glaubhaft gemacht werden muss (§ 917 ZPO). Der Arrest kann durch Eintragung einer Sicherungshypothek (§ 932 ZPO) vollzogen werden.

17 **VI. Abtretung und Insolvenz.** Die **Abtretung** der werkvertragl Forderungen des Unternehmers lässt den Anspruch aus § 650e auf den neuen Gläubiger übergehen (Dresden NJW-RR 2000, 96); diese Rechtsfolge ist abdingbar. – Ist die Sicherungshypothek des § 650e bereits bestellt, geht sie nach der zwingenden Vorschrift des § 1153 mit den (in der Form des § 873) abgetretenen Forderungen des Unternehmers auf den neuen Gläubiger über.

18 In der **Insolvenz** des Schuldners steht dem Gläubiger einer Sicherungshypothek das Recht auf abgesonderte Befriedigung zu (§ 49 InsO). Während des Insolvenzverfahrens kann die Eintragung der Sicherungshypothek verlangt werden, wenn die Vormerkung bei Verfahrenseröffnung bereits eingetragen war (§ 106). Ist die Vormerkung allerdings im letzten Monat vor dem Antrag auf Eröffnung oder nach dem Antrag durch Zwangsvollstreckung eingetragen worden, wird sie mit Eröffnung des Verfahrens unwirksam (BGH MDR 1999, 1283).

§ 650f Bauhandwerkersicherung

(1) Der Unternehmer kann vom Besteller Sicherheit für die auch in Zusatzaufträgen vereinbarte und noch nicht gezahlte Vergütung einschließlich dazugehöriger Nebenforderungen, die mit 10 Prozent des zu sichernden Vergütungsanspruchs anzusetzen sind, verlangen. Satz 1 gilt in demselben Umfang auch für Ansprüche, die an die Stelle der Vergütung treten. Der Anspruch des Unternehmers auf Sicherheit wird nicht dadurch ausgeschlossen, dass der Besteller Erfüllung verlangen kann oder das Werk abgenommen hat. Ansprüche, mit denen der Besteller gegen den Anspruch des Unternehmers auf Vergütung aufrechnen kann, bleiben bei der Berechnung der Vergütung unberücksichtigt, es sei denn, sie sind unstreitig oder rechtskräftig festgestellt. Die Sicherheit ist auch dann als ausreichend anzusehen, wenn sich der Sicherungsgeber das Recht vorbehält, sein Versprechen im Falle einer wesentlichen Verschlechterung der Vermögensverhältnisse des Bestellers mit Wirkung für Vergütungsansprüche aus Bauleistungen zu widerrufen, die der Unternehmer bei Zugang der Widerrufserklärung noch nicht erbracht hat.

(2) Die Sicherheit kann auch durch eine Garantie oder ein sonstiges Zahlungsversprechen eines im Geltungsbereich dieses Gesetzes zum Geschäftsbetrieb befugten Kreditinstituts oder Kreditversicherers geleistet werden. Das Kreditinstitut oder der Kreditversicherer darf Zahlungen an den Unternehmer nur leisten, soweit der Besteller den Vergütungsanspruch des Unternehmers anerkennt oder durch vorläufig vollstreckbares Urteil zur Zahlung der Vergütung verurteilt worden ist und die Voraussetzungen vorliegen, unter denen die Zwangsvollstreckung begonnen werden darf.

(3) Der Unternehmer hat dem Besteller die üblichen Kosten der Sicherheitsleistung bis zu einem Höchstsatz von 2 Prozent für das Jahr zu erstatten. Dies gilt nicht, soweit eine Sicherheit wegen Einwendungen des Bestellers gegen den Vergütungsanspruch des Unternehmers aufrechterhalten werden muss und die Einwendungen sich als unbegründet erweisen.

(4) Soweit der Unternehmer für seinen Vergütungsanspruch eine Sicherheit nach Absatz 1 oder 2 erlangt hat, ist der Anspruch auf Einräumung einer Sicherungshypothek nach § 650e ausgeschlossen.

(5) Hat der Unternehmer dem Besteller erfolglos eine angemessene Frist zur Leistung der Sicherheit nach Absatz 1 bestimmt, so kann der Unternehmer die Leistung verweigern oder den Vertrag kündigen. Kündigt er den Vertrag, ist der Unternehmer berechtigt, die vereinbarte Vergütung zu verlangen; er muss sich jedoch dasjenige anrechnen lassen, was er infolge der Aufhebung des Vertrages an Aufwendungen erspart oder durch anderweitige Verwendung seiner Arbeitskraft erwirbt oder böswillig zu erwerben unterlässt. Es wird vermutet, dass danach dem Unternehmer 5 Prozent der auf den noch nicht erbrachten Teil der Werkleistung entfallenden vereinbarten Vergütung zustehen.

(6) Die Absätze 1 bis 5 finden keine Anwendung, wenn der Besteller

1. eine juristische Person des öffentlichen Rechts oder ein öffentlich-rechtliches Sondervermögen ist, über deren Vermögen ein Insolvenzverfahren unzulässig ist, oder

2. Verbraucher ist und es sich um einen Verbraucherbauvertrag nach § 650i oder um einen Bauträgervertrag nach § 650u handelt.

Satz 1 Nummer 2 gilt nicht bei Betreuung des Bauvorhabens durch einen zur Verfügung über die Finanzierungsmittel des Bestellers ermächtigten Baubetreuer.

(7) Eine von den Absätzen 1 bis 5 abweichende Vereinbarung ist unwirksam.

I. Systematik. § 650f entspricht dem bisherigen § 648a. Vorgenommen wurden aber folgende **Änderungen:** 1

- Ein Anspruch auf Sicherheit hatte bisher der „Unternehmer eines Bauwerks, einer Außenanlage oder eines Teils davon". Jetzt besteht ein Sicherungsanspruch, wenn ein Bauvertrag gem § 650a vorliegt.
- In Abs I, III und V wird jew der nicht mehr gebräuchliche Begriff „vom Hundert" durch das Wort „Prozent" ersetzt.
- In Abs IV wird die Verweisung auf den bisherigen § 648 I durch die jetzt geltende Verweisung auf § 650e ersetzt.
- Das in Abs VI S 1 Nr 2 normierte sog **Verbraucherprivileg** wird an die neue Systematik des Titels 9 angepasst. Ausgenommen vom Anwendungsbereich des § 650f sind künftig Verträge von Verbrauchern, die einen Verbraucherbauvertrag iSd § 650i sowie einen Bauträgervertrag iSd § 650u zum Gegenstand haben. Bisher fanden die Vorschriften zur Bauhandwerkersicherung keine Anwendung, wenn der Besteller eine nat Person war, die Bauarbeiten zur Herstellung oder Instandsetzung eines Einfamilienhauses mit oder ohne Einliegerwohnung ausführen ließ. Die Neufassung knüpft an die Definition des Verbraucherbauvertrags und des Bauträgervertrags in § 650i und § 650u an. Künftig sind damit auch Verträge eines Verbrauchers über den Bau eines Mehrfamilienhauses vom Verbraucherprivileg erfasst. Auch für diese Verträge gelten die Argumente, die für das Verbraucherprivileg sprechen. Die finanzielle Situation des Verbrauchers wird nach Auffassung des Gesetzgebers vor und während der Realisierung des Bauprojekts idR durch die finanzierende Bank ausreichend geprüft. Probleme bei der Begleichung der Vergütungsansprüche des Unternehmers entstünden nur dann, wenn sich die Kosten für das Bauprojekt durch unvorhergesehene Ereignisse wesentlich erhöhten und sich dadurch die Finanzierung als nicht ausreichend erweise. Dabei handele es jedoch um Ausnahmefälle, für die eine gesetzl Regelung nicht erforderlich sei (Begr 59). Nicht in den Anwendungsbereich des Verbraucherprivilegs aufgenommen werden hingegen von Verbrauchern geschlossene Werkverträge, die keine Verbraucherbauverträge iSd § 650i oder Bauträgerverträge iSd § 650t sind. Hierbei handele es sich idR um Verträge

über kleinere Baumaßnahmen wie Wiederherstellungsmaßnahmen oder kleinere Umbaumaßnahmen, bei denen nicht davon ausgegangen werden kann, dass die Finanzierung in gleichem Maße gesichert ist wie einem Verbraucherbauvertrag oder einem Verbraucherbauträgervertrag. Angesichts des kleineren Volumens wird der Verbraucher die Verbindlichkeit häufiger ohne vorherige Sicherstellung der Finanzierung durch eine Bank eingehen (Begr 59). Das führt zu einer erheblichen Ausweitung. Baut der Verbraucher ein Einfamilienhaus im Wege der Einzelvergabe der Gewerke an verschiedene Unternehmer, liegt ein Verbraucherbauvertrag iSd § 650i nicht vor und der Verbraucher muss jedem Unternehmer Sicherheit leisten. Nach § 648a VI 2 aF bestand in diesem Fall kein Anspruch auf Sicherheit.

Ansonsten kann zur Auslegung der Vorschrift Rspr und Lit zu § 648a aF herangezogen werden.

2 **II. Allgemeines.** § 648a ist durch Gesetz v 27.4.1993 (BGBl I 1993, 509) in das BGB eingefügt worden und am 1.5.1993 in Kraft getreten. Ziel der Neuregelung war es, dem Unternehmer eines Bauwerks statt des Anspruchs gem § 648 aF auf Bestellung einer Sicherungshypothek einen Anspruch auf Sicherheitsleistung für seine Vorleistungen einzuräumen und dadurch seine schwache Rechtsstellung (vgl dazu § 648 Rn 2, 11, § 650e Rn 2a) zu verstärken. Zum ersten Mal novelliert wurde die Vorschrift durch das am 1.5.2000 in Kraft getretene Gesetz zur Beschleunigung fälliger Zahlungen (Abs I und V). Einen durchsetzbaren, dh klagbaren Anspruch auf Sicherheitsleistung verlieh die Regelung allerdings bis 2008 nicht, diese ist erst durch das seit dem 1.1.2009 geltende FoSiG erfolgt, das Änderungen der Abs I, V und VI mit sich brachte.

3 Während die Vorschrift in der bis zum 1.1.2009 geltenden Fassung dem Unternehmer keinen Anspruch auf eine Sicherheit gewährte (BGH MDR 2001, 327), sondern lediglich in Abs V aF das Recht, sich vom Vertrag zu lösen, ist sie nunmehr so ausgestaltet, dass der Unternehmer einen echten Anspruch erhält, der auch klageweise geltend gemacht werden kann (BGH MDR 2010, 859). Dabei kann dahinstehen, ob die Pflicht des Bestellers, dem Unternehmer eine Sicherheit zu stellen, eine Haupt- oder eine Nebenleistungspflicht des Bestellers (so *Schmitz* BauR 2009, 714) darstellt, da die unterschiedliche Qualifikation an der Einklagbarkeit nichts ändert.

4 Die Vorschrift ist **zwingend (Abs VII)**. Ein Verzicht ist unwirksam (BGH MDR 2001, 327). Daher sind Vergleiche, die einen Verzicht des Unternehmers auf § 650f vorsehen, nicht möglich. Von § 650f wird in der Praxis reger Gebrauch gemacht, wobei allerdings zu beobachten ist, dass der Unternehmer die Sicherung nicht im zeitl Umfeld des Vertragsschlusses fordert, um das Kreditvolumen seines Auftraggebers nicht unnötig zu belasten. Vielmehr werden Sicherheiten nach § 650f regelmäßig erst in Krisensituationen verlangt, in denen bereits eine Kündigung des Vertrags wegen Zahlungsverzugs möglich wäre (vgl § 9 I VOB/B). Da häufig nicht abschließend zu beurteilen ist, ob die geforderte Zahlung fällig ist (oder aufgrund Mängeln ein Leistungsverweigerungsrecht des Bestellers besteht), bietet sich ein Verlangen nach Sicherheit iSd § 650f an. Das Verlangen nach Sicherheitsleistung ist nicht deshalb rechtsmissbräuchlich, weil der Unternehmer in Wahrheit andere Ziele verfolgt als die Erlangung einer Sicherheit, zB Verhandlungen erzwingen will (BGH MDR 2018, 84).

5 **III. Anwendungsbereich.** Der Anspruch aus § 650f ist in zwei bedeutsamen Fällen **ausgeschlossen**, in denen nach Einschätzung des Gesetzgebers (vgl BT-Drs 12/1836, 8, 11; 12/4526, 11f) das Sicherungsbedürfnis des Unternehmers erheblich geringer als im Normalfall zu beurteilen ist (**Abs VI**): Der Besteller ist eine jur Person des öffentlichen Rechts oder ein öffentlich-rechtl Sondervermögen, über deren Vermögen ein Insolvenzverfahren unzulässig ist (**Nr 1**), oder es geht um Bauvorhaben von Verbrauchern aus einem Verbraucherbauvertrag gem § 650i oder einem Bauträgervertrag gem § 650u. Insoweit hat die Bauvertragsnovelle die Privilegierung erweitert, denn bis zum 31.12.2017 waren nur Bauvorhaben nat Personen privilegiert, die auf die Herstellung oder Instandsetzung eines Einfamilienhauses (dazu BGH MDR 2016, 514; Stuttgart IBR 2016, 14) mit oder ohne Einliegerwohnung beschränkt sind, während jetzt auch der Bau eines Mehrfamilienhauses erfasst ist (**Nr 2**); solche Vorhaben seien „gewöhnlich solide finanziert“ und außerdem sichere die unbeschränkte und lebenslängliche Haftung des Bestellers den Unternehmer meist vor endgültigem Forderungsausfall. Zugleich bedeutet die Neuregelung aber eine Einschränkung der Privilegierung, etwa bei Einzelvergabe der Gewerke für ein Einfamilienhaus (Rn 1) – Die Alt 1 hat durch das FoSiG die vorher nicht vorhandene Einschränkung erfahren, dass die Eröffnung eines Insolvenzverfahrens unzulässig sein muss. Soweit sich eine jur Person des öffentlichen Rechts privatrechtl Gesellschaftsformen zur Erfüllung ihrer Aufgaben bedient, greift die Privilegierung somit nicht ein (so bereits zur aF Jena BauR 2008, 536). Bedenklich ist nach wie vor Alt 2, da eine regelmäßig solide Finanzierung empirisch nicht nachgewiesen ist.

6 **IV. Voraussetzungen des Anspruchs aus Abs I. 1. Bauvertrag iSd § 650a.** Abweichungen zur bisherigen Rspr sind möglich, bisher von § 648a aF erfasster Gerüstbauvertrag dürfte zB kein Bauvertrag sein. **a)** Der **Besteller** braucht nicht Eigentümer des Grundstücks zu sein; das für § 650e geltende **Identitätserfordernis** entfällt für § 650f. Daher gilt § 650f – anders als § 650e – auch für Werkverträge zw Hauptunternehmer (Besteller iSd § 650f) und Subunternehmer (Unternehmer iSd § 650f) unter der Voraussetzung, dass Gegenstand der Verträge Bauarbeiten im og Sinn sind.

7 **b)** Liegt kein Werkvertrag vor, sondern wird etwa durch Lieferanten aufgrund eines **Kaufvertrags** geleistet, ist § 650f – ebenso wie § 648a aF – nicht anwendbar. Somit entfällt das Sicherungsrecht des § 650f für nunmehr unter § 650 fallende Verträge; auch Verträge über zum Einbau in Bauwerke vorgesehene bewegliche Sachen fallen nicht unter § 650f (BGH MDR 2009, 1155).

8 **2. In Zusatzaufträgen vereinbarte und noch nicht gezahlte Vergütung.** Die Sicherheit ist geschuldet für die auch in Zusatzaufträgen vereinbarte und noch nicht gezahlte Vergütung. Auf die Fälligkeit der Forderung kommt

es nicht an. Nach der Neufassung durch das FoSiG ist unerheblich, ob der Unternehmer noch Vorleistungen zu erbringen hat, sondern kommt es allein darauf an, ob er noch offene Vergütungsforderungen hat. Durch Abs I S 3 ist klargestellt, dass der Unternehmer auch nach der Abnahme Sicherheit nach § 650f verlangen kann, weil er bis zur vollständigen Erfüllung wirtschaftl vorleistungspflichtig und damit schutzbedürftig bleibt. Auch der Vergütungsanspruch nach Kündigung ist somit gesichert (BGH MDR 2014, 586).

Die für die Sicherheitsleistung maßgebliche Vergütung ist bei der Pauschalpreisvereinbarung unmittelbar aus dem Vertrag zu ermitteln. Beim Einheitspreisvertrag kommt es auf tatsächlich anfallende Vordersätze an, beim Stundenlohnvertrag auf den tatsächlichen Zeitaufwand. Die Höhe der Vergütung ist häufig umstritten, insb wenn sich der Unternehmer auf „Nachträge" beruft. Solche Ansprüche sind abzusichern, auch wenn die Parteien sich noch nicht über die zusätzl Vergütung geeinigt haben. Das Gericht muss für den Anspruch auf Sicherheit nur feststellen, ob ein Rechtsgrund für eine zusätzl Vergütung vorliegt. Für die Höhe genügt schlüssiger Vortrag des Unternehmers (BGH MDR 2023, 160). Ebenso ist die Bemessung der Höhe der Sicherheit schwierig im Falle der Kündigung. Denn die Kündigung reduziert den Vergütungsanspruch. Selbst im Falle der „freien" Kündigung sind ersparte Aufwendungen und anderweitiger Erwerb abzuziehen. Diesen Schwierigkeiten trägt der BGH dadurch Rechnung, dass er eine schlüssige Abrechnung des Unternehmers zum Beleg der zu sichernden Forderung ausreichen lässt und ein streitiger Kündigungsgrund nicht aufzuklären ist (BGH MDR 2014, 586; aA KG MDR 2023, 227). Die gesicherten Ansprüche können um eine Pauschale von 10 %, durch die Nebenforderungen abgedeckt werden sollen, erhöht werden. 9

Durch Abs I S 2 wird angeordnet, dass auch Ansprüche, die an die Stelle der Vergütung treten, gesichert sind. Hierzu zählt der Vergütungsanspruch nach Kündigung. Auch der Schadensersatzanspruch des Unternehmers wegen einer vom Besteller zu vertretenden Kündigung aus wichtigem Grund tritt an die Stelle der Vergütung. Ansprüche gem § 6 VI VOB oder § 642 sind nicht gesichert. Denn sie treten neben die Vergütung (LG Berlin IBR 2017, 251; LG Halle BauR 2016, 1057; aA *Schulze-Hagen* BauR 2010, 354). Ein Anspruch aus Geschäftsführung ohne Auftrag kann zu sichern sein (Koblenz BauR 2017, 893). 10

Soweit Abschlagszahlungen erfolgt sind, mindern sie die Werklohnforderung und damit die Höhe der zu sichernden Forderung. Fordert der Unternehmer nach Stellung einer Sicherheit Abschlagszahlungen, kann der Besteller die Freigabe der Sicherheit in Höhe von der von ihm zu leistenden Zahlung beanspruchen und sich wegen dieses Anspruchs auf ein Zurückbehaltungsrecht berufen. Der Unternehmer braucht den Vergütungsrahmen für sein Sicherheitsverlangen nicht voll in Anspruch zu nehmen, sondern kann ihn unterschreiten. Überschreitet er ihn, ist sein Sicherheitsverlangen damit nicht insg unwirksam, sondern in der wirklich geschuldeten Höhe begründet. Der Besteller kann verpflichtet sein, auf ein überhöhtes Sicherungsverlangen die nach § 650f forderbare Sicherheit zu leisten, wenn deren Höhe für ihn feststellbar ist (BGH MDR 2001, 327). 11

3. Mängel der Werkleistung. Mängel der Werkleistung wirken sich auf den Sicherungsanspruch nicht aus, selbst wenn der Besteller aufrechnet und so die Werklohnforderung erlischt, Abs I S 4. Die Bestimmung ist analog auf die Minderung anzuwenden. 12

4. Wirkung der Sicherung. Die vom Besteller gestellte Sicherheit sichert nur bis dahin begründete Ansprüche. Der Sicherungsgeber kann nicht wegen solcher Ansprüche (zB Nachträge) in Anspruch genommen werden, die erst nach Übergabe der Sicherheit begründet worden sind oder auf die Sicherheit nicht erstreckt worden ist (München BauR 2017, 1373). Verbürgt sich ein Versicherer in einer als Bauhandwerkersicherungsbürgschaft gem § 648a überschriebenen Urkunde für Vergütungsansprüche eines Unternehmens aus Arbeiten für ein bestimmtes Bauvorhaben eines Dritten, erstreckt sich die Bürgschaft nicht auf Forderungen, welche das Unternehmen gegen den Dritten für die Überlassung von Baumaschinen und Personal auf Grund einer als Mietvertrag bezeichneten Urkunde geltend macht (Celle BauR 2017, 289). 13

5. Verlangen nach Sicherheitsleistung, Fristsetzung. Der Unternehmer muss vom Besteller Sicherheitsleistung in bezifferter Höhe verlangen. Unschädlich ist, wenn er das Sicherungsverlangen auf eine Bürgschaft beschränkt (Köln BauR 2015, 1543). Zu den Fällen der Unter- oder Überschreitung des Vergütungsrahmens vgl § 650f Rn 11. – Zur Bestellung dieser Sicherheit hat der Unternehmer dem Besteller ferner eine angemessene Frist zu setzen. Für die **Angemessenheit** der Frist, die nach der obj Sachlage und den Umständen des Einzelfalles zu beurteilen ist, ist zu beachten, dass es sich bei § 650f – obj – um eine zwingende (Abs VII) Vertragspflicht des Bestellers handelt, mit deren Belastung er bei seiner Finanzierungsplanung von vornherein rechnen muss. Die Frist wird demgemäß idR eher kurz zu bemessen sein. Die amtl Begr (BT-Drs 12/1836, 9) hält eine Frist von regelmäßig sieben bis zehn Tagen für notwendig. – Ist die gesetzte Frist zu kurz, tritt an ihre Stelle eine angemessene Frist. Ist die Bauhandwerkersicherung von einem Verbraucher zu stellen, ist eine längere Frist angemessen (Stuttgart MDR 2022, 631). Nach ergebnislosem Ablauf der angemessenen Frist kann der Unternehmer seine Leistung verweigern, Abs V. 14

Es stellt keine unzulässige Rechtsausübung und auch keinen Verstoß gegen das bauvertragl Kooperationsgebot dar, wenn dem Sicherungsverlangen des Auftragnehmers auch andere Motive als die bloße Erlangung einer Sicherheit zugrunde liegen (BGH MDR 2018, 84; Dresden IBR 2021, 516). 14a

V. Erfüllung des Anspruchs aus Abs I. Für den Fall, dass der Besteller dem Verlangen des Unternehmers nachkommt, sind die Regelungen über die Erfüllung zu beachten. **1. Inhalt der Erfüllung (Abs II).** Der Unternehmer kann Sicherheitsleistung in der bezifferten Höhe beanspruchen. Über Art und Weise dieser Sicherheitsleistung darf aber der Besteller im Rahmen der gesetzl Vorschriften frei bestimmen. In Betracht kommen: **a)** Die 15 allg Bestimmungen der §§ 232ff, die im Fall des § 650f anwendbar sind (Abs II S 1: „auch"; vgl BT-Drs 12/1836, 9). Danach ist in erster Linie **Realsicherheit** zu leisten, dh durch Hinterlegung von Geld oder geeigneten Wertpapieren, ferner durch Verpfändung von beweglichen Sachen, Grundstücken und Forderungen (zu Einzelheiten vgl §§ 234, 236–239). Hilfsweise kann als **Personalsicherheit** auch ein tauglicher Bürge gestellt werden (§ 232 II, § 239). Für die Bestellung und Verwertung dieser Sicherheitsmittel gelten dann die jew einschlägigen Vorschriften.

16 **b) Abs II** erweitert diese allg Bestimmungen, indem „auch … eine Garantie oder ein sonstiges Zahlungsversprechen" durch ein Kreditinstitut oder einen Kreditversicherer als geeignete Sicherheit zugelassen werden. Mit dieser bewusst weit gefassten Formulierung sind alle Haftungskredite iSd § 19 IV KWG (Bürgschaft, Garantie und sonstige Gewährleistungen) gemeint; die Entwicklung neuartiger Sicherungsinstrumente soll nicht behindert werden (BT-Drs 12/1836, 9). Die Sicherung muss für den Unternehmer werthaltig sein, so dass die Stellung einer befristeten Bürgschaft grds den Anforderungen nicht genügt (Frankfurt MDR 2003, 151); keine Unwirksamkeit nach Abs VII aber, wenn sich der Unternehmer trotz Forderung nach einer unbefristeten Sicherheit später auf eine befristete Bürgschaft einlässt (Oldenburg MDR 1999, 89). **Abs II S 2** trifft eine zwingende (Abs VII) Sonderregelung für das Rechtsverhältnis zw Unternehmer und Kreditinstitut. Danach wird der Anspruch des Unternehmers aus einem solchen Zahlungsversprechen des Kreditinstituts erst **fällig**, wenn der Besteller den Vergütungsanspruch des Unternehmers anerkennt oder zur Zahlung der Vergütung verurteilt ist. Damit soll in erster Linie der Besteller davor geschützt werden, dass das Kreditinstitut an den Unternehmer zahlt, obwohl dessen Vergütungsanspruch bestr ist (BT-Drs 12/1836, 10). Andererseits wird dadurch die Position des Unternehmers entgegen dem Zweck des § 650f (Rn 1) geschwächt, weil auch bei mangelfreier Werkherstellung die Durchsetzung seines Zahlungsanspruchs gegen das Kreditinstitut erheblich (bis zum Anerkenntnis oder Urt) verzögert werden kann. Außerdem ergibt sich, dass der Unternehmer etwa aus einer selbstschuldnerischen Bankbürgschaft nach den allg Vorschriften (§ 232 II, § 239 I, II), die lediglich eine fällige Hauptverbindlichkeit erfordert, leichter vorgehen kann als aus einer Bankbürgschaft gem § 650f II.

17 **2. Wirkungen der Erfüllung.** Durch die pflichtgemäße Erfüllung erlischt der Anspruch aus § 650f (§ 362). Außerdem verschafft sie dem Unternehmer einen Rechtsgrund für das Behalten der Sicherungsmittel bis zur Erfüllung der gesicherten Vergütungsansprüche.

18 **3. Kosten der Sicherheitsleistung (Abs III).** Nach dieser Vorschrift kann der Besteller vom Unternehmer die Erstattung der Kosten der Sicherheitsleistung verlangen. Der wegen Abs VII nicht abdingbare Anspruch wird damit gerechtfertigt, dass die Sicherheitsleistung den Interessen des Unternehmers dient, indem sie das wirtschaftl Risiko seiner gesetzl Vorleistungspflicht mindert; zum Ausgleich dafür hat er die Kosten zu tragen (vgl BT-Drs 12/1836, 10). Diese werden häufig darin bestehen, dass der Besteller seinerseits einem Kreditinstitut ggü aufgrund eines Garantieauftrags Provisionen oder Zinsen für die Stellung einer Bankgarantie oder -bürgschaft schuldet. – Um eine unangemessen hohe Kostenbelastung des Unternehmers, etwa im Fall schlechter Bonität des Bestellers, zu verhindern, ist der Anspruch der **Höhe** nach auf die üblichen Kosten begrenzt. Die **Üblichkeit** soll sich aus der Höhe der Avalprovision ergeben, die die Banken bei durchschnittlichen Risiken verlangen (vgl BT-Drs aaO). Einen Höchstsatz schreibt Abs III S 1 mit 2 % der Garantiesumme pro Jahr vor (Mittelwert einer auf 0,5–3 % geschätzten Avalprovision; vgl BT-Drs 12/1836, 10; 12/4526, 11). – Der Besteller kann mit dem Erstattungsanspruch aus Abs III gegen den Vergütungsanspruch des Unternehmers aus § 631 **aufrechnen**. – Der Anspruch auf Kostenerstattung **entfällt**, soweit die Sicherheitsleistung länger als nötig deshalb aufrechterhalten wird, weil der Besteller unbegründete Einwendungen ggü dem Vergütungsanspruch des Unternehmers erhebt (**Abs III S 2**); das gilt erst recht dann, wenn der Besteller grundlos nicht zahlt.

19 **VI. Rechtsfolgen bei Nichterfüllung des Anspruchs aus § 650f (Abs I, V). 1. Teilweise Sicherheit.** Leistet der Besteller innerhalb der gesetzten Frist nur teilw Sicherheit, stehen dem Unternehmer nach vorzugswürdiger Ansicht hinsichtl des gesamten Vertrags die Rechte aus § 650f zu, er muss nicht leisten, bis die Teilsicherheit erschöpft ist (Jena IBR 2014, 146).

20 **2. Leistungsverweigerungsrecht des Unternehmers (Abs V).** Der Unternehmer ist ohne weitere Erklärung berechtigt, die geschuldeten Arbeiten nicht zu beginnen oder fortzusetzen. Er ist zur Untätigkeit aber nicht verpflichtet; die vertragl Tätigkeitspflichten bestehen weiter, so dass der Unternehmer auch die Werkherstellung beginnen oder fortsetzen darf. Deshalb kommt der Besteller in Annahmeverzug (§ 293), wenn er angebotene Arbeit nicht annimmt. Bei Leistungsverweigerung durch den Unternehmer kann der Besteller keine Leistung mehr verlangen, so dass der Unternehmer nicht in Verzug geraten kann (BGH MDR 2007, 1418). Fristsetzungen zur Mangelbeseitigung gehen ins Leere (BGH MDR 2009, 797). Dies wiederum hat zur Folge, dass der Besteller die Voraussetzungen für die Selbstvornahme nicht schaffen kann. Verlangt der Unternehmer Zahlung, kann sich der Besteller wegen Nacherfüllungsansprüchen auf § 320 berufen, auch wenn er keine Sicherheit gestellt hat (BGH MDR 2004, 627).

21 **3. Rechte des Unternehmers zur Kündigung und auf Entschädigung (Abs V).** Den durch die Leistungsverweigerung eingetretenen Schwebezustand (BT-Drs 12/1836: Pattsituation) kann jeder der beiden Vertragspartner **beenden.**

22 Nach **Abs V S 1** kann der **Unternehmer** den Vertrag kündigen. Nach Kündigung steht dem Unternehmer die Vergütung nach Abs V S 2 zu. Die Höhe der Vergütung ist der Regelung in § 649 S 2 nachgebildet. Zu den Einzelheiten wird auf § 648 Rn 6 verwiesen, dort auch zu der Vermutung, dass dem Unternehmer 5 % der auf den

noch nicht erbrachten Teil der Werkleistung entfallenden vereinbarten Vergütung zustehen. Ob das Werk, das sich durch die Kündigung auf den erbrachten Leistungsteil reduziert, zur Herbeiführung der Fälligkeit abgenommen werden muss, ist nicht geregelt. Wenn man annimmt, dass der Unternehmer nach Kündigung keine Leistungen mehr auszuführen hat, also auch keine Nacherfüllungsansprüche mehr bestehen, ist eine Abnahme zur Herbeiführung der Fälligkeit der Forderung nicht erforderlich, da über die gegenseitigen Ansprüche nur noch abzurechnen ist (München IBR 2013, 207). Mängel wirken sich dann dahin aus, dass die obj Kosten der Mängelbeseitigung abzuziehen sind (BGH MDR 2007, 332). Wegen Abs V S 2 lässt sich aber auch vertreten, dass sich der Unternehmer nur die Kosten abziehen lassen muss, die er für die Mängelbeseitigung aufzuwenden gehabt hätte.

Der Besteller kann den Unternehmer nicht zwingen, die Kündigung zu erklären, um die Pattsituation aufzulösen. Er ist auf die eigene Kündigung gem § 648 verwiesen (vgl Rn 24). Kündigt keine der Parteien, gilt das Folgende: Vor der Abnahme kann der Unternehmer nur Abschlagszahlung beanspruchen. Wegen Mängeln kann sich der Besteller auf § 320 berufen. In der Situation nach der Abnahme, in der ebenfalls Sicherheit verlangt werden kann (Abs I S 3), kann sich der Besteller wegen Mängeln ebenfalls auf § 320 berufen. Der Berufung auf das Zurückbehaltungsrecht gem § 320 kann der Unternehmer nicht entgegenhalten, wegen fehlender Sicherheit zur Leistung/Nacherfüllung nicht verpflichtet zu sein. Allerdings reduziert sich der Einbehalt auf die einfachen Mängelbeseitigungskosten. Will der Besteller das Leistungsverweigerungsrecht beseitigen, muss er nach Abs V S 1 den Vertrag hinsichtl der Mängelbeseitigung kündigen und dafür die aus Abs V S 2 folgenden Abzüge hinnehmen. Der Unternehmer hat somit die Wahl, entweder die Mängel zu beseitigen und die volle Vergütung zu erlangen oder aber ohne Mängelbeseitigung die um die Mängelbeseitigungskosten gekürzte Vergütung. 23

Der **Besteller** ist berechtigt, den Vertrag gem § 648 S 1 zu **kündigen**, muss allerdings dann dem Unternehmer die volle Vergütung zahlen, unter Abzug von ersparten Aufwendungen und anderweitigem tatsächlichem oder böswillig unterlassenem Erwerb (§ 648 S 2); ein außerordentliches Kündigungsrecht steht ihm nicht zu. In diesem Falle ist der Unternehmer zur Beseitigung der Mängel des bis zur Kündigung erstellten Werkes verpflichtet, da die Kündigung des Bestellers sich nur auf die nicht erbrachten Leistungen auswirkt. Die Vergütung des Unternehmers wird erst mit Abnahme fällig, die wegen Mängeln verweigert werden darf. Allerdings darf der Besteller die Mängelbeseitigung von der Stellung einer (wegen der Kündigung regelmäßig der Höhe nach reduzierten) Sicherheit abhängig machen. Wird die Sicherheit nicht gestellt, kann der Unternehmer kündigen oder Abschlagszahlung (unter Berücksichtigung des § 320 in Höhe der einfachen Mangelbeseitigungskosten) beanspruchen. 24

VII. Verhältnis zu § 650e (Abs IV). Vor Beginn der Arbeiten ist der Anspruch aus § 650e auf Einräumung einer Sicherungshypothek tatbestandlich ausgeschlossen (vgl § 650e I 2: geleistete Arbeit), der Unternehmer kann also nur Sicherheit gem § 650f I verlangen. Nach Arbeitsbeginn können beide Ansprüche tatbestandlich gegeben sein, da § 650f auch auf erbrachte, aber noch nicht bezahlte Leistungen anzuwenden ist (Rn 8). Für Fälle dieser Art schließt Abs IV den Anspruch aus § 650e aus. Die Ausschlussregelung greift aber nach dem Wortsinn der Bestimmung erst dann ein, wenn der Anspruch gem Abs I erfüllt ist, der Unternehmer Sicherheit also bereits erlangt hat (vgl Köln BauR 1996, 272). Bis dahin kann der Unternehmer beide Ansprüche nebeneinander verfolgen. – Umgekehrt ist die aufgrund des § 650e erreichte Einräumung etwa einer mündelsicheren Sicherungshypothek auch ein taugliches Sicherungsmittel nach Abs I, so dass dieser Anspruch dann erfüllt ist. 25

VIII. Änderungen zugunsten Unternehmers. Die Rspr des BGH versteht das Verbot abw Vereinbarungen in **Abs VII** dahin, dass trotz des Schutzzwecks der Norm auch Änderungen zugunsten des Unternehmers unwirksam sind (BGH MDR 2001, 1181). – Abs VII stellt kein gesetzl Leitbild zur Inhaltskontrolle für im Bauvertrag zu Gunsten des Auftragnehmers enthaltene Sicherungsabreden dar. § 650f betrifft ausschließlich das Recht des Unternehmers, nach Abschluss des Bauvertrags eine Sicherheit verlangen zu können. Es können daher im Bauvertrag Sicherheiten zugunsten des Unternehmers vereinbart werden, auch wenn ein Anspruch nach § 650f nicht bestehen würde (BGH MDR 2010, 859). 26

IX. Verjährung. Die Verjährung des Anspruchs auf Stellung einer Bauhandwerkersicherung beginnt nicht vor dem Verlangen des Unternehmers nach Sicherheit, weil es sich um einen verhaltenen Anspruch handelt (BGH MDR 2021, 740). Auf verhaltene Ansprüche ist § 199 I nicht anwendbar. Die dreijährige Frist beginnt nicht Ende des Jahres, sondern taggenau mit dem Zugang der Aufforderung zur Sicherheitsleistung beim Besteller (LG München IBR 2023, 131). Seine Rechtfertigung findet dies in einer Gesetzesanalogie zu § 695 S 2, § 696 S 3, wo ausdrückl bestimmt ist, dass die Verjährung mit der Rückforderung des Hinterlegers bzw mit dem Verlangen des Verwahrers auf Rücknahme der hinterlegten Sache beginnt. Nicht entschieden ist bisher die Frage, ob die Verjährung „teilbar" ist, wenn der Unternehmer nicht die volle Sicherheit beansprucht. 27

X. Prozessuales. Der Anspruch kann nicht im Urkundenprozess geltend gemacht werden, weil er nicht, wie § 592 ZPO verlangt, auf Geldzahlung gerichtet ist. Bei Verbindung mit einer Zahlungsklage ist ein Teilurt über den Sicherungsanspruch trotz Widerspruchsgefahr zulässig (BGH MDR 2021, 1002). Das eine Sicherheit zusprechende Urt ist gegen Sicherheitsleistung für vorläufig vollstreckbar zu erklären (Karlsruhe IBR 2017, 200; zur Höhe der Sicherheit Hamm MDR 2019, 219). Die Vollstreckung richtet sich nach § 887 ZPO (Saarbrücken NJW-RR 2015, 1206). Bei Verbindung von Zahlungsklage und Klage auf Sicherheit sind die Streitwerte zu addieren (Düsseldorf IBR 2013, 1045, str). 28

§ 650g Zustandsfeststellung bei Verweigerung der Abnahme; Schlussrechnung

(1) Verweigert der Besteller die Abnahme unter Angabe von Mängeln, hat er auf Verlangen des Unternehmers an einer gemeinsamen Feststellung des Zustands des Werks mitzuwirken. Die gemeinsame Zustandsfeststellung soll mit der Angabe des Tages der Anfertigung versehen werden und ist von beiden Vertragsparteien zu unterschreiben.

(2) Bleibt der Besteller einem vereinbarten oder einem von dem Unternehmer innerhalb einer angemessenen Frist bestimmten Termin zur Zustandsfeststellung fern, so kann der Unternehmer die Zustandsfeststellung auch einseitig vornehmen. Dies gilt nicht, wenn der Besteller infolge eines Umstands fernbleibt, den er nicht zu vertreten hat und den er dem Unternehmer unverzüglich mitgeteilt hat. Der Unternehmer hat die einseitige Zustandsfeststellung mit der Angabe des Tages der Anfertigung zu versehen und sie zu unterschreiben sowie dem Besteller eine Abschrift der einseitigen Zustandsfeststellung zur Verfügung zu stellen.

(3) Ist das Werk dem Besteller verschafft worden und ist in der Zustandsfeststellung nach Absatz 1 oder 2 ein offenkundiger Mangel nicht angegeben, wird vermutet, dass dieser nach der Zustandsfeststellung entstanden und vom Besteller zu vertreten ist. Die Vermutung gilt nicht, wenn der Mangel nach seiner Art nicht vom Besteller verursacht worden sein kann.

(4) Die Vergütung ist zu entrichten, wenn
1. der Besteller das Werk abgenommen hat oder die Abnahme nach § 641 Absatz 2 entbehrlich ist und
2. der Unternehmer dem Besteller eine prüffähige Schlussrechnung erteilt hat.
Die Schlussrechnung ist prüffähig, wenn sie eine übersichtliche Aufstellung der erbrachten Leistungen enthält und für den Besteller nachvollziehbar ist. Sie gilt als prüffähig, wenn der Besteller nicht innerhalb von 30 Tagen nach Zugang der Schlussrechnung begründete Einwendungen gegen ihre Prüffähigkeit erhoben hat.

1 **I. Zweck.** Die Norm **ergänzt** in Abs I–III für Bauverträge die **Neuregelung der fiktiven Abnahme** in § 640 II, indem sie eine Regelung zur **Zustandsfeststellung** für den Fall enthält, dass die Abnahme verweigert wird, und in Ergänzung zu den allg Regeln und § 644 eine Regelung zur Gefahrtragung trifft (Einzelheiten bei *Pauly* MDR 2002, 1453). In Abs IV wird für Bauverträge eine besondere Regelung zur Fälligkeit getroffen.

2 **II. Gemeinsame Feststellung, Abs I.** Kommt es nicht zu einer Abnahme des Bauwerks oder der Außenanlage, weil die Vertragspartner über die Abnahmereife des Werks streiten, kann der **Zustand des Werks zum Zeitpunkt des Abnahmeverlangens** auf Verlangen des Unternehmers festgehalten werden. Insb wenn der Besteller das Werk ohne vorherige Abnahme in Benutzung genommen hat, entstehen häufig Unsicherheiten darüber, ob später festgestellte Mängel aus dem Verantwortungsbereich des Bestellers oder des Unternehmers stammen. Ein entspr Bedürfnis zur Dokumentation des Zustands kann auch bestehen, wenn die Vertragspartner einig sind, dass das Werk nicht abnahmereif ist.

3 Den Besteller trifft eine **Obliegenheit**, auf Verlangen des Unternehmers an einer gemeinsamen Feststellung des Zustands des Werks mitzuwirken, wenn der Besteller die Abnahme wegen mindestens einem Mangel verweigert. Bei Verweigerung der Abnahme ohne Berufung auf Mängel gilt § 640 II. Die Zustandsfeststellung setzt die Fertigstellung des Werks in dem Sinne voraus, dass der Unternehmer es als fertig andient. Eine Zustandsfeststellung findet auch statt, wenn ein Anspruch auf Teilabnahme besteht und die Teilabnahme wegen eines Mangels verweigert wird.

3a Die Zustandsfeststellung ersetzt nicht die Abnahme und hat auch keine sonstigen Ausschlusswirkungen, sie dient – entspr ihrer Bezeichnung – lediglich der **Dokumentation** des Zustands des Werks, um späterem Streit vorzubeugen und ist die Grundlage für eine modifizierte Gefahrtragung. Mit Blick auf ihre Dokumentationsfunktion soll die gemeinsame Zustandsfeststellung von beiden Vertragsparteien unterschrieben und mit dem Datum ihrer Anfertigung versehen werden. Textform (§ 126b) genügt. Gegenstand der Zustandsfeststellung sind die Beanstandungen des Bestellers; auch Rügen zu nicht fertig gestellten Leistungen. Der Leistungsstand (ausgeführte Massen) gehört nicht zur Zustandsfeststellung. Hierzu trifft § 648a IV eine Sonderregelung für den Fall der Kündigung.

4 **III. Einseitige Feststellung, Abs II.** Kommt es nicht zu gemeinsamer Feststellung, ist eine **einseitige Zustandsfeststellung** durch den Unternehmer möglich, die die in Abs III vorgesehenen Rechtsfolgen auslöst. Die einseitige Zustandsfeststellung durch den Unternehmer setzt voraus, dass der Besteller einem vereinbarten oder von dem Unternehmer innerhalb einer angemessenen Frist bestimmten Termin fernbleibt. Dies gilt nicht, wenn der Besteller infolge eines Umstands fernbleibt, den er nicht zu vertreten hat und den er dem Unternehmer unverzüglich mitgeteilt hat. Auf diese Weise soll erreicht werden, dass sich die Vertragsparteien über den Termin zur Zustandsfeststellung austauschen und dass die Frage des Vertretenmüssens eines etwaigen Fernbleibens des Bestellers noch vor dem Termin von ihnen erörtert wird (Begr 59). Die Voraussetzungen einer einseitigen Zustandsfeststellung liegen nicht vor, wenn sich beide Vertragsparteien zu einer gemeinsamen Zustandsfeststellung einfinden, sich in der Folge aber nicht auf den festzustellenden Zustand einigen können. In diesem Fall steht es den Parteien offen, in einem selbständigen Beweisverfahren gem §§ 485ff ZPO den Zustand des Werks von einem gerichtlich bestellten Sachverständigen feststellen zu lassen. Die Regelung berücksichtigt nicht, dass der Unternehmer eine einseitige Feststellung oft nicht treffen kann, weil er keinen Zugriff auf das Werk hat, zB bei

Arbeiten in der Wohnung des Bestellers. Vereitelt der Besteller die einseitige Zustandsfeststellung, kann eine Beweislastumkehr greifen.

Damit der Besteller vom Inhalt der einseitigen Zustandsfeststellung Kenntnis erhält und nachträgl Änderungen der Zustandsfeststellung vorgebeugt wird, ist in Abs II S 2 vorgesehen, dass der Unternehmer die einseitige Zustandsfeststellung mit der Angabe des Tages der Anfertigung zu versehen und sie zu unterschreiben sowie dem **Besteller eine Abschrift der einseitigen Zustandsfeststellung** zur Verfügung zu stellen hat. 5

Eine Regelung über die **Kosten** für die Zustandsfeststellung enthält die Vorschrift nicht. Da die Zustandsfeststellung im Interesse beider Vertragspartner liegt, hat nach der Begr jede Partei die ihr entstehenden Kosten der Zustandsfeststellung grds selbst zu tragen. Das trifft nicht zu. Dem Besteller steht ein Schadensersatzanspruch gem § 280 zu, wenn der Unternehmer ihn zur Abnahme auffordert, obwohl das Werk offensichtlich wesentliche Mängel aufweist. Umgekehrt steht dem Unternehmer ein Schadensersatzanspruch zu, wenn der Besteller zu Unrecht die Abnahme verweigert. 6

IV. Offenkundiger Mangel, Abs III. An die Zustandsfeststellung nach Abs I und II ist eine **Vermutung** geknüpft, die den Werkunternehmer davon entlastet, auch für Mängel des Werks einstehen zu müssen, die wahrscheinlich nicht von ihm verursacht sind. Denn wird die Abnahme unter Hinweis auf Mängel verweigert, entsteht zw den Parteien häufig **Streit** darüber, ob es sich um **wesentliche Mängel** handelt, die den Besteller zu der Abnahmeverweigerung berechtigen, oder lediglich um **unwesentliche Mängel**, die ihn zu einer Abnahme verpflichten. Häufig wird dann das Werk vor der Abnahme bereits vom Besteller genutzt. Während der Unternehmer die gerügten Mängel beseitigt, treten nicht selten weitere Beeinträchtigungen an dem Werk auf, deren Ursache unklar ist. Da der Unternehmer auch im Falle von Störungen weiterhin zur Herstellung eines vollständig mangelfreien Werks verpflichtet ist und die Gefahr bis zur Abnahme des Werks trägt (§ 644 I), hat er bis zur Abnahme die Mangelfreiheit zu beweisen. Wurde das Werk zwischenzeitl durch den Besteller selbst beeinträchtigt, muss er diese Schäden ebenfalls beseitigen, wenn er nicht nachweisen kann, dass sie vom Besteller verursacht wurden. Dieses Risiko des Unternehmers soll Abs III einschränken. Ist das Werk dem Besteller verschafft worden und hat eine Zustandsfeststellung nach Abs I oder II stattgefunden, gilt die Vermutung, dass ein offenkundiger Mangel, der in der Zustandsfeststellung nicht angegeben wurde, nach der Zustandsfeststellung entstanden und vom Besteller zu vertreten ist. Um einen offenkundigen Mangel handelt es sich dann, wenn der Mangel bei einer ordnungsgemäßen Zustandsfeststellung ohne weiteres hätte entdeckt werden müssen, wobei die jew Fachkunde des Bestellers zu berücksichtigen ist. Voraussetzung für die Vermutung ist, dass die Anforderungen an eine Zustandsfeststellung nach Abs I oder II eingehalten sind. Verzichtbar ist lediglich die Angabe des Tages der Anfertigung der gemeinsamen Zustandsfeststellung nach Abs I S 2, die ebenso wie in § 585b I 3 als „Sollvorschrift" ausgestaltet wurde. Nach Abs III S 2 greift die Vermutung nicht, wenn der Mangel seiner Art nach nicht vom Besteller verursacht sein kann. Dies ist etwa der Fall, wenn es sich um einen Materialfehler handelt oder der Mangel darin besteht, dass das Werk nicht nach den Planungsvorgaben hergestellt wurde. Die Vermutung geht dahin, dass der offenkundige Mangel nach der Zustandsfeststellung entstanden und vom Besteller zu vertreten ist. Eine Änderung der Gefahrtragung ist damit nicht verbunden, für Beschädigungen Dritter vor der Abnahme bleibt der Unternehmer verantwortlich. Abs III hilft dem Unternehmer also nicht, wenn ein Dritter nachweislich das Werk beschädigt hat. Dem Besteller sind aber von Dritten verursachte Schäden zuzurechnen, wenn er die Vermutung nicht widerlegen kann. Der Gesetzgeber erachtet das als gerechtfertigt, weil der Besteller bereits im Besitz des Werkes ist und daher Beeinträchtigungen durch Dritte eher vermeiden kann als der Unternehmer, der dafür bisher einzustehen hat (Begr 60). 7

V. Vergütungsfälligkeit, Abs IV. Für die **Fälligkeit der Vergütung** wird für den Bauvertrag erstmalig im BGB neben der Abnahme die **Erteilung einer prüffähigen Schlussrechnung** zur Voraussetzung gemacht. Daneben hat Abs IV S 1 nur klarstellende Bedeutung dahin, dass sonstige Fälligkeitsvoraussetzungen durch die prüffähige Schlussrechnung nicht ersetzt werden. Damit nähert sich der BGB-Bauvertrag auch in diesem Punkt der Regelung der VOB/B an (§§ 14, 16 III VOB/B). Zweifelhaft ist, ob neben Vergütungsansprüchen auch (bauzeitl) Entschädigungs- und Schadensersatzansprüche gem §§ 280, 642 in die Schlussrechnung aufzunehmen sind (*Schweer/Klein* BauR 2022, 838; aA *Steiner* BauR 2022, 24). Das ist praktikabel, da sonst verschiedene Verjährungsfristen für verschiedene Anspruchsgruppen zu unterscheiden wären. Mit dem Wortlaut des Gesetzes ist diese Lösung aber nicht ohne weiteres vereinbar. 8

Für den Begriff der **Prüffähigkeit** kann auf die Rspr zum Begriff der Prüfbarkeit in § 14 VOB/B zurückgegriffen werden. Prüffähigkeit ist ein Rechtsbegriff. Er beinhaltet nicht die sachliche Richtigkeit, sondern soll dem Empfänger der Schlussrechnung den Weg eröffnen, diese auf ihre Richtigkeit zu prüfen (Düsseldorf IBR 2019, 481). Die Ansprüche, die an die Prüffähigkeit einer Rechnung gestellt werden, richten sich nach den Informations- und Kontrollinteressen des Empfängers (std Rspr, vgl nur BGH MDR 1999, 671). § 650g IV Nr 1 greift dies auf, indem verlangt wird, dass die Schlussrechnung „eine übersichtliche Aufstellung der erbrachten Leistungen enthält und für den Besteller nachvollziehbar ist." Ein Besteller, der die Schlussrechnung geprüft hat, kann sich nicht auf obj fehlende Prüffähigkeit berufen. Anders als in der VOB/B wird die Schlussrechnung nicht erst nach Ablauf einer Frist von einem Monat fällig. § 650g IV verzichtet auf eine Prüfungsfrist, wie sie § 16 III Nr 1 VOB/B kennt. 9

Da die Prüffähigkeit subj ist, fingiert das Gesetz die Prüffähigkeit, wenn nicht innerhalb von 30 Tagen begründete Einwendungen gegen die Prüffähigkeit vorgebracht werden. Wenn nicht vom Besteller innerhalb von 30 Tagen nach Erhalt der Rechnung begründete Einwendungen gegen die Prüffähigkeit vorgebracht werden, gilt die 10

Rechnung als prüffähig. Um als ausreichende Beanstandung zur Prüffähigkeit angesehen werden zu können, müssen die erhobenen Rügen dem Unternehmer verdeutlichen, dass der Besteller nicht bereit ist, in die sachliche Auseinandersetzung einzutreten, solange er keine prüffähige Rechnung erhalten hat (BGH MDR 2010, 859). Weisen die Einwendungen nicht diese Qualität auf, hat dies zur Folge, dass eine auf die Schlussrechnung gegründete Klage nicht als derzeit unbegründet abgewiesen werden darf. Fragen der sachlich-inhaltlichen Richtigkeit sowie die Frage, ob behauptete Leistungen erbracht worden sind, sind keine Fragen der Prüfbarkeit der Schlussrechnung (BGH MDR 1999, 33).

11 Gem Abs IV S 3 gilt eine Schlussrechnung als prüffähig, wenn der Besteller nicht von innerhalb von 30 Tagen nach Zugang der Schlussrechnung begründete Einwendungen gegen ihre Prüffähigkeit erhoben hat. Diese Regelung beruht auf der Rspr, wonach auch eine obj nicht prüfbare Schlussrechnung zur Fälligkeit führt, wenn in einem Prüfungszeitraum von zwei Monaten keine (ausreichenden) Rügen zur Prüfbarkeit erhoben worden sind (BGH MDR 2010, 859; 2011, 351). Rügen zur Prüfbarkeit müssen konkret begründet sein und dem Unternehmer hinreichend verdeutlichen, dass der Besteller nicht bereit ist, in die sachliche Auseinandersetzung einzutreten, solange er keine prüffähige Rechnung erhalten hat. Das gilt auch für Abschlagszahlungen (BGH BauR 2005, 1951). Offen ist, ob nach Abs IV S 3 Fälligkeit mit Zugang der Schlussrechnung oder mit Ablauf der 30-Tage-Frist eintritt. Auch nach Ablauf der 30-Tage-Frist kann der Besteller sämtliche sachliche Einwendungen gegen die Schlussrechnung vorbringen. Abs IV S 3 führt allein zur Fälligkeit, nicht zum Einwendungsausschluss (BGH MDR 2011, 351).

§ 650h Schriftform der Kündigung

Die Kündigung des Bauvertrags bedarf der schriftlichen Form.

1 Jede Kündigung eines Bauvertrags bedarf – wie die Kündigung eines Mietverhältnisses oder eines Arbeitsverhältnisses (§§ 568, 623) – der **Schriftform des § 126,** die nur gewahrt ist, wenn die Kündigung vom Aussteller eigenhändig durch Namensunterschrift oder mittels notariell beglaubigtem Handzeichen unterzeichnet ist (§ 126 I). Diese Regelung dient der Rechtssicherheit und der Beweissicherung. Darüber hinaus soll sie die Bauvertragsparteien vor übereilten und später bereuten spontanen Handlungen schützen, die angesichts des Umfangs, den Bauverträge idR haben, mit erheblichen negativen Folgen verbunden sein können. Eine Kündigung in Textform reicht nicht aus, weil damit der angestrebte Schutzzweck nicht erreicht würde (Begr 61). Das Schriftformerfordernis gilt im Hinblick auf diesen Schutzzweck sowohl für die **freie Kündigung** (bisher § 649, jetzt § 648) als auch für die **Kündigung aus wichtigem Grund** (§ 648a). Kein Schriftformerfordernis gilt für die (konkludente) Vertragsaufhebung. Die Parteien können formlos übereingekommen, dass der Bauvertrag (teilw) nicht mehr auszuführen ist (Frankfurt MDR 2022, 887).

2 Zu beachten ist, dass die Schriftform nur für Bauverträge (§ 650a) angeordnet ist. Die Kündigung von Werkverträgen, die keine Bauverträge sind, ist daher formlos möglich. Ob die Schriftform auch für Verbraucherbauverträge (§ 650i) notwendig ist, ist unklar. Einerseits ordnet § 650i III an, dass für Verbraucherbauverträge „ergänzend die folgenden Vorschriften dieses Kapitels" gelten sollen und somit auch die Vorschriften über den Bauvertrag. Auf der anderen Seite ist für den Verbraucherbauvertrag selbst die Textform ausreichend (§ 650i II). Nach der Systematik des Gesetzes wird man jedoch davon ausgehen müssen, dass zum Schutz des Verbrauchers für die Kündigung die Schriftform gilt (so auch Messerschmidt/Voit/*Lenkeit*[4] 2022, § 650i Rn 41).

3 Die Vorschrift ist § 8 VI VOB/B nachgebildet, der für die Kündigung des VOB-Bauvertrags Schriftform verlangt. Aufgrund der AGB-Eigenschaft der VOB/B ist die vereinbarte Schriftform des § 127 gemeint. Zur Wahrung einer vereinbarten Schriftform reicht gem § 127 I die Textform (§ 126b) aus. Str ist, ob § 650h disponibel ist (dagegen München BauR 2023, 238: in Textform erklärte Kündigung ist auch bei VOB/B-Vertrag unwirksam).

4 Die Teilkündigung ist von Anordnungen (§ 650b) abzugrenzen. Die Änderung kann in Textform angeordnet werden. Das gilt auch dann, wenn die Anordnung zum Wegfall von Leistungspositionen führt und somit letztlich einer Teilkündigung gleichsteht.

Kapitel 3
Verbraucherbauvertrag (§§ 650i–650n)

§ 650i Verbraucherbauvertrag

(1) Verbraucherbauverträge sind Verträge, durch die der Unternehmer von einem Verbraucher zum Bau eines neuen Gebäudes oder zu erheblichen Umbaumaßnahmen an einem bestehenden Gebäude verpflichtet wird.

(2) Der Verbraucherbauvertrag bedarf der Textform.

(3) Für Verbraucherbauverträge gelten ergänzend die folgenden Vorschriften dieses Kapitels.

1 **I. Zweck.** Um dem besonderen Schutzbedürfnis der Verbraucher beim Abschluss größerer Bauverträge Rechnung zu tragen, wird ein eigenes Kap „Verbraucherbauvertrag" eingefügt, in dem eine Reihe von **Schutzvorschriften** zusammengefasst sind (§§ 650i–o). Verbraucherbauverträge sind Verträge zw einem Unternehmer

und einem Verbraucher, durch die ein Unternehmer zum Bau eines neuen Gebäudes oder zu erheblichen Umbaumaßnahmen an einem bestehenden Gebäude verpflichtet wird (Abs I). Der Anwendungsbereich für die Regelungen zum Verbraucherbauvertrag schließt an die Vorgaben der EU-VerbraucherrechteRL 2011/83/EU zu den vorvertragl Informationspflichten an. Diese RL sieht eine Vollharmonisierung vor. Strengere Informationspflichten als in der RL sind dem nationalen Gesetzgeber nicht erlaubt. Ausgenommen vom Anwendungsbereich der RL sind aber Verträge über den Bau von neuen Gebäuden und erhebliche Umbaumaßnahmen an bestehenden Gebäuden (Art 3 III lit f, Art 6 I lit a). Diese Ausnahme ermöglicht es dem dt Gesetzgeber, für diesen Bereich eigene, weitergehende Vorgaben zur Information des Vertragspartners einzuführen. Das ist durch § 650i geschehen, damit der Besteller einer „großen“ Bauleistung nicht schlechter geschützt wird als der Besteller einer „kleinen“ Bauleistung (Begr 61).

II. Verbraucher. Nach § 13 ist Verbraucher jede nat Person, die ein Rechtsgeschäft zu Zwecken abschließt, die überwiegend weder ihrer gewerblichen noch ihrer selbständigen beruflichen Tätigkeit zugerechnet werden können. Geschäfte, die nicht eindeutig allein dem privaten oder dem gewerblichen bzw selbständigen Bereich zuzuordnen sind (sog dual use), unterfallen dem Verbraucherbereich. Eine als Außengesellschaft rechtsfähige GbR, deren Gesellschafter eine nat Person und eine jur Person sind, ist unabhängig davon, ob sie lediglich zu privaten Zwecken und nicht gewerblich oder selbständig beruflich tätig ist, nicht Verbraucher (BGH MDR 2017, 634). 2

III. Bau von neuen Gebäuden. § 650i ist nicht auf Wohngebäude beschränkt (Hamm BauR 2022, 485). Der Bau eines neuen Gebäudes setzt voraus, dass der Unternehmer das Gebäude insg baut. Es reicht also nicht, dass er einzelne Gewerke ausführt, auch wenn diese Teil eines Neubaus sind. Eine Auslegung dahin, dass § 650i auf alle Werkverträge Anwendung findet, die dem Bau eines neuen Gebäudes oder erheblichen Umbaumaßnahmen an einem bestehenden Gebäude *dienen*, ist nicht möglich. Wegen der Vollharmonisierung in der VerbraucherrechteRL (2011/83/EU) kann sich die Regelung des § 650i nur auf die von der RL nicht erfassten Verträge „über den Bau von neuen Gebäuden“ und „über erhebliche Umbaumaßnahmen an bestehenden Gebäuden“ beziehen. Für die Auslegung kann auf § 312 II Nr 3 aF zurückgegriffen werden. Durch diese Vorschrift sind „Verträge über den Bau von neuen Gebäuden oder erhebliche Umbaumaßnahmen an bestehenden Gebäuden“ von bestimmten Vorschriften des Verbraucherschutzes ausgenommen worden. Diese Ausnahmeregelung nimmt jetzt auf „Verbraucherbauverträge nach § 650i Abs I“ Bezug. Eine inhaltliche Änderung sollte damit aber nicht verbunden sein (BT-Drs 18/8486, 38). In ErwGr 26 zur VRRL wird zum Begriff der erheblichen Umbaumaßnahmen ausgeführt, dass darunter solche Umbaumaßnahmen fallen, die dem Bau eines neuen Gebäudes vergleichbar sind, bspw Baumaßnahmen, bei denen nur die Fassade eines alten Gebäudes erhalten bleibt. Maßgeblich sind mithin Umfang und Komplexität des Eingriffs sowie das Ausmaß des Eingriffs in die bauliche Substanz des Gebäudes. Verträge zur Errichtung von Anbauten – zB einer Garage oder eines Wintergartens – sowie zur Instandsetzung bzw Renovierung von Gebäuden, ohne dass es sich dabei um erhebliche Umbauarbeiten handelt, sind von der Ausnahme nicht erfasst. Somit kommen, weil sich die Herstellungsverpflichtung auf das gesamte Bauwerk bezieht, nur Verträge in Betracht, bei denen sämtliche Leistungen von einem Unternehmer erbracht werden. Nur wenn ein Generalunter- oder -übernehmer beauftragt wird, liegt ein Verbraucherbauvertrag vor, nicht aber, wenn die Bauleistungen an diverse Unternehmer vergeben werden (*Glöckner* VuR 2016, 123). Ein Verbraucher, der Leistungen zur Errichtung eines Neubaus an unterschiedliche Unternehmer vergibt, schließt somit einen Bauvertrag, aber keinen Verbraucherbauvertrag (BGH 16.3.2023 – VII ZR 94/22). Dies hat für ihn ua zur Folge, dass die jew Unternehmer Bauhandwerkersicherung nach § 650f verlangen können. Das Privileg des Verbrauchers in § 650f VI Nr 2 greift nämlich nur bei Verbraucherbauverträgen nach § 650i und Bauträgerverträgen nach § 650u. Sanierungen, Instandhaltungen und Instandsetzungen sind ebenfalls keine Verbraucherbauverträge, sondern Bauverträge, für die – ebenso wie bei Einzelvergaben – § 312 gilt. Da der Verbraucherbauvertrag einen „Bau“ oder „Umbau“ voraussetzt, werden Architekten- und Ingenieurverträge mit Verbrauchern ebenfalls nicht erfasst, so dass die Sicherungspflicht bei Abschlagszahlungen und die Dokumentationspflicht für sie nicht gilt. 3

IV. Erhebliche Umbaumaßnahmen. Umbaumaßnahmen iS v § 650i sind solche, die dem Bau eines neuen Gebäudes vergleichbar sind, zB Baumaßnahmen, bei denen nur die Fassade eines alten Gebäudes erhalten bleibt. Maßgeblich sind Umfang und Komplexität des Eingriffs sowie das Ausmaß des Eingriffs in die bauliche Substanz des Gebäudes. Erheblichkeit ist erst dann erreicht, wenn die Umbaumaßnahmen in ihrem Umfang einem Neubau gleichkommen und mehrere Gewerke umfassen (Celle MDR 2022,1084). 4

V. Textform, Abs II. Die Textform (§ 126b) gilt für Abschluss und nachträgl Abänderungen und Ergänzungen des Vertrages. Denn der Verbraucher soll „nachhalten“ können, was vereinbart ist. Die Schriftform wahrt stets auch die Textform. 5

VI. Anwendbare Vorschriften, Abs III. Abs III regelt, dass für die in Abs I definierten Verbraucherbauverträge erg zu den Regelungen in Kap 1 (Allg Vorschriften) und Kap 2 (Bauvertrag) die Vorschriften des Kap 3 gelten. 6

VII. Sonstige Schutzvorschriften. Neben § 650i können weitere Bestimmungen des Verbraucherschutzes anwendbar sein; unabhängig von § 650i kann ein Widerrufsrecht gem §§ 312b, 312g begründet sein, vgl *Schmeel* MDR 2019, 1157. 7

§ 650j Baubeschreibung

Der Unternehmer hat den Verbraucher über die sich aus Artikel 249 des Einführungsgesetzes zum Bürgerlichen Gesetzbuche ergebenden Einzelheiten in der dort vorgesehenen Form zu unterrichten, es sei denn, der Verbraucher oder ein von ihm Beauftragter macht die wesentlichen Planungsvorgaben.

1 Die Vorschrift regelt die **vorvertragl Informationspflichten** des Unternehmers beim Verbraucherbauvertrag. Danach ist der Unternehmer verpflichtet, den Verbraucher über die sich aus Art 249 EGBGB ergebenden Einzelheiten in der dort vorgegebenen Form zu unterrichten. Art 249 EGBGB sieht vor, dass dem Besteller rechtzeitig vor Abgabe von dessen Vertragserklärung eine **Baubeschreibung in Textform** zur Verfügung zu stellen ist (§ 1), in der die **wesentlichen Eigenschaften** des angebotenen Werks in klarer und verständlicher Weise darzustellen sind (§ 2 I 1). Die Baubeschreibung hat auch **verbindliche Angaben zur Bauzeit zu enthalten** (§ 2 II). Die Beschreibung soll zunächst dem Schutz der aufgrund der Vertragsverhandlung entstandenen gerechtfertigten Erwartungen des Bestellers dienen, ihm aber auch eine Überprüfung der angebotenen Leistung durch einen sachverständigen Dritten und einen Preis-/Leistungsvergleich mit anderen Angeboten ermöglichen und damit den Wettbewerb fördern (Begr 62). Die Pflicht zu verbindlichen Angaben zur Bauzeit im Rahmen der Baubeschreibung soll dem Besteller eine verlässliche Planung ermöglichen. Speziell bei den von der Regelung erfassten Verträgen über den Bau neuer Gebäude und über wesentliche Umbaumaßnahmen an bestehenden Gebäuden ist der Besteller hinsichtl des Fertigstellungszeitpunkts besonders schutzwürdig und bspw im Hinblick auf die Finanzierung des Bauprojekts, die Kündigung eines bisherigen Mietvertrags und die Planung des Umzugs auf eine möglichst frühzeitige und verlässliche Information über die Beendigung der Baumaßnahme angewiesen (Begr 62).

§ 650k Inhalt des Vertrags

(1) Die Angaben der vorvertraglich zur Verfügung gestellten Baubeschreibung in Bezug auf die Bauausführung werden Inhalt des Vertrags, es sei denn, die Vertragsparteien haben ausdrücklich etwas anderes vereinbart.

(2) Soweit die Baubeschreibung unvollständig oder unklar ist, ist der Vertrag unter Berücksichtigung sämtlicher vertragsbegleitender Umstände, insbesondere des Komfort- und Qualitätsstandards nach der übrigen Leistungsbeschreibung, auszulegen. Zweifel bei der Auslegung des Vertrags bezüglich der vom Unternehmer geschuldeten Leistung gehen zu dessen Lasten.

(3) Der Bauvertrag muss verbindliche Angaben zum Zeitpunkt der Fertigstellung des Werks oder, wenn dieser Zeitpunkt zum Zeitpunkt des Abschlusses des Bauvertrags nicht angegeben werden kann, zur Dauer der Bauausführung enthalten. Enthält der Vertrag diese Angaben nicht, werden die vorvertraglich in der Baubeschreibung übermittelten Angaben zum Zeitpunkt der Fertigstellung des Werks oder zur Dauer der Bauausführung Inhalt des Vertrags.

1 **I. Zweck.** Bei Verbraucherbauverträgen besteht in aller Regel eine asymmetrische Informationslage zw Verbraucher und Unternehmer. Die mit der **Baubeschreibungspflicht** angestrebte Verbraucherschutzfunktion kann daher nur erreicht werden, wenn – wie in Abs I bestimmt – die Angaben zur Bauausführung in der vorvertragl dem Bauherrn übergebenen Baubeschreibung auch zum Vertragsinhalt werden. Diese Rechtsfolge tritt nur dann nicht ein, wenn die Vertragspartner ausdrückl etwas anderes vereinbart haben. Diese Regelung orientiert sich an Art 6 V VRRL und deren Umsetzung in § 312d I 2, der bzgl der vorvertragl Informationspflichten bei Fernabsatz und außerhalb von Geschäftsräumen geschlossenen Verträgen eine vergleichbare Regelung enthält.

2 **II. Mängel der Baubeschreibung, Abs II.** Die **Rechtsfolgen einer den Anforderungen nicht genügenden Baubeschreibung** sind in Abs II geregelt. Der Vertrag ist in diesem Fall unter Berücksichtigung sämtlicher vertragsbegleitender Umstände, insb des Komfort- und Qualitätsstandards der übrigen Leistungsbeschreibung auszulegen. Der Vertrag soll bei Mängeln der Baubeschreibung möglichst aufrechterhalten werden. Unklarheiten sollen so bereinigt und Lücken so gefüllt werden, wie es dem Leistungsniveau der Baubeschreibung iÜ entspricht. Der Verbraucher soll sich nicht mit einer geringeren Qualität begnügen müssen oder sich sogar zu einer Kündigung genötigt sehen, weil der Unternehmer dem übrigen Niveau entspr Leistungen verweigert. Zu den sonstigen vertragsbegleitenden Umständen, die bei der Auslegung der Baubeschreibung zu berücksichtigen sind, zählen – entspr der Rspr des BGH zum geltenden Recht (BGH MDR 2014, 210; 2007, 1252) – erläuternde oder konkretisierende Erklärungen der Vertragsparteien, die konkreten Verhältnisse des Bauwerks und seines Umfelds, der qualitative Zuschnitt, der architektonische Anspruch und die Zweckbestimmung des Bauwerks. Die Regelung in Abs II S 2 knüpft an den Rechtsgedanken von § 305c II an und überträgt diesen auf die Auslegung eines Verbraucherbauvertrages mit einer unvollständigen oder unklaren Baubeschreibung.

3 Eine spezielle Regelung für den Fall des **vollständigen Fehlens einer Baubeschreibung** ist nicht erforderlich. Soweit in diesem Fall überhaupt ein Vertrag zustande gekommen ist, reichen die allg Regelungen des Schadensersatzrechts als Rechtsfolge aus. Darüber hinaus kann dem Verbraucher bei einer Verletzung der Baubeschreibungspflicht ein **Schadensersatzanspruch nach allg Regelungen** (§ 311 II, § 280 I) zustehen, da die Baubeschreibungspflicht eine vorvertragl Pflicht darstellt.

4 **III. Verbindliche Angaben, Abs III.** Ein Verbraucherbauvertrag muss **verbindliche Regelungen zum Zeitpunkt der Fertigstellung** des Werks enthalten oder, wenn dieser Zeitpunkt zum Zeitpunkt des Abschlusses des

Bauvertrags – etwa wegen einer vom Verbraucher einzuholenden Genehmigung – nicht angegeben werden kann, zur Dauer der Bauausführung. Spätestens zu diesem Zeitpunkt benötigt der Besteller ein verbindliches Datum für die Beendigung der Baumaßnahme für seine weiteren Planungen. Enthält der Vertrag keine Angaben zur Fertigstellung oder zur Dauer der Bauausführung, werden die in der nach § 650j vorvertragl zu übermittelnden Baubeschreibung enthaltenen Angaben zur Fertigstellung oder zur Dauer der Bauausführung Inhalt des Vertrags. Fehlen auch dort Angaben, gilt § 271. Das Bauvorhaben ist in angemessener Frist zu beginnen und zu Ende zu führen.

Hinsichtl der **Rechtsfolgen** einer nicht eingehaltenen Vereinbarung zum Fertigstellungszeitpunkt oder zur Dauer 5 der Bauausführung gelten grds die allg Regelungen zum Schuldnerverzug. Für den Fall, dass bereits eine Teilleistung bewirkt, aber offensichtlich ist, dass das Fertigstellungsdatum nicht eingehalten wird, bietet das Rücktrittsrecht nach § 323 V keine für den Bauvertrag geeignete Lösung, weil beide Parteien idR nicht mehr an einer Rückabwicklung des Vertrags interessiert sind. Dem Besteller steht hier zusätzl ein Kündigungsrecht aus wichtigem Grund nach § 648a I zu.

§ 650l Widerrufsrecht

Dem Verbraucher steht ein Widerrufsrecht gemäß § 355 zu, es sei denn, der Vertrag wurde notariell beurkundet. Der Unternehmer ist verpflichtet, den Verbraucher nach Maßgabe des Artikels 249 § 3 des Einführungsgesetzes zum Bürgerlichen Gesetzbuche über sein Widerrufsrecht zu belehren.

Das **Widerrufsrecht gilt für Verbraucherbauverträge** und ist danach gem § 650i I auf Verträge über den Bau 1 von neuen Gebäuden und Verträge über erhebliche Umbaumaßnahmen an bestehenden Gebäuden beschränkt. Dies erschien dem Gesetzgeber unter Abwägung der Risiken für den Verbraucher und der Interessen des Geschäftsverkehrs angemessen (Begr 63). Bauverträge in dieser Größenordnung werden von Verbrauchern zumeist nur einmal im Leben geschlossen und sind regelmäßig mit hohen finanziellen Verpflichtungen für diese verbunden. Vielfach wird ein Verbraucher seine gesamten Ersparnisse zur Finanzierung des Bauprojekts einsetzen und sich zusätzl durch Immobiliendarlehen über viele Jahre finanziell binden. Als problematisch hat sich in der Praxis insb der Vertrieb von schlüsselfertigen Häusern erwiesen, bei denen Verbraucher mit zeitl begrenzten Rabattangeboten zu schnellen Vertragsabschlüssen gedrängt werden. Diese Fälle sind vom Anwendungsbereich erfasst. Ausgenommen vom Anwendungsbereich sind Bauverträge, die notariell beurkundet werden. Hier bedarf es im Hinblick auf die Belehrungspflichten des Notars und die in § 17 IIa BeurkG vorgesehene Zeit für die Prüfung des Vertragsentwurfs (im Regelfall zwei Wochen) der mit der Einführung des Widerrufsrechts angestrebten Bedenkzeit nicht.

Für die Ausgestaltung des Widerrufsrechts gelten § 355 sowie erg die neu eingefügten §§ 356d und 357d, die Re- 2 gelungen zum Lauf der Widerrufsfrist und zu den Rechtsfolgen des Widerrufs enthalten. Die in § 355 vorgesehene Widerrufsfrist von 14 Tagen reicht aus, um den mit der Einführung des Widerrufsrechts angestrebten Zweck zu erreichen, einem Verbraucher, der sich vorschnell zum Abschluss eines Bauvertrags entschlossen hat, während einer kurzen Bedenkzeit eine unkomplizierte Lösung vom Vertrag zu ermöglichen.

Nach S 2 ist der **Unternehmer verpflichtet**, den Verbraucher nach Maßgabe des Art 249 § 3 EGBGB über sein 3 **Widerrufsrecht zu belehren.** Art 249 § 3 EGBGB regelt die zeitl und formalen Anforderungen an die Widerrufsbelehrung näher und sieht vor, dass der Unternehmer bei Verwendung der als Anl 10 hinzugefügten Musterwiderrufsbelehrung seiner gesetzl Belehrungspflicht genügt. Eine instruktive Darstellung des neuen Widerrufsrechts für Verbraucher bei Verträgen am Bau findet sich bei *Lenkeit* BauR 2017, 454 und 615.

Weitere Widerrufsrechte können sich aus § 312b (außerhalb von Geschäftsräumen geschlossene Verträge) und 4 § 312c (Fernabsatzverträge) ergeben. Dabei sind die Ausnahmen in § 312g II (insb Nr 1 und Nr 11) zu beachten. Es gelten zT abw Rechtsfolgen (KG MDR 2022, 305).

§ 650m Abschlagszahlungen; Absicherung des Vergütungsanspruchs

(1) Verlangt der Unternehmer Abschlagszahlungen nach § 632a, darf der Gesamtbetrag der Abschlagszahlungen 90 Prozent der vereinbarten Gesamtvergütung einschließlich der Vergütung für Nachtragsleistungen nach § 650c nicht übersteigen.

(2) Dem Verbraucher ist bei der ersten Abschlagszahlung eine Sicherheit für die rechtzeitige Herstellung des Werks ohne wesentliche Mängel in Höhe von 5 Prozent der vereinbarten Gesamtvergütung zu leisten. Erhöht sich der Vergütungsanspruch infolge einer Anordnung des Verbrauchers nach den §§ 650b und 650c oder infolge sonstiger Änderungen oder Ergänzungen des Vertrags um mehr als 10 Prozent, ist dem Verbraucher bei der nächsten Abschlagszahlung eine weitere Sicherheit in Höhe von 5 Prozent des zusätzlichen Vergütungsanspruchs zu leisten. Auf Verlangen des Unternehmers ist die Sicherheitsleistung durch Einbehalt dergestalt zu erbringen, dass der Verbraucher die Abschlagszahlungen bis zu dem Gesamtbetrag der geschuldeten Sicherheit zurückhält.

(3) Sicherheiten nach Absatz 2 können auch durch eine Garantie oder ein sonstiges Zahlungsversprechen eines im Geltungsbereich dieses Gesetzes zum Geschäftsbetrieb befugten Kreditinstituts oder Kreditversicherers geleistet werden.

(4) Verlangt der Unternehmer Abschlagszahlungen nach § 632a, ist eine Vereinbarung unwirksam, die den Verbraucher zu einer Sicherheitsleistung für die vereinbarte Vergütung verpflichtet, die die nächste Abschlagszahlung oder 20 Prozent der vereinbarten Vergütung übersteigt. Gleiches gilt, wenn die Parteien Abschlagszahlungen vereinbart haben.

1 **I. Gesamtbetrag der Abschlagszahlungen, Abs I.** Die Vorschrift ist für den Fall, dass der Unternehmer **Abschlagszahlungen** nach § 632a verlangt, **Schutzvorschrift für Verbraucher.** Die vom Unternehmer verlangten Abschlagszahlungen dürfen im Gesamtbetrag 90 % der vereinbarten Vergütung einschl der Vergütung für Nachtragsleistungen nicht übersteigen. Nach ihrem Wortlaut schließt die Vorschrift nicht aus, dass der Unternehmer seine ersten Abschlagszahlungen iHv 100 % geltend macht, wenn seine Abschlagszahlungen in der Gesamtsumme (dh im Zeitpunkt der Beendigung des Bauvorhabens) 90 % nicht überschreiten. Dem Gesetzeszweck würde es eher entsprechen, wenn der Unternehmer jede Abschlagszahlung nur iHv 90 % des Werts der erbrachten Leistungen verlangen könnte. Auch die Begr (64) geht hiervon aus. Mit Abs I soll dem **Risiko versteckter Vorleistungen durch überhöhte Abschlagszahlungen begegnet** werden. Der Restbetrag der Vergütung wird nach § 641 I mit der Abnahme fällig. Damit kann der Verbraucher auch effektiver von der Möglichkeit des § 641 III Gebrauch machen und nach Fälligkeit einen Teil der Vergütung zurückzubehalten, wenn er die Beseitigung eines Mangels am Werk verlangen kann.

2 **II. Sicherheiten, Abs II und III.** Die beiden Abs entsprechen weitgehend den bisherigen Abs III und IV des § 632a. Angepasst wurde der Anwendungsbereich an den in § 650i normierten Begriff des Verbraucherbauvertrags. Neu aufgenommen wurde in Abs II S 2 der Fall, dass sich der Vergütungsanspruch durch eine Anordnung des Bestellers nach den §§ 650b und 650c erhöht. Die Bestimmungen finden also bei Einzelvergaben keine Anwendung, auch der Architekt muss keine Sicherheit leisten. Nach Abs II muss der Unternehmer bei der ersten Abschlagszahlung eine **Sicherheit in Höhe von 5 % der Gesamtvergütung** leisten. Die Sicherheit kann durch Einbehalt, also Abzug von der (ersten) Abschlagszahlung geleistet werden. Die Anforderung der ersten Abschlagszahlung ist also erst dann sinnvoll, wenn sie 5 % der Gesamtvergütung übersteigt. Im Gegensatz zu § 17 VI VOB/B wird die Sicherheit also nicht durch sukzessive Einbehalte von den Abschlagszahlungen „aufgebaut". Die Einzahlung auf ein Sperrkonto ist nicht vorgesehen. Die **Sicherheit sichert die rechtzeitige Herstellung ohne wesentliche Mängel.** Die Sicherung ist nach der Abnahme zurückzugeben bzw dann erledigt sich der Einbehalt, der sich nur auf die Abschlagsforderungen bezieht. Soweit im Zeitpunkt der Abnahme noch gesicherte Ansprüche bestehen (zB Vertragsstrafenanspruch wegen nicht rechtzeitiger Herstellung, bei der Abnahme vorbehaltene Mängel), darf der Besteller die Sicherheit behalten. Ist die Sicherheit durch Einbehalt geleistet worden, kann der Besteller beliebig aufrechnen. Auf den Sicherungszweck kommt es nicht an. Wenn der Unternehmer es vorzieht, statt des Einbehalts Sicherheit zu leisten, sind neben den Sicherheiten der §§ 232–240 die Zahlungsverpflichtungen des Abs IV – Garantie oder ein sonstiges Zahlungsversprechen eines im Geltungsbereich dieses Gesetzes zum Geschäftsbetrieb befugten Kreditinstituts oder Kreditversicherers – zulässig.

3 Die Schutzvorschriften nach Abs I und II gelten nebeneinander. Wird die in Abs II vorgeschriebene Sicherheit durch Einbehalt erbracht (S 3), erhält der Unternehmer zunächst lediglich 90 % der Vergütung abzüglich der als Sicherheit einbehaltenen 5 %. Damit die dem Schutz des Bestellers dienenden Regelungen nicht durch AGB zu seinem Nachteil abbedungen werden können, ist in § 309 Nr 15 erg ein entspr Klauselverbot aufgenommen worden. In AGB ist eine Bestimmung unwirksam, nach der der Verwender bei einem Werkvertrag für Teilleistungen Abschlagszahlungen vom anderen Vertragsteil verlangen kann, die wesentlich höher sind als die nach § 632a I zu leistenden Abschlagszahlungen.

4 **III. Unwirksame Vereinbarungen, Abs IV.** In **Verbraucherbauverträgen kann der Vergütungsanspruch nur eingeschränkt gesichert werden,** wenn der Verbraucher Abschlagszahlungen auf den Vergütungsanspruch zu leisten hat. Werden Abschlagszahlungen nach § 632a verlangt oder sind Abschlagszahlungen zw den Parteien vereinbart, ist eine Vereinbarung unwirksam, durch die der Besteller verpflichtet wird, den Vergütungsanspruch in einem die nächste Abschlagszahlung oder 20 % der vereinbarten Vergütung übersteigenden Umfang abzusichern. Der Verbraucher ist – anders als sonstige Besteller – nicht verpflichtet, dem Unternehmer auf dessen Anforderung eine Bauhandwerkersicherung nach § 650f I–V (bisher § 648a I–V) zu stellen. Dieses Verbraucherprivileg bei der Absicherungspflicht ist beibehalten worden. Da in Verträgen mit privaten Bauherren jedoch häufig eine Sicherheit vereinbart wird und entspr Klauseln in AGB auch nicht gem § 307 unwirksam sind (BGH MDR 210, 859, dazu *Joussen* BauR 2010, 1655 und *Pauly* BauR 2011, 910), besteht das Bedürfnis, zum Schutz des Verbrauchers gesetzl Rahmenbedingungen für solche Vereinbarungen festzulegen. Eine Sicherheitsleistung des Verbrauchers kann max bis zur Höhe des jew bestehenden Vorleistungsrisikos des Unternehmers vereinbart werden. Bei Verträgen, nach denen ein Unternehmer in vollem Umfang vorzuleisten hat, kann auch eine Absicherung bis zur Höhe der gesamten Auftragssumme vereinbart werden. Leistet der Besteller dagegen Abschlagszahlungen, beschränkt sich das Risiko des Unternehmers und damit sein Absicherungsbedürfnis auf den Betrag der nächsten Abschlagszahlung. Es kann daher auch nur eine Absicherung in Höhe der nächsten Ratenzahlung vereinbart werden. Aus Gründen der Praktikabilität besteht alternativ die Möglichkeit, eine Absicherungspflicht des Verbrauchers von pauschal 20 % der Auftragssumme zu vereinbaren. Von der Einführung einer generellen Obergrenze, bspw von 60 % der Auftragssumme, für die Vereinbarung von Sicherheiten wurde Abstand genommen, da eine generelle Aussage über die Höhe des Absicherungsbedürfnisses des Unternehmers mit Blick auf die unterschiedliche Ausgestaltung der Verträge nicht möglich ist (Begr 65).

§ 650n Erstellung und Herausgabe von Unterlagen

(1) Rechtzeitig vor Beginn der Ausführung einer geschuldeten Leistung hat der Unternehmer diejenigen Planungsunterlagen zu erstellen und dem Verbraucher herauszugeben, die dieser benötigt, um gegenüber Behörden den Nachweis führen zu können, dass die Leistung unter Einhaltung der einschlägigen öffentlich-rechtlichen Vorschriften ausgeführt werden wird. Die Pflicht besteht nicht, soweit der Verbraucher oder ein von ihm Beauftragter die wesentlichen Planungsvorgaben erstellt.

(2) Spätestens mit der Fertigstellung des Werks hat der Unternehmer diejenigen Unterlagen zu erstellen und dem Verbraucher herauszugeben, die dieser benötigt, um gegenüber Behörden den Nachweis führen zu können, dass die Leistung unter Einhaltung der einschlägigen öffentlich-rechtlichen Vorschriften ausgeführt worden ist.

(3) Die Absätze 1 und 2 gelten entsprechend, wenn ein Dritter, etwa ein Darlehensgeber, Nachweise für die Einhaltung bestimmter Bedingungen verlangt und wenn der Unternehmer die berechtigte Erwartung des Verbrauchers geweckt hat, diese Bedingungen einzuhalten.

Der Gesetzgeber verspricht sich durch die Vorschrift über die **Pflichten des Unternehmers zur Erstellung und Herausgabe von Unterlagen** über das Bauwerk eine Klärung einer konfliktträchtigen und bisher noch nicht abschließend von der Rspr entschiedenen Frage. Häufig wird bei Verbraucherverträgen dann, wenn die Planung nicht durch den Besteller oder einen von ihm Beauftragten erfolgt, also insb im Schlüsselfertigbau, keine vertragl Regelung über die Herausgabe der relevanten Unterlagen an den Besteller getroffen. Die Rspr war bisher zurückhaltend, Herausgabepflichten des Unternehmers zu bejahen. Die zu erstellenden Planunterlagen, Berechnungen und Zeichnungen werden in Bezug auf das zu erstellende Bauwerk oft nur als Mittel zur Herstellung eines mangelfreien Werks angesehen, die vom Unternehmer nicht herauszugeben sind. Oft wurde das Fehlen von Unterlagen daher nicht als Verletzung einer Hauptpflicht angesehen, so dass der Verbraucher darauf grds keine Abnahmeverweigerung stützen könne. Angesichts immer komplexer und anspruchsvoller werdender Bauvorhaben ist ein Bauherr aber in mehrfacher Hinsicht darauf angewiesen, genaue Kenntnisse über die der Konstruktion zugrundeliegende Planung und die Art und Weise, in der diese ausgeführt wurde, zu erhalten (Begr 65). 1

Abs I S 1 verpflichtet den Unternehmer daher, rechtzeitig vor Beginn der Ausführung einer geschuldeten Leistung diejenigen Unterlagen und Dokumente zu erstellen und dem Verbraucher herauszugeben, die dieser benötigt, um ggü Behörden den Nachweis führen zu können, dass die Leistung unter Einhaltung der einschlägigen öffentlich-rechtl Vorschriften ausgeführt werden wird. Die neue gesetzl Regelung soll es dem Besteller zudem ermöglichen, die Einhaltung der öffentlich-rechtl Vorschriften durch einen sachverständigen Dritten schon während der Bauphase überprüfen zu lassen. 2

Abs I S 2 nimmt Verbraucherbauvorhaben, bei denen die wesentlichen Planungsunterlagen durch den Besteller oder einen von ihm Beauftragten erstellt wurden, vom Anwendungsbereich der Vorschrift aus. 3

Nach Abs II muss der Unternehmer mit der Fertigstellung die Unterlagen übergeben, die der Verbraucher benötigt, um den Nachweis zu führen, dass das Bauwerk unter Einhaltung der öffentlich-rechtl Vorschriften ausgeführt worden ist. 4

Nicht geregelt ist, ob der Besteller die Abnahme von der Übergabe der Unterlagen abhängig machen darf. Das ist zu bejahen, weil die vertragsgemäße Herstellung des Werks ohne die Unterlagen uU nicht beurteilt werden kann (zB Standsicherheit). Nach der Abnahme kann sich der Besteller wegen fehlender Unterlagen auf ein Zurückbehaltungsrecht berufen. Das setzt aber die genaue Bezeichnung der Unterlagen voraus, wegen derer ein Zurückbehaltungsrecht ausgeübt wird. 5

Kapitel 4
Unabdingbarkeit (§ 650o)

§ 650o Abweichende Vereinbarungen

Von § 640 Absatz 2 Satz 2, den §§ 650i bis 650l und 650n kann nicht zum Nachteil des Verbrauchers abgewichen werden. Diese Vorschriften finden auch Anwendung, wenn sie durch anderweitige Gestaltungen umgangen werden.

Damit von den dem Schutz der Verbraucher dienenden Vorschriften aus dem Kap 3 und in § 640 nicht zu Lasten der Verbraucher abgewichen werden kann, ordnet die Norm an, dass es sich bei den genannten Bestimmungen um **zwingende Vorschriften** handelt. Anderes gilt für die Regelungen in § 632a und § 650m, von denen durch Individualvereinbarungen abgewichen werden kann. 1

Untertitel 2
Architektenvertrag und Ingenieurvertrag (§§ 650p–650t)

§ 650p Vertragstypische Pflichten aus Architekten- und Ingenieurverträgen

(1) Durch einen Architekten- oder Ingenieurvertrag wird der Unternehmer verpflichtet, die Leistungen zu erbringen, die nach dem jeweiligen Stand der Planung und Ausführung des Bauwerks oder der Außenanlage erforderlich sind, um die zwischen den Parteien vereinbarten Planungs- und Überwachungsziele zu erreichen.

(2) Soweit wesentliche Planungs- und Überwachungsziele noch nicht vereinbart sind, hat der Unternehmer zunächst eine Planungsgrundlage zur Ermittlung dieser Ziele zu erstellen. Er legt dem Besteller die Planungsgrundlage zusammen mit einer Kosteneinschätzung für das Vorhaben zur Zustimmung vor.

1 **I. Vertragstyp.** Die Einordnung der Architekten- und Ingenieurverträge in das Vertragsrecht ist aufgrund der Vielgestaltigkeit der Aufgaben der Planer nicht einfach, da diese Verträge typischerweise viele verschiedene Aufgaben enthalten. Bei einigen Aufgaben des Architekten und Ingenieurs wäre auch eine Zuordnung zum Dienstvertragsrecht vorstellbar. Der BGH hat sich in seiner Rspr jedoch durchgängig für eine **Unterstellung des Architektenvertrags und des Ingenieurvertrags unter das Werkvertragsrecht** entschieden (BGH MDR 1982, 313). Die Neufassung des § 650p I bestätigt die Qualifikation als Werkvertrag. Da die Anwendung des Werkvertragsrechts für Planer andererseits in einigen Punkten erhebliche, teilw unverhältnismäßig belastende Konsequenzen hat, sollen die Regelungen des Werkvertragsrechts nicht uneingeschränkt auf Architekten- und Ingenieurverträge Anwendung finden, sondern den Besonderheiten dieses Vertragstyps durch spezielle Regelungen Rechnung getragen werden (Begr 66). Um den besonderen Charakter der Architekten- und Ingenieurverträgedeutlich zu machen, werden diese Vorschriften in Titel 9 – Werkvertrag und ähnl Verträge – in einem eigenen Untertitel zusammengefasst. § 650p I beschreibt den speziellen Vertragstypus desArchitekten- und Ingenieurvertrags. § 650p II, §§ 650q–t finden nur auf Verträge iSv § 650p I Anwendung.

2 **II. Bedeutung der HOAI.** Rpsr und Lit sind stark durch die HOAI geprägt. Die HOAI unterteilt die Planungsleistung in 9 Leistungsphasen, die von der Grundlagenermittlung (Lph 1) bis zur Objektüberwachung (Lph 9) reichen. Die Leistungsphasen umfassen die Grundleistungen. Dabei sollen die Leistungsphasen und die darin zusammengefassten Grundleistungen angeben, welche Planungsleistungen idR erforderlich sind, um ein Bauwerk mangelfrei entstehen zu lassen. Die Leistungsbilder der HOAI stellen allein Preisrecht dar (grundlegend BGH MDR 1997, 238; 1999, 155). Sie dürfen nicht dazu verleiten, eine Gleichsetzung der durch den Architekten- und Ingenieurvertrag bestimmten Leistung mit den Leistungsbildern der HOAI anzunehmen. Durch die Leistungsbilder wird lediglich bestimmt, was der Planer geleistet haben muss, um die in den Leistungsbildern bestimmten Vergütungssätze geltend machen zu können. Was der Planer schuldet, ergibt sich allein aus dem von ihm mit seinem Auftraggeber geschlossenen Werkvertrag. Die Parteien können aber die preisrechtl Leistungsbilder der HOAI zum Gegenstand des Architekten- und Ingenieurvertrags machen (BGH MDR 2007, 1366). Das ist sehr häufig der Fall, weil die gängigen Vertragsmuster auf die Leistungsbilder der HOAI Bezug nehmen.

3 **III. Vertrag iSv § 650p I.** Erfasst werden Architekten- und Ingenieurleistungen zur **Herstellung von Bauwerken** als auch zur **Herstellung von Außenanlagen.** Der Begriff der „Außenanlage" ist ebenso zu verstehen wie in § 648a aF (Begr 66). Nach BGH MDR 2005, 745 müssen Arbeiten an einer Außenanlage mit Arbeiten an einem Bauwerk im weitesten Sinne vergleichbar sein. Es sind nicht sämtliche Arbeiten an einem Grundstück erfasst, sondern es muss sich um gestalterische Arbeiten handeln, die der Errichtung der Anlage oder deren Bestand dienen. Dies entspricht auch der Verwendung des Begriffs der Außenanlage in § 650a I. Dort ist auch nicht jede Vereinbarung über Arbeiten an einem Grundstück als Bauvertrag anzusehen, sondern nur die Herstellung, die Wiederherstellung, die Beseitigung oder der Umbau einer Anlage. Für die Einordnung von Leistungen der Architekten oder Ingenieure bedeutet dies, dass nicht jede Vereinbarung über Leistungen in Bezug auf Arbeiten an einem Grundstück als Architekten- oder Ingenieurvertrag anzusehen ist. Es muss sich vielmehr um Leistungen handeln, die auf gestalterische Arbeiten gerichtet sind. Dies ist etwa bei der Planung für die Einrichtung oder Umgestaltung eines Gartens, eines Parks, eines Teichs oder eines Dammes der Fall. Darauf, ob die Anlage in einen Zusammenhang mit einem Bauwerk steht oder nicht, kommt es dabei nicht an (Begr 67). Planungs- und Überwachungsleistungen zur Einrichtung oder Umgestaltung von „Freianlagen" iSd § 39 HOAI sind daher regelmäßig Architekten- und Ingenieurverträge. Sowohl bei einem auf ein Bauwerk als auch bei einem auf eine Außenanlage gerichteten Architekten- und Ingenieurvertrag sind regelmäßig umfangreiche und komplexe Tätigkeiten geschuldet, auf die die Regelungen dieses Untertitels zugeschnitten sind.

4 **IV. Geschuldeter Erfolg.** § 650p I beschreibt die vertragstypischen Pflichten aus Architekten- und Ingenieurverträge. Dies gilt jedoch nur für die Pflichten des Unternehmers. Für die Hauptpflicht des Bestellers, Vergütung zu zahlen, ist daher über § 650q I auf § 631 I Hs 2 zurückzugreifen. Mit Abs I soll zum Ausdruck gebracht werden, dass Architekten- und Ingenieurverträge typischerweise eine **Reihe verschiedener Pflichten** umfassen und zw dem **Planungserfolg** und den **Planungs- und Leistungsschritten** zu unterscheiden ist. Die zu erfüllenden Pflichten definiert das Gesetz nicht selbst, sondern verweist auf die Planungs- und Überwachungsziele, die die Parteien vereinbaren (BGH MDR 2019, 1125). Der von dem Planer primär geschuldete Werkerfolg ist nicht das Bauwerk als körperliche Sache. Der Planer hat durch zahlreiche Einzelleistungen dafür zu sorgen, dass das Bau-

werk plangerecht und frei von Mängeln entsteht. Er schuldet hierfür zB eine fehlerfreie Planung und fehlerfreie Bauaufsicht (BGH MDR 1960, 217). Der Planer kann daher den von ihm geschuldeten (Planungs- und Überwachungs-)Erfolg bewirkt haben, auch wenn das Bauwerk i Erg mit Mängeln behaftet ist. Neben dem primär geschuldeten Werkerfolg (mangelfreie Errichtung des Bauwerks) schuldet der Planer weitere Teilerfolge. Der Planer schuldet Arbeitsschritte, an denen der Besteller ein selbständiges Interesse hat (Bsp: Bauüberwachung oder Führen des Bautagebuchs, BGH MDR 2011, 1229). Solche Teilerfolge können ausdrückl vereinbart, aber auch gem § 633 II Nr 2 geschuldet sein. (End-)Erfolg ist danach das (mangelfreie) Entstehen des Bauwerks mit den vorgegebenen Eigenschaften, die Leistungsschritte sind Teilerfolge. Danach ist es möglich, dass das Bauwerk zwar mangelfrei errichtet ist, der Planer seine Leistungen aber gleichwohl nicht vollständig erbracht hat (Bsp: trotz nicht geleisteter Bauüberwachung ist das Bauwerk mangelfrei). Der geschuldete Erfolg ist nicht auf das mangelfreie Entstehen des Bauwerks mit bestimmten Eigenschaften (Fläche, Eignung für bestimmte Nutzung etc., Energieverbrauch) beschränkt. Als Erfolg kann auch die Errichtung eines Bauwerks zu bestimmten (Höchst-)Kosten oder bis zu einem bestimmten Termin vereinbart sein (BGH MDR 2019, 1125; überholt: KG BauR 2019, 131). Wenn mehrere vereinbarte Leistungsziele nicht vereinbar sind (Bsp: geforderte Wohnfläche kann zu den vereinbarten Baukosten nicht realisiert werden), bedarf es der Vertragsanpassung, wenn der Besteller an der Realisierung festhalten will. Sind die zur Durchführung erforderlichen Planungsänderungen nicht zumutbar, kann der Besteller den Vertrag rückabwickeln (zur Haftung § 650q Rn 5).

V. Teilerfolge. Teilerfolge oder „Leistungen" iSv § 650p I werden häufig dadurch vereinbart, dass die Parteien zur Beschreibung der vom Planer geschuldeten Leistungen auf die **Leistungsphasen der HOAI** Bezug nehmen. Damit vereinbaren die Parteien, dass die Grundleistungen der übertragenen Leistungsphase selbständig geschuldete Teilerfolge sind (BGH MDR 2004, 1293). Werden diese Teilerfolge nicht erbracht, ist das Werk des Planers mangelhaft. Der Besteller kann ohne Fristsetzung mindern, wenn der Teilerfolg nachträgl nicht mehr sinnvoll erbracht werden kann (Bsp: Kostenschätzung, Bautagebuch). Kein Recht zur Minderung besteht, wenn der Besteller eigenmächtig die Erbringung der Leistung vereitelt (Bsp: Vergabe ohne Einschalten des Architekten). Die Minderung kann nach sog Splittertabellen bemessen werden, die die Vergütung für die Leistungsphasen auf die einzelnen Grundleistungen verteilen. 5

Welche Planungsleistungen erbracht werden sollen, richtet sich nach der Vereinbarung der Parteien und ist ggf durch **Auslegung** zu ermitteln. Häufig sind Stufenverträge. Dabei beauftragt der Besteller zunächst nur einzelne Leistungsphasen (zB bis zur Entwurfsplanung) und entscheidet sukzessive, ob er weitere Leistungsphasen (Ausführungsplanung etc) abruft. Auch ohne solche ausdrückl Vereinbarung wird der Planer nicht stets mit allen Leistungsphasen beauftragt. Es gibt keine Vermutung für den sog Vollauftrag (BGH BauR 1980, 84). Inwieweit ein Auftrag erteilt wird, richtet sich nach den Umständen des Einzelfalls (Fallgruppen in Düsseldorf BauR 2017, 1704). Die HOAI ist für die Bestimmung des Vertragsinhalts nicht heranzuziehen. Sie enthält keine normativen Leitbilder für den Inhalt von Architekten- und Ingenieurverträgen (BGH MDR 1999, 155). Allerdings nehmen die Vertragsmuster der Praxis häufig auf die HOAI Bezug; dann werden die Grundleistungen der HOAI letztlich doch als selbständige Teilerfolge vereinbart (BGH MDR 2011, 1229). Mit der Übertragung einer Leistungsphase werden aber idR nur die erforderlichen Grundleistungen übertragen (Düsseldorf BauR 2016, 1342). 6

VI. Akquisitionsphase. Das **Zustandekommen von** Architekten- und Ingenieurverträgen richtet sich nach allg Regeln. Besonderheit des Architekten- und Ingenieurvertrages ist die sog Akquisitionsphase. Nicht jede Entgegennahme der Leistung eines Planers führt zu einem Vertragsschluss. Typischerweise will der Besteller vor der Erteilung eines Auftrags erst ausloten, ob er das Bauvorhaben mit diesem Planer planen und realisieren will. Häufig erbringen Planer daher **erste Leistungen** (wie Skizzen oder Überlegungen zur Nutzbarkeit eines Grundstücks) **als Akquisitionsleistungen.** Ein Vertrag kommt in diesen Fällen erst dann durch konkludente Erklärungen zustande, wenn der Besteller Leistungen solchen Umfangs und Gewichts entgegennimmt, dass der Planer von einem geschlossenen Vertrag ausgehen darf. Verallgemeinerungsfähige Abgrenzungskriterien, ab welchem Leistungsumfang ein Vertragsschluss vorliegt, lassen sich nicht aufstellen. Maßgeblich sind die konkreten Umstände des Einzelfalls. Für den Werkunternehmer praktisch am bedeutsamsten ist, dass er die **Beweislast** für das Zustandekommen eines Vertrags als anspruchsbegründende Tatsache trägt, mithin darlegen und ggf beweisen muss, dass vor Erbringung der Leistung bereits eine vertragl Vereinbarung zw ihm und dem Auftraggeber zustande gekommen, sein Tätigwerden mithin nicht der Phase der Akquisition zuzurechnen ist (Düsseldorf NZBau 2002, 279; Dresden NZBau 2001, 505; zum Schaden des Architekten bei abredewidriger Verwendung von Akquisitionsleistungen Karlsruhe OLGR 2001, 345; zu einem Bereicherungsanspruch Celle BauR 2019, 994). Im Einzelfall kann selbst das Erbringen von Architektenleistungen bis hin zur Leistungsphase 4 des § 15 HOAI aF als unentgeltliche Akquise einzustufen sein, wenn sich ein entspr Parteiwille aus den besonderen Umständen des Einzelfalls ergibt (Celle BauR 2012, 527). Mit der Neuregelung des Abs II soll nach den Vorstellungen des Gesetzgebers einer zu weitgehenden Ausdehnung der unentgeltlichen Akquise entgegengewirkt werden. Durch die Einführung einer vertragl Pflicht des Architekten oder Ingenieurs, an der Ermittlung von Planungs- und Überwachungszielen mitzuwirken, werde klargestellt, dass zum Zeitpunkt der grundlegenden Konzeption des Bauprojekts durchaus bereits ein Vertrag geschlossen sein kann (Begr 67). 7

VII. Bestimmtheit des Architekten- und Ingenieurvertrags. Im Zeitpunkt der Beauftragung steht häufig nicht fest, was für ein Bauwerk mit welchen Eigenschaften der Architekt planen soll. Der Architekten- und Ingenieurvertrag ist häufig ergebnisoffen, weil die Wünsche des Bestellers und deren Realisierbarkeit erst noch geklärt werden müssen. Hinreichende **Bestimmtheit** für einen Vertragsschluss liegt dann nur für die Grundlagen- 8 ermittlung (Leistungsphase 1) vor, nicht aber für weitere Leistungen. Gleichwohl ist ein solcher Vertrag wirksam, weil die Parteien konkludent ein Leistungsbestimmungsrecht vereinbaren, durch das der Besteller den geschuldeten Planungserfolg konkretisieren darf (BGH MDR 2015, 643; 2019, 1125; zur geschuldeten Leistung bei Kreativverträgen KG BauR 2019, 1342). Dem Besteller eines Architekten- und Ingenieurvertrags steht ein Leistungsbestimmungsrecht hinsichtl der noch nicht vereinbarten Planungs- (und ggf Überwachungs-)Ziele zu, es sei denn, es ist etwas anderes vereinbart. § 650p II dient dem Zweck, dieses Leistungsbestimmungsrecht frühzeitig ausüben und damit Klarheit über den wesentlichen Planungsinhalt schaffen zu können (BGH MDR 2023, 226).

9 **VIII. Form.** Architekten- und Ingenieurverträge sind **nicht formbedürftig.** Soweit für die Wirksamkeit einer Honorarvereinbarung gem § 7 I HOAI die Textform vorgeschrieben ist, lässt ihre Missachtung die Wirksamkeit des Vertrags iÜ unberührt und führt nur zu Folgen in Bezug auf den Vergütungsanspruch. Formbedürftigkeit kann sich aber aus öffentlich-rechtl Bestimmungen (zB Gemeindeordnung) ergeben.

10 **IX. Koppelungsverbot.** Architekten- und Ingenieurverträge, die gegen das **Koppelungsverbot** des § 2 IngALG verstoßen, sind nichtig. Danach ist eine Vereinbarung, durch die sich der Erwerber eines Grundstücks im Zusammenhang mit dem Erwerb verpflichtet, bei der Planung oder Ausführung eines Bauwerks auf dem Grundstück die Leistung eines bestimmten Ingenieurs oder Architekten in Anspruch zu nehmen, unwirksam (zu den einzelnen Voraussetzungen Hamm BauR 1993, 494ff). Das Koppelungsverbot ist beim **Erwerb von Wohneigentum** nicht anwendbar (BGH NJW 1986, 1811). Gleiches gilt für einen gewerbsmäßig mit einer Gewerbeerlaubnis nach § 34c GewO als Generalunternehmer tätigen Architekten (BGH MDR 1989, 154). IÜ betont die neuere Rspr des BGH die Grundgesetzkonformität des Koppelungsverbots (BGH MDR 2010, 1315), engt aber dessen Anwendungsbereich ein. Tritt ein Bauwilliger an einen Architekten mit der Bitte heran, ein passendes Grundstück für ein bestimmtes Projekt zu vermitteln, und stellt er ihm gleichzeitig in Aussicht, ihn im Erfolgsfall mit den Architektenleistungen zu beauftragen, ist der in der Folge abgeschlossene Architektenvertrag nicht unwirksam. Ein Verstoß gegen das Koppelungsverbot liegt auch dann nicht vor, wenn der Architekt zu einem späteren Zeitpunkt die Vermittlung des Grundstücks davon abhängig macht, dass ihm der zuvor in Aussicht gestellte Architektenauftrag erteilt wird (BGH MDR 2008, 1388). Auf **gemeindliche Architektenwettbewerbe** ist das Koppelungsverbot nicht anwendbar. Dies gebietet die verfassungskonforme Auslegung (MDR 2010, 1315). Der gegen das Koppelungsverbot verstoßende Planer kann trotz der Nichtigkeit auf Schadenersatz wegen Mängeln der von ihm erbrachten Leistungen in Anspruch genommen werden (Köln BauR 2015, 144).

11 **X. Anfechtung.** Wer **kein Architekt** oder Ingenieur ist, aber deren Leistungen anbietet oder durchzuführen beabsichtigt, hat auf seine mangelnde Qualifikation ungefragt hinzuweisen (Düsseldorf 2.2.2023 – 22 U 58/22). Eine unterlassene Aufklärung kann eine Anfechtung des Architektenvertrags wegen arglistiger Täuschung oder auch einen Schadensersatzanspruch aus Verschulden bei Vertragsschluss rechtfertigen. Denn für den Besteller dürfte es regelmäßig nicht gleichgültig sein, ob ihm ein regulär in die Architektenliste eingetragener Architekt verantwortlich ist, ua deshalb, weil dieser nach den einschlägigen Architektengesetzen der Länder verpflichtet ist, eine Berufshaftpflichtversicherung abzuschließen. Damit kann die Aufklärungspflicht auch dann bestehen, wenn der Architekt zwar schon über alle Eintragungsvoraussetzungen verfügt, aber tatsächlich noch **nicht eingetragen** ist (vgl aber Düsseldorf BauR 1982, 86). Die unterlassene Aufklärung kann schließlich bei dem Auftraggeber einen Vertrauensverlust bewirken, der wiederum eine außerordentliche Kündigung aus wichtigem Grund rechtfertigen kann (BGH MDR 1994, 35).

12 **XI. Vergütungsanspruch des Planers.** Die Entrichtung der Vergütung ist Hauptpflicht des Bestellers (§ 650q I, § 631 I Hs 2). In erster Linie ist die Vereinbarung der Vergütung Sache der Vertragsparteien. Eine umfassende Regelung der Vergütungssätze für die **Leistungen von Architekten und Ingenieuren** enthält die Verordnung über die Honorare für Leistungen der Architekten und Ingenieure (**HOAI**) v 10.7.2013 (BGBl I 2013, 2276), die die BReg aufgrund der Ermächtigung durch das Artikelgesetz v 4.11.1971 erlassen hat. Die HOAI ist zum 1.1.2021 grundlegend geändert worden, ebenso das IngALG, die Ermächtigungsgrundlage zur HOAI (hierzu BR-Drs 445/20, BT-Drs 19/22810, BT-Drs 19/23176, BR-Drs 539/20).

13 **1. HOAI.** Die HOAI 2021 legt anders als die HOAI 2013 keine verbindlichen Mindest- und Höchstsätze mehr fest. Die Parteien können das Honorar frei vereinbaren. Sie müssen aber die Textform einhalten (§ 7 I 1 HOAI). Fehlt eine solche Vereinbarung (Fall des § 632 II) oder ist die Textform nicht gewahrt, gilt der Basishonorarsatz als vereinbart (§ 7 I 2 HOAI). Der Planer verhält sich aber treuwidrig, wenn er nicht auf die Textform hinwirkt und deshalb eine unwirksame Pauschale vereinbart wird (Düsseldorf BauR 2021, 1489). Ein Verbraucher muss auf die Möglichkeit abweichender Vereinbarungen zum Honorar in Textform hingewiesen werden (§ 7 II HOAI). Die **Honorarsätze** der HOAI werden wegen ihres hoheitlichen Ursprungs als taxmäßige Vergütung iSv § 632 II angesehen (öffentliches Preisrecht, vgl BGH MDR 1997, 1023). Sie greifen nur ein, wenn feststeht, dass ein Architekten- und Ingenieurvertrag abgeschlossen ist, was nach bürgerlichem Vertragsrecht zu beurteilen ist (BGH MDR 1997, 542). Die HOAI ist leistungsbezogen. Auch wer nicht Architekt ist, kann erbrachte Planungsleistungen nach der HOAI abrechnen (Bsp: Verkäufer im Möbelhaus erbringt Leistungen der Innenarchitektur).

14 Kontrovers wird die Frage beurteilt, ob und in welchem Umfang vorformulierte Regelungen zum Honorar der Inhaltskontrolle unterfallen. Kontrollfähig sind Klauseln, die dem Besteller nachträgl Einfluss auf die Honorarberechnung gewähren (BGH MDR 2017, 146 für Klausel zu anrechenbaren Kosten). Doch auch Regelungen zum Verhältnis von Leistung/Gegenleistung könnten (ausnahmsw) der Inhaltskontrolle unterliegen, weil die Preise durch die HOAI „vorgegeben" werden (BGH MDR 2020, 570 zum RVG; BGH MDR 2015, 141 Rn 13; MDR 1981,

1005). Da die HOAI aber nur noch Empfehlungscharakter habe, soll keine Inhaltskontrolle anhand der HOAI stattfinden (*Meckler* NZBau 2021, 303, 308). Dies könnte jedoch zweifelhaft sein, weil bei Fehlen oder Formnichtigkeit einer Vereinbarung der Basishonorarsatz als vereinbart gilt (§ 7 I 2 HOAI, vgl Rn 10). Vorformulierte Klauseln, in die ein auf das konkrete Planungsvorhaben abgestimmter Preis eingetragen wird, dürften allerdings ohnehin keine AGB sein (BGH MDR 2019, 1125).

2. EU-Recht. Der EuGH hat festgestellt, dass die Verbindlichkeit der Mindest- und Höchstsätze der HOAI 2013 gegen Art 15 RL 2006/123/EG verstößt (EuGH MDR 2019, 1124). Art. 15 RL 2006/123/EG hat keine unmittelbare Auswirkung auf Architekten- und Ingenieurverträge. Sog „Aufstockungsklagen" auf die Differenz zw einer die Mindestsätze unterschreitenden Honorarvereinbarung und den Mindestsätzen können daher Erfolg haben, auch wird § 7 V HOAI aF durch die RL nicht berührt (BGH MDR 2022, 1014; MDR 2022, 1013 im Anschluss an EuGH MDR 2022, 154). Das muss ebenso für Verträge zw Privaten und öffentlicher Hand gelten (*Fuchs/van der Hout* NZBau 2022, 78, 79). Treuwidrigkeit muss sich der Planer nicht ohne weiteres entgegenhalten lassen, auch wenn er in einer öffentlichen Ausschreibung unterhalb der Mindestsätze angeboten hat (aA KG MDR 2020, 816). 15

Ansprüche gegen die BRD wegen des Verstoßes der HOAI 2013 gegen die RL 2006/123/EG, die zum 29.12.2009 umzusetzen war, kommen kaum in Betracht. Zweifelhaft ist schon, ob die RL den Besteller schützen soll, zudem liegt ein qualifizierter Verstoß nicht vor und es stellen sich Kausalitätsfragen (*Gundel* EuZW 2022, 168; *Siegburg* BauR 2022, 401; *Adrians* ZfIR 2022, 259). 16

3. Treuwidrigkeit. In Ausnahmefällen kann der Besteller einer Mindestsatzklage (HOAI 2013, s Rn 15) den Einwand der Treuwidrigkeit entgegenhalten (BGH MDR 2012, 144). Zudem kommt in Betracht, dass der Planer an seine Schlussrechnung gebunden ist (BGH MDR 2016, 81). Dies setzt voraus, dass der Auftraggeber auf eine abschließende Berechnung des Honorars vertrauen durfte und er sich im berechtigten Vertrauen auf die Endgültigkeit der Schlussrechnung in schutzwürdiger Weise so eingerichtet hat, dass ihm eine Nachforderung nicht mehr zugemutet werden kann. Dabei ist allein die Bezahlung der Schlussrechnung keine Maßnahme, mit der sich der Auftraggeber in schutzwürdiger Weise auf die Endgültigkeit der Schlussrechnung einrichtet. Die Unzumutbarkeit der Nachforderung setzt voraus, dass die dadurch entstehende zusätzl Belastung unter Berücksichtigung aller Umstände des Einzelfalls für den Auftraggeber eine besondere Härte bedeutet. Allein aus dem Zeitablauf kann sich keine Unzumutbarkeit ergeben. Hat der Planer einen Subplaner eingesetzt, kann er den Mindestsatz unabhängig davon durchsetzen, ob er auch dem Subplaner den Mindestsatz zahlt (BGH MDR 2023, 98). 17

XII. Zielfindung, Abs II. Soweit wesentliche Planungs- und Überwachungsziele noch nicht vereinbart sind, hat der Unternehmer zunächst eine **Planungsgrundlage** zur Ermittlung dieser Ziele zu erstellen. Er legt dem Besteller die Planungsgrundlage zusammen mit einer Kosteneinschätzung für das Vorhaben zur Zustimmung vor. Dem Besteller wird durch § 650r ein Kündigungsrecht eingeräumt. Der Planer kann kündigen, wenn der Besteller der Planungsgrundlage nicht zustimmt. Damit soll der Konstellation Rechnung getragen werden, dass sich der Besteller mit noch vagen Vorstellungen von dem zu planenden Bauvorhaben oder der Außenanlage an den Planer wendet, und daher bei Vertragsschluss noch keine Einigung über alle wesentlichen Planungs- und Überwachungsziele vorliegt. Dies kann etwa der Fall sein, wenn zwar feststeht, welchen Zweck das zu planende Gebäude haben soll, jedoch noch wesentliche Fragen, wie etwa die Art des Daches, die Zahl der Geschosse oder ähnl für die Planung grundlegende Fragen offen sind (Begr 67). In solchen Fällen soll der Architekt oder Ingenieur die Wünsche und Vorstellungen des Bestellers erfragen und unter deren Berücksichtigung eine Planungsgrundlage zur Ermittlung der noch offenen Planungs- und Überwachungsziele erstellen. Der Begriff „Planungsgrundlage" soll deutlich machen, dass es noch nicht um die eigentliche Planung geht. Es ist in dieser Phase lediglich eine Grundlage, etwa eine erste Skizze oder eine Beschreibung des zu planenden Vorhabens, geschuldet, auf der dann die Planung aufbauen kann. 18

Nach Abs II S 2 ist der Architekt oder Ingenieur verpflichtet, dem Besteller die **Planungsgrundlage** zusammen mit einer **Kosteneinschätzung** für das Vorhaben zur Zustimmung **vorzulegen.** Aus der Planungsgrundlage müssen sich also die wesentlichen Planungs- und Überwachungsziele ergeben. Eine Definition der Kosteneinschätzung enthält das Gesetz nicht. Sie soll nach den Vorstellungen des Gesetzgebers dem Besteller eine grobe Einschätzung der zu erwartenden Kosten für seine Finanzierungsplanung geben (Begr 67). Planungsgrundlage und Kosteneinschätzung zusammen sollen den Besteller in die Lage versetzen, eine fundierte Entscheidung zu treffen, ob er dieses Bauprojekt oder die Außenanlage mit diesem Planer realisieren oder vom Kündigungsrecht gem § 650r Gebrauch macht. Danach liegen wesentliche Planungs- und Überwachungsziele vor, wenn sie notwendige Bedingung für die Entscheidung des Bestellers zur Realisierbarkeit des Bauwerks sind. Es hängt deshalb von den Vorstellungen und Möglichkeiten des Bestellers ab, welche Planungs- und Überwachungsziele wesentlich sind. Für die Festlegung müssen regelmäßig die Leistungsphasen 1 und (teilw) die Leistungsphase 2 durchlaufen werden (Frankfurt MDR 2022, 887; *Rodemann* BauR 2019, 387). Hierdurch wird zugleich gewährleistet, dass der geschuldete Erfolg konkretisiert wird und daher eine Mehr- oder Mindervergütung auslösende Änderungsanordnungen leichter dingfest gemacht werden können. Auch wird erreicht, dass die wesentlichen Planungs- und Überwachungsziele erst vereinbart werden, wenn ihre Realisierbarkeit gesichert. Der Planer muss dafür einstehen, dass sie erreicht werden. Eine Festlegung der Leistungsziele vor Auflösung von Zielkonflikten wäre daher nicht sachgerecht. 19

20 Die zugrundeliegenden Vorstellungen des Gesetzgebers entsprechen nicht der Wirklichkeit. Fälle, in denen ein zukünftiger Bauherr überhaupt keine Vorstellungen von seinen Anforderungen an das zu planende Bauwerk und damit von den Leistungszielen hat, sind kaum vorstellbar. Zwar mögen diese eher bedarfsbezogen und nicht bauwerksbezogen sein (*Fuchs* NZBau 2015, 678). Dem trägt aber die HOAI Rechnung, indem Anl 10 zu § 34 HOAI die erste Grundleistung der Leistungsphase 1 beschreibt mit „Klären der Aufgabenstellung auf Grundlage der Vorgaben oder der Bedarfsplanung des Auftraggebers." Eines Vertrages nach § 650p II bedarf es somit nicht. Zudem passt die Zielfindungsphase auch nicht auf alle Architekten- und – vor allem – Ingenieurverträge. Zu denken ist etwa an die Tragwerksplanung oder Beratungsleistungen iSd Anl 1 zur HOAI, denen regelmäßig keine Zielfindungsphase vorhergeht (*Fuchs* BauR 2012, 1505). Gleichwohl ist die Zielfindungsphase sinnvoll, weil sie auf eine konkrete Vereinbarung und Dokumentation der Planungsziele hinwirkt (BGH MDR 2023, 226).

§ 650q Anwendbare Vorschriften

(1) Für Architekten- und Ingenieurverträge gelten die Vorschriften des Kapitels 1 des Untertitels 1 sowie die §§ 650b, 650e bis 650h entsprechend, soweit sich aus diesem Untertitel nichts anderes ergibt.

(2) Für die Vergütungsanpassung im Fall von Anordnungen nach § 650b Absatz 2 gelten die Entgeltberechnungsregeln der Honorarordnung für Architekten und Ingenieure in der jeweils geltenden Fassung, soweit infolge der Anordnung zu erbringende oder entfallende Leistungen vom Anwendungsbereich der Honorarordnung erfasst werden. Im Übrigen gilt § 650c entsprechend.

1 **I. Anwendbare Vorschriften, Abs I.** Auf den Architekten- und Ingenieurvertrag finden die Vorschriften des Kap 1 des Untertitels 1 – Werkvertragsrecht – grds entspr Anwendung.

2 **1. Vergütung.** Anwendbar sind § 631 I Hs 2 (Vergütung als Hauptpflicht), § 632. Der Planer hat Anspruch auf **Abschlagszahlung** gem § 632a, § 15 S 2 HOAI.

3 **2. Haftung.** Ggü § 633 ist § 650p I vorrangig. **a)** Auch für Planungsleistungen gilt der **funktionale Mängelbegriff**, dh der von dem Planer geschuldete Erfolg wird nicht dadurch beschränkt, dass sich die Parteien auf ein Planungsdetail einigen oder eine bestimmte Ausführung vereinbaren (BGH MDR 2013, 585). Auf Risiken muss der Planer deutlich hinweisen und ihre Tragweite verdeutlichen, um seine Haftung auszuschließen (BGH MDR 2013, 1158). Haftung kann durch falsche Beratung zum Leistungsziel begründet werden (BGH MDR 2014, 1020). Die Haftung des Planers ist gem § 634 zu beurteilen. Wenn sich Mängel der Planung oder Überwachung im Bauwerk realisiert haben, haftet der Planer gem § 280 unmittelbar auf Schadensersatz. Es handelt sich um einen Mangelfolgeschaden, so dass eine Fristsetzung entbehrlich ist (aA Hamm MDR 2021, 558: Fristsetzung wegen der Kosten der Planung der Mangelbeseitigung erforderlich). Der Schadensersatzanspruch ist mit dem Honoraranspruch nicht synallagmatisch verknüpft (BGH MDR 2022, 116 mit Folgerungen für Vorbehaltsurteil). Der Besteller kann vor Beseitigung des Mangels Vorschuss beanspruchen. Nach den fiktiven Kosten der Mangelbeseitigung kann der Schaden idR nicht mehr bemessen werden (BGH MDR 2018, 465). In AGB kann sich der Planer nicht das Recht vorbehalten, Mängel selbst zu beseitigen (BGH MDR 2017, 570).

3a **b)** Zu **Mitverschulden** des Bauherrn BGH MDR 2013, 585. Verschulden Dritter kann dem Bauherrn als Mitverschulden zuzurechnen sein. Maßgeblich ist, ob der Bauherr dem Planer fehlerhafte „Vorarbeiten" zur Verfügung stellt; Bsp: BGH MDR 2009, 197 (bauüberwachender Architekt erkennt pflichtwidrig nicht Fehler in der Ausführungsplanung eines anderen Architekten, Bauherr muss sich Fehler der Ausführungsplanung als Mitverschulden zurechnen lassen; s auch BGH MDR 2013, 902 und MDR 2016, 1260).

4 **c)** Auftragsumfang und Haftung des Planers decken sich nicht notwendig Auch für überobligatorische Leistungen kann der Planer haften, etwa wenn er „faktisch" die Bauleitung an sich zieht, ohne hiermit beauftragt zu sein (Brandenburg BauR 2015, 288). Zur gesamtschuldnerischen Haftung neben dem bauausführenden Unternehmer s § 650t.

5 **d)** Die Überschreitung von **Vorgaben zu Baukosten** kann eine Haftung des Planers begründen. Eine Kostenobergrenze kann als Beschaffenheit der Planung vereinbart werden, auch durch AGB (BGH MDR 2019, 1125: keine AGB, wenn auf das konkrete Vorhaben abgestimmte Obergrenze in Formular eingetragen wird). Auch einseitige Erklärungen können als Kostenobergrenze zu beachten sein (BGH MDR 2013, 583). Der Planer muss die Vorstellungen des Bestellers erfragen, er darf nicht „drauflosplanen" (Celle MDR 2022, 494; Frankfurt MDR 2022, 887). Eine Überschreitung der Kostenobergrenze begründet häufig keinen Schaden, weil die höheren Baukosten durch den höheren Wert des Bauwerks kompensiert werden (BGH MDR 2015, 824). Zudem muss der Besteller darlegen, wie er auf die Überschreitung der Kostenobergrenze reagiert hätte und welche Einsparungen er erzielt hätte (Oldenburg BauR 2019, 1184; Köln BauR 2015, 1717). Bei Abrechnung nach HOAI limitiert die Kostenobergrenze die anrechenbaren Kosten, damit der Planer nicht von einer Überschreitung der Kostenobergrenze durch ein höheres Honorar profitiert (BGH MDR 2016, 1443 m krit Anm *Kuhn* ZfBR 2018, 432).

6 **e)** Die Verjährung der Mängelansprüche richtet sich gem § 634a I Nr 2, auch wenn die Ansprüche vor Abnahme der Planungsleistung begründet worden sind (für § 638 aF vgl BGH MDR 2010, 1316). Anderenfalls wären § 634a I Nr 2 und § 650s gegenstandslos, da sich Planungs- und Überwachungsfehler regelmäßig vor der Abnahme im Bauwerk realisieren (Düsseldorf BauR 2022, 682; *Rodemann* NZBau 2016, 89, 91; s § 634a Rn 1). Die Verjährung beginnt mit der Abnahme. Bei Beauftragung der Leistungsphase 9 daher später Beginn der Verjährung (vgl § 650s). Beim Stufenvertrag liegt ein einheitliches Vertragsverhältnis vor, das sukzessive erweitert wird. Die

Verjährung beginnt daher einheitlich und es findet nur eine Abnahme statt (aA Naumburg BauR 2022, 1226; Köln 28.3.2018 – I-17 U 110/15). Der umfassend beauftragte Architekt oder Ingenieur ist Sachwalter. Es muss daher offenbaren, wenn ein ihm angezeigter Baumangel auf eigene Planungs- oder Überwachungsfehler zurückgehen könnte. Verletzung dieser (Sekundär-)Pflicht führt dazu, dass sich der Architekt nicht auf die gem § 634a eingetretene Verjährung berufen darf. Zeitl Grenze: allg Verjährungsfrist ab Verletzung der Sekundärpflicht, daher abhängig von Kenntnis des Bestellers (BGH MDR 2007, 397; aA Frankfurt BauR 2019, 1903: Primärfrist maßgeblich). Keine Sekundärverjährung bei Sachkunde des Bestellers (Braunschweig BauR 2017, 905) und bei Verträgen mit Sonderfachleuten (BGH MDR 2011, 1165).

Nacherfüllung gem § 635 kommt nur in Betracht, wenn sich Planungs- und Überwachungsfehler noch nicht im Bauwerk realisiert haben. Nur in diesem Fall kann § 637 angewendet werden. Ein Vorschussanspruch kann aber als Schadensersatzanspruch geltend gemacht werden (BGH MDR 2018, 465), dazu § 637 Rn 11a. 7

Minderung gem § 638 ist anwendbar und wird insb bei nicht erbrachten Teilerfolgen (übertragene, aber nicht erbrachte Grundleistungen) herangezogen. Erklärung der Minderung schließt kleinen Schadensersatz nicht aus (BGH MDR 2017, 513). § 639 ist anwendbar. 8

3. Abnahme. Das Architekten- (BGH MDR 1999, 1499) und das Statikerwerk (BGH MDR 2010, 566) sind abnahmefähig. Die Abnahme ist nicht gem § 646 ausgeschlossen. Die Abnahme kann konkludent erklärt werden (BGH MDR 2013, 1394; MDR 2010, 566). Bei Übertragung von Leistungen der Leistungsphase 9 kommt sie erst nach deren Abschluss in Betracht (BGH MDR 2013, 1453). Zur Teilabnahme s § 650s. Soweit ein **Statiker** nur die statische Berechnung und Planung zu erbringen, nicht aber auch die Bauausführung in statischer Hinsicht zu überwachen hat, setzt die Abnahme des Statikerwerks nicht die Ausführung des Bauwerks voraus. Die statische Planung und Berechnung kann vielmehr schon vor Bauausführung für sich geprüft und abgenommen werden (BGH MDR 1974, 220). 9

4. Annahmeverzug/Kündigung. §§ 642–645 sind anwendbar, ebenso §§ 648, 648a. 10

II. Anwendbare Vorschriften des Bauvertragsrechts. Einzelne Vorschriften des Kap 2 des Untertitels 1 sind entspr anwendbar: 11

- Das in § 650b geregelte **Anordnungsrecht des Bestellers** gilt auch für Architekten- und Ingenieurverträge. Als Änderung des vereinbarten Werkerfolgs kommt ein (nachträgl) Änderungswunsch des Bestellers bzgl des zu planenden Objekts in Betracht, wie zusätzl Räume oder Änderungen der äußeren Gestaltung. Die Abgrenzung zu der vom Planer geschuldeten Optimierung der Planung ist häufig schwierig. Maßgeblich ist, ob die Parteien eine Leistungsphase als abgeschlossen angesehen haben. Wenn dann nachträgl Änderungen der Planung verlangt werden, liegt ein Änderungsbegehren vor. Baukosten können Gegenstand einer Anordnung sein; hier spielt aber die Zumutbarkeit eine große Rolle. Der Besteller kann keine zusätzl Leistungsphasen anordnen und damit etwa dem Planer nachträgl die Leistungsphase 9 übertragen. Die Parteien sollen gem § 650b I möglichst eine Einigung über die Änderung und die Mehr- oder Mindervergütung erzielen (Textform erforderlich, § 7 HOAI). Einigen sich die Parteien nur über die Änderung, nicht aber über die Anpassung der Vergütung, ist das Honorar gem § 10 HOAI anzupassen. § 10 HOAI enthält einen „Vereinbarungsbefehl", so dass unmittelbar auf die geänderte Vergütung geklagt werden kann. Trifft der Besteller einer Anordnung (weil der Planer dem Änderungsbegehren nicht folgen will), gilt für die Vergütung § 650q II.
- Der fehlende Verweis auf § 650d ist ein Redaktionsversehen. Die Bestimmung ist auch auf Architekten- und Ingenieurverträge anwendbar.
- Die – bisher in §§ 648 und 648a enthaltenen – Regelungen zur **Sicherungshypothek des Unternehmers** und zur **Bauhandwerkersicherung** (§§ 650d, 650e) sind schon nach bisheriger Rspr auch auf die Sicherung des Honoraranspruchs des Architekten oder Ingenieurs anwendbar. Dies ist nunmehr ausdrückl festgeschrieben worden. Wegen § 650f VI kann Sicherheit häufig auch bei Verträgen mit Verbrauchern beansprucht werden.
- Die Regeln der **Zustandsfeststellung** nach § 650g I–III sind entspr anwendbar. Festzustellen ist der Zustand des Bauwerks, auch wenn der Planer nicht das Bauwerk, sondern Planungs- und Überwachungsleistungen hierfür schuldet. Eine Zustandsfeststellung findet auch statt, wenn die Teilabnahme wegen Mängeln verweigert wird.
- Gem § 650g IV, § 15 HOAI ist die Erteilung einer prüffähigen **Schlussrechnung** Voraussetzung der Fälligkeit. Die Schlussrechnung gilt als prüffähig, wenn nicht innerhalb von 30 Tagen begründete Einwendungen erhoben werden. Erforderlich ist eine konkrete Rüge (Frankfurt MDR 2022, 887).
- Für die **Kündigung** eines Architekten- und Ingenieurvertrags ist **Schriftform** erforderlich (§ 650h).

III. Vergütungsanpassung, Abs II. Durch das „Gesetz zur Änderung des Gesetzes zur Regelung von Ingenieur- und Architektenleistungen und anderer Gesetze" v. 12.11.2020 (BGBl I 2020, 2392) ist mWz 1.1.2021 die HOAI 2021 eingeführt (Einzelheiten bei: *Schwenker/Wessel* MDR 2021, 65) sowie § 650q II geändert worden. Die Bezugnahme auf die HOAI soll nach dem Willen des Verordnungsgebers nur greifen, wenn eine Anordnung nach § 650b II vorliegt (BT-Drs 19/21982, 13f). Dafür ist Voraussetzung, dass die Parteien keine Einigung nach § 650b I über die Änderung und die in Folge der Änderung zu leistende Mehr- und Mindervergütung erzielt haben. Somit sind die Parteien eines Architekten- und Ingenieurvertrags auch bzgl der Vergütung von Änderungsleistungen in der Vereinbarung der Vergütung frei. Für die Vereinbarung muss mind die Textform gewahrt werden (§ 7 I 2 HOAI 2021). 12

13 Für die Vergütungsanpassung bei Anordnungen nach § 650b findet vorrangig die HOAI Anwendung. Soweit infolge der Anordnung zu erbringende oder entfallende Leistungen von ihrem Anwendungsbereich erfasst werden, ist sie für die Vergütungsanpassung heranzuziehen. Dies wird insb dann der Fall sein, wenn es sich bei den infolge der Anordnung zu erbringenden oder entfallenden Leistungen um Grundleistungen iSd HOAI handelt. Ob auch die Grundsätze des § 10 HOAI herangezogen werden können, wenn sich infolge der Anordnung der Umfang der beauftragten Leistung ändert oder Grundleistungen zu wiederholen sind, erschien dem Gesetzgeber zumindest zweifelhaft, weil diese Vorschrift nach ihrem Wortlaut sowohl hinsichtl der Änderung als auch hinsichtl der Vergütungsanpassung eine Vereinbarung der Parteien voraussetzt. Diese Frage könne der Rspr überlassen werden (Begr 68).

14 § 10 HOAI ist nach seinem Wortlaut auf Anordnungen nicht anwendbar, weil die Bestimmung eine Vereinbarung zur Planung nach geänderten Vorgaben voraussetzt. Da § 650b die sonst erforderliche Einigung ersetzt, kann § 10 HOAI gleichwohl angewendet werden. Nach dem (sehr unklar gefassten) § 10 HOAI ist das Honorar anzupassen. Daher besteht ein Anspruch auf Anpassung. Lässt sich § 10 HOAI nicht entspr heranziehen oder ergibt sich aus anderen Gründen eine nicht von der HOAI erfasste Konstellation, gilt Abs II S 2 und 3. Danach ist die Vergütungsanpassung für den vermehrten oder verminderten Aufwand aufgrund der angeordneten Leistung frei vereinbar. Soweit die Parteien keine Vereinbarung treffen, gilt § 650c entspr. Eine Berechnung des Mehr- oder Minderaufwands anhand der tatsächlichen Kosten gem § 650c kann beim Architekten- und Ingenieurvertrag wegen fehlender Bezugspunkte Schwierigkeiten aufwerfen. So wird ein Mehraufwand idR aus zusätzl aufgewendeter Arbeitszeit des Architekten oder Ingenieurs selbst oder eines Subplaners bestehen. Erfahrungswerte, wie viele Stunden regelmäßig für eine bestimmte Planungsaufgabe benötigt werden, gibt es ebenso wenig wie eine Taxe für die Höhe der Vergütung pro Stunde. Anders als beim Bauvertrag wird beim Architekten- und Ingenieurvertrag regelmäßig auch keine Urkalkulation hinterlegt, die als Bezugspunkt dienen könnte.

§ 650r Sonderkündigungsrecht

(1) Nach Vorlage von Unterlagen gemäß § 650p Absatz 2 kann der Besteller den Vertrag kündigen. Das Kündigungsrecht erlischt zwei Wochen nach Vorlage der Unterlagen, bei einem Verbraucher jedoch nur dann, wenn der Unternehmer ihn bei der Vorlage der Unterlagen in Textform über das Kündigungsrecht, die Frist, in der es ausgeübt werden kann, und die Rechtsfolgen der Kündigung unterrichtet hat.

(2) Der Unternehmer kann dem Besteller eine angemessene Frist für die Zustimmung nach § 650p Absatz 2 Satz 2 setzen. Er kann den Vertrag kündigen, wenn der Besteller die Zustimmung verweigert oder innerhalb der Frist nach Satz 1 keine Erklärung zu den Unterlagen abgibt.

(3) Wird der Vertrag nach Absatz 1 oder 2 gekündigt, ist der Unternehmer nur berechtigt, die Vergütung zu verlangen, die auf die bis zur Kündigung erbrachten Leistungen entfällt.

1 **I. Zweck.** Die Vorschrift gewährt dem Besteller und unter bestimmten Umständen auch dem Unternehmer bei einem Architekten- und Ingenieurvertrag, bei dem der Planungs- und Überwachungserfolg bei Vertragsabschluss noch nicht festgelegt worden ist, ein **besonderes Kündigungsrecht.** Das Kündigungsrecht soll insb Verbraucher vor den Rechtsfolgen eines häufig übereilt abgeschlossenen umfassenden Architektenvertrags schützen, der alle neun Leistungsphasen des § 34 HOAI beinhaltet. Das besondere Kündigungsrecht erstreckt sich auch auf Ingenieurverträge sowie auf Verträge zw Unternehmern (B2B-Verträge). Auch bei Ingenieurleistungen gibt es Verträge, die hinsichtl der Planungs- und Überwachungsziele noch konkretisierungsbedürftig sind und bei denen der Besteller im weiteren Verlauf zu der Erkenntnis kommt, dass er die Gesamtkosten des Vorhabens unterschätzt hat und er von seiner Durchführung absehen will (Begr 69).

2 **II. Voraussetzungen der Bestellerkündigung, Abs I.** Der Besteller kann den Vertrag nach Vorlage der Unterlagen nach § 650p II – Planungsgrundlage und Kosteneinschätzung – kündigen. Das Kündigungsrecht erlischt nach Abs I S 2 innerhalb von zwei Wochen. Zum Schutz des Bestellers ist der Planer verpflichtet, ihn über das besondere Kündigungsrecht, die Kündigungsfrist und die Rechtsfolgen dieser Kündigung zu unterrichten. Eine solche Verpflichtung besteht beim allg Kündigungsrecht (§ 648, bisher § 649) nicht. Unterbleibt die Unterrichtung, besteht das Kündigungsrecht des Bestellers weiter. Die Unterrichtung kann nicht nachgeholt worden. Diese „scharfe“ Rechtsfolge soll nach dem Willen des Gesetzgebers sicherstellen, dass die Belehrungspflicht von Seiten des Unternehmers ernst genommen wird (Begr 69).

2a Der Besteller kann erst „nach Vorlage von Unterlagen gem § 650p II“ den Vertrag kündigen. Die Formulierung kann nicht dahin ausgelegt werden, dass der Besteller „bis zur Vorlage“ dieser Unterlagen zur Kündigung berechtigt sei (BGH MDR 2023, 226). Zur Rechtsfolge einer freien Kündigung s Rn 6.

3 **III. Voraussetzungen der Unternehmerkündigung, Abs II.** Abs II gibt dem Planer unter bestimmten Umständen ebenfalls das Recht, sich vom Vertrag zu lösen. Hat er dem Besteller die Planungsgrundlage zusammen mit einer Kosteneinschätzung für das Vorhaben zur Zustimmung gem § 650p II 2 vorgelegt, kann er ihm eine angemessene Frist zur Zustimmung setzen. Wirkt der Besteller daraufhin nicht an der Fortführung der Planung mit, indem er die Zustimmung verweigert oder dazu innerhalb der ihm vom Unternehmer gesetzten angemessenen Frist keine Erklärung abgibt, steht auch dem Planer ein Kündigungsrecht zu. Die Einführung eines Kündigungsrechts des Unternehmers ohne rechtfertigende Gründe ist dagegen nicht gerechtfertigt. Der Besteller muss

sich grds auf die Erfüllung des Vertrags verlassen können. Muss er den Planer auswechseln, ist dies für den Besteller mit erheblichen Mehrkosten verbunden.

Die Prüf- und Zustimmungsfrist ist mit zwei Wochen nach Zugang der Unterlagen unrealistisch kurz bemessen. Dies gilt insb, wenn Finanzierungsgespräche zu führen oder Gremienentscheidungen einzuholen sind (*Fuchs* NZBau 2015, 681). 4

IV. Vergütung, Abs III. Abs III legt fest, dass bei einer Kündigung nach Abs I oder II, unabhängig davon wer sie ausgesprochen hat, der Planer nur einen Anspruch auf Vergütung der bis dahin erbrachten Leistungen hat. Damit wird mittelbar ausgesagt, dass die Leistungen nach § 650p II nicht ohne Vergütung zu erbringen sind, es sich also nicht um Akquisitionsleistungen handelt. Die Abrechnung erfolgt wie nach einer Kündigung aus wichtigem Grund. 5

Erklärt der Besteller vor Abschluss der Zielfindungsphase eine freie Kündigung, umfasst der Anspruch gem § 648 S 2 nicht die Vergütung für Leistungen, die nach einer Vorlage der Planungsgrundlage mit einer Kosteneinschätzung zur Zustimmung gem § 650p II 2 zu erbringen gewesen wären (BGH MDR 2023, 226). 6

§ 650s Teilabnahme

Der Unternehmer kann ab der Abnahme der letzten Leistung des bauausführenden Unternehmers oder der bauausführenden Unternehmer eine Teilabnahme der von ihm bis dahin erbrachten Leistungen verlangen.

Durch § 650s wird dem Planer ein gesetzl Anspruch auf Teilabnahme eingeräumt. Damit wird ein Gleichlauf der Verjährung der Ansprüche des Bestellers wegen Mängeln des Bauwerks gegen den Planer und gegen den bauausführenden Unternehmer angestrebt (Begr 70). Die Verjährung der Ansprüche gegen den Planer läuft häufig sehr viel länger als die Verjährung der Ansprüche gegen den bauausführenden Unternehmer. So liegt es zB in dem Fall, dass der Planer die Leistungsphase 9 übernimmt. Eine Abnahme der Leistung des Planers kommt erst in Betracht, wenn die Verjährungsfrist des bauausführenden Unternehmers endet. Der Planer haftet daher (mindestens) doppelt so lange wie der bauausführende Unternehmer. Durch den Anspruch auf Teilabnahme soll die Verjährungsfrist des Planers abgekürzt werden, indem die Verjährung für im Bauwerk realisierte Mängel bereits mit der Teilabnahme beginnt. Die Verkürzung der Verjährungsfrist des Planers begünstigt reflexhaft auch den bauausführenden Unternehmer, weil der Planer im Falle seiner Inanspruchnahme Regress gem § 426 nehmen kann, auch wenn der Anspruch des Bestellers gegen den bauausführenden Unternehmer bereits verjährt ist. 1

§ 650s sieht einen Anspruch auf Teilabnahme vor, wenn die letzte Leistung des bauausführenden Unternehmers oder der bauausführenden Unternehmer abgenommen worden ist. Es findet auch dann nur eine Teilabnahme statt, wenn der Besteller mehrere bauausführende Unternehmer mit verschiedenen Gewerken beauftragt hat. Maßgeblich ist der Zeitpunkt, in dem das letzte Gewerk abgenommen wird. Abzulehnen ist das (dem Wortlaut nach mögliche) Verständnis, dass eine Vielzahl von Teilabnahmen stattzufinden hat, weil nach jeder Abnahme des Werks eines der bauausführenden Unternehmer ein Anspruch auf Teilabnahme der bis dahin erbrachten Leistungen des Planers besteht (*Kuhn* ZfBR 2017, 213). Bei einem Fachplaner kommt es auf die Abnahme derjenigen Leistungen an, die der Fachplaner zu planen und zu überwachen hat. 2

Der Anspruch des Planers auf Teilabnahme ist in zwei Schritten zu prüfen. Erste Voraussetzung ist die Abnahme des Ausführungsgewerks. Die Abnahme des Ausführungsgewerks unter Vorbehalt genügt, weil auch die Teilabnahme unter Vorbehalt erklärt werden kann. Ebenso genügt die fiktive Abnahme gem § 640 II. Der Anspruch auf Teilabnahme besteht zudem, wenn der Besteller verpflichtet ist, die Abnahme des Ausführungsgewerks zu erklären, er also zu Unrecht die Abnahme verweigert. Wird die Abnahme des Ausführungsgewerks berechtigt wegen Mängeln verweigert, hat der Planer keinen Anspruch auf Teilabnahme. Anders ist es aber, wenn im Verhältnis von bauausführendem Unternehmer/Besteller ein Abrechnungsverhältnis (s § 641) begründet wird. Dieses tritt an die Stelle der Abnahme des Ausführungsgewerks (*Zahn* NZBau 2019, 34, 37f). Zweite Voraussetzung ist, dass der Planer seine Teilleistung abnahmereif erbracht hat. Auch wenn der Besteller das Ausführungsgewerk abgenommen hat, kann er dem Planer immer noch entgegenhalten, dass die Leistung des Planers mit Mängeln behaftet ist. 3

Die Teilabnahme muss erklärt werden. Der Anspruch ersetzt die Erklärung nicht. Möglich ist eine konkludente Erklärung, wenn der Planer die Teilabnahme verlangt hat (Bsp: Ausgleich einer Teilschlussrechnung nach Verlangen der Teilabnahme (Jena BauR 2022, 970). Gem § 640 II kann eine Frist zur Erklärung der Teilabnahme gesetzt werden. Die Teilabnahme kann unter Vorbehalt erklärt werden. Endgültige Verweigerung der Teilabnahme wegen im Bauwerk realisierter Mängel führt zum Abrechnungsverhältnis (s § 641) für die bis zur Teilabnahme erbrachten Leistungen. 4

Die Teilabnahme führt zu einer Zäsur, weil nur die bis zur Abnahme des Ausführungsgewerks erbrachten Leistungen des Planers Gegenstand der Teilabnahme werde. So fallen nach der Abnahme des Bauwerkes noch Grundleistungen aus der Leistungsphase 8 an, wie etwa die Rechnungsprüfung (Anl 10 zu § 34 HOAI Grundleistung g) und das Überwachen der Beseitigung der bei Abnahme festgestellten Mängel (Anl 10 zu § 34 HOAI LP 8 Grundleistung p). Diese Leistungen sind Gegenstand der Schlussabnahme. 5

Die Teilabnahme führt zur Fälligkeit eines Teils des Honorars, wenn Teilvergütung iSv § 641 I 2 bestimmt ist. 6

§ 650t Gesamtschuldnerische Haftung mit dem bauausführenden Unternehmer

Nimmt der Besteller den Unternehmer wegen eines Überwachungsfehlers in Anspruch, der zu einem Mangel an dem Bauwerk oder an der Außenanlage geführt hat, kann der Unternehmer die Leistung verweigern, wenn auch der ausführende Bauunternehmer für den Mangel haftet und der Besteller dem bauausführenden Unternehmer noch nicht erfolglos eine angemessene Frist zur Nacherfüllung bestimmt hat.

1 Wenn sich Mängel der Planung oder Bauüberwachung im Bauwerk realisiert haben, schuldet der **Planer unmittelbar Schadenersatz.** Eine Nacherfüllung kommt nicht in Betracht, weil der Planer nicht das Bauwerk schuldet, sondern Planungs- und Überwachungsleistungen hierfür. Der Besteller kann daher von dem Planer Schadensersatz neben der Leistung gem § 280 fordern, ohne ihm zuvor eine Frist zur Nacherfüllung setzen zu müssen. Neben dem Planer haftet bei Ausführungsmängeln auch der bauausführende Unternehmer, der das Werk mangelhaft erstellt hat. Auch bei Planungsfehlern haftet häufig der bauausführende Unternehmer, wenn er den Mangel der Planung hätte erkennen müssen. Gegen den bauausführenden Unternehmer hat der Besteller idR keinen unmittelbar auf Geld gerichteten Mängelanspruch. Er kann gem § 635 Nacherfüllung beanspruchen. Erst nach fruchtloser Fristsetzung kann er auf Geld gerichtete Mängelansprüche geltend machen. Haften Planer und bauausführender Unternehmer für den gleichen im Bauwerk realisierten Mangel, sind sie **Gesamtschuldner.** Die Gesamtschuld besteht von Anfang an; ihr steht nicht entgegen, dass der bauausführende Unternehmer noch Nacherfüllung schuldet, der Planer dagegen Schadensersatz in Geld. Der Besteller kann nach Belieben den Planer oder den bauausführenden Unternehmer in Anspruch nehmen (§ 421). Keine Gesamtschuld liegt vor, wenn der Planer (allein) dafür haftet, dass Ansprüche gegen den ausführenden Unternehmer verjährt sind (BGH MDR 2023, 97).

2 Mit § 650t soll ein **„Vorrang der Nacherfüllung“** im Verhältnis zw Planer, ausführendem Bauunternehmer und Besteller eingeführt werden. Dem vom Besteller auf Schadensersatz nach § 634 Nr 4, §§ 280, 281 in Anspruch genommenen Planer steht ein **Leistungsverweigerungsrecht** zu, wenn nicht der Besteller dem bauausführenden Unternehmer bereits erfolglos eine angemessene **Frist zur Nacherfüllung** nach § 634 Nr 1 gesetzt hat. Ziel der Regelung ist es, die überproportionale Belastung der Planer im Rahmen der gesamtschuldnerischen Haftung mit dem bauausführenden Unternehmer zu reduzieren. Auch wenn die Verjährungsfrist für Mängelansprüche ggü dem bauausführenden Unternehmer noch nicht abgelaufen ist, nehmen Bauherren bei Mängeln, die sowohl der Bauunternehmer als auch der Planer zu verantworten haben, vorrangig letztere in Anspruch, weil sie gesetzl zum Abschluss einer Berufshaftpflichtversicherung verpflichtet sind und damit die Realisierung von Schadensersatzansprüchen gesichert ist (Begr 70). Dieses Ungleichgewicht soll durch § 650t beseitigt, zumindest aber reduziert und so ein Interessenausgleich zw Planern einerseits und Bauunternehmern andererseits erreicht werden. Zudem wird der bauausführende Unternehmer geschützt. Er hat idR ein Interesse, sein Recht zur Nacherfüllung wahrzunehmen, weil eine Nacherfüllung für ihn regelmäßig kostengünstiger als die Erfüllung des Regressanspruchs des Planers ist.

3 Nicht erforderlich ist es, dass der Besteller gegen den bauausführenden Unternehmer erfolglos geklagt hat. Es genügt, dass er diesem erfolglos eine angemessene Frist zur Nacherfüllung gesetzt hat, wie das auch das Mängelgewährleistungsrecht als Voraussetzung für die Geltendmachung anderer Mängelgewährleistungsansprüche vorsieht (§ 637).

4 Der Nacherfüllungsanspruch gegen den bauausführenden Unternehmer setzt die Abnahme von dessen Leistung voraus. Der Planer muss daher in der Ausführungsphase (noch) keinen Schadensersatz leisten, wenn ein Baumangel zwar bereits realisiert ist, die Beseitigung durch den bauausführenden Unternehmer aber noch in Betracht kommt.

5 § 650t setzt die **Haftung des bauausführenden Unternehmers** voraus, da sonst keine Gesamtschuld besteht. Vereinbart der Besteller mit ihm **Schwarzarbeit**, ist der **Vertrag nichtig** und § 650t daher nicht anwendbar. Allerdings kommt nach allg Grundsätzen in Betracht, dass der Planer nicht in Anspruch genommen werden darf (Schleswig NJW 2018, 3036).

6 Der Architekt oder Ingenieur kann das Leistungsverweigerungsrecht nur im Fall von Überwachungsfehlern, die zu Mängeln an dem Bauwerk oder der Außenanlage geführt haben, erheben. Diese Beschränkung, die Planungsmängel nicht in den Anwendungsbereich des Leistungsverweigerungsrechts einbezieht, ist dadurch gerechtfertigt, dass der Architekt oder Ingenieur in diesen Fällen die Hauptursache für den Mangel gesetzt hat (Begr 71). Es wäre in dieser Konstellation nicht angemessen, den Besteller zunächst auf eine Inanspruchnahme des Bauunternehmers auf Nacherfüllung zu verweisen, zumal der Bauunternehmer bei Planungsfehlern idR nicht voll haftet.

7 Der Planer, der vom Besteller auf Schadensersatz wegen eines Bauüberwachungsfehlers in Anspruch genommen wird, muss vortragen, dass der Besteller zuvor dem bauausführenden Unternehmer noch nicht „erfolglos eine angemessene Frist zu Nacherfüllung gesetzt hat.“ Die **Beweislast** dafür, dass die entspr **Mängelrüge dem bauausführenden Unternehmer nicht zugegangen** ist, trägt der Planer. Die Fristsetzung kann während des Schadensersatzprozesses gegen den Planer nachgeholt werden.

8 **Problematischer** ist die in der Praxis recht häufig vorkommende Konstellation, dass der **Besteller einen Ausführungsmangel beseitigen** lässt und anschließend wegen der dafür aufgewandten Kosten den **Planer auf Schadensersatz** in Anspruch nimmt, ohne den bauausführenden Unternehmer zur Nacherfüllung aufgefordert zu haben. Da sich der Schaden bereits im Bauwerk materialisiert hat, brauchte der Besteller dem Planer keine Frist

zur Nacherfüllung zu setzen (BGH MDR 2014, 1020). Wenn der Planer nunmehr einwendet, dass der bauausführende Unternehmer nicht erfolglos zur Nacherfüllung aufgefordert worden sei, ist er zur Verweigerung seiner Leistung berechtigt, wie das Gesetz in unpräziser Terminologie formuliert. Eine Heilung wird nicht mehr möglich sein, weil eine Aufforderung zur Nacherfüllung nicht mehr erfolgen kann, wenn der Mangel bereits beseitigt ist.

Untertitel 3
Bauträgervertrag (§§ 650u–651)

§ 650u Bauträgervertrag; anwendbare Vorschriften

(1) Ein Bauträgervertrag ist ein Vertrag, der die Errichtung oder den Umbau eines Hauses oder eines vergleichbaren Bauwerks zum Gegenstand hat und der zugleich die Verpflichtung des Unternehmers enthält, dem Besteller das Eigentum an dem Grundstück zu übertragen oder ein Erbbaurecht zu bestellen oder zu übertragen. Hinsichtlich der Errichtung oder des Umbaus finden die Vorschriften des Untertitels 1 Anwendung, soweit sich aus den nachfolgenden Vorschriften nichts anderes ergibt. Hinsichtlich des Anspruchs auf Übertragung des Eigentums an dem Grundstück oder auf Übertragung oder Bestellung des Erbbaurechts finden die Vorschriften über den Kauf Anwendung.

(2) Keine Anwendung finden die §§ 648, 648a, 650b bis 650e, 650k Absatz 1 sowie die §§ 650l und 650m Absatz 1.

Durch § 650u ist als besonderer Vertragstypus der Bauträgervertrag eingefügt worden. §§ 650u und 650v sind 1
„Rumpfnormen“, die noch um weitere gesetzl Regelungen ergänzt werden sollen. Eine umfassende gesetzl Regelung des Bauträgervertrags im BGB liegt bisher nicht vor. § 650u I übernimmt die bisher in § 632a II zu findende **Definition des Bauträgervertrags** und erklärt – vorbehaltlich einer anderweitigen Regelung in Untertitel 3 – hinsichtl der Errichtung oder des Umbaus die Vorschriften des **Werkvertragsrechts** in Untertitel 1 Kap 1 und hinsichtl des Anspruchs auf Eigentumsübertragung oder auf Bestellung oder Übertragung des Erbbaurechts die kaufvertragl Vorschriften für **anwendbar.**

Die **Einordnung**, ob ein Vertrag Bauträgervertrag iSv § 650u ist, kann anhand der Kriterien vorgenommen wer- 2
den, wie sie unter der Ägide des früheren Rechts für die Abgrenzung von Werk- und Kaufvertrag gelten. Wenn das Haus oder – im Geschosswohnungsbau – die Wohnung noch nicht errichtet ist, liegt ein Bauträgervertrag (früher Werkvertrag) vor (BGH MDR 2001, 503). Dasselbe gilt beim sog „Haldenverkauf“, wenn der Bauträger Wohnungen oder Häuser auf Vorrat errichtet hat. Diese werden idR nicht fertiggestellt sein, weil dem Erwerber die Bemusterung der noch zu erbringenden Leistungen überlassen werden soll. Doch auch bei vollständig fertiggestellten Objekten, selbst wenn diese bereits für eine kurze Zeit von Dritten bewohnt worden waren, ist § 650u anwendbar (BGH MDR 2016, 762). Kaufvertragsrecht ist demggü anwendbar, wenn der Bauträger das Objekt vor der Veräußerung längere Zeit vermietet oder sonst genutzt hat (BGH MDR 2016, 706).

Abs II ergänzt Abs I um eine Auflistung derjenigen Vorschriften aus dem Werk- und Bauvertragsrecht, die nicht 3
auf den Bauträgervertrag anwendbar sind. Hierbei handelt es sich um folgende Bestimmungen:

Nicht anwendbar ist § 648 über die freie Kündigung eines Werkvertrags. Grds ist der Bauträger zur Erbringung 4
einer Gesamtleistung, zusammengesetzt aus Grundstücksveräußerung und Bauwerkserrichtung, verpflichtet – aber auch zur Erbringung der gesamten Leistung berechtigt. Die verschiedenen Elemente sind aus kalkulatorischen und bautechnischen Gründen für den Bauträger miteinander verknüpft und sollen ggü einem vertragstreuen Bauträger nicht durch eine freie Kündigung des Erwerbers getrennt werden können. Die Möglichkeit einer freien Kündigung des Bauträgervertrags wurde schon bisher von der Rspr mit Blick auf die kaufvertragl Elemente und das wirtschaftl Ziel eines Bauträgervertrags verneint (BGH MDR 1986, 399). Folge einer freien Kündigung wäre, dass der Erwerber das Grundstück bzw den Grundstücksanteil einschl der bis zum Kündigungszeitpunkt erbrachten Leistungen gegen die entspr Vergütung verlangen und anschließend mit einem anderen Bauunternehmer weiterbauen könnte. Ebenso wäre es möglich, dass der Bauträgervertrag noch vor Beginn der Bauarbeiten gekündigt würde, mit der Folge, dass der Besteller das Eigentum an dem Grundstück erlangen und mit einem anderen Bauunternehmer bauen könnte. Wenn der Erwerber solche Situationen frei, also unabhängig von einem Kündigungsgrund, herbeiführen könnte, liefe dies dem wirtschaftl Ziel eines Bauträgervertrags zuwider. Zudem würden insb im Geschosswohnungsbau mit Blick auf die Gesamtherstellungsverpflichtung erhebliche Probleme im Verhältnis des Kündigenden zu den übrigen Erwerbern entstehen (Begr 72).

Auch die **Kündigung aus wichtigem Grund (§ 648a) ist nicht auf den Bauträgervertrag anwendbar**. Zwar hat 5
der BGH bei Vorliegen eines wichtigen Grundes die Möglichkeit einer Teilkündigung des werkvertragl Teils eines Bauträgervertrags mit der Folge einer Teilabwicklung bejaht (BGH MDR 1986, 399). Dabei handelt es sich aber nach Auffassung des Gesetzgebers um eine Einzelfallentscheidung mit Ausnahmecharakter. Mit Blick auf die Einheitlichkeit des Vertrages und die Ausübung der Rechte daraus soll es künftig nicht mehr möglich sein, sich teilw aus einem Bauträgervertrag zu lösen (Begr 72). Vielmehr ist nur noch eine Gesamtabwicklung des Vertrages im Rahmen eines Rücktritts möglich sein. Ein Rücktrittsrecht kann sich bei Mängeln des Werks aus § 634 Nr 3 iVm §§ 636, 323, 326 V ergeben. Beim Vorliegen gravierender, nicht leistungsbezogener Pflichtverletzungen durch den Bauträger ist ein Rücktritt nach § 324 iVm § 241 II möglich. Durch den Rücktritt verliert der

Erwerber den Schutz der (akzessorischen) Vormerkung. Der Ausschluss der Kündigung aus wichtigem Grund stellt den Erwerber bei Insolvenz des Bauträgers faktisch rechtlos (zu den Folgen *Vogel* BauR 2018, 717).

6 Die Vorschriften über das **Anordnungsrecht des Bestellers** (§§ 650b, 650c) sind ebenfalls **nicht** auf den Bauträgervertrag anzuwenden. Die Einführung eines derartigen Anordnungsrechts auch bei Bauträgerverträgen würde zu erheblichen rechtl und tatsächlichen Problemen führen. So könnte im Geschosswohnungsbau kaum einem einzelnen Erwerber ein Anordnungsrecht in Bezug auf das Gemeinschaftseigentum eingeräumt werden. Ein Anordnungsrecht in Bezug auf das Sondereigentum brächte ebenfalls erhebliche Schwierigkeiten mit sich, da eine so bewirkte Änderung auch Auswirkungen auf das Gemeinschaftseigentum oder das Sondereigentum anderer Wohnungseigentümer haben könnte, mit der Folge, dass der Bauträger die Änderung nur nach entspr Vertragsänderungen im Verhältnis zu den anderen Wohnungseigentümern umsetzen könnte (Begr 72).

7 Die nach § 650e verlagerte Vorschrift des bisherigen § 648 I über die Bauhandwerkersicherungshypothek ist nicht anwendbar, weil der Bauträger nicht auf einem Grundstück baut, das im Eigentum des Bestellers steht.

8 Zu einer Anwendung von § 650j I, wonach der Inhalt der Baubeschreibung zum Vertragsinhalt wird, besteht kein Anlass, da aufgrund von § 311b I 1 der gesamte Vertragsinhalt – einschl der Baubeschreibung – notariell zu beurkunden ist. Damit wird die Baubeschreibung unmittelbar zum Vertragsinhalt.

9 Im Hinblick auf die notarielle Beurkundung des Bauträgervertrags findet auch das in § 650k geregelte **Widerrufsrecht keine Anwendung.** Der Erwerber ist durch die Belehrungspflichten des Notars und die in § 17 IIa Nr 2 BeurkG vorgesehenen Zeit für die Prüfung des Vertragsentwurfs (im Regelfall zwei Wochen) hinreichend vor Übereilung geschützt. Es besteht kein praktisches Bedürfnis, ihm eine weitere Bedenkzeit über das Widerrufsrecht zu verschaffen.

10 Die in § 650m I geregelte Obergrenze für Abschlagszahlungen findet auf Bauträgerverträge ebenfalls keine Anwendung, da sie mit der in § 3 II MaBV enthaltenen Regelungen über die Zahlung von Teilbeträgen je nach Baufortschritt nicht vereinbar ist. § 650m II ist zu Gunsten des Erwerbers anwendbar.

§ 650v Abschlagszahlungen

Der Unternehmer kann von dem Besteller Abschlagszahlungen nur verlangen, soweit sie gemäß einer Verordnung auf Grund von Artikel 244 des Einführungsgesetzes zum Bürgerlichen Gesetzbuche vereinbart sind.

1 Die Vorschrift enthält die aus systematischen Gründen in den Untertitel „Bauträgervertrag" verlagerte Vorschrift des bisherigen § 632a II über **Abschlagszahlungen bei Bauträgerverträgen.** Eine inhaltliche Änderung ist damit nicht verbunden. Art 244 EGBGB ist insoweit angepasst worden, als der Verordnungsgeber von § 632a und § 650m abweichen darf. Die seit dem 1.1.2018 geltende **Verordnung** idF v 28.4.2017 lautet: „In Werkverträgen, die die Errichtung oder den Umbau eines Hauses oder eines vergleichbaren Bauwerks auf einem Grundstück zum Gegenstand haben und zugleich die Verpflichtung des Unternehmers enthalten, dem Besteller das Eigentum an dem Grundstück zu übertragen oder ein Erbbaurecht zu bestellen oder zu übertragen, kann der Besteller zur Leistung von Abschlagszahlungen entsprechend § 3 Abs. 2 der Makler- und Bauträgerverordnung unter den Voraussetzungen ihres § 3 Abs. 1 verpflichtet werden. Unter den Voraussetzungen des § 7 der Makler- und Bauträgerverordnung kann der Besteller auch abweichend von ihrem § 3 Abs. 1 und 2 zur Leistung von Abschlagszahlungen verpflichtet werden. § 650m Absatz 2 und 3 des Bürgerlichen Gesetzbuchs findet Anwendung".

2 Raten können im Bauträgervertrag somit nur nach Maßgabe des Ratenzahlungsplans des § 3 II MaBV vereinbart werden. Eine zulasten des Erwerbers von der MaBV abw Vereinbarung ist gem § 134 iVm § 12 MaBV nichtig und führt zur Geltung der gesetzl Regelung des § 641 (BGH MDR 2007, 882). Ein Rückgriff auf den Zahlungsplan des § 3 II MaBV scheidet aus, weil § 1 S 1 HausbauVO keine Regelung für den Fall enthält, dass eine vertragl Zahlungsbestimmung den Anforderungen des § 3 II MaBV nicht entspricht (BGH MDR 2007, 882). Während Abs I in den dort erfassten Fällen einen gesetzl Anspruch auf Abschlagszahlungen gewährt, ist für den Bauträgervertrag eine vertragl Regelung über Abschlagszahlungen Voraussetzung. Die konkrete Vertragsregelung muss daran gemessen werden, ob sie den Vorgaben der MaBV gerecht wird. Die „Teilbeträge" des § 3 II MaBV müssen nach dem die MaBV prägenden Äquivalenzprinzip (BGH MDR 1999, 32) der jew Gegenleistung entsprechen. Eine Grundstücksrate iHv 30 % darf somit nur dann vereinbart werden, wenn der Grundstücksanteil diesem Prozentsatz entspricht. Sonst darf der Bauträger einen Teilbetrag in dieser Höhe nicht entgegennehmen.

§ 651 (aufgehoben)

Untertitel 4
Pauschalreisevertrag, Reisevermittlung und Vermittlung verbundener Reiseleistungen (§§ 651a–651y)

Vorbemerkung vor § 651a

Schrifttum: *Bergmann*, Leistungspflichten des Reiseveranstalters und Mängel bei Spezialreisen (Wellness-, Safari-, Abenteuer-Reisen), RRa 2008, 250; *Bergmann*, Rechtsprechungsübersicht zum Pauschalreiserecht 2020 bis 2021, VuR 2022, 43; *Bergmann/Blankenburg*, Unvermeidbare außergewöhnliche Umstände im Pauschalreise- und Luftverkehrsrecht, NJW 2019, 3678; *Binger*, Der entschädigungslose Rücktritt gem. § 651h Abs. 3 BGB in der Corona-Pandemie, RRa 2021, 207; *Bollweg*, Schadensersatz wegen nutzlos aufgewendeter Urlaubszeit bei internationalen Flugpauschalreisen?, RRa 2007, 242; *Fricke/Ruks*, Das verbundene Online-Buchungsverfahren im neuen Pauschalreiserecht – § 651c BGB auf dem Prüfstand, JM 2019, 178; *Führich*, Umsetzung der neuen EU-Pauschalreise-Richtlinie in das BGB unter besonderer Berücksichtigung des Anwendungsbereichs – Kritische Anmerkungen, RRa 2016, 210; *Führich*, Gewillkürte Pauschalreise und touristische Scheinleistung eines Servicepakets ohne Rechtsgrundlage, NJW 2018, 2926; *Führich*, „Sonstige touristische Leistungen" als Reiseleistung eines Reiseveranstalters, MDR 2019, 1477; *Führich*, Reisebuchungen und Corona-Pandemie – noch unvermeidbare außergewöhnliche Umstände?, NJW 2022, 1641; *Führich/Staudinger*, Reiserecht, 8. Aufl 2019; *Gansfort*, Ist der luftverkehrsrechtliche Chartervertrag ein Vertrag zugunsten Dritter?, RRa 1994, 2; *Harke*, Reisepreis ohne Reiseleistung?, RRa 2020, 207; *Hopperdietzel*, Zum Rücktritt vom Pauschalreisevertrag wegen der SARS-CoV-2-Pandemie, RRa 2022, 3; *Löw*, Pauschalreiserecht in Zeiten der Covid-19-Pandemie, NJW 2020, 1252; *Matern*, Verletzung von Informationspflichten als selbstständiger Reisemangel, RRa 2010, 15; *Meier*, Die Abgrenzung von Reisevermittlern und Reiseveranstaltern im neuen Pauschalreiserecht, RRa 2019, 150; *Meier*, Die Vorgaben für Reisevermittler im neuen Reiserecht, RRa 2020, 102; *Rodegra*, Reiserechtliche Fragen bei Kreuzfahrten während der Pandemie, NJW 2021, 1781; *Ruks*, „Voreiliger" Rücktritt des Pauschalreisenden und spätere Reisewarnung – § 326 BGB als Rettungsanker?, RRa 2022, 12; *Stamer*, Reise und Covid-19 aus Sicht des Verbrauchers, RRa 2020, 270; *Staudinger/Achilles-Pujol*, Auswirkungen der Corona-Pandemie im Reiserecht, RRa 2020, 154; *Staudinger/Busse*, Die Entwicklung des Reiserechts im zweiten Halbjahr 2021, NJW 2022, 909; *Staudinger/Ruks*, Das neue Pauschalreiserecht – Auswirkungen für Veranstalter und Vertrieb, RRa 2018, 2; *Teichmann*, Vertragliche Pflichten des Reiseveranstalters zum Schutz der körperlichen Integrität des Reiseteilnehmers, RRa 2009, 258; *Tonner*, Das neue Pauschalreiserecht – Überblick über die wichtigsten Änderungen, MDR 2018, 305; *Tonner*, Auswirkungen der Corona-Pandemie im Reiserecht, MDR 2020, 519; *Tonner/Bergmann/Blankenburg*, Reiserecht, 2. Aufl 2022; *Ullenboom*, Der Rücktritt des Reisenden vom Pauschalreisevertrag vor Reisebeginn wegen unvermeidbarer, außergewöhnlicher Umstände, RRa 2021, 155; *Ullenboom*, Stornopauschalen in Reiseverträgen unter Geltung des neuen Pauschalreiserechts, RRa 2022, 55.

Minderungstabellen: ADAC-Tabelle zur Reisepreisminderung, NJW 2005, 2506; *Führich*, Kemptener Reisemängeltabelle, MDR 2003, Sonderheft; *Schattenkirchner*, Preisminderung bei Reisemängeln, 2006. Krit dazu: *Hofbauer*, Die mangelhafte Reise, Diss Würzburg 2007, 366; *Schmid* NJW 2005, 2945; *Schulz* VuR 2006, 177.

I. Einführung; Entstehung der gesetzlichen Regelung. Ausf dazu *Führich/Staudinger* § 1 Rn 12ff. **1. Werkvertragsrecht.** Bis zum Inkrafttreten des Reisevertragsgesetzes war umstr, ob die Reiseveranstaltung ein Maklervertrag, ein Geschäftsbesorgungsvertrag oder ein Werkvertrag ist. Die hM betrachtete den sog Pauschalreisevertrag als einen Unterfall des Werkvertrags (BGH NJW 1973, 318 – Impfschaden). Da viele Bestimmungen über den Werkvertrag aber mit den Besonderheiten des Reiseveranstaltungsvertrags nicht in Einklang zu bringen sind, waren die Gerichte gezwungen, das neue Rechtsgebiet durch richterrechtl Rechtsfortbildung zu gestalten (zB BGH NJW 1973, 318 – Impfschaden; NJW 1975, 40 – Rumänien; NJW 1974, 37 – Ferienhaus I). – **2. Altes Reisevertragsrecht.** Die Vorgängerregelungen (§§ 651a ff aF) waren durch das **Reisevertragsgesetz v 4.5.1979** (BGBl I 1979, 509) in das BGB eingefügt worden und am **1.10.1979** in Kraft getreten. **3. Umsetzung der Reiserechtsrichtlinie.** Die neue **RL (EU) 2015/2302** des Europäischen Parlaments und des Rates v 25.11.2015 über Pauschalreisen und verbundene Reiseleistungen (ABl 2015 L 326/1; im Folgenden: PauschalreiseRL) musste von den Mitgliedstaaten bis zum 31.12.2017 in das nationale Recht umgesetzt und ab 1.7.2018 angewendet werden (Art 229 § 42 EGBGB). In Deutschland ist dies durch das **Dritte Gesetz zur Änderung reiserechtl Vorschriften** v 17.7.2017 erfolgt. Zum 1.7.2018 sind die neuen §§ 651a ff in Kraft getreten. Durch die PauschalreiseRL ist gem Art 4 eine Vollharmonisierung des Reiserechts erfolgt. Damit sind keine Abweichungen von den Regelungen der RL möglich. Soweit die RL allerdings keine Regelungen trifft (zB zu Gastschulaufenthalten), kann der nationale Gesetzgeber überschießende Regelungen treffen (ebenso Grü/*Retzlaff* Rn 3; krit dazu *Führich* RRa 2016, 210). 1

II. Anwendungsbereich. 1. Reisevertrag. Entgegen der irreführenden Überschrift des 9. Titels und missverständlichen Bemerkungen in den Gesetzesmaterialien (BT-Drs 8/786, 9; 8/2343, 6) ist der Reisevertrag kein bloßer Unterfall des Werkvertrags (so zum alten Recht Staudinger/*Staudinger* § 651a Rn 7ff; RGRK/*Recken* Rn 26), sondern ein dem Werkvertrag ähnl **Vertrag sui generis** (ebenso MüKo/*Tonner* Rn 17; BaRo/*Geib* Rn 5.1; Grü/*Retzlaff* Rn 2; Führich/*Staudinger* § 5 Rn 1; so bereits zum alten Recht hM, vgl BGH NJW 1987, 1931). Die Regelungen der §§ 651a ff sind aufgrund der nationalen Regelung in § 651y weitgehend zwingend ist. Der zwingende Charakter ergibt sich darüber hinaus daraus, dass durch die PauschalreiseRL 2015/2302 eine europäische **Vollharmonisierung** erfolgt ist, die eine Anwendung des allg Werkvertragsrechts nicht mehr ohne weiteres zulässt. Daher können zur Schließung einer Regelungslücke die Vorschriften des Werkvertrags nicht unmittelbar herangezogen werden; eine analoge Anwendung kommt lediglich dann in Betracht, wenn die Vollharmonisierung dem nicht entgegensteht. Außerdem gelten die Regelungen des AT des BGB (zB Geschäftsfähigkeit, Stellvertretung; aber zB Sondernorm des § 651g II ggü § 164 II) sowie sämtliche auf gegenseitige Verträge anzuwendenden Vorschriften, soweit diese nicht durch spezielle reiserechtl Normen gesperrt sind (zum Verhältnis des Leistungsstörungsrechts zu den Gewährleistungsrechten s Vor § 651i Rn 3ff). 2

3 **2. Zeitlicher Anwendungsbereich.** Das reformierte Reiserecht ist gem Art 229 § 42 EGBGB auf Verträge anzuwenden, die seit dem **1.7.2018** geschlossen wurden. Für davor geschlossene Verträge gelten die §§ 651a ff aF, unabhängig davon, ob die Reiseleistungen nach dem 1.7.2018 erbracht werden.

4 **III. AGB-Recht.** Will ein Reiseveranstalter im Reisevertrag über die gesetzl Bestimmungen hinaus weitere Regelungen treffen, geschieht das nahezu ausschließlich über AGB. Die meisten Reiseveranstalter formulieren dazu auf der Grundlage der (unverbindlichen) Konditionen-Empfehlung ihres Verbandes, also zB des Deutschen Reiseverbandes (DRV), des Internationalen Bustouristik Verbandes (RDA) oder des Deutschen Tourismusverbandes (DTV) eigene **Allg Reisebedingungen** (ARB). Diese werden nur dann Gegenstand des Reisevertrags, wenn sie zwei juristische Hürden genommen haben: die Einbeziehungskontrolle (Rn 5ff) und die Inhaltskontrolle (Rn 12).

5 **1. Einbeziehung.** Zuerst ist zu prüfen, ob die ARB in den Vertrag einbezogen worden sind (**Einbeziehungskontrolle**). **a) Hinweis (§ 305 II Nr 1).** Voraussetzung der Einbeziehung ist nach § 305 II Nr 1 **ein ausdrückl Hinweis** des Verwenders darauf, dass der Vertrag unter Verwendung seiner AGB geschlossen werden soll, der bei Vertragsschluss, somit im Zusammenhang mit den Erklärungen, die zum Abschluss des konkreten Vertrags geführt haben, zu erfolgen hat. Die Verkehrsüblichkeit von ARB macht einen ausdrückl Hinweis darauf ebenso wenig entbehrlich wie die Tatsache, dass es sich um einen erfahrenen Reisenden handelt (Frankfurt RRa 1996, 84). Auch der Umstand, dass dem Reisenden bei der Abgabe des Angebots ein Katalog vorlag, der die ARB enthielt, reicht als Hinweis nicht aus (Frankfurt RRa 1996, 84). Der Hinweis kann schriftlich, mündlich oder elektronisch erfolgen (Führich/*Staudinger* § 5 Rn 50). Nimmt der Reiseveranstalter ein Angebot des Reisenden erstmals unter Einbeziehung der ARB an, liegt darin ein neues Angebot gem § 150 II. Dazu Rn 11. Eine Reiseanmeldung, die im Reisebüro bei der Buchung der Reise am Computer erstellt, anschließend ausgedruckt und unterschrieben und dann an den Reiseveranstalter weitergeleitet worden ist, beinhaltet das Angebot des Reisenden auf Abschluss eines entspr Reisevertrags. Insoweit ist es ausreichend, dass eine solche Reiseanmeldung einen Hinweis wie „Die Reise- und Zahlungsbedingungen wurden anerkannt. Sie sind Vertragsinhalt" oder „IÜ verweisen wir auf die Reisebedingungen im maßgeblichen Katalog" enthält. Der Hinweis muss in deutlich lesbarer und wahrnehmbarer Weise angebracht sein.

6 **b) Kenntnismöglichkeit (§ 305 II Nr 2).** Ferner muss der Reisende die **Möglichkeit** gehabt haben, in zumutbarer Weise von den ARB **Kenntnis zu nehmen**, die der Reiseveranstalter dem Reisevertrag zugrunde legen will. Hinsichtl der Zumutbarkeit der Kenntnisnahme ist zw der Art und Weise der Kenntnisnahme und der Gestaltung der ARB zu unterscheiden (BaRo/*Becker* § 305 Rn 58).

7 **aa) Art und Weise der Kenntnisnahme.** Die Art und Weise der Kenntnisnahme ist dem Reisenden zumutbar, wenn ihm die ARB unmittelbar zur Verfügung gestellt werden, ohne dass es weiterer Anstrengungen seinerseits bedarf (BGH NJW-RR 1999, 1247; BaRo/*Becker* § 305 Rn 59). Die bisherige Rspr zur Einbeziehung von ARB (BGH RRa 2007, 219; RRa 2009, 131; ausf dazu *Noll* RRa 2011, 2ff) kann nicht ohne weiteres übernommen werden, da es an einer § 6 III und IV BGB-InfoV aF entspr Norm fehlt. Aus der PauschalreiseRL lassen sich keine besonderen Anforderungen an die Einbeziehung von ARB entnehmen, da sich die RL nur auf die Informationen gem Art 250 § 3, 6 EGBGB bezieht. Unklar ist auch der Wille des Gesetzgebers, da sich in der Gesetzesbegründung kein Hinweis findet, dass von den bisherigen Anforderungen abgewichen werden soll. Indes ist zu beachten, dass viele der relevanten Informationen der ARB (Vorkasse, Stornogebühren, Rücktritt bei Nichterreichbarkeit der Mindestteilnehmerzahl) bereits in den vorvertragl Informationen enthalten sein müssen. Solche Informationen müssen gem § 651d I und Art 250 § 1 EGBGB bereits vor Abgabe der Vertragserklärung übermittelt werden, so dass dies zwingend auch für die ARB gilt, wenn sie die erforderlichen Informationen enthalten. Hinsichtl der Einbeziehungsanforderungen ist zw den einzelnen Vertragsabschlusskonstellationen zu unterscheiden.

8 **bb) Abschluss beim Reiseveranstalter/im Reisebüro.** Wird der Reisevertrag in den Räumlichkeiten des Reiseveranstalters oder eines Reisebüros abgeschlossen, sollten dem Reisenden die ARB jew bei Vertragsschluss überreicht werden (so BGH RRa 2009, 131 Rn 13). Da ein Vertrag nur entspr der vorvertragl Unterrichtung zustande kommt (§ 651d III 1), sollten dem Reisenden die ARB idR vor Abgabe der Erklärung **mittels Katalogs** ausgehändigt werden. Bei der Vertragsbestätigung sind gem Art 250 § 6 EGBGB die wesentlichen Informationen nochmals mitzuteilen, so dass hier erneut die ARB übergeben werden sollten.

9 **cc) Abschluss bei fernmündlichen Verträgen.** Auch bei Buchungen, die per **Telefon, Telefax oder E-Mail** erfolgen, müssen die ARB, neben einem Hinweis auf die Verwendung von ARB, dem Reisenden zur Verfügung gestellt werden. Dies kann bei einem telefonischen Abschluss nur durch **Vorlesen** der ARB erfolgen (§ 305 Rn 36). Eine solche Vorgehensweise sieht auch Art 250 § 2 III EGBGB hinsichtl der vorvertragl Unterrichtung vor. Nach der hM kann auf die Kenntnisnahme der ARB dadurch verzichtet werden, dass der Reisende auf die **Übersendung konkludent verzichtet**, indem er sie trotz Hinweis des Anbieters nicht anfordert (AG Duisburg-Hamborn RRa 2003, 168; § 305 Rn 36; Staudinger/*Mäsch* § 305 Rn 151; UBH/*Habersack* § 305 Rn 149; aA AG Krefeld RRa 1996, 159; MüKo/*Tonner* § 651a Rn 95; BaRo/*Becker* § 305 Rn 65). Die praktischen Erwägungen sind nachvollziehbar, allerdings setzt der Schutz des Reisenden voraus, dass dieser explizit der Nichtübergabe der ARB zustimmt. Da die Kenntnisnahme nicht von einem aktiven Tätigwerden des Verbrauchers abhängen soll, kann diese Anforderung nicht dadurch umgangen werden, dass bei Untätigkeit ein Verzicht auf die Übersendung fingiert wird (aA Staudinger/*Mäsch* § 305 Rn 151). Zu beachten ist zudem, dass sich der Verzicht nur auf die ARB, nicht

jedoch auf die vorvertragl Informationen gem § 651d beziehen kann, deren Erhalt aufgrund § 651y nicht disponibel ist.

dd) Abschluss im Internet. Auch bei einer Internet-Buchung ist dem Kunden die Möglichkeit zu verschaffen, in zumutbarer Weise vom Inhalt der Reisebedingungen Kenntnis zu nehmen. Der bloße Hinweis, der Reisende solle die ARB an anderer Stelle auf der Homepage des Reiseanbieters einsehen, reicht nicht (LG Dortmund RRa 2011, 149). Für die Möglichkeit der Kenntnisverschaffung genügt es aber, wenn die ARB über einen auf der Bestellseite **gut sichtbaren Link** aufgerufen und ausgedruckt werden können (BGH NJW 2006, 2977 Rn 16). Um Beweisprobleme zu vermeiden, kann es sich empfehlen, die Buchung des Reisenden nur dann zuzulassen, wenn sich dieser auf eine Seite begeben hat, auf der die ARB angezeigt wurden (ähnl Führich/*Staudinger* § 5 Rn 54). Zu beachten ist, dass gem § 312i I 1 Nr 4 die Möglichkeit geschaffen werden muss, die Vertragsbestimmung einschließlich der ARB bei Vertragsschluss abzurufen und zu speichern (ausf dazu BeckOGK/*Busch* § 312i Rn 35; MüKo/*Tonner* Rn 61). Ein Verstoß gegen § 312i hindert indes nicht die wirksame Einbeziehung der ARB, wenn die Voraussetzungen des § 305 II erfüllt sind (BeckOGK/*Busch* § 312i Rn 40; *Koch* oben § 312i Rn 19 sieht die Voraussetzungen § 312i und des § 305 II als weitgehend gleich an). 10

c) Nachträgl Einbeziehung. Nimmt der Reiseveranstalter ein Angebot des Reisenden erstmals unter Einbeziehung der ARB an, liegt darin ein neues Angebot gem § 150 II. Ob durch den Reiseantritt des Reisenden konkludent ein Reisevertrag zustande kommt (so Frankfurt RRa 1996, 84; BaRo/*Geib* § 651a Rn 31), erscheint zweifelhaft, da ein Verstoß gegen die Belehrungspflicht gem § 651d I und Art 250 § 1 EGBGB vorliegt und gem § 651d III 1 der Vertrag nur so zustande kommt, wie der Reisende im Vorfeld gem Art 250 § 3 EGBGB belehrt wurde. 11

2. Auslegung. Ist eine wirksam einbezogene Klausel unklar, unterliegt sie den Regeln der **Auslegung** (§ 157). Dabei ist darauf abzustellen, wie sie aus Sicht eines rechtl nicht vorgebildeten Durchschnittsreisenden zu verstehen ist (BGH NJW 1989, 2752; NJW 1992, 3162; NJW 2014, 1168n Rn 16). Zweifel bei der Auslegung von ARB gehen nach § 305c II zulasten des Reiseveranstalters als Verwender, dh es ist die für den Reisenden günstigste Auslegung zu wählen. 12

3. Inhaltskontrolle. Sind die ARB wirksam einbezogen, erfolgt die **Inhaltskontrolle**. Dabei wird zunächst geprüft, ob der geschlossene Vertrag in den Anwendungsbereich der §§ 651a ff fällt. Wird dies bejaht, ist zu prüfen, ob die Klauseln zum Nachteil des Reisenden von den §§ 651a–651x abweichen und deswegen nach **§ 651y S 1** nichtig sind. Klauseln, die in zulässiger Weise von den Gestaltungsmöglichkeiten des Reisevertragsrechts Gebrauch machen und die dort gesetzten Grenzen beachten (vgl § 651h II; § 651p I) oder die in den §§ 651a ff nicht geregelten Sachthemen behandeln, sind nach **§§ 307ff** auf ihre Wirksamkeit zu überprüfen. Da eine geltungserhaltende Reduktion nicht in Betracht kommt, ist die Klausel, die teilw unwirksam ist, insg unwirksam (BGH RRa 2004, 218). 13

IV. Kollisionsrecht. Welches Recht bei Verträgen über Reiseleistungen mit ausl Reiseveranstaltern anzuwenden ist, richtet sich nach den Bestimmungen der **Rom I-VO**. Handelt es sich bei dem Reisenden um einen Verbraucher, bestimmt sich das anwendbare Recht nach Art 6 Rom I-VO. Danach kommt dt Recht zur Anwendung, wenn der Unternehmer entweder seine Tätigkeit in Deutschland ausübt oder sie auf dt Verbraucher ausgerichtet hat. Bei Beförderungsleistungen ist Art 5 Rom I-VO zu beachten (dazu MüKo/*Tonner* § 651a Rn 112ff) Zur Internet-Buchung von Reisen und Flügen bei ausl Anbietern s *Staudinger* RRa 2007, 98, 110ff. – Das **Montrealer Übk** (MÜ) verdrängt als lex specialis die Schadensersatzansprüche aus § 651n I (Schadensersatz) und § 651f II (nutzlos aufgewendete Urlaubszeit); *Bollweg* RRa 2007, 242ff. Unberührt bleiben aber die Ansprüche aus § 651i, weil sie nicht auf Schadensersatz ausgerichtet sind (Führich/*Staudinger* § 24 Rn 11ff). – Die gerichtliche Zuständigkeit bestimmt sich nach Art 17 Brüssel Ia-VO. Ebenso wie bei der Rom I-VO kommt es darauf an, wo die Tätigkeit ausgeübt wird oder auf welches Land sie ausgerichtet ist. 14

§ 651a Vertragstypische Pflichten beim Pauschalreisevertrag

(1) Durch den Pauschalreisevertrag wird der Unternehmer (Reiseveranstalter) verpflichtet, dem Reisenden eine Pauschalreise zu verschaffen. Der Reisende ist verpflichtet, dem Reiseveranstalter den vereinbarten Reisepreis zu zahlen.

(2) Eine Pauschalreise ist eine Gesamtheit von mindestens zwei verschiedenen Arten von Reiseleistungen für den Zweck derselben Reise. Eine Pauschalreise liegt auch dann vor, wenn
1. **die von dem Vertrag umfassten Reiseleistungen auf Wunsch des Reisenden oder entsprechend seiner Auswahl zusammengestellt wurden oder**
2. **der Reiseveranstalter dem Reisenden in dem Vertrag das Recht einräumt, die Auswahl der Reiseleistungen aus seinem Angebot nach Vertragsschluss zu treffen.**

(3) Reiseleistungen im Sinne dieses Gesetzes sind
1. **die Beförderung von Personen,**
2. **die Beherbergung, außer wenn sie Wohnzwecken dient,**
3. **die Vermietung**
   a) **von vierrädrigen Kraftfahrzeugen gemäß § 3 Absatz 1 der EG-Fahrzeuggenehmigungsverordnung vom 3. Februar 2011 (BGBl. I S. 126), die zuletzt durch Artikel 7 der Verordnung vom 23. März 2017 (BGBl. I S. 522) geändert worden ist, und**

b) von Krafträdern der Fahrerlaubnisklasse A gemäß § 6 Absatz 1 der Fahrerlaubnis-Verordnung vom 13. Dezember 2010 (BGBl. I S. 1980), die zuletzt durch Artikel 4 der Verordnung vom 18. Mai 2017 (BGBl. I S. 1282) geändert worden ist,

4. jede touristische Leistung, die nicht Reiseleistung im Sinne der Nummern 1 bis 3 ist.

Nicht als Reiseleistungen nach Satz 1 gelten Reiseleistungen, die wesensmäßig Bestandteil einer anderen Reiseleistung sind.

(4) Keine Pauschalreise liegt vor, wenn nur eine Art von Reiseleistung im Sinne des Absatzes 3 Satz 1 Nummer 1 bis 3 mit einer oder mehreren touristischen Leistungen im Sinne des Absatzes 3 Satz 1 Nummer 4 zusammengestellt wird und die touristischen Leistungen

1. keinen erheblichen Anteil am Gesamtwert der Zusammenstellung ausmachen und weder ein wesentliches Merkmal der Zusammenstellung darstellen noch als solches beworben werden oder

2. erst nach Beginn der Erbringung einer Reiseleistung im Sinne des Absatzes 3 Satz 1 Nummer 1 bis 3 ausgewählt und vereinbart werden.

Touristische Leistungen machen im Sinne des Satzes 1 Nummer 1 keinen erheblichen Anteil am Gesamtwert der Zusammenstellung aus, wenn auf sie weniger als 25 Prozent des Gesamtwertes entfallen.

(5) Die Vorschriften über Pauschalreiseverträge gelten nicht für Verträge über Reisen, die

1. nur gelegentlich, nicht zum Zwecke der Gewinnerzielung und nur einem begrenzten Personenkreis angeboten werden,

2. weniger als 24 Stunden dauern und keine Übernachtung umfassen (Tagesreisen) und deren Reisepreis 500 Euro nicht übersteigt oder

3. auf der Grundlage eines Rahmenvertrags für die Organisation von Geschäftsreisen mit einem Reisenden, der Unternehmer ist, für dessen unternehmerische Zwecke geschlossen werden.

1 **I. Allgemeines.** Die Vorschrift bestimmt in **Abs I** den Gegenstand sowie die Parteien des Reisevertrags (Pauschalreise, Reiseveranstalter, Reisender) und legt ferner die beiderseitigen Hauptverpflichtungen fest (Verschaffung der Pauschalreise, Zahlung des Reisepreises). – **Abs II** definiert den Begriff der Pauschalreise. – In **Abs III** sind die für den Begriff der Pauschalreise entscheidenden Reiseleistungen legaldefiniert. Dies sind die Beförderung von Personen, die Beherbergung, die Vermietung von Kfz und Motorrädern sowie der weite Begriff der touristischen Leistungen. – In **Abs IV** sind die Ausnahmen für bestimmte touristische Leistungen geregelt. – **Abs V** normiert die Fälle, bei denen trotz Erfüllung der tatbestandlichen Voraussetzungen für eine Pauschalreise die reiserechtl Normen nicht anwendbar sind. – Die Norm setzt Art 3 Nr 1, 2, 3 PauschalreiseRL um.

2 **II. Der Pauschalreisevertrag. 1. Bedeutung.** Der Pauschalreisevertrag ist der Dreh- und Angelpunkt für die Herleitung der Rechte aus den §§ 651a ff. Insb die Leistungsstörungsrechte setzen voraus, dass zw dem Reisenden und dem Reiseveranstalter ein Pauschalreisevertrag zustande gekommen ist. Seit Geltung der PauschalreiseRL (EU) Nr 2302/2015 obliegt es nicht mehr autonom dem nationalen Gesetzgeber, den Inhalt des Pauschalreisevertrags zu bestimmen. Die Definition des Reisevertrags ergibt sich vielmehr aus Art 3 Nr 2 PauschalreiseRL. Diese Vorgaben hat der Gesetzgeber in § 651a umgesetzt.

3 **2. Beteiligte (Abs I).** Der Reisevertrag besteht gem § 651a I zw dem Reiseveranstalter und dem Reisenden. Vom Reiseveranstalter abzugrenzen ist der Reisevermittler. **a) Reiseveranstalter.** Nach § 651a I 1 ist derjenige Unternehmer Reiseveranstalter, der sich verpflichtet, dem Reisenden eine **Pauschalreise zu verschaffen**. Während die nationale Umsetzung nebulös auf das Verschaffen abstellt, ergibt sich aus Art 3 Nr 8 PauschalreiseRL, dass Reiseveranstalter ein Unternehmer ist, der entweder direkt oder über einen anderen Unternehmer oder gemeinsam mit einem anderen Unternehmer Pauschalreisen zusammenstellt und verkauft oder zum Verkauf anbietet oder der die Daten des Reisenden im Einklang mit Art 3 Nr 2 lit b Ziff v PauschalreiseRL an einen anderen Unternehmer übermittelt. Der Begriff des Reiseveranstalters setzt sich demnach aus zwei Komponenten, nämlich der Unternehmereigenschaft sowie einer Tätigkeitsbeschreibung, zusammen. **aa) Unternehmer.** Reiseveranstalter kann nur ein Unternehmer sein. Der Unternehmer ist im nationalen Recht in § 14 I definiert. Danach ist ein Unternehmer eine natürliche oder juristische Person oder eine rechtsfähige Personengesellschaft, die bei Abschluss eines Rechtsgeschäfts in Ausübung ihrer gewerblichen oder selbständigen beruflichen Tätigkeit handelt. Die Pauschalreise-RL definiert den Unternehmer eigenständig in Art 3 Nr 7 PauschalreiseRL. Nach der RL ist ein Unternehmer jede natürliche oder juristische Person, unabhängig davon, ob Letztere öffentlicher oder privater Natur ist, die bei von dieser RL erfassten Verträgen selbst oder durch eine andere Person, die in ihrem Namen oder Auftrag handelt, zu Zwecken tätig wird, die ihrer gewerblichen, geschäftlichen, handwerklichen oder beruflichen Tätigkeit zugerechnet werden können. Beide Normen erfassen sowohl natürliche Person als auch juristische Person. Auch juristische Personen öffentlichen Rechts können Unternehmer sein, wenn sie gewerblich tätig werden (§ 14 Rn 6). Die Person muss entweder selbst oder durch einen Dritten, der als Stellvertreter oder Beauftragter gehandelt hat, tätig geworden sein. Dieses Erfordernis der RL lässt sich auch unter § 14 I fassen, da die Tätigkeit auch durch Dritte erfolgen kann (aA BeckOGK/*Alexander* Rn 164). Schließlich muss die Person in Ausübung ihrer gewerblichen oder selbständigen beruflichen Tätigkeit handeln. Gewerbliche Tätigkeit ist jede planmäßige und auf Dauer angelegte selbständige wirtschaftl Tätigkeit unter Teilnahme am Wettbewerb (§ 14 Rn 9). Eine selbständige berufliche Tätigkeit ist ebenfalls eine planvolle, auf gewisse Dauer ausgerichtete und entgeltliche Tätigkeit (§ 14 Rn 15). Vom Anwendungsbereich ausgenommen sind daher solche Personen, die nicht gewerblich oder selbständig handeln (zB. Sportvereine, Schulen). Diese konnten nach der alten Rechtslage unter den Begriff des Reiseveranstalters fallen. Da gewerbliche Tätigkeit ein Handeln im Wettbewerb mit

anderen voraussetzt, reicht allein die Entgeltlichkeit der Reise nicht aus (aA MüKo/*Tonner* Rn 42). Das gelegentliche Anbieten wird vom Unternehmensbegriff erfasst, allerdings kommt ein Ausschluss gem § 651 V Nr 1 in Betracht. **bb) Anbietertätigkeit.** Während das nationale Recht darauf abstellt, dass eine Pauschalreise verschafft wird, sieht die PauschalreiseRL drei Arten von Anbietertätigkeiten vor. Umfasst sind das Zusammenstellen und der Verkauf von Reiseleistungen, das Anbieten von Reiseleistungen zum Verkauf oder die Übermittlung von Daten. Letzteres ist in § 651c ausführlich geregelt (dazu § 651c Rn 4). Die 1. Alt erfasst den Direktvertrieb, dh den unmittelbaren Verkauf von Reiseleistungen an den Reisenden. Die 2. Alt deckt den Vermittlervertrieb ab. Danach bleibt das zusammenstellende Unternehmen Reiseveranstalter, wenn der Kontakt zum Kunden über einen Vermittler erfolgt. In Abgrenzung zur Vermittlertätigkeit für die Leistungserbringer kann darauf abgestellt werden, ob der Reiseveranstalter verspricht, die Reiseleistungen in eigener Verantwortung zu erbringen, dh in der Weise, dass die Erbringung der Leistungen von ihm selbst geschuldet wird. Ob er sich bei der Erfüllung auch Hilfspersonen (Luftfahrtunternehmen, Busunternehmen, Hotelier usw) bedient oder die Leistung selbst erbringt, ist unerheblich. Ob die Reiseleistungen in eigener Verantwortung erbracht werden sollen, muss in Zweifelsfällen durch Auslegung ermittelt werden, wobei die **Sicht eines obj Dritten** maßgebend ist (BGH RRa 2000, 85; RRa 2007, 221). Dafür ist der Inhalt der Reiseanmeldung und der Reisebestätigung maßgeblich (LG Frankfurt RRa 2012, 178), aber auch die Gesamtumstände. **cc) Reiseanbieter kraft gesetzl Fiktion.** Ohne die Voraussetzungen des § 651a zu erfüllen, kann ein Unternehmen auch gem § 651b I 2 (§ 651b Rn 10) sowie § 651c (§ 651c Rn 6) zum Reiseveranstalter werden.

b) Reisender. Die Person des Reisenden ist dafür relevant, gegen wen sich der Zahlungsanspruch richtet (Rn 30) 4
und wer Ansprüche aus dem Vertrag geltend machen kann (§ 651m Rn 4; § 651n Rn 19). Der Reisende ist nach § 651a I 1 die Person, ggü der sich der Reiseveranstalter verpflichtet hat, eine Reise zu verschaffen. Da nach Abs I S 2 der Reisende zur Entrichtung des Reisepreises verpflichtet ist, kann er wie nach dem früheren Recht als der Vertragspartner des Reiseveranstalters definiert werden (so BT-Drs 18/10822, 65; zum früheren Recht BGH RRa 2002, 154, 156). Art 3 Nr 6 PauschalreiseRL definiert den Reisenden hingegen als jede Person, die auf der Grundlage dieser RL einen Vertrag schließen möchte oder die zu einer Reise auf der Grundlage eines im Rahmen dieser RL geschlossenen Vertrags berechtigt ist. Die RL setzt mit der Definition bereits vor dem Vertragsschluss an und erfasst auch reisewillige Personen. Zudem ist es nach der RL-Definition unerheblich, ob der Reisende Vertragspartner des Reiseveranstalters geworden ist. Nach dem Wortlaut der RL wäre es möglich, dass Reisende zwar aus dem Vertrag nicht verpflichtet werden, jedoch Ansprüche daraus geltend machen können. Diese Auslegung erscheint jedoch in Bezug auf Art 9 II PauschalreiseRL nicht haltbar, da bei einem Wechsel des Reisenden der bisherige Reisende für den noch ausstehenden Betrag des Reisepreises als Gesamtschuldner mithaftet. Da durch Art 9 II PauschalreiseRL keine Neubegründung einer bisher nicht bestehenden Verbindlichkeit beabsichtigt ist, ist entspr der nationalen Regelung davon auszugehen, dass Reisender nur ist, wer Vertragspartner des Reisevertrags geworden ist (ebenso jurisPK/*Steinrötter* Rn 95). Sollte eine Person, die die Reise angetreten hat, jedoch nicht Vertragspartner geworden ist, Rechte aus dem Reisevertrag geltend machen, die über § 328 hinausgehen, ist die Frage, wer Reisender iSd Art 9 II PauschalreiseRL ist, dem EuGH vorzulegen.

Reisender kann jede Person sein. Reisende können sowohl **natürliche** als auch **juristische Person** sein. Der 5
Begriff ist **nicht auf Verbraucher beschränkt**. Erfasst werden auch Geschäftsreisen, außer wenn die Reise auf Grundlage eines Rahmenvertrags gem V Nr 3 geschlossen wurde (dazu jurisPK/*Steinrötter* Rn 105). Wer Reisender ist, muss durch Vertragsauslegung festgestellt werden (Hamm NJW-RR 2021, 1355, 1356). Tritt die buchende Person die Reise selbst an und wird auch nur ihr Name in den Vertragsunterlagen genannt, ist diese der Reisende. Tritt anstatt der buchenden Person oder neben ihr eine andere Person die Reise an, ist durch Auslegung zu ermitteln, wer Reisender iSd § 651a I 1 ist. Bucht ein Unternehmen zu Werbezwecken Reisekontingente, um diese an die Kunden weiterzugeben (sog **Incentive-Reisen**), ist das buchende Unternehmen der Reisende (so BGH RRa 2002, 154, 156). Derjenige, der eine Reise für sich und andere Personen bucht, handelt entweder im eigenen Namen, so dass er allein Reisender iSv § 651a ist, oder er schließt – möglicherweise gleichzeitig – als Vertreter für Dritte in deren Namen Verträge ab, die diese als Reisende ggü dem Reiseveranstalter berechtigten und verpflichten (Düsseldorf NJW-RR 1990, 186). Zudem kann er als Bote für einen Dritten handeln (LG Frankfurt NJW-RR 1988, 247). Entscheidend ist dabei, wie die buchende Person auftritt. Falls sie nicht ausdrückl im Namen eines anderen bucht, genügt es auch, wenn sich das aus den Umständen der Buchung ergibt (§ 164 I 2). Fehlt es aber an jeglicher Kennzeichnung einer Vertretung, kommt der Vertrag allein mit der buchenden Person zustande (§ 164 II). Bei einer **Gruppenreise** ist grds davon auszugehen, dass die einzelnen Reisenden Vertragspartner des Reiseveranstalters werden und nur diese aus dem Reisevertrag berechtigt und verpflichtet werden. Insoweit tritt der Buchende als Vertreter der Gruppenmitglieder auf, es sei denn, er erklärt ausdrückl, im eigenen Namen handeln zu wollen (Frankfurt RRa 2005, 23, 24; Hamm NJW-RR 2021, 1355, 1356; Grü/*Retzlaff* Rn 4). Bei Jugendreisen wird der Jugendliche Vertragspartner des Reiseveranstalters, wenn der Erziehungsberechtigte einen Vertrag zugunsten seines Kindes abgeschlossen hat (AG Bielefeld RRa 1996, 35).

Probleme bei der Bestimmung des Reisenden ergeben sich insb bei **Familienreisen**, da in diesen Fällen Vertre- 6
tungssituationen zumeist nicht offengelegt werden. Bucht lediglich ein Ehegatte unter seinem Namen eine Reise, kann der andere Ehegatte aufgrund § 1357 I mitberechtigt und -verpflichtet werden. Dazu muss es sich bei der Reise um ein Geschäft zur angemessenen Deckung des täglichen Lebensbedarfs handeln. Dies sind solche Geschäfte, über deren Abschluss sich die Ehepartner üblicherweise nicht vorher verständigen (§ 1357 Rn 11). Je nach Lebenszuschnitt kann es sich dabei auch um Reisen handeln (zB kurze Städtereisen), jedoch wird idR der

Abschluss einer längeren oder teureren Reise kein Geschäft zur angemessen Deckung des täglichen Lebensbedarfs darstellen (Köln NJW-RR 1991, 1092; LG Hamburg NJW 2002, 1055; aA MüKo/*Tonner* Rn 45). Greift § 1357 I nicht ein, ist durch Auslegung zu ermitteln, ob der Ehepartner oder sonstige Familienangehörige Vertragspartner des Reiseveranstalters werden sollen. Bei dem Ehepartner oder eingetragenen Lebenspartner und Kindern kann davon ausgegangen werden, dass der Buchende die Reise allein bucht und die sonstigen Familienmitglieder lediglich begünstigte Dritte gem § 328 I sein sollen (BGH RRa 2010, 213 Rn 14; NJW 2012, 3368 Rn 27; ebenso BaRo/*Geib* Rn 13; Grü/*Retzlaff* Rn 4; Führich/*Staudinger* § 5 Rn 42), da es naheliegt, dass der Buchende sämtliche Kosten für die Familie übernimmt. Ist daher für den Reiseveranstalter aufgrund der Namensgleichheit oder sonstiger Hinweise (dazu LG Frankfurt RRa 2019, 293) erkennbar, dass eine Familienreise gebucht wird, ist idR nur die buchende Person Reisender (AG Düsseldorf RRa 2004, 179, 180; RRa 2021, 226, 227; aA bei fehlender Namensgleichheit AG München RRa 2022, 26, 27). Fehlen sonstige Hinweise auf eine familiäre Verbundenheit, kann nach den allg Vertragsgrundsätzen keine alleinige Buchung des Handelnden unterstellt werden. Er tritt dann regelmäßig als Vertreter für die Mitreisenden auf (BGH RRa 2015, 853 Rn 9; LG Hannover RRa 2002, 122; AG Düsseldorf RRa 2021, 226, 227). Dies gilt insb für nichteheliche Lebenspartner, da hier keine gemeinsame Kassenführung unterstellt werden kann (LG Düsseldorf RRa 2010, 22; AG Hannover RRA 2002, 92; aA LG Frankfurt RRa 2006, 25, 26; AG Ludwigsburg RRa 2009, 21; wohl auch BaRo/*Geib* Rn 13).

7 **c) Sonstige Beteiligte.** Von dem Reiseveranstalter und den Reisenden sind die sonstigen Personen abzugrenzen, deren Tätigkeit im Zusammenhang mit dem Pauschalreisevertrag steht. **aa) Leistungserbringer.** Gem § 651b I 2 sind Leistungserbringer die Unternehmer, die alle oder einzelne Reiseleistungen ausführen sollen. **(1)** Dies sind die Unternehmen und Personen, die aufgrund einer Vereinbarung die Reiseleistungen unmittelbar faktisch erbringen, zB Hotels und Beförderungsunternehmen (Luftfahrtunternehmen und Seebeförderer), aber auch Reedereien (*Hopperdietzel* RRa 2005, 196), selbständige Agenturen als örtliche Repräsentanzen, Bergführer und Fremdenführer (München NJW-RR 1999, 1358 – Safari). Da sich der Reiseveranstalter gem § 651p II auf Haftungsbeschränkungen, die sich für die Haftung des Leistungserbringers aus völkerrechtl Übereinkünften ergeben (zB Montrealer ÜK), ggü dem Reisenden berufen kann, ist dieser von sonstigen Erfüllungsgehilfen des Reiseveranstalters abzugrenzen. Kennzeichnend für den Leistungserbringer ist, dass er nicht in die Organisation des Reiseveranstalters eingegliedert ist, wirtschaftl und rechtl selbständig ist und keinen arbeitsvertragl Weisungen unterliegt. Keine Leistungserbringer sind Angestellte des Reiseveranstalters. Daher ist der angestellte Reiseleiter vor Ort kein Leistungserbringer, wohl aber die in dieser Funktion eingesetzte selbständige Incoming-Agentur am Urlaubsort. Da sowohl die Angestellten als auch die Leistungserbringer Erfüllungsgehilfen des Reiseveranstalters sind (BGH NJW 1987, 1938), werden zur Unterscheidung die Begriffe **einfache Erfüllungsgehilfen** (Angestellte) sowie **qualifizierte Erfüllungsgehilfen** (Leistungserbringer und deren Angestellten) verwendet (ebenso BaRo/*Geib* Rn 17).

8 Die Abgrenzung zw den beiden Gruppen der Erfüllungsgehilfen kann im Einzelfall schwierig sein, weil der Reiseveranstalter sich häufig in seiner Tätigkeit nicht auf die Organisation der Reise und Betreuung des Reisenden beschränkt, sondern mit wirtschaftl eigenen Mitteln (Hotels, Luftfahrtunternehmen, Bus usw), wenn auch in rechtl verselbständigter Form (Tochtergesellschaft), selbst Reiseleistungen erbringt. Das vom Reiseveranstalter beauftragte Luftfahrtunternehmen und dessen Personal sind qualifizierte Erfüllungsgehilfen des Reiseveranstalters (BGH NJW 1983, 448: Flugkapitän und Stationsrepräsentant). Das gilt aber nur, soweit der Handelnde nicht hoheitliche Befugnisse ausübt, da dann keine Pflicht des Reiseveranstalters erfüllt wird (LG Bonn RRa 2000, 157 – luftpolizeiliche Maßnahmen; AG Hannover RRa 2007, 172). Ein **Flughafenbetreiber** und seine Mitarbeiter (zB das Check-in- oder das Verladepersonal) erbringen selbst keine Reiseleistungen, erfüllen aber Aufgaben des Luftfahrtunternehmens, das für den Reiseveranstalter die Reiseleistung Beförderung erbringt. Sie sind daher als qualifizierte Erfüllungsgehilfen des Reiseveranstalters anzusehen (Düsseldorf NJW-RR 1992, 1330; aA LG Frankfurt RRa 2010, 215; allg: Erl zu § 278 Rn 27); anders die Mitarbeiter der Flughafenfeuerwehr, der Sicherheitsdienste oder der Flugsicherungsunternehmen (Fluglotsen), die ihre Tätigkeit nur gelegentlich der Reise erbringen (LG Hannover NJW-RR 1989, 820). Auch der (nicht angestellte) Schiffsarzt ist kein Erfüllungsgehilfe des Reiseveranstalters, da dem Reiseveranstalter nicht die medizinische Betreuung des Reisenden obliegt (Hamburg MDR 1985, 141; AG Offenbach RRa 2005, 219; 2008, 83). – Die Leistungserbringer sind **keine Verrichtungsgehilfen** gem § 831, so dass eine deliktische Zurechnung nicht in Betracht kommt (BeckOGK/*Alexander* Rn 364; Führich/*Staudinger* § 5 Rn 24).

9 **(2)** Die Vertragsbeziehung zw dem Reiseveranstalter und dem Leistungserbringer bestimmt sich nach dem zugrundeliegenden Vertragsgegenstand. Es kann sich dabei um Beschaffungsverträge wie zB einen Kontingentsvertrag (Hotel), einen Flugzeugbereitstellungs- und Überlassungsvertrag (Luftfahrtunternehmen), in der Praxis auch „Chartervertrag" genannt (zu Einzelheiten *Gansfort* RRa 1994, 2), handeln. Die zw beiden geschlossene Vereinbarung ist je nach der vereinbarten Leistung Werkvertrag (bei der Transportleistung), Dienstvertrag (bei Sportkursen) oder auch Miet- und Beherbergungsvertrag. Die Rspr zum alten Recht ging davon aus, dass der Vertrag zw Reiseveranstalter und Leistungserbringer ein (echter) Vertrag zugunsten Dritter iSd § 328 ist, da die Leistung primär im Interesse des Dritten/Reisenden liege (BGH NJW 1985, 1457 – Chartervertrag; BGH 16.2.2016 – X ZR 5/15 Rn 26), jedenfalls aber Vertrag mit Schutzwirkung zugunsten Dritter (Jauernig/*Teichmann* Rn 9). Ein **Vertrag zugunsten Dritter** ist **abzulehnen** (ebenso LG Düsseldorf 16.10.2020 – 22 S 311/09 Rn 34ff; jurisPK/*Steinrötter* Rn 126; Hk/*Staudinger* Rn 9; Führich/*Staudinger* § 5 Rn 25; aA BayObLG NJW-RR 2022, 274 Rn 18; MüKo/*Tonner* Rn 51; BaRo/*Geib* Rn 17; Jauernig/*Teichmann* Rn 9 bejaht einen Vertrag mit Schutzwirkung zu-

gunsten Dritter). Gegen einen Vertrag zugunsten Dritter spricht, dass der Reisende umfassend über die vollharmonisierten reiserechtl Vorschriften geschützt ist, insb vor einem etwaigen Insolvenzrisiko. Ein Vertrag zugunsten Dritter ist dadurch geprägt, dass der eine Vertragspartner in der Regel kein Interesse an der Leistung hat, sondern nur der Dritte. Um seine Verpflichtungen aus dem Vertrag zu erfüllen, hat der Reiseveranstalter aber ein valides Eigeninteresse. Zudem gehen bei einer Pauschalreise sowohl der Reisende als auch der Leistungserbringer davon aus, dass primärer Ansprechpartner der Reiseveranstalter ist. Der Reisende hat eine Pauschalreise gebucht, um sich nicht mit den Leistungserbringern selbst auseinandersetzen zu müssen. – Gegen den Leistungserbringer können allerdings Ansprüche nach §§ 823ff bestehen.

bb) Der Reisevermittler. Ein Reisevermittler ist nach der Legaldefinition des § 651v ein Unternehmer, der einem Reisenden einen Pauschalreisevertrag vermittelt. Weitere Regelungen zur Reisevermittlung finden sich in §§ 651b, 651w. Zur Abgrenzung zw der Reisevermittlung und dem Reiseveranstalter s § 651b Rn 3ff, zu den Pflichten des Reisevermittlers § 651v Rn 3ff. 10

3. Vertragsschluss. a) Einigung. Der Reisevertrag kommt durch übereinstimmende Willenserklärungen des Reiseveranstalters und des Reisenden über den Gegenstand der „Reise" (Rn 15) und den Reisepreis zustande, grds durch das Angebot des Reisenden und die **Annahmeerklärung** des Reiseveranstalters (§ 145ff). **aa) Angebot. (1) Allgemeines.** Die Anpreisung einer Reiseleistung in einem **Prospekt**, auf einem Bild- oder Tonträger oder einer Internetseite des Reiseveranstalters ist kein Angebot, das der Reisende annehmen kann; sie ist vielmehr nur eine Aufforderung an den Reisenden, ein Angebot abzugeben, sog invitatio ad offerendum (BeckOGK/*Alexander* Rn 222; Grü/*Retzlaff* Rn 5; BaRo/*Geib* Rn 29; jurisPK/*Steinrötter* Rn 131; Führich/*Staudinger* § 5 Rn 31). Das Angebot ist die auf den Abschluss des Reisevertrags gerichtete Willenserklärung („**Buchung**") des Reisewilligen. Die Erklärung kann **formfrei** erfolgen, erfolgt aber idR durch ein Buchungsformular oder über eine Webseite. Vor dem Angebot muss der Reisende gem Art 250 § 1 EGBGB belehrt werden (§ 651d Rn 2ff). Das Angebot bindet den Kunden (§ 145) und kann nach Zugang beim Reiseveranstalter nicht mehr widerrufen werden (*Kappus* ARB Rn 26). Wird die Erklärung nicht direkt ggü dem Reiseveranstalter abgegeben, bestimmt sich der Zugang nach § 130 I 2. Zu einem Angebot ggü einem Reisevermittler s Rn 13. **(2) Inhalt des Angebots.** Das Angebot folgt idR einer Leistungsbeschreibung durch einen Prospekt, einer Werbung oder einem Internetauftritt nach. Anders als nach § 4 BGB-InfoV aF kennt das Reiserecht keine Verbindlichkeitserklärung von Prospekten mehr, obwohl nach ErwGr 26 PauschalreiseRL die durch Prospekte erteilten Basisinformationen verbindlich seien sollen (zur Europarechtskonformität der nationalen Regelung BT-Drs 18/10822, 100). Mangels einer gesetzl Regelung sind die Parteien grds frei, auch etwas anderes als in den Prospekten angegeben als Vertragsgegenstand zu vereinbaren. Die Interessen des Kunden werden dadurch gewahrt, dass der Reiseveranstalter gem § 651d iVm Art 250 § 1–3 EGBGB verpflichtet ist, den Reisenden über den Vertragsinhalt umfassend zu unterrichten (dazu § 651d Rn 2ff). Erklärt der Reisende vom Prospekt abw Sonderwünsche, müssen diese in die vorvertragl Informationen mit aufgenommen werden. Nicht mehr aufrechterhalten werden kann die Rspr, dass fehlende Sonderwünsche in der Reisebestätigung einen Vertragsschluss nicht verhindern (so LG Frankfurt RRa 2007, 25, 26). 11

bb) Annahme. (1) Annahmeerklärung. Die Annahme ist die Willenserklärung des Reiseveranstalters, dass er das Angebot des Reisenden annimmt. Die Annahme ist formfrei möglich, dh sie kann sowohl schriftlich als auch mündlich erklärt werden (Grü/*Retzlaff* Rn 5). Aus Art 250 § 6 EGBGB ergibt sich kein Formerfordernis, da zwar zeitgleich mit der Annahme eine Vertragsbestätigung erfolgen kann, jedoch nicht muss. Demnach kann die Abschrift des Vertrags oder die Bestätigung dem Reisenden auch erst nach Vertragsschluss zur Verfügung gestellt werden (zur Vertragsbestätigung s § 651d Rn 15). Die Vertragsbestätigung hat nur deklaratorische Bedeutung. Weicht die nach Vertragsannahme ausgehändigte Vertragsbestätigung vom Inhalt der Annahmeerklärung ab, ist dies für die Bestimmung des Vertragsinhalts unbeachtlich (Frankfurt RRa 1996, 84). **(2) Zugang.** Die Annahmeerklärung muss dem Reisenden zugehen. Zum Zugang ggü einem Reisevermittler s Rn 13. **(3) Annahmefrist.** Hat der Reisende mit dem Angebot verlangt, dass ihm der Reiseveranstalter die Annahme innerhalb einer (angemessenen) Frist erklärt, muss der Veranstalter innerhalb dieser antworten, da nach deren Ablauf das Angebot des Reisenden erlischt. Erbittet der Reisende „schnellstmögliche" Antwort, endet die Bindung an das Angebot nach vier Tagen (AG Frankfurt NJW-RR 1989, 47). Ohne eine solche Fristsetzung bestimmt sie sich nach **§ 147 II.** Es kommt darauf an, wann mit einer Antwort unter regelmäßigen Umständen zu rechnen ist. Dabei sind Zeiten für die Beförderungsdauer, eine Überlegungs- und Bearbeitungszeit und eine Zeit für den Rücklauf zugrunde zu legen. Soweit die Willenserklärungen auf dem Postweg ausgetauscht werden, kann der Reisende eine Annahme idR spätestens innerhalb von 14 Tagen nach Absendung erwarten (ganz hM BeckOGK/*Alexander* Rn 235; jurisPK/*Steinrötter* Rn 135; MüKo/*Tonner* Rn 88; Führich/*Staudinger* § 5 Rn 30), bei einer Buchung kurz vor Reiseantritt sogar noch früher. Die Vereinbarung einer längeren Frist verstößt idR gegen § 308 Nr 1. Weil bei Austausch der Willenserklärung per Fax oder E-Mail keine Postlaufzeiten anfallen, darf der Buchende bei Nutzung dieser Buchungswege eine Bestätigung dagegen schon innerhalb von drei Werktagen erwarten. Nach Ablauf der Annahmefrist ist der Reisende nicht mehr an sein Angebot gebunden und es gelten die §§ 146, 150 I. **(4) Abweichende Annahmeerklärung.** Erklärt der Reiseveranstalter die Annahme unter Erweiterungen, Einschränkungen oder Änderungen, gilt dies gem § 150 II als Ablehnung und zugleich als ein neues Angebot (zB erstmalige Einbeziehung von AGB, LG Frankfurt RRa 2007, 273, 274). Es ist dann durch Auslegung zu ermitteln, ob der Reisende das neue Angebot seinerseits angenommen hat. Durch bloßes Schweigen nimmt der Reisende nie das Angebot an (BeckOGK/*Alexander* Rn 240). Es kommt nur eine ausdrückl oder konkludente Annahme in Betracht. Letztere liegt dann vor, wenn der Reisende ohne Widerspruch den Reisepreis zahlt und die Reise an- 12 tritt (so auch MüKo/*Tonner* Rn 92). Widerspricht der Reisende vor Reiseantritt und tritt dennoch die Reise an, ist bzgl des Dissens (§ 157) der Vertragsinhalt gem § 315 III nach billigem Ermessen zu bestimmen (AG Hannover RRa 2007, 174, 175). Die Lücke ist bei Fehlen durch dispositives Gesetzesrecht, subsidiär durch ergänzende Vertragsauslegung (§ 157) zu schließen (BeckOGK/*Alexander* Rn 242). Eine Anfechtung kommt in Betracht, wenn ein Erklärungs- oder Inhaltsirrtum, nicht jedoch bloß ein Motivirrtum vorliegt (LG Frankfurt RRa 1995, 18; weitergehend Staudinger/*Staudinger* Rn 78).

13 **b) Einbeziehung eines Reisevermittlers. aa) Zusagen.** Der Reisevermittler ist aufgrund seiner Handelsvertreterstellung (§ 84 iVm § 54 HGB) grds berechtigt, in gewissem Umfang während der Vertragsverhandlungen für den Reiseveranstalter verbindliche mündliche Zusagen über einzelne Leistungsinhalte zu machen (ausf dazu MüKo/*Tonner* § 651b Rn 69). Dies gilt aber dann nicht, wenn die Zusage in einem offenen Widerspruch zu der Beschreibung im Reiseprospekt steht (Frankfurt NJW-RR 1995, 1462; Düsseldorf NJW-RR 2005, 644, 645) **bb) Zugang des Angebots.** Erfolgt das Angebot unter Mitwirkung eines Reisebüros, liegt ein Zugang beim Reiseveranstalter unmittelbar vor, wenn das Reisebüro Empfangsvertreter ist (§ 164 III). Ist das Reisebüro hingegen lediglich Erklärungsbote, geht das Angebot erst mit Zugang beim Reiseveranstalter zu. Die Abgrenzung ist entscheidend für Übermittlungsfehler durch das Reisebüro, da diese lediglich beim Empfangsvertreter dem Reiseveranstalter zugerechnet werden. Der BGH geht davon aus, dass Reisebüros als Handelsvertreter grds Empfangsvertreter sind (BGH NJW 1982, 377). Eine Einschränkung mittels einer **Schriftformklausel** ist gem §§ 305b, 307 unwirksam (BGH NJW 1982, 377; LG Bamberg WRP 2008, 1139, 1140; BeckOGK/*Alexander* Rn 265) **cc) Zugang der Annahme.** Wird die Annahme des Reiseveranstalters lediglich an das Reisebüro weitergeleitet, fehlt es an einem Zugang beim Reisenden (AG Hamburg RRa 2000, 120; Staudinger/*Staudinger* Rn 76; aA AG Schöneberg NJW-RR 1992, 116; AG Kleve RRa 1996, 10). Das Reisebüro ist keine Empfangsvertreter des Reisenden, sondern lediglich Erklärungsbote (BGH NJW 1982, 377).

14 **4. Einbeziehung von ARB.** Dazu Vor § 651a Rn 5ff.

15 **5. Vertragsgegenstand.** Der mögliche Inhalt des Pauschalreisevertrags ist in § 651a II geregelt. **a) Erfasste Konstellationen (Abs II). aa) Vom Reiseveranstalter zusammengestellte Reisen.** Gem § 651a II 1 besteht eine Pauschalreise aus der Gesamtheit von mindestens zwei verschiedenen Arten von Reiseleistungen (dazu Rn 18) für den Zweck derselben Reise. Ist dies nicht der Fall, liegt mit Ausnahme des Sonderfalls der Gastschulaufenthalte (vgl § 651u) keine Pauschalreise vor (BT-Drs 18/10822, 66). **(1) Mehrheit von Reiseleistungen.** Es müssen **mindestens zwei Arten** von Reiseleistungen als Vertragsgegenstand vereinbart sein. Nicht ausreichend ist es, wenn lediglich eine Einzelleistung Vertragsgegenstand ist (zB nur Flug oder Übernachtung). Dies gilt insb. für **Ferienhausverträge**, die früher dem Reisereicht unterworfen wurden. Da der Gesetzgeber bewusst von der bisherigen Rspr abgewichen ist, kommt eine analoge Anwendung nicht mehr in Betracht (ebenso AG Köln 10.1.2022 – 142 C 195/21; BaRo/*Geib* Rn 26; MüKo/*Tonner* Rn 55; Führich/*Staudinger* § 3 Rn 2; Tonner/Bergmann/Blankenburg/*Bergmann* § 1 Rn 105; zur alten Rechtslage BGH NJW 1992, 3158; ausf dazu MüKo/*Tonner* Rn 81). Zur **gewillkürten Pauschalreise** s Rn 23. Die Arten der Reiseleistungen bestimmen sich nach § 651a III (s Rn 18ff). Nicht ausreichend ist ferner, wenn zwei Einzelleistungen aus dem gleichen Bereich Vertragsgegenstand sind (zB Rail & Fly). Wird neben einer Reiseleistung gem § 651a III 1 Nr 1–3 nur eine touristische Leistung gebucht, ergeben sich Einschränkungen für den Anwendungsbereich aus § 651a IV (s Rn 23). Wird eine Hauptleistung durch weitere Leistungen ergänzt (zB Übernachtung mit Frühstück), bedarf es gem § 651a III 2 der Bestimmung, ob zwei **eigenständige Leistungen** vorliegen oder ob nur eine Leistung vorliegt, deren wesentlicher Bestandteil die untergeordnete Leistung ist (dazu Rn 18, 20, 22). Die Mindestanzahl von zwei Reiseleistungen muss in eigener Verantwortlichkeit des Vertragspartners erbracht werden. Zur Bestimmung des Vertragstypus sind nicht solche Leistungen heranzuziehen, die lediglich vermittelt werden. Ob eine Reiseleistung mit als Vertragsgegenstand gebucht oder vom Reiseveranstalter lediglich vermittelt wurde, bestimmt sich nach der Verkehrsanschauung. Bei Rail & Fly-Angeboten kann auch die Beförderung mit der Bahn zum Flughafen eine geschuldete Reiseleistung sein (dazu BGH RRa 2011, 20 Rn 12; BGH RRa 2021, 217 Rn 18ff; LG Hannover RRa 2018, 144). **(2) Zweck derselben Reise.** Die Reiseleistungen müssen durch den Reiseveranstalter zum Zweck derselben Reise als Gesamtpaket angeboten werden (sog „**Pre-Packaging**"). Dies ist typischerweise der Fall, wenn der Reisewillige aus einem Katalog oder einem Internetangebot eine Reise als Gesamtpaket auswählt. Das Gesamtpaket muss bereits bei Abschluss des Vertrags bestehen. Nicht ausreichend ist es, wenn erst nach Buchung einer Reiseleistung eine weitere hinzugebucht wird (es kann aber eine Vermittlung verbundener Reiseleistungen vorliegen, dazu § 651w). Die nachträgl Änderung eines Beförderung- oder Beherbergungsvertrags in einen Reisevertrag ist nicht möglich. Keine Mehrheit zum Zweck derselben Reise iSd § 651a liegt vor, wenn der Reisende mehrere Einzelleistungen verschiedener Anbieter hintereinander bucht und diese getrennt bezahlt. Allerdings kann der Erstanbieter bei einem verbundenen Online-Buchungsverfahren als Reiseveranstalter angesehen werden (vgl dazu § 651c Rn 6) oder es kann eine Vermittlung verbundener Reiseleistungen vorliegen (§ 651w Rn 1ff).

16 **bb) Vom Reisenden zusammengestellte Reise.** § 651a II 2 Nr 1 erweitert den Anwendungsbereich des Pauschalreisevertrags auf die Fälle, bei denen die angebotenen Reiseleistungen nicht unmittelbar vom Reiseveranstalter, sondern von dem Reisenden vor Vertragsschluss zusammengestellt wurden. Mit dieser Norm wurde das **Club-Tour-Urteil** des **EuGH** umgesetzt (EuGH RRa 2002, 119; dazu MüKo/*Tonner* Rn 64ff). § 651a II 2 Nr 1 umfasst zwei Alternativen. Nach der 1. Alt erfolgt die Zusammenstellung auf den Wunsch des Kunden. Erforderlich ist dazu, dass der Reiseanbieter oder der Vermittler das Gesamtpaket nach den Angaben des Kunden zusammenstellt. Nach der 2. Alt kann das Gesamtpaket auch durch den Kunden selbst zusammengestellt werden (sog

„**Dynamic Packaging**"). In beiden Alternativen ist es unerheblich, ob sich die Auswahlmöglichkeiten aus einem gedruckten Katalog oder einem Online-Angebot ergeben. Erforderlich ist lediglich, dass der Reiseveranstalter dem Reisenden die Möglichkeit bietet, mehrere Leistungen zu einem Gesamtpaket zusammenzustellen. Ausreichend ist, dass der Reisende aus einer Vielzahl von Leistungsangeboten eine Reiseleistung auswählt, diese in einen „Warenkorb" ablegt, anschließend eine oder mehrere weitere bucht und dann an der „Kasse" alle zusammen bezahlt. Entscheidend für das Vorliegen eines Pauschalreisevertrags ist, dass nach der obj Verkehrsauffassung der Eindruck entsteht, dass der Anbieter die Reiseleistungen in eigener Verantwortung zu erbringen verspricht (BGH RRa 2015, 138 Rn 10) und nicht nur vermitteln will (LG Frankfurt aM 7.4.2022 – 2-24 S 123/21 Rn 29ff). Werden lediglich Angebote mehrerer Anbieter vermittelt und nicht in eigener Verantwortung erbracht (sog „**Dynamic Bundling**"), fehlt es an einem Pauschalreisevertrag (so BeckOGK/*Alexander* Rn 436). Kriterien für die Abgrenzung zw der Erbringung in eigener Verantwortung und Vermittlertätigkeit sind insb, ob ein Gesamtpreis ausgewiesen wird, ob die Leistungserbringer namentlich bezeichnet werden und ob reiseleitungsähnl Tätigkeiten angeboten werden.

cc) Auswahl von Reiseleistungen nach Vertragsschluss. Gem § 651a II 2 Nr 2 kann ein Pauschalreisevertrag auch dann vorliegen, wenn der Reiseveranstalter dem Reisenden in dem Vertrag das Recht einräumt, die Auswahl der Reiseleistungen aus seinem Angebot nach Vertragsschluss zu treffen (sog Reise-Geschenkbox). Die Regelung ist erforderlich, da nach Abs II S 1 eine Zusammenstellung der Reiseleistungen vor oder jedenfalls gleichzeitig mit dem Vertragsschluss erfolgen muss (zum alten Recht BGH RRa 2015, 138 Rn 10). Erfasst sind solche Konstellation, bei denen die Reiseleistung nur nach **bestimmten Kriterien im Vorfeld** des Vertragsschlusses bestimmt sind (zB 2 Übernachtungen im 4-Sterne-Hotel inkl Frühstück), die Konkretisierung der Leistung jedoch erst nachträgl durch den Reisenden erfolgt. Nicht erfasst werden Zusatzleistungen, die der Reisende vor Ort dazu bucht (ebenso MüKo/*Tonner* Rn 70; Tonner/Bergmann/Blankenburg/*Bergmann* § 1 Rn 83). 17

b) Reiseleistung (Abs III). aa) Beförderung von Personen. Gem § 651a III 1 Nr 1 stellt die Beförderung von Personen eine Reiseleistung dar. Der Begriff ist in der RL nicht legaldefiniert, sondern wird vorausgesetzt (vgl Art 3 Nr 1 lit a PauschalreiseRL). Eine Beförderung ist die Verbringung einer Person an einen anderen Ort. Es sind Beförderungen **mit sämtlichen Transportmitteln** erfasst (zB Flugzeug, Auto, Bus, Schiff, Schlitten). Nicht ausreichend ist es, wenn lediglich ein Transportmittel zur Verfügung gestellt wird und der Reisende dieses selbst steuert, da eine Beförderung nur ein passives Verbringen erfasst (ebenso BaRo/*Geib* Rn 35; Grü/*Retzlaff* Rn 22). Diese Konstellation fiele unter § 651a III 1 Nr 3. Die Beförderung muss nicht zur Ab- und Anreise erfolgen, sondern kann auch **während** des **Aufenthalts** gesehen. Sie muss nicht zw zwei eigenständigen politischen Gemeinden erfolgen. Erforderlich ist gem § 651a III 2, dass die Beförderung wesensmäßig ein **eigenständiger Bestandteil** des Reisevertrags ist. Dies ist nicht der Fall, wenn sie lediglich im Rahmen der Beherbergung erfolgt, um bspw das Zimmer auf einem größeren Hotelgrundstück zu erreichen. Gleiches gilt, wenn lediglich zw dem eigentlichen Ankunftsort des Beförderungsmittels (zB Flughafen, Bahnhof) und der Übernachtungsmöglichkeit ein Transfer angeboten wird. Erfolgt die Beförderung im Zusammenhang mit Ausflügen, kommt dieser kein eigenständiger Leistungscharakter zu (zB Ballonfahrt). Vielmehr stellt ein Ausflug eine touristische Leistung gem § 651a III 1 Nr 4 dar, die in ihrer Gesamtheit bewertet werden muss. Wird lediglich ein Ticket für eine eigenständig zu organisierende Anreise angeboten (zB Nutzungsmöglichkeit des ÖPNV bei einem Konzertbesuch), liegt keine Beförderungsleistung vor (BT-Drs 18/10822, 66). Wird allerdings eine mehrtätige Beförderungsmöglichkeit am Aufenthaltsort angeboten (zB Nutzung der S-Bahn), liegt eine eigene Beförderungsleistung vor. Es darf aber nicht nur ein Rabatt auf eine eigenständig zu erwerbende Karte angeboten werden (ebenso Tonner/Bergmann/Blankenburg/*Bergmann* § 1 Rn 72). 18

bb) Beherbergung außerhalb des Wohnzwecks. Weder im BGB noch in der PauschalreiseRL wird der Begriff definiert. Nach dem allg Begriffsverständnis setzt eine Beherbergung voraus, dass eine **Übernachtungsmöglichkeit** zur Verfügung gestellt wird. Eine Beherbergung stellt weder die Überlassung von Räumlichkeiten aus anderen Gründen als zum Zwecke der Übernachtung (aA BeckOGK/*Alexander* Rn 468) noch die Bewirtung von Gästen mit Speisen und Getränken dar. Erfasst werden die Überlassung eines Hotelzimmers, einer Ferienwohnung oder einer Schiffskabine. Eine Beherbergung muss **nicht stationär** erfolgen (BeckOGK/*Alexander* Rn 465). Erfasst wird daher auch die Überlassung eines Wohnmobils oder eines Zeltes. Nicht erfasst ist hingegen die Überlassung eines Zeltplatzes, da der Reisende dann seine Beherbergung selbst mitbringt. Die Überlassung der Beherbergung darf nicht zu Wohnzwecken erfolgen. Dies ist dann der Fall, wenn die Beherbergungsmöglichkeit dazu bestimmt und geeignet ist, dem Reisenden dort einen dauerhaften Aufenthalt zu ermöglichen, wie zB bei einer unbefristeten und zeitl längeren Überlassung (zB Langzeitsprachreisen). In diesen Fällen greift ggf die Spezialregelung des § 651u (dazu § 651u Rn 2). 19

An der Eigenständigkeit der Beherbergung fehlt es gem § 651a III 2, wenn die Übernachtungsmöglichkeit lediglich iRd Beförderung zur Verfügung gestellt wird und allein die Beförderung im Vordergrund steht (zB Schlafliege im Zug oder Flug). Bei Schiffsfahrten kommt es darauf an, ob die Beförderung (zB bei Fähren) oder der Aufenthalt im Vordergrund für den Reisenden steht. Nur bei letztem kommt der Übernachtung eine Beherbergungsqualität zu (ErwGr 17 PauschalreiseRL). Bei modernen großen **Fährschiffen**, die ähnl wie Kreuzfahrtschiffe mit Kabinen ausgestattet sind, können die Grenzen verschwimmen. Es sollte daher zur trennscharfen Abgrenzung darauf abgestellt werden, ob der Reisende eine eigene Kabine zum Schlafen zur Verfügung gestellt bekommen hat (Führich/*Staudinger* § 5 Rn 4). 20

21 **cc) Vermietung von Fahrzeugen.** Als Reiseleistung gem § 651a III 1 Nr 3 gelten die Vermietung von **vierrädrigen Kraftfahrzeugen** und **Krafträdern**. Nach dem Verweis auf die EG-FGV muss das Kraftfahrzeug zur Teilnahme am Straßenverkehr bestimmt sein und mehr als 25 km/h fahren können. Erfasst werden daher Autos, Busse, Wohnmobile ua. Bei Krafträdern der Klasse A handelt es sich um solche, die mehr als **50 cm³ Hubraum** und eine bestimmungsgemäße Höchstgeschwindigkeit von mehr als **45 km/h** haben. Gleiches gilt für dreirädrige Kraftfahrzeuge, die zusätzl eine Leistung von mehr als **15 kw** aufbringen. Erfasst werden demnach Motorräder und größere Motorroller, nicht hingegen Pedelecs und E-Bikes (so auch Tonner/Bergmann/Blankenburg/*Bergmann* § 1 Rn 76). Ebenso nicht erfasst sind Segways, Hoverboards und sonstige für den Fußgängerbereich bestimmte zweirädrige Fortbewegungsmittel – die Vermietung kann aber eine touristische Leistung darstellen (dazu Rn 22). Die Fahrzeuge müssen vermietet werden. Dies setzt eine **Überlassung** gegen ein **gesondertes Entgelt** vor. Das Entgelt muss nicht separat ausgewiesen werden (Grü/*Retzlaff* Rn 24). Eine Fahrzeugvermietung kann gem § 651a III 2 unwesentlicher Bestandteil einer Beförderung sein, wenn nur eine unbedeutende Teilstrecke mit dem Mietfahrzeug durchgeführt wird (BT-Drs 18/10822, 67).

22 **dd) Touristische Leistungen.** Der Begriff der touristischen Leistungen ist weder in der RL noch dem nationalen Recht legaldefiniert. In ErwGr 18 PauschalreiseRL sind mehrere **Fallbeispiele** aufgeführt. Danach soll es sich bei folgenden Leistungen um touristische Leistungen handeln: Eintrittskarten für Konzerte, Sportveranstaltungen, Ausflüge oder Themenparks, Führungen, Skipässe und die Vermietung von Sportausrüstungen wie etwa Skiausrüstungen, Wellnessbehandlungen. Abstrakt ist jew zu prüfen, ob es sich um eine Dienstleistung handelt, die so angeboten wird, dass sie der **Verwirklichung des Leitbildes des Reisevertrags**, dh der Verschaffung von Urlaubsgenuss und Erholung, dient. Maßgeblich ist die **Verkehrsanschauung** (BeckOGK/*Alexander* Rn 478). Neben den in der RL aufgeführten Bsp kommen als touristische Leistungen insb eigenständig hinzubuchbare Vorortleistungen in Betracht, wie etwa Tennisstunden und Surf- oder Tauchkurse (vgl dazu aber Rn 23). Abzugrenzen sind die Leistungen von solchen Elementen, die **typischerweise wesensmäßig** mit **anderen Reiseleistungen** erbracht werden (§ 651a III 2). Dazu gehören die Gepäckbeförderung im Zuge der Beförderung von Personen, Mahlzeiten, Getränke oder Reinigung im Rahmen der Unterbringung oder ein inbegriffener Zugang zu hoteleigenen Einrichtungen wie Schwimmbad, Sauna, Wellnessbereich oder Fitnessraum (BT-Drs 18/10822, 67; ausf dazu *Führich* MDR 2019, 1479ff; zweifelhaft: nach Führich/*Staudinger* § 5 Rn 8 soll der Zugang zu einer Business-Lounge eine touristische Leistung sein). Die Überlassung eines Parkplatzes ist grds keine touristische Leistung, da dies nicht zur Erholung angeboten wird (aA Führich/*Staudinger* § 5 Rn 8). Gleiches gilt für den Verkauf von Gegenständen oder Lebensmitteln durch den Leistungserbringer (Tonner/Bergmann/Blankenburg/*Bergmann* § 1 Rn 78). Keine touristischen Leistungen sind Finanzdienstleistungen, die zur Reise vermittelt werden (zB Reiserücktrittsversicherung; Rücktransportversicherung; so ErwGr 17 PauschalreiseRL). Keine touristischen Leistungen sind ferner Touristenkarten, die nur Rabatte auf andere Leistungen gewähren (ebenso Führich/*Staudinger* § 5 Rn 8; Tonner/Bergmann/Blankenburg/*Bergmann* § 1 Rn 72; zu Netzkarten s Rn 18).

23 **c) Ausschlussgründe.** § 651a sieht in den Abs IV und V Ausschlüsse vor, bei denen trotz Vorliegens der Voraussetzungen des § 651a II kein Pauschalreisevertrag vorliegt. **aa) Ausschlussgründe bei touristischen Leistungen (Abs IV).** Trifft eine Art der Reiseleistungen gem § 651a III 1 Nr 1–3 mit einer oder mehreren touristischen Leistungen gem Nr 4 zusammen, liegt trotzdem kein Pauschalreisevertrag vor, wenn entweder die touristische Leistung keinen erheblichen Anteil am Gesamtwert der Zusammenstellung ausmacht oder sie erst nach der Erbringung der Reiseleistung ausgewählt und vereinbart wurde. **(1) Kein erheblicher Anteil am Gesamtwert (Nr 1).** Der Ausschluss gem § 651a IV 1 Nr 1 setzt voraus, dass die touristischen Leistungen keinen erheblichen Anteil am Gesamtwert der Reise haben und weder ein wesentliches Merkmal der Zusammenstellung darstellen noch als solches beworben wurden. Die **Wertobergrenze** wird in § 651a IV 2 definiert. Es darf auf die touristischen Leistungen nicht mehr als **25 % des Gesamtwertes** entfallen. Als Gesamtwert ist der vom Reisenden zu entrichtende **Reisepreis einschließl** aller **Nebenkosten** anzusehen. Dazu in Verhältnis zu setzen ist der Marktwert der touristischen Leistungen. Werden diese einzeln am Markt gehandelt, ist auf diesen entspr Wert abzustellen und nicht auf den Betrag, den der Reiseveranstalter zum Erwerb der Leistung entrichtet hat (ebenso Führich/*Staudinger* § 5 Rn 10). Kann der Wert der touristischen Leistung am Markt nicht klassifiziert werden, ist auf die entstehenden Kosten des Reiseveranstalters abzustellen. Der Reisende hat insoweit einen **Auskunftsanspruch** gegen den Veranstalter, damit er den Vertragstypus bestimmen kann. Wird die Wertgrenze nicht überschritten, kann dennoch ein Pauschalreisevertrag vorliegen, wenn die touristischen Leistungen entweder ein **wesentliches Merkmal** der Zusammenstellung darstellen oder als solches **beworben** wurden. Ein wesentliches Merkmal der Zusammenstellung ist ein solche touristische Leistung, die den Charakter der Reise bestimmt. Erfolgt eine Übernachtung nur anlässlich eines bestimmten Konzertbesuches, prägt der Konzertbesuch die Zusammenstellung der Reise. Kommt der touristischen Leistung kein eigenständiger Marktwert zu oder liegt der Wert erheblich unter der Wertgrenze von 25 %, spricht dies gegen den prägenden Charakter dieser Leistung. Stellen sich die Leistungen obj nicht als wesentliches Merkmal dar, kann dennoch eine Pauschalreise vorliegen, wenn die angebotene touristische Leistung als wesentlich beworben wurde. Dies ist dann der Fall, wenn in der Werbung für die Grundreiseleistung die touristische Leistung besonders herausgestellt wird. Nach der Reform des Reiserechts haben Reiseveranstalter die Möglichkeit genutzt, eigentliche Einzelleistungen zu Pauschalreisen aufzuwerten (**gewillkürte Pauschalreisen**; dazu Führich/*Staudinger* § 5 Rn 9; *Führich* NJW 2018, 2926ff). Diese Option dürfte sich indes durch die Einführung des Reisesicherungsfonds erledigt haben (MüKo/*Tonner* Rn 61). **(2) Nachträgl Auswahl und Vereinbarung (Nr 2).** Gem § 651a IV 1 Nr 2 darf die touristische Leistung nicht erst nachträgl ausgewählt

und vereinbart worden sein. Grds können Leistungen, die erst nachträgl vereinbart werden, den Charakter des zugrundeliegenden Vertrags nicht mehr ändern. Eine Ausnahme besteht lediglich für den Fall, dass der formale Vertragsschluss **„künstlich" aufgeschoben** wird. Nr 2 stellt daher lediglich den Grundsatz klar, dass die erst nachträgl Vereinbarung irrelevant ist, wenn die Leistungen bereits im Vorfeld des Vertragsschlusses ausgewählt wurden (BT-Drs 18/10822, 67).

bb) Allg Ausschlussgründe (Abs V). Trotz des Vorliegens der Voraussetzungen des § 651a II ist das Pauschalreiserecht nicht anwendbar, wenn einer der Ausschlussgründe gem § 651a V eingreift. Die Norm setzt Art 2 II PauschalreiseRL um. **(1)** Zu **Nr 1:** Kein Pauschalreisevertrag liegt vor, wenn das Gesamtpaket der Reiseleistungen nur gelegentlich, **nicht** zum Zwecke der **Gewinnerzielung** und nur einem **begrenzten Personenkreis** angeboten wird. Für die Ausnahme ist zu beachten, dass eine Pauschalreise gem § 651a I voraussetzt, dass sie von einem Unternehmer angeboten wird (dazu Rn 3). Durch diese Beschränkung sind bereits eine Vielzahl von Gelegenheitsanbietern vom Anwendungsbereich des Pauschalreiserechts ausgenommen (zB Trainingslager für Vereinsmitglieder, kirchliche Gemeindereisen; aA wohl BeckOGK/*Alexander* Rn 523). Der **Anwendungsbereich** für § 651a V Nr 1 ist daher **sehr eingeschränkt.** Die Voraussetzungen der Norm müssen **kumulativ** vorliegen (BT-Drs 18/10822, 68). **Gelegentlich** werden Reisen nur dann angeboten, wenn die Tätigkeit des Unternehmers nicht auf die Veranstaltung solcher Reisen gerichtet ist und nur eine geringe Anzahl von Reisen im Jahr angeboten werden (1–2 pro Jahr, Führich/*Staudinger* § 5 Rn 47; nach MüKo/*Tonner* Rn 57 5-6 pro Jahr). Nicht erforderlich ist es, dass nur ein unregelmäßiges Angebot erfolgt, da auch eine einmal jährlich durchgeführte Betriebsreise noch als gelegentlich angesehen werden kann (BT-Drs 18/10822, 68; Grü/*Retzlaff* Rn 29; BeckOGK/*Alexander* Rn 520). Die Gewinnerzielungsabsicht fehlt, wenn den Reiseteilnehmern die Reise **kostenlos** zur Verfügung gestellt wird oder sie sich höchstens an den **Unkosten** für die Reise beteiligen. Eine Gewinnerzielungsabsicht liegt nicht allein dadurch vor, dass mittelbar durch Werbeeffekte oder Mitarbeitermotivation eine Gewinnsteigerung erhofft wird. Die Reise muss einem begrenzten Personenkreis angeboten werden. Dieser muss klar abgrenzbar sein. Ein solcher liegt bspw in der Mitarbeiterschaft des Unternehmers. Die Voraussetzungen des § 651a V Nr 1 werden idR nur Betriebsreisen für die eigenen Mitarbeiter oder Werbereisen für einen begrenzten Kundenstamm erfüllen. Erwirbt ein Unternehmer für Dritte von einem Reiseanbieter Reisen (sog Incentive Reisen), sind diese Verträge bereits mit der Entstehung als Pauschalreisen einzuordnen und fallen durch die Weitergabe nicht unter § 651a V Nr 1 (vgl Rn 5). 24

(2) Zu Nr 2. Aus dem Anwendungsbereich des Pauschalreiserechts werden sog **Tagesreisen** ausgenommen. Für eine Tagesreise müssen drei Merkmale kumulativ vorliegen. Die Reise muss **weniger als 24 Stunden** dauern, sie darf **keine Übernachtung** umfassen und darf einen Reisepreis von **500 € nicht übersteigen.** § 651a V Nr 2 dient der Umsetzung von Art 2 II lit b PauschalreiseRL. Für die Bestimmung der Reisedauer ist auf die vertragl vorgesehene Dauer abzustellen. Dauert die Reise aufgrund von Schwierigkeiten länger als 24 Stunden, ändert sich dadurch nicht der Charakter zu einer Pauschalreise. Eine Übernachtung umfasst eine Reise, wenn planmäßig vorgesehen ist, dass die Reiseteilnehmer schlafen können. Auch hinsichtl der Übernachtung kommt es nur auf den vertragl vorgesehenen Verlauf der Reise an. Ist aufgrund einer Flugannullierung bei der Durchführung der Reise doch eine Übernachtung erforderlich, wird das Pauschalreiserecht nicht nachträgl anwendbar. Der Reisepreis darf 500 € nicht übersteigen. Mit dieser Umsetzung, die erst im Rechtsausschuss vereinbart wurde (vgl BT-Drs 18/12600, 14), geht der nationale Gesetzgeber über die PauschalreiseRL hinaus, da nach dieser Tagesreisen generell vom Anwendungsbereich ausgenommen sind. Da es dem nationalen Gesetzgeber nicht verwehrt ist, den Anwendungsbereich des Pauschalreiserechts weiter zu fassen, als dies die RL vorsieht, ist die Umsetzung **europarechtskonform.** Inhaltlich erscheint es zweifelhaft, ob Reisende nur in einem höherpreisigen Segment schutzwürdig sind, jedoch ist dies als gesetzgeberische Werteentscheidung hinzunehmen. Der Reisepreis muss bei mehreren Reisenden pro Person 500 € übersteigen (Führich/*Staudinger* § 5 Rn 47). 25

(3) Zu Nr 3. Da das Pauschalreiserecht hinsichtl der Reisenden nicht zw Verbrauchern und Unternehmern differenziert, fallen grds auch **von Unternehmern gebuchte Reisen** in den Anwendungsbereich. Von diesem Anwendungsbereich sind gem Nr 3 jedoch solche Reisen **ausgenommen**, die auf Grundlage einer **Rahmenvereinbarung** zw einem Reiseveranstalter und einem Unternehmer erbracht werden. Der Begriff des Unternehmers bestimmt sich nach § 14 (dazu Rn 3). Der Unternehmer muss in seiner gewerblichen Funktion gehandelt haben. Kann aufgrund der Rahmenvereinbarung auch eine private Reise durch den Unternehmer gebucht werden, wird diese nicht vom Anwendungsbereich ausgenommen, da es dann am unternehmerischen Zweck fehlt. Dient die Reise sowohl privaten als auch geschäftlichen Zwecken, reicht letzterer aus, die Reise komplett aus dem Anwendungsbereich auszunehmen. 26

III. Pflichten des Reiseveranstalters. 1. Hauptpflichten. a) Verschaffung der Reise (Abs I S 1). Eine Hauptpflicht des Reiseveranstalters besteht darin, dem Reisenden die Pauschalreise zu verschaffen, deren Gegenstand und Umfang sich aus dem Inhalt des Vertrags ergeben. Maßgeblich ist dabei, welche Vereinbarungen gem Art 250 § 3 und § 6 EGBGB dokumentiert wurden. Die Formulierung „zu verschaffen" soll verdeutlichen, dass den Reiseveranstalter eine eigene Verantwortung für die – von ihm selbst oder Dritten – zu erbringenden Reiseleistungen trifft (BT-Drs 18/10822, 65). So hat der Reiseveranstalter bspw dafür Sorge zu tragen, dass der Reisende an den Urlaubsort verbracht wird und seine Übernachtung in der Unterkunft antreten kann. Der Reiseveranstalter muss die Pauschalreise frei von Mängeln verschaffen, anderenfalls haftet er gem §§ 651i ff. **b) Informationspflichten gem § 651d.** Dem Reiseveranstalter obliegen umfangreiche Informationspflichten. Diese sind in § 651d normiert. Er hat demnach den Reisenden sowohl vor dem Vertragsschluss als auch nach dem Vertragsschuss zu in- 27 formieren. Ausf dazu § 651d Rn 2ff. c) **Insolvenzsicherung.** Ferner ist der Reiseveranstalter gem § 651r verpflichtet, sicherzustellen, dass der Reisende gegen den Verlust des Reisepreises sowie der Rückbeförderungsmöglichkeit gesichert ist. Ausf dazu § 651r Rn 6.

28 **2. Beistands-, Obhuts- und Fürsorgepflichten.** Weitere Pflichten des Reiseveranstalters ergeben sich aus § 651q sowie § 241 II. a) **Beistandspflicht (§ 651q).** Die Beistandspflichten des Reiseveranstalters während der Reise sind in § 651q normiert. Ausf dazu § 651q Rn 1ff. b) **Obhuts- und Fürsorgepflichten.** Für die ordnungsgemäße Durchführung der Reise spielen **ausreichende Obhut, Fürsorge und Sicherung** für den Reisenden eine erhebliche Rolle (ausf dazu *Teichmann* RRa 2009, 258). Daraus ergibt sich eine **Beobachtungs- und Informationsbeschaffungsplicht** sowie – wenn eine erhebliche Wahrscheinlichkeit für eine Gefahr (zB das Eintreffen eines Hurrikans) im Zielgebiet zu erwarten ist – eine **Informationsweitergabepflicht.** Maßgeblicher Zeitpunkt einer Verpflichtung zum Hinweis auf eine erhebliche Wahrscheinlichkeit einer Gefährdung ist dabei nicht allein der Zeitpunkt des Abflugs. Bestehen bereits vor diesem Zeitpunkt Anhaltspunkte für eine erhebliche Wahrscheinlichkeit einer Gefahr, muss der Reiseveranstalter darauf hinweisen, um den Reisenden die Möglichkeit einzuräumen, die Reise erst gar nicht anzutreten, sondern sofort gem § 651k zurückzutreten. Aber auch wenn sich Anhaltspunkte für eine erhebliche Wahrscheinlichkeit erst im Verlauf des Hinflugs ergeben, besteht eine Hinweispflicht, um den Reisenden zu ermöglichen, die Reise noch vor Durchführung des Transfers in die gebuchte Unterkunft abzubrechen. Der Reiseveranstalter ist nicht verpflichtet, den Reisenden vor Gefahren des allg Lebensrisikos zu warnen oder zu bewahren – **Bsp:** Hinweis auf unmittelbar bevorstehende Ereignisse höherer Gewalt (Hurrikan, Krieg), die die Reise vereiteln oder beeinträchtigen können (BGH RRa 2002, 258, 259; LG Frankfurt NJW-RR 1991, 313; Köln NJW-RR 1992, 1014; weitergehende Pflichten abl Frankfurt RRa 2000, 165), auf Gefahren, die dem Reisenden nicht bewusst sind, zB starke Unterströmung im Meer oder die das allg Lebensrisiko überschreitende erhöhte **Kriminalität im Urlaubsgebiet** (verneinend im konkreten Fall Karlsruhe NJW-RR 1993, 1076; Frankfurt RRa 2013, 110; LG Frankfurt NJW-RR 2009, 402; RRa 2013, 114, 115), auf wetterbedingte Nichtbereisbarkeit einer Region (LG Darmstadt NJW-RR 2012, 877); auf Streiks im Zielgebiet (LG Frankfurt NJW-RR 1991, 314); zum Umfang ärztlicher Fürsorge bei einem Auslandsurlaub vgl Celle NJW-RR 2004, 562. Der Umstand, dass ein **Reisender schwer gehbehindert** ist, begründet keine Pflicht des Reiseveranstalters, für eine persönliche Betreuung des Reisenden während der Reise zu sorgen (Koblenz RRa 2012, 71).

29 **3. Rechtsfolgen bei Nichterfüllung der Pflichten.** Hins der Verletzung der Pflichten ist zu differenzieren, ob die Pflichtverletzung zu einem Reisemangel führt oder die Leistungspflicht unberührt lässt. a) Verletzt der Reiseveranstalter seine **Obhuts- und Sicherheitspflichten**, führt dies idR zu einem **Reisemangel** gem § 651i, zB wenn sich der Reisende wegen einer fehlenden Sicherung auf der Hotelanlage verletzt. Die Reiseleistung weicht dann von der vereinbarten Sollbeschaffenheit ab und ist mangelhaft. Der Reisende kann dann die in § 651i III normierten Rechte geltend machen. b) **Sonstige Informationspflichten.** Bei der Verletzung sonstiger Informationspflichten, insb bei Verletzung der Hinweispflicht zu besonderen Umständen vor Ort, kommen primär Ansprüche aus § 311 II oder § 280 I in Betracht. Der Reisende ist so zu stellen, wie er gestanden hätte, wenn er die Informationen rechtzeitig erlangt hätte. Ist ihm dadurch ein **Schaden** entstanden, kann er diesen vom Reiseveranstalter ersetzt verlangen. Anders als bei den Informationspflichten nach § 651d wird bei den nachvertragl Informationspflichten die Verletzung zumeist zu einem Schaden für den Reisenden führen. Der Reisende muss sich ggf ein **Mitverschulden** gem § 254 II zurechnen lassen, wenn ihm die Informationen bekannt sein konnten (Köln NJW-RR 1992, 1014, 1017). Nach einem Teil der Rspr führt allein die Verletzung der Informationspflicht zu einem Mangel, der den Reisenden zu einer Minderung (§ 651m) und Kündigung (§ 651l) berechtigen kann (LG Frankfurt RRa 2008, 121, 123 m zust Anm *Schmid* RRa 2008, 124 – 15 % Minderung für eine unterlassene Information der Überbuchung; RRa 2014, 19, 21; LG Darmstadt NJW-RR 2012, 877 Kündigung des Vertrags). Diese Rspr ist unzutreffend (ebenso Celle RRa 2009, 174, 175; *Matern* RRa 2010, 15, 17). Wie sich aus § 651k I ergibt, ist der Gesetzgeber davon ausgegangen, dass einem Mangel grds abzuhelfen ist. Bei einer unterlassenen Information über einen Umstand kann zwar ggf dem Mangel abgeholfen werden, nicht jedoch der Informationsverletzung an sich. Der Reisende könnte dann allein aus der Informationsverletzung Rechte herleiten, auch wenn der eigentlich beeinträchtigende Umstand beseitigt wird. Zudem wäre eine doppelte Minderung für denselben Mangel möglich (Celle RRa 2009, 174, 175). Die Mängelrechte aus § 651i sollen jedoch nicht das Verhalten des Reiseveranstalters ohne eine Beeinträchtigung des Reisenden sanktionieren.

30 **IV. Pflichten des Reisenden. 1. Zahlung des Reisepreises (Abs I S 2). a) Grundsätze.** Die Hauptpflicht des Reisenden besteht darin, dem Reiseveranstalter den vereinbarten **Reisepreis** zu zahlen. Wenn der Reisende den Preis nicht zahlt, kann der Veranstalter nach § 323 vom Reisevertrag zurücktreten und die Rechte aus § 281 wahrnehmen, wenn er zuvor erfolglos eine angemessene Frist zur Leistung gesetzt hat. Die **Höhe** des Reisepreises ergibt sich in erster Linie aus der Vereinbarung, die durch die Informationen gem Art 250 § 3 und § 6 EGBGB dokumentiert ist. b) **Fälligkeit.** Die **Fälligkeit** des Reisepreisanspruchs ist im Reisevertragsrecht nicht geregelt. Da der Reisevertrag ein Vertrag sui generis ist (dazu Vor § 651a Rn 2), kann der Zeitpunkt der Fälligkeit nicht nach allg Werkvertragsrecht (§§ 646, 641) bestimmt werden. § 320 bestimmt, dass, wer aus einem gegenseitigen Vertrag verpflichtet ist, die ihm obliegende Leistung bis zur Bewirkung der Gegenleistung verweigern kann, es sei denn, dass er vorzuleisten verpflichtet ist. Damit ist also die Beendigung der Reise der maßgebende Zeitpunkt für die Fälligkeit und der Reiseveranstalter grds vorleistungspflichtig (BGH RRa 2006, 256 Rn 10; RRa 2015, 138 Rn 19; ebenso, aber auf § 646 abstellend MüKo/*Tonner* Rn 104; Staudinger/*Staudinger* Rn 137; BeckOGK/*Alexander* Rn 403; auf § 651t abstellend BaRo/*Geib* Rn 22).

c) Vorleistungspflicht. Da es in Zeiten des Massentourismus den Reiseveranstaltern nicht möglich wäre, sämtliche Leistungen vorzufinanzieren, wird zumeist entweder durch Individualvereinbarung oder ARB von der Gesetzeslage Abw vereinbart. In nahezu allen ARB werden die Reisenden regelmäßig zu **Anzahlungen** (meist bei Vertragsabschluss) und weiteren Teilzahlungen verpflichtet, so dass bei Reiseantritt der gesamte Reisepreis geleistet sein muss und damit eine **Vorleistungspflicht des Reisenden** begründet wird. Bei der Prüfung der Wirksamkeit derartiger Klauseln sind die berechtigten Interessen des Reiseveranstalters mit den Interessen der Reisenden in Einklang zu bringen. **aa) Anzahlungen.** Da der Reiseveranstalter gem § 651t Zahlungen des Reisenden nur dann annehmen darf, wenn ein Absicherungsvertrag besteht und der Reisende darüber informiert wurde, ist ein **Insolvenzrisiko** auf Seiten des Reisenden nach der gesetzgeberischen Konzeption grds nicht mehr gegeben (BGH RRa 2017, 288 Rn 7; durch die Reform der Insolvenzsicherung dürfte das Insolvenzrisiko tatsächlich nicht mehr bestehen), so dass Vorauszahlungen im größeren Umfang als ursprüngl zugelassen werden. Die Grenze für eine zulässige Anzahlung liegt bei **20 % des Reisepreises** (BGH RRa 2006, 256 Rn 19; RRa 2015, 138 Rn 26). Eine höhere Anzahlung bedarf einer besonderen Rechtfertigung. Der Reiseveranstalter kann deshalb eine Anzahlung von mehr als 20 % des Reisepreises nur dann verlangen, wenn er in Höhe eines dem verlangten Anteil des Reisepreises entspr Betrages seinerseits eigene Aufwendungen erbringen oder fällige Forderungen der Leistungserbringer erfüllen muss, deren er sich zur Erfüllung seiner Verpflichtungen aus dem Reisevertrag bedient (BGH RRa 2015, 138 Rn 26; RRa 2017, 288 Rn 8). Eine höhere Quote muss nicht für jede Reise selbständig bestimmt werden, vielmehr können für bestimmte Arten von Reisen Pauschalsätze gebildet werden, die sich jedoch an den tatsächlichen Kosten orientieren müssen (BGH RRa 2017, 288 Rn 15, 19). Anderenfalls liegt ein Verstoß gegen § 307 vor. Bei der Höhe der Quote sind auch Provisionszahlungen an das Reisebüro mit zu berücksichtigen (BGH RRa 2017, 288 Rn 11). **bb) Restpreiszahlungen.** Wird vereinbart, dass der Restreisepreis bereits vor dem Antritt der Reise zu zahlen ist, darf der zw dem Zahlungszeitpunkt und dem Reiseantritt liegende Zeitraum nicht unangemessen groß sein. Angemessen ist grds ein Zeitraum von **30 Tagen** (BGH RRa 2015, 138 Rn 36; unwirksame Vereinbarung BGH RRa 2015, 144 Rn 26 – 40 Tage; LG Leipzig RRa 2012, 146 – 45 Tage; LG Köln RRa 212, 244 – 90 Tage). **cc) Ausgenommene Reisen gem Abs V.** Sind Reisen von dem Anwendungsbereich des Pauschalreiserechts gem Abs V ausgenommen, greift für sie das System der Insolvenzsicherung nicht ein. Es ist daher auf die Wertung zurückzugreifen, die die Rspr vor der Einführung des § 651k aF aufgestellt hat. Danach sind Anzahlungen von **mehr** als **10 % des Reisepreises nicht zulässig**. Zudem bedarf es der Aushändigung der notwendigen Reiseunterlagen (BGH NJW 1986, 1613, 1614; NJW 1987, 1931, 1932ff). 31

3. Sonstige Pflichten. Eine **Pflicht zur Teilnahme** an der Reise trifft den Reisenden nicht (vgl § 651h). Ebenso wenig hat er die Reiseleistung abzunehmen. Wie nach allg Werkvertragsrecht können aber (nicht einklagbare) **Nebenpflichten**, die sich aus Vertragsinhalt, Vertragszweck und § 242 ergeben, zu beachten sein. So hat der Reisende die erforderlichen Ausweise und Gesundheitszeugnisse vorzuhalten (Führich/*Staudinger* § 5 Rn 72; zu den Informationspflichten des Reiseveranstalters s § 651d Rn 5) Vor allem hat der Reisende die **Obliegenheit zur Mitwirkung** bei der Vorbereitung und Durchführung der Reise. Dazu gehört zB, zur vorgeschriebenen Zeit am Abfertigungsschalter oder an der Bushaltestelle zu erscheinen. Bei Abholung eines Busreisenden an einer vereinbarten Haltestelle unterwegs muss ein Reisender eine angemessene Zeit auf einen verspäteten Bus warten; ohne Unterrichtung über eine neue Abfahrtzeit ist aber eine Wartezeit im Freien von zwei Stunden unzumutbar (LG Frankfurt NJW-RR 1988, 1451). Bei einer **All-inclusive-Reise** ist es einem Reisenden zumutbar, ein Plastikarmband zu tragen (hM, zB Düsseldorf RRa 2001, 49; AG Hannover RRa 1998, 94; Führich/*Staudinger* § 5 Rn 74; aA LG Frankfurt RRa 1997, 52; AG München RRa 1999, 193). 32

Der Reisende hat auch die Pflicht, **Belästigungen**, Störungen oder Schädigungen **von Mitreisenden** zu unterlassen (LG Arnsberg RRa 1996, 144) und die Einrichtungen der Leistungserbringer nicht zu beschädigen. Verstößt der Reisende nachhaltig gegen diese Pflichten, kann der Reiseveranstalter in schwerwiegenden Fällen den Reisevertrag nach § 313 **aus wichtigem Grund kündigen**, so zB, wenn der Reisende seine Beschwerden in beleidigender Form vorträgt (AG Bad Homburg RRa 1996, 182); einfaches vertragswidriges Verhalten reicht aber nicht. – Der Kündigung muss grds eine **Abmahnung** vorausgegangen sein (LG Frankfurt RRa 1994, 40; Staudinger/*Staudinger* § 651e Rn 7). Diese muss nicht schriftlich erfolgen (Führich/*Staudinger* § 10 Rn 8; aA AG Bielefeld RRa 1997, 13). – Erfolgt die außerordentliche Kündigung wirksam, ist der Reisevertrag ex nunc beendet. Eine Rückbeförderungspflicht besteht daher nicht, § 651e IV 1 ist nicht analog anzuwenden (Staudinger/*Staudinger* § 651e Rn 7; aA LG Frankfurt RRa 1994, 40; AG Kleve RRa 1996, 227). – Zur Kündigung des Reisevertrags ist nur der Reiseveranstalter berechtigt, nicht der Leistungserbringer (LG Frankfurt RRa 1994, 40); der Leistungserbringer kann nur sein privatrechtl Hausrecht ausüben (LG Frankfurt RRa 2000, 72 m krit Anm *Tempel* RRa 2000, 173); etwaige Schäden des Leistungserbringers (zB bei Beschädigung der Hoteleinrichtung) kann der Reiseveranstalter aber im Wege der Drittschadensliquidation geltend machen. – Zudem haftet der Reisende gem § 280 I, § 241 II für den Ersatz etwaiger Schäden beim Reiseveranstalter, zB durch die Kündigung von anderen Reisenden (Führich/*Staudinger* § 5 Rn 73). 33

§ 651b Abgrenzung zur Vermittlung

(1) Unbeschadet der §§ 651v und 651w gelten für die Vermittlung von Reiseleistungen die allgemeinen Vorschriften. Ein Unternehmer kann sich jedoch nicht darauf berufen, nur Verträge mit den Personen zu vermitteln, welche alle oder einzelne Reiseleistungen ausführen sollen (Leistungserbringer), wenn dem Reisen-

den mindestens zwei verschiedene Arten von Reiseleistungen für den Zweck derselben Reise erbracht werden sollen und
1. der Reisende die Reiseleistungen in einer einzigen Vertriebsstelle des Unternehmers im Rahmen desselben Buchungsvorgangs auswählt, bevor er sich zur Zahlung verpflichtet,
2. der Unternehmer die Reiseleistungen zu einem Gesamtpreis anbietet oder zu verschaffen verspricht oder in Rechnung stellt oder
3. der Unternehmer die Reiseleistungen unter der Bezeichnung „Pauschalreise" oder unter einer ähnlichen Bezeichnung bewirbt oder auf diese Weise zu verschaffen verspricht.
In diesen Fällen ist der Unternehmer Reiseveranstalter. Der Buchungsvorgang im Sinne des Satzes 2 Nummer 1 beginnt noch nicht, wenn der Reisende hinsichtlich seines Reisewunsches befragt wird und zu Reiseangeboten lediglich beraten wird.

(2) Vertriebsstellen im Sinne dieses Gesetzes sind
1. unbewegliche und bewegliche Gewerberäume,
2. Webseiten für den elektronischen Geschäftsverkehr und ähnliche Online-Verkaufsplattformen,
3. Telefondienste.
Wird bei mehreren Webseiten und ähnlichen Online-Verkaufsplattformen nach Satz 1 Nummer 2 der Anschein eines einheitlichen Auftritts begründet, handelt es sich um eine Vertriebsstelle.

1 **I. Überblick.** Von dem Reiseveranstalter ist der Reisevermittler abzugrenzen. Während der Reiseveranstalter die Reiseleistungen in eigener Verantwortung erbringt, vermittelt der Reisevermittler nur zw dem Reiseveranstalter/Leistungserbringer und dem Reisenden. Der Vertrieb von Reiseleistungen erfolgt über vielfältige Kanäle (zB Reisebüro, Internetplattform). Da allein der Reiseveranstalter für die Erbringung der Leistung einzustehen hat, ist es erforderlich, zw beiden Erscheinungsformen abzugrenzen. Im bis zum 30.6.2018 gültigen Reiserecht fand sich die Norm zur Abgrenzung in § 651a II. Sie ist nunmehr selbständig in § 651b geregelt. Diese Norm dient der Umsetzung von Art 3 Nr 2 lit b i–iii PauschalreiseRL. Durch Abs II wird Art 3 Nr 15 PauschalreiseRL umgesetzt.

2 **II. Reisevermittlertätigkeit (Abs I S 1). 1. Definition.** Der Reisevermittler ist nach der Definition des § 651v I 1 ein Unternehmer (§ 14), der einem Reisenden (§ 651a Rn 4ff) einen Pauschalreisevertrag (§ 651a Rn 15) vermittelt. Diese Definition weicht im Wortlaut von Art 3 Nr 9 PauschalreiseRL ab, wonach ein Reisevermittler ein Unternehmer ist, der von einem Reiseveranstalter zusammengestellte Pauschalreisen verkauft oder zum Verkauf anbietet (umfassend zur Definition § 651v Rn 2).

3 **2. Rechtsfolge.** § 651b I 1 bestimmt deklaratorisch, dass auf den Reisevermittlervertrag die allg Vorschriften anzuwenden sind, soweit die §§ 651v und 651w nichts Abweichendes bestimmen. Zur Bestimmung der allg Regelungen ist zw den jew Rechtsverhältnissen zu differenzieren. **a)** Zw Reisebüro und Reiseveranstalter kann ein **Agenturvertrag** geschlossen werden, durch den das Reisebüro ständig beauftragt wird, die Reisen des Reiseveranstalters aus einem Sortiment gegen Provision zu vermitteln. Die Grundlage dieses Rechtsverhältnisses sind dann die §§ 84ff HGB (BGH NJW 1974, 852; 1982, 377; 1988, 488; RRa 2003, 7). Nicht alle Reisebüros sind aber an einen Reiseveranstalter gebunden. Wenn ein „freies" Reisebüro einen Reisevertrag zw einem Reiseveranstalter und einem Reisenden vermittelt, handelt es als Handelsmakler iSd § 93 HGB (Führich/*Staudinger* § 5 Rn 27). Das gilt auch, wenn ein Reisebüro, das sich (wenn auch nicht ausschließlich) an einen Reiseveranstalter gebunden hat, ein Produkt eines anderen Reiseveranstalters vermittelt. **b)** Im Verhältnis zw Reisevermittler und Reisendem scheint Art 3 Nr 9 PauschalreiseRL davon auszugehen, dass ein Kaufvertrag abgeschlossen wird. Da der Reisevermittler idR nicht Inhaber eines vertragl Anspruchs gegen den Reiseveranstalter ist, überzeugt die Annahme eines Kaufvertrags nicht (ebenso BeckOGK/*Meier* § 651v Rn 6). Wird ein Entgelt vereinbart, handelt es sich vielmehr um einen **Geschäftsbesorgungsvertrag** (§ 675) mit werkvertragl Charakter zw dem Reisebüro und dem Kunden (sog **Reisevermittlungsvertrag**; durch Gesetzgeber explizit offengelassen BT-Drs 18/10822, 92; so auch MüKo/*Tonner* Rn 56; BaRo/*Geib* Rn 2; jurisPK/*Steinrötter* Rn 11 Führich/*Staudinger* § 8 Rn 2, § 26 Rn 1; Tonner/Bergmann/Blankenburg/*Bergmann* § 1 Rn 108; im alten Recht durch den BGH offengelassen, s BGH RRa 2003, 10; RRa 2006, 170). Erhält der Reisevermittler seine Vergütung lediglich über den Agenturvertrag mit dem Reiseveranstalter, mangelt es an einer wesentlichen Komponente des Geschäftsbesorgungsvertrags, da dieser die Vereinbarung eines Entgelts voraussetzt (§ 650 Rn 1ff). In diesem Fall handelt es sich um einen Auftrag gem § 662ff (ebenso BeckOGK/*Meier* § 651v Rn 9). **c)** Zu den Rechten und Pflichten des Reisevermittlungsvertrags s § 651v Rn 3ff.

4 **III. Abgrenzung zur Reiseveranstaltertätigkeit (Abs I S 2). 1. Allgemeines.** Abs I S 2 bestimmt, dass bestimmte Verhaltensweisen, bei denen der Tätige nach Außen als Reisevermittler in Erscheinung tritt, rechtl der Reiseveranstaltertätigkeit gleichgestellt werden. In diesem Fall ist eine Vermittlerklausel unwirksam (Tonner/Bergmann/Blankenburg/*Stenzel*/*Tonner* § 3 Rn 12). Dem früheren Reiserecht war eine Einordnung der Tätigkeit eines Reisevermittlers als Reiseveranstaltertätigkeit ebenfalls bekannt. Dabei war gem § 651a II aF entscheidend darauf abzustellen, wie das Reiseunternehmen aus der Sicht des Reisenden auftritt. Reiseveranstalter und damit der Vertragspartner des Reisevertrags war derjenige, der aus der maßgeblichen Sicht eines durchschnittlichen Reisekunden als Vertragspartei eine Gesamtheit der Reiseleistungen in eigener Verantwortung zu erbringen verspricht (BGH RRa 2006, 266 Rn 11; 2007, 221 Rn 14; 2011, 29 Rn 9). Da die PauschalreiseRL in Art 3 Nr 2 lit b lediglich an obj Maßstäbe für die Abgrenzung anknüpft, hat auch nach § 651b I 2 die Abgrenzung nur anhand obj Tatbestandsmerkmale zu erfolgen (BT-Drs 18/10822, 68; ebenso LG Frankfurt aM 7.4.2022 – 2-24 S 123/21

Rn 33; BeckOGK/*Meier* Rn 2; Führich/*Staudinger* § 8 Rn 1; *Staudinger/Ruks* RRa 2018, 2, 10; MüKo/*Tonner* Rn 21; *Tonner* MDR 2018, 305, 310). Diese sind abschließend in Abs I S 2 aufgeführt.

2. Kriterien gem § 651b I 2. Die Einordnung der Tätigkeit als Reisevermittlertätigkeit setzt grds ebenso wie § 651a voraus, dass **zwei verschiedene Arten** von Reiseleistungen für den **Zweck derselben Reise** erbracht werden sollen (dazu ausf § 651a Rn 15). Es darf auch kein Ausschluss gem § 651a IV gegeben sein (so auch BeckOGK/*Meier* Rn 8). Neben diesem allg Merkmal der Reiseleistung muss noch einer der im Folgenden dargestellten besonderen Umstände hinzutreten. Von den in § 651b I 2 aufgeführten besonderen Umständen muss nur einer vorliegen. 5

a) Gemeinsame Buchung in einer einzigen Vertriebsstelle (Nr 1, Abs II). Der Reisende muss die Reiseleistungen innerhalb einer einzigen Vertriebsstelle im Rahmen desselben Buchungsvorgangs auswählen, bevor er sich zur Zahlung verpflichtet. **aa) Auswahl innerhalb desselben Buchungsvorgangs.** Die Reiseleistungen müssen innerhalb **desselben Buchungsvorgangs** ausgewählt werden. Die Norm steht im Spannungsverhältnis zu § 651w, der die Vermittlung verbundener Reiseleistungen betrifft. Abs I S 2 Nr 1 ist insoweit vorrangig zu prüfen (BT-Drs 18/10822, 69). § 651w erfasst die Fälle, bei denen Elemente einer „Bausteinreise" vermittelt werden, für die ein anderer Unternehmer als Reiseveranstalter einzustehen hat. – Weder in der Norm selbst noch der PauschalreiseRL ist definiert, was derselbe Buchungsvorgang ist. Erfasst wird die Auswahl von Reiseleistungen bei **einem Besuch in der Vertriebsstätte.** Aber auch wenn die Vertriebsstelle mehrfach aufgesucht wird und bei jedem Besuch ein Teil ausgewählt wird, liegt noch derselbe Buchungsvorgang vor, solange **nicht** für einen Teil eine **Zahlungsverpflichtung** eingegangen wurde, bspw wenn der Reisende online bei verschiedenen Besuchen der Internetseite Reiseleistungen in den Warenkorb legt und dieser gespeichert wird. Ist hingegen ein Buchungsvorgang durch die Eingehung einer Zahlungsverpflichtung abgeschlossen, kann eine weitere Buchung nicht zu einem einheitlichen Buchungsvorgang verklammert werden (so auch MüKo/*Tonner* Rn 45; Tonner/Bergmann/Blankenburg/*Stenzel/Tonner* § 3 Rn 31ff; BaRo/*Geib* Rn 7; krit dazu jurisPK/*Steinrötter* Rn 22). Ist die **Aufspaltung** allerdings **ohne** für den Reisenden **nachvollziehbaren Grund** erfolgt, kann eine Anwendung der Norm über § 651y S 2 gegeben sein (dazu ausf BeckOGK/*Meier* Rn 13; aA wohl MüKo/*Tonner* Rn 47). Hat der Reisende bereits eine Pauschalreise abgeschlossen, kann der Vermittler nicht durch eine weitere Vermittlung zum Reiseveranstalter werden, da es diesen bereits gibt (ebenso MüKo/*Tonner* Rn 30; Tonner/Bergmann/Blankenburg/*Stenzel/Tonner* § 3 Rn 17; aA wohl Führich/*Staudinger* § 8 Rn 1). **bb) Einzige Vertriebsstelle (Abs II).** Der Buchungsvorgang muss innerhalb einer einzigen Vertriebsstätte erfolgen, die in Abs II legaldefiniert wird. S dazu Rn 11ff. **cc) Eingehung der Zahlungsverpflichtung.** Die Auswahl der Reiseleistungen muss erfolgt sein, bevor der Reisende eine Zahlungsverpflichtung für die Leistungen eingegangen ist. Eine solche ist eingegangen, wenn sich der Reisende entweder ggü dem Unternehmer oder dem Leistungserbringer zu einer **Zahlung des Entgelts rechtl verpflichtet** hat. Ausreichend ist, dass ein verbindliches Angebot abgegeben wurde, dass der Reisende nicht mehr einseitig widerrufen kann. Gibt der Reisende vor Annahme des ersten Angebots ein weiteres ab, ist der Anwendungsbereich der Nr 1 nicht eröffnet. Nicht erforderlich ist, dass der Reisende vor Abgabe des Angebots ordnungsgemäß nach § 651d belehrt wurde. 6

b) Anbietung als Gesamtpaket (Nr 2). Der Unternehmer wird auch dann zum Reiseveranstalter, wenn er eine Gestaltung wählt, die den **Anschein eines Gesamtpaketes** erweckt. Dies ist der Fall, wenn der Unternehmer die Reiseleistungen zu einem **Gesamtpreis** anbietet. Ein solches Angebot liegt vor, wenn sich der Reisende ggü dem Unternehmer verpflichtet, einen bestimmten Gesamtbetrag zu zahlen. Gleichgestellt wird dieser Konstellation, dass sich der Unternehmer verpflichtet, für einen bestimmten Betrag die Reiseleistungen zu verschaffen. Um **missbräuchliche Gestaltungen** durch Hinweise oder AGB zu verhindern, wird es der einheitlichen Zahlungsverpflichtung gleichgestellt, wenn der Unternehmer die Entgelte für Reiseleistungen in einer Rechnung ausweist. Eine **einheitliche Rechnung** liegt vor, wenn die Zahlungsaufforderung in einem einheitlich verkörperten Schriftstück enthalten ist, sei es in Papierform oder elektronischer Form, wie zB eine E-Mail. Soweit gefordert wird, dass die Einzelpreise in der Rechnung nicht mehr erkennbar sind (so BeckOGK/*Meier* Rn 19; Tonner/Bergmann/Blankenburg/*Stenzel/Tonner* § 3 Rn 38; wohl auch Grü/*Retzlaff* Rn 6; MüKo/*Tonner* Rn 50), kann dem nicht gefolgt werden. Nach Art 3 Nr 2 lit b ii PauschalreiseRL kann ein Pauschal- oder Gesamtpreis ausgegeben werden. Da ein **Pauschalpreis** unter Weglassung der Einzelposten entsteht, muss der **Gesamtpreis** etwas Anderes sein. Dies kann nur die Zusammenrechnung der einzelnen Positionen sein. Die Regelung ist dogmatisch zweifelhaft, da die Rechnung erst nach Vertragsschluss erstellt wird und somit ein **bestehendes Vertragsverhältnis umgestaltet** wird (so auch BeckOGK/*Meier* Rn 17; jurisPK/*Steinrötter* Rn 24). Wird lediglich die Bildung eines Gesamtpreises beim Bezahlvorgang vorgenommen, liegt hingegen noch keine Pauschalreise vor (Führich/*Staudinger* § 8 Rn 11; MüKo/*Tonner* Rn 51; *Tonner* MDR 2018, 305, 310). 7

c) Bewerbung als Pauschalreise (Nr 3). Der Unternehmer wird auch dann zum Reiseveranstalter, wenn er aus Sicht eines obj Dritten das Angebot als Pauschalreise bewirbt. Dies kann entweder explizit erfolgen oder durch die Verwendung ähnl Bezeichnungen, wie zB **„Kombireise"**, **„All-inclusive"**, **„Komplettangebot"** (so BT-Drs 18/10822, 69) oder **„Reisepaket"**. Ein Bewerben liegt vor, wenn der Unternehmer die Aussage nach Außen kundgibt. Unerheblich ist, ob der Reisende von der Werbung Kenntnis hatte, da es nur auf die obj Umstände ankommt (BeckOGK/*Meier* Rn 20). 8

3. Abgrenzung zur Beratung (Abs I S 4). Abs I S 4 bestimmt, dass der Buchungsvorgang noch nicht beginnt, wenn lediglich eine Beratung erfolgt. Dies ist der Fall, wenn der Reisende hinsichtl seines **Reisewunsches** befragt wird und zu Reiseangeboten bloß **beraten** wird. Eine bloße Beratung liegt vor, wenn der Reisende in einem Rei- 9 sebüro lediglich **in allg Weise** über Reiseangebote, Preise und Verfügbarkeiten **informiert** wird. Entscheidet sich der Reisende im Anschluss an die Beratung gegen die Buchung einer Pauschalreise und entschließt sich stattdessen für die separate Buchung von Reiseleistungen, sind die Voraussetzungen des Abs I S 2 nicht erfüllt. Es kann dann lediglich eine Vermittlung verbundener Reiseleistungen gem § 651w vorliegen (BT-Drs 18/10822, 69).

10 **IV. Rechtsfolgen (Abs I S 3).** Sind die Voraussetzungen des Abs I S 2 erfüllt, ist der Unternehmer als Reiseveranstalter anzusehen. Er kann sich nicht auf eine **abweichende Vermittlerklausel** berufen. Das Verhältnis zw dem Reisenden und dem Unternehmer ist dann für sämtliche Normen der §§ 651d ff als **Pauschalreisevertrag** anzusehen. Folglich treffen den Unternehmer dieselben Pflichten wie einen Reiseveranstalter, der unmittelbar die Reiseleistungen anbietet. Im Gegenzug ist der Unternehmer berechtigt, von dem Reisenden den Reisepreis zu fordern (zu den reisevertragl Pflichten ausf § 651a Rn 27ff). Da die mit den Leistungserbringern separat geschlossenen Verträge weiterhin wirksam sind, kann der Reisende neben dem Reiseveranstalter auch diese in Anspruch nehmen (AG Hannover RRa 2020, 17; aA MüKo/*Tonner* Rn 25).

11 **V. Vertriebsstellen (Abs II). 1. Gewerberäume (Nr 1).** Erfasst werden unbewegliche und bewegliche Gewerberäume. Der Raum muss dem Unternehmer zuzuordnen sein und nicht allein privaten Zwecken dienen (zB Privatwohnung, allerdings kann dann § 651y S 2 eingreifen). Nicht erfasst werden Haustürgeschäfte beim Reisenden selbst, da die Räumlichkeiten des Reisenden dem Unternehmer nicht zur eigenen Tätigkeit zumindest kurzfristig dauerhaft zur Verfügung stehen. Unbewegliche Gewerberäume sind in einer Immobilie gelegene Räumlichkeiten, die zum ständigen Vertrieb von Reiseleistungen ausgelegt sind, zB ein Reisebüro. Bewegliche Gewerberäume setzen voraus, dass der Reisende die Möglichkeit hat, einen dem Unternehmer zugewiesenen Bereich zu betreten. Dies können zB mobile Stände auf Messen oder in Fußgängerzonen sein. Da es allein auf die Zugriffsgewalt bzgl der Räumlichkeiten ankommt, es ist unerheblich, ob der Unternehmer Eigentümer, Mieter oder Pächter ist (BeckOGK/*Meier* Rn 10).

12 **2. Webseiten (Nr 2).** Vertriebsstellen sind auch virtuelle Verkaufsräume, in die der Reisende Zugang über eine Webseite erhält. Webseiten sind sämtliche URL, die über das allg Internet zugänglich sind. Die Webseiten müssen zum elektronischen Geschäftsverkehr bestimmt sein. Nicht erfasst sind demnach private Vermittlungen. Um dem technischen Fortschritt Genüge zu tun und Missbrauch zu verhindern, bestimmt Abs II S 2, dass eine einheitliche Vertriebsstelle auch dann vorliegt, wenn das Angebot zwar über mehrere Webseiten erfolgt, die jedoch den Anschein eines einheitlichen Auftritts begründen. Da Onlineauftritte idR über eine Vielzahl von URL angeboten werden, ermöglicht die Norm eine ganzheitliche Betrachtung. Der Anschein eines einheitlichen Auftritts wird dann noch gegeben sein, wenn der Reisende aus Sicht eines obj Handelnden den Eindruck erhält, trotz Wechsels der URL immer noch innerhalb des Auftritts desselben Anbieters zu sein. Will der Unternehmer den Eindruck verhindern, muss er den Reisenden deutlich darauf hinweisen, dass er die Webseite verlässt (Tonner/Bergmann/Blankenburg/*Bergmann* § 1 Rn 131) – Für den Begriff der Online-Verkaufsplattform verbleibt grds nur ein schmaler Anwendungsbereich, da Onlineangebote idR über eine Webseite angeboten werden. Erfasst sein könnten jedoch technische Weiterentwicklungen wie Reiseapps, die direkt auf einem Smartphone angeboten werden.

13 **3. Telefondienste (Nr 3).** Eine einheitliche Vertriebsstelle liegt auch dann vor, wenn die Reiseleistungen über einen Telefondienst angeboten werden. Es muss dabei durch den Reisenden ein stationäres oder mobiles Endgerät verwendet werden. Unerheblich ist, ob der Erstkontakt von dem Reisenden oder dem vermeintlichen Reisevermittler ausgegangen ist. Die Voraussetzungen des § 3 Nr 17 TKG müssen nicht erfüllt sein (BT-Drs 18/10822, 69).

14 **VI. Beweislast.** Will der Reisende ggü dem Unternehmer Ansprüche geltend machen, die eine Eigenschaft als Reiseveranstalter voraussetzen, muss er grds die Voraussetzungen dafür beweisen.

§ 651c Verbundene Online-Buchungsverfahren

(1) Ein Unternehmer, der mittels eines Online-Buchungsverfahrens mit dem Reisenden einen Vertrag über eine Reiseleistung geschlossen hat oder ihm auf demselben Weg einen solchen Vertrag vermittelt hat, ist als Reiseveranstalter anzusehen, wenn

1. **er dem Reisenden für den Zweck derselben Reise mindestens einen Vertrag über eine andere Art von Reiseleistung vermittelt, indem er den Zugriff auf das Online-Buchungsverfahren eines anderen Unternehmers ermöglicht,**
2. **er den Namen, die Zahlungsdaten und die E-Mail-Adresse des Reisenden an den anderen Unternehmer übermittelt und**
3. **der weitere Vertrag spätestens 24 Stunden nach der Bestätigung des Vertragsschlusses über die erste Reiseleistung geschlossen wird.**

(2) Kommen nach Absatz 1 ein Vertrag über eine andere Art von Reiseleistung oder mehrere Verträge über mindestens eine andere Art von Reiseleistung zustande, gelten vorbehaltlich des § 651a Absatz 4 die vom Reisenden geschlossenen Verträge zusammen als ein Pauschalreisevertrag im Sinne des § 651a Absatz 1.

(3) § 651a Absatz 5 Nummer 2 ist unabhängig von der Höhe des Reisepreises anzuwenden.

1 **I. Überblick.** § 651c erweitert den Anwendungsbereich des Pauschalreiserechts, wenn ein Unternehmer direkt nur eine Reiseleistung angeboten oder vermittelt hat, jedoch der Reisende in diesem Zusammenhang für dieselbe Reise zumindest eine weitere Reiseleistung von einem anderen Unternehmer online gebucht hat („Click-

Through-Buchung"). Da eine Pauschalreise nach § 651a I 1 mindestens zwei verschiedene Reiseleistungen voraussetzt, ist der erste Unternehmer in diesen Konstellationen kein Reiseveranstalter. In dieser verdichteten Geschäftsbeziehung aufgrund des einheitlichen Buchungsvorgangs fingiert § 651c das Vorliegen eines Pauschalreisevertrags und die Reiseveranstaltereigenschaft des ersten Unternehmers. Durch § 651c wird Art 3 Nr 2 lit b Ziff v PauschalreiseRL umgesetzt.

II. Voraussetzungen. 1. Grundvoraussetzungen. Es muss durch einen **Unternehmer** (§ 14, s § 651a Rn 3) mit einem **Reisenden** (§ 651a Rn 4ff) ein Vertrag über eine Reiseleistung geschlossen worden sein oder dem Reisenden muss eine solche Reiseleistung vermittelt worden sein. Die Reiseleistungen bestimmen sich nach § 651a III (s § 651aRn 18). Ist bereits ein Pauschalreisevertrag geschlossen worden, wird durch die Weiterleitung hingegen **kein neuer Pauschalreisevertrag** geschlossen, da die Norm nur die Verklammerung **zweier Einzelleistungen** vorsieht (ebenso MüKo/*Tonner* Rn 8). 2

2. Mittels eines Online-Buchungsverfahrens. Der Vertragsschluss oder die Vermittlung müssen über eine Online-Buchungsverfahren erfolgt sein. Der Begriff ist weder im nationalen Recht noch in der PauschalreiseRL definiert. Der Gesetzgeber geht davon aus, dass darunter **verlinkte Webseiten** für den elektronischen Geschäftsverkehr fallen, jedoch der Begriff für weitere technische Entwicklungen offen ist (BT-Drs 18/10822, 70). Erfasst können daher auch **Buchungs-Apps** sein, die auf keiner Webseite basieren (ebenso BeckOGK/*Alexander* Rn 17). 3

3. Kumulative qualifizierte Voraussetzungen. Zu dem Vertragsschluss muss noch eine weitere Reiseleistung unter den Bedingungen des Abs I Nr 1–3 vereinbart worden sein. Die Voraussetzungen des Abs I Nr 1–3 müssen kumulativ erfüllt sein (nach BaRo/*Geib* Rn 2 fordert dies den Missbrauch heraus). **a) Vermittlung einer anderen Reiseleistung durch Zugriff auf ein Online-Buchungssystem (Nr 1).** Es muss ein Vertrag über eine andere Reiseleistung vermittelt werden. Die Arten bestimmen sich nach § 651a II. **Nicht ausreichend** ist es daher, wenn **zwei gleichartige Reiseleistungen** (zB ein Flug sowie ein Anschlussflug) vermittelt werden. Ist bereits eine Pauschalreise vermittelt worden, greift § 651c nicht ein (Grü/*Retzlaff* Rn 4; MüKo/*Tonner* Rn 8). – Der Unternehmer muss dem Reisenden zudem den **Zugriff** auf das **Online-Buchungssystem** eines anderen Unternehmers ermöglichen. Dazu muss der Unternehmer auf seiner eigenen Webseite einen Link oder eine sonstige Direktverbindung verwenden, durch die der Reisende nach seinem obj Eindruck unmittelbar auf die Webseite eines anderen Unternehmens gelangt. Eine Vermittlung per Telefon oder E-Mail reicht nicht (Grü/*Retzlaff* Rn 3). Es muss keine kommerzielle Verbindung zw den Unternehmern bestehen (MüKo/*Tonner* Rn 10). Nicht ausreichend ist es, wenn erst über eine dritte Seite der Zugriff ermöglicht wird. Wird ein Dritter zur Umgehung zwischengeschaltet, kann die Rechtsfolge des § 651c jedoch über § 651y S 2 eintreten. **b) Übermittlung von Personendaten (Nr 2).** Der Unternehmer muss den **Namen**, die **Zahlungsdaten** und die **E-Mail-Adresse** des Reisenden an den anderen Unternehmer übermitteln. Die Voraussetzungen müssen kumulativ vorliegen. Übermittelt der Unternehmer eine Art dieser Personendaten nicht, greift § 651c nicht direkt ein (BeckOGK/*Alexander* Rn 30). Nicht ausreichend ist es, wenn der Kunde die Daten eingibt (*Fricke/Ruks* JM 2019, 179). Der Unternehmer kann dennoch als Reiseveranstalter anzusehen sein, wenn eine Umgehung gem § 651y S 2 vorliegt (aA *Fricke/Ruks* JM 2019, 179). Die Abgrenzung zum **Missbrauch** hat danach zu erfolgen, ob für die unterlassene Übermittlung ein nachvollziehbarer Grund besteht. Ist ersichtlich, dass das Weglassen deshalb erfolgt, um § 651c zu umgehen, wird die Wirkung der Norm mittelbar über § 651y S 2 herbeigeführt. – Sind bereits früher Daten übermittelt worden, auf die der andere Unternehmer zugreifen kann, reicht dies aus (Führich/*Staudinger* § 6 Rn 2). **c) 24-Stunden-Grenze (Nr 3).** Der Vertragsschluss mit dem zweiten Unternehmer muss spätestens **24 Stunden** nach der Bestätigung des Vertragsschlusses über die erste Reiseleistung geschlossen werden. Der Wortlaut der Norm knüpft nicht an den Vertragsschluss selbst an, sondern die **Bestätigung** des **Vertragsschlusses**. Damit kann nicht die Bestätigung gem § 651d III 2 gemeint sein, da diese Norm auf den Erstvertrag nicht anwendbar ist. Vielmehr ist auf die Annahmeerklärung des ersten Unternehmens abzustellen (Grü/*Retzlaff* Rn 6). Das Fristende ist nach **vollen 24 Stunden** zu berechnen. Innerhalb dieser Frist muss der zweite Vertrag geschlossen werden. Dabei kommt es auf den Zugang der Annahmeerklärung des anderen Unternehmers an. Wird diese bewusst über die Frist hinaus verzögert, kann gem § 651y S 2 eine Pauschalreise angenommen werden. 4

4. Ausschluss gem Abs III. Der Gesetzgeber geht davon aus, dass § 651a V generell die Anwendbarkeit von § 651c ausschließt (BT-Drs 18/10822, 70). § 651a V Nr 2 sieht für den Ausschluss von **Tagesreisen** allerdings eine Wertgrenze bis 500 € vor. Diese Wertgrenze erklärt § 651c III für die verbundenen Online-Buchungsverfahren nicht für anwendbar. Demnach sind von § 651c III sämtliche Tagesreisen **unabhängig** von ihrem **Wert ausgeschlossen**. 5

III. Rechtsfolgen. § 651c weist zwei Rechtsfolgen aus. Zum einen bestimmt Abs I, dass der handelnde **Unternehmer** als **Reiseveranstalter** einzuordnen ist, wenn die zuvor aufgeführten Voraussetzungen gegeben sind. Zum anderen **fingiert** Abs II, dass ein **Pauschalreisevertrag** vorliegt, wenn ein oder mehrere Verträge gem Abs I zustande kommen. Dies gilt allerdings nicht, wenn ein Ausschluss gem § 651a IV eingreift (BT-Drs 18/10822, 70; s dazu ausf § 651a Rn 24ff). Das Verhältnis dieser beiden Rechtsfolgen ist in der Norm nicht klargestellt. Nach dem Wortlaut wäre es denkbar, dass bei Erfüllung der Voraussetzungen des Abs I der Unternehmer immer als Reiseveranstalter fingiert wird, unabhängig davon, ob nach Abs II das Vorliegen eines Pauschalreisevertrags fingiert wird. Der Gesetzgeber scheint diese Rechtsfolge allerdings nicht gewollt zu haben, so dass zunächst nach Abs II zu prüfen ist, ob ein Pauschalreisevertrag fingiert ist. Wenn dies der Fall ist, gilt der erste Unternehmer als Reiseveranstalter. Ihn treffen dann die Pflichten gem § 651a wie einen Reiseveranstalter, der unmittelbar eine Pauschalreise anbietet (dazu ausf § 651a Rn 27ff). Unklar ist, wie sich die **Fiktion** eines **Pauschalreisevertrags** auf die zu- 6 grundeliegenden **anderen Vertragsverhältnisse** auswirkt (Führich/*Staudinger* § 6 Rn 3; *Staudinger/Ruks* RRa 2018, 2, 3). Nach dem Wortlaut der Norm gelten die geschlossenen Verträge zusammen als ein Pauschalreisevertrag. Dies bedeutet, dass der Reisende nur noch gegen den als Reiseveranstalter geltenden Unternehmer Ansprüche hat, nicht jedoch gegen seinen originären Vertragspartner (zur Dogmatik s MüKo/*Tonner* Rn 14; Tonner/Bergmann/Blankenburg/*Stenzel/Tonner* § 3 Rn 50ff; aA BaRo/*Geib* Rn 7; *Fricke/Ruks* JM 2019, 181). – Zu den Informationspflichten im verbundenen Online-Buchungsverfahren s § 651d Rn 18.

7 **IV. Beweislast.** Will der Reisende ggü dem Unternehmer Ansprüche geltend machen, die eine Eigenschaft als Reiseveranstalter voraussetzen, muss er grds die Voraussetzungen dafür beweisen. Den ersten Unternehmer trifft jedoch eine sekundäre Darlegungslast, wenn er bestreitet, dass sämtliche erforderliche Daten (Abs I Nr 2) übermittelt wurden, da der Reisende keinen Einblick in die technischen Abläufe hat (ebenso MüKo/*Tonner* Rn 24).

§ 651d Informationspflichten; Vertragsinhalt

(1) Der Reiseveranstalter ist verpflichtet, den Reisenden, bevor dieser seine Vertragserklärung abgibt, nach Maßgabe des Artikels 250 §§ 1 bis 3 des Einführungsgesetzes zum Bürgerlichen Gesetzbuche zu informieren. Er erfüllt damit zugleich die Verpflichtungen des Reisevermittlers aus § 651v Absatz 1 Satz 1.

(2) Dem Reisenden fallen zusätzliche Gebühren, Entgelte und sonstige Kosten nur dann zur Last, wenn er über diese vor Abgabe seiner Vertragserklärung gemäß Artikel 250 § 3 Nummer 3 des Einführungsgesetzes zum Bürgerlichen Gesetzbuche informiert worden ist.

(3) Die gemäß Artikel 250 § 3 Nummer 1, 3 bis 5 und 7 des Einführungsgesetzes zum Bürgerlichen Gesetzbuche gemachten Angaben werden Inhalt des Vertrags, es sei denn, die Vertragsparteien haben ausdrücklich etwas anderes vereinbart. Der Reiseveranstalter hat dem Reisenden bei oder unverzüglich nach Vertragsschluss nach Maßgabe des Artikels 250 § 6 des Einführungsgesetzes zum Bürgerlichen Gesetzbuche eine Abschrift oder Bestätigung des Vertrags zur Verfügung zu stellen. Er hat dem Reisenden rechtzeitig vor Reisebeginn gemäß Artikel 250 § 7 des Einführungsgesetzes zum Bürgerlichen Gesetzbuche die notwendigen Reiseunterlagen zu übermitteln.

(4) Der Reiseveranstalter trägt gegenüber dem Reisenden die Beweislast für die Erfüllung seiner Informationspflichten.

(5) Bei Pauschalreiseverträgen nach § 651c gelten für den als Reiseveranstalter anzusehenden Unternehmer sowie für jeden anderen Unternehmer, dem nach § 651c Absatz 1 Nummer 2 Daten übermittelt werden, die besonderen Vorschriften des Artikel 250 §§ 4 und 8 des Einführungsgesetzes zum Bürgerlichen Gesetzbuche. Im Übrigen bleiben die vorstehenden Absätze unberührt.

Art 250 EGBGB Informationspflichten bei Pauschalreiseverträgen

§ 1 Form und Zeitpunkt der vorvertraglichen Unterrichtung

(1) Die Unterrichtung des Reisenden nach § 651d Absatz 1 und 5 sowie § 651v Absatz 1 des Bürgerlichen Gesetzbuchs muss erfolgen, bevor dieser seine Vertragserklärung abgibt. Die Informationen sind klar, verständlich und in hervorgehobener Weise mitzuteilen; werden sie schriftlich erteilt, müssen sie leserlich sein.

(2) Änderungen der vorvertraglichen Informationen sind dem Reisenden vor Vertragsschluss klar, verständlich und in hervorgehobener Weise mitzuteilen.

§ 2 Formblatt für die vorvertragliche Unterrichtung

(1) Dem Reisenden ist gemäß dem in Anlage 11 enthaltenen Muster ein zutreffend ausgefülltes Formblatt zur Verfügung zu stellen.

(2) Bei Verträgen nach § 651u des Bürgerlichen Gesetzbuchs ist anstelle des Formblatts gemäß dem in Anlage 11 enthaltenen Muster das zutreffend ausgefüllte Formblatt gemäß dem in Anlage 12 enthaltenen Muster zu verwenden.

(3) Soll ein Pauschalreisevertrag telefonisch geschlossen werden, können die Informationen aus dem jeweiligen Formblatt abweichend von den Absätzen 1 und 2 auch telefonisch zur Verfügung gestellt werden.

§ 3 Weitere Angaben bei der vorvertraglichen Unterrichtung

Die Unterrichtung muss folgende Informationen enthalten, soweit sie für die in Betracht kommende Pauschalreise erheblich sind:

1. die wesentlichen Eigenschaften der Reiseleistungen, und zwar
   a) Bestimmungsort oder, wenn die Pauschalreise mehrere Aufenthalte umfasst, die einzelnen Bestimmungsorte sowie die einzelnen Zeiträume (Datumsangaben und Anzahl der Übernachtungen),
   b) Reiseroute,
   c) Transportmittel (Merkmale und Klasse),
   d) Ort, Tag und Zeit der Abreise und der Rückreise oder, sofern eine genaue Zeitangabe noch nicht möglich ist, ungefähre Zeit der Abreise und Rückreise, ferner Orte und Dauer von Zwischenstationen sowie die dort zu erreichenden Anschlussverbindungen,
   e) Unterkunft (Lage, Hauptmerkmale und gegebenenfalls touristische Einstufung der Unterkunft nach den Regeln des jeweiligen Bestimmungslandes),
   f) Mahlzeiten,
   g) Besichtigungen, Ausflüge oder sonstige im Reisepreis inbegriffene Leistungen,
   h) sofern dies nicht aus dem Zusammenhang hervorgeht, die Angabe, ob eine der Reiseleistungen für den Reisenden als Teil einer Gruppe erbracht wird, und wenn dies der Fall ist, sofern möglich, die Angabe der ungefähren Gruppengröße,

i) sofern die Nutzung touristischer Leistungen im Sinne des § 651a Absatz 3 Satz 1 Nummer 4 des Bürgerlichen Gesetzbuchs durch den Reisenden von einer wirksamen mündlichen Kommunikation abhängt, die Sprache, in der diese Leistungen erbracht werden, und
j) die Angabe, ob die Pauschalreise im Allgemeinen für Personen mit eingeschränkter Mobilität geeignet ist, sowie auf Verlangen des Reisenden genaue Informationen über eine solche Eignung unter Berücksichtigung der Bedürfnisse des Reisenden,
2. die Firma oder den Namen des Reiseveranstalters, die Anschrift des Ortes, an dem er niedergelassen ist, die Telefonnummer und gegebenenfalls die E-Mail-Adresse; diese Angaben sind gegebenenfalls auch bezüglich des Reisevermittlers zu erteilen,
3. den Reisepreis einschließlich Steuern und gegebenenfalls aller zusätzlichen Gebühren, Entgelte und sonstigen Kosten, oder, wenn sich diese Kosten vor Vertragsschluss nicht bestimmen lassen, die Angabe der Art von Mehrkosten, für die der Reisende gegebenenfalls noch aufkommen muss,
4. die Zahlungsmodalitäten einschließlich des Betrags oder des Prozentsatzes des Reisepreises, der als Anzahlung zu leisten ist, sowie des Zeitplans für die Zahlung des Restbetrags oder für die Stellung finanzieller Sicherheiten durch den Reisenden,
5. die für die Durchführung der Pauschalreise erforderliche Mindestteilnehmerzahl sowie die Angabe, bis zu welchem Zeitpunkt vor dem vertraglich vereinbarten Reisebeginn dem Reisenden die Rücktrittserklärung des Reiseveranstalters gemäß § 651h Absatz 4 Satz 1 Nummer 1 des Bürgerlichen Gesetzbuchs zugegangen sein muss,
6. allgemeine Pass- und Visumerfordernisse des Bestimmungslands, einschließlich der ungefähren Fristen für die Erlangung von Visa, sowie gesundheitspolizeiliche Formalitäten,
7. den Hinweis, dass der Reisende vor Reisebeginn gegen Zahlung einer angemessenen Entschädigung oder gegebenenfalls einer vom Reiseveranstalter verlangten Entschädigungspauschale jederzeit vom Vertrag zurücktreten kann,
8. den Hinweis auf den möglichen Abschluss einer Reiserücktrittskostenversicherung oder einer Versicherung zur Deckung der Kosten einer Unterstützung einschließlich einer Rückbeförderung bei Unfall, Krankheit oder Tod.

§ 4 Vorvertragliche Unterrichtung in den Fällen des § 651c des Bürgerlichen Gesetzbuchs

Für Pauschalreiseverträge nach § 651c des Bürgerlichen Gesetzbuchs ist abweichend von § 2 Absatz 1 anstelle des Formblatts gemäß dem in Anlage 11 enthaltenen Muster das zutreffend ausgefüllte Formblatt gemäß dem in Anlage 13 enthaltenen Muster zu verwenden. Zur Unterrichtung nach § 3 sind verpflichtet
1. der als Reiseveranstalter anzusehende Unternehmer nur in Bezug auf die Reiseleistung, die er zu erbringen hat,
2. jeder andere Unternehmer, dem nach § 651c Absatz 1 Nummer 2 des Bürgerlichen Gesetzbuchs Daten übermittelt werden, in Bezug auf die von ihm zu erbringende Reiseleistung; er trägt gegenüber dem Reisenden die Beweislast für die Erfüllung seiner Informationspflichten.

§ 5 Gestaltung des Vertrags

Der Pauschalreisevertrag muss in einfacher und verständlicher Sprache abgefasst und, sofern er schriftlich geschlossen wird, leserlich sein.

§ 6 Abschrift oder Bestätigung des Vertrags

(1) Dem Reisenden ist bei oder unverzüglich nach Vertragsschluss auf einem dauerhaften Datenträger eine Abschrift oder Bestätigung des Vertrags zur Verfügung zu stellen. Der Reisende hat Anspruch auf eine Abschrift oder Bestätigung des Vertrags in Papierform, wenn der Vertragsschluss
1. bei gleichzeitiger körperlicher Anwesenheit der Vertragsschließenden erfolgte oder
2. außerhalb von Geschäftsräumen erfolgte (§ 312b des Bürgerlichen Gesetzbuchs); wenn der Reisende zustimmt, kann für die Abschrift oder die Bestätigung des Vertrags auch ein anderer dauerhafter Datenträger verwendet werden.

(2) Die Abschrift oder Bestätigung des Vertrags muss klar, verständlich und in hervorgehobener Weise den vollständigen Vertragsinhalt wiedergeben und außer den in § 3 genannten Informationen die folgenden Angaben enthalten:
1. besondere Vorgaben des Reisenden, denen der Reiseveranstalter zugestimmt hat,
2. den Hinweis, dass der Reiseveranstalter
   a) gemäß § 651i des Bürgerlichen Gesetzbuchs für die ordnungsgemäße Erbringung aller von dem Vertrag umfassten Reiseleistungen verantwortlich ist und
   b) gemäß § 651q des Bürgerlichen Gesetzbuchs zum Beistand verpflichtet ist, wenn sich der Reisende in Schwierigkeiten befindet,
3. den Namen des Absicherers sowie dessen Kontaktdaten einschließlich der Anschrift des Ortes, an dem er niedergelassen ist; im Fall des § 651s des Bürgerlichen Gesetzbuchs sind diese Angaben zu erteilen in Bezug auf die Einrichtung, die den Insolvenzschutz bietet, und gegebenenfalls in Bezug auf die zuständige Behörde,
4. Namen, Anschrift, Telefonnummer, E-Mail-Adresse und gegebenenfalls Faxnummer des Vertreters des Reiseveranstalters vor Ort, einer Kontaktstelle oder eines anderen Dienstes, an den oder die sich der Reisende wenden kann, um schnell mit dem Reiseveranstalter Verbindung aufzunehmen, wenn der Reisende
   a) Beistand nach § 651q des Bürgerlichen Gesetzbuchs benötigt oder
   b) einen aufgetretenen Reisemangel anzeigen will,
5. den Hinweis auf die Obliegenheit des Reisenden, dem Reiseveranstalter einen aufgetretenen Reisemangel unverzüglich anzuzeigen,
6. bei Minderjährigen, die ohne Begleitung durch einen Elternteil oder eine andere berechtigte Person reisen, Angaben darüber, wie eine unmittelbare Verbindung zu dem Minderjährigen oder zu dem an dessen Aufenthaltsort für ihn Verantwortlichen hergestellt werden kann; dies gilt nicht, wenn der Vertrag keine Beherbergung des Minderjährigen umfasst,
7. Informationen
   a) zu bestehenden internen Beschwerdeverfahren,
   b) gemäß § 36 des Verbraucherstreitbeilegungsgesetzes zur Teilnahme an alternativen Streitbeilegungsverfahren und
   c) zur Online-Streitbeilegungsplattform gemäß Artikel 14 der Verordnung (EU) Nr. 524/2013 des Europäischen Parlaments und des Rates vom 21. Mai 2013 über die Online-Beilegung verbraucherrechtlicher Streitigkeiten und zur Änderung der Verordnung (EG) Nr. 2006/2004 und der Richtlinie 2009/22/EG (ABl. L 165 vom 18.6.2013, S. 1),

8. den Hinweis auf das Recht des Reisenden, den Vertrag gemäß § 651e des Bürgerlichen Gesetzbuchs auf einen anderen Reisenden zu übertragen.

§ 7 Reiseunterlagen, Unterrichtung vor Reisebeginn

(1) Der Reiseveranstalter hat dem Reisenden rechtzeitig vor Reisebeginn die notwendigen Reiseunterlagen zu übermitteln, insbesondere notwendige Buchungsbelege, Gutscheine, Beförderungsausweise und Eintrittskarten.

(2) Der Reiseveranstalter hat den Reisenden rechtzeitig vor Reisebeginn zu unterrichten über die Abreise- und Ankunftszeiten sowie gegebenenfalls die Zeiten für die Abfertigung vor der Beförderung, die Orte und Dauer von Zwischenstationen sowie die dort zu erreichenden Anschlussverbindungen. Eine besondere Mitteilung nach Satz 1 ist nicht erforderlich, soweit diese Informationen bereits in einer dem Reisenden zur Verfügung gestellten Abschrift oder Bestätigung des Vertrags gemäß § 6 oder in einer Information des Reisenden nach § 8 Absatz 2 enthalten sind und inzwischen keine Änderungen eingetreten sind.

§ 8 Mitteilungspflichten anderer Unternehmer und Information des Reisenden nach Vertragsschluss in den Fällen des § 651c des Bürgerlichen Gesetzbuchs

(1) Schließt ein Unternehmer, dem nach § 651c Absatz 1 Nummer 2 des Bürgerlichen Gesetzbuchs Daten übermittelt werden, mit dem Reisenden einen Vertrag über eine Reiseleistung ab, hat er den als Reiseveranstalter anzusehenden Unternehmer über den Umstand des Vertragsschlusses zu unterrichten und diesem in Bezug auf die von ihm zu erbringende Reiseleistung die Informationen zur Verfügung zu stellen, die zur Erfüllung der Verpflichtungen als Reiseveranstalter erforderlich sind.

(2) Der als Reiseveranstalter anzusehende Unternehmer hat dem Reisenden die in § 6 Absatz 2 Nummer 1 bis 8 genannten Angaben klar, verständlich und in hervorgehobener Weise auf einem dauerhaften Datenträger zur Verfügung zu stellen, sobald er von dem anderen Unternehmer gemäß Absatz 1 über den Umstand des Vertragsschlusses unterrichtet wurde.

§ 9 Weitere Informationspflichten bei Verträgen über Gastschulaufenthalte

Dazu § 651u Rn 16.

§ 10 Unterrichtung bei erheblichen Vertragsänderungen

Dazu § 651g Rn 8ff.

1 **I. Überblick.** § 651d definiert die Informationspflichten des Reiseveranstalters ggü dem Reisenden. Diesem obliegen bereits im Vorfeld umfangreiche Informationspflichten (Abs I). Die insoweit erteilten Informationen werden dann zum Vertragsinhalt (Abs III 1) und bestimmte Kosten können nur geltend gemacht werden, wenn sie in den vorvertragl Informationen aufgenommen wurden (Abs II). Nach dem Vertragsabschluss hat der Reiseveranstalter dem Reisenden eine Abschrift oder Bestätigung des Vertrags zukommen zu lassen und ihm die notwendigen Reiseunterlagen zu übermitteln (Abs III S 2, 3). Die Beweislast für die Erfüllung der vorstehenden Pflichten trägt der Reiseveranstalter (Abs IV). Im verbundenen Online-Buchungsverfahren gelten besondere Informationspflichten (Abs V). § 651d muss im Zusammenhang mit Art 250 EGBGB angewendet werden. Die Norm setzt Art 5, 6, 7, 8 PauschalreiseRL um (eine Synopse dazu bei BeckOGK/*Alexander* Rn 8). Die RL regelt die aus dem Reisevertrag resultierenden Informationspflichten erschöpfend, lässt jedoch weitere, nicht aus dem Reisevertrag resultierende Pflichten zu (ErwGr 27 PauschalreiseRL).

2 **II. Vorvertragliche Informationspflichten (Abs I S 1).** Der Reiseveranstalter (§ 651a Rn 3) hat dem Reisenden (§ 651a Rn 4ff) bereits vor Vertragsschluss bestimmte Informationen nach Art 250 EGBGB zur Verfügung zu stellen.

3 **1. Reiseveranstalter.** Es muss ein Pauschalreisevertrag gem § 651a geschlossen worden sein (dazu § 651a Rn 15ff). § 651d ist auch anwendbar, wenn ein Unternehmer nur nach § 651b als Reiseveranstalter eingeordnet wird. Für den Reiseveranstalter gem § 651c gelten besondere Vorschriften (Abs V). Den Reisevermittler treffen gem § 651v I 1 eigene Informationspflichten, die jedoch der Reiseveranstalter durch die ordnungsgemäße Erfüllung seiner eigenen Pflichten mit erfüllt (Abs I S 2).

4 **2. Reisender.** Als Reisender ist der Vertragspartner des Reiseveranstalters anzusehen. Da dies europarechtl jedoch nicht eindeutig ist, bedarf es dazu ggf einer Vorlage an den EuGH (s dazu § 651a Rn 4).

5 **3. Vor Abgabe der Vertragserklärung.** Der Reiseveranstalter muss seiner Informationspflicht nachkommen, **bevor** der Reisende seine **Vertragserklärung** abgibt (so auch Art 250 EGBGB § 1 I 1). Es kommt nicht auf den Vertragsschluss an, sondern allein auf die Abgabe der Erklärung. Dabei kann es sich entweder um die Annahme des Vertrags oder ein Angebot des Reisenden, zumeist in Form einer modifizierten Annahme, handeln (Hamburg RRa 2020, 8, 11).

6 **4. Inhalt der Informationspflichten.** Der Reiseveranstalter muss dem Reisenden ein **Formblatt** gem Art 250 EGBGB Anl 11 zur Verfügung stellen sowie weitere Informationen gem Art 250 EGBGB § 3 erteilen. Er erfüllt damit zugleich etwaige Informationspflichten, die dem Reisevermittler gem § 651v obliegen (Abs I S 2). **a) Formblatt.** Dem Reisenden muss ein Formblatt gem Art 250 EGBGB Anlage 11 zur Verfügung gestellt werden. Mittels dieses Formblatts wird er über seine Rechte aus dem Pauschalreiserecht informiert. Dem Formblatt kommt sowohl eine **Sensibilisierungsfunktion** für die Anwendung des Pauschalreiserechts als auch eine **Aufklärungsfunktion** für die wichtigsten Rechte des Reisenden zu (dazu BaRo/*Baumgärtner* Rn 19f). **b) Weitere Angaben.** Der Reisende ist bereits im Vorfeld des Vertragsabschlusses über die wesentlichen Eigenschaften der Reise, den Reisepreis und die sonstigen Modalitäten zu unterrichten. Aus Art 250 § 3 EGBGB ergibt sich der **Mindestinhalt** eines jeden Reisevertrags (BeckOGK/*Alexander* Rn 35).

aa) Wesentliche Eigenschaften (Nr 1). Der Reisende ist über die wesentlichen Eigenschaften zu unterrichten. 7
Da die Informationen klar sein müssen, darf der Reiseveranstalter auch nur über die Punkte informieren, die für den konkreten Vertrag wesentlich sind. Es dürfen **nicht unsystematisch** sämtliche in Nr 1 genannten Punkte aufgeführt werden, wenn sie **keine Relevanz** haben. **(1) Bestimmungsort (lit a).** Der Reisende ist über den Bestimmungsort zu unterrichten. Dies ist der Ort, an dem der Reisende die **Unterkunft** nehmen wird. Ist keine Unterkunft geschuldet, ist der Ort anzugeben, an dem die Vermietung oder touristische Leistung erfolgt. Erfolgt kein stationärer Aufenthalt, ist jeder **Aufenthaltsort** anzugeben. Für sämtliche Aufenthaltsorte ist der Zeitraum einschließl der Anzahl der Übernachtungen anzugeben (krit Tonner/Bergmann/Blankenburg/*Bergmann* § 1 Rn 171). Bei einem einzigen Bestimmungsort bedarf es keiner Angabe des Zeitraums, da sich dieser aus dem Reisezeitraum ergibt. Erfolgt die An- oder Abreise über Nacht, ist anzugeben, ob an diesem Tag ein Zimmer zur Verfügung steht. **(2) Reiseroute (lit b).** Es muss die Reiseroute angegeben werden. Dieses Merkmal erscheint **redundant**, da sich bereits aus der Information über den Bestimmungsort und der Aufenthaltsdauer die Reiseroute ergibt. Damit der Norm eine eigene Funktion zukommt, ist davon auszugehen, dass auch andere Orte als die Bestimmungsorte anzugeben sind, wie zB **Zwischenlandungen** (ebenso Führich/*Staudinger* § 9 Rn 9). Fehlt eine Angabe zur Zwischenlandung, kann der Reisende von einem Direktflug ausgehen. Besondere Sehenswürdigkeiten oder interessante Strecken sind nicht anzugeben, sofern dort keine Halte erfolgen (aA Führich/*Staudinger* § 9 Rn 9). **(3)Transportmittel (lit c).** Hinsichtl des Transportmittels müssen die **Merkmale** und die **Klasse** angegeben werden. Zu den Merkmalen gehört die Art des Transportes sowie ggf mit welchen Unternehmen der Transport erfolgt (Führich/*Staudinger* § 9 Rn 9). Soll das Transportunternehmen später geändert werden, muss sich der Reiseveranstalter eine Änderung vorbehalten. Die Klasse (zB Economy class oder Business class) ist anzugeben, wenn das Transportmittel unterschiedliche Klassen aufweist. **(4) Ab- und Anreisemodalitäten (lit d).** Der Reisende ist umfassend über die An- und Abreisemodalitäten zu unterrichten. Die Angaben zu An- und Abreise müssen sowohl den **jew Start** und **Zielort** enthalten als auch die **Abreise**- und **Ankunftszeiten.** Da die Dauer der Reise zu den essentialia negotii des Vertrags gehört, sind zumindest ungefähre Angaben zu machen, wenn die genauen Zeiten noch nicht feststehen (Führich/*Staudinger* § 9 Rn 9). Die Angaben müssen zumindest den **Tag** der **An**- und **Abreise** enthalten. Die Angaben des Reisebüros dürfen **nicht** für **unverbindlich** erklärt werden. Erfolgt keine durchgehende Beförderung, sind Ort und Dauer der Zwischenstationen sowie die dort zu erreichenden Anschlussverbindungen anzugeben. Mit Anschlussverbindungen sind nur die den Reisenden betreffenden Verbindungen gemeint. **(5) Unterkunft (lit e).** Zur Unterkunft müssen die **Lage** sowie die **Hauptmerkmale** angegeben werden. Zu den Hauptmerkmalen gehören der Name der Unterkunft sowie die Art der Unterbringung (zB Doppelzimmer, Familienzimmer). Ferner ist eine **touristische Einstufung** nach den Regeln des jew Bestimmungslandes anzugeben, wenn eine solche für die Unterkunft besteht. Damit soll dem Reisenden eine ungefähre Orientierung ermöglicht werden. Die Verwendung eines eigenen Systems des Veranstalters (zB Sonnen) ist nur möglich, wenn kein landestypisches System besteht (Führich/*Staudinger* § 9 Rn 9). **(6) Mahlzeiten (lit f).** Es soll über die Mahlzeiten unterrichtet werden. Das Merkmal kann nur bedeuten, dass über die **Art** der Verpflegung (zB Halbpension, All-Inclusive) Auskunft gegeben werden muss. Da die einzelnen Speisen in der Regel vorab nicht bekannt sein werden, müssen diese nicht aufgeführt werden (Führich/*Staudinger* § 9 Rn 9). **(7) Nebenleistungen (lit g).** Es sind sämtliche beabsichtigte Besichtigungen, Ausflüge oder sonstige Leistungen anzugeben, soweit diese im Reisepreis inbegriffen sind. Es ist nicht erforderlich, über möglicherweise vor Ort zubuchbare Leistungen zu unterrichten. **(8) Angaben zur Reisegruppe (lit h).** Der Reisende muss darüber unterrichtet werden, ob er an einer Gruppenreise teilnimmt. Dies ist nur dann der Fall, wenn zumindest ein Teil der Reise gemeinsam mit anderen Reisenden verbracht wird und nicht lediglich ein Aufenthalt an einem Ort erfolgt. Es muss die **ungefähre Gruppengröße** angegeben werden. Dies sind die Personen, mit denen der Reisende nach der Planung des Reiseveranstalters den Großteil der Reise verbringen wird. Ändert sich nach den Planungen während der Reise die Gruppengröße, ist dies mit anzugeben. **(9) Sprache der touristischen Leistungen (lit i).** Bei touristischen Leistungen ist die Sprache anzugeben, wenn diese für deren Erbringung wesentlich ist (zB Besichtigungen oder Sportkurse). Es ist nur über die **Leistungen** zu unterrichten, die bereits im **Pauschalreisevertrag enthalten** sind, nicht jedoch die erst vor Ort hinzubuchbaren Leistungen. **(10) Eingeschränkte Mobilität (lit j).** Zu jeder Pauschalreise muss angegeben werden, ob diese für Menschen mit eingeschränkter Mobilität geeignet ist. Die eingeschränkte Mobilität ist in der PauschalreiseRL selbst nicht definiert. Da diese in **Art 13 VIII** allerdings selbst auf **VO (EG) Nr 1107/2006** verweist, kann der dortige Begriff herangezogen werden (BT-Drs 18/10822, 101). Danach sind Menschen mit eingeschränkter Mobilität „Personen, deren Mobilität bei der Benutzung von Beförderungsmitteln wegen einer körperlichen (sensorischen oder motorischen, dauerhaften oder zeitweiligen) Behinderung, einer geistigen Behinderung oder Beeinträchtigung, wegen anderer Behinderungen oder aufgrund des Alters eingeschränkt ist und deren Zustand angemessene Unterstützung und eine Anpassung der für alle Fluggäste bereitgestellten Dienstleistungen an die besonderen Bedürfnisse dieser Person erfordert." Dieser Begriff ist entspr auf die Gesamtreise auszuweiten. Aus dem Begriff „im Allgemeinen" ergibt sich, dass der Reiseveranstalter nur eine allg Wertung treffen und nicht jede spezifische besondere Beeinträchtigung mitberücksichtigen muss. **Erst** auf entspr **Nachfrage** des Reisenden muss er eine **Eignungsprognose** für seine konkreten Beeinträchtigungen vornehmen (dazu Tonner/Bergmann/Blankenburg/*Bergmann* § 1 Rn 183).

bb) Kontaktdaten (Nr 2). Dem Reisenden müssen die wesentlichen Kontaktdaten des Reiseveranstalters mit- 8
geteilt werden. Dazu gehören **Name**/Firma, die **ladungsfähige Anschrift** des Hauptsitzes sowie etwaiger involvierter Niederlassungen, die **Telefonnummer** und eine **E-Mail-Adresse.** Die Angaben sind auf den Reisevermittler zu erstrecken, wenn ein solcher involviert ist. **cc) Reisepreis (Nr 3).** Als für den Reisenden einer der

wesentlichsten Angaben muss dieser über den Reisepreis informiert werden. Es muss der **Gesamtreisepreis** einschl aller Gebühren, Entgelte und sonstiger Kosten genannt werden, damit der Reisende seine Gesamtbelastung absehen kann. Soweit sich manche Kosten vor Vertragsschluss nicht bestimmen lassen, muss bei diesen die Art angegeben werden. Dazu muss auch die **ungefähre Größenordnung** angegeben werden, damit der Reisende ungefähr einen Gesamtpreis kalkulieren kann. **dd) Zahlungsmodalitäten (Nr 4).** Der Reisende ist zu informieren, wie er den Reisepreis zahlen kann. Dazu wird insb die Angabe einer **Kontonummer** dienen, damit der Reisende die Zahlung bargeldlos erfüllen kann. Ist eine Vorabzahlung des Reisepreises beabsichtigt, muss der Reisende darüber informiert werden, welchen Betrag er zunächst zu zahlen hat und zu welchen Daten weitere Zahlungen erfolgen müssen. **ee) Mindestteilnehmerzahl (Nr 5).** Da § 651h IV 1 Nr 1 dem Reiseveranstalter ein **Sonderrücktrittsrecht** gewährt, wenn die im Vertrag angegebene Mindestteilnehmerzahl nicht erreicht wird, soll der Reisende bereits im Vorfeld des Vertragsschlusses informiert werden, welche Zahl erreicht werden muss, damit die Reise durchgeführt wird. Ferner ist über die genaue Dauer der von der Reisezeit abhängigen Frist für den Zugang der Erklärung zu belehren. **ff) Pass- und Visumserfordernisse (Nr 6).** Der Reiseveranstalter muss über die allg Pass- und Visumserfordernisse in dem Bestimmungsland belehren (dazu Celle IHR 2021, 106, 107). Dies ist **nicht** auf die **Nationalitäten** des Staats **begrenzt**, in dem die Reise angeboten wird, sondern bezieht sich grds auf die Nationalität des Reisenden (ebenso Führich/*Staudinger* § 5 Rn 72; § 9 Rn 14; Tonner/Bergmann/Blankenburg/*Bergmann* § 1 Rn 196; aA zu § 5 BGB-InfoV aF LG Hannover RRa 2019, 65 mwN, der noch ausdrückl eine entspr Beschränkung enthielt). Dies ist insoweit problematisch, da die Belehrung davon abhängt, welche Staatsangehörigkeit der Reisende besitzt. Unzureichend sind allg Angaben ohne konkreten Bezug auf die Situation des Reisenden (aA MüKo/*Tonner* § 651v Rn 17). Insb reicht nicht der Verweis auf die Seite des Auswärtigen Amtes (AG Hannover RRa 2017, 115). Der Reiseveranstalter muss eine allg Prognose für die **Dauer** der **Visumserteilung** angeben, damit der Reisende ausreichend Zeit hat, sich darum zu kümmern. Eine Haftung des Reiseveranstalters für insoweit unzutreffende Angaben wird nur in Betracht kommen, wenn die Verzögerung nicht im Einzelfall aufgetreten ist, sondern systematisch längere Zeiten erforderlich sind und dies für den Reiseveranstalter erkennbar war. Der Reiseveranstalter ist verpflichtet, dem Reisenden Änderungen mitzuteilen (Führich/*Staudinger* § 9 Rn 14). **gg) Rücktrittsrecht (Nr 7).** Der Reisende ist über sein Rücktrittsrecht gem § 651h zu informieren. **hh) Versicherungen (Nr 8).** Der Reisende ist über die Möglichkeiten einer **Reiserücktrittsversicherung** und einer **Rücktransportversicherung** zu informieren. Dabei müssen kurz die möglichen abgedeckten Risiken dargestellt werden. Ein konkretes Angebot muss nicht unterbreitet werden. Auch muss kein möglicher Versicherer angegeben werden (anders noch § 6 BGB-InfoV). Über **sonstige Versicherungsmöglichkeiten** muss nicht informiert werden (Führich/*Staudinger* § 9 Rn 16).

9 **5. Form der Informationspflichten.** Zu den vorvertragl Informationen bestimmt lediglich Art 250 § 1 I 2 EGBGB, dass diese klar, verständlich und in hervorgehobener Weise mitgeteilt werden müssen. Die weiteren Umstände lässt das Gesetz offen. **a) Art der Informationserfüllung.** Das Gesetz bestimmt nicht, wie die Informationen genau zu erteilen sind und überlässt dem Reiseveranstalter die Wahl (ebenso BaRo/*Baumgärtner* Rn 15). Sie können entweder **schriftlich** oder **mündlich** erteilt werden. Üblich wird es sein, dass sich die Informationen in einem **Reiseprospekt** befinden. Das **Formblatt** muss hingegen grds schriftlich übergeben werden. Art 250 § 2 III EGBGB bestimmt eine **Ausnahme** vom Formblatterfordernis lediglich für den Fall eines telefonischen Abschlusses. In diesem Fall dürfen dem Reisenden die Informationen vorgelesen werden (BT-Drs 18/10822, 101). Aufgrund des Umfangs der Informationen dürfte eine mündliche Unterrichtung kaum praktikabel sein und zu Beweisschwierigkeiten führen (ebenso BaRo/*Baumgärtner* Rn 26). **b) Formale Ausgestaltung der Informationserfüllung.** Nach Art 250 § 1 I 2 EGBGB müssen die Informationen klar, verständlich und in hervorgehobener Weise mitgeteilt werden. **Klar** bedeutet, dass die Informationen in einer nachvollziehbaren Struktur aufgelistet werden müssen. Informationen dürfen nicht an versteckten oder überraschenden Stellen erfolgen (dazu LG Frankfurt RRa 2008, 74 – versteckte Information zur Übernachtung im Preisteil des Katalogs; LG Frankfurt RRa 2008, 119 – fehlender Verweis auf die maßgebl Prospektseiten). **Verständlich** setzt voraus, dass der Inhalt auch von einem Durchschnittsreisenden verstanden werden kann. Die Informationen dürfen sich nicht in nicht nachvollziehbaren juristischen Formulierungen verbergen. Richtet sich das Angebot nicht an den Durchschnittsreisenden, sondern an eine spezielle Gruppe (zB Jugendreisen, Reisen für Senioren), ist das Verständnis dieser Gruppe maßgeblich (BeckOGK/*Alexander* Rn 24). In **hervorgehobener Weise** bedeutet, dass die Informationen nicht mit sonstigen Aussagen (zB Werbung) vermengt werden dürfen. Die schriftlich überreichten Unterlagen müssen **leserlich** sein. Dies betrifft die Schriftart, -größe und das -bild (BaRo/*Baumgärtner* Rn 15; Führich/*Staudinger* § 9 Rn 19).

10 **6. Änderung der vorvertraglichen Informationen. a) Änderungsbefugnis.** Nach Abs III S 1 werden die vorvertragl Informationen Inhalt des Vertrags, wenn die Parteien nicht ausdrückl etwas anderes vereinbaren. Daraus ergibt sich, dass Änderungen der vorvertragl Informationen zwar möglich sind (Tonner/Bergmann/Blankenburg/*Bergmann* § 1 Rn 151), jedoch nur durch eine **ausdrückl Vereinbarung** zw den Parteien geändert werden können. Einseitig oder konkludent können diese nicht geändert werden (ebenso BaRo/*Baumgärtner* Rn 35; BeckOGK/*Alexander* Rn 38; MüKo/*Tonner* Rn 18; zu den wettbewerbsrechtl Grenzen einer Änderung Tonner/Bergmann/Blankenburg/*Bergmann* § 1 Rn 154ff). Unzulässig sind insoweit ARB-Klauseln, die eine Befugnis des Reiseveranstalters zur Änderung der Informationen vorsehen oder eine Zustimmung des Reisenden zu Änderungen fingieren (BeckOGK/*Alexander* Rn 39; MüKo/*Tonner* Rn 18). **b) Änderungsmitteilung.** Ändern die Parteien etwas, muss der Reisende vor dem Vertragsschluss klar, verständlich und in hervorgehobener Weise (dazu Rn 9)

darauf hingewiesen werden (Art 250 § 1 II EGBGB). Dem Reisenden sollen so die Änderungen vor Augen geführt werden, damit dieser nicht die Vertragserklärung abgibt, ohne sich der Änderung der ihm erteilten Informationen bewusst zu sein.

III. Vertragsschluss. 1. Form des Vertragsabschlusses. Der Abschluss des Pauschalreisevertrags erfolgt grds formfrei. Da das Gesetz auch einen telefonischen Abschluss für möglich hält, bedarf er **keiner Schriftform**. Wird ein schriftlicher Vertrag geschlossen, ergibt sich aus Abs III iVm Art 250 § 5 EGBGB, dass dieser in **einfacher** und **verständlicher Sprache** verfasst werden muss. Dazu muss eine solche Sprache gewählt werden, bei der der durchschnittliche Reisende nach einmaligem Lesen den Text verstehen kann. Insb sind juristische Fachbegriffe zu vermeiden, wenn die Formulierung in der erforderlichen Präzision auch ohne sie gefasst werden kann. Erfolgt der Vertragsschluss schriftlich, muss der Vertragsinhalt **leserlich** sein (dazu Rn 9). 11

2. Vertragsinhalt. Grds ergibt sich der Vertragsinhalt aus den **vorvertragl Informationen**, soweit diese nicht in zulässiger Weise geändert wurden (dazu Rn 10). **Weitergehende Vereinbarungen** zu nicht von Art 250 § 3 EGBGB umfassten Umständen können zwar noch bis zum Vertragsschluss getroffen werden, dürfen sich jedoch nicht in Widerspruch zu den vorvertragl Informationen setzen. Unerheblich ist, ob die vorvertragl Informationen richtig in der Abschrift oder Bestätigung des Vertrags wiedergegeben werden (so bereits zum alten Recht LG Frankfurt RRa 2007, 27; aA AG Düsseldorf RRa 2004, 212). 12

IV. Nachvertragliche Dokumentationspflichten (Abs III). Der Reisende muss vom Reiseveranstalter entweder eine **Vertragsabschrift** oder eine **Bestätigung** des Vertrags erhalten. Die dafür erforderlichen Formalitäten sind in Art 250 §§ 6–7 EGBGB geregelt. Ferner sind dem Reisenden gem Art 250 § 7 EGBGB die erforderlichen Reiseunterlagen zu übergeben. 13

1. Verpflichteter. Die nachvertragl Dokumentationspflichten treffen nur den **Reiseveranstalter, nicht** hingegen den **Reisevermittler**. Der Reiseveranstalter kann den Reisevermittler allerdings ermächtigen, als sein Vertreter eine Abschrift oder Bestätigung des Vertrags zu übergeben, wie sich aus § 651v II ergibt (ebenso BaRo/*Baumgärtner* Rn 42). 14

2. Abschrift oder Bestätigung des Vertrags. a) Form. Wurde der Vertrag schriftlich geschlossen, ist dem Reisenden eine **Abschrift**, dh eine Kopie, zu übersenden. Erfolgte der Vertragsschluss hingegen mündlich, bedarf es einer **Transkription**. Der Reisende erhält dann eine Bestätigung des Vertrags, die die wesentlichen Vertragsinhalte aufführt. Die Abschrift oder die Bestätigung müssen dem Reisenden auf einem **dauerhaften Datenträger** übergeben werden. Ein dauerhafter Datenträger ist in § 126b definiert. Die Norm entspricht inhaltlich Art 3 Nr 11 PauschalreiseRL, der ebenfalls eine Definition enthält. Das Erfordernis eines dauerhaften Datenträgers erfüllen derzeit neben Papier auch E-Mails (BT-Drs 18/10822, 102) sowie ferner USB-Sticks, CD-ROM, Speicherkarten, Festplatten und Computerfaxe. In den Fällen des Abs I S 2 hat der Reisende einen Anspruch darauf, dass er die Unterlagen in **Papierform** erhält. Dies ist entweder bei gleichzeitiger körperlicher Anwesenheit der Vertragsparteien bei Vertragsschluss (Nr 1) oder bei Vertragsabschlüssen außerhalb von Geschäftsräumen (Nr 2) der Fall. In sämtlichen Fällen müssen die vertragl Vereinbarungen klar, verständlich und in hervorgehobener Weise erfolgen (Abs II Hs 1), dazu Rn 9. Zudem muss der Vertragsinhalt **vollständig** wiedergegeben werden (krit dazu Tonner/Bergmann/Blankenburg/*Bergmann* § 1 Rn 211). Anders als nach § 6 IV BGB-InfoV aF ist ein **Verweis** auf einen **Prospekt nicht möglich**. Die Übergabe muss bei oder unverzüglich nach Vertragsschluss erfolgen (Abs III S 2). Der Reiseveranstalter muss die Vertragsbestätigung **ohne schuldhaftes Zögern** (§ 121) direkt übersenden. Die Übersendung sollte idR innerhalb von drei Arbeitstagen erfolgen (BaRo/*Baumgärtner* Rn 43: kein allzu langer Zeitraum; BeckOGK/*Alexander* Rn 49.2: wenige Stunden bis einige Tage; MüKo/*Tonner* Rn 19: allenfalls Stunden). 15

b) Inhaltliche Anforderungen. Die Vertragsbestätigung muss zunächst die **vorvertragl Informationen wiederholen**. Eine Bezugnahme reicht nicht aus (MüKo/*Tonner* Rn 21). Zusätzl zu den Informationen gem Art 250 § 3 EBGBG müssen in den Unterlagen weitere Angaben gemacht werden. **aa) Besondere Vorgaben (Nr 1).** Haben der Reiseveranstalter und der Reisende Vereinbarungen zu bes, zumeist über den Reiseprospekt hinausgehenden Anforderungen getroffen, müssen diese aufgenommen werden. Die Zustimmung des Reiseveranstalters kann auch durch Vertretung des Reisevermittlers erfolgen. **bb) Hinweis auf Verantwortlichkeit (Nr 2).** Damit der Reisende keinen Missverständnissen bei den Verantwortlichkeiten unterliegt, ist der Reisende darauf hinzuweisen, dass der Reiseveranstalter zur Erfüllung der Leistungen verpflichtet ist und dass diesem Beistandspflichten obliegen. Dazu sollten **exemplarisch Fälle** aufgeführt werden, in denen die Beistandspflicht eingreift. **cc) Absicherung (Nr 3).** Soweit eine Absicherung gem § 651r oder § 651w erforderlich ist, sind der **Name** und die **Kontaktdaten** des Kundengeldabsicherers aufzuführen. Reicht zur Absicherung eine Absicherung in einem anderen europäischen Staat gem § 651s, sind die Angaben in Bezug auf die absichernde Einrichtung zu machen. Zudem ist die gem Art 253 EGBGB zuständige Behörde zu nennen. **dd) Kontaktdaten (Nr 4).** Damit der Reisende während der Reise Mängel anzeigen und ggf Beistand einfordern kann, muss der Reiseveranstalter die Kontaktdaten einer **Vor-Ort-Betreuung** angeben. Mangelt es an einer solchen Vor-Ort-Betreuung, sind entweder die Kontaktdaten einer **Kontaktstelle** oder eines anderen Dienstes anzugeben. Anzugeben sind jew der Name, die Anschrift, die Telefonnummer und die E-Mail-Adresse des Ansprechpartners. **ee) Anzeigeobliegenheit (Nr 5).** Der Reisende ist darauf hinzuweisen, dass er Mängel der Reise anzeigen muss, wenn er die Gewährleistungsrechte in Anspruch nehmen will. **ff) Minderjährige (Nr 6).** Umfasst der Reisevertrag die Beherbergung eines Minderjährigen, der ohne Begleitung einer berechtigten Person reist, müssen Angaben gemacht werden, wie eine Verbindung zu dem 16

Minderjährigen oder zu einer diesen betreuenden Person hergestellt werden kann. **gg) Verfahrenshinweise (Nr 7).** Damit der Reisende sämtliche rechtl Möglichkeiten ausschöpfen kann, ist er über interne Beschwerdeverfahren des Reiseveranstalters, über die Möglichkeit der Teilnahme am **alternativen Streitbeilegungsverfahren** sowie das **Online-Streitbeilegungsportal** zu informieren. Dabei darf sich die Information nicht auf den reinen Hinweis der Existenz beschränken, vielmehr müssen auch Angaben dazu gemacht werden, wie der Zugang zu diesem Verfahren ist. **hh) Vertragsübertragung (Nr 8).** Der Reisende ist auf die Möglichkeit einer Vertragsübertragung nach § 651e hinzuweisen.

17 **3. Reiseunterlagen.** Vor Beginn der Reise hat der Reiseveranstalter dem Reisenden die Reiseunterlagen gem Art 250 § 7 EGBGB zu übergeben. **a) Unterlagen.** Dies sind alle Unterlagen, die der Reisende während der Reise benötigt. Dazu gehören gem Art 250 § 7 I EGBGB notwendige **Buchungsbelege**, Gutscheine, **Beförderungsausweise** und Eintrittskarten. Ferner ist der Reisende gem Art 250 § 7 II EGBGB über die **An-** und **Abreisemodalitäten** zu unterrichten, wenn diese Zeiten nicht bereits in der Vertragsabschrift oder -bestätigung aufgeführt waren und sich dazu keine Änderungen ergeben haben. **b) Zeitpunkt.** Die Unterlagen sind rechtzeitig **vor Reisebeginn** zu übergeben. Reisebeginn ist gem Art 3 Nr 4 PauschalreiseRL der Zeitpunkt, zu dem die Erbringung der in einer Pauschalreise zusammengefassten Reiseleistungen beginnt. **Rechtzeitig** ist die Übergabe, wenn er die Unterlagen so erhält, dass er sie ohne weiteren Aufwand auf die Reise mitnehmen kann. Es müssen zudem bereits sämtliche Reiseunterlagen übersandt werden, auch wenn sie erst während der Reise benötigt werden (zB Eintrittskarten). **c) Form.** Eine besondere **Form** für die Übermittlung ist **nicht vorgesehen.** Soweit die Reiseunterlagen in physikalischer Form vorliegen, müssen sie übersandt werden, anderenfalls können sie dem Reisenden elektronisch zugesendet werden, wenn er eine entspr Kontaktmöglichkeit ggü dem Reiseveranstalter offengelegt hat.

18 **V. Informationspflichten beim verbundenen Online-Buchungsverfahren (Abs V).** Abs V normiert besondere Informationspflichten für Reiseveranstalter gem § 651c und die Unternehmen, denen iRd verbunden Online-Buchungsverfahren Daten übermittelt werden. In diesen Fällen ist gem Art 250 § 4 S 1 EGBGB nicht das **Formblatt** der Anlage 11, sondern der **Anlage 13** zu verwenden. Die vorvertragl Informationspflichten erstrecken sich jew nur auf die eigenen Reiseleistungen. Da der erste Unternehmer nicht weiß, ob überhaupt ein Pauschalreisevertrag zustande kommt, muss er die **Belehrung prophylaktisch** vornehmen (MüKo/*Tonner* § 651b Rn 20; krit dazu *Fricke/Ruks* JM 2019, 180). Ausreichend wird es sein, wenn erst dann belehrt wird, wenn der Reisende den Link zu dem anderen Unternehmer wählt (so auch Tonner/Bergmann/Blankenburg/*Stenzel/Tonner* § 3 Rn 57). Hinsichtl der nachvertragl Informationspflichten ist grds der Unternehmer gem § 651c zur umfassenden Erteilung verpflichtet (Art 250 § 8 II EGBGB). Damit er dieser Belehrungspflicht nachkommen kann, muss der andere Unternehmer, der ebenfalls Reiseleistungen zu erbringen hat, ihm die erforderlichen Informationen zukommen lassen (Art 250 § 8 I EGBGB).

19 **VI. Darlegungs- und Beweislast (Abs IV).** Nach Abs IV hat der **Reiseveranstalter** darzulegen und ggf zu beweisen, dass er die Informationspflichten erfüllt hat. Für die Erfüllung der vorvertragl Informationspflichten nach Art 250 § 4 EGBGB im verbundenen Online-Buchungsverfahren trägt der jew Unternehmer die Darlegungs- und Beweislast für die Erfüllung der ihm jew obliegenden Pflicht. Entgegen dem Wortlaut ist die Beweislastverteilung auch anzuwenden, wenn die Nichterfüllung im Rahmen des **UWG** oder des **UKlaG** gerügt wird (ebenso BeckOGK/*Alexander* Rn 63). Ein anderes Verständnis wäre mit Art 8 PauschalreiseRL nicht in Einklang zu bringen, da die Norm keine Einschränkung vorsieht.

20 **VII. Rechtsfolgen der unterbliebenen Belehrung. 1. Rechtsfolgen für den Reisevertrag. a) Fehlerhafte vorvertragl Informationen.** Kommt der Reiseveranstalter seinen vorvertragl Informationspflichten nicht nach, kann dennoch ein Vertrag zustande kommen, wenn eine **Einigung** zw den Parteien erfolgt (ebenso BeckOGK/*Alexander* Rn 80). Vertragsinhalt kann allerdings nur das werden, was zw den Parteien vereinbart wurde. Eine Besonderheit ist in Abs II geregelt. Belehrt der Reiseveranstalter den Reisenden nicht bereits vor Vertragsschluss über mögliche **zusätzl Gebühren** oder **Kosten**, können diese ggü dem Reisenden nicht geltend gemacht werden. Eine **Heilung** ist auch **nicht** mehr durch das Nachholen der Informationen in der Vertragsurkunde oder der Bestätigung **möglich**, da dann nicht mehr die erforderliche Warnwirkung erzielt wird. **Überzahlungen** können nach § 812 I 1 Alt 1 vom Reiseveranstalter zurückgefordert werden. Ist ggü Dritten geleistet worden, besteht ggü dem Reiseveranstalter ein Anspruch gem § 280 I (ebenso BaRo/*Baumgärtner* Rn 62). **b) Fehlerhafte nachvertragl Informationen.** Da die Einigung unabhängig von der Übergabe der Vertragsabschrift oder der Bestätigung ist, bleibt die **Wirksamkeit** des Vertrags **unberührt**, wenn die nachvertragl Informationspflichten nicht erfüllt werden (so auch BaRo/*Baumgärtner* Rn 64). Da es in diesen Fällen an einer wirksamen Belehrung mangelt, kann sich der Reiseveranstalter bei unterlassenen Mängelanzeigen idR nicht auf eine schuldhafte Nichtanzeige berufen.

21 **2. Sonstige Rechtsfolgen. a) Anspruch auf Übergabe der Informationen.** Der Reisende hat grds einen Anspruch auf Übergabe der nachvertragl Informationen. Diesen Anspruch kann er ggü dem Reiseveranstalter klageweise geltend machen. **b) Mängelansprüche.** Die unterlassene Unterrichtung führt zu einem Mangel der Reise, so dass der Reisende Gewährleistungsrechte geltend machen kann. Ein **Minderungsanspruch** allein aufgrund der unterlassenen Information ohne Auswirkung auf die Reise besteht nicht (ebenso Führich/*Staudinger* § 9 Rn 27; dazu § 651i Rn 17). **c) Wettbewerbsrechtl Ansprüche.** Die Nichteinhaltung der Informationspflichten stellt gem § 3a UWG einen **Rechtsbruch** sowie ggf ein **irreführendes geschäftliches Unterlassen** gem § 5a II 1 Nr 1 UWG dar. Es besteht daher ein Unterlassungsanspruch gem § 8 I UWG, der von den in Abs III aufgeführten Anspruchsstellern geltend gemacht werden kann (ausf dazu BeckOGK/*Alexander* Rn 94ff). Dazu können dann insb **Verbraucherschutzverbände** berechtigt sein. **d) UKlaG.** Ferner besteht gem § 2 II 1 Nr 1 lit g UKlaG ein An-

ne diesen Ausschluss nicht zu erlangen sei. Es würde sich ein Markt für Leistungen für Pauschalreisen entwickeln, wenn ein solcher Ausschluss nicht zulässig wäre. Da aber der Gesetzgeber die Rspr des BGH kannte, scheint er durch die Feststellung, dass sich an der **Rechtslage** nichts geändert habe (BT-Drs 18/10822, 72), grds diese Rspr **gebilligt** zu haben (so auch BeckOGK/*Harke* Rn 24). Ob Mehrkosten in nahezu gleicher Höhe wie der Reisepreis nicht unangemessen gem Art 7 III 3 PauschalreiseRL sind, erscheint allerdings fraglich. Die Frage wird daher dem EuGH zur Vorabentscheidung vorzulegen sein (ebenso Führich/*Staudinger* § 13 Rn 14). – Da die Kosten tatsächlich entstanden sein müssen, ist eine **Pauschalierung** unzulässig (BT-Drs 18/10822, 72). Ein Reiseveranstalter darf die Vertragsübertragung nicht dadurch faktisch ausschließen, dass er die Verauslagung der möglicherweise entstehenden Mehrkosten vorab voraussetzt (LG Frankfurt RRa 2012, 76).

3. Kostennachweis (Abs IV). Gem Abs IV hat der Reiseveranstalter dem Reisenden einen Nachweis über die Mehrkosten zu erteilen. Der Nachweis dient dazu, dass der Reisende die Mehrkosten nachvollziehen kann. Er muss daher die **Mehrkosten detailliert aufweisen.** Die Angabe einer pauschalen Summe reicht nicht aus. Der Nachweis ist lediglich dem **Reisenden** zu erteilen. Der eintretende **Dritte** hat **keinen Anspruch** auf die Erteilung. Dies entspricht Art 9 III PauschalreiseRL, ist jedoch kritisch zu sehen, da der Dritte ebenso wie der Reisende haftet und das gleiche Informationsbedürfnis hat. Erteilt der Reiseveranstalter den Nachweis nicht, kann der Reisende gem § 320 die Zahlung verweigern. 11

V. Abweichende Vereinbarungen. Hinsichtl der Ersetzungsbefugnis nach § 651e sind **abw Vereinbarungen** der Beteiligten unzulässig, wenn dadurch die Rechtsstellung des Reisenden verschlechtert wird (§ 651y S 1). Eine Klausel, die die Ersetzung als Rücktritt und Neubuchung bewertet, ist unwirksam (so BeckOGK/*Harke* Rn 20; MüKo/*Tonner* Rn 4; Führich/*Staudinger* § 13 Rn 18). Gleiches gilt für eine Klausel, die die Ersetzungsbefugnis zB auf einen Zeitraum von weniger als sieben Tagen vor Reiseantritt ausschließt. 12

VI. Beweislast. Der **Reisende** muss den Zugang des Ersetzungsverlangens sowie den Schaden darlegen und beweisen, der ihm durch einen unberechtigten Widerspruch entstanden ist. Der **Reiseveranstalter** muss die Tatsachen für den Widerspruchsgrund darlegen und beweisen (so Führich/*Staudinger* § 13 Rn 19); ebenso die durch die Ersetzung entstandenen Kosten. 13

§ 651f Änderungsvorbehalte; Preissenkung

(1) Der Reiseveranstalter kann den Reisepreis einseitig nur erhöhen, wenn

1. der Vertrag diese Möglichkeit vorsieht und zudem einen Hinweis auf die Verpflichtung des Reiseveranstalters zur Senkung des Reisepreises nach Absatz 4 Satz 1 sowie die Angabe enthält, wie Änderungen des Reisepreises zu berechnen sind, und

2. die Erhöhung des Reisepreises sich unmittelbar ergibt aus einer nach Vertragsschluss erfolgten

a) Erhöhung des Preises für die Beförderung von Personen aufgrund höherer Kosten für Treibstoff oder andere Energieträger,

b) Erhöhung der Steuern und sonstigen Abgaben für vereinbarte Reiseleistungen, wie Touristenabgaben, Hafen- oder Flughafengebühren, oder

c) Änderung der für die betreffende Pauschalreise geltenden Wechselkurse.

Der Reiseveranstalter hat den Reisenden auf einem dauerhaften Datenträger klar und verständlich über die Preiserhöhung und deren Gründe zu unterrichten und hierbei die Berechnung der Preiserhöhung mitzuteilen. Eine Preiserhöhung ist nur wirksam, wenn sie diesen Anforderungen entspricht und die Unterrichtung des Reisenden nicht später als 20 Tage vor Reisebeginn erfolgt.

(2) Andere Vertragsbedingungen als den Reisepreis kann der Reiseveranstalter einseitig nur ändern, wenn dies im Vertrag vorgesehen und die Änderung unerheblich ist. Der Reiseveranstalter hat den Reisenden auf einem dauerhaften Datenträger klar, verständlich und in hervorgehobener Weise über die Änderung zu unterrichten. Eine Änderung ist nur wirksam, wenn sie diesen Anforderungen entspricht und vor Reisebeginn erklärt wird.

(3) § 308 Nummer 4 und § 309 Nummer 1 sind auf Änderungsvorbehalte nach den Absätzen 1 und 2, die durch vorformulierte Vertragsbedingungen vereinbart werden, nicht anzuwenden.

(4) Sieht der Vertrag die Möglichkeit einer Erhöhung des Reisepreises vor, kann der Reisende eine Senkung des Reisepreises verlangen, wenn und soweit sich die in Absatz 1 Satz 1 Nummer 2 genannten Preise, Abgaben oder Wechselkurse nach Vertragsschluss und vor Reisebeginn geändert haben und dies zu niedrigeren Kosten für den Reiseveranstalter führt. Hat der Reisende mehr als den hiernach geschuldeten Betrag gezahlt, ist der Mehrbetrag vom Reiseveranstalter zu erstatten. Der Reiseveranstalter darf von dem zu erstattenden Mehrbetrag die ihm tatsächlich entstandenen Verwaltungsausgaben abziehen. Er hat dem Reisenden auf dessen Verlangen nachzuweisen, in welcher Höhe Verwaltungsausgaben entstanden sind.

I. Überblick. In § 651f sind die Änderungsmöglichkeiten des Preis- und Leistungsinhalts des Vertrags für die Beteiligten geregelt. Die Regelung differenziert zw der Preiserhöhung durch den Reiseveranstalter (Abs I), den sonstigen Vertragsänderungen (Abs II) sowie den Preissenkungen durch den Reisenden (Abs IV). Die Regelung wird für erhebliche Vertragsänderungen durch § 651g ergänzt. Die Änderungsbefugnisse waren nach dem alten Reiserecht in § 651a IV–V aF geregelt. § 651f setzt Art 10 und 11 PauschalreiseRL um. 1

2 **II. Preisänderung (Abs I). 1. Voraussetzungen.** Der Reiseveranstalter (s § 651a Rn 3) kann unter den Voraussetzungen des § 651f I einseitig **ohne Zustimmung** des Reisenden den vereinbarten Reisepreis erhöhen. Es handelt sich um Fälle, bei denen sich die Geschäftsgrundlage geändert hat. Für die Berechtigung zur Preiserhöhung müssen **zwei Komponenten** gegeben sein. Es muss sowohl ein wirksamer Änderungsvorbehalt im Vertrag enthalten sein als auch ein Erhöhungsgrund vorliegen. **a) Änderungsvorbehalt.** Der zw dem Reiseveranstalter und dem Reisenden (s § 651a Rn 4) geschlossene Reisevertrag muss die Möglichkeit einer Preiserhöhung vorsehen. Dieser Änderungsvorbehalt kann sich sowohl im **Vertragstext** selbst als auch den **AGB** befinden. Zur AGB-rechtl Zulässigkeit s Rn 9. Ein Änderungsvorbehalt in einem nachträgl **Informationsschreiben** genügt nicht (BeckOGK/*Harke* Rn 11; Führich/*Staudinger* § 14 Rn 7; zu § 651a aF BGH RRa 2003, 41). Da keine Form vorgeschrieben ist, kann der Änderungsvorbehalt auch **mündlich** vereinbart werden, worauf aus Beweisgründen jedoch verzichtet werden sollte (Führich/*Staudinger* § 14 Rn 7). **b) Hinweis auf Preissenkung.** Neben dem Änderungsvorbehalt muss der Hinweis enthalten sein, dass der Reisende eine Preissenkung verlangen kann. **c) Darlegung der Berechnungsmethode.** Ferner muss der Reiseveranstalter darlegen, wie die Änderung des Reisepreises zu berechnen ist. Es ist eine **abstrakte Darstellung** vorzunehmen, konkrete Angaben können naturgemäß in der Klausel noch nicht vorhanden sein (Düsseldorf RRa 2002, 38; ebenso Führich/*Staudinger* § 14 Rn 9). Es muss für den Reisenden insb der **Umlegungsmaßstab** für jeden Änderungsgrund klar erkennbar sein, wie etwa „pro Kopf" oder „pro Sitzplatz". Dabei dürfen aber pro Position keine Alternativberechnungsmöglichkeiten zur Wahl stehen (BGH RRa 2003, 39; RRa 2003, 42). Nicht erforderlich ist es, dass in der Berechnungsmethode selbst angegeben ist, welche Änderungsgründe nach § 651f I 1 Nr 2 zu einer Erhöhung berechtigen, da sich dies bereits aus dem Gesetz ergibt (aA BeckOGK/*Harke* Rn 12; Führich/*Staudinger* § 14 Rn 9). Das Gleiche gilt für den Änderungszeitpunkt, da auch dieser als nach Vertragsschluss im Gesetz genannt ist (aA zu § 651a IV aF BGH RRa 2003, 39; RRa 2003, 42; Düsseldorf RRa 2002, 38). **d) Änderungsgrund.** Es muss ferner einer der enumerativ aufgezählten Änderungsgründe vorliegen, auf dem die Preiserhöhung unmittelbar beruht. Allen Gründen ist gemeinsam, dass sie erst **nach Vertragsschluss** eingetreten sein dürfen. Zum Zeitpunkt des Vertragsschlusses s § 651a Rn 11). Unerheblich ist dabei, ob die Änderung für den Reiseveranstalter bereits absehbar war (ebenso Grü/*Retzlaff* Rn 4) – in diesem Fall könnte ein **Verstoß** gegen das **UWG** vorliegen, wen trotzdem ein niedrigerer Preis beworben wurde. Eine analoge Anwendung auf andere Gründe kommt nicht in Betracht (ebenso BeckOGK/*Harke* Rn 8; Grü/*Retzlaff* Rn 4) **aa) Höhere Beförderungskosten.** Es muss sich für den Reiseveranstalter der konkrete Preis für die Beförderung des Reisenden erhöht haben. Hat der Reiseveranstalter bereits bei Vertragsschluss ein Kontingent gebucht, kann der Preis für die **konkrete Buchung** herangezogen werden. Problematisch erscheint eine Preiserhöhung, wenn der Reiseveranstalter lediglich einen **kalkulatorischen Preis** zugrunde gelegt hat und erst später die Reiseleistung erwerben will. Insoweit könnte davon ausgegangen werden, dass in diesen Fällen der Reiseveranstalter das Preiserhöhungsrisiko tragen soll. Indes ist es für den Reisenden nicht entscheidend, ob die Drittleistung bereits gebucht ist oder nicht. Daher sollte in diesen Fällen auf den konkret kalkulierten Preis abgestellt werden. Die Erhöhung muss auf einem Anstieg der **Treibstoff** oder sonstigen **Energiekosten** beruhen. Sonstige Gründe für die Erhöhung der Beförderungskosten bleiben außer Betracht (BeckOGK/*Harke* Rn 8; BaRo/*Geib* Rn 4) **bb) Höhere Steuern und Abgaben.** Es müssen sich die Steuern oder sonstige Abgaben für die einzelnen Reiseleistungen erhöht haben. Zu den sonstigen Abgaben gehören **Touristenabgaben** (Kurtaxe), Hafen- und Flughafengebühren. **cc) Änderung Wechselkurs.** Eine Verteuerung der Reisekosten kann sich dadurch ergeben, dass sich der Wechselkurs der Währung ändert, in der die Reiseleistung zu zahlen ist. Hatte der Reiseveranstalter bei der Buchung bereits Kontingente erworben, kommt es auf die tatsächliche Änderung der Preise an. Sollten diese erst später erworben werden, kommt es auf die Differenz zw der Kalkulation und dem tatsächlichen Preis an. **e) Schranke gem § 651g.** Aus § 651g I 1 ergibt sich, dass die Preiserhöhung nicht mehr als **8 % des Reisepreises** ausmachen darf. Die Vereinbarung eines höheren Prozentsatzes ist wegen § 651y nicht möglich (Grü/*Retzlaff* Rn 5) Wird eine höhere Preiserhöhung erforderlich, kann dem Reisenden nur ein Angebot auf Vertragsänderung unterbreitet werden (ausf dazu § 651g Rn 2ff).

3 **2. Geltendmachung der Preisänderung.** Die Form und die Frist der Preisänderung ist in Abs I S 2 und 3 normiert. **a) Form.** Die Preisänderung muss dem Reisenden auf einem **dauerhaften Datenträger** (dazu § 651d Rn 15) mitgeteilt werden. Die Mitteilung muss **klar** und **verständlich** sein. Dazu § 651d Rn 9. Ferner ist die **Berechnung** mitzuteilen. Ändert sich nicht nur eine Position, müssen die jew Einzelposten dargelegt werden. Zur Verständlichkeit sollten die Änderungen in einer **Tabelle** dargestellt werden. **b) Frist.** Das Preiserhöhungsverlangen darf nicht später als **20 Tage** vor dem Reisebeginn erfolgen. Die Norm lässt unklar, ob das Verlangen am 20. Tage vor Reisebeginn auf den Weg gebracht werden muss oder bereits an diesem Tag dem Reisenden **zugegangen** sein muss. Für letzteres spricht, dass der Reisende bis zu einem bestimmten Punkt Klarheit erhalten soll. Würde nur auf das Absenden abgestellt, könnte der Zugang erst Tage später erfolgen.

4 **3. Rechtsfolge der Preisänderung.** Die Änderung des Vertrags erfolgt einseitig. Sie ist **ohne** die **Zustimmung** des Reisenden **wirksam**. Tritt der Reisende aufgrund der Änderung vom Vertrag zurück, gilt § 651h uneingeschränkt, dh der Reiseveranstalter kann eine angemessene Entschädigung (zB Stornokosten) verlangen. Ist die Änderung nicht wirksam erfolgt, kann der Reisende die Erfüllung wie ursprüngl vereinbart verlangen. Kommt der Reiseveranstalter dem nicht nach, liegt ein Mangel in der Erfüllung vor.

5 **III. Sonstige Vertragsänderungen (Abs II). 1. Voraussetzungen. a) Änderungsvorbehalt.** Andere Vertragsänderungen als die Preisanpassung sind nur wirksam, wenn ein Änderungsvorbehalt im Vertrag vereinbart wurde. Dieser Änderungsvorbehalt kann sich sowohl im **Vertragstext** selbst als auch in den **AGB** befinden. Konkrete

Angaben zu den Änderungsmöglichkeiten sind nicht erforderlich. Der Änderungsvorbehalt muss den Reisenden darüber aufklären, dass bei erheblichen Änderungen nur eine Vertragsanpassung gem § 651g in Betracht kommt (so auch BeckOGK/*Harke* § 651g Rn 10). Zur AGB-rechtl Zulässigkeit s Rn 9. Besteht kein Änderungsvorbehalt, sind auch kleinere Änderungen des Vertrags nicht möglich, da der **Grundsatz** der **Vertragsbindung** besteht (aA BaRo/*Geib* Rn 16).

b) Unerhebliche Änderung. Ferner muss die Änderung unerheblich sein. **aa) Bewertungskriterien.** Eine **er-** 6
hebliche Änderung liegt dann vor, wenn der geänderte Umstand zu einem **Mangel** führt. Die **Erheblichkeitsschwelle** für eine Kündigung muss nicht erreicht werden (BT-Drs 18/10822, 74). Die Rspr des BGH, wonach die Erheblichkeit über der Schwelle des Mangels liegt (BGH RRa 2018, 163 Rn 18), ist nicht mehr aufrecht zu erhalten (ebenso BeckOGK/*Harke* Rn 19; MüKo/*Tonner* Rn 20; Tonner/Bergmann/Blankenburg/*Bergmann* § 1 Rn 260; aA BaRo/*Geib* Rn 18; Führich/*Staudinger* § 14 Rn 19). Unerheblich sind daher idR nur solche Änderungen, die aus Sicht des Reisenden den **Charakter der Reise** nicht verändern und auf deren Einhalt der Reisende keinen gesteigerten Wert legt. Bei sämtlichen Umständen, die sich der Reisende hat **zusichern** lassen (zB Zimmer mit Meerblick), liegt niemals eine unerhebliche Änderung vor. Nicht erforderlich ist es, dass die Änderung auf erst nach Vertragsschluss eingetretenen Umständen beruht, da § 651f II eine solche Einschränkung im Gegensatz zu Abs I nicht normiert (BeckOGK/*Harke* Rn 19). Ebenso wenig muss die Änderung auf äußerlichen Zwängen beruhen, vielmehr kann der Reiseveranstalter nach freiem Ermessen handeln. Zulässigkeitsschranke ist einzig die Erheblichkeitsschwelle. **bb) Beförderung.** Die Änderung der Abflugzeit ist unerheblich, wenn der Charakter der Ankunft erhalten bleibt (zB Ankunft am Morgen am Urlaubsort, Direktflug statt Nonstop-Flug, LG Frankfurt RRa 2005, 167). Eine Verlängerung der Flugzeit um 5 Stunden ist nicht mehr unerheblich (AG München RRa 2010, 33; LG Hannover RRa 2017, 280). Im Gleichlauf mit Art 5 FluggastVO erscheint es geboten, bereits bei einer **dreistündigen Verlegung** eine erhebliche Änderung anzunehmen (ebenso Führich/*Staudinger* § 15 Rn 11). Der Wechsel der Fluggesellschaft ist unerheblich, wenn die Fluggesellschaften gleichwertig sind und der Reisende nicht zum Ausdruck gebracht hat, mit einer bestimmten befördert zu werden (AG Düsseldorf RRa 2006, 164). **cc) Unterbringung.** Der Wechsel des Hotels wird idR **nicht unerheblich** sein, da der Reisende sich dieses bewusst aussucht (weitergehend BaRo/*Geib* Rn 19). Anders kann es sich bei einer Rundreise verhalten, wenn es dem Reisenden nur auf eine Kategorie des Hotels ankommt. **dd) Reiseablauf.** Die Änderung des Reiseablaufs (zB Austausch von Ausflügen) ist nur dann unerheblich, wenn das Ziel nicht besonders hervorgehoben wurde und das Ziel nur von **untergeordneter Bedeutung** für die Reise war (dazu BGH RRa 2018, 163, 165). Erheblich ist die Änderung des Reiselandes, wenn beim ursprüngl Ziel der Gefahr von Terroranschlägen besteht (aA LG Hannover RRa 2003, 27). Unerheblich ist lediglich die Änderung der Reihenfolge der Reiseziele (LG Bonn NJW-RR 1994, 884).

2. Geltendmachung der Änderung. a) Form. Die Änderung muss dem Reisenden auf einem **dauerhaften** 7
Datenträger (dazu § 651d Rn 15) mitgeteilt werden. Die Mitteilung muss **klar** und **verständlich** sein sowie in hervorgehobener Form erfolgen (dazu § 651d Rn 9). Der Reisende muss unmittelbar erkennen können, dass eine Änderung einer Reiseleistung erfolgt. Dies setzt idR voraus, dass der Änderungsbereich durch eine hervorgehobene Überschrift gekennzeichnet ist und sich selbst von dem übrigen Inhalt der Mitteilung abhebt. **b) Frist.** Die Reiseänderung muss **vor Reiseantritt** erklärt werden (krit dazu Tonner/Bergmann/Blankenburg/*Bergmann* § 1 Rn 258; aA BeckOGK/*Harke* Rn 22). Die Norm lässt unklar, ob allein die Erklärung ausreicht oder ob diese dem Reisenden zugehen muss. Nach dem Sinn der Norm ist der **Zugang** der Erklärung entscheidend, damit sich der Reisende auf die Erklärung einstellen kann. Erforderlich ist, dass sie ihm vor dem tatsächlichen Beginn der Reise zugeht. Dies ist der Zeitpunkt, zu dem die erste Reiseleistung erbracht wird. Bei Flugreisen wird dies die Ankunft am Flughafen sein, wenn nicht bereits die Beförderung dorthin geschuldet ist.

3. Rechtsfolgen. S Rn 4. 8

IV. Ausschluss AGB-rechtlicher Regelungen (Abs III). 1. Nichtanwendbarkeit der §§ 308 Nr 4 und 309 9
Nr 1. Abs III erklärt die **Klauselverbote** gem § 308 Nr 4 für den Änderungsvorbehalt und gem § 309 Nr 1 für die Preiserhöhung für **nicht anwendbar.** Da § 309 Nr 1 eine Preisänderung innerhalb der ersten 4 Monate nach dem Vertragsschluss verbietet, bedeutet die Nichtanwendbarkeit, dass die zeitl Grenze für die Preisänderungen beim Pauschalreisevertrag allein die 20 Tage vor dem Reisebeginn sind (so auch BaRo/*Geib* Rn 8).

2. Anwendbarkeit der übrigen AGB-Normen. Nach der Rspr des BGH zu § 651 aF waren Preisänderungs- 10
klauseln an der Generalklausel des § 309 zu messen (BGH RRa 2003, 38). Da sich die Zulässigkeit von reiserechtl Preisänderungsklauseln aus dem vollharmonisierten europäischen Recht ergibt, ist **allein § 651f** maßgeblich. Der Heranziehung der Generalklausel bedarf es nicht mehr. Die §§ 305–306 sind hingegen in ihrem Kern anwendbar, wenn der Änderungsvorbehalt in den ARB geregelt wird.

V. Preissenkungen (Abs IV). 1. Voraussetzungen. Soweit für den Reiseveranstalter die Möglichkeit der Erhö- 11
hung des Reisepreises im Vertrag oder den AGB vereinbart wurde, hat der Reisende das Recht, eine Preissenkung zu verlangen. Die **Senkungsmöglichkeit** muss **nicht vereinbart** werden, sondern ergibt sich aus Abs IV selbst. Auch muss der Erhöhungsvorbehalt nicht wirksam vereinbart sein (BeckOGK/*Harke* Rn 14; BaRo/*Geib* Rn 10). Der Reisende kann die Preissenkung verlangen, wenn sich eine der in Abs I S 2 Nr 2 aufgezählten Positionen geändert hat und dadurch die Reiseleistung günstiger bezogen werden kann. Die Änderung muss nach **dem Vertragsschluss bis zum Reiseantritt** erfolgen. Die Änderung der Positionen muss für den Reiseveranstalter tatsächlich zu

niedrigeren Bezugskosten geführt haben. Kann der Reiseveranstalter potentielle Preissenkungen nicht an seine Leistungserbringer weitergeben, kann auch der Reisende keine Senkung des Reisepreises verlangen.

12 **2. Geltendmachung der Preisänderung.** Die Reisepreissenkung tritt nicht automatisch ein, vielmehr hat der Reisende diese vom Reiseveranstalter zu verlangen. Die **Erklärung** muss dem Reiseveranstalter nur **zugehen**, unterliegt aber **keinem Form-** oder **Fristenzwang** (ebenso BeckOGK/*Harke* Rn 15). Problematisch ist für den Reisenden, von der Änderung der Positionen überhaupt Kenntnis zu erhalten. Der Reiseveranstalter ist nicht verpflichtet, den Reisenden von sich aus über die Änderung zu informieren. Kann der Reisende allerdings die Änderung einer Position darlegen, muss der Reiseveranstalter erklären, ob und wie sich dies auf seine Kosten ausgewirkt hat (ebenso Führich/*Staudinger* § 14 Rn 14).

13 **3. Rechtsfolgen.** Der Reisende kann die Senkung des Preises verlangen. Dazu hat der Reiseveranstalter den Reisepreis neu zu berechnen. Der Reisende kann die Abänderung **klageweise erzwingen** (nach BaRo/*Geib* Rn 12 besteht nur ein Auskunftsanspruch). Ist die Änderung erfolgt, hat der Reiseveranstalter dem Reisenden den gezahlten **Mehrbetrag** zu **erstatten** (Abs I S 2). Gem Abs I S 3 kann der Reiseveranstalter ihm tatsächlich entstandene Verwaltungsausgaben abziehen. Dies sind die Kosten, die aufgrund der verlangten Preissenkung tatsächlich angefallen sind. Nicht erfasst werden die Kosten, die aufgrund einer Rechtsstreitigkeit oder zur Erfüllung des Auskunftsanspruchs angefallen sind (BeckOGK/*Harke* Rn 16). Auf Verlangen des Reisenden hat der Reiseveranstalter nachzuweisen, in welcher Höhe die Verwaltungskosten entstanden sind (Abs I S 4).

14 **VI. Verhältnis zum allgemeinen Vertragsrecht.** § 651f ist **lex specialis** zum Wegfall der Geschäftsgrundlage gem § 312 (Führich/*Staudinger* § 14 Rn 4). Ist daher kein Änderungsvorbehalt vereinbart, kann bei Änderung der Umstände nicht § 312 herangezogen werden, um dem Reiseveranstalter Anpassungen des Vertrags zu ermöglichen.

15 **VII. Darlegungs- und Beweislast.** Den **Reiseveranstalter** trifft die Darlegungs- und Beweislast, dass die Voraussetzungen für eine Preiserhöhung oder sonstigen Vertragsänderung vorliegen. Bei einer Preissenkung muss hingegen der **Reisende** die Voraussetzungen dafür darlegen und beweisen. Allerdings trifft den Reiseveranstalter die **sekundäre Darlegungslast** (nach MüKo/*Tonner* Rn 24 besteht ein eigener Auskunftsanspruch des Reisenden).

§ 651g Erhebliche Vertragsänderungen

(1) Übersteigt die im Vertrag nach § 651f Absatz 1 vorbehaltene Preiserhöhung 8 Prozent des Reisepreises, kann der Reiseveranstalter sie nicht einseitig vornehmen. Er kann dem Reisenden jedoch eine entsprechende Preiserhöhung anbieten und verlangen, dass der Reisende innerhalb einer vom Reiseveranstalter bestimmten Frist, die angemessen sein muss,
1. das Angebot zur Preiserhöhung annimmt oder
2. seinen Rücktritt vom Vertrag erklärt.
Satz 2 gilt für andere Vertragsänderungen als Preiserhöhungen entsprechend, wenn der Reiseveranstalter die Pauschalreise aus einem nach Vertragsschluss eingetretenen Umstand nur unter erheblicher Änderung einer der wesentlichen Eigenschaften der Reiseleistungen (Artikel 250 § 3 Nummer 1 des Einführungsgesetzes zum Bürgerlichen Gesetzbuche) oder nur unter Abweichung von besonderen Vorgaben des Reisenden, die Inhalt des Vertrags geworden sind, verschaffen kann. Das Angebot zu einer Preiserhöhung kann nicht später als 20 Tage vor Reisebeginn, das Angebot zu sonstigen Vertragsänderungen nicht nach Reisebeginn unterbreitet werden.

(2) Der Reiseveranstalter kann dem Reisenden in einem Angebot zu einer Preiserhöhung oder sonstigen Vertragsänderung nach Absatz 1 wahlweise auch die Teilnahme an einer anderen Pauschalreise (Ersatzreise) anbieten. Der Reiseveranstalter hat den Reisenden nach Maßgabe des Artikels 250 § 10 des Einführungsgesetzes zum Bürgerlichen Gesetzbuche zu informieren. Nach dem Ablauf der vom Reiseveranstalter bestimmten Frist gilt das Angebot zur Preiserhöhung oder sonstigen Vertragsänderung als angenommen.

(3) Tritt der Reisende vom Vertrag zurück, findet § 651h Absatz 1 Satz 2 und Absatz 5 entsprechende Anwendung; Ansprüche des Reisenden nach § 651i Absatz 3 Nummer 7 bleiben unberührt. Nimmt er das Angebot zur Vertragsänderung oder zur Teilnahme an einer Ersatzreise an und ist die Pauschalreise im Vergleich zur ursprünglich geschuldeten nicht von mindestens gleichwertiger Beschaffenheit, gilt § 651m entsprechend; ist sie von gleichwertiger Beschaffenheit, aber für den Reiseveranstalter mit geringeren Kosten verbunden, ist im Hinblick auf den Unterschiedsbetrag § 651m Absatz 2 entsprechend anzuwenden.

Art 250 EGBGB Informationspflichten bei Pauschalreiseverträgen

§ 10 Unterrichtung bei erheblichen Vertragsänderungen

Beabsichtigt der Reiseveranstalter eine Vertragsänderung nach § 651g Absatz 1 des Bürgerlichen Gesetzbuchs, hat er den Reisenden unverzüglich nach Kenntnis von dem Änderungsgrund auf einem dauerhaften Datenträger klar, verständlich und in hervorgehobener Weise zu informieren über
1. die angebotene Vertragsänderung, die Gründe hierfür sowie
a) im Fall einer Erhöhung des Reisepreises über deren Berechnung,
b) im Fall einer sonstigen Vertragsänderung über die Auswirkungen dieser Änderung auf den Reisepreis gemäß § 651g Absatz 3 Satz 2 des Bürgerlichen Gesetzbuchs,

2. die Frist, innerhalb derer der Reisende ohne Zahlung einer Entschädigung vom Vertrag zurücktreten oder das Angebot zur Vertragsänderung annehmen kann,
3. den Umstand, dass das Angebot zur Vertragsänderung als angenommen gilt, wenn der Reisende sich nicht innerhalb der Frist erklärt, und
4. die gegebenenfalls als Ersatz angebotene Pauschalreise und deren Reisepreis.

I. Überblick. § 651g normiert die Möglichkeit für den Reiseveranstalter, dem Reisenden Änderungen des Vertrags anzubieten, wenn eine einseitige Vertragsänderung gem § 651f nicht möglich ist. Die Norm differenziert zw Preisänderungen über 8 % sowie sonstigen erheblichen Änderungen. Der Reisende hat bei einem Änderungsverlangen nur die Möglichkeit, dieses anzunehmen oder vom Vertrag zurückzutreten. Die Erfüllung des ursprünglichen Vertragsinhalts kann er nicht mehr verlangen. § 651g setzt Art 11 II ff PauschalreiseRL um. 1

II. Preisänderungsangebot (Abs I S 1). 1. Voraussetzungen. Eine Preiserhöhung kann der Reiseveranstalter (§ 651a Rn 3) bis zu einer Höhe von 8 % des Reisepreises einseitig gem § 651f vornehmen, bei der Erforderlichkeit einer darüber gehenden Erhöhung kann dem Reisenden nur ein **Angebot** auf **Vertragsänderung** unterbreitet werden. Damit der Reiseveranstalter ein Angebot abgeben kann, muss ein wirksamer **Vorbehalt** der **Preisänderung** im Vertrag enthalten sein und es muss einer der Änderungsgründe gem § 651f I vorliegen (dazu § 651f Rn 2). Der Ausschluss gem § 651f II gilt entspr (Führich/*Staudinger* § 15 Rn 4). Für die Bestimmung der 8 % ist auf den von dem Reisenden an den Reiseveranstalter **zu zahlenden Preis** abzustellen. Mit erfasst sind insb **Steuern** und **Abgaben**. 2

2. Frist. Das Angebot auf Vertragsänderung darf nicht später als 20 Tage vor Reisebeginn erfolgen (dazu § 651f Rn 3). 3

3. Form. S Rn 8ff. 4

III. Sonstige Änderungsangebote (Abs I S 3). 1. Voraussetzungen. Unerhebliche Änderungen des Inhalts von Reiseleistungen sind gem § 651f II möglich. Die Zulässigkeit **nicht** nur **unerheblicher Änderungen** bestimmt sich nach § 651g I 3. Dazu ist es erforderlich, dass der Reiseveranstalter die Reiseleistungen nicht erbringen kann, ohne die wesentlichen Eigenschaften einer Reiseleistung zu ändern oder ohne von den besonderen Vorgaben des Reisenden, die Inhalts des Vertrags geworden sind, abzuweichen. **a) Wesentliche Eigenschaft.** Die Eigenschaft einer Reiseleistung ist wesentlich, wenn sie in **Art 250 § 3 Nr 1 EGBGB** aufgeführt ist. Danach sind insb die Reiseroute, der Ort, Tag und Zeit der Ab- und Rückreise sowie Besichtigungen und Ausflüge als wesentliche Eigenschaft des Reisevertrags anzusehen. Diese Positionen können daher nur unter den Voraussetzungen des § 651g geändert werden. **b) Besondere Vereinbarung.** Von besonderen Vorgaben des Reisenden kann ebenfalls nur unter den Voraussetzungen des Abs I S 2 abgewichen werden. Vorgaben des Reisenden sind alle **Vereinbarungen**, die zw dem Reisenden und dem Reiseveranstalter wirksam in den **Vertag mit einbezogen** wurden (Führich/*Staudinger* § 15 Rn 12). **c) Erhebliche Änderung.** Die Eigenschaft oder Vorgabe muss erheblich geändert werden. Eine **erhebliche Änderung** liegt dann vor, wenn der geänderte Umstand zu einem Mangel führt (BT-Drs. 18/10822, 74). Die Erheblichkeitsschwelle für eine Kündigung muss nicht erreicht werden (dazu § 651f Rn 6). Nach aA (BaRo/*Geib* Rn 3; Führich/*Staudinger* § 15 Rn 11; unklar MüKo/*Tonner* Rn 16) ist die Rspr des BGH zu § 651a V aF fortzuführen, wonach es nicht allein auf die Klassifizierung der Änderung als Mangel ankommt, sondern auf die Zumutbarkeit der Änderung abzustellen ist (BGH RRa 2018, 163 Rn 14). Dem kann nicht gefolgt werden, da der Gesetzgeber gerade explizit auf den Mangel abstellen wollte. Zur Änderung der Flugzeiten § 651f Rn 6. **d) Unmöglichkeit der Beschaffung.** Die Beschaffung der Reiseleistung in der vereinbarten Form muss dem Reiseveranstalter unmöglich sein. Dies ist dann der Fall, wenn er obj oder subj die Leistung nicht erbringen kann (zB geänderte Abflugzeiten durch das Luftfahrtunternehmen). Gestiegene Beschaffungskosten berechtigten nicht zu einer Änderung der Reiseleistungen, da eine **wirtschaftliche Unmöglichkeit nicht ausreicht**. Die Unmöglichkeit muss zudem nach **dem Vertragsschluss** eingetreten sein. Der Umstand, der zur Unmöglichkeit führt, darf dem Reiseveranstalter nicht vor Vertragsschluss bekannt gewesen sein (Führich/*Staudinger* § 15 Rn 10) **e) Vertragl Vorbehalt.** Aufgrund der Verweisung von Abs I S 1 auf § 651f muss auch bei einer sonstigen Änderung ein wirksamer Änderungsvorbehalt im Vertrag oder den ARB vereinbart worden sein (ebenso BeckOGK/*Harke* Rn 9). Der Änderungsvorbehalt muss den Reisenden darüber aufklären, dass bei erheblichen Änderungen nur eine Vertragsanpassung gem § 651g in Betracht kommt (so auch BeckOGK/*Harke* Rn 10). 5

2. Frist. Die Reiseänderung muss vor dem Reiseantritt erklärt werden (dazu § 651f Rn 7). 6

3. Form. S Rn 8ff. 7

IV. Form der Änderungsangebote (Art 250 § 10 EGBGB). Die formellen Voraussetzungen für ein Änderungsangebot sind nicht in § 651g, sondern in Art 250 § 10 EGBGB normiert. 8

1. Dauerhafter Datenträger. Das Änderungsgebot muss auf einem dauerhaften Datenträger erfolgen (dazu § 651d Rn 15). 9

2. Klar, verständlich und herausgehoben. Das Änderungsgebot muss klar, verständlich und herausgehoben erfolgen. Dazu § 651d Rn 9. Das Änderungsangebot erfolgt in **herausgehobener Weise**, wenn es in einem separaten Schreiben mitgeteilt wird. Erfolgen die Informationen in einem Schreiben mit weiteren Informationen, muss der Änderungsteil ggü dem restlichen Bereich des Schreibens besonders hervortreten. Dazu sollte der Teil mit einer **auffälligen Überschrift** versehen werden und kein kleineres Schriftbild ggü dem restlichen Teil aufweisen. 10

11 **3. Inhalt des Änderungsangebots. a) Änderungsumfang und -gründe (Nr 1).** Der Reiseveranstalter muss genau über den Inhalt der beabsichtigten Vertragsänderung informieren. Ferner muss er den Grund entspr den Voraussetzungen gem Rn 2–7 darlegen. Bei einer Preiserhöhung muss er die **Berechnung** des erhöhten Reisepreises offenlegen. Bei einer Vertragsänderung wegen sonstiger Gründe muss der Reisende auf seine Minderungsmöglichkeit nach Abs II S 3 hingewiesen werden (dazu Rn 17). **b) Fristsetzung (Nr 2, 3).** Der Reiseveranstalter muss eine Frist setzen, innerhalb derer der Reisende erklären muss, ob er die Vertragsänderung annimmt oder vom Vertrag entschädigungslos zurücktritt. Zudem muss der Reisende darauf hingewiesen werden, dass das Angebot als **angenommen gilt**, wenn er sich nicht innerhalb der Frist zu dem Angebot erklärt. Die Frist ist so zu bemessen, dass der Reisende noch einen Überlegungszeitraum hat. Da eine Preisänderung mindestens **20 Tage** vor der Reise erfolgen muss, wird hier eine Frist von mindestens **einer Woche** zu setzen sein (BeckOGK/*Harke* Rn 7; MüKo/*Tonner* Rn 5; Grü/*Retzlaff* Rn 3; BaRo/*Geib* Rn 8). Da die sonstigen Änderungen auch kurz vor dem Reiseantritt erfolgen können, kann hier die Frist kürzer sein, insb bei Last-Minute-Reisen (BeckOGK/*Harke* Rn 12). **c) Ersatzreise (Nr 4).** Bietet der Reiseveranstalter eine Ersatzreise an, muss über deren Umstände im Änderungsangebot mit informiert werden.

12 **4. Unverzüglich.** Das Änderungsangebot muss unverzüglich erfolgen, wenn der Reiseveranstalter Kenntnis von den geänderten Umständen hat.

13 **5. Folgen eines Formverstoßes.** Wird die Form des Änderungsangebots nicht eingehalten, ist dieses **unwirksam** (ebenso BaRo/*Geib* Rn 7). Der Reisende kann **nicht nur** auf **Schadensersatzansprüche** verwiesen werden (so aber BeckOGK/*Harke* Rn 8, 12). Aus Art 11 III PauschalreiseRL ergibt sich, dass eine Preiserhöhung nur dann möglich ist, wenn die Formvorschriften eingehalten wurden. Es kann daher für die Wirksamkeit nach nationalem Recht nicht darauf abgestellt werden, dass die Informationen nach Art 250 § 10 EGBGB neben dem Vertragsangebot stehen und das Vertragsangebot formfrei erfolgen kann (BaRo/*Geib* Rn 7; aA BeckOGK/*Harke* Rn 8). Ist das Änderungsangebot unwirksam, treten keine Wirkungen zulasten des Reisenden ein.

14 **V. Angebot einer Ersatzreise (Abs II S 1).** Der Reiseveranstalter hat die Möglichkeit, dem Reisenden eine Ersatzreise anzubieten. Er ist nicht verpflichtet, bei jeder Änderung eine Ersatzreise anzubieten. Der **Reisende** kann eine **Teilnahme** an einer anderen Reise **nicht verlangen** (BT-Drs 18/10822, 74). Die Norm lässt offen, welchen Charakter die Ersatzreise haben muss. Die Reise muss daher **weder** die **gleiche Qualität noch** den **gleichen zeitl** und **räumlichen Zuschnitt** haben (aA Führich/*Staudinger* § 15 Rn 5). Dies ergibt sich insb aus Abs III S 2, da dem Reisenden ein Minderungsanspruch zusteht, wenn die Ersatzreise nicht mindestens gleichwertiger Qualität ist.

15 **VI. Rechtsfolgen des Änderungsangebots.** Der Reisende kann bei einem **wirksamen** Änderungsangebot dieses nur annehmen oder vom Vertrag zurücktreten. Die unveränderte Fortführung des Vertrags ist nicht mehr möglich (Grü/*Retzlaff* Rn 4).

16 **1. Rücktritt des Reisenden (Abs III S 1).** Der Reisende kann aufgrund der Mitteilung des Reiseveranstalters, den Vertrag nicht mehr in der vereinbarten Form erfüllen zu können, vom Vertrag zurücktreten. In diesem Fall bestimmen sich die Rechtsfolgen in **modifizierter Form** nach der **Rücktrittsregelung** gem § 651h. **a) Entfall des Reisepreisanspruchs (§ 651h I 2, V).** Der Anspruch des Reiseveranstalters auf Zahlung des Reisepreisanspruchs entfällt. Der Reiseveranstalter ist entspr § 651h V verpflichtet, den gesamten angezahlten Reisepreis **unverzüglich** an den Reisenden **zurückzahlen.** Die Rückzahlung darf max **14 Tage** in Anspruch nehmen. Anders als § 651f sieht § 651g für den Reiseveranstalter keine Möglichkeit vor, etwaige **Verwaltungskosten** von der Rückzahlung abzuziehen. **b) Kein Anspruch auf Entschädigung.** Da der Rücktritt aus der Sphäre des Reiseveranstalters stammt, verweist Abs III S 1 nicht auf § 651h I 3. Daher kann der Reiseveranstalter **keine angemessene Entschädigung** für die Nichtdurchführung der Reise verlangen.

17 **2. Annahme des Änderungsangebots (Abs III S 2).** Das Änderungsangebot oder die Ersatzreise kann durch den Reisenden entweder ausdrückl oder stillschweigend durch eine Fiktion angenommen werden **a) Fingierte Annahme nach Fristablauf (Abs II S 2).** Setzt der Reiseveranstalter dem Reisenden eine Frist, innerhalb derer der Reisende erklären muss, ob er die Vertragsänderung annimmt oder vom Vertrag entschädigungslos zurücktritt, gilt nach **Ablauf der Frist** ohne Rückäußerung das Änderungsangebot als **angenommen.** Die Norm bricht mit zwei Grundprinzipien des BGB, nämlich dem Grundsatz pacta sunt servanda sowie dem Grundsatz, dass Schweigen keine Willenserklärung beinhaltet. Der Gesetzgeber geht jedoch davon aus, dass durch die **Zustimmungsfiktion** die Interessen der Beteiligten gewahrt werden (BT-Drs 18/10822, 75). Die Umsetzung dürfte richtlinienkonform sein, da Art 11 II PauschalreiseRL keine Rechtsfolge für die fruchtlose Fristsetzung vorsieht. Setzt der Reiseveranstalter keine Frist, tritt keine Vertragsänderung ein und die Rechtsfolgen einer nicht erbrachten Reise bestimmen sich nach § 651k. **b) Minderungsanspruch (Abs III S 2).** Durch die Annahme der Änderung können sich für den Reisenden Minderungsansprüche ergeben. Es ist danach zu differenzieren, ob die nunmehr zu erbringenden Leistungen ggü den ursprüngl vereinbarten gleichwertig sind. **aa) Keine gleichwertige Beschaffenheit.** Ist die zu erbringende Leistung nicht von gleichwertiger Beschaffenheit wie die ursprüngl geschuldeten Leistungen, steht dem Reisenden entspr § 651m ein **Minderungsanspruch** zu. Die Gleichwertigkeit bestimmt sich danach, ob die auszuführende Reise nach der **Kategorie** und dem **Reiseverlauf** mit der gebuchten Reise im Wesentlichen **übereinstimmt.** Ein Indiz für die Gleichwertigkeit kann der **Vergleich** der für die jew Reise zu entrichtenden **Preise** sein. Dabei ist auf die regulären Preise ohne Rabatte abzustellen, damit der Vergleich nicht verfälscht wird. Für die Minderung sind die gebuchten mit den geänderten Leistungen in ein Verhältnis zu set-

zen (s § 651m Rn 3) **bb) Gleichwertige Beschaffenheit.** Ist die geänderte Pauschalreise mit der gebuchten gleichwertig, steht dem Reisenden grds kein Minderungsanspruch zu. Er kann allerdings gem Abs III S 2 Hs 2 iVm § 651m II den **Differenzbetrag** zu dem bezahlten Reisepreis ausgezahlt verlangen, den der Veranstalter für die anderweitige Beschaffung weniger aufwendet. Gem Art 250 § 10 Nr 1 lit b EGBGB ist der Reiseveranstalter verpflichtet, bereits im Änderungsangebot die **wesentlichen Daten** für die Rechte gem Abs III S 2 **anzugeben**. Er muss dort auch aufführen, für welchen Betrag er die ursprüngl Leistung erbracht hätte und wieviel er nunmehr aufwenden muss. Nur dann ist es dem Reisenden prozessual möglich, seine Rechte geltend zu machen (nach BeckOGK/*Harke* Rn 17 soll nur ein eigenständiger Auskunftsanspruch bestehen; ebenso BaRo/*Geib* Rn 11).

VII. Darlegungs- und Beweislast. Der **Reiseveranstalter** muss die Voraussetzungen für eine Preiserhöhung 18
oder sonstige Änderung darlegen. Insb wenn er wegen eines Mangels durch den Reisenden in Anspruch genommen wird, muss er darlegen und beweisen, dass wirksam eine Änderung vorgenommen wurde. – Beruft sich der **Reisende** darauf, dass bei einem Rücktritt dem Reiseveranstalter kein Anspruch auf Entschädigung zusteht, muss er darlegen und beweisen, dass er das Leistungsänderungsangebot innerhalb der angemessenen Frist abgelehnt hat (MüKo/*Tonner* Rn 20). Ferner muss der Reisende den Differenzbetrag beweisen, wenn eine gleichwertige Ersatzreise angeboten wird, die jedoch in der Beschaffung günstiger ist. Den Reiseveranstalter trifft dann jedoch eine sekundäre Darlegungslast, wenn er nicht aufgeführt hat, welchen Betrag er ursprünglich und nunmehr aufgewendet hat.

§ 651h Rücktritt vor Reisebeginn

(1) Vor Reisebeginn kann der Reisende jederzeit vom Vertrag zurücktreten. Tritt der Reisende vom Vertrag zurück, verliert der Reiseveranstalter den Anspruch auf den vereinbarten Reisepreis. Der Reiseveranstalter kann jedoch eine angemessene Entschädigung verlangen.

(2) Im Vertrag können, auch durch vorformulierte Vertragsbedingungen, angemessene Entschädigungspauschalen festgelegt werden, die sich nach Folgendem bemessen:
1. Zeitraum zwischen der Rücktrittserklärung und dem Reisebeginn,
2. zu erwartende Ersparnis von Aufwendungen des Reiseveranstalters und
3. zu erwartender Erwerb durch anderweitige Verwendung der Reiseleistungen.
Werden im Vertrag keine Entschädigungspauschalen festgelegt, bestimmt sich die Höhe der Entschädigung nach dem Reisepreis abzüglich des Werts der vom Reiseveranstalter ersparten Aufwendungen sowie abzüglich dessen, was er durch anderweitige Verwendung der Reiseleistungen erwirbt. Der Reiseveranstalter ist auf Verlangen des Reisenden verpflichtet, die Höhe der Entschädigung zu begründen.

(3) Abweichend von Absatz 1 Satz 3 kann der Reiseveranstalter keine Entschädigung verlangen, wenn am Bestimmungsort oder in dessen unmittelbarer Nähe unvermeidbare, außergewöhnliche Umstände auftreten, die die Durchführung der Pauschalreise oder die Beförderung von Personen an den Bestimmungsort erheblich beeinträchtigen. Umstände sind unvermeidbar und außergewöhnlich im Sinne dieses Untertitels, wenn sie nicht der Kontrolle der Partei unterliegen, die sich hierauf beruft, und sich ihre Folgen auch dann nicht hätten vermeiden lassen, wenn alle zumutbaren Vorkehrungen getroffen worden wären.

(4) Der Reiseveranstalter kann vor Reisebeginn in den folgenden Fällen vom Vertrag zurücktreten:
1. für die Pauschalreise haben sich weniger Personen als die im Vertrag angegebene Mindestteilnehmerzahl angemeldet; in diesem Fall hat der Reiseveranstalter den Rücktritt innerhalb der im Vertrag bestimmten Frist zu erklären, jedoch spätestens
   a) 20 Tage vor Reisebeginn bei einer Reisedauer von mehr als sechs Tagen,
   b) sieben Tage vor Reisebeginn bei einer Reisedauer von mindestens zwei und höchstens sechs Tagen,
   c) 48 Stunden vor Reisebeginn bei einer Reisedauer von weniger als zwei Tagen,
2. der Reiseveranstalter ist aufgrund unvermeidbarer, außergewöhnlicher Umstände an der Erfüllung des Vertrags gehindert; in diesem Fall hat er den Rücktritt unverzüglich nach Kenntnis von dem Rücktrittsgrund zu erklären.
Tritt der Reiseveranstalter vom Vertrag zurück, verliert er den Anspruch auf den vereinbarten Reisepreis.

(5) Wenn der Reiseveranstalter infolge eines Rücktritts zur Rückerstattung des Reisepreises verpflichtet ist, hat er unverzüglich, auf jeden Fall aber innerhalb von 14 Tagen nach dem Rücktritt zu leisten.

I. Überblick. § 651h regelt die Rücktrittsmöglichkeiten der Parteien **vor Reisebeginn**. Die Norm gliedert sich 1
in zwei Bereiche. Die Abs I–III betreffen den Rücktritt des Reisenden und dabei insb die Pflicht zur Zahlung einer angemessenen Entschädigung. Für die Praxis außerordentlich wichtig ist die Möglichkeit der Vereinbarung einer Entschädigungspauschale (Abs II). Ist der Rücktritt auf außergewöhnliche Umstände zurückzuführen, entfällt eine Entschädigungspflicht (Abs III). Der zweite Bereich (Abs IV–V) der Norm betrifft den Rücktritt des Reiseveranstalters, der nur unter den in Abs IV aufgeführten Bedingungen möglich ist – § 651h ist die Umsetzung von Art 12 PauschalreiseRL und ist seit dem 1.7.2018 an die Stelle von § 651i aF und § 651j aF getreten.

II. Rücktritt des Reisenden (Abs I–III, V). 1. Grundsätze (Abs I S 1). Der Reisende (§ 651a Rn 4ff) kann je- 2
derzeit **vor Reisebeginn** (dazu § 651e Rn 5) zurücktreten. Eine Ausdehnung der Norm über den Reisebeginn hinaus kommt nicht in Betracht (so auch BaRo/*Geib* Rn 2; MüKo/*Tonner* Rn 10; Führich/*Staudinger* § 16 Rn 5). **a) Rücktrittserklärung.** Der Rücktritt erfolgt durch eine **formfreie** Willenserklärung, die dem Reiseveranstalter

zugehen muss (MüKo/*Tonner* Rn 11). Auch wenn der Reisende erklärt, er „storniere“ die Reise, kann dies eine Rücktrittserklärung sein (AG Hamburg RRa 2013, 123). Auf die **juristisch** präzise **Wortwahl** kommt es nicht an, sondern nur darauf, wie der Erklärungsempfänger die Äußerung verstehen musste (AG Köln RRa 2021, 70). Auch der **Nichtantritt** der **Reise** kann als Rücktritt gewertet werden (MüKo/*Tonner* Rn 11; BaRo/*Geib* Rn 5; Führich/*Staudinger* § 16 Rn 7; aA AG München 23.6.2021 – 158 C 15394/20; BeckOGK/*Harke* Rn 11). Kein Rücktritt ist der Wunsch nach einer Umbuchung (BGH NJW 1992, 3158). Der Reisende ist grds der Vertragspartner selbst, bei einer Familienreise also der Buchende für die Familie, bei einer Gruppenreise alle Mitreisenden gemeinsam (dazu § 651a Rn 5f). Die Erklärung muss ggü dem Reiseveranstalter oder einer empfangszuständigen Person, wie gem § 651v IV dem Reisebüro, erfolgen. Der **Zugang** selbst muss vor dem Reiseantritt erfolgen. Es reicht nicht aus, dass nur die Erklärung vor Reiseantritt abgegeben wurde (BT-Drs 10/10822, 77; BeckOGK/*Harke* Rn 16; unklar BaRo/*Geib* Rn 5, 8). Der Reiseantritt erfolgt mit der Inanspruchnahme der ersten Reiseleistung. Bei einer Flugreise ist dies grds der Check-In oder das Einfinden zu Abfertigung, wenn bereits ein elektronischer Check-In erfolgt ist (MüKo/*Tonner* Rn 11). **b) Rechtsfolge.** Rechtsfolge ist, dass der Reisende seinen Anspruch auf Erbringung der Reiseleistungen und der Reiseveranstalter seinen Anspruch auf den vereinbarten Reisepreis verliert (Abs I S 2). Die Rückzahlung des Reisepreises hat unverzüglich, auf jeden Fall aber innerhalb von 14 Tagen zu erfolgen (Abs V) (dazu Rn 15).

3 **2. Angemessene Entschädigung (Abs I S 1, Abs II S 2, 3). a) Allgemeines.** Tritt der Reisende zurück, kann der Reiseveranstalter von dem Reisenden eine angemessene Entschädigung verlangen. Ist **keine Entschädigungspauschale** vereinbart, bestimmt sich die Höhe der Entschädigung nach dem Reisepreis abzgl des Werts der vom Reiseveranstalter **ersparten Aufwendungen** sowie abzgl dessen, was er durch **anderweitige Verwendung** der Reiseleistungen erwirbt (Abs II S 2). Grds sind bei der konkreten Entschädigung die gleichen Kriterien zu verwenden wie bei der Entschädigungspauschale. Allerdings kommt es anders als bei der Entschädigungspauschale nur auf die **tatsächliche Ersparnis** und den **tatsächlichen Erwerb** und nicht auf eine Prognose an. Eine Anrechnung einer anderen Buchung kommt nur dann in Betracht, wenn die Reise insg ausgebucht war (BGH NJW 2016, 1508 Rn 15). Ist nur eine kurzfristige Verwertung zu einem geringeren Preis möglich, muss sich der Reiseveranstalter nur diesen anrechnen lassen (BeckOGK/*Harke* Rn 27). **Unterlässt** der Reiseveranstalter den möglichen Erwerb durch anderweitige **Verwendung** der Reiseleistungen böswillig, ist von einem Verstoß gegen Treu und Glauben auszugehen (BT-Drs 18/10822, 76) und es hat eine fiktive Anrechnung zu erfolgen (BeckOGK/*Harke* Rn 25; BaRo/*Geib* Rn 15 nimmt eine Aufrechnung mit Schadensersatzansprüchen vor). Der Reiseveranstalter kann die konkrete Entschädigung nicht dadurch herbeiführen, dass er mit den Leistungserbringern Entschädigungspauschalen vereinbart (BGH NJW-RR 2021, 1137, 1138). – Die Höhe der **Entschädigung** muss auf Verlangen des Reisenden durch den Reiseveranstalter **begründet** werden (Abs II S 3). Der Anspruch ist nicht selbständig einklagbar. Dem Reisenden steht bei Verletzung nur ein Schadensersatzanspruch für nicht erforderliche Prozesskosten zu (BGH RRa 2022, 127 Rn 17ff).

4 **b) Entschädigungspauschale (Abs II).** Nach Abs II S 1 kann für den Entschädigungsanspruch auch eine Pauschale vereinbart werden. Ist ein pauschaler Entschädigungsanspruch vereinbart, ging der BGH davon aus, dass sich der Reiseveranstalter ein **Wahlrecht** vorbehalten könne, auch ggf konkret abzurechnen (BGH NJW-RR 1990, 114; RRa 2015, 138). Diese bisher schon fragliche Praxis wird sich in Anbetracht des Wortlautes des § 651h und der RL nicht aufrechterhalten lassen. Gem Abs II S 2 und Art 12 I 3 PauschalreiseRL kommt eine konkrete Abrechnung nur in Betracht, wenn keine Entschädigungspauschale festgelegt wurde (ebenso AG Düsseldorf, RRa 2021, 226, 229; BaRo/*Geib* Rn 10; BeckOGK/*Harke* Rn 21; MüKo/*Tonner* Rn 24; aA Führich/*Staudinger* § 16 Rn 13; Tonner/Bergmann/Blankenburg/*Bergmann* § 1 Rn 288; *Ullenboom* RRa 2022, 55, 57). Auch die Gesetzesbegr sieht nicht die Möglichkeit eines Vorbehalts der konkreten Abrechnung vor (BT-Drs 18/10822, 75). Ist die Vereinbarung unwirksam, kann jedoch konkret abgerechnet werden (MüKo/*Tonner* Rn 23; BaRo/*Geib* Rn 10; Tonner/Bergmann/Blankenburg/*Bergmann* § 1 Rn 288). **aa) Vereinbarung der Pauschale.** Die Pauschale muss zw den Parteien vereinbart werden. Dies kann entweder direkt im **Vertrag** oder auch in den **AGB** erfolgen. Umstritten ist, ob bei einer Vereinbarung in den AGB diese der **AGB-Kontrolle** gem §§ 305ff unterliegen (dazu Führich/*Staudinger* § 16 Rn 13 mwN). Da anders als in § 651f III die Anwendung der §§ 305ff nicht ausgeschlossen wurde, kann grds auf die AGB-Regelungen zurückgegriffen werden. Dies gilt jedoch nur, soweit **nicht** durch die RL **abschließende Kriterien** geregelt wurden. Da die Kriterien für die Pauschale in § 651h II aufgeführt sind, kommt eine Prüfung gem § 308 Nr 7 und § 309 Nr 5 lit a nicht in Betracht. Hingegen kann § 309 Nr 5 lit b, wonach ein Entlastungsbeweis dem Reisenden ermöglicht werden muss, angewandt werden (BaRo/*Geib* Rn 12; ähnl BeckOGK/*Harke* Rn 36; aA, wonach grds eine unbeschränkte Anwendbarkeit der AGB-Normen gegeben ist, MüKo/*Tonner* Rn 21; Führich/*Staudinger* § 16 Rn 13; zum alten Recht BGH RRa 2022, 123 Rn 24ff). **bb) Kriterien für die Pauschale.** Die Entschädigungspauschale kann nicht frei, sondern nur nach den in Abs II S 1 aufgezählten Kriterien bestimmt werden. **(1) Zeitl Staffelung.** Die Pauschale muss danach differenzieren, welcher Zeitraum zw der Rücktrittserklärung und dem Reisebeginn liegt. **Je näher** der **Rücktritt** an dem Reisebeginn liegt, umso **höher** kann die **Pauschale** ausfallen. Die Regelung trägt dem Umstand Rechnung, dass es dann für den Reiseveranstalter umso schwerer ist, die Reise anderweitig zu verwerten. **(2) Zu erwartende Ersparnis.** Bei der Höhe der Pauschale muss berücksichtigt werden, welche Ersparnisse für den Reiseveranstalter aufgrund des Rücktritts zu erwarten sind. Dies sind Beträge, die der Reiseveranstalter von den Leistungserbringern aufgrund des Ausfalls **erstattet bekommt** sowie **nicht zu zahlende Gebühren**, Steuern oder Abgaben. Nimmt der Reiseveranstalter Ersparnismöglichkeiten (zB Kündigung des Vertrags mit dem Leistungserbringer) nicht wahr, muss

er sich nach Treu und Glauben dennoch die Ersparnis anrechnen lassen. (3) **Zu erwartender Erwerb durch anderweitige Verwendung.** Schließlich müssen bei der Höhe der Pauschale die Beträge berücksichtigt werden, die dadurch zu erwarten sind, dass der Reiseveranstalter die Reise anderweitig vergeben kann. (4) **Kombination der Kriterien.** Der Reiseveranstalter muss die vorgenannten Kriterien so kombinieren, dass realistisch die konkret zu erwartenden Umständen abgedeckt werden. **Nicht** mehr **erforderlich** ist es, wie in § 651i III aF nach der **Reiseart** zu **differenzieren** (BT-Drs 18/10822, 75). Dies kann jedoch geboten sein, da die zu erwartende Ersparnis häufig von der Struktur der Reise abhängen wird (ebenso MüKo/*Tonner* Rn 16; zum alten Recht BGH NJW-RR 2022, 1137). Der Bewertung müssen jedenfalls **nachvollziehbare Erfahrungswerte** zugrunde gelegt werden (so auch LG Düsseldorf RRa 2021, 30; BeckOGK/*Harke* Rn 32). Diese Wertung hat der Reiseveranstalter dem Reisenden gem Abs II S 3 offen zu legen, da sich S 3 nicht nur auf die konkrete Berechnung bezieht (BaRo/*Geib* Rn 11). (5) **Betragsmäßige Ausweisung.** Die Pauschale kann entweder nach einem **konkreten Betrag** oder nach einem **Prozentsatz** des Reisepreises festgelegt werden. Die Festlegung eines Prozentsatzes ist anders als nach § 651i III aF nicht mehr zwingend erforderlich, jedoch zulässig (BT-Drs 18/10822, 75). Eine betragsmäßige Ausweisung wird sich jedoch meist nicht als praktikabel erweisen, da die konkreten Umstände nicht hinreichend berücksichtigt werden können (so BeckOGK/*Harke* Rn 29; MüKo/*Tonner* Rn 15). Auch eine Kombination aus einem Prozentsatz mit einem Mindestbetrag ist möglich. Bsp aus der Rspr: **unzulässig** AG Berlin-Mitte 17.3.2021 – 123 C 214/20: 10 % beim Gastschulaufenthalt; zu § 651i aF: **unzulässig** BGH RRa 2015, 138 Rn 42: 40 % bei Rücktritt nach Vertragsschluss; Rostock RRa 2014, 53: 50 % bei 60 Tagen vor Reisebeginn; Nürnberg NJW 1999, NJW 1999, 3128: 100 %; AG Bochum RRa 2021, 113: 30 % bis 30 Tage vor Reisebeginn; LG Düsseldorf RRa 2021, 30: 25 % bis 30 Tage vor Reisebeginn; **zulässig** AG Hannover RRa 2012, 79: 20 % bei 30 Tagen vor Reisebeginn; LG Bonn RRa 2003, 215: 50 % bei 9 Tagen vor Reisebeginn; LG Köln: 90 % bei 14 Tagen vor Reisebeginn; LG Duisburg: RRa 2021, 116: 40 % bei 21–15 Tage vor Reisebeginn. **(6) Rechtsfolgen einer unzulässigen Pauschale.** Bei einem Verstoß gegen § 651h II, § 309 Nr 5 lit b ist die Pauschale unwirksam, eine geltungserhaltende Reduktion kommt nicht in Betracht. Da die Klausel insg keine Wirkung entfaltet, kann sich der Reiseveranstalter wieder auf die konkrete Berechnungsmethode stützen (hM BeckOGK/*Harke* Rn 38; Führich/*Staudinger* § 16 Rn 16). (7) **Begründungspflicht.** Nach Abs II S 2 hat der Reiseveranstalter die Höhe der Entschädigung auf Verlangen des Reisenden zu begründen. Da Art 12 I 5 PauschalreiseRL sowohl auf die pauschale Rücktrittsgebühr als auch die konkrete Rücktrittsgebühr Bezug nimmt, ist in **richtlinienkonformer Auslegung** davon auszugehen, dass sich die Begründungspflicht auch auf die pauschale Entschädigung bezieht (BeckOGK/*Harke* Rn 39; Führich/*Staudinger* § 16 Rn 23; wohl auch BGH RRa 2022, 127 Rn 16f).

c) Ausschluss des Entschädigungsanspruchs (Abs III). aa) Allgemeines. Abs III normiert die Fälle, bei denen der Reiseveranstalter trotz des Rücktritts des Reisenden keine konkrete oder pauschale Entschädigung verlangen kann. Erforderlich ist, dass **unvermeidbare außergewöhnliche Umstände** auftreten, die die Durchführung der Reise oder des Transports erheblich beeinträchtigen. Eingeschränkt wird die Norm insoweit noch, dass die Umstände am Bestimmungsort oder in dessen unmittelbarer Nähe eintreten müssen. Die außergewöhnlichen Umstände werden in Abs III S 2 **legaldefiniert**. Der Gesetzgeber hat sich damit von der bisherigen Terminologie der höheren Gewalt abgewendet und eine Harmonisierung mit den Fluggastrechten angestrebt, bei denen in Art 5 III Fluggastrechte-VO ebenfalls Ansprüche durch außergewöhnliche Umstände eingeschränkt werden. Zum alten Begriff der höheren Gewalt ausf *Bergmann/Blankenburg* NJW 2019, 3678. 5

bb) Unvermeidbare und außergewöhnliche Umstände (Abs III S 2). Gem Abs III S 2 sind Umstände unvermeidbar und außergewöhnlich, wenn sie **nicht** der **Kontrolle** der **Partei** unterliegen, die sich hierauf beruft, und sich ihre Folgen auch nicht hätten vermeiden lassen, wenn alle **zumutbaren Vorkehrungen** getroffen worden wären. Im Gegensatz zu Art 5 III Fluggastrechte-VO gehört die Unvermeidbarkeit bereits zur Grunddefinition des außergewöhnlichen Umstandes und wird nicht erst zweitrangig geprüft. **(1) Keine Kontrolle der Parteien.** Der Umstand darf keiner Kontrolle einer Partei unterliegen. Anders als nach dem bisherigen Recht bzgl der höheren Gewalt kommt es **nicht mehr** darauf an, ob die Umstände **von außen kommen** und **keinen betrieblichen Zusammenhang** aufweisen. Zudem ist **nicht mehr entscheidend**, ob die Umstände **vorhersehbar** waren (*Bergmann/Blankenburg* NJW 2019, 3680). Nach der Definition des EuGH zu Art 5 III Fluggastrechte-VO sind unvermeidbare, außergewöhnliche Umstände alle Vorkommnisse, die nach ihrer Natur oder Ursache nicht Teil der normalen Ausübung der Tätigkeit des betroffenen Luftfahrtunternehmens sind und von ihm nicht tatsächlich beherrschbar sind (EuGH RRa 2017, 174 Rn 22). Dies muss für § 651h auf den Reiseveranstalter übertragen werden. Es kommt daher entscheidend darauf an, dass die Vorkommnisse nach ihrer Natur oder Ursache nicht **Teil der normalen Ausübung der Tätigkeit des betroffenen Reiseveranstalters** sind (ebenso *Bergmann/Blankenburg* NJW 2019, 3680). Nach der Rspr des EuGH kann nicht allein auf die Sphäre abgestellt werden, vielmehr ist zu prüfen, wer den Umstand verursacht hat. Waren dies **Dritte**, die nicht im **Lager** des **Luftfahrtunternehmens** bzw übertragen im Lager des Reiseveranstalters stehen, ist der Umstand außergewöhnlich (dazu EuGH RRa 2019, 109 Rn 25; RRa 2019, 219 Rn 18ff). **(2) Unvermeidbar.** Der außergewöhnliche Umstand muss zudem unvermeidbar gewesen sein. Dazu hat sich im Rahmen des Art 5 III Fluggastrechte-VO eine reichhaltige Kasuistik entwickelt (dazu Tonner/Bergmann/Blankenburg/*Blankenburg* § 4 Rn 141ff). Nach der Rspr des EuGH führt nicht allein das Vorliegen eines außergewöhnlichen Ereignisses zum Wegfall der Ausgleichspflicht. Dies ist vielmehr nur dann der Fall, wenn sich ihre **Folgen** für die planmäßige Durchführung des Flugplans des Luftverkehrsunternehmens auch dann nicht hätten **vermeiden** lassen, wenn von diesem **alle zumutbaren Maßnahmen ergriffen** worden wären (EuGH RRa 2009, 35 Rn 22). Für die Unvermeidbarkeit ist zw Maßnahmen zur Verhin- 6 derung des Eintritts des außergewöhnlichen Umstands und Maßnahmen nach Eintritt des außergewöhnlichen Umstands zu differenzieren (BGH RRa 2014, 293 Rn 21). Der BGH hat insoweit klargestellt, dass sich die **Unvermeidbarkeit** nicht nur auf den außergewöhnlichen Umstand, sondern auch **auf die Folgen selbst bezieht** (BGH NJW-RR 2018, 1448 Rn 18; wohl auch EuGH RRa 2019, 109 Rn 31; RRa 2019, 219 Rn 27). Das Unternehmen hat nachzuweisen, dass es ihm auch unter Einsatz aller ihm zur Verfügung stehenden **personellen, materiellen** und **finanziellen Mittel** offensichtlich nicht möglich gewesen wäre, ohne angesichts der Kapazitäten des Unternehmens zum maßgeblichen Zeitpunkt nicht tragbare Opfer die außergewöhnlichen Umstände und deren Folgen zu vermeiden (EuGH RRa 2011, 125; RRa 2017, 174 Rn 29). Den Maßstab für die zumutbaren Maßnahmen zur Vermeidung bilden allein die vorhandenen oder in der gegebenen Situation erreichbaren Ressourcen (BGH RRa 2019, 113 Rn 29). Grds ist iRd **Pauschalreisen** zu prüfen, inwieweit die Rspr zu Art 5 III Fluggastrechte-VO **übertragen** werden kann. Auch bei einer Pauschalreise wird davon auszugehen sein, dass der Reiseveranstalter alle verfügbaren Ressourcen einsetzen muss, um den Eintritt des außergewöhnlichen Umstands oder die Folgen in Form der Beeinträchtigung der Reise zu verhindern. Es ist bereits umstritten, ob die Luftfahrtunternehmen verpflichtet sind, **Ersatzkapazitäten** vorzuhalten und Kapazitäten bei Subchartern zu buchen (zu Ersatzkapazitäten im Vorfeld BGH RRa 2014, 293 Rn 22; TranspR 2018, 253 Rn 11; zu Subchartern im Nachgang LG Frankfurt 12.6.2018 – 2-14 S 170/18; dazu ausf Tonner/Bergmann/Blankenburg/*Blankenburg* § 4 Rn 146). Auch im Pauschalreiserecht wird sich die Problematik ergeben, ob der Reiseveranstalter verpflichtet ist, Ersatzkapazitäten vorzuhalten und ggf freie Kapazitäten bei anderen Leistungserbringern dazuzubuchen, wenn außergewöhnliche Umstände die Durchführung der Reise wie vereinbart unmöglich werden lassen. Es wird davon auszugehen sein, dass die Reiseveranstalter **nicht verpflichtet** sind, **Hotelkapazitäten** oder **Flugkapazitäten vorzuhalten.** Anders als bei den Luftfahrtunternehmen gehört es nicht zu den originären Aufgaben des Reiseveranstalters, eigene Kapazitäten vorzuhalten. Vielmehr bedient er sich idR dritter Leistungserbringer. Kommt es aber zu dem Eintritt von außergewöhnlichen Umständen, wird sich auch der Reiseveranstalter um alle verfügbaren Alternativkapazitäten bemühen müssen. Insb ist er verpflichtet, ggf vorhandene **Ersatzbeförderungsmöglichkeiten** durch **Subcharter** in Anspruch zu nehmen. Da bei der Pauschalreise bereits durch den Wechsel des Hotels oder der Reiseverbindung (dazu § 651i Rn 15, 29) ein Mangel eintreten kann, stellt sich iRd § 651h die Frage, ob es dem Reisenden noch zumutbar ist, eine mangelhafte Ersatzleistung akzeptieren zu müssen, ohne ein kostenfreies Rücktrittsrecht nach § 651h zu haben. Dies wird zu bejahen sein. Es ist zw § 651h und den Folgen der mangelhaften Leistung gem § 651i ff zu unterscheiden.

7 **cc) Am Bestimmungsort oder in unmittelbarer Nähe.** Die Umstände müssen am Bestimmungsort oder in unmittelbarer Nähe aufgetreten sein. Auch Art 12 II PauschalreiseRL enthält eine entspr Bestimmung. Folge einer wortlautgetreuen Auslegung wäre, dass Umstände, die bereits während der **Anreise** auftreten (zB Vogelschlag auf den Anflug), nicht zu einer Befreiung gem Abs III führten (so BGH NJW 2022, 3707 Rn 27). Da sich in Abs IV S 1 Nr 2 eine solche Einschränkung für den Reiseveranstalter nicht findet, könnte dieser auch bei Umständen während der Anreise zurücktreten. Es ist indes nicht davon auszugehen, dass durch den Unionsgesetzgeber die Rechte der Reisenden in der Form verkürzt werden sollten, dass außergewöhnliche Umstände auf der Anreise ausgeschlossen sind, da dies die häufigsten Probleme sein werden (zB Sperrung des Flugraums, so dass keine Anreise mehr möglich ist). Daher sollte das Tatbestandsmerkmal dahin ausgelegt werden, dass es darauf ankommt, dass sich die **außergewöhnlichen Umstände** auf die Reiseleistung **vor Ort auswirken** (ebenso BeckOGK/*Harke* Rn 45; MüKo/*Tonner* Rn 48). Wird die Reiseleistung an mehreren Orten erbracht, ist eine Gesamtschau vorzunehmen (Grü/*Retzlaff* Rn 10; aA *Binger* RRa 2022, 207, 208). Ist die Reiseleistung am Bestimmungsort nicht erheblich beeinträchtigt (zB weil der Reisende lediglich erheblich verspätet anreist), greift Abs III nicht ein. Da diese Auslegung konträr zum Wortlaut des Art 12 II PauschalreiseRL steht, wird diese Frage dem **EuGH vorzulegen** sein.

8 **dd) Erhebliche Beeinträchtigung.** Durch die außergewöhnlichen Umstände muss die Erbringung der Pauschalreise erheblich beeinträchtigt werden. Die Erheblichkeit wird ebenso wie in § 651k auszulegen sein. Dazu ausf § 651k Rn 14.

9 **ee) Unmittelbare Betroffenheit durch die ausgewöhnlichen Umstände.** Da die Norm voraussetzt, dass die Umstände am Bestimmungsort oder in dessen unmittelbarer Nähe aufgetreten sind, stellt sich die Frage, ob es ausreicht, wenn lediglich der **Verdacht** aufkommt, dass außergewöhnliche Umstände eintreten könnten. Insb bei **politischen Unruhen** und **Wetterphänomenen** ist es nicht immer vorhersagbar, ob die Reiseleistung vor Ort tatsächlich betroffen sein wird. Es wird dem Reisenden jedoch häufig kaum zuzumuten sein, sich dann an den Bestimmungsort zu begeben, um auf den Nichteintritt zu hoffen. Daher reicht es aus, wenn mit dem Eintritt des Umstands mit **erheblicher** und nicht erst mit überwiegender **Wahrscheinlichkeit** zu **rechnen** ist (BGH RRa 2002, 260). Der BGH hat wegen eines Hurrikans im Zielgebiet die Unzumutbarkeit bei einer Eintreffwahrscheinlichkeitsquote von 25 % angenommen, zugleich aber betont, dass diese Quote keine feste Größe ist, sondern fallweise unter Berücksichtigung des konkreten Reisevertrags bestimmt werden müsse (so auch LG Düsseldorf RRa 2022, 32 – CoVID-19; LG Leipzig RRa 2022, 235 – CoVID-19). Das Bestehen einer Reisewarnung des Auswärtigen Amtes stellt in der Regel ein erhebliches Indiz für das Vorliegen außergewöhnlicher Umstände am Bestimmungsort dar (BGH NJW 2022, 3707 Rn 47; NJW 2022, 3711 Rn 29). Solche Umstände können aber auch vorliegen, wenn eine Warnung nicht ergangen ist. Zu berücksichtigen sind auch Stellungnahmen fachkundiger Stellen wie des RKI und der WHO sowie sonstige Äußerungen und Meldungen, die hinreichend zuverlässig Aufschluss über zu erwartende Gefahren und Beeinträchtigungen geben (BGH NJW 2022, 3707 Rn 48; NJW

2022, 3711 Rn 30). Ist eine Reisewarnung nur befristet, ist die Indizfunktion für die Zukunft darüber hinaus eher gering, wenn eine Verlängerung nicht absehbar ist (BGH NJW 2022, 3707 Rn 48).

ff) Fallgruppen. In ErwGr 31 PauschalreiseRL sind Bsp für die außergewöhnlichen Umstände aufgeführt. Daraus sowie der Kasuistik zu Art 5 III Fluggastrechte-VO lassen sich sechs Fallgruppen ableiten. **(1) Naturkatastrophen.** Bei Naturkatastrophen wird die Bewertung davon abhängen, wie das Tatbestandsmerkmal „am Bestimmungsort oder in unmittelbarer Nähe“ ausgelegt wird. Die Naturkatastrophen treten häufig nicht direkt in der Nähe auf, beeinträchtigen aber die Leistung vor Ort. Ggf wird hier die Frage dem EuGH vorzulegen sein; bejaht (zu § 651j aF) BGH NJW 1990, 572 – Reaktorunglück; BGH RRa 2002, 260 – Hurrikan; BGH RRa 2013, 108 Rn 20 – Aschewolke bei Vulkanausbruch; AG Herne-Wanne NJW 1999, 3495 – Lawinenstufe 5; AG Dachau RRa 2006, 78 – Tsunami; LG Frankfurt NJW-RR 1990, 761 – Algenpest; zur Störung durch Wetterphänomäne während der Beförderung Tonner/Bergmann/Blankenburg/*Blankenburg* § 4 Rn 155 mwN. **(2) Schwere Krankheit.** Auch die Erkrankung des Reisenden stellt einen außergewöhnlichen Umstand dar. Problematisch wird das Tatbestandsmerkmal „am Bestimmungsort oder in unmittelbarer Nähe“, wenn im Land Epidemien ausbrechen und der Reisende aufgrund der Gesundheitsgefahr nicht anreist (ausf zur **Corona-Pandemie** Rn 11); **bejaht** AG Augsburg RRa 2005, 84 – SARS; AG Frankfurt RRa 2011, 144 – Erkrankung eines Passagiers; **verneint** AG Königstein RRa 1996, 32 – Pest in 250 km Entfernung vom Reiseort; LG Darmstadt RRa 2011, 290, 292; RRa 2015, 125, 126 – Erkrankung der Crew eines Flugzeugs. **(3) Technisches Versagen.** Kommt es zu technischen Problemen bei der Bereitstellung des Beförderungsmittels oder der Unterkunft, wird zu prüfen sein, ob die Ursache aus der Sphäre des Reiseveranstalters kommt oder von Dritten gesetzt wurde (EuGH RRa 2019, 109 Rn 25; RRa 2019, 219 Rn 18ff); **bejaht** EuGH RRa 2017, 174 – Vogelschlag; EuGH RRa 2019, 109 Rn 25 – Beschädigung durch einen Fremdkörper, der von einem anderen Flugzeug stammt; EuGH RRa 2019, 219 Rn 18 – Treibstoff eines anderen Flugzeugs auf dem Rollfeld; **verneint** BGH NJW 1987, 1938 – Feuer auf einem Kreuzfahrtschiff; BGH RRa 2002, 159 – Beschaffung des Leistungsgegenstands fällt in das Betriebsrisiko des Reiseveranstalters; EuGH RRa 2015, 15 Rn 15 – Kollision mit einem Treppenfahrzeug. **(4) Terrorgefahr/Kriegsgefahren.** Bei Terror- oder Kriegsgefahren lag bei § 651j aF der Schwerpunkt auf der Erheblichkeit. Zukünftig wird die Einordnung davon abhängen, wie das Tatbestandsmerkmal „am Bestimmungsort oder in unmittelbarer Nähe“ ausgelegt wird. Anders als nach § 651j kommt es auf die Vorhersehbarkeit nicht mehr an; **bejaht** LG Frankfurt NJW-RR 1991, 691 – Politische Unruhen in Sri Lanka (aA Düsseldorf NJW-RR 1990, 573, da vorhersehbar); LG Frankfurt NJW-RR 1991, 1205 – Politische Unruhen in China; LG Frankfurt RRa 2015, 225 – Politische Unruhen in Ägypten; AG Hannover RRa 2002, 226 – Anschläge vom 11. September 2001 bei Aufenthalt in den USA; AG Bielefeld RRa 2004, 173 – Anschläge in Istanbul; **verneint** mangels unmittelbarer Auswirkung LG Bonn RRa 2003, 214 – Anschläge vom 11. September 2001 bei Aufenthalt in der Dominikanischen Republik; LG Düsseldorf RRa 2008, 117; AG Düsseldorf NJW-RR 2000, 1441; AG Bad Homburg NJW-RR 1994, 635 – Terrorgefahr durch PKK-Anschläge (aA AG Worms NJW-RR 2001, 348); AG München RRa 2004, 183 – Kreuzfahrt im Mittelmeer während des Irakkriegs. **(5) Behördliche Anordnungen. Bejaht** Frankfurt RRa 2004, 258 – kurzfristige, unangekündigte und unvorhersehbare Einführung einer Visumspflicht für das Zielland, wenn das Visum nicht mehr rechtzeitig beschafft werden kann; **verneint** Köln NJW-RR 1993, 1019 – Beschlagnahme eines Flugzeugs, wenn ausreichend Zeit zur Ersatzbeschaffung besteht; LG Stuttgart RRa 2014, 144 (aA LG Darmstadt 18.12.2013 – 7 S 90/13) – Nachtlandeverbot, wenn die Verschiebung des Flugs nicht selbst auf außergewöhnlichen Umständen beruht. **(6) Streik.** Der BGH ging iRd Fluggastrechte-VO davon aus, dass ein Streik grds ein außergewöhnlicher Umstand ist. Dabei wurde nicht danach differenziert, ob dieser von eigenen Mitarbeitern oder von Dritten ausging (BGH RRa 2012, 288 Rn 19ff; RRa 2014, 293 Rn 14). Der Streikaufruf solle von Außen auf das Unternehmen wirken und nicht Teil der gewöhnlichen Tätigkeit sein. Der EuGH ist dem nicht gefolgt. Zunächst hat er bei einem **wilden Streik**, dh ein nicht von einer Gewerkschaft organisierter Streik, festgestellt, dass dieser **kein außergewöhnlicher Umstand** ist (EuGH RRa 2018, 117 Rn 48). Nach dem EuGH kommt es für die Einstufung nicht darauf an, ob der Streik nach dem nationalen Recht zulässig ist oder nicht (EuGH RRa 2018, 117 Rn 47). Diese Rspr hat der EuGH im Anschluss auch auf den regulären Streik der Mitarbeiter übertragen (EuGH RRa 2021, 120 Rn 30; RRa 2021, 275 Rn 21). Der Umstand soll grds beherrschbar sein, da Einfluss auf das Verhalten der Arbeitnehmer genommen werden kann. Dies gilt unabhängig davon, ob die Forderungen der Streikenden möglicherweise unangemessen oder unverhältnismäßig sind (EuGH RRa 2021, 120 Rn 45; RRa 2021, 275 Rn 31). Übertragen auf den Reiseveranstalter bedeutet dies, dass ein **Streik von Dritten**, die nicht rechtsgeschäftlich vom Reiseveranstalter in die Vertragserfüllung einbezogen wurden (zB Fluglotsen, Sicherheitspersonal am Flughafen), als außergewöhnliche Umstände anzusehen sind (BGH RRa 2019, 22 Rn 12ff). Der **Streik interner Mitarbeiter** wird hingegen nicht als außergewöhnlicher Umstand zu klassifizieren sein (LG Hamburg 3.6.2019 – 321 S 22/18; LG Korneuburg NJW-RR 2019, 635). Probleme werden Streiks bei den Leistungserbringern bereiten. Auf diese hat der Reiseveranstalter grds keinen Einfluss (so LG Frankfurt RRa 2020, 36). Allerdings ließe sich auch die Auffassung vertreten, dass es keinen Unterschied machen könne, ob der Reiseveranstalter eigene Hotels führe oder nur bei Dritten solche anmiete (so LG Stuttgart RRa 2019, 171 für das Wet-Lease; so wohl auch *Ullenboom* RRa 2021, 155, 157). Die Frage sollte trotz der zur Fluggastrechte-VO ergangenen Entscheidungen dem **EuGH vorgelegt** werden. 10

(7) Corona-Pandemie: Seit 2020 grassiert weltweit der SarS-Cov2-Virus (Corona). Aufgrund teilw weltweit geltender Reisewarnungen sind im Rahmen dieser Pandemie eine Vielzahl von Reisen abgesagt oder storniert worden (ausf dazu Tonner/Bergmann/Blankenburg/*Bergmann* § 1 Rn 319ff; *Hopperdietzel* RRa 2022, 3ff). Dem 11

Rückzahlungsbegehren des Reisenden für den angezahlten Reisepreis wird der Reiseveranstalter Stornierungskosten entgegenhalten. Diese sind lediglich dann ausgeschlossen, wenn die Reise aufgrund von **außergewöhnlichen Umständen** erheblich beeinträchtigt wurde. Grds kann eine epidemische Lage außergewöhnliche Umstände begründen (BGH NJW 2022, 3707 Rn 24, NJW 2022, 3711 Rn 23). Es bedarf aber einer **Bestimmung in jedem Einzelfall**, so dass zwischen der abstrakten Gefahr der Pandemie und den konkreten Einschränkungen der Reise zu differenzieren ist. Die Gefahr einer Erkrankung führt dann zu einem außergewöhnlichen Umstand, wenn sie sich signifikant erhöht hat. Nicht ausreichend ist das lediglich subjektive Empfinden, dass ein höheres Gefährdungspotential bestehe (LG Hannover RRa 2022, 29; AG München RRa 2021, 85). Unerheblich ist, dass die Pandemie auch am Heimatort zu Erkrankungen führt (BGH NJW 2022, 3707 Rn 28). Einschränkungen am Zielort zur Verhinderung der Ausbreitung des Virus können ebenfalls außergewöhnliche Umstände begründen. Dies wird der Fall sein, wenn die ganze Reise oder wesentliche Teile der Reiseleistungen nicht erbracht werden können (zB Unterkunft geschlossen) oder wenn Highlights der Reise entfallen müssen. Einzelne Einschränkungen (zB fehlendes Buffet/Animationen) begründen grds keine außergewöhnlichen Umstände, sondern führen nur zur Minderung (LG Düsseldorf RRa 2021, 30). Die Verpflichtung zum permanenten Tragen einer Maske im öffentlichen Bereich stellt eine erhebliche Beeinträchtigung dar (AG Düsseldorf NJW-RR 2021, 715; MüKo/*Tonner* Rn 39; aA LG Frankfurt NJW-RR 2022, 706). Für den Nachweis des Reisenden, dass die Reiseregion durch die Pandemie erheblich betroffen ist, stellt eine Reisewarnung des Auswärtigen Amtes ein Indiz dar. Der Nachweis kann aber auch durch die Einschätzung anderer Stellen (zB Robert-Koch-Institut) geführt werden (BGH NJW 2022, 3707 Rn 48). Die überwiegende Anzahl der Entscheidungen ging bisher davon aus, dass der Reisende das Risiko einer Fehleinschätzung trägt und auch dann eine Entschädigungspflicht besteht, wenn die Reise trotz positiver ex-ante-Prognose nicht durchgeführt wird (LG Duisburg RRa 2022, 69; LG Hannover RRa 2022, 29; LG Kassel RRa 2022, 73 (mwN); LG Düsseldorf RRa 2021, 30; AG Frankfurt RRa 2020, 231; AG Düsseldorf NJW-RR 2021, 715; LG Stuttgart 22.7.2021 – 5 S 217/20; AG Duisburg RRa 2021, 72; RRa 2021, 116; AG Hannover, RRa 2021, 172; AG Düsseldorf NJW-RR 2021, 930; AG Köln RRa 2021, 70; AG München RRa 2021, 85; AG Stuttgart RRa 2021, 87; aA LG Frankfurt 14.10.2021 – 2-24 O 40/21; AG Düsseldorf RRa 2021, 225; AG München RRa 2022, 26; BeckOGK/*Harke* Rn 48; zur Anwendung des § 326 in diesen Fällen AG München RRa 2022, 26 m krit Anm *Ruks* RRa 2022, 12). Der BGH hat die Frage dem EuGH zur Entscheidung vorgelegt (BGH MDR 2022, 1334ff, krit dazu *Staudinger/Busse* NJW 2022, 2807). Mit den dort aufgeführten Argumenten ist davon auszugehen, dass auch der sehr verbraucherfreundlich eingestellte EuGH dahin urteilen wird, dass nachträgliche Umstände zu berücksichtigen sind. Der Reiseveranstalter ist aufgrund der Corona-Pandemie nicht befugt, die Reise umzubuchen oder Reisegutscheine auszustellen (LG Freiburg NJW-RR 2021, 928; LG Frankfurt aM? 17.11.2021 – 2-24 O 189/20; ausf dazu Tonner/Bergmann/Blankenburg/*Bergmann* § 1 Rn 338ff).

12 **III. Rücktritt des Reiseveranstalters (Abs IV).** Der Reiseveranstalter (s § 651a Rn 3) kann nur unter den Voraussetzungen des Abs IV vom Reisevertrag zurücktreten. Anders als dem Reisenden steht ihm kein freies Rücktrittsrecht zu.

13 **1. Voraussetzungen. a) Nichterreichen der Mindestteilnehmerzahl (Nr 1). aa) Vereinbarung im Vertrag.** Im Vertrag muss eine Mindestteilnehmerzahl vereinbart sein. Da Abs IV anders als Abs II nur eine Vereinbarung im **Vertrag, nicht** jedoch in den vorformulierten Vertragsbedingungen nennt, kann die Festlegung der Mindesteilnehmerzahl nicht in **vorformulierten ARB** erfolgen. Die Norm macht keine Angaben hinsichtl der zulässigen Höhe der Mindestteilnehmerzahl, so dass der Reiseveranstalter in der Festlegung grds frei ist. **bb) Erklärung des Rücktritts.** Der Reiseveranstalter hat den Rücktritt ggü dem Reisenden durch eine **formfreie Willenserklärung** zu erklären. Die Rücktrittserklärung muss dem Reisenden **zugehen.** Bei einer **Familienreise** ist sie vom Reiseveranstalter oder seinem Vertreter dem Buchenden ggü abzugeben, bei einer **Gruppenreise** ggü jedem einzelnen Mitglied. Ist der Buchende durch einen anderen Reiseteilnehmer ersetzt worden (§ 651e), ist die Rücktrittserklärung dem in den Vertrag eingetretenen Reisenden ggü auszusprechen. **cc) Rücktrittsfristen.** Die Rücktrittserklärung muss innerhalb der im Vertrag vereinbarten Frist erfolgen. Abs IV setzt abhängig von der Reisedauer **Höchstgrenzen** von zulässigen Fristen. Bei einer Reise von mehr als sechs Tagen beträgt die **Frist 20 Tage** vor dem Reisebeginn. Bei einer Reisedauer von zwei bis sechs Tagen beträgt die Frist **sieben Tage** vor Reisebeginn, iÜ **48 Stunden** vor dem Reisebeginn.

14 **b) Verhinderung aufgrund unvermeidbarer, außergewöhnlicher Umstände (Nr 2).** Der Reiseveranstalter muss aufgrund von unvermeidbaren, außergewöhnlichen Umständen an der Erfüllung des gehindert sein. **aa) Unvermeidbare außergewöhnliche Umstände.** Ebenso wie Abs III stellt die Norm auf unvermeidbare, außergewöhnliche Umstände ab. Dazu ausf Rn 6ff. In beiden Normen wird der **Begriff** grds **gleich auszulegen** sein. Hinsichtl des Rücktritts des Reiseveranstalters ist allerdings nicht die Einschränkung enthalten, dass die Umstände am **Bestimmungsort** oder in dessen unmittelbarer Nähe eingetreten sein müssen. Anders als beim Reisenden können auch Umstände, die bei der Beförderung oder bei Ausflügen auftreten, als rücktrittsberechtigende Umstände klassifiziert werden. Rechtspolitisch erscheint es zweifelhaft, insoweit eine Differenzierung zw den Beteiligten vorzunehmen. Da auch Art 12 PauschalreiseRL eine entspr Differenzierung aufweist, ist sie jedoch europarechtskonform. **bb) Hinderung an der Vertragserfüllung.** Der Reiseveranstalter muss an der Vertragserfüllung gehindert sein. Unklar bleibt nach dem Wortlaut der Norm, ob die **gesamte Vertragserfüllung** oder nur eine **teilweise** gemeint ist. Da hinsichtl des Rücktrittsrechts des Reisenden auf die erhebliche Beeinträchtigung der Reise abgestellt wird, kann beim Reiseveranstalter aufgrund des abweichenden Wortlauts nicht ebenfalls nur eine erhebliche Beeinträchtigung gemeint sein. Vielmehr muss der Reiseveranstalter insoweit an der Erfüllung gehin-

dert sein, dass die Vertragserfüllung nicht mehr der gebuchten Reise entspricht. Nur wenn die Reise gar **nicht** oder **nahezu komplett nicht** erbracht werden kann, kommt ein Rücktritt in Betracht. **cc) Erklärung des Rücktritts.** Die Rücktrittserklärung des Reiseveranstalters muss unverzüglich nach Kenntnis vom Rücktrittsgrund ggü dem Reisenden erfolgen. Unverzüglich bedeutet **ohne schuldhaftes Zögern**. Dem Reiseveranstalter wird je nach Umstand eine Organisationsfrist zuzubilligen sein, innerhalb derer er prüfen kann, ob er trotz des außergewöhnlichen Umstandes die Reise wie vereinbart erbringen kann. Fällt die Prüfung negativ aus, hat der umgehend den Rücktritt zu erklären. Die Rücktrittserklärung muss dem Reisenden **zugehen**.

2. Rechtsfolgen. Tritt der Reiseveranstalter unter den Voraussetzungen des Abs IV S 1 zurück, **verliert** er den **Anspruch** auf den **Reisepreis**. Bereits gezahlte Beträge sind gem Abs V zu erstatten (Rn 15). Ein Anspruch auf eine **Entschädigung** besteht nicht (BT-Drs 18/10822, 77). Liegt hingegen kein Rücktrittsgrund vor oder erfolgt die Erklärung nicht innerhalb der Frist, ist der Rücktritt **unwirksam**. Der Reisende muss dann seine **Gewährleistungsansprüche** geltend machen, wenn der Reiseveranstalter die Reise nicht wie vereinbart erbringt. 15

IV. Rückzahlung des Reisepreises (Abs V). 1. Ist der Anspruch des Reiseveranstalters auf Zahlung des Reisepreises entfallen und hat der Reisende bereits eine Anzahlung geleistet, muss der Reiseveranstalter die Anzahlung **unverzüglich zurückzahlen**. Unverzüglich bedeutet ohne schuldhaftes Zögern. Dem Reiseveranstalter ist insoweit eine kurze Bearbeitungszeit zu gewähren, innerhalb derer er intern die Auszahlung veranlassen muss. Abs V normiert als **Höchstfrist 14 Tage** ab Zugang der Rücktrittserklärung. Da der Rückzahlungsanspruch mit Wirksamkeit des Rücktritts fällig wird, wird der Reiseveranstalter bei Überschreiten der Auszahlungsfrist gem § 286 II Nr 2 ohne weitere Fristsetzung in Verzug gesetzt (BaRo/*Geib* Rn 8; Führich/*Staudinger* § 16 Rn 10). Zur Möglichkeit von Gutscheinen s. Rn 17. Anders als Art 12 IV 1 PauschalreiseRL sieht Abs V nicht die Möglichkeit des Abzugs einer angemessene **Rücktrittsgebühr** vor. Da eine Vollharmonisierung angestrebt ist, erscheint es fraglich, ob insoweit zum Nachteil des Reiseveranstalters von der RL abgewichen werden kann. Die Frage ist dem **EuGH vorzulegen**, wenn ein Reiseveranstalter eine Rücktrittsgebühr mit dem Rückzahlungsanspruch aufrechnen sollte. 16

2. Die Rückzahlungspflicht ist grds durch Barzahlung oder Überweisung zu erfüllen. Der Reiseveranstalter ist nicht berechtigt, anstatt der Rückerstattung einen Reisegutschein auszuhändigen (LG Frankfurt 17.11.2021 – 2-24 O 189/20). Der Reisende trüge anderenfalls das Insolvenzrisiko des Reiseveranstalters. Im Rahmen der Corona-Pandemie wurde mit Art 240 § 6 EGBGB eine Sonderregelung geschaffen. Damit war es dem Reiseveranstalter möglich, bei Verträgen, die vor dem 8.3.2020 geschlossen wurden, dem Reisenden einen Reisegutschein anzubieten (ausf Tonner/Bergmann/Blankenburg/*Bergmann* § 1 Rn 340ff). Der Reisende war indes nicht verpflichtet, diesen anzunehmen (LG Freiburg NJW-RR 2021, 928). Bei Reisegutscheinen, die bis zum 31.12.2021 nicht eingelöst wurden, waren die Vorauszahlungen unverzüglich zurückzuzahlen (Art 240 § 6 V EGBGB). 17

V. Konkurrenzen. Das Rücktrittsrecht vor Reiseantritt bestimmt sich primär nach § 651h. Der Vorschrift geht § 651g vor, jedoch verweist diese Norm im Ergebnis auf § 651h. § 651h IV ist ein **Spezialfall** des **Wegfalls der Geschäftsgrundlage**. Wie bereits § 651j aF verdrängt auch § 651h in seinem Anwendungsbereich § 313 (BGH RRa 2013, 108 Rn 18; Grü/*Retzlaff* Rn 2; gegen ein Recht zur Umbuchung aus § 313 LG Frankfurt 17.11.2021 – 2-24 O 189/20). Ebenso werden die Normen des allg Leistungsstörungsrechts (§§ 275, 326) verdrängt (BaRo/*Geib* Rn 4). Wird dem Reisenden bereits vor Reiseantritt ein Mangel bekannt, der zu einer Kündigung gem § 651l berechtigt, kann der Reisende bereits **vor Reiseantritt** nach dieser Norm **kündigen**. Es wäre ein reiner Formalismus, wenn vom Reisenden erwartet werden würde, dass er die Reise antritt und dann unmittelbar kündigt. Ist eine Kündigung nach § 651i oder § 651l unwirksam, kann diese in eine Kündigung gem § 651h umgedeutet werden (ebenso BeckOGK/*Harke* Rn 19). 18

VI. Darlegungs- und Beweislast. Wer sich auf die Rechtsfolgen des Rücktritts beruft, muss den Zugang der Rücktrittserklärung darlegen und beweisen. Der **Reiseveranstalter** muss darlegen und beweisen, dass die Voraussetzungen für die konkrete Entschädigung vorliegen (BGH RRa 2022, 127 Rn 16). Bei einer pauschalierten Entschädigung muss er ggf die Wirksamkeitsvoraussetzungen darlegen und beweisen. Macht der **Reisende** den Ausschluss einer Entschädigung gem Abs II geltend, muss er das Vorliegen der außergewöhnlichen, unvermeidbaren Umstände darlegen und beweisen. 19

Vorbemerkung vor § 651i

I. Einführung, Kennzeichnung. Die **§§ 651i–651p** regeln das reisevertragl Gewährleistungsrecht als ein **geschlossenes Regime**, welches die §§ 633ff des allg Werkvertragsrechts grds unanwendbar macht (BT-Drs 18/10822, 77). Durch die Reiserechtsreform wurde allerdings der Mangelbegriff an die Regelungen des Kauf- und Werkvertragsrechts angepasst. Den Reiseveranstalter trifft eine **verschuldensunabhängige Einstandspflicht** für Mängel der Reiseleistungen. Im Mittelpunkt steht § 651i mit seinem Zentralbegriff des **„Mangels"**. Der einfache Mangel berechtigt zur Minderung des Reisepreises, während der erhebliche Mangel, also ein solcher, der zu einer erheblichen Reisebeeinträchtigung führt, besondere Bedeutung hat (§ 651e I, § 651f II). 1

Bei **Mängeln jeder Art**, also sowohl bei „einfachen" als auch bei „erheblichen" Mängeln, kann der Reisende **Abhilfe** verlangen (§ 651k) und nach vergeblichem Ablauf einer gesetzten Frist den Mangel auf Kosten des Reiseveranstalters **selbst beseitigen** (§ 651k II). Darüber hinaus kann der Reisende ab Eintritt des Mangels kraft Ge- 2 setzes eine **Minderung** des Reisepreises verlangen (§ 651m). Außerdem kann der Reisende grds **Schadensersatz wegen Nichterfüllung** geltend machen (§ 651n I). – Bei **erheblichen Mängeln** wird die Rechtslage des Reisenden zusätzl durch folgende Befugnisse verbessert: Er kann nach Fristablauf den Vertrag **„kündigen"** (§ 651l) sowie eine **(Geld-)Entschädigung** wegen **nutzlos aufgewendeter Urlaubszeit** geltend machen (§ 651n II).

3 **II. Verhältnis des reisevertraglichen Gewährleistungsrechts zu den allgemeinen Vorschriften.** Da das Reisevertragsrecht ursprüngl in einem eigenständigen Reiseveranstaltungsgesetz festgeschrieben werden sollte, hatten die Entwürfe von 1976 und 1977 ein eigenständiges Leistungsstörungsrecht konzipiert (dazu *Taesler*, 49ff), das einen Rückgriff auf das Leistungsstörungsrecht des BGB nicht erforderlich machte. Dieses Konzept wurde unverändert übernommen, als das Regelwerk in das BGB eingegliedert wurde. Es galt als gefestigte Meinung, dass die **Sondervorschriften** der §§ 651c ff aF in ihrem Anwendungsbereich die allg Vorschriften weitgehend zurückdrängen oder ausschließen (hM; BGH NJW 1983, 35; 1986, 1748; 2000, 1188 = RRa 2000, 85 – Clubreise; 2005, 1047 = RRa 2005, 57 – Überbuchung). An dieser Auffassung hat der Gesetzgeber auch bei der Reiserechtsreform festgehalten und sieht weiterhin die **Einheitslösung** des **BGH** als maßgeblich an (BT-Drs 18/10822, 77). Von der Sperrwirkung nicht erfasst werden aber solche Leistungsstörungen, die sich nicht auf den Nutzen der Reise auswirken, also keinen Reisemangel darstellen (MüKo/*Tonner* Rn 36). Im Einz gilt Folgendes:

4 **1. Unmöglichkeit.** Zum alten Reiserecht wurde die Auffassung vertreten, dass danach zu differenzieren ist, wann die Unmöglichkeit eingetreten ist. Dies lässt sich aufgrund § 651i II 3 nicht mehr aufrechterhalten. Ein **Mangel** ist danach auch gegeben, wenn der Reiseveranstalter die Reise nicht verschafft. Es ist daher nicht mehr darauf abzustellen, ob die Unmöglichkeit vor oder nach Vertragsschluss eingetreten ist. Vielmehr reicht allein die Unfähigkeit, die Reise zu erbringen, um einen Mangel zu begründen (ebenso MüKo/*Tonner* § 651i Rn 37; Führich/*Staudinger* § 17 Rn 3).

5 **2. Verzug.** Da der Reisevertrag ein **relatives Fixgeschäft** ist, sind die §§ 280, 286ff, 323 zwar grds anwendbar, doch liegt gem § 651i II 3 dann auch ein Mangel vor. Die Anwendung der allg Verzugsvorschriften ist damit versperrt (MüKo/*Tonner* § 651i Rn 37).

6 **3. § 280 I (pVV).** Eine Haftung aus diesem Rechtsgrund ist nur in seltenen Fällen gegeben. Die Vorschrift ist anwendbar, wenn die Pflichtverletzung **nicht** zu einem **Mangel** führt (MüKo/*Tonner* § 651i Rn 36; Führich/*Staudinger* § 17 Rn 3), so dass (über § 651n) weder der unmittelbare Schaden noch ein Mangelfolgeschaden geltend gemacht werden kann.

7 **4. § 311 II (cic).** Die Vorschrift ist grds anwendbar, aber nach dem Grundsatz des Vorrangs der §§ 651i ff **ausgeschlossen**, soweit das vorvertragl Fehlverhalten zu einem **Mangel** der Reise geführt hat (BGHZ 100, 157, 181). § 311 II wäre anzuwenden, wenn dem Reisenden infolge unterlassener oder falscher Informationen ein **Schaden** entsteht, **ohne** dass es zu einer **Störung der Reise** kommt. Werden allerdings die Belehrungspflichten gem § 651d iVm Art 250 EGBGB verletzt, liegt ein Reisemangel vor, so dass der Vorrang der reiserechtl Gewährleistung eingreift.

8 **5. § 313 (Störung der Geschäftsgrundlage). Gewährleistungsmängel** und Störungen der Geschäftsgrundlage **schließen** einander grds **aus**. Soweit daher die Haftung für Reisemängel reicht, kann der Reiseveranstalter sich nicht auf die gestörte Geschäftsgrundlage berufen. Die Regeln über den Wegfall der Geschäftsgrundlage sind deshalb nur anwendbar, wenn für die Reise wesentliche Umstände nachträgl wegfallen, die nicht zu den Leistungspflichten des Reiseveranstalters gehören (dazu MüKo/*Tonner* § 651i Rn 31).

9 **III. Verhältnis des reisevertraglichen Gewährleistungsrechts zu anderen speziellen Vertragshaftungen.** Aus der Qualifizierung des Reisevertrags als einen eigenständigen Vertragstypus des Besonderen Schuldrechts folgt, dass daneben andere, **spezielle Vertragshaftungen grds ausscheiden** (ebenso Führich/*Staudinger* § 17 Rn 5). Die Reise umfasst zwar Einzelleistungen, die, isoliert betrachtet, oft auch anderen Vertragstypen zugeordnet werden können. Der Reiseveranstalter schuldet sie aber (nur) als Bestandteil der Gesamtheit von Reiseleistungen („Reise") und nicht als Partner eines anderen Vertragstyps, also – falls die Unterkunft zur Reise gehört – nicht etwa als „Vermieter" (mit der Folge der Haftung aus § 536a I) oder als „Gastwirt" (mit der Folge der Haftung aus §§ 701ff).

10 **IV. Verhältnis des reisevertraglichen Gewährleistungsrechts zum Deliktsrecht.** Verletzt der Reiseveranstalter seine Verkehrssicherungspflicht oder hat er für das Verhalten eines Verrichtungsgehilfen einzustehen, kommt eine Haftung nach §§ 823ff in Betracht. Diese wird durch die reiserechtl Gewährleistungsansprüche grds **nicht verdrängt** (Grü/*Retzlaff* Rn 4; aA Führich/*Staudinger* § 17 Rn 6, der eine richtlinienkonforme Auslegung für erforderlich hält).

§ 651i Rechte des Reisenden bei Reisemängeln

(1) Der Reiseveranstalter hat dem Reisenden die Pauschalreise frei von Reisemängeln zu verschaffen.

(2) Die Pauschalreise ist frei von Reisemängeln, wenn sie die vereinbarte Beschaffenheit hat. Soweit die Beschaffenheit nicht vereinbart ist, ist die Pauschalreise frei von Reisemängeln,

1. wenn sie sich für den nach dem Vertrag vorausgesetzten Nutzen eignet, ansonsten

2. wenn sie sich für den gewöhnlichen Nutzen eignet und eine Beschaffenheit aufweist, die bei Pauschalreisen der gleichen Art üblich ist und die der Reisende nach der Art der Pauschalreise erwarten kann.

Ein Reisemangel liegt auch vor, wenn der Reiseveranstalter Reiseleistungen nicht oder mit unangemessener Verspätung verschafft.

(3) Ist die Pauschalreise mangelhaft, kann der Reisende, wenn die Voraussetzungen der folgenden Vorschriften vorliegen und soweit nichts anderes bestimmt ist,
1. nach § 651k Absatz 1 Abhilfe verlangen,
2. nach § 651k Absatz 2 selbst Abhilfe schaffen und Ersatz der erforderlichen Aufwendungen verlangen,
3. nach § 651k Absatz 3 Abhilfe durch andere Reiseleistungen (Ersatzleistungen) verlangen,
4. nach § 651k Absatz 4 und 5 Kostentragung für eine notwendige Beherbergung verlangen,
5. den Vertrag nach § 651l kündigen,
6. die sich aus einer Minderung des Reisepreises (§ 651m) ergebenden Rechte geltend machen und
7. nach § 651n Schadensersatz oder nach § 284 Ersatz vergeblicher Aufwendungen verlangen.

I. Pflicht des Reiseveranstalters zur mangelfreien Leistung (Abs I). Der Reiseveranstalter hat die Reise frei von Mängeln zu erbringen. Die Vorschrift entspricht den kauf- und werkvertragsrechtl Regelungen (§ 434 I, § 634 I). Kommt er dieser Pflicht nicht nach, stehen dem Reisenden die Gewährleistungsrechte zu. Diese sind zur Übersicht in Abs III aufgeführt. 1

II. Der Mangelbegriff (Abs II). Der Reisemangel ist in Abs II definiert und besteht aus vier Unterfällen des Mangels. Grds ist in sämtlichen Alternativen erforderlich, dass die Soll- von der Istbeschaffenheit abweicht. 2

1. Vereinbarte Beschaffenheit (S 1). Ein Mangel liegt dann vor, wenn eine vereinbarte Beschaffenheit der Reise fehlt. **a) Explizite Vereinbarungen. aa) Vereinbarung mit dem Reiseveranstalter.** Eine Beschaffenheit ist grds dann **vereinbart**, wenn zw den Parteien explizit bestimmt wurde, dass die Reise eine **konkrete Eigenschaft** aufweisen soll. Solche expliziten Vereinbarungen stellen insb die in den **vorvertragl Informationen** aufgeführten Angaben gem Art 250 § 3 EGBGB sowie die in der **Vertragsbestätigung** aufgeführten Vereinbarungen gem Art 250 § 6 II Nr 1 EGBGB dar (ebenso MüKo/*Tonner* Rn 8; Führich/*Staudinger* § 17 Rn 9). Die Vereinbarungen können sowohl schriftlich als auch mündlich erfolgen. Erklärungen von Mitarbeitern muss sich der Reiseveranstalter entweder über **§§ 54ff HGB** oder die Grundsätze der **Anscheinsvollmacht** zurechnen lassen (BaRo/*Geib* Rn 9). **bb) Vereinbarung mit dem Reisebüro.** Eine Zurechnung von Vereinbarungen zulasten des Reiseveranstalters ist auch dann möglich, wenn diese zw dem Reisenden und dem Reisebüro erfolgen. Ist das Reisebüro ständig mit der Vermittlung von Reiseverträgen betraut, handelt es als **Handelsvertreter** gem §§ 84ff HGB (BGH NJW 1982, 377). Eine Zurechnung von Erklärungen erfolgt gem §§ 91, 55, 54 HGB. Danach gehen Erklärungen dem Reiseveranstalter zu, sobald sie dem Reisebüro zugegangen sind. Das Risiko einer unterlassenen oder **fehlerhaften Übermittlung** durch das Reisebüro hat der Reiseveranstalter zu tragen (BGH NJW 1982, 377). Dies gilt auch, wenn die Zusage erst während der allg Beratung erfolgt und erst danach ein konkreter Reiseveranstalter ausgewählt wird (aA LG Frankfurt/M NJW-RR 1999, 931). Werden hingegen Zusicherungen **entgegen** dem **Prospektinhalt** gemacht, sind diese nicht dem Reiseveranstalter zuzurechnen (Düsseldorf NJW-RR 2005, 644; Frankfurt NJW-RR 1995, 1462; LG Frankfurt/M NJW-RR 1987, 495; NJW-RR 1999, 932; BaRo/*Geib* Rn 11; diff Celle 6.9.2020 – 11 U 113/19 Rn 48ff). Das Reisebüro handelt dann offensichtlich unter **Missbrauch** der **Vertretungsmacht**, da der Reisende nicht davon ausgehen kann, dass dieses ohne weiteres befugt ist, von den Prospektangaben abzuweichen. 3

b) Konkludente Vereinbarungen. Der Begriff der Vereinbarung wird im Reiserecht weit gefasst. Nach ErwGr 26 PauschalreiseRL sollen auch **Basisinformationen** zu wesentlichen Eigenschaften der Reiseleistungen, die in der **Werbung**, auf der **Website** des Reiseveranstalters oder in Prospekten als **vorvertragl Informationen** enthalten sind, verbindlich sein. Die Gesetzesbegr geht davon aus, dass auch in diesen Fällen eine vereinbarte Beschaffenheit vorliegt (BT-Drs 18/10822, 78). Grds ist es zwar zutreffend, dass konkrete Beschreibungen in Prospekten und Katalogen Vereinbarungen über bestimmte Eigenschaften seien können. Für eine korrekte Abgrenzung zw den Mangelalternativen bedarf es jedoch einer diff Betrachtung zw konkreten Angaben zu einer bestimmten Eigenschaft und **allg Leistungsbeschreibungen** (zB Luxuskreuzfahrt, Studien-, Erholungs-, Abenteuer- oder Expeditionsreise). Sind die Eigenschaftsangaben an sich inhaltsleer und noch auslegungsbedürftig, liegt keine Beschaffenheitsvereinbarung vor, sondern es ist auf S 2 Nr 1 abzustellen. Zudem ist danach abzugrenzen, ob bestimmte Eigenschaften vorhanden sind und wie sie ausgestaltet sind. Fehlt es an einer zugesicherten Eigenschaft (zB Zusicherung einer Reitmöglichkeit), greift S 1 ein. Geht es hingegen um die konkrete Ausführung der Leistung, die nicht besonders beschrieben ist (zB bockt das Pferd), wird der Mangel unter S 2 Nr 1 oder Nr 2 zu subsumieren sein. Rechtssystematisch bedarf es daher zukünftig einer **stärker differenzierten Betrachtung der einzelnen Mängel**. 4

Für die Beschaffenheitsvereinbarung können grds **sämtliche Informationsquellen** herangezogen werden, die der Reiseveranstalter dem Reisenden zugänglich macht. Neben dem Reisevertrag sind dies insb der **Reiseprospekt** als auch die **Werbung** des Reiseveranstalters. Angaben in einer im Hotel ausliegenden **Broschüre** oder Leistungsbeschreibungen in **Katalogen** anderer Reiseveranstalter binden den Reiseveranstalter jedoch nicht (AG Charlottenburg RRa 2000, 63; AG Duisburg RRa 2006, 30). Allein die Art der Reise und der Preis begründen noch keine Beschaffenheitsvereinbarung, vielmehr sind dies lediglich Indizien für das vorausgesetzte Nutzen gem S 2 Nr 1 und Nr 2. 5

Eine Beschreibung im **Prospekt** wird nur dann zu einer konkludenten Vereinbarung, wenn die Informationen im Reisekatalog für den Reisenden wahrzunehmen sind. Informationen an Stellen, an denen der Reisende nicht 6 damit zu rechnen braucht (LG Frankfurt/M NJW-RR 1987, 495), sind unverbindlich. Der Reisende kann darauf vertrauen, dass die Angaben zur konkreten Reise in dem Prospekt an den zu erwartenden Stellen richtig und vollständig angegeben werden (BeckOGK/*Sorge* Rn 95).

7 **2. Vertraglicher Nutzen der Reise (S 2 Nr 1).** Nach S 2 Nr 1 ist eine Reise dann mangelfrei, wenn sie sich für den nach dem Vertrag vorausgesetzten Nutzen eignet. Die **Eigenschaft** der Reise, die zu einem Mangel führt, darf zw den Parteien **nicht explizit vereinbart** sein, da anderenfalls eine Beschaffenheitsvereinbarung gem S 1 vorliegt. Insb wenn die Beschreibungen der Reise nicht hinreichend konkret sind, um eine Beschaffenheitsvereinbarung gem S 1 zu sein, kann auf den nach dem Vertrag vorausgesetzten Nutzen abgestellt werden. Dies wird zum einen bei eher **allg gehaltenen Werbeaussagen** sein als auch bei sog **Fortunareisen**, bei denen die Leistungen nur nach allg Kriterien bestimmt sind (zB Hotel der gehobenen Mittelklasse; dazu LG Frankfurt/M NJW-RR 1994, 179). Nach Ausübung des Leistungsbestimmungsrechts kann bei diesen Reisen auch eine explizite Vereinbarung vorliegen (LG Osnabrück 28.1.2022 – 4 S 197/21). Die Zuordnung des Hotels oder einer Reise zu einer bestimmten Kategorie (zB 4-Sterne oder Sonnen), begründet die Erwartungen, dass die Leistung dem selbstbeschriebenen üblichen Standard des Reiseveranstalters entspricht (Celle RRa 2005, 19).

8 Ob eine Leistung durch den Reiseveranstalter geschuldet ist und damit zum Nutzen der Reise gehört, bestimmt sich grds nach den vertragl Vereinbarungen. **Unerheblich** ist, ob die Leistungen bereits mit der Buchung der Reise in **Rechnung gestellt** werden oder ob der Veranstalter die Entscheidung des Reisenden zu einem späteren Zeitpunkt ermöglicht (BGH NJW 2000, 1189). Ebensowenig spielt es eine Rolle, ob der Veranstalter die Erfüllung der vertragl Leistung selbst vornimmt oder ausführen lässt oder ob über Einzelleistungen mit dem Leistungserbringer ein weiterer – entgeltlicher – Vertrag zustande kommt (BGH NJW 2000, 1189). Lediglich wenn der Reiseveranstalter eine **Vermittlertätigkeit** wahrnimmt, hat er nicht für die Ausführung der Leistung einzustehen.

9 **3. Gewöhnlicher Nutzen der Reise (S 2 Nr 2).** Gem S 2 Nr 2 ist eine Reise mangelfrei, wenn sie sich für den gewöhnlichen Nutzen eignet und eine Beschaffenheit aufweist, die bei Pauschalreisen der gleichen Art üblich ist und die der Reisende nach der Art der Pauschalreise erwarten kann. Nr 2 ist ein **Auffangtatbestand** ggü den anderen Tatbestandsalternativen und erfasst Eigenschaften der Reise, die grds bei einer Reise der konkret gebuchten Art zu erwarten sind. Es ist zu prüfen, was die obj **Durchschnittsanforderungen** eines **Durchschnittsreisenden** an die Reise sind. **a) Allg Eigenschaften.** Für eine Vielzahl von Eigenschaften der Reise wird es an einer Beschaffenheitsvereinbarung oder einer sonstigen vertragl Grundlage fehlen, da sie als selbstverständlich vorausgesetzt werden. In diesen Fällen greift der Auffangtatbestand. So sind auch ohne entspr Prospektbeschreibung **Erwartungen** an den Hygienezustand sowie das Essen geknüpft (LG Frankfurt NJW-RR 1995, 1522 „einfaches Flussboot"). Es ist auf die Erwartung eines **Durchschnittsreisenden** abzustellen (Führich/*Staudinger* § 17 Rn 11). Entspricht dann die Leistung nicht diesen Erwartungen, ist sie mangelhaft. Dies gilt auch für sog **Fortuna-, Joker- oder Glücksreisen**, bei denen die Leistung im Vorfeld nicht bestimmt ist und erst nach Reiseantritt konkretisiert wird (zB 3-Sterne-Hotel). Die ausgewählte Leistung muss dann den allg Erwartungen entsprechen, unabhängig vom Reisepreis (LG Frankfurt/M NJW-RR 1987, 496). **b) Verkehrssicherungspflichten.** Sind Verkehrssicherungspflichten nicht besonders zugesichert (zB kleinkindsicherer Pool), fehlt es dazu grds an einer Beschaffenheitsvereinbarung oder sonstigen vertragl Ausgestaltung, so dass die Reise den **allg sicherheitsspezifischen Anforderungen** zu entsprechen hat (so bereits BGH RRa 2017, 65; Grü/*Retzlaff* Rn 9; aA Tonner/Bergmann/Blankenburg/*Bergmann* § 1 Rn 462). Den Reiseveranstalter treffen sowohl bei der Vorbereitung als auch der Durchführung der von ihm veranstalteten Reisen eigene Verkehrssicherungspflichten. Der Reisende darf darauf vertrauen, dass der Reiseveranstalter alles zur erfolgreichen Durchführung der Reise Erforderliche unternimmt (BGH RRa 2006, 208). Allerdings muss der Reiseveranstalter nicht gegen alle denkbaren Möglichkeiten eines Schadenseintritts Abwehrmaßnahmen treffen. Er schuldet nur solche Vorkehrungen, die ein **verständiger, umsichtiger, vorsichtiger** und **gewissenhafter** Angehöriger der jew Berufsgruppe für ausreichend halten darf, **um** andere Personen **vor Schaden zu bewahren**, und die ihm (bzw dem örtlichen Leistungserbringer) den Umständen nach zuzumuten sind (BGH RRa 2019, 262 Rn 11; RRa 2020, 110 Rn 11). Er hat zunächst die **Leistungserbringer** sorgfältig **auszuwählen**. Er muss sich vergewissern, dass der Leistungserbringer einen ausreichenden **Sicherheitsstandard** bietet (BGH NJW 1988, 1382; RRa 2006, 208). Nach der Auswahl muss er regelmäßig durch einen sachkundigen und pflichtbewussten Beauftragten **überprüfen** lassen, ob der ursprüngl Zustand und Sicherheitsstandard noch gewahrt ist (BGH RRa 2006, 208). Ohne eine besondere Vereinbarung mit dem Reisenden muss der Reiseveranstalter nur prüfen, ob die **vor Ort geltenden Sicherheitsvorschriften** als Mindeststandard eingehalten worden sind (BGH RRa 2019, 262 Rn 11; RRa 2020, 110 Rn 18). Dies kann allerdings nur dann gelten, wenn die Sicherheitsvorschriften einen Grundstandard erreichen, den jeder Reisende erwarten kann. Wie häufig und in welchem Umfang eine solche Kontrolle geboten ist, hängt von den Umständen ab. Gelegentliche Stichproben können ausreichen, allerdings reicht gerade in nicht so stark entwickelten Ländern nicht nur eine Besichtigung zu Beginn der Saison (BGH NJW 1988, 1382). Verstöße gegen Sicherheitsvorschriften können nicht durch Warnschilder kompensiert werden (BGH RRa 291, 262 Rn 36; RRa 2020, 110 Rn 25). Der Reiseveranstalter darf **nicht nur** auf Mängelanzeigen der Reisenden **reagieren**, sondern muss die Anlagen auch von sich aus prüfen (BGH NJW 1988, 1382). Bsp: keine Überprüfung des Hotels während des laufenden Betriebs (BGH NJW 1988, 1382); ungesicherte Glastür bei einem als kindgerecht beworbenen Hotel (BGH RRa 2006, 211); den Reiseveranstalter trifft keine Pflicht, Fahrzeuge eines Drittanbieters auf ihre Funktionsfähigkeit zu prüfen, wenn kein bestimmter Anlass besteht (LG Frankfurt NJW-RR 1993, 1330); schwer erkennbare Stufe

in der Eingangshalle des Hotels (Düsseldorf NJW-RR 2003, 59); auf einem Kreuzfahrtschiff müssen keine Haltegriffe für den Fall schweren Seegangs angebracht werden (AG Rostock RRa 2012, 193); ausf dazu m zahlr Nachw MüKo/*Tonner* Rn 18ff.

4. Unannehmlichkeiten. Von einem Mangel sind bloße Unannehmlichkeiten abzugrenzen. Gewisse **Unannehmlichkeiten** und **Unzulänglichkeiten**, die sich aus dem **Massencharakter** des Reisens ergeben, müssen in Kauf genommen werden (MüKo/*Tonner* Rn 16; BeckOGK/*Sorge* Rn 194ff). Bei Unannehmlichkeiten handelt es sich nicht um Mängel minderer Kategorie. Vielmehr sind dies Umstände, die noch so weit unter der Schwelle liegen, über der ein Umstand zu einem Mangel wird. Ist eine **Eigenschaft zugesichert**, stellt ihr Fehlen niemals eine bloße Unannehmlichkeit dar. Durch die besondere Vereinbarung hat der Reisende zum Ausdruck gebracht, dass es ihm bei der Reise auf diese Eigenschaft besonders ankommt, mag sie für andere Reisende auch nicht so relevant sein. 10

5. Nichtleistung oder verspätete Leistung (S 3). Nach Abs II S 3 wird die Nichtleistung oder mit unangemessener Verspätung erbrachte Leistung einem Mangel gleichgestellt. Der Mängelbegriff wird im Reiserecht damit auf typische Fälle der allg Leistungsstörung ausgeweitet. **a) Nichtleistung.** Ein Mangel liegt vor, wenn der Reiseveranstalter Reiseleistungen nicht erbringt. Durch den Bezug auf die Reiseleistungen wird klargestellt, dass es nicht auf die Gesamtheit der Reise ankommt, sondern jede nicht erfolgte Teilleistung zu einem Mangel führt. Erforderlich ist lediglich, dass die nicht erbrachte Leistung als **eigenständige Teilleistung** der Reise einzuordnen ist (zB der Flug, die Übernachtungsmöglichkeit). **b) Verspätete Leistung.** Da nicht jede kleine Verspätung einer Reiseleistung zu einem Mangel führen kann, sind zu Rechten des Reisenden führende Vertragsverletzungen von grds hinzunehmenden **Unannehmlichkeiten abzugrenzen.** Nach der Gesetzesbegr soll unter Bezugnahme auf die bisherige Rspr die Grenze der Unannehmlichkeit bei vier Stunden überschritten sein (BT-Drs 18/10822, 79). Es ist bereits fraglich, ob diese Einschränkung europarechtskonform ist, da nach Art 13 III PauschalreiseRL die Mängelrechte lediglich an eine Vertragsverletzung geknüpft werden. Wann bei einer Verspätung eine Vertragsverletzung gegeben ist, ist allerdings nicht durch die PauschalreiseRL kodifiziert. Indes sollte eine Grenze in Übereinstimmung mit der Fluggastrechte-VO bei **drei Stunden** angesetzt werden. Nach der Wertung des Unionsgesetzgebers liegt lediglich bei einer Flugverspätung unter drei Stunden eine nicht auszugleichende Unannehmlichkeit vor. Es wäre ein Wertungswiderspruch, bei der Pauschalreise dann erst ab vier Stunden von einer Ausgleichspflicht auszugehen. 11

6. Sonderproblematik Umwelteinflüsse. Besondere Probleme stellen sich bei Umwelteinflüssen, die am Urlaubsort auftreten und den Erholungscharakter der Reise beeinträchtigen können. So können etwa die Strände nicht nutzbar sein (dazu Rn 26) oder es kann der Schnee zum Skifahren fehlen (dazu Rn 24). Nach dem **weiten Mangelbegriff** soll der Reiseveranstalter grds das Risiko solcher Umweltrisiken tragen, wenn er nicht im Vorfeld darauf hinweist (MüKo/*Tonner* Rn 26; Düsseldorf NJW-RR 1999, 491; wohl auch BGH NJW 1980, 2194). Nach dem engen Mangelbegriff soll der Reiseveranstalter nur für die eigenen Leistungen einstehen, nicht jedoch für die nicht von ihm zu beherrschenden Umwelteinflüsse (LG Frankfurt NJW-RR 1990, 761 – Algenpest; LG Hannover NJW-RR 1991, 376; LG München I NJW-RR 1994, 124; LG Düsseldorf RRa 2001, 222; ein Mangel wird lediglich dann bejaht, wenn der Reiseveranstalter seiner Umweltbeobachtungspflicht und der daraus resultierenden Informationspflicht nicht nachkommt; Frankfurt NJW-RR 2002, 272 geht von einer Umweltbeobachtungspflicht aus, deren Verletzung zu einem Mangel führen kann). Dem kann pauschal nicht gefolgt werden. Vielmehr ist die Problematik in das allg Konstrukt der Gewährleistungsrechte einzuordnen. Danach ist zunächst zu prüfen, ob sich der Reisende besondere Umstände hat **zusichern** lassen oder ob **besondere Aussagen** in den allg Reiseangaben des Reiseveranstalters getroffen wurden (zB AG München NJW-RR 1990, 190 – Ganzjahresskigebiet; LG Frankfurt/M NJW-RR 1991, 879 – bestimmte Höhenangabe; AG Bad Homburg RRa 2000, 136 – Prospekt darf nicht nur inhaltsleere Beschreibungen beinhalten). Fehlt es daran, ist zu prüfen, ob sich die Reise zu dem **gewöhnlichen Nutzen** eignet. Da sich der Reisende nicht für einen Selbstzweck an einen anderen Ort begibt, sondern sich Erholung oder eine besondere Beschäftigung von der Reise verspricht, ist zu prüfen, ob dieser den Parteien bekannte Nutzungszweck beeinträchtigt wird. Ist daher ein Hotel direkt am Strand gebucht worden und in dem Katalog auch mit entspr Bildern beworben worden, kann der Reisende erwarten, dass der Strand auch vorhanden ist. Die fehlende Nutzbarkeit bildet dann einen Mangel. Liegt das Hotel hingegen im Inland und ist nicht ein Strand in der Nähe besonders angepriesen, kann der Reisende nicht erwarten, dass er den Strand auch nutzen kann. Kommt es ihm darauf an, muss er sich diesen Umstand zusichern lassen. Die Reiseveranstalter bringen die gewöhnliche Nutzbarkeit auch dadurch zum Ausdruck, dass Hotels in bestimmten Lagen teurer sind als in anderen Lagen. Sind die äußeren Umstände aber preisbildend, kann das Risiko nicht allein beim Reisenden liegen, dass diese Umstände auch vorhanden sind. Vielmehr greift dann das Tatbestandsmerkmal der gewöhnlichen Nutzbarkeit ein. Auch der Unionsgesetzgeber scheint von dieser Systematik auszugehen, da außergewöhnliche Umstände gerade nicht zum Ausschluss des Mangels, sondern nur zum Ausschluss von Schadensersatzansprüchen führen. 12

III. Rechtsfolgenkatalog (Abs III). Abs III gibt in Nr 1–7 einen Überblick über die einzelnen Rechte des Reisenden bei Vorliegen eines Reisemangels und soll zur leichteren Orientierung des Rechtsanwenders beitragen (BT-Drs 18/10822, 79). Es wird insoweit auf die Komm von §§ 651k–651n verwiesen. 13

IV. Einzelfälle (alphabetisch)

14 • **Ausstattung.** Ein **Mangel** liegt vor bei Fehlen von in den vorvertragl Informationen zugesagten Einrichtungen: Diskothek (Düsseldorf RRa 2004, 65 – 5 %); Kinderanimation (LG Frankfurt RRa 1997, 33 – 25 %; LG Hannover RRa 1998, 86 – 20 %); keine Betreuung der Kinder in dt Sprache in intern Hotel, wenn nicht ein entspr Hinweis gem Art 250 § 3 Nr 1 lit j EGBGB erteilt wurde (aA zum alten Recht LG Frankfurt RRa 2008, 172); separates Kinderbecken und nicht nutzbare Kitchenette (AG Kleve RRa 1999, 29 – 7,5 %); mehrere Restaurants zur Auswahl (Frankfurt RRa 2003, 255 – 15 %); fehlende Balkonsitzmöbel bei Zimmer mit Balkon (AG Stuttgart RRa 1997, 198); fehlender Sonnenschirm (Frankfurt NJW-RR 1995, 1462 – 25 % bei gleichzeitigem modrigen Geruch im Zimmer); defekte Toilette (AG München RRa 2018, 171 – 10 % des Tagespreises).

15 • **Beförderung.** Ein **Mangel liegt vor:** Vorverlegung des Rückfluges um zehn Stunden (BGH RRa 2012, 170); Verlegung des Fluges von den Morgenstunden auf Nachmittag (AG Hannover NJW-RR 2014, 169 – 50 % des Tagespreises; AG Bad Homburg RRa 2009, 159 – 60 % des Tagespreises; aA Duisburg NJW-RR 2013, 763); Rückflug beginnt nicht am vertragl vorgesehen Tag (AG Hannover RRa 2004, 79; AG München RRa 2004, 81); Von einer unbeachtlichen Unannehmlichkeit kann unter Wertung der VO (EG) Nr 216/2004 dann nicht mehr ausgegangen werden, wenn die Verlegung oder Verspätung mehr als drei Stunden beträgt (nach altem Recht sah die Rspr die Grenze bei vier Stunden oder mehr, LG Frankfurt NJW-RR 1991, 630 – 5 % des Tagespreises pro Stunde, max 20 %; NJW-RR 1997, 820; Düsseldorf NJW-RR 1992, 1330 (8 Stunden); anders auch bei zeitl Verschiebung der gesamten Reise LG Frankfurt NJW-RR 1991, 1271; ausf *Schmid* RRa 2005, 151; RRa 2009, 67); Landung auf einem anderen als dem vorgesehen Flughafen und Weiterbeförderung per Bus (AG Gifhorn RRa 2005, 69; AG Düsseldorf RRa 2005, 169 – 100 % des Tagespreises bei gleichzeitiger Flugzeitverlegung; AG München RRa 2019, 163 7,5 % des Tagespreises pro verspäteter Stunde; AG München RRa 2020, 15 – 15 % des Tagespreises; aA Düsseldorf VuR 1995, 216, wonach die Verlegung nur eine Unannehmlichkeit darstellen soll); defekter Sitz in gehobener Beförderungsklasse (LG Frankfurt RRa 2012, 221 – 50 % des Tagespreises); Gepäck trifft verspätet am Urlaubsort ein (LG Frankfurt RRa 2002, 22 25 % – 30 % des Tagespreises) oder fehlt während der gesamten Reise (Frankfurt MDR 1984, 667 – 25 %); unangemessene geplante Umsteigezeiten (LG Berlin NJW-RR 1989, 1020); Beförderung in der „Economy-Class“ statt in der „Business-Class“ (LG Frankfurt NJW-RR 1991, 316 – 50 % des Tagespreises; RRa 2018, 116; Düsseldorf RRa 2008, 20); Reisender wird bei einem Unfall des Reisebusses verletzt (Celle RRa 2006, 212); Ausfall des Entertainmentprogramms während des Flugs (LG Frankfurt 19.6.2019 – 2-24 O 20/19 – 20 % des Tagespreises); widrige Umstände bei der Beförderung, die zu einer Todesangst führen (LG Köln RRa 2019, 132 – 100 %). – **Kein Mangel**: Flug wird von einer anderen gleichwertigen Fluggesellschaft als der erwarteten durchgeführt (AG Hamburg RRa 1998, 45; AG Kleve RRa 1999, 180; AG Bad Homburg RRa 2004, 210; AG Rostock RRa 2018, 48; aA AG Hamburg RRa 2004, 122 – 5 %), wenn nicht ein bestimmtes Luftfahrtunternehmen zugesichert wurde (LG Köln NJW-RR 2000, 786; AG Bonn RRa 1997, 197; AG Hersbruck RRa 1999, 117); Ersatz eines Flugzeugs auf einem Inlandsflug durch einen Bus, wenn sich die Transportzeit nur unwesentlich verlängert (AG Bonn RRa 1996, 222).

16 • **Hotelpersonal, Hotelgäste.** Ein **Mangel** liegt vor: wenn das Hotelpersonal streikt (LG Frankfurt NJW 1980, 1696 50 – 60 % des Tagespreises); wenn Hotelangestellte oder Reiseleiter Reisende sexuell belästigen (LG Frankfurt NJW 1984, 1762; AG Bad Homburg RRa 1996, 8; AG Neuss RRa 2000, 181 – 100 % bei Vergewaltigung; zum Begriff der sexuellen Belästigung s § 3 IV AGG); von Mitreisenden ausgehender Lärm (Frankfurt NJW 1983, 235 – 15 %); Anwesenheit einer Gruppe Schwerbehinderter (LG Frankfurt NJW 1980, 1169; AG Flensburg NJW 1993, 272, zweifelhaft, ob die Wertung mit Art 1 GG vereinbar ist). – **Kein Mangel** liegt vor, wenn der ankommende Reisende bis zur Zimmerzuteilung eine Weile warten muss (AG Duisburg RRa 2003, 121; Düsseldorf VuR 1995, 216); wenn das Personal den Reisenden beleidigt und keine Wiederholungsgefahr gegeben ist (LG Arnsberg RRa 1996, 144); wenn im Hotel auch Kinder wohnen, die Lärm verursachen (LG Kleve RRa 1997, 54; AG Duisburg RRa 2004, 118 – 200–250 Schulkinder im Hotel anwesend; anders AG Bad Homburg RRa 2000, 68 bei 800 Schülern im Hotel). Ein Reisender kann nicht erwarten, dass sich in seinem Hotel im Ausland in der Mehrzahl dt Urlauber aufhalten und aus diesem Grund die „Clubsprache“ Deutsch sein wird bzw dass die „Betreuer“ sämtliche denkbaren Sprachen beherrschen, wenn das nicht ausdrückl zugesichert wurde (LG Frankfurt RRa 2008, 172; mittlerweile fraglich, wenn keine hinreichende Information gem Art 250 § 3 Nr 1 lit i erfolgte); der Reisende hat keinen Anspruch darauf, dass keine andere Sprache als Deutsch im Hotel gesprochen wird, wenn die Clubsprache Deutsch sein soll (AG Bremen NJW-RR 2018, 310).

17 • **Informationspflichten.** Verletzt der Reiseveranstalter seine ihm obliegenden Informationspflichten, ist umstritten, ob allein deshalb eine Minderung des Reisepreises in Betracht kommt, unabhängig ob der Reisende tatsächlich in der Wahrnehmung seiner Rechte gehindert war (dagegen zutr Celle RRa 2009, 175; AG Köln 22.10.2019 – 142 C 369/17; aA LG Frankfurt RRa 2008, 121; 22.5.2019 – 2-24 O 106/17 10 %; s auch Tonner/Bergmann/Blankenburg/*Bergmann* § 1 Rn 451).

18 • **Jugendreisen.** Auch bei einer Jugendreise darf der Reisende erwarten, dass Mindeststandards eingehalten werden. Fehlen nach Geschlechtern getrennte Waschgelegenheiten, liegt ein Reisemangel vor (AG Bielefeld RRa 1996, 204 – 2,5 % bei vier Tagen Beeinträchtigung). Dürfen Jugendliche im Alter von 14 Jahren bis 1:00 Uhr nachts oder länger ohne Aufsicht eines Erwachsenen ausgehen, ist die Reise mangelhaft (AG Bielefeld RRa 1999, 156). Kann das Hotelzimmer eines Mädchens nicht von innen abgeschlossen werden, liegt ein erheblicher Reisemangel vor (AG Bielefeld RRa 1999, 156). Gibt der Reiseveranstalter im Prospekt verschiedene Altersgruppen an, kann der Reisende erwarten, dass in der jew Altersgruppe ca 10–12 Teilnehmer gleichzeitig vor Ort sind (AG

Bielefeld RRa 2001, 183). – Es liegt **kein Mangel** vor, wenn ein Mädchen mit seinem Einverständnis gemeinsam mit drei Jungen vorübergehend in einem Zelt untergebracht wird (AG Bielefeld RRa 2001, 183).

• **Kreuzfahrt.** Ein **Reisemangel** liegt vor: Zu kleine Kabine (9 m²; AG München NJW-RR 1989, 1528 – 7,5 %; 19
AG Hamburg RRa 2018, 189 – 15 % bei weiteren Kabinenmängeln); zu enge Kabine (LG Frankfurt RRa 2019, 293 – 5 %); mangelhafte Klimaanlage (Koblenz RRa 2012; 175 – 5 %); Änderungen der Route und Orte der Landausflüge, die gem Art 250 § 3 Nr 1 lit b und g EGBGB benannt werden müssen (Hamburg RRa 2009, 17 – 10 %; AG Erkelenz RRa 2004, 71 – 80 % des Tagespreises; RRa 2004, 120; AG Rostock RRa 2011, 148 30 – 50 % des Tagespreises; AG Rostock RRa 2012, 140 40 – 50 % des Tagespreises; AG Rostock RRa 2016, 10 – 30 % des Tagespreises; AG München RRa 2010, 186 – 25 %; RRa 2009, 177 – 25 %; jew Celle RRa 2003, 12 – 50 % u Köln RRa 2008, 222 – 55 % bei Wegfall der Highlights der Reise; ebenso LG Bonn RRa 2010 39 – 66 %); nach dem reformierten Recht gilt dies auch, wenn der Ausfall der Leistungen außerhalb des Einflussbereichs des Reiseveranstalters liegt, da Vertragsänderungen gem § 651f nach Reisebeginn nicht mehr möglich sind (aA zu altem Recht AG Hamburg RRa 2005, 43; AG Rostock RRa 2016, 10; LG Hannover RRa 2003, 27 für berechtigte Änderungen der Fahrtroute; Kreuzfahrt wird nicht mit dem im Prospekt genannten Schiff, sondern mit einem anderen (gleichwertigen) durchgeführt (LG Frankfurt RRa 1997, 218 – 20 %). Quantitative und qualitative Mängel bei Unterkunft und Verpflegung haben bei Kreuzfahrten wegen fehlender Ausweichmöglichkeiten ein höheres Gewicht als bei der Buchung eines Hotels (MüKo/*Tonner* Rn 125); Verweigerung des Reiseantritts trotz Reisetauglichkeit (Hamburg RRa 2022, 138; LG Rostock 17.5.2021 – 1 O 841/20). Auch grundlos verhängte Quarantänemaßnahmen stellen einen Reisemangel dar (AG Rostock RRa 2016, 13). – **Kein Mangel:** Der Wechsel des Kreuzfahrtschiffs, wenn die Parteien vor Reiseantritt darüber einig waren, dass das Ersatzschiff den gleichen Standard wie das gebuchte hat (AG Ludwigsburg RRa 1998, 67); die auf einem Kreuzfahrtschiff typischen Schiffsgeräusche, wenn sie nicht aufgrund besonderer Umstände (Motorschäden oder deutlich erhöhte Reisegeschwindigkeit, um einen durch Fehlplanung entstandenen Zeitverlust aufzuholen) über den Geräuschpegel bei Normalbetrieb hinausgehen (AG Hamburg RRa 2003, 225; LG Rostock RRa 2012, 137); Lärm in einer über dem bordeigenen Theater liegenden Kabine, wenn dieser nicht bis weit nach Mitternacht andauert (AG Wiesbaden NJW-RR 2016, 251); Kinderlärm (AG Rostock RRa 2021, 88); Verkürzung der Liegezeit von 21 auf 14 Stunden (AG Offenbach RRa 2010, 137); ein Teil der Reise einer Flusskreuzfahrt wird nachts gefahren (AG Hamburg RRa 2003, 225); bei einer Abenteuer-Schiffsreise oder einem Segeltörn können an die hygienischen Verhältnisse und den Service nicht die gleichen hohen Anforderungen gestellt werden wie bei einem Hotelaufenthalt (LG Düsseldorf RRa 1994, 122); Reling vor dem Fenster bei zugesichertem Meerblick (AG Frankfurt RRa 2019, 295).

• **Mahlzeiten.** Ein **Reisemangel** liegt vor, wenn anstelle des in den vorvertragl Informationen (Art 250 § 3 Nr 1 20
lit f EGBGB) angekündigten A-la-carte-Restaurants nur Selbstbedienungsbuffets zur Verfügung stehen (AG Bad Homburg RRa 2004, 17 – 5 %) oder in einem Mittelklasse-Hotel beim Frühstück nur eine Tasse Kaffee bereitgestellt wird (AG Bad Homburg RRa 1999, 8 – 10 %). Wird am Heiligabend statt des vorgesehenen **Galadinners** lediglich ein Abendbuffet angeboten, liegt ein Reisemangel vor, der auf die gesamte Reise ausstrahlt (AG München RRa 2016, 118 – 15 %). Hat verdorbenes oder kontaminiertes Essen im Hotel bei Hotelgästen zu einer schweren **Salmonellenvergiftung** geführt, liegt grds ein Reisemangel vor. Zum Nachweis der Kausalität ist es grds erforderlich, dass eine signifikant hohe Zahl von Reisenden (min 10 %) betroffen ist (LG Frankfurt RRa 2003, 259; Düsseldorf RRa 2001, 49; LG Düsseldorf RRa 2001, 120; 2006, 113; LG Hannover RRa 2001, 9; AG Bonn RRa 1998, 237; LG Köln RRa 2016, 60). Kann der Reisende beweisen, dass eine Virus-Infektion durch die Verpflegung im Hotel oder auf dem Kreuzfahrtschiff entstanden ist, kann er für die Dauer der Krankheit eine Minderung bis zu 100 % verlangen (LG Darmstadt RRa 1995, 123; AG Bonn RRa 1998, 237; LG Düsseldorf RRa 2001, 120). Zur Beweislast s Rn 29. – **Kein Mangel**: Während der Hauptsaison muss in zwei Schichten gegessen werden, ohne dass Wahlfreiheit besteht (LG Hamburg NJW-RR 1996, 117; aA AG Düsseldorf NJW-RR 2001, 1347; ebenso bei Wahlfreiheit: LG Düsseldorf MDR 1993, 212); Wartezeiten beim Essen von 20–30 Minuten (Frankfurt RRa 2003, 255; LG Düsseldorf RRa 2003, 68; AG Duisburg RRa 2004, 118); Kleiderordnung im Hotel der gehobenen Mittelklasse (AG Hamburg RRa 1996, 166); Nichtbeachtung einer Kleiderordnung durch andere Gäste (LG Düsseldorf RRa 2001, 222); Essenseinnahme im 50 m entfernten Nachbar-Hotel (AG Hamburg RRa 2005, 217); warme Getränke (AG München RRa 2018, 172); gelegentlicher Ausfall von Strom und Wasser (AG Duisburg RRa 2005, 215); **anders**, wenn derartige Beeinträchtigungen mehr als nur geringfügig sind; Dreharbeiten mit nur minimalen Einschränkungen für die Gäste (LG Bonn 23.8.2016 – 8 S 5/16).

• **Pandemien/Epidemien.** Kommt es zu einem lokalen oder gar weltweiten Ausbruch einer Krankheit, können 21
damit erhebliche Einschränkungen für den Reisenden einhergehen. Die Covid-19-Pandemie hat gezeigt, dass die Maßnahmen von der Einschränkung einzelner Aktivitäten über eine Maskenpflicht bis zu einer Ausgangssperre reichen können. Es bedarf einer genauen Wertung, ab welchem Grad die Maßnahmen die Reise beeinträchtigen; wird eine Beeinträchtigung der Reise festgestellt, kommt es im Rahmen der Minderung nicht darauf an, ob der Reiseveranstalter den Mangel zu vertreten hat; ein **Reisemangel** liegt vor: Hygienemaßnahmen im Hotel/geschlossene Freizeiteinrichtungen (AG Düsseldorf NJW-RR 20211, 716 – 20 % des Reisepreises); sechs Tage früherer Rückflug (AG Hannover RRa 2021, 115 – 100 % des Tagespreises); geänderte Reiseroute/entfallene Landgänge (AG Köln 13.9.2021 – 133 C 611/20 – 100 % des Tagessatzes an Tagen mit ausgefallenen Landgängen; LG Koblenz 19.3.2021 – 12 O 301/20). – **Kein Mangel**: geschlossenes Spezialitätenrestaurant/geringere Buffetauswahl (AG Hannover RRa 2021, 115, 116); Anordnung der Rückreise wegen Ansteckungsverdacht als allg Lebens-

risiko (AG Hannover 12.4.2021 – 570 C 12046/20); Quarantäne als allg Lebensrisiko (AG München 16.12.2021 – 172 C 23599/20).

22 • **Reisegepäck.** Ein Reiseveranstalter hat die Pflicht, für den ordnungsgemäßen Transport und das rechtzeitige Eintreffen des Reisegepäcks am Urlaubsort zu sorgen. Steht einem Reisenden sein Gepäck mit seinen persönlichen Sachen nicht rechtzeitig oder während des Urlaubs gar nicht zur Verfügung, liegt ein Reisemangel vor; verspätetes Gepäck (LG Frankfurt RRa 2002, 22 25 % – 30 % des Tagespreises; RRa 2007, 271 – 50 % des Tagespreises; 19.6.2019 – 2-24 O 20/19 – 25 % des Tagespreises; AG Köln RRa 2016,115 – 15 % des Tagespreises; AG Rostock RRa 2018, 88 20 – 30 % des Tagespreises); fehlendes Gepäck während der gesamten Reise (Frankfurt MDR 1984, 667 – 25 %; AG Köln 27.11.2017 – 142 C 601/16 – 30 %; AG Bad Homburg RRa 2020, 12 – 40 %).

23 • **Reiseverlauf.** Ein **Mangel** liegt vor, wenn ein wesentlicher Teil des Programms einer Studien- oder Besichtigungsreise ausfällt (LG Frankfurt NJW-RR 1990, 1017 – 30 % des Tagespreises); bei einer Sprachreise der Unterricht in Durchführung und technischer Ausstattung nicht dem vereinbarten Standard entspricht (LG Frankfurt NJW-RR 1990, 760 – 30 %); vertragswidrig zunächst der Erholungsaufenthalt und dann die strapaziöse Rundreise stattfindet (LG Mönchengladbach NJW-RR 1990, 317 – ca. 15 %); eine Busrundreise ausfällt (LG Frankfurt RRa 2003, 25); bei einer Jagd-Reise die zugesagte Jagdmöglichkeit fehlt (BGH NJW 1980, 2192); die Einrichtungen, die zur Ausübung der angebotenen Sportmöglichkeiten erforderlich sind, nicht zur Verfügung stehen (BGH NJW 2000, 1188); der Reiseleiter fachlich nicht ausreichend befähigt ist (LG Frankfurt MDR 1985, 141 – 20 %). Wird ein Reisender Zeuge, wie ein Mitreisender tödlich verunglückt, rechtfertigt das die Minderung des Reisepreises (LG Hannover RRa 2004, 109 50 % – 100 % des Tagespreises). Bei einer Expeditions-Reise muss der Expeditionscharakter gegeben sein (München OLGZ 1984, 234; LG Frankfurt RRa 1994, 173 – 10 %). – Da das Minderungsrecht verschuldensunabhängig ist und für die Reiseveranstalter nach Reisebeginn keine Änderungsmöglichkeiten mehr bestehen, kann die frühere Rspr zu unvermeidbaren Änderungen der Leistungsbeschreibung (zB München OLGZ 1984, 234; AG Hamburg, RRa 2005, 43; AG Rostock RRa 2016, 10) nicht übernommen werden.

24 • **Ruhe/Lärm.** Ein **Mangel** ist gegeben bei erheblichem Lärm eines in der Nähe liegenden Truppenübungsplatzes und von Flugzeugen (KG MDR 1977, 402 – 30 %; Celle RRa 2021, 62). Gleiches gilt für den bis vier Uhr früh dauernden Lärm einer Open Air-Diskothek, die in der Nähe des Zimmers des Reisenden liegt, wenn eine ruhige Lage zugesichert ist (LG Frankfurt RRa 1998, 138 – 20 % des Tagespreises; Köln NJW-RR 2000, 1439 – 20 %; AG Köln RRa 2008, 173 – 60 %, anders bei Fortuna-Reisen an Orte, bei denen mit Diskothekenlärm zu rechnen ist, LG Essen MDR 1991, 1132). Baulärm von 7:00–23:00 Uhr in einer noch nicht fertig gestellten Hotelanlage (AG Hannover RRa 2008, 131 – 50 %; LG Frankfurt 4.4.2019 – 2-24 O 160/18 – 35 %); Baulärm von Straßenbauarbeiten außerhalb der Hotelanlage, wenn dieser über das übliche Maß hinausgeht (LG Frankfurt 22.5.2019 – 2-24 O 106/17 – 50 %; AG Köln 22.10.2019 – 142 C 369/17 – 30 %); täglicher Lärm durch Starts und Landungen von Wasserflugzeugen vor einem Luxus-Ressort (LG Frankfurt 22.5.2019 – 2-24 O 149/18 – 50 %). – **Kein Mangel**: Schulpflichtige Kinder im Hotel (AG Duisburg RRa 2004, 118); Lärm eines Generators bei Übernachtung im Zeltlager in einem Wildpark (LG Berlin RRa 2011, 54). Der „übliche" Lärm aufgrund erhöhten Alkoholkonsums anderer Gäste muss in „All-inclusive"-Anlagen hingenommen werden (LG Kleve RRa 2001, 39). Das gilt auch, wenn nach Prospektbeschreibung mit Lärmbelästigung zu rechnen ist, zB weil Hotel und Ort auf junge Leute zugeschnitten sind, oder wenn nächtlicher Lärm nach den Lebensgewohnheiten des Gastlandes üblich ist, nicht dagegen bei „Hotel für Unternehmungslustige" (AG Homburg RRa 1996, 114).

25 • **Skireisen.** Der Reiseveranstalter haftet nicht für Schneemangel, es sei denn, er hat eine „Schneegarantie" („schneesicher" oder „Ganzjahresskilauf") oÄ abgegeben (vgl AG München NJW-RR 1990, 190 – 25 %). Das gilt auch für unrichtige oder missverständliche Angaben über die Höhenlage des Urlaubsorts, wenn der Kunde deshalb von einer gewissen Schneesicherheit ausgehen konnte (LG Frankfurt NJW-RR 1991, 879). Ein Reisemangel liegt auch vor, wenn im Katalog eine Skitour mit „sichere, sanfte Anstiege und Genussabfahrten" beworben wird und es gleichwohl zu einem Lawinenunfall kommt (München RRa 2002, 57). Wer eine Skitour anbietet, muss daher auch Sorge dafür tragen, dass nur zuverlässige, orts- und fachkundige Ski- und Bergführer eingesetzt werden (BGH RRa 2002, 207 – Jamtal). – **Kein Mangel** liegt vor, wenn bei einer Skireise schlechte Schneeverhältnisse bestehen (LG Frankfurt NJW-RR 1991, 879), starker Schneefall die Zufahrt zum Hotel behindert (AG Offenburg NJW-RR 1996, 117) oder im Skikeller nicht genügend Raum zum Trocknen der Skischuhe zur Verfügung steht (AG Köln 19.7.2005 – 135 C 175/04). Wird ein Teilnehmer eines Ski-Camps wegen unzureichender Kenntnisse im Snowboardfahren ausgeschlossen, begründet dies keinen Reisemangel (AG Münster RRa 2014, 22).

26 • **Sportreisen.** Fehlen zugesicherte Tennisplätze, ein Fitnessraum, Fahrräder usw oder sind diese nicht benutzbar, liegt ein **Mangel** vor, wenn die kostenlose Möglichkeit zum Tennisspielen, Fahrradfahren usw ausgeschrieben ist (AG Freising RRa 2000, 6 – 15 %). Es muss dann eine ausreichende Zahl von Sportgeräten verfügbar sein (AG Düsseldorf RRa 1994, 122 – 10 %: Zwei Surfbretter für 180 Gäste reichen nicht). – **Kein Mangel** liegt vor, wenn die Sportgeräte oder -plätze ständig durch andere Reisende belegt sind. Kann die sportliche Tätigkeit durch Wetterbedingungen (Regen, Nebel, Wind usw) nicht oder nur eingeschränkt ausgeübt werden, ist das ein hinzunehmendes allg Lebensrisiko, es sei denn, dass diese ortsüblich und voraussehbar sind (zB windschwaches Surfrevier, zu starke Winde für Anfänger) und der Reiseveranstalter nicht darauf hingewiesen hatte. Auch bei einer Angelreise stellen witterungsbedingt vorübergehend schlechte Angelmöglichkeiten keinen Mangel dar (Frankfurt NJW-RR 1988, 1328); anders bei ausdrückl Zusicherung.

• **Strand.** Ein **Mangel** wurde bejaht in folgenden Fällen: Es wurde Sand- oder Kiesstrand versprochen, jedoch besteht der Strand überwiegend aus Felsen und Steinen (LG Essen RRa 2003, 24 – 10 %; AG Hannover RRa 2006, 167). Für den Zustand eines öffentlichen Strandes muss ein Reiseveranstalter nur dann einstehen, wenn er diesen im Prospekt besonders hervorgehoben hat (LG Frankfurt RRa 2008, 172). Die eingeschränkte Nutzungsmöglichkeit des Strandes: wegen Sandflöhen (LG Duisburg RRa 2009, 138 – 20 %; aA AG Köln RRa 2008, 271), wegen eines Hurrikans (AG Duisburg RRa 2005, 215 – 20 %), wegen Abwässern im Meer (LG Köln RRa 2016, 5; AG Bad Homburg RRa 2004, 210 – 5 %). Braunes und trübes Meerwasser, wenn im Katalog blaues Meerwasser abgebildet ist (AG Köln RRa 2008, 271 – 15 %). Riff im Strandbereich vor Hotel, das Schwimmen nicht erlaubt (LG Frankfurt 4.4.2019 – 2-24 O 160/18 – 5 %). Das Fehlen einer zugesagten Strandpromenade stellt einen Reisemangel dar (LG Duisburg RRa 2008, 118 – 5 %). Wird ein Hotelstrand infolge von Auf-, Um- und Abbautätigkeiten oder Absperrungen von gewissen Bereichen für eine Kongressveranstaltung durch Lärm und Schmutz stark beeinträchtigt und zudem zur Hälfte gesperrt, wird die Grenze der bloßen Unannehmlichkeit zu einem Reisemangel überschritten (LG Frankfurt RRa 2008, 76 – 10 %); Nichtnutzbarkeit des Strandes vor dem Hotel, obwohl als „direkt am Strand gelegen" beworben (AG Hannover RRa 2019, 279 – 10 %). – **Kein Mangel** liegt vor, wenn ein „Naturstrand" kein reiner Sandstrand ist, sondern spitze Steine aufweist (AG Bad Homburg RRa 2004, 210). Auch bei einem hoteleigenen Strand kann der Reisende nicht davon ausgehen, dass auch kleinste unter der Sandoberfläche liegende Gegenstände beseitigt werden (AG Karlsruhe RRa 2008, 29). Eine Strandentfernungsangabe meint idR die Luftlinie (AG Duisburg RRa 2008, 29); der Reisende muss auch damit rechnen, dass Straßen zu überqueren sind (AG Düsseldorf RRa 1997, 191; AG Duisburg RRa 2008, 29). Ist im Katalog angeben, dass der Strand über eine Treppe zu erreichen ist, muss mit einem erheblichen Höhenunterschied gerechnet werden (AG Duisburg RRa 2008, 29). Kein Mangel liegt vor, wenn ein als „Beach Club" bezeichnetes Hotel zwar am Strand liegt, aber der Strand erst nach einem Fußweg von 700 m zu erreichen ist, wenn zutr Entfernungsangaben im Katalog gemacht wurden (Celle RRa 2004, 158). 27

• **Ungeziefer.** Die Unterkunft muss frei von Ungeziefer sein. Ob ein Reisemangel vorliegt oder nicht, kann im Einzelfall unter Berücksichtigten der Üblichkeit im Urlaubsland, der Kategorie der Unterkunft und dem Ausmaß des Befalls entschieden werden. **Reisemangel:** erhebliche Anzahl von Kakerlaken oder Käfern im Zimmer (Düsseldorf RRa 2001, 49; Celle NJW-RR 2015, 1463 – 44 %; LG Frankfurt NJW-RR 1988, 245 – 25 %; AG Hamburg RRa 1999, 173 – 40 %; AG Kleve RRa 2001, 252 – 10 %; AG München RRa 2016, 174); Bisse durch Bettwanzen (München 11.6.2018 – 21 U 3122/17; AG Bad Homburg RRa 1997, 100 – 10 %); Raupenplage (Düsseldorf NJW-RR 1992, 245 50 – 60 %). – **Kein Mangel:** Das einmalige Eindringen einer Ratte durch die geöffnete Balkontür eines Hotelzimmers (AG Köln NJW-RR 2016, 311); einzelne Kakerlaken in südlichen Ländern (AG Bad Homburg NJW-RR 1996, 820; AG Bonn RRa 1996, 220), drei Geckos im Hotelzimmer (Düsseldorf RRa 2001, 49; LG Frankfurt NJW-RR 1992, 630); ausf zum Beweis München 11.6.2018 – 21 U 3122/17. 28

• **Unterkunft.** Grundlage für die Beurteilung, ob ein Mangel vorliegt, ist nicht die Kategorie des Hotels (zB Vier-Sterne-Hotel), sondern die tatsächlich erbrachte Leistung. So kann auch ein mit drei Sternen ausgewiesenes Ersatz-Hotel den gleichen Standard aufweisen wie das gebuchte Vier-Sterne-Hotel. **Reisemangel:** Unterkunft liegt an einem anderen als dem vereinbarten Ort (AG Kleve RRa 1996, 151; AG Bad Homburg RRa 2000, 90; LG Düsseldorf RRa 2001, 39 – 45 %); bei einer sog Roulette-Reise: nicht in dem nach den Prospektangaben in Frage kommenden Zielgebiet (LG Mönchengladbach MDR 1986, 935); bei einer Pilgerreise: Hotel liegt 500m entfernt von der Moschee (AG Hamburg-St Georg RRa 2013, 120); Unterbringung in einem andern Hotel als dem gebuchten (BGH RRa 2018, 64 – 10 % des Tagessatzes; LG Frankfurt RRa 2008, 121 – 45 %; AG Hamburg RRa 2005, 21 – 10 % des Tagessatzes; aA zutr MüKo/*Tonner* Rn 40, falls eine wirksame Abhilfehandlung vorliegen kann); Unterbringung in einem Hotel statt einem „Club" (AG Düsseldorf RRa 1997, 238 – 60 %) oder statt einer eigenen Villa mit Pool (AG München RRa 2013, 119); Hotelzimmer statt Appartement oder Bungalow (AG Düsseldorf RRa 1997, 240); zwei Doppelzimmer statt Familienzimmer mit zwei Schlafräumen (Celle RRa 2004, 9 – 55 %); Unterbringung einer vierköpfigen Familie in einem Zimmer mit einem statt zwei Schlafräumen (LG Köln RRa 2010, 125 – 25 %; ähnl AG Hannover RRa 2019, 158 – 30 %); Unterbringung des zwölfjährigen Sohnes, für den ein Einzelzimmer gebucht war, im Zimmer der Eltern (AG Düsseldorf RRa 1997, 203 – 20 %); Zelt oder Tauchboot statt eines Hotels (Frankfurt RRa 1998, 68 – 100 % des Tagessatzes; LG Baden-Baden RRa 2008, 112 – 100 % des Tagessatzes); Unterbringung in einem Hotel, in dem FKK praktiziert wird (Frankfurt RRa 2006, 259 – 20 %); Zimmer liegt entgegen ausdrückl Zusicherung nicht in der obersten Etage (BGH NJW 1982, 377); Hotelzimmer ist nur 8,5 m^2 groß (AG Bad Homburg RRa 2003, 28 – 10 %); Bett ist kürzer als 1,90 m (LG Hamburg RRa 2011, 55); Zimmer ist bei Bezug nicht gereinigt (AG Duisburg-Hamborn RRa 2005, 128 – 15 % des Tagessatzes); hygienische Mängel im Hotel, insb herumstreuende Katzen (LG Frankfurt RRa 2007, 226 – 20 %); das für ein 17-jähriges Mädchen gebuchte halbe Doppelzimmer wird mit einem jungen Mann belegt (LG Frankfurt NJW 1984, 806; AG Königstein RRa 1996, 53 – 25 %); schmutzige Bettwäsche (AG Hamburg RRa 2005, 217 – 10 % des Tagessatzes); bei einem als „geradezu paradiesisch liegend" bezeichneten Luxusbungalow besteht besondere Überfallgefahr (BGH NJW 1982, 1521; Düsseldorf NJW-RR 1991, 879; zur „allg Überfallgefahr": Frankfurt RRa 2013, 110); Hotel-Safe statt zugesichertem Zimmersafe (AG Hamburg RRa 2004, 123 – 3 %). Auch Taschenkontrollen in einem Hotel, mit denen verhindert werden soll, dass Gäste Speisen und Getränke auf die Zimmer nehmen, sollen Reisemängel sein (so AG Kleve RRa 2001, 11). Werden durch fehlerhafte Feuermelder mehrmals Fehlalarme ausgelöst, stellt das einen Reisemangel dar (AG Bad Homburg RRa 1999, 205 – 40 %), insb wenn das nachts geschieht. Kein Leitungswasser im Hotel (LG Frankfurt RRa 2009, 223 – 20 %; 22.5.2019 – 29

2-24 O 106/17 – 5 % des Tagespreises); kein WLAN in der Unterkunft (LG Frankfurt 22.5.2019 – 2-24 O 149/18 – 15 % des Tagespreises); Wasserschaden im Bad (LG Frankfurt 4.4.2019 – 2-24 O 160/18 – 10 % des Tagespreises); eigenes Bett nicht ohne Überquerung des Bettes des Mitreisenden erreichbar (LG Frankfurt 21.2.2019 – 2-24 S 216/18 5 %). – **Kein Mangel** liegt vor: zwei Einzelbetten anstelle eines (nicht zugesicherten) Doppelbetts (AG Mönchengladbach RRa 1995, 134); kein Meerblick bei einem Zimmer „zur Meerseite" (AG Hamburg RRa 1998, 111; AG Baden-Baden RRa 2006, 163); Unterbringung im Nichtraucherhotel (AG Duisburg RRa 2009, 85); Unterbringung im Nebenhaus, wenn Haupthaus nicht zugesichert (LG Düsseldorf RRa 2003, 68); Diebstahl im Hotel (LG Frankfurt RRa 1994, 156; AG München RRa 2016, 119). Zur abw Hotel-Kategorie: Celle RRa 2005, 17; Wechsel des Zimmers, wenn keine besonderen Unannehmlichkeiten entstehen (Celle RRa 2021, 62 Rn 55).

30 **V. Beweislast.** Für das **Vorliegen eines Mangels** ist der **Reisende** darlegungs- und beweispflichtig. Er muss dabei Tatsachen vortragen und ggf beweisen, die einen solchen begründen. Er muss genaue Angaben über Art, Intensität, Dauer und Auswirkungen auf die Reise machen (dazu LG Frankfurt RRa 2007, 226). Die Beschränkung auf subj Wertungen und Empfindungen („schmutzig", „schlecht", „eintönig", „sehr weit", „zu kalt" usw) reicht nicht (LG Frankfurt 4.4.2019 – 2-24 O 160/18). Macht ein Reisender Belästigungen durch Verkehrslärm geltend, reicht es aus, wenn er Angaben zur Art der Beeinträchtigung macht. Er muss nicht zur Anzahl der Flugbewegungen und Flughöhe vortragen (BGH NJW-RR 2022, 634 Rn 12; Celle RRa 2021, 62; aA AG Duisburg RRa 2004, 214). Grds muss ein **substantiierter Parteivortrag** erfolgen. Nicht ausreichend ist allein die Bezugnahme auf Lichtbilder ohne erläuternde Erklärung (LG Frankfurt RRa 2007, 226). Die Substanz des Vortrags kann aber durch die Bezugnahme auf Bilder erhöht werden. – Wird ein Verstoß gegen **ausländische Sicherheitsvorschriften** geltend gemacht, reicht es aus, wenn ein konkreter Sachverhalt vorgetragen wird, aus dem sich der Verstoß ergeben soll. Konkrete Sicherheitsbestimmungen müssen nicht vorgetragen werden. Es obliegt dann dem Gericht zu prüfen, welche Vorschriften einschlägig sind (BGH RRa 2019, 262 Rn 32; RRa 2020, 110 Rn 21). Es kann dazu auch sachverständige Hilfe in Anspruch nehmen (BGH RRa 2019, 262 Rn 23).

31 Je substantiierter der Reisende vorträgt, umso mehr ist der Reiseveranstalter gehalten, substantiiert zu bestreiten (BGH NJW-RR 2022, 634 Rn 18). Eine sekundäre Darlegungslast trifft den Reiseveranstalter, wenn der Reisende keine nähere Kenntnis der maßgeblichen Umstände und auch keine Möglichkeit zur weiteren Sachaufklärung hat, während der Reiseveranstalter alle wesentlichen Tatsachen kennt und es ihm unschwer möglich und zumutbar ist, nähere Angaben zu machen (BGH NJW-RR 2022, 634 Rn 20). Dabei kann ihn die Obliegenheit treffen, Nachforschungen zu unternehmen und Informationen von Personen einzuholen, die unter seiner Anleitung, Aufsicht oder Verantwortung tätig geworden sind, wenn und soweit ihm dies zumutbar ist.

32 Behauptet ein Reisender, durch die Verpflegung **im Hotel erkrankt** zu sein (zB Salmonellen), kommt ein **Anscheinsbeweis** zum Tragen, wenn eine nicht unerhebliche Zahl von Hotelgästen im gleichen Zeitraum gleiche oder ähnl Krankheitserscheinungen aufgewiesen haben (BGH NJW 1982, 2447); ein Anscheinsbeweis ist aber ausgeschlossen, wenn nur 10 % der Hotelgäste erkrankt sind (Düsseldorf RRa 2001, 49; LG Hannover RRa 2004, 95; AG Hannover RRa 2003, 77; LG Düsseldorf RRa 2006, 113; AG München RRa 2016, 121: 8,75 % reicht nicht) oder nicht ausgeschlossen werden kann, dass der Reisende den Virus schon von zu Hause mitgebracht hat oder sich ihn anderweitig am Urlaubsort (zB beim Essen in einem Lokal außerhalb der Hotelanlage) zugezogen hat (Düsseldorf NJW-RR 1999, 491; AG Bad Homburg RRa 2005, 168; AG Münster RRa 2006, 121). Der (Anscheins-)Beweis, dass eine Virus-Infektion nur durch die Verpflegung im Hotel oder auf dem Kreuzfahrtschiff entstanden sein kann, gelingt nicht, wenn zeitgleich auch Gäste anderer Hotels oder anderer Kreuzfahrtschiffe im selben Hafen erkranken (LG München I RRa 1997, 36). Gleiches gilt auch bei Halbpension im Hotel (Düsseldorf NJW-RR 1999, 491) oder bei überwiegender Verpflegung außerhalb der Hotelanlage (ausf Nachw bei MüKo/*Tonner* Rn 97).

§ 651j Verjährung

Die in § 651i Absatz 3 bezeichneten Ansprüche des Reisenden verjähren in zwei Jahren. Die Verjährungsfrist beginnt mit dem Tag, an dem die Pauschalreise dem Vertrag nach enden sollte.

1 **I. Allgemeines. § 651j** legt die Frist fest, innerhalb derer die Ansprüche verjähren. Eine Ausschlussfrist für reiserechtl Ansprüche ist im Gesetz nicht mehr vorgesehen (zur alten Regelung des § 651g BeckOGK/*Sorge* Rn 3). Die **Verjährung** wird durch den Richter nur dann geprüft, wenn sich eine Partei darauf beruft. Derjenige, der geltend machen will, dass ein bestimmter Anspruch verjährt ist, muss sich auf die „Einrede der Verjährung" berufen. § 651j dient der Umsetzung von Art 14 VI PauschalreiseRL.

2 **II. Anwendungsbereich.** Nach S 1 bezieht sich die Vorschrift nur auf Ansprüche des Reisenden aus § 651i III. Dies sind die **reiserechtl Gewährleistungsansprüche** gem § 651k–n sowie der **Aufwendungsersatzanspruch** gem § 284. Erfasst sind die Ansprüche unabhängig davon, wann sie entstanden sind (BeckOGK/*Sorge* Rn 29). **Sonstige reiserechtl Ansprüche** werden nicht erfasst, zB Rückzahlung wegen Rücktritts (Grü/*Retzlaff* Rn 2; BaRo/*Geib* Rn 2; aA MüKo/*Tonner* Rn 2; Führich/*Staudinger* § 25 Rn 4). Ebenso wie Ansprüche aus dem allg Leistungsstörungsrecht, dem Bereicherungsrecht (§§ 812ff) und dem **Deliktsrecht** (§§ 823ff) unterliegen sie der regelmäßigen Verjährung (MüKo/*Tonner* Rn 4; BeckOGK/*Sorge* Rn 24; Grü/*Retzlaff* Rn 2; aA BaRo/*Geib* Rn 3; Führich/*Staudinger* § 24 Rn 4). Die reiserechtl Verjährungsfrist kann nicht durch **ARB** auf sonstige Ansprüche erweitert werden, insofern liegt ein Verstoß gegen § 307 I vor (zur Erstreckung des § 651g aF auf deliktische An-

sprüche BGH RRa 2004, 215). Bei arglistigem Verschweigen eines Mangels durch den Reiseveranstalter greift die Verjährung nicht (BeckOGK/*Sorge* Rn 42; MüKo/*Tonner* Rn 11; so bereits zu § 651g aF BGH NJW 1983, 2699). – Die Verjährungsfrist kann nicht auf Ansprüche aus einem **Reisevermittlungsvertrag** angewendet werden (ebenso BeckOGK/*Sorge* Rn 26).

III. Verjährung. 1. Länge der Verjährungsfrist. Die **Länge** der Verjährungsfrist beträgt **zwei Jahre**. Die Frist beginnt mit dem Tag des vertragl vorgesehenen Endes der Reise (S 2). Dies gilt nach dem klaren Wortlaut auch, wenn die Reise aufgrund von Verzögerungen tatsächlich länger dauert (Grü/*Retzlaff* Rn 3; aA MüKo/*Tonner* Rn 6; BeckOGK/*Sorge* Rn 39). Für die Berechnungen gelten § 187 I, § 188 II, § 193. 3

2. Hemmung. Die **Hemmung** der Verjährung tritt nach den allg Vorschriften der §§ 203ff ein. Eine Hemmung kommt insb nach § 203 in Betracht, wonach die Verjährung durch Verhandlungen der Parteien gehemmt wird. Nach der Rspr des BGH ist der Begriff „Verhandlungen" iSv § 203 S 1 weit auszulegen (dazu BGH NJW-RR 2010, 975 Rn 16; § 203 Rn 5a ff). Bis zum Jahr 2001 galt reiserechtl die Besonderheit, dass nach § 631g II 3 aF die Ansprüche solange gehemmt waren, bis der Reiseveranstalter die Ansprüche schriftlich zurückgewiesen hat. Da diese Norm weggefallen ist, kann die ältere Rspr nicht mehr angewendet werden. Vielmehr tritt eine Hemmung erst dann ein, wenn der Reiseveranstalter auf die Anmeldung der Ansprüche des Reisenden **nicht ablehnend reagiert**. Reagiert er gar nicht oder bestätigt er nur den Eingang der Anmeldung, tritt noch keine Hemmung ein (so auch BeckOGK/*Sorge* Rn 44; Führich/*Staudinger* § 25 Rn 7). Ist es hingegen zu **Verhandlungen** gekommen, muss der Reiseveranstalter zur Beendigung der Hemmung die Ansprüche so zurückweisen, dass dies ein durchschnittlicher Reisender auch so versteht. Teilt der Reiseveranstalter mit, dass er die Angelegenheit an seine Haftpflichtversicherung weitergeleitet habe, tritt durch die Abgabe keine Hemmung ein, da gerade keine Verhandlungsbereitschaft signalisiert wird (aA BeckOGK/*Sorge* Rn 45; anders noch wegen § 651g II 3 LG Frankfurt RRa 1995, 46; RRa 2000, 71). Wird dem Reisenden ein **Vergleichsangebot** unterbreitet, tritt grds Hemmung ein (so auch LG Frankfurt NJW 1985, 148; aA AG Bad Homburg RRa 1998, 136). Erfolgt aber lediglich ein **Kulanzangebot** unter Ablehnung der Einstandspflicht, liegt kein Verhandeln vor (Celle NJW-RR 1996, 372; AG Hannover RRa 2001, 225; AG Charlottenburg RRa 2000, 9; MüKo/*Tonner* Rn 9; unklar BeckOGK/*Sorge* Rn 46). Hat der Reiseveranstalter die Ansprüche bereits einmal abgelehnt, muss er für eine weitere Hemmung dem Reisenden mitteilen, dass er die Angelegenheit erneut prüfen werde (Celle NJW-RR 1996, 373). – Der Zeitraum der Hemmung wird in die Verjährungsfrist nicht eingerechnet (§ 209). Die Verjährung tritt frühestens drei Monate nach Ende der Hemmung ein. 4

3. Wirkung der Verjährung. Nach Eintritt der Verjährung bleibt der Anspruch bestehen, der Schuldner erhält aber als Einrede ein **dauerndes Leistungsverweigerungsrecht** (§ 214 I). Da die Forderung bestehen bleibt, steht dem Reisenden für die Zahlung ein Rechtsgrund zu, wenn der Reiseveranstalter trotz Verjährungseintritts zahlt. 5

4. Abbedingung. Eine **Abänderung** der Verjährungsfrist ist entgegen dem bisherigen Reiserecht nicht möglich. Gem § 651y S 1 sind Abweichungen zum Nachteil des Reisenden nicht möglich. 6

IV. Beweislast. Die Beweislast für die Einrede der Verjährung trifft den **Reiseveranstalter**. Der **Reisende** muss hingegen die **Hemmung** und den **Neubeginn** der Verjährung beweisen. Beruft sich der Reiseveranstalter auf einen früheren Zeitpunkt der Beendigung der Hemmung, hat er dies darzulegen und zu beweisen. – Beruft sich der Reisende darauf, dass § 651j wegen Arglist nicht eingreift, hat er dies zu beweisen. 7

§ 651k Abhilfe

(1) Verlangt der Reisende Abhilfe, hat der Reiseveranstalter den Reisemangel zu beseitigen. Er kann die Abhilfe nur verweigern, wenn sie
1. unmöglich ist oder
2. unter Berücksichtigung des Ausmaßes des Reisemangels und des Werts der betroffenen Reiseleistung mit unverhältnismäßigen Kosten verbunden ist.

(2) Leistet der Reiseveranstalter vorbehaltlich der Ausnahmen des Absatzes 1 Satz 2 nicht innerhalb einer vom Reisenden bestimmten angemessenen Frist Abhilfe, kann der Reisende selbst Abhilfe schaffen und Ersatz der erforderlichen Aufwendungen verlangen. Der Bestimmung einer Frist bedarf es nicht, wenn die Abhilfe vom Reiseveranstalter verweigert wird oder wenn sofortige Abhilfe notwendig ist.

(3) Kann der Reiseveranstalter die Beseitigung des Reisemangels nach Absatz 1 Satz 2 verweigern und betrifft der Reisemangel einen erheblichen Teil der Reiseleistungen, hat der Reiseveranstalter Abhilfe durch angemessene Ersatzleistungen anzubieten. Haben die Ersatzleistungen zur Folge, dass die Pauschalreise im Vergleich zur ursprünglich geschuldeten nicht von mindestens gleichwertiger Beschaffenheit ist, hat der Reiseveranstalter dem Reisenden eine angemessene Herabsetzung des Reisepreises zu gewähren; die Angemessenheit richtet sich nach § 651m Absatz 1 Satz 2. Sind die Ersatzleistungen nicht mit den im Vertrag vereinbarten Leistungen vergleichbar oder ist die vom Reiseveranstalter angebotene Herabsetzung des Reisepreises nicht angemessen, kann der Reisende die Ersatzleistungen ablehnen. In diesem Fall oder wenn der Reiseveranstalter außerstande ist, Ersatzleistungen anzubieten, ist § 651l Absatz 2 und 3 mit der Maßgabe anzuwenden, dass es auf eine Kündigung des Reisenden nicht ankommt.

(4) Ist die Beförderung des Reisenden an den Ort der Abreise oder an einen anderen Ort, auf den sich die Parteien geeinigt haben (Rückbeförderung), vom Vertrag umfasst und aufgrund unvermeidbarer, außer-

gewöhnlicher Umstände nicht möglich, hat der Reiseveranstalter die Kosten für eine notwendige Beherbergung des Reisenden für einen höchstens drei Nächte umfassenden Zeitraum zu tragen, und zwar möglichst in einer Unterkunft, die der im Vertrag vereinbarten gleichwertig ist.

(5) Der Reiseveranstalter kann sich auf die Begrenzung des Zeitraums auf höchstens drei Nächte gemäß Absatz 4 in folgenden Fällen nicht berufen:

1. **der Leistungserbringer hat nach unmittelbar anwendbaren Regelungen der Europäischen Union dem Reisenden die Beherbergung für einen längeren Zeitraum anzubieten oder die Kosten hierfür zu tragen,**
2. **der Reisende gehört zu einem der folgenden Personenkreise und der Reiseveranstalter wurde mindestens 48 Stunden vor Reisebeginn von den besonderen Bedürfnissen des Reisenden in Kenntnis gesetzt:**
   a) **Personen mit eingeschränkter Mobilität im Sinne des Artikels 2 Buchstabe a der Verordnung (EG) Nr. 1107/2006 des Europäischen Parlaments und des Rates vom 5. Juli 2006 über die Rechte von behinderten Flugreisenden und Flugreisenden mit eingeschränkter Mobilität (ABl. L 204 vom 26.7.2006, S. 1; L 26 vom 26.1.2013, S. 34) und deren Begleitpersonen,**
   b) **Schwangere,**
   c) **unbegleitete Minderjährige,**
   d) **Personen, die besondere medizinische Betreuung benötigen.**

1 **I. Überblick.** Durch § 651k wird Art 13 PauschalreiseRL umgesetzt – Die Norm regelt das Abhilferecht des Reisenden, wenn bei der Reise ein Mangel gem § 651i vorliegt. Der Reisende hat grds ein **Recht auf Abhilfe** (Abs I S 1). Lediglich, wenn die Abhilfe unmöglich oder mit unverhältnismäßigen Kosten verbunden ist, kann der Reiseveranstalter diese **verweigern** (Abs I S 2). In diesem Fall hat er jedoch eine **Ersatzleistung** anzubieten, die der Reisende ggf ablehnen kann (Abs III). Erfolgt unberechtigt keine Abhilfe innerhalb einer angemessenen Frist, kann der Reisende auf Kosten des Reiseveranstalters die Abhilfe vornehmen (Abs II). Systematisch fremd ist in Abs IV geregelt, dass bei einer Unmöglichkeit der Rückbeförderung der Reisende einen Anspruch auf eine Unterkunft hat (S 1). Der Anspruch ist jedoch auf drei Nächte begrenzt, wenn keine der Ausnahmen gem Abs IV S 2 vorliegt.

2 **II. Normzweck.** § 651k dient dazu, den **Erfüllungsanspruch** des Reisenden zu **sichern**. Anders als beim Kauf- oder Werkvertragsrecht und dem bisherigen § 651c aF hat allerdings der Reiseveranstalter nicht mehr die Wahl zw der Nacherfüllung und der Nachlieferung. Seine Pflicht ist **primär** auf die **Mängelbeseitigung** gerichtet, so dass der Reisende grds zunächst in dem von ihm gebuchten Umfeld verbleiben kann. Erst wenn eine Mängelbeseitigung nicht möglich oder unzumutbar ist, kann der Reiseveranstalter eine Ersatzlieferung anbieten (ausf dazu BeckOGK/*Sorge* Rn 4ff).

3 **III. Abhilfeverlangen.** Der Reisende (§ 651a Rn 4ff) hat bei einem Mangel gem § 651i II die Möglichkeit, vom Reiseveranstalter (§ 651a Rn 3) zu verlangen, dass dieser den Mangel beseitigt (**Abhilfe**).

4 **1. Erklärung des Reisenden.** Der Reiseveranstalter ist nicht von sich aus zu einer Abhilfe verpflichtet, sondern erst dann, wenn der Reisende ihn dazu auffordert. Dies gilt selbst dann, wenn dem Reiseveranstalter der **Mangel bekannt** ist (BGH NJW 2016, 3304 Rn 14; Tonner/Bergmann/Blankenburg/*Bergmann* § 1 Rn 365). Allerdings ist der Reiseveranstalter berechtigt, den Mangel von sich aus zu beseitigen, da die Mangelbeseitigung vom Erfüllungsanspruch mit umfasst ist. Anderenfalls wäre dem Reiseveranstalter eine Abhilfe nicht möglich, wenn der Mangel mehrere Reisende betrifft und nicht sämtliche von ihnen Abhilfe verlangen (so BaRo/*Geib* Rn 10; ausf zur dogmatischen Herleitung BeckOGK/*Sorge* Rn 14ff). Die Erklärung ist eine **rechtsgeschäftsähnl Handlung**, auf die die allg Normen des BGB anwendbar sind (ebenso BeckOGK/*Sorge* Rn 91; Grü/*Retzlaff* Rn 2; Führich/*Staudinger* § 19 Rn 4).

5 **2. Inhaltliche Anforderungen.** Abs I normiert **keine inhaltlichen Anforderungen** an das Abhilfeverlangen. Die Norm ist allerdings im Zusammenhang mit § 651o zu sehen, wonach der Reisende zur Anzeige des Mangels verpflichtet ist. Dabei muss er den Mangel so genau darlegen, dass der Reiseveranstalter diesen **individualisieren** kann (s § 651o Rn 2). Die Anzeige des Mangels und das Abhilfeverlangen sind zwar voneinander unabhängig (BaRo/*Geib* Rn 4), können jedoch in einer Erklärung erfolgen. Das Abhilfeverlangen enthält regelmäßig auch die **Mängelanzeige** (MüKo/*Tonner* Rn 6). Allein die Anzeige des Mangels ohne zumindest konkludente Bitte, diesem auch abzuhelfen, ist jedoch als Abhilfeverlangen nicht ausreichend.

6 **3. Form und Zeitpunkt.** Das Abhilfeverlangen kann **formfrei** erfolgen. Es muss jedoch den **Erklärenden** und den **Inhalt** einer Abhilfeforderung **erkennen** lassen (keine anonyme E-Mail, AG Düsseldorf RRa 2004, 178 m krit Anm *Degott* RRa 2004, 178). Weitere Daten, die nicht zur Zuordnung des Abhilfeverlangens erforderlich sind, wie zB die Angabe der Buchungsnummer, müssen nicht angegeben werden (ebenso BaRo/*Geib* Rn 4; aA AG Duisburg-Hamborn RRa 2004, 71; BeckOGK/*Sorge* Rn 95; Führich/*Staudinger* § 19 Rn 4). Die Erklärung kann bereits unmittelbar **nach Vertragsschluss** erfolgen (zu § 651c aF BGH NJW 1986, 1750). Der Reisende muss nicht den Reisebeginn abwarten (BeckOGK/*Sorge* Rn 54). Voraussetzung ist allerdings, dass zu erwarten ist, dass die Mängel auch noch während der Reise vorliegen werden.

7 **4. Adressat der Erklärung.** Das Abhilfeverlangen muss ggü dem Reiseveranstalter erklärt werden. **a) Reiseveranstalter.** Die Erklärung hat grds dem Reiseveranstalter zuzugehen. Die Erklärung kann ggü den eigenen **Mitarbeitern** in der Zentrale oder dem **Reiseleiter** vor Ort (so zum alten Recht BGH NJW 1989, 2752) erfolgen. Der Reiseveranstalter ist gem Art 250 § 6 Nr 4b EGBGB verpflichtet, eine Stelle zu benennen, bei der aufgetretene Mängel anzuzeigen sind. Der Reiseveranstalter ist nicht berechtigt, unabhängig von der Zumutbarkeit zu

normieren, dass der Reisende bei Nichterreichbarkeit der Betreuung vor Ort die Zentrale informieren muss (BGH NJW 1989, 2752). Zu den Rechtsfolgen s lit d. **b) Vermittler.** Gem § 651v IV 1 ist der Reisevermittler gesetzl zur Entgegennahme der Erklärung bevollmächtigt. **c) Leistungserbringer.** Ggü den Angestellten des Leistungserbringers kann das Abhilfeverlangen grds nicht erklärt werden, da diese **keine Empfangsboten** des Reiseveranstalters sind (LG Duisburg RRa 2003, 114; AG Düsseldorf RRa 2004, 178). Dies gilt auch dann, wenn die Reiseleitung vor Ort nicht zu erreichen ist (so auch BeckOGK/*Sorge* Rn 104). Verspricht der Leistungserbringer die Übermittlung des Verlangens, geht das Übermittlungsrisiko zulasten des Reisenden (LG Duisburg RRa 2003, 114). Der Reiseveranstalter kann den Leistungsträger allerdings als Adressat im Vertrag bestimmen (Führich/*Staudinger* § 19 Rn 7). **d) Nicht erreichbarer Adressat.** Ist ein Abhilfeverlangen dem Reisenden nicht zumutbar, weil entweder die Reiseleitung nicht erreichbar ist oder weil der Kontakt zur angegebenen Stelle oder Zentrale nicht in zumutbarer Weise hergestellt werden kann, ist zw dem Abhilfeverlangen und der Mangelanzeige zu differenzieren. Grds stehen dem Reisenden auch weiterhin die **Mängelrechte** Minderung und Schadensersatz zu, wenn er den Mangel nicht anzeigt, da es an einem vertretbaren Unterlassen der Mängelanzeige gem § 651o fehlt (dazu § 651o Rn 8). Hinsichtl der **Abhilfe** kann darauf abgestellt werden, dass eine Fristsetzung nach II Nr 2 entbehrlich ist, weil ein sofortiges Einschreiten geboten ist und dies ohne Kontakt zum Reiseveranstalter nicht erreicht werden kann. Die Nichterreichbarkeit führt nicht dazu, dass nunmehr das Abhilfeverlangen ggü dem Leistungserbringer erfolgen könnte (BeckOGK/*Sorge* Rn 104; MüKo/*Tonner* Rn 8; aA BaRo/*Geib* Rn 5).

IV. Verweigerungsrecht des Reiseveranstalters (Abs I S 2). 1. Unmöglichkeit der Abhilfe (Nr 1). Der Reiseveranstalter kann die Abhilfe ablehnen, wenn sie unmöglich ist. Die Abhilfe ist dann **unmöglich**, wenn es dem Reiseveranstalter unter Einsatz sämtlicher **personeller** und **finanzieller Ressourcen** nicht möglich ist, den Mangel zu beseitigen. Unerheblich ist dabei, wie hoch die Kosten für die Beseitigung sind. Es muss nur eine **subj Unmöglichkeit** für den Reiseveranstalter vorliegen. Es bedarf keiner obj Unmöglichkeit für jedermann (ebenso BaRo/*Geib* Rn 8; BeckOGK/*Sorge* Rn 80). Sind Teile der Reise mangelhaft (zB ausgefallener Tagesausflug), sollte trotz des relativen Fixschuldcharakters nicht von einer Unmöglichkeit ausgegangen werden, soweit die Nachholung noch innerhalb des Urlaubs in vertretbarem Rahmen möglich ist (ebenso BeckOGK/*Sorge* Rn 35). Ist hingegen im gebuchten Hotel kein Zimmer mehr vorhanden, liegt eine Unmöglichkeit vor, da es den Reisenden in der Regel auf das konkrete Hotel ankommt (so bereits BGH NJW 2018, 789 Rn 9). 8

2. Unverhältnismäßige Kosten. Die Abhilfe kann verweigert werden, wenn sie in Bezug auf das Ausmaß des Reisemangels und den Wert der betroffenen Reiseleistung mit **unverhältnismäßigen Kosten** verbunden ist. Unter Kosten fallen nur **externe Aufwendungen**, nicht hingegen der interne Personaleinsatz des Reiseveranstalters (BaRo/*Geib* Rn 9). Zunächst ist zu prüfen, welches Ausmaß der Reisemangel hat. Sind kleine Mängel nur mit hohen Kosten zu beseitigen, muss der Reisende diese eher hinnehmen und ist auf die Minderung zu verweisen, als bei größeren Mängeln. Zudem ist das **Ausmaß des Mangels** in das Verhältnis zum **Wert der betroffenen Reiseleistung** zu setzen. Ist die gesamte Reise betroffen, werden dem Reiseveranstalter größere Anstrengungen zuzumuten sein als bei betroffenen Teilen der Reise (zB wenn nur ein Reiseziel ausfällt). Ferner ist bei niedrigpreisigen Reisen die Mangelbeseitigung eher unzumutbar als bei hochpreisigen Reisen. Grds kann eine Unverhältnismäßigkeit angenommen werden, wenn die **Beseitigungskosten** das **Doppelte** der durch den Reisenden für die Reiseleistung zu **zahlenden Kosten** übersteigen (aA BeckOGK/*Sorge* Rn 87; zur sechsfachen Überschreitung Frankfurt MDR 2010, 915). Unzulässig ist ein Vergleich des aus dem Mangel resultierenden Minderungsbetrags mit den Abhilfekosten (LG Hannover RRa 2017, 282; aA AG Köln 14.3.2016 – 124 C 393/15). 9

V. Abhilfe. Der Reiseveranstalter kommt seiner Erfüllungspflicht nach, wenn er Abhilfe schafft und den Mangel beseitigt. Er kann aufgrund einer Aufforderung des Reisenden oder aus eigener Veranlassung Abhilfe schaffen (dazu Rn 4). 10

1. Beseitigung des Mangels. Der Reiseveranstalter muss den Mangel beseitigen, soweit dies möglich ist. Er darf dem Reisenden zur Mangelbeseitigung grds keine andere Reiseleistung als Ersatz anbieten. Ist es nicht möglich, den Mangel an der exakt vereinbarten Reiseleistung zu beseitigen, bedarf es der Bestimmung, ob der Reiseveranstalter **alternative Leistungen** als Abhilfe anbieten kann. Dies ist nur dann der Fall, wenn der Reisende an der konkreten Ausgestaltung der Reise **kein Interesse** hat (zB Tagesausflug an einem anderen Tag) oder **nur marginale Abweichungen** vorliegen, die selbst keinen Mangel darstellen würden (Beförderung mit einer gleichwertigen Fluggesellschaft innerhalb der drei Stunden Frist). Anderenfalls liegt eine Unmöglichkeit der Mangelbeseitigung gem Abs I S 2 Nr 1 und damit nur das Angebot einer Ersatzleistung vor (so bereits BGH NJW 2018, 789 Rn 9; unklar zur Ersatzunterkunft Führich/*Staudinger* § 19 Rn 12f). Lehnt der Reisende eine zumutbare Abhilfe ab, kann er nur bis zu dem Zeitpunkt Gewährleistungsrechte geltend machen, zu dem er die Abhilfe hätte annehmen können (Grü/*Retzlaff* Rn 3). 11

2. Rechtsfolgen der Abhilfe. a) Erfolgreiche Abhilfe. Ist die Abhilfe erfolgreich, ist die Reise für die **Zukunft mangelfrei**. Da Minderungs- und Schadensersatzansprüche nicht von einem Abhilfebegehren abhängig sind, bleiben bereits entstandene Ansprüche bestehen (ebenso BeckOGK/*Sorge* Rn 59, 114; MüKo/*Tonner* Rn 23). Unzulässig ist es, vom Reisenden zu verlangen, nach der Abhilfe keine Gewährleistungsansprüche mehr geltend zu machen (Düsseldorf NJW-RR 1992, 245). **b) Erfolglose Abhilfe.** Wird durch den Abhilfeversuch der Mangel hingegen nicht beseitigt, bleibt die Leistung des Reiseveranstalters **mangelhaft** und der Reisende kann weiterhin wegen des bestehenden Mangels die **Gewährleistungsrechte geltend** machen. Auf Abs III S 3 braucht nicht abgestellt zu werden. Problematisch ist die Frage, ob der Reisende eine weitere Abhilfe ablehnen und sogleich zur Selbstvornahme schreiten kann, wenn der erste Versuch fehlschlägt (so BeckOGK/*Sorge* Rn 120, relativierend in 12

Rn 122). Grds ist es zwar zutreffend, dass es für den Reisenden nicht zumutbar ist, ständig mit Abhilfemaßnahmen konfrontiert zu sein (zB mehrfaches Zimmerwechsel). Zeigt sich allerdings bei der Abhilfe ein kleinerer weiterer Mangel (zB beim nachgebesserten Buffet sind die Messer dreckig), erscheint es nicht angemessen, dem Reiseveranstalter die Möglichkeit zu nehmen, nochmals nachzubessern. Nur wenn es dem Reisenden zuzumuten ist, einen **weiteren Abhilfeversuch** hinzunehmen, ist der Reiseveranstalter dazu berechtigt. Zudem muss dieser innerhalb der gesetzten Frist erfolgen. Ist die weitere Abhilfe nicht zumutbar oder fristgerecht, ist der Reisende zur Selbsthilfe berechtigt. **c) Kosten der Abhilfe.** Die Kosten der Abhilfe (zB Taxikosten für einen Hotelumzug) hat der Reiseveranstalter zu tragen (Grü/*Retzlaff* Rn 3). Hat der Reisende einen Aufpreis gezahlt, kann er diesen gem § 812 I 1 zurückfordern (Führich/*Staudinger* § 19 Rn 15).

13 **VI. Rechtsfolgen der Nichtabhilfe.** Erfolgt keine Abhilfe, weil sie vom Reiseveranstalter verweigert wird oder der Versuch fehlgeschlagen ist, ist zw der unberechtigten und der berechtigten Nichtabhilfe zu unterscheiden.

14 **1. Unberechtigte Nichtabhilfe (Abs II).** Eine unberechtigte Nichtabhilfe liegt dann vor, wenn der Reiseveranstalter innerhalb einer angemessenen Frist oder bei Entbehrlichkeit der Frist sofort keine erfolgreiche Abhilfe leistet. **a) Fristsetzung.** Der Reisende muss dem Reiseveranstalter grds eine angemessene Frist zur Beseitigung des Mangels setzen. **aa) Angemessenheit.** Die Angemessenheit der Frist bestimmt sich nach der Schwere des Mangels und dem Grad der Auswirkung auf die Reise (MüKo/*Tonner* Rn 11). Ist lediglich eine Teilleistung der Reise betroffen (zB Mangel innerhalb der Unterkunft), muss dem Reiseveranstalter grds **ein Tag zur Beseitigung des Mangels** gegeben werden (zutreffend LG Frankfurt NJW 1985, 1473; ebenso BeckOGK/*Klingberg* § 651l Rn 38; MüKo/*Tonner* Rn 11). Liegt allerdings ein schwerer Mangel vor, der die gesamte Reise beeinträchtigt (zB Ausfall des Anreisefluges, Wegfall der Unterkunft), kann die Frist deutlich **kürzer** sein (Führich/*Staudinger* § 19 Rn 18). Kann der Reisende überhaupt keine Reiseleistung wahrnehmen, ist es ihm nicht zuzumuten, mehrere Stunden auf eine Abhilfe zu warten. Ggf kann in diesen Fällen die Fristsetzung insg **entbehrlich** sein. Ist die Frist des Reisenden zu kurz bemessen oder zu unbestimmt (zB schnellstmöglich), wird dennoch eine angemessene Frist in Gang gesetzt (BeckOGK/*Sorge* Rn 132; BeckOGK/*Klingberg* § 651l Rn 37). **bb) Entbehrlichkeit (Abs II S 2).** Die Fristsetzung ist nach Abs II entbehrlich, wenn der Reiseveranstalter die Abhilfe verweigert oder eine sofortige Abhilfe erforderlich ist. Entgegen dem Wortlaut ist in diesen Konstellationen nicht nur die Fristsetzung, sondern insg das Abhilfeverlangen entbehrlich (aA BeckOGK/*Sorge* Rn 108). **(1) Verweigerung der Abhilfe.** Eine Verweigerung setzt eine dem Reiseveranstalter **zurechenbare Erklärung** voraus, aus der sich eindeutig ergibt, dass von ihm eine Abhilfe nicht mehr oder nicht in angemessener Zeit erfolgen wird. Auch ein Angebot **unzureichender Abhilfemaßnahmen** kann eine Verweigerung darstellen (AG Hannover RRa 2005, 170). Allein das Bestreiten des Mangels stellt noch keine Verweigerung der Abhilfe dar, außer es ergibt sich aus den Umständen, dass sich der Reiseveranstalter auch durch eine Fristsetzung nicht umstimmen lassen wird (zum Kaufrecht BGH NJW 2013, 1076 Rn 22; ebenso BeckOGK/*Klingberg* § 651l Rn 41; aA BaRo/*Geib* Rn 7). Zuzurechnen sind dem Reiseveranstalter die Erklärungen der **eigenen Mitarbeiter** (zB Reiseleiter) sowie des **Reisebüros**, wenn es sich dabei um einen Handelsvertreter handelt. Erklärungen des Leistungserbringers muss sich der Reiseveranstalter nicht zurechnen lassen, da diese grds auch nicht zur Annahme des der Anzeige berechtigt sind. Ist mehrfach die Abhilfe verweigert worden, kann bei weiteren Mängeln nicht davon ausgegangen werden, dass auch bei diesen keine Abhilfe erfolgt (aA BaRo/*Geib* Rn 6). Jeder Mangel ist grds für sich **getrennt** zu beachten und bedarf eines Abhilfeverlangens. Ggf kann jedoch ein **Kündigungsrecht** gem § 314 bestehen, wenn das Vertrauen in den Reiseveranstalter **endgültig verloren** gegangen ist. Der Verweigerung gleichzustellen sind die Fälle, bei denen der Reiseveranstalter von vornherein unmissverständlich zu erkennen gibt, dass er zur Abhilfe nicht bereit ist, zB wenn er den Reisemangel bewusst begründet und ihn als unvermeidlich darstellt (BGH NJW 2012, 2109 Rn 23). **(2) Sofortige Abhilfe.** Einer Frist bedarf es nicht, wenn die Abhilfe sofort erforderlich ist. Dies ist entweder dann der Fall, wenn die Abhilfe nur zu einem **bestimmten Zeitpunkt** erfolgen kann (zB Transfer zum Flughafen) oder wenn der Mangel **so schwer** ist, dass dem Reisenden ein **Zuwarten nicht zugemutet** werden kann. In beiden Fällen ist es aber erforderlich, dass es nicht möglich ist, dem Reiseveranstalter eine auch ggf sehr kurze Frist zu setzen, da grds der Reiseveranstalter entscheiden können soll, in welcher Form die Abhilfe erfolgt (s AG Uelzen RRa 2019, 108, wonach dem Reisenden das Abwarten der Öffnungszeiten zumutbar ist).

15 **b) Folgen der unberechtigten Nichtabhilfe. aa) Selbsthilfe.** Erfolgt die Verweigerung der Abhilfe unberechtigt, kann der Reisende selbst Abhilfe schaffen und den **Ersatz der erforderlichen Kosten** verlangen. Grds bleibt es dem Reisenden überlassen, wie er die Abhilfe selbst ausgestaltet. Er kann allerdings nur die Kosten erstattet verlangen, die für eine Abhilfe erforderlich waren. Die Erforderlichkeit ist zu verneinen, wenn Kosten für die Abhilfe **außer Verhältnis** zu den Kosten der Reise stehen. Es ist auf eine **ex-ante-Sicht** eines verständigen Reisenden abzustellen (Köln RRa 2017, 306). Unerheblich ist, dass der Reiseveranstalter die Abhilfe grds günstiger hätte erbringen können, zB weil er Zugriff auf bestimmte, dem Reisenden nicht zur Verfügung stehende Kontingente hat. Aufgrund der unberechtigten Verweigerung muss allein auf die Perspektive des Reisenden abgestellt werden. So können auch die Kosten für eine höhere Preiskategorie angemessen sein, wenn anders eine gleichwertige Abhilfe nicht zu beschaffen ist (Köln NJW-RR 1993, 252; KG NJW-RR 1993, 1210; AG Hannover RRa 2020, 21; Führich/*Staudinger* § 19 Rn 23). **Nicht** erforderlich ist, dass ein **erheblicher Mangel** vorliegt, da § 651k eine solche Einschränkung nicht vorsieht (MüKo/*Tonner* Rn 15; BaRo/*Geib* Rn 15; aA zu § 651e aF LG Frankfurt NJW-RR 1995, 1522, das zw einer einfachen und erweiterten Abhilfe unterschieden hat). Der Reisende kann auch bei nicht erheblichen Mängeln Abhilfe schaffen. Ist ihm nur die Buchung einer anderen Unterkunft möglich, sind diese Kosten ersatzfähig, da es der Reiseveranstalter in der Hand gehabt hätte, selbst für eine günstigere Abhilfe

zu sorgen. Zu den Kosten gehören die Beträge, die für die Hauptleistung als auch für Nebenleistungen (zB Telefonkosten, Taxikosten) aufgebracht wurden. Auch die Kosten für eine im Nachhinein **erfolglose Selbstabhilfe** sind ersatzfähig, wenn sie sich ex tunc für den Reisenden als erforderlich dargestellt haben (so BeckOGK/*Sorge* Rn 142). Der Reisende hat ggü dem Reiseveranstalter ein Anspruch auf Vorauszahlung der Kosten für die Abhilfe (str. BaRo/*Geib* Rn 19; aA BeckOGK/*Sorge* Rn 124; Führich/*Staudinger* § 19 Rn 24; die Frage ist ggf dem EuGH vorzulegen; nach MüKo/*Tonner* Rn 18 sollen zumindest die Kreditkosten erstattungsfähig sein). **bb) Mangelrechte.** Da der Mangel weiter fortbesteht, ist der Reisende berechtigt, die weiteren ihm zustehenden Mangelrechte wie Kündigung (§ 651l), Minderung (§ 651m) und Schadensersatz (§ 651n) geltend zu machen (aA MüKo/*Tonner* Rn 17).

2. Berechtigte Nichtabhilfe (Abs III). Wenn der Reiseveranstalter die Abhilfe gem Abs I S 2 verweigern kann, muss er dem Reisenden eine angemessene Ersatzleistung anbieten, wenn der Reisemangel einen erheblichen Teil der Reiseleistungen betrifft. **a) Voraussetzungen der Anbietungspflicht.** Der Reiseveranstalter muss gem Abs I S 2 berechtigt sein, die Abhilfe zu verweigern (Rn 8ff). Ferner muss der Reisemangel einen **erheblichen Teil** der Reiseleistungen betreffen. Dazu kann auf die Definition des BGH des erheblichen Mangels zurückgegriffen werden. Danach ist das Maß, mit dem ein Mangel die Reise beeinträchtigt, aufgrund einer an Zweck und konkreter Ausgestaltung der Reise sowie Art und Dauer der Beeinträchtigung orientierten **Gesamtwürdigung** zu beurteilen (BGH RRa 2018, 65 Rn 13). Folglich kann ein erheblicher Teil sowohl in quantitativer als auch qualitativer Weise betroffen sein. **Quantitativ** ist ein erheblicher Teil betroffen, wenn alle oder eine Vielzahl von Reiseleistungen mit einem Mangel behaftet sind, weil sie gar nicht oder nicht wie geschuldet erbracht werden können. Eine **qualitative** Beeinträchtigung ist gegeben, wenn ggf nur eine Reiseleistung betroffen ist, diese aber den Charakter der Reise prägt (zB Tauchverbot bei einer Tauchreise). Grds kann davon ausgegangen werden, dass bei Mängeln gem § 651 II 1, 2 Nr 1 eher eine erhebliche Beeinträchtigung in Betracht kommt als bei Abs II S 1 Nr 2, da die vertragl Vereinbarung die Relevanz des Punktes für den Reisenden unterstreicht (ebenso BeckOGK/*Klingberg* § 651l Rn 23). Der **Prozentsatz** der Minderung ist grds **nicht maßgeblich**, (so auch BaRo/*Geib* Rn 5; Führich/*Staudinger* § 20 Rn 10). Jedoch ist eine hohe Minderungsquote ein Indiz für eine erhebliche Beeinträchtigung (BGH RRa 2018, 65 Rn 13; BeckOGK/*Klingberg* Rn 25; nach LG Frankfurt RRa 2016, 278 indiziert eine Minderungsquote von 50 % oder mehr die erhebliche Beeinträchtigung; nach AG Bad Homburg RRa 2020, 12 muss eine Minderung von wenigstens 50 % vorliegen). Ebenso ist es unerheblich, wie hoch der Reisepreis war. Bsp (ausf Führich/*Staudinger* § 20 Rn 13): **bejahend** LG Stuttgart NJW-RR 1986, 349 erheblicher Baulärm; LG Hannover NJW 1985, 2903 viertätige Gepäckverspätung; LG Kleve RRa 1997, 229 Änderung des Abflug- oder Ankunftsortes; LG Köln NJW-RR 2000, 786 ausländische statt dt Fluggesellschaft (zweifelhaft, da sich der Mangel nur sehr begrenzt auswirkt); Düsseldorf NJW-RR 2008, 785; LG Frankfurt 2018, 117 Economy-Class statt First Class; LG Köln 23.5.2017 – 11 S 117/17 Vorverlegung des Rückflugs um 2 Tage; **verneinend** BGH NJW 2008, 288 Rn 5 verpassen von 1 – 2 Tagen einer vierzehntätigen Reise; Düsseldorf NJW-RR 1998, 51 Rückflugverlegung um einen Tag; LG München NJW-RR 2000, 1164 Verschiebung des Hinflugs um einen Tag. 16

b) Rechtsfolgen. Der Reiseveranstalter hat grds eine angemessene Ersatzleistung anzubieten (zur Bindung an das Angebot ausf BeckOGK/*Sorge* Rn 160ff). Ihm steht **kein Ermessen** zu, ob er eine Ersatzleistung anbietet. Dem Tatbestandsmerkmal der Angemessenheit der Ersatzleistung kommt allerdings keine eigenständige Bedeutung zu, da sich das Ablehnungsrecht des Kunden nach der Vergleichbarkeit richtet (BeckOGK/*Sorge* Rn 188ff). **aa) Annahme der Ersatzleistung (Abs III S 1).** Nimmt der Reisende die angebotene Ersatzleistung an, bestimmt sich die Leistungspflicht des Reiseveranstalters nur noch nach dieser geänderten Leistungsbeschreibung. Die Ersatzleistung stellt eine **modifizierte Erfüllung** dar (BT-Drs 18/10822, 80). Wegen des ursprüngl Mangels kann der Reisende weiterhin die bereits entstandenen Mängelrechte geltend machen. Für die Zukunft ist allerdings allein der vereinbarte Umfang der Ersatzleistungen Maßstab. Nach Abs III S 2 steht dem Reisenden unabhängig von der Mängelfreiheit der Ersatzleistung ein Minderungsanspruch zu, wenn die Pauschalreise nicht mehr von mindestens **gleichwertiger Beschaffenheit** wie die gebuchte Reise ist. Es kommt dabei nicht nur auf die vereinbarte Beschaffenheit, sondern ggf auch auf die übliche Beschaffenheit an. Würde die Ausführung, wie sie durch die Ersatzleistung erfolgt, zu einem Mangel gem § 651i I bei der gebuchten Reise führen, liegt keine gleichwertige Beschaffenheit mehr vor. In diesem Fall hat der Reiseveranstalter dem Reisenden ein Angebot zu machen, wie der Reisepreis entspr § 651m I 2 zu mindern ist (dazu § 651m Rn 3). Wie sich aus dem Wortlaut und der Ablehnungsbefugnis gem Abs III S 2 ergibt, ist der Reisende nicht berechtigt, von sich aus eine Minderung des Reisepreises vorzunehmen. Ist der Reisende zur Ablehnung der Ersatzleistung berechtigt und nimmt er sie dennoch an, so liegt darin keine Annahme einer modifizierten Erfüllung noch ein Verzicht auf die Gewährleistungsrechte (BeckOGK/*Sorge* Rn 174). **bb) Ablehnung der Ersatzleistung (Abs III S 2).** Der Reisende kann unter den Voraussetzungen des Abs III S 3 die Annahme der Ersatzleistung verweigern. Dazu muss entweder die Ersatzleistung selbst **nicht gleichwertig** sein oder die Herabsetzung gem Abs III S 1 darf **nicht angemessen** sein. Es ist nicht zw einer unangemessenen und nicht gleichwertigen Ersatzleistung zu differenzieren (so mittlerweile auch BeckOGK/*Sorge* Rn 191). Vielmehr sind beide Begriffe bezogen auf die Ersatzleistung einheitlich zu verstehen. Anderenfalls bestünde die Gefahr, dass der Reisende eine nicht angemessene Ersatzleistung akzeptieren müsste und lediglich auf die Minderung verwiesen werden könnte. Es soll aber gerade kein Recht zur zweiten Andienung geschaffen werden. (1) **Ersatzleistung nicht gleichwertig.** Die angebotene Ersatzleistung ist nicht mit den im Vertrag vereinbarten Leistungen gleichwertig, wenn sie von der **Qualität** oder der **Art** nicht nur **unerheblich abweicht**. Nicht gleichwertig ist idR das Auswechseln der Reisedestination. Dies gilt ebenso, wenn der Reisende 17 in einer anderen Hotelkategorie oder einer anderen Art untergebracht wird (dazu München NJW 1984, 132). (2) **Herabsetzung nicht angemessen.** Da der Reisende nicht selbst eine Minderung vornehmen kann, muss ihm ein Angebot zur Herabsetzung durch den Reiseveranstalter unterbreitet werden. Dieses Angebot muss grds den Kriterien des § 651m I 2 entsprechen. Ist dies nicht der Fall, ist es dem Reisenden nicht zumutbar, eine Ersatzleistung anzunehmen. (3) **Kündigung des Reisevertrags.** Kann der Reisende die Ersatzleistung verweigern, bestimmt Abs III S 4, dass § 651l II und III anzuwenden sind. Das Vertragsverhältnis wandelt sich in ein **Rückgewährschuldverhältnis** um. Problematisch ist, dass nach dem Gesetzeswortlaut eine Kündigung nicht erforderlich ist, mithin die Rechtsfolgen unabhängig vom Willen des Reisenden eintreten. Er hat keinerlei Möglichkeit, an dem bisherigen Vertrag festzuhalten und die weiteren Mängelrechte geltend zu machen. Dies erscheint **nicht richtlinienkonform**, da Art 13 VI PauschalreiseRL nur von einem Rücktrittsrecht ausgeht, nicht jedoch von einer Fiktion des Rücktritts. Da sich der Vertrag in ein Rückgewährschuldverhältnis umwandelt, kann der Reisende nicht von sich aus die Reise fortsetzen (aA Grü/*Retzlaff* Rn 6). Die Frage wird dem EuGH vorzulegen sein. **cc) Verweigerung der Ersatzleistung.** Nach Abs III S 4 greifen die Rechtsfolgen des § 651l II und III auch, wenn der Reiseveranstalter außerstande ist, eine Ersatzleistung anzubieten. Nicht gleichgesetzt werden sollte dies mit der Verweigerung der Erbringung der Ersatzleistung. Da die Rechtsfolgen des § 651l ohne Kündigungserklärung des Reisenden eintreten sollen, hätte der Reiseveranstalter sonst durch seine Untätigkeit faktisch die Möglichkeit, den Vertrag zu kündigen.

18 **VII. Rückbeförderung (Abs IV-V).** Die Abs IV und V betreffen den Sonderfall, dass die Rückbeförderung aufgrund unvermeidbarer außergewöhnlicher Umstände nicht möglich ist.

19 **1. Anspruchsvoraussetzungen. a) Pflicht zur Rückbeförderung.** In dem Pauschalreisevertrag muss vereinbart worden sein, dass der Reisende zurückzubefördern ist. Dies kann entweder originärer Vertragsinhalt gewesen sein oder auch erst iRd Ersatzleistung gem Abs II vereinbart worden sein. **b) Unvermeidbare, außergewöhnliche Umstände.** Die Rückbeförderung muss aufgrund unvermeidbarer, außergewöhnlicher Umstände nicht möglich sein. Dazu § 651h Rn 6ff.

20 **2. Rechtsfolgen.** Der Reiseveranstalter hat die Kosten für eine ggf notwendige Beherbergung zu tragen. **a) Kosten der notwendigen Beherbergung.** Der Reiseveranstalter muss die Kosten für die Beherbergung tragen. Nach dem Wortlaut ist der Reiseveranstalter nicht verpflichtet, die Übernachtung zu organisieren, vielmehr obliegt dies dem Reisenden, der dann **lediglich** einen **Kostenerstattungsanspruch** hat (so auch MüKo/*Tonner* Rn 36; BaRo/*Geib* Rn 29; aA wohl BeckOGK/*Sorge* Rn 227). Damit unterscheidet sich die Pflicht des Reiseveranstalters erheblich von den Pflichten der Luftfahrtunternehmen, die eine Übernachtung zu organisieren haben. Offen lässt die Norm, ob der Reiseveranstalter überhaupt berechtigt ist, die **Beherbergung zu organisieren** und so den Reisenden zu einer bestimmten Möglichkeit zwingen kann. Da auch nach Art 13 VII lediglich eine Kostentragungspflicht geregelt ist, ist davon auszugehen, dass die Übernachtung nicht durch den Reiseveranstalter zu organisieren ist, vielmehr nur die Kosten zu tragen sind (aA BaRo/*Geib* Rn 29). Erstattungsfähig sind nur die **notwendigen Kosten.** Erfasst sind nur die Beherbergungskosten, **nicht** jedoch **Bewirtungskosten** (differenzierend Führich/*Staudinger* § 19 Rn 25). Dies gilt auch für das Frühstück, das viele Hotels mit anbieten. Das Gesetz selbst gibt als Kriterium für die Bestimmung der Notwendigkeit vor, dass die Unterkunft mit der im Vertrag vereinbarten gleichwertig sein muss (zB Barrierefreiheit). Ist es dem Reisenden nicht möglich, eine **gleichwertige Unterkunft** zu organisieren, können zu den notwendigen Kosten auch solche für eine höherpreisige Unterkunft gehören. Sind die Kosten für eine bessere Unterkunft allerdings deutlich höher als der Tagespreis für die vereinbarte Unterkunft, muss sich der Reisende um eine Unterkunft in einer niedrigeren Kategorie bemühen. Erst wenn dies nicht möglich oder im Verhältnis zur vereinbarten Unterkunft unverhältnismäßig ist, können **hochpreisige Unterkünfte** gebucht werden. Bucht der Reisende unberechtigterweise eine höherwertige Kategorie, kann er nur die anteiligen Kosten ersetzt verlangen (BaRo/*Geib* Rn 29). Bei einer geringeren Kategorie besteht kein Ersatzanspruch auf die Preisdifferenz.

21 **b) Zeitraum.** Die Kostenerstattungspflicht erstreckt sich auf **drei Übernachtungen**. Nach Ablauf dieses Zeitraums hat der Reisende die Kosten zu tragen. Ausnahmen zu diesem Zeitraum sind in Abs V geregelt. **aa) Erweiterung durch Europäisches Recht.** Der Reiseveranstalter kann sich nicht auf die Beschränkung berufen, wenn der Leistungserbringer nach europäischem Recht für einen längeren Zeitraum die Kosten zu tragen hat. Dies ist insb der Fall, wenn auf die Beförderung die Regelungen der **Fluggastrechte-VO Nr 261/2004** anzuwenden sind. Für die Beherbergungspflicht gem Art 8 gelten keine zeitl Einschränkungen (EuGH 31.1.2013 – C-12/11). Gleiches gilt für den Bereich des Eisenbahnverkehrs gem **VO Nr 1371/2007** (EuGH 26.9.2013 – C-509/11). Der Reisende kann sich entscheiden, ob er den Reiseveranstalter oder das ausführende Luftfahrtunternehmen in Anspruch nimmt. Ein Gleichlauf der Rechte ist durch die Anpassung des Zeitraums garantiert. **bb) Besonders bedürftige Personen.** Der Reiseveranstalter kann sich ggü besonders bedürftigen Personen nicht auf die zeitl Beschränkung berufen. Erfasst sind in ihrer **Mobilität eingeschränkte Personen** sowie deren Begleiter, **Schwangere**, unbegleitete **Minderjährige** und Personen, die besondere medizinische Betreuung benötigen. Erforderlich ist bei sämtlichen Personen, dass der Reiseveranstalter 48 Stunden vor Reisebeginn über die **Hilfsbedürftigkeit in Kenntnis** gesetzt wurde. Der Betroffene muss daher nicht nur seine entspr Betroffenheit, sondern die besondere Hilfsbedürftigkeit mitteilen. Daran wird es häufig bei Schwangeren fehlen, da sich ggf erst während der Reise die besondere Hilfsbedürftigkeit herausstellt.

22 **VIII. Abweichende Vereinbarungen.** Der Reiseveranstalter darf nicht zulasten des Reisenden von der Regelung des § 651k in seinen AGB abweichen. Insb darf nicht gefordert werden, dass die **Anzeige** bei Unerreichbar-

keit der Reiseleitung unabhängig von der Zumutbarkeit an die **Zentrale** zu richten ist (BGH NJW 1989, 2752; NJW 1993, 264).

IX. Darlegungs- und Beweislast. Verlangt der **Reisende** die Kosten für die Selbstabhilfe, hat er den Zugang des Abhilfeverlangens sowie die Erforderlichkeit der Aufwendungen darzulegen und zu beweisen. Beruft er sich auf die Entbehrlichkeit der Fristsetzung, muss er auch diese Voraussetzungen darlegen und beweisen. Nimmt der Reisende eine Ersatzleistung an, hat er bei einer Minderung darzulegen und zu beweisen, dass die Ersatzleistung nicht gleichwertig ist. Beruft sich der **Reiseveranstalter** ggü den Rechten des Reisenden auf eine erfolgreiche Abhilfe, hat er insoweit darzulegen und zu beweisen, dass die Abhilfeleistung der vertragl geschuldeten Leistung entsprach. 23

§ 651l Kündigung

(1) Wird die Pauschalreise durch den Reisemangel erheblich beeinträchtigt, kann der Reisende den Vertrag kündigen. Die Kündigung ist erst zulässig, wenn der Reiseveranstalter eine ihm vom Reisenden bestimmte angemessene Frist hat verstreichen lassen, ohne Abhilfe zu leisten; § 651k Absatz 2 Satz 2 gilt entsprechend.

(2) Wird der Vertrag gekündigt, so behält der Reiseveranstalter hinsichtlich der erbrachten und nach Absatz 3 zur Beendigung der Pauschalreise noch zu erbringenden Reiseleistungen den Anspruch auf den vereinbarten Reisepreis; Ansprüche des Reisenden nach § 651i Absatz 3 Nummer 6 und 7 bleiben unberührt. Hinsichtlich der nicht mehr zu erbringenden Reiseleistungen entfällt der Anspruch des Reiseveranstalters auf den vereinbarten Reisepreis; insoweit bereits geleistete Zahlungen sind dem Reisenden vom Reiseveranstalter zu erstatten.

(3) Der Reiseveranstalter ist verpflichtet, die infolge der Aufhebung des Vertrags notwendigen Maßnahmen zu treffen, insbesondere, falls der Vertrag die Beförderung des Reisenden umfasste, unverzüglich für dessen Rückbeförderung zu sorgen; das hierfür eingesetzte Beförderungsmittel muss dem im Vertrag vereinbarten gleichwertig sein. Die Mehrkosten für die Rückbeförderung fallen dem Reiseveranstalter zur Last.

I. Überblick. Während **§ 651h** die Vertragsbeendigung **vor Reiseantritt** regelt, betrifft **§ 651l** die Vertragsbeendigung **nach Reiseantritt**. Der Reisende hat dann kein freies Rücktrittsrecht mehr, sondern er hat ein **Kündigungsrecht**, wenn ein Reisemangel vorliegt, der die Reise erheblich beeinträchtigt. Nach einer Kündigung sind grds nur die bereits erbrachten Reiseleistungen zu vergüten. Der Reisende behält zudem seine mangelbedingt entstandenen Minderungs- und Schadensersatzansprüche. Der Reiseveranstalter ist verpflichtet, den Reisenden auch nach dem Rücktritt zurückzubefördern, wenn der Vertrag eine Rückbeförderung vorsieht. § 651l setzt Art 13 VI PauschalreiseRL um. 1

Die mangelbedingte Kündigung war bisher in § 651e aF geregelt. Während die Kündigung wegen eines erheblichen Mangels weiterhin möglich ist, ist der Kündigungsgrund der Unzumutbarkeit entfallen. Hierfür muss auf § 314 zurückgegriffen werden (s Rn 14). Ebenso entfallen ist die Kündigungsmöglichkeit wegen höherer Gewalt. Die Fälle sind nunmehr auch von § 651l erfasst (BeckOGK/*Klingberg* Rn 2). Der **dogmatische Streit** um die Natur des Kündigungsrechts (dazu Staudinger/*Staudinger* § 651e aF Rn 2) wird durch die Neufassung **obsolet**. 2

II. Voraussetzungen. Damit der Reisende (§ 651a Rn 4ff) den Vertrag kündigen kann, muss ein erheblicher Mangel vorliegen und die Frist zur Abhilfe fruchtlos verstrichen sein. 3

1. Erheblicher Mangel. a) Mangel. Es muss ein Mangel iSv § 651i I vorliegen (dazu § 651i Rn 2ff). Auf den Grund des Mangels oder ein Verschulden des Reiseveranstalters kommt es nicht an (BT-Drs 18/10822, 82). **b) Erhebliche Beeinträchtigung.** Der Mangel muss die Reise erheblich beeinträchtigt haben. Wie bereits bei § 651e aF und § 651f aF wird die erhebliche Beeinträchtigung gleich auszulegen sein wie die Beeinträchtigung eines erheblichen Teils der Reise (so BGH NJW 2018, 790 Rn 13; zum erheblichen Teil s § 651k Rn 14). 4

2. Fruchtloser Ablauf der Abhilfefrist. Der Reisende muss dem Reiseveranstalter eine angemessene Frist zur Beseitigung des erheblichen Mangels in Form der Abhilfe gesetzt haben (dazu § 651k Rn 3ff). Da Abs I S 2 Hs 2 auf § 651k II 2 verweist, ist die Frist entbehrlich, wenn der Reiseveranstalter die Abhilfe verweigert oder eine sofortige Abhilfe notwendig ist (dazu § 651k Rn 14). Die Fristsetzung ist ferner dann **entbehrlich**, wenn sowohl die Abhilfe als auch das Angebot einer Ersatzleistung unmöglich sind (Führich/*Staudinger* § 20 Rn 15). Erfolgt die Abhilfe erst nach der Kündigungserklärung, ist es nicht treuwidrig, an der Kündigung festzuhalten (Köln RRa 1995, 29). Erfolgt nur eine **teilweise Abhilfe**, nach der keine erhebliche Beeinträchtigung mehr vorliegt, ist der Reisende nach Fristablauf dennoch zur Kündigung berechtigt (aA BeckOGK/*Klingberg* Rn 40). Dem Reiseveranstalter steht kein Abhilferecht in der Form zu, dass er nur die Erheblichkeit mindert. Lediglich wenn ein nicht vorhersehbarer neuer Mangel auftritt (zB unerkennbarer geringer Defekt im Ersatzzimmer), kann eine Kündigung treuwidrig sein. 5

3. Kündigungserklärung. Der Reisende muss die Kündigung ggü dem Reiseveranstalter erklären. Anders als bei § 651k III 4 treten die Wirkungen der Kündigung bei einem erheblichen Mangel nicht unmittelbar ein, sondern erst auf Erklärung des Reisenden. Die Kündigungserklärung ist eine **einseitige empfangsbedürftige Willenserklärung.** Wird die Erklärung nicht direkt ggü dem Reiseveranstalter erklärt, sondern ggü Dritten (zB Reisebüro, Leistungserbringer), liegt ein Zugang nur dann vor, wenn der **Dritte** als **Erklärungsbote** des Reiseveranstalters einzuordnen ist. Der **Leistungserbringer** ist grds kein Empfangsbote des Reiseveranstalters (ebenso BeckOGK/*Klingberg* Rn 48). Die Kündigungserklärung bedarf **keiner besonderen Form** und kann daher auch 6 durch **schlüssiges Verhalten** erklärt werden (Frankfurt RRa 2006, 261 – Abreise; LG Düsseldorf RRa 2000, 28 – Verlangen des Rückflugs; BGH NJW-RR 1990, 1335 – vorbehaltlose Annahme eines früheren Rückflugs). Die Norm sieht **keine Kündigungsfrist** vor. Es ist allerdings rechtsmissbräuchlich, wenn der Reisende nicht innerhalb einer angemessenen Frist kündigt (Düsseldorf RRa 1997, 216).

7 **III. Rechtsfolgen der Kündigung (Abs II–III). 1. Erbrachte Leistungen (Abs II S 1).** Nach Abs II S 1 behält der Reiseveranstalter seinen Anspruch auf den vereinbarten Reisepreis, soweit er die Leistungen erbracht hat. Der Anspruch kann unproblematisch bestimmt werden, wenn die erbrachten Leistungen **teilbar** vom **Rest** der **Reise** sind und die jew Preise dafür bekannt sind. Ist dies nicht der Fall, ist der Reisepreis auf die Tage aufzuteilen und eine **entspr Quote** zu bilden. Für die Quote sind die Tage bis zur tatsächlichen Abreise, nicht nur bis zur Kündigung maßgeblich, wenn nur Beherbergungsleistungen oder der Rückflug erbracht werden (ebenso BeckOGK/*Klingberg* Rn 53) Nach Abs II S 1 Hs 2 behält der Reisende im Gegenzug etwaige Minderungs- und Schadensersatzrechte nach § 651l und § 651n. Ist daher aufgrund der Minderung der Reisepreis auf Null zu setzen, hat der Reiseveranstalter keinen Anspruch mehr. In den anderen Fällen muss für jeden **Tag** eine **Quote** für den zu zahlenden Betrag und den Minderungsbetrag gebildet werden, die ins Verhältnis zu setzen sind. Hat der Reisende Vorkasseleistungen erbracht, hat er gem § 651m II 2 iVm § 346 I einen **Anspruch** auf **Rückzahlung** des geminderten Reisepreises.

8 **2. Nicht erbrachte Leistungen (Abs II S 2).** Für Leistungen, die der Reiseveranstalter noch nicht erbracht hat, entfällt der Anspruch auf Zahlung des Reisepreises. Ist der Wert der einzelnen Leistungen nicht bestimmbar, ist jew ein Tagessatz zu bilden. Für die nicht geleisteten Tage ist dann die entspr Quote in Ansatz zu bringen. Hat der Reisende vorgeleistet, hat der Reiseveranstalter ihm die zu viel geleisteten Zahlungen zurückzuerstatten (Abs II S 2 Hs 2).

9 **3. Rücktransport (Abs III).** Der Reiseveranstalter muss nach Zugang der Kündigung die infolge der Aufhebung **notwendigen Maßnahmen** treffen. Das Gesetz präzisiert insoweit, dass damit primär der **Rücktransport** des Reisenden gemeint ist. Der Reiseveranstalter hat den Rücktransport unverzüglich zu organisieren, wenn die Rückbeförderung vom Vertrag umfasst wurde. Der Reisende hat nicht allein aufgrund des Rücktritts einen Rückbeförderungsanspruch. **Unverzüglich** bedeutet ohne schuldhaftes Zögern. Der Reiseveranstalter ist verpflichtet, sowohl die **eigene Kapazität** als auch **fremde Kapazitäten** einzusetzen. Sind Verbindungen zw dem Reiseziel und der Heimat am nächsten Tag verfügbar, muss der Reiseveranstalter auf diese zugreifen, anderenfalls auf die am frühesten zur Verfügung stehenden Verbindungen. Grds muss das eingesetzte **Beförderungsmittel** dem im Vertrag vereinbarten gleichwertig sein. Dies bedeutet zum einen, dass die **gleiche Beförderungsart** zu verwenden ist und zum anderen, dass möglichst die **gleiche Beförderungsklasse** zu buchen ist. Sind in der gleichen Art und Klasse keine Kapazitäten mehr vorhanden, ist der Reiseveranstalter auch verpflichtet, weitere Alternativen anzubieten (zB Bustransfer statt Flug; Economy-Class anstatt Business Class). Dafür hat er etwaige **Mehrkosten** zu tragen (Abs II S 2). Sind zur Sicherung des Rücktransports weitere Maßnahmen erforderlich (zB Beherbergung bis zum Rückflug; Beschaffung eines Ersatzhotels), hat der Reiseveranstalter diese ebenfalls zu veranlassen. Kommt der Reiseveranstalter seiner Rückbeförderungspflicht nicht nach, lässt das Gesetz offen, was die Konsequenzen sind. Da die Abhilfefrist der Kündigung vorgeschaltet ist und die Rückbeförderungspflicht erst nach der Kündigung eintritt, kann nicht darauf abgestellt werden, dass der Reisende aufgrund des Ablaufs der Abhilfefrist sofort zur **Selbsthilfe** berechtigt wäre und gem Abs III S 2 die Kosten abrechnen könnte. Es bestünde keine klare Abgrenzung, ab wann die Selbsthilfe möglich ist. Vielmehr wird auf **§ 651n** abzustellen sein, wenn der Reiseveranstalter schuldhaft keine Rückbeförderung organisiert (aA BeckOGK/*Klingberg* Rn 61; Grü/*Retzlaff* Rn 7 – § 280).

10 **4. Unwirksame Kündigung.** Liegen die Voraussetzungen für eine Kündigung nicht vor und kündigt der Reisende trotzdem, entfaltet die Kündigung keine Wirkung. Der Reiseveranstalter hat weiterhin den **Anspruch** auf den **vollen Reisepreis**, soweit nicht eine Minderung gem § 651m eingetreten ist. Tritt der Reisende die weitere Reise nicht an, besteht dennoch ein Minderungsanspruch für die komplette Zeit der Reise, wenn der Reiseveranstalter dem Mangel nicht abgeholfen hätte oder eine Ersatzleistung gem § 651k hätte leisten können (ebenso BaRo/*Geib* Rn 14; BeckOGK/*Klingberg* Rn 62; MüKo/*Tonner* § 651m Rn 5).

11 **IV. Verhältnis zu den übrigen Rücktritts- und Kündigungsrechten. 1. § 651g.** Führt die Änderung des Reiseveranstalters zu einem erheblichen Mangel, kann der Reisende sowohl nach § 651g zurücktreten als auch nach § 651l kündigen. Da vor Reiseantritt noch keine Reiseleistungen erbracht sind, sind die **Rechtsfolgen identisch**.

12 **2. § 651h.** Der Reisende kann vor Reisebeginn sowohl nach § 651h zurücktreten als auch nach § 651l kündigen, wenn bereits nach Vertragsabschluss ein Mangel vorliegt, der auch noch bei Reisebeginn die Reise erheblich beeinträchtigen wird (so bereits BGH NJW 1980, 2192; ebenso MüKo/*Tonner* Rn 6; BeckOGK/*Klingberg* Rn 10; Führich/*Staudinger* § 20 Rn 4; aA zu § 651e aF LG Frankfurt NJW 1986, 1616). Erklärt der Reisende aufgrund eines Mangels vor Reisebeginn den Rücktritt, ist die Erklärung im **Zweifel** als **Kündigungserklärung** gem § 651l auszulegen, da diese Norm für den Reisenden vorteilhafter ist (so auch BaRo/*Geib* Rn 2).

13 **3. § 651u.** Liegen die Voraussetzungen des § 651l vor, geht diese Normen dem **Kündigungsrecht** gem § 651u **vor** (§ 651u IV 5).

14 **4. § 314.** Eine Kündigung gem § 314 I kommt aufgrund des grds abschließenden Charakters des § 651l nur in Betracht, wenn die **Störung nicht** in einem **Mangel** liegt, zB erschüttertes Vertrauen in den Reiseveranstalter wegen Verschweigens von Mängeln; Verhalten des Reisenden auf der Reise (MüKo/*Tonner* Rn 2; BaRo/*Geib* Rn 2;

BeckOGK/*Klingberg* Rn 16ff; 34ff). Da das Reiserecht anders als § 651j aF für den Reiseveranstalter keine Kündigungsmöglichkeit bei Eintritt eines unvermeidbaren außergewöhnlichen Umstandes nach Reisebeginn vorsieht und für den Reisenden diese Konstellation aber über § 651h IV 1 Nr 2 geregelt ist, kann der Reiseveranstalter nicht auf eine Kündigung nach § 314 ausweichen (ebenso BeckOGK/*Klingberg* Rn 17).

V. Darlegungs- und Beweislast. Der **Reisende** trägt für das Vorliegen der Kündigungsvoraussetzungen grds die Darlegungs- und Beweislast. Er muss daher den Zugang der Kündigungserklärung, den Mangel und die Erheblichkeit des Mangels darlegen. Der Reiseveranstalter muss die fristgerechte Abhilfe darlegen. 15

§ 651m Minderung

(1) Für die Dauer des Reisemangels mindert sich der Reisepreis. Bei der Minderung ist der Reisepreis in dem Verhältnis herabzusetzen, in welchem zur Zeit des Vertragsschlusses der Wert der Pauschalreise in mangelfreiem Zustand zu dem wirklichen Wert gestanden haben würde. Die Minderung ist, soweit erforderlich, durch Schätzung zu ermitteln.

(2) Hat der Reisende mehr als den geminderten Reisepreis gezahlt, so ist der Mehrbetrag vom Reiseveranstalter zu erstatten. § 346 Absatz 1 und § 347 Absatz 1 finden entsprechende Anwendung.

I. Überblick. Bei einem Mangel tritt die Minderung **automatisch kraft Gesetzes** ein. Der Reisepreis ist entspr der Schwere des Mangels herabzusetzen. Dazu hat sich eine umfangreiche Judikatur entwickelt. Da § 651m I 1 den gleichen Regelungsgehalt wie § 651d aF aufweist, kann die Rspr weitgehend übertragen werden. Hat der Reisende bereits einen Teil oder den gesamten Reisepreis gezahlt und liegt aufgrund der Minderung eine Überzahlung vor, kann er entspr den Rücktrittsregelungen eine **Rückzahlung** verlangen (Abs II). § 651m setzt Art 14 PauschalreiseRL um. 1

II. Minderung des Reisepreises. 1. Voraussetzungen (Abs I S 1). a) Mangel. Die Reise muss mit einem **Mangel** gem **§ 651i** behaftet sein (§ 651i Rn 2ff). Aus europarechtl Sicht ist insoweit lediglich ein Vergleich zw den in der Pauschalreise des betrReisenden zusammengefassten Leistungen und den ihm tatsächlich erbrachten Leistungen erforderlich (EuGH 12.1.2023 – C-396/21 Rn 22). Der Mangel muss sich allerdings nicht auf die gesamte Reise beziehen, sondern kann auch einen **Teilbereich** betreffen (zB wenn die zugesicherte Kinderanimation nicht angeboten wird). Auf ein **Verschulden** des Reiseveranstalters kommt es bei der Minderung **nicht an.** Ein minderungsrelevanter Mangel liegt auch dann vor, wenn der Mangel auf außergewöhnlichen, unvermeidbaren Umständen beruht (MüKo/*Tonner* Rn 7). Daher führen behördliche Einschränkungen zur Eindämmung einer Pandemie nicht zum Ausschluss des Minderungsrechts (EuGH 12.1.2023 – C-396/21 Rn 23ff). **b) Ausschlüsse.** Die Minderung ist nach europarechtskonformer Auslegung ausgeschlossen, wenn der Mangel **durch den Reisenden verursacht** wurde, insb wenn er seinen Mitwirkungspflichten nicht nachgekommen ist (EuGH 12.1.2023 – C-396/21 Rn 23, 40; die nationale Rspr stellte auf § 242 ab, dazu AG Frankfurt 2.10.2018 – 32 C 1560/18; RRa 2018, 193 jew nicht rechtzeitiges Erscheinen zum Abflug; für eine anteilige Reduzierung Düsseldorf NJW-RR 2003, 61). Die Minderung kann gem **§ 651o** ausgeschlossen sein, dazu ausf § 651o Rn 3. Ferner ist eine Minderung ausgeschlossen, wenn der Reisende eine ordnungsgemäße **Abhilfe** des Reiseveranstalters **ablehnt** (BeckOGK/*Kramer* Rn 105ff). Umstritten war, ob die Minderung bei **Kenntnis** des **Mangels** ausgeschlossen ist (so AG Köln NJOZ 2013, 2109; ebenso bei unbehebbaren Mängel BeckOGK/*Kramer* Rn 110ff; aA BaRo/*Geib* Rn 4). Bei erkennbar unbehebbaren Mängeln, die den Parteien bekannt sind, ist bereits fraglich, ob nicht eine Beschaffenheitsvereinbarung in Bezug auf den tatsächlichen Zustand getroffen wird. IÜ schadet Kenntnis jedoch nicht, da Art 14 I PauschalreiseRL eine solche Einschränkung nicht enthält (dazu EuGH 12.1.2023 – C-396/21 Rn 31). Der Reisende muss sich die Gewährleistungsrechte **nicht vorbehalten** (ebenso BeckOGK/*Kramer* Rn 117; aA AG Köln 22.10.2018 – 142 C 369/17). 2

2. Berechnung (Abs I S 2, 3). a) Berechnungsmethode. Für die Berechnung der Minderung wird nicht mehr ins Werkvertragsrecht verwiesen, vielmehr ist in Abs I S 2 eine Berechnungsweise angegeben. Dazu ist der Reisepreis in dem **Verhältnis** herabzusetzen, in welchem der **Wert** der Reise im **mangelfreien Zustand** zu dem **wirklichen Wert** gestanden haben würde (dazu EuGH 12.1.2023 – C-396/21 Rn 38). Es ist demnach ein Wertvergleich zw mangelfreiem und mangelbehaftetem Zustand vorzunehmen und im Anschluss ein **Prozentsatz** für die Minderung zu bilden. Die Schwierigkeit der Berechnung liegt darin, dass meist nur ein Teil der Reiseleistungen (zB nur die Unterkunft), nicht aber das gesamte Leistungsbündel mangelhaft ist und dem Gericht nicht bekannt ist, wie sich die Kosten für die einzelnen Reiseteile zusammensetzen. Der Gesetzgeber hat die Wertfindung dadurch erleichtert, dass die Gerichte die **Minderung schätzen** können (Abs I S 3). – Grds erfolgt keine einzelne Addition der Prozentsätze, vielmehr ist eine **Gesamtabwägung** zu treffen. Damit jedoch eine **Anrechnung gem § 651p III** erfolgen kann, sollten die einzelnen Quoten mit ausgegeben werden (BeckOGK/*Kramer* Rn 149). **b) Reisepreis als Berechnungsgrundlage.** Basis der Berechnung ist der **Gesamtreisepreis** (Celle NJW-RR 2015, 1464), nicht nur der Wert der einzelnen Leistung, die mangelhaft war. Die Minderung erfolgt dann nach der Rspr durch einen prozentualen Abzug vom Pauschalreisepreis. Die Sätze sind grds vom Gesamtreisepreis zu erheben. Dabei sind auch diejenigen Leistungsteile mit einzubeziehen, die mit dem mangelhaften Leistungsteil in engem Zusammenhang stehen, zB die Flugkosten (Celle NJW-RR 2015, 1464; Frankfurt RRa 2001, 29; Düsseldorf RRa 1997, 216; LG Frankfurt RRa 2009, 71) oder die Mietwagenkosten bei Mangelhaftigkeit des Ferienhauses (Celle RRa 2004, 160), auch die Zuschläge für die Beförderung in einer höheren Sitzklasse (LG Frankfurt RRa 2012, 221). Soweit eine Reiseleistung (zB Hin- und Rückflug) nur als Mittel zur Durchführung einer wesentlichen, aber mangelhaf- 3 ten Reiseleistung anzusehen ist, ist auch diese zu erfassen (LG Duisburg RRa 2009, 138). Sind bei einer **zusammengesetzten Reise** einzelne der mehreren Reiseleistungen ganz oder teilw mangelfrei, ist dies bei der Minderung zu berücksichtigen; eine Minderung um 100 % kommt nicht in Betracht (Frankfurt RRa 2003, 255). Bsp: Eine mangelhafte Nil-Kreuzfahrt mit anschließendem mangelfreiem Badeurlaub (Celle RRa 2003, 12). Auch die Kosten für die **Reiserücktrittsversicherung** und Auslandskrankenversicherung sind zu berücksichtigen, da auch diese ebenso wie der Flugpreis nicht als Selbstzweck entstehen (aA LG Frankfurt NJW-RR 1992, 51; BaRo/*Geib* Rn 8; BeckOGK/*Kramer* Rn 139; Führich/*Staudinger* § 21 Rn 23). Str ist, ob nur ein Teilreisepreis der Minderung zugrunde zu legen ist, wenn die Kosten für Teile der Reise aufgeschlüsselt werden können (dafür Celle RRa 2003, 12; LG Frankfurt RRa 2009, 71; aA LG Frankfurt NJW-RR 1992, 115; LG Dortmund RRa 2008, 116; BeckOGK/*Kramer* Rn 138). Gegen eine **Hinausrechnung** spricht, dass es eher Zufall ist, ob zwei Reiseleistungen trennscharf abgrenzt werden können. Wird nicht zw der Übernachtung und der Mahlzeit differenziert, kann dies auch nicht für einzelne Urlaubsabschnitte erfolgen. Bei Gruppentarifen ist jew der auf die betroffene Person entfallende Teil maßgeblich (ebenso BeckOGK/*Kramer* Rn 146). **c) Berechnungsfaktoren.** Es ist eine **Gesamtbetrachtung** vorzunehmen. Die einzelnen Mängel sind nicht zu addieren (Celle RRa 2004, 160; Grü/*Retzlaff* Rn 4; Führich/*Staudinger* § 21 Rn 25). Einzelne Mängel können von besonderer Schwere sein, dass sie die gesamte Reise prägen. Für die Bewertung ist auf rein **materielle, obj Wertungsgesichtspunkte** abzustellen, außen vorzubleiben haben jedoch Entschädigungsgedanken (Frankfurt RRa 2003, 256). Für den Grad der Minderung ist insb zu prüfen, ob die die Reise **prägende Art** betroffen ist (zB Ausfall eines zentralen Reiseziels). Je stärker die charakteristischen Elemente betroffen sind, umso höher wird der Minderungsbetrag ausfallen (ebenso BeckOGK/*Kramer* Rn 151). Zweifelhaft erscheint es, den Prozentsatz für eine Minderung von der Höhe des Reisepreises abhängig zu machen (so BeckOGK/*Kramer* Rn 152). Der Reisepreis hat lediglich Einfluss darauf, ob überhaupt ein Mangel vorliegt. Wird ein solcher jedoch bejaht, bildet sich der höhere **Reisepreis bereits** in der **Berechnungsgrundlage** ab. **d) Dauer der Minderung.** Der Reisepreis ist grds nur für die Dauer des Mangels herabzusetzen. Dies gilt **von** der **Entstehung** des Mangels **bis** zu seinem **Wegfall** (Abhilfe) bzw dem Ende der Reise (BaRo/*Geib* Rn 5). Daher sind nach der Reise auftretende Umstände bei der Minderung grds nicht zu berücksichtigen, wenn sie nicht insg den Erholungswert wegfallen lassen (BGH RRa 2008, 221). Bei **zeitl begrenzten Mängeln** ist somit für die Zeit der (angezeigten) mangelhaften Leistung der anteilige Gesamtreisepreis zugrunde zu legen. Dh für jeden Tag, an dem die Reiseleistung mangelhaft war, ist der **Tagesreisepreis** zugrunde zu legen (Celle NJW-RR 2015, 1464; Celle 10.9.2020 – 11 U 32/20). Dieser errechnet sich aus dem Gesamtreisepreis, dividiert durch die Anzahl der Reisetage. Ist der **Mangel** allerdings so **schwer** (zB Tod des mitreisenden Kindes; Beinaheabsturz; Ausfall des eigentlichen Reiseziels), dass die Reise ihren Zweck insg verfehlt, kann auch der Reisepreis für den gesamten Zeitraum gemindert sein (BGH RRa 2008, 221; RRa 2017, 67; zur Europarechtskonformität BeckOGK/*Kramer* Rn 68). Bei nur **kurzfristigen Beeinträchtigungen** (Abhilfe innerhalb einer halben Stunde), kann die Minderung bei 0 % liegen (BeckOGK/*Kramer* Rn 87). – Bricht der Reisende ohne Kündigungsgrund wegen eines Mangels die Reise ab, ist fraglich, ob er dann nur den **hypothetisch geminderten Reisepreis** oder den vollen Reisepreis zahlen muss (für eine hypothetische Minderung BeckOGK/*Kramer* Rn 50 mwN; Führich/*Staudinger* § 21 Rn 3). Insoweit ist zu differenzieren. Der Reisende darf dem Reiseveranstalter nicht das Recht zur Abhilfe gem § 651k nehmen, indem er einfach abreist. Hätte daher der Reiseveranstalter dem Mangel abhelfen können, kann der Reisende keine Minderung für die Zeit nach der Abreise geltend machen. Wäre eine Abhilfe nicht möglich oder dem Reisenden aufgrund der Umstände unzumutbar gewesen, kommt eine Minderung des Restreisepreises in Betracht (so auch EuGH 12.1.2023 – C-396/21 Rn 40).

4 **III. Anspruchsinhaber.** Grds kann nur für die Person eine Minderung geltend gemacht werden, auf die sich der Mangel ausgewirkt hat. Der Mangel kann allerdings auf **Familienangehörige** ausstrahlen, wenn die Beeinträchtigung eines Mitreisenden auf den Erholungswert der anderen Familienangehörigen durchschlägt (Düsseldorf NJW-RR 2003, 61). Die Ansprüche können bei Familienreisen für sämtliche Reisende von der buchenden Person geltend gemacht werden (LG Frankfurt RRa 2019, 271).

5 **IV. Abwicklung der Minderung (Abs II).** Aufgrund der Minderung hat der Reisende nur noch den geminderten Reisepreis zu entrichten. Der Reisende kann eine **rechtsvernichtende Einrede** erheben (BeckOGK/*Kramer* Rn 121). Hat er bereits eine Teilleistung oder den gesamten Reisepreis gezahlt, so hat der Reiseveranstalter ihm den Mehrbetrag zu erstatten (Abs II S 1). Dem Reisenden steht ein **eigener Rückzahlungsanspruch** zu, er muss sich nicht auf das Bereicherungsrecht mit den Einschränkungen gem §§ 813ff verweisen lassen (ebenso BeckOGK/*Kramer* Rn 175). Der Anspruch des Reisenden ist auf eine **Geldzahlung** gerichtet. Er braucht keinen Gutschein zu akzeptieren (ebenso BeckOGK/*Kramer* Rn 176; MüKo/*Tonner* Rn 19). Durch den Verweis in Abs II S 2 auf §§ 346, 347 ist der Reiseveranstalter verpflichtet, auch etwaige Nutzungen (zB Zinsen) herauszugeben.

6 **V. Verhältnis zu anderen Gewährleistungsansprüchen. 1. Abhilfe (§ 651k I).** Wird der Mangel durch die Abhilfe **beseitigt**, ist **nur** bis zu diesem **Zeitpunkt** der Reisepreis **gemindert**. Führt die Abhilfe nur zu einer Verringerung des Mangels, kann weiterhin ein prozentual herabgesetzter Minderungsbetrag geltend gemacht werden. **Lehnt** der Reisende **unberechtigterweise** eine Abhilfe ab, kommt für die Zeit danach eine Minderung nicht mehr in Betracht (BeckOGK/*Kramer* Rn 22). Die Minderung entfällt nicht für die Vergangenheit, wenn der Reisende durch die Abhilfe eine **höherwertige Leistung** erlangt, da dadurch nicht bisher eingetretene Beeinträchtigungen kompensiert werden (ebenso BeckOGK/*Kramer* Rn 28). Hilft der Reisende dem Mangel selbst ab, kann sich die Situation sogar noch verschlechtern, wenn die **Ersatzleistung** ebenfalls **mangelhaft** ist. In diesem Fall soll der Reisende das Risiko der Gleichwertigkeit tragen, da mit der Selbstabhilfe der Vertrag erfüllt worden sei (Beck-

OGK/*Kramer* Rn 35). **Dagegen spricht** jedoch, dass sich Reiseveranstalter nicht aus der Verantwortung begeben kann, indem er nichts unternimmt. Selbst wenn von einer Erfüllung durch die Ersatzleistung auszugehen ist, bleibt sie mangelhaft. In diesem Fall hat der Reiseveranstalter weiterhin dafür zu sorgen, dass eine ordnungsgemäße Erfüllung erfolgt.

2. Ersatzleistung (§ 651k III). Erfolgt durch den Reiseveranstalter gem § 651k III eine Ersatzleistung, sieht § 651k III 2 ein **spezielles Minderungsrecht** vor. Dieses geht dem § 651m vor. Dem Reisenden verbleiben aber die **Minderungsansprüche** für die **Vergangenheit**. Tritt bei der Ersatzleistung wiederum ein Mangel auf, der über die Gleichwertigkeitsprüfung hinausgeht, kann der Reisende erneut eine Minderung geltend machen (ebenso BeckOGK/*Kramer* Rn 40). 7

3. Kündigung (§ 651l). Wird der Vertrag gekündigt, kann die Minderung nur bis zu diesem Zeitpunkt geltend gemacht werden, da für die Zeit danach der Reisepreisanspruch sowieso entfällt (ebenso BeckOGK/*Kramer* Rn 46; BaRo/*Geib* Rn 2). 8

4. Schadensersatz (§ 651n). Neben der Minderung kann ein Schadensersatzanspruch geltend gemacht werden. Der Anspruch deckt indes nur **weitergehende Schäden** ab, die über die Minderung hinausgehen. Hinsichtl des Anspruchs auf nutzlos aufgewendete Urlaubszeit findet keine Anrechnung statt (BeckOGK/*Kramer* Rn 54). 9

VI. Beweis- und Darlegungslast. S § 651i Rn 30f. 10

§ 651n Schadensersatz

(1) Der Reisende kann unbeschadet der Minderung oder der Kündigung Schadensersatz verlangen, es sei denn, der Reisemangel
1. ist vom Reisenden verschuldet,
2. ist von einem Dritten verschuldet, der weder Leistungserbringer ist noch in anderer Weise an der Erbringung der von dem Pauschalreisevertrag umfassten Reiseleistungen beteiligt ist, und war für den Reiseveranstalter nicht vorhersehbar oder nicht vermeidbar oder
3. wurde durch unvermeidbare, außergewöhnliche Umstände verursacht.

(2) Wird die Pauschalreise vereitelt oder erheblich beeinträchtigt, kann der Reisende auch wegen nutzlos aufgewendeter Urlaubszeit eine angemessene Entschädigung in Geld verlangen.

(3) Wenn der Reiseveranstalter zum Schadensersatz verpflichtet ist, hat er unverzüglich zu leisten.

I. Überblick. Der Reisende kann bei einem Mangel ggü dem Reiseveranstalter einen Schadensersatzanspruch geltend machen. Dies gilt unabhängig von der Schwere des Mangels. Anders als nach dem alten Reiserecht (§ 651f aF) ist der Schadensersatzanspruch **nicht mehr verschuldensabhängig** ausgestaltet (ausf dazu Führich/*Staudinger* § 22 Rn 2; aA Grü/*Retzlaff* Rn 4 – Beweislastumkehr). Vielmehr besteht grds ein Anspruch, der jedoch in drei in Abs I aufgezählten Fallgruppen ausgeschlossen ist. Ausgeschlossen ist der Mangel, wenn er durch den Reisenden oder durch einen Dritten verursacht wurde oder wenn er auf unvermeidbaren, außergewöhnlichen Umständen beruht. Wird die Reise vereitelt oder erheblich beeinträchtigt, kann der Reisende auch wegen nutzlos aufgewendeter Urlaubszeit eine angemessene Entschädigung in Geld verlangen (Abs II). In beiden Fällen ist der Schadensersatz unverzüglich zu leisten. Die Norm setzt Art 14 II, III PauschalreiseRL um. 1

II. Anspruchsvoraussetzungen. 1. Mangel. Primäre Voraussetzung für einen Schadensersatzanspruch ist, dass ein Mangel gem § 651i II vorliegt (dazu § 651i Rn 2ff). Der Anspruch entsteht **unabhängig** von der **Schwere** des **Mangels**, wie sich aus einem Umkehrschluss zu Abs II ergibt, der den Ersatz der vertanen Urlaubszeit an eine bestimmte Qualität des Mangels knüpft. 2

2. Schaden. Dem Reisenden muss ein Schaden entstanden sein. Dies setzt eine **Vermögenseinbuße** voraus. Erfasst sind sowohl Mängel-, als auch **Mängelfolgeschäden** sowie **immaterielle Schäden** (BT-Drs 18/10822, 83). Einer Differenzierung zw den Schadensarten bedarf es nicht, da keine zusätzl Voraussetzungen wie bei §§ 281, 283 verlangt werden. **a) Kausalitätszusammenhang/kein allgemeines Lebensrisiko.** Der Schaden muss adäquat kausal auf einem Reisemangel beruhen und es darf sich nicht nur das allg Lebensrisiko verwirklicht haben (BGH RRa 2005, 113). An Kausalität fehlt es, wenn sich der Reisende eine Lebensmittelvergiftung außerhalb des Hotels zuzieht (AG Bad Homburg RRa 2000, 137). An der **Adäquanz** fehlt es zunächst, wenn der Geschädigte selbst in völlig ungewöhnlicher oder unsachgemäßer Weise in den schadensträchtigen Geschehensablauf eingreift und eine weitere Ursache setzt, die den Schaden endgültig herbeiführt (BGH RRa 2005, 113). Es ist jedoch zu prüfen, ob der Geschädigte zu diesem Verhalten durch eine Pflichtverletzung des Reiseveranstalters **herausgefordert** wurde, zB weil ein Spurt zu einer kurzfristigen Abflugalternative erforderlich wurde (BGH RRa 2005, 114). Nach der bisherigen Rspr fehlt es an der Adäquanz, wenn der Schaden nicht mehr vom **Schutzzweck** erfasst wird, da der Reisende nicht vom **allg Lebensrisiko** entlastet werden soll (BGH RRa 2005, 114; RRa 2007, 67). Dies sei der Fall, wenn der Reisende außerhalb der Inanspruchnahme von Reiseleistungen am Urlaubsort verunglückt (LG Baden-Baden RRa 2019, 62; weitergehend Koblenz MDR 2018, 1235 beim Zusammenprall mit einer Servicekraft), erkrankt oder Opfer einer Straftat wird oder sonst aus persönlichen Gründen die weiteren Reiseleistungen nicht mehr in Anspruch nehmen kann. Wird der Reisende überfallen, weil er aufgrund eines Belehrungsmangels zum Konsulat muss, verwirkliche sich in dem Überfall nur das allg Lebensrisiko (LG Frankfurt RRa 2000, 76). Adäquanz bestehe, wenn sich der Reisende in der Obhut des Reiseveranstalters befindet und dabei verunglückt (zB auf einer reisevertragl geschuldeten Transferfahrt), auch wenn der Reiseveranstalter den Umstand nicht ver- 3 schuldet hat (BGH RRa 2017, 67; aA noch AG Bonn RRa 1998, 154). Ob sich diese Rspr europarechtl aufrechterhalten lässt, erscheint fraglich. Nach Art 14 III PauschalreiseRL dürften die Ausschlusstatbestände abschließend formuliert sein. Bereits im Rahmen der Minderung hat der EuGH aufgrund des eindeutigen Wortlauts der RL einen Ausschluss bei Verwirklichung des allg Lebensrisikos nicht zugelassen (EuGH 12.1.2023 – C-396/21 Rn 33). Die Frage sollte daher dem EuGH vorgelegt werden.

4 **b) Einzelne Schadenspositionen. aa) Körperschäden.** Schäden am Körper, die eintreten, wenn sich der Reisende in der Obhut des Reiseveranstalters (zB Ausflügen oder Sportveranstaltungen) befindet (BGH RRa 2017, 67); Gesundheitsschäden durch verdorbene Speisen im Hotel; Arztkosten nach Wanzenbiss (AG Bad Homburg RRa 1997, 100). Erstattungsfähig sind alle **Folgekosten** des Körperschadens wie Kosten der Heilbehandlung (Düsseldorf NJW-RR 2003, 62), **Transportkosten** (Hamm NJW-RR 2010, 130), **Verdienstausfall** (München NJW-RR 2002, 695) und **Bestattungskosten** (Köln RRa 2007, 68). **bb) Eigentumsverletzungen.** ZB Gepäckschäden (s aber Rn 25). **cc) Sachschäden.** Bahn- oder Taxikosten sowie Kommunikationskosten, wenn Rückflug zu einem anderen als dem Zielflughafen und der Reiseveranstalter keine Beförderung anbietet. Wenn sich der Rückflug verspätet und der Reisende nicht rechtzeitig zur Arbeit erscheinen kann, liegt ein zu ersetzender Vermögensschaden nur dann vor, wenn der Arbeitgeber das Gehalt entspr kürzt oder der Reisende unbezahlte Urlaubstage nehmen muss. Lässt der Reisende sich einen bezahlten **Urlaubstag** anrechnen, liegt nur ein **immaterieller Schaden** vor, für den ein Anspruch nur nach Abs II geltend gemacht werden kann (AG Düsseldorf RRa 1997, 178). **Anwaltskosten** sind nur zu ersetzen, wenn der Reiseveranstalter in **Verzug** ist, zB wenn er auf ein Anspruchsschreiben des Reisenden auch nach Mahnung nicht reagiert oder Ansprüche ablehnt und dadurch die Einschaltung eines Rechtsanwaltes notwendig wurde (AG Duisburg RRa 2007, 170). – Kosten für eine **Ersatzreise** fallen nicht unter Abs I, vielmehr ist der Anspruch abschließend in § 651k II geregelt (ebenso MüKo/*Tonner* Rn 40; aA zum alten Recht LG Darmstadt RRa 2002, 121). **dd) Aufwendungen.** Durch den Verweis auf § 284 iRd § 651i III Nr 7 können vom Reisenden auch vergebliche Aufwendungen geltend gemacht werden. Zu den vergeblichen Aufwendungen gehören Fahrtkosten zum Flughafen (AG Brandenburg RRa 2002, 74), Parkplatzgebühren (Düsseldorf NJW-RR 1998, 54), vergeblich aufgewendete Kosten für Impfung (LG Bremen RRa 2001, 246) oder Visum. Der Anspruch aus § 284 steht zu § 651n nur für die jew Schadensposition im Alternativverhältnis, iÜ kann der Reisende weitere Schadenspositionen über § 651n geltend machen (Führich/*Staudinger* § 22 Rn 19; so zum Kaufvertragsrecht BGH NJW 2005, 2850). Neben den Aufwendungen kann auch Schadensersatz wegen nutzlos aufgewendeter Urlaubszeit geltend gemacht werden (MüKo/*Tonner* Rn 9).

5 **3. Ausschlussgründe.** Entspr der PauschalreiseRL ist der Schadensersatzanspruch grds **nicht mehr verschuldensabhängig** ausgestaltet (ebenso MüKo/*Tonner* Rn 42; BaRo/*Geib* Rn 9; aA BeckOGK/*Klingberg* Rn 21; allerdings kann die Rechtsnatur dahingestellt bleiben, da auch bei einer Verschuldenshaftung dieses vermutet werden soll und nur auf die Ausschlussgründe abgestellt wird). Andererseits ist der Schadensersatzanspruch auch **keine allg Gefährdungshaftung**, da es weitgehende Ausschlussgründe gibt. Die in § 651n aufgeführten Ausschlussgründe sind enumerativ (BT-Drs 18/10822, 84). **a) Verschulden des Reisenden.** Der Schadensersatzanspruch ist ausgeschlossen, wenn der Reisemangel durch den Reisenden verschuldet wurde (zB der Reisende nicht rechtzeitig zum Boarding erschienen ist, LG Frankfurt 7.11.2017 – 2-24 S 40/17; AG Frankfurt 2.10.2018 – 32 C 1560/18; aA Führich/*Staudinger* § 22 Rn 11, der im Wege der richtlinienkonformen Auslegung auf eine Zurechnung abstellt; ebenso MüKo/*Tonner* Rn 46; Grü/*Retzlaff* Rn 5). Es ist danach zw dem **Verschulden** des **Reisemangels** und des **Schadenseintritts** zu **differenzieren.** Zumeist wird der Reisende an dem Reisemangel selbst nicht mitgewirkt haben (dazu BGH RRa 2021, 217 Rn 39), sondern lediglich bei der Schadensentstehung. Dann ist auf § 254 abzustellen (dazu Rn 11). Nach dem Wortlaut des Gesetzes schließt ein Verschulden den Anspruch insg aus. Entgegen dem Wortlaut wird allerdings bei einem **Mitverschulden** auch nur ein **teilweiser Ausschluss** in Betracht kommen. Es ist das Mitverschulden mit einem möglichen Beitrag des Reiseveranstalters abzuwägen (ebenso BaRo/*Geib* Rn 11; Führich/*Staudinger* § 22 Rn 12aA; AG Frankfurt 2.10.2018 – 32 C 1560/18).

6 **b) Verschulden Dritter.** Der Reiseveranstalter kann sich auch auf einen Ausschluss des Anspruchs stützen, wenn der Mangel durch einen Dritten verursacht wurde. Da allerdings nicht jede Schadensverursachung, die auf dem Verhalten eines Dritten beruht, den Reiseveranstalter entlasten soll, sieht Abs II Nr 2 weitere Einschränkungen vor.

7 **aa) Kein Erfüllungsgehilfe.** Bei dem Dritten darf es sich weder um den **Leistungserbringer** noch ein in anderer Weise an der Erbringung der von dem Pauschalreisevertrag umfassten Reiseleistungen beteiligen Person handeln. Der Dritte darf kein **Erfüllungsgehilfe** sein. Ausgenommen sind daher die Angestellten des Leistungserbringers (§ 651b I 2) oder von Dritten, die iRv Reiseleistungen eigenständige Leistungen erbringen (zB Transport LG Duisburg NJW-RR 1995, 693). Wie sich aus dem Wortlaut der Norm ergibt, ist danach abzugrenzen, ob die Leistung, an deren Erbringung der Dritte beteiligt war, vom Reisevertrag umfasst war. Problematisch ist dies bei **Nebenleistungen**, die vom Leistungserbringer dem Reisenden angeboten werden. Stehen diese in unmittelbaren Zusammenhang mit der Reise und werden diese idR nicht explizit vertragl geregelt, können diese noch als Teil der Reiseleistung angesehen werden (aA für den Gepäcktransportservice des Hoteliers LG Frankfurt RRa 2003, 117; Aufbewahrung von Gepäck AG Berlin-Mitte RRa 2006, 168; AG Hamburg RRa 1999, 120; ärztliche Betreuung auf einem Kreuzfahrtschiff Koblenz RRa 2018, 247). Wird für die Tätigkeit ein **eigenes Entgelt** vor Ort verlangt, indiziert dies, dass die Leistung nicht Teil der reisevertragl Pflichten ist. Ebenso ist zu differenzieren, wenn eine Nebenpflicht des Reisevertrags verletzt wird (offengelassen für Aufsichtspflicht des Reiseveranstalters über eine Bar LG Hannover RRa 2006, 220). Als Dritte kommen daher primär andere Reisende, Einheimische oder Mit-

arbeiter sonstiger Unternehmen, die nicht in die Erfüllung des Vertrags einbezogen sind, in Frage. Die bisherige Rspr zur Frage, ob eine Person Erfüllungsgehilfe sein kann, kann zur Abgrenzung auf den Ausschlussgrund übertragen werden. Bsp: **bejaht** Hotelier Düsseldorf NJW-RR 1990, 187; Animateure, auch wenn beim Leistungserbringer angestellt BGH NJW 2007, 2549 Rn 23 = RRa 2007, 215 – Animation; Celle RRa 2004, 158; Fahrer des Leistungserbringers Celle NJW-RR 2003, 199; Mitarbeiter der Fluggesellschaft und des Flughafens Düsseldorf NJW-RR 1992, 1330; aA LG Frankfurt RRa 2010, 215 für Flughafenmitarbeiter, wohl auch LG Baden-Baden RRa 2019, 62; **verneint** Mitarbeiter des Hotels bei freiwilligen, nicht vom Reisevertrag umfassten Serviceleistungen LG Frankfurt RRa 2003, 116. Zum Streik s Rn 10.

bb) Nicht vorhersehbar oder vermeidbar. Bereits die Ausnahme der Erfüllungsgehilfen engt den Ausschlussgrund erheblich ein. Eine weitere Einschränkung findet dadurch statt, dass das schadensverursachende Verhalten des Dritten für den Reiseveranstalter nicht vorhersehbar oder nicht vermeidbar gewesen sein darf. Da die beiden Voraussetzungen mit einem ‚oder' verknüpft sind, greift der Ausschluss bereits dann nicht ein, wenn eine Voraussetzung erfüllt ist (zur Richtlinienkonformität Führich/*Staudinger* § 22 Rn 13). **Vorhersehbar** ist das Verhalten des Dritten, wenn der Reiseveranstalter damit rechnen musste, dass solch ein Verhalten auftreten könnte. Lediglich wenn das Verhalten außerhalb dessen liegt, mit dem vernünftigerweise zu rechnen ist, war es nicht vorhersehbar. War das Verhalten des Dritten vorhersehbar, ist es aufgrund der Oder-Konstruktion der Nr 3 nicht erforderlich, dass die Schadensherbeiführung durch den Reiseveranstalter vermeidbar war. Auf die Vermeidbarkeit kommt es nur dann an, wenn das Verhalten nicht vorhersehbar war. **Vermeidbar** ist ein Verhalten dann, wenn der Reiseveranstalter dieses durch zumutbare Vorkehrungen hätte verhindern können. 8

c) Unvermeidbare, außergewöhnliche Umstände. Ferner ist ein Schadensersatzanspruch ausgeschlossen, wenn der Mangel durch einen unvermeidbaren, außergewöhnlichen Umstand verursacht wurde. Zum Begriff des unvermeidbaren, außergewöhnlichen Umstands s § 651h Rn 6. Abs I Nr 1 weist anders als § 651h III 1 keine Einschränkung auf die unmittelbare Nähe zum Bestimmungsort auf. Daher führen auch Umstände, die am Abflugort auftreten, zu einem Ausschluss. **d) Unterlassene Mängelanzeige (§ 651o).** Nicht in § 651n selbst, sondern in § 651o ist geregelt, dass bei einem schuldhaften Unterlassen der Mängelanzeige der Schadensersatzanspruch ausgeschlossen ist, wenn der Reiseveranstalter infolge des Unterlassens keine Abhilfe schaffen konnte (dazu § 651o Rn 9). 9

e) Sonderproblematik Streik. Kommt es zu einem Leistungsausfall wegen eines Streiks, liegt grds ein Mangel vor. Ein Schadensersatzanspruch ist jedoch dann ausgeschlossen, wenn als Ausschlussgrund entweder Abs I Nr 2 oder Abs I Nr 3 eingreift. Nicht einzustehen hat der Reiseveranstalter für Streiks von **Mitarbeitern** in Unternehmen und Einrichtungen, die **nicht** zu seinen **Erfüllungsgehilfen** gehören, zB Fluglotsen (LG Hannover NJW-RR 1989, 820; zur Fluggastrechte-VO BGH RRa 2019, 22 Rn 12ff), Mitarbeiter der Flughafenfeuerwehr oder des Luftsicherheitspersonals, Museumspersonal, öffentliche Bus- und Taxifahrer usw. Dagegen liegt kein Ausschluss gem Abs I Nr 2 vor bei einem Streik der **eigenen Mitarbeiter** (zB Reiseleiter) und der **Mitarbeiter der beauftragten Leistungserbringer**, also zB des Hotelpersonals, der Fahrer der Transferbusse (AG Duisburg RRa 2002, 171), der Kellner oder Zimmermädchen des Hotels, der Piloten des beauftragten Luftfahrtunternehmens einschl deren Erfüllungsgehilfen wie zB das Verladepersonal des Flughafenbetreibers (Düsseldorf NJW-RR 1992, 1330; aA LG Hannover NJW-RR 1989, 820; AG Frankfurt RRa 2010, 215). In diesen Fällen kann sich der Reiseveranstalter nur von seiner Haftung befreien, wenn der Streik als unvermeidbarer außergewöhnlicher Umstand einzuordnen ist. Dazu kann auf die zur Fluggastrechteverordnung entwickelte Kasuistik zurückgegriffen werden. Der Reiseveranstalter kann sich bei den Mitarbeitern in der eigenen Sphäre weder bei einem regulären Streik (EuGH 2021, 120 Rn 30; RRa 2021, 275 Rn 21) noch einem wilden Streik (EuGH RRa 2018, 121 Rn 38) auf außergewöhnliche Umstände berufen. Auch bei den Mitarbeitern der Leistungserbringer wird nicht von einem außergewöhnlichen Umstand auszugehen sein, da diese in der Risikosphäre des Reiseveranstalters tätig werden (LG Stuttgart RRa 2019, 171; aA LG Frankfurt 26.3.2019 – 2-24 S 280/18). Dazu auch § 651h Rn 10. 10

4. Mitverschulden. Wirkt der Reisende nicht bei der Entstehung des Mangels mit, sondern **nur** bei der **Schadensentstehung**, kommt eine Kürzung des Schadensersatzanspruchs wegen eines Mitverschuldens in Betracht (ebenso BeckOGK/*Klingberg* Rn 37; MüKo/*Tonner* Rn 55) – Bsp: Kopfsprung in einen flachen Pool – Celle RRa 2003, 110; Karlsruhe RRa 2004, 162; Verstoß gegen Anschnallpflicht – Celle NJW-RR 2003, 197; Unachtsamkeit trotz Kenntnis der mangelhaften Bauweise einer Treppe – LG Frankfurt NJW-RR 1999, 711; Ausrutschen auf nassen Fliesen – Düsseldorf RRa 2012, 113. Ein Mitverschulden eines Kindes tritt aufgrund des natürlichen kindlichen Spieltriebs völlig hinter das Verschulden eines Reiseveranstalters zurück, der keine Sicherheitsüberprüfung des Spielgeräts vorgenommen hat (BGH RRa 2006, 206 = NJW 2006, 3268 – Wasserrutsche). Ein Mitverschulden tritt dann zurück, wenn der Reisende zu dem **selbstgefährdenden Verhalten herausgefordert** wurde (BGH RRa 2005, 114), insb wenn der Reisende auf Bitte des Reiseveranstalters um freiwillige Hilfeleistung tätig geworden ist und dabei zu Schaden kommt (BGH RRa 2005, 12). 11

III. Entschädigung wegen nutzlos aufgewendeter Urlaubszeit (Abs II). 1. Dogmatische Grundlagen. Während unter Geltung von § 651f aF umstritten war, ob durch den Schadensersatzanspruch ein Vermögensschaden („erkaufte Urlaubszeit") kompensiert oder eine **immaterielle** Interesseneinbuße entschädigt werden sollte (BGH NJW 2005, 1047 = RRa 2005, 57; RRa 2010, 213 Rn 15), ergibt sich aus ErwGr 34 PauschalreiseRL, dass es sich bei dem Schadensersatz wegen entgangener Urlaubsfreunden um einen immateriellen Schaden handelt. Dem Anspruch liegen keine pönalen Erwägungen zu Grunde, so dass der Höhe des Schadensersatzanspruchs keine abschreckende Wirkung zukommen soll. 12

13 **2. Voraussetzungen des Anspruchs aus Abs II. a) Mangel.** Die Reise muss **mangelhaft** sein (dazu § 651i Rn 2ff). Einen Mangel stellt auch die vollständige Nichterbringung der Reise dar (BGH RRa 2005, 57). – **b) Vereitelung.** Der Mangel muss die Reise **vereiteln** oder **erheblich beeinträchtigen. aa)** Eine **Vereitelung** liegt vor, wenn der Reiseveranstalter aufgrund des Mangels die Reise nicht erbringen kann oder der Reisende diese wegen des Mangels nicht antritt und von seinem **Kündigungsrecht** gem § 651l Gebrauch macht (BGH RRa 2005, 59). Gleiches gilt, wenn der Reisende den Reisevertrag kurz nach Urlaubsbeginn berechtigt wegen Mängeln gem § 651l I kündigt (LG Frankfurt 31.7.2008 – 2-24 S 49/08; MüKo/*Tonner* Rn 62). Liegt ein **Ersatzangebot** vor, muss er dies berechtigterweise **abgelehnt** haben. Nimmt der Reisende das Ersatzangebot an, kann nur noch eine mangelhafte erhebliche Beeinträchtigung vorliegen (BGH RRa 2018, 219). Bsp: Reiseveranstalter teilt dem Reisenden mit, dass er die Unterkunft im gebuchten Hotel wegen Überbuchung nicht zur Verfügung stellen kann (BGH RRa 2005, 57), dass das gebuchte Hotel zum vereinbarten Reiseantritt nicht fertig gestellt (AG Hannover RRa 2008, 229) oder (zB durch ein Erdbeben) zerstört worden ist (BGH NJW 1983, 218). Eine Vereitelung liegt auch vor, wenn die Reise wegen einer unzulässigen Reiseabsage des Reiseveranstalters (Schlafapnoe des Reisenden) überhaupt nicht stattfindet (AG Köln NJW-RR 2013, 1464). Der Reiseveranstalter vereitelt die Reise, wenn er zu Unrecht einen höheren Reisepreis nachfordert, als vereinbart (Frankfurt RRa 2015, 69).

14 **bb)** Nach dem Wortlaut des Abs II muss die Reise **erheblich beeinträchtigt** sein. Da Art 14 II PauschalreiseRL eine solche Einschränkung nicht kennt, erscheint es fraglich, ob dieses Tatbestandsmerkmal richtlinienkonform umgesetzt wurde (ebenso MüKo/*Tonner* Rn 64; Führich/*Staudinger* § 22 Rn 29). Nach der bisherigen Rspr ist für eine **erhebliche Beeinträchtigung** das Maß, mit dem ein Mangel die Reise beeinträchtigt, aufgrund einer an Zweck und konkreter Ausgestaltung der Reise sowie Art und Dauer der Beeinträchtigung orientierten Gesamtwürdigung zu beurteilen (BGH RRa 2018, 65 Rn 13). Diese **Gesamtwürdigung** ist aus der Sicht eines **Durchschnittsreisenden** orientiert am Reisezweck und Reisecharakter unter Würdigung aller Umstände vorzunehmen, wobei eine hohe Minderungsquote ein Indiz sein kann, eine bestimmte Minderungsquote aber nicht Voraussetzung für die Annahme einer erheblichen Beeinträchtigung der Reise ist (BGH RRa 2018, 65 Rn 13). Nach der Rspr des BGH sollte die Erheblichkeit sowohl beim Schadensersatz als auch bei der Kündigung einheitlich ausgelegt werden (BGH RRa 2018, 65 Rn 13). Diese Rechtslage soll auch für § 651n fortgelten (BT-Drs 18/10822, 85). Dazu ausf § 651k Rn 14 mwN.

15 Die Reise muss grds in ihrer **Gesamtheit** „erheblich" beeinträchtigt gewesen sein (BGH RRa 2018, 65 Rn 17). Liegt nur an einzelnen Tagen eine Beeinträchtigung vor, ist eine Bewertung zu treffen, ob die Beeinträchtigung an den einzelnen Tagen so wesentlich war, dass der **Vertragszweck insg verfehlt** und die Urlaubszeit nutzlos aufgewendet wurde (BGH RRa 2018, 65 Rn 18). Einer geringen Gesamtminderungsquote kommt dabei keine indizielle Wirkung zu, vielmehr ist zu werten, wie sich die Beeinträchtigung der betroffenen Tage auf den Gesamtwert der Reise auswirkt (BGH RRa 2018, 65 Rn 18).

16 **c) Nutzlos aufgewendete Urlaubszeit.** Nach dem Wortlaut der Norm muss der Reisende seine Urlaubszeit nutzlos aufgewendet haben. Nach der Rspr des BGH steht allerdings bereits mit der Vereitelung oder der erheblichen Beeinträchtigung fest, dass Urlaubszeit nutzlos aufgewendet wurde (BGH RRa 2005, 59 – Malediven). Ob der Reisende seine **Urlaubszeit** infolge der Vereitelung **nutzlos aufgewendet** hat, ist daher unerheblich. Maßgeblich ist allein, dass der Reisende seine Urlaubszeit nicht so, wie vom Veranstalter geschuldet, verbringen konnte (BGH RRa 2005, 59 – Malediven). Da die RL mittlerweile auch Geschäftsreisende erfasst und insoweit beim Schadensersatz in Art 14 II PauschalreiseRL keine Einschränkungen vornimmt, können auch diese immateriellen Schadensersatz wegen der nutzlos aufgewendeten Zeit verlangen (ebenso Führich/*Staudinger* § 22 Rn 24).

17 Der Anspruch wird nicht dadurch ausgeschlossen, dass der Reisende statt des Urlaubs **arbeiten geht** und seinen Urlaub verschiebt oder dass er sich einen **Ersatzurlaub** organisiert (BGH RRa 2005, 60; LG Köln RRa 2017, 218). Da der Reisende grds auch iRd Mitverschuldens nicht verpflichtet ist, Ersatzmaßnahmen zu organisieren, darf der Reiseveranstalter nicht dadurch entlastet werden, indem der Reisende doch noch eine anderweitige Verwendung des Urlaubs organisiert. Auch wenn der Reisende den Urlaub **zuhause** verbringt, ist keine Kürzung des Anspruchs möglich (BGH RRa 2005, 61; LG Frankfurt RRa 2006, 265). Ein Anspruch aus Abs II scheidet aber aus, wenn der Reisende Minderung des Reisepreises iHv 50–100 % fordert, zugleich aber die Reise nicht abbricht, obwohl das problemlos möglich gewesen wäre, weil darin ein widersprüchliches Verhalten liegt (AG München RRa 2011, 55).

18 **3. Rechtsfolgen des Anspruchs aus Abs II.** Der Reiseveranstalter hat eine **angemessene Entschädigung in Geld** (also nicht Schadensersatz iSd §§ 249ff) zu leisten. **a) Kriterien.** Weder Abs II noch die PauschalreiseRL nennen Kriterien für die Berechnung der Höhe des Schadensersatzes. Grds ist eine **umfassende Einzelfallwertung** vorzunehmen (so bereits BT-Drs 8/786, 30 und 8/2343, 11). Dabei kann sich primär am Reisepreis orientiert werden, da dieser zeigt, wie viel Geld der mit der geplanten Reise verbundene immaterielle Gewinn dem Reisenden wert war (BGH RRa 2005, 60). Dabei ist der vereinbarte Preis zugrunde zu legen (Frankfurt Ra 2015, 71). **Kein Kriterium** ist hingegen das **Erwerbseinkommen** des Reisenden. Da Abs II einen immateriellen Schadensersatzanspruch gewährt, muss dieser auch Personen ohne eigenes Erwerbseinkommen zustehen (Schüler, Rentner). **b) Höhe.** Die Höhe ist grds nicht nach einer festen Quote beschränkt. Es ist sachgerecht und angemessen, für den Entschädigungsanspruch nach Abs II die gleiche Quote, die in Summe aller Mängel als Minderung ausgeurteilt wurde, anzusetzen (LG Köln RRa 2010, 129; MüKo/*Tonner* Rn 77, aA Frankfurt RRa 2015, 69). Ist eine Minderung des Reisepreises iHv 80 % berechtigt, kann daher auch eine Entschädigung in gleicher Höhe angemessen sein. Die Höhe des Anspruchs ist nicht deshalb zu mindern, weil der Reisende einen Ersatzurlaub an-

tritt (LG Köln 23.5.2017 – 11 S 117/17). – Ist die **Reise nur teilweise beeinträchtigt**, ist die Entschädigung auf der Grundlage des mangelbehafteten Zeitraums zu berechnen, also der Reisepreis durch die Zahl der Urlaubstage zu teilen und dieses Ergebnis mit der Anzahl der beeinträchtigten Urlaubtage zu multiplizieren (so auch Führich/*Staudinger* § 22 Rn 33; MüKo/*Tonner* Rn 76). – Bei einem Ausfall der Reise kann grds 50 % des Reisepreises als Entschädigung verlangt werden, wenn nicht besondere weitere Umstände hinzutreten, die eine höhere Entschädigung rechtfertigen (BGH RRa 2018, 220; Celle RRa 2019, 206).

4. Anspruchsberechtigte. a) Ansprüche des Reisenden. Der Reisende kann die eigenen Schadensersatzansprüche geltend machen. **b) Ansprüche Dritter.** Der Dritte kann für die ihm entstandenen Schäden und entgangenen Urlaubsfreunden einen Schadensersatzanspruch in eigener Person geltend machen, da der Reisevertrag insoweit ein **Vertrag zugunsten Dritter** ist (BGH RRa 2010, 214 Rn 14). Umstritten ist, ob und wie der Reisende selbst diesen Anspruch durchsetzen kann. Nach der Rspr des BGH handelt es sich bei den Schadensersatzansprüchen **nicht** um einen **höchstpersönlichen Anspruch**, so dass der Reisende gem § 335 die Zahlung an den Dritten in eigener Person verlangen kann (BGH RRa 2010, 214 Rn 14f). Nach aA ist der Anspruch höchstpersönlicher Natur und kann durch den Reisenden erst nach einer Abtretung geltend gemacht werden (Köln RRa 2009, 20; Düsseldorf RRa 2003, 213, offengelassen LG Duisburg 5.10.2018 – 7 S 165/17). Ein **Abtretungsverbot** in ARB ist **unwirksam** (Köln RRa 2009, 20; LG Hannover RRa 2003, 117). **c) Ansprüche von Kindern.** Während das LG Frankfurt (RRa 2011, 63) Kleinkindern im Alter von 2–3 Jahren keinen Anspruch zubilligen will, hat das AG Hannover (RRa 2018, 25) auch bei Kleinkindern grds einen Anspruch bejaht. Nach einer weiteren Auffassung kommt ein Anspruch nur in Betracht, wenn für das mitreisende Kind ein Entgelt entrichtet wurde (LG Bremen NJW-RR 2005, 282; BaRo/*Geib* Rn 21). Der Ansicht des AG Hannover ist zuzustimmen. Entgegen der Auffassung des LG Frankfurt kann eine Bewertung, ab wann die Wahrnehmung einer Beeinträchtigung der Reise möglich ist, kaum getroffen werden. Anderenfalls würde der Anspruch von dem geistigen Reifegrad des Antragstellers abhängen. Da ein immaterieller Anspruch gewährt werden soll, der die erlittenen Beeinträchtigungen ausgleicht, kann auch nicht darauf abgestellt werden, ob ein Reisepreis entrichtet wurde. Anderenfalls müsste bei einer geschenkten Reise ebenfalls der Anspruch für den Beschenkten entfallen. 19

5. Anwendungsbereich des Abs II, Analogie. Der Anspruch gem Abs II entsteht nur dann, wenn der Leistung ein Reisevertrag zugrunde liegt (ebenso BaRo/*Geib* § 651n Rn 5). Die Norm kann **weder** bei **Einzelleistungen noch** bei **sonstigen Verträgen analog** herangezogen werden (so bereits BGH NJW 1981, 1833; krit dazu *Tonner* MDR 2018, 305, 313). Ebenso bei der deliktischen Haftung Dritter (aA Düsseldorf NJW-RR 1996, 820). Eine analoge Anwendung auf einen **reinen Luftbeförderungsvertrag** ist ebenfalls ausgeschlossen (Düsseldorf VersR 1993, 892; LG Frankfurt NJW-RR 1993, 1270). 20

IV. Konkurrenzen. 1. Sonstige Mängelrechte. Der Schadensersatzanspruch kann neben der Minderung und der Kündigung geltend gemacht werden. Für eine bereits erfolgte Minderung kann jedoch kein Schadensersatz mehr geltend gemacht werden. Ebenso kann keine Minderung geltend gemacht werden, wenn der Minderwert bereits als Schaden geltend gemacht wurde (ebenso BeckOGK/*Klingberg* Rn 7; Führich/*Staudinger* § 22 Rn 3). 21

2. § 280 I. Ansprüche aus § 280 I werden grds **verdrängt**, wenn die Pflichtverletzung zu einem Mangel führt. Über die Norm sind daher nur solche Schäden ersatzfähig, die nicht durch einen Reisemangel verursacht sind. Da auch **Informationspflichtverletzungen** zu einem Mangel führen können, kommen nur solche Pflichtverletzungen in Betracht, die die Reise an sich unberührt lassen (zB fehlerhafte Beratung bei der Reiserücktrittsversicherung). (ausf BeckOGK/*Klingberg* Rn 10f; MüKo/*Tonner* Rn 5ff). 22

3. Deliktsrecht. Zw den **Ansprüchen aus §§ 823ff** und §§ 651i ff besteht nach allg Regeln **Anspruchskonkurrenz**; der Reiseveranstalter kann sowohl nach § 823 I persönlich als auch gem § 831 I für einen Verrichtungsgehilfen haften. **a) § 823 BGB.** Eine deliktische Haftung des Reiseveranstalters gem § 823 I kommt sowohl wegen eines Organisationsverschuldens als auch der Verletzung von Verkehrssicherungspflichten in Betracht. Ein Rückgriff auf das Deliktsrecht bedarf es nur noch wegen der unterschiedlichen Verjährungsfristen (BeckOGK/*Klingberg* Rn 17; aA Führich/*Staudinger* § 22 Rn 5). – Den Reiseveranstalter treffen sowohl bei der Vorbereitung als auch der Durchführung der von ihm veranstalteten Reisen eigene **Verkehrssicherungspflichten**. Der Reisende darf darauf vertrauen, dass der Reiseveranstalter alles zur erfolgreichen Durchführung der Reise Erforderliche unternimmt (BGH RRa 2006, 208). Er hat zunächst die Leistungserbringer **sorgfältig auszuwählen**. Er muss sich vergewissern, dass der Leistungserbringer einen ausreichenden Sicherheitsstandard bietet (BGH NJW 1988, 1382; RRa 2006, 208). Nach der Auswahl muss er regelmäßig durch einen sachkundigen und pflichtbewussten Beauftragten **überprüfen** lassen, ob der ursprüngl Zustand und Sicherheitsstandard noch gewahrt ist (BGH RRa 2006, 208). Wie häufig und in welchem Umfang eine solche Kontrolle geboten ist, hängt von den Umständen ab. Gelegentliche **Stichproben** können ausreichen, allerdings reicht gerade in nicht so stark entwickelten Ländern nicht nur eine Besichtigung zu Beginn der Saison (BGH NJW 1988, 1382). Der Reiseveranstalter darf nicht nur auf Mängelanzeigen der Reisenden reagieren, sondern muss die Anlagen auch von sich aus prüfen (BGH NJW 1988, 1382). **Bsp**: keine Überprüfung des Hotels während des laufenden Betriebs (BGH NJW 1988, 1382); ungesicherte Glastür bei einem als kindgerecht beworbenen Hotel (BGH RRa 2006, 211); den Reiseveranstalter trifft keine Pflicht, Fahrzeuge eines Drittanbieters auf ihre Funktionsfähigkeit zu prüfen, wenn kein bestimmter Anlass besteht (LG Frankfurt NJW-RR 1993, 1330); schwer erkennbare Stufe in der Eingangshalle des Hotels (Düsseldorf NJW-RR 2003, 59); auf einem Kreuzfahrtschiff müssen auch keine Haltegriffe für den Fall schweren Seegangs angebracht werden (AG Rostock RRa 2012, 193). **b) § 831.** Der Reiseveranstalter haftet gem § 831 I auch für Schäden, die widerrechtl durch **Verrichtungsgehilfen** verursacht wurden. Dies setzt voraus, dass die Person ab- 23 hängig von dem Reiseveranstalter und weisungsgebunden ist. Dies trifft zu für die eigenen Angestellten und Reiseleiter (LG Frankfurt NJW-RR 1989, 311; NJW-RR 1993, 1330), nicht jedoch für die Leistungserbringer, da diese rechtl selbständig sind (BGH NJW 1988, 1381; RRa 2006, 207). Der Reiseveranstalter muss dazu Personen einsetzen, die über eine hinreichende Sachkunde verfügen, zB erfahrene Reiseleiter oder Beschaffer der Unterkünfte (BGH NJW 1988, 1382). Bsp: Haftung für unterlassene Sicherungsmaßnahmen des Reiseleiters bei Einsatz eines Giftes gegen Kakerlaken (LG Frankfurt NJW-RR 1989, 311).

24 c) **Schmerzensgeld.** Bei Körper- und Gesundheitsverletzung kann der Reisende uU neben der Entschädigung aus Abs II eine solche aus **§ 253 II (Schmerzensgeld)** fordern (dazu BGH RRa 2006, 206 – Wasserrutsche). Erforderlich ist dafür, dass eines der in § 253 II aufgezählten Rechtsgüter verletzt wird. Bei Reisen kommt idR die Beeinträchtigung des Körpers oder der Gesundheit in Betracht, zB Hautreaktion durch Henna-Farbe (LG Frankfurt 12.7.2018 – 2-24 S 238/16). Kommt es zu einer Tötung eines Angehörigen, ist ein Schmerzensgeldanspruch nur dann gegeben, wenn die **psychische Beeinträchtigung pathologisch fassbar** ist und eine eigene Gesundheitsbeeinträchtigung darstellt (BGH RRa 2006, 210). Für die Angehörigen eines verstorbenen Reisenden gibt es für die seelische Erschütterung durch die Nachricht vom tödlichen Unfall idR kein Schmerzensgeld, wenn keine pathologisch erfassbaren Auswirkungen vorliegen, die über die gesundheitlichen Beeinträchtigungen hinausgehen, denen nahe Angehörige bei Todesnachrichten erfahrungsgemäß immer ausgesetzt sind (BGH NJW 1971, 1883; RRa 2006, 206 – Wasserrutsche). Ein Schmerzensgeldanspruch besteht daher, wenn der „Schock" eine (nicht nur vorübergehende) psychische Störung von Krankheitswert verursacht hat (zB posttraumatische Belastungsstörung). – Unabhängig von etwaigen Schockschäden besteht für Geschädigte ein Anspruch gem § 844 III auf Hinterbliebenengeld (dazu § 844 Rn 20; Führich/*Staudinger* § 22 Rn 53).

25 **4. Montrealer Übereinkommen.** Der Reiseveranstalter ist vertragl Luftfrachtführer, wenn der Reisevertrag eine Luftbeförderung enthält, so dass er gem **Art 17ff MÜ** für Schäden haftet (Führich/*Staudinger* § 22 Rn 21). Die Haftung nach dem MÜ erfasst sowohl materielle als auch immaterielle Schäden (EuGH RRa 2010, 180 Rn 29). Gem Art 29 MÜ können sonstige Ansprüche nur unter den Voraussetzungen und Beschränkungen des MÜ geltend gemacht werden. Im Falle der Luftbeförderung sind daher auch bei § 651n die Einschränkungen des MÜ zu beachten. Dies gilt auch für den Schadensersatzanspruch wegen entgangener Urlaubsfreude gem § 651n II (Führich/*Staudinger* § 22 Rn 21; MüKo/*Tonner* Rn 53; aA LG Frankfurt RRa 2007, 269).

26 **V. Modalitäten der Auszahlung (Abs III).** Der Reiseveranstalter ist nach Abs III unverzüglich verpflichtet, den Schadensersatz zu leisten. **Unverzüglich** bedeutet ohne schuldhaftes Zögern, wobei dem Reiseveranstalter eine gewisse **Prüffrist** zuzubilligen ist, innerhalb derer er Rückfragen an die Leistungserbringer richten kann (ebenso BaRo/*Geib* Rn 24). Entgegen dem Wortlaut ist für die Unverzüglichkeit nicht auf das Entstehen, sondern das Geltendmachen des Anspruchs abzustellen, da der Reiseveranstalter erst dann die Höhe des Anspruchs kennt, wenn der Reisende ihm ggü den Anspruch beziffert hat. Zahlt er nicht unverzüglich, tritt **ohne weitere Fristsetzung Verzug** ein. Der Reisende kann die Fälligkeit durch eine Mahnung nicht früher herbeiführen.

27 **VI. Darlegungs- und Beweislast.** Hins der Ansprüche nach **Abs I** muss der **Reisende** den Reisemangel, die Kausalität und den Schaden darlegen und beweisen. Der **Reiseveranstalter** muss die Ausschlüsse gem § 651m I Nr 1–3 darlegen und beweisen. – Eine Besonderheit gilt bei Erkrankungen der Reisenden. Dem Reisenden kommt der Anscheinsbeweis zugute, wenn er nachweist, dass eine Mehrzahl von Reisenden im Verantwortungsbereich des Reiseveranstalters an der gleichen Krankheit erkrankt sind (München RRa 2000, 77; Düsseldorf RRa 2001, 50; Führich/*Staudinger* § 22 Rn 51 mwN). Bei Magen- und Darmerkrankungen durch Salmonellen, Amöben uä Krankheitserreger muss der Reisende Art, Dauer sowie die Intensität der Erkrankung darlegen und beweisen und darüber hinaus, wie viele von wie vielen Hotelgästen (mindestens 10 %: Düsseldorf NJW-RR 1999, 491; RRa 2001, 51) ebenfalls erkrankt sind. Allzu hohe Anforderungen dürfen dabei aber nicht gestellt werden, insb muss keine epidemieartige Häufigkeit aufgetreten sein (München RRa 2000, 77). Die Erkrankung mehrerer Mitglieder einer Familie allein reicht allerdings nicht aus (Düsseldorf RRa 2012, 68). Ist der Anscheinsbeweis erbracht, muss der Reiseveranstalter beweisen, dass die Verpflegung im Hotel hierfür nicht ursächlich war; der pauschale Hinweis, das Essen sei in Ordnung gewesen, reicht nicht. Keine Beweislastumkehr bei Ciguatera-Fischvergiftung (allg Lebensrisiko): LG Frankfurt RRa 1996, 145 m Anm *Tonner* RRa 1996, 171; LG Düsseldorf RRa 2001, 120. – Der Reisende, der eine Entschädigung nach **Abs II** geltend macht, muss die Voraussetzungen für den Anspruch sowie für die Bemessung des Schadensersatzes den Reisepreis darlegen und beweisen.

§ 651o Mängelanzeige durch den Reisenden

(1) Der Reisende hat dem Reiseveranstalter einen Reisemangel unverzüglich anzuzeigen.

(2) Soweit der Reiseveranstalter infolge einer schuldhaften Unterlassung der Anzeige nach Absatz 1 nicht Abhilfe schaffen konnte, ist der Reisende nicht berechtigt,
1. die in § 651m bestimmten Rechte geltend zu machen oder
2. nach § 651n Schadensersatz zu verlangen.

1 **I. Überblick.** Der Reisende hat die Obliegenheit, dem Reiseveranstalter einen Reisemangel **unverzüglich anzuzeigen** (zur Rechtsnatur der Anzeige ausf BeckOGK/*Kramer* Rn 8f). Anders als die Anmeldefrist ist die Mangelanzeigeobliegenheit auch im neuen Reiserecht beibehalten worden. Die Anzeigepflicht dient dazu, dem Reiseveranstalter die **Möglichkeit** zu geben, dem Mangel **abzuhelfen.** Unterbleibt eine Mängelanzeige schuldhaft, ist

der Reisende nicht mehr zur Geltendmachung von Minderung und Schadensersatz berechtigt, wenn der Reiseveranstalter infolge der Unterlassung keine Abhilfe schaffen konnte. Es entspräche nicht der redlichen Vertragsabwicklung, wenn der Reisende den Mangel zunächst stillschweigend in Kauf nehmen könnte, um dann später Mängelrechte geltend zu machen (BGH NJW 1985, 133). Die Norm setzt Art 13 II PauschalreiseRL um.

II. Mängelanzeige. 1. Erklärung des Reisenden. Der Reisende (§ 651a Rn 4ff) muss eine Erklärung abgeben, 2
in der er konkret auf die aufgetretenen Mängel hinweist. Der **Mangel** muss so **individualisiert** sein, dass der Reiseveranstalter diesen ohne weiteres identifizieren kann (ebenso BeckOGK/*Kramer* Rn 43; Grü/*Retzlaff* Rn 2). Beschreibungen wie „dreckiges Zimmer“ oder „Essen schmeckt nicht“ reichen nicht aus.

2. Person des Erklärenden. Die Erklärung muss durch den Reisenden erfolgen. Dies kann sowohl der **Ver-** 3
tragspartner sein als auch alle Personen, die eigenen Rechte aus dem Vertrag (zugunsten **Dritter**) geltend machen können wie Mitreisende oder Familienmitglieder (BeckOGK/*Kramer* Rn 36). Auch minderjährige Alleinreisende müssen eine Mängelanzeige vornehmen. Bei einem Unterlassen kann es jedoch an einem Verschulden fehlen (s Rn 3). Bei Familienreisen ist es ausreichend, wenn ein Mitglied der Familie den Mangel rügt (BaRo/*Geib* Rn 7). Bei Gruppenreisen wird man hingegen verlangen müssen, dass der Erklärende ausdrückl darlegt, dass er für alle Mitglieder der Gruppe handeln will, da insoweit nicht unterstellt werden kann, dass sämtliche Reisende den Mangel gleich bewerten (so für die Abhilfe ebenfalls AG München RRa 1994, 17; aA BaRo/*Geib* Rn 7; BeckOGK/*Kramer* Rn 105).

3. Adressat der Erklärung. Die Erklärung muss ggü dem **Reiseveranstalter** (§ 651a Rn 3) erfolgen. Dies kann 4
ggü den eigenen Mitarbeitern erfolgen (zB Callcenter, Reiseleitung) oder ggü als **Empfangsboten** tätigen Personen. Gem § 651v IV ist auch der Reisevermittler bevollmächtigt, Mängelanzeigen entgegen zu nehmen. Bei der Bevollmächtigung von Dritten kann die Empfangszuständigkeit des Reiseveranstalters nicht ausgeschlossen werden (BeckOGK/*Kramer* Rn 78). Keine Empfangsboten sind die **Mitarbeiter** des **Leistungserbringers** (Koblenz RRa 2010, 21; LG Duisburg RRa 2003, 115; BeckOGK/*Kramer* Rn 81). Dies gilt auch, wenn ein Erklärungsempfänger des Reiseveranstalters für den Reisenden nicht erreichbar ist (Koblenz RRa 2010, 21; aA BaRo/*Geib* Rn 8; LG Duisburg RRa 2006, 114). In diesem Fall wird es jedoch an einem schuldhaften Unterlassen fehlen (dazu Rn 8).

4. Form. Die Erklärung kann **formfrei** erfolgen (MüKo/*Tonner* Rn 2; BaRo/*Geib* Rn 7). Art 13 II Pauschalrei- 5
seRL setzt anders als die VorgängerRL keine Schriftform mehr voraus. Möglich sind daher insb Anzeigen über elektronische Kommunikationsmittel (E-Mail, Chats ua), soweit der Reiseveranstalter diesen Weg durch Angabe entsprechender Daten ermöglicht. Werden formelle Anforderungen an die Mängelanzeige durch die **ARB** gestellt (zB Aufnahme eines Mangelprotokolls), sind diese Anforderungen gem § 651y unwirksam (ebenso BeckOGK/*Kramer* Rn 47f; MüKo/*Tonner* Rn 2). Die Erklärung muss einem Reisenden allerdings zugeordnet werden können, so dass aus der Anzeige für den Reiseveranstalter erkennbar sein muss, für wen die Rüge erhoben wird (zu weitgehend AG Duisburg-Hamborn RRa 2004, 71, wonach auch die Buchungsnummer angegeben werden muss).

5. Unverzüglichkeit. Die Erklärung muss unverzüglich erfolgen. Dies bedeutet, dass der Reisende **ohne** 6
schuldhaftes Zögern die Anzeige vornehmen muss, wenn er von dem Mangel Kenntnis erlangt. Ihm ist allerdings bei einer längeren Reise ein gewisser **Prüf-** und **Bedenkzeitraum** einzuräumen (ebenso AG Köln 22.10.2018 – 142 C 369/17 – drei Tage Bedenkzeit), der je nach Schwere des Mangels und des Grads der Beeinträchtigung kürzer ausfallen kann. Jedenfalls wird eine Anzeige am gleichen Tag oder in der nächsten Sprechstunde der Reiseleitung rechtzeitig sein (ebenso BeckOGK/*Kramer* Rn 73, 122).

III. Rechtsfolgen der unterlassenen Anzeige. Das Unterlassen der Mängelanzeige kann dazu führen, dass der 7
Reisende sein **Minderungs-** und **Schadensersatzrecht** nicht mehr geltend machen kann. Gleiches gilt für einen Anspruch auf **vergebliche Aufwendungen** gem § 284 (BT-Drs 18/10822, 85). Erfolgt die Mängelanzeige verspätet, sind für die Zeit vor der Anzeige die Ansprüche ausgeschlossen, der Ausschluss wirkt nicht in die Zukunft. Allerdings tritt der Ausschluss nicht automatisch ein, sondern ist an weitere Voraussetzungen geknüpft.

1. Schuldhaftes Unterlassen. Das Unterlassen der Anzeige muss schuldhaft erfolgt sein. Der Reisende muss 8
die Anzeige **fahrlässig**, **grob fahrlässig** oder **vorsätzlich** unterlassen haben. An der Schuld mangelt es, wenn der Reisende **nicht** oder nicht richtig hinsichtl seiner Anzeigeobliegenheit **belehrt** wurde (BGH RRa 2017, 168 Rn 14; krit dazu Führich/*Staudinger* § 18 Rn 9; MüKo/*Tonner* Rn 7 geht dann von einer Entbehrlichkeit der Anzeige aus). Ferner fehlt es an der Schuld, wenn es dem Reisenden nicht möglich war, eine Mängelanzeige zu tätigen, zB weil er sich in Folge des Mangels verletzt hat. Ebenso ist das Unterlassen unverschuldet, wenn der Reisende **nicht** mit **zumutbarem** Aufwand die Reiseleitung oder den Reiseveranstalter erreichen kann, zB Erreichbarkeit der Reiseleitung erst nach vier Tagen (AG Köln 22.10.2019 – 142 C 369/17). Der Reiseveranstalter hat seine Erreichbarkeit so zu gestalten, dass es dem Reisenden grds an jedem Tag möglich ist, einen Ansprechpartner für Reisemängel zu erhalten (zweifelhaft AG Charlottenburg RRa 1995, 142: Sprechzeiten zweimal in der Woche eine halbe Stunde). Dem Reisenden ist es nicht zuzumuten, dass er einen erheblichen Teil seines Urlaubs mit dem Ausbringen der Mängelanzeige verbringt oder seine Urlaubsaktivitäten darauf hin ausrichtet. Zumutbar wird jedoch ein einmaliges Anstehen zu Beginn der Reise von ein bis zwei Stunden sein (weitergehend AG Hamburg NJW-RR 2002, 1060 – mehrere Stunden). Ist eine Reiseleitung nicht vor Ort anwesend, muss sich der Reisende an die Zentrale des Reiseveranstalters wenden, wenn ihm eine entspr Kontaktadresse genannt wurde (AG Düsseldorf NJW-RR 2009, 931). Bei Nichterreichbarkeit wird es dem Reisenden zumutbar sein, mehrfach telefonisch Kontakt aufzunehmen (ebenso BeckOGK/*Kramer* Rn 121). Unzumutbar kann die Anzeige sein, wenn der Reisend keinen

Ansprechpartner erreichen kann, der seiner Muttersprache mächtig ist. – Bei **minderjährigen Reiseteilnehmern** wird entweder auf das Verhalten des anwesenden gesetzl Vertreters abzustellen sein oder zu verlangen sein, dass der Reiseveranstalter auf die Teilnehmer zugeht, wenn diese alleine reisen (LG Frankenthal NJW-RR 2009, 641).

9 **2. Kausalität für unterlassene Abhilfe.** Die unterlassene Anzeige muss dafür kausal geworden sein, dass der Reiseveranstalter keine Abhilfe erbracht hat. An der Kausalität fehlt es, wenn der Reiseveranstalter **sowieso nicht** in der **Lage** gewesen wäre, die **Abhilfe** zu **erbringen** (zu § 651d aF als Ausschlusstatbestandsmerkmal BGH NJW 1985, 132; RRa 2016, 274 Rn 16; LG Arnsberg NJW-RR 2007, 930; ebenso MüKo/*Tonner* Rn 9; Führich/*Staudinger* § 18 Rn 2; zur Unmöglichkeit der Abhilfe s § 651k Rn 8). Gleiches gilt, wenn der Reiseveranstalter von **vornherein** und **unmissverständlich** zu erkennen gibt, zur Abhilfe nicht bereit zu sein (BGH RRa 2012, 170 Rn 23; RRa 2016, 274 Rn 16). Die Kausalität wird nicht dadurch unterbrochen, dass der Reiseveranstalter den **Mangel** bereits **kennt** (BGH RRa 2016, 275 Rn 14ff; Grü/*Retzlaff* Rn 3; aA BeckOGK/*Kramer* Rn 101ff; BaRo/*Geib* Rn 4f; MüKo/*Tonner* Rn 9; wohl auch Führich/*Staudinger* § 18 Rn 2). Auch in diesem Fall muss eine Mangelanzeige erfolgen, damit der Reiseveranstalter weiß, ob der Reisende überhaupt von seinen Rechten Gebrauch macht. Die subj Wahrnehmung von Umständen als Mangel kann von Reisenden unterschiedlich bewertet werden.

10 **3. Keine Erklärung des Reiseveranstalters.** Die unterlassene Mängelanzeige führt zu einer rechtsvernichtenden Einwendung (ebenso BeckOGK/*Kramer* Rn 12ff). Der Reiseveranstalter braucht sich daher darauf nicht zu berufen.

11 **IV. Mängelprotokolle.** Umstritten ist die Wirkung von Mängelprotokollen. Mängelprotokolle sind Auflistungen der Mängel, die von den Parteien vor Ort erstellt werden.

12 **1. Wirkung zulasten des Reisenden.** Da gem Art 23 III PauschalreiseRL Erklärungen des Reisenden, die einen Verzicht der Rechte mittelbar bewirken, **nicht bindend** sind, dürfte auch Mängelprotokollen eine solche Wirkung fehlen. Dem Protokoll kann daher lediglich in der Beweisaufnahme eine indizielle Wirkung zukommen. Wendet der Reisende ein, dass er einen weiteren Mangel doch angezeigt hat, muss er substantiiert darlegen, wann und wo die Anzeige erfolgt ist.

13 **2. Wirkung zulasten des Reiseveranstalters.** Nimmt der Reiseveranstalter bzw die Reiseleitung eine Mängelliste **vorbehaltslos** zur Kenntnis und wird der Empfang bestätigt, ist es ihm im Nachhinein gem **§ 242** verwehrt, die Mängel in Abrede zu stellen (LG Frankfurt NJW 1988, 1219; AG Düsseldorf NJW-RR 1997, 1340; aA AG Düsseldorf NJW-RR 1998, 52; Führich/*Staudinger* § 21 Rn 12, MüKo/*Tonner* Rn 4, die von einem deklaratorischen Schuldanerkenntnis ausgeht). Dafür spricht, dass durch die vorbehaltslose Kenntnisnahme der Reisende idR darauf verzichten wird, weitere **Beweissicherungsmaßnahmen** zu treffen. Der Reiseveranstalter hat zudem durch die Aufnahme eines Vorbehalts der Nachprüfung die Möglichkeit, die Rechtswirkung zu verhindern. Wird lediglich von der Reiseleitung vermerkt, dass eine Liste des Reisenden zur Kenntnis genommen wurde, liegt darin nur eine Quittierung. Dann ist lediglich der Zugang der Mängelanzeige indiziert (ebenso LG Hannover NJW-RR 1988, 1454; LG Berlin NJW-RR 1989, 1213; AG Duisburg RRa 2008, 72; BeckOGK/*Kramer* Rn 67; Führich/*Staudinger* § 21 Rn 12; aA LG Frankfurt NJW 1988, 1219).

14 **V. Darlegungs- und Beweislast.** Da § 651o II als rechtsvernichtende Tatsache ausgestaltet ist, hat der **Reiseveranstalter** grds den für ihn günstigen Umstand darzulegen (ebenso BeckOGK/*Kramer* Rn 139; BaRo/*Geib* Rn 15). Da es sich jedoch um eine Negativtatsache handelt, die der Veranstalter nicht nachweisen kann, obliegt es dem **Reisenden** die **sekundäre Darlegungslast**, wann und wem ggü er eine bestimmte Anzeige getätigt hat (LG Frankfurt RRa 2008, 265f). Der Reiseveranstalter muss dann nachweisen, dass diese ihm nicht zugegangen ist. Zudem hat er nachzuweisen, dass der Reisende schuldhaft gehandelt hat und eine Abhilfe bei rechtzeitiger Anzeige möglich gewesen wäre. Bei der Verletzung der Informationspflicht wird widerlegbar vermutet, dass der Reisende nicht schuldhaft gehandelt hat. – Hat der Reiseveranstalter ein schuldhaftes Unterlassen dargelegt, hat der Reisende darzulegen und zu beweisen, dass das Unterlassen nicht kausal für die Nichtabhilfe war.

§ 651p Zulässige Haftungsbeschränkung; Anrechnung

(1) Der Reiseveranstalter kann durch Vereinbarung mit dem Reisenden seine Haftung für solche Schäden auf den dreifachen Reisepreis beschränken, die
1. keine Körperschäden sind und
2. nicht schuldhaft herbeigeführt werden.

(2) Gelten für eine Reiseleistung internationale Übereinkünfte oder auf solchen beruhende gesetzliche Vorschriften, nach denen ein Anspruch auf Schadensersatz gegen den Leistungserbringer nur unter bestimmten Voraussetzungen oder Beschränkungen entsteht oder geltend gemacht werden kann oder unter bestimmten Voraussetzungen ausgeschlossen ist, so kann sich auch der Reiseveranstalter gegenüber dem Reisenden hierauf berufen.

(3) Hat der Reisende gegen den Reiseveranstalter Anspruch auf Schadensersatz oder auf Erstattung eines infolge einer Minderung zu viel gezahlten Betrages, so muss sich der Reisende den Betrag anrechnen lassen, den er aufgrund desselben Ereignisses als Entschädigung oder als Erstattung infolge einer Minderung nach Maßgabe internationaler Übereinkünfte oder von auf solchen beruhenden gesetzlichen Vorschriften erhalten hat oder nach Maßgabe

1. **der Verordnung (EG) Nr. 261/2004 des Europäischen Parlaments und des Rates vom 11. Februar 2004 über eine gemeinsame Regelung für Ausgleichs- und Unterstützungsleistungen für Fluggäste im Fall der Nichtbeförderung und bei Annullierung oder großer Verspätung von Flügen und zur Aufhebung der Verordnung (EWG) Nr. 295/91 (ABl. L 46 vom 17.2.2004, S. 1),**
2. **der Verordnung (EG) Nr. 1371/2007 des Europäischen Parlaments und des Rates vom 23. Oktober 2007 über die Rechte und Pflichten der Fahrgäste im Eisenbahnverkehr (ABl. L 315 vom 3.12.2007, S. 14),**
3. **der Verordnung (EG) Nr. 392/2009 des Europäischen Parlaments und des Rates vom 23. April 2009 über die Unfallhaftung von Beförderern von Reisenden auf See (ABl. L 131 vom 28.5.2009, S. 24),**
4. **der Verordnung (EU) Nr. 1177/2010 des Europäischen Parlaments und des Rates vom 24. November 2010 über die Fahrgastrechte im See- und Binnenschiffsverkehr und zur Änderung der Verordnung (EG) Nr. 2006/2004 (ABl. L 334 vom 17.12.2010, S. 1) oder**
5. **der Verordnung (EU) Nr. 181/2011 des Europäischen Parlaments und des Rates vom 16. Februar 2011 über die Fahrgastrechte im Kraftomnibusverkehr und zur Änderung der Verordnung (EG) Nr. 2006/2004 (ABl. L 55 vom 28.2.2011, S. 1).**

Hat der Reisende vom Reiseveranstalter bereits Schadensersatz erhalten oder ist ihm infolge einer Minderung vom Reiseveranstalter bereits ein Betrag erstattet worden, so muss er sich den erhaltenen Betrag auf dasjenige anrechnen lassen, was ihm aufgrund desselben Ereignisses als Entschädigung oder als Erstattung infolge einer Minderung nach Maßgabe internationaler Übereinkünfte oder von auf solchen beruhenden gesetzlichen Vorschriften oder nach Maßgabe der in Satz 1 genannten Verordnungen geschuldet ist.

I. Überblick. Die Norm beinhaltet zweierlei Regelungen. In den Abs I und II sind mögliche **Haftungsbeschränkungen** für Schäden geregelt. Diese Haftungsbeschränkungen können zum einen durch individuelle Vereinbarungen erfolgen (Abs I) und sich zum anderen aus intern Übereinkünften bzw deren Umsetzung ergeben (Abs II). In Abs III sind **Anrechnungen** von Leistungen aus anderen intern Übereinkünften auf den Schadensersatz und die Minderung geregelt. Durch die Norm wird Art 14 IV–V PauschalreiseRL umgesetzt. 1

II. Individuelle Haftungsbeschränkungen (Abs I). Grds sind gem § 651y die Normen §§ 651a ff nicht abdingbar. Abs I lässt jedoch eine Ausnahme zu. Der Reiseveranstalter kann durch Vereinbarungen mit den Reisenden seine Haftung auf Schadensersatz begrenzen. 2

1. Anwendungsbereich. Die Norm ist auf **sämtliche Reiseverträge** anzuwenden. Dies gilt auch für **Gastschulverträge** (§ 651u I). Sie erfasst sämtliche **Schadensersatzansprüche.** Nicht erfasst sind Minderungsansprüche und Aufwendungsersatzansprüche gem § 284 (MüKo/*Tonner* Rn 5). Die Problematik, ob die Haftungsbeschränkung auch auf deliktische Ansprüche ausgeweitet werden kann (dazu BGH NJW 1987, 1931), stellt sich nicht mehr, da eine deliktische Haftung Verschulden voraussetzt und für verschuldete Ansprüche eine Haftungsbeschränkung nicht mehr möglich ist (ebenso MüKo/*Tonner* Rn 8; BaRo/*Geib* Rn 8; Führich/*Staudinger* § 24 Rn 4). 3

2. Vereinbarung. Die Haftungsbeschränkung muss mit dem Reisenden vereinbart werden. Dies kann zum einen durch **individuelle Vereinbarungen** oder zum anderen in den **allg Reisebedingungen** erfolgen. Eine individuelle Vereinbarung wird selten sein, vielmehr werden die Vereinbarungen in den ARB erfolgen. Voraussetzung dafür ist, dass diese gem § 305ff wirksam in den Vertrag einbezogen werden. Die **Inhaltskontrolle** richtet sich allein nach § 651p (so bereits BGH NJW 1987, 1931 zu § 651h; ebenso BaRo/*Geib* Rn 5; aA Führich/*Staudinger* § 24 Rn 6). 4

3. Umfang der Haftungsbeschränkung. a) Das Dreifache des Reisepreises. Die Haftungsbeschränkung darf sich für Schäden grds auf das **Dreifache** des **Reisepreises** beschränken. Maßstab ist der **tatsächlich gezahlte Reisepreis** inkl Steuern. Wird lediglich ein Gruppenpreis in Rechnung gestellt, ist dieser durch die Anzahl der beteiligten Personen zu teilen und es ist jew auf den Anteil abzustellen (aA BaRo/*Geib* Rn 9). Es wäre ein Wertungswiderspruch, wenn die Höhe der Haftungsbeschränkung davon abhängen würde, ob der Reiseveranstalter für jede Person den Reisepreis extra ausweist. Zahlt eine Person keinen Reisepreis (zB Kleinkinder), tritt eine vollständige Haftungsbeschränkung ein. Dies ist vertretbar, da die Haftungsbeschränkung nur einen geringen Anwendungsbereich hat und für die bei Dritten relevanten Schäden eine Haftungsbeschränkung sowieso nicht zulässt. **b) Keine Körperschäden.** Keine Beschränkung ist für Körperschäden möglich. Die PauschalreiseRL verwendet in Art 14 IV 2 den Begriff des **Personenschadens.** Dies betrifft alle Schäden, die sich auf das körperliche Wohlbefinden des Reisenden oder eines in den Vertrag mit einbezogenen Dritten beziehen (ebenso Führich/*Staudinger* § 24 Rn 2). Erfasst sind sowohl die Aufwendungen zur Behebung der körperlichen Beeinträchtigung (zB Heilbehandlungskosten) als auch die Folgekosten (zB Verdienstausfall aufgrund der körperlichen Beeinträchtigung). Aufgrund des weiten Richtlinienbegriffs sind auch **Verletzungen des Lebens** erfasst (BaRo/*Geib* Rn 6), so dass eine Begrenzung der Bestattungskosten nicht möglich ist. **c) Nicht schuldhaft herbeigeführte Schäden.** Eine Beschränkung der Haftung ist zudem nur bei solchen Schäden möglich, die nicht schuldhaft durch den Reiseveranstalter herbeigeführt wurden. Erfasst wird sowohl das eigene **fahrlässige** oder **vorsätzliche** Verhalten des Reiseveranstalters (zB Verletzung der Verkehrssicherungspflichten, Auswahlverschulden) als auch gem § 278 das Verhalten von **Erfüllungsgehilfen.** Dazu gehören die Leistungserbringer, für deren Verhalten eine Haftungsbeschränkung nicht mehr möglich ist (BT-Drs 18/10822, 85). Eine Beschränkung der Haftung ist daher nur für die Fälle möglich, in denen dem Reiseveranstalter kein Verschuldensvorwurf zu machen ist, aber eine Exkulpation nicht möglich ist. Der Anwendungsbereich dürfte gering sein (ebenso BaRo/*Geib* Rn 7). 5

6 **III. Haftungsbeschränkungen aus intern Übereinkommen (Abs II).** Ergeben sich aus intern Übereinkommen oder deren Umsetzung Haftungsbeschränkungen oder Haftungsausschlüsse, kann sich der Reiseveranstalter auch iRd Schadensersatzanspruchs gem § 651n darauf berufen. Die Vorschrift dient dazu, **Wertungswidersprüche** bei der Umsetzung von intern Haftungsregimen zu **vermeiden**, die regelmäßig die Voraussetzungen für Schadensersatzansprüche abschließend regeln. Es soll verhindert werden, dass es dem Reiseveranstalter nicht möglich ist, beim Schadensverursacher Regress zu nehmen. Dem Reiseveranstalter steht in diesen Fällen eine **Einrede** gegen den Schadensersatzanspruch zu, die von diesem erhoben werden muss (ebenso BeckOGK/*Klingberg* Rn 29; Führich/*Staudinger* § 24 Rn 7). Nicht erfasst sind lediglich vertragl Vereinbarungen zw dem Reiseveranstalter und dem Leistungserbringer (MüKo/*Tonner* Rn 12). Relevant sind dabei folgende Übk – **Montrealer Übereinkommen:** Der Hauptanwendungsfall des Abs II wird das MÜ sein. Dieses regelt in Art 17ff die Haftung des Luftfrachtführers abschließend. Insb bei Gepäckschäden ist eine deutliche Haftungsbegrenzung vorhanden. Durch Art 29 MÜ werden insoweit weitere Schadensersatzansprüche verdrängt. Minderungsansprüche bleiben hingegen bestehen (ausf dazu Führich/*Staudinger* § 24 Rn 11ff) – **Weitere Übereinkommen:** Als weitere Haftungsbeschränkungen kommen Art 52 des Übk für den internationalen Eisenbahnverkehr (COTIF) einschl der im Anh A geregelten Einheitlichen Rechtsvorschriften sowie für die Schiffsbeförderung das Athener Übk in Betracht (dazu BaRo/*Geib* Rn 11; Führich/*Staudinger* § 24 Rn 15ff).

7 **IV. Anrechnungsvorschriften (Abs III).** Abs III regelt die Anrechnung von Zahlungen aufgrund europäischer VO auf Schadensersatz- oder Minderungsansprüche.

8 **1. Schadensersatz- oder Minderungsansprüche.** Dem Reisenden muss gegen den Reiseveranstalter ein **Schadensersatz**- oder ein **Minderungsanspruch** zustehen, aufgrund dessen er einen Zahlbetrag verlangen kann. Nach dem **Wortlaut** der Norm wären nur **Rückzahlungsansprüche** wegen der Minderung erfasst. Da es für die Überkompensation nicht relevant ist, ob der Reisende vorleistungspflichtig war, kann eine Anrechnung auch erfolgen, wenn der Reisende den Reisepreis noch nicht gezahlt hat und insoweit nur von seinem **Zahlungsanspruch befreit** wurde. Dies lässt sich mit dem Wortlaut der RL in Einklang bringen, da dort lediglich auf eine Preisminderung abgestellt wird (ebenso BaRo/*Geib* Rn 15; unklar BeckOGK/*Kramer* Rn 54). Als Schadensersatzansprüche sind Ansprüche wegen sämtlicher Mängel sowie materielle und immaterielle Schadensersatzansprüche erfasst. Da gem § 651i III Nr 3 **Aufwendungsersatzansprüche** gem § 284 den Schadensersatzansprüchen gleichgestellt werden, sind auch diese von der Anrechnung miterfasst (MüKo/*Tonner* Rn 21; BaRo/*Geib* Rn 16; für eine analoge Anwendung in Fällen der Rentabilitätsvermutung BeckOGK/*Kramer* Rn 58). Bei **Kulanzleistungen** des Reiseveranstalters ist zu differenzieren. Wird durch die „Kulanzleistung" (zB Reisegutschein) eine eigentlich bestehende Zahlungsverpflichtung aufgrund eines Minderungs- oder Schadensersatzanspruchs erfüllt, hat eine Anrechnung zu erfolgen. Liegt hingegen tatsächlich eine reine Kulanzleistung vor, dh der Reiseveranstalter leistet ohne Rechtspflicht zur Aufrechterhaltung der Kundenbeziehung, kommt eine Anrechnung nicht in Betracht (so auch BeckOGK/*Kramer* Rn 81; aA BaRo/*Geib* Rn 17).

9 **2. Zahlungsansprüche aufgrund internationaler Übereinkünfte oder einer europäischen Verordnung.** Dem Reisenden muss aus einem intern Übereinkommen bzw dessen Umsetzung oder aus einer der in Abs III S 1 aufgezählten europäischen VOen ein Anspruch auf Entschädigung oder Erstattung zustehen. Unerheblich ist, wie der Anspruch bezeichnet wird (BT-Drs 18/10822, 86), vielmehr hat eine weite Begriffsauslegung zu erfolgen (BeckOGK/*Kramer* Rn 60). **a) Montrealer Übereinkommen.** Das MÜ betrifft die intern Luftbeförderung. Anrechnungsfähige Ansprüche können sich aus Art 17 I (Schadensersatzanspruch wegen Tod oder Körperverletzung des Reisenden), Art 17 II (Schadensersatz wegen Beeinträchtigung des Reisegepäcks) und Art 19 (Verspätung) ergeben. **b) Weitere intern Übereinkommen.** Weitere anrechnungsfähige Ansprüche können sich insb aus dem Übk über den internationalen Eisenbahnverkehr (**COTIF**) sowie dem **Athener Übk** zu Seereisen ergeben, dazu ausf BeckOGK/*Kramer* Rn 66ff. **c) Fluggastrechte-VO (VO (EG) Nr 261/2004).** Die relevanteste VO ist die Fluggastrechte-VO. Nach Art 7 Fluggastrechte-VO können den Fluggästen gegen das ausführende Luftfahrtunternehmen Ausgleichsansprüche wegen einer Annullierung des Fluges, einer Nichtbeförderung des Reisenden sowie einer großen Verspätung zustehen. Ferner können dem Fluggast Schadensersatzansprüche wegen der Verletzung der Betreuungspflichten gem Art 8 zustehen. Keine Anrechnung erfolgt bei Schadensersatzansprüchen, die sich wegen der Verletzung von Betreuungs- und Unterstützungspflichten nach Art 8 und 9 Fluggastrechte-VO ergeben (EuGH RRa 2011, 282 Rn 46; BGH RRa 2013, 223 Rn 17). **d) Bahngastrechte-VO (VO (EG) Nr 1371/2007,** wird ab dem 7.6.2023 durch die **VO (EU) 2021/782** ersetzt**).** Die Bahngäste können gem Art 17 (Art 19 nF) iVm Anh I Titel IV Kap III Art 32 Bahngastrechte-VO Entschädigungen wegen Verspätungen verlangen. Gem Art 15 (Art 17 nF) iVm Anh I Titel IV Kap III Art 32 Bahngastrechte-VO kann ein Schadensersatzanspruch wegen einer Verspätung bestehen. Gem Art 11 (Art 13 nF) iVm Anh I Titel IV Kap III Art 26–28 Bahngastrechte-VO haftet das Bahnunternehmen bei der Verletzung oder Tötung des Reisenden, inkl eines Vorschusses gem Art 13 (Art 15 nF) Bahngastrechte-VO. Ferner besteht gem Anh I Titel IV Kap III Art 33–36, 41, 42 Bahngastrechte-VO eine Haftung wegen der Beschädigung und des Verlustes von Tieren, Handgepäck und Reisegepäck. Bei einer verspäteten Auslieferung besteht ebenso ein Haftungsgrund (Anh I Titel IV Kap III Art 43 Bahngastrechte-VO). Schließlich besteht noch eine besondere Haftung bei der Beförderung von Fahrzeugen (Anh I Titel IV Kap III Art 44ff). **e) Seebeförderungs-VO (VO (EG) Nr 392/2009).** Der Beförderer haftet gem Art 3 iVm Anh 1 Art 3 Seebeförderungs-VO für den Tod oder die Körperverletzung der Reisenden sowie die Beschädigung und den Verlust des Kabinengepäcks. Gem Art 6 Seebeförderungs-VO besteht eine Vorschusspflicht. **f) Binnengewässerbeförderungs-VO (VO (EG) Nr 1177/2010).** Der Fahrgast hat bei einer verspäteten Ankunft einen An-

spruch auf Fahrpreiserstattung gem Art 18 Binnengewässerbeförderungs-VO sowie auf Entschädigung gem Art 19 Binnengewässerbeförderungs-VO. **g) Busreise-VO (VO (EG) Nr 181/2011).** Gem Art 7 Busreise-VO haben die Fahrgäste einen Anspruch auf Entschädigung bei Tod oder Körperverletzung sowie bei Verlust oder Beschädigung von Gepäck. Ferner besteht ein Anspruch auf Fahrpreiserstattung sowie Entschädigung bei einer verspäteten Ankunft gem Art 19 Busreise-VO.

3. Ansprüche aufgrund desselben Ereignisses. Die Ansprüche müssen jew auf demselben Ereignis beruhen. 10
Es reicht daher nicht aus, dass sich Ansprüche aus dem Reisevertrag und der jew VO bzw intern Abkommen ergeben haben. § 651p bezweckt lediglich, einen doppelten Ausgleich desselben Schadens zu verhindern, nicht jedoch den Reiseveranstalter in sonstigen Fällen zu entlasten (so auch BT-Drs 18/10822, 86). Erforderlich ist, dass **dieselben Tatsachengrundlagen kausal** für die Auslösung der jew Rechtsfolge waren (zB Verspätung hinsichtl der Ausgleichszahlung und einer Minderung für den Anreisetag). Erforderlich ist daher, bei Schadensersatz- und Minderungsansprüchen genau danach zu differenzieren, auf welchem auslösenden Tatbestand sie beruhen. **Schwierigkeiten** bereitet es, wenn nur eine **einheitliche Minderungsquote** wegen einer Vielzahl von Mängeln ausgeurteilt wird, da dann nicht nachvollziehbar ist, welcher Teil der Anrechnung unterliegt (ebenso BeckOGK/*Kramer* Rn 109ff; BaRo/*Geib* Rn 19). Da die Norm eine Überkompensation vermeiden soll, ist ggf eine teleologische Reduktion geboten, wenn die Ansprüche zwar auf demselben Ereignis beruhen, jedoch unterschiedliche Schäden, nämlich immaterielle und materielle, abdecken (dazu BGH RRa 2013, 233 Rn 17ff; ebenso BeckOGK/*Kramer* Rn 92ff). – Bei Entschädigungen wegen Verspätung von Flugreisen gem Art 7 Fluggastrechte-VO ist nach dem BGH eine Anrechnung reiserechtl Schadensersatzansprüche (Mietwagenkosten, Übernachtungskosten) möglich (BGH RRa 2020, 33 Rn 12, zust *Tonner* NJW 2020, 42). Der EuGH hat insoweit lediglich festgestellt, dass es aufgrund von Art 12 I Fluggastrechte-VO möglich ist, dass dem Reisenden neben der Ausgleichszahlung auch individuelle Schäden ersetzt werden (EuGH RRa 2019, 280 Rn 33f; RRa 2020, 190 Rn 32ff). Die Ausgestaltung der Anrechnung obliegt den Mitgliedstaaten (EuGH RRa 2019, 280 Rn 46), so dass die Auslegung des Abs III dahin, dass auch reiserechtl Schadensersatzansprüche angerechnet werden können, europarechtskonform sein dürfte (aA 16. Aufl).

4. Personenidentität zwischen Reisendem und Zahlungsempfänger. Grds muss zw dem Reisenden und 11
dem Empfänger der Zahlung nach dem konkurrierenden Übereinkommen bzw der VO Personenidentität bestehen. Problematisch ist es indes, wenn der Anspruch ggü dem Leistungserbringer von dem Betroffenen selbst, der Anspruch aus dem Reisevertrag jedoch von dem personenverschiedenen Vertragspartner (z.B bei Familienreisen) geltend gemacht wird. Um einen **Wertungswiderspruch** zu **vermeiden**, muss in diesen Fällen darauf abgestellt werden, in wessen Person der Schaden eingetreten ist. Liegt insoweit eine Identität vor, muss auch ein Dritter, der den Anspruch geltend machen kann, eine Anrechnung vornehmen lassen (ebenso BeckOGK/*Kramer* Rn 85).

5. Rechtsfolgen. Die Anrechnung ist nicht als Einrede, sondern als **Einwendung** ausgestaltet (BeckOGK/*Kra-* 12
mer Rn 39; BaRo/*Geib* Rn 25). Sie muss vom Gericht beachtet werden, ohne dass sie von den Parteien geltend gemacht wird. Eine Anrechnung erfolgt allerdings nur insoweit, wie der Reisende eine Zahlung tatsächlich erhalten hat (BT-Drs 18/10822, 86). Ist der Anspruch noch nicht erfüllt, reicht allein die **Möglichkeit** einer **Geltendmachung nicht aus** (dazu BeckOGK/*Kramer* Rn 101). Macht er allerdings später einen solchen Anspruch geltend, muss er sich gem Abs III S 2 auch auf diesen Anspruch die Zahlungen wegen eines Schadensersatzanspruchs oder einer Minderung anrechnen lassen. Hat der Reiseveranstalter im Vorfeld bereits Leistungen erbracht, die sich nach einem Prozess als Überkompensation darstellen, kann er vom Reisenden im Wege der Leistungskondiktion gem § 812 I 1 Rückzahlung verlangen (ebenso BeckOGK/*Kramer* Rn 118).

V. Darlegungs- und Beweislast. Der **Reiseveranstalter** trägt hinsichtl der Haftungsbeschränkungen gem 13
Abs I und Abs II die Darlegungs- und Beweislast (Führich/*Staudinger* § 24 Rn 22). Hinsichtl der Anrechnung von Ansprüchen (Abs III) trägt entweder der Reiseveranstalter oder der Leistungserbringer die Beweislast.

§ 651q Beistandspflicht des Reiseveranstalters

(1) Befindet sich der Reisende im Fall des § 651k Absatz 4 oder aus anderen Gründen in Schwierigkeiten, hat der Reiseveranstalter ihm unverzüglich in angemessener Weise Beistand zu gewähren, insbesondere durch

1. Bereitstellung geeigneter Informationen über Gesundheitsdienste, Behörden vor Ort und konsularische Unterstützung,
2. Unterstützung bei der Herstellung von Fernkommunikationsverbindungen und
3. Unterstützung bei der Suche nach anderen Reisemöglichkeiten; § 651k Absatz 3 bleibt unberührt.

(2) Hat der Reisende die den Beistand erfordernden Umstände schuldhaft selbst herbeigeführt, kann der Reiseveranstalter Ersatz seiner Aufwendungen verlangen, wenn und soweit diese angemessen und ihm tatsächlich entstanden sind.

I. Überblick. Die Norm regelt die Beistandspflicht des Reiseveranstalters ggü dem Reisenden, wenn dessen Rei- 1
se von außergewöhnlichen Umständen betroffen ist oder er sich sonst in Schwierigkeiten befindet. Der Reiseveranstalter hat dem Reisenden Informationen zur Verfügung zu stellen, ihm eine Fernkommunikationsverbindung zu ermöglichen und bei der Suche nach einer anderen Reisemöglichkeit zu unterstützen. Bei einer selbst ver-

schuldeten Lage hat der Reisende die Kosten des Reiseveranstalters zu erstatten. Die Norm setzt Art 16 PauschalreiseRL um.

2 **II. Beistandspflicht (Abs I).** Abs I regelt die Beistandspflicht des Reiseveranstalters (§ 651a Rn 3) ggü dem Reisenden (§ 651a Rn 4ff).

3 **1. Voraussetzungen. a) Lage gem § 651k IV.** Der Reisende muss aufgrund unvermeidbarer, außergewöhnlicher Umstände nicht in der Lage sein, zurückbefördert zu werden (dazu ausf § 651h Rn 6ff; § 651k Rn 19ff). Zudem muss die Rückbeförderung vom Vertrag erfasst sein. **b) Aus anderen Gründen in Schwierigkeiten.** Als Auffangtatbestand regelt die Norm, dass die Beistandspflicht auch eintritt, wenn der Reisende aus anderen Gründen in Schwierigkeiten ist. Problematisch erscheint die Abgrenzung zur 1. Alt, insb wenn die Voraussetzungen des § 651k IV nicht erfüllt sind. Anders als in der dt Umsetzung ist in der PauschalreiseRL in Art 16 S 1 die fehlende Rückbeförderungsmöglichkeit nicht der Ausgangstatbestand, sondern lediglich ein **Regelbsp** für die **Generalklausel**. Es kommt daher allein darauf an, ob der Reisende in Schwierigkeiten ist. Dies ist dann der Fall, wenn der Reisende auf **Unterstützung** von außen **angewiesen** ist, insb wenn er die Reise nicht wie geplant bestreiten kann. Dies können Beeinträchtigungen der Reise durch äußere Umstände (zB Krieg, Naturkatastrophen, Pandemien) oder durch Umstände in der Person des Reisenden sein (Krankheit, Diebstahl von wesentlichen Unterlagen oder Geld, Festnahme des Reisenden). **Unerheblich** ist, ob der Reisende die Schwierigkeiten **selbst verschuldet** hat (MüKo/*Tonner* Rn 9; BaRo/*Geib* Rn 2).

4 **2. Umfang der Beistandspflicht.** Ist der Reisende in Schwierigkeiten, hat er einen Anspruch auf Beistand durch den Reiseveranstalter. **a) Bereitstellung von Informationen (Nr 1).** Der Reiseveranstalter muss dem Reisenden geeignete Informationen über Gesundheitsdienste, Behörden vor Ort und konsularische Unterstützung zukommen lassen. Diese Informationen müssen auf die **Situation** des **Reisenden** angepasst werden. Ausreichend dürfte es sein, die Adressen und Telefonnummern der jew Einrichtungen zur Verfügung zu stellen (MüKo/*Tonner* Rn 5). **b) Herstellung von Fernkommunikationsverbindungen (Nr 2).** Dem Reisenden muss eine Fernkommunikationsverbindung zur Verfügung gestellt werden. Damit ist grds gemeint, dass es dem Reisenden ermöglicht werden muss, in sein Heimatland zu telefonieren oder über das Internet Kontakt aufzunehmen. **c) Alternative Reisemöglichkeit (Nr 3).** Der Reiseveranstalter muss den Reisenden dabei unterstützen, eine andere Reisemöglichkeit zu finden. Liegt in der Situation ein **Mangel** vor, ist der Reiseveranstalter **primär** über die Abhilfe verpflichtet, eine **Ersatzreise** anzubieten. Nr 3 greift zB ein, wenn der Reisende aufgrund gesundheitlicher Probleme die Reise nicht fortsetzen kann und eine Rückbeförderung mit einem Krankenflugzeug erforderlich ist (BT-Drs 18/10822, 87). **d) Sonstige Beistandspflichten.** Da es sich bei den aufgezählten Pflichten nur um Regelbeispiele handelt, die nicht abschließend sind, kommen grds weitere Beistandspflichten in Betracht. Weder die RL noch § 651q selbst sehen eine Beschränkung der Unterstützungshandlungen vor. Da der Reiseveranstalter jedoch nicht verpflichtet ist, der Schwierigkeit selbst abzuhelfen, werden die Unterstützungsleistungen auf die Informationsbeschaffung und die Vermittlung von Hilfsangeboten vor Ort zu beschränken sein (zB Beschaffung eines Dolmetschers, damit der Reisende mit den örtlichen Behörden kommunizieren kann).

5 **3. Unterlassen der Beistandspflicht.** Die Beistandspflicht kann grds vom Reisenden ggü dem Reiseveranstalter **eingeklagt** werden (BaRo/*Geib* Rn 4), was jedoch zumeist nicht sinnvoll ist. Kommt der Reiseveranstalter seinen Beistandspflichten nicht nach, ist hinsichtl der Sekundärrechte zu differenzieren. Begründet das **Unterlassen** einen **Mangel** der Reise (zB weil der Reisende länger als erforderlich im Polizeigewahrsam verbleiben muss), bestimmen sich die Rechte des Reisenden nach **§§ 651i ff.** Wird hingegen der eigentliche Reiseablauf durch das Unterlassen nicht gestört, hat der Reisende gem **§ 280 I, § 249** Anspruch auf Schadensersatz (ebenso BaRo/*Geib* Rn 4). Dieser besteht aber nur in den Kosten, die er für die Suche nach den Informationen, der Verbindung oder der Ersatzreisemöglichkeit aufgewendet hat, nicht jedoch in der Ersatzreisemöglichkeit selbst.

6 **4. Konkurrenz zu anderen Beistandspflichten.** Eine Konkurrenzsituation ergibt sich, wenn dem Reisenden aus anderen Normen (zB Art 9 II Fluggastrechte-VO) ebenfalls Unterstützungshandlungen zustehen. In diesem Fall bedarf es **keiner analogen Anwendung** des **§ 651p III** (so jedoch BeckOGK/*Sorge* Rn 38), vielmehr hat grds jeder Beistandspflichtige seine Leistungen zu erbringen, soweit sie noch erforderlich sind. Sind aber bestimmte Informationspflichten bereits erfüllt, müssen diese schlicht nicht mehr erbracht werden.

7 **III. Kostenerstattungspflicht (Abs II).** Der Reiseveranstalter hat grds die Kosten für die Beistandshandlungen zu tragen. Dies gilt jedoch dann **nicht**, wenn der Reisende die Schwierigkeiten, die die Beistandshandlungen erforderlich machen, **selbst verschuldet** hat (MüKo/*Tonner* Rn 9). Dazu muss er den Umstand fahrlässig oder vorsätzlich herbeigeführt haben. Das Verschulden anderer Reiseteilnehmer muss er sich nicht zurechnen lassen (aA Grü/*Retzlaff* Rn 2). Dann hat der Reisende die Kosten zu tragen. Erstattungsfähig sind nur die dem Reiseveranstalter tatsächlich entstandenen Kosten. Die Kosten müssen zudem angemessen sein. Insb wenn der Reiseveranstalter versucht, über Dritte in Krisengebieten eine Fernkommunikationsverbindung aufzubauen, müssen sich die Kosten im Verhältnis zum Reisepreis noch im Rahmen halten.

8 **IV. Darlegungs- und Beweislast.** Der **Reisende** muss darlegen und beweisen, dass er in Schwierigkeiten war, wenn er die Erfüllung oder Schadensersatz geltend macht. Verlangt der **Reiseveranstalter** seine Kosten, muss er seine Kosten und die Angemessenheit darlegen und beweisen.

§ 651r Insolvenzsicherung; Sicherungsschein

(1) Der Reiseveranstalter hat sicherzustellen, dass dem Reisenden der gezahlte Reisepreis erstattet wird, soweit im Fall der Zahlungsunfähigkeit des Reiseveranstalters
1. Reiseleistungen ausfallen oder
2. der Reisende im Hinblick auf erbrachte Reiseleistungen Zahlungsaufforderungen von Leistungserbringern nachkommt, deren Entgeltforderungen der Reiseveranstalter nicht erfüllt hat.

Umfasst der Vertrag auch die Beförderung des Reisenden, hat der Reiseveranstalter zudem die vereinbarte Rückbeförderung und die Beherbergung des Reisenden bis zum Zeitpunkt der Rückbeförderung sicherzustellen. Der Zahlungsunfähigkeit des Reiseveranstalters stehen die Eröffnung des Insolvenzverfahrens über sein Vermögen und die Abweisung eines Eröffnungsantrags mangels Masse gleich.

(2) Die Verpflichtungen nach Absatz 1 kann der Reiseveranstalter vorbehaltlich des Satzes 2 ab dem 1. November 2021 nur durch einen Absicherungsvertrag mit einem nach dem Reisesicherungsfondsgesetz zum Geschäftsbetrieb befugten Reisesicherungsfonds erfüllen. Reiseveranstalter, die im letzten abgeschlossenen Geschäftsjahr einen Umsatz im Sinne des § 1 Nummer 2 Buchstabe a des Reisesicherungsfondsgesetzes von weniger als 10 Millionen Euro erzielt haben, können im jeweils darauffolgenden Geschäftsjahr die Verpflichtungen nach Absatz 1 auch erfüllen
1. durch eine Versicherung bei einem im Geltungsbereich dieses Gesetzes zum Geschäftsbetrieb befugten Versicherungsunternehmen oder
2. durch ein Zahlungsversprechen eines im Geltungsbereich dieses Gesetzes zum Geschäftsbetrieb befugten Kreditinstituts.

Der Reiseveranstalter muss die Verpflichtungen nach Absatz 1 ohne Rücksicht auf den Wohnsitz des Reisenden, den Ort der Abreise und den Ort des Vertragsschlusses erfüllen.

(3) Der Reisesicherungsfonds, der Versicherer oder das Kreditinstitut (Absicherer) kann dem Reisenden die Fortsetzung der Pauschalreise anbieten. Verlangt der Reisende eine Erstattung nach Absatz 1, hat der Absicherer diesen Anspruch unverzüglich zu erfüllen. Versicherer und Kreditinstitute können ihre aus Verträgen nach Absatz 2 Satz 2 Nummer 1 und 2 folgende Einstandspflicht für jede Insolvenz eines Reiseveranstalters, der im letzten abgeschlossenen Geschäftsjahr einen Umsatz im Sinne des § 1 Nummer 2 Buchstabe a des Reisesicherungsfondsgesetzes von weniger als 3 Millionen Euro erzielt hat, auf 1 Million Euro begrenzen. Übersteigen in diesem Fall die zu erbringenden Leistungen den vereinbarten Höchstbetrag, so verringern sich die einzelnen Leistungsansprüche der Reisenden in dem Verhältnis, in dem ihr Gesamtbetrag zum Höchstbetrag steht.

(4) Zur Erfüllung seiner Verpflichtungen nach Absatz 1 hat der Reiseveranstalter dem Reisenden einen unmittelbaren Anspruch gegen den Absicherer zu verschaffen und durch eine von diesem oder auf dessen Veranlassung gemäß Artikel 252 des Einführungsgesetzes zum Bürgerlichen Gesetzbuche ausgestellte Bestätigung (Sicherungsschein) nachzuweisen. Der im Vertrag gemäß Artikel 250 § 6 Absatz 2 Nummer 3 des Einführungsgesetzes zum Bürgerlichen Gesetzbuche genannte Absicherer kann sich gegenüber dem Reisenden weder auf Einwendungen aus dem Absicherungsvertrag berufen noch auf dessen Beendigung, wenn die Beendigung nach Abschluss des Pauschalreisevertrags erfolgt ist. In den Fällen des Satzes 2 geht der Anspruch des Reisenden gegen den Reiseveranstalter auf den Absicherer über, soweit dieser den Reisenden befriedigt.

I. Überblick. § 651r enthält die wesentlichen Regelungen zum Schutz des Reisenden vor Vermögensschäden bei Zahlungsunfähigkeit des Reiseveranstalters und Ausfall der Reiseleistung. Die §§ 651r–651t greifen hinsichtl der Verpflichtung des Reiseveranstalters zur Insolvenzsicherung des Reisenden die bewährte Struktur des § 651k auf (BT-Drs 18/10822, 49) und setzen die Anforderungen der Art 17 und 18 PauschalreiseRL um. § 651k aF regelte seit 1994 die Insolvenzsicherung mit Umsetzung der PauschalreiseRL v 13.6.1990. Wesentliche Änderungen durch die Umsetzung der PauschalreiseRL liegen in der Einbeziehung der Reisevermittler, dem Ausschluss der Absicherung von Einzelleistungen und der nunmehr nur noch deklaratorischen Bedeutung des Sicherungsscheins. Mit dem Reisesicherungsfondsgesetz (RSG) v 25.6.2021 (BGBl I 2021, 2114) wurde die Sicherungspflicht hinsichtl des abzusichernden Betrages ausgeweitet und eine Begrenzung nur noch bei Reiseveranstaltern mit einem Umsatz von weniger als 10 Mio € als zulässig konstituiert. 1

II. Anwendungsbereich (Abs I). Abgesichert werden sollen die Zahlungen auf den Reisepreis bei ggf teilweisem Reiseausfall und an Leistungserbringer erbrachte Zahlungen. **1. Adressaten.** Jeden Reiseveranstalter trifft die Verpflichtung zur Absicherung, also alle Anbieter von Pauschalreiseverträgen gem § 651a I (§ 651a Rn 15). Die Ausnahmen, die nicht der Insolvenzabsicherung unterliegen, unterfallen insg nach der Regelung des § 651a V Nr 1– (§ 651a Rn 24–26) nicht dem reiserechtl Regime. Es gibt namentlich keine Absicherung mehr bei Verträgen über Einzelleistungen wie der Vermittlung von Ferienhäusern. Die nach alter Rechtslage durch die Rspr geschlossene Regelungslücke (BGH NJW 2013, 308, 309 Rn 14) existiert nach der insoweit bewussten Entscheidung des Gesetzgebers nicht mehr. Auch gibt es keine Bereichsausnahme mehr für juristische Personen des öffentlichen Rechts, die nach § 651k VI Nr 3 aF ausgeschlossen waren (Führich/*Staudinger* § 12 Rn 3). Dies wird vor dem Hintergrund der Insolvenzunfähigkeit bspw der Gebietskörperschaften, aber auch von Religionsgemeinschaften in der Organisationsform öffentlich-rechtl Körperschaften, krit gesehen (BeckOGK/*Blankenburg* 2

Rn 12). In Ermangelung eines abzusichernden Risikos soll eine Absicherung für Veranstalter entbehrlich sein, wenn er keinerlei Vorauszahlungen annimmt und auch eine Beförderungsleistung nicht zu erbringen ist.

3 **2. Insolvenzfall.** § 651r I 1 und 3 nennen neben der Zahlungsunfähigkeit des Reiseveranstalters die Eröffnung des Insolvenzverfahrens und die Abweisung der Eröffnung des Insolvenzverfahrens mangels Masse, deren eigenständige Definition im BGB unterbleibt. **Alternative Voraussetzungen: a) Zahlungsunfähigkeit.** Ein Veranstalter dürfte in Anlehnung an § 17 II InsO dann als zahlungsunfähig anzusehen sein, wenn er aufgrund mangelnder Zahlungsmittel voraussichtlich andauernd nicht in der Lage ist, die fälligen Zahlungsverpflichtungen noch im Wesentlichen zu erfüllen (vertiefend hierzu unter Darstellung der Erkenntnisschwierigkeiten für den Reisenden wegen der fehlenden Einblickmöglichkeiten in die Geschäftstätigkeit des Reiseveranstalters BeckOGK/*Blankenburg* Rn 21ff). **b) Eröffnung des Insolvenzverfahrens.** Dies ist der Zahlungsfähigkeit nach Abs I S 3 der Vorschrift gleichgestellt. Die Prüfung des Insolvenzgerichts auf einen Fremd- oder Eigenantrag zur Eröffnung des Insolvenzverfahrens über das Vermögen des Reiseveranstalters muss also das Vorliegen eines Insolvenzgrundes ergeben haben. Neben der Zahlungsunfähigkeit (§ 17 InsO) kommen Überschuldung (§ 19 InsO) und bei einem Eigenantrag drohende Zahlungsunfähigkeit (§ 18 InsO) in Betracht. **c) Abweisung mangels Masse.** Zu den Voraussetzungen für die Eröffnung gehört auch eine hinreichende Masse zur Deckung der Verfahrenskosten, also die hinreichende Werthaltigkeit. Liegt sie nicht vor, hat das Gericht die Eröffnung abzuweisen (§ 26 InsO). Die Beschlüsse über Eröffnung oder Abweisung mangels Masse sind über die Veröffentlichungsplattform www.insolvenzbekanntmachungen.de abrufbar und stellen damit für den Reisenden ein vergleichsweise einfach nachzuweisendes Momentum dar.

4 **3. Abgesicherte Risiken (Abs I S 1). a) Ausfall von Reiseleistungen (Abs I S 1 Nr 1).** Sind Reiseleistungen wegen der mangelnden Zahlungsfähigkeit des Veranstalters ausgefallen, sind die nach Vertragsschluss und vor Reisebeginn auf den Reisepreis geleisteten An- und Restzahlungen ungekürzt zu erstatten (Führich/*Staudinger* § 12 Rn 12). Die Leistung muss tatsächlich ausgefallen sein, mithin entsteht der Anspruch nicht, wenn der Absicherer nach Abs III S 1 die Fortsetzung der Reise anbietet (Grü/*Retzlaff* Rn 5). Nach Reiseantritt ist der zu ersetzende Betrag anteilig nach den tatsächlich ausgefallenen Leistungen zu berechnen (HK-BGB/*Staudinger* Rn 4). Dem Schutz unterfallen nicht die Zahlungen auf zusätzl gebuchte Leistungen wie Versicherungen oder Zusatzleistungen, soweit es sich um Fremdleistungen handelt, die vom Veranstalter vermittelt worden sind. Stellt der Reisende die Durchführung der Reise in Eigenorganisation sicher und muss hierfür weniger Mittel aufwenden, als mit dem Reiseveranstalter vertragl vereinbart, soll ein Anspruch gegen den Absicherer sich gleichwohl auf die Rückzahlung in voller Höhe belaufen, da der Reisende ohne die Insolvenz bei Nichterbringung der Leistung den Rücktritt nach § 651l hätte erklären und die Rückzahlung des vollen Preises hätte einfordern können (BeckOGK/*Blankenburg* Rn 32).

5 **b) Zahlungen an Leistungserbringer (Abs I S 1 Nr 2).** Abgesichert sind auch die Zahlungen, die ein Reisender ggü dem Leistungserbringer an der Reisedestination erbringt, um dessen Reiseleistung zu erhalten oder sonst damit reagiert, um einer Drucksituation zu begegnen. In den gedachten Konstellationen ist die Leistung durch den Kunden ggü dem Reiseveranstalter bereits beglichen, dieser seiner Pflicht zur Weitergabe an den Leistungsträger nicht nachgekommen (Grü/*Retzlaff* Rn 5; BeckOK/*Baumgärtner* Rn 23).

6 **c) Rückbeförderung und Beherbergung bis Rückreise (Abs I S 2).** Der Veranstalter hat den Rücktransport und die Beherbergung bis zu eben diesem Zeitpunkt sicherzustellen, wenn die Beförderung als vertragl geschuldete Leistung eingeschlossen ist. Eingeschlossen ist die planmäßige Rückreise ebenso wie die nicht geplante, wenn die Reise vorzeitig abgebrochen werden muss. Der Kunde erfährt hier eine Besserstellung im Vergleich zur vorherigen Rechtslage des § 651k I 1 Nr 1 aF und wird nicht mehr auf einen nachträgl Kostenerstattungsanspruch verwiesen (Führich/*Staudinger* § 12 Rn 17; MüKo/*Tonner* Rn 17). Abgesichert wird hier kein Zahlungsanspruch des Reisenden, sondern die Organisation und Durchführung der Rückbeförderung durch den Absicherer, worauf der Inhalt der Vereinbarung mit dem Reiseveranstalter ausgerichtet sein muss (BeckOGK/*Blankenburg* Rn 37). Kommt der Absicherer seiner Verpflichtung nicht nach und muss der Reisende selbst seinen Rücktransport organisieren und zunächst bezahlen, hat er allerdings einen Anspruch auf Ausgleich im Umfang der notwendigen Kosten als Schadensersatzanspruch aus § 280 (MüKo/*Tonner* Rn 18). Dieser folgt aus der Ausgestaltung des Sicherungsverhältnisses als Vertrag zw Veranstalter und Absicherer zugunsten des Reisenden als Dritten. Die Notwendigkeit der Kosten erschließt sich nach dem jew gebuchten Standard beim Transport und bei der Unterbringung (BeckOGK/*Blankenburg* Rn 122, 123; MüKo/*Tonner* Rn 19).

7 **d) Risiken ohne Absicherung.** Die Sicherungsgegenstände sind in der Vorschrift abschließend aufgezählt. Eine erweiternde Auslegung ist nicht zulässig. Damit existiert für die Sekundäransprüche des Reisenden wegen Mängeln der Reiseleistung keine Absicherung (Grü/*Retzlaff* Rn 3; Jauernig/*Teichmann* Rn 2; HK-BGB/*Staudinger* Rn 4). Insoweit steht der Reisende im Falle der Insolvenz des Reiseveranstalters bei einer mangelhaften Leistungserbringung schlechter als beim vollständigen Ausfall. Eine Verbesserung seiner Rechtsposition ist insoweit durch die Umsetzung der PauschalreiseRL nicht eingetreten (MüKo/*Tonner* Rn 22; BeckOK/*Baumgärtner* Rn 24).

8 **III. Umfang der Absicherung (Abs II, Abs III S 3).** Die Sicherung ist ohne Rücksicht auf Anknüpfungspunkte wie den Wohnsitz des Reisenden, den Ort der Abreise oder den Ort des Vertragsschlusses immer dann zu erbringen, wenn die Anwendbarkeit der § 651a ff, ggf nach kollisionsrechtl Prüfung, feststeht. Finden sich Einschränkungen im Hinblick auf die genannten Merkmale, genügt die Absicherung nicht den Anforderungen (BeckOGK/*Blankenburg* Rn 76; MüKo/*Tonner* Rn 28).

Eine Beschränkung der Sicherung ist nach der Rechtslage des Reisesicherungsfondsgesetzes dem Grunde nach nicht mehr vorgesehen.
Nur für die **bis zum 1.11.2021** abgeschlossenen Verträge bleibt es bei dem bisherigen Regime. Danach war eine Begrenzung auf eine Summe von max 110 Mio € vorgesehen.
Die Insolvenz eines der größten europäischen Reiseveranstalter, Thomas Cook, brachte den für unwahrscheinlich gehaltenen Fall der Überlastung des Systems in die Realität und führte zu steuerfinanzierten Ausgleichszahlungen.
Überstieg der aus den eintretenden Sicherungsfällen zu erstattende Betrag die Summe in einem Geschäftsjahr, verringern sich die Ansprüche der Reisenden entspr dem Verhältnis des auszugleichenden Gesamtbetrages zum Höchstbetrag. Die Begrenzung auf die Summe von 110 Mio € war bereits in der Vorgängervorschrift enthalten und ihre Berechtigung umstritten. Art 17 II PauschalreiseRL gibt insoweit vor, dass die nach vernünftigem Ermessen vorhersehbaren Kosten abgedeckt sein müssen. ErwGr 40 PauschalreiseRL gibt einer Begrenzung ausdrückl Raum, da die Berücksichtigung sehr unwahrscheinlicher Risiken wie der gleichzeitigen Insolvenz mehrerer der größten Reiseveranstalter unterbleiben kann. Im Gesetzgebungsverfahren führte die Auseinandersetzung mit der Thematik zu einer Beibehaltung der Regelung des § 651k II aF auch hinsichtl der Höhe der Begrenzungssumme. Aus der bis zum Gesetzgebungsverfahren höchstens in Anspruch genommenen Versicherungssumme von 30 Mio € folgte der Rückschluss, dass eine Sicherungslücke zwar theoretisch, nicht aber faktisch bestehe (BT-Drs 18/10822, 89). Auf die Prüfbitte des Bundesrates hin, mit der Bedenken gegen die Höhe der Summe nicht zuletzt in Anbetracht des wirtschaftlichen Volumens des Reisesektors angebracht wurden, blieb die Summe unverändert (BT-Drs 18/10822, 124). Zugesagt wurde die Inauftraggabe eines Forschungsvorhabens zur Insolvenzabsicherung im Reiserecht. Diese Ankündigung wird nach der Insolvenz auch der dt Töchter der Thomas-Cook-Gruppe nicht mehr umgesetzt, in deren Folge sich die Unzulänglichkeit der begrenzten Summe ergeben hat (BT-Drs 19/15995, 4). Der wissenschaftliche Dienst des Dt Bundestages kommt in seiner Ausarbeitung v 18.10.2019 (PE 6 – 3000 – 093/19) zu der Feststellung, dass die Angemessenheit der Summe in Anbetracht der allg Inflation und dem Wachstum des Reisemarktes durchaus Zweifeln begegne, die Maßnahmen der Überwachung der Entwicklung durch den Gesetzgeber dort aber nicht bekannt seien. Eine Staatshaftung hängt nach dem Gutachten aber zusätzl an der Frage, ob selbst bei einem angenommenen Verstoß dieser iSd Rspr des EuGH als hinreichend qualifiziert zu werten wäre, also ein iRd Umsetzung oder des Vollzuges unionsrechtl Normen zukommender Ermessensspielraum offenkundig und erheblich überschritten wird (PE 6 – 3000 – 093/19, 5).

Für alle **ab dem 1.11.2021** eingegangenen Verpflichtungen über die Erbringung von Reiseleistungen ist ein Absicherungsvertrag mit einem nach den Regeln des Reisesicherungsfondsgesetzes (RSG) agierenden **Reisesicherungsfonds** erforderlich. 9
Nach § 2 III RSG muss es sich bei dem Reisesicherungsfonds um eine GmbH handeln, die ihre Geschäftsleitung im Inland hat; § 2 IV RSG lässt auch eine wesensgleiche Gesellschaft der EU zu. Der Reisesicherungsfonds ist gem § 12 I 1 RSG zur Aufnahme des Geschäftsbetriebs von der Erlaubnis der Aufsichtsbehörde abhängig, wobei gem § 12 IV RSG die Erlaubnis nur für einen Fonds erteilt werden kann. Aufgrund dieser Singularität des Reisesicherungsfonds besteht gem § 15 RSG ein Kontrahierungszwang.
Der Fonds muss gem § 4 I RSG über hinreichend Finanzmittel verfügen, um die Insolvenzrisiken am Markt und die Verwaltungskosten abzudecken. Dieses Zielkapital ist grds aus den Entgelten zu bilden, die die Reiseanbieter zahlen müssen, um mit dem Fonds einen Absicherungsvertrag abzuschließen und beizubehalten.
Eine Begrenzungsmöglichkeit auf 1 Mio € ist nach dem Inkrafttreten des Reisesicherungsfondsgesetzes nur noch für Versicherer und Kreditinstitute gegeben, wenn der abgesicherte Veranstalter weniger als 3 Mio € Umsatz iSv § 1 Nr 2 lit a RSG (mit Pauschalreisen ohne Umsatzsteuer, die vor Beendigung der Reise zu bezahlen sind) im letzten abgeschlossenen Geschäftsjahr erzielt.

IV. Sicherungsarten (Abs II). Art 17 PauschalreiseRL verwendet hinsichtl der zu erbringenden Sicherung zwar den nicht weiter konkretisierten Rechtsbegriff der wirksamen Sicherung und gibt keine konkrete Vorgabe bzgl der Sicherungsmittel. Die Vorschrift lässt aber nach dem Gesetz über die Insolvenzsicherung durch Reisesicherungsfonds nur noch für Verpflichtungen, die vor dem 1.12.2021 entstanden sind oder Veranstalter, die im letzten abgeschlossenen Geschäftsjahr einen Umsatz von weniger als 10 Mio € iSd RSG erzielt haben, eine Versicherung oder das Zahlungsversprechen eines Kreditinstitutes als wirksam zu. IÜ hat die Erfüllung der Sicherungsverpflichtung über einen Vertrag mit einem Reisesicherungsfonds zu geschehen. 10

1. Versicherung. Keine Vorgabe folgt aus Abs II S 1 Nr 1 hinsichtl der Art der Versicherung. Mit *Staudinger* ist davon auszugehen, dass es sich bei der abzuschließenden Versicherung um eine Insolvenz- und nicht um eine Kautionsversicherung handelt (*Staudinger* VersR 2014, 1153). Primärziel ist das Entstehen unmittelbarer Ansprüche des Reisenden und der Ausschluss von Einwendungen aus dem Verhältnis des Versicherers zum Veranstalter ggü dem Anspruch des Kunden (BeckOGK/*Blankenburg* Rn 48). Der BGH hat noch zur alten Rechtslage unter Anwendung des AGBG und des § 651k festgestellt, dass die Regelungen des Versicherungsvertrages der AGB-Kontrolle unterliegen, womit einer unangemessenen Benachteiligung des Kunden vorgebeugt und ein möglichst umfassender Schutz vor dem Zahlungsausfallrisiko des Veranstalters geschaffen wird (BGH NJW 2001, 1934). ISd Vorschrift berechtigte Versicherungsunternehmen sind solche im Inland, die eine Erlaubnis nach § 8 I VAG innehaben, solche mit Sitz in der EU unter den Voraussetzungen der §§ 57, 61 VAG und solche aus Drittstaaten mit einer Erlaubnis nach § 65 I VAG. **2. Zahlungsversprechen eines Kreditinstitutes**. Das Zahlungsversprechen ist inhaltlich als Bankgarantie oder als selbstschuldnerische Bürgschaft gekennzeichnet und muss durch ein im 11

Geltungsbereich des BGB befugtes Kreditinstitut abgegeben werden. Die Voraussetzungen der Befugnis ergeben sich aus § 32 KWG.

12 **V. Erfüllung der Verpflichtungen (Abs IV S 1, 2).** Dem Reisenden muss der **Nachweis der Sicherung** erbracht werden durch die Zurverfügungstellung eines Sicherungsscheins, ausgestellt durch den Absicherer selbst oder auf dessen Veranlassung. Der Schein muss dabei den Anforderungen des Art 252 EGBGB entsprechen. Die Umsetzung ist die Fortführung der in § 651k III 1–3 aF normierten Rechtslage. Die PauschalreiseRL hätte für die Umsetzung ein Festhalten am Sicherungsschein nicht geboten, allerdings sollte bewusst das eingeführte Instrument mit seinen Kontroll- und Informationswirkungen für Veranstalter und Reisende fortgeführt werden (BT-Drs 18/10822, 90). Diese finden ihren Niederschlag allerdings auch in den vorvertragl und vertragl Informationspflichten (Formblätter Anl 11–13 zu Art 250 §§ 2, 4 EGBGB).

12a Die Sicherung muss dem Reisenden einen **unmittelbaren Anspruch** gegen den Absicherer verschaffen, mithin der Vertrag des Veranstalters mit dem Absicherer einen Vertrag zugunsten Dritter (§ 328) darstellen (Führich/*Staudinger* § 12 Rn 24). Abs IV S 2 verhindert, dass ein Absicherer Einwendungen aus dem Vertragsverhältnis mit dem Veranstalter auch ggü dem Reisenden geltend machen kann. Keine Haftung des Absicherers kann durch einen gefälschten Sicherungsschein begründet werden, dem kein Vertrag mit dem Reiseveranstalter zugrunde liegt. Der Kunde bleibt in Fällen, in denen er bei einem Veranstalter einen Reisevertrag schließt, der keine Insolvenzabsicherung innehatte, ohne Schutz (Führich/*Staudinger* § 12 Rn 25).

13 **VI. Umsetzung der Abwicklung der Ansprüche (Abs III S 1, 3, Abs IV S 2, 3). 1. Fortsetzungsbefugnis.** Der Absicherer kann nach Abs III S 1 der Vorschrift dem Reisenden die Fortsetzung der Reise anbieten und zu diesem Zweck die Entgelte an die Leistungserbringer zahlen, die vom Veranstalter nicht mehr gezahlt werden können. Dem Absicherer steht es insoweit frei, den für ihn wirtschaftlich günstigsten Weg einzuschlagen. Die Annahme des Fortsetzungsangebots liegt indes im Belieben des Kunden. Dieser ist zur Annahme nicht verpflichtet, sondern kann auf der Entschädigungszahlung bestehen (BeckOGK/*Blankenburg* Rn 108; BeckOK/*Baumgärtner* Rn 30). **2. Erstattungsverlangen.** Wenn der Kunde die Erstattung vom Absicherer verlangt, hat dieser für die unverzügliche Erfüllung (Abs III S 2) Sorge zu tragen. Die Unverzüglichkeit iSd Handelns ohne schuldhaftes Zögern bestimmt keine feste Grenze nach Tagen, sondern richtet sich nach den Umständen des Einzelfalles, namentlich des Prüfaufwandes der Höhe der Zahlung. Sind Teilleistungen nicht erbracht, die nicht als Einzelleistungen im Reisevertrag mit einem konkreten Betrag beziffert waren oder geht es um die Erstattung von Zahlungen nach Aufforderung eines Leistungserbringers, kann eine Prüfungszeit von bis zu einem Monat zu rechtfertigen sein (BeckOGK/*Blankenburg* Rn 130). Der Einwendungsausschluss für den Absicherer (Abs IV S 2) gilt insb für die Einrede des nichterfüllten Vertrages ggü dem Veranstalter. Es kann auch nicht geltend gemacht werden, dass der zum Zeitpunkt des Abschlusses des Pauschalreisevertrages bestehende Insolvenzschutz zwischenzeitl gekündigt worden sei.

14 **VII. Darlegungs- und Beweislast.** Dem Reisenden obliegt die Darlegung und der Nachweis der Insolvenz des Reiseveranstalters, insg also das Entstehen und die Fälligkeit seines Zahlungsanspruchs gegen den Absicherer, mithin den Ausfall der Reiseleistungen, sowie die Eröffnung des Insolvenzverfahrens oder die Zahlungsunfähigkeit und seine vorherige Zahlung des Reisepreises. Die Kausalität zw Reiseausfall und Insolvenz ist kein anspruchsbegründendes Kriterium mehr und der Darlegungspflicht entzogen (Führich/*Staudinger* § 12 Rn 40; BeckOK/*Baumgärtner* Rn 23, 73; HK-BGB/*Staudinger* Rn 9).

§ 651s Insolvenzsicherung der im Europäischen Wirtschaftsraum niedergelassenen Reiseveranstalter

Hat der Reiseveranstalter im Zeitpunkt des Vertragsschlusses seine Niederlassung im Sinne des § 4 Absatz 3 der Gewerbeordnung in einem anderen Mitgliedstaat der Europäischen Union oder in einem sonstigen Vertragsstaat des Abkommens über den Europäischen Wirtschaftsraum, so genügt er seiner Verpflichtung zur Insolvenzsicherung auch dann, wenn er dem Reisenden Sicherheit in Übereinstimmung mit den Vorschriften dieses anderen Staates zur Umsetzung des Artikels 17 der Richtlinie (EU) 2015/2302 des Europäischen Parlaments und des Rates vom 25. November 2015 über Pauschalreisen und verbundene Reiseleistungen, zur Änderung der Verordnung (EG) Nr. 2006/2004 und der Richtlinie 2011/83/EU des Europäischen Parlaments und des Rates sowie zur Aufhebung der Richtlinie 90/314/EWG des Rates (ABl. L 326 vom 11.12.2015, S. 1) leistet.

1 **I. Allgemeines.** Mit der Norm werden Maßgaben aus ErwGr 42 PauschalreiseRL und Art 18 I PauschalreiseRL umgesetzt, nämlich zu verhindern, dass die Verpflichtungen zur Gewährleistung des Insolvenzschutzes den freien Dienstleistungsverkehr (Art 56 AEUV) oder die Niederlassungsfreiheit behindern. Er entspricht weitgehend dem § 651k V aF, stellt anders als dieser aber nicht mehr auf die „Hauptniederlassung" des Reiseveranstalters ab. Im Zuge der Vollharmonisierung der verbraucherschützenden reiserechtl Vorschriften soll auch die Insolvenzabsicherung eines Veranstalters aus einem anderen Vertragsstaat jew als ausreichend angesehen werden. Die Mitgliedstaaten haben daher jede Insolvenzsicherung anzuerkennen, die ein Reiseveranstalter gem den in Umsetzung des Art 17 PauschalreiseRL getroffenen Maßnahmen seines Niederlassungsmitgliedstaats leistet (BT-Drs 18/10822, 91).

II. Anwendungsbereich. 1. Persönlicher Anwendungsbereich. a) Reiseveranstalter. Die Norm wendet sich an Reiseveranstalter, also Unternehmen, die Pauschalreiseverträge (§ 651a Rn 15) anbieten und die ihre Niederlassung im Ausland haben. Ausschlaggebend sind die Anforderungen an den Niederlassungsbegriff in § 4 III GewO, der zur Umsetzung von Art 16 DienstleistungsRL geschaffen wurde. Im Niederlassungsland muss insoweit eine selbständige Tätigkeit von gewisser Dauer und Häufigkeit ausgeübt werden und dies muss von einer festen Einrichtung aus geschehen; Briefkästen oder andere Postempfangsvorrichtungen genügen diesen Ansprüchen nicht (BeckOGK/*Blankenburg* Rn 10). Begrenzt ist die Wirkung der Vorschrift auf die derzeit noch 27 Staaten der EU und die Vertragsstaaten des EWR, derzeit die Länder Norwegen, Island und Liechtenstein. Das Vereinigte Königreich ist seit seinem Ausscheiden aus der EU als Drittstaat zu behandeln. **b) Verweisungen.** Der Anwendungsbereich wird zudem eröffnet durch Verweisungen aus den Regelungen zu Gastschulaufenthalten (§ 651u I 1), zu Reisevermittlern (§ 651v III) bei Vermittlung von Reisen eines Anbieters außerhalb des EWR, wenn der Reiseveranstalter die Insolvenzsicherung noch nicht nachgewiesen hat und bei der Vermittlung verbundener Reiseleistungen (§ 651w III 4). 2

2. Sachlicher Anwendungsbereich. a) Kollisionsnormen. Die Bestimmung der für die Sicherung relevanten Vorschriften hat nach den internen Kollisionsnormen zu erfolgen. Bei den Pauschalreiseverträgen ist dies zuvorderst Art 6 I Rom I-VO, der das anwendbare Recht am gewöhnlichen Aufenthalt des Verbrauchers festmacht, sofern der Unternehmer in diesem Staat auch seine berufliche oder gewerbliche Tätigkeit ausübt. Ergibt sich aus diesen Vorschriften die Anwendbarkeit dt Rechts, folgt die Sicherheit den Regularien des anderen EU-/EWR-Staates, wenn der Anbieter seine Geschäftstätigkeit von dort aus ausübt. **b) Veranstalter aus Drittstaaten.** Reiseveranstalter aus Nicht-Mitgliedstaaten des EWR haben zu beachten, dass die Vorschrift für sie gerade keine Anwendung findet. Sollen Vertragsabschlüsse in Deutschland erfolgen oder ist die Tätigkeit des Veranstalters (zB über Onlineangebote) auf den dt Markt ausgerichtet, ist nach Art 46c I EGBGB dt Reiserecht anzuwenden (MüKo/*Tonner* Rn 7). Der Veranstalter muss sich insoweit selbst um eine den Anforderungen des § 651r genügende Regelung bemühen, ggf in einer Mehrzahl von Mitgliedstaaten, wenn sich sein Geschäftsgebiet insoweit erstreckt (BeckOGK/*Blankenburg* Rn 6). 3

III. Leistung der Sicherheit. Liegen die Voraussetzungen der Norm vor, ist der Reiseveranstalter berechtigt, dem Reisenden die nach dem nationalen Recht des Niederlassungsstaates kodifizierte Sicherheit zu gewähren, ihn also aus den dt Regelungen der Insolvenzabsicherung zu lösen. Ein nachhaltiges Differieren des jew Schutzniveaus wird durch den verbindlich umzusetzenden Art 17 III PauschalreiseRL verhindert. Aus einer bestimmten Nationalität eines Reisenden sollen sich keine Beschränkungen bei der Sicherung ableiten können. Da der Umfang des Schutzes iÜ in Art 17 PauschalreiseRL festgelegt ist, ist eine Benachteiligung des Reisenden durch die Anwendung des wohnsitzfremden Sicherungsrechts nicht zu befürchten. Dies bedeutet allerdings, dass der Reisende in diesen Fällen eine andere Absicherung erfahren kann, als nach § 651r II für das Inland vorgesehen. Eine Überprüfung der unionsrechtl unbedenklichen Umsetzung im Herkunftsland des Dienstleisters obliegt den Gerichten und Behörden eines anderen Mitgliedstaates nicht. Einer Entscheidung wie dem Urteil des BGH v 25.11.2014 (BGH NJW 2015, 853ff), in dem eine Schadensersatzpflicht eines Reisevermittlers wegen einer unzureichenden Insolvenzabsicherung in den Niederlanden, resultierend aus einer Beschränkung derselben auf die im dortigen Hoheitsgebiet entstehenden Vertragsverhältnisse, festgestellt worden war, ist unter dem jetzigen Regime die Grundlage entzogen. Ausschlaggebend ist die formale Umsetzung von Art 17 PauschalreiseRL im Niederlassungsstaat des Reiseveranstalters. Die qualitative Prüfung wäre einem Vertragsverletzungsverfahren nach Art 258 AEUV vorbehalten (MüKo/*Tonner* Rn 10). 4

IV. Sonstiges. Die Vorschrift hat keinen gesondert sanktionsfähigen Inhalt. Verstöße werden anlässlich einer Verletzung der sich aus § 651t ergebenden Verpflichtungen relevant und können gewerberechtl geahndet werden. 5

§ 651t Rückbeförderung; Vorauszahlungen

Der Reiseveranstalter darf eine Rückbeförderung des Reisenden nur vereinbaren und Zahlungen des Reisenden auf den Reisepreis vor Beendigung der Pauschalreise nur fordern oder annehmen, wenn

1. ein wirksamer Absicherungsvertrag besteht oder, in den Fällen des § 651s, der Reiseveranstalter nach § 651s Sicherheit leistet und

2. dem Reisenden klar, verständlich und in hervorgehobener Weise Name und Kontaktdaten des Absicherers oder, in den Fällen des § 651s, Name und Kontaktdaten der Einrichtung, die den Insolvenzschutz bietet, sowie gegebenenfalls der Name und die Kontaktdaten der von dem betreffenden Staat benannten zuständigen Behörde zur Verfügung gestellt wurden.

I. Allgemeines. Die Vorschrift dient im Zusammenspiel mit § 651r und § 651s dem Schutz der Reisenden vor der Erbringung nicht abgesicherter Aufwendungen auf eine zukünftige Reiseleistung. Es handelt sich um die Nachfolgevorschrift zu § 651k IV. Regelmäßig verlangen Reiseveranstalter Vorauszahlungen, um ihrerseits zu erbringende Zahlungen ggü den originär Leistenden im Bereich der Unterbringung, der Verpflegung oder des Transports zu finanzieren. Der Reisende soll Zug um Zug eine Absicherung erhalten und Informationen darüber erhalten, dass ein Absicherungsvertrag geschlossen wurde. 1

II. Anwendungsbereich. 1. Persönlicher Anwendungsbereich. Zwar benennt die Vorschrift nur den Reiseveranstalter ausdrückl, richtet sich aber auch an die Reisevermittler, die Vermittler verbundener Reiseleistungen 2 und die Anbieter von Gastschulaufenthalten (Grü/*Retzlaff*, Rn 1). **2. Sachlicher Anwendungsbereich.** Vor Forderung (auch eines Teils) des Reisepreises, unabhängig von der Übermittlungsart und Annahme einer Zahlung des Reisenden, sind die Pflichten der Nr 1 und 2 zu erfüllen. Dabei ist der Weg der Zahlung (Bargeld, Überweisung, Bezahldienst) nicht ausschlaggebend, wenn festgestellt werden kann, dass der Veranstalter die Zahlung bewusst vereinnahmt oder auf seinem Konto belässt (BeckOGK/*Blankenburg* Rn 9). Die Verpflichtungen bestehen bis zur Beendigung der Pauschalreise, also bis zur Erbringung der letzten Reiseleistung, oftmals also der Rückreise. Umfasst sind damit auch noch alle Zahlungen, die während der Reise erbracht werden (BeckOGK/*Blankenburg* Rn 11).

2a Durch das Gesetz zum Reisesicherungsfonds ist die Absicherung der Rückbeförderung (Repatriierung) gegen Insolvenzrisiken in die Vorschrift aufgenommen worden (RegE BT Drs 19/28172, 44; BGBl I 2021, 2120).

3 **III. Annahmevoraussetzungen.** Anders als unter Geltung des § 651k IV 1 aF ist die Übergabe des rein deklaratorischen Sicherungsscheins keine Voraussetzung mehr (BeckOK/*Baumgärtner* Rn 15). Die folgenden Annahmevoraussetzungen für Zahlungen des Kunden müssen allerdings kumulativ vorliegen:

4 **1. Absicherung.** Hat der Reiseveranstalter seinen Sitz im Inland, muss er einen Vertrag mit einem Absicherer zu einem der in § 651r II aufgeführten Sicherungsmittel abschließen. Bei einem Sitz in einem anderen Mitgliedstaat der EU oder des Europäischen Wirtschaftsraums genügt nach Maßgabe des § 651s eine Sicherheit nach dem nationalen Rechts am Sitz des Veranstalters.

5 **2. Mitteilungspflichten.** Der Reisende muss zudem in der gebotenen Klarheit von der Person und der Erreichbarkeit des Absicherers erfahren. Art 7 II lit c PauschalreiseRL postuliert hierzu die Mitteilung des Namens der Einrichtung, die Insolvenzschutz bietet und ihre Kontaktdaten einschließlich der geografischen Anschrift. Es ist also die ladungsfähige Anschrift mitzuteilen. Nicht ausreichend ist die Angabe eines Postfachs (BeckOGK/*Blankenburg* Rn 21). Zudem ist die Angabe einer Telefonnummer obligatorisch (Führich/*Staudinger* § 12 Rn 31); dies gilt für die Angabe der Daten der durch den jew Mitgliedstaat zu diesem Zweck benannten zuständigen Behörde iSv Art 18 II PauschalreiseRL.

6 **IV. Rechtsfolgen von Verstößen. 1. Verhältnis zum Reisenden.** Für diesen entsteht eine Berechtigung, die Zahlung zu verweigern (BeckOK/*Baumgärtner* Rn 21). Zudem ergibt sich wegen des Verstoßes und der daraus resultierenden Verletzung der vertragl Pflichten zur Insolvenzsicherung (§ 651r) und zur Information (§ 651d III, Art 250 § 6 II Nr 3 EGBGB) ein Rücktrittsrecht nach § 323 (BeckOGK/*Blankenburg* Rn 29). Ebenfalls entsteht ein Schadensersatzanspruch gem § 280 I, III, § 281 (Staudinger/*Staudinger*, 2016, § 651k aF Rn 3a). **2. Wettbewerbsrecht.** Der Verstoß eröffnet zudem den Mitbewerbern des Reiseveranstalters und weiteren in § 8 III UWG aufgezählten Berechtigten die Durchsetzung eines wettbewerbsrechtl Unterlassungsanspruchs. Insoweit besteht über § 2 UKlaG auch eine Klagebefugnis der Verbraucherschutzverbände. **3. Ordnungswidrigkeiten.** Die Annahme von Vorauszahlungen ohne Beachtung der Voraussetzungen der Nr 1 und 2 erfüllt den Tatbestand einer Ordnungswidrigkeit gem § 147b GewO, wobei der Rahmen des möglichen zu verhängenden Bußgeldes nach der Intensität der Gefährdung des Vermögens des Reisenden differiert. Bei einem vorsätzlichen Verstoß gegen die Verpflichtung zur Absicherung nach Nr 1 kann eine Geldbuße bis zu 30 000 €, bei einem solchen gegen die ausreichende Information nach Nr 2 eine Geldbuße bis zu 5 000 € verhängt werden. Dies stellt eine merkliche Verschärfung der Sanktionsmöglichkeiten bei fehlender Absicherung im Vergleich zur vorherigen Rechtslage dar (BT-Drs 18/10822, 107). Bei einem Rückschluss auf eine Unzuverlässigkeit des Unternehmers kommt auch eine Gewerbeuntersagung nach § 35 GewO in Betracht (BeckOGK/*Blankenburg* Rn 44).

7 **V. Darlegungs- und Beweislast.** Verlangt ein Reiseveranstalter die Zahlung eines Vorschusses, obliegt ihm Darlegung und Nachweis der wirksamen Absicherung des Reisenden im Insolvenzfall, wie auch der ordnungsgemäßen Mitteilung der Kontaktdaten der Behörde iSv Nr 2 (BeckOK/*Baumgärtner* Rn 23; MüKo/*Tonner* Rn 8).

§ 651u Gastschulaufenthalte

(1) Für einen Vertrag, der einen mindestens drei Monate andauernden und mit dem geregelten Besuch einer Schule verbundenen Aufenthalt des Gastschülers bei einer Gastfamilie in einem anderen Staat (Aufnahmeland) zum Gegenstand hat, gelten § 651a Absatz 1, 2 und 5, die §§ 651b, 651d Absatz 1 bis 4 und die §§ 651e bis 651t entsprechend sowie die nachfolgenden Absätze. Für einen Vertrag, der einen kürzeren Gastschulaufenthalt (Satz 1) oder einen mit der geregelten Durchführung eines Praktikums verbundenen Aufenthalt bei einer Gastfamilie im Aufnahmeland zum Gegenstand hat, gelten diese Vorschriften nur, wenn dies vereinbart ist.

(2) Der Anbieter des Gastschulaufenthalts ist als Reiseveranstalter bei Mitwirkung des Gastschülers verpflichtet,

1. für eine nach den Verhältnissen des Aufnahmelands angemessene Unterkunft, Beaufsichtigung und Betreuung des Gastschülers in einer Gastfamilie zu sorgen und

2. die Voraussetzungen für einen geregelten Schulbesuch des Gastschülers im Aufnahmeland zu schaffen.

(3) Tritt der Reisende vor Reisebeginn vom Vertrag zurück, findet § 651h Absatz 1 Satz 3, Absatz 2 nur Anwendung, wenn der Reiseveranstalter den Reisenden auf den Aufenthalt angemessen vorbereitet und spätestens zwei Wochen vor Antritt der Reise jedenfalls über Folgendes informiert hat:

1. Name und Anschrift der für den Gastschüler nach Ankunft bestimmten Gastfamilie und
2. Name und Erreichbarkeit eines Ansprechpartners im Aufnahmeland, bei dem auch Abhilfe verlangt werden kann.

(4) Der Reisende kann den Vertrag bis zur Beendigung der Reise jederzeit kündigen. Kündigt der Reisende, ist der Reiseveranstalter berechtigt, den vereinbarten Reisepreis abzüglich der ersparten Aufwendungen zu verlangen. Der Reiseveranstalter ist verpflichtet, die infolge der Kündigung notwendigen Maßnahmen zu treffen, insbesondere, falls der Vertrag die Beförderung des Gastschülers umfasste, für dessen Rückbeförderung zu sorgen. Die Mehrkosten fallen dem Reisenden zur Last. Die vorstehenden Sätze gelten nicht, wenn der Reisende nach § 651l kündigen kann.

Art 250 EGBGB Informationspflichten bei Pauschalreiseverträgen
§ 9
Weitere Informationspflichten bei Verträgen über Gastschulaufenthalte

Über die in § 6 Absatz 2 bestimmten Angaben hinaus hat der Reiseveranstalter dem Reisenden folgende Informationen zu erteilen:
1. Namen, Anschrift, Telefonnummer und gegebenenfalls E-Mail-Adresse der Gastfamilie, in welcher der Gastschüler untergebracht ist, einschließlich Veränderungen,
2. Namen und Erreichbarkeit eines Ansprechpartners im Aufnahmeland, bei dem auch Abhilfe verlangt werden kann, einschließlich Veränderungen, und
3. Abhilfeverlangen des Gastschülers und die vom Reiseveranstalter ergriffenen Maßnahmen.

I. Allgemeines. Die Norm regelt die Verträge, die Gastschulaufenthalte betreffen. Diese Art von Verträgen stellen **keine Pauschalreiseverträge** dar, da die Unterbringung in einer Gastfamilie weder eine Beherbergung noch eine sonstige touristische Leistung ist (EuGH EuZW 1999, 221 Rn 21ff). Dementspr sind Gastschulaufenthalte **nicht in der PauschalreiseRL** geregelt. Da die RL lediglich Regelungen für den Pauschalreisevertrag beinhaltet, war der nationale Gesetzgeber nicht gehindert, auch weiterhin die Gastschulaufenthalte im Reiserecht zu regeln (BT-Drs 18/10822, 92). Da der Vertrag über einen Gastschulaufenthalt anders als nach § 651l aF nicht als Pauschalreisevertrag klassifiziert werden kann, werden bestimmte Normen des Pauschalreiserechts für entspr anwendbar erklärt (zur dogmatischen Einordnung s BeckOGK/*Meier* Rn 5). 1

II. Echter Gastschulaufenthaltsvertrag (Abs I). 1. Voraussetzungen. Es muss ein Vertrag über einen geregelten Besuch einer Schule und einen Aufenthalt eines Gastschülers bei einer Gastfamilie in einem anderen Staat geschlossen werden, der mind drei Monate dauert. Liegen die Voraussetzungen für einen **Reisevertrag** gem § 651a vor, weil noch zusätzl Reiseleistungen neben dem Transport geschuldet werden, ist ein Reisevertrag gegeben, auf den die **§§ 651a ff direkt** anwendbar sind (ebenso BeckOGK/*Meier* Rn 6; BaRo/*Geib* Rn 2; Führich/*Staudinger* § 7 Rn 2). **a) Vertrag.** Es muss ein Vertrag geschlossen werden. Dieser muss nicht zwingend zw dem Gastschüler und dem Reiseveranstalter des Gastschulaufenthalts (im Folgenden: Reiseveranstalter) abgeschlossen werden. Der **Gastschüler** kann auch nur **Berechtigter** aus diesem Vertrag sein. Ist der Gastschüler **minderjährig**, wird der Vertrag idR zw seinen Eltern und dem Reiseveranstalter geschlossen. Es ist rechtl möglich, dass der Schüler selbst den Vertrag abschließt. Dann ist, solange er nicht voll geschäftsfähig ist, die Zustimmung der Eltern erforderlich. **b) Geregelter Besuch einer Schule.** Vertragsinhalt muss der geregelte Besuch einer Schule sein. Geregelter Besuch bedeutet, dass der Besuch nicht nur vereinzelt oder ausnahmsw erfolgen darf (BeckOGK/*Meier* Rn 9). Als Schulen kommen grds alle **altersgerechten Schulformen** des jew Aufnahmelandes in Betracht. Dies können auch berufsbildende Schulen sein (ebenso BaRo/*Geib* Rn 5; unklar BeckOGK/*Meier* Rn 9 und 13), jedoch keine Praktika, für die es eine Sonderregelung in Abs I S 2 gibt (dazu Rn 4) und keine Universitäten. Es können sowohl staatliche als auch private Schulen sein. Die Schule muss noch nicht bei Vertragsschluss feststehen. Die **Minderjährigkeit** des Schülers ist **keine Voraussetzung** (BeckOGK/*Meier* Rn 10; MüKo/*Tonner* Rn 8). **c) Aufenthalt bei einer Gastfamilie.** Ferner muss als Vertragsinhalt der Aufenthalt bei einer Gastfamilie vereinbart werden. Eine Gastfamilie setzt das Zusammenleben von **mindestens zwei Personen** voraus, wobei dazu auch **Kinder** gehören müssen (LG Berlin RRa 2005, 227). Alleinstehende erfüllen insoweit nicht das Kriterium einer Familie. Dies gilt auch, wenn die Kinder nicht regelmäßig anwesend sind. Die genaue Familie muss noch nicht bezeichnet sein. Es muss lediglich in den Vertrag aufgenommen werden, dass sich der Veranstalter verpflichtet, den Gastschüler während des Aufenthalts bei einer Familie unterzubringen. Nicht ausreichend ist es, wenn lediglich ein Zimmer zur Verfügung gestellt wird, ohne dass sich der Gastschüler in die Gastfamilie integrieren kann (BeckOGK/*Meier* Rn 11; BaRo/*Geib* Rn 4). **d) In einem anderen Staat.** Der Aufenthalt und der Schulbesuch müssen in einem anderen Staat (**Aufnahmeland**) erfolgen. Nicht erfasst sind daher Aufenthalte und Schulbesuche in anderen Teilen der Bundesrepublik. Ansonsten sind sämtliche Länder der Erde erfasst. Die Entfernung vom Heimatort ist dabei unerheblich. Ebenso ist unerheblich, welche Staatsangehörigkeit der Gastschüler hat, so dass auch sein Herkunftsland das Aufnahmeland sein kann (BaRo/*Geib* Rn 7). **e) Dreimonatige Dauer.** Der Aufenthalt muss **mindestens drei Monate** dauern. Gerechnet wird die Dauer grds vom Abflugtag bis zum Ankunftstag. Diese beiden Tage zählen allerdings nur mit, wenn mit ihnen der Aufenthalt in dem Aufnahmeland verbunden ist, da die Norm allein auf den Aufenthalt und nicht auf den Gesamtzeitraum abstellt (aA BeckOGK/*Meier* Rn 8; BaRo/*Geib* Rn 3). Bei Langstreckenflügen ist ggf auf den nächsten Tag abzustellen. 2

2. Allgemeine Rechtsfolgen. Liegt ein Gastschulaufenthaltsvertrag gem Abs I S 1 vor, gelten § 651a I 1, 2 und 5, die §§ 651b, 651d I–IV und die §§ 651e–651t entspr sowie § 651u II–IV. Aufgrund der generellen Verweisung auf § 651n ist davon auszugehen, dass nunmehr auch dem Schüler Anspruch auf Ersatz eines immateriellen 3

Schadens gem § 651n II zusteht (ebenso BeckOGK/*Meier* Rn 15.1; zum alten Recht LG Frankfurt NJW-RR 1990, 1210 [für Bildungsreisen]; aA LG Berlin RRa 2005, 229).

4 **III. Kurzer Gastschulaufenthaltsvertrag oder Praktikumsvertrag (Abs I S 2). 1. Voraussetzungen.** Unterschreitet die Dauer des Aufenthalts die Dreimonatsgrenze oder ist anstatt eines Schulbesuchs die Durchführung eines Praktikums vereinbart, liegt kein Gastschulaufenthalt gem Abs I S 1 vor. Ein **Praktikum** setzt grds voraus, dass der Praktikant in einem Unternehmen praktisches Wissen über die jeweilige Tätigkeit vermittelt bekommt. Die Tätigkeit muss **nicht unentgeltlich** erfolgen. Dient sie jedoch rein des Entgelterwerbs, liegt keine Praktikumstätigkeit mehr vor. Unter § 651l aF war umstritten, ob ein **Au-Pair-Aufenthalt** dem Praktikum gleichgesetzt werden kann. Dies ist grds nicht der Fall, da ein Au-Pair-Aufenthalt kein Praktikum darstellt (ebenso BeckOGK/*Meier* Rn 13.1; aA MüKo/*Tonner* Rn 9; Jauernig/*Teichmann* Rn 2). Auch eine analoge Anwendung kommt nicht in Betracht, da der Gesetzgeber trotz Kenntnis dieser Problematik nach altem Recht keine Regelung vorgenommen hat. Eine unbewusste Regelungslücke kann nicht unterstellt werden. **2. Rechtsfolgen.** Liegt ein Vertrag gem Abs I S 2 vor, sind die **reiserechtl Vorschriften** grds **nicht entspr anwendbar**. Vielmehr liegt ein typengemischter Vertrag vor, auf den die allg Regelungen anzuwenden sind (dienst- und mietvertragl Elemente). Die Parteien des Vertrags haben die Möglichkeit, die Rechtsfolgen von Abs I S 1 eintreten zu lassen, indem sie dies **vereinbaren**. Die Vereinbarung kann grds **formfrei** erfolgen. Es muss die allg Anwendung des Abs I S 1 vereinbart werden. Nicht ausreichend ist es, wenn lediglich die Anwendung einzelner Normen vereinbart wird.

5 **IV. Spezielle Pflichten des Reiseveranstalters (Abs II). 1. Organisation des Aufenthalts.** Der Reiseveranstalter ist verpflichtet, den Aufenthalt des Gastschülers in einer Gastfamilie umfassend zu **organisieren**. Er muss nicht selbst die Leistungen für den Aufenthalt erbringen, sondern nur eine entspr Gastfamilie nach **mittlerer Art** und **Güte** auswählen (Führich/*Staudinger* § 7 Rn 5). Er muss dazu allerdings im Vorfeld die Familie dahingehend überprüfen, ob dort eine angemessene Unterkunft, die Beaufsichtigung und die Betreuung gewährleistet sind. Zudem ist er verpflichtet, während des Aufenthalts zu überprüfen, ob die Voraussetzungen weiterhin gegeben sind. Im Vertrag kann ein darüberhinausgehender Standard vereinbart werden (Führich/*Staudinger* § 7 Rn 5). **a) Gastfamilie.** Der Gastschüler muss in einer Gastfamilie (Rn 2) untergebracht werden. Der Gastschüler hat keinen Anspruch darauf, in einer gastschülererfahrenen Familie untergebracht zu werden (LG Berlin RRa 2005, 227). Ebenso besteht kein Anspruch auf Übersendung von Referenzen oder Bewerbungsunterlagen der Gasteltern (LG Berlin RRa 2005, 227). **b) Angemessene Unterkunft.** Der Reiseveranstalter muss dafür sorgen, dass der Gastschüler in der Gastfamilie eine angemessene Unterkunft erhält. Die Angemessenheit beurteilt sich nach den im Land zu erwartenden **Umständen** sowie nach dem **Preis**, der für den Gastschulaufenthalt gezahlt wurde. Grds muss dem Gastschüler in der Gastfamilie eine **Schlafgelegenheit** zur Verfügung gestellt werden, die **ordentliche hygienische Verhältnisse** aufweist (LG Berlin RRa 2005, 227). Es ist zu erwarten, dass die Unterbringung in einem eigenen Zimmer erfolgt (zweifelnd MüKo/*Tonner* Rn 15; BaRo/*Geib* Rn 11). Bei höherpreisigen Angeboten kann ein gehobener Standard erwartet werden. Der Gastschüler hat grds keinen Anspruch auf einen bestimmten Ort des Aufenthalts, wenn sich aus der Prospektbeschreibung bzw den sonstigen Vereinbarungen nichts anderes ergibt (Köln RRa 2008, 134). Die Unterbringung auf einem abgelegenen Schweinemastbetrieb ist ohne besondere Vereinbarung allerdings nicht angemessen (LG Berlin RRa 2005, 71). **c) Beaufsichtigung.** Die Gastfamilie muss die Gewähr dafür bieten, dass der Gastschüler hinreichend beaufsichtigt werden kann. Grds ist auf die **Sitten** des **Aufnahmelandes** abzustellen. Allerdings kann eine Grundbeaufsichtigung erwartet werden. **d) Betreuung.** Es muss gewährleistet sein, dass der Gastschüler in der Gastfamilie hinreichende Ansprechpartner hat, um die Grundbedürfnisse befriedigen zu können. Insb müssen regelmäßige **Mahlzeiten** zur Verfügung gestellt werden und die Möglichkeit, die Wäsche zu **waschen**. Nicht ausreichend ist es, wenn die betreuenden Personen beruflich häufig abwesend sind und der Gastschüler auf sich alleine gestellt ist (LG Berlin RRa 2005, 227).

6 **2. Geregelter Schulbesuch.** Der Reiseveranstalter ist verpflichtet, die Voraussetzungen für einen geregelten Schulbesuch zu schaffen. Die Verpflichtung bezieht sich nur darauf, dass der Reiseveranstalter den Gastschüler an einer entspr Schule **anmelden** muss, bei der innerhalb der landestypischen Gegebenheiten bereits von Beginn des Aufenthalts ein regelmäßiger Besuch möglich ist. Eine Organisation der **pädagogischen Betreuung** ist **nicht geschuldet**. Ebenso wenig besteht die Verpflichtung, zu kontrollieren, ob der Gastschüler die Schule regelmäßig besucht (vgl MüKo/*Tonner* Rn 17; *Lindner*/*Schulz* Rn 5; aA wohl Grü/*Retzlaff* Rn 3; Führich/*Staudinger* § 7 Rn 7). Die Norm setzt keinen bes Standard voraus, vielmehr muss das Schulangebot **altersgemäß sein** und dem **Ausbildungsstand** des Gastschülers **entsprechen** (BT-Drs 14/5444, 15). Die Schule muss nur einen nach **mittlerer Art und Güte** des **Annahmelands** entspr Unterricht bieten. Soweit nichts anderes vereinbart wird, ist eine bestimmte Schulform nicht geschuldet. Ist hingegen eine entspr Kategorie vereinbart worden, hat der Gastschüler einen Anspruch darauf, dass ihm der Besuch an einer entspr Schule ermöglicht wird (Köln RRa 2008, 134). Er darf nicht einer privaten Schule zugewiesen werden, wenn der Besuch einer High School zugesichert war (LG Köln 9.5.2019 – 29 S 242/18).

7 **3. Mitwirkung des Gastschülers.** Der Gastschüler ist grds verpflichtet, bei der Erfüllung der Pflichten des Reiseveranstalters mitzuwirken. Es besteht allerdings **keine Pflicht zur Teilnahme**. Verletzt der Gastschüler die Pflicht zur Mitwirkung, ist der Anspruch nicht selbständig einklagbar (ebenso Führich/*Staudinger* § 7 Rn 8). Vielmehr entfällt eine Pflichtverletzung des Reiseveranstalters, wenn er seine Pflicht ohne die Mitwirkung des Gastschülers nicht erfüllen kann.

8 **4. Rechtsfolgen der Pflichtverletzung.** § 651u selbst regelt die Rechtsfolgen der Verletzung der Pflichten nach Abs II nicht. Da die allg Normen, insb § 651i für anwendbar erklärt werden, richten sich die Rechtsfolgen da-

nach. Der Vertragspartner kann insoweit die allg Mangelrechte geltend machen. Er kann allerdings **keinen Ersatz von entgangenen Urlaubsfreunden** verlangen, da der Gastschulaufenthalt mit einem Urlaub nicht vergleichbar ist (LG Berlin RRa 2005, 229).

V. Rücktritt des Reisenden (Abs III). Aufgrund des Verweises in Abs I S 1 ist **§ 651h** grds auch auf den Gastschulaufenthaltsvertrag anwendbar (AG Berlin-Mitte 17.3.2021 – 123 C 214/20). Allerdings werden die **Voraussetzungen**, unter denen eine konkrete Entschädigung nach § 651h I 3 oder eine pauschale Entschädigung nach § 651 II wegen des Rücktritts des Reisenden gefordert werden kann, nach Abs III **modifiziert**. Die Entschädigung kann nur gefordert werden, wenn der Reiseveranstalter den Reisenden angemessen auf den Aufenthalt vorbereitet hat und seine Informationspflichten erfüllt hat. 9

1. Angemessene Vorbereitung. Die angemessene Vorbereitung soll dazu dienen, den Gastschüler über die **Sitten** und **Gebräuche** im **Aufnahmeland** sowie über die für ihn relevanten Lebensumstände zu informieren. Es muss der Gastschüler vorbereitet werden, auch wenn er nicht Vertragspartner ist (Grü/*Retzlaff* Rn 4). Sie kann etwa im Rahmen eines Seminars oder durch Prospekte uÄ geschehen. 10

2. Informationspflichten. Der Reiseveranstalter muss **zwei Wochen vor Antritt** der Reise den Namen und die Anschrift der für den Gastschüler nach Ankunft bestimmten Gastfamilie (Abs III Nr 1) sowie den Namen und die Erreichbarkeit eines Ansprechpartners im Aufnahmeland, bei dem Abhilfe verlangt werden kann (Abs III Nr 2), angeben. Für die Angabe der Erreichbarkeit ist es erforderlich, dass dem Gastschüler die Möglichkeit aufgezeigt wird, wie er den Ansprechpartner **kurzfristig erreichen** kann (zB per Mobiltelefon oder E-Mail). Erforderlich sind nur die Angaben, nicht erforderlich ist hingegen, dass die Kontaktmöglichkeit auch angemessen ist (aA Grü/*Retzlaff* Rn 4). Dies hat keine Auswirkung auf das Rücktrittsrecht, vielmehr wird dies nur iRd Abhilfe relevant. 11

3. Außergewöhnliche Umstände. Auch bei einem Gastschulaufenthaltsvertrag entfällt gem § 651h III 1 eine Entschädigung, wenn der Rücktritt erfolgt, weil außergewöhnliche Umstände auftreten, die die Durchführung des Gastschulaufenthalts erheblich beeinträchtigen. Anders als bei der Pauschalreise bedarf es aber einer langfristigen Prognose, ob die Umstände den Aufenthalt erheblich beeinträchtigen werden. Insoweit kann es bei absehbaren auch zukünftig bestehenden Einschränkungen gerechtfertigt sein, bereits weit im Voraus des Aufenthalts zurückzutreten (zum coronapandemiebedingten Rücktritt AG Berlin-Mitte 17.3.2021 – 123 C 214/20; AG Bonn 7.12.2021 – 101 C 231/20; AG Siegburg 2.9.2021 – 108 C 121/20; aA LG Stuttgart RRa 2022, 66). 12

VI. Kündigung des Reisenden (Abs IV). 1. Allgemeines. Das Recht, den Vertrag ohne Angabe von Gründen jederzeit zu beenden, ist im allg Reisevertragsrecht nur bis zum Reiseantritt gegeben (§ 651h). Eine zeitl Ausdehnung bis **zur Beendigung der Reise** bei Gastschulaufenthalten erscheint sachgerecht, weil einem Gastschüler das Festhalten an einem mehrmonatigen Gastschulaufenthalt außerhalb des regulären Kündigungsgrundes wegen eines Mangels (§ 651l) auch bei Vorliegen nur persönlicher Gründe (zB Heimweh) nicht zumutbar ist. – Die Belastung des Reisenden andererseits mit Reisepreis und Mehrkosten war für den Gesetzgeber nicht zuletzt wegen ihrer **pädagogischen Wirkung** deshalb sachgerecht, weil die Kündigung zum Verantwortungsbereich des Reisenden gehört (so zu § 651l aF BT-Drs 14/5944, 16). 13

2. Voraussetzungen. Die Kündigung kann bis zur Beendigung der Reise **jederzeit** ausgesprochen werden (Abs IV S 1) und muss dem Reiseveranstalter **bis zum Reiseende** zugegangen sein. Erklären muss die Kündigung der Vertragspartner (dazu Rn 2). **Adressat** ist der Reiseveranstalter. Eine Kündigung ggü dem Repräsentanten vor Ort oder der Gastfamilie ist ausnahmsw nur dann zulässig, wenn diese zur Entgegennahme der Kündigung ermächtigt sind (ebenso BaRo/*Geib* Rn 21). **Gründe** müssen keine angegeben werden. 14

3. Rechtsfolgen der Kündigung. Der Vertrag ist mit Wirkung für die Zukunft beendet. Der **Reiseveranstalter** hat Anspruch auf den **vereinbarten Reisepreis** abzüglich der **ersparten Aufwendungen** (Abs IV S 2; Köln RRa 2001, 3). Der Veranstalter muss offenlegen, für welche Leistungen welche Aufwendungen veranschlagt wurden und welche Aufwendungen tatsächlich angefallen sind (AG Bensheim RRa 2005, 40; aA LG Köln RRa 2004, 130; s dazu auch *Klein* RRa 2008, 9). Der Reiseveranstalter ist nicht verpflichtet, eine anderweitige Verwertung der Reise vorzunehmen (Führich/*Staudinger* § 7 Rn 12). Der **Reisende** hat Anspruch auf Durchführung der infolge der Kündigung notwendigen Maßnahmen, insb auf **Rückbeförderung**, falls diese Vertragsinhalt war (Abs IV S 3). Die Kosten dafür trägt der Reisende, und zwar gem Abs IV S 2, soweit sie sich im vertragl Rahmen halten (Reisepreis), ferner die Mehrkosten gem Abs IV S 4. Abs IV ist gem S 5 nicht anzuwenden, wenn der Reisende nach § 651l kündigen kann. Der etwas unklare Wortlaut der Norm ist dahin auszulegen, dass in diesen Fällen von einer Kündigung gem § 651l auszugehen ist, auch wenn der Reisende sich auf § 651u IV berufen haben sollte. 15

VII. Anwendung der sonstigen reiserechtlichen Normen (Abs I S 2). 1. Allgemeine reiserechtliche Normen. a) § 651a. Der Aufgrund des Verweises auf § 651a I sind die Parteien zur Erbringung der Hauptleistungen verpflichtet. Der Verweis auf Abs II erscheint sinnfrei, da der Gastschulaufenthaltsvertrag in § 651u selbständig geregelt ist. Als Ausnahme gem § 651a V wird lediglich Nr 1 in Betracht kommen, wenn der Gastschulaufenthalt nur gelegentlich und ohne Gewinnerzielungsabsicht angeboten wird. **b) § 651b.** Unter Anwendung des § 651b können auch Vermittler von Gastschulaufenthaltensverträgen selbst zu entspr Reiseveranstaltern werden. Die Voraussetzungen der Norm werden idR aber bei Gastschulaufenthaltsverträgen kaum erfüllt sein. **c) § 651d.** Den Anbieter eines Gastschulaufenthalts treffen umfassende Informationspflichten vor dem Vertragsabschluss. Er muss die gem Art 250 § 3 und § 6 EGBGB erforderlichen Informationen erteilen. Dazu hat er gem Art 250 16

§ 2 II EGBGB das gesonderte Formblatt 12 zu verwenden. Darüber hinaus sieht Art 250 § 9 EGBGB weitere Informationspflichten vor, die mit den erforderlichen Angaben gem § 651u II korrespondieren. Als Besonderheit beinhaltet Art 250 § 9 Nr 3 EGBGB, dass der Vertragspartner über das Abhilfeverlangen des Gastschülers unterrichtet werden muss. **d) § 651e.** Es ist grds ein Vertragsübergang möglich, so dass der Gastschüler ausgetauscht werden kann. Dies erscheint bei einem Gastschulaufenthalt zweifelhaft, da die Pflichten des Reiseveranstalters stark auf die individuellen Bedürfnisse des Gastschülers zugeschnitten sind. Diese sind stark alters- und bildungsabhängig, so dass es zu massiven Schwierigkeiten beim Austausch des Gastschülers kommen kann. Der Reiseveranstalter ist insoweit geschützt, dass er seine Mehrkosten über § 651e III 1 geltend machen kann. **e) §§ 651f–651g.** Änderungen des Vertragsinhalts sind entspr § 651f–g möglich. **f) § 651h.** Der Gesetzgeber hat grds auch § 651h für anwendbar erklärt, jedoch das Verhältnis zu Abs IV unklar gelassen. Insoweit ist davon auszugehen, dass das Rücktrittsrecht des Reisenden speziell über Abs IV geregelt ist, hingegen der Reiseveranstalter nach § 651h zurücktreten kann. **g) §§ 651i–651o.** S Rn 14. **h) § 651p.** Kommt es zu Ansprüchen aus anderen Regelungswerken, muss sich der Gastschüler diese Ansprüche wie der Pauschalreisende anrechnen lassen. **i) § 651q.** Der Reiseveranstalter ist dem Gastschüler zum Beistand verpflichtet, wenn sich dieser in Schwierigkeiten befindet. **j) §§ 651r–t.** Der Reiseveranstalter ist verpflichtet, für eine Insolvenzabsicherung zu sorgen.

17 **2. Gewährleistungsrechte (§§ 651i–651o).** Die Mängelvorschriften sind auf den Gastschulaufenthalt entspr anzuwenden. Liegt ein Mangel vor, kann der Reisende sämtliche Mängelrechte geltend machen. Da § 651o entspr anwendbar ist, muss durch den Reisenden oder den Gastschüler eine Mängelanzeige erfolgen. Die Ansprüche sind nur ausgeschlossen, wenn das Unterlassen schuldhaft erfolgte. Ein Verschulden kann auch bei minderjährigen Gastschülern vorliegen, insb, wenn diese nicht auf Rückfragen des Reiseveranstalters reagieren (LG Frankenthal NJW-RR 2009, 641). Grds hat der Reisende oder der Gastschüler gem § 651k zunächst Abhilfe zu verlangen (dazu Köln RRa 2001, 3). Vor dem Scheitern der Abhilfe kann auch bei zahlreichen Mängeln grds keine Kündigung wegen eines Vertrauensverlusts erfolgen (AG Frankfurt RRa 2010, 45). Da auch auf § 651n II verwiesen wird und auch Geschäftsreisende einen Anspruch wegen entgangener Urlaubsfreuden geltend machen können, gilt dies auch für den Gastschüler (Führich/*Staudinger* § 7 Rn 14). – Ein **Mangel** des Gastschulaufenthaltsvertrags wurde in folgenden Konstellationen **bejaht:** Verspäteter Beginn des Aufenthalts aufgrund verspäteter Mitteilung der Gastfamilie (AG Köln RRa 2006, 178); Unterbringung in einem Malariagebiet ohne Aufklärung über die Malariagefährdung sowie Anmeldung an einer Schule, die nicht der vereinbarten Kategorie entspricht (Köln RRa 2008, 133); Unterbringung mit mehreren Personen in einem zu kleinen Zimmer, fehlender Kontakt mit den Gasteltern, ein langer Fußweg zur Schule und schlechte Lunchpakete (LG Frankenthal NJW-RR 2009, 641); Unterbringung bei einer allein lebenden Person, die häufig beruflich abwesend ist (LG Berlin RRa 2005, 227); Unterbringung auf einem abgelegenen Schweinemastbetrieb, wenn lediglich ein bäuerlicher Betrieb in einer ländlichen Gemeinde vereinbart war (LG Berlin RRa 2005, 71). – Ein **Mangel** wurde in folgenden Konstellationen **verneint:** Familie mit zahlreichen Kindern und berufstätigen Eltern in eher ärmlichen Verhältnissen (AG Köln RRa 2006, 178); Unterbringung bei einer nicht aus dem Gastland stammenden, dort aber schon länger lebenden Gastfamilie (AG Heidelberg RRa 1999, 171); Unterbringung bei einer streng religiösen Familie, wenn eine aufgeschlossene, tolerant engagierte und verantwortungsbewusste Familie vereinbart wurde (Stuttgart OLGR 1999, 313).

18 **VIII. Rücktritt des Reiseveranstalters.** Ein Kündigungsrecht des Reiseveranstalters sieht § 651u grds nicht vor. Allerdings kann neben den reisevertragl Regelungen auf § 314 und § 323 zurückgegriffen werden (ebenso MüKo/*Tonner* Rn 26; BaRo/*Geib* Rn 23; Grü/*Retzlaff* Rn 5). Zudem können weitere Rücktrittsgründe in den AGB vereinbart werden. So kann sich ein Reiseveranstalter den Rücktritt vom Vertrag vorbehalten für den Fall, dass trotz vielfältiger Vermittlungsbemühungen eine geeignete Gastfamilie oder Gastschule nicht gefunden werden konnte. Der Veranstalter muss sich für diesen Fall im Vertrag verpflichten, den Reisenden unverzüglich über die Unvermittelbarkeit des Gastschülers zu informieren und alle Gegenleistungen zu erstatten (LG Hamburg RRa 2010, 140). Eine Klausel, die den Reiseveranstalter zu einer außerordentlichen Kündigung vor Beginn des Aufenthalts im Gastland aus **Gründen in der Person des Gastschülers**, die der Teilnahme am Programm entgegenstehen (zB mangelhafte Schulleistungen, Fehlverhalten in der Schule, Strafverfahren usw) berechtigt, ist nur wirksam, wenn ausdrückl festgelegt ist, dass ein solches Kündigungsrecht nicht besteht, wenn die entspr Gründe dem Reiseveranstalter bereits vor Vertragsabschluss bekannt waren (Köln RRa 2000, 203). Doch ist bei schlechten schulischen Leistungen zu berücksichtigen, dass ein wenig begabter Schüler sich insoweit nicht vertragstreu verhalten kann, so dass eine Kündigung aus diesem Grund ausgeschlossen sein dürfte. Unwirksam ist auch eine Klausel, nach der der Reisende wegen mangelhafter Sprachkenntnisse von dem weiteren Gastschulaufenthalt ausgeschlossen werden kann, wenn nicht für diesen Fall eine Pflicht der Rückzahlung wenigstens eines Teils des Reisepreises vereinbart wird (LG Düsseldorf RRa 2001, 75). Die Klausel, dass der Veranstalter den Vertrag anfechten kann, wenn nach Vertragsschluss, jedoch vor der Abreise ein vom Teilnehmer verursachter Grund auftritt oder vorliegt, der eine Platzierung des Teilnehmers unmöglich macht, ist wegen Intransparenz unwirksam.

19 Eine Kündigung ist grds ohne Vereinbarung bei einem wichtigen Grund möglich (LG Frankfurt RRa 2002, 212). Es müssen schwerwiegende Gründe vorliegen, die über das einfache vertragswidrige Verhalten hinausgehen. IdR ist eine Abmahnung erforderlich, wenn nicht ausnahmsw der Grund nicht zu beseitigen oder das Vertrauen zerstört ist (AG Bielefeld RRa 1999, 174). Tritt beim Schüler eine schwere **Krankheit** (zB Depression) auf, die der weiteren Durchführung des Aufenthalts entgegensteht (LG Darmstadt RRa 1996, 58), oder werden Mitschüler

und/oder Gastfamilie durch eine ansteckende Erkrankung des Schülers erheblich gefährdet, kann der Reiseveranstalter den Reisevertrag kündigen. Das Gleiche gilt, wenn der Schüler die Gebote der **Rücksichtnahme** ggü den Leistungserbringern oder Dritten in erheblichem Umfang verletzt und sich die Gastfamilie weigert, den Schüler weiter zu beherbergen (*Klein* RRa 2004, 53). So zB wenn sich der Gastschüler pornographisches Material im Internet ansieht und dieses zudem nicht vor den Blicken der minderjährigen Gastschwester schützt (LG Frankfurt RRa 2002, 212). Auch die beharrliche Verweigerung des Schulbesuchs oder ein Schulverbot berechtigen den Reiseveranstalter zur fristlosen Kündigung (*Klein* RRa 2004, 53). Gleiches gilt bei **strafbaren Handlungen** oder Drogenkonsum (AG Bielefeld RRa 1999, 174).

IX. Beweislast. Die Beweislast für die Pflichtverletzung des Reiseveranstalters oder das Vorliegen eines Reisemangels trägt der Reisende. Das gilt auch für die Abgabe und den Zugang (§ 651a Rn 8) der Rücktritts- bzw Kündigungserklärung sowie für die Behauptung, der Reiseveranstalter habe Aufwendungen erspart (Abs IV). Für die Behauptung einer Verletzung der Mitwirkungsobliegenheit oder eines Fehlverhaltens des Gastschülers trägt der Reiseveranstalter die Beweislast. Er muss auch darlegen und beweisen, dass er seine Organisations- und Informationspflichten nicht verletzt hat. Der Gastschüler/Reisende muss dagegen darlegen und beweisen, dass die Ersparnisse des Reiseveranstalters höher sind als von diesem vorgetragen; ein bloßes Bestreiten reicht nicht (Köln RRa 2001, 3). Der Reiseveranstalter ist aber verpflichtet, seine Kalkulation offen zu legen (LG Berlin RRa 2005, 227). 20

§ 651v Reisevermittlung

(1) Ein Unternehmer, der einem Reisenden einen Pauschalreisevertrag vermittelt (Reisevermittler), ist verpflichtet, den Reisenden nach Maßgabe des Artikels 250 §§ 1 bis 3 des Einführungsgesetzes zum Bürgerlichen Gesetzbuche zu informieren. Er erfüllt damit zugleich die Verpflichtungen des Reiseveranstalters aus § 651d Absatz 1 Satz 1. Der Reisevermittler trägt gegenüber dem Reisenden die Beweislast für die Erfüllung seiner Informationspflichten.

(2) Für die Annahme von Zahlungen auf den Reisepreis durch den Reisevermittler gilt § 651t Nummer 2 entsprechend. Ein Reisevermittler gilt als vom Reiseveranstalter zur Annahme von Zahlungen auf den Reisepreis ermächtigt, wenn er dem Reisenden eine den Anforderungen des Artikels 250 § 6 des Einführungsgesetzes zum Bürgerlichen Gesetzbuche entsprechende Abschrift oder Bestätigung des Vertrags zur Verfügung stellt oder sonstige dem Reiseveranstalter zuzurechnende Umstände ergeben, dass er von diesem damit betraut ist, Pauschalreiseverträge für ihn zu vermitteln. Dies gilt nicht, wenn die Annahme von Zahlungen durch den Reisevermittler in hervorgehobener Form gegenüber dem Reisenden ausgeschlossen ist.

(3) Hat der Reiseveranstalter im Zeitpunkt des Vertragsschlusses seinen Sitz nicht in einem Mitgliedstaat der Europäischen Union oder einem anderen Vertragsstaat des Abkommens über den Europäischen Wirtschaftsraum, treffen den Reisevermittler die sich aus den §§ 651i bis 651t ergebenden Pflichten des Reiseveranstalters, es sei denn, der Reisevermittler weist nach, dass der Reiseveranstalter seine Pflichten nach diesen Vorschriften erfüllt.

(4) Der Reisevermittler gilt als vom Reiseveranstalter bevollmächtigt, Mängelanzeigen sowie andere Erklärungen des Reisenden bezüglich der Erbringung der Reiseleistungen entgegenzunehmen. Der Reisevermittler hat den Reiseveranstalter unverzüglich von solchen Erklärungen des Reisenden in Kenntnis zu setzen.

I. Überblick. Die Norm regelt die Pflichten eines Reisevermittlers ggü dem Reisenden. Sie legt dem Reisevermittler bestimmte Informationspflichten auf (Abs I). Ferner sind die Voraussetzungen für die Annahme von Zahlungen durch den Reisevermittler geregelt (Abs II). Bei Reiseveranstaltern, die ihren Sitz nicht in einem Mitgliedstaat der EU haben, obliegt dem Reisevermittler die Insolvenzsicherung (Abs III). Schließlich wird geregelt, dass der Reisevermittler zur Entgegennahme von Erklärungen ermächtigt ist (Abs IV). Durch die Normen werden Art 5, 7, 8, 15, 20 PauschalreiseRL umgesetzt. 1

II. Reisevermittler. Der Reisevermittler ist ein Unternehmer, der einem Reisenden (§ 651a Rn 4ff) einen Pauschalreisevertrag (§ 651a Rn 5) vermittelt. Diese Definition **weicht** im **Wortlaut von Art 3 Nr 9 PauschalreiseRL ab**, wonach ein Reisevermittler ein Unternehmer ist, der von einem Reiseveranstalter zusammengestellte Pauschalreisen verkauft oder zum Verkauf anbietet. Eine inhaltliche Abweichung ist damit jedoch nicht beabsichtigt, vielmehr wurde lediglich eine **sprachliche Anpassung** für das dt Recht vorgenommen (BT-Drs 18/10822, 92). Nicht ausreichend ist es, wenn lediglich Einzelleistungen vermittelt werden. Die **Unternehmereigenschaft** bestimmt sich nach § 14. Der Vermittler muss eine von dem Reiseveranstalter unabhängige Person sein (BeckOGK/*Meier* Rn 3). Eine Vermittlung einer Pauschalreise liegt vor, wenn der Unternehmer dem Reisenden ein Angebot eines konkreten Reiseveranstalters unterbreitet, das der Reisende über den Vermittler annehmen kann. Nicht erforderlich ist es, dass zw dem Reiseveranstalter und dem Reisevermittler eine spezielle Vertragsbeziehung besteht. Das Verhältnis zw dem Vermittler und dem Reisenden ist als **Geschäftsbesorgungsvertrag** zu klassifizieren, wenn ein Entgelt vereinbart wurde (s dazu § 651b Rn 3). 2

III. Informationspflichten (Abs I). 1. Eigene Informationspflichten. Der Reisevermittler ist verpflichtet, den Reisenden gem Art 250 § 1–3 EGBGB zu informieren. Es handelt sich dabei um die **vorvertragl Informationen**, die gem Art 250 § 1 I 1 EGBGB erfolgen müssen, bevor der Reisende seine Vertragserklärung abgibt. Dazu ist ihm ein **Formblatt Anlage 11** oder bei Gastschulaufenthalten **Anlage 12** zu übergeben. Den Reisevermitt- 3 ler treffen darüber hinaus keine weiteren eigenen Informationspflichten. Insb die Informationen nach Art 250 § 6ff EGBGB muss der Vermittler nicht selbst erteilen. Dies ist auch richtlinienkonform, da nach Art 5 I PauschalreiseRL sowohl der Reiseveranstalter als auch der Reisevermittler kumulativ zur vorvertragl Information verpflichtet sind, hingegen Art 7 PauschalreiseRL nur ein Alternativverhältnis vorsieht (ebenso Führich/*Staudinger* § 26 Rn 3). Der nationale Gesetzgeber hat sich entschieden, dem Reisevermittler keine weiteren Informationspflichten nach Vertragsschluss aufzuerlegen (BT-Drs 18/10822, 93).

4 **2. Informationspflichten des Reiseveranstalters.** Der Reisevermittler **erfüllt** gem Abs I S 2 durch Übergabe der eigenen Informationen zugleich die **Informationspflichten** des **Reiseveranstalters**. Andersherum gelten gem **§ 651d I 2** die Informationspflichten des Reisevermittlers als erfüllt, wenn der Reiseveranstalter seine Pflichten ggü dem Reisenden erfüllt. Es soll verhindert werden, dass der Reisende zweimal die vorvertragl Informationen erhält. Die Umsetzung ist **richtlinienkonform**, auch wenn Art 5 I 1 PauschalreiseRL die Information durch beide vorsieht, da die RL keine Verdoppelung der Informationen für den Reisenden vorgesehen hat (ebenso BeckOGK/*Meier* Rn 16; zweifelnd Tonner/Bergmann/Blankenburg/*Stenzel*/*Tonner* § 3 Rn 92; zum Charakter der Schuld MüKo/*Tonner* Rn 9).

5 **3. Verletzung der Informationspflicht.** Verletzt der Reisevermittler seine Informationspflicht und wird diese nicht durch den Reiseveranstalter gem § 651d I 2 erfüllt, machen sich beide Beteiligte ggü dem Reisenden gem § 280 I **schadensersatzpflichtig** (BeckOGK/*Meier* Rn 18; MüKo/*Tonner* Rn 25). Zudem werden gem § 651d III unzutreffend übermittelte Informationen Vertragsinhalt, wenn sie für den Reisenden eine günstige Änderung darstellen (ebenso BeckOGK/*Meier* Rn 19).

6 **IV. Annahme von Zahlungen (Abs II). 1. Insolvenzabsicherung.** Der Reisevermittler darf im Verhältnis zum Reisenden von diesem nur Zahlungen annehmen, wenn er den Reisenden gem § 651t Nr 2 belehrt. Da ein Verweis auf § 651t Nr 1 fehlt, ist der Reisevermittler **nicht verpflichtet**, einen **Absicherungsvertrag** abzuschließen (BT-Drs 18/10822, 93). Da er jedoch die Daten des Absicherers mitteilen muss, wenn er die Zahlungen annimmt, setzt die Norm implizit voraus, dass eine entspr Absicherung durch den Reiseveranstalter besteht (ebenso BeckOGK/*Meier* Rn 20). Zu den Einzelheiten der Pflicht nach § 651t Nr 2 s § 651t Rn 5. Nimmt der Reisevermittler ohne Erfüllung der Pflicht nach Abs II Zahlungen an oder fordert er diese ein, handelt er gem § 147b GewO **ordnungswidrig**.

7 **2. Inkassoermächtigung.** Dem Reisevermittler kann explizit durch den Reiseveranstalter eine Inkassovollmacht erteilt worden sein oder er kann nach § 56 HGB zur Entgegennahme von Kundengeldern bevollmächtigt sein, wenn er ständig für den Reiseveranstalter Verträge vermittelt. Ist dies nicht der Fall, gilt er dennoch als zur Entgegennahme von Zahlungen ermächtigt, wenn er dem Kunden die Abschrift bzw Bestätigung des Vertrags gem Art 250 § 6 EGBGB zur Verfügung stellt oder sich aus den sonstigen Umständen (zB Übergabe eines Sicherungsscheins) ergibt, dass er damit betraut ist, Verträge für den Reiseveranstalter zu vermitteln. Es besteht in diesen Fällen eine **Rechtsscheinsvollmacht**, die sich der Reiseveranstalter zurechnen lassen muss. Der Rechtsschein tritt auch dann ein, wenn sowohl der Reiseveranstalter als auch der Reisevermittler die Unterlagen übergeben (BeckOGK/*Meier* Rn 22). Zahlt der Reisende dann an den Reisevermittler, erfüllt er damit seine Zahlungsverpflichtung ggü dem Reiseveranstalter. Der Reiseveranstalter kann diese Wirkung gem Abs I S 3 ausschließen, indem er ggü dem Reisenden in **hervorgehobener Form** mitteilt, dass der Reisevermittler zur Annahme der Zahlungen **nicht berechtigt** ist. Die Mitteilung muss spätestens in der Abschrift des Vertrags gem Art 250 § 6 EGBGB erfolgen. In hervorgehobener Form lässt sowohl die Belehrung im **Vertrag** selbst als auch den **AGB** zu (aA BeckOGK/*Meier* Rn 26; MüKo/*Tonner* Rn 30; Führich/*Staudinger* § 26 Rn 5). In beiden Fällen muss sich die Belehrung jedoch von dem Rest im Schriftbild abheben, so dass es dem Reisenden bei Durchsicht des weiteren Textes möglich ist, den Ausschluss zur Kenntnis zu nehmen.

8 **V. Eigene Insolvenzsicherungspflicht (Abs III).** Der Reisevermittler muss in eigener Person einen **Absicherungsvertrag** gem § 651r **abschließen**, wenn der Veranstalter, für den er die Reise vermittelt, zum Zeitpunkt des Vertragsschlusses seinen Sitz außerhalb der EU oder der EWG hat. Damit es nicht zu einer doppelten Absicherung kommt, braucht der Reisevermittler selbst keinen Absicherungsvertrag abzuschließen, wenn der Reiseveranstalter einen solchen Vertrag in Deutschland bereits abgeschlossen hat.

9 **VI. Erklärungsempfänger (Abs IV).** Der Reisevermittler gilt vom Reiseveranstalter als bevollmächtigt, Mängelanzeigen und andere Erklärungen des Reisenden bzgl der Erbringung der Reiseleistung anzunehmen. Es liegt eine **gesetzl Ermächtigung** vor, die aufgrund § 651y auch nicht abbedungen werden kann. Die Regelung verdrängt die §§ 84ff HGB.

10 **1. Erfasste Erklärungen.** Der Reisende kann sämtliche Erklärungen, die die Erbringung der Reiseleistung betreffen, dem Reisevermittler ggü erklären. Als Spezialfall einer solchen Erklärung nennt der Gesetzgeber die **Mängelanzeige** gem § 651o. Als weitere mögliche Erklärungen kommen das **Abhilfeverlangen** gem § 651k I 1 sowie die **Kündigungserklärung** gem § 651l in Betracht. Auch die Erklärungen vor Reisebeginn gem § 651g und § 651h und nach Reiseende können ggü dem Reisevermittler abgegeben werden (ebenso BeckOGK/*Meier* Rn 28; krit dazu MüKo/*Tonner* Rn 36).

11 **2. Rechtsfolgen.** Der Reisevermittler gilt im Wege einer **unwiderlegbaren Vermutung** als zum Empfang der Erklärungen ermächtigt. Unabhängig von der rechtl Ausgestaltung des Verhältnisses zw dem Reiseveranstalter und dem Reisevermittler muss sich der Reiseveranstalter den Zugang der Erklärungen zurechnen lassen. Korrespondierend dazu ist der Reisevermittler gem Abs IV S 3 verpflichtet, die Erklärungen **unverzüglich** an den Rei-

severanstalter **weiterzuleiten.** Verletzt er diese Pflicht, steht dem Reiseveranstalter gem § 280 I ein Anspruch auf Schadensersatz zu.

VII. Sonstige Pflichten. Aus dem zw dem Reisenden und dem Reisevermittler geschlossenen Vertrag ist dieser über die Pflichten aus § 651v hinaus zur **Beratung** bei der Auswahl einer den Wünschen und Möglichkeiten des Reisenden entspr Pauschalreise verpflichtet (BGH RRa 2006, 266 Rn 12). Die Beratung hinsichtl abzuschließender Versicherungen obliegt hingegen grds allein dem Reiseveranstalter, wenn der Vermittler nicht nur Einzelleistungen vermittelt (BGH RRa 2006, 266 Rn 12). Der Reisevermittler ist verpflichtet, sämtliche relevante **Informationen**, einschl Sonderwünschen des Reisenden, an den Reiseveranstalter **weiterzuleiten**, nicht jedoch die vom Kunden eingegebenen Daten zu überprüfen (AG Baden-Baden RRa 2012, 229). Er ist verpflichtet, umgekehrt vom Reiseveranstalter erhaltene Informationen zutreffend an den Reisenden weiterzuleiten (LG Mönchengladbach NJW-RR 1986, 56). Der Reisevermittler ist zur Information über Änderungen nur verpflichtet, wenn er davon auch Kenntnis erlangt (LG Frankfurt NJW-RR 1998, 1669, 1670). Ausf dazu BeckOGK/*Meier* Rn 10.1ff. 12

VIII. Darlegungs- und Beweislast. Der **Reisevermittler** ist gem Abs I S 3 verpflichtet, nachzuweisen, dass er seine Informationspflichten erfüllt hat. Macht der **Reisende** die Erfüllung seiner Zahlungsverpflichtung geltend, muss er nachweisen, dass der Reisevermittler eine Geldempfangsbevollmächtigung hatte. Dies kann er dadurch, dass er die Umstände gem Abs II S 2 darlegt. Der **Reiseveranstalter** muss nachweisen, dass er das Inkasso ausgeschlossen hat. Der **Reisevermittler** muss nachweisen, dass er die Pflichten gem Abs III erfüllt hat, wenn der Reiseveranstalter seinen Sitz außerhalb der EU oder der EWG hat. Er kann zudem nachweisen, dass der Reiseveranstalter bereits einen Absicherungsvertrag abgeschlossen hat. Macht der **Reisende** den Zugang gem Abs IV geltend, hat er nachzuweisen, dass der Empfänger ein Reisevermittler war. 13

§ 651w Vermittlung verbundener Reiseleistungen

(1) Ein Unternehmer ist Vermittler verbundener Reiseleistungen, wenn er für den Zweck derselben Reise, die keine Pauschalreise ist,

1. **dem Reisenden anlässlich eines einzigen Besuchs in seiner Vertriebsstelle oder eines einzigen Kontakts mit seiner Vertriebsstelle Verträge mit anderen Unternehmern über mindestens zwei verschiedene Arten von Reiseleistungen vermittelt und der Reisende diese Leistungen getrennt auswählt und**
   a) **getrennt bezahlt oder**
   b) **sich bezüglich jeder Leistung getrennt zur Zahlung verpflichtet oder**
2. **dem Reisenden, mit dem er einen Vertrag über eine Reiseleistung geschlossen hat oder dem er einen solchen Vertrag vermittelt hat, in gezielter Weise mindestens einen Vertrag mit einem anderen Unternehmer über eine andere Art von Reiseleistung vermittelt und der weitere Vertrag spätestens 24 Stunden nach der Bestätigung des Vertragsschlusses über die erste Reiseleistung geschlossen wird.**

Eine Vermittlung in gezielter Weise im Sinne des Satzes 1 Nummer 2 liegt insbesondere dann nicht vor, wenn der Unternehmer den Reisenden lediglich mit einem anderen Unternehmer in Kontakt bringt. Im Übrigen findet auf Satz 1 § 651a Absatz 4 Satz 1 Nummer 1, Satz 2 und Absatz 5 Nummer 1 und 3 entsprechende Anwendung. § 651a Absatz 5 Nummer 2 ist unabhängig von der Höhe des Reisepreises entsprechend anzuwenden.

(2) Der Vermittler verbundener Reiseleistungen ist verpflichtet, den Reisenden nach Maßgabe des Artikels 251 des Einführungsgesetzes zum Bürgerlichen Gesetzbuche zu informieren.

(3) Nimmt der Vermittler verbundener Reiseleistungen Zahlungen des Reisenden auf Vergütungen für Reiseleistungen entgegen, hat er sicherzustellen, dass diese dem Reisenden erstattet werden, soweit Reiseleistungen von dem Vermittler verbundener Reiseleistungen selbst zu erbringen sind oder Entgeltforderungen anderer Unternehmer im Sinne des Absatzes 1 Satz 1 noch zu erfüllen sind und im Fall der Zahlungsunfähigkeit des Vermittlers verbundener Reiseleistungen

1. **Reiseleistungen ausfallen oder**
2. **der Reisende im Hinblick auf erbrachte Reiseleistungen Zahlungsaufforderungen nicht befriedigter anderer Unternehmer im Sinne des Absatzes 1 Satz 1 nachkommt.**

Hat sich der Vermittler verbundener Reiseleistungen selbst zur Beförderung des Reisenden verpflichtet, hat er zudem die vereinbarte Rückbeförderung und die Beherbergung bis zum Zeitpunkt der Rückbeförderung sicherzustellen. Der Zahlungsunfähigkeit stehen die Eröffnung des Insolvenzverfahrens über das Vermögen des Vermittlers verbundener Reiseleistungen und die Abweisung eines Eröffnungsantrags mangels Masse gleich. § 651r Absatz 2 bis 4 sowie die §§ 651s und 651t sind entsprechend anzuwenden.

(4) Erfüllt der Vermittler verbundener Reiseleistungen seine Pflichten aus den Absätzen 2 und 3 nicht, finden auf das Rechtsverhältnis zwischen ihm und dem Reisenden § 312 Absatz 7 Satz 2 sowie die §§ 651e, 651h bis 651q und 651v Absatz 4 entsprechende Anwendung.

(5) Kommen infolge der Vermittlung nach Absatz 1 ein oder mehrere Verträge über Reiseleistungen mit dem Reisenden zustande, hat der jeweilige andere Unternehmer den Vermittler verbundener Reiseleistungen über den Umstand des Vertragsschlusses zu unterrichten. Die Pflicht nach Satz 1 besteht nicht, wenn der Vermittler verbundener Reiseleistungen den Vertrag als Vertreter des anderen Unternehmers geschlossen hat.

1 **I. Allgemeines.** Die Norm regelt die Vermittlung verbundener Reiseleistungen. In Abs I sind die beiden möglichen Alternativen der verbundenen Reiseleistungen definiert. Es kann sich dabei entweder um die direkte Vermittlung von mehreren Reiseleistungen unterschiedlicher Unternehmen handeln (Abs I S 1 Nr 1) oder um die Weiterleitung an ein anderes Unternehmen innerhalb von 24 Stunden (Abs I S 1 Nr 2). Die Pflichten des Vermittlers verbundener Reiseleistungen sind in Abs II und III geregelt. In Abs IV ist bestimmt, welche Rechtsfolgen das Unterlassen der Pflichten nach sich zieht. Abs V betrifft das Binnenverhältnis zw den an der Vermittlung beteiligten Unternehmen. Die Norm dient der Umsetzung von Art 3 Nr 2 lit b v, Nr 5, 19 PauschalreiseRL.

2 **II. Vermittlungsarten. 1. Unternehmer.** In Abs I sind die beiden möglichen Alternativen der verbundenen Reiseleistungen definiert. Für beide Alternativen ist es erforderlich, dass der Vermittler ein **Unternehmer** gem § 14 ist (§ 651a Rn 3). Bei einer lediglich einmaligen, nicht gewerblichen Vermittlung greift die Norm nicht ein.

3 **2. Direkte Vermittlung von mehreren Reiseleistungen unterschiedlicher Unternehmen (Abs I S 1 Nr 1). a) Vermittlung mehrerer Reiseleistungen.** Durch den Unternehmer müssen dem Reisenden (§ 651a Rn 4) mehrere Reiseleistungen gem § 651a II (§ 651a Rn 18ff) vermittelt werden. Da § 651a I und § 651b sowie § 651v vorrangig sind, darf es sich bei dem von dem Reisenden geschlossenen Vertrag **nicht** um einen **Pauschalreisevertrag** handeln (ebenso BeckOGK/*Meier* Rn 3; MüKo/*Tonner* Rn 8; Grü/*Retzlaff* Rn 3). Es müssen daher bei unterschiedlichen Unternehmen Verträge abgeschlossen worden sein (MüKo/*Tonner* Rn 7; Grü/*Retzlaff* Rn 1; aA BaRo/*Weber* Rn 6; Führich/*Staudinger* § 27 Rn 4, wobei nicht klar wird, wie die Voraussetzungen des Abs I S 1 bei einem Unternehmen verwirklicht werden sollen, ohne dass die Voraussetzungen einer Pauschalreise vorliegen). Die Reiseleistungen müssen sich auf eine Reise beziehen. Dazu müssen die Reiseleistungen für den Reisenden in einem **inhaltlichen** und **zeitl Zusammenhang** stehen (BeckOGK/*Meier* Rn 4). Es müssen **zwei unterschiedliche Arten** von **Reiseleistungen** vermittelt werden, wie sich bereits aus der Definition der Pauschalreise gem § 651a ergibt. Ist schon ein Pauschalreisevertrag geschlossen worden und wird eine weitere Einzelleistung gebucht, liegen nach dem Wortlaut von Art 3 Nr 5 PauschalreiseRL keine verbundenen Reiseleistungen vor (ebenso BeckOGK/*Meier* Rn 3; HK/*Staudinger* Rn 1; Führich/*Staudinger* § 27 Rn 3; MüKo/*Tonner* Rn 9; *Tonner* MDR 2018, 305, 311; aA BaRo/*Weber* Rn 8). Werden zwei weitere Einzelleistungen vermittelt, greift § 651w hingegen wieder ein (ebenso MüKo/*Tonner* Rn 10; Führich/*Staudinger* § 27 Rn 3). Eine **Vermittlung** liegt vor, wenn der Unternehmer dem Reisenden jeweils die konkreten Angebote der anderen Unternehmen unterbreitet, die der Reisende über den Vermittler annehmen kann. Nicht erforderlich ist es, dass zw den Unternehmen und dem Vermittler eine spezielle Vertragsbeziehung besteht. **b) Einziger Vermittlungskontakt.** Die Vermittlung muss entweder anlässlich eines **einzigen Besuchs** der Vertriebsstelle des Unternehmers oder eines **einzigen Kontaktes** mit seiner Vertriebsstelle erfolgen. **Vertriebsstellen** sind nach Art 3 Nr 15 PauschalreiseRL alle Gewerberäume, unabhängig davon, ob sie beweglich oder unbeweglich sind, oder Einzelhandels-Webseiten oder ähnl Online-Verkaufsplattformen, auch wenn die Einzelhandels-Webseiten oder Online-Verkaufsplattformen den Reisenden als einheitliche Plattform präsentiert werden, einschließl eines Telefondienstes. Abs 1 S 1 Nr 1 Alt 1 erfasst den körperlichen Besuch der Vertriebsstelle, zB des Reisebüros, Abs I S 1 Nr 1 Alt 2 betrifft hingegen den fernmündlichen oder online-Kontakt. Wesentlich ist bei beiden Alternativen, dass die Vermittlung gemeinsam bei einem Besuch erfolgen muss. Für den Besuch ist auf eine **wertende Betrachtung** abzustellen, so dass auch ein **kurzzeitiges Verlassen** der Vertriebsstelle einer Anwendung der Norm nicht entgegensteht, wenn der Besuch insg noch als Einheit erscheint (BeckOGK/*Meier* Rn 7). Unerheblich ist, dass der Reisende vor der Vermittlung die Vertriebsstelle schon einmal aufgesucht hat. **c) Zahlungsmodalitäten.** Neben der einheitlichen Vermittlung müssen die Zahlungsmodalitäten ggü den anderen Unternehmern getrennt sein. Es muss entweder eine **getrennte Bezahlung** erfolgen (Abs I S 1 Nr 1 lit a) oder der Reisende muss sich zur **getrennten Zahlung** ggü jedem Unternehmer verpflichten (Abs I S 1 Nr 1 lit b). Bei der ersten Alternative kommt es nach dem Wortlaut der Norm allein auf die tatsächliche Zahlung an, unabhängig von der jeweiligen vertragl Verpflichtung. Dies erscheint jedoch systematisch nichtzutreffend. Ist eine gemeinsame Bezahlung vereinbart, ist zunächst zu prüfen, ob nach **§ 651b** eine Pauschalreise vorliegt, da diese Norm **vorrangig** ist (ebenso BeckOGK/*Meier* Rn 9). Erforderlich ist daher, dass die jeweiligen **Einzelpreise** und **kein Gesamtpreis ausgewiesen** wird (zur dogmatisch zweifelhaften nachträgl Umgestaltung des Vertragstypus s § 651b Rn 7). Erfolgt zunächst keine Zahlung, ist nach Abs I S 1 Nr 1 lit b allein auf die jeweilige vertragl Zahlungsverpflichtung abzustellen. Diese Variante wurde eingeführt, um eine Anwendung des § 651w zu gewährleisten, wenn später doch eine gemeinsame Zahlung erfolgt (BT-Drs 18/12600, 15). Die Richtlinienkonformität dieser Regelung wird in Zweifel gezogen, da Art 3 Nr 5 lit a PauschalreiseRL eine getrennte Zahlung fordert (*Methmann* RRa 2017, 163; wohl auch *Thöle* RRa 2017, 167; aA BeckOGK/*Meier* Rn 10; BaRo/*Weber* Rn 13; wohl auch Führich/*Staudinger* § 27 Rn 6). Aufgrund des durch die RL beabsichtigten hohen Schutzniveaus des Reisenden ist von einer **europarechtskonformen Umsetzung** auszugehen. Die Relevanz der Problematik ist allerdings gering, wenn bereits die Ausweisung eines Gesamtpreises zur Anwendung des § 651b I 2 Nr 2 führt (dazu § 651b Rn 7). Dann sind allein die Konstellationen betroffen, bei denen kein Gesamtreisepreis ausgewiesen ist, der Reisende jedoch aus Vereinfachungsgründen an das Reisebüro den Gesamtpreis zahlt. Es war vom Richtliniengeber nicht gewollt, den Reisenden in diesen Fällen vom Schutz der PauschalreiseRL auszunehmen (ebenso BeckOGK/*Meier* Rn 10).

4 **3. Weiterleitung an ein anderes Unternehmen (Abs I S 1 Nr 2).** Weiterhin kann eine Vermittlung verbundener Reiseleistungen vorliegen, wenn der Reisende an einen anderen Unternehmer weitergeleitet wird. **a) Abschluss oder Vermittlung einer Reiseleistung.** Der von § 651w betroffene Unternehmer muss mit dem Reisenden entweder selbst einen **Vertrag** über eine Reiseleistung **geschlossen** haben oder er muss ihm einen solchen

Vertrag bei einem anderen Unternehmen **vermittelt** haben. Mangels einer Gesamtheit von Reiseleistungen liegt in beiden Fällen dann kein Pauschalreisevertrag vor. **b) Vermittlung einer weiteren Reiseleistung.** Dem Reisenden muss durch das Unternehmen ein Vertrag bei einem Drittunternehmen über eine andere Reiseleistung vermittelt werden. Eine **Vermittlung** liegt nur dann vor, wenn der Unternehmer dem Reisenden ein Angebot eines konkreten anderen Unternehmens unterbreitet, das der Reisende über den Vermittler annehmen kann. Aus S 2 ergibt sich, dass keine Vermittlung vorliegt, wenn lediglich der Kontakt hergestellt wird, zB durch **Werbung** für einen anderen Anbieter durch **Hyperlinks** oder **Banner** (ebenso BeckOGK/*Meier* Rn 13; Führich/*Staudinger* § 27 Rn 7; zu möglichen Kriterien MüKo/*Tonner* Rn 20ff; *Tonner* MDR 2018, 305, 311; aA bei Vereinbarung eines Entgelts BaRo/*Weber* Rn 19). Nicht ausreichend ist die Vermittlung einer zweiten gleichen Reiseleistung, da es in diesen Fällen auch bei einem gemeinsamen Abschluss an einer Pauschalreise mangelt. Es ist **unerheblich**, ob die Vermittlung **stationär** oder **online** erfolgt. Grds verweist die Norm hinsichtl der Reiseleistungen auf die Einschränkungen gem § 651a IV–V. Nicht anwendbar ist § 651a IV 1 Nr 2, so dass es nicht ausreichend ist, dass eine touristische Leistung erst nachträgl vermittelt wird. Der Ausschluss gem § 651a V Nr 2 wird dahin erweitert, dass alle Reisen ausgeschlossen sind, die unter 24 Stunden dauern, unabhängig von deren Wert. **c) 24-Stunden Frist.** Zwischen der Bestätigung des Vertragsschlusses über die erste Reiseleistung und den Vertragsschluss für die zweite Reiseleistung dürfen **max 24 Stunden** liegen. Für die erste Reiseleistung kommt es nicht auf den Vertragsschluss an, sondern nur auf die Bestätigung eines solchen. Die Bestätigung kann sowohl schriftlich (zB per E-Mail) als auch mündlich erfolgen. Entscheidend ist der **Zugang der Bestätigung** (BeckOGK/*Meier* Rn 11). Da der erste Vertrag kein Pauschalreisevertrag ist, müssen nicht die Informationspflichten nach Art 250 § 6 EGBGB eingehalten worden sein. Hinsichtl der zweiten Reiseleistung kommt es allein auf den Vertragsabschluss, nicht etwa auf die Vermittlungstätigkeit an. Zwischen der Bestätigung und dem Abschluss dürfen max 24 Stunden liegen. Es ist eine **minutengenaue Bestimmung** vorzunehmen (ebenso Führich/*Staudinger* § 27 Rn 7). Wurde der Abschluss des zweiten Vertrags allerdings bewusst über die 24-Stunden-Grenze hinausgezögert, um die Anwendung des § 651w zu vermeiden, kann das Pauschalreiserecht dennoch gem § 651y S 2 anwendbar sein.

III. Pflichten des Vermittlers verbundener Reiseleistungen (Abs II–IV). 1. Informationspflichten (Abs II). 5
a) Inhalt der Informationspflicht. Der Vermittler hat eigene Informationspflichten nach Art 251 EGBGB. Nach Art 251 § 1 EGBGB müssen die Belehrungen gem Art 251 § 2 EGBGB **vor dem Abschluss** des Vertrags über die **zweite Reiseleistung** erfolgen. Der Inhalt der erforderlichen Informationen ergibt sich aus Art 251 § 2 EGBGB, wonach **vier mögliche Formblätter** zur Verfügung stehen. Die Auswahl des Formblatts bestimmt sich danach, ob der Vermittler ein Beförderer ist, mit dem ein die Rückbeförderung umfassender Beförderungsvertrag abgeschlossen wurde und welche der beiden Alternativen des Abs I S 1 einschlägig ist. Ist der Vermittler ein solcher Beförderer, ist bei der Alternative nach Abs I S 1 Nr 1 das Formblatt gem Anl 14 zu verwenden, bei Nr 2 hingegen gem Anl 15. Ist der Vermittler kein Beförderer, ist bei der Alternative nach Abs I S 1 Nr 1 das Formblatt gem Anl 16 zu verwenden, bei Nr 2 hingegen gem Anl 17. Die Formblätter beinhalten jeweils Informationen zur Absicherung im Fall einer Insolvenz. **b) Ausführung der Information.** Dem Reisenden muss vor Abschluss des Vertrags das **korrekte Formblatt** zur Verfügung gestellt werden. Es reicht nicht aus, wenn dem Reisenden sämtliche Formblätter zur Verfügung gestellt werden (BeckOGK/*Meier* Rn 15). Die erteilten Informationen müssen **klar, verständlich** und **in hervorgehobener Weise** erfolgen. Das Formblatt muss so übergeben werden, dass der Reisende darauf besonders aufmerksam gemacht wird und dieses nicht in verschleiernder Weise übergeben wird. Art 251 § 2 S 2, 3 EGBGB enthält Sonderregelungen zur Belehrung bei nicht online erfolgten Vertragsabschlüssen. Diese Regelungen sind notwendig, da die Formblätter auf den Online-Einsatz zugeschnitten sind (dazu ausf BeckOGK/*Meier* Art 251 § 2 EGBGB Rn 4). Nach Art 251 § 2 S 2 EGBGB hat der Vermittler bei gleichzeitiger körperlicher Anwesenheit mit dem Reisenden bei der Vermittlung das Formblatt in einer der Vermittlungssituation angepassten Weise zur Verfügung zu stellen. Es muss daher nicht zwingend das Formblatt übergeben werden, sondern es reicht **jede sonstige Belehrung**, durch die der Reisende die erforderlichen Informationen klar, verständlich und in hervorgehobener Weise erhält (ebenso BeckOGK/*Meier* Art 251 § 2 EGBGB Rn 6). Diese Art der erleichterten Belehrung gilt nach Art 251 § 2 S 3 EGBGB auch für die Konstellationen, bei denen beide Parteien nicht körperlich anwesend sind und keine Online-Vermittlung erfolgt. Erfasst sind damit insb **telefonische Vermittlungen**. In diesem Fall ist insb eine mündliche Belehrung möglich (BeckOGK/*Meier* Art 251 § 2 EGBGB Rn 8).

2. Insolvenzabsicherung (Abs III S 1). a) Absicherung von Reiseleistungen und offenen Forderungen. Der 6
Vermittler der verbundenen Reiseleistungen muss in zwei Konstellationen für eine **eigene Insolvenzabsicherung** sorgen. Der Vermittler muss in beiden Konstellationen eine Zahlung des Reisenden annehmen. Weitere Voraussetzung ist, dass er entweder **selbst** eine der **Reiseleistungen** zu **erbringen** hat oder dass eines der anderen Unternehmen eine **Forderung gegen** den **Reisenden** hat, die durch die Zahlung ausgeglichen werden soll. Der Vermittler muss das Risiko absichern, dass aufgrund seiner Insolvenz entweder die eigene Reiseleistung nicht erbracht werden kann (Abs III S 1 Nr 1) oder dass der Reisende selbst die Forderung der erbringenden Unternehmen nochmals befriedigen muss (Abs III S 1 Nr 2). Vermittelt daher der Vermittler lediglich die Reiseleistungen und werden die Forderungen der erbringenden Unternehmen direkt erfüllt, muss der Vermittler nicht für eine Insolvenzabsicherung des Reisepreises sorgen (ebenso MüKo/*Tonner* Rn 39). Ebenso bedarf es keiner Absicherung, wenn der Vermittler **Empfangsvertreter** für den Unternehmer ist und damit bereits durch Zahlung an den Vermittler Erfüllung eintritt (MüKo/*Tonner* Rn 40ff). **b) Durchführung der Absicherung.** Zur Durchführung der Absicherung verweist die Norm in Abs III S 4 auf § 651r II–IV. § 651r wurde zum 1.11.2021 novelliert.

Insoweit ist gem Art 229 § 56 EGBGB für die Durchführung der Absicherung zw Verträgen vor und nach dem 1.11.2021 zu differenzieren. Für Verträge, die davor geschlossen wurden, gilt die alte Regelung, dass der Vermittler zur Absicherung entweder einen Versicherungsvertrag abschließen oder ein Zahlungsversprechen eines Kreditinstituts einholen kann. Es gilt dann auch hinsichtl des Vermittlers die Haftungsgrenze von 110 Mio €. Für Verträge nach diesem Datum ist hingegen die Neufassung des § 651r anwendbar. Danach besteht nur noch für Reisevermittler bis zu einem Umsatz von 10 Mio € die Möglichkeit einer Versicherung bzw Bankabsicherung. Liegt der Umsatz darüber, ist auch der Reisevermittler verpflichtet, eine Absicherung über den Reiseversicherungsfonds anzubieten (BeckOGK/*Meier* Rn 19; BeckOK/*Weber* Rn 25; aA MüKo/*Tonner* Rn 47). Der Reisevermittler muss dem Reisenden gem § 651r IV nachweisen und gem Art 252 EGBGB **bescheinigen**, dass ggü dem **Absicherer ein Anspruch besteht**. Durch Abs III S 3 ist klargestellt, dass es für die Inanspruchnahme des Absicherers entweder auf die Zahlungsunfähigkeit oder die Eröffnung des Insolvenzverfahrens bzw die Abweisung mangels Masse ankommt. Unerheblich sind die drohende Zahlungsunfähigkeit oder die Überschuldung des Vermittlers (so auch BeckOGK/*Blankenburg* § 651r Rn 19.4; aA BeckOGK/*Meier* Rn 21). Zu Einzelheiten des § 651r s § 651r Rn 8ff.

7 **3. Sicherung der Rückbeförderung (Abs III S 2).** Wenn der Vermittler selbst zur Beförderung des Reisenden verpflichtet ist, hat er die **Rückbeförderung** und die **Beherbergung** bis zum Zeitpunkt der Beförderung **sicher zu stellen**. Auch diese Verpflichtung hat über eine Absicherung gem § 651r II entweder über den Reiseversicherungsfonds oder in Form einer Versicherung oder eines Zahlungsversprechens eines Kreditinstituts zu erfolgen. Anders als nach § 651r III 1 hat der **Absicherer** aber **kein eigenes Wahlrecht**, ob er dem Reisenden die Fortsetzung der Reise anbieten will. Vielmehr muss er unmittelbar die Beherbergung und die Rückbeförderung selbst organisieren. Der Reisende bei einer verbundenen Reiseleistung ist daher besser geschützt als die Reisenden sonstiger Pauschalreisen. Befindet sich der Reisende während der Reise nicht am Ort der eigentlichen Rückreise und endet die Reise aufgrund der Insolvenz vorzeitig, muss der Vermittler den Reisenden zum Ort der Rückreise verbringen und ihn dann zurückbefördern (BeckOGK/*Meier* Rn 18.1).

8 **4. Entgegennahme von Zahlungen (Abs III S 4).** Der Vermittler darf aufgrund des Verweises nach Abs III S 4 auf § 651t Zahlungen des Reisenden nur dann entgegennehmen, wenn er für diesen Fall einen Absicherungsvertrag abgeschlossen hat und seinen Informationspflichten nach § 651t Nr 2 nachkommt. Handelt er gegen die Pflicht, begeht er eine **Ordnungswidrigkeit** gem § 147b I Nr 2 GewO. Zu Einzelheiten s § 651t Rn 6.

9 **5. Rechtsfolgen der Pflichtverletzung (Abs IV).** Ein Verstoß gegen die Pflichten nach den Abs II–III führt **nicht** zu einer **Schadensersatzpflicht** des Vermittlers (aA BeckOGK/*Meier* Rn 24), vielmehr ordnet Abs IV an, dass dann auf das Verhältnis Vermittler und Reisender **bestimmte Normen** des **Reiserechts anwendbar** sind. Die nationale Regelung ist insoweit weniger klar als Art 19 III PauschalreiseRL, aus dem sich ergibt, dass die Rechte in Bezug auf die von der Vermittlung inbegriffenen Reiseleistungen gilt. **a) § 312 VII 2.** Dem Reisenden steht bei einer Pflichtverletzung gem § 312 VII 2 iVm § 312g ein **Widerrufsrecht** zu. Dieses bezieht sich auf sämtliche Reiseleistungen, die von der verbundenen Vermittlung erfasst sind. Die betroffenen Leistungserbringer sehen sich daher einem Widerspruch des zw ihnen und dem Reisenden geschlossenen Vertrages ausgesetzt, ohne Einfluss auf die Erfüllung der Pflichten nehmen zu können (krit dazu BeckOGK/*Meier* Rn 23.1). **b) § 651e.** Dem Reisenden steht das Recht zu, dass ein Dritter den Vertrag übernimmt. **c) § 651h–651q.** Der Reisende hat das Rücktrittsrecht gem § 651h bereits vor Reisebeginn. Ferner ist das **gesamte Mangelrecht** gem §§ 651i–p auf das Verhältnis zw Reisendem und Vermittler **anwendbar**. Entgegen dem Wortlaut der nationalen Norm ist der Bezugspunkt nicht das Vertragsverhältnis zum Vermittler, sondern die jeweils zugrunde liegenden Reiseleistungen, die durch die Leistungserbringer zu erbringen sind. Der Reisende erhält allein aufgrund der Verletzung der Vermittlungspflichten bei Mängeln einer Reiseleistung einen weiteren Haftungsschuldner (ebenso BeckOGK/*Meier* Rn 22; krit Grü/*Retzlaff* Rn 12). Schließlich hat der Vermittler dem Reisenden auch gem § 651q beizustehen. Der Vermittler kann iRe **Gesamtschuldnerausgleichs** die zur Mängelbeseitigung erforderlichen Kosten vom Leistungserbringer verlangen (ähnl BeckOGK/*Meier* Rn 29). **d) § 651v IV.** Der Reisevermittler gilt bei einem Verstoß entspr § 651v IV als ermächtigt, Mängelanzeigen und sonstige Erklärungen des Reisenden für die betroffenen Unternehmen entgegenzunehmen.

10 **IV. Binnenverhältnis der beteiligten Unternehmen (Abs V). 1. Voraussetzungen der Informationspflicht.** Abs V S 1 legt den beteiligten Unternehmen eine **Informationspflicht** ggü dem Vermittler auf. Jeder Unternehmer, mit dem der Reisende einen Vertrag über einer Reiseleistung schließt, hat den Vermittler **über** den Umstand des **Vertragsschlusses zu unterrichten**. Dadurch soll der Vermittler der verbundenen Reiseleistungen in die Lage versetzt werden, seinen Pflichten nach Abs II und III nachzukommen. Einer Information bedarf es gem Abs V S 2 nicht, wenn der Vermittler als Vertreter des anderen Unternehmens aufgetreten ist. In diesem Fall ist dem Vermittler der Umstand der verbundenen Reiseleistungen bereits aus seiner Tätigkeit bekannt.

11 **2. Rechtsfolgen der Pflichtverletzung.** § 651w selbst regelt die Folgen der Pflichtverletzung nicht. Vielmehr ist auf **§ 280 zurückzugreifen**. Kommt der Vermittler aufgrund der Verletzung der Informationspflicht seinen eigenen Pflichten nach Abs II und III nicht nach, hat er ggü dem anderen Unternehmer einen Schadensersatzanspruch, wenn er durch den Reisenden aufgrund Abs IV in Anspruch genommen wird.

12 **V. Darlegungs- und Beweislast.** Macht der **Reisende** die Rechte gem Abs IV geltend, hat er darzulegen und zu beweisen, dass eine Vermittlung verbundener Reiseleistungen vorliegt und der Vermittler seine Pflichten gem Abs II oder III verletzt hat. Umstritten ist, ob die **Beweislastumkehr** gem § 651v I 3 bei einer Informations-

pflichtverletzung analog anzuwenden ist (dafür *Staudinger/Schröder* NJW 2019, 893; aA BeckOGK/*Meier* Rn 31). Da die RL keine entspr Beweislast kennt und eine planwidrige Regelungslücke des Gesetzes kaum unterstellt werden kann, kommt eine analoge Anwendung nicht in Betracht. – Macht der **Vermittler** Ansprüche wegen einer Pflichtverletzung nach Abs V gegen einen Leistungserbringer geltend, trägt er die Darlegungs- und Beweislast für die Pflichtverletzung.

§ 651x Haftung für Buchungsfehler

Der Reisende hat Anspruch auf Ersatz des Schadens,

1. der ihm durch einen technischen Fehler im Buchungssystem des Reiseveranstalters, Reisevermittlers, Vermittlers verbundener Reiseleistungen oder eines Leistungserbringers entsteht, es sei denn, der jeweilige Unternehmer hat den technischen Fehler nicht zu vertreten,

2. den einer der in Nummer 1 genannten Unternehmer durch einen Fehler während des Buchungsvorgangs verursacht hat, es sei denn, der Fehler ist vom Reisenden verschuldet oder wurde durch unvermeidbare, außergewöhnliche Umstände verursacht.

I. Allgemeines. Die Norm regelt die Folgen von Fehlern, die während des Buchungsvorgangs auftreten können. Nr 1 betrifft technische Fehler, Nr 2 Anwendungsfehler. Die Norm ist erforderlich, da der Reiseveranstalter den Reisevertrag ggf mit dem zustande gekommenen Vertragsinhalt anfechten kann. Die Norm setzt Art 21 PauschalreiseRL um. 1

II. Buchungsfehler. 1. Technische Buchungsfehler. Der Buchungsfehler kann durch einen **Fehler** im **EDV-System** entstehen. Zu den EDV-Systemen gehören auch **Webseiten**, auf denen der Kunde eine verbindliche Buchung vornehmen kann (Führich/*Staudinger* § 11 Rn 8). Erfasst sind die EDV-Systeme beim Reiseveranstalter, Reiservermittler, dem Vermittler verbundener Reiseleistungen oder der Leistungserbringer. Es ist insoweit unerheblich, wo in der Leistungskette der Fehler eingetreten ist. Es kommt allein auf die **Hoheit über** das **Buchungssystem** an, so dass dieses auch von Dritten betrieben werden kann (MüKo/*Tonner* Rn 4; Führich/*Staudinger* § 11 Rn 9). Ein Anspruch ist nur dann ausgeschlossen, wenn der jeweilige Unternehmer, bei dem der Fehler aufgetreten ist, diesen **nicht** zu **vertreten** hat. Als Verschulden sind Vorsatz und jegliche Form der Fahrlässigkeit erfasst (weitergehend MüKo/*Tonner* Rn 7; Führich/*Staudinger* § 11 Rn 12, die allein eine Verursachung ausreichen lassen). Nicht erheblich ist, ob dem Reiseveranstalter der Fehler hätte bekannt sein müssen, da es nur auf den jeweiligen Unternehmer ankommt, bei dem der Fehler aufgetreten ist. 2

2. Anwenderverursachte Buchungsfehler. Der Buchungsfehler kann auch dadurch entstehen, indem die zutreffend arbeitenden **EDV-Systeme falsch bedient** werden. Erfasst werden Fehler während der Bearbeitung beim Reiseveranstalter, Reiservermittler, dem Vermittler verbundener Reiseleistungen oder der Leistungserbringer. Der Fehler muss **während des Buchungsvorgangs** erfolgt sein. Fehler während eines vorgehenden Beratungsgesprächs reichen nicht aus (MüKo/*Tonner* Rn 9). Eine Haftung ist bei anwenderverursachten Buchungsfehlern nur dann ausgeschlossen, wenn der Fehler auf einem Verschulden des Reisenden oder auf **unvermeidbaren, außergewöhnlichen Umständen** beruht. Ein Verschulden des Reisenden liegt vor, wenn dieser den Buchungsfehler vorsätzlich oder fahrlässig, zB durch falsche Eingaben, verursacht hat. Zu den unvermeidbaren, außergewöhnlichen Umständen s § 651h Rn 6ff. 3

III. Schadensersatzanspruch. Der Reisende hat bei einem Buchungsfehler Anspruch auf Ersatz seines dadurch entstandenen Schadens. 4

1. Schaden. Dem Reisenden muss durch den Buchungsfehler ein Schaden entstanden sein. Dies wird dann der Fall sein, wenn er selbst oder der Reiseveranstalter den **Vertrag** aufgrund des Buchungsfehlers **anficht.** Ferner kann dadurch ein Schaden eingetreten sein, dass eine von dem Reisenden gewählte Option nicht mit in den Vertrag aufgenommen wurde und er einen weiteren Betrag aufwenden muss, um in den Genuss der Option durch eine **Zusatzbuchung** zu gelangen. 5

2. Anspruchsberechtigter. Anspruchsberechtigter ist allein der Reisende, nicht hingegen die beteiligten Unternehmen untereinander (BT-Drs 18/10822, 98). 6

3. Anspruchsgegner. Anspruchsgegner ist jedes Unternehmen, in dessen Sphäre der Fehler aufgetreten ist. Eine **parallele Haftung** untereinander ist möglich (BT-Drs 18/10822, 98). 7

4. Ausschlussgründe. Der Schadensersatzanspruch ist ausgeschlossen, wenn der Fehler auf einem Verhalten des Kunden beruht (Führich/*Staudinger* § 11 Rn 6). Der Anspruch ist ausgeschlossen, wenn der Reisende **bewusst** den Fehler **verschweigt**, um ihn zum eigenen Vorteil auszunutzen. 8

IV. Verhältnis zum Anfechtungsrecht. Aufgrund der fehlgeschlagenen Erklärung kann ein Erklärungs- oder Inhaltsirrtum vorliegen. Insoweit können die Tatbestandsvoraussetzungen des § 119 erfüllt sein. Aufgrund der Vollharmonisierung ist jedoch eine Anwendung der **Anfechtungsregeln** für den Unternehmer **ausgeschlossen** (Führich/*Staudinger* § 11 Rn 3). Da für den Reisenden das Günstigkeitsprinzip gilt, kann er zw den Rechten aus § 651x und § 119 wählen (Führich/*Staudinger* § 11 Rn 5). 9

V. Darlegungs- und Beweislast. Der **Reisende** hat nachzuweisen, dass in der Sphäre des Anspruchsgegners ein Buchungsfehler erfolgt ist. Da der Reisende selbst in die Buchungsvorgänge keinen Einblick hat, reicht es aus, dass er zunächst einen Buchungsfehler darlegt, der offensichtlich nicht durch einen anderen Beteiligten ver- 10 ursacht wurde (MüKo/*Tonner* Rn 14; Führich/*Staudinger* § 11 Rn 14; BeckOGK/*Alexander* Rn 47). Es ist dann Aufgabe des Anspruchsgegners, darzulegen, dass der Buchungsfehler nicht in seiner Sphäre eingetreten ist. Der Anspruchsgegner muss zudem den Entlastungsnachweis führen (ausf dazu BeckOGK/*Alexander* Rn 49f).

§ 651y Abweichende Vereinbarungen

Von den Vorschriften dieses Untertitels darf, soweit nichts anderes bestimmt ist, nicht zum Nachteil des Reisenden abgewichen werden. Die Vorschriften dieses Untertitels finden, soweit nichts anderes bestimmt ist, auch Anwendung, wenn sie durch anderweitige Gestaltungen umgangen werden.

1 **I. Allgemeines.** S 1 schränkt die Vertragsfreiheit ein, um das Ziel des Reisevertragsrechts, den Reisenden vor Änderungen seiner Rechtsstellung zu schützen, zu gewährleisten. Daher darf der Schutzzweck der §§ 651a ff nicht zum Nachteil des Reisenden verändert werden, zu dessen Vorteil dagegen schon. Durch S 1 werden die §§ 651a–l also zu sog **halbzwingenden Normen.** Durch S 2 ist ein Umgehungsverbot geregelt. Die Norm dient der Umsetzung von Art 23 PauschalreiseRL.

2 **II. Anwendungsbereich. 1. Persönlicher Anwendungsbereich.** Das Verschlechterungsverbot gilt grds nur **zugunsten** des **Reisenden.** Es ist nicht im Verhältnis zw dem Reiseveranstalter und Reisevermittler/Leistungserbringer anwendbar (BT-Drs 18/10822, 98). Ob das Verschlechterungsverbot auch für Personen gilt, die nicht Reisende, aber aus dem Reisevertrag Begünstigte sind (zB Familienmitglieder, minderjährige Gastschüler), bleibt offen. Man wird aber S 1 dahingehend auslegen müssen, dass auch hinsichtl der **Mitreisenden**, die in den Reisevertrag (Vertrag zugunsten Dritter) einbezogen sind, nicht von den Bestimmungen der §§ 651a ff abgewichen werden darf.

3 **2. Sachlicher Anwendungsbereich.** Maßstab für die Feststellung einer Abweichung zum Nachteil des Reisenden bildet jede einzelne Regelung der §§ 651a–y, und zwar einschl der Art 250 §§ 1ff EGBGB, da diese ebenfalls eine Umsetzung der RL darstellen (ebenso BeckOGK/*Alexander* Rn 7; MüKo/*Tonner* Rn 1; BaRo/*Geib* Rn 4; Führich/*Staudinger* § 10 Rn 3).

4 **3. Zeitlicher Anwendungsbereich.** Geschützt werden **sämtliche Rechte** des Reisenden von Beginn der Aufnahme der Vertragsverhandlungen bis zu den nachvertragl Pflichten (BeckOGK/*Alexander* Rn 10). Über S 2 werden insb vorvertragl Gestaltungen erfasst, die zur Verhinderung der Anwendung des Pauschalreiserechts geschaffen werden.

5 **III. Verschlechterungsverbot (S 1). 1. Abweichende Vereinbarung.** Der Vorschrift unterliegen **sämtliche Vereinbarungen** iRe Reisevertrags, gleichgültig, ob sie durch **ARB** oder **Individualabreden** getroffen werden. Es ist zu prüfen, ob durch die konkrete Vereinbarung von einer Regelung des Reisevertragsrechts abgewichen wird. Es ist nicht zulässig, im Wege einer Gesamtbeurteilung benachteiligende als durch andere, begünstigende Regelungen ausgeglichen anzusehen (ebenso BeckOGK/*Alexander* Rn 18; BaRo/*Geib* Rn 5). – Bsp unzulässiger Vereinbarungen: Abreden über Haftungsbeschränkungen oder -ausschlüsse, die die Grenzen des § 651p I überschreiten oder den Haftungsumfang des § 651r I nicht einhalten (BGH RRa 2001, 146), Vereinbarung, mit der einschränkungslos die unverzügliche Anzeige von Beanstandungen verlangt wird, ohne Hinw auf die Erhaltung des Rechts zur Minderung gem § 651m II bei unverschuldetem Unterlassen der Anzeige (Frankfurt MDR 1984, 1024).

6 **2. Verzichtserklärungen.** Treten Mängel auf, drängt der Reiseveranstalter möglicherweise den Reisenden, auf seine Rechte zu verzichten, ggf gegen die Zahlung einer Abfindung oder einer Ersatzleistung (zB Wechsel vom Doppelzimmer in eine Suite, Wechsel des Hotels). Erfolgt der **Verzicht ohne Gegenleistung**, ist ein solcher unwirksam (ebenso BeckOGK/*Alexander* Rn 24; BaRo/*Geib* Rn 6; aA HK/*Staudinger* Rn 2). Dies ergibt sich nach einer richtlinienkonformen Auslegung des § 651y S 2 gem Art 23 II PauschalreiseRL, da Reisende nicht auf ihre Rechte verzichten dürfen. Wird eine **Gegenleistung angeboten**, könnte kein Verzicht, sondern ein Vergleich vorliegen, so dass Art 23 II PauschalreiseRL nicht eingreift. Indes bestimmt Art 23 II PauschalreiseRL, dass eine vertragl Vereinbarung auch dann nicht bindend ist, wenn sie einen Verzicht unmittelbar oder mittelbar bewirkt. Entspricht daher das Angebot des Reiseveranstalters nicht den Mangelansprüchen, sind Verzichtsvereinbarungen unwirksam (ebenso Führich/*Staudinger* § 10 Rn 8; so bereits zum alten Recht Düsseldorf NJW-RR 1992, 245; LG Frankfurt NJW 1984, 1762).

7 **3. Nachträgliche Abfindungsvergleiche.** In der Praxis finden sich häufig Abfindungsvergleiche, durch die sich der Reisende mit dem Reiseveranstalter zur Abgeltung der Rechte auf die Zahlung einer bestimmten Summe einigt. Dies kann sowohl **vorgerichtlich** als auch **gerichtlich** erfolgen. Nicht bindend dürften sog **Erlassfallen** sein, bei denen dem Reisenden ein Scheck übersandt wird unter der Bedingung, dass die Einlösung zum Erlass sämtlicher weiterer Rechte führt. Dies gebietet die richtlinienkonforme Auslegung gem Art 23 III PauschalreiseRL. Sonstige Vergleiche nach Beendigung der Reise werden als zulässig angesehen (BeckOGK/*Alexander* Rn 27; BaRo/*Geib* Rn 7; krit zum alten Recht *Ullenboom* RRa 2016, 167). Das Argument, dass dem Reisenden die Rechtsdurchsetzung nicht erschwert werden soll, erscheint nachvollziehbar. Da ein Vergleich zumindest **mittelbar** einen **Verzicht** auf die sich aus der RL ergebenden Rechte bewirkt, erscheint es fraglich, ob diese wirksam sind oder gem Art 23 III PauschalreiseRL für den Reisenden nicht bindend sind. Sollte ein Reisender trotz Vergleichs seine weitergehenden Rechte einklagen, wäre die Frage dem **EuGH vorzulegen.**

8 **IV. Umgehungsverbot (S 2).** Nach S 2 darf die Anwendung der §§ 651a–x nicht durch anderweitige Vertragsgestaltung ausgeschlossen werden. Die Norm stellt eine **Auffangklausel** dar und betrifft die Fälle, bei denen

nicht einzelne Regelungen des Pauschalreiserechts ausgeschlossen werden, sondern bereits zu verhindern versucht wird, das Pauschalreiserecht zur Anwendung kommen zu lassen (zB Vertragsgestaltungen, durch die eine zweite Reiseleistung vermieden wird). Für die Bewertung der Umgehung ist allein auf **obj Kriterien**, nicht auf eine subj Umgehungsabsicht abzustellen (BeckOGK/*Alexander* Rn 35; BaRo/*Geib* Rn 8).

V. Rechtsfolgen. Das Verbot des S 1 bewirkt die **Nichtigkeit** der getroffenen Vereinbarung oder Klausel, der Anwendung des § 134 bedarf es nicht (aA BeckOGK/*Alexander* Rn 28; offen gelassen BaRo/*Geib* Rn 9). Nach **§ 139** bestimmt sich, ob die verbleibenden Reisevertragsteile wirksam sind (für eine grds Teilnichtigkeit Führich/*Staudinger* § 10 Rn 6). Unter Berücksichtigung des Schutzzwecks des § 651y, nämlich den Schutz des Reisenden, und dem Interesse der Vertragsparteien wird idR von einer **Restgültigkeit** des Vertrags auszugehen sein (ebenso MüKo/*Tonner* Rn 10; BaRo/*Geib* Rn 9). Daher bestehen die nicht betroffenen Teile des Reisevertrags weiter; die entstandenen Vertragslücken sind durch die **gesetzl Regelungen** des **Reisevertragsrechts** zu schließen. Bei Vereinbarungen in den ARB sind neben § 651y auch die §§ 305ff zu prüfen. Eine Klausel kann gegen §§ 307ff verstoßen, auch wenn sie nicht nach § 651y nichtig ist. 9

VI. Darlegungs- und Beweislast. Der **Reisende** muss darlegen und beweisen, dass bestimmte Normen des Reiserechts aufgrund der Nichtigkeit gem § 651y anwendbar sind. 10

Titel 10
Maklervertrag (§§ 652–656d)

Vorbemerkung vor § 652

Schrifttum: *Brandt*, Das Recht des Immobilienmaklers, 11. Aufl 2003; *R. Breiholdt*, Provisionsansprüche des makelnden Verwalters unter Berücksichtigung der Verflechtungsrechtsprechung, ZMR 2009, 85; *Büchner*, Schadensersatzpflicht des Maklers und Verwirkung des Provisionsanspruchs, ZfIR 2003, 453; *Burghart*, Die Treuepflicht des Grundstücksmaklers, AcP 140 (1935), 81; *Dehner*, Das Maklerrecht – Leitfaden für die Praxis, 2001; *D. Fischer*, Ausschluss der Maklerprovision nach § 654 BGB im Spiegel der Rechtsprechung, NZM 2001, 873; *D. Fischer*, Fehler- und lückenhafte Maklerprovisionsabreden in der Praxis, NZM 2002, 480; *D. Fischer*, Nachweis- und Vermittlungsleistung im Lichte der maklerrechtlichen Rechtsprechung, NJW 2007, 183; *D. Fischer*, Die wirtschaftliche Identität des Hauptvertrags im Maklerrecht, DB 2009, 887; *D. Fischer*, Aktuelle höchstrichterliche Rechtsprechung zum Immobilien-Maklerrecht, NZM 2011, 529; *D. Fischer*, Familienrechtliche Fragestellungen im Maklerrecht, NZM 2014, 449; *D. Fischer*, Die wirtschaftliche Betrachtungsweise im Immobilienmaklerrecht, NZM 2016, 117; *D. Fischer*, Das Bestellerprinzip im Maklerrecht, WuM 2016, 391; *D. Fischer*, Der makelnde Rechtsanwalt, NJW 2016, 3220; *D. Fischer*, Die wirtschaftliche Verflechtung im Maklerrecht, eine richterrechtliche Rechtsfigur, FS Bamberger, 2017, 35; *D. Fischer*, Einzelfragen zur Höhe der Provision des Immobilienmaklers, NZM 2017, 348; *D. Fischer*, Die Problematik der persönlichen Identität des Hauptvertrages in der aktuellen maklerrechtlichen Judikatur, NZM 2018, 483; *D. Fischer*, Der Mitverschuldenseinwand in der Maklerhaftung, NZM 2019, 201; *D. Fischer*, Das Kausalitätserfordernis im Maklerrecht, WM 2020, 1757; *D. Fischer*, Zur Geschichte des Maklerrechts in Deutschland, FS Gehrlein, 2022, 143; *D. Fischer*, Geschichtliche Entwicklungsstufen des Maklerrechts in Deutschland, NZM 2023, 97; *D. Fischer*, Maklerrecht, 7. Aufl 2023; *Genz*, Maklerprovision im Spannungsfeld von Verbraucherschutz und notarieller Beurkundung, ZMR 2022, 610; *Hamm/Schwerdtner*, Maklerrecht, 7. Aufl 2016; *Ibold*, Maklerrecht, 3. Aufl 2015; *Kappus*, Aktuelle Rechtsprechung des Österreichischen OGH zum Maklerrecht: eine Fundgrube!, NZM 2023, 106; *Kempen*, Der Provisionsanspruch des Zivilmaklers bei fehlerhaftem Hauptvertrag, 1984; *Kleikamp*, Doppeltätigkeit des Zivilmaklers, 1995; *Knütel*, Zur Bedeutung der Kenntnis des Auftraggebers von der Maklertätigkeit für den Provisionsanspruch, ZHR 135 (1971), 528; *Knütel*, Die Provisionsteilung bei Mitwirkung mehrerer Makler oder Handelsvertreter, ZHR 144 (1980), 289; *Koch*, Der Provisionsanspruch des Immobilienmaklers, 2. Aufl 2014, *Kock*, Informationsweitergaben und personelle Kongruenz im Maklerrecht, 1990; *Krehl*, Die Pflichtverletzungen des Maklers, 1989; *Krüger-Doyé*, Der Alleinauftrag im Maklerrecht, 1977; *Langemaack*, Maklervertragsrecht im Spiegel aktueller höchstrichterlicher Rechtsprechung, NZM 2008, 18; *Langemaack*, Kausalität und Kongruenz nach Immobiliennachweis eines Maklers, NZM 2008, 679; *Lehner*, Maklerklausel und Provisionsversprechen im notariellen Kaufvertrag, NJW 2000, 2405; *Lettau/E. Lorenz*, Die Verwirkung des Lohnanspruchs, zjs 2020, 12; *Lindner*, Der Makler im digitalen Zeitalter: Verbraucherschutz und elektronischer Rechtsverkehr, ZfIR 2016, 773; *Mäschle*, Maklerrecht, 3. Aufl 2017; *Michaelis*, Die Betreuungspflichten eines Versicherungsmaklers und deren vertraglicher Gestaltungsspielraum, ZfV 2009, 147; *Michalski*, Bindung des Auftraggebers an Erklärungen des Zivilmaklers, ZMR 1995, 513; *Moraht*, Die Entwicklung des Maklerrechts im Jahr 2011, DWW 2012, 203; *Ohnesorge*, Provisionen im Maklerrecht – Das Abwälzen der Provisionslast auf Dritte, 1995; *Pauly*, Maklerprovision bei preislicher Abweichung des Hauptvertrags vom Maklerangebot?, ZMR 2009, 662; *Pauly*, Der Makleralleinauftrag, MDR 2021, 401; *Reichel*, Die Mäklerprovision, 1913; *Scheibe*, Der Provisionsanspruch des Maklers bei Vertragsschluss durch einen mit dem Auftraggeber nicht identischen Dritten, BB 1988, 849; *Scheibe*, Maklerprovisionsanspruch bei wirtschaftlich identischen GmbHs, JuS 1999, 117; *P.C. Schmidt*, Der Provisionsanspruch des Zivilmaklers bei Störungen des Hauptvertrages 1995; *Schrader*, Grundkonstellationen im Immobilien- und Wohnungsmaklervertrag, JA 2015, 561; *Schulz*, Gesetz zur Regelung der Wohnungsvermittlung, 2010; *Seydel/Heinbuch*, Maklerrecht, 4. Aufl 2005; *Stark*, Wirtschaftliche Identität im Maklerrecht, NZM 2008, 832; *Thomale*, Der Maklervertrag als Hybrid der Vertragstypenlehre, JZ 2012, 716; *Waas*, Risikoverteilung zwischen Auftraggeber und Makler bei fehlerhaftem Hauptvertrag, NZM 2001, 453; *O. Werner*, Der Immobilienmakler in der Rspr, JurA 1970, 353; *O. Werner*, Wirksamkeit und Bedeutung der Vorkenntnisklausel in Maklerverträgen, NJW 1971, 1924; *Wichert*, Bestellerprinzip beim Kauf einer Wohnimmobilie?, ZMR 2019, 1; *Wistokat*, Maklerrechtliches „Dreierlei“: Dritterwerb, Verkäufermakler, neues Recht, NZM 2023, 112; *Würdinger*, Allgemeine Rechtsgeschäftslehre und Unvollkommenheiten des Hauptvertrages im Immobilienmaklerrecht, 2005; *Würdinger*, Die drei Säulen des Maklerprovisionsrechts. Neue Entwicklungen und Tendenzen im Immobilienmaklerrecht, JZ 2009, 349; *Würdinger*, Keine Rosinentheorie im Maklerrecht! Zu den Fernwirkungen des Schuldrechtsmodernisierungsgesetzes auf den

Provisionsanspruch des Maklers nach § 652 I BGB in den Fällen der Normenkonkurrenz, NZM 2010, 305; *Würdinger*, Maklerrecht im Zeitalter der Europäisierung und Digitalisierung, NZM 2017, 545; *Zopfs*, Maklerrecht, 2000.

Rechtsprechungsübersichten: *D. Fischer*, Die Entwicklung des Maklerrechts, NJW 2007, 3107; 2009, 3210; 2011, 3277; 2012, 3283; 2013, 3410; 2014, 3281; 2015, 3278; 2016, 3281; 2017, 1219; 2017, 3278; 2018, 1145; 2018, 3287; 2019, 1182; 2019, 3277; 2020, 1268; 2020, 3289; 2021, 1202; 2021, 3294; 2022, 1212; 2022, 3265; *D. Fischer*, Die neue Rechtsprechung des Bundesgerichtshofs zum Maklerrecht, WM 2016, Sonderbeilage Nr 1; WM 2020, Sonderbeilage Nr. 1; *D. Fischer*, Aktuelle höchstrichterliche Rechtsprechung zum Immobilien-Maklerrecht (Teil 1), IMR 2021, 441; *D. Fischer*, Aktuelle höchstrichterliche Rechtsprechung zum Immobilien-Maklerrecht (Teil 2), IMR 2021, 482; *Hogenschurz*, Die neuere Rechtsprechung zum Maklervertrag über Immobilien, ZfIR 2011, 77; 2019, 329; *Knackstedt*, Die Entwicklung des Maklerrechts 2016, NZM 2017, 537; *Wichert*, Immobilienmakler: Aktuelle Rechtsprechung zu Einwänden gegen den Provisionsanspruch, MDR 2020, 6; *Wistokat*, Die Rechtsprechungsentwicklung zum Maklerrecht von 2017 bis Mitte 2021, NZM 2021, 585.

1 **I. Allgemeines.** Die geschichtliche Entwicklung des Maklerrechts in Deutschland wird durch den unterschiedlichen Status des Maklers geprägt. Trat er im Mittelalter und der in der beginnenden Neuzeit zunächst ganz überwiegend als öffentlicher Makler auf, gewissermaßen als kaufmännische Urkundsperson, so ist für das 19. Jahrhundert der Übergang vom Amtsmakler zum Privathandelsmakler und Zivilmakler kennzeichnend. In den letzten Jahrzehnten des 19. Jahrhunderts durchläuft das Maklerrecht eine imposante Entwicklung, es wandelt sich hin zum modernen Maklerrecht der Industriegesellschaft. So enthielt das sächsische BGB von 1865 erstmals einen eigenen Abschnitt für den Zivilmakler mit fünf wegweisenden Bestimmungen (*D. Fischer* FS Gehrlein, 2022, 143, 150f, 161). Im BGB hat es dagegen nur eine knappe und unzulängliche Normierung erfahren. Da die §§ 655ff eine Sonderregelung für die Vermittlung eines Dienstvertrags enthalten und § 656 speziell den Ehemakler betrifft, haben lediglich die §§ 652–654 Geltung für das allg Maklerrecht. Diese drei Vorschriften werden dem Umfang der getätigten Geschäfte und der volkswirtschaftl Bedeutung dieses Berufsstandes in keiner Weise gerecht. Nach dem Willen des Gesetzgebers sollte die nähere Ausgestaltung des Maklervertrags der Parteivereinbarung überlassen bleiben (Mot II S 510f). Die rechtl Behandlung der Maklergeschäfte ist daher im Wesentlichen **Richterrecht** (MüKo/*Althammer* § 652 Rn 2; *Ibold*, Rn 8; *D. Fischer* FS Bamberger, 2017, 35).

2 Das Angewiesensein weiter Bevölkerungskreise auf die Maklertätigkeit, insb bei der Grundstücks- und Wohnungssuche, hat diesem Berufsstand eine Machtposition eingeräumt, die oft zu einseitiger Interessenwahrung und Rechtlosigkeit der Vertragspartner geführt hat. Dadurch ist der Makler in weiten Bevölkerungskreisen in Misskredit geraten. Diese maklerfeindliche Haltung kommt gelegentlich – insb bei erstinstanzlichen Gerichten – auch in Gerichtsentscheidungen zum Ausdruck. Es darf jedoch nicht übersehen werden, dass der Makler in unserer Gesellschaft auch durch staatliche Tätigkeit nicht ersetzbare volkswirtschaftl Aufgaben erfüllt. Er ermöglicht das Aufeinandertreffen von Angebot und Nachfrage (BGHZ 161, 349, 358). Deswegen dürfen bedenkliche Geschäftspraktiken Einzelner nicht einem ganzen Berufsstand angelastet werden. Die Rspr hat nach wie vor die Aufgabe, einer einseitigen Ausnutzung der Überlegenheit des Maklers ggü seinem Vertragspartner (Auftraggeber) zu begegnen. In diesem Sinne sind in weitem Umfang die AGB der Makler einer strengen Wirksamkeitskontrolle unterworfen. Insb im Maklerrecht besteht die Gefahr, sich in abstrakten Begrifflichkeiten zu verlieren, wenn die Notwendigkeit einer wirtschaftl Betrachtungsweise außer Acht gelassen wird (*Schwerdtner*, FS Kramer, 2004, 703; *D. Fischer* NZM 2021, 487, 488; zur Bedeutung der wirtschaftl Betrachtungsweise *D. Fischer* NZM 2016, 117).

3 Um Missständen bei der **Wohnungsvermittlung** zu begegnen und den unterlegenen – weil auf Wohnraum angewiesenen – Mieter zu schützen (Begr RegE BT-Drs 6/1549), hat das 1971 in Kraft getretene **Gesetz zur Regelung der Wohnungsvermittlung** (**WoVermRG**, zuletzt geändert durch Gesetz v 21.4.2015, BGBl I 2015, 610) Sonderbestimmungen für den Wohnungsmakler getroffen (Nachweis und Vermittlung von Mietverträgen über möblierte und nichtmöblierte Wohnungen und Einzelräume, ausgenommen im Fremdenverkehr, nicht jedoch für den Nachweis oder die Vermittlung eines Kaufvertrags über Grundstücke oder Eigentumswohnungen, BGH NJW-RR 2005, 1033). Das WoVermRG soll verhindern, dass Makler durch eigene wirtschaftl Interessen bei ihrer Vermittlungstätigkeit zum Nachteil der Wohnungssuchenden beeinflusst werden (BGH MDR 2003, 678f; NJW 2003, 1249f). Nach dem RegE war geplant, die zivilrechtl Vorschriften dieses Gesetzes in das BGB zu übernehmen. Es sollten die §§ 654–654c als Unterartikel über die Wohnungsvermittlung neu gefasst werden. Dieses Vorhaben wurde jedoch nicht verwirklicht, so dass das WoVermRG bis heute als selbständiges Gesetz fortbesteht.

Eine tiefgreifende Veränderung hat das WoVermRG durch die zum 1.6.2015 in Kraft getretene Einführung des **Bestellerprinzips** erfahren (BGBl I 2015, 610; im Einz hierzu *D. Fischer* NJW 2015, 1560; *Duchstein* NZM 2015, 417; *Magnus/Wais* JZ 2016, 183). Dieses sieht vor, dass derjenige den Wohnungsmakler bezahlen soll, der ihn „bestellt" hat. Eine Provisionspflicht des Wohnungssuchenden ist daher nur noch dann zulässig, wenn er dem Makler einen eigenständigen Suchauftrag erteilt und dieser ausschließlich für den Kunden nach außen suchend tätig wird (§ 2 Ia WoVermRG). Das **Kriterium der Ausschließlichkeit** (Ausschließlichkeitsprinzip) der Maklertätigkeit für die Interessen des Wohnungssuchenden ist für die Grenzziehung zw einer Provisionsverpflichtung des Vermieters einerseits und des Wohnungssuchenden andererseits entscheidend (BVerfGE 142, 268; BGHZ 221, 266 Rn 21). In seinem Anwendungsbereich bedeutet das Bestellerprinzip ein faktisches Verbot der Doppeltätigkeit des Maklers. Wird entgegen dem Bestellerprinzip eine unzulässige Provision entrichtet, steht dem Wohnungssuchenden ein Rückforderungsanspruch nach § 5 I WoVermRG zu (AG Freiburg WuM 2017, 220; *D. Fischer*, NJW 2015, 1560, 1564). Die Textform ist für alle Wohnraummaklerverträge zwingend vorgeschrieben (§ 2 I 2 WoVermRG); Verstöße hiergegen führen zur Nichtigkeit des Maklervertrages (AG Dülmen WuM 2016, 374; *D. Fischer* WuM 2016, 391, 394). Umgehungsgeschäfte sind unzulässig. So darf der Makler vom Wohnungssuchenden keine Besichtigungsgebühren verlangen, wenn er zuvor bereits mit dem Vermieter in Verbindung gestanden hat (LG Stuttgart WuM 2016, 505; *D. Fischer* WuM 2016, 391, 397f). Die Grundsätze zum Bestellerprinzip und die Einführung der Textform sind verfassungsgemäß (BVerfGE 142, 268). Das Bestellerprinzip betrifft nur das Verhältnis zw dem Wohnungssuchenden und dem Vermieter. Der Vormieter, der einen Nachmieter sucht, um vorzeitig aus dem Mietverhältnis ausscheiden zu können, ist kein Wohnungssuchender. Deshalb sind dessen Interessen im Rahmen der Beurteilung des Ausschließlichkeitsprinzips unerheblich (BGHZ 221, 266 Rn 19; ebenso *D. Fischer* WuM 2016, 391, 395f).

Das Recht der **Arbeitsvermittlung** im SGB III wurde mit Art 3 des Gesetzes v 23.3.2002 (BGBl I 2002, 1132ff) grundlegend geändert (dazu Staudinger/*Arnold* § 655 Rn 1ff). Ziele der Änderungen waren eine weitergehende Privatisierung im Bereich der Arbeitsvermittlung und die Förderung des Wettbewerbs zw Arbeitsämtern und privaten Vermittlern (BT-Drs 14/8546, 6). So wurde der Erlaubnisvorbehalt für private Arbeitsvermittlung ersatzlos gestrichen. Eine Vergütung der Vermittlungsleistungen durch den Arbeitsuchenden, die nach altem Recht grds ausgeschlossen war, ist nunmehr entspr dem Vertragsschluss zw Vermittler und Arbeitsuchendem möglich (BT-Drs 14/8546, 6). 3a

Der in § 296 SGB III geregelte Vermittlungsvertrag zw Vermittler und Arbeitsuchendem ist ein privatrechtl Vertrag. Für ihn gelten neben den Sonderregelungen des SGB III die §§ 652ff, soweit sich dies mit den öffentlichrechtl Sonderregeln des SGB III vereinbaren lässt (BGH NJW 2010, 3222 Rn 13; BSG NJW 2007, 1902, 1903). Für den Abschluss des Vertrags ist die Schriftform vorgeschrieben, § 296 I 1 SGB III. Dies soll dem Schutz der Arbeitsuchenden dienen, weil diese sich idR ggü dem Vermittler in der schwächeren Verhandlungsposition befinden (BT-Drs 14/8546, 6). Wird die Schriftform nicht eingehalten, ist der Vertrag nichtig. Dem Vermittler steht dann kein Vergütungsanspruch zu; auch Ansprüche aus Geschäftsführung ohne Auftrag oder Bereicherungsrecht scheiden aus (Stuttgart BeckRS 2021, 7618). § 296 III SGB III enthält außerdem eine genaue Vergütungsregelung (zum Vermittlungsgutschein vgl § 45 SGB III). Ein Verstoß gegen diese Vergütungsregelung führt gem § 297 Nr 1 SGB III zur Unwirksamkeit der Vereinbarung; Rechtsfolge ist der Verlust des gesamten Vergütungsanspruchs des Vermittlers (BGH NJW 2010, 3222 Rn 16). Hinsichtl einer Ausbildungsvermittlung gilt, dass der Vermittler eine Vergütung nicht vom Auszubildenden, sondern nur vom ArbGeb verlangen kann, § 296a SGB III. 3b

Nach § 34c GewO ist **die gewerbliche Maklertätigkeit erlaubnispflichtig**, so dass zumindest in beschränktem Umfang ungeeigneten Personen der Zugang zum Maklerberuf verwehrt werden kann (dazu MüKo/*Althammer* § 652 Rn 25). Erg werden mit der die früheren Maklerverordnungen der Länder ersetzenden Makler- und Bauträgerverordnung (**MaBV**) gewerberechtl Vorschriften zum Schutz des Auftraggebers geschaffen. Die MaBV schützt den Auftraggeber, insb dessen Vermögen. Die Pflichten des Maklers zur Sicherheitsleistung für Vermögenswerte des Auftraggebers durch Bürgschaft oder Versicherung (§ 2 MaBV), zur auftragsgemäßen Verwendung ihm übergebener Vermögenswerte (§ 4 MaBV), der getrennten Anlage eigenen und vom Auftraggeber erhaltenen Vermögens (§ 6 MaBV) und der Rechnungslegung (§ 8 MaBV) sind gem § 12 MaBV unabdingbar. Eine aus diesem Grunde ungültige Vertragsklausel führt jedoch nicht zur Ungültigkeit des gesamten Vertrags (vgl dazu auch Rn 35). 4

II. Gegenstand der Maklertätigkeit. 1. Maklertätigkeit, Vermittlungsverbote. Gegenstand der Tätigkeit eines Maklers ist es, Personen, die rechtsgeschäftlich tätig werden wollen, als Vertragspartner gegen Entgelt zusammenzubringen. Der Makler sucht für seinen Auftraggeber einen Partner (den Dritten). Je nach Ausgestaltung des Auftrags weist der Makler seinen Auftraggeber auf eine Gelegenheit zum Vertragsschluss hin **(Nachweismakler)** oder vermittelt den Vertrag **(Vermittlungsmakler)**. Einzelheiten s § 652 Rn 12–19. Die Vermittlung und Nachweisverschaffung bezieht sich auf **Geschäfte jeder Art**, zB An- und Verkauf, Belastung (Hypothekenmakler), Vermietung und Verpachtung von Wohn-, gewerblichen und landwirtschaftl Grundstücken einschl Wohnraum (Immobilienmakler), Heiratsvermittlung (Ehemakler), Darlehen (Finanzmakler, Kreditmakler, der entweder selbst Darlehensverträge vermittelt oder dem Kreditsuchenden Geldgeber nachweist, für Darlehensvermittlung zw Unternehmer und Verbraucher (§ 13) gelten die §§ 655a–655e, vgl dort), Geschäftsverkäufe, Versicherungen (Versicherungsmakler), Versicherungen, Zwangsversteigerungen, Beteiligungen, Finanzierungen und Dienstverträge, Ermitteln eines günstigeren Angebotes als das vorliegende (Preisermittler) (BGH NJW-RR 1998, 995f). 5

Maklergeschäfte iSd §§ 652ff kann grds jede jur und natürliche Person **vornehmen**. Als Makler tätig werden kann auch eine private städtische Gesellschaft, solange die private wirtschaftl Tätigkeit nicht unmöglich gemacht oder unzumutbar eingeschränkt wird oder eine unerlaubte Monopolstellung entsteht (BVerwG NJW 1995, 2938). **Notaren** ist nach § 14 IV 1 BNotO verboten, Darlehen und Grundstücksgeschäfte zu vermitteln oder nachzuweisen (Rechtsfolge vgl Rn 35). Für **Rechtsanwälte** besteht kein grds Verbot (BGH NJW 1992, 682; 2001, 1569). Eine ständige Ausübung der Maklertätigkeit ist mit dem Beruf eines Rechtsanwalts allerdings unvereinbar (BGH NJW 2004, 212 (Immobilienmakler); NJW 2008, 517 Rn 8 (Versicherungsmakler); *D. Fischer* NJW 2016, 3220, 3221). Ob eine gelegentliche Maklertätigkeit eines Rechtsanwalts dem Maklerrecht unterliegt (Provision nur bei Erfolg) oder aufgrund eines Anwaltsvertrags erfolgt (damit Anwendung des RVG, GKG), entscheidet sich nicht nach dem Willen der Beteiligten, sondern danach, inwieweit die einem Rechtsanwalt eigentümliche Aufgabe der Gewährung rechtl Beistandes so weit in den Hintergrund tritt, dass es gerechtfertigt wäre, die übernommene und durchgeführte Aufgabe als reine Maklertätigkeit zu werten (BGHZ 18, 340, 346; BGH NJW 1985, 2642; 1992, 682; 1998, 3486 und 2001, 1569). Die Einordnung eines Vertrages als Anwalts- oder Maklervertrages unterliegt mithin nicht der privatautonomen Vereinbarung, vielmehr herrscht **Typenzwang** (Staudinger/*Arnold*, Rn 55f; *Hamm/Schwerdtner* Rn 180; *D. Fischer* NJW 2016, 3220, 3222). Im Zweifel ist von einer 6 anwaltlichen Tätigkeit auszugehen (BGH NJW 1985, 2642), denn sofern nichts anderes vereinbart, wird auch von einem Anwalt, der Maklerdienste leistet, rechtl Betreuung der Interessen erwartet (BGH WM 1976, 1136; 1977, 552). Wer sich an einen Rechtsanwalt nicht wegen dessen Anwaltseigenschaft wendet, sondern weil dieser ihm als Vermittler eines später gescheiterten Grundstücksgeschäfts genannt worden war, schließt dagegen einen Maklervertrag und keinen Anwaltsvertrag ab (BGHR BGB § 652 I Maklervertrag 1; BGH NJW 1992, 682). Geriert sich ein Anwalt ausschließlich als Makler und scheidet eine Rechtsberatung aus, liegt ein Maklervertrag vor (Hamm IVD-Rspr A 147 Bl 3). Die Verabredung eines von der BRAGO (RVG) abw (Erfolgs-)Honorars ist kein Grund, eine anwaltliche Tätigkeit zu verneinen (BGHZ 18, 340, 346; BGH WM 1977, 552; *Gerold* NJW 1953, 1356). Ein solcher Vertrag ist daher auch nicht nach §§ 134, 138 nichtig (BGH NJW 1992, 682; 2001, 1569). So ist anwaltliche Tätigkeit zu bejahen bei Vermittlung eines größeren Darlehens, weil der Auftrag eine sachgemäße Interessenwahrung zugunsten des Darlehensnehmers bei den Verhandlungen einschließt (RGZ 121, 200, 201; BGH NJW 1985, 2642); bei einem Finanzierungsmandat trotz Erfolgshonorarabrede, wenn eine besondere Klärung der rechtl Voraussetzungen einer Kreditgewährung erforderlich und eine laufende Beratung beabsichtigt sind (BGHZ 18, 340, 346). Die Beteiligung eines weiteren Rechtsanwalts, dem allein die Rechtsberatung obliegen soll, besagt, dass der den Vertrag vermittelnde Anwalt ausschließlich als Makler anzusehen ist (BGH VersR 1970, 136, 137). Besteht die Aufgabe des Anwalts im Wesentlichen darin, den nicht übereinstimmenden Willen der Parteien zur Einigung zu führen, handelt es sich um typische Makleraufgaben (Hamburg HRR 1933 Nr 1574). Die Aufstellung eines Finanzierungsplanes entspricht ebenso wenig einer anwaltlichen Berufstätigkeit (HansOLG Recht 1924 Nr 749), wie die Verhandlungen über die Vermittlung eines Staatskredits (Hamburg HRR 1933 Nr 1574; LG Stade NJW 1953, 1356 m abl Anm *Gerold*). In beiden Fällen handelt es sich um Tätigkeiten, die üblicherweise von Bankiers ausgeübt werden und bei einem Anwalt dem Maklerrecht unterworfen werden müssen. Zur Zulässigkeit gelegentlicher Maklertätigkeit außerhalb der Anwaltstätigkeit BGH NJW 1992, 681; NJW 1996, 2500. Zur internationalen Zuständigkeit dt Gerichte bei Maklertätigkeit eines griechischen Rechtsanwalts (BGH NJW 2009, 298).

7 Zur **Adoptionsvermittlung** vgl Vor § 1741 Rn 3; verboten ist gem § 5 AdVermiG die private Adoptionsvermittlung.

8 Ein Makler ist im Verhältnis zu den von ihm zusammengeführten Vertragsparteien **Dritter iSd § 123 II** (BGH NJW 1978, 2144), also kein Bote und idR auch **kein Stellvertreter** (vgl Vor § 164 Rn 27, sowie § 97 HGB: regelmäßig keine Befugnis des Maklers zur Annahme von Geld und dgl). War der Makler zum Abschluss bevollmächtigt, ist der Auftraggeber regelmäßig auch für die ohne Auftrag gemachten unrichtigen Angaben des Maklers verantwortlich (RG JW 1927, 1993). Ist aber der Makler – wie regelmäßig – nur **Hilfsperson**, nicht Urheber der betreffenden rechtsgeschäftlichen Erklärung, so kommt es bei deren Auslegung nicht darauf an, was sich der Makler dabei gedacht hat. Auch passive Vertretungsmacht (zB zur Entgegennahme von Erklärungen des Vertragsgegners) kommt ihm dann nicht zu (RGZ 105, 206). Der Auftraggeber muss sich jedoch nach §§ 278, 166 das Verhalten des Maklers zurechnen lassen, wenn sich dieses nicht auf reine Maklerdienste beschränkt, insb dann, wenn der Auftraggeber das Verhalten des Maklers veranlasst hat (RGZ 63, 152; BGH NJW 1996, 451; 1995, 2550; NJW-RR 2001, 564; Hamm MDR 2002, 1053; NJW-RR 2003, 487). Der Makler kann somit trotz selbständiger Stellung Erfüllungsgehilfe einer Vertragspartei sein. Wenn er mit Wissen und Wollen einer der späteren Vertragsparteien Aufgaben übernimmt, die der Vertragspartei obliegen, so ist er nicht nur Makler im eigenen Interesse, sondern ebenfalls Hilfsperson desjenigen, für den er die Tätigkeit ausführt (BGH NJW-RR 1997, 116; KG NJW-RR 2003, 1137).

9 **2. Arten der Makler, Abgrenzung.** Der **Zivilmakler** – allein diesen erfassen die §§ 652ff – vermittelt nur Rechtsgeschäfte **bürgerlich-rechtl Art** oder weist entspr Abschlussgelegenheiten nach. Er braucht seine Tätigkeit **nicht berufsmäßig** auszuüben. Er wird häufig **Kaufmann** sein (Ist-Kaufmann nach § 1 II HGB, sonst mit Eintragung im Handelsregister, Grü/*Retzlaff* Rn 3). Hierdurch wird der Zivilmakler jedoch nicht zum Handelsmakler. Ansonsten gelten auch für ihn die Vorschriften des HGB.

10 Dagegen betreibt der **Handelsmakler** die **gewerbsmäßige** Vertragsvermittlung über die in § 93 I HGB aufgeführten Handelsgeschäfte: über die Anschaffung oder Veräußerung von Waren oder Wertpapieren, Versicherungen, Güterbeförderungen, Schiffsmiete oder sonstige Gegenstände des Handelsverkehrs, jedoch nicht die Vermittlung von Geschäften über unbewegliche Sachen, § 93 II HGB. Immobilien- und Hypothekenmakler sind daher auch als Kaufleute oder Inhaber von Handelsunternehmen immer Zivilmakler. Gelegentliche Vermittlung der in § 93 I HGB aufgeführten Geschäfte macht Makler noch nicht zum Handelsmakler. Gewerbsmäßige Tätigkeit setzt voraus, dass nicht lediglich eine Vielzahl einzelner Gelegenheitsgeschäfte vorgenommen wird, sondern diese Tätigkeit die regelmäßige Betätigung bildet. Der Handelsmakler dient und haftet im Zweifel beiden Parteien des Hauptvertrags, § 98 HGB. Der Zivilmakler ist dagegen grds nur für eine Vertragspartei tätig, § 654, es sei denn, es handelt sich um einen Doppelauftrag, wie im Immobilienbereich vielfach üblich (BGH NJW-RR 2003, 991; *D. Fischer* IMR 2021, 88, 91). Der Handelsmakler ist gem § 1 HGB ohne Rücksicht auf die Größe seines Unternehmens stets Kaufmann, § 93 III HGB. Für den Handelsmakler gelten die §§ 652ff nur, soweit in den §§ 93–104 HGB keine Sonderregelung enthalten ist (BGH BB 1952, 44). Die §§ 93ff HGB finden dagegen auch nicht entspr auf den Zivilmakler Anwendung (Hamburg MDR 1966, 143, 144).

11 Die Beziehungen des Maklers zu seinem Auftraggeber werden ausschließlich im Hinblick auf den einzelnen jew Nachweis bzw die entspr Vermittlung begründet. Im Gegensatz hierzu steht der **Handelsvertreter**, §§ 84ff HGB, einschl des Versicherungsvertreters, § 92 HGB, in ständiger Vermittlungs- oder Abschlusstätigkeit für seinen

Auftraggeber (BGH BB 1972, 11; NJW 1992, 683 und 2818; Düsseldorf BB 2012, 202). Ein solches „ständiges Betrautsein" iSd § 84 HGB erfordert ein auf eine gewisse Zeitspanne angelegtes Verhältnis zu dem Geschäftsherrn, aufgrund dessen der Handelsvertreter verpflichtet ist, im Interesse des Geschäftsherrn Geschäftsabschlüsse zu vermitteln (RGZ 95, 134, 135; Bamberg MDR 1966, 55, 56). Diese beiderseitige, auf Dauer angelegte Bindung beim Handelsvertreter steht im Gegensatz zur Maklertätigkeit (BGH NJW 1992, 2818). Der Makler hat idR keine solche Verpflichtung, es steht in seinem Belieben, ob er tätig werden will oder nicht. Nicht als Handelsvertreter, sondern als Zivilmakler ist daher ein ausl Dolmetscher anzusehen, der einer Versicherungsagentur seine Landsleute als Vertragsinteressenten zuführt und für jeden Vertragsschluss eine Provision erhält, denn es ist seiner freien Entscheidung überlassen, ob und welcher Versicherung er seine Landsleute zuführt (*O. Werner* AcP 176, 269). Obwohl selbständiger Gewerbetreibender, steht der Handelsvertreter zu seinem Geschäftsherrn im Verhältnis des Dienstverpflichteten zum Dienstberechtigten (RGZ 95, 134, 135) und ist als Beauftragter grds weisungsgebunden (BGH NJW 1992, 2818). Dagegen ist ein Makler weisungsunabhängig (BGH NJW 1992, 2818; *Hamm/Schwerdtner* Rn 20). Nicht entscheidend für die Handelsvertreterschaft ist, dass die Vermittlung mehrerer Geschäfte in einer nicht fest bestimmten Frist in Aussicht genommen wird (RGZ 95, 134, 135). Vielmehr muss aus der Vereinbarung hervorgehen, dass der Beauftragte verpflichtet ist, sich ständig um Geschäfte zu bemühen (BGH NJW 1992, 2818). Indizien für die Einordnung als Handelsvertreter sind die Unbestimmtheit und Vielzahl der Objekte und das Interesse an der Umsatzförderung (BGH NJW 1992, 2818; diff *Dehner* NJW 1993, 2225f). Der Handelsvertretervertrag ist ein Dienstvertrag, der eine Geschäftsbesorgung zum Gegenstand hat (BGH NJW 2014, 625 Rn 13). Ist ein Handelsmakler zugleich als Handelsvertreter tätig, ist im Einzelfall festzustellen, in welchen Bereich das Geschäft fällt (Bamberg MDR 1966, 55, 57). Ein Handelsvertreter kann nicht von dem für seinen ständigen Auftraggeber geworbenen Kunden eine Maklerprovision verlangen, denn er tritt anstelle des Unternehmers auf (BGH NJW 1974, 137; 2012, 1504 Rn 9), unechte Verflechtung, vgl § 652 Rn 31. Die Rechtsstellung des Handelsvertreters ist nach dem Gesetz eine weitaus ungünstigere als die des Zivilmaklers (BGHZ 2, 281, 282). Der Provisionsanspruch des Zivilmaklers entsteht nach § 652 mit dem **Abschluss** des durch ihn herbeigeführten Geschäfts, beim Handelsvertreter nach der gesetzl Auslegungsregel des § 87a HGB frühestens mit der **Durchführung.**

Der **Kommissionär**, §§ 383ff HGB, schließt im eigenen Namen ab. Er ist (mittelbarer) Stellvertreter des Kommittenten und kann daher nicht dem Maklerrecht unterliegen. Für den Handelsvertreter und den Kommissionär gelten §§ 84ff bzw §§ 383ff HGB. §§ 652ff sind unanwendbar. Für den Zivilmakler haben die §§ 84ff, 383ff HGB keine Geltung (BGHZ 2, 281, 284; BGH NJW 1966, 1404 mwN). Dies ist in der unterschiedlichen wirtschaftl und rechtl Beurteilung begründet (BGHZ 2, 281, 283). 11a

3. Zusammenarbeit mehrerer Makler. Der Maklerbegriff der §§ 652ff setzt keine höchstpersönliche Nachweis- oder Vermittlungstätigkeit voraus. Makler ist auch, wer sich bei Durchführung des Auftrags seiner **Hilfskräfte** bedient, eine jur Person oder eine Personalgesellschaft, die durch ihre Geschäftsführer oder Organe handelt. Insoweit gelten die allg Regeln. Daneben treten häufig folgende im BGB nicht geregelte, daher allein aus den Abmachungen zu bestimmende und abzugrenzende (BGH NJW 1982, 1052) Sonderverbindungen auf: 12

a) Der vom Auftraggeber beauftragte Makler (Hauptmakler, Erstmakler) kann sich zur Erfüllung seiner Tätigkeit eines sog **Untermaklers** (Zweitmaklers) bedienen. Dieser ist **Erfüllungsgehilfe des Hauptmaklers** (RGZ 148, 356; BGH BB 1954, 173; WM 1978, 245; NJW-RR 1997, 116), mit der Haftungsfolge des § 278. Er soll dem Hauptmakler in seinem Bestreben helfen, die Provision zu verdienen (*Mormann* WM 1971, 1076). Der Untermaklervertrag ist ein Vertrag eigener Art (RG JW 1929, 3497; Staudinger/*Arnold* Rn 32), ein Hilfsvertrag zum Maklervertrag (BGH BB 1954, 173; Hamburg AIZ 1986, H 12 A 175 Bl 1; *Ibold* Rn 165). Der Untermakler steht regelmäßig zum Auftraggeber in keinem Vertragsverhältnis. Er erhält seine Provision vom Hauptmakler (idR Beteiligung an der vom Auftraggeber erhaltenen Provision) nicht für den Nachweis der Gelegenheit zum Abschluss oder für die Vermittlung eines Vertrags, sondern für die Hilfe, die er diesem leistet (Hamburg MDR 1964, 595). Es handelt sich um ein partiarisches Rechtsverhältnis besonderer Art (BGH MDR 1967, 40; Düsseldorf OLGRp 1994, 93). Der Untermakler kann Aufwendungen allein im Rahmen des § 652 II 1 vom Hauptmakler verlangen (BGH NJW 1965, 293). Der Hauptmakler wird durch den Untermaklervertrag nicht in seiner Entschließungsfreiheit beschränkt (BGH BB 1968, 729) und hat insb keine Pflicht, tätig zu werden, um dem Untermakler die Beteiligung an der Provision zu sichern (Grenze: Arglist). Dem Untermakler obliegen ggü dem Hauptmakler Treuepflichten, die auch nach Beendigung des Untermaklerverhältnisses fortwirken (RGZ 148, 354: Kundenschutz), jedoch keine Pflichtverletzung, wenn Untermakler selbständigen Maklervertrag mit dem Auftraggeber des Hauptmaklers schließt (BGH DB 1966, 1928). § 654 ist auf den Untermaklervertrag anzuwenden (Staudinger/*Arnold* Rn 36; Grü/*Retzlaff* § 654 Rn 8; *Hamm/Schwerdtner* Rn 40; *D. Fischer* Maklerrecht, Kap IX Rn 90; aA MüKo/*Althammer* § 652 Rn 294, die dort zitierte Entscheidung BGH BB 1966, 1367 hat die Frage der Anwendbarkeit des § 654 offengelassen). 13

b) Beim **Zubringergeschäft** verpflichtet sich der Zubringermakler, einem anderen, dem Hauptmakler, Auftraggeber zuzuführen (BGH BB 1963, 835; 1968, 729); anders, nur lockere Zusammenarbeit: Düsseldorf OLGRp 1994, 93. Im Gegensatz zum Untermaklervertrag erfolgt keine Zusammenarbeit zw Hauptmakler und Zubringer (BGH BB 1963, 835). Der Zubringer soll den Hauptmakler nicht bei der Erfüllung des Maklervertrags unterstützen, sondern ihm erst zum Abschluss eines Maklervertrags verhelfen (*Mormann* WM 1971, 1076: Benennung von Möglichkeiten zum Abschluss eines Maklervertrags). Der Zubringer wird an der später vom Hauptmakler verdienten Provision prozentual beteiligt. Er hat Lohnanspruch auch gegen den Erwerber des Hauptmaklerunter- 14 nehmens, wenn die Zubringerdienste an den früheren Inhaber erbracht wurden und der Abschluss des Hauptvertrags erst nach Geschäftsübertragung erfolgt (§§ 25, 26 HGB; BGH MDR 1974, 741). Hauptmakler und Zubringer haben keine Pflicht zum Tätigwerden (BGH BB 1968, 729). Frage der Auslegung, ob Zubringer- oder Gemeinschaftsgeschäft vorliegt (BGH BB 1963, 836; DB 1982, 170; Staudinger/*Arnold* Rn 41f).

15 c) Werden mehrere Makler von einem Auftraggeber **gemeinsam** mit dem Nachweis oder der Vermittlung eines Geschäfts beauftragt, sind diese **Mitmakler** (Gesamtmakler). Sie erhalten bei erfolgreicher Tätigkeit gemeinsam eine einzige Provision. Sie sind Gesamtgläubiger (§ 428; *Werneburg* ZHR 100, 210ff, 216ff). Aufteilung erfolgt unter den Mitmaklern, die **häufig** in einem Gesellschaftsverhältnis zueinander stehen. Werden mehrere Makler **unabhängig voneinander** mit einem Objekt beauftragt, so sind sie keine Mitmakler. Jeder hat seine separaten Vertragsbeziehungen zu dem Auftraggeber. Da hier mitursächliche Tätigkeit mehrerer Makler möglich ist (§ 652 Rn 48), muss der Auftraggeber ggf auch an mehrere Makler unabhängig voneinander eine volle Provision zahlen (*Werneburg* ZHR 100, 213f, 218f).

16 d) Bei dem sog **Gemeinschaftsgeschäft** haben sich mehrere Makler zu einer **gleichberechtigten Zusammenarbeit** dergestalt zusammengeschlossen, dass sie sich untereinander die von ihren Auftraggebern gewünschten Geschäfte mitteilen und die Auftraggeber als Vertragspartner zusammenführen (Bsp: Makler A ist von dem Verkäufer eines Pkw beauftragt, einen Käufer zu finden. Makler B dagegen sucht für seinen Auftraggeber ein solches Fahrzeug. Durch Kontakt beider Makler können die jew Auftraggeber zusammengebracht werden, um den Kaufvertrag abzuschließen). Die Makler eines Gemeinschaftsgeschäfts sind nicht für denselben Auftraggeber, sondern jew für eine andere Partei des Hauptvertrags tätig (BGH NJW-RR 1987, 171; *Wistokat* NZM 2021, 905, 913). Der jew Makler ist grds kein Erfüllungsgehilfe des anderen (Karlsruhe NJW-RR 1998, 996f). Daher kann **jeder Makler die volle Provision** von seinem Auftraggeber verlangen, nicht jedoch wenn er ohne Wissen seines Auftraggebers einen Dritten einschaltet, der für die Gegenseite des Auftraggebers als Makler tätig ist (Karlsruhe NJW-RR 1998, 996f). Im Innenverhältnis der Makler wird die Gesamtprovision idR geteilt, sofern nichts anderes vereinbart wurde (Düsseldorf OLGRp 1994, 93; *Hamm/Schwerdtner* Rn 43; *J. Breitholdt* BB 1993, 600; aA *Pauly* NZM 2006, 161, 163). Dies gilt auch dann, wenn nur *eine* Provision entsteht (BGH BB 1963, 835). Bei einem Gemeinschaftsgeschäft zweier Grundstücksmakler muss der Makler, der mit dem Käufer verhandelte, darlegen, dass er einen Maklervertrag zu den Bedingungen geschlossen hat, wie sie der abgesprochenen Provisionsforderung des den Käufer vertretenden anderen Maklers entsprach, weil er sonst Schadensersatz iHd der dem anderen Makler entgangenen Provision zahlen muss (BGH NJW-RR 1987, 171). Zur Schadensersatzforderung des einen Maklers gegen den anderen der vereinbarten Provisionsabrede zuwiderhandelnden Makler (BGH NJW-RR 1987, 171). Inwieweit die Makler berechtigt sind, dem Auftraggeber einen **selbst gefundenen Interessenten** zuzuführen, ist dem jew Gemeinschaftsvertrag zu entnehmen. IdR keine Verpflichtung, allein die Interessenten über den anderen Makler zu suchen. Die unter den Maklern **ausgetauschten Angebote** müssen so substantiiert sein, dass der andere Makler erkennen kann, ob sein Auftraggeber als Vertragspartner in Betracht kommt. Allein die Nennung eines Objekts genügt nicht (BGH MDR 1973, 225).

16a Das Verhältnis der am Gemeinschaftsgeschäft beteiligten Makler ist untereinander vertragl geregelt (BGH DB 1982, 170). Kündigung des Gemeinschaftsgeschäfts aus wichtigem Grund gem § 314. Für die dem Immobilienverband Deutschland (IVD) angehörenden Makler gelten die aufgestellten Geschäftsgebräuche für Gemeinschaftsgeschäfte (vgl BGH WM 1969, 1261, Kundenschutz). Die Geschäftsgebräuche werden jedoch nicht unmittelbar Bestandteil des Gemeinschaftsvertrags, weil sie keine Rechtsnormen beinhalten (BGH NJW-RR 1987, 171; Düsseldorf NJW-RR 1998, 1666; Staudinger/*Arnold* Rn 45). Überlässt ein am Gemeinschaftsgeschäft beteiligter Makler dem anderen nach Austausch der Objekte die **alleinige Weiterführung** der Vermittlertätigkeit, ist dieser Erfüllungsgehilfe des untätigen Maklers (§ 278 anwendbar, München JR 1961, 97). Handelt der allein tätige Makler dabei einseitig im Interesse seines Auftraggebers, so bedeutet dies Verletzung der Treuepflicht ggü dem anderen Auftraggeber, so dass letzterer dieses Verhalten dem von ihm beauftragten Makler über § 278 entgegenhalten kann (München JR 1961, 97); § 654 ist anwendbar (Staudinger/*Arnold* Rn 48; *D. Fischer* Maklerrecht, Kap IX Rn 90: Verwirkung der Maklerprovision, vgl § 654 Rn 7). Zum Maklergeschäft nach dem Franchise-System vgl Staudinger/*Arnold* Rn 51–53; *Ibold* Rn 166.

17 **III. Maklervertrag. 1. Rechtsnatur.** Der Abschluss eines Maklervertrags erfolgt zunächst nach den allg Regeln des Vertrags, §§ 145ff (Frankfurt aM NZM 2023, 127, 129; BaRo/*Kneller* § 652 Rn 16; *D. Fischer* NJW 2022, 3265 Rn 2). Durch den Maklervertrag verpflichtet sich der Auftraggeber, dem Makler für den Nachweis einer Gelegenheit zum Abschluss oder für die Vermittlung eines Vertrags mit einem Dritten eine Provision (Courtage, Maklerlohn) zu zahlen. Maklerleistung kann auch Vermittlung und Nachweis sein (Koblenz NJW-RR 1994, 824). Diese muss nicht in einer Geldleistung bestehen, möglich ist das **Versprechen eines jedweden Vorteils**, zB Zusage, für die Vermittlung eines Grundstücks dem Vermittler die Bauaufträge zu erteilen (*Bilda* MDR 1977, 540). Die Beziehungen zw Auftraggeber und Makler sind meist nur lose. Der Makler ist nicht ArbN des Auftraggebers, er hat auch keine arbeitnehmerähnl Stellung. Auftraggeber und Makler müssen verschiedene Personen sein. Wirtschaftl Verflechtung zw beiden ist für den Vertragsschluss unschädlich (BGH WM 1976, 1334; NJW-RR 2015, 365 Rn 37; vgl § 652 Rn 32f), sofern nicht, wie zB bei Doppelauftrag (§ 654), der Makler auch Interessen des Dritten wahrnehmen muss (vgl § 652 Rn 31). Das BGB ordnet den Maklervertrag zw Werkvertrag und Auslobung ein, als **Vertrag eigener Art** (Grü/*Retzlaff* Rn 1); zutr ist die Qualifizierung als **besonderer Geschäftsbesorgungsvertrag** (Rostock OLGRp 2009, 192, 193; *D. Fischer* Maklerrecht, Kap II Rn 5). Wird Entgelt unabhängig davon versprochen, ob der Verpflichtete echte Maklertätigkeit entfaltet, handelt es sich um ein **un-**

abhängiges Provisionsversprechen (BGH NJW-RR 1987, 1075; 1996, 1011f; NJW 2000, 3781; ZMR 2002, 58, NJW-RR 2007, 55). Eine Provisionszahlung kann somit aufgrund der im Schuldrecht geltenden Vertragsfreiheit auch dann verlangt werden, wenn dem Makler eine Vermittlungs- oder Nachweistätigkeit nicht möglich ist (BGH NJW-RR 1987, 1075; NJW 2000, 3781; *Lehner* NJW 2000, 2405). Kennt der Auftraggeber die Umstände (jedoch – nach der insoweit bedenklichen Judikatur – nicht notwendigerweise die rechtl Konsequenzen), aus denen sich ergibt, dass eine echte Maklertätigkeit nicht möglich ist, und wird eine Provision vereinbart, liegt ein unabhängiges Provisionsversprechen vor (BGH NJW-RR 1987, 1075; 2000, 1503; *Lehner* NJW 2000, 2405). Es kann sich dabei auch um ein Schenkungsversprechen (BGH NJW-RR 1987, 1075; 2001, 1134) oder einen verdeckten Teil des Kaufpreises (BGH WM 1991, 246) handeln. Vom **Auftrag** des § 662 unterscheidet sich der reine Maklervertrag durch seine Entgeltlichkeit und die grds Nichterstattung der Aufwendungen (§ 652 II, § 670), vom **Dienstvertrag** des § 611 durch die fehlende Verpflichtung des Maklers, tätig zu werden, vom **Werkvertrag** des § 631 durch die fehlende Verpflichtung, einen bestimmten Erfolg herbeizuführen. Soweit sich der Makler auch mit Sanierungen, Haus- und Grundstücksverwaltungen, Steuer- und Rechtsberatung befasst, handelt es sich nicht um eine Maklertätigkeit iSd §§ 652ff, sondern um Dienstverträge oder Geschäftsbesorgungen (zur Abgrenzung zw Geschäftsbesorgungs- und Maklervertrag vgl BGH WM 1977, 762). Der Maklervertrag ist im BGB nicht genauer definiert. Dieses beschränkt sich auf die Normierung der wesentlichen Pflichten des Auftraggebers (Provision, Auslagenerstattung). Die Pflichten des Maklers sind nicht aufgeführt. Die Parteien sind somit in Wahl und Gestaltung des Vertragsinhalts frei. Der Maklervertrag ist daher als einseitiger (nur den Auftraggeber verpflichtender) oder als gegenseitiger (auch den Makler verpflichtender) Vertrag möglich (*Enneccerus/Lehmann* § 157 I). Was gewollt ist, muss durch Auslegung ermittelt werden, §§ 133, 157, 242.

Grundsatz: Wie der Auftraggeber nicht verpflichtet ist, das in Aussicht genommene Geschäft abzuschließen (BGHZ 226, 20 Rn 20 (Abschlussfreiheit); Koblenz MDR 2012, 1396), so enthält auch der Maklervertrag nach der gesetzl Regelung der §§ 652ff keine Verpflichtung des Maklers, für den Auftraggeber tätig zu werden (BGH NJW 2019, 1596 Rn 29; BGHZ 226, 20 Rn 20). Das Gesetz gestaltet den Maklervertrag somit grds als **einseitig** nur den Auftraggeber **verpflichtenden** (Provision) **Vertrag** (Jauernig/*Mansel* Rn 3; Hk/*Scheuch* § 652 Rn 2), auf den nach hM § 316 Anwendung findet (BGHZ 94, 98, 100; MüKo/*Würdinger* § 316 Rn 3). Auch § 653 I spricht lediglich von einer dem Makler „übertragenen Leistung", nicht von einer Verpflichtung zur Vermittler- bzw Nachweistätigkeit. Die Maklerleistung ist lediglich Bedingung für den Provisionsanspruch. Allg Treue- und Sorgfaltspflichten (§ 652 Rn 57ff) sind wie auch sonst nur Nebenpflichten (Hamburg NJW 1969, 1625, 1626; BaRo/*Kneller* § 652 Rn 2; Grü/*Retzlaff* § 652 Rn 13–18). Bei diesem reinen Maklervertrag sind die vertragl Beziehungen regelmäßig nicht so scharf abgegrenzt wie bei anderen Verträgen. 18

Vertraglich kann der Makler die **Verpflichtung** übernehmen, für den Auftraggeber tätig zu werden. Hat er Abschlussgelegenheiten oder Nachweis zu suchen, ohne jedoch für einen Geschäftsabschluss, den Erfolg, einstehen zu müssen (zB Alleinauftrag, vgl § 652 Rn 20; *Krüger-Doyé*, 31, 38, 46 sieht eine solche Verpflichtung bereits in dem dauernden oder befristeten Ausschluss der Beendigung des Maklervertrags), handelt es sich um eine besondere Art des Dienstvertrags (sog **Maklerdienstvertrag**), auf den neben den §§ 652ff erg die §§ 611ff heranzuziehen sind, soweit dies mit dem Wesen des Maklerrechts vereinbar ist (München NJW-RR 1997, 1146; *O. Werner* JurA 1970, 356). Ebenso Maklerdienstvertrag ist Anschriftenveröffentlichung von Bauleistungsnachfragen (München NJW-RR 1998, 994). Ob Maklerdienstvertrag vorliegt, ist eine Frage der Vertragsgestaltung bzw Vertragsauslegung (BGH NJW-RR 1999, 1499, 1500). Maklerdienstvertrag ist anzunehmen, wenn Beratungsleistung im Hinblick auf Erwerb eines Unternehmens geschuldet wird (Karlsruhe NJOZ 2006, 1164). Ein Vertrag, in dem sich der Makler nur zu Bemühungen um das Zustandekommen der Finanzierung, nicht aber zur Beschaffung der Finanzierung eines Hauskaufs verpflichtet hat, ist als Maklerdienstvertrag zu qualifizieren (BGH NJW-RR 1991, 627). Da auch hier die Vergütung nur bei Erfolg geschuldet wird, liegt kein reiner Dienstvertrag vor. Lediglich bei Abbedingung des Erfolges können die §§ 611ff unbeschränkt Anwendung finden. 19

Verpflichtet sich der Makler zu einer erfolgreichen Tätigkeit (zB Verschaffung einer Hypothek, Beibringung eines vertragsbereiten Käufers, Beschaffung einer bestimmten Finanzierung BGH NJW-RR 1991, 627), handelt es sich um einen sog **Maklerwerkvertrag** (genauer: auf Geschäftsbesorgung gerichteter Werkvertrag, BGH NJW 1988, 967, 968; ähnl BGH MDR 1986, 294), auf den die §§ 631ff, 675 erg und subsidiär Anwendung finden (Soergel/*Engel* Rn 5). Maklerdienst- und Maklerwerkvertrag sind gegenseitige Verträge, es gelten §§ 320ff (BGH MDR 1986, 294). 19a

2. Vertragsschluss. Der Auftraggeber verspricht dem Makler Lohn dafür, dass er für das Zustandekommen eines Vertrags tätig wird, beim **Nachweismaklervertrag** für den Fall, dass er durch ihn Kenntnis von einer Vertragsmöglichkeit erhält (idR Benennung eines Vertragspartners) und das vom Auftraggeber gewünschte Rechtsgeschäft zustande kommt. Dagegen enthält ein **Vermittlungsmaklervertrag** weitergehende Anforderungen an den Makler, indem dieser sich nicht mit der Benennung einer Abschlussgelegenheit begnügen darf, sondern darüber hinaus auch mit dem benannten Partner des angestrebten Vertrags in Verbindung treten muss, um den Vertragsschluss herbeizuführen (BGH BB 1968, 148; WM 1981, 42; NJW 2019, 1803 Rn 26). In beiden Fällen liegt kein Realvertrag vor, da **Zustandekommen** bereits vor Tätigwerden des Maklers, durch Angebot und Annahme, erfolgt. Wird keine Maklerleistung versprochen, sondern lediglich eine (Verkaufs-)Gebühr vereinbart, liegt kein Maklervertrag, sondern eine davon unabhängige Verpflichtung vor (BGH BB 1976, 265). 20

a) Auftragserteilung. Eine **Auftragserteilung** (als Vertragsangebot oder -annahme) an den Makler erfordert die Erklärung des Willens und der Bereitschaft, die Vermittlungs- bzw Nachweistätigkeit gegen eine Provisionszah- 21 lung in Anspruch zu nehmen (KG NJW 1970, 902; Düsseldorf NJW-RR 1997, 368f; Hamm NJW-RR 1994, 1540). Ein Maklervertrag kommt weder durch nachträgl Übersendung eines Exposés mit dem Provisionsverlangen noch durch eine unklare Formulierung in einer Reservierungsvereinbarung noch durch die Bitte des Käufers um Überlassung der Finanzierungsunterlagen noch durch die bloße Inanspruchnahme der Dienste des Maklers zustande (Hamm NJW-RR 1989, 1209); ebenfalls nicht bei Zusendung eines Drittexposés, wenn der Makler kein ausdrückliches eigenes Provisionsverlangen stellt (BGH NJW 2016, 2317 Rn 36 m Anm *D. Fischer* NZM 2016, 478). Zustandekommen jedoch, wenn auf Abschluss des Vertrags mit Unternehmensgruppe gerichtet ist, die erst nach Erbringen der Maklerleistung entstanden ist (BGH NJW-RR 1998, 994; Bamberg NJW 1998, 565). Auch in den Fällen, in denen sich der Interessent ohne den Anlass einer Angebotsanzeige an einen Makler mit dem Ersuchen um einen Nachweis zum Hauskauf wendet (**Suchauftrag**), entsteht ein provisionspflichtiger Maklervertrag nur dann, wenn der Makler seine Provisionserwartung vor Erbringung seiner Leistungen offen legt (Hamm NJW-RR 1989, 1210, dazu Rn 22, 23; BGH NJW 2005, 3779: Nachweis aus Maklerbestand); anders aber bei einem **eigenen Suchauftrag** (BGH NJW-RR 2010, 257 Rn 3; NJW 2021, 1242 Rn 47; *D. Fischer* NJW 2021, 1242 Rn 47). Die Auftragserteilung bedarf grds keiner besonderen **Form**, selbst wenn ein Grundstücksgeschäft herbeigeführt werden soll. Eine **notarielle Beurkundung** (§ 311b I 1) ist dagegen erforderlich, wenn der Auftraggeber sich verpflichtet, ein Grundstück zu festgelegten Bedingungen an einen vom Makler beigebrachten Interessenten zu veräußern oder von diesem zu erwerben (BGH MDR 1971, 283; NJW 1971, 94; WM 1971, 240; 1973, 816; NJW-RR 1990, 57). Dies gilt auch bei Vereinbarung einer Vertragsstrafe oder Fälligkeit der gesamten oder teilw erfolgsunabhängigen Provision für den Fall, dass der Auftraggeber den vom Makler herbeigeführten Grundstückskauf oder -verkauf nicht vornehmen will (BGH NJW 1970, 1915; 1971, 94 und 557; 1987, 54; 1987, 1628; WM 1990, 77; Koblenz NJW-RR 2010, 780; MüKo/*Althammer* § 652 Rn 63ff). In beiden Fällen wird die Entschließungsfreiheit des Auftraggebers beseitigt, damit trifft der Schutzzweck des § 311b I 1 zu. Richtig sehen (BGH NJW 1987, 54; NJW-RR 1987, 597) jede Vereinbarung, die über den Ersatz nachgewiesener oder angemessener pauschalierter Aufwendungen des Vertragspartners einschl einer angemessenen Tätigkeitsvergütung bei Nichtabschluss hinausgeht, als Möglichkeit an, Druck auszuüben. Die Einhaltung der Form gem § 311b I 1 ist daher grds auch erforderlich, wenn sich Makler eine besondere, sofort fällige, auf die Courtage anrechenbare Gebühr für die Verpflichtung versprechen lässt, während eines bestimmten Zeitraums keine Kaufverhandlungen mit anderen Interessenten zu führen und dem Verkäufer die Reservierung des Objekts für den Auftraggeber mitzuteilen (BGHZ 103, 235, 239; *D. Fischer* NJW 2022, 1212 Rn 23). Die Beurkundungsbedürftigkeit greift ein, wenn das Reservierungsentgelt 10–15 % der vereinbarten Provision übersteigt (BGH NJW 1987, 54; BGHZ 103, 235, 239, restriktiver 10 % der ortsüblichen Provision: LG Frankfurt/M MittBayNot 2018, 547 (Reservierungsabrede eines Verkäufers); LG Köln GE 2021, 1435; AG Wittmund BeckRS 2018, 21281). Der Formmangel kann gem § 311b I 2 geheilt werden (BGH MDR 1982, 37; NJW 1987, 1628). Versprechen einer Vertragsstrafe liegt in der Vereinbarung, nach der eine Partei des Hauptvertrags, die vom Vertragsschluss absieht, zusätzl die vom anderen Teil geschuldete Maklerprovision zu übernehmen habe (BGH NJW 1971, 93, 94). Es handelt sich um ein uneigentliches Strafgedinge des § 343 II, für das § 344 gilt (BGH WM 1973, 816). Wirksam ist dagegen das formlose Versprechen eines Aufwendungsersatzes in diesen Fällen, jedoch muss selbst eine fest zugesagte Summe erheblich unter der Provision liegen (BGH WM 1973, 816; NJW-RR 1986, 597). Für den **Wohnungsmietemaklervertrag** ist nunmehr die **Textform** zwingend vorgeschrieben, § 2 I 2 WoVermRG. Ist sie nicht eingehalten, ist der Vertrag nach § 125 nichtig (AG Dülmen WuM 2016, 374; *D. Fischer* WuM 2016, 391, 394). Gleiches gilt für den auf den **Erwerb von Wohnimmobilien** bezogenen Maklervertrag nach § 656a, *D. Fischer* IMR 2021, 88, 90.

22 Mangels Formgebots können Maklerverträge auch durch konkludente Willenserklärungen abgeschlossen werden, wobei an die Provisionsabrede **strenge Anforderungen** gestellt werden (BGH NJW 2005, 3780; 2012, 2268 Rn 10; 2016, 2317 Rn 13; 2017, 1024 Rn 17; MDR 2019, 793 Rn 12; *D. Fischer* NJW 2012, 3283). Auch die Auslegung des Auftraggeberverhaltens als **konkludente Auftragserteilung** unterliegt strengen Anforderungen (BGH NJW 2012, 2268 Rn 10f; Schleswig MDR 2010, 561; Koblenz NJW-RR 1997, 693). Bei ausdrückl Ablehnung (Widerspruch bzw Protestation des Kunden, hierzu *D. Fischer* NJW 2018, 1145) liegt selbst dann keine Auftragserteilung vor, wenn die vom Makler erlangte Information ausgenutzt wird und zum Hauptvertrag führt (BGHZ 95, 393); allein durch Informationsweitergabe kann der Makler keine Verpflichtung des Auftraggebers begründen (*O. Werner* EWiR § 652 BGB 2/86, 50). Insoweit auch kein Anspruch über § 242 (BGHZ 95, 393, 399), Makler ohne Vertrag handelt auf eigenes Risiko (BGHZ 95, 393, 400; BGH NJW 1986, 177 und 1165; WM 1986, 1309; NJW-RR 1996, 114). Wird ein vom Makler angebotener Alleinauftrag abgelehnt, liegt darin idR die Ablehnung des gesamten Maklervertrags. Ein normaler Maklervertrag ist dann nur zustande gekommen, wenn eindeutig nachweisbar nur die Sondervereinbarung abgelehnt und ein normaler Vertrag gewünscht wird (München BB 1977, 15). In der **Duldung oder Inanspruchnahme der Maklerdienste** kann eine konkludente Auftragserteilung liegen (BGH NJW 1970, 700, 701; 2002, 817). Dies ist jedoch nicht ohne weiteres anzunehmen (BGHZ 95, 393; BGH NJW 1984, 252; NJW-RR 1986, 1496; 1987, 173; DB 1999, 377 Schleswig NJW 2007, 1982) insb noch nicht bei unverlangter Zusendung der Unterlagen (Düsseldorf MDR 1998, 1341). Die Inanspruchnahme der Maklertätigkeit muss in einem dem Makler erkennbaren Bewusstsein des Auftraggebers erfolgen, dass der Makler in Erwartung einer Vergütung tätig werde (BGH NJW 2012, 2268 Rn 10f; Köln WM 1989, 693; Hamburg NJW-RR 1996, 1463). Das setzt voraus, dass das Maklerverhalten als Offerte zu werten ist (vgl Rn 25ff). Aus dem Verhalten des Auftraggebers muss sich der Wille ergeben, Maklerdienste gegen Entgelt in Anspruch zu nehmen (KG NJW 1970, 902; NJW-RR 1987, 1529). Das ist idR erst dann der Fall, wenn der Interessent nach Zugang eines **ausdrücklichen Provisionsverlangens** weitere Maklerdienste in Anspruch nimmt (BGH NJW 2016,

2317 Rn 13 m Anm *D. Fischer* NZM 2016, 478; NJW 2017, 1024 Rn 17; 2017, 2337 Rn 25ff; MDR 2019, 793 Rn 12). Ist die Erklärung des Maklers auf Vertragsabschluss mit Provisionspflicht des Vermieters, dessen Auftragserteilung aber auf eine für ihn unentgeltliche Maklertätigkeit gerichtet, liegt **Dissens** vor (*O. Werner* AcP 176, 269). Wird Interesse nur bei einem erheblich niedrigeren Kaufpreis bekundet, kann darin ein Antrag auf Abschluss eines Vermittlungsmaklervertrags liegen (BGH NJW 1986, 50). Gewährt ein Tapetenhändler einem Maler neben Rabatten regelmäßig eine Provision für zugeführte Käufer, liegt hierin die Verpflichtung, während der laufenden Geschäftsverbindung in allen Fällen eine solche Provision zu zahlen (Düsseldorf DB 1971, 188). Eine Anfechtung wegen Irrtums (im Motiv) ist dann ausgeschlossen. Diese Grundsätze gelten auch für die Frage einer **Mitverpflichtung des Ehegatten** oder anderer Personen. Aus der Judikatur der Obergerichte (Hamm NZM 2001, 905, 906; Koblenz NJW-RR 2004, 414; Oldenburg NJW-RR 2010, 1717; Jena MDR 2011, 970; Karlsruhe NJW-RR 2021, 172) wird deutlich, dass in Fortführung der höchstrichterlichen Unklarheitenregel strenge Anforderungen an eine konkludente Einbeziehung des anderen Ehegatten zu stellen sind (*D. Fischer* NZM 2014, 449, 451). Eine Mithaftung aus Schlüsselgewalt (§ 1357 I) kommt im Hinblick auf die Höhe der Provision allenfalls bei einem Wohnungsmietvertrag in Betracht, nicht bei einem Grundstücks-Kaufvertrag (Düsseldorf NJW-RR 1996, 1524; Oldenburg NJW-RR 2010, 1717; Jena MDR 2011, 970; LG Darmstadt NJW-RR 2005, 1583; *D. Fischer* NZM 2014, 449, 452). Zur Frage, inwieweit ein Maklervertrag dadurch zustande kommt, dass der Makler einem Interessenten während der Besichtigung ein Exposé mit Provisionsklausel aushändigt und der Interessent danach die Besichtigung fortsetzt (vgl BGH NJW-RR 1991, 372; Celle MDR 2001, 500f; 2002, 939).

Kann davon ausgegangen werden, dass bereits ein Maklervertrag mit der anderen am Vertragsschluss interessierten Partei besteht und diese Provision zahlt, ist im **Kontakt mit dem Makler** nicht die schlüssige Erklärung enthalten, einen Maklervertrag abschließen zu wollen. Steht der Makler bereits zu einem Objekt in Beziehung, liegt grds keine Auftragserteilung vor, wenn Maklerdienste in Anspruch genommen werden (Hamm NJW-RR 1999, 127; *O. Werner* AcP 176, 269) es sei denn, der Makler hat **ausdrücklich** darauf hingewiesen, dass er auch oder nur für den anderen Teil tätig werden und **Provision verlangen** wolle (BGH NJW 1959, 575; BB 1960, 918; Köln MDR 1965, 383; BGH NJW-RR 1999, 361; vgl Rn 26). **Keine Auftragserteilung** in Nachfrage bei einem Makler auf dessen Zeitungsanzeige (BGH LM Nr 5 zu § 652; WM 1971, 1098; Hamm NJW-RR 1999, 127; Stuttgart NJW 1965, 823; Frankfurt MDR 1975, 1019), auf einen Aushang vor oder in dem Geschäftslokal oder auf Zusendung von Angeboten nach Beendigung des Maklervertrags (BGH NJW 1984, 232). Selbst eine Bitte um **Angabe von Einzelheiten** auf derartige Inserate hin ist keine Auftragserteilung. Hat der Makler jedoch deutlich erkennbar gemacht, von dem Nachfragenden eine Provision aus eigenem Recht zu fordern, liegt in der Nachfrage eine Auftragserteilung (BGH NJW 2012, 2268 Rn 11; 2017, 1024 Rn 17). Wird der Interessent klar auf die Maklereigenschaft eines Inserierenden hingewiesen – was idR nur durch ein ausdrückl Provisionsbegehren geschehen kann –, liegt darin ein eindeutiges Angebot zum Abschluss eines Maklervertrags; wird dann ein Treffen an dem zu verkaufenden Grundstück vereinbart, liegen hierin die Vertragsannahme durch den Nachfragenden und der Nachweis der Kaufgelegenheit (BGH NJW 2017, 1024 Rn 20; NJW-RR 2017, 368 Rn 18; vgl Rn 26). Bietet der Makler einem Interessenten vertraulich ein nicht näher bezeichnetes Grundstück mit dem Hinweis an, die Käufermaklergebühr betrage 3 % der Kaufsumme, so liegt Auftragserteilung vor, wenn der Interessent sich das genaue Objekt angeben lässt (BGH NJW 1967, 1365; 1986, 1165 für den Fall einer Maklerprovision iHv 5 %). 23

Nach der Rspr ist es grds Angelegenheit des Maklers, zu seiner Sicherheit für **eindeutige Vertragserklärungen** zu sorgen und erst dann Leistungen zu erbringen (BGH NJW-RR 1987, 173; 1996, 114; DB 1999, 377; NJW 2002, 1945f) weil sonst der Interessent verpflichtet wäre, jedes Angebot ausdrückl abzulehnen. Eine solche Verpflichtung widerspricht der Rechtsgeschäftslehre (KG NJW 1961, 511). Dieser Grundsatz gilt jedoch für beide Parteien des Maklervertrags, so dass auch der Auftraggeber Sorge zu tragen hat, dass sein Verhalten richtig verstanden wird. Es handelt sich somit um die allg Frage der **Auslegung einer Willenserklärung** (*O. Werner* JurA 1970, 370). Schickt ein mit dem Verkauf von Grundstücken beauftragter Makler potentiellen Interessenten unaufgefordert Beschreibungen der Objekte zu, so liegt in der Kontaktaufnahme der Angeschriebenen mit dem Makler oder mit dem Grundstückseigentümer keine provisionsbegründende Auftragserteilung (BGH LM Nr 6 zu § 652; NJW 1986, 50). Tritt der Makler an Interessenten heran, um einen Maklervertrag abzuschließen, ist es seine Aufgabe, die Bedingungen klarzustellen, unter denen er tätig sein will (BGH NJW-RR 1987, 173; 1996, 114), dh er, nicht der von ihm Angesprochene, muss für eine klare Absprache insb hinsichtl der Provision sorgen. Nach der Rspr des BGH ist ein sog ausdrückl **Provisionsverlangen des Maklers** das geeignete Mittel für eine solche Klarstellung (BGH VersR 2000, 453; NJW 2016, 2317 Rn 13 m Anm *D. Fischer* NZM 2016, 4; NJW 2017, 1024 Rn 17; 2017, 2337 Rn 25); verbleiben Unklarheiten, geht dies zu Lasten des Maklers (Unklarheitenregel, vgl *D. Fischer* NJW 2019, 3277, 3278). Näher dazu Rn 26. 24

b) Auftragsübernahme. Die Auftragsübernahme durch den Makler kann als Offerte oder Vertragsannahme ebenfalls konkludent erfolgen (Stuttgart NJW 1965, 824; Köln NJW-RR 1987, 1529) zB wenn der Makler dem Auftraggeber auf dessen Angebot hin potentielle Vertragspartner benennt oder sonst für ihn tätig wird. Als konkludente Vertragserklärung des Maklers kann nur ein Verhalten angesehen werden, aus dem der andere erkennen konnte und musste, dass eine Tätigkeit als Makler nur gegen Provisionszahlung erfolgen soll. Wird ein Makler ohne vorherige Auftragserteilung für einen anderen tätig, kann darin eine Offerte zum Abschluss eines Maklervertrags liegen (BGH NJW 1970, 701). Dies ist in der Praxis nicht unproblematisch, denn § 653 BGB, § 354 HGB analog sind hier nicht einschlägig (BGH NJW 1970, 701; Stuttgart NJW 1965, 823; *O. Werner* JurA 1970, 368, 369). Grds ist davon auszugehen, dass ein nicht gewerbsmäßiger Makler, also eine **Privatperson**, die 25 nachweisend oder vermittelnd tätig wird, keine Provision erhalten will. Wer diese Dienste in Anspruch nimmt, braucht diese Tätigkeit nicht als Offerte zum Abschluss eines Maklervertrags zu verstehen. Erst recht liegt dann in der Inanspruchnahme solcher Dienste keine Auftragserteilung iSd § 652. Daher besteht kein Maklervertrag bei Inanspruchnahme der Vermittlerdienste eines Architekten, der auch den geplanten Bau auf dem vermittelten Grundstück erstellen soll; da er wegen des Architektenhonorars an dem Zustandekommen des Grundstücksverkaufs interessiert war, braucht sein Angebot, vermittelnd tätig zu werden, nicht als eine Erklärung verstanden zu werden, die auf den zusätzl Verdienst aus einer Maklertätigkeit gerichtet war (BGH NJW 1970, 701) ebenso, wenn er Kredite für den Bau besorgt (*Brandt*, 12).

26 Ist der Makler bereits mit einem Objekt von einem Auftraggeber betraut, so darf jeder Interessent davon ausgehen, der Makler werde aufgrund eines bereits bestehenden Maklervertrags für den Auftraggeber tätig (**Interessentensuche**), nicht aber, er wolle einen (weiteren) Maklervertrag mit den Personen abschließen, die sich an einem Geschäftsabschluss mit dem Auftraggeber interessiert zeigen. Das ist immer der Fall, wenn ein **Makler die Initiative ergreift.** Hier kann der Angegangene davon ausgehen, dass der Makler bereits von einem anderen beauftragt ist und nicht auch von ihm Provision verlangen will (BGHZ 95, 393). Gibt der Makler bei dem Kontakt mit den Interessenten nicht deutlich zu erkennen, er wolle auch oder nur von den nunmehr angesprochenen potentiellen Vertragspartnern seines Auftraggebers Provision verlangen (**ausdrückliches Provisionsverlangen**) und für diese als Makler tätig werden, kann das Maklerverhalten nicht als Offerte ggü den Interessenten gewertet werden. Es kommt kein Maklervertrag mit diesen zustande (BGH NJW 1959, 574; NJW-RR 1999, 361; NJW 2002, 1945) so auch kein Maklervertrag, wenn ein Interessent sich im Geschäftslokal des Maklers nach Angeboten erkundigt und mit dem Makler eine Grundstücksbesichtigung vornimmt (Karlsruhe ZfIR 2010, 183). Der Makler muss vielmehr eindeutig zum Ausdruck bringen, dass er auch Makler der anderen Seite sein will (BGH NJW 2002, 1945; MDR 2002, 938f; NJW 2017, 1024 Rn 17). Nimmt der Interessent nach einem eindeutigen und ausdrückl Provisionsverlangen des Maklers dessen Dienste entgegen, ist dies als Annahme zum Maklervertrag zu werten (BGH NJW-RR 1999, 361; NJW 2017, 1024 Rn 20). Jedoch kein Vertragsschluss, wenn der Interessent glauben konnte und durfte, es liege eine Tätigkeit im Auftrag des Vertragspartners vor, dieser habe bereits mit dem Vermittler bzw Nachweisenden einen Maklervertrag geschlossen und die Provisionspflicht übernommen (BGH NJW-RR 1987, 173). Zur **Auslegung** eines Objektnachweises als hinreichend deutliches Provisionsverlangen (vgl BGH NJW 2000, 282). Grds genügt für den Abschluss eines Maklervertrags, dass der Makler dem Kunden ein Exposé mit ausdrückl Provisionsverlangen aushändigt und daraufhin Maklerdienste in Anspruch genommen werden (BGH VersR 1991, 774; NJW 2012, 2268 Rn 10; 2016, 2317 Rn 13; 2017, 1024 Rn 22); nicht ausreichend ist die Aushändigung eines Exposés jedoch, wenn der Kunde vor Entgegennahme der Dienste keine Gelegenheit hat, von der Provisionsforderung Kenntnis zu nehmen (Celle MDR 2001, 501; Schleswig NJW 2007, 1982, 1983; MDR 2010, 561). Weist der Makler in einem Zeitungs- oder Internetinserat (invitatio ad offerendum) eindeutig auf die fällig werdende Maklerprovision hin, so dass der Interessent von einer eigenen Provisionspflicht ausgehen muss, kann der Makler bei der Bezugnahme des Interessenten auf diese Anzeige von einem Angebot auf Abschluss eines solchen Maklervertrages ausgehen (BGH NJW 2012, 2268 Rn 10; 2017, 1024 Rn 17; MDR 2019, 793 Rn 12; *D. Fischer* NJW 2009, 3210, 3211). Erhält der Interessent hierauf vom Makler Name und Anschrift des Verkäufers, löst dies den Anspruch auf Zahlung der Provision aus (BGH NJW 2012, 2268 Rn 11). Gleiches gilt bei der Bitte um Anberaumung eines Besichtigungstermins (BGH NJW 2017, 1024 Rn 20; 2017, 2337 Rn 26; MDR 2019, 793 Rn 12). Um die an ein ausdrückl Provisionsverlangen anknüpfenden Rechtsfolgen zu vermeiden, muss der Kunde vor Inanspruchnahme der Maklerdienste deutlich machen, eine solche Willenserklärung nicht abgeben zu wollen (BGH NJW-RR 1996, 114, 115; NJW 2012, 2268 Rn 10; 2017, 1024 Rn 22, sog **Widerspruch** oder Protestation, vgl *D. Fischer* NJW 2013, 3410, 3411).

26a Welche **Anforderungen** an die **Eindeutigkeit des Provisionsverlangen** zu stellen sind, hängt von den Umständen des Einzelfalls ab (BGH NJW 2012, 2268 Rn 12; WM 2017, 1120 Rn 27). Bei dem Interessenten darf kein Missverständnis entstehen (WM 2017, 1120 Rn 27: unmissverständlich). Deshalb ist besonders darauf zu achten, aus welchem Verkehrskreis der angesprochene Interessent stammt (*D. Fischer* Maklerrecht, Kap III Rn 38). Ist dieser mit den Gepflogenheiten der Immobilienbranche näher vertraut, wie etwa Immobilienverwalter oder Investoren, können die Anforderungen geringer ausfallen (Düsseldorf MDR 2022, 1271, 1272).

27 Sendet ein Makler **auf Anforderung** Angebote, ist nicht ohne weiteres davon auszugehen, dass er diese Objekte bereits von einem anderen Auftraggeber an die Hand bekommen hat. Es liegt eine auf Auftragsübernahme gerichtete Erklärung vor, eine zum Vertragsschluss führende Willenserklärung. Als Offerte, die den Willen des Vermittlers deutlich macht, gegen Provision als Makler tätig zu werden, ist die Zusendung eines Angebots an einen Kaufinteressenten unter der Mitteilung: „Die Käufermaklergebühr beträgt 3 %" anzusehen (BGH NJW 1967, 1365; vgl auch BGH NJW 2012, 2268 Rn 12).

27a **c) Nachträglicher Vertragsabschluss.** Ein Maklervertrag kann auch dann noch abgeschlossen werden, wenn der Makler seine Dienste bereits erbracht hat (BGH WM 1985, 1422; NJW-RR 2014, 1272 Rn 14). Für die Annahme eines **nachträgl Vertragsabschlusses** gelten aber strenge Anforderungen, weil der Kunde regelmäßig keinen Anlass hat, nach Erhalt der Maklerdienste noch eine Vergütung zu übernehmen (BGH NJW-RR 2014, 1272 Rn 14; WM 2016, 1437 Rn 32; Hamm NJW-RR 2022, 271; *D. Fischer* NJW 2022, 1212 Rn 5). Deshalb genügt ein konkludenter Vertragsabschluss durch die Inanspruchnahme von Maklerleistungen nach vorheriger Übersendung eines Exposés mit Provisionsverlangen diesen Anforderungen nicht, wenn aus der Erklärung des Maklerkunden nicht klar hervorgeht, auch für bereits erbrachte Nachweis- oder Vermittlungsleistungen Maklerlohn entrichten zu wollen (Hamm NJW-RR 2022, 271; *D. Fischer* NJW 2022, 1212 Rn 5).

3. Abdingbarkeit der §§ 652ff. Trotz des Wortlauts (§ 652 „nur") sind lediglich die §§ 654, 655, 656 zwingend. Alle übrigen Vorschriften sind dagegen **im Rahmen der Vertragsfreiheit abdingbar** (BGH NJW 1966, 1404; 1967, 1225). Der Inhalt des Maklervertrags kann somit entgegen §§ 652–653 oder diese erg durch besondere Vereinbarungen ausgestaltet werden (Nürnberg OLG 1967, 267; vgl auch Rn 1). Grenzen werden durch die Anforderungen des redlichen Verkehrs und der guten Sitten gesetzt (RGZ 172, 189; BGH NJW 1967, 1225, 1226; WM 1970, 392). Zu den einzelnen Klauseln vgl § 652 Rn 20ff und Jauernig/*Mansel* § 652 Rn 28–42; MüKo/*Althammer* § 652 Rn 36ff. 28

Ist der **Inhalt des Maklervertrags** zw den Parteien str, muss er im Wege der **Auslegung** geklärt werden (München BeckRS 2021, 38716). Maßgeblich sind die Willenserklärungen der Parteien. In diesem Zusammenhang kann auch ein vom Makler dem Kunden vor Vertragsabschluss übermitteltes Kurzexposé oder dessen geschaltete Anzeige von Bedeutung sein. Hieraus kann sich etwa ergeben, auf welchen Hauptvertragsabschluss die Tätigkeit des Maklers gerichtet sein soll (München BeckRS 2021, 38716; *D. Fischer* NJW 2022, 1212 Rn 7). Auch das Verhalten der Parteien nach Abschluss des Maklervertrags kann als Indiz für dessen Auslegung herangezogen werden (München BeckRS 2021, 38716; *D. Fischer* NJW 2022, 1212 Rn 7). 28a

Die Marktlage hat es insb den Immobilienmaklern ermöglicht, die meisten Voraussetzungen für einen Lohnanspruch vertragl abzubedingen. Aber auch die übrigen Makler versuchen vornehmlich durch ihre **AGB** und **Formularverträge**, die gesetzl Anforderungen zu ihren Gunsten und zulasten des Auftraggebers abzuändern. Derartige Regelungen sind nur bei einer Geltungsvereinbarung gem § 305 II, III beachtlich, also nicht, wenn bei telefonischer Auftragserteilung kein Hinweis auf die AGB erfolgt (Frankfurt MDR 1974, 135) wenn Makler nach mündlichem (telefonischem) Vertragsschluss dem Auftraggeber seine AGB übersendet und auf deren Einbeziehung verweist. Mit der Übersendung seiner AGB und entspr Hinweise vor oder bei Vertragsschluss gibt der Makler zu erkennen, dass er nur unter diesen Bedingungen abschließt. Nimmt Auftraggeber widerspruchslos die Auftragserteilung vor, sind die AGB Bestandteil des Vertrags. Will der Makler seinen AGB bereits vor Vertragsschluss Geltung verschaffen, bedarf dies einer besonderen Vereinbarung (Bremen NJW 1965, 977). 29

Überraschende Klauseln, die dem gesetzl Leitbild (vgl Rn 31) des Maklervertrags grob widersprechen, können gem § 305c I nicht über AGB, sondern nur durch Individualvereinbarung (§ 305 I 3) in den Vertrag einbezogen werden, so zB das Versprechen einer Provision für Tätigkeit ohne Erfolg (BGH NJW 1965, 246; 1967, 1225; DB 1971, 866; vgl auch § 652 Rn 47), für Folgegeschäftsklausel (BGHZ 60, 243, 245), wertlose Leistung (München OLG 1965, 17), Zuziehungsklausel (BGH NJW 1984, 360; Jena NJOZ 2005, 222). Anders dagegen Gestattung der Doppeltätigkeit. Vgl im Einz die Komm zu den jew Voraussetzungen des § 652. Allein eine durch Erläuterung erlangte Kenntnis von Inhalt und Bedeutung der AGB machen diese nicht zur Individualvereinbarung, weil sie nicht das Ergebnis freien gegenseitigen Aushandelns, sondern einseitigen Diktats sind (BGH WM 1977, 16). 30

Eine weitere Schranke wird darüber hinaus durch die von der Rspr entwickelte und durch §§ 309, 308, 307 kodifizierte **Inhaltskontrolle der AGB** gesetzt. Einseitig den Makler begünstigende Klauseln, die mit dem gesetzl **Leitbild des Maklers** nicht in Einklang stehen, sind nach der Generalklausel des § 307 unwirksam (§ 307 II Nr 1, BGH NJW 1965, 246; 1967, 1225; BB 1976, 1100; WM 1978, 791, 792; NJW 1986, 1173; WM 1987, 471, 473; NJW 1992, 2568), auch die Begründung einer Erstattungspflicht der Maklergebühren (Hamm MDR 1998, 1405f). Dieses Leitbild ist einerseits gekennzeichnet durch die Abhängigkeit der Provision von einer erfolgreichen Maklertätigkeit (Abschluss des Hauptvertrags) und andererseits durch die Entschließungsfreiheit des Auftraggebers (BGH NJW 1967, 1225; BGHZ 226, 20 Rn 20). Inwieweit einzelne Klauseln durch die Inhaltskontrolle unwirksam sind, wird bei den jew Merkmalen des § 652 erörtert. Generell sind jedoch Bedingungen, die ein vertragsgerechtes und anständiges Verhalten sichern sollen, nicht zu beanstanden (München DB 1967, 504). Bei der Leitbildbestimmung ist der reine Maklervertrag an den §§ 652–656 zu messen, der Maklerdienst- oder Maklerwerkvertrag (vgl Rn 19) darüber hinaus mittelbar an den §§ 611ff bzw §§ 631ff (vgl *Löwe* BB 1978, 173). 31

Werden AGB vom Makler in den Vertrag eingeführt, gehen **Unklarheiten**, die durch Auslegung nicht beseitigt werden können, gem § 305c II zu seinen Lasten (*O. Werner* JurA 1970, 363, 364). 32

4. Nichtigkeit des Maklervertrags. a) Nichtigkeit wegen Sittenwidrigkeit, § 138. Sittenwidrigkeit liegt vor bei Zusage von Bestechungsgeldern (Teilung der Provision) an einen Angestellten des Auftraggebers, um den Maklerauftrag zu erhalten (BGH MDR 1962, 980; Stuttgart IPR 2010, 71: Schmiergeld); bei Provisionszusage für Zuleitung eines anderen Maklers (Nürnberg OLG 1965, 6); wenn Beamter als Makler seine dienstlichen Kenntnisse verwerten soll (RGZ 162, 328); wenn ein Kreditsachbearbeiter für Leistungen des unentgeltlichen Kundendiensts der Bank privat eine hohe Vergütung fordert (BGH MDR 1977, 209; DB 1977, 769); bei Unsittlichkeit des zu vermittelnden Geschäfts (Frauen-, Rauschgifthandel, Schmiergeldvermittlung, BGH MDR 1986, 478; WM 1986, 209; BGHZ 94, 268, 271). Dies gilt aber nicht für den Nachweis oder die Vermittlung von Prostituierten (§ 1 ProstG). Escort-Agenturen und entspr Unternehmen können daher Provisionsansprüche geltend machen (NK/*Wichert* § 652 Rn 45; *Dehner* NJW 2002, 3747, 3748; *D. Fischer* Maklerrecht, Kap. II Rn 58; aA MüKo/*Althammer* § 652 Rn 70; Staudinger/*Arnold* §§ 652, 653 Rn 51). Zu einer im Kaufpreis enthaltenen verdeckten „Zusatzprovision" vgl Frankfurt NJW-RR 2002, 779. Keine Sittenwidrigkeit bei Vermittlung von Aufträgen an einen Architekten (BGH WM 1999, 1025; MDR 1999, 736). Die unwiderrufliche Erteilung eines Alleinauftrags führt als **Knebelungsvertrag** gem § 138 zur Nichtigkeit des Maklervertrags (BGHZ 226, 20 Rn 22; 33

Hamm NJW 1966, 887), sofern nicht nach § 140 Konversion in eine angemessene Frist erfolgen kann (Parteiwille, vgl Rn 41). Eine **sittenwidrige Provisionsvereinbarung** liegt vor, wenn ein auffälliges Missverhältnis zw Leistung und Vergütung besteht (BGHZ 125, 135, 137; BGH NJW 2000, 2669). Um dies festzustellen, ist die vereinbarte Provision der ortsüblichen Provision gegenüberzustellen (BGHZ 125, 135, 137; BGH NJW 2000, 2669; Brandenburg NJW-RR 2010, 635, 636; *D. Fischer* NZM 2017, 348, 349, 351). Erreicht oder übersteigt die vereinbarte Provision das Mehrfache, etwa das Fünffache, der ortsüblichen Provision, spricht dies für ein auffälliges Missverhältnis (BGH WM 1976, 289, 290; BGHZ 125, 135, 137; BGH NJW 2000, 2669). Dies soll nach §§ 138, 139 Nichtigkeit des gesamten Maklervertrags zur Folge haben (BGHZ 125, 135, 140; Oldenburg WM 1987, 992; Brandenburg BeckRS 2022, 1774); vorzugswürdig ist es, zum Schutze des Maklerkunden die Nichtigkeit auf die Provisionsabrede zu beschränken (*D. Fischer* Maklerrecht Kap IV Rn 34).). In NJW 2000, 2669 bejaht der BGH die Sittenwidrigkeit bei einer Provision von rd 24 % des Kaufpreises, weil diese auf eine verwerfliche Gesinnung schließen lässt und der Kläger auf den Vertragsschluss angewiesen war. Dagegen kann nach BGH VersR 2003, 1035 bei einer Vertriebsprovision von 30 % im Bereich steuerbegünstigter Kapitalanlagen nicht per se die Sittenwidrigkeit bejaht werden, insb ist eine derartige Vertriebsprovision nicht einem Maklerlohn bei Grundstückskaufverträgen gleichzusetzen. **Kopplungsgeschäfte** (§ 138 Rn 133), bei denen der Nachweis oder die Vermittlung von dem Erwerb einer anderen Leistung abhängig gemacht wird (zB Vermittlung eines architektengebundenen Grundstücks, Nachweis einer Wohnung unter der Bedingung des Möbelkaufs), berühren grds den Maklervertrag nicht (BGHZ 60, 33; BGH NJW 1970, 2017). Lediglich die zusätzl Verpflichtung, gleich von wem die Initiative ausging (BGH NJW 1975, 1219), kann nichtig sein (BGH WM 1980, 17; Hamm MDR 1974, 228). So auch die gesetzl Regelung bei Wohnungsmiete, § 3 IV WoVermRG und Grundstückskauf unter Bindung an bestimmten Ingenieur oder Architekten bei Planung und Ausführung eines Bauwerkes auf dem Grundstück, § 3 Gesetz zur Regelung von Ingenieur- und Architektenleistungen v 4.11.1971 (BGBl I 1971, 1747). Dieses Kopplungsverbot gilt auch, wenn ein Architekt ein Grundstück über einen Makler besorgt (BGH NJW 1975, 1219). Ist mit dem Maklervertrag der formularmäßige Abschluss eines weiteren Vertrags verbunden (zB Beratervertrag), ist letzterer gem § 307 unwirksam (LG Duisburg MDR 1985, 497).

34 **b) Formnichtigkeit.** Bedarf der Maklervertrag (bzw eine einzelne Verpflichtung) einer besonderen **Form** (vgl Rn 21), führt deren Nichtbeachtung gem §§ 125, 139 zur Nichtigkeit des gesamten Vertrags (BGH NJW 1971, 94).

34a **c) Nichtigkeit durch Anfechtung.** Täuscht der Makler den Kunden über vertragsrelevante Umstände arglistig, kann der Kunde den Maklervertrag anfechten (§ 123); der Provisionsanspruch entfällt bei Anfechtung (BGH NJW 2009, 2810 Rn 9; MDR 2022, 24 Rn 16; Hamm ZMR 2018, 722, 723). Der Käufer eines Grundstücks kann den Vertrag mit dem Makler wegen **arglistiger Täuschung** anfechten und die in üblicher Höhe gezahlte Provision zurückfordern, wenn auch der Verkäufer dem Makler die übliche Provision versprochen hatte, der Käufer damit aber nach dem Auftreten des Maklers ihm ggü nicht zu rechnen brauchte (Frankfurt MDR 1989, 65).

35 **d) Nichtigkeit wegen Gesetzesverstoßes, § 134.** Unwirksam sind Maklerverträge, die gegen ein Vermittlungsverbot (§ 652 Rn 5–7) verstoßen (str, dazu MüKo/*Althammer* § 652 Rn 83; BaRo/*Kneller* § 652 Rn 18–21); BGH WM 1973, 1024; 1974, 1186; 1978, 950, 951; Düsseldorf NJW 1976, 1638; LG Gera NJW-RR 1996, 1335; BGH NJW-RR 1990, 948: Verstoß gegen § 14 IV BNotO); Maklerverbot auch für anwaltlichen Sozius des Anwaltsnotars (BGHZ 147, 39, 44; *D. Fischer* NJW 2016, 3220, 3221). Das Arbeitsvermittlungsverbot wurde mit der Reform des Arbeitsvermittlungsrechts aufgehoben (vgl Rn 3a). Ist ein vermitteltes Geschäft als Umgehungsgeschäft nichtig, kann auch der Maklervertrag nach § 134 nichtig sein (BGH WM 1979, 759; Hamm MDR 1986, 756). Verstoß gegen RDG führt zur Nichtigkeit des gesamten Maklervertrags (§ 139, BGHZ 37, 258 zu RBerG), allerdings darf Vermittlungsmakler Vertragsentwurf ausarbeiten und vorlegen (BGH NJW 1974, 1328). Dies gilt auch für den Nachweismakler (Hamm MDR 1970, 73; *D. Fischer* Maklerrecht, Kap II Rn 46). Eine Unterstützung des Maklers bei Ausfüllen eines Mietvertragsvordruckes stellt noch keine unzulässige **Hilfestellung in rechtl Angelegenheiten** dar (Karlsruhe NJW-RR 2011, 119). Unzulässig ist dagegen die Vertretung eines Gläubigers als Beteiligten im Zwangsversteigerungsverfahren (§ 79 II ZPO), nicht dagegen eines Bieters (BGH NJW 2011, 929 Rn 14); zu den Anforderungen an § 5 I RDG BGH DB 2016, 1432 Rn 14ff; zu § 2 I RDG BGH DB 2016, 1432 Rn 43ff. Unwirksam sind Maklerverträge, die eine Provision für den Nachweis oder die Vermittlung vorsehen, die nicht gegen Entgelt durchgeführt werden dürfen. So sind gem § 2 V WoVermRG (Rn 3) nach § 134 Provisionsvereinbarungen für Geschäfte unwirksam, für die nach § 2 II, III WoVermRG ein Entgelt nicht gefordert werden darf (*Schulz* § 2 Rn 183, 189). § 2 WoVermRG kann nicht durch Übertragung der Maklertätigkeit auf Ehegatten des Verwalters umgangen werden (§ 652 Rn 32, 33). Verwalter gemeinschaftl Eigentums (§§ 20, 26 WEG) sind jedoch keine Verwalter iSd § 2 II Nr 2 WoVermRG, sofern sie nicht zugleich auch Verwalter des Sondereigentums der vermittelten Wohnung sind (BGH NJW 2003, 1393, 1394; München MDR 1975, 931; Hamburg DB 1976, 577). Die mit der Verwaltung des Gemeinschaftseigentums notwendigerweise verbundenen Maßnahmen, die sich auch auf das Eigentum an der einzelnen Wohnung auswirken (zB Gestattung der Tierhaltung, Gefälligkeitsmaßnahmen für einzelne WE) begründen keine Verwaltertätigkeit hinsichtl der einzelnen Wohnung (LG Konstanz MDR 1986, 235; dazu krit *J. Breiholdt* MDR 1986, 284). Eigentümer iSd § 2 II WoVermRG ist auch ein Miteigentümer (LG Hamburg MDR 1985, 673, *Schulz* § 2 Rn 36). Verstoß gegen § 6 I WoVermRG und MaBV (Rn 3, 4) führt nach der Judikatur nicht zur Nichtigkeit des Maklervertrags (BGHZ 152, 10, 11; Karlsruhe BB 1976, 668, 669; aA *D. Fischer* NZM 2005, 731, 732). Betätigt sich ein Beamter ohne die nach Beamtenrecht zu einer Nebentätigkeit erforderliche Genehmigung seiner Dienstbehörde als Gelegenheits-

makler, bedingt das disziplinarrechtl Folgen, nicht aber die Unwirksamkeit des Maklervertrags (Schleswig SchlHA 1974, 205). Verstoß gegen § 34c GewO führt nicht zur Nichtigkeit (BGHZ 78, 263, 264; BGH NJW 1998, 62, 64; MüKo/*Althammer* § 652 Rn 84). Nichtigkeit nach § 134 wird bejaht bei Verstoß gegen Vermittlungsverbote nach § 5 AdVermiG, § 56 I Nr 6 GewO (Jauernig/*Mansel* Rn 17, 18).

e) Unerlaubte Doppeltätigkeit, § 654. Sie führt nicht zur Nichtigkeit des Vertrags, sondern allein zum Provisionsverlust (Karlsruhe NJOZ 2005, 2927ff). Nichtigkeit jedoch durch **Anfechtung** der Auftragserteilung wegen arglistiger Täuschung (§§ 123, 142), wenn der Makler bei Doppelauftrag vorspiegelt, er erhalte von der anderen Seite keine Provision (Köln NJW 1971, 1943). Bei wirksamer Doppeltätigkeit des Maklers kann der Makler weitere Besichtigungstermine durchführen und ebenfalls weitere Kaufinteressenten an den Verkäufer weiterleiten (Hamm NJW-RR 1998, 844). 36

f) Ansprüche aus § 354 HGB; § 812 I, § 818 II bei Nichtigkeit des Maklervertrags. Bei nichtigem oder nicht bestehendem Maklervertrag kann der Makler, der Kaufmann ist, trotzdem nach **§ 354 HGB** einen Provisionsanspruch geltend machen, wenn bei gültigem Vertrag der Anspruch entstanden wäre (BGH MDR 1966, 753; NJW 1967, 199; BGHZ 163, 332, 337f), er die Maklerdienste erkennbar und befugterweise (Rn 23, 26) für den Interessenten leistet (BGHZ 95, 393; Hamm MDR 1996, 1023). Hat der Auftraggeber Maklerdienste trotz Nichtigkeit des Vertrags in Anspruch genommen, kann auch ein Bereicherungsanspruch aus **§ 812** in Betracht kommen (*D. Fischer* Maklerrecht, Kap III Rn 47), soweit nicht der Schutzzweck der Norm, der zur Nichtigkeit des Maklervertrags führt, dies ausschließt (BGHZ 163, 332, 335; *D. Fischer* WM 2016, SBl 1, 6). Wert der Maklertätigkeit ist ortsüblicher Maklerlohn, § 818 II (RGZ 122, 232; *Rust* MDR 1959, 449 stellt dagegen auf die vereinbarte Provision ab). Da bei Bestimmung des Leistungsverhältnisses die Sicht des Empfängers entscheidet (§ 812 Rn 14, 31), entfällt ein Bereicherungsanspruch, wenn der Interessent die Maklertätigkeit als Leistung an die andere Partei des Hauptvertrags verstehen konnte (BGHZ 95, 393, 399). Erhebliche Bedenken gegen Bereicherungsanspruch, trotz Nachweis oder Vermittlung äußert BGHZ 163, 332, 336. 37

5. Beendigung des Maklervertrages. Die **Beendigung des Vertragsverhältnisses** kann durch **Tod** oder **Geschäftsunfähigkeit** des Maklers eintreten (BGH NJW 1965, 964). Der Tod des Auftraggebers führt nach § 672 grds nicht zur Beendigung, das ist jedoch letztlich eine Frage des beabsichtigten Geschäfts (*Enneccerus/Lehmann* § 158 III 3). Wird über das Vermögen des Kunden ein **Insolvenzverfahren** eröffnet, erlischt der Maklervertrag nach § 116 InsO (Uhlenbruck/*Sinz* §§ 115, 116 InsO Rn 3; vgl auch Karlsruhe ZIP 1990, 1143, 1144). In der Insolvenz des Maklers ist § 116 InsO nur anwendbar, wenn ein Maklervertrag ohne Tätigkeitsverpflichtung vorliegt; besteht ein Alleinauftrag oder eine Tätigkeitsverpflichtung des Maklers, gilt § 103 InsO, wonach der Insolvenzverwalter zw Erfüllung des Vertrages oder Ablehnung der Erfüllung wählen kann (Uhlenbruck/*Wegener*, § 103 InsO Rn 39; MüKo-InsO/*Huber*, § 103 Rn 77). 38

Bei Beendigung eines Maklervertrages kommt ein **Neuabschluss** nach den Grundsätzen über den konkludenten Vertragsabschluss dann in Betracht, wenn die Parteien ihre Geschäftsbeziehungen fortsetzen und namentlich der Kunde in Kenntnis des Provisionsverlangens des Maklers dessen Dienste weiter in Anspruch nimmt. Der Neuabschluss kommt dann auf der **Grundlage des bisherigen Maklervertrages** zustande (Hamm NJW-RR 2021, 441; *D. Fischer* NJW 2021, 3294 Rn 4). 38a

Ansonsten Beendigung mit Ablauf der ursprünglich oder nachträgl **vereinbarten Vertragsdauer.** Für Laufzeitvereinbarungen in AGB ist § 309 Nr 9 nicht maßgeblich (BGHZ 226, 20 Rn 23ff), weil selbst bei dem Maklerdienst- oder Maklerwerkvertrag (vgl Rn 19) keine regelmäßige Maklerleistung geschuldet wird. Die Inhaltskontrolle erfolgt nach § 307, eine unbegrenzte Bindungszeit ist unzulässig (BGH NJW 1986, 1173; BGHZ 226, 20 Rn 21); im Immobilienbereich ist eine Laufzeit von sechs Monaten unbedenklich (Koblenz WuM 2002, 218, 219; vgl auch BGHZ 226, 20 Rn 27). Vor vereinbartem Zeitpunkt **Kündigung aus wichtigem Grund**, § 626 analog (RG HRR 1932 Nr 611). Ein solcher ist Untätigkeit des Maklers, Nachlassen seiner Bemühungen oder Interessengefährdung (*Krüger-Doyé*, 47; zum Kündigungsrecht des Maklers vgl § 652 Rn 66). Kündigt der Auftraggeber vor Fristablauf vorzeitig, ist dies ohne Wirkung, der Makler hat deswegen keinen Schadensersatzanspruch gegen den Auftraggeber (*Krüger-Doyé*, 42ff). 39

Ist **keine Laufzeit vereinbart**, gilt der Maklervertrag auf unbestimmte Dauer geschlossen. Liegt ein Alleinauftrag vor, so ist eine Dauerbindung unzulässig. Der angemessene Zeitraum ist unter Berücksichtigung der Umstände des Einzelfalls festzusetzen (BGHZ 226, 20 Rn 22). Bis zum Zustandekommen des nachgewiesenen oder vermittelten Geschäfts ist **jederzeitige beliebige Kündigung** durch beide Seiten möglich (BGH NJW 1969, 1626; Hamm NJW 1966, 817; München NJW 1969, 1630; Schleswig NJW 1974, 650; Karlsruhe OLG 1979, 69). Nicht jedoch bei Maklerdienst- und Maklerwerkvertrag, hier gelten die Regeln des Dienst- und Werkvertrags (*Enneccerus/Lehmann* § 158 III 2). Zum Ausschluss der Kündigung beim Ehemaklervertrag vgl § 656 Rn 2. Konkludente Kündigung durch Makler, wenn er seine Tätigkeit dem Auftraggeber erkennbar einstellt (BGH NJW 1966, 1406). 40

Beim **Widerruf eines Teilzahlungsgeschäfts** über Maklerleistungen richtete sich die Berechnung des Wertersatzes nach dem obj Wert der bisher empfangenen Dienste des Auftraggebers (BGHZ 185, 192; dazu auch *D. Fischer* NJW 2012, 3284), jetzt ist nach § 357a II 2 nF (§ 357 VIII 5 aF) das vertragl Entgelt maßgeblich. Dies gilt auch für **Außergeschäftsraumverträge** sowie **Fernabsatzgeschäfte.** Nach der höchstrichterlichen Judikatur muss der Maklerkunde das Wort „widerrufen" nicht verwenden. Es reicht aus, wenn der Kunde deutlich zum Ausdruck bringt, dass er den Vertrag von Anfang an nicht gelten lassen will. So können die Umstände des Einzelfalls ergeben, dass die Erklärung eines „Rücktritts" oder einer „Anfechtung" als **Widerruf iSd § 355** auszulegen ist 40a

(BGH NJW 2017, 2337 Rn 42, 46). Ob diese Rspr einer Modifizierung im Hinblick darauf bedarf, dass der Gesetzgeber in § 355 I 3 in der seit dem 13.6.2014 geltenden Fassung angeordnet hat, dass aus der **Widerrufserklärung** der Entschluss des Verbrauchers zum Widerruf des Vertrags eindeutig hervorgehen muss, hat der BGH in seiner Entscheidung vom 12.1.2017 (BGH NJW 2017, 2337 Rn 42) zwar offen gelassen, eine eindeutige Erklärung in diesem Sinne kann aber auch bei der Verwendung von Begriffen wie Anfechtung oder Rücktritt im Wege einer einzelfallbezogenen Auslegung festgestellt werden (*D. Fischer* NJW 2017, 3278, 3279). Die reine Anzeige der Verteidigungsbereitschaft im Maklerprovisionsprozess ist allerdings nicht ausreichend (BGH NJW 2017, 2337 Rn 43). Nicht nur Maklerdienstverträge, sondern auch einfache Maklerverträge unterliegen den Widerrufsbestimmungen des Fernabsatzrechts; für den Rechtszustand seit dem 13.6.2014 ergibt sich dies unmittelbar aus ErwGr 26 der VRRL (ABl 2011 L 304/64; vgl *S. Ernst* NJW 2014, 817, 821; *Lechner* NZM 2013, 751, 753; *D. Fischer* NJW 2014, 3281, 3282). Für das davor geltende Recht ist der Begriff Dienstleistung weit auszulegen und erfasst mithin auch einfache Verträge ohne Tätigkeitsverpflichtung für den Makler (BGH NJW 2017, 1024 Rn 33ff; NJW-RR 2017, 368 Rn 30ff; Düsseldorf MDR 2014, 1067; KG GE 2016, 57, 58; *D. Fischer* NJW 2013, 3410, 3411). Zu den Voraussetzungen eines Fernabsatz-Maklervertrages BGH NJW 2017, 1024 Rn 49ff; zu den Einzelheiten des Widerrufsrechts bei Verbraucher-Maklerverträgen nach § 355 vgl *D. Fischer*, Maklerrecht, Kap III Rn 95ff.

41 **Der Ausschluss der Kündigung**, dh die unwiderrufliche Erteilung des Maklerauftrages, ist zulässig (*Krüger-Doyé*, 32, 40) und bei Alleinaufträgen **häufig**, weil der Auftraggeber nicht verpflichtet ist, den vom Makler erbrachten Nachweis (bzw Vermittlung) auszunutzen, und sich selbst oder über Dritte um den Geschäftsabschluss bemühen bzw darauf verzichten kann. Werden diese Möglichkeiten durch Bindung an den Makler (zB Alleinauftrag) ausgeschlossen, kann diese nichtige Abrede (unsittliche Knebelung, § 138, BGH WM 1976, 533, 534), wenn Individualabrede, gem § 140 in angemessene Vertragslaufzeit umgedeutet werden (BGH WM 1974, 257, 260; BGHZ 226, 20 Rn 22; vgl Rn 33). Der angemessene Zeitraum ist mit Rücksicht auf die Verkehrssitte nach billigem Ermessen unter Berücksichtigung des Einzelfalls festzusetzen (BGH WM 1974, 257, 260). So ist bei einem schwierig zu vermittelnden Objekt ein längerer Zeitraum anzusetzen als bei einem leicht zu vermittelnden (vgl BGHZ 226, 20 Rn 27). Keinen Ausschluss der Kündigung bedeuten Bezeichnungen wie **Festauftrag, fest an die Hand, Alleinverkauf** (*Krüger-Doyé*, 56f, vgl § 652 Rn 20). Beim Ehemaklervertrag verstößt auch der nur zeitweilige Ausschluss des Kündigungsrechts gegen § 138, weil das Eingehen der Ehe eine höchstpersönliche Angelegenheit ist (Schleswig NJW 1974, 650; vgl § 656 Rn 2).

42 Die Anerkennung einer Provisionspflicht für den Fall, dass der Auftrag vor Ablauf der vereinbarten Zeit zurückgezogen wird, bedeutet **Reuegeldvereinbarung**, § 353 (zu § 359 aF: München NJW 1969, 1631; *O. Werner* JurA 1970, 365).

Untertitel 1
Allgemeine Vorschriften (§§ 652–655)

§ 652 Entstehung des Lohnanspruchs

(1) Wer für den Nachweis der Gelegenheit zum Abschluss eines Vertrags oder für die Vermittlung eines Vertrags einen Maklerlohn verspricht, ist zur Entrichtung des Lohnes nur verpflichtet, wenn der Vertrag infolge des Nachweises oder infolge der Vermittlung des Maklers zustande kommt. Wird der Vertrag unter einer aufschiebenden Bedingung geschlossen, so kann der Maklerlohn erst verlangt werden, wenn die Bedingung eintritt.

(2) Aufwendungen sind dem Makler nur zu ersetzen, wenn es vereinbart ist. Dies gilt auch dann, wenn ein Vertrag nicht zustande kommt.

I. Voraussetzungen. Voraussetzungen eines Provisionsanspruchs sind ein Maklervertrag (Vor § 652 Rn 2–3 und 17–42), die Nachweis- (Rn 12–16) bzw Vermittlertätigkeit (Rn 17–19) sowie das Zustandekommen des gewünschten Rechtsgeschäfts (Rn 30–47) aufgrund der Maklertätigkeit (Rn 48–52). 1

II. Provisionspflicht aus Vertrag. Der Provisionsanspruch erfordert in erster Linie einen **wirksamen Maklervertrag** (dazu Vor § 652 Rn 17–42), der auch erst nach Erbringen der Maklerleistung geschlossen werden kann (BGH NJW 1998, 62; NJW-RR 2014, 1272 Rn 14; WM 2016, 1437 Rn 32). Ohne einen solchen ist ein Anspruch aus § 652 in keinem Fall gegeben. Enthält ein Grundstückskaufvertrag neben der Verpflichtung der Bezahlung der Vermittlungsgebühren auch die Bestimmung, dass der Makler Abschrift erhalten soll, kann ein Vertrag zugunsten eines Dritten gem § 328 vorliegen (vgl BGHZ 138, 170; Hamm NJW-RR 1996, 627f). Übernahme der Provision durch den Käufer im Falle eines Vertrags zugunsten Dritter (vgl Rn 7) bei Verflechtung in Form der offengelegten Doppeltätigkeit des Maklers ist zulässig (LG Hamburg NJW-RR 1998, 1665). Mit dem Abschluss des Maklervertrags entsteht für den Makler eine rechtl geschützte Anwartschaft (BGH NJW 1974, 2277; 1983, 1130) auf den Vergütungsanspruch (wichtig für Abtretung, Gläubigeranfechtung, Insolvenz), der durch Erbringen der Maklerleistung verdient und durch den Eintritt des Erfolges, den Abschluss des Hauptvertrags zw Auftraggeber und Drittem, erworben wird (RG Warn 1908, 510; BGH NJW 1965, 964; BGHZ 63, 76). Er fällt in die Masse des Maklers, auch wenn das nachgewiesene oder vermittelte Geschäft erst nach Insolvenzeröffnung zustande kommt, jedoch muss die Maklertätigkeit bereits vor Eröffnung der Insolvenz erfolgt und dem Auftraggeber mitgeteilt sein (BGHZ 63, 74). Zur Entstehung des Provisionsanspruchs vgl BGH NJW-RR 1989, 1071; Düsseldorf NJW-RR 1996, 1466. Nach Hamm VersR 1996, 1496 muss ein Verstoß gegen das Schriftformerfordernis gem §§ 18, 34 GWB aF einem Provisionsanspruch gem § 354 HGB nicht entgegenstehen. 2

Täuscht der Makler den Kunden arglistig über vertragsrelevante Umstände, kann der Kunde den Maklervertrag nach § 123 anfechten, so dass der Maklerlohn entfällt (Hamm ZMR 2018, 722, 723). **Anfechtung**, vertragl **rückwirkende Aufhebung** des Maklervertrags oder Rückabwicklung des Hauptvertrags (Kaufvertrag) wegen vorvertragl Pflichtverletzung gem § 280 I, § 311 II, § 241 II aufgrund Täuschung des Käufers durch Verkäufer (Hamm NJW-RR 1991, 249) hindert Lohnanspruch. Liegt in der Vereinbarung jedoch kein Verzicht auf Lohn für bisher geleistete Maklertätigkeit, ist keine rückwirkende Aufhebung, sondern lediglich eine Kündigung des Maklervertrags gegeben, so dass der Provisionsanspruch erhalten bleibt, wenn sich der Auftraggeber die geleistete Maklertätigkeit zunutze macht (vgl Rn 30). Es bedarf daher nicht erst einer Arglisteinrede (so jedoch RG JW 1937, 1489). 3

Provisionspflichtig ist grds der Auftraggeber. Die Pflicht zur Zahlung der Maklerprovision fällt nicht in den Geschäftsbereich des § 1357 (Kauf eines Eigenheimes: Oldenburg NJW-RR 2010, 1717); anders aber bei Provision für Wohnungsmietvertrag (LG Darmstadt, NJW-RR 2005, 1583; *D. Fischer* NZM 2014, 449, 452f). Der Makler kann eine Provision auch dann verlangen, wenn eine personelle Abweichung beim Abschluss des Kaufvertrags vorliegt (persönliche Identität, dazu Rn 46). Sie ist dann unerheblich, wenn die alte und die neue Vertragspartei in engem Zusammenhang stehen (BGH NJW-RR 1998, 411f; ähnl hinsichtl GmbH BGH NJW 1995, 3311f). Es besteht kein (gewohnheitsrechtl) Rechtssatz, dass der Dritte die Provision für den Auftraggeber zahlt, selbst wenn es aufgrund der besonderen Marktlage üblich ist, die Zahlungspflicht auf den Dritten abzuwälzen (BGHZ 95, 393); dazu Rn 5. Bei enger persönlicher Verbundenheit zw Maklerkunde und Drittem, der dann den Hauptvertrag aufgrund des Nachweises an Kunden abschließt, entsteht ein Provisionsanspruch gegen den Maklerkunden (BGH NJW-RR 1997, 1276). Zum Vertragspartner des Auftraggebers, dem Dritten, steht der Makler grds nicht in vertragl Beziehungen, sofern er nicht auch für diesen – soweit nach § 654 gestattet – tätig wird. Ist eine Provisionszahlungsverpflichtung des Käufers im Kaufvertrag festgelegt, tritt ein **Vorkaufsberechtigter** bei Ausübung seines Vorkaufsrechts, soweit die Regelung wesensgemäß zum Kaufvertrag gehört (§ 464 II), auch in diese Verpflichtung ein (BGHZ 131, 318, 323; BGH NZM 2007, 256 Rn 9; NJW 2016, 3233 Rn 8f; wegen der weiteren Einzelheiten *D. Fischer* Maklerrecht, Kap VI Rn 30ff). 4

Abwälzen der Provisionspflicht auf den Dritten ist außerhalb des Wohnungsvermittlungsrechts zulässig (dazu *Ohnesorge*, Provisionen im Maklerrecht – Das Abwälzen der Provisionspflicht auf Dritte, 1995). Bei Maklerverträgen hinsichtl des Erwerbs von Eigentumswohnungen und Einfamilienhäusern ist dies bei Verbrauchern gem § 656d nur maximal bis zu 50 % der Provision zulässig, dazu § 656d Rn 2. Inwieweit das Abwälzen gelingt, ist idR von der Marktsituation abhängig. Der Auftraggeber handelt nicht widerrechtlich, wenn er den Makler wegen seines Provisionsanspruchs auf den Dritten verweist und gleichzeitig mit Nichtabschluss des zu vermittelnden Vertrags droht (BGH NJW 1969, 1627). Treffen Makler und Auftraggeber die Vereinbarung, dass die Provision ausschließlich von der anderen Partei, dem Dritten, zu zahlen ist, muss durch Auslegung ermittelt werden, wie der Makler an seinen Lohn gelangen soll. Eine Zahlung von einem Dritten kann nur verlangt werden, wenn diesem vom Makler ein eindeutiges Provisionsverlangen gestellt wird (Hamm BB 1996, 980). Zum Abwälzen der Provision von Auftraggeberseite durch negatives Schuldanerkenntnis im Kaufvertrag Düsseldorf NJW-RR 1995, 1524. Erlaubt der Auftraggeber dem Makler Vermittlertätigkeit unter dem Vorbehalt „für mich unverbindlich", kann dies bedeuten, dass der Makler nur von dem Dritten Provision verlangen dürfe. Dieser Auslegung, die allein erfolgt, um der Klausel einen Sinn zu geben, ist nicht zu folgen (*O. Werner* AcP 176, 271). Düsseldorf AIZ 1963, 61 sieht darin zu Recht lediglich die gesetzl bereits garantierte Möglichkeit, über den Abschluss des Hauptvertrags weiterhin frei entscheiden zu können. Derartige Klauseln sind als Abwehr gegen formularmäßige Bindungen trotzdem bedeutsam. Möglich ist auch die Übernahme der Provision durch einen Dritten als Vertrag gem § 328 (LG Hamburg NJW-RR 1998, 1665). 5

6 Möglich ist die **Abbedingung der Provisionspflicht** des Auftraggebers unter Gestattung der Maklertätigkeit für den Dritten (Doppeltätigkeit), um von diesem die Provision aufgrund des Maklervertrags zu erhalten. Da mehrere Möglichkeiten der Abwälzung der Provisionspflicht auf den Dritten bestehen, muss in der Vereinbarung, dass der Auftraggeber nicht provisionspflichtig sein soll, nicht immer die Gestattung der Doppeltätigkeit liegen.

7 Der Auftraggeber kann auch verpflichtet sein, im Hauptvertrag den Dritten zu verpflichten, die Provision an den Makler zu erbringen. Der Auftraggeber bleibt provisionspflichtig, wenn der Dritte entgegen der Vereinbarung den Maklerlohn nicht zahlt (Hamburg MDR 1969, 665). Dann ist jedoch der Makler verpflichtet, nur solche Interessenten nachzuweisen oder zu vermitteln, die die Provisionspflicht des Auftraggebers übernehmen. Verpflichtet sich der Dritte ggü dem Auftraggeber im Hauptvertrag, die Provision an den Makler zu zahlen, handelt es sich um eine Erfüllungsübernahme iSd § 329 (RG Recht 1907 Nr 1795; Hamm NJW 1960, 1864, 1865; LG Marburg MDR 1979, 313). Die Vereinbarung zw dem Auftraggeber und dem Dritten kann echter Vertrag zugunsten Dritter sein und dem Makler gem § 328 einen unmittelbaren Anspruch gegen den Dritten geben (BGH MDR 1986, 564; BGHZ 138, 170, 172). Allerdings können die Parteien des Hauptvertrags ohne Mitwirkung des Maklers diese Vereinbarung jederzeit ändern oder aufheben (Hamm NJW 1960, 1865). Um einen Vertrag zugunsten Dritter iSd § 328 handelt es sich, wenn im Kaufvertrag eine Maklerklausel aufgenommen ist, dass die Verkäuferseite von der Provisionspflicht freigestellt ist und ein selbständiger Anspruch des Maklers gegen den Käufer begründet wird (BGH NJW 2005, 3778). Es entsteht kein eigenständiges vertragl Rechtsverhältnis zw dem Versprechenden und dem Dritten. Der Dritte erwirbt ein abgespaltenes Forderungsrecht (BGHZ 9, 316, 318; 54, 145, 147; BGH NJW 2005, 3778). Zur Provisionspflicht bei Aufhebung des Hauptvertrags (BGH NJW 1986, 1166; 1987, 1628; Frankfurt NJW-RR 1986, 1176). Es ist Frage der Umstände und des Vertragszwecks, ob bei Aufhebung des Vertrags oder Rücktritt vom Vertrag diese Verpflichtung entfällt, ob das Recht des Dritten nach § 328 II ohne dessen Zustimmung aufgehoben werden kann (Hamburg NJW-RR 1999, 351; Dresden NZM 2000, 153; Schleswig NJW-RR 2002, 782, 783). Möglich ist auch eine **Schuldübernahme**, §§ 414, 415, wozu die Zustimmung des Maklers auch bei einer Änderung oder Aufhebung der Vereinbarung erforderlich wäre. **Schuldmitübernahme** iSd §§ 414, 415 ist nur wirksam, wenn dem Übernehmer evtl abw Vereinbarungen im Maklervertrag (zB Abbedingen der Kausalität) bekannt sind (sonst Dissens).

8 Es kann auch allein **Sache des Maklers** bleiben, von dem Dritten durch Vertrag entlohnt zu werden (Hamburg MDR 1969, 665; *Glaser* MDR 1970, 385). Da der Makler grds zu dem Dritten in keinen Vertragsbeziehungen steht, ist eine **besondere Vereinbarung** erforderlich (BGH NJW 1986, 1165). Vor Annahme einer solchen ist jedoch zu prüfen, ob in den Erklärungen des Dritten und des Maklers der Abschluss eines selbständigen Maklervertrags liegt (Doppeltätigkeit).

9 **III. Erbringen der Maklerleistung.** Allein für seine Bereitschaft kann der Makler keine Provision verlangen (BGH BB 1970, 392). Welche Leistung der Makler zu erbringen hat, ob er vermittelnd oder nur nachweisend tätig zu werden braucht oder beides (Frankfurt NJW-RR 2000, 58, 59) um seinen Lohn zu verdienen, richtet sich nach dem Maklervertrag. Auch wenn in einer Provisionsvereinbarung lediglich von einer Vermittlungsleistung die Rede ist, schließt dies nicht aus, dass nach dem Parteiwillen auch für eine Nachweisleistung Provision zu zahlen ist (BGH NJW 2019, 1803 Rn 33; *D. Fischer* NJW 2019, 1182, 1183). Was gewollt ist, muss letztlich durch **Auslegung** geklärt werden (BGH NJW 2019, 1803 Rn 33); entscheidend auch für Zulässigkeit der Doppeltätigkeit, vgl § 654 Rn 2. Soll der Makler „eine Hypothek beschaffen", „zur Verfügung stellen" oder erhält er einen „Auftrag zum Verkauf", dürfte ein Vermittlungsauftrag vorliegen. Die Beauftragung mit der Suche nach einem Käufer ist im Zweifel Nachweismaklervertrag (BGH NJW 1967, 1365). Begnügt sich der Makler nicht mit der Benennung eines Objekts, sondern beteiligt sich darüber hinaus an den Vertragsverhandlungen, ist dies kein Indiz für einen Vermittlungsmaklervertrag (BGH NJW 1967, 1366; München BeckRS 2020, 2231; *D. Fischer* NJW 2020, 1268, 1269). Ein solches Verhalten soll lediglich ein „Ausbrechen" des Auftraggebers verhindern (BGH NJW 1967, 1366).

10 Waren sich die Parteien bei Abschluss des Maklervertrags der **Differenzierung nicht bewusst**, so verdient der Makler seine Provision durch Nachweis oder Vermittlung. § 652 stellt Vermittlung und Nachweistätigkeit gleichwertig nebeneinander. Grds muss daher, wenn der Vertrag keine Eingrenzung trifft, eine der aufgeführten Tätigkeiten genügen, um den Provisionsanspruch auszulösen (BGH NJW 1984, 359). Hinzukommt, dass die Begriffe Nachweismakler und Vermittlungsmakler im Rechtsalltag – in der Kautelarpraxis sowie selbst durch den modernen Gesetzgeber – mitunter nicht hinreichend auseinandergehalten werden (Saarbrücken NJW-RR 2016, 58, 59). So weist die Legaldefinition des § 1 WoVermRG dem Begriff Wohnungsvermittler die Funktion eines Oberbegriffes zu, der beide Tätigkeitsbereiche umfasst. Daher erscheint es nicht fernliegend, dass eine als Vermittlungsauftrag bezeichnete Abrede uU auch bereits bei Vorliegen einer reinen Nachweistätigkeit einen Provisionsanspruch auslösen kann (BGH NJW 2019, 1803 Rn 33; Saarbrücken NJW-RR 2016, 58, 59). Gleiches gilt für die Verwendung der **Begriffe Vermittlung oder Vermittlungsprovision** (Saarbrücken NJW-RR 2016, 58, 59). Diese Interpretation entspricht dem üblichen Sprachgebrauch in vielen (Immobilien-)Maklerverträgen (Karlsruhe ZMR 2005, 965, 966; Saarbrücken NJW-RR 2016, 58, 59; *D. Fischer* NJW 2007, 183).

11 Eine Tätigkeit ist nur anspruchsbegründend, wenn sie **während der Laufzeit** des Maklervertrags erfolgt. Der Nachweis kann bereits mit dem Abschluss des Maklervertrags erteilt werden (BGH MDR 1986, 2079). Provision kann auch für bereits vor Vertragsschluss benannten Dritten vereinbart werden (BGH NJW-RR 1991, 2279; 2014, 1272 Rn 14). Ist sie weder Nachweis noch Vermittlung (zB Beratung, Vertragsentwurf, Zureden zum Geschäftsabschluss, Einholen von Auskünften, Anberaumung eines Besichtigungs- oder Beurkundungstermins),

löst sie den Provisionsanspruch nicht aus, selbst wenn sie den Vertragsschluss fördert (Jauernig/*Mansel* Rn 10; *D. Fischer*, Maklerrecht, Kap V Rn 2).

12 **1. Nachweismakler.** Bei einem Nachweismaklervertrag muss der Makler dem Auftraggeber eine diesem bis dahin unbekannte konkrete und substantiierte Möglichkeit zum Vertragsschluss benennen, die den Wünschen des Auftraggebers entspricht und die diesen in die Lage versetzt, in konkrete Verhandlungen mit dem potenziellen Vertragspartner über den erstrebten Hauptvertrag einzutreten (BGH NJW-RR 1996, 113, 114; BGHZ 141, 40, 46; BGH NJW-RR 2009, 1282; NJW 2016, 2317 Rn 20; 2020, 2792 Rn 36). Hierbei ist jedoch nicht erforderlich, dass bereits alle **Einzelheiten** des Vertrags festgelegt sind (*Reichel*, 141ff; BGH NJW-RR 1990, 1008; 1991, 950). Nachweisleistung beim Unternehmenserwerb: Karlsruhe NJOZ 2006, 1164. Der Maklervertrag kommt selbst ohne gültige Vereinbarung zustande, wenn mehrere Objekte nachgewiesen werden (Hamburg NJW-RR 1996, 1463f). Es genügt zB Nennung des potentiellen Vertragspartners (Dritten), des voraussichtlichen Kaufpreises und der genauen Lage des Grundstücks durch Aushändigung der Flurkarte (BGH DB 1976, 2459). Ebenso liegt eine **Nachweisleistung** vor, wenn der Makler für den Kaufinteressenten eine Objektbesichtigung durchführt und hierbei den unmittelbaren Kontakt zw dem Interessenten und dem Verkäufer herstellt (BGH NJW 2019, 1226 Rn 10). Der Makler hat nur dann seine Nachweisverpflichtung erfüllt, falls Vertrag mit nachgewiesener Person überhaupt erfolgversprechend ist. Das ist idR der Fall bei dem zur Verfügung über das Objekt Berechtigten, also regelmäßig dem Eigentümer (BGH NJW-RR 1987, 172, 173; Düsseldorf NJW-RR 1999, 349, 350). Eine Nachweisleistung kann auch dann vorliegen, wenn die Verkäuferseite unter Betreuung steht, und der Käufermakler dem Erwerbsinteressenten den **Betreuer als Abschlussbevollmächtigten** benennt (Hamm ErbbauZ 2021, 109; *D. Fischer* NJW 2021, 3294 Rn 12). Bei Anmietung muss potentieller Vermieter nachgewiesen werden (KG ZMR 2000, 33). **Keine Nachweistätigkeit**, wenn Makler einen Dritten benennt, der mangels Eigentums für den erstrebten Hauptvertrag nicht in Betracht kommt (BGH NJW-RR 1988, 1397), wenn das Objekt im Nachweiszeitpunkt nicht zum Erwerb verfügbar ist (Frankfurt MDR 1999, 351), wenn er nach unzureichender Exposébeschreibung einen erbetenen Besichtigungstermin nicht verschaffen kann (Oldenburg VersR 1999, 360). Es muss ebenfalls bereits zum Zeitpunkt des Nachweises Gelegenheit zum Anmieten bestehen, Vertragsbereitschaft (hierzu *D. Fischer* Maklerrecht, Kap IV Rn 15ff). Eine sich später ergebende Möglichkeit genügt nicht (BGH NJW-RR 1997, 884; dazu auch Hamm NJW-RR 1999, 633, 634f). Die bloße Bezifferung des vom Verkäufer geforderten Kaufpreises ist ebenfalls keine Nachweisleistung (Frankfurt NZM 2023, 127, 130).

12a Die **Person des Interessenten** (Namhaftmachung, vgl BGH NJW 2016, 2317 Rn 23; Frankfurt NJW-RR 2018, 1206) muss idR namentlich benannt sein oder sich aus den Angaben ergeben (BGH NJW-RR 2010, 1385 Rn 23), so dass der Auftraggeber ohne weiteres Vertragsverhandlungen mit ihm aufnehmen (Frankfurt MDR 1976, 664, 665; 1984, 53; NJW-RR 1986, 352; Hamm MDR 1997, 914) und bei weiteren Maklernachweisen erkennen kann, dass es sich um dasselbe Objekt handelt, er also bereits Vorkenntnis besitzt (Frankfurt NJW-RR 1986, 352; OLG 1986, 122, 123). Allein die Angaben über das Objekt genügen nur, wenn keine weiteren Nachforschungen (zB wem das angegebene Mietobjekt gehört) zur Feststellung des Dritten erforderlich sind (BGH NJW-RR 1987, 1628; 1987, 172; NJW 2016, 2317 Rn 23; KG ZMR 2000, 33). Die Benennung muss sich auf die Person beziehen, die als Vertragspartner in Betracht kommt (BGH NJW 2016, 2317 Rn 20; Frankfurt OLG 1986, 122), daher keine Nachweistätigkeit, wenn Auftraggeber nach Scheitern der Verhandlungen mit dem Dritten selbst den Zwischenerwerber zum Verkauf bewegt (BGH NJW-RR 1988, 942). Ebenso kein Nachweis bei Angabe des Gemeinschuldners, wenn der Vertrag nur über verfügungsberechtigten Insolvenzverwalter geschlossen werden kann (Düsseldorf JR 1968, 929; vgl auch BGH 9.5.2018 – I ZR 68/17 Rn 18). Ausreichend ist jedoch die Benennung eines Miteigentümers, der von den anderen Miteigentümern beauftragt und ermächtigt ist (Hamm NJW-RR 1999, 632). War ein nachgewiesenes Objekt bereits vergeben und schließt der Auftraggeber mit dem Dritten ein Ersatzgeschäft, ist dieses nicht nachgewiesen (Frankfurt MDR 1975, 315), es sei denn, es besteht eine entspr Individualvereinbarung.

12b Eine **vollständige Namhaftmachung** ist für bestimmte Fallgruppen entbehrlich, so etwa, wenn der Kunde zunächst auf den Namen des in Betracht kommenden Vertragspartners keinen Wert legt (BGH NJW 2006, 3062 Rn 13; 2016, 2317 Rn 23). Anderes gilt aber, wenn er später den Makler zur Namhaftmachung auffordert und dieser sich weigert, den Namen bekannt zu geben (Frankfurt NJW-RR 2018, 1206; *D. Fischer* NJW 2018, 3287, 3288). Dafür, dass trotz unvollständiger Maklerleistung ein Fall gegeben ist, in dem eine Provisionspflicht ausnahmsweise besteht, trägt der Makler die Darlegungs- und Beweislast (Frankfurt NJW-RR 2018, 1206).

13 Kein Nachweis, wenn sich der Auftraggeber erst **selbst erkundigen** muss, ob der benannte Interessent als Vertragspartner in Betracht kommt, das gewünschte Angebot machen oder annehmen kann (BGH NJW 2016, 2317 Rn 20; Frankfurt OLGR 1986, 123; Düsseldorf NJW-RR 1999, 349). So, wenn der Makler an einen Interessenten verweist, der erst weitere Angaben über Größe, Preis und Lage des gesuchten Grundstücks macht (LG Hamburg MDR 1961, 413) oder bei Mitteilung eines völlig offenen Investments in Bezug auf ein Grundstück an einen Anlageinteressenten (Frankfurt NJW 2009, 1827). Zeigt der Auftraggeber kein Interesse an genaueren Informationen, sondern ermittelt selbst gezielt am Makler vorbei, liegt ein provisionsbegründender Nachweis vor (Hamm NJW-RR 1999, 632, 633). Provisionsausschluss, wenn günstiges Angebot nicht weitergeleitet wird, sondern für eigenen Zwischengewinn ausgenutzt wird (Brandenburg NJW-RR 1995, 695). Ebenso keine Provisionsverpflichtung, wenn der Makler an eine andere Person (zB Makler) verweist **(indirekter Nachweis)**, die erst die konkrete Möglichkeit zum Vertragsschluss benennt oder vermittelt (BGH WM 1991, 818, 819; NJW 2016, 2317 Rn 43), oder bei Benennung der Mutter der Eigentümerin des zu erwerbenden Grundstücks (Frankfurt NJW-RR 1986,

352). Provisionsverpflichtung ist nur dann zu bejahen, wenn eine entspr Vereinbarung getroffen wurde (BGH WM 1991, 818, 819). Ein Abschluss des Hauptvertrags mit einem nicht vom Makler, sondern von einem früheren, vom Makler nachgewiesenen Erstinteressenten bestimmten Vertragspartner löst Provisionspflicht nur aus, wenn zw Vertragspartner und Erstinteressenten besonders enge persönliche oder wirtschaftl Beziehungen bestehen, so dass der Makler auch mittelbar über den ersten Interessenten auf den zweiten einwirkt (BGH NJW 1976, 1844; 1984, 359). Provisionspflicht besteht auch bei Abschluss des Hauptvertrags, wenn der Vertragspartner ein dasselbe Objekt betreffendes Angebot des Maklers ggü Erstinteressenten kennt (Frankfurt MDR 1987, 497). Die **Zusendung einer Namensliste** mit 500 Interessenten ist kein Nachweis, weil Auftraggeber selbst durch Kontaktaufnahme ermitteln muss, ob sich darunter ein potentieller Vertragspartner befindet (BGH NJW-RR 2010, 1385 Rn 10; München MDR 1974, 312). Ebenso, falls es nur um die Verschaffung einer bloßen Ermittlungsmöglichkeit geht (BGH NJW-RR 2010, 1385 Rn 10; NJW 2016, 2317 Rn 20). Durch Individualvereinbarung kann jedoch die Zahlung eines Entgeltes für die Zusendung von Objektlisten vereinbart werden, sofern dies nicht im Rahmen einer Wohnungsvermittlung erfolgt, § 3 II WoVermRG. Insoweit handelt es sich um Maklertätigkeit (BGH NJW-RR 2010, 1385 Rn 11f). Bei Anmietung von Büroflächen gehört damit zum Nachweis der konkreten Möglichkeit des Vertragsschlusses auch die Angabe, welche Flächen in welchem Geschoss des Bürogebäudes zur Anmietung tatsächlich zur Verfügung stehen (Düsseldorf NJW-RR 1997, 1282). Provision in diesen Fällen nur, wenn ausdrückl oder konkludent vereinbart. Nicht jedoch, wenn der Makler selbst schon in der Lage war, den konkreten Nachweis zu erbringen, denn entscheidend ist allein, ob die Maklerleistung erbracht wurde, nicht, ob sie erbracht werden konnte.

14 Keine Kenntnisverschaffung ist möglich, wenn der Interessent (Dritter) dem Auftraggeber bereits bekannt ist (BGH MDR 1967, 837; Frankfurt NJW 1979, 879; LG Marburg NJW-RR 1987, 721). Der Makler muss **erstmalige Kenntnis** von der Vertragsmöglichkeit verschaffen (Köln NJW 1966, 1412). Die **Vorkenntnis** muss sich auf das Objekt, die Erwerbsmöglichkeit sowie die Person des potentiellen Vertragspartners beziehen (Hamm NJW-RR 2022, 271; *D. Fischer* NJW 2022, 1212 Rn 15). Damit sind die für die Vorkenntnis maßgeblichen Wissensbereiche deckungsgleich mit dem, was den Begriff der Nachweisleistung ausmacht (*D. Fischer* NJW 2022, 1212 Rn 15). Kenntnis sämtlicher essentialia negotii des später zustande gekommenen Hauptvertrags ist dagegen nicht erforderlich (Frankfurt NZM 2023, 127, 130). Vorkenntnis des Auftraggebers hindert den Provisionsanspruch, weil der Kaufvertrag nicht „infolge" der Nachweistätigkeit des Maklers zustande gekommen ist (Koblenz OLG 1991, 320; Hamm NJW-RR 2022, 271). Nach neuerem Verständnis wird daher zu Recht die Frage der Vorkenntnis im Rahmen der Kausalitätsprüfung erörtert (BGH NJW-RR 1998, 411, 412; 2014, 1272 Rn 15; *Zopfs* Rn 97; *D. Fischer* NJW 2007, 183; aA Staudinger/*Arnold* §§ 652, 653 Rn 31). Maklerlohn kommt bei Vorkenntnis nur in Betracht, wenn der Makler zusätzl Informationen geliefert und damit eine wesentliche Maklerleistung erbracht hat (BGH NJW-RR 1996, 114; 2014, 1272 Rn 16; Frankfurt NZM 2023, 127, 130; *Dehner* BB 1999, 1021f). Daher wird die Nachweistätigkeit eines Maklers nicht durch die nochmalige Objektbenennung durch einen weiteren Makler beseitigt, selbst wenn der Kaufpreis noch nicht endgültig festgelegt ist (BGH NJW 1980, 123). Der Auftraggeber muss darlegen und ggf beweisen, worauf seine Vorkenntnis beruht (BGH NJW 1971, 1133, 1135; 1983, 1849; *D. Fischer* WM 2020, 1757, 1759). Hieran dürfen nicht zu geringe Anforderungen gestellt werden (*Zopfs* Rn 97; *Ibold* Rn 105). Kenntnis einer Person als solcher schadet nicht, nur wenn ihr Interesse an dem Abschluss des Hauptvertrags bekannt ist (zB die vom Kreditmakler für ein spezielles Darlehen benannte Bank ist allg bekannt). Vorkenntnis liegt bereits vor, wenn der Auftraggeber eine Anzeige des Dritten in der Zeitung, dessen Aushang ua gelesen oder sich der Dritte bereits auf eine (Chiffre-)Anzeige des Auftraggebers gemeldet hat, selbst wenn letzterer dieses Schreiben erst später liest (Köln NJW 1966, 1412; *Mormann* WM 1968, 954). Der Auftraggeber kann sich auch dann auf Vorkenntnis berufen, wenn er diese bereits in einem Zeitpunkt erlangt hat, in dem er noch nicht am Abschluss des Hauptvertrags interessiert war (BGH NJW-RR 1990, 1269). Allerdings schließt die Bekanntgabe eines Zwangsversteigerungstermins die gleichzeitige Nachweistätigkeit eines Maklers nicht aus. Wer ohne Offenlegung seiner Kenntnis von der anstehenden Zwangsversteigerung die Dienste des Maklers in Anspruch nimmt, um die Innenbesichtigung des Objekts zu erlangen, darf sich ggü dem Honoraranspruch des Maklers nicht nachträgl auf Vorkenntnis berufen (BGH NJW-RR 1989, 1210). Der für sie ungünstigen Problematik der Berufung auf Vorkenntnis begegnen die Makler durch die sog **Vorkenntnisklausel.** Sie soll bewirken, dass der Auftraggeber seine Vorkenntnis nur geltend machen kann, wenn sie in vereinbarten Fristen und Formen dem Makler mitgeteilt worden ist. Der Auftraggeber genügt hierbei seiner Anzeigepflicht, wenn er alles Zumutbare getan hat, um seine Vorkenntnis dem Makler mitzuteilen (BGH NJW 1962, 2099). Die Inanspruchnahme von Maklerdiensten ohne Hinweis auf die Vorkenntnis ist nicht als Verzicht auf die Vorkenntnis zu werten (Karlsruhe NJW-RR 1994, 509; aA Koblenz WM 1989, 1658, 1660). Im Einzelfall kommt allerdings ein Verstoß gegen Treu und Glauben gem § 242 in Betracht (Koblenz NJW-RR 1991, 248, 249, dazu Celle NJW-RR 1995, 501); möglicherweise auch eine konkludente Abrede, nach der Vorkenntnis dem Provisionsanspruch nicht entgegenstehen soll (Schleswig 12.6.2014 – 16 U 134/13; *D. Fischer* NJW 2015, 3278, 3282). Erfährt der Makler durch einen Dritten von der Vorkenntnis, steht dies einer schriftlichen Mitteilung des Auftraggebers selbst dann gleich, wenn Schriftform erforderlich war (Köln MDR 1970, 844). Der BGH sieht bei nicht eindeutiger Formulierung Vorkenntnisklausel als unwiderlegbare Vermutung an (BGH NJW 1962, 2099; 1971, 1133; Köln NJW 1968, 2011; Koblenz AIZ 1961, 168) die lediglich eine Vereinbarung über die Beweislast beinhaltet und wegen starker Abweichung vom Normaltyp des Maklervertrags und missbräuchlicher Verfolgung einseitiger Interessen nur als Individualvereinbarung Geltung erlangen kann, § 307 I (BGH NJW 1971, 1133,

1135; BB 1976, 1100; aA *Hamm/Schwerdtner* Rn 952: jew widerlegbare Beweisvermutung, als solche auch durch AGB vereinbar).

Der Nachweis einer Gelegenheit zum Abschluss eines Vertrags ist nicht schon dann erbracht, wenn dem Auftraggeber ein Exposé über das später gekaufte Grundstück zugeht. Erforderlich ist die **Kenntniserlangung** (Realakt) durch den Auftraggeber (KG NJW 1970, 901). Der Auftraggeber ist nicht verpflichtet, das Maklerangebot zu lesen und zu überprüfen (KG NJW 1970, 901, 903). Allerdings ergibt sich aus dem Zugang des Maklerschreibens ein **Indiz für die Kenntnisnahme** durch den Auftraggeber. Dieses wird jedoch durch besondere Umstände (zB erheblicher Zeitablauf, ein Jahr) zw Zugang und Kaufentschluss wieder beseitigt (KG NJW 1970, 902). Hat der Auftraggeber mehrere Makler beauftragt, und senden diese ihm gleichzeitig Nachweise über ein und dasselbe Objekt zu, kann er sich ggü jedem Makler darauf berufen, dass er möglicherweise die Schreiben der anderen Makler zuerst gelesen habe. Da sich in diesen Fällen nicht nachweisen lassen wird, welches Schreiben der Auftraggeber zuerst zur Kenntnis genommen hat, ist Vorkenntnis ggü jedem Maklerанspruch möglich. Aus Beweisgründen wird daher der Anspruch eines jeden Maklers scheitern; ein Risiko, das im Zivilprozess auch ansonsten in Kauf genommen werden muss (so auch BGH NJW 1979, 896). Die von *Knütel* (JR 1979, 371) in diesem Fall in entspr Anwendung des § 659 II 1 befürwortete gleichmäßige Verteilung einer Provision auf alle Makler ist abzulehnen, weil insb bei erfolgter Zahlung an einen Makler der Rückforderungsanspruch aus § 812 dem Auftraggeber die Beweislast dafür aufbürdet, dass die volle Zahlung sine causa (vgl § 812 Rn 90), dh trotz nicht erbrachten Nachweises erfolgt ist. Der Auftraggeber müsste also beweisen – und dies wäre ja nicht möglich – dass er andere Nachweiszettel vorher gelesen hätte. § 659 II 1 erfordert ferner, dass die Handlung mehrfach vorgenommen wurde. Die Nachweistätigkeit ist aber nur von einem Makler erbracht worden. 15

Einer Mitwirkung bei dem durch Nachweis herbeigeführten Vertragsschluss durch den Makler bedarf es im Gegensatz zum Vermittlungsmakler nicht, es genügt die **Benennung eines potentiellen Partners** (BGH MDR 1974, 823; DB 1976, 2459; Köln MDR 1956, 294). Der Nachweismakler hat idR keine Beratungspflicht (*D. Fischer* Maklerrecht, Kap X Rn 18), aber Aufklärungspflichten nach herkömmlichem Maßstab (BGH NJW-RR 2007, 711 Rn 11ff). Es ist ohne Belang, wenn ein Nachweismakler wegen anderweitiger Bindung des Verkäufers für den Käufer nicht vermittelnd tätig werden kann (BGH DB 1976, 2459) oder aber der Auftraggeber nach erfolgtem Nachweis einen Vermittlungsmakler hinzuzieht (*D. Fischer* NJW 2012, 3285 mwN). 16

2. Vermittlungsmakler. Vermitteln erfordert ein nicht unbedingt gleichzeitiges **Verhandeln** mit beiden Parteien des geplanten Vertrags, um das vom Auftraggeber gewünschte Geschäft zustande zu bringen (BGH MDR 1968, 405; NJW-RR 1997, 884; 2009, 1282 Rn 8; Dresden NZM 1998, 1017). Der Makler muss auf den potentiellen Vertragspartner mit dem Ziel des Vertragsabschlusses einwirken und mithin die bewusste finale Abschlussbereitschaft des Vertragspartners des zukünftigen Hauptvertrages herbeiführen (BGH NJW 2019, 1803 Rn 26). Keine Vermittlertätigkeit, wenn Makler nicht mit dem Dritten verhandelt, sondern nur mit zunächst interessierter Person, die wiederum den Dritten zum Vertragsschluss bewogen hat (BGH BB 1976, 1101). Ggü dem Auftraggeber genügt idR die Entgegennahme des Auftrags, ein weiteres Verhandeln ist nicht erforderlich (BGH WM 1974, 257, 258). Entscheidend ist die **Kontaktaufnahme mit dem Dritten**. Auf diesen muss der Makler einwirken. Er muss mit ihm in Verbindung treten, um die Vertragsbereitschaft und ein konkretes Angebot an seinen Auftraggeber herbeizuführen (BGH MDR 1968, 405; NJW-RR 1997, 884; 2009, 1282 Rn 8; NJW 2019, 1803 Rn 26f). Das Herunterhandeln der Preisvorstellungen des Verkäufers kann eine Vermittlungsleistung zugunsten des Kaufinteressenten bedeuten (Karlsruhe NJOZ 2005, 2927, 2931), aber auch zugunsten des Verkäufers (Köln NJW-RR 2004, 271; weitere Bsp bei *D. Fischer*, Maklerrecht, Kap IV Rn 29f). Ist der Geschäftsführer der Maklergesellschaft mit dem Dritten identisch, liegt keine Vermittlertätigkeit vor (Karlsruhe MDR 1977, 139; vgl Rn 31); bzgl Verflechtung vgl auch BGH NJW 1985, 2473. Es genügt nicht irgendeine Tätigkeit im Zusammenhang mit dem Vertragsschluss (LG München BB 1974, 1320 m zust Anm *v Hoyningen-Huene*). Eine **Unterstützung des Auftraggebers** mit Rat und Tat oder einseitiges Verhandeln mit diesem ist weder ausreichend noch erforderlich (RG JW 1922, 164; BGH MDR 1968, 405; *D. Fischer* NJW 2007, 183, 185). Durch die Übersendung eines Exposés an einen Kaufinteressenten wird noch nicht iS einer Vermittlungstätigkeit auf dessen Kaufentschluss eingewirkt und dieser gefördert (BGH NJW-RR 2009, 1282 Rn 8; NJW 2019, 1803 Rn 26). Auch das reine Ermöglichen einer Grundstücksbesichtigung (BGH NJW-RR 2009, 1282 Rn 9; NJW 2019, 1803 Rn 26) oder die Einschaltung eines Notars für die Beurkundung des Kaufvertrages (Saarbrücken NJW-RR 2016, 58, 59; *D. Fischer* NJW 2007, 183, 185) ist keine Vermittlungsleistung. Gleiches gilt, wenn der Makler Einzelinformationen des Verkäufers an den Kaufinteressenten weitergibt. Reine Botendienste sind keine Vermittlungstätigkeit (BGH NJW 2019, 1803 Rn 27). Ein Verhandeln mit dem Dritten und Herbeiführung von dessen Vertragsbereitschaft ist auch möglich, wenn dieser dem Auftraggeber als potentieller Vertragspartner bereits bekannt war. Der Vermittlungsmakler braucht daher nicht wie der Nachweismakler erstmalige **Kenntnis der Vertragsgelegenheit** zu verschaffen. Ein Einwirken auf die Entschließung des Dritten ist jedoch nicht mehr möglich, wenn dieser bereits zum Vertragsschluss zu den vom Auftraggeber festgelegten Bedingungen **bereit ist** (*v Hoyningen-Huene* BB 1974, 1320). *Tempel/Seyderhelm*, Materielles Recht im Zivilprozess[4] 2014, 420, *Burghart* AcP 140, 81ff und *Dehner*, Maklerrecht Rn 96f sehen ein Vermitteln auch im Zusammenführen der Parteien, wenn der Dritte bereits von vornherein bereit ist, mit dem Auftraggeber zu dessen Bedingungen abzuschließen. Dies ist aber lediglich typische Nachweistätigkeit. 17

Der **Umfang der Vermittlerpflichten** richtet sich nach den Erfordernissen des Einzelfalls, insb inwieweit die Vertragsparteien auf eine Unterstützung durch den Makler angewiesen sind (BGH MDR 1974, 823, 824). Zu- 18 meist wird die Unterrichtung über finanzielle und wirtschaftl Auswirkungen des geplanten Geschäfts genügen. Soweit Rechtsberatung, insb über rechtl Konsequenzen und Vertragsbedingungen, erforderlich, ist dies gem § 5 I RDG gestattet, selbst die Ausarbeitung der Vertragsentwürfe (BGH MDR 1974, 823, 824; zum Maßstab (§§ 2, 5 RDG; BGH DB 2016, 1432 Rn 14ff). **Keine Vermittlung**, wenn der Makler seinem Auftraggeber lediglich Unterlagen oder Informationen über gewünschtes Objekt verschafft (BGH MDR 1968, 405; NJW 2019, 1803 Rn 27); bei Nachweis des Objekts und Aufforderung, unmittelbare Verhandlungen mit dem Interessenten aufzunehmen. Kümmert sich der Makler daraufhin nicht mehr um den Abschluss des Vertrags und überlässt Verhandlungen ausschließlich dem Auftraggeber und dem Dritten, liegt keine provisionsbegründende Vermittlertätigkeit vor (Stuttgart NJW 1973, 1975, 1976). Ebenso wenig genügt der **Hinweis auf eine Erwerbsmöglichkeit**, zB die Aufforderung, das Objekt bei einer Versteigerung zu erwerben (BGH Warn 1969 Nr 149). Hierbei handelt es sich lediglich um eine Nachweisverschaffung. Selbst wenn der Makler bei der Versteigerung anwesend ist, bedeutet dies lediglich eine Unterstützung beim Erwerb, nicht aber eine Vermittlung (*Wiedemann* JR 1968, 27; *O. Werner* JurA 1970, 357, 358; aA Düsseldorf JR 1968, 25, 26; Frankfurt NJW 1986, 2117). Dem Makler steht kein Provisionsanspruch zu, soweit der Kunde das vom Makler benannte Grundstück im Wege der Zwangsversteigerung erwirbt (BGHZ 112, 59); zur Frage der Vereinbarung individualvertragl und durch AGB vgl BGH BB 1993, 529f (ähnl BGH ZIP 1997, 1448ff). Ein Veräußerungsverbot steht einer Provisionspflicht aus einem vorhergehenden Kaufvertrag nicht entgegen, soweit der schuldrechtl Kaufvertrag besteht (BGH BB 1997, 909). Bei Teilanmietung eines Grundstücks, an dem der Vermieter Gesamtvermietungsinteresse hat, entsteht gleichwohl Provisionspflicht (BGH NJW-RR 1996, 113).

19 Hat der Makler neben dem Vermittlungsauftrag des Vermieters **Vollmacht** zum Abschluss der Mietverträge und schließt er solche mit Mieter ab, so ist er ohne weitere Tätigkeit nicht als Vermittler, sondern nur als Vertreter tätig geworden (LG München BB 1974, 1319; LG Hamburg MDR 1974, 490). Zur Vertretung durch den Makler *Esser* RNotZ 2005, 70, 95. Zum Provisionsanspruch eines Vermittlers, der gleichzeitig als Vertreter unterschreibt, LG Hamburg MDR 1987, 671.

20 **3. Dispositives Recht. Abbedingen der Maklerleistung** ist zulässig, ebenso Provisionsversprechen für Tätigkeit, die nach § 652 keine Vergütungspflicht begründen würde (BGH NJW 1981, 278); etwa wenn ein benannter Interessent nicht selbst das Objekt erwirbt, sondern auf andere Personen übertragen lässt (BGH WM 1985, 1422). Durch Individualvereinbarung kann festgelegt werden, dass der Erwerb in der **Zwangsversteigerung** dem Abschluss eines Grundstückskaufvertrags gleichzustellen ist (BGHZ 112, 59). Das Versprechen einer Provision bei Abschluss des Hauptvertrags auch ohne kausale Maklertätigkeit liegt in der Vorkenntnisklausel (vgl Rn 14) und in der Erteilung eines **Alleinauftrags** (Synonyme: Festauftrag, Alleinverkaufsrecht, fest an die Hand; BGH WM 1976, 534; *Krüger-Doyé*, 49, 77; *Hamm/Schwerdtner* Rn 979), der verhindern soll, dass der Auftraggeber den Hauptvertrag ohne Nachweis oder Vermittlung des Maklers abschließt. Ist dem Makler der Lohn sicher, kann er größere Anstrengungen unternehmen und höhere Kosten aufwenden, um den Hauptvertrag zustande zu bringen (BGH NJW 1966, 1406). Für schwierige Objekte ist Alleinauftrag oft die einzige Möglichkeit, einen Makler zu finden. Dieser geht nicht das Risiko ein, Arbeit und Kosten umsonst übernommen zu haben, wenn der Hauptvertrag ohne seine Vermittlung oder ohne seinen Nachweis geschlossen wird (BGH NJW 1967, 198). Ihm ist die Provision sicher (BGH NJW 1966, 1405, 1406), denn es wird dem Auftraggeber untersagt, sich an einen anderen Makler zu wenden (einfacher Alleinauftrag) und bei ausdrückl Vereinbarung (qualifizierter Alleinauftrag) auch sich selbst um einen Vertragspartner zu bemühen (Direkt- oder Eigengeschäft). Ist die Abrede in dieser Hinsicht eindeutig formuliert und umfasst mithin ein erweitertes Provisionsversprechen, erhält der Makler die volle Provision, wenn der Hauptvertrag infolge der Tätigkeit eines anderen Maklers oder des Auftraggebers selbst zustande kommt, dh Provision ohne kausale Tätigkeit des allein beauftragten Maklers (BGH NJW 1965, 964; 1966, 1405, 1406; Hamm MDR 1959, 841; Frankfurt ZIP 2011, 1929). Ein zeitl unbegrenzter Ausschluss des Widerrufsrechts ist nach § 138 I unwirksam, führt aber nur zur Unwirksamkeit des Ausschlusses, so dass eine angemessene Frist läuft (BGH WM 1974, 257, 259f; Staudinger/*Arnold* §§ 652, 653 Rn 67f).

21 Wird **Eigentätigkeit des Auftraggebers** nicht ausdrückl verboten, sondern allg „Alleinauftrag" (**einfacher Alleinauftrag**) erteilt, führt nach hM lediglich die Beauftragung eines anderen Maklers zu Schadensersatzansprüchen und ggf zur Provisionspflicht, nicht jedoch, wenn Eigeninitiative des Auftraggebers den Abschluss des Hauptvertrags bewirkt (BGH NJW 1961, 307; 1967, 1223; 1969, 1626; 1973, 1195; Celle BB 1968, 149; Düsseldorf MDR 1973, 582; Soergel/*Engel* Rn 168), selbst falls dieser an einen anderen Makler verkauft (Koblenz NJW-RR 1999, 1000, 1001). Ein einfacher Alleinauftrag kann auch durch AGB vereinbart werden (BGH WM 1978, 791, 792; BGHZ 226, 20 Rn 14; Soergel/*Engel* Rn 169; Staudinger/*Arnold* §§ 652, 653 Rn 230; *Ibold* Rn 149).

22 Das zusätzl Versprechen des Auftraggebers, jeden Interessenten **an den Makler zu verweisen** (vgl BGH NJW 1966, 1405; Hamm MDR 1959, 841; Frankfurt ZIP 2011, 1929: **qualifizierter oder erweiterter Alleinauftrag**) bedeutet eine Stärkung der Rechtsstellung des Maklers und darf nur im Rahmen einer Individualabrede wirksam vereinbart werden (BGHZ 60, 377, 379; BGH WM 1974, 257; NJW 1991, 1678, 1679; NJW-RR 1996, 1276, 1277; Hamm NJW-RR 1998, 842, 843; Frankfurt NJW-RR 2002, 1062, 1063). Der Makler hat **Schadensersatzansprüche** aus vertragl Pflichtverletzung nach § 280 I, wenn der Auftraggeber gegen das Verbot der Zuziehung eines weiteren Maklers bzw des Direktkontakts verstößt (BGH WM 1987, 1044, 1045; BGHZ 226, 20 Rn 30; Hamburg NJW-RR 1986, 728). Zu ersetzen sind vergebliche Aufwendungen des Maklers (BGHZ 60, 377, 381; BGHZ 226, 20 Rn 30). Geht dem Makler durch die Pflichtverletzung die **Provision verloren**, kann er nach § 252 Ersatz des entgangenen Verdiensts verlangen (BGHZ 226, 20 Rn 30). Der Anspruch auf Verkäuferprovision kommt

nicht zustande, wenn ein vom Makler beauftragter weiterer Makler vermittelt (Düsseldorf NJW-RR 1998, 1666f). Entscheidend ist, dass der Makler nachweist, er hätte einen ihm nicht zugesandten Interessenten zum Vertragsschluss bewegt, nun aber sei das Geschäft nicht zustande gekommen und deswegen habe er keine Provision erhalten (BGH NJW 1967, 1225; NJW-RR 1996, 1276, 1277; Dresden NJW-RR 1999, 846; München NJW-RR 1995, 1525, 1526). Seiner **Beweislast** (dazu *Krüger-Doyé*, 87–91) für die verhinderte Beibringung eines die Provisionspflicht auslösenden Interessenten und den Vertragsschluss mit diesem genügt der Makler dadurch, dass er nachweist, er würde einen unter sachgemäßen Bedingungen bereiten und fähigen Vertragschließenden gestellt haben (RGZ 172, 191; BGHZ 226, 20 Rn 30). Soweit es um die Provision der Gegenseite geht, muss der Makler auch nachweisen, dass dieser Interessent ihm eine Provision gezahlt hätte (BGHZ 226, 20 Rn 30).

Der **Auftraggeber** muss beweisen, dass auch ohne seinen Vertragsverstoß der Hauptvertrag nicht zustande gekommen wäre (*Schäfer* BB 1990, 2275). Weiß ein Makler vom Alleinauftrag ggü einem anderen Makler, muss er den Kunden darauf hinweisen, dass er sich bei erfolgreicher Tätigkeit dem zweiten Makler ggü schadensersatzpflichtig macht. Unterlässt der Makler dies, kann der Kunde uU Freistellung von der Verbindlichkeit aus dem zweiten Vertrag verlangen (Hamm NJW-RR 1998, 842ff). 22a

Wird für den Fall eines Verstoßes gegen den Alleinauftrag die **Fälligkeit der vollen Maklerprovision** vereinbart, handelt es sich nicht um ein **Reuegeld** des § 353 (München NJW 1969, 278; *O. Werner* JurA 1970, 365 noch zu § 359 aF). Frage der Auslegung, ob **erweitertes Provisionsversprechen** (Makleranspruch mit abbedungenem Kausalitätserfordernis, BGH NJW 1964, 1467; 1966, 1405; 1966, 2008; 1973, 1194; NJW-RR 1987, 1075), **Versprechen einer Vertragsstrafe** (BGHZ 49, 84; München JR 1961, 96; Nürnberg MDR 1968, 920) oder **pauschalierter Schadensersatzanspruch** vorliegt. Wird Aufwandsentschädigung bei Nichtzustandekommen des Vertrags vereinbart, bedarf diese der notariellen Beurkundung nach § 311b I, sofern der vereinbarte Betrag 10–15 % (Obergrenze) der üblichen Käuferprovision übersteigt (Dresden BB 1997, 2342f). 23

Ein Alleinauftrag muss **klar erteilt** sein und jeden Zweifel ausschließen (BGH NJW 1969, 1625); der Makler kann sich sonst nicht auf Alleinauftrag berufen. Ist Alleinauftrag in Vertragsformular enthalten, sagt der Makler aber Nichtberufung auf diese Klausel zu, indem er sie als „reine Formsache" abtut (BGH NJW 1969, 1625), so ist kein Alleinauftrag vereinbart. Auf jeden Fall ist dem Makler dann eine Berufung auf eine solche Klausel nach den Grundsätzen der vorvertragl Pflichtverletzung gem § 280 I, § 311 II, § 241 II versagt (vgl BGH NJW 1969, 1625; Celle NdsRpfl 1963, 277). Rechtsmissbräuchliche Berufung auf Alleinauftrag ist ebenfalls gegeben, wenn der Makler lange Zeit untätig geblieben ist und damit zu erkennen gibt, nicht mehr für den Auftraggeber tätig zu werden (BGH NJW 1966, 1406; WM 1973, 1382; 1977, 872, 873). Diese Untätigkeit berechtigt den Auftraggeber zur Kündigung des Alleinauftrags (BGH MDR 1969, 740; vgl auch BGH NJW 2019, 1596 Rn 29). 24

Die **Beweislast** für die Vereinbarung eines Alleinauftrags trägt der Makler (BGH BB 1966, 1367). Bei Vereinbarung eines Alleinauftrags ist nicht die ausdrückl **Benennung** erforderlich, es genügt, wenn sich aus den gesamten Umständen eindeutig entnehmen lässt, dass der Auftraggeber auf Hilfe Dritter oder sogar auf einen Direktabschluss verzichtet (RGZ 172, 188, 189). Das ist der Fall, wenn der Auftraggeber dem Makler eine Nachfrist setzt mit der Androhung, sonst anderweitig zu verfügen. Kein Alleinauftrag, wenn der Makler vereinbarungsgemäß das Geschäft mit bestimmten Interessenten fördern soll und beide Parteien Stillschweigen bewahren sollen (BGH BB 1966, 1367; NJW 1967, 198). Einer besonderen **Form** bedarf der Alleinauftrag grds nicht (*Krüger-Doyé*, 77). 25

Ein Alleinauftrag beschränkt den Auftraggeber nicht in seiner **freien Entscheidung**, ob er den Hauptvertrag abschließen will (BGH NJW 1967, 1226; WM 1970, 1457; 1972, 444; BGHZ 226, 20 Rn 20). Deswegen ist **Alleinauftrag zulässig**, kein Verstoß gegen § 138 (BGH WM 1974, 259; Stuttgart BB 1971, 1342). Unzulässig jedoch bei Wohnungsmaklerverträgen, § 2 I WoVermRG (Vor § 652 Rn 3). Auch als Maklerdienstvertrag (Rn 28) ist er im Kern Maklervertrag und am gesetzl Leitbild der §§ 652ff zu messen (BGH MDR 1985, 654; BGHZ 226, 20 Rn 20). Wegen Verbotes der Eigentätigkeit vgl Rn 21. Wegen erheblicher Abweichung vom gesetzl Leitbild des Maklers kann ein qualifizierter Alleinauftrag nicht über AGB vereinbart werden (§ 307 II Nr 1: BGH NJW 1967, 1226; 1973, 1194; WM 1974, 259; 1977, 16; NJW 1986, 1173; Hamm NJW-RR 2021, 441; aA MüKo/*Althammer* Rn 272; vgl im Einz *Krüger-Doyé*, 103ff). Aber selbst als Individualvereinbarung muss der Makler den Auftraggeber über Inhalt und Tragweite **aufklären** (Celle NdsRpfl 1963, 277). **Ausschluss der Entscheidungsfreiheit** des Auftraggebers durch Versprechen voller Provisionszahlung bei Nichtabschluss mit einem vom Makler beigebrachten Interessenten ist nur als Individualvereinbarung zulässig (§ 307: BGH NJW 1967, 1225; Düsseldorf DB 1968, 2210). 26

Der Makler kann selbst bei Alleinauftrag Provision nur verlangen, wenn der **Hauptvertrag** zw Auftraggeber und Drittem abgeschlossen ist (BGH NJW 1967, 1225). Im Falle des Abschlusses hat der Makler einen Provisionsanspruch. Entscheidend ist allein, dass ein Verstoß gegen den Alleinauftrag, also Zuziehung eines anderen Maklers oder Entwicklung der Eigeninitiative, **während des Alleinauftrags** erfolgt. Der Abschluss des Hauptvertrags kann dann nach Beendigung des Alleinauftrags liegen (BGH Warn 1966, 136; 1969 Nr 149 S 302). Erfolgt Verstoß gegen den Alleinauftrag zu Lebzeiten des allein beauftragten Maklers, haben dessen Erben einen Provisionsanspruch auch dann, wenn der Makler noch vor Abschluss des Hauptvertrags stirbt (BGH NJW 1965, 964). Ist der Auftraggeber nicht verfügungsberechtigt, so hat er dafür einzustehen, dass der **Verfügungsberechtigte** sich an den Alleinauftrag hält. Schließt dieser ohne Zuziehung des Maklers während der Laufzeit des Alleinauftrages den Hauptvertrag ab, muss der Auftraggeber volle Provision zahlen (RGZ 172, 189ff). In keinem Fall kann der 27 allein beauftragte Makler Provision verlangen, wenn der Auftraggeber den Hauptvertrag mit einem von ihm selbst vor Auftragserteilung ermittelten Interessenten abschließt (Karlsruhe Justiz 1965, 113; einschränkend LG Köln NJW-RR 1988, 1020, wonach ein Anspruch auf Vermittlungsprovision besteht, wenn der Makler noch Einfluss auf den Auftraggeber nehmen kann).

28 Als Korrelat zur Provisionsgarantie bei Direktgeschäft oder bei Nachweis- bzw Vermittlertätigkeit anderer Personen ist der Makler bei einem Alleinauftrag verpflichtet, im Interesse des Auftraggebers intensiv und erfolgreich seine Vermittler- oder Nachweistätigkeit zu betreiben (BGH NJW 1966, 1406; 1967, 199; 1969, 1627; WM 1973, 1383; 1978, 1097; MDR 1985, 654; NJW-RR 1987, 944; NJW 2019, 1596 Rn 29). Maklervertrag mit Alleinauftrag ist daher **Maklerdienstvertrag** (BGH NJW-RR 1987, 966; NJW 2019, 1596 Rn 29; vgl Vor § 652 Rn 19). Pflichtwidrig handelt der Makler insb dann, wenn er dem Verkäufer ggü ein Kaufangebot unzutr darstellt, ihm ein Kaufangebot verschweigt, den Kontakt zu Kaufinteressenten abreißen lässt, keine ausreichenden Verkaufsbemühungen unternimmt oder bei eigenem Kaufinteresse Kaufinteressenten überhöhte Preisvorstellungen der Verkäuferseite nennt, um sie von der Abgabe eines Kaufangebots abzuhalten (BGH NJW 2019, 1596 Rn 28ff). Als Maklerdienstvertrag ist der Alleinauftrag kein **gegenseitig verpflichtender Vertrag** (Hamm AIZ 1956, 226; Grü/*Retzlaff* Rn 73; Anm *Knüfer* LM § 652 Nr 51 zu BGHZ 63, 74; *Warncke* MDR 1961, 725, 726: § 675 analog; aA MüKo/*Althammer* Rn 247; *Krüger-Doyé*, 72ff, 81ff; *Rust* MDR 1957, 205). Die Pflicht des Maklers **zur Tätigkeit bei Alleinauftrag ist nicht abdingbar,** § 138 I (LG Mönchengladbach NJW 1961, 2310; modifizierend *Krüger-Doyé*, 52f).

29 Allg **Treue- und Sorgfaltspflichten** bestehen in erhöhtem Maße, insb bei starker Bindung durch langzeitigen Ausschluss des Widerrufs (BGH NJW 1964, 1467; dazu *Krüger-Doyé*, 53ff, 66ff, 78). So darf der Makler seine Vermittlertätigkeit nicht von der Verpflichtung des Dritten abhängig machen, ebenfalls eine Provision zu zahlen (BGH AIZ 1969, 220). Der Makler ist idR verpflichtet, sich für den günstigsten Marktpreis einzusetzen (BGH WM 1973, 1383; Hamm MDR 1957, 205). Insofern ist er auch zur sachkundigen Beratung des Auftraggebers verpflichtet (Düsseldorf NJW-RR 1997, 1278). Hat er nicht nur einen Alleinauftrag erhalten, sondern war ihm jegliches Verhandeln ausschließlich allein übertragen, verletzt er seine Treuepflicht ggü dem Auftraggeber und handelt vertragswidrig, wenn er auch für die andere Partei des Hauptvertrags tätig ist, es sei denn, er hat seinem Auftraggeber unmissverständlich erklärt, er werde auch für die andere Partei tätig sein (BGH NJW 1964, 1467; ähnl *Krüger-Doyé*, 71).

29a BGHZ 226, 20 Rn 20ff schafft hinsichtl der **AGB-Tauglichkeit des einfachen Alleinauftrags** eine begrüßenswerte Rechtssicherheit (*D. Fischer* NJW 2020, 3289 Rn 8; *Ketterling* NZM 2020, 679). In dieser Entscheidung wurde nicht nur bestätigt, dass der Alleinauftrag auch wirksam im Rahmen von AGB vereinbart werden kann, sondern hinsichtl von **Verlängerungs- und Kündigungsklauseln** folgende weitere Rechtssätze aufgestellt: Bei einem einfachen Makleralleinauftrag kann in AGB eine an dem Zeitbedarf für eine erfolgversprechende Tätigkeit orientierte **Mindestlaufzeit** vereinbart werden. Eine **Bindungsfrist von sechs Monaten** ist für einem Immobilienmakler erteilte Alleinaufträge regelmäßig angemessen (BGHZ 226, 20 Rn 27f). Eine in AGB vorgesehene **automatische Verlängerung** der zunächst auf sechs Monate vereinbarten Vertragslaufzeit eines einfachen Makleralleinauftrags um jew drei Monate bei unterbliebener Kündigung des Maklerkunden ist grds unbedenklich und nicht gem § 307 I 1 unwirksam (BGHZ 226, 20 Rn 34). Eine in AGB vorgesehene **vierwöchige Frist zur Kündigung eines einfachen Makleralleinauftrags** benachteiligt den Maklerkunden bei Vereinbarung einer ersten Vertragslaufzeit von sechs Monaten und automatischen Verlängerungen des Vertrags um jew drei Monate nicht unangemessen (BGHZ 226, 20 Rn 40ff). Sehen AGB die automatische Verlängerung eines einfachen Makleralleinauftrags für den Fall einer unterbliebenen Kündigung vor und wird die Länge der Kündigungsfrist in weiteren allg Regelungen bestimmt, auf die der Verwender in den AGB nicht ausdrückl hinweist und die deshalb nicht wirksam in das Regelungswerk einbezogen sind (intransparente Verweisung), ist die **Verlängerungsklausel insgesamt unwirksam** (BGHZ 226, 20 Rn 49ff).

30 **IV. Zustandekommen des Hauptvertrags.** Da der Auftraggeber nicht verpflichtet ist, mit dem vom Makler beigebrachten Interessenten das Rechtsgeschäft abzuschließen (BGH NJW-RR 2003, 699; BGHZ 226, 20 Rn 20; Koblenz MDR 2012, 1396), besteht ein Provisionsanspruch erst, wenn der **Erfolg** der Maklertätigkeit durch wirksames **Zustandekommen des beabsichtigten Geschäfts** (Rechtsbedingung) eingetreten ist. Abschluss des Hauptvertrags während der Maklervertragsdauer ist nicht erforderlich (BGH NJW 1966, 2008; 1969, 1627; 2019, 1226 Rn 17). Hat der Makler zu seinen Lebzeiten kausale Tätigkeit entfaltet, kommt das Geschäft aber erst nach seinem Tode zustande, so steht den Erben der Provisionsanspruch zu (BGH NJW 1965, 964). Nach dem eindeutigen Wortlaut des § 652 kommt es allein auf den Abschluss des Hauptvertrags, nicht auf dessen wirksame Erfüllung an (BGH NJW 1969, 1957; NZM 2005, 711). Bei einem anfechtbaren, aber nicht angefochtenen Hauptvertrag bleibt dieser wirksam und löst die Provisionspflicht aus, insb dann, wenn der Auftraggeber aus diesem Vertragsverhältnis Rechte geltend macht, insb Schadensersatzansprüche (BGH NJW 2009, 2810 Rn 16; NJW-RR 2021, 1215 Rn 18). Das bedeutet: Wenn ein Vertrag zustande kommt und die Parteien aus ihm Vorteile ziehen, muss auch der Makler entlohnt werden, gleich, ob der Vertrag Nichtigkeitsgründen unterliegt. Letztlich ist der geschuldete Erfolg eingetreten und führt zur Provisionspflicht (BGH NJW 2009, 2810 Rn 15). Der Auftraggeber kann selbst die Leistungsfähigkeit des beigebrachten Partners nachprüfen. Er, nicht der Makler, trägt daher grds das Risiko der Vertragserfüllung. Tritt bei nichtigem Vertrag der gewünschte Erfolg trotzdem ein, löst dies den Provisionsanspruch aus (KG NJW 1961, 514; Braunschweig MDR 1963, 841; Köln MDR 1969, 307). Zusage des Auftraggebers, den Hauptvertrag abzuschließen, ist Garantievertrag.

1. Stellung des Maklers zu den Parteien des Hauptvertrags (Verflechtungstatbestände). Vertragspartner des Auftraggebers muss ein **Dritter** sein, der nicht mit den Parteien des Maklervertrags identisch ist (BGH WM 1976, 1161; NJW 2009, 1809 Rn 9; 2019, 1596 Rn 60; Schleswig ZMR 2012, 494). Daher kann dem Makler kein Vergütungsanspruch zustehen, wenn durch seine Tätigkeit ein Hauptvertrag mit einer Person oder Gesellschaft zustande kommt, mit der er, der Makler, gesellschaftlich oder auf andere Weise „verflochten" ist (BGH NJW 2012, 1504 Rn 9; 2019, 1596 Rn 61; Schleswig NJW-RR 2015, 1324). Die Rspr hat hierzu zwei Fallgruppen entwickelt, die als **echte** und **unechte Verflechtung** bezeichnet werden (im Einz hierzu *D. Fischer* Maklerrecht, Kap V Rn 47ff). Erwirbt der Makler das vom Auftraggeber gewünschte Objekt und veräußert er es danach an letzteren, kommt kein provisionsbegründender Vertrag des Auftraggebers mit einem Dritten zustande (BGH WM 1976, 1161). Das Drittverhältnis muss im Zeitpunkt der Maklertätigkeit und des Geschäftsabschlusses bestehen (BGH WM 2018, 1568 Rn 21; Stuttgart NJW 1973, 1975; *D. Fischer* NJW 2018, 3287, 3289). Daher löst sog **Selbsteintritt des Maklers**, dh Vertragsschluss des Maklers mit Auftraggeber (Eigengeschäft), keine Provisionspflicht aus (BGH NJW 1964, 2343; 1975, 1216; 2019, 1596 Rn 60). Ebenso scheidet ein Provisionsanspruch aus, wenn der Makler selbst Mieter oder Vermieter ist, Mietgarant schadet nicht (BGH NJW-RR 2006, 728 Rn 7). Provisionsschädlich ist es auch, wenn die bisherige Mieterin als Erfüllungsgehilfin des Wohnungsvermittlers tätig wird (BGH NJW-RR 2006, 729 Rn 9). 31

Entscheidend ist der Gesichtspunkt **wirtschaftlicher und tatsächlicher Beteiligung** an dem nachgewiesenen oder vermittelten Geschäft (BGH NJW 1973, 1650: wirtschaftl Betrachtungsweise; vgl auch *D. Fischer,* FS Bamberger, 2017, 35, 39; keine formale Abgrenzung, BGH NJW 2009, 1809 Rn 11; Frankfurt NJW-RR 1987, 174), daher keine Verflechtung, wenn zur Zeit des Hauptvertragsabschlusses der Dritte aus der Makler-KG ausgeschieden war, wobei es nicht darauf ankommt, ob der Dritte noch als Komplementär im Handelsregister eingetragen war (BGH NJW 2009, 1809 Rn 11). Für Wohnungsmakler ist dies in § 2 II Nr 2, 3 WoVermRG normiert (dazu Vor § 652 Rn 3, 35). Das WoVermRG enthält insoweit aber keine erschöpfende Regelung (AG Wiesbaden MDR 1974, 490; LG Frankfurt/M NJW-RR 1986, 600; *Schulz* § 2 Rn 88). Die von der Judikatur für das bürgerliche Maklerrecht entwickelten Grundsätze zur provisionsschädlichen Verflechtung sind in entspr Anwendung des § 2 II WoVermRG auch im Wohnungsvermittlungsrecht zu beachten (BGH WM 2018, 1568 Rn 18). Keine Provisionspflicht bei wirtschaftl Verflechtung des Maklers mit einer Partei des herbeigeführten Vertrags, es sei denn, der Makler hat dem Auftraggeber die Verflechtung offengelegt (BGH NJW 2003, 1249, 1250; 2009, 1199 Rn 16; zum Bereicherungsanspruch des Auftraggebers bei bereits bezahlter Provision BGH WM 1981, 42, 44; *Wank* NJW 1979, 193f), zB Vermittlung einer Wohnung in einem im Miteigentum des Maklers stehenden Mietshaus (LG München MDR 1957, 36); bei Vermittlung des dem Geschäftsführer der Maklergesellschaft gehörenden Grundstücks (Karlsruhe MDR 1977, 138; vgl Rn 17); wenn Makler zum Abwesenheitspfleger für das verkaufte Grundstück bestellt ist (AG Naumburg NJW-RR 1999, 1504); wenn Vertragsschluss nur mit Zutun des Maklers erfolgen kann – Abschluss des Hauptvertrags ist vom Entschluss des Maklers abhängig (BGH WM 1978, 712); wenn Partei des Hauptvertrags von einer mit dem Makler wirtschaftl identischen Gesellschaft vertreten wird (BGH NJW 1985, 2473; LG Freiburg NJW-RR 1990, 373); wenn Erbengemeinschaft, deren Mitglied der Makler ist, Partei des Hauptvertrags ist; wenn die Maklergesellschaft den Vertrag mit dem die Gesellschaft vertretenden Gesellschafter herbeiführt (KG NJW 1968, 1782); wenn Testamentsvollstrecker einen Nachlassgegenstand veräußert (BGH NJW 2000, 3781, 3782f); wenn der Makler den Vertragspartner (Gesellschaft) des Auftraggebers derart beherrscht, dass er dessen Handlungen in ausschlaggebender Weise bestimmen kann (BGH NJW 1971, 1839; 1973, 1649; WM 1976, 1158; München MDR 1986, 317; Frankfurt NJW-RR 1987, 174; LG Hannover MDR 1998, 832f). Eine 25 %ige Beteiligung des Maklerunternehmens bei einer Partei des Hauptvertrags soll nach München (NJW 1974, 1875 m abl Anm *Benöhr*) dafür noch nicht ausreichen, selbst wenn der Alleininhaber des Maklerunternehmens Alleingeschäftsführer der Komplementär-GmbH ist, dieselben Büroräume einschl Telefonanschluss und aufgrund eines Baubetreuungsvertrags die Abwicklung des Hauptvertrags allein in den Händen hat. Dem kann nicht gefolgt werden, denn es kommt nicht auf eine nominelle Beherrschung, sondern auf die tatsächliche Beeinflussung einer Partei des Hauptvertrags an, ebenso BGH WM 1976, 1228; NJW 1985, 2473; Frankfurt NJW-RR 1987, 174. Entscheidungen in einer Gesellschaft treffen in erster Linie Geschäftsführer, so dass Identität dieser Personen bei beiden Gesellschaften (Maklerunternehmen und Partner des Hauptvertrags) zum Ausschluss des Provisionsanspruchs führt (Hamburg MDR 1974, 228). Daher keine Provision für Maklertätigkeit des Geschäftsführers einer GmbH bei Verträgen, an denen die GmbH beteiligt ist (BGH NJW 1975, 1215; WM 1975, 1208; München MDR 1986, 317), oder Mitgeschäftsführer einer GmbH, die persönlich haftende Gesellschafterin der am Hauptvertrag beteiligten KG (GmbH & Co KG) ist (Frankfurt NJW 1975, 543). 31a

Wirtschaftl Verflechtung liegt auch dann vor, wenn Maklerunternehmen und Partei des Hauptvertrags von einer Obergesellschaft maßgeblich beherrscht werden (BGH MDR 1974, 740). Zu Recht stellt Stuttgart NJW 1973, 1975 nicht auf kapitalmäßige Verflechtung ab, sondern darauf, ob der Makler die Geschäftstätigkeit einer Partei des Hauptvertrags entscheidend steuern und beeinflussen kann. Ebenso, wenn der Makler aufgrund besonderer Abrede (Abschlussvollmacht) allein entscheiden kann, ob der von ihm beigebrachte Interessent den Vertrag mit dem Auftraggeber schließen darf (LG Berlin BB 1974, 1321, 1322). Ferner liegt provisionshindernde Verflechtung zw Makler und Verkäufer vor, wenn letzterer eine GmbH ist, deren Gesellschafter und alleinvertretungsberechtigter Geschäftsführer gleichzeitig weitgehend die Geschäfte der Makler-KG führt (LG Aachen MDR 1976, 665). Ein Anspruch auf Maklerlohn besteht auch dann nicht, wenn eine Gesellschaft, die als Bevollmächtigte des Eigentümers die Entscheidung über das Zustandekommen des Hauptvertrags trifft, mit der Maklergesellschaft 31b wirtschaftl so eng verflochten ist, dass die Maklergesellschaft nicht die Fähigkeit zu einer unabhängigen Willensbildung und Interessenverwertung hat (Frankfurt NJW-RR 1987, 174). Keine unechte Verflechtung, wenn dem Makler im Arbeitsverhältnis ein Freiraum bleibt, in dem er sich selbständig wirtschaftl betätigen kann (BGHZ 138, 170, 174); ansonsten kann der Umstand, dass der Makler zugleich ArbN des Vertragspartners seines Maklerkunden ist, unechte Verflechtung bedeuten (*D. Fischer* Maklerrecht, Kap VI Rn 57). Ebenfalls liegt nicht ohne weiteres eine unechte Verflechtung vor, wenn der Makler eine Verkaufsvollmacht erhalten hat (BGH NJW-RR 1998, 992f; vgl dazu auch BGH NJW-RR 2000, 433, 434). Provisionshindernde wirtschaftl Identität zw Makler und Partei des Hauptvertrags ist bereits gegeben, wenn Vermittler Gesellschafter der Makler- und Vermietergesellschaft ist (Frankfurt NJW-RR 1987, 174; München MDR 1986, 317). Es ist keine eigenverantwortliche Tätigkeit des Maklers mehr gewährleistet, wenn er in den Organisationsbereich einer Partei des Hauptvertrags eingeplant ist (BGH DB 1974, 1107).

32 **Persönliche Beziehungen** zw Makler und Vertragspartner des Auftraggebers stehen grds dem Provisionsanspruch nicht entgegen (BGH MDR 1982, 37; NJW 2009, 1809 Rn 9). Deshalb wirkt es sich auch nicht provisionsschädlich aus, wenn der Makler seine geschiedene Ehefrau als Hauptvertragspartei benennt (BGH NJW 2009, 1809 Rn 10); anders dagegen bei **nicht gestörter Ehe**, hier ist von einem provisionsschädlichen institutionalisierten Interessenkonflikt auszugehen (BVerfGE 78, 128, 130; BGH NJW 1987, 1008, 1009; *D. Fischer* NZM 2014, 449, 453f). Aufgrund der Privatautonomie kann auf diesen Schutz verzichtet werden, so dass Kenntnis von der Ehe bei Vertragsabschluss die Provisionspflicht nicht ausschließt **(Offenbarung des Interessenkonflikts)** (BVerfGE 78, 128, 130; *D. Fischer* NZM 2014, 449, 454; für den Sohn ebenso Hamm MDR 2000, 635; dazu Rn 46).

33 Da der **Handelsvertreter für sein Unternehmen** auftritt, kann dieses nicht Dritter sein und der Maklervertrag mit dem für seinen Unternehmer gefundenen Partner nicht erfüllt werden (BGH NJW 1974, 136; 2012, 1504 Rn 9). Handelsvertreter eines Bauunternehmens kann dagegen die Baugrundstücke vermitteln (Koblenz DB 1981, 2489). Ebenso wie der Vertreter einer Partei kein Makler sein kann, ist § 652 ausgeschlossen, wenn letztlich der Makler über den Abschluss des Hauptvertrags entscheidet (LG Berlin NJW 1975, 545). So übt der Hausverwalter eine eigenverantwortliche Tätigkeit ggü dem Eigentümer aus. Keine engen wirtschaftl Beziehungen zw Makler und Vermieter, wenn der Makler **Verwalter des gemeinschaftl Wohnungseigentums** iSd §§ 20, 26 WEG ist (AG Köln BB 1974, 1095; München MDR 1975, 931; Hamburg DB 1976, 577; dazu auch Vor § 652 Rn 35). Ausschluss der Provision, wenn Verwalter selbst Maklertätigkeit übernimmt (LG Ravensburg NJW-RR 1998, 1070; aA LG Heidelberg NJW-RR 1997, 775; LG Köln NJW-RR 1997, 369). Kein Ausschluss bei enger Verflechtung zw Makler und Verwalter (LG Hamburg NJW 1997, 2827f). Kein Fall „unechter Verflechtung, wenn der Makler zugleich Wohnungsverwalter ist (BGH VersR 2005, 1579). Zum Fall Vermittlung durch Mitbewohner des Vermieters *Bezzenberger* NJW 1997, 993. Nach BGH WM 1979, 58 dagegen kein Vertrag mit Drittem, wenn der Makler, der ein Baugrundstück nachweist, gleichzeitig mit dem Erwerber einen Baubetreuungs- und Verwaltungsvertrag abschließt, wobei beide Verträge eine Einheit bilden. Der Verwalter einer Wohnungseigentumsanlage, von dessen Zustimmung gem § 12 WEG die Gültigkeit eines Wohnungsverkaufs abhängig ist, kann wegen des institutionalisierten Konflikts mit den Interessen des Käufers nicht dessen Makler sein (BGHZ 112, 240). Wenn BGH JR 1974, 329; NJW 1975, 1216; WM 1975, 1209; 1976, 1158; 1976, 1228 und *Heinze* JR 1974, 330 als entscheidendes Kriterium letztlich die Unparteilichkeit des Maklers heranziehen, die allein eine Wahrung der Interessen des Auftraggebers garantiere, die aber nicht mehr gewährleistet sei, da er seinen Vertragspflichten ggü seinem Auftraggeber nicht mehr nachkommen könne, wenn er in irgendeiner Weise an den Dritten gebunden sei, so wird nicht hinreichend berücksichtigt, dass der Makler nicht unparteiisch sein muss (ebenso *Wank* NJW 1979, 191). Daher wird in der neueren Rspr zur unechten Verflechtung nur noch darauf abgestellt, ob ein institutionalisierter Interessenkonflikt besteht (BGH NJW 2009, 1809 Rn 9; 2012, 1504 Rn 9). Institutionalisiert bedeutet danach eine Verfestigung durch Übernahme einer tendenziell dauerhaften Funktion (BGH NJW 2009, 1809 Rn 9; *D. Fischer* WM 2016, Sonderbeil Nr 1, 19). Wurde trotz wirtschaftl Verflechtung Provision gezahlt, steht dem Rückzahlungsbegehren aus § 812 I 1 nicht die Kenntnis der Sachlage oder aber § 242 entgegen (BGH WM 1975, 1209f). Jedoch kann der Makler Entreicherung gem § 818 III geltend machen, wenn Betriebskosten entstanden sind, zB Provisionszahlungen an Außendienstmitarbeiter (BGH WM 1978, 711).

34 Durch unmissverständliche Individualabrede kann dem Makler auch **Provision für Eigengeschäft** bzw bei wirtschaftl Verflechtung mit einer Partei des Hauptvertrags versprochen werden (BGH MDR 1974, 740; NJW 1975, 1216; WM 1975, 1209; 1976, 1158; 1977, 317). Ein dahingehender Verpflichtungswille setzt positive Kenntnis des Auftraggebers von den tatsächlichen Umständen voraus, die den Provisionsempfänger an einer Maklertätigkeit iSd § 652 hindern (BGH WM 1978, 710; NJW 2003, 1249, 1250; 2009, 1199 Rn 16). Nach der insoweit umstrittenen Rspr soll es allerdings unerheblich sein, ob der Maklerkunde zudem über die entsprechenden Rechtskenntnisse verfügte (BGH NJW 2000, 3781, 3782; 2003, 1249, 1250; ebenso MüKo/*Althammer* Rn 146; Soergel/*Engel* Rn 81; *Dehner* Rn 198; aA *Hamm/Schwerdtner* Rn 731; *Seydel/Heinbuch* Rn 242; *D. Fischer* NZM 2014, 449, 454). Für derartige Abreden muss der Makler daher die wirtschaftl Verflechtung vor Vertragsabschluss offenlegen und dieses ggf beweisen (BGH WM 1975, 1208; LG Aachen MDR 1976, 665; *Pfander/v Stumm* DB 1976, 34; *Wank* NJW 1979, 192).

35 **2. Wirksamkeit des Hauptvertrages.** Der vermittelte oder nachgewiesene Vertrag des Auftraggebers mit Drittem muss **vollständig und wirksam** zustande gekommen sein und volle Rechtswirkung entfalten (BGH NJW 1969, 1957; WM 1996, 722; NJW-RR 1996, 1459). Verträge, die lediglich einen Teil des gewünschten Geschäfts erfassen **(Teilleistungen)**, lösen eine Provisionspflicht noch nicht aus (Köln MDR 1960, 48; einschränkend

BGH NJW 1987, 1628). Bei Realverträgen entspr Realakt erforderlich. Der Makler trägt damit das Risiko für Nichtzustandekommen oder Unvollkommenheit des Hauptvertrags. Die Parteien des Hauptvertrags müssen **klagbare Ansprüche** gegeneinander haben (BGH NJW 1969, 1957), das Geschäft mit allen notwendigen Einzelheiten endgültig geschlossen sein. Ob und wann das der Fall ist, ergibt sich aus dem Inhalt des Maklervertrags (BGH NJW 1969, 1958).

Bei **ungültigem Hauptvertrag** besteht kein Provisionsanspruch (BGH NZM 2005, 711; NJW 2009, 2810 Rn 8), 36
so bei **Formnichtigkeit** gem § 125 (BGH NJW 1965, 964), wenn im Grundstückskaufvertrag der Kaufpreis nicht in voller Höhe beurkundet ist (BGH NJW 1969, 1629; Köln MDR 1956, 738). Blankounterschrift wahrt nicht Schriftform des § 492 bei Verbraucherdarlehensvertrag, aber Heilung durch Vermittlung des Versicherungsvertrags möglich (BGH ZIP 2005, 1179, 1180), aber keine Gültigkeit des gesamten Maklervertrags. Formnichtigkeit hindert selbst dann den Provisionsanspruch, wenn der Dritte zur Erfüllung des nichtigen Vertrags bereit ist (Celle OLG 1969, 418, 419) oder erfüllt wird (*Kempen*, Provisionsanspruch, 40–43). Führt die Erfüllung zur Beseitigung des Formmangels (§ 311b I 2), entsteht ein Provisionsanspruch (BGH NJW 1969, 1629; 1987, 1628). Das gilt auch bei sog Schwarzkauf, bei dem sich der Auftraggeber nach vollzogenem Geschäft aus wirtschaftl Gründen auf Formnichtigkeit beruft (LG Frankfurt/M MDR 1973, 319). Hat der Makler jedoch bewusst die Nichtigkeit des Hauptvertrags selbst veranlasst, entfällt trotz Erfüllung der Anspruch gem § 654 analog (BGH NJW 1969, 1629, 1630). Ist der Hauptvertrag gem § 134 nichtig wegen Verstoßes gegen das Kopplungsverbot (vgl Vor § 652 Rn 33), entsteht kein Provisionsanspruch (BGH WM 1980, 17). Ebenso bei **Nichtigkeit wegen Verstoß** gegen § 203 I Nr 4 StGB (Hamm NJW-RR 2014, 1393: Praxisübernahmevertrag).

Zu keiner Provisionspflicht führt ein Vertrag, dem eine erforderliche **Genehmigung noch nicht erteilt** oder 36a
endgültig versagt worden ist, § 184 (zB Teilungsgenehmigung § 19 II BauGB, BGH DB 1971, 1857; WM 1976, 1133; 1977, 22; NJW 1984, 359; WM 1991, 819; NJW-RR 2008, 564 Rn 7; § 3 I ASVG: Karlsruhe NJW-RR 2021, 712; *D. Fischer* NZM 2021, 487). Auch ein zu Unrecht erteiltes Negativattest gem § 21 BauGB aF ist der Erteilung der Genehmigung gleichzusetzen, es sei denn, die Provision ist für den Nachweis oder die Vermittlung von Baugelände versprochen (BGH WM 1977, 22). Ebenfalls keine Provision vor **Genehmigung des BetreuungsG** (BGHZ 60, 385, 387; KG NJW 1961, 514; LG Hamburg ZMR 2013, 1006, 1007) oder wenn die Zustimmung des Verwalters bei einer nach **§ 12 WEG notwendigen Genehmigung** noch nicht erteilt ist (LG Düsseldorf MDR 1999, 290; Grü/*Retzlaff* Rn 38). Es ist unerheblich, ob das Genehmigungserfordernis in der Person des Vertragsschließenden liegt oder sich aus der Natur des Hauptvertrags ergibt (*Hamm/Schwerdtner* Rn 527; *D. Fischer* NZM 2021, 487). Der Auftraggeber ist nicht verpflichtet, die Genehmigung herbeizuführen, wenn billigenswerte Überlegungen dagegen sprechen (vgl aber Rn 41). Der Maklerkunde ist also grds nicht verpflichtet, alles zu tun, um eine solche Genehmigung für den vermittelten, aber noch nicht wirksamen **Hauptvertrag** zu erhalten (BGH WM 1991, 819). Stehen der Erteilung einer Genehmigung keine Hindernisse im Wege und bezieht sich diese allein auf das Erfüllungsgeschäft, so berührt die Nichtherbeiführung der Genehmigung durch die Parteien den Hauptvertrag und damit den Provisionsanspruch nicht (BGH WM 1976, 1133). Erfolgt bei zu vermittelndem Mietvertrag der Abschluss nicht mit dem Eigentümer, sondern mit dem Mieter (Untermietvertrag), und verweigert der Eigentümer seine Zustimmung, ist der Hauptvertrag selbst dann nicht provisionsbegründend zustande gekommen, wenn dem Auftraggeber noch für kurze Zeit die Benutzung gestattet wird (Köln JMBl NRW 1969, 163). Wird beim Verkauf eines landwirtschaftl Betriebsgeländes ein bei der Landwirtschaftsbehörde gestellter Genehmigungsantrag zurückgenommen und die Genehmigungsantragsbefugnis im Wege der Vertragsabänderung allein dem Provisionsschuldner zugeordnet, liegt es nahe, ein treuwidriges Fehlverhalten des Provisionsschuldners anzunehmen, wenn er die Antragstellung unterlässt und hierfür nicht billigenswerte Gründe vorgebracht werden können (*D. Fischer* NZM 2021, 487, 488; aA Karlsruhe NJW-RR 2021, 712). Eine Provisionszahlungspflicht unabhängig von der Genehmigung kann nur als Individualvereinbarung wirksam vereinbart werden (BGHZ 60, 385; Hamburg MDR 1975, 663). Bereits gezahlte Provision kann bei verweigerter Genehmigung nach § 812 I 2 zurückgefordert werden.

Keine Provision, wenn erst **Vorvertrag** geschlossen ist oder lediglich Vorbesprechungen zw Auftraggeber und 37
Drittem stattgefunden haben (BGH NJW 1969, 1958; vgl Rn 42), es sei denn, die Provision ist bereits für einen Vorvertrag versprochen. Die Provision eines Finanzmaklers ist erst verdient und fällig geworden, wenn der Darlehensnehmer einen klagbaren Anspruch auf Auszahlung des Darlehens hat (BGH NJW 1969, 1957; Frankfurt NJW 1970, 199); bei Annahme eines Realvertrags muss Darlehen ausgezahlt worden sein; dieser Auffassung steht nunmehr der ausdrückl Wortlaut des § 488 I 1 entgegen (vgl aber auch Karlsruhe NJW-RR 1989, 1069). Es genügt nicht, wenn der Auftraggeber dem vom Makler vermittelten Interessenten ein lang befristetes Verkaufsangebot macht, dieses aber noch nicht angenommen wurde (Stuttgart BB 1971, 1341). Keine Käuferprovision, wenn wegen Ausübung eines **Vorkaufsrechts** das Geschäft nicht abgeschlossen werden kann (RGZ 157, 243; aA *Kempen*, Provisionsanspruch, 190–200); auch nicht bei Ausübung eines gesetzl Verkaufsrechtes, selbst wenn das Grundstück anschließend im Wege der Zwangsversteigerung erworben wird (BGH NJW 1999, 2271). Ist dagegen der Verkäufer Auftraggeber, bleibt der Provisionsanspruch erhalten, weil diesem der wirtschaftl Erfolg der Vermittlertätigkeit verbleibt (Hamm ZfIR 2012, 841; *Kempen*, Provisionsanspruch, 208f). Inwieweit ein Vorkaufsberechtigter Provision zu zahlen hat, ergibt sich aus dem Maklervertrag (Hamburg MDR 1973, 1018). IdR handelt es sich bei den Verträgen zw dem Dritten und dem Vorkaufsberechtigten bzw dem Auftraggeber und dem Makler um getrennte Verträge, so dass nur in Ausnahmefällen bei besonderer Vereinbarung eine Provisionspflicht entstehen kann. Das ist insb der Fall bei im Kaufvertrag zulasten des Käufers vereinbarter Maklerklausel, wenn

diese sich im üblichen Rahmen hält und damit wesensgemäß zum Kaufvertrag gehört (BGHZ 131, 318; BGH NZM 2005, 955; 2007, 256 Rn 10f; NJW 2016, 3233 Rn 10. Dagegen besteht keine Provisionspflicht für den Vorkaufsberechtigten, wenn die Maklerklausel eine unüblich hohe Provision vorsieht (BGH NJW 2016, 3233 Rn 10) oder die Klausel erst durch Nachtragsurkunde zum Kaufvertrag vereinbart wird (Düsseldorf MDR 1999, 800; KG GE 2015, 593, 594).

38 Wird der Vertrag unter **aufschiebender Bedingung** geschlossen, entsteht der Provisionsanspruch erst mit Bedingungseintritt, § 652 I 2; ebenso bei genehmigungsbedürftigem Vertrag (BGH NJW-RR 2008, 564 Rn 7; Naumburg BB 1997, 2021), zB Erteilung der baurechtl **Genehmigung** beim Mietvertrag (BGH NJW-RR 2001, 840); oder Genehmigung der Landwirtschaftsbehörde bei landwirtschaftl Betriebsgrundstück (Karlsruhe NJW-RR 2021, 712). Der Auftraggeber ist nicht zur Herbeiführung des Bedingungseintritts verpflichtet (BGH WM 1971, 905). Ein vertragl Rücktrittsvorbehalt wegen Unvollkommenheit des Hauptvertrags ist gleichzusetzen mit aufschiebender Bedingung (Düsseldorf BB 1997, 2070f). Bei **auflösender Bedingung** (zB Ausfuhrverbot) kann die Provision sofort verlangt werden. Dieser Umkehrschluss aus § 652 I 2 besagt aber nichts darüber, ob mit Bedingungseintritt die Provision zurückerstattet werden muss (§ 812 I 2). Die überwiegende Meinung will dem Makler aus Rechtssicherheitsgründen den Lohn belassen (RG LZ 1916, 628; BGH DB 1971, 1857; NJW 1982, 2662; Stuttgart BB 1972, 939; Jauernig/*Mansel* Rn 23; *Hamm/Schwerdtner* Rn 525). Dies widerspricht jedoch dem Grundsatz, dass alle Wiederaufhebungsgründe, die im Vertrag begründet sind, zulasten des Maklers gehen. Es kann allenfalls durch Vertragsauslegung ein Behaltensgrund gefunden werden. Damit Frage des Einzelfalls (Tempel/*Seyderhelm*, Materielles Recht im Zivilprozess[4] 2014, 410f). Im Zweifel **Rückzahlung** bei Bedingungseintritt (*Enneccerus/Lehmann* § 158 II 1b).

39 Ein **angefochtener Vertrag** ist nach § 142 nichtig und löst keine Provisionspflicht aus (BGH NJW 1979, 975; 1980, 2460; NJW-RR 2005, 1506; 2021, 1215 Rn 17). Wer den Anfechtungsgrund herbeigeführt oder die Anfechtungserklärung abgegeben hat, ist unerheblich (BGH DB 1976, 2252; *Kempen*, Provisionsanspruch, 54–58). Ein wegen arglistigen Verhaltens des Auftraggebers angefochtener Vertrag ist nichtig und verhindert Provisionsanspruch, denn der Makler darf aus Arglist seines Auftraggebers keinen Nutzen ziehen (RGZ 76, 355; BGH NJW 1979, 975). Obwohl bei Gesellschaftsverträgen die Anfechtung grds nicht ex tunc-Wirkung des § 142 herbeiführt, sondern nur zur fristlosen Kündigung berechtigt, entfällt die Provisionspflicht, denn bezweckt war ein auf Dauer gerichteter Hauptvertrag (BGH NJW 1979, 976). Wird der vom Makler herbeigeführte Hauptvertrag trotz wirksamer Anfechtung und daher zunächst eingetretener Unwirksamkeit später – wenn auch in anderer Form – fortgesetzt, kann der Makler die ursprünglich vereinbarte Provision verlangen (Braunschweig MDR 1963, 814). Eine **Störung der Geschäftsgrundlage** (vgl Erl zu § 313) berührt entstandenen Provisionsanspruch nicht (BGH NJW-RR 2005, 1506, 1507; einschränkend RGRK/*Dehner* Rn 14; diff *Kempen*, Provisionsanspruch, 98–107). Die Provision des Maklers ist nur vom Zustandekommen des Hauptvertrags abhängig, nicht von dessen Ausführung, daher kein Wegfall der Geschäftsgrundlage und keine Rückzahlungspflicht der Provision durch den Makler, wenn eine Partei des Hauptvertrags nicht in der Lage ist, die übernommenen Pflichten zu erfüllen (BGH NJW-RR 2005, 1506).

40 Bei **Aufhebung** des vermittelten Geschäfts gilt der Grundsatz, dass den Provisionsanspruch idR nur Wiederaufhebungsgründe berühren, die in der Unvollkommenheit des Vertrags ihren Grund haben (BGH WM 1974, 258; NJW 1982, 2662; JZ 1997, 1119; KG MDR 1973, 1018). Kein Provisionsanspruch bei Wandlung wegen eines bei Vertragsschluss vorhandenen Mangels (RG HRR 1937, 1580), wenn die Anfechtungsvoraussetzungen des § 119 II durch §§ 434ff verdrängt sind (Braunschweig NJW 1954, 1083 noch zu den §§ 459ff aF, dazu näher *Armbrüster/Wiese* EWiR § 652 1/01, 265f); und bei Ausübung eines vertragl vereinbarten **Rücktrittsvorbehaltes**, sofern es sich nicht lediglich um eine Nachbildung des gesetzl Rücktritts handelt (BGH MDR 1974, 568; Koblenz NJW-RR 1997, 887f; München NJW 1970, 200; LG Frankfurt/M NJW-RR 1988, 685). Bei vereinbartem befristetem, ansonsten aber vorbehaltlosem Rücktrittsrecht entsteht der Maklerlohnanspruch erst, wenn der Rücktritt in vorgesehener Frist nicht ausgeübt wurde oder Nichtausübung mit Sicherheit feststeht (BGH NJW 1974, 694; 1997, 1581, 1582; Schleswig SchlHA 2010, 199). Bei Ausübung des vorbehaltenen Rücktrittsrechts kann eine bereits bezahlte Provision zurückgefordert werden, wenn der Rücktrittsvorbehalt auf einer beiden Seiten bekannten Unsicherheit über das Fortbestehen des vermittelten Vertrags beruhte (BGH JZ 1997, 1119). Provision auch für Fall des Rücktritts vom Hauptvertrag kann über AGB vereinbart werden (BGH WM 1977, 23). Eine nachträgl vereinbarte **Aufhebung des Hauptvertrags** beeinträchtigt den Provisionsanspruch nicht (BGH BB 1952, 44; NJW 1984, 359; NZG 2012, 427: Kündigung; Hamburg MDR 1982, 1017), denn sie ist ebenso wenig in der Unvollkommenheit des Hauptvertrags begründet wie die Ausübung eines **gesetzl Rücktrittsrechts** (BGH WM 1974, 258, 259; NJW 1974, 694), das durch die unzulängliche Ausführung – zB Verzug, fehlerhafte Erfüllung oder anfängliches Unvermögen (dazu BGH NJW-RR 2001, 562 noch zum alten Recht) usw – begründet wird (BGH WM 1974, 259). Erfolgt Rücktritt oder Vertragsaufhebung aus Gründen, die zur Anfechtung berechtigen, verliert der Makler seine Provision (BGH NJW 2001, 966, 967; dazu *Waas* NZM 2001, 453; LG Frankfurt/O GE 2016, 262 m Anm *D. Fischer* IMR 2016, 255; *Dehner* NJW 2002, 3751); Voraussetzung ist allerdings, dass dies innerhalb der Anfechtungsfrist geschieht (BGH NJW 2001, 967; 2005, 3778, 3779; Stuttgart ZMR 2013, 586, 587). Ebenso bei Rückabwicklung wegen vorvertragl Pflichtverletzung § 280 I, § 311 II, § 241 II (Hamm NJW-RR 1991, 249; NJW-RR 2000, 1724); und Abschluss einer Aufhebungsvereinbarung wegen Anfechtungsgrundes (Köln NJW-RR 1997, 693; Hamburg NJW-RR 1999, 351). Bestand und Höhe des Lohnanspruchs werden von einer **fehlerhaften Erfüllung** nicht beeinträchtigt, Minderungs- und Schadensersatzbegehren sind daher ohne Bedeutung (Hamm

NJW-RR 2000, 1724; LG Köln MDR 1969, 307, 308). Bei vorzeitiger Kündigung von Lebensversicherungsverträgen (Nettopolicen) besteht Verpflichtung zur Fortzahlung der Courtageraten (BGH ZIP 2005, 581, 583), ein „Schicksalsteilungsgrundsatz" der Maklerprovision vom Hauptvertrag besteht nicht (dazu auch *Loritz* NJW 2005, 1757).

Vereitelung des Zustandekommens wider Treu und Glauben, zB arglistiges Hintertreiben einer erforderlichen Genehmigung; vgl Rn 36 (*Kohler* NJW 1957, 327; *Scheibe* BB 1988, 855ff). Auftraggeber lässt Geschäft durch Ehefrau abschließen, sowie Verhinderung der Maklertätigkeit begründen Provisionsanspruch über § 162 I analog und § 242. Da der Abschluss des Vertrags im freien Belieben des Auftraggebers steht (Rn 30), ist dieser aber nicht verpflichtet, auf Perfektion des Vertrags – der noch nicht voll wirksam geworden ist – hinzuwirken (BGH NJW 1984, 359; WM 1991, 819). 41

Durch **Vereinbarung im Maklervertrag** kann der Provisionsanspruch an besondere oder andere Bedingungen geknüpft werden, zB an die völlige oder teilw **Ausführung des Vertrags** (Eingang des Kaufpreises oder Eigentumserwerb am Vertragsobjekt, Anzeige, dass vermitteltes Darlehen zur Verfügung steht, BGH JZ 1982, 765; Abschluss eines Vorvertrags, *Kempen*, 28–31), so dass der Abschluss des Hauptvertrags allein noch keinen Provisionsanspruch entstehen lässt (BGH NJW 1966, 1404; MDR 1970, 29; LM Nr 3 zu § 652; zur sog „Tip-Provision" vgl Düsseldorf NJW-RR 1998, 1667). Welche Voraussetzungen die Parteien vereinbart haben, ist ggf durch Auslegung zu ermitteln (BGH NJW 1986, 1035 bei widersprüchlichen Erklärungen). Zur Auslegung eines Maklervertrags, in welchem GmbH zur Provisionszahlung bei Veräußerung „ihres Unternehmens" verpflichtet, BGH VersR 2006, 506ff. IdR handelt es sich um eine Fälligkeitsvereinbarung, dh nur Fälligkeit, nicht Entstehung des Anspruchs wird hinausgeschoben (BGH NJW 1986, 1035; Frankfurt MDR 1969, 1330; Karlsruhe OLGRp 1998, 306, 307). Ist dies der Fall, dann ist im Wege erg Vertragsauslegung der Zeitpunkt der Fälligkeit zu bestimmen (BGH NJW 1986, 1035; *D. Fischer* NJW 2018, 1145, 1147). Auf derartige Vereinbarungen findet § 87a III HGB keine Anwendung (BGHZ 2, 281). Vereitelt der Auftraggeber die Durchführung des Geschäfts in einer gegen Treu und Glauben verstoßenden Weise, kann der Makler trotzdem nach dem Rechtsgedanken des § 162 I Provision verlangen (RGZ 95, 137; BGH NJW 1966, 1405). So, wenn der Auftraggeber die Bebauung des vermittelten und gekauften Grundstücks verhindert oder verzögert, die Ausführung des Kaufvertrags durch Bebauung des Grundstücks Bedingung des Provisionsanspruchs war (BGH NJW 1966, 1404). Allerdings darf der Auftraggeber allein seine Interessen hierbei in Betracht ziehen. Aufschiebende Bedingung, wenn im Vertrag Rücktrittsvorbehalt vereinbart wurde, dass Provision erst verdient ist, wenn mit Rücktritt nicht mehr zu rechnen ist (BGH NJW-RR 1998, 1205). 42

Ebenso ist das Erfordernis eines wirksamen Vertragsschlusses abdingbar und die Verpflichtung möglich, **Provision auf alle Fälle** (vgl auch Rn 47; allg dazu *Michalski* NZM 1998, 209), dh auch dann zu zahlen, wenn das Geschäft zw Auftraggeber und Drittem nicht wirksam zustande gekommen ist (KG OLG 1965, 14), zB Fälligkeit der Provision bereits bei Mitteilung des Auftraggebers, dass er mit dem Dritten einig sei und der Makler seine Tätigkeit einstellen solle. Dann ist die Provision auch geschuldet, wenn ein notarieller Kaufvertrag später nicht geschlossen wird (Karlsruhe OLG 1969, 327; bei Provisionsversprechen für Vertragsschluss, dem behördliche Genehmigung versagt wird, RG JW 1926, 2620; LZ 33, 328; *Kohler* NJW 1957, 327) sowie für den formlosen Abschluss eines Grundstückskaufvertrags. Möglich ist auch eine Vereinbarung, dass Maklerprovision trotz Anfechtung des vermittelten Vertrags erhalten bleibt (Karlsruhe NJW 1958, 1495). Die Provisionspflicht kann auch an den Abschluss eines Vorvertrags geknüpft werden. Derartige Vereinbarungen sind nicht grds sittenwidrig, sofern zumindest Bemühungen des Maklers, nicht nur dessen bloße Bereitschaft, zum Provisionsanspruch führen sollen (BGH BB 1970, 392; KG JW 1926, 2089). Allerdings fehlt dem Auftraggeber die Möglichkeit, die Tätigkeit des Maklers zu überprüfen. Als vom gesetzl Leitbild abw Vereinbarungen müssen derartige Klauseln unmissverständlich sein und können nur als Individualvereinbarung Geltung erlangen (BGH NJW 1965, 246; 1967, 1225; 1973, 1296; WM 1987, 471, 473); wegen § 307 II Nr 1 **keine Vereinbarung durch AGB** möglich (BGHZ 99, 374). 43

Ein **Schadensersatzanspruch** des Maklers gegen die Partei, die Nichtigkeit oder Unvollkommenheit des Vertrags herbeigeführt hat, besteht grds nicht (Hamburg HansGZ 35 B 227; KG OLG 1982, 370; aA *Kohler* NJW 1957, 327ff). Anspruch aus § 280 I, § 241 II wegen Verletzung von Schutzpflichten durch Auftraggeber ist mit Entschließungsfreiheit des Auftraggebers nicht in Einklang zu bringen (BGH WM 1977, 1049, ebenso Staudinger/*Arnold* §§ 652, 653 Rn 94). Anspruch aus § 826 ist nach allg Grundsätzen immer möglich. 44

3. Gleichwertigkeit (wirtschaftliche Identität). Dem Makler steht eine Vergütung nur zu, wenn der beabsichtigte Vertrag tatsächlich zustande kommt. Führt die Maklertätigkeit zum Abschluss eines Vertrags mit anderem Inhalt, entsteht kein Anspruch auf Maklerlohn. Eine Ausnahme von diesem Grundsatz kommt aber dann in Betracht, wenn der Kunde mit dem tatsächlich abgeschlossenen Vertrag wirtschaftl denselben Erfolg erzielt (BGH NJW 2008, 651 Rn 16; 2014, 2352 Rn 12). Unmittelbare Identität ist nicht erforderlich, unerhebliche Abweichungen sind mithin bedeutungslos (RGZ 115, 266; BGH WM 1978, 985; NJW-RR 1990, 184; 1999, 1255, 1256). Bei der **Beurteilung der Gleichwertigkeit** ist in erster Linie auf die Interessen des Auftraggebers abzustellen (BGH NJW-RR 1990, 184; BB 1998, 1333f). Die Beurteilung ist im Rahmen **wirtschaftlicher Betrachtungsweise** vorzunehmen (BGH NJW 2014, 2352 Rn 12; 2020, 2792 Rn 40; *D. Fischer* NZM 2021, 487, 488). Ob der Kunde denselben wirtschaftl Erfolg erzielt, ist eine Frage des Einzelfalls und der tatrichterlichen Beurteilung (BGH NJW 2008, 651 Rn 16; 2014, 2352 Rn 10). Es wird unterschieden zw inhaltlicher und persönlicher Iden- 45 tität (vielfach auch als Kongruenz bezeichnet), hierzu und zu den einzelnen Fallgruppen *D. Fischer* Maklerrecht, Kap VI Rn 78ff.

45a **Inhaltliche Identität, Gleichwertigkeit bejaht:** Erwerb in der Zwangsvollstreckung mit beabsichtigtem Kauf (BGH WM 1969, 884; Frankfurt NJW 1986, 2117, 2118; Köln NJW-RR 1989, 247; Koblenz NJW-RR 1989, 1210); Erwerb nach dem sog Kölner Modell anstatt Erwerb des Grundeigentums und Werkvertrag über Herstellung von Wohnungen mit Festpreis (BGH WM 1978, 985); Erzielung eines deutlich niedrigeren Kaufpreises, wenn Verkauf zum ursprünglich gedachten nicht möglich ist (Zweibrücken NJW-RR 1999, 1502); Darlehensvertrag mit abw Zusätzen; Mietvertrag mit zusätzl Einräumung eines Vorkaufsrechts (Zweibrücken OLG 1977, 215). Wohnung ohne statt mit Balkon und zum niedrigeren Preis (BGH NJW-RR 1999, 1256); Gleichwertigkeit bei Erwerb ideeller Anteile durch mehrere Familienmitglieder statt des gesamten Objekts (BGH NJW 2008, 651 Rn 21); der Abschluss des nachgewiesenen oder vermittelten Geschäfts ist grds kein Indiz für die Zweckerreichung des Maklervertrags; bloße Mängel des Vertragsgegenstandes (Hamm NJW-RR 2000, 1724; dazu *Waas* NZM 2001, 453). Im Einzelfall kann es auch zu ausdrückl oder konkludenten Änderungen oder Erweiterungen des Auftrags kommen (BGH NJW-RR 2000, 57; dazu auch *Bethge* ZMR 2000, 104f); Unternehmenskauf: Abzielen auf einen Asset Deal, Zustandekommen eines Share Deals (BGHZ 161, 349). Verschobene Kaufpreisfälligkeit bei Erwerb einer Eigentumswohnung (Stuttgart NJW-RR 2019, 1389). Kaufpreisnachlass von 15 % im Fall einer Käuferprovision (BGH NJW 2008, 651 Rn 26; NJW-RR 2014, 1272 Rn 21; NJW 2019, 1226 Rn 20). **Nicht gleichwertig:** Kaufpreisnachlass von 50 % im Fall einer Käuferprovision (BGH NJW 2014, 23521 Rn 12; NJW-RR 2014, 1272 Rn 21; NJW 2019, 1226 Rn 20). Für den Zwischenbereich von 15 bis 50 % hat der Tatrichter im Rahmen einer Würdigung der maßgeblichen Umstände zu prüfen, ob eine Gleichwertigkeit noch vorliegt und dies einzelfallbezogen zu begründen (BGH NJW-RR 2014, 1272 Rn 21; *D. Fischer* WM 2016, Sonderbeil S 16). Dem Auftraggeber werden größere Pflichten auferlegt bzw weniger wirtschaftl Vorteile eingeräumt als bei Zustandekommen des erstrebten Geschäfts (Hamm NJW 1959, 2167; Zweibrücken OLG 1977, 215; zB Kaufanwartschaftsvertrag statt Kaufvertrag, BGH WM 1976, 29, 30; Verpachtung, Tausch oder Nießbrauch statt Verkauf, Karlsruhe NJW-RR 2021, 712; *D. Fischer* NZM 2021, 487), Kauf statt Miete; Zwischenkredit statt Hypothek; Erwerb eines ideellen Teils statt des gesamten Grundstücks, BGH WM 1973, 814; KG NJW 1961, 512; anders BGH NJW 2008, 651 Rn 20). Teilleistung statt Gesamterfüllung (Köln MDR 1960, 48); Abschluss unter wesentlich anderen Bedingungen als vorgesehen (Hamm NJW 1959, 2187). Ebenfalls keine Gleichwertigkeit, wenn das geplante Geschäft bereits abgeschlossen, mit dem vom Makler herbeigeführten Interessenten jedoch ein Geschäft mit gleichem Inhalt getätigt wird (zB Auftraggeber entschließt sich zum Ankauf einer zweiten Sache, Eigentümer vermietet weitere zunächst nicht eingeplante Wohnungen). Hier bestand der Maklervertrag nur im Hinblick auf das eine bereits abgeschlossene Objekt (LG Heidelberg MDR 1965, 132). Für derartige **Folgeverträge** war zwar die Maklertätigkeit kausal, eine Provisionspflicht entsteht aber nur, wenn der Maklervertrag nicht auf den Erstvertrag, sondern (zumindest konkludent) auch auf weitere Abschlüsse gerichtet war (BGH NJW 1986, 1036; NJW-RR 1991, 51). Damit zumeist Frage der Auslegung im Einzelfall, zu verneinen für Verlängerung eines Mietvertrags, anders bei Versicherungsmaklern (BGH aaO). Plant der Auftraggeber von vornherein mehrere Vertragsabschlüsse, kann er Provision nicht dadurch entgehen, dass er dies dem Makler verschweigt und hofft, dass der Makler mehrere Interessenten für das eine genannte Geschäft findet. War der Makler verpflichtet, eine erstrangige Hypothek zu vermitteln, hat er aber, da diese Rangstelle besetzt ist, nur das durch die Hypothek zu sichernde Darlehen vermittelt, kann er keine Provision verlangen, denn der Auftraggeber kann dieses Darlehen nicht abnehmen, weil Rangrücktrittserklärung für erste Stelle nicht beschafft wurde (Schleswig SchlHA 1969, 63). Bei Auslegung müssen evtl bestehende Handelsbräuche mitberücksichtigt werden (BGH NJW 1986, 1036; VersR 1990, 1355). Kauft der Auftraggeber die von ihm aufgrund des Maklernachweises angemietete Wohnung später, kann der Makler nicht die Provision nach dem Kaufpreis berechnen (BGH NJW 1973, 990). Auch bei nicht wirtschaftl gleichen Geschäften kann Provision verlangt werden, wenn der Maklervertrag durch **nachträgl Änderung** auch diese erfasst (Hamm NJW 1959, 2167), zB wenn ursprüngliches Geschäft nicht zustande kommt und Auftraggeber sich Maklertätigkeit im Hinblick auf ein andersartiges gefallen lässt (RG Warn 1918 Nr 32; Düsseldorf JR 1968, 25).

46 **Personelle Abweichungen (persönliche Identität)** vom ursprünglich geplanten Vertrag können ebenfalls unerheblich sein (*D. Fischer* NZM 2018, 483, 484), bei besonders enger persönlicher (nahe Familienangehörige, Ehegatte, Partner einer eheähnl Gemeinschaft, Wohngemeinschaftspartner, BGH NJW-RR 2004, 851, 852; NJW 2008, 651 Rn 22; 2019, 1226 Rn 23) oder besonders ausgeprägter wirtschaftl Beziehung zw dem Auftraggeber und dem Vertragschließenden (BVerfG NJW 1987, 2733; BGH NJW 1991, 490; MDR 1988, 653; Dresden NJW-RR 1999, 1501; Frankfurt NJW-RR 2000, 434, 435; Bruder des Kunden, so wenn das vom Makler nachgewiesene Grundstück von einer anderen nachträgl gegründeten wirtschaftl identischen GmbH erworben wird (BGH NJW 1995, 3311; NJW-RR 2014, 1272 Rn 19). Entscheidend ist, dass sich der Dritterwerb wirtschaftl i Erg wie ein eigenes Geschäft darstellt. Deshalb muss der Maklerkunde aus dem Drittgeschäft eigene Vorteile ziehen (BGH NJW 2019, 1226 Rn 27; Jena NJW-RR 2005, 1509: Wohngemeinschaftspartner; *D. Fischer* NJW 2007, 3109, 3110). Der Provisionsanspruch bleibt erhalten, wenn das Geschäft nicht mit nachgewiesenem Dritten, sondern mit dessen Rechtsnachfolger zustande kommt (BGH WM 1976, 30), wenn Erwerb nicht unmittelbar von dem nachgewiesenen Dritten, sondern von einem Zwischenerwerber getätigt wird (BGH NJW-RR 1988, 942), wenn der Auftraggeber das Geschäft an eine andere Person abgibt, die es aufgrund der Maklertätigkeit abschließt, insb wenn der Auftraggeber bei dem anderen wirtschaftl beteiligt (BGH MDR 1960, 283) oder an der Weitergabe wirtschaftl

interessiert ist (Stuttgart MDR 1964, 758); im Gegensatz dazu erhebliche Abweichung bei Auftrag durch GmbH und Abschluss durch Lebenspartner des GmbH-Geschäftsführers (Düsseldorf NJW-RR 2000, 1081). Auch kann die Maklertätigkeit von vornherein auf die Herbeiführung eines Vertrags zw Dritten gerichtet sein, ohne dass dadurch der Auftraggeber seine Verpflichtung aus dem Maklervertrag verliert (RGZ 172, 187; RG Recht 1912 Nr 3074; Dresden NJW-RR 1999, 1501). Grds muss der Vertrag zw dem Auftraggeber und dem nachgewiesenen Dritten zustande kommen. Ansonsten ist die Provision nur bei entspr Vereinbarung im Maklervertrag verdient (*Scheibe* BB 1988, 850, 855ff, unter Heranziehung des § 242; bei umfassender Vertretungsmacht für den anderen BGH NJW-RR 1998, 411). Keine unerhebliche Abweichung, wenn das Geschäft nicht mit dem vom Makler gefundenen Interessenten, sondern mit einer von diesem benannten Person zustande kommt (Hamm NJW 1959, 2167). Unerhebliche personelle Abweichungen setzen in jedem Fall die erfolgreiche Maklertätigkeit voraus. So muss bei **Nachweismaklervertrag** auf jeden Fall die Kenntnis von der Person des Dritten verschafft worden sein (Frankfurt NJW-RR 1986, 352, einschr BGH NJW-RR 1987, 172; NJW 1987, 1628). Bei **Vermittlungsmaklervertrag** muss sich die vermittelnde Tätigkeit auf die Personen des herbeigeführten Geschäfts gerichtet haben, insb die Einwirkung auf den Dritten erfolgt sein (vgl Rn 17). Daher liegt keine provisionsbegründende Vermittlertätigkeit vor, wenn vermittelter Dritter zurücktritt und der Hauptvertrag mit einem von diesem Informierten zustande kommt (BGH BB 1976, 1101). Die vorherige **Abbedingung** der wirtschaftl oder personellen Gleichwertigkeit ist wegen § 307 II Nr 1 nur als Individualvereinbarung möglich (BGH NJW 1973, 991; 2014, 2352 Rn 17).

Nach Ansicht des BGH sind die Grundsätze zur persönlichen Identität nicht auf den **Verkäufermakler als** 46a **Nachweismakler** zu übertragen (BGH NJW 2019, 1803 Rn 41ff). Erwirbt nicht die nachgewiesene Gesellschaft, sondern deren Alleingeschäftsführer das Objekt, erhält der Verkäufermakler keine Nachweisprovision. Diese Entscheidung ist im Schrifttum zu Recht auf Widerspruch gestoßen (*Würdinger* NJW 2019, 1807; *D. Fischer* Maklerrecht, Kap V Rn 100; MüKo/*Althammer* Rn 172, *Wichert* ZMR 2020, 6, 9; *Wistokat* NZM 2021, 586, 590). Der vom BGH entwickelte Lösungsansatz steht mit der bisherigen Rspr zur persönlichen Identität und der hierauf beruhenden wirtschaftl Betrachtungsweise nicht in Einklang. Wirtschaftl gesehen ist der zustande gekommene Kaufvertrag „das Werk des Maklers" (*Würdinger* NJW 2019, 1807) und kann als geschuldeter Arbeitserfolg bewertet werden (MüKo/*Althammer* Rn 172). Die Auffassung des BGH beruht auf einer formalen Sichtweise und schafft den **Anreiz für mögliche Umgehungen**. Dies zu verhindern, ist gerade Aufgabe der Grundsätze zur persönlichen Identität, die in besonderen Maß dem Gebot von Treu und Glauben verpflichtet sind (*D. Fischer* NZM 2018, 483, 484). Auch i Erg vermag die Entscheidung (NJW 2019, 1803 Rn 41ff) nicht zu überzeugen. Während die Käuferprovision bei der in Rede stehenden Fallgestaltung nach den Grundsätzen der persönlichen Identität – vom bisherigen Maklerkunden, also nicht dem Dritten – zu zahlen ist, soll der Verkäufer von der Provisionspflicht freigestellt werden (*D. Fischer* WuB 2020, 117, 118).

4. Erfolgsunabhängige Maklerprovision. Die Vereinbarung einer **erfolgsunabhängigen Maklerprovision** 47 (vgl Rn 43), dh Fälligkeit ohne Abschluss des Hauptvertrags, ist grds zulässig (BGH NJW 1965, 246; 1967, 1225; MDR 1987, 497; KG NJW 1965, 1278; München NJW 1970, 709). Eine Klausel, die eine pauschalierte Provision bei Benennung fällig werden lässt, ist unwirksam (LG München I NJW-RR 1998, 995f). Allerdings verlangt die Rspr eine klare und jeden Zweifel ausschließende Formulierung (KG NJW 1965, 1278). Der Umfang der vom Makler zu erbringenden Dienste muss konkret festgelegt sein (LG Aurich BB 1978, 733). Der Auftraggeber verpflichtet sich, die Provision auch ohne Abschluss des Hauptvertrags zu zahlen, wenn der Makler einen Interessenten nachgewiesen hat, der bereit war, zu den vom Auftraggeber festgelegten Bedingungen abzuschließen. IdR wird erfolgsunabhängige Maklerprovision zusammen mit Alleinauftrag vereinbart (*Schiffer* BB 1972, 1352). Im Gegensatz zum Alleinauftrag ist die Provision jedoch nicht vom Abschluss des Hauptgeschäfts abhängig. Ist ein Grundstücksgeschäft Gegenstand des Vertrags, muss die Form des § 311b I beachtet werden (Celle NdsRpfl 1973, 104). Nicht zulässig ist die Vereinbarung erfolgsunabhängiger Provision bei Doppeltätigkeit des Maklers, § 138, wenn die Provisionspflicht nur einen Auftraggeber trifft (einseitige Bevorzugung eines Auftraggebers, BGH NJW 1973, 1459, 1460). Ebenso nicht bei Mietwohnungsmaklern, § 2 I WoVermRG (Vor § 652 Rn 3) (LG Konstanz NJW-RR 2007, 372; *Schulz* § 2 Rn 185). Zur Sittenwidrigkeit wegen Missverhältnis der Leistung zum Provisionsanspruch und der Einschränkung der Entschließungsfreiheit Celle NdsRpfl 1973, 106f. Wegen erheblicher Abweichung vom gesetzl Leitbild des Maklers ist eine erfolgsunabhängige Provision nur als **Individualvereinbarung** möglich (BGHZ 99, 374, 382; 119, 32, 33; BGH NJW 2009, 1199 Rn 14; vgl § 307 I 1, II Nr 1; einschränkend MüKo/*Althammer* Rn 7 bei Eigengeschäft). Die Rspr sieht hierin gelegentlich die Vereinbarung einer Vertragsstrafe, so dass § 309 Nr 6 zu beachten wäre (München NJW 1970, 709; BGHZ 49, 84; überholt durch BGH WM 1976, 33). Wird in einer **Reservierungsvereinbarung** die Vergütung (Teilprovision) für die zeitweilige Reservierung des Objekts versprochen, ist dies nur als Individualvereinbarung möglich (BGH NJW 2010, 3568 Rn 15; *Schwerdtner* JZ 1983, 786). Bei Reservierung für wenige Tage ist eine Vergütung iHv 20 % der versprochenen Provision nach § 138 auch als Individualvereinbarung ungültig (LG Frankfurt NJW 1984, 2421). Auftraggeber kann bestätigendes Schuldanerkenntnis über Zahlung der erfolgsunabhängigen Provision abgeben (BGH WM 1976, 32).

V. Ursächlichkeit. 1. Grundsatz der Mitverursachung. Das Kausalitätserfordernis ist von grundlegender Be- 48 deutung und deshalb Teil des gesetzl Leitbildes des Maklervertrages (BGHZ 60, 377, 381; 226, 20 = WM 2020, 1356 Rn 20; *D. Fischer* WM 2020,1757). Infolge der Maklertätigkeit muss der Vertragsschluss zw Auftraggeber und Drittem zustande gekommen sein (Ursächlichkeit der Maklerleistung). Der Makler braucht jedoch nicht die alleinige oder hauptsächliche Ursache für den Vertragsschluss gesetzt zu haben, **Mitverursachung genügt** (BGH NJW-RR 1999, 1256; 2014, 1272 Rn 16; WM 2016, 1437 Rn 32; NJW 2020, 2792 Rn 14). Hierbei muss der Vertragsabschluss **wesentliches Ergebnis der Maklerleistung** sein (BGH NJW-RR 1996, 691; NJW 2008, 651 Rn 12; NJW-RR 2014, 1272 Rn 16, zu den Einzelheiten des Begriffs wesentliche Maklerleistung *D. Fischer* WM 2020, 1757, 1762ff). Die Mitwirkung mehrerer Makler schließt daher vollen Provisionsanspruch des Einzelnen nicht aus (BGH DB 1976, 2459). Es kommt dabei nur auf die obj Ursächlichkeit der Maklertätigkeit an, nicht darauf, was der Dritte glaubte. Für eine solche Kausalität ist nicht erforderlich, dass sich die Maklerleistung noch während der Laufzeit des Maklervertrags auf den Vertragsschluss auswirkt. Entscheidend ist allein, dass die Maklertätigkeit vor Beendigung des Maklervertrags erfolgte (BGH NJW 2019, 1226 Rn 17; Stuttgart NJW-RR 2010, 486). Der Auftraggeber kann sich der Provisionspflicht durch Hinauszögern des Vertragsschlusses nach Ablauf des Maklervertrags nicht entziehen. Daher ist Ursächlichkeit gegeben, wenn der Auftraggeber das Geschäft erst nach dem Tode des Maklers abschließt, dieses aber auf dessen frühere Tätigkeit zurückzuführen ist. Der Provisionsanspruch geht dann auf die Erben des Maklers über (BGH NJW 1965, 964).

49 **2. Mitverursachung durch Vermittlungstätigkeit.** Die Provision wird geschuldet, wenn die Tätigkeit des Vermittlungsmaklers allein oder iVm anderen Ursachen den Vertragsgegner zum Abschluss bestimmt hat. Beeinflussung des Auftraggebers ist weder erforderlich noch genügend (*Schmidt-Rimpler* JW 1931, 3137), denn dieser plante das Geschäft bereits vor Beiziehung des Maklers. Der Vermittlungsmakler muss die Abschlussbereitschaft des Dritten in nicht völlig unbedeutender Weise gefördert haben (BGH WM 1971, 1098; 1974, 258; 2016, 1437 Rn 32). Das ist zB der Fall, wenn abgebrochene Vertragsverhandlungen durch Einschaltung des Maklers wieder aufgenommen werden und zum Geschäftsabschluss führen (BGH BB 1955, 490). Nicht erforderlich ist, dass der Makler bei allen Verhandlungen mitwirkt (BGH WM 1974, 258) oder beim Vertragsschluss anwesend ist (Hamm MDR 1957, 36). Es genügt, wenn er die Vertragsbereitschaft (mit) geweckt hat und die Parteien die weiteren Einzelheiten allein aushandeln. Da der **Vermittlungsmakler** den Dritten zum Abschluss bestimmen muss, genügt es jedoch nicht, wenn seine Vermittlungsversuche ohne Erfolg waren und zum Abbruch der Verhandlungen geführt haben, die Parteien aber später ohne Makler zu einer Einigung gelangen. Hier beruht die kausale Maklertätigkeit allein auf der Herstellung des Kontaktes zw den Parteien; dies genügt nicht für Tätigkeit eines Vermittlungsmaklers (BGH WM 1974, 258). Erfährt irgendein Dritter von der Vertragsmöglichkeit und schließt den Hauptvertrag ab, war die Maklertätigkeit nicht kausal (Karlsruhe NJW-RR 1987, 250). Bauen die Parteien des Hauptvertrags jedoch auf Vermittlungsbemühungen des Maklers auf, bleibt der Provisionsanspruch erhalten (BGH WM 1974, 258). Ebenso, wenn die Vermittlung eines zweiten Maklers auf der des ersten beruht (Hamm MDR 1972, 607); dann waren beide Vermittlungen für den Vertragsabschluss ursächlich. Auch ein Ruhen der Verhandlungen über längere Zeit schließt Ursächlichkeit nicht von vornherein aus, wenn später der Vertragsschluss durch die ehemals vom Makler geführten Verhandlungen mit beeinflusst ist (BGH WM 1974, 258).

50 **3. Mitverursachung durch Nachweistätigkeit.** Der Nachweismakler braucht nicht mit dem Dritten in Verbindung zu treten, sondern diesen nur seinem Auftraggeber zu benennen. Ursächlichkeit ist gegeben, wenn diese Benennung allein oder iVm anderen Ursachen den Auftraggeber veranlasst hat, Kontakt mit dem Dritten aufzunehmen. Unerheblich ist, ob der Auftraggeber sich auch anderweitig diese Information leicht hätte verschaffen können (BGH NJW 1983, 1449). Entscheidend ist, dass der Hauptvertrag tatsächlich zustande kommt. Adäquate Kausalität ist allerdings nicht ausreichend. Vielmehr ist es für das Entstehen des Provisionsanspruchs des **Nachweismaklers** erforderlich, dass sich der Abschluss des Hauptvertrags zumindest auch als Ergebnis einer für den Erwerb **wesentlichen Maklerleistung** darstellt. Es genügt nicht, dass die Maklertätigkeit auf anderem Weg für den Erfolg adäquat kausal geworden ist (BGH NJW-RR 1988, 1397; MDR 1999, 606; NJW 2008, 651 Rn 12; 2019, 1226 Rn 16; wesentlicher Kausalitätsbeitrag). Keine Ursächlichkeit besteht, wenn ein erbrachter Nachweis unbeachtet bleibt, wenn der Auftraggeber das Geschäft mit einem nicht vom Makler vermittelten Dritten abschließt, hierbei aber Ergebnisse der mit dem ursprünglich vom Makler beigebrachten Interessenten getätigten Verhandlungen verwertet (BGH BB 1966, 1367; Düsseldorf NJW-RR 2000, 1362 für Nachweis des Vormerkungsberechtigten und Kauf des Eigentümers). Zw Nachweis des Maklers und Vertragsabschluss kann auch ein längerer Zeitraum liegen (Bamberg AIZ 1985 A 110 Bl 28: vier Jahre, Übergang des Objekts von Eigentümer auf Erbengemeinschaft; Hamburg ZMR 2002, 839: drei Jahre, Einkaufszentrum; Koblenz WM 1984, 1191, 1192: zwei Jahre, Möbelhaus; MüKo/*Althammer* Rn 204; Staudinger/*Arnold* Rn 132; *D. Fischer* WM 2020, 1757, 1759). Dies bedeutet keinen Ausschluss der Kausalität. Liegt der Zeitraum unter einem Jahr, greift zu Gunsten des Maklers Kausalitätsvermutung ein (Rn 51). Die Kausalität entfällt bei Anmietung eines Mietobjekts, das zwischenzeitl anders vermietet wurde, wenn ein Mietvertrag mit dem Auftraggeber wegen überraschender vorzeitiger Beendigung doch zustande kommt (Frankfurt MDR 1998, 1211f), wenn Makler Interessenten benennt, Verkauf aber an einen nicht vom Makler benannten Dritten erfolgt, dieser Rücktrittsvorbehalt ausübt und nunmehr der Hauptvertrag mit dem vorher vom Makler nachgewiesenen Käufer erfolgt (BGH NJW-RR 2007, 402); oder bei Erwerb in der Zwangsversteigerung, wenn es vorher nicht zu einem Vertragsschluss kam (vgl BGH NJW 1999, 2271). Zu den Voraussetzungen des Provisionsanspruchs eines Nachweismaklers vgl BGH NJW-RR 1990, 1008. Der Provisionsanspruch besteht, wenn der Kunde noch schwierige Verhandlungen mit dem Verkäufer führen muss bzw ein weiterer Makler (kostenpflichtig) beauftragt wird (Karlsruhe NJOZ 2005, 2927, 2928).

51 **4. Kausalitätsvermutung.** Nach hM besteht zu Gunsten des Maklers eine **Vermutung für die Ursächlichkeit,** wenn zw Maklerleistung und Geschäftsabschluss ein noch angemessener zeitl Zusammenhang besteht (BGHZ 141, 40, 44; BGH NJW 2006, 3062 Rn 18; 2008, 651 Rn 10; NJW-RR 2014, 1272 Rn 16; NJW 2019, 1226 Rn 12;

2020, 2792 Rn 14, jew Nachweismakler; Hamm NJW-RR 2015, 825, 82, Vermittlungsmakler). Bei der Bemessung des Zeitabstandes ist der Zeitpunkt der Übergabe des Objekts oder die Fälligkeit des Kaufpreises ohne Bedeutung (Stuttgart NJW-RR 2019, 1389; *D. Fischer* NJW 2019, 3277, 3279). Der Auftraggeber kann die **Kausalitätsvermutung widerlegen** (BGH NJW 1971, 1133; WM 1976, 1313; DB 1979, 496; NJW 2020, 2792 Rn 18; *D. Fischer* WM 2020, 1757, 1759). Als einen angemessenen Zeitabstand idS hat der BGH für den **Nachweismakler** vier Monate (BGHZ 141, 40, 43), etwa drei bis fünf Monate (BGH NJW 1980, 123) und mehr als ein halbes Jahr (BGH NJW 2005, 3779, 3781) angesehen. Nunmehr hat er eine **zeitl Obergrenze** gezogen, die bei zwölf Monaten liegt (BGH NJW 2006, 651 Rn 18; 2019, 1226 Rn 12). Diese Grenze gilt auch für den **Vermittlungsmakler** (Hamm NJW-RR 2015, 825, 826 – Finanzierungs-Vermittlungsmakler; NJW-RR 2020, 687 – Immobilien-Vermittlungsmakler). Greift die Vermutungswirkung nicht ein, obliegt es dem Makler, die (Mit-)Ursächlichkeit zw seiner Leistung und dem Abschluss des Hauptvertrages nachzuweisen (BGH NJW-RR 2014, 1272 Rn 16; NJW 2019, 2126 Rn 12; *D. Fischer* NJW 2014, 3281, 3286). Bei unstr **Vorkenntnis** (Einzelheiten dazu Rn 14) besteht Vermutung für Ursächlichkeit, wenn Vertragsschluss zu den allein vom Makler genannten Bedingungen kurz nach Objektbenennung erfolgt (BGH WM 1978, 886).

5. Unterbrechung des Ursachenzusammenhangs. Gibt der Kaufinteressent seine Erwerbsabsicht auf, weil ihm der Kaufpreis zu hoch erscheint und erwirbt er das Objekt sechs Monate später zu einem geringeren Kaufpreis – etwa durch Vermittlung eines anderen Maklers –, führt dies regelmäßig nicht zu einer **Unterbrechung des Ursachenzusammenhangs** zw Erstnachweis und Hauptvertragsabschluss. Einem nur vorübergehenden Sinneswandel des Maklerkunden kann bei der notwendigen einzelfallbezogenen Gewichtung der Nachweisleistung für das Zustandekommen des Vertrags nur ausnahmsw eine ausschlaggebende Bedeutung zugemessen werden (BGH NJW 2019, 1226 Rn 17 unter Bezugnahme auf BGH NJW 2008, 651 Rn 14). Für die Annahme einer Unterbrechung des Kausalzusammenhangs zw dem Nachweis der Vertragsgelegenheit durch den Makler und dem Abschluss des Hauptvertrags genügt es nicht, dass sich aus der Sicht des Maklerkunden die vom Makler nachgewiesene Vertragsgelegenheit zerschlagen hat. Entscheidend ist vielmehr, ob der nachgewiesene Interessent seine Absicht, das Geschäft abzuschließen, aufgegeben hat. Nur eine vom nachgewiesenen Interessenten eingegangene endgültige vertragl Bindung rechtfertigt es, anzunehmen, er habe seine Vertragsabsicht aufgegeben (BGH NJW 2020, 2792 Rn 26, 30). Für die Annahme einer Unterbrechung des Kausalzusammenhanges gelten **strenge Anforderungen**; hierfür trägt der Maklerkunde die Beweislast (BGH NJW-RR 1991, 950; NJW 2008, 651 Rn 10, 12). 51a

6. Abbedingung des Kausalitätserfordernisses. Eine **Abbedingung** ist wegen § 307 II Nr 1 (LG Hamburg BB 1978, 172 m Anm *Löwe*) nur durch Individualvereinbarung zulässig (RG Warn 1926, 137; BGH NJW-RR 1986, 346, 347; KG NJW-RR 2007, 55). Jedoch müssen derartige Klauseln eindeutig sein (BGH NJW 1967, 1225; NJW-RR 1986, 347; MDR 1986, 478). Möglich ist ein Provisionsversprechen schon für die Nennung eines zum Vertragsschluss geeigneten Reflektanten (RG Warn 1936, 137). Alleinauftrag und Vorkenntnisklausel bedeuten eine Abbedingung der Ursächlichkeit (BGH NJW 1971, 1133; BB 1976, 1101; Düsseldorf MDR 1971, 844). Zur Kausalität und Provisionsanspruch für Folgeverträge BGH NJW 1986, 1036; zur Wirksamkeit in AGB hinsichtl § 307 II Nr 1 vgl Düsseldorf NJW-RR 1998, 1594 (noch zum alten § 9 II Nr 1 AGBG). Beim Wohnungsmaklervertrag, § 2 I WoVermRG (Vor § 652 Rn 3), ist das Kausalitätserfordernis unabdingbar (*Schulz* § 2 Rn 157). 52

VI. Umfang des Provisionsanspruchs. Der Umfang des Provisionsanspruchs richtet sich nach der Vereinbarung im Maklervertrag (Vor § 652 Rn 17). Fehlt diese, gilt § 653 (Schleswig ZMR 2014, 333; *D. Fischer* NZM 2017, 348, 349; LG Hamburg NJW 1971, 1411). Die Provision ist keine Vergütung für Arbeit und Unkosten des Maklers, sondern ein Entgelt dafür, dass der Makler dem Auftraggeber die Möglichkeit zum Geschäftsabschluss verschafft (BGH NJW 1967, 1365, 1366; Karlsruhe NJW-RR 1988, 249, 250). Daher ist nicht der Aufwand des Maklers, sondern der Wert des Hauptgeschäfts für die Höhe der Provision entscheidend (BGH NJW 1967, 1365, 1366; Frankfurt NJW-RR 1999, 1279; zur Rechtfertigung dieser Regelung *O. Werner* AcP 176, 267, 268). IdR wird ein Bruchteil der Geschäftssumme, dh ein **Prozentsatz** des im Hauptvertrag vereinbarten Preises festgelegt (BGH NJW 2017, 1024 Rn 45). Für die Provision eines Wohnungsmaklers ist dies vorgeschrieben, § 3 I WoVermRG (Vor § 652 Rn 3). Ein evtl vorher in Aussicht genommener höherer oder niedrigerer Preis bleibt bei der Berechnung außer Betracht. Vertragskosten (Notariatsgebühr), öffentliche Abgaben wie Grunderwerbsteuer und Erschließungskosten, die der Käufer an die Gemeinde zu zahlen hat, sind bei der Berechnung des Maklerlohns nicht zu berücksichtigen (BGH NJW 1965, 1755; *D. Fischer* NZM 2017, 348, 349). Ist die Provision von der Höhe der Miete abhängig und ist diese im Mietvertrag nicht eindeutig festgelegt, ist auch der Makler an die einverständliche Auslegung durch die Mietvertragsparteien gebunden (Düsseldorf BB 1968, 150). Eine Vereinbarung, die sich an der Höhe der Miete orientiert, ist zu beziehen auf die zulässige und nicht die vereinbarte Miete (BGH NJW-RR 1997, 116f; LG Dresden NJW-RR 1997, 1481). Zum Maklerlohn bei nachträgl herabgesetztem erheblich geringerem Kaufpreis AG Königstein NJW-RR 1995, 754. Entscheidend ist der Nennwert eines Objekts, dh vom Käufer übernommene Belastungen eines Grundstücks sind nicht abzuziehen (BGH MDR 1996, 137f). Die Provision eines Vermittlungsmaklers richtet sich nach dem von ihm ausgehandelten Kaufpreis, nicht nach dem vom Auftraggeber durch weitere Verhandlungen ohne Hilfe des Maklers erzielten höheren Preis (Nürnberg MDR 1976, 52; MüKo/*Althammer* Rn 217; aA NK/*Wichert* Rn 126). Die nachträgl Herabsetzung der Kaufsumme durch Vereinbarung oder Minderung berührt grds nicht den einmal entstandenen Provisionsanspruch (BGH WM 1977, 23; LG Köln MDR 1969, 307). Für den **Niedrigpreisbereich** – hierunter fallen Immobilien mit einem Kaufpreis bis zu 60.000 € – werden üblicherweise **Festprovisionen** vereinbart, weil die her- 53 kömmliche Berechnung nach Prozentsätzen für den Makler weder kostendeckend noch gewinnbringend ist (LG Rostock BeckRS 2020, 25559; AG Zittau NZM 2017, 378; AG Villingen-Schwenningen ZMR 2019, 87, 88; *D. Fischer* NZM 2017, 348, 351). Aufgrund eines Sachverständigengutachtens gelangte das AG Villingen-Schwenningen zum Ergebnis, dass die im Streitfall vereinbarte Festprovision von 3.750 € das Dreifache der ortsüblichen Provision nicht übersteige und mithin nicht sittenwidrig sei. Das LG Konstanz hat sich dieser zutreffenden Beurteilung angeschlossen (vgl *Welzer* ZMR 2019, 89; *D. Fischer* NJW 2019, 1182, 1186). Auch iÜ wird eine feste Summe vereinbart, wenn sich ein Geschäftswert (zB bei Heiratsvermittlung) nicht bestimmen lässt. Zur richterlichen Herabsetzung der Provision vgl § 655 Rn 3.

54 Nicht sittenwidrig ist die Abrede, Provision solle der Betrag sein, der über den ursprünglich vom Auftraggeber dem Makler genannten Preis hinaus erzielt wird, sofern sich dieser Betrag in angemessenen Grenzen hält (BGH NJW 1969, 1628; Düsseldorf MDR 1968, 494; vgl aber Rn 63). Der Makler ist verpflichtet, diesen **Übererlös** seinem Auftraggeber mitzuteilen (BGH NJW 1969, 1629; Düsseldorf NJW-RR 1999, 1140, 1141). Ist ein Objekt dem Makler „netto anhand" gegeben, ist im Zweifel ein solcher Überpreis als Provision gewollt (Hamburg LZ 1919, 657).

55 Neben der zugesagten Provision kann der Makler die MwSt nur zusätzl verlangen, wenn dies im Maklervertrag vereinbart worden ist (BGH WM 1973, 677; DB 1982, 1003; Düsseldorf OLGRp 1993, 317; *D. Fischer* NZM 2017, 348). Eine entgegenstehende Verkehrssitte liegt nicht vor (Zweibrücken OLG 1977, 216). Eine **Provisionsabrechnungspflicht** zw Makler und Maklerkunden besteht nicht (BGH NJW-RR 1990, 1370).

56 **VII. Aufwendungen, Abs II.** Ist Aufwendungsersatz zugesagt, gilt dies mangels besonderer Abrede nur für den Fall, dass das Hauptgeschäft zustande kommt. Abw Abmachungen (zB Aufwendungsersatz bei erfolgloser Tätigkeit, Annoncen) müssen deutlich getroffen sein (BGH BB 1973, 1141; Celle OLG 14, 29; Hamburg MDR 1974, 580; AG Marbach MDR 1986, 497) und sich ausschließlich auf den konkreten Aufwand beziehen (BGH VersR 1997, 1233f). Aufwendungsersatz kann nicht nur durch Individualabrede vereinbart werden, sondern auch in AGB. Für den AGB-Bereich gilt aber, dass sich derartige Abreden in engen Grenzen zu halten haben (BGH WM 1987, 471, 473; BGHZ 99, 374; BGH NJW 2011, 1726; *D. Fischer* Maklerrecht, Kap VIII Rn 55). Bereits gezahlte Provision kann über AGB auch nicht teilw als „Aufnahmebeitrag" oder „Betreuungshonorar" einbehalten werden, § 308 Nr 7 lit a (Hamburg MDR 1979, 314). Selbst bei Alleinauftrag braucht der Auftraggeber nicht mit solcher Klausel zu rechnen (AG Hamburg MDR 1970, 141). Die gegen den Makler gerichtete Tendenz (Abs II S 2) ist zu beachten. Bei **pauschaler** Festsetzung (es gilt § 308 Nr 7 lit b, nicht aber § 307, LG Kiel MDR 1985, 54) muss der Betrag den voraussichtlich entstehenden Kosten angemessen sein und wesentlich unter der vereinbarten Provision liegen (BGH NJW 1987, 54; höchstens 10–15 %); einschr (Frankfurt MDR 1986, 586). Sobald durch die Höhe der Pauschale Druck zum Abschluss eines Grundstückkaufvertrags ausgeübt wird, ist zur Vermeidung einer Umgehung des § 311b I notarielle Form erforderlich (BGH NJW 1980, 1622; Hamburg NJW 1983, 1502; Frankfurt MDR 1986, 586; vgl Vor § 652 Rn 21). Nach LG Frankfurt aM (BB 1976, 1531; NJW 1984, 2420) ist grds bei einem Kaufpreis bis zu 20 000 DM (= ca 10 000 €) Pauschalsatz von höchstens 20 % zulässig, darüber hinaus nur bis zu 5 %, sonst wohl eher als verkappte erfolgsunabhängige Teilprovision (so AG Düsseldorf MDR 1986, 236 bei 45 % „Bearbeitungsgebühr") oder als Reuegeld bzw Vertragsstrafe auszulegen (Stuttgart MDR 1977, 403). Der Auftraggeber kann **Nachweis der wirklichen Aufwendungen** verlangen, § 666 analog, § 259. Eine entgegenstehende Vertragsklausel ist unbeachtlich, wenn ernste Zweifel gegen Zuverlässigkeit und Lauterkeit der Geschäftsführung glaubhaft gemacht werden. Ohne besondere Zusage gibt Hamm NJW 1973, 1976 Anspruch auf Aufwendungsersatz, wenn der Makler **besondere Leistungen** übernommen hat (zB Alleinauftrag) und der Auftraggeber ohne Zuziehung des Maklers (einschl Direktverkauf) den Hauptvertrag abschließt, §§ 675, 670. Dies bedeutet ungerechtfertigte Ignorierung des § 652 II. Für Wohnungsmakler ist Auslagenerstattung durch § 3 II WoVermRG (Vor § 652 Rn 3) beschränkt.

57 **VIII. Nebenpflichten des Maklers. 1. Allgemeine Pflichten.** Aufgrund der allg vertragl Treue- und Sorgfaltspflichten hat der Makler seinen Auftraggeber vor Schaden zu bewahren und dessen Interessen zu beachten (BGH NJW 1972, 1813; 1983, 1848; WM 1973, 1883; NJW-RR 2007, 711; WuM 2017, 48 Rn 20; NJW 2019, 1223 Rn 12; *D. Fischer* NJW 2012, 3286). § 654 regelt lediglich einen speziellen Fall der Treuepflichtverletzung, daneben gelten die allg, einem jeden Vertrag entspringenden Nebenpflichten, welche in § 241 II eine positivrechtl Regelung erfahren haben. In erster Linie richten sich diese Pflichten nach dem Inhalt des Maklervertrags (BGH WM 1973, 1883), der Bedeutung des Geschäfts und der (Un-)Erfahrenheit des Auftraggebers (Karlsruhe NJW-RR 1995, 500), der Stärke des Vertrauens und der vertragl Bindung des Auftraggebers an den Makler. Je größer das Vertrauen oder die Bindung, desto strenger die Sorgfaltspflicht (RG LZ 1920, 758; Naumburg JW 1930, 279). Verpflichtungen ggü dem Auftraggeber können auch durch Tätigwerden ggü einem Dritten, zB einem Notar, verletzt werden (Düsseldorf NJW-RR 2001, 1135, 1136). Insoweit ist dem Makler sein eigenes Verhalten anzurechnen. Schon der Versuch einer Interessenverletzung ist ein Verstoß gegen die Treue- und Sorgfaltspflicht (OGH Wien JW 1930, 3815). Der Makler darf den Abschluss des Hauptvertrags nicht hintertreiben (BGH NJW 1983, 1848) und nicht darauf hinwirken, dass der Hauptvertrag fehlerhaft oder zweifelhaft geschlossen wird (BGH NJW 1969, 1629, 1630; KG NJW-RR 1986, 598) oder nachträgl durch Eigeninteresse den Kaufpreis in die Höhe treiben bzw den Auftraggeber ausschalten (BGH NJW 1983, 1848). Keine Verletzung nachwirkender Treuepflichten, wenn der Makler das Grundstück des Auftraggebers nach Beendigung des Maklervertrags weiter anbietet (Düsseldorf NJW-RR 1990, 372). Auch die Weitergabe von die Verkaufsangelegenheit betreffenden Tatsachen nach Beendigung des Maklervertrags ist zulässig, Düsseldorf aaO. Für weitergehende als allg

Maklertätigkeit ist eine besondere Abrede notwendig, ansonsten keine Pflichtverletzung (Düsseldorf NJW-RR 1997, 1280f). Nebenpflichtverletzung bei unterlassenem Hinweis auf Sperrfrist bei Eigenbedarfskündigung (LG Freiburg NJW-RR 1997, 1281). Maklerhaftung aus cic wegen Verletzung der Aufklärungspflicht bei Kenntnis, dass der Kunde bei vereinbartem Gewährleistungsausschluss unrichtige Angaben über den Zustand des Vertragsgegenstands macht (BGH NJW 2005, 3778 m Anm *Wälzholz* DNotZ 2006, 185; aA *Althammer* NZM 2006, 163).

2. Pflichten des Verkäufermaklers. Der **Verkäufermakler** hat durch eine den tatsächlichen Marktverhältnissen entspr Preisgestaltung die Voraussetzungen für den beabsichtigten Verkauf zu schaffen (BGH NJW 2019, 1596 Rn 28). Verletzt er diese Nebenpflicht, macht er sich schadensersatzpflichtig. Dies gilt insb dann, wenn er **überhöhte Kaufpreisvorstellungen** in sein Exposé aufnimmt, weil dies als solches geeignet ist, Interessenten von der Abgabe eines Angebots abzuhalten. Ist der Verkäufermakler im Rahmen eines Makleralleinauftrags tätig, darf er den Kontakt zu einem Kaufinteressenten nicht abreißen lassen (BGH NJW 2019, 1596 Rn 29). Auch darf der Verkäufermakler ggü einem Kaufinteressenten nicht wahrheitswidrig erklären, das Objekt sei bereits vergeben (BGH NJW 2019, 1596 Rn 30). Handelt es sich um die Vermittlung von landwirtschaftl Flächen, so ist es üblich, dass der Makler mit potentiellen Kaufinteressenten telefonisch in Verbindung tritt und sie um die Abgabe eines Angebots bittet. Anschließend meldet er sich bei überbotenen Interessenten, um ihnen die Gelegenheit zu geben, ihr Angebot zu erhöhen. Unterlässt er es, Interessenten die Gelegenheit einzuräumen, ihr Angebot zu erhöhen, handelt er ebenfalls pflichtwidrig (BGH NJW 2019, 1596 Rn 31). 57a

3. Pflichten des Vermittlungsmaklers. Der **Vermittlungsmakler** muss erkennbaren Zwecken des Auftraggebers dienen und sich um das Zustandekommen eines für den Auftraggeber möglichst günstigen Vertrags bemühen (BGHZ 48, 344; Karlsruhe NJOZ 2005, 2927). Im Zweifel ist er auch bei Mitteilung eines Limits durch den Auftraggeber gehalten, sich um die Erreichung eines möglichst hohen Verkaufspreises zu bemühen (BGH NJW 1970, 1076). Schon aus allg Vertragsrecht folgert der BGH die Beratungs- und Betreuungspflicht des Vermittlungsmaklers, ohne dass es einer besonderen Abrede bedarf (BGH WM 1973, 1383 mwN). Treuepflicht fordert ferner die Unterrichtung des Auftraggebers über Sachstand und Information über alle für den Vertragsschluss entscheidenden Tatsachen, **Benachrichtigungs- und Aufklärungspflicht** (BGH NJW 1972, 1813; 1981, 2685; WuM 2017, 48 Rn 20; NJW 2019, 1223 Rn 12; *Dehner* NJW 2002, 3753; *D. Fischer* NZM 2019, 201, 202). Der konkrete Umfang dieser Pflicht beurteilt sich nach den Umständen des Einzelfalls (BGH NJW 2000, 3642; WuM 2017, 48 Rn 20; NJW 2019, 1223 Rn 12; zu den Pflichten bei Betriebsübergang, *Matthey/Kluth/Fröndhoff* NZM 2005, 1, 6f). Der Makler muss verhindern, dass der ihm vertrauende Auftraggeber in Unkenntnis der Sachlage zu ungünstigem Abschluss veranlasst wird. Sind dem Makler negative Eigenschaften des Dritten oder dessen Gehilfen bekannt, muss er vom Vertragsschluss abraten (BGH JZ 1968, 69; Hinweis auf Hausschwammverdacht, RG JW 1910, 284; oder fehlende Sicherung des Restkaufpreises, Düsseldorf VersR 1977, 1109; Mitteilung der Umstände, die auf arglistige Täuschung des Dritten schließen lassen, LG Köln MDR 1969, 307; ebenso Hinweis auf möglichen Konkurrenzbetrieb, Frankfurt NJW-RR 1986, 601; Hinweis auf Hausbockbefall einer Jugendstilvilla, BGH NJW 2005, 3778). Ist der Makler Erfüllungsgehilfe des Auftraggebers, muss dieser sich das Verhalten des Maklers nach § 278 zurechnen lassen (BGH MDR 1996, 788f). Der Versicherungsmakler muss den Auftraggeber auf die Gefahr einer Unterversicherung hinweisen und Zwischenversicherung anraten (BGH VersR 1971, 715) und ohne schuldhaftes Zögern tätig werden (BGH VersR 1971, 716). Ist der Makler aufgrund anderweitiger Tätigkeit (nicht Doppeltätigkeit) für den Dritten über Umstände informiert, die die Entschließung des Auftraggebers beeinflussen können, so kann er, wenn er zur Verschwiegenheit verpflichtet ist, dem Interessenwiderstreit nur durch Absehen von der Vermittlung entgehen (BGH MDR 1970, 28). Bei Maklergesellschaft entscheidet allein Kenntnis des handelnden Gesellschafters (BGH JZ 1968, 69). Der Vermittlungsmakler hat gewisse **Erkundigungspflichten,** der Nachweismakler idR nicht. Beide trifft für eigene Behauptungen (zB Zusicherung sofortiger Bebaubarkeit eines Grundstücks) Erkundigungspflicht, (LG Bonn MDR 1973, 1017). Jedoch keine Überprüfung angegebener Grundstücks- oder Wohnungsgröße (BGH WM 1977, 941; NJW-RR 2007, 711 Rn 13; Köln DB 1971, 1713; Braunschweig AIZ 1987, H 9 A 146 Bl 13; Frankfurt NJW-RR 2002, 778; aA München NJW-RR 2005, 1144 Aufklärungspflichten bei Falschangabe in Exposé, LG Münster NJW-RR 2005, 700). Ermittlungspflicht, zB bzgl Bebaubarkeit, kann vertragl als Nebenpflicht übernommen werden (BGH NJW 1982, 1147; München AIZ 1987, H 8 A 115 Bl 20). Ebenso wenig brauchen sie Vermutungen nachzugehen. **Steuerrechtl Hinweise** schuldet der Immobilienmakler grds nicht (BGH NJW 2019, 1223 Rn 13; Koblenz GuT 2002, 51, 52; LG Bremen ZMR 2015, 506; Soergel/*Engel* Rn 140; *D. Fischer* NJW 2015, 3278, 3283; aA Köln OLGRp 2001, 25, 27; Staudinger/*Arnold* §§ 652, 653 Rn 220; Erman/*O. Werner*[14] Rn 58; *Hamm/Schwerdtner* Rn 338; vgl auch München NJW 1961, 1534; LG Hamburg MDR 1971, 1009). Abw gilt im Einzelfall ausnahmsw etwa dann, wenn der Makler hinsichtl bestimmter Steuerfragen als Fachmann auftritt, wenn der Auftraggeber hinsichtl vertragsrelevanter Umstände erkennbar rechtl Beratung bedarf oder wenn der Makler den Auftraggeber zu einem riskanten Vorgehen veranlasst (BGH NJW 2019, 1223 Rn 14; *D. Fischer* WuB 2019, 353). Werden steuerrechtl Hinweise oder Auskünfte gleichwohl erteilt, wozu der Makler gem § 4 Nr 5 StBerG berechtigt ist (BGH NJW 2019, 1223 Rn 13), müssen sie zutr sein (Koblenz GuT 2002, 51, 52; LG Bremen ZMR 2015, 506; *D. Fischer* NJW 2015, 3278, 3283; *Hogenschurz* ZfIR 2019, 55, 56). Der Immobilienmakler hat sich über Eigentums- und Finanzierungsverhältnisse zu erkundigen (München NJW 1956, 1760). Der Finanzmakler hat den Eigentümer auf erforderliche Zustimmung des Wohnrechtsinhabers hinzuweisen, wenn erstrangige Hypothek beschafft werden soll (LG Düsseldorf DB 1965, 67, 68). Falsche Auskunft über Bezugstermin des vermittelten Neubaus führt zur Haftung bei Verzögerung (BGH NJW 1972, 1813). Übermittelt der Makler unter Verstoß gegen seine **Prüfungs-** 58

pflichten einem Kaufinteressenten unrichtige, für die Vermarktung nachteilige Informationen, liegt darin zugleich eine Verletzung des mit dem Verkäufer bestehenden Maklervertrages (BGH WuM 2017, 48 Rn 20; *D. Fischer* IMR 2017, 117).

59 **4. Pflichten des Nachweismaklers.** Der **Nachweismakler** ist grds nicht verpflichtet, die Richtigkeit der ihm vom Auftraggeber oder Dritten gemachten Angaben zu **überprüfen** (BGH NJW-RR 2007, 711 Rn 13; Hamm NJW-RR 1996, 1081; Düsseldorf NJW-RR 1996, 1524, 1525; Brandenburg NZM 2019, 860, 861). Er darf aber keine Angaben der Verkäuferseite übernehmen, die nach den in seinem Berufsstand vorauszusetzenden Kenntnissen ersichtlich als unrichtig, nicht plausibel oder sonst als bedenklich einzustufen sind (BGH NJW-RR 2007, 711 Rn 12; Brandenburg NZM 2019, 860, 861; *D. Fischer* NZM 2019, 201, 202). Wird der Nachweismakler über seine Pflicht hinaus auch vermittelnd tätig, muss er sich hinsichtl der Nebenpflichten als Vermittlungsmakler behandeln lassen.

60 **5. Weitere Maklerpflichten.** Der Makler darf nichts **versprechen**, was durch den Hauptvertrag nicht erreicht werden kann (BGH NJW 1972, 1813). Anpreisungen dürfen sich allein an dem Erreichbaren orientieren. Der Makler darf dem Auftraggeber keine falschen Vorstellungen vermitteln, muss fehlerhafte Informationen richtigstellen (BGH NJW 2000, 3642). Zulässig sind geläufige Floskeln („prima"). „Ausgesuchte besonders günstige Objekte" bedeutet keine unverbindliche Anpreisung. Soweit sich der Makler von Auftraggeber oder Dritten erhaltene Angaben zu eigen macht oder persönlich für deren Richtigkeit einsteht, trifft ihn eine Prüfungspflicht (Hamm MDR 1998, 269, 270; dazu schon *Dehner* NJW 1993, 3241 mwN; iÜ Tatfrage). Die Erklärungen eines auf Seriosität achtenden Berufsmaklers sind kritischer zu werten als die eines Gelegenheitsmaklers.

61 Der Makler darf seine vom Auftraggeber erlangten Kenntnisse nicht gegen diesen ausbeuten, mit untreuen Bevollmächtigten nicht gegen den Auftraggeber zusammenwirken (RG Warn 1927, 178). Der Käufermakler darf den Verkäufer nicht zur Preiserhöhung, der Verkäufermakler den Käufer nicht zum Preisdrücken veranlassen.

62 Der Auftraggeber muss von der Maklertätigkeit (nicht notwendig von deren Kausalität) Kenntnis haben, also mit der Provisionszahlungspflicht rechnen können, weil dadurch (wie meist bei Verkaufsprovision) die Vertragsbedingungen (Höhe des Kaufpreises) beeinflusst werden (RG JW 1922, 164; BGH NJW 2009, 1282 Rn 13). Deshalb ist der Makler verpflichtet, den Auftraggeber über seine Maklertätigkeit zu unterrichten, Informationspflicht (BGH NJW 2009, 1282 Rn 13; *D. Fischer* WM 2020, 1757, 1763). Selbstverschuldete Unkenntnis des Auftraggebers steht seiner Kenntnis gleich. Er muss sich eine unterlassene Rückfrage beim Makler oder dem Dritten anrechnen lassen (München NJW 1968, 894; *Knütel* ZHR 135, 530, 535f). Der Auftraggeber darf sich nicht auf verneinende Angabe seines Vertragspartners verlassen (München NJW 1968, 894). Durch Auferlegung einer **Rückfragepflicht** in AGB kann sich der Makler nicht von seiner Informationspflicht befreien; nur durch Individualvereinbarung möglich, § 307 II Nr 1 (Jauernig/*Mansel* Rn 29; *Knütel* ZHR 135, 537; aA Karlsruhe OLG 1967, 134). Gewährt der Auftraggeber dem Dritten einen Rabatt, den er bei Kenntnis seiner Provisionspflicht nicht zugestanden hätte, ist der Provisionsanspruch verwirkt (Düsseldorf DB 1971, 188).

63 **6. Rechtsfolgen der Pflichtverletzung. a)** Folge der Pflichtverletzung kann die **Verwirkung des Provisionsanspruchs** nach § 654 sein. Die Verwirkung hat Strafcharakter. Nicht jede obj erhebliche Pflichtverletzung lässt den Provisionsanspruch entfallen. Subjektiv ist eine schwerwiegende Treuepflichtverletzung zu fordern (BGH NJW-RR 2005, 1423, 1424; 2021, 177 Rn 26; Brandenburg NZM 2019, 860, 862), so bei arglistiger, vorsätzlicher oder grob fahrlässiger Verletzung, die nach allg Rechts- und Billigkeitsempfinden den Makler als seines Lohns unwürdig erscheinen lässt (RG SeuffA 56, 41; BGHZ 36, 323, 327; 92, 185; BGH NJW 2012, 3718 Rn 16; NJW-RR 2021, 177 Rn 26; zu den Einzelheiten § 654 Rn 1, 7).

64 **b)** Darüber hinaus, also auch bei einfacher Fahrlässigkeit, bestehen **Schadensersatzansprüche** aus § 280 I, § 241 II (BGH NJW 2019, 2123 Rn 11). Der Auftraggeber muss sich nach § 254 **Mitverschulden** anrechnen lassen (BGHZ 36, 323, 329; *Budde* MDR 1986, 896; *D. Fischer* NZM 2019, 201, 204), insb wenn er selbst ein erfahrener Kaufmann ist (RG HansGZ 33 B 701). Bei einem Beratungsvertrag kann der zu beratenden Person regelmäßig nicht vorgehalten werden, sie hätte das, worüber sie ihr Berater hätte aufklären oder unterrichten sollen, bei entspr Bemühungen ohne fremde Hilfe selbst erkennen können (BGHZ 193, 297 Rn 37). Diese zur Rechtsberaterhaftung entwickelten Grundsätze sind auch für den **Versicherungsmakler** maßgeblich (BGH NJW 2018, 1160 Rn 22). Soweit der **Immobilienmaklervertrag** beratungsrelevante Bezüge aufweist, sind diese Grundsätze ebenfalls zu beachten (*D. Fischer* NZM 2019, 201, 205). In diesen Fallgestaltungen greift der Einwand des Mitverschuldens regelmäßig nicht durch (*D. Fischer* NZM 2019, 201, 205ff). Bei geringem Schaden mindert sich die Provision um diesen Betrag; Aufrechnung gem § 389 (Hamburg SeuffA 64, 266). Hierzu sind im Wesentlichen die Fälle der Erteilung falscher Auskünfte zu zählen (Hamburg VersR 1965, 375; Köln NJW 1972, 1813; Düsseldorf NJW-RR 1999, 848).

65 Ob die Verwirkungsfolge des § 654 analog eintritt oder nur Schadensersatz zu leisten ist, wird damit nach dem **Grad der Vorwerfbarkeit** entschieden.

66 **IX. Nebenpflichten des Auftraggebers.** Den Auftraggeber treffen ebenso wie den Makler die allg Treue- und Sorgfaltspflichten, bei deren Verletzung er aus § 280 I, § 241 II haftet (*D. Fischer* Maklerrecht, Kap XI Rn 1ff; ferner in Bezug auf pFV nach altem Rechteingehend *Jansen*, Die Nebenpflichten im Maklerrecht, Diss München/Cottbus 2000, 25ff). Ein Gegenstück zu § 654 besteht zulasten des Auftraggebers nicht, so dass aus Pflichtverletzung kein Provisionsanspruch hergeleitet werden kann (BGH MDR 1968, 405). Daher nur **Schadensersatz** und keine Provision, wenn der Auftraggeber bei Auftragserteilung nicht ernstlich zum Abschluss des Hauptvertrags

entschlossen ist. BGH WM 1987, 632, 633 gibt allerdings einen Provisionsanspruch, wenn der Auftraggeber Informationen an den allein interessierten Dritten weitergibt. Da der Auftraggeber im Rahmen des Maklervertrags frei ist, ob er das nachgewiesene oder vermittelte Geschäft abschließen will, kann keine schadensersatzbegründende Verletzung einer Treuepflicht darin gesehen werden, dass der Auftraggeber das Geschäft – gleich aus welchen Gründen – nicht abschließt (BGH WM 1972, 445; BGHZ 226, 20 Rn 20; Koblenz MDR 2012, 1396; unrichtig daher Braunschweig NdsRpfl 1963, 19, das dem Makler Provisionsanspruch zuerkennt, weil der Auftraggeber infolge leichter Fahrlässigkeit den Vertragsschluss nicht herbeigeführt hat). Jedoch muss der Auftraggeber dem Makler die Aufgabe der Vertragsschlussabsicht oder den Abschluss des Geschäfts mitteilen, damit dem Makler unnötige Kosten und Mühen erspart bleiben (BGH WM 1972, 445; Celle OLG 1969, 325). Ferner darf derer Auftraggeber den Makler nicht bewusst um seinen Lohn bringen (BGHZ 2, 285), indem er etwa das Hauptgeschäft ungültig abschließt (*Kohler* NJW 1957, 327, 328).

Der Auftraggeber muss das ihm vom Makler überlassene **Material vertraulich** behandeln, damit kein anderer unentgeltlich Nutzen aus der Maklertätigkeit ziehen kann (BGH NJW 1969, 1628; 1987, 2431; 2019, 1226 Rn 38). Dies folgt aus dem Wesen des Maklervertrags und aus der gegenseitigen vertraglichen Treuepflicht, ohne dass es einer ausdrückl Vertraulichkeitsabrede bedarf (BGH NJW 2019, 1226 Rn 38). Begehrt der Makler deswegen Schadensersatz, so muss er schlüssig darlegen, dass es ihm gelungen wäre, eine Provision durch Nachweis desselben Objekts an einen anderen Kunden zu verdienen, wenn der Maklerkunde das Angebot vertraulich behandelt hätte (BGH NJW 1987, 2431, 2432; 2019, 1226 Rn 40; Dresden NJW-RR 1999, 846; Düsseldorf NJW-RR 2000, 1081). Dieser Beweis ist schwierig zu führen. Daher sollte sich der Makler gegen eine **unerlaubte Weitergabe von Nachweisen** durch die Vereinbarung einer erfolgsunabhängigen Provision für den Fall eines Dritterwerbs schützen (vgl BGH NJW 1987, 2431, 2432; *D. Fischer* NJW 2019, 1182, 1186). 66a

Pflicht zur Auskunft und ggf Rechnungslegung, wenn – was die Regel ist – die Provision prozentual nach dem im Hauptvertrag ausgehandelten Preis berechnet wird oder in einem Bruchteil des Gewinns des vermittelten Geschäfts besteht (RG JW 1930, 3769; BGH NJW 1990, 1370; Düsseldorf NJW-RR 1996, 1464; *D. Fischer* NJW 2021, 1202 Rn 3). Eine Auskunftsverpflichtung ist aber nur dann anzuerkennen, wenn der Provisionsanspruch dem Grunde nach besteht (BGH NJW-RR 2001, 705; NJW 2006, 3062 Rn 10; Naumburg ZfIR 2011, 97, 99). Der Auskunftsschuldner muss seine rechtl und tatsächlichen Möglichkeiten zur Erfüllung seiner Verpflichtung ausschöpfen und hat sich notfalls bei Dritten kundig zu machen (BGH NJW-RR 2006, 496 Rn 16; *D. Fischer* Maklerrecht, Kap XI Rn 5). Aus der Auskunftsverpflichtung folgt zudem, dass der Makler grds gem § 12 GBO Grundbucheinsicht verlangen kann (LG Köln NJW-RR 1999, 455). Die Einsicht in die Kaufvertragsunterlagen steht dem Makler aber nur zu, wenn für die Entstehung eines Provisionsanspruchs nicht nur eine gewisse, sondern eine durch belegte Tatsachen erhärtete, ganz beträchtliche Wahrscheinlichkeit spricht (Dresden NJW-RR 2010, 1175; Stuttgart FGPrax 2010, 324; Düsseldorf NZM 2017, 265, 266). 66b

X. Verjährung des Provisionsanspruchs. Es gilt die regelmäßige Verjährungsfrist von drei Jahren gem § 195, beginnend nach § 199 (hierzu Düsseldorf 27.6.2014 – 7 U 247/12). Vertragsstrafen uÄ Ansprüche unterliegen der gleichen Verjährungsfrist. 67

XI. Beweislast. 1. Beweislast des Maklers. Der **Makler** muss die anspruchsbegründenden Merkmale der Provision beweisen (BGHZ 95, 393, 401), so den Maklervertrag (BGH BB 1966, 1367; BGHZ 95, 393, 401), die Nachweis- bzw Vermittlertätigkeit (BGH NJW 1969, 1958; WM 1979, 1363), den Abschluss des Hauptvertrags (BGH NJW 1998, 2277, 2278); auch dass das zustande gekommene Geschäft dem erstrebten wirtschaftl gleichkommt (RGZ 115, 270; BGH NJW 1998, 2277, 2278; zur Vermutung der wirtschaftl Identität BGHZ 161, 349, 360) und die Ursächlichkeit seiner Leistung hierfür (BGH NJW-RR 2014, 1272 Rn 16; NJW 2019, 1226 Rn 12; 2020, 2792 Rn 14; hinsichtl des Alleinauftrags vgl BGH NJW-RR 2000, 432). Zur Vermutung der Ursächlichkeit vgl Rn 15, 51. Des Weiteren ist er beweispflichtig dafür, dass die in einem Grundstückskaufvertrag enthaltene Maklerklausel, nach der die Provision bei Vertragsabschluss verdient, fällig und zahlbar ist, den vollständigen Inhalt des vorher mündlich abgeschlossenen Maklervertrags wiedergibt und nicht noch zusätzl Umstände Voraussetzung für den Provisionsanspruch sind (BGH NJW 1990, 628). Bei **Schadensersatzanspruch** trifft den Makler die Beweislast für das vertragswidrige Verhalten des Auftraggebers und dafür, dass durch die Vertragsverletzung gerade dieser Schaden entstanden ist, zB Verlust der Provision (BGH NJW 1966, 2008; NJW 1967, 1225). 68

2. Beweislast des Auftraggebers. Der **Auftraggeber** ist beweispflichtig für aufschiebende Bedingungen, nachträgl Vertragsänderungen sowie für die Ausnahmetatbestände der Ursächlichkeit der Maklerleistung wie Vorkenntnis (vgl Rn 14), Unterbrechung des Ursachenzusammenhangs (vgl Rn 51) sowie unwesentliche Maklerleistung (BGH NJW 2020, 2792 Rn 43). 69

§ 653 Maklerlohn

(1) Ein Maklerlohn gilt als stillschweigend vereinbart, wenn die dem Makler übertragene Leistung den Umständen nach nur gegen eine Vergütung zu erwarten ist.

(2) Ist die Höhe der Vergütung nicht bestimmt, so ist bei dem Bestehen einer Taxe der taxmäßige Lohn, in Ermangelung einer Taxe der übliche Lohn als vereinbart anzusehen.

I. Normzweck. § 653 ist inhaltsgleich mit §§ 612, 632 für den Dienst- und Werkvertrag. § 653 regelt den Anspruch auf Maklerlohn, wenn bei einem **bestehenden Maklervertrag** die **Provisionsregelung fehlt** (BGH NJW 1

1981, 279; 1981, 1444; Stuttgart NJW 1965, 823). Die Norm gilt lediglich im Verhältnis des Maklers zu seinem Auftraggeber. Verbietet ein Gesetz (zB WoVermRG, Vor § 652 Rn 3) eine Provision für bestimmte Maklertätigkeiten, kommt § 653 nicht zum Zuge.

2 **II. Gesetzliche Vermutung.** Haben die Parteien des Maklervertrags keine (auch keine nachträgl) ausdrückl Vereinbarung über die Vergütung getroffen, spricht § 653 die **gesetzl Vermutung** für eine stillschw Provisionsvereinbarung aus (Jauernig/*Mansel* Rn 1), sofern eine solche nach den obj Umständen, insb unter Berücksichtigung der **Unklarheitenregel** (vgl Vor § 652 Rn 24, 32), zu erwarten ist. War Lohn unter bestimmter **Bedingung** (zB Mehrerlös) versprochen, greift § 653 nicht ein, wenn diese Bedingung nicht erfüllt wird. Da § 653 idR den schlüssigen Abschluss eines Maklervertrags erfassen wird (bei ausdrückl Vertragsschluss wird die Provision mitgeregelt sein), darin aber bereits schlüssig auch eine Provisionszusage liegt (vgl Vor § 652 Rn 21), hat Abs I nur geringe praktische Bedeutung (Soergel/*Engel* Rn 1). So ist insb bei Beauftragung eines gewerbsmäßigen Maklers davon auszugehen, dass er für seine Leistung entlohnt werden will, die Auftragserteilung also die Provisionszusage mit enthält (BGH NJW 1970, 701).

3 Besteht ein Maklervertrag und ist infolge der Maklertätigkeit der Hauptvertrag zustande gekommen, kann sich der Auftraggeber nicht darauf berufen, es sei **kein Maklerlohn zugesagt.** Damit wird klargestellt, dass trotz fehlender Provisionsvereinbarung der Maklervertrag gültig ist. §§ 133, 157 greifen nicht ein. Der Makler muss allerdings beweisen, dass (den Umständen nach) ein Lohn zu erwarten war (BGH NJW-RR 1987, 173). Dies unterliegt weitgehend der tatrichterlichen Würdigung im Einzelfall (BGH LM Nr 1 zu § 653). Zahlt nach örtlicher Verkehrssitte zB der Grundstückskäufer die Provision (so etwa in Hamburg und Schl-Holst, Schleswig GE 2015, 1159), auch wenn der Grundstückseigentümer den Makler beauftragt hat, kann letzterer nicht über § 653 I Lohn verlangen (Soergel/*Mormann*[11] § 653 Rn 1). Entscheidend ist die **Verkehrsübung.** So zahl(t)en zB in Düsseldorf die Tapetenhändler den Malern eine Provision für zugeführte Bauherren (Düsseldorf DB 1971, 188). Es ist allerdings jew zu überprüfen, ob sich die Verkehrssitte inzwischen geändert hat. Lohnvereinbarung über § 653 ist idR anzunehmen, wenn der Makler das Geschäft im Rahmen seines Maklergewerbes tätigt (BGH NJW 1965, 1226), nicht bei Gelegenheitsmaklern, die zu dem Auftraggeber in – wenn auch lockerer – persönlicher oder geschäftlicher Beziehung stehen (BGH NJW 1965, 1226). Jedoch wird hier schon der Bestand eines Maklervertrags fraglich sein (Gefälligkeitsverhältnis, Verwandtenhilfe uÄ, vgl Vor § 652 Rn 25), denn § 653 setzt wirksame Beauftragung des Maklers voraus, „übertragene Leistung" (BGH NJW 1965, 1226). § 653 ist daher nicht anwendbar bei Anfechtung oder sonstiger Nichtigkeit des Maklervertrags (RGZ 122, 229). Allerdings ist ein Anspruch über § 354 HGB möglich (Soergel/*Engel* Rn 3; vgl Vor § 652 Rn 37).

4 Abs I stellt eine gesetzl fingierte (unechte) Willenserklärung dar. Der Wille des Auftraggebers ist ohne Bedeutung, es entscheidet die **obj Lage**, daher ist es unerheblich, wenn der Auftraggeber glaubte, der Makler wollte nichts verlangen. Der Makler hat die tatsächlichen Voraussetzungen für die gesetzl Vermutung des § 653 I als anspruchsbegründende Tatsachen darzulegen, dh die Umstände, die den Schluss zulassen, seine Tätigkeit sei nur gegen eine Vergütung zu erwarten (BGH NJW 1965, 1226; 1970, 701; 1981, 1444). Beruft sich der Auftraggeber auf **Vereinbarung der Unentgeltlichkeit, hat er dies nach hM zu beweisen** (BGH NJW 1981, 1444, NJW-RR 2010, 257 Rn 4). Dies gilt auch auf jeden Fall, wenn die Maklerleistung den Umständen nach nur gegen Vergütung zu erwarten ist (BGH NJW 1981, 1444; aA *Schwerdtner* JZ 1983, 782; vgl Rn 7).

5 **III. Gesetzliche Auslegungsregel.** Betrifft Abs I die Frage der Entgeltlichkeit überhaupt, regelt Abs II die durch gesetzl Auslegungsregel (mangels Vereinbarung) zu ermittelnde **Höhe der Vergütung.** § 653 II ist Sonderregelung ggü §§ 315, 316, diese kommen erst zur Anwendung (vgl Vor § 652 Rn 18), wenn sich die Höhe der Vergütung nicht aus dem Vertrag (Auslegung), aus Taxen oder Ortsüblichkeit ermitteln lässt (BGH MDR 1969, 1855; 1986, 208; NJW 1985, 1896; dazu *Vollkommer* JZ 1985, 881f; NJW-RR 1986, 50; *D. Fischer* NZM 2017, 348, 349). § 653 II ist nicht allein heranzuziehen, sofern überhaupt keine Provisionsregelung getroffen und diese über Abs I fingiert wird, sondern auch, wenn zwar eine Provisionspflicht, nicht jedoch deren Höhe vereinbart worden ist (erg Rechtsvorschrift). War auch die Höhe der Vergütung festgelegt, gilt § 653 überhaupt nicht (RG 95, 140); allerdings ist der übliche Lohn wesentlicher Maßstab für die Beurteilung, ob die vereinbarte Höhe als sittenwidrig zu beanstanden ist (BGH WM 1976, 289, 290; BGHZ 125, 135, 137; Brandenburg NJW-RR 2010, 635, 636; *D. Fischer* NZM 2017, 348, 351: Fünffache der üblichen Provision).

6 Die in erster Linie heranzuziehenden **Taxen** (behördlich festgesetzte Provisionen) gibt es in Deutschland nicht mehr. Entscheidend ist daher der **(orts-)übliche Lohn**, der idR bei derartigen Geschäften gezahlt wird (zur Bestimmung: BGH NJW 1985, 1897; Frankfurt NJW-RR 2000, 58; *Vollkommer* JZ 1985, 897). Dies ist meist ein gewisser Prozentsatz vom Wert des vermittelten oder nachgewiesenen Geschäfts, nach Art der Maklertätigkeit und Gegend verschieden (in Süddeutschland 3 % zzgl USt, Karlsruhe NZM 1999, 231; SpuRt 2022, 256; Stuttgart NJW-RR 2010, 992, 994; zu Bayern vgl *D. Fischer*, Maklerrecht, Kap IV Rn 17; *Lechner* NZM 2013, 751, 754 (München); ebenso für Düsseldorf *Ibold* Rn 119; anders dagegen Schl-Holst, Hamburg sowie Großraum Berlin/Brandenburg, hier trägt der Käufer, soweit nicht § 656b eingreift, auch die Verkäuferprovision, Schleswig GE 2015, 1159 (6,25 %); BGH NJW 2016, 3233 Rn 11 (für Berlin 6 % zzgl 19 % USt); Brandenburg BeckRS 2022, 1774 (7,14 %); Übersicht zu weiteren Regionen bei *D. Fischer* NZM 2017, 348, 349). Die Ermittlung erfolgt durch Einholung von Auskünften der regionalen Industrie- und Handelskammern (LG Stendal NZM 2001, 1089; vgl auch Düsseldorf DB 1971, 188 nach [damaliger] Verkehrsübung 20–25 % Provision für Maler, die den Tapetenhändlern Kunden zusenden) oder durch Sachverständigenbeweis (Frankfurt NJW-RR 2000, 58). Eine unmittelbare Auskunft eines (örtlichen oder regionalen) Maklerverbands sollte entgegen vielfacher Empfehlung (Soer-

gel/*Engel* Rn 7; Staudinger/*Arnold* §§ 652, 653 Rn 181; Erman/*O. Werner*[14] Rn 6) im Provisionsprozess nicht eingeholt werden (vgl NK/*Wichert* Rn 8; *Hamm/Schwerdtner* Rn 812; *D. Fischer* NZM 2017, 348, 350). Betätigen sich Angehörige bestimmter Berufe gelegentlich als Makler, können die für diese Berufe geltenden Gebührenordnungen herangezogen werden, so bei Architekten GOA (BGH NJW 1969, 1855; bei Anwälten RVG). Ob ein Makler gewerbsmäßig tätig ist, ist für Abs II zwar grds unerheblich (RGRK/*Dehner* Rn 3; *Ibold* Rn 123; *D. Fischer* NZM 2017, 348, 353) jedoch können sich unterschiedliche Übungen eingebürgert haben und die Provision des Gelegenheitsmaklers niedriger als die des hauptberuflichen sein. Lässt sich ein fester Satz nicht feststellen, ist der übliche (angemessene) Lohn vereinbart (BGH NJW 1985, 1895; *Vollkommer* JZ 1985, 879, 881). Mangels Taxe oder Usance ist die **angemessene Provision nach billigem** Ermessen notfalls gerichtlich zu bestimmen. §§ 315, 316 finden keine Anwendung (BGH NJW 1969, 1855; 2002, 817; *D. Fischer* NZM 2017, 348, 350f; aA RGRK/*Dehner* Rn 3; Jauernig/*Mansel* Rn 3).

IV. Beweislast. Da das Fehlen einer entspr Vereinbarung Voraussetzung für die Anwendbarkeit des § 653 II ist 7 (vgl Rn 5), muss der Makler beweisen, dass die vom Auftraggeber behauptete **Vereinbarung einer geringeren Vergütung** als die übliche nicht zustande gekommen ist (BGH NJW 1982, 1523; Bremen BB 1969, 109; MüKo/*Althammer* Rn 12; RGRK/*Dehner* Rn 3; aA Staudinger/*Arnold* §§ 652, 653 Rn 183). Da der Makler für die Provisionshöhe beweispflichtig ist, muss er, um § 653 anwenden zu können, die Provisionsvereinbarung ausschließen. Ihn trifft ferner die Beweislast für die Üblichkeit oder Angemessenheit des geforderten Lohns (BGH WM 1969, 994; *D. Fischer* NZM 2017, 348, 350).

§ 654 Verwirkung des Lohnanspruchs

Der Anspruch auf den Maklerlohn und den Ersatz von Aufwendungen ist ausgeschlossen, wenn der Makler dem Inhalt des Vertrags zuwider auch für den anderen Teil tätig gewesen ist.

I. Grundsätzliches zum Normbereich. Der auf § 654 gestützte Einwand der Provisionsverwirkung (zur Un- 1 schärfe des – in die amtl Überschrift übernommenen – Begriffs der Verwirkung *Rietschel* Anm zu BGH LM Nr 1 zu § 654) gehört zum Grundrepertoire des heutigen Maklerprovisionsprozesses (*Hamm/Schwerdtner* Rn 379; *D. Fischer* Maklerrecht, Kap IX Rn 1). Er greift nach den von der höchstrichterlichen Rspr entwickelten Grundsätzen über den in § 654 unmittelbar geregelten Fall der **vertragswidrigen Doppeltätigkeit** weit hinaus. Auch bei anderweitigen schwerwiegenden Treuepflichtverletzungen kommt, wenn der Makler subj besonders vorwerfbar gehandelt hat, eine Provisionsverwirkung in Betracht. In dieser **analogen Anwendung der Bestimmung** liegt der Schwerpunkt der maklerrechtl Verwirkungsjudikatur (MüKo/*Althammer* Rn 2; *Dehner* NJW 2000, 1986; *D. Fischer* NJW 2007, 3107, 3110; *Ibold* Rn 142); die **Verwirkung des Provisionsanspruchs** wegen schwerwiegender Treuepflichtverletzung wurde damit zu einem **allg Rechtsprinzip des Maklerrechts** weiterentwickelt (*Thode* WM 1989, Sonderbeil Nr 6, 16; *D. Fischer* FS Bamberger, 35, 43). Die Provisionsverwirkung hat **Strafcharakter** (BGHZ 36, 323, 326; BGH NJW 1981, 280; MDR 1985, 741; NJW 1986, 2573; NJW-RR 2005, 1423, 1424; NJW 2012, 3718 Rn 16; NJW-RR 2021, 177 26; zur Entwicklung der Rspr *D. Fischer* NZM 2001, 873ff). Der in § 654 angeordnete Provisionsverlust ist dogmatisch als **gesetzl Vertragsstrafe** zu qualifizieren (*D. Fischer* NZM 2001, 873, 876ff; *I. Ebert*, Pönale Elemente im Privatrecht, 2004, 264). Auf einen Schaden oder den Nachweis eines bestimmten Schadens kommt es nicht an (BGHZ 36, 323, 326; LM Nr 2 zu § 654; BGH NJW 1986, 2573; NJW-RR 1990, 372; Koblenz NJW-RR 1996, 1468). Deshalb ist auch § 254 nicht anwendbar (BGHZ 36, 323, 326). Haftung für Angestellte trifft den Makler über § 278 (BGH WM 1970, 989; 1978, 246; NJW 1986, 2573; *Mormann* WM 1971, 1073, *D. Fischer* NZM 2001, 873, 879). Das gilt auch für das Verschulden eines anderen Maklers, der dem Makler den Vertragsgegenstand an die Hand gegeben hat (Hamm NJW-RR 2000, 59, 60f).

II. Zulässigkeit der Doppeltätigkeit. Doppeltätigkeit des Maklers liegt vor, wenn je ein Maklervertrag mit 2 beiden Parteien des abzuschließenden Hauptvertrags besteht, oder deren Interessen in gleichem Maße vertreten werden (Düsseldorf NJW-RR 1998, 1207ff). Bloße Fühlungnahme mit dem Dritten (Überbringen von Unterlagen) ist noch keine Doppeltätigkeit und somit vertragsgemäß (RG JW 1922, 164). Zur Frage des Abschlusses eines Maklervertrags auch mit dem Dritten vgl Vor § 652 Rn 26. Doppeltätigkeit ist grds dem Nachweis- und Vermittlungsmakler **nicht verboten** (RG HRR 1938, 280; BGH WM 1975, 1209; NJW-RR 2003, 991). Geläufig ist sie bei Immobilienmaklern (BGH NJW 1968, 150, 151; NJW-RR 2003, 991; Hamm NJW-RR 1994, 125; Rostock MDR 2009, 194). Ob ein Doppelauftrag „dem Inhalt des Vertrags zuwider", also unzulässig ist, richtet sich nach dem jew Maklervertrag (*Glaser* MDR 1971, 271), den gesamten Umständen und der örtlichen Übung (Auslegungsfrage, BGH NJW 1968, 150, 151). **Vertragswidrig** ist ein Doppelauftrag, wenn er durch ausdrückl Abrede ausgeschlossen ist, die erkennbare Absicht des ersten Auftraggebers entgegensteht, der Doppelauftrag zu einer vertragswidrigen Interessenkollision führt oder gegen Treu und Glauben verstößt (Frankfurt MDR 1973, 407). Das ist der Fall, wenn der Makler Vertrauensmann der einen Partei und von ihr berufen ist, ausschließlich ihr Interesse wahrzunehmen (BGH NJW 1964, 1467; 1968, 151; Dresden NZM 1998, 1017; Gegenbsp: BGH NJW-RR 2000, 430, 431). Solche Vertrauensstellung besteht insb bei langfristigen Alleinaufträgen, jedoch nicht aufgrund persönlicher freundschaftlicher Beziehungen (Frankfurt MDR 1973, 407). Bei Alleinauftrag ist nur ausnahmsw und unter strengen Voraussetzungen Doppeltätigkeit zulässig (BGH NJW 1964, 1468). Grds kann der **Vermittlungsmakler** wegen seiner Verpflichtung ggü dem Auftraggeber (Interessenwahrnehmung) nur einer Partei des Hauptvertrags treu sein (BGH NJW 1968, 151; Karlsruhe NJOZ 2005, 2927; *Krüger-Doyé*, 71; *Dehner* NJW 2000, 1986, 1994) und darf bei versprochener Provision nur für den Provisionspflichtigen tätig sein (BGHZ 48, 344,

346). Hieraus folgt jedoch nicht ohne weiteres, dass der Makler mit jeder vermittelnden Tätigkeit nach beiden Seiten seinen Vergütungsanspruch automatisch verliert. Entscheidend ist auch hier, ob der Makler mit seiner Tätigkeit das Vertrauen und die Interessen seines Auftraggebers verletzt. Dies ist dann nicht anzunehmen, wenn er seine Doppeltätigkeit offenlegt und sich auf ein Vermitteln als **„ehrlicher Makler"** beschränkt (BGH NJW-RR 2000, 430, 431; 1502, 1503). Dem **Nachweismakler** ist dagegen wegen fehlender Beteiligung an den Vertragsverhandlungen Tätigkeit für beide Seiten grds gestattet (BGH NJW-RR 1998, 992, 993; Hamburg MDR 1985, 53). Der Makler darf auch für einen Auftraggeber vermittelnd, für einen anderen nachweisend tätig sein (RG JW 1922, 164; BGHZ 48, 344; BGH NJW-RR 1998, 992, 993; Frankfurt MDR 1973, 407). In diesen Fällen ist eine Offenlegung der Doppeltätigkeit ggü den einzelnen Auftraggebern – Verkäufer- und Käuferseite – nicht geboten (BGH NJW-RR 2003, 991; NJW 2012, 2268 Rn 13; Rostock MDR 2009, 194). Tätigkeit aufgrund des Nachweismaklervertrags erschöpft sich dann in dem Nachweis des Objekts. Der Makler ist insoweit nicht verpflichtet, den Auftraggeber über alle Umstände zu informieren, die zu einem möglichst günstigen Vertragsabschluss führen könnten, insb nicht darüber, bei welcher Niedrigstsumme die andere Partei, für die der Makler als Vermittler tätig ist, zum Abschluss bereit ist (BGH NJW 1970, 1076; vgl auch Rn 7). Aufgrund des Vermittlungsmaklervertrags obliegt dem Makler dagegen die volle Pflicht zur Interessenwahrung.

3 Erlaubt ist Doppeltätigkeit auf jeden Fall, wenn sie **vom Auftraggeber gestattet** worden ist. Eine solche Gestattungsvereinbarung ist auch über AGB möglich (BGH LM Nr 13 zu § 652; LG Mönchengladbach ZMR 2002, 281; LG Münster ZMR 2002, 282). Ein Makler mit Vertrauensstellung muss den Auftraggeber darauf hinweisen, dass er von der Gestattung Gebrauch macht und Doppeltätigkeit ausübt (BGH NJW 1964, 1467). Der Auftraggeber muss sich Tätigwerden für Dritten gefallen lassen, wenn er damit rechnete oder davon wusste und nicht widersprochen hat (BGH MDR 1967, 582; NJW 1968, 151). Hat sich der Vermittlungsmakler durch einen zulässigen Doppelauftrag außerstande gesetzt, zugunsten eines Auftraggebers auf die Preise einzuwirken, darf dieser Auftraggeber den Abschluss des Hauptvertrags vom Verzicht auf Provision abhängig machen (BGH NJW 1969, 1627, 1628).

4 **III. Pflichten des Doppelmaklers.** Hinsichtl der Frage, ob der Auftraggeber über die Doppeltätigkeit zu unterrichten ist, vgl Rn 2. Bei zulässigem Doppelauftrag hat der Makler sich strengster Unparteilichkeit zu befleißigen (BGH NJW 1968, 150, 151; Frankfurt NJW-RR 2002, 779, 780; *Glaser* MDR 1971, 271; zur **Neutralitätspflicht** des Doppelmaklers vgl Hamburg MDR 1985, 53). Der Makler ist insb verpflichtet, seiner Aufklärungspflicht (§ 652 Rn 58) ggü beiden Parteien insofern nachzukommen, dass diese keinen Schaden erleiden (Düsseldorf NJW-RR 2001, 1133). Er darf nicht ohne Erlaubnis der Parteien Informationen weitergeben oder durch Meinungsäußerungen einseitig auf die Leistungsbestimmungen Einfluss nehmen, zB der geforderte Preis sei zu hoch; dies muss er allein dem Verkäufer vorhalten (BGHZ 48, 344; BGH NJW 1968, 150). Es ist ihm verwehrt, allein die Interessen einer Seite zu vertreten (Düsseldorf NJW-RR 1998, 1207) oder nur zugunsten einer Partei zu handeln (Düsseldorf NJW-RR 2000, 1363). Der Makler muss sich jeder Einwirkung auf die Preisgestaltung enthalten und im Streitfall allenfalls den taxmäßigen Preis herbeiführen (BGH NJW 1968, 151; vgl dazu auch Düsseldorf NJW-RR 2001, 1133). Kann der Makler wegen besonderer Lage nur entweder dem einen oder dem anderen Auftraggeber ggü obliegende Pflicht erfüllen, geht die Pflicht, dem einen die gebotene Aufklärung zu geben, der Pflicht vor, zum Vorteil des anderen ungünstige Umstände zu verschweigen (BGH NJW 1968, 151; MDR 1974, 403). Pflichtverletzung ggü dem zweiten Auftraggeber ist dann nicht möglich (BGH MDR 1974, 403). Bei Konflikt zw Treuepflicht und Unparteilichkeit geht erstere vor (BGH DB 1967, 505; aA *Knieper* NJW 1970, 1296). Der Makler darf sich von beiden Auftraggebern volle Provision versprechen lassen. Fehlt eine Vereinbarung, kann er von jedem nur die Hälfte der sonst üblichen Provision verlangen, § 653 II.

5 **IV. Provisionsverwirkung bei unerlaubter Doppeltätigkeit.** Bei unerlaubter Doppeltätigkeit ist der **Anspruch** auf Provision und Auslagenerstattung (hierzu Brandenburg NJW-RR 1995, 695, 696) **verwirkt.** Unerlaubte Doppeltätigkeit führt nicht zur Unwirksamkeit des Maklervertrags. Provisionsverlust kann ggü einem oder beiden Auftraggebern eintreten, je nachdem, ob einer oder beide Maklerverträge die Doppeltätigkeit verbieten.

6 **V. Zwingendes Recht.** § 654 und die hierzu von der Rspr entwickelten Rechtssätze dürfen weder in AGB noch durch Individualabreden abbedungen werden. Dies erschließt sich unmittelbar aus dem Schutzzweck dieser Norm, die als zwingendes Recht zu qualifizieren ist (Hamm NJW-RR 1993, 506, 507; MüKo/*Althammer* Rn 1; *D. Fischer* Maklerrecht, Kap IX Rn 25). Die Rechtssätze sind von Amts wegen zu beachten (KG NJW-RR 1986, 598, 600; Karlsruhe 19.5.1999 – 15 U 21/99; *Seydel/Heinbuch* Rn 167). Ein nach § 654 nicht entstandener Anspruch kann nicht über § 812 geltend gemacht werden (MüKo/*Althammer* Rn 17; Grü/*Retzlaff* Rn 3); auch dies folgt aus dem Schutzzweck der Norm (*U. Werner* NJW 1971, 1943, 1944; *D. Fischer* Maklerrecht, Kap IX Rn 26).

7 **VI. Erweiterter Anwendungsbereich bei sonstigen schwerwiegenden Treuepflichtverletzungen. 1. Allgemeines zum Anwendungsbereich.** Nach der Rspr ist § 654 **über den Wortlaut hinaus** auf alle Fälle anwendbar, in denen der Makler seine Treuepflicht in schwerwiegender Weise vorsätzlich oder zumindest grob leichtfertig verletzt hat (BGH NJW 1985, 45; 2012, 3718 Rn 16; NJW-RR 2021, 177 Rn 26; Naumburg, NJW-RR 2002, 1208; Koblenz VersR 2002, 1237; *D. Fischer* Maklerrecht, Kap IX Rn 1ff). Der Makler muss sich mithin seines Lohnes „unwürdig" erwiesen haben (BGH NJW-RR 2005, 1423; NJW 2012, 3718 Rn 16; NJW-RR 2021, 177 Rn 26). Zu berücksichtigen ist eine Treuewidrigkeit bei Herbeiführung des Hauptvertrags (KG NJW-RR 1988, 686), bei Abschluss des Maklervertrags selbst (RG LZ 1918, 686) sowie durch ein Verhalten, das nach Abschluss der Maklertätigkeit liegt (BGHZ 48, 344; 92, 185, 186; NJW 1986, 2573; Hamm NJW-RR 1988, 689). Die vertragl Treuepflicht des Maklers endet nicht mit Entstehung und Erfüllung des Provisionsanspruchs (BGHZ 92, 186). Nach

BGHZ 92, 186, 187 soll eine Verwirkung allerdings idR bei bereits erfülltem Provisionsanspruch nicht mehr in Betracht kommen, um eine uferlose Ausweitung des § 654 zu verhindern. Diese Begrenzung ist abzulehnen; sie steht mit dem Normzweck der Bestimmung (Strafcharakter) nicht in Einklang (*D. Fischer* Maklerrecht, Kap VIII Rn 36). KG NJW-RR 1986, 598 erkennt daher zu Recht auf Rückforderung gem § 812 I 1. Die Treuepflicht des Maklers endet auch nicht in dem Zeitpunkt, in dem er seine Provision gerichtlich geltend macht (Düsseldorf MDR 2020, 1309; Hamm ErbbauZ 2021, 109). Ebenso kann eine vorvertragl Pflichtverletzung verwirkungsrelevant sein (BGH VIII ZR 34/65; Hamm NJW-RR 1993, 506, 507; MüKo/*Althammer* Rn 21; *D. Fischer* Maklerrecht, Kap IX Rn 36).

2. Einzelfälle. Eine schwerwiegende, zum Verlust des Provisionsanspruchs führende Pflichtverletzung liegt 8
beim Abschluss des Maklervertrags mit der Abrede, den über einer bestimmten Summe liegenden Verkaufserlös als Provision gelten zu lassen, in dem Verschweigen einer bereits vorliegenden festen Vertragszusage des Dritten und dem damit bereits feststehenden Mehrerlös, der zu einer Maklervergütung weit über der sonst üblichen Höhe führen würde. Ferner in einer unzutr Finanzierungsberechnung, wenn diese Inhalt des Vermittlungsauftrages gewesen ist (LG Köln MDR 1972, 326); wenn Makler den Angestellten, der für Abschluss des Maklervertrags zuständig ist, zu bestechen versucht (BGH LM Nr 2 zu § 654); bei Verschweigen der Kreditunwürdigkeit des Dritten (BGH DB 1967, 505); wenn der Makler den Befall eines Gebäudes mit Hausschwamm verschweigt (RG JW 1910, 284); Befall mit Hausbock (BGH NJW 2005, 3778); bei bewusstem Verschweigen wichtiger Einzelheiten oder bewusst unrichtigen Angaben (BGH NJW 1986, 2574; Düsseldorf NJW-RR 1999, 848; Koblenz VersR 2002, 1237; Celle MDR 2003, 984; KG MDR 2012, 271); wenn vertragsrelevante Fragen des Auftraggebers wissentlich falsch beantwortet werden (Oldenburg BeckRS 2014, 14156; Düsseldorf MDR 2016, 149); wenn ein Grundstück weiter angeboten wird, obwohl der Makler seinem Kunden für den Grundstückskauf eine Option auf drei Monate eingeräumt hat (Hamm NJW 1991, 360); wenn der Makler dem Kunden zum Abschluss eines Vertrags rät, obgleich er erkennen muss, dass eine Finanzierung bei dem Einkommen des Kunden ausgeschlossen ist (KG NJW-RR 1988, 686); wenn der Makler mit dem Verkäufer eine höhere als die ursprüngliche Provision aushandelt, nachdem er erfahren hat, dass im Kaufvertrag der Käufer die Verkäuferprovision übernommen hat (Hamm NJW-RR 1988, 689); wenn der Makler verschweigt, dass er von der anderen Seite ebenfalls Provision erhält (Frankfurt NJW-RR 1988, 1199); wenn der Nachweismakler des Käufers nach Erbringung des Nachweises dem Verkäufer ggü als Mitkonkurrent seines Kunden aufgetreten ist (BGH WM 1991, 1995).

Eine Verwirkung der Maklerprovision kommt auch in Betracht, wenn der Makler ggü dem Kaufinteressenten 8a
über WEG-bezogene Objekteigenschaften, wie den Abstimmungsmodus in der Eigentümerversammlung, die Zahl der weiteren Miteigentümer und das Vorliegen der Teilungserklärung, wissentlich unzutreffende Angaben macht (Koblenz IMRRS 2019, 0762). Hamm (ErbbauZ 2021, 109) ist zu Recht davon ausgegangen, dass im Hinblick auf den Sanktionszweck er Provisionsverwirkung eine entspr Anwendung des § 654 auch dann in Betracht kommt, wenn der Makler im Provisionsprozess seinen Vergütungsanspruch im Wege des Prozessbetruges, etwa durch Vorlage gefälschter Urkunden, durchzusetzen versucht. Sonstige Unredlichkeiten im Provisionsprozess sollten aber nicht als provisionsschädlich eingestuft werden, weil eine hinreichend klare Abgrenzung zwischen ordnungsgemäßem Prozessverhalten und exzessiver Prozessführung nur schwer durchführbar erscheint (*D. Fischer* NJW 2021, 3294 Rn 19).

Nach der höchstrichterlichen Judikatur soll die **Verwendung unzulässiger AGB** durch den Makler im Regelfall 8b
eine Provisionsverwirkung nicht rechtfertigen. Anderes gilt, wenn dies unter besonderen Umständen geschieht (BGH NJW-RR 2005, 1423, 1424; 2021, 177 Rn 27). Unter welchen Voraussetzungen dies anzunehmen ist, geht aus der bisherigen Rspr des BGH nicht hervor (vgl *D. Fischer* Maklerrecht, Kap IX Rn 79). Nunmehr hat Düsseldorf (MDR 2019, 345, 346) zum Kriterium der besonderen Umstände ausgeführt, dass diese jedenfalls dann vorliegen, wenn durch eine vom Makler vorformulierte Reservierungs-/Ankaufsvereinbarung beim Maklerkunde der unzutreffende Eindruck hervorgerufen wird, die Kaufinteressenten hätten sich bereits zum Erwerb und zur Zahlung einer erfolgsunabhängigen Provision verpflichtet, der Kaufpreis sei nicht mehr verhandelbar und im Falle des Nichtabschlusses des Hauptvertrages müsse Kostenersatz entrichtet werden. Zu Recht ist Düsseldorf (die hiergegen gerichtete Nichtzulassungsbeschwerde hat der BGH im Verfahren I ZR 192/18 durch nicht begründeten (Formular-)Beschluss zurückgewiesen) davon ausgegangen, dass die in Rede stehende Klausel beim Kunden eine wirtschaftl Unsicherheit hervorrufe, die das Gesamtkostenrisiko nicht weiter eingrenze, so dass die Entschlussfreiheit des Kunden unangemessen beeinträchtigt werde, was zur Verwirkung der Provision führe (*D. Fischer* NJW 2019, 3277, 3280f). Besondere Umstände, die zur Provisionsverwirkung führen, können auch dann vorliegen, wenn sich der Makler im Streitfall ausdrückl ggü seinen Kunden auf die unzulässige Klausel beruft und sie sich damit konkret zu eigen macht (*D. Fischer* NJW 2021, 1202 Rn 24).

3. Entsprechende Anwendung des § 654 auf sonstige Maklerprovisionsansprüche. Eine **entspr Anwendung** des § 654 kommt auf Sonderformen des Maklervertrages (Maklerdienstvertrag, Maklerwerkvertrag), auf 9
selbständige Provisionsversprechen (Schleswig NJW-RR 2015, 1324), Provisionsansprüche des Maklers aus § 354 HGB (Hamm VersR 1996, 1496, 1498), Provisionsansprüche eines Testamentsvollstreckers sowie bei Gemeinschaftsgeschäften und Untermaklerverträgen in Betracht; zu den Einzelheiten vgl *D. Fischer* Maklerrecht, Kap IX Rn 89ff.

VII. Entsprechende Anwendung des § 654 auf andere Rechtsverhältnisse. Die Grundsätze zur Provisions- 10
verwirkung nach § 654 können ausnahmsw auch auf andere Rechtsverhältnisse übertragen werden, so auf den Testamentsvollstrecker (BGH WM 1976, 771, 772), Insolvenzverwalter (BGHZ 159, 122, 131; BGH WM 2011,

1522 Rn 6; 2016, 1610 Rn 6), vorläufigen Insolvenzverwalter (BGH ZIP 2017, 2063 Rn 11), Pfleger oder Vormund (BayObLG 1991, 272, 275), Vermögensverwalter (BGH NJW 2011, 1732 Rn 14; WM 2011, 2219 Rn 33), Zwangsverwalter (BGH NJW-RR 2009, 1710 Rn 11; 2010, 426 Rn 21). Auf den Rechtsanwalt ist § 654 nur bei vorsätzlichem Parteiverrat anwendbar (BGH NJW 1981, 1211, 1212; 2004, 2817; WM 2009, 1249 Rn 38).

11 **VIII. Beweislast.** Die Beweislast für sämtliche Voraussetzungen des § 654 als Ausnahmetatbestand trägt der Auftraggeber (BGH NJW 1981, 2293, 2294; NJW-RR 1992, 110, 111; Karlsruhe VersR 2003, 592, 593; KG GE 2012, 615; MüKo/*Althammer* Rn 28; *D. Fischer* Maklerrecht, Kap IX Rn 28ff; auch zur Frage von Beweiserleichterungen für den Auftraggeber).

§ 655 Herabsetzung des Maklerlohns

Ist für den Nachweis der Gelegenheit zum Abschluss eines Dienstvertrags oder für die Vermittlung eines solchen Vertrags ein unverhältnismäßig hoher Maklerlohn vereinbart worden, so kann er auf Antrag des Schuldners durch Urteil auf den angemessenen Betrag herabgesetzt werden. Nach der Entrichtung des Lohnes ist die Herabsetzung ausgeschlossen.

1 **I. Normzweck.** § 655 enthält eine Sonderregelung für Nachweis oder Vermittlung von **Dienstverträgen** und entspricht § 343. Es handelt sich um eine richterliche Rechtsausübungskontrolle (BGH NJW 2010, 3222 Rn 29). Diese Regelung findet auch dann Anwendung, wenn die Maklerprovision durch gesetzl Regelung auf einen Höchstbetrag begrenzt ist (BGH NJW 2010, 3222 Rn 28). Wegen des Vermittlungsmonopols der ehemaligen Bundesanstalt für Arbeit war § 655 früher nur begrenzt anwendbar. Nach §§ 296ff SGB III können seit 2002 Vermittlungsverträge zw einem (privaten) Vermittler und einem Arbeitsuchenden unter den dort genannten Voraussetzungen geschlossen werden. Keine Arbeitsvermittlung ist Arbeitnehmerüberlassung, sog Leiharbeitsverhältnis (BGH WM 1974, 1187). Die Abgrenzung richtet sich nach § 1 II AÜG. Zu den Besonderheiten der legalen privaten Arbeitsvermittlung Staudinger/*Arnold* Rn 2–9.

2 Das Gericht kann auf Antrag des Auftraggebers eine übermäßige Provisionsforderung (nicht jedoch Auslagenerstattung) eines Stellenvermittlers **herabsetzen**, sofern der Lohn noch nicht entrichtet ist. Die Prüfung einer Herabsetzung des verlangten Maklerlohns unterliegt dem tatrichterlichen Ermessen. Hierbei ist nicht allein auf die Verhältnisse bei Vertragsabschluss, sondern auch auf die nachfolgend eingetretenen Umstände abzustellen (zu den einzelnen Prüfungskriterien BGH NJW 2010, 3222 Rn 29). Der Herabsetzungsantrag kann auch konkludent, unbeziffert und im Wege der Einrede gegen die Zahlungsklage gestellt werden; es muss aber deutlich werden, dass der Auftraggeber nicht lediglich die rechtl Wirksamkeit der Klageforderung bekämpfen, sondern auch eine auf Billigkeitserwägungen zurückgehende richterliche Gestaltungsmacht in Anspruch nehmen will (BGH NJW 2010, 3222 Rn 32). Schuldanerkenntnis oder Wechselhingabe sind noch keine Erfüllung und schließen eine Provisionsherabsetzung nicht aus (vgl § 364 II sowie § 364 Rn 10).

3 **II. Analoge Anwendung auf andere Maklerverträge. Eine allg Herabsetzungsmöglichkeit** für alle Maklerverträge wurde vom Reichstag abgelehnt. Daher nach hM keine entspr Anwendung auf andere Maklerprovisionen (BGH NJW 2016, 3233 Rn 19; Naumburg NJW-RR 2013, 564, 566; Staudinger/*Arnold* Rn 15; Jauernig/*Mansel* Rn 1; Grü/*Retzlaff* Rn 1; aA: Erstreckung auf Immobilienmaklerverträge: MüKo/*Althammer* Rn 10 (Alleinaufträge); *Hamm/Schwerdtner* Rn 790; *D. Fischer* NZM 2011, 529, 537). Jedoch schließt § 655 auch bei anderen Maklerverträgen eine Herabsetzung übermäßiger Provision in besonders krassen Fällen durch Umgestaltung des Vertrags nach den Grundsätzen der Störung der Geschäftsgrundlage gem § 313 nicht aus (RG HansGZ 35 B 219; RG Warn 1939, 130 zum alten Recht). Ebenso gelten neben § 655 die allg Regeln, zB Nichtigkeit wegen Wuchers, § 138 II, oder Sittenwidrigkeit bei stark überhöhter erfolgsunabhängiger Provision (BGH NJW 2012, 2099 Rn 18).

Untertitel 2
Vermittlung von Verbraucherdarlehensverträgen und entgeltlichen Finanzierungshilfen (§§ 655a–655e)

Vorbemerkung vor § 655a

Schrifttum: *Dreyer/Haskamp*, Der Darlehensvermittler nach § 655a BGB, ZVertriebsR 2018, 225; *Habersack/Schürnbrand*, Der Darlehensvermittlungsvertrag nach neuem Recht, WM 2003, 261; *v Klitzing/Seiffert*, Der neue Beratungsprozess für Immobiliar-Verbraucherdarlehen, WM 2016, 774; *Koch*, Darlehensvermittlung – Rechtliche Anforderungen nach Umsetzung der Verbraucherkreditrichtlinie, MDR 2016, 1417; *Nobbe*, Neuregelungen im Verbraucherkreditrecht, WM 2011, 625; *Schulze-Werner*, Das neue Recht der Immobiliardarlehensvermittler in der Gewerbeordnung (§ 34i GewO), GewArch 2016, 361. Vgl auch die Angaben Vor § 491 zum Verbraucherdarlehensrecht und Vor § 355.

1 Die früheren § 1 III, § 3 und §§ 15–17 VerbrKrG wurden im Rahmen des SchuldRModG mit den Bestimmungen zum Maklerrecht verbunden (*Artz* JbJZivRWiss 2001, 227, 246; *Habersack* BKR 2001, 72, 73). Ohne Begründung wurde dabei aus dem Kreditvermittlungsvertrag des § 1 II VerbrKrG, der auch die Vermittlung von Zahlungsaufschüben und sonstigen Finanzierungshilfen umfasste, ein „Darlehensvermittlungsvertrag". Seither umfassten §§ 655a–e nur noch **Vermittlungsverträge über Verbraucherdarlehen**, so dass insb solche über Fi-

nanzierungsleasingverträge nicht in den Schutzbereich fielen (*Artz* JbJZivRWiss 2001, 246). Zum 11.6.2010 wurden die Vorschriften durch das Umsetzungsgesetz zur **VerbrKrRL 2008/48/EG** (VerbrKrRL-UG, BT-Drs 16/11643) sowie das ÄndG zur Einführung einer Musterwiderrufsinformation für Verbraucherdarlehensverträge, zur Änderung der Vorschriften über das Widerrufsrecht bei Verbraucherdarlehensverträgen und zur Änderung des Darlehensvermittlungsrechts zum 30.7.2010 (VerbrKrRL-UÄndG, BT-Drs 17/1394) modifiziert. Der Anwendungsbereich der Vorschriften wurde wieder um die Vermittlung **sonstiger entgeltlicher Finanzierungshilfen** erweitert (§ 655a Rn 2), sämtliche Informationspflichten in das EGBGB ausgelagert (§ 655a Rn 8), vorvertragl Informationspflichten sowie die Erläuterungspflicht zu Vertragspflichten des Vermittlers erhoben (§ 655a Rn 7) und der persönliche Anwendungsbereich des Vermittlungsvertrags auf Verträge mit Personen ausgedehnt, die keine Verbraucher sind (§ 655a Rn 3). Weitere Änderungen haben die §§ 655a-e in Umsetzung der WohnimmobilienKrRL (2014/17/EU) erfahren. Dabei wurde zu den vorhandenen Tatbeständen der Vermittlung und des Nachweises des Darlehensvertrags auch das „auf andere Weise" beim Vertragsschluss Behilflichsein in die Legaldefinition des Darlehensvermittlungsvertrags einbezogen (§ 655a I Nr 3). Zudem wurden die den Vermittler treffenden Informationspflichten erweitert (Art 247 §§ 13-13b, 18 EGBGB) und die Pflichten im Zusammenhang mit Beratungsleistungen bei Immobiliardarlehensverträgen (IVD) grds entspr den für den Darlehensgeber geltenden Bestimmungen geregelt (§ 655a III). Sinn u Zweck dieser überwiegend der Umsetzung der RL 2014/17/EU dienenden Änderungen ist vor allem, Interessenkonflikte zu vermeiden bzw durch Transparenzvorschriften für den Verbraucher erkennbar zu machen. Zu der bevorstehenden Neuregelung des europäischen Konsumentenkredits durch den Vorschlag zu einer neuen Verbraucherkreditrichtlinie bereits Vor § 491 Rn 7ff.

Der **zeitl Anwendungsbereich** der Vorschriften fällt aufgrund unterschiedlichen Inkrafttretens von VerbrKrRL- 2
UG und VerbrKrRL-UÄndG auseinander. Die Änderungen des VerbrKrRL-UG gelten für Verträge ab dem 11.6.2010, die des VerbrKrRL-UÄndG für Verträge ab dem 30.7.2010 (zu den sich hieraus ergebenden Problemen *Bülow* NJW 2010, 1713). Die durch die Umsetzung der WohnimmobilienKrRL eingefügten Änderungen gelten ab dem 21.3.2016.

§§ 655a–e gelten ganz oder teilw für die in § 655a definierten Darlehensvermittlungsverträge zw einem in Aus- 3
übung seines Gewerbes handelnden **Darlehensvermittler** und seinem Auftraggeber. **Auftraggeber** kann nach den Gesetzesänderungen durch VerbrKrRL-UG und VerbrKrRL-UÄndG (Rn 1) nicht mehr nur der Verbraucher iSd § 13 (Darlehensnehmer), sondern **auch jeder Dritte** sein (zB auch der Darlehensgeber). Dies hat der Gesetzgeber bereits durch Änderung der Überschrift des 2. Untertitels im VerbrKrRL-UÄndG dokumentiert (vgl BT-Drs 17/1394, 20). Ist der **Auftraggeber kein Verbraucher** bzw diesem gleichgestellter Existenzgründer iSd § 655e II, finden die verbraucherspezifischen § 655a II, III, § 655b, § 655c, § 655d S 3 und § 655e I ggü dem Auftraggeber keine Anwendung (vgl aber zur Anwendbarkeit des § 655a II iVm Art 247 § 13 II 2 EGBGB ggü dem Verbraucher als Darlehensnehmer § 655a Rn 8). Es gelten die allg Grundsätze (zur fehlenden Verbrauchereigenschaft wegen Erfordernis eines planmäßigen Geschäftsbetriebs hier Stuttgart 19.10.2022 – 3 U 101/22). Der **Darlehensvermittlungsvertrag** ist danach eine Unterform des Maklervertrags (§ 655a Rn 1f), der nur von einem unabhängigen Makler, nicht aber einem Handelsvertreter der Bank wirksam abgeschlossen werden kann (vgl Staudinger/*Herresthal* § 655a Rn 1; BeckOK/*Möller* § 655a Rn 1; *Koch* MDR 2016, 1417, 1418; aA *Bülow/Artz* § 655a Rn 15f; *Dreyer/Haskamp*, ZVertriebsR 2018, 225; MüKo/*Weber* § 655a Rn 8; diff *v Klitzing/Seiffert* WM 2016, 774, 777f; zur Abgrenzung zw Handelsvertreter und Darlehensvermittler § 655a Rn 5f). Darlehensvermittler sind idR Handelsmakler, so dass erg zu §§ 655a–e auch §§ 93–103 HGB und §§ 652–655 anwendbar sind (LG Darmstadt NJW-RR 2002, 351; *Koch* MDR 2016, 1417), denen aber für die Vermittlung von Verbraucherdarlehensverträgen wenig praktische Bedeutung zukommt. Ferner sind den Darlehensvermittlern iSd **§ 34c I 1 Nr 2 GewO** in der Makler- und Bauträgerverordnung (MaBV) idF der Bek v 7.11.1990 (BGBl I 1990, 2479), zuletzt geändert durch Art 1 VO v 9.5.2018 (BGBl I 2018, 550), weitgehende gewerberechtl Pflichten auferlegt, die vor allem dem Schutz des Auftraggebers vor Verlust oder Veruntreuung seiner Vermögenswerte dienen (§§ 2, 4, 5, 6 und 8 MaBV). Die Darlehensvermittlung bedarf nach § 34c I 1 Nr 2 GewO der Erlaubnis der zuständigen Behörde. Des Weiteren ist die Vermittlung von Darlehen im Rahmen eines Reisegewerbes gem § 56 I Nr 6 GewO verboten. Ein Verstoß gegen dieses Verbot führt zur Nichtigkeit des Vermittlungsvertrags (BGH NJW 1999, 1636; *Bülow/Artz* § 655a Rn 13; aA Staudinger/*Herresthal* § 655a Rn 16; MüKo/*Weber* § 655a Rn 43, wonach allein die Möglichkeit des Widerrufs die Nichtigkeitsfolge entbehrlich mache). Diese kann auch aus einem Verstoß gegen § 3 RDG folgen. Auch sog Crowdlending-Anbieter unterliegen den genannten bürgerlichrechtl und aufsichtsrechtl Bestimmungen. Vermittler von **Nachrangdarlehen und partiarischen Darlehen** bedürfen einer Erlaubnis nach **§ 34f I 1 Nr 3 GewO**. Für die Vermittlung von **Immobiliarverbraucherdarlehen** ist iRd Umsetzung der RL 17/2014/EU **§ 34i GewO** eingefügt worden. Die Voraussetzungen der Erlaubniserteilung können durch eine Rechtsverordnung auf der Grundlage des § 34j GewO weiter konkretisiert werden (dazu *Schulze-Werner* GewA 2016, 361).

Die **wirtschaftl Bedeutung** der Darlehensvermittlung hat als Begleiterscheinung zum Immobilienboom in 4
Deutschland **stark zugenommen**. So berichtet bspw die Interhyp AG von einer Verdopplung des Finanzierungsvolumens von 11 auf 24,5 Mrd € im Zeitraum 2014 bis 2019. Dies entspricht zwar nicht der Bedeutung, die sich in anderen, vor allem angelsächsischen, Systemen, für Kreditvermittler feststellen lässt. Die dortigen Erfahrungen, insb die zB in Australien geäußerte Kritik an der Verantwortung für die Ausreichung unvertretbarer Darlehensvolumina durch die Royal Commission, mahnen allerdings uU zur aufmerksamen Beobachtung der Entwicklung.

§ 655a Darlehensvermittlungsvertrag

(1) Für einen Vertrag, nach dem es ein Unternehmer unternimmt, einem Verbraucher
1. gegen eine vom Verbraucher oder einem Dritten zu leistende Vergütung einen Verbraucherdarlehensvertrag oder eine entgeltliche Finanzierungshilfe zu vermitteln,
2. die Gelegenheit zum Abschluss eines Vertrags nach Nummer 1 nachzuweisen oder
3. auf andere Weise beim Abschluss eines Vertrags nach Nummer 1 behilflich zu sein,
gelten vorbehaltlich des Satzes 2 die folgenden Vorschriften dieses Untertitels. Bei entgeltlichen Finanzierungshilfen, die den Ausnahmen des § 491 Absatz 2 Satz 2 Nummer 1 bis 5 und Absatz 3 Satz 2 entsprechen, gelten die Vorschriften dieses Untertitels nicht.

(2) Der Darlehensvermittler ist verpflichtet, den Verbraucher nach Maßgabe des Artikels 247 § 13 Absatz 2 sowie § 13b Absatz 1 des Einführungsgesetzes zum Bürgerlichen Gesetzbuche zu informieren. Der Darlehensvermittler ist gegenüber dem Verbraucher zusätzlich wie ein Darlehensgeber gemäß § 491a verpflichtet. Satz 2 gilt nicht für Warenlieferanten oder Dienstleistungserbringer, die in lediglich untergeordneter Funktion als Darlehensvermittler von Allgemein-Verbraucherdarlehen oder von entsprechenden entgeltlichen Finanzierungshilfen tätig werden, etwa indem sie als Nebenleistung den Abschluss eines verbundenen Verbraucherdarlehensvertrags vermitteln.

(3) Bietet der Darlehensvermittler im Zusammenhang mit der Vermittlung eines Immobiliar-Verbraucherdarlehensvertrags oder entsprechender entgeltlicher Finanzierungshilfen Beratungsleistungen gemäß § 511 Absatz 1 an, so gilt § 511 entsprechend. § 511 Absatz 2 Satz 2 gilt entsprechend mit der Maßgabe, dass der Darlehensvermittler eine ausreichende Zahl von am Markt verfügbaren Darlehensverträgen zu prüfen hat. Ist der Darlehensvermittler nur im Namen und unter der unbeschränkten und vorbehaltlosen Verantwortung nur eines Darlehensgebers oder einer begrenzten Zahl von Darlehensgebern tätig, die am Markt keine Mehrheit darstellt, so braucht der Darlehensvermittler abweichend von Satz 2 nur Darlehensverträge aus der Produktpalette dieser Darlehensgeber zu berücksichtigen.

1 **I. Darlehensvermittlungsvertrag, Abs I. § 655a I** enthält die **Definition des Darlehensvermittlungsvertrags,** für den das BGB in § 655a II und §§ 655b–655e besondere Vorschriften über die vorvertragl Informationspflichten, Pflichten bei Beratungsleistungen, die Form des Vertrags und die Vergütung des Darlehensvermittlers sowie die Abdingbarkeit vorsieht. Mit der Aufnahme dieses Vertrags in das Maklerrecht sollte die Vermittlung von Verbraucherdarlehensverträgen (Abs I Nr 1) oder der Nachw der Gelegenheit zum Abschluss solcher Verträge (Abs I Nr 2) als ein „Spezialfall des Maklervertrags" geregelt werden (BT-Drs 14/6040, 269). Der Definition unterfallen ferner gem Art 3 lit f VerbrKrRL 2008/48/EG auch das Vorstellen und Anbieten von Verbraucherkrediten sowie das Hilfeleisten bei Vorarbeiten zum Abschluss solcher Kredite (vgl BT-Drs 17/11643, 96). Dieser Vorschrift liegt auch die offene Definition des Kreditvermittlers gem Art 4 VerbrKrRL zugrunde. Bei Umsetzung der Bestimmungen war der Gesetzgeber zunächst davon ausgegangen, dass diese Tätigkeiten vom Vermittlungs-Begriff erfasst würden (BT-Drs 18/5922, 107). Nachdem er bei Umsetzung der WohnimmobilienKrRL eine Klarstellung als hilfreich angesehen hat, berücksichtigt das Gesetz nun in Abs I Nr 3 ausdr das „auf andere Weise beim Abschluss eines Vertrags nach Nr 1 behilflich sein". Bloße „Tippgeber", die sich darauf beschränken, direkte oder indirekte Kontakte zwischen einem potentiellen Kreditnehmer und einem Kreditgeber oder Kreditvermittler herzustellen, sollen aber nicht erfasst werden (BT-Drs 18/5922, 107; vgl auch ErwGr 73 RL 2014/17/EU). Die ebenfalls im Zuge dieser Änderung vorgenommene Ersetzung des Begriffs „Entgelt" der aF durch „Vergütung" ist redaktioneller Natur und dient der Anpassung an den Sprachgebrauch der §§ 655a ff (BT-Drs 18/5922, 107).

2 **1. Anwendungsbereich, Abs I S 1. a) Sachlich** ist der Darlehensvermittlungsvertrag als **Maklervertrag** (vgl dazu im Einz bei § 652) gekennzeichnet, der auf den **Abschluss eines Verbraucherdarlehensvertrags** oder die Vermittlung einer sonstigen entgeltlichen Finanzierungshilfe gerichtet ist. Ausgehend von § 491 I sind damit sowohl Allgemeine Verbraucherdarlehen wie Immobiliar-Darlehensverträge Gegenstand der Vermittlung. Wegen der Unvereinbarkeit von § 655a S 1 aF mit der VerbrKrRL 2008/48/EG wurden die sonstigen Finanzierungshilfen (s § 506 Rn 2) durch das VerbrKrRL-UG wieder in den sachlichen Anwendungsbereich aufgenommen. Zwar hat der Gesetzgeber auf eine Wiederaufnahme der entgeltlichen Zahlungsaufschübe in den Wortlaut des § 655a verzichtet. Die Norm ist indes nach Art 3 lit f iVm lit c VerbrKrRL 2008/48/EG richtlinienkonform dahingehend auszulegen, dass auch entgeltliche Zahlungsaufschübe erfasst sind (so i Erg auch Grü/*Retzlaff* Rn 3). Dem Gesetzeswortlaut nach muss nur die Vermittlung einer Finanzierungshilfe **entgeltlich** erfolgen. Durch die Gesetzesänderungen zur Umsetzung der VerbrKrRL 2008/48/EG wurde klargestellt, dass für die Entgeltlichkeit sowohl die Zahlung des Verbrauchers als auch eines Dritten (zB Darlehensgeber) genügt. Ausreichend ist bereits ein geringfügiges Entgelt (Köln ZIP 1994, 776), nicht jedoch Kleinstbeträge (Karlsruhe NJW-RR 2000, 1442). Nicht berücksichtigt hat man aufgrund der späten Einführung der §§ 514, 515, dass Gegenstand der Vermittlungstätigkeit nunmehr auch unentgeltliche Darlehensverträge und Finanzierungshilfen sein können. Ob sich diese im Wege der Analogie in die begriffliche Fassung des Darlehensvermittlungsvertrags einbeziehen lassen, erscheint unter Berücksichtigung des Regelungsziels der Konditionentransparenz einerseits fraglich. Andererseits bestehen die verbraucherspezifischen Risiken, denen die §§ 514, 515 entgegenwirken wollen (s § 514 Rn 1, § 515 Rn 1), auch bei der Vertragsanbahnung durch Vermittler.

3 **b)** Vom **persönlichen Anwendungsbereich** her muss der Vertrag zw einem in Ausübung seines Gewerbes handelnden Unternehmer (§ 14) als Darlehensvermittler und dem Auftraggeber geschlossen werden. Der Auftrag-

geber – bei dem es sich auch um einen Dritten handeln kann – muss selbst nicht zwingend Verbraucher sein. Verbrauchereigenschaft iSd § 13 (oder dieser gleichzustellende Existenzgründerschaft, § 655e II) ist nur auf Seiten des Darlehensnehmers erforderlich. **Darlehensvermittler** ist damit ein Unternehmer, der einem Verbraucher gegen Entgelt einen Darlehensvertrag oder eine entgeltliche Finanzierungshilfe vermittelt oder ihm die Gelegenheit zum Abschluss eines solchen Vertrags nachweist bzw. auf andere Weise dazu behilflich ist. Die Definition umfasst den Nachw- und Vermittlungsmakler. Wer als Mittler zw Bank und Darlehensinteressent tätig wird, muss freilich nicht zwingend Makler sein, auch wenn er als solcher auftritt und sich vom Verbraucher eine Vermittlungsprovision versprechen lässt. Die Mittelsperson kann je nach Art ihrer Beziehung zur Bank auch deren Handelsvertreter sein (*Vollkommer* FLF 1986, 98, 100; *Schmelz* Verbraucherkredit, 1989, Rn 29–33). Darlehensvermittler stehen idR mit einer oder mehreren Banken in ständigen Geschäftsbeziehungen, die durch Rahmenverträge (sog Einreicherverträge) geregelt sind. Zum **Auftraggeber** s im Einz Vor § 655a Rn 2.

Darlehensvermittlung kommt auch beim finanzierenden Handel in Betracht (zur Vermittlereigenschaft im Kfz-Handel LG Wuppertal BeckRS 2019, 51847). Ist die Zusammenarbeit dergestalt, dass der Darlehensvermittler „ständig damit betraut" ist, für die Bank Darlehensgeschäfte zu vermitteln, ist er nach § 84 HGB **Handelsvertreter.** Als Handelsvertreter kann er schon nach dem Wortlaut des § 93 I HGB und in der Sache wegen zu besorgender widerstreitender Interessen aufgrund enger wirtschaftl Verflechtung mit dem Darlehensgeber **nicht zugleich auch Makler** des Darlehensnehmers/Verbrauchers sein und von diesem ein Vermittlungsentgelt beanspruchen (Hopt/*Hopt* § 84 HGB Rn 20; BGH NJW 1974, 137; Grü/*Retzlaff* Rn 5; *Schmelz* aaO Rn 29; *Vollkommer* aaO, 100). Insb soll ein von der Bank iS eines Handelsvertreters ständig mit der Vermittlung von Darlehen beauftragter Vermittler durch §§ 655a–e nicht in die Lage versetzt werden, mit dem Verbraucher einen entgeltlichen Darlehensvermittlungsvertrag abzuschließen. 4

Die **Abgrenzung zw Maklertätigkeit und Handelsvertretung** ist beim Darlehensvermittler allerdings umstr und für den Verbraucher wenig transparent (zum Streitstand iÜ *Dreyer/Haskamp* ZVertriebsR 2018, 225 und Vor § 655a Rn 3). Nach überwiegender Meinung ist eine Handelsvertretung nur anzunehmen, wenn der Darlehensvermittler aufgrund des Einreichervertrags verpflichtet ist, für die Bank Darlehen zu vermitteln, wenn ihn also eine Tätigkeitspflicht trifft. Gerade die Festlegung einer solchen Tätigkeitspflicht wird aber bislang in den Einreicherverträgen sorgfältig vermieden (*Vollkommer* FLF 1986, 100). *Schmelz* (aaO Rn 32) und in der Tendenz auch *Vollkommer* (aaO) wollen Handelsvertretung zutr schon dann annehmen, wenn der zw Mittelsperson und Bank bestehende Rahmenvertrag die Mittelsperson verpflichtet, alle Kunden zunächst an diese Bank zu vermitteln, und der Mittelsperson nur bei Ablehnung seitens der begünstigten Bank gestattet ist, Darlehensinteressenten einem anderen Darlehensgeber zuzuführen (sog Vorzugs- oder Andienungsklausel). 5

2. Unanwendbarkeit, Abs I S 2. Eine Anwendung des Verbraucherdarlehensvermittlungsrechts kommt nicht in Betracht, wenn die Vermittlung hins eines Vertragsabschlusses erfolgt, auf den Verbraucherdarlehensrecht keine Anwendung findet. §§ 655b–e finden gem Abs I S 2 **keine Anwendung** auf Verträge iSd § 491 II (Bagatelldarlehen bis zu 200 €, Haftungsbeschränkung auf zum Pfand übergebene Sache, Rückzahlung binnen drei Monaten und geringe Kosten, Arbeitgeberdarlehen, durch Rechtsvorschriften im öffentlichen Interesse gewährte Darlehen; vgl § 491 Rn 17ff). Die nunmehr im Gesetz vorzufindende Erweiterung auf Fälle des Abs III S 2 ist redaktioneller Natur (BT-Drs 18/5922, 108). 6

II. Informations- und Erläuterungspflichten, Abs II. Abs II unterscheidet zw den spezifisch für die Darlehensvermittlung geltenden Informationspflichten (S 1, Rn 8–10) und den Informationen, die der Darlehensvermittler wie ein Darlehensgeber zusätzl zu erteilen verpflichtet ist (S 2 und 3, Rn 11). 7

1. Vorvertragliche Informationspflichten des Darlehensvermittlers. Abs II S 1 regelt die vorvertragl Informationspflichten des Darlehensvermittlers ggü dem Verbraucher. Nach der Auslagerung der Informationspflichten in das EGBGB verweist die Bestimmung auf Art 247 §§ 13 II und 13b I EGBGB. Der Verweis auf letztere Vorschrift dient der Umsetzung von Art 15 RL 2014/17/EU (BT-Drs 18/5922, 108). Art 247 § 13 II differenziert in S 1 und 2 wie bisher hins der Informationspflichten des Vermittlers danach, ob der Auftraggeber Verbraucher ist oder nicht. 8

a) Art 247 § 13 II EGBGB unterscheidet danach, ob Auftraggeber der Verbraucher oder ein diesem gleichgestellter Existenzgründer iSd § 655e II oder ausschließlich ein Dritter, also idR ein Kreditinstitut, ist. Im erstgenannten Fall hat der Darlehensvermittler den Verbraucher nach **S 1** der Vorschrift vor Abschluss des Vermittlungsvertrags auf einem dauerhaften Datenträger über die in Art 247 § 13 II 1 Nr 1–4 EGBGB geregelten Informationen zu unterrichten. Dieser ist auf einem dauerhaften Datenträger (vgl § 126b) über die Höhe der Vermittlungsvergütung (Nr 1), eine evtl Vermittlungsprovision oder sonstige Anreize des Vermittlers von Dritten (Nr 2), den Umfang der Vermittlungsbefugnisse des Vermittlers für Dritte (Nr 3) und ggf weitere vom Verbraucher verlangte Nebenentgelte und deren Höhe bzw deren Höchstbetrag zu informieren (Nr 4). Um eine höhere Kostentransparenz zu schaffen (vgl BT-Drs 16/11643, 133), darf die Angabe der Höhe der Vermittlungsvergütung nach Nr 1 nicht mehr (wie nach § 655b I 2 aF) in einem Prozentsatz des Darlehens angegeben werden. Die Pflichten aus Nr 2 und Nr 3 dienen der Transparenz hins der Verflechtungen zw Vermittler und Darlehensgeber. Die Information über „sonstige Anreize" ist in Umsetzung der WohnimmobilienKrRL ins Gesetz aufgenommen worden, weil auch andere Anreize als ein Entgelt den Darlehensvermittler bei seiner Tätigkeit beeinflussen können. Allerdings verweist die Gesetzesbegründung in diesem Zusammenhang darauf, dass die „wirtschaftl Abhängigkeiten" deutlich gemacht werden sollen (BT-Drs 18/5922, 118). Das lässt sich so deuten, 9 dass unter sonstigen Anreizen entweder nur solche zu verstehen sind, die entgeltvertretenden Charakter oder so erheblichen Umfang haben, dass sie die Beratung in anderer Form beeinflussen können. Die Pflicht der Information über Nebenentgelte aus Nr 4 schafft ebenfalls Kostentransparenz. Die Regelung in § 655d S 3 knüpft an Nr 4 an. Art 247 § 13 II 1 EGBG erfasst indes nicht die Information über Vergütungen, die nicht der Darlehensvermittler, sondern ein Dritter (zB ein zwischengeschalteter weiterer Vermittler) vom Kreditgeber erhält (BGH NJW-RR 2012, 1073, 1074 zu § 655b I 2 aF).

10 **b) Art 247 § 13 II 2 EGBGB** bestimmt die vorvertragl Informationspflichten des Vermittlers, wenn der Vermittlungsvertrag nicht mit dem Verbraucher, sondern einem Dritten – also keinem Verbraucher – geschlossen wird. In diesem Fall bestehen keine Informationspflichten ggü dem Auftraggeber, wohl aber ggü dem Verbraucher (Darlehensnehmer). Der Vermittler hat diesen vor Abschluss des vermittelten Darlehensvertrags iSd Art 247 § 13 S 1 Nr 2 und Nr 3 EGBGB zu informieren.

11 **c) Art 247 § 13b I EGBGB.** Die Vorschriften der §§ 13a und 13b des Art 247 EGBGB sind teilw das Ergebnis einer Aufteilung des bisherigen Art 247 § 13 I EGBGB (nämlich **§ 13a** hins der für **Allgemeine Verbraucherdarlehen** geltenden und die darin enthaltenen Pflichten des Darlehensgebers zur Ergänzung des Darlehensvertrags um die dort genannten Angaben). Der neue, nur für **Immobiliar-Darlehensverträge** geltende **§ 13b** ist in Umsetzung von Art 15 RL 2014/17/EU eingefügt worden. Ihrer Struktur nach enthält die Vorschrift Ergänzungen zu vorvertragl Informationspflichten des Vermittlers (Abs I) und die Pflicht zur Weiterleitung von Angaben zur Kreditwürdigkeitsprüfung (Abs II). Ferner erklärt sie bei der Erbringung von Beratungsleistungen Art 247 § 18 EGBGB für entsprechend anwendbar.

12 Art 247 § 13b I 1 **Nr 1** EGBGB dient der Umsetzung von Art 15 I lit a RL 2014/17/EU und soll die eindeutige Identifizierbarkeit des Vermittlers gewährleisten (BT-Drs 18/5922, 118), und zwar unabhängig davon, ob der Vermittler eine natürliche oder juristische Person ist (vgl Art 4 Nr 5 RL2014/17/EU). Durch die gem § 13 **Nr 2** zu machende Registerangabe u Mitteilung, auf welche Weise der Registereintrag eingesehen werden kann, soll in Umsetzung von Art 15 I lit b RL 2014/17/EU die Überprüfung des Vermittlers insb bei grenzüberschreitendem Handeln erleichtert werden (BT-Drs 18/5922, 118). Die in § 13 **Nr 3** vorgesehenen Angaben, ob der Vermittler für einen oder mehrere Darlehensgeber gem § 655a III 3 gebunden ist oder – ohne eine solche Bindung – ausschließlich für einen oder mehrere Darlehensgeber arbeitet und die Benennung der entspr Personen soll bewirken, dass der Verbraucher sich ein Bild von den vom Vermittler zu erwartenden Produkten machen kann und welchen Ausschnitt des Marktes der Vermittler repräsentiert. Das soll ihm zugleich ermöglichen, ggf alternative Angebote anderer Anbieter einzuholen u zu vergleichen. Umsetzung findet hierbei Art 15 I lit c RL 2014/17/EU (BT-Drs 18/5922, 118). § 13 **Nr 4** bezweckt ausgehend von Art 15 I lit d der RL die Information über Beratungsleistungen. Dabei sollen nach den Gesetzesmaterialien die dazu erforderlichen vorvertragl Informationen (Art 247 § 18 EGBGB) idR separat erteilt werden. Bei gemeinsamer Vereinbarung von Vermittlungs- und Beratungstätigkeit können sie aber in einem Dokument zusammengefasst werden (BT-Drs 18/5922, 119). § 13 **Nr 5** ergänzt die in Art 247 § 13 II Nr 1 EGBGB vorgesehene Informationspflicht hins der Berechnungsmethode der Vergütung, sofern diese der Höhe nach noch nicht feststeht. Der Verbraucher soll die auf ihn zukommenden Kosten einschätzen können. Grundlage ist Art 15 I lit e RL 2014/17/EU. § 13 **Nr 6** sieht in Umsetzung von Art 15 I lit f der RL Informationen zu internen Beschwerdeverfahren und außergerichtlichen Streitbeilegungsverfahren vor. Erstere sind solche, die vom Vermittler od dessen Arbeitgeber vorgehalten werden (BT-Drs 18/5922, 119). Die in § 13 **Nr 2** vorgesehenen Informationen zu Provision und Anreizen dienen in Umsetzung von Art 15 I lit g dazu, dem Verbraucher erkennbar zu machen, wie sich die Vergütung des Darlehensvermittlers zusammensetzt und welches wirtschaftl oder sonstige Interesse er an der Vermittlungstätigkeit hat.

13 Der ebenfalls von der Verweisung des § 655a II 1 in Bezug genommene Art 247 § 13b II **2** EGBGB regelt in Umsetzung von Art 15 I 1 RL 2014/17/EU den Fall, dass der Vermittler seine Tätigkeit bereits vor Abschluss des Vermittlungsvertrags beginnt. Unabhängig vom Vorliegen des Vertrags sind in einem solchen Fall die in S 1 genannten Informationen **rechtzeitig vor Ausübung der Vermittlungstätigkeit** zu erteilen. Dem Gesetz schwebt dabei eine Situation vor, in der es entweder ganz an einem Beratungsvertrag fehlt oder dieser nicht mit dem Darlehensgeber, sondern einem Dritten geschlossen wird (BT-Drs 18/5922, 119).

14 **2. Informationspflichten des Darlehensvermittlers aus § 491a.** Neben den spezifischen Informationspflichten nach Abs II S 1 treffen den Darlehensvermittler gem **Abs II S 2** auch die Informationspflichten des Darlehensgebers aus § 491a ggü dem Verbraucher (Darlehensnehmer). Hierdurch wird Art 5 I 1 VerbrKrRL 2008/48/EG umgesetzt (vgl ErwGr 24 VerbrKrRL 2008/48/EG) und werden sowohl die vorvertragl Informationspflichten als auch die Erläuterungspflicht aus § 491a (s im Einz § 491a Rn 44ff) zu eigenen Vertragspflichten für den Vermittler. Um diese nicht zu verletzen, muss der Vermittler vor Abschluss eines Darlehensvertrags für den Darlehensnehmer diesen unterrichten und aufklären, sofern nicht bereits der Darlehensgeber den Verbraucher informiert hat (MüKo/*Weber* Rn 37; *Nobbe* WM 2011, 625, 627; Grü/*Retzlaff* Rn 8). Kommt der Vermittler seiner Pflicht nicht nach, macht er sich ggü dem Darlehensnehmer nach § 280 I schadensersatzpflichtig. Die Verpflichtung aus Abs II S 2 ist nicht neu, wohl aber der sich aus der Verweisung des § 491a I auf Art 247 EGBGB ergebende Pflichteninhalt (dazu § 491a Rn 4ff). Auf in den Sollzinssatz einkalkulierte Vermittlungskosten hat allein der Vermittler, nicht der Darlehensgeber gesondert hinzuweisen. Denn ein Überblick über die gesamte Kostenlast erfordert keine Aufklärung über die Kalkulationsgrundlagen des Darlehensgebers (BGH WM 2019, 2256, 2257f).

Die Pflichten des Abs II S 2 treffen den Vermittler nach **Abs II S 3** nicht, wenn die Vermittlungsfunktion nur eine untergeordnete Rolle spielt, also kein übliches Hauptgeschäftsfeld ist. Nur beispielhaft und nicht abschließend nennt der Gesetzgeber den Abschluss verbundener Verträge, bei denen der Händler einen Kredit der mit ihm zusammenarbeitenden Bank vermittelt. Abs II S 3 schließt ausdr nur die Pflichten des Abs II S 2 und nicht die originären Pflichten des Abs II S 1 aus. Hintergrund ist die Einschätzung des europäischen Gesetzgebers, wonach es nicht gerechtfertigt sei, die Informationspflichten auf den in untergeordneter Funktion tätigen Vermittler auszudehnen, weil der Kreditgeber für deren Erteilung zu sorgen habe (ErwGr 24 RL 2008/48/EG). Ausdruck gefunden hat sie auch in Art 7 I 1 der RL, welcher Abs II S 3 zugrunde liegt. Da es an einer entspr Regelung in der WohnimmobilienKrRL fehlt, hält das Gesetz seinem Wortlaut nach ausdr und bewusst (BT-Drs 18/5922, 108) an der Anwendung der Ausnahme auf **Allgemeine Verbraucherdarlehensverträge** fest. Ein Gleichlauf mit Immobiliar-Darlehensverträgen kann nach Einschätzung des Gesetzgebers nicht hergestellt werden (krit *Koch* MDR 2016, 1417, 1419). 15

III. Beratungsdienstleistungen bei der Darlehensvermittlung, Abs III. Der mWv 21.3.2016 neu in § 655a eingefügte **Abs III** enthält Bestimmungen für die Vermittlung, bei der zugleich Beratungsleistungen erbracht werden. Die Vermittlung kann zudem mit dem Abschluss eines Auskunftsvertrags einhergehen. Die Abgrenzung erweist sich in der Praxis als schwierig, weil die Vermittlungstätigkeit häufig zu einer Situation führt, in der die genannten Verträge uU in konkludenter Form geschlossen werden (*Dreyer/Hasekamp* ZVertriebsR 2021, 216, 219f). Der sachliche Anwendungsbereich der Vorschrift ist auf **Immobiliar-Darlehensverträge oder entspr entgeltliche Finanzierunghilfen** beschränkt. Für Allgemeine Verbraucherdarlehen gelten die allg Grundsätze. Die Vorschrift setzt Art 7 und 22 RL 2014/17/EU um. 16

S 1 der Vorschrift verweist auf die für den Darlehensgeber nach § 511 bei einer Beratung bestehenden Pflichten. Darlehensgeber und Darlehensvermittler unterliegen somit hinsichtlich der vorvertragl Information (§ 511 I iVm Art 247 § 18 EGBGB), der Grundlage der Beratung sowie hins Inhalt u Form denselben Regeln. Die Vorschrift setzt Art 22 I, II, III lit a und b, V RL 2014/17/EU um. Wie in § 511 bestehen die entspr Pflichten allein aufgrund der Beratungstätigkeit. Eines – auch nur konkludent geschlossenen – ergänzenden Beratungsvertrags bedarf es nicht. Ob dies überzeugt, erscheint für den Fall der Darlehensvermittlung noch zweifelhafter als beim Darlehensgeber (zur Kritik § 511 Rn 6). Die Abgrenzung zwischen reiner Vermittlung und Beratung wird hier nämlich noch weitergehend dadurch erschwert, dass der Tätigkeit zwangsläufig ein Auswahlprozess innewohnt, der von einer (konkludenten) Empfehlung kaum randscharf zu unterscheiden ist. Will der Vermittler sich den Pflichten aus § 511 iVm § 655a III 2 und 3 nicht aussetzen, bietet sich aus seiner Sicht an, neben dem Unterlassen jeglicher ausdr Empfehlung vertragl klarzustellen, dass seine Tätigkeit beratungsfrei erfolgt. 17

§ 655a III **2** regelt abw von § 511, dass der Vermittler bei der Beratung eine ausreichend hohe Zahl der am Markt verfügbaren Darlehensverträge berücksichtigen muss. Umgesetzt werden hier Art 22 III lit b und d RL 2014/17/EU. Gemeint ist hier der als (weitgehend) unabhängig auftretende Makler. Einzelheiten zum genaueren Verständnis des Begriffs der „ausreichenden Anzahl" finden sich weder im Gesetz noch in der europäischen Vorgabe. Gemeint ist zunächst nicht nur die Zahl der Verträge, sondern auch der am Markt für die jew Darlehenskategorie agierenden Anbieter. Wie bei dem Begriff der „größeren Zahl" bei § 511 lässt sich darunter ein bei wertender Betrachtung der Umstände des Einzelfalls repräsentativer Ausschnitt aus dem gesamten Kreditmarkt verstehen (s § 511 Rn 12). Dem Interesse des Vertragspartners dürfte genüge getan sein, wenn sich in der Beratung die wesentlichen Möglichkeiten der Kredit- und Konditionengestaltung wiederfinden. Je höher das Kreditvolumen, umso schutzwürdiger erscheint die Erwartung des Darlehensnehmers, im Wege der Beratung ein umfassendes Bild vom Marktangebot zu erlangen. 18

§ 655a III **3** enthält eine Ausnahme zu dem in S 2 vorgesehenen Umfang der in die Beratung einzubeziehenden Darlehensverträge. Auch diese Vorschrift beruht auf Art 22 III lit b und d RL 2014/17/EU. Sofern es sich um einen gebundenen Darlehensvermittler handelt oder um einen solchen, der für eine Gruppe oder beschränkte Zahl von Darlehensgebern tätig wird, die auf dem Markt keine Mehrheit darstellen, genügt die Berücksichtigung von Produkten dieser Darlehensgeber. Mit dem Markt ist der nationale Markt gemeint (BT-Drs 18/5922, 108). Sofern der Marktanteil der vermakelten Darlehensgeber 50 % erreicht, gilt S 2. In diesem Fall muss die Beratung also das potentiell vorhandene Gesamtangebot (einschl der an sich vom Vermittler nicht vertriebenen Verträge) berücksichtigen. Die Regelung stellt die von ihr genannten Vermittler vor erhebliche Schwierigkeiten, in Fällen, bei denen der/die relevanten Darlehensgeber die Nähe des kritischen Marktanteils erreichen. Wegen schwankungsbedingter Unsicherheiten müsste der Vermittler an sich stets den aktuellen Marktüberblick haben. Da das angesichts der zeitl Verzögerung der Marktdaten kaum möglich ist, bleibt aus Gründen der Vorsicht nur nach Maßgabe von S 2 zu beraten. Eine Alternative bestünde darin, den von S 3 verwendeten Mehrheits-Begriff iS einer aus öffentlichen Informationen bekannten Mehrheit zu verstehen. Das würde den von der Vorschrift genannten Vermittlern erlauben, an ihrer Auswahl- und Beratungspraxis solange festzuhalten, bis die Grenze der Privilegierung erreicht ist. 19

IV. Weitere Pflichten des Vermittlers. Der Darlehensvermittler muss dem Darlehens**geber** bereits vor Abschluss des Vermittlungsvertrags gem **Art 247 § 13 III 1 EGBGB** die Höhe der Vermittlungsvergütung mitteilen, weil der Darlehensgeber diese Angabe als Berechnungsgrundlage für die Errechnung des effektiven Jahreszinses iSd Art 247 § 6 III EGBGB benötigt. Diese Mitteilungspflicht dient der Umsetzung von Art 21 lit c VerbrKrRL 2008/48/EG. Durch die Regelung in Art 247 § 13 III 2 EGBGB wird in Umsetzung von Art 10 I 2 VerbrKrRL 2008/48/EG sichergestellt, dass sowohl der Vermittler als auch der Darlehensnehmer eine Vertragsabschrift er- 20 halten. Ob die Abschrift durch den Vermittler oder den Darlehensnehmer angefertigt wird, steht zur Disposition dieser Beteiligten. Weiterhin hat der Vermittler gem **Art 247 § 13 IV EGBGB** die Pflicht, soweit er ggü einem Verbraucher für den Abschluss von Verbraucherdarlehensverträgen oder sonstiger entgeltlichen Finanzierungshilfen wirbt, diesen gem Art 247 § 13 II 1 Nr 3 EGBGB zu informieren. Hierdurch wird Art 21 lit a VerbrKrRL 2008/48/EG umgesetzt, wonach der Verbraucher durch entspr **Werbeangaben** auch außerhalb und unabhängig von einem etwaigen Vertragsschluss über Verflechtungen zw Vermittler und Darlehensgeber zu informieren ist. Der Darlehensvermittler kann zudem nach allg Regeln (zB § 312d II, §§ 12, 16 und 17 PAngV) zur Information verpflichtet sein. Hat sich der Vermittler verpflichtet, den jew günstigsten Bankpartner für die Finanzierung zu wählen, bei dem die Finanzierung darstellbar ist, stellt es eine Pflichtverletzung dar, wenn er nicht darauf hinweist, dass er nur Angebote bestimmter Kreditinstitute einholt (Stuttgart NJW-RR 2010, 195).

§ 655b Schriftform bei einem Vertrag mit einem Verbraucher

(1) Der Darlehensvermittlungsvertrag mit einem Verbraucher bedarf der schriftlichen Form. Der Vertrag darf nicht mit dem Antrag auf Hingabe des Darlehens verbunden werden. Der Darlehensvermittler hat dem Verbraucher den Vertragsinhalt in Textform mitzuteilen.

(2) Ein Darlehensvermittlungsvertrag mit einem Verbraucher, der den Anforderungen des Absatzes 1 Satz 1 und 2 nicht genügt oder vor dessen Abschluss die Pflichten aus Artikel 247 § 13 Abs. 2 sowie § 13b Absatz 1 und 3 des Einführungsgesetzes zum Bürgerlichen Gesetzbuche nicht erfüllt worden sind, ist nichtig.

1 **I. Allgemeines. Abs I** regelt die für einen Verbraucherdarlehensvermittlungsvertrag erforderliche Form iSd § 126 (Abs I S 1), die förmlich einzuhaltende Trennung vom Verbraucherdarlehensvertrag (Abs I S 2), die Pflicht zur Mitteilung des Vertragsinhalts in Textform gem § 126b (Abs I S 3) sowie in **Abs II** die grds **Nichtigkeitsfolge** bei Nichtbeachtung von Abs I S 1 und 2 oder der Informationspflichten aus Art 247 §§ 13 II, 13b I und III EGBGB. Die in Abs I S 2 aF geregelten vertragl Informationspflichten wurden durch das VerbrKrRL-UG zum 11.6.2010 in Art 247 § 13 II EGBGB als vorvertragl Informationspflichten ausgestaltet und die Nichtigkeitsfolge des Abs II auf diese erweitert, so dass der Verbraucher weiterhin (bereits vorvertragl) geschützt ist (zu den Informationspflichten im Einz § 655a Rn 7). In Umsetzung der WohnimmobilienKrRL nimmt das Gesetz nun auch auf die für Immobilar-Darlehensvertrags-Vermittlung vorgesehenen Informationspflichten nach Art 247 § 13b I und III EGBGB Bezug. Durch VerbrKrRL-UÄndG wurden zum 30.7.2010 Überschrift und Wortlaut von § 655b klarstellend dahingehend geändert, dass die Norm nur auf Vermittlungsverträge mit einem Verbraucher bzw diesem gleichgestellten Existenzgründer iSd § 655e II Anwendung findet. Dies war auch bereits früher der Fall, jedoch war wegen der Erweiterung des persönlichen Anwendungsbereichs des § 655a die Anpassung erforderlich (s im Einz Vor § 655a Rn 1). Eine entspr Anwendung von § 655b auf die Vermittlung anderer als Verbraucherdarlehensverträge ist aufgrund des Charakters als Spezialregelung ausgeschlossen (BGH NJW 2012, 3718 zur Vermittlung von Versicherungsverträgen). Anwendbar sein soll die Norm auf einen Schuldbeitritt zu einem Verbraucherdarlehensvermittlungsvertrag, da beim Vermittlungsvertrag derselbe Zweck wie beim Darlehensvertrag selbst verfolgt werde und dieser somit für den Verbraucher vergleichbare Risiken berge (Stuttgart WM 2023, 117).

2 **II. Schriftform, Abs I S 1.** Die in Abs I S 1 vorgeschriebene schriftliche Form ist die gesetzl Schriftform iSd **§ 126.** Die Vertragsurkunde muss den gesamten Vertragsinhalt wiedergeben und vom Darlehensvermittler und Verbraucher oder jew dessen Vertreter auf derselben Urkunde eigenhändig unterschrieben werden. Zum Vertragsinhalt gehören alle nach dem Parteiwillen wesentlichen Absprachen. Auf eine Regelung weiterer zwingender Vertragsinhalte hat der Gesetzgeber verzichtet, da sämtliche Informationspflichten, auch die vertragl aus Abs I 2 aF, als vorvertragl Pflichten ausgestaltet sind (vgl BT-Drs 16/11643, 97 und Rn 1). Bei Ausfertigung mehrerer gleich lautender Urkunden genügt es nach § 126 II 2, wenn jede Vertragspartei die für die andere Vertragspartei bestimmte Urkunde unterzeichnet. Bei Verwendung von AGB müssen diese mit der Vertragsurkunde fest verbunden und von beiden Unterschriften erkennbar mitgetragen sein. Das Formerfordernis gilt auch für **Vertragsänderungen**, wobei eine Wiederholung oder Beifügung des gesamten ursprünglichen Vertragswortlautes bei eindeutiger Bezugnahme auf den ursprünglichen Vertrag nicht erforderlich ist. Die **Nichtbeachtung** der schriftlichen Form führt nach **Abs II Alt 2** zur unheilbaren Nichtigkeit des Darlehensvermittlungsvertrags. Auch Ansprüche aus § 812 und § 354 HGB sind wegen des Schutzzwecks der Vorschrift ausgeschlossen (BGHZ 163, 332 = BGHRp 2005, 1299 m Anm *Saenger*). Ob die mangelnde Niederschrift vertragl Nebenabreden zur Gesamtnichtigkeit führt, richtet sich nach § 139.

3 **III. Gesonderte Vertragsurkunde, Abs I S 2.** Der Vermittlungsvertrag darf nicht in derselben Urkunde enthalten sein wie der Darlehensantrag des Verbrauchers, dh die Urkunden müssen gegenständlich voneinander getrennt sein. Dem Verbraucher soll durch die äußerliche Trennung bewusst gemacht werden, dass Darlehensvertrag und Darlehensvermittlungsvertrag zwei verschiedene, keineswegs notwendig zusammengehörige Geschäfte sind (*v Westphalen/Emmerich/v Rottenburg* § 15 VerbrKrG Rn 42; *Bülow/Artz* Rn 4; Grü/*Retzlaff* Rn 3). Dem Erfordernis der Trennung wird auch dann nicht genügt, wenn der Darlehensvermittlungsauftrag so gestaltet ist, dass der Verbraucher darin bereits einen Darlehensantrag erblickt („Selbstauskunft", LG Berlin 13.12.1991 – 15 O 1008/91). Auch ein Verstoß gegen das Trennungsgebot führt nach Abs II zur unheilbaren Nichtigkeit des Vermittlungsvertrags. Verwendet der Darlehensvermittler ein Auftragsformular, in dem die räumliche Trennung

zum Darlehensvertrag fehlt und außerdem eine den gesetzl Erfordernissen nicht genügende Widerrufsbelehrung enthalten ist, stellt dies einen Verstoß gegen § 1 UWG dar (LG Berlin EWiR 1992, 197 m Anm *Vortmann*).

IV. Verstoß gegen vorvertragliche Informationspflichten, Abs II Alt 2. Neben dem Verstoß gegen von Abs II in Bezug genommenen Formvorschriften führt auch die Verletzung der vor Abschluss des Vertrags zu erfüllenden Informationspflichten des Vermittlers nach Art 247 § 13 II, § 13b I und III EGBGB zur Nichtigkeit des Vertrages. Damit werden Verstöße gegen die bei Immobiliar-Darlehensverträgen geltenden zusätzl Informationspflichten sanktioniert. Die Gesetzesbegründung verweist dazu auf die Umsetzungspflicht aus Art 38 I RL 2014/17/EU (BT-Drs 18/5922, 108). Ob die dort vorzufindende allg Vorgabe der hinreichend abschreckenden Sanktionierung tatsächlich die Vertragsnichtigkeit erfordert, erscheint angesichts der in Art 247 § 13 II, § 13b I und III EGBGB enthaltenen unbestimmten Rechtsbegriffe (insb der Angabe „sonstiger Anreize" iSd § 13 II Nr 2 bzw. § 13b I Nr 7 oder dem Begriff der Unabhängigkeit in § 13 II Nr 3) nicht unproblematisch. 4

V. Vertragsabschrift, Abs I S 3. Die in Abs I S 3 vorgeschriebene Mitteilung des Vertragsinhalts in Textform ist Nebenpflicht des Darlehensvermittlers und kein Wirksamkeitserfordernis für den Vermittlungsvertrag. Der Verbraucher kann seinen Anspruch auf Aushändigung notfalls im Klageweg durchsetzen. 5

§ 655c Vergütung

Der Verbraucher ist zur Zahlung der Vergütung für die Tätigkeiten nach § 655a Absatz 1 nur verpflichtet, wenn infolge der Vermittlung, des Nachweises oder auf Grund der sonstigen Tätigkeit des Darlehensvermittlers das Darlehen an den Verbraucher geleistet wird und ein Widerruf des Verbrauchers nach § 355 nicht mehr möglich ist. Soweit der Verbraucherdarlehensvertrag mit Wissen des Darlehensvermittlers der vorzeitigen Ablösung eines anderen Darlehens (Umschuldung) dient, entsteht ein Anspruch auf die Vergütung nur, wenn sich der effektive Jahreszins nicht erhöht; bei der Berechnung des effektiven Jahreszinses für das abzulösende Darlehen bleiben etwaige Vermittlungskosten außer Betracht.

I. Allgemeines. § 655c regelt, unter welchen Voraussetzungen der Verbraucher zur Entrichtung einer Vergütung verpflichtet ist (S 1). Regelungsziel ist sicherzustellen, dass der Verbraucher nur bei Durchführung des Darlehensvertrags mit dem Vergütungsanspruch des Vermittlers belastet wird. Gegenstand der Vorschrift bildet weiterhin der Vergütungsanspruch bei Umschuldungsdarlehen (S 2). Hierdurch sollen für den Verbraucher sinnlose Umschuldungen zurückgedrängt und der Verbraucher vor den damit verbundenen Kosten bewahrt werden (vgl *Koch* MDR 2016, 1417, 1421). Durch das VerbrKrRL-UG wurde zum 11.6.2010 der Begriff des „anfänglichen effektiven Jahreszinses" aus S 2 gestrichen. Dies korrespondiert mit der Regelung in § 494 (s im Einz § 494 Rn 14). § 655c findet nur auf den Verbraucher oder den Existenzgründer iSd § 655e II als Auftraggeber Anwendung (s im Einz Vor § 655a Rn 3). Sachlich erstreckt sich der Anwendungsbereich trotz des Wortlauts „Darlehen" auch auf den Zahlungsaufschub und sonstige entgeltliche Finanzierungshilfen iSd § 506 (ebenso *Bülow/Artz* Rn 7; s auch Vor § 655a Rn 1). Im Rahmen der Umsetzung der WohnimmobilienKrRL neu ins Gesetz aufgenommen worden ist die Vergütungspflicht für die Tätigkeit des Vermittlers „in sonstiger Weise". Es handelt sich um eine Folge der Ausweitung der Legaldefinition des Darlehensvermittlungsvertrags in § 655 I Nr 3 (BT-Drs 18/5922, 108). 1

II. Voraussetzungen des Vergütungsanspruchs, S 1. 1. Tatsächliche Leistung des Darlehens. Nach allg Maklervertragsrecht (§ 652) hätte der Darlehensvermittler die vereinbarte Vermittlungsprovision bereits verdient, wenn infolge seiner Tätigkeit ein Darlehensversprechen zustande kommt, aufgrund dessen der Darlehensnehmer einen klagbaren Anspruch auf Auszahlung des Darlehens hat, der an keine weiteren Voraussetzungen gebunden ist als an die vertragl ausbedungenen Sicherheiten und Nachw (BGH NJW 1979, 1957). § 655c S 1 will den Verbraucher davor bewahren, ein Vermittlungsentgelt auch dann leisten zu müssen, wenn die Darlehensvaluta tatsächlich nicht fließt. Unter Leistung iSd Vorschrift ist die **Inanspruchnahme durch den Verbraucher** iSd § 492 II zu verstehen (*Koch* MDR 2016, 1417, 1420). Str ist, ob die Vorschrift den Anspruch auf Vergütung auch hindert, wenn die fehlende Inanspruchnahme aus in der Person des Verbrauchers liegenden Gründen unterbleibt, zB, weil der Verbraucher eine versprochene Sicherheit nicht stellen oder einen vorgeschriebenen Nachw nicht erbringen kann. Die erfolgsabhängige Formulierung im Gesetzeswortlaut spricht dafür, dass die Entstehung des Vergütungsanspruchs allein an die tatsächliche Leistung des Darlehens an den Verbraucher geknüpft wird (aA *Koch* MDR 2016, 1417, 1421; Grü/*Retzlaff* Rn 2). Anstelle der Auszahlung des Darlehens ist bei sonstigen Finanzierungshilfen die Erbringung der aus dem Hauptvertrag geschuldeten Leistung maßgeblich. Beim Zahlungsaufschub entsteht der Vergütungsanspruch bereits mit wirksamer Vereinbarung des Leistungsverweigerungsrechts (MüKo/*Weber* Rn 9). 2

2. Unwiderruflichkeit des Darlehensvertrags. Eine weitere Voraussetzung für die Entstehung des Vergütungsanspruchs des Darlehensvermittlers ist, dass der Darlehensvertrag bzw der Vertrag über einen entgeltlichen Zahlungsaufschub oder eine sonstige entgeltliche Finanzierungshilfe nicht mehr gem §§ 355, 495 (ggf iVm § 506 I) widerrufen werden kann. Zwar nimmt die Vorschrift nicht ausdr auf die darlehensvertragl Widerrufstatbestände Bezug. Sie ist aber idS zu verstehen (zu den Gründen *Koch* MDR 2016, 1417, 1421). Das Gesetz sieht zu § 655c keine Belehrungspflichten vor. Im Schrifttum wird daher erwogen, die Informationspflichten des Vermittlers entspr zu erweitern (MüKo/*Weber* Rn 11). Die **Beweislast** für alle Voraussetzungen seines Vergütungsanspruchs einschl derer nach S 1 trifft den Darlehensvermittler. 3

4 **3. Vergütungsanspruch bei Umschuldungsdarlehen, S 2. a) Grundsatz des Kostenvergleichs.** § 655c S 2 knüpft den Vergütungsanspruch des Darlehensvermittlers bei der Vermittlung von Umschuldungsdarlehen an die zusätzl Voraussetzung, dass der **effektive Jahreszins** des Umschuldungsdarlehens **nicht höher** ist **als der des abzulösenden Altdarlehens.** Damit soll dem Darlehensvermittler der Anreiz zur Herbeiführung sinnloser und verbraucherschädlicher Umschuldungen, die vor allem seinem eigenen Provisionsinteresse dienen, genommen werden (Gesetzesbegr BT-Drs 11/5462, 30). Erfahrungsgemäß dienen mehr als 50 % der vermittelten Kredite ganz oder teilw der Kreditablösung. Die Nachteile der Umschuldung liegen in der erheblichen Kostenmehrbelastung des Darlehensnehmers, welche die Aussichten für eine Beendigung seiner Schuldenkarriere vermindern: Rückkaufwertverlust bei der Restschuldversicherung für das Altdarlehen; erneuter Anfall der vollen Einmalkosten einschl Vermittlercourtage beim Neudarlehen; evtl Verdoppelung der Zinskosten bis zum Ablauf der Kündigungsfrist für das Altdarlehen (s im Einz *Schmelz* Verbraucherkredit, 1989, Rn 149).

5 **b) Umschuldung als vorfällige freiwillige (Rück-)Zahlung.** Die **Umschuldung** ist in S 2 als „vorzeitige Ablösung eines anderen Darlehens“ definiert. Das Altdarlehen kann über den Wortlaut hinaus auch ein Zahlungsaufschub oder eine sonstige entgeltliche Finanzierungshilfe sein. Voraussetzung ist stets die **freiwillige (Rück-)Zahlung** des Kapitals vor der im Vertrag vorgesehenen planmäßigen Fälligkeit durch Abschluss eines neuen und eigenständigen Verbraucherdarlehensvertrags. Sie kann im beiderseitigen Einverständnis der Darlehensvertragsparteien geschehen, aufgrund Kündigung des Verbrauchers gem §§ 489, 500 I oder vorzeitiger Erfüllung gem § 500 II. Bei Darlehen ohne zeitl vorbestimmte Rückzahlungsverpflichtung, wie zB kontokorrentartigen Darlehen (§ 491 Rn 10) ist rein begrifflich zweifelhaft, ob eine Tilgungsleistung des Schuldners überhaupt als „vorzeitig“ bezeichnet werden kann. Gleichwohl erscheint die Anwendung des S 2 vom Gesetzeszweck her auch in solchen Fällen geboten. Die Herbeiführung der Umschuldung ist nicht honorarwürdig, wenn ohne Zwang ein Altdarlehen durch ein ungünstigeres Neudarlehen ersetzt wird. Die Ablösung kann in einem solchen Fall als „vorzeitig“ angesehen werden, weil die Rückzahlung jedenfalls nicht notwendig und geboten ist. Hingegen wird man mangels Freiwilligkeit eine „vorzeitige Ablösung“ nicht mehr annehmen können, wenn das Altdarlehen vom Darlehensgeber wirksam gekündigt ist. Entgegen *Seibert* (§ 16 VerbrKrG Rn 6) verlangt der Gesetzeszweck nicht die Einbeziehung dieses Falls in die Regelung des S 2. Denn die Rückzahlung des vom Darlehensgeber wirksam gekündigten Altdarlehens ist für den Schuldner notwendig und unausweichlich. Von einer sinnlosen und verbraucherschädlichen Umschuldung kann hier nicht ausgegangen werden.

6 S 2 unterscheidet nicht zw internen und externen Umschuldungen. Wird jedoch bei gleich bleibendem Darlehensgeber und Fortbestehen des Darlehensvertrags lediglich der Darlehensbetrag erhöht (**Aufstockungsdarlehen**), kann auf Seiten des Darlehensgebers eine Leistung und auf Seiten des Darlehensvermittlers die Vermittlung eines neuen Darlehens von vornherein nur iHd Aufstockungsbetrags angenommen werden; ein Fall der vorzeitigen Ablösung nach S 2 liegt nicht vor.

7 **c) Kenntnis des Darlehensvermittlers von der Umschuldung.** Die Maklervergütung unterliegt nur dann der Beschränkung nach S 2, wenn das vermittelte Darlehen „mit Wissen des Darlehensvermittlers“ der Umschuldung dient. Erforderlich ist positive Kenntnis des Darlehensvermittlers vom Verwendungszweck, die zB anzunehmen sein wird, wenn die Darlehensvaluta auf seine Veranlassung oder mit seinem Wissen an den Gläubiger des Altdarlehens ausbezahlt wird.

8 **d) Umschuldung mit erhöhter Valutierung.** Ferner ist die Maklervergütung nach S 2 nur beschränkt, „soweit“ das Darlehen der Umschuldung dient. Umschuldungen werden zumeist im Zusammenhang mit der Deckung eines neuen Darlehensbedarfs vorgenommen, dh über den Betrag des abzulösenden Altdarlehens hinaus erhält der Verbraucher ein zusätzl Darlehen, das zu seiner freien Verfügung steht. Bzgl der Maklervergütung für dieses Zusatzdarlehen gelten die Beschränkungen des S 2 nicht. Insoweit ist die Vermittlungsprovision verdient, wenn die Voraussetzungen nach S 1 erfüllt sind.

9 **e) Einzelheiten des Kostenvergleichs.** Dient das vermittelte Darlehen der vorzeitigen Ablösung mehrerer Altdarlehen, ist für die Feststellung des Vergütungsanspruchs nach § 655c S 2 der effektive Jahreszins des Neudarlehens gesondert mit dem effektiven Jahreszins jedes einzelnen abzulösenden Darlehens zu vergleichen. Sind das Neudarlehen oder das Altdarlehen mit veränderlichen Konditionen ausgestattet, ist beim Neudarlehen auf effektiven Jahreszins im Zeitpunkt des Vertragsschlusses, beim Altdarlehen auf den effektiven Jahreszins im Zeitpunkt der Umschuldung abzustellen.

10 Für den bei Anwendung des S 2 erforderlichen Vergleich der Effektivzinssätze kann gewöhnlich auf den gem § 492 II iVm Art 247 § 6 I Nr 1 EGBGB **in der jeweiligen vorvertragl Information anzugebenden effektiven Jahreszins** zurückgegriffen werden. Dies gilt jedoch nicht, wenn bereits das abzulösende Darlehen ein vermitteltes Darlehen war. In diesem Fall darf nach § 655c **S 2 Hs 2** bei der Berechnung des effektiven Jahreszinses des Altdarlehens ein etwaiges Vermittlungsentgelt nicht eingerechnet werden, während es bei Berechnung des effektiven Jahreszinses des Neudarlehens einzubeziehen ist. Es ist also für das Altdarlehen ein besonderer effektiver Jahreszins zu errechnen, wobei entgegen § 16 III PAngV die Vermittlungskosten nicht einzubeziehen sind. Für den Darlehensvermittler wird dadurch eine honorarfähige Vermittlung eines Umschuldungsdarlehens erschwert. Dies ist gewollt. Durch § 655c S 2 soll dem sog Umschuldungskarussell entgegengewirkt werden. Der Verbraucher soll im Fall der Ablösung eines bereits vermittelten Altdarlehens nicht schlechter gestellt sein als der Schuldner eines nicht vermittelten Altdarlehens mit iÜ gleichen Konditionen.

§ 655d Nebenentgelte

Der Darlehensvermittler darf für Leistungen, die mit der Vermittlung des Verbraucherdarlehensvertrags oder dem Nachweis der Gelegenheit zum Abschluss eines Verbraucherdarlehensvertrags zusammenhängen, außer der Vergütung nach § 655c Satz 1 sowie eines gegebenenfalls vereinbarten Entgelts für Beratungsleistungen ein Entgelt nicht vereinbaren. Jedoch kann vereinbart werden, dass dem Darlehensvermittler entstandene, erforderliche Auslagen zu erstatten sind. Dieser Anspruch darf die Höhe oder die Höchstbeträge, die der Darlehensvermittler dem Verbraucher gemäß Artikel 247 § 13 Absatz 2 Satz 1 Nummer 4 des Einführungsgesetzes zum Bürgerlichen Gesetzbuche mitgeteilt hat, nicht übersteigen.

I. Beschränkung auf das Erfolgshonorar, S 1. § 655d S 1 beschränkt den Darlehensvermittler – ähnl wie § 3 III WoVermRG den Wohnungsvermittler – grds auf das in § 655c S 1 geregelte Erfolgshonorar. Damit werden Vergütungen für die bloße Tätigkeit oder auch für Nebendienstleistungen des Vermittlers, wie zB Schreibgebühren, Bearbeitungspauschalen oder wie derartige Entgelte sonst bezeichnet sein mögen, ausgeschlossen (vgl BGH NJW-RR 2012, 1073 zur erfolgsunabhängigen „internen Wertermittlungsgebühr"). Das WohnimmobilienRL-UG hat Entgelte für Beratungsleistungen vom Verbot der Vorschrift ausgenommen. Der Wortlaut nimmt nicht ausdr auf Immobiliar-Darlehensverträge (oder sonstige darauf bezogene Finanzierungshilfen) Bezug, sondern spricht von „gegebenenfalls vereinbarten Entgelt(s) für Beratungsleistungen". Anlass für die Ausnahme vom Grundsatz des Nebenentgeltverbots sind allerdings die immobiliardarlehensrechtl Bestimmungen der § 655a III, § 511 und Art 247 § 18 EGBGB (vgl BT-Drs 18/5922, 109). Angesichts des offenen Wortlauts sind jedoch auch Beratungsentgelte für Allgemeine Verbraucherdarlehen als zulässig anzusehen; dies zumal die Gründe für die unterbliebene gesetzl Regelung der Beratungspflichten (dazu § 511 Rn 4) anderer Natur sind. 1

II. Auslagenersatz, S 2. Als Ausnahme von dem Verbot des S 1 ist die Vereinbarung eines Auslagenersatzes in den engen Grenzen des S 2 gestattet. Unter Auslagen sind Aufwendungen zu verstehen, die der Darlehensvermittler für Rechnung des Verbrauchers gemacht hat, wie zB Fernsprech- und Portogebühren. Der Ersatz von Reisekosten kann wegen des Verbots der Darlehensvermittlung im Reisegewerbe nach § 56 I Nr 6 GewO ausgeschlossen sein. Einem einzelnen Darlehensinteressenten zurechenbare Kosten für Zeitungsinserate dürften beim Darlehensvermittler nicht in Betracht kommen. Keine Auslagen sind allg Geschäftsunkosten (Büroaufwand) des Darlehensvermittlers, Fahrtkosten für einen Hausbesuch beim Kunden (AG Daun VuR 2003, 187 m Anm *Kohte*) oder die Aufwendung der eigenen Arbeitskraft. Nur die Erstattung tatsächlich „entstandener" Auslagen kann vereinbart werden; demnach bedarf es eines konkreten **Einzelnachweises** durch den Darlehensvermittler und ist jegliche Pauschalierung untersagt (BGH NJW-RR 2012, 1073, 1074; *Stillner* VuR 2002, 84). Die Vereinbarung eines Auslagenersatzes ist nach S 2 ferner nur in Bezug auf **erforderliche Auslagen** zulässig; die Erstattung sinnloser, überflüssiger oder ungeeigneter Aufwendungen kann sich der Darlehensvermittler nicht wirksam versprechen lassen (vgl zum Kriterium der Erforderlichkeit auch § 670). 2

III. Begrenzung des Auslagenersatzes, S 3. Der durch VerbrKrRL-UÄndG zum 30.7.2010 eingefügte S 3 beschränkt die Höhe des Auslagenersatzes zudem auf die gem § 655a II iVm Art 247 § 13 II Nr 4 EGBGB in der vorvertragl Information anzugebenden Beträge bzw deren Höchstgrenze. 3

§ 655e Abweichende Vereinbarungen, Anwendung auf Existenzgründer

(1) Von den Vorschriften dieses Untertitels darf nicht zum Nachteil des Verbrauchers abgewichen werden. Die Vorschriften dieses Untertitels finden auch Anwendung, wenn sie durch anderweitige Gestaltungen umgangen werden.

(2) Existenzgründer im Sinne des § 513 stehen Verbrauchern in diesem Untertitel gleich.

I. Allgemeines. Der Gesetzgeber hatte die Regeln über Kreditvermittlungsverträge entspr dem Vermittlungsobjekt früher in das Verbraucherkreditrecht eingeordnet. Demzufolge erfasste § 18 VerbrKrG, der die Regelung der Unabdingbarkeit und des Umgehungsverbots enthielt, einheitlich die verbraucherkreditrechtl Bestimmungen ieS wie auch den Darlehensvermittlungsvertrag. Nach Einfügung der Bestimmungen über den Verbraucherdarlehensvermittlungsvertrag in den Untertitel des Maklervertrags bedurfte es insoweit einer gesonderten Regelung. Insoweit entspricht **Abs I** für den Darlehensvermittlungsvertrag dem im Wesentlichen gleich lautenden § 512, der auf die verbraucherkreditrechtl Regelungen der §§ 491–511 Anwendung findet. Entspr gilt für **Abs II**, der auf die korrespondierende Vorschrift über die Einbeziehung von Existenzgründern im Verbraucherkreditrecht § 513 verweist. Im Zuge der Umsetzung der VerbrKrRL 2008/48/EG und der RL 2014/17/EU wurde Abs II angeglichen, ohne die materielle Rechtslage zu ändern (BT-Drs 18/5922, 109). 1

II. Unabdingbarkeitsregel/Umgehungsverbot, Abs I. Aufgrund der **halbzwingenden** Unabdingbarkeitsregel des **Abs I S 1** darf von §§ 655a–d nicht zum Nachteil des Verbrauchers abgewichen werden. Abweichungen, welche die rechtl Stellung des Verbrauchers verstärken, sind dagegen zulässig und wirksam. Ein vom Darlehensvermittler vorgesehener Inhalt der Vereinbarung mit dem Verbraucher, nach dem er entgegen § 655c S 1 schon vor Leistung des Darlehens seine Provision erhalten soll, ist dementspr nicht zulässig (*Bülow/Artz* Rn 1). Vereinbarungen, die inhaltlich die Vorgaben der §§ 655a–d umgehen, also mit den dort geregelten Tatbeständen wirtschaftl vergleichbar sind, führen zwar nicht zur Unwirksamkeit des Vertrags, nach **Abs I S 2** aber zur entspr Anwendung der §§ 655a–d. Auf beide Tatbestände des § 655e I finden die im Rahmen des § 506 erläuterten Grundsätze entspr Anwendung (vgl deshalb im Einz § 506 Rn 2ff). 2

3 **III. Existenzgründer, Abs II.** Ebenso wie dem Verbraucherkreditrecht (§§ 491–511) liegt auch den Bestimmungen des Verbraucherdarlehensvermittlungsrechts in §§ 655a–d nach Abs II ein erweiterter Verbraucherbegriff zugrunde, der über § 13 hinausgehend auch Existenzgründer iSv § 513 umfasst. Wegen der Einzelheiten kann insoweit auf die Ausführungen zu § 513 verwiesen werden (§ 513 Rn 2).

Untertitel 3
Ehevermittlung (§ 656)

§ 656 Heiratsvermittlung

(1) Durch das Versprechen eines Lohnes für den Nachweis der Gelegenheit zur Eingehung einer Ehe oder für die Vermittlung des Zustandekommens einer Ehe wird eine Verbindlichkeit nicht begründet. Das auf Grund des Versprechens Geleistete kann nicht deshalb zurückgefordert werden, weil eine Verbindlichkeit nicht bestanden hat.

(2) Diese Vorschriften gelten auch für eine Vereinbarung, durch die der andere Teil zum Zwecke der Erfüllung des Versprechens dem Makler gegenüber eine Verbindlichkeit eingeht, insbesondere für ein Schuldanerkenntnis.

Schrifttum: *Beckmann*, Ehevermittlung und sonstige Partnervorschlagsleistungen, 1988; *Boerstinghaus*, Das Recht der Partnerschaftsvermittlung, 1995; *Gilles*, Gewerbsmäßige Ehevermittlung, 1977; *Gilles*, Eheanbahnung und Partnervermittlung, 1985; *Haberl*, Rechtliche Aspekte des online-Datings, insbesondere der Vergütungsanspruch der Partnerschaftsvermittler, 2018; *P. Meier*, Vergütungspflicht und Widerruf bei der Online-Partnerschaftsvermittlung, NJW 2011, 2396; *O. Meyer*, Auf der Abschussliste: Der Heiratsmakler im BGB, ZfPW 2019, 488; *Niebling*, Die Online Partnerschaftsvermittlung in rechtlicher Sicht, NJOZ 2021,1; *Peters*, Der Partnerschaftsvermittlungsvertrag, 1986; *Rehberg*, Online-Partnervermittlungen – Probleme in der Praxis, VuR 2014, 407; *Rochnow*, Die rechtliche Behandlung von Online-Partnervermittlungen – Überlegungen zu einem von der Rechtsordnung missbilligten Geschäftsmodell, MMR 2015, 152; *Rockstroh/Gründner*, Die Kündbarkeit von Verträgen mit Online-Partnerschaftsvermittlern, NJW 2016, 3393; *Schöpf*, Recht und Praxis der modernen Heiratsvermittlung, 1962; *Wichert*, Schlechterfüllung bei der Partnerschaftsvermittlung, ZMR 2007, 241.

1 **I. Ehemaklervertrag.** Der Ehemaklervertrag ist **Unterfall des allg Maklervertrags**. §§ 652–655 finden Anwendung, soweit § 656 keine Sonderbestimmungen enthält (Karlsruhe OLGZ 1979, 68; MüKo/*Roth* Rn 4; NK/*Wichert* Rn 16). § 656 entspricht dem Wortlaut des § 762. Der herbeizuführende Erfolg besteht in der Eheschließung mit einem vom Makler nachgewiesenen oder vermittelten Partner. Möglich ist auch die Ausgestaltung der Ehevermittlung als Dienstvertrag (BGH NJW 1984, 2407; *Beckmann* FamRZ 1985, 19; vgl Vor § 652 Rn 19; BGH NJW 2010, 150 Rn 17: Video-Partnerportal unterliegt Dienstvertragsrecht). Dem Gesetzgeber schien nach Auffassung der Allgemeinheit die **Kommerzialisierung des „Ehemarktes"** nicht erwünscht (BaRo/*Kneller* Rn 1; *Schöpf*, 39ff; *Gilles* JZ 1972, 378, 379; *Köbl* NJW 1972, 1442). Deswegen hat § 656 für die Maklertätigkeit nur hinsichtl der Provisionszahlung eine Sonderregelung getroffen. Die Ehevermittlung begründet **keinen klagbaren Vergütungsanspruch** (BGHZ 87, 309, 314; BGH NJW-RR 2004, 778, 779). Die Natur des Ehemakleranspruchs ist umstr, hM nimmt zutr Naturalobligation an (BGHZ 87, 309, 315; zum Streitstand *Schöpf*, 51ff; *Peters* NJW 1986, 2676; MüKo/*Althammer* Rn 1). Das schützenswerte Diskretionsbedürfnis des Kunden soll nicht durch Prozesse auf Ehemaklerlohn gefährdet werden (BGH NJW 1986, 928; NJW-RR 2004, 778, 779). § 656 gilt auch für **Unkosten** (Aufwendungsersatz) (AG Hannover NdsRpfl 1967, 254; MüKo/*Althammer* Rn 13; NK/*Wichert* Rn 30; *Gilles* JZ 1972, 382; aA Staudinger/*Arnold* Rn 10a). Ebenso für **Eheanbahnungsdienstverträge**, die den Makler zu einer Tätigkeit verpflichten (vgl § 652 Rn 19; BGHZ 87, 309; BGH NJW 1986, 928; MüKo/*Althammer* Rn 5), nicht dagegen für Heiratsinserate in Zeitungen oder den Verkauf von Eheanbahnungsinstituten.

2 Der Ehemaklervertrag ist grds **nicht unsittlich** bzw nach § 138 nichtig (BGHZ 25, 124, 127; 87, 309; BGH NJW 1983, 2818; Schleswig NJW 1974, 649), wohl aber, wenn er einer Ehescheidung dient (Beauftragung eines agent provocateur, um Ehebruch zu konstruieren). Ausschluss der Vertragskündigung verstößt gegen § 138 (Karlsruhe OLG 1979, 69). Düsseldorf FamRZ 2010, 2028 hat einen Partnerschaftsvermittlungsvertrag wegen eines Missverhältnisses zw Entgelt und Leistung gem § 138 für nichtig erklärt. Geltendmachung des Ehemaklerlohns enthält keine Täuschung iSd § 263 StGB, sondern lediglich Rechtsbehauptung (Stuttgart NJW 1979, 2573). Der aufgrund eines Lockvogelangebots (Inserat mit einer tatsächlich nicht vermittlungsbereiten Person) zustande gekommene Partnervermittlungsvertrag ist nicht sittenwidrig, sondern allenfalls gem §§ 142, 123 anfechtbar (BGH NJW 2008, 982 Rn 14).

3 Zahlungspflicht kann nicht durch **Vereinbarung einer Vertragsstrafe** für den Fall der Nichtzahlung erreicht werden (Staudinger/*Arnold* Rn 15; *Schöpf*, 71ff), auch nicht durch **Vergleich** (*Schöpf*, 73). § 656 gilt bei Tarnung der Provision als **Mitgliedsbeitrag** im sog Partnerkreis und Ausgestaltung des Ehemaklervertrags als Maklerdienst- oder Maklerwerkvertrag (*Gilles* JZ 1972, 382).

4 Die Aussicht, dass der Auftraggeber zahlt, ist **abtretbar**, § 400 steht nicht entgegen. Der Auftraggeber kann mit einer Forderung gegen den Ehemakler einseitig **aufrechnen**, nicht dagegen der Makler, dieser nur durch Aufrechnungsvereinbarung (*Schöpf*, 68, 69). Der Makler hat kein **Zurückbehaltungsrecht** (*Schöpf*, 69).

5 § 656 verstößt nicht gegen Art 3, 6, 12 GG (BVerfGE 20, 31; dazu Hk-HGB/*Ruß*[7] § 1 Rn 38). Ob **Ehevermittlung ein Gewerbe** iSd §§ 1f HGB darstellt, ist str. Das BayObLG (NJW 1972, 1327) verneint dies unter Hinweis

auf die fehlende Einklagbarkeit der Vergütung. Ebenso wurde nach bisher hM eine Kaufmannseigenschaft gem § 2 HGB abgelehnt (Frankfurt NJW 1955, 716; BayObLG aaO noch zum sog Minderkaufmann). Zwar behandelt das Gesetz die Ehevermittlung als unerwünscht (vgl Rn 1, 2), sie ist aber nicht verboten. Der Maklervertrag ist wirksam (vgl Rn 2). Bereits geleistete Lohnzahlungen können nicht zurückgefordert werden (vgl Rn 6), sodass die vorgenannte Ansicht nicht haltbar und die Ehevermittlung als Gewerbe iSd §§ 1, 2 HGB anzuerkennen ist (AG Bremen 38 HR 126/69; *Hopt* § 1 HGB Rn 21; *Glanegger* JZ 1972, 383; *John* JR 1977, 363; *Tempel* AcP 178, 565).

II. Rückforderungsansprüche. Da die **Rückforderung des Geleisteten** (als anstößig) nach Abs I S 2 ausgeschlossen ist (einschl Anzahlung und Vorschuss), lassen sich Heiratsvermittler bereits vor Aufnahme ihrer Tätigkeit den Lohn (Vorschuss, Anmeldegebühr uÄ) auszahlen. Dies ist nicht sittenwidrig (LG Schweinfurt NJW 1971, 2176), kein Verstoß gegen § 309 Nr 2 (BGHZ 87, 309). 6

Abs I S 2 schließt eine Rückforderung nur aus, wenn sie begehrt wird, weil eine Verbindlichkeit nicht bestanden habe. **Rückforderung aus anderen Gründen** ist dagegen zulässig (BGH NJW 1983, 2818, Koblenz NJW-RR 1993, 888ff; Nürnberg NJW-RR 2018, 1390, 1392). Möglich ist daher Rückforderung bei **Nichtigkeit des Maklervertrags** (§ 812 I 1), **erfolgloser Vermittlungstätigkeit** (LG Hamburg BB 1979, 172) oder **Untätigkeit des Maklers** (§ 812 I 2 Alt 2 causa data causa non secuta, *Erdsiek* NJW 1962, 2241; *Gilles* JZ 1972, 383; *Köbl* NJW 1972, 1445; *Berg* JuS 1973, 552f); auch keine analoge Anwendung des § 656 I 2 (Karlsruhe OLG 1979, 70). Schleswig NJW 1974, 648, 651 gibt anteiligen Rückerstattungsanspruch auch bei vorzeitiger Kündigung des Ehemaklervertrags, auch dann, wenn der Makler bereits tätig geworden ist (Frankfurt MDR 1984, 230). Ausschluss der Rückzahlung durch AGB ist unwirksam (BGH NJW 1983, 2819; Schleswig NJW 1974, 648, 651; Karlsruhe OLG 1979, 70; Frankfurt MDR 1984, 230). Zur **Kündigung** des Partnerschaftsvermittlungsvertrags aus wichtigem Grund: Hamm NJW-RR 1987, 243; Köln NJW-RR 1987, 471; LG Köln NJW-RR 1987, 1530; LG Hamburg NJW-RR 1993, 759; Düsseldorf NJW-RR 1993, 507: § 812 I 2 bei vorzeitiger Kündigung. 7

Da der Ehemaklervertrag grds gültig ist, können **Schadensersatzansprüche** – soweit sie nicht auf Nichterfüllung beruhen (BGH NJW 1986, 928) – gerichtlich durchgesetzt werden (vorvertragl Pflichtverletzungen nach § 280 I, § 311 II, § 241 II; vertragl Pflichtverletzungen nach § 280 I) (BGHZ 25, 124; *Gilles* JZ 1972, 383; *Köbl* NJW 1972, 1445; RGRK/*Dehner* Rn 2; München NJW-RR 1986, 796 zum Schadensersatz bei Partnervermittlungsverträgen wegen pFV nach altem Recht). Dies gilt für Ansprüche des Maklers und des Auftraggebers, denn § 656 verbietet nur klageweise Durchsetzung des Lohnanspruchs für die Ehevermittlung selbst. Daher Schadensersatzanspruch bei Verletzung der einem jeden Makler obliegenden Treuepflichten, so muss der Auftraggeber über Vorstrafen des vermittelten Partners informiert werden (BGHZ 25, 124ff) oder über Anhaltspunkte für einen Heiratsschwindler (Stuttgart NJW-RR 1986, 605). Schadensersatzansprüche des Maklers gegen Dritte wegen Schädigung seiner Tätigkeit erfasst § 656 nicht (BGH NJW 1964, 546; *Gilles* JZ 1972, 381; aA Bremen NJW 1954, 1369), selbst wenn Schaden im Verlust einer Provisionsforderung liegt (BGH NJW 1964, 546). 8

III. Umgehungsgeschäfte. Nach Abs II braucht der Auftraggeber eine **Verbindlichkeit** nicht zu erfüllen, die er zum Zwecke der Erfüllung des Provisionsversprechens eingegangen ist, zB Umwandlung des Lohnanspruchs in ein Darlehen oder Festlegung der Vergütungshöhe durch Vergleich (AG Düsseldorf NJW-RR 2001, 913). Abs II lässt eindeutig erkennen, dass der Ehemakler nur eine freiwillig vom Auftraggeber erbrachte Leistung behalten darf, dies sind Zuwendungen, durch die der Anspruch im Rahmen der Zuwendung vollständig und endgültig erledigt werden soll (LG Köln NJW 1985, 2957). Der Ehemakler kann sich eine erst in der Zukunft zu erbringende Zahlung oder zu erfüllendes Leistungssurrogat nicht rechtswirksam versprechen lassen (LG Köln NJW 1985, 2957). Die Ausübung eines Erfüllungszwangs oder die Hingabe einer Sicherheit verstößt gegen § 656 (aA LG Trier NJW 1984, 182, dagegen *Loddenkemper* NJW 1984, 160). Abtretung an Zahlungs statt ist Leistung iSv Abs I S 2; bei vereinbarter **Lohnabtretung** an Erfüllung statt gegen den jew ArbGeb tritt nur rechtstechnisch eine endgültige und vollständige Erfüllung ein, es ist wirtschaftl eine ratenweise zukünftige Erfüllung vereinbart, als verschleierte Sicherungsabtretung und Umgehung der in § 656 getroffenen Wertung daher unwirksam (LG Köln NJW 1985, 2956, 2957). Nicht unter Abs I S 2, sondern unter Abs II fallen die Hingabe einer Schuldurkunde, insb eines Wechsels, und vom Auftraggeber erbrachte Sicherheiten (sofern nicht als Leistung an Erfüllungs statt anzusehen). Provisionsforderung kann nicht durch Bürgschaft, Pfandrecht, Hypothek gesichert werden (LG Köln NJW 1985, 2957). Abs II gilt auch für Wechselverbindlichkeiten. Doch kann gutgläubiger Indossatar (vgl RG JW 1910, 578) klagen, Art 17 WG. Zur Rückzahlung eines sittenwidrigen bzw widerrufenen Partnerschaftsvermittlungsvertrags als Haustürgeschäft Düsseldorf FamRZ 2009, 2124; FamRZ 2009, 1870; dazu auch BGHZ 185, 192 Rn 13ff. 9

IV. Finanzierter Ehemaklervertrag. Beim **finanzierten Ehemaklervertrag** beantragt der Auftraggeber zur Begleichung der Provisionsforderung bei einem Dritten (zumeist einer Bank) einen Kredit, der weisungsgemäß dem Ehemakler zumeist vor dessen Tätigkeit überwiesen wird. Zw Ehemakler und Kreditgeber besteht idR ständige Zusammenarbeit (dazu *Finger* JZ 1979, 5, 84). Der Makler fasst den formularmäßig aufgesetzten Antrag für den Auftraggeber ab. Ist schon der Ehemaklervertrag nicht grds sittenwidrig, gilt dies erst recht für dessen Finanzierung, die der Erfüllung eines Lohnversprechens gilt. Selbst ein Verstoß gegen § 56 I Nr 6 GewO steht der Wirksamkeit nicht entgegen (LG Konstanz NJW 1972, 1993; LG Kempten JR 1972, 248; LG Bonn NJW 1974, 1566; LG Darmstadt MDR 1974, 932; *Finger* JZ 1979, 585; aA LG Berlin NJW 1971, 2175; AG Spandau JZ 1972, 403; *Höbold* NJW 1970, 1870; *Berg* JuS 1973, 551). Trotz dieses engen wirtschaftl Zusammenhangs sind beide Geschäfte grds rechtl getrennt zu bewerten (LG Konstanz NJW 1972, 1993). Dem **Darlehensrückzahlungs-** 10

begehren steht § 656 II analog entgegen (MüKo/*Althammer* Rn 38; Staudinger/*Arnold* Rn 18; aA NK/*Wichert* Rn 39). Diese Auffassung kann sich auch auf den Regelungszweck der §§ 358, 359 stützen; der Darlehensnehmer soll so gestellt werden, als ob er nur einem Vertragspartner, hier dem Ehemakler, gegenübersteht. Eine entspr Anwendung des § 656 II lehnen ab: Schleswig NJW 1974, 648; Hamburg MDR 1977, 403. Letztere Meinung würde zur Inhaltlosigkeit des § 656 führen, denn gerade geschäftsungewandte Adressaten wurden durch derartige Verträge gebunden. Die von § 656 festgelegte Unklagbarkeit ist nicht abdingbar, hierzu würde aber die Nichtanwendbarkeit des § 656 II führen. Als Umgehungsgeschäft und unter Heranziehung der zum finanzierten Abzahlungskauf entwickelten Grundsätze sind beide Verträge einheitlich zu bewerten und § 656 I, II ist entspr anzuwenden. Damit hat der **Kreditgeber keinen klagbaren Rückzahlungsanspruch**, bei erfolgter Rückzahlung gilt Abs I S 2. Nur so kann den oft beklagten unseriösen Geschäftspraktiken gewisser Ehevermittler begegnet werden (LG Düsseldorf NJW 1974, 1564). Aus § 762 lassen sich wegen der völlig verschiedenen Lebenssachverhalte keine Argumente finden (LG Düsseldorf NJW 1974, 1565; *Küfner* NJW 1974, 1565; aA Schleswig NJW 1974, 649).

11 Der Kreditgeber hat außerdem den Auftraggeber auf Gefahren der Kreditaufnahme für eine nicht erzwingbare Schuld hinzuweisen, **Aufklärungspflicht** (Schleswig NJW 1974, 650; LG Fulda NJW 1971, 2231). Bei Unterlassen entsteht ein Schadensersatzanspruch, der i Erg zur Befreiung von der Schuld aus § 488 führt (*Meyer* MDR 1971, 268, 269; aA *Schmidt-Salzer* JR 1972, 55; *Finger* JZ 1979, 586). Wegen des Zusammenhangs zw Makler- und Kreditgeschäft muss sich der Kreditgeber das Verhalten (Nichtaufklärung) des Ehemaklers anrechnen lassen (LG Fulda NJW 1971, 2231).

12 **V. Partnerschaftsvermittlung.** § 656 ist **entspr anwendbar** auf Vermittlung von Verlobungen, nicht dagegen auf Ehe- und Erbverträge (MüKo/*Althammer* Rn 30; Staudinger/*Arnold* Rn 8a; aA Erman/*O. Werner*[14] Rn 68). Ebenso findet er Anwendung auf die **Partnerschaftsvermittlung**, bei der die Partnerschaft nicht im Hinblick auf eine spätere Ehe gesucht wird; es handelt sich hierbei um Dienstverträge (Partnerschaftsvermittlungsdienstverträge; BGHZ 112, 122; BGH NJW-RR 2004, 778, 779: Freizeitkontakt-Vermittlung; NJW 2008, 982 Rn 21; NJW-RR 2010, 410 Rn 15; Dresden MMR 2015, 35; aA Bamberg NJW 1984, 1466). Nunmehr wurde entschieden (BGH NJW-RR 2021, 1141 Rn 16ff), dass die Gründe, die zur entspr Anwendung des § 656 auf einen Partnervermittlungsvertrag geführt haben, für einen Vertrag über eine Online-Partnervermittlung (hierzu *Niebling* NJOZ 2021, 1) nicht zutreffen. Hier besteht die Leistungspflicht des Vermittlers vor allem darin, seinen Kunden einen unbeschränkten Zugang zu der von ihm betriebenen Internetplattform zu gewähren, auf der die Kunden aus eigener Initiative einen Kontakt zu möglichen Partnern herstellen können, und bei der die Partnervorschläge des Vermittlers allein auf einem elektronischen Abgleich der nicht näher überprüften eigenen Angaben der Kunden beruhen. Für Verträge dieser Art besteht nicht die Gefahr, dass durch einen Rechtsstreit über den Vergütungsanspruch des Partnervermittlers in die Intimsphäre des Kunden eingegriffen wird, wie dies bei einem herkömmlichen Partnervermittlungsvertrag zu erwarten ist (BGH NJW-RR 2021, 1141 Rn 18).

13 Zum Widerruf eines Partnervermittlungsvertrags als Haustürgeschäft gem § 312 aF BGHZ 185, 192. Zur entspr Anwendung auf sog **Partnerschafts-Service-Verträge** AG Berlin-Schöneberg NJW-RR 1988, 115. Keine entspr Anwendung findet § 656 demggü auf Clubs zur bloßen Freizeitgestaltung ohne Partnerschaftsanbahnungsverpflichtung (Jena 7.11.2016 – 2 W 533/16; LG Frankfurt/M, NJW-RR 1992, 312; MüKo/*Althammer* Rn 28); es bedarf aber genauer Überprüfung des Vertragsinhalts (vgl AG Frankfurt/O NJ 2016, 501, 502: Freizeitkontaktbörse). Bei Verpflichtung eines ehewilligen Partners mit Erfolgsgarantie ist die Vergütung zurückzuzahlen, falls der Erfolg ausbleibt (Koblenz NJW-RR 1993, 888, 889; Partnerschaftsdienstvertrag, Koblenz FamRZ 2004, 1102).

Untertitel 4
Vermittlung von Kaufverträgen über Wohnungen und Einfamilienhäuser
(§§ 656a–656d)

Vorbemerkung vor § 656a

Schrifttum: *Fehr/Wichert*, Wirksamkeit der Reservierungsvereinbarung beim Immobilienkauf – unter Berücksichtigung der §§ 656a bis 656d BGB, ZMR 2022, 439; *D. Fischer*, Die Verteilung der Maklerkosten bei der Vermittlung von Kaufverträgen über Wohnimmobilien, NJW 2020, 3553; *D. Fischer*, Das neue Wohnimmobilien-Maklerrecht, IMR 2021, 88; *D. Fischer*, Das neue Immobilienmakler-Provisionsrecht (§§ 656a–656d BGB), ZAP 2023, 69; *Lindner*, Das Bestellerprinzip beim Kauf von Einfamilienhäusern und Wohnungen und die Verteilung der Maklerkosten (§§ 656a–d BGB), ZMR 2021, 24; *P. Meier*, Neue Entwicklungen im Maklerrecht, ZfIR 2020, 765; *P. Meier*, Die Neufassung des Maklerrechts und ihre Auswirkungen auf die notarielle Praxis, Notar 2021, 35; *P. Meier*, Das neue Maklerrecht, insb. Regelungsmöglichkeiten im Grundstückskaufvertrag, ZNotP 2022, 360; *Freiherr v Proff*, Neuregelung der Maklerkosten in Grundstückkaufverträgen und ihre Auswirkungen auf die notarielle Praxis, ZNotP 2020, 433; *J. Schmidt*, Maklerlohn nach der Reform 2020, NZM 2021, 289; *Wistokat*, Jahr 1 nach der Reform des Maklerrechts, NZM 2021, 905; *Wistokat*, Maklerrechtliches „Dreierlei“: Dritterwerb, Verkäufermakler, neues Recht, NZM 2023, 112; *Würdinger*, Im Sprung gehemmt? Eine kritische Analyse zum neuen Recht für Immobilienmakler, jM 2021, 46; *Würdinger*, Vertragsfreiheit und Verteilung der Maklerkosten beim Immobilienkauf, FS J. Hager, 2021, 343.

1 **I. Allgemeines.** Mit dem Gesetz über die Verteilung der Maklerkosten v 12.6.2020 (BGBl I 2020, 1245; Materialien: BT-Drs 19/15827; BT-Drs 19/19203) wurde erstmals seit Inkrafttreten des BGB das Immobilienmaklerrecht novelliert. Die Maklerkostenreform fügt in den Titel 10 einen neuen Untertitel 4 „Vermittlung von Kauf-

verträgen über Wohnungen und Einfamilienhäuser" mit vier Bestimmungen (§§ 656a–656d) in das kodifizierte Maklerrecht ein. Die Gesetzesreform ist nach einer halbjährigen Übergangsfrist, mit der den betroffenen Verkehrskreisen die Gelegenheit zur Anpassung ihrer Geschäftspraktiken an die neue Rechtslage eingeräumt wurde, am 23.12.2020 in Kraft getreten. Zugleich wurde im gesamten Titel 10 die überfällige sprachliche Umstellung der bisherigen Bezeichnungen Mäkler, Mäklervertrag und Mäklerlohn auf dem bereits lange im Rechtsalltag vorherrschenden Sprachgebrauch vollzogen und durch die Begriffe Makler, Maklervertrag und Maklerlohn ersetzt (BT-Drs 19/15827, 2; so auch bereits der dem Bestellerprinzip verpflichtete erste RefE des BMJ aus dem Jahre 2019, hierzu *D. Fischer* NJW 2019, 3277).

1. Anlass und Konzeption der Maklerkostenreform. Die Reform (zur Vorgeschichte vgl *D. Fischer* NJW 2019, 3277f) wendet sich gegen die namentlich in den norddeutschen Ländern Berlin, Brandenburg, Bremen, Hamburg, Schleswig-Holstein sowie im Land Hessen, insb in den dortigen Ballungszentren, vorherrschende Praxis, die Maklerlohnkosten insgesamt auf den Erwerber abzuwälzen (*D. Fischer* NJW 2020, 3553 Rn 3). Durch zwingende Regelungen, wonach die Maklerkosten im Falle der Doppeltätigkeit (§ 656c) von beiden Parteien des Hauptvertrages jew zur Hälfte zu tragen sind sowie bei Überwälzen der Kosten auf den anderen Teil (§ 656d) maximal die Hälfte der Kosten übertragbar sind, soll insb der Erwerber entlastet werden. Ferner soll hierdurch zur herkömmlichen Praxis, wie sie auch im übrigen Bundesgebiet bislang ganz überwiegend üblich ist, zurückgefunden werden (*D. Fischer* NJW 2020, 1268, 1269). Die hälftige Zuweisung der insgesamt entstehenden Maklerkosten auf die Parteien des Hauptvertrages wird als **Halbteilungsprinzip** (BT-Drs 19/15827, 22) oder **Halbteilungsgrundsatz** (*D. Fischer* NJW 2020, 1268, 1269; *Würdinger* FS J. Hager, 2021, 243f) bezeichnet. Die Reform ist beschränkt auf Maklerverträge, die sich mit dem Kauf von Wohnimmobilien befassen. Sie betrifft den **Maklerlohn**, nicht einen etwaigen gesondert vereinbarten **Aufwendungsersatzanspruch** gem § 652 II, hier sind unterschiedliche Ersatzansprüche zulässig (Grü/*Retzlaff* § 656c Rn 1, § 656d Rn 2; *D. Fischer* IMR 2021, 88). Gleiches gilt für die **Vereinbarung einer Reservierungsgebühr** (*Fehr/Wichert* ZMR 2022, 439, 443; *D. Fischer* NJW 2022, 3265 Rn 18). Sie wird für eine gesonderte Leistung des Maklers entrichtet, nämlich die Objektreservierung und betrifft nicht die Nachweis- oder Vermittlungsleistung des Maklers. Der Umstand, dass die Reservierungsgebühr bei Kauf des Objekts auf die (Käufer-)Provision angerechnet wird, rechtfertigt keine anderweite Beurteilung (*D. Fischer* NJW 2022, 3265 Rn 18). 2

2. Keine Deckelung der Provisionshöhe. Zur Höhe der Maklerkosten äußert sich die Reform im Gegensatz zu den Gesetzesvorschlägen der Grünen (BT-Drs 19/4557, 3; § 653a IV E, Deckelung der Maklerprovision auf 2 % einschl Umsatzsteuer, hierzu *D. Fischer* NJW 2019, 1182; 3277) und der AFD (BT-Drs 19/17120, 7f: § 656a II E, von der Kaufpreishöhe abhängige Höchstprovisionssätze) nicht. Es verbleibt insoweit, was die Höchstgrenzen angeht, bei den allg Kriterien der Sittenwidrigkeit der Maklerprovision (*D. Fischer* IMR 2021, 88). 3

II. Sachlicher Anwendungsbereich des Untertitels 4. Die Bestimmungen des Untertitel 4 sind, wie dessen Legalüberschrift ausweist, auf Maklerverträge beschränkt, die sich auf die **Vermittlung von Kaufverträgen über Wohnungen und Einfamilienhäuser** beziehen. Der **Begriff Vermittlung** wird hierbei als **Oberbegriff** verwendet (ebenso § 1 I WoVermRG), der nicht nur die Vermittlung ieS (§ 652 Rn 17) erfasst, sondern sich auch auf die Nachweistätigkeit (§ 652 Rn 12) erstreckt (*D. Fischer* IMR 2021, 88f; *Würdinger* FS J. Hager, 2021, 243, 245). Dies wird auch durch den Wortlaut des § 656a bestätigt, der in Einklang mit § 652 **beide Tätigkeiten** (Nachweis und Vermittlung) ausdrückl erwähnt. Die vom Gesetzgeber verwendeten **Begriffe Wohnung und Einfamilienhaus** entsprechen zwar nicht **der Diktion des Grundstücksrechts** (*P. Meier* Notar 2021, 35, 38), sie sind aber **hinreichend konkret** (vgl auch die Begriffsumschreibungen bei BT-Drs 19/15827, 18), sodass davon abgesehen werden konnte, hierzu Legaldefinitionen aufzustellen (*D. Fischer* NJW 2020, 3553 Rn 5). Auch wenn sich der Normwortlaut nur auf Kaufverträge bezieht, ist auch der **Bauträgervertrag** iSd § 650u in den Anwendungsbereich des Untertitels 4 einzubeziehen (Grü/*Retzlaff* § 656a Rn 4; Staudinger/*Arnold* § 656 a Rn 5; MüKo/*Althammer* § 656a Rn 5; *P. Meier* ZNotP 2022, 360, 363). 4

1. Begriff Wohnung. Eine **Wohnung** iSd § 656a ist jede Zusammenfassung von Räumen, die zu **Wohnzwecken von einem Haushalt** genutzt werden (BT-Drs 19/15827, 18). Auf die rechtl Ausgestaltung kommt es nicht an. Der Begriff Wohnung erfasst deshalb neben **Wohnungseigentum** iSd § 1 I WEG bspw auch Wohnungserbbaurechte (§ 30 WEG), **Dauerwohnrechte** (§ 31 I 1 WEG) und Miteigentumsanteile an einem Grundstück iVm einer Regelung zur Nutzung von Wohnräumen (BT-Drs 19/15827, 18; Grü/*Retzlaff* § 656a Rn 2; *D. Fischer* NJW 2020, 3553 Rn 6). 5

2. Begriff Einfamilienhaus. Der Begriff **Einfamilienhaus** erfasst jedes Gebäude, das in erster Linie den Wohnzwecken der **Mitglieder eines einzelnen Haushalts** dient (BT-Drs 19715827, 18). Erwirbt eine **alleinstehende Person** ein Einfamilienhaus, gilt nichts anderes (*D. Fischer* NJW 2020, 3553 Rn 5). Maßgeblich ist die **Verkehrsanschauung,** sodass auch große und **aufwendig ausgestattete Objekte** dem Begriff Einfamilienhaus zugeordnet werden können (*P. Meier* Notar 2021, 35, 38). Auch der Erwerb einer **Doppelhaushälfte** oder eines **Reihenhauses** fällt unter den Begriff des Einfamilienhauses (*Wistokat* NZM 2021, 905, 907; *D. Fischer* ZAP 2023, 69, 70). 6

Unschädlich ist eine **weitere Wohnung von untergeordneter Bedeutung**, wie etwa eine **Einliegerwohnung** (BT-Drs 19/15827, 18; *D. Fischer* NJW 2020, 3553 Rn 5; *Würdinger* jM 2021, 46, 47; *J. Schmidt* NZM 2021, 289, 292). Diese weitere Wohnung kann auch als **Atelier, Büro, Praxis** oder **Kanzlei** genutzt werden (*D. Fischer* NJW 2020, 3553 Rn 5; *J. Schmidt* NZM 2021, 289, 292 („Souterrain-Kanzlei"); aA *P. Meier* Notar 2021, 35, 39, wo- 7 nach auch eine untergeordnete Gewerbeeinheit die Qualifikation als Einfamilienhaus hindert). Ferner sind **umfangreiche Nebengebäude**, wie etwa Keller, Anbauten, Schuppen und größere Garagen, unerheblich (Grü/*Retzlaff* § 656a Rn 3; *D. Fischer* IMR 2021, 88, 89). Unter den Begriff Einfamilienhaus fallen neben dem klassischen Grundstückseigentum (vgl § 93) auch **Erbbaurechte** nach dem ErbbauRG (BT-Drs 19/15827, 18; *D. Fischer* NJW 2020, 3553 Rn 6).

8 **3. Abgrenzungskriterium Erwerbszweck.** Um die Begriffe Wohnung und **Einfamilienhaus** hinreichend zu erfassen, ist nicht nur die Verkehrsanschauung heranzuziehen, sondern ggf auch der **konkrete Erwerbszweck** zu berücksichtigen (*D. Fischer* NJW 2020, 3553 Rn 6; *D. Fischer* IMR 2021, 88, 89; *J. Schmidt* NZM 2021, 289, 292; ebenso BaRo/*Kneller* § 656a Rn 3; Staudinger/*Arnold* § 656a Rn 49; MüKo/*Althammer* § 656a Rn 8). Wird etwa für eine **kinderreiche Familie** ein bislang als **Zweifamilien- oder Mehrfamilienhaus** dienendes Gebäude erworben, um es tatsächlich als Einfamilienhaus zu nutzen, handelt es sich um ein **Einfamilienhaus iSd Untertitels** (*D. Fischer* NJW 2020, 3553 Rn 6; *J. Schmidt* NZM 2021, 289, 292; ebenso PWW/*Fehrenbach* § 656a Rn 2). Werden beide Hälften eines Doppelhauses zum vorgenannten Zweck erworben, ist ebenso vom Erwerb eines Einfamilienhauses auszugehen (vgl *D. Fischer* NJW 2020, 3553 Rn 6; aA *Wistokat* NZM 2021, 905, 907). Gleiches gilt beim **Erwerb mehrerer Eigentumswohnungen**, um diese zu einer Wohnungseinheit zusammenzufügen (*D. Fischer* NJW 2020, 3553 Rn 6). Wird insoweit dagegen nur auf die **Verkehrsanschauung** oder die **aktuelle Nutzung, mithin die Nutzung des Voreigentümers,** abgestellt und damit der **Anwendungsbereich des Halbteilungsgrundsatzes** verneint (so *P. Meier* ZfIR 2020, 765, 768; *P. Meier* Notar 2021, 35, 39: Verkehrsanschauung; *Osthus* AIZ 2021, Heft 4, 40, 41: aktuelle Nutzung; *Wistokat* NZM 2021, 905, 907: obj Kriterien bzw obj Betrachtungsweise ex ante), wird **normzweckwidrig** die **kinderreiche Familie** benachteiligt (*D. Fischer* ZAP 2022, 69, 71).

8a Anders ist zu entscheiden, wenn ein Zweifamilienhaus von einem **Ehepaar** erworben wird und das Haus nicht nur ihm und deren Familie, sondern auch den **Großeltern** als (separate) Wohnung dienen soll. Dann liegen **zwei Haushalte** vor, sodass der Anwendungsbereich von 656 nicht mehr eingreift (*Wistokat* NZM 2021, 585, 595). Gleiches gilt, wenn ein **Apotheker** ein **Einfamilienhaus** erwirbt, um es als **Zweigstelle** für sein bereits eingerichtetes Hauptgeschäft zu verwenden (MüKo/*Althammer* § 656a Rn 8). Ebenso liegt es, wenn jemand ein **Mehrfamilienhaus** kauft, um eine Wohnung selbst zu nutzen, während die übrigen Einheiten zum Zwecke der **Anschaffungsfinanzierung** vermietet werden (Staudinger/*Arnold* § 656a Rn 6; MüKo/*Althammer* § 656a Rn 8).

9 **4. Außerhalb des Anwendungsbereichs liegende Objekte.** Ist ein an eine **Vielzahl von Parteien vermietetes Wohnhaus (Mehrfamilienhaus)** Gegenstand des Kaufvertrags, so fällt ein hierauf bezogener Maklervertrag nicht in den Anwendungsbereich des Untertitels 4 (*D. Fischer* IMR 2021, 88, 89; *Wistokat* NZM 2021, 905, 907; *P. Meier* ZNotP 2022, 360, 363). Dies gilt auch für **Gewerbeimmobilien**, wobei ein **Überwiegen der Gewerbenutzung** genügt (BT-Drs 19/15827, 18; ebenso *D. Fischer* NJW 2020, 3553 Rn 4; *P. Meier* ZfIR 2020, 765, 767; *J. Schmidt* NZM 2021, 289, 292; Grü/*Retzlaff* § 656a Rn 3, Jauernig/*Mansel* Rn 4). Gehören hierzu als unselbständige Bestandteile auch Wohnräume, wie etwa Betriebsgebäude oder landwirtschaftl Objekte, so ist der Anwendungsbereich ebenfalls nicht eröffnet (Grü/*Retzlaff* § 656a Rn 2; *D. Fischer* IMR 2021, 88, 89; *Wistokat* NZM 2021, 905, 907). **Wohnschiffe** und **Wohnwagen** fallen ebenso nicht in den Anwendungsbereich, weil hier der notwendige Gebäudebezug fehlt (Grü/*Retzlaff* § 656a Rn 2; *D. Fischer* ZAP 2023, 69, 70).

10 **Kaufverträge über Grundstücke**, die **lediglich zur Wohnbebauung vorgesehen sind**, werden gleichfalls nicht vom sachlichen Anwendungsbereich erfasst (vgl hierzu die im weiteren Gesetzgebungsverlauf nicht aufgegriffene, der Sache nach gerechtfertigte Änderungsanregung des BR, BT-Drs 19/15827, 25; ebenso *D. Fischer* NJW 2020, 3553 Rn 4; *P. Meier* ZfIR 2020, 765, 767; *Wistokat* NZM 2021, 905, 907; *Würdinger* FS J. Hager, 2021, 243, 248). In Analogie hierzu gilt dies auch für **Abrissimmobilien**, also für Einfamilienhäuser, die wegen ihrer Sanierungsbedürftigkeit zum Abriss bestimmt sind (*Wistokat* NZM 2021, 905, 908; *D. Fischer* ZAP 2023, 69, 71).

11 **III. Temporärer Anwendungsbereich der §§ 656a–656d.** Der temporäre Anwendungsbereich des Untertitels 4 ergibt sich aus Art 229 § 53 EGBGB. Danach sind die neuen Regelungen erst auf Rechtsverhältnisse anwendbar, die entstanden sind, nachdem die Vorschriften in Kraft getreten sind. Mithin ist als **Stichtag der 23.12.2020** maßgeblich. Unter **Entstanden** ist nicht die Fälligkeit des Provisionsanspruchs zu verstehen, sondern der **Abschluss des Maklervertrags** (BT-Drs 19/15827, 20; *D. Fischer* NJW 2020, 3553 Rn 33; Jauernig/*Mansel* Rn 3; ebenso Staudinger/*Arnold* § 656a Rn 2; *Wistokat* NZM 2021, 905, 915).

12 Der Umstand, dass der **Hauptvertrag** erst nach dem Stichtag zustande kommt, steht der Anwendung des alten Rechts nicht entgegen; maßgeblich ist alleine der Zeitpunkt des Abschlusses des Maklervertrages (*D. Fischer* NJW 2020, 3553 Rn 34). Wird allerdings nur der Maklervertrag mit dem Verkäufer vor dem Stichtag abgeschlossen, der Maklervertrag mit dem Käufer erst danach, kann eine völlige Provisionsüberwälzung auf den Käufer nicht mehr erfolgen. Insoweit greift unmittelbar der Halbteilungsgrundsatz, sodass allenfalls eine hälftige Provisionsteilung in Betracht kommen kann. Ist der Verkäufer nicht bereit zur Provisionsteilung, kann der Makler auch vom Käufer keine Provision verlangen (LG Tübingen ZMR 2022, 842; *D. Fischer* NJW 2020, 3553 Rn 34; aA *Wistokat* NZM 2021, 905, 915; *Greiner* ZMR 2022, 844). Entspr gilt für reine Provisionsüberwälzungsabreden (*D. Fischer* NJW 2020, 3553 Rn 34).

§ 656a Textform

Ein Maklervertrag, der den Nachweis der Gelegenheit zum Abschluss eines Kaufvertrags über eine Wohnung oder ein Einfamilienhaus oder die Vermittlung eines solchen Vertrags zum Gegenstand hat, bedarf der Textform.

I. Normzweck. In § 656a wird, um die **Transparenz und Rechtsklarheit** im Wohnimmobilienvermittlungsgeschäft zu erhöhen, die **Textform (§ 126b)** für alle Nachweis- und Vermittlungsverträge verbindlich vorgegeben. Die Regelung bezweckt, dass sowohl für den Kaufinteressenten als auch für den Verkäufer der Inhalt des Maklervertrags dokumentiert wird. Auf diese Weise können Unklarheiten über in der Praxis häufig strittige Fragen hinsichtlich des Inhalts eines Maklervertrags vermieden werden (BT-Drs 19/15827, 18; *D. Fischer* NJW 2020, 3553 Rn 9; *J. Schmidt* NZM 2021, 289, 290). Mündliche Vertragsabschlüsse, wie sie nach herkömmlichem Maklerrecht nicht selten vorkommen, sind mithin nicht mehr zulässig (*D. Fischer* IMR 2021, 88, 89). 1

II. Anwendungsbereich. Im Gegensatz zu den übrigen Bestimmungen des Untertitels 4 ist der persönliche Anwendungsbereich der Formvorschrift **nicht auf Verbraucher beschränkt**. Auch dann, wenn jur Personen Wohnimmobilien erwerben, unterliegen die hierauf gerichteten Maklerverträge dem Formerfordernis des § 656a. Gleiches gilt für die Veräußerung von Wohnimmobilien durch jur Personen (BT-Drs 19/15827, 18; *D. Fischer* NJW 2020, 3553 Rn 9). Wird der Maklervertrag nachträglich abgeändert, muss auch die **Abänderung**, bspw hinsichtl der Provisionshöhe, dem Formerfordernis entsprechen (Grü/*Retzlaff* Rn 5; *D. Fischer* IMR 2021, 88, 89). 2

Ein **selbständiges Provisionsversprechen**, das etwa bei Verflechtungskonstellationen oder bei einer fehlenden Nachweis- oder Vermittlungsleistung im Wege einer Individualabrede einen eigenständigen Provisionsanspruch des Maklers zu begründen vermag, kann auch außerhalb eines Maklervertrages vereinbart werden. Ist dies der Fall, ist ein derartiger Vertrag im Hinblick auf den Normzweck des § 656a ebenfalls dem Formerfordernis dieser Bestimmung zu unterwerfen (Grü/*Retzlaff* Rn 1; *D. Fischer* IMR 2021, 88, 89; vgl auch LG Tübingen ZMR 2022, 842, 843). 3

Ebenso unterliegt eine **Reservierungsvereinbarung**, die als Teil des Maklervertrages vereinbart wird, der **Textform des § 656a** (*Fehr/Wichert* ZMR 2022, 439, 442; *D. Fischer* ZAP 2023, 69, 72). Wird die Reservierungsabrede gesondert neben dem Maklervertrag abgeschlossen, gilt nichts anderes. Das **Textformerfordernis** erstreckt sich **auch auf Nebenabreden zum Maklervertrag** (Staudinger/*Arnold* Rn 7; *Fehr/Wichert* ZMR 2022, 439, 443). 3a

III. Anforderungen an die Textform. 1. Grundsätzliches. Um der Textform zu genügen, muss die Erklärung in einer Urkunde oder in einer anderen zur dauerhaften Wiedergabe in Schriftzeichen geeigneten Weise abgegeben werden. Danach reichen Verkörperungen auf Papier, USB-Stick, Diskette, CD-ROM, ferner E-Mail oder ein Computerfax aus (Grü/*Ellenberger* § 126b Rn 3). Auch ein Kontaktaufbau über WhatsApp wird ausreichend sein (*J. Schmidt* NZM 2021, 289, 290). Im Rechtsalltag ist der Austausch von E-Mails vorherrschend (*D. Fischer* IMR 2021, 88, 90). 4

2. Konkludenter Vertragsabschluss. Die **strengen Grundsätze** des BGH zum **konkludenten Abschluss eines Maklervertrages** (vgl Vor § 652 Rn 22) bleiben **weiterhin** im Hinblick auf das rechtspolitisch vorzugswürdige, aber vom Gesetzgeber nicht aufgegriffene **Ausdrücklichkeitsgebot** (vgl *Würdinger* FS J. Hager, 2021, 243, 248) **anwendbar** (*D. Fischer* NJW 2020, 3553 Rn 12; *Würdinger* jM 2021, 46, 49). Notwendig ist aber, dass die **vertragsrelevanten konkludenten Äußerungen jeweils in Textform** erklärt werden (*D. Fischer* NJW 2020, 3553 Rn 12; *J. Schmidt* NZM 2021, 289, 292). So kann das unter Bezugnahme auf ein entspr Objektinserat per E-Mail erklärte Verlangen eines Kaufinteressenten auf Zusendung eines Objektexposés dann einen **Antrag auf Abschluss eines Maklervertrages** darstellen, wenn das Objektinserat ein ausdrückl Provisionsbegehren enthält (*D. Fischer* NJW 2020, 3553 Rn 12 unter Bezugnahme auf die Fallgestaltungen BGH NJW 2017, 1024 Rn 17; WM 2019, 1985 Rn 10, 12, 14). Diesen Antrag kann der Makler etwa dadurch annehmen, indem er dem Interessenten das betreffende Exposé per E-Mail oder durch eine Postsendung zuleitet; Entspr gilt, wenn er per E-Mail einen Besichtigungstermin vereinbart (*D. Fischer* NJW 2020, 3553 Rn 12 unter Bezugnahme auf die Fallgestaltung BGH WM 2019, 1985 Rn 14). Eine (**Annahme-)Erklärung des Maklers nach § 151**, wie etwa durch Aufnahme der Tätigkeit (BGH NJW-RR 2010, 257 Rn 3; NJW 2021, 1242 Rn 47), entspricht im Hinblick auf die Informations- und Dokumentationsfunktion der Textform nicht dieser Form (*D. Fischer* NJW 2020, 3553 Rn 12). Gleiches gilt für (fern-)mündliche Erklärungen der Vertragspartner (*J. Schmidt* NZM 2021, 289, 291). 5

IV. Rechtsfolgen bei Nichtbeachtung des Formzwanges. Maklerverträge, die sich auf den Nachweis oder die Vermittlung von Wohnimmobilien beziehen, müssen den Anforderungen der Textform genügen. Bleibt das Formerfordernis unbeachtet, ist der gesamte **Maklervertrag nach § 125 nichtig** (BT-Drs 19/15827, 18; *D. Fischer* NJW 2020, 1268; *Lindner* ZMR 2021, 24; *J. Schmidt* NZM 2021, 289, 290). Der Vergütungsanspruch des Maklers setzt mithin den Abschluss eines wirksamen Wohnimmobilienvermittlungsvertrags voraus (*D. Fischer* IMR 2021, 89, 90 unter Bezugnahme auf BGHZ 221, 266 Rn 11 zu § 2 I WoVermRG). 6

Bei Nichtigkeit des Maklervertrages kann weder der Makler den **vertraglich vereinbarten Maklerlohn** beanspruchen noch kann der Maklerkunde **vertragliche Schadensersatzansprüche geltend** machen. Es scheiden aber auch **gesetzliche Vergütungsansprüche**, wie etwa gem § 354 HGB oder aufgrund Bereicherungsrechts, aus (BGHZ 163, 332, 336; *D. Fischer* Maklerrecht, Kap II Rn 62–65; *P. Meier* ZfIR 2020, 765, 768). 7

§ 656b Persönlicher Anwendungsbereich der §§ 656c und 656d

Die §§ 656c und 656d gelten nur, wenn der Käufer ein Verbraucher ist.

1 **I. Normzweck des Halbteilungsgrundsatzes.** Der Normzweck dieses Grundsatzes weist folgende vom Gesetzgeber als schutzbedürftig angesehene Bezugsgrößen auf:

2 **1. Unterbindung einer unbilligen Abwälzung der Maklerprovisionskosten auf den Käufer.** Die zwingende Einführung des Halbteilungsgrundsatzes soll das soziale Gleichgewicht auf den Immobilienmarkt sichern und gewährleisten, dass nicht unter Ausnutzung einer aufgrund der Marktsituation geschwächten Verhandlungsposition eine unbillige Abwälzung der Maklerprovisionskosten erfolgt (BT-Drs 19/15827, 14; *D. Fischer* NJW 2020, 3553 Rn 36). Insb soll der Käufer einer Wohnimmobilie vor der Ausnutzung einer faktischen Zwangslage geschützt werden (BT-Drs 19/15827, 1).

3 **2. Förderung des Erwerbs von Wohnimmobilien durch Kostenreduzierung.** Durch bundesweit einheitliche, zwingende Regelungen werden die **Transparenz und die Rechtssicherheit** bei der Vermittlung von Kaufverträgen über Wohnungen und Einfamilienhäuser erhöht. Hierdurch soll verhindert werden, dass Maklerlohnkosten, die der Verkäufer verursacht hat und die vor allem in seinem Interesse anfallen, im Kaufvertrag vollständig oder zu einem überwiegenden Anteil auf den Käufer abgewälzt werden (BT-Drs 19/15827, 1f; *D. Fischer* NJW 2020, 3553 Rn 36). Durch die damit verbundene **Kostenreduzierung** wird gleichzeitig der Erwerb von Wohnimmobilien gefördert (BT-Drs 19/15827, 9; *D. Fischer* NJW 2020, 3553 Rn 36).

4 **3. Förderung der Verhandlungsbereitschaft des Verkäufers hinsichtlich der Provisionshöhe.** Die bisherige Praxis in bestimmten Bundesländern, den Verkäufer von der Provision freizustellen und sie insgesamt auf den Käufer abzuwälzen, führt dazu, dass der Verkäufer bei der Auswahl des Maklers vielfach davon absieht, über die Höhe der Provision zu verhandeln (BT-Drs 19/15827, 10; *D. Fischer* NJW 2020, 3553 Rn 1). Auch wird er es möglicherweise unterlassen, sich über die Qualifizierung und Eignung des Maklers genauer zu erkundigen (BT-Drs 19/15827, 10; *D. Fischer* NJW 2020, 3553 Rn 1). Eine **Preisfindung nach Marktgrundsätzen** wird dadurch erheblich erschwert, wenn nicht gar unterbunden (BT-Drs 19/15827, 1, 10; *D. Fischer* NJW 2020, 3553 Rn 1). Der Verkäufer, der vielfach als erster einen Makler einschaltet, soll deshalb durch die Neuregelung wieder auf die **Preisgestaltung**, was die Maklerprovisionskosten angeht, im Eigeninteresse achten und hierdurch auch zu einer allg Reduzierung dieser Kosten beitragen (BT-Drs 19/15827, 11; *D. Fischer* NJW 2020, 3553 Rn 1).

5 **II. Persönlicher Anwendungsbereich des Halbteilungsgrundsatzes.** § 656b spricht aus, welche Personen dem Halbteilungsgrundsatz unterliegen.

6 **1. Persönlicher Anwendungsbereich bezogen auf den Makler.** Während der RegE den persönlichen Anwendungsbereich nur auf Makler beschränkte, die als Unternehmer handeln, ist der Rechtsausschuss zu Recht von dieser Konzeption abgegangen. Der persönliche Anwendungsbereich betrifft auch Makler, die tätig sind, ohne den Status des Unternehmers zu haben. Damit werden auch **Gelegenheitsmakler** erfasst, die keinen kaufmännischen Geschäftsbetrieb unterhalten (*D. Fischer* NJW 2020, 3553 Rn 15). Die zunächst vorgesehene Differenzierung zwischen **unternehmerisch tätigen Maklern** und Gelegenheitsmaklern ist sachlich nicht gerechtfertigt. Die Zwangslage des Käufers ist bei Maklerverträgen mit Gelegenheitsmaklern ebenso vorhanden wie bei Vertragsverhältnissen mit Maklern, die einen Geschäftsbetrieb unterhalten (so bereits die Stellungnahme des BR, BT-Drs 19/15827, 25f; ebenso *D. Fischer* NJW 2020, 3553 Rn 15; *P. Meier* ZfIR 2020, 765, 770; *Lindner* ZMR 2021, 24; *Würdinger* FS J. Hager, 2021, 243, 250). Hinzukommt, dass bei einem Nichteinbezug der Gelegenheitsmakler die Gefahr besteht, dass Makler, die einen Geschäftsbetrieb unterhalten, durch Zwischenschaltung von Gelegenheitsmaklern die zwingende Regelung des Halbteilungsgrundsatzes unterlaufen (*D. Fischer* NJW 2020, 3553 Rn 15).

7 **2. Persönlicher Anwendungsbereich bezogen auf den Maklerkunden.** Der RegE sah ferner vor, dass die Bestimmungen des Halbteilungsgrundsatzes (§§ 656c–656d) immer dann eingreifen, wenn der **Käufer** eine **natürliche Person** ist (BT-Drs 19/15827, 19). Auch diese Regelung hat der Rechtsausschuss zu Recht abgeändert und den Anwendungsbereich auf **Verbraucher** beschränkt (*D. Fischer* NJW 2020, 3553 Rn 16). Damit wird unterstrichen, dass es sich um **Verbraucherschutzbestimmungen** handelt (BT-Drs 19/19203, 20; *D. Fischer* NJW 2020, 3553 Rn 16). Natürliche Personen, die im Rahmen ihrer gewerblichen Tätigkeit eine Immobilie erwerben, fallen mangels Schutzbedürftigkeit nicht in den Anwendungsbereich der gesetzl Regelungen des Halbteilungsgrundsatzes (BT-Drs 19/19203, 20; *D. Fischer* NJW 2020, 3553 Rn 16).

8 **a) Käufer als Verbraucher.** Die **Verbrauchereigenschaft** trifft nicht nur auf **Personen** zu, die die Wohnung oder das Einfamilienhaus selbst nutzen oder einem Angehörigen zur Verfügung stellen möchten, sondern auch dann, wenn der Wohnimmobilienerwerb einer **sicheren Altersvorsorge** dienen soll (BT-Drs 19/15827, 19; *D. Fischer* NJW 2020, 3553 Rn 17; *J. Schmidt* NZM 2021, 289, 292f). Nach der höchstrichterlichen Rspr kann eine Verbrauchereigenschaft auch bei der Verwaltung eines eigenen Vermögens vorliegen (BGHZ 149, 80, 86; BGH WM 2011, 548 Rn 25; 2018, 782 Rn 21; 2020, 781 Rn 12). Hierzu gehört generell auch der Erwerb oder die Verwaltung einer Immobilie (BGHZ 149, 80, 86; BGH WM 2020, 781 Rn 12). Das ausschlaggebende Kriterium für die Abgrenzung der privaten von einer berufsmäßig betriebenen Vermögensverwaltung ist hierbei der Umfang der mit ihr verbundenen Geschäfte. Erfordern diese einen **planmäßigen Geschäftsbetrieb**, wie etwa die Unterhaltung eines Büros oder einer Organisation, so liegt eine **gewerbliche Betätigung** vor und die Verbrauchereigenschaft ist zu verneinen (BGHZ 149, 80, 86; Hamm BeckRS 2016, 20371; Frankfurt/M BeckRS 2018, 14374; Stuttgart

WM 2023, 117, 122; *D. Fischer* IMR 2021, 89, 91). Ist streitig, ob ein planmäßiger Geschäftsbetrieb erforderlich ist, hat der Verbraucher darzulegen und erforderlichenfalls zu beweisen, dass es für die Verwaltung seines Immobilienvermögens keines planmäßigen Geschäftsbetriebs bedarf. Bleiben insoweit Zweifel, ist die geltend gemachte Verbrauchereigenschaft nicht nachgewiesen (Frankfurt/M BeckRS 2018, 14374, im Streitfall ging es um 14 Wohn- und Gewerbeeinheiten; hierzu *D. Fischer* NJW 2018, 3287f).

b) BGB-Gesellschaft als Verbraucher. Vom persönlichen Anwendungsbereich ist auch der Erwerb durch eine ausschließlich aus Verbrauchern bestehende **Gesellschaft bürgerlichen Rechts** erfasst, wenn der Kauf allein zu privaten Zwecken erfolgt (BT-Drs 19/19203, 20). Auch wenn die Legaldefinition des § 13 den Verbraucherbegriff an die natürliche Person anknüpft, kann auch die BGB-Gesellschaft als teilrechtsfähige Personengesellschaft Verbraucher iSd Norm sein. Dies gilt allerdings nur unter bestimmten Voraussetzungen, insb muss es sich bei der BGB-Gesellschaft um einen Zusammenschluss von natürlichen Personen handeln (BGHZ 149, 80, 86; *D. Fischer* NJW 2020, 3553 Rn 18). Setzt sich die Gesellschaft teilweise aus natürlichen und auch aus jur Personen zusammen, fällt dieses Gebilde nicht mehr unter den Verbraucherbegriff des § 13 (BGH NJW 2017, 2752 Rn 26ff). Ferner darf das Handeln der Gesellschaft keine unternehmerischen Ziele verfolgen (*D. Fischer* NJW 2020, 3553 Rn 18). 9

c) Wohnungseigentümergemeinschaft als Verbraucher. Nach der höchstrichterlichen Judikatur kann auch einer Wohnungseigentümergemeinschaft der Verbraucherstatus zukommen (BGHZ 204, 325 Rn 30ff; BGH NJW 2020, 988 Rn 21). Deshalb wird angenommen, auch im Rahmen des § 656b komme in Betracht, dass eine Wohnungseigentümergesellschaft unter diese Bestimmung fallen kann, wenn sie unterhalb von acht Sondereigentumseinheiten liegt (*J. Schmidt* NZM 2021, 289, 293). 10

3. Status des Verkäufers. Ob es sich bei dem **Verkäufer** um eine natürliche oder eine jur Person handelt, ist für die Anwendung der Reformvorschriften ohne Bedeutung (*D. Fischer* IMR 2021, 88, 91). Ebenso kommt es nicht darauf an, ob der Verkäufer Unternehmer oder Verbraucher ist (*Würdinger* FS J. Hager, 2021, 243, 250). Die faktische Zwangslage der Kaufinteressenten, der die Bestimmungen der §§ 656c–656d entgegenwirken sollen, ergibt sich aus der eingetretenen Marktentwicklung und den als üblich vorgegebenen Vertragsgestaltungen und Provisionssätzen, die nicht auf Verkäufe von Unternehmern an natürliche Personen beschränkt sind. Ist dagegen der **Käufer eine juristische Person**, liegt eine vergleichbare Zwangslage des Kaufinteressenten nicht vor; mithin ist es nicht geboten die Vertragsfreiheit der Parteien zu beschränken (BT-Drs 19/15827, 19; *D. Fischer* NJW 2020, 3553 Rn 19). 11

§ 656c Lohnanspruch bei Tätigkeit für beide Parteien

(1) Lässt sich der Makler von beiden Parteien des Kaufvertrags über eine Wohnung oder ein Einfamilienhaus einen Maklerlohn versprechen, so kann dies nur in der Weise erfolgen, dass sich die Parteien in gleicher Höhe verpflichten. Vereinbart der Makler mit einer Partei des Kaufvertrags, dass er für diese unentgeltlich tätig wird, kann er sich auch von der anderen Partei keinen Maklerlohn versprechen lassen. Ein Erlass wirkt auch zugunsten des jeweils anderen Vertragspartners des Maklers. Von Satz 3 kann durch Vertrag nicht abgewichen werden.

(2) Ein Maklervertrag, der von Absatz 1 Satz 1 und 2 abweicht, ist unwirksam. § 654 bleibt unberührt.

I. Halbteilungsgrundsatz bei Doppeltätigkeit. Die Provisionszahlungspflicht der Beteiligten richtet sich nicht danach, welche Partei aufgrund der örtlichen Gegebenheiten und der allg Marktlage in der Lage ist, eine Abwälzung der Maklerkosten auf die andere Partei durchzusetzen. Sie soll sich in Ansehung der tatsächlichen Gegebenheiten beim Immobilienkauf vielmehr daran orientieren, dass der Makler in vielen Fällen den legitimen Interessen beider Parteien dient und eine **hälftige Teilung der Provision** daher grds angemessen ist. Dies gilt namentlich dann, wenn der Makler sowohl mit dem Verkäufer als auch mit dem Käufer über einen Maklervertrag verbunden ist und mithin als **Doppelmakler** tätig wird (BT-Drs 19/15827, 19). 1

Für die einvernehmliche Doppeltätigkeit, die bei Immobiliengeschäften häufig vorkommt (BT-Drs 19/15827, 10), ist kennzeichnend, dass sie von strengen Neutralitätspflichten des Maklers geprägt ist (vgl § 654 Rn 4), sodass keine Gründe für eine abweichende Verteilung der Kosten bestehen (*D. Fischer* NJW 2020, 3553 Rn 20). Dies entspricht iÜ auch dem gesetzl Leitbild des Doppelmaklers, wie es im Handelsmaklerrecht – insb im Rahmen des § 99 HGB – seinen Niederschlag gefunden hat (*D. Fischer* IMR 2021, 89, 91). Damit sich auch unter dem Eindruck einer angespannten Marktlage von vornherein keine Partei veranlasst sieht, hinsichtl der Maklerkosten eine anderweitige Vereinbarung abzuschließen, ist die **hälftige Teilung der Provision** in diesen Fällen gem § 656c I 1 zwingend vorgesehen (*D. Fischer* NJW 2020, 3553 Rn 20). 2

Die Gesamtprovision muss mithin **in gleicher Höhe** (§ 656c I 1) von beiden Seiten getragen werden. Dies bedeutet, dass nicht nur der **gleiche Provisionssatz**, etwa 3,57 % einschl USt, zu vereinbaren ist, sondern auch die **gleiche Berechnungsart**, etwa 3,57 % einschl USt aus dem Kaufpreis, für beide Seiten des Hauptvertrags maßgeblich ist. **Differenzierungen zwischen Kauf- und Angebotspreis** sind daher **unzulässig** (*D. Fischer* ZAP 2023, 69, 74). 2a

Der Halbteilungsgrundsatz schließt auch **Abweichungen zu Gunsten des Käufers** aus. Eine **teleologische Reduktion des § 656c II 1** scheidet angesichts der **eindeutigen gesetzl Regelung** aus (MüKo/*Althammer* Rn 3; *D. Fischer* ZAP 2023, 69, 74; für eine teleologische Reduktion dagegen *Lindner* ZMR 2021, 24, 25, ebenso wohl 2b

Wistokat NZM 2021, 905, 910). Deshalb ist es unzulässig, neben einem einheitlichen Provisionssatz für Verkäufer und Käufer zusätzl zu Lasten des Verkäufers noch eine **Übererlösklausel** (Mehrerlösklausel) zu vereinbaren (*Wistokat* NZM 2021, 905, 914; *D. Fischer* ZAP 2023, 69, 74). Entspr gilt für eine **Mehrerlösvereinbarung zu Lasten des Käufers** (LG Darmstadt BeckRS 2021, 51806; *Wistokat* NZM 2022, Heft 10, V).

3 **II. Anwendungsbereich des § 656c I 1. 1. Unmittelbarer Bereich.** Nach § 656c I 1 gilt der Halbteilungsgrundsatz als zwingende Regelung, wenn sich der Makler von beiden Parteien des Kaufvertrages einen Maklerlohn versprechen lässt. Der **Wortlaut der Regelung** erfasst damit als mögliche Auftraggeber lediglich die Parteien des Hauptvertrages (Kaufvertrag) (*D. Fischer* NJW 2020, 3553 Rn 22; *Wistokat* NZM 2021, 585, 595).

4 **2. Erweiterter Bereich.** Nach herkömmlichem Maklerrecht muss ein Immobilienmaklervertrag nicht zwingend nur vom Veräußerer oder Erwerber abgeschlossen werden. Auftraggeber eines Maklervertrages kann auch eine andere Person sein, etwa ein Familienangehöriger (vgl BGH NJW 2019, 1226 Rn 36 mit der Möglichkeit auch eines Vertrages zu Gunsten Dritter) oder ein Grundschuldgläubiger (Saarbrücken NJW-RR 2016, 58). Diese **erweiternde Sichtweise**, was die Partner eines Maklervertrags angeht, ist auch im Rahmen des § 656c I zu beachten (*D. Fischer* NJW 2020, 3553 Rn 22). Trägt ein Dritter die Maklerkosten, so hat er ggü dem Käufer vielfach ein Rückgriffsrecht, was unmittelbar zu einer erhöhten Provisionslast des Käufers führen würde (vgl die ähnlichen Erwägungen zum Bestellerprinzip, *D. Fischer* Maklerrecht, Kap XII Rn 39). Der Normzweck der genannten Bestimmung zielt auf eine **Entlastung des Käufers von den Maklerlohnkosten** (BT-Drs 19/15827, 10). Der Sinn und Zweck des § 656c als Verbraucherschutzbestimmung (BT-Drs 19/19203, 20) lässt sich nur erreichen, wenn auch Vertragsgestaltungen, bei denen nicht der Käufer, sondern eine andere Person als Auftraggeber handelt, dem Halbteilungsgrundsatz unterliegen (*D. Fischer* NJW 2020, 3553 Rn 22; *Wistokat* NZM 2021, 585, 595).

4a Wird außerhalb eines Maklervertrages ein **selbständiges Provisionsversprechen** vereinbart, unterliegt diese Abrede, soweit sie sich auf die Vermittlung von Wohnimmobilien bezieht und der Erwerber Verbraucher ist, im Hinblick auf den Normzweck des Halbteilungsgrundsatzes auch den **Bestimmungen der §§ 656c, 656d** (LG Tübingen ZMR 2022, 842, 843 zu § 656d; *D. Fischer* ZAP 2023, 69, 77; vgl auch Grü/*Retzlaff* § 656a Rn 1).

5 **3. Nicht erfasste Fallgestaltungen.** Vom Anwendungsbereich des § 656c nicht erfasst sind Fallgestaltungen, in denen eine Kaufvertragspartei den Makler unter Ausschluss der Doppeltätigkeit allein mit der Wahrnehmung ihrer Anliegen beauftragt. Dies ist weiterhin zulässig. Im Fall eines **ausschließlichen Suchauftrags des Kaufinteressenten** oder eines **alleinigen Vermittlungsauftrags des Verkäufers** besteht nur zwischen jew einer Partei und dem Makler eine vertragl Beziehung, sodass auch zunächst nur der Auftraggeber die vereinbarte Provision schuldet (BT-Drs 19/15827, 19; *D. Fischer* NJW 2020, 3553 Rn 25).

6 **III. Rechtsfolge bei Verstoß gegen den Halbteilungsgrundsatz. 1. Nichtigkeit der Maklerverträge.** Hiervon abweichende Vereinbarungen sind nicht nur unwirksam, sondern führen nach § 656c II 1 zur Nichtigkeit der jew Maklerverträge (LG Darmstadt BeckRS 2021, 51806; *D. Fischer* NJW 2020, 3553 Rn 21; *P. Meier* ZfIR 2020, 765, 772; *Würdinger* jM 2021, 46, 49; *J. Schmidt* NZM 2021, 289, 293; *Lindner* ZMR 2021, 24, 25). Vereinbart etwa der Doppelmakler, dass der Käufer 70 % und der Verkäufer 30 % der Maklerkosten zu tragen haben, kann diese unzulässige Regelung nicht etwa im Rahmen einer geltungserhaltenen Reduktion auf den Halbteilungsgrundsatz zurückgeführt werden, sodass mithin beide Teile jew 50 % der Vergütung zu entrichten hätten. Beide Verträge sind vielmehr nichtig mit der Folge, dass der Vergütungsanspruch ggü beiden Kunden entfällt (*D. Fischer* IMR 2021, 89, 91; *J. Schmidt* NZM 2021, 289, 293; *Würdinger* FS J. Hager, 2021, 243, 252; aA Grü/*Retzlaff* Rn 4a). Auch eine Umdeutung nach § 140 scheidet aus (befürwortend dagegen Grü/*Retzlaff* Rn 4a), weil zumindest der Makler Kenntnis von der Nichtigkeit haben wird und die Durchsetzung des Halbteilungsgrundsatzes es gebietet, Umgehungsgestaltungen zu unterbinden (*D. Fischer* ZAP 2023, 69, 76).

7 **2. Anpassungsbedarf bei unterschiedlichen Provisionssätzen.** Wird zunächst mit dem Verkäufer ein höherer Provisionssatz vereinbart, den aber der Käufer als Verbraucher nicht akzeptiert, sodass nur ein niedriger Provisionssatz mit ihm ausgehandelt werden kann, dann muss der Makler auch diesen niedrigeren Provisionssatz dem Verkäufer einräumen und den mit ihm abgeschlossenen Maklervertrag darauf umstellen. Geschieht dies nicht, sind beide Maklerverträge nichtig (*D. Fischer* NJW 2020, 3553 Rn 21; *J. Schmidt* NZM 2021, 289, 293).

8 **3. Ausschluss gesetzlicher Vergütungsansprüche.** Auch **gesetzl Vergütungsansprüche**, wie etwa aus § 812 I, § 818 II sowie § 354 HGB, scheiden im Hinblick auf den **Schutzzweck des § 656c** aus (Grü/*Retzlaff* Rn 5; *P. Meier* ZfIR 2020, 765, 769; *D. Fischer* IMR 2021, 89, 92). Auf § 814 muss nicht abgestellt werden (so aber Jauernig/*Mansel* Rn 6). Es ist daher im **eigenen Provisionsinteresse des Immobilienmaklers**, dass er bei der Ausgestaltung der jew Provisionsabreden strikt auf die Einhaltung des Halbteilungsgrundsatzes achtet (*D. Fischer* NJW 2020, 3289, 3293).

8a **4. Wettbewerbsverstoß.** Die Vorschrift des § 656c ist eine **Marktverhaltensregelung**, deren Nichtbeachtung den **Unlauterkeitsvorwurf gem § 3a UWG** nach sich zieht (LG Hildesheim WRP 2022, 373; *D. Fischer* NJW 2022, 1212 Rn 20; *Wistokat* NZM 2022, Heft 10 V). Mitbewerber und Institutionen nach § 8 III UWG sind berechtigt, gegen den betreffenden Makler Unterlassungsansprüche geltend zu machen. Hiermit verbundene Abmahnkosten fallen gem § 13 III UWG dem Makler als Störer zur Last (*D. Fischer* ZAP 2023, 69, 76).

9 **IV. Verbot von Unentgeltlichkeitsabreden (§ 656c I 2).** Der **Halbteilungsgrundsatz** kann auch nicht dadurch umgangen werden, dass der Makler, wie es in den Fällen des sog „An-die-Hand-Gebens“ häufig erfolgt, mit dem ersten Auftraggeber – idR dem Verkäufer – die Unentgeltlichkeit seiner Tätigkeit vereinbart und sich anschließend nur von dem Käufer eine Provision versprechen lässt. Selbst wenn in diesen Fällen aufgrund der ne-

gativen Provisionsabrede sowie ggf der fehlenden Textform nicht von einem Maklervertrag iSd §§ 652 und 656a auszugehen sein sollte, wird der Makler tatsächlich dennoch für diese Partei tätig. In diesen Fällen darf der Makler auch mit der anderen Partei des Kaufvertrages keine Provisionsabrede mehr abschließen. Andernfalls bestünde die Gefahr, dass die Regelung des § 656c dadurch umgangen wird, dass der Makler für den Verkäufer unentgeltlich tätig wird und mit dem Käufer unter Ausnutzung einer faktischen Zwangslage eine unangemessen hohe Provision vereinbart. Aus diesem Grund ist auch unerheblich, ob die Unentgeltlichkeit bereits von Anfang an vereinbart wird oder sich erst aus einem späteren Erlass (§ 397), der keiner besonderen Form bedarf und auch durch schlüssiges Verhalten zustande kommen kann, ergibt (BT-Drs 19/15827, 19; *D. Fischer* NJW 2020, 3553 Rn 24).

V. Nachträglicher Erlass (§ 656c I 3). Erlässt der Makler **nachträglich** die Provisionsforderung teilw oder ganz dem einen Vertragspartner, dann wird auch der andere Maklerkunde von seiner Provisionspflicht im **Umfang des Erlasses** frei. Diese Regelung ist zwingend; wird hiergegen verstoßen, führt dies nicht zur Unwirksamkeit des Maklervertrags, sondern, wie § 656c I 4 anordnet, lediglich zur **Unwirksamkeit der hiervon abweichenden Absprache** (*P. Meier* ZfIR 2020, 765, 772; *J. Schmidt* NZM 2021, 289, 294; *D. Fischer* ZAP 2023, 69, 77). Wird die von einem Maklerkunden entrichtete Provision an diesen ganz oder teilw zurückgezahlt, so liegt es nahe, hierin eine konkludente Erlassabrede zu sehen, die auch dem anderen Maklerkunden zugutekommen muss (vgl *J. Schmidt* NZM 2021, 289, 294 unter Bezugnahme auf *P. Meier* ZfIR 2020, 765, 774). Gleiches gilt für das **Verjährenlassen der Provisionsforderung** (*P. Meier* ZfIR 2020, 765, 771; HK-BGB/*Scheuch* §§ 656a–656d Rn 4; *D. Fischer* ZAP 2023, 69, 77). 10

Ein **nachträglicher Wegfall des Provisionsanspruchs** gegen eine Partei wirkt sich mithin auch zugunsten der anderen Partei aus (BT-Drs 19/15827, 20; *D. Fischer* NJW 2020, 3553 Rn 25; Jauernig/*Mansel*, § 656b Rn 4). Dies betrifft aber nur entspr Absprachen der Parteien. Wird etwa dem Verkäufermakler wegen einer schwerwiegenden Treuepflichtverletzung nach § 654 die Provision aberkannt, so erfasst dies, soweit keine Pflichtverletzung auch ggü dem Kaufinteressenten vorliegt, nicht die Käuferprovision. Diese ist mithin weiterhin bestandswirksam (*D. Fischer* NJW 2020, 3553 Rn 25; ebenso PWW/*Fehrenbach* Rn 2; *Wistokat* NZM 2021, 905, 910). 10a

Ob eine **nachträgliche Herabsetzung der Provision** im Rahmen einer (gerichtlichen) **Vergleichsvereinbarung** zw Makler und einer der Parteien des Hauptvertrags unter § 656c I 3 fällt, lässt sich nicht einheitlich beurteilen. Ist zw den vergleichsschließenden Parteien str, ob der Makler wegen einer Vertragsverletzung die Provision verwirkt hat und wird dieser Streitpunkt durch eine vergleichsweise Herabsetzung der geschuldeten Provision ausgeräumt, dann betrifft dies ausschließlich die Sphäre der Vergleichsparteien und führt, wie bei einer gerichtlich angeordneten Provisionsverwirkung, nicht dazu, dass auch der andere Teil in den Genuss der Herabsetzung kommt (*Wistokat* NZM 2021, 905, 910; *D. Fischer* ZAP 2023, 69, 78). Anders liegt es, wenn sich der Streit der Parteien auf die Höhe der vereinbarten Provision bezieht. Wird dann im Wege des Vergleichs eine niedrigere Provision oder gar der Wegfall der Provision vereinbart, gilt diese Abrede auch ggü dem anderen Partner des Hauptvertrags (*D. Fischer* ZAP 2023, 69, 78; zu weiteren Vergleichsvarianten, die nicht von § 656c I 3 erfasst werden, *Wistokat* NZM 2021, 905, 910). 10b

VI. Regelung des § 656c II 2. Der Gesetzgeber hat im Hinblick darauf, dass die Voraussetzungen der zulässigen Doppeltätigkeit des Maklers aufgrund der in Rspr und Lit entwickelten Grundsätze geklärt sind, eine nähere Regelung hierzu mit Recht für nicht geboten angesehen (*D. Fischer* NJW 2020, 3553 Rn 26). Der in § 656c II 2 aufgenommene Zusatz „§ 654 bleibt unberührt" ist allerdings ebenfalls entbehrlich, weil nach der höchstrichterlichen Rspr ohnehin jede schwerwiegende Pflichtverletzung des Maklers zur Provisionsverwirkung führen kann (*D. Fischer* NJW 2020, 3553 Rn 26). 11

VII. Auskunftsanspruch des Maklerkunden. Im Schrifttum wird erörtert, ob zur wirksamen Durchsetzung der Kundenrechte auf Einhaltung des Halbteilungsgrundsatzes der Makler ggü dem Kunden auskunftspflichtig ist. So wird vertreten, der Makler habe dem Kunden auf Verlangen über die Höhe der Provision des anderen Teils des Hauptvertrags und über etwaige Erlassabreden Auskunft zu geben (Grü/*Retzlaff* Rn 6; Jauernig/*Mansel* Rn 5; Staudinger/*Arnold* Rn 6, 8; *D. Fischer* IMR 2021, 88, 92; *Lindner* ZMR 2021, 24, 26; *Wistokat* NZM 2021, 905, 914). Hiergegen wird eingewandt, mangels einer gesetzl Regelung sei kein Raum für ein eigenständiges Auskunftsrecht (*P. Meier* ZfIR 2020, 765, 772f). **Immanente Auskunftspflichten** sind dem Maklervertrag nicht unbekannt. So ist etwa der Maklerkunde ggü dem Makler verpflichtet, ihm die Höhe des Kaufpreises mitzuteilen, wenn der Makler diese Angaben zur Berechnung seiner Provision benötigt und ihm der Kaufpreis unbekannt ist (§ 652 Rn 66). Eine **vergleichbare Konstellation** wird durch die zwingende Regelung des Halbteilungsgrundsatzes geschaffen. Hier ist es der Maklerkunde, der auf das Wissen des Maklers angewiesen ist (*D. Fischer* IMR 2021, 88, 92). Er kann nur durch dessen Auskunft abschließend feststellen, ob oder in welcher Höhe er provisionspflichtig ist. Eine Auskunftspflicht des Maklers ist daher zur Durchsetzung des Normzwecks der §§ 656c, 656d geboten (*D. Fischer* NJW 2021, 1202 Rn 3). 12

§ 656d Vereinbarungen über die Maklerkosten

(1) Hat nur eine Partei des Kaufvertrags über eine Wohnung oder ein Einfamilienhaus einen Maklervertrag abgeschlossen, ist eine Vereinbarung, die die andere Partei zur Zahlung oder Erstattung von Maklerlohn verpflichtet, nur wirksam, wenn die Partei, die den Maklervertrag abgeschlossen hat, zur Zahlung des Maklerlohns mindestens in gleicher Höhe verpflichtet bleibt. Der Anspruch gegen die andere Partei wird erst

fällig, wenn die Partei, die den Maklervertrag abgeschlossen hat, ihrer Verpflichtung zur Zahlung des Maklerlohns nachgekommen ist und sie oder der Makler einen Nachweis hierüber erbringt.

(2) § 656c Absatz 1 Satz 3 und 4 gilt entsprechend.

1 **I. Übernahme der Maklerkosten des anderen Teils.** Die beteiligten Parteien können nach § 656d I 1 Vereinbarungen zur **anteiligen Übernahme der Maklerkosten** durch die Partei treffen, die in keinem Vertragsverhältnis zu dem Makler steht, soweit kein Fall des § 656c I 2 vorliegt. Dies betrifft zum einen Vereinbarungen der Parteien des Kaufvertrages untereinander, aus denen sich ein unmittelbarer oder mittelbarer Anspruch des Maklers ergibt. Dies kann im Rahmen eines **Vertrages zugunsten Dritter** oder einer Erfüllungsübernahme sowie einer Freistellung geschehen. Zum anderen sind auch **Vereinbarungen des Maklers mit der Partei**, die nicht sein Vertragspartner ist, zulässig, wie etwa im Wege der **Schuldübernahme** (*D. Fischer* NJW 2020, 3553 Rn 27).

2 Voraussetzung ist aber jeweils, dass der Vertragspartner des Maklers zur **Zahlung einer Provision mindestens in gleicher Höhe** verpflichtet bleibt; mithin darf die andere Partei allenfalls die **Begleichung der hälftigen Gesamtkosten** übernehmen (BT-Drs 19/15827, 20; *D. Fischer* NJW 2020, 3553 Rn 27). Im Gegensatz zu § 656c gilt damit für die in § 656d geregelte Abwälzungssituation der Halbteilungsgrundsatz nicht als zwingende Regelung. Eine hälftige Übernahme bildet lediglich die **Obergrenze**; iÜ besteht eine **Flexibilität**, sodass auch **geringere Anteile der Provision auf den Käufer abgewälzt** werden können (*P. Meier* ZfIR 2020, 765, 772; *Würdinger* jM 2021, 46, 49). Wird mehr als die Hälfte der Kosten auf den Käufer abgewälzt, ist die **Abrede unwirksam**; eine Reduktion auf das zulässige Maß findet nicht statt. Werden Überwälzungsregelungen getroffen, hat der Makler, wie vorstehend unter § 656c Rn 12 ausgeführt, dem Provisionsschuldner auf dessen Verlangen **Auskunft** zu geben (Jauernig/*Mansel* Rn 5; *D. Fischer* IMR 2021, 88, 93).

3 **II. Weitere Konsequenzen des Halbteilungsgrundsatzes.** Ein **Schuldbeitritt** der nicht am Maklervertrag beteiligten Partei kommt damit zukünftig nicht mehr in Betracht, weil dieser zur **Entstehung einer Gesamtschuld** führt. Der Makler soll jedoch gerade nicht in die Lage versetzt werden, von einer anderen Partei als seinem Vertragspartner die Maklerprovision in voller Höhe (§ 421 S 1) verlangen zu können. Ähnlich wie im Rahmen des § 656c wirkt sich zum Schutz vor Umgehungen eine **nachträgliche Herabsetzung** oder ein **Wegfall des Provisionsanspruchs** gegen den Vertragspartner auch zugunsten der anderen Partei aus (§ 656d II, BT-Drs 19/15827, 20; *D. Fischer* NJW 2020, 3553 Rn 28).

4 **III. Fälligkeit des Kostenübernahmeanspruchs.** Dem **Schutz vor Umgehungen** dient schließlich auch die Regelung des § 656d I 2, wonach der Anspruch aus einer Vereinbarung nach § 656d I 1 erst fällig wird, wenn nachgewiesen wird, dass der ursprüngliche Vertragspartner des Maklers seine Provisionsverpflichtung erfüllt bzw seinen Provisionsanteil erbracht hat. Mit dieser **gesetzl Fälligkeitsbestimmung** (Jauernig/*Mansel* Rn 6; *D. Fischer* IMR 2021, 88, 93) soll unterbunden werden, dass die andere Partei vorrangig in Anspruch genommen wird und der Makler seinen Anspruch ggü dem eigentlichen Auftraggeber nicht geltend macht. Zwar hätte dies nach § 656d II regelmäßig auch Auswirkungen auf die Vereinbarung nach § 656d I 1, allerdings wäre der Käufer in diesen Fällen mit der Durchsetzung eines **bereicherungsrechtl Rückzahlungsanspruchs** belastet (BT-Drs 19/15827, 20; *D. Fischer* NJW 2020, 3553 Rn 29). Die Festlegung eines früheren Fälligkeitszeitpunkts ist unwirksam; ein späterer kann dagegen vertragl vereinbart werden (Grü/*Retzlaff* Rn 3; *D. Fischer* IMR 2021, 88, 93).

5 **1. Nachweis der Provisionszahlung.** Den **Zahlungsnachweis** kann nicht nur der andere Teil des Hauptvertrages erbringen. Der Rechtsausschuss hat auch hier aus Praktikabilitätsgründen zu Recht die Möglichkeit eröffnet, dass der Makler selbst die Provisionszahlung des anderen Teils nachweisen kann (BT-Drs 19/19203, 21; *D. Fischer* NJW 2020, 3553 Rn 30). Die **Form des Nachweises** bleibt grds dem jew Einzelfall vorbehalten, in Betracht kommt hier aber jedenfalls die **Vorlage eines Kontoauszugs** oder eines **Überweisungsbelegs** (*D. Fischer* NJW 2020, 3553 Rn 30). Die Vorschriften über die Erfüllung (§§ 362ff) bleiben unberührt (BT-Drs 19/19203, 21; *D. Fischer* IMR 2021, 88, 93).

6 **2. Insolvenz des Maklerkunden.** Die **Ausgestaltung des Zahlungsnachweises als Fälligkeitsregel** hat allerdings zur Folge, dass bei **Insolvenz** derjenigen Partei, die den Maklervertrag abgeschlossen hat, der Makler auch den Anspruch ggü dem anderen Teil des Hauptvertrags verliert. Wegen dauerhaft ausbleibender Fälligkeit ist dem Makler in diesen Fällen die Geltendmachung des Anspruchs ggü der letztgenannten Partei verwehrt (vgl Stellungnahme des BR, BT-Drs 19/15827, 30; *D. Fischer* NJW 2020, 3553 Rn 31). Der Anregung des BR, den Fall der Insolvenz gesondert zu regeln und insoweit eine Zahlungspflicht der anderen Partei des Hauptvertrages zu begründen (Stellungnahme des BR, BT-Drs 19/15827, 30), hat sich die BReg nicht angeschlossen. Sie hat vielmehr darauf verwiesen, dass der Makler, wie jeder Unternehmer, grds das Risiko der Insolvenz seines Auftraggebers zu tragen habe (BT-Drs 19/15827, 33). Auch weitere hierzu vorgetragene Erwägungen bei der Sachverständigenanhörung vor dem Rechtsausschuss wurden nicht aufgegriffen (*D. Fischer* NJW 2020, 3553 Rn 32).

7 Im Hinblick darauf, dass im weiteren Gesetzgebungsverlauf von der Einfügung eines eigenständigen Insolvenzausnahmetatbestands abgesehen wurde, ist davon auszugehen, dass in derartigen Fällen dem Makler kein Kostenübernahmeanspruch ggü dem anderen Teil zusteht. Sollte der insolvente Vertragspartner seinen Provisionsanteil noch beglichen haben und diese Zahlung der Insolvenzanfechtung (§§ 129ff InsO) unterliegen, müsste der Makler nach Rückführung des Betrages an die Insolvenzmasse auch den auf den anderen Teil des Hauptvertrages entfallenden Betrag an diesen auskehren (*D. Fischer* NJW 2020, 3553 Rn 32).

8 **IV. Analoge Anwendung des § 656d I.** Sollte im Falle eines **Doppelauftrags iSd § 656c** eine der Parteien des Hauptvertrags die wirksam vereinbarte hälftige Provisionsschuld durch eine Maklerklausel auf den Vertragspart-

ner abwälzen, wird diese Fallgestaltung vom Wortlaut der §§ 656c, 656d nicht erfasst. Hierdurch wird aber der Halbteilungsgrundsatz unmittelbar verletzt, so dass nach § 656d I analog die **Überwälzungsabrede** als **unwirksam** anzusehen ist (MüKo/*Althammer* § 656c Rn 17, § 656d Rn 3; *P. Meier* ZfIR 2020, 765, 7).

Titel 11
Auslobung (§§ 657–661a)

§ 657 Bindendes Versprechen

Wer durch öffentliche Bekanntmachung eine Belohnung für die Vornahme einer Handlung, insbesondere für die Herbeiführung eines Erfolges, aussetzt, ist verpflichtet, die Belohnung demjenigen zu entrichten, welcher die Handlung vorgenommen hat, auch wenn dieser nicht mit Rücksicht auf die Auslobung gehandelt hat.

I. Begriff; Normzweck. In der Umschreibung durch den Gesetzgeber wird der Charakter der Auslobung als **einseitiges, aber rechtsverbindliches Belohnungsversprechen** deutlich. Mit der gesetzl Regelung sollte Kontroversen der Boden entzogen werden, die im gemeinen Recht über die Rechtsnatur der Auslobung herrschten (Staudinger/*Bergmann* Rn 7ff; BRHP/*Kneller* Rn 2). Allg besteht der Zweck einer Auslobung darin, die Öffentlichkeit oder eine unbestimmte Personenmehrheit (s Rn 7) durch das Versprechen einer Belohnung zu einem bestimmten Verhalten zu veranlassen. Hs 2 verdeutlicht, dass ungeachtet der vom Auslobenden intendierten **Anreizwirkung** die Anspruchsberechtigung aus der Auslobung **keine Kausalität** zw der Auslobung und der Handlung bzw der Herbeiführung des Erfolgs voraussetzt. Das Preisausschreiben nach § 661 ist eine besondere Art der Auslobung. 1

II. Rechtsnatur; Abgrenzung. Die Auslobung ist ein **einseitiges Rechtsgeschäft** (BGH NJW 1983, 442, 443; 2011, 139 Rn 12; RGZ 61, 153, 155f; Jauernig/*Mansel* Rn 1). Sie setzt nur eine rechtl bindende Willenserklärung des Auslobenden voraus. In Abweichung von § 147 II, § 311 I ist für die Begründung eines Anspruchs aus § 657 keine Annahmeerklärung des Berechtigten erforderlich. Dass eine Annahme vorliegt, steht einer Auslobung aber auch nicht entgegen (BeckOGK/*Lohsse* Rn 25; *Castendiek* SpuRt 2023, 10, 13). Die Willenserklärung des Auslobenden ist zudem nicht empfangsbedürftig. Für ihre Wirksamkeit bedarf es also entgegen § 130 I 1 keines Zugangs bei einer bestimmten Person (s Einl § 104 Rn 15), wohl aber der öffentlichen Bek (Mot II 519; Rn 7). Da die Auslobung kein Vertrag ist und der Verwender ausschließlich eigene rechtsgeschäftliche Gestaltungsmacht in Anspruch nimmt, sind allg Bestimmungen, die der Auslobende (etwa bei einem Preisausschreiben, s § 661 Rn 1) trifft, grds keine kontrollfähigen **AGB** iSd § 305 I 1 (BGH NJW 2011, 139 Rn 23; KG NJW 2011, 466; aA Staudinger/*Bergmann* Rn 36; *Albers* NJW 2017, 2380, 2381). Anders verhält es sich jedoch bei vorformulierten Ausschlüssen oder sonstigen Beschränkungen der Haftung für Verletzungen von Rechtsgütern der Teilnehmer (BGH NJW 2011, 139 Rn 24) sowie bei Einwilligungen in Telefonwerbung, die im Zusammenhang mit Preisausschreiben oder Gewinnspielen erteilt werden (BGH ZIP 2013, 938 Rn 17). 2

Aufgrund ihrer Einseitigkeit, des Fehlens eines Vertragsschlusses und der Adressierung des Belohnungsversprechens an die Öffentlichkeit unterscheidet sich die Auslobung von ähnl Rechtsgeschäften, die vertragsrechtl konstruiert sind und daher grds (s zur *offerta ad incertas personas* § 145 Rn 4) eine an eine bestimmte Person oder bestimmte Personen gerichtete Willenserklärung und die Annahme dieser Willenserklärung durch die andere Seite erfordern (BRHP/*Kneller* Rn 4). Dies gilt etwa für Auftrag (§ 662), Dienst- (§ 611) oder Werkvertrag (§ 631), die auch den Inhalt haben, zu einer bestimmten Tätigkeit oder einem Erfolg zu veranlassen. Auch das Schenkungsversprechen iSv § 518 stellt ein Vertragsangebot an eine bestimmte Person dar, das zu seiner Wirksamkeit der Annahme bedarf (Grü/*Weidenkaff* § 518 Rn 2). Bei der typischen Schenkung dominiert zudem der Aspekt der Zuwendung, nicht der der Belohnung für eine bestimmte Handlung, s § 516 Rn 1. Bei der Abgrenzung von (durch die Vornahme der Handlung bzw Herbeiführung des Erfolgs) bedingtem Schenkungsversprechen („**belohnende Schenkung**", München NJW 1983, 759; § 516 Rn 40) und Auslobung liefert die für die Auslobung charakteristische Adressierung an die Öffentlichkeit einen wichtigen Anhaltspunkt. Bestehen insoweit Zweifel und liegt eine ausdrückl Annahme nicht vor, stellt sich die Frage, ob in der Vornahme der Handlung eine stillschw Annahme eines bedingten Schenkungsversprechens gesehen werden kann. Dabei kommt es darauf an, ob für den Erklärenden primär die Ausführung der Handlung bzw die Herbeiführung des Erfolgs oder die Gewährung der Belohnung im Mittelpunkt steht (München NJW 1983, 759). Liegt im zuerst genannten Fall eine rechtsgeschäftliche Einigung vor, so liegt keine Auslobung, sondern ein entgeltlicher Vertrag über die Entlohnung einer noch zu erbringenden besonderen Leistung vor (BGH NJW 1982, 436: Prämienzahlung bei Meisterschaftsgewinn). Bietet eine Gemeinde ein Grundstück im Wege eines „Auslobungsverfahrens" zum Erwerb an, kann es sich um eine Auslobung iSv § 657 handeln; die Gemeinde muss dann die selbst gesetzten Verfahrensregeln einhalten (Koblenz NJW 2017, 3310). 3

Spiel und Wette haben ebenfalls Vertragscharakter. Ihnen fehlt ein ernsthaftes Ziel, es steht nicht die Vornahme der Spiel- oder Wetthandlung, sondern der Unterhaltungswert im Vordergrund, s § 762 Rn 2. Der Spielvertrag setzt eine spieltypische Gefährdungslage voraus, bei der ein beiderseitiges Verlustrisiko besteht (*Castendiek* 4

SpuRt 2023, 10, 11). Bei der Wette geht es nicht um die Vornahme einer Handlung, sondern um die Richtigkeit einer Behauptung (NK/*Ring* Rn 25). Bei Lotterie und Ausspielung richtet sich der Veranstalter zwar wie bei der Auslobung an die Öffentlichkeit, im Gegensatz zur Auslobung kommen jedoch Verträge mit einer Mehrheit von Spielern zustande, s § 763 Rn 2. Vgl zur Abgrenzung vom Preisausschreiben § 661 Rn 1. Das reine **Glücksspiel,** dessen Ausgang nicht von körperlichen oder geistigen Fähigkeiten, Kenntnissen, Aufmerksamkeit, Geschick oder Anstrengung des Handelnden, sondern allein oder hauptsächlich vom Zufall abhängt, fällt dagegen unter § 762 (*Ernst* NJW 2006, 186, 188). Geschicklichkeitsspiele zB auf Sportfesten sind als Auslobung einzuordnen, auch wenn die zu gewinnenden Preise wie Pokale, die keinen hohen materiellen Wert haben, aus Teilnahmebeiträgen (dazu Rn 5) finanziert werden (*Castendiek* SpuRt 2023, 10ff). Bei **Gewinnspielen** im TV oder Internet liegt der Schwerpunkt nicht auf dem Zufallselement (nur der kann teilnehmen, der per Zufallsgenerator bestimmt wird), sodass eine Auslobung vorliegt (aA Staudinger/*Bergmann* Rn 43). Dies gilt jedenfalls dann, wenn es nur eine Lösung gibt, die der Teilnehmer durch geistige Anstrengung (Verständnis des Rätselschemas) ermitteln muss (Köln NJW-RR 2014, 1138, 1139 für das Fernsehquiz „Wer wird Millionär?"; München NJW-RR 2005, 1401; AG München 16.4.2009 – 222 C 2911/08; *Ernst* NJW 2006, 186, 188; aA [Spiel] *Gabriel/Barth* VuR 2006, 301). Vgl zu Gewinnzusagen § 661a. Die Rechtsfolgen der §§ 657ff können auch vertragl vereinbart werden (BGHZ 17, 366, 369; BGH MDR 1966, 572; Köln BauR 1982, 396).

5 **III. Voraussetzungen. 1. Aussetzen einer Belohnung.** Aussetzen ist das einseitige Versprechen der Belohnung im Sinne einer **nicht empfangsbedürftigen, nicht annahmebedürftigen Willenserklärung.** Aus dem Text der Auslobung muss sich aus der Sicht eines vernünftigen Teilnehmers am Rechtsverkehr als Teil der durch die Auslobung angesprochenen Öffentlichkeit mit hinreichender Deutlichkeit (§§ 133, 157) eine bindende Leistungsverpflichtung (s Rn 1) des Auslobenden für den Fall der Vornahme der ausgelobten Handlung ergeben (BGHZ 88, 373; Stuttgart 16.2.2016 – 12 U 63/15, juris Rn 68; BeckOGK/*Loohsse* Rn 34). Für die Willenserklärung des Auslobenden gelten die §§ 104ff (s Rn 9). Die Grenzen von § 134 (zB UWG) und § 138 gelten auch für die Auslobung (MüKo/*Schäfer* Rn 11). Der Auslobende kann sein Versprechen nach §§ 119f anfechten (Grü/*Retzlaff* Rn 2). Bei marktschreierischer, erkennbar nicht ernst gemeinter Anpreisung ist das Versprechen gem § 118 nichtig (Mot II 520; Grü/*Retzlaff* Rn 2); anders, wenn der Auslobende die Ernstlichkeit auf Nachfrage ausdrückl bestätigt (Stuttgart 16.2.2016 – 12 U 63/15 juris Rn 68). Das Versprechen kann unter eine Bedingung gestellt werden, zB die Zahlung von Eintrittsgeld oder Startgebühr (Grü/*Retzlaff* Rn 2; MüKo/*Schäfer* Rn 12). Der Auslobende muss nicht mit dem das Versprechen Bekanntgebenden identisch sein. So können bspw Polizei oder Staatsanwaltschaft eine Belohnung von privater Seite bekannt geben (Staudinger/*Bergmann* Rn 47). Setzt die Polizei oder StA eine Belohnung für die Mitwirkung von Privatpersonen an der Fahndung aus, kann sie dadurch den Rechtsträger privatrechtl gem § 657 verpflichten; es ist der Zivilrechtsweg gegeben (VG Düsseldorf 11.9.2014 – 22 K 4626/13). Der Auslobende kann den Kreis der Adressaten bestimmen und dabei einzelne Personen ausschließen, zB bei Quizgewinnspielen (s Rn 7; BGH NJW-RR 2007, 392; München NJW-RR 2005, 1401; Grü/*Retzlaff* Rn 2).

6 Die versprochene Belohnung muss nicht in Geld bestehen (BGH NJW 1984, 1118). Es genügt vielmehr – wiederum in den Grenzen von § 134 (vgl zum Verstoß gegen § 2 II WoVermRG AG Freiburg NJW-RR 1991, 12) und § 138 – jeder Vorteil, gleich ob materiell oder immateriell, zB die Lieferung von Gütern, die Verleihung von Titeln (RGZ 143, 259, 262), die Gewährung von Reisen (Karlsruhe Justiz 1980, 436) oder der Gewinn von Wettbewerben (BGH WM 1983, 1267; s Staudinger/*Bergmann* Rn 59). Die Höhe der Belohnung wird häufig bereits im Text der Auslobung fixiert sein, kann aber auch nach bestimmten, vom Auslobenden festgelegten Kriterien zu berechnen sein (RGZ 167, 225, 234; Staudinger/*Bergmann* Rn 60). In Zweifelsfällen ist § 316 analog für die Bestimmung der Höhe bzw des Umfangs der Belohnung heranzuziehen (aA MüKo/*Schäfer* Rn 24; Staudinger/*Bergmann* Rn 60: im Zweifel Bestimmungsrecht des Auslobenden).

7 **2. Öffentliche Bekanntmachung.** Die Bek kann auf jede beliebige Art an die Öffentlichkeit gerichtet werden – schriftlich, mündlich, durch Anschlag oder Aushang, durch Presse, Funk, Fernsehen oder über das Internet (BRHP/*Kneller* Rn 9). Sie ist zwingendes Wirksamkeitserfordernis für die Auslobung: „Ohne Publizität keine Auslobung" (Mot II 519). Die Bindungswirkung des Versprechens folgt gerade aus seiner öffentlichen Bek. „Öffentlich" ist die Bek dann, wenn sie sich an einen **individuell unbestimmten Personenkreis** richtet. Dabei genügt auch die Bekanntgabe an eine eingeschränkte Öffentlichkeit, wie eine bestimmte Berufsgruppe oder sonstige Personenkreise (zB öffentliche Versammlung). Entscheidend ist stets, dass wegen dieser öffentlichen Adressierung der Auslobung ungewiss ist, welche und wie viele Personen die Möglichkeit der Kenntnisnahme haben (Grü/*Retzlaff* Rn 3). Richtet sich die Bek dagegen an eine Mehrheit konkret bestimmter Personen, liegt keine Auslobung vor, sondern ein Angebot zum Abschluss eines Vertrags mit allen oder einigen dieser Personen, zB zu einer belohnenden Schenkung (München NJW 1983, 759; Düsseldorf NJW 1997, 2122; Grü/*Retzlaff* Rn 3). Auf diesen Vertrag ist uU § 661 analog anzuwenden (BGHZ 17, 366). Keine Auslobung liegt vor, wenn sich aus der Bek durch einen Dritten (zB Artikel in der Zeitung) ergibt, dass das Versprechen (noch) nicht für die Öffentlichkeit gedacht ist (MüKo/*Seiler*[6] Rn 13).

8 **3. Vornahme einer Handlung.** Entspr der Anreizfunktion der Auslobung (s Rn 1) muss die Handlung, für die die Belohnung versprochen wird, in einem menschlichen Tun oder Unterlassen im weitesten Sinn bestehen (MüKo/*Schäfer* Rn 31). Die Herbeiführung eines Erfolgs ist eine durch den Erfolg qualifizierte Form des Verhaltens (Grü/*Retzlaff* Rn 4). In Betracht kommt in den durch § 138 gezogenen Grenzen **jede Art von Handlung oder Erfolg,** zB das Wiederfinden einer gestohlenen, verlorenen oder sonst abhanden gekommenen Sache oder

eines entlaufenen Haustieres (LG Frankfurt/M NJW 1954, 1685; Frankfurt OLG 41, 123), die Aufklärung von Straftaten, Ergreifung von Straftätern (RGZ 11, 281; Hamburg OLG 10, 181), die Lösung wissenschaftlicher oder technischer Probleme, Preisverleihungen an Künstler (BGH NJW 1984, 1118), Entdeckungen oder Erfindungen, das Starten bei einem Spiel-, Sport- (auch wenn ein Startgeld gezahlt werden muss, Staudinger/*Bergmann* § 661 Rn 15; *Castendiek* SpuRt 2023, 10, 13) oder Architekturwettbewerb (BGH NZBau 2004, 450, 451; München ZUM 2009, 971, 973), die Beschaffung von Wohnraum (AG Freiburg NJW-RR 1991, 12) oder die Teilnahme an einer Ausschreibung (BGHZ 88, 373; BGH NJW 1984, 1118; BRHP/*Kneller* Rn 1). Nicht unter § 657 fallen Zufälle oder von dritter Seite bewirkte Erfolge (BRHP/*Kneller* Rn 11).

Besondere Anforderungen werden an die Handlung nicht gestellt (Mot II 519f). Sie kann auch in der Vornahme eines Rechtsgeschäfts liegen (Staudinger/*Bergmann* Rn 63). Nur in diesem Fall kommt es auf die Geschäftsfähigkeit des Berechtigten an. Sonstige Handlungen stellen dagegen Realakte dar, für die Geschäftsfähigkeit nicht erforderlich ist (NK/*Ring* Rn 4). Die Handlung kann auch in einem erfolgreichen Rücktransfer eines Tokens in einer Blockchain an den Auslobenden liegen. Hierdurch können zumindest einige Rechtsfolgen eines Wertpapiers simuliert werden (*Kaulartz/Hirzle/Holl* RDi 2022, 324ff). 9

Ist der Gegenstand der Auslobung zweifelhaft, so ist er durch Auslegung des Auslobungstextes nach §§ 133, 157 zu ermitteln. Dabei ist wiederum (s Rn 5) vom Verständnishorizont einer Person, die zu der durch die Auslobung angesprochenen Öffentlichkeit gehört, auszugehen (Stuttgart 16.2.2016 – 12 U 63/15, juris Rn 70; Grü/*Retzlaff* Rn 4). Auf den Anwendungsbereich und den Zweck der Auslobung sowie die Motive und Interessen des Auslobenden kommt es dagegen nicht an (Mot II 519; MüKo/*Schäfer* Rn 8). Eine Auslobung liegt daher auch vor, wenn der Auslobende von der Unmöglichkeit der Handlung (zB Widerlegung einer Behauptung oder These) überzeugt ist (Jauernig/*Mansel* Rn 5; Grü/*Retzlaff* Rn 4) oder wenn der Auslobende ein Interesse gerade an der Nichterbringung des von ihm verlangten Nachw (zB niedrigere Preise bei Wettbewerbern: „Wenn Sie diese Ware irgendwo billiger finden, erstatten wir die Differenz") hat (MüKo/*Schäfer* Rn 8; *Ernst* NJW 2006, 186, 187). Im Gegensatz zum Preisausschreiben (§ 661 Rn 2) bedarf es für die Wirksamkeit der Auslobung nach § 657 keiner Fristsetzung für die Vornahme der Handlung durch den Auslobenden, sie schadet aber auch nicht und ist häufig sinnvoll, bei Unterlassungen sogar zwingend (MüKo/*Schäfer* Rn 12). 10

Wurde die Handlung bereits vor der Auslobung vorgenommen, so kann die der Auslobung inhärente Anreizfunktion (s Rn 1) nicht mehr zum Tragen kommen, eine Auslobung iSv § 657 liegt daher nicht vor (differenzierend Staudinger/*Bergmann* Rn 71: Auslegungsfrage). 11

IV. Rechtsfolge; Anspruchsberechtigter. Sind die zuvor genannten Voraussetzungen erfüllt und hat eine Person die in der Auslobung genannte Handlung vorgenommen oder den dort genannten Erfolg vollständig herbeigeführt, erwirbt diese Person gegen den Auslobenden unmittelbar einen **fälligen, voll wirksamen schuldrechtl Anspruch** auf die Auszahlung (bei Geld) bzw Zurverfügungstellung der Belohnung. Dieser Anspruch kann ggü dem Auslobenden mit der Leistungsklage geltend gemacht werden. Wurde die Auslobung durch Stellvertreter wie etwa Polizei oder Staatsanwaltschaft bekannt gemacht (s Rn 5), so ist Schuldner die vertretene Privatperson (Staudinger/*Bergmann* Rn 47). 12

Der Belohnungsanspruch entsteht unabhängig davon, ob der Bewerber mit Rücksicht auf die Auslobung gehandelt hat (s Hs 2) und ob der Auslobende über die Vornahme der Handlung unterrichtet wurde. Unbeachtlich ist auch, welche Zwecke oder Interessen der Handelnde verfolgte. Der Anspruch entsteht also auch dann, wenn sich der Handelnde nur von einem ungerechtfertigten Verdacht befreien wollte (Hamburg OLG 10, 181) oder er sich gar nicht anders verhalten konnte, ohne sich selbst strafbar zu machen (LG Frankfurt/M NJW 1954, 1685; MüKo/*Seiler*[6] Rn 17). 13

Der Auszahlungsanspruch entsteht nur, wenn die Handlung oder der Erfolg dem Auslobungstext entspricht. Ist dies nicht der Fall, so kommt eine Mängelhaftung des Bewerbers ebenso wenig in Betracht wie eine Haftung aus § 280 oder cic (MüKo/*Seiler*[6] Rn 22). Möglich ist dagegen eine Haftung des Handelnden nach §§ 823ff. Wird die Sache, für deren Wiederbeschaffung eine Belohnung ausgelobt wird, nach der Auslobung beschädigt, hat der Berechtigte nur einen Anspruch auf einen geminderten Teil der Belohnung (Staudinger/*Bergmann* Rn 77). Wenn aufgrund eines Verhaltens des Auslobenden die Vornahme der Handlung oder die Herbeiführung des Erfolgs unmöglich wird, hat der Bewerber keinen Anspruch auf Schadensersatz (ausf Staudinger/*Bergmann* Rn 76). Besteht die Belohnung nicht in Geld und ist sie mit Rechts- oder Sachmängeln behaftet, so haftet der Auslobende wegen der kaufähnl Konstruktion der Auslobung (Belohnung gegen Vornahme der Handlung bzw Herbeiführung des Erfolgs) nach §§ 434ff analog (Staudinger/*Bergmann* Rn 88; MüKo/*Schäfer* Rn 40). Besondere Vorschriften gelten, wenn die Handlung mehrfach (§ 659) oder von mehreren gemeinsam vorgenommen wurde (§ 660). 14

Behält sich der Auslobende in der Auslobung vor, die Person des Empfängers oder den Gegenstand der Belohnung selbst zu bestimmen, so ist der Auslobende verpflichtet, diese Bestimmung gem § 315 nach **billigem Ermessen** vorzunehmen (RGZ 167, 225, 235). Nimmt der Auslobende die Bestimmung nicht oder nicht rechtzeitig vor oder erscheint sie als unbillig, so kann der Handelnde nach § 315 III 2 das Gericht anrufen und dabei gleichzeitig die gerichtliche Bestimmung der Leistung und die Verurteilung zur Gewährung der Belohnung geltend machen, s dazu im Einz § 315 Rn 18. Sonderbestimmungen hierzu finden sich in §§ 660 und 661. Der Berechtigte kann auch dann gerichtlich gegen den Auslobenden vorgehen, wenn der Auslobungstext die Belohnung „unter Ausschluss des Rechtsweges" verspricht. Handelt es sich tatsächlich um das rechtsverbindliche Versprechen einer Belohnung iSv § 657, kann der Auslobende den Rechtsweg zulasten des Berechtigten nicht einseitig und ersatz- 15 los ausschließen; dies überschreitet die Grenzen privatautonomer Gestaltungsfreiheit (Köln NJW-RR 2014, 1138; abw MüKo/*Schäfer* Rn 46).

16 Die Auslegung der Auslobung (s Rn 10) kann ergeben, dass bestimmte Personen nicht Anspruchsberechtigte sein sollen, obwohl sie zur angesprochenen Öffentlichkeit gehören. Bei der Auslobung einer Belohnung für die Wiederbeschaffung einer gestohlenen Sache gilt dies etwa für den Dieb oder Hehler, bei der Auslobung durch Strafverfolgungsbehörden für die Beamten, die zur Verfolgung solcher Taten dienstlich verpflichtet sind (BeckOGK/*Lohsse* Rn 58.1).

17 Verstirbt der Auslobende, so hat dies keinen Einfluss auf die Wirksamkeit der zuvor erklärten Auslobung; die dadurch begründete Leistungsverpflichtung geht nach §§ 1922, 1942 auf den/die Erben über (Jauernig/*Mansel* Rn 6). Unschädlich ist auch der nachträgl Verlust der Geschäftsfähigkeit des Auslobenden (NK/*Ring* Rn 2). Es verbleibt stets die Möglichkeit des Widerrufs nach § 658. Zur Qualifikation der Forderung des Berechtigten als nachrangige Insolvenzforderung iSv § 39 I Nr 4 InsO vgl BGH NJW-RR 2008, 1006.

18 **V. Beweislast.** Der Bewerber trägt die Beweislast für das Vorliegen einer rechtsverbindlichen Auslobung iSv § 657, die Vornahme der Handlung bzw die Herbeiführung des Erfolgs und die Übereinstimmung dieser Handlung bzw des Erfolgs mit den Vorgaben der Auslobung (Staudinger/*Bergmann* Rn 91; MüKo/*Schäfer* Rn 47).

§ 658 Widerruf

(1) Die Auslobung kann bis zur Vornahme der Handlung widerrufen werden. Der Widerruf ist nur wirksam, wenn er in derselben Weise wie die Auslobung bekannt gemacht wird oder wenn er durch besondere Mitteilung erfolgt.

(2) Auf die Widerruflichkeit kann in der Auslobung verzichtet werden; ein Verzicht liegt im Zweifel in der Bestimmung einer Frist für die Vornahme der Handlung.

1 Die Auslobung ist bis zur Vornahme der Handlung **frei widerruflich** (Grü/*Retzlaff* Rn 1). Durch den Widerruf kann der Auslobende oder sein Erbe (BRHP/*Kneller* Rn 1) die Rechtswirkung der Auslobung – die Verpflichtung zur Gewährung einer Belohnung – (s § 657 Rn 13) wieder beseitigen. Der Widerruf ist ein einseitiges Rechtsgeschäft (Grü/*Retzlaff* Rn 1). Entscheidend ist nicht die Bezeichnung als „Widerruf", sondern die Erkennbarkeit des Willens des Auslobenden, nicht mehr an sein Belohnungsversprechen gebunden zu sein (Staudinger/*Bergmann* Rn 7).

2 Nach Abs I S 1 ist der Widerruf nur bis zur Vornahme der Handlung (bzw der Herbeiführung des Erfolgs) möglich. Wie bei der Auslobung selbst (s § 657 Rn 13) kommt es auf die Kenntnis des Auslobenden nicht an (Staudinger/*Bergmann* Rn 10). Bis zu diesem Zeitpunkt handelt der Bewerber also **auf eigene Gefahr**, denn auch Ansprüche auf Ausgleich von Aufwendungen und Schadensersatz sind im Fall eines Widerrufs ausgeschlossen (Jauernig/*Mansel* Rn 1). Bis zu diesem Zeitpunkt können auch die Bedingungen der Auslobung geändert werden (Frankfurt OLG 41, 123). Ist umgekehrt im Zeitpunkt des Widerrufs die Handlung vollendet, entfaltet der Widerruf keine Wirkung, sofern die Leistung nur einmal erbracht werden kann; bei einer Leistung, die mehrfach erbracht werden kann, ist der Widerruf dagegen nur ggü demjenigen, der sie bereits vorgenommen hat, unwirksam (MüKo/*Schäfer* Rn 6). Der Widerruf nach Abs I ist kein Fall des § 355 (Jauernig/*Mansel* Rn 1).

3 Der Widerruf ist nach Abs I S 2 nur wirksam, wenn er in derselben Weise wie die widerrufene Auslobung (s § 657 Rn 7) bekannt gemacht wird. Möglich ist auch der Widerruf durch empfangsbedürftige Willenserklärung ggü bestimmten Personen (BGH NJW-RR 2007, 392; Grü/*Retzlaff* Rn 1), zB wenn der Auslobende weiß, dass eine oder mehrere Personen mit der in der Auslobung genannten Handlung begonnen haben. In diesem Fall wirkt der Widerruf aber nur diesen Personen ggü (BRHP/*Kneller* Rn 3). Hatte der Auslobende mit bestimmten Bewerbern Kontakt, so ist er ggü diesen zu einer besonderen Mitteilung des Widerrufs verpflichtet. Tut er dies nicht, ist er diesen Bewerbern zum Ersatz der nach dem Widerruf getätigten Aufwendungen verpflichtet (NK/*Ring* Rn 2).

4 Nach Abs II Hs 1 ist der Widerruf unwirksam, wenn der Auslobende auf ihn in der Auslobung in einer den Anforderungen des § 657 genügenden Art und Weise **verzichtet** hat. Auch der Verzicht ist eine rechtsgeschäftliche Willenserklärung (Grü/*Retzlaff* Rn 2). Möglich ist auch die spätere Erklärung des Verzichts, vorausgesetzt, die Erklärung genügt den Anforderungen des § 657 (Staudinger/*Bergmann* Rn 17). Nach der Auslegungsregel des Hs 2 liegt in der Bestimmung einer Frist für die Vornahme der Handlung durch den Auslobenden (s zB § 661 I) ein Verzicht auf den Widerruf. Die Anfechtung der Auslobungserklärung nach §§ 119ff bleibt auch im Fall des Widerrufsverzichts zulässig (Grü/*Retzlaff* Rn 2; BRHP/*Kneller* Rn 6), ist aber in der Form des Abs I oder durch öffentliche Zustellung (§ 132 II) zu erklären (Jauernig/*Mansel* Rn 1; BRHP/*Kneller* Rn 6).

5 Der Auslobende trägt die Beweislast für den rechtzeitigen Widerruf. Der Berechtigte muss den wirksamen Verzicht beweisen (Staudinger/*Bergmann* Rn 22). Der Auslobende trägt die Darlegungs- und Beweislast dafür, dass die Auslobung trotz Fristbestimmung (Abs II Hs 2) widerruflich ist (BRHP/*Kneller* Rn 7).

§ 659 Mehrfache Vornahme

(1) Ist die Handlung, für welche die Belohnung ausgesetzt ist, mehrmals vorgenommen worden, so gebührt die Belohnung demjenigen, welcher die Handlung zuerst vorgenommen hat.

(2) Ist die Handlung von mehreren gleichzeitig vorgenommen worden, so gebührt jedem ein gleicher Teil der Belohnung. Lässt sich die Belohnung wegen ihrer Beschaffenheit nicht teilen oder soll nach dem Inhalt der Auslobung nur einer die Belohnung erhalten, so entscheidet das Los.

Abs I bestimmt für den Fall der **zeitl aufeinanderfolgenden Vornahme** der Handlung durch mehrere Personen 1 die Gewährung der Belohnung nach dem **Prioritätsprinzip:** Derjenige erhält die ganze Belohnung, der die ausgelobte Handlung als Erster vollständig (s § 657 Rn 12) vorgenommen hat, unabhängig davon, welche Handlung zuerst bekannt gemacht wird (MüKo/*Schäfer* Rn 2; Grü/*Retzlaff* Rn 1). In den Auslobungsbedingungen kann eine abw Bestimmung enthalten sein. Bei der Auslegung ist zu beachten, dass (s auch Abs II S 2 Hs 2) der Auslobende die Belohnung idR nur einmal erbringen will (Hk/*Schulze* Rn 1). Wenn der Auslobende **irrtümlich** die Belohnung an denjenigen leistet, der die ausgelobte Handlung als Zweiter vorgenommen hat, bleibt der Erste nach § 657 anspruchsberechtigt (BeckOGK/*Lohsse* Rn 12; BRHP/*Kneller* Rn 2; aA Staudinger/*Bergmann* Rn 9). Der Auslobende kann die Belohnung nach § 812 I 1 Alt 1 zurückfordern; zw den Bewerbern bestehen, abgesehen von § 816 II, wenn der Berechtigte genehmigt, keine Ansprüche. **Verzichtet** der zuerst Handelnde auf die Belohnung, so rückt der Zweite nicht automatisch nach, der Erste kann dem Zweiten aber seinen Anspruch aus § 657 abtreten (Staudinger/*Bergmann* Rn 5). Bei Streit der Prätendenten kann der Auslobende die Belohnung nach § 372 hinterlegen (Grü/*Retzlaff* Rn 1 aE).

Abs II S 1 sieht für den Fall der **gleichzeitigen Vornahme** der Handlung durch mehrere vor, dass jedem ein glei- 2 cher Teil der Belohnung gebührt (**Teilungsprinzip**, Grü/*Retzlaff* Rn 1). Jeder Bewerber hat auf den ihm gebührenden Teil der Belohnung einen selbständigen Anspruch (Staudinger/*Bergmann* Rn 7). Gleiches gilt für den Fall, dass die zeitl Abfolge der Handlungen als Voraussetzung für die Anwendbarkeit des Abs I nicht festgestellt werden kann (Staudinger/*Bergmann* Rn 6). Ist die Belohnung nicht teilbar oder soll nach dem Inhalt der Auslobung nur einer die Belohnung erhalten, so entscheidet nach Abs II S 2 das Los. Die Ausschreibungsbedingungen oder nachträgl Vereinbarungen der Parteien können eine andere Verteilung vorsehen, zB nach billigem Ermessen gem § 315 (BRHP/*Kneller* Rn 3).

Behauptet und beweist der Auslobende, dass mehrere die Handlung vorgenommen haben, trägt der Berechtigte 3 die **Darlegungs- und Beweislast** dafür, dass er die Handlung als Erster vollständig vorgenommen hat (Staudinger/*Bergmann* Rn 10). Lässt sich die zeitl Reihenfolge der (bewiesenen) Handlungen nicht aufklären oder verlangt der Bewerber von vornherein nur einen Teil der Belohnung, muss der Auslobende darlegen und beweisen, dass kein Anspruch oder ein Anspruch in geringerer Höhe besteht (BRHP/*Kneller* Rn 4).

§ 660 Mitwirkung mehrerer

(1) Haben mehrere zu dem Erfolg mitgewirkt, für den die Belohnung ausgesetzt ist, so hat der Auslobende die Belohnung unter Berücksichtigung des Anteils eines jeden an dem Erfolg nach billigem Ermessen unter sie zu verteilen. Die Verteilung ist nicht verbindlich, wenn sie offenbar unbillig ist; sie erfolgt in einem solchen Fall durch Urteil.

(2) Wird die Verteilung des Auslobenden von einem der Beteiligten nicht als verbindlich anerkannt, so ist der Auslobende berechtigt, die Erfüllung zu verweigern, bis die Beteiligten den Streit über ihre Berechtigung unter sich ausgetragen haben; jeder von ihnen kann verlangen, dass die Belohnung für alle hinterlegt wird.

(3) Die Vorschrift des § 659 Abs. 2 Satz 2 findet Anwendung.

Während § 659 die Verteilung der Belohnung bei mehrfacher, voneinander unabhängiger Vornahme der aus- 1 gelobten Handlung regelt, enthält § 660 eine Verteilungsregel für den Fall, dass mehrere, gewollt oder ungewollt (Grü/*Retzlaff* Rn 1), den in der Auslobung genannten **Erfolg zusammen bewirkt** haben und der Auslobende für diesen Fall keine Regelung über die Verteilung der Belohnung getroffen hat (MüKo/*Schäfer* Rn 3, 15). Dies gilt etwa dann, wenn eine Belohnung zur Ergreifung eines Straftäters ausgesetzt wird und verschiedene Hinw und Handlungen zur Ergreifung des Täters führen (Prot II 348; BRHP/*Kneller* Rn 1) oder mehrere an der Wiederbeschaffung eines gestohlenen Gutes mitwirken. In diesen Fällen ist der Auslobende berechtigt und verpflichtet, die Belohnung nicht nach Kopfteilen, sondern gem Abs I S 1 nach billigem Ermessen (§ 319 I) unter Berücksichtigung der Erfolgsanteile der einzelnen Handelnden zu verteilen (Prot II 348f). S zur offenbaren Unbilligkeit § 319 Rn 3. Die Verteilung erfolgt durch anfechtbare Willenserklärung (MüKo/*Schäfer* Rn 7). Jeder der Beteiligten hat aus Abs I S 1 gegen den Auslobenden einen klagbaren Anspruch auf Verteilung der Belohnung. Die Vollstreckung des Urteils erfolgt nach § 888 ZPO (krit Staudinger/*Bergmann* Rn 13). Aus Abs III folgt, dass unter den Voraussetzungen des § 659 II 2 (Unteilbarkeit oder Beschränkung des Belohnungsanspruchs auf eine Person) das **Los** entscheidet.

Nach der Verteilungsentscheidung hat jeder Bewerber einen Anspruch gegen den Auslobenden auf Auskehr seines 2 Anteils. Fällig ist dieser Anspruch erst, wenn alle Bewerber die Verteilung als verbindlich anerkennen (BRHP/*Kneller* Rn 5). Ist die vom Auslobenden vorgenommene Verteilung offenbar unbillig, so ist sie nach Abs I S 2 unverbindlich – der Anspruch der Bewerber also nicht fällig – und erfolgt durch Urt (s § 319 Rn 12). Besteht unter den Bewerbern Streit über die Billigkeit der vom Auslobenden vorgenommenen Verteilung, so ist nach Abs II dieser Streit anders als bei § 659 (s § 659 Rn 1) **ohne Beteiligung des Auslobenden** nur unter den Prätendenten auszutragen (LG Frankfurt/M NJW 1954, 1685; Grü/*Retzlaff* Rn 1). Bis zur Klärung dieses Streits hat der Auslobende ein Leistungsverweigerungsrecht und kann die Belohnung nach § 372 für alle Beteiligten hinterlegen. Nach Abs II Hs 2 muss er dies tun, wenn einer der Bewerber dies verlangt. Das zw den streitenden Prätendenten ergangene Urt (Feststellung bei Bestätigung der Verteilung; Gestaltung bei Abänderung, Staudinger/*Bergmann* Rn 18) bindet auch den Auslobenden. Leistet dieser die Belohnung trotz des Streits an die Bewerber, so geschieht dies auf eigene Gefahr (BRHP/*Kneller* Rn 5). Beweislast wie bei § 659.

§ 661 Preisausschreiben

(1) Eine Auslobung, die eine Preisbewerbung zum Gegenstand hat, ist nur gültig, wenn in der Bekanntmachung eine Frist für die Bewerbung bestimmt wird.

(2) Die Entscheidung darüber, ob eine innerhalb der Frist erfolgte Bewerbung der Auslobung entspricht oder welche von mehreren Bewerbungen den Vorzug verdient, ist durch die in der Auslobung bezeichnete Person, in Ermangelung einer solchen durch den Auslobenden zu treffen. Die Entscheidung ist für die Beteiligten verbindlich.

(3) Bei Bewerbungen von gleicher Würdigkeit findet auf die Zuerteilung des Preises die Vorschrift des § 659 Abs. 2 Anwendung.

(4) Die Übertragung des Eigentums an dem Werk kann der Auslobende nur verlangen, wenn er in der Auslobung bestimmt hat, dass die Übertragung erfolgen soll.

1 **I. Begriff; Rechtsnatur.** Das Preisausschreiben ist die Aufforderung, sich innerhalb einer bestimmten Frist um einen ausgesetzten Preis zu bewerben (BRHP/*Kneller* Rn 3). Es handelt sich um eine **besondere Form der Auslobung** (BGH NJW 2011, 139 Rn 11; ZIP 2013, 938 Rn 17). Soweit § 661 keine abw Regelungen enthält, finden also die §§ 657ff Anwendung. Wie bei der Auslobung nach § 657 setzt das Preisausschreiben das öffentlich bekannt gemachte Versprechen einer Belohnung (Preis) für die Vornahme einer Handlung oder Herbeiführung eines Erfolgs iSv § 657 voraus, s § 657 Rn 1. Auf nicht öffentlich bekannt gemachte Preisausschreiben findet bei entspr Vereinbarung § 661 sinngemäß Anwendung (BGHZ 17, 366; NK/*Ring* Rn 4). Im Gegensatz zur Auslobung nach § 657 sind zusätzl eine **Fristsetzung** (Abs I) und eine **Entscheidung über die Zuteilung des Preises** (Abs II, III) erforderlich. Erst dadurch entsteht der Anspruch gegen den Auslobenden auf Zuteilung des ausgelobten Preises, s Rn 3. Auch unterscheidet sich das Preisausschreiben von der Auslobung dadurch, dass es als **Wettbewerb** ausgestaltet, also von vornherein auf die Möglichkeit ausgelegt ist, dass mehrere Bewerber (s Abs II, III) an ihm teilnehmen (Jauernig/*Mansel* Rn 1). Die deshalb notwendige, einen weiten Ermessenspielraum voraussetzende Entscheidung über die Preisverteilung (s Rn 4) soll zugleich der gerichtlichen Kontrolle weitgehend entzogen werden (MüKo/*Schäfer* Rn 36, 38). § 661 findet vor allem auf Sport- (BGH LM Nr 2; NJW 2011, 139 Rn 11; Köln VersR 1997, 125) und Architektenwettbewerbe (vgl zum letzteren BGHZ 88, 373; BGH NZBau 2004, 450; BRHP/*Kneller* Rn 2, dort auch zur Verdrängung von § 661 durch zwingendes haushalts- und gemeinschaftsrechtl Vergaberecht) Anwendung, aber auch auf Designwettbewerbe (*Rickert/Kocher* ZUM 2020, 833, 839ff), Preisausschreiben für wissenschaftliche und künstlerische Leistungen (Grü/*Retzlaff* Rn 1) sowie bei der Suche nach einem zugkräftigen Namen für ein Produkt (BRHP/*Kneller* Rn 4). S zur Abgrenzung zum Spiel und zur rechtl Einordnung von TV-Quizshows § 657 Rn 4. S zur Anwendbarkeit des AGB-Rechts § 657 Rn 2.

2 **II. Bewerbungsfrist.** Gem Abs I ist die Bestimmung einer Bewerbungsfrist für das Preisausschreiben konstitutiv. Im Gegensatz zur einfachen Auslobung ist also nicht allein die Vornahme der Handlung, sondern die fristgerechte Bewerbung (s Abs II S 1) Voraussetzung für die Teilnahme am Preisausschreiben. Durch die Fristsetzung sollen Verzögerungen durch den Auslobenden und die Preisrichter – etwa um bessere Leistungen abzuwarten (Mot II 523f) – vermieden werden (BGH NJW 1984, 1118, 1119; MüKo/*Schäfer* Rn 20). Wegen dieses Schutzzwecks ist die Bestimmung **zwingend**. Die Fristsetzung muss also in der Bek des Preisausschreibens enthalten sein, sie kann nicht nachgeholt werden (anders in Ausnahmefällen MüKo/*Schäfer* Rn 21; aA Grü/*Retzlaff* Rn 1; Staudinger/*Bergmann* Rn 18). Fehlt die Fristsetzung und lässt sich die Fristbestimmung auch nicht im Wege der Auslegung ermitteln (zB fester Termin für Sportwettkampf), ist das **Preisausausschreiben unwirksam** (BeckOGK/*Lohsse* Rn 18; BRHP/*Kneller* Rn 3). Aus dem Schutzzweck folgt auch, dass eine im Preisausschreiben gesetzte Frist nur im Einvernehmen mit allen, die fristgerecht eine Bewerbung eingereicht haben, verlängert werden kann (BRHP/*Kneller* Rn 3; Staudinger/*Bergmann* Rn 19). Aufgrund der Fristsetzung ist das Preisausschreiben gem § 658 II **im Zweifel unwiderruflich** (Staudinger/*Bergmann* Rn 20). Wie dort (s § 658 Rn 4) bleibt aber die Anfechtung nach den allg Vorschriften möglich (NK/*Ring* Rn 8; Jauernig/*Mansel* Rn 1). Die Bewerbung kann bis zur Entscheidung nach Abs II zurückgezogen werden, wodurch die vom Bewerber erbrachte Leistung dem Urteil des Preisgerichts nach Abs II entzogen wird (vgl MüKo/*Schäfer* Rn 27 aE).

3 **III. Preiszuteilung.** Nach Abs II erfolgt die Entscheidung über die Preiszuteilung durch den oder die im Preisausschreiben benannten Preisrichter. Erst aufgrund der Entscheidung des Preisgerichts entsteht für den zugelassenen und ausgewählten Bewerber der Anspruch auf Zuteilung des Preises nach §§ 657, 661, der dann im Wege der Leistungsklage gegen den Auslobenden durchgesetzt werden kann (MüKo/*Schäfer* Rn 49; BRHP/*Knel-*

ler Rn 5 aE). Der Auslobende ist ggü den Interessenten, die die Teilnahmebedingungen erfüllen und ihre Bewerbung fristgerecht (s Rn 2) eingereicht haben, verpflichtet, das Preisgericht zu bestellen, die fristgerechten Einreichungen dem Preisgericht vorzulegen und eine Entscheidung des Preisgerichts herbeizuführen („… ist … zu treffen"; vgl BRHP/*Kneller* Rn 5). Verletzt er eine dieser Pflichten, macht er sich ggü den betroffenen Bewerbern ersatzpflichtig, vorausgesetzt, diesen gelingt es, einen ersatzfähigen Schaden nachzuweisen (BGH NJW 1983, 442). Sind in der Auslobung keine Personen als Preisrichter benannt oder schlägt die Benennung des in der Auslobung benannten Preisgerichts fehl (MüKo/*Seiler*[6] Rn 11), ist der Auslobende ggü den Bewerbern verpflichtet, über die Preiszuteilung selbst zu entscheiden. In beiden Fällen können die Bewerber diesen Anspruch ggü dem Auslobenden im Wege der Klage durchsetzen; die Vollstreckung erfolgt nach § 888 ZPO (BRHP/*Kneller* Rn 6). Das Preisgericht ist dagegen den Bewerbern ggü nicht verpflichtet (BRHP/*Kneller* Rn 5) und kann daher von ihnen auch nicht auf Vornahme der Entscheidung oder – abgesehen von § 826 – auf Schadensersatz in Anspruch genommen werden (MüKo/*Schäfer* Rn 48).

4 Das Preisgericht hat auf der Grundlage der Auslobungsbedingungen den oder die preiswürdigsten Bewerber sachverständig zu ermitteln (MüKo/*Schäfer* Rn 32). Die Rechtsstellung des Preisrichters ähnelt der des **Schiedsrichters** iSv §§ 1034ff ZPO, nicht der des Dritten iSv § 317 (BGHZ 17, 366; BGH LM Nr 2a [unter IV.]; Grü/*Retzlaff* Rn 2). Bei Meinungsverschiedenheiten im Preisgericht genügt also mangels abw Bestimmungen in den Auslobungsbedingungen die Mehrheit der Stimmen gem § 1052 I ZPO (BRHP/*Kneller* Rn 5). Dem Preisgericht kommt bei der Preiszuteilung ein gewisses Entscheidungsermessen zu. Je nachdem, wie konkret die Auslobungsbedingungen formuliert sind, kann daher auch eine Leistung preiswürdig sein, die diesen Bedingungen nur nahekommt, ihnen aber nicht in jeder Hinsicht gerecht wird (LG Dortmund BauR 1975, 143; Grü/*Retzlaff* Rn 3). Wie beim Schiedsgericht (s BGHZ 151, 79, 82; Zöller/*Geimer*[34] § 1059 ZPO Rn 74a) ist eine inhaltliche Überprüfung der Entscheidung des Preisgerichts durch das staatliche Gericht ausgeschlossen, auch eine Unbilligkeitskontrolle nach § 319 kommt nicht in Betracht (BGHZ 17, 366, 372f; BRHP/*Kneller* Rn 7). In Anlehnung an § 1059 II ZPO kann die Entscheidungsfindung des Preisgerichts aber auf grobe Verfahrensfehler (zB unberechtigte Nichtzulassung trotz Erfüllung der formellen Auslobungsbedingungen, Verstoß gegen das Mehrheitsprinzip, Nichteinhaltung des Gleichbehandlungsgrundsatzes nach § 1042 I ZPO) überprüft werden, die in Anlehnung an § 1059 II Nr 1 lit d ZPO den Inhalt der Entscheidung offensichtlich beeinflusst haben (Hamm NJW-RR 2000, 1038; zu § 1041 ZPO aF: BGHZ 17, 366; BGH NJW 1983, 442). Derartige Verfahrensfehler sind im Wege der Feststellungsklage geltend zu machen (BGH NJW 1984, 1118; Grü/*Retzlaff* Rn 3). Gleiches gilt für Fälle unüberwindbarer Widersprüche in der Zuteilungsentscheidung (BeckOGK/*Lohsse* Rn 46). Wird der Klage stattgegeben, so führt dies zur Unwirksamkeit der Zuerkennungsentscheidung mit der Folge einer erneuten Entscheidung durch das Preisgericht, notfalls durch den Auslobenden selbst (Staudinger/*Bergmann* Rn 36). Werden mehrere gleichwertige Bewerbungen eingereicht und enthalten die Auslobungsbedingungen für diesen Fall keine Regelung, so hat das Preisgericht gem Abs III nach den in § 659 II niedergelegten Grundsätzen zu entscheiden, s § 659 Rn 2.

5 Die Entscheidung des Preisgerichts ergeht in der Form einer **nicht empfangsbedürftigen Willenserklärung**, die mit ihrer Bekanntgabe wirksam und unwiderruflich (Abs II S 2) wird (aA MüKo/*Schäfer* Rn 35). Abs II S 2 schließt eine Anfechtung durch das Preisgericht nach §§ 119, 123 nicht aus (BRHP/*Kneller* Rn 5).

6 **IV. Eigentumsübertragung.** Aus Abs IV folgt, dass Eigentums-, Erfinder-, Urheber- und sonstige Verwertungsrechte (soweit rechtl zulässig, s §§ 31ff UrhG) an der oder den prämierten Einreichungen nur dann auf den Auslobenden übergehen, wenn dies in den Auslobungsbedingungen bestimmt ist oder sich mit hinreichender Deutlichkeit aus den Umständen ergibt und damit den Bewerbern bekannt ist bzw bekannt sein muss (ausf MüKo/*Schäfer* Rn 50f). In diesem Fall liegt in der Einreichung das Angebot zur Übereignung. Nicht prämierte Einreichungen sind dagegen an den Bewerber zurückzugeben (Staudinger/*Bergmann* Rn 46). Lässt sich der Auslobende auch die Rechte an später nicht prämierten Werken übertragen, so verstößt diese Regelung wegen ihrer Einseitigkeit (keine „Gegenleistung" für die Eigentumsübertragung) jedenfalls gegen § 138 (MüKo/*Schäfer* Rn 51; BRHP/*Kneller* Rn 4 aE).

7 **V. Weiterbeauftragungsanspruch bei Architektenwettbewerben.** Auslobungen von Einladungswettbewerben für Architekten sehen häufig vor, dass die Ausführung des Objekts entspr dem Ausgang des Preisausschreibens vergeben wird. Ob und ggf wer (der Sieger, einer der Preisträger, mehrere Preisträger anteilig, s BRHP/*Kneller* Rn 8) danach einen **Rechtsanspruch gegen den Veranstalter auf weitere Beauftragung** hat, hängt maßgeblich von den Auslobungsbedingungen ab und muss uU durch Auslegung ermittelt werden (Nürnberg OLG 2003, 89). Von diesen kann der Auslobende nur aus triftigen, erst nach der Auslobung aufgetretenen oder bekannt gewordenen Umständen abweichen, denn die Entscheidung des Preisgerichts ist auch für ihn nach Abs II S 2 verbindlich (BGH NJW 1984, 1533, 1536; 1987, 2369, 2370; München NJW-RR 2001, 1532, 1533). Wie stark diese Gründe sein müssen, hängt maßgeblich davon ab, wie streng die Verpflichtung des Auslobers in den Auslobungsbedingungen formuliert wurde. Enthalten diese Bedingungen nur eine abgeschwächte Verpflichtung (so etwa die heute nicht mehr aktuellen GRW 77 [BAnz 1977, Nr 96], wonach der Auslobende „beabsichtige, Verfasser von durch das Preisgericht ausgezeichneten Arbeiten mit einer weiteren Bearbeitung zu betrauen"; die aktuellen RL für Planungswettbewerb [RPW 2013, BAnz AT 22.2.2013 B4] sehen in § 8 II vor, dass „bei der Umsetzung des Projekts […] einer der Preisträger, idR der Gewinner, unter Berücksichtigung der Empfehlung des Preisgerichts mit den weiteren Planungsleistungen zu beauftragen [ist], sofern kein wichtiger Grund der Beauftragung entgegensteht"), so reicht es aus, dass der Auslober **hinreichende sachliche Gründe** hat, die es angesichts seiner

nur beschränkten Bindung unzumutbar erscheinen lassen, ihn an seiner Verpflichtungserklärung festzuhalten, zB wegen nachträgl Streichung von Subventionen, des Wegbrechens von Steuern oder der Insolvenz des Berechtigten (BGH MDR 2004, 1048 für die GRW 77; LG München I NJOZ 2009, 3535; Grü/*Retzlaff* Rn 4; aA für die GRW 95 *Schudnagies* BauR 2005, 1244). Soll ein Dritter das Bauwerk ausführen, kann der an einem Preisausschreiben teilnehmende Architekt billigerweise nur erwarten, dass sich die auslobende Gemeinde ernsthaft bemüht, den Dritten, der den preisgekrönten Entwurf realisiert, zu veranlassen, den Preisträger mit den weiteren Architektenleistungen zu beauftragen (BGH NJW 1987, 2369, 2370; Grü/*Retzlaff* Rn 4).

§ 661a Gewinnzusagen

Ein Unternehmer, der Gewinnzusagen oder vergleichbare Mitteilungen an Verbraucher sendet und durch die Gestaltung dieser Zusendungen den Eindruck erweckt, dass der Verbraucher einen Preis gewonnen hat, hat dem Verbraucher diesen Preis zu leisten.

1 **I. Regelungszweck; Begriff; Rechtsnatur.** Die Norm wurde anlässlich der Umsetzung der FernAbsRL (1997/7/EG) durch das Umsetzungsgesetz v 27.6.2000 (BGBl I 2000, 897) geschaffen, hat aber selbst keinen europarechtl Hintergrund. Ihre rechtspolitische Sinnhaftigkeit ist umstritten (krit etwa MüKo/*Seiler*[6] Rn 17 aE; vgl auch Staudinger/*Bergmann* Rn 4; BRHP/*Kneller* Rn 10). Tatsächlich hat die Norm, ähnl wie § 241a, einen **doppelten Schutzzweck** (vgl BGH NJW 2006, 230, 233). Zum einen dient sie dem **Verbraucherschutz**. Der Verbraucher soll davor geschützt werden, dass ihm mit leeren Gewinnversprechen Warenangebote aufgedrängt werden. Der Verbraucher soll den Unternehmer beim Wort nehmen und von ihm den mitgeteilten Gewinn verlangen können (BGH NJW 2003, 426, 428; PWW/*Mörsdorf* Rn 2; BT-Drs 14/2658, 48f). Auch wenn durch den in § 661a manifestierten Anspruch des Verbrauchers gegen den Unternehmer bei massenhaft versandten Gewinnzusagen leicht dessen Insolvenz verursacht werden kann, hat die Norm keinen Strafcharakter (aA *Stegmaier* NJW 2020, 1642, 1643: „Zivilstrafe"), denn die Höhe der Sanktion (= des gegen ihn gerichteten Anspruchs, BGH NJW 2006, 230, 232; 2006, 2548 Rn 28) hat der Unternehmer selbst in der Hand. Die Norm ist daher verfassungsgemäß (BGH NJW 2003, 3620; BVerfG NJW 2004, 762). Zum anderen soll durch § 661a die **Lauterkeit des Wettbewerbs** gesichert werden, indem derartige Geschäftspraktiken unattraktiv gemacht werden sollen (BGH NJW 2003, 426, 428; MüKo/*Schäfer* Rn 1). Ein UWG-Verstoß des Unternehmers wird in der Norm aber nicht vorausgesetzt (Jauernig/*Mansel* Rn 1). Es fragt sich, ob die Sicherung der Lauterkeit des Geschäftsverkehrs im Vertragsrecht des BGB richtig verortet ist (dazu Staudinger/*Bergmann* Rn 4ff) und ob die Norm angesichts des verbleibenden Prozesskostenrisikos für den Verbraucher (s dazu PWW/*Mörsdorf* Rn 22 unter Hinw darauf, dass die Versender meist vermögenslose ausl „Briefkastenfirmen" sind; s auch Koblenz MDR 2009, 825, 826; s zur fehlenden Deckungspflicht der Rechtsschutzversicherungen *Felke/Jordans* IPRax 2004, 409, 412) überhaupt Schutzwirkung entfalten kann (BRHP/*Kneller* Rn 10).

2 Trotz des systematischen Standorts der Norm handelt es sich bei der Gewinnzusage um **keinen Unterfall der Auslobung.** Im Gegensatz zu dieser setzt § 661a keine Willenserklärung des Unternehmers voraus – dieser will gerade keine rechtsgeschäftliche Erklärung abgeben –, und der Mitteilungsempfänger muss weder eine Handlung vornehmen noch einen Erfolg herbeiführen (BRHP/*Kneller* Rn 1; Grü/*Retzlaff* Rn 1). Die einzige Ähnlichkeit zur Auslobung besteht darin, dass es sich auch hier um ein einseitig verpflichtendes Schuldverhältnis handelt (BGH NJW 2006, 230, 232; 2004, 3039, 3040). Über die Frage, ob dieses als vertragl, vertragsähnl, cic-ähnl, unmittelbar aus § 661a folgendes gesetzl oder – wegen der präventiven Funktion der Norm und ihres wettbewerbsrechtl Charakters – deliktisches Schuldverhältnis zu qualifizieren ist, wird seit langem gestritten (Staudinger/*Bergmann* Rn 13ff; *Meller-Hannich* NJW 2006, 2516, 2517). Der BGH geht inzw zu Recht von einer Haftung aus einem **gesetzl Schuldverhältnis** aus, das durch die Versendung der Gewinnzusage oder vergleichbaren Mitteilung an einen Verbraucher begründet wird; der Anspruch des Verbrauchers folgt dann unmittelbar aus dem Gesetz (BGH NJW-RR 2008, 1006, 1007; NJW 2006, 230, 232; 2006, 2548, 2549; *Lorenz* NJW 2000, 3305, 3307; Grü/*Retzlaff* Rn 1; MüKo/*Schäfer* Rn 8; Jauernig/*Mansel* Rn 2; aA Staudinger/*Bergmann* Rn 16: rechtsgeschäftlicher Anspruch).

3 **II. Gewinnzusage oder vergleichbare Mitteilung an Verbraucher.** Die Zusage oder Mitteilung nach § 661a ist geschäftsähnl Handlung (BGH NJW 2006, 230, 232). Für sie gelten daher die Vorschriften der Rechtsgeschäftslehre entspr (Jauernig/*Mansel* Rn 4). Der Unternehmer (§ 14) muss geschäftsfähig sein, der Verbraucher (§ 13) kann dagegen auch beschränkt geschäftsfähig sein, denn der Anspruch ist für den Verbraucher lediglich rechtl vorteilhaft (§ 107; BeckOGK/*Lohsse* Rn 28.2; MüKo/*Schäfer* Rn 14). Bei der Auslegung der Zusage oder Mitteilung ist der **obj Erklärungsinhalt** zu ermitteln, s § 133 Rn 19. Nach der in der Rspr des BGH üblichen Formel liegt eine entspr Zusage oder Mitteilung dann vor, wenn die dem Verbraucher zugegangene (§ 130 analog, MüKo/*Schäfer* Rn 14; s auch Staudinger/*Bergmann* Rn 37) Zusendung eines Unternehmers – nach Inhalt und Gestaltung – abstrakt geeignet ist, bei einem durchschnittlichen Verbraucher in der Lage des Empfängers bei flüchtiger Kenntnisnahme den Eindruck zu erwecken, er werde einen **bereits gewonnenen** (!) **Preis** erhalten (BGH NJW 2006, 230, 232; 2004, 1652, 1653; 2004, 3039, 3040; Staudinger/*Bergmann* Rn 38). Im Einzelfall können gut erkennbare relativierende Zusätze den für § 661a notwendigen Eindruck eines bereits gewonnenen Preises verhindern (Staudinger/*Bergmann* Rn 38: „Vielleicht sind Sie schon Gewinner"; Karlsruhe 20.6.2008 – 14 U 195/07: „einmalige Chance auf eine Sofortrente"). Auf das konkrete, subj Verständnis der Zusendung durch den Empfänger, evtl bedingt durch dessen spezielle Kenntnisse oder Fähigkeiten, kommt es allerdings nicht an (BGH

NJW 2006, 230, 232; 2004, 1652, 1653; PWW/*Mörsdorf* Rn 10; Jauernig/*Mansel* Rn 4). Es ist daher nicht erforderlich, dass der konkrete Empfänger dem Schreiben tatsächlich Glauben schenkt. Auch der Verbraucher, der die Gewinnzusage als bloßes Werbemittel durchschaut oder durchschauen könnte, kann nach § 661a die Leistung des (angeblich) gewonnenen Preises verlangen; § 116 S 2 findet insoweit keine Anwendung (BGH NJW 2006, 230, 232; 2004, 1652, 1653; BRHP/*Kneller* Rn 2). Wegen des abstrakten, auf den flüchtigen Durchschnittsleser abstellenden Ansatzes stehen versteckte, dem flüchtigen Leser nicht auffallende **Einschränkungen in AGB oder sonstigen Bestimmungen** der Annahme einer Gewinnzusage nicht entgegen, solange dadurch nicht die Verbindlichkeit der Zusage selbst relativiert werden soll (zB bloße Gewinnchance statt tatsächlicher Gewinn; Bremen NJW-RR 2004, 347, 348; München NJW 2004, 1671, 1672; Staudinger/*Bergmann* Rn 32; Grü/*Retzlaff* Rn 2; PWW/*Mörsdorf* Rn 7; *Lorenz* NJW 2000, 3305, 3306). Hierfür bedarf es nicht des Rückgriffs auf AGB-rechtl Wertungen oder Vorschriften (Staudinger/*Bergmann* Rn 33; s aber Rostock NJW-RR 2006, 209, 210; Stuttgart NJW-RR 2004, 1063, 1064). Auch dass die Gewinnzusage nicht isoliert gegeben, sondern mit Aufforderungen an den Verbraucher verbunden wird, Bestellungen oder sonstige Gegenleistungen vorzunehmen, macht § 661a nicht unanwendbar (BeckOGK/*Lohsse* Rn 22).

Der Begriff des **Gewinns** oder **Preises** ist weit zu verstehen; in Betracht kommen Leistungen aller Art wie Geldzahlungen, die Lieferung von Sachen oder Gutscheinen, die Verschaffung von Forderungen (Koblenz MDR 2002, 1359), die Erbringung von Dienst- oder Werkleistungen, die Zuwendung immaterieller Vorteile oder eine Kombination dieser Leistungen (Grü/*Retzlaff* Rn 2; Staudinger/*Bergmann* Rn 41). Es genügt, dass die in Aussicht gestellte Leistung für den Empfänger bestimmbar ist (BT-Drs 14/3195, 34; *Schneider* BB 2002, 1653, 1654). Gänzlich unbestimmte Angaben wie „ein Koffer voller Bargeld" oder ein Mitgewinn ohne Angabe der Quote genügen nicht (PWW/*Mörsdorf* Rn 7). Ein Spielelement ist nicht erforderlich (AG Bremen NJW-RR 2002, 417f). Aus der Funktion der Norm als Verbraucherschutznorm (s Rn 1) folgt, dass im Gegensatz zu § 657 die öffentliche Bek der Gewinnzusage, zB durch Postwurfsendung oder Zeitungsbeilage, nicht genügt. Der Adressat muss sich vielmehr persönlich angesprochen fühlen, die Mitteilung muss also an einen bestimmten Empfänger gerichtet sein, ohne dass eine persönliche Anschrift genannt werden muss (BT-Drs 14/3195, 34). Aus dem Erfordernis des Zusendens folgt, dass die Mitteilung durch Brief, Fax, E-Mail oder SMS verkörpert sein muss (PWW/*Mörsdorf* Rn 5). Individualisierte Werbebanner als Pop-Up-Fenster auf aufgerufenen Webseiten genügen dagegen nicht (LG Köln NJW-RR 2009, 1068; Jauernig/*Mansel* Rn 4). Gleiches gilt für Telefonanrufe (Staudinger/*Bergmann* Rn 45). 4

Sender und damit Schuldner des Anspruchs aus § 661a und im Prozess **passivlegitimiert** ist derjenige Unternehmer, der aus der Sicht eines durchschnittlichen Verbrauchers in der Lage des Mitteilungsempfängers nach außen als Erklärender erscheint (BGH NJW-RR 2005, 1365; NJW 2005, 827; 2004, 3039; Grü/*Retzlaff* Rn 2a). Aus der Anwendung der Grundsätze des Handelns unter fremdem und falschem Namen (s § 164 Rn 11) folgt, dass Sender auch derjenige ist, der dem Empfänger unter nicht existierendem oder falschem Namen, Firma, Geschäftsbezeichnung oder Anschrift eine Gewinnmitteilung zukommen lässt (BGH NJW-RR 2006, 701, 702; 2005, 1365; NJW 2005, 827; 2004, 3555; Staudinger/*Bergmann* Rn 46). Wer die Gewinnzusage lediglich druckt, mit der Adresse des Empfängers versieht und zur Post gibt, ist nicht Sender (KG 6.1.2020 – 4 U 1/18). Auf den hinter dem Sender als jur Person stehenden **Geschäftsführer** oder **Gesellschafter** kann im Wege des § 661a nicht durchgegriffen werden, wenn dieser nicht selbst als Sender iS dieser Norm erscheint (BGH NJW 2004, 3039, 3040; 2004, 3555, 3556; aA Frankfurt NJW-RR 2005, 1366 für Mitversender). 5

Als geschäftsähnl Handlung (s Rn 3) kann der Unternehmer die Gewinnzusage entspr §§ 119ff **anfechten**, zB wenn eine automatisierte Gewinnmitteilung aufgrund eines Computerfehlers an einen falschen Adressaten versandt wurde oder gar nicht versandt werden sollte (AG Königswinter 25.4.2014 – 12 C 65/13; *Stieper* NJW 2013, 2849, 2853; aA AG Jena 14.5.2014 – 26 C 871/13). Ein Irrtum über den Gewinnmitteilungscharakter oder die Rechtsfolgen seiner Erklärung ist hingegen unbeachtlich (Jauernig/*Mansel* Rn 4; *Stieper* NJW 2013, 2849, 2851f). Ein **Widerruf** der Mitteilung analog § 658 I ist wegen des Schutzzwecks der Norm ebenfalls ausgeschlossen (Grü/*Retzlaff* Rn 4; *Schneider* BB 2002, 1653, 1655). 6

III. Rechtsfolgen. Mit Zugang der Mitteilung beim Empfänger erlangt dieser einen **fälligen Anspruch auf Erfüllung** der Gewinnzusage gegen den Sender, also einen Anspruch auf Leistung des in der Auslobung genannten und ggf im Wege der obj Auslegung (s Rn 3) zu ermittelnden „Preises" bzw „Gewinns" (Oldenburg NJW-RR 2003, 1564; BRHP/*Kneller* Rn 5; Staudinger/*Bergmann* Rn 51). Werden in der Mitteilung mehrere Preise als Alternativen genannt, so steht dem Empfänger ein Wahlrecht zu (Stuttgart NJW-RR 2004, 1063; Grü/*Retzlaff* Rn 3). Der **Erfüllungsort** liegt wegen der verbraucherschützenden Funktion des § 661a (s Rn 1) stets am Wohnsitz des Verbrauchers (BGH NJW 2006, 230, 233; diff PWW/*Mörsdorf* Rn 14). Für **Leistungsstörungen** gelten die allg Regeln der §§ 280ff (Staudinger/*Bergmann* Rn 52). Wurde die Gewinnzusage mit einem Vertragsangebot gekoppelt, so kann der daraufhin abgeschlossene Vertrag nach § 138 nichtig sein (BGH NJW 2005, 2991). Macht der Verbraucher seinen Anspruch auf Erfüllung der Gewinnzusage ggü einem insolventen Versender geltend, ist er **nachrangiger Insolvenzgläubiger** nach § 39 I Nr 4 InsO (BGH NJW-RR 2008, 1006; Jauernig/*Mansel* Rn 6 aE). Der Anspruch verjährt gem §§ 195, 199 I in drei Jahren (Staudinger/*Bergmann* Rn 53). 7

IV. Fälle mit Auslandsberührung. In Fällen mit Auslandsberührung hat der Verbraucher für seine Klage gegen den Unternehmer die Wahl zw der **internationalen Zuständigkeit** der Gerichte in seinem Wohnsitzstaat und der Gerichte am Sitz des Unternehmers, wenn er, um den Preis zu erhalten, Waren bestellt (EuGH NJW 2002, 2697; PWW/*Mörsdorf* Rn 20). Hat sich der Unternehmer bei einer isolierten Gewinnzusage rechtl gebun- 8 den, besteht ein Gerichtsstand am Verbraucherwohnsitz nach Art 17 I lit c, 18 I Brüssel Ia-VO (EuGH RIW 2009, 485 zu Art 14 EuGVVO aF; *Lorenz* IPRax 2006, 472, 475). Für die örtliche Zuständigkeit gilt dann § 29 ZPO (analog) (BeckOGK/*Lohsse* Rn 38; krit Staudinger/*Bergmann* Rn 63). In Verfahren vor dt Gerichten wird § 661a als **Eingriffsnorm** iSv Art 9 I Rom I-VO qualifiziert und daher unabhängig vom Vertragsstatut angewendet (BGH NJW 2006, 230, 233 zu Art 34 EGBGB aF; Jauernig/*Mansel* Rn 3; *Rauscher* NJW 2007, 3541, 3546); s allg Art 9 Rom I-VO Rn 7ff.

9 **V. Beweislast.** Der Verbraucher, der ggü einem Unternehmer einen Anspruch aus § 661a geltend macht, hat die oben in Rn 3ff genannten Anspruchsvoraussetzungen darzulegen und zu beweisen (MüKo/*Schäfer* Rn 31; Staudinger/*Bergmann* Rn 55). Bei Vertretergeschäften gelten die in § 164 Rn 29 dargestellten Besonderheiten.

Titel 12
Auftrag, Geschäftsbesorgungsvertrag und Zahlungsdienste (§§ 662–676c)

Untertitel 1
Auftrag (§§ 662–674)

§ 662 Vertragstypische Pflichten beim Auftrag

Durch die Annahme eines Auftrags verpflichtet sich der Beauftragte, ein ihm von dem Auftraggeber übertragenes Geschäft für diesen unentgeltlich zu besorgen.

Schrifttum: *Amann*, Abgrenzung und Anwendungsbereich von Dienstvertrag, Werkvertrag und Auftrag in der Entstehungsgeschichte des Bürgerlichen Gesetzbuches, Diss Bielefeld 1987; *K.P. Berger*, Haftung für unrichtige Bankauskunft, ZBB 2001, 238; *Canaris*, Risikohaftung bei schadensgeneigter Tätigkeit im fremden Interesse, RdA 1966, 41; *Coester-Waltjen*, Der Auftrag, Jura 2001, 567; *Coing*, Die Treuhand kraft privaten Rechtsgeschäfts, 1973; *Ellenberger/Bunte* (Hrsg), Bankrechts-Handbuch, 6. Aufl 2022; *Genius*, Risikohaftung des Geschäftsherrn, AcP 173 (1973), 481; *Giesen*, Das Recht der fremdnützigen Geschäftsbesorgung (Teil 1: Geschäftsbesorgung aufgrund eines Vertrages), Jura 1994, 352; *Grundmann*, Der Treuhandvertrag, insbesondere die werbende Treuhand, 1997; *Grundmann*, Zur Dogmatik der unentgeltlichen Rechtsgeschäfte, AcP 198 (1998), 457; *Grundmann*, Das neue Recht des Zahlungsverkehrs, WM 2009, 1109, 1157; *Henssler*, Treuhandgeschäft – Dogmatik und Wirklichkeit, AcP 196 (1996), 37; *Isele*, Geschäftsbesorgung – Umrisse eines Systems, 1935; *Köhler*, Arbeitsleistungen als „Aufwendungen“, JZ 1985, 359; *Koller*, Das Haftungsprivileg des Geschäftsbesorgers gem. §§ 664 Abs 1 Satz 2, 675 BGB, ZIP 1985, 1243; *Kollmeyer*, Durchsetzung von Auskunfts- und Herausgabeansprüchen gegen den (vorsorge-)bevollmächtigten Miterben, NJW 2017, 1137; *Lenel*, Unentgeltliche und entgeltliche Geschäftsbesorgung, AcP 129 (1928), 1; *Löhnig*, Treuhand, 2006; *Lorenz*, Grundwissen – Zivilrecht: Auftrag und Geschäftsbesorgung, JuS 2012, 6; *Metzler*, Zur Substitution, insbesondere zu ihrer Abgrenzung von der Erfüllungsgehilfenschaft, AcP 159 (1960/61), 143; *Meyer*, Aufwendungsersatz im Privatrecht, AcP 216 (2016), 952; *Nassall*, Auskunfts- und Akteneinsichtsrechte des Konkursverwalters gegenüber dem Rechtsanwalt des Gemeinschuldners?, KTS 1988, 633; *Neuefeind*, Gefälligkeit und Rechtsbindung – ein Überblick, JA 2022, 624; *K. Schmidt*, § 673 BGB bei Verschmelzungsvorgängen in Dienstleistungsunternehmen – oder – Geisterstunde im Umwandlungsrecht?, DB 2001, 1019.

1 **I. Begrifflichkeit.** Kaum ein Begriff wird in so vielen verschiedenen Bedeutungen verwendet wie der des „Auftrags“. Die **Umgangssprache** geht von einem weiten Begriffsverständnis aus. Sie versteht unter einem Auftrag jede mündliche oder schriftliche Aufforderung (Bitte, Befehl) an eine andere Person, eine bestimmte Handlung vorzunehmen. Häufig zielt diese einseitige Willensäußerung auf die Erbringung von Arbeitsleistungen durch einen anderen ab (etwas „in Auftrag geben“; „Reparaturauftrag“; „Auftragsschein“). Sogar komplexe Generalübernehmerverträge werden manchmal als „Auftrag“ bezeichnet (s BGH BKR 2003, 867). Das **BGB** versteht in den §§ 662ff unter einem „Auftrag“ zum einen die einseitige Willenserklärung, durch die jemand einen anderen auffordert, für ihn unentgeltlich ein Geschäft zu besorgen, also das **Auftragsangebot** (§ 663). Zum anderen versteht das Gesetz in den §§ 662ff als Auftrag **den Vertrag**, aufgrund dessen jemand sich verpflichtet, für einen anderen unentgeltlich ein Geschäft zu besorgen. Im Bereich des öffentlichen Rechts meint der Begriff der Auftragsverwaltung (Art 85 I GG) ein öffentlich-rechtl Zuordnungsverhältnis sui generis (BVerwGE 12, 253, 254). Da Arbeitsleistungen nach der gesetzl Systematik des BGB grds zu vergüten sind (vgl §§ 612, 632, 652, 675), liegt bei einem Auftrag im allgemeinsprachlichen Sinne häufig kein Auftrag iSd §§ 662ff, sondern ein Dienst-, Werk-, Mäkler-, Kommissions- oder Geschäftsbesorgungsvertrag vor. IdS wird der Ausdruck „Auftrag“ in den § 44, § 50 II, § 51 II BRAO für das Verhältnis zw Partei und Anwalt, in den §§ 193, 194, 753 ZPO für das öffentlich-rechtl Verhältnis zw Gläubiger und Gerichtsvollzieher oder im Bank- und Börsenrecht für Aufträge zu Börsengeschäften verstanden (Staudinger/*Martinek/Omlor* Rn 1). Auch § 103 I GWB definiert **„öffentliche Aufträge“** als „entgeltliche Verträge von öffentlichen Auftraggebern oder Sektorenauftraggebern und Unternehmen über die Beschaffung von Leistungen, die die Lieferung von Waren, die Ausführung von Bauleistungen oder die Erbringung von Dienstleistungen zum Gegenstand haben“. § 2 VIII VOB/B und die HOAI sprechen von „Auftrag“, „Auftraggeber“ und „Auftragnehmer“, obwohl hier mit Auftrag die Übertragung von Leistungen gegen Entgelt, meist im Rahmen eines Werkvertrags, gemeint ist. Zuweilen wird auch ganz generell bei Werk-, Dienst-, Geschäftsbesorgungs-, Makler- und Verwahrungsverträgen die eine Partei als „Auftraggeber“ bezeichnet (*Kötz*, Vertragsrecht[2] 2012, Rn 682ff). Auch die Bestellung im Rahmen eines Kauf- oder Werklieferungsvertrags wird häufig als Auftrag

bezeichnet. Bei der **Auftragsbestätigung** handelt es sich typischerweise um die Annahme eines Vertragsangebotes (s § 147 Rn 15), häufig verbunden mit Modifizierungen, sodass gem § 150 II darin ein neues Angebot liegt (s BGHZ 18, 212, 215f). **Weisungen** einer Vertragspartei im Rahmen eines bestehenden Rechtsverhältnisses werden ebenfalls häufig als Auftrag bezeichnet. So liegt beim „Überweisungsauftrag" (s § 1 II Nr 2 lit b ZAG: „Überweisung") eigentlich eine einseitige Weisung des Kunden an seine Bank im Rahmen des Girovertrags („Zahlungsdiensterahmenvertrag", § 675f II; *Grundmann* WM 2009, 1109, 1114; dazu § 675f Rn 41, 80) vor. § 675f III 2 und die §§ 675n ff sprechen insoweit von „Zahlungsauftrag". § 675f IV 2 umschreibt ihn als „Auftrag zur Ausführung eines Zahlungsvorgangs". Auch in Vorschriften außerhalb des BGB, zB in den § 194 I, § 753, § 755 ZPO oder §§ 115, 117 InsO, wird der Begriff des Auftrags mehrdeutig verwendet. Bei Lebenssachverhalten, in denen die Parteien von einem „Auftrag" ausgehen, ist daher stets genau zu prüfen, ob tatsächlich ein Vertrag iSd §§ 662ff vorliegt (s aus der Rspr Schleswig NJW-RR 2010, 1720f).

II. Rechtsnatur; Abgrenzungen. Die Bestimmung dessen, was genau das Wesen des Auftrags ausmacht, haben die Väter des BGB bewusst Wissenschaft und Rspr überlassen (Mot II 526). Wegen seiner Unentgeltlichkeit ist der Auftrag ein **Gefälligkeitsvertrag**, gerichtet auf fremdnütziges Handeln des Beauftragten (*Neuefeind* JA 2022, 624, 626). Von anderen Gefälligkeitsverträgen wie Leihe (§§ 598ff) unterscheidet sich der Auftrag dadurch, dass vom Auftragnehmer eine fremdnützige Tätigkeit (s Rn 14) erwartet wird. Der Auftrag ist ein **unvollkommen zweiseitig** (s dazu Vor § 145 Rn 2) verpflichtender Vertrag (PWW/*Fehrenbacher* Rn 1). Der Auftrag ist **kein gegenseitiger Vertrag**, die Zahlung von Vorschuss und Aufwendungsersatz durch den Auftraggeber nach §§ 669, 670 ist keine Gegenleistung für die Geschäftsbesorgung durch den Auftragnehmer (BGHZ 15, 102, 105; Staudinger/*Martinek*/*Omlor* Rn 3). Die §§ 320ff sind daher auf den Auftrag nicht anwendbar (BGHZ 15, 102, 105). Umgekehrt wendet der Auftragnehmer durch seine Tätigkeit dem Auftraggeber nichts unentgeltlich zu. Seine zur Erfüllung des Auftrags eingesetzte Arbeitskraft gehört als solche nicht zu seinem Vermögen, es liegt daher **keine Schenkung** vor (MüKo/*Schäfer* Rn 25; Enneccerus/*Lehmann* § 160.I.2). Weil der Beauftragte oft im Interesse des Auftraggebers tätig wird, setzt der Auftrag ein besonderes **Vertrauensverhältnis** zw den Parteien voraus mit der Folge einer gewissen Treuebindung, die je nach Art des Auftrags von unterschiedlicher Intensität sein kann (Jauernig/*Mansel* Rn 3; MüKo/*Schäfer* Rn 14; s auch Rn 16). 2

Der Auftrag ist **Grundform aller Subordinationsverträge**, die auf fremdnützige und weisungsgebundene Interessenwahrung ausgerichtet sind (Staudinger/*Martinek*/*Omlor* Rn 2; Jauernig/*Mansel* Rn 3). Daher werden die §§ 662ff auf Verträge, die die Wahrnehmung fremder Vermögensinteressen zum Gegenstand haben, entspr angewandt (Grü/*Grüneberg* Einf v § 662 Rn 9). Dies gilt etwa für Verträge zw Ehegatten, in denen sich der eine verpflichtet, das Vermögen des anderen unentgeltlich zu verwalten, es sei denn, es liegt ein reines Gefälligkeitsverhältnis (s Rn 7) vor (BGH NJW 2000, 3199, 3200), oder in denen die Freistellung von Verbindlichkeiten nach gescheiterter Ehe geregelt ist (BGH NJW 1989, 1920; NJW-RR 2015, 641 Rn 20). Wenn ein Ehegatte während intakter Ehe für Zwecke des anderen Verbindlichkeiten eingeht, kann dies auf einem Auftrag beruhen (Saarbrücken NJW-RR 2010, 1441). Auch der unentgeltlichen Anlagevermittlung liegt ein Auftrag zugrunde (Frankfurt NJW-RR 2003, 414f; Frankfurt 16.8.2019 – 26 U 2/19). Der Vertrag zw Schuldner und Bürge über die unentgeltliche Verbürgung für fremde Schuld kann Auftrag sein (s § 765 Rn 27); ebenso die Übernahme der Mithaftung für ein Darlehen (Hamm FamRZ 2021, 1701) und eine Vereinbarung über die Bestellung von dinglichen Sicherheiten oder ein Gefälligkeitsakzept (Grü/*Grüneberg* Einf v § 662 Rn 8). Die zw einem Notariatsangestellten und den Vertragsparteien eines Grundstückskaufvertrags getroffene Abrede über die Erklärung der Auflassung ist ebenfalls Auftrag (BGH NJW 2003, 578). Der zw Wohnungseigentümergemeinschaft und Verwaltungsbeirat abgeschlossene Beiratsvertrag ist bei Unentgeltlichkeit als Auftrag zu qualifizieren (s § 29 WEG Rn 3); auch der Vertrag zwischen Nachbarn (hier: zwei Wohnungseigentümergemeinschaften), nach dem der eine von der Heizungsanlage des anderen mitversorgt wird, kann Auftrag sein (Düsseldorf DWW 2019, 269). Auf öffentlichrechtl Auftragsverhältnisse sind die §§ 662ff entspr anwendbar, falls und soweit nicht öffentlich-rechtl Sondernormen Anwendung finden, § 62 S 2 VwVfG (MüKo/*Schäfer* Rn 44; *Bonk*/*Neumann*/*Siegel* in Stelkens/Bonk/Sachs[9] 2018, § 62 VwVfG Rn 57; *Schliesky* in Knack/Henneke[11] 2019, § 62 VwVfG Rn 62). Nach der Beendigung der staatlichen Verwaltung von Vermögenswerten finden die §§ 662ff für die gesamte Verwaltungszeit Anwendung, § 11a III VermG (BGH NJW 1998, 2603; 2000, 3059; Grü/*Grüneberg* Einf v § 662 Rn 9). 3

Alle Versuche, dem Auftrag und dem Geschäftsbesorgungsvertrag durch gedankliche Einordnung als Relationalvertrag bzw komplexen Langzeitvertrag stärkere Konturen zu verleihen (s Staudinger/*Martinek*/*Omlor* Vor § 662 Rn 68ff) oder ihn durch die Entwicklung einer auf dem Gedanken der „Machtbefugnis im fremden Rechtskreis" fußenden Typenbildung zu konkretisieren (s Erman/*Ehmann*[12] Vor § 662 Rn 26ff), sind von vornherein zum Scheitern verurteilt. Richtig ist daran, dass der Auftragsvertrag, soweit er bei Entgeltlichkeit Dienstvertrag wäre, und der Geschäftsbesorgungsvertrag mit Dienstvertragscharakter **Dauerschuldverhältnisse** sind (*Oetker*, Das Dauerschuldverhältnis und seine Beendigung, 1994, 160ff). Art IV.D-1:103 DCFR (s Rn 10) bestimmt, dass die Dauer unbestimmt sein, sich auf einen bestimmt fixierten Zeitpunkt beziehen oder nur auf eine bestimmte Tätigkeit beschränkt sein kann (und dann dem reinen Austauschvertrag sehr nahekommt). Der Charakter als Dauerschuldverhältnis spiegelt sich etwa in der für Dauerschuldverhältnisse typischen Regelung des § 671 und insb des § 671 III wider. Richtig ist auch, dass dem Beauftragten vom Auftraggeber eine mehr oder minder große Rechtsmacht eingeräumt wird, in fremden Angelegenheiten tätig zu werden, weil dies mit der Erteilung eines „Auftrags" naturgemäß verbunden ist. Hier endet aber schon die Erkenntniskraft derartiger Ansätze. Nicht solche abstrakten Denkmodelle (einschr daher auch Staudinger/*Martinek*/*Omlor* Vor § 662 Rn 77), sondern die Trias 4

„Tätigkeit im Rechtskreis eines anderen" – „Unentgeltlichkeit" – „Fremdnützigkeit" führen zwangsläufig zu einer Eingrenzung und Konkretisierung des Auftrags als Vertragstyp (s zur Vertragstypenlehre und den damit verbundenen Wertungsvorgängen *Leenen*, Typus und Rechtsfindung, 1971, 179ff; *H.P. Westermann*, Vertragsfreiheit und Typengesetzlichkeit im Recht der Personengesellschaften, 1970, 104; *Dasser*, Vertragstypenrecht im Wandel, 2000, 65ff). Jedes dieser Elemente ist jedoch hoch variabel, sodass ihre Kombination und Skalierung in der Rechtswirklichkeit zu einer Fülle von „hybriden" Auftragsverhältnissen führt, bei denen mal das eine, mal das andere und mal keines der genannten Elemente dominiert (s zum Typus als „elastisches Merkmalsgefüge" *Leenen* aaO, 34; *Berger*, Der Aufrechnungsvertrag, 1996, 116). Aus diesen Abwägungen und Skalierungen müssen dann die dem jeweiligen Einzelfall gerecht werdenden Auslegungsergebnisse für die §§ 662ff abgeleitet werden. Hierin liegt aber keine Schwäche und schon gar kein Grund zur Reform des Auftragsrechts, sondern seine besondere Stärke.

5 **III. Formfragen.** Der Auftrag ist grds **formfrei**. Begründet der Auftrag aber die unwiderrufliche Verpflichtung zur Übertragung oder zum Erwerb von Grundstückseigentum, dann ist er nach § 311b I notariell zu beurkunden (s § 311b Rn 26; BGHZ 85, 245; BGH MDR 2021, 1259). Dies gilt allerdings nicht, wenn diese Vermögensbewegung nur auf der gesetzl Herausgabepflicht des Beauftragten aus § 667 beruht, wie dies bei bürgerlichrechtl Kommissionsverhältnissen der Fall ist, denn in diesem Fall fehlt es an der von § 311b I vorausgesetzten vertragl Verpflichtung (BGHZ 85, 245, 248f; 127, 168; s auch § 667 Rn 10). Baubetreuungsverträge mit Grundstücksverschaffungspflicht unterliegen der Form des § 311b I nur dann, wenn die Parteien eine Erwerbspflicht des Betreuten besonders vertragl vereinbaren (BGH LM Nr 104 zu § 313; Staudinger/*Martinek*/*Omlor* Rn 16). Der Auftrag und die mit ihm verbundene (s Rn 6) Abschlussvollmacht bedürfen der notariellen Beurkundung nach § 311b I, wenn eine tatsächliche oder rechtl Bindung des Auftraggebers an das Erwerbs- oder Veräußerungsgeschäft besteht. Die notarielle Beurkundung ist auch dann notwendig, wenn der Beauftragte im Zeitpunkt des Abschlusses des Auftragsvertrags das Grundstück bereits hat oder wenn er es auf eigene Rechnung erwerben soll (BGH WM 1969, 917; LM Nr 48 zu § 313 BGB; Staudinger/*Martinek*/*Omlor* Rn 16). Ein Auftrag zum Erwerb eines GmbH-Geschäftsanteils bedarf nicht der Form des § 15 IV GmbHG (Lutter/Hommelhoff/*Bayer* GmbHG[21] 2023, § 15 Rn 56 mwN). Ein Treuhandvertrag (s Rn 17) über einen GmbH-Geschäftsanteil bedarf hingegen nach Gründung der Gesellschaft und erst recht ihrer Eintragung der notariellen Beurkundung nach § 15 IV GmbHG (BGH BB 2004, 2707; BGHZ 141, 207, 211; Lutter/Hommelhoff/*Bayer* GmbHG[21] 2023, § 15 Rn 104ff).

6 **IV. Verhältnis zur Vollmacht.** Einer Vollmacht zum Abschluss von Rechtsgeschäften mit Dritten liegt bei Unentgeltlichkeit typischerweise ein Auftrag zugrunde, der das Innenverhältnis zw Vollmachtgeber und -nehmer regelt (BGH DNotZ 2003, 836). Die Begründung einer isolierten Vollmacht, also einer „Vollmacht ohne Innenverhältnis", ist zwar möglich (BGH NJW 1990, 1721, 1722), aber unüblich (BGH WM 2003, 85). S zur Trennung von Vollmacht und dem ihr zugrundeliegenden Rechtsverhältnis („Abstraktheit der Vollmacht") Vor § 164 Rn 6; zum Zusammenhang zw Erlöschen der Vollmacht und Erlöschen des der Vollmacht zugrundeliegenden Auftrags § 168 sowie § 672 S 2 aE und § 673 S 2 aE (s auch zum Schutz des Bevollmächtigten in diesen Fällen bei Auftreten ggü gutgläubigen Dritten § 674 Rn 3). Auch der Erteilung einer „Auflassungsvollmacht" an einen Notariatsangestellten durch die Partei eines Grundstückskaufvertrags liegt ein Auftragsvertrag zugrunde (BGH WM 2003, 85). Im Einzelfall kann das durch die Vollmacht begründete „rechtl Können" im Außenverhältnis über das durch den Auftrag und die mit ihm verbundenen vertragl Vereinbarungen und einseitigen Weisungen des Auftraggebers (§ 665) ausgestaltete „rechtl Dürfen" hinausgehen. Überschreitet der Beauftragte in diesem Fall die durch den Auftrag ihm im Innenverhältnis zum Auftraggeber gesetzten Grenzen, ist das mit dem Dritten abgeschlossene Geschäft zwar wirksam (es sei denn, es greifen die Voraussetzungen des Missbrauchs der Vertretungsmacht, § 167 Rn 70ff), er macht sich aber dem Auftraggeber ggü schadensersatzpflichtig (s Vor § 164 Rn 6). Zu den auftragsrechtl Ansprüchen bei möglichem Vollmachtmissbrauch (insb §§ 666, 667) s *Horn*/*Schabel* NJW 2012, 3473. Möglich ist auch, dass der Beauftragte im Außenverhältnis zu Dritten als **mittelbarer Stellvertreter** agiert. Er tritt dann im eigenen Namen auf, wird aus den von ihm abgeschlossenen Rechtsgeschäften selbst berechtigt und verpflichtet (s BGH NJW 2007, 1528, 1529), erwirbt die in Erfüllung dieser Rechtsgeschäfte geleisteten Gegenstände zu Eigentum, ist jedoch im Innenverhältnis zum Auftraggeber zur Weiterleitung an diesen verpflichtet (Staudinger/*Martinek*/*Omlor* Vor § 662 Rn 38f). Auch der Treuhänder (s Rn 17) handelt wie der mittelbare Stellvertreter im fremden Interesse, aber im eigenen Namen (s Vor § 164 Rn 16). § 392 II HGB, wonach Forderungen aus einem vom Kommissionär abgeschlossenen Geschäft im Verhältnis zw diesem und seinen Gläubigern einerseits und dem Kommittenten andererseits als Forderungen des Kommittenten gelten, regelt eine gesetzl Ausnahme von diesem Prinzip und ist auf andere Kommissionsgeschäfte nicht übertragbar (BGH NJW 1974, 456, 457).

7 **V. Gefälligkeiten des täglichen Lebens.** Der Auftrag als rechtl bindender Gefälligkeitsvertrag ist von den Gefälligkeiten des täglichen Lebens und gesellschaftlichen Zusagen abzugrenzen. Bei ihnen fehlt im Gegensatz zum Auftrag der Rechtsbindungswille der Parteien (s Einl § 241 Rn 16). Die Uneigennützigkeit des Handelnden reicht für sich allein nicht aus, um die Annahme rechtsgeschäftlicher Beziehungen, die sich etwa aus den Umständen ergeben, zu verneinen (BGH NJW 1956, 1313). Ein starkes Indiz für einen Rechtsbindungswillen sind die für den Beauftragten erkennbaren wirtschaftl Interessen des Auftraggebers an der Tätigkeit des Beauftragten (BGHZ 206, 254 Rn 8; 56, 204, 210; BGH NJW 2003, 578) sowie die erheblichen Schadensfolgen, die – für den Beauftragten erkennbar – bei einer fehlerhaften Auftragsdurchführung für den Auftraggeber eintreten können (BGHZ 21, 102, 107; BGH WM 2003, 85). Der Rechtsbindungswille der Parteien ist daher zu bejahen, wenn je-

mand sich bereit erklärt, nicht ganz unbedeutende wirtschaftl oder rechtl Interessen eines anderen wahrzunehmen (RG LZ 1923, 275; BGHZ 21, 102, 107; BGH NJW 1992, 498f; Staudinger/*Martinek/Omlor* Rn 8). Allerdings ist stets zu prüfen, ob die Überbürdung des Schadensersatzrisikos für den Handelnden zumutbar ist und nicht seinen Rechtsbindungswillen in Frage stellt (BGH NJW 1992, 498; Staudinger/*Martinek/Omlor* Rn 8). So hat der BGH das Rangieren des Pkw eines anderen aus einer Parklücke als bloße Gefälligkeit des täglichen Lebens angesehen, die keinen Aufwendungsersatzanspruch für einen dabei erlittenen Schaden begründet (BGH VersR 2021, 522 Rn 13ff). Die Versorgung des Hauses des Nachbarn während dessen Urlaubsabwesenheit ist idR bloße Gefälligkeit und kein Auftrag (BGH NJW-RR 2017, 272 Rn 8). Bei der Erteilung von Vorsorge- und Kontovollmachten hängt vom jeweiligen Einzelfall ab, ob ein Auftragsvertrag oder ein Gefälligkeitsverhältnis zugrunde liegt (für Ehegatten Auftrag verneinend BGH NJW 2000, 3199, 3200; s auch Celle 13.1.2023 – 6 U 89/22; für Vorsorgevollmacht eines Elternteils an ein Kind bejahend Kiel FamRZ 2014, 1397ff; Braunschweig FamRZ 2021, 1582; bei ausdrückl Vereinbarung bejahend München ZEV 2018, 149; bejahend für nicht verwandte Vertrauensperson Koblenz FamRZ 2020, 1875). Ein besonderes Vertrauensverhältnis spricht nicht gegen den notwendigen Rechtsbindungswillen (Karlsruhe FamRZ 2017, 1873, 1875; Brandenburg ZErb 2019, 145; *Kollmeyer* NJW 2017, 1137, 1138; aA LG Bonn FamRZ 2016, 1963). Regeln Ehegatten während des Zusammenlebens die Aufgabenbereiche innerhalb der ehelichen Lebensgemeinschaft in der Weise, dass einer von ihnen die Haushaltsführung im Wesentlichen allein übernimmt, so entsteht daraus selbst dann kein Auftragsverhältnis iSd § 662, wenn die verfügbaren Mittel im Wesentlichen aus den Einkünften oder dem Vermögen des anderen Ehegatten zufließen. Deshalb kann der andere Ehegatte von dem die Haushaltsführung wahrnehmenden Ehegatten weder nach Auftragsrecht noch aufgrund eines eigenständigen familienrechtl Anspruchs die Rückzahlung von Geldern verlangen, deren familienbezogene Verwendung dieser Ehegatte nicht belegen kann. Eine unmittelbare oder analoge Anwendung des § 667 kommt hier nicht in Betracht (BGH NJW 2000, 3199, 3200; 1986, 1870, 1871; NJW-RR 1987, 1347, 1348). Bei Verwaltung sonstigen Vermögens durch einen Ehegatten kann aber durchaus ein Auftragsverhältnis (Treuhand) in Betracht kommen (s Rn 3, 17). Auch in Fallgestaltungen mit sonstigem familiärem oder personalem Einschlag (zB Vater-Sohn-Verhältnis, Kinder untereinander) können die §§ 662ff Anwendung finden (BGH MDR 2008, 1161; NJW-RR 1987, 963; NJW 1963, 950, 951).

VI. Entsprechende Geltung. Die §§ 662ff regeln die Rechte und Pflichten der Vertragsparteien des Auftrags. 8
Zugleich wird in § 675 I für den entgeltlichen Geschäftsbesorgungsvertrag auf die meisten Bestimmungen der §§ 662ff verwiesen. Die gleiche Verweisung (bis auf § 671 II) enthält § 675c I für Geschäftsbesorgungsverträge, die die Erbringung von Zahlungsdiensten (s § 1 II ZAG) zum Gegenstand haben, allerdings unter dem Vorbehalt, dass die §§ 675c–676c keine abw Regeln enthalten (vgl Köln ZIP 2016, 2114 zur Unwiderruflichkeit des Zahlungsauftrags). Darüber hinaus werden die §§ 662ff in anderen Bestimmungen für entspr anwendbar erklärt, zB in den § 27 III, § 48 II, § 86 (Geschäftsführung des Vorstands und der Liquidatoren von Verein und Stiftung), § 681, § 683 (GoA), § 713 (geschäftsführender Gesellschafter; ab 2024 eigene Regelung in §§ 716, 717 II nF), §§ 1877 I, 1808 II, 1813 I (Aufwendungen des Betreuers, Vormunds und Ergänzungspflegers), § 1978 III, § 1991 I (Aufwendungen des Erben bei beschränkter Erbenhaftung), § 2218 I (Testamentsvollstreckung) sowie in den § 53 IX, § 55 III BRAO (allg Vertreter des RA und Abwickler der Kanzlei). Der Kreditauftrag nach § 778 ist echter Auftrag (s § 778 Rn 1); ebenso der unentgeltliche Verwalter- oder Treuhändervertrag, § 675 Rn 90.

VII. Auftrag mit Auslandsberührung; europäische Regelungen. 1. IPR. Für einen grenzüberschreitenden 9
Auftragsvertrag gilt mangels Rechtswahl der Parteien nach Art 4 I lit b Rom I-VO das Recht des Landes, in dem der Beauftragte seinen gewöhnlichen Aufenthalt oder Sitz (s Art 19 I Rom I-VO) hat (MüKo/*Martiny* Art 4 Rom I-VO Rn 51, 57; Grü/*Thorn* Art 4 Rom I-VO Rn 11; allg Art 4 Rom I-VO Rn 17). Ist der Auftrag mit einem anderen Geschäft offensichtlich enger verbunden, folgt der Auftrag nach Art 4 III Rom I-VO dem Statut dieses anderen Geschäfts (MüKo/*Martiny* Art 4 Rom I-VO Rn 57). Auf Geschäftsbesorgungsverträge ist grds das Recht am Sitz des Geschäftsbesorgers anwendbar (BGH RIW 2005, 144, 146; NJW-RR 2003, 1582, 1583; Hamm IPRax 1996, 33, 36). Das für die Formwirksamkeit maßgebliche Recht ist nach der alternativen Kollisionsnorm des Art 11 Rom I-VO zu bestimmen (BGH BB 2004, 2707, 2708 zu Art 11 EGBGB). Für B2C-Verträge gilt die Sonderkollisionsnorm des Art 6 Rom I-VO, falls nicht der Ausnahmetatbestand von Art 6 IV lit a Rom I-VO vorliegt; der dort verwendete Begriff der Dienstleistung umfasst auch die Geschäftsbesorgung (BGHZ 123, 380, 385; Reithmann/Martiny/*Martiny*, Internationales Vertragsrecht[9] 2022, Rn 18.23; s Art 6 Rom I-VO Rn 40ff).

2. Draft Common Frame of Reference. Der Draft Common Frame of Reference (DCFR) aus dem Jahr 2009 10
(Text abgedr in *v Bar/Clive/Schulte-Nölke*, Principles, Definitions and Model Rules of European Private Law, Draft Common Frame of Reference, 2009, 131ff; s dazu *Schulte-Nölke* NJW 2009, 2161; *Eidenmüller/Faust/Grigoleit/Jansen/Wagner/Zimmermann* JZ 2008, 529) widmet dem Auftrags- und Geschäftsbesorgungsvertrag („*mandate contract*") im vierten Buch einen eigenen Abschnitt D. Art IV.D-1:101 (1)–(3) definiert den unentgeltlichen und entgeltlichen „*mandate contract*" als einen Vertrag, mit dem eine Person („*representative*") von einer anderen Person („*principal*") bevollmächtigt und beauftragt („*authorized and instructed*") wird, a) im fremden Namen einen Vertrag zw einem Dritten und dem Auftraggeber abzuschließen, b) selbst einen Vertrag für den Auftraggeber mit einem Dritten abzuschließen oder in anderer Weise den Abschluss eines Vertrags zw dem Auftraggeber und dem Dritten herbeizuführen oder zu erleichtern oder c) auf die Rechtsposition des Auftraggebers im Verhältnis zu einer dritten Person einzuwirken, gleich, ob sich der Beauftragte im Vertrag verpflichtet, den Weisungen des Auftraggebers zu folgen, oder nicht. Der DCFR spiegelt damit die auch im dt Recht gängige (s Rn 6, Vor § 164 Rn 15a) Unterscheidung zw unmittelbarer und mittelbarer Stellvertretung wider. Art IV.D-1:101 (5)

DCFR bestimmt in Übereinstimmung mit § 675 I, dass Dienstleistungsverträge mit Geschäftsbesorgungscharakter primär den Regeln des Auftragsrechts unterfallen. Art IV.D-1:101 (4) DCFR stellt dabei klar, dass die im DCFR enthaltenen Regeln zum „*mandate*" nur das Innenverhältnis zw Auftraggeber und Beauftragtem („*mandate relationship*") regeln, nicht aber die Frage der Vertretungsmacht des Beauftragten im Außenverhältnis zu Dritten. Hierzu enthält der DCFR spezielle Regeln im Buch 2 Kapitel VI (Art II.-6:101ff). Art II.-6:101 (3) DCFR stellt dementspr klar, dass die Vertretungsregeln nicht auf das Innenverhältnis zw Vertreter und Vertretenem anwendbar sind. Diese Abstraktion des Auftrags von der Stellvertretung entspricht dem dt Recht (s Rn 6, Vor § 164 Rn 6). Die UNIDROIT Principles of International Commercial Contracts (UPICC, s dazu *Berger* ZVglRWiss 1995, 217ff) und die Lando Principles of European Contract Law (PECL) regeln nur die Vertretungsmacht des Beauftragten im Außenverhältnis zu Dritten, nicht jedoch das vertragl Innenverhältnis zum Auftraggeber (Art 2.2.1 [2] UPICC, Art 3:101 [3] PECL). Im Hinblick auf die Bedeutung des DCFR als „kodifikationsförmiger nichtlegislativer Referenztext" (*Jansen/Zimmermann* NJW 2009, 3401, 3406) sollte bei der Auslegung der §§ 662ff stets auch ein Blick auf die darin enthaltenen, den *acquis communautaire* widerspiegelnden (s dazu *Grigoleit* AcP 210, 354, 357) Regelungen des „*mandate contract*" geworfen werden (s zum methodischen Ansatz der „international brauchbaren Auslegung" des dt Rechts auf der Basis einer rechtsvergleichend erarbeiteten Referenzordnung wie der Lando-Principles *Berger* ZEuP 2001, 4, 12ff).

11 **3. Historische Entwicklung.** S zur historischen Entwicklung vom römisch-rechtl „*mandatum*" als unentgeltlichem, ausdrückl oder stillschw abgeschlossenem und nicht ausschließlich im Interesse des Beauftragten (Mandatar) liegendem Konsensualvertrag bis zu den Kodifikationen der Naturrechtsepoche und zur Gesetzgebungsgeschichte des Auftragsrechts Erman/*Ehmann*[12] Vor § 662 Rn 6ff; Staudinger/*Martinek/Omlor* Vor § 662 Rn 3ff; *Kaser/Knütel/Lohsse*, Römisches Privatrecht[22] 2021, § 55 I; zu Reformüberlegungen für das Recht der entgeltlichen Geschäftsbesorgung (Schaffung eines neuen Vertragstyps des „Sachwaltervertrags") das Gutachten von *Musielak* in BMJ (Hrsg), Gutachten und Vorschläge Bd II, 1981, 1209ff.

12 **VIII. Vertragsschluss.** Trotz des missverständlichen Wortlauts kann das Angebot zum Abschluss eines Auftrags von beiden Seiten ausgehen (MüKo/*Schäfer* Rn 47). Es gelten die allg Regeln der §§ 145ff über den Vertragsschluss (Grü/*Grüneberg* Rn 2). Dem Vertragsschluss steht nicht entgegen, dass ein und dieselbe Person Beauftragter der einen Partei und zugleich in einzelnen Beziehungen auch Beauftragter der Gegenpartei ist (s RGZ 21, 90; 62, 315; 73, 302; JW 1912, 84; 1913, 542; Staudinger/*Martinek/Omlor* Rn 14). Der Vertrag kann auch stillschw abgeschlossen werden, zB wenn die Parteien eines Kaufvertrags sich darüber einigen, dass unabhängig von § 439 der Käufer Nacherfüllungshandlungen vornehmen soll (Jauernig/*Mansel* Rn 8). In der Annahme einer Vollmachtsurkunde liegt zugleich die Annahme des zugrundeliegenden (s Rn 6) Auftrags (BGH NJW 2003, 578). Für die Beurteilung der Nichtigkeit und der Vertragsabwicklung gelten die allg Regeln. So kommt die Nichtigkeit des Auftragsvertrags nach §§ 134, 138 in Betracht, wenn jemand einen anderen mit einer sittenwidrigen oder verbotenen Tätigkeit beauftragen will (zu § 138 vgl BGH NJW 2012, 3366 betr Übergabe eines Geldbetrags zur Weiterleitung an einen Dritten in einem Schenkkreis). Im Fall der Unwirksamkeit des Auftragsvertrags finden nach der Rspr des BGH auf die Rechtsbeziehungen der Parteien des unwirksamen Vertrags die Vorschriften zur GoA gem §§ 677ff Anwendung (s § 667 Rn 3; § 670 Rn 5; aA § 677 Rn 51 [*Dornis*]). Durch die Verweisungen des § 683 S 1 und des § 681 S 2 führt dies weitgehend zur Anwendung auftragsrechtl Vorschriften (BGHZ 39, 87, 90). S zur Rechtsnatur des Auftrags Rn 2.

13 **IX. Vertragsinhalt. 1. Besorgung eines Geschäfts.** Geschäftsbesorgung iSv § 662 ist jede aktive rechtsgeschäftliche, rechtsgeschäftsähnl oder tatsächliche **Tätigkeit wirtschaftl oder ideeller Art** im Interesse eines anderen (BGHZ 56, 204, 207; BGH NJW 2012, 3366 Rn 12; PWW/*Fehrenbacher* Rn 6; Enneccerus/*Lehmann* § 160.I.3). Den §§ 662ff liegt im Gegensatz zu § 675 („Trennungstheorie", s § 675 Rn 4) ein **weiter Geschäftsbesorgungsbegriff** zugrunde. Erfasst werden soll jede zulässige Tätigkeit jenseits der bloßen Gefälligkeitsverhältnisse (s dazu Rn 7; Staudinger/*Martinek/Omlor* Rn 2, 6ff). Unter ihn fallen auch unselbständige Tätigkeiten, der Beauftragte braucht also, im Gegensatz zum Geschäftsbesorger nach § 675 I, keinen Entscheidungsspielraum zu haben (Staudinger/*Martinek/Omlor* Rn 21). Stets muss aber ein **aktives Tun** geschuldet sein, bloßes Unterlassen, Gewährenlassen oder Dulden genügt daher nicht (Grü/*Grüneberg* Rn 6; MüKo/*Schäfer* Rn 54). In Betracht kommt eine einzelne oder ein Komplex von Tätigkeiten (zB Verwaltung fremden Vermögens; Jauernig/*Mansel* Rn 9). Der Beauftragte kann auch verpflichtet sein, alle Maßnahmen innerhalb einer bestimmten Angelegenheit (eines „Auftragsgebiets") im Interesse des Auftraggebers vorzunehmen, auch wenn sie nicht im Einz im Auftrag aufgeführt sind oder sich überhaupt erst nachträgl als sachgemäß erweisen (RG Recht 1917 Nr 1254; Staudinger/*Martinek/Omlor* Rn 22). Es kommt nicht darauf an, ob der Auftragnehmer im eigenen oder im fremden Namen handelt (MüKo/*Schäfer* Rn 34), s dazu Rn 6. Die Tätigkeit muss **fremdnützig** sein, dh die Tätigkeit obliegt eigentlich der Sorge eines anderen und fördert dessen Interesse, wobei dann, wenn der Auftraggeber die Tätigkeit wünscht, von der Fremdnützigkeit auszugehen ist (PWW/*Fehrenbacher* Rn 8). Die Mitverfolgung eigener Interessen schließt die Fremdnützigkeit nicht aus (BGHZ 16, 12, 16; 56, 204, 207). Der Kreditauftrag (§ 778) zeigt, dass der Auftrag auch Angelegenheiten eines Dritten betreffen kann, solange es sich im Verhältnis zum Beauftragten um eine Angelegenheit des Auftraggebers handelt (RGZ 56, 130, 134). Dient aber die Geschäftsbesorgung allein den Zwecken des Beauftragten, kann es sich nicht um einen Auftrag iSv §§ 662ff handeln. Denn ein Auftrag kann niemals lediglich im Interesse des Beauftragten erteilt werden (Staudinger/*Martinek/Omlor* Rn 28). Ein bestimmter Spielraum für eigene Initiativen des Auftragnehmers ist nicht erforderlich, sodass auch einfache Verrichtungen unter die §§ 662ff fallen können (BeckOGK/*Riesenhuber* Rn 84). Ausgenommen sind le-

diglich rein mechanische Handreichungen, bei denen es sich ohnehin häufig um Gefälligkeiten des täglichen Lebens handeln wird (Grü/*Grüneberg* Rn 6 aE).

2. Unentgeltlich. Weil der Auftrag ein Gefälligkeitsvertrag ist (s Rn 2), kann der Beauftragte für seine Tätigkeit keine Gegenleistung verlangen. Die Unentgeltlichkeit ist nach § 662 Bestandteil der vertragl Einigung der Parteien, die, wie der Vertragsschluss selbst (s Rn 12), auch stillschw getroffen werden kann. Schon im römischen Recht war das Kennzeichen des *mandatum* dessen Unentgeltlichkeit („*mandatum nisi gratuitum nullum est*", *Paulus* D. 17, 1, 1, 4; s auch Mot II 527). Aus einer verwandtschaftlichen oder nachbarschaftlichen Beziehung lässt sich nicht ohne weiteres die stillschw vereinbarte Unentgeltlichkeit ableiten (BRHP/*Fischer* Rn 10); s zur Treuhandabrede unter Ehegatten Rn 17. Wird zw den Vertragsparteien eine Vergütung – und sei es auch nur stillschw – vereinbart, kann niemals ein Auftrag nach §§ 662ff vorliegen (Staudinger/*Martinek/Omlor* Rn 5). Liegt zwar keine Vereinbarung über eine Vergütung vor, wird aber die betreffende Tätigkeit nach den Umständen typischerweise nur gegen Entgelt ausgeführt, so ist sie nach § 612 I, § 632 I, § 653 I, § 689 und § 354 HGB als entgeltlich zu betrachten (MüKo/*Schäfer* Rn 59). Die Zahlung von Vorschuss (§ 669) und der Ersatz von Aufwendungen (§ 670) stellen keine Gegenleistungen für die Tätigkeit dar, sondern sollen lediglich Vermögensopfer des Beauftragten verhindern bzw ausgleichen (Jauernig/*Mansel* Rn 11). Die Zahlung einer bloßen „Anerkennung" oder „Belohnung" oder eines „Trinkgeldes" ohne Entgeltcharakter beseitigt die Unentgeltlichkeit nicht (MüKo/*Schäfer* Rn 57; BRHP/*Fischer* Rn 9). Eine Zuwendung des Auftraggebers an den Beauftragten nach Vertragsschluss ist nicht als Schenkung zu werten (RGZ 72, 188, 191; 74, 139, 142; BRHP/*Fischer* Rn 9; aA Staudinger/*Martinek/Omlor* Rn 5: in Ausnahmefällen remuneratorische Schenkung nach § 534). Vereinbaren die Parteien nach Vertragsschluss die Zahlung eines Entgelts an den Beauftragten, so liegt eine Vertragsänderung vor, deren Inhalt durch Auslegung zu ermitteln ist. IdR wird eine Vergütung für die Tätigkeit des Beauftragten gewollt sein, sodass die Unentgeltlichkeit entfällt und kein Auftrag (mehr) vorliegt (RGZ 72, 188, 191; 74, 139, 141f; Grü/*Grüneberg* Rn 8). Ein (Fußball-)Spielervermittlungsvertrag, der keine Vergütungspflicht des Spielers vorsieht, ist kein Auftrag, weil die Spielerberatungsagentur vom Club eine Provision erhält und für den Spieler kein vernünftiger Grund ersichtlich ist, warum sie unentgeltlich für ihn tätig werden sollte (*Knauer* SpoPrax 2022, 154, 155; aA LG Köln SpuRt 2020, 316). Tatsächlich sind in der Rechtswirklichkeit die meisten Geschäftsbesorgungen entgeltlich, weil eine „unentgeltliche Tätigkeit" in unserer Wirtschafts- und Sozialordnung heute Ausnahmecharakter besitzt. Aus diesem Grund ist dem Auftragsvertrag in der Praxis eine vergleichsweise geringe Bedeutung zuzumessen (Staudinger/*Martinek/Omlor* Vor § 662 Rn 32). Rechtspraktische Bedeutung erlangen die meisten Vorschriften der §§ 662ff durch die Verweisung in § 675 I. 14

X. Vertragspflichten. 1. Pflichten des Beauftragten. a) Durchführung des Auftrags. Die Hauptpflicht des Beauftragten ist die sorgfältige und sachkundige (PWW/*Fehrenbacher* Rn 11) Durchführung des im Auftrag vereinbarten Geschäfts. Wegen des dem Auftrag immanenten Vertrauensverhältnisses (s Rn 2) handelt es sich dabei im Zweifel um eine **höchstpersönliche** Verpflichtung (s § 664 Rn 1). Der genaue Inhalt der Tätigkeit und die für den Beauftragten maßgebliche Pflichtendichte richten sich nach der Vereinbarung der Parteien sowie den Interessen und den später erteilten Weisungen (§ 665) des Auftraggebers (BRHP/*Fischer* Rn 11). Mangels einer konkreten Vereinbarung richten sich Inhalt und Umfang der geschuldeten Tätigkeit nach dem Pflichten- und Interessenkreis, aus dem das zu besorgende Geschäft stammt (PWW/*Fehrenbacher* Rn 8). Art IV.D.-3:103 (4) DCFR (s Rn 10) nennt als Maßstab für die Pflichterfüllung durch den Beauftragten die Sorgfaltsmaßstäbe der Berufsgruppe, zu der der Beauftragte gehört, die Natur, den Umfang, die Häufigkeit und die Vorhersehbarkeit der mit seiner Tätigkeit verbundenen Risiken und die Zeit, die ihm für die Ausführung der Tätigkeit zur Verfügung steht. Der Pflichteninhalt wird auch durch die Aufgabenverteilung zu einem Dritten bestimmt, zu dem der Beauftragte in einem Arbeitsverhältnis steht. Wird etwa dem Notariatsangestellten von den Parteien eines Grundstückskaufvertrags eine **Auflassungsvollmacht** erteilt, so gehen sie im Hinblick auf den Pflichteninhalt des der Vollmacht zugrundeliegenden Auftrags (s Rn 3) davon aus, dass der Angestellte bei der Auflassung unter der Anleitung des beurkundenden Notars handelt. Diese der Erteilung einer Auflassungsvollmacht an Notariatsangestellte regelmäßig zugrundeliegende Willensrichtung der Beteiligten ist von entscheidender Bedeutung bei der Bestimmung der dem Bevollmächtigten bei Durchführung des Auftrags obliegenden Vertragspflichten. So ist er dann, wenn der Notar die Auflassungsvoraussetzungen für gegeben erachtet, im Allg nicht dazu verpflichtet nachzuprüfen, ob die Vorgehensweise des Notars in Einklang mit der Sach- und Rechtslage steht. Aufgrund dessen wird es in vielen Fällen, in denen ein Notariatsangestellter von einer ihm erteilten Auflassungsvollmacht obj fehlerhaft Gebrauch macht, schon an einer (schuldhaften) Pflichtverletzung fehlen, so dass die „Außenhaftung" des Angestellten, etwa ggü den Parteien eines Grundstückskaufvertrags (s dazu Rn 6), nur selten neben der Haftung des Notars nach § 19 I BNotO zum Tragen kommen wird (BGH WM 2003, 85ff). 15

b) Treue- oder Interessenwahrungspflicht. Aus der Fremdnützigkeit (s Rn 13) der vom Beauftragten geschuldeten Tätigkeit folgt, dass er dem Auftraggeber zur Loyalität verpflichtet ist. Dies bedeutet, dass der Beauftragte die ihm bekannten Interessen des Auftraggebers, nicht etwa seine eigenen oder die eines zum Auftraggeber in keiner Beziehung stehenden Dritten wahrzunehmen hat und hierbei unter den gegebenen Umständen und bei Einhaltung der erforderlichen Sorgfalt den größtmöglichen Nutzen für den Auftraggeber anzustreben hat (Staudinger/*Martinek/Omlor* Rn 26). Auch Art IV.D.-3:102 (1) DCFR (s Rn 10) enthält eine vergleichbare Verpflichtung. Diese Treue- oder Interessenwahrungspflicht ist Bestandteil der Hauptpflicht des Beauftragten und zugleich besonderes Charakteristikum des Auftragsvertrags als Subordinationsvertrag (s Rn 3; BeckOGK/*Riesenhuber* Rn 113). Er ist durch eine Unterordnung der Interessen der einen Partei (Beauftragter) unter die der an- 16 deren (Auftraggeber) und durch eine im Verhältnis zu Austauschgeschäften gesteigerte Treuepflicht beider Parteien gekennzeichnet (Staudinger/*Martinek*/*Omlor* Vor § 662 Rn 26). Auch wenn der Beauftragte, wie häufig, im Außenverhältnis im eigenen Namen auftritt (s Rn 6), handelt er dabei doch stets im Interesse des Auftraggebers. Der Grad und die Intensität dieser Interessenwahrungspflicht hängen von der Natur und Dauer des Auftrags und der dadurch bestimmten Intensität der Vertrauensstellung des Beauftragten und der Nähe des Beauftragten zur (Vermögens-)Sphäre des Auftraggebers sowie dem dadurch bewirkten Vertrauen des Auftraggebers in den Beauftragten ab (MüKo/*Schäfer* Rn 63). § 665 verdeutlicht, dass dann, wenn während der Geschäftsbesorgung durch den Beauftragten unvorhergesehene Umstände auftreten, dieser sich gleichsam in die Person des Auftraggebers hineinzuversetzen und aus dessen wohlverstandenem Interesse heraus zu handeln hat (s § 665 Rn 8), falls er nicht unmittelbar mit ihm Rücksprache halten und erg Weisungen einholen kann (Staudinger/*Martinek*/*Omlor* Rn 29). Die Wahrnehmung der Treuepflicht durch den Beauftragten wird nicht dadurch ausgeschlossen, dass dieser auch eigene Interessen wahrnimmt (BGHZ 56, 204, 207).

17 Wegen dieser Treubindung des Beauftragten im Innenverhältnis zum Auftraggeber besteht eine besondere Nähe zur **Treuhand** (s Vor § 164 Rn 16ff; § 675 Rn 90). Das Wesen der nicht spezialgesetzl geregelten Treuhand ist die Ausübung von Rechten in eigener Rechtszuständigkeit und in eigenem Namen durch den Treuhänder, aber nicht – oder wenigstens nicht ausschließlich – im eigenen Interesse, sondern im Interesse des Treugebers (RGZ 127, 344; BGHZ 11, 37; 17, 140; 19, 69; BGH NJW 1987, 2071; *Löhnig*, Treuhand, 2006, 117). So kann bei der Vermögensverwaltung durch einen Ehegatten, falls ein Rechtsbindungswille festzustellen ist (s Rn 7), eine Treuhandabrede gegeben sein. Die erg Auslegung der stillschw geschlossenen Treuhandabrede kann ergeben, dass intern ein Auftragsverhältnis begründet werden sollte, auch wenn dies zunächst von der ehelichen Lebensgemeinschaft überlagert war (vgl BGH NJW-RR 1993, 367, 368; *Wever*, Vermögensauseinandersetzung der Ehegatten außerhalb des Güterrechts[7] 2018, Rn 834). Selbst wenn der Treuhänder auf eigene Rechnung handelt (Vertragshändler, Franchisenehmer, sonstiger Absatzmittler), kann bei entspr vertragl Vereinbarung eine Treuhand vorliegen (*Löhnig* Treuhand, 165ff). Die Treuhand zeichnet sich dadurch aus, dass die Rechtsmacht des Treuhänders im Außenverhältnis seine treuhänderische rechtl Bindung im Innenverhältnis zum Treugeber übersteigt (s Rn 6). Folgerichtig liegt dem Innenverhältnis zw Treuhänder und Treugeber bei Unentgeltlichkeit ein Auftrag, bei Entgeltlichkeit ein Geschäftsbesorgungsvertrag zugrunde (BGH BB 2004, 2707, 2710; 2002, 1446, 1447; 1953, 249, 250; NJW 1963, 950, 951; BGHZ 5, 285, 292; RGZ 121, 294, 296; 133, 84, 87; *Löhnig* Treuhand, 168; aA *Grundmann*, Der Treuhandvertrag, insb die werbende Treuhand, 1997, 87ff, der ohne Not von einem neben den Auftrag/Geschäftsbesorgungsvertrag tretenden Treuhandvertrag als Interessenwahrungsvertrag ausgeht).

18 Bei **Sicherheiten-Poolverträgen** zu nicht-akzessorischen Sicherheiten werden diese meist zugunsten eines Treuhänders – meist einer der beteiligten Banken – bestellt, der die Sicherheiten im eigenen Namen zugunsten aller Poolmitglieder (zB Konsortialbanken) hält und verwaltet (BankR-HdB[6]/*Omlor*, § 76 Rn 21; *Wenzel*, Rechtsfragen internationaler Konsortialkreditverträge, 2006, 375). Mittelbare Beteiligungen an Unternehmen beruhen meist auf einer Treuhandabrede (BGH BB 2004, 2707, 2708; MüKo-HGB[4]/*K. Schmidt* Vor § 230 Rn 51; Heymann/*Emmerich*, HGB[3] 2020, § 105 HGB Rn 58). Treuhand und Unterbeteiligung an Gesellschaftsanteilen sind nicht einander ausschließende, zur Anwendung entweder des Auftrags- oder des Gesellschaftsrechts führende Rechtsinstitute. Entscheidend für die Einordnung ist die inhaltliche Gestaltung des Vertragsverhältnisses, wobei für eine gesellschaftsvertragl Beziehung spricht, dass der hauptbeteiligte Gesellschafter nur einen Teil seines Anteils für den anderen Vertragsbeteiligten hält, iÜ aber eigene Interessen in der Gesellschaft verfolgt (BGH NJW 1994, 2886, 2887). Erhält der Besteller, der an den Werkunternehmer eine Anzahlung geleistet hat, zur Sicherung eines etwaigen Anspruchs auf Rückzahlung der Anzahlung vom Kreditinstitut seines Vertragspartners eine Bürgschaft, soll jedoch diese Sicherheit erst in Kraft treten, wenn die Anzahlung bei der Bank „bedingungslos und auflagenfrei" eingegangen ist, so kommt zw dem Besteller und dem Kreditinstitut ein Treuhandauftrag zustande, wenn der Besteller dem Kreditinstitut die Auflage erteilt, die Auszahlung dürfe erst nach Freigabe durch ihn erfolgen, und das Kreditinstitut die geleistete Zahlung nicht zurückweist (BGH BKR 2003, 866).

19 Nur die echte Treuhand, bei der das Treugut dem Treuhänder unmittelbar vom Treugeber übertragen wird, begründet für den Treugeber in der Insolvenz des Treuhänders ein Aussonderungsrecht nach § 47 InsO und bei der Einzelzwangsvollstreckung von Gläubigern des Treuhänders in das Treugut nach §§ 803f, 808 ZPO auch eine Drittwiderspruchsklage nach § 771 ZPO (RGZ 84, 214, 217; 91, 12, 16; 127, 341, 344; 133, 84, 87; BGH NJW 1959, 1223, 1224f). Echte Treuhandverhältnisse sind auch die (uneigennützige) Verwaltungstreuhand, bei der die Übertragung des Treuguts im Interesse des Treugebers erfolgt (zB Inkassozession), und die (eigennützige) Sicherungstreuhand, bei der das Sicherungsgut im Interesse des Treuhänders übertragen wird (zB Sicherungseigentum; BGHZ 5, 285, 292f; Staudinger/*Martinek*/*Omlor* Vor § 662 Rn 42; *Henssler* AcP 196, 37, 42f). Die doppelnützige Treuhand, bei der ein Gesellschafter seinen Gesellschaftsanteil als Treugeber auf einen Treuhänder überträgt, ist gleichzeitig Sicherungs- und Verwaltungstreuhand (*Bork* NZI 1999, 337, 339; *ders* ZIP 2003, 1421, 1424; *Kampshoff* GmbHR 2010, 897, 902). Zum Wesen der uneigennützigen Treuhand gehört es, dass der treuhänderisch zu verwaltende Gegenstand formell aus dem Vermögen des Treugebers ausscheidet, der Treuhänder nach außen Vollrechtsinhaber wird und im Innenverhältnis nach Maßgabe der Treuhandabrede verpflichtet ist, das nach wie vor wirtschaftl zum Vermögen des Treugebers gehörende Recht in dessen Interesse zu handhaben (BGH NJW-RR 1993, 367, 368; FamRZ 1972, 559). Die formale Übertragung von Vermögenspositionen allein aus steuerlichen Gründen ohne weitergehende Absichten ist ein typischer Fall der fremdnützigen Verwaltungstreuhand (BGH NJW-RR 1993, 367f). Trotz der unterschiedlichen Interessenverteilungen kann nicht nur einer un-

eigennützigen Verwaltungstreuhand, sondern auch einer eigennützigen Sicherungstreuhand ein Auftrag bzw Geschäftsbesorgungsverhältnis zugrunde liegen, denn auch im zuletzt genannten Fall kann der Treuhänder verpflichtet sein, Interessen des Treugebers wahrzunehmen. So folgt etwa bei der Sicherungsübereignung aus dem fiduziarischen Charakter der Sicherungsabrede sowie der Interessenlage der Vertragsparteien die Pflicht des Sicherungsnehmers, die Sicherheit schon vor Beendigung des Vertrags zurückzugewähren, wenn und soweit sie endgültig nicht mehr benötigt wird (BGH [GrSZ] NJW 1998, 671, 672; s auch NJW 1997, 1570, 1573). Um die besondere Interessenlage der Parteien des Treuhandvertrags zu erhalten, wendet der BGH bei dessen Nichtigkeit nicht bereicherungsrechtl Grundsätze an, sondern die Regeln der GoA (s § 667 Rn 3).

Stets ist allerdings zu prüfen, ob ein Auftragsvertrag tatsächlich Treuhandcharakter hat. Ein Rechtsanwalt, der auf seinem Anderkonto Geld erhält, welches von einem Dritten in Erfüllung einer mit dem Mandanten getroffenen Vereinbarung geleistet wird, handelt idR allein als Vertreter seines Auftraggebers, nicht als Treuhänder für den Dritten. Dies folgt im Ansatz schon aus dem Verbot der Vertretung widerstreitender Interessen (§ 43a IV, § 59a II Nr 1 lit e BRAO), weil die Interessen des Dritten idR nicht mit denjenigen der vom Rechtsanwalt vertretenen Partei identisch sind, vielmehr insoweit Gegensätze und Konfliktlagen auftreten können. Dies trifft auch bei der Bereitstellung eines Geldbetrags als **Kaution** zu. Wer als Verteidiger zum Zweck der sofortigen Hinterlegung einer Kaution bei Gericht bestimmte Gelder von dritter Seite für seinen Mandanten entgegennimmt, begründet dadurch keine zusätzl vertragl Verpflichtungen ggü dem Geldgeber, sofern sich nicht aus den getroffenen Absprachen oder besonderen Umständen des Falls ausnahmsw etwas anderes ergibt (BGH NJW 2004, 3630, 3631: inhaftierter Beschuldigter ist Lebensgefährte der Tochter der Dritten). Bestehen keine Abreden mit dem zahlenden Dritten, ist dieser auch nicht in den Schutzbereich des zw Anwalt und Beschuldigtem abgeschlossenen Anwaltsvertrags einbezogen (BGH NJW 2004, 3630, 3632). Wird über die Zahlung der Kaution tatsächlich eine Vereinbarung zw Drittem und Anwalt abgeschlossen, besteht für die Annahme einer treuhänderischen Verwaltung kein Anlass, weil der Anwalt das Geld nicht für den Einzahler verwaltet, sondern es alsbald entspr der vom Mandanten erteilten Weisung an die Hinterlegungsstelle weiterleiten soll (BGH NJW-RR 2007, 267; NJW 2004, 3630, 3631). Nur aufgrund zusätzl Umstände kann sich in diesen Fällen ein Treuhandcharakter des Auftrags ergeben (BGH NJW-RR 2007, 267, 268; NJW 2004, 3630, 3631). 20

c) Weitere Pflichten des Beauftragten. Gesetzl Pflichten des Beauftragten folgen während der Vertragserfüllung aus den §§ 663, 665, 666, 667, 668, 671 II, nach Vertragsbeendigung aus § 671 II 2, § 672 S 2 und § 673 S 2. Darüber hinaus treffen den Beauftragten ggü dem Auftraggeber **Prüfungs-, Belehrungs-/Beratungs- und Warnpflichten** (§ 241 II) – etwa im Hinblick auf das mit dem Auftrag verbundene Risiko für den Auftraggeber, wenn es für diesen nicht erkennbar ist –, wobei Intensität und Umfang dieser Pflichten von der Sachkunde des Beauftragten (zB Banken, Steuerberater, RA, sonstige Experten, BGHZ 23, 222; 72, 93, 102; BGH NJW 1985, 42, 43; 1994, 2541; 1998, 1486) abhängen (allg MüKo/*Schäfer* Rn 65). Werden dem Beauftragten im Rahmen des Auftrags Sachen übergeben, trifft ihn eine Pflicht zur Verwahrung und Obhut (BGH NJW-RR 1993, 795; 1993, 926; Grü/*Grüneberg* Rn 9). Wird der Beauftragte in der Privat- oder Intimsphäre des Auftraggebers tätig oder würde durch Information Dritter der Zweck des Auftrags gefährdet, trifft ihn eine Pflicht zur Verschwiegenheit bzgl aller Tatsachen, die der Auftraggeber geheim zu halten wünscht (BGHZ 27, 241, 246; Jauernig/*Mansel* Rn 12). Folgt aus dem Gegenstand des zu besorgenden Geschäfts dessen Eilbedürftigkeit, ist der Beauftragte zur schnellen Erledigung im Rahmen des für ihn Zumutbaren verpflichtet (BRHP/*Fischer* Rn 13). Weil es sich um einen Gefälligkeitsvertrag handelt (s Rn 2), hat der Beauftragte **keinen Anspruch auf Ausführung** der Tätigkeit (PWW/*Fehrenbacher* Rn 11 aE). 21

2. Pflichten des Auftraggebers. Wegen der Unentgeltlichkeit des Auftrags trifft den Auftraggeber **keine vertragl Hauptpflicht**. Aus der jederzeitigen Widerruflichkeit des Auftrags nach § 671 I folgt, dass er nicht einmal dazu verpflichtet ist, den Beauftragten das ihm übertragene Geschäft ausführen zu lassen. Er kann daher auch die Erteilung einer für die Ausführung des Auftrags notwendigen Vollmacht oder die Leistung eines Vorschusses (§ 669) ablehnen. Tut er dies, so kann darin konkludent der Widerruf des Auftrags liegen (Staudinger/*Martinek/Omlor* Rn 44). Gesetzl Nebenpflichten folgen aus §§ 669, 670. Aus § 241 II folgt die Nebenpflicht, alle Rechte und Rechtsgüter des Beauftragten zu schützen (Stuttgart NJW-RR 2011, 606, 607), den Beauftragten ausreichend über den Gegenstand des Auftrags zu informieren und ihn auf dem Auftraggeber bekannte, aber für den Beauftragten nicht erkennbare Gefahren aufmerksam zu machen, sodass sich dieser vor Schäden schützen kann (BGHZ 72, 9, 14; 73, 207, 211; 95, 103, 108; BRHP/*Fischer* Rn 16). Ferner trifft den Auftraggeber die Obliegenheit, Mitwirkungshandlungen vorzunehmen, wenn dies für die Durchführung des Auftrags notwendig ist (MüKo/*Schäfer* Rn 90). Überlässt der Auftraggeber dem Beauftragten zur Durchführung des Auftrags Geräte oder findet die Durchführung des Auftrags in seinen Räumen statt, hat der Auftraggeber den ordnungsgemäßen Zustand seiner Sachen sicherzustellen und ggf Vorsorgemaßnahmen zu treffen (BGHZ 16, 265, 270). Wäre die vom Beauftragten übernommene Tätigkeit bei Vereinbarung einer Vergütung dienstvertragl Natur, trifft den Auftraggeber eine Fürsorge- und Schutzpflicht analog §§ 618f (BGHZ 16, 265, 270; Jauernig/*Mansel* Rn 13). 22

XI. Beweislast. Die Beweislast für das Zustandekommen des Auftragsvertrags, seinen Inhalt und die dem Beauftragten erteilte Weisung (s § 665 Rn 14) trägt derjenige, der sich auf den Auftragsvertrag bzw die Weisung beruft. Der Auftraggeber muss die Unentgeltlichkeit des Auftrags beweisen, wenn die sonstigen Umstände ergeben, dass die vereinbarte Tätigkeit nur gegen eine Vergütung erbracht wird (Erman/*Ehmann*[12] Rn 28), oder wenn der Auftraggeber in Abweichung von den gesetzl Vermutungen der § 612 I, § 632 I, § 653 I, § 689, § 354 HGB (s Rn 14) die Unentgeltlichkeit der Tätigkeit des Beauftragten behauptet (BGH MDR 1975, 739; RGZ 74, 139, 23

141; vgl RG JW 1909, 670 Nr 26). Erst wenn auf diesem Weg über den Inhalt des Auftrags Klarheit erlangt wurde, ist die pflichtgemäße Ausführung des Auftrags zu ermitteln, wofür der Beauftragte die Beweislast trägt (BGH NJW-RR 1989, 1206; Schleswig NJW-RR 2010, 1720, 1721). Dies gilt auch für die bestimmungsgemäße Verwendung dessen, was er zur Ausführung des Auftrags erhalten hat (s § 667 Rn 16).

24 **XII. Haftungsfragen.** Bei Pflichtverletzungen haften Auftraggeber und Beauftragter nach § 280 I für den kausalen Schaden. Haftungsmaßstab ist mangels abw Vereinbarung der Parteien § 276 (BGHZ 30, 40, 47). Wegen der Fremdnützigkeit kommt dem Beauftragten trotz der Unentgeltlichkeit seiner Tätigkeit (s Rn 14) **keine Haftungserleichterung** zugute. Einen allg Grundsatz, dass in allen Fällen, in denen jemand unentgeltlich tätig wird, eine Haftungserleichterung gem §§ 521, 599, 690 in Betracht kommt, gibt es wegen der Vielgestaltigkeit der in Betracht kommenden Rechtsverhältnisse nicht (BGHZ 21, 102, 110; 30, 40, 46; BGH NJW 1992, 2474, 2475; Jauernig/*Mansel* Rn 14). So folgt etwa die Haftungsbeschränkung des § 599 aus der dem unentgeltlichen Leihvertrag immanenten Uneigennützigkeit der Gebrauchsüberlassung durch den Verleiher (s § 599 Rn 1). Nur deswegen stellt die Einschränkung des vertragl Haftungsmaßstabs durch § 599 ein Äquivalent für die Unentgeltlichkeit der Gebrauchsüberlassung dar (BGH NJW 1992, 2474, 2475). Der ebenfalls unentgeltlich tätige Beauftragte wird dagegen fremdnützig in Angelegenheiten des Auftraggebers tätig. Er haftet daher nach der st Rspr des BGH auch für leichte Fahrlässigkeit (BGH NJW 1956, 1313; 1959, 1221, 1223; Hamm NJW-RR 2008, 250, 251). Der Beauftragte, der sich gerade dazu verpflichtet, in fremdem Interesse tätig zu werden, kann nicht zugleich eine Haftungserleichterung in Anspruch nehmen und sich so für eine leichte Interessenverletzung gleichsam „freizeichnen" (BGHZ 21, 102, 110; 30, 40, 47; s auch PWW/*Fehrenbacher* Rn 14; BRHP/*Fischer* Rn 14; Staudinger/*Martinek*/*Omlor* Rn 42).

25 Nur ausnahmsw kann sich eine Haftungserleichterung aus dem besonderen Inhalt oder Gegenstand des Vertrags (BRHP/*Fischer* Rn 14 aE) sowie den Umständen des Vertragsschlusses (zB wenn der Beauftragte auf dringenden Wunsch des Auftraggebers tätig wird oder erst zur Übernahme der Tätigkeit überredet werden musste), aus einer stillschw getroffenen Abrede oder aus der geringen Bedeutung der übernommenen Tätigkeit ergeben (Soergel/*Beuthien* Rn 17; aA MüKo/*Schäfer* Rn 84). Dies müssen jedoch Ausnahmefälle bleiben, um den gesetzl gewollten Regelfall der Anwendung des Haftungsmaßstabs des § 276 (s Mot II 530ff) nicht aufgrund von Billigkeitserwägungen oder im Wege der erg Vertragsauslegung zur Ausnahme werden zu lassen. Wenn keine Anhaltspunkte dafür bestehen, dass die Parteien bei Abschluss des Auftragsvertrags die Frage der Haftung bedacht haben, ist auch für die Annahme eines **stillschw vereinbarten Haftungsverzichts** kein Raum (BGH WM 2003, 85, 86). Im Wege der erg Vertragsauslegung kann ein solcher Verzicht nur angenommen werden, wenn der Geschädigte sich dem ausdrückl Ansinnen einer solchen Haftungsfreistellungsvereinbarung billigerweise nicht hätte versagen können. In diesem Zusammenhang ist von Bedeutung, inwieweit zugunsten der Beteiligten Versicherungsschutz besteht. Das Bestehen eines Haftpflichtversicherungsschutzes für den Schädiger spricht regelmäßig gegen eine Haftungsbeschränkung (BGH WM 2003, 85, 86; NJW 1980, 1681, 1682f; 1993, 3067, 3068). Gehen die Beteiligten allerdings irrig davon aus, dass ein solcher Versicherungsschutz besteht, und setzen sie sich einem erhöhten Schadensrisiko aus (gemeinsame Miete eines Wagens in Südafrika), kann eine erg Vertragsauslegung zu dem Ergebnis führen, dass die Parteien bei Kenntnis der Sachlage billigerweise wechselseitig einen Haftungsverzicht für einfache Fahrlässigkeit vereinbart hätten (Stuttgart NZV 2008, 406). Ist ein ArbN gerade mit Blick auf sein bestehendes Arbeitsverhältnis bereit, mit einem Dritten einen Auftragsvertrag abzuschließen, so ist es nach allg Grundsätzen in erster Linie Sache des ArbG, seinem ArbN die daraus entstehenden Haftungsrisiken abzunehmen. Dagegen ist der Umstand, dass der Vertragspartner des ArbN um diese Zusammenhänge weiß oder sie zumindest erkennen kann, für sich allein kein ausreichender Sachgrund dafür, ihn nach Treu und Glauben als verpflichtet anzusehen, bei einem vertragswidrigen Verhalten auf die Schadensersatzansprüche zu verzichten, die das Gesetz für diesen Fall bereithält (BGH WM 2003, 85, 86; BGHZ 108, 305, 315ff). Die Grundsätze über die Haftung bei betriebsbedingter Tätigkeit (s § 611a Rn 254f) können nicht entspr herangezogen werden (BGHZ 30, 40, 49; Jauernig/*Mansel* Rn 14; aA Erman/*Ehmann*[12] Rn 21). Bei einem Auftrag zur Abwendung einer dringenden Gefahr kann § 680 entspr angewendet werden (BGH NJW 1972, 475; MüKo/*Schäfer* Rn 87). Dies gilt vor allem dann, wenn der Beauftragte eine dem Auftraggeber drohende dringende Gefahr abwehren muss und keine Zeit mehr zur Einholung von Weisungen hat (Staudinger/*Martinek*/*Omlor* Rn 43).

26 **XIII. Vertragsbeendigung.** Der Auftrag endet wegen der besonderen Bindung an die Person des Beauftragten im Zweifel durch dessen Tod (§ 673 S 1), nicht jedoch durch den Tod oder den Eintritt der Geschäftsunfähigkeit des Auftraggebers (§ 672 S 1). Der Auftrag kann gem § 671 I vom Beauftragten jederzeit gekündigt, vom Auftraggeber jederzeit widerrufen werden. Der Beauftragte ist nach § 671 III zur außerordentlichen Kündigung aus wichtigem Grund auch dann berechtigt, wenn er zuvor auf dieses Kündigungsrecht verzichtet hat (s § 671 Rn 5). Hierin kommt der Charakter des Auftrags als Dauerschuldverhältnis (s Rn 4) zum Ausdruck, von dem sich die Parteien nach dem in § 314 zum Ausdruck kommenden Rechtsprinzip jederzeit aus wichtigem Grund lösen können (s § 314 Rn 1). Der Vertrag kann auch durch Erfüllung (§ 362) oder Anfechtung (§ 142 I) beendet werden. Nach § 115 I InsO endet der Auftrag auch dann, wenn über das Vermögen des Auftraggebers das Insolvenzverfahren eröffnet wird, vorausgesetzt, der Auftrag bezieht sich auf das zur Insolvenzmasse gehörende Vermögen (s § 672 Rn 3).

§ 663 Anzeigepflicht bei Ablehnung

Wer zur Besorgung gewisser Geschäfte öffentlich bestellt ist oder sich öffentlich erboten hat, ist, wenn er einen auf solche Geschäfte gerichteten Auftrag nicht annimmt, verpflichtet, die Ablehnung dem Auftraggeber unverzüglich anzuzeigen. Das Gleiche gilt, wenn sich jemand dem Auftraggeber gegenüber zur Besorgung gewisser Geschäfte erboten hat.

I. Regelungszweck. Die Norm hat über den Verweis in § 675 I vor allem Bedeutung bei der Anbahnung entgeltlicher Geschäftsbesorgungsverträge. Sie schützt das Vertrauen des Rechtsverkehrs. Grds ist der Beauftragte nach den allg Regeln (s Vor § 145 Rn 26) weder zur Annahme eines Angebots zum Vertragsabschluss noch zu einer Mitteilung über die Ablehnung des Angebotes verpflichtet. Das Schweigen des Beauftragten auf ein Angebot zum Vertragsabschluss ist keine Annahme, es sei denn, es liegt ein Fall des § 362 I HGB (dazu BGH NJW 1984, 866, 867; *Steimle/Dornieden* in Röhricht/Graf v Westphalen/Haas[5] § 362 HGB Rn 24ff) oder eine entspr vertragl Vereinbarung oder Verkehrssitte vor oder der Beauftragte war ausnahmsw nach Treu und Glauben zu einer Ablehnung verpflichtet (s § 147 Rn 3) und der Gegner durfte das Schweigen daher als Annahme verstehen (s Vor § 116 Rn 8). Anwendbar ist auch § 151, der von einer vom Beauftragten erklärten, aber ausnahmsw nicht zugangsbedürftigen Annahme ausgeht (s Enneccerus/*Lehmann* § 160.II.1). Die Vorschrift ist etwa dann anwendbar, wenn der Auftraggeber (Grundstückskäufer) bei Abschluss des notariellen Grundstückskaufvertrags dem darin namentlich aufgeführten Notariatsangestellten konkludent das Angebot zum Abschluss eines Auftrags und einer Vollmacht im Hinblick auf die Erklärung der Auflassung gemacht hat („Auflassungsvollmacht"), das der Angestellte spätestens bei Erklärung der Auflassung annimmt (BGH WM 2003, 85). Nur in den drei von der Norm erfassten Konstellationen (öffentliche Bestellung, öffentliches Sich-Erbieten, individuelles Sich-Erbieten) geht der Rechtsverkehr von der generellen Bereitschaft dieser Personen zur Besorgung von Geschäften aus. Das Gesetz schützt daher das Vertrauen von Personen, die ggü solchen Geschäftsbesorgern ein Angebot zum Vertragsschluss abgeben, indem es eine schadensersatzbewehrte vorvertragl Pflicht zur Anzeige einer Ablehnung dieses Angebots statuiert (BGH NJW 1984, 866, 867; BRHP/*Fischer* Rn 1; s Rn 7). Weder besteht aber durch § 663 ein Kontrahierungszwang, noch wird ein Vertragsschluss fingiert (Mot II 530). Liegen im Handelsverkehr die Voraussetzungen des § 362 I HGB nicht vor, gilt auch hier § 663 (Jauernig/*Mansel* Rn 1). § 44 BRAO enthält eine Sonderbestimmung. § 663 ist nicht anwendbar, wenn das Angebot des Auftraggebers vom Beauftragten bereits stillschw (s § 662 Rn 12) angenommen wurde oder ein Fall des § 151 vorliegt (Jauernig/*Mansel* Rn 3 aE). Die Unterrichtungspflicht des Zahlungsdienstleisters nach § 675o I bei Ablehnung der Ausführung eines Zahlungsauftrags (s § 675o Rn 3) betrifft nicht die Ablehnung des Vertragsschlusses, sondern die Ablehnung der Durchführung einer Einzelweisung im Rahmen eines bestehenden Zahlungsdienstevertrags, zB eines Überweisungsauftrags im Rahmen eines Girovertrags (s § 675f Rn 41). 1

II. Voraussetzungen. 1. „Auftrag". Damit die in der Norm statuierte Anzeigepflicht eingreift, muss der erteilte Auftrag in den Rahmen derjenigen Geschäfte fallen, zu deren Besorgung der Beauftragte öffentlich bestellt ist oder sich öffentlich oder dem Auftraggeber ggü erboten hat (BeckOGK/*Riesenhuber* Rn 23). Das Gesetz versteht hier den Begriff „Auftrag" als das Angebot zum Abschluss eines Auftragsvertrags, s zu den Begrifflichkeiten § 662 Rn 1. Betrifft dagegen das Vertragsangebot des Auftraggebers eine Geschäftsbesorgung anderer Art, finden statt der ausnahmswn Anzeigepflicht die allg rechtsgeschäftlichen Regeln Anwendung (Staudinger/*Martinek*/*Omlor* Rn 8). Darüber hinaus muss der Beauftragte zu einer der in § 663 genannten Gruppen gehören. 2

2. Öffentlich bestellt, S 1 Alt 1. Ein Geschäftsbesorger ist nicht schon dann öffentlich bestellt, wenn die Bestellung durch eine private oder öffentliche Stelle im Wege der öffentlichen Erklärung erfolgt ist. Notwendig ist vielmehr, wie bei §§ 404, 407 ZPO, die Bestellung durch Träger der öffentlichen Verwaltung wie IHK, Handwerkskammern oder Bezirksregierungen, andere staatliche Stellen oder Beliehene wie den TÜV (BRHP/*Fischer* Rn 2; Soergel/*Beuthien* Rn 5; aA MüKo/*Schäfer* Rn 7; Grü/*Grüneberg* Rn 2; Jauernig/*Mansel* Rn 2; Staudinger/*Martinek*/*Omlor* Rn 2; Erman/*Ehmann*[12] Rn 8). In Betracht kommen etwa Beliehene, denen die Wahrnehmung schlicht-hoheitlicher Kompetenzen durch Abschluss privatrechtl Verträge mit Dritten übertragen wurde, zB Prüf- oder Vermessungsingenieure oder öffentlich bestellte Sachverständige nach § 36 GewO (NK/*Schwab* Rn 2). Die Norm hat daher über den Verweis in § 675 vor allem Bedeutung bei der entgeltlichen Geschäftsbesorgung. Sie gilt über die Verweisung in § 675c I auch für Zahlungsdiensteverträge iSv § 675f. 3

3. Öffentliches Sich-Erbieten, S 1 Alt 2. Das öffentliche Sich-Erbieten geht nicht, wie Alt 1, von dritter Seite, sondern vom Geschäftsbesorger selbst aus. Es liegt immer dann vor, wenn der Geschäftsbesorger eine Aufforderung zur Auftragserteilung an eine **unbestimmte Vielzahl von Personen** richtet, zB durch Aushang, Schilder, Zeitungsanzeige, Prospekte, Rundschreiben, Webseite oder Massen-E-Mail, oder ein für die Allgemeinheit öffentlich zugängliches Geschäft betreibt (Jauernig/*Mansel* Rn 2; Grü/*Grüneberg* Rn 3). Es kommt nicht darauf an, ob die betreffende Person ein öffentliches Amt innehat. Im Sich-Erbieten liegt nicht schon ein Vertragsangebot des Geschäftsbesorgers *ad incertas personas* oder eine Aufforderung zur Auftragserteilung iS einer *invitatio ad offerendum* (zur Abgrenzung s § 145 Rn 4). Vielmehr liegt darin nur ein allg Hinw an die Öffentlichkeit über die grds Bereitschaft zur Besorgung bestimmter Geschäfte (Staudinger/*Martinek*/*Omlor* Rn 3; aA Erman/*Ehmann*[12] Rn 7; PWW/*Fehrenbacher* Rn 3: Kundgabe ist geschäftsähnl Handlung, die Regeln für Rechtsgeschäfte gelten entspr). Ein öffentliches Selbsterbieten wird selten bei unentgeltlichen Aufträgen vorliegen, wohl aber regelmäßig bei der entgeltlichen Geschäftsbesorgung nach § 675, zB bei Rechtsanwälten, Versteigerern und Taxatoren, Spediteuren (RGZ 104, 265, 267) und Banken. Für Rechtsanwälte gilt die Sonderbestimmung des § 44 BRAO. Die 4

Anzeigepflicht nach §§ 675, 663 gilt nicht für Ärzte oder Hebammen, da sie keine Tätigkeit wirtschaftl Art ausüben (Staudinger/*Martinek/Omlor* Rn 3 aE; s auch § 675 Rn 11).

5 **4. Individuelles Sich-Erbieten, S 2.** Im Gegensatz zu S 1 Alt 2 bedeutet das in S 2 geregelte individuelle Sich-Erbieten das Anerbieten an einen bestimmten Auftraggeber bzw einen bestimmten Personenkreis, zu dem auch der Auftraggeber gehört (Soergel/*Beuthien* Rn 6). Dies kann durch mündliche oder schriftliche Erklärung, durch konkludente Handlung, mit allg oder speziellem Inhalt geschehen (Staudinger/*Martinek/Omlor* Rn 4). Im Hinblick auf die Individualisierung der Erklärung ggü einer bestimmten Person oder einem bestimmten Personenkreis handelt es sich hier zwar noch nicht um eine Willenserklärung, wohl aber, im Gegensatz zu S 1 Alt 2, um eine *invitatio ad offerendum*, denn das Gesetz geht ausweislich der in § 663 normierten Pflicht des „Beauftragten" zur Mitteilung der Auftragsablehnung davon aus, dass erst der Auftraggeber ein Angebot zum Abschluss eines Auftrags- bzw Geschäftsbesorgungsvertrags macht (Staudinger/*Martinek/Omlor* Rn 4). Für beiderseitige Handelsgeschäfte findet sich eine spezielle Regelung in § 362 I 2 HGB. Auch dort wird das Anbieten der Geschäftsbesorgung als eine *invitatio ad offerendum* qualifiziert (s *Steimle/Dornieden* in Röhricht/Graf v Westphalen/Haas[5] § 362 HGB Rn 18).

6 **III. Ablehnungsanzeige. 1. Pflicht zur Ablehnungsanzeige.** Der Geschäftsbesorger ist nur dann zur Ablehnung verpflichtet, wenn erstens er das Angebot (den „Auftrag") nicht annehmen will und zweitens sich das Angebot innerhalb seiner Tätigkeit bewegt (s Rn 2). Liegt es außerhalb seiner Tätigkeit, ist das Vertrauen des Antragenden nicht schutzwürdig, nur hierauf bezieht sich aber der Schutzzweck der Norm (s Rn 1). Der Kreis der Geschäfte muss allerdings aus der Erklärung des Geschäftsbesorgers erkennbar sein. Auch bei § 362 I 2 HGB bestimmt der Kaufmann durch sein Anerbieten die Sparte der Geschäfte, die er übernehmen will (*Steimle/Dornieden* in Röhricht/Graf v Westphalen/Haas[5] § 362 HGB Rn 18). Die Anzeige muss **keine Begründung** enthalten. Sie muss **unverzüglich**, also ohne schuldhaftes Zögern iSv § 121 I (s dazu § 121 Rn 3) erfolgen. Sie ist geschäftsähnl Handlung, für die die §§ 104ff entspr gelten (s Einl § 104 Rn 7f). Für den geschäftsunfähigen Geschäftsbesorger muss sein gesetzl Vertreter die Anzeige abgeben. Der Charakter der Anzeige als geschäftsähnl Handlung legt die Vermutung nahe, die Anzeige müsse dem Antragenden zugehen (§ 130; s dazu Erman/*Ehmann*[12] Rn 12; Soergel/*Beuthien* Rn 12). Damit würde allerdings dem Anzeigenden ein erhebliches Haftungsrisiko aufgebürdet, denn der Zugang findet außerhalb seiner Einflusssphäre statt. Es muss daher für die Erfüllung der Anzeigepflicht genügen, dass der Anzeigende die Anzeige den Umständen (Wert des Auftrags, erkennbare Bedeutung der Kenntnis von der Ablehnung für den Antragenden etc) entspr sorgfältig und unverzüglich abgesendet hat (Staudinger/*Martinek/Omlor* Rn 11; BRHP/*Fischer* Rn 3). Für die Anzeige ist **keine besondere Form** vorgeschrieben. Der Beauftragte muss sich auch für seine Ablehnungsanzeige nicht derselben Form bedienen, die der Auftraggeber für sein Vertragsangebot („Auftrag") gewählt hat (Staudinger/*Martinek/Omlor* Rn 10).

7 **2. Rechtsfolgen bei Verletzung der Ablehnungspflicht.** § 663 regelt einen Sonderfall der cic (§ 311 II). Teilt der darin erfasste Personenkreis die Ablehnung eines Antrags dem Auftraggeber schuldhaft nicht oder nicht unverzüglich mit, so liegt darin keine Annahmeerklärung durch Schweigen. Hierin besteht der entscheidende Unterschied zu § 362 I 1 HGB. In der nicht oder nicht rechtzeitig erfolgten Anzeige liegt vielmehr eine **vorvertragl Pflichtverletzung**, für welche die betreffende Person nach § 280 I iVm § 276 I und ggf § 278 einzustehen hat (Grü/*Grüneberg* Rn 1; Soergel/*Beuthien* Rn 11ff; s auch § 44 S 2 BRAO). Das Verschulden folgt allein aus der Verletzung der Anzeigepflicht, denn sie bestimmt den Maßstab der im Verkehr erforderlichen Sorgfalt aus § 276 I (Erman/*Ehmann*[12] Rn 13). Zu ersetzen ist der **Vertrauensschaden**, also der Schaden, der dadurch adäquat verursacht wurde, dass der Auftraggeber auf die Geschäftsbesorgung durch die betreffende Person vertraut hat, entspr Aufwendungen im Vertrauen auf den Vertragsschluss getätigt hat und/oder sich nicht um eine anderweitige Auftragsvergabe bemüht hat bzw entspr Angebote abgelehnt hat (BGH NJW 1984, 866; RGZ 104, 265, 267; PWW/*Fehrenbacher* Rn 5; *Grunewald* JZ 1984, 708). Der Antragende ist also so zu stellen, wie er bei rechtzeitiger Kenntnis von der Auftragsablehnung gestanden hätte. Der Anspruch auf Ersatz des Vertrauensschadens ist in der Höhe nicht, wie in § 122 I oder § 179 II, durch das Erfüllungsinteresse begrenzt (Staudinger/*Martinek/Omlor* Rn 14).

8 **IV. Beweislast; Verjährung.** Für den Beweis des Vertretenmüssens der unterlassenen oder verzögerten Anzeige trägt der Anspruchsteller die Beweislast, wobei ihm die Beweislastregel des § 280 I 2 zugutekommt. Der Anspruch verjährt gem § 195 in drei Jahren.

§ 664 Unübertragbarkeit; Haftung für Gehilfen

(1) Der Beauftragte darf im Zweifel die Ausführung des Auftrags nicht einem Dritten übertragen. Ist die Übertragung gestattet, so hat er nur ein ihm bei der Übertragung zur Last fallendes Verschulden zu vertreten. Für das Verschulden eines Gehilfen ist er nach § 278 verantwortlich.

(2) Der Anspruch auf Ausführung des Auftrags ist im Zweifel nicht übertragbar.

1 **I. Regelungszweck.** Ähnl wie § 613 enthält die Bestimmung in Abs I S 1 und Abs II zwei Auslegungsregeln („im Zweifel", s dazu § 133 Rn 32), welche die Einschaltung Dritter auf beiden Seiten des Auftragsverhältnisses wegen des häufig bestehenden Vertrauensverhältnisses zw den Parteien beschränken (MüKo/*Schäfer* Rn 1). Die in Abs I S 1 geregelte Vermutung der **Auftragswidrigkeit der Substitution** verdrängt den in § 267 I enthaltenen Grundsatz und macht zugleich die **höchstpersönliche Natur** der Verpflichtung des Beauftragten deutlich. Die

Vermutung trägt dem Umstand Rechnung, dass sich der Auftraggeber den Beauftragten als den Wahrer und Förderer seiner Interessen regelmäßig mit Rücksicht auf dessen unverwechselbares Persönlichkeitsprofil aussucht (Staudinger/*Martinek*/*Omlor* Rn 2). Aus spiegelbildlichen Überlegungen folgt die in Abs II enthaltene Vermutung der Unabtretbarkeit des Ausführungsanspruchs des Auftraggebers aus § 662. Aus Abs I S 3 folgt, dass die Einschaltung eines Erfüllungsgehilfen im Gegensatz zum Einsatz eines Substituten grds zulässig ist und keiner vorherigen Gestattung durch den Auftraggeber bedarf. Praktisch bedeutsamer als die beiden Auslegungsregeln sind aber die Regelungen in Abs I S 2 und S 3 über die **Haftung des Beauftragten bei Einschaltung von Dritten** in die Auftragsdurchführung. Hat der Auftraggeber dem Beauftragten entgegen der Auslegungsregel des Abs I S 1 die Substitution ausnahmsw gestattet, so haftet der Beauftragte entgegen der allg Regel des § 278 nicht für (fremdes) Verschulden des Substituten, sondern nur für eigenes Verschulden bei der Auswahl und Einweisung des Substituten (Jauernig/*Mansel* Rn 4). Die Substitution geht also auf die Gefahr des Auftraggebers, der sie gestattet hat (Prot II 355). Hat der Beauftragte dagegen keinen Substituten, sondern nur eine unselbständige Hilfsperson in die Erfüllung der ihm ggü dem Auftraggeber obliegenden Pflichten eingeschaltet, bleibt es nach Abs I S 3 dabei, dass er gem der allg Regelung des § 278 auch für das Verschulden des Erfüllungsgehilfen einzustehen hat. Obwohl § 664 in § 675 I nicht genannt ist, kann die Bestimmung auf solche Geschäftsbesorgungsverträge entspr angewandt werden, die durch ein besonderes Vertrauensverhältnis geprägt sind (RGZ 78, 310, 313; BGH NJW 1952, 257; Grü/*Grüneberg* Rn 1; Soergel/*Beuthien* Rn 14; aA MüKo/*Schäfer* Rn 3). Für Zahlungsdiensteverträge verweist § 675c I ebenfalls nicht auf § 664. Insoweit gelten die speziellen Regelungen des Zahlungsdiensterechts, insb § 675z S 2–5. Verweise auf § 664 finden sich in § 27 III (Vereinsvorstand), § 48 II (Vereinsliquidator), § 86 (Stiftungsvorstand), § 713 (geschäftsführender Gesellschafter, entfällt durch das MoPeG 2024) und § 2218 I (Testamentsvollstrecker).

II. Substitution. 1. Unzulässigkeit. Nach Abs I S 1 ist die Substitution durch den Beauftragten **im Zweifel** 2
verboten. Gemeint ist damit die teilw oder vollständige Übertragung der geschuldeten Tätigkeit auf einen Dritten zur selbständigen und eigenverantwortlichen Besorgung (BGH NJW 1993, 1704, 1705; RGZ 78, 310, 313; 161, 68, 73; PWW/*Fehrenbacher* Rn 2). Der Substitut übernimmt also die Geschäftsbesorgungspflicht des Beauftragten und soll insoweit an die Stelle des Erstbeauftragten treten (RGZ 161, 68, 73; 78, 310, 312). Dieser scheidet also aus der Geschäftsbesorgung aus. Gerade hierin liegt der Unterschied zur Tätigkeit eines Erfüllungsgehilfen nach § 278 (s Rn 1), den der Beauftragte lediglich in die Erfüllung seiner weiter ggü dem Auftraggeber bestehenden Pflicht zur Durchführung des Auftrags einschaltet, ohne selbst aus dieser Pflicht entlassen zu werden (vgl RGZ 142, 184, 188f). ArbN, die vom Beauftragten abhängig sind, können daher keine Substituten sein. In dieser Entlassung des Substituten aus der vertragl Pflichtenbindung liegt für den auf besonderem Vertrauen des Auftraggebers beruhenden Auftragsvertrag die besondere Gefahr der Substitution und der Regelungsgrund für die Auslegungsregel des Abs I S 1. Es kommt nicht darauf an, ob der Beauftragte den Dritten im eigenen Namen oder im Namen des Auftraggebers eingeschaltet hat (RGZ 78, 310, 312; Staudinger/*Martinek*/*Omlor* Rn 10). Das Verbot gilt nicht für untergeordnete Hilfstätigkeiten, wie zB Transportleistungen oder einfache Handreichungen, hier wird zumeist schon keine Substitution im Rechtssinn vorliegen (MüKo/*Schäfer* Rn 6). Eine solche Auftragsübertragung an einen Dritten ist von der Übernahme des Auftrags durch einen Dritten nach den Regeln der Schuldübernahme gem §§ 414ff zu unterscheiden, s zur befreienden (privativen) Schuldübernahme § 414 Rn 1ff.

2. Gestattung. Erlaubt ist die Substitution nur bei Gestattung durch den Auftraggeber (Abs I S 2). Die Gestat- 3
tung ist ein Rechtsgeschäft, für das die §§ 104ff gelten. Sie kann ausdrückl oder konkludent erklärt werden (Soergel/*Beuthien* Rn 4). Letzteres kommt aber wegen der gesetzl Auslegungsregel in Abs I S 1 nur bei Vorliegen besonderer Umstände oder einer entspr Verkehrssitte (Jauernig/*Mansel* Rn 3) in Betracht, etwa wenn das zu besorgende Geschäft typischerweise durch Übertragung der Pflicht zur Geschäftsbesorgung auf einen Dritten erledigt wird (BGH VersR 1958, 40, 41), wenn es für den Auftraggeber erkennbar ist („auf der Hand liegt"), dass der Beauftragte sich zur Besorgung des Geschäfts eines selbständigen Dritten bedienen muss (BGH NJW 1993, 1704, 1705) – etwa weil beide Vertragspartner wissen, dass der Beauftragte zur persönlichen Ausführung außerstande ist (RG WarnR 1918 Nr 167) – oder wenn für die spezifische Tätigkeit das persönliche Vertrauensverhältnis keine entscheidende Rolle spielt (Grü/*Grüneberg* Rn 3). Vor allem die zuletzt genannte Konstellation erfordert eine genaue Analyse der vertragl Vereinbarungen der Parteien, des Gegenstandes des Auftrags, der Interessen des Auftraggebers und der Umstände des Vertragsschlusses. Dabei muss auch hier die Erkenntnis maßgebend sein, dass es „den" Auftragsvertrag nicht gibt, dass vielmehr gerade der Grad der Fremdnützigkeit des Beauftragten und seine Interessengebundenheit sowie das ihm vom Auftraggeber entgegengebrachte Vertrauen erheblich variieren können und dem Vertrag jeweils ein anderes Gepräge verleihen (s § 662 Rn 2). Dieses Gepräge ist gerade für die Annahme einer stillschw Gestattung der Substitution durch den Auftraggeber von entscheidender Bedeutung. Im Einzelfall kann sich daher eine Substitutionsgestattung unter den Voraussetzungen des § 665 auch aus dem hypothetischen Willen des Auftraggebers ergeben, etwa wenn der Beauftragte selbst an der persönlichen Ausführung des dringend erledigungsbedürftigen Auftrags unerwartet verhindert ist oder wenn sich ein Dritter plötzlich als besonders ausgewiesener Fachmann für die Auftragsausführung empfiehlt (Staudinger/*Martinek*/*Omlor* Rn 8). Eine Substitutionsbefugnis im Fall eigener Verhinderung des Beauftragten folgt aus § 665, falls der Beauftragte annehmen darf, dass der Auftraggeber bei Kenntnis der Sachlage die Substitution billigen würde (Enneccerus/*Lehmann* § 161.I.1). In diesem Fall sind aber die Anzeige- und Wartepflicht nach § 665 S 2 zu beachten, es sei denn, es ist Gefahr im Verzug (s § 665 Rn 11).

4 Wegen des in Abs I S 1 festgelegten gesetzl Leitbilds kann sich der Beauftragte die Substitution **nicht in AGB** selbst gestatten (§ 307 II Nr 1; LG Köln WM 2000, 720, 721; PWW/*Fehrenbacher* Rn 2). Verhindern oder erschweren unvorhergesehene Umstände das persönliche Handeln des Beauftragten und ist das Geschäft eilbedürftig, kann der Beauftragte auch bei fehlender Gestattung gem § 665 zur Substitution berechtigt sein (Grü/*Grüneberg* Rn 3). Die Beweislast für die Gestattung trägt der Beauftragte (RGRK/*Steffen* Rn 13). Die Substitution kann auch kraft Gesetzes gestattet sein, zB in § 53 IX BRAO. Keine verbotene Substitution liegt beim sog „weitergeleiteten Auftrag" vor, bei dem der Erstbeauftragte nach der Vereinbarung der Parteien die Einschaltung eines weiteren „Beauftragten" zu veranlassen hat (*Kümpel* WM 1996, 1893, 1896f). Hier haftet der Beauftragte nur für Auswahl- und Weisungsverschulden (Grü/*Grüneberg* Rn 2 aE).

5 **3. Rechtsfolgen.** Es ist zw nicht gestatteter und gestatteter Substitution zu unterscheiden.

6 **a) Nicht gestattete Substitution.** Im Fall der nicht gestatteten Substitution nach Abs I S 1 hat der Beauftragte eine schuldhafte Pflichtverletzung begangen. Für einen durch die Substitution adäquat kausalen Schaden ist er dem Auftraggeber nach § 280 I schadensersatzpflichtig, und zwar unabhängig davon, ob der Dritte schuldhaft gehandelt hat (RGZ 78, 310, 315; MüKo/*Schäfer* Rn 19; RGRK/*Steffen* Rn 9). Er haftet für denjenigen Schaden, der dem Auftraggeber dadurch entsteht, dass der Erstbeauftragte bei der Übertragung der Auftragsausführung eine schuldhafte Pflichtverletzung begeht. Dessen Übertragungsverschulden wird häufig ein Auswahlverschulden sein, weil der Beauftragte die Ausführung des Geschäfts schuldhaft einem ungeeigneten Dritten übertragen hat (Prot II 355; RGZ 142, 184, 187). Möglich ist aber auch ein Informations- oder Instruktionsverschulden, etwa wenn dem Erstbeauftragten bei der fehlerhaften Unterweisung und Anleitung des Substituten ein Verschulden zur Last fällt (Mot II 532; Bamberg SeuffA 61 Nr 228; BGH NJW 1993, 1706; Staudinger/*Martinek*/*Omlor* Rn 12). Der Auftraggeber braucht zudem die Auftragsausführung durch einen vertragswidrig bestellten Dritten nicht als Erfüllung der dem Beauftragten obliegenden höchstpersönlichen Ausführungspflicht gelten zu lassen (Staudinger/*Martinek*/*Omlor* Rn 4). Hat der Substitut dagegen in diesem Fall das Geschäft in vertragsgemäßer Form besorgt, verstößt die Berufung auf die Nichterfüllung durch den Auftraggeber regelmäßig gegen § 242 (MüKo/*Schäfer* Rn 20; Soergel/*Beuthien* Rn 5; einschr BRHP/*Fischer* Rn 10). Eine Haftung des Beauftragten ist ausgeschlossen, wenn der Schaden auch ohne die Substitution eingetreten wäre (RGRK/*Steffen* Rn 9). Zu einer Abtretung von Ansprüchen gegen den schuldhaft handelnden Substituten ist der Beauftragte aus § 667 nicht verpflichtet, weil dies nicht zum Gegenstand seines Auftrags gehörte (Erman/*Ehmann*[12] Rn 20).

7 **b) Gestattete Substitution.** Liegt dagegen ein Fall der gestatteten Substitution nach Abs I S 2 vor, haftet der Beauftragte dem Auftraggeber nach § 280 I für eigenes Verschulden nur bei der Auswahl und Einweisung des Substituten (*culpa in eligendo*), nicht aber für dessen Verschulden (BGH NJW 1993, 1704, 1705; § 278 Rn 27). Eine Aufsichtspflicht des Beauftragten besteht nur, wenn sich diese ausnahmsw aus den Umständen ergibt (BGH NJW 1993, 1704, 1706; RGZ 78, 310, 312; Enneccerus/*Lehmann* § 161.I.1) oder wenn diese vertragl vereinbart ist (RGZ 161, 68, 73). In einer arbeitsteiligen Wirtschaft ergeben sich Überwachungspflichten des Beauftragten auch zunehmend aus der Verkehrssitte (enger MüKo/*Schäfer* Rn 16). Handelte der Beauftragte ggü dem Dritten bei der Substitution im Namen und mit Vollmacht (§ 164) des Auftraggebers, entstehen Rechte und Pflichten aus § 662 unmittelbar zw Auftraggeber und Drittem (RGZ 78, 310, 312; PWW/*Fehrenbacher* Rn 3). Die dazu notwendige stillschw Vollmachterteilung durch den Auftraggeber liegt in dessen Gestattung der Substitution (Enneccerus/*Lehmann* § 161.I.1). Handelte der Beauftragte dagegen in eigenem Namen, so wird er selbst Partei eines Unterauftragsvertrags mit dem Substituten (RGZ 78, 310, 312; BGH VersR 1958, 40, 41; Grü/*Grüneberg* Rn 4). In diesem Fall ist der Beauftragte nach § 667 verpflichtet, Ansprüche gegen den Dritten an den Auftraggeber abzutreten (RGZ 78, 310, 312), insb Schadensersatzansprüche, die dem Beauftragten nach den Grundsätzen der **Drittschadensliquidation** (s Vor § 249 Rn 124ff) gegen den Dritten zustehen (BGH VersR 1958, 40, 41; Staudinger/*Martinek*/*Omlor* Rn 14; Soergel/*Beuthien* Rn 7). Nicht durch die Substitution ausgeschlossen wird auch die Pflicht des Beauftragten nach § 666, sich von dem Dritten Auskunft erteilen und Rechenschaft legen zu lassen; außerdem uU eine Überwachungspflicht (RGZ 78, 310, 312).

8 **III. Erfüllungsgehilfen.** Abs I S 3 hat wegen § 278 nur deklaratorische Bedeutung (Staudinger/*Martinek*/*Omlor* Rn 15). Die Einschaltung von Erfüllungsgehilfen in die Erfüllung der vertragl Pflichten durch den Beauftragten ist keine Substitution und daher grds zulässig (MüKo/*Schäfer* Rn 6, 22). § 675z S 3 stellt klar, dass zwischengeschaltete Banken im Überweisungsverkehr als Erfüllungsgehilfen desjenigen Zahlungsdienstleisters agieren, in dessen Pflichterfüllung sie eingeschaltet sind, es sei denn, dass die wesentliche Schadensursache bei einer zwischengeschalteten Stelle liegt, die der Zahlungsdienstnutzer vorgegeben hat (s § 675z Rn 9f). Der Erfüllungsgehilfe wird im Gegensatz zum Substituten nicht in eigener Verantwortung tätig, sondern lediglich als Person, derer sich der Beauftragte bei der Auftragsausführung bedient (s § 278 Rn 18ff). Die Verantwortung für die Auftragsausführung verbleibt also beim Beauftragten. Diese Regelung findet sich auch in Art IV.D.-3:302 (3) DCFR (s § 662 Rn 10) für den Einsatz von Subunternehmern („*Subcontracting*"; s zum Subunternehmer als Erfüllungsgehilfen nach dt Recht BGH NJW 1976, 516, 517; MüKo/*Grundmann* § 278 Rn 34) durch den Beauftragten im Rahmen eines *mandate contract*. Anders als bei der gestatteten Substitution wird der Erstbeauftragte nicht aus seinen Sorgfaltspflichten als Geschäftsbesorger entlassen und seine Haftung auf ein Übertragungsverschulden beschränkt. Die Pflichtenstellung des Beauftragten bleibt von der Einschaltung eines Erfüllungsgehilfen völlig unabhängig. Bei einem Fehlverhalten des Erfüllungsgehilfen gelten die üblichen Haftungsregeln; es findet eine Verschuldenszurechnung an den Beauftragten nach §§ 276, 278 statt (Staudinger/*Martinek*/*Omlor* Rn 16). Ausnahmsw kann sich aus einer ausdrückl oder stillschw Parteivereinbarung (zB bei starkem Bedürfnis nach Sach-

kunde oder Diskretion) ergeben, dass die Einschaltung eines Erfüllungsgehilfen nicht zulässig sein soll. In diesem Fall liegt in der nicht gestatteten Einschaltung eines Erfüllungsgehilfen, wie bei der nicht gestatteten Substitution (s Rn 6), eine schuldhafte Pflichtverletzung; der Beauftragte haftet daher wegen eigenen Verschuldens für alle Schäden, die der Gehilfe adäquat verursacht (BGH NJW 1952, 257; Grü/*Grüneberg* Rn 6).

IV. Keine Übertragbarkeit des Anspruchs auf Ausführung des Vertrags. Abs II enthält eine Auslegungsregel. 9
Die Vertragsauslegung kann etwas anderes ergeben (Grü/*Grüneberg* Rn 7). Die Vorschrift steht im Einklang mit der allg abtretungsrechtl Regelung des § 399, wonach eine Forderung nicht abgetreten werden kann, wenn die Leistung an einen anderen als den ursprünglichen Gläubiger nicht ohne Veränderung ihres Inhalts erfolgen kann (s § 399 Rn 3ff). Mangels Abtretbarkeit ist der Anspruch auch nicht pfändbar (§ 851 I ZPO), verpfändbar (§ 1274 II) oder aufrechenbar (§ 394 S 1) und fällt gem § 36 I InsO nicht in die Insolvenzmasse des Auftraggebers (PWW/*Fehrenbacher* Rn 6). Abs II betrifft nur den Anspruch des Auftraggebers aus § 662, andere aus dem Auftragsverhältnis erwachsende Forderungen gegen den Beauftragten (§§ 666, 667) sind dagegen übertragbar (Jauernig/*Mansel* Rn 7).

V. Beweislast. Der Beauftragte trägt die Darlegungs- und Beweislast für die Gestattung der Substitution (MüKo/*Schäfer* Rn 25). Der Auftraggeber trägt die Beweislast für die Unzulässigkeit des Einsatzes von Erfüllungsgehilfen (Erman/*Ehmann*[12] Rn 26) sowie für die Übertragbarkeit des Anspruchs auf Ausführung des Auftrags. 10

§ 665 Abweichung von Weisungen

Der Beauftragte ist berechtigt, von den Weisungen des Auftraggebers abzuweichen, wenn er den Umständen nach annehmen darf, dass der Auftraggeber bei Kenntnis der Sachlage die Abweichung billigen würde. Der Beauftragte hat vor der Abweichung dem Auftraggeber Anzeige zu machen und dessen Entschließung abzuwarten, wenn nicht mit dem Aufschub Gefahr verbunden ist.

I. Regelungszweck. Die aus S 1 im Umkehrschluss folgende strikte Weisungsgebundenheit des Beauftragten 1
ist ein wesentliches Charakteristikum des Auftragsrechts. Art IV.D.-4:101 (1) und (2) DCFR (s § 662 Rn 10) enthält eine positiv formulierte Bestimmung hinsichtl der Bindung des Beauftragten an die Weisungen des Prinzipals beim *mandate contract*. Sie beruht auf der Fremdnützigkeit (s § 662 Rn 13) der vom Beauftragten geschuldeten Tätigkeit (Grü/*Grüneberg* Rn 1). Der Auftraggeber bleibt deswegen Herr der vom Beauftragten geschuldeten Geschäftsbesorgung, denn dieser wird im Geschäftskreis des Auftraggebers tätig (Staudinger/*Martinek*/*Omlor* Rn 1). Gleichzeitig zeichnet sich aber die Stellung des Beauftragten durch eine gewisse Selbständigkeit aus. Der Beauftragte muss daher auf veränderte Umstände während der Auftragsausführung reagieren können, die der Auftraggeber nicht im Vorhinein bedenken und bei der anfänglichen Unterweisung des Beauftragten in Betracht ziehen konnte. Um diesen Zielkonflikt zu lösen, verlangt das Gesetz vom Beauftragten **„denkenden, nicht blinden Gehorsam"** (*Heck*, Grundriß des Schuldrechts, 1929, 355; Grü/*Grüneberg* Rn 1). Er darf notfalls, unter bestimmten, eng begrenzten Voraussetzungen, von Weisungen des Auftraggebers abweichen (S 1). Auch für diesen Ausnahmefall wird ihm aber kein „Freibrief für Abweichungen nach eigenem Gutdünken" ausgestellt (Staudinger/*Martinek*/*Omlor* Rn 3). Um das weiterbestehende Weisungsrecht des Auftraggebers nach Möglichkeit auch in diesen Fällen zu wahren, muss er vielmehr den Auftraggeber informieren und versuchen, zuvor dessen Entscheidung (Weisung) abzuwarten. Insoweit besteht eine Pflicht zum „Mitdenken, Anzeigen und Abwarten" (MüKo/*Seiler*[6] Rn 2; vgl BGHZ 131, 347, 353; aA BeckOGK/*Riesenhuber* Rn 3). Nur falls Gefahr im Verzug ist (S 2), wird das Recht zur Abweichung von Weisungen des Auftraggebers zu einer entspr Pflicht hochgestuft (Rn 11). Die Vorschrift verpflichtet den Auftraggeber aber nicht, Weisungen zu erteilen. Die Vorschrift wird in § 27 III für den Vereinsvorstand, § 675 I für die entgeltliche Geschäftsbesorgung, § 675c I für Zahlungsdiensteverträge, soweit in den §§ 675c–676c nichts Abw geregelt ist, und in § 713 für den geschäftsführenden Gesellschafter (entfällt durch das MoPeG 2024) für entspr anwendbar erklärt. Der Zahlungsauftrag nach § 675f IV 2 stellt eine Einzelweisung des Zahlers im Rahmen des Zahlungsdienstevertrags dar (Grü/*Grüneberg* § 675f Rn 17; unten § 675f Rn 41).

II. Weisung. 1. Definition; Rechtsnatur. Eine Weisung iSv § 665 ist jede einseitige Anordnung des Auftrag- 2
gebers an den Beauftragten, welche einzelne Pflichten des Beauftragten zur Ausführung des Auftrags konkretisiert (PWW/*Fehrenbacher* Rn 2). Vertragl Vereinbarungen sind mangels Einseitigkeit keine Weisungen, auch wenn sie, wie die Weisung, die vertragl Pflichten des Beauftragten konkretisieren (BRHP/*Fischer* Rn 4; aA Staudinger/*Martinek*/*Omlor* Rn 6). Dennoch sind die vertragl Vereinbarungen der Parteien für die Weisungsbefugnis des Auftraggebers nicht irrelevant. Je weiter nämlich die Parteien im Vertrag den Gegenstand des Auftrags umschreiben, umso umfassender ist das Weisungsrecht des Auftraggebers (Erman/*Ehmann*[12] Rn 5). Möglich ist auch, dass bereits bei Vertragsschluss oder im unmittelbaren Anschluss daran eine Weisung erteilt wird, wobei dann, wenn der Vertrag von den Parteien nicht schriftlich fixiert wurde, die Abgrenzung im Einzelfall schwierig sein kann. Die Weisung ist eine **einseitige, empfangsbedürftige Willenserklärung**, auf die die §§ 104ff Anwendung finden (Jauernig/*Mansel* Rn 2). S zur Wirksamkeit des Zahlungsauftrags als Einzelweisung im Rahmen eines Zahlungsdiensterahmenvertrags iSv § 675f II (zB Girovertrag, s *Grundmann* WM 2009, 1109, 1114) § 675n I. Der Inhalt der Weisung ist ggf durch Auslegung nach §§ 133, 157 unter Berücksichtigung der Interessen und des mutmaßlichen Willens des Auftraggebers (Satz 2) zu ermitteln, wobei der Beauftragte bei Zweifeln nachzufragen hat (BGH NJW 1991, 487, 488). Durch Auslegung ist auch zu ermitteln, ob eine bindende Weisung oder lediglich eine **bloße Empfehlung** des Auftraggebers vorliegt, von der der Beauftragte abweichen kann, wenn er meint,

dass dies im Interesse des Auftraggebers notwendig ist. In solchen Fällen wird er nach § 666 Fall 1 zur Information des Auftraggebers verpflichtet sein. Eine bloße Empfehlung des Auftraggebers wird im Zweifel insb bei besonderer Sachkunde und weitgehender Selbständigkeit des Beauftragten in Betracht kommen (BRHP/*Fischer* Rn 4).

3 Die Weisung kann auch nach Abschluss des Auftrags erteilt werden, muss sich aber stets im Rahmen der vereinbarten Tätigkeit bzw des Geschäftsüblichen und der darauf beruhenden Erwartungen des Beauftragten halten und darf die geschuldete Tätigkeit nicht wesentlich ändern oder erschweren. Ist dies der Fall, so ist der Beauftragte nicht an sie gebunden, es sei denn, er erklärt sich damit einverstanden (Vertragsänderung bzw Neuabschluss; Grü/*Grüneberg* Rn 2; *Knütel* ZHR 137, 285, 293f). Auch Art IV.D.-4:201 DCFR (s § 662 Rn 10) geht in den Fällen, in denen der Beauftragte verpflichtet ist, den Prinzipal im Hinblick auf die Folgen seiner Weisung zu warnen (s Rn 4), und der Prinzipal diese trotz der Warnung aufrechterhält, von einer Änderung des *mandate contract* aus. Ob durch die Weisung eine wesentliche Änderung oder Erschwerung der vom Beauftragten geschuldeten Tätigkeit heraufbeschworen wird, ist durch Analyse des Vertragszwecks und anhand von Zumutbarkeitserwägungen (§ 242) zu ermitteln. Ist der Beauftragte mit einer wirksamen Weisung nicht einverstanden, kann er den Vertrag nach § 671 I jederzeit kündigen (PWW/*Fehrenbacher* Rn 3). Das Risiko, dass der Auftrag wegen der Weisung nicht mehr ausgeführt werden kann, trägt der Auftraggeber (KG MDR 2007, 451, 452), ebenso das Fälschungsrisiko, vorausgesetzt, er hat einen zurechenbaren Rechtsschein hinsichtl der Echtheit der Weisung gesetzt und der Beauftragte ist gutgläubig (BGH NJW 2001, 2968; 2004, 1315, 1316). Der Auftraggeber kann seine Weisung durch Gegenweisung ggü dem Beauftragten **widerrufen** (s zum Widerruf allg Rn 6), solange die Weisung noch nicht vollständig ausgeführt ist (BGH NJW 1991, 2210, 2211). Der Widerruf wirkt nur für die Zukunft (MüKo/*Schäfer* Rn 15), bis zum Widerruf eingetretene Rechtsfolgen (zB aus §§ 666, 667, 670) bleiben also unberührt. S zum Widerruf eines Schecks § 675f Rn 157, zum Widerruf eines SEPA-Lastschriftmandats § 675f Rn 87, zum Widerruf im Kreditkartenverhältnis § 675f Rn 118.

4 **2. Bindung an Weisungen.** Aus der Stellung des Auftraggebers als Herr des Geschäfts (§ 662 Rn 1) folgt die bindende Wirkung seiner Weisungen für den Beauftragten. Dieser hat die Weisung möglichst strikt und präzise zu befolgen (BGH NJW 1971, 558; WM 1961, 78, 79; Erman/*Ehmann*[12] Rn 11). Die Weisung ist nur dann nach § 242 für den Beauftragten ausnahmsw unbeachtlich, wenn sich der Beauftragte bei ihrer Ausführung selbst schädigen würde (BRHP/*Fischer* Rn 7). Der Beauftragte braucht auch keine Weisungen zu befolgen, die außerhalb des Auftragsgegenstandes liegen (Mot II 535). Bewegt sich die Weisung dagegen im Rahmen des Auftrags, muss der Beauftragte sie auch dann befolgen, wenn er sie für unzweckmäßig oder nicht im Einklang mit den Interessen des Auftraggebers hält (BGHZ 75, 120; Brandenburg DStRE 2022, 251 Rn 36; Soergel/*Beuthien* Rn 10). Die Bindung des Beauftragten an die Weisung endet auch, wenn die Grenzen der §§ 134, 138 überschritten werden. Nur wenn der Beauftragte im Verhältnis zum Auftraggeber über ein überlegenes Wissen verfügt oder sonst eine besondere auf Schutz und Fürsorge ausgerichtete Beziehung zw Auftragnehmer und Auftraggeber besteht, darf der Auftraggeber erwarten, vor etwaigen, durch seine Weisung heraufbeschworenen Gefahren durch den Beauftragten gewarnt zu werden (BGH JZ 1984, 682; München OLGRp 1997, 125; Frankfurt BB 1976, 758, 759). Eine ähnl Pflicht des Beauftragten enthält Art IV.D.-4:101 (3) DCFR (s § 662 Rn 10) für den *mandate contract*, wenn der Beauftragte erkennt, dass durch die Weisung des Prinzipals die Ausführung des Auftrags teurer werden oder länger dauern würde oder wenn die Weisung mit dem Zweck des Auftrags unvereinbar ist oder schädlich für die Interessen des Prinzipals sein würde. Eine Hinweispflicht besteht aber dann nicht, wenn dem Auftraggeber für den Beauftragten erkennbar das betreffende (zB wirtschaftliche) Risiko voll bewusst ist (Brandenburg NZG 2002, 674, 675). Wurde also der Beauftragte von einem unkundigen Auftraggeber gerade wegen seiner besonderen Sachkunde beauftragt (zB Rechtsanwalt, Steuerberater, sonstiger Experte), kann er zu einem entspr Hinw verpflichtet sein (BGH NJW 1985, 42; VersR 1984, 658, 659; WM 1984, 1024; Jauernig/*Mansel* Rn 6). Gerade in diesen Fällen wird der Auftraggeber seine Weisung häufig bewusst unbestimmt halten (müssen), sodass die exakte Bestimmung einer Abweichung des Handelns des Beauftragten von der Weisung Schwierigkeiten bereitet. In diesen Fällen ist die Tätigkeit des Beauftragten solange weisungsgemäß, wie sie sich im Rahmen der Weisung bewegt (MüKo/*Seiler*[6] Rn 28). S zur Verpflichtung des Zahlungsdienstleisters zur Ausführung von Banküberweisungen („Zahlungsauftrag") § 675f I und II, zum eingeschränkten Recht des Zahlungsdienstleisters zur Ablehnung von Zahlungsaufträgen § 675o Rn 2ff, 8, 10.

5 **3. Pflicht zur Rückfrage.** Hat der Beauftragte Zweifel am Inhalt einer unklaren, dh obj mehrdeutigen Weisung, muss er durch Rückfrage den wahren Willen des Auftraggebers ermitteln (BGH NJW 1991, 487, 488; München NJW-RR 1995, 813; Staudinger/*Martinek*/*Omlor* Rn 8). Hiervon geht auch Art IV.D.-3:102 (2) DCFR (s § 662 Rn 10) aus. Das Gleiche gilt, wenn der Auftraggeber einen Punkt für den Beauftragten erkennbar übersehen hat, etwa weil sich die Umstände seit Vertragsabschluss fundamental geändert haben (s § 666 Fall 1); in diesem Fall ist er nicht befugt, nach eigenem Gutdünken zu handeln (Erman/*Ehmann*[12] Rn 14, 18). Hat der Auftraggeber zunächst keine Weisung erteilt, gebietet die Treuepflicht des Beauftragten, in „kritischen Situationen" Weisungen des Auftraggebers einzuholen, falls der Beauftragte nicht ausdrückl und bedingungslos ohne jede Weisung handeln darf (BGHZ 131, 346, 352; Düsseldorf NJW-RR 2008, 1467, 1470; Frankfurt WM 1977, 984; Staudinger/*Martinek*/*Omlor* Rn 11). Eine ähnl Pflicht des Beauftragten zur Herbeiführung einer Weisung durch den Prinzipal enthält Art IV.D.-4:102 (1) DCFR (s § 662 Rn 10) für den *mandate contract*. Eine spezielle Pflicht zur Herbeiführung einer Weisung enthält Art IV.D.-4.102 (2) DCFR für den Fall, dass der Beauftragte für den

Prinzipal einen Vertrag mit einem Dritten abschließen soll und nicht klar ist, ob er dies in unmittelbarer oder mittelbarer Stellvertretung (s § 662 Rn 6) tun soll.

4. Widerruflichkeit. Der Auftraggeber kann eine einmal erteilte Weisung jederzeit frei widerrufen. Dies folgt *argumento a maiore ad minus* aus § 671 I. Wenn schon der Auftrag selbst widerrufen werden kann, dann gilt dies erst recht für die das Auftragsverhältnis konkretisierende Weisung (BGHZ 103, 143, 145; RGZ 90, 129, 133). Dabei kann auch in dem Widerruf der Weisung zugleich der Widerruf des gesamten ursprünglichen Auftrags gem § 671 I liegen (Staudinger/*Martinek*/*Omlor* Rn 7). Der Widerruf stellt eine **Gegenweisung** dar (BGHZ 103, 143, 145; 17, 317, 326), häufig verbunden mit einer neuen Weisung. Der Widerruf kann nur für die Zukunft erklärt werden (BGHZ 17, 317, 326). Eine Weisung ist nur bis zur Ausführung des Teils des Auftrags, auf den sie sich bezog, widerrufbar (BGHZ 103, 143, 145). Der Auftraggeber kann also nicht ein zunächst weisungskonformes Handeln des Beauftragten durch nachträgl Widerruf zu einem weisungswidrigen Handeln machen (Staudinger/*Martinek*/*Omlor* Rn 7). 6

5. Befugnis zur Abweichung von Weisungen. Eine Abweichung von der Weisung des Auftraggebers liegt vor, wenn sich die vorgenommene bzw geplante Handlung des Beauftragten nicht mit dem hinreichend bestimmten oder notfalls durch Auslegung zu ermittelnden Inhalt der Weisung des Auftraggebers deckt (Staudinger/*Martinek*/*Omlor* Rn 17). Je genereller die Weisung des Auftraggebers ist (s Rn 4), umso schwieriger ist dieser Kongruenztest. Eine Abweichung liegt trotz negativen Kongruenztests dann nicht vor, wenn der Beauftragte den Auftrag zu günstigeren Bedingungen als in der Weisung vorgesehen durchgeführt hat (Staudinger/*Martinek*/*Omlor* Rn 17). Zudem verstößt der Auftraggeber gegen Treu und Glauben, wenn er trotz Zielerreichung durch den Beauftragten eine Abweichung von einer Weisung geltend macht (BGH WM 1991, 1912; Erman/*Ehmann*[12] Rn 24). 7

Aus der nach ihrem Sinnzusammenhang notwendigen Zusammenschau von S 1 und S 2 (Staudinger/*Martinek*/*Omlor* Rn 12) folgt, dass **mehrere Umstände kumulativ** gegeben sein müssen, damit der Beauftragte berechtigterweise von einer Weisung des Auftraggebers abweichen darf. Nach S 1 muss der Beauftragte zunächst mit einer **geänderten Sachlage** konfrontiert sein (obj Voraussetzung), also einer Situation, die in wesentlichen Punkten von den Vorstellungen des Auftraggebers bei Weisungserteilung abweicht, etwa wegen eines Irrtums des Auftraggebers über die Umstände oder deren nachträgl Veränderung (Grü/*Grüneberg* Rn 6). Zusätzl und ebenfalls nach S 1 muss der Beauftragte annehmen dürfen (subj Voraussetzung), dass der Auftraggeber die Abweichung von der Weisung bei Kenntnis der Sachlage **billigen** würde (BGH VersR 1977, 421, 422). Wegen der nach S 2 bestehenden Anzeige- und Wartepflicht kann damit nur gemeint sein, dass der Beauftragte unter Beachtung der Interessen des Auftraggebers und der sonstigen Umstände zu dem Schluss kommen muss, dass die Weisung nicht befolgt werden kann (MüKo/*Seiler*[6] Rn 19; aA BeckOGK/*Riesenhuber* Rn 37). Dies muss auch aus der nach S 2 zusätzl erforderlichen **Anzeige** hervorgehen. Sie ist geschäftsähnl Handlung und empfangsbedürftig (Erman/*Ehmann*[12] Rn 32). Das Risiko eines schuldlosen Irrtums trägt der Auftraggeber (Staudinger/*Martinek*/*Omlor* Rn 19). Schließlich muss der Beauftragte gem S 2 nach der Anzeige die Entscheidung des Auftraggebers **abwarten**. Für die Bestimmung der Fristlänge gilt nicht § 147 II, denn der Annahme eines Vertragsangebots sind zeitl engere Grenzen gesetzt als dem Abwarten auf eine Entscheidung des Auftraggebers, zumal bei Gefahr im Verzug die Wartepflicht ohnehin entfällt. Vielmehr ist eine nach den Umständen des Einzelfalls zu bestimmende Angemessenheit maßgebend (Soergel/*Beuthien* Rn 11; Erman/*Ehmann*[12] Rn 33; wohl auch PWW/*Fehrenbacher* Rn 5). 8

Nur wenn alle diese Voraussetzungen gegeben sind und die angemessene Wartefrist ohne Entschließung durch den Auftraggeber abgelaufen ist, ist der Beauftragte nach eigenem Ermessen zur Abweichung von der Weisung des Auftraggebers berechtigt, muss sich dabei aber, wie stets (s § 662 Rn 16), am vermuteten Willen oder den erkennbaren Interessen des Auftraggebers orientieren (MüKo/*Seiler*[6] Rn 23; für Weisungsabweichungsrecht nur bei Gefahr im Verzug MüKo/*Schäfer* Rn 23ff). Nach Abweichung von der Weisung ist er nach § 666 zur Benachrichtigung des Auftraggebers verpflichtet (Jauernig/*Mansel* Rn 7). Teilt der Auftraggeber dagegen dem Beauftragten innerhalb der Frist des S 2 seine Entschließung mit, ist der Beauftragte an die vom Auftraggeber schließlich verlautbarte, aufrechterhaltene, alte oder veränderte, neue Weisung gebunden (Staudinger/*Martinek*/*Omlor* Rn 22). 9

Die Abweichung von einer Weisung des Auftraggebers durch den Beauftragten ist auch dann berechtigt, wenn der Auftraggeber diese **nachträgl billigt** (Staudinger/*Martinek*/*Omlor* Rn 26). Eine Billigung kann auch stillschw geschehen, etwa dann, wenn der Auftraggeber die Weisungswidrigkeit der Tätigkeit des Beauftragten erkannt hat und sich durch vorbehaltlose Entgegennahme die Vorteile aus der Geschäftsbesorgung zu eigen macht (BGH NJW 1979, 1164; VersR 1968, 792, 794; RGZ 57, 392, 394; BRHP/*Fischer* Rn 15). § 386 I HGB ist auf andere Abweichungen als die darin geregelten Preisabweichungen anwendbar (RGZ 114, 269, 272), gilt aber nur für Kaufleute. 10

6. Pflicht zur Abweichung von Weisung. Falls mit dem Warten auf eine Entscheidung des Auftraggebers **Gefahr** verbunden ist, hat der Beauftragte nach S 2 aE nicht nur das Recht, sondern die **gesetzl Pflicht**, ohne Anzeige und Einhaltung einer Wartefrist, wohl aber unter den anderen oben bei Rn 8 dargestellten Voraussetzungen des S 1 von der Weisung abzuweichen (BGH MDR 1977, 476; ZIP 2020, 2279 Rn 31). Mit dem Abwarten ist immer dann Gefahr verbunden, wenn bei weiterem Zuwarten das Geschäft nicht mehr ausgeführt werden könnte oder andere nicht unerhebliche Nachteile für den Auftraggeber entstehen würden (Erman/*Ehmann*[12] Rn 28). Eine ähnl Bestimmung zur Befugnis des Beauftragten zum Handeln bei Gefahr im Verzug, ohne eine Weisung des Prinzipals abwarten zu müssen, enthält Art IV.D.-4:104 DCFR (s § 662 Rn 10). 11

12 **7. Rechtsfolgen.** Ist der Beauftragte nach dem zuvor Gesagten nicht zur Abweichung von der Weisung berechtigt (Rn 7f) oder verpflichtet (Rn 11), so stellt der dennoch durchgeführte Auftrag **keine Vertragserfüllung** dar (BGH WM 1976, 904, 905; 1974, 274; NJW 1971, 558, 559; Soergel/*Beuthien* Rn 15). Der Auftraggeber ist also zur Zurückweisung der Vertragserfüllung durch den Beauftragten berechtigt, sein Anspruch auf Vertragserfüllung aus § 662 besteht weiter (BGH WM 1976, 904, 905; 1976, 630, 631). In diesem Fall hat der Beauftragte **keinen Erstattungsanspruch aus § 670**, weil er die Aufwendung nicht für erforderlich halten durfte; er trägt also das wirtschaftl Risiko seiner Tätigkeit selbst (vgl BGH NJW 1980, 2130, 2131). Der Herausgabeanspruch des Auftraggebers aus § 667 besteht dagegen weiter (BGHZ 130, 91; 108, 386, 390; aA MüKo/*Schäfer* Rn 26), weil das besorgte Geschäft außerhalb des Vertrags liegt. Das Zurückweisungsrecht ist in § 385 I HGB für die handelsrechtl Kommission spezialgesetzl geregelt. Hat der weisungswidrig handelnde Beauftragte ggü einem Dritten aufgrund wirksamer Vollmacht im Namen des Auftraggebers gehandelt, bleibt der Auftraggeber hieran gebunden und kann sich nicht auf das Zurückweisungsrecht berufen (Staudinger/*Martinek*/*Omlor* Rn 24). Die Zurückweisung der Erfüllung durch den Auftraggeber ist rechtsmissbräuchlich (§ 242), wenn die Abweichung seine Interessen nicht verletzt, insb der von ihm angestrebte Erfolg durch die von der Weisung abw Tätigkeit des Beauftragten voll eingetreten ist (BGH NJW 1991, 3208, 3209; ZIP 1983, 781; WM 1980, 587, 588; Koblenz VersR 2009, 405; Grü/*Grüneberg* Rn 7). Gleiches gilt gem § 242 für geringfügige, i Erg nicht ins Gewicht fallende Abweichungen (Soergel/*Beuthien* Rn 15; Erman/*Ehmann*[12] Rn 24). In entspr Anwendung von § 386 II HGB muss der Auftraggeber das weisungswidrig ausgeführte Geschäft schließlich auch dann als Erfüllung gelten lassen, wenn der Beauftragte anbietet, die Nachteile des Auftraggebers auszugleichen (RGZ 57, 392; offenlassend Mot II 535f).

13 Darüber hinaus macht sich der Beauftragte ggü dem Auftraggeber gem §§ 280 I, 249ff **schadensersatzpflichtig**, wenn er die Weisungsabweichung zu vertreten hat (BGHZ 137, 69, 73; LM Nr 28 zu § 675 BGB; KG OLG 1973, 18, 19). In diesem Fall ist der durch die Abweichung von der Weisung adäquat verursachte Schaden zu ersetzen. Trifft den Auftraggeber für die Abweichung von der Weisung eine Mitverantwortlichkeit (zB unklare Weisung, vgl Rn 5) kann der Anspruch gem § 254 gemindert oder gänzlich ausgeschlossen sein (BGHZ 130, 87, 95; BGH NJW-RR 2000, 272, 273). Zu dem vom Beauftragten zu ersetzenden Schaden gehören auch Aufwendungen, die der Auftraggeber im Vertrauen auf die weisungsgemäße Ausführung des Auftrags gemacht hat (RGZ 114, 375, 378; Staudinger/*Martinek*/*Omlor* Rn 27). Unter den oben Rn 12 aE genannten Voraussetzungen ist auch die Geltendmachung eines Schadensersatzanspruchs durch den Auftraggeber rechtsmissbräuchlich (BGH ZIP 1983, 781, 783; Koblenz VersR 2009, 405, 407). Eine schadensersatzbewehrte Pflichtverletzung liegt auch dann vor, wenn der Beauftragte die nach Satz 2 vorgesehene Anzeige- und/oder Wartepflicht (s Rn 8) (PWW/*Fehrenbacher* Rn 7) oder seine Rückfragepflicht (s Rn 5) schuldhaft verletzt. Ist nach S 2 aE Gefahr im Verzug, macht sich der Beauftragte schadensersatzpflichtig, wenn er nicht unverzüglich nach eigenem pflichtgemäßem Ermessen in Abweichung von der Weisung handelt (Erman/*Ehmann*[12] Rn 43). Sonderregelungen finden sich in § 385 HGB für das handelsrechtl Kommissionsgeschäft sowie (abschließend, s § 675z) in § 675y für die Haftung des Zahlungsdienstleisters bei nicht erfolgter oder fehlerhafter Ausführung eines Zahlungsauftrags iSv § 675f IV 2 (s § 675y Rn 5ff).

14 **III. Beweislast.** Macht der Auftraggeber einen Anspruch gegen den Beauftragten wegen weisungswidriger Auftragsdurchführung geltend, trägt er die Beweislast für die Erteilung der Weisung und ihren Inhalt (BGH NJW-RR 2004, 927; KG MDR 1973, 233; Soergel/*Beuthien* Rn 23). Der Beauftragte trägt die Beweislast für die Einhaltung der Weisung und die ordnungsgemäße Erfüllung der Weisung (BGH NJW 1988, 60, 62), für eine Änderung der Weisung durch den Auftraggeber (BGH NJW 1991, 487, 488) und für die Voraussetzung einer berechtigten Abweichung iSv Rn 8, also für die Unaufschiebbarkeit der Auftragsausführung und dafür, dass er aus seiner Sicht zu Recht angenommen hat, die Abweichung von der Weisung entspreche dem vermuteten Willen oder den Interessen des Auftraggebers und werde deshalb von ihm gebilligt (RGZ 90, 129, 131; HRR 1931 Nr 405; KG OLG 1973, 18, 20; Staudinger/*Martinek*/*Omlor* Rn 15; MüKo/*Schäfer* Rn 33). Der Beauftragte trägt die Beweislast dafür, dass die Zurückweisung der weisungswidrigen Auftragsdurchführung durch den Auftraggeber (Rn 12) gegen Treu und Glauben verstößt (BGH WM 1976, 630, 632).

§ 666 Auskunfts- und Rechenschaftspflicht

Der Beauftragte ist verpflichtet, dem Auftraggeber die erforderlichen Nachrichten zu geben, auf Verlangen über den Stand des Geschäfts Auskunft zu erteilen und nach der Ausführung des Auftrags Rechenschaft abzulegen.

1 **I. Regelungszweck.** Den in der Bestimmung niedergelegten **drei Pflichten** des Beauftragten zur Benachrichtigung (Fall 1) und zur Auskunftserteilung (Fall 2) während der Auftragsausführung sowie zur abschließenden Rechenschaftslegung (Fall 3) entsprechen selbständige Ansprüche des Auftraggebers (BGH NJW 2000, 3199). Sie sind Spiegelbild der Tatsache, dass der Auftraggeber Herr der Geschäftsbesorgung durch den Beauftragten ist und diese in seinem Interesse zu erfolgen hat (BGH NJW 2007, 1528; s auch § 662 Rn 7). In allen drei Fällen geht es um Auskunftserteilung iwS, also um Vermittlung von Wissen als Grundlage für die Willensbildung des Auftraggebers (s dazu allg *Berger* ZBB 2001, 238, 239). Der Auftraggeber soll während der Tätigkeit des Beauftragten stets über den Stand der Dinge und damit auch über seine Rechtsstellung informiert sein (Benachrichtigung) bzw sich, auch nach Abschluss des Auftrags, darüber informieren können (Auskunft, Rechenschaft), um daraus uU

Folgerungen (Weisungserteilung, Vertragsänderung oder andere Einflussnahme, Kündigung, Konsequenzen in Bezug auf Rechte und Pflichten aus Geschäften mit Dritten) zu ziehen, zB wenn er merkt, dass die Art der Geschäftsbesorgung nicht seinen Interessen oder Vorstellungen entspricht oder das zu Beginn festgelegte Budget überschreitet (BGHZ 107, 104, 108; 109, 260, 267; BRHP/*Fischer* Rn 1). Der Beauftragte ist daher im Hinblick auf die in § 666 normierten Pflichten vorleistungspflichtig, ein **Zurückbehaltungsrecht** nach § 273 kommt insoweit nicht in Betracht (BGH WM 1976, 868, 869; Staudinger/*Martinek*/*Omlor* Rn 16). Vielfach dient die Erfüllung der in § 666 genannten Pflichten der Vorbereitung von Ansprüchen des Auftraggebers, zB auf Herausgabe nach § 667 oder auf Schadensersatz (MüKo/*Schäfer* Rn 1); s zur **Stufenklage** in diesen Fällen und zum Übergang auf bezifferten Leistungsantrag nach Erteilung der Auskunft BGH NJW 1991, 1893; Zöller/*Greger*[34] § 254 ZPO Rn 6ff.

Die Ansprüche aus § 666 sind nur Hilfsansprüche, welche der Durchsetzung des Haupt-(Leistungs-)Anspruchs, zB aus § 667, dienen (BGH ZIP 2017, 2476 Rn 23; NJW 2000, 3199; BGHZ 192, 1 Rn 15: unselbständige Nebenpflicht). Sie können daher nur zusammen mit diesem Anspruch abgetreten werden (§ 399 Alt 1) und sind auch nicht pfändbar (§ 851 I ZPO), verpfändbar (§ 1274 II) oder aufrechenbar (§ 394 S 1, meist wird es schon an der Gleichartigkeit der Ansprüche fehlen), es sei denn, dass der Anspruch auf Auftragsdurchführung entgegen der Auslegungsregel des § 664 II ausnahmsw übertragbar ist (BGHZ 107, 104, 110; Staudinger/*Martinek*/*Omlor* Rn 2). Der Beauftragte kann nach § 670 Ersatz seiner für die Informationserteilung erforderlichen Aufwendungen verlangen (BGH NJW 1996, 656, 657) und ist insoweit nur zur Leistung Zug-um-Zug verpflichtet (Jauernig/*Mansel* Rn 2). Für die Bestimmung des Leistungsortes gilt § 269 (BGH NJW 2002, 2703; WM 1976, 1230, 1232). Das Gesetz stellt **keine Formanforderungen** für die Information durch den Beauftragten auf, das Erfordernis der Schriftlichkeit kann sich aber bei Fall 3 indirekt aus den §§ 259f ergeben. Die schriftliche Niederlegung der Information durch den Beauftragten kann auch wegen der Verteilung der Beweislast (s Rn 18) sinnvoll sein. 2

Da die in § 666 geregelten Ansprüche ausschließlich aus der Rollenverteilung zw Auftraggeber und Beauftragtem entspringen, sind sie *insoweit* (s aber soeben Rn 2) selbständig, setzen also weder einen Anspruch des Auftraggebers voraus, zu dessen Durchsetzung sie dienen (BGH NJW 2007, 1528; 2001, 1486; 1989, 1601; BGHZ 41, 318, 320; 107, 104, 108), noch ein besonderes Informationsinteresse des Auftraggebers (offengelassen in BGH NJW 2001, 1486). Bei Fehlen eines Anspruchs kann aber die Erforderlichkeit fehlen (s Rn 10). Es handelt sich also bei diesen Ansprüchen nicht um bloß unselbständige Vorstufen eines auf § 667 gestützten Herausgabeanspruchs. Deshalb ist der Anspruch auf Rechnungslegung nicht als ein Minus im Herausgabeverlangen enthalten (BGH NJW 2000, 3199). Die Informationspflichten des Beauftragten aus § 666 bestehen daher auch dann, wenn der Auftraggeber die Information selbst auf zumutbare Weise erlangen könnte (BGH NJW 1998, 2969; Jauernig/*Mansel* Rn 2). Hat der Auftraggeber ein berechtigtes Interesse, kann er die Auskunft auch mehrfach verlangen, etwa dann, wenn die einmal erteilte Information verloren gegangen ist (BGH NJW 2001, 1487). So kann ein Kunde, der von seinem Kreditinstitut bereits über bestimmte Vorgänge unterrichtet worden ist, hierüber zur Ergänzung seiner Kontounterlagen erneut Auskunft verlangen, wenn er glaubhaft macht, dass ihm die erteilten Informationen verloren gegangen sind und dem Kreditinstitut die erneute Auskunftserteilung noch möglich und zumutbar ist (BGHZ 107, 104, 109; BGH WM 1985, 1098, 1099; s auch Koblenz MDR 2020, 1109 zum Beratungsvertrag). § 666 gilt nicht für Auskunftsansprüche aus anderen Rechtsgründen, solche – insb der allg Auskunftsanspruch aus § 242 (s §§ 259, 260 Rn 3) – können jedoch neben § 666 bestehen (Grü/*Grüneberg* Rn 1). Die Pflichten aus § 666 gehen auf den/die Erben des Beauftragten über, auch wenn, wie im Regelfall, das Auftragsverhältnis nach § 673 mit dem Tod des Beauftragten erlischt (BGH NJW 1988, 2729 zu § 259 II). Entspr gehen die Ansprüche aus § 666 mit dem Tod des Auftraggebers, der nach § 672 im Zweifel nicht zur Beendigung des Auftragsvertrags führt, auf den/die Erben des Auftraggebers über (s BGHZ 107, 104, 108; Frankfurt MDR 1966, 503; s auch §§ 259, 260 Rn 14), es sei denn, die Parteien des Auftragsvertrags haben, etwa im Hinblick auf ein besonderes Vertrauensverhältnis des verstorbenen Auftraggebers zum Beauftragten, etwas anderes vereinbart. 3

Wurde das Auftragsverhältnis mit **mehreren Auftraggebern** eingegangen, zB den Mitgliedern einer Erbengemeinschaft oder einer Wohnungseigentumsgemeinschaft, so kann der Beauftragte gem **§ 432 I** die Information nur an alle gemeinschaftl geben, die Auftraggeber können nur Information an alle fordern, da die Information eine unteilbare Leistung darstellt (BGH NJW 1996, 656; WM 1966, 1037, 1038; Staudinger/*Martinek*/*Omlor* Rn 3; Soergel/*Beuthien* Rn 16; Grü/*Grüneberg* Rn 1; aA Erman/*Ehmann*[12] Rn 46). Hat ein Auftraggeber aber ein schutzwürdiges Individualinteresse daran, unabhängig von den anderen Auftraggebern informiert zu werden, so kann sich der Beauftragte dem individuellen Auskunftsbegehren dieses Auftraggebers gem § 242 nicht entziehen, vorausgesetzt, höherwertige schutzwürdige Belange des Beauftragten, dem Auftraggeber die Auskunft vorzuenthalten, sind nicht gegeben (BGH NJW 1996, 656; LG Kleve WM 2007, 830f). Fehlt dagegen ein besonderes Individualinteresse des einzelnen Auftraggebers an der Auskunftserteilung – etwa bei einem Schadensersatzanspruch der Miteigentümergemeinschaft –, bleibt nur die Klage auf gemeinschaftl Auskunftserteilung (BGHZ 106, 222, 226; BayObLG ZMR 1989, 386). Werden **mehrere Beauftragte** gemeinsam beauftragt, so sind diese Gesamtschuldner (§§ 421, 426, 427; vgl allg Düsseldorf NZM 1998, 36, 37). 4

§ 666 wird in § 27 III für den Vereinsvorstand, § 675 I für die entgeltliche Geschäftsbesorgung, § 675c I für Zahlungsdiensteverträge, soweit in den §§ 675c–676c nichts Abw geregelt ist (s insb die besonderen Informations- und Mitteilungspflichten des Zahlungsdienstleisters in den §§ 675d, 675o, 675y VII), § 713 für den geschäftsführenden Gesellschafter (ab 2024 eigene Regelung in § 717 II nF), § 2218 für den Testamentsvollstrecker, § 1978 5

I 1 für den Erben bei Nachlassverwaltung sowie in § 681 S 2 für die echte berechtigte GoA und § 687 II für die angemaßte Eigengeschäftsführung für entspr anwendbar erklärt. Ähnl Auskunftsansprüche bei speziellen Geschäftsbesorgungsverhältnissen finden sich in § 1435 für den das Gesamtgut verwaltenden Ehegatten, in § 86 II HGB für den Handelsvertreter, § 118 I HGB (ab 2024 § 717 I BGB nF iVm § 105 III HGB) für den OHG-Gesellschafter, § 233 I HGB für den stillen Gesellschafter sowie in § 51a GmbHG für den GmbH-Gesellschafter und § 131 AktG für den Aktionär. S zum Anspruch der Wohnungseigentümer auf einen Vermögensbericht (§ 28 IV WEG) § 28 WEG Rn 9f; zur Auskunftspflicht des Verwalters hinsichtl der Verwaltung von ihm eingenommener Gelder § 27 WEG Rn 9; zur Unterrichtungspflicht im Fall eines Rechtsstreits (§ 44 II 2 WEG) s § 44 WEG Rn 15; zur Auskunftspflicht des Vermieters über die Zulässigkeit der vereinbarten Miete gem § 556g III s § 556g Rn 27. Art IV.D.-3:401 und 3:402 DCFR (s § 662 Rn 10) enthalten ähnl Informations- und Rechenschaftspflichten des Beauftragten ggü dem Prinzipal des *mandate contract*.

6 **II. Grenzen; Abdingbarkeit.** Die Grenzen der Informationspflicht folgen zum einen aus dem zw den Parteien bestehenden Auftragsverhältnis (BGH NJW 2007, 1528). Zum anderen wird das Informationsrecht des Auftraggebers durch das Schikaneverbot aus § 226 (s § 226 Rn 6) und das Verbot der unzulässigen Rechtsausübung (s allg § 242 Rn 101ff, 111) beschränkt (Jauernig/*Mansel* Rn 2). So kann der Beauftragte die Auskunft nach § 242 verweigern, wenn das Interesse des Auftraggebers an der Information so unbedeutend ist, dass es in keinem Verhältnis zu dem zeitl oder inhaltlichen Aufwand steht, der durch die Erteilung der Auskunft für den Beauftragten entsteht (BGH WM 1984, 1164, 1165; NJW 1998, 2969; KG NJW-RR 2002, 708). Andererseits ist zu bedenken, dass nicht nur die Grenzen, sondern auch der Inhalt der Informationspflicht des Beauftragten durch das zw ihm und dem Auftraggeber abgeschlossene Rechtsverhältnis bestimmt wird. Daraus folgt, dass die Informationsinteressen des Auftraggebers als Herrn des Geschäfts im Rahmen der gebotenen Güterabwägung auch dann überwiegen, wenn der Beauftragte **datenschutzrechtl Gründe** für die Verweigerung der Information geltend macht. Dies gilt etwa für den Beauftragten, der für den Auftraggeber Mietverträge über Wohnungen in einer Ferienwohnanlage abschließen soll, im Hinblick auf die Daten der Mieter, jedenfalls wenn es nur um ein Minimum von Daten geht, das erforderlich ist, um die Person des jeweiligen Mieters zu identifizieren (BGH NJW 2007, 1528, 1529 m Anm *Fritzsche* LMK 2007, 221566). Wegen des Vorrangs der vertragl Verbindung zw Auftraggeber und Beauftragtem und des darauf bezogenen Schutzzwecks der Informationspflichten aus § 666 kann sich ein Beauftragter (zB Rechtsanwalt, Steuerberater, Wirtschaftsprüfer) ggü einem Informationsverlangen des Auftraggebers auch nicht auf ein für ihn maßgebliches Berufsgeheimnis berufen (BGH NJW 1990, 510, 511ff). Geheimhaltungsinteressen des Beauftragten können den Anspruch des Auftraggebers aus § 666 dann einschränken, wenn beide in einem **Wettbewerbsverhältnis** zueinander stehen (BGH NJW 2007, 1528). In solchen Fällen kann die Einschaltung eines unparteiischen Dritten geboten sein (s § 260 Rn 18).

7 Die nachträgl Erhebung eines Anspruchs auf Rechnungslegung kann, jedenfalls in Rechtsbeziehungen mit familiärem oder sonstigem personalen Einschlag, gegen **Treu und Glauben** verstoßen, wenn er jahrelang nicht geltend gemacht wurde (BGH NJW 2012, 58 Rn 23ff). Ansonsten kann dann, wenn der Auftraggeber über längere Zeit sein Informationsrecht aus § 666 nicht geltend macht, nicht ohne weiteres von einem Verzicht oder einer Verwirkung (s § 242 Rn 123) dieser Ansprüche ausgegangen werden, weil die Informationspflicht des Beauftragten aus § 666 aus der besonderen Rolle des Auftraggebers als Geschäftsherrn folgt (BGH NJW 2012, 58; Jauernig/*Mansel* Rn 2; aA Koblenz ZMR 2003, 111, 112; RG JW 1938, 1892, 1893; BRHP/*Fischer* Rn 11). Nur ganz ausnahmsw kann die Geltendmachung eines Anspruchs aus § 666 gegen Treu und Glauben verstoßen bzw kann von einem stillschw Verzicht ausgegangen werden, wenn ihn der Berechtigte jahrelang nicht erhoben hat und keine nachträgl gewichtigen Anhaltspunkte dafür vorhanden sind, dass der Beauftragte dem in ihn gesetzten Vertrauen nicht gerecht geworden wäre (RG LZ 1923, 314, 315; Schleswig NJW-RR 2010, 1720, 1721f; Düsseldorf FamRZ 1999, 1423; BayObLG Recht 1904, 528f Nr 2229). Jedoch kann auch in einem solchen Falle die Nachholung verlangt werden, wenn der Berechtigte Tatsachen nachweist, die geeignet sind, Zweifel an der Zuverlässigkeit des Pflichtigen und seiner Geschäftsführung zu erwecken (BGHZ 39, 87, 93). Besteht der begründete Verdacht, dass der Verwalter des gemeinsamen Grundeigentums seinen Miteigentümern größere Beträge vorenthalten hat, so kann er sich ggü der auf Auskunft und Zahlung gerichteten Stufenklage nicht darauf berufen, die Miteigentümer hätten ihm in der Vergangenheit vertraut und aus Gründen familiärer Verbundenheit stillschw auf laufende Rechnungslegung verzichtet (BGH NJW 2001, 1131). Es besteht kein übergeordneter Rechtssatz, der es verbietet, von einem Schuldner Auskünfte oder deren eidliche Bekräftigung zu verlangen, wenn er sich dadurch einer strafbaren Handlung bezichtigen müsste (BGH NJW 1964, 1469, 1470).

8 § 666 ist **dispositiv**, die Verpflichtungen, die dem Geschäftsführer nach § 666 obliegen, können durch Parteivereinbarung beschränkt werden (BGH WM 1984, 1164, 1165). Eine Bestimmung in einem Vertrag über die Verwaltung erheblicher Vermögenswerte, die dem Beauftragten ein Handeln nach eigenem Ermessen und ohne vorherige Einholung von Weisungen oder Zustimmungen des Auftraggebers erlaubt, kann aber nicht als Freistellung von der Pflicht zur Erteilung der erforderlichen Nachrichten ausgelegt werden (BGH NJW 1994, 1861, 1862). Durch **AGB** lassen sich die in § 666 normierten Pflichten allerdings nicht abbedingen, als Ausfluss der besonderen Stellung des Auftraggebers und der fremdnützigen Tätigkeit des Beauftragten gehören sie zu den wesentlichen Grundgedanken der gesetzl Regelung des Auftragsrechts iSv § 307 II Nr 1 (BRHP/*Fischer* Rn 4). Ein vollständiger Ausschluss durch Individualvereinbarung selbst für Fälle missbräuchlichen Handelns des Beauftragten oder bei sehr hochwertigen Geschäftsbesorgungen kann ausnahmsw nach § 138 nichtig sein (BGH NJW 2001, 1131; 1994, 1861; PWW/*Fehrenbacher* Rn 2). Die Parteien können auch eine **Erweiterung der Informations-**

pflichten vereinbaren; namentlich können sich die Parteien des Auftragsverhältnisses darauf verständigen, dass der Beauftragte nicht nur die „erforderlichen Nachrichten", sondern auch zusätzl den Auftraggeber interessierende Informationen mitzuteilen hat (Staudinger/*Martinek*/*Omlor* Rn 17). Auch können die Parteien vereinbaren, dass Rechenschaft nicht erst bei Beendigung der vertragl Tätigkeit, sondern schon vorher in periodischen Abständen abzulegen ist (BGH WM 1984, 1164). Ein Verzicht auf exakte Rechnungslegung (auch konkludent) kann einen Verzicht auf sich bei genauer Abrechnung ergebende Zahlungsansprüche beinhalten, dies ist aber nur für verhältnismäßig geringfügige Ansprüche anzunehmen (BGH NJW 2001, 1131). Die Ansprüche aus § 666 verjähren gem § 195 in drei Jahren.

III. Benachrichtigung. Der Beauftragte ist nach Fall 1 verpflichtet, dem Auftraggeber **unaufgefordert aus eigener Initiative** „die erforderlichen Nachrichten zu geben". Diese Pflicht folgt aus der Interessenwahrungs- und Treuepflicht des Beauftragten (s § 662 Rn 16) und dient der laufenden Information des Auftraggebers während der Auftragsausführung (Staudinger/*Martinek*/*Omlor* Rn 5). Dies bedeutet, dass der Beauftragte den Auftraggeber **vollständig** und **unmissverständlich** über **alle Umstände der Geschäftsbesorgung**, auch im Hinblick auf Rechtsverhältnisse mit Dritten (zB mit Dritten im Namen des Auftraggebers abgeschlossene Verträge, persönliche Daten der dritten Vertragspartner, BGH NJW 2007, 1528), zu informieren hat, die dem Auftraggeber unbekannt sind und die er benötigt, um seine Interessen zu wahren (BGH NJW 2005, 1113, 1114). Dazu muss er sich ein Bild vom Stand der Auftragsdurchführung machen können und ggf seine Rechte ggü dem Beauftragten oder ggü Dritten geltend machen, Pflichten wahrnehmen, neue Weisungen gem § 665 erteilen und sonstige sachgerechte Entscheidungen treffen oder Handlungen vornehmen können (BGH NJW 2005, 1113, 1114; 1998, 680; Soergel/*Beuthien* Rn 6). Die Pflicht besteht schon vor der Ausführung des Auftrags durch den Beauftragten (Grü/*Grüneberg* Rn 2). Zur Frage, wann aus der Benachrichtigungspflicht des § 666 Fall 1 eine Pflicht zur Offenbarung eigenen Fehlverhaltens folgt, s *Taupitz*, Die zivilrechtl Pflicht zur unaufgeforderten Offenbarung eigenen Fehlverhaltens, 1989, 40ff. Kriterien, die für eine solche Offenbarungspflicht sprechen, sind die Wahrnehmung fremder Interessen, eine enge Vertrauensbeziehung, die faktische Unmöglichkeit einer fachlichen Kontrolle der Tätigkeit des Interessenwahrers durch den Vertragspartner sowie die Erforderlichkeit der Information zur Befriedigung des im Zentrum des Vertrags stehenden Leistungsinteresses (*Taupitz* aaO, 104f). Eine Offenbarungspflicht kommt daher insb für Angehörige vermögensbetreuender Expertenberufe (Rechtsanwalt, Steuerberater, Wirtschaftsprüfer, Notar, Patentanwalt, baubetreuender Architekt) in Betracht (*Taupitz* aaO). 9

Die „**Erforderlichkeit**", also der **inhaltliche Umfang** der vom Beauftragten zu übermittelnden Nachrichten, richtet sich nach der obj Lage des konkreten Geschäfts und den Umständen des Einzelfalls, zB nach Komplexität und Umfang des Auftrags, der Nähe des Auftraggebers zum Beauftragten und zum Gegenstand des Auftrags und nach der Sachkunde des Auftraggebers. Die Erforderlichkeit entfällt, wenn zweifelsfrei feststeht, dass der Gläubiger des Informationsanspruchs aufgrund der Informationen und Rechenschaftslegung keinesfalls etwas fordern könnte, etwa wenn der Anspruch verjährt ist (Frankfurt WM 2014, 2122). Aus dem im Gegensatz zum Auskunftsverlangen nach Fall 2 fehlenden Erfordernis einer „Aufforderung" durch den Geschäftsherrn folgt, dass das subj Informationsbedürfnis des Auftraggebers, also sein entspr Verlangen, nicht entscheidend ist (RGZ 69, 26, 29; Soergel/*Beuthien* Rn 6). So hat der Beauftragte den Auftraggeber über ihm von Seiten eines Dritten zugegangene Vertragsangebote zu unterrichten, und zwar auch dann, wenn er beabsichtigt, demnächst zurückzutreten (RGZ 63, 280, 284f). Ein Patentanwalt ist aufgrund seines Fachwissens verpflichtet, seinen Mandanten auf fällige Jahresgebührenraten für das Patent hinzuweisen (RGZ 69, 26, 29). Ein Steuerberater muss seinen Mandanten unterrichten, wenn er einen Fehler in der von ihm abgegebenen Steuererklärung entdeckt und aus diesem Grunde eine Berichtigung des Steuerbescheides beantragt (BGHZ 83, 17, 27). Eine Bank kommt ihrer Verpflichtung aus Nr 15 II der Sonderbedingungen für Wertpapiergeschäfte, den Kunden über den Verfall von Rechten aus Optionsscheinen zu benachrichtigen, nur dann in ausreichendem Maße nach, wenn der Mitteilung unmissverständlich zu entnehmen ist, dass das Optionsrecht mit Ablauf der hierfür vorgesehenen Frist möglicherweise ersatzlos erlischt oder ohne einen rechtzeitigen Verkauf oder die fristgerechte Ausübung des Optionsrechts ein etwaiger Wert verloren geht (BGH NJW 2002, 2703). Ein Beauftragter, der Geschäftsbeteiligungen des Auftraggebers veräußern soll, ist verpflichtet, diesem die erforderlichen Nachrichten über den Stand der Verkaufsverhandlungen zu geben. Er darf dabei nicht verheimlichen, dass er selbst als Kaufinteressent auftritt (BGH WM 1971, 995, 997). Ein Hausverwalter muss seine Auftraggeber über Mängel grundlegender Art der von ihm verwalteten Immobilie informieren. Dies gilt in besonderem Maße, wenn die zu einer Bauherrengemeinschaft miteinander verbundenen Auftraggeber ihren Wohnsitz weit entfernt von dem verwalteten Objekt haben (BGH NJW 1998, 680, 681). Die Erfüllung der „primären" Auskunfts- und Benachrichtigungspflichten über den Verlauf der Geschäftsbeziehung (Kontostände uÄ) durch eine Bank schließt einen weitergehenden Anspruch des Bankkunden aus § 666 auf zusätzl Auskunft über einzelne ggf auch schon bekanntgemachte Umstände nicht aus. Dieser Anspruch umfasst aber nicht die vollständige Rekonstruktion einer eine Vielzahl von Konten und sonstigen Bankdienstleistungen umfassenden Geschäftsbeziehung. Es ist der Bank auch gegen Vergütung nicht zumutbar, nachträgl sämtliche Transaktionen und andere die Vertragsbeziehung begleitenden Umstände nachzuvollziehen (Celle NJW-RR 2008, 1584). 10

Aus § 665 S 2 als Sonderfall von § 666 (Staudinger/*Martinek*/*Omlor* Rn 5) folgt, dass die Informationspflicht des Beauftragten umso stärker und intensiver ist, je mehr er bei der Besorgung des Geschäfts an Weisungen des Auftraggebers gebunden ist (MüKo/*Schäfer* Rn 21). Wie bei § 665 (s § 665 Rn 4) besteht also auch hier eine Wech- 11 selwirkung zw dem Grad der Selbständigkeit des Beauftragten und der Dichte der ihm obliegenden Pflichten. Vgl zum Bestehen von Warnpflichten in diesen Fällen § 665 Rn 4.

12 Auch die **zeitl Häufigkeit** der Information folgt aus der Natur und dem Gegenstand des Auftrags. Sie muss danach **fallweise**, **bedarfsweise**, **periodisch** oder **ständig** erfolgen (Staudinger/*Martinek* [2006] Rn 6 aE). Unabhängig von den erforderlichen zeitl Intervallen hat die Information stets unverzüglich iSv § 121 I (s § 121 Rn 3) zu erfolgen (MüKo/*Schäfer* Rn 36). Ob der Beauftragte auch verpflichtet ist, den Auftraggeber über die Tatsachenmitteilung hinaus auf deren Konsequenzen und wirtschaftl Bedeutung hinzuweisen, hängt ebenfalls von den Umständen des Einzelfalls ab (BGH NJW 2005, 1113, 1114; 2002, 2703; Jauernig/*Mansel* Rn 2). Die Regelung in § 130 I über das Wirksamwerden von Willenserklärungen durch Zugang bei der anderen Partei findet auf bloße Benachrichtigungen wie die aus § 666 geschuldeten keine Anwendung, denn es handelt sich weder um rechtsgeschäftliche noch um rechtsgeschäftsähnl, sondern um bloße Tatsachenmitteilungen (BGH NJW 2002, 2703; *Weiss/Brückerhoff* ZIP 2021, 885, 886f). Wenn der Beauftragte zum Handeln ohne Einholung vorheriger Weisungen iSv § 665 befugt ist, liegt darin noch keine Freistellung von der Benachrichtigungspflicht aus § 666 (BGH LM Nr 17 zu § 666; Erman/*Ehmann*[12] Rn 21).

13 **IV. Auskunftserteilung.** Im Gegensatz zur Benachrichtigungspflicht und darüber hinausgehend besteht die Pflicht des Beauftragten zur Auskunftserteilung über den Stand des Geschäfts nach Fall 2 **nur auf Verlangen** des Auftraggebers. Es handelt sich um einen verhaltenen Anspruch (BGHZ 192, 1 Rn 11; s allg § 271 Rn 1). Das Verlangen des Auftraggebers ist für den Beauftragten nur beachtlich, wenn es sich auf das konkrete, zw ihm und dem Auftraggeber abgeschlossene Auftragsverhältnis bezieht (Neustadt MDR 1965, 293). Aus diesem Rechtsverhältnis folgen nämlich Inhalt und Grenzen der Auskunftspflicht (BGH NJW 2007, 1528). Ein berechtigtes Auskunftsinteresse des Auftraggebers wird in aller Regel und im Zweifel vermutet, weil der Auftraggeber als Geschäftsherr auf Auskünfte angewiesen ist, um seine Steuerungs- und Kontrollbefugnisse hinsichtl der Auftragsausführung durch sachgerechte Weisungen auf der Basis umfassender Informationen auszuüben (Staudinger/*Martinek/Omlor* Rn 10). Die Auskunftspflicht setzt dagegen nicht voraus, dass der Auftraggeber die begehrte Information zur Vorbereitung weiterer Ansprüche benötigt (BGH NJW 2012, 58 Rn 13). Je nachdem, was der Auftraggeber verlangt, kann der Beauftragte zur **Beantwortung einzelner Fragen** oder zur **Abgabe eines Gesamtberichts** verpflichtet sein (PWW/*Fehrenbacher* Rn 4; RGRK/*Steffen* Rn 7). Der genaue Inhalt der Auskunft bestimmt sich nach etwaigen Vereinbarungen der Parteien, nach dem Gegenstand der Geschäftsbesorgung, der Üblichkeit der Auskunft im Geschäftsverkehr, dem Zweck der Auskunftspflicht und dem, was vom Beauftragten nach Treu und Glauben an Information erwartet werden kann (BGHZ 192, 1 Rn 20; 152, 339; 109, 260; BRHP/*Fischer* Rn 6). Deshalb kann der Auftraggeber nur im Rahmen des Erforderlichen und Zumutbaren Einsichtnahme oder Auskunft verlangen (BGH ZIP 2017, 2476 Rn 23 zur Auskunftspflicht des Mittelverwendungskontrolleurs [s § 675 Rn 114a]; Hamburg NZG 2010, 1342 für Herausgabeverlangen eines Treugebers einer Publikums-KG hinsichtl einer Liste mit Namen und Anschriften von Mittreugebern). Die Auskunft muss jedenfalls **vollständig**, **richtig** und **nachprüfbar** sein (BGH NJW 2008, 3055, 3058; 1996, 656, 657). Die bloße Übersendung von Belegen genügt grds nicht, der Geschäftsführer muss vielmehr eine übersichtliche, **aus sich heraus verständliche** Auskunft (zB Aufstellung von Einnahmen und Ausgaben, auf die sich die Belege beziehen) erteilen (KG NZG 2011, 553, 554). Der Architekt, dem neben der Planung und Bauaufsicht auch die Ausschreibung, Vergabe und Schlussabrechnung mit den Handwerkern obliegt, ist verpflichtet, dem Bauherrn über den Stand der Geschäfte Auskunft zu erteilen und nach der Ausführung Rechenschaft abzulegen (BGHZ 41, 318). Selbst wenn dem Bankkunden alle Kontoauszüge und Saldenmitteilungen vorliegen, kann er darüber hinaus gem § 666 erg Auskünfte verlangen. Soweit sich Bedeutung und Berechnung einzelner Buchungen aus den Kontoauszügen und evtl mitübersandten Belegen nicht eindeutig ergeben, ist das Kreditinstitut zu weiteren Erläuterungen verpflichtet, soweit es selbst dazu noch in der Lage ist. Insb wenn das Kreditinstitut dem Kunden Zinsen und Gebühren für erbrachte Dienstleistungen in Rechnung gestellt hat, ohne sie im Einz aufzuschlüsseln, kann der Kunde die Angaben (Zins-, Gebührensätze etc) verlangen, die er braucht, um anhand seiner vorhandenen Unterlagen selbst die Richtigkeit der Berechnungen überprüfen zu können (BGH NJW 1985, 2699, 2700). Ein Treuhänder (s § 662 Rn 17) ist auf Verlangen verpflichtet, dem Treugeber Auskunft über den Stand des Geschäfts zu erteilen (BGH NJW 1998, 2969). Der Auftraggeber hat ggü dem Architekten einen Anspruch auf Vorlage eines Bestandsverzeichnisses über den Schriftwechsel mit den am Bau beteiligten Unternehmen gem §§ 675, 666. Der Inhalt der Auskunft ist nach den Grundsätzen des § 242 zu bestimmen. Danach trifft den Architekten eine umfassende Auskunftspflicht, die den Bauherrn nach vorzeitiger Beendigung des Architektenvertrags in die Lage versetzen soll, seine Ansprüche ggü den Bauunternehmern durchzusetzen. Dazu benötigt er den vom Architekten mit den Bauunternehmern geführten Schriftwechsel, den der Architekt auch herausgeben muss (KG NZBau 2006, 582).

14 Hat der Beauftragte über einen Inbegriff von beweglichen oder unbeweglichen Vermögensgegenständen (einschl Forderungen) Auskunft zu geben, so hat er nach § 260 I ein **Verzeichnis** vorzulegen und ggf nach §§ 260 II, 261 eine eidesstattliche Versicherung abzugeben (RGZ 90, 137, 139; BGHZ 41, 318); s zu den Anforderungen an das Verzeichnis §§ 259, 260 Rn 11. Ein Ghostwriter muss Auskunft über Anzahl und Verbleib von zur Erstellung der Memoiren angefertigten Tonbandkopien geben (Köln ZUM-RD 2018, 552 – Helmut Kohl). Der Beauftragte ist auch dann zur Auskunft über im Rahmen der Auftragsdurchführung mit Dritten eingegangene Rechtsverhältnisse verpflichtet, wenn er sich ggü diesen Dritten zur Verschwiegenheit verpflichtet hat (BGH NJW 1997, 2528). S zu den Grenzen des Auskunftsanspruchs Rn 6. Der Geschäftsführer einer GmbH, und dementspr auch

der Vorstand einer AG, haben nach Beendigung ihrer Amtszeit gem § 666 Auskunft über in ihren Besitz gelangte Unterlagen der Gesellschaft zu geben (BGH ZIP 2008, 1821; WM 1963, 161; MüKo-AktG/*Spindler*[6] 2023, § 84 Rn 121). Entspr gilt für ein ausgeschiedenes Aufsichtsratsmitglied (BGH ZIP 2008, 1821).

V. Rechenschaftslegung. Die Pflicht des Beauftragten zur Rechenschaftslegung aus Fall 3 geht inhaltlich über die Auskunft nach Fall 2 weit hinaus (BGH NJW 1963, 950, 952 aE). Daher besteht nach Rechenschaftslegung im Hinblick auf den gleichen Auftrag keine Pflicht zur Auskunft nach Fall 2 (BGHZ 93, 327, 329f). Die Pflicht zur Rechenschaftslegung geht über die Rechnungslegung hinaus (BGH NJW 2012, 58 Rn 12; s §§ 259, 260 Rn 12). Der Beauftragte hat den Auftraggeber über den **gesamten Ablauf** und die Einzelheiten der Geschäftsbesorgung durch Vorlage einer geordneten **Aufstellung von Einnahmen und Ausgaben**, einschl, soweit üblich und vorhanden, Belegen und Rechnungen, soweit sie nicht bereits nach § 667 herauszugeben sind, zu informieren, damit dieser, im Einklang mit dem Regelungszweck der Norm (s Rn 1), einen Überblick über seine Rechtsstellung nach Ausführung des Auftrags erhält (BGHZ 109, 260, 266; 39, 87, 94f). Die Rechenschaft muss daher **vollständig**, **richtig**, **verständlich** und **nachprüfbar** sein (BGH NJW 2008, 3055, 3058; 1996, 656f; BGHZ 109, 260, 266; RGZ 127, 243, 244f; MüKo/*Schäfer* Rn 32; BRHP/*Fischer* Rn 10). Die Aufstellung muss eine erschöpfende, übersichtliche und verständliche Darlegung der geführten Geschäfte enthalten und dem Auftraggeber die Prüfung ermöglichen, ob und in welcher Höhe ihm Ansprüche gegen den Beauftragten oder gegen Dritte zustehen bzw Ansprüche des Beauftragten gegen ihn begründet sind. Sie muss also dem berechtigten Auftraggeber eine Kontrolle ihrer Richtigkeit erlauben (RGZ 53, 252, 254; 127, 243, 244; RG Recht 1926, 162 Nr 406; BGH LM Nr 8 zu § 666; Staudinger/*Martinek*/*Omlor* Rn 14). So muss etwa der ausscheidende Verwalter einer WE-Gemeinschaft unter Beifügung der entspr Belege alle Einnahmen und Ausgaben verständlich und nachvollziehbar darlegen, die noch bestehenden Verbindlichkeiten und Forderungen auflisten und die Kontostände der vorhandenen Bankkonten aufführen und vorhandene Guthaben übergeben (München NJW-RR 2008, 322; BayObLG 1979, 30, 32f; ZMR 2000, 325). Die bloße Überlassung ungeordneter Belege ohne entspr Aufstellungen genügt nicht, der Beauftragte kann hierdurch seine Pflicht nicht auf den Auftraggeber abwälzen (BGHZ 39, 87, 94f). Der Auftraggeber darf jedoch selbst Rechnung legen und darauf seine Ansprüche aus § 667 stützen, die Geltendmachung solcher Ansprüche ist nicht von einer vorherigen Rechenschaftslegung durch den Beauftragten abhängig (BRHP/*Fischer* Rn 10). Der Auskunftspflichtige kann sich aber nicht wegen Weggabe der von ihm angelegten Schriftstücke auf eine Unmöglichkeit der Rechenschaftslegung berufen, wenn ihm der Berechtigte die für die Rechenschaftslegung benötigten Unterlagen zurückreicht. Der Auskunftsberechtigte ist nicht verpflichtet, sich selbst durch Auswertung der Unterlagen die gewünschten Erkenntnisse zu verschaffen (Saarbrücken NJW-RR 2000, 229). Das Gebot der Vollständigkeit ist auch dann erfüllt, wenn der Beauftragte fehlende Belege durch anderweitige Unterlagen, Rückfragen bei Dritten oder aus der eigenen Erinnerung ergänzt (BGH NJW 1963, 950, 952; Saarbrücken NJW-RR 2000, 229). Zeigt sich die Unvollständigkeit erst später, hat der Beauftragte nachzubessern (BGHZ 39, 87, 93). Der Anspruch aus § 666 Fall 3 ist aber erfüllt, wenn die Angaben des Schuldners nach seinem erklärten Willen die Auskunft im geschuldeten Gesamtumfang darstellen (BGH NJW 2021, 765). Auf die inhaltliche Richtigkeit kommt es insoweit nicht an (*Weiss*/*Brückerhoff* ZIP 2021, 885, 888); bei Unrichtigkeit kommt aber ein Schadensersatzanspruch in Betracht (Rn 17). 15

Die Rechenschaft ist nach Vertragsausführung bzw -beendigung (RGZ 56, 116, 117f) abzulegen. Bei auf Dauer angelegten Aufträgen kann eine Rechenschaftslegung kraft ausdrücklicher oder stillschweigender Abrede auch in periodischen Zeitabständen während der Dauer des Vertrags verlangt werden (BGH NJW 2012, 58 Rn 29). Aus der sprachlichen Fassung des § 666 wird nicht deutlich, ob die Pflicht des Beauftragten, nach Ausführung des Auftrags gem Fall 3 Rechenschaft abzulegen, wie bei der Auskunft (s Rn 13) **nur auf Verlangen** des Auftraggebers besteht. Nimmt man dies an (s MüKo/*Schäfer* Rn 28; RGRK/*Steffen* Rn 13; Staudinger/*Martinek*/*Omlor* Rn 12; aA Erman/*Ehmann*[12] Rn 27), so ist doch zu bedenken, dass der Auftraggeber dieses Verlangen ausdrückl oder stillschw zum Ausdruck bringen kann. Ein entspr stillschw Verlangen des Auftraggebers ist zu unterstellen, wenn der Auftraggeber über das Ergebnis der Geschäftsbesorgung noch nicht informiert worden ist und seine Vermögensinteressen durch die Auftragsausführung berührt worden sind (aA MüKo/*Schäfer* Rn 28). In diesem Fall wäre der Anspruch mit Ausführung des Auftrags sofort fällig, sodass sich beide Ansichten i Erg nicht unterscheiden. Der Auftraggeber kann die Rechenschaft auch erst einige Zeit nach Vertragsbeendigung verlangen, wenn ihm erst dann eine rechenschaftspflichtige Tatsache bekannt geworden ist (BGH NJW 1963, 950, 951f). Zum (ausnahmsw) Ausschluss des Anspruchs nach § 242 s Rn 7. Die Parteien können ausdrückl oder stillschw abw Regelungen treffen. Hiervon ist auszugehen, wenn das Geschäft mehrere selbständige Teile umfasst oder periodisch wiederkehrend erfolgt (BGH WM 1976, 868; s auch BGH WM 1984, 1164, 1165; PWW/*Fehrenbacher* Rn 6). In diesen Fällen ist der Beauftragte zu einer entspr periodischen Rechenschaftslegung verpflichtet (RGRK/*Steffen* Rn 8). Hat der Beauftragte bereits über einzelne Teilgeschäfte oder Perioden Rechenschaft abgelegt, muss er nach Beendigung des Auftrags nur noch über die noch nicht abgerechneten Geschäfte bzw Perioden Rechenschaft ablegen (Grü/*Grüneberg* Rn 4). Wenn der Auftraggeber bisher keine Abrechnung verlangt hat, ist die Pflicht des Beauftragten zur Rechenschaftslegung auf den Zeitraum in der Vergangenheit beschränkt, für den nach § 257 IV HGB Belege aufzubewahren sind (zehn Jahre; aA BGHZ 39, 87, 93; MüKo/*Schäfer* Rn 31: keine zeitl Begrenzung). 16

VI. Haftung. Der Auftraggeber kann die Ansprüche auf Auskunft und Rechenschaft aus § 666 Fall 2 und 3 einklagen, die Vollstreckung erfolgt nach §§ 887, 888 ZPO. Die Benachrichtigungspflicht nach Fall 1 ist dagegen eine nicht einklagbare Schutzpflicht (Staudinger/*Martinek*/*Omlor* Rn 1; Soergel/*Beuthien* Rn 3; MüKo/*Schäfer* 17

Rn 18; aA Erman/*Ehmann*[12] Rn 49, 54). Verletzt der Beauftragte sie oder die in Fall 2 und 3 genannten Pflichten schuldhaft, macht er sich ggü dem Auftraggeber nach § 280 I für den adäquat-kausalen Schaden schadensersatzpflichtig (BGH NJW 2021, 765 Rn 49; Jauernig/*Mansel* Rn 1). Der Schaden kann bspw darin liegen, dass der Auftraggeber aufgrund der falschen Auskunft einen Herausgabeanspruch nicht geltend macht (BGH NJW 2021, 765 Rn 50). Eine Bank, die gegen ihre Benachrichtigungspflicht verstoßen hat, muss Aktienkursverluste (BGH NJW 2005, 1113, 1114) oder verfallene Optionsscheine (BGHZ 151, 5, 12) ersetzen; ein Mietverwalter, der den Vermieter nicht über zulässige Mieterhöhungen informiert hat, muss den Mietausfallschaden ersetzen (Saarbrücken NZM 2006, 878, 879). Diese Schadensersatzpflicht entspricht dem Sinn und Zweck von Auskunftspflichten, die es dem Gläubiger ermöglichen sollen, seine Interessen selbständig zu wahren und seine geschäftlichen Entscheidungen selbstverantwortlich zu treffen. Die zutr Bestimmung des Pflichteninhalts hat maßgeblichen Einfluss auf die haftungsbegründende Kausalität. Es fehlt an der Kausalität zw Pflichtverletzung und Schaden, wenn der eingetretene Schaden vollständig außerhalb des Bereichs derjenigen Gefahren liegt, vor denen der Geschädigte durch die verletzte Sorgfaltspflicht gerade geschützt werden sollte (*Berger* ZBB 2001, 238, 250). Den Einwand der Unmöglichkeit der Rechenschaftslegung hat der Beauftragte erst dann, wenn er die von ihm geschuldete Aufstellung (s Rn 15) weder aus Unterlagen und/oder Belegen noch aus der Befragung Dritter oder der eigenen Erinnerung anfertigen kann (BGHZ 39, 87, 94; Saarbrücken NJW-RR 2000, 229).

18 **VII. Beweislast; Verjährung.** Der Beauftragte hat zu beweisen, dass er seiner Unterrichtungspflicht aus § 666, auch im Hinblick auf eine geschuldete Rechnungslegung nach § 259 (s Rn 2) überhaupt, rechtzeitig, richtig und vollständig nachgekommen ist (BGH NJW 1998, 680, 681; 1993, 1704, 1706). Bei Geltendmachung eines Schadensersatzanspruchs hat der Auftraggeber zu beweisen, in welchem Verhalten des Beauftragten (verzögerte oder falsche Information) eine Pflichtverletzung zu sehen ist (Grü/*Grüneberg* Rn 1). Für den Nachw der Kausalität ist nach der Lebenserfahrung davon auszugehen, dass ein Auftraggeber sich anders verhalten hätte, wenn die Auskunft richtig gewesen wäre (s zu Anscheinsbeweis bzw Beweislastumkehr im Rahmen der Auskunftshaftung im Bankverkehr BGHZ 123, 311, 315; 124, 151, 152; BGH WM 1996, 2020, 2021; ZIP 2000, 355, 357; *Berger* ZBB 2001, 238, 250; auch § 311 Rn 27a). Die Ansprüche aus § 666 verjähren gem § 195 in drei Jahren (Frankfurt BKR 2013, 391; MüKo/*Schäfer* Rn 48; NK/*Budzikiewicz* § 195 Rn 5; allg zur Geltung der regelmäßigen Verjährungsfrist für Nebenansprüche s § 195 Rn 5; ausf zur Verjährung von Auskunftsansprüchen *Peters* JR 2013, 43). Dabei ist zu beachten, dass der Anspruch aus § 666 Fall 3 grds erst nach Beendigung des Auftrags entsteht (BGH NJW 2012, 58 Rn 28). Kann dagegen eine Rechenschaftslegung in periodischen Zeitabständen während der Vertragslaufzeit verlangt werden (s Rn 16), handelt es sich um einen verhaltenen Anspruch, dessen Verjährung entspr § 695 S 2, § 696 S 3 erst mit seiner Geltendmachung beginnt (BGH NJW 2012, 58 Rn 29 zu § 666 Fall 3; für § 666 Fall 2 *Eichel* NJW 2015, 3265, 3268; für § 666 Fall 2 offengelassen von BGHZ 192, 1 Rn 12ff). Die Verjährung des Auskunftsanspruchs aus § 666 Fall 2 beginnt jedenfalls nicht vor Beendigung des Auftragsverhältnisses (BGHZ 192, 1 Rn 15; Koblenz VersR 2015, 326). S zur Verwirkung Rn 7.

§ 667 Herausgabepflicht

Der Beauftragte ist verpflichtet, dem Auftraggeber alles, was er zur Ausführung des Auftrags erhält und was er aus der Geschäftsbesorgung erlangt, herauszugeben.

1 **I. Regelungszweck.** Die Norm gewährt dem Auftraggeber zwei **schuldrechtl Herausgabeansprüche** gegen den Beauftragten. Beide Ansprüche folgen aus der besonderen Rechtsnatur des Auftrags, bei dem der Auftraggeber Herr des vom Beauftragten besorgten Geschäfts bleibt und der Beauftragte fremdnützig im Interesse des Auftraggebers tätig wird. Aus diesem Grund unterliegen die Vermögenswerte, die der Beauftragte zur Ausführung des Auftrags erhalten hat (Alt 1), der besonderen, das Auftragsverhältnis prägenden Zweckbindung und gebühren damit dem Auftraggeber (BRHP/*Fischer* Rn 1). Aus der Fremdnützigkeit der Tätigkeit des Beauftragten folgt zwangsläufig, dass auch alles, was der Beauftragte aus der Geschäftsbesorgung erlangt hat, dem Auftraggeber gebührt (RGZ 99, 31, 32). Nur diesem stehen die mit dem Auftrag zusammenhängenden Vermögensvorteile zu. Der Beauftragte soll dagegen aus der Ausführung des Auftrags keine vermögensmäßigen Vorteile ziehen. Lediglich dessen im Zusammenhang mit der Ausführung des Auftrags eintretenden oder eingetretenen Vermögensverluste hat der Auftraggeber nach §§ 669, 670 auszugleichen. Der Zweck der in § 667 geregelten Ansprüche ist aber auf die Abschöpfung der beim Beauftragten vorhandenen Vorteile beschränkt, sie dienen nicht dem schadensersatzrechtl Ausgleich eines beim Auftraggeber entstandenen Vermögensausfalls (BGH NJW 2001, 2476, 2477; Jauernig/*Mansel* Rn 1). Letztlich folgt aus dem Zusammenspiel von § 667 einerseits und den §§ 669, 670 andererseits, dass der Beauftragte durch die Ausführung des Auftrags weder Vor- noch Nachteile erleiden soll (BGH NJW-RR 1992, 560, 561). Trotz dieses Regelungszusammenhangs stehen die in § 667 geregelten Ansprüche **nicht im Gegenseitigkeitsverhältnis** zum Anspruch des Beauftragten auf Aufwendungsersatz aus § 670 (s § 662 Rn 2). Die Ansprüche aus § 667 sind gesetzl, nicht rechtsgeschäftliche Folgen eines Auftragsverhältnisses, durch sie wird keine Pflicht zur notariellen Beurkundung des Auftrags ausgelöst (s § 662 Rn 5). Der in § 667 enthaltene Grundsatz gilt auch für das **Arbeitsverhältnis** (BAG NJW 2014, 429 Rn 36 betr Zahngold in Krematorium; DB 2012, 1098). Erforderlich ist ein innerer Zusammenhang zwischen Arbeitsleistung und erlangtem Vorteil. Dieser liegt vor, wenn die Gefahr besteht, der ArbN werde wegen des ihm gewährten Vorteils die Interessen des ArbGeb außer Acht lassen, was etwa bei vereinnahmtem Trinkgeld zu verneinen ist (*Sagan* NJW 2019, 1977, 1980).

Der Anspruch des Auftraggebers auf Herausgabe des aus der Geschäftsbesorgung Erlangten (Alt 2) ist zu unterscheiden von dem vertragl Anspruch des Auftraggebers auf Erfüllung des Auftrags. So sind etwa die nach dem Vertrag geschuldeten Arbeitsergebnisse eines Steuerberaters (zB Hauptabschlussübersicht nebst Umbuchungslisten) nicht „erlangt“ iSd § 667, sondern „erarbeitet“ und damit Gegenstand des vertragl Erfüllungsanspruchs aus § 662 (BGH NJW-RR 2004, 1290; Jauernig/*Mansel* Rn 4; PWW/*Fehrenbacher* Rn 1). Derartige vertragl geschuldete Arbeitsergebnisse kann der Insolvenzverwalter nicht honorarfrei zur Masse ziehen (BGH NJW-RR 2004, 1290). Die Spezialregelung des § 384 II Hs 2 HGB über die Herausgabepflicht des Kommissionärs wird von der Rspr in Übereinstimmung mit § 667 Alt 2 ausgelegt (BGHZ 38, 171, 175; Koblenz MDR 1967, 770; *Lenz* in Röhricht/Graf v Westphalen/Haas[5] § 384 HGB Rn 12). Auf den Handelsvertretervertrag wird § 667 analog angewendet (BGH NJW 1993, 1786, 1787; NJW-RR 1993, 926). Auf die Herausgabe von Vollmachtsurkunden (§ 172) findet § 175 Anwendung. Verwaltet der eine Ehegatte im Rahmen einer ehelichen Lebensgemeinschaft das Vermögen des anderen Ehegatten, kommt eine unmittelbare oder analoge Anwendung des § 667 nicht in Betracht. Dieser Grundsatz beruht auf der Überlegung, dass sich Ehegatten durch derartige Regelungen ihrer Aufgabenbereiche besonderes Vertrauen schenken. Dem wirtschaftenden Ehegatten darf deshalb nicht einseitig das Risiko auferlegt werden, im Nachhinein Ausgaben nicht mit der gleichen Genauigkeit angeben und belegen zu können, wie das in Rechtsverhältnissen ohne Inanspruchnahme von personalem Vertrauen erforderlich oder geboten ist (BGH NJW 2000, 3199, 3200; 1986, 1870, 1872; NJW-RR 1987, 1347, 1348). Nur in Ausnahmefällen kann in diesen Fällen ein Rechtsbindungswille der Ehegatten im Hinblick auf den Abschluss eines Vermögensverwaltungsvertrags angenommen werden; an dessen Annahme dürfen wegen der mit der Anwendung der §§ 662ff verbundenen Rechtspflichten des verwaltenden Ehegatten keine geringen Anforderungen gestellt werden (BGH NJW 2000, 3199, 3200; 1986, 1870, 1872; NJW-RR 1987, 1347, 1348). Der Anspruch des Dienstherrn gegen einen Beamten auf Ablieferung von Schmiergeldern und Sachzuwendungen folgt nicht aus § 667, vielmehr setzt sich das Annahmeverbot aus § 71 I BBG als Herausgabegebot fort (BVerwG NJW 2002, 1968 zu § 70 BBG aF). Der Anspruch auf Rechenschaftslegung aus § 666 Fall 3 dient häufig als Vorbereitung eines Herausgabeanspruchs aus § 667 Alt 2, ist jedoch nicht dessen unselbständige Vorstufe oder integraler Bestandteil (BGH NJW 2000, 3199, s § 666 Rn 3). 2

Weil die Ansprüche aus der besonderen Rechtsnatur des Auftrags folgen, setzen sie die **Wirksamkeit des Auftragsvertrags** voraus (Grü/*Grüneberg* Rn 1). Fehlt es daran, kommen nicht Ansprüche aus Bereicherungsrecht (so aber Staudinger/*Martinek*/*Omlor* Rn 4; *Canaris* NJW 1985, 2404, 2405; *Lorenz* NJW 1996, 883, 885), sondern nur Ansprüche aus **Geschäftsführung ohne Auftrag** und damit über die Verweisungsnorm des § 681 S 2 wiederum aus dem Auftragsrecht in Betracht. In der Rspr ist seit langem anerkannt, dass im Fall der Nichtigkeit des Auftrags wegen eines Verstoßes gegen ein gesetzl Verbot (§ 134), gegen eine Formvorschrift (§ 125) oder gegen die guten Sitten (§ 138) auf die Vorschriften über die GoA zurückgegriffen werden kann. Der Umstand, dass sich der Geschäftsführer zur Leistung verpflichtet hat, soll dem nicht entgegenstehen (BGH NJW 2012, 3366 Rn 27; BB 2004, 2707, 2709; NJW 1997, 47, 48; WM 1996, 2159, 2162; NJW 1963, 950, 951; 1962, 2010, 2011). Diese Rspr beruht auf dem Gedanken, bei Nichtigkeit eines solchen Vertrags eine angemessene Risikoverteilung zw den Parteien des nichtigen Vertrags vorzunehmen (BGH BB 2004, 2707, 2709). Treuhandverträge sind die klassischen Anwendungsfälle dieser Rspr (s nur BGH BB 2004, 2707; NJW 1963, 950). Diese Grundsätze wurden auch auf eine nach § 138 nichtige Treuhandabrede angewandt, mit der der „Fluss“ der für den Kauf eines Adelstitels benötigten Gelder durch den Titelvermittler in die Wege geleitet werden sollte (BGH NJW 1997, 47, 48). Wenn der Auftraggeber in einem solchen Fall nach § 681 S 2, § 667 Alt 1 bereits verbrauchtes Geld herausverlangt, kann die Frage, ob er die Weitergabe des Geldes gegen sich gelten lassen muss, nur nach Maßgabe eben dieser nichtigen Abreden beurteilt werden. Dies bedeutet nicht, dass die Rechtsordnung von ihr missbilligten Verträgen doch wieder Geltung verschafft – ein Anspruch auf oder eine Pflicht zur Durchführung des nichtigen Auftrags bestand bzw besteht keinesfalls –, sondern führt nur zu einer angemessenen Risikoverteilung unter den Parteien des nichtigen Auftrags bzw Geschäftsbesorgungsvertrags bei der internen „Abwicklung“ des Geschäfts, die zu verhindern auch bei gesetzes- oder sittenwidrigen Geschäften kein Bedürfnis besteht (BGH NJW 1997, 47, 48; s auch BGH WM 1967, 1217, 1218). § 817 S 2 findet in allen diesen Fällen wegen seines Ausnahmecharakters (Strafeffekt) keine analoge Anwendung (BGH NJW 1963, 950, 951). Ein – ggf aufrechenbarer – Vergütungsanspruch steht dem Beauftragten in keinem Falle zu, auch nicht in Gestalt eines Aufwendungsersatzanspruchs nach §§ 683 S 1, 670. Der Beauftragte ist zur Besorgung eines von der Rechtsordnung missbilligten Geschäfts tätig geworden, so dass er seine Aufwendungen nicht „den Umständen nach für erforderlich halten“ durfte (BGH NJW 1997, 47, 49; 1996, 2010, 2011; 1992, 2021). 3

§ 667 ist **dispositiv**, die Parteien können also im Hinblick auf den Verbleib der mit der Durchführung des Auftrags zusammenhängenden Vermögensgewinne etwas anderes vereinbaren, zB den Umfang dieser Ansprüche beschränken oder diese Ansprüche gänzlich ausschließen (BGH NJW-RR 1997, 778; 2021, 1244 Rn 19; BAG ZIP 2008, 1184, 1188). Beauftragt etwa der Schuldner einen Dritten mit der Erfüllung seiner Zahlungsverpflichtung und stellt er ihm dafür das nötige Geld zur Verfügung, so kann sich aus den Vereinbarungen zw dem Schuldner und dem Dritten ergeben, dass der Schuldner den Auftrag unwiderruflich erteilt und auf seinen Herausgabeanspruch aus § 667 verzichtet hat (BAG NZA 2009, 105). Die Herausgabeansprüche sind **übertragbar** (BGH NJW-RR 1992, 560), **pfändbar** und **vererblich**, die Vererblichkeit kann aber vertragl ausgeschlossen werden (BGH WM 1989, 1813, 1814; Grü/*Grüneberg* Rn 1). 4

5 **II. Herausgabe des Erhaltenen (Alt 1).** Die Pflicht des Beauftragten zur Herausgabe nach Alt 1 bezieht sich auf alles, was dieser „zur Ausführung des Auftrags" erhalten hat. Dies umfasst alles, was dem Beauftragten vom Auftraggeber oder auf dessen Veranlassung von Dritten zu dem Zweck zur Verfügung gestellt worden ist, den Beauftragten rechtl oder tatsächlich in die Lage zu versetzen, das Geschäft durchzuführen (BGH NJW-RR 2004, 121; 2004, 1290; Soergel/*Beuthien* Rn 4). Entscheidend ist die vom Auftraggeber festgelegte Zweckbestimmung; gleichgültig ist, wie gewiss die Zweckerreichung ist. Gleichgültig ist auch, ob die dem Beauftragten zur Verfügung gestellten Mittel zur Rückgabe oder zum Verbrauch bestimmt sind (BGH NJW 1997, 47, 48). Dass die Zuwendung eines Dritten nach dessen Willen nicht für den Auftraggeber bestimmt war, steht dem Herausgabeanspruch nicht entgegen. § 667 erfasst auch solche Zuwendungen, weil sie die Gefahr begründen, dass der Beauftragte dadurch zum Nachteil seines Auftraggebers beeinflusst wird (BGH NJW 2000, 2669, 2672 mwN). Die Pflicht besteht grds während der gesamten Laufzeit des Auftragsvertrags. Soll bei einem Treuhandauftrag (s § 662 Rn 17) der Beauftragte (Treuhänder) unter bestimmten Bedingungen ermächtigt sein, über einen ihm vom Auftraggeber überlassenen Gegenstand zu verfügen, kommt eine Herausgabepflicht aus Alt 1 bis zum Eintritt der Bedingung immer in Betracht, denn ein solcher Auftrag ist jederzeit widerruflich (BGH BB 2002, 1446, 1447). Nur solche Mittel, die der Beauftragte gelegentlich des Auftragsverhältnisses erhalten hat, sind nicht zur Ausführung des Auftrags erlangt und unterliegen daher nicht der Herausgabepflicht (s Rn 9; MüKo/*Schäfer* Rn 12). Entscheidend ist das Fehlen einer finalen Zweckbindung im Hinblick auf die Auftragsdurchführung.

6 Gegenstand des Erhaltenen und damit des Herausgabeanspruchs aus Alt 1 kann **jede rechtl oder tatsächliche Position** sein (Eigentum, Besitz, Inhaberstellung), wobei für die Bestimmung dieser Position die sachenrechtl Regeln Anwendung finden (PWW/*Fehrenbacher* Rn 2). Nicht entscheidend ist, ob das Erhaltene einen Vermögenswert darstellt (MüKo/*Schäfer* Rn 19). Hierunter fallen etwa Materialien, Zeichnungen, Werkzeuge und andere Geräte, Schlüssel (zB von Wohnungseigentumsanlagen, BayObLG ZMR 1985, 307; Jauernig/*Mansel* Rn 3), Gelder, die dafür bestimmt waren, in Ausführung des Auftrags verbraucht zu werden, aber dafür nicht (mehr) benötigt werden, etwa weil der Beauftragte eine günstigere Alternative gewählt hat (BGH NJW 1997, 47, 48; 1991, 1884; NJW-RR 1991, 575), einschl vom Auftraggeber nach § 669 gezahlter **Vorschüsse** (BGH NJW-RR 1988, 1264, 1265; NJW 1995, 2483, 2484; 1991, 1884; s zur Beweislast in diesen Fällen Rn 16) und vom Beauftragten in seiner Funktion als Treuhänder erhaltene Gelder (BGH NJW-RR 2004, 121), auch in der Form von Giroguthaben (KG NJW-RR 1996, 427), Urkunden (s aber für Vollmachtsurkunden § 175), Geschäftsunterlagen jeder Art (zB Steuerberaterunterlagen, Akten, Datensätze, Quittungen, Korrespondenzen), Forderungen (BGH NJW-RR 2004, 1290; NJW 2002, 825; BGHZ 109, 260, 263ff), Zugangsdaten für Online-Netzwerk (LG Frankfurt NZG 2020, 1278; *Herberger* FamRZ 2021, 1603, 1606). Der Anspruch setzt begrifflich voraus, dass die betreffenden Gegenstände beim Beauftragten noch vorhanden sind (BGH NJW 2001, 2476, 2477). Der Verwalter einer WE-Gemeinschaft ist nach Beendigung seiner Tätigkeit nach § 667 (s BGH NJW 1997, 2106; BayObLG NJW-RR 2000, 155) verpflichtet, der Gemeinschaft die auf den angelegten Konten verwalteten Gelder herauszugeben, soweit er diese nicht zur Erfüllung von Verbindlichkeiten der Gemeinschaft verwendet hat (BayObLG NJW-RR 2000, 155). Der Geschäftsführer einer GmbH und dementspr auch der Vorstand einer AG haben nach Beendigung ihrer Amtszeit alle in ihren Besitz gelangten Unterlagen der Gesellschaft nach §§ 675, 667 an diese herauszugeben (BGH ZIP 2008, 1821; WM 1963, 161, 162). Dies gilt auch für ein ausgeschiedenes Aufsichtsratsmitglied (BGH ZIP 2008, 1821). Für das Überweisungsrecht gilt die Sonderregelung des § 675u S 2 bei fehlender Autorisierung durch den Zahler (s § 675u Rn 7ff) und § 675y bei nicht erfolgter oder fehlerhafter Ausführung eines vom Zahler autorisierten Zahlungsauftrags (s § 675y Rn 6ff).

7 **III. Herausgabe des Erlangten (Alt 2).** Vom Beauftragten aus der Geschäftsbesorgung erlangt iSv § 667 Alt 2 sind alle Vorteile (Sachen oder Rechte), die dieser aufgrund eines **inneren Zusammenhangs** mit dem im Interesse des Auftraggebers geführten Geschäft erhalten hat und die nicht ihm, sondern dem Auftraggeber gebühren (BGH NJW 2000, 1496, 1497; 1994, 3346, 3347; NJW-RR 2004, 1290; NJW 2021, 765 Rn 42; Saarbrücken NJW-RR 2008, 696, 699; Soergel/*Beuthien* Rn 7). Hierfür ist mehr erforderlich als die bloße Kausalität zw dem Erlangen und der Auftragsausführung. Auch hier (s Rn 6) ist aber nicht erforderlich, dass dem betreffenden Gegenstand ein Vermögenswert zukommt (Jauernig/*Mansel* Rn 4). In Betracht kommen Eigentum und Besitz an Sachen (beweglichen oder Grundstücken), Inhaberschaft an Forderungen (zB Schadensersatzforderungen gegen einen Unterbeauftragten, Gehilfen oder sonstigen Dritten, BGH DB 1958, 133) oder sonstigen Rechten (zB Geschäftsanteilen). Wenn der Auftraggeber dem Beauftragten eine Forderung zu dem Zweck abtritt, dass dieser sie im Rahmen der Auftragsdurchführung einzieht, sind die so vom Beauftragten erhaltenen Gelder (Bar- oder Buchgeld) „aus der Geschäftsbesorgung erlangt" iSv § 667 Alt 2. Erfasst werden auch alle Arten von Akten, Unterlagen, Verträgen, Quittungen, Belegen, Datensätzen (BGH NJW-RR 2004, 1290; NJW 2021, 765 Rn 42; PWW/*Fehrenbacher* Rn 3) sowie die aus erlangten Gegenständen gezogenen Früchte (§ 99) einschl Zinsen auf Forderungen (§ 99 II), sonstige Nutzungen (§ 100) und Zubehör (§ 97). Auch von einem Ghostwriter zur Aufzeichnung von Interviews verwendete Tonbänder können der Herausgabepflicht unterliegen (BGH NJW 2016, 317 Rn 37 – Helmut Kohl). Herauszugeben ist auch der gesamte **drittgerichtete Schriftverkehr**, den der Beauftragte für seinen Auftraggeber erhalten und geführt hat (BGH NJW 2007, 1528, 1529; 1990, 510f), sowie mit Dritten im Rahmen der Auftragsdurchführung abgeschlossene Verträge (BGH NJW 2007, 1528, 1529). Ebenfalls herauszugeben sind ein **Schadensfreiheitsrabatt** aus einer für den Auftraggeber abgeschlossenen Kfz-Versicherung (*Gregor* VersR 2006, 485, 486f) und **Bonusmeilen** aus dem Abschluss von im Zusammenhang mit dem Auftrag durchgeführten Flugreisen (BAG NJW 2006, 3803, 3804f; zu Entschädigungsleistungen wegen Flug-/

Zugverspätungen *Schönhöft/Röpke* BB 2021, 2420), denn auch dies sind Vorteile, die dem Auftraggeber als Gefahr- und Kostentragendem (§§ 669, 670) gebühren. Der Beauftragte muss auch von Dritten Unterlagen beschaffen, die zum besorgten Geschäft gehören, um diese in Erfüllung seiner Pflicht aus § 667 Alt 2 an den Auftraggeber herausgeben zu können (Hamm NJW-RR 1988, 268, 269; BRHP/*Fischer* Rn 9). Bei treuhänderischer Registrierung eines Domainnamens kann der Treugeber Übertragung oder Umschreibung des Domainnamens verlangen (BGH NJW 2010, 3440).

Maßstab für die Bestimmung des Umfangs der Pflicht des Beauftragten zur Herausgabe von Unterlagen ist das Interesse des Auftraggebers, nach Beendigung des Auftrags die betreffende Angelegenheit ordnungsgemäß fortführen zu können, wofür der Auftraggeber auf eine möglichst lückenlose und umfassende Dokumentation der bisherigen Tätigkeit des Beauftragten angewiesen ist (Hamm NJW-RR 1988, 268, 269; BRHP/*Fischer* Rn 9). Zu den nach § 667 herauszugebenden Unterlagen des **Rechtsanwalts** (RA), **Steuerberaters** (StB) oder **Wirtschaftsprüfers** (WP) gehören auch dessen Handakten (BGHZ 109, 260, 264ff; BGH NJW 2018, 2319 Rn 12). Seit dem 18.5.2017 normiert § 50 II BRAO die Herausgabepflicht auch als berufsrecht Pflicht (*Prütting* NJW 2018, 2321). Vorausgesetzt wird die Herausgabepflicht auch in § 66 StBerG und § 51b WPO, die allerdings nur eine berufsrechtl Aufbewahrungspflicht normieren; (für berufsrechtliche Herausgabepflicht auch des StB aber *Busse* DStR 2010, 2652, 2653). Unterlagen, die dem RA/StB/WP von seinem Auftraggeber ausgehändigt worden sind, fallen unter § 667 Alt 1 und der Schriftverkehr, den der RA/StB/WP für seinen Auftraggeber geführt hat, unter Alt 2 (vgl auch § 50 IV BRAO; § 66 III StBerG; § 51b IV 1 WPO; BGHZ 109, 260, 264f). „Aus der Geschäftsbesorgung erlangt" ist daher insb der gesamte **drittgerichtete Schriftverkehr**, den der RA/StB/WP für den Auftraggeber erhalten und geführt hat, also sowohl die dem RA/StB/WP zugegangenen Schriftstücke als auch die Kopien eigener Schreiben des RA/StB/WP (BGH NJW 2018, 2319 Rn 12). Unterlagen, die der RA für seinen Mandanten entgegennimmt, gehen unmittelbar in das Eigentum des Mandanten über (BGH NJW-RR 2019, 637 Rn 17), so dass sich die Pflicht aus § 667 Alt 2 nur auf die Besitzherausgabe erstreckt. Zu den herauszugebenden Unterlagen gehören jedoch auch Notizen über Besprechungen, die der RA/StB/WP im Rahmen der Besorgung des Geschäfts mit Dritten (nicht mit dem Mandanten, LG Stuttgart BB 2019, 1426, 1427) geführt hat. Sofern diese Notizen die Wiedergabe von Gesprächen enthalten, ist im Regelfall davon auszugehen, dass sie nicht lediglich dem internen Gebrauch des RA/StB/WP, sondern auch dem Interesse des Auftraggebers zu dienen bestimmt sind, um den Inhalt der für ihn geführten Verhandlungen zu dokumentieren (BGHZ 109, 260, 265); vgl auch BGHZ 85, 327, 335; *Nassall* KTS 1988, 633, 635). Ganz generell gilt, dass von der Pflicht zur Herausgabe von Akten, Unterlagen und anderen vom Beauftragten erstellten Arbeitsmitteln solche ausgeschlossen sind, die, wie etwa interne oder private Aufzeichnungen, der Beauftragte lediglich für sich selbst als Arbeitshilfen zur Erledigung seines Auftrags angefertigt hat und die damit nicht eigentlich Gegenstand der ihm aufgetragenen Tätigkeit sind (§ 66 III aE StBerG; § 51b IV 1 aE WPO; BGH NJW 2021, 765 Rn 42; Grü/*Grüneberg* Rn 3; NK/*Schwab* Rn 8; Jauernig/*Mansel* Rn 4). Verweigert der RA/StB/WP die Herausgabe unter Berufung auf Geheimhaltungsinteressen sonstiger Mandanten, muss er diese konkret und nachvollziehbar darlegen (BGH NJW 2018, 2319 Rn 16). Das zuvor aus einer Analogie zu § 667 hergeleitete Recht des Patienten ggü Arzt und Krankenhaus auf **Einsicht** in die ihn betreffenden **Krankenhausunterlagen** ergibt sich jetzt aus § 630g (s dort). 8

Abzugrenzen sind diese vom Beauftragten an den Auftraggeber herauszugebenden Vorteile von solchen, die der Beauftragte nur **bei Gelegenheit** der Auftragsausführung erlangt hat. Diese muss er mangels inneren Zusammenhangs mit der Auftragsdurchführung nicht an den Auftraggeber herausgeben, auch wenn an sich ein kausaler Nexus mit der Auftragsdurchführung besteht. Abgrenzungskriterium ist wiederum die Fremdnützigkeit der Tätigkeit des Beauftragten (s § 662 Rn 13). Diese Fremdnützigkeit seiner Tätigkeit bedeutet, dass der Beauftragte alles herauszugeben hat, was dem Auftraggeber als Herrn des Geschäfts obj gebührt (Grü/*Grüneberg* Rn 3). Es kommt daher nicht darauf an, wem (dem Beauftragten oder dem Auftraggeber) der Dritte einen Vorteil zuwenden wollte (BGH NJW 2001, 2476, 2477; 1991, 1224). Von der Herausgabepflicht nicht erfasst werden dagegen zB allg übliche Trinkgelder oder persönliche Geschenke, die der Beauftragte anlässlich der Auftragsdurchführung und damit „bei Gelegenheit" von dritter Seite erhält (RGZ 55, 86, 91; Hamburg OLG 18, 21f; Soergel/*Beuthien* Rn 13). Die Herausgabepflicht erstreckt sich dagegen auf vom Beauftragten von dritter Seite erlangte Provisionen (BGH NJW-RR 1992, 560; nicht aber einer Spielervermittlungsprovision selbst bei Annahme eines Auftrags zwischen Spieler und Agentur, LG Köln SpuRt 2021, 176; s § 662 Rn 14), Sondervergütungen oder Schmiergelder (BAG NZA 2021, 1469 bejaht insoweit Anspruch aus § 667, § 687 II 1, § 681 S 2), die eine dem Auftraggeber nachteilige Willensbeeinflussung des Beauftragten befürchten lassen. Dass sie nach dem Willen des Dritten gerade nicht für den Auftraggeber bestimmt waren (so zB bei „kick-backs" [aA *Kotte* BB 2015, 1283 mwN] oder Retrozessionen), bleibt dabei nach der Rspr unbeachtlich (BGH NJW 2000, 2669, 2672; 2001, 2476, 2477; 1991, 1224; NJW-RR 1992, 560, 561; Grü/*Grüneberg* Rn 3; aA für Bestechungsgelder MüKo/*Schäfer* Rn 14). Dies gilt über § 71 BBG auch für Schmiergelder, die an Beamte gezahlt werden (BVerwG NJW 2002, 1968). Erfolgt die Zahlung allerdings erst geraume Zeit nach Abschluss des Geschäfts, kommt eine Leistung an den Beauftragten persönlich ohne einen inneren Zusammenhang mit der Auftragsausführung in Betracht (BGH NJW 2001, 2476, 2477). Zahlungen, die an einen Strohmann des Beauftragten geleistet werden, sind wie Provisionszahlungen an den Beauftragten selbst zu behandeln. Dabei kann aus dem Umstand, dass der Beauftragte keine einleuchtende Erklärung für eine Zahlung an einen ihm nahestehenden Dritten zu geben vermag, auf die Strohmanneigenschaft des Dritten geschlossen werden (BGH NJW 1991, 1224; NJW-RR 1987, 1380f). § 667 Alt 2 umfasst auch Gegenstände, die der Beauftragte in Abweichung vom Vertragsinhalt oder von Weisungen (§ 665) 9 des Auftraggebers erlangt (aA MüKo/*Schäfer* Rn 17). Nicht erfasst werden dagegen Arbeitsergebnisse, die der Beauftragte dem Auftraggeber vertragl schuldet (s Rn 2).

10 **IV. Rechtsfolge. 1. Erfüllung des Herausgabeanspruchs; Fälligkeit.** Um den gegen ihn gerichteten Herausgabeanspruch durch Erfüllung nach § 362 I zum Erlöschen zu bringen, muss der Beauftragte die Rechtsposition (Besitz, Eigentum, Forderungsinhaberschaft), die er selbst erhalten (Alt 1) bzw erlangt (Alt 2) hat, an den Auftraggeber nach den dafür bestehenden allg Vorschriften (§§ 398, 413, §§ 873 iVm 925, §§ 929ff) übertragen. Hieraus folgt zum einen, dass solche Vorteile von § 667 nicht erfasst werden, die der Beauftragte zwar hätte erlangen müssen, aber tatsächlich nicht erlangt hat (Grü/*Grüneberg* Rn 4). Zum anderen muss das Erlangte grds noch beim Beauftragten vorhanden sein. Der Auftraggeber hat also keinen Anspruch gegen den Beauftragten aus § 667, wenn der Beauftragte einen erlangten Vorteil bestimmungsgemäß (vertragl Vereinbarung der Parteien oder verbindliche Weisung des Auftraggebers) selbst verwendet hat oder wieder an einen Dritten weiter- bzw zurückgegeben hat (BGH NJW 2009, 840, 841; 2001, 2476, 2477; Grü/*Grüneberg* Rn 6). Hierin zeigt sich die Rechtsnatur des Anspruchs als Bereicherungsanspruch (Erman/*Ehmann*[12] Rn 5). Hingegen schuldet der Beauftragte Herausgabe nicht bestimmungsgemäß verwendeter Gelder auch dann, wenn sie nicht mehr in seinem Vermögen vorhanden sind (Karlsruhe NJW-RR 2016, 1328 Rn 23ff). Hat der Beauftragte ein **Grundstück** herauszugeben, das er auftragsgemäß für den Auftraggeber erworben hat, so bedarf die Übertragung nicht der Beurkundung nach § 311b I, weil es sich um einen gesetzl, nicht um einen vertragl Anspruch handelt (BGH NJW 1981, 1267, 1268; MDR 2021, 1259 Rn 13; aA *Selentin* NotBZ 2021, 415, 416; s auch § 662 Rn 5); anders dagegen, wenn das Grundstück bei Auftragserteilung schon im Eigentum des Beauftragten steht oder dieser ein Anwartschaftsrecht hatte (BGH NJW-RR 2021, 1244 Rn 23). Zur Herausgabe von Geld s Rn 12.

11 Hat der Beauftragte eine Forderung selbst eingezogen, muss er den so erlangten Erlös an den Auftraggeber herausgeben. Ist der Beauftragte zur Weiterleitung des Erlöses für den Verkauf einer im Eigentum des Auftraggebers stehenden Sache an einen Dritten angewiesen, erlischt die Herausgabepflicht aus § 667 nur, wenn der Dritte wirtschaftl über die Valuta verfügen kann. Es genügt nicht, wenn der Geschäftsführer dem Dritten den Erlös nur formal zukommen lässt und über diesen sogleich weiterverfügt (BGH NJW-RR 2008, 1373, 1374). Den Beauftragten trifft keine Garantieverpflichtung zur Wiederbeschaffung aus seinem eigenen Vermögen (BGH NJW 2005, 3709). Die Fiktion des § 392 II HGB gilt nicht außerhalb des handelsrechtl Kommissionsvertrags (Jauernig/*Mansel* Rn 5). Der Anspruch aus § 667 Alt 1 ist in dem Moment **fällig**, in dem der Beauftragte das zur Ausführung des Auftrags Erhaltene nicht mehr zur Auftragsdurchführung benötigt. Dies wird, falls sich nicht aus der Parteivereinbarung oder aus den Umständen etwas Abw ergibt, erst nach Beendigung des Auftrags der Fall sein (MüKo/*Schäfer* Rn 27). Der Anspruch aus § 667 Alt 2 ist fällig, sobald der Beauftragte eine Rechtsposition an dem betreffenden Gegenstand erlangt hat (BGH NJW 2007, 2640, 2641f; Grü/*Grüneberg* Rn 8). Maßgeblicher Zeitpunkt ist also die Vollendung des Rechtserwerbs; dies kann während der laufenden Geschäftsbesorgung oder nach Beendigung des Auftrags der Fall sein. Soll der Beauftragte (Geld-)Forderungen einziehen, so erlangt er den entspr Betrag erst mit unwiderruflicher Gutschrift (s § 675t Rn 2); vorher schuldet er dem Auftraggeber aus § 667 Alt 2 weder bedingt noch betagt, denn die Einziehung ist weder als eine Bedingung noch als eine Zeitbestimmung anzusehen, sondern Inhalt des Rechtsgeschäfts selbst (BGH NJW 2007, 2640, 2642; 1985, 2649). § 254 ist auf den verschuldensunabhängigen Herausgabeanspruch aus § 667 grds nicht anwendbar. Eine Ausnahme galt nach der Rspr des BGH nur für die Anwendung von § 667 bei fehlgeleiteten Überweisungs- oder Auszahlungsvorgängen, wurde dann aber stets mit den Besonderheiten der jeweiligen Fälle begründet (BGH NJW-RR 1998, 484; NJW 1995, 2483, 2485; 1990, 250, 251; 1983, 2944f). Heute bestehen für die Fälle der fehlerhaft ausgeführten Überweisung spezielle Anspruchsgrundlagen des Kunden in § 675u S 2 und § 675y I (s § 675y Rn 6ff). Bei vertragswidrigem Verhalten des Auftraggebers besteht vielmehr ein Anspruch des Beauftragten aus § 280 I, den der Beauftragte durch Aufrechnung oder Geltendmachung eines Zurückbehaltungsrechts durchsetzen kann (MüKo/*Schäfer* Rn 35f).

12 **2. Gefahrtragung; Verzinsung; Verjährung.** Die Gefahr des Untergangs des vom Beauftragten herauszugebenden Vorteils trägt der Auftraggeber (BGH NJW 2005, 3709f; WM 1969, 26f; NJW 1958, 1681, 1683). Dies gilt auch für die Übermittlung von Geld, § 270 ist insoweit nicht anzuwenden (BRHP/*Fischer* Rn 15). Anders als der gewöhnliche Geldschuldner, der mit der vertragl Begründung seiner Zahlungspflicht eine Garantie für das eigene Leistungsvermögen übernimmt (§ 276 I 1; BGH NJW 2000, 1496, 1498), hat der Beauftragte keinen Austauschwert aus seinem eigenen Vermögen auszuscheiden und braucht dieses mithin nicht zur Abgeltung einer eingegangenen Verpflichtung zu mindern. Es handelt sich vielmehr um eine bloße Geldherausgabeschuld (*Larenz/Canaris* SchuldR II/2 § 73 II 3c). Der Beauftragte ist nur Durchgangsstelle für eine zu seinen Händen geleistete, aber für Rechnung des Auftraggebers entgegengenommene Zahlung, die er ohne Inanspruchnahme seines eigenen Vermögens lediglich weiterzuleiten hat. Infolgedessen trifft auch nicht den Beauftragten, sondern den Auftraggeber die Gefahr, dass der Leistungsgegenstand beim Beauftragten ohne dessen Verschulden untergeht; der Beauftragte haftet dann nicht mit seinem übrigen Vermögen (BGH NJW 2006, 986, 987; 2005, 3709, 3710; 1958, 1681, 1683; Soergel/*Beuthien* Rn 19; *Martens* JuS 2014, 200, 204; aA Erman/*Ehmann*[12] Rn 15). Die Geldschuld aus § 667 ist während des Verzugs des Beauftragten nach § 288 zu verzinsen (BGH NJW 2005, 3709f). Der Herausgabeanspruch verjährt gem § 195 in drei Jahren (BGH NJW 2020, 3725 Rn 13), die lange Frist des § 197 I Nr 2 gilt nicht (Jauernig/*Mansel* Rn 5). Entscheidend für den Fristbeginn ist die Fälligkeit des Anspruchs, die – vorbehaltlich besonderer Vereinbarungen oder besonderer Umstände – dann eintritt, wenn der Zweck des Auftrags erreicht ist oder endgültig verfehlt wird (Karlsruhe NJW-RR 2016, 1328 Rn 29; zum Anwaltsvertrag

BGH NJW 2020, 3725 Rn 14f: spätestens Mandatsbeendigung unabhängig von berufsrechtl Aufbewahrungspflichten).

3. Schadensersatz. Wenn der Beauftragte den Untergang des von ihm an den Auftraggeber herauszugebenden Gegenstandes oder die sonstige Unmöglichkeit, den Gegenstand herauszugeben (zB weisungswidrige Verwendung), zu vertreten hat, haftet er dem Auftraggeber nach den allg Vorschriften der §§ 280 I, III, 283 auf Schadensersatz (BGH NJW-RR 2008, 1373, 1374; NJW 2006, 986, 987; 2002, 2316f). Dies gilt auch für die vom Beauftragten zu vertretende Unmöglichkeit der Herausgabe von Geld (BGH NJW 2006, 986f). Der geltend gemachte Schaden muss nach Art und Entstehungsweise unter den Schutzzweck der vertragl vereinbarten und verletzten Pflicht aus dem Auftragsvertrag fallen (BGH BB 2002, 1446, 1447: Treuhandabrede). Der Anspruch setzt Verschulden des Beauftragten voraus. Die bloße Übernahme des Auftrags stellt keine Garantie des Beauftragten für die Herausgabe des Erlangten bzw Erhaltenen dar (Jauernig/*Mansel* Rn 7). Ein etwaiges Mitverschulden des Auftraggebers oder seiner Erfüllungsgehilfen ist gem § 254 zu berücksichtigen (NK/*Schwab* Rn 20). Gem § 285 hat der Beauftragte Ersatzgegenstände bzw Ersatzforderungen an den Auftraggeber herauszugeben bzw abzutreten (BGHZ 143, 373, 380; BAG NJW 1986, 865). 13

4. Aufrechnung; Zurückbehaltung. Das Recht zur **Aufrechnung** mit eigenen gleichartigen Gegenansprüchen steht dem Beauftragten nicht uneingeschränkt zu. Mit Ansprüchen aus dem Auftragsverhältnis, etwa mit dem Anspruch aus § 670 oder mit dem Vergütungsanspruch im Fall eines Vertrags nach § 675, kann der Beauftragte aufrechnen (BGH NJW 2000, 2422, 2424; 1978, 1807, 1808). Mit Forderungen, die nicht dem Auftragsverhältnis entstammen, kann der Beauftragte aufrechnen, soweit diese in einem rechtl und wirtschaftl Zusammenhang mit dem Herausgabeanspruch aus § 667 stehen (BGH NJW 1973, 1368). Ist diese Voraussetzung nicht gegeben und handelt es sich bei dem Auftrag um eine fremdnützige Treuhand, ist die Aufrechnung durch den Beauftragten grds ausgeschlossen, denn die herauszugebenden Gegenstände stehen wirtschaftl bereits dem Auftraggeber zu, der Beauftragte soll die Zuführung in dessen Vermögen daher nach § 242 nicht durch eine Aufrechnung verhindern können (BGH NJW 2003, 140, 142; 1993, 2041, 2042; NJW-RR 1999, 1192; PWW/*Fehrenbacher* Rn 7). Auch wenn der geforderte Zusammenhang zw Gegenanspruch und Herausgabeanspruch aus § 667 besteht, ist die Aufrechnung nach § 242 dann ausgeschlossen, wenn nach den Umständen des Auftrags oder dem Zweck der Geschäftsbesorgung ein solches Vorgehen des Beauftragten mit Treu und Glauben unvereinbar wäre (BGH NJW 2003, 140, 142; NJW-RR 1999, 1192; NJW 1993, 2041, 2042; WM 1965, 1209, 1210; BRHP/*Fischer* Rn 19). 14

Diese Einschränkungen gelten auch für die Geltendmachung eines **Zurückbehaltungsrechts** durch den Beauftragten (BGH NJW 1998, 2944, 2945; MüKo/*Schäfer* Rn 35). Das Zurückbehaltungsrecht des Rechtsanwalts nach § 50 III BRAO betrifft nur Honoraransprüche aus der Besorgung solcher Angelegenheiten, zu oder aus deren Besorgung der Rechtsanwalt die zurückbehaltenen Gegenstände erhalten bzw erlangt hat (BGH NJW 1998, 2944, 2945f; BRHP/*Fischer* Rn 20). 15

V. Beweislast. Den **Auftraggeber** trifft die Beweislast hinsichtl des Inhalts und der Wirksamkeit des Auftragsvertrags und der dem Beauftragten erteilten Weisungen (BGH WM 2004, 2213) sowie hinsichtl der Gegenstände, die der Beauftragte zur Ausführung des (wirksamen!) Auftrags erhalten bzw aus der Geschäftsbesorgung erlangt hat, sowie hinsichtl ihres Wertes (BGH ZIP 2005, 1742, 1743; NJW-RR 2004, 927; 1987, 963). Als Vorstufe kann er vom Beauftragten Auskunft und Rechenschaft verlangen (BGH NJW-RR 1989, 1206). Der **Beauftragte** muss dagegen die bestimmungsgemäße Verwendung (Alt 1) bzw den Verbleib der erlangten Gegenstände (Alt 2) nachweisen (BGH ZIP 2005, 1742, 1743; NJW-RR 2004, 121; BB 2002, 1446, 1447; NJW 1997, 47, 48; Köln 13.8.2014 – 16 U 207/13). Ist unstr, dass der Beauftragte einen Vorschuss (§ 669) erhalten hat (s zur Herausgabe des Vorschusses Rn 6), trägt er die Darlegungs- und Beweislast dafür, dass er den **Vorschuss** bei Erledigung des Auftrags für Rechnung des Auftraggebers verbraucht hat (BGH NJW 1991, 1884; 1986, 1492; NJW-RR 1988, 1264). Will der Auftraggeber nicht das Risiko eingehen, dass seine Klage aus § 667 Alt 1 auf Herausgabe des an den Beauftragten gezahlten Vorschusses abgewiesen wird, weil der Beauftragte im Prozess nachweist, dass er den Vorschuss ganz oder teilw für Rechnung des Auftraggebers verbraucht hat, kann er mit der **Stufenklage** (§ 254 ZPO) zunächst Rechnungslegung nach § 666 Fall 3 fordern und erst danach den Zahlungsantrag beziffern (BGH NJW 1991, 1884). Auch für sonstige Einwendungen (zB Erfüllung, Unmöglichkeit) trägt der Beauftragte die Beweislast (Grü/*Grüneberg* Rn 10). Ganz ausnahmsw kann im Hinblick auf den Nachw einer auftragsgemäßen Verwendung bzw des bestimmungsgemäßen Verbrauchs aus den Besonderheiten des Einzelfalles eine Beweislastumkehr angenommen werden (s Schleswig NJW-RR 2010, 1720, 1722: schriftlich nicht niedergelegte kleine Aufträge im Familienkreis an der Grenze zur Gefälligkeit; Düsseldorf FamRZ 1999, 1423: Entfall der Rechnungslegungspflicht aus Treu und Glauben bedingt Beweislastumkehr hinsichtl Herausgabepflicht). 16

§ 668 Verzinsung des verwendeten Geldes

Verwendet der Beauftragte Geld für sich, das er dem Auftraggeber herauszugeben oder für ihn zu verwenden hat, so ist er verpflichtet, es von der Zeit der Verwendung an zu verzinsen.

Die Norm enthält eine Sanktion für vertragswidriges Verhalten des Beauftragten in Form einer **pauschalierten Mindestentschädigung** für den Fall, dass der Beauftragte Gelder für eigene Zwecke verwendet, die er dem Auftraggeber herauszugeben oder für ihn zu verwenden hat. Die Norm beruht auf dem Gedanken, dass die aus den Geldern gezogenen Nutzungen, ebenso wie die Gelder selbst, dem Auftraggeber zustehen (BRHP/*Fischer* Rn 2). Damit enthält die Vorschrift zugleich eine **Darlegungs- und Beweiserleichterung** für den Auftraggeber, denn 1 der gesetzl Zinssatz wird als Mindestschaden des Auftraggebers unwiderleglich vermutet (Mot II 539f). Die Pflicht des Beauftragten zur Herausgabe des verwendeten Geldes folgt aus § 667. Es kann sich also um Gelder handeln, die der Beauftragte zur Ausführung des Auftrags erhalten (§ 667 Rn 5) oder die er aus der Geschäftsbesorgung erlangt hat (§ 667 Rn 7). Die Pflicht zur Verwendung der entspr Gelder folgt aus der Vereinbarung der Parteien des Auftragsverhältnisses oder aus einer Weisung (§ 665) des Auftraggebers. Für sich verwandt hat der Beauftragte das Geld erst dann, wenn er es zu eigenen Zwecken einsetzt oder selbst verbraucht (PWW/*Fehrenbacher* Rn 2). Nicht ausreichend ist die Einzahlung auf ein eigenes Konto des Beauftragten oder die anderweitige Verwahrung des Geldes durch den Beauftragten (MüKo/*Schäfer* Rn 7). In der Überlassung an Dritte kann nur dann eine Verwendung „für sich" gesehen werden, wenn der Beauftragte wie ein Berechtigter über das Geld verfügt (zB Schenkung, Darlehensgewährung; BGH NJW 2019, 3003 Rn 10). Auf ein Verschulden des Beauftragten oder das Vorliegen der allg Verzugsvoraussetzungen kommt es nicht an (Grü/*Grüneberg* Rn 1).

2 Die Zinspflicht beginnt mit der Verwendung der Gelder zu eigenen Zwecken durch den Beauftragten und endet, sobald der Beauftragte die Mittel wieder für den Auftraggeber bereithält (BRHP/*Fischer* Rn 3). Die Höhe des Zinssatzes folgt aus § 246 bzw § 352 I HGB bei beiderseitigen Handelsgeschäften. Daneben können Ansprüche auf höhere Zinsen aus den allg Vorschriften bestehen, zB bei Verzug aus § 288.

§ 669 Vorschusspflicht

Für die zur Ausführung des Auftrags erforderlichen Aufwendungen hat der Auftraggeber dem Beauftragten auf Verlangen Vorschuss zu leisten.

1 **I. Regelungszweck; Bedeutung.** Zusammen mit § 670 stellt § 669 sicher, dass der Beauftragte, der ja im Interesse des Auftraggebers tätig wird, für die Durchführung des Auftrags kein eigenes Vermögensopfer erbringen muss. Während § 670 dem Ausgleich von in Form eigener Aufwendungen des Beauftragten eingetretenen Vermögensopfern dient, stellt § 669 einen **„vorweggenommenen Aufwendungsersatzanspruch"** dar (BRHP/*Fischer* Rn 1). Damit soll verhindert werden, dass es überhaupt zu einer Aufwendungsersatzpflicht des Auftraggebers kommt. Der Beauftragte soll die im Interesse des Auftraggebers durchgeführte Geschäftsbesorgung nicht vorfinanzieren müssen. Die Norm ist **dispositiv**, die Parteien können also eine abw Vereinbarung treffen, wonach der Beauftragte verpflichtet sein soll, (zunächst) eigene Mittel einzusetzen; der Beauftragte kann auch einseitig – ausdrückl oder stillschw – auf den Vorschuss verzichten (Soergel/*Beuthien* Rn 3). Eine konkludente Abbedingung der Vorschusspflicht ist dann anzunehmen, wenn diese mit der wirtschaftl Zweckbestimmung des Auftrags unvereinbar wäre, etwa wenn Inhalt des Auftrags eine Kreditgewährung ist (§ 778) (Staudinger/*Martinek*/*Omlor* Rn 3). § 9 RVG enthält eine Sonderregelung für den angemessenen Vorschuss des Rechtsanwalts für seine Gebühren und Auslagen (ebenso § 8 StBVV für Steuerberater).

2 **II. Voraussetzungen und Rechtsfolgen.** Voraussetzung für den Anspruch ist erstens, dass es um Aufwendungen geht, die zur Ausführung des Auftrags erforderlich sind, und zweitens, dass ein Verlangen des Beauftragten auf Vorschussleistung durch den Auftraggeber vorliegt. Zum Begriff der Aufwendung s § 670 Rn 7ff. Die Beurteilung der **Erforderlichkeit der Aufwendung** macht eine Prognose notwendig, die im Gegensatz zu § 670 (s § 670 Rn 12) allein aufgrund **obj Gesichtspunkte** vorzunehmen ist (PWW/*Fehrenbacher* Rn 2). Der Auftraggeber ist erst dann zur Vorschussleistung verpflichtet, wenn der Beauftragte dies von ihm verlangt. Das **Verlangen** ist eine empfangsbedürftige Willenserklärung, die erst bei Zugang beim Auftraggeber nach § 130 I wirksam wird (BeckOGK/*Riesenhuber* Rn 16). Eine Vorschusspflicht ohne entspr Verlangen des Beauftragten besteht nur, wenn dies aus der Natur des Auftrags folgt (zB Notwendigkeit eines hohen finanziellen Aufwands bei geringer wirtschaftl Leistungsfähigkeit des Beauftragten) oder wenn der Auftraggeber ausdrückl oder stillschw gegen den Widerspruch des Beauftragten die Vorschussleistung endgültig abgelehnt hat (BRHP/*Fischer* Rn 2; MüKo/*Schäfer* Rn 6). Schon aus der Begrifflichkeit des Gesetzes folgt, dass der Auftraggeber den Vorschussanspruch nur durch Geldzahlung erfüllen kann. Die Höhe des zu zahlenden Vorschusses richtet sich nach dem Umfang der erforderlichen Aufwendungen und nach dem Verlangen des Beauftragten. Dieser kann sich auf Teilvorschüsse beschränken (PWW/*Fehrenbacher* Rn 2). Auch bei einer vollen Vorschussanforderung durch den Beauftragten erfüllt der Auftraggeber seine Vorschusspflicht durch Zahlung eines Teilvorschusses, wenn Geschäftsbesorgungen der betreffenden Art und Dauer sich in zumutbarer Weise auch durch die Vorfinanzierung von Teilabschnitten durchführen lassen (Soergel/*Beuthien* Rn 6; MüKo/*Schäfer* Rn 9).

3 Erfüllt der Auftraggeber seine Pflicht zur Vorschusszahlung nicht, kann der Beauftragte die Ausführung des Auftrags bis zur Zahlung des Vorschusses **verweigern** (BGHZ 77, 60, 63; RGZ 82, 400, 403; Grü/*Grüneberg* Rn 1). Die **Fälligkeit** des Anspruchs des Auftraggebers aus § 662 auf Durchführung der Geschäftsbesorgung steht insoweit unter der aufschiebenden Bedingung der Erfüllung der Vorschusspflicht durch den Auftraggeber (Soergel/*Beuthien* Rn 7; aA MüKo/*Schäfer* Rn 8). Der Anspruch aus § 669 soll nach noch hM nicht einklagbar sein, weil dem Beauftragten kein Recht auf Auftragsdurchführung zusteht (BGH NJW 1980, 1955, 1956; RGRK/*Steffen* Rn 8; Soergel/*Beuthien* Rn 8; Jauernig/*Mansel* Rn 2), es sei denn, der Beauftragte hat ausnahmsw ein Recht auf Auftragsdurchführung (vgl BGHZ 47, 272, 274; 56, 136, 141) oder die Verweigerung des Vorschusses würde zu einer unbilligen Belastung eines Dritten führen. Diese Begründung kann nicht überzeugen. Dem Auftraggeber wird so ermöglicht, den Auftrag unangemessen lange in der Schwebe zu halten. Außerdem hat der Beauftragte zwar kein Recht, wohl aber eine Pflicht zur Auftragsdurchführung (§ 662 Rn 15) und soll sich zu diesem Zweck der ihm vom Gesetz zugewiesenen Rechte auch klagweise bedienen dürfen. Dies gilt in besonderem Maße für § 669,

durch den ein grundlegendes Prinzip des Auftragsrechts implementiert wird, die Vermögensneutralität der Auftragsdurchführung für den Beauftragten (vgl § 667 Rn 1). Der Beauftragte kann den Anspruch auf Vorschusszahlung daher ggü dem Auftraggeber einklagen (NK/*Schwab* Rn 6; BRHP/*Fischer* Rn 3; diff Erman/*Ehmann*[12] Rn 3f; Grü/*Grüneberg* Rn 1; Staudinger/*Martinek*/*Omlor* Rn 5: Einklagbarkeit nur bei entgeltlicher Geschäftsbesorgung).

Der Beauftragte hat über die Verwendung des Vorschusses nach Durchführung des Auftrags bzw Beendigung des Vertrags nach § 666 **Rechenschaft** abzulegen; falls die tatsächlich erforderlichen Aufwendungen geringer ausfallen als der Vorschuss oder der Vorschuss nicht bestimmungsgemäß verwandt wurde, hat der Auftraggeber einen Anspruch auf Rückzahlung des nicht benötigten Vorschusses aus § 667 (BGH NJW 1991, 1884; WM 1988, 763, 764; PWW/*Fehrenbacher* Rn 3). Verletzt der Auftraggeber seine Pflicht zur Vorschusszahlung schuldhaft, ist er dem Beauftragten nach § 280 I zum Ersatz des adäquat-kausalen **Schadens** verpflichtet (BRHP/*Fischer* Rn 4; aA Staudinger/*Martinek*/*Omlor* Rn 5, 12). Der Auftraggeber trägt die Beweislast für die Hingabe, der Beauftragte für die vertragsgemäße Verwendung des Vorschusses (BGH WM 1988, 763, 764; Grü/*Grüneberg* § 667 Rn 10). 4

§ 670 Ersatz von Aufwendungen

Macht der Beauftragte zum Zwecke der Ausführung des Auftrags Aufwendungen, die er den Umständen nach für erforderlich halten darf, so ist der Auftraggeber zum Ersatz verpflichtet.

I. Regelungszweck; Bedeutung. Die Norm ist für das Auftragsrecht von zentraler Bedeutung. Art IV.D.-2:103 (2) DCFR (s § 662 Rn 10) enthält eine entspr Vorschrift für den unentgeltlichen *mandate contract*. Wie § 669 (s § 669 Rn 1) beruht auch § 670 auf dem Rechtsgedanken, dass die fremdnützige Tätigkeit für den Beauftragten vermögensneutral bleiben soll. Er soll „plus/minus null" aus seiner für den Auftraggeber geleisteten Tätigkeit hervorgehen (Staudinger/*Martinek*/*Omlor* Rn 3). Nicht er, sondern der Auftraggeber, der Begünstigte der Tätigkeit des Beauftragten, soll also die mit der Durchführung des Auftrags verbundenen Kosten tragen. Der Beauftragte soll im Nachhinein seine Aufwendungen, die zum Zwecke der Ausführung des Auftrags entstanden sind, vom Auftraggeber ersetzt verlangen können. Im Gegensatz zu § 669 trägt also der Beauftragte bei § 670 zunächst für eine gewisse Zeit das mit der Durchführung des Auftrags verbundene Vermögensrisiko (und damit auch das Insolvenzrisiko des Auftraggebers), indem er dem Auftraggeber diese Kosten bis zum Ersatz der Aufwendungen kreditiert. 1

Der Aufwendungsersatz ist **keine Gegenleistung** für die Durchführung des Auftrags (s § 662 Rn 2), § 670 ändert also nichts daran, dass der Auftrag nach § 662 eine unentgeltliche Tätigkeit (s § 662 Rn 14) betrifft. Es handelt sich nicht um einen Schadensersatzanspruch, sodass nicht die §§ 249ff, sondern die rudimentären Teilregelungen der §§ 256, 257 gelten. 2

Wegen der zentralen Bedeutung von Aufwendungen findet § 670 weit über das Auftragsrecht hinaus Anwendung. Seine **entspr Anwendung** wird, zT über Verweise in das Recht der GoA, angeordnet in § 27 III für den Vereinsvorstand, § 539 I für den Mieter, § 601 II für den Entleiher, § 994 II für den Besitzer, § 1049 I für den Nießbraucher, § 1216 für den Pfandgläubiger, § 675 I für den entgeltlichen Geschäftsbesorger, § 675c I für den Erbringer von Zahlungsdiensten, § 683 für die GoA, § 713 für den geschäftsführenden Gesellschafter (ab 2024 eigene Regelung in § 716 I nF), § 1877 I für den Betreuer, §§ 1808 II iVm 1877 I für den Vormund und iVm § 1813 I für den Ergänzungspfleger, § 1959 I für den Erben vor der Ausschlagung der Erbschaft, § 1978 I für den Erben vor der Nachlassverwaltung oder Nachlassinsolvenz, § 2125 I für den Vorerben, § 2218 für den Testamentsvollstrecker und § 12 V PflVG für den Entschädigungsfonds für Kfz-Schäden. Über diese spezifischen gesetzl Verweise hinausgehend wird § 670 in vergleichbaren Fällen aufgrund des in ihm zum Ausdruck kommenden allg Rechtsgedankens für fremdnützige Tätigkeit analog angewandt, so zB im Arbeitsrecht (BAG NJW 1962, 411, 414f; 1995, 210; 2013, 2923; NZA 2022, 401 Rn 21; s § 611a Rn 358; zur Verallgemeinerungsfähigkeit von § 670 *Meyer* AcP 216, 952, 964ff). Auch sind die Gesellschafter einer insolventen KG, die von dem Insolvenzverwalter Erstellung eines Jahresabschlusses verlangen, kraft des zw dem insoweit nur fremdnützig handelnden Insolvenzverwalter und den Gesellschaftern bestehenden gesetzl Schuldverhältnisses analog §§ 669, 670 verpflichtet, der Insolvenzmasse die dafür erforderlichen Kosten zu ersetzen (BGH WM 2010, 2081 Rn 12). Darüber hinaus bestehen vielfach Sonderregelungen zum Aufwendungsersatz, so in § 775 für den Auftrag zur Bürgschaftsübernahme, § 87d HGB für den Handelsvertreter, § 110 HGB (ab 2024 § 716 I BGB nF iVm § 105 III HGB) für den OHG-Gesellschafter, § 396 III HGB für den Kommissionär und § 11 I, § 46 II 3 RVG für den Rechtsanwalt. 3

§ 670 ist **dispositiv**, die Parteien können vereinbaren, dass der Beauftragte seine Aufwendungen ganz oder teilw selbst tragen soll (BAG NJW 2004, 2036, 2038; Staudinger/*Martinek*/*Omlor* Rn 5). Eine AGB-Klausel, nach der der Verwender berechtigt ist, dem Kunden entgegen § 670 auch Auslagen für Tätigkeiten, die er vorwiegend im eigenen Interesse vornimmt, in Rechnung zu stellen, kann gem § 307 I, II Nr 1 unwirksam sein (BGH NJW 2012, 2337 zu Nr 18 aF AGB-Spk). Im Bereich der entgeltlichen Geschäftsbesorgung nach § 675 können die Parteien ausdrückl oder stillschw vereinbaren, dass die Aufwendungen des Beauftragten mit der vom Auftraggeber zu zahlenden Vergütung ganz (auch durch Zahlung einer zusätzl Kostenpauschale) oder teilw abgegolten sind (BGH NJW 1985, 269; Erman/*Ehmann*[12] Rn 2). Art IV.D.-2:103 (1) DCFR (s § 662 Rn 10) enthält insofern eine entspr Vermutung für den entgeltlichen *mandate contract*. Wer es gegen Entgelt übernommen hat, das Mietgrundstück des Auftraggebers zu verwalten, kann nicht die dadurch veranlassten Telefon- und Portokosten ersetzt ver- 4 langen, wohl aber die Kosten, die dadurch entstehen, dass er einen Anwalt mit der Führung eines Mietprozesses beauftragen muss (*Kötz* Vertragsrecht[2] Rn 706).

5 **II. Voraussetzungen. 1. Auftrag.** Die vom Beauftragten geltend gemachten Aufwendungen müssen auf einem tatsächlich erteilten Auftrag beruhen (BGH NJW 2001, 2968, 2969). Dies setzt grds einen wirksamen Auftragsvertrag voraus (BRHP/*Fischer* Rn 3). Agiert der Beauftragte auf der Grundlage eines nur **vermeintlich wirksamen Auftragsvertrags**, steht ihm aber der Anspruch auf Aufwendungsersatz nach der Rspr ebenfalls zu, weil insoweit eine GoA vorliegt und § 670 über den Verweis in § 683 S 1 Anwendung findet (BGH NJW 1988, 132, 133; NJW-RR 1997, 564f; PWW/*Fehrenbacher* Rn 2; s auch § 667 Rn 3; aA § 677 Rn 51 [*Dornis*]). Im Hinblick auf die Bedeutung des hinter § 670 stehenden allg Rechtsgedankens des Aufwendungsersatzes bei fremdnütziger Tätigkeit jeder Art (s Rn 1) ist dem zuzustimmen (aA *Lorenz* NJW 1996, 883: Rückgriff auf das Bereicherungsrecht). Der Beauftragte hat aber dann keinen Anspruch auf Aufwendungsersatz, wenn er sich außerhalb der ihm erteilten **Weisungen** des Auftraggebers bewegt hat oder eine Weisung gar nicht vorlag (s § 665 Rn 12). Die gefälschte Weisung steht der von vornherein fehlenden Weisung gleich (BGH NJW 2001, 2968, 2969). Für den Überweisungsauftrag gilt die Sonderregelung des § 675u.

6 **2. Tätigkeit des Beauftragten.** Der Anspruch aus § 670 setzt voraus, dass der Beauftragte aufgrund des wirklich oder vermeintlich wirksamen Auftrags tatsächlich im Rahmen der Besorgung des fremden Geschäfts tätig geworden (Grü/*Grüneberg*Rn 2) und nicht passiv geblieben ist (vgl BGH NJW 1998, 309, 310: für Beauftragten erbrachtes Vermögensopfer notwendig). Dagegen hängt der Aufwendungsersatzanspruch nicht davon ab, dass die Tätigkeit des Beauftragten auch erfolgreich gewesen ist, dieses Risiko trägt vielmehr der Auftraggeber, dem ja auch die Vorteile der Auftragsausführung zugutekommen (BGH NJW-RR 1994, 87; BRHP/*Fischer* Rn 4). Hieraus folgt, dass der Beauftragte uU auch für nutzlose Aufwendungen Ersatz verlangen kann.

7 **3. Aufwendung.** Unter Aufwendungen iSv § 670 sind **freiwillige Vermögensopfer** des Beauftragten zu verstehen, die dieser **gezielt** zur Erreichung des Auftragszwecks erbringt (BGH NJW 1989, 1284, 1285; NJW-RR 2016, 1387 Rn 17; BAG NJW 2004, 2036, 2037; Jauernig/*Mansel* Rn 2; s auch § 256 Rn 1). Erforderlich ist ein willentlich-finales Handeln des Beauftragten (s aber sogleich Rn 8) in Erfüllung seiner in dem Auftragsvertrag begründeten Verpflichtungen, ein bloßer Kausalzusammenhang zw dem Auftrag und dem Vermögensopfer des Beauftragten genügt also nicht (MüKo/*Schäfer* Rn 23). Aufwendungen setzen zudem einen „vermögensrechtl bedeutsamen Vorgang" voraus (BGH NJW 1963, 483). Wegen der Funktion des § 670, die „Vermögensneutralität" der fremdnützigen Tätigkeit des Beauftragten zu gewährleisten (s Rn 1), muss sich dieser Vorgang negativ auf das Vermögen des Beauftragten auswirken, immaterielle Einbußen reichen also nicht aus (PWW/*Fehrenbacher* Rn 3). Damit kommt als Aufwendung iSv § 670 **jede Leistung von Vermögenswerten** in Betracht, wie zB die Ausgabe von Geld in jeder Form (§ 256 S 1 Alt 1), zB zur Tilgung einer Schuld des Auftraggebers (BGH NJW-RR 1998, 1514, 1515), zur Vornahme eines Überweisungsauftrags (BGH NJW 2001, 2968), zur Fütterung eines betreuten Tieres (*Kötz* Vertragsrecht Rn 706) oder zur Bezahlung von zulässigerweise eingesetzten (s § 664 I 3) Hilfskräften, für Reparaturkosten (BAG BB 1996, 433), aber auch Sachaufwendungen (§ 256 S 1 Alt 2) wie die Nutzung eigener Gegenstände oder Räume (s dazu BAG NJW 2004, 2036, 2037), es sei denn, es handelt sich um nicht ersatzpflichtige Sowieso-Kosten (s Rn 9), der Einsatz von Maschinen oder Tieren, die Bestellung von Sicherheiten wie Bürgschaft (RGZ 59, 207, 208f) oder Grundpfandrechten (BGH MDR 1955, 283, 285) für eine Schuld des Auftraggebers oder die Übernahme fremder Schuld (NK/*Schwab* Rn 6; Staudinger/*Martinek*/*Omlor* Rn 7ff; Jauernig/*Mansel* Rn 2; BRHP/*Fischer* Rn 7).

8 Darüber hinaus werden als Aufwendungen des Beauftragten auch solche Vermögensopfer angesehen, die sich im Einzelfall als **notwendige Folge** der Ausführung des Auftrags ergeben und die der Auftraggeber hätte tragen müssen, wenn er selbst statt des Beauftragten tätig geworden wäre, wie zB Steuern, Gebühren, Zinsen, Aufwendungen für Fernkommunikation, Reisekosten, Kosten eines Rechtsstreits einschl Verteidigerkosten oder sonstiger Kosten (BGH NJW 1989, 1284, 1285; NJW-RR 1998, 1511; 2016, 1387 Rn 17; BAG NJW 2004, 2036, 2038; BB 1996, 433; RGZ 75, 208, 211f; LG Hamburg WM 1997, 258). Die Aufforderung eines ArbGs zur Vorstellung im Rahmen einer Stellenausschreibung kann Auftrag sein, sodass der Bewerber Anspruch aus § 670 auf Ersatz seiner Fahrt- und Übernachtungskosten hat (BAG NZA 1989, 468; Grü/*Grüneberg* Rn 2; Soergel/*Beuthien* Rn 2). Nur insoweit wird vom Erfordernis der Finalität der Aufwendung (s soeben Rn 7) abgesehen und ein bloßer Kausalzusammenhang zw der Auftragsausführung und den betreffenden Kosten für ausreichend erachtet.

9 **Nicht ersatzfähig** sind aber steuerliche Belastungen des Beauftragten, wenn diese mit der Auftragsdurchführung in keinem untrennbaren Zusammenhang stehen (BGH WM 1978, 115, 118; Grü/*Grüneberg* Rn 2), sowie vom ArbN (LAG Rheinland-Pfalz 10.4.2008 – 10 Sa 892/06) oder vom Vorstandsmitglied (*Horstmeier* BB 2021, 1716, 1718) gezahlte Geldstrafen und Bußgelder. Nicht ersatzpflichtig sind auch **Sowieso-Kosten**, also normale Abnutzungs- und allg Geschäftskosten (BAG BB 1998, 2527, 2528; BRHP/*Fischer* Rn 8; Staudinger/*Martinek*/*Omlor* Rn 10; Soergel/*Beuthien* Rn 2; Grü/*Grüneberg* Rn 3; Jauernig/*Mansel* Rn 2; aA [für die Geschäftsführung ohne Auftrag] BGH NJW 1976, 748, 749; MüKo/*Schäfer* Rn 27 aE; PWW/*Fehrenbacher* Rn 4; diff Erman/*Ehmann*[12] Rn 5: Ersatz nur bei entgeltlicher Geschäftsbesorgung). § 396 II HGB bestätigt dies, indem er *nur* die Vergütung der Nutzung von Lagerräumen und Beförderungsmitteln des Kommissionärs zu den Aufwendungen iSv § 670 zählt (*Lenz* in Röhricht/Graf v Westphalen/Haas[5] § 396 HGB Rn 10).

10 Nicht ersatzfähig sind auch die vom Beauftragten zur Durchführung des Auftrags eingesetzte eigene **Arbeitskraft** und der damit verbundene **Verdienstausfall** (BGH WM 1988, 531, 532; NJW-RR 1988, 745, 746; Grü/

Grüneberg Rn 3; PWW/*Fehrenbacher* Rn 4). Andernfalls würde über den Umweg des Aufwendungsersatzes der unentgeltliche Auftrag zu einem entgeltlichen umgewandelt, denn die eingesetzte Arbeitsleistung ist gerade die vom Beauftragten unentgeltlich geschuldete Tätigkeit (s § 662 Rn 14). Dies folgt auch im Umkehrschluss aus Sondervorschriften wie § 1877 III und § 2221. Würde ein Entgelt für die vom Beauftragten eingesetzte Arbeitskraft unter den Aufwendungsbegriff des § 670 fallen, auf den in § 1877 I 1 verwiesen wird, hätte es des § 1877 III nicht bedurft (s § 1877 Rn 6). Die Kosten für die vom Beauftragten eingesetzte eigene Arbeitskraft können daher auch dann nicht ersetzt verlangt werden, wenn die betreffende Tätigkeit zu seinem **Beruf** oder **Gewerbe** gehört (BRHP/*Fischer* Rn 9; anders aber bei der Geschäftsführung ohne Auftrag, s § 683 Rn 12. In diesen Fällen wird aber ohnehin meist eine entgeltliche Geschäftsbesorgung bzw ein Dienst- oder Werkvertrag vorliegen, wobei dann zu prüfen ist, ob bestimmte oder alle Aufwendungen des Geschäftsbesorgers durch die an ihn gezahlte Vergütung abgegolten werden sollen (s Rn 4). Letzteres gilt auch bei der entspr Anwendung des § 670 (s Rn 3) auf Arbeitsverträge (BAG BB 1998, 2527; NJW 2013, 2923 Rn 8). Eine nicht ersatzfähige Vergütung liegt nicht nur in offenen, sondern auch in verschleierten Entgelten für die geleistete Tätigkeit als solche. Verdeckte Vergütung sind insb auch sämtliche vom Beauftragten geltend gemachten Pauschalen, die nicht tatsächlich entstandenen und belegbaren Aufwand abdecken oder Ersatz für Kosten sind, die mit der in Frage stehenden Tätigkeit typischerweise für den Beauftragten verbunden sind und in dieser Höhe üblicherweise pauschal erstattet werden. Auch im letztgenannten Fall handelt es sich um eine verdeckte Vergütung, wenn die Kosten, zu deren Abdeckung die betreffende Pauschale im Allg gedacht ist, in dem konkreten Amt oder Auftrag regelmäßig nicht anfallen (BGH NJW-RR 1988, 745, 746).

Ausnahmsw kann der Beauftragte Ersatz für seine Arbeitsleistung dann verlangen, wenn die betreffende Tätigkeit nicht Gegenstand der vertragl Vereinbarung war (und damit auch nicht unentgeltlich zu erbringen ist), aber **während der Durchführung des Auftrags notwendig** wurde (Staudinger/*Martinek*/*Omlor* Rn 10; Soergel/*Beuthien* Rn 4). Dies gilt etwa dann, wenn ein Rechtsanwalt eine Vermögensverwaltung übernimmt und während der Durchführung des Auftrags eine Prozessführung notwendig wird (Enneccerus/*Lehmann* § 162.2). 11

4. Erforderlichkeit. Im Gegensatz zur obj Prognose nach § 669 (s § 669 Rn 2) kommt es für die Beurteilung der Ersatzfähigkeit von Aufwendungen nach § 670 nicht allein auf deren Erforderlichkeit im obj Sinn an. Maßgebend ist auch nicht allein die subj Einschätzung des Beauftragten. Vielmehr hat er die Erforderlichkeit der geltend gemachten Aufwendungen auf der Grundlage eines subj-**obj Maßstabs** zu beurteilen (BGH NJW 2012, 2337 Rn 20; BRHP/*Fischer* Rn 11). Maßgebend ist dabei der **Zeitpunkt**, in dem der Beauftragte das Vermögensopfer erbringt (*ex ante*), der Auftraggeber trägt also neben dem Vermögens- auch das (objektivierte) Prognoserisiko (BGH NJW 1989, 1284, 1285; Erman/*Ehmann*[12] Rn 7). Zur Beurteilung der Erforderlichkeit muss also die **konkrete Entscheidungssituation** des Beauftragten rekonstruiert werden, nachträgl erlangtes besseres Wissen darf nicht berücksichtigt werden (Staudinger/*Martinek*/*Omlor* Rn 16). Erforderlich ist die Aufwendung nur dann, wenn der Beauftragte dies nach sorgfältiger Prüfung der ihm bekannten Umstände des Einzelfalls vernünftigerweise annehmen durfte (BGH NJW 2012, 2337 Rn 20; 1989, 1284, 1285; 1986, 310; 1977, 431, 432; Soergel/*Beuthien* Rn 5; s auch Mot II 541 [„Sorgfalt eines ordentlichen Hausvaters"]). Auch Art IV.D.-2:103 (4) DCFR (s § 662 Rn 10) bestimmt, dass der Beauftragte Aufwendungsersatz nur verlangen kann, wenn er im Zeitpunkt der Aufwendung „vernünftig gehandelt" hat (*„acted reasonably when incurring the expenses"*). 12

Bei der Ausübung dieses verständigen Ermessens hat er sich wegen des fremdnützigen Charakters seiner Tätigkeit an den Interessen des Auftraggebers (BGH NJW 1989, 1284, 1285) und daran zu orientieren, ob und inwieweit die Aufwendungen im Hinblick auf Umfang und Zweck des Auftrags angemessen sind und die vom Beauftragten im Zeitpunkt der Eingehung der Aufwendung eingeschätzten Kosten in einer vernünftigen Relation zu dem vom Auftraggeber angestrebten Erfolg bzw dem Auftragsvolumen und -wert stehen (BGH VersR 1964, 514, 515; Grü/*Grüneberg* Rn 4). Unter diesen Voraussetzungen sind Aufwendungen auch dann ersatzfähig, wenn sie sich nachträgl als obj nicht notwendig erweisen. Dagegen sind Aufwendungen für eine verbotene (§ 134) oder sittenwidrige (§ 138) Geschäftsbesorgung nicht erforderlich und damit nicht ersatzfähig. Ist der Beauftragte zur Besorgung eines von der Rechtsordnung missbilligten Geschäfts tätig geworden, darf er seine Aufwendungen nicht „den Umständen nach für erforderlich halten" (BGHZ 37, 258, 263f; 118, 142, 150; 201, 1 Rn 14; BGH NJW 2000, 1560, 1562; 1997, 47; 1992, 2021, 2022; 1990, 2542; PWW/*Fehrenbacher* Rn 5; s auch § 667 Rn 3 aE). Bestellt der Beauftragte eine Sicherheit für eine Schuld des Auftraggebers (s Rn 7 aE), darf er das damit verbundene Vermögensopfer nur für erforderlich halten, wenn er zuvor sorgfältig geprüft hat, ob die Schuld des Auftraggebers ggü dem Dritten auch tatsächlich besteht und nicht verjährt ist (BGH NJW 1986, 310, 312; BRHP/*Fischer* Rn 11). Auch bei der Bezahlung einer fremden Rechnung hat der Beauftragte den schuldenden Auftraggeber vor der Zahlung nach vorhandenen Einreden und Einwendungen zu fragen und diese ggf zu prüfen (Hamm NJW-RR 1997, 307, 308). Zu verneinen ist die Erforderlichkeit auch bei Zahlung von erkennbar überhöhten Beträgen durch den Beauftragten (Düsseldorf VersR 1971, 1067), bei Mehrkosten infolge nicht ordnungsgemäßer Verwaltung (BayObLG NJW-RR 2001, 158; Düsseldorf NZM 2004, 832), Fortführung eines erkennbar unrentablen und nicht mehr sanierungsfähigen Betriebs (BGH VersR 1964, 514, 515) und bei Zahlung von Schmiergeldern und ähnl Sonderzahlungen, selbst wenn dadurch die Geschäftsbesorgung tatsächlich gefördert wurde (PWW/*Fehrenbacher* Rn 5 aE; anders BGHZ 94, 268, 272). Im zuletzt genannten Fall mag sogar die Erforderlichkeit bei Anlegung des gebotenen subj-obj Maßstabs gegeben sein, die Rechtsordnung darf aber derartige Missstände nicht über den Umweg des Aufwendungsersatzes nach § 670 fördern. Schließlich hat der Beauftragte mangels Erforderlichkeit auch dann keinen Anspruch auf Ersatz von Aufwendungen, wenn und insoweit diese dadurch 13 verursacht wurden, dass der Beauftragte bei der Geschäftsbesorgung auch ein eigenes Geschäft „mitbesorgt" hat (BGH NJW 1960, 1568; 2012, 2337 Rn 40; Grü/*Grüneberg* Rn 2).

14 **III. Rechtsfolgen.** Entspr dem Regelungszweck der Norm, die Vermögensneutralität der Auftragsdurchführung für den Beauftragten zu gewährleisten (s Rn 1), hat der Auftraggeber dem Beauftragten den Vermögensnachteil auszugleichen, der diesem durch die Vornahme der Aufwendung entstanden ist. Das betreffende Vermögensopfer muss nachweisbar für den konkreten Fall entstanden sein (BGH NJW 2000, 3712, 3714f). Das Risiko von Kursschwankungen bei Aufwendungen in fremder Währung hat der Auftraggeber als Begünstigter der Auftragsdurchführung zu tragen (RGZ 120, 76, 80). Aufgewendete Geldbeträge sind nach § 256 S 1 Alt 1 zu verzinsen. Bei Sachaufwendungen ist nach § 256 S 1 Alt 2 der im Zeitpunkt der Vornahme der Aufwendung geltende Verkehrswert in Geld zu verzinsen.

15 Geht der Beauftragte zur Ausführung des Auftrags eine Verbindlichkeit ein (zB Kreditaufnahme), kann er nach § 257 S 1 vom Auftraggeber Befreiung von dieser Verbindlichkeit verlangen (s § 257 Rn 2ff; s auch BGH NZG 2010, 192 Rn 11; NJW 2010, 2197, 2198 Rn 20; NJW-RR 2005, 887, 890; NJW 1989, 1920, 1922). Dies gilt nicht, wenn der Beauftragte bei der Auftragsausführung aufgrund einer ihm erteilten Vollmacht ggü dem Dritten im Namen des Auftraggebers in unmittelbarer Stellvertretung handelt und so unmittelbar in der Person des Auftraggebers eine Verbindlichkeit begründet (Staudinger/*Martinek*/*Omlor* Rn 33). Auftraggeber und Beauftragter können ihre wechselseitigen Ansprüche aus §§ 670, 667 gegeneinander aufrechnen, soweit Gleichartigkeit gegeben ist, und ein Zurückbehaltungsrecht aus § 273 geltend machen (Grü/*Grüneberg* Rn 6 aE; PWW/*Fehrenbacher* Rn 8).

16 Der Anspruch aus § 670 wird mit der Vollendung der Tätigkeit, für die die Aufwendung geltend gemacht wird, **fällig**, spätestens mit der Beendigung des Auftrags (BRHP/*Fischer* Rn 14). Der Anspruch **verjährt** nach § 195 in drei Jahren. Aufwendungsersatzansprüche entstehen iSd § 199 I Nr 1 in dem Zeitpunkt, in welchem die Aufwendung gemacht wird (Jauernig/*Mansel* Rn 4). Dabei kommt es bei einer mehraktigen Geschäftsbesorgung auf jede einzelne Aufwendung an (BGH NJW 2018, 2714 Rn 31). Für den Beginn der Verjährung von Freistellungsansprüchen (§ 257; s Rn 15) kommt es zur Vermeidung von Unbilligkeiten nicht auf *deren* Fälligkeit an (das wäre zu früh, wenn der Anspruch, von dem befreit werden soll, noch gar nicht existiert bzw fällig ist), sondern auf den Schluss des Jahres, in dem die Drittforderung, von der zu befreien ist, fällig geworden ist (BGH NJW 2010, 2197, 2199 Rn 22).

17 **IV. Beweislast.** Der Beauftragte hat den Auftrag, die konkrete Aufwendung sowie ihre Erforderlichkeit nach dem subj-obj Maßstab (s Rn 12) zu beweisen (BGH NJW-RR 2009, 1666, 1668; WM 1960, 373). Der Auftraggeber trägt die Beweislast für die Leistung eines ausreichenden Vorschusses nach § 669 und für sonstige Einwendungen (BRHP/*Fischer* Rn 28).

18 **V. Schadensersatz.** Das Auftragsrecht enthält keine ausdrückl Bestimmung über den Ersatz von Schäden, die dem Beauftragten bei Ausführung der dem Auftraggeber geschuldeten Tätigkeit entstanden sind. Der Gesetzgeber hat diese Frage bewusst offengelassen (s Mot II 541; Prot II 369; s auch RGZ 167, 85, 89). Die Parteien können hierüber eine ausdrückl oder stillschw Vereinbarung treffen (BGH VersR 1984, 1149). Unter den allg Voraussetzungen der § 280 I, § 311 II, § 241 II haftet der Auftraggeber zudem auf Schadensersatz für schuldhaft adäquat verursachte Schäden des Auftragnehmers (RGZ 75, 208, 211; BRHP/*Fischer* Rn 16). Die §§ 618, 619 gelten dann entspr, wenn die Tätigkeit bei Entgeltlichkeit dienstvertragl Natur wäre (BGHZ 16, 265, 269). Im Hinblick auf die Fremdnützigkeit der Tätigkeit des Beauftragten (s § 662 Rn 13) erschiene es aber unbillig, den Beauftragten das Risiko für vom Auftraggeber nicht verschuldete **Zufallsschäden** tragen zu lassen, wenn diese Schäden in unmittelbarem Zusammenhang mit der fremdnützigen Auftragsdurchführung stehen und der Beauftragte sie ohne den Auftrag nicht erlitten hätte (Mot II 541). Dies ist heute allg anerkannt, auch wenn die genaue dogmatische Konstruktion seit langem umstritten ist (s Wollschläger, Die Geschäftsführung ohne Auftrag, 1976, 287ff; Staudinger/*Martinek*/*Omlor* Rn 17ff). Die Ersatzpflicht des Auftraggebers für solche risikospezifischen Zufallsschäden kann sich in sehr seltenen Fällen aus einer ausdrückl vertragl Haftungsübernahme oder Garantieverpflichtung des Auftraggebers ergeben (Jauernig/*Mansel* Rn 6; zu weitgehend die frühere Rspr RGZ 94, 169, 170; JW 1927, 441, 1931, 3441, 3442). Ohne eine solche vertragl Risikoübernahme wendet die Rspr **§ 670 analog** oder im Wege eines erweiterten Aufwendungsbegriffs **direkt** auf solche Zufallsschäden an, in denen sich ein mit der Übernahme des Auftrags freiwillig übernommenes Schadensrisiko verwirklicht (RGZ 98, 195, 200; JW 1937, 152; BGHZ 33, 251, 257; 38, 270, 277; 89, 153; BGH NJW 1960, 1568, 1569; Celle NJW 1965, 2348, 2350; Stuttgart NJW-RR 2011, 606, 607; Staudinger/*Martinek*/*Omlor* Rn 23 aE).

19 Die in der analogen oder direkten Anwendung von § 670 liegende funktionale Gleichsetzung von Aufwendung und Schaden ist allein schon wegen der dogmatisch ganz unterschiedlichen Qualifizierung von Aufwendung (*freiwillig eingegangenes* Vermögensopfer) und Schaden (*unfreiwillig erlittenes* Vermögensopfer) und der nur für Schäden in Betracht kommenden Anwendung der §§ 249ff kaum zu rechtfertigen (ebenso Staudinger/*Martinek*/*Omlor* Rn 22 aE), auch wenn der Gedanke in § 110 I HGB (ab 2024 § 716 I BGB nF iVm § 105 III HGB) Anklang findet, weil diese Norm für unfreiwillig erlittene Verluste des OHG-Gesellschafters (künftig auch des GbR-Gesellschafters) einen Aufwendungsersatzanspruch gibt (*Haas* in Röhricht/Graf v Westphalen/Haas[5] § 110 HGB Rn 9). Richtigerweise folgt daher die Ersatzpflicht des Auftraggebers für vom Beauftragten erlittene Zufallsschäden aus den Grundsätzen der **Risikozurechnung bei schadensgeneigter Tätigkeit in fremdem Interesse** (*Genius* AcP 173, 481, 511ff; *Canaris* RdA 1966, 41; Jauernig/*Mansel* Rn 9; aA *Meyer* AcP 216, 952, 980; Grü/

Grüneberg Rn 11; s auch § 611a Rn 294; 304. Danach hat der Auftraggeber dem Beauftragten alle diejenigen zufällig erlittenen Schäden zu ersetzen, in denen sich das aus den vertragl Vereinbarungen der Parteien und den Umständen der Auftragsdurchführung folgende **auftragsspezifisch erhöhte Risiko verwirklicht** und die daher von beiden Parteien von vornherein bei Vertragsschluss in Betracht gezogen werden müssen (BRHP/*Fischer* Rn 15; so auch RG JW 1937, 152; BGHZ 33, 251, 257; 38, 270, 277; BGH NJW 1960, 1568, 1569). Der eingetretene Schaden muss sich als Ausdruck einer der geschuldeten Geschäftsbesorgung eigentümlichen Gefahr darstellen, ihr gleichsam immanent sein, dem Auftraggeber wäre also bei eigener Geschäftsbesorgung sehr wahrscheinlich der gleiche Schaden entstanden (Erman/*Ehmann*[12] Rn 16; RGZ 98, 195, 200; RG WarnR 1929 Nr 160). Auch Art 7:406 II des niederländischen Burgerlijk Wetboeks sieht vor, dass der Auftraggeber dem Auftragnehmer diejenigen Schäden ersetzen muss, die sich als Ausdruck „einer mit dem Auftrag verbundenen besonderen Gefahr" darstellen (s *Castermans/Krans* in Krans/Stolker/Valk, Burgerlijk Wetboek, Bd 1[12] 2017, Art 7:406 Rn 3). Häufig kommen diese Ansprüche bei Nothilfeeinsätzen nach § 683 in Betracht, es gelten dort aber dieselben Grundsätze wie bei § 670 (s § 683 Rn 14ff). So kann etwa ein Kraftfahrer, der in einer plötzlichen Gefahrenlage sich selbst schädigt und dadurch einen anderen davor bewahrt, durch das Kraftfahrzeug überfahren zu werden, von dem Geretteten nach § 670 angemessenen Ersatz verlangen (BGHZ 38, 270; § 683 Rn 41). Schadensersatz kann auch verlangen, wer auf Bitten des Nachbarn von dessen Dach Schnee abräumt und dabei stürzt und sich verletzt, ebenso derjenige, der im Auftrag eines Sportvereins das Training einer Kinderschwimmgruppe übernimmt und einem der Kinder schadensersatzpflichtig wird, weil er es fahrlässig unterlassen hat, vor Sprüngen in das seichte Becken zu warnen (*Kötz* Vertragsrecht Rn 707). Im letztgenannten Fall kann er vom Auftraggeber Befreiung von seiner Haftpflichtverbindlichkeit ggü dem Kind verlangen (BGHZ 89, 153, 157). Allerdings kommt hier eine Minderung oder gar ein Ausschluss des Schadensersatzanspruchs gem § 254 in Betracht (*Kötz* Vertragsrecht Rn 707). Wird jemand bei dem Versuch, einen auf dem Rückzug befindlichen bewaffneten Räuber festzuhalten, von diesem durch einen Schuss verletzt, kann er vom Geschäftsherrn Schadensersatz fordern (BGHZ 52, 115, 116). Will jemand einer Frau zu Hilfe eilen, die von einem Täter zusammengeschlagen wird, und fügt der Täter ihm auch Verletzungen zu, sodass er bewusstlos zusammenbricht, hat er einen Anspruch auf Ersatz seiner Schäden (BGHZ 33, 251). Der Beauftragte hat aber keinen Schadensersatzanspruch (s aber sogleich Rn 20), wenn er den Schaden selbst allein verschuldet hat (Staudinger/*Martinek/Omlor* Rn 24). Gleiches gilt, wenn er einen Zufallsschaden besonders provoziert hat, indem er ein im Verhältnis zum Auftragszweck unangemessenes, zusätzl Risiko eingegangen ist (Staudinger/*Martinek/Omlor* Rn 27).

Auf diesen **echten Schadensersatzanspruch** (Jauernig/*Mansel* Rn 10) finden die §§ 249ff sowie die §§ 844f zugunsten Dritter unmittelbar Anwendung (s zu §§ 844f RGZ 167, 85, 89). In Einzelfällen kann allerdings über **§ 254** hinaus eine Modifizierung der auf strenge Kompensation des eingetretenen Schadens ausgerichteten §§ 249ff geboten sein. Dies folgt daraus, dass die Annahme eines Schadensersatzanspruchs in diesen Fällen im Wesentlichen auf Billigkeitserwägungen beruht (s Rn 18). Bei Geschäftsbesorgungen, die mit einem sehr hohen, für die Parteien erkennbaren Risiko behaftet sind, kann im Hinblick auf das fehlende Verschuldenserfordernis statt der starren, schadensersatzrechtl „Alles-oder-Nichts"-Haftung der Grundsatz der Totalreparation durch eine der vertragl Risikoverteilung entspr Haftungsverteilung eingeschränkt werden (Grü/*Grüneberg* Rn 13; BRHP/*Fischer* Rn 20; Jauernig/*Mansel* Rn 10; Staudinger/*Martinek/Omlor* Rn 28). Danach können auch Schäden nur teilw ersatzfähig sein, die der Beauftragte selbst fahrlässig bei gefahrgeneigter Geschäftsbesorgung mitverursacht hat (BGH NJW 1984, 789, 790; Hamm MDR 1974, 312; BRHP/*Fischer* Rn 18; aA MüKo/*Schäfer* Rn 20). Ersatzfähig sind auch Schäden aus der Betriebsgefahr eines vom Beauftragten eingesetzten Fahrzeugs (BGH NJW 1963, 251, 252; s auch für ArbN § 611a Rn 304). Bei Hilfeleistungen des Beauftragten in einer Notlage des Auftraggebers ist ein Anspruch des Beauftragten auf Schadensersatz aus dem Gedanken der **Billigkeitshaftung für Aufopferungsschäden** gem §§ 683 S 1, 670 gerechtfertigt (BGH NJW 1969, 1665, 1666; PWW/*Fehrenbacher* Rn 7; s auch § 677 Rn 34). 20

Zu § 847 aF hatte der BGH entschieden, dass die Zubilligung eines **Schmerzensgeldes** in einem solchen Falle der Genugtuungsfunktion des Schmerzensgeldes (BGH NJW 1955, 1675) widersprechen würde (BGH NJW 1969, 1665, 1666). § 253 II ist dagegen auf den Schadensersatzanspruch des Beauftragten anwendbar (*Däubler* JuS 2002, 625, 626; Jauernig/*Mansel* Rn 10; NK/*Schwab* Rn 15; PWW/*Fehrenbacher* Rn 8; einschr: Schmerzensgeld nur bei Schutzpflichtverletzungen BRHP/*Fischer* Rn 24). 21

S zur Ersatzpflichtigkeit arbeitstypisch unabgegoltener Schäden des ArbN durch den ArbGeb und zur dort angenommenen Haftungsfreistellung in den Fällen, in denen der ArbN für das Eingehen des Schadensrisikos eine besondere Vergütung (zB Schmutzzulage oder Kilometergeld) erhält, BAG NZA 2011, 406 (Unfallschaden an im Betätigungsbereich des ArbGeb eingesetztem Privatfahrzeug des ArbN) und § 611a Rn 304. 22

Nicht ersatzfähig sind dagegen diejenigen Schäden, in denen sich nicht das auftragsspezifisch erhöhte Risiko des Beauftragten (s Rn 19), sondern lediglich das **allg Lebensrisiko** des Beauftragten verwirklicht, die also der Auftraggeber nicht ohne weiteres auch erlitten hätte (RGZ 75, 208, 211f). Dies gilt etwa für einen Unfall, den der Beauftragte mit seinem eigenen Wagen erleidet. 23

Wer bei Unglücksfällen oder zur Rettung Einzelner Hilfe leistet (§ 2 I Nr 13 lit a SGB VII) oder wer sich bei der Verfolgung oder Festnahme verdächtiger Personen oder zum Schutz widerrechtl Angegriffener persönlich einsetzt (§ 2 I Nr 13 lit c SGB VII), ist gesetzl unfallversichert (s dazu auch § 683 Rn 17). Ansprüche des Beauftragten aus gesetzl Unfallversicherung schließen einen Ersatzanspruch des Beauftragten gegen den Auftraggeber 24 nicht aus (BGHZ 52, 115; BGH NJW 1981, 760). Dieser geht idR gem § 116 I SGB X auf den Sozialversicherungsträger über (BGHZ 92, 270, 271; Jauernig/*Mansel* Rn 10; *Otto* JuS 1984, 684, 688).

25 Auf **öffentlich-rechtl Auftragsverhältnisse** ist (über § 62 S 2 VwVfG, s § 662 Rn 3) § 670 entspr anzuwenden. Problematisch ist, ob Privatpersonen, die vom Staat ohne Vertrag zu Dienst- und Hilfeleistungen herangezogen werden, Ersatzansprüche gegen den Staat haben, wenn sie dabei Schäden erleiden. Das RG hat hier § 670 angewandt (RGZ 94, 169; 98, 195). Dem ist nicht mehr zu folgen, da öffentlich-rechtl Vorschriften vorrangig sind. Erleidet der von Polizei oder Ordnungsbehörde als Nichtstörer in Anspruch Genommene (zB § 6 PolG NRW, § 19 OBG NRW) bei Ausführung seiner Tätigkeit einen Schaden, steht ihm nach dem jeweiligen Polizei- und Ordnungsrecht der Länder ein Entschädigungsanspruch zu (zB § 39 I lit a OBG NRW ggf iVm § 67 PolG NRW). Dieser ist Ausprägung des allg Aufopferungsanspruchs, der auf dem Rechtsgedanken der §§ 74, 75 der Einleitung des ALR beruht. Bei rechtswidriger Inanspruchnahme kommen auch Amtshaftungsansprüche (§ 839 iVm Art 34 GG) in Betracht.

§ 671 Widerruf; Kündigung

(1) Der Auftrag kann von dem Auftraggeber jederzeit widerrufen, von dem Beauftragten jederzeit gekündigt werden.

(2) Der Beauftragte darf nur in der Art kündigen, dass der Auftraggeber für die Besorgung des Geschäfts anderweit Fürsorge treffen kann, es sei denn, dass ein wichtiger Grund für die unzeitige Kündigung vorliegt. Kündigt er ohne solchen Grund zur Unzeit, so hat er dem Auftraggeber den daraus entstehenden Schaden zu ersetzen.

(3) Liegt ein wichtiger Grund vor, so ist der Beauftragte zur Kündigung auch dann berechtigt, wenn er auf das Kündigungsrecht verzichtet hat.

1 **I. Regelungszweck.** Die Norm regelt das Recht beider Vertragsparteien zur jederzeitigen einseitigen Beendigung des Auftrags. Das Recht zur einseitigen Lösung vom Vertrag folgt für beide Vertragsparteien aus dem besonderen Charakter des Auftrags und der darauf beruhenden besonderen Rechtsstellung beider Vertragsparteien. Art IV.D.-6:101 DCFR (s § 662 Rn 10) enthält daher eine Befugnis für beide Vertragsparteien zur jederzeitigen Beendigung („*termination*") des *mandate contract.* Das jederzeitige Widerrufsrecht des Auftraggebers aus Abs I Alt 1 folgt zwangsläufig aus dem mit dem Auftragsverhältnis verbundenen besonderen Vertrauensverhältnis (s § 662 Rn 2) zw Auftraggeber und Beauftragtem und daraus, dass sich der Auftraggeber als Geschäftsherr bei Störungen in diesem Verhältnis jederzeit vom Vertrag lösen können soll (BGH WM 1971, 956; *Grundmann* AcP 198, 457, 481; Jauernig/*Mansel* Rn 1). Hiervon geht auch Art IV.D.-1:104 DCFR (s § 662 Rn 10) aus. Auf sein Widerrufsrecht kann der Auftraggeber daher auch nicht wirksam verzichten, es sei denn, dem Beauftragten wurde durch besondere Vereinbarung ein Anspruch auf Ausführung des Auftrags eingeräumt oder der Auftrag dient mindestens ebenso dem Interesse des Beauftragten wie dem des Auftraggebers (ohne seinen Auftragscharakter zu verlieren) oder der Auftrag dient auch den Interessen eines Dritten (s Rn 3). Das Kündigungsrecht des Beauftragten aus Abs I Alt 2, Abs II und III folgt dagegen aus der Unentgeltlichkeit und Fremdnützigkeit seiner Tätigkeit, der Auftraggeber ist insoweit weniger schutzwürdig als bei einem entgeltlichen Austauschvertrag (BRHP/*Fischer* Rn 1). Das Gesetz spricht dem Auftraggeber in diesen Fällen aber nicht jede Schutzwürdigkeit ab, aus Abs II folgen Einschränkungen (kein Verbot!) der Kündigung zur Unzeit (S 1) und eine Schadensersatzpflicht bei Kündigung zur Unzeit (S 2). Beides gilt nicht, wenn ein wichtiger Grund für die Kündigung vorliegt. In diesem Fall kann sich der Beauftragte sogar nach vorherigem Verzicht auf sein Kündigungsrecht vom Vertrag lösen (Abs III). Wegen dieser vom Gesetz betonten Bedeutung des Kündigungsrechts des Beauftragten aus wichtigem Grund, die für Dauerschuldverhältnisse generell in § 314 zum Ausdruck kommt (s § 314 Rn 1), sind die betreffenden Regelungen in **Abs II und III zwingend. Abs I ist dispositiv** (Soergel/*Beuthien* Rn 7; Staudinger/*Martinek*/*Omlor* Rn 2). Abs II und III werden gem § 712 II (ab 2024 § 715 VI 2 nF) auf den geschäftsführenden Gesellschafter und gem § 2226 S 3 auf den Testamentsvollstrecker entspr angewandt. Wegen der Herleitung des Kündigungsrechts aus der Unentgeltlichkeit des Auftrags wird in § 675 I nicht auf § 671 I verwiesen, das gesetzl Kündigungsrecht des Beauftragten gilt also, anders als das Widerrufsrecht des Auftraggebers, nur für den unentgeltlichen Auftrag. Abs II wird nur dann für anwendbar erklärt, wenn dem Geschäftsbesorger das Recht zusteht, ohne Einhaltung einer Kündigungsfrist zu kündigen. Die Parteien können, ausdrückl oder stillschw, ein jederzeitiges Kündigungsrecht des Beauftragten vereinbaren. Für Zahlungsdiensteverträge verweist § 675c I nicht auf § 671, da § 675h spezielle Regelungen zur ordentlichen Kündigung beider Seiten enthält (s § 675h Rn 2ff). § 675g II 2 gewährt dem Zahlungsdienstnutzer zudem ein spezialgesetzl geregeltes außerordentliches Kündigungsrecht, daneben besteht für beide Vertragsparteien das außerordentliche Kündigungsrecht aus § 313 III 2, § 314, § 626 (Grü/*Grüneberg* § 675h Rn 1).

2 **II. Vertragsbeendigung nach Abs I.** Widerruf und Kündigung sind **einseitige, rechtsgestaltende und empfangsbedürftige Willenserklärungen** (Grü/*Grüneberg* Rn 1; s zur Kündigung § 314 Rn 11). Die einseitige Beendigung kann von beiden Seiten „jederzeit" während der Laufzeit des Vertrags erklärt werden, setzt aber einen wirksamen Auftragsvertrag voraus, kommt also nicht mehr in Betracht, wenn der Vertrag bereits anderweitig (Zeitablauf, Zweckerreichung, Unmöglichkeit) beendet worden ist (BGHZ 17, 317, 326; BGH ZIP 1991, 862). Eine Begründung ist nicht erforderlich (Staudinger/*Martinek*/*Omlor* Rn 13). Die Beendigung wirkt **nur für die**

Zukunft; bereits entstandene Ansprüche, etwa aus §§ 666 und 670, bleiben unberührt und dienen nunmehr der Abwicklung des Auftrags (BGH NJW 1991, 2210, 2211; PWW/*Fehrenbacher* Rn 1). Dementspr wird der Widerruf durch den Auftraggeber in den Motiven als „Rücktritt vom Vertrag für die Zukunft" bezeichnet (Mot II 544). Auch die Beendigung des *mandate contract* nach Art IV.D.-6:101 (1) DCFR (s § 662 Rn 10) hat nach Art IV.D.-6:101 (4) iVm Art III.-1:109 (3) (a) DCFR nur Wirkung für die Zukunft und lässt vorher entstandene Ansprüche der Parteien unberührt. Die Beendigung hat keine dingliche Wirkung. Die Beendigungserklärung ist nicht formbedürftig und kann auch **stillschw** abgegeben werden (Staudinger/*Martinek*/*Omlor* Rn 5). Die Begriffe „Kündigung" bzw „Widerruf" müssen nicht verwendet werden, es genügt, wenn aus der dem anderen Vertragsteil zugegangenen Erklärung hinreichend deutlich wird, dass sich der Erklärende vom Vertrag lösen möchte (RGZ 121, 294, 295). Nicht nur der Widerruf durch den Auftraggeber, sondern auch die Kündigung durch den Beauftragten können unter eine **aufschiebende Bedingung** gestellt werden; das eigene Widerrufsrecht ermöglicht es dem Auftraggeber, auch bei einer aufschiebend bedingten Kündigung des Beauftragten schnell Rechtsklarheit über die Beendigung des Vertrags herzustellen (MüKo/*Schäfer* Rn 8; BRHP/*Fischer* Rn 3; Staudinger/*Martinek*/*Omlor* Rn 6; Soergel/*Beuthien* Rn 6; Erman/*Ehmann*[12] Rn 10; Jauernig/*Mansel* Rn 2; Grü/*Grüneberg* Rn 1).

Stehen auf einer Seite des Vertrags **mehrere Parteien** und handelt es sich nicht um mehrere parallele Einzelaufträge, bei denen dann die jew Parteien ohne weiteres widerrufen oder kündigen können, kann jede Partei selbständig kündigen bzw widerrufen. Das gilt dann nicht, wenn zw diesen Parteien eine Gesellschaft oder Gemeinschaft besteht. In diesem Fall kommt es für die Wirksamkeit und Wirkung der von einer Partei erklärten Vertragsbeendigung auf die vertragl Vereinbarungen und die jew anwendbaren Vertretungsregeln (zB §§ 709, 714 – ab 2024 § 720 nF –, §§ 744, 745, 747, §§ 125ff HGB – ab 2024 § 124 HGB nF –, § 26 I WEG) an (BGH BB 1964, 699; RGZ 160, 122, 127; Soergel/*Beuthien* Rn 5; aA MüKo/*Schäfer* Rn 10). Der Beauftragte kann, wie sich aus Abs III ergibt, auf sein Kündigungsrecht ausdrückl oder stillschw verzichten (BGH MDR 1955, 283, 285; Staudinger/*Martinek*/*Omlor* Rn 8). Wegen der herausragenden Bedeutung des zw den Parteien des Auftrags bestehenden Vertrauensverhältnisses (s Rn 1) kann der Auftraggeber auf sein Widerrufsrecht nur dann verzichten, wenn der Auftrag auch im Interesse des Beauftragten oder eines Dritten liegt (BGH WM 1971, 956f; RGZ 160, 122, 127; Zweibrücken OLG 1985, 45, 46; Staudinger/*Martinek*/*Omlor* Rn 8, 10; Soergel/*Beuthien* Rn 3; Grü/*Grüneberg* Rn 2 unter Hinw darauf, dass es sich in den genannten Fällen meist um einen anderen Vertragstyp handeln wird). Nach § 168 S 1 erlischt mit dem Auftrag auch eine im Zusammenhang mit dem Auftrag erteilte **Vollmacht**. Eine auf dem Auftrag beruhende gewillkürte Prozessstandschaft erlischt (BGH NJW 2000, 738, 739). Der Widerruf kann durch die Erben des Beauftragten erklärt werden (s § 672 Rn 3). Der Widerruf des Auftrags ist vom Widerruf einer Weisung im Rahmen eines fortbestehenden Auftragsvertrags zu unterscheiden (s § 665 Rn 6). 3

III. Sonderregeln für Kündigung durch Beauftragten. 1. Kündigung zur Unzeit, Abs II. Die Kündigung durch den Beauftragten erfolgt nach Satz 1 nur dann zur Unzeit, wenn es dem Auftraggeber unter zumutbaren Anstrengungen nicht möglich ist, das Geschäft, welches den Gegenstand des Vertrags bildet, selbst oder durch Heranziehung eines Dritten oder auf andere Weise auszuführen (MüKo/*Seiler*[6] Rn 12). Hat zB der Beauftragte eine Kreditsicherheit für einen Kredit des Auftraggebers gestellt, muss er dem Auftraggeber angemessen Zeit lassen, um den Kredit abzulösen oder eine anderweitige Sicherheit zu stellen (BGH WM 1972, 661; BRHP/*Fischer* Rn 8). Die zur Unzeit erklärte **Kündigung ist wirksam**, der Auftrag ist also für die Zukunft beendet. Nach Abs II S 2 hat aber der Beauftragte dem Auftraggeber den durch die unzeitige Kündigung verursachten Schaden zu ersetzen. Auf Verschulden oder die Voraussetzungen von § 280 I kommt es dabei nicht an (Jauernig/*Mansel* Rn 4). 4

2. Kündigung aus wichtigem Grund, Abs III. Die Rechtsfolgen des Abs II (Unzeitverbot, Schadensersatzpflicht) treten nicht ein, wenn der Beauftragte außerordentlich aus wichtigem Grund kündigt. Es gilt die Definition des wichtigen Grundes aus § 314 I 2 (Grü/*Grüneberg* Rn 3; PWW/*Fehrenbacher* Rn 3; aA NK/*Schwab* Rn 7; s im Einz § 314 Rn 4ff). In Betracht kommen etwa Krankheit oder die Notwendigkeit, plötzlich zu verreisen (Enneccerus/*Lehmann* § 163.I.1a). Auf Umstände, die der Beauftragte selbst verschuldet hat, kann er keine außerordentliche Kündigung stützen (allg § 314 Rn 4d; krit BeckOGK/*Riesenhuber* Rn 37.2). Auf das Recht zur außerordentlichen Kündigung kann der Beauftragte nach Abs III nicht verzichten, auch nicht in einer vertragl Vereinbarung mit dem Auftraggeber. Aus § 775 folgt eine gesetzl Einschränkung des Kündigungsrechts des Beauftragten. 5

IV. Andere Beendigungsgründe. Der Auftragsvertrag kann auch aus anderen als den in § 671 genannten Gründen beendet werden. In Betracht kommen vor allem Erfüllung durch Auftragsdurchführung (s § 662 Rn 15), Zweckerreichung, Zeitablauf, Aufhebungsvertrag oder Eintritt einer auflösenden Bedingung (Mot II 543). In diesen Fällen ist § 674 zu beachten. So bestimmt etwa Art IV.D.-7:101 (1) DCFR (s § 662 Rn 10), dass der *mandate contract*, der nur zu dem Zweck abgeschlossen wurde, dass der Beauftragte einen spezifischen Vertrag für den Prinzipal abschließt, beendet ist, wenn der betreffende Vertrag abgeschlossen wurde. Beim Tod oder Eintritt der Geschäftsunfähigkeit des Auftraggebers erlischt der Auftrag im Zweifel nicht (§ 672), beim Tod des Beauftragten dagegen im Zweifel schon (§ 673). 6

§ 672 Tod oder Geschäftsunfähigkeit des Auftraggebers

Der Auftrag erlischt im Zweifel nicht durch den Tod oder den Eintritt der Geschäftsunfähigkeit des Auftraggebers. Erlischt der Auftrag, so hat der Beauftragte, wenn mit dem Aufschub Gefahr verbunden ist, die Besorgung des übertragenen Geschäfts fortzusetzen, bis der Erbe oder der gesetzliche Vertreter des Auftraggebers anderweit Fürsorge treffen kann; der Auftrag gilt insoweit als fortbestehend.

1 **I. Fortbestand des Auftrags nach S 1.** Aufgrund der in S 1 enthaltenen **Auslegungsregel** (s dazu § 133 Rn 32) und im Gegensatz zu der für den Tod des Beauftragten in § 673 getroffenen Auslegungsregel erlischt der Auftrag im Zweifel nicht mit dem Tod oder der nachträgl (beschränkten) Geschäftsunfähigkeit (§ 104 Nr 2) des Auftraggebers. Art IV.D.-7:102 (1) DCFR (s § 662 Rn 10) enthält eine entspr Regelung, die allerdings nicht als Auslegungsregel ausgestaltet ist. Gleiches gilt bei nachträgl angeordneter Betreuung mit Einwilligungsvorbehalt gem § 1825 (PWW/*Fehrenbacher* Rn 1; Staudinger/*Martinek*/*Omlor* Rn 9). S 1 ist auch auf das Erlöschen einer jur Person anwendbar (RGZ 81, 153, 154; MüKo/*Schäfer* Rn 4; Jauernig/*Mansel* Rn 2; BRHP/*Fischer* Rn 3; str). S 1 geht von einem **wirksam zustande gekommenen Auftragsvertrag** aus. Treten die in S 1 genannten Umstände bereits vor der Annahmeerklärung der anderen Seite ein, ist uU § 153 zu beachten. Es ist nicht erforderlich, dass mit dem vom Beauftragten geschuldeten Geschäft bereits begonnen wurde (Soergel/*Beuthien* Rn 4). Wohl ist erforderlich, dass bei einer bereits durchgeführten Geschäftsbesorgung weitere Tätigkeiten geschuldet sind, sonst ist der Vertrag bereits erfüllt. § 672 gilt gem § 675 I auch für die entgeltliche Geschäftsbesorgung.

2 Die Auslegungsregel ist nicht anzuwenden, wenn die Parteien etwas anderes vereinbart haben oder sich aus den Umständen etwas anderes ergibt. Dies gilt etwa für Aufträge zur Betreuung des Auftraggebers im Alter, die speziell auf seine Bedürfnisse für den Fall seiner Betreuungsbedürftigkeit zugeschnitten sind, einschl der damit einhergehenden Altersvorsorgevollmacht, durch die die Bestellung eines Betreuers im Fall von Krankheit oder Gebrechlichkeit vermieden werden soll (Hamm NJW-RR 2003, 800, 801; BRHP/*Fischer* Rn 2). Generell gilt, dass entgegen der Auslegungsregel das Erlöschen des Auftrags mit dem Tode des Auftraggebers anzunehmen ist, je mehr der Auftragsgegenstand auf die Person und die persönlichen Verhältnisse und nicht nur auf das Vermögen des Auftraggebers ausgerichtet ist, sodass eine Fortsetzung des Auftragsverhältnisses mit den Erben des Auftraggebers sinnlos bzw für den Beauftragten unzumutbar erscheint (Hamm NJW-RR 2003, 801; Soergel/*Beuthien* Rn 5; vgl MüKo/*Schäfer* Rn 8).

3 Greift die Auslegungsregel des S 1 ein, besteht der Auftrag mit dem/den Erben des Auftraggebers rechtl unverändert (Mot II 548) fort, diese treten nach § 1922 in die vertragl Stellung des verstorbenen Auftraggebers ein. Der nicht mehr voll geschäftsfähige Auftraggeber bleibt zwar Vertragspartner, wird aber durch den gesetzl Vertreter vertreten. An vorher erteilte Weisungen bleibt der Beauftragte gebunden, diese können jedoch widerrufen werden (PWW/*Fehrenbacher* Rn 2). Möglich ist auch der Widerruf des ganzen Auftragsvertrags nach § 671. Soll der vereinbarte Auftrag erst nach dem Tod des Geschäftsführers ausgeführt werden, geht das jederzeitige Widerrufsrecht nach § 671 auf den/die Erben über; die Parteien des Auftragsvertrags können dieses Recht nicht im Vorhinein zulasten des/der Erben ausschließen (BGH WM 1976, 1130, 1131; NJW 1975, 382, 384; Jauernig/*Mansel* Rn 3; s auch § 331 Rn 11f). Gem § 168 S 1 gilt die in S 1 enthaltene Auslegungsregel auch für die mit dem Auftrag verbundene **Vollmacht** (Dresden DNotZ 2009, 305), der Beauftragte handelt dann in Vertretung der Erben, ohne aber deren Einwilligung oder Genehmigung einholen zu müssen (BGH NJW 1995, 250; 1969, 1245, 1247; Grü/*Grüneberg* Rn 1; aA Erman/*Ehmann*[12] Rn 7). Zur postmortalen Vollmacht s § 167 Rn 66. Zu beachten ist, dass der Beauftragte die für ihn maßgeblichen auftragsrechtl Informationspflichten aus § 666 nunmehr ggü den Erben des Auftraggebers zu erfüllen hat. Für den Fall der **Insolvenz des Auftraggebers** gilt die abw Sonderbestimmung des § 115 InsO; der Auftrag erlischt, wenn und soweit er sich auf das zur Insolvenzmasse gehörende Vermögen bezieht (BGH NJW 2000, 738). Die Regel gilt nach § 116 S 1 InsO auch für Geschäftsbesorgungsverträge, mit Ausnahme (§ 116 S 3 InsO) von Zahlungsaufträgen (§ 675f IV 2, §§ 675n ff), sowie für Aufträge zw Zahlungsdienstleistern oder zwischengeschalteten Stellen (in den §§ 675c ff nicht geregelt; vertragl Regelung in Zahlungsverkehrsabkommen der Banken) und Aufträge zur Übertragung von Wertpapieren (§ 675b); diese bestehen mit Wirkung für die Masse fort (vgl *Obermüller*, Insolvenzrecht in der Bankpraxis[10] 2023, Rn 3.46ff). S 1 gilt auch im **Grundbuchverkehr** für den Nachw des Fortbestands der Vollmacht, vorausgesetzt, der Auftrag genügt den Formanforderungen des § 29 GBO und das Auftragsverhältnis folgt aus der Vollmachtsurkunde (BayObLG MDR 1960, 59, 60; BRHP/*Fischer* Rn 5). Entspr gilt für § 12 I, II HGB (Hamburg DNotZ 1967, 30; Staudinger/*Martinek*/*Omlor* Rn 17).

4 **II. Notbesorgungspflicht und Fortbestehensfiktion nach S 2.** Falls die Auslegungsregel des S 1 nicht eingreift, der Auftragsvertrag also mit dem Tod des Auftraggebers erlischt, trifft den Beauftragten als Ausdruck seiner allg Loyalitäts- und Interessenwahrungspflicht (s § 662 Rn 16) nach S 2 die Pflicht, die Besorgung des ihm übertragenen Geschäfts fortzusetzen, wenn und insoweit mit einem Aufschub dieser Tätigkeit Gefahr verbunden wäre. Die Pflicht gilt entspr, wenn der Beauftragte mit der Ausführung noch gar nicht begonnen hat (Grü/*Grüneberg* Rn 2). Für die Beurteilung der Gefahr kommt es darauf an, ob den Erben des Auftraggebers bei einem Aufschub der Tätigkeit Nachteile drohen, etwa weil der Auftragszweck gefährdet wird (BRHP/*Fischer* Rn 7). Die Pflicht besteht nicht bzw nicht mehr, wenn die Erben bzw gesetzl Vertreter bei obj Beurteilung in der Lage sind, den Auftrag selbst auszuführen oder für eine Ersatzlösung zu sorgen (vgl MüKo/*Schäfer* Rn 11). Ist eine Gefahr

gegeben, fingiert S 2 aE das **Fortbestehen des Auftragsvertrags** bis zu dem Moment, in dem der Erbe bzw gesetzl Vertreter in der Lage ist, den Auftrag selbst auszuführen, bzw die Gefahr wegfällt. Für diesen Zeitraum gilt also das Auftragsrecht (zB § 670), nicht GoA, der Beauftragte handelt also bei der Wahrnehmung der Notbesorgungspflicht im Rahmen des gesetzl insoweit modifizierten vertragl Auftragsverhältnisses (Jauernig/*Mansel* Rn 4; Soergel/*Beuthien* Rn 13; Staudinger/*Martinek*/*Omlor* Rn 15). Vor der Notbesorgung hat der Beauftragte dem/den Erben bzw dem gesetzl Vertreter des Auftraggebers nach § 665 S 2 Anzeige zu machen, es sei denn, dass mit dem damit verbundenen Aufschub Gefahr verbunden ist (Erman/*Ehmann*[12] Rn 10). Bei schuldhafter Verletzung der Notbesorgungspflicht macht sich der Beauftragte nach § 280 I schadensersatzpflichtig (PWW/*Fehrenbacher* Rn 3; Staudinger/*Martinek*/*Omlor* Rn 15). Ist der Beauftragte über den Tod bzw den Eintritt der Geschäftsunfähigkeit des Auftraggebers in Unkenntnis, so gilt der Auftrag zugunsten des Beauftragten gem § 674 als fortbestehend, ohne dass dieser nach S 2 tätig werden müsste (Grü/*Grüneberg* Rn 2). Für den Fall der **Insolvenz des Auftraggebers** enthält § 115 II InsO eine § 672 S 2 entspr Regelung zur Notgeschäftsführung des Beauftragten samt Fortbestehensfiktion.

§ 673 Tod des Beauftragten

Der Auftrag erlischt im Zweifel durch den Tod des Beauftragten. Erlischt der Auftrag, so hat der Erbe des Beauftragten den Tod dem Auftraggeber unverzüglich anzuzeigen und, wenn mit dem Aufschub Gefahr verbunden ist, die Besorgung des übertragenen Geschäfts fortzusetzen, bis der Auftraggeber anderweit Fürsorge treffen kann; der Auftrag gilt insoweit als fortbestehend.

I. Erlöschen des Auftrags nach S 1. S 1 enthält eine zu § 672 S 1 funktional spiegelbildliche und inhaltlich gegenteilige **Auslegungsregel** (s dazu § 133 Rn 32). In Übereinstimmung mit römisch-rechtl Grundsätzen erlischt der Auftrag mit dem Tod des Beauftragten. Art IV.D.-7:103 (1) DCFR (s § 662 Rn 10) enthält eine entspr Regelung, die allerdings nicht als Auslegungsregel ausgestaltet ist. Die Auflösung wirkt nur für die Zukunft, während der Laufzeit des Vertrags entstandene Ansprüche beider Seiten (zB § 670 für die Erben des Beauftragten, § 666 für den Auftraggeber, s zu letzterem BGH NJW 1988, 2729) sind zu erfüllen. Grund für diese Regelung sind zum einen das besondere Vertrauen, das der Auftraggeber typischerweise der Person des Beauftragten entgegenbringt (s § 662 Rn 3), und die daraus resultierende Höchstpersönlichkeit der Tätigkeit des Beauftragten (s § 664 Rn 1). Die Motive heben daher zu Recht hervor, diese Regelung entspreche „der Natur der Sache" (Mot II 549). Zum anderen folgt die Auslegungsregel aus der Erkenntnis, dass die Weiterführung des Auftrags den Erben regelmäßig nicht zuzumuten ist und daher von den Parteien nicht gewollt sein kann (RGRK/*Steffen* Rn 2). Anders als § 672 S 1 (s § 672 Rn 1) gilt S 1 nicht bei nachträgl dauernder Geschäftsunfähigkeit des Beauftragten. Nach dem Willen des Gesetzgebers soll es vielmehr in diesen Fällen bei der Anwendung der allg Grundsätze bleiben (Prot II 517). In diesem Fall erlischt wegen der aus § 105 folgenden Unmöglichkeit der rechtsgeschäftlichen Betätigung die Verpflichtung des Beauftragten zur Ausführung des Auftrags wegen Unmöglichkeit nach § 275 I (PWW/*Fehrenbacher* Rn 1). 1

Auch bei der Anordnung der Betreuung des Beauftragten mit Einwilligungsvorbehalt nach § 1903 findet die Norm keine Anwendung, da dies idR auf den Auftrag keinen Einfluss hat (Staudinger/*Martinek*/*Omlor* Rn 5). Auch bei Insolvenz des Beauftragten gilt § 673 nicht, es bestehen auch keine den §§ 115ff InsO für die Insolvenz des Auftraggebers entspr insolvenzrechtl Sonderregelungen, der Insolvenzverwalter des Beauftragten und der Auftraggeber können also selbst entscheiden, ob sie nach § 671 den Vertrag einseitig beenden wollen oder nicht. Wie § 672 S 1 (s § 672 Rn 1) gilt S 1 auch für das Erlöschen einer jur Person, es sei denn, ihr wurde vom Auftraggeber kein besonderes, „auftragsspezifisches" Vertrauen entgegengebracht (BRHP/*Fischer* Rn 4; ohne diese Einschränkung MüKo/*Schäfer* Rn 4; Grü/*Grüneberg* Rn 3; Jauernig/*Mansel* Rn 3; *Dreyer* JZ 2007, 606, 613). Bei Umwandlungen geht § 20 UmwG vor (PWW/*Fehrenbacher* Rn 1; *K. Schmidt* DB 2001, 1019, 1020). Die Norm gilt entspr für den Geschäftsbesorgungsvertrag (§ 675 I). S 2 ist zudem auf den Testamentsvollstrecker entspr anwendbar (§ 2018 I), dessen Amt kraft gesetzl Anordnung in § 2225 mit seinem Tod erlischt. 2

II. Anzeigepflicht; Notbesorgungspflicht; Fortbestehensfiktion nach S 2. Findet die Auslegungsregel des S 1 Anwendung und erlischt der Auftrag, trifft die Erben des Beauftragten nach S 2 als Ausprägung einer besonderen Fürsorgepflicht die Pflicht, den Auftraggeber unverzüglich (ohne schuldhaftes Zögern, s § 121 Rn 3) über den Todesfall zu informieren. Hierdurch soll dieser in die Lage versetzt werden, rasch Maßnahmen im Hinblick auf das zu besorgende Geschäft zu treffen (PWW/*Fehrenbacher* Rn 3). Diese Anzeigepflicht gilt unabhängig davon, ob Gefahr für die Geschäftsausführung droht (Staudinger/*Martinek*/*Omlor* Rn 8). Die Anzeige ist geschäftsähnl Handlung, auf die die Vorschriften über Willenserklärungen entspr angewendet werden (s allg Einl § 104 Rn 7f). Um vom Gesetz schwerlich gewollte unnötige Belastungen der Erben zu vermeiden, bedarf die Anzeige für ihre Wirksamkeit nicht analog § 130 I des Zugangs beim Auftraggeber, es genügt vielmehr ihre nach den Umständen des Einzelfalls zu beurteilende sorgfältige Absendung an den Auftraggeber (Staudinger/*Martinek*/*Omlor* Rn 8; RGRK/*Steffen* Rn 3; BRHP/*Fischer* Rn 5; NK/*Schwab* Rn 6; aA MüKo/*Schäfer* Rn 9; Soergel/*Beuthien* Rn 6). 3

Aus der Fürsorgepflicht der Erben folgt auch deren Notbesorgungspflicht aus S 2 bei Gefahr im Verzug. Es gilt spiegelbildlich das zu § 672 S 2 Gesagte entspr (s § 672 Rn 4). Für diesen Zeitraum wird der Auftrag nach S 2 Hs 2 als fortbestehend fingiert. Als Nachwirkung des erloschenen Auftrags trägt der Erbe zudem die Informationspflichten des Beauftragten (BGHZ 104, 369, 372; Staudinger/*Martinek*/*Omlor* Rn 12). Erstatten die Erben die 4

Anzeige schuldhaft nicht oder nur verspätet (zur Nichtanwendung von § 130 I s aber Rn 3) oder verletzen sie schuldhaft ihre wegen S 2 aE als vertragl zu qualifizierende Notbesorgungspflicht, sind sie dem Auftraggeber nach § 280 I schadensersatzpflichtig (PWW/*Fehrenbacher* Rn 2).

5 Erlischt der Auftrag ausnahmsw nicht, sind die Erben nach §§ 666, 1922 zur Information des Auftraggebers verpflichtet (Mot II 550; Staudinger/*Martinek*/*Omlor* Rn 14; Grü/*Grüneberg* Rn 2 aE). Sie können den Auftrag nach § 671 II, III kündigen.

§ 674 Fiktion des Fortbestehens

Erlischt der Auftrag in anderer Weise als durch Widerruf, so gilt er zugunsten des Beauftragten gleichwohl als fortbestehend, bis der Beauftragte von dem Erlöschen Kenntnis erlangt oder das Erlöschen kennen muss.

1 Die in der Norm enthaltene Fortbestehensfiktion bzgl des Auftragsvertrags schützt nicht wie § 672 S 2 und § 673 S 2 den Auftraggeber, sondern den Beauftragten. Die Fiktion gilt mit den sogleich zu behandelnden Ausnahmen für alle Beendigungsgründe (s § 671 Rn 6). Billigkeitserwägungen gebieten es in diesen Fällen, dass der Beauftragte geschützt wird, wenn er den Auftrag „gutgläubig", also in Unkenntnis seines Erlöschens und ohne fahrlässige Unkenntnis (zum Kennenmüssen iSv § 122 II s § 122 Rn 9) ausgeführt hat (BGHZ 74, 253, 258; BGH NJW 2000, 738, 739; BeckOGK/*Riesenhuber* Rn 2). Die Fiktion greift also nicht in Fällen, in denen dem Beauftragten die Beendigung des Auftrags bekannt ist oder hätte bekannt sein müssen, wie zB in den Fällen der eigenen Kündigung mit dem Zeitpunkt, in dem er annehmen muss, dass seine Kündigung dem Auftraggeber zugegangen ist, des Ablaufs der vertragl vereinbarten Zeit oder der Erfüllung. Die Beweislast hierfür trägt der Auftraggeber (Grü/*Grüneberg* Rn 1). Der Beauftragte handelt dann als Geschäftsführer ohne Auftrag. Die Fiktion gilt auch nicht bei einem Widerruf des Auftrags durch den Auftraggeber nach § 671 I, denn dieser wird erst bei Zugang beim Beauftragten wirksam (s § 671 Rn 2), sodass der Beauftragte ausreichend geschützt ist. Wird der Widerruf durch den Auftraggeber ausnahmsw auch ohne Zugang beim Beauftragten wirksam, zB im Fall der öffentlichen Zustellung nach § 132 II, findet § 674 keine Anwendung, es gelten vielmehr die §§ 677ff (Soergel/*Beuthien* Rn 3; BRHP/*Fischer* Rn 3; Grü/*Grüneberg* Rn 2). Bei bedingtem Widerruf (s § 671 Rn 2) findet § 674 dagegen Anwendung (Staudinger/*Martinek*/*Omlor* Rn 5).

2 Im Gegensatz zu den Fiktionen in § 672 S 2 aE und § 673 S 2 aE gilt die Fortbestehensfiktion in § 674 nicht zugunsten beider Seiten, sondern, entspr der einseitigen Schutzfunktion der Norm, **nur zugunsten des Beauftragten** (Düsseldorf MDR 1965, 55, 56; vgl Nürnberg NJW 1964, 304). Während er Ansprüche aus §§ 669, 670 oder das Kündigungsrecht aus § 671 ggü dem Auftraggeber oder seinem Rechtsnachfolger geltend machen kann, hat dieser keinen Anspruch aus § 662 auf Durchführung des Auftrags gegen den Beauftragten und kann daher auch keine Ansprüche auf Schadensersatz bei Nicht- oder nicht rechtzeitiger Erfüllung dieser Pflicht ggü dem Beauftragten geltend machen (Grü/*Grüneberg* Rn 1; Staudinger/*Martinek*/*Omlor* Rn 12). Wenn der Beauftragte im Glauben an den Fortbestand des Auftrags die geschuldete Tätigkeit ganz oder zT ausführt, stehen dem Auftraggeber die Ansprüche aus §§ 666–668 zu. Dies steht zwar mit der einseitigen Wirkung der Fortbestehensfiktion nicht im Einklang und lässt sich auch nicht aus den §§ 677ff ableiten, denn § 674 liefert insoweit eine Berechtigung des Beauftragten. Diese Ansprüche folgen jedoch aus Billigkeitserwägungen, denn die Fiktionswirkung kann nicht dazu führen, dass der Auftraggeber bei Auftragsdurchführung schlechter steht als bei einem noch wirksamen Auftrag (i Erg ebenso MüKo/*Schäfer* Rn 9; Staudinger/*Martinek*/*Omlor* Rn 11; Jauernig/*Mansel* Rn 3).

3 Die Fortbestehensfiktion gilt nach § 168 S 1, § 169 ggü gutgläubigen Dritten auch für die dem Beauftragten im Zusammenhang mit dem Auftrag erteilte **Vollmacht** (RGZ 61, 125, 126; s § 169 Rn 1). Die Fiktion **endet** gem § 169, sobald der Beauftragte das Erlöschen des Auftrags kennt oder kennen muss (BGH NJW 2000, 738, 739). Von diesem Moment an gelten die § 672 S 2 und § 673 S 2 (uU Notbesorgungspflicht!) sowie die §§ 677ff.

4 Die Vorschrift ist auf entgeltliche Geschäftsbesorgungsverträge (§ 675 I) und Testamentsvollstrecker (§ 2218 I) entspr anwendbar. Für den Fall der **Insolvenz des Auftraggebers** gelten die ähnl Sonderregelungen der §§ 115 III, 116 InsO. Hinsichtl der nach Insolvenzeröffnung entstandenen Ersatzansprüche ist der Beauftragte aber nicht Massegläubiger, sondern gem § 115 III 2 InsO Insolvenzgläubiger. Erlangt er nach der Insolvenzeröffnung noch in Ausführung des Auftrags etwas, so schuldet er dies seinerseits zur Masse (RGZ 53, 327, 330; Staudinger/*Martinek*/*Omlor* Rn 7).

5 Wenn der Beauftragte nach Erlöschen des Auftrags gegen den Auftraggeber Ansprüche wegen seiner Tätigkeit geltend macht (zB aus § 670), trägt der Auftraggeber die Beweislast dafür, dass der Beauftragte vom Erlöschen des Auftragsverhältnisses Kenntnis hatte oder hätte haben müssen.

Untertitel 2
Geschäftsbesorgungsvertrag (§§ 675–675b)[1]

§ 675 Entgeltliche Geschäftsbesorgung

(1) Auf einen Dienstvertrag oder einen Werkvertrag, der eine Geschäftsbesorgung zum Gegenstand hat, finden, soweit in diesem Untertitel nichts Abweichendes bestimmt wird, die Vorschriften der §§ 663, 665 bis 670, 672 bis 674 und, wenn dem Verpflichteten das Recht zusteht, ohne Einhaltung einer Kündigungsfrist zu kündigen, auch die Vorschriften des § 671 Abs. 2 entsprechende Anwendung.

(2) Wer einem anderen einen Rat oder eine Empfehlung erteilt, ist, unbeschadet der sich aus einem Vertragsverhältnis, einer unerlaubten Handlung oder einer sonstigen gesetzlichen Bestimmung ergebenden Verantwortlichkeit, zum Ersatz des aus der Befolgung des Rates oder der Empfehlung entstehenden Schadens nicht verpflichtet.

(3) Ein Vertrag, durch den sich der eine Teil verpflichtet, die Anmeldung oder Registrierung des anderen Teils zur Teilnahme an Gewinnspielen zu bewirken, die von einem Dritten durchgeführt werden, bedarf der Textform.

Schrifttum zu § 675 I: S § 662; außerdem: *Anders/Gehle*, Das Recht der freien Dienste. Vertrag und Haftung, 2001; *v Bernstorff*, Keine entsprechende Anwendbarkeit des § 664 BGB auf entgeltliche Geschäftsbesorgungsverträge!, NJW 1952, 731; *Hopt*, Interessenwahrung und Interessenkonflikte im Aktien-, Bank- und Berufsrecht, ZGR 2004, 1; *Lux*, Kommt dem Arztvertrag Geschäftsbesorgungscharakter zu?, GesR 2004, 6; *Schaub*, Sponsoring und andere Verträge zur Förderung überindividueller Zwecke, 2008; spezielle Lit zu einzelnen Geschäftsbesorgungsverträgen ist in den Rn 27ff vor dem jew Vertragstyp zitiert.

Schrifttum zu § 675 II: S vor Rn 125.

I. Regelungszweck. Der Zweck von Abs I besteht in der Verweisung auf die darin genannten Bestimmungen des Auftragsrechts für Dienst- oder Werkverträge, die eine Geschäftsbesorgung zum Gegenstand haben. Die vom Gesetzgeber verwendete Verweisungstechnik suggeriert, dass der Auftrag das praktisch bedeutendere Rechtsverhältnis ist. Tatsächlich ist das Gegenteil der Fall. Der magere Regelungsgehalt von Abs I verdeckt den Blick dafür, dass der Geschäftsbesorgungsvertrag heute eine zentrale und praktisch bedeutsame Kategorie des Vertragsrechts darstellt, deren Vielfalt nur noch schwer zu überschauen ist (Staudinger/*Martinek*/*Omlor* Rn A3). Abs II enthält eine Bestimmung über die Haftung für Rat und Empfehlung, die aber nur von eingeschränkter Bedeutung ist (s Rn 125f). Zum Verhältnis von § 675 und § 675c s Rn 45. 1

Die Rückverweisung auf die meisten Vorschriften des Auftragsrechts in Abs I wurde notwendig, weil das BGB, im Gegensatz zum ersten Entwurf (Mot II 527f), in den §§ 662ff im Einklang mit dem römisch-rechtl Vorbild des *mandatum* (s § 662 Rn 11, 14) das Erfordernis der Unentgeltlichkeit als charakteristisches Merkmal des Auftragsvertrags beibehielt (Prot II 352, 376f). Das dt Recht steht damit im Gegensatz zu anderen Rechtsordnungen wie etwa dem schweizerischen Recht (zum Auftrag nach Schweizer Recht *Boog*/*Eschment* RIW 2015, 245). Art 394 III OR geht im Anschluss an Art 1986 des französischen CC davon aus, dass ein Auftrag sowohl entgeltlich als auch unentgeltlich sein kann. Gleiches sieht Art IV.D.-1.101 (1)–(3) DCFR (s § 662 Rn 10) vor. Nach Art 405 des niederländischen Bürgerlichen Gesetzbuches (Burgerlijk Wetboek, BW) ist der Auftrag jedenfalls dann entgeltlich, wenn der Beauftragte in Ausübung seines Berufs oder im Rahmen seines Betriebs handelt. Ist dies nicht der Fall, gilt zwar eine Vermutung der Unentgeltlichkeit (*Castermans*/*Krans* in Krans/Stolker/Valk, Burgerlijk Wetboek[12] 2017, Boek 7, Art 405 Rn 2); aus Art 406 II 3 BW (s Rn 20) folgt aber, dass auch in diesen Fällen ein entgeltlicher Auftrag vereinbart werden kann. 2

Tatsächlich gehört der Gedanke der Interessenwahrung für einen anderen als unentgeltlicher Ehrendienst längst der Vergangenheit an. Heute liegt der Schwerpunkt der Auftragsverhältnisse im Bereich der entgeltlichen Verträ- 3

1 **Amtl Hinweis:** Dieser Untertitel dient der Umsetzung 1. der RL 97/5/EG des Europäischen Parlaments und des Rates vom 27. Januar 1997 über grenzüberschreitende Überweisungen (ABl EG Nr L 43, 25) und 2. Art 3–5 der RL 98/26/EG des Europäischen Parlaments und des Rates über die Wirksamkeit von Abrechnungen in Zahlungs- und Wertpapierliefer- und -abrechnungssystemen vom 19. Mai 1998 (ABl EG Nr L 166, 45).

ge (s § 662 Rn 14). Im Hinblick auf die allgegenwärtige Kommerzialisierung des (Wirtschafts-)Lebens spricht die schweizerische Rspr zu Recht von einer „faktischen Vermutung für die Entgeltlichkeit" des Auftrags (Obergericht des Kantons Basel-Landschaft SJZ 1984, 320 Nr 6). Typischerweise tragen diese entgeltlichen Geschäftsbesorgungsverträge dienst- oder werkvertragl Züge. Daher bestimmt etwa Art IV.D.-1:101 (5) DCFR (s § 662 Rn 10), dass Dienstleistungsverträge mit Geschäftsbesorgungscharakter primär den Regeln des Auftragsrechts unterfallen. Auch Art 394 II OR bestimmt, dass Arbeitsleistungen, die keinem anderen Nominatvertrag unterstehen, nach Auftragsrecht zu beurteilen sind. Dementspr verweist § 675 I für Dienst- oder Werkverträge, die eine Geschäftsbesorgung zum Gegenstand haben, auf die entspr Anwendung der meisten (s Rn 15ff) Vorschriften des Auftragsrechts.

4 **II. Entgeltliche Geschäftsbesorgung, Abs I. 1. Begriff der Geschäftsbesorgung.** Die Bestimmung dessen, was Geschäftsbesorgung iSv Abs I bedeutet, hat der Gesetzgeber bewusst der Rechtswissenschaft überlassen (Prot II 377). Schon die (selektive, s Rn 15ff) Verweisung auf das Auftragsrecht in Abs I macht deutlich, dass nach dem Willen des Gesetzgebers offenbar nicht jeder unentgeltliche Auftragsvertrag zugleich bei Entgeltlichkeit ein Geschäftsbesorgungsvertrag sein soll. Insoweit unterscheidet sich das dt Recht von den Rechtsordnungen, die Geschäftsbesorgungen sowohl bei Entgeltlichkeit als auch bei Unentgeltlichkeit dem Auftragsrecht unterstellen. Die Abgrenzung zum Auftragsrecht muss daher über den Begriff der Geschäftsbesorgung erfolgen. Während dieser im Auftragsrecht extrem weit verstanden wird (s § 662 Rn 13), wird er nach hM im Bereich der Geschäftsbesorgungsverträge enger interpretiert (**Trennungstheorie**, s Enneccerus/*Lehmann* § 164.I.; Soergel/*Benicke* Rn 2; *Larenz* SchuldR II/1 § 56 V).

5 Die ua von *Ehmann* (Erman/*Ehmann*[12] Vor § 662 Rn 91; ebenso BeckOGK/*Teichmann* Rn 18) vertretene **Einheitstheorie** geht dagegen von einem einheitlichen Begriff der Geschäftsbesorgung in den §§ 662ff und in Abs I aus und versteht darunter jede fremdnützige Tätigkeit. Diese Ansicht führt dazu, dass jeder Dienst- oder Werkvertrag zugleich eine Geschäftsbesorgung zum Gegenstand hat. Dadurch verliert die entgeltliche Geschäftsbesorgung nach Abs I ihren eigenständigen Charakter und wird zum bloßen entgeltlichen Auftrag. Die Vorschrift des Abs I wird dadurch letztlich überflüssig, gleichzeitig wird der Anwendungsbereich der in Abs I enthaltenen Verweisung auf das Auftragsrecht erweitert (s Staudinger/*Martinek*/*Omlor* Vor § 662 Rn 11). Diese Sicht ist aber weder mit dem Willen des Gesetzgebers noch mit dem Wortlaut des Gesetzes zu vereinbaren. Der Geschäftsbesorgungsvertrag ist kein entgeltlicher Auftrag (MüKo/*Heermann* Rn 3). Vielmehr deutet die Formulierung im Gesetz („... Dienstvertrag oder ... Werkvertrag, *der eine Geschäftsbesorgung zum Gegenstand hat* ...") darauf hin, dass der Geschäftsbesorgungsvertrag einen im Verhältnis zum Auftrag zwar ähnl, aber doch eigenständigen Vertragstypus darstellt, der aus einer Kombination von Elementen des Dienst- bzw Werkvertrags und des Auftrags hervorgegangen ist. Diese Sichtweise wird durch die Systematik und Benennung des 12. Titels („Auftrag *und* Geschäftsbesorgungsvertrag") bestätigt (s Staudinger/*Martinek*/*Omlor* Vor § 662 Rn 21 aE). Er führt zwei unterschiedliche Vertragstypen zusammen (Auftrag als unentgeltliche Geschäftsbesorgung iwS und Geschäftsbesorgungsvertrag als entgeltliche Geschäftsbesorgung ieS), deren gemeinsamer Nenner ihr Charakter als Subordinationsvertrag (s § 662 Rn 3 und unten Rn 12) ist (Staudinger/*Martinek*/*Omlor* Vor § 662 Rn 29). Ein einheitliches, für § 662 und § 675 gleichermaßen geltendes Verständnis des Geschäftsbesorgungsbegriffs würde diese gesetzl gebotene Differenzierung zw Auftrags- und Geschäftsbesorgungsvertrag auf das Kriterium der Entgeltlichkeit reduzieren. Dies stünde zwar im Einklang mit einigen ausl Rechtsordnungen und dem DCFR (s § 662 Rn 10), entspricht aber nicht der im BGB angelegten Systematik, mag man sie nun für richtig oder falsch halten.

6 Wie im Bereich des Auftragsvertrags selbst (s § 662 Rn 4) ist daher die erforderliche typologische Abgrenzung durch Konkretisierung des Geschäftsbesorgungsvertrags als Vertragstyp mit Hilfe der im Folgenden dargestellten Typenmerkmale vorzunehmen (MüKo/*Heermann* Rn 4, 9; PWW/*Fehrenbacher* Rn 2; Soergel/*Benicke* Rn 8; Staudinger/*Martinek*/*Omlor* Rn A8 spricht von „typologischen Qualifikationsmerkmalen" und von Abs I als „vertragstypologischer Generalklausel von zentraler und fundamentaler Bedeutung im Schuldrecht"). Wie im Auftragsrecht ist auch hier von der Erkenntnis auszugehen, dass jedes dieser Elemente hoch variabel ist, sodass ihre Kombination und Skalierung in der Rechtswirklichkeit zu einer Fülle von „hybriden" Geschäftsbesorgungsverhältnissen führt, bei denen mal das eine, mal das andere und mal keines der genannten Elemente dominiert. Dies zeigt schon die Tatsache, dass sich in der Kautelarpraxis eine Fülle von Untertypen entwickelt hat, die sich weitgehend von der gesetzl Regelung des Geschäftsbesorgungsvertrags emanzipiert hat, sodass auf die gesetzl Regelungen des Geschäftsbesorgungs- bzw Auftragsrechts nur noch hilfsweise zurückgegriffen wird (s Rn 14, 27). Wie auch sonst im Vertragsrecht schließt die nachfolgende, auf den Typus des Geschäftsbesorgungsvertrags bezogene Wertung es nicht aus, einzelne Vorschriften des Auftragsrechts im Einzelfall auch auf andere Verträge entspr anzuwenden (s Rn 25).

7 **2. Typusmerkmale.** Entgeltliche Geschäftsbesorgung iSv Abs I ist nicht schon, wie bei § 662, jede Tätigkeit wirtschaftl oder ideeller Art im Interesse eines anderen (s § 662 Rn 13), sondern nur eine **entgeltliche, selbständige Tätigkeit wirtschaftlicher Art zur Wahrnehmung fremder Vermögensinteressen** (BGHZ 45, 223, 228f; BGH BB 2006, 2101; NJW-RR 2004, 989; 1992, 560; RGZ 109, 299, 301; Grü/*Grüneberg* Rn 2). Diese Umschreibung des Typus „Geschäftsbesorgungsvertrag" enthält **sechs Typusmerkmale**, deren Vorliegen für die typologische Einordung eines Vertrags nach Abs I indiziellen Charakter hat: (1) Tätigkeit, (2) Entgeltlichkeit, (3) Selbständigkeit, (4) Wirtschaftlichkeit, (5) Fremdnützigkeit, (6) Vermögensbezogenheit.

8 **a) Tätigkeit.** Der Begriff der Geschäftsbesorgung deckt sich insoweit mit dem des Auftrags in § 662 (s § 662 Rn 13), als auch hier eine aktive rechtsgeschäftliche, rechtsgeschäftsähnl oder tatsächliche Tätigkeit verlangt

wird (1. Typusmerkmal). Bloßes Unterlassen, Gewährenlassen oder Dulden genügt also auch hier nicht (Grü/*Grüneberg* Rn 3; Soergel/*Benicke* Rn 3). Gerade aus dieser weiten Umschreibung der vom Geschäftsbesorger geschuldeten Tätigkeit folgt der außerordentlich weite Anwendungsbereich des Abs I und seine extrem hohe praktische Bedeutung.

b) Entgeltlichkeit. Geschäftsbesorgung iSv Abs I ist im Gegensatz zum Auftrag (s § 662 Rn 14) eine entgeltliche Tätigkeit (2. Typusmerkmal). Die Pflicht zur Entgeltzahlung ist **Hauptpflicht** des Geschäftsherrn. Das Gesetz verweist insoweit auf § 611 I, § 612 bzw § 631 I, § 632 (s Hamm NJW-RR 1995, 1010, 1011; s zur Beweislast § 662 Rn 23). Die Tätigkeit ist also auch dann entgeltlich, wenn dies nicht ausdrückl vereinbart wurde. Allerdings wird es in diesen Fällen schwieriger, zu entscheiden, ob die Entgeltlichkeit ggf zu einer Modifikation bei der in Abs I angeordneten „entspr" Anwendung der darin genannten auftragsrechtl Bestimmungen führt, denn dies lässt sich meist nur durch Auslegung einer entspr Entgeltvereinbarung der Parteien ermitteln (s Rn 19). Das Entgelt ist Gegenleistung für die Tätigkeit des Geschäftsbesorgers. Der Geschäftsbesorgungsvertrag ist also im Gegensatz zum Auftragsvertrag (s § 662 Rn 2) **gegenseitiger Vertrag** (PWW/*Fehrenbacher* Rn 2). 9

c) Selbständigkeit. Für den Auftragsvertrag genügt jede unselbständige Tätigkeit, der Beauftragte braucht also keinen Entscheidungsspielraum zu haben (s § 662 Rn 13). Gegenstand des Geschäftsbesorgungsvertrags muss dagegen eine selbständige Tätigkeit (3. Typusmerkmal) des Geschäftsbesorgers sein. Der Geschäftsführer muss also **Raum für eigenverantwortliche Überlegung und Willensbildung** haben (BGHZ 137, 69, 71f; Jauernig/*Mansel* Rn 5). Dies trifft auf Dienstleistungen in abhängiger Stellung nicht zu. Deswegen fallen entgegen der von der Einheitstheorie vertretenen Ansicht (s Erman/*Ehmann*[12] Vor § 662 Rn 72ff; BAGE 89, 149, 162; BAG NJW 1967, 414; NZA 1998, 1225, 1228) Arbeitsverhältnisse nicht unter Abs I (Staudinger/*Martinek*/*Omlor* Rn A14; MüKo/*Heermann* Rn 6; Grü/*Grüneberg* Rn 3). Das Typusmerkmal der Selbständigkeit des Geschäftsbesorgers ist im Kontext des Abs I geschäftsbesorgungsspezifisch zu verstehen. Es darf sich nicht um eine vollkommene Unabhängigkeit und Ungebundenheit handeln. Vielmehr kann es sich stets nur um eine relative, dh fremdnützige und gebundene Selbständigkeit des Geschäftsbesorgers handeln, denn seine Tätigkeit steht „im Dienste" des Geschäftsherrn und ist an die Wahrung seiner Vermögensinteressen (s Rn 12) geknüpft (Staudinger/*Martinek*/*Omlor* Rn A12). 10

d) Wirtschaftliche Tätigkeit. Diese Tätigkeit muss zudem wirtschaftl Art sein (4. Typusmerkmal). Dies bedeutet nicht, dass ihr ein wie auch immer gearteter wirtschaftl Wert zukommen muss, sondern lediglich, dass sie dem Bereich des Wirtschaftslebens zuzuordnen sein muss (Soergel/*Benicke* Rn 5; Staudinger/*Martinek*/*Omlor* Rn A16). Nicht unter Abs I fallen daher Tätigkeiten auf den Gebieten der Heilkunst, Kunst, Musik, Religion, Pädagogik und der Wissenschaften (Staudinger/*Martinek*/*Omlor* Rn A16; zum Arztvertrag ausf *Lux* GesR 2004, 6, 7; aA Erman/*Ehmann*[12] Rn 7 „Arztvertrag"). 11

e) Vermögensbezogene Fremdnützigkeit. Schließlich muss die Tätigkeit wie beim Auftragsvertrag (s § 662 Rn 13) fremdnützig sein (Grü/*Grüneberg* Rn 4). Wie beim Auftragsvertrag (s § 662 Rn 16) umfasst dieses Merkmal die Pflicht des Geschäftsbesorgers zur Loyalität ggü dem Geschäftsherrn. Enger als beim Auftragsvertrag muss aber diese Tätigkeit gerade auf die Wahrnehmung fremder *Vermögens*interessen (5. und 6. Typusmerkmal) bezogen sein, nämlich die des Geschäftsherrn (Soergel/*Benicke* Rn 5). Insofern ist der Geschäftsbesorgungsvertrag, wie der Auftragsvertrag (s § 662 Rn 3), ein typischer **Subordinationsvertrag**. Die daraus folgende **Loyalitäts- und Interessenwahrungspflicht** (s § 662 Rn 16) gehört zu den Hauptpflichten des Geschäftsbesorgers (s *Hopt* ZGR 2004, 1, 6f). Hierin liegt die eigentliche Rechtfertigung für die in Abs I enthaltene Verweisung auf die meisten Bestimmungen des Auftragsrechts (vgl Prot II 377). Die so verstandene Interessenwahrungspflicht des Geschäftsbesorgers ist nicht nur ein „Plus", sondern das zentrale, den Geschäftsbesorgungsvertrag qualifizierende „Aliud" ggü dem schlichten Dienst- oder Werkvertrag (Staudinger/*Martinek*/*Omlor* Rn A24). Wegen der Bedeutung dieses Typusmerkmals genügt es nicht, dass der erbrachten Leistung ein wirtschaftl Wert zukommt (MüKo/*Heermann* Rn 8). Sonst wären alle Dienst- und Werkverträge zugleich Geschäftsbesorgungsverträge. Ein solches Ergebnis entspricht nicht dem Willen des historischen Gesetzgebers (Prot II 377) und steht nicht im Einklang mit dem Wortlaut von Abs I. Gemeint sind vielmehr nur solche Geschäfte, die eigentlich dem Geschäftsherrn obliegen, weil sie sein Vermögen betreffen, und ihm vom Geschäftsbesorger gegen Zahlung eines Entgelts abgenommen werden (BGHZ 45, 223, 229; RGZ 109, 299, 301). Die Tätigkeit des Geschäftsbesorgers muss nach der Lebenserfahrung in gezielter, gesteuerter und voraussehbarer Weise eine Einwirkung auf das Geschäftsherrnvermögen erwarten lassen (Staudinger/*Martinek*/*Omlor* Rn A18). Die Wahrnehmung fremder Vermögensinteressen muss nicht zwangsläufig die **Mehrung fremden Vermögens** bedeuten. Es genügt, wenn die Tätigkeit der Bewahrung und/oder Verwaltung des vorhandenen Vermögens dient (PWW/*Fehrenbacher* Rn 6). Gemeint ist eine fremdnützige, wirtschaftl Interessenwahrung im weitesten Sinn. Typischerweise äußert sich dies im Auftreten des Geschäftsbesorgers im Rechts- bzw Prozessverkehr für den Geschäftsherrn, für das die Erteilung von Vertretungsmacht (s § 662 Rn 6) bzw Verfügungs- und Prozessführungsbefugnis sowie eine gewisse Treuebindung charakteristisch sind (Jauernig/*Mansel* Rn 7). Aus diesem Grund erweist sich der Anwaltsvertrag als Prototyp des Geschäftsbesorgungsvertrags (s Rn 55). Auch bei einem entgeltlichen Treuhandverhältnis (s Rn 90) liegt immer eine Geschäftsbesorgung iSv Abs I vor. 12

Wie im Auftragsrecht (s § 662 Rn 13) ist es nicht schädlich, wenn der Geschäftsbesorger eigene Interessen mitverfolgt (BGHZ 19, 282, 292). An der Wahrnehmung fremder Vermögensinteressen fehlt es erst dann, wenn der Geschäftsbesorger **ausschließlich im eigenen** Interesse tätig ist. Entgegen der Rspr (BGHZ 45, 223, 229) kann es genügen, dass die entspr Vermögensinteressen nicht schon vor Abschluss des Geschäftsbesorgungsvertrags be- 13 standen, sondern erst mit Unterstützung des Geschäftsbesorgers geschaffen werden sollen, vorausgesetzt, der Geschäftsbesorger nimmt dabei die Vermögensinteressen des Geschäftsherrn wahr (MüKo/*Heermann* Rn 8; Staudinger/*Martinek*/*Omlor* Rn A20; aA Grü/*Grüneberg* Rn 4). Erfolgen Leistungen an den Vertragspartner aufgrund **gewöhnlicher Dienst- oder Werkverträge** (zB Handwerker, Bauunternehmer, Architekt [s Rn 97]), liegt keine Wahrnehmung fremder Vermögensinteressen und damit auch kein Geschäftsbesorgungsvertrag vor. Solche gewöhnlichen Leistungen werden mangels Loyalitäts- und vermögensbezogener Interessenwahrungspflicht des Vertragspartners nur „an", aber nicht „für" einen anderen erbracht (BGH DB 1959, 167, 168; PWW/*Fehrenbacher* Rn 6; Grü/*Grüneberg* Rn 4; Enneccerus/*Lehmann* § 164.I). **Öffentliche Amtsträger** wie Notare oder Gerichtsvollzieher sind keine Geschäftsbesorger (BGH NJW-RR 1990, 629, 630; RGZ 82, 85, 86f).

14 **3. Anzuwendende Vorschriften. a) Vorrang von Parteiabreden und zwingendem Recht.** Angesichts der Vielgestaltigkeit des Vertragstypus „Geschäftsbesorgungsvertrag" (s Rn 27f) sind zunächst die Vereinbarungen der Parteien und etwaige spezialgesetzl Regelungen für bestimmte Arten von Geschäftsbesorgungsverträgen (zB §§ 84ff, 383ff, 453ff HGB) sowie berufsrechtl Sonderbestimmungen (zB BRAO) zu beachten. Die spezielle Regelung des § 392 II HGB, wonach Forderungen aus einem vom Kommissionär abgeschlossenen Geschäft als Forderungen des Kommittenten gelten, lässt sich nicht auf andere Auftrags- oder Geschäftsbesorgungsverträge analog anwenden (s § 662 Rn 6 aE; aA Staudinger/*Martinek*/*Omlor* Rn A59ff). Verträge, welche die Erbringung von Zahlungsdiensten iSv § 1 II ZAG zum Gegenstand haben, also insb Zahlungsdiensteverträge nach § 675f, sind ebenfalls Geschäftsbesorgungsverträge. § 675c stellt dies lediglich klar (BT-Drs 16/11643, 99). Für sie gelten aber in den §§ 675d–676c enthaltene spezialgesetzl Regelungen. Sie wurden durch das VerbrKrRL-UG v 29.7.2009 (BGBl I 2009, 2355) in das BGB eingefügt und dienen der Umsetzung der ZdRL 2007/64/EG v 13.11.2007 (ABl 2007 L 319/1). Die meisten dieser Bestimmungen sind zugunsten des Zahlungsdienstnutzers (§ 675f I) zwingend, es sei denn, im Gesetz ist etwas anderes bestimmt. Parteivereinbarungen sind daher nur in engen Grenzen möglich, § 675e II–IV (s allg § 675e Rn 2ff).

15 **b) Anwendung auftragsrechtl Normen.** Erst wenn keine zulässigerweise getroffene Parteivereinbarung und keine spezialgesetzl Regelung vorliegt, greift der in § 675 I, § 675c I enthaltene Verweis auf die darin genannten Bestimmungen des Auftragsrechts. Der Verweis bezieht sich zwar auf jene Bestimmungen des Auftragsrechts, die bei jedem vermögensbezogenen Tätigwerden in einem fremden Interessenbereich unabhängig von der Entgeltlichkeit geboten erscheinen (Soergel/*Benicke* Rn 1). Die Bedeutung einiger dieser Bestimmungen liegt aber gerade im Bereich der entgeltlichen Geschäftsbesorgungsverträge.

16 Dies gilt etwa für **§ 663**. Die drei von dieser Norm erfassten Konstellationen (öffentliche Bestellung, öffentliches Sich-Erbieten, individuelles Sich-Erbieten) betreffen in erster Linie entgeltlich tätige Geschäftsbesorger. Bei ihnen geht der Rechtsverkehr von der generellen Bereitschaft zur Besorgung von Geschäften aus, das Gesetz schützt daher das Vertrauen von Personen, die ggü solchen Geschäftsbesorgern ein Angebot zum Vertragsschluss abgeben. Wird dieses Vertrauen enttäuscht, statuiert die Norm keinen Kontrahierungszwang und keine Fiktion eines Vertragsschlusses, sondern eine schadensersatzbewehrte vorvertragl Pflicht zur unverzüglichen Ablehnung eines Angebots zum Abschluss eines Auftragsvertrags (s § 663 Rn 1).

17 Die **§§ 665–670** (Weisungsgebundenheit, Auskunft/Information/Rechenschaft, Herausgabe, Vorschuss/Aufwendungsersatz) folgen aus der Fremdnützigkeit der Tätigkeit des Beauftragten. Da gerade in der Eigenschaft als Subordinationsvertrag die typusprägende Gemeinsamkeit von Auftrags- und Geschäftsbesorgungsvertrag liegt (s Rn 12), gelten diese Bestimmungen des Auftragsrechts entspr für den Geschäftsbesorgungsvertrag. Dabei kommt der in **§ 665** zum Ausdruck kommenden Weisungsgebundenheit, aber auch der ebenfalls darin normierten ausnahmsw Befugnis (s § 665 Rn 7ff) oder gar Pflicht (s § 665 Rn 11) zur Abweichung von Weisungen des Geschäftsherrn besondere Bedeutung zu. In der Ambivalenz der Norm (Pflicht zur Befolgung – Befugnis zur Abweichung) kommt zugleich die „geschäftsbesorgungsspezifische Dynamik und Flexibilität" des Geschäftsbesorgungsvertrags zum Ausdruck, indem dem Geschäftsbesorger ein „Spielraum zur eigenverantwortlichen Reaktion auf situative Änderungen" eingeräumt wird (Staudinger/*Martinek*/*Omlor* Rn A47). Auch die in **§ 666** normierten Informationspflichten sind Spiegelbild der Tatsache, dass der Auftraggeber wie der Geschäftsherr Prinzipal der Geschäftsbesorgung durch den Beauftragten bzw Geschäftsbesorger ist und die Geschäftsbesorgung in seinem Interesse zu erfolgen hat (s § 666 Rn 1).

18 Der Verweis auf die Bestimmungen der **§§ 672–674** (Tod bzw Geschäftsunfähigkeit von Auftraggeber und Beauftragtem, Fortbestehensfiktion bei Unkenntnis des Beauftragten von Erlöschen) folgt daraus, dass der Geschäftsbesorgungsvertrag wie der Auftrag durch ein besonderes Vertrauensverhältnis zw Geschäftsherrn und Geschäftsbesorger und die Höchstpersönlichkeit der Pflichten des Geschäftsbesorgers gekennzeichnet ist (Staudinger/*Martinek*/*Omlor* Rn A31).

19 **c) „Entsprechende" Anwendung.** Abs I ordnet nur die „entspr Anwendung" der darin genannten Bestimmungen des Auftragsrechts an. Die genannten Vorschriften passen nach Ansicht des Gesetzgebers wegen ihres allg Inhalts überall dort, wo es sich um eine Geschäftsbesorgung mit Dienst- oder Werkvertragscharakter handelt (Prot II 377). Es ist aber in jedem Einzelfall zu prüfen, ob und inwieweit die Bestimmungen des Auftragsrechts tatsächlich auf den Vertrag angewendet werden können (Jauernig/*Mansel* Rn 9). So können sich Abweichungen vor allem aus der **Entgeltlichkeit** des Geschäftsbesorgungsvertrags (s Rn 9) ergeben. Dies gilt in erster Linie für die „entspr Anwendung" von §§ 669, 670. Trotz des in § 675 I enthaltenen Verweises auf die §§ 669, 670 können diese Vorschriften im Einzelfall nicht anwendbar sein, weil die vom Geschäftsherrn gezahlte Vergütung auch be-

stimmte, mit der Geschäftsbesorgung typischerweise verbundene **Aufwendungen** abdeckt (Prot II 377; BAG NJW 1962, 411, 414; s auch § 670 Rn 4, 10). Etwas anderes kann sich allerdings aus spezialgesetzl Regelungen wie zB § 1 I 1 RVG („Gebühren und Auslagen", s Rn 67) ergeben.

Die Entgeltlichkeit der vom Geschäftsbesorger geschuldeten Tätigkeit kann sich auch auf die Frage auswirken, welche **Zufallsschäden** im Rahmen des § 670 ersatzfähig sind (s § 670 Rn 18). Ist in der im Geschäftsbesorgungsvertrag enthaltenen Vergütungsregelung ein Risikozuschlag einkalkuliert und haben die Parteien damit eine Risikoverteilung zulasten des Geschäftsbesorgers verbunden, kommt eine Ersatzpflicht des Geschäftsherrn nicht in Betracht, auch wenn die Schäden unter den Begriff der nach § 670 eigentlich ersatzfähigen Zufallsschäden fallen würden. In diesem Zusammenhang ist allerdings zu berücksichtigen, dass die Vergütung jedenfalls primär, bisweilen gar ausschließlich, für die Tätigkeit des Geschäftsbesorgers, allenfalls sekundär, wenn überhaupt, für die Risikoübernahme von Zufallsschäden vertragl vereinbart wird. Dies gilt jedenfalls dann, wenn der Geschäftsbesorger in Ausübung seines Berufs oder im Rahmen seines Betriebs handelt. In diesen Fällen werden berufs- oder betriebsspezifische Risiken über das Entgelt oder über spezielle Berufs- und Betriebsunfallversicherungen abgedeckt. Genau aus diesen Gründen hat der Beauftragte nach Art 7:406 II 2 des niederländischen BW (s Rn 2) in diesen Fällen keinen Anspruch auf Ersatz von während der Auftragsdurchführung erlittenen Schäden (s *Castermans/Krans* in Krans/Stolker/Valk, Burgerlijk Wetboek[12] 2017, Boek 7, Art 406 Rn 3: Stuntman in einem Actionfilm und Arzt, der in ein brennendes Warenhaus läuft, um zu helfen). Der nicht-professionelle Beauftragte hat dagegen nach Art 7:406 II 3 BW dann Anspruch auf Ersatz von während der Auftragsausführung erlittenen Schäden, wenn die Parteien bei der Einigung auf das Entgelt mit derartigen Gefahren nicht rechnen konnten (s *Castermans/Krans* aaO). Diese Wertungen können auch für den Ersatz von Zufallsschäden im Rahmen von § 675 I iVm § 670 nutzbar gemacht werden. Letztlich hängt aber die Lösung von der Auslegung (§§ 133, 157) der Vergütungsvereinbarung in jedem Einzelfall ab (Staudinger/*Martinek/Omlor* Rn A42). 20

d) Anwendung der §§ 664, 671. Die §§ 664, 671 sind von der Verweisung auf das Auftragsrecht in § 675 I und § 675c I ausgenommen. Für den Geschäftsbesorgungsvertrag mit Dienstvertragscharakter folgt die Rechtsfolge des § 664 I 1 (Verbot der Substitution) und Abs II (Nichtabtretbarkeit des Anspruchs auf Dienstleistung) aus § 613, die Parteien können allerdings ausdrückl oder stillschw etwas anderes vereinbaren (s § 613 Rn 1, 3). Im Werkvertragsrecht ist die Substitution grds nicht zulässig, die Parteien können aber auch hier etwas anderes vereinbaren (NK/*Lederer/Raab* § 631 Rn 26; BRHP/*Voit* § 631 Rn 61; zur AGB-Problematik Bamberg CR 1987, 234; Saarbrücken NJW-RR 1999, 1397). Der Besteller ist nicht verpflichtet, der Übernahme des Vertrags durch einen anderen Unternehmer zuzustimmen (Köln VersR 2000, 335, 336). Handelt es sich um einen Geschäftsbesorgungswerkvertrag, der durch ein besonderes Vertrauensverhältnis zw Geschäftsherrn und Geschäftsbesorger gekennzeichnet ist, kommt im Hinblick auf die vergleichbare Interessenlage (s zum Regelungszweck von § 664 § 664 Rn 1) eine entspr Anwendung des § 664 in Betracht (Jauernig/*Mansel* Rn 11). Ist also dem Geschäftsbesorger die Substitution ausnahmsw gestattet, kommt eine Anwendung des auf *culpa in eligendo* reduzierten Haftungsmaßstabs aus § 664 I 2 (s § 664 Rn 7) trotz der Nichterwähnung von § 664 in § 675 I in Betracht (RGZ 78, 310, 313 für die Unterkommission; s NK/*Lederer/Raab* § 631 Rn 26 für den Werkvertrag; generell MüKo/*Heermann* Rn 24). Die in § 664 I 3 angeordnete Verantwortlichkeit des Beauftragten für Verschulden des Erfüllungsgehilfen nach § 278 ist ohnehin nur deklaratorischer Natur (s § 664 Rn 8) und gilt daher ohne weiteres auch bei Dienst- und Werkverträgen (s § 631 Rn 30f; MüKo/*Müller-Glöge* § 613 Rn 13). Für **Zahlungsdiensteverträge** verweist § 675c I ebenfalls nicht auf § 664. Insoweit gelten die speziellen Regelungen des Zahlungsdiensterechts über die Haftung des Zahlungsdienstleisters für zwischengeschaltete Stellen, insb § 675z S 3–5. 21

Wegen der Herleitung des beiderseitigen Kündigungsrechts aus der besonderen Natur und Unentgeltlichkeit des Auftrags (s § 671 Rn 1) wird in § 675 I nicht auf § 671 I verwiesen. Für die Vertragsbeendigung gelten also die speziellen, auf Dienst- und Werkvertrag abgestimmten Bestimmungen der §§ 620ff bzw § 634 Nr 3 Alt 1, §§ 643, 648, 649 I. Allerdings gelten die in § 671 II enthaltenen Einschränkungen (kein Verbot!) der Kündigung zur Unzeit (S 1) und die Schadensersatzpflicht bei Kündigung zur Unzeit (S 2) nach § 675 I Hs 2 dann auch entspr für Geschäftsbesorgungsverträge, wenn dem Geschäftsführer das Recht zusteht, ohne Einhaltung einer Kündigungsfrist zu kündigen. Dies betrifft die in §§ 621 Nr 5, 626 geregelten Fälle. Für § 627 enthält dessen Abs II bereits eine dem § 671 II entspr Regelung (s BGHZ 54, 106, 108; BGH NJW 1995, 1425, 1430). Im Gegensatz zu § 675 I enthält § 675c I keinen Verweis auf § 671 II, weil § 675h die Beendigung des Zahlungsdienstevertrags insoweit abschließend regelt (Grü/*Grüneberg* § 675c Rn 7). 22

In der **Insolvenz** des Geschäftsherrn unterfällt der Geschäftsbesorgungsvertrag, wie der Auftrag, gem § 116 S 1 InsO dem § 115 InsO, er erlischt also mit Eröffnung des Insolvenzverfahrens (s § 672 Rn 3). Dies gilt nach § 116 S 3 InsO nicht für Zahlungsaufträge und Verträge zur Übertragung von Wertpapieren. 23

e) Anwendung der §§ 611ff, 631ff. Die Bestimmungen des Auftragsrechts, auf die in Abs I verwiesen wird, aber im Einzelfall auch die entspr Anwendung der §§ 664, 671, gehen insoweit den Bestimmungen des Dienst- oder Werkvertragsrechts vor. Auf die §§ 611ff, 631ff kann daher erst dann zurückgegriffen werden, wenn auch die in § 675 I, § 675c I in Bezug genommenen Bestimmungen des Auftragsrechts keine Regelung enthalten (Staudinger/*Martinek/Omlor* Rn A26; Jauernig/*Mansel* Rn 9). 24

f) Entsprechende Anwendung der §§ 663ff auf Dienst- und Werkverträge. Auch ansonsten kommt die Anwendung einzelner Bestimmungen des Auftragsrechts auf Dienst- oder Werkverträge in Betracht. Für §§ 664, 671 wurde dies bereits oben (s Rn 21) dargestellt. Für § 670 hat der GrS des BAG schon früh die Ansicht vertre- 25 ten, dass „der Grundsatz des § 670 BGB ... so selbstverständlich und von der Sache her so notwendig [sei], dass er für den Arbeitsvertrag auch ohne ausdrückl Statuierung der entspr Anwendbarkeit [also außerhalb des Anwendungsbereichs des Abs I] analog anzuwenden ist". Zugleich wurde auf die Ansicht des BGH von der Gleichartigkeit der Tätigkeit bei Auftrag und Dienstvertrag (BGH NJW 1955, 785: Anwendbarkeit von § 618 auf einen Auftragsvertrag, sofern der Auftrag dahin geht, dass der Beauftragte gerade solche Dienste verrichten soll, die sonst von einem Dienstverpflichteten geleistet werden müssten) hingewiesen, die nach Ansicht des BAG „zu einem teilw Austausch der beiden Regelungen führen muss" (BAG NJW 1962, 411, 414; s auch BAG NJW 1967, 414). Während sich diese Entscheidungen noch auf eine Schadensersatzpflicht aus § 670 bei gefahrgeneigter Arbeit beschränkten, gilt die aus § 670 abgeleitete Ersatzpflicht des ArbGeb für Zufallsschäden heute für alle betrieblich veranlassten Tätigkeiten (BAG NJW 1995, 210; NZA 2011, 406 Rn 27; s auch § 611a Rn 294; Erman/*Ehmann*[12] Vor § 662 Rn 74ff, s auch zur Anwendbarkeit von § 670 im Dienstvertragsrecht § 611a Rn 358). Der Ansatz des BAG macht deutlich, dass die entspr Anwendung der passenden Auftragsregeln durch den engen Geschäftsbesorgungsbegriff (s Rn 4f) keineswegs ausgeschlossen wird, wohl aber wird der Anwendung der unpassenden vorgebeugt (Enneccerus/*Lehmann* § 164.I). Insoweit wird dem Streit zw der Trennungs- und der Einheitstheorie (s Rn 5, 10) weitgehend der Boden entzogen (Soergel/*Benicke* Rn 8).

26 **4. IPR.** S zur kollisionsrechtl Anknüpfung von Geschäftsbesorgungsverträgen mit Auslandsberührung und zum intern Gerichtsstand § 662 Rn 9.

27 **III. Einzelne Geschäftsbesorgungsverträge.** Das Geschäftsbesorgungsrecht hat sich in den letzten Jahrzehnten enorm ausdifferenziert. Diese Entwicklung ist paradigmatisch für den „Topos der rasenden Veränderungsgeschwindigkeit" (*Th. Honsell*, Historische Arg im Zivilrecht, 1982, 217) im (Vertrags-)Recht. Dies gilt nicht nur für die Anzahl, sondern auch für die inhaltliche Ausgestaltung dieser Verträge. Vielfach hat sich durch eine Gemengelage von spezialgesetzl Regelung und vom Geschäftsbesorgungs- und Auftragsrecht des BGB gelöster Kautelarpraxis eine Art „Sonderrecht" für bestimmte Verträge gebildet (s Rn 6). Das Auftragsrecht bildet dabei ein subsidiäres gesetzl Normengefüge, auf das nur noch in Ausnahmefällen zurückgegriffen wird. Auch die außerordentlich ausdifferenzierten Regelungen zu den Zahlungsdiensten in §§ 675c–676c, die auf dem VerbrKrRL-UG v 29.7.2009 (BGBl I 2009, 2355) beruhen, unterfallen nach § 675c I dem Typus des Geschäftsbesorgungsvertrags. Dies zeigt, dass sogar innerhalb des BGB halbzwingendes (s § 675e) regulatorisches, durch die Bemühungen der EU in das BGB gelangtes Verbraucherschutzrecht zu einer vom klassischen Geschäftsbesorgungsrecht des BGB abgelösten Entwicklung für die inhaltliche Ausgestaltung von bestimmten Untertypen des Geschäftsbesorgungsvertrags führen kann. Zugleich zeigt gerade die extrem ausdifferenzierte Materie des Zahlungsdiensterechts, dessen gesetzl Definitionen nicht mehr im BGB, sondern über § 675c III im KWG und im ZAG, also in bankaufsichtsrechtl Sondergesetzen, zu finden sind, dass die Kommentierung des § 675 nicht der richtige Platz für detaillierte Ausführungen zu diesen Spezialmaterien ist (s Staudinger/*Martinek/Omlor* Rn B5).

28 Im Folgenden sollen daher nur beispielhaft die wichtigsten Untertypen des Geschäftsbesorgungsvertrags ausf vorgestellt werden, während andere, alphabetisch geordnet, lediglich skizzenhaft dargestellt werden (s Rn 94ff). Sie sind zugleich Zeugnis für den außerordentlich weiten Anwendungsbereich des § 675 I und seine extrem hohe praktische Bedeutung.

1. Banken

Schrifttum (Auswahl): *Canaris*, Bankvertragsrecht I, 3. Aufl 1988 = Großkomm-HGB Bd 5, 4. Aufl 2005; *Claussen*, Bank- und Börsenrecht, 5. Aufl 2014; *Derleder/Knops/Bamberger* (Hrsg), Hdb zum deutschen und europäischen Bankrecht, 3. Aufl 2017; *Ebenroth/Boujong/Joost/Strohn*, HGB, Bd 2, 4. Aufl 2020, Bank- und Börsenrecht; *Ellenberger/Bunte* (Hrsg), Bankrechts-Hdb, 6. Aufl 2022; *Einsele*, Bank- und Kapitalmarktrecht, 5. Aufl 2022; *Fischer/Klanten*, Bankrecht, 4. Aufl 2010; *Grundmann*, Bankvertragsrecht, 2020/21; *Heymann/Horn*, HGB, Bd IV, 2. Aufl 2005, Anh § 372; *Hopt*, HGB, 42. Aufl 2023, (7) Bankgeschäfte, (8) AGB-Banken; *Jordans*, Anlageberatung, in Gößmann/Hellner/Schröter/Steuer/Weber, Bankrecht und Bankpraxis (BuB), Rn 7/1250 (Stand: 12/2019); *Kümpel/Mülbert/Früh/Seyfried*, Bank- und Kapitalmarktrecht, 6. Aufl 2022; *Lang*, Informationspflichten bei Wertpapierdienstleistungen, 2003; *Schnauder*, Auskunfts- und Beratungsvertrag beim Vertrieb von Kapitalanlagen, JZ 2013, 120; *Schwintowski*, Bankrecht, 6. Aufl 2022; *Vortmann*, Aufklärungs- und Beratungspflichten der Banken, 13. Aufl 2022; *Welter/Lang*, Hdb der Informationspflichten im Bankverkehr, 2005. S auch die Nachw in Rn 46.

29 **a) Typische Prägung des Bankvertrags.** Der Geschäftsbesorgungsvertrag spielt im Rechtsverkehr mit Kredit- und Finanzdienstleistungsinstituten (s § 1 Ib KWG) sowie mit Wertpapierdienstleistungsunternehmen (§ 2 X WpHG) eine zentrale Rolle (s Heymann/*Horn*, HGB, Anh § 372 Bankgeschäfte Rn I/5; Staudinger/*Martinek/Omlor* Rn B27). Typische Bankgeschäfte sind in § 1 I 2 Nr 1–12 KWG, Finanzdienstleistungen in § 1 Ia 2 Nr 1–12 KWG und Wertpapierdienstleistungen in § 2 VIII 1 Nr 1–10 WpHG (zu den Wertpapiernebendienstleistungen § 2 IX Nr 1–7 WpHG) aufgelistet. Die Bank erbringt ggü ihrem Kunden im Zusammenhang mit diesen Geschäften eine Fülle von geschäftsbesorgungstypischen Leistungen (*Canaris*, Bankvertragsrecht I, Rn 3; Staudinger/*Martinek/Omlor* Rn B28; Grü/*Grüneberg* Rn 9). Die Bank ist stets verpflichtet, die Vermögensinteressen des Kunden, mit denen ihre Tätigkeit zwangsläufig in unmittelbarem Zusammenhang steht, zu wahren (s allg Rn 12). Gerade aufgrund dieser besonderen Nähe zur Vermögenssphäre des Kunden ist das für den Geschäftsbesorgungsvertrag charakteristische Vertrauensverhältnis und die daraus resultierende vermögensbezogene Loyalitätspflicht (s Rn 12) in den Rechtsbeziehungen zw einer Bank und ihren Kunden ganz besonders ausgeprägt (*Jordans* in BuB Rn 7/1268). In der Präambel der vor dem 1.1.1993 geltenden Fassung der AGB-Banken wurde die Natur des Geschäftsverhältnisses zw Kunden und Bank als gegenseitiges Vertrauensverhältnis besonders hervorgehoben (vgl zur Streichung der Präambel *Horn*, Die AGB-Banken 1993, 1994, 65, 72f). Aus der da-

raus resultierenden zentralen Pflicht der Bank, die Vermögensinteressen des mit ihr in Vertragsbeziehungen stehenden Kunden zu schützen und nicht zu beeinträchtigen, folgt eine Fülle von vertragl Interessenwahrungs-, Schutz- und sonstigen Nebenpflichten, wie zB die zur richtigen Auskunft (s Rn 139f), zur Aufklärung, Warnung und Beratung (s Rn 36ff) über vermögensbezogene Risiken oder zur Wahrung des Bankgeheimnisses (s Rn 33ff; BGH NJW 2006, 830, 834 – Kirch; BankR-HdB/*Krepold/Zahrte*, § 8 Rn 7ff; Hopt/*Hopt*, HGB[42], (8) AGB-Banken Nr 2 Rn 1; *H.P. Westermann*, FS Th. Raiser, 2005, 787, 798).

Aufgrund dieser besonders ausgeprägten Interessenwahrungspflicht der Bank erhalten der einzelne Bankvertrag 30 und auch das einzelne Vertragsanbahnungsverhältnis eine spezielle Prägung iSv Rahmenpflichten der Bank zu besonderer vermögensbezogener Sorgfalt ggü ihrem Kunden (Heymann/*Horn* HGB, Anh § 372 Rn I/13). Diese Rahmenpflichten haben nichts mit einem **allg Bankvertrag** als übergreifendem, die gesamte Geschäftsbeziehung regelndem Rahmenvertrag zu tun (s dazu Neustätter, Die Kontokorrentbedingungen der Banken, 1921, 65ff; BankR-HdB/*Hopt/Roth*, § 1 Rn 16ff; *Schwintowski*, Bankrecht[6], Kap 1 Rn 28ff). Nichts spricht für die Bereitschaft der Bank, geschweige denn einen dem Kunden ggü ausdrückl erklärten Vertragswillen, sich schon bei Aufnahme der Geschäftsbeziehung unter Aufgabe ihrer gesetzl eingeräumten Vertragsfreiheit einem beschränkten privatrechtl Kontrahierungszwang zu unterwerfen. Der allg Bankvertrag erweist sich danach als überflüssige Fiktion (BGH NJW 2002, 3695, 3696f; s auch *Canaris*, Bankvertragsrecht I, Rn 11, der allerdings für eine „Vertrauenshaftung kraft Geschäftsverbindung" plädiert, aaO, Rn 15ff). Das wird insb dadurch deutlich, dass Schutz- und Verhaltenspflichten, die aus dem allg Bankvertrag folgen sollen, auch von Anhängern der Lehre vom allg Bankvertrag aus einem aufgrund der Geschäftsbeziehung zw Bank und Kunden bestehenden gesetzl Schuldverhältnis ohne primäre Leistungspflichten abgeleitet werden, wenn der allg Bankvertrag nichtig ist. An einem allg Bankvertrag fehlt es auch dann, wenn mit dem ersten Giro- oder Darlehensvertrag die **AGB-Banken** (s dazu Heymann/*Horn* HGB, Anh II zu § 372; *Bunte/Zahrte*, AGB-Banken, AGB-Sparkassen, Sonderbedingungen[6] 2023) vereinbart werden, die nicht nur das Giro- oder Darlehensverhältnis regeln. Giro- und Darlehensverträge sind regelmäßig von vornherein auf längere Zeit angelegt. Sie bilden als Dauerschuldverhältnisse die Grundlage der Geschäftsbeziehung. AGB der Banken und Sparkassen, die aus Anlass eines Giro- oder Darlehensvertrags vereinbart werden, sind, auch soweit sie nicht nur das Giro- oder das Darlehensverhältnis regeln, Teil des Giro- oder Darlehensvertrags. Dass sie auch für spätere andere Geschäfte von Bedeutung sind, für die zudem spezielle AGB gelten (zB die Sonderbedingungen für das Wertpapiergeschäft, für den kartengestützten Zahlungsverkehr, für den Scheckverkehr, für den Sparverkehr, für den Überweisungsverkehr, für das Telefonbanking), ändert nichts. Eines allg Bankvertrags bedarf es dafür mit Rücksicht auf die durch § 305 III gebotene Möglichkeit der Einbeziehung durch Rahmenvereinbarung nicht (BGH NJW 2002, 3695, 3697; *Werner* ZBB 1990, 236, 238; s zur Einbeziehung der AGB-Banken durch Rahmenvereinbarung nach § 305 III § 305 Rn 44 sowie den Wortlaut von Nr 1 (1) AGB-Banken: „Die AGB gelten für die gesamte Geschäftsverbindung zw dem Kunden und den inl Geschäftsstellen der Bank [im Folgenden Bank genannt]").

b) Vertragsschluss; Kontrahierungszwang. Für den Vertragsschluss zw Bank und Kunde gelten die allg Regeln, 31 einschl § 362 HGB. Seit langem wird die Frage eines Kontrahierungszwangs der Banken beim Abschluss von Giroverträgen diskutiert (s BankR-HdB/*Schmieder*, § 26 Rn 3ff). Das Thema hat im Hinblick auf die Funktion des Girokontos als „wirtschaftl Drehscheibe" des Einzelnen, ohne das eine Teilnahme am allg Leben (Arbeitslohn, Miete, Sozialleistungen etc) kaum möglich ist, auch eine soziale Dimension. Sparkassen verfolgen einen in den Sparkassengesetzen der Länder manifestierten Auftrag zur Daseinsvorsorge, nämlich in ihrem Geschäftsbereich die Versorgung der Bevölkerung mit geld- und kreditwirtschaftl Leistungen sicherzustellen (s zB § 2 I SpkG NRW). Dazu gehört auch die Eröffnung der Teilnahme am bargeldlosen Zahlungsverkehr durch die Führung von Girokonten. Sparkassen unterliegen daher einem, häufig in den Sparkassengesetzen (zB § 5 SparkG NRW) spezialgesetzl geregelten, Kontrahierungszwang, der sich bei bereits abgeschlossenen Giroverträgen als Kündigungssperre auswirkt (BGH NJW 2003, 1658). Private Banken unterlagen dagegen bislang keinem aus § 826 ableitbaren allg Kontrahierungszwang ggü einem bestimmten Kunden (BGH NJW 2013, 1519; BankR-HdB/*Hopt/Roth*, § 1 Rn 33; BankR-HdB/*Schmieder*, § 26 Rn 2ff; *Köndgen* NJW 1996, 558, 559; *Kreft*, FS Graf v Westphalen, 2010, 415, 430f; aA *Reifner* ZBB 1995, 243, 246ff). Auch aus der Empfehlung des Zentralen Kreditausschusses (ZKA; seit 2011 umbenannt in „Dt Kreditwirtschaft") „Girokonto für Jedermann" (abgedr in Die Bank 1995, 634f) folgte kein Kontrahierungszwang einer einzelnen Bank (s Voraufl). In Umsetzung der RL 2014/92/EU des Europäischen Parlaments und des Rates v 23.7.2014 über die Vergleichbarkeit von Zahlungskontoentgelten, den Wechsel von Zahlungskonten und den Zugang zu Zahlungskonten mit grundlegenden Funktionen (ABl 2014 L 257/214) sieht § 31 ZKG seit dem 18.6.2016 einen Anspruch jedes Verbrauchers mit rechtmäßigem Aufenthalt in der EU gegen jede Bank, die Girokonten für Verbraucher anbietet, auf Eröffnung eines **Basiskontos auf Guthabenbasis** (§ 30 II ZKG) vor. Das gilt auch für Wohnungslose, Asylsuchende und geduldete Personen ohne Aufenthaltsstatus (§ 31 I 2 ZKG). Der Antrag des Berechtigten kann von der Bank nur unter den Voraussetzungen der §§ 35-37 ZKG abgelehnt werden, etwa wenn der Berechtigte bereits über ein Zahlungskonto verfügt (§ 35 ZKG). Das Entgelt für die Basisleistungen muss angemessen sein (§ 41 II 1, § 38 ZKG). Eine Kündigung durch die Bank ist nur unter den Voraussetzungen des § 42 ZKG möglich. Im Einz s *Herresthal* BKR 2016, 133; *Rott* VuR 2016, 3.

c) Entgelte. Die für Tätigkeiten der Banken zu zahlenden Entgelte werden häufig in AGB vereinbart. Nr 12 (1) 32 AGB-Banken verweist für das Privatkundenmassengeschäft auf den „Preisaushang – Regelsätze im standardisierten Privatkundengeschäft" und erg auf das „Preis- und Leistungsverzeichnis" der Privatbanken. S zu Informationspflichten der Bank über Entgelte und Auslagen der Geschäftsbesorgung für Standardgeschäfte § 675a und § 675d I iVm Art 248 § 4 I Nr 3 EGBGB; zu den vorvertragl Informationspflichten beim Verbraucherdarlehensvertrag gem § 491a I iVm Art 247 § 3 I Nr 10 EGBGB s § 491a Rn 24ff. Nr 12 (2) AGB-Banken verweist für das B2B-Geschäft auf eine spezielle Vereinbarung mit dem Kunden sowie die Befugnis der Bank zur Festsetzung von Zinsen und Entgelten nach billigem Ermessen nach § 315. **Entgeltklauseln** in den AGB der Banken unterliegen bei der richterlichen Inhaltskontrolle strengen Maßstäben (für eine Differenzierung bei der Inhaltskontrolle von Entgeltklauseln zw dem B2C- und B2B-Geschäft der Banken *Merkel*, FS Nobbe, 2009, 141, 148ff). Solche Klauseln sind nur wirksam, wenn sie das Entgelt für eine rechtl nicht geregelte, zusätzl angebotene Sonderleistung der Bank darstellen (BGH WM 2009, 1077, 1079; BGHZ 124, 254, 256f; 133, 10, 14ff; 137, 27, 29f). Sie sind hingegen **nach § 307 unwirksam**, wenn sie a) Arbeiten bepreisen, die keine Dienstleistungen für den Kunden darstellen, b) lediglich Aufwendungen für die Erfüllung gesetzl oder nebenvertragl begründeter eigener Pflichten der Bank oder für die Vermeidung von sekundären vertragl Schadensersatzansprüchen darstellen, c) ein Entgelt für die Erfüllung von gesetzl Pflichten darstellen, d) dazu dienen, dem Kunden i Erg eine Haftung ohne Verschulden aufzuerlegen, oder e) dazu dienen, Aufwendungen für allg Betriebskosten auf den Kunden abzuwälzen (BGHZ 203, 115 Rn 61; BGH NJW 2013, 995 Rn 41ff; WM 2009, 1077, 1079; BGHZ 136, 261, 266f; 137, 27, 30; 141, 380, 386; 146, 377, 384f; 150, 269, 276; 161, 189, 193; *Nobbe* WM 2008, 185, 187ff sowie aaO, 190ff für eine Zusammenstellung von zulässigen Preisklauseln; *Cahn* WM 2010, 1197, 1198f). Im Zusammenhang mit Kreditverträgen ist bei der AGB-Kontrolle solcher Klauseln zu berücksichtigen, dass der vom Darlehensnehmer geschuldete Zins auch eine Gegenleistung für die allg internen Kosten der Bank darstellt, die Bank solche allg internen Kosten, etwa für die Bearbeitung des Darlehensantrags (BGHZ 201, 168; *Nobbe* WM 2008, 185, 188; MüKo/*Berger* § 488 Rn 159), die Auszahlung der Valuta, die Führung des Darlehenskontos (BGH NJW 2011, 2640) oder die allg Betreuung („*monitoring*") des Vertrags (BGHZ 201, 168 Rn 55) daher nicht über eine Entgeltklausel ersetzt verlangen kann, auch wenn der Betrag als Prozentsatz der Kreditsumme berechnet wird. S zum Zahlungsdienstevertrag § 675f V; dazu § 675f Rn 46ff.

33 d) **Bankgeheimnis.** Das Bankgeheimnis ist Teil der allg geschäftsbesorgungstypischen Interessenwahrungspflicht, die die Bank ihrem Kunden schuldet (BGH WM 2007, 643, 644; Heymann/*Horn*, HGB, Anh § 372 Rn II/19; *Grundmann*, Bankvertragsrecht 2. Teil Rn 73; s allg Rn 12). Nr 2 (1) AGB-Banken bestimmt, dass die Bank zur Verschwiegenheit über alle kundenbezogenen Tatsachen, Daten und Wertungen verpflichtet ist, von denen sie Kenntnis erlangt (Bankgeheimnis). Informationen über den Kunden darf die Bank nur weitergeben, wenn gesetzl Bestimmungen (zB § 161a StPO, §§ 90, 92, 93, 97 AO, §§ 43, 44 GwG, § 33 ErbStG) dies gebieten, der Kunde eingewilligt hat oder die Bank zur Erteilung einer Bankauskunft nach Nr 2 (2) und (3) AGB-Banken befugt ist. Auch im Strafverfahren haben Bankangestellte kein Zeugnisverweigerungsrecht, das Bankgeheimnis fällt nicht unter § 53 StPO (Schwintowski/*Schantz*, Bankrecht[6], Kap 4 Rn 38). Vor der Staatsanwaltschaft müssen Bankangestellte ebenfalls gem § 161a StPO aussagen. Im Zivilprozess hat der Bankangestellte dagegen nach § 383 I Nr 6 bzw § 384 Nr 3 ZPO ein Zeugnisverweigerungsrecht, es sei denn (s § 385 II ZPO), der Kunde hat den Mitarbeiter vom Bankgeheimnis entbunden (*Gößmann* in Welter/Lang, Rn 16.127, 16.129). Gleiches gilt für andere Verfahren außerhalb von Straf- und Bußgeldverfahren (s zB § 46 II ArbGG, § 118 SGG, § 98 VwGO). Diese Pflicht zur Geheimhaltung ist durch Art 2 I, 12 I GG verfassungsrechtl abgesichert (*Canaris*, Bankvertragsrecht I, Rn 39) und heute gewohnheitsrechtl anerkannt (BankR-HdB/*Krepold*/*Zahrte*, § 8 Rn 14; Schwintowski/*Schantz* Bankrecht[6], Kap 4 Rn 4), sodass Nr 2 (1) AGB-Banken nur noch deklaratorische Bedeutung zukommt (*Gößmann* in Welter/Lang, Rn 16.3).

34 Nach ganz hM in Rspr und Lit bezieht sich das Bankgeheimnis nur auf kundenbezogene Tatsachen, Daten und Wertungen, die einem Kreditinstitut aufgrund, aus Anlass bzw im Rahmen der Geschäftsverbindung zum Kunden bekannt geworden sind (BGH NJW 2006, 830, 833; 1958, 1232; München ZIP 2013, 558, 559f; Karlsruhe WM 1971, 487f; BankR-HdB/*Krepold*/*Zahrte*, § 8 Rn 2; *Sichtermann*/*Feuerborn*/*Kirchherr*/*Terdenge*, Bankgeheimnis und Bankauskunft[3] 1984, 38; *Nobbe* WM 2005, 1537, 1538). Erforderlich hierfür ist ein innerer Zusammenhang zw der Kenntniserlangung von dem Geheimnis durch das Kreditinstitut und dem Bestehen der Geschäftsverbindung (BGH NJW 2006, 830, 833; *Canaris*, Bankvertragsrecht I, Rn 52; Heymann/*Horn*, HGB, Anh § 372 Rn II/19). Die Verpflichtung zur Wahrung des Bankgeheimnisses beinhaltet ua, die Kreditwürdigkeit des Darlehensnehmers weder durch Tatsachenbehauptungen, auch wenn sie wahr sind, noch durch Werturteile oder Meinungsäußerungen zu gefährden (BGH NJW 2006, 830, 834). Verletzt die Bank die Pflicht zur Wahrung des Bankgeheimnisses, hat der Kunde ein Recht zur Kündigung des Bankvertrags aus wichtigem Grund; die Bank macht sich zudem nach § 280 I schadensersatzpflichtig (BGH NJW 2006, 830, 833; BGHZ 27, 241, 247; Heymann/*Horn* aaO, Rn II/21).

35 Eine unter Verstoß gegen das Bankgeheimnis erfolgte **Abtretung** von Rückzahlungsforderungen aus § 488 I 2 durch die Bank ist weder nach § 399 Alt 1 (bei Abtretung durch eine Bank an eine Nicht-Bank, s *Funken*, Übertragung von Darlehensforderungen durch Kreditinstitute, Diss Köln 2010, 132ff) noch nach § 399 Alt 2 (stillschw abgeschlossenes *pactum de non cedendo*) oder nach § 134 iVm § 203 I (für private Banken) oder II (für öffentlich-rechtl Banken) StGB bzw Art 6 DSGVO (*Lehmann*/*Wancke* WM 2019, 613ff; zu § 28 BDSG aF BGH WM 2007, 643, 644; ZIP 2008, 1624; 2009, 2329 [für Sparkassen]; *Nobbe* WM 2005, 1537, 1540ff; aA Frankfurt WM 2004, 1386, 1387) noch wegen Verstoßes gegen das Recht des Darlehensnehmers auf informationelle Selbstbestimmung (BVerfG NJW 2007, 3707; BGHZ 171, 180, 189) unwirksam. Die Abtretung von Darlehensforde-

rungen an eine Nichtbank ist nicht wegen Verstoßes gegen § 32 I 1 KWG gem § 134 nichtig (BGH ZIP 2011, 1195).

e) **Beratungs- und Aufklärungspflichten.** Es besteht keine allg und undifferenzierte Rechtspflicht der Bank zu Aufklärung und Beratung ihres Kunden (*Vortmann*, Aufklärungs- und Beratungspflichten der Banken, Rn 19). Ohne nähere Rechtfertigung ist es nicht Sache der Bank, ihren Kunden aufgrund der zw ihnen bestehenden vertragl Beziehung zu beraten oder über Risiken aufzuklären, die mit bestimmten Geschäften verbunden sind (*Welter/Lang* in Welter/Lang, Rn 1.6). Die Intensität und Reichweite von Beratungs- und Aufklärungspflichten der Banken hängen vielmehr stets vom jew Geschäft und dem damit verbundenen Risiko bzw der gesetzl Risikoverteilung und dem vertragstypischen Pflichtenprogramm ab (*Jordans* in BuB Rn 7/1270; *Tonner* in Derleder/Knops/Bamberger, § 4 Rn 43). 36

aa) Girokontovertrag. So trifft im Zusammenhang mit einem Girokontovertrag die Bank keine Pflicht, ihren Kunden laufend über die Zweckmäßigkeit der von ihm auf dem Konto veranlassten Geldbewegungen aufzuklären (BGH WM 1978, 588, 589; *Jordans* aaO; *Werner* in Welter/Lang, Rn 4.94). Im bargeldlosen Zahlungsverkehr als Massengeschäft werden Kreditinstitute grds nur zum Zweck der technisch einwandfreien, einfachen und schnellen Abwicklung tätig und haben sich schon wegen dieses begrenzten Geschäftszwecks und der Massenhaftigkeit der Geschäftsvorgänge grds nicht um die beteiligten Interessen ihrer Kunden zu kümmern (BGH NJW 2008, 2245f; Heymann/*Horn*, HGB, Anh § 372 Rn III/35). In Ausnahmefällen können aber Warn- und Hinweispflichten der Kreditinstitute zum Schutz ihrer Kunden vor drohenden Schäden bestehen (vgl BGH NJW-RR 2004, 1637). Eine solche Pflicht ist im Überweisungsverkehr anzunehmen, wenn der Überweisungsbank der ersichtlich unmittelbar bevorstehende wirtschaftl Zusammenbruch des Überweisungsempfängers oder der Empfängerbank bekannt ist, es sei denn, dass durch diese Information eventuelle Sanierungsversuche des Empfängers gefährdet würden (BGH NJW 1978, 1852; 1987, 317, 318; 1961, 169; WM 1961, 510; vgl auch BGH NJW 1963, 1872). Warn- oder Hinweispflichten im Überweisungsverkehr können auch bestehen, wenn unklar ist, ob die erteilte Weisung fortbesteht (BGH NJW 1991, 487, 488; WM 1991, 57, 58), wenn sich der Verdacht des Missbrauchs der Vertretungsmacht aufdrängen muss (BGH WM 1976, 474) oder wenn die Bank weiß, dass die Bankaufsicht die Schließung der Empfängerbank für den Kundenverkehr (§ 46 I 2 Nr 5 KWG) angeordnet hat (*Werner* in Welter/Lang, Rn 4.126). Im Lastschriftverkehr bestehen entspr Warnpflichten (BankR-HdB/*Siol/Grüneberg*, § 88 Rn 81). 37

bb) Anlageberatung. Der Anlageberatungsvertrag ist bei Unentgeltlichkeit als Auftragsvertrag (BGHZ 216, 103 Rn 6) und bei Entgeltlichkeit als Geschäftsbesorgungsvertrag mit Dienstvertragscharakter einzuordnen (Frankfurt WM 2013, 1852, 1855; BKR 2013, 391, 392; bei Entgeltlichkeit für Geschäftsbesorgungswerkvertrag *van Kampen*, Der Anlageberatungsvertrag, 2020, 115). S zur Haftung wegen fehlerhafter Anlageberatung § 311 Rn 68ff. 38

Einstweilen frei. 39–42

cc) Depotvertrag (s Rn 46). Aus einem Wertpapierdepotvertrag folgt keine Pflicht der Bank zu vollumfänglicher Betreuung und laufender Beratung (BGH NJW 2005, 1113; vgl *Bauer* in Kümpel/Mülbert/Früh/Seyfried, Bank- und Kapitalmarktrecht[6] 2022, Rn 18.28). Insb kann der Depotkunde, wenn er die Beratungsleistungen der Bank iÜ nicht in Anspruch nimmt, nicht erwarten, dass ihm die Bank Hinw für eine zweckmäßige Portfoliogestaltung gibt und ihn über Auswirkungen möglicherweise bevorstehender Kursrückgänge auf sein intern ausgerichtetes Depot aufklärt (München WM 1994, 236f; s auch BGH WM 2001, 2053; *Balzer* in Welter/Lang, Rn 8.4). Die Bank ist auch nicht verpflichtet, den Depotkunden laufend über den Kurswert der Depotwerte zu informieren, denn der Kunde weiß, dass ihm diese Werte nur mit den Depotauszügen zum Jahresende mitgeteilt werden (München WM 1997, 1802; Hamm BB 1999, 1676). Nach Nr 15 (1) S 1 der von ihnen einheitlich verwendeten **„Sonderbedingungen für Wertpapiergeschäfte"** sind Depotbanken verpflichtet, ihre Depotkunden über die Einräumung von Bezugsrechten zu unterrichten, sofern eine entspr Veröffentlichung in den Wertpapier-Mitteilungen erfolgt ist (s *Balzer* in Welter/Lang, Rn 8.13). Nach Nr 16 haben sich Kreditinstitute verpflichtet, ihren Depotkunden Informationen zur Kenntnis zu geben (**„Weiterleitungspflicht"**), die sie aus bestimmten, in den Sonderbedingungen näher bezeichneten Quellen (Wertpapier-Mitteilungen, Übermittlung von Emittenten oder ausl Wertpapierverwahrern) erhalten haben und die die für den Kunden depotverwahrten Wertpapiere betreffen (BGH NJW 2005, 1113; vgl zu Aufklärungs- und Hinweispflichten beim Depotvertrag auch Celle WM 1997, 1801f). Voraussetzung hierfür ist, dass sich diese Informationen auf die Rechtsposition der Kunden erheblich auswirken können, die Benachrichtigung des Kunden zur Wahrung seiner Interessen erforderlich und dem Kreditinstitut rechtzeitig möglich ist. Als Bsp für diese Informationspflicht werden in Nr 16 der Sonderbedingungen ua Informationen über gesetzl Abfindungsrechte und Umtauschangebote genannt. Die Übermittlung der Informationen muss nicht mit einer Anlageberatung verbunden sein. Wird diese vom Kunden gewünscht, so muss er einen gesonderten Beratungsvertrag mit dem Kreditinstitut abschließen (BankR-HdB/*Walz*, § 90 Rn 41). Nr 16 betrifft nur die Weiterleitung entspr Nachrichten, die Bank ist also allein aufgrund des Depotvertrags nicht verpflichtet, sich selbst um die Beschaffung solcher kundenrelevanten Informationen zu bemühen (*Balzer* in Welter/Lang, Rn 8.10). Je größer das der Bank erkennbare Informationsgefälle zw ihr und dem Kunden ist, desto eher müssen entspr Warnhinweise und Informationspflichten angenommen werden (*Itzel* in Derleder/Knops/Bamberger, § 60 Rn 45). 43

44 **dd) Gelddarlehensvertrag.** Der Darlehensvertrag als solcher begründet – anders als ein Girovertrag mit Kontokorrentabrede – kein Auftrags- oder Geschäftsbesorgungsverhältnis (BGH BKR 2006, 405). S zur Haftung wegen fehlerhafter Aufklärung und Beratung beim Gelddarlehensvertrag § 311 Rn 55ff.

45 **f) Zahlungsdienste.** Verträge über Zahlungsdienste iSv § 1 II ZAG (zB Ein- und Auszahlungsgeschäfte, Überweisung, Daueraufträge, Lastschriften, Zahlung mit EC-, Kredit- oder Geldkarte, Finanztransfergeschäfte) und über die Ausgabe und Nutzung von elektronischem Geld sind nach § 675c I und II ebenfalls Geschäftsbesorgungsverträge. Das Auftragsrecht, auf das über § 675c I, § 675 I verwiesen wird, spielt hier jedoch nur noch eine untergeordnete Rolle. Insofern kann man heute kaum noch davon sprechen, dass § 675 I die „Ausgangsvorschrift" (so MüKo/*Heermann* Rn 55) für die §§ 675c ff darstellt. Dies beruht auf der von der EU-Kommission mit der ZdRL v 13.11.2007 (ABl 2007 L 319/1) angestrebten Vollharmonisierung (s Art 86 ZdRL) des Vertragsrechts des bargeldlosen Zahlungsverkehrs in der EU (s *Grundmann* WM 2009, 1109, 1110). Damit liegt auch die Letztentscheidungskompetenz für die in den §§ 675c–676c enthaltenen Begriffe beim EuGH. Auch wenn es der dt Gesetzgeber bisher abgelehnt hat, ein spezielles „Bankgesetzbuch" zu erlassen (s dazu *Berger*, FS Schimansky, 1999, 3ff), ist er doch mit den §§ 675c–676c diesem Gedanken sehr nahegekommen. Es handelt sich gleichsam um ein „Gesetz im Gesetz", ein Sondervertragsrecht des bargeldlosen Zahlungsverkehrs mit einer Fülle von kundenschützenden, „regulatorischen" Spezialbestimmungen, von denen gem § 675e zum Nachteil des Kunden nicht abgewichen werden darf, es sei denn, in den betreffenden Vorschriften ist etwas anderes bestimmt (s § 675e Rn 2ff). S zum Girokonto § 675f Rn 55ff; zur Überweisung § 675f Rn 76ff; zum Lastschriftverfahren § 675f Rn 85ff; zur Kartenzahlung § 675f Rn 99ff.

46 **g) Einzelne Bankverträge (alphabetisch):**

- Der **Akkreditivauftrag** ist Geschäftsbesorgungswerkvertrag (BGH WM 1998, 1769, 1770; Heymann/*Horn*, HGB, Anh § 372 Rn VI/30; Hopt/*Hopt* HGB[42], (7) BankGesch Rn K/3; BankR-HdB/*Haas*, § 103 Rn 83; *Zahn/Ehrlich/Haas*, Zahlung und Zahlungssicherung im Außenhandel[8] 2010, Rn 2/36).
- Der **Avalkreditvertrag** ist Geschäftsbesorgungsdienstvertrag (BGH NJW-RR 2018, 1136 Rn 24; NJW-RR 2000, 1717; BGHZ 95, 375, 380; KG ZIP 2010, 2411; BankR-HdB/*Peters*, § 40 Rn 59).
- Der **Bürgschaftsauftrag** (s § 1 I 2 Nr 8 KWG) ist Geschäftsbesorgungsvertrag (s § 765 Rn 27).
- Der **Depotvertrag** (s § 1 I 2 Nr 5 KWG) ist ein gemischttypischer Vertrag, der Elemente des Verwahrungsvertrags (§ 688) und des Geschäftsbesorgungsdienstvertrags enthält (BGH WM 1991, 317, 318; *Balzer* in Welter/Lang, Rn 8.2; *Bauer* in Kümpel/Mülbert/Früh/Seyfried[6] Rn 18.14). Seine Einzelheiten sind im DepotG sowie in den Sonderbedingungen für Wertpapiergeschäfte geregelt. Lit: BankR-HdB/*Klanten*, § 47; *Heinsius/Horn/Than*, Depotgesetz, 1975; *Scherer*, Depotgesetz, 2012; *Decker/Kümpel*, Das Depotgeschäft[2] 2007; s auch § 675b Rn 2ff).
- Der **Effektenkommissionsvertrag** (s § 1 I 2 Nr 4 KWG) ist Geschäftsbesorgungsdienstvertrag (Köln WM 1995, 381, 383f; MüKo-HGB/*Ekkenga*[4] 2019, Bd 6, Bankvertragsrecht P Rn 78; s auch BankR-HdB/*Seiler/Geier*, § 84 Rn 48).
- Der **Garantieauftrag** (s § 1 I 2 Nr 8 KWG) ist Geschäftsbesorgungswerkvertrag (*Canaris*, Bankvertragsrecht I, Rn 1107; Heymann/*Horn*, HGB[2], Anh § 372 Rn VII/133; BankR-HdB/*Fischer*, § 104 Rn 170; *Graf v Westphalen* in Graf v Westphalen/Jud, Die Bankgarantie im intern Handelsverkehr[4] 2014, Kap G Rn 2ff; *Zahn/Ehrlich/Haas*, Zahlung und Zahlungssicherung im Außenhandel[8] 2010, Rn 9/73).
- Der **Inkassoauftrag** ist Geschäftsbesorgungsdienstvertrag (BGH NJW 1992, 1960, 1961; BankR-HdB/*Fischer*, § 102 Rn 14; *Zahn/Ehrlich/Haas*, Zahlung und Zahlungssicherung im Außenhandel[8] 2010, Rn 3/9; *Canaris*, Bankvertragsrecht I, Rn 1090).
- Ein **Investmentvertrag** ist ein durch das KAGB besonders ausgestalteter Dienstvertrag mit Geschäftsbesorgungscharakter gem §§ 611, 675 I, mit dem die Kapitalverwaltungsgesellschaft fremde Vermögensinteressen eigenverantwortlich wahrnimmt (BGH VersR 2022, 1027 Rn 13). §§ 101, 103ff KAGB schließen grds Ansprüche nach § 666 Fall 2 und 3 nicht aus (BGH VersR 2022, 1027 Rn 14).
- Der **Kreditauftrag (§ 778)** ist bei Entgeltlichkeit Geschäftsbesorgungsvertrag (Staudinger/*Stürner* § 778 Rn 3; s auch § 778 Rn 1).
- **Ratingvertrag** mit Ratingagentur ist Geschäftsbesorgungsvertrag (*Schweinitz* WM 2008, 953, 956; vgl *Hennrichs*, FS Hadding, 2004, 875, 878; aA *Stemper*, Rechtl Rahmenbedingungen des Ratings, 2010, 146 [Werkvertrag]).
- Der **Scheckinkassovertrag** (s § 1 I 2 Nr 9 KWG) ist Geschäftsbesorgungsdienstvertrag (BGHZ 22, 304, 305; 150, 269, 273; Hopt/*Hopt* HGB[42], (7) BankGesch Rn E/6; Ebenroth/Boujong/Joost/Strohn/*Hakenberg* HGB, B BankR II Rn 124; BankR-HdB/*Nobbe/Menges*, § 38 Rn 73).
- Der **Scheckvertrag** ist Geschäftsbesorgungswerkvertrag (BGHZ 135, 116, 119; BRHP/*Fischer* Rn 68; *Canaris*, Bankvertragsrecht I, Rn 682; für Geschäftsbesorgungsvertrag mit dienst- und werkvertragl Elementen BankR-HdB/*Nobbe/Menges*, § 38 Rn 171; für Geschäftsbesorgungsdienstvertrag Heymann/*Horn* HGB, Anh § 372 Rn VI/96; Hopt/*Hopt* HGB[42], (7) BankGesch Rn E/1).
- Der **Vermögensverwaltungsvertrag** (s § 1 Ia 2 Nr 3 KWG) ist Geschäftsbesorgungsdienstvertrag („Asset Management") (BGH NJW 2002, 1868; NJW 1998, 449; ZIP 1997, 2149, 2150; *Balzer*, Vermögensverwaltung durch Kreditinstitute, 1999, 42; *van Kampen*, Der Anlageberatungsvertrag, 2020, 20; *F. Schäfer/Sethe/Lang*, Hdb der Vermögensverwaltung[3] 2022, § 1 Rn 39; Heymann/*Horn* HGB, Anh § 372 Rn III/43; *Schäfer* WM 1995, 1000, 1010; *Möllers* WM 2008, 93, 97f).
- Der **Wertpapierauftrag** (§ 1 Ia 2 Nr 2 KWG) ist Geschäftsbesorgungsvertrag (Grü/*Grüneberg* Rn 16).

2. Baubetreuer

Schrifttum: *Basty*, Der Bauträgervertrag, 10. Aufl 2021; *Blank*, Bauträgervertrag, 5. Aufl 2015; *Grziwotz/Koeble*, Handbuch Bauträgerrecht, 2. Aufl. 2022; *Kleine-Möller/Merl/Glöckner*, Hdb des privaten Baurechts, 6. Aufl 2019; *Locher/Koeble*, Baubetreuungs- und Bauträgerrecht, 4. Aufl 1985; *Pause/Vogel*, Bauträgerkauf und Baumodelle, 7. Aufl 2022; *Reithmann/Terbrack*, Kauf vom Bauträger, 8. Aufl 2017.

a) Vertragsinhalt. Der Baubetreuer bereitet im fremden Namen und für fremde Rechnung Bauvorhaben wirtschaftl vor und/oder führt diese durch. Gegenstand der Baubetreuung sind typischerweise Planung, Vergabe, Bauaufsicht und Finanzierungsfragen im Zusammenhang mit dem Bauvorhaben. Dies gilt auch bei Vereinbarung eines Festpreises (BGHZ 67, 334, 336; Jauernig/*Mansel* Rn 12; Grü/*Grüneberg* Rn 20). Sie ist als Preisgarantie auszulegen (BGH NJW 1994, 2825, 2826; Staudinger/*Martinek/Omlor* Rn B65). Gewerbsmäßig tätige Baubetreuer bedürfen der Gewerbeerlaubnis (§ 34c I 1 Nr 3 lit b GewO). Erbringt der Baubetreuer Rechtsdienstleistungen (zB Regelung der dinglichen Rechtsverhältnisse des Baugrundstücks, Bearbeitung der Darlehensverträge, Vorbereitung der dinglichen Sicherung, Vertretung des Bauherrn, Abschluss von Versicherungsverträgen, Geltendmachung von Mängelrechten für den Bauherrn, vgl *Hirtz* in Grunewald/Römermann, RDG, 2008, § 5 Rn 91), so ist dies nach § 5 I RDG (früher: Art 1 § 5 RBerG, s BGH NJW 1976, 1635, 1637) zulässig, solange es sich um eine Nebentätigkeit, dh eine der Haupttätigkeit dienende Hilfstätigkeit, handelt (*Hirtz* aaO, § 5 Rn 92, 93; *Krenzler* RDG[2] 2017, § 5 Rn 51). Der Baubetreuer unterliegt nach § 3 MaBV speziellen öffentlich-rechtl Sicherungspflichten hinsichtl der zur Ausführung des Auftrags entgegenzunehmenden Vermögenswerte des Auftraggebers und ist nach § 2 MaBV zur Sicherheitsleistung bzw Versicherung hinsichtl vom Auftraggeber zu leistender Vorschüsse verpflichtet. Der Bau erfolgt typischerweise auf dem Grundstück des Bauherrn (BGH NJW 1975, 869, 870; Grü/*Grüneberg* Rn 19). Möglich ist auch, dass eine Bauerrichtungsgemeinschaft als Auftraggeber auftritt (BGHZ 76, 86, 89). Schließt der Baubetreuer Verträge über einzelne Bauleistungen ab, so berechtigt und verpflichtet er idR unmittelbar den Betreuten. Dieser ist „Bauherr", er trägt daher das Bauherrenrisiko (BGH NJW 1981, 757; 1977, 294; 1980, 992; Soergel/*Benicke* Rn 32; s zur steuerrechtl Anerkennung als „Bauherr" BFH BB 1980, 1137). Dies gilt selbst für später hinzukommende weitere, im Zeitpunkt der Aktivitäten des Baubetreuers noch unbekannte Bauherren (BGH NJW-RR 1987, 1233; NJW 1980, 992; BRHP/*Fischer* Rn 84). S zur Formbedürftigkeit der Vollmacht des Baubetreuers § 311b Rn 31ff. Der betreute Bauherr vergütet dem Baubetreuer nur die Betreuungstätigkeit, nicht die Fertigstellung des Vorhabens (BGH NJW 1975, 869, 870; MüKo/*Heermann* Rn 100). Es geht also stets um einen „**Baubetreuer ieS**", der im Namen, in Vollmacht und für Rechnung des Betreuten das Bauvorhaben – typischerweise auf einem Grundstück des Betreuten – durchführt und die Verträge mit den am Bau Beteiligten abschließt (*Locher/Koeble* Rn 14; *Glöckner* in Kleine-Möller/Merl/Glöckner, PrivBauR-Hdb, § 4 Rn 11). Übernimmt er eine „Vollbetreuung" (s Rn 48), ist er verpflichtet, das Bauvorhaben in technischer Hinsicht entstehen zu lassen; daneben hat er wirtschaftl Betreuungsleistungen zu erbringen (*Locher/Koeble* Rn 15; *Glöckner* aaO Rn 12). Insb hat er so wirtschaftl wie möglich zu bauen, die Finanzierung zu regeln und das Baugeld zu verwalten (BGH NJW 2001, 70, 72; *Locher/Koeble* Rn 18). Wird das Bauvorhaben dagegen vom Unternehmer im eigenen Namen für eigene oder fremde Rechnung vorbereitet oder durchgeführt, so ist er nicht Baubetreuer, sondern Bauträger (BGH NJW 1981, 757; s Rn 50). 47

b) Vertragstypus. Der Baubetreuungsvertrag ist Geschäftsbesorgungsvertrag. Der Baubetreuer schuldet zwar dem Bauherrn nicht die Herstellung des Bauwerks als körperliche Sache (BGH NJW 1994, 2825; BRHP/*Fischer* Rn 84). Wird aber die vollständige wirtschaftl und technische Betreuung bis zur Vollendung des Gesamtbauwerks geschuldet (**Vollbetreuung**), handelt es sich wegen der Erfolgsbezogenheit der Verpflichtungen des Baubetreuers um einen Geschäftsbesorgungswerkvertrag (BGH NJW 1994, 2825; 1976, 1635, 1636; 1975, 869; Soergel/*Benicke* Rn 32). Schuldet der Baubetreuer dagegen nur einzelne planerische oder wirtschaftl Betreuungsleistungen, ohne zur vollumfänglichen Planung und technischen Leitung bis zur Vollendung des Bauwerkes verpflichtet zu sein (**Teilbetreuung**), handelt es sich mangels Erfolgsbezogenheit der vom Betreuer geschuldeten Leistungen um einen Geschäftsbesorgungsdienstvertrag (BGH WM 2005, 1667; Hamm MDR 1982, 317; Grü/*Grüneberg* Rn 19). Ist in diesen Fällen die technische Leistung hauptsächlicher Vertragsgegenstand, liegt auch bei der Teilbetreuung ein Geschäftsbesorgungswerkvertrag vor (Soergel/*Benicke* Rn 32). Die technische Betreuung des Gesamtvorhabens liefert den werkvertragl Erfolgsbezug und ist daher entscheidendes Abgrenzungskriterium (BGHZ 145, 265; PWW/*Fehrenbacher* Rn 36). 48

c) Vertragspflichten; Haftung. Die Pflichten des Baubetreuers folgen aus den vertragl Vereinbarungen. Subsidiär (s Rn 14) gelten die Pflichten des Auftragsrechts, wie zB die Pflicht zur Rechnungslegung (uU eingeschränkt bei Vereinbarung eines Festpreises, MüKo/*Heermann* Rn 98) nach Abschluss des Bauvorhabens gem § 666 (s § 666 Rn 15f) und die Pflicht zur Herausgabe nicht verwendeter Vorschüsse aus § 667 (s § 667 Rn 6). Die Haftung des Baubetreuers für fehlerhaft erbrachte Leistung richtet sich nach dem auf die jew verletzte Pflicht anwendbaren Vertragsrecht (PWW/*Fehrenbacher* Rn 37). Die Überwachungs- und Beratungsaufgaben sind Hauptpflichten des Baubetreuers (*Locher/Koeble* Rn 168). Führt ihre Verletzung zu einem Mangel des Bauwerks, richten sich die Rechte des Bauherrn nach den §§ 633ff (BGH NJW-RR 1991, 218, 219; *Locher/Koeble* Rn 166, 167, 158). Arbeitet der Baubetreuer zum Zwecke der Erfüllung seiner Planungspflicht mit einem Architekten zusammen, so ist dieser sein Erfüllungsgehilfe (BGH WM 1978, 239, 240; Grü/*Grüneberg* Rn 21). Insoweit liegt eine eigene Verpflichtung des Baubetreuers vor, seine Vollmacht erstreckt sich grds nicht auf den Abschluss eines Architektenvertrags betreffend Planung und Überwachung der am Bau Beteiligten (BGH NJW 1978, 643, 644; Soergel/*Häuser/Welter*[12] Rn 366). Hat der Baubetreuer die Betreuung von Planungen selbst übernommen, so 49 haftet er nach den für den Architektenvertrag entwickelten Grundsätzen (BGH NJW 1994, 2825). Die Leistungen des Betreuers im technischen Bereich sind mit denen eines Architekten vergleichbar. Wie der Architekt ist der Baubetreuer nicht verpflichtet, das Bauwerk als körperliche Sache herzustellen, sondern er schuldet nur die ordnungsgemäße Erbringung der in den Bereichen Planung, Vergabe bzw Beschaffung, Finanzierung und Überwachung übernommenen Leistungen, wobei die Pflichtendichte davon abhängt, ob eine Voll- oder Teilbetreuung (s Rn 48) geschuldet wird (Soergel/*Benicke* Rn 32). Nicht jeder körperliche Mangel des Gebäudes ist daher zugleich ein Mangel der technischen Betreuungsleistung (Soergel/*Häuser*/*Welter*[12] Rn 377). Entspr den Grundsätzen zum Architektenvertrag (BGH NJW-RR 1989, 86; NJW 1982, 438) haftet der Baubetreuer deshalb nur, wenn seine Leistung mangelhaft ist und dieser Mangel zu einem Fehler des Bauwerks führt (vgl *Locher*/*Koeble* Rn 184; Staudinger/*Peters*/*Jacoby* 2014, Vorb §§ 631ff Rn 156). Liegen die Mängel dagegen im wirtschaftl Bereich (zB fehlerhafte Kostenberechnung, Abschluss ungünstiger Verträge mit den Bauunternehmen), gelten ohne weiteres die §§ 633ff (Soergel/*Häuser*/*Welter*[12] Rn 378).

3. Bauträger

Schrifttum: S vor Rn 47.

50 Der Bauträgervertrag (auch: „Baubetreuungsvertrag iwS") ist seit dem 1.1.2018 in § 650u I als Vertrag, der die Errichtung oder den Umbau eines Hauses oder eines vergleichbaren Bauwerks zum Gegenstand hat und der zugleich die Verpflichtung des Unternehmers enthält, dem Besteller das Eigentum an dem Grundstück zu übertragen oder ein Erbbaurecht zu bestellen oder zu übertragen, definiert (BGBl I 2017, 969). Es handelt sich um einen gemischttypischen Vertrag, der neben werk- (Bauwerk) und kaufrechtl (Grundstück) auch Elemente des Geschäftsbesorgungsrechts (zB hinsichtl Vermögensbetreuung, Vorschussverwaltung) enthalten kann (BGH NJW 2001, 70, 72; 1979, 1406; Soergel/*Benicke* Rn 40).

51–53 Einstweilen frei.

4. Rechtsanwälte/Rechtsbeistände

Schrifttum (Auswahl): *Borgmann*/*Jungk*/*Schwaiger*, Anwaltshaftung, 6. Aufl 2020; *Fischer*, Die neue Rechtsprechung des Bundesgerichtshofs zur zivilrechtlichen Haftung der Rechtsanwälte und steuerlichen Berater, WM Sonderbeil 1/2014, 1/2019; *Fischer*/*Vill*/*Fischer*/*Chab*/*Pape*, Handbuch der Anwaltshaftung, 5. Aufl 2020; *Gehrlein*, Anwalts- und Steuerberaterhaftung, 5. Aufl 2019; *Gehrlein*, Fehlberatung – Die Schadensentstehung als Voraussetzung des Verjährungsbeginns, MDR 2010, 1225; *Gerold*/*Schmidt*, RVG, 25. Aufl 2021; *Harsch*, Verjährung von Regressansprüchen gegen den Rechtsanwalt, MDR 2014, 1368; *Hartung*/*Scharmer*, Berufs- und Fachanwaltsordnung, 8. Aufl 2022; *Hartung*/*Schons*/*Enders*, RVG, 3. Aufl 2017; *Henssler*/*Prütting*, BRAO, 5. Aufl 2019; *Kleine-Cosack*, BRAO, 9. Aufl 2022; *Koch*/*Kilian*, Anwaltliches Berufsrecht, 2. Aufl 2018; *Madert*/*Schons*, Die Vergütungsvereinbarung des Rechtsanwalts, 3. Aufl 2006; *Maier-Reimer*, Widerstreitende Interessen und Anwaltssozietät, NJW 2006, 3601; *Mayer*/*Kroiß*, RVG, 8. Aufl 2021; *Römermann*/*Hartung*, Anwaltliches Berufsrecht, 4. Aufl 2022; *Vollkommer*/*Greger*/*Heinemann*, Anwaltshaftungsrecht, 5. Aufl 2021; *Weyland*, BRAO, 10. Aufl 2020; *Zugehör*, Berufliche „Dritthaftung" – insbesondere der Rechtsanwälte, Steuerberater, Wirtschaftsprüfer und Notare – in der deutschen Rechtsprechung, NJW 2000, 1601.

54 **a) Vertragsschluss.** Wird ein Rechtsanwalt im Rahmen eines bestimmten Mandats zum Zweck der Rechtsberatung oder Prozessvertretung tätig, kommt mit dem Mandanten ein Geschäftsbesorgungsdienstvertrag zustande (BGH NJW 1996, 661, 662; NJW 1985, 2642). Der Vertrag bedarf keiner Form. Ein Anwaltsvertrag kann auch **konkludent** geschlossen werden, wenn das Verhalten des anderen Teils von dem RA bei Anwendung der im Verkehr erforderlichen Sorgfalt nach Treu und Glauben als eine auf den Abschluss eines entspr Vertrags gerichtete Willenserklärung aufzufassen war und sein nachfolgendes Verhalten als Annahme des Auftrags gedeutet werden durfte. Dabei sind im Interesse der Rechtssicherheit an die Annahme eines Anwaltsvertrags durch schlüssiges Verhalten strenge Anforderungen zu stellen (BGH ZIP 2019, 1288 Rn 9; NJW 2019, 1147 Rn 12; NJW 2004, 3630, 3631; *Rinkler*/*Pape* in Fischer/Vill/Fischer/Chab/Pape, § 1 Rn 15). Hat der RA Anlass zu der Annahme, der Mandant gehe davon aus, dass seine neue Tätigkeit von einem bereits bestehenden Mandat umfasst sei oder dass er aus einem anderen Rechtsgrund tätig werde, muss er den Mandanten auf die Entgeltpflicht hinweisen. Tut er dies nicht, kommt über diese Tätigkeit kein Anwaltsvertrag zustande (BGH NJW 1991, 2084, 2085; BRHP/*Fischer* Rn 7). Wird ein RA mandatiert, der Mitglied einer Anwaltssozietät ist, kam nach früherer Rspr im Zweifel der Vertrag mit allen der Sozietät (GbR) angehörenden Anwälten zustande (BGHZ 83, 328; BGH NJW 1971, 1801, 1802; RGZ 85, 306). Seitdem der BGH die GbR für rechtsfähig erklärt hat (BGHZ 146, 341; s auch Vor § 705 Rn 40), wird der Vertrag mit der Sozietät als solcher geschlossen. Dies muss auch für den Vertragsschluss mit einer multiprofessionellen Beratungsgesellschaft gelten (NK/*vom Stein* Anh §§ 611–630 Rn 81; *Grunewald*, FS Peltzer, 2001, 129, 133).

55 **b) Vertragstypus.** Das zw RA und Mandant bestehende geschäftsbesorgungstypische (s Rn 18) Vertrauensverhältnis ist offenkundig und durch entspr Verschwiegenheitspflichten des RA (§ 203 I Nr 2 StGB) sowie das zwingende Verbot der Vertretung widerstreitender Interessen (s § 356 StGB, § 43a IV BRAO, § 3 BORA; s *Henssler* NJW 2001, 1521ff; insb zur Erstreckung auf Sozien *Maier-Reimer* NJW 2006, 3601; zur Nichtigkeit eines Anwaltsvertrags, mit dessen Abschluss der RA gegen dieses Verbot verstößt, BGH ZIP 2016, 1443; NJW 2019, 1147 Rn 24) gesetzl abgesichert. Gerade deshalb und wegen der höchstrichterlichen Ausdifferenzierung der anwaltlichen Interessenwahrungs- und Wahrnehmungspflicht (s Rn 12) stellt der Anwaltsvertrag den **„Prototyp der Geschäftsbesorgungsverträge"** dar, dessen Grundregeln in modifizierter Form für alle Formen der Rechts- und Wirtschaftsberatung maßgeblich sind (MüKo/*Heermann* Rn 27; Staudinger/*Martinek*/*Omlor* Rn B163). Typischerweise hat der Vertrag Dienstvertragscharakter (BGH NJW 2017, 3376 Rn 15; 2019, 1870 Rn 7); der RA erbringt insoweit „Dienste höherer Art" iSv § 627 I (BGH NJW 1987, 315, 316; 2020, 2538 Rn 9; s auch § 627

Rn 5). Geht es dagegen nur um eine gegenständlich beschränkte Leistung, wie die Erstellung eines Rechtsgutachtens, den Entwurf eines Vertrags oder eine Rechtsauskunft im Einzelfall, so liegt dem ein Geschäftsbesorgungswerkvertrag zugrunde (BGH NJW 1996, 661, 662; BRHP/*Fischer* Rn 6; *Bunte* NJW 1981, 2657). Ob der erteilte Auftrag eine vertragl Anwaltstätigkeit mit der dafür typischen Rechtsbeistandspflicht zum Gegenstand hat, richtet sich nach dem Inhalt der Vereinbarung im Einzelfall. Hat der RA im Rahmen der von ihm geschuldeten Leistungen in nicht unerheblichem Umfang seinen Auftraggeber rechtl zu beraten, ist von einem Anwaltsdienstvertrag auszugehen (BGH NJW 2001, 1569; 1992, 681; 1998, 3486; 1999, 3040, 3041f). Kein Anwaltsvertrag mit anwaltstypischer Pflichtenbindung liegt vor, wenn die Anwaltstätigkeit völlig in den Hintergrund tritt und die vom RA übernommene Tätigkeit von Angehörigen anderer Berufe wahrgenommen wird (BRHP/*Fischer* Rn 11). So ist es dem RA nicht generell untersagt, als Makler tätig zu werden und sich für die erfolgreiche Vermittlung eines Geschäfts eine Provision versprechen zu lassen. Zwar ist die ständige Ausübung des Maklerberufs mit dem Berufsbild eines RA unvereinbar. Im Einzelfall kann jedoch ein Maklergeschäft mit einem Dritten rechtswirksam vereinbart werden (BGH NJW 1996, 2499, 2500; 1992, 681, 682). Ein Anwaltsvertrag liegt in diesen Fällen aber dann vor, wenn die anwaltliche Tätigkeit in einem engen Zusammenhang mit der rechtl Beistandspflicht des RA steht, etwa weil sie auch Rechtsfragen aufwerfen könnte (BGH NJW 1998, 3486; MüKo/*Heermann* Rn 26). S zur Anwaltssozietät Vor § 705 Rn 57ff.

c) Vertragspflichten. aa) Umfassende Interessenwahrnehmung. Nach § 3 I BRAO besteht die anwaltstypische Pflicht in der unabhängigen Beratung und Vertretung in allen Rechtsangelegenheiten. Gleich, ob der Anwalt mit dem Mandanten einen Geschäftsbesorgungswerk- oder -dienstvertrag abgeschlossen hat, ist er ggü dem Mandanten zur umfassenden Interessenwahrnehmung (s Rn 12) verpflichtet. Dies gilt auch für den **Patentanwalt** (BGHZ 52, 359, 361). Der konkrete Umfang der anwaltlichen Pflichten richtet sich nach dem erteilten Mandat und den Umständen des einzelnen Falles (BGH NJW 1996, 2648, 2650; 1993, 3323, 3324; 1988, 1079, 1080). Ziel der anwaltlichen Rechtsberatung ist es, dem Mandanten eigenverantwortliche, sachgerechte Entscheidungen („Weichenstellungen") in seiner Rechtsangelegenheit zu ermöglichen (BGH NJW 2007, 2485, 2486; *Vill* in Fischer/Vill/Fischer/Chab/Pape, § 2 Rn 97). Dies bedeutet, dass der RA zu einer **umfassenden und erschöpfenden Belehrung** seines Auftraggebers verpflichtet ist, sofern dieser nicht eindeutig zu erkennen gibt, dass er des Rates nur in einer bestimmten Richtung bedarf (BGH NJW 2009, 3025, 3027; 2009, 1589; 2007, 2485, 2486; NJW-RR 2008, 1235, 1236; NK/*vom Stein* Anh §§ 611-630 Rn 36ff). UU muss der RA auf die Notwendigkeit der Einbeziehung eines StB hinweisen, wenn er selbst nicht zu einer steuerlichen Beratung bereit oder imstande ist (BGH DB 2020, 446 Rn 13). 56

bb) Sachverhaltsaufklärung. Der RA muss zu diesem Zweck den ihm vorgetragenen Sachverhalt daraufhin prüfen, ob er geeignet ist, den vom Auftraggeber erstrebten Erfolg herbeizuführen. Auf die Richtigkeit der von seinem Mandanten (oder in dessen Auftrag von einem Dritten) gemachten tatsächlichen Angaben (nicht dagegen der rechtl Beurteilung eines tatsächl Geschehens) darf der Anwalt vertrauen, solange er die Unrichtigkeit nicht kennt oder erkennen muss (BGH NJW 1997, 2168, 2169). Ist der mitgeteilte Sachverhalt unklar oder unvollständig, muss sich der RA bemühen, durch Befragung des Mandanten ein möglichst vollständiges und obj Bild der Sachlage zu gewinnen (BGH NJW 2019, 1151 Rn 9). Ggf hat der Anwalt den Sachverhalt, auch durch Inanspruchnahme Dritter einschl Behörden oder Gerichten, im Umfang des ihm erteilten Mandats (s zu dieser Einschränkung BGH WM 1990, 1917, 1918) weiter aufzuklären, wenn für die Durchführung des Mandats die Kenntnis weiterer Tatsachen notwendig ist (BGH NJW 2000, 730, 731). Der Mandant ist verpflichtet, den RA vollständig und wahrheitsgemäß zu unterrichten (BGH NJW 1996, 2929, 2931). Dabei sind die Anforderungen an den Umfang der Informationspflicht jew an den speziellen Fähigkeiten und Kenntnissen des Mandanten auszurichten (Staudinger/*Martinek*/*Omlor* Rn B169a). Tatsachen oder Vorgänge, die dem RA nur „bei Gelegenheit" des Mandats bekannt werden, die aber in keiner inneren Beziehung zu der ihm übertragenen Aufgabe stehen, muss der RA nicht darauf untersuchen, ob sie Anlass zu einem Rat oder Hinweis an den Mandanten geben (BGHZ 128, 358, 361 für den StB; BeckOGK/*Teichmann* Rn 977). 57

cc) Prinzip des sichersten Weges. Auf der Basis der so gewonnenen Tatsachenkenntnis hat der Anwalt dem Mandanten nach eingehender Prüfung der Rechtslage (s Rn 61f) diejenigen Schritte anzuraten, die zu dem erstrebten Ziel führen können, und Nachteile für den Mandanten zu verhindern (s zB zum drohenden Fristablauf bzw Verjährung BGH NJW 1992, 820; 1997, 1302; Celle NJW 2011, 3247), soweit solche voraussehbar und vermeidbar sind. Dazu hat er dem Auftraggeber den sichersten und gefahrlosesten Weg vorzuschlagen (Prinzip des sichersten Weges, BGH NJW 2009, 2949, 2950) und ihn über mögliche, auch künftige (BGH NJW-RR 2007, 569, 570) Risiken aufzuklären, damit der Mandant eine sachgerechte Entscheidung treffen kann. In diesem Zusammenhang muss der Anwalt auch der Frage nachgehen, ob sein Mandant Versicherungsschutz in Anspruch nehmen kann (BGH VersR 1971, 1119, 1120). Der mit der Durchsetzung einer Forderung beauftragte RA muss zügig die Zwangsvollstreckung betreiben und bei Anhaltspunkten für eine bevorstehende Insolvenz des Schuldners auf eine mögliche Anfechtbarkeit von Zahlungen hinweisen (BGH NJW-RR 2017, 1459 Rn 11). Wenn sich der RA vom Prinzip des sichersten Weges lösen will, muss er seinen Mandanten eindringlich darauf hinweisen und ihm die möglichen Folgen unzweideutig klarmachen. Dabei darf er sich in seiner Beratung und Absicherung „nach unten" auf die bis dahin geltende Rspr verlassen, soweit keine Änderung derselben erkennbar ist (BGH WM 1993, 1508, 1510; Staudinger/*Martinek*/*Omlor* Rn B174). Zur Prüfung der Handlungsalternativen, die sich dem Mandanten bei pflichtgemäßer Beratung stellen, müssen deren jew Rechtsfolgen miteinander und 58 mit den Handlungszielen des Mandanten verglichen werden (BGH NJW 2007, 2485, 2486; 2005, 3275, 3276; NJW-RR 2005, 784, 785).

59 In den Grenzen des ihm erteilten Auftrags ist der RA grds zur allg, umfassenden und möglichst erschöpfenden **Belehrung** des Mandanten verpflichtet (BGH NJW 2018, 2476 Rn 8). Zweifel und Bedenken, zu denen die Sachlage Anlass gibt, muss der RA darlegen und mit seinem Mandanten erörtern. Der RA muss den Mandanten unabhängig davon, ob dieser rechtsschutzversichert ist oder nicht, über die **Erfolgsaussichten** der in Aussicht genommenen Rechtsverfolgung beraten (BGH NJW 2021, 3324). Bei Verschlechterung der Erfolgsaussichten nach Einleitung der Rechtsverfolgung besteht auch insoweit eine Aufklärungspflicht (BGH NJW 2021, 3324). Von wirtschaftl unzweckmäßiger Rechtsverfolgung, zB wegen sehr geringer Erfolgsaussichten einer Klage, muss der RA abraten (BGH VersR 2004, 738, 739; NJW 1997, 2168, 2169; 1986, 2043, 2044). Der RA muss seinen Auftraggeber nicht nur über das Vorhandensein, sondern auch über das ungefähre, in etwa abschätzbare **Ausmaß des Risikos** unterrichten, weil der Mandant idR nur aufgrund einer Einschätzung auch des Risikoumfangs über sein weiteres Vorgehen entscheiden kann (BGH NJW 2007, 2485, 2486; 1992, 1159, 1160; 1991, 2079, 2080; 1988, 2113; 1988, 563; 1986, 2043; 1984, 791, 793). Eine solche Belehrung kann allenfalls dann entbehrlich sein, wenn der RA erkennt, dass der Mandant die Risiken des Geschäfts oder der beabsichtigten rechtl Gestaltung kennt und er diese auch bei einer Belehrung auf sich nehmen würde (BGH NJW 1992, 1159, 1160; 1977, 2073, 2074). Nach Art und Umfang des Mandats kann eine **eingeschränkte Belehrung** ausreichend sein, etwa bei besonderer Eilbedürftigkeit oder bei einem Aufwand, der außer Verhältnis zum Streitgegenstand steht. Eine in jeder Hinsicht lückenlose Aufklärung über alle rechtl Zusammenhänge und Folgen trägt vor allem bei schwieriger Sach- und Rechtslage die Gefahr in sich, den Mandanten zu überfordern und ihm so den Blick auf die für die Entscheidung wichtigen Gesichtspunkte zu verstellen. Dies würde dem Sinn und Zweck der geschuldeten Beratung zuwiderlaufen. Der RA hat dem Auftraggeber daher nur die Hinw zu erteilen, die ihm die für seine Entscheidung notwendigen Informationen liefern. Inhalt und Umfang der vom RA zu leistenden Aufklärung haben sich dabei immer nach den für ihn **erkennbaren Interessen des Mandanten** zu richten (BGH NJW 2007, 2485, 2486). Auch außerhalb des Mandats ist der RA gem § 242 zu Hinw und Warnungen verpflichtet, wenn dem RA Gefahren bekannt sind oder sie sich ihm aufdrängen müssen und er annehmen muss, dass die Gefahren dem Mandanten nicht bekannt sind (BGH NJW 2018, 2476 Rn 12).

60 Für den ab 1980 nicht mehr weitergeführten Berufsstand des (Kammer-)**Rechtsbeistands** (früher Art 1 § 1 I RBerG iVm § 4 2. VO zur Ausführung des RberG, für Alterlaubnisinhaber s jetzt § 1 II, III 3, 4, § 6 RDGEG) gelten die gleichen beruflichen Pflichten (BGH NJW 1981, 401, 402; 1961, 313), s aber Rn 63.

61 **dd) Rechtskenntnis.** Um diesem Pflichtenkatalog gerecht werden zu können, muss der RA sehr hohen Ansprüchen an seine Rechtskenntnis genügen. Nach der Rspr des BGH hat der RA grds jeden Rechtsirrtum zu vertreten (BGH VersR 1959, 638, 641; Staudinger/*Martinek*/*Omlor* Rn B171). Ivm dem vom BGH selbst ggü dem rechtskundigen Mandanten verlangten Entlastungsbeweis durch den RA (s Rn 72) führt dies zu einer **extrem strengen Anwaltshaftung**, die wohl etwas über ihr Ziel hinausschießt. Neben der Kenntnis der einschlägigen Gesetze und Rspr muss der RA die Standardwerke der Rechtsliteratur heranziehen (Soergel/*Häuser*/*Welter*[12] Rn 415; vgl BGH NJW 1983, 820, 822). Er muss auch neue höchstrichterliche Entscheidungen in angemessener Frist nach Veröffentlichung in den Fachzeitschriften kennen (BGH NJW 1993, 3323, 3324f). Den Fachanwalt und den Anwalt, der mit bestimmten Tätigkeitsschwerpunkten in Erscheinung tritt, trifft darüber hinaus auch eine Informationspflicht hinsichtl der Rspr, die in einschlägigen Spezialzeitschriften veröffentlicht wird (vgl BeckOGK/*Teichmann* Rn 1150).

62 Wegen der richtungsweisenden Bedeutung, die **höchstrichterlichen Entscheidungen** für die Rechtswirklichkeit zukommt, hat sich ein RA bei der Wahrnehmung eines Mandats grds an dieser Rspr auszurichten (BGH NJW 1993, 3323, 3324f; 1983, 1665; NJW-RR 1993, 243, 245). Der Anwalt darf idR auf ihren Fortbestand vertrauen. Das gilt insb in den Fällen einer gefestigten höchstrichterlichen Rspr, weil von einer solchen nur in besonderen Ausnahmefällen abgewichen wird (BGH NJW 1993, 3323, 3325). Das Gleiche gilt für neuere Entscheidungen, in denen die jew Problematik behandelt und in einem bestimmten Sinn entschieden worden ist. Auch entgegenstehende Judikatur von Instanzgerichten und abw Stimmen im Schrifttum verpflichten den RA dann regelmäßig nicht, bei der Wahrnehmung seiner Aufgaben die abw Meinung zu berücksichtigen. Gleichwohl gibt es Grenzen anwaltlichen Vertrauens auf den Fortbestand einer höchstrichterlichen Rspr. Der RA darf sich auf ihre Fortdauer **nicht blind verlassen**. So hat er die Auswirkungen neuer Gesetze auf eine zu dem alten Rechtszustand ergangene Judikatur zu erwägen. Auch hat er Hinw eines obersten Gerichts auf die Möglichkeit einer künftigen Änderung seiner Rspr zu berücksichtigen. Ferner hat er nach Möglichkeit neue Entwicklungen in Rspr und Rechtswissenschaft, namentlich das Entstehen neuer Rechtsfiguren, zu verfolgen und im Rahmen des ihm Zumutbaren deren mögliche Auswirkungen auf eine ältere Rspr im Bereich der jew Problemfelder zu bedenken. Dies kann unter bestimmten Umständen dazu führen, dass der Anwalt dann, wenn es auf einem Rechtsgebiet mit dogmatischem Wandel zu einer bestimmten Frage an neueren höchstrichterlichen Entscheidungen fehlt, die dem gewandelten Verständnis Rechnung tragen konnten, nicht mehr ohne weiteres auf den **Fortbestand einer alten Rspr** vertrauen darf, sondern wegen seiner Pflicht zur Wahl des relativ sichersten Weges (s Rn 58) gehalten ist, eine Änderung der höchstrichterlichen Rspr in Rechnung zu stellen. Allg Regeln lassen sich insoweit kaum finden. Entscheidend sind stets die besonderen Umstände des Einzelfalls. Grds ist darauf abzustellen, mit welchem Grad an Deutlichkeit (Evidenz) eine neue Rechtsentwicklung in eine bestimmte Richtung weist und eine neue Antwort auf eine bisher anders entschiedene Frage nahelegt. Ferner fällt ins Gewicht, mit welchem Aufwand – auch an

Kosten – der neuen Rechtsentwicklung im Interesse des Mandanten Rechnung getragen werden kann (BGH NJW 1993, 3323, 3325; BRHP/*Fischer* Rn 20; PWW/*Fehrenbacher* Rn 11). In **Fällen mit Auslandsberührung** muss der RA, soweit erforderlich, auch das ausl Recht kennen (BGH NJW 1972, 1044).

Geringere Kenntnisse im Hinblick auf die Kenntnis möglicher Änderungen der Rspr gelten für den **Rechtsbeistand** (BGH VersR 1971, 866, 867; s auch Rn 60), er muss aber seinen Mandanten darüber informieren, dass er über besondere, zur Erledigung des Mandats erforderliche Fachkenntnisse nicht verfügt (BGH NJW-RR 1987, 869, 871). 63

ee) Einzelne Rechtshandlungen. Die genannten hohen Sorgfaltsmaßstäbe gelten auch für die Vornahme einzelner Rechtshandlungen für den Mandanten. So darf der RA die **Kündigung** am letzten Tag einer Frist wegen § 174 S 1 nur unter Vorlage einer Vollmacht erklären (BRHP/*Fischer* Rn 25). Er darf Gerichtstermine nicht schuldhaft versäumen (BGH NJW 1993, 1323, 1324) und muss dem Mandanten günstige Anträge rechtzeitig stellen (BGH NJW 1992, 2694). Im **Prozess** trifft ihn die Pflicht, den für die Klage/Verteidigung seines Mandanten relevanten Tatsachenstoff umfassend vorzutragen, er darf sich nicht darauf verlassen, einen richterlichen Hinw zu erhalten (BGH NJW-RR 1990, 1241, 1242; NK/*vom Stein* Anh §§ 611-630 Rn 46). Auch die für seine Partei sprechenden rechtl Gesichtspunkte muss der RA so umfassend wie möglich darstellen; der Grundsatz „iura novit curia" entlastet den RA nicht (BGH NJW 2016, 957). Ist für den RA offenkundig, dass das Gericht die tatsächlich erfolgte Einzahlung des Gerichtskostenvorschusses nicht beachtet und trotz unbedingt erhobener Klage von einem bloßen Prozesskostenhilfegesuch ausgeht, hat er dieses Missverständnis auszuräumen, um zwecks Einhaltung der Klagefrist die alsbaldige Zustellung der Klage sicherzustellen (BGH NJW 2010, 73). Nach einer „Flucht in die **Säumnis**" muss der Anwalt auch ohne ausdrückl Weisung seines Mandanten Einspruch gegen das Versäumnisurteil einlegen (BGH NJW 2002, 290). Erkennt er während des Verfahrens **Fehler des Gerichts**, hat er entspr Maßnahmen zu ergreifen (BGH NJW 2008, 1309, 1310; 1995, 1419, 1420). Nach der Rspr muss der RA die Rechtsansicht des Gerichts, auch wenn sie mit Nachweisen belegt ist, überprüfen, nach Kräften dem Aufkommen von Irrtümern und Versehen des Gerichts begegnen und alles – einschl Rechtsausführungen – vorbringen, was die Entscheidung günstig beeinflussen kann (BGH WM 2017, 678 Rn 23 mwN). Der RA trägt aber nicht das Risiko falscher Gerichtsentscheidungen. Dies würde die Grenze zw anwaltlicher Interessenwahrnehmung und judikativen Pflichten der Gerichte in verfassungsrechtl nicht akzeptabler Weise verwischen (BverfG NJW 2002, 2937; BGH NJW 2008, 1309; PWW/*Fehrenbacher* Rn 12). Nach Verkündung des Urt hat der Anwalt seinen Mandanten unverzüglich über dessen Inhalt vollständig zu unterrichten (BGH NJW 2003, 2022, 2023). Über die **Erfolgsaussichten eines Rechtsmittels** gegen das Urt muss der Anwalt seinen Mandanten dann belehren, wenn das Urt erkennbar von der höchstrichterlichen Rspr abweicht oder die Entscheidung des Gerichts auch darauf beruht, dass der RA nicht sachgerecht gearbeitet hat (BVerfG NJW 2002, 2937, 2938; MüKo/*Heermann* Rn 32). Liegt ein solcher Fall nicht vor, so müssen Erklärungen des RA ggü seinem Mandanten zur Richtigkeit der Gerichtsentscheidung und zur Erfolgsaussicht eines Rechtsmittels richtig sein (BGH NJW 2003, 2022, 2023; 2003, 2986, 2987; BRHP/*Fischer* Rn 27). Vor Rücknahme eines Rechtsmittels muss der RA den Mandanten zutreffend über die verbleibenden Möglichkeiten aufgeklärt haben, in der Instanz oder durch ein Rechtsmittel den Prozess zu einem günstigeren Ende zu bringen (BGH NJW 2013, 2036 Rn 4). Grds muss der Anwalt einer der obj Rechtslage zuwiderlaufenden Weisung des Mandanten zur Fortsetzung eines obj aussichtslosen Rechtsstreits grds nicht nachkommen und behält, wenn er den Vertrag daraufhin kündigt, seinen Vergütungsanspruch (BGH NJW 2017, 3376 Rn 17). Im Rahmen von Verhandlungen über den Abschluss eines **Prozessvergleichs** treffen den RA besondere Beratungspflichten. Er muss die Möglichkeit für eine seinem Mandanten günstige Beendigung des Rechtsstreits gewissenhaft prüfen und den Mandanten über die wirtschaftl Folgen des Vergleichsabschlusses eingehend beraten (BGH NJW 1993, 1325, 1326; 1994, 2085; WM 2017, 675 Rn 8; Soergel/*Häuser*/*Welter*[12] Rn 421; BRHP/*Fischer* Rn 22; BeckOGK/*Teichmann* Rn 1181). Dies gilt selbst dann, wenn der RA meint, das von ihm ausgehandelte Ergebnis sei das Äußerste, was bei der Gegenseite zu erreichen ist (BGH NJW 2002, 292). Der RA hat seinem Mandanten von einem Vergleich abzuraten, wenn nach der Prozesslage begründete Aussicht darauf besteht, dass im Fall einer str Entscheidung ein wesentlich günstigeres Ergebnis erzielt werden kann (BGH NJW-RR 1996, 567, 568). Der RA muss auf eine richtige und vollständige Niederlegung des Willens seines Mandanten achten und für einen möglichst eindeutigen und nicht auslegungsbedürftigen Wortlaut sorgen (BGH NJW-RR 2022, 492). 64

Zu besonderer Sorgfalt ist der RA bei der **Fristberechnung und -überwachung**, der Fristnotierung und -einhaltung verpflichtet (BGH NJW 2015, 3519 Rn 9; 2019, 3234 Rn 13; *Hansens* NJW 1992, 1353, 1356; Staudinger/*Martinek*/*Omlor* Rn B175). Soweit der Beginn einer prozessualen Frist von der förmlichen Zustellung eines Schriftstücks mit Empfangsbekenntnis des Prozessbevollmächtigten (§§ 198, 212a ZPO) abhängt, muss der RA das ihm zugestellte Schriftstück entgegennehmen und dies durch Unterzeichnung des datierten Empfangsbekenntnisses beurkunden (BGH NJW 1991, 42). Wird eine prozessuale Frist schuldlos nicht gewahrt, muss der RA, sobald er von der Fristversäumnis Kenntnis erlangt, innerhalb der Frist des § 234 ZPO Wiedereinsetzung beantragen (BGH NJW 2015, 3519). Die anwaltliche Fristenkontrolle und -wahrung muss durch **organisatorische Maßnahmen der Kanzlei** (Fristenkalender, Ausgangskontrolle etc) zuverlässig gewährleistet sein (BGH WM 2015, 779; 2015, 780; 2015, 782; 2014, 422; 2014, 424; 2014, 430; NJW 2011, 385; 1991, 1178; BB 1993, 2327; Staudinger/*Martinek*/*Omlor* Rn B175). Der RA ist verpflichtet, den Postausgang zu kontrollieren bzw durch sein Büropersonal wirksam kontrollieren zu lassen (BGH NJW 1991, 1178; 1994, 2958). Werden **Schriftsätze per Telefax** übermittelt, muss der RA sein Personal ausdrückl darauf hinweisen, dass Sendeprotokolle aus- 65 zudrucken und auf Vollständigkeit der Übermittlung zu prüfen sind (BGH NJW 1993, 1655; WM 2016, 2083 Rn 10; 2016, 2085 Rn 8; Soergel/*Häuser/Welter*[12] Rn 427). Fehler seines Büropersonals muss sich der Anwalt nach § 278 zurechnen lassen.

66 UU hat der RA den Mandanten **auch nach Beendigung des Mandats** auf Gefahren und Risiken (zB drohender Verjährungseintritt) hinzuweisen, wenn er diese Gefahr zuvor durch Untätigkeit mitverursacht hat (BGH NJW 1997, 1302; Frankfurt NJW-RR 2019, 1338 Rn 32). Wird allerdings einem RA der Auftrag zu einem Zeitpunkt entzogen, in dem keine Nachteile durch alsbaldigen Fristablauf drohen, so ist er auch nicht verpflichtet, dem bisherigen Mandanten Ratschläge für die künftige Sachbehandlung zu erteilen (BGH NJW 1997, 254). Zur Pflicht zur Herausgabe von **Handakten** s § 667 Rn 8.

67 **d) Vergütung.** Die Vergütung, die der RA für seine Geschäftsbesorgung erhält, bestimmt sich in erster Linie nach dem **RVG** und nur dort, wo das Gesetz Raum dafür lässt, nach einer entspr Parteivereinbarung. Wegen der gesetzl Regelung im RVG gehört die Vergütung des RA nicht zu den wesentlichen Bestandteilen eines Anwaltsvertrags (BeckOGK/*Teichmann* Rn 1010). Die Vergütung besteht nach § 1 I RVG aus Gebühren und Auslagen. Entspr § 669 kann der RA von seinem Mandanten für die entstandenen und die voraussichtlich entstehenden Gebühren und Auslagen einen angemessenen **Vorschuss** fordern (§ 9 RVG). Unmittelbar nach einer Mandatskündigung ist der RA gem § 675 I, § 666 zur Abrechnung der Vorschüsse verpflichtet (BGH NJW 2019, 1458 Rn 11). Vorschüsse, die die tatsächlich geschuldete Vergütung übersteigen, muss der RA in zumindest entspr Anwendung von § 675 I, § 667 zurückgewähren (BGH NJW 2022, 1020 Rn 9). Gem § 2 RVG werden die Gebühren, soweit das RVG nichts anderes bestimmt, nach dem Wert berechnet, den der Gegenstand der anwaltlichen Tätigkeit hat (Gegenstandswert, §§ 22ff RVG). Hierauf hat der Anwalt den Mandanten vor Übernahme des Mandats hinzuweisen (§ 49b V BRAO; s auch BGH NJW 1998, 3486). Die **Höhe der Vergütung** bestimmt sich nach dem Vergütungsverzeichnis der Anl 1 zum RVG. Nach § 3a I RVG bedarf eine Vereinbarung über die Vergütung (zB Stundensatz, Pauschalvereinbarung) der Textform nach § 126b (vgl Gerold/Schmidt/*Mayer* § 3a RVG Rn 5ff). Sie muss als **Vergütungsvereinbarung** oder in vergleichbarer Weise bezeichnet werden, von anderen Vereinbarungen mit Ausnahme der Auftragserteilung deutlich abgesetzt sein und darf nicht in der Vollmacht enthalten sein. Die Vereinbarung hat einen Hinw darauf zu enthalten, dass die gegnerische Partei, ein Verfahrensbeteiligter oder die Staatskasse im Falle der Kostenerstattung regelmäßig nicht mehr als die gesetzl Vergütung erstatten muss. Wird zugunsten des RA ein Stundenhonorar vereinbart, hat er die während des abgerechneten Zeitintervalls erbrachten Leistungen konkret und in nachprüfbarer Weise darzulegen (BGH NJW 2010, 1364, 1370f). Zur Unwirksamkeit einer formularmäßigen Vergütungsvereinbarung (Mindestvergütung in Höhe der dreifachen gesetzl Vergütung ggü Verbraucher) s BGHZ 224, 350; *Deckenbrock* NJW 2020, 1776. Nach § 4 I RVG kann in außergerichtlichen Angelegenheiten eine niedrigere als die gesetzl Vergütung vereinbart werden. Sie muss in einem angemessenen Verhältnis zu Leistung, Verantwortung und Haftungsrisiko des RA stehen (zu dieser Untergrenze im Einz Mayer/Kroiß/*Teubel* § 4 RVG Rn 10ff). (Nur) auf Verlangen des Mandanten muss der RA diesem die voraussichtliche Höhe seines Honorars mitteilen (BGH NJW 1980, 2128, 2130; Düsseldorf MDR 2010, 1596; Staudinger/*Martinek/Omlor* Rn B172a).

68 Ein **Erfolgshonorar** (§ 49b II 1 BRAO) darf der Anwalt nach § 4a I RVG nur für den Einzelfall und nur dann vereinbaren, wenn der Mandant aufgrund seiner wirtschaftl Verhältnisse bei verständiger Betrachtung ohne die Vereinbarung eines Erfolgshonorars von der Rechtsverfolgung abgehalten würde. In einem gerichtlichen Verfahren darf für den Fall des Misserfolgs vereinbart werden, dass keine oder eine geringere als die gesetzl Vergütung zu zahlen ist, wenn für den Erfolgsfall ein angemessener Zuschlag auf die gesetzl Vergütung vereinbart wird. § 4a II und III RVG stellt besondere Anforderungen an den Inhalt einer solchen Vergütungsvereinbarung (dazu Gerold/Schmidt/*Mayer* § 4a RVG Rn 26ff). IÜ sind Erfolgshonorarvereinbarungen nach § 49b II 1 BRAO weiterhin (s dazu BverfG NJW 2007, 979, 985) unzulässig.

69 Bei vorzeitiger Beendigung des Mandats sind entstandene gesetzl Gebühren nach § 15 IV RVG grds verdient, es sei denn, das RVG bestimmt etwas anderes (**Pauschalabgeltungsprinzip**). Ein vereinbartes Pauschalhonorar ist entspr § 628 I 1 zu kürzen (BGH NJW 1987, 315, 316; BRHP/*Fischer* Rn 16; Gerold/Schmidt/*Mayer* § 15 RVG Rn 117). Nach § 34 I RVG soll der RA für einen mündlichen oder schriftlichen Rat oder eine Auskunft (Beratung), die nicht mit einer anderen gebührenpflichtigen Tätigkeit zusammenhängen, für die Ausarbeitung eines schriftlichen Gutachtens und für die Tätigkeit als Mediator auf eine Gebührenvereinbarung hinwirken, soweit im Vergütungsverzeichnis keine Gebühren bestimmt sind. Diese Vereinbarung unterliegt nach § 3a I 4 RVG nicht den Formanforderungen des § 3a I 1–2 RVG. Wenn keine Vereinbarung getroffen worden ist, erhält der RA Gebühren nach den Vorschriften des bürgerlichen Rechts, das RVG verweist also insoweit auf die § 612 II, § 632 II. Gebühren, die durch eine sachwidrige Behandlung allein im Gebühreninteresse entstanden sind, kann der RA nicht geltend machen (BGH NJW 2004, 1043, 1045; BRHP/*Fischer* Rn 16). Die Klage auf Zahlung der Vergütung unterbricht die Verjährung des Vergütungsanspruchs auch dann, wenn der RA seinem Auftraggeber noch keine Berechnung der Vergütung gem § 10 RVG mitgeteilt hat (BGH NJW 1998, 3486, 3488 zu § 18 BRAGO; Mayer/Kroiß/*Mayer* § 10 RVG Rn 40).

70 Gem § 49b IV BRAO ist die **Abtretung der Vergütungsforderungen** des RA oder die Erteilung einer Einziehungsermächtigung nur zulässig, wenn eine ausdr, schriftliche Einwilligung des Mandanten vorliegt oder die Forderung rechtskräftig festgestellt ist, es sei denn, sie erfolgt an RAe oder rechtsanwaltliche Berufsausübungsgemeinschaften iSv § 59a BRAO (s zur Rechtslage vor Einführung von § 49b BRAO BGH NJW 2005, 507). S zur Vergütung nach dem RVG auch § 612 Rn 10. Schließt der Mandant den Anwaltsvertrag mit einer Sozietät ab

(s Rn 54 aE), steht der Honoraranspruch wegen der vom BGH anerkannten Rechtsfähigkeit der GbR (BGHZ 146, 341; s Vor § 705 Rn 40) der Sozietät selbst zu (NK/*vom Stein* Anh §§ 611–630 Rn 81).

e) Beendigung. Es gelten die allg Beendigungsgründe des Auftragsrechts (s § 662 Rn 26, § 671 Rn 6), allerdings mangels gesetzl Verweisung in § 675 I nicht § 671. Stattdessen gelten die **Kündigungsrechte aus Dienst- bzw Werkvertragsrecht** (s Rn 22). 71

f) Haftung und Beweislast. S § 280 Rn 130f. Der Mandant muss den Abschluss des Anwaltsvertrages, seinen Inhalt und Umfang, die Pflichtverletzung des Anwalts sowie den kausalen Schaden beweisen (ausf *Laumen* MDR 2018, 1281ff, 1352ff). Das Verschulden des Anwalts wird gem § 280 I 2 vermutet, der Anwalt muss sich also entlasten, sodass sich der Mandant fast unbesehen auf eine fehlerfreie Beratung verlassen darf, selbst wenn er rechtskundig ist (BGH NJW 2003, 2022, 2024; 2000, 730, 732; NK/*vom Stein* Anh §§ 611–630 Rn 68). Ist der Nachw erbracht, dass der Anwalt seine Pflichten aus dem Anwaltsvertrag verletzt hat, spricht der Beweis des ersten Anscheins dafür, dass der Mandant, wäre er richtig beraten worden, sich aufklärungsrichtig verhalten, dh die nach Maßgabe der zutr Beratung richtige Entscheidung getroffen hätte (BGH NJW 2010, 3576 Rn 13; 1998, 749, 750; 1994, 1472, 1475; BeckOGK/*Teichmann* Rn 1209ff). Es muss aber im Falle sachgerechter Aufklärung aus der Sicht eines vernünftig urteilenden Mandanten eindeutig eine bestimmte tatsächliche Reaktion nahegelegen haben, so dass die Regeln des Anscheinsbeweises unanwendbar sind, wenn mehrere obj gleich vernünftige Verhaltensweisen in Betracht kommen oder wenn der vernünftigerweise einzuschlagende Weg die Mitwirkung eines Dritten voraussetzt (BGH WM 2015, 1622 Rn 25ff; DB 2020, 446 Rn 24). Die Vermutung aufklärungsrichtigen Verhaltens gilt selbst dann, wenn die Geschäftsführer der vertretenen GmbH selbst Rechtsanwälte und Mitglieder der beauftragten Sozietät sind (BGH WM 2012, 1351). Dem Mandanten, der einen richtigen Vorschlag des Anwalts ablehnt, kommt aber im Haftungsprozess die Vermutung beratungsgemäßen Verhaltens nicht zugute (BGH NJW 2007, 2485; 1993, 3259). Soweit es um die rechtl Bearbeitung des Falls geht, kommt ein **Mitverschulden** des Mandanten grds nicht in Betracht, auch wenn der Mandant die Fehlerhaftigkeit der Beurteilung durch den RA hätte erkennen können (BGH NJW 1992, 820; BRHP/*Fischer* Rn 35; s zur Haftung des StB Rn 89). Raum für Mitverschulden bleibt aber, wenn der Mandant dem RA unzureichende Informationen zur Verfügung gestellt hat und dies mitursächlich für den eingetretenen Schaden ist (BGH NJW 1999, 1391, 1392; BRHP/*Fischer* Rn 35). Zur Haftung der Gesellschafter einer Sozietät (GbR, Partnerschaftsgesellschaft) s § 721 Rn 1ff. Gehören der beauftragten Sozietät neben Raen auch StB an, so haften für einen Regressanspruch wegen Verletzung anwaltlicher Beratungspflichten auch diejenigen Sozien persönlich, die selbst nicht RAe sind (BGH WM 2012, 1351). 72

Eine besondere Rolle spielt bei der Anwaltshaftung die **Zurechenbarkeit** des eingetretenen Schadens, insb bei Fehlern des Gerichts (Soergel/*Benicke* Rn 71; NK/*vom Stein* Anh §§ 611-630 Rn 77f; *Deckenbrock* NJW 2018, 1636), wobei eine Unterbrechung des Zurechnungszusammenhangs nur ausnahmsw in Betracht kommt (BGH NJW 2010, 3576 Rn 20). Die Zurechenbarkeit ist dann nicht gegeben, wenn der RA seinen Fehler im Verlauf des Prozesses berichtigt, das Gericht die Korrektur aber nicht zur Kenntnis nimmt und den Fehler zur Grundlage seiner Entscheidung macht (BGH NJW 2008, 1309, 1311; 1988, 486, 487) oder wenn der Schadensbeitrag des Gerichts denjenigen des RA so weit überwiegt, dass letzterer ganz dahinter zurücktritt (BGH NJW-RR 2003, 850, 854; s auch BGH NJW-RR 1990, 1241, 1242). Der Zurechnungszusammenhang entfällt auch dann, wenn die ordnungsgemäße Erfüllung der dem RA obliegenden Pflicht bei lebensnaher Betrachtung unter keinem denkbaren Gesichtspunkt geeignet ist, die den Mandanten belastende gerichtliche Fehlentscheidung zu vermeiden (BGH NJW 2008, 1309, 1311). Unterlässt es der Berufungsanwalt, auf ein die Rechtsauffassung seines Mandanten stützendes Urt des BGH hinzuweisen, und verliert der Mandant deshalb den Prozess, wird der Zurechnungszusammenhang zw dem Anwaltsfehler und dem dadurch entstandenen Schaden nicht deshalb unterbrochen, weil auch das Gericht die Entscheidung des BGH übersehen hat (BGH NJW 2009, 987). Kommt es für die Frage, ob dem Mandanten durch die Pflichtverletzung des RA ein Schaden entstanden ist, darauf an, wie der Rechtsstreit ohne den Fehler des RA ausgegangen wäre, so hat das Gericht, das über den Ersatzanspruch des Mandanten zu entscheiden hat, zu beurteilen, wie der Rechtsstreit bei pflichtgemäßem Verhalten des Anwalts hätte entschieden werden müssen (BGH NJW 2013, 540 Rn 13; BGHZ 163, 223, 227). Die Möglichkeit, den Schaden in einem Rechtsmittelverfahren beseitigen zu können, lässt den Zurechnungszusammenhang nicht entfallen (BGH NJW 2019, 2390). 73

Der Mandant kann mit Schadensersatzansprüchen gegen den Gebührenanspruch des RA **aufrechnen** (BGH NJW 1963, 1301, 1302). Nach § 52 I BRAO kann der Anwalt mit seinem Mandanten eine **Haftungsbeschränkung** für fahrlässig verursachte Schäden vereinbaren, und zwar durch schriftliche Vereinbarung im Einzelfall bis zur Höhe der Mindestversicherungssumme (250 000 € für jeden Versicherungsfall, § 51 IV BRAO) oder durch vorformulierte Vertragsbedingungen für Fälle einfacher Fahrlässigkeit auf den vierfachen Betrag der Mindestversicherungssumme, wenn insoweit Versicherungsschutz besteht. Die persönliche Haftung des Mitglieds einer Anwaltssozietät kann nach § 52 II 2 BRAO durch vorformulierte Vertragsbedingungen beschränkt werden auf einzelne Mitglieder einer Sozietät, die das Mandat im Rahmen ihrer eigenen beruflichen Befugnisse bearbeiten und namentlich bezeichnet sind, vorausgesetzt, die Zustimmungserklärung zu einer solchen Beschränkung enthält keine anderen Erklärungen und ist vom Mandanten unterschrieben. S zu den Anforderungen an die zwingende Berufshaftpflichtversicherung des Anwalts § 51 BRAO. 74

Die Schlechterfüllung eines Anwaltsvertrags, der nicht den Schutz der Rechtsgüter des § 253 II zum Gegenstand hat, begründet idR keinen Schmerzensgeldanspruch (BGH NJW 2009, 3025, 3027). S zur **Einbeziehung Dritter** 75 in den Schutzbereich des Anwaltsvertrags BGH NJW 2020, 3169; 2018, 608 Rn 12; ZIP 2016, 1586; *Fischer* DB 2012, 1489; *Zugehör* NJW 2008, 1105ff und § 328 Rn 18, 78.

76 Der Schadensersatzanspruch gegen den RA **verjährt** nach §§ 195, 199 in drei Jahren (BGH NJW 2014, 1800 Rn 7; NK/*vom Stein* Anh §§ 611–630 Rn 104). S zur Schadensentstehung als Voraussetzung des Verjährungsbeginns im Einz BGH NJW 2012, 673; *Gehrlein* MDR 2010, 1225. Die Verjährung beginnt zu laufen, wenn der Mandant den Schaden und die Pflichtwidrigkeit des Beraters erkannt oder infolge grober Fahrlässigkeit nicht erkannt hat. Dazu muss der Mandant auch Kenntnis von solchen Tatsachen erlangen, aus denen sich für ihn als Laien ergibt, dass der RA von dem üblichen rechtl Vorgehen abgewichen oder Maßnahmen nicht eingeleitet hat, die aus rechtl Sicht zur Vermeidung eines Schadens erforderlich waren (BGHZ 200, 172 Rn 15; BGH NJW 2014, 1800 Rn 8; NJW 2021, 1957 Rn 27ff; *Harsch* MDR 2014, 1368, 1371ff; *Kleine-Cosack* Vor §§ 51–52 BRAO Rn 109). Dem Mandanten ist die Kenntnis oder grob fahrlässige Unkenntnis eines RA zuzurechnen, den er mit der Durchsetzung des Ersatzanspruchs gegen seinen früheren Berater beauftragt hat (BGH ZIP 2019, 35). Zur früher vom BGH vertretenen Sekundärhaftung s Vorauf1 Rn 76.

5. Schiedsgutachter

Schrifttum: *Greger/Stubbe*, Schiedsgutachten, 2007; *Meyer*, Der Schiedsgutachtervertrag, 1995; s außerdem vor Rn 78.

77 Der Schiedsgutachtervertrag ist eine vertragl Vereinbarung zw den Parteien eines Rechtsstreits und einem Schiedsgutachter (vgl RGZ 87, 190, 193; Staudinger/*Martinek/Omlor* Rn B183; Grü/*Grüneberg* Rn 25). Der Schiedsgutachter soll die für die Entscheidung eines Rechtsstreits relevanten rechtl oder tatsächlichen Umstände verbindlich feststellen (Schiedsgutachten ieS) oder den Vertragsinhalt nach billigem Ermessen rechtsgestaltend bestimmen (Schiedsgutachten iwS; zur Abgrenzung BGH NJW-RR 2014, 492 Rn 27, 33; Grü/*Grüneberg* § 317 Rn 5f). Ein praktisch besonders wichtiger Fall ist die Qualitätsarbitrage im Stapelwarenhandel, vor allem an den Seehandelsplätzen Hamburg und Bremen. Ihr Zweck ist die schnelle, unparteiische Feststellung etwaiger Qualitätsmängel durch Sachverständige. Die Qualitätsarbitrage zeichnet sich ggü den normalen Schiedsgutachten dadurch aus, dass ein vertragl oder handelsbräuchlich geltendes Verfahren die Erstellung des Gutachtens regelt (*Schwab/Walter*, Schiedsgerichtsbarkeit[7] 2005, Kap 2 Rn 18). Der Schiedsgutachtervertrag ist von der zw den Parteien ausdrückl oder stillschw abgeschlossenen Schiedsgutachtenabrede zu unterscheiden (s dazu Stein/Jonas/*Schlosser* ZPO[23] 2014, Vor § 1025 Rn 47ff). Im Hinblick auf die dem Schiedsrichter ähnl Funktion und Stellung des Schiedsgutachters handelt es sich auch hier (s Rn 79) um einen Vertrag *sui generis* (MüKo/*Heermann* Rn 108; s auch *Meyer*, 41 für eine Qualifizierung als befristetes Dienstverhältnis nach § 620 II). Für die Abgrenzung zw Schiedsvereinbarung und Schiedsgutachtenvereinbarung kommt es nicht auf die gewählte Bezeichnung an, sondern auf die dem ausgewählten Organ oder der Person zugewiesenen Aufgaben und die Frage, welche Wirkung der Entscheidung nach dem Parteiwillen zukommen soll (auch ob und anhand welchen Maßstabs eine gerichtliche Inhaltskontrolle vorbehalten bleiben soll) (München NJW 2016, 1964 Rn 10 mwN). Eine als „Schiedsvereinbarung" bezeichnete Übereinkunft kann als Schiedsgutachtenabrede auszulegen sein, wenn nicht der Rechtsweg zu den staatlichen Gerichten ausgeschlossen, sondern nur das Verfahren zur Feststellung von Tatsachen geregelt werden soll (Brandenburg NJW-RR 2014, 405). Für den Schiedsgutachter gilt nach der Rspr wegen der Eigenart des Vertragsverhältnisses nur eine eingeschränkte Haftung. Sein Gutachten, dh die durch ihn getroffene Leistungsbestimmung, ist für die Vertragsparteien nur bei nachweislich offenbarer Unrichtigkeit unverbindlich (vgl §§ 317, 319, s § 319 Rn 3). Andernfalls ist sein Gutachten, selbst wenn es nicht frei von Fehlern ist, maßgebend. Dazu stünde es im Widerspruch, wenn der Schiedsgutachter für jeden obj, ggf auch schuldhaften Mangel des Gutachtens aus § 280 I haftbar gemacht werden könnte. Das entspräche auch nicht dem Willen der Parteien eines Schiedsgutachtervertrags, wie er nach Treu und Glauben zu ermitteln ist. Deshalb können Parteien, die einen Schiedsgutachter bestellt haben, aus Fehlern seines Gutachtens Ansprüche gegen ihn nur dann herleiten, wenn es wegen offenbarer Unrichtigkeit nicht verbindlich ist (s RG JW 1933, 217f; BGH NJW 2013, 1296 Rn 18; 1965, 1523; Schleswig NJW 1989, 175; MüKo/*Spinner* § 611 Rn 33; BeckOGK/*Merkle* § 631 Rn 337).

6. Schiedsrichter

Schrifttum: *Berger*, Internationale Wirtschaftsschiedsgerichtsbarkeit, 1992; *Böckstiegel/Kröll/Nacimiento* (Hrsg), Arbitration in Germany, The Model Law in Practice, 2. Aufl 2015; *Habscheid*, Grundsätzliches zur Dogmatik des Schiedsrichtervertrags im schweizerischen Recht, FS Fasching, 1988, 195; *Lörcher/Lörcher*, Das Schiedsverfahren nach deutschem Recht, 2. Aufl 2001; *Raeschke-Kessler/Berger*, Recht und Praxis des Schiedsverfahrens, 3. Aufl 1999; *Risse/Raiser*, Die Haftung von Schiedsorganisationen, NJW 2015, 2839; *Roebuck/de Fumichon*, Roman Arbitration, 2004; *Strieder*, Rechtliche Einordnung und Behandlung des Schiedsrichtervertrages, 1983; s auch Kommentare zu §§ 1025ff ZPO.

78 Der Schiedsrichtervertrag (*receptum arbitri*, s zu den römisch-rechtl Ursprüngen *Roebuck/de Fumichon*) bildet das vertragl Band zw den Parteien eines Schiedsverfahrens iSd §§ 1025ff ZPO und dem Einzelschiedsrichter oder den (üblicherweise drei, s § 1034 I 2 ZPO) Schiedsrichtern. Er ist von der zw den Parteien abgeschlossenen Schiedsvereinbarung zu unterscheiden. Diese kann gem § 1029 II ZPO in Form einer selbständigen Vereinbarung (Schiedsabrede) oder in Form einer Klausel in einem Vertrag (Schiedsklausel) abgeschlossen werden. Mit der Annahme des Schiedsrichteramts (s zB § 16 DIS-Schiedsgerichtsordnung; s zur DIS *Bredow* SchiedsVZ 2009, 22; *Berger* in Böckstiegel/Kröll/Nacimiento, § 16 DIS-Rules Rn 2ff) kommt zugleich der Schiedsrichtervertrag mit den Parteien zustande, selbst wenn dieser nicht schriftlich fixiert wird (s für ein Muster eines Schiedsrichtervertrags *Lörcher/Lörcher*, 117f) und über den Vertrag nicht gesprochen wurde. Die Wirksamkeit des Schiedsrichtervertrags ist unabhängig von der Wirksamkeit der Schiedsvereinbarung der Parteien. Erfolgt die Annahme des Schiedsrichteramts ggü den Parteien (wie in Ad-hoc-Schiedsverfahren, in denen die Parteien keine Schieds-

gerichtsordnung einer Schiedsinstitution vereinbart haben, s § 1042 III ZPO), ggü den bereits ernannten Parteischiedsrichtern (so im Fall der üblichen Wahl des Vorsitzenden durch die Beisitzer) oder ggü einem Dritten, wie etwa der vereinbarten Schiedsinstitution (s zB §§ 12, 13 DIS-Schiedsgerichtsordnung), so kommt zw den Parteien gemeinschaftl und jedem einzelnen Schiedsrichter ein Schiedsrichtervertrag zustande. Der ernennende Dritte handelt dabei als Vertreter der Parteien (*Berger*, 160; *Habscheid*, FS Fasching, 1988, 195, 198; *Strieder*, 41ff).

Die Rechtsnatur des Schiedsrichtervertrags ist str. Die hM stuft ihn als **Geschäftsbesorgungsdienstvertrag** ein (Stein/Jonas/*Schlosser* ZPO[23], Vor § 1025 Rn 15; *Raeschke-Kessler/Berger*, Rn 516; Staudinger/*Martinek/Omlor* Rn B187; Erman/*Ehmann*[12] Rn 7; vgl Soergel/*Benicke* Rn 80). Der Schiedsrichter besorgt aber als privater, dem staatlichen Richter weitgehend gleichgestellter Richter (s dazu Begr zu § 1030 ZPO, in *Berger* [Hrsg], Das neue Recht der Schiedsgerichtsbarkeit, 1998, 179) kein fremdes Geschäft; auch ist die Weisungsgebundenheit des Beauftragten nach § 665 mit der besonderen Stellung des Schiedsrichters als unabhängigen privaten Richters nicht zu vereinbaren. Der Schiedsrichtervertrag ist daher als **Vertrag *sui generis*** einzustufen (RGZ 59, 247, 248; BGH VersR 1953, 51; *Strieder*, 37f; MüKo/*Heermann* Rn 108). Aus diesem Vertrag folgt der Vergütungsanspruch der Schiedsrichter gegen die Parteien als Gesamtschuldner (§ 427, im Innenverhältnis sind die Parteien je zur Hälfte verpflichtet, Grü/*Grüneberg* Rn 24) sowie die Haftungsimmunität entspr § 839 II (BGHZ 15, 12, 15ff; *Strieder*, 156). Die sonstigen Rechte und Pflichten der Schiedsrichter werden maßgeblich durch das am Sitz des Schiedsgerichts (s § 1025 I, § 1043 ZPO) geltende Schiedsverfahrensrecht mitbestimmt (*Berger*, Das neue Recht der Schiedsgerichtsbarkeit, 153). Der Schiedsrichtervertrag endet mit der – für den Schiedsrichter nur ausnahmsw zulässigen – Kündigung aus wichtigem Grund, ferner in den Fällen der §§ 1037, 1038 ZPO (Ablehnung, Abberufung) sowie mit Beendigung des Schiedsverfahrens in den in § 1056 ZPO vorgesehenen Formen (Schiedsspruch, Einstellungsbeschluss). Haben die Schiedsrichter in ihrem Schiedsspruch einen vom Kläger oder Beklagten (Widerklage) erhobenen Anspruch nicht beschieden, ist ihr Vertrag (noch) nicht beendet und jede Partei kann nach § 1058 I Nr 3 ZPO einen Ergänzungsschiedsspruch beantragen. § 1058 I Nr 1 und 2 ZPO betrifft dagegen nachwirkende prozessuale Pflichten der Schiedsrichter, der Schiedsrichtervertrag lebt insoweit nicht wieder auf. 79

Der Vertrag, den die Parteien mit der das Schiedsverfahren administrierenden **Schiedsinstitution** abschließen, ist dagegen als Geschäftsbesorgungsdienstvertrag zu qualifizieren (*Raeschke-Kessler/Berger*, Rn 538). Dieser Vertrag kommt zustande mit Eingang der Schiedsklage bei der Schiedsinstitution (Angebot des Klägers, das zugleich auch im Namen und mit unwiderruflicher Vollmacht der anderen Partei erfolgt) und der stillschw Annahme durch die Schiedsinstitution durch Aufnahme der in der Schiedsgerichtsordnung vorgesehenen Verwaltungstätigkeit (s zB §§ 7ff DIS-Schiedsgerichtsordnung; aA *Risse/Reiser* NJW 2015, 2839, 2840). 80

7. Steuerberater

Schrifttum (Auswahl): *Berners*, Praxiskommentar Steuerberatervergütungsverordnung, 6. Aufl 2020; *Eckert*, Steuerberatervergütungsverordnung, 7. Aufl 2023; *Fischer*, Haftung des Steuerberaters in Insolvenzverschleppungsfällen, DB 2015, 1643 und 1703; *Fischer*, Die neue Rechtsprechung des Bundesgerichtshofs zur zivilrechtlichen Haftung der Rechtsanwälte und steuerlichen Berater, WM Sonderbeil 1/2014, 1/2019; *Gehrlein*, Anwalts- und Steuerberaterhaftung, 6. Aufl 2023; *Gehrlein*, Fehlberatung – Die Schadensentstehung als Voraussetzung des Verjährungsbeginns, MDR 2010, 1225; *Gräfe/Lenzen/Schmeer*, Steuerberaterhaftung, 7. Aufl 2021; *Koslowski*, Steuerberatungsgesetz, 8. Aufl 2022; *Kuhls* ua, Steuerberatungsgesetz, 4. Aufl 2020; *Meyer/Goez/Schwamberger*, Steuerberatervergütungsverordnung, 10. Aufl 2021; *Zugehör*, Berufliche „Dritthaftung" – insbesondere der Rechtsanwälte, Steuerberater, Wirtschaftsprüfer und Notare – in der deutschen Rechtsprechung, NJW 2000, 1601; *Zugehör*, Haftung des Steuerberaters für einen fehlerhaften Jahresabschluss, WM 2013, 1965.

a) Rechtl Rahmen; Aufgaben. Das Recht des Geschäftsbesorgungsvertrags kommt nur zur Anwendung, wenn sich nicht im Berufsrecht der Steuerberater (StBerG und die DVStB), der Berufsordnung (BOStB idF v 8.9.2010, DStR 2010, 2659 und Europäische Berufsgrundsätze der CFE) und dem Gebührenrecht (StBVV) spezielle Regelungen finden. Auch die Vorschriften des GwG sind für die Tätigkeit des StB von besonderer Bedeutung (*Müller* DStR 2004, 1313ff). Nach § 33 StBerG gehört es zu den Aufgaben der StB, ihre Mandanten in Steuersachen zu beraten, sie zu vertreten und ihnen bei der Bearbeitung ihrer Steuerangelegenheiten und bei der Erfüllung ihrer steuerlichen Pflichten Hilfe zu leisten. Hierzu gehören auch die Hilfeleistungen in Steuerstrafsachen und in Bußgeldsachen wegen einer Steuerordnungswidrigkeit sowie die Hilfeleistung bei der Erfüllung von Buchführungspflichten, die auf Grund von Steuergesetzen bestehen, insb die Aufstellung von Steuerbilanzen und deren steuerrechtl Beurteilung. Nach § 57 III Nr 3 StBerG kann der StB auch wirtschaftsberatend, gutachtlich oder als Treuhänder tätig sein und Bescheinigungen über die Beachtung steuerrechtl Vorschriften in Vermögensübersichten und Erfolgsrechnungen erteilen. Der StB kann nach § 57 III Nr 1 StBerG zugleich als Wirtschaftsprüfer (Rn 91ff) oder RA tätig sein. Da sich im RDG keine Sonderregelungen für Rechtsberatung durch StB finden, richtet sich deren Zulässigkeit nach den allg Voraussetzungen des § 5 RDG (*Römermann* in Grunewald/Römermann, RDG, 2008, § 2 Rn 91). 81

b) Vertragstypus. Wie der RA (s Rn 55) erbringt auch der StB Dienste höherer Art iSv § 627 (BGH DB 2019, 1379 Rn 13; anders, wenn der StB nur Buchhaltungstätigkeiten schuldet, aaO Rn 17ff). Ein Vertrag, durch den einem StB oder Steuerbevollmächtigten allg die Wahrnehmung aller steuerlichen Interessen des Auftraggebers übertragen wird, ist daher regelmäßig ein Dienstvertrag, der eine Geschäftsbesorgung zum Gegenstand hat; die Rechtslage entspricht weitgehend der beim Anwaltsvertrag (BGH NJW 1970, 1596, 1597; s auch BGH NJW 1992, 307, 308; VersR 1980, 264, 265; Soergel/*Benicke* Rn 83; BeckOGK/*Teichmann* Rn 1270f). Ein Geschäftsbesorgungsvertrag mit Werkvertragscharakter liegt wie beim RA (s Rn 55) nur dann vor, wenn die Erbringung einer konkreten Einzelleistung, wie zB die Auskunft und Beratung zu einer speziellen Frage, die Erstattung eines Gut- 82 achtens oder die Erstellung bzw der Entwurf einer Bilanz oder eines Jahresabschlusses, vereinbart wird (BGH NJW 2002, 1571; NJW-RR 2006, 1490; NJW 2017, 1611 Rn 13ff; Grü/*Grüneberg* Rn 26).

83 c) **Vertragspflichten.** Die vertragl Pflichten des StB folgen mangels gesetzl Fixierung aus der Vereinbarung mit seinem Mandanten (BGH NJW 1992, 307, 308). Zweck der Steuerberatung ist es, die dem Mandanten fehlende Sach- und Rechtskenntnis auf diesem Gebiet zu ersetzen (BGH MDR 2012, 519 Rn 11). Auf seinem Fachgebiet hat der StB daher den gleichen Anforderungen zu genügen, die an die Interessenwahrnehmungs- und -wahrungspflicht des RA (s Rn 56) gestellt werden (BGH NJW-RR 1992, 1110, 1112; NJW 1992, 1695, 1696; MüKo/*Heermann* Rn 46; BeckOGK/*Teichmann* Rn 1310ff). Dabei muss der StB bei seiner Beratungstätigkeit grds das Bild von einem Mandanten ohne jede steuerliche Kenntnisse zugrunde legen (Staudinger/*Martinek*/*Omlor* Rn B199; vgl BGH LM § 676 Nr 33; LM § 675 Nr 127). Ein StB hat also wie ein RA den relevanten **Sachverhalt aufzuklären** (zB im Hinblick auf Finanzdaten des Mandanten oder andere steuerlich relevante Umstände). Er hat rechtzeitig sowie klar und unmissverständlich darauf hinzuweisen, welche bestimmten einzelnen Unterlagen für die ordnungsgemäße Geschäftsbesorgung nötig sind (BGH NJW 1992, 307, 309). Bei Zweifeln an der Richtigkeit des Sachverhalts muss er nachfragen bzw -forschen. Ein neuer StB darf die Ansätze seines Vorgängers nicht ungeprüft übernehmen (Braunschweig MDR 2020, 923). Der Mandant hat bei der Aufklärung möglicherweise auftretender Unstimmigkeiten eine Mitwirkungspflicht (BGH NJW 1992, 307, 308).

84 Auf der Basis des so ermittelten steuerrechtl relevanten Sachverhalts hat der StB seinen Mandanten nach dem aktuellen Stand der Steuerrspr sowie der einschlägigen SteuerRL und Erlasse (s BGH NJW-RR 2006, 273; NJW 2001, 146) **umfassend und erschöpfend zu beraten und zu belehren**. Dies erfordert sachgerechte Hinweise über Art, Größe und mögliche Höhe eines Steuerrisikos, um den Mandanten in die Lage zu versetzen, eigenverantwortlich seine Rechte und Interessen wahren und eine Fehlentscheidung in seinen steuerlichen Angelegenheiten vermeiden zu können (BGH MDR 2012, 519 Rn 11). Der StB muss anhand von Zeitschriften wie BStBl und DStR die höchstrichterliche Rspr und auch die aktuellen Entwicklungen in Gesetzgebung und Lit verfolgen, allerdings nicht jede einzelne Entscheidung des BFH kennen (BGH NJW 2015, 770 Rn 14). Er hat dem Mandanten diejenigen Schritte anzuraten, die zu dem erstrebten Ziel zu führen geeignet sind, und Nachteile für den Auftraggeber zu verhindern, soweit solche vorhersehbar und vermeidbar sind. Dazu hat er dem Auftraggeber den **relativ sichersten und ungefährlichsten Weg** zu dem angestrebten steuerlichen Ziel aufzuzeigen und die für den Erfolg notwendigen Schritte vorzuschlagen, damit der Mandant eine sachgerechte Entscheidung treffen kann (BGH NJW 2009, 2949, 2950; 2004, 3487; 1995, 2108; 1993, 1139; 1993, 2799, 2800; NJW-RR 2007, 1556). Keine umfassende Beratungspflicht besteht dann, wenn der Mandant eindeutig zu erkennen gibt, dass er des Rates nur in einer bestimmten Richtung bedarf, etwa weil er anderweitig fachkundig beraten wird (BGH NJW-RR 2005, 1511). Im letzteren Fall hat der StB Konzepte, die ein von seinem Mandanten beauftragter Spezialist erstellt hat, weder zu prüfen noch deren Ausführung zu überwachen (BGH NJW-RR 2001, 201, 202; NJW 2001, 3477, 3478; BRHP/*Fischer* Rn 46). Er muss aber seinen Mandanten warnen, wenn er Fehler des Spezialisten erkennt oder erkennen muss und zugleich annehmen muss, dass der Mandant diese Fehler womöglich nicht bemerkt (BGH NJW 2005, 1511, 1512; BRHP/*Fischer* Rn 47). Wie der RA (s Rn 62) muss auch der StB Kenntnis der aktuellen Gesetzeslage und der höchstrichterlichen Rspr haben (BGH NJW 2004, 3487). Wird in der Tages- oder der Fachpresse über Vorschläge zur Änderung des Steuerrechts berichtet, die im Falle ihrer Verwirklichung das von dem Mandanten des Beraters erstrebte Ziel uU vereiteln oder beeinträchtigen, kann der StB gehalten sein, sich aus allg zugänglichen Quellen über den näheren Inhalt und den Verfahrensstand solcher Überlegungen zu unterrichten (BGH NJW 2004, 3487). Der StB braucht den Mandanten auf eine etwaige EU-Rechtswidrigkeit der Besteuerung erst hinzuweisen, wenn der BFH dahin lautende Bedenken in einer Entscheidung, die dem StB bekannt sein muss, äußert (BGH DStR 2010, 2374).

85 Der StB muss von sich aus die bedeutsamen steuerlichen Fragen, die bei der Erledigung eines Auftrags auftauchen, darlegen und den Mandanten über die steuerlichen Folgen in Frage kommender rechtl Gestaltungsmöglichkeiten belehren (BGH NJW-RR 1992, 1110, 1111; WM 1980, 308, 309; VersR 1981, 1029, 1030). Ist die Auslegung des unbestimmten Rechtsbegriffs einer Steuernorm offen und für die vom steuerpflichtigen Mandanten zu treffende Entscheidung bedeutsam, muss der StB grds auf das mit der ungewissen Beurteilung der Rechtslage verbundene Risiko hinweisen (BGH NJW-RR 2006, 273). Der StB hat den Mandanten vor Schaden zu bewahren und **den nach den Umständen sichersten Weg** zur Erreichung des vom Mandanten angestrebten steuerlichen Ziels aufzuzeigen (BGH NJW 2001, 3477, 3478; BRHP/*Fischer* Rn 45; s auch Rn 58). Möglichkeiten zur Steuerersparnis müssen dabei stets dargestellt werden, es sei denn, es handelt sich nicht um eine umfassende steuerliche Beratung, sondern nur um ein eingeschränktes Mandat (BGH NJW 2001, 3477, 3478; 1998, 1221, 1222; PWW/*Fehrenbacher* Rn 20). Zu diesem Zweck muss der StB auch auf eine dem Mandanten günstige ständige Verwaltungspraxis hinweisen (BGH NJW 1995, 3248). Der StB trägt nicht das Risiko einer unzureichenden Mitwirkung des Mandanten, auf die er für seine Tätigkeit angewiesen ist. Ohne eindeutige Regelung im Vertrag ist der StB daher nicht verpflichtet, die Frist für die Abgabe der Steuererklärung seines Mandanten einzuhalten, er muss lediglich im Rahmen des Zumutbaren mit Rat und Tat nach besten Kräften auf die **Einhaltung der Frist** hinwirken (BGH NJW 1992, 307, 308f; MüKo/*Heermann* Rn 47; Soergel/*Benicke* Rn 87). Wenn der StB seinen Mandanten vor den Steuerbehörden vertritt, darf er sich nicht auf die bloße Einlegung von Rechtsbehelfen beschränken, sondern muss versuchen, die Steuerbehörde schon vor Erlass des betreffenden Bescheids von der für seinen Mandanten günstigen Rechtsauffassung zu überzeugen (BGH NJW-RR 1992, 1110, 1112; PWW/*Fehrenbacher* Rn 20). In diesem Zusammenhang kann der StB verpflichtet sein, seinen Mandanten über die Möglichkeit einer

verbindlichen Vorabauskunft durch das Finanzamt aufzuklären und diese ggf selbst zu beantragen (MüKo/*Heermann* Rn 47). Ist ein StB mit der Prüfung eines Steuerbescheids beauftragt, muss er mit seinem Mandanten die Möglichkeit eines **Einspruchs** wegen möglicher Verfassungswidrigkeit des anzuwendenden Steuergesetzes nicht erörtern, solange keine entspr Vorlage eines FG an das BVerfG veröffentlicht ist oder sich ein gleich starker Hinw auf die Verfassungswidrigkeit der Besteuerung aus anderen Umständen, insb einer in ähnl Zusammenhang ergangenen, im BStBl veröffentlichten Entscheidung des BverfG ergibt (BGH NJW 2009, 1593, 1594). Einen Einspruch darf der StB wegen seiner Weisungsgebundenheit (§ 665) nicht ohne Rücksprache mit dem Mandanten zurücknehmen (BGH NJW 2015, 770 Rn 18ff). Der StB ist im Rahmen der Vertretung in einem Einspruchsverfahren nicht verpflichtet, auf einen möglichen Regressanspruch gegen einen früheren StB hinzuweisen (BGH NJW 2015, 2326). Ein StB ist, auch wenn er die Lohnbuchhaltung übernimmt, nicht zur Beratung in sozialversicherungsrechtl Fragen verpflichtet (Düsseldorf GmbHR 2021, 770; tendenziell auch BGH NJW-RR 2004, 1358f).

Eine **wirtschaftsberatende, gutachtliche oder treuhänderische Tätigkeit** (§ 57 III Nr 3 StBerG) schuldet der StB nur, wenn dies mit dem Mandanten speziell vereinbart wurde (BGH NJW-RR 2003, 1574). Bei einem ausdrückl Auftrag zur Prüfung der **Insolvenzreife** eines Unternehmens haftet der StB für etwaige Fehlleistungen (BGHZ 193, 297 Rn 9ff). Bei einem rein steuerlichen Mandat unterliegt er hingegen grds keinen Hinweispflichten in Bezug auf eine mögliche Insolvenzreife; anders, wenn er in konkrete Erörterungen über eine mögliche Insolvenzreife der von ihm beratenden Gesellschaft eintritt (BGH ZIP 2014, 583 Rn 3). Einen Steuerberater, der mit der Erstellung eines Jahresabschlusses beauftragt ist, treffen aber auch außerhalb des beschränkten Mandatsgegenstands Hinweis- und Warnpflichten, wenn er einen Insolvenzgrund erkennt oder für ihn ernsthafte Anhaltspunkte für einen solchen offenkundig sind und er annehmen muss, dass die mögliche Insolvenzreife dem Mandanten nicht bewusst ist (BGH NJW 2017, 1611 Rn 43ff; dazu *Zaumseil* DB 2017, 891). Ein StB, der es übernommen hat, seinem Mandanten auch **Vermögensanlageempfehlungen** zu erteilen, muss eine ohne Kenntnis des Auftraggebers empfangene Provision an diesen nach § 667 auskehren (BGH NJW 2000, 2669, 2672 [für RA]; 1991, 1224; NJW-RR 1987, 1380). Empfiehlt ein StB den Vertragsschluss mit einem Dritten, muss er damit verbundene persönliche Vorteile offenbaren (BGH NJW-RR 2019, 373); der Schadensersatz verlangende Mandant muss aber darlegen und beweisen, wie er sich bei pflichtgemäßer Aufklärung verhalten hätte (aaO Rn 25). 86

d) Vergütung. Die Vergütung (Gebühren und Auslagen) der StB ist in der **Steuerberatervergütungsverordnung** (StBVV, bis 2012 Steuerberatergebührenverordnung, BGBl I 1981, 1442) geregelt. Sie richtet sich nach den in den Tabellen A bis E der StBVV enthaltenen Gebührensätzen, wobei es sich um Wert- (§ 10 StBVV), Rahmen- (§ 11 StBVV) oder Zeitgebühren (§ 13 StBVV) handelt. Nach § 4 I 1 StBVV kann der StB aus einer Honorarvereinbarung eine höhere als die gesetzl Vergütung nur fordern, wenn die Erklärung des Auftraggebers schriftlich abgegeben und nicht in der Vollmacht enthalten ist. Unter bestimmten Umständen ist auch die Vereinbarung einer Pauschalvergütung zulässig, vorausgesetzt, diese steht in einem angemessenen Verhältnis zur Leistung des StB (§ 14 StBVV). 87

e) Beendigung. Es gelten die gleichen Grundsätze wie beim Anwaltsvertrag (s Rn 71). Wird das Mandat beendet, hat der StB den Mandanten auf einen nahen Fristablauf hinzuweisen, falls er diesen mitverursacht hat oder falls ihm bewusst ist, dass sein Mandant darauf vertraut, dass der StB im Hinblick auf seine bisherige Praxis der Mandatsabwicklung das Notwendige veranlasst hat (BGH NJW 2001, 1644, 1645; BRHP/*Fischer* Rn 47 aE). S zur gesetzl **Aufbewahrungspflicht für Handakten** (10 Jahre nach Beendigung des Auftrags) § 66 StBerG. 88

f) Haftung. Es gelten die gleichen Grundsätze wie beim Anwaltsvertrag (s Rn 72ff). Es gilt die Vermutung, dass sich der Mandant bei sachgerechter Belehrung beratungsgemäß verhalten hätte (BGH NJW-RR 1992, 1110; Staudinger/*Martinek*/*Omlor* Rn B201). Dem Mandanten, der einen richtigen Vorschlag des StB ablehnt, kommt im Haftungsprozess die Vermutung beratungsgemäßen Verhaltens nicht zugute (BGH NJW 2007, 2485; 1993, 3259). Ein Mitverschulden des Mandanten kommt nur selten in Betracht, denn dem Steuerberater obliegt wegen seines steuerrechtl Fachwissens regelmäßig allein die Verhütung eines möglichen Schadens, selbst wenn der Mandant das, worüber der StB hätte aufklären oder unterrichten sollen, bei entsprechender Bemühung auch ohne fremde Hilfe hätte erkennen können (BGH WM 2011, 1529 Rn 12; 2010, 993 Rn 14; NJW-RR 1986, 646; Soergel/*Benicke* Rn 90; s auch *Fischer* DB 2010, 2600 zu möglichen Mitverschuldenseinwänden). Etwas anderes gilt nur ausnahmsw (zB Ignorieren von Warnungen oder ohne weiteres erkennbaren Umständen, BGH WM 2011, 1529 Rn 13). Als ersatzfähiger Schaden kommen nicht nur vermeidbare Steuerbelastungen, sondern auch Nachteile aus nicht in Anspruch genommenen Freibeträgen, Mehrbelastungen infolge einer nicht mehr möglichen Steuerbegünstigung, Mehrkosten aus Überprüfung und Korrektur fehlerhafter Beratung, die Kosten angeratener, aber aussichtsloser Rechtsverfolgung und Bußgelder nach § 378 I AO in Betracht (BRHP/*Fischer* Rn 49 mwN). Versäumt der StB die rechtzeitige Übermittlung einer Selbstanzeige, umfasst der Schadensersatzanspruch des Mandanten auch die verhängte Geldstrafe und Verteidigerkosten (Nürnberg MDR 2017, 704). Dem Mandanten verbleibende Steuervorteile sind schadensmindernd anzurechnen (BGH DB 2021, 2957). Übermittelt der Berater eine Selbstanzeige versehentlich ohne Abstimmung mit dem Mandanten an die Finanzverwaltung, liegt in der gegen den Mandanten festgesetzten Steuerpflicht kein ersatzfähiger Schaden (BGH NJW 2018, 541). S zur **Einbeziehung Dritter** in den Schutzbereich des StB-Vertrags BGH NJW 2012, 3165 (betr Gesellschafter und Geschäftsführer einer GmbH); Frankfurt DStRE 2018, 1275 (verneinend für ArbN des Mandanten); *Zugehör* NJW 2008, 1105ff; § 328 Rn 82. Die Einbeziehung (rechtl) fremden Vermögens im Wege der konsolidierten Schadensbetrachtung setzt neben der Einbeziehung der Vermögensinteressen des Dritten (etwa verbundenes Unterneh- 89 men, Familienangehörige) voraus, dass sich der Berater vereinbarungsgemäß mit einem bei wirtschaftl wertender Betrachtung einheitlichen Vermögen zu befassen hat (BGH NJW 2021, 1163; s auch BGH ZIP 2016, 371; 2016, 1541; ZIP 2017, 287). § 67a StBerG ermöglicht in Übereinstimmung mit § 52 BRAO (s Rn 74) die Vereinbarung einer Haftungsbeschränkung für vom StB fahrlässig verursachte Schäden. Der Schadensersatzanspruch des Mandanten unterliegt der Regelverjährung der §§ 195, 199 (MüKo/*Heermann* Rn 48; s auch Rn 76). Erteilt der StB einen fehlerhaften Rat und schlägt sich dieser in einem für den Mandanten nachteiligen Steuerbescheid nieder, so beginnt die Verjährungsfrist am Schluss des Jahres, in dem der Steuerbescheid bekanntgegeben wurde (BGHZ 119, 69, 72f; BGH NJW-RR 2011, 208f; DB 2012, 2803; DB 2013, 753). Bei unterbliebenem Einspruch gegen einen Steuerbescheid beginnt die Verjährung am Schluss des Jahres, in dem die Einspruchsfrist ablief (BGH NJW-RR 1997, 50; MDR 2010, 1453; DB 2011, 586; *Gehrlein* MDR 2010, 1225, 1226).

8. Treuhänder

Schrifttum: *Chen*, Die Treuhand als Rechtsform für Sondervermögen, 2020; *Coing*, Die Treuhand kraft privaten Rechtsgeschäfts, 1973; *Geibel*, Treuhandrecht als Gesellschaftsrecht, 2008; *Gernhuber*, Die fiduziarische Treuhand, JuS 1988, 355; *Gruber*, Der Treuhandmissbrauch, AcP 202 (2002), 435; *Grundmann*, Der Treuhandvertrag, insbesondere die werbende Treuhand, 1997; *Löhnig*, Treuhand, 2006.

90 Der Treuhandvertrag ist trotz seiner mannigfaltigen Erscheinungsformen (s dazu *Coing*, 1 und passim) im Kern wegen der vertragl Treubindung des Treuhänders bei unentgeltlicher Tätigkeit des Treuhänders Auftrag iSv § 662, bei entgeltlicher Tätigkeit Geschäftsbesorgungsdienstvertrag (RGZ 153, 366, 369; BGH NJW 2010, 2197; NZG 2010, 192; NJW 2002, 2459, 2460; BGHZ 76, 127, 131; PWW/*Fehrenbacher* Rn 39). Treuhänder ist eine natürliche oder jur Person, die von einem anderen oder für ihn von einem Dritten Vermögensrechte zu eigenem Recht erworben hat, diese aber nicht nur in eigenem, sondern zumindest auch in fremdem Interesse ausüben soll (BGH NJW 2014, 1963 Rn 17). Der Treuhänder erhält danach Vermögensrechte übertragen, von denen er nur nach Maßgabe der Treuhandvereinbarung Gebrauch machen darf (BGH NJW 2014, 1963). Bspe sind die Einziehungsermächtigung und die Inkassozession (BGH NJW 2014, 1963 Rn 16). Ein Treuhandvertrag, der die umfassende Befugnis zur Vornahme oder Änderung von Rechtsgeschäften zum Gegenstand hat, ist auf die Besorgung fremder Rechtsangelegenheiten gerichtet (BGH NJW 2004, 841, 842). Treuhandverträge bei Bauträger- (s Rn 50ff) und Bauherrenmodellen wurden daher vom BGH in st Rspr wegen Verstoßes gegen ein gesetzl Verbot (§ 134 iVm Art 1 § 1 I 1 RBerG) für unwirksam erklärt (BGH NJW 2004, 841, 842; 2003, 1594; 2001, 70; NJW-RR 2003, 1203; s auch BVerfG NJW 2002, 3531). S zur Rechtslage nach dem RDG Rn 47, 54f. Der Treuhandvertrag kann auch als Geschäftsbesorgungsvertrag zugunsten Dritter nach Abs I, §§ 611, 328 ausgestaltet sein, wenn eine Drittbegünstigung mit selbständigem Forderungsrecht des Dritten im Zweck der Treuhand liegt (BGH NJW 1966, 1116; Staudinger/*Martinek*/*Omlor* Rn B214). S im Einz Vor § 164 Rn 16ff und § 662 Rn 17.

9. Wirtschaftsprüfer

Schrifttum (Auswahl): *Bärenz*, Haftung des Abschlussprüfers bei Bestätigung fehlerhafter Jahresabschlüsse gem § 323 Abs. 1 S. 3 HGB, BB 2003, 1781; *Doralt*, Die Haftung des gesetzlichen Abschlussprüfers – Mitverschulden, Ansprüche Dritter und Wege der Haftungsbegrenzung, ZGR 2015, 266; *Eschenfelder*, Wirtschaftsprüferhaftung, 2016; *Fölsing*, Abschlussprüferdritthaftung nach der Entscheidung des BGH v 6.4.2006, DStR 2006, 1809; *Hense*/*Ulrich*, WPO Kommentar, 4. Aufl 2022; IDW (Hrsg), WP-Hdb, 17. Aufl 2021; *Lettl*, Einbeziehung Dritter in den Schutzbereich des Vertrags über eine Pflichtprüfung nach §§ 316ff HGB, NJW 2006, 2817; *Marten*/*Quick*/*Ruhnke*, Wirtschaftsprüfung, 6. Aufl 2020; *Meixner*/*Schröder*, Wirtschaftsprüferhaftung, 2013; *Poll*, Die Verantwortlichkeit des Abschlußprüfers nach § 323 HGB, DZWIR 1995, 95; *Quick*, Die Haftung des handelsrechtlichen Abschlußprüfers, BB 1992, 1675; *Röhl*/*Hidding*, Die Handakte des Wirtschaftsprüfers, WM 2021, 1729; *Schmitz*/*Lorey*/*Harder*, Berufsrecht und Haftung der Wirtschaftsprüfer, 3. Aufl 2022; *Schüppen*, Abschlussprüfung, 2. Aufl 2022; *Zugehör*, Berufliche „Dritthaftung" – insbesondere der Rechtsanwälte, Steuerberater, Wirtschaftsprüfer und Notare – in der deutschen Rspr, NJW 2000, 1601; zur Abschlussprüfung s auch Kommentare zu §§ 316ff HGB.

91 **a) Rechtl Rahmen; Aufgaben.** § 2 I WPO (BGBl I 1975, 2803) bestimmt, dass WP die berufliche Aufgabe haben, betriebswirtschaftl Prüfungen, insb solche von Jahresabschlüssen wirtschaftl Unternehmen, durchzuführen und Bestätigungsvermerke über die Vornahme und das Ergebnis solcher Prüfungen zu erteilen. Darüber hinaus sind sie nach § 2 II WPO befugt, ihre Auftraggeber in steuerlichen Angelegenheiten nach Maßgabe der bestehenden Vorschriften zu beraten und zu vertreten. Nach § 2 III WPO sind sie auch befugt, auf den Gebieten der wirtschaftl Betriebsführung als Sachverständige aufzutreten, in wirtschaftl Angelegenheiten zu beraten und fremde Interessen zu wahren und treuhänderische Verwaltungen durchzuführen. Da sich im RDG keine Sonderregelungen für Rechtsberatung durch WP finden, richtet sich deren Zulässigkeit nach den allg Voraussetzungen des § 5 RDG (*Römermann* in Grunewald/Römermann, RDG, 2008, § 2 Rn 91).

92 **b) Vertragstypus; Pflichten.** Für die rechtl Einordnung der WP-Verträge gilt das zum Anwalts- (s Rn 55) und Steuerberatungsvertrag (Rn 82) Gesagte entspr (Soergel/*Benicke* Rn 97). In den meisten Fällen handelt es sich um einen Dienstvertrag mit Geschäftsbesorgungscharakter. Nur wenn eine erfolgsbezogene Einzeltätigkeit geschuldet wird, wie zB ein Gutachten oder eine Prüfung mit Bestätigungsvermerk, kann ein Werkvertrag mit Geschäftsbesorgungscharakter vorliegen (MüKo/*Heermann* Rn 51; *Röhl*/*Hidding* WM 2021, 1729; vgl BGH NJW 2000, 1107). Zum durch § 51b WPO konkretisierten Auskunfts- und Herausgabeanspruch des Mandanten nach §§ 666, 667, 675 I s Frankfurt ZRI 2023, 156; *Röhl*/*Hidding* WM 2021, 1729; oben § 667 Rn 8. Für die Bestimmung des Pflichteninhalts gelten die Ausführungen zum Anwalts- (s Rn 56ff) und Steuerberatungsvertrag (s Rn 83ff) entspr.

c) **Haftung.** Auch für die Haftung bei Pflichtverletzungen gilt das zum Anwaltsvertrag (s Rn 72ff) und zum Steuerberatungsvertrag (Rn 89) Gesagte entspr. Zum Mitverschulden des Geschäftsführers der geprüften Gesellschaft gem § 254 I s BGHZ 183, 323. S zur gesetzl Haftung des Abschlussprüfers nach § 323 I 3, 4 (Verletzung der Pflicht zu gewissenhafter und unparteiischer Prüfung, der Verschwiegenheitspflicht und des Verbotes der unbefugten Verwertung von Geschäfts- und Betriebsgeheimnissen aus Abs I S 1 und 2) und II (gesetzl Haftungshöchstbetrag!) HGB, MüKo-HGB/*Ebke*[4] 2020, § 323 Rn 20ff; Heymann/*Herrmann*, HGB[3] 2020, § 323 Rn 7ff; Großkomm-HGB/*Habersack/Schürnbrand*[5] 2010, § 323 Rn 30ff; *Poll* DZWIR 1995, 95; *Quick* BB 1992, 1675; *Bärenz* BB 2003, 1781. Der Abschlussprüfer ist für Fehler nach § 323 I 3 HGB nur der Gesellschaft und, wenn ein verbundenes Unternehmen geschädigt worden ist, auch diesem ggü, nicht jedoch den Anteilseignern und sonstigen Gläubigern der Gesellschaft zum Ersatz des daraus entstehenden Schadens verpflichtet (BGH NJW 2009, 512; 1998, 1948, 1949). § 323 HGB steht der vertragl Begründung einer Schutzpflicht des Abschlussprüfers ggü dritten Personen nicht entgegen (BGH NJW 1998, 1948, 1949f). An die Annahme einer solchen vertragl Einbeziehung eines Dritten in den Schutzbereich sind jedoch strenge Anforderungen zu stellen (BGH NJW 2006, 1975, 1976f; 2009, 512; *Fölsing* DStR 2006, 1809; *Lettl* NJW 2006, 2817). Anleger, die sich auf ein im Anlageprospekt veröffentlichtes WP-Testat verlassen, können aber im Interesse eines effektiven Anlegerschutzes in den Schutzbereich des zw dem WP und dem Unternehmen geschlossenen Vertrags einbezogen sein (BGH DB 2014, 1126, 1128); außerdem kommt ein Anspruch aus Prospekthaftung ieS (s § 311 Rn 95) und bei vorsätzlichem Handeln auch aus § 826 sowie § 823 II iVm § 264a I, § 27 I StGB und § 332 HGB jeweils iVm § 31 in Betracht (BGH ZIP 2013, 935 Rn 12, 14). Eine stillschw Ausdehnung der vertragl Haftung des WP auf Dritte erfordert, dass dem Abschlussprüfer deutlich wird, dass von ihm im Drittinteresse eine besondere Leistung erwartet wird, die über die Erbringung der gesetzl vorgeschriebenen Pflichtprüfung hinausgeht (BGH NJW 2009, 512; 2006, 1975, 1978). Hierfür genügt nicht, dass ein Dritter die von Sachkunde geprägte Stellungnahme des Prüfers für diesen erkennbar zur Grundlage einer Entscheidung mit wirtschaftl Folgen machen möchte. Bestätigungsvermerken nach § 322 I HGB kommt ohnehin die Bedeutung zu, Dritten Einblick in die wirtschaftl Situation des publizitätspflichtigen Unternehmens zu gewähren und ihnen für ihr beabsichtigtes Engagement eine Beurteilungsgrundlage zu geben. Dies hat aber den Gesetzgeber nicht veranlasst, die Verantwortlichkeit des Abschlussprüfers ebenso weit zu ziehen. Die Verjährung der Ansprüche gegen den WP richtet sich nach Aufhebung von § 51a WPO nach den allg Regeln der §§ 195, 199. Zur Expertenhaftung des WP nach § 826 BGB wegen irreführender Äußerungen bei Vorträgen und Veranstaltungen s BGH WM 2014, 17; wegen fehlerhaften Bestätigungsvermerks (Wirecard-Skandal): München WM 2022, 470; *Lenz* WM 2022, 1305, 1357. Rechtsvergleichend zur Haftung des Abschlussprüfers *Doralt* ZGR 2015, 266. 93

10. Weitere Beispiele (alphabetisch)

• **Adoptionsvermittlungsvertrag.** Hier verpflichtet sich der Vermittler, sich darum zu bemühen, für seinen Kunden ein Kind insb aus dem Ausland zur Adoption zu vermitteln. Ist die Vergütung auch geschuldet, wenn die Vermittlung trotz des Bemühens nicht zustande kommt, handelt es sich um einen Geschäftsbesorgungsvertrag mit Dienstvertragscharakter (Koblenz MDR 2013, 1153). 93a

• **Agenturvertrag.** Unter dem im dt Recht sehr unkonturierten Begriff des Agenturvertrags (Staudinger/*Martinek/Omlor* Rn B6) werden verschiedene Geschäftsbesorgungsverträge mit dienst- oder uU auch werkvertragl Charakter zusammengefasst. Bspe: Vertrag über die Betreuung von Sportlern/Künstlern (→ Manager für Sportler und Künstler, Rn 113); Werbeagenturvertrag (→ Werbeagentur, Rn 124); → Mediaagenturvertrag (Rn 113a); → Agenturvertrag im Gebrauchtwagenhandel (Rn 95). Als Agenturverträge werden auch Verträge mit → Handelsvertretern (früher: Handlungsagenten, Rn 103), Versicherungsvertretern (früher: Versicherungsagenten; → Versicherungsvermittler, Rn 121) und → Schiffsagenten (Rn 119) bezeichnet. 94

• **Agenturvertrag im Gebrauchtwagenhandel.** Hier betraut der Käufer eines Neuwagens den Händler mit dem Verkauf des Altwagens im Namen und für Rechnung des Neuwagenkäufers (ausf *Reinking/Eggert*, Der Autokauf[14] 2020, Rn 2137ff). Es handelt sich um einen Geschäftsbesorgungsvertrag mit Dienstvertragscharakter (BGH NJW 2011, 1726 Rn 11; *Reinking/Eggert* aaO, Rn 2191). Mit der Konstruktion soll verhindert werden, dass der Vertrag den §§ 474ff unterliegt (s § 474 Rn 6; § 476 Rn 11). Nach BGH NJW 2005, 1039, 1040 ist das aber nur zulässig, wenn kein Eigengeschäft des Händlers verschleiert wird, dh der Neuwagenkäufer muss die Chancen und Risiken des Weiterverkaufs tragen. Es ist also – ohne Garantie eines Mindestverkaufspreises – der jew durch den Weiterverkauf erzielte Kaufpreis auf den Kaufpreis des Neuwagens anzurechnen (für generelle Zulässigkeit hingegen § 476 Rn 11 [*Grunewald*]; für generelle Unzulässigkeit *Hofmann* JuS 2005, 8, 10). Der Händler kann gem § 311 III haften. Zur Möglichkeit der Kündigung des Vertrags durch den Händler s BGH NJW 1982, 1699. 95

• **Altkleidersammlung.** Der Vertrag ist Geschäftsbesorgungsvertrag mit Elementen des Werk- und Dienstvertrags (Hamm NJW-RR 1995, 1010, 1011). Der Altkleidersammler ist verpflichtet, die Altkleidersammlung für den Sammlungsträger als Geschäftsherrn durchzuführen. Dafür hat der Sammler gegen den Geschäftsherrn einen Vergütungsanspruch. Bei der Durchführung der Sammlung und Verwertung des Sammelguts hat der Sammler die Vermögensinteressen des Geschäftsherrn wahrzunehmen. Er hat den Sammelertrag gem § 667 an den Geschäftsherrn herauszugeben. Der Anspruch des Sammlers auf Zahlung eines Entgelts für die Durchführung der Sammlung wird typischerweise vereinbarungsgemäß mit dem Anspruch des Geschäftsherrn aus § 667 verrechnet. Altkleidersammlungen sind (zB gem § 1 NRWSammlungsG) erlaubnisbedürftig. Bei Nichtigkeit des Vertrags nach §§ 134, 138 kommt eine Rückabwicklung nach Bereicherungsrecht in Betracht (Hamm NJW-RR 1995, 1010, 1011ff). 96

97 • **Architekt/Ingenieur.** Der Architekten-/Ingenieurvertrag ist nach hM Werkvertrag (BGBl I 2017, 969; BGHZ 31, 224 = NJW 1960, 431; s Rn 13). Seit dem 1.1.2018 ist er in § 650p geregelt (s dort). Soweit der Architekt Verhandlungen mit Dritten führen soll, stellen diese im Verhältnis zum Auftraggeber Geschäftsbesorgungen iSv § 675 dar (BGHZ 41, 318 = BGH NJW 1964, 1469). Daraus folgt die Pflicht zur Auskunft und Rechnungslegung gem §§ 675, 666 (BGH aaO), deren Umfang nach Treu und Glauben, § 242, zu bestimmen ist (KG NZBau 2006, 582).

98 • **Auktionator.** Die Rechtsbeziehung zw Einlieferer und Versteigerer ist zumeist als Dienstvertrag ausgestaltet, der eine Geschäftsbesorgung zum Inhalt hat (BGH NJW 1996, 527, 528; 1986, 1186, 1187; RGZ 110, 119, 123; *Gaul* WM 2000, 1783, 1784; *v Hoyningen-Huene* NJW 1973, 1473, 1475; *Wilmer* NJW-CoR 2000, 94, 96; *Anders/Gehle*, Das Recht der freien Dienste, 2001, Rn 828ff; *Tettinger/Wank/Ennuschat*, GewO[8] 2011, § 34b Rn 12). Gegenstand dieser Geschäftsbesorgung ist die Pflicht des Auktionators, eine Versteigerung zu organisieren, die auf einen bestmöglichen Verkauf des eingelieferten Gegenstands abzielt. Die Einordnung als Werkvertrag scheidet idR deshalb aus, weil der Versteigerer nicht schuldet, dass dieser Gegenstand mit Erfolg versteigert wird (*v Hoyningen-Huene* aaO; *Wilmer* aaO; *Anders/Gehle* aaO, Rn 830). Soweit der Versteigerer nicht als Vertreter des Einlieferers iSd § 164 den Kaufvertrag mit dem Ersteigerer abschließt, kann daneben auch ein Kommissionsgeschäft iSv § 383 HGB in Betracht kommen, bei dem der Versteigerer im eigenen Namen, aber auf fremde Rechnung tätig wird. Die Abgrenzung erfolgt unter Berücksichtigung des Einzelfalls danach, welche vertragl Vereinbarungen zw Versteigerer und Einlieferer, insb in den AGB des Versteigerers, getroffen worden sind (*Gaul* WM 2000, 1783, 1784).

99 • **Beirat.** Oftmals werden in Publikumskommanditgesellschaften, Familiengesellschaften, bei der GmbH & Co KG und bei der GmbH neben den gesetzl vorgesehenen Organen Beiräte gebildet, deren Aufgabe insb die Beratung, die Vertretung der Gesellschaft ggü der Geschäftsführung, die Mitwirkung bei bestimmten (Grundlagen-)Entscheidungen, die Repräsentation von Familienstämmen und die Wahrnehmung schiedsrichterlicher Funktionen sein kann (*Hommelhoff/Bayer* in Lutter/Hommelhoff, GmbHG[21] 2023, § 52 GmbHG Rn 167). Auch bei der AG ist die Einrichtung eines Beirats möglich, solange die gesetzl Zuständigkeitsverteilung nicht geändert wird (§ 23 V 2 AktG; K. Schmidt/Lutter/*Seibt*, AktG[4] 2020, § 23 Rn 57). Schuldrechtl besteht zw der Gesellschaft und dem Beirat ein Anstellungsvertrag, der als Geschäftsbesorgungsvertrag mit Dienstvertragscharakter zu qualifizieren ist (BGH WM 1975, 1640, 1641; NJW 1985, 1900; *Voormann*, Der Beirat im Gesellschaftsrecht[2] 1990, 144). Weitere Lit: *Huber*, Der Beirat, 2004; *Wiedemann/Kögel*, Beirat und Aufsichtsrat im Familienunternehmen, 2. Aufl 2020; *Ruter/Thümmel*, Beiräte in mittelständischen Familienunternehmen[2] 2009; *Koeberle-Schmid/Groß/Lehmann-Tolkmitt* BB 2011, 899.

100 • **Bergung.** Die zw einem Bergungsunternehmer und seinem Auftraggeber vereinbarte Geschäftsbesorgung über die Bergung eines Schiffs iSv §§ 574ff HGB ist idR ein Geschäftsbesorgungswerkvertrag (MüKo/*Heermann* Rn 109; Staudinger/*Martinek/Omlor* Rn B73; vgl Frankfurt VersR 1970, 260). Gem § 576 I HGB setzt der Anspruch auf den Bergelohn den Erfolg der Bergungsmaßnahme voraus.

100a • **Betriebsführung.** S Management (Rn 112).

101 • **Charter.** Ein Chartervertrag, bei dem sich der Charterer dazu verpflichtet, einem Dritten bestimmte Leistungen, wie bspw Beförderung und Transport, zu vermitteln, ist ein Geschäftsbesorgungsvertrag (BGHZ 93, 271; BGH NJW 1974, 1046; *Schwenk* BB 1970, 282, 284).

102 • **Detektei.** Detektive können für den Auftraggeber vielfältig tätig werden, sei es in rein beobachtender Funktion (zB Kaufhausdetektiv), sei es in investigativer Funktion (zB zur Beweismittelbeschaffung) (*Schünemann* NJW 2003, 1689). Der Vertrag mit einer Detektei ist dabei regelmäßig Dienstvertrag (BGH NJW 1990, 2549 aE), der eine Geschäftsbesorgung zum Gegenstand haben kann (*Anders/Gehle*, Das Recht der freien Dienste, 2001, Rn 624). Die Ausgestaltung als Werkvertrag mit Geschäftsbesorgungselementen ist ebenfalls möglich (BeckOGK/*Teichmann* Rn 74; *Schünemann* NJW 2003, 1689, 1690), wird aber seltener der Fall sein, da der Detektiv idR nicht für einen Erfolg einstehen wollen wird (*Anders/Gehle* aaO). Der Geschäftsbesorgungscharakter setzt ua voraus, dass die Tätigkeit des Detektivs vermögensbezogen ist, dh eine Einwirkung auf das Geschäftsherrnvermögen erwarten lässt (s Rn 12). Daher dürften solche Ermittlungen nicht unter § 675 fallen, die der Auftraggeber aus reinem Affektionsinteresse veranlasst. Dies hängt aber von der konkreten Vertragsgestaltung ab. Weitere Lit: *Peilert*, Das Recht des Auskunftei- und Detekteigewerbes, 1996.

102a • **Erbenermittlung.** Bei einem Erbenermittlungsvertrag verpflichtet sich der Erbenermittler ggü seinem Kunden gegen Honorar, ihm durch die Mitteilung seiner potentiellen Erbenstellung den Antritt seiner Erbschaft zu ermöglichen und ggf Nebenleistungen zu erbringen. Es handelt sich um einen Geschäftsbesorgungsvertrag mit Dienstvertragscharakter (BGH NJW-RR 2016, 842 Rn 16). Der Erbensucher kann seine Verpflichtung zur weiteren Tätigkeit im Rahmen einer aufschiebenden Bedingung (§ 158 I) davon abhängig machen, dass er von allen ermittelten Erben Vollmacht und Honorarvertrag erhalten hat. Dann schuldet er vorher auch nicht Auskunft und Rechenschaft (§ 666; BGH aaO Rn 44). Ohne Vertrag hat der Erbensucher nach der Rspr keine Ansprüche gegen die Erben (s Vor § 677 Rn 26). Das Zustandekommen eines Auftrags (§ 662) zw den durch einen Nachlasspfleger vertretenen Erben und einem Erbenermittler setzt einen eindeutigen Rechtsbindungswillen voraus (München FamRZ 2021, 902).

102b • **Gemeinsamer Vertreter der Gläubiger.** Bestellen die Gläubiger gem § 19 II SchVG nach Eröffnung des Insolvenzverfahrens über das Vermögen des Schuldners zur Wahrnehmung ihrer Rechte im Insolvenzverfahren einen gemeinsamen Vertreter für alle Gläubiger, richtet sich das Rechtsverhältnis zwischen den Gläubigern und dem gemeinsamen Vertreter nach § 675 I, §§ 667ff, wenn das SchVG keine Sonderregelungen trifft (BGH NZI 2021, 342 Rn 7).

• Als **„Gewinnspieldienstevertrag"** wird ein Vertrag bezeichnet, durch den sich ein sog Gewinnspieleintragungsdienst (Gewinnspielservice, Gewinnspielclub) verpflichtet, für einen meist längeren Zeitraum gegen Zahlung einer während der Dauer des Vertragsverhältnisses monatlich zu entrichtenden Vergütung dafür zu sorgen, dass die andere Vertragspartei an einer Vielzahl von Gewinnspielen teilnimmt (BT-Drs 17/13057, 24). Der „Gewinnspieleintragungsdienst" meldet die Kunden bei idR kostenlosen Gewinnspielen von Drittunternehmen an. Hierbei handelt es sich um einen Geschäftsbesorgungsvertrag (BT-Drs aaO); zum durch das Gesetz gegen unseriöse Geschäftspraktiken v. 1.10.2013 (BGBl I 2013, 3714) in § 675 III eingeführten Textformerfordernis s Rn 151ff. 102c

• **Handelsvertreter** ist gem § 84 I 1 HGB, wer als selbständiger Gewerbetreibender ständig damit betraut ist, für einen anderen Unternehmer Geschäfte zu vermitteln (Vermittlungsvertreter) oder in dessen Namen abzuschließen (Abschlussvertreter). Die Hauptpflicht des Handelsvertreters besteht gem § 86 I HGB darin, sich um die Vermittlung und den Abschluss von Geschäften zu bemühen und dabei die Interessen des Unternehmers wahrzunehmen. Es handelt sich um einen Geschäftsbesorgungsvertrag mit Dienstvertragscharakter, auf den § 675 (und die dort genannten Normen des Auftragsrechts) sowie §§ 611ff anwendbar sind (BGH NJW 1970, 2294, 2295; Hopt/*Hopt* HGB[42], § 86 HGB Rn 1). Der **Handelsmakler** (§ 93 HGB) wird im Gegensatz zum Handelsvertreter nicht ständig, sondern nur von Fall zu Fall tätig; der Handelsmakler schuldet weder Tätigkeit noch Erfolg (anders aber der Versicherungsmakler, → Versicherungsvermittler, Rn 121). Es handelt sich daher typischerweise nicht um einen Geschäftsbesorgungsvertrag, sondern um eine Sonderform des Maklervertrags gem § 652. Die Vermittlung von Geschäftskontakten ohne Förderung konkreter Geschäftsabschlüsse fällt nicht unter §§ 84, 93 HGB, kann aber Gegenstand eines Geschäftsbesorgungsvertrags mit Dienstvertragscharakter sein (Hamm MDR 2022, 146). Weitere Lit: Kommentare zu §§ 84ff HGB; *Küstner/Thume*, Hdb des gesamten Vertriebsrechts, Bd 1: Das Recht des Handelsvertreters[5] 2016; Bd 2: Der Ausgleichsanspruch des Handelsvertreters[9] 2014. 103

• **Hausverwaltung.** Der entgeltliche Hausverwaltervertrag ist ein Geschäftsbesorgungsvertrag, der eine Dienstleistung zum Gegenstand hat (BGH NJW 1998, 680; Köln NJWE-MietR 1997, 63). Der Hausverwalter ist zur Erhaltung des verwalteten Objekts verpflichtet (*Anders/Gehle*, Das Recht der freien Dienste, 2001, Rn 669). Dazu gehören Kontrollpflichten, zB hinsichtl der Funktionstüchtigkeit von Heizanlagen in leerstehenden Wohnungen (BGH NJW 2000, 947), und korrelierende Informations- und Hinweispflichten ggü dem Auftraggeber (BGH NJW 1998, 680). Zur Stellvertretung des Auftraggebers durch den Hausverwalter BGH NJW-RR 2004, 1017 (Vergabe von Bauleistungen durch den Hausverwalter erfolgt idR für dessen Auftraggeber, soweit sich aus den Umständen nichts anderes ergibt); BGH NJW-RR 2009, 1038 (Abschluss einer Gebäudeversicherung im eigenen Namen). Der Hausverwalter ist berechtigt, Rechtsdienstleistungen zu erbringen, wenn sie als Nebenleistungen zur Verwaltungstätigkeit gehören, § 5 II Nr 2 RDG (s *Dickersbach* NZM 2009, 726). Er kann sich schadensersatzpflichtig machen, wenn er es versäumt, seinem Auftraggeber gesetzl zulässige und mögliche Mieterhöhungen vorzuschlagen und ggf für ihn durchzusetzen (Saarbrücken NZM 2006, 878). Der zw Vermieter und Hausverwalter geschlossene Vertrag ist bzgl der dem Vermieter ggü dem Mieter obliegenden Pflichten ein Vertrag mit Schutzwirkung für Dritte (KG NZM 2000, 192). Weitere Lit: *Bub* NZM 2000, 1202; *Blank* in Blank/Börstinghaus, Miete[6] 2020, § 535 BGB Rn 186–197. Zur WEG-Verwaltung s Rn 123. 104

• **Herausgeber eines Druckwerks.** Durch den Herausgebervertrag verpflichtet sich der Herausgeber eines Druckwerks ggü dem Verlag, ein aus mehreren Beiträgen bestehendes, thematisch zusammengehörendes Werk (vgl § 4 UrhG: Sammelwerk) zu edieren, dh die Verfasser der Beiträge zu gewinnen sowie die Beiträge thematisch und inhaltlich aufeinander abzustimmen und zu redigieren (*Delp*, Der Verlagsvertrag[8] 2008, Rn 138). Der Herausgebervertrag ist im UrhG nicht spezialgesetzl geregelt; es handelt sich idR um einen Geschäftsbesorgungsvertrag mit Dienstvertragscharakter (RGZ 113, 70, 72; vgl auch RGZ 115, 358, 361f; BGH GRUR 1954, 129, 130; *Delp* aaO, Rn 141; *Schack*, Urheber- und Urhebervertragsrecht[10] 2021, Rn 1300). 105

• **Inkasso fremder Forderungen.** Die Einziehung von Forderungen des Auftraggebers durch ein Inkassobüro oder eine sonstige Inkassostelle stellt ebenso wie vorangehende Mahnungen eine Geschäftsbesorgung iSv § 675 dar (BGH NJW-RR 2004, 989 mwN; MüKo/*Heermann* Rn 110). Sie ist gleichzeitig Rechtsdienstleistung und fällt somit in den Anwendungsbereich des RDG, s § 2 II 1 Hs 2 RDG (BGH NJW 2020, 208 Rn 40). Weitere Lit: *Rieble* DB 1995, 195; zum Inkassogeschäft der Banken BankR-HdB/*Fischer*, § 102. 106

• **Just-in-time-Zuliefervertrag mit begleitenden Qualitätssicherungsvereinbarungen.** Ein Zuliefervertrag, der auf arbeitsteilige und produktionssynchrone Zusammenarbeit (Just-in-time-Lieferbeziehung) zw Hersteller (Zulieferer) und Abnehmer (Assembler) ausgerichtet ist und begleitende Qualitätssicherungsvereinbarungen vorsieht, begründet ein Dauerschuldverhältnis in Gestalt eines Typenkombinationsvertrags mit werklieferungs- und geschäftsbesorgungsvertragl Elementen (Staudinger/*Martinek*/*Omlor* Rn B265 aE; *Wellenhofer-Klein*, Zulieferverträge im Privat- und Wirtschaftsrecht, 1999, 200, 595). Weitere Lit: *Zirkel* NJW 1990, 345; *Lange* BB 1998, 1165; *Saxinger*, Zulieferverträge im dt Recht, 1993; *Gebhardt*, Der Zuliefervertrag, 1994; Hopt/*Leyens* HGB[42], Einl vor § 373 HGB Rn 30ff; zur Wirksamkeit von Rügeverzichtsklauseln in den AGB von Just-in-time-Verträgen und Qualitätssicherungsvereinbarungen *Grunewald* NJW 1995, 1777; zur haftungsrechtl Bedeutung von Qualitätssicherungsvereinbarungen *Ensthaler* NJW 1994, 817. 107

108 • **Kautionsversicherung.** Kautionsversicherungen sichern das Insolvenzrisiko des Versicherungsnehmers ab, indem sich der Versicherer gegen Zahlung einer Prämie dazu verpflichtet, für den Versicherungsnehmer bis zu einem Höchstbetrag Bürgschaften zugunsten seiner Gläubiger zu stellen. Wirtschaftl ist die Kautionsversicherung mit dem Avalkreditvertrag vergleichbar (*Proske* ZIP 2006, 1035, 1036; MüKo-InsO[4]/*Ott*/*Vuia*, 2019, § 116 Rn 32a). Der BGH (168, 276, 279; NJW-RR 2007, 848; bestätigt durch NJW-RR 2008, 1007, 1008 und WM 2010, 1397) ordnet die Kautionsversicherung nicht als Versicherung, sondern als Geschäftsbesorgungsvertrag ein. Insb die versicherungsrechtl Literatur ist dem nicht gefolgt (*Thomas*/*Dreher* VersR 2007, 731; vermittelnd MüKo-VVG/*Looschelders*[3] 2022, § 1 Rn 105). Aus der höchstrichterlichen Rspr folgt, dass Prämienansprüche des Kautionsversicherers gegen den Versicherungsnehmer nach Eröffnung des Insolvenzverfahrens über dessen Vermögen nicht bestehen, weil der Geschäftsbesorgungsvertrag ab diesem Zeitpunkt nach § 116 S 1, § 115 I InsO mit Wirkung für die Zukunft erlischt. Regressansprüche aus § 774 oder Aufwendungsersatzansprüche aus §§ 683, 670 gegen den insolventen Versicherungsnehmer und dafür eingeräumte Sicherheiten bleiben dagegen auch dann bestehen, wenn der Kautionsversicherer erst nach Eröffnung des Insolvenzverfahrens aus einer zuvor übernommenen Bürgschaft in Anspruch genommen wird (BGH NJW-RR 2008, 1007). Weitere Lit: *Vosberg* ZIP 2002, 968; *Stapper* InVo 2005, 403; *Habersack* BKR 2007, 77; *Dahl* NJW-Spezial 2008, 693.

109 • **Kommissionär.** Der Kommissionsvertrag ist gem § 383 I HGB ein Vertrag, bei dem es der Kommissionär übernimmt, Waren oder Wertpapiere in eigenem Namen für Rechnung des Kommittenten zu kaufen oder zu verkaufen. Es handelt sich um einen Geschäftsbesorgungsvertrag, wobei von den Umständen des Einzelfalls abhängt, ob er dienst- oder werkvertragl Charakter hat (vgl im Einz *Lenz* in Röhricht/Graf v Westphalen/Haas[5] § 383 HGB Rn 6; Großkomm-HGB/*Koller*[5] 2013, § 383 Rn 105f; *K. Schmidt*, HandelsR[6] 2014, § 31 Rn 50ff; für Werkvertrag RGZ 71, 76, 78; für Dienstvertrag RGZ 110, 119, 123; BGH NJW 2017, 3649 Rn 58). Der Kommissionär wird als mittelbarer Stellvertreter tätig (s Vor § 164 Rn 15f). Weitere Lit: Kommentare zu §§ 383ff HGB.

110 • Der **Kreditauftrag** ist, wenn er entgeltlich ist, Geschäftsbesorgungsvertrag (Staudinger/*Stürner* § 778 Rn 3; s auch § 778 Rn 1).

111 • **Liquidator.** Der Liquidator kann Organ bzw sonstiger Verantwortlicher des zu liquidierenden Unternehmens sein (sog geborener Liquidator) oder von diesem oder vom Gericht mit seinem Einverständnis bestellt werden (sog gekorener Liquidator) (*Anders*/*Gehle*, Das Recht der freien Dienste, 2001, Rn 726f). Geborene Liquidatoren haben regelmäßig keinen Anspruch auf gesonderte Vergütung (*Anders*/*Gehle* Rn 726, 728; Ebenroth/Boujong/Joost/Strohn/*Hillmann* § 146 HGB Rn 11). Deshalb kommt idR nur zw gekorenem Liquidator und dem Liquidationssubjekt ein Dienstvertrag mit Geschäftsbesorgungscharakter zustande (BGH 5.11.2004 – LwZR 3/04; BayObLGZ 1963, 84). Liquidatoren sind verpflichtet, die laufenden Geschäfte der Gesellschaft zu beenden, die Forderungen einzuziehen, das übrige Vermögen in Geld umzusetzen und die Gläubiger zu befriedigen (vgl § 149 S 1 HGB, § 289 I 1 AktG, § 70 S 1 GmbHG). Weitere Lit: Kommentare zu §§ 145ff HGB; Münchener Hdb des Gesellschaftsrechts, Bd 1[5] 2019, § 84 (*Butzer*/*Knof*); Bd 2[5] 2019, § 46 (*Schmid*); *Eller*, Liquidation der GmbH[4] 2021; *Ensthaler*, Die Liquidation von Personengesellschaften, 1985; *Grziwotz* DStR 1992, 1404; *Meyer* GmbHR 1998, 1018.

112 • **Management und Betriebsführung** sind Geschäftsbesorgungsdienstverträge (BGH NJW 1982, 1817; NJW 1983, 1191, 1192; München ZIP 1987, 849, 852; *Schlüter*, Management- und Consulting-Verträge, 1987, 23; *Schaub*, Sponsoring und andere Verträge zur Förderung überindividueller Zwecke, 2008, 264; Staudinger/*Martinek*/*Omlor* Rn B143; zum „Quartiermanagement" München 18.1.2017 – 20 U 3076/16). Der Managementgeber verpflichtet sich, durch Erbringung von über die bloße Beratung hinausgehenden Managementleistungen den Betrieb des Geförderten zu führen. Es handelt sich typischerweise um Dienste höherer Art iSv von §§ 627f (München ZIP 1987, 849, 851). Der Managementgeber erhält für seine Leistungen eine Vergütung.

113 • **Manager für Sportler und Künstler.** Der Manager vermittelt dem Geförderten die Möglichkeit, seine Tätigkeit, zB als Sportler oder Künstler, auf gewinnbringende Weise auszuüben. Hierfür erhält er vom Geförderten eine Vergütung. Bezieht sich die Managertätigkeit wie regelmäßig auf bestimmte Zeiträume, ohne dass konkrete Erfolgsvorgaben gemacht werden, handelt es sich um einen Geschäftsbesorgungsdienstvertrag (*Schaub*, Sponsoring und andere Verträge zur Förderung überindividueller Zwecke, 2008, 258; für Künstler: BGH NJW 1983, 1191, 1192; Hamburg ZUM 2008, 144, 146; *Kreutzer*, Der Künstleragenturvertrag, 2004, 199ff; für Sportler: *Nasse* SpuRt 1996, 113, 117). Wird dagegen ausnahmsw die Zahlung der Vergütung vom Erreichen bestimmter Vermittlungserfolge (zB Engagements, Auftritte bei Sportveranstaltungen etc) abhängig gemacht, liegt ein Geschäftsbesorgungswerkvertrag oder sogar ein Maklervertrag vor (*Schaub* aaO, 258f).

113a • **Mediaagenturvertrag.** Mediaagenturverträge sind regelmäßig als Geschäftsbesorgungsverträge zu qualifizieren, bei denen sich der eine Teil (Mediaagentur) zur Ausführung einer selbständigen wirtschaftl Tätigkeit zur Wahrung fremder Vermögensinteressen (insb Mediaplanung und -einkauf) und der andere Teil (werbungtreibender Kunde) zur Zahlung eines Entgelts verpflichtet (BGH NJW-RR 2016, 1391 Rn 24). Zentrales Element ist dabei stets die weisungsgebundene (§ 665) Wahrung fremder Vermögensinteressen (BGH aaO). Tritt die Mediaagentur bei Mediabuchungen im eigenen Namen, aber für Rechnung des Kunden auf, muss sie über vereinnahmte Rabatte oder sonstige Vergünstigungen Auskunft geben (§ 666) und sie an den Kunden herausgeben (§ 667) (BGH aaO; aA *Martinek* WuB 2017, 663f).

114 • **Mediation.** Die Mediation ist eine Form der alternativen Streitbeilegung (Alternative Dispute Resolution), bei der der Mediator als neutrale Person zerstrittene Parteien bei der Beilegung eines Streits unterstützt (*Dendorfer*

DB 2003, 135, 136; s auch § 1 MediationsG). Der Vertrag mit dem Mediator ist mehrseitiger Geschäftsbesorgungsdienstvertrag (BGH NJW 2017, 3442 Rn 18; Staudinger/*Martinek/Omlor* Rn B158; *Risse*, Wirtschaftsmediation, 2003, § 4 Rn 11; *Hacke*, Der ADR-Vertrag, 2001, 77ff). Übernimmt es der anwaltliche Mediator, einvernehmliche rechtl Lösungsvorschläge zu entwickeln, bestimmt sich die Haftung nach den Regeln der Anwaltshaftung (BGH NJW 2017, 3442). In Umsetzung der RL 2008/52/EG des Europäischen Parlaments und des Rates v 21.5.2008 hat der Gesetzgeber das MediationsG (G v 21.7.2012, BGBl I 2012, 1577) erlassen, das ua den Begriff des Mediators (§ 1 MediationsG) und die Aufgaben des Mediators (§ 2 MediationsG) festlegt, sich aber nicht zur Rechtsnatur des Vertrages äußert. Lit: *Greger/Unberath/Steffek*, Recht der alternativen Konfliktlösung[2] 2016; *Fritz/Pielsticker*, MedationsG[2] 2018; *Klowait/Gläßer*, MediationsG[2] 2018.

• **Mittelverwendungskontrollvertrag**. Inhalt dieses Vertrages ist es, die Verwendung des Gesellschaftskapitals für die Dauer des Bestehens der Gesellschaft durch den vertragl eingesetzten Mittelverwendungskontrolleur (zB RA/WP) kontrollieren zu lassen, zB durch Mitzeichnungspflicht bei Zahlungen vom Sonderkonto der Gesellschaft (BGH WM 2013, 1474; NJW 2010, 1279; 2010, 1277). Der Vertrag ist entweder echter Vertrag zugunsten Dritter (§ 328) oder Vertrag mit Schutzwirkung zugunsten Dritter, der die Anleger vor gesellschaftszweckwidrigen Verfügungen über das Gesellschaftsvermögen schützen soll (BGH ZIP 2018, 1183 Rn 18; 2017, 2476 Rn 22; NJW 2010, 1277 Rn 12; BGHZ 197, 75 Rn 20; *Fischer* DB 2012, 1489). Es handelt sich um einen Geschäftsbesorgungsvertrag (BGH ZIP 2017, 2476 Rn 15; 2018, 1183 Rn 16) mit Dienstvertragscharakter (KG NZG 2011, 553). Zur Auskunftspflicht des Mittelverwendungskontrolleurs ggü den Anlegern nach § 675 iVm § 666 (beim Vertrag zugunsten Dritter) BGH ZIP 2017, 2476 Rn 21ff bzw aus § 242 (beim Vertrag mit Schutzwirkung) BGH ZIP 2018, 1183 Rn 23ff. 114a

• **Organe juristischer Personen.** Die **Anstellungsverträge mit Vorstandsmitgliedern einer AG oder Geschäftsführern einer GmbH** sind vom Bestellungsakt zu trennen und stellen Dienstverträge in Gestalt von Geschäftsbesorgungsverträgen dar (für Vorstand: Frankfurt AG 2017, 631, 633; *Koch*, AktG[17] 2023, § 84 Rn 14; K. Schmidt/Lutter/*Seibt*, AktG[4] 2020, § 84 Rn 26; *Thüsing* in Fleischer, Hdb des Vorstandsrechts, 2006, § 4 Rn 53; *Fodermann/Jannott*, Hdb des Aktienrechts[9] 2017, Kap 7 Rn 107; für GmbH-Geschäftsführer: BGH NJW 2010, 2343 Rn 7; *Kleindiek* in Lutter/Hommelhoff GmbHG[21] 2023, Anh zu § 6 Rn 1–3). Die Anstellungsverträge regeln die Rechte und Pflichten des Organträgers als Dienstverpflichteten und der Gesellschaft als Dienstberechtigter, insb Vergütungs- und Versorgungsansprüche, Urlaubsansprüche, Wettbewerbsverbote (*Thüsing* aaO). Auch nach Abberufung des Geschäftsführers und Beendigung des Anstellungsvertrags besteht eine Auskunftspflicht des GmbH-Geschäftsführers gem § 675 I, § 666 (BGH NJW-RR 2021, 1337 Rn 11). Nach heute hM kommt zw der Gesellschaft und den **Aufsichtsratsmitgliedern** durch deren Wahl/Entsendung ein einheitliches korporationsrechtl Verhältnis zustande, aus dem auch die persönlichen Rechte und Pflichten folgen (MüKo-AktG/*Habersack*[5] 2019, § 101 Rn 67; *Koch* aaO, § 101 Rn 2; *Lutter/Krieger/Verse*, Rechte und Pflichten des Aufsichtsrats[7] 2020, Rn 842); ein davon zu trennendes Anstellungsverhältnis soll nicht bestehen (anders noch RGZ 123, 351, 354; 146, 145, 152; Staudinger/*Martinek/Omlor* Rn B24). Auch auf dieses korporationsrechtl Verhältnis können aber Normen des Geschäftsbesorgungs- und Auftragsrechts entspr angewandt werden, insb der Aufwendungsersatzanspruch gem §§ 675, 670 (*Schnorbus/Ganzer* BB 2019, 258, 259; *Lutter/Krieger/Verse* Rechte und Pflichten des Aufsichtsrats[7] 2020, Rn 845ff; MüKo-AktG/*Habersack* § 113 Rn 24; für den [freiwilligen] Aufsichtsrat der GmbH *Hommelhoff/Bayer* in Lutter/Hommelhoff GmbHG[21] 2023, § 52 Rn 19). Die Geschäftsführung durch den **Vereinsvorstand** richtet sich gem § 27 III grds nach auftragsrechtl Regelungen (s § 662 Rn 8). Es bedarf des Abschlusses eines als Geschäftsbesorgungsvertrag mit Dienstvertragscharakter zu qualifizierenden Anstellungsvertrags nur dann, wenn vom dispositiven Gesetzesrecht abgewichen werden, insb der Vorstand eine Vergütung erhalten soll (s § 27 Rn 2; MüKo/*Leuschner* § 27 Rn 7). Weitere Lit: *Grambow*, Das Anstellungsverhältnis von Organen und Geschäftsführern mit Vereinen und privaten Stiftungen, 2011. 115

• **Projektsteuerung**. Mit Vereinbarung eines Projektsteuerungsvertrags verpflichtet sich der Projektsteuerer, Funktionen des Bestellers bei Bauvorhaben zu übernehmen, indem er an dessen Stelle die Arbeiten koordiniert und die Planungsziele fortschreibt. Dabei handelt es sich um eine Kombination von Kontroll- und Organisationsleistungen unter Wahrnehmung von Führungs- und Leitungsfunktionen (BGH NJW 2000, 202; MüKo/*Busche* § 631 Rn 160). Nach der Rspr des BGH ist für die Einordnung des Projektsteuerungsvertrags als Dienst- oder Werkvertrag die Auslegung der vertragl Vereinbarung maßgeblich (BGH NJW 1999, 3118). Danach liegt ein Werkvertrag vor, wenn erfolgsorientierte Aufgaben dermaßen überwiegen, dass sie den Vertrag prägen (BGH NJW 1999, 3118). Werkvertragsrecht ist auch anwendbar, wenn die zentrale Aufgabe des Projektsteuerers die technische Bauüberwachung eines Generalübernehmers ist (BGH NJW 1999, 3118; vgl auch BGH NZBau 2002, 150; *Schill* NZBau 2005, 489, 491). Soweit tätigkeitsorientierte Aufgaben überwiegen und den Schwerpunkt des Vertrags bilden, liegt ein Geschäftsbesorgungsdienstvertrag vor (Oldenburg IBR 2000, 619; Düsseldorf NJW 1999, 3129). Allein die Zusage eines Erfolgshonorars für den Fall von Kosteneinsparungen lässt keinen Rückschluss auf den werkvertragl Charakter der Leistungen zu (BGH NJW-RR 1995, 855). Die Unterscheidung zw Werk- und Dienstvertrag ist entscheidend für Fragen der Haftung, der Kündigung, der Kündigungsfolgen, der Fälligkeit der Vergütung und deren Sicherung sowie der Verjährung (*Schill* NZBau 2002, 201; *Eschenbruch* NZBau 2000, 409ff). Weitere Lit: *Anders/Gehle*, Das Recht der freien Dienste, 2001, Rn 589ff; *Stapelfeld* BauR 1994, 693; *Wagner* BauR 1991, 665; *Stemmer/Wierer* BauR 1997, 93; *Schill*, Der Projektsteuerungsvertrag, 2000; *Eschenbruch*, Recht der Projektsteuerung[5] 2020; *Locher*, Das private Baurecht[8] 2012 § 37 Rn 576. 116

117 • Der **Räumungsverkaufsauftrag** ist als Geschäftsbesorgungsvertrag mit Dienstvertragscharakter zu qualifizieren (BGH NJW-RR 1998, 1561, 1562).

118 • **Reisebüro.** Vermittelt ein Reisebüro dem Kunden eine Reise (sog Reisevermittlungsvertrag), handelt es sich um einen Geschäftsbesorgungsvertrag mit Werkvertragscharakter (*Tonner* MDR 2018, 305, 310). Die Abgrenzung zum Reisevertrag ist nunmehr in § 651b geregelt (s im Einz § 651b Rn 3ff mwN). – Ist ein Reisebüro im Rahmen eines → „Agenturvertrags" (Rn 94) ständig mit dem Vertrieb von Pauschalreisen eines Reiseveranstalters betraut, ist es → Handelsvertreter (Rn 103) (BGH NJW 2003, 743, 744 mwN). Übernimmt das Reisebüro das → Inkasso (Rn 106) und die treuhänderische Vereinnahmung der Kundengelder, darf es im Falle der Insolvenz des Reiseveranstalters die Anzahlungen nicht dem Reisenden zurückerstatten, sondern muss sie gem §§ 675, 667 Fall 1 an den Insolvenzverwalter abführen (BGH aaO).

119 • **Schiffsmakler – Schiffsagent.** Der **Schiffsagent** fungiert zumeist als Vertreter einer Reederei und übernimmt für sie alle Tätigkeiten, die sich aus dem Schiffsbetrieb ergeben, zB Absprachen mit den Hafenbehörden, Erledigung von (Zoll-)Formalitäten, Vertragsabschlüsse mit Geschäftspartnern vor Ort uÄ (Hamburg TranspR 1993, 108, 109; *Bemm* TranspR 1997, 6, 7). Er wird dabei im Rahmen eines Geschäftsbesorgungsvertrags tätig (Hamburg VersR 1973, 464; *Trappe* TranspR 1995, 321, 324) und ist idR → Handelsvertreter (Rn 103) iSv § 84 HGB (*Bahnsen* in Rabe/Bahnsen, Seehandelsrecht[5] 2018, Anh § 476 HGB Rn 3). Ein **Schiffsmakler** vermittelt nur von Fall zu Fall den Abschluss von Verträgen und darf auch für weitere Geschäftsherren tätig werden (vgl Groß-komm-HGB/*Thiessen*[6] 2021, § 93 Rn 2; *Trappe* aaO, 322). Er ist Handelsmakler iSv § 93 HGB (BeckOGK/*Meier* § 652 Rn 85). Weitere Lit: *Kleemann*, Der Schiffsmakler im Seeverkehr, 1934; *K. Schmidt/Blaschczok* VersR 1981, 393.

120 • **Spedition.** Durch den Speditionsvertrag verpflichtet sich der Spediteur gegen Entgelt, die Versendung des Gutes zu besorgen (§ 453 HGB). Geschuldet ist die Organisation der Beförderung, insb auch die Auswahl der ausführenden Unternehmer (insb Frachtführer) und der Abschluss der dafür notwendigen Verträge (§ 454 HGB). Der Speditionsvertrag ist Geschäftsbesorgungsvertrag, und zwar wegen Erfolgsbezogenheit idR mit Werkvertragscharakter (hM: RG 112, 149, 151; MüKo-HGB/*Bydlinski*[4] 2020, § 453 Rn 20; Hopt/*Merkt* HGB[42], § 453 Rn 6; *Koller*, Transportrecht[10] 2020, § 453 HGB Rn 37, 39). Beim **Frachtvertrag** gem § 407 HGB ist allein der Beförderungserfolg geschuldet, so dass ein reiner Werkvertrag vorliegt (Hopt/*Merkt* HGB[42] § 407 Rn 13; MüKo-HGB/*Thume*[4] 2020, § 407 Rn 95). Weitere Lit: Kommentare zu §§ 407ff HGB und zum Transportrecht.

121 • **Versicherungsvermittler.** Versicherungsvermittler sind Personen, die kraft rechtsgeschäftlicher Geschäftsbesorgungsmacht für einen anderen Versicherungsschutz ganz oder teilw beschaffen, ausgestalten und abwickeln, ohne selbst Versicherer oder Versicherungsnehmer zu sein (BGHZ 94, 356, 358; *Reiff* in Beckmann/Matusche-Beckmann, Versicherungsrechts-Hdb[3] 2015, § 5 Rn 5). Versicherungsvermittler ist gem § 59 I VVG der Oberbegriff für den auf Seiten des Versicherers stehenden Versicherungsvertreter (§ 59 II VVG) und den auf Seiten des Versicherungsnehmers stehenden Versicherungsmakler (§ 59 III VVG). Auch wenn der versicherungsvertragsrechtl und der handelsrechtl Begriff nicht deckungsgleich sind (Prölss/Martin/*Dörner*, VVG[31] 2021, § 59 Rn 9), ist der Versicherungsvertreter iSd § 59 II VVG idR zugleich gem § 92 I HGB → Handelsvertreter (Rn 103), es besteht zw Versicherer und Versicherungsvertreter also ein Geschäftsbesorgungsvertrag mit Dienstvertragscharakter (Prölss/Martin/*Dörner* aaO, § 59 Rn 13). Der Versicherungsmakler übernimmt mit Abschluss des Maklervertrags gem § 59 I 2 iVm § 1a VVG die Verpflichtung, stets ehrlich, redlich und professionell im bestmöglichen Interesse des Versicherungsnehmers zu handeln (Prölss/Martin/*Dörner* aaO, § 59 Rn 72, 8a ff). Er muss sich um die Vermittlung des für seinen Kunden passendsten Versicherungsvertrags bemühen, ist also im Gegensatz zum gewöhnlichen Handelsmakler iSd § 93 HGB zum Tätigwerden verpflichtet (BGHZ 94, 356, 359; Prölss/Martin/*Dörner* aaO, § 59 Rn 72a). Der Versicherungsmaklervertrag ist ein Geschäftsbesorgungsvertrag (BGHZ 94, 356, 359) mit Dienst- und Werkvertragselementen (Prölss/Martin/*Dörner* aaO, § 59 Rn 70). Weitere Lit: *Deckers*, Die Abgrenzung des Versicherungsvertreters vom Versicherungsmakler, 2003; *Gamm/Sohn*, Versicherungsvermittlerrecht, 2007; *Zinnert*, Recht und Praxis des Versicherungsmaklers, 2008; *Zinnert*, Der Versicherungsvertreter, 2009.

122 • **Versteigerung.** S Auktionator (Rn 98).

123 • **WEG-Verwalter.** S § 26 WEG Rn 6.

124 • **Werbeagentur.** Der Vertrag mit einer Werbeagentur kann je nach Ausgestaltung Werkvertrag oder Geschäftsbesorgungsdienstvertrag sein. Schuldet die Agentur nur die Erstellung einer einzelnen Werbemaßnahme, liegt ein Werkvertrag vor (BGH GRUR 1974, 284, 285; Hamm GRUR 1988, 564: Geschäftsbesorgungsvertrag mit Werkvertragscharakter). Beinhaltet der Vertrag aber einen zeitl und gegenständlich weiter abgesteckten Gesamtauftrag (mehrere verschiedene Leistungen, zB Erstellung eines Werbekonzepts, Verhandlungen mit möglichen Werbeträgern, umfassende Durchführung der Kampagne), so stellt er einen Geschäftsbesorgungsdienstvertrag dar (BGH GRUR 1974, 284, 285; Hamm GRUR 1988, 564; *Anders/Gehle*, Das Recht der freien Dienste, 2001, Rn 839). Darunter fällt auch, dass die Agentur Funktionen übernimmt, die dem werbenden Unternehmen im Regelfall selbst obliegen (etwa Entscheidung über Inhalt, Zeitpunkt und Umfang der Werbung, Verteilung auf verschiedene Medien des Unternehmens oÄ) (BGH NJW 1990, 3204, 3205). Im Rahmen des Geschäftsbesorgungsvertrags hat die Werbeagentur Beratungs- und Hinweispflichten, zB hinsichtl der wettbewerbsrechtl Zulässigkeit der Werbemaßnahme (BGH GRUR 1974, 284). Zu Verträgen über Suchmaschinenoptimierung *Krämer/Luers* MMR 2022, 354, 355. Weitere Lit: *Kreifels*, Die Werbeagentur in Recht und Praxis, 2000; *Lambsdorff/Skora*,

Hdb des Werbeagenturrechts, 1975; *Sosnitza* ZUM 1998, 631; *Möhring/Illert* BB 1974, 65; zum Urheberrecht s *Böhm*, Bildurheberrechte und gewerbliche Schutzrechte in Auftragsverhältnissen, 2006; *Tucher*, Urheberrechtl Fragen im Spannungsverhältnis zw Werbeagentur und Auftraggeber, 1998.

IV. Haftung für Rat oder Empfehlung, Abs II

Schrifttum zu § 675 II: *Assmann*, Prospekthaftung, 1985; *K.P. Berger*, Haftung für unrichtige Bankauskunft, ZBB 2001, 238; *Canaris*, Die Vertrauenshaftung im deutschen Privatrecht, 1971; *Grunewald*, Zur Haftung von Fachleuten im Zivilrechtsverkehr, JZ 1982, 627; *Hadding*, Zur Abgrenzung von Unterrichtung, Aufklärung, Auskunft, Beratung und Empfehlung als Inhalt bankrechtlicher Pflichten, FS Schimansky 1999, 67; *Haller*, Die Haftung für Rat und Auskunft, Jura 1997, 234; *Heese*, Beratungspflichten, 2015; *Hopt*, Nichtvertragliche Haftung außerhalb von Schadens- und Bereicherungsausgleich, AcP 183 (1983), 608; *Jost*, Vertragslose Auskunfts- und Beratungshaftung, 1991, *Köndgen*, Selbstbindung ohne Vertrag, 1981; *Krüger*, Aufklärung und Beratung bei Kapitalanlagen – Nebenpflicht statt Beratungsvertrag, NJW 2013, 1845; *Lammel*, Zur Auskunftshaftung, AcP 179 (1979), 337; *Müller*, Auskunftshaftung nach deutschem und englischem Recht, 1995; *Musielak*, Haftung für Rat, Auskunft und Gutachten, 1974; *Schneider*, Reichweite der Expertenhaftung gegenüber Dritten, ZHR 163 (1999), 246.

1. Regelungszweck; Systematik. Die systematische Stellung der Bestimmung in § 675 ist verfehlt. Sie müsste 125
eigentlich im Kontext des unentgeltlichen Auftrags bei § 662 stehen, denn sie behandelt nur den Fall der unentgeltlichen Erteilung von Rat oder Empfehlung. Für sie haftet der Erklärende ggü dem ratsuchenden „Auftraggeber" in Übereinstimmung mit dem römisch-rechtl Vorbild des *mandatum tua gratia* (s Staudinger/*Martinek/Omlor* Rn C3) grds nicht auf Ersatz des aus der Befolgung des unzutreffenden Rates oder der falschen Empfehlung entstandenen Schadens. Die Vorschrift manifestiert den Gedanken der Selbstverantwortung bei der Befolgung fremden Rates (Heymann/*Horn*, HGB[2] 2005, § 347 Rn 49). Sie hat aber insoweit lediglich klarstellende Funktion. Die Haftungsfreistellung folgt schon aus den allg Grundsätzen zum Gefälligkeitsverhältnis, es fehlt in diesen Fällen am Rechtsbindungswillen des Erklärenden (s Einl § 241 Rn 16). Seine Erklärung ist reine Wissenserklärung, nicht Willenserklärung (BGH WM 1985, 1446, 1447; BRHP/*Fischer* Rn 91). Weil dem Auskunftsgeber, der in dem im Gesetz erfassten sozialtypischen Regelfall nur eine Gefälligkeit erweisen will, der Rechtsbindungswille fehlt, ist die Auskunft idR unverbindliche Gefälligkeit (Staudinger/*Martinek/Omlor* Rn C8). Dem Gesetzgeber ging es vor allem darum, für den Bereich dieser Gefälligkeitsauskünfte die Haftung für *culpa lata* und für jede Fahrlässigkeit auszuschließen (Mot II 555 sowie Prot II 664).

Von besonderer praktischer Bedeutung im Zeitalter der Wissens- und Informationsgesellschaft sind aber gerade 126
die im Gesetz *nicht* geregelten Fälle, in denen im beruflich/gewerblichen Kontext Auskunft, Rat oder Empfehlung erteilt wird (s *Berger* ZBB 2001, 238, 239, s schon Mot II 555). In diesen Fällen werden die im Gesetz genannten Haftungsgrundlagen (Vertrag, Delikt, sonstige gesetzl Bestimmung) relevant. Der in Abs II genannte Regelfall der Haftungsfreistellung des Auskunftgebers ist heute die Ausnahme. Diese Zeitbedingtheit der Norm drückt sich auch im leicht geänderten Wortlaut des Abs II aus. Abs II war vor dem 14.8.1999, dem Inkrafttreten des Überweisungsgesetzes (BGBl I 1999, 1642), fast wortgleich in § 676 aF enthalten. Im Gegensatz zu § 676 aF wird aber seit der Reform in Abs II auch auf eine Haftung aus „sonstigen gesetzl Bestimmungen" Bezug genommen. Die Begründung des Gesetzgebers für diese Ergänzung weist darauf hin, dass „die Vorschrift … inzwischen durch eine Reihe sondergesetzl Vorschriften … weitgehend überholt" ist (BR-Drs 163/99 v 19.3.1999, 34). Der Standort und die Gesetzgebungsgeschichte des Abs II zeigen, dass die darin manifestierte Haftungsprivilegierung ausschließlich für den von einem **Privatmann erteilten einfachen Rat** gelten sollte. Für die Beurteilung professionell erteilter Auskünfte wie etwa der Bankauskunft (s Rn 139) können daher aus dieser Norm keine Schlüsse gezogen werden (*Grunewald* JZ 1982, 627, 630; *Lammel* AcP 179, 337, 345ff; *W. Lorenz*, FS Larenz, 1973, 575, 584). Aufgrund dieser sehr begrenzten Bedeutung der Bestimmung lässt sich aus ihr auch keine allgemeingültige und damit auch die Haftung bei professioneller Auskunfts- oder Raterteilung erfassende, restriktive Auslegungsregel herleiten (MüKo/*Heermann* Rn 120; aA BRHP/*Fischer* Rn 90, der von einem „gesetzl bestimmten Regel-Ausnahmeverhältnis" ausgeht; s auch Staudinger/*Martinek/Omlor* Rn C10). Richtig ist allerdings, dass dem Abs II eine haftungsbegrenzende Wertung zu entnehmen ist, die insb für die Eingrenzung des Kreises der geschützten Dritten bei der Auskunftshaftung (s Rn 132, 135ff) von Bedeutung ist.

2. Auskunft, Aufklärung, Beratung. Typischerweise lassen sich drei Arten der Informationsvermittlung un- 127
terscheiden (*Lang* in Welter/Lang, Rn 2.1ff; Heymann/*Horn*, HGB, § 347 Rn 50ff). Auch wenn die einzelnen Typen in ihren Randbereichen ineinander übergehen, unterscheiden sie sich doch in ihrem Kernbereich erheblich. Bei der reinen Auskunftserteilung geht es allein um die Verschaffung der Kenntnis von Tatsachen (Informationen) als Reaktion auf eine bestimmte Frage, zB um die Darstellung einer Sach- oder Rechtslage, ohne dass damit noch ein wertendes oder gar beratendes bzw aufklärendes Element verbunden wäre (*Hadding*, FS Schimansky, 1999, 67, 73ff; Soergel/*Schur* Rn 103). Wer über etwas benachrichtigt oder unterrichtet wird oder hierüber nach Anfrage eine Auskunft erhält, hat diese Informationen selbständig zu bewerten und ggf eigene Entschlüsse zu fassen oder Entscheidungen zu treffen (BGHZ 133, 36, 41f; *Hadding* aaO, 73). Gerade hierin liegt das für die Auskunftshaftung charakteristische Potential zur Selbstschädigung des Auskunftnehmers (s schon Mot II 554). Bei der Aufklärung und Beratung liegt zusätzl zur Wissensvermittlung eine belehrende Erläuterung, durch die dem Kunden zusätzl Klarheit über den Vertragsgegenstand verschafft wird (Aufklärung), bzw noch darüber hinausgehend die Raterteilung bzw Abgabe von persönlichen Empfehlungen aufgrund gemeinsamer Überlegung und Prüfung der persönlichen Umstände des Kunden (Beratung) vor. Eine gesetzl Umschreibung der Anlageberatung findet sich in § 2 VIII 1 Nr 10 WpHG.

128 **3. Stillschweigender Vertrag als Haftungsgrundlage. a) Zustandekommen.** Der BGH geht zur Haftungsbegründung für fehlerhafte Informationsvermittlung außerhalb bestehender vertragl Schuldverhältnisse (s Rn 148) seit langem von einer Haftung für eine Pflichtverletzung (§ 280 I) im Rahmen eines stillschw abgeschlossenen Vertrags aus. Der Auskunftsvertrag verpflichtet nicht zur Auskunft, enthält also insoweit keine einklagbare Primärpflicht, Vertragsschluss und Erfüllung fallen zusammen (Soergel/*Schur* Rn 118). Vielmehr dient der Vertrag nur als Basis für Sekundäransprüche, es handelt sich um einen „Vertrag mit Haftungsfolgen" (BGHZ 100, 117, 119). Tatsächlich gehen schon die Motive (Mot II 555) von der Möglichkeit der Haftung nach allg vertragsrechtl Grundsätzen auf der Grundlage eines stillschw abgeschlossenen Auskunftsvertrags aus. Diese Grundsätze wurden für die Haftung der Banken entwickelt (s *Berger* ZBB 2001, 238, 239ff), gelten aber darüber hinaus. Sie werden für fehlerhafte Auskunft und Beratung (s zu Beratungspflichten der Banken Rn 36ff) gleichermaßen angewandt. Zuweilen lässt es der BGH daher offen, ob (noch) Auskunft oder (schon) Beratung vorliegt (s zB BGHZ 100, 117, 118).

129 Ein stillschw abgeschlossener Auskunftsvertrag soll dann vorliegen, wenn aufgrund einer Gesamtwürdigung der Umstände des Einzelfalls und unter Berücksichtigung der Bedürfnisse des Rechtsverkehrs angenommen werden kann, dass beide Parteien nach dem obj Inhalt ihrer Erklärungen die Auskunft zum Gegenstand vertragl Rechte und Pflichten machen wollten (BGH NJW 2009, 1141, 1142; NJW-RR 1995, 619, 620; NJW 1989, 1029; 1986, 180f; MüKo/*Heermann* Rn 129; Grü/*Grüneberg* Rn 36). Mit einem anfragenden Kunden soll ein stillschw Auskunftsvertrag dann zustande kommen, wenn die Auskunft für den Anfragenden erkennbar **von erheblicher Bedeutung** ist und er sie zur Grundlage **wesentlicher Vermögensverfügungen** machen will (BGH NJW 2009, 1141, 1142; NJW-RR 2007, 925; WM 2003, 669, 672; ZIP 2001, 108, 109; 1999, 275; 1998, 1434; 1997, 195, 196; *Jost*, Vertragslose Auskunfts- und Beratungshaftung, 1991, 95ff). Dies soll vor allem dann gelten, wenn der Auskunftgebende, wie etwa eine Bank aufgrund ihrer besonderen Stellung als Finanz- und Informationsintermediär, besonders sachkundig ist und der Auskunftsuchende sich auf diese **professionelle Sachkunde** verlässt bzw verlassen muss (BGHZ 100, 117, 118ff). Hieraus folgt, dass dann, wenn ein Anlageinteressent an eine Bank herantritt, um über die Anlage eines Geldbetrags beraten zu werden, das darin liegende Angebot zum Abschluss eines Beratungsvertrags stillschw durch die Aufnahme des Beratungsgesprächs angenommen wird (BGH NJW 2009, 3429, 3433; 2008, 3700, 3701; 2006, 2041). Die **Entgeltlichkeit** ist Indiz für den Rechtsbindungswillen, die Unentgeltlichkeit der Auskunft steht aber der Annahme eines stillschw Vertragsabschlusses nicht entgegen (PWW/*Fehrenbacher* Rn 47; enger [bei Unentgeltlichkeit im Zweifel kein Vertragsschluss] *Mansel*, GS Lüderitz, 2000, 487, 506f).

130 Der BGH betont, dass diese Rspr nicht bedeutet, dass für das Zustandekommen eines Auskunftsvertrags ohne Rücksicht auf die Besonderheiten des jew Falls allein schon die Sachkunde des Auskunftgebers und die Bedeutung der Auskunft für den Empfänger ausreichen. Diese Umstände sollen vielmehr lediglich **Indizien** darstellen, die, wenn auch mit erheblichem Gewicht, in die Würdigung der gesamten Gegebenheiten des konkreten Falls einzubeziehen sind (BGH NJW 2009, 1141, 1142). Außerhalb des Bankverkehrs hat der BGH bei der rechtl Beurteilung von Fällen, in denen der konkludente Abschluss eines Auskunftsvertrags angenommen oder in Erwägung gezogen wurde, außer der Sachkunde des Auskunftgebers und der Bedeutung seiner Auskunft für den Empfänger jew auch weitere Umstände mitberücksichtigt, die für einen Verpflichtungswillen des Auskunftgebers sprechen können, wie zB dessen eigenes wirtschaftl Interesse an dem Geschäftsabschluss (BGH WM 1962, 1110), ein persönliches Engagement in der Form von Zusicherungen nach Art einer Garantieübernahme (BGH NJW 1953, 60; 1962, 1500), das Versprechen eigener Nachprüfung der Angaben des Geschäftspartners des Auskunftsempfängers (BGH WM 1965, 287, 288), die Hinzuziehung des Auskunftgebers zu Vertragsverhandlungen auf Verlangen des Auskunftsempfängers (BGH WM 1966, 1283, 1284) oder die Einbeziehung in solche Verhandlungen als unabhängige neutrale Person (BGH NJW 1972, 678, 680) sowie eine bereits anderweitig bestehende Vertragsbeziehung zw Auskunftgeber und Auskunftsempfänger (BGH WM 1969, 36, 37; s allg Soergel/*Schur* Rn 121).

131 **b) Einbeziehung Dritter.** Auch mit einem Dritten soll ein stillschw Auskunftsvertrag abgeschlossen werden können, wenn die Bank sich bewusst ist, dass sie durch Ausstellung einer unrichtigen Bescheinigung, etwa einer Bonitätsauskunft, dem um Rat suchenden Kunden die Möglichkeit eröffnet, Dritte durch bestimmungsgemäße Vorlage der Bescheinigung zu einer entscheidenden Vermögensdisposition zu veranlassen (BGHZ 133, 36, 42; BGH ZIP 1998, 1434; WM 1990, 1990, 1991; 1966, 1148, 1149; BB 1976, 855). Bei der formalisierten Bankauskunft (s Nr 2 Abs 2–4 AGB-Banken [Nr 3 Abs 1, 2 AGB-Sparkassen] sowie die „Grundsätze für die Durchführung des Bankauskunftsverfahrens zw Kreditinstituten", Text abgedr in Langenbucher/Bliesener/Spindler/*Müller-Christmann*, Bankrechts-Kommentar[3] 2020, 1. Kap Rn 277, und das „Gemeinsame Kommuniqué über das Bankauskunftsverfahren") soll die anfragende Bank auch als Vertreterin ihres Kunden handeln können (BGH WM 1980, 527, 528; wohl auch BGHZ 133, 36, 42, wo allerdings von „verdeckter Stellvertretung" die Rede ist). Angesichts der Tatsache, dass Bank-zu-Bank-Auskünfte üblicherweise auf eigenes Ersuchen der Kreditinstitute und nicht im Namen der interessierten Kunden erbeten werden, bedarf es hierfür aber besonderer Umstände (BGH WM 1980, 527, 528; WM 1991, 1629). Im Regelfall erfolgt also die Anfrage im eigenen Namen, der interessierte Kunde kann höchstens in den Schutzbereich des Auskunftsvertrags einbezogen worden sein. Aber auch ohne einen durch den Auskunftnehmer vermittelten Kontakt soll ein direkter Vertragsschluss mit einem Dritten möglich sein. Um unübersehbare Haftungsrisiken für die Banken zu vermeiden, wird aber angenommen, ein Angebot *ad incertas personas* zum Abschluss eines Auskunftsvertrags sei regelmäßig zu verneinen, der direkte

Auskunftsvertrag mit Dritten komme also nur in besonderen Ausnahmefällen in Betracht (BGH WM 1970, 1021, 1022; NJW 1973, 321, 323; WM 1976, 498, 499; NJW 1979, 1595; Karlsruhe WM 1967, 1257, 1258). Dem ist zuzustimmen, denn hier zeigt sich besonders deutlich die schadenspotenzierende Wirkung der Ubiquität von Information, deren Gang der Auskunftgeber nach ihrer Erteilung nicht mehr kontrollieren kann.

Eine Haftung für fehlerhafte Auskunft ggü Dritten soll nicht durch einen direkten Auskunftsvertrag, sondern auf der Grundlage eines Auskunftsvertrags mit **Schutzwirkung zugunsten Dritter** möglich sein (BGH NJW 1984, 355f; VersR 1989, 375, 376; WM 1990, 1990, 1991 [i Erg verneint]; NJW 1997, 1235; WM 1998, 440, 443; ausf MüKo/*Heermann* Rn 134). Dem soll weder entgegenstehen, dass der Dritte der auskunftgebenden Partei nicht persönlich bekannt war, noch dass die Interessen des unmittelbaren Auskunftnehmers und des Dritten gegenläufig sind, solange der Auskunftgeber nur mit der Drittverwendung der Auskunft rechnen musste (BGH JZ 1985, 951, 952; WM 1985, 450, 452; NJW 1987, 1758, 1759; WM 1989, 375, 376f; NJW-RR 1993, 944). Im Interesse einer Haftungseingrenzung soll die Erstreckung von Schutzpflichten aber auf eine „überschaubare, klar abgrenzbare Personengruppe" beschränkt sein (BGH NJW 1984, 355; JZ 1985, 951, 952 [„sofern die zu schützende Personengruppe obj abgrenzbar ist"]; NJW 1987, 1758, 1760; WM 1998, 440, 443). Deutlich wird diese Abgrenzung jedoch nur bei formalisierten Bank-zu-Bank-Auskünften im Kundeninteresse. Hier haftet die auskunftgebende Bank nur dem oder den konkret interessierten Kunden des anfragenden Kreditinstituts (BGH WM 1980, 527, 528). Äußert sich eine Bank in einem Schreiben, das im Prospekt des Immobilienfonds abgedruckt wird, positiv über die Vermögensverhältnisse des Geschäftsführers einer GmbH, die als Initiatorin eines geschlossenen Immobilienfonds fungiert, so soll statt einer Einbeziehung der Investoren in den Schutzbereich eines zw Bank und GmbH geschlossenen Auskunftsvertrags sogar ein direkter stillschw abgeschlossener Auskunftsvertrag zw der Bank und Investoren zustande kommen, weil der Bank bewusst gewesen sein musste, dass ihr Schreiben als Bonitätsauskunft den Anlageinteressenten zur Kenntnis gebracht werden würde (BGH ZIP 2001, 108, 109). Der BGH geht damit noch über seinen eigenen Ausgangspunkt hinaus, indem er einen direkten stillschw Auskunftsvertrag nicht nur mit einem bestimmten Dritten, sondern mit einer Gruppe von Dritten annimmt, die der auskunftgebenden Bank nicht bekannt sind. Nicht möglich ist, dass der Auskunftnehmer Schäden Dritter im Wege der Drittschadensliquidation geltend macht (BGHZ 136, 36). 132

c) Kritik; alternativer Haftungsgrund. Der von der Rspr stereotyp verwendete Ansatz vom stillschw Vertragsschluss bei punktuellem Auskunftskontakt wird seit langem zu Recht als „reine Fiktion" heftig kritisiert (s nur *Hohloch* NJW 1979, 2369, 2371; *Musielak* VersR 1977, 973, 975; *Assmann*, Prospekthaftung, 1985, 245f; *Canaris*, Die Vertrauenshaftung im deutschen Privatrecht, 1971, 539; *Köndgen*, Selbstbindung ohne Vertrag, 1981, 354ff; *Krüger* NJW 2013, 1845; *Lehmann* ZBB 2015, 282, 287). Die Annahme des BGH, wonach der Sachkunde des Auskunftgebers und der Bedeutung der Auskunft für den Empfänger nur Indizwirkung zukomme, erweist sich gerade im Bereich der Bankauskunft als reines Lippenbekenntnis. Die Rspr begründet nicht, wie der Auskunftsvertrag tatsächlich zustande kommt. Für den Abschluss eines Vertrags genügt es nicht, dass die Erklärungen der Parteien auf den Eintritt irgendeines Erfolgs, hier der Wissensvermittlung, gerichtet sind. Erforderlich ist vielmehr der Rechtsbindungswille beider Seiten, also die Vorstellung, eine rechtl verbindliche Regelung in Geltung zu setzen (s Einl § 241 Rn 16). Bei der Bankauskunft als bloßer *Wissens*erklärung fehlt es genau hieran. Insb mit der Annahme eines stillschw Auskunftsvertrags mit Schutzwirkung für Dritte nähert sich der BGH vielmehr dem Bereich deliktsrechtl Wertungen (*Honsell* JZ 1985, 952, 953; *Grunewald* JZ 1982, 627, 629; *Gernhuber* JZ 1962, 553, 555). 133

Aus dieser Perspektive wird deutlich, dass es bei der Auskunftshaftung der Banken um eine **quasi-vertragl Haftung** für die Übermittlung unrichtiger Information aus einer herausgehobenen und mit besonderer Seriositätsgewähr versehenen beruflichen Stellung geht. Gerade wegen dieser typischen Seriositätsgewähr wird den Banken von den Kunden besonderes Vertrauen entgegengebracht (*Jost*, Vertragslose Auskunfts- und Beratungshaftung, 1991, 256; *Berger* ZBB 2001, 238, 244; s auch Staudinger/*Martinek/Omlor* Rn C27). Bei Erteilung der Auskunft wirft die Bank ihr „informationelles Standing" als Sachverständiger im Markt für Finanzinformationen in die Waagschale. Hierauf beruht die „berufliche Gewährübernahme" (grundlegend *Hopt* AcP 183, 608, 683) für die Richtigkeit der in der Auskunft mitgeteilten Tatsachen- oder Rechtslage. Zw der auskunftgebenden Bank und dem geschädigten Dritten besteht in diesen Fällen ein **gesetzl Schuldverhältnis** als haftungsrechtl Sonderverbindung, wobei als Schadensersatzgläubiger von vornherein nur solche in Betracht kommen, für die die Auskunft nach ihrem Inhalt, ihrer Natur und ihrem Zweck bestimmt ist, für die also eine „berufliche Gewährübernahme" durch die auskunftgebende Bank angenommen werden kann (*Berger* ZBB 2001, 238, 246; s auch [Anwendung von § 311 III] *Koch* AcP 204, 59ff; abl aber BGH NJW 2007, 1362, 1363). 134

Wenn man zur Begründung einer Bankenhaftung für unrichtige Auskunft die Stellung der Bank als Informationsgarantin betont, kommt eine Haftung der Bank für die **Schädigung Dritter** (nur) in **drei Fallkonstellationen** in Betracht. In allen Konstellationen ist das mit der Ubiquität der Information verbundene Haftungsrisiko für die auskunftgebende Bank offensichtlich oder zumindest erkennbar. 135

In der **ersten Fallgruppe** hat der Dritte eine dem unmittelbaren Auskunftsempfänger vergleichbare Stellung, weil die Auskunftsanfrage nicht nur diesen, sondern auch einen Dritten betrifft, an den die Auskunft dann von der Bank (auch) adressiert wird. Der Dritte muss der Bank nicht persönlich bekannt oder genannt sein. Die in der Auskunft liegende berufliche Gewährübernahme erstreckt sich schon im Hinblick auf die Adressierung auch auf diesen in der Auskunft benannten Dritten (*Berger* ZBB 2001, 238, 245). 136

137 In der **zweiten Fallgruppe** ist der Dritte nicht in der Auskunft benannt. Die Weitergabe der Information an einen Dritten durch den Auskunftsempfänger und die damit verbundene Haftungsgefahr ist aber für die auskunftgebende Bank offensichtlich. Ist die Auskunft unrichtig, so haftet die Bank diesem Dritten ggü für unrichtige Auskunft, weil sich die in der Auskunft manifestierte „berufliche Gewährübernahme" für die Richtigkeit der darin enthaltenen Mitteilung einer Rechts- oder Sachlage aus obj *ex-ante*-Sicht auch auf diesen Dritten erstreckt (*Hopt* AcP 183, 608, 683; *Jost*, Vertragslose Auskunfts- und Beratungshaftung, 1991, 258ff). Dies setzt nicht voraus, dass der Dritte der Bank persönlich bekannt ist (s auch zur Haftung eines Sachverständigen aus Vertrag zugunsten Dritter BGH JZ 1998, 624, 626: „aus der Unkenntnis der Person, die in den Schutzbereich des Vertrags fallen kann, [kann] nicht deren Nichteinbeziehung in den Schutzbereich abgeleitet [werden]"). Eine Haftung der Bank kommt vielmehr immer dann in Betracht, wenn Auskünfte in Zusammenhang mit bestimmten Projekten, etwa komplexen Darlehens- oder Finanzierungsvorgängen, erteilt werden, deren Eckdaten, und damit auch die Gruppe möglicher Auskunftsadressaten und potentieller Schadensersatzgläubiger, der auskunftgebenden Bank spätestens im Zeitpunkt der Auskunftserteilung bekanntgemacht wurden bzw der Bank hätten bekannt sein müssen (*Canaris*, Bankvertragsrecht I³ 1988, Rn 92).

138 Die **dritte Fallgruppe** betrifft Fälle, in denen der Dritte als „primärer Weitergabeempfänger" (*H. Schneider* ZHR 163, 246, 260) dem Adressaten der Bankauskunft haftungsrechtl gleichzustellen ist. In dieser Fallgruppe überschreitet die Auskunft die durch die Adressierung (1. Fallgruppe) oder den Projektbezug (2. Fallgruppe) manifestierte Grenze. Im Interesse der gebotenen Eingrenzung der Haftung ist gerade diese Fallgruppe auf wenige, klar definierte Ausnahmesituationen zu begrenzen. Für die auskunftgebende Bank muss daher auch in dieser Fallgruppe erkennbar sein, dass nach Sinn und Zweck der Auskunft nicht nur der Auskunftnehmer, sondern auch der Dritte eine Vermögensdisposition von der in der Auskunft enthaltenen Information abhängig machen will. Dies betrifft etwa solche Dritte, an die typischerweise, dh für die Bank erkennbar, projektbezogene Auskünfte weitergegeben werden, ohne dass der Zweck der Auskunft vorher bereits erreicht wäre. Eine Haftung der Bank für unrichtige Auskunft kommt auch dann in Betracht, wenn, wiederum aus der obj *ex-ante*-Perspektive der auskunftgebenden Bank beurteilt, der vermögensbezogene Willensbildungsprozess des Dritten überhaupt erst Anlass für die Bankauskunft war, weil der Dritte den Abschluss eines Rechtsgeschäfts mit dem Auskunftnehmer von der Bedingung einer Bankauskunft abhängig macht (*H. Schneider* ZHR 163, 246, 260). Die Bank haftet allerdings für die Unrichtigkeit der Auskunft nur dann, wenn die Tatsache, dass der Dritte die darin enthaltene Information zur Grundlage seiner Vermögensdisposition machen will, spätestens im Zeitpunkt der Auskunftserteilung für die Bank erkennbar ist (*Berger* ZBB 2001, 238, 247).

139 **d) Pflichten.** Die Bestimmung des Pflichteninhalts der Bank bei der Bankauskunft erfordert stets die Bewertung der Eigenheiten des jew Bankgeschäfts einerseits sowie der individuellen, auf die Person des Geschädigten und die Art der konkreten Transaktion bezogenen Umstände andererseits (*Hadding*, FS Schimansky, 1999, 67, 78ff; *Horn* ZBB 1997, 139, 145f). Für die Bankauskunft als reine Wissensvermittlung ohne bewertende oder beratende Elemente (s Rn 127) steht der Gedanke des Wissensvorsprungs der Bank und der Wissensvermittlung ohne Gegenleistung ganz im Vordergrund (Karlsruhe WM 1988, 411, 412). Anzuknüpfen ist daher an die typischen Verlässlichkeitsanforderungen, die den Berufsstandard des Bankgeschäfts bilden (s allg *Grunewald* JZ 1982, 627, 631; *H. Schneider* ZHR 163, 246, 263f). Dies gilt sowohl für die der Auskunft zugrundeliegende Recherche als auch für die Darstellung des Ergebnisses dieser Recherche, also die Formulierung der Auskunft nach außen. Eine Bankauskunft genügt diesem Standard, wenn sie dem tatsächlichen Informationsstand der Bank entspricht, wobei sich dieser allerdings grds auf die Erkenntnisse beschränkt, die der auskunftgebenden Zweigstelle im Zeitpunkt der Auskunftserteilung vorliegen, und wenn das vorhandene Wissen bei der Formulierung der Auskunft, wenn auch in knapper Form (s dazu BankR-HdB/*Krepold*/*Zahrte*, § 9 Rn 11), zutr umgesetzt worden ist (BGH ZIP 2001, 108, 109; vgl bereits BGH WM 1988, 1685; BGHZ 123, 126ff). Dies entspricht der allg Anforderungstrias der **„Wahrheit, Klarheit und Vollständigkeit"** der Auskunft (RGZ 162, 129, 154; BGH NJW-RR 2005, 1120, 1121; BRHP/*Fischer* Rn 97; vgl auch BGH WM 1974, 685; 1979, 548, 549; 1985, 381, 382). Die Unrichtigkeit einer Auskunft kann sich also auch aus ihrer Unvollständigkeit ergeben (BGH VersR 1995, 714; Soergel/*Schur* Rn 143).

140 Die Bankauskunft muss nur den tatsächlichen gegenwärtigen Erkenntnisstand der Bank wiedergeben. Die Haftung knüpft nicht an die obj Unrichtigkeit ihres Inhalts an, sondern an das fehlerhafte Verhalten des Kreditinstituts bei der Umsetzung dieses tatsächlichen Wissensstandes im Zeitpunkt der Erteilung der Bankauskunft (BankR-HdB/*Krepold*/*Zahrte*, § 9 Rn 51). Eine ins Einzelne gehende Angabe der zur Verfügung stehenden und von der Bank berücksichtigten Informationsquellen ist nicht erforderlich, solange die Auskunft auf eigenen Nachforschungen beruht (BGH ZIP 2001, 108, 110). Diese Anforderungen korrelieren mit der dogmatischen Haftungsgrundlage. Die Bank haftet nicht wegen der Anzahl und Reputation der von ihr verwendeten Informationsquellen, sondern kraft ihrer eigenen herausgehobenen Stellung als am Markt für Finanzinformationen akzeptierter und institutionalisierter Informationsgarant (s Rn 135). In der damit einhergehenden fehlenden Nachprüfbarkeit des Auskunftsinhalts durch den Auskunftsempfänger liegt gerade ein entscheidendes Spezifikum der Auskunftshaftung (*Müller*, Auskunftshaftung nach dt und englischem Recht, 1995, 32). Nur dann, wenn die Bank die berufliche Gewährübernahme für die Richtigkeit der Auskunft nach außen nicht vertreten kann, weil sie selbst nur mangelhaft oder unvollständig unterrichtet ist, muss sie dies durch einen mit der Auskunft verbundenen Vorbehalt deutlich machen (BGH WM 1962, 1110, 1111; *Canaris*, Bankvertragsrecht I³ 1988,

Rn 80). Erkennt die Bank die Unrichtigkeit der einmal erteilten Auskunft, ist sie zur nachträgl Richtigstellung ggü dem Auskunftsempfänger verpflichtet (BGH WM 1962, 932; Grü/*Grüneberg* Rn 39 aE).

141 **e) Kausalität.** Nach der Lebenserfahrung ist davon auszugehen, dass der Auskunftnehmer sich nicht selbst geschädigt hätte, wenn die Auskunft richtig gewesen wäre (BGHZ 123, 311, 315; BGH WM 1996, 2020, 2021; ZIP 2000, 355, 357). Die zutr Bestimmung des Pflichteninhalts (s Rn 139) hat maßgeblichen Einfluss auf die haftungsbegründende Kausalität. Es fehlt an der Kausalität zw Pflichtverletzung und Schaden (s Rn 144), wenn der eingetretene Schaden vollständig außerhalb des Bereichs derjenigen Gefahren liegt, vor denen der Geschädigte durch die verletzte Sorgfaltspflicht gerade geschützt werden sollte. Dies gilt vor allem dann, wenn der unmittelbare Auskunftsempfänger oder der geschützte Dritte aufgrund der in der Auskunft enthaltenen Information eine ganz andere schädigende Vermögensdisposition vorgenommen hat als diejenige, für die die Bankauskunft ihrem Zweck nach gedacht war (BGH WM 1976, 498, 500; 1991, 1629f; Köln WM 1985, 598, 599).

142 **f) Verschulden, Mitverschulden.** Das Verschulden der auskunftgebenden Bank wird bei Verletzung der oben dargestellten Sorgfaltspflichten vermutet (Soergel/*Schur* Rn 155). Auskunftnehmer und geschützte Dritte müssen sich aber, je nach eigener Sachkunde und dem für sie geltenden Sorgfaltsmaßstab, ein Mitverschulden (§ 254) anrechnen lassen. Allerdings trifft den Auskunftsempfänger nicht schon deshalb ein Mitverschulden, weil er sich auf die Vollständigkeit und Richtigkeit der Auskunft verlassen hat (BGH WM 1965, 287, 288; BB 1971, 62; NJW 1987, 1815, 1818; BGHZ 127, 378, 387). Dies widerspräche dem der Auskunftshaftung zugrundeliegenden Prinzip, wonach die Bank durch ihre Gewährübernahme entgegen dem in Abs II für die unentgeltliche Raterteilung zum Ausdruck kommenden Prinzip dem unmittelbaren Auskunftsempfänger oder dem Dritten das mit seiner Vermögensentscheidung verbundene Risiko abnimmt. Der Geschädigte muss sich dagegen ein Mitverschulden anrechnen lassen, wenn er sich blind auf eine ganz allg gehaltene Auskunft verlässt, ohne „zw den Zeilen zu lesen" (*Canaris*, Bankvertragsrecht I^3 1988, Rn 79). Ein Mitverschulden kommt auch in Betracht, wenn der Kunde Warnungen von dritter Seite oder Hinw des Beraters nicht genügend beachtet hat (BGH ZIP 1993, 997, 999; Heymann/*Horn*, HGB^2 2005, Anh § 372 Rn III/32).

143 Auch die im Vergleich zur Aufklärungs- und Beratungssituation verstärkte und in Abs II zum Ausdruck kommende Eigenverantwortlichkeit des Auskunftsempfängers ist bei der Beurteilung des Mitverschuldens des Geschädigten zu berücksichtigen. Begnügt sich der Anfragende mit einer erkennbar unvollständigen Auskunft und macht er von dem Angebot der auskunftgebenden Bank zu weiterer Unterrichtung keinen Gebrauch, so muss er die Folgen einer auf der unvollständigen Auskunft aufgebauten Fehlentscheidung selbst tragen (BGH NJW 1989, 2882, 2884). Ein Mitverschulden des Geschädigten kommt auch in Betracht, wenn der Auskunftsempfänger durch die Umstände oder die Art der Auskunfterteilung (schnelle Auskunft aus dem Stehgreif am Telefon oder schriftliche Auskunft nach mehrtägiger Wartezeit) oder durch Warnungen kompetenter Dritter begründeten Zweifeln an der Seriosität des Informationsgaranten nicht nachgeht oder obj, etwa durch die Art der Auskunfterteilung und die Größe des drohenden Schadens, gebotene Rückfragen unterlässt (RGZ 162, 129, 156; BGH NJW-RR 1986, 1478, 1479; NJW 1979, 1595, 1597).

144 **g) Schaden; Freizeichnung.** Hat die auskunftgebende Bank ihre Pflichten aus dem Auskunftsvertrag verletzt, so ist nur der **Vertrauensschaden** zu ersetzen, also der Schaden, der dem Verletzten aufgrund seines Vertrauens auf die unwahre oder unvollständige Auskunft entstanden ist. Wenn der Anspruchsteller aufgrund der falschen Auskunft eine Vermögensdisposition vorgenommen hat, ist der Betrag zu ersetzen, um den sich sein Vermögen dadurch insg vermindert hat (BGH NJW-RR 1996, 826, 828; NJW 1998, 982, 983; BRHP/*Fischer* Rn 102). Der Verletzte kann verlangen, so gestellt zu werden, wie er stehen würde, wenn ihm keine oder eine richtige Auskunft erteilt worden wäre (BGH WM 1958, 1080, 1082; 1995, 941, 942; ZIP 2000, 355, 357; s auch BGHZ 116, 209, 211ff; BGH WM 1993, 1735, 1736ff; BRHP/*Fischer* Rn 102). Wurde die Auskunft nur im Hinblick auf einen bestimmten Einzelaspekt im Rahmen eines größeren Vorhabens erteilt, ist die Ersatzpflicht auf den aus der fehlerhaften Auskunft entstandenen abgrenzbaren Schaden beschränkt (BGHZ 116, 209, 213; BGH NJW 1998, 982, 983; Grü/*Grüneberg* Rn 41). Den Schaden eines Dritten kann der Vertragspartner nicht im Rahmen der Drittschadensliquidation geltend machen (BGHZ 133, 36; PWW/*Fehrenbacher* Rn 52). S aber zum Auskunftsvertrag mit Schutzwirkung für Dritte Rn 132.

145 Eine **Haftungsfreizeichnung** („ohne Obligo", „ohne Verbindlichkeit") durch Individualvereinbarung (s § 305 Rn 17ff) ist bis zur Grenze von § 276 III, 3(8 z) ulässig (Staudinger/*Martinek*/*Omlor* Rn C46), in AGB scheitert sie an § 309 Nr 7 (Grü/*Grüneberg* Rn 43).

146 **h) Beweislast; Verjährung.** Der Geschädigte hat den Abschluss des Auskunftsvertrags, die Pflichtverletzung, dh die Unrichtigkeit oder Unvollständigkeit der Auskunft, sowie die Kausalität der Pflichtverletzung für den Schaden zu beweisen (BGH WM 2008, 112; PWW/*Fehrenbacher* Rn 54). Die mit dem Nachw einer negativen Tatsache verbundenen Schwierigkeiten werden dadurch ausgeglichen, dass die andere Partei die behauptete Fehlberatung substantiiert bestreiten und darlegen muss, wie im Einz beraten bzw aufgeklärt worden sein soll. Dem Anspruchsteller obliegt dann der Nachw, dass diese Darstellung nicht zutrifft (BGH NJW 2009, 3429, 3432; 2008, 371, 372; 2006, 1429, 1430). Der Auskunftgeber trägt auch die Beweislast für durch die unrichtige Auskunft verursachte schadensmindernde Vorteile und sonstige Einwendungen (Grü/*Grüneberg* Rn 44). Sekundäransprüche aus einem stillschw abgeschlossenen Auskunftsvertrag verjähren nach §§ 195, 199 (BGH NJW 1999, 1540).

147 **4. Weitere Rechtsgrundlagen.** Abs II nennt als mögliche Anspruchsgrundlagen für eine Haftung wegen fehlerhaften Rates oder Empfehlung Vertrag, Delikt oder sonstige gesetzl Bestimmungen.

148 **a) Vertrag.** Eine vertragl Pflicht zur (richtigen) Auskunftserteilung kann sich nicht nur aus einem stillschw abgeschlossenen Auskunftsvertrag (s dazu Rn 128ff) ergeben. Sie kann auch Gegenstand eines **Auftrags**- (bei Unentgeltlichkeit), **Dienst**- (wenn eine allg beratende/informierende Tätigkeit geschuldet wird) oder **Werkvertrags** (wenn eine Auskunft zu einer speziellen Frage geschuldet wird) sein. Eines eigenständigen „Auskunfts- oder Beratungsvertrags" bedarf es insoweit nicht (MüKo/*Heermann* Rn 123; Staudinger/*Martinek*/*Omlor* Rn C12). Die Pflicht zur inhaltlich zutr Auskunft oder Beratung kann sich auch als **Nebenpflicht** aus einem Schuldvertrag ergeben, zB aus einem Kauf- (s § 433 Rn 25f) oder Werkvertrag (§ 631 Rn 33) (s allg Staudinger/*Martinek*/*Omlor* Rn C17; Soergel/*Schur* Rn 131). Seit langem ist zudem gewohnheitsrechtl anerkannt, dass eine Vertragspartei aus **§ 242** einen Anspruch auf Auskunft hat, wenn sich aus dem Wesen des Rechtsverhältnisses ergibt, dass der Berechtigte in entschuldbarer Weise über das Bestehen oder den Umfang seines Rechts (zB Schadensersatz) im Ungewissen, der Verpflichtete aber in der Lage ist, unschwer solche Auskünfte zu erteilen (BGH NJW 1995, 386, 387; s auch § 260 Rn 3). Eine Pflicht zur richtigen Auskunft und Beratung kann sich auch aus einem **vorvertragl Vertrauensverhältnis** ergeben (§ 311 II Nr 1 und 2, s § 311 Rn 15ff). Eine Haftung kann auch aus einer dauernden oder auf Dauer angelegten **Geschäftsverbindung** zw den Parteien (§ 311 II Nr 3) folgen, vorausgesetzt, die Auskünfte fallen in den Rahmen dieser Geschäftsverbindung (RGZ 27, 118, 121; BGH WM 1969, 247; Grü/*Grüneberg* Rn 46; s auch § 311 Rn 22). Das durch die Geschäftsverbindung geschaffene Vertrauensschuldverhältnis hebt diese Auskünfte aus dem Bereich folgenloser Gefälligkeit heraus (Staudinger/*Martinek*/*Omlor* Rn C22). Eine längere Dauer ist dafür nicht unbedingt erforderlich (RGZ 126, 52; Soergel/*Schur* Rn 134). Möglich ist auch eine Haftung von **dritten Personen** (Sachwaltern, § 311 III 2), die über das gewöhnliche Vertrauen hinaus in besonderem Maße Vertrauen für sich in Anspruch nehmen und dadurch die Verhandlungen oder den Vertragsschluss erheblich beeinflussen (s § 311 Rn 90ff). Letztlich lässt sich die gesamte Auskunftshaftung auf diesen Gedanken zurückführen (s Rn 134). S auch zur bürgerlich-rechtl **Prospekthaftung** § 311 Rn 95ff. Zur Lehre von der **Berufshaftung** *Hopt* AcP 183, 608, 705ff; *Grunewald* JZ 1982, 627; *Benedict* ZIP 2005, 2129; *Hirte*, Berufshaftung, 1996, passim.

149 **b) Delikt.** In seltenen Fällen kann sich eine deliktische Verantwortlichkeit bei wissentlich bzw bedingt vorsätzlich falscher Auskunft und dem Bewusstsein möglicher Schädigung aus § 826 ergeben (zu den häufig unüberwindlichen Schwierigkeiten der Beweisbarkeit Staudinger/*Martinek*/*Omlor* Rn C40), wobei es für den Schädigungsvorsatz ausreicht, wenn unrichtige Auskünfte „ins Blaue" hinein gegeben werden (BGH NJW 1986, 180, 181; 1991, 32, 33; 1992, 3167, 3174; Jauernig/*Mansel* Rn 24; s im Einz § 826 Rn 38ff). Bei Verletzung eines Schutzgesetzes (zB §§ 263, 264a StGB) kommt ein Anspruch aus § 823 II in Betracht (s § 823 Rn 153ff). S zur Haftung wegen unrichtigen Gutachtens eines gerichtlich bestellten Gutachters § 839a. Möglich ist auch eine Haftung wegen Amtspflichtverletzung aus § 839, Art 34 GG (Mot II 555), etwa des Rentenversicherungsträgers für eine unrichtige Rentenauskunft nach § 109 SGB VI, die den Versicherten bewogen hat, einen Rentenantrag zu stellen und vorzeitig aus dem Erwerbsleben auszuscheiden (BGH NJW 2003, 3049; s auch § 839 Rn 56, 112).

150 **c) Sonstige gesetzl Bestimmungen.** Auch das Gesetz verpflichtet nicht nur in § 666 (s § 666 Rn 13), sondern auch in anderen Bestimmungen des BGB (zB § 27 III, § 260, § 402, § 681 S 2, § 713 (ab 2024 § 717 II nF), § 740 II (entfällt durch das MoPeG 2024), § 799, § 1379, § 1435, § 1580, § 1605, § 1698, § 1790 IV, § 1822, § 1864 (iVm § 1802 II 3), § 2003 II, § 2011, § 2012, § 2027, § 2057 S 1, § 2127, § 2130, § 2218, § 2314, § 2362 II; s insoweit die Kommentierungen der einzelnen Bestimmungen) sowie in Spezialgesetzen (s zB Art 34 WG, §§ 63ff, 98 WpHG, s dazu *Podewils*/*Reisich* NJW 2009, 116, 119ff) zur richtigen Auskunft und Information.

151 **V. Textformerfordernis für Gewinnspieldiensteverträge, Abs III.** Gewinnspieldienste, die unter der Bezeichnung „Gewinneintragungsdienst", „Gewinnspielservice" oder „Gewinnspielclub" auftreten, bieten an, für einen meist längeren Zeitraum gegen Zahlung einer während der Dauer des Vertragsverhältnisses monatlich zu entrichtenden Vergütung dafür zu sorgen, dass die Angesprochenen an einer Vielzahl von Gewinnspielen teilnehmen (BT-Drs 17/13057, 24). Solche Verträge sind als Geschäftsbesorgungsverträge mit Dienstvertragscharakter zu qualifizieren (s Rn 102a). Insb bei telefonischen Vertragsabschlüssen ist dem Verbraucher häufig nicht bewusst, dass er mit dem Vertragsabschluss eine langfristige Bindung mit erheblichen wiederkehrenden finanziellen Verpflichtungen eingeht (BT-Drs 17/13057, 24; *Köhler* NJW 2013, 3473, 3477). Um den telefonischen Abschluss von Gewinnspieldiensteverträgen auszuschließen, wurde für solche Verträge durch Art 4 des Gesetzes gegen unseriöse Geschäftspraktiken v 1.10.2013 (BGBl I 2013, 3714) ein Textformerfordernis (§ 126b) eingeführt.

152 Das Textformerfordernis nach § 126b gilt allg. Seine Anwendung hängt insb nicht davon ab, ob der Anbieter von Gewinnspieldiensten die Vorschriften des Wettbewerbsrechts beachtet hat oder nicht. Es kommt deshalb auch nicht darauf an, ob der Vertragsschluss auf einem nach § 7 II Nr 2 oder 3 UWG unerlaubten Werbeanruf beruht (BT-Drs 17/13057, 24). Jedenfalls nach dem Wortlaut muss der Gewinnspielteilnehmer kein Verbraucher sein (Grü/*Grüneberg* Rn 53).

153 Die Übergangsregelung des Art 229 § 33 EGBGB bestimmt, dass § 675 auf Gewinnspieldiensteverträge, die vor dem 9.10.2013 entstanden sind, in der bis zu diesem Tag geltenden Fassung anzuwenden ist. Auf derartige Altverträge ist das Textformerfordernis des Abs III demnach nicht anwendbar.

§ 675a Informationspflichten

Wer zur Besorgung von Geschäften öffentlich bestellt ist oder sich dazu öffentlich erboten hat, stellt für regelmäßig anfallende standardisierte Geschäftsvorgänge (Standardgeschäfte) unentgeltlich Informationen über Entgelte und Auslagen der Geschäftsbesorgung in Textform zur Verfügung, soweit nicht eine Preisfestsetzung nach § 315 erfolgt oder die Entgelte und Auslagen gesetzlich verbindlich geregelt sind.

Schrifttum: Zur Ersten ZahlungsdiensteRL und ihrer Umsetzung: s. Vorauflage.

Zur Zweiten ZahlungsdiensteRL: *Bauernfeind*, Ein Resümee zum Finanztransfergeschäft – Das Zahlungsdiensterecht in der Praxis, WM 2018, 456; *Buck-Heeb*, Aufsichts- und zivilrechtliche Normen im Bank- und Kapitalmarktrecht, einheitliche oder gesGrütene Auslegung?, WM 2020, 157; *Bülow*, Der Verbraucher als Arbeitnehmer im europäischen Zahlungsverkehrsraum, WM 2017, 457; *Conreder*, Neue Zahlungsdienste nach dem Entwurf des neuen Zahlungsdiensteaufsichtsgesetz und deren Ausnahmen – Wen geht es an?, BKR 2017, 226; *Conreder/Schild*, Entwurf des Gesetzes zur Umsetzung der sog Zahlungskontenrichtlinie – ein Überblick, BKR 2016, 89; *Conreder/Schild*, Die Zahlungsdiensterichtlinie II (PSD II) – Auswirkungen auf die Realwirtschaft, BB 2016, 1162; *Conreder/Schild*, Entwurf des Gesetzes zur Umsetzung der sog. Zahlungskontenrichtlinie – ein Überblick, BKR 2016, 89; *Conreder/Schneider/Hausemann*, Gesetz zur Umsetzung der Zweiten Zahlungsdienstrichtlinie – Besonderheiten und Stolpersteine für Unternehmen, DStR 2018, 1722; *Dieckmann*, Die Echtzeit-Überweisung – Paradigmenwechsel im Recht des Zahlungsverkehrs, BKR 2018, 276; *Dieckmann*, Die AGB der Banken und Sparkassen nach Ende der Zustimmungsfiktion, BKR 2021, 657; *Fandrich/Karper*, Münchener Anwaltshandbuch Bank- und Kapitalmarktrecht, 2. Aufl 2018; *Fervers*, Die AGB-Kontrolle von Entgeltklauseln im Recht der Zahlungsdienste, BKR 2019, 165; *Findeisen*, Das Zahlungskontengesetz – Auftrieb für den modernen Zahlungsverkehr und den Verbraucherschutz, WM 2017, 1765; *Fries*, PayPal Law und Legal Tech – Was macht die Digitalisierung mit dem Privatrecht?, NJW 2016, 2860; *Grüneberg*, Das Pfändungsschutzkonto in der Rechtsprechung des BGH, WM 2018, 2157; *Grüneberg*, Die Rechtsprechung des BGH zur Klauselkontrolle von Entgelten für Zahlungsdienste, BKR 2020, 365; *Habersack*, Die PSD II im Visier des EuGH, EuZW 2020, 767; *Harman*, Neue Instrumente des Zahlungsverkehrs: PayPal & Co, BKR 2018, 457; *Held*, Das neue ZKG – verfassungswidriger Kontrahierungszwang, BKR 2016, 353; *Herresthal*, Doie SEPA-Instant-Überweisung, ZIP 2019, 895; *Herresthal*, Zur Unwirksamkeit der AGB-Änderungsklausel in Banken-AGB nach der Entscheidung des BGH, ZHR 186 (2022) 373; *Hofmann*, Das neue Haftungsrecht im Zahlungsverkehr, BKR 2018, 62; *Hoffmann*, Kundenhaftung unter der Neufassung der Zahlungsdiensterichtlinie, VuR 2016, 243; *Hoffmann*, Die Überweisung anhand fehlerhafter Kundenkennung unter der Neufassung der Zahlungsdiensterichtlinie, WM 2016, 1110; *Hoffmann/Haupert/Freiling*, Anscheinsbeweis und Kundenhaftung beim Online-Banking, ZHR 2017, 780; *Hofmann*, Das neue Haftungsrecht im Zahlungsverkehr, BKR 2018, 62; *Jungmann*, Das System von Haftung beim missbräuchlichen Kreditkarteneinsatz ohne starke Kundenauthentifizierung, ZBB 2020, 1; *Jungmann*, Das zahlungsdiensterechtliche Regelungsregime für „Proximity Payments" – Initiierung, Autorisierung und Risiken kontaktloser (kartenbasierter oder mobiler) Nahzahlungen, WM 2021, 557; *Klanten*, Neuvereinbarungen von AGB nach der Postbank-Entscheidung des BGH, BKR 2022, 211; *Knees*, Zur Pfändung von Guthaben auf einem als Gemeinschaftskonto geführten Zahlungskonto (Girokonto), WM 2021, 664; *Klöppel*, Individueller Verbraucherschutz durch die BaFin – Die behördliche Durchsetzung des Anspruchs auf ein Basiskonto nach §§ 48, 49 Zahlungskontengesetz, WM 2017, 1090; *Kropf*, Objektive Auslegung von AGB-Entgeltklauseln – Der BGH-Richter als rechtlich nicht vorgebildeter Durchschnittskunde, WM 2016, 1425; *Krüger*, Richterliche Kontrolle von Bankentgelten nach Umsetzung der Zahlungsdiensterichtlinie, VuR 2020, 123; *Kunz*, Die neue Zahlungsdiensterichtlinie (PSD II) – Regulatorische Erfassung „Dritter Zahlungsdienstleister" und anderer Leistungsanbieter, CB 2016, 457; *Jestaedt*, Kontoinformationsdienste - neue Online-Services unter Regulierung, BKR 2018, 445; *Lang*, Verjährung von Rückforderungsansprüchen nach der Postbank-Entscheidung des Bundesgerichtshofs, BKR 2022, 78; *Langner*, Die Entscheidung des BGH zum AGB-Änderungsmechanismus – eine kritische Würdigung, WM 2021, 1869; *Linardatos*, Der Kommissionsvorschlag für eine Zahlungsdiensterichtlinie II – Ein Überblick zu den haftungsrechtlichen Reformvorhaben, WM 2014, 300; *Linardatos*, Die Rechtsscheinhaftung im Zahlungsdiensterecht, BKR 2015, 96; *Linardatos*, Vom Anscheinsbeweis im Zahlungsdiensterecht und fehlgeleiteten Gesetzgebern, NJW 2017, 2145; *Linardatos*, Kontaktloses Zahlen im Zahlungsdiensterecht, BKR 2021, 665; *Lösing/Hingst*, Die geplante Fortentwicklung des europäischen Zahlungsdiensteaufsichtsrechts durch die Zweite Zahlungsdienste-Richtlinie, BKR 2014, 315; *Müller*, Bankentgelte im Schlichtungsverfahren, WM 2018, 741; *Müller/Galneder*, Der PayPal-Käuferschutz in der Architektur der Erfüllungsdogmatik, BKR 2018, 106; *Omlor*, Die zweite Zahlungsdiensterichtlinie: Revolution oder Evolution im Bankvertragsrecht, ZIP 2016, 558; *Omlor*, Entgelte im Zahlungsverkehr nach Umsetzung der Zweiten Zahlungsdienstrichtlinie (PDS II), WM 2018, 937; *Omlor*, Die zweite Zahlungsdiensterichtlinie: Revolution oder Evolution im Bankvertragsrecht?, ZIP 2016, 558; *Omlor*, Digitaler Zahlungsverkehr, JuS 2019, 289; *Omlor*, Kryptowährungen im Geldrecht, ZHR 2019, 294; *Omlor*, Online-Banking unter Geltung der Zweiten Zahlungsdiensterichtlinie (PSD II), BKR 2019, 105; *Omlor*, Kryptowährungen im Geldrecht, ZHR 83 (2019), 294; *Omlor*, Der Zugang zum Zahlungskonto nach deutschem und europäischem Zahlungsdienste- und Wettbewerbsrecht, ZEuP 2021, 821; *Omlor*, AGB-Änderungsmechanismus im Zahlungsdiensterecht, NJW 2021, 2243; *Omlor/Birne*, Digitales Zentralbankgeld im grenzüberschreitenden Zahlungsverkehr, ZIP 2022, 1785; *Placzek*, Die Verjährung von Ansprüchen des Kontoinhabers aufgrund rechtsgrundloser Belastungsbuchungen, WM 2017, 1835; *Rodi*, Aktuelle Entwicklungen im AGB-Recht der Kreditwirtschaft im Jahr 2020, BKR 2021, 220; *Rodi*, Das „Postbank-Modell", ZIP 2022, 1583; *Schmidt-Kessel/Rank*, Bedingungsanpassungsklauseln und Preisanpassungsklauseln im allg Bankvertragsrecht und im Zahlungsdiensterecht, WM 2018, 2205; *Söbbing*, Mobile Zahlungssysteme – Die rechtlichen Herausforderungen bei Zahlungen via Smartphone, Tablet, Watch etc., WM 2016, 1066; *Söbbing*, Rechtsfragen an die digitale Bank, BKR 2019, 443; *Strobel*, Girovertrag, unregelmäßige Verwahrung und Negativzins, BKR 2022, 96; *Werner*, Wesentliche Änderungen des Rechts der Zahlungsdienste durch Umsetzung der Zweiten EU-Zahlungsdiensterichtlinie ins deutsche Recht, WM 2018, 449; *Werner*, Neue Möglichkeiten für Zahlungsdienstenutzer im Recht der Zahlungsdienste nach Umsetzung der PSD II, ZBB 2017, 345; *Werner*, Wesentliche Änderungen des Rechts der Zahlungsdienste durch Umsetzung der Zweiten EU-Zahlungsdiensterichtlinie ins deutsche Recht, WM 2018, 449; *Graf v Westphalen*, Zustimmungsfiktion zur Vertragsänderung im Verbraucher- und Unternehmerverkehr, NJW 2021, 3145; *Graf v Westphalen*, Fehlgeschlagener Versuch der Nachbesserung, ZIP 2022, 1357; *Wilhelm*, Zahlungsdienstrichtlinie und Leistungskondiktion im Mehrpersonenverhältnis, BKR 2017, 8; *Zahrte*, Neuerungen im Zahlungsdiensterecht, NJW 2018, 337; *Zahrte*, Haftungsverteilung im Zahlungsdiensterecht beim CEO-Fraud, BKR 2019, 126; *Zahrte*, Die „zweite" Stufe der PSD-2-Umsetzung, BKR 2019, 484; *Zahrte*, Aktuelle Entwicklungen im Zahlungsdiensterecht (2020–2021), BKR 2022, 69; *Zahrte/*

Spindler, Zum Entwurf für eine Überarbeitung der Zahlungsdiensterichtlinie (PSD II), BKR 2014, 265; iÜ Zweite ZdRl = ABl 2015 L 337/15; BT-Drs 18/11495 – RegE Gesetz zur Umsetzung der Zweiten ZdRL = ZDUG.

1 **1. Vollharmonisierung.** Die erste ZahlungsdiensteRL 2007/64/EG, die durch Art 1 Nr 47 VerbKred-RL v 27.9.2009 (BGBl I 2009, 2355) umgesetzt wurde, führte zu einer grundlegenden Änderung des Zahlungsverkehrs. Am 31.10.2009 trat sie in Kraft. Die §§ 675a–676c wurden weitestgehend neu gestaltet (BT-Drs 16/11643; Rechtsausschuss BT-Drs 16/13669). Konsequenterweise sind auch die zuvor geltenden Bestimmungen von §§ 12 und 13 BGB-InfoV durch dieses Gesetz aufgehoben worden. Im **SEPA-Begleitgesetz** v 3.4.2013 (BGBl I 2013, 610) ist die VO (EU) Nr 260/2012 zur Festlegung der technischen Vorschriften und der Geschäftsanforderungen für Überweisungen und Lastschriften in Euro und zur Änderung der VO (EG) Nr 924/2009 umgesetzt worden (BT-Drs 17/10038; Finanzausschuss BT-Drs 17/11395). Damit ist der einheitliche europäische Euro-Zahlungsverkehrsraum (SEPA = Single European Payment Area) weiter verwirklicht; mWz **1.2.2014** (nachträgl verlängert auf **1.8.2014**) sind die zuvor üblichen inl Überweisungs- und Lastschriftverfahren grds abgeschafft worden (Art 6 VO Nr 260/2012). Den Rechtsrahmen von SEPA bilden die RL 2007/64/EG (ABl 2007 L 319/1) und die VO (EG) Nr 924/2009 (ABl 2009 L 266/11). Hinzu tritt die (zweite) **ZdRL 2015/2366** (ABl v 23.12.2015 – L 337/35 – PSD II), welche durch das Gesetz zu ihrer Umsetzung (BGBl I 2017, 2446) in dt Recht mWv **13.1.2018** in Kraft getreten ist (Art 15). Da es sich bei den §§ 675c–676c um ein Rechtsgebiet handelt, welches vollharmonisiert ist (Art 107 ZdRL), ist dies bei der Auslegung – Stichwort: strikte Beachtung der unionsrechtl Vorgaben bei der Umsetzung; richtlinienkonforme Auslegung (vgl BGH NJW 2017, 1093) – zu beachten; die primäre Auslegungskompetenz besitzt der EuGH (Art 288 I AEUV; *Grundmann* WM 2009, 1109, 1110). Im Vordergrund der PSD II steht die Förderung von Innovationen bei elektronischen und mobilen Zahlungen und die rechtl Anpassung an diese Innovationen (BT-Drs 18/11495, 78). Zudem sollen die Sicherheit des Zahlungsverkehrs verbessert und die Kundenrechte vor allem bei nicht autorisierten ZVorgängen gestärkt werden (BT-Drs 18/11495, 78; vgl auch *Zahrte/Spindler* BKR 2014, 265; *Conreder/Schild* BB 2016, 1162; *Omlor* ZIP 2016, 558). Gleichzeitig wurden die in Art 248 EGBGB geregelten Informationspflichten novelliert. Der Gesetzentwurf zum dt Umsetzungsgesetz (ZDUG) umschreibt dessen Zielsetzungen iÜ wie folgt: „Mit der Zweiten Zahlungsdiensterichtlinie soll der durch die Erste Zahlungsdiensterichtlinie geschaffene europäische Binnenmarkt für unbare Zahlungen fortentwickelt werden. Wesentliche Inhalte der RL – und des Umsetzungsgesetzes – sind die Erweiterung des Kreises der Zahlungsdienste um sog Zahlungsauslösedienste und Kontoinformationsdienste, die Neukonturierung der Ausnahmetatbestände der RL und die Verbesserung der Sicherheit bei der Zahlungsabwicklung (insb durch die starke Kundenauthentifizierung – vgl BankR-HdB/*Haug* § 30 Rn 50)). Darüber hinaus enthält die RL – und das ZDUG – zahlreiche Vorgaben, deren Ziel es ist, den Schutz der Zahlungsdienstnutzer insb bei nicht autorisierten Zahlungsvorgängen weiter zu verbessern." Dieses Gesetz führt auch eine neue Kategorie von ZDLeistern ein, nämlich Kontoinformationsdienste und Zahlungsauslösedienste BankR-HdB/*Haug* § 30 Rn 50). Darüber hinaus hat das ZDUG Änderungen im **ZAG** nach sich gezogen (§§ 55ff ZAG). Das ZDUG gilt – **zeitl bewertet** – für alle Zahlungsvorgänge, die **ab dem 13.1.2018** „entstanden" sind (vgl Art 229 § 45 EGBGB). Für alle Schuldverhältnisse, welche in Bezug auf die Ausführung eines ZVorgangs vor dem 13.1.2018 entstanden sind, sind hingegen gem Art 229 § 45 II EGBGB „nur" die Bestimmungen des BGB und Art 248 EGBGB in der ab dem 13.1.2018 geltenden Fassung anzuwenden. Des Weiteren hat der dt Gesetzgeber die **ZahlungskontenRL 2014/92/EU** durch das **Zahlungskontengesetz (ZKG)** per 11.4.2016 in dt Recht umgesetzt (*Klocke/Hautkappe* WM 2020, 2397 – Angemessenheit von Entgelten; *Herresthal* BKR 2016, 133; *Conreder/Schild* BB 2016, 89; vgl auch *Bülow* WM 2017, 161 – Angemessenheit des Entgelts nach § 41 II ZKG). Es ist am 18.6.2016 bzw am 18.9.2016 in Kraft getreten. Dieses Gesetz begründet das Recht eines jeden Bürgers, ein **Basiskonto** zu errichten und über dieses Ein- und Auszahlungen zu bewirken sowie Überweisungen und Lastschriften zu veranlassen. Gleichzeitig verbessert es die Vergleichbarkeit von Kontoentgelten und ermöglicht so eine leichtere Alternative, zw ZdLeistern zu wechseln (zu den geänderten Banken-AGB *Zahrte* BKR 2019, 484, 488 – krit *Graf v Westphalen* ZIP 2022, 2053). Abschließend ist noch die VO (EU) 2021/1230 zu erwähnen, mit der (ErwGr 2) für grenzüberschreitende Zahlungen in Euro die gleichen Entgelte erhoben werden wie für die entspr Zahlungen innerhalb eines Mitgliedstaates. Auch dient sie der Transparenz der Währungsumrechnungsentgelte (Art 1 II VO (EU) 2021, 1230). Doch gilt sie nicht für Zahlungsentgelte, welche ZdLeister auf eigene Rechnung oder für Rechnung anderer ZdLeister vornehmen (Art 1 III VO (EU) 2021/1230).

2 **2. Informationspflichten.** Im Hinblick auf die zu beachtenden **Informationspflichten** des ZdLeisters gilt Art 248 EGBGB (vgl Art 229 § 45 EGBGB – Art 3 ZDUG); s im Einz auch § 675d Rn 2ff. Der **Zweck** dieser Bestimmung besteht darin, die Markttransparenz für den ZdNutzer zu erhöhen, dh der Verbraucher soll sich direkt Zugang zu den einzelnen Bedingungen – vor allem betr die Entgelte – bei den einzelnen Standardgeschäften verschaffen können (BeckOK/*Schmalenbach* Rn 2; *Omlor* WM 2018, 937ff). **Voraussetzung** für die Anwendung der Informationspflichten ist, dass eine nat oder jur Person zur Geschäftsbesorgung öffentlich bestellt ist oder sich öffentlich hierzu erboten hat. Der Begriff der Geschäftsbesorgung entspricht dabei dem Grundsatz des § 675 (§ 675 Rn 4). Anspruch auf die Erteilung dieser Informationen hat nur derjenige, der in einer Geschäftsbeziehung zu einem Auskunftspflichtigen steht, dies sind die tatsächlichen, aber auch die potentiellen Kunden (BGH NJW-RR 2010, 1712, 1714), nicht aber Verbraucherschutzverbände; ihnen steht kein Einsichtsrecht in das Leistungs- und Preisverzeichnis eines ZdLeisters zu (BGH NJW-RR 2010, 1712).

3 **a) Standardgeschäft; Grundsatz der Regelmäßigkeit.** Es ist schwierig, diesen Begriff exakt zu umschreiben. Nach dem Gesetzestext muss es sich um solche Geschäfte handeln, die regelmäßig anfallen und für die typi-

scherweise Gebühren erhoben werden. Für diese werden üblicherweise AGB verwendet (MüKo/*Heermann* Rn 8). Eine weite Auslegung ist daher im Interesse des Verbraucherschutzes geboten. Also zielt diese Regel in erster Linie auf Banken, welche entspr der Gesetzesterminologie als **ZdLeister** bezeichnet werden und eine Geschäftsbesorgung für ihre Kunden betreiben. Aber sie erfasst auch sonstige Geschäftsbesorger im Rahmen des typischen Massenverkehrs (BeckOGK/*Teichmann* Rn 12), zumal die verschiedensten Tätigkeitsfelder Gegenstand einer Geschäftsbesorgung iSv § 675 sein können (§ 675 Rn 7ff). Voraussetzung ist des Weiteren, dass der Geschäftsbesorger sich entweder öffentlich zu einer Geschäftsbesorgung – und damit der Erbringung von Standardgeschäften – anbietet oder hierzu öffentlich bestellt worden ist. Das trifft allemal auf ZdLeister iSv § 1 I Nr 1–5 ZAG zu, zumal Kreditinstitute nach Art 4 Nr 1 lit a RL 2006/48/EG (ABl 2006 L 177/1) im Inland berechtigt sind, diese Tätigkeit aufzunehmen und gegen Entgelt auszuüben. Dies wiederum deckt sich in der Sache mit der Begriffsbestimmung von Art 4 Nr 9 ZdRL 2007/64/EG; demggü ist die Definition eines „Zahlungsinstituts" in Art 4 Nr 4 ZdRL vorgegeben, und zwar als jur Person, welche eine Zulassung für die „gemeinschaftsweite Erbringung und Ausführung von Zahlungsdiensten" erhalten hat, was sich im Kern mit der Definition von § 1 I Nr 1 ZAG deckt: „Unternehmen, die gewerbsmäßig oder in einem Umfang, der einen in kaufmännischer Weise eingerichteten Geschäftsbetrieb erfordert, Zahlungsdienste erbringen, ohne Zahlungsdienstleister im Sinne der Nr 2–5 zu sein."

b) Entgelt – vorformulierte Bedingungen. Ein weiteres Abgrenzungskriterium für das Vorliegen eines Standardgeschäfts ist, ob das jew Entgelt gesondert ausgehandelt oder ob die Preisfestsetzung einseitig nach § 315 vorgenommen wurde (BeckOK/*Schmalenbach* Rn 3). Dieses Merkmal ist ein wenig unbefriedigend (*Ehmann/Hadding* WM-Beil 3/1999, 21). Klar ist nämlich zunächst nur: Ein Standardgeschäft liegt dann nicht vor, wenn die jew für die Geschäftsbesorgung geschuldete Entgeltregelung (einschl etwaiger Auslagen – BeckOGK/*Teichmann* Rn 14; MüKo/*Heermann* Rn 8) individuell ausgehandelt wurde (Grü/*Grüneberg* Rn 2; BT-Drs 14/675, 15). Der Begriff der Auslagen ist dadurch charakterisiert, dass er gem § 256 über das zu erstattende Entgelt hinausgeht (MüKo/*Heermann* Rn 8). Dies deckt sich mit der weiteren Erkenntnis, dass ein Standardgeschäft regelmäßig dadurch charakterisiert ist, dass vorformulierte Bedingungen iSv § 305 I 1 verwendet werden (Grü/*Grüneberg* Rn 2). Im Hintergrund steht dabei für die Einordnung eines Geschäftsvorfalls als Standardgeschäft das gewichtige Rationalisierungsargument: Standardgeschäfte bedürfen per definitionem der Rationalisierung, welche üblicherweise durch die Verwendung vorformulierter Klauseln iSv § 305 I 1 abgedeckt wird (so auch Grü/*Grüneberg* Rn 2). 4

c) Gesetzlich geregelte Entgelte – § 315. Soweit allerdings die Entgelte und Auslagen, welche für die Geschäftsbesorgungsleistung bei Standardgeschäften anfallen, **gesetzl** verbindlich geregelt sind, entfallen die Informationspflichten. Das Gleiche gilt, wenn die Festsetzung des Entgelts nach billigem Ermessen nach § 315 vorgenommen wird (vgl auch Rn 13). 5

d) Sondervorschrift § 675d. Von praktisch besonderer Bedeutung ist, dass für die Erfüllung der Informationspflichten bei Banken/Kreditinstituten – **ZdLeistern** – die Sondernorm von § 675d gilt (§ 675d Rn 1ff). Nach den Vorgaben der ZdRL – vgl Art 1 – sind im Kern folgende Kategorien von ZdLeistern zu unterscheiden: im Inland zum Geschäftsbetrieb berechtigte Kreditinstitute, einschl der in der Union niedergelassenen Zweigstellen; Geldinstitute; Postscheckämter, die Zahlungsinstitute iSv Art 1 I lit d ZdRL sind. Hinzuzurechnen sind gem Art 1 Abs 1 lit e ZdRL die Europäische Zentralbank und die nationalen Zentralbanken, „wenn sie nicht in ihrer Eigenschaft als Währungsbehörden oder andere Behörden handeln", sowie gem Art 1 Abs 1 lit f ZdRL die Mitgliedstaaten oder ihre regionalen oder lokalen Gebietskörperschaften, wenn sie nicht in ihrer Eigenschaft als Behörden handeln. IÜ sei auch auf die detaillierte Umschreibung in § 1 I Nr 1–5 ZAG verwiesen. 6

3. Geschäftsbesorgung. Die vom Geschäftsbesorger geschuldeten Informationen beziehen sich auf **Entgelte** und **Auslagen** der standardisierten Geschäftsbesorgung. Erfasst wird damit die gesamte entgeltliche Gegenleistung, soweit sie weder individualvertragl noch gesetzl bestimmt ist (MüKo/*Heermann* Rn 10). Es ist dabei unerheblich, wie die jew geschuldeten Entgelte und Auslagen im Einz bezeichnet sind, ob als Provision, Gebühr, Auslagenerstattung etc. Auch spielt die Aufspaltung der Entgelte und Auslagen keine Rolle. Eine weite Auslegung ist auch hier geboten. Zu bedenken ist, dass der Geschäftsbesorger deswegen eine umfassende Information schuldet, weil nur so der Kunde in der Lage ist, nicht nur im Einzelfall die von ihm zu erbringende geldwerte Gegenleistung im Vorhinein genau zu kalkulieren und zu ermitteln, sondern auch – und da liegt das Schwergewicht – einen **Marktvergleich** vorzunehmen. Dies bedeutet gleichzeitig: Soweit die Höhe der jew Auslagen – insb Porto-, Telefon-, Fax-, Kopierkosten – nicht von vorneherein feststeht, sondern (naturgemäß) vom Umfang der zu erbringenden Geschäftsbesorgungsleistung abhängig ist, muss sich die Informationspflicht jedenfalls auf die betreffende Art der zu erstattenden Auslage beziehen (Grü/*Grüneberg* Rn 3). 7

4. Textform. Die ggü dem Auftraggeber geschuldete Information muss in Textform nach § 126b erfolgen (BGBl I 2016, 233). Der Schutzzweck nach § 126b ist immer dann erfüllt, wenn dem Kunden/Auftraggeber die geschuldeten Informationen in aufgezeichneter – nachprüfbarer – lesbarer, nicht unterschriebener Form übermittelt werden. Denn dann besteht die Möglichkeit der Kenntnisnahme, so dass auf diese Weise ein Markt- und Konditionenvergleich durchgeführt werden kann. Die Einzelheiten ergeben sich aus Art 248 § 3 EGBGB. Im Hinblick auf die **Sprache** ist Art 248 § 2 EGBGB zu beachten: Informationen und Vertragsbedingungen sind demnach stets in einer **Amtssprache** der Mitgliedstaaten der EU oder der Vertragsstaaten des Abkommens über den EWR abzufassen. Die Informationen müssen klar und verständlich sein (Rn 12); damit ist auch das **Transparenzgebot** des § 307 I 2 angesprochen (§ 307 Rn 18). 8

9 **a) Geeignete Fälle. aa) Elektronisch.** Bei einem **Einzelzahlungsvertrag** iSv Art 43ff ZdRL – vgl § 675f I – sind die zur Verfügung zu stellenden vorvertragl Informationen dem Kunden/Auftraggeber in leicht zugänglicher Form nach den Vorgaben von Art 248 § 12 EGBGB – auf Verlangen des ZdNutzers: in Papierform oder auf einem anderen dauerhaften Datenträger – verfügbar zu machen. Dazu zählen im Rahmen der Geschäftsanbahnung auch **potentielle Kunden** (MüKo/*Heermann* Rn 7), nicht hingegen qualifizierte Einrichtungen nach § 4 UKlaG, weil diese keine Verbraucher sind (BGH NJW-RR 2010, 1712). In geeigneten Fällen ist allerdings auch ein Abweichen vom Gebot der besonderen Form nach Art 248 § 12 EGBGB zulässig. Es handelt sich hierbei jedoch um eine **Ausnahmeregelung.** Doch eine Übermittlung der geschuldeten Informationen auf elektronischem Weg wird man immer dann als geeignet ansehen können, wenn der Kunde/Auftraggeber entweder auf elektronischem Wege beim Geschäftsbesorger die entspr Informationen abfragt oder auf seinem Briefbogen, Geschäftspapier etc eine E-Mail-Adresse angegeben hat.

10 **bb) Unentgeltlich.** Dieses Merkmal bedeutet (Art 40 I ZdRL) – wie stets –, dass der Kunde keine Gegenleistung für die überlassenen (gesetzl geschuldeten) Informationen erbringt. Hier liegt eine Gleichschaltung zum Gebot der – unentgeltlichen – Kenntnisverschaffungspflicht von AGB gem § 305 II vor. Freilich ist zu bedenken, dass es sich lediglich um die Information betr Entgelte/Auslagen iSd Titel III der ZdRL handelt, so dass der mit dem Herunterladen verbundene zeitl Aufwand idR extrem gering, also grds auch als unentgeltlich einzuordnen ist. Stets geht es darum, dass die entspr Informationen **zur Verfügung zu stellen** sind, indem sie – vor Abschluss des Geschäfts – für den potentiellen Kunden zur Kenntnisnahme im Rahmen der Geschäftsanbahnung bereitgehalten werden (MüKo/*Heermann* Rn 7). Dies geschieht im Kontext von § 5 I PAngV regelmäßig in der Weise, dass die Entgelte für die wesentlichen Leistungen in einem offen zugänglichen Preisverzeichnis niedergelegt oder im Internet (BT-Drs 14/745, 15) festgehalten sind. Dieser Anspruch steht nur dem tatsächlichen oder auch potenziellen Auftraggeber (Frankfurt BeckRS 2010, 6302), nicht aber einer qualifizierten Einrichtung iSd § 4 UKlaG – etwa Verbraucherschutzverbänden – zur Verfügung (BGH NJW-RR 2010, 1712). Diese haben kein Einsichtsrecht, weil es insoweit an einer gesetzl Lücke fehlt (Koblenz BeckRS 2010, 2662).

11 **b) Aufwendungsersatzanspruch.** Ob der Geschäftsbesorger auch berechtigt ist, Ersatz seiner Aufwendungen gem § 670 etwa dann zu reklamieren, wenn er dem Kunden/Auftraggeber – über die Erfüllung der hiernach geschuldeten (unentgeltlichen) Informationen – diese Informationen zusätzl brieflich, etwa in einer Kopie der zu entrichtenden Entgelte/Auslagen übersendet, dürfte im Zweifel zu bejahen sein (Grü/*Grüneberg* Rn 4; BeckOK/*Schmalenbach* Rn 5).

12 **5. Transparenzerfordernis.** Der Geschäftsbesorger erfüllt jedoch nur dann seine Informationspflicht (Art 248 § 2 EGBGB), wenn er diese – auch außerhalb des Anwendungsbereichs von Art 248 § 12 EGBGB, einem Einzelzahlungsvertrag – in verständlicher, transparenter (hierzu Frankfurt GRUR-RR 2020, 228 – Sollzins- und Überziehungszinssatz) und leicht zugänglicher Form dem Kunden/Auftraggeber zur Verfügung stellt (MüKo/*Heermann* Rn 11). Dies folgt aus dem Schutzzweck der von ihm zu erfüllenden Informationspflichten. Gerade dann, wenn man diesen darin sieht, dass ein Markt- und Konditionenvergleich angestellt werden kann und auch vom Kunden/Auftraggeber mit Recht angestrebt wird, ist die Erfüllung des Transparenzerfordernisses auch iSv § 307 I 2 unerlässlich. Dies ergibt sich auch indirekt aus § 307 III 2, wonach das Transparenzerfordernis auch das Hauptleistungsversprechen des Verwenders und die Gegenleistungspflicht des Kunden erfasst (zum Problem der Anpassung der Bedingungen und der Preise *Schmidt-Kessel/Rank* WM 2018, 2205ff; Köln BKR 2020, 101). IÜ ergibt sich aus **§ 5 I PAngV**, dass die Entgelte für die angebotenen wesentlichen Leistungen im Preisverzeichnis aufzuführen sind.

13 **a) Ausnahme.** Eine praktisch wichtige Ausnahme von den Informationspflichten besteht bei einer einseitigen **Preisfestsetzung** nach § 315. Diese Fallgestaltungen unterliegen allerdings als einseitige Leistungsbestimmungsrechte der Inhaltskontrolle nach § 307 I 1 (BGH NJW 1994, 1060, 1063). Wirksam ist nämlich die Einräumung eines solchen einseitigen Bestimmungsrechts durch AGB-Klauseln – dies gilt auch im vorvertragl Stadium der hier geschuldeten Informationspflichten – nur dann, wenn dafür ein berechtigtes Interesse des Geschäftsbesorgers besteht und schwerwiegende Änderungsgründe für eine Neufestsetzung des Preises tatsächlich vorliegen, die nach ihren Voraussetzungen und Folgen in der Klausel aufgeführt sein müssen, wobei auch die Interessen des Kunden/Auftraggebers als erkennbar und angemessen zu berücksichtigen sind (BGH NJW 1994, 1060, 1063). Das wird selten der Fall sein.

14 **b) Schadensersatzhaftung.** Zu beachten ist, dass die Verletzung der Norm nicht unmittelbar sanktionsbewehrt ist (BeckOK/*Schmalenbach* Rn 6). Doch liegt in diesen Fällen eine zum Schadensersatz gem § 311 II, § 280 I ggü dem betroffenen Kunden verpflichtende Vertragsverletzung vor (BeckOGK/*Teichmann* Rn 18; MüKo/*Heermann* Rn 16; *Hoffmann* ZIP 2005, 829; BGH NJW 2010, 2873; 2009, 3590; 1994, 2754 – zur Verwendung unwirksamer Klauseln). Außerdem ist § 675a Schutzgesetz iSv § 823 II (MüKo/*Heermann* Rn 16; BeckOGK/*Teichmann* Rn 18, Grü/*Grüneberg* Rn 5). Grds ist das negative Interesse geschuldet, etwa die Beratungskosten bei einem Rechtsanwalt. Maßgebend für die Bemessung des Schadens ist freilich auch hier die klassische Differenzhypothese iSv § 249 (BGH NJW 1998, 302, 304). Der Schutzzweck iSd § 249 erfasst beide Alt (vgl BGH NJW 2011, 1215). Anzusetzen sind also die Nachteile des Kunden, die im Vergleich zu der Vermögenslage entstanden wären, wenn er ordnungsgemäß über die Entgelte/Auslagen unterrichtet worden wäre. Steht dann im Einzelfall fest, dass er ohne die Verletzung der Informationspflicht durch den Geschäftsbesorger einen anderen, für ihn günstigeren Vertrag

abgeschlossen hätte, dann zielt der nach § 249 zu erstattende Erfüllungsschaden auf den Ersatz dieses Interesses (BGH NJW 1998, 2900, 2901). Zutr erscheint es jedoch, in diesen Fällen idR Ersatz des Vertrauensschadens in der Weise zu gewähren, dass der Kunde auch das Recht hat, Rückgängigmachung des Vertrags – und damit: Befreiung von der Verbindlichkeit – zu verlangen (BGH NJW 1962, 96, 97; aM BeckOK/*Schmalenbach* Rn 6). Ob die eine oder die andere Alt gewählt wird, ist entscheidend davon abhängig, ob im Kontext des § 311 II Ersatz des Vertrauensschadens oder das Erfüllungsinteresse verlangt wird. Außerdem besteht ein Anspruch auf Unterlassung nach § 3a UWG (Rechtsbruch) oder nach § 9 UWG auf Schadensersatz (BeckOGK/*Teichmann* Rn 19), weil es sich bei der Verletzung der Informationspflichten immer auch um eine unlautere Geschäftspraxis nach § 3 UWG handelt (BGH NJW 2013, 131).

§ 675b Aufträge zur Übertragung von Wertpapieren in Systemen

Der Teilnehmer an Wertpapierlieferungs- und Abrechnungssystemen kann einen Auftrag, der die Übertragung von Wertpapieren oder Ansprüchen auf Herausgabe von Wertpapieren im Wege der Verbuchung oder auf sonstige Weise zum Gegenstand hat, von dem in den Regeln des Systems bestimmten Zeitpunkt an nicht mehr widerrufen.

1. Ratio. § 675b dient der Umsetzung der ZahlungssicherungsRL 98/26/EG (ABl 1998 L 166/45 – Finalitäts- 1
RL). Gleichzeitig sind die weitreichenden Kündigungsregeln für Überweisungsverträge entfallen, zumal Art 80 ZdRL eine wesentlich frühere Unwiderruflichkeit von Zahlungsaufträgen – Unwiderruflichkeit eines ZAuftrags nach dem Eingang beim ZdLeister des Zahlers – vorsieht (vgl BT-Drs 18/11945, 159), was sich in § 675p niedergeschlagen hat (vgl § 675p Rn 2). Ziel und Zweck dieser Regelung ist es, einen möglichst frühen Zeitpunkt zu bestimmen, zu welchem der Widerruf eines Auftrags in Betracht kommt, um auf diese Weise sonst gegebene Systemrisiken zu verringern (BT-Drs 14/45, 27). Dabei zielt der Auftrag entweder auf die Übertragung von verkehrsfähigen Wertpapieren oder auf Ansprüche, die auf Herausgabe der Wertpapiere im Wege der Verbuchung gerichtet sind (BeckOK/*Schmalenbach* Rn 2). Durch den Widerruf soll insb das aus einer Insolvenz eines an diesem System beteiligten Kreditinstituts folgende Risiko für die anderen Teilnehmer möglichst geringgehalten werden (Grü/*Grüneberg* Rn 1 MüKo/*Heermann* Rn 2). Im Hintergrund droht der „Dominoeffekt" (MüKo/*Heermann* Rn 2).

2. Übertragungsvertrag. Der Übertragungsvertrag setzt das Bestehen eines Geschäftsbesorgungsvertrags iSv 2
§ 675 voraus. Ob hier ein Vertrag tatsächlich vorliegt oder ob eine Weisung ausreicht, ist str (verneinend BeckOK/*Schmalenbach* Rn 7; wie hier MüKo/*Heermann* Rn 5; Grü/*Grüneberg* Rn 3; BeckOGK/*Teichmann* Rn 12). Sein Inhalt ist die Weiterleitung oder Herausgabe von **Wertpapieren** (vgl EBJS/*Grundmann* § 1 DepotG Rn VI 409ff). In der Praxis ist es heute idR so, dass die gesamte Emission oder doch ein wesentlicher Teil in einer Globalurkunde (§ 9a DepotG) verbrieft wird (BeckOGK/*Teichmann* Rn 9). Doch können – und das ist in der Praxis die Regel – mehrere Übertragungsverträge hintereinandergeschaltet werden (*Einsele* WM 2001, 7, 10). Es liegt daher nahe, diesen Begriff gem § 1 I DepotG zu interpretieren, so dass auch **Wertrechte** als nicht verbriefte Wertpapiere (Hopt/*Kumpan* HGB [13] § 1 DepotG Rn 2) in dieses Begriffsraster fallen, was iÜ der Gesetzesbegr zum Überweisungsgesetz (BT-Drs 14/745, 27) entspricht. Davon ausgehend bezieht sich die Bestimmung auf die Übertragung und Herausgabe von folgenden **Wertpapieren/Wertrechten:** Depotaktien, Kuxe, Zwischenscheine, Zins- und Gewinn-, Anteils- und Erneuerungsscheine, auf den Inhaber lautende oder durch Indossamente übertragbare Schuldverschreibungen sowie auf Bundesanleihen, Buchschulden des Bundes, Schatzanweisungen und sonstige Anleiheforderungen; nicht aber bspw Banknoten, Papiergeld, auf den Namen lautende Schuldscheine, Schuldscheindarlehen, Wechsel, Schecks, Hypotheken- und Grundschuldbriefe (BT-Drs 14/745, 27). Dabei wird es sich für die Anwendung dieser Bestimmung in der Praxis regelmäßig um **sammelverwahrte Wertpapiere/ Wertrechte** handeln (Grü/*Grüneberg* Rn 2), so dass insoweit – aus praktischen Erwägungen heraus (BT-Drs 14/ 745, 27) – regelmäßig die Wertpapiersammelbanken iSv § 1 III DepotG tätig werden, und zwar die Clearstream Banking AG, Frankfurt (vgl Hopt/*Kumpan* HGB [13] § 1 DepotG Rn 6). Der Anleger erhält einen entspr Miteigentumsanteil (§ 6 DepotG). In dem Augenblick, in dem der Sammelverwahrer das Wertpapier erhält (regelmäßig durch Buchung), verliert der Hinterleger sein Eigentum (MüKo/*Heermann* Rn 5). Dem Hinterleger steht dann ein schuldrechtl Anspruch zu, der auf Auslieferung von Wertpapieren aus der Sammelverwahrung gerichtet ist, und zwar iHd Nennbetrages (§ 7 I DepotG). Ist kein Nennbetrag vorgesehen, dann zielt der Auslieferungsanspruch auf die betreffende Stückzahl (BeckOGK/*Teichmann* Rn 10). Im Rahmen der Sammelverwahrung entsteht ein mehrfach gestuftes Besitzmittlungsverhältnis (EBJS/*Scherer* DepotG, § 6 VI Rn 473). Rein technisch vollzieht sich die Umbuchung bei der Sammelbank dadurch, dass diese ein Besitzmittlungsverhältnis zum neuen Eigentümer begründet (BeckOGK/*Teichmann* Rn 11).

a) Herausgabe. Der zugrunde liegende Übertragungsvertrag (für Aktien vgl *Eder* NZG 2004, 107; *Mentz/Fröhling* NZG 2002, 201) muss – alternativ zur Übertragung – darauf abzielen, die verwahrten Wertpapiere/Wertrechte 3
herauszugeben (vgl § 7 DepotG). Hierbei handelt es sich um den Anspruch gem § 695 (BGH NJW 2005, 1275), wobei die Rückforderung als konkludente Kündigung zu qualifizieren ist. Auch soweit – wie heute üblich – Aktien und auch sonstige Wertpapiere sammelverwahrt werden, darf gleichwohl der sachenrechtl durchzuführende Übertragungsakt nach den §§ 929ff nicht vernachlässigt werden (*Mentz/Fröhling* NZG 2002, 201, 204f; zu dem insoweit zu beachtenden Besitzmittlungsverhältnis BeckOGK/*Teichmann* Rn 11; bei einer Verpfändung BGH

NJW 1996, 1675, 1676). Zu bedenken ist, dass gem § 6 DepotG mit dem Zeitpunkt des Eingangs beim Sammelverwahrer **Miteigentum** nach Bruchteilen an den zum Sammelbestand des Verwahrers gehörenden Wertpapieren derselben Art entsteht. Da § 744 unanwendbar ist, bezieht sich das Herausgabeverlangen nicht auf die Miteigentumsrechte an den einzelnen Wertpapieren, die in Sammelverwahrung gehalten werden (Hopt/*Kumpan* HGB [13] § 6 DepotG Rn 2). Folglich kann der Hinterleger gem § 6 DepotG – er ist mittelbarer Eigenbesitzer (BeckOGK/*Teichmann* Rn 11) – verlangen, dass ihm aus dem Sammelbestand Wertpapiere iHd **Nennbetrags** oder – bei Wertpapieren ohne Nennbetrag – iHd Stückzahl der für ihn in Verwahrung genommenen Wertpapiere ausgeliefert werden. Dies geschieht nicht physisch, sondern regelmäßig in der Weise, dass im Rahmen eines elektronischen Bankgeschäfts (*Einsele* WM 2001, 1, 7) eine Umbuchung vorgenommen wird (BeckOGK/*Teichmann* Rn 11), indem dem Erwerber ein entspr Miteigentumsanteil an dem Sammelbestand verschafft wird. Sofern die Wertpapiere im **Ausland** erworben und dort verwahrt werden, erwirbt der Kunde nach Maßgabe von § 22 I DepotG nur einen Anspruch auf Übersendung eines Stückeverzeichnisses (vgl Hopt/*Kumpan* [13] § 22 DepotG Rn 1). Ob das Eigentum bereits dadurch übergeht, dass das Stückeverzeichnis dem Kunden übersandt wird, ist abhängig von dem jew zur Anwendung berufenen Recht, im Zweifel aber wohl zu verneinen (*Behrends* in Scherer § 22 DepotG Rn 4).

4 **b) Sonderverwahrung. Anders** ist es bei der Sonderverwahrung. Hier erfolgt die Übertragung durch Übergabe eines Stückeverzeichnisses an den Erwerber, was sich aus § 18 III DepotG ablesen lässt: Mit der Absendung dieses Stückeverzeichnisses geht dann das Eigentum an den darin bezeichneten Wertpapieren auf den **Kommittenten** über. Es handelt sich hierbei um den Erfüllungstatbestand des **Effektengeschäfts** (Hopt/*Kumpan* HGB [13] vor § 18 DepotG Rn 1). Diese Art der Sonderverwahrung ist jedoch inzwischen durch die für den Auftraggeber/Kunden günstigere Sammelverwahrung gem § 5 DepotG praktisch überholt (Hopt/*Kumpan* HGB [13] § 2 DepotG Rn 1).

5 **c) Aufbewahrung durch Dritte.** Zu bedenken ist schließlich, dass § 3 DepotG es dem Verwahrer erlaubt, die Wertpapiere einem **Dritten** zur Aufbewahrung zu geben. In diesen Fällen werden dann regelmäßig zwei Verwahrverträge abgeschlossen: Der erste zw dem Auftraggeber/Kunden und seiner Depotbank, der zweite zw dieser Bank und der Wertpapiersammelbank, der Clearstream Banking AG Frankfurt.

6 **3. Wertpapierlieferungs- und Abrechnungssystem.** Die Definition eines Wertpapierlieferungs- und Abrechnungssystems ergibt sich aus § 1 XVI KWG. Diese Bestimmung wiederholt im Kern den Wortlaut von Art 2 lit a RL 98/26/EG über die Wirksamkeit von Abrechnungen in Zahlungs- sowie Wertpapierliefer- und Abrechnungssystemen (*Schäfer* in Boos/Fischer/Schulte-Mattler § 1 KWG Rn 308). Es handelt sich hierbei um ein förmliches System zw mindestens zwei Teilnehmern, die gemeinsame Regeln und vereinheitlichte Vorgaben für die Ausführung von Zahlungs- und Übertragungsaufträgen zw Teilnehmern vorsehen. Die Bundesrepublik Deutschland ist verpflichtet, dieses der EU-Kommission zu melden, sofern sie von der Zweckdienlichkeit der Regeln dieses Systems überzeugt ist (*Schäfer* in Boos/Fischer/Schulte-Mattler § 1 KWG Rn 308). Insoweit ist auch erg auf den Wortlaut der Regelung von § 24b KWG hinzuweisen: Soweit also ein Bankinstitut die Absicht verfolgt, ein Wertpapierlieferungs- und Abrechnungssystem iSv § 1 XVI KWG zu installieren, sind unverzüglich die BaFin sowie die Deutsche Bundesbank zu informieren und die Teilnehmer zu benennen. Grundlage dieser Regelung ist auch hier die ZahlungssicherungsRL 98/26/EG (ABl L 166/45).

7 **4. Widerruf.** Der Teilnehmer an einem solchen Wertpapierlieferungs- und Abrechnungssystem iSv § 24b KWG ist nur berechtigt, einen ihm erteilten Auftrag zu einem Zeitpunkt zu **widerrufen**, der den Regeln des Systems entspricht. Es handelt sich dabei (vgl Rn 1) um den spätest möglichen Zeitpunkt (Grü/*Grüneberg* Rn 4). Wie sich iÜ aus § 671 ergibt, ist der Widerruf eine rechtsgestaltende Erklärung, die in ihrer Wirkung der Kündigung entspricht (§ 671 Rn 2). Er kann entweder ggü der Geschäftsbank des Kunden oder ggü dem Kreditinstitut erklärt werden, das durch die Übertragung begünstigt wird (BeckOGK/*Teichmann* Rn 15). Ein – rechtzeitiger – Widerruf richtet sich gegen die weitere Ausführung des Auftrags, beendet also noch nicht abgeschlossene Tatbestände der Übertragung bzw der Herausgabe von Wertpapieren. Zu bedenken ist schließlich, dass sich diese Bestimmung lediglich auf Teilnehmer an Wertpapierlieferungs- und Abrechnungssysteme bezieht. Daraus folgt: Der Widerruf richtet sich in allen übrigen Fällen nach den allg Regeln, so dass § 671 eingreift, soweit ein Geschäftsbesorgungsvertrag zugrunde liegt. Die **Insolvenz** eines Teilnehmers an einem solchen Wertpapierlieferungs- und Abrechnungssystem führt aufgrund der RL 98/26/EG (ABl 1998 L 166/45) nicht dazu, dass die Aufrechnungsverbote des § 96 InsO oder des § 95 III 3 InsO eingreifen, vorausgesetzt, die Verrechnung von Ansprüchen und Leistungen aus Zahlungs- und Übertragungsverträgen, die in ein solches Zahlungsverkehrssystem eingebracht worden sind, erfolgt spätestens am Tag der Eröffnung des Insolvenzverfahrens (*Keller* WM 2000, 1269ff): Die Systemteilnehmer sollen – dies ist die Essenz der RL 98/26/EG – darauf vertrauen können (BeckOGK/*Teichmann* Rn 15), dass die Aufträge, die als endgültig avisiert und eingegeben worden sind, ihnen auch vertragsgemäß zufließen (*Fischer* in Boos/Fischer/Schulte-Mattler § 24b KWG Rn 3).

Untertitel 3
Zahlungsdienste (§§ 675c–676c)

Kapitel 1
Allgemeine Vorschriften (§§ 675c–675e)

§ 675c Zahlungsdienste und E-Geld

(1) Auf einen Geschäftsbesorgungsvertrag, der die Erbringung von Zahlungsdiensten zum Gegenstand hat, sind die §§ 663, 665 bis 670 und 672 bis 674 entsprechend anzuwenden, soweit in diesem Untertitel nichts Abweichendes bestimmt ist.

(2) Die Vorschriften dieses Untertitels sind auch auf einen Vertrag über die Ausgabe und Nutzung von E-Geld anzuwenden.

(3) Die Begriffsbestimmungen des Kreditwesengesetzes und des Zahlungsdiensteaufsichtsgesetzes sind anzuwenden.

(4) Die Vorschriften dieses Untertitels sind mit Ausnahme von § 675d Absatz 2 Satz 2 sowie Absatz 3 nicht auf einen Vertrag über die Erbringung von Kontoinformationsdiensten anzuwenden.

1. Definitionskataloge. Abs I stellt zunächst klar, dass bei der Erbringung von **Zahlungsdiensten** (ZDienste – 1
vgl Art 4 Nr 3 ZdRL) grds die Vorschriften des Geschäftsbesorgungsvertrags Anwendung finden: Soweit die §§ 675c–676c keine abw Regelung enthalten (vgl § 675f Rn 24). Damit wird der sachliche Anwendungsbereich der §§ 675c–676c für den Bereich von ZDiensten festgelegt (MüKo/*Casper* Rn 1). Der **zeitl Anwendungsbereich** ist aus Art 229 § 45 EGBGB abzulesen. Maßgebend kommt es danach darauf an, ob das betreffende Schuldverhältnis, welches die Ausführung eines ZVorgangs zum Gegenstand hat, **ab dem 13.1.2018** entstanden ist. Trifft dies zu, sind die Bestimmungen des BGB und die Informationspflichten nach Art 248 EGBGB in der ab diesem Tag geltenden Fassung anzuwenden. Für alle Schuldverhältnisse aber, die vor diesem Stichtag entstanden sind, gelten die vorerwähnten gesetzl Bestimmungen in der früher geltenden Fassung. Davon macht Art 229 § 45 Abs III EGBGB insoweit eine Ausnahme, als bei einem vor dem Stichtag entstandenen Schuldverhältnis mit der „Abwicklung eines Zahlungsvorgangs" erst ab dem 13.1.2018 „begonnen" wurde. Denn dann gelten nach Abs III die neuen gesetzl Regeln. Die Parteien in diesem Unterabschnitt heißen ZdLeister und ZdNutzer. Zahlungsempfänger ist die Partei, die durch einen ZVorgang einen transferierten Geldbetrag (Bar-, Buch- oder elektronisches Geld) des Zahlers erhalten hat. Der Geltungsbereich ist sowohl für inl als auch für grenzüberschreitende Sachverhalte – vorbehaltlich einer anderen Antwort des Kollisionsrechts – eröffnet. Die Transaktionswährung ist grds irrelevant, soweit sich nicht in diesem Unterabschnitt eine Differenzierung zw einem Zahlungsdienst innerhalb des EWR oder mit einem Drittland ergibt (vgl § 675d I 2; § 675e II). Abs I stellt iÜ klar, dass eine **Hierarchie** eingreift: Auf der ersten Stufe gilt Abs I iVm § 675e (hierzu MüKo/*Casper* Rn 51f), weil dort in weitem Maß zwingendes Recht gesetzt ist. Dann kommt auf der zweiten Stufe Abs I mit seinem Verweis auf die dort genannten Auftragsbestimmungen des BGB als Rechtsgrundverweis zum Zug (aM MüKo/*Casper* Rn 51 = 3. Stufe; die zweite ist danach der Verweis auf die §§ 675c ff), soweit keine vorrangigen Regeln nach diesem Unterabschnitt vorhanden sind. Schließlich ist zu bedenken, ob das Dienst- oder das Werkvertragsrecht zur Anwendung berufen sein kann, dessen praktischer Anwendungsbereich allerdings gering ist (MüKo/*Casper* Rn 51; Grü/*Grüneberg* Rn 8). Wesentliche Bedeutung haben in diesem Zusammenhang die **Sonderbedingungen für das Kartengeschäft, den Überweisungsverkehr, das Online-Banking sowie für das SEPA-Basis-Lastschriftverfahren** (hierzu *Bunte/Zahrte*, AGB-Banken, Teil 4, Ziff II, IV, V und VI).

a) **Zahlungsdienste.** Zahlungsdienste sind alle in **§ 1 II ZAG** bzw im Anh zur ZdRL (vgl auch Art 4 Nr 3 2
ZdRL; zur Auslegung EuGH BeckRS 2019, 5509; vgl auch EuGH MMR 2019, 813 – SEPA-Lastschrift: kein Wohnsitz in Deutschland: unwirksam) aufgeführten Tätigkeiten (im Einz *Findeisen* in E/F/N/B Zahlungsverkehrsrecht, § 1 ZAG Rn 38ff; MüKo/*Casper* Rn 4ff). Denn nach Art 2 I ZdRL gilt die PSD II für „Zahlungsdienste, die in der Union erbracht werden" (Staudinger/*Omlor* Rn 12ff). Im Wesentlichen sind dies der Girovertrag in Form eines ZdRahmenvertrags nach § 675f II (§ 675f Rn 20), das Lastschriftgeschäft (§ 675f Rn 85ff; Staudinger/*Omlor* Rn 14), die Überweisung (§ 675f Rn 76ff; Staudinger/*Omlor* Rn 15) sowie das Zahlkartengeschäft (§ 675f Rn 99ff; Staudinger/*Omlor* Rn 16). Im Rahmen der ZdRL sind **neu hinzugekommen**: Das Ein- und Auszahlungsgeschäft (§ 675f Rn 41ff; § 675n), die Ausgabe von ZInstrumenten (§ 675k, § 675l und § 675m), Finanztransfergeschäfte sowie Zahlungsauslösedienste (§ 675f Rn 36: Staudinger/*Omlor* Rn 27ff) und Kontoinformationsdienste (§ 675f Rn 39; Staudinger/*Omlor* Rn 34ff). Zu behandeln sind weiterhin die Konto-Abrede (§ 675f Rn 60ff), das Online-Banking (§ 675f Rn 147ff) sowie das Home-Banking (§ 675f Rn 150ff). Voraussetzung ist aber in jedem Fall eines ZDienstes, dass ein **Geschäftsbesorgungsvertrag** mit einem ZdLeister vorliegt (MüKo/*Casper* Rn 4; BeckOK/*Schmalenbach* Rn 12; BeckOGK/*Förster* Rn 254 – zweifelnd: eigener Vertragstyp). Nicht notwendigerweise wird dabei an § 675 angeknüpft, wohl aber wird im Anwendungsbereich von § 675c grds vorausgesetzt, dass ein wirksamer Zahlungsvertrag gegeben ist, ohne dass freilich eine Entgeltlichkeit vorausgesetzt wird (MüKo/*Casper* Rn 4). Daraus folgt, dass hier der Vertragstyp grds dem Anwendungsbereich des § 675 zuzuordnen ist, so dass die §§ 675c ff als **Sondernormen** eingreifen (Grü/*Grüneberg* Rn 7). Für die Auslegung der auf-

sichtsrechtl und der korrespondierenden zivilrechtl Begriffe ist von einer europarechtl veranlassten **einheitlichen Auslegung** auszugehen (*Buck-Heeb* WM 2020, 157). § 1 I 2 ZAG lautet:

Zahlungsdienste sind

1. **die Dienste, mit denen Bareinzahlungen auf ein Zahlungskonto ermöglicht werden, sowie alle für die Führung eines Zahlungskontos erforderlichen Vorgänge (Einzahlungsgeschäft);**
2. **die Dienste, mit denen Barauszahlungen von einem Zahlungskonto ermöglicht werden, sowie alle für die Führung eines Zahlungskontos erforderlichen Vorgänge (Auszahlungsgeschäft);**
3. **die Ausführung von Zahlungsvorgängen einschließlich der Übermittlung von Geldbeträgen auf ein Zahlungskonto beim Zahlungsdienstleister des Nutzers oder bei einem anderen Zahlungsdienstleister durch**
   a) die Ausführung von Lastschriften einschließlich einmaliger Lastschriften (Lastschriftgeschäft),
   b) die Ausführung von Zahlungsvorgängen mittels einer Zahlungskarte oder eines ähnlichen Zahlungsinstruments (Zahlungskartengeschäft),
   c) die Ausführung von Überweisungen einschließlich Daueraufträgen (Überweisungsgeschäft),
   jeweils ohne Kreditgewährung (Zahlungsgeschäft);
4. **die Ausführung von Zahlungsvorgängen im Sinne der Nummer 3, die durch einen Kreditrahmen für einen Zahlungsdienstnutzer im Sinne des § 3 Absatz 4 gedeckt sind (Zahlungsgeschäft mit Kreditgewährung);**
5. **die Ausgabe von Zahlungsinstrumenten oder die Annahme und Abrechnung von Zahlungsvorgängen (Akquisitionsgeschäft);**
6. **die Dienste, bei denen ohne Einrichtung eines Zahlungskontos auf den Namen des Zahlers oder des Zahlungsempfängers ein Geldbetrag des Zahlers nur zur Übermittlung eines entsprechenden Betrags an einen Zahlungsempfänger oder an einen anderen, im Namen des Zahlungsempfängers handelnden Zahlungsdienstleister entgegengenommen wird oder bei dem der Geldbetrag im Namen des Zahlungsempfängers entgegengenommen und diesem verfügbar gemacht wird (Finanztransfergeschäft);**
7. **Zahlungsauslösedienste;**
8. **Kontoinformationsdienste.**

3 **b) Negative Abgrenzungen.** Negativ abzugrenzen sind diese vorerwähnten Zahlungsdienste von den Ausnahmen, welche in § 2 I ZAG vorgesehen sind, weil die dort geregelten Vorgänge ausdrückl „keine Zahlungsdienste" sind (BeckOGK/*Köndgen* Rn 235ff):

(1) Als Zahlungsdienste gelten nicht

1. **Zahlungsvorgänge, die ohne zwischengeschaltete Stellen ausschließlich als unmittelbare Bargeldzahlung vom Zahler an den Zahlungsempfänger erfolgen;**
2. **Zahlungsvorgänge zwischen Zahler und Zahlungsempfänger über einen Zentralregulierer oder Handelsvertreter, der aufgrund einer Vereinbarung befugt ist, den Verkauf oder Kauf von Waren oder Dienstleistungen nur im Namen des Zahlers oder nur im Namen des Zahlungsempfängers auszuhandeln oder abzuschließen;**
3. **der gewerbsmäßige Transport von Banknoten und Münzen einschließlich ihrer Entgegennahme, Bearbeitung und Übergabe;**
4. **Dienste, bei denen der Zahlungsempfänger dem Zahler Bargeld im Rahmen eines Zahlungsvorgangs aushändigt, nachdem ihn der Zahlungsdienstnutzer kurz vor der Ausführung eines Zahlungsvorgangs zum Erwerb von Waren oder Dienstleistungen ausdrücklich hierum gebeten hat;**
5. **Geldwechselgeschäfte, die bar abgewickelt werden;**
6. **Zahlungsvorgänge, denen eines der folgenden Dokumente zugrunde liegt, das auf den Zahlungsdienstleister gezogen ist und die Bereitstellung von Geldern an einen Zahlungsempfänger vorsieht:**
   a) ein Scheck in Papierform im Sinne des Scheckgesetzes oder ein vergleichbarer Scheck in Papierform nach dem Recht eines anderen Mitgliedstaates oder eines anderen Vertragsstaates des Abkommens über den Europäischen Wirtschaftsraum,
   b) ein Wechsel in Papierform im Sinne des Wechselgesetzes oder ein vergleichbarer Wechsel in Papierform nach dem Recht eines anderen Mitgliedstaates oder eines anderen Vertragsstaates des Abkommens über den Europäischen Wirtschaftsraum,
   c) ein Gutschein in Papierform,
   d) ein Reisescheck in Papierform oder
   e) eine Postanweisung in Papierform im Sinne der Definition des Weltpostvereins;
7. **Zahlungsvorgänge, die innerhalb eines Zahlungs- oder Wertpapierabwicklungssystems zwischen Zahlungsausgleichsagenten, zentralen Gegenparteien, Clearingstellen oder Zentralbanken und anderen Teilnehmern des Systems und Zahlungsdienstleistern abgewickelt werden;**
8. **Zahlungsvorgänge im Zusammenhang mit der Bedienung von Wertpapieranlagen, die von den unter Nummer 7 fallenden Unternehmen oder von Kreditinstituten, Finanzdienstleistungsinstituten oder Kapitalverwaltungsgesellschaften im Rahmen ihrer Erlaubnis nach dem Kreditwesengesetz oder dem Kapitalanlagegesetzbuch durchgeführt werden;**
9. **Dienste, die von technischen Dienstleistern erbracht werden, die zwar zur Erbringung der Zahlungsdienste beitragen, jedoch zu keiner Zeit in den Besitz der zu übertragenden Gelder gelangen; hierzu zählen die Verarbeitung und Speicherung von Daten, vertrauensbildende Maßnahmen und Dienste zum Schutz der Privatsphäre, Nachrichten- und Instanzenauthentisierung, Bereitstellung von Informationstechnologie- und Kommunikationsnetzen sowie Bereitstellung und Wartung der für Zahlungsdienste genutzten Endgeräte und Einrichtungen; jeweils mit Ausnahme von Zahlungsauslösediensten und Kontoinformationsdiensten;**
10. **Dienste, die auf Zahlungsinstrumenten beruhen, die**
    a) für den Erwerb von Waren oder Dienstleistungen in den Geschäftsräumen des Emittenten oder innerhalb eines begrenzten Netzes von Dienstleistern im Rahmen einer Geschäftsvereinbarung mit einem professionellen Emittenten eingesetzt werden können,
    b) für den Erwerb eines sehr begrenzten Waren- oder Dienstleistungsspektrums eingesetzt werden können, oder

c) beschränkt sind auf den Einsatz im Inland und auf Ersuchen eines Unternehmens oder einer öffentlichen Stelle für bestimmte soziale oder steuerliche Zwecke nach Maßgabe öffentlich-rechtlicher Bestimmungen für den Erwerb der darin bestimmten Waren oder Dienstleistungen von Anbietern, die eine gewerbliche Vereinbarung mit dem Emittenten geschlossen haben, bereitgestellt werden;

11. Zahlungsvorgänge, die von einem Anbieter elektronischer Kommunikationsnetze oder -dienste zusätzlich zu elektronischen Kommunikationsdiensten für einen Teilnehmer des Netzes oder Dienstes bereitgestellt werden, und die
 a) im Zusammenhang stehen mit dem Erwerb von digitalen Inhalten und Sprachdiensten, ungeachtet des für den Erwerb oder Konsum des digitalen Inhalts verwendeten Geräts, und die auf der entsprechenden Rechnung abgerechnet werden, oder
 b) von einem elektronischen Gerät aus oder über dieses ausgeführt und auf der entsprechenden Rechnung im Rahmen einer gemeinnützigen Tätigkeit oder für den Erwerb von Tickets abgerechnet werden,

 sofern der Wert einer Einzelzahlung 50 Euro nicht überschreitet und der kumulative Wert der Zahlungsvorgänge eines einzelnen Teilnehmers monatlich 300 Euro nicht überschreitet;
12. Zahlungsvorgänge, die zwischen Zahlungsdienstleistern, ihren Agenten oder Zweigniederlassungen auf eigene Rechnung ausgeführt werden;
13. Zahlungsvorgänge und damit verbundene Dienste innerhalb eines Konzerns oder zwischen Mitgliedern einer kreditwirtschaftlichen Verbundgruppe;
14. Bargeldabhebungsdienste, vorausgesetzt, dass dieser Dienstleister keine anderen Zahlungsdienste erbringt;
15. die nicht gewerbsmäßige Entgegennahme und Übergabe von Bargeld im Rahmen einer gemeinnützigen Tätigkeit oder einer Tätigkeit ohne Erwerbszweck.

c) **Zahlungsdienstleister.** Da iSd ZdRL Zahlungsdienste notwendigerweise durch ZdLeister iSd Definition von Art 4, 9 ZdRL zu erbringen sind, ist darauf aufmerksam zu machen, dass sich die entspr Definition in **§ 1 I ZAG** mit folgendem Wortlaut wiederfindet: 4

(1) Zahlungsdienstleister sind
1. Unternehmen, die gewerbsmäßig oder in einem Umfang, der einen in kaufmännischer Weise eingerichteten Geschäftsbetrieb erfordert, Zahlungsdienste erbringen, ohne Zahlungsdienstleister im Sinne der Nummern 2 bis 5 zu sein (Zahlungsinstitute);
2. E-Geld-Institute im Sinne des Absatzes 2 Satz 1 Nummer 1, die im Inland zum Geschäftsbetrieb nach diesem Gesetz zugelassen sind, sofern sie Zahlungsdienste erbringen;
3. CRR-Kreditinstitute im Sinne des § 1 Absatz 3d Satz 1 des Kreditwesengesetzes, die im Inland zum Geschäftsbetrieb zugelassen sind, sowie die in Artikel 2 Absatz 5 Nummer 5 der Richtlinie 2013/36/EU des Europäischen Parlaments und des Rates vom 26. Juni 2013 über den Zugang zur Tätigkeit von Kreditinstituten und die Beaufsichtigung von Kreditinstituten und Wertpapierfirmen, zur Änderung der Richtlinie 2002/87/EG und zur Aufhebung der Richtlinien 2006/48/EG und 2006/49/EG (ABl. L 176 vom 27.6.2013, S. 338; L 208 vom 2.8.2013, S. 73; L 20 vom 25.1.2017, S. 1; L 203 vom 26.6.2020, S. 95), die zuletzt durch die Richtlinie (EU) 2019/2034 (ABl. L 314 vom 5.12.2019, S. 64) geändert worden ist, namentlich genannten Unternehmen, sofern sie Zahlungsdienste erbringen;
4. die Europäische Zentralbank, die Deutsche Bundesbank sowie andere Zentralbanken in der Europäischen Union oder den anderen Vertragsstaaten des Abkommens über den Europäischen Wirtschaftsraum, soweit sie außerhalb ihrer Eigenschaft als Währungsbehörde oder andere Behörde Zahlungsdienste erbringen;
5. der Bund, die Länder, die Gemeinden und Gemeindeverbände sowie die Träger bundes- oder landesmittelbarer Verwaltung, einschließlich der öffentlichen Schuldenverwaltung, der Sozialversicherungsträger und der Bundesagentur für Arbeit, soweit sie außerhalb ihres hoheitlichen Handelns Zahlungsdienste erbringen.

2. E-Geld. Abs II stellt klar, dass **alle Vorschriften** des 3. Untertitels auf einen Vertrag Anwendung finden, der sich auf die Ausgabe und Nutzung von elektronischem Geld (E-Geld) bezieht (Staudinger/*Omlor* Rn 5ff). Europarechtl Grundlage ist die Definition, wie sie sich in Art 1 III b RL 2000/46/EG wiederfindet. Eine weitere – dtrechtl – Definition findet sich in **§ 1 II 3 ZAG.** Danach muss der monetäre Wert – elektronisch oder auch magnetisch gespeichert – in Form einer Forderung gegen den Emittenten bestehen, ausgestellt gegen Zahlung eines Geldbetrages, um auf diese Weise „einen Zahlungsvorgang im Sinne des § 675f IV 1 durchzuführen, und der dann auch von anderen natürlichen oder juristischen Personen als dem Emittenten angenommen wird" (*Terlau* in Casper/Terlau § 1a ZAG Rn 39ff). Es handelt sich um eine besondere Form des **Buchgeldes** (Grü/*Grüneberg* § 675f Rn 62). Einzelheiten s § 675f Rn 142. Nicht in den Anwendungsbereich von Abs II als E-Geld fallen hingegen **Bitcoins.** Sie werden als Sachen nach § 90 behandelt (*Walter* NJW 2019, 3609, 3611; *Omlor* JuS 2019, 289; *Shmatenko/Möllenkamp* MMR 2018, 495, 496; *Spindler/Bille* WM 2014, 1357, 1361; vgl auch EuGH MMR 2016, 201 – Mehrwertsteuer auf Bitcoin-Transaktionen – verneint), weil es vor allem an einer Forderung gegen den Emittenten fehlt (BeckOK/*Schmalenbach* Rn 13; vgl auch *Auffenberg* NVwZ 2015, 1184 – krit ggü der Auffassung der BaFin). Für diese Einordnung der Bitcoins spricht auch der für E-Geld in § 1 II 2 und 3 Nr 1 und 2 ZAG vorgesehene Ausnahmetatbestand nach § 2 I Nr 10 und 11 ZAG (BeckOGK/*Köndgen* Rn 136). Soweit Bitcoins iRe Vertrages als „Geld" verwendet werden, ist damit idR eine Zahlungsmodalität an Erfüllungs statt vereinbart (BeckOGK/*Köndgen* Rn 136). Es handelt sich hier nicht um einen Zahlungsdienst, lediglich ein besonderes Zahlungsmittel wird vereinbart. Die Verwendung von Bitcoin ist auch kein Finanzinstrument nach § 1 KWG (KG NJW 2018, 3734), insb handelt es sich nicht um Rechnungseinheiten nach § 1 XI KWG. Handelt es sich um eine Inlandsschuld, so liegt es nahe, in einer solchen Zahlung eine Fremdwährung nach § 244 (analog) zu sehen (iÜ auch BGH NJW 2018, 537 – PayPal). Sie haben dann auch einen monetären Wert (BeckOK/*Schmalenbach* Rn 13). Voraussetzung für die Anwendbarkeit von **Abs II** ist in jedem Fall, dass es sich um einen Vertrag über die Ausgabe und Nutzung von elektronischem Geld handelt, dem dann auch ein **ZVorgang** nach der Definition von Art 4 Nr 5 ZdRL zugrunde liegt, weil es hier um die „Bereitstellung, Transfer oder Abhebung eines Geldbetrages" geht (*Borges* in L/B/S Rn 5), welche „unabhängig von etwaigen zugrunde liegenden Verpflichtungen im Verhältnis 5 zw Zahler und Zahlungsempfänger" sind. **Anwendbar** sind daher auf E-Geld folgende Bestimmungen: Die vorvertragl **Informationspflichten** sind gem § 675b zu erfüllen; insoweit wird auf die Bestimmungen in Art 248 § 1–16 EGBGB verwiesen; Beachtung verdient insoweit aber auch die **Ausnahmebestimmung** des Art 248 § 11 EGBGB (§ 675i). Da Abs II im Fall des Bestehens eines ZdVertrags eingreift, gilt selbstverständlich auch § 675f; dogmatisch liegt hier das Schwergewicht. Hinzuweisen ist freilich darauf, dass § 675i für elektronisches Geld eine Ausnahme enthält, was gem § 675i III zur Konsequenz hat, dass die §§ 675u und 675v nicht anzuwenden sind, wenn der ZdLeister des Zahlers nicht die Möglichkeit hat, das ZKonto oder das Kleinbetragsinstrument zu sperren. Wie beim Bargeld trägt daher der Verwender/Zahler die Gefahr der missbräuchlichen Verwendung und des Verlustes der Prepaid-Produkte (§ 675i Rn 9).

6 **3. Bezugnahme auf Bestimmungen des KWG und des ZAG.** Soweit **Abs III** auf die Definitionsmuster des KWG und des ZAG (im Einz *Findeisen* in E/F/N/B § 1 ZAG Rn 38ff) verweist (MüKo/*Casper* Rn 35ff – Verweis auf das KWG ist „überflüssig"), ist dem nur insoweit Rechnung getragen, als bei den einzelnen Komm nicht immer auf diese Begriffe Bezug genommen wird. Vielmehr werden vorzugsweise die Begriffe verwendet, welche sich – vor allem auch unter Beachtung der Definitionen des Art 4 ZdRL – in den europäischen Vorgaben finden. Deshalb ist auch der Komm der einzelnen Vorschriften jew eine Analyse der umzusetzenden Bestimmungen der ZdRL vorangestellt. Dieses Vorgehen ist dem Grundsatz der Vollharmonisierung nach Art 107 ZdRL geschuldet.

7 **4. Kontoinformationsdienst.** Nach der definitorischen Vorgabe von § 1 I 2 Nr 8 ZAG sind zunächst einmal Kontoinformationsdienste dem Bereich der ZDienste zuzuordnen (im Einz Staudinger/*Omlor* Rn 34ff). Nach der in § 1 XXXIV ZAG – vgl auch Art 4 Nr 16 ZdRL – anzutreffenden Definition des „Kontoinformationsdienstes" versteht der Gesetzgeber darunter einen „Online-Dienst zur Mitteilung konsolidierter Informationen über ein Zahlungskonto oder mehrere Zahlungskonten des Zahlungsdienstnutzers bei einem oder mehreren anderen Zahlungsdienstleistern". Die in Abs IV niedergelegte Sonderregelung geht auf die Vorgabe von Art 33 II ZdRL zurück (BT-Drs 18/11495, 147). Die anwendbaren Bestimmungen sind daher nur § 675d II 2 und III.

§ 675d Unterrichtung bei Zahlungsdiensten

(1) Zahlungsdienstleister haben Zahlungsdienstnutzer bei der Erbringung von Zahlungsdiensten über die in Artikel 248 §§ 1 bis 12, 13 Absatz 1, 3 bis 5 und §§ 14 bis 16 des Einführungsgesetzes zum Bürgerlichen Gesetzbuche bestimmten Umstände in der dort vorgesehenen Form zu unterrichten.

(2) Zahlungsauslösedienstleister haben Zahler ausschließlich über die in Artikel 248 § 13 Absatz 1 bis 3 und § 13a des Einführungsgesetzes zum Bürgerlichen Gesetzbuche bestimmten Umstände in der Form zu unterrichten, die in Artikel 248 §§ 2 und 12 des Einführungsgesetzes zum Bürgerlichen Gesetzbuche vorgesehen ist. Kontoinformationsdienstleister haben Zahlungsdienstnutzer entsprechend den Anforderungen des Artikels 248 §§ 4 und 13 Absatz 1 und 3 des Einführungsgesetzes zum Bürgerlichen Gesetzbuche bestimmten Umstände zu unterrichten; sie können die Form und den Zeitpunkt der Unterrichtung mit dem Zahlungsdienstnutzer vereinbaren.

(3) Ist die ordnungsgemäße Unterrichtung streitig, so trifft die Beweislast den Zahlungsdienstleister.

(4) Für die Unterrichtung darf der Zahlungsdienstleister mit dem Zahlungsdienstnutzer nur dann ein Entgelt vereinbaren, wenn die Information auf Verlangen des Zahlungsdienstnutzers erbracht wird und der Zahlungsdienstleister

1. **diese Information häufiger erbringt, als in Artikel 248 §§ 1 bis 16 des Einführungsgesetzes zum Bürgerlichen Gesetzbuche vorgesehen,**
2. **eine Information erbringt, die über die in Artikel 248 §§ 1 bis 16 des Einführungsgesetzes zum Bürgerlichen Gesetzbuche vorgeschriebenen hinausgeht, oder**
3. **diese Information mithilfe anderer als der im Zahlungsdiensterahmenvertrag vereinbarten Kommunikationsmittel erbringt.**

Das Entgelt muss angemessen und an den tatsächlichen Kosten des Zahlungsdienstleisters ausgerichtet sein.

(5) Zahlungsempfänger, Dienstleister, die Bargeldabhebungsdienste erbringen, und Dritte unterrichten über die in Artikel 248 §§ 17 bis 18 des Einführungsgesetzes zum Bürgerlichen Gesetzbuche bestimmten Umstände. Der Zahler ist nur dann verpflichtet, die Entgelte gemäß Artikel 248 § 17 Absatz 2 und § 18 des Einführungsgesetzes zum Bürgerlichen Gesetzbuche zu entrichten, wenn deren volle Höhe vor der Auslösung des Zahlungsvorgangs bekannt gemacht wurde.

(6) Die Absätze 1 bis 5 sind nicht anzuwenden auf

1. **die Bestandteile eines Zahlungsvorgangs, die außerhalb des Europäischen Wirtschaftsraums getätigt werden, wenn**
   a) **der Zahlungsvorgang in der Währung eines Staates außerhalb des Europäischen Wirtschaftsraums erfolgt und sowohl der Zahlungsdienstleister des Zahlers als auch der Zahlungsdienstleister des Zahlungsempfängers innerhalb des Europäischen Wirtschaftsraums belegen ist oder**
   b) **bei Beteiligung mehrerer Zahlungsdienstleister an dem Zahlungsvorgang von diesen Zahlungsdienstleistern mindestens einer innerhalb und mindestens einer außerhalb des Europäischen Wirtschaftsraums belegen ist;**

2. Zahlungsvorgänge, bei denen keiner der beteiligten Zahlungsdienstleister innerhalb des Europäischen Wirtschaftsraums belegen ist.

In den Fällen des Satzes 1 Nummer 1 sind die Informationspflichten nach Artikel 248 § 4 Absatz 1 Nummer 2 Buchstabe e, § 6 Nummer 1 sowie § 13 Absatz 1 Satz 1 Nummer 2 des Einführungsgesetzes zum Bürgerlichen Gesetzbuche auch auf die innerhalb des Europäischen Wirtschaftsraums getätigten Bestandteile des Zahlungsvorgangs nicht anzuwenden. Gleiches gilt im Fall des Satzes 1 Nummer 1 Buchstabe b für die Informationspflicht nach Artikel 248 § 4 Absatz 1 Nummer 5 Buchstabe g des Einführungsgesetzes zum Bürgerlichen Gesetzbuche.

1. Europarechtliche Vorgaben. Den europarechtl Hintergrund dieser Bestimmung bilden die Art 38ff ZdRL. 1
Wesentliche Aussage von Art 38 I ZdRL ist, dass der ZdLeister sowohl für Einzelzahlungen (vgl Art 248 § 12ff EGBGB) als auch für ZdRahmenverträge (Art 4 Nr 21 ZdRL – Definition) und damit auch für ZVorgänge iSv Art 4 Nr 5 ZdRL (vgl Art 248 §§ 3ff EGBGB; hierzu Staudinger/*Omlor* Rn 3) die im Einz in Art 248 EGBGB niedergelegten Informationen schuldet. Sie dient als Norm der Vereinheitlichung des europäischen Binnenmarktes und damit auch dem Verbraucherschutz (MüKo/*Casper* Rn 1; BeckOGK/*Zahrte* Rn 3). Die Detailregelungen über die vom ZdLeister ggü dem ZdNutzer nach Art 38ff ZdRL zu erfüllenden Informationspflichten – Stichwort auch: Transparenz der Vertragsbedingungen – sind gesetzestechnisch in Art 248 EGBGB ausgegliedert. Die Verteilung der Beweislast zum Nachteil des ZdLeisters, dass die zu übermittelnden Informationen auch den ZdNutzer erreicht haben, ist (vgl Abs III) in Art 41 ZdRL geregelt. Dem nationalen Gesetzgeber hat Art 38 I ZdRL es freigestellt, ob er die in den Art 38ff ZdRL vorgesehenen Informationspflichten auf den Bereich des Verbraucherverkehrs begrenzt. Dies hat der Gesetzgeber in § 675e IV getan, der bestimmt, dass § 675d nur ggü einem Verbraucher anwendbar ist. Es ist nicht zu erkennen, dass der dt Gesetzgeber diese Vorgaben der RL unzureichend umgesetzt hat. Dies gilt vor allem auch deswegen, weil die Informationspflichten des Art 248 EGBGB weithin wörtlich aus den entsprechenden Bestimmungen der Art 43ff ZdRL übernommen worden sind.

2. Individueller Informationsanspruch. Abs I regelt eindeutig, dass die Verpflichtung zur Information des 2
Verbrauchers nach den Vorgaben des Art 248 EGBGB den ZdLeister ggü dem ZdNutzer bei der Erbringung von ZDiensten trifft. Der ZdNutzer – gleichgültig, ob er als Zahler oder als ZEmpfänger auftritt – hat daher gem Abs I S 1 einen eigenständigen vertragl Informationsanspruch (krit BeckOGK/*Zahrte* Rn 4; vorvertraglich BeckOK/*Schmalenbach* Rn 4) ggü dem ZdLeister (Grü/*Grüneberg* Rn 2). Dieser Anspruch bezieht sich auf die im Einz in Art 248 EGBGB vorgesehenen Informationen sowie auf die Mitteilung von transparenten Vertragsbedingungen (MüKo/*Casper* Rn 1). Voraussetzung ist stets, dass der Zahlungsnutzer ZDienste in Anspruch nehmen will. Dieser – individualisierte – Anspruch steht einem Verbraucherverband nicht zu (BGH NJW-RR 2010, 1712). Welche Dienste als ZDienste unter diesen Begriff fallen, ist aus § 1 ZAG bzw Art 4 Nr 3 ZdRL zu entnehmen (§ 675c Rn 2). Nach Abs I sind diese Informationen „bei der Erbringung von Zahlungsdiensten" zu erfüllen. Das ist der **Zeitpunkt**, an dem der ZdNutzer die jew Leistungen eines ZDienstes in Anspruch nehmen will. Dabei ist entscheidend, dass die Informationspflichten des ZdLeisters zum einen als **vorvertragl** (Art 248 § 4 EGBGB), zum anderen als **vertragl** ausgestaltet sind (Art 248 §§ 6ff EGBGB; MüKo/*Casper* Rn 4)). Sodann ist zu beachten, dass die Informationspflichten nach Art 248 §§ 12, 13 I, III, V EGBGB sich auf den Einzelzahlungsvertrag beziehen und dann auch wieder in solche unterteilt sind, welche erst „nach Ausführung des ZAuftrags" zu erteilen sind (Art 248 §§ 14 und 16 EGBGB). Reduzierte Informationspflichten bestehen nach Art 248 § 11 EGBGB, sofern sich der ZdVertrag auf ein **Kleinbetragsinstrument** (§ 675i) oder auf E-Geld bezieht (Abs II). Durch den Verweis in § 675d I, V 2 ist sichergestellt, dass es sich auch bei diesen Pflichten um solche handelt, die als **halbzwingend** ausgestaltet sind, dh eine Abweichung ist nur insoweit gestattet, als dies ausdrückl gesetzl vorgesehen ist, etwa im Rahmen von Art 248 § 10 EGBGB, soweit die Häufigkeit der mitzuteilenden Informationen oder eine abw Form in Rede steht. Bei der Erfüllung der einzelnen Informationspflichten von Art 248 EGBGB ist im Hinblick auf die hier in Abs I vorgesehene **„Unterrichtung"** zu differenzieren. Zum einen geht es darum, dass der ZdLeister von sich aus die erforderlichen Informationen an den ZdNutzer „übermittelt" oder diese ihm von sich aus „mitteilt" (BT-Drs 16/11643, 100). Trifft dies zu, dann muss der ZdLeister die betreffende Information dem ZdNutzer in der Form (Art 248 § 2 EGBGB – Sprache, in der der ZDienst angeboten wird) und auf einem dauerhaften Datenträger – Art 248 § 3 EGBGB – § 126b) zusenden, dass sie (§ 130) in seinen Herrschaftsbereich gelangen (MüKo/*Casper* Rn 5f; BeckOK/*Schmalenbach* Rn 5ff). Diese Fälle sind dann wie eine Schickschuld zu behandeln; der ZdLeister muss von sich aus im richtigen Zeitpunkt tätig werden; der ZdNutzer muss die Informationen nicht anfordern (*Pfeifer* in E/F/N/B Rn 10). Lautet die zu erfüllende Informationspflicht allerdings dahin, dass der ZdLeister – weniger streng und selten – dem ZdNutzer die betreffenden Informationen „zur Verfügung" stellen oder sie ihm „zugänglich" machen muss (Art 248 § 9 EGBGB; Art 248 §§ 12, 13 EGBGB – Einzelzahlungsvertrag), dann muss der ZdNutzer diese von sich aus anfordern (Grü/*Grüneberg* Rn 3; MüKo/*Casper* Rn 4). Im Regelfall bestimmt aber Art 248 EGBGB (MüKo/*Casper* Rn 5), und zwar vor allem in §§ 3–9, da es sich um eine „Mitteilung" der geschuldeten Informationen handelt (BeckOK/*Schmalenbach* Rn 5ff). Zur **Beweislast** betr den Zugang der entspr Informationen bzw Vertragsbedingungen vgl Rn 7. Zu den **schadensersatzrechtl Folgen** im Fall einer Missachtung der zu erfüllenden Informationspflichten vgl § 675a Rn 14. Zu betonen ist allerdings, dass immer dann, wenn etwa die geschuldeten Entgelte, insb Kosten nicht angegeben worden sind, diese auch nicht geschuldet werden, weil die entspr Information dann eben nicht Vertragsbestandteil geworden ist (MüKo/*Casper* Rn 12). IÜ ist darauf aufmerksam zu machen, dass § 2 II Nr 1 lit i UKlaG die Bestimmungen betr die ZdVerträge als solche einordnet, die Ansprüche wegen **verbraucherschutzwidrigen Praktiken** auslösen,

so dass Ansprüche qualifizierter Einrichtungen (§ 4 UKlaG) auf Unterlassung und Beseitigung bestehen. Außerdem verstößt ein Unterlassen oder eine Missachtung der Informationspflichten gegen § 3a UWG (**Rechtsbruch – marktrelevantes Verhalten**), so dass auch insoweit ein Anspruch auf Beseitigung oder Unterlassung (Wiederholungsgefahr) nach § 8 UWG eingreift (BGH GRUR 2018, 423 – Klauselersetzung).

3 **a) Konkurrierende Informationspflichten.** Problematisch ist die Erfüllung dieser nach den Vorschriften des Art 248 EGBGB an den ZdLeister adressierten Informationen, wenn es sich um solche Verpflichtungen handelt, welche sowohl nach diesem Gesetz als auch nach den Bestimmungen anderer Gesetze, wie etwa des Verbraucherkreditrechts (§§ 488ff), des Fernabsatzrechts (§ 312c) oder beim elektronischen Geschäftsverkehr (§ 312i), als jew **eigene Informationen** ggü dem Verbraucher geschuldet werden. Art 248 § 1 EGBGB stellt hier kategorisch klar, dass diese Informationspflichten dann immer **kumulativ** zu erfüllen sind. Das deckt sich mit den Vorgaben von Art 39 I ZdRL, wonach Informationspflichten, welche aus anderen Vorgaben des Gemeinschaftsrechts resultieren, „unberührt bleiben".

4 **b) Sprache – Transparenz.** Als weitere generelle Regelung verlangt Art 248 § 2 EGBGB, dass die vom ZdLeister zur Verfügung zu stellenden Informationen und Vertragsbedingungen grds in einer der Amtssprachen desjenigen Mitgliedstaats der EU abzufassen sind, in dem der Zahlungsdienst angeboten wird. Falls ein ZdLeister den Zahlungsdienst von einem Mitgliedstaat des EWR aus anbietet, reicht es aus, wenn diese Sprache beachtet wird. Den Parteien steht es aber im Rahmen von Art 248 § 2 EGBG auch frei, eine bestimmte andere Sprache im Rahmen einer Vereinbarung zu wählen; diese ist dann im Zweifel sowohl Vertrags- als auch Verhandlungssprache. Hinzu tritt in jedem Fall die Verpflichtung, dass diese Informationen, aber auch die Vertragsbedingungen **klar und verständlich** abgefasst werden müssen. Damit ist das allg Transparenzgebot des Art 5 der Richtlinie über missbräuchliche Klauseln (93/13/EG) sowie § 307 I 2 in Stellung gebracht. Soweit es sich um die Erfüllung vorvertragl Informationen im Kontext eines ZdRahmenvertrags handelt (vgl Art 248 § 4 EGBGB), wird man im Blick auf die möglicherweise scheiternde Einbeziehung dieser Informationen bzw Vertragsbedingungen bei mangelnder Transparenz auf § 305 II zurückgreifen dürfen. Es fehlt dann an der erforderlichen Kenntnisnahmemöglichkeit des ZdNutzers. Werden die jew Vertragsbedingungen nicht ordnungsgemäß – entweder wegen fehlender Form oder in einer unzutreffenden Sprache – mitgeteilt, greift § 306 II ein. Es gilt dann dispositives Recht. Nicht mitgeteilte Informationen werden daher nicht Vertragsbestandteil, so dass etwaige Entgelte auch nicht geschuldet werden (BeckOGK/*Zahrte* Rn 47; MüKo/*Casper* Rn 12).

5 **c) Vorvertragliche Informationspflichten.** Da es sich im Kontext von Art 248 § 3 EGBGB um die Erfüllung vorvertragl Informationspflichten (im Einz Art 248 § 4 EGBGB) durch den ZdLeister im Rahmen eines **ZdRahmenvertrags** handelt, ist es nicht erforderlich, dass bereits ein ZdVertrag oder auch nur ein ZdRahmenvertrag (§ 675f II) zustande gekommen ist. Es reicht im vorvertragl Stadium vielmehr aus, wenn es sich um einen potentiellen ZdNutzer handelt (BGH NJW-RR 2010, 1712). Das ist auch im Kontext von § 8 I 2 UWG zu beachten, weil es danach ausreicht, dass eine Zuwiderhandlung gegen die §§ 3 oder 7 UWG „droht" (Köhler/Bornkamm/Feddersen/*Bornkamm* § 8 UWG Rn 1.18). Auch ggü einem nur potentiellen ZdNutzer (ernstlich drohende und unmittelbar bevorstehende Gefahr einer Erstbegehung – § 8 I 2 UWG) schuldet der ZdLeister die gesetzl vorgesehenen Informationen nach Art 248 §§ 4ff EGBGB. Im Hinblick auf die von der Informationspflicht gem Art 248 §§ 1–16 EGBGB erfassten einzelnen Umstände kann nur dringend empfohlen werden, in jedem Einzelfall alle einzelnen Bestimmungen exakt – Punkt für Punkt – durchzugehen und diese praktisch als vollzogen abzuhaken, vorausgesetzt, die Information als solche ist tatsächlich in transparenter Weise erfüllt und die Sprache ist beachtet (Rn 4). Gem Art 248 § 4 I Nr 7, 8 EGBGB schuldet der ZdLeister auch die vorvertragl Mitteilung der **Vertragsbedingungen** betr das anwendbare Recht oder das zuständige Gericht sowie einen Hinweis auf das Beschwerdeverfahren nach § 60 ZAG sowie das außergerichtliche Rechtsbehelfsverfahren nach § 14 UKlaG. Schließlich ist auch die in Art 248 § 3 EGBGB vorgesehene **Formvorschrift** (Textform – § 126b – dauerhafter Datenträger) zu beachten. Zu den Informationen über Kundenmailbox beim E-Banking vgl EuGH NJW 2017, 871: Die Webseite des ZdLeisters muss so gestaltet sein, dass Informationen, die an den ZdNutzer gerichtet sind, für eine angemessene Dauer eingesehen werden können, ohne vom ZdLeister einseitig verändert zu werden. Zu den schadensersatzrechtl Folgen der nicht beachteten Informationspflichten vgl § 675a Rn 14.

6 **d) Zahlungsdienste: Zahlungsauslösedienstleister – Kontoinformationsdienstleister.** Abs II ist eine **Sonderregelung** (Staudinger/*Omlor* Rn 14ff), die nur für diese beiden neu eingeführten Funktionen des ZdLeisters gilt. Zum Begriff des Kontoinformationsdienstleisters vgl § 675c Rn 7; der andere Begriff, der des Zahlungsauslösedienstleisters, ist in Art 2 XVIII ZdRL definiert (§ 675f Rn 36) und findet sich auch in § 1 XXXIII ZAG. Danach ist der entsprechende Dienst einer, „bei dem auf Veranlassung des Zahlungsdienstnutzers ein ZAuftrag in Bezug auf ein bei einem anderen Zahlungsdienstleister geführtes Zahlungskonto ausgelöst wird" (hierzu auch BeckOGK/*Zahrte* Rn 55ff). Es handelt sich um einen Einzelzahlungsvertrag (Staudinger/*Omlor* Rn 16); die entspr Informationspflichten folgen aus Art 248 § 2 und 12 EGBGB (BT-Drs 18/11495, 150). Die für beide ZdLeister anwendbaren Informationspflichten nach Art 248 EGBGB ergeben sich unmittelbar aus der Bezugnahme auf diese Norm in der Regel des Abs II (zum Kontoinformationsdienstleister vgl auch BeckOGK/*Zahrte* Rn 59ff). Dabei bleibt jedoch zu beachten, dass Abs II S 2 den Parteien die Rechtsmacht einräumt, über Form und Zeitpunkt der Unterrichtung des ZdNutzers im Fall eines Kontoinformationsdienstleisters eine entspr **Vereinbarung** zu treffen (Art 44 und 51 ZdRL; BT-Drs 18/11495, 150). Denn betr Form und Zeitpunkt fehlt es insoweit an den entspr verbindlichen Festlegungen der ZdRL. Fehlt allerdings eine solche Abrede, dann bleiben die Informationspflichten des ZdLeisters gleichwohl bestehen (BT-Drs 18/11495, 150).

3. Beweislast. Wenn es iSv Abs III str ist, ob die nach Abs I und II geschuldeten Informationspflichten ordnungsgemäß – rechtzeitige und auch vollständige Information, einschl Zugang beim ZdNutzer – ggü dem ZdNutzer erfüllt worden sind (Grü/*Grüneberg* Rn 5), trägt der ZdLeister die Beweislast (BeckOK/*Schmalenbach* Rn 8, MüKo/*Casper* Rn 14; Staudinger/*Omlor* Rn 21f). Dies entspricht den Vorgaben von Art 41 ZdRL. Die Umsetzung ins dt Recht ist unproblematisch. 7

4. Entgelt. a) Allgemeine Voraussetzungen. Wenn zw ZdLeister und ZdNutzer (Verbraucher) ein Entgelt für die Erteilung der nach Art 248 EGBGB geschuldeten Informationen vereinbart ist (Staudinger/*Omlor* Rn 23), sind die Voraussetzungen von Abs IV zu beachten (Grü/*Grüneberg* Rn 6). Im Umkehrschluss heißt dies zunächst zwingend (Grü/*Grüneberg* Rn 6), dass die Erfüllung der Informationspflichten für den ZdNutzer grds – mangels einer gegenteiligen Abrede – **unentgeltlich** geschuldet ist (MüKo/*Casper* Rn 15; BeckOGK/*Zahrte* Rn 64; BeckOK/*Schmalenbach* Rn 9). Dies entspricht auch der **Vorgabe** von Art 40 I ZdRL (vgl auch ErwGr 59). Im Hintergrund steht die Judikatur des BGH, wonach es nach § 307 I 1 zu beanstanden ist, wenn eine Bank für die Erfüllung gesetzl Pflichten ein Entgelt fordert (statt aller BGH NJW 2017, 3649, 3650 – Preis- und Leistungsverzeichnis einer Sparkasse). Primäre Voraussetzung für das Verlangen nach einem gesonderten Entgelt für die Erteilung der Informationen nach Abs IV ist daher zunächst, dass zw beiden Parteien überhaupt in wirksamer Weise ein Entgelt **vereinbart** worden ist. Trifft dies zu, ist zu beachten, ob nicht die Sperrwirkung der Überraschung nach § 305c I eingreift, weil der ZdNutzer – generell bewertet – mit einer solchen Preisregelung nicht ohne weiteres gerechnet hat und auch nicht zu rechnen brauchte. Weiter ist es erforderlich, dass der ZdLeister die entspr Information auf ausdrückl **Verlangen** des ZdNutzers diesem übermittelt. Das ist zunächst das krasse Gegenteil von den vom ZdLeister selbständig von Gesetz wegen zu erfüllenden Informationspflichten des Art 248 §§ 1–16 EGBGB. Damit ist klargestellt, dass der gesetzl vorgesehene Rahmen an zu erteilenden Informationen in Abs IV auf Grund eines zum Vertragsinhalt gewordenen Begehrens des ZdNutzers überschritten sein muss, wobei ein nur schlüssiges oder auch stillschw Verlangen des ZdNutzers nicht ausreicht. Vielmehr müssen auch noch die einzelnen – zusätzl – Voraussetzungen von Abs IV S 1 Nr 1–3 vorliegen, so dass es sich stets um solche Informationen handeln muss, die aus Sicht des ZdLeisters gar nicht geschuldet waren (vgl BGH NJW 2014, 922 – zusätzl Kontoauszug; MüKo/*Casper* Rn 16 – „überobligatorische Information"; Grü/*Grüneberg* Rn 6). Dies bedeutet: Im Verhältnis zu Art 248 §§ 1–16 EGBGB muss das Verlangen des ZdNutzers darauf zielen, die betreffende Information **häufiger** zu erhalten als dies der gesetzl Norm entspricht. Das trifft nicht auf die Geltendmachung von Kosten für die Übersendung von nicht abgerufenen Kontoauszügen zu (LG Frankfurt WM 2011, 1846; *Kropf/Habl* BKR 2013, 103, 104), wohl aber auf die Nacherstellung von Kopien der Kontoauszüge (BGH NJW 2014, 922). Denn die erstmalige Erstellung eines Kontoauszugs genügt der Auskunftserteilung des ZdLeisters nach Abs IV S 1 und den Informationspflichten nach Art 248 §§ 7, 8 und 10 EGBGB (BGH NJW 2012, 922). Gem Abs IV Nr 2 muss – alternativ – das Verlangen des ZdNutzers (Grü/*Grüneberg* Rn 5) nach einer Information über den in Art 248 §§ 1–16 EGBGB vorgesehenen **Inhalt und Umfang** hinausgehen (Abs III S 1 Nr 3 – MüKo/*Casper* Rn 19). Schließlich muss sie gem Abs IV Nr 3 mithilfe anderer Kommunikationsmittel erbracht werden als mit denjenigen, die im ZdRahmenvertrag vorgesehen sind. Die Einzelheiten eines solchen Rahmenvertrags ergeben sich aus der Komm zu § 675f (§ 675f Rn 20ff). Fehlt eine solche Vereinbarung, bleibt es bei der Grundregel von Abs I: Geschuldet werden dann – ohne einen Anspruch auf Entgelt – lediglich die allg Informationen, wie sie in Art 248 §§ 1–16 EGBGB vorgesehen sind. 8

b) Angemessenheit des Entgelts. Gem **Abs IV S 2** muss das Entgelt angemessen sein (BGH NJW 2014, 922; Staudinger/*Omlor* Rn 26, MüKo/*Casper* Rn 20; hierzu auch *Graf v Westphalen*, FS Kaissis, 2012, 1057, 1064ff). Maßstab sind in erster Linie die durch eine – zusätzl – Information nach Abs IV S 1 Nr 1 – 3 ausgelösten **tatsächlichen Kosten** des ZdLeisters (*Herresthal* in L/B/S Rn 13ff). Es geht in den Worten des BGH um eine „kostenorientierte Gestaltung des Entgelts"; eine gewisse Pauschalierung ist – allerdings nur innerhalb homogener Nutzergruppen – zulässig (BGH NJW 2017, 3549, 3650; 2014, 922, 923; Grü/*Grüneberg* Rn 6; auch *Kropf/Habl* BKR 2013, 103, 104). Sicherzustellen ist daher, dass diese – generelle Pauschalierung (*Herresthal* in L/B/S Rn 13a) – sich nicht dadurch erhöht, dass auch ein ausuferndes Informationsbedürfnis einzelner Kunden insoweit berücksichtigt wird (BGH NJW 2014, 922, 923). Die Bestimmung ist kein Spezialgesetz ggü § 307 I (BGH NJW 2017, 3549; aM *Fornasier* WM 2013, 205, 207), so dass die Inhaltskontrolle über Abs IV S 2 – oberhalb der als angemessen einzustufenden tatsächlichen Kosten – eröffnet ist (BGH NJW 2017, 3549; NJW 2014, 922; Staudinger/*Omlor* Rn 11). Die Bildung des Entgelts auf Basis einer Mischkalkulation ist unzulässig (BGH NJW 2017, 3649 Rn 34; Frankfurt VuR 2013, 179; Staudinger/*Omlor* Rn 26; aM Herresthal LBS Rn 13c). Der ZdLeister ist nur berechtigt, die bei ihm insoweit anfallenden **tatsächlichen Kosten** auf Basis des Verursacherprinzips zu verlangen (BGH NJW 2014, 922), die bei der Erfüllung der ganz konkret abzugrenzenden Nebenpflicht einer Information ggü dem ZdNutzer anfallen (BGH NJW 2017, 3649 Rn 33; *Graf v Westphalen*, FS Kaissis, 2012, 1057, 1062). Ist es möglich, die Verursachung angemessener Kosten nach bestimmten Kundengruppen zu differenzieren, so ist dies im Rahmen einer generell-abstrakten Bewertung nach Abs IV S 2 auch geboten (Frankfurt VuR 2013, 179). Dass der Personalaufwand des ZdLeisters den Gemeinkosten zuzuweisen ist (Bamberg WM 2011, 2318, 2319), steht der Geltendmachung angemessener Kosten im Rahmen von Abs IV S 2 auf Grund einer als angemessen einzustufenden Pauschalierung nicht entgegen. Die Frage nach der Angemessenheit der vorgesehenen Entgelte öffnet zwingend den Blick auf einen **Marktvergleich**. Insoweit wird man auch eine als angemessen einzustufende Bankmarge annehmen dürfen, sofern sie als marktüblich zu qualifizieren ist (*Zahrte* NJW 2018, 337, 339; MüKo/*Casper* Rn 20). Die Rspr geht hier von einer nach § 307 I zulässigen **Preiskontrolle** aus, welche 9 diese oberhalb der Schwelle von Abs IV S 2 einsetzt (BGH NJW 2014, 922 – 15 € pro nacherstelltem Kontoauszug: unwirksam; Rostock VuR 2016, 922 – dito; Frankfurt VuR 2013, 179 – dito; BGH NJW 2012, 2337 – Auslagenersatz: Porto, Ferngespräche; Notar- und Lagerkosten: Sicherungsgut – § 307 II Nr 1 – Maßstab: § 670; LG Nürnberg-Fürth BKR 2019, 466 – „Postsperre" auf Wunsch des Kunden (10 €) = kein Verstoß). Stets geht es also hier nur um die tatsächlichen **Mehrkosten** des ZdLeisters, die – außerhalb des weiten Bereichs der ohnehin insoweit anfallenden Gemeinkosten – durch das Verlangen des ZdNutzers iSv Abs III nachweislich verursacht worden sind (BGH NJW 2014, 922, 923). Dafür ist der **ZdLeister darlegungs- und beweispflichtig**. Das dürfte ihm im konkreten Fall regelmäßig schwerfallen. Denn es geht um den nachvollziehbaren Nachweis der entstandenen und vom ZdNutzer verursachten Einzelkosten, was idR Sachkosten sein dürften. Das gilt etwa dann, wenn erneut Kontoauszüge angefordert werden (BGH NJW 2014, 922; Rostock VuR 2016, 225; Frankfurt VuR 2013, 179 – mit berechtigten Bedenken gegen eine Mischkalkulation: Forderung nach einer Gebühr von 15 € unwirksam; Frankfurt VuR 2013, 384 – pauschales Entgelt für Reklamationen, Nachfragen und Nachforschungen bei Überweisungen: zu weitreichende Schematisierung – unwirksam). In Bezug auf – zusätzl – Personalkosten dürfte dieser Nachweis – außerhalb der engen Grenzen einer als zulässig anzusehenden Pauschalierung – dem ZdLeister kaum jemals gelingen, weil es sich hier im Zweifel stets um Gemeinkosten handelt. Soweit nämlich Personalkosten bereits im Rahmen der Erfüllung der allg Informationspflicht des Art 248 §§ 1–16 EGBGB anfallen, können regelmäßig eben diese Personen auch noch (zusätzl) die gesonderten Informationspflichten auf Verlangen des ZdNutzers gem Abs III erfüllen, ohne dass grds zusätzl Kosten anfallen. Dieser Ansatz dürfte auch einer Pauschalierung im Rahmen des Merkmals der Angemessenheit der vom ZdNutzer zu erstattenden Kosten weitgehend widerstreiten. **Anders** ist es sicherlich, soweit Sachkosten (Porto- und Kopierkosten) im Rahmen von Abs IV verursacht werden, weil hier eine Trennung ggü den Gemeinkosten leichter möglich und auch nachweisbar sein dürfte. Man wird hier erwägen müssen, ob iRv Abs IV nicht auch Ersatz von **Aufwendungen** begehrt werden kann (§§ 670, 683). Geltend gemacht wird, dass diese Norm nicht von den auf Maximalharmonisierung angelegten Bestimmungen der ZdR verdrängt wird, wie sich aus § 675c I ablesen lässt (Grü/*Grüneberg* § 675f Rn 20, BeckOGK/*Zahrte* Rn 76). Folgt man diesem Ansatz (MüKo/*Casper* Rn 19; 15), dann wird man unter Beachtung der Gesetzesbegr (BT-Drs 16/11643, 103) scharf darauf achten müssen, dass es sich bei der Position des Aufwands nicht um eine solche Position handelt, die bereits für den ZdNutzer als entgeltpflichtig ausgewiesen worden ist (*Hofauer* BKR 2015, 397, 406). Denn eine Klausel, welche Auslagenersatz nach §§ 670, 683 vorsieht (BGH NJW 2012, 2337), ist nach § 307 II Nr 1 an das „Leitbild" der Erforderlichkeit der geltend zu machenden Aufwendungen gebunden (für eine prioritäre Prüfung des § 675 IV 2 ggü dem nicht verdrängten § 307 – Staudinger/*Omlor* Rn 26; aM BGH NJW 2017, 3649); die Neufassung von Nr 12 VI der Banken-AGB (Nr 18 der Sparkassen-AGB) reflektiert die gesetzl Ausgangslage und ist daher nach § 307 III nur als deklaratorisch zu qualifizieren. Ob man etwa die Aufwendungen für Portokosten über § 675c I neben den Kosten nach Abs IV reklamieren kann, erscheint gleichwohl zweifelhaft, weil Portokosten stets den Gemeinkosten des ZdLeisters zuzuweisen sind, also schwerlich in das Raster des freiwilligen Vermögensopfers nach § 256 fallen. Sind **ungerechtfertigte Mehrkosten** erhoben worden, dann kann es sein, dass gegen den ZdLeister nach § 8 UWG auch ein Anspruch auf Folgenbeseitigung gerichtet werden kann (Dresden WM 2018, 1314 – zu viel vereinnahmte Bankentgelte – 30 €/Pfändungsmaßnahme; BGH NJW 2018, 155; *Hofmann* NJW 2018, 2157ff; vor allem auch *Schultheiß* WM 2019, 9ff).

10 **5. Informationspflichten der Zahlungsempfänger, Barabhebungsdienstleister und Dritter.** Soweit die Informationspflichten gem Art 248 §§ 17 und 18 EGBGB in Rede stehen, enthält Abs IV zwar eine eigenständige Regelung. Ihr kommt jedoch kein eigenständiger rechtl Gehalt zu (BT-Drs 16/11643, 100). Die von der Informationspflicht hiernach erfassten **Umstände** sind nämlich diejenigen, die bereits in Art 248 §§ 17 und 18 EGBGB angesprochen worden sind. Insofern handelt es sich lediglich um eine Klarstellung. Geschuldet werden die gesetzl vorgeschriebenen Informationen sowohl vom ZEmpfänger, Barabhebungsdienstleistern und Dritten. Der Begriff des **Barabhebungsdienstleisters** – diese sind keine ZdLeister – ist in § 1 XXXII ZAG definiert: Es ist danach ein Dienst, „der die Ausgabe von Bargeld über Geldausgabeautomaten für einen oder mehrere Kartenemittenten" zum Gegenstand hat, „ohne eine eigenen Rahmenvertrag mit dem Geld abhebenden Kunden geschlossen zu haben". Die für diesen Dienst geltenden Informationspflichten folgen aus Art 248 § 17a EGBGB. Nach Art 248 § 17 EGBGB setzen diese vom **ZEmpfänger** zu erfüllenden Informationen voraus, dass Zahlungen mittels eines ZInstruments in einer anderen Währung als in Euro erfolgen und dass vor Auslösung des betreffenden ZVorgangs vom ZEmpfänger eine Währungsumrechnung angeboten wird. Dann muss der ZEmpfänger sowohl über die damit verbundenen Entgelte als auch über den für die Währungsumrechnung maßgebenden Wechselkurs informieren. Die nach Art 248 § 17 II EGBGB vorgesehene Information hat erhebliche praktische Relevanz. Verlangt nämlich der ZEmpfänger – das kann bei der Nutzung einer Kreditkarte der Fall sein – für die Nutzung eines **ZInstruments** ein zusätzl Entgelt oder bietet er dem Zahler eine entspr **Ermäßigung** an, dann ist er verpflichtet, auch dies dem Zahler vor Auslösung des ZVorgangs mitzuteilen. Erkennbar bezieht sich diese Informationspflicht auf das Valutaverhältnis (Grü/*Grüneberg* Art 248 § 17 EGBGB Rn 3). In welcher Weise diese Information geschuldet ist, wird gesetzl nicht vorgeschrieben, solange nur sichergestellt ist, dass sie den Zahler rechtzeitig – vor Auslösung des entspr ZVorgangs – erreicht. Die von einem **Dritten** nach Art 248 § 18 EGBGB zu erfüllende Informationspflicht bezieht sich auf die Fälle, in denen ein ZdNutzer über diesen Dritten einen ZVorgang mithilfe eines ZInstruments auslöst und dieser hierfür vom ZdNutzer ein Entgelt fordert. Dann muss auch diese Information dem ZdNutzer vor Auslösung des ZVorgangs mitgeteilt werden. Praktisch bezieht sich diese Informationspflicht auf die Fälle, in denen ein Geldautomatenbetreiber ein **Entgelt** für die Kartenzahlung fordert. Nach

Art 248 § 19 EGBGB kann von diesen Bestimmungen im Rahmen einer Vereinbarung dann abgewichen werden, wenn der ZdNutzer **kein Verbraucher** ist. Verletzen ZEmpfänger, Barabhebungsdienstleister oder Dritter die hiernach geschuldeten Informationspflichten, gilt auch insoweit die sich aus § 311 II, § 280 I ergebende Schadensersatzhaftung (§ 675a Rn 14). Mehr noch: Aus Abs V S 2 folgt des Weiteren, dass der ZdNutzer nur dann verpflichtet ist, das jew Entgelt zu zahlen, wenn dieses in voller Höhe im Rahmen der geschuldeten Informationen angegeben worden ist. Hintergrund: Der ZdNutzer war dann eben über die Höhe des geschuldeten Entgelts nicht voll unterrichtet; seine Entscheidung, das jew ZInstrument zu nutzen, war irrelegeleitet.

a) Ausnahmen. Aus **Abs VI** folgt, dass die Regeln der Abs I–V dann nicht gelten, wenn eine der Voraussetzungen von Nr 1 oder 2 vorliegen (hierzu umfassend BeckOGK/*Zahrte* Rn 99ff). Hintergrund dieser Norm ist die Festlegung des **räumlichen Anwendungsbereichs** der jew zu erfüllenden Informationspflichten (MüKo/*Casper* Rn 25; BeckOK/*Schmalenbach* Rn 19). Erfasst werden auch solche ZVorgänge, bei denen einer der ZdLeister (gleichgültig, ob der des Zahlers oder des ZEmpfängers) seinen Geschäftssitz außerhalb des EWR hat oder in denen die Währung eines Drittstaats involviert ist. Ansatzpunkt ist dabei, dass mindestens einer der ZdLeister seinen Geschäftssitz oder seine gewerbliche Niederlassung (Zweigstelle/Agent – § 19 ZAG) im Territorium der EU hat (BT-Drs 18/11495, 151). Da es nur auf die örtliche Belegenheit ankommt, ist im Ergebnis auch nicht der Sitz der Niederlassung, der Sitz einer Zweigniederlassung etc entscheidend, sondern ausschließlich die Belegenheit des tatsächlichen Orts ist, an dem der ZdLeister seine Zahlungsdienste – unabhängig ob er dies für den Zahler oder den ZEmpfänger tut – erbringt. Weitere Voraussetzung ist jedoch insoweit, dasszw den einzelnen ZdNutzern und den ZdLeistern eine unmittelbare vertragl Beziehung besteht. Nicht erfasst werden zwischengeschaltete Stellen (Interbankenverkehr), die an der Ausführung des ZAuftrags beteiligt sind, welche aber nur mit den ZdLeistern, nicht mit den ZdNutzern vertragl verbunden sind (BT-Drs 18/11495, 151). Die Ausnahmeregelung von Abs VI greift daher nach S 1 dann nur für den jeweiligen Teil eines ZVorgangs ein, auf den die Voraussetzungen der Nr 1 oder der Nr 2 zutreffen. Nach **Nr 1** ist entscheidend, dass sich der ZVorgang auf die Währung eines Drittstaates bezieht (BeckOK/*Schmalenbach* Rn 19), dass aber der Ort, an dem die beiden ZdLeister – für den Zahler wie für den ZEmpfänger – innerhalb des EWR domizilieren (lit a). Das ist eine sog „two-leg-transaction" (MüKo/*Casper* Rn 28 – Drittwährung). Sind mehrere ZdLeister an einem ZVorgang beteiligt und domiziliert mindestens einer innerhalb und der andere außerhalb des EWR (sog „one-leg-transaction", BeckOK/*Schmalenbach* Rn 19; MüKo/*Casper* Rn 31), dann greift die Ausnahmeregelung des Abs VI ebenfalls ein (lit b). Ist jedoch – **Nr 2** – keiner der beteiligten ZdLeister innerhalb des EWR belegen, dann ist die Ausnahme nach Abs VI ebenfalls einschlägig (MüKo/*Casper* Rn 32). Die Informationspflichten gelten dann nicht (EBJS/*Schmieder* Rn 17). 11

b) Kollisionsrecht. Auch wenn die Ausnahmeregelung des Abs VI auf den jew Belegenheitsort abstellt, so ist die **kollisionsrechtl Fragestellung** gleichwohl nicht obsolet. Sie kann nach den Vorgaben von Art 3 Rom I-VO immer dann relevant werden, wenn die Parteien – also ZdNutzer und ZdLeister – eine Vereinbarung getroffen haben, wonach die Regeln des deutschen Sachrechts auf einen bestimmten ZVorgang (ZAuftrag) insg zur Anwendung berufen sind, und zwar eben auch für die Bestandteile eines ZVorgangs, die nach der Ausnahmeregelung des Abs VI – Belegenheitsort/Währung – ausgenommen sind. Doch auch in diesen Fällen wird man den Geltungsbereich der zu erfüllenden Informationspflichten nicht über den Kreis hinaus ausdehnen, den die Ausnahmeregelung von Abs VI S 2 vorsieht (Grü/*Grüneberg* Rn 8), weil diese Beschränkung sachlich geboten ist (etwa Dauer der Transaktion). 12

§ 675e Abweichende Vereinbarungen

(1) Soweit nichts anderes bestimmt ist, darf von den Vorschriften dieses Untertitels nicht zum Nachteil des Zahlungsdienstnutzers abgewichen werden.

(2) In den Fällen des § 675d Absatz 6 Satz 1 Nummer 1 und 2

1. **sind § 675s Absatz 1, § 675t Absatz 2, § 675x Absatz 1, § 675y Absatz 1 bis 4 sowie § 675z Satz 3 nicht anzuwenden;**
2. **darf im Übrigen zum Nachteil des Zahlungsdienstnutzers von den Vorschriften dieses Untertitels abgewichen werden.**

(3) Für Zahlungsvorgänge, die nicht in Euro erfolgen, können der Zahlungsdienstnutzer und sein Zahlungsdienstleister vereinbaren, dass § 675t Abs. 1 Satz 3 und Abs. 2 ganz oder teilweise nicht anzuwenden ist.

0(4) Handelt es sich bei dem Zahlungsdienstnutzer nicht um einen Verbraucher, so können die Parteien vereinbaren, dass § 675d Absatz 1 bis 5, § 675f Absatz 5 Satz 2, die §§ 675g, 675h, 675j Absatz 2, die §§ 675p sowie 675v bis 676 ganz oder teilweise nicht anzuwenden sind; sie können auch andere als die in § 676b Absatz 2 und 4 vorgesehenen Fristen vereinbaren.

1. Europarechtliche Vorgaben. Art 107 ZdRL enthält im Rahmen des Gebots der Vollharmonisierung zwingende Vorgaben (Staudinger/*Omlor* Rn 3; BeckOGK/*Zahrte* Rn 8ff; MüKo/*Casper* Rn 1), soweit die ZdRL nicht selbst – Abs III – Abweichungen gestattet. Dieser Grundsatz, er ist in Abs I reflektiert, ist aber in der Sache genauso strukturiert wie in der Vorgängerregel. Im Hintergrund steht bei der ZdRL, dass ihr Anwendungsbereich ggü der vorausgehenden RL erweitert worden ist, und zwar in der Grundregel des Art 2 I–IV ZdRL, die in Abs II und III der vorstehend wiedergegebenen Norm umgesetzt worden ist. 1

2 **2. Halbzwingender Charakter.** Die Aussage von **Abs I** ist eindeutig: Soweit nichts anderes bestimmt ist, sind die Bestimmungen der §§ 675c–676c zwingender Natur zugunsten der Rechte des ZdNutzers. Das bedeutet zunächst im Umkehrschluss, dass zugunsten des ZdNutzers bestehende Abweichungen stets unbedenklich sind (MüKo/*Casper* Rn 1; Staudinger/*Omlor* Rn 3; *Herresthal* in L/B/S Rn 2). Im Blick auf die in Abs I angesprochene Vereinbarung macht es keinen entscheidenden Unterschied, ob zum Nachteil des ZdNutzers – abgesehen von dem Sonderfall des Abs IV, der den ZdNutzer als Unternehmer adressiert – eine individualvertragl Vereinbarung getroffen wird oder ob der ZdLeister AGB-Klauseln einsetzt (Grü/*Grüneberg* Rn 1). Es macht nicht unbedingt Sinn, in diesem Kontext auch AGB-rechtl die „Leitbildfunktion" dieser Regeln zu bemühen (BeckOK/*Schmalenbach* Rn 4 unter Bezugnahme auf die Gesetzesbegr BT-Drs 16/11643, 101), weil diese Rechtsfigur über § 307 II Nr 1 auf Abweichungen vom dispositiven Recht bezogen und auch im allg Verständnis darauf beschränkt ist (BGH NJW 2017, 2986 Rn 37ff, 66). Sie hat allerdings in den Fällen Sinn, in denen Abweichungen gestattet sind, wie weiter unten betont wird (Rn 8). Die entscheidende Frage ist hier stets nur die, ob die Rechtsposition des ZdNutzers – im Vergleich zu der gesetzl Ausgangslage – nachteilig verändert wird. Ob dies zutrifft, ist stets durch eine Auslegung des Vereinbarten festzustellen (MüKo/*Casper* Rn 2). Es macht weiter keinen Unterschied – abgesehen von auf den Unternehmer zugeschnittenen, noch zu erörternden **Sonderfall des Abs IV** (Rn 10) –, ob der ZdNutzer Unternehmer nach § 14 oder Verbraucher nach § 13 ist. Ferner macht es keinen Unterschied, ob die zum Nachteil des ZdNutzers getroffene Vereinbarung als individualvertragl oder als AGB-Klausel einzuordnen ist. Im Vordergrund steht immer, dass zw der jew Norm und der getroffenen Vereinbarung ein Vergleich durchzuführen ist, um im Erg festzustellen, ob die Vereinbarung für den ZdNutzer nachteilig ist. Um die so gebotene Feststellung zu treffen, ist die zu prüfende Vereinbarung auszulegen; das geschieht entweder nach dem Kanon der §§ 133, 157 oder nach den Sonderregeln des § 305c II, welche eine generell-abstrakte Auslegung fordern (BGH NJW-RR 2016, 526). Sind danach mindestens zwei Alt aufgrund einer solchen Auslegung in Betracht zu ziehen, gilt der Grundsatz der kundenfeindlichsten Auslegung (BGH NJW 2008, 2172). Zu beachten ist, dass eine **Individualabrede** (BGH NJW 2019, 2080; NZBau 2016, 213; NJW 2015, 3025, 3026; 2013, 856, 858 – jew zu § 305 I 3) ausdrückl wie auch stillschw getroffen (BGH NJW-RR 1996, 673, 674), aber auch nachträgl vereinbart werden kann (BGH NJW 2006, 138). Im **Verbraucherbereich** ist allerdings die Sondernorm des § 310 III Nr 1 zu beachten, weil danach AGB als vom Unternehmer gestellt anzusehen sind, sofern sie – selten genug – auf Initiative des Verbrauchers in den Vertrag eingeführt worden sind. Soll ein Individualvertrag angenommen werden, muss der Verbraucher auf den Inhalt der Klausel/auf die sprachlich-textliche Gestaltung des Vertrages tatsächlich Einfluss genommen haben (BAG NZA 2017, 58). Die Rechtsfolge im Fall einer Abweichung richtet sich nach § 134 (BGH NJW 2015, 3025 – Preis pro Posten; MüKo/*Casper* Rn 3). Handelt es sich um **AGB**, gilt nach Abs I die Unwirksamkeitssanktion von § 307 und von § 134 (BGH NJW 2015, 3025). Ein solcher Verstoß liegt etwa dann auch ggü einem Unternehmer vor, wenn ein ZdLeister für sämtliche Buchungen ein Entgelt iHv 0,32 € vereinnahmt (BGH NJW 2015, 3025) oder wenn für die Nacherstellung von Kontoauszügen pauschal 15 € verlangt werden, weil dies gegen § 675d IV 2 verstößt (BGH NJW 2014, 922). Enthalten die betreffenden Klauseln sowohl vorteilhafte wie nachteilige Regelungen (vgl auch Rn 4), findet eine Kompensation nur statt, wenn diese sich wegen ihres engen sachlichen Zusammenhangs begründen lässt (vgl BGH NJW 2003, 889, 901; aM wohl MüKo/*Casper* Rn 2 – „Gesamtvergleich"; so wohl auch Staudinger/*Omlor* Rn 8). Anerkannt ist daher auch: Liegen Vertragsbedingungen vor, welche dem ZdNutzer **vorteilhaft** sind, sind diese stets zulässig (MüKo/*Casper* Rn 1). Die Berücksichtigung der allg Regel des § 306 II anstelle von § 134 führt in der Sache bei der anzusteuernden **Rechtsfolge** zu einem vertretbaren Ergebnis (Unwirksamkeit). Soweit im Rahmen von Abs I Abweichungen gestattet sind, bleibt – die Verwendung von AGB vorausgesetzt – zu beachten, dass die Bestimmungen der §§ 675c–676c im Rahmen von § 307 II Nr 1 **Leitbildfunktion** entfalten dürften, weil die Abbedingung des halbzwingenden Charakters dieser Bestimmungen in Abs I im Rahmen des dann bestehenden dispositiven Rechts genau den Schutz für den ZdNutzer – und zwar für diese als Verbraucher wie als Unternehmer (BGH NJW 2017, 2986 – unwirksame Bearbeitungsgebühr bei gewerblichen Darlehen) – schafft, den die richterliche Inhaltskontrolle grds ggü unangemessenen Klauseln zum Gegenstand hat.

3 **a) Umgehungstatbestand.** Ein Verstoß iSv Abs I liegt notwendigerweise auch dann vor, wenn es sich um ein Umgehungsgeschäft handelt. Dies ist immer dann zu bejahen, wenn zum Nachteil des ZdNutzers getroffene Vereinbarungen nicht durch Abbedingung der gesetzl Vorgaben (BeckOGK/*Zahrte* Rn 14), sondern auf einem anderen Weg erreicht werden, ohne dass es insoweit auf eine Umgehungsabsicht ankommt (BGH NJW 2007, 759).

4 **b) Kompensation durch andere Vorteile.** Nicht einfach ist die Antwort auf die Frage, ob der zwingende Charakter von Abs I es gebietet, auch solche Vereinbarungen an § 134 bzw an § 307 II Nr 1 scheitern zu lassen, in denen – per Saldo betrachtet – der ZdLeister an anderen Stellen des Vertrags (Rn 2) zugunsten des ZdNutzers eine kompensatorische Besserstellung im Vergleich zu der gesetzl Normallage vorgesehen hat (hierzu AGB-rechtl BGH NJW 2003, 889, 891). Dies ist jedoch zu verneinen (so auch Grü/*Grüneberg* Rn 2; *Herresthal* in L/B/S Rn 3; weitergehend wohl MüKo/*Casper* Rn 2 – „Gesamtvergleich"). Das Ergebnis rechtfertigt sich in erster Linie aufgrund der europarechtl nach Art 107 ZdRL beabsichtigten **Vollharmonisierung** (vgl BeckOGK/*Zahrte* Rn 18): Die als zwingend ausgestalteten Normen iSv Abs I schützen uneingeschränkt und auch uneinschränkbar den ZdNutzer, soweit dieser kein Verbraucher ist, greift Abs IV ein (Rn 10). Dieser zwingende Schutz muss im Hinblick auf jede einzelne Norm greifen. Nur so ist die erforderliche Rechtsangleichung innerhalb der EU zu erreichen. **Anders** ist natürlich zu entscheiden, wenn sich eine Klausel, welche ggü mehreren ZdNutzern verwendet

wird, für die einen als vorteilhaft, für die anderen als nachteilig iSv Abs I erweist, weil dann Abs I nur für den letzteren Fall eingreift (BeckOGK/*Zahrte* Rn 19).

c) Einheitlichkeit des Rechtsgeschäfts. Soweit eine nach Abs I zum Nachteil des ZdNutzers abw **Individualvereinbarung** vorliegt (BGH NJW 2010, 1131, 1133), die an § 134 scheitert, ist wie stets in diesen Fällen auf § 139 zurückzugreifen, um zu ermitteln, ob auch der jew Vertrag iÜ aufrechtzuerhalten ist (Grü/*Grüneberg* Rn 1). Insofern gelten die allg Auslegungsgrundsätze (§ 139 Rn 10ff). In aller Regel wird jedoch der ZdLeister in diesen Fällen AGB verwenden (Massengeschäft). Zur Konsequenz hat dies, dass dann auf § 306 II zurückzugreifen ist (Rn 2); die Unwirksamkeitsfolge erfasst lediglich die einzelne Klausel, welche zum Nachteil des ZdNutzers von der gesetzl Normallage abweicht. Da in diesen Fällen Gesetzesrecht als Ersatzrecht zur Verfügung steht, gilt gem § 306 II dieses; der Rückgriff auf eine erg Vertragsauslegung gem §§ 133, 157 bleibt nach der Rspr des BGH trotz der Judikatur des EuGH zu Art 6 Klausel-RL unionsrechtl zulässig (BGH NJW 2022, 311 Rn 49ff; weitreichende Bedenken bei BeckOGK/*Bonin* § 306 Rn 98ff; BeckOK/*Schmidt* § 306 Rn 3ff; *Wendehorst/Graf v Westphalen* EuZW 2021, 229; *Gsell/Graf v Westphalen* ZIP 2021, 1729). Wie stets findet eine geltungserhaltende Reduktion nicht statt (BGH NJW 2013, 991, 992). **Unwirksam** nach Abs I (allg *Müller* WM 2018, 741; *Hofauer* BKR 2015, 379) sind etwa folgende Klauseln: Unterrichtung über Ablehnung einer SEPA-Lastschrift bei Postversand: 5 € (BGH NJW 2017, 3649 – Verstoß gegen § 675 IV 2); das Gleiche gilt für eine solche Gebühr bei Ablehnung einer Einzugsermächtigung (BGH) oder eines Überweisungsauftrags (BGH) sowie bei Aussetzen/Löschen eines Dauerauftrags – 2 € (BGH NJW 2017, 3649). Entscheidend ist, dass die geltend gemachten Kosten nicht an den tatsächlich angefallenen Kosten ausgerichtet sind – Verstoß gegen das „Leitbild" (BGH NJW 2017, 3649, 3650). Unwirksam ist auch eine Klausel, dass jede smsTAN 0,10 € kostet, weil die Erteilung der TAN nicht Teil eines ZVorgangs nach § 675 V 1 ist (BGH NJW 2017, 3222, 3224). Die Klausel, wonach ein Preis pro Buchungsposten erhoben wird, weicht von § 675y ab und ist nach Abs I unwirksam (BGH NJW 2015, 1440). Eine Bepreisung der Nacherstellung von Kontoauszügen (15 €) ist mit § 675 IV 2 unvereinbar, weil sie nicht an den tatsächlichen Kosten ausgerichtet ist (BGH NJW 2014, 922). 5

3. Ausnahmen. Die Grundaussage von Abs III verweist ihrerseits auf den Ausnahmetatbestand des § 675d VI Nr 1 und Nr 2 (BeckOGK/*Zahrte* Rn 48f; BeckOK/*Schmalenbach* Rn 4; § 675d Rn 10f). Die Norm hat jedoch nur eine sehr begrenzte Anwendungsbreite (MüKo/*Casper* Rn 5). Es geht hier im Kern um **Drittstaatensachverhalte**, also solche, an denen ZdLeister beteiligt sind oder um solche, die einen ZVorgang in einer Währung betreffen, welche deswegen als Fremdwährung einzuordnen ist, weil sie die Währung eines Staates außerhalb des **Europäischen Wirtschaftsraums (EWR)** ist (hierzu auch *Zahrte* NJW 2018, 337; MüKo/*Casper* Rn 4f; Staudinger/*Omlor* Rn 11). Trifft eine dieser Voraussetzungen des § 675a VI Nr 1 und 2 zu, dann bestimmt Abs II Nr 1, dass die in Nr 1 genannten Bestimmungen nicht anzuwenden sind. Kompetenzrechtl Bedenken mit Blick auf Art 114 I AEUV sind, weil letztlich auch bei einem Drittstaatenbezug der „Binnenmarkt" betroffen ist, schwerlich zu rechtfertigen (*Omlor* ZIP 2016, 558, 560 – Annexkompetenz). Abs II besagt konkret: Es geht um die Ausführungsfrist des § 675s I, weil diese aus praktischen Gründen bei einem Drittstaatensachverhalt nicht sinnvollerweise angewandt werden kann. Es geht um bei der Ausnahme von § 675t II um den seltenen Fall, dass ein Zahler Bargeld in einer Fremdwährung auf ein ZKonto einzahlt, welches dann in Euro umzuwechseln ist. Herausgenommen hat der Gesetzgeber auch den nach § 675x I vorgesehenen Erstattungsanspruch bei Belastungen des Zahlers mit unerwartet hohen „Pull"-Zahlungen. Gleiches gilt für die vom Verschulden losgelöste Haftung bei nicht erfolgten, verspäteten oder fehlerhaften Ausführungen eines ZAuftrags, weil die Durchsetzung eines solchen Erstattungsanspruchs außerhalb des EWG mit nur geringen Erfolgsaussichten verbunden sein dürfte (BT-Drs 18/11495, 153). In Übereinstimmung mit diesem Gedanken hat der Gesetzgeber auch die Anwendbarkeit der Regel des § 675z S 3 gestrichen (keine Zurechenbarkeit des Verschuldens der zwischengeschalteten Interbanken). Aus Abs II Nr 2 ergibt sich dann, dass von allen anderen Regeln dieses „Untertitels" abgewichen werden kann. 6

Da gem § 675c I auf die Erbringung von Zahlungsdiensten die geschäftsbesorgungsvertragl Vorschriften der §§ 663, 665–670 und 672–674 entspr anzuwenden sind, ist diese **Verweisungsnorm** im Kontext von Abs II grds zu beachten: Soweit die dort genannten Bestimmungen nicht zur Anwendung berufen sind, gilt § 675c I. 7

Soweit es sich in diesen Fällen um AGB – Sonderbedingungen der ZdLeister – handelt, sind die §§ 305ff anwendbar (Grü/*Grüneberg* Rn 2; MüKo/*Casper* Rn 5); die richterliche Inhaltskontrolle vollzieht sich in diesen Fällen regelmäßig nach den Kriterien von § 307 II Nr 1. Leitbildfunktion haben dabei die in Abs II heranzuziehenden (BeckOK/*Schmalenbach* Rn 4), aber abdingbaren Normen im Visier. Doch beseitigt die Abdingbarkeit gerade nicht deren Leitbildfunktion in der AGB-Kontrolle (BGH NJW 2017, 2986, 2989; BeckOGK/*Zahrte* Rn 46f). 8

Gegenläufig: Gem **Abs III** ist bei ZVorgängen, die nicht in Euro erfolgen, § 675t I 3 und II (Wertstellungsfristen) ganz oder teilw nicht anwendbar. 9

4. Unternehmer. Ist der ZdNutzer Unternehmer, sind die **Informationspflichten**, wie sie in **§ 675d I–V** vorgesehen sind, abdingbar (BeckOGK/*Zahrte* Rn 50ff). Dabei macht es keinen Unterschied, ob es sich um individualvertragl Abreden oder um AGB handelt (Staudinger/*Omlor* Rn 8ff; MüKo/*Casper* Rn 10). Dies ist allerdings – auch im Kontext der ZdRL II – rechtspolitisch bewertet bedauerlich (*Einsele* ZIP 2011, 1741ff). Soweit die Abbedingung durch AGB geschieht, richtet sich die Wirksamkeit solcher Freizeichnungsklauseln ggü einem Unternehmer nach den § 675c I, § 666 (§ 307 II Nr 1) (Staudinger/*Omlor* Rn 12). Daraus folgt dann wiederum, dass diese Bestimmungen, insb die Auskunfts- und Rechenschaftspflicht (Art 248 §§ 7 und 8 EGBGB), nach § 307 II Nr 1 Leitbildfunktion entfalten. Da ggü einem Unternehmer auch die Entgeltregeln für die Erbringung zusätzl In- 10 formationen gem § 675d III nicht mehr für anwendbar erklärt werden, liegt es in dieser Konsequenz, dass auch § 675f V 2 insoweit unanwendbar ist, als die Erfüllung von **Nebenpflichten** mit der Zahlung eines **Entgelts** verbunden ist (BeckOGK/*Zahrte* Rn 59f). **Unanwendbar** ist schließlich auch die Bestimmung des § 675g: Die Änderung eines ZdRahmenvertrags dient entspr den nach Art 248 § 2 und 3 EGBGB geschuldeten Informationspflichten nur dem Schutz des Verbrauchers (MüKo/*Casper* Rn 10). Aus diesem Grund ist auch die Kündigungsvorschrift des § 675h unanwendbar. Unanwendbar ist auch die Unwiderruflichkeit eines ZAuftrags ggü einem Unternehmer nach § 675j II, was sich konsequenterweise in der Nichtanwendbarkeit des § 675p niederschlägt. Schließlich sind die Vorschriften der §§ 675v–676 nicht anwendbar. **Voraussetzung** dafür, dass die vorerwähnten Bestimmungen ganz oder teilw nicht anwendbar sind, ist jedoch, dass zw dem ZdLeister und dem ZdNutzer, sofern dieser im Zeitpunkt des Vertragsabschlusses Unternehmer ist, eine **abw Vereinbarung** getroffen wird. Eine solche Vereinbarung darf sich auch auf die Fristenregeln des § 676 II und IV beziehen. Ob etw Vereinbarungen aufgrund eines Individualvertrags oder durch AGB-Klauseln getroffen werden, ist gleich. Doch gilt unter diesen Voraussetzungen bei Vorliegen einer AGB-Gestaltung, dass sich die richterliche Inhaltskontrolle dann auch im unternehmerischen Verkehr nach § 307 II Nr 1 richtet (Grü/*Grüneberg* Rn 4). Von praktisch erheblicher Wichtigkeit sind hier die vertragl ggü einem Unternehmer zulässigen Vereinbarungen betr die Haftung des Zahlers bei einer missbräuchlichen Verwendung eines ZInstruments nach § 675v (§ 675v Rn 3).

11 **5. Weitere dispositive Normen.** Dispositiv ist darüber hinaus die auf Kleinbetragsinstrumente und E-Geld bezogene Vorschrift des § 675i II, und zwar unabhängig davon, ob der ZdNutzer ein Verbraucher oder ein Unternehmer ist. Soweit der Verzicht auf einen Erstattungsanspruch gem § 675x III in Rede steht, hat der Gesetzgeber auch einen gewissen **Gestaltungsspielraum** eröffnet (§ 675x Rn 12). Falls ZVorgänge innerhalb des EWR in Rede stehen, welche aber **nicht in Euro** erfolgen, kann gem § 675s I 2 zw Zahler und ZdLeister eine Frist von max **vier Geschäftstagen** (hierzu definitorisch BGH BKR 2019, 349) vereinbart werden; folglich sind kürzere, nicht aber längere Fristen iRd Parteidisposition zulässig.

Kapitel 2
Zahlungsdienstevertrag (§§ 675f–675i)

§ 675f Zahlungsdienstevertrag

(1) Durch einen Einzelzahlungsvertrag wird der Zahlungsdienstleister verpflichtet, für die Person, die einen Zahlungsdienst als Zahler, Zahlungsempfänger oder in beiden Eigenschaften in Anspruch nimmt (Zahlungsdienstnutzer), einen Zahlungsvorgang auszuführen.

(2) Durch einen Zahlungsdiensterahmenvertrag wird der Zahlungsdienstleister verpflichtet, für den Zahlungsdienstnutzer einzelne und aufeinander folgende Zahlungsvorgänge auszuführen sowie gegebenenfalls für den Zahlungsdienstnutzer ein auf dessen Namen oder die Namen mehrerer Zahlungsdienstnutzer lautendes Zahlungskonto zu führen. Ein Zahlungsdiensterahmenvertrag kann auch Bestandteil eines sonstigen Vertrags sein oder mit einem anderen Vertrag zusammenhängen.

(3) Der Zahlungsdienstnutzer ist berechtigt, einen Zahlungsauslösedienst oder einen Kontoinformationsdienst zu nutzen, es sei denn, das Zahlungskonto des Zahlungsdienstnutzers ist für diesen nicht online zugänglich. Der kontoführende Zahlungsdienstleister darf die Nutzung dieser Dienste durch den Zahlungsdienstnutzer nicht davon abhängig machen, dass der Zahlungsauslösedienstleister oder der Kontoinformationsdienstleister zu diesem Zweck einen Vertrag mit dem kontoführenden Zahlungsdienstleister abschließt.

(4) Zahlungsvorgang ist jede Bereitstellung, Übermittlung oder Abhebung eines Geldbetrags, unabhängig von der zugrunde liegenden Rechtsbeziehung zwischen Zahler und Zahlungsempfänger. Zahlungsauftrag ist jeder Auftrag, den ein Zahler seinem Zahlungsdienstleister zur Ausführung eines Zahlungsvorgangs entweder unmittelbar oder mittelbar über einen Zahlungsauslösedienstleister oder den Zahlungsempfänger erteilt.

(5) Der Zahlungsdienstnutzer ist verpflichtet, dem Zahlungsdienstleister das für die Erbringung eines Zahlungsdienstes vereinbarte Entgelt zu entrichten. Für die Erfüllung von Nebenpflichten nach diesem Untertitel hat der Zahlungsdienstleister nur dann einen Anspruch auf ein Entgelt, sofern dies zugelassen und zwischen dem Zahlungsdienstnutzer und dem Zahlungsdienstleister vereinbart worden ist; dieses Entgelt muss angemessen und an den tatsächlichen Kosten des Zahlungsdienstleisters ausgerichtet sein.

(6) In einem Zahlungsdiensterahmenvertrag zwischen dem Zahlungsempfänger und seinem Zahlungsdienstleister darf das Recht des Zahlungsempfängers, dem Zahler für die Nutzung eines bestimmten Zahlungsinstruments eine Ermäßigung oder einen anderweitigen Anreiz anzubieten, nicht ausgeschlossen werden.

I. Europarechtliche Vorgaben – Definitorisches. Erkennbar handelt es sich in dieser Norm in nahezu allen Belangen um die Begründung einer **neuen Begrifflichkeit** (MüKo/*Casper* Rn 1ff). Sie ist eine der beiden **zentralen Normen des ZdRechts** (Staudinger/*Omlor* Rn 1). Durch die neue ZdRL werden auch – vgl Abs III – die beiden neuen Begrifflichkeiten mit ihren entspr Pflichten, nämlich: Zahlungsauslösedienste und Kontoinformationsdienste – eingeführt (Art 66 I, Art 67 I ZdRL; § 1 XXXIII und XXXIV ZAG). Typologisch ist zunächst anzumerken, dass der Bereich der Zahlungsdienste gem § 1 I 2 ZAG definiert wird (zur Frage der Lastschriften als ZDienst EuGH BeckRS 2019, 5509; § 675c Rn 2); die Definition des ZdLeisters findet sich in § 1 I ZAG. Ein ZDienst ist entspr den Vorgaben von Art 4 Nr 3 ZdRL „eine oder mehrere der in Anhang I aufgeführten gewerblichen Tätigkeiten". Die negative Abgrenzung, was im Gegenzug keine „Zahlungsdienste" sind, ergibt sich aus § 2 I ZAG (§ 675c Rn 3). 1

1. Zahlungsdienstevertrag. Aus Abs I ist abzuleiten, dass es sich beim ZdVertrag um einen **Sondertyp** des allg Geschäftsbesorgungsvertrags handelt (BGH NJW 2019, 1451; MüKo/*Casper* Rn 7; *Herresthal* in L/B/S Rn 1; BeckOK/*Schmalenbach* Rn 1; teilw wohl abw *Köndgen* JuS 2011, 481, 487). Danach ist der ZdLeister aufgrund ei- 2 nes ZAuftrags verpflichtet (MüKo/*Casper* Rn 5), einen einzelnen ZVorgang (oder idR mehrere) zugunsten des ZdNutzers auszuführen (Staudinger/*Omlor* Rn 7). Dieser **Einzelzahlungsvertrag** nach Abs I kann iSv § 675 (BeckOGK/*Foerster* Rn 9) – und damit auch iSv Abs I – sowohl dienst- als auch werkvertragl Charakter aufweisen (§ 675 Rn 24). Entscheidend ist insoweit, ob der ZdLeister lediglich im Rahmen eines auszuführenden ZVorgangs bestimmte Dienstleistungen im Rahmen der übernommenen Zahlungsdienste oder die Herbeiführung eines werkvertragl Erfolges schuldet, was allerdings – etwa bei einem Überweisungsauftrag (Rn 76) in der Form eines auszuführenden ZVorgangs – insoweit eine **Ausnahme** sein dürfte (vgl Staudinger/*Omlor* Rn 7; *Köndgen* JuS 2011, 481, 487). Gegenstand des ZdVertrags ist, dass – mit Hilfe des ZdLeisters – entweder Bargeld, Buchgeld oder auch elektronisches Geld – vom Zahler zum ZEmpfänger verbracht/übermittelt und letzterem – regelmäßig auf dessen ZKonto – gutgebracht wird (Staudinger/*Omlor* Rn 7). Teilw werden die in den §§ 675a ff behandelten Pflichten des ZdLeisters typologisch den dienstvertragl Elementen der §§ 675, 611ff zugeordnet (Grü/*Grüneberg* Rn 1; aM *Herresthal* in L/B/S Rn 3 – werkvertragl; MüKo/*Casper* Rn 7; Staudinger/*Omlor* Rn 11). Angesichts der detaillierten Regelungen der §§ 675f ff erscheint der dogmatische Streit, ob dienst- oder werkvertragl Gesichtspunkte die Typologie eines ZdVertrages bestimmen, nicht unbedingt ergiebig zu sein (BGH NJW 2019, 1451, 1452; BeckOGK/*Foerster* Rn 8 ausdrückl offengelassen). Doch zu bevorzugen ist die werkvertragl Sicht der §§ 631ff. Der ZdNutzer schuldet im Gegenzug für die Erfüllung des jew Einzelzahlungsvertrags das vereinbarte **Entgelt** nach Abs V 1 (BeckOGK/Foerster Rn 92ff). Auch bei **Überweisungen** herrscht imit Recht der Charakter des Werkvertrags vor (Grü/*Grüneberg* Rn 1; BeckOGK/*Foerster* Rn 13; MüKo/*Casper* Rn 7; Staudinger/*Omlor* Rn 8). Freilich gilt diese Einordnung nur insoweit, als es durch § 675c I gestattet ist (§ 675c Rn 1). Der Einzelzahlungsvertrag nach Abs I (BeckOK/*Schmalenbach* Rn 3) ist iÜ stets ein gegenseitiger Vertrag, dessen Zustandekommen sich nach §§ 145ff richtet (MüKo/*Casper* Rn 13). Liegen mehrere aufeinander folgende ZVorgänge vor, handelt es sich idR um einen **ZdRahmenvertrag** iSv Abs II, so dass ein Dauerschuldverhältnis anzunehmen ist. Gegenstand dieses Vertrages ist es auch, dass der ZdLeister für den oder auch für mehrere ZdNutzer ein **ZKonto** führt (BeckOK/*Schmalenbach* Rn 9). Die Definition dieses Begriffs ergibt sich aus § 1 XVII ZAG. Danach ist ein Zahlungskonto ist ein auf den Namen eines oder mehrerer Zahlungsdienstnutzer lautendes Konto, das für die Ausführung von Zahlungsvorgängen genutzt wird. Einen **Kontrahierungszwang** wird man bei einem Einzelzahlungsvertrag nach Abs I ggü einem ZdLeister nicht annehmen können (MüKo/*Casper* Rn 15; Grü/*Grüneberg* Rn 3), was allerdings dann anders zu beurteilen ist, wenn die Voraussetzungen eines ZdRahmenvertrags nach Abs II gegeben sind. Doch ist gerade hier auch auf das Ablehnungsrecht des ZdLeisters nach § 675o für die Ausführung eines ZAuftrags hinzuweisen (vgl MüKo/*Casper* Rn 15). Beim **Basiskonto** besteht allerdings zugunsten eines Verbrauchers ein Abschlusszwang (§ 3 ZKG; krit *Held* BKR 2016, 353 – verfassungsrechtl Bedenken). iÜ ist die Unterscheidung zw einem Einzelzahlungsvertrag und einem ZdRahmenvertrag im Blick auf die jew **Informationspflichten** von Belang (Art 248 §§ 12ff EGBGB – Einzelzahlungsvertrag; Art 248 §§ 3ff EGBGB – ZdRahmenvertrag). Für die Frage der **richterlichen Inhaltskontrolle** haben diese typologischen Fragen jedoch nur eine sehr begrenzte Bedeutung, weil die Regeln der §§ 675c–676c allemal als halbzwingende Regeln direkt die Klauselkontrolle nach § 307 II Nr 1 beeinflussen und typologisch vorrangig sind (Staudinger/*Omlor* Rn 14; *Herresthal* in L/B/S Rn 3).

3 **2. Zahlungsdienstleister – Zahlungsdienstnutzer (Zahler/Zahlungsempfänger).** Auch die **Parteibezeichnung**, die beim klassischen Bankrecht immer „Kreditinstitut/Bank" und „Auftraggeber/Kunde" lautete, ist geändert und wird im Kontext der II. ZdRL beibehalten und sogar noch begriffsspezifisch (Abs III) – ZAuslösedienstleister sowie KontoInformationsdienstleister – weiter ausgebaut. Man wird sich daran gewöhnen müssen, dass die Parteien eines jeden ZdVertrags zum einen **ZdLeister** und zum anderen **ZdNutzer** genannt werden. Dabei ergibt sich aus Abs I, dass jede Person ZdNutzer ist, die den Zahlungsdienst als Zahler, ZEmpfänger oder „in beiden Eigenschaften in Anspruch nimmt", was aus der Definition von Art 1 Nr 10 ZdRL folgt. **„Zahler"** ist iSv Art 4 Nr 8 ZdRL „eine nat oder jur Person, die Inhaber eines ZKontos ist und die einen ZAuftrag von diesem Konto gestattet oder – falls kein ZKonto vorhanden ist – eine nat oder jur Person, die den Auftrag für einen ZVorgang erteilt". **„ZEmpfänger"** ist gem der Definition in Art 4 Nr 9 ZdRL wiederum eine „nat oder jur Person, die den bei einem ZVorgang transferierten Geldbetrag als Empfänger erhalten soll". Die etwas merkwürdige Terminologie, dass der ZdNutzer iSv Abs I gleichzeitig **beide Eigenschaften** haben kann, nämlich die des Zahlers wie die des ZEmpfängers, rechtfertigt sich – abgesehen von den definitorischen Vorgaben des Art 4 Nr 10 ZdRL – in praktischer Sicht dadurch, dass etwa der mit dem ZdLeister abgeschlossene Vertrag zur **Kontoführung** (Rn 63) ein **ZdRahmenvertrag** ist. Daher kann der ZdNutzer jedenfalls dann ZEmpfänger ist, wenn er von seinem eigenen **ZKonto** (vgl Art 4 Nr 12 ZdRL) eine Barabhebung vornimmt (vgl BT-Drs 16/11643, 102). Das **Girokonto** ist dabei eine spezielle Form des ZKontos (Grü/*Grüneberg* Rn 10; BeckOK/*Schmalenbach* Rn 8). Zu den Sonderformen, dass mehrere Personen als Kontoinhaber fungieren, also entweder getrennt oder gemeinsam als ZdNutzer – sowohl in ihrer Funktion als Zahler wie auch als ZEmpfänger – auftreten können, sei auf die separaten Ausführungen zum **Und-Konto** (Rn 68) bzw zum **Oder-Konto** (Rn 69) verwiesen.

4 **3. Zahlungsvorgang.** Unter einem ZVorgang versteht die Definition von Art 4 Nr 5 ZdRL eine „vom Zahler oder ZEmpfänger ausgelöste Bereitstellung, Transfer oder Abhebung eines Geldbetrags, unabhängig von etwaigen zugrunde liegenden Verpflichtungen im Verhältnis zw Zahler und ZEmpfänger". Dieser definitorische Ansatz ist in Abs I übernommen, soweit es sich danach um einen **Einzelzahlungsvertrag** handelt. In Abs IV S 1 ist die vorstehende europarechtl Definition nahezu wortgleich übernommen. Wichtig ist dabei, dass bereits die Definition des Begriffs ZVorgang deutlich macht, dass das Valutaverhältnis zw den Parteien – Zahler und ZEmp-

fänger – außer Betracht bleibt; der Grundsatz der **formalen Auftragsstrenge** ist damit auch europarechtl verankert (Rn 19): Im Rahmen des Deckungsverhältnisses bleiben alle Erwägungen, welche mit dem Valutaverhältnis gekoppelt sind, außer Betracht. Zu unterscheiden sind dabei sog, vom Zahler angestoßene **„Push"-Zahlungen** – wie etwa die Überweisung – von sog vom ZEmpfänger initiierten **„Pull"-Zahlungen** – wie etwa Lastschrift (Staudinger/*Omlor* Rn 52ff) und Kreditkarte (Staudinger/*Omlor* Rn 73ff).

4. Zahlungsauftrag. Nach der zwingenden Vorgabe von Art 4 Nr 13 ZdRL liegt ein ZAuftrag immer dann vor, es sich um einen Auftrag handelt, „den ein Zahler oder ZEmpfänger seinem ZdLeister zur Ausführung eines wenn ZVorgangs erteilt". Diese Definition ist praktisch wortgleich in Abs IV S 2 übernommen (krit Staudinger/*Omlor* Rn 32); iÜ Rn 41. 5

5. Zahlungsdiensterahmenvertrag. a) Traditionelle Bankgeschäfte. Die definitorische Vorgabe eines ZdRahmenvertrags (Abs II) ist neu und folgt aus Art 4 Nr 21 ZdRL. Darunter versteht der europäische Gesetzgeber einen ZdVertrag, „der die zukünftige Ausführung einzelner und aufeinander folgender ZVorgänge regelt und die Verpflichtung zur Einrichtung eines ZKontos und die entspr Bedingungen enthalten kann". Er ist – schon wegen des Elements von „aufeinander folgenden ZVorgängen" – als **Dauerschuldverhältnis** (Staudinger/*Omlor* Rn 13) einzuordnen und vom Einzelzahlungsvertrag zu unterscheiden (MüKo/*Casper* Rn 6). Letzterer ist auf die Ausführung eines einzelnen ZVorgangs gerichtet (Staudinger/*Omlor* Rn 23ff). Der Vertragstyp des ZdRahmenvertrags bezieht sich etwa auf die Kontoerrichtung (Rn 55) sowie entspr den definitorischen Vorgaben des § 1 I 2 ZAG – Zahlungsdienste – auf das Einzahlungs- und Auszahlungsgeschäft, auf das **Lastschriftgeschäft** (Rn 85ff), das **Überweisungsgeschäft** (Rn 76ff), das **Kreditkartengeschäft** (Rn 99) sowie das **Online-Banking** (Rn 147ff). Hinzugekommen mit und ohne Kreditgewährung sind das Zahlungsgeschäft, wie zB ein Überziehungskredit, aber auch das Akquistionsgeschäft (Ausgabe von ZInstrumenten oder die Abrechnung von ZVorgängen – § 1 I 2 Nr 5 ZAG) und das Finanztransfergeschäft; neuerdings auch die Zahlungsauslösedienste (§ 1 I 2 Nr 7 ZAG) und die Kontoinformationsdienste (§ 1 I 2 Nr 8 ZAG – hierzu *Jestaedt* BKR 2018, 445ff). Wie sich generell aus Abs II S 2 ergibt, kann der ZdRahmenvertrag auch Bestandteil eines anderen Vertrags sein oder auch mit einem solchen zusammenhängen. Er ersetzt iÜ auch den bisherigen (generellen) Typus des Girovertrags. Dieser ist als ein Dauerschuldverhältnis (§ 314) mit geschäftsbesorgungsrechtl Grundelementen zu qualifizieren (Rn 30). Im Einz auch Rn 25ff. 6

b) Online-Banking. aa) Hauptpflichten. Sofern zw ZdLeister und ZdNutzer ein Vertrag über Online-Banking abgeschlossen werden soll (grundlegend *Omlor* BKR 2019, 105; im Einz MüKo-HGB/*Linardatos* Online-Banking Rn 1ff), ist dies in der Praxis immer ein separater Rahmenvertrag (MüKo-HGB/*Linardatos* Online-Banking Rn 10). Maßgebend sind hier in erster Linie die Bestimmungen der §§ 675c ff sowie die jew AGB. Die Vorschriften des BGB gelten nur subsidiär (MüKo-HGB/*Linardatos* Online-Banking Rn 12ff). Dabei enthält der Rahmenvertrag ein ganzes Bündel von Rechten und Pflichten (*Herresthal* in L/B/S Rn 46f), ist aber im Zweifel als Geschäftsbesorgungsvertrag mit werkvertragl Charakter einzuordnen (BankR-HdB/*Maihold* § 33 Rn 94). Wesentlich ist dabei, dass der ZdLeister sich bereit erklärt, etwaige Weisungen des ZdNutzers auf Ausführung eines ZAuftrags und eines ZVorgangs zu erfüllen (*Herresthal* in L/B/S Rn 14). Nach zutr Ansicht besteht insoweit kein Kontrahierungszwang des ZdLeisters (BankR-HdB/*Maihold* § 33 Rn 91; *Wiesgickl* WM 2000, 1039, 1043; *Herresthal* in L/B/S Rn 29ff). Der Abschluss des Vertrages liegt vielmehr im kaufmännischen Ermessen des ZdLeisters, weil eine nicht unbeträchtliche Verlässlichkeit des Kunden ebenso gefordert wird wie ein Mindestmaß an technischer Versiertheit (BankR-HdB/*Maihold* § 33 Rn 91). Auch für Eröffnung und Zugang zum **Basiskonto** besteht im Rahmen des Online-Bankings kein Kontrahierungszwang (BankR-HdB/*Maihold* § 33 Rn 92). Wird ein Pfändungsschutz-Konto (**P-Konto**) eingerichtet, dann endet der Online-Rahmenvertrag (BankR-HdB/*Maihold* § 33 Rn 93). Der allg ZVorgang ist beim Online-Banking ein **„Fernzahlungsvorgang"** nach Art 4 Nr 6 ZdRL. Dieser ZVorgang wird – so die Definition – „über das Internet oder mittels eines Geräts, das für die Fernkommunikation verwendet werden kann, ausgelöst". Wesentlicher Teil eines **Online-Rahmenvertrages** ist es, dem ZdNutzer das Recht zu eröffnen, Zugang zum ZKonto im Wege des Online-Verfahrens zu haben und Transaktionen auf diese Weise (PIN/TAN) durchzuführen. Als eigenständiger Rahmenvertrag tritt er – mit eigenen AGB ausgestattet (*Bunte/Zahrte*, AGB-Banken – Sonderbedingungen 4, V) – neben den üblichen Giro-Kontenvertrag. Ob die BGH-Entscheidung v 12.12.2000 (NJW 2001, 751 – keine zeitweiligen Beschränkungen und Unterbrechungen des Zugangs aufgrund betrieblicher oder technischer Gründe), wonach der Kunde einen zeitl unbeschränkten Zugang zum Netz hat, auch im Rahmen des Online-Verfahrens aufrechtzuerhalten ist, dürfte fraglich sein. Denn die vom BGH vorgenommene Auslegung, dass in dieser Klausel eine Beschränkung/Unterbrechung des Zugangs – ohne rechtl Folgen – gewollt ist, erscheint unter Beachtung der Auslegungsregeln des § 305c II kaum vertretbar (krit auch *Herresthal* in L/B/S Rn 46). Zur Rspr des BGH zum Online-Banking vgl *Grüneberg* WM 2017, 61ff. 7

bb) Nebenpflichten. Eine der ganz wichtigen Fragen ist, ob und in welcher Weise der ZdLeister verpflichtet ist, für die Sicherheit des Verfahrens nach dem jew neuesten Stand der Technik zu sorgen („allgemeine praktische Unüberwindbarkeit des eingesetzten Sicherungsverfahrens" = BGH WM 2016, 691, 695). Das ist uneingeschränkt zu bejahen; doch gilt die Gleichung: Die Technik der ZdLeister wird immer ausgereifter (*Schulte am Hülse/Kraus* MMR 2016, 435); die Angriffe der Hacker werden gleichzeitig immer innovativer (*Zahrte* BKR 2016, 315; Köln BKR 2016, 349 – Fall eines „social engineering"-Trojaners); **Cyberangriffe** sind die neue Realität (*Frisse/Glaßl/Baranowski/Duwald* BKR 2018, 177; zur Versicherbarkeit dieses Risikos *Achenbach* VersR 2017, 1493ff; zur Abwehrpflicht der Unternehmen *Krügel* MMR 2017, 795ff; zu den Haftungsfolgen und Organpflichten der Unternehmensführung *Schmidt-Versteyl* NJW 2019, 1637; *Grieger* WM 2021, 8ff; *Mehrbrey/Schreibauer* MMR 2016, 8

75ff). Das „Phishing" gehört mittlerweile weithin der Vergangenheit an (zum „analogen Phishing" und dessen Strafbarkeit vgl *Ladiges* wistra 2016, 180). Die neuesten Entscheidungen zum **Missbrauchsrisiko** im Online-Banking weisen bereits die Richtung (BGH NJW 2016, 2024 – Grundsätze des Anscheinsbeweises; München BeckRS 2022, 36075; Schleswig NJW-RR 2019, 680; LG Kiel BKR 2018, 528; Hamm GWR 2015, 433; LG Bonn VuR 2015, 264). Daher wird man bis auf weiteres an der Grundaussage des BGH festmachen: Authentifizierungsverfahren werden dann als „praktisch unüberwindbar angesehen", „wenn diese durch eine Kompromittierung der eingesetzten Geräte nicht berührt werden und ein Zugriff Dritter auf den Übertragungsweg ausgeschlossen ist" (BGH NJW 2016, 2024 Rn 35; *Stackmann* NJW 2016, 2387, 2388; im Einz auch *Hoeren/Kairies* WM 2015, 549, 552 – chipTAN-Verfahren – Anscheinsbeweis; Hoeren/Sieber/Holznagel/*Werner*, Multi-Media-Recht Teil 13.5 Rn 58ff). Die neue ZdRL verlangt jedoch für die Authentifizierung eine **„strong authentification"** (hierzu *Hoffmann* VuR 2016, 243, 247ff). Diese setzt nach ihrer Definition in Art 2 Nr 30 ZdRL voraus: Eine „starke Kundenauthentifizierung", dh eine Authentifizierung unter Heranziehung von mindestens zwei Elementen der Kategorien Wissen (etwas, das nur der Nutzer weiß), Besitz (etwas, das nur der Nutzer besitzt) oder Inhärenz (etwas, das der Nutzer ist), die insofern voneinander unabhängig sind, als die Nichterfüllung eines Kriteriums die Zuverlässigkeit der anderen nicht in Frage stellt, und die so konzipiert ist, dass die Vertraulichkeit der Authentifizierungsdaten geschützt ist" (vgl § 675v IV 2).

9 **6. Lastschrift.** Weiter enthält Art 4 Nr 23 ZdRL eine Definition der Lastschrift (Staudinger/*Omlor* Rn 52ff). Darunter ist zu verstehen ein „vom ZEmpfänger ausgelöster Zahlungsdienst zur Belastung des ZKontos des Zahlers aufgrund einer Zustimmung des Zahlers zu einem ZVorgang, die der Zahler ggü dem ZEmpfänger, dessen ZdLeister oder seinem eigenen ZdLeister erteilt"; zur SEPA-Lastschrift Rn 85ff.

10 **7. Zahlungsinstrument.** Diesen Begriff, den ua Abs VI aufgreift, kennt die RL in zwei Varianten, nämlich zum einen als „Kundenidentifikator", zum anderen als Zahlungsinstrument („ZInstrument"). Ersteres ist gem Art 4 Nr 33 ZdRL „eine Kombination aus Buchstaben, Zahlen oder Symbolen, die dem ZdNutzer vom ZdLeister mitgeteilt wird und die der ZdNutzer angeben muss, damit der andere am ZVorgang beteiligte ZdNutzer und/oder dessen ZKonto zweifelsfrei ermittelt werden kann". Als „ZInstrument" umschreibt Art 4 Nr 14 ZdRL „jedes personalisierte Instrument und/oder jeden personalisierten Verfahrensablauf, das bzw der zw dem ZdNutzer und dem ZdLeister vereinbart wurde und das bzw der vom ZdNutzer eingesetzt werden kann, um einen ZAuftrag zu erteilen". Die hiermit zusammenhängenden Fragen werden nicht nur in Abs VI thematisiert, sondern auch an anderen Stellen, insb in den §§ 675j ff. Hier werden sie im Rahmen der Erörterung des Kreditkartengeschäfts (Rn 99) behandelt und im Zusammenhang mit der Geldkarte dargestellt (Rn 134).

11 **II. Einzelzahlungsvertrag. 1. Allgemeines.** Zwangsläufig liegt jedem Einzelzahlungsvertrag (**Abs I**), jedem ZVorgang, aber auch jedem ZAuftrag – begrifflich wie tatsächlich – eine **Zahlung** – Bereitstellung, Transfer oder Abhebung eines Geldbetrages (Art 4 Nr 6 ZdRL) – zugrunde, welche iSv Abs I zw dem Zahler und dem ZEmpfänger (ZdNutzer) – regelmäßig: unter Einschaltung eines oder mehrerer ZdLeistern – abgewickelt wird (Staudinger/*Omlor* Rn 23ff). Die Zahlung erfolgt dabei entweder (selten) in **Bargeld** (MüKo/*Casper* Rn 16 – „typisches Beispiel") vom Zahler mit Hilfe eines ZdLeisters an den ZEmpfänger (institutsintern), oder fast immer in **Buchgeld**. Dabei ist zw zwei Formen zu unterscheiden: Wenn das ZKonto des ZEmpfängers nicht beim gleichen ZdLeister geführt wird, handelt es sich um eine institutsfremden ZVorgang, wobei regelmäßig ein oder mehrere weitere ZdLeister eingeschaltet werden müssen. Anders ist es beim institutsinternen ZVorgang, hier ist nur ein ZdLeister an der Ausführung des ZAuftrags beteiligt (Art 4 Nr 13 ZdRL). Art 4 Nr 25 ZdRL definiert den Begriff des **„Geldbetrags"** als „Banknoten und Münzen, Giralgeld und elektronisches Geld iSd Art 1 III lit b RL 2000/64/EG". An solchen ZVorgängen sind idR **mehrere Personen** beteiligt, so dass die jew Rechtsverhältnisse streng auseinandergehalten werden müssen. Das gilt insb bei Überweisungen, bei der Lastschrift und auch beim Kartengeschäft, wobei stets mindestens drei Personen auszumachen sind. Als erstes: Zw Zahler und ZEmpfänger (Schuldner – Gläubiger) besteht ein schuldrechtl Vertrag, idR ein Kaufvertrag, so dass es bei der Abwicklung eines ZVorgangs – im Rahmen des sog **Valutaverhältnisses** (Staudinger/*Omlor* Rn 34ff) – um die Tilgung der Entgeltschuld des Gläubigers geht. Geregelt in den §§ 675c ff ist vor allem die Frage der Autorisierung eines ZVorgangs (§ 675j), die Pflichten des ZdNutzers und des ZdLeisters bei der Verwendung eines ZInstruments (§§ 675n und m) sowie Ausführung (§ 675r) und Ausführungsfristen (§ 675s) bis hin zu der nach § 362 maßgeblichen Erfüllung, dh der Wertstellung und der Verfügbarkeit von Geldbeträgen (§ 675t). Zw Zahler und ZdLeister besteht ein **Deckungsverhältnis** (Staudinger/*Omlor* Rn 38ff), und zwar idR ein ZdRahmenvertrag, so dass der dem ZdLeister erteilte ZAuftrag von diesem im Rahmen der §§ 675c ff erfüllt wird (Rn 20). Daran können auch mehrere Personen beteiligt sein, etwa beim **Und-Konto** (Rn 68), was auch der Definition des ZKontos in § 1 XVII ZAG entspricht. Schließlich ist das **Inkassoverhältnis** auszumachen. Es besteht zw ZdLeister und ZEmpfänger. Hinzu tritt idR noch das sog **Interbankenverhältnis**, das zw den jew beteiligten ZdLeistern besteht (Grü/*Grüneberg* vor § 675c Rn 7).

12 **2. Einzelheiten. a) Primärpflichten.** Der in **Abs I** vorgesehene Einzelzahlungsvertrag ist stets darauf gerichtet, einen ZVorgang auszuführen (Staudinger/*Omlor* Rn 23). Erfasst wird damit die Primärpflicht des ZdLeisters im Rahmen eines ZdVertrags (BT-Drs 16/11643, 102). Es geht darum, dass sich der ZdLeister verpflichtet, den betreffenden ZVorgang für einen Zahler oder einen ZEmpfänger zu erledigen. Darin liegt regelmäßig iSd dt-rechtl Terminologie die Verpflichtung aufgrund eines Dienstvertrags iSv §§ 675, 611 (Rn 2). Doch kann es auch so sein, dass i Erg werkvertragl Elemente (BeckOGK/*Foerster* Rn 13; MüKo/*Casper* Rn 17) die vom ZdLeister zu erfüllende Ausführungspflicht iS einer Erfolgspflicht bestimmen (§ 675s Rn 2). Der **Inhalt** des Einzelzahlungsver-

trags erfasst auch alle die Fälle, die gem Abs IV S 1 als **ZVorgang** umschrieben werden, weil die Ausführung eines ZVorgangs zentrale Pflicht des Einzelzahlungsvertrags gem Abs I ist. Nach der Definition von Art 4 Nr 13 der ZdRL wird man allerdings auch den **ZAuftrag**, wie er in Abs IV S 2 geregelt ist, als Unterfall des ZVorgangs begreifen dürfen. Denn die gesetzl Definition geht davon aus, dass ein ZAuftrag jeder Auftrag ist, „den ein Zahler oder ZEmpfänger seinem ZdLeister zur **Ausführung eines ZVorgangs** erteilt". Dies ist deswegen von Belang, weil die gesetzl Definition des Begriffs **Zahlungsdienste** in § 1 I 2 ZAG die Definition „ZAuftrag" nicht eigens reflektiert. Zu den Informationspflichten als **Nebenpflichten** Rn 16.

Das Pflichtenprogramm eines Einzelzahlungsvertrags richtet sich nach den jew Vereinbarungen der Parteien, soweit es sich nicht um halbzwingende Bestimmungen handelt, die den ZdNutzer als **Verbraucher** schützen (§ 675e Rn 2). Die gesetzl Grundlage, wonach der ZdLeister berechtigt ist, von dem ZdNutzer für die Erbringung eines ZDienstes ein **Entgelt** zu verlangen, ergibt sich aus **Abs V** (Rn 46). Für die **Ausführung** eines Einzelzahlungsvertrags gilt § 675n: Da regelmäßig auch der Einzelzahlungsvertrag auf einem **ZAuftrag** iSv Abs IV S 2 beruht (grds bejahend MüKo/*Casper* Rn 18), wird dieser wirksam, wenn er dem ZdLeister des Zahlers zugegangen ist (§ 675n Rn 2). Die Ausführung des ZVorgangs ist mit der Erfüllung einer **Erfolgspflicht** des ZdLeisters zugunsten des Zahlers verbunden, insoweit als nach § 675t I die unverzügliche Verfügbarmachung des Geldbetrages ggü dem ZEmpfänger geschuldet wird (MüKo/*Casper* Rn 17). Wird der ZAuftrag nicht gem § 675o vom ZdLeister **abgelehnt**, sind die Möglichkeiten des ZdNutzers, einen Einzelzahlungsvertrag zu widerrufen, nach § 675p begrenzt: Grds ist der ZdNutzer nämlich nur berechtigt, einen ZAuftrag zu widerrufen, wenn der Geldbetrag noch nicht dem ZdLeister des Zahlers zugegangen ist (§ 675p Rn 3). Im Fall des Widerrufs endet auch der Einzelzahlungsvertrag (MüKo/*Casper* Rn 19). Ein Kündigungsrecht gem § 671 kommt nicht in Betracht, weil diese Bestimmung in § 675c I als der Generalnorm für einen Zahlungsdienst nicht genannt ist (vgl auch Grü/*Grüneberg* Rn 6 – fristloses Kündigungsrecht). 13

b) Zwei- oder Drei-Personen-Verhältnis. Aufgrund der gesetzl Vorgabe von Abs I kann der EinzelZVertrag ein reines Zwei-Personen-Verhältnis sein, wenn zB Ein- oder Auszahlungen vom ZKonto des ZdNutzers vorgenommen werden. Ist jedoch ein **ZEmpfänger**, etwa bei der Durchführung eines ZAuftrags im Rahmen eines Überweisungsvertrags als Begünstigter des Zahlers eingeschaltet, handelt es sich um ein Drei-Personen-Verhältnis. In diesen Fällen ist – wie stets – zw dem Deckungs- und dem Valutaverhältnis zu unterscheiden. Ein **Valutaverhältnis** besteht hier stets zw Zahler und ZEmpfänger, etwa in Form eines Kauf-, Werkvertrags oder eines sonstigen schuldrechtl Verhältnisses. Dieses Rechtsverhältnis ist – entspr den Vorgaben des Art 4 Nr 5 ZdRL – nicht eigens in den §§ 675a ff geregelt, weil der ZVorgang immer „unabhängig" von etwa zugrunde liegenden Verpflichtungen zw Zahler und ZEmpfänger ist. Soweit allerdings Durchführung und Erfüllung der Zahlungspflichten des Zahlers ggü dem ZdLeister – bezogen und begrenzt auf die Entgeltleistung im Valutaverhältnis – in Rede steht, enthalten die §§ 675a ff wesentliche Normen: So ist der Zahler vor allem verpflichtet, durch geeignete rechtsgeschäftliche Dispositionen sicherzustellen, dass der ZAuftrag iSv Art 4 Nr 13 ZdRL gem § 675s **rechtzeitig** wirksam wird (§ 675s Rn 2). Erfüllung tritt nämlich gem § 675t erst dann ein, wenn der geschuldete Betrag dem ZEmpfänger unverzüglich, nachdem er auf dem Konto des ZdLeisters eingegangen ist, **verfügbar** gemacht wurde (§ 675t Rn 3). Gleichzeitig ist damit auch die Frage angesprochen, zu welchem Zeitpunkt der Zahler/Schuldner verpflichtet ist, die jew Leistungshandlungen iSd §§ 269, 270 vorzunehmen (EuGH NJW 2008, 1935; BGH NZM 2017, 120 – Miete), um – rechtzeitig – seine Leistungen gem § 362 zu bewirken (§ 270 Rn 2). 14

c) Deckungsverhältnis – Inkassoverhältnis. Demggü ist das Deckungsverhältnis die Rechtsbeziehung zw dem Zahler und seinem ZdLeister; auch diese wird nachhaltig durch die § 675a ff geregelt. Die auftretenden Rechtsfragen sind in den einzelnen Normen enthalten und werden dort kommentiert. Soweit in diesem Zusammenhang **AGB-Klauseln** der ZdLeister eine Rolle spielen, wird darauf bei der Erörterung der einzelnen Zahlungsdienste iSv § 1 I 1 ZAG verwiesen, und zwar betr das **Überweisungsgeschäft** (Rn 76ff), das **Lastschriftgeschäft** (Rn 85ff) sowie das **Kreditkartengeschäft** (Rn 99ff); soweit das **digitalisierte Zahlungsgeschäft** gem § 1 II Nr 5 ZAG aF in Rede steht, befinden sich die entspr Darstellungen an anderer Stelle (§ 675j Rn 8). Das mit ZdLeister und ZEmpfänger bestehende **Inkassoverhältnis** zielt darauf ab, dass der ZBetrag dem Konto des ZEmpfängers gutgeschrieben wird (§ 675t). Der ZdLeister hat dann eine Doppelrolle, wenn er das letzte Glied in einem **Interbankenverhältnis** ist, weil es bei einer externen (institutsfremden) Überweisung idR notwendig ist, einen weiteren ZdLeister im Blick auf den geschuldeten Transfer des zu überweisenden ZBetrags an den ZdLeister des einzuschalten (vgl Staudinger/*Omlor* Rn 89f). Die Verrechnung kann dann unmittelbar zw dem ZdLeister des Zahlers und dem des ZEmpfängers abgewickelt werden (Clearing); idR geben aber hier Vereinbarungen im Interbankenverhältnis zW den Banken Maß (Staudinger/*Omlor* Rn 49). Es handelt sich hier nicht um ZDienste. 15

d) Erfüllung der Informationspflichten. Von praktisch hoher Bedeutung ist, dass der ZdLeister bei einem **Einzelzahlungsvertrag** die in § 675d I 1 vorgesehenen **Informationspflichten** zu erfüllen hat (hierzu auch EuGH NJW 2017, 871 – dauerhafter Datenträger – Mailbox auf einer E-Banking-Website). Es handelt sich, wie aus § 675e abzuleiten ist, um **halbzwingende Normen**; zum Nachteil des ZdNutzers als Verbraucher darf also von ihnen nicht abgewichen werden (§ 675e Rn 2). Einschlägig sind die Informationspflichten, die Art 248 §§ 12–16 EGBGB vorschreiben. Das setzt nach Art 248 § 12 EGBGB allerdings voraus, dass es sich um einen Einzelzahlungsvertrag handelt, der nicht Teil des ZdRahmenvertrages ist (sonst Art 248 §§ 3ff EGBGB). Art 248 § 13 EGBGB regelt die **vorvertragl** zu erfüllenden Informationspflichten (ua: Mitteilung der Kundenkennung, max Ausführungsfrist, Erfassung aller Entgelte, ggf zugrunde liegender Wechselkurs). Nach Zugang des ZAuftrags sind die in Art 248 § 14 EGBGB vorgesehenen **Informationen an den Zahler** zu übermitteln (die dem ZVor- 16 gang zuzuordnende Kennung, ZBetrag, Entgelte und deren Aufschlüsselung, ggf Wechselkurs und Mitteilung über das Datum des Zugangs des ZAuftrags). Nach Ausführung des ZAuftrags ergeben sich die **an den ZEmpfänger** zu richtenden Informationen aus Art 248 § 15 EGBGB (die dem ZVorgang zuzuordnende Kennung, ZBetrag, Entgelte und deren Aufschlüsselung, ggf Wechselkurs und Wertstellungsdatum der Gutschrift). Doch ist zu beachten, dass auch bei einem **Einzelzahlungsvertrag** die Informationen von Art 248 § 4 EGBGB nach den Vorgaben von Art 248 § 13 III EGBGB genauso wie beim ZdRahmenvertrag zu erfüllen sind, soweit diese auch für den Einzelzahlungsvertrag „erheblich" sind, was regelmäßig im Interesse des Verbraucherschutzes im Rahmen einer Parallelwertung zu bejahen sein dürfte. Nach Art 248 § 13 V EGBGB kann der ZdLeister seine Pflichten nach Abs I auch in der Weise erfüllen, dass er dem ZdNutzer eine Abschrift des Vertrages überlässt. Zu den Rechtsfolgen im Fall einer nicht ordnungsgemäßen Erfüllung dieser Pflichten vgl § 675a Rn 14.

17 **3. Bareinzahlung. a) Ausgangspunkt.** Klassischer Fall eines Einzelzahlungsvertrags iSv Abs I ist die Bareinzahlung des Zahlers auf sein eigenes ZKonto (Staudinger/*Omlor* Rn 16; MüKo/*Casper* Rn 16 – ohne entspr Konto: Bareinzahlung auf „Konto pro diverse" bei dem ZdLeister), welches bei seinem ZdLeister geführt wird. Bei der Barüberweisung ist der Überweisungsbetrag zunächst bar eingezahlt worden, um dann über ein cpd-Konto an den ZEmpfänger weiter geleitet zu werden. Spiegelbildlich steht dem ggü, dass der ZdNutzer als **ZEmpfänger** eine Barabhebung vom seinem ZKonto in Auftrag gibt. In beiden Fällen handelt es sich deswegen um einen ZVorgang, weil auf diese Weise ein „Geldbetrag" transferiert oder abgehoben wird (vgl Abs IV S 1). Ist das ZKonto des Zahlers **aktivisch**, liegt darin nach der noch aufrechtzuerhaltenden Rspr des BGH (BGH NJW 2015, 3025) eine unregelmäßige Verwahrung gem § 700 I (NJW 1994, 318; 1982, 2193, 2194). Bareinzahlungen bei einem aktivischen Konto begründen danach eine weitere unregelmäßige Verwahrung (BGH NJW 1982, 2193, 2194). Zu dem Problemkreis von **Negativzinsen** im Einlagengeschäft vgl *Strobel* NJW 2021, 881ff – Aufbewahrungsentgelt; *Suendorf-Bischof* BKR 2019, 279ff – betr Verbraucher; *Omlor* BKR 2018, 109ff; *Vogel* BKR 2018, 45ff; *Görner/Korff* VuR 2018, 337ff; *Wagner* BKR 2017, 315ff – Fragen der rechtl Wirksamkeit); gegen ihre Zulässigkeit – auch ggü einem Verbraucher (LG Tübingen BKR 2018, 128; unzulässig allerdings neben einer Kontoführungsgebühr LG Tübingen VuR 2018, 358; auch bei laufenden Verträgen LG Tübingen VuR 2018, 149; zu Riester-Verträgen mit negativer Grundverzinsung vgl Stuttgart WM 2019, 1110) – bestehen keine grds Bedenken (krit *Krepold/Herrle* BKR 2018, 89ff). Ist das ZKonto hingegen **passivisch**, gewährt der ZdLeister dem ZdNutzer – sei es ausdrückl oder stillschw – einen verzinslichen Kredit, so dass Barauszahlungen in diesen Fällen nichts anderes sind als die Zurverfügungstellung der Darlehensvaluta (BGH NJW 1994, 318). Bareinzahlungen des Zahlers sind dann nichts anderes als Tilgung der Darlehensverbindlichkeit (BGH NJW 1994, 318).

18 **b) Entgelte.** Bei der Frage, inwieweit ein Entgelt vom ZdNutzer zugunsten des ZdLeisters erhoben werden kann, geht es im Rahmen von Abs I zunächst darum (vgl auch Abs V S 1), die bisherige **Rspr des BGH** zur Wirksamkeit von Entgelten aufzuzeigen, welche der ZdNutzer bei der Inanspruchnahme von ZDiensten dem ZdLeister in rechtswirksamer Weise schuldet (*Zahrte* BKR 2021, 79, 80). In einem zweiten Schritt sind (Rn 46ff) die Fragen zu klären, die sich bei **Abs V S 1** ergeben, weil dort dem ZdLeister ausdrückl das Recht zugestanden wird, für die Erbringung von ZDiensten ein Entgelt zu fordern (BGH NJW 2019, 3771 – Bepreisung von Barein- und Barauszahlungen). In einem dritten Schritt sollen dann die besonders heiklen Fragen angesprochen werden, die sich ebenfalls aus Abs V S 2 ergeben (BGH NJW 2012, 2571 LS 2: „grds" kein Anspruch auf ein Entgelt bei Nebenleistungen nach § 675f V 2). Danach ist der ZdLeister berechtigt, ein Entgelt für die Erfüllung von Nebenpflichten zu verlangen, und zwar nur dann, wenn ihm dieses Recht gesetzl an die Hand gegeben und dann als zu entrichtendes Entgelt auch vereinbart ist. Doch steht die Wirksamkeit eines solchen Entgelts unter dem weiteren Vorbehalt, dass es **angemessen** und an den **tatsächlichen Kosten** des ZdLeisters ausgerichtet ist (Frankfurt BeckRS 2019, 12877 – Bankauskunft: € 25,00 zulässig; BGH NJW-RR 2019, 678 – Entgelt für individuelle Beratungsleistungen bei Darlehensvertrag: unwirksam; vgl insoweit auch BGH NJW 2017, 2986 – unternehmerischer Verkehr: Bearbeitungsgebühr bei gewerblichem Darlehen; LG Nürnberg-Fürth WM 2019, 782 – € 7,90/Monat für Basiskonto – wirksam). Schon früh hatte der BGH bzgl eines **Entgelts im Rahmen der Kontoführung** entschieden, dass ein ZdLeister nicht berechtigt ist, für Bareinzahlungen und Barauszahlungen am Schalter ein gesondertes Entgelt zu fordern (BGH NJW 1994, 318). Das Gericht sah darin eine unwirksame Preisnebenabrede nach § 307 I 1 (BGH NJW 1996, 2032 – nunmehr geändert durch BGH NJW 2019, 3771), sofern – das war von Anfang an wenig einsichtig – nicht zugunsten des ZdNutzers fünf Freiposten/Monat vorgesehen waren. Nunmehr aber steht unter Beachtung der Regel des **§ 675 V 1** fest, dass für die Kontrolle der Entgelte die allg. Bestimmungen anwendbar sind (BGH NJW 2019, 3771). Zu diesen zählt auch – allerdings beschränkt auf den Verbraucherbereich – § 312a IV Nr 2 (BGH NJW 2019, 3771, 3777). Danach sind die Kosten umlagefähig, welche streng **transaktionsbezogen** sind (*Omlor* ZIP 2017, 1836, 1840; *Wendehorst* NJW 20154, 577, 579). Eine **Berichtigungsbuchung** darf nicht bepreist werden. In einer etwas anders gelagerten Entsch (BGH NJW 2014, 922) ging es um die Bepreisung einer **nebenvertragl Dienstleistung** des ZdLeisters (15 €/Nacherstellung eines Kontoauszugs; vgl auch Rostock VuR 2016, 225 – Zusendung der Auszüge per Post: 2 € – unwirksam; Frankfurt VuR 2014, 268 – 15 € – unwirksam). Hier maß der BGH die Klausel an § 675d III 2. Danach kann der ZdLeister für die Erfüllung der ihm nach dem Gesetz obliegenden Informationspflichten nur ein angemessenes Entgelt fordern (§ 675d Rn 9). Entscheidend war für den BGH im Blick auf die Höhe des Entgelts – 15 € –, dass 83 % der Fälle Ersuchen betrafen, die sechs Monate oder länger zurücklagen und daher höhere Kosten verursachten als früher gelagerte Fälle. Der Mangel der Differenzierung der angemessenen – tatsächlichen – Kosten war also entscheidend. Ob diese Rspr weiterhin aufrechterhalten werden kann, ist allerdings zweifelhaft (Rn 49f). Zu den übrigen

Fragen des Kontos – vor allem: Und- und Oder-Konto – einschl der nach Art 248 EGBGB zu erfüllenden Informationspflichten des ZdLeisters vgl Rn 55ff.

c) Formale Auftragsstrenge. Gem der Vorgabe von Art 4 Nr 5 ZdRL ist jeder ZVorgang, wie er iÜ auch unmittelbar in Abs I angesprochen wird, „unabhängig" von etwaigen vertragl Verpflichtungen zw Zahler und ZEmpfänger (Staudinger/*Omlor* Rn 46f). Der ZdLeister hat nämlich nur die im jew ZAuftrag enthaltenen Anweisungen zu befolgen sowie die sonstigen Erklärungen des Zahlers bei Erteilung des ZAuftrags (Schleswig WM 2001, 812). Damit ist das Prinzip der formalen Auftragsstrenge angesprochen (BGH BKR 2003, 376, 379; NJW 1987, 317, 318): Die Banken werden im Allg vor allem im Überweisungs-, Scheckeinreichungs- und Lastschriftverkehr nur zum Zweck eines technisch einwandfreien, einfachen und schnellen Zahlungsverkehrs tätig; sie kümmern sich grds nicht um die Interessen der beteiligten ZdNutzer, des Zahlers sowie des ZEmpfängers (BGH NJW 1987, 317, 318; 1978, 1852). Der ZdLeister ist also lediglich gehalten, die im jew ZAuftrag niedergelegten Weisungen zur Durchführung/Erledigung des betreffenden ZVorgangs zu befolgen (BGH BKR 2003, 376, 379; MüKo-HGB/*Häuser*, Überweisungsverkehr Rn B 136). Alle wie auch immer gearteten Erwägungen/Überlegungen des ZdLeisters etwa auch zur Zweckmäßigkeit (BGH NJW 1994, 2082, 2084) scheiden aus (BGH BKR 2003, 215, 218). Die Grundsätze der formalen Auftragsstrenge gelten auch im Verhältnis der einz ZdLeister untereinander (Staudinger/*Omlor* Rn 46). Verletzt der ZdLeister den Grundsatz der formalen Auftragsstrenge, steht ihm ein Aufwendungsersatzanspruch nicht zu (BGH NJW-RR 2000, 272, 273); er hat vielmehr die erlangte Deckung nach den §§ 667, 675 herauszugeben (Düsseldorf NJOZ 2004, 2937). Doch haftet der ZdLeister für etwaige Pflichtverletzungen der zwischengeschalteten ZdLeister nach § 675z S 3, so dass für die Anwendung der Grundsätze der Drittschadensliquidation kein Platz ist. Denn dem überweisenden ZdLeister entsteht ja ein eigener Schaden. Auch ist ein ZdLeister in seiner Funktion als Finanzdienstleister nicht verpflichtet, den Zahler oder den ZEmpfänger vor Fehlern im Rahmen der Durchführung eines ZAuftrags nach § 241 II im Rahmen einer **Nebenpflicht** zu **warnen** oder im Rahmen der Erfüllung von **Aufklärungspflichten** ihn davor zu schützen (BGH NJW-RR 2004, 1637; NJW 1987, 317, 318). Ausnahmen iSv § 241 II sind freilich anzuerkennen, sofern dies durch die besonderen Umstände des Einzelfalls gerechtfertigt ist (§ 241 Rn 10f). Ggü dem **Zahler** besteht gleichwohl stets die aus § 241 II abzuleitende Pflicht, ihn auf etwaige rechtl Bedenken – etwa: auf devisenrechtl Bestimmungen – hinzuweisen. Ggf ist der ZdLeister auch verpflichtet, beim Zahler rückzufragen, wenn ihm etwa ein Blankoüberweisungsauftrag erteilt wird, aus den zusätzl verfügbaren Dokumenten aber erkennbar ist, dass Zweifel bestehen, ob die Weisung, den Kaufpreis auf ein bestimmtes Konto zu zahlen, weiterhin fortbesteht (BGH NJW 1991, 487, 488). Die Prüfung der Vertretungsmacht des Zahlers ist jedoch uneingeschränkt zulässig (Karlsruhe BKR 2007, 211, 212). Der Grundsatz der formalen Auftragslage gilt iÜ beim **Akkreditivgeschäft** (*Vorpeil* in Schütze/Vorpeil, Das Dokumenten-Akkreditiv im internationalen Handelsverkehr, 2016, Kap 3 Rn 144ff) oder bei der auf „erstes Anfordern" zahlbar gestellten **Bankgarantie** (*Graf v Westphalen*, Die Bankgarantie im internationalen Handel, 2023, Kap C 103ff) sowie beim **Dokumenteninkasso** (BankR-HdB/*Fischer* § 102 Rn 15). Weitere Fragen sind insb beim Überweisungsgeschäft dargestellt (Rn 76ff). 19

III. Zahlungsdiensterahmenvertrag. 1. Grundaussage. Das wesentliche Element eines jeden Rahmenvertrags, wie er auch in **Abs II** angesprochen wird, besteht darin, dass er zw dem jew ZdNutzer und dem ZdLeister – also: sowohl im Verhältnis zum Zahler als auch zum ZEmpfänger – abgeschlossen wird. Er betrifft also sowohl das **Deckungsverhältnis** als auch das **Inkassoverhältnis.** Selbstredend bleibt das Valutaverhältnis zw Zahler und ZEmpfänger unberührt (Abs IV S 1). Ergänzt wird die Vorschrift von Abs II S 1 durch den Hinweis, dass „ggf" ein weiteres wesentliches Element darin besteht, dass der ZdLeister für einen oder mehrere ZdNutzer ein **ZKonto** führt (Definition in § 1 XVII ZAG). Dogmatisch ist ein Rahmenvertrag seinerseits dadurch charakterisiert, dass er bereits Einzelheiten eines künftig abzuschließenden Vertrags oder künftig abzuschließender Verträge festlegt, wobei stets eine auf Dauer angelegte Geschäftsbeziehung eröffnet werden soll (BGH NJW-RR 1992, 977, 978). Rahmenverträge sind daher von einem Vorvertrag zu unterscheiden, weil regelmäßig insoweit noch keine Pflicht zum Abschluss eines Einzelvertrags begründet wird (BGH NJW-RR 1992, 977). Im Einzelfall kann jedoch etwas anderes gelten (BGH NJW-RR 1992, 977). Die auf Dauer angelegte Geschäftsverbindung, die einem Rahmenvertrag grds zu Eigen ist, ist als **Dauerschuldverhältnis** iSv § 314 zu qualifizieren. Danach wird von beiden Parteien ein dauerndes Verhalten oder, was im Rahmen von Abs II regelmäßig zutrifft, wiederkehrende Leistungen verlangt und geschuldet, wobei das Zeitelement maßgebend ist (MüKo/*Gaier* § 314 Rn 5). Der ZdRahmenvertrag ist auf die Ausführung von ZVorgängen gerichtet; seine wesentlichen Elemente sind Konto-Abrede, Teilnahme am Lastschriftverfahren (Rn 85ff), am Überweisungsverkehr (Rn 76ff) und Kartenzahlungen (Rn 99ff) sowie (optional) eine Vereinbarung betr das Online-Banking (*Herresthal* in L/B/S Rn 19 – Umfang der Nutzung). Er kommt nach den §§ 145ff zustande (MüKo/*Casper* Rn 23). In der Praxis wird er regelmäßig schriftlich abgeschlossen, zumal verschiedene AGB diesem Vertrag, wie etwa bei der Eröffnung eines Girokontos (Staudinger/*Omlor* Rn 8) nach § 305 II und III zugrunde gelegt werden. Sein Abschluss bedarf keiner Form, was jedoch auf eine rein theoretische Ausnahme hinausläuft, weil zum einen die Erfüllung der **Informationspflichten** nach Art 248 §§ 3–9 EGBGB formpflichtig ist (Rn 22) und zum anderen die gewillkürte Schriftform nach § 127 idR beachtet wird. 20

2. Europarechtliche Vorgaben. a) Definitorisches. Die gesetzl Regelung von **Abs II S 1** entspricht den begrifflichen Vorgaben, wie sie in Art 4 Nr 21 ZdRL festgelegt sind. Danach geht es um die künftige Ausführung einzelnen oder aufeinander folgender ZVorgänge sowie um die Verpflichtung, ein ZKonto zu errichten, einschl der entsprechenden Bedingungen. Der Begriff des **„ZKontos"** (Art 4 Nr 12 ZdRL) ist dahin umschrieben, dass 21 es sich dabei um ein auf den Namen eines oder mehrerer ZdNutzer lautendes Konto handelt, das für die Ausführung von ZVorgängen genutzt wird. Nach Abs II S 2 kann der ZdRahmenvertrag „einen ZdVertrag" sowie zusätzl „die entspr Bedingungen enthalten" (vgl Art 4 Nr 21 ZdRL). Damit ist ein anderer Vertrag iSv Abs II S 2 gemeint. Der Gesetzgeber hat die neue Rechtsfigur des ZdRahmenvertrags ordnungsgemäß – bezogen auf die entspr Übernahme der vorgegebenen Begrifflichkeiten – umgesetzt.

22 **b) Erfüllung der Informationspflichten.** Der ZdLeister ist unter Beachtung der europarechtl Vorgaben der Art 50ff ZdRL bei Abschluss jedes ZdRahmenvertrags verpflichtet, die allg und die besonderen Informationspflichten gem Art 248 §§ 3–9 EGBGB zu beachten (Art 51–53 ZdRL). Zum Formerfordernis bei Verwendung einer Kundenmailbox EuGH NJW 2017, 871. Dass er iÜ nicht von der Erfüllung der allg Informationspflichten nach Art 248 § 1 EGBGB (konkurrierende Informationspflichten – kumulativ zu erfüllen, etwa bei einem Fernabsatz- oder einem Verbraucherkreditvertrag) und gem Art 248 § 2 EGBGB (Amtssprache, vereinbarte Sprache und Beachtung des Transparenzgebots auch in Bezug auf die Vertragsbedingungen) dispensiert ist, sei der Vollständigkeit halber hinzugesetzt. Die im Zusammenhang mit einem ZdRahmenvertrag zu erfüllenden Informationen und Vertragsbedingungen sind dem ZdNutzer in Textform mitzuteilen (Art 248 § 3 EGBGB). Die große Menge der vorvertragl zu erfüllenden Informationspflichten folgt dabei aus Art 248 § 4 EGBGB. Es ist wegen der hochgradig detaillierten Regelung unverzichtbar, stets Schritt für Schritt zu prüfen, ob nichts vergessen oder übersehen worden ist. Dabei ist zu beachten, dass sich für **jeden einzelnen ZVorgang** innerhalb des ZdRahmenvertrags besondere Informationspflichten ergeben, die nach Art 248 § 7 EGBGB an den **Zahler** und nach Art 248 § 8 EGBGB an den **ZEmpfänger** zu adressieren sind. Auf besonderes Verlangen des Zahlers bestimmt zudem Art 248 § 6 EGBGB, dass ihm die max Ausführungsfrist und das Entgelt (ggf auch aufgeschlüsselt) mitzuteilen sind. Für **nachträgl Informationen** iSv §§ 7, 8, 9 Nr 2 gestattet freilich Art 248 § 10 EGBGB die Vereinbarung einer anderen Häufigkeit und einer von § 3 abw Form oder eines abw Verfahrens; die **Mindestanforderung** von Art 248 § 10 S 2 EGBGB ist jedoch zu beachten: Die Mindestinformationspflicht ist pro Monat festgelegt, soweit die Informationen gem Art 248 § 7 und § 8 EGBGB für ZVorgänge in Rede stehen. Praktisch ist hierbei wichtig, dass der ZdLeister verpflichtet ist, diese Informationen dem ZdNutzer mitzuteilen. Dafür ist **Textform** (§ 126b) – dauerhafter Datenträger – vorgesehen, so dass sie auch dem ZdNutzer gem § 130 zugehen müssen. Zu unterscheiden ist, ob diese Informationen dem ZdNutzer mitzuteilen (oder er zu unterrichten ist – Art 248 § 14 EGBGB) sind – dann Schickschuld (Art 248 § 4 EGBGB – vorvertragl Informationen; Art 248 §§ 6 – 8 EGBGB) oder ob der ZdLeister diese nur zur Verfügung zu stellen hat, was eine entspr Initiative des ZdNutzers erfordert (Art 248 §§ 12 und 13 EGBGB). Verletzt der ZdLeister diese Informationspflichten, ergeben sich die bereits zuvor dargestellten rechtl Konsequenzen im Blick auf den Ersatz des erlittenen Schadens (§ 675a Rn 14).

23 **3. Begründung des Vertrags. a) Leistungsgegenstand.** Der Abschluss eines ZdRahmenvertrags setzt voraus, dass die Konsenselemente der §§ 145ff zw ZdLeister und ZdNutzer vorliegen (Staudinger/*Omlor* Rn 13). Auch soweit der ZdRahmenvertrag iSv Abs II 2 „Bestandteil eines sonstigen Vertrags" ist, ändert sich dadurch sein Charakter als Rahmenvertrag nicht. Gleiches gilt, wenn er iS dieser Bestimmung „mit einem anderen Vertrag" zusammenhängt. Bsp: Die Führung eines laufenden Kontos – auch im Rahmen eines Girovertrages (Rn 30) – ist ein klassischer ZdRahmenvertrag (MüKo-HGB/*Herresthal* A – Giroverhälnis Rn 167; iÜ hier Rn 55); über dieses Konto werden dann nicht nur sonstige Zahlungsdienste iSv § 1 I 2 ZAG wie Ein- und Auszahlungsgeschäfte, Lastschriften, Überweisungen oder Zahlkartengeschäfte, einschl Zahlungsauslösedienste (§ 1 I 2 Nr 7 ZAG) und Kontoinformationsdienste (§ 1 I 2 Nr 8 ZAG) abgewickelt, für die dann (teilw) eigene AGB gelten. Außerhalb des Anwendungsbereichs des Sonderbereichs des ZKG (Rn 24) ist im Blick auf die Begründung eines **Basiskontos** ein Kontrahierungszwang auf Abschluss eines ZdRahmenvertrages nicht anzuerkennen (Grü/*Grüneberg* Rn 3). Eine etwaige **Änderung** des ZdRahmenvertrags muss allerdings die Regeln von § 675g beachten (§ 675g Rn 2). Die ordentliche Kündigung folgt aus § 675h (§ 675h Rn 1ff). Die **Haftung des ZdLeisters** ergibt sich im Zweifel nicht in erster Linie daraus, dass dieser zum Nachteil des ZdNutzers den ZdRahmenvertrag gem § 280 I (schuldhaft) verletzt. Vielmehr liegt das Schwergewicht einer Haftung des ZdLeisters darin, dass sich die Pflichtverletzung auf die fehlerhafte Durchführung eines einzelnen **ZVorgangs** oder auch eines ZAuftrags iSv Abs II S 2 bezieht. Dann resultiert die Haftung **ausschließlich** aus § 675y, weil § 675z S 1 diese gesetzl Haftungsregel des § 675y als abschließend bezeichnet (§ 675z Rn 1ff). Dahinter steht die grds Erkentnnis, dass die Bestimmungen der §§ 675c ff Vorrang ggü den allg Normen des BGB besitzen (Staudinger/*Omlor* Rn 14). Soweit – wie üblich – diverse AGB bei Abschluss des ZdRahmenvertrags einbezogen werden (Staudinger/*Omlor* Rn 14), ist für deren wirksame Einbeziehung auf § 305 II und III oder auch ggü jur Personen oder Unternehmern auf die §§ 145ff zurückzugreifen. Soweit ein **Minderjähriger** einen ZdRahmenvertrag abschließen will, bedarf er – vorbehaltlich der immer zu beachtenden Regel des § 112 – der Zustimmung der gesetzl Vertreter (vgl Saarbrücken NJW-RR 2008, 1654 – Festgeldanlage).

24 **b) Basiskonto.** Zu beachten ist, dass seit Umsetzung der **ZahlungskontenRL** 2014/92/EU (ABl 2014 L 257/214; *Linardatos* WM 2015, 755ff) und dem Inkrafttreten des **ZKG am 16.4.2016** jeder Verbraucher mit Sitz in der EU einen Anspruch darauf hat (Staudinger/*Omlor* Rn 17; BeckOK/*Schmalenbach* Rn 12ff; *Hoffmann* VuR 2021, 323; *Gondert*/*Huneke* VuR 2016, 323ff; *Conreder*/*Schild* BKR 2016, 89, 92ff; krit *Held* BKR 2016, 353 – verfassungsrechtl Bedenken), dass ein ZdLeister unter Beachtung eines ordnungsgemäß an ihn gestellten Antrags nach § 33 ZKG verpflichtet ist, dass für ihn ein Basiskonto errichtet wird (§ 31 ZKG; im Einz BankR-HdB/*Menges* § 33 Rn 4ff). Es gibt nur die gesetzl vorgesehenen – eng begrenzten – Ablehnungsgründe nach § 34 I ZKG (hierzu *Herresthal* BKR 2016, 133, 138). Es besteht danach praktisch ein **Kontrahierungszwang** (krit *Herresthal* BKR

2016, 221ff; iÜ *Günther* WM 2014, 1369ff), doch bestehen **sachliche Gründe**, dann können diese eine Ablehnung rechtfertigen (BankR-HdB/*Menges* § 33 Rn 21ff – Ablehnung wegen früheren Zahlungsverzugs, strafbaren Handlungen oder wenn ein ZKonto bereits vorhanden ist). Nach § 38 II Nr 1–3 ZKG muss der Verbraucher in der Lage sein, über dieses Basiskonto Ein- und Auszahlungen zu tätigen, Lastschriften abzuwickeln und Überweisungen durchzuführen (*Rott* VuR 2016, 3ff; *Conreder/Schild* BKR 2016, 89, 93). Ein entspr Anspruch auf Teilnahme am Online-Banking besteht jedoch im Blick auf das erforderliche Vertrauen in die Seriosität des ZdNutzers nicht (*Herresthal* in L/B/S Rn 29f). Zu den nach § 41 II ZKG zu beanstandenden **Kosten** *Edelmann/Bacher* BKR 2019, 428; *Zimmermann/Huneke* VuR 2019, 163ff - jew zur Angemessenheit der Gebühr; vgl LG Frankfurt BKR 2018, 391 – unangemessene monatliche Grundgebühr; Dresden WM 2018, 1304 – € 30/Pfändungsmaßnahme – Beseitigungsanspruch zugunsten aller betroffenen Kunden; krit *Schultheiß* WM 2019, 9ff; Frankfurt VuR 2019, 264 – grundlegend – € 8,99/Monat ist zu hoch; Schleswig WM 2019, 68 – € 7,99/Monat – unwirksam. Insoweit sind nach den gesetzl Vorgaben von § 41 II immer die „marktüblichen Entgelte sowie das (spezifische) Nutzerverhalten" zu berücksichtigen (BeckOK/*Schmalenbach* Rn 30). Sie müssen auch diskriminierungsfrei gegenüber anderen ZKonten sein (LG Leipzig VuR 2018, 345; BeckOK/*Schmalenbach* Rn 28). Ob die Entgelte hier unter Beachtung des gebotenen Marktvergleichs höher sein dürfen als die des allg Girokontos ist fraglich (so aber im Erg LG Köln NJOZ 2020, 92).

4. Zusatzvereinbarungen. a) Qualifikation. Da iSv Abs II S 2 der ZdRahmenvertrag stets Bestandteil eines anderen Vertrags sein oder mit einem anderen Vertrag – vor allem mit einem Girovertrag – zusammenhängen kann, ist diese Frage unter Berücksichtigung der Rechtsfigur der Vertragsverbindung oder des gemischten Vertrags – Kombinationstheorie – zu behandeln (MüKo/*Emmerich* § 311 Rn 28ff). Entscheidend ist danach stets – bezogen auf die Koppelung dieser Vereinbarungen mit dem ZdRahmenvertrag – der Parteiwille zu beachten, weil es entscheidend darauf ankommt, ob und in welchem Umfang ein „Einheitlichkeitswille" nach § 139 anzuerkennen ist (BGH NJW-RR 2007, 395, 396). Insoweit müssen beide Rechtsgeschäfte in rechtl, nicht aber nur in wirtschaftl Hinsicht miteinander stehen oder fallen (BGH NJW 1976, 1931). Daraus folgt: Sind der ZdRahmenvertrag und der – andere – Vertrag (Gleiches gilt für den Girovertrag) unabhängig und damit selbständig, dann liegen die Voraussetzungen von Abs II S 2 nicht vor. Bsp: Der Scheckvertrag ist kein ZDienst (§ 2 I Nr 6a ZAG); er ist Geschäftsbesorgungsvertrag gem § 675 mit werkvertragl Elementen. Der ZdLeister/Kreditinstitut verspricht nämlich in diesem Vertrag einen bestimmten Erfolg: die Einlösung des Schecks. Dabei ist – als weitere werkvertragl Pflicht – der ZdLeister/Kreditinstitut verpflichtet, den ihm vorgelegten Scheck sorgfältig – nach seinem äußeren Erscheinungsbild – darauf zu prüfen, ob er echt ist (statt aller Staudinger/*Omlor* Rn 132ff). Im Wesentlichen wird der Scheckvertrag auch durch die Scheck-AGB des jew ZdLeisters/Kreditinstituts bestimmt. Hier wird man sicherlich von einem selbständigen Vertragsverhältnis ggü dem Scheckeinreicher ausgehen müssen. Beleuchtet man hingegen die (werkvertragl) Tätigkeit des ZdLeisters/Kreditinstituts im Rahmen des Scheckinkassos, spricht – bezogen auf diese Einzeltätigkeit – einiges dafür, deswegen die Anwendbarkeit von Abs II S 2 anzunehmen, weil der inkassierte Scheckbetrag dazu führt, dass der Gläubiger aufgrund der endgültigen Gutschrift auf seinem ZKonto einen Anspruch aufgrund eines abstrakten Schuldversprechens/Schuldanerkenntnisses gem §§ 780, 781 gegen das Kreditinstitut erlangt (BGH NJW-RR 2001, 127). Diese Gutschrift auf dem Konto des ZEmpfängers wird also dann zu einer (faktischen) Verbindung des ZdRahmenvertrags mit dem (selbständigen) Scheckvertrag des iSv Abs II S 2. Ähnl gilt bei einem Wechselinkasso; auch dieses ist kein ZDienst (§ 2 I Nr 6b ZAG). Erhebliche praktische Bedeutung hat diese Differenzierung freilich nicht nehr, weil beide Zahlungsformen an praktischer Relevanz stark eingebüßt haben. Im Vordergrund steht im Rahmen von Abs II S 2 stets die Fixierung des jew Pflichtenprogramms der einzelnen (geschäftsbesorgungsrechtl) Tätigkeiten des ZdLeisters, einschl der korrespondierenden Rechte und Pflichten des Zahlers/Scheckeinreichers bzw des ZEmpfängers (Begünstigten – ZdNutzers). Beim Online-Banking spricht indessen viel dafür, dass die Voraussetzungen von Abs II S 2 grds gegeben sind, weil die Nutzung des gleichen ZKontos mittels eines Online-Zugangs iSd § 130 in Rede steht und ein ZDienst vorliegt (diff *Herresthal* in L/B/S Rn 39ff). 25

b) Nebenpflichten des ZdNutzers. Unproblematisch unter dem Blickwinkel der Vollharmonisierung ist, dass gem Nr 11 IV AGB-Banken der ZdNutzer verpflichtet ist, Kontoauszüge, Wertpapierabrechnungen, Depot- und Erträgnisaufstellungen sowie sonstige Abrechnungen, Anzeigen sowie etwaige Informationen über erwartete Zahlungen und Sendungen (Avise) auf ihre **Richtigkeit und Vollständigkeit** zu prüfen und etwaige Einwendungen **„unverzüglich"** zu erheben (BankR-HdB/*Bunte/Artz* § 3 Nr 11 Banken-AGB Rn 33ff). Dies ergibt sich aus der allg Interessenwahrungspflicht des ZdNutzers aus § 241 II. Das Gleiche gilt auch insoweit, als Nr 11 V AGB-Banken den ZdNutzer verpflichtet, das Ausbleiben von Rechnungsabschlüssen und Depotaufstellungen dem ZdLeister „unverzüglich mitzuteilen (BankR-HdB/*Bunte/Artz* § 3 Nr 11 Banken-AGB Rn 36ff). Zu den rechtl Folgen nach § 676b s § 676b Rn 5ff); zur Frage, ob diese Pflichten noch wirksam vereinbart werden können (Grundsatz der Vollharmonisierung) bei nicht rechtzeitiger Erhebung der Einwendungen und dem dann eintretenden Saldoanerkenntnis einschl eines Bereicherungsanspruchs nach § 812 II und zu den Fragen des Bereicherungsausgleichs vgl § 675y Rn 42ff. 26

Von praktisch erheblicher Bedeutung ist des Weiteren die Regelung von **Nr 11 I, II und III AGB-Banken** (*Bunte/Zahrte*, AGB-Banken und Sonderbedingungen, Rn 219ff). Danach ist der ZdNutzer verpflichtet, die Änderung seines Namens bzw seiner Anschrift dem ZdLeister mitzuteilen: Beim ZdNutzer als Unternehmer iSv § 14 bezieht sich diese Anzeigepflicht auch auf das Erlöschen bzw etwaige Änderungen der Vertretungsmacht, soweit diese im Handelsregister einzutragen sind. Die Rücksichtnahmepflicht gem § 241 II gilt nach Nr 11 II AGB-Ban- 27 ken insb auch dahingehend, dass der ZdNutzer für die **Klarheit von Aufträgen und Überweisungen** verantwortlich ist. Gerade wegen des Grundsatzes der formalen Auftragsstrenge ist der ZdLeister darauf angewiesen, dass der ihm erteilte ZAuftrag richtig und vollständig ist (IBAN). Die (schuldhafte) Verletzung dieser Pflicht führt zur Anwendbarkeit von § 254 II (BankRHdB/*Bunte/Artz* § 3 Nr 11 Rn 14f). Nach Nr 11 III AGB-Banken ist der ZdNutzer darüber hinaus auch verpflichtet, bei besonderer **Eilbedürftigkeit** von Auftragen „gesondert" – also: außerhalb des Formulars – auf die besondere Eile – in Form einer Obliegenheit des ZdNutzers hinzuweisen (BankR-HdB/*Bunte/Artz* § 3 Nr 11 Rn 24ff). Dies ist im Kontext der allg Ausführungsfristen für ZVorgänge gem § 675s zu sehen. Von einer besonderen Eilbedürftigkeit iSv Nr 11 III AGB-Banken kann nur dann die Rede sein, wenn die in § 675s vorgesehenen allg Ausführungsfristen erheblich verkürzt werden müssen. Im Blick auf die Fristenregelung von § 675s I 1 erscheint eine solche (besondere) Eilbedürftigkeit kaum mehr realistisch, weil der ZdLeister ohnedies verpflichtet ist sicherzustellen, dass der ZBetrag spätestens am Ende des auf den Zugangszeitpunkt des ZAuftrags folgenden Geschäftstags beim ZdLeister des ZEmpfängers eingeht.

28 **c) Spezifische Sorgfaltspflichten des ZdNutzers.** Darüber hinaus ergeben sich bestimmte Sorgfaltspflichten, die mit den Besonderheiten des ZdVertrags – etwa im **Online-Banking** – zusammenhängen. Auch ihr Bestehen ist unter dem Aspekt der Vollharmonisierung nicht in Zweifel zu ziehen. So ist der Zahler gem § 675l verpflichtet, unmittelbar nach Erhalt eines **ZInstruments** alle **zumutbaren Vorkehrungen** zu treffen, um sicherzustellen, dass die personalisierten Sicherheitsmerkmale (PIN/TAN etc) vor unbefugten Zugriff geschützt sind (§ 675l Rn 2ff). Diebstahl und missbräuchliche Verwendung oder die sonstige authentifizierte Nutzung eines ZInstruments muss er unverzüglich dem ZdLeister oder einer von diesem benannten Stelle anzeigen, nachdem er hiervon Kenntnis erlangt hat (§ 675l Rn 12). Indessen ist der Angriff mittels eines Trojaners noch kein belastbares Indiz dafür, dass ein **Virenschutzprogramm** (LG Kiel BKR 2018, 528 – kein Beweis des ersten Anscheins zugunsten der Bank, wenn Unbefugte PIN verwenden; im Einz auch MüKo-HGB/*Linardatos* Online-Banking Rn 138ff) fehlte oder nicht ausreichend war (LG Oldenburg MMR 2016, 450; vgl auch KG MMR 2011, 238). Die **Haftungsfolgen** zulasten des Zahlers ergeben sich aus § 675v: Der ZdLeister kann den ZdNutzer in diesem Fall am Ersatz des Schadens bis zu 50 € beteiligen (§ 675v Rn 4ff). Schließlich ist auch auf § 676b hinzuweisen: Soweit der ZdNutzer festgestellt hat, dass ein nicht autorisierter oder fehlerhaft ausgeführter ZVorgang vorliegt, ist er verpflichtet, den ZdLeister unverzüglich davon zu unterrichten (§ 676b Rn 2).

29 **d) Nebenpflichten des ZdLeisters.** Etwaige Nebenpflichten als besondere **Warn- und Aufklärungspflichten** treffen den ZdLeister nach der Grundnorm des § 241 II – unabhängig von den Regeln der Vollharmonisierung nach der ZdRL – nur in engen Grenzen (vgl Cyberangriffe *Mehrbrey/Schreibauer* MMR 2016, 75 – Haftungsfragen), soweit sie nicht im Vorstehenden bereits kurz apostrophiert worden sind (BGH NJW 2012, 2422, 2425 – Pharming-Angriff – verneint; BGH NJW 2008, 2245, 2446 – Überweisungsverkehr). Daneben kann – idR unproblematisch – eine allg **Auskunftspflicht**, etwa über den Kontostand (BGH NJW 1985, 2699), in Betracht kommen (Grü/*Grüneberg* Rn 9).

30 **5. Girovertrag.** Geht man von der – inzwischen freilich außer Kraft getretenen – Definition von § 676f aF aus, ist der ZdLeister auch aufgrund eines Girovertrags verpflichtet, für den ZdNutzer ein **Konto** einzurichten, eingehende Zahlungen auf dem Konto gutzuschreiben und abgeschlossene Überweisungsverträge zugunsten dieses Kontos abzuwickeln (vgl auch Staudinger/*Omlor* Rn 15ff). Damit erfüllte der Girovertrag in dieser Umschreibung die Voraussetzung eines ZdRahmenvertrags iSv Abs II S 1 – **Zkonto** (Grü/*Grüneberg* Rn 10; MüKo/*Casper* Rn 36; vgl auch *Ehmann/Hadding* WM-Beil 3/1999, 15f). Das Girokonto ist ein Unterfall des ZKontos (MüKo-HGB/*Herresthal* A Girovertrag Rn 168). Anders gesagt: Der früher anerkannte Girovertrag ist nunmehr der ZdRahmenvertrag geworden, wohl wissend, dass die Pflichten des ZdLeisters im Girovertrag weiter reichen, etwa Scheck-, Wechselgeschäft. Auch die europarechtl Definition von Art 4 Nr 21 ZdRL bezieht sich – genau wie die Charakterisierung des Girovertrages – darauf, dass ein ZKonto errichtet wird (Staudinger/*Omlor* Rn 15), welches dann auch „die entspr Bedingungen enthalten kann". Anerkannt ist unter der dt-rechtl Perspektive, dass der Girovertrag ein gemischt-typischer Geschäftsbesorgungsvertrag eigener Art war (BR-Drs 163/990, 27). Im Wesentlichen ist er durch dienstvertragl Elemente geprägt (BGH NJW 1996, 2032 – kostenfreie Entgeltklauseln für private Girokonten; NJW 1996, 190, 191; Grü/*Grüneberg* Rn 10). Streng genommen kann indessen künftig nicht mehr von einem Girovertrag gesprochen werden, falls man die neue Terminologie von Abs II S 2 – **ZdRahmenvertrag** – beachtet. Der BGH zeigt sich allerdings insoweit nicht beeindruckt; er konstatiert – anknüpfend an die rechtl Qualifikation des ZdRahmenvertrages, dass dieser durch Eröffnung des **Insolvenzverfahrens** über das Konto des ZdNutzers erlischt (BGH NJW 2019, 1451).

31 **a) Zusatzvereinbarungen.** Doch ist zu beachten, dass der Girovertrag – vgl Abs II S 2 – nach traditionellem Verständnis und Praxis das Scheck- (Rn 170) und Wechselinkasso umfasste sowie die Nutzung einer Debit-Karte (Rn 124ff) und auch das Online-Banking (Rn 147). Dieses Verständnis bereitet jedoch unter der Perspektive von Abs II S 2 keine Probleme, weil auch der ZdRahmenvertrag nach ausdrücklicher gesetzl Vorgabe mit anderen Verträgen zusammengekoppelt werden kann. Daher werden auch dies hiermit zusammenhängenden Rechtsfragen nachfolgend dargestellt. Die Grenze für eine solche **Verkoppelung** (Grü/*Grüneberg* Rn 10) folgt aus dem Grundbegriff der ZdRL (im Einz Rn 29): Es muss sich im Rahmen von Abs II S 2 auch um einen ZDienst (§ 1 I 2 ZAG) handeln. Wie stets entscheidet die Auslegung der getroffenen Parteivereinbarung darüber, ob es sich bei etwaigen Zusatzleistungen zum ZdRahmenvertrag um selbständige oder um unselbständige Zusatzleistungen im Rahmen von ZDiensten handelt. Die insoweit gefundene Antwort entscheidet dann auch darüber, ob die Bestimmungen der §§ 675c ff auf solche Zusatzleistungen anwendbar sind, welche nicht als Bestandteil eines sons-

tigen Vertrages einzuordnen sind, sondern in einen ZdRahmenvertrag nach dem ermittelten Parteiwillen integriert werden müssen. Praktische Bedeutung hat die Antwort auf diese Frage beim Scheck- und Wechselinkasso, weil diese Leistungen nach den Vorgaben der ZdRL nicht zu den ZDiensten rechnen (Grü/*Grüneberg* Rn 10).

b) **Praktische Bedeutung.** Abs II S 2 entfaltet seine Bedeutung vor allem im Blick auf das **Online-Banking** und dort zu beachtende Zusatzvereinbarungen, etwa TAN, Geheimhaltungspflicht etc (MüKo-HGB/*Linardatos* Online-Banking Rn 119ff). Im Einz Rn 147ff. Gleiches gilt für die Zusatzvereinbarung, wonach etwa eine Umwandlung eines Girokontos in ein **P-Konto** vorgenommen wird (BGH NJW 2013, 995). Entscheidend ist insoweit: Die bisherige für den ZRahmenvertrag geltende Entgeltabrede besteht nach Abs V S 1 fort (BGH NJW 2013, 995, 998), so dass kein zusätzl Entgelt für den Fall gefordert werden kann, dass ein Girokonto in ein P-Konto umgewandelt wird. 32

c) **Grundsatz der Vollharmonisierung.** Bei der Frage, ob und welche Nebenpflichten innerhalb eines ZdRahmenvertrages – sowie eines so zu beurteilenden Girovertrages – bestehen können, ist der Tatbestand der über Art 107 ZdRL vorzunehmenden Vollharmonisierung zu beachten: Die ZdRL enthält **eine abschließende Regelung**, so dass nur solche Nebenpflichten bei der Vereinbarung eines ZdRahmenvertrages in Betracht kommen, welche nicht im Widerspruch zum Inhalt der ZdRL stehen (BGH NJW 2012, 2571, 2572). Deutlich wird dies auch durch § 675c I, wonach die Auftragsregeln der §§ 663, 665–670 und 672–674 nur insoweit ergänzend gelten, als dieser „Untertitel" nichts Abweichendes regelt (§ 675c Rn 2). Dieser Ansatz hat auch unmittelbare Auswirkungen auf die **AGB-Kontrolle** etwaiger Klauseln innerhalb des ZdRahmenvertrages oder der bestehenden Nebenpflichten, die entweder von den Regeln abweichen, welche Gegenstand der Vollharmonisierung sind (im Zweifel § 134) oder von Klauseln, welche die aus den Nebenpflichten nach § 241 II resultierenden Rechte des ZdNutzers unangemessen beschränken. In Bezug auf den Inhalt der vom ZdLeister zu erbringenden – vollharmonisierten – Pflichten ggü dem ZdNutzer nach Art 4 Nr 21 ZdRL sind daher vor allem die zwingenden Bestimmungen im Rahmen von § 675e zu beachten; im Fall eines Verstoßes greift § 134 (BGH NJW 2015, 3025) bzw nach der hier vertretenen Ansicht auch § 307 (BGH NJW 2015, 1440 – Preis pro Buchungsposten; NJW 2014, 922 – Nacherstellung von Kontoauszügen) ein (§ 675e Rn 2ff). Daraus folgt: Lediglich insoweit, als vertragl Abw zugunsten des Verbrauchers ausdrückl gestattet sind, kann ein originärer Rückgriff auf die dann allein geltende Kontrollnorm des § 307 II Nr 1 unter Beachtung des in § 675c I angesprochenen Leitbilds der §§ 675, 611, 631ff vorgenommen werden (vgl BGH NJW 2017, 2986, 2989 – Leitbildfunktion des dispositiven Rechts). Ist allerdings der Gestaltungsspielraum nach § 675e IV eröffnet (§ 675e Rn 10) oder handelt es sich um AGB, welche Nebenpflichten einschränken, kann unmittelbar auf die gesetzl **Leitbildfunktion** der §§ 675, 611, 631ff im Kontext von §§ 307 II Nr 1 zurückgegriffen werden. Eine „Indizwirkung" der in § 675e IV als abdingbar bezeichneten gesetzl Bestimmungen kommt hingegen bei der richterlichen Inhaltskontrolle ggü einem ZdNutzer als **Unternehmer** gem § 307 II Nr 1 nicht in Betracht (vgl BGH NJW 2015, 3025 – uneingeschränkte Postenklausel; insb BGH NJW 2017, 2986 – Bearbeitungsgebühr bei gewerblichen Darlehen); die europarechtl Genese dieser Bestimmungen verbietet kategorisch, auch nur eine indizielle Übernahme dieser Wertungen im unternehmerischen Verkehr ins Auge zu fassen. Maßstab ist allein das unvereinheitlichte dispositive Recht, das im Rahmen von § 307 bemüht werden kann. 33

d) **Keine Schutzwirkung zugunsten Dritter.** Ungeachtet des nach Art 107 ZdRL zu beachtenden Grundsatzes der Vollharmonisierung wird man an den Ergebnissen der bisherigen Judikatur festhalten dürfen, wonach die Vertragsverhältnisse zw den beteiligten ZdLeistern im bargeldlosen Zahlungsverkehr keine Schutzwirkung zugunsten Dritter entfalten (BGH NJW 2008, 2245; aM BGH NJW-RR 1988, 559). Denn die ZdRL enthält insoweit keine spezifische, vorrangige Regelung. Die ZdLeister sind nur zum Zweck der technisch einwandfreien, einfachen und schnellen Abwicklung tätig; angesichts der Massenhaftigkeit der Geschäftsvorgänge bestehen deshalb auch grds keine (auf den Einzelfall bezogenen) Schutz- und Warnpflichten iSv § 241 II (BGH NJW 2008, 2245, 2246). Liegt jedoch der Verdacht eines **Missbrauchs der Vertretungsmacht** vor, besteht ausnahmsw eine Rückfragepflicht bei dem ZdNutzer (BGH NJW-RR 2004, 1637). In diesen Fällen wird die zuvor apostrophierte **formale Auftragsstrenge** (BGH NJW 1991, 2139; 2003, 1389) durchbrochen, etwa dann, wenn der wirtschaftl Zusammenbruch des ZEmpfängers bekannt ist (BGH NJW 1987, 317 – Bankenaufsicht hat Schließungen der Empfängerbank angeordnet; vgl auch BGH NJW 1978, 1392 – Zusammenbruch des Bankhauses Herstatt; vgl auch BGH NJW 1963, 1872). Eine solche Warnpflicht besteht aber auch dann, wenn massive Anhaltspunkte den Verdacht begründen, dass der ZdNutzer bei einer Teilnahme am bargeldlosen Zahlungsverkehr Straftaten zum Nachteil Dritter begehen will (BGH NJW 2008, 2245, 2246). Aber auch hier ist zu bedenken, dass sich im Zweifel die nach § 241 II eingreifenden Schutz- und Warnpflichten erst im Hinblick auf den einzelnen ZVorgang/ZAuftrag konkretisieren. 34

IV. Zahlungsauslösedienst – Kontoinformationsdienst. In **Abs III** sind nunmehr zwei neue Begriffe erwähnt (*Conreder* BKR 2017, 226ff), welche ihrerseits ZDienste sind. Es sind Drittdienste – third party payment providers – (MüKo/*Casper* Rn 39; Staudinger/*Omlor* Rn 139ff). Die Definition eines **Zahlungsauslösedienstes** ist in Art 4 Nr 18 ZdRL aufgeführt: Danach handelt es sich um einen Dienst, „bei dem auf Veranlassung des ZdNutzers ein ZAuftrag in Bezug auf einen anderen ZdLeister geführtes ZKonto ausgelöst" wird (§ 1 XXXIII ZAG). In Art 4 Nr 19 ZdRL wird der **Kontoinformationsdienstleister** definiert als ein „Online-Dienst zur Mitteilung konsolidierter Informationen über ein **Zahlungskonto** oder mehrere Zahlungskonten des ZdNutzers bei einem oder mehreren ZdLeistern" (§ 1 XXXIV ZAG). Hervorzuheben ist, dass sich die Pflichten des Kontoinformationsdienstleisters aus § 51 ZAG ergeben. Diese Norm – basierend auf der **VO 218/89** (ABl 2018 L 69/13) – 35 ist als Teil des delegierten Rechtsakts 18 Monate (14.3.2018) nach dessen Inkrafttreten am **14.9.2019** wirksam geworden. Die zugrundeliegende VO betrifft technische Regulierungsstandards und vor allem den Tatbestand einer starken Kundenauthentifizierung (Art 4 – 9) sowie sichere, offene Standards für die Kommunikation. Die Pflichten des ZAuslösedienstleisters werden in § 49 ZAG geregelt, der ebenfalls mWz 14.9.2019 in Kraft getreten ist.

36 **1. Zahlungsauslösedienst – Einzelfragen. a) Funktionsweise.** Diese Dienste werden ausschließlich im **Internet** verwendet (BeckOGK/*Foerster* Rn 51; MüKo/*Casper* Rn 40; Staudinger/*Omlor* Rn 139, *Spindler/Zahrte* BKR 2014, 265, 267). Das Bestehen einer Schnittstelle reicht insoweit nicht (BT-Drs 18/11495, 154). Erforderlich ist also, dass das ZKonto des ZdNutzers über eine PIN erreichbar ist. Das betr ZKonto muss online zugänglich sein (Staudinger/*Omlor* Rn 143). Die Dienste erfüllen i Erg die Funktion einer Zahlungskarte (*Hofmann* NJW 2018, 62, 69), um auf diese Weise eine rasche und risikoarme bargeldlose Zahlung zu ermöglichen (*Spindler/Zahrte* BKR 2014, 265, 267). Der ZAuslöser verfügt selbst nicht über den Geldbetrag (BT-Drs 18/11495, 147); doch gestattet der Dienst den Zugriff auf das ZKonto des Zahlers (MüKo/*Casper* Rn 40). Ziel ist es (*Conreder* BKR 2017, 226, 227), dass ein Händler in Ausnutzung dieser Dienste erreichen will, dass er nahezu in Echtzeit (hierzu *Dieckmann* BKR 2018, 276ff) ein endgültige, vom Zahler nicht mehr nach § 675x II zu erstattende Zahlung erhält (MüKo-HGB/*Herresthal* A Girovertältnis Rn 94). Der ZdNutzer gibt zu diesem Zweck zunächst seine IBAN bekannt, so dass der ZAuslösedienstleister in die Lage versetzt wird zu prüfen, ob das Online-Konto des ZdNutzers tatsächlich freigeschaltet ist. Der ZAuslösedienstleister erfragt dann vom Zahler die PIN oder das Passwort, so dass sich der ZAuslösedienstleister auf diesem Weg in das Konto des Zahlers einloggt, um sodann einen Online-Überweisungsauftrag zu generieren (*Spindler/Zahrte* BKR 2014, 265, 267). Der ZEmpänger hat also bei diesem System die Gewissheit, dass das Geld überwiesen worden ist, so dass er dann auch die gekaufte Ware auf den Weg zum Zahler bringen kann. Wesentlich ist in diesem Zusammenhang die **Sofort-Überweisung** (MüKo-HGB/*Herresthal* A Giroverhältnis Rn 98ff). Dabei macht es keinen Unterschied, ob es sich um eine „Pull"-Zahlung oder um eine „Push"-Zahlung handelt (MüKo-HGB/*Herresthal* A Giroverhältnis Rn 94). Der **Vorteil** für den Zahler besteht darin, dass er seine Kontodaten nicht dem ZEmpfänger übermittelt, sondern dem ZAuslösedienstleister. Dieser benötigt nach Maßgabe von § 10 ZAG eine Erlaubnis für die Erbringung dieses ZDienstes, so dass die damit verbundene Aufsicht (vgl *Terlau* ZBB 2016, 122, 134) die Voraussetzungen nach § 10 II Nr 3 ZAG erfüllt (Eigenkapital von 50.000 € und Haftpflichtversicherung) und eine durchaus höhere Sicherheit bietet.

37 **b) Vertrag.** Die Nutzung eines ZAuslösedienstes erfordert also, dass zw ZdNutzer und dem ZdLeister ein entspr Vertrag abgeschlossen worden ist, der es dem Zahler gestattet, diesen ZDienst zu nutzen (Grü/*Grüneberg* Rn 11). Damit ist gleichzeitig gesagt, dass hier das Bestehen eines ZdRahmenvertrages nach Maßgabe von Abs II erforderlich ist. Denn der ZdNutzer (Zahler) muss ja im Rahmen eines solchen Vertrages das Recht erhalten, die Dienste eines ZAuslösedienstes zu nutzen; ein Einzelvertrag macht im Blick auf die grundsätzliche Gestattung, einen ZAuslösedienst zur Abwicklung eines ZVorgangs zu nutzen, nicht immer Sinn (*Zahrte* in Fandrich/Karper § 5 Rn 588; aM BT-Drs 18/11495, 149). Doch ist es natürlich so, dass die aktuell-konkrete Nutzung eines ZAuslösedienstes durch den Zahler sich im Rahmen eines Einzelzahlungsvertrages abspielt (MüKo/*Casper* Rn 40; BT-Drs 18/11495, 149) und auf die Entrichtung des geschuldeten Geldbetrages zur Gewissheit des Internethändlers hinausläuft (MüKo/*Casper* Rn 40). Insoweit ist auch die Regel des Abs III S 2 zu beachten: Der ZAuftrag ist dahin definiert, dass er nicht nur direkt zw Zahler und seinem ZdLeister abgeschlossen wird, sondern eben auch „mittelbar über einen ZAuslösedienstleister". Das Vertragsverhältnis zw Zahler und ZAuslösedienst läuft darauf hinaus, dass letzterer in dem Verhältnis zum kontoführenden ZdLeister als Bote einzuordnen ist, weil er eine bereits fertige Willenserklärung – in seiner Funktion als gesetzl Erklärungsbote – nur weitergibt, was auch durch § 66 II ZAG bestätigt wird. Dabei besteht der Vorteil dieses Verfahrens darin, dass der Internet-Händler über seine Website mit der Schnittstelle des ZdLeisters verbunden ist, so dass dieser Gewissheit in Echtzeit darüber erhält (Grü/*Grüneberg* Rn 11a), dass der ZdNutzer, sein Kunde, Zahlung geleistet hat. Die Ware kann dann unverzüglich zur Versendung gebracht werden. Die **Vergütung** der Dienste des ZAuslösedienstes ergibt sich – es ist ja ein ZDienst – aus Abs V. Zur **Haftung** vgl § 675u S 5 (§ 675u Rn 13).

38 **c) Informationspflichten.** Soweit ein ZdRahmenvertrag nach Abs I vorliegt, richten sich die zu erfüllenden Informationspflichten nach Art 248 §§ 4ff EGBGB, allerdings nur, soweit sie gegenständlich den ZAuslösedienst betreffen (*Zahrte* in Fandrich/Karper § 5 Rn 608). Handelt es sich jedoch um einen **Einzelzahlungsvertrag**, ist Art 248 § 13a EGBGB zu beachten.

39 **2. Kontoinformationsdienst – Einzelfragen. a) Funktionsweise.** Entspr der in § 1 XXXIV ZAG vorgesehenen Definition schließt hier der ZdNutzer mit dem Kontoinformationsdienstleister einen Vertrag, welcher sich auf ein ZKonto bezieht und Auflistung sowie Aufbereitung von konsolidierten Informationen über ein oder mehrere solcher Konten bei einem oder mehreren ZdLeistern zum Gegenstand hat (Grü/*Grüneberg* Rn 12; zu den datenschutzrechtlichen Problemen *Weichert* VuR 2021, 257). Dieser Vertrag hat keinen ZVorgang zum Gegenstand, ist aber gleichwohl als ZDienst einzuordnen. Die hier Gesetz gewordene Regelung zielt auf den verbesserten Schutz des ZdNutzers im Blick auf den Schutz seiner Konto- und Zahlungsdaten (ErwGr 28 zur ZdRL). Technisch gesehen werden hier die gleichen Verfahren benutzt wie beim ZAuslösedienstleister (*Spindler/Zahrte* BKR 2014, 265, 268).

40 **b) Vertrag.** Da die vom Kontoinformationsdienstleister geschuldete Leistung in einer „Mitteilung" konsolidierter Informationen betr ein oder mehrere ZKonten besteht, wird man hier einen Auskunftsvertrag bejahen müssen (*Zahrte* in Fandrich/Karper § 5 Rn 622). Das setzt tatbestandlich voraus, dass der Impuls für das Tätigwerden

im Rahmen eines solchen Vertrages immer beim ZdNutzer liegt und sein ZKonto zum Gegenstand hat. Der Gesetzgeber bezieht diese **Auskunftspflicht** nur auf „konsolidierte" Informationen. Was das heißt, bleibt dunkel. Doch wird man verlangen müssen, dass der Kontoinformationsdienstleister eigene Leistungen in Bezug auf die mitzuteilenden Daten zugunsten des ZdNutzers erbracht hat und diese nicht nur „tel quel" weiterreicht (weitergehend *Conreder* BKR 2017, 226, 228). Nur so rechtfertigt sich auch die Erhebung eines Entgelts nach Abs V. Auch diese ZDienste sind nicht auf die Abwicklung eines ZVorgangs gerichtet. Der Zweck einer solchen Vereinbarung besteht darin, dass dem ZdNutzer in Echtzeit alle Kontoinformationen seiner ZdLeister im Rahmen eines systematischen Überblicks zur Verfügung gestellt werden (MüKo-HGB/*Herresthal* A Giroverhältnis Rn 95; MüKo/*Casper* Rn 41).

V. Zahlungsvorgang – Zahlungsauftrag. 1. Ausführungspflichten des Zahlungsdienstleisters. a) Autorisierung des Zahlungsvorgangs aufgrund eines Zahlungsauftrags. Die aufgrund eines ZdRahmenvertrags ggü dem ZdNutzer vom ZdLeister zu erfüllenden Pflichten nach **Abs II** beziehen sich darauf, dass der ZdLeister für den ZdNutzer einzelne oder aufeinander folgende **ZVorgänge** ausführt (Staudinger/*Omlor* Rn 145ff). Das schließt nach den Vorgaben des Art 4 Nr 5 ZdRL die vom Zahler oder ZEmpfänger ausgelöste „Bereitstellung, Transfer oder Abhebung eines Geldbetrags" ein. Diese Tatbestandsmerkmale zielen auf den tatsächlichen Geldfluss, was idR Buchgeld betrifft (MüKo/*Casper* Rn 28; BeckOGK/*Foerster* Rn 63). Das **Bereitstellen** eines Geldbetrages ist gleichbedeutend mit der Verfügbarmachung, also: mit der Erteilung einer Gutschrift oder mit der Übergabe eines Bargeldbetrages (MüKo/*Casper* Rn 28ff – idR Überweisungen/Lastschrift/Kartenzahlung). Der Begriff des **Transfers** besagt, das Buchgeld von einem ZKonto auf ein anderes überwiesen wird (BeckOGK/*Foerster* Rn 67). Klar ist, dass sich der Tatbestand der **Abhebung** auf Bargeld bezieht. Notwendigerweise schließt ein ZAuftrag auch ein, dass Geldbetrag, Zahler und ZEmpfänger angegeben werden, einschl der einschlägigen Kundenkennung (§ 675r – IBAN etc). Aber auch die Pflicht, ein ZKonto einzurichten, unterfällt nach Art 4 Nr 12 ZdRL dem Programm, welches der ZdLeister erfüllen muss. Zu den Pflichten, die mit der **Kontoführung** – in der Terminologie: ZKonto – als einer Hauptpflicht des ZdLeisters zusammenhängen (s Rn 55ff). Dabei ist der ZdLeister verpflichtet, Zahlungen ordnungsgemäß zu verbuchen und Rechnung zu legen, indem er dem ZdNutzer laufend Kontoauszüge zur Verfügung stellt (MüKo/*Casper* Rn 32). Jeder ZVorgang muss indessen nach der zwingenden Vorgabe von Art 4 Nr 13 ZdRL im Rahmen eines **ZAuftrags** angestoßen werden. Der Begriff des ZVorgangs und der des ZAuftrags sind nicht deckungsgleich, weil der ZAuftrag darauf zielt, einen ZVorgang auszulösen (BeckOGK/*Foerster* Rn 61). ZAuftrag ist daher nach den Vorgaben von Abs IV S 2 jeder Auftrag, den ein Zahler oder auch ein ZEmpfänger (BeckOGK/*Foerster* Rn 72 – zu berechtigten Bedenken betr den Mangel der Vollharmonisierung, weil Abs IV S 2 nur vom „Zahler" spricht) seinem ZdLeister erteilt (zu den konsequenten Bedenken nach Maßgabe der ZdRL BeckOGK/*Foerster* Rn 73ff). Dahinter verbirgt sich jedoch nach der Gesetzesbegründung stets ein vom Zahler oder vom ZEmpfänger herrührender Auftrag an seinen ZdLeister (BT-Drs 18/11495, 154). Sie ist in der Sache eine Weisung nach den §§ 662ff im Rahmen der ZdRL (MüKo/*Casper* Rn 52; BeckOGK/*Foerster* Rn 84 – Weisung eigener Art). Diese kann als einseitig empfangsbedürftige Willenserklärung entweder eine vom Zahler ausgehende **„Push"-Zahlung (Überweisung)** oder eine vom ZEmpfänger veranlasste **„Pull"-Zahlung (Lastschrift, Kreditkartenzahlung)** zum Gegenstand haben (Staudinger/*Omlor* Rn 145). Der ZdLeister setzt dabei bei Ausführung eines ZVorgangs voraus, dass der Zahler den einzelnen ZVorgang/ZAuftrag iSv Abs IV 2 nach § 675j **autorisiert** hat. Der Begriff der Autorisierung und der des ZAuftrags sind **nicht identisch** (Staudinger/*Omlor* Rn 147). **Autorisierung** ist nach § 675j eine Zustimmung des Zahlers zu einem ZVorgang, sei es als Einwilligung oder als Genehmigung (§ 675j Rn 4f). Nach Auslösen eines jeden ZVorgangs ist dann § 675n in den Blick zu nehmen (§ 675n Rn 2). Denn der ZAuftrag wird nur wirksam, wenn er dem ZdLeister des Zahlers auch zugeht (§ 130). In der Autorisierung liegt eine Weisung iSv § 665 (so die hM, MüKo/*Casper* Rn 52f; Staudinger/*Omlor* § 675j Rn 3; BeckOGK/*Foerster* Rn 84ff; Grü/*Grüneberg* Rn 16; *Herresthal* in L/B/S Rn 82; *Grundmann* WM 2009, 1009, 1114; *Nobbe* WM 2011, 962, 963). Man muss sich allerdings darüber im Klaren sein, dass § 675n ausdrückl den Begriff des **ZAuftrags** anspricht, so dass insoweit ein Sonderfall des § 665 vorliegt und dass der Einzelzahlungsvertrag iSv Abs I – etwa bei einer Barüberweisung – als ZAuftrag unmittelbar über die allg Regeln der §§ 145ff erfasst wird. Aus der zitierten Regel von Art 4 Nr 5 ZdRL – umgesetzt in Abs IV S 2 – folgt allerdings auch, dass der Grundsatz der **formalen Auftragsstrenge** im Verhältnis zw ZdLeister und Zahlungsnutzer gilt (Rn 19): Die Rechtsbeziehungen zw Zahler und ZEmpfänger sind daher für den ZdLeister (grds) ohne Belang (BeckOGK/*Foerster* Rn 70); weitere Einzelheiten zum Überweisungsverkehr hierzu Rn 76ff. Auch bei einem **ZAuslösedienst** handelt es sich nach der Definition von § 1 XXXIII ZAG um einen ZAuftrag, der sich auf ein ZKonto bezieht (Rn 36), welches der ZdNutzer bei einem anderen ZdLeister unterhält. Daher kann ein ZAuftrag auch über einen solchen ZAuslösedienstleister angestoßen werden (BT-Drs 18/11495, 155). Anders ist der **Kontoinformationsdienst** nach Abs III zu beurteilen (Rn 39), weil es sich nach der definitorischen Vorgabe von § 1 XXXIV ZAG um einen Online-Dienst handelt, der auf die Mitteilung konsolidierter Informationen über eines oder mehrere ZKonten des ZdNutzers zielt, welche dieser bei einem oder mehreren anderen ZdLeistern unterhält. 41

b) Ausführungsfrist. Vor Ausführung eines jeden einzelnen ZVorgangs ist der ZdLeister – freilich: nur auf Verlangen des Zahlers (Art 248 § 6 EGBGB) – verpflichtet, diesem die **max Ausführungsfrist** für den ZVorgang mitzuteilen. Damit wird in Bezug auf die zu beachtende Ausführungsfrist materiell-rechtl auf § 675s verwiesen: Der ZBetrag muss spätestens am Ende des auf den Zugangszeitpunkt des ZAuftrags folgenden Geschäftstags beim ZdLeister des ZEmpfängers eingehen (Einz bei § 675s Rn 2ff). Die Haftungsfolgen für den ZdLeister sind 42 in § 675y näher geregelt (§ 675y Rn 6ff), wobei es sich um eine vom Verschulden losgelöste Vertragshaftung handelt. Da nach dieser Bestimmung der ZdLeister den Erfolg des jew ZAuftrags schuldet, gilt diese Haftungsnorm auch für alle sonstigen Ausführungen des ZAuftrags (§ 675y Rn 3f).

43 **c) Ergänzende Anwendbarkeit auftragsrechtl Bestimmungen.** Soweit der ZdRahmenvertrag keine besonderen vertragl Regelungen enthält, ist auf die Verweisungsnorm des § 675c I Bezug zu nehmen (§ 675c Rn 1). Danach sind die §§ 663, 665–670 und 672–674 entspr anwendbar. Von praktischer Bedeutung ist in diesem Kontext vor allem im Blick auch auf die Führung eines **ZKontos** nach Abs II die analoge Anwendbarkeit der **Auskunfts- und Rechenschaftspflicht** des § 666. Ein Rückgriff auf § 665 – insb auf dessen S 2 – ist jedoch deswegen nicht von Belang, weil die in § 675j vorgesehene **Autorisierung** des ZVorgangs aufgrund eines ZAuftrags voraussetzt, dass der Zahler dem ZVorgang auch zugestimmt hat, wobei gem § 675j I 2 damit sowohl die Einwilligung als auch die Genehmigung angesprochen ist. Soweit die Auskunfts- und Rechenschaftspflicht des § 666 in Rede steht, ergeben sich die Einzelheiten grds aus Nr 7 AGB-Banken (*Bunte/Zahrte*, AGB-Banken und Sonderbedingungen, Rn 128ff): Der erteilte **Rechnungsabschluss** wird danach durch Stillschweigen, dh aufgrund einer Genehmigungsfiktion zur anerkannten Feststellung eines Saldos (BGH BKR 2014, 259 – Gebot des schriftlichen Widerspruchs ist nicht unwirksam). Schweigen hat hier also konstitutive Bedeutung, wenn es länger als sechs Wochen ab Zugang des Rechnungsabschlusses andauert. Doch kann ein fälschlich anerkannter Saldo gem § 812 II kondiziert werden (BGHZ 72, 11). Auch aus dem Girovertrag folgte iÜ ein selbständiger Anspruch des Kontoinhabers auf Erteilung von Kontoauszügen und Rechnungsabschlüssen (BGH NJW 2006, 217). Dieser Anspruch erlischt auch nicht nach Ablauf der handelsrechtl Aufbewahrungsfrist (BGH NJW 2001, 1486), sofern der ZdLeister die zur Auskunftserteilung benötigten Unterlagen auch über den Fristablauf hinaus aufbewahrt hat. Eine **erweiterte Rechenschaftspflicht** ist jedoch dann ggü dem ZdLeister anzuerkennen, wenn etwa bei Überweisungsaufträgen Manipulationen glaubhaft gemacht werden (Schleswig NJW-RR 2000, 780). Auch dann, wenn der ZdNutzer Kondiktionsansprüche wegen eines irrtümlich aufgrund der Rechnungsabschlüsse anerkannten Saldos gem § 812 II geltend macht, ist der ZdLeister zur Rechenschaft/Auskunft – freilich: stets in den Grenzen des § 242 – verpflichtet (BGH NJW 1985, 2699), weil der „primäre" Auskunfts- und Benachrichtigungsanspruch im Verlauf der Geschäftsbeziehung – Mitteilung von Kontoständen, Kontoauszügen, Rechnungsabschlüssen – einen weitergehenden Anspruch des ZdNutzers nach § 666 auf zusätzl Auskunft nicht ausschließt (Celle NJW-RR 2008, 1584).

44 **d) Unmittelbare oder mittelbare Ausführung.** Von der Definition des Art 4 Nr 13 ZdRL unterscheidet sich die Gesetz gewordene Umschreibung des **Zahlungsauftrags** in Abs IV S 2 in einem Punkt: Hier ist nämlich davon die Rede, dass der ZAuftrag vom ZdLeister des Zahlers „entweder unmittelbar oder mittelbar über den **ZEmpfänger** erteilt" wird (Staudinger/*Omlor* Rn 146). Während Art 4 Nr 13 ZdRL den ZAuftrag nur dahin umschreibt, dass der Zahler oder der ZEmpfänger diesen erteilt, findet sich in Abs IV S 2 auch die mittelbare Erteilung eines solchen Auftrags. Klar ist damit zunächst, dass es – so sieht dies auch die Begr des Gesetzgebers (BT-Drs 16/11643, 102) – idR so ist, dass der Zahler selbst einen ZAuftrag erteilt. Zu denken ist etwa an eine **Überweisung** (Rn 77). Demggü leuchtet es auch ein, dass der Zahler seinerseits – und dies wohl idR unmittelbar, dh „Push"-Zahlung – auch dann einen ZAuftrag erteilt, wenn es sich – wie etwa bei der Lastschrift – um das Einzugsermächtigungsverfahren handelt (*Walz* in E/F/N/B Rn 5). Dann ist es freilich so, dass es sich zunächst um eine vom ZEmpfänger ggü dem ZdLeister (Deckungsverhältnis) ausgelöste, aber vom Zahler noch nicht autorisierte Zahlung handelt, welche dann von diesem erst genehmigt wird. Man mag darin einen **mittelbar** vom ZEmpfänger erteilten ZAuftrag sehen, obwohl die Erteilung der Einzugsermächtigung zweifelsfrei vom Zahler zunächst ausgeht, aber – mangels schon vorliegender Autorisierung – in diesem Zeitpunkt noch nicht der Abwicklung eines konkreten ZVorgangs dient. In die gleiche Kategorie fallen auch Zahlungen im Rahmen des Kreditkartengeschäfts (BT-Drs 16/11643, 102). Sie werden nämlich vom Vertragsunternehmen als dem ZEmpfänger jedenfalls mittelbar insoweit ausgelöst, als dem Zahler die Möglichkeit eröffnet wird, anstelle einer Barzahlung eine Zahlung per Kreditkarte zu bewirken (Rn 107). Der Gesetzgeber umschreibt die in Abs IV S 2 angesprochenen beiden Varianten auch als „Push"-Zahlungen, dh vom Zahler erteilte ZAufträge, und als „Pull"-Zahlungen, weil sie vom ZEmpfänger ausgehen (Überweisungen). Jedenfalls ist damit sichergestellt, dass die Vorgaben von Art 4 Nr 16 ZdRL auch im Rahmen von Abs IV S 2 beachtet sind.

45 **2. Leistungsinhalt.** Der den ZVorgang auslösende ZAuftrag **beginnt** mit der Erteilung der **Weisung des Zahlers** bzw des ZEmpfängers, die gem § 130 seinem ZdLeister zugehen muss. Wie angesprochen, bedarf der vom ZAuftrag erfasste **ZVorgang** stets der **Autorisierung** iSv § 675j I (§ 675j Rn 2, Rn 41). Das wirft die Frage auf, wie das Verhältnis zw Weisung und Autorisierung zu deuten ist (hierzu MüKo/*Casper* Rn 55). Die an den ZdLeister gerichtete Weisung des ZdNutzers besagt, dass dieser den Auftrag hat, einen Vorgang im Interesse des ZdNutzers anzustoßen, wohingegen die Autorisierung sich nach § 675j richtet. Ist daher ein ZAuftrag mit Wissen und Wollen des Zahlers bzw des ZEmpfängers rechtswirksam erklärt, liegt grds iSv § 675j I 2 darin auch eine nach dieser Norm erforderliche **Zustimmung**, den vom ZAuftrag erfassten ZVorgang tatsächlich auszuführen, so dass er den Zahler auch entspr verpflichtet. Die **Widerruflichkeit** einer solchen Zustimmung ist solange in Betracht zu ziehen, wie die Voraussetzungen von § 675p nicht vorliegen, was sich aus § 675j II ablesen lässt. Die Sperrwirkung für einen Widerruf tritt also gem § 675p I dann ein, wenn die besonderen Voraussetzungen dieser Norm erfüllt sind. Dass allerdings der ZdLeister iSv § 675o einen ihm erteilten ZAuftrag auch **ablehnen** kann, ist stets im Auge zu behalten. Denn erst dann, wenn der ZdLeister bereit ist, den ihm erteilten ZAuftrag auch tatsächlich auszuführen, ist der ZAuftrag in wirksamer Weise erteilt und konsequenterweise auch nicht mehr widerruflich.

Ausgeführt iSv § 362 ist der ZAuftrag aber erst dann, wenn der ZVorgang iSv Art 4 Nr 5 ZdRL tatsächlich beendet ist, weil der im ZAuftrag vorgesehene **Geldbetrag** iSv Art 4 Nr 25 ZdRL – regelmäßig: Giralgeld oder e-Geld – dem ZEmpfänger (Art 4 Nr 9 ZdRL) tatsächlich gutgebracht wurde, weil er den im ZVorgang verkörperten, zu transferierenden Geldbetrag tatsächlich mit der geschuldeten Wertstellung erhalten hat (§ 675t Rn 7ff). Zu den Fragen, wann das **Valutaverhältnis** zw Zahler und ZEmpfänger nach § 362 erfüllt ist, vgl § 675t Rn 8. Der Inhalt des Pflichtenprogramms, welches der ZdLeister aufgrund eines ZAuftrags erfüllen muss, ist immer als eine gewerbliche Tätigkeit einzuordnen, die ihrerseits als **Zahlungsdienst** zu qualifizieren ist. Die wesentlichen, praktisch wichtigen Einzeltatbestände solcher ZDienste werden nachfolgend gesondert dargestellt, und zwar Einrichtung/Unterhaltung eines ZKontos als integraler Bestandteil eines ZdRahmenvertrags (Rn 55ff), Überweisung (Rn 76ff), Lastschriftverfahren (Rn 85ff) sowie Zahlung mithilfe der Kreditkarte (Rn 99ff) oder der Geldkarte (Rn 134), einschl Online-Banking (Rn 147ff) und Home-Banking (Rn 150ff).

VI. Zahlung des vereinbarten Entgelts. 1. Für die Dienstleistung. Abs V S 1 verpflichtet den ZdNutzer, das jew mit dem ZdLeister **vereinbarte Entgelt** für die Erbringung der jew Leistung des ZdLeisters zu zahlen (BGH NJW 2019, 3771 – Barein- und Barauszahlungen; Staudinger/*Omlor* Rn 155ff; BeckOGK/*Foerster* Rn 124ff; MüKo/*Casper* Rn 59ff; EBJS/*Schmieder* Rn 26). Erfasst werden damit idR Überweisungen, Lastschriften, Kartenzahlungen, aber auch sonstige Leistungen, wie die Stellung eines Akkreditivs, einer Bankgarantie oder auch Leistungen im Rahmen des Scheck- oder Wechselinkassos. Gegenstand dieser Regelung sind alle zahlungsvertragl Hauptleistungen sowie etwaige Sonderleistungen des ZdLeisters zugunsten des ZNutzers (BeckOGK/*Foerster* Rn 126). Betroffen ist von einer Entgeltvereinbarung, wie immer bei Vorliegen eines ZdRahmenvertrags, das **Deckungs**- wie auch das **Inkassoverhältnis** zw dem ZdNutzer und dem jew ZdLeister (hierzu *Omlor* WM 2018, 937). Die Vereinbarung eines Entgelts kann in Form eines Individualvertrags, idR aber in Form von AGB geschehen (Rn 48), etwa durch deutliche Bezugnahme auf das Preisverzeichnis (BGH NJW 2013, 995 – Gebühr für P-Konto). Auch eine stillschw Abrede ist zulässig. Aus der Gesetzesbegr ergibt sich, dass es den Parteien auch freisteht, zu vereinbaren, dass die auszuführenden ZDienste **unentgeltlich** durchgeführt werden können (BT-Drs 16/11643, 102). Für die **Höhe** des Entgelts ist zu differenzieren: Das jew vereinbarte Entgelt findet lediglich seine Grenze an den §§ 134, 138. Das gilt jedenfalls im Kontext einer Individualvereinbarung. Zu den AGB-rechtl Grenzen, die sich vor allem im Zuammenhang mit sog **Preisnebenabreden** als oft sehr tückisch im Rahmen einer Kontrolle nach § 307 I 1 erweisen (BeckOGK/*Foerster* Rn 128; iÜ Rn 48). Im Rahmen von **grenzüberschreitenden Zahlungsvorgängen** – Überweisung oder Lastschrift – gilt allerdings die Regel der EG-VO Nr 924/2009. Nach Art 3 dieser VO darf bis zu einem Betrag von 50.000 € das vom ZdNutzer zu zahlende Entgelt nicht höher sein als bei einem inländischen ZVorgang (MüKo/*Casper* Rn 63 – Geltung der VO 60/2012). Handelt es sich jedoch bei dem jew Entgelt um ein formularmäßig bestimmtes Entgelt, welche nach Abs V S 2 für die **Erfüllung einer Nebenpflicht** gefordert wird, so ist auf die nachfolgenden Ausführungen zu verweisen (Rn 50). Ist allerdings die in § 675d vorgesehene Erfüllung der **Informationspflichten** mit einem Entgelt gekoppelt, muss dieses an den tatsächlichen Kosten des ZdLeisters ausgerichtet und daher auch angemessen sein (§ 675d Rn 8). Von faktischer Bedeutsamkeit ist, dass Art 248 § 4 I Nr 3a EGBGB bestimmt, dass der ZdLeister verpflichtet ist, im Rahmen der **vorvertragl Informationspflichten** die jew Entgelte anzugeben, welche der ZdNutzer zu entrichten verpflichtet ist. Diese Angabe einschl der jew Vertragsbedingungen muss so rechtzeitig erfolgen, dass sie vor Abgabe der Vertragserklärung des ZdNutzers diesem auch mitgeteilt wird, dh gem § 130 zugeht. Diese Voraussetzungen sind nur dann beachtet, wenn die entspr Informationen dem Zahler vor Erteilung des jew ZAuftrags vorliegen, zumal er nur dann in der Lage ist, den erforderlichen Konditionen- und Marktvergleich vorzunehmen. Sofern gem Abs I ein **Einzelzahlungsvertrag** in Rede steht, sind gem Art 248 § 13 I Nr 3 EGBGB alle Entgelte dem ZdNutzer zur Verfügung zu stellen. Sowohl im Rahmen von Art 248 § 4 I Nr 3 EGBGB als auch gem Art 248 § 13 I Nr 3 EGBGB sind ggf die Entgelte im Einz aufzuschlüsseln, um auf diese Weise eine hinreichende Transparenz iSv Art 248 § 2 EGBGB bzw Art 248 § 12 EGBGB zu erreichen. Zw einem ZdRahmenvertrag einerseits und einem Einzelzahlungsvertrag andererseits besteht allerdings im Hinblick auf die **Form**, in welcher die jew geschuldeten Entgelte mitzuteilen sind, ein Unterschied: Für den ZdRahmenvertrag bestimmt Art 248 § 3 EGBGB, dass Informationen (einschl der Vertragsbedingungen) dem ZdNutzer in **Textform** (§ 126b – dauerhafter Datenträger) zu übermitteln sind, während es bei einem Einzelzahlungsvertrag gem Art 248 § 12 EGBGB ausreicht, dass der ZdLeister die vorvertragl Informationspflichten (einschl der Mitteilung der Vertragsbedingungen) dem ZdNutzer „in leicht zugänglicher Form zur Verfügung" stellt. Dem ist dann entsprochen, wenn der ZdNutzer ohne weiteres in der Lage ist, diese Informationen beim ZdLeister einzusehen, weil sie etwa im Preisaushang niedergelegt sind. Das Recht des ZdLeisters, Ersatz seiner **Aufwendungen** zu verlangen, wird durch Abs V nicht berührt, etwa der für die Überweisung geschuldete Geldbetrag (MüKo/*Casper* Rn 50). Denn darüber sagt Abs V nichts aus; es verbleibt somit bei den gesetzl Regeln, die sich auf die §§ 670, 683 stützen, also als Maßstab die Erforderlichkeit der betreffenden Aufwendungen im Blick haben (§ 683 Rn 12). 46

Von einer Vereinbarung iSv **Abs V S 1** wird man auch dann sprechen können, wenn die jew geschuldeten Entgelte i Erg auf **gesetzl Grundlage** beruhen (MüKo/*Casper* Rn 61), wie etwa in § 354 HGB vorgesehen oder auch in § 612 II bzw § 632 II verankert. Denn zum einen weist § 612 I bzw § 632 I in die Richtung, dass ein Entgelt jedenfalls dann als stillschw vereinbart anzusehen ist, wenn die entspr Dienst- bzw Werkleistung den Umständen nach nur gegen eine Vergütung zu erwarten ist (§ 632 Rn 1f). Daraus ist zu folgern, dass mangels einer ausdrückl Vereinbarung, wonach der vom ZdLeister auszuführende ZAuftrag unentgeltlich ausgeführt wird, grds zu erwarten ist, dass ZdLeister – vgl § 354 HGB – ihre Zahlungsdienste entgeltlich erbringen. Ist die **Höhe** des Entgelts 47 nicht vereinbart, wohl aber eine an § 354 HGB ausgerichtete stillschw Abrede anzunehmen, dann scheitert der Rückgriff auf die §§ 612 II, 632 II nicht daran, dass Abs IV S 1 voraussetzt, dass eine Vereinbarung über das Entgelt zw ZdLeister und ZdNutzer akkordiert sein muss. Doch kann hier i Erg die Norm des Art 248 § 4 I Nr 3 EGBGB als **praktische Sperre** für eine (wirksame) stillschw Vereinbarung eines Entgelts sich auswirken, weil in diesen Fällen (vgl lit a) es praktisch ausgeschlossen erscheint, dass der ZdLeister in der Lage ist, die an der Häufigkeit der zu erteilenden Informationen ausgerichtete Höhe im Vorhinein – stillschw – zu vereinbaren; abgesehen davon dürfte dann auch die im Zweifel geforderte Aufschlüsselung der Entgelte scheitern.

48 Da **Abs V S 1** dem ZdLeister das unbedingte Recht einräumt, für alle ZDienste ein Entgelt zu verlangen, sprechen gute Gründe dafür, an der bisherigen – teils noch gegenläufigen – **BGH-Judikatur nicht unbedingt in allen Einzelheiten weiter festzuhalten** (MüKo/*Casper* Rn 62). Im Hintergrund steht die Erwägung, dass der Grundsatz der Vollharmonisierung nach Art 107 ZdRL eine Kontrollfreiheit von Preisabreden (grundlegend *Omlor* WM 2018, 937ff) gebieten könnte (Rn 49). Dabei wird man folgende Gesichtspunkte ins Feld führen können: Soweit eine mögliche Kollision zw der AGB-rechtl Inhaltskontrolle (93/13/EG) und den Zulässigkeitsgrenzen der Entgeltvereinbarung nach Abs V in Betracht kommt, handelt es sich um eine unionsrechtl Konstellation (mit Recht *Omlor* BKR 2019, 105, 110). Da es stets um die Wirksamkeitsgrenzen einer Entgeltvereinbarung – sowohl nach § 307 als auch nach Abs VI S 2 – geht, wird man diese Frage schwerlich in den Anwendungsbereich der Vollharmonisierung nach Art 107 ZdRL verschieben dürfen. Schließlich bleibt zu bedenken, dass der BGH davon abgesehen hat, eine Vorlage nach Art 267 III AEUV vorzunehmen, sondern in der Sache selbst entschieden hat (BGH NJW 2017, 3649, 3653). All diese Argumente sprechen – im Gegensatz zu der früher vertretenen Ansicht – dafür, an der Linie der Rspr des BGH zur Inhaltskontrolle von Preisnebenabreden keineswegs mehr in vollem Umfang festzuhalten (aM München ZIP 2018, 213, 214; Bamberg ZIP 2013, 1855; *Fornasier* WM 2013, 205, 2017). Es lässt sich jedoch **folgende Linie** erkennen (BGH WM 2019, 3771 m Anm *Omlor*): Es war früher dem ZdLeister gem § 307 I 1 untersagt, für Bareinzahlungen und Barabhebungen am Schalter ein Entgelt zu fordern (BGHZ 124, 254; krit auch *Hofauer* BKR 2015, 397, 402). Diese Judikatur hat der BGH (WM 2019, 3771 – Rn 28f) mit der Maßgabe aufgehoben und nunmehr eingeschränkt, dass Abs V S 1 **kein zahlungsdienstrechtl Verbot der Entgeltkontrolle** enthält (BeckOGK/*Foerster* Rn 126). Denn die vom ZdLeister zu erbringenden ZDienste sind als **Hauptleistungspflicht (Abs V S 1)** einzuordnen (so schon BGH NJW 2013, 995, 997). Doch sind die **preisrechtl Regeln** des § 312a IV Nr 2 zugunsten des Verbrauchers zu beachten (BGH NJW 2019, 3771 – Rn 52; Karlsruhe BKR 2019, 201 – Bareinzahlung für Münzgeld: 7,50 €). Allerdings sind nur solche Kosten für die Bareinzahlung auf ein debitorisch geführtes ZKonto zulässig, welche ihrer Höhe nach als Transaktionskosten unmittelbar entstehen (BeckOGK/*Foerster* Rn 126); Gemeinkosten sind nicht umlagefähig (BGH NJW 2019, 3771). Die aus § 307 III 1 entwickelte Judikatur des BGH (BGH NJW 2017, 3649 – Preis- und Leistungsverzeichnis einer Sparkasse – Kontrolle nach Maßgabe der Normen der umgesetzten ZdRL) basiert iÜ seit langem auf der festgefügten Erwägung: Nicht kontrollfähig sind vertragl begründete Preisabsprachen (§ 307 III 1). Die Privatautonomie hindert die Inhaltskontrolle. Eine Prüfung nach dem Transparenzgebot gem § 307 III 2 bleibt vorbehalten. Doch kontrollfähig iSd § 307 I und II **waren** bislang vor allem Preisklauseln iS einer **Preisnebenabrede** (BGH NJW 1996, 2032), die keine echte Leistung zum Gegenstand haben (BGH BKR 2017, 69, 71 – Darlehensgebühr von 2 %), die der Verwender für den Kunden zwar auf rechtsgeschäftlicher Grundlage erbringt, wobei er aber allg Betriebskosten oder den Aufwand für die Erfüllung eigener (nebenvertragl) Pflichten auf den Kunden abwälzt (BGH NJW 2017, 3649, 3650 – Preisverzeichnis einer Sparkasse; NJW 2017, 1018, 1019 – € 6,90/Rechnungsabschluss; NJW 2016, 1875 – Bearbeitungsgebühr – Förderdarlehen: KfW – keine unangemessene Benachteiligung – umfassende Interessenabwägung) oder für eine Tätigkeit als Entgelt geltend macht, die in seinem eigenen Interesse liegt (BGH BKR 2017, 69, 72 – Darlehensgebühr; NJW 2017, 1018, 1019 – geduldete Überziehung – Rechnungsabschluss: Kosten von 6,90 € – unwirksam; WM 2017, 84 – Entgelt von 2,95 € pro Monat für geduldete Überziehung: unwirksam, weil Aufwand im eigenen Interesse des ZdLeisters; NJW 2015, 1440, 1441; 2013, 995; 2012, 2571). Dies gilt auch in Bezug auf Preise, welche für Einzelleistungen bei der Abwicklung von Verträgen dem Kunden berechnet werden (BGH NJW 2014, 2420). Unter Anwendung dieser Grundregel hat sich der BGH in den letzten Entscheidungen zur Wirksamkeit von Preisklauseln, die etwa für die Durchführung von Buchungen erhoben wurden, i Erg auch immer über eine scharfe generell-abstrakte Auslegung der Klausel geholfen, um sie iS einer kundenfeindlichsten Auslegung (BGH NJW 2008, 2172; hierzu auch *Grüneberg* BKR 2020, 365, 366, 367) so zu interpretieren, dass sie von gesetzl Bestimmungen abgewichen sind und daher nicht als Entgelt für die Hauptleistung (§ 307 III), sondern als Preisnebenabreden kontrollfähig wurden (etwa auch BGH NJW 2014, 2420, 2427 – Bearbeitungsgebühr: Verstoß gegen § 488 I 2 – wohl kein ZDienst; BGH NJW 2017, 2896 – Bearbeitungsgebühr – Darlehen: Unternehmer; NJW 2016,1875, 1878 – Bearbeitungsgebühr – Förderkredit – kein ZDienst; BKR 2017, 69 – Darlehensgebühr – kein ZDienst; NJW 2015, 1440, 1441 – Verstoß gegen § 675y; NJW 2014, 922 – Verstoß gegen § 675d III 2 – Nacherstellen von Kontoauszügen; vgl auch NJW 2013, 995 – P-Konto: Umwandlung eines Girokontos – Verstoß gegen § 850k ZPO, LG Konstanz VuR 2021, 398 – Gebühr für Jahreskontoauszug bei Darlehen). In Bezug auf Entgelte für die **„Verwahrung" von Einlagen (Negativzinsen)** ist anzumerken (hierzu auch BeckOGK/*Foerster* Rn 127ff), dass diese zu Recht nicht als Gegenleistung des ZdLeisters für eine „Sonderleistung" bezeichnet werden dürfen, sondern an § 307 I 1 scheitern (LG Berlin VuR 2022, 20). Demggü soll es sich bei vergleichbaren Abreden im **Neugeschäft** um eine kontrollfreie Preisabrede nach § 307 III handeln (BeckOGK/*Foerster* Rn 127a; LG Leipzig BKR 2021, 499; bestätigt durch Dresden BKR 2022, 247). Zu den neuesten Entwicklungen vgl *Rodi* BKR 2022, 419, 424. Die Inflationswelle hat die praktische

Bedeutung dieser Frage im Blick auf Negativzinsen und ihre rechtl Zulässigkeit weitestgehend zum Schweigen gebracht.

Daraus folgt also: Ein – kontrollrechtl – Ansatz für die Bepreisung der Entgelte für die Erbringung von ZDiensten nach **Abs V S 1** besteht unter dem Blickwinkel der **Parteiautonomie** (BGH NJW 2019, 3771 – Entgelte für Barein- und -auszahlungen). Es gilt einschränkungslos der Grundsatz von § 307 III. Es steht den Parteien im Rahmen einer vertragl begründeten Entgeltabrede frei, bis zur Grenze des § 138 (*Omlor* Anm zu BGH NJW 2019, 3771, 3778) eine Vereinbarung zu treffen. Diese kann nach Abs V S 1 auch Entgelte für Postenbuchungen bei Zahlungsvorgängen bestimmen (BGH NJW 2019, 3771), die sich auf irgendeine Kontobewegung beziehen (*Herresthal* in L/B/S Rn 62; *Kropf/Habl* BKR 2015, 316, 321; *Hofauer* BKR 2015, 397, 402). Das gilt allerdings nicht, soweit gegen die im Verbraucherbereich zwingenden (halbzwingenden) Bestimmungen der §§ 675a ff verstoßen wird (BGH NJW 2017, 3649 – Verstoß gegen § 675f IV 2 = Abs V 2; NJW 2015, 3025 – Verstoß gegen §§ 675u S 2, 675y I 2, II 2, IV; NJW 2015, 1440 – Verstoß gegen § 675y). Es ist iÜ geboten, eine eindeutige **Differenzierung** im Blick auf den Anwendungsbereich von **Abs V S 1 und S 2** vorzunehmen (Rn 50). Denn nach der letzten Norm gelten eigene enge Grenzen der Angemessenheit für die Bepreisung einer vom ZdLeister zu erfüllenden **Nebenpflicht** (hierzu BeckOGK/*Foerster* Rn 133ff). Insoweit setzt § 675e IV enge Grenzen (Rn 50). Die uneingeschränkte Anwendung von § 307 III ist also nur dann gerechtfertigt, wenn es sich darum handelt, dass der ZdLeister ein Entgelt für eine **Hauptleistung** (Abs V S 1) verlangt, nämlich für die Durchführung eines ZDienstes, die insoweit die Hauptleistung darstellt. Doch ist dies im Erg ein **anderer Kontrollmaßstab** als der, welcher sich nach der bish Rspr aus § 307 I 1 ablesen lässt (Rn 48). Denn dieser ließ keine Bepreisung zu, während genau dies jetzt auch iRv Abs V S 2 gestattet ist; nur die Höhe ist mit ihren Limitationen auf die tatsächlich entstandenen Transaktionskosten (Rn 50) im Auge zu behalten (BeckOGK/*Foerster* Rn 133ff; einschr auch für grds Beibehaltung der BGH-Judikatur MüKo/*Casper* Rn 62f). 49

2. Erfüllung von Nebenpflichten. Aus **Abs V S 2** folgt (*Omlor* WM 2018, 937, 939ff; *Müller* WM 2018, 741ff; 50
Grüneberg BKR 2020, 365ff), dass der ZdLeister nur dann berechtigt ist, für die Erfüllung von Nebenpflichten ein Entgelt zu verlangen, wenn dies – erstens – im Rahmen der §§ 675c–676c gestattet wird und – zweitens – zw den Parteien akkordiert ist (BGH NJW 2016, 560, 562; Staudinger/*Omlor* Rn 61ff). Das so vereinbarte Entgelt muss aber – drittens – auch angemessen sein und sich an den **tatsächlich entstandenen Kosten** ausrichten (BeckOGK/*Foerster* Rn 101ff; *Zahrte* NJW 2018, 337, 338f; zu den Compliancefragen *Herresthal* CCZ 2019, 101ff). Der Orientierungsmaßstab ist insoweit die Norm des § 675d IV (BGH BKR 2014, 127 – Nacherstellung eines Kontoauszugs), die auch in Abs V S 2 reflektiert wird (grundlegend BGH NJW 2017, 3649, 3651). Die Vereinbarung eines solchen Entgelts kann auch in AGB geschehen (Übersicht auch bei *Grüneberg* BKR 2020, 365ff; *Omlor* WM 2018, 937, 942f). Die für die richterliche Inhaltskontrolle von Entgeltklauseln zu bemühenden Parameter der BGH-Judikatur – § 307 III: Entgeltleistung als kontrollfreie Gegenleistung; Transparenzgebot nach § 307 III 2 und Kontrolle am Leitbild des § 307 II Nr 1 – sind insoweit nicht mehr einschlägig. Vielmehr gilt für die nach Abs V 2 zu beurteilenden Entgeltklauseln, die sich auf die Erfüllung einer Nebenpflicht des ZdLeisters beziehen, der **Sondermaßstab** dieser Norm: Sofern ein Verstoß gegen die einschlägigen Bestimmungen der §§ 675c–676c vorliegt, sind die Entgeltklauseln sowohl ggü einem Verbraucher als auch ggü einem Unternehmer unwirksam (BGH NJW 2017, 3649, 3651; 2015, 3015; 2015, 1440). Es geht in der Sache darum, dass ein ursächlicher Zusammenhang zu den jeweils entstandenen Einzelkosten (Transaktionskosten) hergestellt und in der Klausel reflektiert sein muss, um das Merkmal der Angemessenheit zu erfüllen (BGH NJW 2017, 3649, 3651). Dabei sind allg Personalkosten – und auch wohl sonstige Gemeinkosten – grds auszuklammern; allerdings bleiben Rundungen zulässig (BGH NJW 2017, 3649, 3651). Pauschale Entgelte im Rahmen von Abs V S 2 sind aber regelmäßig **unwirksam**, wenn und soweit sie unterschiedliche Fallkonstellationen betreffen, weil sie sich dann nicht an den tatsächlich entstandenen – institutsinternen – Kosten orientieren und insoweit auch nicht mehr im Blick auf den entstandenen Aufwand nach Abs V S 2 letzter Hs angemessen sind (vgl BGH WM 2016, 35 – Neuausstellung einer Ersatzkarte: 15 € unwirksam; vgl aber insoweit Art 70 I lit d ZdRL – nunmehr abw – § 675l I 3; BGH NJW 2015, 1440 – Verbraucher; NJW 2015, 3025 – jew Pauschale pro Buchungsposten: unternehmerischer Verkehr – unwirksam; NJW 2014, 922 – Nacherstellung von Kontoauszügen/Entgelt von 15 €/Kopie – unwirksam; Frankfurt VuR 2013, 384 – Reklamationen, Nachforschungen bei Überweisungen – unwirksam). Eine Berechnung des Entgelts auf Basis einer (eng begrenzten) Mischkalkulation (BGH NJW 2014, 922 [Gebühr von 15 € unwirksam] – Nacherstellen von Kontoauszügen) ist zulässig. Eine Gebühr von 5,55 € für die Benachrichtigung über einen abgelehnten Überweisungsauftrag ist allerdings nicht angemessen iSv Abs II (Bamberg NJW-RR 2012, 630; erst recht nicht eine Gebühr von 10 €, Schleswig MMR 2013, 579). Für die Einrichtung eines **P-Kontos** (§ 675f Rn 58) darf auch kein höheres Entgelt erhoben werden als für die Einrichtung eines Gehaltskontos bei einem Neukunden (BGH NJW 2013, 995; Dresden VuR 2012, 318; Schleswig VuR 2012, 413). Das Gesetz **gestattet** dem ZdLeister ausdrückl etwa auf Grund der Erlaubnisnorm des § 675o I 4 gem Abs V S 2, ein Entgelt zu erheben, wenn er zB den ZdNutzer darüber unterrichtet, dass er berechtigterweise die Ausführung eines ZAuftrags ablehnt. Doch setzt dies eine entspr Vereinbarung in einem ZdRahmenvertrag gem § 675o I 4 voraus (BGH NJW 2013, 2571, 2575). Schließlich bestimmt § 675y V 5, dass der ZdLeister im ZdRahmenvertrag berechtigt ist, ein Entgelt dafür vorzusehen, dass er sich darum bemüht, den ZBetrag wieder zu erlangen, der aufgrund eines fehlerhaften ZAuftrags nicht ordnungsgemäß abgewickelt wurde. Die im Rahmen von Abs V 2 für die Erfüllung einer Nebenpflicht in Rechnung gestellten Entgelte müssen stets den tatsächlich entstehenden Kosten des ZdLeisters entsprechen; es gelten die gleichen Gesichtspunkte, welche im Rahmen von § 675d bereits

für die Erfüllung der **Informationspflichten** dargestellt wurden (§ 675d Rn 8). Dass neben den tatsächlich angefallenen – angemessenen – Kosten kein Recht besteht, dass der ZdLeister sonstige Aufwendungs- und Erstattungsansprüche reklamiert, entspricht dem eindeutigen Willen des Gesetzgebers (BT-Drs 16/11643, 103). Dass die Sperre des Abs V S 2 auch für konkurrierende Aufwendungserstattungsansprüche – etwa bei der Inanspruchnahme der Dienste Dritter (Nachforschung) – greift, ist insoweit eindeutig (Grü/*Grüneberg* Rn 22). Die **Darlegungs- und Beweislast** für die Unangemessenheit des geltend gemachten Entgelts bzw einer Pauschale iSv Abs V S 2 liegt wohl in einem ersten Begründungsschritt beim ZdNutzer (*Kropf/Habl* BKR 2015, 316, 318). Doch könnte man mit guten Argumenten auch daran denken, hier eine (zusätzl) Parallele zu § 309 Nr 5a wegen der gleichen Struktur einer Angemessenheit der geltend zu machenden Pauschale zu ziehen, weil hier nach der Rspr die Darlegungs- und Beweislast beim Verwender/ZdLeister liegt (BGH NJW-RR 2015, 690).

51 Soweit die Entgelte – entspr der zuvor erwähnten gesetzl Gestattung nach Abs V 1 und 2 – Teil eines ZdRahmenvertrags sind, ist der ZdLeister verpflichtet, die aus Art 248 § 4 I Nr 3 EGBGB resultierenden **vorvertragl Informationspflichten** zu erfüllen. Dies setzt wiederum gem Art 248 § 3 EGBGB voraus, dass die für die Erfüllung von Nebenpflichten vereinbarten Entgelte der **Textform** – dauerhafter Datenträger – bedürfen.

52 **VII. Zahlungsinstrument – Ermäßigtes Entgelt. 1. Europarechtliche Grundlage.** Diese findet sich für die Regelung des **Abs VI** in Art 62 III ZdRL („Entgelte"; vgl Grü/*Grüneberg* Rn 24, Staudinger/*Omlor* Rn 166ff). Danach darf der ZdLeister dem ZEmpfänger nicht das Recht abschneiden, vom Zahler für die Nutzung eines bestimmten ZInstruments ein Entgelt zu verlangen, ihm eine Ermäßigung anzubieten oder „ihm anderweitig einen Anreiz zur Nutzung dieses Instruments zu geben" (BeckOGK/*Foerster* Rn 133f). Nach Art 62 III 2 ZdRL dürfen diese Entgelte „nicht höher sein als die direkten Kosten, die dem Zahlungsempfänger für die Nutzung des betreffenden ZInstruments entstehen". Der dt Gesetzgeber hat allerdings nicht von der Option des Art 62 V ZdRL Gebrauch gemacht, dem ZEmpfänger die Erhebung eine solchen Entgelts zu untersagen oder dieses zu begrenzen (vgl MüKo/*Casper* Rn 67f). Der Sache nach setzt sich das iÜ in der ZdRL nicht definierte ZInstrument, wie es in Abs VI angesprochen ist, aus den Begriffsmerkmalen der „Authentifizierung" gem Art 4 Nr 29 ZdRL, dem „Kundenidentifikator" nach Art 4 Nr 33 und dem „ZInstrument" gem Art 4 Nr 14 ZdRL zusammen (§ 675j Rn 7). Die Essenz der Regel in Abs VI besteht darin, dass das Recht des ZEmpfängers, dem Zahler für die Nutzung eines bestimmten ZInstruments „eine Ermäßigung anzubieten", nicht ausgeschlossen werden darf. In Umsetzung der Vorgabe von Art 62 III ZdRL wird die bisherige Regelung von Abs V – jetzt Abs VI – nunmehr dadurch ergänzt, dass es dem ZEmpfänger auch nicht verboten werden kann, dem Zahler einen „anderweitigen Anreiz" für die Nutzung eines bestimmten ZInstruments anzubieten (BT-Drs 18/11495, 155).

53 **2. Umsetzung.** Es geht hier um das **Surcharging.** Dieses hat der dt Gesetzgeber zunächst in § 270a umgesetzt (*Oechsler* WM 2016, 537, 540). Danach sind Aufschläge für die Nutzung des SEPA-Lastschrift- oder des SEPA-Überweisungsverfahrens unwirksam (München BKR 2020, 204 Rn 5; MüKo/*Krüger* § 279a Rn 4ff; *Omlor* WM 2018, 937, 938; zum Surcharging beim Kreditkartengeschäft vgl EuGH WM 2018, 314). Abzulehnen ist das Surcharging auch bei PayPal-Zahlungen, weil es dann nur für die Nutzung des Zahlungsmittels berechnet wird (BGH BKR 2021, 426 – E-Geld-Zahlung; vgl auch München BKR 2020, 204 m Anm *Billing*) sowie bei Zahlungsauslösediensten, wie etwas bei der dadurch ermöglichten „Sofort-Überweisung" (München BKR 2020, 204 Rn 8; LG Berlin BKR 2020, 207; hierzu auch *Rodi* BKR 2022, 419, 427). Diese Form des Surcharging betrifft die hier nicht zu erörternde Norm des Art 62 IV ZdRL. In diesem Kontext interessiert vielmehr nur das Verbot des Surcharging in der Umsetzung von Art 62 III ZdRL in Abs VI. Betroffen ist hier das **Akquisitionsverhältnis** (Grü/*Grüneberg* Rn 24; MüKo/*Casper* Rn 69). Also kann und darf ein kartenausgebendes Unternehmen es seinem Vertragshändler im Akquisitionsverhältnis – wie bisher auch – untersagen, immer dann einen Preisaufschlag zu fordern, wenn ein Zahler mit der Karte zahlen will (vgl MüKo/*Casper* Rn 69). Das Verbot, eine sog „surcharge" bei einer Kartenzahlung zu erheben, ist also nach wie vor statthaft (Staudinger/*Omlor* Rn 166). Wichtig ist im Kontext von Abs VI, dass es sich hierbei stets um ein ZInstrument iSv Art 4 Nr 14 ZdRL handelt, weil – wie insb bei der Kreditkarte erkennbar – darunter „jedes personalisierte Instrument und/oder jeder personalisierte Verfahrensablauf" verstanden wird. Voraussetzung ist freilich, dass die Benutzung eines solchen „ZInstruments" zw ZdNutzer und ZdLeister vereinbart wird, so dass der ZdNutzer berechtigt ist, dieses Instrument auch einzusetzen, „um einen **ZAuftrag** zu erteilen". Die Benutzung derartiger – authentifizierter – Zinstrumente – neben der Kreditkarte auch eine Geldkarte – schließt die Verwendung personalisierter Sicherheitsmerkmale ein (PIN/TAN), welche der ZdLeister dem ZdNutzer mitteilt (krit *Oechsler* WM 2010, 1381, der auch Kreditkarteninformationen – Mailorder-Verfahren – als Authentifizierungsinstrumente einordnet; dagegen mit überzeugenden Gründen MüKo/*Casper* Rn 71; *Casper/Pfeifle* WM 2009, 2343, 2344). Denn beim **Mailorder-Verfahren** verwendet der ZdNutzer – im Gegensatz zum Präsenzverfahren – keine personalisierten Sicherheitsmerkmale, wie PIN oder Unterschrift auf dem „Slip" (MüKo/*Casper* Rn 71; im Einz *Bitter* WM 2010, 1773ff). Daraus ergeben sich Pflichten, wie sie insb in § 675m näher konkretisiert sind (§ 675m Rn 2ff). Auch die elektronische Signatur sowie die Verwendung von Kenn- bzw Passwörtern iSv § 675l fallen hierunter (§ 675l Rn 2).

54 Die Gestattung eines Preisnachlasses bei Verwendung eines zugelassenen ZInstruments im Verhältnis zw ZEmpfänger und Zahler nach **Abs VI** bezieht sich auf jede Art der **„Ermäßigung"** auf das im Valutaverhältnis geschuldete Entgelt (Grü/*Grüneberg* Rn 24). Erfasst werden natürlich auch Rabatte, Skonti oder sonstige (unentgeltliche) Zusatzleistungen des ZEmpfängers, wie sie im Valutaverhältnis idR gewährt werden (vgl auch MüKo/*Casper* Rn 70). Den nunmehr eingeführten Tatbestand des „anderweitigen Anreizes" wird man allemal weit auslegen müssen (MüKo/*Casper* Rn 70), weil nur so die gesetzgeberische Absicht realisiert werden kann, ein wie auch im-

mer geartetes, geldwertes Entgegenkommen des ZEmpfängers bei einer Kartenzahlung zugunsten des Zahlers als gestattet anzusehen (MüKo/*Casper* Rn 70). Nach der Auffassung des Gesetzgebers können auch Sachleistungen in diese Kategorie fallen (BT-Drs 18/11495, 155; *Omlor* WM 2018, 937, 939f). Doch ist anzufügen, dass **§ 270a** (BGH BKR 2021, 446; LG München I BKR 2019, 204 m Anm *Jünnemann/Wirtz*) – jedenfalls aus praktischer Sicht – zu beachten ist (BeckOGK/*Foerster* Rn 115) und das Surcharging über die Norm des § 270a – sie ist nach § 134 sanktioniert – im Rahmen des SEPA-Basislastschriftverfahrens, der SEPA-Firmenlastschrift, der SEPA-Überweisung und Transaktionen bei Verwendung von Verbraucherkreditkarten untersagt ist (BeckOGK/*Foerster* Rn 115). Auch ist die Regel des **§ 312a IV** zu beachten, weil danach dem Verbraucher – ungeachtet einer gegenteiligen Entgeltvereinbarung für die Nutzung eines Bestimmten Zahlungsmittels – eine gängige und zumutbare Zahlungsmöglichkeit jedenfalls offenstehen muss (§ 312a Rn 43ff).

VIII. Konto. 1. Europarechtliche Ausgangslage. Gem Art 4 Nr 12 ZdRL ist das **ZKonto** ein Konto, das auf den Namen eines oder mehrerer ZdNutzer lautet und für die Ausführung eines ZVorgangs genutzt wird (vgl BankR-HdB/*Joeres* § 29 Rn 1ff). Seine Errichtung ist Teil des ZdRahmenvertrags nach Art 4 Nr 21 ZdRL. Damit ist die Verknüpfung zu Abs II gegeben. Denn das ZKonto dient immer der Ausführung von ZVorgängen iSv Art 4 Nr 5 ZdRL, was nichts anderes heißt, als dass ein solches ZKonto zu **„Bereitstellung, Transfer oder Abhebung eines Geldbetrags"** dient. Letzterer wiederum ist in Art 4 Nr 25 ZdRL dahin umschrieben, dass damit vor allem Giralgeld und E-Geld gemeint sind. Das Zahlungskonto kann sowohl dem ZdNutzer als auch dem ZEmpfänger zustehen (EuGH BeckRS 2019, 5509); ein Sparkonto fällt nicht unter diesen Begriff (EuGH NJW 2018, 3697), wenn Einzahlungen und Abhebungen nur über ein Girokonto vorgenommen werden können. Dem ZVorgang gem Abs IV liegt begrifflich wie tatsächlich eine real bewirkte Zahlung zugrunde („Geldfluss"), weil und soweit das Konto – jedenfalls im Rahmen eines Girovertrags – Buchungsvorgänge ausweist, die entweder zugunsten des ZdNutzers oder zu seinen Lasten verbucht werden. Die damit gekoppelte **Buchführungspflicht** folgt aus § 238 HGB: Mit Blick auf Abs II S 1 ist die Erfüllung dieser Pflichten des ZdLeisters das wesentliche Merkmal des ZdRahmenvertrags (Grü/*Grüneberg* Rn 33), die der ZdLeister zu erfüllen verpflichtet ist. Eingeschlossen ist damit auch die Legitimationsprüfung gem § 154 AO vor der Eröffnung eines Kontos (BankR-HdB/*Joeres/Menges* § 15 Rn 1ff), was auch die Erfüllung der Pflichten einschließt, die sich aus dem **GeldwäscheG** ergeben. IÜ gewährleistet § 154 AO nur das Bestehen einer formalen Kontoinhaberschaft (BGH NJW 1995, 261); die materielle Kontowahrheit ist insoweit unbeachtlich. 55

IÜ wird unter dem Begriff des Kontos in der Praxis die Geldforderung eines ZdNutzers (Zahler/ZEmpfänger) ggü einem ZdLeister (Kreditinstitut) verstanden (*Liesecke* WM 1975, 214, 215). Das Konto ist daher auch ein Handelsbuch iSv § 238 HGB, weil eine auf Dauer gegründete Geschäftsverbindung – aufgrund eines ZdRahmenvertrags – zugrunde liegt, und es damit auch Auskunft über die „Handelsgeschäfte" gibt, welche der ZdLeister durchführt. § 238 I HGB stellt dabei auf die Grundsätze ordnungsmäßiger Buchführung ab, so dass der ZdLeister verpflichtet ist, richtig und vollständig zu buchen. Der ZdNutzer muss ständig die Entwicklung des Kontos nachvollziehen können, zumal Nr 7 AGB-Banken die Genehmigung von Rechnungsabschlüssen sowie von Belastungen aus Lastschriften vorsieht (hierzu BankR-HdB/*Bunte/Artz* § 3 Nr 7 Rn 13ff), wenn keine Einwendungen rechtzeitig innerhalb von sechs Wochen erhoben werden. Das Konto muss schriftlich verkörpert sein, was sich auch aus § 43 II HGB ergibt. Ist das Konto zugunsten des ZdNutzers **aktivisch**, dann hat er eine Forderung ggü dem ZdLeister gem § 700; ist es **debitorisch**, dann steht dem ZdLeister ggü dem ZdNutzer eine Darlehensforderung gem § 488 I zu (vgl Rn 75). 56

2. Zahlungskontengesetz. Unter dem 11.4.2016 hat der BT das **ZKG** (Zahlungskontengesetz) verabschiedet (BGBl I 2016, 720), welches der Umsetzung der RL 2014/92/EU dient (*Findeisen* WM 2017, 1765ff – allg; *Rott* VuR 2016, 3ff; *Herresthal* BKR 2016, 221ff – Kontowechselhilfe; *Herresthal* BKR 2016, 133ff – Anspruch auf Basiskonto; *Bülow* WM 2017, 161ff – Entgeltfragen). 57

§ 16 II ZKG verpflichtet den ZdLeister, für jeden in der EU rechtmäßig ansässigen Verbraucher ein **Basiskonto** einzurichten (hierzu *Grüneberg* WM 2018, 2157ff – Rspr-Übersicht; *Findeisen* WM 2016, 1765, 1769). Obdachlose und Asylsuchende werden ausdrückl eingeschlossen (§§ 31 I 2 ZKG; *Bülow* WM 2017, 161). Dieses Konto steht denjenigen zur Verfügung, welche zuvor kein ZKonto unterhalten durften/konnten (*Schelling/v Berg* BKR 2021, 94). Die Einzelheiten ergeben sich aus den §§ 38ff ZKG. Verfassungsrechtl Bedenken wegen der gesetzl Pflicht der ZdLeister, ein Basiskonto zu eröffnen und zu unterhalten, sind gleichwohl insoweit nicht angezeigt (aM *Held* BRK 2016, 353; krit wegen der Beschränkung der Vertragsfreiheit *Herresthal* BKR 2016, 133, 137ff). Es besteht insoweit **Kontrahierungszwang**; das Recht des ZdLeisters, den Abschluss eines ZdRahmenvertrages zu verweigern, ist jedoch gegeben; die entspr Sperre wird in §§ 48, 49 ZAG errichtet (*Klöppel* WM 2017, 1090). Das zu vereinbarende **Entgelt** für die Führung des Basiskontos muss für die in § 38 ZKG gelisteten Dienste (Ein- und Auszahlung, Überweisung, Lastschrift, Kartengeschäft) angemessen iSv § 41 II ZKG sein (BGH BKR 2020, 420 – grundlegend; im Einz *Schelling/v Berg* BKR 2021, 94ff; *Bülow* WM 2017, 161ff). Es handelt sich um eine gesetzl Preisregel (BGH BKR 20202, 420 Rn 18). Die Inhaltskontrolle solcher Klauseln vollzieht sich nach § 307 III 1 (BGH BKR 2020, 420 Rn 8). Es gelten hier als Meßgröße die „marktüblichen Entgelte" und das „Nutzerverhalten" (*Findeisen* WM 2017, 1765, 1773f; BT-Drs 18/7691, 83; *Klocke/Hautkappe* WM 2020, 2397ff; *Edelmann/Bacher* BKR 2019, 428; *Zimmermann/Huneke* VuR 2019, 251; *Bülow* WM 2017, 161, 162). Letzteres ist ein nur sehr schwer bestimmbares, weil konkretes Merkmal, das kaum mit hinreichender Sicherheit im Voraus vereinbart werden kann, sondern sich – wenn überhaupt – nur aus der Rückschau erschließt. Denn insoweit ist nicht der Markt adressiert, sondern der konkrete jew ZdLeister (*Bülow* WM 2017, 161, 162). Es findet insoweit eine 58

Preiskontrolle statt (BGH BKR 2020, 420 Rn 22; LG Köln NJOZ 2020, 92 – Kosten höher als die eines Girokontos (zweifelhaft); Schleswig WM 2019, 68, Rn 124 – Grundpreis von € 7,99 unwirksam; Frankfurt VuR 2019, 264 – Berufungsinstanz; LG Frankfurt BKR 2018, 391 – 8,99 € unwirksam – Maßstab Kosten beleghafter Buchungen; Dresden WM 2018, 1304 – Durchführung einer Pfändung: 30 € – unwirksam; Beseitigungsanspruch zugunsten aller Betroffenen; krit *Schultheiß* WM 2019, 9ff). Nicht vereinbar mit § 41 II ZKG sind solche Kostenbestandteile des verlangten Entgelts (etwa Gemeinkosten für Unterstützungsleistungen, Kosten für Ablehnungsschreiben), die entweder gar nicht oder jedenfalls nicht nur auf die Nutzer des Basiskontos umgelegt werden dürfen (BGH BKR 2020, 420 Rn 23ff). Trifft dies zu, so ergibt sich die Rechtsfolge aus § 134 (*Bülow* WM 2017, 161, 163). Doch bleibt der Basiskontovertrag idR nach § 139 hiervon unberührt. Die Umwandlung des gewöhnlichen Z-Kontos in ein P-Konto muss unentgeltlich vorgenommen werden (BGH NJW 2013, 3163). Nach § 26 V ZKG ist die Vereinbarung einer vom Verbraucher zu tragenden **Vertragsstrafe**, die im Zusammenhang mit einem **Kontenwechsel** (vgl §§ 20–25 ZKG) vorgesehen ist, unzulässig. Nach § 44 ZKG ist der Kontoinhaber berechtigt, nach § 675h I den Basiskontenvertrag zu kündigen; der ZdLeister ist sodann verpflichtet, das Konto zu schließen.

59 **3. Informationspflichten.** Die im Gesetz geregelten **Informationspflichten** des ZdLeisters treten neben die allg Informationspflichten, welche bereits nach den Vorgaben der §§ 675c ff (Art 248 §§ 1ff EGBGB) bestehen. Soweit die §§ 6–9 ZKG eine Informationspflicht des ZdLeisters betr die mit der Eröffnung und Führung des Kontos gekoppelten **Entgelte** vorsehen, ist damit nichts darüber gesagt, ob die Vereinbarung dieser Entgelte auch wirksam ist (*Herresthal* BKR 2016, 221, 223).

60 **4. Kontokorrent. a) Kontokorrentbindung.** Aufgrund des ZdRahmenvertrags ist das laufende Konto stets ein Kontokorrentkonto gem § 355 HGB mit Zu- und Abgängen (MüKo-HGB/*Herresthal* A Rn 584). Das besagt: Die beiderseitigen – kontokorrentfähigen – Ansprüche werden werden iRv vertragl Bindung in laufende Rechnung gebucht, so dass Berechnung und Feststellung eines Saldos erst dann vorgenommen und ausgeglichen wird, wenn eine bestimmte Zeiteinheit – regelmäßig: Quartal – abgelaufen ist (MüKo-HGB/*Herresthal* A Rn 582; EBJS/*Grundmann* § 355 HGB Rn 2). Durch die Einstellung in die Kontokorrentbuchung können sie nicht mehr selbständig geltend gemacht werden (BGH NJW 1989, 220, 2121). Die Einstellung in ein Kontokorrent gem § 355 HGB bewirkt also eine **Kontokorrentbindung** der eingehenden Zahlungs- und Belastungsbuchungen. Der einzelne Buchungsposten verliert auf diesem Wege seine rechtl Selbständigkeit (BGH NJW 2005, 1771); er kann weder abgetreten noch gepfändet werden. Soweit der ZdLeister auf dem Konto eine **Gutschrift** zugunsten des ZdNutzers vornimmt, verpflichtet sich darin der ZdLeister, den eingegangenen Betrag auch wertstellungsmäßig (§ 675t Rn 6) dem Kontokorrentkonto des ZEmpfängers gutzubringen (BGH NJW 1997, 3168). Die Gutschrift ihrerseits ist ein abstraktes Schuldanerkenntnis/Schuldversprechen ggü dem ZdNutzer (BGH NJW 2002, 1722, 1723). Sie ist kontokorrentgebunden, dh sie kann nicht selbständig geltend gemacht werden (BGH MMR 2005, 445, 446). Zw dem **Anspruch auf Gutschrift** und dem **Anspruch aus der Gutschrift** ist – vorbehaltlich der **Neuregelung** von § 675t (§ 675t Rn 2ff) – scharf zu trennen (EBJS/*Schmieder* Rn 16f): Das in der Gutschrift liegende Schuldanerkenntnis/Schuldversprechen gem §§ 780, 781 kommt aufgrund der einseitigen Erklärung des ZdLeisters ggü dem ZdNutzer zustande, ohne dass es einer entspr Annahme dieser Gutschrift des ZEmpfängers bedarf (EBJS/*Schmieder* Rn 16). Vielmehr reicht ein Organisationsakt auf Seiten des ZdLeisters insoweit aus (BGH NJW 2005, 1771), wie etwa die Absendung der Kontoauszüge an den Kontoinhaber. Zur Frage der Herausgabe von Kontoauszügen in der Zwangsvollstreckung vgl BGH NJW 2012, 1081. Ggü dem jew Kontoinhaber besteht dann ein Anspruch auf Erteilung einer Gutschrift, wie sich aus § 675r ablesen lässt. Die Gutschrift ist unverzüglich nach Vorlage der Deckung auf dem Konto des ZdLeisters des ZEmpfängers an diesen zu erteilen. Die Überweisung ist dann vollzogen (BGH NJW 1988, 1320). **Belastungsbuchungen** haben demggü lediglich deklaratorischen Charakter (BGH BKR 2003, 641; BankR-HdB/*Schmieder* § 26 Rn 51): Sie reflektieren die Auffassung des ZdLeisters, iHd Belastungsbuchung eine Forderung ggü dem ZdNutzers zu haben. Fehlerhafte Belastungsbuchungen sind unwirksam, ihnen stehen keine Aufwendungsersatzansprüche des ZdLeisters ggü (BankR-HdB/*Schmieder* § 26 Rn 51). Wird eine Belastungsbuchung storniert, steht dem ZdLeister ein Bereicherungsanspruch ggü dem ZdNutzer zu (BankR-HdB/*Bunte/Artz* § 3 Nr 8 Rn 21; Düsseldorf WM 1985, 690; LG Hannover BKR 2011, 348). Belastungsbuchungen stellen aber einen Schaden des ZdNutzers nach § 249 dar, weil die entspr Buchungen dazu führen, dass der ZdNutzer bis zu ihrer Rückgängigmachung nicht in der Lage ist, über das „Buchgeld" zu verfügen (BGH NJW 2001, 3190, 3191).

61 Das jew **Saldoanerkenntnis** geschieht in der Weise (MüKo-HGB/*Herresthal* A Rn 588), dass der ZdLeister – regelmäßig: quartalsweise – seinem ZdNutzer einen **Rechnungsabschluss** übersendet (BankR-HdB/*Ellenberger/Bunte* § 3 Nr 7 Rn 9). Darin liegt ein Angebot iSv § 145 auf Abschluss eines Schuld- und damit eines Saldoanerkenntnisvertrags gem § 781 (BGH NJW 1985, 3010, 3011; MüKo-HGB/*Herresthal* A Rn 607f); eine solche Annahme kann auch – und dies ist regelmäßig der Fall – konkludent vom ZdNutzer erklärt werden, weil insoweit eine Prüfpflicht des zugegangenen Rechnungsabschlusses für den ZdNutzer besteht. Nach der Rspr des BGH (NJW 2000, 2667, 2668) reicht das bloße **Schweigen** auf einen zugegangenen Tageskontoauszug nicht aus (MüKo-HGB/*Herresthal* A Rn 607), um ein Saldoanerkenntnis zu erzeugen, weil darin keine schlüssige rechtsgeschäftliche Erklärung des Kontoinhabers in Gestalt einer Genehmigung liegt. Innerhalb von sechs Wochen muss dieser daher **Einwendungen** ggü der Richtigkeit/Vollständigkeit des Rechnungsabschlusses gem Nr 7 II 1 AGB-Banken – mangels einer anderweitigen Abrede – erheben (BankR-HdB/*Bunte/Artz* § 3 Nr 7 Rn 13ff). Der (von der Bank nachzuweisende) Zugang des Abschlusses ist freilich Voraussetzung für das Eingreifen **einer Ge-**

nehmigungsfiktion nach Nr 7 AGB-Banken (MüKo-HGB/*Herresthal* A Rn 608) zum Fall eines irreführenden Kontoauszugs vgl BGH NJW 2007, 3002; 2002, 3408). Der ZdLeister ist nicht berechtigt, insoweit dem ZdNutzer das Gebot der Schriftlichkeit für die Erhebung des Widerspruchs aufzuerlegen (BGH NJW 2014, 1441 – Nr 7 III 1 AGB-Sparklassen); dies verstößt gegen § 307 I 1. Versäumt der ZdNutzer diese Frist infolge seines Schweigens (§ 308 Nr 5), so gilt der Saldo als anerkannt (BGH ZIP 2014, 508; BankR-HdB/*Bunte/Artz* § 3 Nr 7 Rn 23ff). Es greift dann aber zulasten des ZdNutzers eine **Beweislastumkehr** gem 7 II 4 AGB-Banken ein (MüKo-HGB/*Herresthal* A Rn 610f), so dass dieser wegen etwaiger Fehlbuchungen gem § 812 II bereicherungsrechtl Ansprüche beweisen und auch geltend machen muss (BGH NJW 1985, 3010, 3011). Eine weitergehende Genehmigungsfiktion tritt zum Nachteil des ZdNutzers nicht ein. Darüber hinaus ist weiter zu **differenzieren**: Soweit der **Tagessaldo** in Rede steht, also die Gutschriften und Belastungen eines einzelnen Tages reflektiert werden, liegt keine Saldierung im kontokorrentrechtl Sinn vor (BGH NJW 2005, 3213, 3214). Über den darin ausgewiesenen **Haben-Saldo** kann der ZdNutzer in der Weise verfügen, dass er sich diesen Betrag auszahlen lässt, was auch der Pfändung gem § 829 II ZPO unterliegt (BGH NJW 1982, 2192). Wird aber das Insolvenzverfahren über das Vermögen des Kontoinhabers eröffnet, endet das Kontokorrent (BGH NJW 1978, 538); es entsteht dann ein **kausaler Saldo** (BGH NJW 1978, 538, 539). Es handelt sich insoweit um den rein rechnerischen Überschuss, so dass zu seiner Ermittlung auf die einzelnen Buchungs- und Belastungspositionen zurückgegriffen werden muss (BGH NJW 1989, 2120, 2121; EBJS/*Grundmann* § 355 HGB Rn 16). Während die einzelne in das Kontokorrent eingestellte Forderung nicht abtretbar und daher auch nicht pfändbar ist (BGH NJW 1982, 2193), trifft dies auf den Saldo – **Tagessaldo** – nicht zu (BGH NJW 1982, 2193). Pfändbar ist der gegenwärtige Saldo, der im Zeitpunkt der Zustellung nach § 829 III ZPO besteht (BGH NJW 1981, 1611). Dies wird auch implizit in § 833a ZPO vorausgesetzt (*Schultheiß* JuS 2014, 516, 519). Pfändbar ist aber auch der künftige Saldo (BGH NJW 1982, 2192).

b) Stornobuchung. Nimmt der ZdLeister **irrtümlich** eine Buchung vor, hat er ein Storno- und Berichtigungs- 62
recht (*Fandrich* in Graf von Westphalen/Thüsing, AGB-Klauselwerke – Bank- und Sparkassen-AGB Rn 33; BankR-HdB/*Bunte/Artz* § 3 Nr 8 Rn 35ff – Sparkassen). Es ist ein einseitiges Recht des ZdLeisters und wird auf § 667 gestützt, soweit die AGB-Banken nicht Vertragsbestandteil (Nr 8.1 AGB-Banken) geworden sein sollten (BGH NJW 2001, 3183; EBJS/*Wessels* A I Rn 204f). Die Klausel ist nach § 307 wirksam (BGH NJW 1978, 2149). Doch setzt das Stornorecht das Bestehen eines materiell-rechtl begründeten Rückforderungsanspruchs des ZdLeisters voraus (BGH NJW 1983, 2501). Er ist vertragsrechtl begründet (§ 670) und nicht auf § 812 gestützt (BGH NJW 1983, 2501, 2502). Immer geht es um die Kondizierung des Anerkenntnisses nach § 780 (EBJS/*Grundmann* HGB Rn I 218). Ist aber eine irrtümliche Gutschrift in ein Saldoanerkenntnis eingestellt worden, kann sie wegen der Rechtswirkung des § 355 HGB nicht mehr selbständig zurückgefordert werden (BGH NJW 1978, 2149). Dann greift die Klausel nach Nr 8.2 AGB-Banken ein (Feststellen der Fehlbuchung „erst nach einem Rechnungsabschluss"), so dass ein Berichtigungsanspruch des ZdLeisters besteht (BankR-HdB/*Bunte/Artz* § 3 Nr 8 Rn 19ff), der seine Grundlage im Bereicherungsrecht hat (BankR-HdB/*Bunte/Artz* § 3 Nr 8 Rn 21f). Indessen kann der Kontoinhaber eine Gutschrift nicht zurückweisen, wenn sie auf einem anderen, ihm aber gehörenden Konto eingegangen ist, weil ihm die Gutschrift tatsächlich gebührt (BGH NJW 1995, 520). Ggf kann der ZdNutzer auf einen Schadensersatzanspruch gem § 241 II, § 280 I zurückgreifen (vgl BGH NJW 2001, 3190, 3191; 1973, 1366). Denn iHd unberechtigten Buchung ist das „Buchgeld" dem ZdNutzer/Kontoinhaber nicht verfügbar, was iSv § 249ff einen materiellen Schaden repräsentieren kann.

5. Kontoinhaberschaft. Für die Frage, wer als ZdNutzer berechtigt und verpflichtet ist, eine Autorisierung ei- 63
nes ZVorgangs nach § 675j I durch Zustimmung ggü dem ZdLeister zu begründen (§ 675j Rn 2ff) oder rechtzeitig einen Widerruf gem § 675p zu erklären (§ 675p Rn 2f), ist von entscheidender Bedeutung, wer als nat oder jur Person Kontoinhaber ist (MüKo-HGB/*Herresthal* A Rn 210). Dafür kommt es entscheidend darauf an, wer nach dem erkennbaren Willen des die Kontoeröffnung beantragenden ZdNutzers Gläubiger des ZdLeisters sein soll (BGH DStR 2005, 1109, 1110; NJW 1994, 931). Praktisch relevant ist diese Frage nicht zuletzt im Fall der Insolvenz sowie in einem Erbfall (BGH NJW 2000, 1258). Nur der wahre Kontoinhaber ist nämlich verpflichtet, für die Darlehensverbindlichkeiten einzustehen, soweit es sich um ein **debitorisches** Konto handelt (vgl BGH WM 1963, 455). Bei **Barauszahlungen** wird der ZdLeister nur ggü dem Kontoinhaber gem § 362 von seiner Leistungspflicht befreit. Für die **Eröffnung eines Kontos** ist kein schriftlicher Antrag erforderlich (BGH WM 1958, 588), auch wenn die Verwendung von Formularen üblich ist. Der ZdLeister ist nicht verpflichtet, den Antrag auf Eröffnung eines Kontos anzunehmen; es besteht kein Kontrahierungszwang (*Köndgen* NJW 1996, 558, 559; aM *Reifner* ZBB 1995, 243, 254ff), soweit er nicht auf das **Basiskonto** (§ 31 ZKG) bezogen oder durch Sparkassengesetze der Länder geschaffen worden ist (vgl Naumburg BKR 2012, 260 – Weiterführungspflicht des Kontos). Zur Kündigung eines Kontos aus wichtigem Grund wegen Mitgliedschaft zu einer rechtextremen Partei Köln WM 2003, 1892; allerdings hat das BVerwG den Anspruch eines Kreisverbandes der NPD auf Eröffnung eines Kontos bei einer Sparkasse bejaht (BVerwG NJW 2019, 1317).

a) Grundsatz. Die Rspr geht bei der Antwort auf die Frage, wer Kontoinhaber ist, von der Formel aus, dass „un- 64
ter besonderer Berücksichtigung der Umstände des Einzelfalls zu prüfen ist, wer nach dem erkennbaren Willen des die Einzahlung Bewirkenden Gläubiger der Bank werden sollte" (BGH DStR 2005, 1109, 1110; NJW-RR 1995, 130; BGHZ 21, 148, 150; MüKo-HGB/*Herresthal* A Rn 211). Mit wessen Geldmitteln die eingezahlten Gelder bewirkt werden, ist irrelevant (BGH BB 1996, 555). Auch ist nicht entscheidend, wer zu einem späteren Zeitpunkt in der Kontobezeichnung als Gläubiger benannt ist, weil es ausschließlich auf den Zeitpunkt der Kon-

toerrichtung (BGH WM 1966, 1246, 1248) und den damit regelmäßig gekoppelten Abschluss eines Girovertrages (ZdRahmenvertrages) ankommt (BGH NJW-RR 1995, 130, 131), um die Person des Kontoinhabers, dh den Forderungsberechtigten oder den Darlehensgeber zu bezeichnen (BGH WM 1990, 303; 1987, 1418). Somit ist der dem ZdLeister erkennbare Wille des **Einzahlenden** entscheidend. Es kommt also darauf an, wer auf Grund der Eröffnung des Kontos Gläubiger der Bank (ZdLeisters) werden will (BGH NJW 1994, 931). Notfalls ist dieser über die §§ 133, 157 – bezogen auf die Sicht des ZdLeisters als des Empfängers der Willenserklärung – zu ermitteln (BGH BB 1996, 555, 556). In der Praxis wird regelmäßig ein schriftlich vom ZdNutzer auszufüllender und auch zu unterzeichnender **Kontoeröffnungsantrag** verwendet; der dort bezeichnete ZdNutzer ist (regelmäßig) Kontoinhaber. Das Konto ist dabei regelmäßig ein **Namenskonto** (BGH BB 1996, 555, 556).

65 **b) Eigenkonto – Fremdkonto.** Wird ein Konto auf den eigenen Namen des Kontoinhabers errichtet, handelt es sich grds um ein Eigenkonto, so dass damit auch der formelle Kontoinhaber bezeichnet wird, dem auch die **Kontonummer** zugeordnet ist. Soweit ein bestimmter Zusatz für den **Verwendungszweck** des Kontos vorgesehen wird, folgt daraus keineswegs, dass es sich nicht um ein Eigen-, sondern ein Fremdkonto handelt (BGH WM 1975, 1200, 1201; BB 1996, 555, 556). Die Errichtung eines Fremdkontos – in seiner Funktion als **offenes Fremdkonto** – ist vielmehr nur dann anzunehmen, wenn sich aus der Auslegung gem §§ 133, 157 herleiten lässt, dass ein Dritter als ZdNutzer Kontoinhaber ist, dass aber der Eröffnende (gleichwohl) verfügungsberechtigt war, und zwar entweder als Stellvertreter gem §§ 164ff oder Verfügungsberechtigter gem § 185. Ein **Sonderfall** ist hier, dass ein Konto zugunsten eines **Dritten** eröffnet wird (BGH NJW 2005, 2222), was regelmäßig als echter Vertrag zugunsten Dritter iSv §§ 328ff zu qualifizieren sein wird: Der Dritte erwirbt dann ein eigenes Forderungsrecht ggü dem ZdLeister, weil und soweit dies im **Deckungsverhältnis** zw dem Versprechenden (ZdLeister) und dem Versprechungsempfänger (ZEmpfänger) so vereinbart wurde (BGH NJW 1984, 480). Zum Vertrag zugunsten Dritter auf den Todesfall vgl Rn 72. Ein **Sonderkonto** kann sowohl ein Eigen- als auch ein Fremdkonto sein (*Liesecke* WM 1975, 214, 222f). In jedem Fall dient aber ein Sonderkonto einem besonderen Zweck, etwa der Instandhaltungsrücklage nach dem WEG (vgl BGH WM 1975, 1200). Der Zusatz „Sonderkonto" kann auch bedeuten, dass fremde Vermögenswerte treuhänderisch zu verwalten sind (vgl BGH WM 1959, 686).

66 **6. Sparkonto.** Bei einem Sparkonto ist die Inhaberschaft des Sparbuchs, wie unmittelbar aus § 808 abzulesen ist (Grü/*Grüneberg* § 808 Rn 6; MüKo-HGB/*Herresthal* A Rn 214), ein derart wesentliches Indiz für die Antwort auf die Frage, wer Kontoinhaber ist, dass es Vorrang vor einer – wie auch immer gearteten – Kontobezeichnung hat. Der ZdLeister ist hier zur Zahlung gegen Vorlage des Sparbuchs verpflichtet; die Legitimation des § 808 setzt nämlich Vorlage des Sparbuchs voraus – die Inhaberschaft hat daher hohe Indizwirkung im Rahmen der Legitimationswirkung nach § 808 (MüKo-HGB/*Hadding* Kap A Rn 86), sobald eine Auszahlung verlangt wird (Grü/*Grüneberg* § 808 Rn 7). Wird ein Sparbuch auf den Namen eines **Minderjährigen** eröffnet (BGH NJW 2005, 980), so ist er jedenfalls dann, nicht aber die Eltern als Inhaber des Kontos anzusehen, wenn sich auch aus dem Kontoeröffnungsvertrag diese Schlussfolgerung ergibt (AG Saarlouis NJOZ 2008, 3851). Festzuhalten ist, dass nach Ansicht des EuGH das Online-direkt-Sparkonto kein ZKonto nach Art 4 Nr 14 ZdRL ist (EuGH BKR 2018, 524 m Anm *Brinkmann*), was dem ErwGr 14 der Zahlungskonten-RL entspricht (vgl auch § 1 XVII ZAG). Zum Begriff des **ZKontos** auch EuGH NJW 2018, 3697. **Pfändbar** ist der gegenwärtige und künftige Auszahlungsanspruch des ZdNutzers einer Spareinlage nach § 829 ZPO (BankR-HdB/*Bitter* § 17 Rn 90). Wirksam ist die Pfändung aber nur, wenn sie sich gegen den Gläubiger der Sparforderung richtet, wobei zu beachten ist, dass mit dem Inhaber des Sparbuchs nicht notwendigerweise Identität besteht (im Einz auch BankR-HdB/*Bitter* § 17 Rn 92).

67 **7. Gemeinschaftskonto.** Wird ein **ZKonto** auf den Namen **mehrerer ZdNutzer** errichtet (MüKo-HGB/*Herresthal* A Rn 248ff), handelt es sich um ein Gemeinschaftskonto. Das Konto steht dann mehreren Personen zu (BankR-HdB/*Hadding/Häuser* § 19 Rn 1ff; *Rieder* WM 1987, 29). Zu unterscheiden ist zw Und-Konto und Oder-Konto; die entspr Bezeichnungen „und" sowie „oder" haben im Bankwesen individualvertragl Charakter (Köln NJW-RR 1990, 1007).

68 **a) Und-Konto.** Das Und-Konto ist als Gemeinschaftskonto dadurch charakterisiert (MüKo-HGB/*Herresthal* A Rn 268), dass auf Seiten des ZdNutzers mehrere selbständige Rechtssubjekte ggü dem ZdLeister auftreten (BankR-HdB/*Hadding/Häuser* § 19 Rn 16). Folglich ist das gemeinschaftl Handeln im Außenverhältnis entscheidend. Dem Kontoinhaber (Miterben/Eheleute/Vorstand einer GbR etc) steht eine gemeinschaftl Verfügungsbefugnis über das Konto zu (BGH ZIP 1990, 1538, 1539; MüKo-HGB/*Herresthal* A Rn 268; *Rieder* WM 1987, 29, 33). Es handelt sich hier, sofern keine Gesamthandsgemeinschaft vorliegt, im Zweifel um eine Gemeinschaft nach Bruchteilen (BGH NJW 1991, 420). Der ZdLeister kann daher mit befreiender Wirkung nur an alle Kontoinhaber leisten (BGH NJW 1993, 420). Ist das Und-Konto **kreditorisch**, steht den verfügungsberechtigten Gläubigern gemeinschaftl eine unteilbare Leistung iSv § 741 zu; über diese können sie nur gemeinschaftl verfügen (BankR-HdB/*Hadding/Häuser* § 19 Rn 17). Ist hingegen das Konto **debitorisch**, besteht gem § 421 eine gesamtschuldnerische Haftung, soweit Verbindlichkeiten „aus" dem Gemeinschaftskonto in Rede stehen (*Hadding/Häuser* § 19 Rn 18; *Schebesta* WM 1985, 1329, 1330). Die Abtretung einer Guthabenforderung kann auch nur gemeinschaftl erfolgen, folglich müssen alle Kontoinhaber zustimmen. Bei einer **Zwangsvollstreckung** ist gem § 736 ZPO ein Titel gegen alle Kontoinhaber erforderlich (BGH WM 1973, 894; LG Nürnberg-Fürth NJW 2002, 973; BankR-HdB/*Bitter* § 17 Rn 113). Vollstreckt wird dann in den Anspruch auf Auseinandersetzung. Zur Zwangsvollstreckung in die Auszahlung eines Saldos und eines gewährten Kredits – allg – vgl BGH NJW 2013, 1223. Soweit nur ein Titel ggü einem der Inhaber eines **Und-Kontos** vorliegt, kann nur in dessen künftiges Aus-

einandersetzungsguthaben gem §§ 738ff oder in dessen gegenwärtiges Anteilsrecht vollstreckt werden (BankR-HdB/*Bitter* § 17 Rn 113; LG Oldenburg ZIP 1982, 1433). Wird aber – trotz eines Titels – gegen nur einen Kontoinhaber die Guthabenforderung gepfändet, steht dem anderen Kontoinhaber die Drittwiderspruchsklage gem § 771 ZPO zur Seite (BankR-HdB/*Hadding/Häuser* § 19 Rn 24). Wird ein Inhaber **insolvent**, ist zu bedenken, dass dem Und-Konto regelmäßig ein Gesamtheitsverhältnis (oder auch eine Bruchteilsgemeinschaft iSv §§ 741ff) zugrunde liegt (BGH ZIP 1990, 1538, 1539). Folglich findet die Auseinandersetzung außerhalb des Insolvenzverfahrens gem § 84 II InsO statt: Der Insolvenzverwalter tritt an die Stelle des Gemeinschaftsschuldners. Zur Folge hat dies, dass der ZdLeister nur noch Verfügungen der (übrigen) Inhaber des Und-Kontos und des Insolvenzverwalters zulassen darf (*Schebesta* WM 1985, 1329, 1332).

b) Oder-Konto. Wird ein Oder-Konto bei einem ZdLeister errichtet (BeckOGK/*Kreße* § 430 Rn 16ff; BankR-HdB/*Hadding/Häuser* § 19 Rn 6ff; krit zu den bisherigen Konstruktionen *K. Schmidt*, FS Nobbe, 2009, 187ff), liegt darin die vertragl Begründung einer **Gesamtgläubigerschaft** der einzelnen Mitglieder der Gemeinschaft gem §§ 428ff (BGH WM 1990, 1538, 1539; 1986, 841, 843; Grü/*Grüneberg* Rn 32; *Rieder* WM 1987, 29, 30), soweit das Konto **kreditorisch** ist (BankR-HdB/*Hadding/Häuser* § 19 Rn 7a), wie etwa auch bei der Errichtung eines Bausparkontos (BGH NJW 2009, 2054, 2055). Jeder Kontoinhaber ist hier **selbständig** (MüKo-HGB/*Herresthal* A Rn 252) und auch eigenem Recht hinsichtl des gesamten Guthabens forderungsberechtigt (BGH NJW 2002, 3093, 3094; ZIP 1990, 1538, 1539). Jeder kann also Auszahlung der Einlageforderung an sich selbst verlangen; auch kann er diese Forderung an einen Dritten abtreten (BankR-HdB/*Hadding/Häuser* § 19 Rn 10). Doch es besteht immer dann eine Ausgleichspflicht, wenn dem einen mehr zugeflossen ist, als ihm im Innenverhältnis – auch bei Bestehen einer intakten Ehe – zusteht (BGH NJW-RR 1993, 2; zur Ausgleichspflicht nach Trennung BGH NJW 1990, 705). Ist das Oder-Konto hingegen **debitorisch**, besteht im Hinblick auf den Anspruch der Bank nach §§ 488ff gem § 421 eine **gesamtschuldnerische Haftung** jedes Kontoinhabers (BGH NJW-RR 1993, 233, 234; BankR-HdB/*Hadding/Häuser* § 19 Rn 9). In der Praxis werden Oder-Konten oft von **Ehegatten** errichtet (BGH ZIP 1990, 86); dies gilt auch für ein Bausparkonto (BGH NJW 2009, 2054) oder bei Bestehen eines Sparkontos (BGH NJW 2002, 3702; 2000, 2347). Hebt ein Ehegatte von dem gemeinsamen Oder-Konto Beträge ab, die mehr als seinem hälftigen Anteil entsprechen (§ 430; BGH NJW-RR 1986, 1133; Bamberg NJW-RR 2019, 365) und wird er auf Ausgleich in Anspruch genommen, ist es seine Sache, eine iSv § 430 anderweitige Gestaltung des Innenverhältnisses nachzuweisen (BGH NJW-RR 1993, 2). Im Fall der **Trennung** der Ehegatten verliert regelmäßig die dem anderen Ehegatten erteilte Verfügungsbefugnis über das Oder-Konto ihre Wirkung (zur Ausgleichspflicht BGH NJW 1990, 705); notfalls ist auf § 313 zurückzugreifen (BGH WM 1989, 860, 861). Die Regel des § 430 bleibt jedoch unberührt (BGH NJW-RR 1986, 1133, 1134), sofern ein Ehegatte verstirbt (BGH NJW 1986, 1133; Köln WM 2000, 2485). Wenn ein Kontoinhaber über das Oder-Konto **Finanztermingeschäfte** (§ 2 II Nr 2 WpHG) abwickelt, verfügt dieser Kontoinhaber durch Belastung des kreditorischen Kontos solange über eigene Vermögenswerte, wie das Konto nicht debitorisch wird (BGH NJW 2002, 3093, 3094). Doch kommt es entscheidend auf die jew Vereinbarung ggü dem Finanzdienstleister an (BankR-HdB/*Hadding/Häuser* § 19 Rn 9a). Ob das – stillschw – **Anerkenntnis von Rechnungsabschlüssen**, Konto- und Depotauszügen auch den anderen Inhaber des Oder-Kontos bindet, ist abhängig von der zugrundeliegenden Vereinbarung; eine entspr Vertretungsmacht wird regelmäßig in den banküblichen Formularen vorgesehen (vgl Düsseldorf WM 1987, 1215). Im Zweifel ist davon auszugehen, dass § 425 I eingreift, weil ein „Anerkenntnis" ggü dem Finanzdienstleister ein Umstand ist, der lediglich in der Person eines Gesamtgläubigers eingetreten ist, also nur ihm ggü auch Wirkung entfaltet. **Kontoüberziehungen** sind nach den üblichen Formularen nur als „vorübergehende" und im „banküblichen Rahmen" zulässig – etwa: bezogen auf das Dreifache eines Monatseinkommens (Nürnberg ZIP 1990, 1558, 1559; BankR-HdB/*Hadding/Häuser* § 19 Rn 9). Klauseln, die die Kontoinhaber **gegenseitig bevollmächtigen**, in unbegrenzter Höhe weitere Verbindlichkeiten zulasten des Oder-Kontos einzugehen, sind nach § 307 zu beanstanden (BGH NJW 1991, 923, 924). Der **Tod eines Kontoinhabers** führt nicht dazu, dass die Gläubigerstellung des anderen Kontoinhabers beeinträchtigt wird (BGH WM 1986, 786, 787). Es handelt sich um eine „andere" Tatsache iSv § 425 I (BankR-HdB/*Hadding/Häuser* § 19 Rn 12). Die Forderung ggü dem Finanzdienstleister fällt in den Nachlass des Verstorbenen (BankR-HdB/*Hadding/Häuser* § 19 Rn 12). Die **Insolvenz** eines Kontoinhabers berührt die Verfügungsbefugnis des anderen Kontoinhabers nicht. Der ZdLeister bleibt also berechtigt, selbst nach Kenntnis von der Insolvenzeröffnung hinsichtl eines Kontoinhabers mit befreiender Wirkung an den anderen zu leisten (*Rieder* WM 1987, 29, 31). Da die Forderung des Inhabers eines Oder-Kontos ggü dem ZdLeister abtretbar ist, kann sie auch von den Gläubigern nach § 829 ZPO **gepfändet** werden (BGH NJW 1985, 1218); anders als beim Und-Konto ist also kein Titel gegen alle Kontoinhaber erforderlich. Der Pfändungsgläubiger tritt daher an die Stelle des Inhabers des Oder-Kontos; dem anderen Kontoinhaber steht der Rechtsbehelf einer Drittwiderspruchsklage nach § 771 ZPO nicht zur Seite (Nürnberg NJW 1961, 510; BankR-HdB/*Hadding/Häuser* § 19 Rn 11a). Die Verfügungsbefugnis des anderen Kontoinhabers bleibt unberührt. 69

c) Umwandlung. Die Umwandlung eines Und-Kontos in ein Oder-Konto ist durch einseitige Erklärung eines Kontoinhabers nicht zulässig (MüKo-HGB/*Herresthal* A Rn 263), sondern nur durch Änderung des Kontovertrags, so dass die Einigung aller Kontoinhaber und des ZdLeisters erforderlich ist (BGH NJW 1993, 233; NJW 1991, 420). Denn die vertragl Rechtsstellung der Kontoinhaber als ZdNutzer ggü dem ZdLeister ändert sich im Fall einer solchen Umwandlung: Die Inhaber eines Oder-Kontos sind Gesamtgläubiger iSv § 428, so dass sie hinsichtl des gesamten Guthabens selbständig, dh aus eigenem Recht forderungsberechtigt sind (BGH NJW 1985, 70

2698); daher reicht es aus, wenn – entspr dem Antrag auf Eröffnung eines Oder-Kontos – vorgesehen ist, dass einer der Konteninhaber berechtigt sein soll, das Konto in ein Und-Konto umzuwandeln, sofern der ZdLeister auch verpflichtet ist, dies den anderen Kontoinhabern zu notifizieren (Hamm GWR 2010, 196). Demggü besteht bei einem Und-Konto eine gesamttreuhänderische Bindung, so dass lediglich gemeinschaftl Verfügungen zulässig sind (Rn 68). Dies gilt auch für die Befugnis des Bevollmächtigten (BGH NJW-RR 2009, 979, 980).

71 **d) Kontovollmachten.** Im Hinblick auf eine Kontovollmacht (hierzu BankR-HdB/*Dauber/Henning* § 16 Rn 5ff) gelten grds die §§ 164ff. Diese ist regelmäßig Gattungsvollmacht; § 305 I 1 ist anwendbar (BGH NJW 1987, 2011; MüoHGB/*Herresthal* A Rn 221). Der Inhalt der Vollmacht entscheidet über die Befugnisse, die der Vollmachtgeber dem Bevollmächtigten im Einzelfall eingeräumt hat. Eine solche Vollmacht berechtigt aber nicht, ohne Zustimmung des Vollmachtgebers das ZKonto aufzulösen oder in sonstiger Weise in die Rechtsstellung des Vollmachtgebers einzugreifen (BGH NJW-RR 2009, 979, 980). Auch ist die Vollmacht nicht dahin auszulegen, dass sie dem Bevollmächtigten das Recht gewährt, ein Oder- in ein Und-Konto umzuwandeln (BGH NJW 1991, 420). Eine Kontovollmacht berechtigt grds nicht dazu, Kontoüberziehungen vorzunehmen (Köln ZIP 2001, 1709, 1710; BankR-HdB/*Dauber/Henning* § 16 Rn 6; MüKo-HGB/*Herresthal* A Rn 221). Nimmt der Vertreter aber eine solche Überziehung stillschw zur Kenntnis, kann darin eine – stillschw erteilte – Bevollmächtigung liegen (vgl auch MüKo/*Schubert* § 167 Rn 7; Rn 155). In der Praxis haben insoweit die gesetzl Fälle der Vertretungsmacht – **Handlungsvollmacht/Prokura** – große Bedeutung: Denn beide Vollmachten berechtigen zur Eröffnung eines Kontos, aber auch zu Verfügungen über ein Konto, das eine andere Person errichtet hat. Für den Umfang einer Prokura gibt § 49 I HGB Maß; auch die Aufnahme von **Krediten** ist danach gedeckt, weil und soweit es sich hierbei nicht um ein Grundlagengeschäft handelt (Hopt/*Merkt* § 49 HGB Rn 2), welche den Betrieb als solchen betreffen. Der ZdLeister ist daher auch nicht verpflichtet zu prüfen, ob die Vertretungsbefugnis des Prokuristen im Innenverhältnis (möglicherweise) begrenzt ist (BGH WM 1966, 491). Demggü ist die Vertretungsbefugnis eines Handlungsbevollmächtigten grds auf die Vornahme der üblichen Geschäfte/Rechtshandlungen beschränkt, die der jew Handelsbetrieb des Vollmachtgebers gewöhnlich mit sich bringt, so dass Kontoverfügungen grds auf solche Geschäfte beschränkt sind, die nicht dazu führen, dass das Konto debitorisch wird (MüKo-HGB/*Krebs* § 54 Rn 16ff – zum Umfang der Vertretungsbefugnisse). Selbst wenn die Voraussetzungen von § 54 II HGB im Einzelfall zugunsten des Handlungsbevollmächtigten gegeben sind, erstreckt sich seine Vertretungsmacht nicht auf solche Geschäfte, die eine bankunübliche Manipulation enthalten (vgl BGH WM 1964, 224, 225). Ist **Gesamtvertretung** erteilt, müssen die Bevollmächtigten stets zusammenwirken (MüKo/*Schubert* § 164 Rn 207ff); gleichzeitiges Handeln ist nicht erforderlich (§ 167 Rn 58). Nr 7 AGB-Banken ist in der Praxis regelmäßig die Brücke dafür, dass der Bevollmächtigte auch berechtigt ist, Rechnungsabschlüsse, Kontoauszüge und Depotaufstellungen entgegenzunehmen, um rechtzeitig die erforderlichen Einwendungen oder Beanstandungen gegen die Richtigkeit von Buchungen zu erheben. In der Praxis ist zudem die Bankvollmacht idR als widerruflich ausgestaltet. Folglich kann jeder Erbe die erteilte Vollmacht widerrufen (BGH NJW 1962, 1718, 1719). Besteht eine Erbengemeinschaft und widerrufen nicht alle die Vollmacht, kann der Bevollmächtigte nur mit den übrigen Erben weiterhin über das Konto verfügen (§§ 2032ff).

72 Die Erteilung einer Kontovollmacht für den **Todesfall** ist zulässig (Bamberg NJW-RR 2019, 365; RGZ 114, 351, 354). Eine solche Vollmacht ist auch dann wirksam, wenn die Formvorschrift des § 2301 nicht beachtet ist (Grü/*Weidlich* vor § 2197 Rn 9). Die **postmortale Vollmacht** erlangt regelmäßig erst mit dem Tod des Erblassers ihre Funktion (BGH NJW-RR 1986, 1133; MüKo/*Schubert* § 168 Rn 57; BeckOGK/*Huber* § 167 Rn 52). Sie berechtigt weder zu Lebzeiten noch nach dem Tod, das Konto auf den Bevollmächtigten umzuschreiben (BGH NJW-RR 2009, 979). Es ist ein Geschäft unter Lebenden (BeckOK/*Schäfer* § 168 Rn 9). Der Schenker hat den zuzuwendenden Gegenstand (Bankguthaben) in dem Zeitpunkt noch nicht geleistet, als er die Vollmacht erteilt hat (BGH NJW 1983, 1487). Daher findet § 2301 II keine Anwendung (BGH NJW 1983, 1487). Solange der **Widerruf** einer solchen Vollmacht nicht bei dem ZdLeister (§ 130) eingegangen ist, bleibt die Vollmacht in Kraft (BGH NJW 1995, 250, 251). Wenn sich – wie in diesen Fällen nicht selten – die Vollmacht auch darauf bezieht, dass der Bevollmächtigte über das Konto „zu seinen Gunsten" verfügen kann, liegt darin die Rechtsmacht, auch Schenkungen an sich selbst zu vollziehen (BGH WM 1988, 984; 1987, 139). Dann kommt es im Hinblick auf den **Vollzug des Schenkungsversprechens** gem § 518 II – Gleiches gilt bei einem Vertrag zugunsten Dritter gem § 328 II – zu einem „Wettlauf" zw dem Bevollmächtigten und dem Erben, die durch den Vollzug des Schenkungsversprechens (zwangsläufig) benachteiligt werden. Der ZdLeister ist jedoch verpflichtet, die erteilten Weisungen unverzüglich und vorbehaltlos auszuführen, soweit sich der Bevollmächtigte nicht „verdächtig" macht (BGH NJW 1995, 250, 251; NJW-RR 2009, 979). Notwendig ist jedoch insoweit eine obj Evidenz des Missbrauchs (BGH NJW-RR 1992, 1135, 1136). In der Praxis führt dies dazu, dass idR der Widerruf der Vollmacht durch die Erben zu spät kommt (vgl BGH NJW 1995, 250, 251). Entscheidend für die „Rechtzeitigkeit" des Widerrufs ist der Zeitpunkt, in welchem dem ZdLeister (erstmalig) ein Widerruf eines der Erben – bezogen auf die postmortale Vollmacht – zugegangen ist. Für den Fall der transmortalen Vollmacht gilt, dass sie grds weder zu Lebzeiten des Erblassers noch nach dessen Tod zur Umschreibung des Kontos berechtigt, weil der Wille des Erblassers Maß gibt (BGH NJW-RR 2009, 979, 980). Das Konkurrenzverhältnbis von postmortaler Vollmacht und **Testamentsvollstreckung** kann nur im Rahmen einer umfassenden Auslegung der betr Urkunden und des Erblasserwillens beantwortet werden (BGH NJW 2022, 3436; hierzu auch *Zimmer* NJW 2022, 3392).

73 **8. Buchungen. a) Gutschrift.** Verstanden als Anspruch auf Gutschrift setzt sie voraus, dass der ZdLeister aufgrund eines ZVorgangs etwas „erlangt" hat, was er dann – vgl § 675c I – gem § 667 an den Kontoinhaber/ZEmp-

fänger herausgeben muss (BGH NJW 2005, 1771; 1997, 2042; Grü/*Grüneberg* Rn 37). Voraussetzung ist also, dass der ZdLeister die buchmäßige Deckung durch den ZdLeister des Zahlers erhalten hat oder – bei einem institutsinternen ZVorgang – die Belastung des Kontos des Zahlenden (BGH NJW 2005, 1771). Freilich setzt ein solcher „Eingang" der Zahlung – jedenfalls nach früherer Rechtslage – eine **Nachdisposition** des ZdLeisters voraus (BGH NJW 2005, 1771), wenn und soweit die Überweisung im elektronischen Datenverkehr durchgeführt wurde und die Daten der Kontobelastung zunächst ohne Zutun und ohne Überprüfungsmöglichkeit des ZdLeisters in dessen Datenbestand übertragen wurden (BGH NJW 2005, 1771). Da jedoch die ZdRL nur Ansprüche auf sowie solche aus der Gutschrift regelt, ist mit Recht festgestellt worden (*Grundmann* WM 2009, 1109, 1113), dass die Einordnung dieses Tatbestands dem nationalen Recht – trotz der Vollharmonisierung gem Art 107 III ZdRL – vorbehalten bleibt. Die Rechtslage hat sich also nicht geändert. Doch bleibt festzuhalten, dass der in § 675t I 1 vorgesehene Anspruch auf Verfügbarkeit der für den ZEmpfänger auf dem Konto des ZdLeisters eingegangenen Beträge nur dem Anspruch aus der Gutschrift entspricht (BT-Drs 16/11643, 112). Dem ZEmpfänger ist also der ZBetrag noch nicht zugeflossen, dh seinem Kontokorrentkonto (Girokonto) im Rahmen eines Tagessaldos gutgebracht (BGH NJW-RR 2005, 559, 560). Zu weiteren Einzelheiten s § 675t Rn 2ff. Ist eine solche Gutschrift jedoch erteilt, hat der ZdNutzer ggü dem ZdLeister einen Anspruch aufgrund eines abstrakten Schuldanerkenntnisses/Schuldversprechens gem §§ 780, 781 (BGH NJW 2002, 1722, 1723). Sofern eine wirksame Kontokorrentabrede besteht, ist die jew Gutschrift kontokorrentgebunden, dh sie verliert durch die Einstellung in das Kontokorrent ihre Selbständigkeit (BGH NJW 2002, 1722, 1723). In zeitl Sicht ist entscheidend, wann die sog **Abrufpräsenz** vorliegt. Dies bedeutet: Der Bindungswille des ZdLeisters iSv §§ 780, 781 muss nach außen erkennbar hervortreten. Werden Kontoauszüge übersandt, ist dieser Zeitpunkt (§ 130) wegen der Mitteilung an den ZdNutzer evident. Kann dieser jedoch **online** auf die Daten seines Kontos zurückgreifen, wird man auf die Freischaltung der Daten, sofern dies mit Wissen und Wollen des ZdLeisters geschieht, abstellen müssen (Grü/*Grüneberg* Rn 37). Etwas anderes gilt selbstverständlich dann, wenn die Gutschrift – Inkasso – lediglich unter **Vorbehalt** erklärt wurde, worin eine auflösende Bedingung iSv § 158 II liegt (BGH NJW 1987, 317, 319 – Scheck).

b) Belastungsbuchung. Sie hat nach der Rspr des BGH ausschließlich deklaratorische Bedeutung (BGH NJW 74
1993, 735, 737). Zur Konsequenz hat dies: Falls die Forderung nicht besteht, ist die Belastungsbuchung unwirksam (BankR-HdB/*Schmieder* § 26 Rn 51). Daran hat sich durch die ZdRL nichts geändert (*Nobbe* in E/F/N/B § 675u Rn 29). Daher hat der ZdNutzer einen Anspruch auf Rückgängigmachung/Stornierung (BGH NJW 1993, 735, 737; BankR-HdB/*Schmieder* § 26 Rn 51). Dieser Anspruch kann auch auf § 667 gestützt werden, was über § 675c I unbedenklich ist, weil diese Bestimmung erg Anwendung findet. Die Belastungsbuchung ist daher auch kein Vorschuss nach § 669 mehr (*Grundmann* WM 2009, 1109, 1113), sondern **Aufwendungsersatz** gem § 670 (BankR-HdB/*Schmieder* § 26 Rn 51); doch folgt aus § 675t III, dass das Datum der **Wertstellung** frühestens der Zeitpunkt ist, an dem das ZKonto des Zahlers mit diesem Betrag belastet worden ist (§ 675t Rn 15). IÜ ist auf die Regelung von § 675u S 2 zu verweisen, falls es sich um eine nicht autorisierte Zahlung handelt (§ 675u Rn 2ff). Zur Frage, wann im **Valutaverhältnis** die zu entrichtende Geldschuld nach § 362 erlischt (vgl § 675t Rn 7ff).

c) Guthaben – Passivsaldo. Soweit das ZKonto – im Rahmen des bisherigen Verständnisses des Girovertrages 75
als eines ZdRahmenvertrages nach Abs II – einen Habensaldo aufweist, handelt es sich um einen vom ZdRahmenvertrag streng zu trennenden nach § 700 einzuordnenden Vertrag über eine **unregelmäßige Verwahrung** (BGH NJW 1993, 1266, 1267; 1996, 190, 191), verbunden mit darlehensrechtl Elementen nach §§ 488ff. Richtiger Ansicht nach hat sich an dieser Einordnung durch die §§ 675c ff nichts geändert (vgl auch BGH NJW 2019, 3771 – Rn 22). Entscheidend ist, dass die auf einem ZKonto vorhandenen Geldmittel – Guthaben – nicht immer und unbedingt dazu dienen, ZVorgänge durchzuführen, sondern etwa auch dem Zweck, den Lebensunterhalt des Kontoinhabers zu bestreiten. Sie werden also vom ZdLeister aufbewahrt. Wenn der ZdNutzer Bargeld abhebt, so folgt dieser Anspruch aus der vorherigen Gutschrift des Betrages (BGH NJW 2005, 559, 560 – Tagessaldo). Die Barabhebung ist also dahin zu verstehen, dass der ZdNutzer seinen **Rückgabeanspruch** ggü dem ZdLeister nach den §§ 700, 695, 697 realisiert (BGH NJW 1994, 318). Soweit es sich jedoch um einen **Passivsaldo** handelt, liegt darin eine ausdrückl oder stillschw Kreditgewährung durch den ZdLeister (BGH NJW 1994, 318). Darin liegt für gewöhnlich eine Zusatzleistung (Kontokorrentkreditgewährung) des ZdLeisters im Rahmen der ZdRahmenvereinbarung (Grü/*Grüneberg* Rn 36). Entweder handelt es sich dann – typologisch eingeordnet – um einen Dispo- oder Überziehungskredit nach den §§ 504, 505.

IX. Überweisungsverkehr. 1. Europarechtliche Ausgangslage. Die **SEPA-VO Nr 260/2012** des Europäischen 76
Parlaments und des Rates v 14.3.2012 bestimmt, dass mWv **1.2.2014** (nachträgl verlängert auf **1.8.2014**) das zuvor in Deutschland gebräuchliche Überweisungsverfahren abgeschaltet werden musste (Art 6 SEPA-VO). Seitdem werden bargeldlose Zahlungen grds nur noch nach näherer Maßgabe des SEPA-Überweisungsverfahrens abgewickelt (vgl EPC – „European Payment Council" -Rulebooks & SEPA Cards Framework, *Dippel* in E/F/N S 1019ff; *Bautsch/Zahrte* BKR 2012, 229; *Walter* DB 2013, 385). Die Einzelheiten der SEPA-Regelwerke und Implementierungsleitlinien (vgl auch *Rigler* in L/B/S Kap 11 Rn 48ff) ergeben sich ua aus dem **SEPA-Begleitgesetz;** s dazu bei den Komm der einzelnen Bestimmungen. Zugrunde liegt des Weiteren das **„SEPA Credit Transfer Scheme Rulebook"** (*Rigler* in L/B/S Kap 1 Rn 142ff; BankR-HdB/*Haug* § 30 Rn 23f), welches auch für Rückabwicklung und Behandlung nicht ausgeführter ZAufträge gilt (hierzu BankR-HdB/*Haug* § 30 Rn 31ff – SEPA-Überweisung). Die **Vorteile** des SEPA-Überweisungsverkehrs liegen auf der Hand, weil diese Regeln sowohl für

inl als auch für Überweisungen in das SEPA-Gebiet als auch für Lastschriften (BankR-HdB/Haug § 30 Rn 36ff; hier Rn 86 – Lastschrift) gelten; maßgebend ist anstelle von Kontonummer und BLZ nur noch die Kundenkennung **IBAN (International Bank Account Number) und BIC (Business Identifier Code;** hierzu auch BankR-HdB/*Haug* § 30 Rn 26ff – IBAN, Rn 30ff – BIC). Geographisch gelten die SEPA-Regelwerke ua in den 27 Mitgliedstaaten der EU sowie in den drei EWR-Staaten Norwegen, Island und Liechtenstein. Zu den Sonderfragen der **SEPA Instant-Überweisung** BeckOGK/*Zahrte* § 675s Rn 35ff; umfassend *Herresthal* ZIP 2019, 895ff. Zu den AGB vgl Bankenverband – Stand Sep 2021; vgl *Bunte/Zahrte*, AGB Banken, Sonderbedingungen IV – Überweisungsverkehr.

77 **2. Unterschiedliche Rechtsbeziehungen.** Für den Tatbestand einer **Überweisung** enthält § 2 Nr 1 SEPA-VO eine **Legaldefinition:** „Überweisung ist ein vom Zahler ausgelöster inländischer odfer grenzüberschreitender Zahlungsdienst zum Zweck der Erteilung einer Gutschrift auf das ZKonto des Zahlungsempfängers zu Lasten des ZKonto des Zahlers, in Ausführung eines oder mehrerer Zahlungsvorgänge durch den ZdLeister, der das ZKonto des Zahlers führt." Nach gängiger Lesart gibt es neben der Einzelüberweisung die Sammelüberweisung sowie den Dauerauftrag (BankR-HdB/*Schmieder* § 27 Rn 5ff). Hinzu kommt das Online-Banking (Rn 147). Zu unterscheiden ist in tatsächlicher Hinsicht insoweit zw einem beleggebundenen Auftrag und einem beleglosen. Erster verwendet (noch) Papier, letzterer beruht auf einer Datenfernübertragung (BankR-HdB/*Schmieder* § 27 Rn 7; MüKo/*Casper* Rn 79), was auch für das Online-Banking maßgebend ist (MüKo-HGB/*Linardatos* Online-Banking Rn 71f). Davon zu unterscheiden ist der Dauerauftrag, etwa bei Mietzahlungen: hier wird immer zu einem festgelegten Zeitpunkt ein gleicher Betrag an denselben ZEmpfänger überwiesen. Ferner gibt es die Eilüberweisung und seit dem 21.11.2017 die **SEPA-Instant Überweisung** (BankR-HdB/*Schmieder* § 27 Rn 8a; *Herresthal* ZIP 2017, 895; *Dieckmann* BKR 2018, 276). In rechtl Sicht sind bei der Überweisung **verschiedene Rechtsverhältnisse** auseinanderzuhalten: Ausgangspunkt ist das Valutaverhältnis (Staudinger/*Omlor* Rn 34ff). Es bezeichnet das Rechtsverhältnis zw dem Überweisenden und dem Begünstigten, also den beiden Parteien, wobei der Schuldner verpflichtet ist, ggü seinem Gläubiger eine Zahlungsschuld zu erfüllen. Die hiermit verbundenen Rechtsfragen zw Zahler und ZEmpfänger sind nicht Gegenstand der §§ 675c ff; sie werden nur mittelbar im Blick auf die Rechtzeitigkeit der Erfüllung der zu transferierenden Geldschuld separat angesprochen (§ 675t Rn 9 – Wertstellung). Das **Deckungsverhältnis** bezeichnet das Schuldverhältnis zw dem Überweisenden und seinem ZdLeister (Staudinger/*Omlor* Rn 38ff), wobei zw diesen Parteien stets der nach § 675f maßgebende ZdRahmenvertrag besteht, innerhalb dessen ein ZAuftrag ausgeführt wird. Das **Inkassoverhältnis** erfasst das Rechtsverhältnis zw dem Begünstigten und seinem ZdLeister Staudinger/*Omlor* Rn 48). Zusätzl besteht ein **Interbankenverhältnis** in den Fällen (Staudinger/*Omlor* Rn 49), in denen eine institutsfremde Überweisung auszuführen ist, weil die Einschaltung einer weiteren „Stelle" erforderlich ist, um den zu überweisenden Geldbetrag weiterzuleiten. Diese Rechtsbeziehungen, an denen mindestens **drei Personen** beteiligt sind, sind streng voneinander zu trennen. Zu unterscheiden ist in der Praxis vor allem zw einer **institutsinternen** und einer **institutsfremden** Überweisung (Grü/*Grüneberg* Rn 39; Staudinger/*Omlor* Rn 27f; BeckOK/*Schmalenbach* Rn 30). Im ersten Fall wird der zu überweisende Geldbetrag dem ZKonto des ZdNutzers (Gläubiger) beim gleichen ZdLeister gutgeschrieben. Im letzteren Fall besteht auch ein **Interbankenverhältnis** (vier Personen – Doppelrolle), um die Überweisung zugunsten des ZEmpfängers zu tätigen; insoweit handelt es sich idR um ein Zahlungssystem iSd § 1 XI ZAG. Das ist der Regelfall (Staudinger/*Omlor* Rn 27). Aus § 1 I 2 Nr 3 c ZAG ergibt sich, dass Zahlungsdienste auch die Ausführung von ZVorgängen sind, und zwar die „Ausführung von Überweisungen, einschl **Daueraufträgen"**. Der ZAuftrag berührt dabei nur das **Deckungsverhältnis** zw dem Zahler und dem ZdLeister. Er beruht auf einer entspr Weisung des Zahlers (Rn 84); die Erfolgspflicht des ZdLeisters folgt aus den §§ 675q, s und y (MüKo/*Casper* Rn 80). Der Zahler seinerseits schuldet dem ZdLeister **Ersatz der Aufwendungen** nach §§ 670, 675c I. Bezogen auf das **Inkassoverhältnis** ist der ZdLeister verpflichtet (hierzu auch *Nobbe* WM 2012 Sonderbeil 1, 10ff), eine Belastungsbuchung auszubringen und den erhaltenen Betrag dem ZKonto des ZEmpfängers gutzuschreiben (§ 675t I). Das **Interbankenverhältnis** wird maßgeblich durch die SEPA-VO (2060/2012; geändert durch VO 248/2014) geregelt, aber auch durch Verrechnungsabkommen (clearing); dogmatisch sind sie idR als Geschäftsbesorgungsverträge einzuordnen (BGH NJW 2003, 1389). Die ZVorgänge innerhalb dieses Systems sind jedoch keine ZDienste.

78 **3. Informationspflichten.** Da der Überweisungsauftrag in seiner Form als ZAuftrag, verstanden als **Einzelzahlungsvertrag**, der einen ZVorgang auslöst, in einen ZdRahmenvertrag gem Abs II gebettet ist, sind auch die **vorvertragl Informationspflichten** gem Art 248 §§ 3, 4 und 5 EGBGB zu beachten. Zudem ist das Transparenzerfordernis nach Art 248 § 2 EGBGB einschlägig, was eine transparente Gestaltung der Vertragsbedingungen in einer der Amtssprachen EU einschließt. Nach Art 248 § 3 EGBGB sind die Informationen dem ZdNutzer in Textform zu übermitteln. Zu den Rechtsfolgen im Fall eines Verstoßes § 675a Rn 14. Soweit die Ausführung eines **einzelnen ZVorgangs** in Form einer Überweisung stattfindet, ergeben sich die zu beachtenden Informationspflichten aus Art 248 §§ 6 und 7 EGBGB. Während Art 248 § 6 EGBGB – Information vor Ausführung einzelner ZVorgänge – die max **Ausführungsfrist** sowie das in Rechnung zu stellende Entgelt – einschl einer etwa notwendigen Aufschlüsselung – zum Gegenstand der Informationspflicht erhebt, regelt die Informationspflicht des Art 248 § 7 EGBGB für den ZdLeister in Bezug auf die Informationen, welche dem **Zahler** – nach Belastung seines Kontos mit dem ZBetrag – zu übermitteln sind (Kundenkennung, ZBetrag, Währung, Entgelte und deren Aufschlüsselung, Wechselkurs und Datum der Wertstellung der Belastung). Flankierend ist auf Art 248 § 8 EGBGB hinzuweisen, welcher die Angaben regelt, die nach Ausführung eines ZVorgangs an den **ZEmpfänger** zu

adressieren sind (Kundenkennung, ZBetrag, Währung, Entgelte und deren Aufschlüsselung, Wechselkurs, Wertstellung der Gutschrift). Abw Vereinbarungen iSd Art 248 § 10 EGBGB sind im Hinblick auf die Informationspflichten der §§ 7, 8 und 9 Nr 2 – bezogen auf deren Häufigkeit und Form iSv Art 248 § 3 EGBGB – möglich.

4. Von der ZahlungsdiensteRL ungeregelte Bereiche. Fragen der **Geschäftsfähigkeit** oder sonstige **Nichtigkeits- oder Anfechtungsgründe** sind in der ZdRL nicht geregelt. Es ist daher ein Rückgriff auf die Bestimmungen des nationalen Rechts in Betracht zu ziehen (*Grundmann* WM 2009, 1109, 1114). Dies gilt freilich nicht für die Frage, ob der Zahler selbst verfügungsbefugt ist, eine wirksame Überweisung zu tätigen (BGH NJW 2006, 294, 295 – amtsenthobener Notar). Nicht ausdrückl geregelt sind auch alle Fragen, ob und wann das jew **Valutaverhältnis** zw Zahler und ZEmpfänger durch Bewirken des geschuldeten ZBetrags gem § 362 erfüllt ist. Denn in diesem Kontext kommt es entscheidend darauf an, wann die Voraussetzungen eines Zahlungsverzugs nach § 286 ausgelöst werden, sofern der ZdLeister seine Pflichten nach § 675s I rechtzeitig erfüllt hat (hierzu § 675s Rn 2). 79

5. Grundsätzliche Aspekte der Überweisung. a) Autorisierung. Jede Überweisung bedarf im Blick auf ihre Wirksamkeit ggü dem Zahler seiner Zustimmung iSv § 675j (zu den Unterschieden zw früherem und jetzigem Recht *Nobbe* WM 2012 Sonderbeil 1, 1ff). Es handelt sich um die dort angesprochene Autorisierung eines ZVorgangs, also: die Ingangsetzung eines Überweisungsauftrags (§ 675j Rn 2; MüKo/*Casper* Rn 78f). Der Überweisungsauftrag als ZAuftrag indessen ist nur die Zustimmung zur Durchführung eines solchen Vertrages (BankR-HdB/*Schmieder* § 28 Rn 2). Daher stimmt der Zahler durch die von ihm oder von seinem Bevollmächtigten herrührende Autorisierung allen ZVorgängen zu, die auf Grund der Autorisierung sowie im Rahmen der durchzuführenden Überweisung erforderlich sind. Es stellt sich die Frage, ob diese Autorisierung – wie früher – dem **Weisungsrecht** des § 665 unterworfen ist oder – wie bereits im Rahmen des Überweisungsgesetzes gesetzl Wirklichkeit geworden – auch jetzt noch einem konsensualen Vertrag gem §§ 145ff zuzuordnen ist. Ausgangspunkt für die zutr Einordnung ist vor allem Art 64 I ZdRL. Danach gilt ein ZVorgang dann als autorisiert, wenn „der Zahler der Ausführung des ZVorgangs zugestimmt hat". Die Ablehnung eines ZAuftrags findet sich in Art 79 I ZdRL, was in Art 79 II ZdRL zu einer strikten Regel führt: Der ZdLeister des Zahlers darf die Ausführung eines autorisierten ZAuftrags – gleiches gilt für einen ZAuftrag, den der ZEmpfänger ausgelöst hat – **nicht ablehnen,** sofern alle im ZdRahmenvertrag des Zahlers festgelegten Bedingungen erfüllt sind – vorausgesetzt, dies verstößt „nicht gegen sonstige einschlägige Rechtsvorschriften der Gemeinschaft oder der Mitgliedstaaten". Daraus wird mit Recht der Schluss abgeleitet (BankR-HdB/*Schmieder* § 28 Rn 2), dass diese Bestimmung in ihrer dt-rechtl Umsetzung weiterhin als **einseitiges Weisungsrecht** gem § 665 zu begreifen ist, so dass die in § 676a aF vorgesehene Vertragskonzeption wieder in Fortfall geraten ist (MüKo/*Casper* Rn 66; Grü/*Grüneberg* Rn 38; *Grundmann* WM 2009, 1109, 1114). Das hat iRd üblicherweise bestehenden ZdRahmenvertrages die Konsequenz, dass der ZdLeister nicht verpflichtet ist, die **Annahme** einer ihm ordnungsgemäß übermittelten Autorisierung – ZAuftrag – für die Durchführung einer Überweisung zu erklären (BGH NJW 1998, 1640 – Stempelaufdruck „angenommen"; vgl auch BankR-HdB/*Schmieder* § 28 Rn 3). Der ZdLeister ist jedoch verpflichtet, die Ausführung eines ZAuftrags dem Zahler zu bestätigen (BGH NJW 1998, 1640 – „angenommen" = Bestätigung des Eingangs eines ZAuftrags). Dies geschieht idR in der Weise, dass eine Kopie des ZAuftrags zu den Kontounterlagen des Zahlers gelegt wird (BankR-HdB/*Schmieder* § 28 Rn 7); falls mehrere Überweisungsaufträge an einem Tag ausgeführt werden, werden diese in einer Übersicht zusammengestellt. Eine gesetzl Formvorschrift besteht bei der Erteilung eines Überweisungsauftrags nicht; die übliche Verwendung von Überweisungsformularen steht dem nicht entgegen. Stets ist im Auge zu behalten, dass der Überweisungsvertrag nur Rechte und Pflichten zw den hieran beteiligten Parteien begründet; insb ist er kein Vertrag zugunsten des ZEmpfängers, des Gläubigers (BGH NJW 1987, 317, 318; NJW 1998, 1640). Daraus folgt weiter, dass der gewöhnliche Überweisungsvertrag auch kein Vertrag mit Schutzwirkungen zugunsten des ZEmpfängers ist (BGH NJW 1987, 317, 318). Im Hinblick auf die **Rechtsfolgen** bei einem nicht ordnungsgemäß durchgeführten ZAuftrag/ZVorgang ist jedoch Art 77 I ZdRL zu beachten: Ist nämlich der ZVorgang nicht autorisiert, weil der Zahler ihm nicht iSv § 675j zugestimmt hat, ist der ZdLeister des Zahlers verpflichtet, diesem den Betrag des nicht autorisierten ZVorgangs „unverzüglich" zu erstatten und die Belastungsbuchung rückgängig zu machen: Die Ansprüche des ZdNutzers ggü dem ZdLeister sind in den §§ 675u, 675y abschließend geregelt, § 675z S 1(s § 675z Rn 1ff).Weitere Einzelheiten finden sich unter § 675j Rn 8. Zu den Fragen des **Widerrufs** eines wirksam erteilten Überweisungsauftrags im Einz § 675p, weil dieser nach Zugang beim ZdLeister nicht mehr wirksam widerrufen werden kann. Adressat ist immer der ZdLeister des Zahlers. **Erfüllung** nach § 362 tritt immer dann ein, wenn der zu überweisende ZBetrag auf dem ZKonto des ZEmpfängers gutgeschrieben worden ist (BGH NJW 1996, 1207; 1991, 1294, 1295; Staudinger/*Omlor* Rn 35; MüKo/*Fetzer* § 362 Rn 24). Denn erst dann kann der Gläubiger über den ihm zustehenden Betrag frei verfügen (BGH NJW 1983, 1605, 1606). Soweit dies in der Lit anders gesehen wird (*Brechtel* WM 2016, 1057, 1061), ist dem nicht zu folgen, weil auch die Vereinbarung, dass die Geldschuld mittels einer Überweisung zu bewirken ist, keine Risikoverschiebung zugunsten des Zahlers herbeiführt; auch aus § 675t I folgt nichts anders. Denn die freie Verfügbarkeit des geschuldeten Betrages iSv § 362 ist nicht schon dann gegeben, wenn der ZEmpfänger nach dieser Norm einen Anspruch gegen seinen ZdLeister auf Erteilung einer Gutschrift hat. Es kommt mithin auf die Gutschrift des zu überweisenden Betrags auf dem Konto des ZEmpfängers an, sofern er über dieses ZKonto auch verfügungsbefugt ist (BGH WM 1971, 1500). 80

b) Auftragsstrenge. Uneingeschränkt gelten beim Überweisungsvertrag weiterhin die Grundsätze der formalen Auftragsstrenge (Rn 18). Sie sind für den ZVorgang ausdrückl in Abs IV S 1 festgeschrieben („unabhängig von der Rechtsbeziehung zw Zahler und Zahlungsempfänger"). Im Massenverkehr ist der ZdLeister grds auch gar 81 nicht in der Lage, den Zahler im Blick auf das Valutaverhältnis und seine etwaigen Besonderheiten zu warnen oder ihm ggü Aufklärungspflichten zu erfüllen (BGH NJW 1987, 317), weil seine Pflichten dadurch eingegrenzt sind, dass er eine technisch einwandfreie und rasche Abwicklung des Überweisungsverkehrs schuldet. Etwas anderes kann dann gelten, wenn der Verdacht des Missbrauchs einer Vertretungsmacht besteht, weil dann eine Rückfrage geboten sein kann (BGH NJW-RR 2004, 1637). Hervorzuheben ist, dass die **Buchung** eines transferierten Geldbetrags – Giralgeld oder E-Geld – aufgrund eines ZAuftrags/ZVorgangs – auch im Rahmen eines Überweisungsauftrags – allein nach dem Kundenidentifikator iSv Art 4 Nr 33 ZdRL durchgeführt werden kann (hierzu *Casper* FS Nobbe, 2009, 3, 16ff). Als „**Kundenindentifikator**" umschreibt die ZdRL eine „Kombination aus Buchstaben, Zahlen oder Symbolen, die dem ZdNutzer vom ZdLeister mitgeteilt wird" (vgl § 675r Rn 6 – Kundenkennung) „und die der ZdNutzer angeben muss, damit der andere am ZVorgang beteiligte ZdNutzer und/oder dessen ZKonto zweifelsfrei ermittelt werden kann". Darin liegt ein erhebliches Abweichen von der früheren Tradition des Überweisungsverkehrs (*Nobbe* WM 2012 Sonderbeil 1, 16f; krit *Bitter* WM 2010, 1725, 1728ff). Zwar gilt auch weiterhin der Grundsatz der formalen Auftragsstrenge, aber künftig sind ZdLeister berechtigt, ausschließlich auf Basis der Kundenkennung einen ZVorgang auszuführen; der Name des Kontoinhabers, der bei Diskrepanz zw Kontonummer und Kontoinhaber früher maßgebend war (BGH NJW 2006, 503; 2003, 1389; im Einz auch *Casper* FS Nobbe, 2009, 3ff), ist jetzt irrelevant (im Einz § 675r Rn 3ff). Ein Namensabgleich mit der Kontonummer findet nicht mehr statt (vgl auch *Derleder* NJW 2009, 3195, 3196f). Auch ist die Haftung des ZdLeisters im Rahmen der §§ 675u ff **beschränkt**. Erg muss allerdings weiterhin auf Nr 11 II AGB-Banken hingewiesen werden. Danach müssen Aufträge „ihren Inhalt zweifelsfrei erkennen lassen"; iÜ ist ohnehin schon seit langem stets der Kunde für die Richtigkeit und Vollständigkeit seiner Angaben verantwortlich (BankR-HdB/*Bunte/Artz* § 3 Nr 11 Rn 11ff). Zur Frage der Verwendung der zwingend vorgeschriebenen **IBAN** (Definition in § 2 Nr 15 SEPA-VO: internationale Nr eines Zahlungssystems – international banking account number), die ein ZKonto eines ZdNutzers in einem Mitgliedstaat eindeutig identifiziert, als Kundenkennung (§ 675r Rn 6). Die Pflicht zur Ausführung der Überweisung setzt für den ZdLeister erst dann ein, wenn der Zahler hinreichende **Deckung** auf seinem ZKonto aufweist (§ 675o Rn 3ff). Für die Frage, wann und innerhalb welcher **Frist** der ZdLeister verpflichtet ist, eine Überweisung auszuführen, vgl § 675s I. Für den Fall einer **verzögerten Ausführung** (Verzug/Verschulden) vgl § 675y (§ 675y Rn 22) und IV (§ 675y Rn 28). Zur Frage der **Gutschrift** vgl § 675t. Bei nicht erfolgter oder fehelrhafter Ausführung des Überweisungsauftrags vgl ebenfalls § 675y: Erstattung des Betrages. Das Risiko einer **Fälschung** oder Verfälschung eines Überweisungsauftrags trägt grds der ZdLeister des Zahlers (BGH NJW 2008, 2231, 2232; 1994, 2357). Dieser hat dann einen Bereicherungsanspruch gegen den ZEmpfänger (BGH NJW 2008, 2331, 2332). Insoweit ist allerdings § 675u S 1 zu beachten, weil der ZdLeister im Fall einer nicht autorisierten Überweisung keinen Erstattungsanspruch auf Ersatz der Aufwendungen hat (§ 675u Rn 9). Zu den Fragen einer Überweisung von Buchgeld in Echtzeit (**SEPA Instant Credit Transfer**) vgl im Einz *Herresthal* ZIP 2019, 895ff; *Dieckmann* BKR 2018, 276ff – Buchgeldtransfer als Leistung des Schuldners an den Gläubiger. Bei **Sofort-Überweisungen** kann der Schuldner zur Zahlung eines Entgelts (**PayPal**)verpflichtet werden, welches nicht gegen § 270a verstößt (BGH GRUR 2021, 863). Doch ist Voraussetzung, dass das Entgelt allein für die Verwendung dieses Zahlungsmittels vereinbart wird, nicht aber für die (dahinterstehende) jew Überweisung, Lastschrift oder Kartenzahlung (BGH GRUR 2021, 863 Rn 21).

82 c) **Vollmachten.** Soweit nicht der ZdNutzer selbst als Inhaber eines ZKontos tätig wird, sondern ein Bevollmächtigter, ist in erster Linie maßgebend, ob die betreffende Person Kontovollmacht besitzt. Auch die Frage der Bevollmächtigung ist nicht im Rahmen der ZdRL geregelt, so dass auch insoweit ein Rückgriff auf die Bestimmung des nationalen Rechts erforderlich ist (*Grundmann* WM 2009, 1109, 1114). Besondere Bedeutung hat diese Frage im Kontext der nach § 675j erforderlichen **Autorisierung** eines ZVorgangs als Voraussetzung dafür, dass er ggü dem Zahler auch wirksam wird (vgl zum Sonderproblem der **Anscheinsvollmacht** § 675v Rn 10).

83 d) **Finanztransfer.** Da jeder ZAuftrag – und damit auch jeder ZVorgang – im Rahmen eines Überweisungsauftrags, der gem § 1 I 2 Nr 3 lit c ZAG durchgeführt wird, entweder dem Zweck dient, dass die **Übermittlung eines Geldbetrags** auf ein ZKonto beim ZdLeister des ZdNutzers – **institutsintern** – erfolgt oder auf ein ZKonto des ZEmpfängers, welches bei einem „anderen ZdLeister" besteht – **institutsfremd** –, ist damit eine Unterscheidung vorgegeben, die weitere Konsequenzen hat. Im letzteren Fall – insb bei Auslandsüberweisungen kommt dies häufig vor – kann es nämlich durchaus sein, dass für den erforderlichen Finanztransfer iSv Art 4 Nr 22 ZdRL **Zahlungssysteme** iSv § 1 XI ZAG eingeschaltet werden, so dass insoweit kein ZDienst vorliegt (vgl Grü/*Grüneberg* Rn 40). Denn ein solcher Finanztransfer ist dadurch charakterisiert, dass – ohne Einrichtung eines ZKontos – ein „Geldbetrag eines Zahlers ausschließlich zum Transfer eines entspr Betrags an einen ZEmpfänger oder an einen anderen, im Namen des ZEmpfängers handelnden ZdLeister entgegengenommen wird und/oder bei dem der Geldbetrag im Namen des ZEmpfängers entgegengenommen und diesem verfügbar gemacht wird". In diesen Fällen ist dann – mangels einer Regelung im Kontext der ZdRL – auf die allg geschäftsbesorgungsrechtl Bestimmungen der §§ 675, 611, 662ff zurückzugreifen, was über § 675c I – Begrenzung auf Zahlungsdienste – legitimiert wird. Daraus können sich **haftungsrechtl Konsequenzen** bei einer nicht ordnungsgemäß durchgeführten Überweisung ergeben, weil die Bestimmungen der §§ 675u ff **Sonderregeln** darstellen, die auf den Bereich von Pflichtverletzungen begrenzt sind, die im Rahmen und aufgrund von **ZDiensten** nach Maßgabe der ZdRL eintreten. In der Sache geht es dann regelmäßig um die Frage, ob das jew Kreditinstitut, welches iSd Definition von § 2 I ZAG **keinen ZDienst** erbringt (also auch kein ZdLeister ist), gleichwohl in den Rang eines Erfüllungsgehilfen gem § 278 rückt oder – richtigerweise – die Funktion eines **Substituten** gem § 664 I 2 erfüllt

(§ 664 Rn 7). Trifft letzteres zu, haftet der ZdLeister nur für Auswahl- und Einweisungsverschulden, nicht aber für das Ausführungsverschulden des Kreditinstituts. Dieser Ansatz ist vorzugswürdig. Doch ist auch darauf hinzuweisen, dass § 675z S 3 eine eindeutige Regelung für den Bereich der ZDienste bereit hält: Danach haftet der ZdLeister im Rahmen des auszuführenden ZAuftrags für das Verschulden der zwischengeschalteten Stellen (§ 675z Rn 9; *Bitter* WM 2010, 1773, 1779f).

e) Dauerauftrag. Gem § 1 I 2 Nr 3 lit c ZAG fällt auch die Ausführung eines Dauerauftrags in die Kategorie des Überweisungsgeschäfts (Staudinger/*Omlor* Rn 35; *Zahrte* BKR 2012, 12). Der Auftrag hat mit einem ZdRahmenvertrag nichts zu tun, er ist eine immer wiederkehrende Einzelweisung in Form eines Einzelzahlungsvertrages iSv Abs I (im Einz *Zahrte* BKR 2012, 12, 14). Auch hier liegt immer ein ZAuftrag zugrunde. Nach der Klausel von Nr 1.1 der **Überweisungs-AGB** kann der Zahler den ZdLeister deshalb auch beauftragen, jew zu einem fest bestimmten, wiederkehrenden Termin einen gleich bleibenden Geldbetrag iSv Art 4 Nr 25 ZdRL auf das gleiche ZKonto des ZEmpfängers zu überweisen. Regelmäßig liegt dem ein Dauerschuldverhältnis zw Zahler und ZEmpfänger zugrunde; der häufigste Fall ist vermutlich der der Mietzahlungen. Der Dauerauftrag unterscheidet sich iÜ vom **einzelnen** Überweisungsauftrag nicht, was sich auch unmittelbar aus der Definition von § 1 I 2 Nr 3 lit c ZAG ablesen lässt. Folglich müssen alle Bedingungen berücksichtigt werden, die bei Durchführung eines ordnungsgemäßen Überweisungsauftrags zu beachten sind. In der Praxis ist hier stets zu bedenken, dass der einzelne ZAuftrag nicht gem § 675o I vom ZdLeister abgelehnt wird, weil die vertragl geschuldeten Voraussetzungen (§ 675o Rn 2ff), insb die Kontodeckung, nicht gegeben sind. Zur Frage der **Widerruflichkeit** nach § 675p kommt es entscheidend darauf an, ob man in einem Dauerauftrag einen jew zu erfüllenden Terminauftrag nach § 675p III sieht, wofür einiges zu sprechen scheint (MüKo/Jungmann § 675p Rn 36). Dann wirkt der Widerruf für die nachfolgenden, erst künftig auszuführenden Aufträge. 84

f) Verzug. Damit steht für Praxis fest (vgl auch Staudinger/*Omlor* Rn 36f – modifizierte Bringschuld): Für die Rechtzeitigkeit der Überweisung kommt es nach Maßgabe der Rspr darauf an, dass sie so rechtzeitig an den ZdLeister des Schuldners abgesandt/übergeben worden ist, dass bei gewöhnlichem Verlauf damit gerechnet werden kann, dass rechtzeitig vor Fristablauf mit der Gutschrift auf dem ZKonto des Gläubigers gerechnet werden kann (BGH NJW 2017, 1596; MüKo/*Krüger* § 270 Rn 23). MaW: Die Rechtzeitigkeit der Überweisung setzt den rechtzeitigen Eintritt der Erfüllung voraus, indem die Gutschrift als Erfüllung der Verbindlichkeit auf dem Konto des Gläubigers rechtzeitig verbucht wird. 84a

X. Lastschrift. 1. Europarechtliche Vorgaben. Gem der **SEPA-VO** (VO [EU] Nr 260/2012) wurden mWv 1.2.2014 (nachträgl verlängert auf **1.8.2014**) die bis dahin in Deutschland üblichen technischen Bedingungen eines Lastschriftverfahrens abgeschaltet und durch das SEPA-Verfahren ersetzt (im Einz BankR-HdB/*Ellenberger* § 36 Rn 35f – SEPA-Lastschriftabkommen; *Bautsch/Zahrte* BKR 2012, 229; *Walter* DB 2013, 385). Umgesetzt wurde die VO – insb im Blick auf das Ausschöpfen vorgesehener Optionen – in Deutschland durch das sog **SEPA-Begleitgesetz** (G v 3.4.2013, BGBl I 2013, 610). Änderungen ergaben sich hierdurch vor allem im Blick auf die rechtl Konstruktion des Einzugsermächtigungsverfahrens, weil die von der Rspr entwickelte Genehmigungstheorie durch ein Doppelmandat ersetzt wurde (im Einz BankR-HdB/*Ellenberger* § 36 Rn 11ff). Eine weitere, stets zu beachtende Rechtsgrundlage bildet das am 9.7.2012 in Kraft getretene geänderte **„Abkommen über den Lastschriftverkehr (Interbankenverhältnis)"** zw den ZKA-Verbänden und der Deutschen Bundesbank (*Hopt* HGB [7] Bankgeschäfte V [10]); vgl auch *Bunte/Zahrte*, AGB Banken, Sonderbedingungen VII. 85

2. SEPA-Verfahren. a) Grundsätzliches. Aufgrund des Inkrafttretens der ZdRL hat das SEPA-Lastschriftverfahren – „Single European Payment Area" – beträchtliche praktische Bedeutung erlangt (BGH ZIP 2010, 1556; hierzu BankR-HdB/*Ellenberger* § 36 Rn 51ff; *Hadding*, FS Hüffer, 2010, 273, 280; *Werner* BKR 2013, 221, 226; *Zahrte* BKR 2012, 229; *Werner* BKR 2010, 9, 13f; *Jacoby* ZIP 2010, 1725, 1733ff; *Bitter* WM 2010, 1725, 1731ff; *Grundmann* WM 2009, 1157, 1158f). Zu den SEPA-Institutionen vgl BeckOGK/*Köndgen* § 675c Rn 35ff. Zugrunde liegt die SEPA-VO Nr 260/2012 (abgedruckt in BankR-HdB/Anh zu § 37). Das SEPA-Lastschriftverfahren beruht auf einem europaeinheitlichen Regelwerk, dem sog „SEPA Core Direct Scheme Rulebook". Seit 1.8.2014 können die in Deutschland bis dahin üblichen Lastschriftverfahren nicht mehr benutzt werden; sie sind durch das SEPA-Verfahren ersetzt worden und beruhen auf der Erteilung eines **Mandats** (Rn 89), und zwar eines ZAuftrags auf der einen und einer Autorisierung auf der anderen Seite (BeckOGK/*Köndgen* § 675j Rn 45ff). Die für den ZdLeister maßgebenden Regeln sind in Art 5 SEPA-VO – für Überweisungen und Lastschriften – niedergelegt (BankR-HdB/Anh zu § 37). Technisch bedingt und auch rechtl ist hier zw dem **SEPA-Basislastschriftverfahren** (hierzu auch die „Bedingungen für Zahlungen mittels Lastschrift im SEPA-Basis-Lastschriftverfahren" – Stand: Bankenverband 2018) und dem **SEPA-Firmenlastschriftverfahren** („Bedingungen für Zahlungen mittels Lastschrift im SEPA-Firmen-Lastschriftverfahren" – Stand: Bankenverband Januar 2018) zu unterscheiden (im Einz Staudinger/*Omlor* Rn 52ff; *Rigler* in L/B/S Kap 11 Rn 186ff; BankR-HdB/*Haug* § 51 Rn 36ff; vgl auch *Bunte/Zahrte* AGB-Banken, Sonderbedingungen VII B und VII C; zu einem entspr Muster *Beesch* in Schulze/Griwotz/Lauda, Vertrags- und Prozessformularbuch § 675j Rn 1). Das Basislastschriftverfahren wird von der Kreditwirtschaft seit dem 2.11.2009 für den Bereich des **Verbraucherverkehrs** angeboten. Es gilt für innerdt sowie für alle Lastschriften innerhalb des SEPA-Gebiets. Es kann wirksam in **AGB** vereinbart werden (BGH NJW 2010, 3510, 3515). 86

Für das SEPA-Verfahren findet sich die gültige **Definition** in § 2 Nr 2 SEPA-VO. Sie besagt: „Lastschrift" ist ein „vom Zahlungsempfänger ausgelöster inländischer oder grenzüberschreitender Zahlungsdienst zur Belastung des ZKonto des Zahlers, auf Grund der Zustimmung des Zahlers zu einem ZVorgang." Dogmatisch beruht da- 87 mit jede Lastschrift auf einem beidseitig nach Art 2 Nr 21 SEPA-VO gewährten **Mandat** (im Einz Rn 89), welches der ZEmpfänger auf Grund einer „Zustimmung" des Zahlers dem ZdLeister zur Ausführung des ZVorgangs erteilt (hierzu Staudinger/*Omlor* Rn 59; BeckOGK/*Köndgen* § 675j Rn 81ff), so dass auf diese Weise das ZKonto des Zahlers – entspr der Grundregel des § 5 III SEPA-VO – belastet wird (vgl *Schnauder* WM 2014, 1701, 1704 – „Befugnistheorie"). Dieses Mandat enthält sowohl eine Einzugsermächtigung zugunsten des ZEmpfängers als auch einen ZAuftrag des Zahlers (Grü/*Grüneberg* Rn 42), mit einem bestimmten Geldbetrag das ZKonto des Zahlers zu belasten. Da hier der ZEmpfänger, nicht aber der Zahler initiativ wird („Pull"-Zahlung), ist es – anders als bei der Überweisung – so, dass bei der Lastschrift auch von einer „rückläufigen Überweisung" gesprochen werden kann (*Grundmann* WM 2009, 1157, 1158). Dabei ist die Frage von praktischer Bedeutung, bis zu welchem Zeitpunkt der Zahler berechtigt ist, einen ZAuftrag zu **widerrufen**. Grds gilt nach Art 64 III ZdRL, dass ein Widerruf „nur bis zu dem Zeitpunkt" erklärt werden kann, „nach dem nach Art 80 die Unwiderruflichkeit eintritt". Dies ist dann der Fall, wenn ein ZAuftrag beim ZdLeister des Zahlers eingegangen ist. Für den Fall einer Lastschrift, die ja immer vom ZEmpfänger ausgelöst wird, enthält allerdings Art 80 III ZdRL eine leicht abw Regelung: Hier kann der Zahler den Widerruf für einen erteilten ZAuftrag „spätestens bis zum Ende des Geschäftstags vor dem vereinbarten Belastungstag" erklären. Ein späterer Widerruf kann gem Art 80 V ZdRL nur dann in Betracht gezogen werden, wenn der ZdNutzer und der ZdLeister dies **vereinbart** haben. Zu Einzelheiten s § 675p Rn 14. Es bestehen keine grds Bedenken, dass der dt Gesetzgeber die europarechtl Vorgaben nicht zutr umgesetzt hätte.

88 **3. Technischer Ablauf.** Der Impuls zur Durchführung einer Lastschrift geht immer vom Gläubiger (ZEmpfänger) aus. Dieser wird ermächtigt, vom Konto des Zahlers im Wege der SEPA-Lastschrift eine bestimmte Zahlung einzuziehen (Staudinger/*Omlor* Rn 59). Des Weiteren erteilt der Zahler seinem ZdLiester die Generalweisung, solche Zahlungen von dem angegebenen ZKonto des Zahlers abzubuchen (Staudinger/*Omlor* Rn 59). Gemeinsam ist beiden SEPA-Lastschriftverfahren – Basis- und Firmenlastschriftverfahren – (hierzu auch BankR-HdB/*Ellenberger* § 36 Rn 37ff), dass der ZdLeister das Konto des Zahlers auch am Fälligkeitstag („due date") belastet; an diesem Tag findet auch der **Zahlungsausgleich** im Verhältnis der Banken untereinander statt („settlement"). Die **Gutschrift** des eingezogenen Lastschriftbetrags erfolgt spätestens am Stichtag des Deckungseingangs beim ZdLeister des ZEmpfängers (*Hadding*, FS Hüffer, 2010, 273, 282; *Bitter* WM 2010, 1725, 1731). Zudem verlangt das SEPA-Verfahren (im Einz auch Soergel/*Werner* vor § 675a Rn 66ff), dass der Zahler vorab durch den ZEmpfänger unterrichtet wird (Avis), wobei der fällige Betrag und das Fälligkeitsdatum angegeben sein müssen (zu den Einzelheiten auch BankR-HdB/*Haug* § 30 Rn 37f). Falls nichts anderes vereinbart ist, beträgt diese Frist **14 Kalendertage** vor dem Fälligkeitstag (MüKo/*Casper* Rn 99). Der ZEmpfänger reicht im Rahmen des erteilten Mandats einen Datensatz bei dem ZdLeister (Inkassobank) ein; diese leitet ihn – idR unter Einschaltung von zwischengeschalteten Kreditinstituten – an den ZdLeister des Zahlers weiter. Diesen Datensatz sowie das Mandat (Rn 89) muss der ZdLeister des Zahlers mindestens fünf Bankarbeitstage vor dem Fälligkeitstag („due date") erhalten, sofern der Zahler **Verbraucher** ist. Ist er **Unternehmer**, beträgt die Frist nur einen Bankarbeitstag. Am Fälligkeitstag erfolgen dann Belastungsbuchung und „settlement" zw den Banken und – gleichzeitig – die Weiterleitung des eingezogenen ZBetrags an den ZdLeister des ZEmpfängers.

89 **4. Vorteile und Nachteile für Zahler und Zahlungsempfänger des SEPA-Mandats.** Der gewichtigste Vorteil für den **ZEmpfänger** als Gläubiger des Zahlers im Valutaverhältnis besteht – im Gegensatz zur Überweisung – darin, dass die Pünktlichkeit der Zahlung gewährleistet ist (im Einz betr Vorteile und Risiken vgl BankR-HdB/*Ellenberger* § 36 Rn 60ff). Dadurch entstehen auf Seiten des Gläubigers Zins- und Liquiditätsvorteile; auch wird die Buchhaltung – vor allem die Mahnabteilung – entlastet (BankR-HdB/*Ellenberger* § 36 Rn 61ff). Demggü kann man einen gewissen Nachteil darin sehen, dass der Zahler das Recht zum Widerspruch hat, was dann zu einer Rückbelastung des bereits E.v. (Eingang vorbehalten) vereinnahmten Geldbetrages führt. Lastschriftmandate führen allerdings beim **Zahler** oft – und darin liegt für diesen sicherlich ein Nachteil (BankR-HdB/*Ellenberger* § 36 Rn 68ff) – zu der Sorge, dass sein Schuldner Zugriff auf sein ZKonto hat, so dass er verpflichtet ist, die Kontoauszüge und die dort registrierten Kontenbewegungen exakt im Auge und unter Kontrolle zu halten, um im Fall eines Falles rechtzeitig widersprechen zu können. Im Fall eines solchen Missbrauchs hat der Zahler zudem keinen Rückgriff auf seinen ZdLeister, sondern ist verpflichtet, sich das abgebuchte Geld beim ZEmpfänger wiederzuholen (vgl BankR-HdB/*Ellenberger* § 36 Rn 71). Doch öffnet ihm § 675x IV im Rahmen des SEPA-Verfahrens innerhalb von acht Wochen, gerechnet ab Abbuchung nunmehr ein **Rückgriffsrecht** ggü dem ZdLeister. **Insolvenzfest** wird eine SEPA-Lastschrift erst dann, wenn sie vorbehaltlos durch den ZdLeister des Zahlers eingelöst worden ist (BGH NJW-RR 2022, 1706). Das Recht des Zahlers, binnen einer Frist von acht Wochen von seinem ZdLeister Erstattung zu fordern, hat – so der BGH – keinen Einfluss auf den Bestand der Belastungsbuchung (BGH NJW-RR 2022, 1706 Rn 16f). Kommt es bei einer auf Grundlage einer SEPA-Basislastschrift erteilten Gutschrift auf dem Konto des ZEmpfängers zu einer Erstattung und damit zu einer **Rückbelastung** des Kontos des Zahlers, so kann der Gläubiger/ZEmpfänger von seinem Schuldner/Zahler Zahlung aus der urspüngl Forderung geltend machen (BGH NJW 2022, 2619).

90 **5. Unterschiede zum (deutschen) Einzugsermächtigungsverfahren.** Der Unterschied zum Einzugsermächtigungsverfahren ist evident: An die Stelle der Genehmigungstheorie ist nunmehr die Ermächtigungskonstruktion – Mandat (Art 2 Nr 21 SEPA-VO – BeckOGK/*Köndgen* § 675j Rn 45ff) – im Rahmen der SEPA-Lastschrift getreten (*Omlor* NJW 2012, 2150). Die erforderliche Ermächtigung richtet sich hier nach § 675j I 2 (§ 675j Rn 6). Hinzu tritt ein ZAuftrag an den ZdLeister des Zahlers iSv Abs III (BGH NJW 2010, 3510, 3512; *Grundmann*

WM 2009, 1157, 1158; *Werner* BKR 2010, 9, 14). Im Gegensatz zum Einzugsermächtigungsverfahren beruht also das zw Zahler und ZEmpfänger vereinbarte Mandat auf einer **vorherigen Einwilligung**, die zum einen ggü dem ZEmpfänger, zum anderen ggü dem ZdLeister des Zahlers zu erklären ist (BGH ZIP 2010, 1556, 1562). Daher ermächtigt der Zahler im Rahmen einer generellen Autorisierung die Zahlstelle, den ZAuftrag auszuführen, was nach § 675j I unproblematisch ist (BGH NJW 2010, 3510, 3512; vgl auch *Hadding*, FS Hüffer, 2010, 273, 286). Die Rolle des Zahlers ist also – einwilligend in den erteilten ZAuftrag – hier proaktiv, nicht nur passiv widersprechend oder stillschw genehmigend, wie dies beim (bisherigen) Einzugsermächtigungsverfahren zutrifft. Daher kommt es beim SEPA-Verfahren auch auf die Erkenntnis an, dass es nach § 675x I und IV einen **Erstattungsanspruch** gibt, den die Parteien voraussetzungslos vereinbaren können.

6. Besonderheiten des SEPA-Firmenlastschriftverfahrens. Dieses ist so ausgestaltet wie das Basis-Verfahren, unterscheidet sich aber insoweit, als es hier **keinen Aufwendungserstattungsanspruch** gibt (BeckOGK/*v Olshausen* § 675x Rn 39); sofern ein ordnungsmäßig erteiltes Mandat vorliegt, bucht der ZdLeister den ZBetrag auf dem ZKonto des Zahlers ab und der ZdLeister hat dann im Deckungsverhältnis einen entspr Erstattungsanspruch. Denn der Zahler hat ggü seinem ZdLeister das Mandat bestätigt. Das SEPA-Firmenlastschriftverfahren ist zudem dadurch charakterisiert, dass die Acht-Wochen-Frist des § 675x IV zur Geltendmachung des Erstattungsanspruchs ggü dem ZdLeister insoweit nicht gilt, sondern abbedungen werden kann, § 675e IV. § 675x IV ist also für den **unternehmerischen Verkehr** nicht einschlägig (BGH ZIP 2010, 1556, 1560). 91

7. Vorliegen eines Mandats. Eine gewisse Parallele zw SEPA-Verfahren und – früher geltendem – Abbuchungsauftragsverfahren liegt auf der Hand, weil beide Verfahren von einer Autorisierung des ZAuftrags durch den Zahler iSv § 675j I ausgehen (BGH NJW 2010, 3510). Zugrunde liegt stets eine Lastschriftabrede – sie enthält das Mandat –, welche entweder ausdrückl oder auch stillschw vereinbart werden kann (*Werner* in L/B/S Rn 19). Die hM sieht beim SEPA-Verfahren innerhalb des **Valutaverhältnisses** mit Recht in dieser vom Zahler nach § 675j I ausgehenden Autorisierung einen generellen **geschäftsbesorgungsrechtl Auftrag**, wonach der Gläubiger für den Einzug des geschuldeten Geldbetrages zu sorgen hat (Grü/*Grüneberg* Rn 44; *Werner* in L/B/S vor § 675a Rn 69; *Hadding*, FS Hüffer, 2010, 273, 282 – Weisung; vgl auch *Bitter* WM 2010, 1725, 1731; *Laitenberger* NJW 2010, 192, 193). Nach der definitorischen Vorgabe von Art 2 Nr 11 SEPA-VO gilt wegen der Autorisierung des Zahlers ggü dem ZEmpfänger, wonach „der ZEmpfänger den Einzug für die Belastung des angegebenen ZKontos des Zahlers auslösen und der ZdLeister des Zahlers solchen Anweisungen Folge leisten darf". Dem ist mit der hL zu folgen: Es handelt sich um eine **Holschuld** (Grü/*Grüneberg* Rn 44), welche als Nebenabrede zu dem jeweiligen Hauptvertrag (Kauf-, Mietvertrag etc) tritt (BankR-HdB/*Ellenberger* § 36 Rn 97; MüKo/*Casper* Rn 106). Das bedeutet: Die dem Gläubiger erteilte (generelle) **Gestattung** im Rahmen des erteilten Mandats beinhaltet die Berechtigung, dass dieser den (konkreten) Geldbetrag vom ZKonto des Zahlers (Schuldners) durch Einreichung einer Lastschrift – nach entspr Mitteilung des ZKontos – einziehen darf. Gleichzeitig ist der ZdLeister ermächtigt (Rn 88) – es handelt sich um eine **doppelte Ermächtigung** (MüKo/*Casper* Rn 100; Staudinger/*Omlor* Rn 59 – „doppelter Erklärungsinhalt") – den Betrag vom ZKonto des Zahlers abzubuchen (MüKo/*Casper* Rn 100). Doch wird diese Ermächtigung vom Zahler nicht direkt erteilt, sondern mit dem Mandat in der „Kette" weitergegeben. Insoweit wird jew das generell erteilte Mandat durch die Einzelheiten der per Lastschrift zu bewirkenden Zahlung konkretisiert (*Hadding*, FS Hüffer, 2010, 273, 287). Es handelt sich insoweit um einen **ZAuftrag** (Staudinger/*Omlor* Rn 59). Der Schuldner (Zahler) hat daher die Verpflichtung, für hinreichende Deckung auf seinem ZKonto zu sorgen und das für das SEPA-Verfahren erforderliche Mandat dem Gläubiger (ZEmpfänger) zu erteilen. Nach dem zugrunde liegenden Regelwerk ist die **Schriftform** zu beachten (Grü/*Grüneberg* Rn 44). Falls das Mandat über das **Internet** – Online-Banking – erteilt werden soll, bereitet dieses Merkmal unter Beachtung von §§ 126a und b, 127 S 2 keine Probleme (Soergel/*Werner* vor § 675a Rn 110ff). Konkretisiert wird dies im Rahmen von Nr 2.1.1 der AGB für das SEPA-Basislastschriftverfahren. Bei diesem **E-Mandat** (*Hoeren* WM 2014, 1061f) erfolgen alle Mitteilungen in vollelektronischer Form. Mit dem früher üblichen elektronischen Lastschriftverfahren hat das E-Mandat allerdings nichts zu tun, weil dieses seit 1.2.2016 nicht mehr gilt. Von großer praktischer Wichtigkeit ist, dass nach der grundlegenden BGH-Judikatur (BGH NJW 2010, 3510, 3513; *Bitter* WM 2010, 1725, 1732) der Zahler immer dann alles für die Erfüllung seiner Leistungspflicht nach § 362 getan hat, wenn er die Autorisierung der Lastschrift vorgenommen hat (Deckung auf seinem ZKonto vorausgesetzt). Dabei dreht sich alles um den Tag der **Belastungsbuchung („due date")**. Dieses Datum muss im SEPA-Mandat angegeben sein (Staudinger/*Omlor* Rn 60). Der Gläubigre ZEmpfängers schuldet – bezogen auf dieses Datum – die Vorabinformation (14 Tage), so dass der Zahler in die Lage versetzt wird, für die Deckung seines ZKontos zu sorgen (MüKo/*Casper* Rn 99). **Str** ist jedoch, ob bereits bei der Einlösung (zeitgleich Belastung/vorbehaltlose Gutschrift) der Lastschrift **Erfüllung** nach § 362 eintritt (BGH NJW 2022, 2629; 2010, 3510, 3512; *Bitter* WM 2010, 1725, 1732) oder ob nicht deswegen ein Fall des § 364 vorliegt, weil der **Rückerstattungsanspruch** nach § 675x II innerhalb einer Frist von acht Wochen zusteht (BeckOGK/*Looschelders* § 362 Rn 180; *Hadding* WM 2014, 97, 100). Zwar lässt sich das Argument gut vertreten, dass der ZEmpfänger erst dann eine gesicherte Rechtsposition iSd § 362 innehat, wenn diese Frist verstrichen ist (vgl Staudinger/*Omlor* Vor §§ 675 Rn 128 – auflösende Bedingung). Der Ansicht des **BGH** ist jedoch zu folgen (BGH NJW 2022, 2629; NJW-RR 2022, 1706; BankR-HdB/*Ellenberger* § 36 Rn 98; MüKo/*Casper* Rn 108; BeckOK/*Schmalenbach* Rn 92; *Herresthal* NZM 2011, 833, 837): Bereits die Erteilung der **vorbehaltlosen Gutschrift** auf dem ZKonto des ZEmpfängers führt dazu (BGH NJW-RR 2022, 1706), dass Erfüllung eingetreten ist (BGH NJW 2010, 3510, 3512; BeckOGK/*Looschelders* § 362 Rn 180). Es handelt sich um eine **auflösende Bedingung** im 92

Blick auf einen etwaigen Rückerstattungsanspruch des Zahlers (BGH NJW 2010, 3510, 3513; BankR-HdB/*Ellenberger* § 36 Rn 98). Die erfüllte Forderung lebt dann wieder auf (§ 158 II), wenn der Zahler nach § 675x vorgeht. Die hier aufgeworfene Frage hat allerdings keine Relevanz beim **SEPA-Firmenkundenverfahren**, weil hier § 675x ausgeschlossen ist (Staudinger/*Omlor* Vor §§ 675c Rn 128). Das SEPA-Mandat ist iÜ **unbefristet**, kann aber widerrufen werden (*Rigler* in L/B/S SEPA Rn 125); auch ist seine Änderung ohne weiteres möglich.

93 **Unbedenklich** ist, wenn im Valutaverhältnis **AGB** vereinbart werden, welche das SEPA-Lastschriftverfahren vorsehen (BGH NJW 2008, 2495 – betr Einzugsermächtigungsverfahren/Sportstudio). Entscheidend ist, dass nach § 307 I 1 deswegen keine unangemessene Benachteiligung des Zahlers vorliegt, weil er ja ein Mandat erteilt hat und im Regelfall davon auszugehen ist, dass der einzuziehende Geldbetrag konkretisiert ist, so dass der Zahler auch in der Lage ist, ausreichende Deckung rechtzeitig vorzuhalten (BGH NJWV 1996, 988 – Breitbandkabelanschluss – Einziehungsermächtigung; vgl auch MüKo-HGB/*Omlor* Lastschriftverfahren C Rn 78 – umfassend). So liegt es auch, wenn der Kunde zw dem Zugang der Rechnung und dem Datum der Abbuchung genügend Zeit hat, die Rechnung auf ihre Richtigkeit zu prüfen – hier: fünf Tage (BGH NJW 2003, 1237). **Unwirksam** ist hingegen eine Vertragsstrafe zu Lasten des Zahlers, falls die Lastschrift nicht eingelöst wird (München MMR 2016, 167). Denn es handelt sich dann um eine Schadenspauschale, die an § 309 Nr 5 lit b scheitert. Kommt es – mangels Deckung im ZKonto – zu einer **Rückbelastung**, kann ein Betrag von 8,10 € in wirksamer Weise berechnet werden (AG Schönefeld LSK 2016, 160624), weil Kosten in dieser Höhe angemessen und auch üblich sind. Im Blick auf den Erstattungsanspruch des Zahlers nach § 675x II iVm IV ergibt sich beim **Basis-Lastschriftverfahren** die Frage, wie denn die Gutbuchung des zu erstattenden Betrages im Fall des Widerrufs von dem ZdLeister im Rahmen der Wertstellung zu behandeln ist. Würde die Wertstellung mit Wirkung ex nunc vorgenommen, so wäre die zwingende Konsequenz, dass die Wertstellungsgewinne in diesen Fällen immer beim ZdLeister verbleiben. Eine solche Vorgehensweise würde jedoch den Zahler/Verbraucher allemal iSv § 307 I 1 unangemessen benachteiligen, so dass eine solche Klausel **unwirksam** wäre. Vielmehr ist die Belastungsbuchung – wertstellungsmäßig – auf den Tag zurückzudatieren, an dem der ZdLeister den Geldbetrag vereinnahmt hat (§ 675t). Die Begründung: Folgt man dem BGH, wonach es sich bei dem Rückerstattungsanspruch nach § 675x II iVm IV um eine auflösende Bedingung nach § 158 II handelt, ist die Rechtsfolge – bezogen auf die Rückwirkung im Fall des Eintritts der Bedingung – gesetzl vorgegeben, so dass insoweit auch ein Rückgriff auf § 307 II Nr 1 in Betracht kommt, um die Unwirksamkeit einer solchen Klausel zu begründen. Ob die Klausel in Nr 2.5 der AGB für das Basis-Lastschriftverfahren diese Rechtsfolge nach sich zieht, ist nicht sicher. Es hängt von der Auslegung von Abs I S 2 ab: „Dabei bringt sie das Konto wieder auf den Stand, auf dem es sich ohne die Belastung durch die Zahlung befunden hätte" (vgl *Bunte/Zahrte*, AGB-Banken, Sonderbedingungen VII Rn 123ff). Diesen Satz kann man natürlich auch im Rahmen der gebotenen generell-abstrakten Auslegung so verstehen – Stichwort: kundenfeindlichste Auslegung (BGH NJW 2008, 2172) – dass über die Wertstellung nichts gesagt ist, sondern nur die Tatsache der simplen Rückbuchung angesprochen ist. Dann würden dem ZdLeister die durch die Wertstellung verursachten Zinsgewinne verbleiben, was die unangemessene Benachteiligung im Blick auf das dem Zahler/Verbraucher vorbehaltlos zustehende Widerrufsrecht – Rückerstattung nach § 675x II und IV – tendenziell einschränken würde.

94 **8. Zahlungsverzug im Valutaverhältnis.** Dies wirft erneut die Frage auf, ob die Voraussetzungen des **Zahlungsverzugs** dann eintreten, wenn der Zahler die erforderliche Autorisierung ggü seinem ZdLeister iSv § 675j I erklärt hat und hinreichende Deckung auf seinem ZKonto bereithält, oder ob es – weitergehend – darauf ankommt, ob und wann die fällige Zahlung auch beim ZEmpfänger eingegangen und auf seinem ZKonto gutgeschrieben worden ist (vgl BGH NZM 2017, 120 – Rechtzeitigkeit von Mietzahlungen; aber Überweisungsverkehr). Bedenkt man, dass die Einlösung der SEPA-Lastschrift Erfüllung nach § 362 bewirkt, dann sind mit dieser Feststellung die Würfel gefallen (MüKo/*Casper* Rn 108; Staudinger/*Omlor* Rn 64). Denn der Gläubiger ist – das spricht für eine **Holschuld** – verpflichtet, im Rahmen und auf Grund der Lastschriftabrede die Lastschrift auch einzuziehen. Aus dieser Sicht rechtfertigt es sich, dass der Gläubiger als ZEmpfänger sowohl die Verlust- als auch die Verzögerungsgefahr zu tragen hat (Staudinger/*Omlor* Rn 65). Dass der Schuldner während einer Frist von acht Wochen widerrufen kann, steht der Erfüllungswirkung nicht entgegen. Macht indessen der Zahler von seinem Gegenrecht nach § 675x II Gebrauch, leben ggf – rückwirkend – die Folgen des Zahlungsverzugs wieder auf.

95 **9. Deckungsverhältnis.** Innerhalb dieses Verhältnisses erbringt der ZdLeister des Zahlers einen ZDienst (Staudinger/*Omlor* Rn 62; Grü/*Grüneberg* Rn 45). Wenn das **SEPA-Mandat** des Zahlers vom ZEmpfänger als Erklärungsbote (BankR-HdB/*Ellenberger* § 36 Rn 119; Grü/*Grüneberg* Rn 46) überbracht worden ist, übermittelt der ZdLeister des ZEmpfängers den Datensatz an den ZdLeister des Zahlers (Inkasso). Bei der **Basislastschrift** (Verbraucher) wird das entspr Mandat nur im Valutaverhältnis zw Zahler und ZEmpfänger vereinbart (MüKo/*Casper* Rn 100). Es handelt sich um eine generelle Weisung in Form eines ZAuftrags (MüKo/*Casper* Rn 100; Grü/*Grüneberg* Rn 46). Ohne Rücksicht auf das Valutaverhältnis (MüKo/Casper Rn 103) – Grundsatz der formalen Auftragsstrenge – belastet der ZdLeister dann das ZKonto des Zahlers, soweit dort Deckung vorhanden ist. Im gleichen Zeitpunkt entsteht der Aufwendungserstattungsanspruch, und zwar im Zeitpunkt der Einlösung der Lastschrift (MüKo/*Casper* Rn 101; Grü/*Grüneberg* Rn 46). Doch wird bei § 675x IV im Einz dargestellt, dass der Zahler im Basis-Verfahren das Recht hat, der Belastung innerhalb einer Frist von acht Wochen in der Weise zu widersprechen (§ 675x Rn 16; vgl auch Staudinger/*Omlor* Vor §§ 675c ff Rn 127), indem er nämlich ein ge-

setzl Gegenrecht geltend macht (zur Lastschriftrückgabe im Einz *Werner* in L/B/S vor § 675a Rn 76ff). Bei **fehlender Autorisierung** haftet der ZdLeister nach den §§ 675u; bei **fehlerhafter Ausführung** nach § 675y.

10. Inkassoverhältnis. Das zw ZEmpfänger und seinem ZdLeister bestehende Rechtsverhältnis wird nicht von den SEPA-Regeln erfasst. Hier liegt kein ZAuftrag vor (MüKo/*Casper* Rn 105), wohl aber ein ZDienst (Grü/*Grüneberg* Rn 46). Maßgebend ist hier vielmehr der jew Inhalt des ZdRahmenvertrags (Staudinger/*Omlor* Rn 68; MüKo/*Casper* Rn 105; Grü/*Grüneberg* Rn 46). In diesem sind die Bedingungen geregelt, unter deren Geltung der ZdNutzer (Schuldner) am Lastschriftverfahren teilnimmt (BankR-HdB/*Ellenberger* § 36 Rn 107; Grü/*Grüneberg* Rn 46). Die Einleitung des ZVorgangs – zwingend elektronisch – muss einen Belastungstag angeben (**„due date"** – Grü/*Grüneberg* Rn 46). Die dem ZEmpfänger erteilte Gutschrift steht unter dem üblichen „E.v." (Eingang vorbehalten; hierzu auch BankR-HdB/*Ellenberger* § 36 Rn 120; MüKo/*Casper* Rn 105). In der Sache ist sie zweifach konditioniert: Zum einen dadurch, dass das ZKonto des Zahlers hinreichende Deckung aufweist, zum anderen dadurch, dass – auflösend bedingt – dieser kein Gegenrecht innerhalb einer Frist von acht Wochen (Basis-Verfahren) nach § 675x II ausübt. Nach dem Grundsatz von § 675p kann der Zahlungsauftrag nach seinem Zugang beim ZdLeister des Zahlers nicht mehr wirksam widerrufen werden (BankR-HdB/*Ellenberger* Rn 122). Vergütungs- oder Ansprüche auf Ersatz von Aufwendungen kann der ZdLeister ggü dem ZEmpfänger nur geltend machen, soweit dies vereinbart ist 96

11. Verrechnungsverhältnis. Das hier interessierende Interbankenverhältnis – Inkassostelle – Zahlstelle – wird von den SEPA-Regeln erfasst (*Rigler* in L/B/S SEPA Rn 51). Es liegt insoweit ein Verrechnungsverhältnis (Clearing) zw den beteiligten ZdLeistern vor, welches nicht als ZDienst einzuordnen ist. 97

12. Insolvenz. Eine weitere Konsequenz der Judikatur (BGH NJW 2021, 2619; 2010, 3510) besteht darin (Staudinger/*Omlor* Rn 69), dass die nach dem SEPA-Verfahren bewirkten Zahlungen nach deren Einlösung durch den ZdLeister als **insolvenzfest** zu betrachten sind (BGH NJW 2021, 2169; 2010, 3510; vgl auch *Obermüller/Kuder* ZIP 2010, 349ff; *Nobbe* WM 2011, 961, 965f; *Jacoby* ZIP 2010, 1725, 1731ff). Die Tatsache, dass dem Zahler nach § 675x II ein Erstattungsanspruch zusteht, ändert an diesem Ergebnis nichts (BGH NJW 2010, 3510; *Bitter* WM 2010, 1725, 1731; *Jacoby* ZIP 2010, 1725, 1733ff). Dem ist zu folgen. 98

XI. Kreditkarten – Universalkreditkarte. 1. Allgemeines. Auch für Kartenzahlungen ist inzwischen ein **SEPA-Rahmenwerk** für Kreditkartenzahlungen erarbeitet worden (Staudinger/*Omlor* Rn 73ff, zu den Bedingungen etwa der Mastercard BankR-HdB/*Koch* Anh zu §§ 42f). Doch unterscheidet es sich von den SEPA-Regeln betr das Lastschriftverfahren und die SEPA-Überweisung, weil bislang nur Möglichkeiten ins Auge gefasst worden sind, die Verwendung von Kredit- und Zahlungskarten im SEPA-Gebiet (Rn 86) zu harmonisieren (zu den div Alt *Rigler* in L/B/S Kap 11 Rn 59). Es handelt sich um die SEPA Cards Standardisation. Für Kartenzahlungen gilt – ebenso wie für Überweisungen und Lastschriften – die ZdRL, und zwar sowohl innerstaatlich als auch grenzüberschreitend (vgl *Grundmann* WM 2009, 1159, 1161). Das Inkrafttreten der ZdRL und ihre Umsetzung haben jedoch keine grundlegenden Veränderungen in der dogmatischen Konzeption des Kreditkartengeschäfts bewirkt (zur Judikatur vgl *Nobbe* WM 2012 Sonderbeil 2). Das gilt auch für die **Umsetzung der ZdRL.** Bezogen auf den durch die Kreditkarte vermittelten bargeldlosen Zahlungsverkehr hat sowohl im In- wie im Ausland die Universalkreditkarte inzwischen (*Nobbe* WM 2012 Sonderbeil 2, 6) entscheidende praktische Bedeutung erlangt (MüKo-HGB/*Hadding* ZahlungsV Rn G 1; vgl die dieser Praxis zugrundeliegenden Kreditkartensysteme wie Eurocard, Visa, MasterCard, American Express usw). Diese ist von der Kundenkreditkarte zu unterscheiden (Rn 110), die lediglich im Unternehmensbereich des Emittenten eingesetzt werden kann (BankR-HdB/*Omlor* C § 42 Rn 1). Die Verwendung der eindeutig im Vordergrund stehenden Kreditkarte hat – genauso wie die Kundenkreditkarte – **Bargeldersatzfunktion** (BeckOGK/*Köndgen* § 675c Rn 82). Sie hat vor allem auch im Online-Handel heute wachsende Bedeutung. Entscheidend ist, dass Zahlung mit der Kreditkarte als Leistung erfüllungshalber nach § 364 II bewertet wird. 99

2. Technischer Ablauf. Bei Verwendung einer Universalkreditkarte (hierzu BankR-HdB/*Omlor* § 42 Rn 6a ff) als Zahlungsmittel erbringt das jew **Kreditkartenunternehmen** an das **Vertragsunternehmen** – beide Unternehmen sind bei der Universalkreditkarte nicht identisch (MüKo-HGB/*Hadding*, ZahlungsV Rn G 7) – wie etwa Restaurant, Einzelhandelsgeschäft, Hotel etc – die erforderliche Bezahlung, während die Sach- oder Dienstleistung ggü dem Kunden als **Karteninhaber** vom Vertragsunternehmen bewirkt wird. Der ZdNutzer/Karteninhaber löst einen ZVorgang aus, indem er seinem Kartenaussteller via Vertragsunternehmen einen ZAuftrag erteilt, das ZKonto mit dem zu entrichtenden ZBetrag zu belasten. Das Vertragsunternehmen erhält die verauslagte Gegenleistung vom Karteninhaber im Rahmen einer Belastungsbuchung (Lastschrift) erstattet. 100

3. Einzelne Vertragsbeziehungen. Der Grundsatz, der für alle Kartensysteme – es handelt sich immer um ein Dreiecksverhältnis (mitunter sind auch vier Parteien beteiligt) – gleichermaßen gilt, ist immer der gleiche: Das Kartenunternehmen (Emittent) stellt eine Karte aus (Emissionsvertrag – MüKo/*Casper* Rn 116; Staudinger/*Omlor* Rn 78ff, BeckOGK/*Köndgen* § 675c Rn 85) und verpflichtet sich ggü dem Karteninhaber – Deckungsverhältnis –, an einen Dritten – Vertragsunternehmen, das die Karte akzeptiert (Akquisitionsvertrag, Vollzugsverhältnis – MüKo/*Casper* Rn 116) – einen bestimmten Geldbetrag zu zahlen, soweit und sobald sich der Karteninhaber ggü diesem zur Zahlung eines bestimmten Geldbetrages verpflichtet hat (Valutaverhältnis). Es handelt sich bei der Bezahlung mittels Kreditkarte um einen **Zahlungsdienst** nach Maßgabe von § 1 I 2 Nr 3 lit b ZAG, und zwar in Form eines ZdRahmenvertrages (BGH WM 2014, 2259, 2260). Für das Vertragsunternehmen ist eine solche Zahlung praktisch wie die Zahlung von Bargeld (MüKo/*Casper* Rn 117), das er aber nicht von seinem 101

Vertragspartner im Rahmen des Valutaverhältnisses erhält, sondern unmittelbar vom Aussteller der Karte (Erfüllungsübernahme nach § 329 auf Grund eines konkretisierten ZAuftrags). Dieser belastet dann seinerseits das ZKonto des Zahlers mit dem entstandenen Aufwand (§ 670). Doch ist die Erstattung durch den Karteninhaber hier erst dann fällig, wenn der Karteninhaber eine entspr Rechnungsaufstellung erhalten hat; bis dahin bleibt sie gestundet (BGH NJW 1984, 2460, 2461 – zur Prüfpflicht).

102 **a) Akquisitionsvertrag. aa) Tatsächlicher Befund.** Der Vertrag zw Kreditkartenunternehmen und Vertragsunternehmen – Akquisitionsvertrag – ist ein ZdRahmenvertrag (MüKo/*Casper* Rn 120; Grü/*Grüneberg* Rn 53), demzufolge das Vertragsunternehmen verpflichtet ist, gegen Vorlage bestimmter Karten – Akzeptanzpflicht – Zahlungen nicht vom Karteninhaber, sondern vom Kreditkartenunternehmen entgegenzunehmen (BGH NJW-RR 2004, 481, 482, Staudinger/*Omlor* Rn 78). Eine Barzahlung findet in diesen Fällen nicht statt. Die Zahlungszusage des Kreditkartenunternehmens ggü dem Vertragsunternehmen ist vielmehr nach st Rspr als **abstraktes Schuldversprechen** nach § 780 (BGH NJW-RR 2004, 481; NJW 2002, 3698; 2002, 2234; MüKo/*Casper* Rn 121; BeckOK/*Schmalenbach* Rn 100), nicht aber als Forderungskauf zu bewerten (so *Meder* WM 2002, 1993, 1995). **Einwendungen** aus dem **Valutaverhältnis**, insb **Rechtsmissbrauch**, können vom Kartenunternehmen geltend gemacht werden (BGH NJW 2002, 3698; 2002, 2234, 2237). Doch ist hier Voraussetzung, dass diese Einwendungen **offensichtlich oder liquide nachweisbar** sind (BGH NJW 2002, 3698, 3699; Grü/*Grüneberg* Rn 57). Seit längerem werden die Kreditkartensysteme entscheidend dadurch erweitert (BGH WM 2014, 2259, 2260; Grü/*Grüneberg* Rn 49), dass mehr und mehr das jew Kreditkartenunternehmen (Herausgeber) die Benutzung der Karten (Eurocard/Mastercard, VISA etc) an Banken oder sonstige Dritte durch Karteninhaber/Vertragsunternehmen **lizenziert** (miles & more etc). Emittenten sind dann – vor allem bei den Systemen von Mastercard oder VISA – die Banken oder der jew Dritte (*Jungmann* in L/B/S Vor §§ 675ff Rn 3). Dadurch erhöht sich die wirtschaftl Bedeutung des Kreditkartengeschäfts beträchtlich; und es erweitern sich gleichzeitig – rechtl gewertet – der Kreis der Beteiligten und die zu erfassenden Rechtsbeziehungen. Es handelt es sich hier um ein **viergliedriges** Verfahren (MüKo-HGB/*Hadding* ZahlungsV Rn G 9f), weil der ZdLeister/Bank im Rahmen eines **Emissionsgeschäfts** – gegen Zahlung einer **Jahresgebühr** – seine Privat- und Geschäftskunden mit der Karte „beglückt“, während sich das Kreditkartenunternehmen darum bemüht, im Rahmen eines **Akquisitionsgeschäfts** Vertragsunternehmen anzuwerben (MüKo-HGB/*Hadding* ZahlungsV Rn G 3). Zw den einzelnen ZdLeistern/Lizenznehmern einerseits und dem Kreditkartenunternehmen andererseits erfolgt der Zahlungsaustausch/Verrechnung (Clearing – *Jungmann* in L/B/S Vor §§ 675ff Rn 7; BeckOK/*Schmalenbach* Rn 111) im Rahmen interner Buchungen (MüKo-HGB/*Hadding* ZahlungsV Rn G 68). Es handelt sich nicht um ein Zahlungssystem (BeckOK/*Schmalenbach* Rn 111). Auch in diesen Fällen aber bleibt es bei dem Grundtatbestand: Das Vertragsunternehmen ist ZEmpfänger; es reicht die vom Karteninhaber herrührenden Belege beim Kartenunternehmen ein und löst damit den ZVorgang zu seinen Gunsten – Autorisierung – aus, um auf diesem Weg die Schuld im Valutaverhältnis zu tilgen (Grü/*Grüneberg* Rn 53; iÜ § 675j Rn 2ff). Soweit in den AGB des Kreditkartenunternehmens vorgesehen ist, dass diese berechtigt sein sollen, im Fall einer **Rückbelastung (Missbrauch) Regress** beim Vertragsunternehmen zu nehmen, spricht alles dafür, dass eine solche Klausel mit § 307 II Nr 1 nicht zu vereinbaren ist (MüKo/*Casper* Rn 123). Denn eine solche Rückbelastungsklasuel unterläuft die Bargeldersatzfunktion der Kreditkarte und ändert damit ihren Charakter, wonach aus dem Valutaverhältnis keine Einwedungen geltend gemacht werden können (Staudinger/*Omlor* Rn 103f). Hinzuweisen ist daher auch darauf, dass der BGH im **Mailorder-Verfahren** eine solche Klausel als unwirksam verworfen hat (BGH NJW 2002, 2234). In der Sache wird man aber die gleiche Argumentation auch für das **Präsenzgeschäft** anwenden (MüKo/*Casper* Rn 123). Die AGB der Kreditkartenunternehmen sehen auch vor, dass sich das Vertragsunternehmen ggü dem Kunden verpflichtet, tägliche (oder auch monatliche) **Umsatzhöchstgrenzen** zu beachten (Staudinger/*Omlor* Rn 110). Diese sind an der jew Bonität des Kartenkunden ausgerichtet. Dadurch wird die Rechtswirkung des abstrakten Schuldversprechens des Kartenunternehmens eingeschränkt. Demzufolge enthalten die AGB auch **Rückfrageklauseln** (Frankfurt NJW-RR 1991, 1465; Grü/*Grüneberg* Rn 55). Diese verpflichten das Vertragsunternehmen, sich eine besondere **Autorisierung** für die Übernahme des Schuldanerkenntnisses geben zu lassen, die elektronisch eingeholt wird (Staudinger/*Omlor* Rn 110). AGB-rechtl sind diese Klauseln nicht zu beanstanden (Staudinger/*Omlor* Rn 112). Missachtet das Vertragsunternehmen diese Pflicht, macht es sich nach § 241 II, § 280 schadensersatzpflichtig. Zum **wettbewerbsrechtl Rahmen** des Kreditkartengeschäfts im Einz *Oechsler* WM 2016, 537.

103 Dieser Rahmenvertrag ist wirtschaftl betrachtet dadurch charakterisiert, dass das Vertragsunternehmen verpflichtet ist, von jedem einzelnen Karteninhaber die Zahlung für eine bestimmte Leistung/Lieferung unter Vorlage der Kreditkarte (und Erfüllung der sonstigen Bedingungen, etwa Eingabe der PIN beim Präsenzgeschäft) auch anzunehmen (**Zuwendungsgeschäft** – vgl Grü/*Grüneberg* Rn 53). Dieses Vollzugsgeschäft (MüKo/*Casper* Rn 120) bedingt die Einsicht, dass der Karteninhaber seinerseits gem § 328 I das Recht hat, vom Vertragsunternehmen den Abschluss einer solchen Vereinbarung einzufordern. Als **Gegenleistung** verspricht das Vertragsunternehmen dem Kreditkartenunternehmen eine **Provision** (Disagio – MüKo/*Casper* Rn 120) in Form eines prozentualen Abschlags/Disagios auf den jew Rechnungsbetrag, wie er im Verhältnis zw dem Vertragsunternehmen und dem Kreditkarteninhaber fixiert ist (MüKo-HGB/*Hadding* ZahlungsV Rn G 17). Die **Hauptpflicht** des Kreditkartenunternehmens besteht also darin, bei Vorlage eines ordnungsgemäß ausgestellten/unterschriebenen Slips/Belegs die Verbindlichkeiten des betreffenden Karteninhabers bei dem Vertragsunternehmen – abzüglich eines Disagios – zu begleichen.

bb) Rechtl Einordnung. Es entspricht nach wie vor der geschäftsbesorgungsrechtl Grundstruktur, wie sie in § 675c I verankert ist, dieses Verhältnis iSv Abs II als **ZdRahmenvertrag** einzuordnen. Danach ist das Kreditkartenunternehmen verpflichtet, ggü dem Vertragsunternehmen die Geldschuld des Karteninhabers zu tilgen (BGH WM 2014, 2259, 2260), so dass dieser Rahmenvertrag zutreffenderweise gem §§ 675, 631ff **werkvertragl** zu qualifizieren ist (BGH NJW 2002, 3698; KG ZIP 1993, 1303; MüKo-HGB/*Hadding* ZahlungsV Rn G 31; Staudinger/*Omlor* Rn 78). Nach der Rspr des BGH gibt es indessen insoweit kein gesetzl Leitbild für den Kreditkartenvertrag (BGH NJW 1998, 383; 1991, 1886, 1887; BankR-HdB/*Omlor* § 42 Rn 7b). Doch ändert dies nichts an der Qualifikation als ZdRahmenvertrag, was allerdings im Blick auf die richterliche Inhaltskontrolle von Klauseln im Emissionsvertrag § 307 II Nr 1 reichlich farblos ist, geht dies doch kaum über die Einordnung als Dauerschuldverhältnis hinaus. Der **Einzelzahlungsvertrag** kommt erst dann zustande, wenn der Karteninhaber/Zahler die Karte unterzeichnet – autorisiert – hat oder sie unter Verwendung eines ZInstruments freigeschaltet worden ist (PIN-Freigabe). Die durch die Nutzung der Karte ausgelösten Transaktionen sind **Zahlungsdienste** iSv § 675c (Grü/*Grüneberg* Rn 44). Die erforderliche **Autorisierung** des ZVorgangs iSv § 675j I liegt hier iS einer geschäftsbesorgungsrechtl Weisung (BGH WM 2014, 2259, 2260) darin, dass der Karteninhaber den ihm vom Vertragsunternehmen vorgelegten **Slip** unterzeichnet oder beim **Distanzgeschäft** seine Kartendaten (Kartennummer/Gültigkeitsdauer/Inhaber/Prüfnummer) dem Vertragsunternehmen mitteilt und dann das Kreditkartenunternehmen die Geldschuld des Karteninhabers ggü dem Vertragsunternehmen tilgt. Darin liegt eine **Erfüllungsübernahme** gem § 329. Zur Konsequenz hat diese Einordnung, dass jedenfalls dann, wenn man – wie hier – den Emissionsvertrag geschäftsbesorgungsrechtl qualifiziert, das Kreditkartenunternehmen im Fall einer Erfüllungsübernahme einen unmittelbaren Anspruch auf Erstattung der erforderlichen **Aufwendungen** gem §§ 675, 670 hat (BankR-HdB/*Omlor* § 42 Rn 11). Diese Aufwendungen umfassen gem § 670 den vollen Betrag, der – nominal – der Verbindlichkeit des Karteninhabers ggü dem Vertragsunternehmen entspricht. Dieser ist ja auch Gegenstand des abstrakten Schuldversprechens gem § 780. Im Wege der **Verrechnung** kürzt das Kreditkartenunternehmen ggü dem Vertragsunternehmen den zu überweisenden Betrag, indem es das vereinbarte **Disagio** abzieht (BankR-HdB/*Omlor* § 42 Rn 69). Für den Kartennutzer wird ein eigenes **Kartenkonto** eingerichtet, das periodisch abgerechnet wird (Grü/*Grüneberg* Rn 52). Die Erfüllung der Verbindlichkeit des Karteninhabers ggü dem Vertragsunternehmen wird dadurch jedoch nicht beeinflusst. Das Kreditkartenunternehmen rechnet ggü dem Karteninhaber idR **monatlich** ab, indem dem Karteninhaber eine entspr **Saldenmitteilung** zugeht (MüKo-HGB/*Hadding* ZahlungsV Rn G 34; BankR-HdB/*Omlor* § 42 Rn 12). In der Übersendung liegt dann ein Angebot zum Abschluss eines abstrakten Schuldversprechens iSv § 780 (BankR-HdB/*Omlor* § 42 Rn 66; *Koch* in Fischer/Klanten, Bankrecht, Rn 10.284). Belastet wird damit entweder das **Giro- bzw ZKonto** des Karteninhabers (Deckungskonto) oder – im Fall einer Kundenkarte – das gesondert beim Kreditkartenunternehmen geführte Konto des Zahlers. Hinsichtl der regelmäßig stillschw zu vollziehende **Anerkennung** des Saldos durch den Karteninhaber kommt es entscheidend darauf an, ob der Zahler rechtzeitig Einwendungen erhebt, weil sonst Schweigen als Genehmigung zu bewerten ist. Soweit das ZKonto des Zahlers/Karteninhabers keine hinreichende Deckung aufweist, kann im Rahmen eines Überziehungskredits gleichwohl Zahlung erfolgen (BankR-HdB/*Omlor* § 42 Rn 15). Dadurch wird jedoch zugunsten des Kreditkartenunternehmens eine eigene „Provision" ausgelöst, die jedoch nur dann wirksam iSd § 309 Nr 5 lit a ist, wenn sie dem tatsächlichen durchschnittlichen Zinsschaden entspricht und der Vorbehalt des § 309 Nr 5 lit b im Verkehr mit dem Verbraucher beachtet ist (krit zu weiteren Varianten, insb der Begründung eines Vereinbarungsdarlehens BankR-HdB/*Omlor* § 42 Rn 17). Zur Unwirksamkeit von **Rückbelastungsklauseln** in den AGB des Kreditkartenunternehmens vgl Rn 102. 104

Gelangt der vom Karteninhaber ausgefüllte Slip oder die von ihm in ein ZInstrument eingegebenen Daten, mit denen der ZAuftrag im Rahmen einer **Weisung** (vgl Rn 104) ausgelöst wird, an das Kartenunternehmen (Emittenten), so liegt darin richtigerweise – bezogen auf den Zvorgang (Einzelzahlungsvertrag) – ein **abstraktes Schuldversprechen** iSv § 780 des Kreditkartenunternehmens ggü dem Karteninhaber/Zahler (BGH NJW-RR 2004, 481; ZIP 2003, 974; NJW 2002, 2232; vgl auch BankR-HdB/*Omlor* § 42 Rn 61ff – zum Streitstand, Rn 66 – abstraktes Schuldversprechen; Staudinger/*Omlor* Rn 100; *Schnauder* NJW 2003, 849, 851f; *Einsele* WM 1999, 1801, 1809f; *Oechsler* WM 2000, 1613, 1614ff). Es handelt sich hier nicht um ein Garantieversprechen, das ein Kreditkartenunternehmen verpflichten würde, für den Eintritt eines bestimmten Erfolges einzustehen und die Gefahr eines künftigen Schadens zu übernehmen (BGH NJW 1999, 1542). Denn bei einer solchen Konstruktion wäre das Kreditkartenunternehmen ja erst nach vergeblicher Inanspruchnahme des Karteninhabers zur Zahlung ggü dem Vertragsunternehmen verpflichtet (mit Recht BGH NJW 2002, 285, 287). Das gilt unabhängig davon, in welcher Weise der Belastungsbeleg vom Vertragsunternehmer zum Kreditkartenunternehmen gelangt, dh ob brieflich, telefonisch oder auch per Mailorder (BGH NJW-RR 2004, 1122). Im Hintergrund steht hier die zutr Theorie, wonach der Zweck der Bezahlung mit einer Kreditkarte darin besteht, dass sie **Bargeldersatzfunktion** besitzt (Staudinger/*Omlor* Rn 100; MüKo/*Casper* Rn 121). Dabei steht der Zahlungsanspruch des Vertragsunternehmens ggü dem Kreditkartenunternehmen im **Präsenzgeschäft** unter der aufschiebenden Bedingung nach § 158 I, dass der Karteninhaber den Slip ordnungsgemäß unterschrieben und an das Vertragsunternehmen weitergegeben hat (BGH NJW-RR 2004, 481, 482; ZIP 2002, 974). Im Distanz- bzw **Mailorder-Verfahren** (näher Rn 109) tritt an die Stelle des Slips nicht nur die Belegausfertigung, sondern – neben der Eingabe der korrekten PIN und dem Auslesen der Kartennummer, des Verfalldatums und der Prüfnummer – auch der Eingang der Bestellung beim Vertragsunternehmen (BGH NJW-RR 2005, 1570, 1571; 2004, 481, 482). Der theoretische Ansatz, dass an die Stelle eines abstrakten Schuldversprechens gem § 455 ein **Forderungskauf** treten würde (BGH NJW 1990, 2880), ist aus guten Gründen mit der hM abzulehnen (MüKo-HGB/*Hadding* ZahlungsV Rn G 22ff; 105

BankR-HdB/*Omlor* § 42 Rn 66; *Einsele* WM 1999, 1801, 1807; *Oechsler* WM 2000, 1613, 1614f). Beim Kauf mittels Kreditkarte im **Internet** – Online-Shopping – ändert sich an der grds Struktur nichts, weil hier das Vertragsunternehmen den Namen des Karteninhabers und den Datensatz (Kartennummer und Prüfziffer – evtl Geheimzahl) an das Kreditkartenunternehmen weiterleitet.

106 **b) Emissionsvertrag.** Das **Deckungsverhältnis** zw Kreditkartenunternehmen und Karteninhaber ist im Rahmen des Emissionsvertrages geregelt (hierzu MüKo-HGB/*Linardatos* Kap G Rn 39ff). Es liegt auch hier ein ZdRahmenvertrag nach § 1 I 2 Nr 3 lit b ZAG vor (Grü/*Grüneberg* Rn 52). Ggü der früheren Rechtsgestaltung ist es inzwischen – sehr weit verbreitet – so, dass die Kartenunternehmen (Eurocard/Mastercard/American Express, VISA etc) mit einem ZdLeister einen **Lizenzvertrag** abschließen (MüKo-HGB/*Linardatos* Kap G Rn 10f), so dass ein Abrechnungsverhältnis zw diesen beiden Unternehmen bei Verwendung der Karte entsteht (MüKo-HGB/*Hadding* ZahlungsV Rn G 9f). Es entsteht auf Grund des **Acquisionsvertrages** ein **Vier-Personen-Verhältnis** (BeckOGK/*Köndgen* § 675c Rn 86ff; MüKo-HGB/*Linardatos* Kap G Rn 19). Inhalt dieses nach den §§ 675, 611ff einzuordnenden Rechtsverhältnisses ist es, dass neben der zu entrichtenden Lizenz für die Nutzung der Rechte des Kartenunternehmens vereinbart wird, dass ein Zahlungsausgleich (Kontokorrent) erfolgt für die Zahlungen, welche durch Einreichung der vom Karteninhaber ausgelösten ZVorgänge durch den ZdLeister entstehen (Grü/*Grüneberg* Rn 52). Gebucht wird idR auf einem Nutzerkonto des Karteninhabers, das periodisch abgerechnet wird. Zu etwaigen **Einwendungen des Karteninhabers/Zahlers** ggü dem Kreditkartenunternehmen vgl Rn 114.

107 **c) Valutaverhältnis.** Dieses besteht zw Karteninhaber und Vertragsunternehmen und ist regelmäßig unproblematisch (MüKo-HGB/*Linardatos* Kap G Rn 224ff; Grü/*Grüneberg* Rn 51); es handelt sich in aller Regel um einen Kaufvertrag gem §§ 433ff; es kann aber auch ein anderer Vertrag als Grundlage des Valutaverhältnisses in Betracht kommen. Die **Erfüllung** der vom Karteninhaber ggü dem Vertragsunternehmen begründete Geldschuld (§ 362) tritt erst dann ein, wenn das Vertragsunternehmen tatsächlich Zahlung vom Kreditkartenunternehmen erhalten hat; die Zusage reicht nicht (aM *Brechtel* WM 2016, 1057, 1065 – Zahlungszusage des Kreditkartenunternehmens = Erfüllung). Auf Grund des Akquisitionsvertrages ist nämlich das Vertragsunternehmen berechtigt, aber auch verpflichtet, die präsentierte Kreditkarte des Karteninhabers als Zahlungsmittel – anstelle eines Kaufs mit Bargeld – zu akzeptieren (BankR-HdB/*Omlor* § 42 Rn 4). Dem Karteninhaber als **Dritten** steht das Recht zu, die Leistung des Vertragsunternehmens in Anspruch zu nehmen, was das Einverständnis mit einer bargeldlosen Zahlung durch den Kartenausgeber einschließt (MüKo-HGB/*Linardatos* Kap G Rn 224). Als Gegenleistung schuldet das Vertragsunternehmen dem Kreditkartenunternehmen einen „Ausgleich“, und zwar in Form eines prozentualen Abschlags vom ausgewiesenen Kaufpreis – Disagio – der vom Kreditkarteninhaber erworbenen Ware/Leistung (zu den wichtigen wettbewerbsrechtl Fragen des multilateralen Standard-Interbankenentgelts EuGH WM 2015, 1510; *Oechsler* WM 2016, 537ff). Gleichzeitig rechnet das Kreditkartenunternehmen im Rahmen eines monatlich erstellten Rechnungsabschlusses die getätigten Umsätze mit dem Karteninhaber ab. Ein wesentlicher wirtschaftl relevanter Aspekt dieses Systems besteht darin, dass die Bezahlung – abzüglich des vereinbarten Disagios – zu einem vertragl im Voraus festgelegten Zeitpunkt an das Vertragsunternehmen geleistet wird. Es handelt sich hier aus der Sicht des Vertragsunternehmens um eine **Stundung** (MüKo-HGB/*Hadding* ZahlungsV Rn G 15) (**„pay-later“-Zahlung** – im Unterschied zur Debit-Karte (Rn 124ff), wo die Zahlung sogleich – **„pay now“** – erfolgt).

108 **4. Geschäftsbesorgungsrechtl Weisung des Zahlers.** Der **ZVorgang** – veranlasst durch den Karteninhaber ggü dem Vertragsunternehmen – vollzieht sich in diesen Fällen wie folgt: Nach dem herkömmlichen (mittlerweile sehr selten) Verfahren stellt das Vertragsunternehmen einen vom Karteninhaber zu unterzeichnenden Beleg (Slip) aus. Darin sieht die hM mit Recht eine geschäftsbesorgungsrechtl Weisung des Karteninhabers an das Kreditkartenunternehmen, Zahlung nach Maßgabe des Valutaverhältnisses an das Vertragsunternehmen aufgrund eines abstrakten Schuldversprechens des Kartenausstellers (Emittenten) ggü dem Karteninhaber/Zahler zu bewirken (BGH NJW-RR 2004, 481; NJW 2002, 3698; BankR-HdB/*Omlor* § 42 Rn 64ff). Schon von diesem Zeitpunkt an ist ein Widerruf der Weisung ausgeschlossen; die Vermögensdisposition ist irreversibel (BGH NJW 2002, 3698). Das Vertragsunternehmen ist im Rahmen des Präsenzgeschäfts verpflichtet, die Übereinstimmung zw der Unterschrift des Karteninhabers (auf der Rückseite der Karte) und auf dem Slip zu prüfen (*Jungmann* in L/B/S Vor §§ 675ff Rn 44). Nach elektronischer Abfrage (Autorisierung – Angabe von PIN, Gültigkeitsdauer und Prüfnummer werden elektronisch erfasst) durch das Kreditkartenunternehmen (vgl § 675j Rn 2ff) wird der vom Karteninhaber unterschriebene Leistungsbeleg – er weist den Geldbetrag und die Daten der Kreditkarte (einschl einer Unterschrift des Karteninhabers) auf – dem Kreditkartenunternehmen vorgelegt (Präsenzgeschäft), welches dann die **Gegenleistung** in Form einer bargeldlosen Zahlung – unter Abzug eines vorab vereinbarten Disagios – an das Vertragsunternehmen überweist (*Nobbe* WM 2012 Sonderbeil 2, 11; vgl *Casper/Pfeifle* WM 2009, 2343ff zum Missbrauchsrisiko). Im Einz: Der Karteninhaber erteilt über das Vertragsunternehmen (ZEmpfänger) einen ZAuftrag an das Kreditkartenunternehmen, die Zahlung zu bewirken (MüKo-HGB/*Hadding* ZahlungsV Rn G 14). Es handelt sich um eine klassische **„Pull“-Zahlung**, die mittelbar vom Vertragsunternehmen ggü dem Kreditkartenunternehmen auf Grund der Initiative des Zahlers ausgelöst wird (*Jungmann* in L/B/S Vor §§ 675ff Rn 18). Das Kreditkartenunternehmen seinerseits belastet aufgrund einer **Lastschrift** die jew Kartenumsätze dem Karteninhaber und bucht sie von dem ZKonto des Zahlers ab. Zu den **Abrechnungsfragen** vgl Rn 117.

109 **5. Mailorder-Verfahren.** Dieses ist mittlerweile in der Praxis vorherrschend (BGH NJW-RR 2005, 1570; BGH NJW-RR 2004, 1124; *Jungmann* in L/B/S Vor §§ 675ff Distanzgeschäft Rn 44; BeckOGK/*Köndgen* § 675j Rn 87):

Der Karteninhaber gibt lediglich seine PIN bei der Bezahlung der entspr Rechnung ein, das Verfallsdatum der Karte und ihre Prüfnummer werden durch das Lesegerät selbständig erfasst; diese Daten (*Oechsler* WM 2010, 1381ff) werden sodann elektronisch an das Kartenunternehmen übermittelt (Grü/*Grüneberg* Rn 55), welches – nach Prüfung einer hinreichenden Kontodeckung (Limit) – die Freigabe der Zahlung an das Vertragsunternehmen erteilt. Darin liegt eine Autorisierung. Ähnl gilt bei Verwendung einer Universalkreditkarte im Rahmen eines **Internetkaufs** (**Online-Shopping** – hierzu *Rohrßen* ZVertriebsR 2017, 274ff). Hier besteht im Hinblick auf den ZVorgang zw Vertragsunternehmen und Kreditkartenunternehmen Einvernehmen darüber, dass es für die Auslösung der Zahlung im Verhältnis Kreditkartenunternehmen – Vertragsunternehmen ausreicht, wenn der Name des Karteninhabers, die Kartennummer, ihre Gültigkeitsdauer sowie die Prüfnummer angegeben werden (vgl *Pichler* NJW 1998, 3234; BankR-HdB/*Omlor* § 42 Rn 4; 39). Die **Prüfpflichten des Vertragsunternehmens** und die des **Kartenunternehmens** unterscheiden sich danach, ob es sich um die Zahlung mittels Karte im Präsenzgeschäft oder im Distanzgeschäft (Mailorder/Internet) handelt. Im Letzteren ist eine Identitätsprüfung des Bestellers erforderlich (BGH NJW-RR 2004, 1121, 1123; 2005, 1570 – Missbrauch), während im Präsenzgeschäft – bei Unterzeichnung eines Slips – auch die Prüfung der Belege nach § 241 II angezeigt ist (BGH NJW-RR 2004, 481). Einzelheiten bei Rn 105.

6. Weitere Berechtigte. Neben dem (eigentlichen) Karteninhaber sind häufig – entspr den jew getroffenen Vereinbarungen – weitere Personen berechtigt, die Kreditkarte zu nutzen (insb Familienmitglieder oder Angestellte eines Unternehmens bei einer Firmenkreditkarte, vgl auch MüKo-HGB/*Linardatos* Kap G Rn 13). Abgerechnet werden alle so getätigten Umsätze über das Konto des (eigentlichen) Karteninhabers (MüKo-HGB/*Hadding* ZahlungsV Rn G 4). Dabei ist nicht nach § 307 oder aus anderen rechtl Gründen zu beanstanden, dass der Hauptkarteninhaber verpflichtet wird, auch für die von den Inhabern der Zusatzkarte getätigten Umsätze zu haften (München NJW-RR 1988, 1076; Frankfurt NJW-RR 1989, 1523). Es handelt sich – dogmatisch gewertet – um eine **gesamtschuldnerische Haftung** zw Karteninhaber und berechtigtem Dritten (*Jungmann* in L/B/S Vor §§ 675ff Rn 29f). Dieser wird auf Basis eines antizipierten Schuldbeitritts des Karteninhabers begründet (MüKo-HGB/*Hadding* ZahlungsV G 44). Dass diese Konstruktion freilich dann nicht stimmig ist, wenn nur der Karteninhaber selbst – etwa auf Grund der AGB – haftet (*Langenbucher* NJW 2004, 3522, 3523), liegt auf der Hand. Ob schon aus diesem Grund die Annahme einer **Außenvollmacht** – gerichtet an den Berechtigten ggü dem Kreditkartenunternehmen – vorzugswürdig ist (*Langenbucher* NJW 2004, 3522, 3523), ist zweifelhaft. Denn in jedem Fall ist es nach § 307 unbedenklich, eine gesamtschuldnerische Haftung des Karteninhabers für Verbindlichkeiten vorzusehen, welche ein berechtigter Dritter mittels der Karte begründet hat (Oldenburg NJW 2004, 2907; Köln WM 1993, 369). Umgekehrt ist jedoch eine Haftung des Inhabers der Zusatzkarte für Umsätze des Inhabers der Hauptkarte ausgeschlossen (*Koch* in Fischer/Klanten, Bankrecht, Rn 10.300). Die Haftung des Inhabers der Hauptkarte für Umsätze, die mit der Zusatzkarte getätigt werden, endet erst dann, wenn der Inhaber der Hauptkarte den Vertrag gekündigt hat und die Karte zurückgegeben wurde. Eine Sperrung der Karte nach § 675k II 2 ist jedoch unbedenklich (*Jungmann* in L/B/S Vor §§ 675ff Rn 31). 110

7. Rechtsverhältnis Kreditkartenunternehmen – Karteninhaber. a) Grundaussage. Die Kreditkarte vermittelt nach ihrer Aushändigung und Freischaltung dem Inhaber ein Recht auf bargeldlose Zahlung, das ggü dem jew Vertragsunternehmen auszuüben und von diesem im Rahmen einer Erfüllungsübernahme (BankR-HdB/*Omlor* § 42 Rn 7) auszuführen ist. Der dadurch zustande gekommene Vertrag ist als selbständiger ZdRahmenvertrag einzuordnen (MüKo/*Casper* Rn 118), dem der Charakter eines Dauerschuldverhältnisses innewohnt. Der zusätzl zw Vertragsunternehmen und Kreditkartenunternehmen seinerseits bestehende **ZdRahmenvertrag** (BGH WM 2014, 2259, 2260) ist wie dargestellt (Rn 108) als Vertrag zugunsten Dritter gem § 328 I zu begreifen, weil das Vertragsunternehmen verpflichtet ist, bei Vorlage einer gültigen Kreditkarte – Eingabe der PIN oder Unterschrift – das Erwerbsgeschäft auf bargeldloser Grundlage zu tätigen, ohne dass darin freilich ein Kontrahierungszwang in Bezug auf das Leistungsaustauschverhältnis anzunehmen wäre (MüKo-HGB/*Hadding* ZahlungsV Rn G 12). So gesehen besteht, wenn das Leistungsaustauschverhältnis zw Karteninhaber und Vertragsunternehmen akkordiert ist, die Pflicht des Vertragsunternehmens, die ihm präsentierte Kreditkarte auch anzunehmen. Wie beim Scheck (Rn 164) ist auch hier die Entgegennahme der Kartenzahlung stets erfüllungshalber nach § 364 II zu qualifizieren, so dass das Vertragsunternehmen gehalten ist, sich zwecks Befriedigung seiner Entgeltforderungen zunächst an das Kreditkartenunternehmen zu halten (*Pfeiffer* NJW 1997, 1036, 1037). Denn zw Kreditkartenunternehmen und Karteninhaber besteht Einvernehmen darüber, dass die Zahlung mit der Karte an die Stelle der Zahlung mit Bargeld tritt. Schlägt dieser Leistungserfolg fehl, kann das Vertragsunternehmen auf die Leistung des Karteninhabers – sodann ist Bargeld geschuldet – zurückgreifen (*Pfeiffer* NJW 1997, 1036, 1038). Ist das Valutaverhältnis aus welchem Grund auch immer **rechtsunwirksam** oder liegen Gewährleistungsansprüche oder sonstige Ansprüche wegen einer Pflichtverletzung vor, so sind stets die allg Bestimmungen anwendbar, die dieses Vertragsverhältnis beherrschen (MüKo-HGB/*Hadding* ZahlungsV Rn G 16). Zur Debit-Karte vgl Rn 124; zum Einzugslastschriftverfahren Rn 146; zur Geldkarte Rn 134. 111

b) Verbraucherdarlehen und Emissionsvertrag. Die damit gekoppelten Fragen beziehen sich auf die Anwendbarkeit der Bestimmungen über das Verbraucherdarlehen nach Maßgabe der §§ 491ff auf Kreditkartenverträge (vgl auch *Jungmann* in L/B/S Vor §§ 675ff Rn 27f): Falls nämlich im Emissionsvertrag vorgesehen ist, dass das Kreditkartenunternehmern dem Verbraucher/Karteninhaber einen **Rahmenkredit** gewährt – es handelt sich dann um eine (echte) Kreditkarte („credit card") –, stellt sich die Frage, ob die insoweit verlangten Zinsen als Entgelt der Tatbestand von § 491 II Nr 3 verwirklicht ist, falls das Darlehen den Zeitraum von drei Monaten 112 nicht überschreitet und das dafür vom Karteninhaber zu entrichtende Entgelt (Zinsen) in die Kategorie der „geringen Kosten" fällt. Das gilt insb dann, wenn der Emissionsvertrag bestimmt, dass der Karteninhaber nur verpflichtet ist, den eingeräumten „Rahmenkredit" in Teilbeträgen zu tilgen (BGH WM 2014, 2259, 2260). Wirtschaftl Ausgangspunkt ist hier zunächst die Feststellung, dass die Verwendung einer Kreditkarte ggü dem Vertragsunternehmen dazu führt, dass ein **Zahlungsaufschub** iSv § 506 mittelbar dem Inhaber der Kreditkarte gewährt wird, weil er erst dann ggü dem Kreditkartenunternehmen verpflichtet ist, diesem die Aufwendungen nach §§ 670, 683 zu erstatten, wenn die periodisch erstellte Saldoaufstellung (Monatsrhythmus) bei ihm eingegangen ist (Rn 110). Doch bestehen durchgreifende Zweifel, ob in diesen Fällen § 506 I Anwendung findet, weil die entrichtete Jahresgebühr unabhängig von dem gewährten Zahlungsaufschub entrichtet wird (*Jungmann* in L/B/S Vor §§ 675ff Rn 27). Es fehlt daher das Merkmal der Entgeltlichkeit iSv § 506 (BankR-HdB/*Omlor* § 42 Rn 49). Allerdings kann es durchaus sein, dass der im Emissionsvertrag vorgesehene Rahmenkredit – vor allem im Blick auf Zeitdauer und Zinslast – die Grenze des § 491 II Nr 3 sprengt. Dies wird man – oberhalb der Zeitschwelle von drei Monaten – immer dann bejahen dürfen, wenn die **Zinslast** nicht mehr den Tatbestand der „geringen Kosten" erfüllt (regelmäßig zu bejahen, vgl *Jungmann* in L/B/S Vor §§ 675ff Rn 28), also nicht als Belastung für den Karteninhaber nur ganz unerheblich ist. Vor allem aber gilt dies, falls es dem Karteninhaber auf Grund des Emissionsvertrages gestattet ist, einen ihm vom Kreditkartenunternehmen eingeräumten „Rahmenkredit" in Teilbeträgen zu tilgen, weil dann im Zw kein Zahlungsaufschub, sondern ein Kredit vorliegt (vgl BGH WM 2014, 2259, 2260).

113 **c) Einreden und Einwendungen. aa) Zulässigkeitsvoraussetzungen.** Diese kann der Karteninhaber dem Kreditkartenunternehmen insoweit entgegenhalten, als sie auf dem Emissionsvertrag beruhen. Stellt sich heraus, dass der vom Karteninhaber unterzeichnete Slip in **unwirksamer Weise** einen ZVorgang ausgelöst hat, wird man regelmäßig davon ausgehen dürfen, dass der Fall einer berechtigten Geschäftsführung ohne Auftrag gem §§ 677, 683 vorliegt, weil ja dann das Kreditkartenunternehmen ggü dem Vertragsunternehmen ein abstraktes Schuldversprechen gem § 780 begründet hat, worin – jedenfalls aus der Sicht des Kreditkartenunternehmens – eine Geschäftsbesorgung im Interesse und mutmaßlichen Willen des Karteninhabers liegt (MüKo-HGB/*Hadding* ZahlungsV Rn G 36). Dies löst dann den Aufwendungserstattungsanspruch nach § 683 aus. Das Valutaverhältnis zw Karteninhaber und Vertragsunternehmen bleibt hiervon unberührt; sofern die Unwirksamkeit des ZVorgangs auch den Abschluss dieses Rechtsgeschäfts umfasst, ist es selbständig rückabzuwickeln (MüKo-HGB/*Hadding* ZahlungsV Rn G 36).

114 **bb) Grenzen.** Sieht man das Zahlungsversprechen des Kreditkartenunternehmens ggü dem Vertragsunternehmen gem § 780 als **abstraktes Schuldversprechen**, sind die Würfel gefallen (BGH NJW 2002, 3698, 3699): Soweit Einwendungen/Einreden aus dem Akquisitionsvertrag – **Vollzugsverhältnis** – in Rede stehen, muss das Kreditkartenunternehmen ggü dem Karteninhaber darlegen und ggf beweisen, dass der zugrunde liegende Rahmenvertrag wegen Dissenses oder aus einem sonstigen Rechtsgrund **nichtig/unwirksam** ist. Ansonsten gelten auch hier die allg Grenzen des Rechtsmissbrauchs, der überdies **offensichtlich oder liquide nachweisbar** sein muss (BGH NJW 2002, 3698, 3699). **Ausgenommen** bleibt also – wie stets bei allen abstrakten Instrumenten – der aus § 242 folgende Einwand des Rechtsmissbrauchs (BeckOK/*Schmalenbach* Rn 105; BankR-HdB/*Omlor* § 42 Rn 37; Köln NJW-RR 2002, 620, 621). Dessen Voraussetzungen sind indessen nur dann zu bejahen, wenn dem Karteninhaber Einwendungen oder Einreden aus dem Valutaverhältnis ggü dem Vertragsunternehmen zustehen, die eindeutig, dh zweifelsfrei (liquide) – aus der Perspektive eines Dritten, nämlich: des Kreditkartenunternehmens – unmittelbar als begründet einleuchten (zur Parallelproblematik der abstrakten, auf „erstes Anfordern" zahlbar gestellten Bankgarantie vgl *Graf v Westphalen*, Die Bankgarantie im Internationalen Handelsverkehr, 2023, Kap C Rn 194ff). Zur Konsequenz hat dies dann, dass das Schuldversprechen nach § 812 II zurückgefordert werden kann. Sind bereits Zahlungen geleistet, kann das Kreditkartenunternehmen vom Vertragsunternehmen das Geleistete gem § 812 I 1 zurückfordern (MüKo-HGB/*Hadding* ZahlungsV Rn G 26). Des Weiteren folgt aus § 780, dass dem Anspruch des Vertragsunternehmens aus dem Vollzugsgeschäft ggü dem Kreditkartenunternehmen keine Einreden oder Einwendungen aus dem Deckungsverhältnis entgegengehalten werden können. Gleichzeitig bedeutet dies, dass etwaige **Rückforderungsklauseln** in den AGB des Kreditkartenunternehmens an § 307 II Nr 1 scheitern (im Einz Staudinger/*Omlor* Rn 113f), sofern sie auch in anderen – regelmäßig: weniger evident ausgeprägten – Beweislagen dem Kreditkartenunternehmen ein Rückforderungsrecht ggü dem Vertragsunternehmen vorsehen (MüKo-HGB/*Hadding* ZahlungsV Rn G 22ff). Darüber hinaus ordnet § 675p II 1 die geschäftsbesorgungsrechtl Weisung des Karteninhabers/Zahlers als **unwiderruflich** ein, so dass auch aus diesem Grund Rückforderungen des Kreditkartenunternehmens ggü dem Vertragsunternehmen ausscheiden, zumal es sich bei der erteilten Weisung um eine „irreversible Vermögensdisposition" handelt (Staudinger/*Omlor* Vor § 675c Rn 158). Selbst wenn man beim Kreditkartengeschäft erwägen würde, dass es sich – bezogen auf das Rechtsverhältnis zw Karteninhaber und Vertragsunternehmen – um ein verbundenes Geschäft nach § 358 handeln würde, kommt ein Einwendungsdurchgriff nicht in Betracht. Denn § 675p II 1 stellt eine abschließende Sperre dar. Ob diese Norm allerdings auch den Rückgriff auf § 242 im Fall eines liquide nachgewiesenen Missbrauchs erfasst und Rückforderungsansprüche nicht zulässt, dürfte zweifelhaft sein, weil die allg Grundsätze von Treu und Glauben und die damit einhergehende Durchbrechung des Abstraktionsprinzips kaum von dem Grundsatz der Vollharmonisierung nach Art 107 verdrängt werden dürfen (andeutungsweise auch BankR-HdB/*Omlor* § 42 Rn 35 – Berufung auf Art 66 II und V; wohl kein Ausschluss des Einwandes aus § 242 durch diese Normen).

d) Haftungsfälle. Zu den verschiedenen Haftungsfällen, sofern der Zahler – Kreditkarteninhaber – gegen die ihm obliegenden Pflichten verstößt, vgl § 675l Rn 2ff – Sorgfaltspflichten/Geheimhaltung; § 675v Rn 18ff – missbräuchliche Nutzung sowie § 675x Rn 3ff – Erstattungsanspruch; vgl auch *Scheibengruber* BKR 2010, 15ff. Festzuhalten ist, dass es der – unverändert fortgeltenden – Rechtslage entspricht, dass es nach § 307 II Nr 1 unwirksam ist, wenn das Kreditkartenunternehmen dem Vertragsunternehmen eine **verschuldensunabhängige** Haftung auferlegt (BGH NJW 2002, 3698). 115

e) Inhaltskontrolle. Die vom Kreditkartenunternehmen in Rechnung gestellten Gebühren unterliegen grds im Verhältnis zum Karteninhaber nicht der richterlichen Inhaltskontrolle, weil es sich gem § 307 III 1 um eine Preisvereinbarung handelt (BGH NJW 1998, 383). Dies gilt allerdings nicht, wenn das **Vertragsunternehmen** bestimmt, dasss bei Zahlung mittels Kreditkarte eine Gebühr erhoben wird (BGH NJW 2010, 2719 – Ryanair), weil dann die Rspr des BGH eingreift, dass Entgelte nicht wirksam erhoben werden können, wenn sie für Leistungen des Verwenders erbracht/gefordert werden, die dieser auf gesetzl Grundlage zu erfüllen verpflichtet ist (BGH NJW 2009, 3570, 3571). Doch gilt auch **§ 312a IV Nr 2.** Danach darf der Unternehmer dem Verbraucher für die **Nutzung eines bestimmten Zahlungsmittels** – wie etwa einer Kreditkarte – nur das Entgelt in Rechnung stellen, welches sich aus den so verursachen Kosten errechnet (LG Aschaffenburg MMR 2017, 201 – Sondergebühr für Zahlung mit Kreditkarte: unzulässig, Verstoß gegen Marktverhaltensregel nach § 3a UWG; BGH MMR 2010, 677 – Kreditkartengebühr bei der Buchung von Flügen mit Ryanair). Unproblematisch ist es allerdings, wenn das Kreditkartenunternehmen für Einsätze der Karte im **Ausland** eine gesonderte Gebühr fordert (BGH NJW 1998, 383). Es geht nicht an, das Recht des Kreditkartenunternehmens zu beschneiden, für den Karteneinsatz im Ausland andere, dh auch höhere, Gebühren zu verlangen als im Inland (BGH NJW 1998, 383, 384). Pauschale **Überziehungsgebühren** als Folge einer nicht rechtzeitigen Zahlung des Saldos sind nach § 307 II Nr 1 unwirksam (BGH NJW 1994, 1532). Sie sind aber unter dem Regime von § 288 auch nicht mehr notwendig, weil der gesetzl Verzugszins iHv fünf Prozentpunkten über dem Basiszinssatz (Verbrauchergeschäft) ausreichend ist. Für eine wirksame Vertragsstrafe ist in diesem Kontext kein Raum (vgl BGH NJW 1994, 1532). Für den Zeitraum, von welchem an Verzugszinsen zu rechnen sind, ist der Eintritt des Verzugs nach § 286 maßgebend (BGH NJW 1994, 1532). 116

f) Widerruf. Es bleibt noch zu klären, ob und unter welchen Voraussetzungen der Karteninhaber berechtigt ist, seine Autorisierung zu widerrufen (vgl BankR-HdB/*Omlor* § 42 Rn 32ff; *Koch* in Fischer/Klanten, Bankrecht, Rn 10.291; MüKo-HGB/*Hadding* ZahlungsV Rn G 38ff; *Taupitz* NJW 1996, 217, 219). Unter Berücksichtigung der geltenden Rechtslage gilt Folgendes: Anknüpfungspunkt für die Frage, ob der Karteninhaber berechtigt ist, von seinem Widerrufsrecht Gebrauch zu machen, ist § 675p. Gem § 675p I ist der Widerruf des Karteninhabers immer dann ausgeschlossen, wenn der ZAuftrag des Zahlers dem ZdLeister bereits zugegangen ist (§ 675p Rn 2ff). Das begründet in der Praxis den Grundsatz der Unwiderruflichkeit der einmal erteilten Weisung des Karteninhabers (BeckOK/*Schmalenbach* Rn 106). Doch gestattet § 675p IV 1, dass zw den Parteien eine abweichende Frist für die Ausübung des Widerrufsrechts vereinbart werden kann. Es erscheint allerdings ausgesprochen **zweifelhaft**, ob eine – spätere – Widerruflichkeit im Emissionsvertrag zw Karteninhaber und Kreditkartenunternehmen wirksam vereinbart werden kann, weil damit die Grundkonzeption der Kreditkarte iSv § 328 I gestört wird (krit zum Mailorder-Verfahren *Bitter* WM 2010, 1773, 1775ff): Hat nämlich das Kreditkartenunternehmen – entspr dem Belastungsbeleg – eine **Gutschrift** an das Vertragsunternehmen erteilt, ist die Geschäftsbesorgung gem §§ 675, 631ff weisungsgemäß ausgeführt und damit erfüllt (MüKo-HGB/*Hadding* ZahlungsV Rn G 40). Damit regiert in diesen Fällen § 675p I. Die besseren Gründe sprechen daher dafür, dass jedenfalls die formularmäßige Vereinbarung eines solchen späten Widerrufsrechts des Karteninhabers (§ 675p IV 1) an § 307 II Nr 1 scheitert, weil das Vertragsunternehmen auf diese Weise eine geschützte Rechtsposition einbüßen würde (vgl auch Staudinger/*Omlor* Vor §§ 675c Rn 157f – „irreversible Vermögensdisposition"). Daher erscheint es auch zutreffend, dass eine **Stornobuchung** die Zustimmung des Vertragsunternehmens voraussetzt. Sie ist als actus contrarius einzuordnen, auf dessen Erfüllung der Karteninhaber – ohne Konsens – keinen Anspruch hat. Man wird sogar einen Schritt weitergehen dürfen: Die formularmäßige (fingierte) Zustimmung zu einer solchen Stornobuchung wäre auch geeignet, den Vertragszweck iSv § 307 II Nr 2 zu gefährden, weil damit das – abstrakte – Schuldversprechen iSv § 780 i Erg entwertet wird. Zum Rückforderungsanspruch des Zahlers im Mailorder-Verfahren und einer Parallelschaltung zum Lastschriftverfahren nach § 675x II vgl *Bitter* WM 2010, 1773, 1780. 117

g) Kündigung. Da der Emissionsvertrag gem Abs II ein **ZdRahmenvertrag** iSv §§ 675, 631ff ist, handelt es sich um ein **Dauerschuldverhältnis**, das grds auf unbestimmte Frist begründet wurde. Es gelten daher die §§ 675g und 675h. Ein ordentliches Kündigungsrecht kann zugunsten des ZdNutzers mit einer Frist von einem Monat vereinbart werden, ohne dass dies gegen § 307 II Nr 1 verstößt; das fristlose Kündigungsrecht gem § 314 bleibt unberührt (BGH NJW 1994, 1532). 118

h) Missbrauch. Hierzu im Einz § 675l betr die vom Karteninhaber zu beachtenden **Sorgfaltspflichten**; zur Haftung des ZdLeisters bei missbräuchlicher Verwendung vgl § 675v Rn 18ff. 119

8. Interbankenverhältnis. Genauso wie beim Überweisungsvertrag ist auch bei Benutzung einer Kreditkarte – insb dann, wenn eine Universalkreditkarte in Lizenz vergeben wird (Rn 106) – das Interbankenverhältnis näher zu beleuchten. Denn immer dann, wenn der ZdLeister – Kreditkartenunternehmen – die Karte im eigenen Namen, aber in Lizenz eines Kartenunternehmens herausgibt, das dann seinerseits den **Akquisitionsvertrag** mit Vertragsunternehmen abschließt, entsteht zw den Beteiligten ein Geschäftsbesorgungsverhältnis, ein Co-Branding (Grü/*Grüneberg* Rn 54). Regelmäßig handelt es sich hierbei um ein **Zahlungssystem** (BT-Drs 16/11613, 120

34). Dies deckt sich mit der Definition von § 1 XI ZAG. Denn es liegen keine Zahlungsdienste vor, wenn es sich um ZVorgänge handelt, die innerhalb eines Zahlungs- und Wertpapierabwicklungssystems zw Zahlungsausgleichsagenten, zentralen Gegenparteien, Clearingstellen oder Zentralbanken und anderen Teilnehmern des Systems und ZdLeistern abgewickelt werden. Die Abrede, ein einheitliches multilaterales **Interbankenentgelt** zu vereinbaren (Mastercard), ist vom EuGH als kartellrechtswidrig verworfen worden (EuGH WM 2015, 1510; hierzu auch *Oechsler* WM 2016, 537ff). Dass dies zutr ist, folgt auch aus der bereits behandelten europarechtl Perspektive, wonach es sich insoweit um einen „**Finanztransfer**" handelt (Rn 83).

121 **9. Beispiele wesentlicher Pflichtverletzungen. a) Im Deckungsverhältnis/Emissionsvertrag.** In dem zw Karteninhaber und Kreditkartenunternehmen abgeschlossenen Emissionsvertrag sind in erster Linie die Fälle praktisch, in denen der Karteninhaber die Karte **missbräuchlich** verwendet; die Einzelheiten ergeben sich aus § 675v, s § 675v Rn 18ff. Zu Fällen des Aufwendungsersatzanspruchs bei Einsatz der Karte bei unerlaubten **Online-Glücksspielen** BGH BKR 2022, 811; München WM 2019, 1301; *Beyer* ZfWG 2019, 235ff. Doch spricht Einiges dafür, dass der ZdLeister nicht verpflichtet ist, die Legalität der für ein Glücksspiel verwendeten Zahlungen zu prüfen (München BKR 2020, 601; AG Weiden BeckRS 2021, 2149). Folglich ist der Rahmenvertrag auch nicht über § 134 nichtig. Liegen aber Anhaltspunkte dafür vor, dass Zahlungen für den Einsatz bei verbotenen Glücksspielen verwendet werden, dann kann ausnahmsw eine Prüf- oder Überwachungspflicht einsetzen (München BKR 2020, 601). Deshalb schuldet der ZdLeister des Zahlers grds auch keine Aufwendungserstattung für die (verlorenen) Glücksspieleinsätze (LG Nürnberg BeckRS 2020, 29326). Die iÜ in § 675v I 1 zusätzl geregelten Fälle des Verlustes, des Abhandenkommens und des Diebstahls setzen voraus, dass es sich – bezogen auf die personalisierten Sicherheitselemente – um eine körperliche Sache handelt (§ 675v Rn 7), was für die PIN nicht zutrifft. Der Karteninhaber haftet in den Fällen des Missbrauchs ohne Rücksicht auf ein Verschulden bis zur Höhe von 150 €. IÜ hat der Karteninhaber die in § 675l I 1 verankerten Sorgfaltspflichten zu erfüllen. Insb ist er nach § 675l I 2 verpflichtet, dem Kreditkartenunternehmen (ZdLeister) unverzüglich den Verlust, den Diebstahl, die missbräuchliche Verwendung oder die sonstige nicht autorisierte Nutzung seiner Karte anzuzeigen, nachdem er hiervon Kenntnis erlangt hat (§ 675l Rn 15). Gem Art 248 § 4 Nr 5 lit a EGBGB sind die entspr Anforderungen, welche Sorgfaltspflichten im Einz zu erfüllen sind, dem Karteninhaber (ZdNutzer) im Rahmen der vorvertragl Informationspflichten in Textform mitzuteilen. Zu den Rechtsfolgen einer Pflichtverletzung vgl § 675a Rn 14. IÜ sind die Sorgfaltspflichten des Karteninhabers in § 675l im Blick auf die erforderliche Geheimhaltung/Verwahrung näher behandelt (§ 675l Rn 2ff). Da das Kreditkartenunternehmen (ZdLeister) nicht unbegrenzt für Verbindlichkeiten haftet, die der Karteninhaber ggü dem Vertragsunternehmen auslöst, ist auch die **Nutzungsbegrenzung** gem § 675k zu beachten. Es handelt sich hierbei um das jew vereinbarte **Limit**, bis zu dem sich das Kreditkartenunternehmen verpflichtet, dem Vertragsunternehmen ein abstraktes Schuldversprechen gem § 780 zu erteilen (§ 675k Rn 2).

122 **b) Im Akquisitionsvertrag.** In diesem zw Kreditkartenunternehmen und Vertragsunternehmen bestehenden Vertragsverhältnis ist im Hinblick auf das Pflichtenprogramm in erster Linie zu bedenken, dass das Vertragsunternehmen verpflichtet ist, bei Entgegennahme der Karte zu überprüfen, ob der Karteninhaber/Käufer in der Tat die Zahlung – Autorisierung – mit Hilfe der Karte tatsächlich bewirken darf (BGH NJW-RR 2004, 1122). Besteht ein **Missbrauchsverdacht**, macht sich das Vertragsunternehmen schadensersatzpflichtig, wenn es gleichwohl die Karte als Zahlungsmittel annimmt (BGH NJW-RR 2004, 481). Es ist mit § 307 II Nr 1 unvereinbar, wenn das Kreditkartenunternehmen in AGB dem Vertragsunternehmen – bezogen auf Fälle des Missbrauchs – eine **verschuldensunabhängige Haftung** auferlegt, und zwar unabhängig davon, ob es sich um ein beleggebundenes Verfahren oder um ein Distanzgeschäft handelt (BGH NJW-RR 2004, 481; NJW 2002, 2234). Notwendigerweise hat aber auch das Kreditkartenunternehmen Prüfungs- und Sorgfaltspflichten, wenn es nach Erhalt des Belegs ggü dem Vertragsunternehmen ein abstraktes Schuldversprechen gem § 780 auslöst (BGH NJW-RR 2004, 481; Grü/*Grüneberg* Rn 49). Zur richterlichen Inhaltskontrolle von **AGB-Klauseln** insb AGB-Klauselwerke/*Fandrich* Kreditkarten-AGB Rn 13ff, 57ff.

123 **XII. Kundenkreditkarte.** Von der Universalkreditkarte ist die Kundenkreditkarte zu unterscheiden (BeckOGK/*Köndgen* § 675c Rn 95). Hierbei handelt es sich um eine **unternehmensbezogene Karte**, die im bargeldlosen Zahlungsverkehr verwendet wird (MüKo-HGB/*Linardatos* Kap G Rn 12). Das Vertragsunternehmen selbst hat die Kreditkarte ausgestellt (MüKo-HGB/*Hadding* ZahlungsV Rn G 2; BankR-HdB/*Omlor* § 42 Rn 1). Die Zahlung erfolgt auch in diesen Fällen bargeldlos gegen Vorlage der Kreditkarte; das Vertragsunternehmen zieht dann den fälligen Betrag beim Karteninhaber im Wege einer **Lastschrift** ein. Es handelt sich hierbei nicht um einen ZDienst iSv § 2I Nr 10 ZAG. Es sind an solchen Transaktionen stets nur **zwei Parteien** beteiligt: Das Vertragsunternehmen als Emittent der Karte und der Karteninhaber (MüKo-HGB/*Linardatos* Kap G Rn 20). Da die über eine solche Karte getätigten Kaufverträge erst dann abgerechnet und dem ZKonto des Karteninhabers im Rahmen einer monatlichen Abrechnung belastet werden, handelt es sich hier im Blick auf das Valutaverhältnis um eine Stundung (MüKo-HGB/*Linardatos* Kap G Rn 20). Ihr **Nachteil** besteht in dem beschränkten Einsatzbereich im Vergleich zu den zuvor dargestellten Universalkreditkarten (BankR-HdB/*Omlor* § 42 Rn 1). Desahlb ist diesen Fragen hier auch nicht weiter nachzugehen. Im Kern kann ohnedies auf die vorstehenden Ausführungen zurückgegriffen werden, wobei zu beachten ist, dass die Kreditkarten auf einem Drei- oder gar Vierpersonenverhältnis beruhen, während die Kundenkarte sich nur auf eine einzige Vertragsbeziehung erstreckt. **Emittent und Vertragsunternehmen sind eine Person.** Nur innerhalb dieser Rechtsbeziehung ist die Kundenkreditkarte Zahlungsmittel (BankR-HdB/*Omlor* § 42 Rn 1). Wirtschaftl handelt es sich wegen der späteren Ab-

rechnung um eine **Stundung** (MüKo-HGB/*Linardatos* Kap G Rn 20). Das kann auch dazu führen, dass dem Kunden ein **kurzfristiger Überziehungskredit** eingeräumt wird (Rn 112).

XIII. Giro-Karte/EC-Karte – Debit-Karte. 1. Grundaussage. Begrifflich ist die Bezeichnung „Girocard" (Giro-Karte) jetzt der übergeordnete Terminus; er fasst das POS-System (Rn 130) und die EC-Karte als Einheit zusammen: Beide Verfahren beruhen auf der Verwendung der PIN. Die Ausgabe der Giro-Karte (EC-Karte – hierzu MüKo/*Haertlein*, Bankkartenverfahren Rn E 1ff) zugunsten des ZdNutzers (Karteninhabers) basiert auf einem **ZdRahmenvertrag** iSv Abs II (Debitkartenvertrag – Staudinger/*Omlor* Rn 119). **AGB** für die Debit-Karte – Bankenverband: Stand 2018. Die Debit-Karte ist mittlerweile zur **„multifunktionalen Debit-Karte"** geworden (MüKo/*Casper* Rn 128; EBJS/*Grundmann* BankR Rn II 17ff; MüKo-HGB/*Haertlein*, Bankkartenverfahren Rn E 4f – Abhebung an Geldautomaten, POS-Verfahren). Es kommt hier immer darauf an, wie viele Funktionen auf dem Chip bzw dem Magnetstreifen mit Zustimmung der emittierenden Bank untergebracht worden sind. Regelmäßig sind dies die Debit- und die Kreditkarte (BeckOGK/*Köndgen* Rn 113). Während die Verwendung einer Kreditkarte idR dem Zweck dient, die Bezahlung einer Waren- oder Dienstleistung zu ermöglichen (§ 364 II) und den Grundsatz des **„pay later"** zu verwirklichen, besteht die Funktion der Debit-Karte darin, ein **„pay now"** zu realisieren (MüKo/*Casper* Rn 128). Im Rahmen des **Geldautomaten-Systems** (Geldausgabeautomat – GAA) dienen sie dazu, Bargeld vom eigenen ZKonto abzuheben, Auszahlung von Bargeld bei einem fremden ZdLeister (Rn 125) zu erhalten oder die Bezahlung bei einem Händler (**POS – Point of Sale**) mit Zahlungsgarantie (MüKo/*Casper* Rn 129–130) oder iRd Elektronischen Lastschriftverfahren zu bewirken (hierzu auch *Werner* BKR 2013, 221, 228). Daneben ist die Funktion als **Geldkarte** in den Blick zu nehmen (Rn 134). 124

2. Abhebung von Bargeld – Geldautomat. Bei Ausnutzung der Funktion der Debit-Karte – EC-Karte („electronic cash") – als Instrument zur Abhebung von Bargeld (BeckOGK/*Köndgen* § 675c Rn 98f; EBJS/*Grundmann* BankR Rn II 19) liegt ein **Bankkartenvertrag** zugrunde (Staudinger/*Omlor* Vor § 675c Rn 199; BankR-HdB/*Maihold* § 32 Rn 30; MüKo-HGB/*Haertlein*, Bankkartenverfahren Rn E 43ff). Danach erwirbt der Kunde das Recht, Verfügungen über sein Konto mittels Giro-Karte (EC-Karte/Debitkarte) bis zu einem festgesetzten Limit (MüKo/*Haertlein* Bankkartenverfahren Rn E 187) im Rahmen des **Geldausgabeautomaten-Systems (GAA)** vorzunehmen (BGH NJW 2006, 430). Dieses basiert auf den „Vereinbarungen für das Deutsche Geldautomatensystem" idF vom Januar 2011 (vgl Text in BankR-HdB § 32 Anh 1). Das dt System ist Teil des weltweiten Maestro-Geldautomatensystems, wobei die Besonderheiten berücksichtigt sind, die sich aus den Vorgaben der SEPA-VO ergeben. Wesentlicher Gesichtspunkt ist dabei ua, dass die angeschlossenen Kreditinstitute die von ihnen betriebenen Geldautomaten allen ZdNutzern – institutsintern wie institutsfremd – gegen Entgelt zur Verfügung stellen. Es gelten insoweit die jew Bedingungen für die Giro-Karte (EC-Karte) (Bedingungen für die Girocard; Bedingungen für die SparkassenCard; zu den technischen Grundlagen iÜ BankR-HdB/*Maihold* § 32 Rn 10ff). Die Debitkarte ist kein Wertpapier, weil sie keine Ansprüche gegen den ZdLeister verkörpert (Staudinger/*Omlor* Rn 117). Soweit im Deckungsverhältnis ein **Engelt** gefordert wird, ist dieses nur dann zu entrichten, wenn der ZdNutzer eine Abhebung an einem institutsfremden Automaten durchführt; die Abhebung an einem instituts-eigenen Automaten ist hingegen gebührenfrei (MüKo-HGB/*Haertlein* Bankkartenverfahren Rn E 188). Der Unterschied zur Verwendung einer **Kreditkarte** liegt auf der Hand: Bei Verwendung einer solchen Karte wird dem Karteninhaber kurzfristig der dem Vertragsunternehmen geschuldete Geldbetrag kreditiert (**„pay-later"-Zahlung**), dh gestundet, bevor dann aufgrund des abstrakten Schuldversprechens nach § 780 des ZdLeister ggü dem Vertragsunternehmen das Konto des ZdNutzers/Zahlers belastet wird. Demggü wird bei Verwendung der Giro-Karte (EC-Karte) am Geldautomaten der jew gewünschte Betrag – freilich innerhalb der nach § 675o eingeräumten Kontodeckung bzw im Rahmen des jew Limits – dem ZEmpfänger als Bargeld ausgezahlt. Dieses wird gem § 929 an diesen körperlich übereignet. MaW: Der Karteninhaber ist berechtigt, den gewünschten Geldbetrag nach Einführen der Karte und Angabe der PIN sowie des angeforderten Geldbetrags abzuheben und in verschiedenen Geldscheinen gestückelt in Empfang zu nehmen. Dabei hat der ZdNutzer allerdings nur das Recht, seine Verfügungen innerhalb der ihm gewährten Kreditlinie (Limit) zu halten (vgl BGH NJW 2006, 430; MüKo-HGB/*Haertlein* Bankkartenverfahren Rn E 68ff). Ob dies der Fall ist, wird von dem ZdLeister geprüft, bevor dieser die jew Auszahlung autorisiert. Das gilt sowohl bei einer institutsinternen als auch bei einer institutsfremden Abhebung. Auch dann, wenn der ZdNutzer/ZEmpfänger die vorgesehene Nutzungsgrenze bei der Abhebung überschreitet, ist der ZdLeister nicht verpflichtet, die Auszahlung des ZBetrags zu verweigern, er kann einen entspr Überziehungskredit gewähren (§ 505) und erwirbt so ggü dem ZdNutzer einen Anspruch auf Aufwendungserstattung. Während bei einer **institutsinternen Abhebung** das Konto des ZdNutzers sogleich belastet wird, vollzieht sich die Kontobelastung bei einer **institutsfremden Abhebung** in der Weise, dass aufgrund der eingelesenen Kartendaten der den Kartenautomaten betreibende ZdLeister eine Lastschrift an den kontoführenden ZdLeister des ZdNutzers erstellt und den Geldbetrag – unter Abzug einer Gebühr, die der ZdNutzer stets vor der Abhebung durch Drücken der Taste „bestätigt" anerkennt – einzieht, so dass dann der ZdLeister seinerseits das ZKonto des ZdNutzers belastet: Es handelt sich um die Geltendmachung eines Aufwendungsersatzanspruchs (MüKo-HGB/*Haertlein* Bankkartenverfahren Rn E 63ff). 125

3. Rechtliche Qualifizierung des Bankkartenvertrages. Dieser ist gem Abs II ein **Dauerschuldverhältnis** in Form eines **ZdRahmenvertrags**. Es handelt sich um einen Geschäftsbesorgungsvertrag (Staudinger/*Omlor* Rn 124; BankR-HdB/*Maihold* § 32 Rn 31; MüKo-HGB/*Haertlein* Bankkartenverfahren Rn E 49; *Fandrich* in Graf v Westphalen/Thüsing/Pamp, AGB-Klauselwerke – Bankkartenbedingungen Rn 10). Es besteht regelmäßig neben dem Girovertragsverhältnis (BGH NJW 2006, 430) und damit auch neben dem ZdRahmenvertrag (Abs II 126

S 2). Einzelheiten dieses Rechtsverhältnisses ergeben sich im Wesentlichen aus den AGB. Doch hat ein ZdNutzer keinen Anspruch auf Abschluss eines solchen Vertrages (BankR-HdB/*Maihold* § 32 Rn 30). Der Vertrag wird idR in der Weise geschlossen, dass der ZdLeister dem ZdNutzer eine Karte sowie die PIN übersendet, so dass dann eine Freischaltung für die vertragsgemäße Nutzung der Karte erfolgt. Der ZdNutzer kann dann – nach Abschluss des Vertrages – im Rahmen seines ZKontos und des dort vorhandenen Guthabens die Karte nutzen und Buchungen zu Lasten seines Kontos durchführen (MüKo-HGB/*Haertlein* Bankkartenverfahren E Rn 43). Nach zutr Ansicht handelt es sich hier um einen ZAuftrag (BeckOGK/*Köndgen* § 675c Rn 101). Hält der ZdNutzer das ihm eingeräumte Limit (Verfügungsrahmen) nicht ein – einschl evtl geduldeter Überziehungen (§ 505) – kann der ZdLeister die Auszahlung verweigern (*Koch* in Fischer/Klanten, Bankrecht Rn 10.342; BankR-HdB/*Maihold* § 32 Rn 36). Eine solche **Verfügungsgrenze** liegt im Interesse beider Parteien, einen Missbrauch zu verhindern oder doch zumindest einzudämmen (BGH NJW 2012, 1272 Rn 28). Der ZVorgang wird **in zwei Phasen** unterteilt (Staudinger/*Omlor* Rn 121): Als erstes erfolgt eine **Autorisierung** durch den ZdLeister, welcher die Karte emittiert hat, einschl der Prüfung der eingegebenen PIN. Dann folgt die Phase des **Clearings**. Zunächst muss also der Emittent die ordnungsgemäße Verwendung des Zahlungsmittels prüfen und diese dann – auch in Bezug auf den begehrten Betrag – freigeben (Staudinger/*Omlor* Rn 121). Die rechtl Einordnung des **Auszahlungsvorgangs** – unter Verwendung der PIN und Angabe des gewünschten Geldbetrags – ist in gleicher Weise zu beurteilen wie Barabhebungen entweder vom aktivisch oder debitorisch geführten Konto, nämlich als ZAuftrag. Das Clearing vollzieht sich in der Weise, dass die Daten der Gutschrift vom Vertragsunternehmen an den ZdLeister weitergeleitet werden, wofür dieses dem ZdLeister ein **Entgelt** schuldet (Staudinger/*Omlor* Rn 122). Der Rückgriff auf die Grundsätze der unregelmäßigen Verwahrung im Rahmen der Auszahlung nach § 700 ist auch bei einer institutseigenen Abhebung durch die Tatsache (dogmatisch) versperrt, dass es sich auch hier um einen ZDienst handelt (BankR-HdB/*Maihold* § 32 Rn 65; aM MüKo-HGB/*Haertlein* Bankkartenverkehr Rn E 192). Der ZdNutzer erwirbt aufgrund einer antizipierten Übereignungsofferte des ZdLeisters nach § 929 Eigentum an den nach Rückgabe der Karte bereitgestellten Geldscheinen (Staudinger/*Omlor* Rn 119); der Betreiber des Geldautomaten verzichtet dabei auf den Zugang der Annahmeerklärung nach § 151. Stets handelt es sich hier um die Erfüllung eines ZAuftrags des ZdNutzers (*Herresthal* in L/B/S Rn 39; BankR-HdB/*Maihold* § 32 Rn 49). Bei **institutsfremden** Abhebungen handelt der ZdLeister, der den Geldausgabeautomaten betreibt, insoweit als **Erfüllungsgehilfe** des ZdLeisters des ZEmpfängers (BankR-HdB/*Maihold* § 32 Rn 71). Der den jew Geldausgabeautomaten betreibende ZdLeister macht dann nach durchgeführter Auszahlung des abgehobenen ZBetrags einen **Aufwendungserstattungsanspruch** gem §§ 670, 683 ggü dem ZdLeister des ZEmpfängers im Rahmen einer Lastschrift (Einzugsermächtigungsverfahren) geltend (Grü/*Grüneberg* Rn 60). Das Bonitätsrisiko verbleibt stets bei dem kartenausgebenden ZdLeister; eine Rückgabe der Lastschrift, die der das GA betreibende ZdLeister erteilt hat, um seinen Aufwendungserstattungsanspruch zu erlangen, ist auf Grund eines Widerspruchs oder wegen fehlender Deckung (oder aus sonstigen Gründen) iSd Abkommens über den Lastschriftverkehr nicht möglich. Dies führt dann unmittelbar zu der weiteren Erkenntnis: Der den Geldautomaten betreibende ZdLeister begründet zugunsten des ZdNutzers – und zwar auch bei einer institutsfremden Abhebung – ein **abstraktes Schuldversprechen gem § 780**, ihm den gewünschten Geldbetrag (innerhalb des Limits) zur Verfügung zu stellen (Karlsruhe ZIP 2006, 1718). Dafür verlangt der ZdLeister stets ein gesondertes Entgelt; die richterliche Inhaltskontrolle dieser Gebühren scheitert aber an § 307 III 1, zumal der ZdNutzer stets die Möglichkeit hat, den ZVorgang abzubrechen, weil ihm die Gebühr zu hoch erscheint. Der ZdLeister ist iÜ berechtigt, schon vor Ablauf der Gültigkeitsdauer der Karte diese zu **sperren**. Dafür wird man als wohl zwingende Voraussetzung ansehen müssen, dass die Voraussetzungen eines fristlosen Kündigungsrechts nach § 314 vorliegen; hiervon abweichende AGB sind nach § 307 II Nr 1 idR unwirksam.

127 **4. Deckungsverhältnis Zahlungsdienstleister – Zahlungsempfänger. a) Benutzung des Automaten.** Die einzelnen Pflichten sind Auswuchs der allg Pflicht des ZdNutzers, die persönliche PIN vor unbefugten Zugriffen Dritter in ausreichendem Maß zu schützen (§ 675l I 1). Bei Benutzung eines **institutseigenen Automaten** besteht ein reines **Zweipersonenverhältnis**. Erfolgt die Abhebung von einem **institutsfremden Geldautomaten**, wird man auch hier richtigerweise eine **geschäftsbesorgungsrechtl Lösung** bevorzugen, weil das betreffende Institut eine Dienstleistung im wirtschaftl Interessenkreis des ZdLeisters des ZdNutzers/ZEmpfängers erbringt. Es handelt sich dann um ein **Dreipersonenverhältnis** (BankR-HdB/*Maihold* § 32 Rn 71ff; MüKo-HGB/*Haertlein* Bankartenverfahren Rn E 186). Diese besteht darin, dass der ZdNutzer seinem ZdLeister über einen als Bote fungierenden fremden ZdLeister (der den Automaten betreibt) einen ZAuftrag übermittelt (BankR-HdB/*Maihold* § 32 Rn 71), so dass dann für diesen ZdLeister ebenfalls ein entspr Aufwendungsersatzanspruch nach Auszahlung des Geldbetrags nach §§ 670, 683 in Betracht kommt (MüKo-HGB/*Haertlein* Bankkartenverfahren Rn E 228). Die jew ausdrückl bestätigte Gebühr, welche der ZdLeister im Display des Automaten anzeigt, ist daher vom ZdNutzer zu entrichten; sie wird dem ZKonto des ZdNutzers belastet. In diesem Deckungsverhältnis spielt die Frage eine große praktische Rolle, unter welchen Voraussetzungen bei mehrfacher (idR dreifacher) Fehleingabe der PIN eine **Sperrung** veranlasst werden kann (§ 675k Rn 3), die ja in diesem Fall keine Kündigung darstellt (BankR-HdB/*Maihold* § 32 Rn 22), weil sie der Verhinderung von Missbrauch dient. Praktisch bedeutsam ist auch die weitere Frage, welche **Sorgfaltspflichten** der ZdNutzer nach Erhalt der Debit-Karte gem § 675l zu beachten hat (§ 675l Rn 2ff) und unter welchen Voraussetzungen der ZEmpfänger bei einer **missbräuchlichen Verwendung** der PIN – ZInstrument – nach § 675v selbst haftet (§ 675v Rn 3ff). Zu den damit zusammenhängenden **Beweisfragen** § 675w Rn 3ff. Hier bleibt allerdings schon festzuhalten, dass es Sache des

den Geldautomaten betreibenden ZdLeisters ist, den Nachweis zu führen, dass der angeforderte Geldbetrag ordnungsgemäß ausgezahlt wurde (BankR-HdB/*Maihold* § 32 Rn 73f).

b) Rechtsverhältnis zwischen den Zahlungsdienstleistern. Die hiermit zusammenhängenden Fragen (zu den Bedingungswerken BankR-HdB/*Maihold* Anh zu § 32) sind im Wesentlichen in der „Vereinbarung über das Deutsche Geldautomaten-System" idF vom Januar 2011 geregelt (*Herresthal* in L/B/S Rn 37ff; MüKo-HGB/*Haertlein* Bankkartenverfahren Rn E 225). Danach steht vor allem dem institutsfremden ZdLeister nach vorgenommener Auszahlung an den ZEmpfänger ein Erstattungsanspruch nach §§ 670, 683 zu. Der Betrag wird dann im Wege einer **Lastschrift** im Einzugsermächtigungsverfahren bei dem die Karte emittierenden ZdLeister eingezogen (MüKo-HGB/*Haertlein* Bankkartenverfahren Rn E 228); ein Widerspruchsrecht des die Karte emittierenden ZdLeisters besteht nicht. Ohne weiteres ist es möglich, dass auch weitere Institute zwischengeschaltet werden, um den ZVorgang abzuwickeln. ISd § 676a sind dies dann zwischengeschaltete Stellen (Interbanken-Verhältnis, vgl auch Grü/*Grüneberg* Rn 67). Da also auch institutsfremde Benutzungen einer EC-Karte in Betracht kommen, regelt die GAA-Vereinbarung auch die **jew Gebühren**; im internationalen Bereich (Maestro- bzw Cirrus-Geldautomatensystem) richten sich diese nach den Entgeltregeln von MasterCard Europe bzw MasterCard International (*Koch* in Fischer/Klanten, Bankrecht Rn 10.327). 128

5. Valutaverhältnis. Sofern ein ZdNutzer einen Geldbetrag bei einem **fremden Institut (ZdLeister)** abhebt, besteht zw diesen Parteien **eine Vertragsbeziehung** (MüKo-HGB/*Haertlein* Bankkartenverfahren Rn E 233). Das folgt schon aus der eindeutigen Reglung, dass der ZdNutzer eine entspr Gebühr bei der Abhebung des Geldbetrages zu zahlen verpflichtet ist (ausdrückl Bestätigung). Wenn also kein Geld zur Verfügung steht, Wartungsarbeiten anstehen oder der Automat schlicht ausgefallen ist, geht dieses Risiko zulasten des ZdNutzers. 129

6. Neue Kartenverfahren. Seit 2018 gibt es mehr und mehr die sog **NFC-Funktion** (Near Field Communication). Hier legt der ZdNutzer seine Karte auf das Terminal auf oder hält sie unmittelbar über dieses – kontaktlose Verwendung der Debitkarte –, so dass die Daten ausgelesen werden (MüKo/*Casper* Rn 131), ohne dass die Karte in das Kassenterminal eingeführt werden muss. Auch mit Hilfe des Mobiltelefons kann kontaktlos ein ZVorgang ausgelöst werden (Staudinger/*Omlor* vor §§ 675c ff Rn 44). Bei Zahlungen bis zu einem Betrag von 50 € ist die Eingabe einer PIN nicht mehr erforderlich (MüKo/*Casper* Rn 131). Auch bei Einsatz dieses Verfahrens kann eine Überweisung, eine Lastschrift oder auch eine Kartenzahlung bewirkt werden (*Linardatos* BKR 221, 665). Der EuGH hat diese Form der Bezahlung als Verwendung eines **ZInstruments** eingestuft (EuGH BKR 2021, 234 – Denizbank; zu weitergehenden Fragen auf Basis der Schlussanträge in diesem Verfahren *Habersack* EuZW 2020, 767). Es handelt sich hierbei um eine **anonyme Nutzung** (EuGH BKR 2021, 234 Ls 3). Zu Detailfragen vor allem *Linardatos* BKR 2021, 665; *Jungmann* WM 2021, 557; *Hoffman/Rastegar* WM 2021, 957; weiteren Fragen des **Mobile Payment** Rn 145; im Einz auch BeckOGK/*Köndgen* § 675c Rn 126ff; *Harman* BKR 2018, 457, 459ff. 129a

XIV. POS-Verfahren. 1. Zahlungsvorgang. An **automatisierten Kassen** (Staudinger/*Omlor* Rn 120) besteht im Rahmen der **Multifunktionalität** einer Debit-Karte die Möglichkeit (BankR-HdB/*Koch* § 43 Rn 3; MüKo/*Casper* Rn 129), dass der ZdNutzer seine Karte mittels Eingabe der PIN im POS-Verfahren (Point of Sale) sowohl im Inland (EC-System) wie im Ausland (Maestro-System) als ZInstrument zum Erwerb von Waren oder Dienstleistungen bei den jew Vertragsunternehmen (MüKo-HGB/*Haertlein* Bankkartenverfahren Rn E 237f) – einsetzt (BankR-HdB/*Maihold* § 32 Rn 17; Hoeren/Sieber/Holznagel/*Werner*, Handbuch Multi-Media Recht, Teil 13.5 Rn 2), um auf diese Weise seine Entgeltpflicht ggü dem Verkäufer zu erfüllen (MüKo-HGB/*Haertlein* Bankkartenverfahren Rn E 237ff; *Koch* in Fischer/Klanten, Bankrecht Rn 10.358ff). Das POS-Verfahren gestattet mithin ein elektronisches Bezahlen an automatisierten Kassen mittels der Debit-Karte (BankR-HdB/*Koch* § 41 Rn 2). Zugrunde liegt hier die „Vereinbarung über das Deutsche Geldautomaten-System" (abgedr in BankR-HdB Anh zu § 33 Nr 3 und 4; BankR-HdB/*Maihold* § 32 Rn 2; Einzelheiten bei *Koch* in Fischer/Klanten Rn 10.317ff). Wie bei der Kreditkarte ist auch hier ein Händler oder Dienstleister (Vertragsunternehmen) an das System angeschlossen, wie etwa beim Einkauf im Supermarkt. Doch liegt hier nur eine Zwei-Personen-Beziehung zugrunde. Der jew geschuldete Betrag wird auf dem EC-Terminal angezeigt, und der ZdNutzer legitimiert sich mittels Eingabe der PIN und bestätigt sodann den geschuldeten Betrag (MüKo-HGB/*Haertlein* Bankkartenverfahren Rn E 238), so dass dann – wie auch bei Verwendung der EC-Karte (Rn 124) – der ZVorgang vom Zahler autorisiert ist, was nunmehr in § 675j I seinen Niederschlag gefunden hat (§ 675j Rn 2ff). Die eingegebenen und dann auch gespeicherten Daten werden an ein Inkassounternehmen weitergeleitet; dieses belastet dann im Rahmen eines Lastschriftverfahrens per Einzug (Einzugsermächtigungsverfahren) das Konto des Zahlers. Doch ist auch hier ein Widerspruch des ZdLeisters ausgeschlossen (MüKo-HGB/*Haertlein* Bankkartenverkehr, Rn E 229). 130

2. Valutaverhältnis. Genauso wie bei der Zahlung mittels einer Kreditkarte hat der Händler/Dienstleister auch hier einen Anspruch auf Barzahlung (§ 328), ist aber damit einverstanden, wenn der Kunde – im Rahmen des Systems – seine Verbindlichkeit mittels einer Kartenzahlung begleicht (*Herresthal* in L/B/S Rn 47), so dass dadurch Erfüllung eintritt (Erfüllungsübernahme – § 329), wenn und soweit der Geldbetrag dem Konto des Vertragsunternehmens gutgebracht worden ist (MüKo-HGB/*Haertlein* Bankkartenverkehr Rn E 238). Notwendigerweise ist die Zahlung des Käufers mit Karte als eine Leistung **erfüllungshalber** nach § 364 II einzustufen (Staudinger/*Omlor* Rn 124; MüKo-HGB/*Haertlein* Bankkartenverfahren Rn E 241; *Schinkels* WM 2006, 841, 842), weil die Abrede des Vertragsunternehmers und des Zahlers darauf zielt, die Zahlung am POS mittels Karte anzuerkennen (*Werner* BuB Rn 6/1563). Das Vertragsunternehmen erwirbt aufgrund der Kartenzahlung – als Folge des abstrakten Schuldversprechens des ZdLeisters (Kartenherausgebers) – einen direkten Anspruch gegen den 131

ZdLeister des Zahlers, so dass es nicht mehr entscheidend darauf ankommt, ob dessen ZKonto auch Deckung aufweist (*Herresthal* in L/B/S Rn 47).

132 **3. Deckungsverhältnis.** Im Verhältnis zw Zahler und ZdLeister bestehen im Rahmen des Bankkartenvertrages (*Herresthal* in L/B/S Rn 46) die gleichen Grundsätze wie für die Zahlung per Kreditkarte (Rn 104). Auch hier kann der Zahler nur innerhalb des ihm zur Verfügung gestellten Rahmens die Karte einsetzen (MüKo-HGB/*Haertlein* Bankkartenverfahren Rn E 245). Gibt der Zahler die PIN ordnungsgemäß ein, führt dies dazu, dass der ZdLeister die jew Zahlung an das Vertragsunternehmen aufgrund eines abstrakten Schuldversprechens nach § 780 leistet (Grü/*Grüneberg* Rn 60; MüKo-HGB/*Haertlein* Bankkartenverfahren Rn E 253). Ausgelöst wird hier der ZAuftrag – ZVorgang – durch den ZEmpfänger (MüKo-HGB/*Haertlein* Bankkartenverfahren Rn E 246). Durch den Einsatz der Karte erteilt der Karteninhaber seinem ZdLeister einen unwiderruflichen ZAuftrag, im Valutaverhältnis die Verbindlichkeit zu erfüllen. Auf diese Weise sichert sich der ZdLeister nach Zahlung des Betrages an das Vertragsunternehmen, gegen den ZEmpfänger einen Aufwendungserstattungsanspruch nach §§ 670, 683 ggü dem Zahler durchzusetzen (MüKo-HGB/*Haertlein* Bankkartenverfahren Rn E 247). Dieser wird dann auf dem ZKonto des Zahlers per Belastungsbuchung gebucht, so dass die Wertstellung auf diesem Konto nach § 675t III vorgenommen wird (§ 675t Rn 7ff). Die **Sorgfaltspflichten** des Zahlers sind in § 675l I 1 geregelt (Bsp § 675l Rn 6); die Anzeigepflicht im Fall eines Verlustes der Karte folgt aus § 675l I 2 (§ 675l Rn 13). Soweit eine **missbräuchliche Verwendung** der Karte in Rede steht, folgt die Haftung des ZdLeisters den Grundsätzen des § 675y (§ 675y Rn 6ff).

133 **4. Vertragsverhältnis Vertragsunternehmen – Zahlungsdienstleister.** Dieser Rechtsbeziehung liegen die „Bedingungen für die Teilnahme am electronic-cash-System der dt Kreditwirtschaft (Händlerbedingungen)" zugrunde (vgl *Werner* BuB Rn 6/1597). Die Auslösung des ZVorgangs durch Eingabe der PIN ist eine Autorisierung des Zahlers nach § 675j I (§ 675j Rn 2). Diese führt dazu, dass der ZdLeister ein abstraktes Schuldversprechen nach § 780 an das Vertragsunternehmen gewährt (MüKo-HGB/*Haertlein* Bankkartenverkehr Rn E 253). Erst nach Erhalt dieser Zusage wickelt das Vertragsunternehmen den ZVorgang per Karte weiter ab, indem es den Beleg rechtzeitig an den ZdLeister weiterleitet (MüKo-HGB/*Haertlein* Bankkartenverkehr Rn E 253).

134 **XV. Geldkarte – E-Geld. 1. Definitorisches.** Nach der Definition des Art 1 III b RL 2000/46/EG handelt es sich bei E-Geld um Werteinheiten in Form einer Forderung gegen die ausgebende Stelle. Daneben gelten die E-Geld-RL Nr 1 (RL 2000/46/EG) und Nr 2 (RL 2009/110/EG). Die Geldkarte hat damit eine abschließend zu verstehende europarechtl Grundlage. Als E-Geld ist jeder **monetäre Wert** anzusehen (im Einz auch BeckOGK/*Köndgen* § 675c Rn 113ff). Technisch gesehen ist das E-Geld zunächst einmal nichts anders als ein auf der Debit-Karte angebrachter Chip (BankR-HdB/*Koch* § 43 Rn 35). In rechtl Terminologie steht das E-Geld neben dem Buchgeld und dem Bargeld als eigenständige Kategorie. Das für die Benutzung der Geldkarte maßgebende Guthaben des ZdNutzers wird entweder als „kontogebunden" oder als „kontoungebunden" eingeordnet (*Borges/Sesing* in L/B/S Rn 11ff); die Verwendung der Begriffe „kartenbasiert" oder „serverbasiert" sind fallengelassen worden. In dem näher zu eröternden Fall eines E-Geldes handelt es sich um kontogebundenes E-Geld (BT-Drs 17/3023, 40), dessen „monetärer Wert" elektronisch gespeichert wird. So kann man mit Recht von einem virtuellen Konto sprechen (BeckOGK/*Köndgen* § 675c Rn 117). Zugrunde liegt dabei keine Gutschrift, sondern dem ZdNutzer ist in Form des E-Geldes ein gesonderter Vermögenswert als Forderung ggü dem Emittenten zugewiesen (*Koch* in Fischer/Klanten, Bankrecht Rn 10.383), den er ggü Vertragsunternehmen einsetzen kann. **Netzgeld** ist etwa **PayPal** – ein Geld, welches vor allem in Transaktionen im Internet Verwendung findet (im Einz Staudinger/*Omlor* § 675i Rn 30ff). In diesen Fällen kommt E-Geld zum Einsatz (Deckungsverhältnis), und zwar auf Grund eines ZdVertrages zw PayPal und dem ZdNutzer (Staudinger/*Omlor* § 675i Rn 32). Ähnl wie PayPal funktioniert auch **Amazon Pay** (Staudinger/*Omlor* § 675i Rn 41). **Erfüllung** iRd Valutaverhältnisses tritt hier ein, wenn die entspr Gutschrift auf dem E-Geld-Konto des ZEmpfängers vorbehaltlos verbucht ist (BGH NJW 2018, 537 – grundlegend). Gegen die Wirksamkeit einer PayPal-Abrede im Valutaverhältnis bestehen – gerade auch unter Beachtung dieser BGH-Entscheidung – nach § 307 I 1 keine durchgreifenden Bedenken (Staudinger/*Omlor* § 675i Rn 38). Im Einz auch Rn 142.

135 **a) Besonderheiten der Geldkarte.** Die Geldkarte hat mithin Bargeldfunktion (Staudinger/*Omlor*). Der Unterschied zur Debit-Karte besteht darin, dass die Gelder nicht per Lastschrift vom Zahler eingezogen werden, sondern dass die Geldkarte durch Abbuchung vom ZKonto des Zahlers aufgeladen bzw nachgeladen – **prepaid-Funktion** – wird (BeckOGK/*Köndgen* § 675c Rn 108). Sie ist ein **Kleinbetragsinstrument** gem § 675i (BankR-HdB/*Koch* § 43 Rn 44); die Grenze beträgt 200 € (BankR-HdB/*Koch* § 43 Rn 44); ihre praktische Bedeutung ist gering. Zu unterscheiden sind, um diesen Gesichtspunkt nochmals aufzugreifen, **kontogebundene** und **kontoungebundene** Geldkarten (*Borges/Sesing* in L/B/S Rn 11ff). Im ersten Fall ist der ZdLeister auch die Stelle, welche in Bezug auf das ZKonto des Zahlers die Karte ausgibt; im zweiten Fall besteht jedenfalls ein ZdRahmenvertrag (*Borges/Sesing* in L/B/S Rn 4). Auch hier ist es – ähnl wie bei der Kreditkarte – oft so, dass diese Geldkarten von Dritten vertrieben werden, um auf diese Weise den Bezahlvorgang mittels Geldkarte ggü dem ZdNutzer/Zahler zu erledigen. An dem Geldkarten-System sind regelmäßig folgende Personen beteiligt: Der Karteninhaber – er benötigt bei der Verwendung dieses Systems einen Chip, der auf seiner Karte integriert ist; das **Deckungsverhältnis** zw ZdLeister und ZdNutzer ist idR der zw ihnen bestehende ZdRahmenvertrag sowie der ZdRahmenvertrag; dieser begründet jedenfalls dann einen Anspruch auf Übergabe einer **Geldkarte**, wenn der entspr ZdLeister einen solchen Service anbietet und der ZdNutzer die vereinbarte Bereitstellungstellungsgebühr zahlt (EBJS/*Grundmann* BankR Rn II 341). Der **Händler** schließlich ist das Unternehmen, welches als ZEmpfänger

der durch die Geldkarte vermittelten Zahlung des Zahlers auftritt. Er benötigt allerdings ein entspr ausgerüstetes Terminal, welches die Bezahlung durch Verwendung einer Geldkarte ermöglicht. Die Zahlung durch Einsatz einer Geldkarte wird über ein Börsenverrechnungskonto vermittelt; es handelt sich hierbei um ein internes Verrechnungskonto der ZdLeister, welche am System beteiligt sind (BankR-HdB/*Koch* § 43 Rn 66ff).

b) Rechtstechnische Vorgänge. Bei einer Geldkarte ist zunächst zu unterscheiden zw Ladevorgang, Bezahlvorgang und Inkassovorgang (BankR-HdB/*Koch* § 43 Rn 52ff; *Borges/Sesing* in L/B/S Rn 3ff). Um die Geldkarte zu verwenden, ist der ZdNutzer gehalten, die ihm überlassene Chipkarte an einer **Ladestation** aufzuladen (BeckOGK/*Foerster* § 675i Rn 41; BeckOGK/*Köndgen* § 675c Rn 108): Entweder leistet er Bargeld, das er in einen Geldautomaten einzahlt, um sodann das Aufladen seiner Geldkarte zu erreichen, oder er belastet sein ZKonto mit dem entspr Betrag; dann wird dieser auf der Karte gespeichert, dh gebucht und im Fall der Bezahlung abgebucht. Beim Aufladen der Chipkarte wird ein entspr Ladegerät verwendet. Sofern der Kunde die Geldkarte durch Belastung seines Kontos auflädt, ist er allerdings verpflichtet, seine PIN einzusetzen, was auch dann zutrifft, wenn der ZdNutzer sein Konto für das Aufladen einer anderen Karte belastet (EBJS/*Grundmann* BankR Rn II 342). Während bei der Auszahlung aus dem Geldautomaten (Rn 125) mittels einer EC-Karte Bargeld bereitgestellt und dem ZEmpfänger auch nach den §§ 929ff übereignet wird, ist der Vorgang hier genau umgekehrt: Im Vordergrund steht das Aufladen des Chips, so dass dem ZdNutzer auf diese Weise eine **Gutschrift** auf einem Verrechnungskonto erteilt wird, während dieser als Vorschuss sogleich dem ZKonto des ZdNutzers belastet wird, so dass er auf diese Weise in der Lage ist, Transaktionen unter Verwendung der Geldkarte zu begleichen. Dabei wird die Geldkarte beim (zugelassenen) Händler in das (zugelassene) Händlerterminal eingeführt, die Echtheit der Karte wird geprüft und sodann der Bezahlvorgang ausgelöst, indem der Karteninhaber/Zahler die Transaktion bestätigt (BankR-HdB/*Koch* § 43 Rn 39). Die Verwendung einer PIN ist hier nicht nötig. Soweit es sich um eine **kontoungebundene Geldkarte** handelt, vollzieht sich der Vorgang des Aufladens in der Weise, dass der Betreiber der Ladestation als Erfüllungsgehilfe für den kontoführenden ZdLeister tätig wird und ihm die entspr Belastungsanzeige mitteilt. Das **Verrechnungskonto** wird nämlich stets von dem ZdLeister geführt, der die Geldkarte initiiert und ausgegeben hat (BankR-HdB/*Koch* § 43 Rn 51). Indessen kann der Ladevorgang auch beim Händler erfolgen (*Borges/Sesing* in L/B/S Rn 19b). Auch hier fungiert der ZdLeister des Händlers als Erfüllungsgehilfe des Emittenten, indem er die jew, durch die Aufladung verursachte Belastung des Kontos des Zahlers an den ZdLeister des Händlers weitervermittelt. Die im Lauf eines Tages auf dem Chip der Händlerkarte gespeicherten Beträge werden einer Börsenevidenzzentrale gemeldet und letztlich beim ZEmpfänger verbucht (BeckOGK/*Foerster* § 675i Rn 44). 136

2. Rechtliche Qualifikation. a) Deckungsverhältnis. Das zw Zahler und Betreiber des Systems – idR ein ZdLeister – betriebene System beruht iSv Abs II auf einem **ZdRahmenvertrag** (Grü/*Grüneberg* Rn 65). Der ZVorgang beruht auch hier auf einem ZAuftrag des Zahlers, indem dieser eine Weisung an den ZdLeister erteilt, der die Geldkarte emittiert hat (*Borges/Sesing* in L/B/S Rn 21ff). Es geht i Erg darum, dass der ZBetrag auf das ZKonto des ZEmpfängers überwiesen und diesem – unter Einschaltung des Börsenverrechnungskontos (BankR-HdB/*Koch* § 43 Rn 58) - gutgeschrieben wird (Grü/*Grüneberg* Rn 65), so dass auf diese Weise Erfüllung nach § 362 bewirkt wird. Zugrunde liegt hier eine Weisung des Zahlers an seinen ZdLeister, dass die Forderung des Händlers aus dem Grundgeschäft unter Verwendung des „Guthabens" des Zahlers beglichen wird (BankR-HdB/*Koch* § 43 Rn 58). Die erforderliche Weisung wird in dem Augenblick erteilt, in dem der Zahler die Bezahlfunktion der Geldkarte bestätigt (MüKo-HGB/*Koch* § 43 Rn 59). Dabei ist jedoch zu unterstreichen, dass der auf der Geldkarte „aufgeladene Betrag" – und damit auch der Ladevorgang als solcher – nicht als Gesamtweisung anzusehen, an jedes Unternehmen künftig einen ZAuftrag zu erteilen, eine Zahlung vorzunehmen (abl mit Recht *Borges/Sesing* in L/B/S Rn 21). In diesem Kontext ist vor allem auch § 675i III zu beachten: Die Anwendbarkeit der §§ 675u und 675v ist nicht gegeben, wenn der ZdLeister des Zahlers nicht die Möglichkeit hat, das ZKonto oder das **Kleinbetragsinstrument** zu sperren, was nur dann gilt, wenn der auf die Geldkarte aufgeladene Geldbetrag höchstens 150 € beträgt (§ 675i Rn 1). Folglich besteht unter diesem Aspekt **keine Haftung** des ZdLeisters. Das **Missbrauchsrisiko** ist genauso zu beurteilen (BankR-HdB/*Koch* § 43 Rn 23) wie das bei missbräuchlicher Verwendung der Girokarte/EC-Karte (§ 675v Rn 17ff). Das Risiko – es handelt sich um Bargeldersatz – trägt also der ZdNutzer, sofern die Geldkarte gestohlen wird oder in sonstiger Weise abhandenkommt (Grü/*Grüneberg* § 675i Rn 4). Eine entspr AGB-Klausel ist nach § 307 II Nr 1 nicht zu beanstanden. Zu **Einsatzmöglichkeiten** der Debit-Karte vgl *Koch* in Fischer/Klanten, Bankrecht Rn 10.388ff. 137

b) Valutaverhältnis. Soweit der Zahler – im Valutaverhältnis – mit Hilfe der Geldkarte Zahlungen bewirkt, wird der jew auszuzahlende Geldbetrag von dem verfügbaren Vorschussbetrag abgebucht. Die so bestehende Rechtsbeziehung ist der eigentliche Rechtsgrund für die durch eine Zahlung mit der Geldkarte bewirkte Vermögensverschiebung (Grü/*Grüneberg* Rn 64). Wird die Geldkarte mit Hilfe eines entspr Lesegeräts eingesetzt, erfolgt ein kongruentes Entladen der Geldkarte, verbunden mit einem entspr Aufladen der Händlerkarte, wobei dieser keine PIN eingibt. Es findet dann ein Transfer des jew Betrags vom karteninitiierenden Verrechnungskonto auf das ZKonto des Händlers bei dessen ZdLeister statt (Grü/*Grüneberg* Rn 64). Genau wie bei der Verwendung einer Kreditkarte ist auch hier der Händler verpflichtet, die Zahlung auf Grund des Einsatzes der Geldkarte als Ersatz für die Zahlung von Bargeld zu akzeptieren: Der Händler erwirbt einen direkten Anspruch auf Zahlung ggü dem die Geldkarte emittierenden ZdLeister, was in der Sache ein **Schuldanerkenntnis** darstellt (*Borges/Sesing* in L/B/S Rn 25; BankR-HdB/*Koch* § 43 Rn 71 – Garantie). 138

139 c) **Vertragsverhältnis Zahlungsdienstleister – Vertragsunternehmen.** Der vom Zahler gem § 675j autorisierte ZVorgang führt dazu, dass der karteninitiierende ZdLeister sich – mit Zustimmung des Zahlers – verpflichtet, aus dem erlangten Vorschuss den Zahlungsanspruch des jew Händlers/Verkäufers (Vertragsunternehmens) zu befriedigen (Zuwendungsverhältnis). Es handelt sich hier idR um einen ZdRahmenvertrag (Grü/*Grüneberg* Rn 66). Wenn man darin, wie hier geschehen, eine Weisung gem § 665 sieht, entfaltet diese zugunsten des Vertragsunternehmens eine drittschützende Wirkung gem § 328 I. Es handelt sich hier um die gleiche Problemstellung wie sie bei Erörterung der Universal-Kreditkarte dargestellt wurde (Rn 104f). Dies führt gleichzeitig zu der weiteren Erkenntnis: Genauso wie bei der Zahlung mittels Kreditkarte können dem Anspruch des Händlers auf Bezahlung keine Einwendungen entgegengesetzt werden (EBJS/*Grundmann* BankR Rn II 352f). Eine **Ausnahme** ist auch hier, dass es dem Zahler gelingt, mit liquiden Mitteln den Einwand des Rechtsmissbrauchs gem § 242 zu erheben (Rn 116). Allein die Tatsache, dass bei Verwendung der Geldkarte akquirierte Geldforderungen, nicht aber einzelne Forderungen abgewickelt und verrechnet werden, ist zwar sicherlich Ausweis eines Rationalisierungseffekts, nicht aber geeignet, den grundlegenden Einwand des Rechtsmissbrauchs nach § 242 nicht zuzulassen. Denn dieser – grds – Einwand ist stärker als alle – wie auch immer gearteten – Rationalisierungserwägungen. Dass diese Hürde, den Nachweis mit Hilfe liquider Beweismittel zu führen, um den Rechtsmissbrauch zu begründen, sehr hoch ist (Rn 116), liegt auf der Hand. Daher ist es grds so, dass der Zahler auf einen Rückforderungsanspruch im Valutaverhältnis ggü dem Händler verwiesen werden muss.

140 d) **Inkassoverhältnis.** Zw dem ZEmpfänger (Vertragsunternehmen) einerseits und dem Betreiber des Systems andererseits besteht ebenfalls ein **ZdRahmenvertrag** gem Abs II. Wesentlicher Teil der damit begründeten Verpflichtung ist zum einen, dass der ZEmpfänger sich – ausgerichtet an den Rechtsgedanken des § 328 I (BankR-HdB/*Koch* § 43 Rn 18ff – bereiterklärt und verpflichtet, den auf der Geldkarte abgebuchten Geldbetrag als vollwertigen Ersatz für Bargeld bzw Buchgeld gem § 364 II zu behandeln. Der karteninitiierende ZdLeister verpflichtet sich zum anderen, die durch die Verwendung der Geldkarte entstandenen Forderungen gegen den Zahler zu begleichen, wobei es sich auch hier um ein Schuldanerkenntnis gem § 780 handelt (vgl Grü/*Grüneberg* Rn 66). Bedenkenswert bleibt allerdings, dass hier insoweit **keine Parallele zur Überweisung** vorliegt, weil der Händler durch die „Bezahlung" mittels Einsatzes einer Geldkarte zunächst kein Buchgeld erhält, sondern nur das Schuldanerkenntnis, weil er Buchgeld erst durch die spätere Zahlung durch die eingeschaltete Händlerevidenzzentrale (HEZ) erhält, an die der einzelne ZEmpfänger/Händler bei ihm jew verbuchten Zahlungseingänge vermittelt (*Borges/Sesing* in L/B/S Rn 17, 22). Diese prüft die Eingänge auf Plausibilität und weist dann die ZdLeister der ZEmpfänger/Händler an, die dem einzelnen Händler gebührenden Beträge auf dessen ZKonto gutzuschreiben. Das könnte dafür sprechen, eine Leistung an Erfüllungs statt (§ 364 II) durch Erhalt des Schuldanerkenntnisses zu bejahen (vgl aber *Escher* WM 1997, 1173 – erfüllungshalber). Im Gegenzug verpflichtet sich der ZEmpfänger/Händler, dem karteninitiierenden ZdLeister ein Entgelt zu zahlen (EBJS/*Grundmann* BankR Rn II 355).

141 e) **Interbankenverhältnis.** Genauso wie bei Verwendung der Kreditkarte wird auch dieses Verfahren aufgrund einer Vereinbarung der beteiligten ZdLeister abgewickelt. Doch es besteht ein Unterschied zu der gängigen Überweisung. Denn die Verwendung der Geldkarte basiert auch – neben der Einschaltung des Geld emittierenden ZdLeisters und des Tätigwerdens des ZdLeisters des Händlers – auf der Einschaltung der Kartenevidenzzentrale (KEZ) und der Händlerevidenzzentrale (HEZ) (hierzu *Borges/Sesing* in L/B/S Vor § 675c Rn 17). Erstere hat die Aufgabe, dafür zu sorgen, dass die mit der Geldkarte getätigten Umsätze dort belastet werden. Aufgabe der HEZ ist es demggü, die getätigten Umsätze auf die einzelnen ZKonten der der ZdLeister der Händler zu verteilen. Die entsprechende Gutschrift zugunsten des einzelnen Händlers nimmt dann der einzelne ZdLeister dieses Händlers vor. Auch hier handelt es sich nicht um Zahlungsdienste, sondern darum, dass zw den beteiligten ZdLeistern ein **Zahlungssystem** gem § 1 VI ZAG besteht.

142 **XVI. PayPal – Netzgeld. 1. Einordnung.** PayPal ist der schon sehr weit verbreitete – praktisch bedeutsamste – Anwendungsfall des E-Geldes (MüKo/*Casper* Rn 143ff; BeckOGK/*Köndgen* § 675c Rn 120ff; MüKo-HGB/*Herresthal* Giroverhältnis Rn 74ff; *Omlor* ZIP 2017, 1836). Es ist das klassische Bsp für **Netzgeld** (*Fries* NJW 2016, 2860), welches vor allem im Internet Verwendung findet (Einzelheiten bei *Kociok* in Auer-Reinsdorff/Conrad, Handbuch IT- und Datenschutzrecht, 2019, § 27 Rn 62ff). Man kann dieses Bezahlsystem schon als „Oldie" ansehen, wenn man die inzwischen auch sehr gebräuchlichen Bezahlweisen des **E-Payment** und des **Mobile-Payment** hinzunimmt (*Harman* BKR 2018, 457ff). Es kommt ohne Banken aus (*Zahrte* in Fandrich/Karper, Münchner Anwalts-HdB für Bank- und Kapitalmarktrecht, § 5 Rn 16). Es ist gleichwohl inzwischen bei weitem das umsatzstärkste Unternehmen für E-Geld-Zahlungen geworden (MüKo-HGB/*Herresthal* Giroverhältnis Rn 74). Auf diesen Dienst sind die §§ 675c–676c anwendbar, wie sich aus § 675c II ablesen lässt. Die Transaktion über PayPal setzt voraus, dass beiden Parteien, dem Händler und dem privaten Nutzer, ein E-Geld-Konto zugeteilt wird (BeckOGK/*Köndgen* § 675c Rn 121). Zur Durchführung des in Auftrag gegebenen ZVorgangs belastet PayPal entweder die Kreditkarte des Käufers oder zieht den Betrag per Lastschrift (MüKo/*Casper* Rn 145) von dem ZKonto des Käufers/Auftraggebers ein (MüKo/*Fetzer* § 362 Rn 32). Sofern die Lastschrift mangels Deckung oder bei Ausübung des Erstattungsanspruchs nach § 675x II und IV „zurückkommt", liegt trotz des dann vorhandenen Finalitätsrisikos E-Geld vor (MüKo/*Casper* Rn 145; BeckOK/*Schmalenbach* Rn 120). Diese Konstellation gleicht derjenigen, in der eine Gutschrift unter e.V. verbucht wird (MüKo/*Casper* Rn 145). Es tritt Erfüllung ein (LG Saarbrücken MMR 2017, 46). Der Vorteil dieses Verfahrens ist, dass es bestechend einfach ist und eine hohe **Transaktionsgeschwindigkeit** aufweist (Staudinger/*Omlor* § 675i Rn 38). Der Vertrag selbst (Käuferschutz

– hierzu auch LG Saarbrücken MMR 2017, 46) kommt nach Eröffnung eines PayPal-Kontos und entspr Registrierung (ZdRahmenvertrag) zw PayPal und dem jew Kunden/Käufer/Zahler bzw dem Händler zustande. Bsp: Internetauktionen bei Niedrigbeträgen – ebay. Um eine Überweisung zu tätigen, ist ein Guthaben auf dem Konto des Zahlers erforderlich. Dabei hängt die Durchführung der Zahlung davon ab, dass der Zahler die E-Mail-Adresse des ZEmpfängers angibt und ein Passwort benennt; die Mail-Adresse fungiert wie die Angabe der Kontonummer (*Meder/Grabe* BKR 2005, 467, 468). Doch stehen in der Praxis die mit etwa 100 Seiten unglaublich umfangreichen PayPal-Nutzungsbedingungen (AGB) im Vordergrund. Das lässt Zweifel an der wirksamen Einbeziehung dieser AGB nicht verstummen.

2. Valutaverhältnis. a) Allgemein. Die Parteien des Online-Kaufvertrages haben es im Rahmen ihrer Partei- 143
autonomie in der Hand (MüKo/*Fetzer* § 362 Rn 31ff), die Bezahlung von Geldschulden – genauso wie bei Vereinbarung einer gewöhnlichen Kartenzahlung – durch E-Geld, nämlich durch **PayPal** (BGH NJW 2018, 537 zu den Einzelheiten des Verfahrens; LG Saarbrücken MJW-RR 2017, 504) zu akkordieren. Es handelt sich dann immer darum, dass der Zahler vorleistet (*Harman* BKR 2018, 457, 458; *Föhlisch* in Hoeren/Sieber/Holznagel, Handbuch Multimedia-Recht, Teil 13.4 Rn 2; *Schirmbacher* in Spindler/Schuster, Recht der elektronischen Medien, § 312j Rn 12), da er auf seinem ZKonto E-Geld in Euro hinterlegt hat (MüKo/*Fetzer* § 362 Rn 32), von dem die Abbuchung vorgenommen wird. Technisch vollzieht sich der ZVorgang in der Weise, dass das Guthaben des Zahlers auf diesem Konto an PayPal transferiert wird. Ist allerdings kein Guthaben vorhanden, überweist PayPal an den Zahler neues E-Geld iHd Zahlbetrages (Eingabe der E-Mail-Adresse und Bestätigung der Zahlung) und sodann diesen Betrag auf das ZKonto des Zahlers in gleicher Höhe. Der Vorteil dieses Systems liegt für den Zahler darin, dass er seine personalisierten Sicherheitsmerkmale (PIN etc) nicht dem Online-Händler ggü offenlegen muss (*Meder/Grabe* BKR 2005, 467, 469). Ein weiterer Vorteil besteht darin, dass PayPal dem Käufer, sofern er den bestellten Artikel nicht erhalten hat, ein **Käuferschutzprogramm** in der Weise anbietet (als privatrechtl Alternative zum Justizanspruch, vgl *Nicolai/Wölber* ZRP 2018, 229, 230), dass PayPal auf Antrag die Berechtigung der Reklamation prüft. Erweist sie sich als begründet, erstattet PayPal den Kaufpreis einschl der Versandkosten (BGH NJW 2018, 537 Rn 47ff). Auch dem **Verkäufer** wird der Schutz garantiert, so dass er bei Zahlungsstörungen oder Ausfällen Zahlung erhält (BeckOGK/*Köndgen* § 675c Rn 126; MüKo/*Fetzer* § 362 Rn 33). Dogmatisch bedenklich ist allerdings, dass trotz Rückbelastung Erfüllung eingetreten sein soll (LG Saarbrücken NJW-RR 2017, 504 – Folge der spezifischen Käuferschutzfunktion von PayPal als gesonderter Dienstleistung; hierzu *Müller/Galneder* BKR 2018, 106). Doch genau diese Konstruktion hat der BGH auf Grund seiner in der Sache wohl zutr Auslegung der Parteivereinbarung gebilligt (BGH NJW 2018, 537; zust *Omlor* JuS 2018, 379; krit *Pfeiffer* LMK 2018, 403030). Danach tritt **Erfüllung** – wie stets bei Überweisung und Lastschrift – dann ein, wenn der geschuldete Geldbetrag dem ZKonto des Online-Händlers vorbehaltlos gutgeschrieben worden ist, so dass dieser über diesen Betrag frei verfügen kann (BGH BKR 2018, 123, 124). Stellt jedoch der Zahler/Käufer im Rahmen des Käuferschutzprogramms einen Antrag auf Rückbuchung (hierzu auch *Müller/Galneder* BKR 2018, 106ff), weil etwa Mängel vorliegen, dann schreibt PayPal diesen Betrag dem Zahler wieder gut. Da aber – so der BGH – es allein bei PayPal liegt, ob diese Rückbuchung auch tatsächlich vorgenommen wird, steht dieser Umstand der bereits eingetretenen Erfüllungswirkung nicht entgegen, weil i Erg eine stillschw Abrede bejaht werden kann, dass die bereits getilgte Schuld wieder neu begründet wird (BGH BKR 2018, 123, 125f). Eine weitere Facette in dieser Konstellation ist, wenn dem Schuldner/Käufer bei Wahl des Zahlungsmittels – „Sofortüberweisung oder PayPal" – die Zahlung eines Entgelts auferlegt wird. Dies löst dann nach **§ 270a** die Frage aus (hierzu auch Staudinger/*Omlor* § 675i Rn 37), ob es sich um ein Engelt für die Nutzung eines in dieser Norm benannten Zahlungsmittels handelt („surcharge"), was unzulässig wäre (§ 3a UWG) oder ob diese Vereinbarung so ausgelegt werden kann, dass diese Zahlung das (zulässige) Entgelt für die Einschaltung von PayPal ist (BGH BKR 2021, 446). Im Blick auf den Tatbestand der **„Sofortüberweisung"** ging der BGH davon aus, dass die Zahlung dem eingeschalteten Dienstleister, nicht aber dem ZdLeister, der die Überweisung ausführen sollte, zugutekommen sollte, weil dieser den ZVorgang einzuleiten hatte (BGH BKR 2021, 446 Rn 29; so auch Vorinstanz München VuR 2010, 356).

b) Sonderfragen. Teilt man die hier wegen der Überlänge der PayPal-AGB geäußerten Bedenken nach § 305 II 144
nicht (Köln MMR 2020, 709), dann vollzieht sich ihre Einbeziehung wirksam im Rahmen von § 305 II durch zwei Klicks auf einen Hyperlink (Hamburg MMR 2015, 608). Die **Rechtswahlklausel** muss allerdings die Voraussetzungen von Art 6 Rom I-VO beachten, so dass die AGB-Kontrolle – auch bei Sitz des Anbieters im Ausland – nicht wirksam abbedungen werden kann (LG Hamburg NJOZ 2015, 535). Wird das Recht eines Drittstaates gewählt, ist diese Klausel auch überraschend nach § 305c I (LG Hamburg NJOZ 2015, 535). Die formularmäßige Beschränkung des Kontos bei Zugriffen aus „regulierten" Ländern (Bsp Iran, Hamburg MMR 2015, 208, oder Kuba, LG Dortmund GWR 2016, 211) erscheint unter dem Gesichtswinkel von § 307 I 1 zweifelhaft, soweit man darin nicht eine nicht kontrollfähige Leistungsbeschreibung nach § 307 III 1 sieht (Hamburg MMR 2015, 208), was jedoch nach § 307 III 2 eine hinreichende Transparenz in der Vertragsgestaltung voraussetzt. **Problematisch** ist jedenfalls im Verkehr ggü dem Verbraucher, dass dieses System auf einer unbedingten Vorleistungspflicht des Zahlers beruht (*Meder/Grabe* BKR 2005, 467, 475), was nach § 309 Nr 2 lit a gleichwohl wirksam sein dürfte, gerade weil dieses System für den Internethandel entwickelt wurde und eine Zug-um-Zug-Leistung hier praktisch ausscheidet (*Schäfer* in UBH, § 309 Nr 2 Rn 17 – für ebay-Zahlungen). Zu erinnern ist auch an die tragende BGH-Entscheidung, welche die PayPal-Abrede des Valutaverhältnisses **unbeanstandet** ließ (BGH NJW 2018, 537).

Zur **wettbewerbsrechtl Zulässigkeit** des von ebay vorgeschriebenen PayPal-Zahlungssystems BKart MMR-Aktuell 2010, 302577.

145 **3. Mobile Payment-Verfahren.** Zum System des E-Geldes (Rn 129a) zählt auch das Mobile-Payment-Verfahren (MüKo/*Casper* Rn 147ff; MüKo-HGB/*Herresthal* Giroverhältnis Rn 79f; BeckOGK/*Köndgen* § 675c Rn 111; *Dieckmann* BKR 2018, 276, *Harman* BKR 2018, 457, 459; *Söbbing* WM 2016, 1066; *Baumann* GWR 2014, 493). In diesem werden mittels eines mobilen Endgeräts ZVorgänge autorisiert und – das ist beim „remote payment" der Regelfall – durch SMS oder auch Apps durchgeführt. Hierzu zählen aber auch (*Neumann/Bauer* MMR 2011, 563) „Apple Pay" oder „wearable banking" sowie auch sonstige Fortentwicklungen mobiler Zahlungssysteme (*Pacheco Jiménez* EuCML 2016, 219): Sie führen mehr und mehr dazu, dass Banken, wenn sie sich nicht dieser neuen Techniken bedienen, nur noch „intermediaries" werden (*Söbbing* BKR 2016, 360). Auf diese Formen des Bezahlens werden die §§ 675c ff angewandt (Einz bei MüKo-HGB/*Herresthal* Giroverältnis Rn 80; MüKo/*Casper* Rn 148; *Harman* BKR 2018, 457, 461). Das Haftungsregime ist das der §§ 675u ff. Zu dem verwandten Problem der **Bitcoins**, welche allerdings **nicht** unter den Terminus des E-Geldes fallen, weil sie als kryptographisches Geld auf privaten Vereinbarungen beruhen und auch keine Finanzinstrumente sind, vgl KG NJW 2018, 3734; grds *Walter* NJW 2019, 360; *Beck* NJW 2015, 580; vgl *Hildner* BKR 2016, 485; *Simmchen* MMR 2017, 162; *Micklitz* VuR 2017, 43; rechtspolitisch *Omlor* ZRP 2018, 85; zu den kriminalpolitischen Herausforderungen *Baier* CCZ 2019, 12. **Technisch betrachtet** handelt es sich um ein im Rechenwege durch die Leistung eines PC erzeugtes – freilich: verschlüsseltes – elektronisches Zahlungssystem (*Beck* NJW 2015, 580, 581). Zum Umtausch dieser virtuellen Währung in eine reale Währung – Buchgeld/Bargeld – EuGH MMR 2016, 201; vgl auch *Boehm/Pesch* MMR 2014, 75ff. Bitcoins sind **keine Rechnungseinheit** iSd KWG (aM *Auffenberg* NVwZ 2015, 1184ff).

146 **XVII. Elektronisches Lastschriftverfahren.** Dieses Verfahren (BankR-HdB/*Ellenberger* § 36 Rn 81ff) – auch „wilde Lastschrift", früher POZ („point of sale" ohne Zahlungsgarantie; zur Rechtslage bis zum 21.12.2006 im Einz Staudinger/*Omlor* (2018) Vor § 675c Rn 211ff; seither eingestellt) genannt (MüKo-HGB/*Haertlein* Bankkartenverfahren Rn E 274ff) – ist **kein Zahlungsdienst** (EuGH EuZW 2020, 1087 – Begriff des „Zahlungsdienstes" bei NFC-Verfahren; Grü/*Grüneberg* Rn 60). Es ist dadurch charakterisiert, dass es ohne Mitwirkung der Kreditwirtschaft geschaffen wurde: Der Zahler ermächtigt hier den Händler, den jew Betrag durch Lastschrift bei dem jew ZdLeister einzuziehen, so dass ein **Einzugsermächtigungsverfahren** vorliegt (Grü/*Grüneberg* Rn 60). Es wird jedoch keine Umsatzautorisierung des Zahlers erteilt; dieser verwendet auch nicht die PIN (BankR-HdB/*Ellenberger* § 36 Rn 82; MüKo-HGB/*Haertlein* Bankkartenverfahren Rn E 274). Doch unterzeichnet der Zahler die Einzugsermächtigung im Rahmen der erteilten Lastschrift. Demggü ist das Einzugsermächtigungsverfahren im Internet ein normales Lastschriftverfahren; Gleiches gilt für das elektronische Einzugsermächtigungsverfahren des Handels (*Werner* in L/B/S Kap 4 vor § 675a Rn 120). Die praktische Schwierigkeit der „wilden Lastschrift" besteht darin, dass der Händler/ZEmpfänger Name und Adresse des Zahlers nicht kennt (MüKo-HGB/*Haertlein* Bankkartenverfahren E Rn 275). Die vom Zahler unterzeichnete Lastschrift enthält jedoch die Erklärung, dass sein ZdLeister vom **Bankgeheimnis** entbunden wird. Außerdem wird der ZdLeister angewiesen, Namen und Anschrift des Zahlers dem ZEmpfänger bekannt zu geben, sofern die Lastschrift nicht eingelöst wird (LG Wuppertal NJW-RR 1998, 775). Dieses Verfahren kann nur auf individueller Basis vereinbart werden. Soweit die Karte dem Zahler gestohlen oder sonst wie abhandengekommen ist, besteht – wie beim früheren Einzugsermächtigungsverfahren – die Möglichkeit, der Abbuchung zu widersprechen (MüKo-HGB/*Haertlein* Bankkartenverfahren E Rn 275). Ist hingegen die Karte **gesperrt**, steht dem ZEmpfänger kein Anspruch ggü dem Zahler zu. Dies ist jedoch für diese Form des elektronischen Lastschriftverfahrens deswegen kein praktischer Nachteil, weil im Rahmen dieses Lastschriftverfahrens ohnehin – vor Auslösung der jew Transaktion – eine Online-Überprüfung darauf stattfindet, ob die Karte gesperrt ist.

147 **XVIII. Online-Banking. 1. Merkmale.** Das Online-Banking hat inzwischen eine ganz erhebliche praktische Bedeutung erlangt (im Einz MüKo-HGB/*Linardatos* Online-Banking Rn K 1ff; *Herresthal* in L/B/S Kap 5 vor § 675a Rn 14; *Omlor* BKR 2019, 105; *Söbbing* BKR 2019, 443 – digitale Bank), die sich früher vor allem im Bereich des Überweisungs- und Lastschriftverkehrs niederschlug. Ob Laptop, Smartphone oder Tablet eingesetzt werden oder ein stationärer PC, immer geht es darum, dass der ZdNutzer von der mobilen Möglichkeit Gebrauch macht, über das Internet (BankR-HdB/*Maihold* § 33 Rn 7, Rn 11ff) auf sein ZKonto zurückzugreifen (zu den technischen Bedingungen vgl auch BankR-HdB/*Maihold* § 33 Rn 7) und auf diesem Weg einen ZVorgang auszulösen (MüKo-HGB/*Linardatos* Online-Banking Rn K 1). Auch das zuvor bereits behandelte **Mobile Payment** (Rn 145) kann als Unterfall des Online-Banking bezeichnet werden, vor allem aber auch das Telefon-Banking kann hier untergebracht werden. Es handelt sich hier stets iSv § 55 II ZAG um **elektronische Fernzahlungsvorgänge** (MüKo-HGB/*Linardatos* Online-Banking Rn K 2). Rechtl Grundlage ist dabei zum einen die ZdRL, weil es sich um einen ZDienst handelt; zum anderen sind vor allem § 675j I 3 (Vereinbarung betr die Nutzung eines bestimmten ZInstruments), § 675k (Begrenzung der Nutzung), § 675l (Pflichten des ZdNutzers), § 675m (Pflichten des ZdLeisters) sowie die Haftungsregeln der §§ 675v und 675w von Belang. Die sich aus der ZdRL ergebenden maßgebenden Definitionen (vgl Art 4 Nr 14 – „Zahlungsinstrument" (*Omlor* BKR 2019, 105, 107; Art 4 Nr 29 „Authentifizierung" und „starke Kundenauthentifizierung" nach Art 24 Nr 30 ZdRL – vgl auch Art 4 VO 2018/389 – Geltung ab 14.9.2019) sind im Rahmen des ZAG umgesetzt, und zwar: „Authentifizierung" nach § 1 XXIII ZAG, „starke Kundenauthentifizierung" gem § 1 XXIV ZAG (§ 675v IV 1) und die „personalisierten Sicherheitsmerkmale" gem § 1 XXV ZAG (§ 675l I 1 – Schutzpflichten des ZdNutzers; § 675m I – Pflichten des ZdLeisters; im Einz Art 4 und 5 VO 2018/389). Nach Maßgabe der umgesetzten Definitionen werden als sol-

che **ZInstrumente** iRd Online-Bankings die Nutzung einer **PIN** (Personal Identification Number – fünfstellig, bestehend aus Buchstaben und Ziffern) oder **TAN** (Transaction Number – nur ein Mal verwendbar, wird vom ZdLeister zugeteilt) erfasst sowie der Nutzungscode der elektronischen Signatur (BankR-HdB/*Maihold* § 33 Rn 41). PIN und TAN sind **personalisierte Sicherheitsmerkmale** (LG Kiel BKR 2018, 528, 529). Demggü sind **biometrische Merkmale** – Gesichtsgeometrie, Klangfarbe der Stimme, Fingerabdruck – keine personalisierten Sicherheitsmerkmale, weil sie nicht „geheim" zu halten sind (*Omlor* BKR 2019, 105, 108). Sie können aber iRd **„starken Kundenauthentifizierung"** iRd Inhärenz (Art 4 I VO 2018/389) vom ZdLeister verwendet werden: mindestens aus zwei Elementen bestehend (§ 1 XXIV ZAG): „Wissen, Besitz und Inhärenz". „Wissen" ist etwas, was nur der ZdNutzer weiß; „Besitz" ist etwas, was nur er besitzt (PIN), „Inhärenz" ist etwas, was der Nutzer ist (Fingerabdruck, Stimmfarbe) (hierzu *Hoffmann* VuR 2016, 243, 248f; *Baumann* GWR 2017, 275, 277).

2. Rechtliche Grundzüge. Dem Online-Banking liegt idR ein ZAuftrag des ZdNutzers zugrunde (BankR-HdB/*Maihold* § 33 Rn 67). Grds müssen dabei auch die Regeln über Fernabsatzverträge nach den §§ 312b–312f beachtet werden (BGH NJW 2017, 3289 – „Sofortüberweisung": Unzumutbarkeit nach § 312a IV Nr 1); für die Einbeziehung der jew anwendbaren **AGB** gilt – wie stets – die Sonderregel des § 305 II für Verbraucher, bei Unternehmern gelten stattdessen die §§ 145ff. Welche Autorisierung verlangt wird, hängt von der getroffenen Abrede ab (BankR-HdB/*Maihold* § 33 Rn 68). Voraussetzung für die Nutzung der elektronischen Medien beim Online-Banking ist, dass der ZdNutzer die ihm zugeteilten **personalisierten Sicherheitsmerkmale** und die jew ZInstrumente benutzt (vgl auch § 675v IV – **„starkes Authentifizierungsinstrument"**). Das sind neben PIN und TAN **iTAN** (= von dem ZdLeister vorgegebene aktuelle TAN; vgl BankR-HdB/*Maihold* § 33 Rn 24ff) sowie **mTAN** (= Freigabe erfolgt über das Mobilfunknetz: Trennung der Kommunikationswege – aufgrund der VO 2018/389 auch nach dem 14.9.2019 weiter vom ZdNutzer einsetzbar – MMR-aktuell 2019, 417478) und schließlich Verwendung des **HBCI** (Homebanking Computer Interface = standardisierte Schnittstelle für das Homebanking). Auch kann die Verwendung eines elektronischen **Signaturschlüssels** vorgeschrieben oder die Angabe sonstiger **personalisierter Daten** (Geburtsdatum, Adresse etc) sowie **biometrischer Merkmale** gefordert werden (BankR-HdB/*Maihold* § 33 Rn 70), um den Sicherheitsstandard zu erhöhen. Inzwischen hat der **BGH** festgelegt, dass die **Sicherheitsstandards** der ZdLeister so beschaffen sein müssen, dass das von diesen eingesetzte Authentifizierungsverfahren „als praktisch unüberwindbar" angesehen werden müsse (BGH NJW 2016, 2024 – Anscheinsbeweis; *Hoeren/Kairies* WM 2015, 549, 552). Ob dieser Standard (Geltung ab dem 14.9.2019) auch immer dann erreicht wird und die Anwendung des Anscheinsbeweises ausscheidet, wenn ein ZdLeister die Sicherheitsanforderungen erfüllt, welche in der VO 2018/389 – delegierter Rechtsakt (vgl §§ 48–52 ZAG, wirksam ab 14.9.2019) – angeführt sind (Art 4–9: starke Kundenauthentifizierung; Art 22–27: Vertraulichkeit und Integrität der personalisierten Sicherheitsmerkmale des ZdNutzers), dürfte zweifelhaft sein, weil es sich insoweit nur um eine gesetzl notwendige Anforderung an den Sicherheitsstandard handelt (*Omlor* BKR 2019, 105, 110; *Hoffmann* VuR 2016, 243, 250 – „keine haftungsrechtl Bedeutung"). Zu den diversen **Angriffsszenarien** von Hackern – „Phishing" (Täuschung zur Preisgabe der Zugangs- und Transaktionsdaten; vgl *Borges* NJW 2012, 2385, 2386; MüKo-HGB/*Linardatos* Online-Banking Rn K 41), „Pharming" (Manipulieren der aufgerufenen Bankseite; vgl BankR-HdB/*Maihold* § 33 Rn 52ff), „Man-in-the-Middle" (Hacker klickt sich erfolgreich in den Datenverkehr ein; vgl MüKo-HGB/*Linardatos* Online-Banking Rn K 44; *Schulte am Hülse/Klabunde* MMR 2010, 84f) sowie „Man-in-the-Browser" (BankR-HdB/*Maihold* § 33 Rn 60ff) oder auch „Man-in-the-Mobile" (Angriff auf ITAN und mTAN; vgl BankR-HdB/*Maihold* § 33 Rn 63; *Bunte/Zahrte*, AGB-Banken, Online-AGB Rn 130k). IÜ auch *Zahrte* BKR 2016, 315; *Köbrich* VuR 2015, 9; *Zahrte* MMR 2013, 20 – aus der Judikatur BGH NJW 2012, 2422 – Pharming; LG Düsseldorf BeckRS 2015, 5137 – dito; LG Köln BeckRS 2015, 15385 – dito; LG Karlsruhe BKR 2015, 86 – dito; AG München VuR 2017, 466 – dito; LG Berlin MMR 2012, 570 – Pishing; LG Darmstadt BKR 2014, 480). Zu den hiermit verbundenen **Sorgfaltspflichten** des ZdNutzers, die er nach Erhalt der ZInstrumente zu beachten hat, vgl § 675l Rn 2ff. Die Verwendung der jew vereinbarten personalisierten Sicherheitsmerkmale gewährleistet, dass der vom Zahler jew veranlasste **ZAuftrag** nicht nur (soweit technisch möglich) sicher ist, sondern dass er auch als vom Zahler herrührend identifiziert werden kann (BGH WM 2016, 691). In der Terminologie des Gesetzes erfolgt die **Autorisierung** eines ZVorgangs (*Omlor* BKR 2019, 105, 108) nach § 675j I 4 durch die Vereinbarung, dass bestimmte ZInstrumente zu verwenden sind (§ 675j Rn 7). Die Ausführung eines ZVorgangs kann vom ZdLeister nach § 675r I ausschließlich anhand der vom ZdNutzer angegebenen **Kundenkennung** vorgenommen werden (§ 675r Rn 3). Diese ist gem § 675r II eine Abfolge von Buchstaben, Zahlen oder Symbolen, die dem ZdNutzer vom ZdLeister mitgeteilt wird und die jener angeben muss, damit der andere am ZVorgang beteiligte ZdNutzer oder dessen ZKonto zweifelsfrei ermittelt werden kann (§ 675r Rn 5). Eine **Sperrung** des Zugangs tritt allerdings dann ein (vgl im Einz § 675k Rn 3), wenn der ZdNutzer dreimal die Online-PIN oder die TAN falsch eingegeben hat – automatische Sperrung bei einem Chip-basierten Authentifizierungsinstrument – oder wenn der ZdNutzer selbst – etwa bei Verlust oder Diebstahl des Authentifizierungsinstruments – eine Sperrung veranlasst hat, was sich stets aus den zugrunde liegenden AGB ergibt (§ 675k Rn 6). Zu den **Missbrauchsfällen** vgl BGH NJW 2016, 691, 695; 2012, 2422; hierzu auch *Zahrte* BKR 2016, 315; *Hoeren/Kairies* WM 2015, 549; *Borges* NJW 2012, 2385; § 675v Rn 17ff. Zum neu geregelten Anscheinsbeweis (Art 72 II ZdRL) nach § 675w S 4 vgl *Linardatos* NJW 2017, 2145ff. 148

3. Zahlungsdiensterahmenvertrag. Das Rechtsverhältnis zw ZdLeister und ZdNutzer beruht auch beim Online-Banking auf einem ZdRahmenvertrag iSv Abs II. Doch kann der ZdNutzer/Zahler den Online-Dienst des ZdLeisters nur dann in Anspruch nehmen, wenn zw ihm und dem ZdLeister eine eigenständige Abrede über die 149

Nutzung der Online-Dienste getroffen worden ist (MüKo-HGB/*Linardatos* Online-Banking Rn K 46). Ein Anspruch des ZdNutzers auf Zulassung zum Online-Banking besteht nicht (BankR-Hdb/*Maihold* § 33 Rn 91; *Koch* in Fischer/Klanten, Bankrecht Rn 10.445). Vielmehr regiert hier ein kaufmännisches Ermessen, so dass der ZdLeister durchaus solche ZdNutzer ausschließen kann, deren Unzuverlässigkeit bereits erwiesen ist, weil das **Missbrauchsrisiko** in diesen Fällen nicht unerheblich ist (*Borges* NJW 2012, 2385). Gleiches gilt dann, wenn zu befürchten ist, dass der betreffende Nutzer nicht über die erforderlichen technischen Grundkenntnisse verfügt (BankR-HdB/*Maihold* § 33 Rn 91). Die Berufung auf ein potenzielles Missbrauchsrisiko dürfte jedoch – jedenfalls Stand heute – kaum mehr praktisch werden, weil die eingesetzten Sicherheitsstandards (BGH WM 2016, 691, 695) inzwischen den Segen der EZB haben und einen hohen Stand aufweisen (zweifelnd BankR-HdB/*Maihold* § 33 Rn 10ff).

150 Auch zum Abschluss eines Online-Banking-Vertrages im Rahmen eines **Basiskontos** besteht für den ZdLeister kein Kontrahierungszwang (MüKo-HGB/*Linardatos* Online-Banking Rn K 46). Doch ist die Regel des **§ 38 IV ZKG** zu beachten. Danach ist der ZdLeister insoweit gebunden, als er Online-Dienste „allgemein" den Verbrauchern anbietet. In der Sache ist der Online-Dienstvertrag ein Geschäftsbesorgungsvertrag mit werkvertragl Elementen iSd §§ 675, 631ff (BankR-HdB/*Maihold* § 33 Rn 94; aM MüKo-HGB/*Linardatos* Online-Banking Rn K 12 – zahlungsdiensterechtlRegeln neben den allg rechtsgeschäftlichen Bestimmungen; im Erg auch *Herresthal* in L/B/S Rn 46 – entscheidend ist konkretes Leistungsangebot). Der Unterschied der Ansichten dürfte in der Praxis vernachlässigenswert sein. Maßgeblich ist, dass man sich Klarheit darüber verschafft, dass es hier jew auf die **Weisung** des ZdNutzers ankommt, wonach der ZdLeister verpflichtet ist, einen ZVorgang für den Zahler im Rahmen eines ZAuftrags (BankR-HdB/*Maihold* § 33 Rn 129) auszulösen (MüKo-HGB/*Linardatos* Online-Banking Rn K 50). Ausgefüllt wird dieser Vertragtyp sowohl in rechtl als auch in technischer Sicht durch die jew **AGB** des ZdLeisters. Deren Einbeziehung folgt den allg Regeln des § 305 II oder der §§ 145ff im unternehmerischen Verkehr. Es liegt in der Logik der geschäftsbesorgungsrechtl Elemente des Online-Bankvertrages, dass der ZdNutzer seine Aufträge nur innerhalb der vorab festgelegten **Nutzungsgrenzen** ausführen lassen kann (BankR-HdB/*Maihold* § 33 Rn 95f). Maßgebend ist insoweit das Guthaben des ZKontos oder ein vorab eingeräumter Überziehungskredit.

151 **AGB-rechtl** sind folgende Anmerkungen beachtlich: **Unwirksam** nach § 307 II Nr 2 ist eine Klausel, in der sich der ZdLeister für Unterbrechungen des Zugangs zum Netz auch bei grobem Verschulden freizeichnet (BGH ZIP 2001, 152). Das geht sehr weit. Gegen diese Risiken kann sich der ZdLeister regelmäßig nur in der Weise absichern, dass er eine eindeutige **Leistungsbeschreibung** vornimmt, also klar und **transparent** erklärt, in welchem Umfang er – prozentual als Leistungsbegrenzung ausgewiesen – den Zugang zum Netz ermöglicht. Das ist dann nach § 307 III nicht zu beanstanden. Wenn eine **jederzeitige Sperrung** zum Nachteil des ZdNutzers in den AGB vereinbart wird, ist dies nach § 307 I nicht hinzunehmen (Köln ZIP 2000, 2017). IÜ geben die jetzt verwendeten AGB der Kreditwirtschaft nicht mehr zu durchgreifenden Bedenken Anlass, weil sie – insb im Hinblick auf das erhebliche Missbrauchsrisiko des Online-Bankings – im Grundsatz eine angemessene Risikoverteilung zw den Parteien verkörpern. Zur **Haftung** in diesen Fällen § 675y Rn 6ff; zu **Beweisfragen** § 675w Rn 2ff.

152 **XIX. Scheckverkehr. 1. Bestandteil des Girovertrages.** Auch wenn man – nach wie vor – davon ausgeht, dass es zum **Kernbestand des Girovertrags** gehört (EBJS/*Hakenberg*, Scheckrecht Rn 50; Staudinger/*Omlor* Rn 16), ist doch zweierlei zu unterstreichen: (1) die wirtschaftl Bedeutung des Schecks hat in den letzten Jahren stark nachgelassen (MüKo-HGB/*Häuser* Scheckverkehr Rn 2). (2) Nach dem verbindlichen Definitionskatalog von § 2 I Nr 6 lit a ZAG (vgl § 675c III) sind alle ZVorgänge, in denen ein Scheck „in Papierform iSd Scheckgesetzes oder ein vergleichbarer Scheck in Papierform nach dem Recht eines anderen Mitgliedstaats der Europäischen Union oder eines anderen Vertragsstaats des Abkommens über den Europäischen Wirtschaftsraum" verwendet wird, **kein Zahlungsdienst** iSd ZdRL, wie sich auch aus § 2 I Nr 6 ZAG ablesen lässt (Staudinger/*Omlor* Rn 128; MüKo/*Casper* § 675c Rn 20; Übersicht über die Rspr *Nobbe* WM 2012 Sonderbeil 2, 14ff). Gleichwohl erscheint es zweckmäßig, auch die mit dem Scheckverkehr gewöhnlich zusammenhängenden Rechtsfragen zu behandeln, weil sie – wie gesagt – integraler Teil des Girovertrages sind (MüKo-HGB/*Häuser* Scheckrecht Rn 21; Staudinger/*Omlor* Rn 128ff). Im Zusammenhang mit einem Scheckvertrag ist auch hier zw folgenden Rechtsverhältnissen zu unterscheiden: dem **Deckungsverhältnis** (Staudinger/*Omlor* Rn 128), wie es zw dem Zahler/Kunden und dem ZdLeister (hierzu BankR-HdB/*Nobbe/Menges* § 38 Rn 170ff) besteht, und dem **Valutaverhältnis** – das Rechtsverhältnis zw Zahler und ZEmpfänger (BankR-HdB/*Nobbe/Menges* § 38 Rn 53ff) – sowie schließlich dem Vertrag zw dem Einreicher/ZEmpfänger und der **Inkassobank** (vgl auch BankR-HdB/*Nobbe/Menges* § 38 Rn 71ff). Insoweit gilt hier nichts wesentlich anderes als in all den Fällen, in denen etwa eine Überweisung getätigt oder eine Kreditkarte verwendet wird. Dass iÜ auch hier ein Interbankenverhältnis einschlägig sein kann (Staudinger/*Omlor* Rn 130), liegt in der Natur des Scheckvertrags, der eben auch die Einschaltung anderer Banken als der zuvor bezeichneten Institute verlangt, um sicherzustellen, dass der Scheckbetrag auf dem Konto des Schecknehmers gutgebracht wird.

153 **2. Scheckvertrag.** Voraussetzung für die Zahlung aus einem Scheck ist das Vorliegen eines Scheckvertrags zw dem jew ZdLeister und dem Aussteller/Zahler (BankR-HdB/*Nobbe/Menges* § 38 Rn 170). Es handelt sich um einen Geschäftsbesorgungsvertrag mit werkvertragl Elementen (Staudinger/*Omlor* Rn 132). Danach verpflichtet sich der ZdLeister, die von dem Zahler auf den zugelassenen und ihm überlassenen Vordrucken ausgestellten Schecks – Kontodeckung vorausgesetzt – auch bei Sicht einzulösen (MüKo-HGB/*Häuser* Scheckrecht Rn 77; BankR-HdB/*Nobbe/Menges* § 38 Rn 171). Die entspr Einlösungsweisung erteilt der Aussteller ggü dem bezogenen

ZdLeister zusammen mit der Begebung des Schecks (BGH NJW 1987, 2027 – Einlösung eines Schecks durch Schenkung; MüKo-HGB/*Häuser* Scheckrecht Rn 50). Der bezogene ZdLeister ist in seinem Verhältnis zum Aussteller verpflichtet, den vorgelegten Scheck auch einzulösen, sofern es sich um solche Scheckvordrucke handelt, welche der betreffende ZdLeister selbst ausgestellt hat und ausreichende Deckung auf dem ZKonto des Ausstellers vorhanden ist (BGH NJW 1998, 309, 310). Zu den Sorgfaltspflichten im Umgang mit überlassenen Scheckvordrucken vgl Rn 155. Die Bezeichnung der Parteien: Der Kunde des ZdLeisters ist der **Aussteller**, der ZdLeister ist der **Bezogene**, und der Einreicher, auf dessen ZKonto der Scheckbetrag inkassiert werden soll, ist der **Schecknehmer**. Eigentumsrecht und Inhaberschaft der Forderung folgen dem Grundsatz: Das Recht aus dem Papier folgt dem Recht am Papier (§ 952).

a) Geschäftsbesorgung. Nach gängiger Lesart ist der Vertrag zw dem Scheckaussteller/Zahler und dem ZdLeis- 154
ter ein Dienstvertrag mit Geschäftsbesorgungscharakter iSv §§ 675, 611ff (Hopt/*Hopt* HGB [7] Bankgeschäfte Rn E/1; BankR-HdB/*Nobbe/Menges* § 38 Rn 171; aM MüKo-HGB/*Häuser* Scheckrecht Rn 42). Diesem Vertragstyp wird man jedoch auch hier – wie bereits angedeutet – werkvertragl Elemente insoweit zuweisen (Staudinger/*Omlor* Rn 132), als der ZdLeister zur Einlösung/Inkasso eines Schecks jedenfalls dann **verpflichtet** ist, soweit Deckung vorhanden ist. Des Weiteren entspricht es werkvertragl Elementen (Staudinger/*Omlor* Rn 132), dass der ZdLeister verpflichtet ist, den ihm vorgelegten Scheck sorgfältig – nach seinem äußeren Erscheinungsbild – darauf zu prüfen, ob er echt ist (Staudinger/*Omlor* Rn 134). Daher wird man hier i Erg von einer Mischung von dienst- und werkvertragl Elementen iSv § 675 ausgehen müssen, um das Deckungsverhältnis richtig einzuordnen. Der Scheckvertrag ist jedoch kein Vertrag zugunsten Dritter (BGH NJW 1974, 456, 457; BankR-HdB/*Nobbe/Menges* § 38 Rn 172).

b) Hauptpflichten. Der Scheckvertrag beginnt mit der – formfreien – Aushändigung der von dem ZdLeister 155
ausgestellten **Scheckvordrucke** (Staudinger/*Omlor* Rn 132); er endet regelmäßig dann, wenn der Girovertrag seinerseits endet. In den AGB der Banken/Sparkassen ist festgelegt, dass lediglich die vom bezogenen ZdLeister zugelassenen Scheckvordrucke verwendet werden dürfen (BankR-HdB/*Nobbe/Menges* § 38 Rn 179). Sie sind sorgfältig – genauso sicher wie Bargeld – zu verwahren (zum Missbrauchsrisiko Rn 159ff). Die zentrale Pflicht des Zahlers/Kontoinhabers ist es, einen Scheck nur bei vorhandener Deckung zugunsten des Bezogenen auszustellen, jedenfalls aber dafür Sorge zu tragen, dass hinreichende Deckung dann besteht, wenn der Scheck vorgelegt wird (*Hülsken* BuB Rn 6/825). Die primäre Verpflichtung des bezogenen ZdLeisters ist es (BankR-HdB/*Nobbe/Menges* § 38 Rn 180), bei vorhandener Deckung – auch unter Ausschöpfung der eingeräumten Kreditlinie – den Scheck einzulösen (im Einz BankR-HdB/*Nobbe/Menges* § 38 Rn 180).

Bei der Übergabe des Schecks an den Bezogenen (ZdLeister) sowie der anschließenden Unterzeichnung des 156
Scheckeinlieferungsformulars kommt ein **Inkassovertrag** zw dem Schecknehmer und seinem ZdLeister zustande (Staudinger/*Omlor* Rn 135), was auch dann gilt, wenn (ausnahmsw) kein Giroverhältnis besteht (BGH NJW 2002, 1950). Hierin äußern sich dienstvertragl Elemente. Denn der Scheckbetrag wird unter dem Vorbehalt „E.v." (Eingang vorbehalten) dem ZKonto gutgeschrieben und dann bei der Inkassobank eingezogen. Weist das Konto **keine hinreichende Deckung** auf und ist auch kein Überziehungskredit eingeräumt, kann der ZdLeister den Scheck einlösen (BankR-HdB/*Nobbe/Menges* § 38 Rn 182), muss es aber nicht (BGH NJW 1998, 309, 310). Weigert er sich, dann liegt darin „keine Leistung" des ZdLeisters mit der Folge vor, dass er auch nicht berechtigt ist, eine Vergütungspflicht des Zahlers wegen Nichteinlösung/Rückgabe des Schecks zu fordern (BGH NJW 1998, 309, 310). Auch für die Benachrichtigung des Kontoinhabers kann der ZdLeister in diesen Fällen kein Entgelt fordern (BGH NJW 2001, 1419). Die eine wie die andere Klausel scheitert an § 307 II Nr 1. Löst hingegen der ZdLeister – trotz mangelnder/fehlender Deckung – den Scheck ein, ist er berechtigt, Überziehungszinsen zu verlangen (BGH NJW 1992, 1751). Voraussetzung für seine Einlösungspflicht ist in jedem Fall, dass eine wirksame Scheckanweisung vorliegt, was die **Formwirksamkeit** des Schecks voraussetzt (BankR-HdB/*Nobbe/Menges* § 38 Rn 33ff). Daher sind Schecknummer, Konto des Ausstellers, bezogener ZdLeister, Schecksumme und Kontonummer sowie der Inhaber des ZKontos ordnungsgemäß einzutragen, auf dem die Gutschrift erfolgen soll. Str ist, ob der Vorbehalt der Einlösung des eingereichten Schecks als aufschiebende (RG 108, 210, 212) oder als auflösende Bedingung (BGH NJW 1997, 2042, 2043; Staudinger/*Omlor* Rn 28) zu werten ist. Zwar kann – unstr – der Kunde über den unter Vorbehalt gutgeschriebenen Betrag schon während dieser Phase verfügen (BGH NJW 1961, 1718, 1719), doch ist die Frage iSd Rspr dahin zu entscheiden, dass es sich um eine auflösende Bedingung nach § 158 II (BGH NJW 1987, 317) handelt. Zur Folge hat dies, dass die Inkassobank verpflichtet ist, das „Erlangte" dann wieder nach den §§ 675 I, 667 herauszugeben, wenn der Vorbehalt deswegen endgültig wird, weil der Scheck nicht eingelöst wurde.

c) Schecksperrung. In der Praxis hat die Schecksperrung beträchtliche Bedeutung (EBJS/*Hakenberg* Scheckrecht 157
Rn 55ff; Staudinger/*Omlor* Rn 133). Sie ergibt sich aus Art 1 Nr 2 ScheckG bzw aus § 790. Zugrunde liegt in diesen Fällen die Erklärung des Zahlers/Ausstellers an den bezogenen ZdLeister, einen bestimmten Scheck trotz Vorlage nicht einzulösen (*Koch* in Fischer/Klanten, Bankrecht Rn 10.238ff). Damit ist ein Verbot der Einlösung gekoppelt (EBJS/*Hakenberg* Scheckrecht Rn 56). Rechtl betrachtet ist die Schecksperrung ein **Widerruf**, welchen der ZdLeister im Rahmen des Scheckinkassos auch vor Ablauf der **Vorlegungsfrist** – kraft Auslegung des Vertrages, weil Art 32 I ScheckG abdingbar ist – zu beachten hat (BGH NJW 1988, 3149, 3151; EBJS/*Hakenberg* Scheckrecht Rn 55). Ist diese Frist verstrichen, ist die Schecksperrung schon nach Art 32 I ScheckG wirksam und zwingend zu beachten. Für die **Rechtzeitigkeit** des Widerrufs/der Schecksperrung kommt es nach diesen AGB entscheidend drauf an, dass er dem ZdLeister im Rahmen des Inkassos so rechtzeitig zugeht, dass „seine Berück-

sichtigung im Rahmen des ordnungsgemäßen Arbeitsablaufs/Geschäftsablaufs möglich ist". Wird eine Schecksperrung trotz rechtzeitigen Zugangs beim ZdLeister von diesem nicht beachtet, steht ihm kein Aufwendungserstattungsanspruch nach § 670 zu (BGH NJW 1988, 3149, 3151). Insoweit geht die Rspr davon aus, dass die Beachtung einer Sperrung als konkludent vereinbarte **Nebenpflicht** des ZdLeisters zu qualifizieren ist (BGH NJW 1988, 3149, 3151). Darüber hinaus kann der Aussteller/Zahler im Fall einer Pflichtverletzung Schadensersatz nach §§ 241 II, 280 I begehren (EBJS/*Hakenberg* Scheckrecht Rn 58). Bevor sich der ZdLeister dazu entschließt, einen eingereichten Scheck – mangels Deckung – nicht einzulösen, ist er jedoch nach § 241 II verpflichtet, den Aussteller/Zahler hiervon umgehend zu unterrichten (BGH NJW 2001, 1419, 1420). Diese Pflicht ist im Zweifel stets vor der Nichteinlösung des Schecks zu erledigen, um auf diese Weise dem Aussteller/Zahler Gelegenheit zu geben, noch kurzfristig für eine hinreichende Deckung seines Kontos Sorge zu tragen.

158 Nach zutr Auffassung ist der bezogene ZdLeister auch iS einer **Nebenpflicht** verpflichtet, dem Kontoinhaber alle **Auskünfte** zu erteilen, welche die Identität der Person belegen, die einen auf das Konto des Ausstellers/Zahlers ausgestellten Scheck vorlegt. Dies folgt aus den §§ 675, 666, ist also das Ergebnis einer geschäftsbesorgungsrechtl Qualifikation des Scheckvertrages (BankR-HdB/*Nobbe/Menges* § 38 Rn 211; MüKo-HGB/*Häuser* Scheckrecht Rn 81; Staudinger/*Omlor* Rn 132). Ist aber der Einreicher/ZEmpfänger unbekannt, so ist der ZdLeister/Inkassobank verpflichtet, sich darum zu bemühen, Namen und Anschrift des Einreichers/ZEmpfängers zu erhalten; ferner ist er verpflichtet, den Auskunftsanspruch aus dem Interbankenverhältnis an den Kontoinhaber abzutreten (mit Recht BankR-HdB/*Nobbe/Menges* § 38 Rn 211). Hierzu ist der ZdLeister bei Nichteinlösung verpflichtet, um die Interessen des ZEmpfängers hinreichend zu wahren; der Zahler/Aussteller kann sich hiergegen nicht erfolgreich zur Wehr setzen (BankR-HdB/*Nobbe/Menges* § 38 Rn 211). Es würde sich dann um eine gegenteilige Weisung handeln. Der bezogene ZdLeister hat iÜ ggü dem Aussteller keine weitergehenden Warn- oder Aufklärungspflichten (BGH NJW 1987, 317, 318); es gelten hier die gleichen Grundsätze wie beim Überweisungsverkehr (Rn 81). **Ausnahmsw** besteht allerdings eine entspr Warnpflicht, wenn etwa die Bankenaufsicht die Schließung der Empfängerbank für den Verkehr mit der Kundschaft angeordnet hat (BGH NJW 1987, 317, 318). Der ZdLeister wird, um die Summe zu ziehen, im Rahmen des Scheckvertrags nur deswegen tätig, um den Scheckverkehr einwandfrei, einfach und schnell zu gestalten.

159 **d) Fälschung/Verfälschung.** Begrifflich ist klarzustellen, dass von einer Fälschung immer dann die Rede ist, wenn die Unterschrift des Ausstellers/Kontoinhabers gefälscht und nachgeahmt wurde (MüKo-HGB/*Häuser* Scheckrecht Rn 147; Staudinger/*Omlor* Rn 134; zu den verschiedenen Fallgruppen EBJS/*Hakenberg* Scheckrecht Rn 85ff). Demggü ist von einer Verfälschung dann zu sprechen, wenn der Inhalt eines – zunächst echten – Schecks nachträgl abgeändert wurde. Mit Recht geht die Judikatur in diesen Fällen davon aus, dass der ZdLeister – mangels einer wirksamen Anweisung, dh einer nicht als wirksam anzuerkennenden Willenserklärung des Ausstellers (EBJS/*Hakenberg* Scheckrecht Rn 84) – **keinen Aufwendungserstattungsanspruch** gem §§ 675, 670 ggü dem Kontoinhaber/Zahler hat; eine Belastungsbuchung ist daher rechtswidrig, weil es an einer wirksamen Anweisung fehlt (BGH NJW 1997, 1700, 1701; 1994, 3344, 3345; 2001, 2629, 2630 – Parallele: gefälschter Überweisungsträger). Die Lit teilt diesen Ausgangspunkt (EBJS/*Hakenberg* Scheckrecht Rn 84; *Baumbach/Hefermehl/Casper* Art 3 ScheckG Rn 23; *Koch* in Fischer/Klanten, Bankrecht, Rn 10.246ff). Ohne Rücksicht auf ein Verschulden liegt also das **Fälschungsrisiko beim ZdLeister** (BGH NJW 2001, 2629; MüKo-HGB/*Häuser* Scheckrecht Rn 147). Da § 670 keinen hinreichenden dogmatisch begründbaren Anlass dafür hergibt, abw von dem von der Rspr entwickelten Ergebnis hier auf eine **Sphärentheorie** abzustellen (*Baumbach/Hefermehl/Casper* Art 3 ScheckG Rn 22ff), um das Fälschungsrisiko zw Scheckaussteller und ZdLeister zu allokieren, ist dieser Gesichtspunkt nicht weiter zu vertiefen (BGH NJW 1997, 1700, 1701).

160 **aa) Pflichten der Zahlungsdienstleister.** Deshalb ist mit der BGH-Judikatur in diesen Fällen zu fragen, ob der Aussteller seine Pflichten schuldhaft verletzt und so das Missbrauchsrisiko selbst in zurechenbarer Weise verursacht hat (BGH NJW 2001, 2629, 2630; 1997, 1700, 1701; *Koch* in Fischer/Klanten, Bankrecht Rn 10.252ff). Eine Haftung des Ausstellers/Kontoinhabers kann also nur dann entstehen, wenn der Nachweis erbracht ist, dass er die aus dem Scheckvertrag resultierende Pflicht schuldhaft missachtet hat (EBJS/*Hakenberg* Scheckrecht Rn 84). Die Begründung einer vom Verschulden losgelösten Haftung des Kunden ist mit § 307 II Nr 1 unvereinbar (BGH NJW 1997, 1700). Demzufolge sind die vom Aussteller/Kontoinhaber einerseits und von dem ZdLeister andererseits zu beachtenden Pflichten exakt gegeneinander abzugrenzen: Es leuchtet dabei allerdings unmittelbar ein, dass der **bezogene ZdLeister** in stärkerem Maße zur Erfüllung von **Prüfpflichten** im Blick auf die Echtheit des Schecks heranzuziehen ist (*Baumbach/Hefermehl/Casper* Art 3 ScheckG Rn 33ff), als dies für die erste Inkassostelle beim Hereinreichen des Schecks zutrifft. Folglich obliegt diesem ZdLeister zwingend die Verpflichtung, die ihr vorgelegten Schecks auf **Echtheit der Unterschrift** und auf eine etwaige **Verfälschung des Inhalts** sorgfältig zu prüfen (BGH NJW 1997, 2236, 2237 – Rasuren und auffallende Änderungen; NJW 1984, 2530; 1986, 988, 989; Staudinger/*Omlor* Rn 134). Es handelt sich hierbei um eine iSv § 307 II Nr 1 nicht abdingbare Pflicht, den vorgelegten Scheck nach seinem äußeren Erscheinungsbild auf seine Ordnungsgemäßheit zu prüfen (BGH NJW 1969, 694). Dabei ist aber lediglich die für den Massenverkehr übliche (und erforderliche) Sorgfalt zu beachten (BGH NJW 1997, 2236, 2238 – deutlich sichtbare Rasuren und Änderungen: Verdachtsmomente). Der Maßstab eines stets sorgfältig handelnden Angestellten ist gleichwohl maßgebend (BGH NJW 1969, 694, 695). Eine Überprüfung der Unterschrift des Ausstellers durch Vergleich mit der bei den Kontounterlagen hinterlegten Unterschrift ist allemal geboten (BGH NJW 1984, 2530; EBJS/*Hakenberg* Scheckrecht Rn 86). Auch die Prüfung der

Indossamentenkette – äußere Namensgleichheit zw der Unterschrift des Indossanten und dem Namen des Scheckeinreichers bzw des Vorindossanten – ist erforderlich (BGH NJW-RR 2001, 127, 128 – Art 35 ScheckG).

Daher verletzt ein nicht kontoführender ZdLeister idR seine Prüfpflicht, wenn er einen Scheck an einen Einreicher in bar auszahlt, der sich nicht als Kontoinhaber oder sonst Verfügungsberechtigter ausweisen kann (BGH NJW 1984, 2530). Auch im Verhältnis zur bisherigen Kundenpraxis auffallend hohe Schecks erwecken aus guten Gründen regelmäßig Verdachtsmomente (*Baumbach/Hefermehl/Casper* Art 3 ScheckG Rn 37), denen nachzugehen ist (BGH NJW 1993, 534, 536). Folglich erstreckt sich die Prüfpflicht stets auf das **äußere Gesamtbild des Schecks**, das ohne Abstriche den Eindruck der Echtheit erwecken muss (Staudinger/*Omlor* Rn 134). Neben dem Unterschriftenvergleich können sich Verdachtsmomente auch aus der übrigen Scheckurkunde ergeben, wie etwa Korrekturen, Streichungen, Radierungen etc (BGH NJW 1997, 2236, 2237). Auch unterschiedliche Schriftzüge sind geeignet, Verdachtsmomente zu erregen (BGH NJW 1984, 2530 – Sachverhalt). Weitere Verdachtsmomente können sich auch aus Umständen ergeben, die **außerhalb** der Urkunde liegen, zB bei fehlender Deckung (BGH NJW 1993, 1066, 1067f). Das Gleiche gilt auch dann, wenn an einem Tag mehrere Verfügungen über höhere Beträge erfolgen (LG Bonn NJW-RR 2005, 1645, 1648), oder wenn anstelle eines sonst vom Aussteller herrührenden Verrechnungsschecks nunmehr ein Barscheck vorgelegt wird (Celle WM 1993, 101 – in der Sache verneinend). I Erg wird man also stets auf die **besonderen Umstände des Einzelfalls** abstellen müssen, weil etwaige Verdachtsmomente stets dazu führen, dass gem § 241 II eine **Rückfrage** beim Aussteller erforderlich wird – mit der Konsequenz, dass ihr Unterlassen eine Schadensersatzhaftung des ZdLeisters nach § 280 I auslöst (vgl Düsseldorf WM 2003, 1167; Hamm NJW-RR 1986, 14041). 161

bb) Pflichten des Ausstellers. Bei der Beurteilung der Frage, wem ein Fälschungsrisiko beim Inkasso eines Schecks letztlich zuzuweisen ist, sind stets auch die Pflichten des Ausstellers/Kontoinhabers im Auge zu behalten. Dabei trägt der ZdLeister die Darlegungs- und Beweislast dafür, dass der Aussteller/Kontoinhaber seine Pflichten aus dem Scheckvertrag schuldhaft verletzt hat (BGH NJW 2001, 2629, 2630). Seine zentrale Pflicht ist nicht nur darauf gerichtet zu beachten, dass das Konto hinreichende Deckung aufweist, sondern vor allem auch darauf, dass die ihm als Zahler/Aussteller überlassenen **Scheckvordrucke** mit besonderer Sorgfalt aufbewahrt werden (vgl Staudinger/*Omlor* Rn 132). Diese sind nämlich so sicher aufzubewahren, als wären es Geldscheine; auch eine regelmäßige Kontrolle auf Vollzähligkeit ist geboten. Kommen die Vordrucke dem Zahler ganz oder teilw abhanden, entsteht die Pflicht zur unverzüglichen Benachrichtigung des kontoführenden ZdLeisters (vgl Nr 2 AGB-Banken/Sparkassen). Die Kontrollpflicht des Ausstellers umfasst auch die weitergehende Pflicht, nach ihrer Einlösung die jew Kontoauszüge zu prüfen (vgl BGH NJW 1982, 1513 – teils hohe Belastungen durch Schecks; kein Widerspruch). Soweit der Zahler/Kontoinhaber seine Pflichten schuldhaft verletzt, kommt vor allem auch ein **Mitverschulden** gem § 254 II in Betracht (BGH NJW 1997, 2236, 2237); für ein schuldhaftes Verhalten seiner Hilfspersonen muss er gem § 278 einstehen (BGH NJW 1997, 2236, 2237). Dies gilt selbst dann, wenn die Hilfsperson weisungswidrig und nur zum eigenen Vorteil gehandelt hat (BGH WM 1994, 2073, 2075). Soweit der Scheckvordruck – aus welchen Gründen immer – unbrauchbar geworden ist oder der Aussteller sich **verschrieben** hat, sind die Scheckvordrucke zu vernichten (vgl Nr 2 II 3 Scheck-AGB der Banken/Sparkassen; *Hülsken* BuB Rn 6/881). Denn Blankette enthalten ein nicht unbeträchtliches Gefahrenpotenzial, weil sie entwendet und dann gefälscht/verfälscht werden können. 162

cc) AGB-Klauseln. Sofern AGB von der vorstehend dargestellten **Risikoverteilung** zum Nachteil des Zahlers/Ausstellers abweichen, verstoßen sie gegen § 307 II Nr 1 und sind unwirksam (BGH NJW 1997, 1700, 1701). Maßstab ist auch hier, wie stets, das dispositive Recht (BGH NJW 1997, 2236, 2237), das vor allem eine vom Verschulden des Kunden losgelöste Schadensersatzhaftung nicht anerkennt (BGH NJW 2018, 218). Dies gilt unabhängig davon, ob die Klausel ggü einem Verbraucher oder ggü einem Unternehmer verwendet wird (BGH NJW 2017, 2986 Rn 66 – unwirksame Bearbeitungsgebühr für gewerbliche Darlehen). 163

3. Valutaverhältnis. Ausgangspunkt für alle nachfolgenden Erwägungen ist die erneute Feststellung, dass der Scheck **kein gesetzl Zahlungsmittel** ist (BFH WM 1981, 594; BankR-HdB/*Nobbe/Menges* § 38 Rn 53). Dennoch gilt der Grundsatz, dass Zahlungen per Scheck mit der Übergabe des Schecks als zugeflossen anzusehen sind (BGH NJW 2001, 2280). Das Vertragsverhältnis zw Aussteller/Zahler und Schecknehmer/ZEmpfänger enthält stets die causa dafür, dass ein **Scheck-Begebungsvertrag** abgeschlossen wird (EBJS/*Hakenberg* Scheckrecht Rn 60ff). Dieser muss wirksam sein; ist aber vom Grundgeschäft **abstrakt** (BGH NJW 1990, 384, 385). Er setzt die Unterzeichnung des Schecks durch den Aussteller und dessen willentliche Übereignung an den Schecknehmer voraus (EBJS/*Hakenberg* Scheckrecht Rn 62). Die dem Grundgeschäft zuzuweisende Abrede, die Verbindlichkeit per Scheck bezahlen zu dürfen, kann iSv § 364 II ausdrückl oder stillschw getroffen werden (BGH NZI 2009, 680). Sie ist immer Erfüllung zahlungshalber (MüKo-HGB/*Häuser* Scheckrecht Rn 405). Erfüllung tritt also erst ein, wenn die bezogene Bank den ihr zur Einlösung eingereichten Scheck tatsächlich eingelöst und dem Konto des Gläubigers gutgeschrieben hat (BGH NJW-RR 2007, 1188; NJW 2002, 1788; NJW 1995, 1386). Dies ist jedenfalls – im Rahmen einer stillschw Abrede – immer dann zu bejahen, wenn dem ZEmpfänger/Scheckeinreicher ein Scheck zugeht und er diesen nicht unverzüglich zurückweist (BGH NJW 2001, 2280), weil der Scheck in jedem Fall ein durchaus gängiges Zahlungsmittel ist, so dass die Pflicht zur sofortigen Zurückweisung aus § 242 folgt (BGH NJW 1966, 46, 47), was selbst für einen vordatierten Scheck gilt (BGH NJW 1996, 46, 47). Besteht allerdings der ZEmpfänger/Gläubiger darauf, dass per Überweisung bezahlt wird, scheidet der Abschluss einer stillschw geschlossenen Scheckzahlungsvereinbarung aus (BankR-HdB/*Nobbe/Menges* § 38 Rn 57). Im Zweifel ist die Abrede, mittels Schecks eine Verbindlichkeit zu zahlen, stets nach § 364 II als Begründung einer zusätzl Pflicht zahlungs- 164 halber zu beurteilen (BGH NJW 1993, 1380, 1381; 1986, 1174, 1176). Das bedeutet: Die Grundforderung bleibt solange bestehen, bis Befriedigung durch den hingegebenen Scheck erlangt ist. Dieser wird jedoch regelmäßig **unter Vorbehalt** gutgeschrieben; doch erlischt die Verbindlichkeit iSv § 362 erst mit der endgültigen Einlösung, dh der endgültigen Gutschrift auf dem ZKonto des ZEmpfängers (BGH NJW-RR 2007, 1118; NJW 1987, 317, BankR-HdB/*Nobbe/Menges* § 38 Rn 60). **Bereicherungsrechtl** hat dies zur Konsequenz, dass – bei Fehlen/Fortfall der Grundforderung – der Schuldner/Zahler berechtigt ist, den hingegebenen Scheck gem § 812 I 1 zurückzuverlangen (BankR-HdB/*Nobbe/Menges* § 38 Rn 66 – Leistungskondiktion). Doch hat der Schuldner/Zahler in diesen Fällen die Darlegungs- und Beweislast dafür, dass die Grundforderung nicht entstanden oder fortgefallen ist (BGH NJW-RR 1994, 114); dies folgt aus der abstrakten Natur des Scheckvertrags.

165 a) **Rechtzeitigkeit der Leistung.** Nach der früheren Rspr des BGH kam es im Hinblick auf die Rechtzeitigkeit – bei Zahlung mit Scheck – gem §§ 270 I, IV, 269 I darauf an, zu welchem Zeitpunkt der Aussteller/Zahler den Scheck an den ZEmpfänger/Gläubiger übergeben oder auch zur Post gegeben hatte (BGH NJW 1998, 1302 – Wahrung der Skontofrist). Der fristgerechte Eingang des Schecks beim Gläubiger/ZEmpfänger oder gar eine fristgerechte Gutschrift des Scheckbetrags auf dessen Konto war nicht erforderlich (BGH NJW 1998, 1302). Diese Leistungshandlungen – ohne dass es auf den Leistungserfolg – ankam, waren iSv § 270 IV entscheidend (BGH NJW 2002, 1788; 1998, 1302). Unter Berücksichtigung des Urteils des **EuGH** v 3.4.2008 (EuGH NJW 2008, 1935) kann nach dem Inhalt von Art 3 I lit c ii RL 2000/35/EG zur Bekämpfung von Zahlungsverzug im Geschäftsverkehr (zum Zeitpunkt des Urteils gültig; ABl 2000 L 200/35; jetzt RL 2011/7/EU [ABl 2011 L 48/1; vgl BT-Drs 18/1309]; Grü/*Grüneberg* § 270 Rn 5) an dieser Linie nicht mehr uneingeschränkt, wohl aber im praktischen Ergebnis festgehalten werden (BGH NJW 2017, 1596 – Überweisungsverkehr). Denn die Leistungshandlung ist nur dann rechtzeitig, dh der Eintritt der Verzugsfolgen wird nur dann vermieden, wenn die **Gutschrift** auf dem Konto des Gläubigers/ZEmpfängers rechtzeitig erfolgt (vgl EBJS/*Hakenberg* Scheckrecht Rn 90; Grü/*Grüneberg* § 270 Rn 5; aM dezidiert MüKo-HGB/*Häuser* Scheckrecht Rn 414 – Einwurf des Schecks in den Briefkasten des Gläubigers soll danach ausreichend sein). MaW: Nach einem Urteil des **BGH** zur Rechtzeitigkeit von Mietzahlungen gehört allerdings die Gutschrift des Überweisungsbetrags (Leistungserfolg) – das gleiche gilt dann auch für Zahlungen mit dem Scheck (§ 364 II) – nicht mehr zu den Leistungshandlungen des Schuldners (BGH NZM 2017, 120, 121). Insb ist auch der eingeschaltete ZdLeister nicht Erfüllungsgehilfe des Schuldners (BGH NZM 2017, 120, 121; aM Grü/*Grüneberg* § 270 Rn 5f). Entscheidend ist, dass der BGH ausdrückl auf Art 3 I lit b RL 2011/7/EU Bezug nimmt und einer einheitlichen, nicht einer gespaltenen Auslegung das Wort redet. Überdies setzt sich der BGH mit dem Urteil des EuGH (NJW 2008, 1935) auseinander; er betont, dass auch nach dieser – neuen – RL die Verzugsfolgen dann nicht den Schuldner treffen, „wenn der Schuldner für den Zahlungsverzug nicht verantwortlich ist" (BGH NZM 2017, 120, 122). Indessen gilt die RL 2011/7/EU nicht für den Verkehr mit dem Verbraucher, sondern nur im unternehmerischen Bereich, was aber auf Grund der vom BGH vorgenommenen Auslegung des Merkmals der Rechtzeitigkeit der Zahlung auch an einem den Verbraucher betreffenden Ergebnis nichts ändert. Str ist weiterhin (vgl auch im Einz zum Meinungsstand MüKo-HGB/*Häuser* Scheckrecht Rn 415), ob es insoweit für die Rechtzeitigkeit der Scheckzahlung ausreicht, dass eine Gutschrift unter Vorbehalt erfolgt, oder ob es darum geht, dass der Scheck – rechtzeitig – endgültig eingelöst wird (MüKo-HGB/*Häuser* Scheckrecht Rn 415). Da die Verzugsfolgen iSv der ZahlungsverzugsRL nur dann entfallen, wenn der Scheck i Erg dem Gläubiger/ZEmpfänger endgültig gutgebracht worden ist, wird man zweckmäßigerweise auf den letzten Zeitpunkt abstellen müssen (aM MüKo/*Krüger* § 270 Rn 22).

166 b) **Verlustgefahr.** Diese trägt der Aussteller/Zahler (vgl BGH NJW 1996, 1961). Infolge der Scheckabrede ist der Gläubiger/ZEmpfänger deshalb auch gehalten, den erfüllungshalber angenommenen Scheck sorgfältig aufzubewahren und ihn sofort vorzulegen, dh einzulösen (vgl BGH NJW 1986, 424 – Wechsel). Lässt der Aussteller/Zahler den Scheck **sperren**, weil ihm Einreden/Einwendungen aus dem Kausalverhältnis zustehen, ist damit die Fälligkeit der Grundforderung gehindert. Soweit eine **Skontoabrede** besteht, wird man in gleicher Weise wie im Zusammenhang mit der Frage der Rechtzeitigkeit (Rn 165) entscheiden müssen: Die Absendung des Schecks bzw seine Hingabe an den Schecknehmer/ZEmpfänger reicht auch hier nicht aus (so aber BGH NJW 1998, 1302 – Wahrung der Skontofrist). Daher ist die Skontofrist nur dann gewahrt, wenn der Scheck in der Tat innerhalb der Skontofrist auch beim Schecknehmer/ZEmpfänger endgültig eingelöst worden ist. Darin liegt eine **erhebliche Änderung der bisherigen kaufmännischen Gepflogenheiten**. Allerdings schließt dieser Ansatz es auch nicht aus, dass die Parteien – stillschw – weiterhin eine der bisherigen Übung entspr Verhaltensweise praktizieren. Doch können Gesichtspunkte der **Verwirkung** gem § 242 eine Rolle spielen, sofern der Schecknehmer/ZEmpfänger in seiner Position als **Gläubiger** erst nach geraumer Zeit geltend macht, der Abzug von Skonto sei mangels rechtzeitiger Einlösung des Schecks unberechtigt. Ist hingegen der Scheck den berechtigten Schecknehmern/ZEmpfängern **abhanden** gekommen (bei Einlösung eines solchen Schecks braucht sich die Inkassobank Ansprüche des Ausstellers nach Art 21 ScheckG nur bei grober Fahrlässigkeit entgegenhalten zu lassen; vgl *Köndgen* NJW 1996, 558, 566f; 2004, 1288, 1296) und von dem bezogenen ZdLeister zugunsten eines nicht berechtigten Dritten eingelöst, ist str, wie zu entscheiden ist: Der BGH gewährt – wohl mit Recht – in diesen Fällen dem Aussteller auch bei fehlendem Verschulden des Schecknehmers/ZEmpfängers das Recht, die Erfüllung der Grundforderung zu verweigern (BGH NJW 1996, 1961). Nur Zug um Zug gegen Rückgabe des unversehrten/unbezahlten Schecks durch den Gläubiger ist der Aussteller/Zahler dann verpflichtet, die Grundforderung zu begleichen. Solange dies nicht geschehen ist, steht ihm ein (möglicherweise: sogar dauerndes) Leistungsverweigerungsrecht zur Seite (BGH NJW 2000, 3344, 3345). Die **Beweislast** für die Rechtzeitigkeit der Leistungshand-

lung – also: für den Zugang und die Einlösung des Schecks – trägt der Zahler/Aussteller (BGH NJW 1998, 1302).

4. Rechtsverhältnisse zwischen Einreicher/Zahlungsempfänger und Inkasso-Zahlungsdienstleister. Soweit der Scheck vom ZEmpfänger/Einreicher dem ZdLeister zum Inkasso vorgelegt wird, bei dem er ein Girokonto unterhält, handelt es sich um den Tatbestand der **Einlösung** (*Baumbach/Hefermehl/Casper* Art 28 ScheckG Rn 5). Zugrunde liegt eine einseitige Weisung des Einreichers/Gläubigers (BankR-HdB/*Nobbe/Menges* § 38 Rn 71, EBJS/*Hakenberg* Scheckrecht Rn 88). Die Inkassobank ist dann verpflichtet, den ihr eingereichten Scheck auf dem sichersten und schnellsten Weg der bezogenen Bank vorzulegen (BGH NJW 1981, 1101, 1102; NJW 1986, 249; BankR-HdB/*Nobbe/Menges* § 38 Rn 87; Staudinger/*Omlor* Rn 137). Darin sieht die Rspr zu Recht eine wesentliche Vertragspflicht iSd § 307 II Nr 1, so dass eine Freizeichnung des ZdLeisters scheitert (BGH NJW-RR 1988, 559). Die Einschaltung weiterer ZdLeister ist dann jedenfalls entbehrlich, wenn das Scheck-Inkasso bei der Filiale des kontoführenden ZdLeisters erfolgt. Rechtl gewertet handelt es sich dabei um den Tatbestand des § 362 I: Die Einlösung des Schecks in Erfüllung der vom Scheckaussteller/Zahler herrührenden Weisung an den bezogenen ZdLeister ist Bewirken der geschuldeten Leistung des Zahlers ggü dem ZEmpfänger (BGH NJW 1995, 3315, 3316). Sofern der bezogene ZdLeister jedoch nicht das Konto führt (überbetriebliche Gutschrift), erfolgt das Scheck-Inkasso grds **beleglos** (BankR-HdB/*Nobbe/Menges* § 38 Rn 88; EBJS/*Hakenberg* Scheckrecht Rn 95ff – BSE-Verfahren). Wenn die formelle Ordnungsgemäßheit des eingereichten Schecks geprüft worden ist (Rn 161f), werden dann lediglich die Scheckdaten – gespeichert auf Datenträgern – an den ZdLeister weitergeleitet, der das Konto des ZEmpfängers führt. Zum gegenwärtig gültigen **BSE-Verfahren** – Schecks ab 6000 € müssen durch Vorlage des elektronischen Bildes des Schecks und des dazu gehörenden Scheckdatensatzes über die Deutsche Bundesbank eingezogen werden – im Einz EBJS/*Hakenberg* Scheckrecht Rn 95ff. Es ist iÜ zweifelhaft, ob eine weitere, von der Inkassobank im Rahmen des Scheckinkassos eingeschaltete Zweitbank (BankR-HdB/*Nobbe/Menges* § 38 Rn 92) als Substitut tätig wird, so dass das Privileg des § 664 I 2 im Rahmen einer Haftung eingreift, was vorzugswürdig erscheint, oder ob es sich hierbei um den Tatbestand einer **Erfüllungsgehilfenschaft** nach § 278 handelt (verneinend auch *Baumbach/Hefermehl/Casper* Art 29 ScheckG Rn 19; EBJS/*Hakenberg* Scheckrecht Rn 89), obwohl die Einreichung eines Schecks nicht als ZDienst einzuordnen ist (näher Rn 152), so dass auch § 675z S 3 keine Anwendung findet. 167

a) Geschäftsbesorgungsvertrag bei Einlösung. Da die Rechtsbeziehungen zw Scheckinhaber/ZEmpfänger und der Inkassostelle/ZdLeister als Geschäftsbesorgungsvertrag gem §§ 675, 611ff ausgeprägt sind, ergeben sich noch weitere Pflichten der Einreicherbank. Berechtigter aufgrund des vorgelegten Schecks ist dessen Eigentümer; bei einem **Inhaberscheck** ist es der Inhaber des Gewahrsams, wie sich in § 1006 I ablesen lässt (BGH NJW 1990, 242, 243), wobei die Vermutung freilich widerlegbar ist. Die Übertragung eine solchen Schecks vollzieht sich nach den §§ 929ff (*Baumbach/Hefermehl/Casper* Art 14 ScheckG Rn 5). Bei einem **Orderscheck** ist der formell Berechtigte derjenige, der gem Art 19 ScheckG entweder als erster Nehmer benannt ist oder dessen Recht durch eine ununterbrochene Kette von Indossamenten nachgewiesen werden kann. Im Hinblick auf die materielle Berechtigung des Einreichers kommt es entscheidend darauf an, ob der den Scheck inkassierende ZdLeister **bösgläubig** war, weil er entweder das fehlende materielle Recht des Scheckinhabers positiv kannte oder aufgrund grober Fahrlässigkeit nicht kannte, wobei eine **Wissenszurechnung** gem § 166 analog eingreift (BGH NJW 1997, 1917, 1918). 168

aa) Disparischer Scheck. Besondere Bedeutung haben die hier aufgeworfenen Fragen immer dann, wenn ein disparischer Scheck zum Inkasso eingereicht wird, dh ein Scheck, in dem **Schecknehmer und Scheckeinreicher verschiedene Personen** sind (BGH NJW 2001, 2970; 2000, 2585, 2586; NJW-RR 1958, 255; *Bülow* Art 21 ScheckG Rn 26ff). Darin liegt nach der Rspr **kein Verdachtsmoment**, dass es sich um einen gefälschten Scheck handelt (BGH NJW 1993, 1066, 1068). Denn das auf einem Orderscheck befindliche Blanko-Indossament des ersten Schecknehmers und eine sich möglicherweise daran anschließende – ununterbrochene – Kette von Indossamenten gem Art 19 ScheckG sind kein Grund anzunehmen, dass der Scheck tatsächlich zahlungshalber weitergegeben wurde (BGH NJW 2000, 2585, 2586). Der ZdLeister handelt immer dann grob fahrlässig (BGH NJW 2000, 2585 – abhanden gekommener, blanko indossierter Scheck; ähnl BGH NJW 1996, 657; vgl auch BGH NJW 1957, 1917), wenn er bei einem solchen Scheck nicht alle Unterlagen heranzieht, um die Identität und die Berechtigung des Einreichers zu prüfen (BGH NJW-RR 1998, 255). Eine solche Prüfpflicht gilt nicht notwendigerweise, wenn ein dt ZdLeister von einem ausl Kreditinstitut gebeten wird, einen Scheck an den Bezogenen weiterzuleiten (BGH NJW 2001, 2970), wenn es sich nur um einen zwischengeschalteten ZdLeister handelt. Diese Grundsätze betr grobe Fahrlässigkeit gelten auch dann, wenn ein disparischer Scheck (Inhaberscheck) im kaufmännischen Verkehr weitergegeben wird, weil eine solche Handhabung nicht üblich ist (Frankfurt NJW-RR 2002, 1574; ZIP 1999, 1207; Karlsruhe ZIP 2007, 857; Düsseldorf NJW-RR 1997, 496). 169

bb) Erteilung einer Gutschrift. Ist der Scheck eingereicht, so erfolgt die Gutschrift in aller Regel sofort (EBJS/*Hakenberg* Scheckrecht Rn 90). Wie stets ist diese ein abstraktes Schuldanerkenntnis (BGH ZIP 2000, 1291, 1293), welches kontokorrentgebunden ist (BGH NJW 1988, 1320). Die Wertstellung vollzieht sich, auch wenn der Scheckvertrag kein ZDienst ist, im Zweifel nach der Regel des § 675t. Im Einz: Die Gutschrift ist bei Einreichung eines **Barschecks** die Barauszahlung an den Einreicher/ZEmpfänger; bei Einreichung eines **Verrechnungsschecks** ist es dessen Gutschrift oder Überweisung). In diesen Fällen wird allerdings regelmäßig eine **Vorbehaltsgutschrift** („E.v.") erteilt. Bei Entgegennahme des Einziehungsauftrags schreibt der ZdLeister dem ZEmpfänger den Gegenwert auf dessen laufenden Konto gut, obwohl sich erst später – nach Einlösung – abschließend he- 170 rausstellt, ob auch Deckung vorlag, der Scheck nicht gesperrt, dh widerrufen wurde, so dass der eingezogene Betrag dem Konto des ZEmpfängers endgültig gutgeschrieben wird. Die Annahmeerklärung in Bezug auf die Gutschrift durch den ZEmpfänger/Begünstigten ist iSv § 151 nicht notwendig (BGH NJW 1988, 1320; 1951, 437). Nr 9 I AGB-Banken und Nr 9 I AGB-Sparkassen stellen vertragl die Zulässigkeit einer Vorbehaltsgutschrift sicher, die dann mit Einlösung des Schecks – und endgültigem Eingang der Deckung – vorbehaltlos wird, was wiederum aus Nr 9 I 4 AGB-Banken und Nr 9 I 3/4 AGB-Sparkassen folgt (hierzu auch *Bunte/Zahrte*, AGB-Banken Nr 9 Rn 172ff). Spätestens zu diesem Zeitpunkt ist der ZdLeister verpflichtet, über den vorbehaltlos gutgeschriebenen Betrag eine Verfügung des Kontoinhabers zuzulassen, zumal die Gutschrift unter der aufschiebenden Bedingung der Nichteinlösung des Schecks steht (BGH NJW 1992, 1960, 1961). Doch dem ZdLeister steht es frei, schon vorher Verfügungen des ZEmpfängers/Kontoinhabers zuzulassen. Auch die Vorbehaltsgutschrift ist sogleich zu **valutieren**; die Verzinsungspflicht beginnt nämlich mit dem Tag des auf die Wertstellung folgenden Kalendertages (im Einz zur Einziehung BankR-HdB/*Nobbe/Menges* § 38 Rn 95ff). Dabei ist eine pauschale Frist für die Valutierung von Fristen aus Schecks nach § 307 I 1 unbedenklich (BGH NJW 1997, 2042). Die Frist von drei bis fünf Bankarbeitstagen ist daher als wirksam anzusehen, weil der ZdLeister zum einen keine sichere Kenntnis vom genauen Einlösungszeitpunkt eines Schecks mit dem bezogenen ZdLeister hat und zum anderen die Ermittlung dieses Zeitpunkts nur mit unverhältnismäßig hohen Kosten möglich wäre (BGH NJW 1997, 2042, 2043).

171 cc) **Protesterhebung.** Ohne besondere Weisung ist der inkassierende ZdLeister nicht verpflichtet, Protest zu erheben bzw urkundliche Feststellungen nach Art 40 ScheckG zu treffen (*Bülow* Art 40 ScheckG Rn 5ff). Tut er es dennoch, kann er nach § 670 das geschuldete Entgelt verlangen. Freilich haftet er für etwaige Pflichtverletzungen nach § 241 II, § 280 I auf Schadensersatz. Eine Beschränkung der Haftung auf Vorsatz und grobe Fahrlässigkeit iSv § 309 Nr 7b dürfte nicht unproblematisch sein, sofern man die Weisung, Protest einzulegen, i Erg als Erfüllung einer wesentlichen Vertragspflicht iSv § 307 II Nr 2 einordnet, wofür Einiges sprechen dürfte. Im Fall der **Nichteinlösung** ist der inkassierende ZdLeister verpflichtet, den Einreicher unverzüglich zu unterrichten (Celle WM 2001, 1296). Des Weiteren ist der ZdLeister berechtigt, den Einreicher mit dem Scheckbetrag zurückzubelasten (*Hülsken* BuB Rn 6/968). Darüber hinaus besteht die Verpflichtung, sich um die Rückgabe des nicht eingelösten Schecks zu bemühen (BankR-HdB/*Nobbe/Menges* § 38 Rn 168). Das Zurückbelastungsrecht folgt iÜ aus Nr 9 I 4 AGB-Banken bzw aus Nr 9 I 4 und Nr 23 II AGB-Sparkassen.

172 b) **Einlösungszusagen.** Im Verhältnis zw Einreicher und ZdLeister spielen verschiedentlich Zusagen oder auch Auskünfte betr die Einlösung des Schecks eine wichtige Rolle (MüKo-HGB/*Häuser* Scheckverkehr Rn 208ff), so vor allem, wenn es sich um verbindliche Einlösungszusagen handelt, welche ggü verbindlichen (Garantie-)Zusagen abzugrenzen sind. Es bietet sich folgende Differenzierung an: Wird der Scheck unter **„banküblichem Vorbehalt"** von dem inkassierenden ZdLeister bestätigt, besteht nur bei vorhandener Deckung und Ordnungsgemäßheit des Schecks eine Zahlungsverpflichtung. Demggü begründet eine **Scheckbestätigung** – „Scheck geht in Ordnung" oder „Deckung vorhanden" – eine selbständige Einlösungszusage (BGH NJW-RR 1994, 821). Doch liegt nur dann eine selbständige Garantiezusage (Hopt/*Hopt* HGB [7] Bankgeschäfte Rn E/8; MüKo-HGB/*Häuser* Scheckverkehr Rn 209) des ZdLeisters vor, wenn eine solche Garantie auch für den ZdLeister erkennbar vom Einreicher/ZEmpfänger gewollt war und mit Recht auch erwartet werden konnte (BGH NJW-RR 1994, 821 – „banküblicher Vorbehalt"). Solche unmissverständlichen Zusagen (vgl BGH NJW 1990, 1482) liegen etwa dann vor, wenn die Zusage dahin lautet: „Scheck wird eingelöst" oder „Scheck wird honoriert". Zu beachten ist allerdings: Die in der Praxis immer wieder vorkommende Anfrage, ob ein dem ZdLeister vorliegender Scheck auch „gedeckt" ist oder „in Ordnung geht", begründet – für sich genommen – noch keine verbindliche garantiemäßige Einlösungszusage; vielmehr liegt in diesen Fällen eine einfache Scheckbestätigung vor (vgl BGH NJW 1980, 1956 – Scheckeinlösungszusage als selbständige Garantie bejaht). Zu bedenken ist freilich: Diese Zusage bezieht sich regelmäßig nur auf den Zeitpunkt, in welchem die jew Auskunft erteilt wird (vgl BGH NJW 1968, 588; 1988, 1956). Dabei ist ferner zu bedenken, dass die Garantiezusage gerade in den Fällen, allerdings nur unter besonderen Umständen (BGH NJW 1973, 973), eingreift, in denen das Konto des Zahlers keine hinreichende Deckung aufweist, so dass eine **Differenzhaftung** des die Auskunft erteilenden ZdLeisters im Haftungsfall eingreift (vgl auch BankR-HdB/*Nobbe/Menges* § 38 Rn 37ff). Die **Rechtsfolgen** sind bei einer Garantiezusage und einer Scheckbestätigung jew andere: im ersten Fall sind sie aus den §§ 249ff abzuleiten (BGH NJW 1999, 1542). Zur Konsequenz hat dies, dass der – garantierende – ZdLeister verpflichtet ist, für die Zahlung des gesamten Betrags einzustehen (BGH NJW 1980, 1956 – „bestätigen, dass der Scheck bei uns eingelöst wird"). Die **Gültigkeitsdauer** einer solchen Zusage ist regelmäßig zeitl – abhängig von dem jew Ergebnis der Auslegung nach den §§ 133, 157 – begrenzt, sie stimmt jedoch nicht mit der Vorlagefrist des Art 29 ScheckG überein (BGH NJW 1980, 1956, 1957). Demggü beruhen die Rechtsfolgen einer Scheckbestätigung – also: der Scheck ist „gedeckt" bzw „geht in Ordnung" – auf einer **Auskunft**: es handelt sich um eine Tatsachenmitteilung. Insoweit ist haftungsbegründend auf den Zeitpunkt der Auskunftserteilung abzustellen (BGH NJW 1980, 1956). Der ZdLeister übernimmt damit aber keine Verpflichtung, den Scheck auch bei Vorlage – also: später – einzulösen (BankR-HdB/*Nobbe/Menges* § 38 Rn 154). Die wesentliche **Rechtsfolge** besteht in diesen Fällen (im Einz MüKo/*Häuser*, Scheckverkehr Rn D 183ff) – abgesehen von einer Schadensersatzhaftung bei Erteilung einer fehlerhaften/unvollständigen Auskunft – darin, dass eine **Selbstbindung** des bezogenen ZdLeisters eintritt: Bis zum Zeitpunkt der körperlichen Vorlage des Schecks verzichtet der ZdLeister auf sein Aufrechnungs- und AGB-Pfandrecht (BankR-HdB/*Nobbe* § 61 Rn 155; *Hülsken* BuB Rn 6/1033). Des Weiteren verzichtet er regelmäßig auch darauf, eine eingeräumte

Kreditlinie nachträgl zu kürzen (*Hülsken* BuB Rn 6/1030ff). IÜ greift eine **Schadensersatzhaftung** nur dann ein, wenn die erteilte Auskunft inhaltlich falsch oder unvollständig war (BGH NJW 1968, 588). Eine **Freizeichnung** des ZdLeisters ggü der Haftung auf Schadensersatz scheitert in diesen Fällen – auch bei Vorliegen einfacher Fahrlässigkeit – daran (BGH NJW 1968, 588), dass die Erteilung einer richtigen und vollständigen Auskunft eine wesentliche Vertragspflicht iSv § 307 II Nr 2 ist (vgl BGH ZIP 2000, 1352, 1354 – Immobilienerwerb).

c) **Abhandenkommen.** Im Fall des Abhandenkommens des Schecks (hierzu Bank-HdB/*Nobbe*/*Menges* § 38 Rn 216ff) richtet sich das Rechtsverhältnis zw dem inkassierenden ZdLeister und dem bezogenen ZdLeister nach den einschlägigen Vorschriften des Scheckabkommens (Stand 2011). Zu beachten ist in diesem Kontext allerdings, dass von einem Abhandenkommen immer nur dann zu sprechen ist, wenn der Scheck ohne wirksamen Begebungsvertrag in die Hände des Einreichers gelangt ist (BGH NJW 1995, 3315; zur Prüfung diverser Auffälligkeiten Düsseldorf WM 2003, 1167; Bamberg NJOZ 2006, 1524). Abzustellen ist hierbei auf den dinglichen Teil des Begebungsvertrags (BGH NJW 1995, 3315). 173

§ 675g Änderung des Zahlungsdiensterahmenvertrags

(1) Eine Änderung des Zahlungsdiensterahmenvertrags auf Veranlassung des Zahlungsdienstleisters setzt voraus, dass dieser die beabsichtigte Änderung spätestens zwei Monate vor dem vorgeschlagenen Zeitpunkt ihres Wirksamwerdens dem Zahlungsdienstnutzer in der in Artikel 248 §§ 2 und 3 des Einführungsgesetzes zum Bürgerlichen Gesetzbuche vorgesehenen Form anbietet.

(2) Der Zahlungsdienstleister und der Zahlungsdienstnutzer können vereinbaren, dass die Zustimmung des Zahlungsdienstnutzers zu einer Änderung nach Absatz 1 als erteilt gilt, wenn dieser dem Zahlungsdienstleister seine Ablehnung nicht vor dem vorgeschlagenen Zeitpunkt des Wirksamwerdens der Änderung angezeigt hat. Im Fall einer solchen Vereinbarung ist der Zahlungsdienstnutzer auch berechtigt, den Zahlungsdiensterahmenvertrag vor dem vorgeschlagenen Zeitpunkt des Wirksamwerdens der Änderung fristlos zu kündigen. Der Zahlungsdienstleister ist verpflichtet, den Zahlungsdienstnutzer mit dem Angebot zur Vertragsänderung auf die Folgen seines Schweigens sowie auf das Recht zur kostenfreien und fristlosen Kündigung hinzuweisen.

(3) Änderungen von Zinssätzen oder Wechselkursen werden unmittelbar und ohne vorherige Benachrichtigung wirksam, soweit dies im Zahlungsdiensterahmenvertrag vereinbart wurde und die Änderungen auf den dort vereinbarten Referenzzinssätzen oder Referenzwechselkursen beruhen. Referenzzinssatz ist der Zinssatz, der bei der Zinsberechnung zugrunde gelegt wird und aus einer öffentlich zugänglichen und für beide Parteien eines Zahlungsdienstevertrags überprüfbaren Quelle stammt. Referenzwechselkurs ist der Wechselkurs, der bei jedem Währungsumtausch zugrunde gelegt und vom Zahlungsdienstleister zugänglich gemacht wird oder aus einer öffentlich zugänglichen Quelle stammt.

(4) Der Zahlungsdienstnutzer darf durch Vereinbarungen zur Berechnung nach Absatz 3 nicht benachteiligt werden.

1. Europarechtliche Vorgaben. Die Norm setzt Art 54 ZdRL um. Art 54 I ZdRL nimmt insoweit die in Art 52 ZdRL angeführten Informationspflichten einschl der Vertragsbedingungen in Bezug; außerdem bezieht sich diese Regelung auf die allg vorvertragl Unterrichtungspflichten, wie sie in Art 51 ZdRL verankert sind. Dies entspricht den Informationspflichten nach Art 248 §§ 2 und 3 EGBGB. Damit ist zum einen gesagt, dass die vorvertragl Unterrichtung des ZdNutzers in **Textform** (vgl Art 248 § 3 EGBGB) vorzunehmen ist; außerdem ist gem Art 51 I 2 ZdRL sicherzustellen, dass die Informationen und Vertragsbedingungen in einer **Amtssprache** des Mitgliedstaats, in welchem der Zahlungsdienst angeboten wird, klar und verständlich abzufassen ist, sofern nicht auf eine andere, zw den Parteien vereinbarte Sprache ausgewichen wird. Dies ist durch Art 248 § 2 EGBGB sichergestellt, weil danach die Informationspflichten einschl der Mitteilung der Vertragsbedingungen die Voraussetzungen von Art 248 §§ 4–9 EGBGB erfüllen müssen. Da es hier um eine **Änderung** der Bedingungen bzw um eine **Kündigung** des ZdRahmenvertrags geht, ist die Informationspflicht gem Art 52 Nr 6 ZdRL einschlägig; diese ist in Art 248 § 4 I Nr 6 lit a und b EGBGB reflektiert. Sie bezieht sich im Kern auf die Regelung von Abs II S 1 und 3; außerdem ist der ZdLeister verpflichtet, den ZdNutzer über die **Vertragslaufzeit** des ZdRahmenvertrags zu unterrichten (Art 248 § 4 I Nr 6 lit b EGBGB). Die Definition des **Rahmenvertrags** folgt aus Art 4 Nr 21 ZdRL (§ 675f Rn 6). Es bestehen im Hinblick auf die ordnungsgemäße Umsetzung der Vorgaben der ZdRL, wie sie sich in dieser Norm wiederfindet, keine Bedenken. Allerdings wird die Meinung vertreten, dass § 675g über Art 44 ZdRL (PSD I) hinausgeht (BeckOK/*Schmalenbach* Rn 1), sofern geänderte Vertragsbedingungen dem ZdNutzer **vorteilhaft** sind. Doch man wird dem entgegenhalten können: Sofern der ZdNutzer einer solchen Änderung ausdrücklich zustimmt, liegt darin im Zweifel eine (stillschw) Abbedingung von Abs I (Grü/*Grüneberg* Rn 2). 1

2. Änderung des Zahlungsdiensterahmenvertrags. a) Veranlassung des Zahlungsdienstleisters. Soweit es sich beim ZdNutzer um einen **Verbraucher** handelt, enthält die Norm nach § 675e IV zwingendes Recht (MüKo/*Casper* Rn 2; BeckOGK/*Foerster* Rn 9). Abs I erfasst alle Fälle, in denen die Änderung des ZdRahmenvertrags einschl der Entgeltabrede auf Veranlassung des ZdLeisters vorgenommen werden soll. Eine beabsichtigte Änderung des ZdRahmenvertrags erfordert ua die Beachtung der Vorlauffrist von zwei Monaten. Soweit der ZdNutzer seinerseits eine Änderung bzw eine Kündigung des ZdRahmenvertrags anstrebt, bleibt er auf die Regelung 2 der ordentlichen Kündigung nach § 675h verwiesen (§ 675h Rn 2f). Das Tatbestandselement der **Veranlassung**, die hier vom ZdLeister ausgehen muss, ist als ein **entspr Angebot** iSv § 145 zu verstehen (MüKo/*Casper* Rn 4; Staudinger/*Omlor* Rn 4; *Herresthal* in L/B/S Rn 5). Gleichgültig ist dabei, welchen Umfang die jew beabsichtigte Vertragsänderung entfaltet. Es ist auch nicht erforderlich, dass es sich hierbei um eine Änderungskündigung handelt, weil gem Abs II S 2 das Kündigungsrecht nicht einseitig dem ZdLeister, sondern dem **ZdNutzer** zugewiesen ist; außerdem ist dort lediglich der Tatbestand einer fristlosen Kündigung erfasst. Auch wird man nicht fordern können, dass etwaige Verhandlungen zw ZdLeister und ZdNutzer dazu führen, dass Abs I keine Anwendung findet, weil insoweit eine Parallele zu § 305 I 1 vorliegen müsse, an der man sich orientieren kann (so mit Recht MüKo/*Casper* Rn 4). Denn auch über ein Angebot kann und darf verhandelt werden, so dass es auch abgeändert werden kann (§ 150 II); dies ist die Essenz der §§ 145ff. Soweit eine Änderung des ZdRahmenvertrages vom ZdNutzer ausgeht, gelten die allg Regeln (Grü/*Grüneberg* Rn 1), weil Abs I nur solche Änderungen betrifft, welche vom ZdLeister herrühren. Doch ist der ZdRahmenvertrag oft mit anderen Verträgen **verbunden** (etwa Girovertrag – Scheckeinreichervertrag); unter dieser Voraussetzung erweist sich diese Norm als Schlüssel für die Änderung/Anpassung aller mit einem solchen Dauervertragsverhältnis verbundenen Verträge (BeckOK/*Schmalenbach* Rn 1) – vorausgesetzt, der Änderungsvorschlag geht vom ZdLeister aus. Der Grundsatz von § 139 bleibt indessen unberührt.

3 **b) Wirksamkeitsvoraussetzung.** Eine Abänderung des ZdRahmenvertrags auf Initiative des ZdLeisters ist – weitergehend als in den §§ 145ff verkörpert (Angebot/Annahme) – nur wirksam, wenn sowohl das **Zeitelement** (zwei Monate im Voraus – hierzu BeckOGK/*Foerster* Rn 22f) als auch die **erforderliche Form** (Textform – Rn 4) gem Abs I beachtet sind. Eine (beidseitige) Änderung des ZdRahmenvertrags führt also nur dann iSv Abs I – vorbehaltlich einer entspr AGB-Klausel (Rn 5ff, insb Rn 8a ff) – zu einer geänderten Vereinbarung, wenn der ZdLeister dem ZdNutzer die – jew – Änderung zwei Monate vor dem Zeitpunkt des Wirksamwerdens des – geänderten – ZdRahmenvertrags mitteilt. Für die zutr Fristberechnung ist § 187 zu beachten. Darüber hinaus ist gem Art 248 § 3 EGBGB die beabsichtigte Änderung dem ZdNutzer **mitzuteilen**, womit die Unterrichtungspflicht gem § 675d angesprochen ist (§ 675d Rn 3). Mit anderen Worten: Da Abs I die Voraussetzungen von Art 248 § 3 EGBGB unmittelbar in Bezug nimmt, bedeutet die danach geschuldete Mitteilung/Unterrichtung, dass der ZdLeister von sich aus die erforderlichen Angaben (Art 248 § 4 I Nr 6 EGBGB) ggü dem ZdNutzer schuldet, ohne dass dieser gehalten wäre, diese anzufordern (MüKo/*Casper* Rn 6; BT-Drs 16/11643, 100). Die **Beweislast** für den rechtzeitigen Zugang der erforderlichen Änderungsmitteilung liegt beim ZdLeister.

4 **c) Textform.** Die Mitteilung der beabsichtigten Änderung in Abs I bedarf der Textform (§ 126b), wie sich aus Art 248 § 3 EGBGB ergibt. Damit ist § 126b angesprochen. Ob insoweit die Schriftform genügt, also auch eine eigenhändige Unterschrift iSv § 126 I (Grü/*Grüneberg* Art 248 § 3 EGBGB Rn 1), erscheint deswegen zweifelhaft, weil Art 51 I ZdRL insoweit auf Art 52 ZdRL verweist, wonach entweder die Papierform oder ein anderer dauerhafter Datenträger zu verwenden ist. Unter Berücksichtigung des Grundsatzes der **Vollharmonisierung** ist daher das in § 126 I geregelte Unterschriftserfordernis nicht zuzulassen. Es ist **unerheblich**, ob die zu ändernden Vertragsbedingungen iSv § 305 II bereits wirksam in den ZdRahmenvertrag einbezogen worden sind. Denn Abs I hat lediglich die vom **ZdLeister beabsichtigte Änderung** im Visier. Es reicht daher der formale Tatbestand aus, dass der ZdLeister den Inhalt des ZdRahmenvertrags ändern will. In gleicher Weise ist es unerheblich, ob die zu ändernden Vertragsbedingungen den Anforderungen der §§ 307ff genügen (vgl BGH NJW 2021, 2273). Auch ist es unerheblich, ob die in Art 248 § 4 I Nr 7 EGBGB angesprochenen **Vertragsklauseln** zuvor Gegenstand der danach geschuldeten vertragl Informationspflichten waren, zumal der ZdLeister nach Art 41 II ZdRL ohnehin von der Verpflichtung dispensiert ist, dem ZdNutzer die für den ZdRahmenvertrag maßgebenden Vertragsbedingungen vor dessen Abschluss mitzuteilen, sofern dieser Vertrag auf **Verlangen des ZdNutzers** mittels Fernkommunikationsmitteln abgeschlossen wurde. Denn unter dieser Voraussetzung reicht es aus, dass der ZdLeister diese Pflichten unverzüglich nach Abschluss des ZdRahmenvertrags erfüllt. Aus der in Abs I vorgesehenen Bezugnahme auf Art 248 § 2 EGBGB folgt des Weiteren, dass die beabsichtigte Änderung auch in einer der Amtssprachen und vor allem – entspr dem Transparenzgebot – **klar** und **verständlich** gefasst sein müssen.

5 **3. Fiktion – Formalien der Vertragsänderung. a) Erfordernis einer Vereinbarung.** Die von Abs I verlangte vertragl Änderungsabrede zw ZdLeister und ZdNutzer ist immer dann wirksam, wenn sie vorsieht, dass der ZdNutzer einer vom ZdLeister angebotenen Abänderung des ZdRahmenvertrags – das ist als **Angebot** zu werten (MüKo/*Casper* Rn 9) – zustimmt, sofern keine Zustimmungsfiktion vorgesehen ist (Staudinger/*Omlor* Rn 6), dh dass er nicht dieser Abänderung **widerspricht**, bevor die Frist nach **Abs II S 1** – bezogen auf den Zeitpunkt des Wirksamwerdens der Änderung – verstrichen ist (MüKo/*Casper* Rn 15). Es empfiehlt sich daher dringend, in den jew AGB exakt die Formulierung widerzuspiegeln, die Abs II – bezogen auf eine Zustimmungsfiktion des ZdNutzers – und zwar auch in Bezug auf das Wirksamwerden der jew Änderung (Grü/*Grüneberg* Rn 6f) anspricht. Diese darf die Grenze zu einem „neuen Vertrag" nicht überschreiten (Grü/*Grüneberg* Rn 2 vgl EuGH WM 2020, 2283), was deswegen sehr **schwierig anzuerkennen** ist, weil jede Änderung nach den Vorgaben der §§ 145ff auf den Abschluss eines neuen, geänderten Vertrages hinausläuft. Eine wortgenaue Wiederholung bietet sich auch deswegen iSd Art 248 § 2 EGBGB (Rn 4) an, weil auch das allg geltende, über Art 5 RL 93/13/EWG abgesicherte **Transparenzerfordernis** iSv § 307 I 2 im Zweifel nur dann gewahrt ist, wenn sich der ZdLeister/AGB-Verwender exakt an diese gesetzl Vorgabe hält (*Zahrte* BKR 2021, 79, 82; vgl aber BGH NJW 2021, 2273 Rn 12 – Rüge an die Adresse des Berufungsgerichts). Doch das Urteil des BGH v 27.4.2021 (BGH NJW 2021, 2273) stellt klar, dass – unionsrechtl gewertet (EuGH BKR 2021, 234 – Deniz Bank; BeckOK/*Schmalenbach*

Rn 10) – die **Klausel-RL** und national rechtl gesehen die Vorschrift des **§ 307 Vorfahrt** genießt, dh nicht von der Bestimmung des § 675g verdrängt wird (BGH NJW 2021, 2273 Rn 14; krit MüKo/*Casper* Rn 11). Mehr noch: Auch eine an der **Zustimmungsfiktion von § 308 Nr 5** anknüpfende Klausel wird durch den Rückgriff auf die allg Norm des § 307 konterkariert (BGH NJW 2021, 2273 Rn 18). Daraus hat der BGH die **Schlussfolgerung** gezogen, dass Änderungsklauseln, die auf einer Zustimmungsfiktion (bei Fortsetzung der Geschäftsbeziehung zur Bank) beruhen, mit § 307 nicht vereinbar sind (vgl *Casper* WM 2022, 2353, 2405; *Rodi* WM 2022, 1655; *Klanten* BKR 2022, 211; *Dieckmann* BKR 2021, 657; *Kupfer/Weiß* VuR 2021, 409; krit gegen den BGH *Omlor* NJW 2021, 2243; *Herresthal* ZHR 186 (2022) 373). Für die **Änderung von Entgelten** ist – so der BGH – ein Rückgriff auf die §§ 145ff unerlässlich (BGH NJW 2021, 2273 Rn 37; BeckOK/*Schmalenbach* Rn 11). Das löst die Frage aus, für welchen Zeitraum eine **Rückforderung** von in der Vergangenheit rechtswidrig vereinnahmten Entgelten/Gebühren (§§ 812ff) in Betracht kommt (BeckOK/*Schmalenbach* Rn 11e und f). Hierzu im Einz Rn 8j. Die **neuen AGB der Banken** haben dieses Konzept einer ausdrückl Annahme übernommen: Die von dem jew ZdLeister „angebotenen Änderungen" werden danach nur dann wirksam, „wenn der Kunde diese annimmt". Damit ist der Tatbestand der §§ 145ff in Geltung gesetzt (*Klanten* BKR 2022, 211, 214; *Dieckmann* BKR 2021, 657, 660). Doch damit erschöpft sich die neue Änderungsklausel nicht (*Rodi* BKR 2022, 419; *Rodi* ZIP 2022, 1583 – „Postbank-Modell"), gegen die gewichtige Bedenken – vor allem auch unter der Persepktive des Transparenzgebots – bestehen (*Graf v Westphalen* ZIP 2022, 2153). Im Einz Rn 8c. Folglich kommt die **Zustimmungsfiktion** des ZdNutzers immer erst dann – als zweiter Schritt – ins Spiel, wenn dieser nicht rechtzeitig, dh vor dem vorgeschlagenen Zeitpunkt des Wirksamwerdens der Änderung dem ZdLeister ggü seinen Widerspruch notifiziert hat. Die danach geschuldete **Ablehnung** fordert also ein aktives Tätigwerden des ZdNutzers. In welcher Weise er seinen gegenläufigen Willen bekundet, ist gleichgültig, solange nur sichergestellt ist, dass dies rechtzeitig geschieht. Dass die Ablehnungserklärung des ZdNutzers den ZdLeister gem § 130 zugehen muss, ist evident. Doch nach der grundlegenden Entscheidung des BGH (NJW 2021, 2273) ist die Bandbreite der Wirksamkeit solcher Änderungsklauseln sehr begrenzt. Man wird sie – transparente Vertragsgestaltung vorausgesetzt – auf **Miniaturänderungen** beschränken müssen.

b) Ausdrücklicher Hinweis. Da die Erklärungsfiktion von Abs II S 1 an das **Schweigen** des ZdNutzers anknüpft (Grü/*Grüneberg* Rn 6), muss die jew Vereinbarung iSv Abs II S 2 als erstes den ausdrückl Hinweis an die Adresse des ZdNutzers enthalten, dass er berechtigt ist, den ZdRahmenvertrag vor dem Wirksamwerden der beabsichtigten Änderung – dh vor Ablauf der Frist von zwei Monaten – **fristlos zu kündigen** (MüKo/*Casper* Rn 17). Dem ZdNutzer muss also ein doppeltes Recht eingeräumt werden: Zum einen ist der ausdrückl Hinweis auf sein (rechtzeitiges) Ablehnungs- und Widerspruchsrecht, zum anderen ist sein Kündigungsrecht zwingend vorzusehen. Fraglich ist freilich, ob dieses fristlose Kündigungsrecht auch in der jew Vereinbarung ausdrückl verankert sein muss oder ob es ausreicht, wenn der ZdLeister iSv Abs II S 3 – zusammen mit dem Angebot der Vertragsänderung – auf dieses Recht lediglich ausdrückl hinweist. Die Antwort ist aus Art 52 Nr 6 ZdRL abzuleiten: Wenn nämlich die vom ZdLeister geschuldeten Informationen – einschl der Vertragsbedingungen – vorsehen müssen, dass und inwieweit eine kündigungsrelevante Vereinbarung nach Art 54 I ZdRL eingreift, dann ist damit klar, dass Änderungen und Kündigungen des ZdRahmenvertrags **gleichrangige Elemente** sind. Dies aber besagt: Wie sich auch insoweit (zumindest tendenziell) aus Abs II S 2 und 3 ablesen lässt, ist der ZdLeister verpflichtet, **kumulativ** den ZdNutzer sowohl ausdrückl auf das Ablehnungs- als auch auf das fristlose Kündigungsrecht bereits in der „Vereinbarung" in transparenter Weise hinzuweisen (aM Staudinger/*Omlor* Rn 7 – nur Schadensersatz). Es reicht also nicht aus, wenn der Hinweis auf ein fristloses Kündigungsrecht erst mit der – gesonderten – Erklärung gem Abs II S 3 erfolgt (Rn 7). 6

c) Hinweis auf die Folgen des Schweigens. Zusätzl Wirksamkeitsvoraussetzung für die Durchführung der vom ZdLeister beabsichtigten Änderung des ZdRahmenvertrags ist es gem Abs II S 3, dass er – zusammen mit dem Angebot zur Vertragsänderung – den ZdNutzer auf die Folgen seines Schweigens sowie auf das Recht, den ZdRahmenvertrag kostenfrei fristlos zu kündigen, hinweist (*Herresthal* in L/B/S Rn 18). Auch hier bietet es sich an, dass der ZdLeister den Gesetzestext von Abs II S 1 klauselmäßig iSd Art 248 § 2 EGBGB klar und verständlich wiederholt. Dies bedeutet auch, dass dem ZdNutzer im Fall der fristlosen Kündigung keinerlei Nachteile geldwerter Art erwachsen dürfen, was ebenfalls in der betr Klausel entspr Abs II S 3 reflektiert werden muss. Setzt allerdings der ZdNutzer das Vertragsverhältnis fort, obwohl der ZdLeister nicht die Voraussetzungen von Abs I oder II erfüllt hat, ist das „Schweigen" unerheblich. Vielmehr sind dann die angestrebten Änderungen des ZdRahmenvertrags nicht wirksam Bestandteil dieses Dauerschuldverhältnisses geworden (BeckOK/*Schmalenbach* Rn 8). 7

d) Ungeschriebene Wirksamkeitsvoraussetzung. Es stellt sich die Frage, ob der ZdLeister zusätzl – formal betrachtet – verpflichtet ist, nur die beabsichtigten Änderungen des ZdRahmenvertrags im Einz – Vertragsbedingung für Vertragsbedingung – dem ZdNutzer rechtzeitig mitzuteilen, oder ob er sogar gehalten ist, in einer Art **Synopse** unter Berücksichtigung von § 307 I 2 sicherzustellen, dass der ZdNutzer im Einz in übersichtlicher Weise ermessen kann, auf welche Änderungen er sich tatsächlich einlässt (*Habersack* in UBH, § 305 Rn 164). Dies wird man jedenfalls dann bejahen müssen, wenn man unter Berücksichtigung von Abs II davon ausgeht, dass die Zustimmung des ZdNutzers – mangels Ablehnung/Widerspruchs – als erteilt gilt. Denn nur so wird der ZdNutzer in angemessener Weise iSd Art 248 § 2 EGBGB darüber unterrichtet, ob sich seine Rechtsposition verbessert oder – mangels Ablehnung/Widerspruchs – verschlechtert. 8

8a **e) Erweiterte materiell-rechtliche unionsrechtliche Vorbehalte im Rahmen einer Zustimmungsfiktion. aa) EuGH-Urteil v 11.11.2020.** Es ist von überragender Bedeutung, dass der EuGH in seiner Entscheidung DenizBank festgestellt hat, dass Art 52 Nr 6a iVm Art 54 I ZdRL dahin auszulegen ist (EuGH ZIP 2020, 2327), dass bei einer vom ZdLeister beabsichtigten Änderung der Vertragsbestimmungen des ZdRahmenvertrages – basierend auf einer stillschw Zustimmungs(fiktion) des ZdNutzers – die Berücksichtigung der Vorschriften der verbraucherrechtl **Klausel-RL 93/13/EWG** „unberührt" bleibt (BGH NJW 2021, 2273; hierzu krit auch *Omlor* NJW 2021, 2243; MüKo/*Casper* Rn 10; BeckOK/*Schmalenbach* Rn 10). Es geht also darum, ob die rein formellen Voraussetzungen bei einer solchen Vertragsänderung nach Abs II ausreichen (was bislang auch an dieser Stelle so vertreten wurde) oder ob sich im Blick auf den Verbraucherschutz insoweit – weitergehend – inhaltliche Begrenzungen für die Vertragsfreiheit des ZdLeisters ergeben, die sich jedoch aus dem Unionsrecht ableiten lassen müssen (BeckOGK/*Foerster* Rn 27; *Zahrte* BKR 2021, 79, 82; BeckOK/*Schmalenbach* Rn 10). Im Blick auf eine als missbräuchlich anzusehende Zustimmungsfiktion des ZdNutzers kommt hier in erster Linie das Verbot im Anh zu Art 3 III Klausel-RL in Betracht, und zwar Nr 1 lit j. Danach ist eine Klausel dann missbräuchlich, wenn sie dem Verwender ein einseitiges Änderungsrecht an die Hand gibt, ohne dass ein triftiger und im Vertrag angegebener Grund genannt ist (zur Auslegung WLP/*Pfeiffer* RL-Anh Rn 89 – krit).

8b **bb) BGH-Urteil v 27.4.2021.** Der BGH hat – ohne allerdings sogleich auf das vorerwähnte EuGH-Urteil zu rekurrieren – entschieden (BGH NJW 2021, 2273 Rn 14), dass die bislang weithin unangefochtenen, aber auch umfassend formulierten einseitigen Änderungsklauseln der Banken-AGB **mit § 307 I 1 nicht im Einklang** stehen. In Bezug auf § 675g hat das Gericht im gleichen Atemzug – die Tür zu einer richterlichen Inhaltskontrolle im Verbraucherverkehr weit öffnend – hervorgehoben, dass diese Norm „keinen abschließenden Vorrang vor § 307 I 1 genießt" (BGH NJW 2021, 2273 Rn 12). Die alles entscheidende Argumentation stützt der BGH allerdings darauf, dass die **Leitbildfunktion** der §§ 145ff iSv § 307 II Nr 1 (grundlegend BGH NJW 2017, 2986 Rn 37) durch eine einseitige Änderungsvereinbarung mit Zustimmungsfiktion auf Seiten des ZdNutzers jedenfalls dann wegen der einschränkungslos formulierten Änderungsbefugnis des ZdLeisters auf das Nachhaltigste gestört ist, wenn sich die Änderung als „Abschluss eines neuen Vertrages" herausstellt (BGH NJW 2021, 2273 Rn 27). Denn die Änderungsbefugnis bezog sich in den verworfenen Banken-AGB auf Änderungen der AGB selbst wie auch auf eine **Abänderung der Entgelte** für Bankleistungen. Die Klauseln wurden ohne Einschränkungen als unwirksam ggü Verbrauchern gem § 307 I 1 beanstandet. Das Urteil hat in der Öffentlichkeit hohe Wellen geschlagen und in der Fachliteratur teils heftige, teils nur moderate Kritik erfahren (*Omlor* NJW 2021, 2243; *Pfeiffer* LMK 2021, 809884; vgl auch *Zahrte* BKR 2022, 69ff; *Herresthal* ZHR 186 (2022) 373, 374ff; *Casper* ZIP 2361f; *Klanten* BKR 2021, 211, 213). Auch die Kommentarliteratur zeigt sich nicht unbedingt wohlwollend (BeckOGK/*Zahrte* Art 248 EGBGB § 4 Rn 38; BeckOGK/*Foerster* Rn 29; BeckOK/*Schmalenbach* Rn 11a; MüKo/*Casper* Rn 10). Dennoch kann es i Erg keinem Zweifel unterliegen, dass die vom EuGH vorgeprägte (EuGH ZIP 2020, 2327) und vom BGH weitergeführte Linie (BGH NJW 2021, 2273) der richterlichen Inhaltskontrolle einseitiger Änderungsbefugnisse des ZdLeisters und eine deren Folgen abstützende Zustimmungsfiktion des ZdNutzers die Praxis beherrscht. Es kann auch keine Rede davon sein, dass die höchst wichtige praktische Frage, wie denn im Massengeschäft – und dies im Rahmen des Dauerschuldverhältnisses eines ZdRahmenvertrages – allfällige Änderungen der AGB (einschl der Entgelte) in der Weise saniert werden sollten, dass der BGH nunmehr bei nächster Gelegenheit den EuGH im Rahmen eines Vorlagebeschlusses einschaltet (so *Zahrte* BKR 2021, 69, 72; in der Sache auch wohl BeckOK/*Schmalenbach* Rn 11a). Der Ball liegt jetzt nur in Karlsruhe. Die Würfel sind gefallen. Die Banken haben auch sehr rasch reagiert und neue AGB in die Welt gesetzt (Rn 8c). Doch der EuGH zeigt sich unerbittlich (EuGH ZIP 2022, 1910). Wenn und soweit ein Vertrag trotz Nichtigkeit einer missbräuchlichen Klausel **aufrechterhalten** werden kann, scheidet ein wie auch immer gearteter Rückgriff auf dispositives Recht aus (Rn 100) und der Rückforderungsanspruch wegen überzahlter Entgelte/Gebühren etc bricht sich uneingeschränkt Bahn (Rn 100). Die Folgen sind noch nicht absehbar.

8c **cc) Konsequenzen. (1) Neue AGB.** Wie bereits kurz angedeutet differenzieren die neuen Banken-AGB zw zwei Formen der Zustimmung zu geänderten AGB: In einem ersten Schritt geht es um die nach §§ 145ff zu bemessende **ausdrückl Annahmeerklärung** des Kunden. In einem zweiten Schritt kommt es im Einz auf die Modalitäten der Zustimmungsfiktion an, die darauf abzielen, die Wirksamkeitsbedenken des BGH-Urteils (NJW 2021, 2273) auszuräumen (hierzu *Rodi* WM 2021, 1357; *Casper* ZIP 2021, 2361; *Klanten* BRK 2022, 211). In Nr 1 II c AGB-Banken wird an das „Schweigen" des Kunden – und dies als Zustimmungserklärung – angeknüpft, wenn sich (zusammenfassend gesagt) auf Grund gerichtlicher Entscheidungen oder aufsichtsrechtl Maßnahmen ergibt und „das Änderungsangebot der Bank" darauf abzielt, die Übereinstimmung der vertragl Klauseln „mit der veränderten Rechtslage" wiederherzustellen (ausgenommen, der ZdNutzer hat dieses „Angebot" zuvor bereits abgelehnt). In Nr 1 II d AGB-Banken ist die „Zustimmungsfiktion ausgeschlossen". Die davon erfassten Fälle sind, wenn die AGB selbst geändert oder die geforderten Entgelte, Gebühren etc (Nr 12) angepasst werden. Als zweites scheidet eine Fiktion dann aus, wenn eine Änderung die „Hauptleistungspflichten" oder die insoweit geforderten „Entgelte" betrifft. Der dritte Tatbestand bezieht sich auf eine Änderung der vereinbarten Entgelte, „die über das vereinbarte Entgelt hinausgehen". Weiter kommt eine Fiktion dann nicht in Betracht, wenn es sich um Änderungen handelt, „die dem Abschluss eines neuen Vertrages gleichkommen". Schließlich ist als letzter Tatbestand zu erwähnen, dass eine Fiktion dann nicht in Betracht gezogen wird, wenn die Änderungen „das bisher vereinbarte Verhältnis von Leistung und Gegenleistung erheblich zugunsten der Bank verschieben". In all diesen

Fällen ist dann vorgesehen, dass die Bank „die Zustimmung des Kunden zu den Änderungen auf andere Weise" einholt.

(2) Kritik. (a) Schweigen als Zustimmungsfiktion. Der erste Ansatzpunkt einer kritischen Würdigung bezieht sich – vor allem auch unter der Rubrik des **Transparenzgebots** nach § 307 I 2 – auf die Regelungen in Nr 1 II c AGB-Banken (aM *Klanten* BKR 2022, 211, 214; BeckOK/*Schmalenbach* Rn 11b; im Einz sehr krit *Graf v Westphalen* ZIP 2022, 2153). Danach führt das „Schweigen" des ZdNutzers in Form einer Zustimmungsfiktion zur Einbeziehung geänderter AGB, sofern Gesetze, Gerichtsentscheidungen und bindende amtl Anordnungen zu geänderten Klauseln führen, welche dann in einem „Angebot" des ZdLeisters dem Kunden unterbreitet werden. Diese werden durch Schweigen des Kunden angenommen. Die Bedenken richten sich hier in erster Linie auf die Frage, ob Äpfel und Birnen in einen Korb geworfen werden (vgl aber *Dieckmann* BKR 2021, 657, 663). Denn wenn der **Gesetzgeber** von den ZdLeistern eine Änderung der AGB fordert, hat dieser im Zweifel keinerlei Vertragsgestaltungfreiheit. Es gilt dann auch § 307 III. Das aber ist **grundlegend anders**, wenn eine **Gerichtsentscheidung** eine Klausel als unwirksam verwirft. Dann ist sehr wohl – jedenfalls zunächst – der Schutzbereich des AGB-Rechts eröffnet. Es geht nämlich dann um die Beachtung der Nichtigkeitssanktion des § 306 II, die durch eine einseitige Änderungsbefugnis des ZdLeisters umgangen wird, auf die sich einzulassen der Kunde kaum zu verpflichten sein dürfte. Denn wenn diese Norm – etwa nach einer Gerichtsentscheidung – zum Zuge gelangt, dann handelt es sich um eine zwingende Rechtsfolge: Entweder tritt an die Stelle der unwirksamen AGB dispositives Recht oder es ist ein Rückgriff auf die Instrumente der erg Vertragsauslegung (BGH NJW 1984, 1177 – Tagespreisklausel; MüKo/*Fornasier* § 306 Rn 32ff; aM *Dieckmann* BKR 2021, 657, 663 – nur auf dispositives Recht abstellend) nach den §§ 133, 157 geboten. Da aber diese Sanktion nicht durch eine abw AGB-Klausel einseitig durch den ZdLeister als AGB-Verwender ersetzt werden kann, ist immer ein entspr Konsens der Vertragsparteien erforderlich, weil es sich in der Sache um klassische salvatorische Klaueln handelt, die unwirksam sind (BGH NJW 2016, 401 Rn 26; BeckOK/*Schmidt* § 306 Rn 30). Folgt man dem, so wird man allemal – und dies vorrangig – sich mit der Frage auseinandersetzen müssen, ob die hier in den neuen Banken-AGB vorgesehene Rechtsfolge mit den Sanktionswirkungen der **Art 6 I und Art 7 I Klausel-RL** im Einklang steht. Dies aber dürfte nach der neuesten Rspr des EuGH mehr als fragwürdig sein (hierzu EuGH ZIP 2023, 148; NJW 2022, 3489; vgl BeckOK/*Schmidt* § 306 Rn 6ff; BeckOGK/*Bonin* § 306 Rn 98ff; MüKo/*Fornasier* § 306 Rn 8ff; auch *Graf v Westphalen* IWRZ 2023, 9). 8d

(b) Ungereimtheiten der Klausel. Erschwerend kommt hinzu, dass eine auffallende Ungereimtheit – Intransparenz nach § 307 I 2 – in der Auslegung von Nr 1 II lit c und lit d AGB-Banken und in ihrem Verhältnis zueinander besteht, weil sich die Konstellationen **überlappen**, in denen eine Zustimmungsfiktion greift, und solchen, in denen dies nach dem Wortlaut der AGB nicht der Fall ist. Änderungen sollen von der Zustimmungsfiktion ausgeschlossen sein, „die dem Abschluss eines neuen Vertrages gleichkommen". Dies gilt aber – dem Wortlaut nach – nicht für den Fall, dass, wie oben Rn 8d erwähnt, Änderungen der AGB durch eine Entscheidung eines Gerichts notwendig werden sollen (Nr 1 II lit c AGB-Banken), welches die betr Klausel als unwirksam verworfen hat. Doch das ist in hohem Maß verwirrend und auch widersprüchlich. Zu bedenken ist nämlich iSd §§ 145ff, dass eine jede, auch noch so geringfügige Abweichung eines neuen Angebots iSv § 150 II, geänderte AGB iSv § 305 I dem Kunden zu stellen, die Geburtsstunde eines neuen Angebots und damit auch eines **neuen Vertrages** ist, sofern der Kunde „schweigt" und damit im Rahmen der Fiktion zustimmt. Oder ist in diesen Fällen keine Fiktion (Nr 1 II lit d AGB-Banken) zulässig, so dass die Ausnahmeregel eingreift? Das eine wie das andere ist mit dem Wortlaut der Klauseln vereinbar. Diese Alternative in der Auslegung führt aber schnurgerade dazu, das scharfe Instrument der **„kundenfeindlichsten" Auslegung** anwenden zu müssen (BGH NJW 2008, 2172). Dann aber liegt die Konsequenz offen zu Tage: Die Zustimmungsfiktion von Nr 1 II lit c AGB-Banken steht bestenfalls auf dem Papier. Denn alle von ihr erfassten Konstellationen werden durch die Klausel in Nr 1 II lit d AGB-Banken aufgesogen, nach der solche Änderungen eine Zustimmung des Kunden nach den §§ 145ff benötigen, wenn sie „dem Abschluss eines neuen Vertrages gleichkommen". Das aber trifft immer dann zu, wenn eine neue, weil geänderte AGB Vertragsbestandteil nach § 305 II wird. Dann ist dies ein „neuer Vertrag". Er hat einen anderen Inhalt als der Vertrag mit der – unwirksamen – Klausel. Die Regel der Nr 1 II lit d AGB-Banken regiert (skeptisch auch *Zahrte* BKR 2022, 69, 71 – „inwieweit die neuen Klauseln gerichtsfest sind, wird sich zeigen"). Ob man diese Version unionsrechtl – auch im Blick auf das Transparenzgebot des Art 5 RL 93/13/EWG – aufrechterhalten kann, dürfte allerdings fraglich sein (so BeckOGK/*Foerster* Rn 33). Denn das angesprochen Zitat ist wortgleich aus dem Urteil des EuGH übernommen (EuGH ZIP 2020, 2327 Rn 47). Dort aber ist die Frage, ob sich eine fiktive Zustimmungsklausel auf eine Änderung bezieht, die in Wirklichkeit dem **„Abschluss eines neuen Vertrages gleichkommt"**, als materiell-rechtl Frage der Prüfung des nationalen Gerichts überantwortet. Über die Erfüllung des Transparenzgebots ist damit aber nichts gesagt. 8e

(c) Bedeutung des Transparenzgebots. Auf Basis der BGH-Entscheidung (BGH NJW 2021, 2275) ist auch allemal ein Rückgriff auf das **Transparenzgebot nach Art 5 RL 93/13/EWG** (§ 307 I 2) in Betracht zu ziehen (hierzu auch *Dieckmann* BKR 2021, 657, 664). Es ergeben sich nachfolgende Bedenken: Ob es für einen Verbraucher – gedacht in seiner Position der (wirtschaftl und auch intellektuellen) Unterlegenheit ggü einem ZdLeister – in der Tat einsichtig und ohne Einholung von Rechtsrat nachvollziehbar ist, was im Rahmen des riesigen Komplexes von ZdRahmen- und Girovertrag (einschl aller Sonderbedingungen) eine – geänderte – „Hauptleistung" ist, dürfte kein Selbstläufer sein. Zu erinnern ist vielmehr an die weitreichende Entscheidung des BGH, in der dieser – und dies im unternehmerischen Bereich – die Verwendung des Begriffs „Kardinalpflicht" an § 307 I 2 schei- 8f tern ließ (BGH NJW-RR 2005, 1496, 1505). Es spricht also sehr viel dafür, hier mit der gleichen Elle zu messen. In die gleiche Kategorie wird man die Klausel in Nr 1 II lit d unterbringen müssen, welche den „Ausschluss der Zustimmungsfiktion" an die Fälle knüpfen will, in denen Änderungen der AGB dazu führen, dass „das bisher vereinbarte Verhältnis von Leistung und Gegenleistung erheblich zugunsten der Bank" verschoben würde. Die Antwort auf diese Frage überfordert nahezu jeden Juristen und lässt den – rechtl nicht vorgebildeten – Verbraucher im Regen stehen. Sie ist also intransparent nach § 307 I 2. Zudem wird hier schon rein logisch gewertet eine unglaublich komplexe Prüfung verlangt, die der Verbraucher – ohne Einholung von Rechtsrat – selbst nie und nimmer bewältigen kann: In einem ersten Schritt ist das bestehende Äquivalenzverhältnis des Gesamtvertrages zu bestimmen, also alle Rechte und Pflichten beider Seiten, einschl der Nebenpflichten und der jeweils zu zahlenden „Entgelte". Diese sind zwar im Fall einer Änderung (Nr 12 Banken-AGB) von der Zustimmungsfiktion als eigenständige Regelung ausgenommen. Aber bei der Abwägung des **„vereinbarten Verhältnisses von Leistung und Gegenleistung"** sind sie wieder einbezogen. Denn der Umkehrschluss lautet: Wenn sich dieses Äquivalenzverhältnis nur geringfügig auf Grund einer geänderten Klausel zugunsten des ZdLeisters verschiebt, aber eben nicht **„erheblich"**, dann fällt eine solche Änderung der AGB unmittelbar in die Konstellationen, die der Zustimmungsfiktion unterworfen sind. Ausgenommen soll dann aber wieder eine Änderung des **Entgelts nach Nr 12 der Banken-AGB** sein, obwohl dieser Terminus in allen Fällen von Nr 1 II lit d AGB-Banken aufgeführt ist, nur nicht in den beiden Klauselteilen, die hier besonders unter die Lupe genommen worden sind. Das alles verwirrend zu nennen, wäre ein Lob. Das Transparenzgebot wird und sollte es richten.

8g **(d) Zustimmung auf „andere Weise".** Unklar iS des Transparenzgebots nach Art 5 RL 93/13/EWG – § 307 I 2 – ist schließlich auch der apokryph zu nennende Hinweis in Nr 1 II lit d. Dort heißt es, dass der ZdLeister in all den Fällen, in denen der Rückgriff auf die Zustimmungsfiktion ausgeschlossen ist, die geänderte AGB und damit die Zustimmung des Kunden „auf andere Weise" einholt. Es ist völlig offem, was damit gemeint ist. Daher tritt § 307 I 2 in sein Recht. Zudem ist im Auge zu behalten: Mit diesem konturenunscharfen Begriff kann im Zweifel selbst die allg Regel der §§ 145ff nicht gemeint sein, weil es sich erkennbar um AGB handelt, so dass die zwingende Sonderregel des § 305 II einschlägig ist („Einverständnis" – § 307 Rn 41). Diese aber verlangt ohne Wenn und Aber, dass sich der ZdNutzer mit der jew AGB, auch einer geänderten, einverstanden erklärt (MüKo/*Fornasier* § 305 nz 56). Hier kommt wiederum das **Transparenzgebot** nach Art 5 RL 93/13/EWG ins Spiel (MüKo/*Fornasier* § 305 Rn 58). Was aber die **„andere** Weise" der Zustimmung des ZdNutzers tatsächlich sein soll, mit der der ZdLeister dessen erforderliche Zustimmung zu einer geänderten AGB sich verschafft, wird mit keinem Wort in nachvollziehbarer Weise gesagt, und es ist auch nicht erklärbar. Unbestimmter und damit intransparenter iSd Judikatur zu § 307 I 2 geht es nicht (BeckOGK/*Eckelt* § 307 Rn 138).

8h **(e) Keine stillschweigende Einbeziehung bei Fortsetzung des Vertrages.** Daher ist es auch nicht mehr erforderlich, noch besonders darauf zu verweisen, dass diese **„andere Weise"** der Einbeziehung mit der Geltung der geänderten AGB nicht dadurch erreicht werden kann, dass der ZdNutzer in Kenntnis dieser neuen AGB die Vertragsbeziehungen mit dem ZdLeister **stillschweigend fortsetzt** (*Dieckmann* BKR 2021, 657, 660; *Rodi* WM 2021, 1357, 1359; *Artz* BKR 2021, 492, 494; aM *Herresthal* ZHR 186 (2022) 373, 391). Das ist abzulehnen (zweifelnd *Omlor* NJW 2021, 2243, 2247). Denn nach dem Wortlaut von Nr 1 II lit d AGB-Banken ist die Zustimmungsfiktion des Kunden in den dort gelisteten Fällen ausgeschlossen. Daran wird man den ZdLeister messen müssen. Der ZdLeister als Verwender muss sich an seinen eigenen AGB festhalten lassen, und seien sie auch noch so widersinnig. Hätte man diese Art der stillschw Fortsetzung der Vertragsbeziehungen in Kenntnis der geänderten AGB als Willenserklärung ansprechen wollen, dann hätte Art 5 RL 93/13/EWG genau dies erfordert: Die Verwendung einer klaren und verständlichen Sprache. Der Schutzzweck des AGB-Rechts liegt allein vor der Haustür des ZdNutzers als Verbraucher (grundlegend BGH NJW 2017, 2986 Rn 37ff). Ob das dann aber auch wirksam gewesen wäre, steht auf einem anderen Blatt und bedarf hier keiner Antwort.

8i **(3) Geltung ggü Unternehmern.** Diese Frage hat keine praktische Relevanz, weil die Banken-AGB keine Unterscheidung zw dem Verbraucher- und dem unternehmerischen Verkehr vornehmen, sondern einheitliche AGB verwenden. Dennoch ist die Frage zu adressieren, ob die zuvor aufgeworfenen Bedenken gegen die Wirksamkeit der neuen Banken-AGB auch ggü einem Unternehmer durchschlagen. In der Lit ist die Auffassung vertreten worden, dass die letztlich auf dem Grundgedanken der §§ 145ff aufbauende BGH-Entscheidung v 27.4.2021 (BGH NJW 2021, 2273) auch für den unternehmerischen Bereich über das in diesen Normen verankerte Leitbild (§ 307 II Nr 2) Anwendung findet (*Graf v Westphalen* NJW 2021, 3145; *Lang/Kühler* NJW 2022, 2145). Doch ob daran festzuhalten ist, dürfte zweifelhaft sein (so aber *Dieckmann* BKR 2021,657, 659). Die heikle, vom EuGH (ZIP 2020, 2327) allerdings für den Bereich des Verbraucherrechts beantwortete – in der referenzierten Lit indessen ausgesparte – Frage, dass nämlich die Regeln der RL 93/13/EWG auch innerhalb des Konzepts der RL 2015/2366 anwendbar sind, lässt sich unter dem Diktat der hier gebotenen Vollharmonisierung nicht mit leichter Hand für den unternehmerischen Bereich im gleichen Sinn beantworten (abl BeckOK/*Schmalenbach* Rn 11g; BeckOGK/*Foerster* Rn 33 – allerdings eine Ausübungskontrolle befürwortend). Dieser hat nämlich keine unionsrechtl Korrespondenz auf dem Gebiet der richterlichen Inhaltskontrolle. Hier gilt ausschließlich und abschließend nationales Recht. Der sicherere Weg läuft daher auf eine Ablehnung hinaus. Für die weiter oben dargelegten Bedenken gegen die neuen AGB der Banken bedeutet dies, dass diese im unternehmerischen Verkehr nur an § 675g zu messen und im Zweifel als wirksam im unternehmerischen Verkehr anzusehen sind.

8j **(4) Rückforderungsrechte.** Dass dem ZdNutzer Ansprüche aus §§ 812ff wegen zuviel und auch rechtsgrundlos gezahlter Entgelte gegen den ZdLeister zustehen (hierzu *Lang* BKR 2022, 78, 80 – „Dreijahres-Lösung"; so auch

AG Steinfurt NJW 2022, 2284), ist unproblematisch, so man die neue EuGH-Rspr beachtet (EuGH ZIP 2022, 2190 Ls 4). Danach hängt der Beginn der Verjährung davon ab, dass der Kunde Kenntnis von seinen Rechten auf Grund der Art 6 I und Art 7 I RL 93/13/EWG tatsächlich hatte. Damit dürfte der Rückgriff auf die allg Verjährungsregeln der §§ 195, 199 hier außerhalb der Zehnjahresfrist ausscheiden (aM *Herresthal* ZHR 188 (2022) 357, 404). Hinzukommt, dass der EuGH (EuGH ZIP 2023, 148; NJW 2022, 3489; ZIP 2022, 1910; hierzu auch *Graf v Westphalen* IWRZ 2023, 9) entschieden hat, dass die Grundsätze der unionsrechtl Effektivität nach Art 6 I und Art 7 I RL 93/13/EWG einer nationalen Verjährungsfrist von fünf Jahren entgegenstehen, wenn diese zu einem Zeitpunkt zu laufen beginnt, in der der Verbraucher – wie hier (*Graf v Westphalen* NJW 2021, 3145, 3146) – noch „keine Kenntnis von sämtlichen Rechten hatte, die ihm aus dieser Richtlinie erwachsen" (aM *Herresthal* ZHR 188 (2022) 357, 404ff; *Omlor* NJW 2021, 2243, 2248). Daher reicht es nicht aus (*Graf v Westphalen* IWRZ 2023, 9, 15f), dass die ZdNutzer Kenntnis von der Kontobelastung durch den ZdLeister haben, weil daraus eben noch nicht folgt, dass der ZdNutzer auch nur in etwa weiß, welche Rechte er möglicherweise gegen den ZdLeister auf Restitution der zuviel gezahlten Entgelte geltend machen kann. Daher gilt insoweit die Sperrfrist des § 199 IV von **zehn Jahren** (BeckOK/*Schmalenbach* Rn 11a; *Graf v Westphalen* NJW 2021, 3145, 3146). Für die Anwendung der vom BGH für unwirksame Preisanpassungsklauseln in langfristigen Energielieferverträgen in Stellung gebrachte „Dreijahres"-Lösung (BGH NJW 2022, 1944; NJW 2017, 557; NJW 2017, 320), die *Omlor* (NJW 2021, 2243, 2247) in die Debatte geworfen hat, besteht kein Bedürfnis. Sie ist unter Beachtung der jüngsten Entscheidung des EuGH (ZIP 2022, 2190) ohnedies höchst anfechtbar. Denn sie begrenzt die Rückforderungsrechte all der Verbraucher, die sich gegen die Höhe der Jahresabrechnung nicht zur Wehr gesetzt haben. Für sie greift der unionsrechtl Verbraucherschutz der Klausel-RL nicht ein.

Folgt man dem nicht, wird man in einem ersten Schritt den ZdNutzer als verpflichtet ansehen, den **Rückforderungsanspruch selbständig** in die Wege zu leiten. Doch dann stellt sich die unionsrechtl in Art 6 I RL 93/13/EWG verankerte Frage, ob nicht das Gericht – in voller Kenntnis der missbräuchlichen AGB – verpflichtet ist, **von Amts wegen** tätig zu werden, um auf diese Weise den Verbraucherschutz zu unterstützen, was st Rspr des EuGH entspricht (EuGH NJW 2022, 2247). Denn es handelt sich hier immer um Beträge, die der ZdNutzer als Verbraucher ohne Rechtsgrund entrichtet hat. Daher kann und muss das mit einer solchen Rückforderung befasste Gericht den ZdLeister auffordern, alle Unterlagen und Kontobelege vorzulegen, aus denen sich eine solche Überzahlung ableiten lässt. Das Beharren auf den nationalen Grundsätzen der Darlegungs- und Beweislast ist insoweit mit Art 6 I und Art 7 I RL 93/13/EWG unvereinbar. 8k

(5) **Kündigung des ZdLeisters.** Zu den Fragen, ob der ZdLeister berechtigt ist, im Fall einer Nichtannahme der geänderten AGB den ZdRahmenvertrag (aber auch den Girovertrag) nach § 675h zu kündigen, vgl § 675h Rn 12. 8l

f) Verspäteter Widerspruch – Ablehnung – Fristloses Kündigungsrecht des Zahlungsdienstnutzers. Falls der ZdNutzer einer beabsichtigten Änderung des ZdRahmenvertrags nicht rechtzeitig – es kommt, wie stets, auf die Rechtzeitigkeit des Zugangs an – widerspricht, ist die vom ZdLeister beabsichtigte Änderung – vorausgesetzt, alle Wirksamkeitsvoraussetzungen sind erfüllt – zum Zeitpunkt des beabsichtigten Wirksamwerdens uneingeschränkt wirksam. Es handelt sich hierbei um eine gesetzl Ausnahme von dem allg Grundsatz, dass Schweigen keine Zustimmung bedeutet. Dabei macht es keinen Unterschied, in welchem Umfang und in welchen Punkten der ZdLeister eine Änderung des ZdRahmenvertrags beabsichtigt hat; selbst eine Änderung der essentialia negotii wird von dem Schweigen des ZdNutzers umfasst und damit als Folge des Schweigens wirksam. Auf diesem Wege reicht die Regelung von Abs II weiter als die bisherige BGH-Judikatur, wie sie zu § 308 Nr 5 ergangen ist (BGH NJW-RR 2008, 134). Doch bleibt der Vorbehalt im Blick auf § 307 I 1 zu beachten, der sich für den Verbraucherverkehr aus dem Urteil des EuGH in Sachen Denizbank (EuGH ZIP 2020, 2327) und dem BGH-Urteil v 27.4.2021 ergibt (BGH NJW 2021, 2273; im Einz Rn 8a ff). Lehnt der ZdNutzer die vom ZdLeister angebotene Änderung des ZdRahmenvertrages ab, besteht der Vertrag – genauso wie bei einem verspäteten Widerspruch – **unverändert** fort. Dem ZdLeister bleibt dann nur das Recht, den Vertrag nach § 675h II zu kündigen (BeckOGK/*Foerster* Rn 35 – auch zur Möglichkeit einer Änderungskündigung Rn 38). Als weitere Handlungsoption neben der Kündigung (BeckOGK/*Foerster* Rn 38 – elektive Konkurrenz) steht dem ZdNutzer das Recht nach **Abs II S 2** zu, bis zum Wirksamwerden der Vertragsänderung den ZdRahmenvertrag kostenfrei im Wege der fristlosen Kündigung zu beenden (MüKo/*Casper* Rn 15f). Doch ist dieses Kündigungsrecht bis zu dem Tag befristet, an dem das Angebot des ZdLeisters auf Abänderung des ZdRahmenvertrages durch Fiktion der Zustimmung des ZdNutzers erlischt (BeckOGK/*Foerster* Rn 35). Auf dieses Kündigungsrecht muss bereits bei Vereinbarung der Zustimmungsfiktion nach **Abs II S 3** hingewiesen werden, nicht in den AGB (LG Berlin WM 2018, 1693 – Gegenstand der Vereinbarung betr die Vertragsänderung). 9

g) Nichterfüllung der Wirksamkeitsvoraussetzungen. Erfüllt der ZdLeister nur eine der Wirksamkeitsvoraussetzungen von Abs I, ist das Angebot auf Abänderung des ZdRahmenvertrags **unwirksam**. Dies gilt freilich dann nicht, wenn die Voraussetzungen von § 675i II Nr 1 bei Verwendung eines Kleinbetragsinstruments und E-Geld gegeben sind (§ 675i Rn 3). Nur soweit Abs I danach im Blick auf die Änderung von Vertragsbedingungen **abdingbar** ist (*Schindele* in E/F/N/B Rn 17), kann auf § 139 zurückgegriffen werden, sofern das Zeit- oder Formerfordernis nicht uneingeschränkt beachtet ist; doch gilt dies nur in den Grenzen, in denen die Parteien nichts Abw gem § 675i II Nr 1 vereinbart haben, weil die entspr Vereinbarung immer der Sanktionsfolge des § 139 vorausgeht. Gleichzeitig ist damit gesagt, dass die Frage zu beantworten ist, ob ein Verstoß des ZdLeisters gegen Abs I und II dazu führt, dass die beabsichtigte Änderung nicht wirksam wird oder ob der ZdNutzer dann 10 nur entspr Schadensersatzansprüche hat, wie dies bei der Verletzung von Informationspflichten im Kontext von Art 248 EGBGB zu bejahen ist (so Staudinger/*Omlor* Rn 7). Letzteres ist abzulehnen, weil nur der Schutz des ZdNutzers als Verbraucher als ausreichend angesehen werden kann, der das Wirksamwerden der Änderung des ZdRahmenvertrags einschließt.

11 **h) Abschluss eines Abänderungsvertrags.** Grds Ausgangspunkt für die Annahme der vom ZdLeister angebotenen Vertragsänderung ist der Rückgriff auf die Bestimmungen der §§ 145ff. Die Anwendbarkeit von Abs II setzt in der Sache voraus, dass eine entspr – individualvertragl oder formularmäßige – Vereinbarung zw ZdLeister und ZdNutzer bereits zustande gekommen ist, bevor der ZdLeister iSv Abs I seine Änderungsabsicht iSd Abs I dem ZdNutzer in Textform mitteilt. Fehlt sie, kann eine Abänderungsvereinbarung iSv §§ 145ff ohne weiteres verabredet werden. Es steht mithin eine erleichterte Form der Abänderung zur Verfügung, weil Schweigen als Annahme anzusehen ist und die vorerwähnten Bedingungen (Rn 5ff) eingehalten worden sind. Ggü der allg Regel des § 308 Nr 5 ist diese Norm die spezielle (Grü/*Grüneberg* Rn 7).

12 **4. Änderungen von Zinssätzen oder Wechselkursen. a) Referenzzinssätze – Referenzkurse.** Diese sind gem der Vorgabe von Art 4 Nr 28 ZdRL der Zinssatz (vgl Abs III S 2), der bei der Zinsberechnung zugrunde gelegt wird und aus einer öffentlich zugänglichen Quelle – für beide Parteien überprüfbar – stammt. **Referenzwechselkurs** ist gem Art 4 Nr 27 ZdRL (vgl Abs III S 3) der Wechselkurs, der beim Währungsumtausch maßgebend und ebenfalls öffentlich zugänglich ist (Staudinger/*Omlor* Rn 9). Referenzzinssätze sind für die Praxis in erster Linie der Basiszinssatz (vgl § 247), der für den Verzugszinssatz maßgebend ist, sowie die **EURIBOR** (Europe Interbank Offered Rate), der **EONIA** (Euro Overnight Index Average) und der **EUROLibor** (London Interbank Offered Rate). Alle diese Referenzzinssätze sind **öffentlich** einsehbar. **Voraussetzung** für eine sofort wirksam werdende Änderung dieser Referenzzinssätze bzw -wechselkurse ist es freilich, dass die betr Zinssätze/Wechselkurse in dem ZdRahmenvertrag zuvor tatsächlich zw ZdLeister und ZdNutzer **vereinbart** worden sind. Des Weiteren muss sich die jew Änderung auf den jew vereinbarten Referenzzinssatz bzw Referenzwechselkurs beziehen; die Grundlage der Berechnung muss also in beiden Fällen die gleiche bleiben (BeckOGK/*Foerster* Rn 44). Folglich ist die Einführung eines neuen Referenzzinssatzes ebenso ausgeschlossen wie die Änderung eines zuvor nicht vereinbarten Wechselkurses. Denn nur wenn die Berechnung des anfänglichen und des neuen Referenzzinssatzes offengelegt wird, kann eine Benachteiligung des ZdNutzers vermieden werden (Staudinger/*Omlor* Rn 9). Wenn dem ZdLeister insoweit ein **einseitiges Leistungsbestimmungsrecht** nach § 315 zusteht, um selbst den Zinssatz festzulegen, soll die Regel des Abs III S 1 nicht gelten (BeckOGK/*Foerster* Rn 46), weil es sich dann nicht um eine „Referenz" handelt, was anzuerkennen ist. Für die Anwendung von Abs III S 1 macht es keinen Unterschied, ob es sich um Haben- oder um Sollzinsen handelt (*Foerster*; aM Grü/*Grüneberg* Rn 9). Die hier dargestellten Erwägungen gelten uneingeschränkt auch im Rahmen von **Abs III S 2**, soweit es sich um die Änderung eines **Referenzwechselkurses** handelt.

13 **b) Informationspflichten.** Auch hier ist wiederum unmittelbar die Informationspflicht des ZdLeisters aus Art 248 § 4 I Nr 3 EGBGB angesprochen. Bei Abschluss eines ZdRahmenvertrags folgt nämlich aus Art 248 § 3 EGBGB, dass der ZdLeister verpflichtet ist, dem ZdNutzer ua auch die in Art 248 § 4 I Nr 3 EGBGB benannten Informationen – betr Entgelte, Zinsen und Wechselkurse – in Textform mitzuteilen, und zwar grds als vorvertragl Informationspflicht, soweit nicht die **Ausnahme** von Art 248 § 4 II EGBGB eingreift, dh wenn auf Verlangen des ZdNutzers der ZdRahmenvertrag unter Verwendung von **Fernkommunikationsmitteln** abgeschlossen wurde. Auch sind die **Methode** für die Berechnung der tatsächlichen Zinsen, der maßgebliche Stichtag und der Index oder die Grundlage für die Bestimmung des Referenzzinssatzes und Referenzwechselkurses mitzuteilen. Aus Art 248 § 4 I Nr 3 lit c EGBGB folgt des Weiteren, dass die in Abs II verankerte **Vereinbarung** ebenfalls Gegenstand der vorvertragl Informationspflichten des ZdLeisters ist.

14 **c) Vereinbarung.** Ob die Änderungsvereinbarung des ZdRahmenvertrags iSv **Abs III** individualvertragl oder – wohl: regelmäßig wegen des Massencharakters – in **AGB-Klauseln** erfolgt, ist in der Sache gleichgültig. Voraussetzung ist hier, dass sowohl der Referenzzinssatz als auch der Wechselkurs im ZdRahmenvertrag als **Vertragszinssatz** bzw als **Vertragswechselkurs** vereinbart worden sind (Grü/*Grüneberg* Rn 10). Trifft dies zu, dann führt eine Änderung von Zinssätzen oder Wechselkursen – einschl der Referenzzinssätze und Referenzwechselkurse – dazu, dass eine etwaige Veränderung ggü dem ZdNutzer als Folge seines Schweigens unmittelbar wirksam wird. Es kommt daher nicht entscheidend darauf an, ob die betreffende Änderungsmitteilung dem ZdNutzer auch tatsächlich konkret-individuell gem § 130 zugegangen ist (vgl Abs II). Es ist ausreichend, aber auch erforderlich, dass er in der Lage ist, die betreffende Änderung in einer öffentlich zugänglichen bzw überprüfbaren Quelle nachzuvollziehen. Wann dies geschieht, ist gleichgültig. **Ändern** sich die Referenzzinssätze oder der Referenzzinssatz des vertragl vereinbarten Wechselkurses, greift diese Änderung unmittelbar durch; es bedarf dann keiner eigenständigen Benachrichtigung des ZdNutzers (vgl aber die „unverzüglich" geschuldete Informationspflicht nach Art 248 § 9 Nr 2 EGBGB für den Fall einer dem ZdNutzer nachteiligen Änderung des Zinssatzes), weil es für die vertragl Wirksamkeit allein auf die Änderung des betr Referenzzinssatzes ankommt. Insoweit macht es keinen Unterschied, ob sich eine solche Änderung im Erg nachteilig oder vorteilhaft auf den ZdNutzer auswirkt. Der **Rechtsschutz** zugunsten des ZdNutzers ergibt sich in diesen Fällen aus Abs IV. Danach ist es nämlich untersagt, dass die Vereinbarung iSv III den ZdNutzer benachteiligt.

15 **5. Benachteiligungsverbot. a) Interpretation.** Unter Berücksichtigung des Grundgedankens der **Vollharmonisierung** gem Art 107 ZdRL bereitet die Interpretation von **Abs IV** einige Schwierigkeiten. Auf den ersten Blick erscheint es so, dass „Vereinbarungen zur Berechnung" von Zinsen oder Wechselkursen bzw von Referenzzins-

sätzen oder Referenzwechselkursen iSv Abs III **einseitig** vom ZdLeister geändert werden können, wobei der ZdNutzer nicht benachteiligt werden darf (Staudinger/*Omlor* Rn 10). Dabei ist jedoch im Auge zu behalten, dass der ZdLeister gem Art 248 § 4 I Nr 3 lit b EGBGB verpflichtet ist, bei der Angabe von Referenzzinssätzen und Referenzwechselkursen dem ZdNutzer die jew **Methode** für die „Berechnung der tatsächlichen Zinsen" mitzuteilen (vgl Rn 12). Geht man daher vom Wortlaut des Art 52 Nr 3 ZdRL aus, bezieht sich das Begriffselement „Methode" nur auf die alternativ aufgeführten Fälle, in denen nämlich ein Referenzzinssatz oder ein Referenzwechselkurs angegeben ist, nicht aber in gleicher Weise auf die „Methode", welche der Berechnung der Zinssätze und Wechselkurse zugrunde liegt. Daraus darf jedoch nicht geschlossen werden, der ZdLeister sei berechtigt, die der Berechnung von Zinssätzen von Wechselkursen ursprüngl zugrunde gelegte Methode insoweit abzuändern, als dies zum Nachteil des ZdNutzers reicht. Das widerstreitet dem Zweck der Regelung von Abs IV. Dieses Verbot zielt in der Sache auf eine **Symmetrie der Anpassung** (so MüKo/*Casper* Rn 23; BeckOGK/*Foerster* Rn 48). Sie gilt umfassend, also für den Zeitpunkt (Rn 18), die Rundungen oder etwaige Schwellenwerte (MüKo/*Casper* Rn 23). Soweit Zinssätze oder Wechselkurse iSv Abs III einseitig vom ZdLeister durch schlichte Bekanntgabe geändert werden, obliegt ihm auch die **Darlegungs- und Beweislast** dafür, dass keine Schlechterstellung des ZdNutzers eingetreten ist. Zu bedenken ist stets, dass sich das Benachteiligungsverbot des Abs IV nur auf den Tatbestand von Abs III bezieht. Verstößt der ZdLeister gegen das Gebot des Abs III, stellt sich auch hier die Frage, ob die dann eingreifende Sanktion – neben der Unwirksamkeit (BeckOGK/*Foerster* Rn 49) – auch auf Ersatz des Schadens nach §§ 311 II, 249 begrenzt ist (Grü/*Grüneberg* Rn 11; *Schindele* in E/F/N/B Rn 33) oder ob man „nur" die **Unwirksamkeit** der geänderten Zinssätze annehmen muss (§ 134). Wegen des besonderen Benachteiligungsverbots in Abs IV ist Letzteres zu bejahen, weil nur so eine hinreichende abschreckende Wirkung – auch im Rahmen des zu beachtenden „effet utile" der ZdRL – erreicht wird. Zum Beginn der dann zu berücksichtigenden **Verjährung** Koblenz WM 2012, 987 – kein Hinausschieben des Beginns der Verjährung wegen sich ändernder und unklarer Rechtslage (iÜ BGH MDR 2012, 1330).

b) Anpassungsklauseln – Privatgeschäft. Die Wirksamkeit solcher Klauseln – außerhalb des strikten Anwendungsbereichs von Abs III – dürfte insb dann **Zweifelsfragen** aufwerfen, wenn ihre **Einbeziehung** nach Maßgabe der neuen AGB der Banken (Rn 8a) in der Weise bei Anpassungen der Gebühren, Entgelte etc (Nr 12 der Banken-AGB) vorgenommen wird, dass die Annahme des ZdNutzers – außerhalb einer Zustimmungsfiktion (Nr 1 Nr 2 lit d) – sich **„auf andere Weise"** vollzieht (durchgreifende Bedenken in Rn 8h). Unabhängig von der – problematischen – Einbeziehung der dann geänderten Gebühren, Entgelte etc bleibt dann das Risiko einer Benachteiligung des ZdNutzers nach Abs IV. Es ist dann ein Rückgriff auf die richterliche Inhaltskontrolle nach § 307 geboten (BGH NJW 2021, 2273). Diese übt der BGH zugunsten des Verbrauchers streng aus, wobei sich die hier angeführten Entscheidungen durchweg auf Verträge beziehen, die nicht als ZDienst iSv § 675c zu bewerten sind (BGH NJW 2022, 311 – Prämiensparvertrag – erg Vertragsauslegung; NJW-RR 2017, 942 – Sparvertrag – keine Kalkulierbarkeit des Zinsänderungsrisikos – erg Vertragsauslegung; BGH NJW-RR 2011, 625 – Sparvertrag – kein geeigneter Referenzzinssatz; BGH NJW 2010, 1742 – dito), wenn der ZdLeister – vgl Nr 12 I 1 AGB-Banken – festlegt, dass sich die Zinsen – etwa Haben- oder Sollzinsen – im Privatkundengeschäft aus dem jew **„Preisaushang"** ergeben (vgl allerdings BGH WM 2015, 643 – Entgelte der Deutschen Bundesbahn – keine Inhaltskontrolle) und kein geeigneter – adäquater – Referenzzinssatz verfügbar und daher auch nicht nach Abs III S 2 vereinbart ist, so dass ein Rückgriff auf das Instrument der erg Vertragsauslegung stattfindet. Die unionsrechtl Statthaftigkeit dieses Vorgehens bei einem Prämiensparvertrag hat der BGH jüngst in einem umfangreichen obiter dictum bejaht (abgedruckt in BGH BKR 2022, 38 Rn 47ff m zust Anm *Omlor*). Zudem hat die hierzu ergangene Rspr des BGH klargestellt, dass zwar ein variabler Zins – ohne vereinbarten Referenzzinssatz – vorgesehen werden darf (BGH NJW 2010, 1742; 2008, 2492), dass es dem AGB-Verwender jedoch untersagt ist, bei einem Dauerschuldverhältnis eine Preisanpassungsklausel zu verwenden, die i Erg geeignet ist, dem ZdLeister einen zusätzl Gewinn zu ermöglichen (BGH NJW 2022, 311 Rn 56ff; NJW 2008, 1054; NJW-RR 2007, 1717; vgl auch NJW 2009, 578; 2008, 2172). 16

c) Unternehmerischer Verkehr. Zudem stellt sich die Frage, ob der ZdLeister berechtigt ist, **außerhalb des Privatkundengeschäfts** die Zinsberechnung nach billigem Ermessen gem § 315 (vgl BGH NJW-RR 2017, 942) vorzunehmen (vgl Nr 12 III AGB-Banken). Weil in diesen Fällen der ZdNutzer **kein Verbraucher** ist, greift freilich die Ausnahmeregelung von § 675e IV ein (vgl auch Rn 8h). Doch setzt dies natürlich voraus, dass es sich um eine Preisanpassung in einem Sektor handelt, der als ZDienst zu qualifizieren ist. 17

d) Unterschiedliche Zeitpunkte. Das Verbot von **Abs IV** umfasst insb auch die Fälle, in denen – bei einer Änderung der kapitalmarktbedingten Refinanzierungskonditionen – eine Änderung der **Sollzinsen** mit sofortiger Wirkung vorgesehen ist, während eine Änderung der **Habenzinsen** – wenn überhaupt – oft nur mit ersichtlicher Verspätung an den ZdNutzer weitergereicht wird. In diesen Fällen liegt stets eine Veränderung des Referenzzinssatzes – kapitalmarktbedingt – zugrunde. Daher greift die Wirksamkeitsvoraussetzung von Abs III S 1 ein: Die unmittelbar geltende Änderung von Zinsen bzw Wechselkursen muss auf einer entspr Änderung des Referenzzinssatzes bzw Referenzwechselkurses beruhen. Es fügt sich daher auch in dieses Bild, dass der ZdLeister nicht berechtigt ist, unter Berücksichtigung der zugrunde liegenden Referenzzinssätze bzw Referenzwechselkurse Auf- oder Abrundungen zum Nachteil des ZdNutzers vorzunehmen (Grü/*Grüneberg* Rn 14), weil der ZdNutzer auch insoweit von dem Benachteiligungsverbot des Abs IV geschützt wird. 18

e) Kündigungsrecht – keine Kompensation. Die Frage, ob der ZdLeister sich mit Recht darauf berufen kann, dass er dem ZdNutzer – gerade auch bei Änderung eines Zinssatzes – das Recht einräumt, die Kreditverein- 19 barung – etwa: die Gestattung eines Überziehungskredits – mit sofortiger Wirkung zu kündigen, wie dies in Nr 12 IV AGB-Banken vorgesehen ist, ist aus zwei Gründen zu verneinen (BGH NJW 2017, 325 – Energieliefervertrag; in der Sache auch MüKo/*Casper* Rn 17): Zum einen ist das fristlose Kündigungsrecht im Rahmen der Rspr des BGH zur Wirksamkeit von Preisanpassungsklauseln gem § 307 I 1 kein geeignetes Instrument, eine unwirksame Klauselgestaltung auf diesem Weg zu sanieren (BGH NJW 2009, 578; 2008, 2172 – Erdgaslieferverträge). Zum anderen – und dies wiegt wesentlich schwerer – ist das fristlose Kündigungsrecht des ZdNutzers ohnehin gem § 675h ein fester Bestandteil des ZdRahmenvertrags (§ 675h Rn 1ff). Es ist also kein dem ZdNutzer zuzuweisendes – zusätzl – Recht, welches geeignet sein könnte, das besondere Benachteiligungsverbot von Abs IV aufzuheben. IÜ ist ein fristloses Kündigungsrecht auch bei einer Änderung des ZdRahmenvertrags in Abs II S 2 vorgesehen. Dass sich dieses nicht auf die Änderung von Zinssätzen bzw Wechselkursen bezieht, trifft zwar zu, belegt aber gleichwohl, dass das in Nr 12 IV AGB-Banken verankerte Sonderkündigungsrecht des ZdNutzers bei einer Änderung der Zinsen (eines Kreditvertrags/Überziehungskredits) keine hinreichende Modifikation ist, um das Benachteiligungsverbot des Abs IV zu kompensieren.

§ 675h Ordentliche Kündigung eines Zahlungsdiensterahmenvertrags

(1) Der Zahlungsdienstnutzer kann den Zahlungsdiensterahmenvertrag, auch wenn dieser für einen bestimmten Zeitraum geschlossen ist, jederzeit ohne Einhaltung einer Kündigungsfrist kündigen, sofern nicht eine Kündigungsfrist vereinbart wurde. Die Vereinbarung einer Kündigungsfrist von mehr als einem Monat ist unwirksam.

(2) Der Zahlungsdienstleister kann den Zahlungsdiensterahmenvertrag nur kündigen, wenn der Vertrag auf unbestimmte Zeit geschlossen wurde und das Kündigungsrecht vereinbart wurde. Die Kündigungsfrist darf zwei Monate nicht unterschreiten. Die Kündigung ist in der in Artikel 248 §§ 2 und 3 des Einführungsgesetzes zum Bürgerlichen Gesetzbuche vorgesehenen Form zu erklären.

(3) Im Fall der Kündigung sind regelmäßig erhobene Entgelte nur anteilig bis zum Zeitpunkt der Beendigung des Vertrags zu entrichten. Im Voraus gezahlte Entgelte, die auf die Zeit nach Beendigung des Vertrags fallen, sind anteilig zu erstatten.

(4) Der Zahlungsdienstleister darf mit dem Zahlungsdienstnutzer für die Kündigung des Zahlungsdiensterahmenvertrags kein Entgelt vereinbaren.

1 **1. Europarechtliche Vorgaben.** Diese Norm beruht auf der Umsetzung von Art 55 ZdRL. Freilich hat die Bundesrepublik Deutschland von der **Option** gem Art 45 VI ZdRL (PSD I) Gebrauch gemacht und Art 45 II ZdRL (PSD I) nicht umgesetzt (BeckOGK/*Foerster* Rn 2ff). Danach gilt: Ein Rahmenvertrag, der für eine bestimmte Laufzeit von mehr als zwölf Monaten oder auf unbestimmte Zeit geschlossen wurde, kann vom ZdNutzer nach Ablauf von zwölf Monaten kostenlos gekündigt werden. Somit belässt es die dt Rechtsregel gem Abs I bei der allg Kündigungsfrist, die einen Monat nicht überschreiten darf, sofern nicht – mangels Vereinbarung – ein jederzeitiges Kündigungsrecht zugunsten des ZdNutzers in Betracht kommt. Doch hat der Gesetzgeber bei Umsetzung der ZdRL II ausdrückl darauf hingewiesen, dass nunmehr Art 55 II 2 ZdRL bestimmt: Sollten **Entgelte** für die Kündigung des Rahmenvertrages anfallen, dann müssen diese „angemessen und an den Kosten ausgerichtet sein" (BT-Drs 18/11495, 155). Da aber die kostenfreie Kündigung – wie schon bisher – als Prinzip des dt Rechts aufrechterhalten werden sollte, hat der Gesetzgeber dies nunmehr ausdrückl in dem neu eingefügten Abs IV geregelt. Da die Vorgabe von Art 55 II 2 ZdRL optional ist (vgl „sofern"), bestehen unter dem Blickwinkel der Vollharmonisierung (Art 107 ZdRL) keine Bedenken gegen die gesetzl Norm des Abs IV. Herauszustellen ist schließlich, dass gem § 675e I, IV von der Norm des § 675h nicht abgewichen werden darf, sofern der ZdNutzer ein **Verbraucher** ist.

2 **2. Ordentliche Kündigung durch den Zahlungsdienstnutzer. a) Fehlen einer Kündigungsregel.** Nach dem Willen des Gesetzgebers beruht der Zweck dieser Regelung darauf, dem ZdNutzer den Wechsel von einem ZdLeister zu einem anderen zu erleichtern (BT-Drs 16/11643, 104). **Voraussetzung** für die Anwendbarkeit von **Abs I S 1** ist grds, dass die vertragl Bestimmungen in einem ZdRahmenvertrag keine Kündigungsfrist vorsehen (Rn 4). Nach der Vorgabe von Art 45 I ZdRL bedeutet dies: Ist, was häufig zutrifft, der ZdRahmenvertrag für **unbestimmte Zeit** abgeschlossen, ohne dass eine Kündigungsfrist vereinbart worden ist, besteht zugunsten des ZdNutzers ein jederzeitiges fristloses (BeckOK/*Schmalenbach* Rn 3) Kündigungsrecht (Staudinger/Omlor Rn 3; *Herresthal* in L/B/S Rn 9). Dies gilt zugunsten des ZdNutzers und ist für diesen vorteilhafter (vgl Art 55 VI ZdRL), und zwar gerade auch dann, wenn die Parteien eine bestimmte Laufzeit, jedoch keine Kündigungsfrist vereinbart haben. Das wird freilich selten der Fall sein, weil in diesen Fällen üblicherweise Verlängerungsklauseln – mangels Kündigung innerhalb einer bestimmten Frist – vereinbart sind.

3 Es handelt sich in Abs I um ein jederzeit zulässiges **ordentliches Kündigungsrecht** (Grü/*Grüneberg* Rn 2; BeckOGK/*Foerster* Rn 8; BeckOK/*Schmalenbach* Rn 11). Es kann ohne Begründung und auch ohne Frist ausgeübt werden (MüKo/*Casper* Rn 5; Staudinger/*Omlor* Rn 3). In der Sache entspricht dieses Kündigungsrecht der Klausel in Ziff 18 I AGB-Banken (Staudinger/*Omlor* Rn 3). Der ZdNutzer soll ohne weiteres – bei Beachtung der Kündigungsregeln von Abs I und II durch den ZdLeister – in der Lage sein, den ZdLeister zu wechseln (BT-Drs 11643, 104). Der ZdNutzer kann es jederzeit ausüben, ohne irgendwelche Kündigungsgründe anzugeben (Grü/*Grüneberg* Rn 2; MüKo/*Casper* Rn 5; BeckOGK/*Foerster* Rn 8). Es reicht aus, wenn die Kündigungserklärung in

ihrer Form als **Gestaltungsrecht** dem ZdLeister gem § 130 zugeht. Von diesem Zeitpunkt an ist der ZdRahmenvertrag beendet. Die Kündigungserklärung bedarf keiner Form (so auch MüKo/*Casper* Rn 7); sie kann mündlich, schriftlich oder unter Beachtung der Textform abgegeben werden (BeckOGK/*Foerster* Rn 8). Die **Darlegungs- und Beweislast** für den Zugang der Kündigungserklärung beim ZdLeister trägt der ZdNutzer. Die Kündigung bewirkt, dass nicht nur der ZdRahmenvertrag, sondern auch alle anderen mit diesem Vertrag iSv § 675f II 2 zusammenhängenden Verträge im Zweifel (§ 139) beendet sind (BeckOGK/*Foerster* Rn 5). Voraussetzung ist insoweit lediglich, dass es sich um einen **Zahlungsdienst** iSv Art 4 Nr 3 ZdRL handelt, womit der Verweis auf die Begriffsbestimmung von § 1 I 2 ZAG angesprochen ist (§ 675c Rn 2). Die von der Kündigung des ZdRahmenvertrages erfassten **ZVorgänge** sind: Führung eines laufenden Kontos (Grü/*Grüneberg* Rn 2), über welches der bargeldlose Zahlungsverkehr – einschl des Online-Banking (*Herresthal* in L/B/S Rn 12) – abgewickelt wird (§ 675f Rn 147), Lastschriftverfahren (§ 675f Rn 85ff), Überweisungsverkehr (§ 675f Rn 76ff) sowie das Kreditkartengeschäft (§ 675f Rn 99ff). Für diese einzelnen, im ZdRahmenvertrag gebündelten Dienste hat es der ZdNutzer nur bei Bestehen einer entspr Abrede auch in der Hand, die Kündigungserklärung als **Teilkündigung** auszusprechen (Grü/*Grüneberg* Rn 2; MüKo/*Casper* Rn 5). Diese setzt aber voraus, dass durch eine solche Teilkündigung nicht einseitig der Inhalt des ZdRahmenvertrags verändert wird, was jedenfalls dann nicht anzunehmen ist, wenn es sich bei den gekündigten Leistungen um abtrennbare Zahlungsdienste handelt (BGH NJW 2006, 430 – Bankkartenvertrag – separater Vertrag; MüKo/*Casper* Rn 5). Ob die Kündigung des ZdRahmenvertrags als Ganzes oder eine Teilkündigung gewollt ist, ist stets durch Auslegung gem §§ 133, 157 festzustellen; maßgebend ist auf den Empfängerhorizont des ZdLeisters abzustellen. Eine **Änderungskündigung** ist unproblematisch, wenn und soweit sie den ZdRahmenvertrag insg kündigt und dem Kündigungsempfänger gleichzeitig anbietet, zu einem reduzierten Inhalt einen neuen Vertrag abzuschließen (vgl BGH NJW 2006, 430). Auch unter dem Gesichtspunkt der Vollharmonisierung wird man daran festhalten müssen, dass es dem ZdLeister an die Hand gegeben ist, bei Vorliegen der Voraussetzungen von § 314 auch ein **fristloses Kündigungsrecht** auszuüben (Staudinger/*Omlor* Rn 6).

b) Vereinbarte Kündigungsfrist. Ist eine Kündigungsfrist iSv Abs I S 1 vereinbart, stellt **Abs I S 2** sicher, dass diese nicht länger sein darf als **ein Monat** (Grü/*Grüneberg* Rn 2; MüKo/*Casper* Rn 6; BeckOGK/*Foerster* Rn 9). Auch in diesem Fall ist es nicht erforderlich, dass der ZdNutzer die Kündigung begründet. Die Kündigungsfrist kann allerdings weder durch AGB noch auf Basis einer Individualabrede verlängert werden; sie ist dann ggü einem Verbraucher nichtig (vgl MüKo/*Casper* Rn 6, der eine Frist bis zu drei Monaten als im unternehmerischen Verkehr nach § 307 II Nr 1 vertretbar ansieht). Es ist nicht erforderlich, dass die Kündigungsfrist am Ende eines Monats abläuft. Vielmehr gilt die Kündigungsfrist (§ 187) jew mit Zugang der Kündigungserklärung (§ 130). Die Darlegungs- und Beweislast trägt der ZdNutzer. 4

3. Kündigungsrecht des Zahlungsdienstleisters. Voraussetzung für das – vereinbarte (Rn 6) – Kündigungsrecht des ZdLeisters iSv Abs II ist, dass der ZdRahmenvertrag auf unbestimmte Zeit geschlossen wurde (BeckOGK/*Foerster* Rn 11, Staudinger/*Omlor* Rn 4). Ist hingegen der Vertrag mit einer **festen Laufzeit** vereinbart, so ist lediglich ein fristloses Kündigungsrecht zulässig (Grü/*Grüneberg* Rn 3; MüKo/*Casper* Rn 8), nicht aber eine ordentliche Kündigung (*Herresthal* WM 2013, 773, 774). Die Frage, ob eine Sparkasse wegen bestehender sondergesetzl Regeln berechtigt ist (vgl *Piekenbrock* WM 2013, 1925, 1927 – Bespr von Naumburg WM 2013, 1706), das **Basiskonto** eines ZdNutzers aus Anlass einer Kontopfändung zu kündigen (vgl MüKo/*Casper* Rn 14; BeckOGK/*Foerster* Rn 24), ist zu verneinen (Naumburg WM 2013, 1706, 1708 – Änderungskündigung), für sonstige ZdLeister aber zu bejahen (*Herresthal* WM 2013, 773, 778f), was auch durch § 850k ZPO indirekt bestätigt wird. Die Kündigung des Basiskontos durch den ZdLeister ist iÜ nach Maßgabe der RL 20117442/EU ausdrückl vorgesehen (ErwGr 8). Es ist in §§ 42 f ZKG abschließend geregelt (BeckOGK/*Foerster* Rn 24). Für ein **Basiskonto** gelten im Blick auf dessen **Kündigung** weitergehende Beschränkungen (BeckOK/*Schmalenbach* Rn 16; Grü/*Grüneberg* Rn 4). Nach § 42 II Nr 1 ZKG ist ein ruhendes Konto erst dann kündbar, wenn es 24 aufeinanderfolgende Monate nicht bewegt wurde. Gleiches gilt dann, wenn der Inhaber nicht mehr berechtigt ist, ein Basiskonto zu führen (§ 31 I 2 ZKG) oder weil er in Deutschland ein weitere ZKonto errichtet hat (Grü/*Grüneberg* Rn 4). Außerdem gelten die fristlosen Kündigungsgründe nach § 42 III ZKG (Grü/*Grüneberg* Rn 4). Zum **Kontowechsel** vgl § 21 ZKG (BeckOK/*Schmalenbach* Rn 5ff). IÜ Rn 11. Auch der einem **P-Konto** (hierzu § 675f Rn 57ff; BankR-HdB/*Menges* § 24 Rn 26ff; zu Verfügungen über dieses Konto BGH NJW-RR 2018, 315 – betr den aufzufüllenden Sockelbetrag: First-in-first-out-Grundsatz; AG Köln VuR 2023, 78 – Unpfändbarkeit der Energiepreispauschale; BGH NJW 2018, 299 – Abhebungen vom Geldautomat am letzten Tag des Monats: sofortige Verfügung) zugrunde liegende **ZdRahmenvertrag** kann im Rahmen einer selbständigen Kündigung beendet werden (BGH NJW-RR 2015, 885 – Rn 24), so dass die bisherigen Vereinbarungen betr das Girokonto weitergelten (Schleswig NZI 2012, 923, 924 – entgegenstehende AGB sind unwirksam). Zur unstatthaften Kündigung eines ZKontos einer nicht verbotenen **politischen Partei** BGH WM 2004, 317 – Republikaner. Im Fall der **Insolvenz** des ZdNutzers erlischt der ZdRahmenvertrag nach § 116 S 1 InsO (BGH WM 2008, 1442, 1443 – Girovertrag), was jedoch nicht für ein P-Konto gilt (LG Verden NZI 2014, 36) – vgl auch Rn 9. Diese Rechtsfolge tritt jedoch dann nicht ein, wenn nur ein vorläufiger Insolvenzverwalter bestellt wird (BGH WM 2006, 194). Das ZKonto – Kontokorrentkonto nach § 355 HGB – erlischt erst bei Eröffnung der **Insolvenz** (BGH NZI 2009, 599). Es entsteht dann ein **kausaler Saldo** (BeckOK-HGB/*Moussa* § 355 Rn 45), der nach § 41 InsO sofort fällig ist (MüKo-HGB/*Langenbucher* § 355 Rn 122). **Stirbt** der ZdNutzer, gilt § 1922; ein Kündigungsrecht besteht nicht. Das Kündigungsrecht des ZdLeisters kann indessen **ausgeschlossen** sein, etwa dann, wenn es sich um eine Kündi- 5 gung zur Unzeit handelt (Grü/*Grüneberg* Rn 3). Eine Beachtung des **Gleichbehandlungsgrundsatzes** (§ 19 I Nr 1 AGG) aller ZdNutzer ist aber nicht geboten (BGH NJ 2013, 257). Wie stets bedarf die ordentliche Kündigung keiner Begründung.

6 **a) Vereinbarung einer Kündigungsfrist.** Weitere Voraussetzung iSv **Abs II S 1** ist, dass eine Kündigungsfrist – wiederum: gleichgültig, ob in AGB oder individualvertragl (BeckOK/*Schmalenbach* Rn 2) – vereinbart worden ist (Staudinger/*Omlor* Rn 4, *Herresthal* WM 2013, 773, 774). Dieses Recht muss jedenfalls als Gestaltungsrecht an den **ZdLeister** adressiert sein, weil die – davon abzugrenzenden - Kündigungsrechte des ZdNutzers gem Abs I wesentlich großzügiger formuliert sind. Gem Abs II S 2 beträgt die **Kündigungsfrist zwei Monate**; es handelt sich um eine **Mindestfrist**. Wird sie nicht beachtet, ist die Kündigung unwirksam (*Schindele* in E/F/N/B Rn 24f). Die Frist beginnt mit dem Zugang der Kündigungserklärung und rechnet von da an bis zu ihrem Wirksamwerden (*Herresthal* WM 2013, 733). Die Beweislast für den Zugang trägt hier der ZdLeister.

7 **b) Formerfordernis. Abs II S 3** sieht für die Kündigung die Form von Art 248 §§ 2 und 3 EGBGB vor: Der ZdLeister ist verpflichtet, seine Kündigungserklärung in einer Amtssprache des EU-Mitgliedstaats oder des EWR-Vertragsstaats auszusprechen, soweit nicht zw den Parteien eine andere Sprache vereinbart wurde; die Kündigungserklärung muss klar und verständlich (transparent) abgefasst sein (Art 248 § 2 EGBGB). Doch ist auch hier nicht erforderlich, dass der ZdLeister seine Kündigungserklärung begründet; sie kann voraussetzungslos erklärt werden. Darüber hinaus verpflichtet Art 248 § 3 EGBGB den ZdLeister, seine Kündigungserklärung dem ZdNutzer in Textform (§ 126b) zu übermitteln. Da es sich um eine gesetzl Form handelt, führt ihre Nichtbeachtung gem § 125 zur Unwirksamkeit (so auch *Schindele* in E/F/N/B Rn 24f).

8 **4. Anteilige Erstattung von Entgelten.** Gleichgültig, ob eine Kündigung vom ZdNutzer gem Abs I oder vom ZdLeister gem Abs II erklärt worden ist, stellt **Abs III** sicher, dass die dem ZdLeister zustehenden Entgelte nur bis zum Zeitpunkt des Wirksamwerdens der Kündigung, dh der Beendigung des Vertrags erhoben werden dürfen (Grü/*Grüneberg* Rn 5). Dabei handelt es sich allerdings nur um solche Entgelte, die **regelmäßig** erhoben werden (BeckOGK/*Foerster* Rn 32; MüKo/*Casper* Rn 23). In Betracht kommen also vor allem Jahres- oder Monatsgebühren, etwa für die Nutzung von Kreditkarten oder für die Kontoführung. Soweit diese Entgelte vom ZdNutzer im Voraus entrichtet worden sind, ist der ZdLeister verpflichtet, sie **anteilig** zu erstatten (Grü/*Grüneberg* Rn 5). Handelt es sich um eine **im Voraus** entrichtete Jahresgebühr, wird man Verrechnungen zweckmäßigerweise auf Basis der 360-Tage-Regel anwenden; soweit eine Monatsgebühr vereinbart ist, ist der zu erstattende Betrag anteilig im Rahmen einer Berechnung 1/30 zu ermitteln. Ob eine **Vorauszahlungsklausel** gem § 307 I 1 iÜ wirksam ist, ist jew gesondert zu prüfen (sehr großzügig BGH NJW-RR 2019, 1072 – Unterrichtsvertrag; BGH NJW 2016, 2404 – Personenbeförderung).

9 **5. Rechtsfolgen.** Die gewöhnliche Folge einer wirksamen Kündigung besteht darin, dass der ZdLeister verpflichtet ist, die ZKonten taggenau abzurechnen und die Salden auszugleichen (BeckOK/*Schmalenbach* Rn 10; BeckOGK/*Foerster* Rn 34; Staudinger/*Omlor* Rn 8). Wenn der ZdRahmenvertrag durch Kündigung beendet worden ist, werden Überweisungen oder Lastschriften **nicht mehr ausgeführt** (Saudinger/*Omlor* Rn 8). IÜ geht die Rspr des BGH (NJW-RR 2015, 677, 678; NZI 2008, 551, 552; NJW 2007, 914) davon aus, dass der ZdLeister – trotz der Kündigung – **berechtigt** bleibt, Zahlungen, welche auf dem (erloschenen) ZKonto eingehen, weiterhin zu verbuchen (BGH NJW-RR 2015, 678; BeckOGK/*Foerster* Rn 35). Insb ist er verpflichtet, den Betrag an den ZEmpfänger gem § 667 auszukehren. Es handelt sich insoweit um **Nachwirkungen** aus dem zuvor bestehenden ZdRahmenvertrag (BGH NJW 2007, 914, 915; MüKo/*Casper* Rn 20; Staudinger/*Omlor* Rn 8). Die – wirksame – Kündigung des ZdRahmenvertrags führt dazu, dass das Konto seine Eigenschaft als **Zahlungsverkehrskonto** einbüßt (BGH NJW 2007, 914). Für die Kündigung eines **Basiskontos** nach § 44 ZKG gilt nichts anderes (BeckOGK/*Foerster* Rn 35).

10 **6. Kein Entgelt für Kündigung.** Es bleibt bei der bisherigen Rechtslage, welche durch Abs IV lediglich klargestellt wird (BT-Drs 18/11495, 155): Im Fall einer Kündigung des ZdRahmenvertrages ist es dem ZdLeister untersagt, für die von ihm herrührende Kündigung oder für die Bearbeitung der Kündigung des ZdNutzers ein Entgelt zu vereinbaren (BeckOGK/*Foerster* Rn 33). Gegenläufige Abreden scheitern an § 134; sie sind vor allem auch nach § 675e I (Abweichungsverbot – Verbraucher) unzulässig.

11 **7. Kontowechselhilfe – §§ 20ff ZKG.** Falls auf Wunsch des Verbrauchers (ZdNutzers) ein Wechsel des ZKontos (Basis-Konto) (*Findeisen* WM 2016, 1765ff) gewollt wird, ist auf die besonderen Regeln der §§ 20–25 ZKG zu verweisen (BeckOK/*Schmalenbach* Rn 5ff; *Herresthal* BKR 2016, 221, 226). Der Kontoempfangende als auch der Kontoübertragende (ZdLeister) sind gehalten, besondere, gesetzl im Einz geregelte Pflichten zu erfüllen, um bei diesem Wechsel der Konten den Verbraucher zu unterstützen (*Conrede/Schild* BKR 2016, 89, 91). Im Rahmen des § 26 I ZKG findet dann eine gesetzl Preiskontrolle statt. Der zu beachtende Rahmen ist auch hier, dass ein für den Kontowechsel vorgesehenes Entgelt zunächst einmal vereinbart sein muss. Es muss aber vor allem in seiner Höhe „angemessen und an den tatsächlichen Kosten ausgerichtet“ sein. Es gelten hier die gleichen Kriterien wie sie für § 675d IV 2 dargestellt worden sind (§ 675d Rn 9). IÜ richtet sich eine **fristlose Kündigung** eines Basis-Kontos nach § 42 III und IV ZKG.

12 **8. Kündigungsrecht des ZdLeisters bei Nichtannahme geänderter AGB.** Es bestehen auf den ersten Blick keine durchgreifenden Bedenken, dass sich der ZdLeister auf das Kündigungsrecht nach Abs II beruft, sofern sich der ZdNutzer weigert, die ihm angebotenen geänderten AGB anzunehmen (vgl LG Stuttgart GRUR-Prax 2022, 295). Denn es handelt sich hier um ein gesetzl verankertes Kündigungsrecht des ZdLeisters, das allerdings

voraussetzt, dass es auch vereinbart ist. Es fällt daher schwer, darin einen Rechtsmissbrauch (§ 242) zu sehen, und zwar selbst in dem (unklugen) Fall, dass der ZdLeister schon bei dem Versuch der wirksamen Einbeziehung der geänderten AGB eine Kündigungsdrohung (zu den einzelnen Kündigungsklauseln der Banken und der Sparkassen vgl BeckOGK/*Foerster* Rn 44ff) ausspricht (hierzu im Einz *Dieckmann* BKR 2021, 657, 662; MüKo/*Casper* § 675g Rn 15f). Es könnte sich daher auch empfehlen, auf die Möglichkeit einer **Kontenwechselhife** hinzuweisen (hierzu BeckOGK/*Schmalenbach* Rn 19ff), wenn es sich bei dem betr ZdNutzer um einen Verbraucher handelt (*Dieckmann* BKR 2021, 657, 662). Der potenzielle Druck auf den ZdNutzer (Verbraucher) ist dann wesentlich geringer. Höchst bedenklich ist es aber, wenn der ZdLeister damit droht, das Konto zu kündigen, sofern der ZdNutzer nicht auf die Rückforderung zuviel gezahlter Kontoführungsgebühren (BGH NJW 2021, 2173) verzichtet (LG Stuttgart GRUR-Prax 2022, 295).

§ 675i Ausnahmen für Kleinbetragsinstrumente und E-Geld

(1) Ein Zahlungsdienstevertrag kann die Überlassung eines Kleinbetragsinstruments an den Zahlungsdienstnutzer vorsehen. Ein Kleinbetragsinstrument ist ein Mittel,

1. mit dem nur einzelne Zahlungsvorgänge bis höchstens 30 Euro ausgelöst werden können,

2. das eine Ausgabenobergrenze von 150 Euro hat oder

3. das Geldbeträge speichert, die zu keiner Zeit 150 Euro übersteigen.

In den Fällen der Nummern 2 und 3 erhöht sich die Betragsgrenze auf 200 Euro, wenn das Kleinbetragsinstrument nur für inländische Zahlungsvorgänge genutzt werden kann.

(2) Im Fall des Absatzes 1 können die Parteien vereinbaren, dass

1. der Zahlungsdienstleister Änderungen der Vertragsbedingungen nicht in der in § 675g Abs. 1 vorgesehenen Form anbieten muss,

2. § 675l Absatz 1 Satz 2, § 675m Absatz 1 Satz 1 Nummer 3 und 5 sowie Satz 2 und § 675v Absatz 5 nicht anzuwenden sind, wenn das Kleinbetragsinstrument nicht gesperrt oder eine weitere Nutzung nicht verhindert werden kann,

3. die §§ 675u, 675v Absatz 1 bis 3 und 5, die §§ 675w und 676 nicht anzuwenden sind, wenn die Nutzung des Kleinbetragsinstruments keinem Zahlungsdienstnutzer zugeordnet werden kann oder der Zahlungsdienstleister aus anderen Gründen, die in dem Kleinbetragsinstrument selbst angelegt sind, nicht nachweisen kann, dass ein Zahlungsvorgang autorisiert war,

4. der Zahlungsdienstleister abweichend von § 675o Abs. 1 nicht verpflichtet ist, den Zahlungsdienstnutzer von einer Ablehnung des Zahlungsauftrags zu unterrichten, wenn die Nichtausführung aus dem Zusammenhang hervorgeht,

5. der Zahler abweichend von § 675p den Zahlungsauftrag nach dessen Übermittlung oder nachdem er dem Zahlungsempfänger seine Zustimmung zum Zahlungsauftrag erteilt hat, nicht widerrufen kann oder

6. andere als die in § 675s bestimmten Ausführungsfristen gelten.

(3) Die §§ 675u und 675v sind für E-Geld nicht anzuwenden, wenn der Zahlungsdienstleister des Zahlers nicht die Möglichkeit hat, das Zahlungskonto, auf dem das E-Geld gespeichert ist, oder das Kleinbetragsinstrument zu sperren. Satz 1 gilt nur für Zahlungskonten, auf denen das E-Geld gespeichert ist, oder Kleinbetragsinstrumente mit einem Wert von höchstens 200 Euro.

1. Europarechtliche Vorgaben. Im Kern beruht diese teilw neu formulierte Bestimmung (BT-Drs 18/11495, 1
155f) auf der Umsetzung von Art 63 ZdRL sowie – teilw – auf der Übernahme der in Art 42 ZdRL geregelten Aspekte BeckOK/*Schmalenbach* Rn 1). Das „Kleinbetragsinstrument" ist ein **ZInstrument** iSv Art 4 Nr 14 ZdRL, also ein „personalisiertes Instrument" und/oder „jeder personalisierte Verfahrensablauf", sofern dies zw einem ZdNutzer und einem ZdLeister vereinbart und zur Erteilung eines ZAuftrags verwendet wird. Sowohl Art 42 als auch Art 63 ZdRL gehen davon aus, dass der Benutzung dieser ZInstrumente ein **Rahmenvertrag** zugrunde liegt, der nur einzelne ZVorgänge bis höchstens 30 € betrifft, eine Ausgabenobergrenze von 150 € vorsieht oder entspr Geldbeträge speichert, die zu keinem Zeitpunkt 150 € übersteigen (Art 42 I ZdRL). Damit ist erkennbar das Instrument der **Geldkarte** angesprochen, die sich mittlerweile großer Beliebtheit in der Praxis erfreut (Telefon- und Fahrkarten, Essensausgabe in der Kantine etc). Art 63 II ZdRL hat des Weiteren den Mitgliedstaaten der EU eine **Option** an die Hand gegeben, die zuvor erwähnten Maximalbeträge zu verringern oder zu verdoppeln, soweit es sich lediglich um innerstaatliche ZVorgänge handelt. Danach ist eine Obergrenze von 500 € in Bezug genommen. Die Bundesrepublik Deutschland hat hiervon – unterhalb dieser Obergrenze – gem Abs I S 2 Gebrauch gemacht und den Betrag auf eine Obergrenze von 200 € fixiert. Bedenken, dass der Gesetzgeber die Vorgaben der ZdRL nicht ordnungsgemäß umgesetzt hat, bestehen nicht. Die Reduzierung des vom ZdLeister zu erfüllenden Pflichtenprogramms entspricht iÜ der Erwägung, den Gebrauch der Geldkarte – auch im Hinblick auf ein etwaiges Missbrauchsrisiko – nicht zu beeinträchtigen, sondern zu erleichtern (BT-Drs 16/11643, 104).

2. Kleinbetragsinstrument – E-Geld. Abs I erfasst neben dem **Kleinbetragsinstrument** auch E-Geld. Das 2
Kleinbetragsinstrument ist in Abs I definiert: Es sind drei Alternativen genannt, die nicht kumulativ vorliegen müssen (vgl „oder" – MüKo/*Casper* Rn 4; Grü/*Grüneberg* Rn 2). Immer aber handelt es sich um ein **ZInstrument** (EuGH ZIP 2020, 2327; MüKo/Casper Rn 4 = § 1 XX ZAG). (1) es ist ein „Mittel", mit dem nur ein ZVor-

gang bis höchstens 30,00 € ausgelöst werden kann (MüKo/*Casper* Rn 5; Staudinger/*Omlor* Rn 4 „immanente Nutzungsbegrenzung"); (2) eine Obergrenze von 150,00 € ist zu beachten, oder – (3) – zu keinem Zeitpunkt dürfen Geldbeträge gespeichert werden, welche 150,00 € übersteigen. Nach Abs I S 2 erhöht sich die Betragsgrenze bei Inlandszahlungen – Bsp: Geldkarte (für Prepaid-Kreditkarten keine Relevanz, *Langenbucher* in L/B/S Rn 1) – auf 200,00 € (MüKo/*Casper* Rn 7). Abs I S 2 Nr 1 stellt iÜ auf den einzelnen **ZVorgang** ab, während Nr 2 die Ausgabenobergrenze und Nr 3 den Höchstbetrag bestimmt, der auf der Geldkarte gespeichert werden kann. Das auch in Abs I erwähnte **E-Geld** ist Bestandteil der Definition des „Geldbetrags", wie er sich in Art 4 Nr 25 ZdRL wiederfindet (§ 1 II 2 ZAG); darin ist auf die entspr Umschreibung in Art 1 III lit b RL 2000/46/EG hingewiesen. Danach bezeichnet der Begriff „E-Geld" „einen monetären Wert in Form einer Forderung gegen die ausgebende Stelle, der (i) auf einem Datenträger gespeichert ist, (ii) gegen Entgegennahme eines Geldbetrags ausgegeben wird, dessen Wert nicht geringer ist als der ausgegebene monetäre Wert, der (iii) von anderen Unternehmen als der ausgebenden Stelle als **Zahlungsmittel** akzeptiert wird" (ABl 2000 L 275/39ff). Die Einbeziehung von E-Geld war erforderlich, weil es sich ansonsten nach § 1 II 2 ZAG um einen Zahlungsdienst handelt. Das E-Geld erfasst vor allem die **Geldkarte** (dazu § 675f Rn 134). IÜ sind die in Abs II Nr 2 und 3 vorgenommen Änderungen ggü der früheren Fassung (2007) rein redaktioneller Natur; sie sind insoweit notwendig geworden, um die Änderungen in § 675l und § 675v zutr zu erfassen (BT-Drs 18/11495, 156). Von hoher Bedeutung ist, dass der **EuGH** in seiner bekannten Denizbank-Entscheidung (EuGH ZIP 2020, 2327) festgelegt hat, dass es sich bei der rechtl Einordnung einer **NFC-Funktion einer Zahlkarte** um ein **ZInstrument** handelt (vgl auch *Omlor* RDi 2021, 47), welche als „anonyme Nutzung" iSv Abs II Nr 3 einzuordnen ist (Rn 5). IÜ zur NFC-Funktion der Zahlkarte § 675f Rn 129a. Festzuhalten ist auch, dass Zahlungen unter Verwendung von **PayPal** als E-Geld einzuordnen sind (Staudinger/*Omlor* Rn 32ff). Zw dem ZdNutzer und PayPal besteht ein Zdvertrag, das Konto ist ZKonto nach § 1 XVII ZAG. Der Verbotstatbestand von **§ 270a** steht einer Erhebung eines Entgelts bei Verwendung von PayPal nicht entgegen (BGH BKR 2021, 446; Grü/*Grüneberg* § 270a Rn 2; Staudinger/*Omlor* Rn 37; *Zahrte* BKR 2021, 79, 80; *Rodi* BKR 2022, 419, 427). Das Entgelt wird nicht für die Nutzung des ZInstruments (EuGH EuZW 2022, 237; BB 2020, 2898 m Anm *Graf v Westphalen*), sondern für zusätzl Dienste von PayPal entrichtet (BGH BKR 2021, 446).

3 **3. Parteivereinbarungen. a) Grundsatz.** Da die Benutzung eines Kleinstbetragszahlungsinstruments grds auf einem ZdRahmenvertrag iSv § 675f II beruht und damit geeignet ist, einen ZAuftrag auszulösen, um auf diese Weise einen ZVorgang iSv Art 4 Nr 5 ZdRL auszuführen, steht es den Parteien frei, entweder durch Individualabrede oder (regelmäßig) durch AGB-Klauseln (MüKo/*Casper* Rn 11) eine solche Vereinbarung abzuschließen (BeckOK/*Schmalenbach* Rn 6). Als ZVorgang – und damit auch als ZDienst – ist das Aufladen der Geldkarte, das Bezahlen und das dadurch ausgelöste Entladen des gespeicherten Geldbetrages bis zu einer Höhe von 150 € (Abs I Nr 3) zu verstehen (*Borges/Sesing* in L/B/S § 675c Rn 3). In all diesen Fällen erweist sich die **Bargeldersatzfunktion** dieses Instruments (Staudinger/*Omlor* Rn 6). Zweifelhaft ist die Frage, ob und inwieweit hier **Abweichungen in den AGB** ggü den Regeln in Abs II Nr 1–6 an der Hürde der §§ 307ff scheitern können (abl MüKo/*Casper* Rn 12 – keine Leitbidlfunktion; BeckOGK/*Foerster* Rn 18; BeckOK/*Schmalenbach* Rn 6). Dieses Ergebnis ist jedoch nicht gesichert. Entscheidend ist, dass es sich bei diesen Bestimmungen um **dispositive Normen** handelt, denen allerdings nicht nur reine Zweckmäßigkeitserwägungen, sondern auch Gerechtigkeitsaspekte zugrunde liegen, so dass die Frage zu beantworten, ob es der ZdLeister in der Hand hat, den in Abs II bezeichneten Standard noch weiter zu unterschreiten als dort im Einz vorgesehen (zu dem Schutzweck der Inhaltskontrolle BGH NJW 2017, 2986 Rn 37ff). Das dürfte angesichts der Grundregel des § 307 II Nr 1 deswegen zweifelhaft sein (vgl auch Staudinger/*Omlor* Rn 6 – zurückhaltend), weil die Abweichung einer AGB-Klausel von Wertungen des dispositiven Rechts bereits „im Zweifel" die unangemessene Benachteiigung des ZdNutzers begründet (BGH NJW 2017, 2986 Rn 39ff). Der vom EuGH in seiner Denizbank-Entscheidung zur NFC-Funktion der Zahlkarte formulierte LS 4 (EuGH ZIP 2020, 2327) ist dafür ein sprechender Beleg. Danach ist die Regel des Abs II Nr 3 richtlinienkonform auszulegen, weil der EuGH eine Identifizierung des Inhabers des ZKontos auch bei anonymen Zahlungen für möglich erachtet (mit Recht *Omlor* RDi 2021, 47, 48), wobei selbstredend eine entspr Autorisierung bei Einsatz dieses ZInstruments nicht möglich ist. Diese Vorüberlegung führt dazu, dass weitergehende Abweichungen von dem Standard in Abs II AGB-rechtl an den Hürden der §§ 307ff scheitern. Dieses Resultat wird auch durch den Grundsatz der **Vollharmonisierung** gedeckt.

4 **b) Abs II Nr 1, 2.** Soweit eine **Änderung** des ZdRahmenvertrags auf Veranlassung des ZdLeisters in Rede steht (**Abs II Nr 1**), bedarf diese gem § 675g I – unter Berücksichtigung der Vorgaben von Art 248 §§ 2 und 3 EGBGB – der **Textform**. Davon dispensiert Abs 2 Nr 1. Zwar spricht Nr 1 nur vom „Anbieten" einer Änderung des ZdRahmenvertrages; doch besteht kein Zweifel daran, dass tatsächlich bewertet eine entspr Vereinbarung auch zustande kommen muss, bevor eine solche Änderung wirksam wird (MüKo/*Casper* Rn 11). Diese hat praktisch Bedeutung nur bei der kontoungebundenen Geldkarte, weil die kontogebundene Geldkarte Teil des Girovertrages (ZdRahmenvertrages) ist (*Borges/Sesing* in L/B/S Rn 5). Auch wenn die Missbrauchsgefahr bei der Verwendung eines Kleinstbetragsinstruments in Form einer Geldkarte (möglicherweise) in gleicher Weise zu beurteilen ist, wie dies allg für Kreditkarten gilt (§ 675f Rn 99ff), verlangt **Abs II Nr 2** vom ZdNutzer nicht, den ZdLeister unverzüglich davon in Kenntnis zu setzen, dass der Verlust der Karte, ihr Diebstahl oder eine missbräuchliche Verwendung oder eine sonstige nicht autorisierte Nutzung stattgefunden hat (§ 675l I 2 – § 675l Rn 13). Der Dispens bezieht sich (redaktionell geändert und angepasst) gem Abs II Nr 2 auch auf § 675l I 2, § 675m I 1 Nr 3 und 5 sowie S 2, ferner auch – neu – auf § 675v V (§ 675v Rn 28ff). Konkret bedeutet dies: Die

Vereinbarung zw ZdLeister und ZdNutzer kann im Blick auf eine Geldkarte von der Erfüllung dieser gesetzl Pflichten absehen, weil dieses Kleinstbetragsinstrument nicht gesperrt oder seine Nutzung in anderer Weise verhindert werden kann (*Borges/Sesing* in L/B/S Rn 6). Daher kann eine entspr Vereinbarung einen Dispens von § 675l I 2 enthalten (Anzeige von Verlust, Diebstahl oder missbräuchlicher Verwendung); bezieht sich die Vereinbarung auch auf einen Dispens zu § 675m I 1 Nr 3 und 5 sowie auf S 2 (sicherstellen, dass der ZdNutzer jederzeit die Möglichkeit hat, eine Anzeige betr den Verlust, Diebstahl oder Missbrauch der Geldkarte vorzunehmen und eine Sperrung zu veranlassen sowie Bereithalten von Beweismittel für den Zeitraum von 18 Monaten – S 2). Falls auch ein Dispens von § 675v V vereinbart ist, entfällt im Fall von Verlust, Diebstahl oder Missbrauch der Geldkarte die Haftung des Zahlers. Im Hinblick auf eine **Sperre** des ZKontos oder des Kleinbetragsinstruments ist zudem Abs III zu beachten (Rn 9; § 675m Rn 7). AGB, welche – abw von einer möglichen Vereinbarung nach Abs II – vorsehen, dass der ZdNutzer bei Verlust einer (geladenen) Chipkarte verpflichtet ist, den jew eingeräumten Kredit als **„Schaden"** zu ersetzen, ist nach § 309 Nr 5 lit a unwirksam, sofern der Verwender nicht nachweist, dass eine solcher „Schaden" dem typischen Schaden entspricht, der sich auf alle durchschnittlich eintretenden Verlustfälle bezieht und nicht nur auf einen „Einzelfall" (BGH NJW-RR 2015, 690).

c) Abs II Nr 3. Die Vereinbarung kann nach Abs II Nr 3 auch vorsehen, dass die Haftung des ZdLeisters für nicht autorisierte ZVorgänge gem § 675u abbedungen ist. In gleicher Weise kann auch die Haftung des Zahlers bei missbräuchlicher Nutzung iSv § 675v I bis III und V ausgeschlossen werden. Darüber hinaus kann die Vereinbarung (betr § 675w) darauf abzielen, dass der ZdLeister nicht verpflichtet ist nachzuweisen, dass eine Authentifizierung erfolgt ist und der ZVorgang ordnungsgemäß aufgezeichnet, verbucht sowie nicht durch eine sonstige Störung beeinträchtigt wurde (*Borges/Sesing* in L/B/S Rn 8), sofern die Autorisierung eines ausgeführten ZVorgangs iSv § 675w **str** ist (§ 675w Rn 3). In gleicher Weise kann schließlich auch von der Nachweispflicht des ZdLeisters nach § 676 dispensiert werden (§ 676 Rn 2). Das alles ist in der Sache konsequent (im Einz BeckOGK/*Foerster* Rn 25ff). 5

d) Abs II Nr 4. Abs II Nr 4 bestimmt, dass der ZdLeister berechtigt ist, § 675o I im Rahmen einer Vereinbarung abzubedingen. Nach dieser Bestimmung wäre er nämlich ansonsten verpflichtet, den ZdNutzer innerhalb der Fristen des § 675s I zu unterrichten, falls er einen ihm erteilten ZAuftrag **ablehnt**. Es reicht in diesem Zusammenhang aus, dass sich die **Nichtausführung** des ZAuftrags aus den Umständen des Falles rekonstruieren lässt; unter dieser Voraussetzung ergibt sie sich dann – entspr der gesetzl Formulierung – „aus dem Zusammenhang". Wenn also der ZdNutzer davon Kenntnis erlangt, dass der ZdLeister einen ZAuftrag zur Ausführung eines ZVorgangs abgelehnt hat, reicht diese Nachricht aus. Ein weitergehender Schutz ist bei Verwendung von Kleinbetragsinstrumenten nicht angezeigt. 6

e) Abs II Nr 5. § 675p bestimmt die Fristen, innerhalb derer ein ZdNutzer berechtigt ist, einen dem ZdLeister erteilten ZAuftrag zu **widerrufen**. Von diesen engen Fristen wird der ZdNutzer gem Abs II Nr 5 dispensiert. Das Widerrufsrecht besteht auch dann, wenn der ZAuftrag dem ZdLeister übermittelt wurde oder der ZEmpfänger dem ZAuftrag zugestimmt hat. 7

f) Abs II Nr 6. Abs II Nr 6 bestimmt, dass die in § 675s bestimmten **Ausführungsfristen** für die Durchführung von ZVorgängen **abgeändert** werden können. Welche Fristen dann aufgrund der Parteivereinbarung gelten, ist offen. Es liegt allerdings nahe, die allg Zeitgrenze der §§ 147, 148 zu berücksichtigen, zumal der **Verbotstatbestand** von § 308 Nr 1 unberührt bleibt. Es ist kein Grund ersichtlich, den AGB-rechtl Verbotstatbestand nicht zur Anwendung zu berufen, zumal Art 63 I lit e ZdRL lediglich generell bestimmt, dass die Ausführungsfristen vereinbart werden können, die von den Vorgaben von Art 83 und 84 ZdRL abweichen. Dem Grundsatz der Vollharmonisierung iSv Art 107 ZdRL ist deshalb damit Genüge getan, dass der Tatbestand der **Abweichung** als solcher beachtet wird. Dass gleichwohl eine obere zeitl Grenze gilt, ist iSd Verbraucherschutzes unter Beachtung der Regel des § 308 Nr 1 notwendig. 8

4. Fehlende Sperrung. Abs III bestimmt, dass immer dann, wenn der ZdLeister nicht die technische Möglichkeit hat, das ZKonto oder das Kleinbetragsinstrument zu sperren, die §§ 675u und 675v für E-Geld keine Anwendung finden. Dabei ist zu bedenken, dass Abs II neben Abs III bestehen kann (BeckOK/*Schmalenbach* Rn 9). Unter Berücksichtigung dieser technischen Gegebenheiten kommt es daher nicht auf eine entspr Vereinbarung an; die Haftung des ZdLeisters (§ 675u) und die des Zahlers (§ 675v) entfällt nach Abs II Nr 3 (*Borges/Sesing* in L/B/S Rn 12; aM MüKo/*Casper* Rn 16). Ob diese Interpretation das letzte Wort ist, könnte allerdings zweifelhaft sein. Denn Abs III spricht nur von der fehlenden „Möglichkeit", grenzt also diese nicht in technischer Sicht ab, sondern gestattet auch die Auslegung, dass es – kumulativ – dann auch darauf ankommt, ob denn auch keine entspr Vereinbarung besteht. Diese umfassende Interpretation ist vorzugswürdig (Grü/*Grüneberg* Rn 5; *Herresthal* in L/B/S Rn 20). Abs III S 2 bestimmt – zweitens (MüKo/*Casper* Rn 16) – und abschließend, dass die **Rechtsfolge** von S 1 nur insoweit gilt, als ein ZKonto oder ein Kleinbetragsinstrument mit einem Wert von **höchstens 200 €** in Rede steht. Daraus folgt: Wenn keine Sperrung iSv Abs III 1 vereinbart ist und das ZKonto/Kleinbetragskonto nicht mehr als 200 € aufweist, trägt der ZdNutzer in seiner Funktion als **Zahler** das Risiko der missbräuchlichen Verwendung der E-Geldes in Form der Geldkarte (vgl auch Grü/*Grüneberg* Rn 6). 9

Kapitel 3
Erbringung und Nutzung von Zahlungsdiensten (§§ 675j–676c)

Unterkapitel 1
Autorisierung von Zahlungsvorgängen; Zahlungsinstrumente; Verweigerung des Zugangs zum Zahlungskonto (§§ 675j–675m)

§ 675j Zustimmung und Widerruf der Zustimmung

(1) Ein Zahlungsvorgang ist gegenüber dem Zahler nur wirksam, wenn er diesem zugestimmt hat (Autorisierung). Die Zustimmung kann entweder als Einwilligung oder, sofern zwischen dem Zahler und seinem Zahlungsdienstleister zuvor vereinbart, als Genehmigung erteilt werden. Art und Weise der Zustimmung sind zwischen dem Zahler und seinem Zahlungsdienstleister zu vereinbaren. Insbesondere kann vereinbart werden, dass die Zustimmung mittels eines bestimmten Zahlungsinstruments erteilt werden kann.

(2) Die Zustimmung kann vom Zahler durch Erklärung gegenüber dem Zahlungsdienstleister so lange widerrufen werden, wie der Zahlungsauftrag widerruflich ist (§ 675p). Auch die Zustimmung zur Ausführung mehrerer Zahlungsvorgänge kann mit der Folge widerrufen werden, dass jeder nachfolgende Zahlungsvorgang nicht mehr autorisiert ist.

1 **1. Europarechtliche Vorgaben.** Die europarechtl Grundlage für diese Norm findet sich im Wesentlichen in Art 64 ZdRL. Danach gilt ein ZVorgang nur dann als autorisiert, wenn der Zahler dem ZVorgang auch **zugestimmt** hat (BGH BKR 2021, 240 Rn 13). Dem Zahler steht es dabei frei, den ZVorgang, sofern eine entspr Vereinbarung besteht, auch nach seiner Ausführung zu autorisieren (MüKo/*Jungmann* Rn 4). So gesehen ist die Norm von zentraler Wichtigkeit, denn nur, wenn eine wirksame Autorisierung des ZVorgangs – und damit eine entspr **Zustimmung** (EBJS/*Keßler* Rn 4) – tatsächlich vorliegt und der Geldfluss stattgefunden hat, hat der ZdLeister auch einen Anspruch auf Aufwendungsersatz (MüKo/*Jungmann* Rn 22). Die zeitl Grenze ist gem Art 64 III ZdRL der Zeitpunkt, in welchem nach Art 80 ZdRL die **Unwiderruflichkeit eines ZAuftrags** eingetreten ist (vgl § 675p). Das Verfahren für die Erteilung der Zustimmung ist in Art 64 II ZdRL geregelt. Soweit Abs I S 4 auf die Benutzung eines bestimmten **ZInstruments** abstellt (BT-Drs 18/11495, 156), ist die europarechtl Grundlage in Art 68 I ZdRL (teilw) zu sehen; die korrespondierende Norm ist § 1 XX ZAG. Die Vorgabe aus Art 4 Nr 14 ZdRL – vgl § 1 XX ZAG – definiert ein **„Zahlungsinstrument"** „als jedes personalisierte Instrument und/oder jeden personalisierten Verfahrensablauf, das bzw der zwischen dem Zahlungsdienstenutzer und dem Zahlungsdienstleister vereinbart wurde und zur Erteilung eines Zahlungsauftrags verwendet wird".

2 **2. Einzelheiten. a) Autorisierung.** Abs I S 1 stellt kategorisch fest, dass ein ZVorgang ggü dem Zahler nur dann wirksam ist, wenn dieser dem ZVorgang zugestimmt hat (BGH BKR 2021, 240 Rn 13; MüKo/*Jungmann* Rn 15; BeckOGK/*Köndgen* Rn 11; BeckOK/*Schmalenbach* Rn 2 – §§ 182ff; EBJS/*Keßler* Rn 4ff). Stets handelt es sich hier um eine Willenserklärung (EBJS/Kessler Rn 3). Dogmatisch gewertet handelt es sich um eine **geschäftsbesorgungsrechtl Weisung** (Staudinger/*Omlor* Rn 3). Die allg Bestimmungen der Rechtsgeschäftslehre finden Anwendung (Grü/*Grüneberg* Rn 3, BeckOGK/*Köndgen* Rn 12). Da die Autorisierung idR vorab erteilt wird, handelt es sich in der Sache um eine Einwilligung nach § 183. Während die Vorgabe von Art 64 I ZdRL insoweit mit einer **Fiktion** arbeitet („gilt als autorisiert"), behandelt Abs I S 1 den – autorisierten – ZVorgang ggü dem Zahler als **wirksam**. Mit dem Begriff der Zustimmung ist indessen keinesfalls der gleiche Begriff in Stellung gebracht, den § 182 I verwendet. Dieser setzt ja voraus, dass für die Wirksamkeit eines Vertrags oder eines einseitigen Rechtsgeschäfts die Zustimmung eines Dritten notwendig ist (§ 182 Rn 2ff). Hier aber geht es im Rahmen des **Deckungsverhältnisses** allein um die Autorisierung/Zustimmung des Zahlers als ZdNutzer selbst, die dieser im Hinblick auf einen von ihm im Rahmen eines ZAuftrags ausgelösten ZVorgang seinem ZdLeister als Weisung erteilt. Geht man davon aus, dass nach der hier vertretenen Auffassung (§ 675f Rn 80 – betr Überweisungsverkehr) die Erteilung eines ZAuftrags als Weisung iSv § 665 zu sehen ist (Staudinger/*Omlor* Rn 3), liegt es nahe, den in Abs I S 1 erfassten Tatbestand der Autorisierung/Zustimmung gleichzusetzen mit der **Abgabe** einer empfangsbedürftigen Willenserklärung iSv § 130 I (Staudinger/*Omlor* Rn 6; MüKo/*Jungmann* Rn 16; Grü/*Grüneberg* Rn 3). In der Sache geht es um das Einverständnis des ZdNutzers mit dem auszulösenden ZVorgang (Grü/*Grüneberg* Rn 3). Demggü wird auch betont, dass notwendigerweise jeder ZVorgang auf der Erteilung eines ZAuftrags nach § 675f III 2 beruht, so dass im Blick auf die nach dieser Norm noch zusätzl erforderliche Autorisierung eine „schwer aufzulösende konstruktive Duplizierung" eintritt (BeckOGK/*Köndgen* Rn 7). Doch ist die für eine Autorisierung hier anzunehmende empfangsbedürftige Willenserklärung immer nur dann bejahen, wenn sie auch mit Wissen und Wollen des Erklärenden ggü dem ZdLeister in den Verkehr gelangt (BGH WM 1982, 712). Daran fehlt es, wenn ein ZInstrument iSv § 675u nicht autorisiert ist oder wenn iSv § 675v die missbräuchliche Nutzung eines solchen (BGH NJW 2016, 2024) vorliegt (§ 675v Rn 13f). Nur die Autorisierung des Zahlers löst also einen wirksamen ZVorgang aus. Wird dieser vom ZdLeister ausgeführt, erwächst ihm in entspr Höhe ein Anspruch auf Aufwendungserstattung nach §§ 675c, 675, der in Form einer Belastungsbuchung des ZKontos des Zahlers verwirklicht wird. Die Autorisierung ist **formfrei**; sie kann auch konkludent erklärt werden (BeckOGK/*Köndgen* Rn 13). Soweit jedoch Überweisung oder Latschrift in Rede stehen, ist gewillkürte Form nach § 127 die Regel, was auch durch entspr AGB gestützt wird. Ist allerdings der betreffende ZVorgang **ohne**

Zustimmung/Autorisierung des Zahlers vom ZdLeister ausgeführt worden, greift die Haftungssanktion von § 675u ein (§ 675u Rn 1ff). Die allg Regeln der **Stellvertretung** finden im Rahmen der §§ 164ff Anwendung (Staudinger/*Omlor* Rn 10; MüKo/*Jungmann* Rn 18). Für die Anwendung der Grundsätze der **Anscheins- und Duldungsvollmacht** (hierzu BGH NJW 2006, 1971, 1972; vgl auch BGH NJW 2017, 2273 – für den Bereich von § 45i IV 1 TKG bejaht, aber kein ZDienst; offenlassend BeckOK/*Schmalenbach* Rn 4; bejahend auch für den Fall des CEO-Fraud wegen der Kenntnis des ZdLeisters des „Handelnden" *Zahrte* BKR 2022, 69, 75; *Zahrte* BKR 2019, 126, 129 = Bespr LG Düsseldorf BKR 2019, 154) besteht nach zutr Ansicht hier kein Raum (BGH NJW 2021, 1458 Rn 13 – CEO-Fraud = gefälschte Faxanweisung; vgl auch BGH NJW 2017, 2273 – TKG – Benutzung durch den Sohn; NJW 2016, 2014 – Online-Banking; NJW 2015, 3093 – Rückabwicklung eines nicht autorisierten ZVorgangs; aus der obergerichtlichen Judikatur zum CEO-Fraud Celle BKR 2021, 114 sowie erstinstanzlich LG Karlsruhe BKR 2019, 151; vgl auch MüKo/*Jungmann* Rn 15; Grü/*Grüneberg* Rn 2), weil und soweit die Haftungsregel des § 675v sowie auch die Bestimmungen von § 675j und § 675u S 1 als **abschließend** zu werten sind (BGH BKR 2021, 240, 241; BKR 2016, 433 Rn 53; BT-Drs 16/11643, 113). Für die Haftung des Zahlers selbst gilt also grds § 675v. Das **Risiko des Missbrauchs** liegt grds beim ZdLeister (BGH NJW 2021, 1458 Rn 23 – Faxanweisung – CEO-Fraud; MüKo/*Jungmann* Rn 20). **Freistellungsklauseln**, welche vom Erfordenris des Verschuldens im Rahmen einer Pflichtverletzung des Zahlers absehen, sind nach § 307 II Nr 1 unwirksam (BGH NJW 2021, 1458 Rn 28ff). Bis zu einem Betrag iHv 50 € ist der ZdLeister berechtigt, den Zahler an dem Schaden zu beteiligen, der als Folge der missbräuchlichen Nutzung eines ZInstruments entstanden ist (§ 675v Rn 11). Für etwaige Schäden, die der Zahler aufgrund eines nicht autorisierten ZVorgangs erleidet, ist allerdings auch die Sperre von § 676b II zu beachten: Der ZdNutzer ist verpflichtet, Ansprüche und Einwendungen gegen den ZdLeister spätestens 13 Monate nach dem Tag der Belastung mitzuteilen, in welchem er von einem nicht autorisierten ZVorgang Kenntnis erlangt hat (§ 676b Rn 5ff). Auch für die Anwendung der Regeln über die Anfechtung einer Autorisierung nach den §§ 119ff ist kein Raum (MüKo/*Jungmann* Rn 21).

Die Autorisierung/Zustimmung iSv Abs I S 1 wird nur dann ggü dem Zahler wirksam – und ist dann geeignet, 3
im Rahmen eines **ZAuftrags** einen ZVorgang auszulösen –, wenn der Zahler formell betrachtet „Inhaber eines ZKontos" iSv Art 4 Nr 12 ZdRL und daher auch berechtigt ist, von eben diesem ZKonto einen ZAuftrag durchführen zu lassen. Es handelt sich um **„Push"-Zahlungen**, also regelmäßig um Überweisungen (MüKo/*Jungmann* Rn 30). Daher muss der Zahler auch **berechtigter Inhaber** des jew ZKontos sein (§ 675f Rn 65), von dem aus der entspr ZVorgang ausgelöst werden soll (im Fall eines Oder-Kontos vgl § 675f Rn 69; für den Fall eines Und-Kontos vgl § 675f Rn 68). Indessen ist die Autorisierung/Zustimmung des Zahlers gem den Vorgaben eines ZAuftrags nach Art 4 Nr 13 ZdRL nicht davon abhängig, dass er auch selbst über ein ZKonto verfügt. Ist dies nämlich nicht der Fall, kommt es für das Wirksamwerden des ZVorgangs darauf an, welche nat oder jur Person den ZAuftrag für die Durchführung eines ZVorgangs „erteilt". Diese Konstellation ist vor allem bei der **Bareinzahlung** bedeutsam. Daher liegt hier die Zustimmung/Autorisierung des Zahlers dann vor, wenn aus der Sicht des ZdLeisters die betreffende nat und jur Person berechtigt war, über den eingezahlten Bargeldbetrag zu verfügen. Im Fall des Vorliegens einer **Kontovollmacht** bestehen allerdings an der Wirksamkeit einer Autorisierung mit Blick auf das betr Konto keine Bedenken (BeckOK/*Schmalenbach* Rn 3).

b) Einwilligung/Genehmigung. Ob ein ZVorgang ggü dem Zahler – mangels Zustimmung – iSv Abs I S 2 4
auch dadurch wirksam wird, dass der Zahler nicht seine Einwilligung, sondern seine **Genehmigung** erteilt, ist davon abhängig (MüKo/*Jungmann* Rn 36f), dass eine entspr Vereinbarung zugrunde liegt (BeckOGK/*Köndgen* Rn 37; EBJS/*Keßler* Rn 4). Die Vorgabe von Art 64 I 2 ZdRL spricht insoweit nicht von einer Genehmigung, sondern verwendet auch hier das Verb **„autorisieren"**. Dass man bei Bejahung einer Gleichsetzung zw Autorisierung und Weisung eine Parallele in § 684 S 2 sehen kann (Grü/*Grüneberg* Rn 3; Staudinger/*Omlor* Rn 3), wurde bereits bejaht (Rn 2). Zwar ist einzuräumen, dass der Gesetzgeber in Abs I S 2 das Substantiv „Genehmigung" verwendet, um auf diese Weise die erforderliche **Zustimmung/Autorisierung** des Zahlers zum Ausdruck zu bringen, die allerdings iSv Art 64 I 2 ZdRL erst „nach Ausführung" des ZVorgangs vom Zahler erklärt wird. Doch ist die Bezugnahme auf § 684 S 2 nur dann nicht verwirrend, wenn man die Norm isoliert iS einer Weisung des Zahlers betrachtet. Mit Recht wird daher dieser Frage nur eine höchst marginale Bedeutung für die Praxis beigemessen (BeckOGK/*Köndgen* Rn 37; in der Sache auch MüKo/*Jungmann* Rn 36). Von praktischer Bedeutung ist, dass die **Nichtigkeit des Valutaverhältnisses**, etwa wegen (verbotenem) **Glückspiels** die Autorisierung in ihrer Wirksamkeit nicht berührt (BGH BKR 2021, 811 Rn 8, 12; Köln NJW-RR 2023, 126; auch bei Zahlungen per Kreditkarte München WM 2019, 1301, 1303; Grü/*Grüneberg* Rn 3).

In der Praxis sind die Fälle der (vorherigen) Zustimmung/Autorisierung des Zahlers entscheidend (vgl auch 5
Art 5 IV SEPA-VO), und zwar bei einem **Überweisungsauftrag** (hierzu BeckOGK/*Köndgen* Rn 75ff; § 675f Rn 76ff; BeckOK/*Schmalenbach* Rn 10; EBJS/*Keßler* Rn 6). Hier ist die Autorisierung eine Einwilligung des Zahlers, weil es sich um eine „Push"-Zahlung handelt (Staudinger/*Omlor* Rn 4). Bei der **Lastschrift** (vgl auch Art 5 I–III SEPA-VO; BGH NJW 2010, 3510, 3512) liegt beim **SEPA-Verfahren** (§ 675f Rn 86ff) ein Doppelmandat vor (BeckOGK/*Köndgen* Rn 82ff; BeckOK/*Schmalenbach* Rn 12; EBJS/*Keßler* Rn 9), weil der ZEmpfänger zum einen ermächtigt wird, vom ZKonto des Zahlers eine Lastschrift einzuziehen („Pull"-Zahlung), wobei zum anderen der Zahler eine entspr Weisung an seinen ZdLeister erteilt, sein ZKonto zu belasten und im Interbankenverkehr eine **Gutschrift** zu erteilen (§ 675f Rn 80). Soweit der Zahler im Rahmen eines ZdRahmenvertrags eine **Kreditkarte** verwendet (BeckOGK/*Köndgen* Rn 104ff), liegt die Autorisierung beim Zahler (§ 675f Rn 108). Diese geht dahin (EBJS/*Keßler* Rn 12), den Zahlungsanspruch des Verkäufers zu erfüllen, so dass ein entspr Auf-

wendungsersatzanspruch gegen den Zahler/Käufer entsteht. Wird bei Verwendung einer **EC-Karte (Debit-Karte)** Geld abgehoben (vgl auch Rn 7; § 675f Rn 104), so kommt es daraf an, ob dies an einem institutseigenen oder einem fremden Geldautomaten geschieht. Durch Eingabe von **Geldkarte** und PIN ensteht zu Lasten des ZKontos des ZdNutzers ein Anspruch auf Auszahlung (EBJS/*Keßler* Rn 11). Wird ein fremder Geldautomat benutzt, dann weist der ZdNutzer das kartenemittierende Institut an, sich ggü dem fremden ZdLeister nach §§ 780, 781 zu verpflichten, den so entstandenen Zahlungsanspruch zu erfüllen (Rn 7; § 675f Rn 136). Bei Verwendung einer **Geldkarte** im Valutverhältnis ergeben sich keine Besonderheiten ggü der Verwendung einer Kreditkarte. Eine nachträgl Genehmigung/Autorisierung iSv Abs I S 2 spielte allerdings – entspr den zugrunde liegenden Vereinbarungen – nur im **Einzugsermächtigungsverfahren–Lastschriftverfahren** eine Rolle. Fehlt ein autorisierter ZAuftrag, besteht zw Leistendem (Zahler) und ZdLeister kein Leistungsverhältnis, so dass im Anwendungsbereich von § 675u ein **Bereicherungsausgleich** zw ZdLeister und ZEmpfänger stattfindet (BGH NJW 2015, 3093; Brandenburg NJW-RR 2018, 733). Die Darlegungs- und Beweislast für das Vorliegen einer Autorisierung trägt der ZdLeister (Frankfurt VuR 2017, 463 – Kopie eines Fax; LG Düsseldorf BKR 2019, 154, 155).

6 **c) Vereinbarung betreffend Art und Weise der Zustimmung.** Die Bestimmung von **Abs I S 3** ist eindeutig: Zw dem Zahler und seinem ZdLeister ist jew die Art und Weise der Zustimmung zu vereinbaren. Regelmäßig geschieht dies im Kontext eines ZdRahmenvertrags iSv § 675f II. Aus diesem Grunde beziehen sich auch die **vorvertragl Informationspflichten** des ZdLeisters, wie sie in Art 248 § 4 I Nr 2 EGBGB geregelt sind, auf die „Art und Weise der Zustimmung zur Ausführung eines ZVorgangs". Diese Information ist gem Art 248 § 3 EGBGB dem ZdNutzer/Zahler in **Textform** mitzuteilen. Davon losgelöst ist die Antwort auf die Frage, welche Form im Hinblick auf Abs I S 3 zu beachten ist. Dazu trifft Art 64 IV ZdRL keine detaillierte Festlegung. Daher kann auch das vom Zahler ggü dem ZdLeister zu beachtende Verfahren, wie Art und Weise seiner Zustimmung zu einem ZVorgang zu gestalten sind, mündlich, schriftlich oder in Textform vereinbart werden. In der Praxis dürfte freilich eine mündliche Abrede regelmäßig deswegen ausscheiden, weil die **Nachweispflicht** betr die Autorisierung Sache des ZdLeisters ist, falls diese bei einem ausgeführten ZVorgang **str** ist (§ 675w Rn 3ff). Davon abgesehen bleibt aber zu unterstreichen, dass unter Berücksichtigung der zwingenden Vorgabe von Art 64 IV ZdRL auch eine mündliche Abrede im Kontext von Abs I S 3 nicht auszuschließen ist (vgl auch Grü/*Grüneberg* Rn 5). Notwendigerweise bezieht sich die in Abs I S 3 angesprochene Vereinbarung in praktischer Sicht vor allem auf die Zustimmung des Zahlers im **Einzugsermächtigungsverfahren–Lastschriftverfahren** (vgl auch *Laitenberger* NJW 2010, 192, 193), welches allerdings seine praktische Bedeutung seit dem 1.2.2016 und dem ausschließlichen Vorherrschen des SEPA-Mandats eingebüßt hat. Fehlt indessen eine nach Abs I S 3 vorgesehene Vereinbarung, ist eine Autorisierung **unwirksam**. IÜ haben hier die Vereinbarungen im Rahmen diverser AGB ihre praktische Bedeutung erlangt, etwa für Überweisungen oder im Rahmen des Lastschriftverfahrens (*Bunte/Zahrte*, Banken AGB, Teil IV; VII).

7 **d) Benutzung eines Zahlungsinstruments. Abs I S 4** stellt gem Art 4 Nr 14 ZdRL klar (redaktionelle Änderung ggü dem früher verwendeten Begriff des „ZInstruments" – ZAI), dass eine Autorisierung auch durch Verwendung eines **ZInstruments** (vgl § 1 XX ZAG; *Omlor* BKR 2019, 105, 107) durch den Zahler erreicht werden kann (hierzu auch MüKo/*Jungmann* Rn 52). Nach der Vorgabe von § 1 XX ZAG gilt, dass hiermit „jedes Instrument oder Verfahren" angesprochen ist, „das zw dem ZdNutzer und dem ZdLeister für die Erteilung von ZAufträgen vereinbart wird und das vom ZdNutzer eingesetzt wird, um den ZAuftrag zu erteilen". Der **EuGH** hat den Begriff des ZInstruments nach Maßgabe der Vorläufer-RL (2007/64/EG) auch auf den eigenhändig unterschriebenen Zahlschein bei einem ausgefüllten Überweisungsträger angewandt (EuGH MMR 2014, 486 – Mobilfunkbetreiber als ZEmpfänger; EBJS/*Keßler* Rn 22) und inzwischen auf die **NFC-Funktion** der Zahlkarte ausgedehnt (EuGH ZIP 2020, 2327). Erforderlich ist also, dass zw einem ZInstrument und den **personalisierten Sicherheitsmerkmalen** (Defintion in § 1 XXV ZAG: PIN, TAN, Passwort – Stichwort: Online-Banking) **unterschieden** wird (BGH NJW 2017, 3222 Rn 29 – damals noch „Zahlungsauthentifizierungsinstrument"; BeckOK/*Schmalenbach* Rn 16). ZInstrumente müssen nicht notwendigerweise über personalisierte Sicherheitsmerkmale verfügen (*Omlor* BKR 2019, 105, 107). Solche Sicherheitsmerkmal sind entweder geheim oder nicht reproduzierbar (MüKo/*Jungmann* Rn 70). Ein personalisiertes **ZInstrument** muss bei Erteilung eines ZAuftrags vom Zahler – vereinbarungsgemäß – eingesetzt werden (*Omlor* BKR 2019, 105, 107), um einen ZAuftrag auszulösen, wie etwa beim Online-Banking die Verwendung von TAN und PIN oder eben auch als persönliche, eigenhändige Unterschrift, was auch iSd Definition von Art 4 Nr 14 ZdRL zutrifft (EuGH MMR 2014, 486; EBJS/*Keßler* Rn 23; BeckOK/*Schmalenbach* Rn 16). Denn eine **eigenhändige Unterschrift** ist stets personalisiert (MüKo/*Jungmann* Rn 71) und als Legitimation für die Auslösung eines ZAuftrags (Überweisung etc) zw den Parteien vereinbart. Das ist etwa auch der Fall bei Verwendung der **EC- oder der Kreditkarte**, weil dort jedenfalls im Präsenzgeschäft die Möglichkeit besteht, diese auf ihre Übereinstimmung mit dem unterzeichneten Slip zu prüfen (BGH NJW 2021, 1458 Rn 35 – für Faxüberweisung; MüKo/*Jungmann* Rn 71). Die vom BGH noch vorgenommene Unterscheidung zw einem ZInstrument (ZAI) und personalisierten Sicherheitsmerkmalen (BGH NJW 2017, 3222 – sms-TAN – Rn 29ff) dürfte im Blick auf die **neue Definition** des ZInstruments in Art 4 Nr 14 ZdRL sowie in § 1 XX ZAG (Instrument „oder" Verfahren) nicht mehr einschlägig sein. Denn nach dem Urteil des BGH (NJW 2017, 3222 Rn 29) werden die personalisierten Sicherheitsmerkmale einem ZAI „zugeordnet". Das **ZInstrument** muss dem ZdNutzer exklusiv zur Verfügung gestellt werden und nur diesem bekannt oder zugänglich sein; nur dann ist es auch „personalisiert" (Grü/*Grüneberg* Rn 7). PIN, TAN (etc), aber auch sonstige Kenn- und Passwörter, welche nur dem ZdNutzer bekannt sind und im **Online-Banking** Anwendung finden (BeckOK/*Schmalen-*

bach Rn 16), sind, wie bereits kurz apostrophiert, **personalisierte Sicherheitsmerkmale** (*Omlor* BKR 2019, 105, 107). Sie sind begriffsnotwendig kein ZInstrument, sondern dem „Verfahren" iSv § 1 XX ZAG zugeordnet, wie auch Kenn- oder Passwörter (Grü/*Grüneberg* Rn 7). Entscheidend ist, dass sie alle von dem ZdLeister (Emittenten) ausgegeben werden und nur der Legitimation des ZNutzers ihm ggü bei der Verwendung des ZInstruments dienen (vgl *Oechsler* WM 2010, 1381, 1382). Sie dienen also nur diesem Zweck und sind iÜ auch geheim. Das aber trifft nicht zu auf **Kontonummer, Anschrift und Name des ZdNutzers** (Grü/*Grüneberg* Rn 7; *Hofmann* BKR 2014, 105, 108; *Omlor* BKR 2019, 105, 107), welche auch für andere Zwecke – außerhalb der Erteilung eines ZAuftrags – eingesetzt werden. Mit der hM wird man daher auch die personalisierten Sicherheitsmerkmale als für den Einsatz eines Zahlungsinstruments konstitutiv ansehen dürfen (BankR-HdB/*Maihold* § 33 Rn 21ff – Online-Banking), weil sie zw den Parteien vereinbart sind und dazu dienen, einen ZAuftrag durchzuführen (vgl Art 4 Nr 14 ZdRL). Entscheidend für die Bejahung eines ZInstruments ist also der Befund, dass die betreffenden Instrumente oder Verfahren in dem Sinn „personalisiert" sind, dass sie nur dem ZdNutzer bekannt und/oder zugänglich, mithin auch geheim sind und für die Erteilung eines ZAuftrags verwendet werden können und sollen.

Zu unterscheiden sind diese personalisierten Sicherheitsmerkmale jedoch von der **Kundenkennung** iSv § 675r II – Kundenidentifikator nach Art 4 Nr 33 ZdRL (§ 675r Rn 3f). Das ist nach dieser Definition eine „Kombination aus Buchstaben, Zahlen oder Symbolen, die dem ZdNutzer von dem ZdLeister mitgeteilt wird und die der ZdNutzer angeben muss, damit ein anderer am ZVorgang beteiligter ZdNutzer und/oder dessen ZKonto bei einem ZVorgang zweifelsfrei ermittelt werden kann". Zu unterscheiden ist der Begriff der Autorisierung aber auch von dem der **Authentifizierung** (MüKo/*Jungmann* Rn 62ff). Nach § 1 XXIII ZAG versteht der Gesetzgeber darunter ein Verfahren, „mit dessen Hilfe der Zahlungsdienstleister die Identität eines Zahlungsdienstnutzers oder die berechtigte Verwendung eines bestimmten Zahlungsinstruments, einschließlich der Verwendung der personalisierten Sicherheitsmerkmale des Nutzers, **überprüfen** kann". Es geht also um die Nachprüfbarkeit der Urheberschaft einer Willenserklärung des ZdNutzers (MüKo/*Jungmann* Rn 64). Der damit bezweckte Schutz dient diesem ebenso wie dem ZdLeister im Blick auf zu vermeidende Missbrauchsfälle (BeckOGK/*Köndgen* Rn 45). Davon ist wiederum die **„starke Kundenauthentifizierung"** zu unterscheiden (§ 1 XXIV ZAG). Darunter wird verstanden: „Starke Kundenauthentifizierung ist eine Authentifizierung, die so ausgestaltet ist, dass die Vertraulichkeit der Authentifizierungsdaten geschützt ist und die unter Heranziehung von mindestens zwei der folgenden, in dem Sinne voneinander unabhängigen Elementen geschieht, dass die Nichterfüllung eines Kriteriums die Zuverlässigkeit der anderen nicht in Frage stellt: 1. Kategorie Wissen, also etwas, das nur der Nutzer weiß, 2. Kategorie Besitz, also etwas, das nur der Nutzer besitzt oder 3. Kategorie Inhärenz, also etwas, das der Nutzer ist." Im Einz auch *Omlor* BKR 2019, 105, 112f; *Werner* WM 2018, 449; *Hoffmann* VuR 2016, 243, 248ff. Schließlich ist der Begriff der Autorisierung auch von dem des **ZAuftrags** zu unterscheiden, weil nicht jede Autorisierung auch mit einem ZAuftrag gekoppelt ist (Staudinger/*Omlor* Rn 3). 7a

Praktisch wird Abs I S 4 dann, wenn der Zahler eine **Debit-Karte** (mit PIN) beim **POS-Verfahren** einsetzt (§ 675f Rn 130), aber auch, wenn er eine **Kreditkarte** (mit Unterschrift oder PIN oder beidem) verwendet (§ 675f Rn 109) oder die persönliche Signatur. Wichtig ist dieser Zusammenhang auch beim **Online-Banking** (*Omlor* BKR 2019, 105, 107ff), bei dem bestimmte personalisierte Sicherheitsmerkmale (PIN/TAN) verwendet werden (§ 675f Rn 148), um den ZVorgang auszulösen, dh zu autorisieren. Abs I S 4 ist iÜ auch im Kontext mit § 650k zu sehen: Unter Berücksichtigung der Vorgaben von Art 68 I ZdRL können Zahler und ZdLeister **Ausgabenobergrenzen** für ZDienste vorsehen, die durch die Verwendung eines ZInstruments ausgeführt werden. Dieser Ansatz ist in § 675k I reflektiert. Ein wichtiger **Teilaspekt**, der in der Praxis bei der Benutzung eines ZInstruments auftritt, bezieht sich auf die Frage, unter welchen Voraussetzungen der Zahler insoweit seine **Zustimmung** erklärt. Gemessen an den Vorgaben von Art 4 Nr 14 ZdRL setzt nämlich der ZdNutzer ein solches ZInstrument ein, um einen ZAuftrag zu erteilen. Daher: Bei der Verwendung der Kreditkarte liegt die Erteilung des ZAuftrags und damit die Zustimmung iSv Abs I S 4 in der Unterzeichnung des Slips (und der Eingabe der PIN); beim Mailorder-Verfahren ist die Zustimmung/Autorisierung in der Mitteilung der Nr der Kreditkarte und ihrer Gültigkeitsdauer und der PIN zu sehen; bei Verwendung der EC-Karte liegt die Zustimmung/Autorisierung in der Verwendung der PIN (§ 675f Rn 109), beim Online-Banking in der Verwendung von PIN und TAN etc. Einzelheiten ergeben sich aus dem jew zugrunde liegenden ZdRahmenvertrag iSv § 675f II. Soweit der ZdLeister für die Übersendung/Überlassung eines personalisierten Sicherheitsmerkmals ein **Entgelt** verlangt, handelt es sich um eine **kontrollfähige Preisabrede** (BGH NJW 2017, 3222 Rn 21 – 0,10 € pro sms-TAN – unwirksam). Für die Ausstellung einer Ersatzkarte kann ein Entgelt nicht verlangt werden (BGH NJW 2016, 460), sofern die Klausel nicht eindeutig auf solche ursächlichen Umstände abstellt, die nicht im Verantwortungsbereich des ZdLeisters liegen (Köln WM 2014, 1338; *Kropf/Habl* BKR 2015, 316, 318). 7b

3. Widerruf. a) Grundsatz. Die Grenzen, innerhalb derer ein ZAuftrag vom ZdNutzer widerrufen werden kann (**Abs II S 1**), sind abschließend in Art 64 ZdRL fixiert. Der dt Gesetzgeber hat diese Norm vor allem in **§ 675p** nachgebildet (§ 675p Rn 2ff). Von **Ausnahmemöglichkeiten**, wie sie in Art 80 V ZdRL niedergelegt sind, abgesehen, endet die Widerruflichkeit grds dann, wenn der ZAuftrag des ZdNutzers beim ZdLeister des Zahlers **eingegangen** ist (Art 64 III ZdRL; vgl auch MüKo/*Jungmann* Rn 93). Damit ist eine Grundaussage klar: Von diesem Zeitpunkt an gilt der Grundsatz der **Unwiderruflichkeit** (MüKo/*Jungmann* Rn 93). Doch bis zu diesem Zeitpunkt ist die Zustimmung/Autorisierung des Zahlers ggü dem ZdLeister **frei widerruflich** (Staudinger/*Omlor* Rn 11). Die Widerrufserklärung muss an den ZdLeister des Zahlers adressiert werden; sie muss ihm **rechtzei-** 8

tig innerhalb der Zeitgrenze des § 675p zugehen (§ 130). Bei einer **Zahlung in Echtzeit** (Instant Payment) steht ein Widerruf nur auf dem Papier, weil die Zahlung in diesen Fällen innerhalb von fünf Sekunden bis zur Gutschrift bewirkt sein muss (EBJS/*Keßler* Rn 26). Der rechtzeitige Widerruf der Zustimmung/Autorisierung führt dazu, dass der betreffende ZVorgang iSv Abs I S 1 ggü dem Zahler **nicht wirksam** wird; der Tatbestand der angestrebten Autorisierung entfällt (BeckOK/*Schmalenbach* Rn 15; MüKo/*Jungmann* Rn 93). Wann der Zahler seine Zustimmung/Autorisierung widerruft, ist gem Art 64 III ZdRL irrelevant, so lange dies bis zu dem Zeitpunkt geschieht, den Art 80 ZdRL – und damit i Erg § 675p – im Visier hat. Die **Rechtsfolgen** eines rechtzeitigen Widerrufs treten **ex tunc** ein (vgl BGH NJW 2015, 2725 – widerrufene Kontovollmacht; MüKo/*Jungmann* Rn 101). Hier fehlt von Anfang an ein wirksamer ZAuftrag (BGH NJW 2015, 2725 Rn 20). Ohne ausdrückl Widerruf erlischt ein erteilter ZAuftrag auch immer dann, wenn der zugrunde liegende **ZdRahmenvertrag durch Kündigung** beendet worden ist. Ob der Zahler berechtigt ist, eine erteilte Autorisierung im Wege der **Anfechtung** nach den §§ 119f zu vernichten, kann nur unter der Perspektive von 66 I ZdRL beantwortet werden. Danach haben nämlich die Mitgliedstaaten sicherzustellen, dass ein ZAuftrag nach dem Eingang beim ZdLeister des Zahlers nicht mehr widerrufen werden kann, „sofern in diesem Artikel nichts anderes geregelt". Daraus folgt, dass jede Anfechtung eines erteilten ZAuftrags zwingend – Grundsatz der Vollharmonisierung – ausscheidet (AG Bonn MMR 2015, 477, 478). Das wird man auch in den Fällen als richtig ansehen müssen, in denen eine Vereinbarung nach Art 80 V ZdRL getroffen wurde. Danach – umgesetzt in § 675p – steht es zwar dem ZdLeister und dem ZdNutzer frei, in Bezug auf die in Art 80 Abs I–IV ZdRL geregelten Fristen eine abw Vereinbarung zu treffen und längere Fristen für den Widerruf eines ZAuftrags vorzusehen. Das eröffnet dann jedenfalls rechtstechnisch (§ 122) dem Zahler die Möglichkeit, einen rechtzeitigen Widerruf auch dann als gewollt anzunehmen, wenn er eine Anfechtung erklärt hat. Denn die rechtsgestaltende Wirkung eines Widerrufs und einer Anfechtung ist im Kern deckungsgleich.

9 **b) Vorvertragliche Informationspflichten.** Aus Art 248 § 4 I Nr 2 lit c EGBGB ergibt sich, dass der ZdNutzer auch im Rahmen der vorvertragl Informationspflichten verpflichtet ist, nicht nur Art und Weise der Zustimmung zur Ausführung eines ZVorgangs dem ZdNutzer mitzuteilen, sondern auch Art und Weise eines etwaigen **Widerrufs** eines ZAuftrags gem § 675j und § 675p. Diese Information schuldet der ZdLeister gem Art 248 § 2 EGBGB in klarer und verständlicher Sprache; als Form ist gem Art 248 § 3 EGBGB **Textform** vorgesehen. Die Informationen müssen – samt den Vertragsbedingungen – dem ZdNutzer mitgeteilt werden, dh iSv § 130 zugehen. Im Hinblick auf Art und Weise, wie der Widerruf ggü dem ZdLeister zu erklären ist, enthält Art 248 § 4 I Nr 2 lit c EGBGB keine Angaben; es gelten daher die gleichen Gesichtspunkte, die zuvor – bezogen auf Art und Weise der Zustimmung des Zahlers ggü dem ZdLeister – dargestellt worden sind (Rn 7). Von praktischer Wichtigkeit ist in diesem Kontext auch, dass die vorvertragl Informationspflicht auch die Mitteilung (Name, Anschrift, Hauptverwaltung, Zweigniederlassung etc) des ZdLeisters einschließt, zzgl aller „anderen Anschriften", einschl E-Mail-Adresse, „die für die Kommunikation mit dem ZdLeister von Belang sind" (vgl Art 248 § 4 I Nr 1 lit a EGBGB). Versäumt der ZdLeister die Erfüllung dieser vorvertragl Pflichten, spricht Einiges dafür, dass unter diesen Voraussetzungen die **Schadensersatzsanktion** gem § 311 II, § 280 I zur Wirksamkeit eines Widerrufs führt, sofern der ZdNutzer/Zahler nachweisen kann, dass er diesen – wenngleich etwa an die falsche Anschrift – rechtzeitig abgesandt hat, so dass er unter Berücksichtigung gewöhnlicher Umstände dem (richtigen) Adressaten auch rechtzeitig iSv § 675p zugegangen wäre. Denn der ZdNutzer ist im Rahmen der Schadensersatzhaftung nach § 311 II, § 280 I, § 249 so zu stellen, wie er stände, wenn die schädigende Pflichtverletzung nicht kausal geworden wäre.

10 **c) Widerruf mehrerer Zahlungsvorgänge.** Sofern sich der Widerruf iSv **Abs II S 2** auf die Ausführung mehrerer, zeitlich aufeinander folgende ZVorgänge – **Dauerauftrag/Lastschrift** – bezieht, steht es dem ZdNutzer/Zahler frei (BeckOK/*Schmalenbach* Rn 19), ihn so zu gestalten, dass auch jeder nachfolgende ZVorgang als nicht mehr autorisiert anzusehen ist (Staudinger/*Omlor* Rn 13). Dahinter steht eine Auslegungsregel: Geklärt werden muss, welche ZAufträge trotz einer antizipierten Autorisierung nunmehr als widerrufen anzusehen sind (MüKo/*Jungmann* Rn 99). Diese Sicht deckt sich mit der Vorgabe von Art 64 III 2 ZdRL. Es ist daher stets zu prüfen, zu welchem Zeitpunkt ein nach Abs II S 2 erklärter Widerspruch dem ZdLeister gem § 675p zugegangen ist, weil damit die Erfüllung der nachfolgenden, dh künftigen ZVorgänge abgeschnitten worden sein kann.

11 **4. SEPA-Lastschrift.** Hier liegt im ZAuftrag des Zahlers das Mandat, dh seine Autorisierung/Einwilligung an die Adresse des ZEmpfängers, den Betrag vom ZKonto des Zahlers einzuziehen sowie – gleichzeitig – die an die Zahlstelle des Zahlers gerichtete Weisung, die vom ZEmpfänger auf das ZKonto des Zahlers gezogene SEPA-Lastschrift einzulösen (BGH NJW 2010, 3510, 3512, EBJS/*Keßler* Rn 9). Unter Berücksichtigung von Abs I S 3 sowie des Grundgedankens der Vollharmonisierung nach Art 107 ZdRL kommt bei einem SEPA-Mandat der Widerruf nach § 675p II 2 bis zum Ende des Geschäftstags vor dem Fälligkeitstag in Betracht (§ 675p Rn 11). Der Widerruf ist an den ZdLeister des Zahlers zu richten. Insoweit ist auch hier auf die Regel von Abs II S 2 zurückzugreifen (Grü/*Grüneberg* Rn 9; BeckOK/*Schmalenbach* Rn 22). Soweit in den AGB **Textform** (§ 309 Nr 13) vorgesehen ist, ist dies unproblematisch. Die Lastschrift ist nach der Rspr des BGH **insolvenzfest** (BGH NJW 2010, 3510), sofern nicht die Voraussetzungen für eine Anfechtung nach den §§ 129ff InsO vorliegen (BGH NJW-RR 2013, 492). IÜ EBJS/*Keßler* Rn 27. Zur **Rückbuchung** aufgrund eines eigenständigen Rückforderungsanspruchs nach § 675x II s *Bitter* WM 2010, 1725, 1731f.

§ 675k Begrenzung der Nutzung eines Zahlungsinstruments; Verweigerung des Zugangs zum Zahlungskonto

(1) In Fällen, in denen die Zustimmung mittels eines Zahlungsinstruments erteilt wird, können der Zahler und der Zahlungsdienstleister Betragsobergrenzen für die Nutzung dieses Zahlungsinstruments vereinbaren.

(2) Zahler und Zahlungsdienstleister können vereinbaren, dass der Zahlungsdienstleister das Recht hat, ein Zahlungsinstrument zu sperren, wenn
1. sachliche Gründe im Zusammenhang mit der Sicherheit des Zahlungsinstruments dies rechtfertigen,
2. der Verdacht einer nicht autorisierten oder einer betrügerischen Verwendung des Zahlungsinstruments besteht oder
3. bei einem Zahlungsinstrument mit Kreditgewährung ein wesentlich erhöhtes Risiko besteht, dass der Zahler seiner Zahlungspflicht nicht nachkommen kann.

In diesem Fall ist der Zahlungsdienstleister verpflichtet, den Zahler über die Sperrung des Zahlungsinstruments möglichst vor, spätestens jedoch unverzüglich nach der Sperrung zu unterrichten. In der Unterrichtung sind die Gründe für die Sperrung anzugeben. Die Angabe von Gründen darf unterbleiben, soweit der Zahlungsdienstleister hierdurch gegen gesetzliche Verpflichtungen verstoßen würde. Der Zahlungsdienstleister ist verpflichtet, das Zahlungsinstrument zu entsperren oder dieses durch ein neues Zahlungsinstrument zu ersetzen, wenn die Gründe für die Sperrung nicht mehr gegeben sind. Der Zahlungsdienstnutzer ist über eine Entsperrung unverzüglich zu unterrichten.

(3) Hat der kontoführende Zahlungsdienstleister einem Zahlungsauslöse- oder Kontoinformationsdienstleister den Zugang zum Zahlungskonto des Zahlungsdienstnutzers verweigert, ist er verpflichtet, den Zahlungsdienstnutzer in einer im Zahlungsdiensterahmenvertrag zu vereinbarenden Form über die Gründe zu unterrichten. Die Unterrichtung muss möglichst vor, spätestens jedoch unverzüglich nach der Verweigerung des Zugangs erfolgen. Die Angabe von Gründen darf unterbleiben, soweit der kontoführende Zahlungsdienstleister hierdurch gegen gesetzliche Verpflichtungen verstoßen würde.

1. Europarechtliche Vorgaben. Die Bestimmung beruht auf der Umsetzung von Art 68 ZdRL. Der früher ver- 1
wendete Begriff des ZInstruments ist jetzt auch hier ersetzt durch den des **Zahlungsinstruments** nach Art 4 Nr 14 ZdRL/§ 1 XX ZAG (vgl § 675j Rn 7). Außerdem hat der Gesetzgeber die neue Vorschrift von Art 68 V ZdRL in dem neu eingefügten Abs III eingebaut (BT-Drs 18/11495, 156). Dort sind die neuen Begriffe des **Zahlungsauslösedienstleisters** (ZAuslösedienst: Art 4 Nr 18 ZdRL = § 1 XXXIII ZAG – § 675f Rn 36) und die des **Kontoinformationsdienstleisters** (Art 4 Nr 19 ZdRL = § 1 XXXIV ZAG) aufgenommen. Ein ZAuslösedienst ist dadurch definiert, dass es sich um einen ZDienst handelt, „bei dem auf Veranlassung des ZdNutzers ein ZAuftrag in Bezug auf ein bei einem anderen ZdLeister geführtes ZKonto ausgelöst wird" (§ 1 XXXIII ZAG). Ein Kontoinformationsdienstleister ist nach der definitorischen Vorgabe des § 1 XXXIV ZAG „ein Online-Dienst zur Mitteilung konsolidierter Informationen über ein ZKonto oder über mehrere ZKonten des ZdNutzers bei einem oder mehreren anderen ZdLeistern". Diese Neuregelung wird auch in der Überschrift dieser Vorschrift übernommen. Zu beachten ist, dass diese beiden Begriffe in ihrem Pflichtenkreis mWv **14.9.2019 durch die VO 2018/389** umschrieben und erweitert sind (Art 10 – § 51 ZAG – Kontoinformationsdienstleister; § 49 ZAG – Zahlungsauslösedienstleister). Per Saldo dienen die Bestimmungen dieser Vorschrift dazu, durch die Festsetzung einer Betragsobergrenze und durch das Ermöglichen einer Sperrung die technischen Voraussetzungen dafür zu schaffen, dass der Missbrauch durch Dritte eingeschränkt werden kann (mit Recht MüKo/*Jungmann* Rn 2).

2. Betragsobergrenze. Die vom ZdLeister dem ZdNutzer auferlegte Nutzungsbegrenzung ist vor allem als Be- 2
tragsobergrenze von Bedeutung. Es handelt sich um eine Vereinbarung im Deckungsverhältnis (Staudinger/*Omlor* Rn 3; EBJS/*Keßler* Rn 2). Die Initiative zu einer solchen Vereinbarung dürfte in der Praxis regelmäßig vom ZdLeister ausgehen; es handelt sich um die Festlegung eines **Limits**, wie sie etwa vor allem auch, aber nicht nur bei Kartenzahlungen üblich ist (BeckOK/*Schmalenbach* Rn 2). Es geht insoweit um eine **präventive Schadensminimierung**, die stets vertragl Vereinbarung bedarf (BeckOGK/*Köndgen* Rn 10). Um welches ZInstrument es sich hierbei handelt, ist gleichgültig (§ 675j Rn 7). Voraussetzung ist lediglich, dass dieses dazu dient, dass der Zahler seine **Zustimmung** zur Auslösung eines ZVorgangs iSv § 675j I mit seiner Hilfe erteilt. Ob die Betragsobergrenze in einem ZdRahmenvertrag oder – selten – in einem Einzelzahlungsvertrag gem § 675f I vereinbart wird, ist ebenfalls gleichgültig, solange nur ein ZVorgang vom Zahler mit dessen Zustimmung ausgelöst wird. Gleichgültig ist ferner, ob die Betragsobergrenze in AGB (regelmäßig) oder (selten) in einem Individualvertrag verankert ist. Da die Höhe der Betragsobergrenze nach Art 248 § 4 I Nr 2 lit f EGBGB im Rahmen der **vorvertragl Informationspflichten** des ZdLeisters dem ZdNutzer anzugeben ist, dürfte eine beliebige Festsetzung dieser Obergrenze – etwa iSv § 315 – regelmäßig ausscheiden (so auch wohl MüKo/*Jungmann* Rn 12 – Parteien sind „recht frei"). Eine **richterliche Inhaltskontrolle** findet gem § 307 III 1 nicht statt; sie ist aber zulässig, wenn nach Sperrung eine Ersatzkarte gegen Entgelt auszustellen ist (BGH WM 2016, 35; Rn 14). Denn durch die Bestimmung der Betragsobergrenze wird der Leistungsinhalt bestimmt, den der ZdLeister in Erfüllung eines vom Zahler herrührenden ZAuftrags/ZVorgangs zu erfüllen verpflichtet ist. In engen Grenzen kann der Zahler – vor allem im Fall eines Missbrauchs – auf § 242 rekurrieren. **Praktisch** sind solche Betragsobergrenzen bei der Verwendung der Giro-Karte als Debit-Karte (BeckOGK/*Köndgen* Rn 14), bei Kreditkartenzahlungen (BeckOGK/*Köndgen* Rn 14) und auch beim Online-Banking (*Herresthal* in L/B/S Rn 4) sowie auch bei Lastschriftzahlungen

(BeckOGK/*Köndgen* Rn 14). Die so festgelegten Grenzen wirken sich als Begrenzung des **Verfügungsrechts** – Verfügungsrahmen – des ZdNutzers aus: Werden sie überschritten, ist der ZdLeister nicht verpflichtet, den entspr ZAuftrag auszuführen. Sie wirken also nur im Innenverhältnis dieser beiden Parteien. Die Vereinbarung kann als absolute Obergrenze ausgestaltet sein; sie kann aber auch – etwa für Barabhebungen – eine Tagesbegrenzung darstellen, zB für die Abhebung mittels einer EC-Karte (Grü/*Grüneberg* Rn 2). Zur Ausgestaltung der Betragsobergrenze im Einz vgl MüKo/*Jungmann* Rn 11ff; EBJS/*Keßler* Rn 3ff. Abzugrenzen sind diese Obergrenzen gegen eine **Begrenzung des Verfügungsrahmens** (MüKo/*Jungmann* Rn 13), diese werden üblicherweise bei Kartenzahlungen in den **Emissionsverträgen** festgelegt. Sie bestimmen, dass der Karteninhaber nur berechtigt ist, innerhalb seines Guthabens oder eines etwa eingeräumten Überziehungskredits von seiner Kreditkarte Gebrauch zu machen.

3 **3. Sperrung. a) Begriffliches.** Sperrung eines ZInstruments bedeutet, dass der Zahler dieses Instrument iSv Art 4 Nr 14 ZdRL nicht mehr zur Auslösung eines ZVorgangs iSv Art 4 Nr 5 ZdRL einsetzen kann (BT-Drs 16/11643, 106; Staudinger/*Omlor* Rn 6ff; MüKo/*Jungmann* Rn 15; Grü/*Grüneberg* Rn 3). Der vom Zahler ausgelöste ZVorgang wird dann mit technischen Mitteln blockiert: Das Terminal/der Automat bricht entweder den ZVorgang ab oder zieht – etwa wie bei der EC-Karte – das ZInstrument sogar ein. Rechtl handelt es sich bei der Sperrung um die Ausübung eines besonderen Gestaltungsrechts des ZdLeisters; sie ist keine Kündigung (MüKo/*Jungmann* Rn 19), wohl aber gleicht sie im praktischen Ergebnis einer Teilkündigung, da sie die weitere Verwendung des ZInstruments betrifft und dieses „sperrt". Die rechtl Folge: Die nach Abs I vorgesehene **Zustimmung** des Zahlers, die dieser mit Hilfe des ZInstruments erklärt, geht dem ZdLeister gem § 130 nicht mehr zu. Sie kann folglich auch nicht mehr wirksam werden. iÜ kann der ZdLeister für das gesperrte ZInstrument kein Entgelt mehr fordern (*Jungmann* in L/B/S Rn 8; *Scheibengruber* BKR 2010, 15, 19f), auch nicht in Bezug auf die Ausstellung einer Ersatzkarte (Rn 14).

4 **b) Vereinbarung.** Zentrale Voraussetzungen für die Wirksamkeit einer Sperrung iSv Abs II ist, dass eine entspr Vereinbarung zw ZdLeister und ZdNutzer besteht (vgl Art 248 § 4 I Nr 2 lit b EGBGB). Nur insoweit steht dem ZdLeister ein **einseitiges Recht** zur Sperrung zu. Während Abs I lediglich den Fall betrifft, dass eine Vereinbarung für eine **Betragsobergrenze** getroffen wird, beziehen sich die in Abs II behandelten Fälle **ausschließlich** auf die Konstellationen, die in dieser Norm im Einz als Gründe für eine Sperrung angeführt sind (MüKo/*Jungmann* Rn 21). Die Regelung in Abs II ist also als **abschließend** zu verstehen (BeckOK/*Schmalenbach* Rn 4). Eine **Kündigung** des ZdRahmenvertrages, die sich wie eine Sperre auswirkt, bleibt natürlich möglich (Grü/*Grüneberg* Rn 4; im Einz auch BeckOGK/*Köndgen* Rn 33), regelmäßig gestützt auf § 314 (Rn 9).

5 **aa) Sicherheit des ZInstruments.** Voraussetzung für die Vereinbarung einer Sperrung iSv **Abs II S 1 Nr 1** ist, dass rein **sachliche, dh obj abgesicherte Gründe** vorliegen, die die Sicherheit des ZInstruments – nachweislich – beeinträchtigen (Staudinger/*Omlor* Rn 7). Es ist zudem eine enge Interpretation angezeigt (BeckOGK/*Köndgen* Rn 24), weil dieSperre den Interessen des ZdNutzers zuwiderläuft. Doch gegenläufig: Der ZdLeister ist verpflichtet, im Interesse des Zahlers/ZdNutzers für **höchstmögliche Sicherheit** des ZInstruments – wie des gesamten technischen Systems (BGH NJW 2016, 2024 – vgl auch VO 2018/389) – zu sorgen (§ 675m Rn 2). Daher wird man für die Rechtfertigung einer Sperrung im Interesse des ZdNutzers recht strenge Voraussetzungen fordern müssen (aM Voraufl), die in transparenter Weise auch entspr dem Katalog von Abs II S 1 aufgelistet sind. Ein bloßer **Verdacht** reicht nach Abs II S 1 Nr 1 idR nicht aus (MüKo/*Jungmann* Rn 22). Vielmehr muss die Sperrung stets auf **belastbaren Tatsachen** beruhen (mit Recht BeckOGK/*Köndgen* Rn 25; Staudinger/*Omlor* Rn 7). Selbst wenn man bedenkt, dass der ZdNutzer/Zahler an der Fungibilität eines ZInstruments stets ein hohes Eigeninteresse hat, darf man doch nicht übersehen, dass – per Saldo – sein Sicherheitsinteresse, vor einem Missbrauch des ZInstruments als Folge technischer Defizite geschützt zu werden, stark ins Gewicht fällt. Daher: Falls die Sperrung **unberechtigt** ist, hat der ZdNutzer einen Anspruch auf Ersatz des Schadens nach § 241 II, § 280 I.

6 **bb) Verdacht einer nicht autorisierten Verwendung.** Alternativ kommt nach **Abs II S 1 Nr 2** eine Sperrung des ZInstruments entspr der getroffenen Vereinbarung dann in Betracht, wenn der Verdacht besteht, dass der Zahler einen oder mehrere ZVorgänge nicht autorisiert hat, oder wenn sogar der Verdacht besteht, das ZInstrument werde betrügerisch verwendet. Im einen wie im anderen Fall kommt es darauf an, dass ein entspr – nachweislicher – Verdacht besteht (Staudinger/*Omlor* Rn 8). Voraussetzung ist daher, dass insoweit **obj, nachprüfbare Umstände** vorliegen (Staudinger/*Omlor* Rn 8 – konkrete missbräuchliche Verwendung; MüKo/*Jungmann* Rn 23; BeckOGK/*Köndgen* Rn 26). Diese hängen idR des praktischen Alltags eng mit einem Verstoß gegen die Pflichten zusammen, die § 675l dem Zahler in Bezug auf den Umgang mit dem ZInstrument auferlegt (§ 675l Rn 3). Auf diesem Weg konkretisiert sich der entspr Verdacht (BeckOGK/*Köndgen* Rn 27). Der Regelfall ist hier wohl die dreimalige falsche Verwendung des PIN bei der Karte. IÜ muss der ZdNutzer alle zumutbaren Vorkehrungen treffen, um die „personalisierten Sicherheitsmerkmale" (PIN/TAN, elektronische Signatur bzw Kenn- oder Passwörter – starker Kundenindikator) vor unbefugtem Zugriff zu schützen (im Einz *Herresthal* in L/B/S Rn 4). Ein Verdacht iSv Abs II S 1 Nr 2 dürfte idR vorliegen, wenn ein bestimmter ZVorgang – regelmäßig: wegen der Höhe oder Häufigkeit – nicht in das „Verhaltensprofil" des Zahlers passt. **Unbedenklich** ist es, wenn die Sperrung quasi automatisch eingreift, wenn die PIN oder das Pass- oder Kennwort, aber auch die TAN (BeckOGK/*Köndgen* Rn 27) in kurzer zeitl Abfolge dreimal falsch eingegeben worden ist. Demggü tritt eine Sperrung bei fälschlicher Verwendung der Geheimzahl zur WebSign-Chipkarte dann erst ein, wenn diese achtmal hintereinander falsch eingegeben wurde (vgl Nr 9.4 II AGB der Deutsche Bank AG betr Zugang über elektronische Medien). In jedem Fall obliegt die **Darlegungs- und Beweislast** für eine danach zu vollziehende Sperrung dem

ZdLeister. Zu den einzelnen Pflichten, die der ZdNutzer im Rahmen seiner Sorgfaltspflicht – Geheimhaltungspflicht – zu erfüllen hat, um Missbrauchs- und Betrugsrisiken auszuschließen, vgl § 675l Rn 2ff.

cc) Wesentlich erhöhtes Risiko. Die aufgrund einer Vereinbarung ebenfalls bestehende Möglichkeit, eine Sperrung des ZInstruments durchzuführen, setzt nach **Abs II S 1 Nr 3** voraus (Staudinger/*Omlor* Rn 9), dass es sich um ein **ZInstrument mit Kreditgewährung** handelt (BeckOGK/*Köndgen* Rn 30; MüKo/*Jungmann* Rn 26). Das gilt für alle Kartenzahlungen, bei denen etwa ein monatlicher Ausgleich des ZKontos geschuldet wird – ausgenommen die Giro-Karte als Debit-Karte, es sei denn es besteht ein Überziehungskredit (Grü/*Grüneberg* Rn 4; BeckOK/*Schmalenbach* Rn 4). Ähnl gilt, wenn es sich um eine **kartengestützte Online-Zahlung** handelt, falls der kartenemittierende ZdLeister die Zahlung garantiert (BeckOGK/*Köndgen* Rn 31) und dann als Folge der Belastungsbuchung das ZKonto debitorisch wird. Unter dieser Voraussetzung kann eine Sperrung nur dann wirksam vereinbart werden, wenn – nach Abschluss des ZdRahmenvertrages – nicht nur ein erhöhtes, sondern. ein wesentlich erhöhtes Risiko besteht, dass der Zahler seinen Zahlungsverpflichtungen ggü dem ZdLeister nicht nachkommen kann. Notwendige Voraussetzung ist hier allemal, dass der Zahler bereits in nicht unerheblichen Maß in Verzug geraten ist, bevor der durch die Sperrung verhinderte ZVorgang ausgelöst wurde (Staudinger/*Omlor* Rn 9 – abstrakte und gegenwartsbezogene Risikoerhöhung). Um insoweit die Interessen des Zahlers angemessen zu wahren, wird man auch regelmäßig verlangen müssen, dass der ZdLeister – gerade in diesen Fällen – seine **vorherige Informationspflicht** über die durchzuführende Sperrung gem Abs II S 2 erfüllt. Denn nur so hat der Zahler die Möglichkeit, sich auf die drohende Sperrung einzustellen und seine Dispositionen entspr zu ordnen. Ob in diesen Fällen ein einmaliger Zahlungsverzug ausreicht, erscheint sehr zweifelhaft. **Regelmäßig** wird man vielmehr verlangen müssen, dass der Zahlungsverzug – unterhalb der Schwelle der fristlosen Kündigung – bereits erhebliche Ausmaße angenommen hat, etwa deswegen, weil der Zahler mehrfach oder wiederholte Male seine Zahlungsverpflichtungen ggü dem ZdLeister nicht pünktlich erfüllt hat. Doch ist gleichwohl stets die **Wesentlichkeit** des gesteigerten Ausfallrisikos zu beachten: Es muss sich also um eine beträchtliche Erhöhung dieses Risikos handeln, bevor gem Abs II S 1 Nr 3 eine Sperrung entspr den jew getroffenen Vereinbarungen gerechtfertigt ist. Eine etwaige **Abmahnung** ist nicht erforderlich; sie ist in Abs II Nr 3 nicht ausdrückl angesprochen. 7

c) Sonstige Sperrungen. aa) Grundsatz der Vollharmonisierung. Da die Regel von § 675k außerhalb von § 675e II 2 nicht zum Nachteil des ZdNutzers – gleichgültig, ob dieser Verbraucher oder Unternehmer ist – abgeändert werden darf, stellt sich die Frage, ob Abs II hier als **abschließend** zu verstehen ist (für weitere Sperrgründe MüKo/*Jungmann* Rn 30f). Dass indessen ein Grund für die Sperrung – abseits der in Abs II Nr 1–3 geregelten Fälle – auch dann zulässig ist, ohne den Grundsatz der Vollharmonisierung zu tangieren, wenn eine Kündigung (Rn 9) – vor allem eine fristlose Kündigung – ausgesprochen ist, versteht sich von selbst (Rn 9). Dieser auf Vollharmonisierung gerichtete Ansatz schließt gleichzeitig ein, dass – wie stets – **Vereinbarungen** möglich sind, die **zugunsten des ZdNutzers** (*Herresthal* in L/B/S Rn 20) eine höhere Schwelle für die Vereinbarung einer Sperrung errichten als in Abs II verankert, etwa „begründeter Verdacht". 8

bb) Kündigungsgründe. Der ZdLeister ist uneingeschränkt berechtigt, eine Sperrung gem Abs II auch in den Fällen zu vereinbaren, in denen der ZdRahmenvertrag entweder im Wege der ordentlichen Kündigung gem § 675h oder einer fristlosen Kündigung beendet wird. Denn die Ausführung eines ZVorgangs auf Veranlassung des Zahlers setzt gem § 675f II das Bestehen eines ZdRahmenvertrags voraus. Da dieser iSv § 675f II 2 auch **mit anderen Verträgen** – etwa: Online-Banking, Kreditkartenvertrag etc – gekoppelt sein kann (Grü/*Grüneberg* § 675f Rn 7f), ist es iSv Abs II auch unbedenklich, wenn Zahler und ZdLeister das einseitige Recht des ZdLeisters vereinbaren, eine Sperrung dann durchzuführen, wenn eben nur einer dieser (einzelnen) ZdRahmenverträge (mit der ohne seine weiteren Bestandteile) fristlos gekündigt werden kann, so dass das ZInstrument dann nicht mehr vom Zahler verwendet werden darf. Außerhalb dieser und der in Abs II erfassten Sondertatbestände wird man jedoch dem ZdLeister das Recht absprechen müssen, eine Vereinbarung zu verlangen, die auch in anderen Fällen eine einseitige Sperrung vorsieht (aM MüKo/*Jungmann* Rn 31 – bei Verstoß gegen eine gesetzl Pflicht). Denn diese würde sich zum Nachteil des ZdNutzers auswirken. Es läge dann ein Verstoß gegen den Grundsatz der Vollharmonisierung iSv Art 107 III ZdRL vor. Dass dies dann auch nach § 307 II Nr 1 zu beanstanden wäre, bedarf keiner weiteren Begründung. 9

cc) Sperrung auf Veranlassung des Zahlungsdienstnutzers. Uneingeschränkt wird man dem ZdLeister aber auch die Pflicht einräumen müssen, dass er auf Veranlassung des ZdNutzers/Zahlers eine Sperrung des ZInstruments durchführt, sofern der ZdNutzer ihm den Verlust, den Diebstahl, die missbräuchliche Verwendung oder sonstige, nicht autorisierte Nutzungen seines ZInstruments iSv§ 675l I 2 angezeigt hat. Denn eine solche Sperrung liegt – gerade auch unter Berücksichtigung der Haftung des Zahlers gem § 675v I (§ 675v Rn 4ff) – im ureigenen Interesse des Zahlers (Haftung iHv bis zu 50 €). Nur so kann er sicherstellen, dass er vor weiteren Risiken/Verlusten aufgrund einer nicht autorisierten Nutzung seines ZInstruments geschützt wird. Allerdings ist es nach der Rspr nicht nach § 307 I 1 wirksam (BGH WM 2016, 35 – umgedrehter Fall: Entgelt für die Entsperrung/Ersatzkarte), für die Sperrung eine **Gebühr** zu verlangen, weil der ZdLeister insoweit eine gesetzl Pflicht erfüllt (Düsseldorf NJOZ 2013, 702). 10

d) Informationspflichten. Art 248 § 4 I Nr 5 lit b EGBGB bestimmt, dass der ZdNutzer im Rahmen des ZdRahmenvertrags verpflichtet ist, dem Zahler die Einzelheiten der Sperrung mitzuteilen (vgl Rn 12; zu den Rechtsfolgen beim Unterbleiben der Information § 675a Rn 14; Staudinger/*Omlor* Rn 10). 11

12 **e) Unterrichtungspflicht. aa) Grundsätzliches.** Sofern der ZdLeister entspr den getroffenen Vereinbarungen gem Abs II oder den sonstigen Fällen (Rn 8) eine Sperrung des jew ZInstruments einseitig verfügt, ist er grds verpflichtet, den Zahler über diesen Tatbestand im **Vorhinein** zu unterrichten (Abs II 2), soweit dies tunlich ist (Staudinger/*Omlor* Rn 10). Das Gesetz spricht hier von „möglichst" (hierzu BeckOGK/*Köndgen* Rn 34) Damit sind – wie stets – obj Kriterien iSd Möglichen, keine nur subj „Interpretationen" des „Könnens" des ZdLeisters gemeint. Zwangsläufig setzt dies voraus, dass der ZdLeister dem Zahler die entspr Informationen unverzüglich mitteilt. Dies bedeutet: Die iSv Abs II S 1 Nr 1 erforderlichen **sachlichen Gründe**, die die Sicherheit des ZInstruments zu beeinträchtigen geeignet sind, müssen dem Zahler sogleich mitgeteilt werden, sobald sie dem ZdLeister bekannt sind. In gleicher Weise sind die Umstände dem Zahler bekannt zu geben, welche einen Verdacht des iSv Abs II S 2 Nr 2 rechtfertigen, das ZInstrument werde missbräuchlich oder in betrügerischer Weise verwendet. Nicht zuletzt ist der ZdLeister aber auch verpflichtet, alle für eine Sperrung iSv Abs II S 1 Nr 3 streitenden Gründe – bezogen auf das wesentlich erhöhte Kreditausfallrisiko – dem Zahler mitzuteilen. Dies alles folgt aus der gesetzl Anordnung in Abs II S 3. Die aus § 241 II folgende Pflicht des ZdLeisters, auf die berechtigten Belange/Interessen des Zahlers angemessen Rücksicht zu nehmen, gebietet es zudem, dem ZdLeister grds die Pflicht zur **vorherigen Information** des Zahlers aufzuerlegen (MüKo/*Jungmann* Rn 33ff). Denn nur so ist dieser in der Lage, seine Dispositionen entspr einzurichten. Vor allem ist auch eine entspr Begründung erforderlich (MüKo/*Jungmann* Rn 34), weil nur so der ZdNutzer in die Lage versetzt wird zu entscheiden, ob er ggf Rechtsbehelfe gegen den ZdLeister einsetzt (mit Recht BeckOGK/*Köndgen* Rn 34). Nur in sehr begrenzten **Ausnahmefällen** wird man gem Abs II S 2 dem ZdLeister das Recht vorbehalten dürfen, diese Information dem Zahler erst **unverzüglich** nach der Sperrung mitzuteilen. Die gesetzl nach Abs II S 2 vorgesehene Frist – „spätestens unverzüglich nach der Sperrung" – ist insoweit eine **Spätestfrist** iSv der Unverzüglichkeit nach § 122. Folglich obliegt dem ZdLeister der Nachweis von Tatsachen, die es ihm nicht zumutbar erscheinen ließen, die erforderliche Unterrichtung des Zahlers rechtzeitig, dh vor Auslösung der Sperrung vorzunehmen. **Abs II S 3** bestimmt des Weiteren, dass die vom ZdLeister geschuldete Unterrichtung des ZdNutzers auch die Gründe angeben muss, deretwegen eine Sperrung vorgenommen wurde. Dies muss möglichst konkret und auch für den ZdNutzer nachvollziehbar geschehen; abstrakte Angaben erfüllen diesen Informationszweck ggü dem ZdNutzer nicht. Verletzt der ZdLeister – gleichgültig, ob in zeitl oder gegenständlicher Hinsicht – seine Informationspflicht, macht er sich ggü dem Zahler gem § 241 II, § 280 I **schadensersatzpflichtig** (*Herresthal* in L/B/S Rn 15; Grü/*Grüneberg* Rn 5; MüKo/*Jungmann* Rn 38). Doch dürfte der Nachweis eines konkreten Schadens außerhalb des Anwendungsbereichs von Abs II S 1 Nr 1 selten zu führen sein.

13 **bb) Ausnahme.** Nach Abs II S 4 darf die Unterrichtung über die tatsächlichen Gründe der Sperrung dann unterbleiben, wenn der ZdLeister hierdurch gegen gesetzl Pflichten verstoßen würde. Die Gesetzesbegr nennt hier eine erforderliche Geheimhaltungspflicht, wenn etwa der **Verdacht strafbarer Handlungen**, wie Geldwäsche, Terrorismusfinanzierung etc besteht (BT-Drs 16/11643, 106). Nicht in diese Kategorie fallen solche Gründe, die nur geeignet sind, **Zweifel an der Sicherheit des ZInstruments** iSv Abs II S 1 Nr 1 zu begründen. Denn insoweit besteht kein anerkennenswertes Geheimhaltungsinteresse des ZdLeisters. Vielmehr ist er verpflichtet, nur solche ZInstrumente für die Erbringung von ZDiensten zuzulassen, die einen sehr **hohen technischen Sicherheitsstandard** aufweisen. Also wird der ZdLeister zumindest angeben müssen (§ 241 II), dass konkrete Fehler im Sicherheitssystem die Sperrung notwendig gemacht haben (vgl MüKo/*Jungmann* Rn 34). Eine auch dieses Risiko umfassende Unterrichtungspflicht wird man vor allem im Blick auf die Eigenhaftung des Zahlers im Fall einer missbräuchlichen Nutzung des ZInstruments nach § 675v I für geboten ansehen müssen. Daher wird dieser Fall nicht von Abs II S 4 gedeckt.

14 **f) Entsperrung.** Sobald die Gründe weggefallen sind, die für eine Sperrung ursächlich geworden waren, ist der ZdLeister gem Abs II S 5 verpflichtet, das ZInstrument zu entsperren oder dem ZdNutzer/Zahler ein neues ZInstrument anzubieten, was in der Praxis wohl die Regel ist (Staudinger/*Omlor* Rn 13). Es handelt sich um einen gesetzl Anspruch (BeckOGK/*Köndgen* Rn 35). Auch ist der ZdLeister verpflichtet, den ZdNutzer **unverzüglich** über die Entsperrung zu unterrichten. Dafür ist die Textform gem Art 248 § 3 EGBGB zu beachten. Soweit die Entsperrung deswegen stattfindet, weil die Sperrung auf Veranlassung des Zahlers (Rn 10) vor Berücksichtigung von § 675l vorgenommen wurde, um das Missbrauchsrisiko auszuschalten, ist es unbedenklich, wenn der ZdLeister vom Zahler verlangt, dass er diese Mitteilung ebenfalls in Textform veranlasst. Doch kann – wie stets – dieses Formerfordernis durch mündliche Parteivereinbarung aufgehoben werden. Neben der Entsperrung hat der ZdLeister auch das Recht, nach Abs II S 5 dem ZdNutzer ein **neues ZInstrument** zu überlassen, sobald die Gründe für die Sperrung nicht mehr gegeben sind (MüKo/*Jungmann* Rn 39). Für Entsperrung oder Überlassung eines neuen ZInstruments kann **kein Entgelt** verlangt werden (BGH WM 2016, 35 – kontrollfähige Nebenabrede; wegen sich aus der Klausel selbst ergebenden inhaltlichen Beschränkungen aM Köln WM 2016, 354, 355 – doch wohl zutr, weil abw, engere Klauselgestaltung; vgl auch *Kropf* WM 2016, 1425ff mit einem am Wettbewerbsrecht gem § 5 UWG angelehnten Auslegungsansatz für AGB-Entgeltklauseln, dem jedoch nicht zu folgen ist). Da es sich hier um eine **Nebenpflicht** des ZdLeisters iSd § 675f IV 2 handelt (MüKo/*Jungmann* Rn 39), fehlt die gesetzl Grundlage iSd Vorschrift, so dass auch für die Ausstellung einer Ersatzkarte kein Entgelt gefordert werden kann (BGH WM 2016, 35; Grü/*Grüneberg* Rn 6; vgl Düsseldorf NJOZ 2013, 702 – keine Berechtigung für ein Entgelt betr Sperrung). Dies gilt selbst dann iSv § 307 II Nr 1, wenn die Ursache für die Neuausstellung der Karte nicht im Verantwortungsbereich des ZdLeisters liegt (BGH WM 2016, 35; vgl auch *Kropf* WM 2016, 1425, 1429; *Kropf/Habl* BRK 2015, 316, 318). Sofern der ZdLeister eine Entsperrung vorgenommen hat,

ist er nach **Abs II S 6** verpflichtet, den ZdNutzer von diesem Tatbestand „unverzüglich" zu **unterrichten**. Das Beschleunigungsgebot des Abs II S 2 besteht für diese Unterrichtung nicht. Allerdings handelt es sich auch hier um eine Nebenpflicht, so dass der ZdLeister nach den Grundsätzen der §§ 241 II, 280 I zum Ersatz des Schadens verpflichtet sein kann. Ist eine Sperre zu Unrecht vorgenommen worden, besteht neben dem Anspruch auf Entsperrung auch ein **Schadensersatzanspruch** nach § 280 I (MüKo/*Jungmann* Rn 31).

4. Zahlungsverweigerung – Unterrichtung. Der neu eingeführte **Abs III** (BT-Drs 18/11495, 156) knüpft an die Vorgabe von Art 68 V ZdRL an. Wenn der kontoführende ZdLeister einem **Zahlungsauslösedienstleister** (Rn 1 – § 1 XXXIII ZAG) oder einem **Kontoinformationsdienstleister** (Rn 1 – § 1 XXXIV ZAG) den Zugang zum ZKonto des ZdNutzers verweigert, ist er verpflichtet, den ZdNutzer in der Weise zu unterrichten, wie dies im ZdRahmenvertrag vereinbart worden ist (hierzu auch BeckOGK/*Köndgen* Rn 42; MüKo/*Jungmann* Rn 45ff). Die **Form** für eine solche Unterrichtung sind E-Mail oder sms (MüKo/*Jungmann* Rn 48). Die Gründe, welche für eine in Abs III angesprochene **Verweigerung** des Zugangs zum ZKonto des ZdNutzers in § 52 I ZAG verankert sind, zielen darauf ab, dass es sich um **„obj und gebührend nachgewiesene Gründe"** handeln muss, welche eine solche Verweigerung rechtfertigen (Staudinger/*Omlor* Rn 17). Doch ist weitere Voraussetzung, dass diese Gründe „im Zusammenhang mit einem nicht autorisierten oder betrügerischen Zugang des Kontoinformationsdienstleisters oder das ZAuslösedienstleisters zum ZKonto stehen", „einschließlich der nicht autorisierten oder betrügerischen Auslösung eines ZVorgangs". Die Pflicht zur Unterrichtung des ZdNutzers nach Abs III trifft den kontoführenden **ZdLeister** (MüKo/*Jungmann* Rn 52; BeckOGK/*Köndgen* Rn 42). Ähnl wie bei der Entsperrung (Rn 14) muss auch hier der ZdLeister den Zugang zum ZKonto des ZdNutzers wieder gewähren, sobald die Gründe für die Verweigerung des Zugangs nicht mehr bestehen. Die in Abs III S 2 angesprochene Unterrichtungspflicht deckt sich in der Sache mit derjenigen, welche in Abs II S 2 vorgesehen ist (Rn 12). Im Fall einer Verweigerung des Zugangs sind dem ZdNutzer die insoweit maßgebenden sachlichen Gründe in gleicher Weise mitzuteilen, wie dies bei der Sperre zuvor dargestellt worden ist, weil das Informationsinteresse des ZdNutzers in beiden Fällen gleichgelagert ist. Dispensiert wird der ZdLeister nur in den Fällen, die Abs II S 4 bereits angesprochen hat (Rn 13). Denn die Norm des Abs III S 3 ist identisch mit der in Abs II S 4. 15

§ 675l Pflichten des Zahlungsdienstnutzers in Bezug auf Zahlungsinstrumente

(1) Der Zahlungsdienstnutzer ist verpflichtet, unmittelbar nach Erhalt eines Zahlungsinstruments alle zumutbaren Vorkehrungen zu treffen, um die personalisierten Sicherheitsmerkmale vor unbefugtem Zugriff zu schützen. Er hat dem Zahlungsdienstleister oder einer von diesem benannten Stelle den Verlust, den Diebstahl, die missbräuchliche Verwendung oder die sonstige nicht autorisierte Nutzung eines Zahlungsinstruments unverzüglich anzuzeigen, nachdem er hiervon Kenntnis erlangt hat. Für den Ersatz eines verlorenen, gestohlenen, missbräuchlich verwendeten oder sonst nicht autorisiert genutzten Zahlungsinstruments darf der Zahlungsdienstleister mit dem Zahlungsdienstnutzer ein Entgelt vereinbaren, das allenfalls die ausschließlich und unmittelbar mit dem Ersatz verbundenen Kosten abdeckt.

(2) Eine Vereinbarung, durch die sich der Zahlungsdienstnutzer gegenüber dem Zahlungsdienstleister verpflichtet, Bedingungen für die Ausgabe und Nutzung eines Zahlungsinstruments einzuhalten, ist nur insoweit wirksam, als diese Bedingungen sachlich, verhältnismäßig und nicht benachteiligend sind.

1. Europarechtliche Vorgaben. Diese Bestimmung setzt Art 69 ZdRL um. Doch ist anzumerken, dass hier die ursprüngl vertragl vereinbarten Sorgfaltspflichten des Zahlers nunmehr auf eine **gesetzl Grundlage** gestellt sind und in der Regelung in § 675m ihren Platz gefunden haben (Grü/*Grüneberg* Rn 1). Inhaltlich hat sich dadurch ggü der ZdRL I freilich nichts geändert. Es geht um die Sicherstellung des Schutzes des ZInstruments ggü unbefugten Zugriffen Dritter (MüKo/*Jungmann* Rn 1; Staudinger/*Omlor* Rn 1). Im Blick auf die jetzt geltende Vollharmonisierung gem Art 107 III ZdRL bestehen keine Bedenken, die hier verankerten Pflichten vertragl zu spezifizieren, da die Erfüllung dieser Pflichten dem ordnungsgemäßen Sorgfaltsstandard entspricht, was jetzt in Abs II nochmals vor allem mit dem Merkmal der Verhältnismäßigkeit umschrieben wird. Im Zentrum dieser Pflichten des ZdNutzers steht die Pflicht, dass der Inhaber eines ZInstruments dieses vor „unbefugtem Zugriff" (Abs I S 1) zu schützen hat. Daran knüpft des Weiteren auch im Fall eines Verlustes oder einer missbräuchlichen Nutzung die Anzeigepflicht des ZdNutzers. 1

2. Sorgfaltspflichten – Geheimhaltung. a) Allgemeines. Die in S 1 normierten Pflichten des Zahlers beziehen sich auf den Umgang mit dem ZInstrument, das sowohl das personalisierte ZInstrument als auch den „personalisierten Verfahrensablauf" einschließt – Art 4 Nr 14 ZdRL/§ 1 XX ZAG (hierzu Staudinger/*Omlor* Rn 3ff; MüKo/*Jungmann* Rn 10; § 675j Rn 7). Es geht i Erg darum, dass sowohl mit Blick auf das ZInstrument (Abs I S 2) als auch in Bezug auf die personalisierten Sicherheitsmerkmale (Abs I S 1) die Pflichten des **Abs I** zum Schutz vor einem unbefugten Zugriff erfüllt werden, also betr PIN und TAN (MüKo/*Jungmann* Rn 33ff), so dass die Regel des § 675l unmittelbar mit der Missbrauchsbestimmung von § 675v in Beziehung steht (MüKo/*Jungmann* Rn 10). Der Vorschrift liegt ein **extensives Normverständnis** zugrunde (EBJS/*Keßler* Rn 3). Gleichwohl sind für alle ZInstrumente die hier aufgeführten Sorgfaltspflichten in den AGB geregelt (EBJS/*Keßler* Rn 3) (hierzu Rn 4f). Sie werden aber in den AGB nur ausformuliert, nicht originär begründet (Staudinger/*Omlor* Rn 10). Der Unterschied zw einem ZInstrument und **personalisierten Sicherheitsmerkmalen** (*Omlor* BKR 2019, 105, 107) liegt auf der Hand: Erstere sind öffentlich einsehbar (etwa Kreditkarte); zweitere sind geheim. Dabei werden unter Beachtung der Art 4–9 **VO 2018/389**, welche ab dem 14.9.2019 Geltung beansprucht, neue 2

Pflichten – vor allem für den ZdLeister bei Verwendung einer **starken Kundenauthentifizierung** (§ 55 ZAG – § 675v IV; *Omlor* BKR 2019, 105, 112) – begründet. Wird diese verwendet, dann wird die Haftung im Fall einer missbräuchlichen Nutzung nach § 675v IV ganz auf den ZdLeister überwälzt. Im Rahmen von **S 1** geht es um die unbefugte Nutzung eines ZInstruments, die der ZdNutzer nach Maßgabe der Zumutbarkeit zu verhindern gehalten ist (BeckOK/*Schmalenbach* Rn 2). Sie bezieht sich bei der starken Kundenauthentifizierung (personalisierte Sicherheitsmerkmale) auf zwei von drei Elementen: Wissen (Art 6 der VO – PIN/TAN), Besitz (Art 7 der VO – Passwort) und Inhärenz (Art 8 der VO – biometrische Daten). Geht man davon aus, dass die den ZdLeister und des ZdNutzer treffenden Sicherheitsmaßnahmen sich im der Kern auf die personalisierten Sicherheitsmerkmale beziehen, dann bestehen keine belastbaren Bedenken, dass biometrische Daten – Fingerabdruck, Geometrie des Gesichts etc – in diese Kategorie fallen (im Einz Konkretisierungen der Authentifizierungselemente nach Maßgabe der VO 2018/389 BeckOGK/*Hofmann* § 675v Rn 104ff; zweifelnd und abl, betr – nicht geheime – Inhärenz *Omlor* BKR 2019, 105, 107f; BeckOK/*Schmalenbach* Rn 3). Vor allem die Regel des Art 8 der VO 2018/389 deutet in die gegenteilige Richtung, weil sie vom ZdLeister (Abs I) auch vom **Zahler** (Abs II) Vorkehrungen verlangt, dass die von ihm verwendeten Geräte und die Software „bei einem unbefugten Zugriff" die unbefugte Verwendung dieser „Authentifizierungselemente" nicht zulassen (Abs II). In Abs I heißt es: „Als Mindestanforderung gewährleisten die Zahlungsdienstleister, dass für diese Zugangsgeräte und die Software eine sehr geringe Wahrscheinlichkeit besteht, dass ein Unbefugter als Zahler authentifiziert wird." Welche tatsächlichen Anforderungen insoweit – vor allem auf Seiten des ZdLeisters – an die Software zu stellen sind, ist im Detail noch unklar. Jedenfalls muss der ZdLeister nach § 55 II ZAG eine starke Kundenauthentifizierung nach Maßgabe der VO 2018/389 nach dem **14.9.2019** verlangen (*Zahrte* NJW 2018, 337, 340). Die **Haftung des ZdLeisters** sowie die partielle Mithaftung des ZdNutzers (hierzu *Hofmann* BKR 2018, 62ff) im Fall einer missbräuchlichen Nutzung des ZInstruments iHv 50 € folgen aus § 675v (krit in rechtstechnischer Sicht *Hofmann* BKR 2014, 105, 106; § 675v Rn 7ff). Die Norm des § 675v ist daher immer im Kontext von Abs I S 1 zu bewerten.

2a Ein solches ZInstrument iSv Abs I S 1 kann zB bei der **Kreditkartenzahlung** im Präsenzverfahren (Unterschrift) oder im Mailorder-Verfahren (PIN/Unterschrift) eingesetzt werden (hierzu auch BeckOGK/*Hofmann* Rn 24) oder auch als Geldkarte (BeckOGK/*Hofmann* Rn 25; vgl auch *Scheibengruber* BKR 2010, 15, 17). Beim **Online-Banking** (BeckOGK/*Hofmann* Rn 27) ist die Chipkarte mit Signaturfunktion zu nennen sowie – als personalisiertes Verfahren – die Eingabe der Login-Kennung zusammen mit PIN und TAN (im Einz *Herresthal* in L/B/S Rn 6ff). Wird die TAN durch einen Generator beim Chip-Verfahren erzeugt, gilt sie als sicher, weil sie dann nicht ausgespäht werden kann (*Zahrte* – „dritte Generation"; MMR-aktuell 2019, 417778). Das Gleiche gilt für die sms-TAN (LG Kiel BKR 2018, 528 – Mobilfunkanbieter gestattet schuldhaft Dritten, per sms versandte TAN abzufangen – keine Haftung des ZdNutzers; *Hofmann/Haupert/Freiling* ZHR 2017, 780, 797f) sowie für das App-basierte Online-Banking. Gleichgültig, ob personalisiertes Instrument oder personalisierte Verfahren (*Hofmann* BKR 2014, 105, 107f – Merkmal des „Exklusivitätsanspruchs"), es besteht eine Geheimhaltungs- und Schutzpflicht ggü den Risiken von Verlust und Missbrauch, welche S 1 mit dem Merkmal des „unbefugten Gebrauchs" des ZInstruments umschreibt.

3 **b) Geschuldete Vorkehrungen.** Die vom **ZdNutzer** nach S 1 geschuldeten Sicherheitsmaßnahmen beziehen sich auf die **Geheimhaltung der personalisierten Sicherheitsmerkmale**, also von PIN/TAN und Passwörtern – sie werden unter dem Begriff einer **„starken Kundenauthentifizierung"** nach Art 4 Nr 30 ZdRL zusammengefasst (im Einz BeckOGK/*Hofmann* Rn 8ff) - sowie auf die sichere Aufbewahrung der Gegenstände, die personalisierten Sicherheitsmerkmale speichern, wie etwa TAN-Generator, Chip-Karte und/oder Signaturschlüssel (MüKo/*Jungmann* Rn 40ff – betr Online- und Mobile-Banking). Zwar ist einzuräumen, dass S 1 nur den Umgang mit den personalisierten Sicherheitsmerkmalen tatbestandlich erwähnt. Doch nachdem die ratio dieser Bestimmung darauf abstellt, dass die Sicherheit des ZSystems gewährleistet werden soll, macht es keinen Sinn, nicht auch die Nutzung des ZInstrumets mit in den Schutzbereich von S 1 einzubeziehen (BeckOGK/*Hofmann* Rn 11). Diese Pflichten in ihrer Gesamtheit (auch in den AGB deklaratorisch vereinbart – Staudinger/*Omlor* Rn 10) zielen darauf ab, die personalisierten Sicherheitsmerkmale vor dem – unbefugten – Zugriff Dritter nachhaltig und effektiv zu schützen (Art 6, 7 und 8 VO 2018/389). Welche Maßnahmen hier im Einz zu treffen sind, um diesen Erfolg zu gewährleisten, lässt sich unter Geltung der VO 2018/389 noch nicht generell sagen; entscheidend sind – wie stets – die Umstände des Einzelfalls (vgl Grü/*Grüneberg* Rn 2). Abzustellen ist letztlich darauf, welche Maßnahmen iSd § 276 nach dem allg Sicherheitsstandard erforderlich und auch zumutbar sind (*Omlor* BKR 2019, 105, 110ff; *Herresthal* in L/B/S Rn 3ff – Reichweite der Sorgfaltspflichten). Doch ist festzuhalten: Der ZdLeister ist sehr wohl berechtigt, dem ZdNutzer die Pflicht aufzuerlegen, die personalisierten Siucherheitsmerkmale **nicht an einen Dritten weiterzugeben** (Staudinger/*Omlor* Rn 14). Es ist daher auch nach § 307 I 1 unbedenklich, dass dem ZdNutzer die Pflicht auferlegt wird, schon in dem Augenblick **Nachforschungen** anzustellen (*Hofmann* BKR 2019, 62, 64), wenn ein hinreichend **konkreter Verdacht** eines Missbrauchs vorliegt (Staudinger/*Omlor* Rn 14), etwa auch die **Kontrolle von Kontoauszügen** (*Hofmann* BKR 2018, 62, 64). Der **Enthaftungsgrund** ggü dem Zahler nach **§ 675v II** kommt hier unmittelbar ins Spiel, wenn es denn ihm nicht möglich war, den Verlust, Diebstahl oder das Abhandenkommen einschl der missbräuchlichen Verwendung des ZInstruments zu bemerken (vgl *Hofmann* BKR 2019, 62, 63).

3a **Unbefugt** ist die Nutzung durch einen **Dritten** immer dann, wenn der ZdNutzer diese dem Dritten – vor allem auf Grund der jew AGB – nicht gestattet hat (EBJS/*Keßler* Rn 5; *Herresthal* in L/B/S Rn 11; MüKo/*Jungmann* Rn 22). Denn eine Nutzung, die weder dem Willen des ZdLeisters noch dem des ZdNutzers entspricht, ist immer als unbefugt einzuordnen (BeckOGK/*Hofmann* Rn 10). Die **Ausgabe- und Nutzungsbedingungen** sind folglich einzuhalten (BeckOGK/*Hofmann* Rn 13). Es liegt daher keine unbefugte Nutzung vor, wenn der Dritte vom ZdNutzer (freiwillig) Kenntnis von Passwort etc erhalten hat oder wenn eine Mitbenutzung des ZInstruments und damit auch der personlisierten Sicherheitsmerkmale durch einen Dritten (Ehepaar/Kinder) vereinbart ist (Grü/*Grüneberg* Rn 2). Daher fallen Fälle einer Stellvertretung nach den §§ 164ff nicht in den Anwendungsbereich von S 1 (näher Rn 11). Fraglich ist, ob die Geheimhaltungspflicht des ZdNutzers – entgegen dem Wortlaut von S 1 – auch auf das ZInstrument zu erstrecken ist (im Einz BeckOGK/*Hofmann* Rn 18ff, MüKo/*Jungmannn* Rn 14; aM Staudinger/*Omlor* Rn 3 – aus systematischen Gründen der begrifflichen Trennung). Für dieses Verständnis könnte der Umstand streiten, dass die Mitteilungspflicht des ZdNutzers im Fall eines Verlustes oder einer missbräuchlichen Nutzung sich auch auf das ZInstrument bezieht (Grü/*Grüneberg* Rn 2). Die zu verhindernde Gefahr eines Missbrauchs und damit die Haftung des Zahlers nach § 675v I 1, die verschuldensunabhängig auf einen Betrag von bis zu 50 € zielt, rechtfertigt allemal die Schlussfolgerung, auch diese Instrumente so durch geeignete Maßnahmen davor zu schützen, dass sie vor dem Zugriff **unbefugter Dritter** sicher sind (i Erg auch MüKo/*Jungmann* Rn 11). Die so geschuldeten Maßnahmen beginnen nach S 1 unmittelbar **nach Erhalt des ZInstruments.** Dieser Zeitpunkt ist dann gekommen, wenn der ZdNutzer (§ 446) die Sachherrschaft erlangt hat.

aa) Vereinbarungen. Auch wenn der nach S 1 gebotene Schutz auf das Maß der Zumutbarkeit und daher auf den Einzelfall abstellt, werden die vom ZdNutzer zu beachtenden Geheimhaltungspflichten regelmäßig vom ZdLeister im Rahmen eines Vertrags (**AGB**) festgelegt (krit *Scheibengruber* NJW 2010, 2396). Die betreffenden Pflichten sind nunmehr in Abs II konkretisiert (Rn 20). Doch ist auch hier die Parallele zu § 675v wegen der danach einzuhaltenden Sicherungsmaßnahmen des ZdNutzers zu beachten (BankR-HdB/*Maihold* § 33 Rn 262f). Es ist selbstversändlich, dass die jew ausgestalteten konkreten Sorgfaltspflichten, deren Charakter als AGB zwangsläufig ist (§ 305 I 1), der Kontrolle nach den §§ 305ff unterworfen sind (*Herresthal* in L/B/S Rn 7). 4

bb) Allgemeine sonstige Sorgfaltspflichten. Dass der ZdLeister auch den ZdNutzer im Rahmen von S 1 – Stichwort. Online-Banking – verpflichtet, ein handelsübliches, kostenlos verfügbares **Anti-Viren-Programm** und eine Firewall zu installieren (*Hoeren* NJW 2004, 3513; *Herresthal* in L/B/S Rn 11a f; Staudinger/*Omlor* Rn 13) und diese ständig zu aktualisieren (AG Wiesloch MMR 2008, 626; LG Köln NJW 1999, 3206; zur Haftung des Anbieters, wenn dieser ein veraltetes Programm vertreibt, LG Hamburg MMR 2001, 831), fügt sich in dieses Bild der dem ZdNutzer **zumutbaren Sicherungsmaßnahmen** (zu Fragen der Cyberattacken *Barczak* NJW 2020, 595; einschränkend EBJS/*Keßler* Rn 9 – „zu plakativ"; vgl *Borges* MMR 2008, 630, 631), soweit diese Programme kostenlos sind. Doch dieser Standard reicht wohl nicht immer aus (*Borges* MMR 2008, 630, 631). Die zu ergreifenden Maßnahmen sind also ständig nach Bedarf – kostenfreie Verfügbarkeit vorausgesetzt – zu aktualisieren (*Herresthal* in L/B/S Rn 11b; Staudinger/*Omlor* Rn 13; MüKo/*Jungmann* Rn 57ff). Entscheidend ist auf den **jew Stand der Technik** abzustellen (EBJS/*Keßler* Rn 9). Unbedenklich ist es auch, wenn in den AGB bestimmt wird, dass Anfragen außerhalb des bankseitig zur Verfügung gestellten originären Zugangswegs, in denen nach PIN, TAN oder Passwort gefragt wird, nicht beantwortet werden dürfen (vgl LG Berlin MMR 2010, 137 – fahrlässig). Auch ist es nicht zu beanstanden, wenn beim mobilen TAN-Verfahren festgelegt wird, dass das Gerät, mit dem der Empfang stattfand, etwa das Handy, nicht für das Online-Banking benutzt werden darf. Die **entscheidende Frage** iSv Abs I S 1 ist immer, ob diese Sicherungsmaßnahmen geeignet sind, das Missbrauchsrisiko zu begrenzen, ohne die ordnungsgemäße Nutzung des ZInstruments ungebührlich zu beeinträchtigen (*Herresthal* in L/B/S Rn 8; Grü/*Grüneberg* Rn 2). Dabei ist auch zu berücksichtigen, dass die moderne Informationstechnologie es mit sich bringt, dass der einzelne ZdNutzer eine Fülle von personalisierten Sicherheitsmerkmalen verwendet, und gleichzeitig diese auch nicht nur geheim halten, sondern sie auch der einzelnen Nutzung zuordnen muss, so dass es jedenfalls ausgeschlossen ist, sich diese alle im Gedächtnis zu merken (*Scheibengruber* BKR 2010, 15, 20). Eine – nachvollziehbare – Zuordnung der einzelnen Sicherheitsmerkmale zu dem jew Authentifizierungsinstrument ist daher nicht von vornherein als pflichtwidrig einzuordnen. 5

cc) Beispiele. Beim Einsatz eines **ZInstruments** (Beispiel: Kreditkarte) wird man fordern müssen, dass der ZdNutzer die PIN **verdeckt** eingibt, um so ein Ausspähen zu verhindern (BeckOGK/*Hofmann* Rn 43). Hinzu kommt, dass der ZdNutzer verpflichtet ist, die Orginalmitteilung von EC-Karte und PIN so sicher aufzubewahren (BeckOGK/*Hofmann* Rn 46f, Rn 55ff) dass er stets Zugriff auf sie hat (vgl auch BGH NJW 2001, 286, 287 – zu Fragen der groben Fahrlässigkeit bei gemeinsamer Verwahrung; hierzu auch BeckOGK/*Hofmann* Rn 61ff) und sich auch vergewissern kann, ob sie noch an ihrem Platz liegen (zu zahlreichen Einzelbsp *Omlor* BKR 2019, 105, 111f). PIN und Karte sind stets getrennt – **Trennungsgrundsatz** – aufzubewahren (Staudinger/*Omlor* Rn 8; Grü/*Grüneberg* Rn 9; *Herresthal* in L/B/S Rn 17; BeckOK/*Schmalenbach* Rn 8b). Das Notieren der PIN auf einem getrennt aufzubewahrenden Zettel ist unbedenklich (vgl Düsseldorf BKR 2008, 41 – Überfall; LG Berlin NJW-RR 2011, 352 – Handschuhfach/verschlossenes Auto – grobe Fahrlässigkeit – zweifelhaft; OLG Frankfurt NJW-RR 2002, 692 – Wohnwagen: Strand – kein Vorwurf). Beim **Online-Banking** gelten andere Grundsätze betr PIN und login-Kennung (umfassend MüKo-HGB/*Linardatos* Online-Banking Rn 34ff; MüKo/*Jungmann* Rn 42ff – betr typische Angriffe beim Online-Banking; BeckOGK/*Hofmann* Rn 48f; Staudinger/*Omlor* Rn 11ff; *Herresthal* in L/B/S Rn 11ff; *Omlor* BKR 2019, 105; vgl auch *Barczak* NJW 2020, 595; *Zahrte* BKR 2016, 315, 318ff – jew zu Angriffsmethoden; Köln BKR 2016, 349). Diese sind nunmehr mit Blick auf die Verwendung einer starken Kundenauthentifizierung (vgl auch § 675v IV) durch die Regeln der VO 2018/389 konkretisiert; sie richten sich in erster Linie an die Adresse des ZdLeisters. Mit Recht ist bemerkt worden, dass insoweit ein Paradigmenwechsel 6 stattgefunden hat: Die Pflichten des ZdLeisters betr die Sicherheit von eingesetzter Software und Portalen stehen im Vordergrund, vor allem mit Blick auf die **starke Kundenauthentifizierung** (BeckOGK/*Hofmann* § 675v Rn 102ff). Doch auch die Pflichten des ZdNutzers werden bei Verwendung einer starken Kundenauthentifizierung in den Blick genommen. Vor allem ist der PC des ZdNutzers zu schützen (Virenprogramm). Beim **Mobile-Banking** beziehen sich die geschuldeten – zumutbaren – Sicherungsmaßnahmen auf das benutzte Smartphone (MüKo/*Jungmannn* Rn 48). Es geht hier um die Sicherung der Infrastruktur des ZdNutzers (BGH NJW 2016, 2024). Bei einem typischen Angriff wird der ZdNutzer aufgefordert, ein Sicherheitsupdate durchzuführen, was einem Trojaner dann auf die Sprünge hift, ein- und ausgehende Mails zu kontrollieren und zu manipulieren (MüKo/*Jungmann* Rn 48). Doch die nach Abs I S 1 vom ZdNutzer geschuldeten Sicherungsmaßnahmen können ihrerseits im Blick auf die Effektivität des Schutzes und den vom ZdNutzer zu fordernden (zumutbaren) Aufwand (LG Mannheim BKR 2009, 84) nur auf dem Hintergrund der Sicherungsmaßnahmen bewertet werden, welche der ZdLeister selbst verpflichtet ist zu installieren. Folgender **Grundsatz** erscheint – vor allem im Blick auf den Haftungsausschluss zugunsten des Zahlers nach § 675v II – ins Auge zu springen (§ 675v Rn 12ff): Es besteht eine ganz entscheidende und direkte Korrespondenz zw den dem ZdNutzer auferlegten Sicherungspflichten und denjenigen, welche § 675m I Nr 1 vom ZdLeister einfordert: Es gilt nach der Rspr des BGH ein solcher Sicherheitsstandard für den ZdLeister, dass ein Authentifizierungsverfahren – vor allem bei der Verwendung einer starken Kundenauthentifizierung – **„als praktisch unüberwindbar"** angesehen werden muss (BGH NJW 2016, 2024, 2027 – § 675v IV – kein Einsatz eines solchen Systems der Authentifizierung). Fest steht iÜ, dass die **ZdLeister** nach § 241 II verpflichtet sind, die ZdNutzer im Rahmen der ordnungsgemäßen Sorgfalt vor Schäden zu bewahren (§ 675m Rn 2), indem sie die jew **neueste Technik** (BGH – smsTAN; zum sicheren chipTAN basierten System *Hoeren/Kairies* ZBB 2015, 35) einsetzen, um den berechtigten Sicherheitserwartungen der Nutzer zu entsprechen (KG MMR 2011, 338; *Spindler*, FS Nobbe, 2009, 215, 223f). Auch eine ständige Optimierung ist für den ZdLeister Pflicht (vgl *Schulte am Hülse/Kraus* MMR 2016, 435, 438ff; *Spindler* MMR 1998, 23 – Produkthaftung: Sicherheitserwartung). Sie endet erst dort, wo sie mit zumutbarem Aufwand nicht mehr zu leisten ist; doch das wird selten zutreffen. Neben der Installation der optimalen Sicherheitstechnik schuldet der ZdLeister die Erfüllung der gebotenen Kontroll- und Überwachungspflichten. Diese sind nicht auf das eigene Netzwerk begrenzt (so aber *Gößmann/Bredenkamp*, FS Nobbe, 2009, 93, 100), sondern richten sich vor allem auch nach den allg Regeln, die über § 823 I für die Verkehrssicherungspflichten entwickelt worden sind. Die von der BGH-Judikatur für die Produkthaftung formulierten Grundsätze sind hier als prototypisch anzusehen (*Spindler*, FS Nobbe, 2009, 215, 225f). Das schließt neben der Erfüllung der **Produktbeobachtungspflicht** auch ein, dass die Grundsätze der „Arbeitsteilung" immer dann im Blick auf die zu erfüllenden Kontroll- und Überwachungspflichten beachtet werden, wenn der ZdLeister die technischen Dienste Dritter – Service-Center (outsourcing) – in Anspruch nimmt (ProdukhaftungsHdB/*Foerste*, 2012, § 25 Rn 38ff zu den deliktsrechtl Grundsätzen der Arbeitsteilung). Dabei ist im Blick auf die Haftung des ZdLeisters für nicht erfolgte, fehlerhaft oder verspätet ausgeführte ZAufträge auf § 675z S 3 hinzuweisen, weil ein Verschulden der zwischengeschalteten Stellen dem ZdLeister zuzurechnen ist (§ 675z Rn 9).

6a Auf der anderen Seite steigt die Angriffslust und auch auch die technische Kompetenz der Hacker – vor allem beim **Online-Banking** (MüKo/*Jungmann* Rn 42ff, *Barzcak* NJW 2020, 595 – Cyberattacken) mit hoher Rasanz (*Schulte am Hülse/Kraus* MMR 2016, 435ff – Cyberangriff: international). Angriffe von Hackern in Echtzeit stehen mittlerweile im Vordergrund (*Schulte am Hülse/Kraus* MMR 2016, 435, 438ff). Soweit es (betr die Vergangenheit) um die Abwehr von sog **Phishing-Angriffe** geht, ist auf die in der Lit vertretene Meinung hinzuweisen (*van Gelder*, FS Nobbe, 2009, 55ff; *Spindler*, FS Nobbe, 2009, 215ff; KG NJOZ 2010, 2164; LG Berlin NJW-RR 2012, 570; KG MMR 2012, 845 – Computerbetrug; LG Nürnberg-Fürth ZIP 2021, 685 – Weitergabe der PIN an Ehegatten und Angabe von dessen Handynummer zur Übermittlung einer TAN – keine Gefahrenerhöhung für Phishing-Angriff). Dabei wird per E-Mail ein Schädling versandt, um an die Kontozugangsdaten des ZdNutzers zu gelangen (*Gößmann/Bredenkamp*, FS Nobbe, 2009, 93, 99f; vgl Hamm GWR 2015, 433). Beim **„Pharming"** geht es dem Angreifer darum (BGH NJW 2012, 2422 – Sorgfaltspflichtverletzung; *Zahrte* MMR 2013, 207), an die Kontozugangsdaten des Nutzers zu gelangen (auch als „Spoofing" bezeichnet). Hier werden oft große Server-Farmen verwendet. Beim **„Sniffing"** werden fremde Programme nach bestimmten Inhalten abgesucht (*Gößmann/Bredenkamp* aaO). Bei der **„Malware"** werden Viren/Trojaner etc heimlich auf dem PC des Nutzers installiert, die die Daten ausspionieren und dann an den „Täter" weiterleiten (vgl LG Köln MMR 2008, 259, 260; *Borges* MMR 2008, 262, 264). Beim **„Keylogging"** zeichnet die Malware die Tastatureingaben auf und versendet diese weiter, trotz Eingabe der TAN verhindert die Malware die Weiterleitung an den ZdLeister, so dass die Daten dem „Dritten" zugeleitet werden (*Borges* NJW 2005, 3313, 3314). Bei den Angriffsformen des **„man in the middle"** schaltet sich der Angreifer in die Kommunikation zw dem ZdLeister und dem Zahler ein (BGH NJW 2021, 1458; Celle BKR 2019, 114; LG Karlsruhe BKR 2019, 151 – alle zum CEO-Fraud). Der Trick besteht darin: Der Dritte fängt einen ZAuftrag ab, manipuliert diesen und leitet ihn dann an den (ahnungslosen) ZdLeister zur Erledigung weiter (beispielhaft BGH NJW 2021, 1458 – Faxüberweisung; MüKo/*Jungmannn* Rn 44). Zu Fragen von Angriffen betr **Ransomware – Geld her oder Daten weg** – vgl *Meyer* MMR 2022, 940ff.

6b Zwei Bereiche sind für die vom **ZdNutzer** zu erfüllenden Sicherheitsmaßnahmen ins Auge zu fassen: Zum einen besteht die Verpflichtung, den eigenen PC möglichst sicher gegen Angriffe zu schützen; zum anderen müssen „Angriffe" – Täuschungen – mit der gebotenen Sorgfalt erkannt und abgewehrt werden, etwa falsche Internetseiten, Adressen ohne „https" (zust *Borges* MMR 2008, 262, 264) oder Überlassung von PIN oder TAN aufgrund telefonischer Aufforderung oder einer E-Mail (BGH MMR 2012, 484 – Eingabe von zehn TANs; vgl auch zum Risiko der Botnetze *Roos/Schumacher* MMR 2014, 377ff; iÜ *Zahrte* MMR 2013, 207; München MMR 2013, 163 – sämtliche TANs eingegeben; ähnl AG Krefeld MMR 2013, 164 – Girovertrag; LG Berlin MMR 2011, 229 – 40 TANs; KG MMR 2011, 338 – vier TANs; LG Köln MMR 2008, 259, 261; vgl *Schulte am Hülse/Kraus* MMR 2016, 435ff; auch die (früher bedeutsamen) illustrativen Beispielsfälle bei *Schulte am Hülse/Klabunde* MMR 2010, 84ff; *van Gelder,* FS Nobbe, 2009, 55, 68ff). Wenn der ZdNutzer diese Sicherheitsmaßnahmen nicht oder nicht rechtzeitig ergreift, stellt sich die Frage seiner **Haftung** nach § 675v (BGH NJW 2016, 2024) bei gleichzeitigem Einwand nach § 254 (§ 675v Rn 22), wenn nur einfache Fahrlässigkeit vorliegt. Unbedenklich dürfte es deshalb sein, wenn der ZdLeister untersagt, die PIN/TAN elektronisch zu speichern – etwa: beim **Online-Banking** – oder festlegt, dass PIN/TAN (im Einz MüKo/*Jungmann* Rn 68ff; MüKo-HGB/*Linardatos* Online-Banking Rn 34ff, Staudinger/*Omlor* Rn 11) nicht außerhalb der gesondert vereinbarten Internetseiten zu speichern sind, auch nicht auf Online-Händlerseiten und auch nicht außerhalb des Online- und Telefon-Banking-Verfahrens, wie etwa per E-Mail. Auch handelt es sich um erforderliche und zumutbare Sicherheitsmaßnahmen (Bsp für Pflichtverletzungen *Herresthal* in L/B/S § 675v Rn 17ff), wenn der ZdLeister vorsieht, dass die PIN und der Nutzungscode für die elektronische Signatur „nicht zusammen mit den ZInstrumenten verwahrt werden" dürfen. In gleicher Weise wird man keine Einwendungen erheben können, wenn in den AGB bestimmt wird, dass Aufforderungen nicht befolgt werden dürfen, „per elektronischer Nachricht (zB E-Mail) eine Verknüpfung zum (vermeintlichen) Online-Banking der Bank anzuwählen und darüber persönliche Zugangsdaten einzugeben". Gleiches gilt, wenn festgelegt wird, dass auf der Login-Seite (Startseite) keine TAN der Bank „eingegeben werden darf". Es fragt sich, ob im Kontext dieser Bestimmung zw den Sorgfaltspflichten **differenziert** werden kann, die die Nutzung der einzelnen Zahlungsdienste im Rahmen des Zumutbaren erfordern. Dabei ist im Ausgangspunkt mit Recht darauf hingewiesen worden, dass es dem einzelnen ZdNutzer nicht angesonnen werden kann, jedes einzelne personalisierte Sicherheitsmerkmal im Gedächtnis zu speichern, weil dies den gewöhnlichen ZdNutzer überfordert. Man wird ihm also gestatten müssen, dass das jew Sicherheitsmerkmal auch schriftlich festgehalten werden darf; doch ist eine getrennte Aufbewahrung gleichwohl geboten (BGH NJW 2001, 286 – getrennte Aufbewahrung: keine grobe Fahrlässigkeit). Folgt man dem Ansatz, dass die vom ZdNutzer einzuhaltenden Sorgfaltspflichten im Detail je nach ZdLeister und ZInstrument sowie personalisierten Sicherheitsmerkmalen **unterschiedlich** sind (MüKo/*Jungmann* Rn 33ff; vgl auch LG Nürnberg-Fürth ZIP 2021, 685 – Weitergabe von PIN und Handynummer an Ehegatten: Phishing-Angriff – Erstattungsanspruch gegen ZdLeister bejaht), so muss ein allg Verweis ausreichen, der aber sich stets ändernde Angriffsformen in den Blick nehmen muss (für **Online-Banking** MüKo-HGB/*Linardatos* Online-Banking Rn 40ff; Staudinger/*Omlor* Rn 11f; MüKo/*Jungmann* Rn 40ff; **Kreditkarte** vgl MüKo/*Linardatos* Zahlung mittels Kreditkarte Rn 74ff; MüKo-HGB/*Haertlein* Bankkartenverfahren Rn 95ff; *Jungmann* in L/B/S § 675l Rn 5ff; **Überweisungen** vgl *Langenbucher* in L/B/S Rn 5f). Dass grds die Verankerung einer **verschuldensunabhängigen Haftung** des Zahlers bei der Verletzung von Sicherungspflichten weder nach § 280 II noch von § 675v gedeckt und somit systematisch ausgeschlossen ist (§ 675z S 1), so dass Klauseln daher auch nach § 307 II Nr 1 unwirksam sind (BGH BKR 2021, 240), sei hervorgehoben (*Scheibengruber* NJW 2010, 2396).

dd) Zumutbare Sicherungsmaßnahmen. Auf diesem Hintergrund betrachtet wird man – auch außerhalb des Online-Banking – alle diejenigen Sicherungspflichten für den **ZdNutzer** als **nicht als zumutbar** iSv S 1 – und damit auch als nach § 307 I 1 unwirksam – qualifizieren, die ihn im praktischen Ergebnis im Rahmen der gewöhnlichen Nutzung des ZInstruments persönlich oder sachlich überfordern und damit auch in seiner Freiheit einschränken (BeckOGK/*Hofmann* Rn 46). Die Messlatte ist hier zum einen der Grundsatz der fehlenden (sachlichen) Rechtfertigung der „Sicherheitsmaßmahme", zum anderen der (nicht beachtete) Grundsatz der Verhältnismäßigkeit, so dass die Nutzung des betr ZInstruments nicht unerheblich erschwert wird (BeckOK/*Schmalenbach* Rn 8b f). Die Einzelheiten ergeben sich nunmehr aus der Regelung in **Abs II** (Rn 20ff), soweit eine entspr Vereinbarung besteht. 7

ee) Informationspflichten. Der ZdLeister ist gem Art 248 § 4 I Nr 5 lit a EGBGB verpflichtet, dem Zahler die jew Anforderungen an die zu erfüllenden Sorgfaltspflichten in Textform (Art 248 § 2 EGBGB) mitzuteilen (zu einer **Änderung** des ZdRahmenvertrags vgl § 675g Rn 1ff). Zu den Rechtsfolgen im Fall der Pflichtverletzung vgl § 675a Rn 14. 8

c) Beginn der geschuldeten Maßnahmen. Die vom Zahler nach Abs I S 1 zu erfüllenden – zumutbaren – Sicherheitsvorkehrungen beginnen in dem Augenblick, in dem er das ZInstrument körperlich (gegenständlich) erhalten hat (BeckOK/*Schmalenbach* Rn 4; *Herresthal* in L/B/S Rn 9). Darunter fallen nicht Kontonummer oder Kartennummer (BT-Drs 16/11643, 106). Ein Erhalt iSv S 1 liegt dann vor, wenn der Tatbestand der Besitzerlangung in Bezug auf das ZInstrument iSv § 446 vorliegt. Sofern PIN/TAN oder Passwort, nicht aber Unterschrift – BeckOK/*Schmalenbach* Rn 3) dem Zahler als **personalisierte Sicherheitsmerkmale** nicht physisch, sondern **elektronisch** übermittelt werden, kommt es auf deren Zugang gem § 130 an. Vor Erhalt/Zugang des ZInstruments trägt der ZdLeister gem § 675m II (§ 675m Rn 9) das Risiko einer wie auch immer gearteten missbräuchlichen Verwendung. Die danach vom ZdNutzer – auch ohne besondere Vereinbarung – geschuldeten zumutbaren Maßnahmen zielen nach Abs I S 1 alle darauf ab, die Verwendung der personalisierten Sicherheitsmerkmale durch **unbefugte Dritte** zu unterbinden. 9

d) Befugter – unbefugter Dritter. Eine besondere Problematik besteht in der Praxis darin, dass der Zahler nicht nur in eigener Person verpflichtet ist, die geschuldeten Sicherheitsmaßnahmen nach Abs I S 1 zu erfüllen, 10 sondern dass er auch für die Verletzung dieser Pflichten einstehen muss (**Abs I S 2**), soweit diese von einem – berechtigten – Dritten zu vertreten ist. Entscheidend ist hier, dass damit der Auffangtatbestand einer **nicht autorisierten/autorisierten Nutzung** angespochen ist (EBJS/*Keßler* Rn 13). Der ZdLeister selbst hat ja keinen Einfluss darauf, welchem Dritten der ZdNutzer die Nutzung von PIN/TAN und Passwort, Chipkarte etc gestattet. Zwangsläufig **erweitert** der ZdNutzer durch eine solche Gestattung seine durch die Erfüllung der geschuldeten Sicherheitsmaßnahmen abzudeckende **Risikosphäre**. Daher vollzieht sich die Abgrenzung zw einem befugten und einem unbefugten Dritten danach, ob der Zahler mit Wissen und Wollen die Nutzung der personalisierten Sicherheitsmerkmale einem anderen als Drittem iRd ZdRahmenvertrags gestattet (BeckOK/*Schmalenbach* Rn 4). Trifft dies zu, haftet er auch ggü dem ZdLeister **uneingeschränkt** für Pflichtverletzungen, die dieser befugte Dritte nach § 278 zu vertreten hat: Der Dritte ist nämlich Erfüllungsgehilfe im Hinblick auf die Erfüllung der vom ZdNutzer ggü dem ZdLeister geschuldeten Sicherheits- und Sorgfaltsmaßnahmen, um die personalisierten Sicherheitsmerkmale mit zumutbarem Aufwand vor einem Missbrauch zu schützen (vgl auch *Herresthal* in L/B/S Rn 11). Dabei spielt es keine Rolle, ob der (befugte) Dritte geschäftsfähig ist, etwa dann, wenn der ZdNutzer seinen (minderjährigen) Kindern die Nutzung des PC gestattet. In all diesen Fällen – etwa auch bei der Benutzung von PIN/TAN oder Passwort durch den Ehegatten/Lebenspartner (LG Nürnberg-Fürth ZIP 2022, 685) – ist im Missbrauchsfall die Haftung des ZdNutzers eingefordert (§ 675v I).

11 **e) Haftung.** Im Fall einer dem ZdNutzer zuzurechnenden Pflichtverletzung hat der ZdLeister gem § 675k II 1 Nr 2 das Recht, das ZInstrument zu **sperren** (§ 675k Rn 3ff). Außerdem steht ihm ein Schadensersatzanspruch nach § 675v gegen den ZdNutzer zu (Staudinger/*Omlor* Rn 18; *Herresthal* in L/B/S Rn 10). Zu bedenken ist allerdings: Hat der ZdNutzer einem **Dritten** die Nutzung von PIN/TAN und/oder des Passworts gestattet (Rn 10), spricht alles dafür, im Hinblick auf die erforderliche **Autorisierung** eines ZVorgangs iSv § 675j I entweder eine Stellvertretung nach den §§ 164ff anzunehmen oder hilfsw jedenfalls auf die Grundsätze der **Anscheinsvollmacht** zum Schutz und zugunsten des ZdLeisters (*Hofmann/Haupert/Freiling* ZHR 2017, 780ff; *Omlor* BKR 2019, 105, 109f) zurückzugreifen (im Einz § 675v Rn 10). Dieser Ansatz gilt freilich dann nicht, wenn es sich um die missbräuchliche Verwendung der persönlichen Sicherheitsmerkmale handelt, weil und soweit der Zahler iSv Abs I S 1 alle erforderlichen und zumutbaren Sicherheitsmaßnahmen (auch ohne besondere Vereinbarung – dann Abs II) rechtzeitig ergriffen und auch während der Dauer der Nutzung aufrechterhalten hat. In Bezug auf die **starke Kundenauthentifizierung** gelten die Regeln, die sich aus der VO 2018/389 ableiten lassen. Die Haftung des Zahlers richtet sich dann nach den Grundsätzen des § 675v (§ 675v Rn 4ff).

12 **f) Darlegungs- und Beweislast.** Bei der Erörterung dieser Frage ist im Haftungsfall stets das gesamte Pflichten- und Haftungsregime der §§ 675u–w, §§ 675l-m im Auge zu behalten (vgl § 675w Rn 3ff). Dies ist gerade auch unter dem Blickwinkel der nach Art 159 ZdRL zu bewirkenden **Vollharmonisierung** zu beachten (vgl auch BT-Drs 16/11643, 107). Dabei kommt es entscheidend darauf an, dass die Darlegungs- und Beweislast (BGH NJW 2004, 3623) für eine (str) Autorisierung eines ausgeführten ZVorgangs gem § 675w dem **ZdLeister** obliegt (Staudinger/*Omlor* Rn 17; für das Bestehenbleiben des Anscheinsbeweises BGH NJW 2016, 2024, 2026; *Hoeren/Kairies* WM 2015, 549, 552 und BKR 2015, 35). In Bezug auf die **aufsichtsrechtl Dimension** der einzuhaltenden Pflichten (va aus der VO 2018/389) und die Einwirkungen auf den Anscheinsbeweis *Hofmann/Haupert/Freiling* ZHR 2017, 780, 801ff. Besondere Anforderungen bestehen nach § 675w S 3 dann, wenn ein ZInstrument zum Einsatz kam, weil es dann – bezogen auf die Pflichtverletzung nach § 675l I 1 – „nicht notwendigerweise" ausreicht, wenn der ZdLeister den Nachweis führt, dass eben dieses Instrument verwendet wurde und auch eine Authentifizierung durch den Zahler vorlag (§ 675w Rn 5ff). Der Grundsatz der Vollharmonisierung und vor allem auch das in § 675e I verankerte Verbot der Schlechterstellung des ZdNutzers (§ 675e Rn 2ff) führen aber dazu, dass die Voraussetzungen der vom Zahler und vom ZdLeister nachzuweisenden Tatsachen aufgrund einer wie auch immer gearteten Vereinbarung weder zum Nachteil des ZdNutzers erhöht noch zum Vorteil des ZdLeisters verringert werden dürfen (BT-Drs 16/11643, 107). Zu Einzelheiten s § 675w Rn 3ff, und zwar insb auch zur Frage, ob die Regeln des Anscheinsbeweises (BGH NJW 2016, 2024; NJW 2004, 3623) weiterhin anwendbar sind (hierzu auch *Günther* WM 2013, 496). Das ist gerade auch im Blick auf den ErwGr 33 zur PSD I zu bejahen (BGH NJW 2016, 2024, 2026). Danach führt eine ggü den gesetzl Vorgaben dieser RL geänderte Beweislast dazu, dass die jew Vereinbarung als „nichtig" anzusehen sein soll. Man wird also bei der Prüfung der Darlegungs- und Beweislast im Kontext von § 675l stets darauf achten müssen, ob nicht der Maßstab der Pflichten und Rechte – abw von den Vorgaben der §§ 675u–w – verschoben worden ist. Das ist bei der Bejahung der Voraussetzungen des **Anscheinsbeweises** für den Nachweis der Autorisierung eines ZVorgangs mit Hilfe eines ZInstruments nicht zu besorgen (BGH NJW 2016, 2014 – Verwendung eines smsTAN; *Omlor* BKR 2019, 105, 109ff; AG Bonn VuR 2022, 142). Denn Voraussetzung für den Anscheinsbeweis ist neben der Feststellung der Umstände nach § 675w S 1 (Dokumentation des Authentifizierungsvorgangs) die weitere Feststellung, dass das vom ZdLeister eingesetzte Sicherheitssystem im Einzelfall als praktisch nicht überwindbar anzusehen ist (BGH NJW 2016, 2024, 2027f). Der **neueste Stand der technischen Erfahrung** gibt hier Maß (BGH NJW 2016, 2014). Er liegt wohl höher als der Standard, der sich aus der VO 2018/389 für den Bereich der starken Kundenauthentifizierung ableiten lässt (*Hofmann/Hauper/Freiling* ZHR 2017, 780, 802f) I Erg: Allein die Aufzeichnung der Nutzung eines ZInstruments und die Prüfung der Authentifizierung nach § 675w S 3 Nr 4 rechtfertigen unter Beachtung der Grundsätze des Anscheinsbeweises noch nicht den Schluss, dass der ZdNutzer/Berechtigte (bei behaupteter Verwendung der TAN durch einen Dritten) eine **grob fahrlässige** Pflichtverletzung begangen hat (BGH NJW 2016, 2024, 2030). Für einen ZdNutzer als **Unternehmer** gelten freilich **Ausnahmen**, wie sich aus § 675i V ablesen

lässt, der auch die Beweisregel des § 675w insoweit als abdingbar bezeichnet. Ob die Regel des § 675w jedoch keine Leitbildfunktion nach § 307 II Nr 1 entfaltet, dürfte mehr als zweifelhaft sein, weil zum einen diese Norm Mindestvoraussetzungen (§ 675w Rn 5ff) aufstellt, welche für die Authentifizierung durch den ZdLeister (sowie für Aufzeichnung, Verbuchung und kein Eingreifen einer Störung) gelten, so dass insoweit eine Verteilung der Darlegungs- und Beweislast nach Gefahrenbereichen vorliegt, welche dann ihrerseits Voraussetzung für das Eingreifen der Beweisvermutung von § 675w S 3 zugunsten des Zahlers ist (§ 675w Rn 10ff). Folglich wird man hier ein Abweichen von den Grundsätzen des § 675w, welche zum Nachteil des Zahlers ausschlagen, nicht als angemessen nach § 307 II Nr 1 beurteilen können.

3. Unverzügliche Anzeigepflicht – Abs I S 2. a) Voraussetzungen. Sobald der ZdNutzer iSv Abs I S 2 davon Kenntnis erlangt hat, dass das ihm überlassene ZInstrument verloren gegangen, durch Diebstahl abhandengekommen oder in sonstiger Weise (bezogen auf die personalisierten Sicherheitsmerkmale) missbräuchlich verwendet wird (MüKo/*Jungmann* Rn 79ff; Staudinger/*Omlor* Rn 19ff), ist er verpflichtet, diesen Umstand dem ZdLeister unverzüglich gem § 121 anzuzeigen (*Herresthal* in L/B/S Rn 14ff). Hier handelt es sich um nicht abdingbare Pflichten, sie sind daher grds auch keiner AGB-technischen Abänderung zum Nachteil des ZdNutzers in Bezug auf einen früheren Zeitpunkt zugänglich (Staudinger/*Omlor* Rn 22). Verlust bedeutet danach **Verlust der tatsächlichen Sachherrschaft** betr das ZInstrument (MüKo/*Jungmann* Rn 84ff). Dies setzt voraus, dass dieses eine körperliche Sache iSv § 90 ist, wie etwa die EC-Karte, die Kreditkarte oder die Geldkarte. Auch der Tatbestand des **Diebstahls** erfordert, dass die tatsächliche Sachherrschaft gegen den Willen des ZdNutzers abhandengekommen ist (§ 242 StGB). Nach der Ratio von Abs I S 2 gilt die unverzügliche Anzeigepflicht selbstverständlich auch dann, wenn der ZdNutzer entweder das ZInstrument oder den Zettel/Beleg, auf dem er seine PIN/TAN, Codewort, Passwort etc aufgeschrieben hat, verlegt oder in sonstiger Weise (nicht nur kurzfristig und vorübergehend) aus den Augen verloren hat. Denn in diesen Fällen muss der ZdNutzer immer damit rechnen, dass tatsächlich ein Verlust oder Diebstahl vorliegt. Gestützt wird diese Erwägung dadurch, dass iSv § 675k II 2 der **Verdacht** einer nicht autorisierten Verwendung des ZInstruments ausreicht (§ 675k Rn 6), um eine Sperrung zu veranlassen. Zwar geht in diesen Fällen die Sperrung vom ZdLeister aus. Doch hier wie dort steht der Gedanke Pate, dass der Missbrauch eines ZInstruments (durch unbefugte Verwendung der personalisierten Sicherheitsmerkmale) iSv Abs I S 1 nach Möglichkeit verhindert werden soll. Deshalb ist auch der ZdLeister uneingeschränkt verpflichtet, einer entspr Anzeige des ZdNutzers Folge zu leisten und eine Sperrung zu veranlassen. Bei nicht verkörperten ZInstrumenten (Passwort etc) ist ein „Abhandenkommen" dann anzunehmen, wenn der **Verlust der Vertraulichkeit** vorliegt (BeckOK/*Schmalenbach* Rn 5). 13

Eine **alternative Voraussetzung** für die Anzeigepflicht des Zahlers nach Abs I S 2 liegt dann vor (Staudinger/*Omlor* Rn 21), wenn eine **missbräuchliche Verwendung** des ZInstruments gegeben ist (Rn 6b), wenn und weil ein **unbefugter Dritter** einen ZVorgang iSv § 675j – ohne die Zustimmung des Zahlers – durch Benutzung von PIN/TAN/IBAN, einer Signatur oder einlesbaren Chipkarte veranlasst hat. Dieses Tatbestandselement einer **nicht autorisierten Nutzung** ist immer dann anzunehmen, wenn die PIN/TAN etc ohne Wissen und Wollen des ZdNutzers/Zahlers verwendet werden. Die Verwendung der persönlichen Sicherheitsmerkmale durch einen **unbefugten Dritten** ist immer missbräuchlich; in diesen Fällen fehlt grds auch die nach § 675k I erforderliche Autorisierung durch den ZdNutzer. Für Fragen der **Anscheinsvollmacht** (BGH NJW 2016, 2024) vgl § 675v Rn 10. Zur Haftung des Zahlers bei unbefugter Nutzung durch **Dritte** vgl auch § 675v Rn 9. 14

b) Kenntniserlangung. Wie in anderem Zusammenhang erläutert (§ 675f Rn 26f), ist der ZdNutzer/Zahler aufgrund einer Nebenpflicht gehalten, die jew ihm zugesandten oder (online) einsehbaren **Kontoauszüge, Depotaufstellungen oder Rechnungsabschlüsse** alsbald auf ihre Richtigkeit zu prüfen (Staudinger/*Omlor* Rn 14 – gerade auch bei bestehendem Verdacht eines Missbrauchs). Auf die Regelung von Nr 11 IV AGB-Banken wird verwiesen: Die Prüfpflicht des ZdNutzers bezieht sich sowohl auf die Richtigkeit als auch auf die Vollständigkeit der vom ZdLeister aufgrund der jew ausgeführten ZAufträge und ZVorgänge vorgenommenen Soll- und Habenbuchungen. Dabei kommt es im Rahmen einer solchen Prüfung – entspr dem Wortlaut von Abs I S 2 – nicht auf einen Verdacht, sondern auf **positive Kenntnis** der einzelnen Tatumstände an, aus denen eine missbräuchliche Verwendung des ZInstruments (der personalisierten Sicherheitsmerkmale) gefolgert werden kann. Ob diese Klauseln in der Begründung einer Nebenpflicht auch mit der Wertung von § 676b I im Einklang stehen, dürfte fraglich sein (§ 676b Rn 4). Liegt allerdings eine positive Kenntnis des Zahlers nach Abs I S 2 vor, entsteht unverzüglich die entspr Anzeigepflicht ggü dem ZdLeister. Dieser Ansatz ist indessen str. Teilw wird in der Lit auch eingeräumt, dass bereits der **Verdacht** einer missbräuchlichen Verwendung ausreicht, die Anzeigepflicht auszulösen (*Frey* in E/F/N/B Rn 19). Insoweit wird auf das Vorliegen einer **abstrakten Gefahr** abgestellt (Staudinger/*Omlor* Rn 22). Das geht jedoch zu weit. Entscheidend fällt hier vielmehr ins Gewicht, dass es immer auf die dem ZdNutzer **konkret bekannt gewordenen Tatsachen** ankommt (BankR-HdB/*Maihold* § 33 Rn 207), weil die sonst eintretenden Folgen für den ZdNutzer überaus einschneidend sein würden (BeckOK/*Schmalenbach* Rn 6): Insb bestehen keine (abstrakten) Nachprüfungspflichten (BankR-HdB/*Maihold* § 33 Rn 207). 15

Verletzt der ZdNutzer die Pflicht, Kontoauszüge pp unverzüglich auf ihre Vollständigkeit und Richtigkeit zu prüfen (hierzu auch LG Berlin MMR 2010, 753), kommt es entscheidend darauf an, ob diese Pflichtverletzung des Zahlers **vorsätzlich oder grob fahrlässig** nach § 675v III Nr 2 war (§ 675v Rn 19). Denn dann haftet der Zahler für den gesamten Schaden, welcher durch diese Pflichtverletzung verursacht worden ist. Dies schließt aber nach der hier vertretenen Auffassung nicht aus, auch in den Fällen, in denen der ZdNutzer lediglich die Sicherheitsmaßnahmen iSv S 1 fahrlässig verletzt und es so versäumt hat, rechtzeitige Kenntnis von einer miss- 16 bräuchlichen oder nicht autorisierten Verwendung des ZInstruments zu erlangen, nach § 675v I behandelt werden (§ 675v Rn 18ff). Zur Konsequenz hat dies, dass in diesen Fällen jedenfalls eine Schadensersatzhaftung des ZdNutzers bis zu einem Betrag iHv 50 € eingreifen kann (§ 675v I). Die **Erfüllung der Anzeigepflicht** nach S 2 führt aber dann dazu, dass der Zahler für einen danach entstandenen Schaden wegen der missbräuchlichen Nutzung eines ZInstruments nicht haftbar ist, wie sich aus § 675v V ablesen lässt (§ 675v Rn 28).

17 **c) Unverzügliche Anzeige.** Der ZdNutzer ist verpflichtet, in den Fällen von Abs I S 2 dem ZdLeister unverzüglich Anzeige zu erstatten. Das Tatbestandselement der Unverzüglichkeit folgt dem Raster von § 121. Sie beginnt in dem Zeitpunkt, in welchem der ZdNutzer **positive Kenntnis** davon hatte, dass ein Anzeigegrund vorliegt (Staudinger/*Omlor* Rn 24, MüKo/*Jungmann* Rn 95). Im Hinblick auf die Anzeigepflicht ist **keine Form** vorgesehen; es ist also gleichgültig, ob die Anzeige telefonisch oder per E-Mail abgesandt wird (vgl Grü/*Grüneberg* Rn 7). Folglich – und dies ist in der Praxis die Regel – steht es auch dem ZdLeister frei, eine **andere Stelle** zu benennen, an die dann die entspr Anzeige zu richten ist. Soweit der ZdLeister von dieser Möglichkeit Gebrauch macht, muss die nach Art 248 § 4 I Nr 5 lit a EGBGB vorgesehene **Informationspflicht** diese Stelle exakt bezeichnen. Während die Sperrung nach § 675k II 1 Nr 2 bewirkt, dass eine weitere missbräuchliche Nutzung der persönlichen Sicherheitsmerkmale ausgeschlossen wird, kann eine dem ZdNutzer gem §§ 241 II, 280 I zuzurechnende Pflichtverletzung wegen einer **nicht rechtzeitig erfüllten Anzeige** iSv S 2 seine Schadensersatzhaftung gem § 675v III Nr 2 lit a begründen (§ 675v Rn 21), was jedoch eine vorsätzliche, zumindest aber grob fahrlässige Pflichtverletzung im Rahmen einer Schadensverursachung voraussetzt. Zu beachten ist jedoch, dass die **Ausschlussfrist** des § 676b für alle Ansprüche nach den §§ 675u einschlägig ist (§ 676b Rn 5): Will also der ZdNutzer Schadensersatz nach § 675y oder begehrt er Erstattung nach § 675u, dann ist § 676b I im Blick auf die Spätestfrist von 13 Monaten einschlägig. Hat hingegen der ZdNutzer die ihm obliegende Anzeigepflicht rechtzeitig erfüllt, liegt die **Rechtsfolge** klar zu Tage (Staudinger/*Omlor* Rn 25): Nachfolgende Nutzungen des ZInstruments oder der personalisierten Sicherheitsmerkmale verpflichten den ZdNutzer haftungsrechtl nicht mehr (MüKo/*Jungmann* Rn 105). IÜ ist der ZdLeister nicht berechtigt, für die **Bearbeitung der Anzeige** – und einer damit verbundenen Sperre des ZInstruments – ein **Entgelt** zu fordern, was jetzt auch durch die Norm des § 675m I Nr 4 gewährleistet ist (BeckOGK/*Hofmann* Rn 127; vgl aber auch Düsseldorf NJOZ 2013, 702 – gestützt auf § 307 I 1, weil der ZdLeister insoweit nur eine gesetzl ihm obliegende Pflicht erfüllt).

18 **d) Weitergehende Vereinbarungen.** Auch unter Berücksichtigung des Grundsatzes der Vollharmonisierung gem Art 107 ZdRL ist es für den Fall der **Konkretisierung der Anzeigepflichten** in AGB nach Abs I S 2 unbedenklich (vgl *Scheibengruber* NJW 2010, 2396 betr Haftungsfragen), wenn der ZdLeister weitergehende Anzeige- und Unterrichtungspflichten vorsieht. Die Grenze des Art 107 III ZdRL ist freilich insoweit zu beachten, als weitergehende Pflichten **zum Nachteil des ZdNutzers** in diesen Fällen nicht begründet werden dürfen. Die Rechtslage ist hier allerdings im Blick auf die Umstände **ungeklärt**, aus denen die Gefahr einer missbräuchlichen Verwendung eines ZInstruments abgeleitet werden kann (Grü/*Grüneberg* Rn 6). Teilw wird geltend gemacht, dass die Aussage von Abs I S 2 in Bezug auf das Zeitmoment der Unverzüglichkeit als unabänderlich anzusehen ist, so dass der Tatbestand der Erlangung positiver Kenntnis entscheidet (BeckOK/*Schmalenbach* Rn 7). Die Judikatur ist streng (Frankfurt NJW-RR 2004, 206 – 90 Minuten nach Verlust: verspätet). Unbedenklich ist allerdings die Pflicht des ZdNutzers, bei (erwiesenem) Diebstahl oder Verlust die **Polizei** zu verständigen. Man wird allerdings nicht so weit gehen dürfen, die Einschaltung der Polizei auch dann zu fordern, wenn lediglich der Verdacht eines Diebstahls oder eines Verlustes des ZInstruments vorliegt (Bremen NJW-RR 2021, 1063). Denn die Erfüllung dieser Pflicht ist dann lediglich eine Belastung (Bremen NJW-RR 2021, 1063 Rn 19) – und daher auch eine unangemessene Benachteiligung iSv § 307 I 1 – und nicht vom Schutzzweck, Missbrauch zu verhindern, im Rahmen von Art 86 III ZdRL gedeckt. Verlangt der ZdLeister für die Sperrung ein gesondertes Entgelt, ist dies nach § 307 I 1 nicht hinzunehmen (*Scheibengruber* BKR 2010, 15, 19f). Denn es handelt sich um die Erfüllung einer den ZdLeister treffenden gesetzl Pflicht (vgl auch BGH NJW 2016, 35 – Entgelt für Ersatzkarte nach Sperrung: unwirksam, aber weitgehende Auslegung der Klausel; krit *Kropf* WM 2016, 1245ff).

19 **4. Rechtsprechung.** Im Blick auf die haftungsrechtl Konsequenzen, die sich gem § 675v aus einer Verletzung der vorstehenden Pflichten ergeben und eine Haftung des Zahlers – freilich: nur noch iHv 50 € – auslösen, erscheint es hilfreich, einige als wesentlich einzuordnende Ergebnisse der Judikatur darzustellen, weil diese als **Orientierungspunkte** gelten können. Ausgangspunkt ist die BGH-Entscheidung (NJW 2016, 2024 – smsTAN) mit der Forderung eines Nachweises der **„praktischen Unüberwindlichkeit"** des Sicherheitensystems des ZdLeisters als Voraussetzung für die Begründung des Anscheinsbeweises einer grob fahrlässigen Pflichtverletzung des Zahlers (*Hoeren/Kairies* WM 2015, 549; *Hoeren/Kairies* ZBB 2015, 35 – chipTAN). Im Blick auf die Voraussetzungen des **Beweises des ersten Anscheins** (vgl § 675w Rn 20ff) wird man die Ergebnisse der Rspr (BGH NJW 2016, 2024; Schleswig NJW-RR 2019, 680 Rn 60) aus dem Online-Banking-Bereich auch auf das von dem ZdLeister vorzuhaltende – „praktisch nicht überwindbare" – Sicherheitssystem beim **Einsatz von Kreditkarten oder Giro-Karten** (Debit-Karten) übertragen müssen. Der Anscheinsbeweis gilt also nicht mehr mit der Maßgabe zum Nachteil des Zahlers, dass der Karteninhaber die PIN auf der EC-Karte notiert oder doch gemeinsam mit dieser verwahrt hat, wenn nach dem Diebstahl einer EC-Karte unter Verwendung eben dieser **Originalkarte** und unter Eingabe der richtigen PIN am Geldautomaten Bargeld abgehoben wurde (BGH MMR 2012, 225; NJW 2004, 3623; *Günther* WM 2013, 496 – auch mit Behandlung der Fragen bei einer Beweisvereitelung). Es reicht nicht aus, dass bei **Aufzeichnung einer fehlerfreien Nutzung eines Authentifizierungsinstruments** ein missbräuchliches Verhalten des ZdNutzers vorliegt, welches als grob fahlässiug einzuordnen wäre und auf einem entspr Er-

fahrungssatz beruht (Schleswig NJR-RR 2019, 680 Rn 63f). Demzufolge wird man den Anscheinsbeweis für das Vorliegen einer Obliegenheitsverletzung des ZdNutzers auch nicht zulassen dürfen, wenn eine nicht autorisierte Nutzung einer Kreditkarte im **Präsenzgeschäft** – ohne Einsatz der PIN – geschieht (Bremen NJW-RR 2021, 1063). Der Beweis des ersten Anscheins, dass der ZdNutzer gegen seine Sorgfaltspflichten verstoßen hat, kann auch durch eine **Parteivernahme** erschüttert werden (AG Köln NJW-RR 2015, 888). Weitere Einzelheiten zur Frage der Beweislast bei § 675w Rn 3ff. Im Blick auf die Unverzüglichkeit einer Verlustanzeige ist die Rspr sehr einzelfallbezogen (Frankfurt NJW-RR 2004, 206 – 90 Minuten zu lang; Bamberg NJW 1993, 2813, 2815 – am gleichen Tag, unverzüglich nach Entdeckung des Verlustes ist ausreichend).

5. Entgeltanspruch – Abs I S 3. Diese Bestimmung stellt klar, dass der ZdLeister verpflichtet ist, im Fall des Verlustes, der missbräuchlichen Nutzung oder bei sonst fehlender Autorisierung des ZInstruments dem ZdNutzer ein Ersatz-ZInstrument überlassen muss; doch ist er berechtigt (MüKo/*Jungmann* Rn 100), dafür ein Entgelt zu erhalten oder zu beanspruchen (Staudinger/*Omlor* Rn 26). Diese Bestimmung ist neu (BT-Drs 18/11495, 156f). Allerdings hat die **Höhe dieses Entgelts** eine sachliche Begrenzung zu beachten: Ausschließlich die mit dem Ersatz des ZInstruments verbundenen Kosten dürfen dem ZdNutzer in Rechnung gestellt werden (Staudinger/*Omlor* Rn 27). Diese Bestimmung deckt sich im Kern mit § 675d IV 2, der festlegt, dass die Richtschnur für die dem ZdNutzer zu überlassenen – zusätzl – Informationen die insoweit tatsächlich entstehenden Kosten sind (§ 675d Rn 9). Damit scheidet der anteilige Ersatz von Gemeinkosten nicht notwendigerweise aus, der durch das ersatzweise auszustellende ZInstrument beim ZdLeister tatsächlich neben den Einzelkosten anfällt. Die Rechtslage unterscheidet sich in diesem Punkt nicht sehr stark von der früher geltenden, die allerdings im Blick auf § 307 I 1 (§ 675e I) begründet wurde (BGH NJW 2016, 560 – kein Entgelt für die Ausstellung einer Ersatzkarte – verlangt waren 15 €; Frage offen gelassen, ob letztlich ein – angemessenes – Entgelt verlangt werden kann). 20

6. Vereinbarungen und ihre Grenzen. a) Bezugspunkt. In **Abs II** ist nunmehr detailliert der Rahmen vorgezeichnet, innerhalb dessen sich die zw ZdLeister und ZdNutzer abgeschlossenen Vereinbarungen betr Ausgabe und Nutzung eines ZInstruments bewegen müssen (vgl Bamberg NJW 1993, 2813, 2815 – Kenntnis des Verlustes im Rahmen des § 121 erforderlich). Man kann darüber streiten, ob sich diese Vereinbarungen und die in Abs II bezeichneten Grenzen auch auf den Tatbestand der Anzeigepflichten im Fall eines Verlustes pp nach Abs I S 2 beziehen (bej Grü/*Grüneberg* Rn 8). Die Antwort auf diese Frage ist allerdings nur dann bedeutsam, wenn man den Maßstab der richterlichen Inhaltskontrolle nach § 307 I 1 für die in Abs I S 1 und 2 vorgesehenen Pflichten anders beurteilt als dies in Abs II geschieht. Hier ist nämlich die Wirksamkeit von Vereinbarungen ggü dem ZdNutzer dahin auszurichten, dass diese nicht unverhältnismäßig sein dürfen; des Weiteren müssen sie „sachlich" und auch „nicht diskriminierend" sein (Rn 21). Ordnet man, wie hier vorgeschlagen (Rn 21), die in Abs II auftauchenden – neuen – Wirksamkeitsmerkmale als solche ein, die in das allg Raster der richterlichen Inhaltskontrolle nach § 307 I 1 fallen können (im Einz Staudinger/*Omlor* Rn 29ff), erledigt sich die Streitfrage allerdings von selbst. Doch ist mit Recht bereits im Ausgangspunkt eingewandt worden, dass sich diese Kontroverse nicht nur auf § 307 I 1 bezieht, sondern schon auf der Ebene des Unionsrechts über die Klausel-RL zum Tragen kommt (Staudinger/*Omlor* Rn 29). 21

b) Vollharmonisierung. Die danach zu bewältigende Frage bezieht sich darauf (Art 69 I lit a ZdRL), ob der bei der Interpretation von Abs II zu beachtende Grundsatz der Vollharmonisierung (Art 107 III ZdRL) eingehalten ist, wenn und soweit man die Inhaltskontrolle von Klauseln im Rahmen von **Abs II** an den allg Merkmalen des § 307 I 1 ausrichtet (EBJS/*Keßler* Rn 19; *Omlor* BKR 2019, 105, 111 – beide Standards). Soweit das in Abs II erwähnte Merkmal der „Verhältnismäßigkeit" in Rede steht (hierzu Staudinger/*Omlor* Rn 33), wird man keine allzu großen Bedenken haben dürfen, dieses unter das über § 242 zu mobilisierende Merkmal der unangemessenen Benachteiligung der berechtigten Belange des ZdNutzers zu subsumieren. Denn eine Klausel, welche als missbräuchlich nach § 307 I 1 einzuordnen ist, weil sie die Interessen des Verwenders einseitig bevorzugt, wird man ohne weiteres auch als unverhältnismäßig qualifizieren dürfen. Das gilt indessen auch unter der unionsrechtl Perspektive von Art 3 I Klausel-RL, weil auch dort das Element von Treu und Glauben als zentrales Merkmal aufgenommen worden ist (hierzu Wolf/Lindacher/Pfeiffer/*Pfeiffer* Art 3 Rn 64). Der praktische Unterschied in der Anwendung dieser drei Maßstäbe dürfte vernachlässigenswert sein (so auch Staudinger/*Omlor* Rn 239). Ähnl Erwägungen gelten, wenn es sich um eine Vereinbarung nach Abs II handelt, welche sich – unter Berücksichtigung der Sicherheitsinteressen des ZdLeisters (Rn 5) – als „sachlich" nicht begründet erweist (hierzu Staudinger/*Omlor* Rn 31), weil dann eine einseitige, den ZdNutzer benachteiligende Risikoverlagerung stattfindet, wenn die dem ZdNutzer auferlegten Pflichten nicht obj als geboten anzusehen sind. Trifft dies zu, dann wird er nämlich zu Sicherungsmaßnahmen bei der Nutzung des ZInstruments gezwungen, welche auch iSv Abs I S 1 als unzumutbar bezeichnet werden müssen (Rn 6 – Beispielsfälle). Auch das deckt sich sowohl mit § 307 I 1 als auch mit Art 3 I Klausel-RL. Bleibt die Einordnung des Merkmals „nicht diskriminierend" in Abs II (hierzu Staudinger/*Omlor* Rn 32). Auch dieses fügt sich nahtlos in das Schema von § 307 I 1 sowie des Art 3 I Klausel-RL ein, wenn man bedenkt, dass eine missbräuchliche, weil einseitige Gestaltung der AGB allemal für die zu achtenden, berechtigten Belange des ZdNutzers als „diskriminierend" zu begreifen ist. 22

c) Maßstab richterlicher Kontrolle – § 307 I 1. Die richterliche Inhaltskontrolle von AGB-Klauseln, die den ZdNutzer verpflichten, die **erforderlichen Sicherheitsvorkehrungen** zu erfüllen, richtet sich also im Rahmen von Abs II i Erg nach § 307 I 1 (*Omlor* BKR 2019, 105, 111 – zahlr Bsp). Legt man den Konflikt auf die **Ebene des Unionsrechts**, dann greift parallel Art 3 I Klausel-RL ein. In jedem Fall reicht es aus, wenn eines der Merkmale des Abs III nicht erfüllt ist (Staudinger/*Omlor* Rn 30). Wie stets sind bei der Prüfung der einzelnen Ver- 23 pflichtung des ZdNutzers jew die gegenseitigen Interessen des ZdLeisters und des ZdNutzers im Rahmen des gesamten Vertrages zu bilanzieren und zu balancieren, um eine unangemessene Benachteiligung des ZdNutzers festzustellen. Das Interesse des ZdNutzers, das ihm zur Verfügung gestellte ZInstrument bestimmungsgemäß nutzen zu können, bildet dabei den Maßstab. Hierbei ist wiederum zu bedenken, dass nicht zuletzt der **ZdLeister** seinerseits verpflichtet ist (KG MMR 2011, 338; zur Produkthaftung vgl *Spindler* MMR 1998, 23ff), für die Sicherheit des ZInstruments – und damit des gesamten Systems – entspr dem jew neuesten Stand der Sicherheitstechnik Sorge zu tragen (BGH NJW 2016, 2024; *Spindler*, FS Nobbe, 2009, 215, 223ff; für den Bereich der **starken Kundenauthentifizierung** ist das Regelwerk der **VO 2018/389** zu beachten). Denn es ist allemal nach § 307 I 1 zu beanstanden, wenn der ZdLeister/AGB-Verwender den erforderlichen Sicherheitsstandard nicht einhält, aber im Gegenzug den ZdNutzer zu erheblichen, mehr oder weniger aufwendigen Sicherheitsmaßnahmen (Firewall/Anti-Viren-Programm, jew neueste Version) verpflichtet (vgl *Borges* MMR 2008, 630, 631). Dabei ist im Rahmen der Abwägung nach § 307 I 1 auch zu bedenken, dass das **Missbrauchsrisiko** in § 675v seinen Niederschlag gefunden hat und mit seinen Rechtsfolgen den Zahler ohnehin belastet. **Unwirksam** ist es allerdings, wenn in AGB bestimmt wird, dass die Verletzung der vorerwähnten Sicherungspflichten immer dazu führt, den Vorwurf der groben Fahrlässigkeit des ZdNutzers nach § 675v II zu begründen (mit Recht *Scheibenburger* BKR 2010, 15, 20). Denn diese Schlussfolgerung ist schon unter Berücksichtigung der Beweisregel des § 675w nicht mehr zu rechtfertigen. Die Umstände des Einzelfalls herrschen. Doch hat der ZdNutzer die sekundäre Darlegungs- und Beweislast zu tragen (BGH MMR 2018, 311, 312 – „Ego-Shooter-Spiel"; MMR 2014, 547 – „BearShare" – jew Urheberrechtsverletzung durch Dritte), welche Sicherheitsmaßnahmen er denn getroffen hat, wenn der ZdLeister die Beweislast dafür trägt, dass der ZdNutzer den Verlust eines ZInstruments oder eines personalisierten Sicherheitsmerkmals zu vertreten hat – Beweis des ersten Anscheins (LG Kiel BeckRS 2018, 12792). Zur unverzüglichen Anzeigepflicht Rn 19.

§ 675m Pflichten des Zahlungsdienstleisters in Bezug auf Zahlungsinstrumente; Risiko der Versendung

(1) Der Zahlungsdienstleister, der ein Zahlungsinstrument ausgibt, ist verpflichtet,

1. unbeschadet der Pflichten des Zahlungsdienstnutzers gemäß § 675l Absatz 1 sicherzustellen, dass die personalisierten Sicherheitsmerkmale des Zahlungsinstruments nur der zur Nutzung berechtigten Person zugänglich sind,

2. die unaufgeforderte Zusendung von Zahlungsinstrumenten an den Zahlungsdienstnutzer zu unterlassen, es sei denn, ein bereits an den Zahlungsdienstnutzer ausgegebenes Zahlungsinstrument muss ersetzt werden,

3. sicherzustellen, dass der Zahlungsdienstnutzer durch geeignete Mittel jederzeit die Möglichkeit hat, eine Anzeige gemäß § 675l Absatz 1Satz 2 vorzunehmen oder die Aufhebung der Sperrung gemäß § 675k Absatz 2 Satz 5 zu verlangen,

4. dem Zahlungsdienstnutzer eine Anzeige gemäß § 675l Absatz 1 Satz 2 kostenfrei zu ermöglichen und

5. jede Nutzung des Zahlungsinstruments zu verhindern, sobald eine Anzeige gemäß § 675l Absatz 1 Satz 2 erfolgt ist.

Hat der Zahlungsdienstnutzer den Verlust, den Diebstahl, die missbräuchliche Verwendung oder die sonstige nicht autorisierte Nutzung eines Zahlungsinstruments angezeigt, stellt sein Zahlungsdienstleister ihm auf Anfrage bis mindestens 18 Monate nach dieser Anzeige die Mittel zur Verfügung, mit denen der Zahlungsdienstnutzer beweisen kann, dass eine Anzeige erfolgt ist.

(2) Die Gefahr der Versendung eines Zahlungsinstruments und der Versendung personalisierter Sicherheitsmerkmale des Zahlungsinstruments an den Zahlungsdienstnutzer trägt der Zahlungsdienstleister.

(3) Hat ein Zahlungsdienstleister, der kartengebundene Zahlungsinstrumente ausgibt, den kontoführenden Zahlungsdienstleister des Zahlers um Bestätigung ersucht, dass ein für die Ausführung eines kartengebundenen Zahlungsvorgangs erforderlicher Betrag auf dem Zahlungskonto verfügbar ist, so kann der Zahler von seinem kontoführenden Zahlungsdienstleister verlangen, ihm die Identifizierungsdaten dieses Zahlungsdienstleisters und die erteilte Antwort mitzuteilen.

1 **1. Europarechtliche Vorgaben.** Diese neu gestaltete Norm (BT-Drs 18/11495, 157) setzt im Kern die Vorgabe von Art 70 ZdRL um. Da sie im Wesentlichen den dort verankerten Wortlaut – abgesehen von redaktionellen Änderungen, welche auch durch die Neufassung von § 675l II verursacht sind – aufgreift, bestehen gegen die zutr Umsetzung keine Bedenken (vgl auch BT-Drs 16/11643, 107). Sie zielt darauf ab, dass das Risiko des Zahlungsverkehrs und das des Missbrauchs (EBJS/*Keßler* Rn 2) durch organisatorische Maßnahmen und durch entspr Verhaltenspflichten aller Beteiligten minimiert werden sollen (so MüKo/*Jungmann* Rn 2). Ihre Grundsätze sind Zumutbarkeit und Praktikabilität (so Staudinger/*Omlor* Rn 1).

2 **2. Sicherungspflichten des Zahlungsdienstleisters. a) Keine abschließende Regelung.** Die in Abs I aufgeführten Pflichten – gerichtet sowohl an den ZdNutzer als auch an den ZdLeister – verstehen sich lediglich beispielhaft; sie sind nicht als abschließende Regelung zu begreifen (BeckOK/*Schmalenbach* Rn 2; MüKo/*Jungmann* Rn 3). IÜ gilt Folgendes:

b) Zugänglichmachen. Die nach **Abs I Nr 1** einzuhaltenden Sicherungsmaßnahmen verpflichten den **ZdLeister** zu gewährleisten, dass die **personalisierten Sicherheitsmerkmale** des ZInstruments nur der zur Nutzung berechtigten Person zugänglich gemacht werden. Man wird diese gesetzl Festlegung aber auch auf das korrespondierende **ZInstrument** beziehen müssen, zumal dieses erst in Abs I Nr 2 ausdrückl angesprochen wird (BeckOGK/*Hofmann* Rn 11; EBJS/*Keßler* Rn 3; aM MüKo/*Jungmann* Rn 10). Denn es geht um die möglichst umfassende Verhinderung von Missbrauch und einer damit gekoppelten Risikozuweisung an die Parteien. Die korrespondierenden Pflichten des **ZdNutzers** gem § 675l beginnen erst dann, wenn dieser das ZInstrument und die personalisierten Sicherheitsmerkmale tatsächlich iSv § 446 bzw § 130 erhalten hat (§ 675l Rn 8). Dies setzt voraus und schließt ein, dass der ZdLeister nicht nur iSv Abs II das **Versendungsrisiko** trägt (MüKo/*Jungmann* Rn 11), sondern dass er auch verpflichtet ist, den tatsächlichen Erhalt iSv § 446 bzw den Zugang gem § 130 beim ZdNutzer nachzuweisen. Es handelt sich mithin um eine **Bringschuld** iSv § 269. In gleicher Weise ist der ZdLeister auch verpflichtet, für eine **Rücksendung** der personalisierten Sicherheitsmerkmale bei ihrer **bestimmungsgemäßen Verwendung** (hierzu MüKo/*Jungmannn* Rn 15f) Sorge zu tragen (Staudinger/*Omlor* Rn 5). **Adressat** dieser vom ZdLeister zu erfüllenden Pflichten ist aber immer nur der **berechtigte ZdNutzer**. Da der ZdLeister von sich aus keine Kenntnis hat, wer iS einer Gestattung nach § 675l (§ 675l Rn 10) ein berechtigter Nutzer oder nur ein Dritter ist, obliegt es dem ZdNutzer im Rahmen seiner Organisationspflichten, durch eine entspr Information ggü dem ZdLeister sicherstellen, welche nat oder jur Personen (Organe) zur Nutzung eines ZInstruments, einschl der persönlichen Sicherheitsmerkmale, tatsächlich berechtigt ist (BeckOGK/*Hofmann* Rn 12). Eine Pflicht, das ZInstrument mit den personalisierten Sicherheitsmerkmalen dem (berechtigten) ZdNutzer nur per Einschreiben zugänglich zu machen (BeckOK/*Schmalenbach* Rn 3), wird mit Recht abgelehnt (MüKo/*Jungmann* Rn 13; MüKo-HGB/*Linardatos* Online-Banking Rn 167), weil auch damit der Zugang beim ZdNutzer nicht effektiv nachgewiesen ist, da insoweit nach § 130 die gleichen Regeln gelten wie für eine normalen Brief (BGH NJW 1998, 976 – trotz Mitteilung nicht abgeholt – Zugang). Dringlich zu empfehlen ist, dass ein Aktivierungsvorbehalt – Rubbeln etwa – vorgesehen wird (Grü/*Grüneberg* Rn 2). Auch bietet es sich an, dass die Versendung von PIN/TAN in einer **gesonderten Hülle** per Post vorgenommen werden (MüKo/*Jungmann* Rn 13; aM MüKo-HGB/*Linardatos* Online-Banking Rn 167 – getrennter Versand). Vor allem beim **Online-Banking** ist auf die Benutzung gesicherter Übertragungswege zu achten, um unkörperliche persönliche Sicherheitsmerkmale an den richtigen Adressaten zuzustellen (MüKo/*Jungmann* Rn 13). Nur der formale Kontoinhaber ist zur Nutzung der personalisierten Sicherheitsmerkmale des ZInstruments berechtigt; nur er ist also Adressat von PIN/TAN, ChipTAN, Codewort, elektronischer Signatur etc. 2a

Die vorbeschriebenen Sicherheitsmaßnahmen des ZdLeisters gelten mWv **14.9.2019** auch im Kontext der Verwendung einer **starken Kundenauthentifizierung** (MüKo/*Jungmann* Rn 17ff) nach Maßgabe der VO 2018/389. Diese ist in § 1 XXIV ZAG gesetzl definiert. Es müssen danach mindestens **zwei voneinander unabhängige Elemente** miteinander gekoppelt werden, und zwar aus der Kategorie **„Wissen"**, das nur der ZdNutzer weiß, aus der Kategorie **„Besitz"**, das nur der ZdNutzer besitzt sowie – drittens – aus der Kategorie **„Inhärenz"**, was nur der ZdNutzer ist (Stimme, Fingerabdruck etc). Durch die VO 2018/389 soll i Erg sichergestellt werden, dass auch technisch anspruchsvolle Geräte und Software verwendet werden, um – Stichwort: Inhärenz (Identifizierung des ZdNutzers) – einen Missbrauch durch Dritte so gut wie auszuschließen (hierzu auch MüKo-HGB/*Linardatos* Online-Banking Rn 27f; EBJS/*Keßler* Rn 7; *Zahrte* BKR 2019, 484ff; *Hoffmann* VuR 2016, 243, 248f). 2b

Eine **Verletzung des gebotenen Sicherheitsstandards** kann – „state of practise" – auch darin liegen, wenn ein ZdLeister ein System einsetzt, welches im Vergleich zu den sonst benutzten Systemen als veraltet anzusehen ist (KG WM 2011, 493; MüKo-HGB/*Linardatos* Online-Banking Rn 168). Das berührt die Frage, ob die Bestimmung von Abs I Nr 1 auch dahin zu verstehen ist, dass auf diese Weise auch die (bestimmungsgemäße) **Übermittlung zurück zum ZdLeister** (bei Benutzen eines ZInstruments) erfasst wird. Das wird man deswegen bejahen müssen, weil sonst die nur auf die Überlassung, nicht aber auf die Nutzung der ZInstrumente (und der persönlichen Sicherheitsmerkmale) in der Luft hingen (MüKo/*Jungmann* Rn 15f). Das ist iÜ aber auch schon deswegen zu bejahen, weil nur auf diesem Weg sichergestellt ist, dass der Aspekt der vom ZdLeister zu gewährleistenden **Systemsicherheit** zutr in den Blick genommen werden kann (BeckOGK/*Hofmann* Rn 17, EBJS/Keßler Rn 4). Bsp: Bei Übersendung einer EC-Karte, **Kreditkarte** etc (ZInstrument), bei deren Einsatz die Verwendung einer PIN erforderlich ist, muss der ZdLeister **technische Vorkehrungen** treffen, um das Zugänglichmachen sicherzustellen und dafür Sorge tragen, dass nur die berechtigte Person in den Besitz/Zugang der betreffenden persönlichen Sicherheitsmerkmale gelangt (MüKo/*Jungmann* Rn 11f). In der **Praxis** geschieht dies etwa bei Überlassen einer PIN (nach Zusenden der Karte) regelmäßig durch telefonische Rückfrage des ZdLeisters, so dass dann der (berechtigte) ZdNutzer bestimmte persönliche Merkmale (Geburtstag/Name des Ehegatten etc) angeben muss, bevor die Karte vom ZdLeister **freigeschaltet** wird. Welche technischen Maßnahmen dieser im Einz ergreift, um die (zutr) Nutzungsberechtigung des Zahlers zu gewährleisten, ist ausschließlich seine Sache. Regelmäßig hat er auch an der Erfüllung dieser Pflichten ein hohes Eigeninteresse, um Missbrauchsfälle auszuschalten, weil diese vor Besitzerlangung/Zugang beim ZdNutzer ausschließlich ihm selbst zur Last fallen. Die Risikosphäre des ZdNutzers beginnt nämlich iSv § 675l erst nach „Erhalt" des betreffenden ZInstruments (§ 675l Rn 2ff); erst dann liegt ein Zugänglichmachen vor. 2c

Anzumerken bleibt, dass für die Erfüllung der Pflichten nach Abs I S 1 Nr 1 dem ZdLeister **kein Entgelt** zusteht (MüKo/*Jungmann* Rn 9); entscheidend ist insoweit, dass § 675f V 2 eingreift und hier kein Entgelt „zugelassen" ist (Grü/*Grüneberg* Rn 2; *Scheibengruber* BKR 2010, 15, 20). 2d

3 **c) Keine unaufgeforderte Zusendung. Abs I S 1 Nr 2** untersagt es dem ZdLeister, ein ZInstrument dem ZdNutzer **unaufgefordert** zu überlassen (Staudinger/*Omlor* Rn 9f). Grds bedeutet dies, dass die Initiative zur Übersendung Sache des ZdNutzers ist; er muss ein entspr Begehren an den ZdLeister richten. Ob das Verbot von Abs I S 1 Nr 2 auch soweit ausgedehnt werden kann, dass damit auch alle einschlägigen **Werbemaßnahmen** vom Unterlassungsgebot erfasst sind, ist jedenfalls dann zu bejahen, wenn (was durchaus häufig geschieht) dem (potentiellen) ZdNutzer eine (nicht freigeschaltete) Kreditkarte übersandt wird (vgl BGH MMR 2011, 660 – Postbank – Zusendung statthaft; kein Verstoß gegen § 7 I UWG; vgl aber AG Berlin MDR 2002, 654 – unaufgeforderte Übersendung einer Debit-Karte – Pflichtverletzung; vgl auch Staudinger/*Omlor* Rn 10). Zwar geht in diesen Fällen die Initiative iSv § 145 vom ZdNutzer aus. Doch dies ist unerheblich, weil Abs I S 1 Nr 2 nicht auf den Tatbestand der rechtsgeschäftlichen Erklärung abhebt, sondern ausschließlich auf die der tatsächlichen **Zusendung**. Man wird daher auch keine Parallele zu § 241a (unbestellte Zusendung von Leistungen) ziehen dürfen. Denn hier liegt – im Gegensatz zu § 241a – eine dem ZdLeister anzulastende **Pflichtverletzung** vor, so dass man auch vom Bestehen eines entspr Vertragsverhältnisses – im Zweifel eines ZdRahmenvertrags – ausgehen kann, was bei § 241a I gerade nicht zutrifft. Das in Abs I S 1 Nr 2 enthaltene **Verbot gilt nur dann nicht**, wenn der ZdNutzer bereits ein ZInstrument erhalten hatte, so dass dieses nunmehr **ersetzt** wird. Doch auch diese Konstellation wird man restriktiv auslegen müssen. Denn der Gesetzgeber hat durch die Verwendung des Hilfsverbs „muss" zu erkennen gegeben, dass nur dann eine Ersetzung des jew ZInstruments in Betracht kommt, wenn diese wegen eines entspr Wunsches des ZdNutzers notwendig ist. **Str** ist, ob Abs I S 1 Nr 2 auch auf die in dieser Norm nicht erwähnten **personalisierten Sicherheitsmerkmale** (PIN/TAN etc) anwendbar ist. Teilw wird dies abgelehnt, weil dies aus einem systematischen Vergleich mit Abs II folgen soll, wo diese und das ZInstrument erwähnt werden (Staudinger/*Omlor* Rn 9). Die Gegenmeinung beruft sich auf eine analoge Anwendung (*Herresthal* L/B/S Rn 5). Unbedenklich ist es allemal, wenn der ZdLeister dem ZdNutzer eine neue PIN oder TAN-Listen – nach Aufforderung – zusendet, was aus dem letzten Hs abzuleiten ist. Denn dann geht es um einen entspr Ersatz (*Herresthal* L/B/S Rn 5). Doch führt diese – nicht auf Abs II aufbauende Argumentation – schon dazu, in der Sache der Auffassung zu folgen, die von einer **analogen Anwendung** des Abs I S 1 Nr 2 auf personalisierte Sicherheitsmerkmale ausgeht, weil der Schutzzweck insoweit mit dem eines ZInstruments gleich ist. Das ist für das Online- und das Mobile-Banking von Belang.

4 **d) Anzeige – Aufhebung der Sperrung.** Die in **Abs I S 1 Nr 3** dem ZdLeister auferlegte Pflicht, eine Anzeige des ZdNutzers gem § 675l I 2 entgegenzunehmen, wird grds dadurch erfüllt, dass der ZdLeister iSv § 675l I 2 gem Art 248 § 4 I Nr 5 lit a EGBGB sicherstellt, dass die Anzeige eines etwaigen Verlustes, Diebstahls oder die Anzeige missbräuchlicher Verwendung mit der Konsequenz der Sperrung entweder an ihn selbst oder an eine **benannte Stelle** zu richten ist (§ 675l Rn 13, Staudinger/*Omlor* Rn 12). Dabei fällt auf, dass die Norm nur die Anzeigepflicht des ZdNutzers regelt, nicht aber die Sperrung als deren Folge (Grü/*Grüneberg* Rn 2; Rn 6). Ferner ist der ZdLeister verpflichtet, durch geeignete Mittel zu gewährleisten, dass der ZdNutzer eine solche Anzeige **jederzeit** erstatten kann. Damit ist ein **24-Stunden-Service des ZdLeisters** zwangsläufig eingeschlossen und vorausgesetzt (Grü/*Grüneberg* Rn 2), etwa auch ein ständig an jedem Tag des Jahres besetztes Call-center (MüKo/*Jungmann* Rn 27). Das schließt – wie selbstverständlich – eine **Telefon-Hotline** ein (BeckOGK/*Hofmann* Rn 24f). Soweit der ZdNutzer gem § 675k II 5 eine **Entsperrung** oder ein neues ZInstrument als Ersatz verlangt, gilt die gleiche, jederzeit zu erfüllende Verpflichtung (BGH NJW 2016, 560, 562 – für Ausstellung einer **Ersatzkarte** – kein Entgelt): Eine Entsperrung muss umgehend vorgenommen werden können. Gem § 271 ist der ZdLeister verpflichtet, dem ZdNutzer ein neues ZInstrument sofort – unentgeltlich – zur Verfügung zu stellen. Die Regel von Abs I S 1 Nr 3 zielt allerdings lediglich darauf ab, dass das entspr Verlangen des ZdNutzers jederzeit entgegengenommen wird, so dass sich dann – mangels entgegenstehender Vereinbarung – die Leistungszeit – Lieferung eines neuen ZInstruments – nach § 271 richtet. Es bestehen keine Bedenken, dass der ZdLeister eine **schriftliche Anzeige** des ZdNutzers fordert (Grü/*Grüneberg* Rn 3), weil dies der Sicherstellung der Beweisfunktion der Anzeige dient, was durch die noch zu behandelnde Regel des Abs I S 2 (Rn 7) und die danach vorgesehene Bestätigung des Erhalts der Anzeige bedingt sein dürfte.

5 **e) Kostenfreie Anzeige. Abs I S 1 Nr 4** setzt Art 70 I lit a ZdRL um (BT-Drs 18/11495, 157). Danach ist der ZdLeister nicht berechtigt (MüKo/*Jungmann* Rn 31ff), im Zusammenhang mit der Anzeige eines ZdNutzers nach § 675l I 2 ein Entgelt zu fordern (BeckOK/*Schmalenbach* Rn 6). Sichergestellt werden muss also, dass insoweit keinerlei Kosten für den ZdNutzer entstehen (BT-Drs). Wie es in der Gesetzesbegr plastisch heißt, dürfen hier „keine rechtl oder tatsächlichen Hindernisse errichtet werden" (BT-Drs). Doch ist im Blick auf die Ausstellung eines neuen ZInstruments – Ersatzkarte – die Norm des § 675l I 3 zu beachten: Die insoweit unmittelbar mit der ersatzweisen Erstellung eines neuen ZInstruments anfallenden Kosten können dem ZdNutzer auferlegt werden (§ 675l Rn 19).

6 **f) Verhinderung weiterer Nutzung.** Sobald dem ZdLeister eine Anzeige gem § 675l I 2 zugegangen ist (§ 130), muss er sofort sicherstellen (EBJS/*Keßler* Rn 10), dass **jedwede** – weitere – Nutzung des ZInstruments verhindert wird (**Abs I S 1 Nr 5**). Es handelt sich hierbei – Sperrung – um eine erfolgsbezogene Pflicht. Diese kann der ZdLeister nur dann erfüllen, wenn er sofort, dh **umgehend** nach Erhalt einer solchen Anzeige eine **Sperrung des ZInstruments** durchführt (BGH NJW 2016, 560 – kein Entgelt für Ersatzkarte, weil ZdLeister zur Sperrung nach Erhalt der Anzeige verpflichtet; Düsseldorf ZIP 2012, 1748; MüKo/*Jungmann* Rn 35f; vgl auch *Kropf/Habl* BKR 2013, 103, 105). Ein Abstellen auf das Merkmal der Unverzüglichkeit gem § 121 kommt hier nicht in Betracht (aM BeckOGK/*Hofmann* Rn 35). Denn nur durch eine sehr strikte Interpretation dieser – er-

folgsbezogenen – Pflicht kann der ZdLeister gewährleisten, dass ein weiterer Missbrauch des ZInstruments unterbleibt. Freilich sind die Umstände des Einzelfalls stets zu beachten (MüKo-HGB/*Jungmann* Rn 35). Dabei macht es nach der hier vertretenen Auffassung (§ 675l Rn 18) keinen entscheidenden Unterschied, ob bei der jew Sperranzeige **Tatsachen** vorliegen, die den Verlust, den Diebstahl, die missbräuchliche Verwendung oder eine sonstige nicht autorisierte Nutzung eines ZInstruments erkennen lassen, oder ob lediglich ein entspr **Verdacht** vorliegt. Denn in beiden Fällen ist das Interesse des ZdNutzers uneingeschränkt schutzwürdig und auch schutzbedürftig. Der ZdLeister hat kein Recht, im Einz zu prüfen, ob wirklich ein Anzeigegrund gegeben ist (Staudinger/*Omlor* Rn 16). Gelingt es dem ZdLeister nicht, die in Abs I S 1 Nr 5 normierte Pflicht zu erfüllen, haftet er nach allg Gesichtspunkten dem ZdNutzer im Fall des Missbrauchs auf Schadensersatz gem § 280.

g) Zur Verfügungstellung von Beweismitteln. Sobald der ZdNutzer eine Anzeige iSv § 675l I 2 erstattet hat, ist der ZdLeister nach **Abs I S 2** verpflichtet, dem ZdNutzer auf **Anfrage** die Beweismittel zur Verfügung zu stellen, aus denen sich ergibt und damit auch bestätigt wird, dass eine Anzeige tatsächlich erstattet wurde (vgl auch EBJS/*Keßler* Rn 11, MüKo/*Jungmann* Rn 41ff; Staudinger/*Omlor* Rn 18). Die Erfüllung dieser Pflicht dient dem Zweck, den ZdNutzer in den Stand zu setzen nachzuweisen, dass er seine Anzeigepflicht nach § 675l I 2 ordnungsgemäß erfüllt hat (BT-Drs 16/11643, 107). Welche Beweismittel dies sind, sagt die Norm nicht. Zu denken ist deshalb vor allem an eine **Eingangsbestätigung**, aus der sich ergibt, dass die Anzeige tatsächlich dem ZdLeister gem § 130 zugegangen ist (BeckOK/*Schmalenbach* Rn 7). Art 70 I lit c ZdRL beschreibt die vom ZdLeister dem ZdNutzer auf Anfrage zur Verfügung zu stellenden Mittel dahin, dass dieser damit „nachweisen kann", dass dieser „seiner Anzeigepflicht nachgekommen ist". Daraus ist allerdings nicht abzuleiten, dass dem ZdNutzer auf Anfrage auch ein entspr Bearbeitungsvermerk der erhaltenen Sperranzeige zur Verfügung zu stellen ist. Es reicht vielmehr aus, ist aber erforderlich, dass bei einer telefonischen Anzeige entweder der telefonische Mitschnitt des Gesprächs oder eine entspr vom Sachbearbeiter unterzeichnete Notiz dem ZdNutzer zur Verfügung gestellt wird. Auf jeden Fall muss sich exakt die Zeit ablesen lassen (MüKo/*Jungmann* Rn 42; BeckOGK/*Hofmann* Rn 40), zu der die Anzeige beim ZdLeister gem § 130 eingegangen ist. Von praktischer Wichtigkeit ist auch die Feststellung, dass Art 69 I lit b ZdRL – in Übereinstimmung mit § 675l I 2 – vorsieht, dass die Anzeige nicht nur an den ZdLeister, sondern auch an eine **benannte Stelle** gerichtet werden kann (§ 675l Rn 17). Weder Art 70 ZdRL noch Abs I S 2 greifen diese alternative Möglichkeit auf. Vielmehr bleibt gem Abs I S 2 allein der ZdLeister verpflichtet, dem ZdNutzer auf Anfrage die erforderlichen, Beweismittel zur Verfügung zu stellen, aus denen sich der Tatbestand einer dem ZdLeister zugegangenen Anzeige ergibt. Allerdings enthält der neu eingeführte Abs III einen gewissen Hinweis darauf, dass es neben dem kontoführenden ZdLeister auch noch einen ZdLeister gibt, der „kartengebundene ZInstrumente ausgibt" (Rn 10). Das ist aber nicht unbedingt die „benannte Stelle" iSv § 675l I 2. Daraus folgt: Soweit iSv Art 248 § 4 I Nr 5 lit a EGBGB einer benannten Stelle eine Anzeige über Verlust, Diebstahl, missbräuchliche Verwendung oder sonstige nicht autorisierte Nutzung des ZInstruments zugegangen ist, muss der ZdLeister in gleicher Weise gewährleisten, dass die jew **Eingangsbestätigung** auch dann dem ZdNutzer zur Verfügung gestellt wird. Folglich ist der ZdLeister gerade auch in diesen Fällen verpflichtet, die insoweit erforderlichen organisatorischen Vorkehrungen zu treffen. Er kann sich nicht mit Erfolg darauf berufen, dass die Anzeige nicht bei ihm selbst, sondern (nur) an einer von ihm benannten (vereinbarten) Stelle eingegangen ist. Insoweit wird man die benannte Stelle als Erfüllungsgehilfin gem § 278 einordnen müssen, falls dem ZdLeister eine Pflichtverletzung deswegen anzulasten ist, weil er nicht in der Lage ist, die Eingangsbestätigung für eine konkrete Anzeige dem ZdNutzer als Beweismittel zur Verfügung zu stellen. Bei **Pflichtverletzungen** beruht die Haftung des ZdLeisters im Fall eines Missbrauchs auf der allg Norm des § 280 (Staudinger/*Omlor* Rn 18). 7

h) Frist. Die in **Abs I S 2** bezeichnete Frist ist eine **Mindestfrist**; sie beträgt **18 Monate** und beginnt entspr der Rechtsregel des § 187 an dem Tag, nach dem die betreffende Anzeige beim ZdLeister oder bei der von ihm benannten Stelle gem § 130 eingegangen ist. Sie ist als **Ausschlussfrist** einzuordnen (MüKo/*Jungmann* Rn 44; BeckOK/*Schmalenbach* Rn 7). Doch ist in jedem Fall der ZdLeister nur dann verpflichtet, die den Eingang der Anzeige dokumentierenden Beweismittel zur Verfügung zu stellen, wenn und sobald der ZdNutzer dies verlangt. In welcher Weise dies geschieht, ist gleichgültig; eine Form ist hier nicht verlangt, so dass auch eine mündliche Anfrage ausreicht. **Zweifelhaft** ist, welche **Sanktion** eingreift, wenn der ZdLeister seine Beweispflicht iSv Abs I S 2 nicht erfüllt. Auf die reine Schadensersatzsanktion gem § 241 II, § 280 I zu verweisen (Staudinger/*Omlor* Rn 19), hilft dem (geschädigten) ZdNutzer hier regelmäßig nicht, weil es iSv § 675v II Nr 1 entscheidend darauf ankommt, zu welchem Zeitpunkt es dem ZdNutzer möglich war, den Verlust, Diebstahl oder die missbräuchliche Verwendung des ZInstruments zu bemerken und seine Anzeigepflicht zu erfüllen: Gerade dann, wenn solche Schadensfälle in Rede stehen, hat der ZdNutzer ein vitales Interesse daran, den exakten Zeitpunkt beweismäßig zu fixieren (Staudinger/*Omlor* Rn 18), an dem er – vertragsgemäß – seine Anzeigepflicht des § 675l I 2 erfüllt hat. Unter Berücksichtigung des Restitutionsgedankens des § 249 wird man daher den ZdLeister so behandeln müssen, als sei die vom ZdNutzer aufgestellte einseitige, nicht aber (als Folge der Pflichtwidrigkeit) vom ZdLeister untermauerte und damit bewiesene Behauptung, er habe zu einem bestimmten Zeitpunkt seine Anzeigepflicht erfüllt, als wahr gem § 286 ZPO zu behandeln. Die Schadensersatzhaftung des ZdLeisters ist dann an diesem Datum zu orientieren. Das Gleiche gilt naturgemäß dann auch für die Haftung des ZdNutzers gem § 675v. 8

i) Versendungsrisiko. Die Aussage von **Abs II** ist eindeutig: Der **ZdLeister** trägt das Risiko des zufälligen Untergangs oder der zufälligen Verschlechterung des ZInstruments einschl der persönlichen Sicherheitsmerkmale 9

(Grü/*Grüneberg* Rn 4), dh also das **Missbrauchsrisiko** (MüKo/*Jungmann* Rn 47) in Form des sog **Transportrisikos** (Staudinger/*Omlor* Rn 20) – also eines Missbrauchs auf dem Transportweg –, solange nicht der ZdNutzer gem § 446 die tatsächliche Sachherrschaft erlangt oder ihm personalisierte Sicherheitsmerkmale des ZInstruments (PIN/TAN/Passwort) gem § 130 zugegangen sind. Denn der ZdLeister kann und muss dieses Risiko bis zu diesem Zeitpunkt tragen, weil er zum einen die Sachherrschaft noch nicht auf den ZdNutzer abgewälzt hat und zum anderen aufgrund technischer Möglichkeiten in der Lage ist, dieses Risiko besser zu beherrschen als der ZdNutzer, indem er sich zB eine Freischaltung durch telefonische Rückfrage vorbehält (vgl auch Staudinger/*Omlor* Rn 19f). Da es sich hierbei – wie gezeigt (Rn 2) – um eine **Bringschuld** gem § 269 handelt, obliegt es dem ZdLeister, im Einz die Tatsachen darzulegen und zu beweisen, aus denen sich die Erfüllung seiner Verpflichtung ergibt. Diese ist gem § 362 erst dann erfüllt, wenn der ZdNutzer das ZInstrument einschl etwaiger personalisierter Sicherheitsmerkmale iSv § 675l I 1 erhalten hat. Erst dann beginnen die Sorgfaltspflichten des ZdNutzers iSd § 675l I 1 (MüKo/*Jungmann* Rn 48). Abs II steht iÜ in Übereinstimmung mit der früheren Rspr, so dass im Zweifel darauf zurückgegriffen werden kann (KG NJW-RR 1996, 427 – unaufgeforderte Zusendung; vgl auch Bamberg NJW 1993, 2813 – unwirksame Karten-AGB). **Nachforschungspflichten** treffen allerdings den ZdNutzer nur unter ganz besonderen Umständen (BeckOGK/*Hofmann* Rn 45; MüKo/*Jungmann* Rn 49). Denn da er keinerlei Risiko bis zur Erlangung des Besitzes an dem ZInstrument und auch den persönlichen Sicherheitsmerkmalen trägt, hat er auch regelmäßig (Grü/*Grüneberg* Rn 4) keinerlei Veranlassung, sich nach deren Verbleib zu erkundigen. Notwendigerweise schlägt dies auch auf die Berücksichtigung eines mitwirkenden Verschuldens nach § 254 durch (MüKo/*Jungmann* Rn 49). Auch der Grundsatz der Vollharmonisierung sollte hier beachtet werden, der einer Ausweitung der Pflichten nach nationalem Recht entgegensteht, solange keine exzeptionellen Umstände eingreifen.

10 **3. Bestätigung durch dritten Zahlungsdienstleister. a) Vollharmonisierung.** Es geht in **Abs III** in der Sache um die Geltendmachung eines **Auskunftsanspruchs**, den der ZdNutzer – in seiner Funktion als Zahler – von dem kontoführenden ZdLeister verlangen kann (Staudinger/*Omlor* Rn 23, Grü/*Grüneberg* Rn 5; BeckOK/*Schmalenbach* Rn 9). Umgesetzt wird in Abs III der allerdings sehr viel weiter reichende Art 65 ZdRL. Voraussetzung nach Abs III für den dort geregelten Auskunftsanspruch ist lediglich, dass ein ZdLeister, welcher kartengebundene ZInstrumente herausgibt, den kontoführenden ZdLeister um Bestätigung ersucht, ob der erforderliche Betrag verfügbar ist, welcher für die Ausführung eines kartengebundenen ZVorgangs benötigt wird (MüKo/Jungmann Rn 51). Es könnten daher – zeitl begrenzt – **Bedenken** bestehen, ob der Gesetzgeber die Vorgaben von Art 65 ZdRL ordnungsgemäß im Rahmen einer Vollharmonisierung (Art 107 III ZdRL) umgesetzt hat. Denn die entspr Vorschriften des ZAG – nämlich: die §§ 45, 46 und 47 ZAG, welche Art 65 ZdRL im Detail umsetzen – sind mWv 14.9.2019 aufgrund der VO 2018/389 in Kraft getreten.

11 **b) Durchführung der Mitteilung.** Das Ergebnis des in Abs III angesprochenen Auskunftsbegehrens (BeckOK/*Schmalenbach* Rn 10), welches der ZdLeister, der ein **kartengebundenes ZInstrument** ausgegeben hat, auf das Bestätigungsersuchen des kontoführenden ZdLeisters abzugeben hat, dass nämlich der für die Ausführung eines ZVorgangs erforderliche Betrag auf dem ZKonto des Zahers verfügbar ist (Grü/*Grüneberg* Rn 4), führt in der Konsequenz dazu: Der Zahler kann dann von seinem ZdLeister verlangen, dass ihm die Identifikationsnummer des anfragenden ZdLeisters und die diesem erteilte Auskunft – „ja“ oder „nein“ – mitgeteilt wird (§ 45 II ZAG – wirksam seit 14.9.2019; Staudinger/*Omlor* Rn 23). Diese Information dient den Interessen des Zahlers: Er erfährt dann, welcher kartengebundene ZdLeister auf sein ZKonto zugegriffen hat und ob die Durchführung des beabsichtigten ZVorgangs erfolgt ist oder verweigert wurde (BT-Drs 18/11495, 157). Doch dient das Auskunftsrecht des ZdNutzers dem Zweck, nachprüfen zu können, ob sich der ZdLeister **gesetzeskonform** verhalten hat (Staudinger/*Omlor* Rn 25) und dass Pflichtwidrigkeiten früh erkannt werden können (MüKo/*Jungmann* Rn 53). Eine weitergehende Schutzwirkung für den Zahler entfaltet Abs III nicht, aber auch nicht ggü dem kontoführenden ZdLeister (MüKo/*Jungmann* Rn 54). Es geht hier vor allem um die **Mitteilungspflicht** des kontoführenden ZdLeisters, die auf Verlangen des ZdNutzers ausgelöst wird (MüKo/*Jungmann* Rn 56) und der im Zweifel **„unverzüglich“** zu entsprechen ist.

Unterkapitel 2
Ausführung von Zahlungsvorgängen (§§ 675n–675t)

§ 675n Zugang von Zahlungsaufträgen

(1) Ein Zahlungsauftrag wird wirksam, wenn er dem Zahlungsdienstleister des Zahlers zugeht. Fällt der Zeitpunkt des Zugangs nicht auf einen Geschäftstag des Zahlungsdienstleisters des Zahlers, gilt der Zahlungsauftrag als am darauf folgenden Geschäftstag zugegangen. Der Zahlungsdienstleister kann festlegen, dass Zahlungsaufträge, die nach einem bestimmten Zeitpunkt nahe am Ende eines Geschäftstags zugehen, für die Zwecke des § 675s Abs. 1 als am darauf folgenden Geschäftstag zugegangen gelten. Geschäftstag ist jeder Tag, an dem der an der Ausführung eines Zahlungsvorgangs beteiligte Zahlungsdienstleister den für die Ausführung von Zahlungsvorgängen erforderlichen Geschäftsbetrieb unterhält.

(2) Vereinbaren der Zahlungsdienstnutzer, der einen Zahlungsvorgang auslöst, oder über den ein Zahlungsvorgang ausgelöst wird, und sein Zahlungsdienstleister, dass die Ausführung des Zahlungsauftrags an ei-

nem bestimmten Tag oder am Ende eines bestimmten Zeitraums oder an dem Tag, an dem der Zahler dem Zahlungsdienstleister den zur Ausführung erforderlichen Geldbetrag zur Verfügung gestellt hat, beginnen soll, so gilt der vereinbarte Termin für die Zwecke des § 675s Abs. 1 als Zeitpunkt des Zugangs. Fällt der vereinbarte Termin nicht auf einen Geschäftstag des Zahlungsdienstleisters des Zahlers, so gilt für die Zwecke des § 675s Abs. 1 der darauf folgende Geschäftstag als Zeitpunkt des Zugangs.

1. Europarechtliche Vorgaben. Die Norm setzt weitgehend wörtlich Art 78 ZdRL um; die Norm entspricht iÜ der **Vorläuferregelung** des Art 64 ZdRL I. Bedenken gegen eine zutr Umsetzung bestehen nicht. Der Tatbestand des **ZAuftrags** ist in Art 4 Nr 13 ZdRL definiert: Es geht danach um einen Auftrag, den ein Zahler oder ein ZEmpfänger seinem ZdLeister **zur Ausführung eines ZVorgangs** erteilt hat. Der Begriff **Geschäftstag** ist in Art 4 Nr 37 ZdRL umschrieben, es ist stets ein voller Kalendertag (BGH NJW 2019, 2469). Diese Definition ist in Abs I S 4 wörtlich übernommen worden. Die Norm steht iÜ in engem sachlichem Zusammenhang mit der auch in Abs II angesprochenen Ausführungsfrist gem § 675s sowie der insoweit korrespondierenden Ablehnungsfrist nach § 675o (BeckOGK/*Zahrte* Rn 1). Die jew beteiligten ZdLeister sind verpflichtet, dem ZdNutzer die jew Geschäftszeiten gem § 675d iVm Art 248 § 4 I Nr 2 lit d EGBGB vorvertragl **mitzuteilen.** 1

2. Zugang. a) Wirksamwerden des Zahlungsauftrags. Jeder ZAuftrag unter Abs I S 1 ist erst dann wirksam, wenn er dem ZdLeister des Zahlers gem § 130 zugeht. Der Gesetzgeber spricht hier vom „Zeitpunkt des Zugangs" (BT-Drs 16/11643, 107). Damit wird überwiegend auf § 130 abgestellt (BGH NJW 2019, 2469 Rn 21; Grü/*Grüneberg* Rn 2; MüKo/*Jungmann* Rn 2; Staudinger/*Omlor* Rn 5; *Herresthal* in L/B/S Rn 5; *Langenbucher* in L/B/S Kap 3 Rn 3). Demggü wird vereinzelt die Meinung vertreten, dass eine richtlinienkonforme Auslegung geboten sei, so dass es im Blick auf den Wortlaut von Art 64 I ZdRL I nur auf den **„Eingang"**, nicht aber auf die Möglichkeit der Kenntnisnahme ankomme. Wegen des gleichen Wortlauts in Art 78 I ZdRL gilt diese Ansicht fort. Doch ist dieses Resultat als ein von den Erfordernissen des § 130 abweichendes nicht angezeigt (BGH NJW 2019, 2469 Rn 21; MüKo/*Jungmann* Rn 2). Die besseren Gründe streiten nach wie vor für eine Parallele zw § 675n I und § 130 (BGH NJW 2019, 2469 Rn 21; Soergel/*Werner* Rn 2; Grü/*Grüneberg* Rn 2). Unter Berücksichtigung der zu § 130 ergangenen Rspr kommt es also auf die Möglichkeit der Kenntnisnahme vom jew ZAuftrag an (BGH NJW 2004, 1320) an, so dass unter normalen Verhältnissen damit zu rechnen ist, dass der ZdLeister vom ZAuftrag Kenntnis nehmen konnte (BGH NJW 1998, 976, 977). Das deckt sich auch mit der Auffassung des Gesetzgebers (BT-Drs 16/11643, 107). Dabei ist freilich im Auge zu behalten, dass Art 4 Nr 13 ZdRL auch dann das Wirksamwerden eines ZAuftrags bejaht, wenn dieser dem ZdLeister „mittelbar über den ZEmpfänger" zugeht, wie sich auch aus § 675f IV 2 ablesen lässt. Dennoch kommt es im Kontext dieser Norm ausschließlich auf den **Zugang des ZAuftrags beim ZdLeister des Zahlers** an (Staudinger/*Omlor* Rn 5). Zur Konsequenz hat dies: Immer dann, wenn – gegenläufig („Pull"-Zahlung) – der **ZEmpfänger** (nicht der Zahler) seinem ZdLeister einen Auftrag erteilt, wie insb beim Inkasso von Kartenzahlung oder bei dem (beiderseitigen) Mandat der SEPA-Lastschrift (§ 675f Rn 96), ist der Zeitpunkt des Zugangs dieses ZAuftrags für die Anwendung von Abs I S 1 irrelevant. Denn bei der Kartenzahlung wird das Kartenunternehmen, bei der Lastschrift der ZdLeister des ZEmpfängers als Bote für die Weiterleitung des ZAuftrags an den ZdLeister des Zahlers zwischengeschaltet (Grü/*Grüneberg* Rn 2; Soergel/*Werner* Rn 2). Ausdrückl hat der Gesetzgeber daher auch im Rahmen der Umsetzung der praktisch weitgehend identischen Vorläufernorm des Art 64 ZdRL I darauf aufmerksam gemacht, dass es für die Bestimmung des Zugangs eines ZAuftrags nicht darauf ankommt, ob der ZdLeister zuvor an „dem zur Erstellung und Übermittlung des ZAuftrags führenden Prozess" beteiligt war oder nicht (BT-Drs 16/11643, 107). Es wird schlicht erwartet, dass ZdLeister alle notwendigen organisatorischen Vorkehrungen von sich aus erfüllen, um den Zugang eines ZAuftrags des Zahlers sicherzustellen. Dabei hat der BGH darauf abgestellt, dass der **Umfang des erforderlichen Geschäftsbetriebs**, der an einem „Geschäftstag" aufrechtzuerhalten ist, sich jew nach den Anforderungen richtet, welche die Ausführung des jew ZVorgangs mit sich bringt (BGH NJW NJW 2018, 299 Rn 23). Das besagt: Die sachlichen und personellen Ressourcen sind an dem betr Tag vorzuhalten (BGH NJW 2018, 299 Rn 23). Dabei macht es einen entscheidenden Unterschied, ob der jew ZAuftrag elektronisch oder physisch entgegengenommen und dann maschinell oder auch manuell (durch einen Mitarbeiter) bearbeitet wird (BeckOGK/*Zahrte* Rn 31). Beim **Online-Banking** steht es den Parteien frei, den „Eingang" auch in der Weise festzulegen, dass es ausreicht, wenn eine E-Mail den Machtbereich des ZdLeisters gelangt und im System des ZdLeisters weiterverarbeitet werden kann, was regelmäßig einen sofortigen Zugang bedeutet (*Herresthal* in L/B/S Rn 8). Insb ist hervorzuheben, dass es hier wegen des **vollautomatisierten Geschäftsbetriebs** praktisch keinen (realen) Geschäftstag mehr gibt (BGH NJW 2018, 299 – Geldautomat; BeckOGK/*Zahrte* Rn 34 – Ausnahme: manuelle Nachdisposition, selten) 2

b) Kein Geschäftstag. Abs I S 2 entspricht exakt den Vorgaben von Art 75 I 3 ZdRL. Die getroffene Regelung gewährleistet eine europaeinheitliche Handhabung (BT-Drs 16/11643, 107). Wenn also der Tag des „Zugangszeitpunkts" (BT-Drs 11643, 107), dh des Wirksamwerdens des ZAuftrags iSd § 130 kein Geschäftstag (für den jew ZdLeister) ist (BGH NJW-RR 2016, 511 Rn 9 – Silvester/Neujahr – keine Vorkehrungen für die Bearbeitung elektronischer Überweisungsaufträge), zielt die in Abs I S 2 Gesetz gewordene **Fiktion** für das Wirksamwerden des ZAuftrags darauf ab (MüKo/*Jungmann* Rn 20 – unwiderlegliche Vermutung), dass dann der ZAuftrag als an dem darauf folgenden Geschäftstag eingegangen gilt (BGH NJW-RR 2016, 511 Rn 9). Auf die vom ZdLeister in diesem Fall zu erfüllende **Informationspflicht** gem Art 248 § 4 Nr 2 lit d EGBGB sei ausdrückl hingewiesen. Doch der **BGH** differenziert zw dem nach § 130 zu beurteilenden „Zugang", dh der bloßen Kenntnisnahme ei- 3 nes ZAuftrags, welche auch an einem „Nicht-Geschäftstag" erfolgen kann, und dem Wirksamwerden des ZAuftrags (BGH WM 2019, 1017, 1020).

4 **c) Cut-Off-Zeitpunkt.** Abs I S 3 gestattet dem ZdLeister – ohne dass es einer entspr Vereinbarung mit dem ZdNutzer bedarf – die **einseitige** Festlegung, von welchem Zeitpunkt an ein ZAuftrag erst am darauffolgenden Geschäftstag als zugegangen gilt (MüKo/*Jungmann* Rn 41f; Staudinger/*Omlor* Rn 8f). der ZdLeister ist verpflichtet, diese Zeiten im Rahmen seiner vorvertragl **Mitteilungspflicht** nach § 675d iVm Art 248 § 4 I Nr 2 lit d EGBGB dem ZdNutzer bekanntzugeben. Das gilt auch für eine – einseitige – **Änderung der Geschäftszeiten** (BeckOGK/*Zahrte* Rn 46ff). Das hiernach maßgebende **Ende eines Geschäftstags** ist nach dem Willen des Gesetzgebers so zu verstehen, dass damit die üblichen Schließungszeiten für den physischen Publikumsverkehr beim ZdLeister gemeint sind (BT-Drs 16/11643, 107; vgl auch Staudinger/*Omlor* Rn 8; BeckOK/*Schmalenbach* Rn 5). Dieses Verständnis muss auf die immer bedeutsamer werdende elektronische Nutzung im Rahmen des Online-Bankings ebenso ausgedehnt werden wie auf Fälle des **Instant Payment**, behält aber in der Sache weiterhin Gültigkeit, weil damit auch die Organisationshoheit des jew ZdLeisters angesprochen und geschützt wird (vgl auch BeckOGK/*Zahrte* Rn 47). Wann genau dieser Zeitpunkt exakt liegt, ist der Norm nicht zu entnehmen. Man wird daher dem ZdLeister ein **gewisses Ermessen** einräumen dürfen (BeckOGK/*Zahrte* Rn 42). Dies gilt insb auch dann, wenn verlängerte Wochenenden oder (verlängerte) Feiertage, wie zB Weihnachten/Ostern, in Rede stehen und eine hohe Arbeitsbelastung den letzten davor liegenden Geschäftstag idR beherrscht. Dies gilt aber auch, wenn Öffnungs- und damit Bearbeitungszeiten in den Filialen (auf dem Land) nur noch an einzelnen Tagen den ZdNutzern offenstehen, in den Hauptstellen aber (noch) täglich. Der Zweck dieser Regelung besteht folglich darin, dem ZdLeister die Möglichkeit zu eröffnen, den ihm zugegangenen ZAuftrag in angemessener Frist zu bearbeiten, zumal es dem ZdLeister – so die Gesetzesbegr – ermöglicht werden muss, an jedem einzelnen Geschäftstag das Rechnungswesen abzuschließen und zugunsten des ZdNutzers den Kontoauszug mit Tagessaldo zu erstellen (BT-Drs 16/11643, 107). IdR liegt es nahe, für die Erledigung der verschiedenen ZVorgänge unterschiedliche Cut-Off-Zeiten vorzusehen, so etwa für **Instant-Überweisungen** (SEPA-Echtzeit-Überweisungen) praktisch keine, weil der Zweck dieser Überweisungen von einer weitgehend ständigen Verfügbarkeit des ZDienstes ausgeht (MüKo/*Jungmann* Rn 41). Diese Regelung (Grü/*Grüneberg* Rn 5; BeckOK/*Schmalenbach* Rn 5) gilt auch dann, wenn sich der ZdLeister bereiterklärt, „jederzeit", dh im Rhythmus von 24 Stunden, ZAufträge entgegenzunehmen. Denn damit ist keineswegs sichergestellt, dass auch die Bearbeitung der – zugegangenen – ZAufträge umgehend vollzogen wird. Vielmehr kommt es – aus Sicht des ZdNutzers/ZEmpfängers – entscheidend darauf an, zu welchem Zeitpunkt die **Ausführungsfrist** für ZVorgänge gem § 675s abläuft und die Frist des nächsten Tages beginnt (§ 675s Rn 2). Doch da Instant-ZAufträge innerhalb von fünf Sekunden durchgeführt werden, interessiert den ZdNutzer/ZEmpfänger – wie stets – nur die **Beginnfrist des Cut-Off** (BGH NJW 2019, 2469 Rn 32). Ist es gem Abs I S 3 dem ZdLeister gestattet (vgl Art 78 I 4 ZdRL), den Zeitpunkt des Zugangs des ZAuftrags – und damit auch dessen Bearbeitung – auf den nachfolgenden Geschäftstag zu verlagern, wird damit auch die Ausführungsfrist gem § 675s I entspr verschoben.

5 Der praktische Hintergrund für dieser in **Abs I S 3** niedergelegte Rechtsregel liegt darin, dass ZdLeister gehalten sind, pro Geschäftstag ihr Rechnungswesen abzuschließen und den Tagesausweis zu erstellen (BT-Drs 16/11643, 107). Es ist daher Sache des ZdLeisters, eine – interne – Regelung vorzusehen, wonach ZAufträge, welche ihm nach diesem Stichtag – „nahe am Ende des Geschäftstags" – zugehen, erst als am für die Zwecke des § 675s darauf folgenden Geschäftstag als zugegangen behandelt werden. Gemeint ist damit nur der Beginn der Frist (BGH NJW 2019, 2469 Rn 32; MüKo/*Jungmann* Rn 47). Das kann in **AGB**, aber auch im Preis- und Leistungsverzeichnis geschehen (die gegenteilige Argumentation des BGH – NJW 2018, 299, 301 – bezieht sich auf Abs I S 4, nicht auf S 3). Dies ist eine **Ausnahme von Abs I S 1** sowie von § 130. Diese Norm gilt auch für das **Online-Banking** (*Herresthal* in L/B/S Rn 16ff). Hier kommt es auf die bekannt gegebene Dauer eines Geschäftstags an (MüKo/*Jungmann* Rn 44). Der ZdLeister ist allerdings nicht frei (Willkürverbot), diesen Zeitpunkt autonom festzulegen, weil Abs I S 3 bestimmt, dass es sich um einen Zeitpunkt handeln muss (MüKo/*Jungmann* Rn 43ff), der **„nahe am Ende eines Geschäftstags"** liegt (vgl Staudinger/*Omlor* Rn 8). Es braucht sich auch hier keineswegs um ein einheitliches Datum zu handeln, welches für alle Geschäftstage einschlägig ist. Denn der Gesetzgeber hat ausdrückl bestimmt (BT-Drs 16/11643, 107), dass der ZdLeister berechtigt ist, auch **frühere Termine** dann vorzusehen, wenn es sich um ein langes Wochenende handelt oder wenn Feiertage bevorstehen. Auch wenn die Bearbeitung von ZAufträgen – wie etwa beim Online-Banking – praktisch ausschließlich maschinell erfolgt, kann der ZdLeister eine Cut-Off-Zeit für den Zugang von ZAufträgen auch in diesen Fällen unmittelbar vor Ende eines Geschäftstags benutzen (BT-Drs 16/11643, 107). Denn der ZdNutzer kann zwar „rund um die Uhr" diese Dienste nutzen, aber nicht erwarten, dass auch der ZdLeister die ihm zugehenden ZAufträge stets taggenau bearbeitet. I Erg ist daher festzuhalten, dass diese Regelung an der bisherigen Bankpraxis nichts ändert (BT-Drs 16/11643, 107). **Verstößt** der ZdLeister gegen die korrekte Festsetzung des „Cut-off-Dates", ist diese Bestimmung allerdings nach § 134 unwirksam (MüKo/*Jungmann* Rn 48; BeckOGK/*Zahrte* Rn 58). Eine Pflicht zum Schadensersatz kann sich dann nach § 241 II, § 280 I ergeben (BeckOGK/*Zahrte* Rn 58).

6 **d) Geschäftstag.** Die Art 4 Nr 37 ZdRL entspr Definition des Geschäftstags in **Abs I S 4** ist zwar europaeinheitlich, gleichwohl aber nicht allg, sondern im Hinblick auf den jew beteiligten ZdLeister zu bestimmen. Entscheidend kommt es also darauf an, **welcher ZdLeister** an einem bestimmten Geschäftstag an der Ausführung eines bestimmten ZVorgangs **beteiligt** ist (vgl *Grundmann* WM 2009, 1109, 1115). Bei einer **Überweisung** kommt es auf den ZdLeister des Zahlers, bei einer Lastschrift auf den des ZEmpfängers an (Grü/Grüneberg

Rn 4; BeckOGK/*Zahrte* Rn 37). Geht es um die Erteilung einer Gutschrift auf dem ZKonto des ZEmpfängers/Gläubigers, kommt es auf den Geschäftstag eben dieses ZdLeisters an. Sind in der „Kette" ein oder mehrere weitere ZdLeister eingeschaltet, gilt Entspr. Es handelt sich also um eine durchaus flexible Regelung (BeckOGK/*Zahrte* Rn 30), welche auf die Umstände beim jew betroffenen ZdLeister abhebt. In organisatorischer Hinsicht richtet sich die Beurteilung, ob ein „Geschäftstag" vorliegt, auch nach dem Umfang des **erforderlichen Geschäftsbetriebs**, der nach den jew Besonderheiten des einzelnen ZAutrags zu beachten ist (BGH NJW 2019, 2469 Rn 9; Staudinger/*Omlor* Rn 8ff). Insoweit ist allerdings ein konkret-individueller Maßstab anzulegen (BeckOK/*Schmalenbach* Rn 2), was auch durch das „Cut-off-Date" (Rn 4) belegt wird. Kommt es auf den Geschäftstag an, an welchem eine **Gutschrift** (§ 675f Rn 80) – bezogen auf das **Valutaverhältnis**: pünktlich – zu erstellen ist, so ist entscheidend auf den Geschäftsbetrieb des ZdLeisters des ZEmpfängers abzustellen (BT-Drs 16/11643, 108). Diese Erfordernisse sind bei der Planung, ob ein ZVorgang rechtzeitig veranlasst ist (§ 270), vom jew Schuldner mit in Rechnung zu stellen, weil die geschuldeten Leistungshandlungen so rechtzeitig zu erbringen sind, dass die Gutschrift auf dem ZKonto des Gläubigers rechtzeitig erfolgt (BGH NJW 2017, 1596 Rn 23ff – Mietzahlungen). Sind hingegen – etwa beim Überweisungsverkehr oder bei der Lastschrift – die **Ausführungsfristen** iSv § 675s maßgebend, ist – bezogen auf das Merkmal des Geschäftstags – der Geschäftsbetrieb des ZdLeisters des **Zahlers** einschlägig (§ 675s Rn 2). Denn dieser ist verpflichtet sicherzustellen, dass der ZBetrag spätestens am Ende des auf den Zugangszeitpunkt des ZAuftrags folgenden Geschäftstags beim ZdLeister des ZEmpfängers **eingeht**. Die klare Bestimmung eines „Geschäftstags" hat naturgemäß auch entscheidende Bedeutung für die Frage der Ausführungsfristen eines ZAuftrags und auch für die entspr **Wertstellung/Valutierung**. Da gem der definitorischen Vorgabe von Art 4 Nr 11 ZdRL der ZdLeister stets ein Rechtssubjekt iSv Art 1 I ZdRL ist, beurteilt sich die Frage, ob im Einzelfall ein Nicht-Geschäftstag vorliegt (das kann nicht unerheblich im grenzüberschreitenden Zahlungsverkehr divergieren), nach der **kontoführenden Stelle** des jew ZdLeisters (BT-Drs 16/11643, 108). Ist diese eine Zweigstelle oder eine Zweigniederlassung, so ist entscheidend, ob es sich hierbei um ein **Rechtssubjekt** gem der definitorischen Vorgabe von Art 4 Nr 11 ZdRL handelt. Für eine Zweigniederlassung ist dies zweifelsfrei zu bejahen. Ob auch eine **Zweigstelle** (Grü/*Grüneberg* Rn 4; BT-Drs 16/11643, 108) die Funktion eines ZdLeisters ausübt, ist entscheidend davon abhängig, ob es sich um ein – eigenständiges – Kreditinstitut iSv Art 4 Nr 1 lit a RL 2006/48/EG handelt. Denn als Bezugspunkt zu dieser RL ist Art 1 I lit a ZdRL („einschließlich Zweigstelle") ausdrückl erwähnt. Abhängig von dem gefundenen – auch national bestimmten – Ergebnis entscheidet sich also danach, ob ein Nicht-Geschäftstag oder ein Geschäftstag vorliegt, um den Zeitpunkt des Zugangs des ZAuftrags zu bestimmen. Soweit es um die Unterhaltung eines **elektronischen Geschäftsbetriebs** geht, könnte man daran denken, dass es insoweit nicht auf die Definition des für die Ausführung von ZVorgängen erforderlichen Geschäftsbetriebs ankommt (Geldautomat, Online-Banking), weil hier eine ständige Verfügbarkeit (Einschränkungen durch AGB – Leistungsbeschreibung – möglich, doch darf es nicht als Haftungsbegrenzung angesehen werden) in Betracht zu ziehen ist. Doch es kann gerade auch in den Fällen des **Online-Banking** notwendig sein, dass manuelle Nachdispositionen – etwa bei Überweisungen – durchgeführt werden, so dass es auch in diesen Fällen bei der Berücksichtigung der Merkmale von Abs I bleibt (*Burghardt* in E/F/N/B Rn 7 – Erreichbarkeit des Kundenberaters).

Aus **Abs I S 2** folgt des Weiteren als Ausnahmeregel", dass ein ZAuftrag, der **nicht an einem Geschäftstag** beim ZdLeister des Zahlers eingeht (Grü/*Grüneberg* Rn 3), so zu behandeln ist, als sei er als am darauf **folgenden Geschäftstag** zugegangen. Es handelt sich insoweit um eine europaweit einheitliche Bestimmung (BT-Drs 16/11643, 107). Die danach eingreifende **Fiktion** führt im Wege einer unwiderlegbaren Vermutung dazu, den Zugang des ZAuftrags am darauf folgenden Geschäftstag anzunehmen. Die dann anschließende Ausführungsfrist des ZVorgangs bemisst sich nach § 675s: Der ZdLeister des Zahlers ist verpflichtet sicherzustellen, dass dann ein zu transferierender ZBetrag „spätestens" am Ende des auf das Datum des „Zugangszeitpunkts" iSv Abs I S 2 folgenden Geschäftstags beim ZdLeister des ZEmpfängers eingeht (§ 675s Rn 5). 7

e) Fehlender Einwand nach Abs I S 4. Ein ZdLeister hat unter Berücksichtigung der Ausgangslage nach Abs I S 2 gem Abs I S 4 (Rn 6) nicht das Recht, geltend zu machen, dass er an einem bestimmten Geschäftstag – aus welchen Gründen auch immer – **keinen erforderlichen Geschäftsbetrieb** unterhalten hat, um sicherzustellen, dass bei ihm zugegangene ZAufträge auch (zeitnah und auch planbar) bearbeitet, dh abgewickelt werden können. Denn die Durchführung/Abwicklung eines ZAuftrags gehört zum festen Bestandteil des Geschäftsbetriebs, den jeder ZdLeister im Interesse des Zahlers/Zahlungsempfängers zu unterhalten verpflichtet ist (vgl auch BGH NJW 2019, 2469 Rn 9). Daraus folgt: Wenn an einem Geschäftstag ein ZAuftrag zugegangen ist, muss er – vorbehaltlich eines Cut-Off iSv Abs I S 3 (Rn 4) – am gleichen Geschäftstag durchgeführt, dh abgewickelt werden. Keineswegs ist der Einwand zulässig, dass an einem bestimmten Geschäftstag – etwa am 24.12. oder 31.12. (jew vormittags) – zwar ein (halber) Geschäftstag vorlag, der ZdLeister aber nicht derart organisiert war, dass gleichzeitig auch die Annahme gerechtfertigt wäre, dass es sich um einen an diesem Geschäftstag eingerichteten, erforderlichen Geschäftsbetrieb handelt. Diese Lesart wird auch durch § 675s I gedeckt. Denn danach ist der ZdLeister des Zahlers in die Pflicht genommen, die Erfüllung der vertragl vereinbarten Ausführungsfristen mit der Maßgabe sicherzustellen, dass der ZBetrag spätestens am Ende des auf den Zugangszeitpunkt des ZAuftrags folgenden Geschäftstags beim ZdLeister des ZEmpfängers **eingeht** (§ 675s Rn 5). 8

3. Vereinbarung eines bestimmten Zeitpunkts. a) Zeitpunkt des Zugangs. Wenn ein ZdNutzer iSv **Abs II** – gleichgültig, ob er in seiner Funktion als Zahler oder als ZEmpfänger auftritt – einen ZVorgang unmittelbar oder mittelbar auslöst (Push- wie Pull-Zahlungen; vgl MüKo/*Jungmann* Rn 49), gilt ein mit dem ZdLeister ver- 9 einbarter Termin als derjenige des Zugangs iSv Abs I (Staudinger/*Omlor* Rn 13f). Doch gilt dies keineswegs allg, sondern ist entscheidend von den Voraussetzungen des Abs II abhängig. Auch diese Bestimmung beruht trotz der zugrunde liegenden Vereinbarung auf einer Fiktion (vgl „gilt"). Sie ist nicht nach § 308 Nr 6 zu beanstanden (BeckOGK/*Zahrte* Rn 50). Die **erste Alternative** ist dadurch charakterisiert, dass die zw ZdNutzer und ZdLeister getroffene Vereinbarung dahin zielt, dass die Ausführung des ZAuftrags an **einem bestimmten Tag beginnen** – Terminüberweisung – soll, wie etwa ein Überweisungsauftrag oder eine Lastschrift, mit deren Ausführung am 31. eines Monats begonnen werden soll, um eine bestimmte Zahlungsfrist nach § 269 IV zu wahren (BGH NJW 2017, 1595 Rn 25ff – Rechtzeitigkeit von Mietzahlungen). Praktisch ist diese Alternative bedeutsam vor allem für **Daueraufträge oder Dauerlastschriften** (MüKo/*Jungmann* Rn 51). Dies setzt voraus, dass iSv Abs I der **Zugang** des betreffenden ZAuftrags beim ZdLeister bereits (rechtzeitig) vor diesem Termin erfolgt sein muss (BT-Drs 16/11643, 108). Die **zweite Alternative** ist dadurch umschrieben, dass zw ZdNutzer und ZdLeister vereinbart wird, dass die Ausführung eines ZAuftrags **am Ende eines bestimmten Zeitraums** beginnen soll, etwa (wiederum) am Ende eines Kalendermonats, wie dies etwa auch für die Erledigung eines **Dauerauftrags** üblich/typisch ist. Die **dritte Alternative** sieht vor, dass die Vereinbarung zw ZdNutzer und ZdLeister dahin zielt, dass die Ausführung des ZAuftrags erst an dem Tag beginnen soll, an dem der Zahler dem ZdLeister den zur Ausführung erforderlichen Geldbetrag zur Verfügung gestellt hat, dh die entspr **Kontodeckung** vorliegt, so dass dann der ZAuftrag nicht – mangels Kontodeckung – abgelehnt werden kann.

10 **b) Einzelheiten.** Die Fiktionswirkung von **Abs II S 1** gilt sowohl für „Pull"- als auch für „Push"-Zahlungen (Staudinger/*Omlor* Rn 14). Sie gilt daher beim Überweisungsvertrag (§ 675f Rn 76ff), aber auch bei der Verwendung einer Kreditkarte (§ 675f Rn 99ff), weil in beiden Fällen der ZVorgang vom Zahler ausgelöst wird. Beim Überweisungsauftrag liegt der Eingang des Geldbetrags beim ZdLeister des ZEmpfängers dann vor, wenn er dort iSv § 675t I verfügbar gemacht worden ist (§ 675t Rn 2). Zur Folge hat dies, dass der ZdLeister gem § 675t I 2 verpflichtet ist, die **Gutschrift** so vorzunehmen, dass das **Wertstellungsdatum** für diesen Geldbetrag der Geschäftstag ist, an dem der ZBetrag auf dem Konto des ZdLeisters des ZEmpfängers eingegangen ist (§ 675t Rn 7). Das kann bei **Daueraufträgen** bedeutsam sein (MüKo/*Jungmann* Rn 51; BeckOGK/*Zahrte* Rn 51). Bei Zahlung mit Hilfe einer Kundenkreditkarte stellt der die Kreditkarte emittierende ZdLeister sicher, dass die Zahlung des vom Zahler ggü dem Vertragsunternehmen/ZEmpfänger geschuldeten Geldbetrags (abzüglich eines vereinbarten Disagios) diesem ebenfalls nach § 675t I gutgeschrieben wird. Bei der SEPA-Lastschrift gilt das Doppelmandat (§ 675f Rn 87ff). Der vom ZAuftrag erfasste Geldbetrag wird dann durch Einschaltung eines mit dem Inkasso beauftragten ZdLeisters eingezogen bzw vorbehaltlich der Genehmigung des Zahlers abgebucht und gutgeschrieben. Hinsichtl der **Darlegungs- und Beweislast**, wenn der ZdLeister geltend macht, der ZAuftrag sei ihm nicht an einem bestimmten Geschäftstag zugegangen, trifft ihn die sekundäre Darlegungs- und Beweislast hinsichtl der Einzelheiten der internen technischen Bearbeitungsabläufe (LG München BeckRS 2016, 136068 Rn 54ff).

11 **c) Vereinbarter Termin – Nicht-Geschäftstag. Abs II S 2** stellt sicher, dass immer dann, wenn der zw ZdLeister und ZdNutzer vereinbarte Termin – bezogen auf die Ausführung eines ZVorgangs – auf einen Tag fällt, der nicht als Geschäftstag (Rn 3) des ZdLeisters des Zahlers anzusehen ist – wiederum: im Rahmen von § 675s I – der darauf folgende Geschäftstag als Zeitpunkt des Zugangs anzusehen ist (BeckOGK/*Zahrte* Rn 53). Diese Regelung korrespondiert unmittelbar mit Abs I S 2.

§ 675o Ablehnung von Zahlungsaufträgen

(1) Lehnt der Zahlungsdienstleister die Ausführung oder Auslösung eines Zahlungsauftrags ab, ist er verpflichtet, den Zahlungsdienstnutzer hierüber unverzüglich, auf jeden Fall aber innerhalb der Fristen gemäß § 675s Abs. 1 zu unterrichten. In der Unterrichtung sind, soweit möglich, die Gründe für die Ablehnung sowie die Möglichkeiten anzugeben, wie Fehler, die zur Ablehnung geführt haben, berichtigt werden können. Die Angabe von Gründen darf unterbleiben, soweit sie gegen sonstige Rechtsvorschriften verstoßen würde. Der Zahlungsdienstleister darf mit dem Zahlungsdienstnutzer im Zahlungsdiensterahmenvertrag ein Entgelt für den Fall vereinbaren, dass er die Ausführung eines Zahlungsauftrags berechtigterweise ablehnt.

(2) Der Zahlungsdienstleister des Zahlers ist nicht berechtigt, die Ausführung eines autorisierten Zahlungsauftrags abzulehnen, wenn die im Zahlungsdiensterahmenvertrag festgelegten Ausführungsbedingungen erfüllt sind und die Ausführung nicht gegen sonstige Rechtsvorschriften verstößt.

(3) Für die Zwecke der §§ 675s, 675y und 675z gilt ein Zahlungsauftrag, dessen Ausführung berechtigterweise abgelehnt wurde, als nicht zugegangen.

1 **1. Europarechtliche Vorgaben.** Mit der Vorschrift hat der Gesetzgeber die Vorgabe von Art 79 ZdRL umgesetzt (BT-Drs 18/11495, 158). Soweit in Abs III § 675s erwähnt wird, bezieht sich die Umsetzung auf die Regelung von Art 79 III ZdRL, dort sind Art 83 und 89 ZdRL unmittelbar angesprochen. Abs III korrespondiert wortgleich mit Art 75 III ZdRL. Folglich bestehen an der zutr Umsetzung der Vorgaben der ZdRL keine Bedenken.

2 **2. Ablehnung – Unterrichtungspflicht. a) Grundsatz.** Prima vista mag Abs I den Eindruck erwecken, als sei der ZdLeister – sowohl der des Zahlers als auch der des ZEmpfängers (BT-Drs 16/11643, 108) – berechtigt, ohne weiteres einen ihm gem § 675n zugegangenen ZAuftrag abzulehnen. Denn es steht ja fest, dass die Norm auf alle

ZdLeister anwendbar ist, denen ein ZAuftrag zugeht (MüKo/*Jungmann* Rn 7). Aus der als **vorrangig einzuschätzenden Regel des Abs II** ergibt sich jedoch (BeckOGK/*Zahrte* Rn 7), dass – jedenfalls beim Überweisungsverkehr – der ZdLeister verpflichtet ist, diese immer dann auszuführen, wenn und soweit der ZAuftrag als „verkehrsübliche Überweisungen" zu qualifizieren ist (Staudinger/*Omlor* Rn 3f; *Grundmann* WM 2000, 2269, 2272). Entscheidend ist hier, dass der ZdRahmenvertrag eine Pflicht des ZdLeisters begründet, einen ZAuftrag immer dann auszuführen, wenn kein Ablehnungsgrund gegeben ist (*Herresthal* in L/B/S Rn 3). Der Zweck der Regel zielt sowohl auf „Push"- wie auch auf „Pull"-Zahlungen (MüKo/*Jungmann* Rn 7). Es ist entscheidend, dass die Ausführungspflicht des ZdLeisters sich stets nach den Vereinbarungen richtet, welche im ZdRahmenvertrag getroffen worden sind. Bei einer Überweisung gehören hierzu – wie selbstverständlich – die für die ordnungsgemäße Ausführung eines solchen ZAuftrags erforderlichen Angaben (Name des ZEmpfängers, Kundenkennung, Name und Anschrift des Zahlers, Zahlungsbetrag sowie Währung). Ferner ist erforderlich, dass das Konto hinreichende Deckung aufweist und dass die Ausführung des ZAuftrags nicht gegen Gesetze verstößt (Sanktionen/Geldwäsche).

Die in Abs I statuierte Unterrichtungspflicht ist jetzt aber auch auf die **abgelehnte „Auslösung"** eines ZAuftrags gerichtet (BT-Drs. 18/11495, 158; MüKo/*Jungmann* Rn 8). Diese Erweiterung des Anwendungsbereichs der Norm bezieht sich auf Art 79 I ZdRL. Gemeint ist damit, dass der ZdNutzer seinen ZAuftrag nicht direkt an den kontoführenden ZdLeister richtet, sondern an einen **ZAuslösedienstleister** iSd Art 4 Nr 18 ZdRL (§ 1 XXXIII ZAG; § 675f Rn 36). Die an ihn adressierte Unterrichtungspflicht des ZdNutzers kann dann ins Spiel kommen (Grü/*Grüneberg* Rn 3), wenn der ZAuslösedienstleister sich weigert, den ZAuftrag an den kontoführenden ZdLiester weiterzureichen. Dann trifft ihn, nicht aber den kontoführenden ZdLeister die entspr Unterrichtungspflicht nach den Grundsätzen von Abs I S 1–3 (BT-Drs 18/11495, 158). Daher greifen für die Erfüllung dieser den ZAuslösedienstleister treffenden Pflichten auch die Erwägungen in Rn 3ff zu. 2a

Erfasst ist ein **Einzelzahlungsvertrag** iSv § 675f I (BeckOGK/*Zahrte* Rn 9), zumal mit ZAuftrag iSv Art 4, 16 ZdRL jeder Auftrag – sowohl der eines Zahlers oder eines ZEmpfängers – gemeint ist, der der Ausführung eines ZVorgangs dient. Liegt also – und dies dürfte die Regel sein – ein **ZdRahmenvertrag** gem § 675f II vor, ist ein ZdLeister nur dann berechtigt, einen ihm zugegangenen ZAuftrag abzulehnen, wenn die Voraussetzungen des **Abs II** – Erfüllung der vereinbarten Ausführungsbedingungen/kein Verstoß gegen Rechtsvorschriften – nicht vorliegen (Rn 8). Demzufolge ist in der Praxis die Rangfolge von Abs I und Abs II **umgekehrt**: Grds ist also der ZdLeister verpflichtet, einen ZAuftrag innerhalb des Rahmens von Abs II zu erfüllen (Grü/*Grüneberg* Rn 2; BeckOGK/*Zahrte* Rn 7; MüKo/*Jungmann* Rn 14). Das gilt vor allem für **SEPA-Überweisungsaufträge** und für die Durchführung von **SEPA-Lastschriften**, wobei auch die jew AGB – Stand: Januar 2018 (Bundesverband der deutschen Banken) – Maß geben (MüKo/*Jungmann* Rn 17). Beim **Online-Banking** ist der ZdLeister verpflichtet, den ZAuftrag auszuführen, wenn eine korrekte TAN angegeben wird und das Konto (Rn 10) Deckung aufweist (*Herresthal* in L/B/S Rn 5). Eine **Ablehnung** greift etwa ein, wenn deswegen keine wirksame Autorisierung vorliegt, weil der Zahler (Auftraggeber) minderjährig ist, so dass eine entspr Schutzpflicht des ZdLeisters eingreift (Schleswig NJW-RR 2014, 741 – Besonderheiten im Sachverhalt). IÜ ist es einem ZdLeister auch zumutbar, bei Kenntnis vom Tod des Kontoinhabers (LSG Berlin-Brandenburg WM 2014, 212) das ZKonto des ZEmpfängers darauf durchzusehen, ob **Rentengutschriften** eingegangen sind, bevor ein weiterer ZAuftrag ausgeführt wird, weil diese Zahlungen kraft Gesetzes unter Vorbehalt (§ 118 III 1 SGB VI) stehen (BGH WM 2016, 1220, 1224 – Kenntnis vom Tod des Kontoinhabers und Rentenempfängers). **Kein Ablehnungsgrund** ist die Eröffnung des Insolvenzverfahrens (BGH NZI 2013, 249, 250). Auch der **Tod des Zahlers** ist irrelevant, solange der ZAuftrag wirksam erteilt wurde (BeckOGK/*Zahrte* Rn 29). Zweifelhaft ist, wann die Ablehnungsgründe vorliegen müssen. Richtig dürfte sein, insoweit auf den Zeitpunkt abzustellen, dass die betreffenden – und auch dem ZdNutzer mitzuteilenden – Gründe jedenfalls im Zeitpunkt der noch andauernden Ausführungsfrist vorliegen müssen (BeckOGK/*Zahrte* Rn 40 – diff). Eine Ablehnung kann allerdings auch eine Pflichtverletzung sein, so dass die **Haftungssanktion** von § 675y eingreift (AG München BKR 2020, 51; § 675y Rn 6ff). 2b

b) Mitteilungspflicht. Soweit der ZdLeister des Zahlers oder des ZEmpfängers (BT/Drs 16/11643, 108) berechtigt ist, einen ihm zugegangenen ZAuftrag abzulehnen (BeckOK/*Schmalenbach* Rn 2), ist er nach **Abs I S 1** verpflichtet, den jew ZdNutzer **unverzüglich** zu unterrichten (BeckOGK/*Zahrte* Rn 49f; BeckOK/*Schmalenbach* Rn 6). Die Unterrichtung muss in der **Form** des § 675d iVm Art 248 EGBGB geschehen (§ 675d Rn 2ff) und dem ZdNutzer auch gem § 130 zugehen. Unterrichtung bedeutet idR, dass der ZdLeister verpflichtet ist, diese dem Zahler bekannt zu geben (*Langenbucher* in L/B/S Rn 5). Soweit die ordnungsgemäße Unterrichtung **str** ist, trägt der ZdLeister gem § 675d II die Beweislast (§ 675d Rn 7). Hinsichtl der Höchstfrist, innerhalb derer der ZdLeister verpflichtet ist, den ZdNutzer von der Ablehnung des ZAuftrags zu unterrichten, gilt: Zunächst ist der Geschäftstag zu ermitteln, an welchem der ZAuftrag dem ZdLeister zugegangen ist; dies bestimmt sich nach § 675n I 1 (§ 675n Rn 2f). Die Unterrichtung muss daher am darauf folgenden Geschäftstag dem ZdNutzer gem § 130 zugehen. Denn diese Frist wird von § 675s I – freilich in diesem Zusammenhang – als Ausführungsfrist adressiert. Der ZdLeister ist allerdings vor Ablauf der Höchstfrist verpflichtet, für eine **unverzügliche Unterrichtung** des ZdNutzers Sorge zu tragen: Folglich muss er alles in seiner Macht Stehende vornehmen, damit eine schnellstmögliche Unterrichtung des ZdNutzers erfolgt (BT-Drs 16/11643, 108; BeckOK/*Schmalenbach* Rn 6 – Postweg reicht aus). Die zw ZdLeister und ZdNutzer insoweit vereinbarten **Kommunikationsmittel** für die vom ZdLeister zu erfüllenden Informationspflichten ergeben sich aus Art 248 § 4 Nr 4 EGBGB. Bei **kartengebundenen Zahlungen** reicht es aus, wenn die Ablehnung der Zahlung durch den ZEmpfänger mitgeteilt wird, etwa indem 3 das Vertragsunternehmen eine entspr Ablehnung des ZAuftrags erhält (MüKo/*Jungmann* Rn 29; EBJS/*Keßler* Rn 7). Bei abgelehnten **ZAufträgen** (vor allem Überweisungen) ist zu erwarten, dass die Gründe angegeben und so eine Korrektur ermöglicht wird (falsche IBAN, Grü/*Grüneberg* Rn 4). Zu bedenken ist auch, dass **herabsetzende Äußerungen** in einem Schreiben an den ZdNutzer geeignet sein können, den ZEmpfänger nach § 4 Nr 1 UWG in unzulässiger Weise zu verunglimpfen (Frankfurt GRUR-RS 2021, 22128 – „Möglicherweise will die Firma Sie um Ihr Geld betrügen"). **Unterlässt** der ZdLeister pflichtwidrig eine gebotene Mitteilung, dann macht er sich im **Deckungsverhältnis** nach §§ 675y und 675z schadensersatzpflichtig (EBJS/*Keßler* Rn 3). Für § 280 ist wegen der Vollharmonisierung der ZdRL kein Raum. Erfolgt aber die Ablehnung zu Unrecht, dann folgt der Schadensersatzanspruch des Zahlers – bezogen auf das **Valutaverhältnis** – dem Grundschema des § 280 (EBJS/*Keßler* Rn 11; MüKo/*Jungmann* Rn 44f).

4 **Offen** ist, ob die in Abs I S 1 genannte Frist auch den **Zugang** der jew Unterrichtung/Mitteilung beim ZdNutzer einschließt. Die Gesetzesbegr für die insoweit identische Vorläufernorm (BT-Drs 16/11643, 109) deutet darauf hin, dass die Frist lediglich den ZdLeister verpflichtet, das in seiner Macht Stehende – fristgerecht – zu erledigen, damit die geschuldete Mitteilung/Unterrichtung des ZdNutzers „schnellstmöglich" (BT-Drs 16/11643, 109) realisiert wird. Eine solche Lesart wird jedoch nicht von der zwingenden Vorgabe von Art 79 I ZdRL gedeckt. Denn dort werden – bezogen auf die Unterrichtungspflicht – die Verben „mitzuteilen" bzw „zugänglich zu machen" verwendet. Diese aber indizieren, dass damit der Tatbestand des § 130 in den Blick genommen wird. Es reicht deshalb nicht aus, wenn im ZdRahmenvertrag lediglich vereinbart sein sollte, dass eine solche Mitteilung als rechtzeitig anzusehen ist, wenn sie im „Kontoauszugsdrucker" des ZdNutzers abgelegt wird (so aber BT-Drs 16/11643, 109). Damit ist im Zweifel nicht der Sach- und Herrschaftsbereich des ZdNutzers angesprochen, zumal man keineswegs erwarten kann und darf, dass dieser an jedem Geschäftstag nachsieht, welche Unterrichtungen des ZdLeisters in seinem Kontoauszugsdrucker zu finden sind. Beim **Online-Banking** reicht es allerdings aus, wenn die Ablehnung auf dem abzurufenden Kontoauszug aufgeführt ist oder im Online-Postfach (*Herresthal* in L/B/S Rn 10; EBJS/*Keßler* Rn 6).

5 **c) Angabe von Gründen.** Der ZdLeister ist nach **Abs I S 2** verpflichtet, die für die Ablehnung eines ZAuftrags maßgebenden Gründe **„soweit möglich"** dem ZdNutzer bekannt zu geben (BeckOGK/*Zahrte* Rn 51f). Davon ist als Regelfall auszugehen (Mü/Ko/*Jungmann* Rn 18ff; BeckOK/*Schmalenbach* Rn 7). Der ZdNutzer (Zahler) soll so in den Stand gesetzt werden, etwaige Mängel/Fehler im ZAuftrag zu korrigieren (Staudinger/*Omlor* Rn 8; MüKo/*Jungmann* Rn 5). Des Weiteren zielt die Unterrichtung darauf, dass künftig Fehler vermieden werden. Es geht also um Fehlerkorrektur und Fehlerprävention. Die Mehrzahl der konkreten Fälle einer solchen – mit Gründen versehenen – Ablehnung ist dadurch charakterisiert, dass fehlende Kontodeckung besteht oder dass der Überweisungsauftrag fehlerhaft (Kundenkennung) ausgefüllt ist. Die ablehnende Mitteilung wird idR in diesen Fällen unproblematisch sein. Die insoweit maßgebenden Gründe ergeben sich hier unmittelbar aus der erfolgten Ablehnung des ZAuftrags. So sind IBAN oder BIC (Bank Identifier Code) – Kundenkennung – anzugeben. Auch die Angabe der Währung ist wesentlich. Fehler sind hier evident. Die Einzelheiten sind in den jew AGB-Banken geregelt (vgl Nr 11 AGB-Banken). Beim Online-Banking sind die personalisierten Sicherheitsmerkmale (zB PIN/TAN) anzugeben. **Verfügungslimite** (BeckOGK/*Zahrte* Rn 21) dürfen nicht überschritten werden. Die Einzelheiten ergeben sich auch hier aus den AGB-Banken. Es ist i Erg nicht leicht, allg die Voraussetzungen zu konkretisieren, bei deren Vorliegen der ZdLeister berechtigt ist, auf die Angabe von Gründen für die Ablehnung zu verzichten. Es geht in diesen Fällen stets um die Konkretisierung des Tatbestandsmerkmals **„sofern möglich"** in Art 79 I ZdRL. Da die Regelung von Abs I S 2 diese Vorgaben inhaltsgleich umsetzt, wird man insoweit im Rahmen einer restriktiven Interpretation vor allem auf den **Schutzzweck dieser Unterrichtungspflicht** abstellen müssen (MüKo/*Jungmann* Rn 5 – „konkrete Fehlerkorrektur und abstrakte Fehlerprävention"). Grds hat der ZdLeister die Pflicht, einen ZAuftrag des ZdNutzers auszuführen, wenn dieser dem ZdLeister nach § 675n I zugegangen ist. Daher hat der ZdLeister davon Kenntnis, dass die Durchführung eines ZAuftrags im Interesse des ZdNutzers vorzunehmen ist, dh dass ein Geldbetrag bereitgestellt, transferiert oder abgehoben wird. Folgende **Ausnahmefälle**, in denen auf eine nach Abs I S 2 – 1. Hs – sind vorstellbar, in denen der ZdLeister keine Begründung für die Ablehnung eines ZAuftrags schuldet: Ist der ZVorgang darauf gerichtet, einen Geldbetrag mittels einer EC-Karte vom **Geldautomaten** abzuheben und lehnt der ZdLeister die Ausführung dieses ZAuftrags ab, bedarf es keiner besonderen Unterrichtung, es reicht aus, wenn die Information dahin lautet, dass der „ZVorgang nicht bearbeitet" werden konnte. Die (zusätzl) Information, dass die falsche PIN eingegeben wurde, ist insoweit irrelevant. Denn eine weitergehende Information gem Abs I S 2, wie der „Fehler", der zur Ablehnung des ZAuftrags geführt hat, „berichtigt" werden kann, ist hier nicht angezeigt, weil der ZdNutzer idR die beabsichtigte Abhebung des Geldbetrags nochmals versuchen wird. Ist jedoch die Zahlung eines Geldbetrags mittels **Kreditkarte** abgelehnt, ist zu bedenken, dass das Vertragsunternehmen in seiner Eigenschaft als ZEmpfänger nicht Adressat der dem ZdNutzer ggü geschuldeten Informationspflicht ist (vgl auch *Jungmann* in L/B/S Rn 3). Daher wird man eine weitergehende Informationspflicht des ZdNutzers nicht für geboten ansehen müssen; es reicht aus, dass – ähnl wie bei der EC-Karte – der ZVorgang als solcher nicht bearbeitet/ausgeführt wird.

6 **d) Berichtigungshinweis.** Art 79 I ZdRL spricht in diesem Zusammenhang nicht pauschal von „Fehler", sondern verwendet das Adjektiv „sachlicher" Fehler. Ein Unterschied in der Interpretation ist dadurch nicht veranlasst. Gemeint ist damit auch insoweit jedes Defizit eines ZAuftrags, das nach Ansicht des kontoführenden ZdLeisters vom Zahler mit Blick auf den betreffenden ZAuftrag oder künftige (Dauerauftrag) berichtigt werden kann und eine entspr Mitteilung auslöst. Anders gesagt: Die nach S 1 anzunehmende Begründungspflicht für

die Nichtausführung eines ZAuftrags deckt sich in der Sache mit einem Berichtigungshinweis. Der ZdNutzer ist in den Stand zu setzen, die – regelmäßig – vereinbarten **Ausführungsbedingungen**, wie sie im ZdRahmenvertrag fixiert sind, nunmehr zu beachten und damit sicherzustellen, dass der ZAuftrag auch exekutiert wird. Unberührt bleibt das Recht des ZdLeisters, einen behebbaren Fehler selbst zu bereinigen (*Herresthal* in L/B/S Rn 6; Staudinger/*Omlor* Rn 7). Denn Abs I S 2 weist insoweit keine Beschränkung auf.

e) Lastschrift – Scheck – Wechsel. Beim Lastschriftverfahren ist der ZdLeister verpflichtet, den **ZEmpfänger** entspr über die Ablehnung des ZAuftrags zu unterrichten. Hat dieser einen berichtigungsfähigen Fehler zu vertreten, der die Ausführung des Lastschrift-Inkassoauftrags hindert (etwa fehlerhafte Kundenkennung), hat naturgemäß der ZEmpfänger ein vitales Interesse daran, am darauf folgenden Geschäftstag die „Reparaturanzeige" zu erhalten (§ 130). Das gilt vor allem auch dann, wenn das ZKonto des Zahlers keine hinreichende Deckung aufweist und eine **Rücklastschrift** erfolgt. Soweit das **SEPA-Verfahren** und die an das SEPA-Verfahren angeglichene Einzugsermächtigungsverfahren-Lastschrift in Rede stehen (Soergel/*Werner* Rn 7), liegt eine Vorabautorisierung vor, so dass die Norm unmittelbar anwendbar ist. Dies gilt auch für die Entgeltpflicht, falls eine nach Abs I notwendige Mitteilung des ZdLeisters zu beurteilen ist (Rn 9). Es besteht allerdings nach zutr Ansicht keine Benachrichtigungspflicht des ZdLeisters, wenn der Zahler eine **Sperre** ausgesprochen hat, so dass die Lastschrift nicht ausgeführt werden kann (BeckOGK/*Zahrte* Rn 69ff). Entscheidend ist hier, dass die Ablehnung nicht durch den ZdLeister, sondern durch den Zahler erfolgt. Da weder **Scheck noch Wechsel** ein ZDienst sind, ist die Norm des § 675o hier nicht anwendbar (BeckOGK/*Zahrte* Rn 73). Daher wird man auch eine entspr Berücksichtigung nicht in Erwägung ziehen können, weil es ersichtlich an einer planwidrigen Regelungslücke als Voraussetzung einer Analogie fehlt (MüKo/*Jungmann* Rn 7, aM Soergel/*Werner* Rn 7). In extremen Fällen könnte sich ein Rückgriff auf § 241 II anbieten. 7

f) Verstoß gegen Rechtsvorschriften. Die Angabe der Gründe iSv **Abs I S 3**, aus denen der ZdLeister des ZdNutzers die Ablehnung eines ZAuftrags erklärt hat, kann immer dann unterbleiben, wenn Rechtsvorschriften – vor allem: ein Verstoß gegen das **Geldwäschegesetz** oder gegen **Embargovorschriften** – hierfür ursächlich waren (BT-Drs 16/11643, 108; Staudinger/*Omlor* Rn 7; BeckOGK/*Zahrte* Rn 25). Ob der ZdLeister hiervon Gebrauch macht, steht in seinem freien Ermessen. Doch zielt die Norm nur auf solche Rechtsvorschriften, die sich direkt an den ZdLeister richten (BeckOGK/*Zahrte* Rn 22). Unter diesem Gesichtswinkel ist der ZdLeister nur verpflichtet, eine **rein formale Prüfung** des ZAuftrags vorzunehmen. Er kann und darf sich darauf beschränken, ob der betr Auftrag **seinem äußeren Erscheinungsbild** nach in Ordnung ist (Köln MMR 2022, 973 Rn 55). Dass das Valutageschäft gegen Rechtsvorschriften verstößt oder sittenwidrig ist, genügt nicht, weil das Prinzip der formalen Auftragsstrenge zu beachten ist (Grü/*Grüneberg* Rn 3). Einige praktische Bedeutung haben hier die Fälle erreicht, in denen Zahlungen im Rahmen eines **verbotenen Glücksspiels** (Internetverbot) getätigt worden sind (BGH BKR 2022, 811 Rn 11; Köln NJW-RR 2023, 126; München WM 2019, 1301, 1303; vgl *Segna* WM 2022, 1909 – Rückforderungsfragen). Die erste Frage ist, ob die Nichtigkeitssanktion des § 134 für das im Glücksspiel (LG Meiningen BeckRS 2021, 26548) eingesetzte Entgelt des Zahlers auch die Autorisierung (Kartenzahlungen idR) betrifft, was richtigerweise zu verneinen ist. Daher bleiben **Rückforderungsansprüche im Valutaverhältnis** bestehen (Dresden BeckRS 2022, 30706). Dass sich der Betreiber des verbotenen Glückspsiels nicht auf die Sperre des § 817 S 2 berufen kann, erscheint einleuchtend, weil ein Verstoß gegen ein Verbotsgesetz nach § 134 vorliegt (Dresden BeckRS 2022, 30706 – 4. Ls; hierzu auch *Hendricks/Lüder* ZfWG 2020, 216; *Heintz* VuR 2020, 323). Die Darlegungs- und Beweislast trifft den Betreiber des Glücksspiels als den Schuldner. Folglich muss er im Rahmen von § 817 S 2 nachweisen, dass der Spieler/Zahler vorsätzlich, dh bewusst verbotswidrig oder sittenwidrig gehandelt hat (Braunschweig BeckRS 2023, 2622). Da aber die Zahlungen – etwa mittels einer Kreditkarte – von dem ZdLeister nicht abgelehnt werden können, steht diesem ein entspr **Anspruch auf Aufwendungsersatz** nach § 675x zu (München WM 2019, 1301; AG München WM 2022, 1781). 8

g) Entgeltpflicht. Soweit im ZdRahmenvertrag vorgesehen (*Zahrte* NJW 2018, 337, 339), hat der ZdLeister gem **Abs I S 4** das Recht, für eine **berechtigte Ablehnung** ein Entgelt im ZdRahmenvertrag zu vereinbaren (Bamberg NJW-RR 2012, 630; Karlsruhe BeckRS 2015, 122627 –5 €; Staudinger/*Omlor* Rn 15; BeckOGK/*Zahrte* Rn 54ff; 58ff; *Fornasier* WM 2013, 205, 209; *Kropf/Habl* BKR 2013, 103, 104). Dieses Recht steht aber dem **ZAuslösedienstleister**, wie er (vgl „Auslösung") in Abs I S 1 erwähnt ist, nicht zu (BT-Drs 18/11495, 158 – § 675f Rn 36). Denn Abs I S 4 spricht nur vom ZdLeister. Voraussetzung, dass eine Entgeltforderung des ZdLeisters entsteht, ist eine vom Zahler herrührende **Autorisierung** (EBJS/*Keßler* Rn 2; BeckOK/*Schmalenbach* Rn 10). Eine berechtigte Ablehnung des ZdLeisters ist jedenfalls immer dann anzunehmen, wenn in der Sphäre des ZdNutzers liegende Umstände den ZdLeister daran hindern, den ihm erteilten ZAuftrag durchzuführen, wie etwa Angabe einer falschen Kontonummer, einer unvollständigen Bankleitzahl etc oder fehlende Kontodeckung. Die Höhe des Entgelts ist in Art 79 I Abs 3 ZdRL nicht näher fixiert („angemessenes Entgelt"). Dies ist jedoch unschädlich, weil **§ 675f IV 2** den Weg weist: Es handelt sich um eine dem ZdNutzer anzulastende **Verletzung einer Nebenpflicht**, so dass das Entgelt sowohl **angemessen** als auch den **tatsächlichen Kosten** des ZdLeisters entspr sein muss (§ 675f Rn 18). Solche Abreden sind stets der **richterlichen Inhaltskontrolle** nach § 307 I 1 zugänglich (BGH NJW 2017, 3649 Rn 45ff). Es handelt sich insoweit bei den Regeln der § 675f IV 2, § 675o I 4 um halbzwingende Bestimmungen zugunsten des ZdNutzers in seiner Eigenschaft als **Verbraucher** (BGH NJW 2016, 560 Rn 31; NJW 2017, 3649 Rn 45). Daher: Nur der Ersatz der **unmittelbaren Transaktionskosten**, nicht aber der Gemeinkosten ist statthaft (BGH NJW 2019, 3771 – für § 312a IV Nr 2). Die Berechnung eines solchen Entgelts setzt voraus, dass es im ZdRahmenvertrag vereinbart ist und dass die Ablehnung des ZAuftrags wegen der 9 vom ZdNutzer insoweit verletzten Nebenpflicht berechtigt war. Das ist in Bezug auf die in Abs I S 4 vorgesehene Berechtigung, ein Entgelt für die Ablehnung zu verlangen, eine Änderung der früheren Rspr (BGH NJW 2001, 1419 – Benachrichtigung über Nichteinbringung eines Schecks; BGH NJW 2012, 2571 – Lastschrift – Entgelt ist unwirksam; inzw durch AGB korrigiert; vgl *Bitter* WM 2010, 1773, 1781). Praktische Auswirkungen wird diese Regelung zugunsten der ZdLeister vor allem bei fehlerhaften Überweisungen sowie bei Rücklastschriften im **SEPA-Verfahren** (Soergel/*Werner* Rn 7; zur Entgeltpflicht bei Benachrichtigung über Nichtausführung MüKo/*Jungmann* Rn 51f; *Kropf/Habl* BKR 2013, 103f; vgl BT-Drs 18/11495, 158) entfalten. Die zu berechnenden **angemessenen Kosten** sind stets verursachungsrecht zu ermitteln (BGH NJW 2019, 3771; BeckOGK/*Zahrte* Rn 60; *Bitter* WM 2010, 1173, 1181). Daher sind nicht die allg Personalkosten einzubeziehen (Bamberg WM 2011, 2813, 2815 – Ablehnung eines ZAuftrags), weil immer nur die durch die unmittelbare Unterrichtung anfallenden Kosten der Maßstab sind (Postgebühren). Anteilige Personalkosten als Gemeinkosten sind nicht kausal durch die erforderliche Benachrichtigung verursacht (BeckOGK/*Zahrte* Rn 65ff; MüKo/*Jungmann* Rn 51). Soweit die Ablehnung automatisch (computerbasiert) erfolgt, werden auch diese Kosten idR den nicht erstattungsfähigen Gemeinkosten zuzuweisen sein (aM wohl *Herresthal* in L/B/S Rn 14 – sehr geringe Kosten). Es dürfte höchst selten sein, dass mit diesen Aufgaben überhaupt noch ein Sachbearbeiter befasst wird (vgl aber MüKo/*Jungmann* Rn 51). Ein sehr moderater Gewinnzuschlag dürfte gleichwohl vertretbar sein (BeckOGK/*Zahrte* Rn 64), weil der Begriff des „Entgelts" dieses Verständnis einschließt, was bei Verwendung des Begriffs „Aufwand" wohl nicht in Betracht zu ziehen wäre. Nach der zutr Rspr des BGH handelt es sich hier iÜ um eine **Ausnahmebestimmung**, welche von § 675f IV 2 abzugrenzen ist, wo nämlich für die Erfüllung von Nebenpflichten gerade kein Entgelt verlangt werden kann (BGH WM 2012, 1383). Sie hat daher auch keine „Leitbildfunktion" (BGH WM 2021, 1383). Doch ergibt sich i Erg die Berechtigung für ein solches angemessenes Entgelt aus der gesetzl Berechtigung nach Art 79 I 3 ZdRL. Notwendigerweise trägt der ZdLeister die **Darlegungs- und Beweislast** für die Angemessenheit der geltend gemachten Kosten.

10 **3. Kein Ablehnungsrecht – vereinbarte Ausführungsbedingungen.** Wie dargelegt, scheidet nach **Abs II** die Ablehnung eines ZAuftrags immer dann aus (MüKo/*Jungmann* Rn 18 – vorwiegend in **Sondebedingungen** enthalten, nicht im ZdRahmenvertrag), wenn die vorgesehenen Ausführungsbedingungen erfüllt sind und die Ausführung des ZAuftrags auch nicht gegen sonstige Rechtsvorschriften (MüKo/*Jungmann* Rn 24ff) – etwa das Geldwäschegesetz – verstößt (Rn 2, 8). Voraussetzung ist allerdings auch hier, dass es sich um einen **autorisierten ZAuftrag** handelt; die Voraussetzungen ergeben sich insoweit aus § 675j I (§ 675j Rn 2ff). Das besagt: Name des ZEmpfängers und des Zahlers, deren Kundenkennung (§ 675r) sowie der Betrag sind anzugeben. Weitergehende vertragl Bedingungen, wie etwa eine Grenze für die Höhe einer Überweisung im Online-Banking, können vereinbart werden. Zu den wesentlichen Ausführungsbedingungen gehört in der Praxis, dass das Konto des Zahlers hinreichende Kontodeckung – auch im Rahmen eines Überziehungskredits – aufweist (Grü/*Grüneberg* Rn 2).

11 **4. Fiktion des Nichtzugangs.** Sofern der ZdLeister des ZdNutzers berechtigterweise den ihm erteilten ZAuftrag abgelehnt hat, bestimmt **Abs III**, dass eine Fiktion des Nichtzugangs dieses ZAuftrags eingreift. Dieser gilt dann nicht wirksam erteilt (MüKo/*Jungmann* Rn 46). Die Regel bezieht sich gem § 675s auf die für ZVorgänge geltenden **Ausführungsfristen**, auf die in § 675y geregelte **Haftung des ZdLeisters** bei nicht erfolgter Ausführung eines ZAuftrages und der damit gekoppelten Nachforschungspflicht sowie schließlich auf § 675z, so dass die dort geregelten **sonstigen Ansprüche des ZdNutzers** bei nicht erfolgter Ausführung eines ZAuftrags ebenfalls ausscheiden. Die Bestimmung ist eigentlich überflüssig, was jedoch offenbleiben kann (vgl BeckOGK/*Zahrte* Rn 75ff): Ist nämlich die Ablehnung eines ZAuftrags berechtigt, kann die Tatsache des Zugangs des ZAuftrags beim ZdLeister offenbleiben.

12 **5. Darlegungs- und Beweislast.** Es steht fest, dass der **ZdLeister des Zahlers** verpflichtet ist, die einzelnen Gründe darzulegen und auch zu beweisen, wenn und soweit ein ihm erteilter ZAuftrag abgelehnt worden ist (MüKo/*Jungmann* Rn 31). Eine solche Ablehnung betifft immer die vom ZdLeister geschuldete Hauptpflicht im Deckungsverhältnis (Staudinger/*Omlor* Rn 20). Ausgelöst werden daher bei unberechtigter Ablehnung Ansprüche des Zahlers nach § 675v und § 675z (Grü/*Grüneberg* Rn 5). Bei berechtigter Ablehnung entfällt die Erfüllungspflicht des ZdLeisters des Zahlers (Staudinger/*Omlor* Rn 18).

§ 675p Unwiderruflichkeit eines Zahlungsauftrags

(1) Der Zahlungsdienstnutzer kann einen Zahlungsauftrag vorbehaltlich der Absätze 2 bis 4 nach dessen Zugang beim Zahlungsdienstleister des Zahlers nicht mehr widerrufen.

(2) Wurde der Zahlungsvorgang über einen Zahlungsauslösedienstleister, vom Zahlungsempfänger oder über diesen ausgelöst, so kann der Zahler den Zahlungsauftrag nicht mehr widerrufen, nachdem er dem Zahlungsauslösedienstleister die Zustimmung zur Auslösung des Zahlungsvorgangs oder dem Zahlungsempfänger die Zustimmung zur Ausführung des Zahlungsvorgangs erteilt hat. Im Fall einer Lastschrift kann der Zahler den Zahlungsauftrag jedoch unbeschadet seiner Rechte gemäß § 675x bis zum Ende des Geschäftstags vor dem vereinbarten Fälligkeitstag widerrufen.

(3) Ist zwischen dem Zahlungsdienstnutzer und seinem Zahlungsdienstleister ein bestimmter Termin für die Ausführung eines Zahlungsauftrags (§ 675n Abs. 2) vereinbart worden, kann der Zahlungsdienstnutzer den Zahlungsauftrag bis zum Ende des Geschäftstags vor dem vereinbarten Tag widerrufen.

(4) Nach den in den Absätzen 1 bis 3 genannten Zeitpunkten kann der Zahlungsauftrag nur widerrufen werden, wenn der Zahlungsdienstnutzer und der jeweilige Zahlungsdienstleister dies vereinbart haben. In den Fällen des Absatzes 2 ist zudem die Zustimmung des Zahlungsempfängers zum Widerruf erforderlich. Der Zahlungsdienstleister darf mit dem Zahlungsdienstnutzer im Zahlungsdiensterahmenvertrag für die Bearbeitung eines solchen Widerrufs ein Entgelt vereinbaren.

(5) Der Teilnehmer an Zahlungsverkehrssystemen kann einen Auftrag zugunsten eines anderen Teilnehmers von dem in den Regeln des Systems bestimmten Zeitpunkt an nicht mehr widerrufen.

1. Europarechtliche Vorgaben. Die in dieser Bestimmung (Abs I–IV) geregelte Unwiderruflichkeit eines ZAuftrags ist in Art 80 ZdRL vorgegeben. Danach ist die Widerruflichkeit eines erteilten ZAuftrags nur in den Fällen zulässig, die in Art 80 ZdRL im Einz spezifiziert sind. Redaktionell ist in Abs II und in Abs IV dem Umstand Rechnung getragen worden, dass neben dem ZdLeister auch der ZAuslösedienstleister einen ZDienst erbringt (Art 80 II ZdRL), was sich auch aus der Definition dieses Dienstes in Art 4 Nr 15 ZdRL ablesen lässt. Der Zeitpunkt, bis zu welchem ein ZAuftrag widerruflich ist, liegt nunmehr – wie auch schon bisher – grds im Zeitpunkt des Zugangs des ZAuftrags bei ZdLeister. Es gilt auch hier die **Geschäftstagregel** des § 675n (BGH NJW 2019, 2469). Die hier darzustellende Norm ist darauf zurückzuführen, dass die Automatisierung des Zahlungsverkehrs deutlich ausgebaut worden ist (BeckOGK/*Zahrte* Rn 7); insb die Ausführungsfristen gem § 675s sind sehr kurz (§ 675s Rn 2ff). Demzufolge zielt die Regelung darauf ab, manuelle und kostspielige Eingriffe in die Ausführung von ZAufträgen von vornherein zu unterbinden (BT-Drs 16/11643, 109). Gegen die zutr Umsetzung von Art 80 ZdRL bestehen keine Bedenken. 1

2. Zugang beim Zahlungsdienstleister des Zahlers. a) Grundsatz. Die in **Abs I** niedergelegte Berechtigung, einen ZAuftrag zu widerrufen, endet – grds (Rn 3) – für den ZdNutzer in dem Augenblick, in dem der ZAuftrag seinem ZdLeister gem § 130 iSd § 675n tatsächlich zugegangen ist (BeckOK/*Schmalenbach* Rn 2). Denn ein ZAuftrag ist eine Willenserklärung des ZdNutzers. Damit ist gleichzeitig der Tatbestand des Eingangs eines ZAuftrags nach § 675n I beim ZdLeister des Zahlers angesprochen (zur Kontroverse betr den Begriff des Eingangs/Zugangs vgl § 675n Rn 2). Es gilt daher nach Abs I der **Grundsatz der Unwiderruflichkeit** eines ZAuftrags (MüKo/*Jungmann* Rn 2; Staudinger/*Omlor* Rn 5). Bis zu dem in Abs I genannten Zeitpunkt – **Zugang beim ZdLeister** – ist ein ZAuftrag jedoch **frei widerruflich** (BeckOGK/*Zahrte* Rn 8; Grü/*Grüneberg* Rn 2), weil er erst mit Zugang beim ZdLeister des Zahlers wirksam wird. Dieser Zeitpunkt ist ggü der früheren Rechtslage beträchtlich vorverlegt worden (vgl auch MüKo/*Jungmann* Rn 22), was im Blick auf die sehr kurze Ausführungsfrist nach § 675s der danach notwendigen Automatisierung der ZVorgänge geschuldet ist (BeckOGK/*Zahrte* Rn 7). 2

b) Widerrufsrecht. aa) Originäres Widerrufsrecht. Das Widerrufsrecht ist – dogmatisch bewertet – eine **Gegenweisung des Zahlers** (BGH NJW 2017, 3469 Rn 53 – Dauerauftrag, Staudinger/*Omlor* Rn 3). Entspr der zwingenden Vorgabe von Art 80 II ZdRL ist es irrelevant, ob der ZVorgang (nicht der ZAuftrag) vom **Zahler** oder vom **ZEmpfänger** ausgelöst worden ist (vgl Abs II – Rn 6ff). Die Widerrufserklärung ist immer vom Inhaber des ZKontos (Zahler) an seinen ZdLeister zu richten (Staudinger/*Omlor* Rn 3; Grü/*Grüneberg* Rn 2). Von **Abs I** wird in erster Linie der **Überweisungsvertrag** erfasst, gleichgültig, ob es sich um eine einzelne Überweisung oder um einen Dauerauftrag (vgl Abs III) handelt: Die Widerrufsfrist endet für den Zahler nach Zugang bei seinem ZdLeister (Köln WM 2016, 1780). Bei einer **Sammelüberweisung** ist die gesamte Überweisung widerrufen, wenn der Widerruf rechtzeitig beim ZdLeister zugegangen ist. Die dadurch eingetretene erhebliche Verkürzung der Widerrufsfrist ist in Verbindung zur beschleunigten Ausführungsfrist des § 675t I zu sehen (Grü/*Grüneberg* Rn 2; Soergel/*Werner* Rn 10). Zum Problem des Direktwiderrufs beim mehrgliedrigen Überweisungsverkehr Soergel/*Werner* Rn 10ff. Für **Daueraufträge** gilt Abs III; der ZAuftrag kann danach bis zum Ende des Geschäftstags widerrufen werden, der vor dem vereinbarten Termin liegt (Rn 13). Für den Widerruf einer **Lastschrift** gilt die Sonderregel von Abs II S 2 (Rn 9). Auch für die **Kartenzahlung** ist im Fall eines Widerrufs Abs I anwendbar (MüKo/*Jungmannn* Rn 23ff; Soergel/*Werner* Rn 1; BeckOK/*Schmalenbach* Rn 4). Die Norm gilt für alle Arten von Zahlungsdiensten. Die Wirksamkeit eines Widerrufs als Gegenweisung des Zahlers setzt zwingend den **Zugang** bei seinem ZdLeister gem § 130 voraus (*Herresthal* in L/B/S Rn 3). Eine bestimmte **Form** ist nicht vorgeschrieben (Staudinger/*Omlor* Rn 3); doch muss sie vorvertragl bereits vereinbart worden sein (Art 248 § 4 I Nr 2 lit c EGBGB). Soweit dies zutrifft, ergibt sich die Form dann aus den zugrunde liegenden AGB (vgl Grü/*Grüneberg* Rn 2; BeckOGK/*Zahrte* Rn 19). So bestimmt etwa Nr 4.2 der AGB für den Zugang über elektronische Medien (Deutsche Bank AG), dass sich die Widerrufbarkeit beim **Online-Banking** nach den Sonderbedingungen der jew Auftragsart richtet, aber grds „nur außerhalb des Online- und Telefon-Banking erfolgen" kann. Der ZdLeister ist verpflichtet, bei der Erfüllung der ihm obliegenden **Informationspflichten** Art 248 § 4 I Nr 2 lit c EGBGB zu beachten: Art und Weise des Widerrufs sind im Rahmen der vorvertragl Informationspflichten dem ZdNutzer im Zusammenhang mit dem ZdRahmenvertrag in Textform nach Art 248 § 3 EGBGB mitzuteilen. Das **Widerrufsrecht** steht grds dem Zahler zu; dies gilt sowohl beim Überweisungsauftrag als auch bei der **Lastschrift** (Ab II S 2). IdR ist der Zahler gleichzeitig der Inhaber des ZKontos. Bei einem **Gemeinschaftskonto** ist zu unterscheiden: Handelt es sich um ein Und-Konto, muss das Widerrufsrecht – wie jede Verfügung über das ZKonto auch – von beiden gemeinschaftl ausgeübt werden (BeckOGK/*Zahrte* Rn 12). Hingegen ist bei einem Oder-Konto jeder Inhaber des ZKontos hierzu berechtigt. Wird das Widerrufsrecht ausgeübt, besteht die **Rechtsfolge** darin, dass der ZAuftrag auf Grund der wirksam erteilten Gegenweisung des 3

Zahlers nicht ausgeführt werden darf. Ob dies im Valutaverhältnis berechtigt oder unberechtigt war, ist für den im Widerruf adressierten ZdLeister (Deckungsverhältnis) irrelevant.

4 **bb) Anfechtungsrechte.** Die schwierige Frage stellt sich (vgl auch BeckOK/*Schmalenbach* Rn 3), ob auch die Anfechtungsrechte nach den **§§ 119ff** nur innerhalb der engen Grenzen ausgeübt werden dürfen (vgl auch *Belling/Belling* JZ 2010, 208; enger und aM BeckOGK/*Zahrte* Rn 109), die Abs I für den Widerruf eines ZAuftrags zur Verfügung stellt. Dafür spricht Art 80 I ZdRL (MüKo/*Jungmann* Rn 11). Denn diese Norm adressiert an die Mitgliedstaaten die zwingend einzuhaltende Verpflichtung sicherzustellen, dass der Zahler – regelmäßig: nach Zugang bei seinem ZdLeister – den ZAuftrag nicht mehr widerrufen kann. Gegenläufig wird geltend gemacht, dass die ZdRL den Bereich des Anfechtungsrechts überhaupt nicht erfasst (BeckOGK/*Zahrte* Rn 110). Dem ist nicht zu folgen, die zeitl und sachliche Regel von Abs I dominiert. Welche dogmatische Gestalt dieser Widerruf hat, ist in der ZdRL nicht weiter geklärt. Doch würde die Zulassung des Anfechtungsrechts – gerade unter der Perspektive des § 121 – zwingend dazu führen, dass auch noch eine Anfechtung zu einem späteren Zeitpunkt erklärt werden kann (so aber Köln BKR 2016, 349, 350, BeckOK/*Schmalenbach* Rn 3). Dies ist aber deswegen im Rahmen der ZdRL nicht gewollt (wie hier MüKo/*Jungmann* Rn 11f; Grü/*Grüneberg* Rn 2; aM *Zahrte* BKR 2016, 315, 316), weil die kurzen Ausführungsfristen vor dem Hintergrund zu sehen sind, dass dem ZdLeister „von einem bestimmten Zeitpunkt an" kein „kostspieliger manueller Eingriff" in den voll automatisierten Ablauf zugemutet werden soll (BT-Drs 16/11643, 109). Dass dann dem ZdLeister ein Ersatzanspruch nach § 122 zustände, ist keine hinreichende Antwort, weil damit auch der Grundgedanke der Vollharmonisierung gem Art 107 III ZdRL gefährdet würde; Rücksichten auf nationale Rechtsregeln scheiden aus. Doch wird man dies kaum in den seltenen Fällen zulassen dürfen, in denen dem Zahler ein Anfechtungsrecht nach § 123 zusteht. Denn diese Sonderregel ist iÜ auch auf Ersatz des Schadens gerichtet und daher unter Rückgriff auf Art 89 ZdRL als anwendbar zu legitimieren.

5 **c) Zahlungsauftrag.** Der Widerruf des ZdNutzers muss sich immer auf einen ZAuftrag iSv Art 4 Nr 13 ZdRL (vgl § 675f III 2) beziehen, also seinerseits auf die Ausführung eines ZVorgangs gerichtet sein (Grü/*Grüneberg* Rn 2). Da dieser gem Art 4 Nr 6 ZdRL (vgl § 675 III 1) die vom Zahler oder ZEmpfänger ausgelöste Bereitstellung, Transfer oder Abhebung eines Geldbetrags betrifft, macht es für das Vorliegen eines ZAuftrags keinen Unterschied, ob dem ein **ZdRahmenvertrag** gem § 675f III oder ein **Einzelzahlungsvertrag** nach § 675f I zugrunde liegt. Nach der hier nunmehr vertretenen Auffassung stellt jeder ZAuftrag eine Weisung des Zahlers an seinen ZdLeister dar, einen Zahlungsdienst nach § 675c I auszuführen, die unter Berücksichtigung der Vorgaben nach § 675p befristet widerrufen werden kann (Grü/*Grüneberg* Rn 2).

6 **3. Ausführung des Zahlungsvorgangs über Zahlungsauslösedienstleister/Zahlungsempfänger. Abs II** enthält wesentliche **Ausnahmen** von dem zuvor dargestellten Grundsatz. Er bezieht sich auf folgende Konstellationen: Erfasst wird ein ZVorgang, der über einen **ZAuslösedienstleister**, aber auch ein ZVorgang, der von oder über den ZEmpfänger „ausgelöst" wird (hierzu MüKo/*Jungmann* Rn 36). Das ist bei einer „Pull"-Zahlung in Form einer **Überweisung** (BeckOGK/*Zahrte* Rn 27ff), aber auch einer **Lastschrift** der Fall (Staudinger/*Omlor* Rn 8; BeckOK/*Schmalenbach* Rn 5). Vor allem auch bei der **Kartenzahlung** (BeckOGK/*Zahrte* Rn 40f). Grundsatz ist: Der Zahler selbst kann allerdings in diesen Fällen den ZAuftrag nicht mehr wirksam widerrufen, nachdem bei der Überweisung dee ZAuftrag dem ZDLeister des ZEmpfängers nach § 675n I 1 zugegangen ist (BeckOGK/*Zahrte* Rn 27). Gleiches gilt, wenn derZahler seine Zustimmung dem ZAuslösedienstleister oder dem ZEmpfänger zur Ausführung des ZVorgangs erteilt hat. Ziel und Zweck des Abs II ist es, den Zeitpunkt des zulässigen Widerrufs des Zahlers im Unterschied zu Abs I zeitl **nach vorne zu verlagern** (MüKo/*Jungmann* Rn 21). Denn entscheidend für den nach Abs II maßgebenden Zeitpunkt ist der Zeitpunkt des Zugangs der Mitteilung der Zustimmung des Zahlers entweder beim ZAuslösedienstleister oder beim ZEmpfänger (§ 130). Im Einz:

7 **a) Ausgelöster Zahlungsvorgang.** Der klassische Fall, den **Abs II** im Auge hat, bezieht sich, wie erwähnt (Rn 6), auf sog „Pull-Zahlungen" (BeckOK/*Schmalenbach* Rn 4; Grü/*Grüneberg* Rn 2), die stets vom **ZEmpfänger** ausgelöst werden (BT-Drs 16/11643, 109; Staudinger/*Omlor* Rn 8). Erfasst werden damit neben den bereits zuvor erwähnten Fällen (Rn 6) **POS-Zahlungen** mit Bankkarte (§ 675f Rn 130; BeckOGK/*Zahrte* Rn 36ff) sowie Zahlungen mit **Prepaid-Karten.** Mit guten Gründen ist auch darauf aufmerksam gemacht worden, dass die Kartenzahlung durch Abheben von Geld am **Geldautomaten** der prägendste Anwendungsfall von Abs II ist (BeckOGK/*Zahrte* Rn 35f). Ist die begehrte Auszahlung des gewählten Geldbetrages vom ZdNutzer/Zahler bestätigt, dann ist sie unwiderruflich (für einen vergeblichen Widerruf vgl AG Dortmund BeckRS 2020, 27668). Bei Zahlungen mit der **EC-Karte** (Debit-Karte) ist nach Eingabe des PIN der ZVorgang unwiderruflich, die Vermögensdisposition des Zahlers irreversibel (Grü/*Grüneberg* Rn 3; Staudinger/*Omlor* Rn 9). Entscheidend für die Einbettung des **Kreditkartengeschäfts** in den Anwendungsbereich von Abs II S 1 ist die 2. Alt, wonach die Zahlung nicht nur „vom", sondern „über den ZEmpfänger" (BeckOGK/*Zahrte* Rn 40) ausgelöst werden kann (BT-Drs 16/11643, 109; umfassend hierzu Staudinger/*Omlor* Rn 18ff). Letzteres geschieht hier, weil das Vertragsunternehmen/der ZEmpfänger seinerseits einen ZAuftrag an den ZdLeister des Zahlers (Kreditkartenunternehmen) übermittelt, dh erteilt. Hat nämlich der Zahler den Kreditkartenbeleg (auch beim POS-Verfahren) unterzeichnet oder beim Mailorder-Verfahren seine Zustimmung zur Auslösung des ZVorgangs (durch Bekanntgabe seiner Kreditkartennummer, der Gültigkeitsdauer seiner Kreditkarte und ggf der Prüfnummer) ggü dem **ZEmpfänger** erteilt, endet die Widerruflichkeit des ZVorgangs in eben diesem Augenblick (MüKo/*Jungmann* Rn 21; vgl aber auch *Bitter* WM 2010, 1773, 1775ff – Rückforderungsanspruch nach § 675x II beim Telefon- und Mailorderverfahren). Ist die Zustimmung des Zahlers dem ZEmpfänger/Vertragsunternehmen gem § 130 zugegangen, kann

der Zahler den ZVorgang nicht mehr in wirksamer Weise widerrufen. Das Schuldversprechen iSd § 780 kann nicht durch den Widerruf im Deckungsgeschäft torpediert werden (Soergel/*Werner* Rn 7; BeckOGK/*Zahrte* Rn 38; BeckOK/*Schmalenbach* Rn 4). Die gleiche Überlegung gilt im Blick auf die Garantiefunktion des Zahlungsversprechens des ZdLeisters auch bei der Verwendung von **Kundenkarten** (hierzu BeckOGK/*Zahrte* Rn 36ff). Ihnen wird daher auch, wie bereits mehrfach betont, zu Recht die Funktion eines **Bargeldersatzes** zugesprochen (Grü/*Grüneberg* Rn 3, MüKo/*Jungmann* Rn 24). Soweit bei Durchführung eines ZAuftrags ein **ZAuslösedienstleister** eingeschaltet ist (§ 675f Rn 36), kommt es nach **Abs II S 1** für den Zeitpunkt des zulässigen Widerrufs eines ZAuftrags entscheidend darauf an, zu welchem Zeitpunkt der Zahler seine Zustimmung zur Auslösung des ZVorgangs dem ZAuslösedienstleister mitgeteilt hat (MüKo/*Jungmann* Rn 36; Grü/*Grüneberg* Rn 3). Der ZAuslösedienstleister hat ja die Pflicht, einen über ihn ausgelösten ZAuftrag an den ZDienstleister des ZEmpfängers weiterzuleiten, was technisch bedingt regelmäßig in Form einer direkten Durch- und Weiterleitung geschieht (im Einz BeckOGK/*Zahrte* Rn 67ff).

Auf **„Push"-Zahlungen** lässt sich **Abs II** analog nicht übertragen (BeckOK/*Schmalenbach* Rn 7), weil es sich hier um eine Sonderregel handelt, so dass der Überweisungsauftrag hiervon nicht erfasst wird. Die zeitl Grenze der Widerrufbarkeit einer solchen „Push"-Zahlung, wie sie durch § 675n I 1 durch den Zugang des ZAuftrags beim ZdLeister des Zahlers markiert wird, ist stabil (Staudinger/*Omlor* Rn 5). 8

b) Lastschrift. Abs II findet, wie bereits kurz angedeutet (Rn 3), auch für das **SEPA-Verfahren** Anwendung (umfassend BeckOGK/*Zahrte* Rn 46ff; MüKo/*Jungmann* Rn 28ff), und zwar für das Basis- wie für das Firmenlastschriftverfahren (§ 675f Rn 92). Beide Formen der Lastschrift werden vom ZEmpfänger ausgelöst. Der Zahler erteilt einen ZAuftrag (*Laitenberger* NJW 2010, 192, 193). Der ZEmpfänger fungiert aber als Bote (BGH BKR 2010, 428, 430 – SEPA-Lastschrift) der vom Zahler herrührenden Zustimmung (ZAuftrag). Das SEPA-Mandat enthält nämlich eine Generalanweisung (ZAuftrag) an die Zahlstelle, in der der Zahler die Zustimmung bereits vor Ausführung der Lastschrift in Form einer Einwilligung nach § 675j I 2 erteilt. Bei einer SEPA-Lastschrift gibt es also zwei Autorisierungserklärungen, die auch entspr vom Zahler widerrufen werden können, nämlich zum einen die Autorisierung des Zahlers ggü seinem ZdLeister, zum anderen die Autorisierung ggü seinem Vertragspartner, dem ZEmpfänger. Hier ist dann das Valutaverhältnis durch einen etwaigen Widerruf des Zahlers betroffen (BeckOGK/*Zahrte* Rn 51). 9

c) Fälligkeitstag. Art 80 III ZdRL spricht nicht wie Abs II S 2 vom vereinbarten „Fälligkeitstag", sondern vom vereinbarten **„Belastungstag"** (BeckOGK/*Zahrte* Rn 49). Der **Widerruf des Zahlers** ist also bis zum Ende des Geschäftstags zulässig, der vor dem vereinbarten „Fälligkeitstag" liegt. Mit dieser in der dt Gesetzesfassung verwendeten Terminologie ist erkennbar der Tag gemeint, an dem das ZKonto des Zahlers als Folge einer Belastungsbuchung seines ZdLeisters im Rahmen einer Lastschrift belastet werden soll (BeckOGK/*Zahrte* Rn 49). Nicht ist damit ein – wie auch immer gearteter – „Fälligkeitstag" angesprochen, der sich auf das **Valutaverhältnis** zw Zahler und ZEmpfänger bezieht (BeckOGK/*Zahrte* Rn 49; BeckOK/*Schmalenbach* Rn 4), obwohl die dt Fassung eine solche Interpretation nahelegen könnte. Doch Abs II S 2 erfasst nur den ZVorgang und die Ausführung des der Lastschrift zugrunde liegenden ZAuftrags. Der in Abs II S 2 benannte Tag – Ende des Geschäftstags vor vereinbartem Fälligkeitstag – dürfte allerdings – insoweit ist das Valutaverhältnis praktisch relevant – unter Beachtung der Ausführungsfrist nach § 675s und der Wertstellung gem § 675t regelmäßig mit dem Fälligkeitstag zusammenfallen, (was vor allem auch in § 675t III deutlich wird. Danach ist eine Belastungsbuchung – bezogen auf die Wertstellung (§ 675t Rn 15) – frühestens an dem Zeitpunkt – Wertstellungsdatum – vorzunehmen, an dem das ZKonto des Zahlers belastet wird. Im Blick auf die Definition des „Geschäftstags" (Art 4 Nr 37 ZdRL – § 675n I 2) kommt es insoweit entscheidend darauf an, ob der ZdLeister des Zahlers wie der des ZEmpfängers an eben diesem Tag den für die Abwicklung von ZAufträgen/ZVorgängen „erforderlichen Geschäftsbetrieb unterhält". 10

d) Zustimmung – Widerruf. Der Widerruf gem Abs II S 2 setzt voraus, dass es sich um einen vom ZEmpfänger ausgelösten ZAuftrag handelt, so dass nur der vom Zahler autorisierte, also mit seiner Einwilligung oder Genehmigung vollzogene ZVorgang iSv § 675j I Gegenstand des Widerrufs ist (vgl BGH BKR 2010, 428, 430 – SEPA-Lastschrift). Dieser zeitl und gegenständliche Zusammenhang wird auch durch § 675j II verdeutlicht. Dort wird nämlich ausdrückl bestimmt, dass sich der Widerruf einer Zustimmungserklärung nach § 675p richtet. Dieser Tatbestand richtet sich nach § 182. In welcher **Form** die Zustimmung des Zahlers erteilt wird, bedarf im Hinblick auf Art 54 IV ZdRL der Vereinbarung zw dem Zahler und seinem ZdLeister. 11

e) Vorbehalt des Erstattungsanspruchs. Abs II S 2 stellt sicher, dass der Erstattungsanspruch gem § 675x im Hinblick auf den belasteten ZBetrag unter den dort vorgegebenen Voraussetzungen vorbehalten bleibt (§ 675x Rn 3ff; BeckOGK/*Zahrte* Rn 46). Diese sind für das **SEPA-Basis-Verfahren** ausdrückl in den AGB vorgesehen, was nicht ggü einem Unternehmer zu beachten ist (§ 675e IV). 12

4. Vereinbarter Ausführungstermin. Haben ZdNutzer und ZdLeister einen bestimmten Termin iSv **Abs III** für die Ausführung eines ZAuftrags gem § 675n II vereinbart, steht es dem ZdNutzer frei, den ZAuftrag bis zum Ende des Geschäftstags vor dem vereinbarten Tag zu widerrufen. Regelmäßig dürfte hier der **Zahler** ZdNutzer iSv Abs III sein, seltener der ZEmpfänger, so dass dessen Widerrufsrecht praktisch und primär für „Push"-Zahlungen im Vordergrund steht (MüKo/*Jungmann* Rn 31). Ob der ZEmpfänger seinerseits einen ZdLeister eingeschaltet hat, ist irrelevant. Denn Abs III konzentriert diese Alternative des Widerrufsrechts auf das Vertragsverhältnis zw dem widerrufenden ZdNutzer und „seinem" ZdLeister. Betroffen sind von dieser Regelung in erster Linie **Daueraufträge** (BT-Drs 16/11643, 109). 13

14 **5. Vereinbarung der Widerruflichkeit. a) Grundsätzliche Aussage. Abs IV** bestimmt, dass der Zahler berechtigt ist, den ZAuftrag noch zu einem späteren Zeitpunkt zu widerrufen (vgl auch Art 80 V ZdRL). Das gilt bei „Pull"- wie bei „Push"-Zahlungen (BeckOGK/*Zahrte* Rn 89; BeckOK/*Schmalenbach* Rn 10; Staudinger/*Omlor* Rn 15). Voraussetzung ist allerdings, dass der Zahler und sein ZdLeister dies so auch vereinbart haben (BGH NJW 2015, 3093; Staudinger/*Omlor* Rn 14). Der entscheidende Zeitpunkt der Zäsur ist der, dass das Widerrufsrecht noch nicht ausgeübt wurde (BeckOGK/*Zahrte* Rn 89). In der Sache handelt es sich um eine **Verlängerung des Widerufsrechts** (MüKo/*Jungmann* Rn 39; Staudinger/*Omlor* Rn 14). Das ist etwa bei einer einvernehmlichen Stornierung der Fall (BGH NJW 2015, 3093). In welcher Weise dies geschieht, ob durch Individualvertrag oder durch AGB-Klauseln, ist irrelevant; eine besondere Form für diese Vereinbarung ist ebenfalls nicht vorgesehen. Da es sich jedoch stets darum handelt, dass der Widerruf des Zahlers noch zu einem – vereinbarten – **späteren Zeitpunkt** in wirksamer Weise erfolgen kann, ist es zwingend, dass insoweit auch das **Einverständnis des ZEmpfängers** in Form einer Vereinbarung gefordert wird, was für „Pull"-Zahlungen zutreffen kann (MüKo/*Jungmann* Rn 42). Dies ist in Abs IV S 2 unmittelbar für etwaige Vereinbarungen im ZdRahmenvertrag angesprochen. Wird nämlich der ZVorgang iSv Abs II über den ZEmpfänger ausgelöst (vgl Kreditkarte, POS-Zahlungen, Lastschrift etc), berührt eine spätere Widerruflichkeit unmittelbar dessen Interessen, so dass eine Zustimmung eingefordert ist.

15 **b) Zustimmungserfordernis.** Soweit **Abs IV S 2** zur Anwendung gelangt, ist die Zustimmung des ZEmpfängers iSd §§ 182ff für das Zustandekommen einer die Widerrufsfrist hinausschiebenden vertragl Vereinbarung konstitutiv (MüKo/*Jungmann* Rn 42). Ob diese als aufschiebende oder auflösende Bedingung iSv § 158 erklärt wird, ist gleichgültig. Irrelevant ist es auch, ob es sich um eine Einwilligung oder eine Genehmigung handelt (BeckOGK/*Zahrte* Rn 93). Ohne weiteres ist es auch – allerdings: sehr selten – möglich, dass die insoweit erforderliche Zustimmung des ZEmpfängers im Wege eines Drei-Parteien-Vertrags zw Zahler, ZdLeister und ZEmpfänger zustande kommt (MüKo/*Jungmann* Rn 43). Ob in diesen Fällen auf eine Fiktion einer Zustimmung nach § 308 Nr 5 zurückgegriffen werden kann, dürfte wegen der dadurch betroffenen erheblichen Interessen des ZEmpfängers zweifelhaft sein (vgl BGH NJW 2021, 2273 – Änderung der Banken-AGB; krit teilw *Herresthal* ZHR 186 (2022) 373ff; sehr krit zu der Neufassung *Graf v Westphalen* ZIP 2022, 2153), so dass insoweit das berechtigte Interesse an der Verwendung einer solchen Klausel nur Beachtung des Konsensprinzips der §§ 145ff fehlen dürfte (vgl BGH NJW 2021, 2273 – Änderung der Banken-AGB; NJW-RR 2008, 134 – Internetprovider). Falls der ZEmpfänger jedoch seine Zustimmung **verweigert**, dann beginnt die Ausführungsfrist stets mit dem Zugang dieser Erklärung bei der Zahlstelle (BeckOGK/*Zahrte* Rn 95). I Erg bedeutet dies, dass die ursprüngl Bezahlungspflicht bestehen bleibt, es tritt keine Schuldbefreiung ein.

16 **c) Entgeltvereinbarung.** Abs IV S 3 stellt den Parteien des ZdRahmenvertrags frei, eine Vereinbarung zu treffen, dass die **Bearbeitung eines Widerrufs** des Zahlers ein Entgelt auslöst. Diese Regelung gilt sowohl für Pull- als auch für Push-Zahlungen (BckOGK/*Zahrte* Rn 103; BT-Drs 16/11643, 109). Man wird hier von einer **Nebenpflicht** nach § 675f V 2 des ZdRahmenvertrags ausgehen müssen (hierzu BGH NJW 2017, 3649 Rn 32; NJW 2019, 3771 Rn 60; Grü/*Grüneberg* Rn 6; Staudinger/*Omlor* Rn 16), so dass man im Blick auf die Höhe des Entgelts § 675f V 2 in Stellung bringen kann (MüKo/*Jungmannn* Rn 48; zweifelhaft nach BGH NJW 2013, 995; abl BeckOGK/*Zahrte* Rn 107 – Hauptleistung): Das für Abs IV in Betracht kommende Entgelt muss im **ZdRahmenvertrag** für die Bearbeitung des Widerrufs vereinbart sein (MüKo/*Jungmann* Rn 50). Es muss daher **angemessen** sein und den **tatsächlichen Kosten** des ZdLeisters entsprechen (§ 675f Rn 44). Eine richterliche Inhaltskontrolle einer solchen, an den tatsächlichen – verursachungsgerecht ermittelten – Kosten orientierten Entgeltvereinbarung (BeckOGK/*Zahrte* Rn 108) scheidet gem § 307 III 1 aus, soweit der gesetzl vorgegebene Kostenrahmen im Rahmen des Verursacherprinzips eingehalten ist (vgl auch *Bitter* WM 2010, 1773, 1781). Dass iÜ eine Überprüfung der **Höhe des Entgelts** gem § 307 II Nr 1 in Betracht kommt, folgt aus dem halbzwingenden Charakter von § 675 IV 2, was sich wiederum aus § 675e I herleitet (BGH NJW 2017, 3649 Rn 45; Staudinger/*Omlor* Rn 16). Die Norm hat daher **Leitbildfunktion** nach § 307 II Nr 1 im Blick auf die Höhe der geltend gemachten Kosten. Angesetzt werden dürfen keine Gemeinkosten, wohl aber die für den Widerruf aufgewendeten sachlichen Kosten (vorwiegend IT), Personalkosten sind wohl nur noch sehr selten in Ansatz zu bringen (hierzu auch BGH NJW 2019, 3771 Rn 80), so dass dies problematisch sein dürfte (aM BeckOGK/*Zahrte* Rn 108), weil maschinelle Abläufe dominieren, die den Gemeinkosten zuzuweisen sind. Gegen einen moderaten Gewinnzuschlag (Stichwort: Es handelt sich hier um „Entgelt", nicht um „Aufwand") dürften keine durchgreifenden Bedenken bestehen (vgl Grü/*Grüneberg* § 675f Rn 22). Für ZdNutzer, die den Status eines Unternehmers gem § 14 enthalten, stellt § 675e IV insoweit eine Ausnahme bereit. Ob man soweit gehen sollte, die Berechtigung für die Vereinbarung eines solchen Entgelts nur für den Fall zu bejahen, dass der Widerruf **erfolgreich** war (MüKo/*Jungmann* Rn 51), erscheint zweifelhaft und ist vom Wortlaut der Norm her schwerlich gedeckt (BeckOGK/*Zahrte* Rn 104).

17 **6. Widerruf in Zahlungsverkehrssystemen.** Sofern – insb beim Überweisungsverkehr, beim Kreditkartengeschäft oder beim Lastschriftverfahren – Zahlungsverkehrssysteme gem § 1 XI ZAG eingesetzt werden, entscheidet sich nach den **Vorgaben von Abs V** die Frage, bis zu welchem Zeitpunkt ein Widerruf in Betracht kommt (Staudinger/*Omlor* Rn 17), ausschließlich nach den dort getroffenen Vereinbarungen. Wird jedoch der Widerruf ausgeschlossen (Grü/*Grüneberg* Rn 7), besteht die Pflicht zur unbedingten Ausführung des ZAuftrags zur Abwicklung des jew ZVorgangs. Nach der definitorischen Vorgabe von § 1 XI ZAG ist unter einem solchen Zahlungssystem „ein System zur Übertragung von Geldbeträgen auf der Grundlage von formalen und standardisier-

ten Regeln und einheitlichen Vorschriften" zu verstehen, welches für die „Verarbeitung, das Clearing oder die Verrechnung von Zahlungsvorgängen" bestimmt ist.

§ 675q Entgelte bei Zahlungsvorgängen

(1) Der Zahlungsdienstleister des Zahlers sowie sämtliche an dem Zahlungsvorgang beteiligte zwischengeschaltete Stellen sind verpflichtet, den Betrag, der Gegenstand des Zahlungsvorgangs ist (Zahlungsbetrag), ungekürzt an den Zahlungsdienstleister des Zahlungsempfängers zu übermitteln.

(2) Der Zahlungsdienstleister des Zahlungsempfängers darf ihm zustehende Entgelte vor Erteilung der Gutschrift nur dann von dem übermittelten Betrag abziehen, wenn dies mit dem Zahlungsempfänger vereinbart wurde. In diesem Fall sind der vollständige Betrag des Zahlungsvorgangs und die Entgelte in den Informationen gemäß Artikel 248 §§ 8 und 15 des Einführungsgesetzes zum Bürgerlichen Gesetzbuche für den Zahlungsempfänger getrennt auszuweisen.

(3) Zahlungsempfänger und Zahler tragen jeweils die von ihrem Zahlungsdienstleister erhobenen Entgelte, wenn sowohl der Zahlungsdienstleister des Zahlers als auch der Zahlungsdienstleister des Zahlungsempfängers innerhalb des Europäischen Wirtschaftsraums belegen ist.

(4) Wenn einer der Fälle des § 675d Absatz 6 Satz 1 Nummer 1 vorliegt,

1. ist § 675q Absatz 1 auf die innerhalb des Europäischen Wirtschaftsraums getätigten Bestandteile des Zahlungsvorgangs nicht anzuwenden und

2. kann von § 675q Absatz 2 für die innerhalb des Europäischen Wirtschaftsraums getätigten Bestandteile des Zahlungsvorgangs abgewichen werden.

1. Europarechtliche Vorgaben. Die Bestimmung setzt Art 81 ZdRL um (begrenzt auf Abs I und II). Soweit Abs III – SHARE-Regel (BT-Drs 18/11495, 159) – in Rede steht, hat der dt Gesetzgeber die Vorschrift des Art 62 II ZdRL eingearbeitet. Dies ist unbedenklich. iÜ berücksichtigt Abs IV, dass nach Art 2 III und IV ZdRL sich die RL auch auf die Bestandteile eines ZVorgangs bezieht, in denen nur einer der ZdLeister in der EU seine gewerbliche Niederlassung hat sowie den weiteren Fall, dass der ZVorgang in einer Drittstaatenwährung abzuwickeln ist (BT-Drs). IÜ besteht der Normzweck dieser Regel darin sicherzustellen, dass die Zahlpflicht im Valutaverhältnis vollständig – dh ohne Abzug – erfüllt wird (MüKo/*Jungmann* Rn 8). 1

2. Übermittlung des ungekürzten Zahlungsbetrags. Abs I stellt eine umfassende Regelung dar. Gleichgültig, welcher ZdLeister an der Ausführung des ZVorgangs beteiligt ist, es besteht die **unbedingte Verpflichtung**, den ZBetrag ungekürzt an den ZdLeister des ZEmpfängers zu übermitteln (Staudinger/*Omlor* Rn 3, Grü/*Grüneberg* Rn 2; *Herresthal* in L/B/S Rn 1; MüKo/*Jungmann* Rn 8). Es handelt sich hier jew um den ZBetrag, den der Zahler bestimmt (Überweisung; Grü/*Grüneberg* Rn 2). Hinter den gesetzgeberischen Erwägungen steht das Interesse an einer voll integrierten und vollautomatisierten Abwicklung von Zahlungen sowie an **Rechtssicherheit**. Der ZEmpfänger muss erwarten können, dass ihm der vom Zahler autorisierte ZVorgang – und damit der ZBetrag – in voller Höhe gutgeschrieben wird (BT-Drs 16/11643, 109). MaW: Die dem ZEmpfänger erteilte Gutschrift muss, sofern nicht der Zahler selbst den ZAuftrag – bezogen auf die aus dem Valutaverhältnis resultierende Verbindlichkeit – gekürzt hat, in voller Höhe der auszugleichenden Forderung iSv § 362 entsprechen. Das **Kürzungsverbot** von Abs I ist nur an den ZdLeister des Zahlers und an die zur Ausführung des ZVorgangs zwischengeschalteten Stellen, nicht aber an den des ZEmpfängers gerichtet. Es spielt keine Rolle, in welcher Weise und von wem eine Kürzung des vom Zahler veranlassten ZBetrages vorgenommen wird (BeckOGK/*Zahrte* Rn 9). Da der ZBetrag ungekürzt nach § 675t dem ZEmpfänger zur Verfügung zu stellen ist, kann dieser etwaige Abzüge nur vornehmen, soweit diese auf einer entspr Vereinbarung (MüKo/*Jungmann* Rn 18) beruhen (Rn 6). Entgelte sind gesondert in Rechnung zu stellen, eine Verrechnung ist ausgeschlossen (MüKo/*Jungmann* Rn 18). Für die **Wertstellung** der erteilten Gutschrift auf dem ZKonto des ZEmpfängers gilt § 675t (§ 675t Rn 6ff). Die **Haftung** für den Fall, dass der ZAuftrag fehlerhaft ausgeführt wurde, richtet sich nach § 675y (§ 675y Rn 6ff). 2

a) Zahlungsbetrag. Darunter ist der Geldbetrag zu verstehen, den iSe ZVorgangs gem Art 4 Nr 5 ZdRL der Zahler dem ZEmpfänger aus dem Valutaverhältnis schuldet (BeckOGK/*Zahrte* Rn 8 „Initiator der Zahlung"). Der betr Betrag ist auch immer Gegenstand des ZVorgangs bei Überweisung, Lastschrift oder Verwendung einer Zahlkarte (MüKo/*Jungmann* Rn 15). Ob dieser Geldbetrag im Rahmen der Definition von Art 4 Nr 25 ZdRL (was regelmäßig der Fall sein wird) oder E-Geld iSd Art 1 III lit b RL 2000/46/EG ist, ist gleichgültig. Zugrunde liegt jew ein **ZAuftrag** des Zahlers iSv Art 4 Nr 13 ZdRL, welcher den **ZVorgang** ausgelöst hat: Auf den Definitionskatalog dieser beiden Begriffe, wie er in § 675f IV verankert ist, wird hingewiesen (§ 675f Rn 41). Es macht insoweit keinen Unterschied, ob der betreffende ZVorgang im Rahmen einer Überweisung oder einer Lastschrift – ausgelöst hier vom ZEmpfänger – ausgeführt wird. Denn immer kommt es im Kontext von Abs I nur darauf an, dass die am ZVorgang beteiligten ZdLeister/Stellen – damit ist auch das Interbankenverhältnis angesprochen – das Kürzungsverbot beachten. 3

b) Kürzungsverbot. Erfasst wird die **gesamte Kette aller ZdLeister und Zahlungsverkehrssysteme**, die an der Abwicklung des ZVorgangs beteiligt sind (MüKo/*Jungmann* Rn 20). Das Verbot richtet sich an alle Beteiligten, nicht nur an die ZdLeister, die an der Erfüllung der Zahlungspflichten im Valutaverhältnis (§ 362) beteiligt sind (BeckOGK/*Zahrte* Rn 10f). Es ist unerheblich, in welcher Weise ein ZdLeister oder eine sonstige zwischengeschaltete Stelle Kürzungen des zu transferierenden Geldbetrags vornehmen. Immer sind Kürzungen strikt ver- 4 boten. Gleichgültig ist daher auch, ob es sich um den Abzug von Provisionen, Auslagenersatz oder sonstiger nicht vereinbarter Entgelte handelt (BeckOGK/*Zahrte* Rn 16). Immer geht es hier um den Betrag, auf den die Überweisung, die Lastschrift oder die Kartenzahlung lautet (MüKo/*Jungmann* Rn 16). Das Verbot von Abs I erfasst auch die Geltendmachung von Aufrechnungsrechten gem §§ 387ff ggü dem Anspruch auf Aufwendungsersatz (Grü/*Grüneberg* Rn 2). Denn auch dies wäre eine Kürzung. Der ZdLeister ist in diesen Fällen darauf angewiesen, seine gegen den Zahler oder gegen den ZEmpfänger gerichteten Ansprüche selbständig – also außerhalb der Abwicklung des ZVorgangs – zu erheben. Auch ist der ZdLeister des ZdNutzers nicht berechtigt, die Einrede des nicht erfüllten Vertrags gem § 320 zu erheben, weil insoweit die Sperrung des § 675s – Beachtung der Ausführungsfristen – greift. Zudem hat der ZEmpfänger einen Anspruch ggü seinem ZdLeister darauf, dass die ihm übermittelten Geldbeträge gem § 675t I unverzüglich verfügbar gemacht werden, nachdem sie auf dem Konto des ZdLeisters eingegangen, ihm also im iSv Abs I „übermittelt worden sind" (§ 675t Rn 2ff). Wird gleichwohl – und dies in **unzulässiger Weise** – eine Kürzung vorgenommen, haftet bei einer **„Push"-Zahlung** der ZdLeister des Zahlers nach § 675y I 1 ohne Rücksicht auf ein Verschulden (§ 675y Rn 6ff; Staudinger/*Omlor* Rn 10; EBJS/*Keßler* Rn 6; BeckOGK/*Zahrte* Rn 53). Bei einer vom ZEmpfänger ausgelösten **„Pull"-Zahlung** führt der **Verstoß** gegen Abs I dazu, dass ein entspr Anspruch des ZEmpfängers gem § 675y II entsteht (§ 675y Rn 10), so dass dessen ZdLeister den Differenzbetrag verfügbar stellt (Staudinger/*Omlor* Rn 11; BeckOGK/*Zahrte* Rn 44f). Ob im **Valutaverhältnis** bei Zahlung eines gekürzten Betrages Erfüllung nach § 362 eintritt (so BeckOGK/*Zahrte* Rn 45), erscheint fraglich. Denn der ZEmpfänger/Gläubiger hat Anspruch auf den Betrag, wie er sich aus dem Vertragsverhältnis mit dem Schuldner (Zahler) ergibt. Insoweit wird nicht nur die (rechtzeitige) Erfüllungshandlung, sondern der Erfolg geschuldet.

5 c) **Vereinbarung von Entgelten.** Die Vereinbarung eines Entgelts nach **Abs II** erfolgt regelmäßig im ZdRahmenvertrag, was auch im Grundsatz durch AGB zulässig ist (Grü/*Grüneberg* Rn 3; MüKo/*Jungmann* Rn 26). Sichergestellt werden muss allerdings in jedem Fall, dass der ZBetrag ungekürzt dem ZdLeister des ZEmpfängers übermittelt, dh von der Ausnahme nach Abs II S 1 abgesehen ihm auch **ungekürzt gutgeschrieben** wird (vgl Soergel/*Werner* Rn 3; MüKo/*Jungmann* Rn 25). Das bedeutet gleichzeitig, dass der volle Zahlungsbetrag, wie er im **Valutaverhältnis** vereinbart wurde, auch beim ZEmpfänger ankommt (Staudinger/*Omlor* Rn 7). Vereinbarungen iSv Abs II sind am häufigsten im **Kreditkartengeschäft** anzutreffen, es handelt sich dann um das **Disagio,** welches zw Kartenherausgeber und Vertragsunternehmen vereinbart wird (MüKo/*Jungmann* Rn 26). Alle Entgeltregeln, die den Tatbestand von Abs II in transparenter Weise beachten, bleiben also unberührt; eine Kontrolle gem § 307 I 1 bleibt freilich vorbehalten, solange es sich nicht um eine Preisvereinbarung iSv § 307 III 1, sondern um eine **Preisnebenabrede** handelt (umfassend *Omlor* WM 2018, 937ff; *Bitter* WM 2010, 1773, 1781). Da jedoch Abs II nur von „Entgelten", nicht aber von „Aufwand" spricht, wird man auch festhalten müssen, dass der bei anderen ZdLeistern oder innerhalb des Interbankensystems entstehende „Aufwand" in Abs II keine Stütze findet, auch wenn der ZdLeister des ZEmpfängers hiermit belastet worden sein sollte (Soergel/*Werner* Rn 3). Abs II bezieht sich indessen nur auf das **Inkassoverhältnis**, so dass insoweit getroffene Absprachen keine Auswirkungen auf das **Valutaverhältnis** entfalten (MüKo/*Jungmann* Rn 29). Doch gilt gleichwohl: Erfolgt unzulässigerweise ein Abzug des Entgelts, dann tritt nur iHd tatsächlichen ZBetrages, der dem ZEmpfänger gutgebracht wurde, Erfüllung nach § 362 ein (BeckOGK/*Zahrte* Rn 55).

6 **3. Entgelt des Zahlungsdienstleisters ggü dem Zahlungsempfänger.** Soweit dem ZdLeister ggü dem ZEmpfänger aufgrund einer Vereinbarung das Recht zusteht, ein Entgelt zu fordern, bestimmt **Abs II S 1**, dass der ZdLeister berechtigt ist, diesen Betrag von dem ihm übermittelten ZBetrag **abzuziehen.** Ob diese Vereinbarung im Deckungsverhältnis aufgrund einer Individualabrede oder AGB-rechtl akkordiert wird, ist gleich (MüKo/*Jungmann* Rn 26; Grü/*Grüneberg* Rn 3; BeckOK/*Schmalenbach* Rn 5); sie bedarf auch keiner bestimmten Form. In der Sache handelt es sich freilich nicht um eine Aufrechnung nach den §§ 387ff, weil es insoweit an der Gleichartigkeit der aufzurechnenden Forderungen fehlt (BeckOGK/*Zahrte* Rn 20). Gesetzgeberischer Hintergrund für diese Regel ist, dass sich vor allem im grenzüberschreitenden Zahlungsverkehr die Praxis eingebürgert hatte, dass der ZdLeister des ZEmpfängers diesem nur einen gekürzten Betrag gutbringt, so dass es dann im Valutaverhältnis zu unberechtigten Mahnungen des Zahlers kam (BT-Drs 16/11643, 10). Diese Praxis ist nunmehr nur dann gem Abs II S 1 zulässig, wenn eine entspr Vereinbarung zw dem ZdLeister und dem ZEmpfänger besteht. Denn nur dann kann dieser feststellen, ob der Zahler seinerseits den aus dem Valutaverhältnis geschuldeten Geldbetrag gem § 362 – ungekürzt – transferiert hat. Praktische Bedeutung hat diese Regel vor allem bei Inkassovereinbarungen im Rahmen der **SEPA-Lastschrift** im unternehmerischen Bereich.

7 Die insoweit erforderliche **Transparenz** der jew vereinbarten Entgeltregelung ist durch die Vorgaben von **Abs II S 2** sichergestellt. Denn sowohl der vollständige Betrag des ZVorgangs als auch die vom ZdLeister ggü dem ZEmpfänger in Rechnung gestellten Entgelte sind in den **vorvertragl geschuldeten Informationen** gem Art 248 § 8 und 15 EGBGB **getrennt** auszuweisen. Nach Ausführung des einzelnen ZVorgangs ist zudem der ZdLeister des ZEmpfängers gem Art 248 § 8 Nr 2 EGBGB verpflichtet, den gutgeschriebenen ZBetrag in der Währung, in der dieser Betrag auf dem ZKonto des ZEmpfängers gutgeschrieben wurde, mitzuteilen. Soweit für die Ausführung dieses ZVorgangs ein **Entgelt** zu entrichten ist, ist der ZdLeister gem Art 248 § 8 Nr 3 EGBGB verpflichtet, dieses dem ZEmpfänger in exakter Höhe – ggf auch aufgeschlüsselt – mitzuteilen. Alle diese Information schuldet der ZdLeister dem ZEmpfänger in **Textform**, und zwar gem § 121 unverzüglich nach Ausführung eines jeden ZVorgangs. In der Praxis geschieht dies idR durch zeitnahe Übersendung eines **Kontoauszugs.** Hinzuweisen ist freilich darauf, dass es den Parteien im Rahmen eines ZdRahmenvertrags gem Art 248 § 10 EGBGB auch frei-

steht, sowohl im Hinblick auf die Häufigkeit als auch im Hinblick auf die gem Art 248 § 3 EGBGB geschuldet Textform, **abw Vereinbarungen** zu treffen. Doch ist der ZdLeister des Empfängers auf jeden Fall verpflichtet, die zuvor erwähnten Informationen mindestens „einmal monatlich" dem ZEmpfänger mitzuteilen, so dass dieser in der Lage ist, die Informationen unverändert aufzubewahren und sie auch nachvollziehen kann. Handelt es sich hingegen um einen **Einzelzahlungsvorgang** iSv § 675f I (§ 675f Rn 11), gilt das Gleiche für die vorvertragl Informationen nach Art 248 § 13 I 2 EGBGB; doch ergeben sich nach Ausführung eines Zvorgangs die Pflichten für die Angaben des Entgelts aus Art 248 § 15 Nr 3 EGBGB; die Form richtet sich nach Art 248 § 12 EGBGB: Die Information muss dem Zempfänger in leicht zugänglicher Form zur Verfügung gestellt werden, so dass er sie zur Kenntnis nehmen kann: das reicht auch im Rahmen einer elektronischen Abfrage (Grü/*Grüneberg* Art 248 § 11 EGBGB Rn 2).

4. Share-Entgeltregel. Abs III bestimmt, dass der Zempfänger und der Zahler jew die von ihrem eigenen ZdLeister erhobenen Entgelte, die bei Abwicklung eines Zvorgangs anfallen und von dem jew ZdLeister erhoben werden, zu tragen verpflichtet sind – **SHARE-Entgelte** (Staudinger/*Omlor* Rn 8; MüKo/*Jungmann* Rn 31). Die Norm passt nicht ganz in das System der ZdRL, weil sie das **Valutaverhältnis** erfasst (BeckOK/*Schmalenbach* Rn 7). Sie besagt (MüKo/*Jungmann* Rn 31ff): Bei ZVorgängen, die vom Zahler ausgelöst werden („Push"-Zahlungen), trägt der Zahler für die Ausführung des ZAuftrags, der ZEmpfänger für den Zahlungseingang die jew anfallenden Entgelte (BT-Drs 16/11643, 110). Gleiches gilt umgekehrt, wenn der ZVorgang vom ZEmpfänger („Pull"-Zahlung) ausgelöst ist. Die Regel des Abs III ist als **zwingend** anzusehen (MüKo/*Jungmann* Rn 34; Grü/*Grüneberg* Rn 4). Auch hier bereitet es allerdings keine Schwierigkeiten, wenn Zahler oder ZEmpfänger sich im Valutaverhältnis verpflichten, das entspr Entgelt für die Erledigung des ZAuftrags zu entrichten – **„OUR-Zahlungen"** (MüKo/*Jungmann* Rn 35, BeckOK/*Schmalenbach* Rn 2; BeckOGK/*Zahrte* Rn 35); mit einer solchen Klausel verpflichtet sich der ZdNutzer, alle Kosten der Transaktion selbst zu tragen; im Unterschied zur **„BEN"**-(„beneficiary") Regel (BeckOGK/*Zahrte* Rn 36ff), wonach der ZEmpfänger als „beneficiary" alle Kosten übernimmt. Praktisch bezieht sich Abs III im Wesentlichen auf ZVorgänge, die innerhalb des Euro-Raums abgewickelt werden. 8

5. Drittstaatbezug. Abs IV bezieht sich auf § 675d VI I Nr 1, setzt also einen ZVorgang voraus, der entweder einen Bezug zu einer Drittwährung hat (außerhalb der EWR-Währungen – BT-Drs 18/11495, 159) oder eine „one-leg-transaction" ist (BT-Drs), weil nur ein ZdLeister eines solchen ZVorgangs in dem EWR belegen ist (BT-Drs 18/11495, 160). Demzufolge können nach Abs IV für ZVorgänge abw Vereinbarungen getroffen werden, und zwar nach der Vorgabe von Abs IV Nr 1 in Bezug auf die Bestandteile des ZVorgangs, die „innerhalb" des EWR getätigt werden (BeckOGK/*Zahrte* Rn 41). Dann kann ein Entgelt für eben diese „Bestandteile" des ZVorgangs vereinbart werden, weil insoweit Abs I außer Funktion gesetzt ist. In Bezug auf IV Nr 2 kann insoweit auch eine Abweichung von Abs II vereinbart werden. Die Norm ist dipositiv (BeckOGK/*Zahrte* Rn 42; vgl auch BT-Drs 18/11495, 160). 9

§ 675r Ausführung eines Zahlungsvorgangs anhand von Kundenkennungen

(1) Die beteiligten Zahlungsdienstleister sind berechtigt, einen Zahlungsvorgang ausschließlich anhand der von dem Zahlungsdienstnutzer angegebenen Kundenkennung auszuführen. Wird ein Zahlungsauftrag in Übereinstimmung mit dieser Kundenkennung ausgeführt, so gilt er im Hinblick auf den durch die Kundenkennung bezeichneten Zahlungsempfänger als ordnungsgemäß ausgeführt.

(2) Eine Kundenkennung ist eine Abfolge aus Buchstaben, Zahlen oder Symbolen, die dem Zahlungsdienstnutzer vom Zahlungsdienstleister mitgeteilt wird und die der Zahlungsdienstnutzer angeben muss, damit ein anderer am Zahlungsvorgang beteiligter Zahlungsdienstnutzer oder dessen Zahlungskonto für einen Zahlungsvorgang zweifelsfrei ermittelt werden kann.

(3) Ist eine vom Zahler angegebene Kundenkennung für den Zahlungsdienstleister des Zahlers erkennbar keinem Zahlungsempfänger oder keinem Zahlungskonto zuzuordnen, ist dieser verpflichtet, den Zahler unverzüglich hierüber zu unterrichten und ihm gegebenenfalls den Zahlungsbetrag wieder herauszugeben.

1. Europarechtliche Vorgaben. Die Bestimmung setzt im Wesentlichen Art 88 ZdRL in dt Recht um. Allerdings spricht die ZdRL nicht von „Kundenkennung", sondern von einem „Kundenidentifikator" – **Kundenkennung** (Art 88 I ZdRL). Dieser ist in Art 4 Nr 33 ZdRL definiert, was jedoch in Abs II weitgehend wortgleich übernommen worden ist. Insoweit bestehen also keine Bedenken, den Begriff der „Kundenkennung" auch weiterhin zu verwenden. Nach Art 88 I ZdRL „gilt" ein ZAuftrag immer dann als „korrekt ausgeführt" (für die Annahme einer Fiktion Staudinger/*Omlor* Rn 13), wenn er in Übereinstimmung ggü dem einzelnen ZEmpfänger mit dem Kundenindentifikator vorgenommen wird (EuGH EuZW 2019, 351). Folglich geht die Mitteilung eines Kundenindifikators jew auf die Veranlassung des betreffenden ZdLeisters zurück; dieser hat es in der Hand zu bestimmen, welche „Buchstaben, Zahlen oder Symbole" im Einzelfall als „Kundenindentifikator" vom ZdNutzer zu verwenden sind. Die Kundenkennung nach Abs I und II muss technisch deshalb derart ausgestaltet sein, dass der konkrete ZdNutzer eindeutig zu identifizieren ist (*Herresthal* in L/B/S Rn 4). Art 88 II ZdRL bestimmt dann, dass der ZdLeister dafür keine Haftung nach Art 89 ZdRL trägt, wenn der vom ZdNutzer angegebene Kundenindifikator bei Erfüllung eines ZAuftrags und der Abwicklung eines ZVorgangs „fehlerhaft" war (§ 675y V; Schleswig BeckRS 2012, 25125). Art 45 I lit a ZdRL bestimmt insoweit die vom ZdLeister zu erfüllende Informationspflicht betr die Mitteilung des Kundenidentifikators. 1

2 Unter Berücksichtigung des Grundsatzes der Vollharmonisierung gem Art 107 III ZdRL ist es – vor allem auch wegen der abschließenden Haftungsregel des § 675y V (§ 675y Rn 31ff) – ausgeschlossen, dass der Zahler im Rahmen des § 241 II eine weitergehende Pflicht zum Nachteil des ZdLeisters begründet. Die Regelung ist zwingend, weil sie weder in § 675e II noch in § 675e IV als dispositiv angesprochen wird. Der früher übliche und auch notwendige Abgleich Kontonummer/Name ist abschließend entfallen und inzwischen Geschichte (BeckOGK/*Zahrte* Rn 5). Rechtspolitische Einwände sind fehl am Platz (krit auch *Bitter* WM 2010, 1725, 1728f), um der strengen Anwendung von Art 107 III ZdRL erfolgreich im Rahmen des (abw) nationalen Rechts entgegengehalten zu werden (*Nobbe* WM 2011, 961, 964). Dass Art 88 III ZdRL nur eine Bemühenspflicht des ZdLeisters konstituiert, den – auf Grund einer fehlerhaften Kundenkennung fehlgeleiteten – Geldbetrag zurückzuerlangen, berührt den dann eingreifenden Anspruch aus Bereicherung nach den §§ 812ff (*Hoffmann* WM 2016, 1110, 1113).

3 **2. Ausführung des Zahlungsvorgangs aufgrund der jeweils mitgeteilten Kundenkennung. a) Strikte Observanz.** Abs I ist eindeutig: Führt der ZdLeister des Zahlers einen ZVorgang exakt entspr der von diesem mitgeteilten Kundenkennung durch, sind damit die von ihm zu beachtenden Erfüllungspflichten **abschließend** umschrieben. Maßgebend ist also die Verwendung der jew Bankleitzahl – **IBAN** (vgl Staudinger/*Omlor* Rn 7; MünchKomm/*Jungmann* Rn 18ff; BeckOGK/*Zahrte* Rn 12ff); die **BIC** (Bank Identifier Code) ist allerdings keine Kundenkennung, weil sie iSv von Art 4 Nr 31 ZdRL nicht vom ZdLeister dem ZdNutzer im Rahmen und für einen durchzuführenden ZVorgang „mitgeteilt" wird. Die **Kontonummer** ist ebenfalls kein Kundenidentifikator, weil, wie mit Recht angemerkt wird, für ihre Vergabe im Gegensatz zur IBAN „keine einheitliche Struktur" besteht (BeckOGK/*Zahrte* Rn 16). Die Nummer der **Kreditkarte** fällt hingegen in den Anwendungsbereich des Abs I (BeckOGK/*Zahrte* Rn 17; Grü/*Grüneberg* Rn 3). Das volle Risiko, dass sich der ZdNutzer verschreibt, vertippt oder sonst irrt, oder weil er die richtige Kundenkennung schlicht vergessen hat, fällt danach allein diesem zur Last (Grü/*Grüneberg* Rn 2). MaW: Die Automatisierung des ZVerkehrs fordert ihren Tribut (BeckOK/*Schmalenbach* Rn 1). Eine Abgleichung von Kontonummer bzw Kundenkennung mit dem Empfängernamen (Kontoinhaber) ist entgegen der früher geltenden Rechtslage nicht mehr erforderlich (BeckOGK/*Zahrte* Rn 27ff) und zählt weder zu den Haupt- noch zu den Nebenpflichten des ZdLeisters (BT-Drs 16/11643, 110), sofern nicht die **Ausnahmeregelung** von Abs III in Rede steht (krit *Bitter* WM 2010, 1725, 1728f), weil erkennbar (Rn 9) die angegebene Kundenkennung keinem ZEmpfänger oder keinem ZKonto zuzuordnen ist. **§ 675y V** erklärt darüber hinaus unmissverständlich, dass eine Haftung des ZdLeisters ausscheidet, wenn dieser den ZVorgang aufgrund der vom Zahler angegebenen Kundenkennung ausgeführt hat (§ 675y Rn 32). Wegen des **besonderen Risikos**, welches der ZdNutzer nach Maßgabe von § 675y V trägt, weil der ZdLeister berechtigt ist, sich nur an der Kundenkennung bei Durchführung eines ZAuftrags zu orientieren, wird man den ZdLeister für verpflichtet halten, eine technisch in allen Einzelheiten ausgefeilte Struktur für die Bereitstellung einer Kundenkennung zu wählen, die es ihm auch im Rahmen eines automatisierten Prüfsystems ermöglicht, die Zuordnung der betreffenden Kundenkennung zu einem bestimmten ZdNutzer in verlässlicher Weise vorzunehmen (vgl *Rauhut* ZBB 2009, 32, 43; Grü/*Grüneberg* Rn 2). Im **Deckungsverhältnis** gilt dann der ZVorgang – Überweisung/Lastschrift – als ordnungsgemäß ausgeführt, wenn die vom ZEmpfänger angegebene Kundenkennung beachtet ist. Es gilt insoweit eine **unwiderlegliche Vermutung** (MüKo/*Jungmann* Rn 33). Eine Haftung des ZdLeisters nach § 675y scheidet aus. Zum **Interbankenverhältnis** vgl MüKo/*Jungmann* Rn 37.

4 Der in Abs I Gesetz gewordene **strikt formalisierte Grundsatz der Observanz** der Kundenkennung (Auftragsstrenge) zielt nicht zuletzt darauf ab (BeckOGK/*Zahrte* Rn 24), die ZdLeister innerhalb der EU in die Lage zu versetzen, die für den gesamten EWR-Bereich geltenden (kurzen) Ausführungsfristen für die Abwicklung von ZAufträgen zu gewährleisten (BT-Drs 16/11643, 110). Diese ist inzw uneingeschränkt automatisiert; der handelnde Mensch bleibt weithin außer Betracht. Die Bezeichnung des Empfängers ist irrelevant (Schleswig LSK 2013, 240137). Die Angabe der IBAN entscheidet (BGH NJW 2006, 503). Die hier zu beachtende **Grenze** ist freilich dann erreicht, wenn der ZdLeister des Zahlers erkennt, dass die angegebene Kundenkennung irrtümlich vermerkt worden ist (Staudinger/*Omlor* Rn 15). Das Gleiche gilt, wenn der ZdLeister feststellt, dass Kundenkennung und Empfängername auseinanderfallen (BGH NJW 2015, 3093, 3094). I Erg herrscht hier § 241 II, der den Grundsatz von § 242 verkörpert, was aber nicht dem Grundsatz der Vollharmonisierung widerstreitet (.

5 **b) Doppelte formale Auftragsstrenge.** Der Grundsatz der formalen Auftragsstrenge (§ 675f Rn 18), wonach das Valutaverhältnis zw Zahler und ZEmpfänger außerhalb des Betrachtungshorizonts des ZdLeisters liegt (BGH NJW 2004, 2517), wird also durch Abs I – bezogen auf das **Deckungsverhältnis** zw Zahler und ZdLeister – erheblich verschärft. Allein die Kundenkennung entscheidet (Schleswig LSK 2013, 240137 geht davon aus, dass dieser Grundsatz betr die Maßgeblichkeit der Empfängerbezeichnung „überholt" sei, was in der Sache zutrifft, allerdings keinen Unterschied macht, wenn man den Grundsatz der formalen Auftragsstrenge eben auf die Kundenkennung bezieht). Es gilt der Grundsatz: Die Ausführung des ZAuftrags auf Basis der angegebenen Kundenkennung ist ordnungsgemäß durchgeführt (*Herresthal* in L/B/S Rn 13). Darin liegt – gesetzestechnisch und praktisch betrachtet – (Rn 3) eine **unwiderlegliche Vermutung** (MüKo/*Jungmann* Rn 33). Doch setzt sie voraus, dass die angegebene Kundenkennung sich zweifelsfrei ermitteln lässt und dem jew am ZVorgang beteiligten ZdNutzer oder dem betreffenden ZKonto zugeordnet werden kann (Grü/*Grüneberg* Rn 2). Die Erkenntnis ist also zwingend: Es ist allein der Zahler, der das Risiko einer Fehlüberweisung (wegen falscher Angabe einer Kundenkennung) zu tragen hat: Es ist er, der sich verschreibt, vertippt oder in sonstiger Weise irrt; er allein trägt das Risiko; eine Anfechtung nach § 119 scheidet aus (MüKo/*Jungmann* Rn 33; LG Bonn BeckRS 2016, 131281). Ist die Kundenken-

nung zwar unzutreffend, kann sie aber dennoch einem anderen ZdNutzer zugeordnet werden, gilt der ZAuftrag als ordnungsgemäß ausgeführt (BeckOK/*Schmalenbach* Rn 2). Berechtigte Zweifel iSv Abs II bestehen daher dann, wenn für den beteiligten ZdLeister erkennbar die Kundenkennung irrtümlich doppelt ausgegeben worden ist oder wenn sie einen inhärenten Fehler enthält, der einen sicheren Rückschluss auf die Person des ZdNutzers oder sein ZKonto nicht ermöglicht.

3. Festlegung der Kundenkennung. Abs II legt – in Übereinstimmung mit den Vorgaben von Art 4 Nr 33 ZdRL – fest, dass es Sache des ZdLeisters ist, den ZdNutzern die jew Kundenkennung – Abfolge von Buchstaben, Zahlen oder Symbolen – mitzuteilen; er kann also frei entscheiden (so auch BeckOGK/*Zahrte* Rn 7). Innerhalb der (regelmäßig) vorgegebenen Struktur der Kundenkennung, die zw den ZdLeistern vereinbart wird (Grü/*Grüneberg* Rn 2), ist der ZdLeister frei, welche Kundenkennung er dem einzelnen ZdNutzer zur Verfügung stellt. Auch steht es ihm – regelmäßig unter Berücksichtigung einschlägiger Vorgaben im Interbanken-Verkehr – frei, welche Institutenkennung er dem einzelnen ZdNutzer im Rahmen der automatisierten Abwicklung des Zahlungsverkehrs für die Durchführung von ZAufträgen/ZVorgängen an die Hand gibt. Stets kommt es darauf an, dass der andere am ZVorgang beteiligte ZdNutzer **„zweifelsfrei"** aufgrund der verwendeten Kundenkennung zu ermitteln ist (BeckOK/*Schmalenbach* Rn 5). Notwendigerweise setzt die Festlegung einer Kennung voraus, dass der ZdLeister über ein **effektives Prüfsystem** verfügt (Staudinger/*Omlor* Rn 4). 6

Die Kundenkennung nach Abs II ist nicht mit dem **ZInstrument** zu verwechseln. Dessen Merkmale beruhen auf den zu unterscheidenden Definitionsmerkmalen, wie sie in Art 4 Nr 14 ZdRL – Authentifizierung – sowie in Art 4 Nr 29 ZdRL – ZInstrument – niedergelegt sind. Nach § 1 XX ZAG ist ZInstrument „jedes personalisierte Instrument oder Verfahren, das zw dem ZdNutzer und dem ZdLeister vereinbart wurde und das zur Erteilung eines Zahlungsauftrags verwendet wird". Erfasst werden als personifizierte Sicherungsmerkmale nach § 1 XXV ZAG alle „personalisierten Merkmale, die der ZdLeister einem ZdNutzer zum Zweck der Authentifizierung bereitstellt" (PIN/TAN/persönliche Signatur, Chipkarte, persönliche Unterschrift). Die insoweit vom ZdNutzer zu beachtenden **Sicherheitsvorkehrungen** sind in § 675l angesprochen (§ 675l Rn 2ff); eine Nutzungsbeschränkung kann sich in diesen Fällen aus § 675k ergeben, etwa durch Festlegung einer Betragsobergrenze (§ 675k Rn 2). 7

4. Haftungsfolgen. Zwangsläufig ergibt sich aus diesem – neuen – Grundprinzip von **Abs I S 2**, dass die Haftung des ZdLeisters immer dann ausscheidet (EuGH ZIP 2019, 654; MüKo/*Jungmann* Rn 34), wenn er die Kundenkennung strikt beachtet hat; dann ist § 675y V nicht anwendbar. Der ZVorgang ist dann ordnungsgemäß ausgeführt, sobald die Gutschrift auf dem ZKonto des ZEmpfängers gutgeschrieben worden ist (MüKo/*Jungmann* Rn 36). Die endgültigen **Rechtsfolgen** einer als ordnungsgemäß eingestuften Überweisung treten also immer erst dann ein, wenn der Geldbetrag auf **dem** ZKonto des ZEmpfängers – auch wenn es nicht das richtige ist – **gutgeschrieben** worden ist (EuGH ZIP 2019, 654). Daher kommt eine **fehlerhafte Ausführung** des ZAuftrags/ZVorgangs nur dann in Betracht, wenn die zutr angegebene Kundenkennung (IBAN) bei der Ausführung des erteilten Auftrags nicht ordnungsgemäß beachtet und auch die nach Abs III vorgesehene Unterrichtungspflicht – bei Erkennbarkeit des Fehlers der Kundenkennung – nicht erfüllt wurde (Staudinger/*Omlor* Rn 15). Die Haftung des ZdLeisters folgt in diesen Fällen dem als abschließend zu verstehenden Konzept des § 675y (§ 675y Rn 1ff). Eine Schadensersatzhaftung des ZdLeisters gem § 280 I scheidet deshalb in diesen Fällen zwingend aus (Art 107 ZdRL). Es bestehen iÜ auch **keine vertragl Nebenpflichten**, welche – außerhalb von Abs III – den ZdLeister zu einer Warnung, Aufklärung oder sonstigen Hinweisen des Zahlers nach § 241 II verpflichten würden, weil dies dem Grundsatz der Vollharmonisierung widerstreitet (BeckOGK/*Zahrte* Rn 65). (Das **volle Risiko** einer fehlerhaften Angabe der Kundenkennung – vor allem Kontonummer oder Bankleitzahl bei einer Überweisung – trägt mithin der Zahler (hierzu *Casper*, FS Nobbe, 2009, 3, 16ff); der ZdLeister hat sich aus der „Haftungskette" verabschiedet. Auch die Überweisung eines ZBetrags an den **falschen Empfänger** ist daher Erfüllung des ZAuftrags, solange der ZdLeister nur die Kennung beachtet hat. Zw der institutsinternen und der institutsfremden Abwicklung eines ZAuftrags besteht kein Unterschied. Im **Valutaverhältnis** zw Zahler und ZEmpfänger ist jedenfalls in diesen Fällen keine Erfüllung nach § 362 eingetreten. Es handelt sich um eine Nichtleistungskondiktion ggü dem vermeintlichen ZEmpfänger (Staudinger/*Omlor* Rn 15; *Hoffmann* WM 2016, 1110, 1112). Insofern hat der Zahler, wenn der (irrtümliche) ZEmpfänger die Herausgabe des Geldbetrages verweigert (§ 675y IV 2), einen **Auskunftsanspruch** ggü dem ZdLeister (§ 675y Rn 40), um den nach § 812 bestehenden Anspruch erfolgreicher durchsetzen zu können (BeckOGK/*Zahrte* Rn 71ff), was auch Art 88 III ZdRL gebietet (Rn 10). Soweit aber der Zahler seinen Irrtum frühzeitig genug bemerkt, steht es ihm frei, nach § 675p IV bis zum Ausführungszeitpunkt von seinem Recht zum **Widerruf** in Form einer Gegenweisung Gebrauch zu machen. Bei einer Überweisung kann solange auf Weisung des Zahlers ein „recall" stattfinden (BeckOGK/*Zahrte* Rn 69), als noch keine Gutschrift auf dem (falschen) Konto des ZEmpfängers erfolgt ist (Soergel/*Werner* Rn 10). Entscheidend ist, dass kein ZEmpfänger einen Anspruch auf Gutschrift hat, wenn er nicht der „richtige" ZEmpfänger nach Maßgabe des Valutaverhältnisses ist. Zum Stornorecht Rn 11. 8

5. Fehlende Zuordnung der Kundenkennung. a) Unmöglichkeit. Die Voraussetzung von **Abs III** iS einer vom ZdLeister geschuldeten unverzüglich zu erledigenden Unterrichtungspflicht ggü dem Zahler ist nur dann gegeben, wenn für diesen „erkennbar" eine vom Zahler angegebene Kundenkennung weder einem ZEmpfänger noch einem ZKonto zuzuordnen ist. Angesprochen ist mithin der Tatbestand der **Unmöglichkeit** (BT-Drs 16/11643, 111). Im Blick auf deren Feststellung gilt, dass der automatisierte Zahlungsverkehr – ohne Einschaltung menschlicher Hilfe (BeckOK/*Schmalenbach* Rn 8) – bei Eingabe der Prüfziffer (BeckOGK/*Zahrte* Rn 12ff – Einzelheiten – IBAN) in der Lage sein muss, ZEmpfänger oder ZKonto aufgrund der vom Zahler angegebenen Kun- 9 denkennung zu erkennen – mit der Konsequenz, dass der Unmöglichkeitstatbestand auch dann eingreift, wenn die entspr Identifizierung durch die Zuordnung – außerhalb des automatisierten Verfahrens – möglich wäre (BT-Drs 16/11643, 111). Gerade diese Sicht (des Gesetzgebers) führt dazu, das Risiko des Zahlers zu vergrößern; doch ist die vom Gesetzgeber hier gezogene Schlussfolgerung zutreffend. Sie ist die zwingende Konsequenz der Grundsatzentscheidung, wie sie in Abs I Satz 2 zugunsten der ZdLeister im Rahmen einer unwiderleglichen Vermutung für die ordnungsgemäße Erfüllung eines ZAuftrags gefällt wurde. Entscheidend ist also letztlich, dass die in Abs III angesprochene **Erkennbarkeit** (Staudinger/*Omlor* Rn 15; *Herresthal* in L/B/S Rn 17) auf das automatisierte Verfahren der Abgleichung der Kundenkennung bezogen ist (vgl auch Soergel/*Werner* Rn 6; für die Benutzung der IBAN im Rahmen einer Nebenpflicht des ZdLeisters nach § 241 II *Bitter* WM 2010, 1725, 1730). Sie ist aber nicht darauf begrenzt, weil – über den Wortlaut von Abs III hinaus – diese Norm auch dann eingreift, wenn dem ZdLeister aus sonstigen Gründen erkennbar wird (Schleswig LSK 2013, 240137), dass Kundenkennung und Empfängername auseinanderfallen (BGH NJW 2015, 3093, 3094).

10 **b) Berichtigungspflicht – Herausgabepflicht.** Wenn die angegebene Kundenkennung keinem ZEmpfänger oder keinem ZKonto unmittelbar, dh zweifelsfrei – im Rahmen einer unwiderleglichen Vermutung – **Kohärenzprüfung** (MüKo/*Jungmann* Rn 24 – angesprochen wird damit eine rein maschinelle Prüfung (MüKo/*Jungmann* Rn 25) – zugeordnet werden kann (Rn 5), besteht nach **Abs III** für den ZdLeister eine doppelte Verpflichtung (Grü/*Grüneberg* Rn 7): Zum einen ist er verpflichtet, den Zahler unverzüglich über diesen Tatbestand zu unterrichten (Staudinger/*Omlor* Rn 17); zum anderen ist er gehalten, an ihn den ZBetrag wieder herauszugeben (EBJS/*Keßler* Rn 12; BeckOGK/*Zahrte* Rn 63), ohne den ZAuftrag ausgeführt zu haben (MüKo/*Jungmann* Rn 28). Letzteres setzt natürlich voraus, dass der ZBetrag nicht schon an einen anderen ZdLeister weiter transferiert wurde. Ist der Zahler bereits mit dem entspr Geldbetrag **belastet** worden, ist der ZdLeister verpflichtet, diesen Betrag dem Zahler unverzüglich zu erstatten bzw ihm eine entspr Gutschrift zu erteilen. Das alles schließt ein, dass der ZdLeister des ZEmpfängers mit dem Ziel eingeschaltet werden kann, den richtigen ZEmpfänger zu ermitteln. Mit Recht ist darauf aufmerksam gemacht worden, dass im Rahmen des **Online-Bankings** die IBAN noch vor Autorisierung des betr ZVorgangs auf ihre Kohärenz geprüft wird, so dass es dem ZdNutzer aus technischen Gründen nicht möglich ist, mit einer fehlerhaft eingegebenen IBAN den ZVorgang überhaupt zu autorisieren (MüKo/*Jungmann* Rn 24).

11 **aa) Stornierungsanspruch. Zweifelhaft** ist, ob der Zahler seinerseits berechtigt ist, vom ZdLeister Stornierung einer „Fehlbuchung" zu verlangen (abl auch MüKo/*Jungmann* Rn 43 – „Zufallsgeschenk"; EBJS/*Keßler* Rn 12). Dies wird man – allerdings mit den nachfolgenden Einschränkungen – bejahen müssen, weil die Stornierung das Spiegelbild der rückgängig gemachten Gutschrift ist. Solange die fehlerhafte Überweisung noch nicht dem ZdLeister zugegangen ist, ist ein Widerruf in Form einer **Gegenweisung** nach § 675p I möglich und unproblematisch zulässig (BeckOGK/*Zahrte* Rn 69). Weitergehend ist ein Rückruf der Überweisung solange statthaft und auch zu beachten, als dem ZEmpfänger eine Gutschrift noch nicht erteilt wurde (BeckOGK/*Zahrte* Rn 69). Danach, also **nach Erteilung einer Gutschrift** auf dem ZKonto des ZEmpfängers wird man indessen das Bestehen eines Stornierungsanspruchs des Zahlers verneinen müssen (MüKo/*Jungmann* Rn 43; EBJS/*Keßler* Rn 15), weil der ZVorgang ordnungsgemäß – entspr der Kennung – ausgeführt wurde (BeckOGK/*Zahrte* Rn 70). Dies alles gilt auch im Blick auf das allg Stornorecht der Banken/Sparkassen, weil dieses stets erfordert, dass dem jew ZdLeister aus materiellem Recht ein Rückforderungs- bzw Stornierungsanspruch zusteht. In diesen Fällen ist aber der Fehler, weil der ZVorgang aufgrund der Kundenkennung zutr ausgeführt wurde, idR allein vom Zahler verursacht. Die **Unterrichtungs- bzw Erstattungspflicht** des Abs III knüpft allerdings stets daran an, dass der ZdLeister **tatsächlich erkannt** hat, dass eine zutr Zuordnung der Kundenkennung zu einem ZEmpfänger oder einem ZKonto nicht möglich ist (Staudinger/*Omlor* Rn 15). Im Zweifel wird man den Anspruch des Zahlers auf Stornierung deshalb auch aus § 241 II iVm § 249 ableiten müssen, doch begrenzt auf den Zeitpunkt vor der Gutschrift des betr ZBetrages. Danach ist nur noch der ZdLeister des ZEmpfängers Ansprechpartner des Zahlers (BeckOGK/*Zahrte* Rn 70). Allerdings wird man – und so sieht dies auch der Gesetzgeber (BT-Drs 16/11643, 111) – den ZdLeister nicht verpflichten dürfen, eine valutarische Korrektur vorzunehmen, dh eine Wertstellung auf den Geschäftstag zu beziehen, an welchem der ZBetrag auf dem Konto des ZdLeisters gutgebracht wurde. Demzufolge wird man eine Stornierung auch lediglich auf die Wertstellung des Geschäftstags beziehen, an welchem das Korrekturverlangen den ZdLeister erreichte. Entscheidend ist insoweit, dass der etwaige Zinsgewinn deswegen für die „Zwischenzeit" beim ZdLeister verbleiben kann (und darf), weil der Zahler selbst durch Angabe einer fehlerhaften Kundennennung die Rückabwicklung selbst (schuldhaft) verursacht hat (vgl auch BT-Drs 16/11643, 111). Es deckt sich mit dieser Überlegung, dass der ZdLeister auch berechtigt ist, vom Zahler eine entspr **Korrektur** vorzunehmen, damit der ZVorgang ordnungsgemäß durchgeführt werden kann.

12 **bb) Institutsfremder Zahlungsauftrag.** Liegt ein institutsfremder Auftrag vor und ist der jew ZBetrag bereits auf dem Konto eines anderen ZdLeisters gutgeschrieben, so wird man dem Zahler ggü seinem ZdLeister im Zweifel einen Erstattungsanspruch in analoger Anwendung von § 675x zuweisen müssen.

13 **cc) Verletzung der Mitteilungspflicht.** Verletzt der ZdLeister die gem **Abs III** vorgesehene Mitteilungspflicht oder versäumt er, diese Mitteilung dem Zahler unverzüglich iSv § 121 zukommen zu lassen, so steht dem Zahler ein Schadensersatzanspruch gem §§ 241 II, 280 I zu (*Langenbucher* in L/B/S Rn 15; BeckOGK/*Zahrte* Rn 76). Dabei macht es – wie bereits erwähnt (Rn 9) – keinen entscheidenden Unterschied, ob die Zuordnung der Kundenkennung ggü dem ZEmpfänger/ZKonto im automatisierten Verfahren nicht möglich war oder ob dieses Auseinanderfallen einem Mitarbeiter des ZdLeisters aufgefallen ist. Zumal im letzteren Fall besteht hinreichender

Anlass, den Zahler unverzüglich zu unterrichten, um auf diese Weise seine Interessen gem § 241 II in angemessener Weise wahrzunehmen. Der ZdLeister kann sich also auch in diesen Fällen nicht mit Erfolg darauf berufen, dass die fehlende Zuordnungsmöglichkeit der Kundenkennung zu einem ZEmpfänger/ZKonto nicht im Rahmen des automatisierten Verfahrens, sondern „zufällig" durch einen Mitarbeiter entdeckt wurde. Wegen der Dominanz der Interessenwahrungspflicht bestehen auch durchgreifende Bedenken dagegen, dass der ZdLeister sich im Rahmen einer AGB-Klausel von der Erfüllung dieser aus Abs III oder aus § 241 II resultierenden Nebenpflicht freizeichnen würde. Dies würde diametral den Interessen des Zahlers zuwiderlaufen, so dass viel dafür spricht, § 307 II Nr 1 zur Anwendung zu bringen, um eine gegenläufige Haftungsfreizeichnungsklausel wegen der ihr innewohnenden unangemessenen Benachteiligung für unwirksam zu erklären.

c) Valutaverhältnis. Im Rechtsverhältnis zw Zahler und ZEmpfänger wird man einen nach einer Kundenkennung ordnungsgemäß durchgeführten ZVorgang dahin bewerten müssen, dass aus diesem Grund **keine Erfüllung** nach § 362 eingetreten ist (MüKo/*Jungmann* Rn 47), weil der ZEmpfänger nicht die ihm gebührende Leistung erhalten hat. Soweit eine andere Person daher den ZBetrag erhalten hat, ist er einem **Bereicherungsanspruch des „Zahlers"** nach § 812 I 1 Alt 2 (Nichtleistungskondiktion) ausgesetzt (*Langenbucher* in L/B/S Kap 3 Rn 51; MüKo/*Jungmann* Rn 53). Gegen diesen kann der „ZEmpfänger" sich unmittelbar durch eine Zurückweisung wehren (Stichwort: aufgedrängte Bereicherung). 14

§ 675s Ausführungsfrist für Zahlungsvorgänge

(1) Der Zahlungsdienstleister des Zahlers ist verpflichtet sicherzustellen, dass der Zahlungsbetrag spätestens am Ende des auf den Zugangszeitpunkt des Zahlungsauftrags folgenden Geschäftstags beim Zahlungsdienstleister des Zahlungsempfängers eingeht. Für Zahlungsvorgänge innerhalb des Europäischen Wirtschaftsraums, die nicht in Euro erfolgen, können ein Zahler und sein Zahlungsdienstleister eine Frist von maximal vier Geschäftstagen vereinbaren. Für in Papierform ausgelöste Zahlungsvorgänge können die Fristen nach Satz 1 um einen weiteren Geschäftstag verlängert werden.

(2) Bei einem vom oder über den Zahlungsempfänger ausgelösten Zahlungsvorgang ist der Zahlungsdienstleister des Zahlungsempfängers verpflichtet, den Zahlungsauftrag dem Zahlungsdienstleister des Zahlers innerhalb der zwischen dem Zahlungsempfänger und seinem Zahlungsdienstleister vereinbarten Fristen zu übermitteln. Im Fall einer Lastschrift ist der Zahlungsauftrag so rechtzeitig zu übermitteln, dass die Verrechnung an dem vom Zahlungsempfänger mitgeteilten Fälligkeitstag ermöglicht wird.

(3) Wenn einer der Fälle des § 675d Absatz 6 Satz 1 Nummer 1 vorliegt, ist § 675s Absatz 1 Satz 1 und 3 auf die innerhalb des Europäischen Wirtschaftsraums getätigten Bestandteile des Zahlungsvorgangs nicht anzuwenden. Wenn ein Fall des § 675d Absatz 6 Satz 1 Nummer 1 Buchstabe a vorliegt,

1. **ist auch § 675s Absatz 1 Satz 2 auf die innerhalb des Europäischen Wirtschaftsraums getätigten Bestandteile des Zahlungsvorgangs nicht anzuwenden und**
2. **kann von § 675s Absatz 2 für die innerhalb des Europäischen Wirtschaftsraums getätigten Bestandteile des Zahlungsvorgangs abgewichen werden.**

1. Europarechtliche Vorgaben. Die Bestimmung setzt teilw Art 83 I ZdRL um und stellt damit eine sehr kurze Ausführungsfrist eines dem ZdLeister erteilten ZAuftrags sicher (Abs I S 1). Außerdem ist die Vorgabe von Art 82 ZdRL beachtet, was sich in Abs I S 2 spiegelt. Stets geht es darum, dass die ZVorgänge – gleichgültig, ob sie in Euro oder innerhalb des EWR abgewickelt werden – bestimmte Ausführungsfristen beachten müssen (Art 82 ZdRL). Der Drittstaatbezug, wie er in Abs III vorgesehen ist, entspricht den Vorgaben von Art 82 I ZdRL. Es geht hier um eine Beschleunigung der abzuwickelnden ZVorgänge. Die Regeln der ZdRL bringen insoweit keine wesentliche Neuerung ggü der ZdRL I. Im Rahmen eines ZdRahmenvertrags ist der ZdLeister auf Grund der von ihm zu erfüllenden Informationspflichten gem Art 248 § 4 I Nr 2 lit e EGBGB verpflichtet, die **max Ausführungsfrist** für die jew zu erbringenden Zahlungsdienste dem ZdNutzer in Textform mitzuteilen (Grü/*Grüneberg* Rn 1). Die Norm muss in enger Beziehung zu § 675t gesehen werden: Es geht – allerdings nur im Rahmen der auszuschöpfenden **Maximnalfristen** – um die **Beschleunigung des Zahlungsverkehrs** (MüKo/*Jungmann* Rn 2). Erfasst werden daher „Push"-, aber auch „Pull"-Zahlungen (Staudinger/*Omlor* Rn 3). Liegt allerdings ein **Einzelzahlungsvertrag** gem § 675f I vor (§ 675f Rn 9ff), ist der ZdLeister gem Art 248 § 14 Nr 5 EGBGB verpflichtet, dem Zahler das Datum des **Zugangs** des ZAuftrags in leicht zugänglicher Form gem Art 248 § 12 EGBGB zur Verfügung zu stellen. Zu den Fragen der **SEPA-Echtzeitüberweisungen** vgl *Dieckmannn* BKR 2018, 276; BGH NJW 2018, 537; München BKR 2020, 204 – jew PayPal. 1

2. Ausführungsfrist. a) Pflicht des Zahlungsdienstleisters des Zahlers. Abs I bezieht sich ausschließlich auf die – erfolgsbezogene, zeitl determinierte – Erfüllungspflicht des ZdLeisters des Zahlers (BeckOK/*Schmalenbach* Rn 1; MüKo/*Jungmann* Rn 16). Die Norm bezieht sich auf „Push"- wie auf „Pull"-Zahlungen (Staudinger/*Omlor* Rn 3; MüKo/*Jungmann* Rn 21). Der ZdLeister des Zahlers muss – gleichgültig, welchen Weg der einzelne ZVorgang nimmt – sicherstellen, dass der vom Zahler autorisierte ZBetrag spätestens am Ende des auf den Zugangszeitpunkt des ZAuftrags folgenden Geschäftstags beim ZdLeister des ZEmpfängers eingeht, dh dort, nicht auf dem ZKonto des ZEmpfängers **gutgeschrieben** wird (MüKo/*Jungmann* Rn 19; Staudinger/*Omlor* Rn 11). Die Ausführungsfrist setzt selbstverständlich voraus, dass der Zahler den ZAuftrag rechtzeitig seinem ZdLeister zugeleitet hat, weil vor dem tatsächlichen Zugang des ZAuftrags (Annahme) die Frist des Abs I nicht beginnen kann. Des Weiteren ist Voraussetzung, dass der ZdLeister des Zahlers die Ausführung des ihm erteilten ZAuf- 2 trags nicht gem § 675o I abgelehnt hat. Deshalb ist im Auge zu behalten, dass Abs I lediglich die **Rechtzeitigkeit**, dh die Frist regelt, in welcher der ZdLeister des Zahlers im Rahmen der vorgesehenen Beschleunigung des ZVerkehrs die Ausführung eines ZVorgangs schuldet (BT-Drs 16/11643, 111). In der Wahl des Transportweges ist der ZdLeister des Zahlres frei (MüKo/*Jungmann* Rn 20). Die nach Abs I vorgesehene beschleunigte Abwicklung eines ZAuftrags führt allerdings zwangsläufig auch dazu, dass Zahler und ZEmpfänger im Rahmen des sie beide verbindenden **Valutaverhältnisses** leichter in der Lage sind, die nach §§ 271, 269 IV einzuhaltende Erfüllungsfrist vorauszusehen (einzuschätzen) und somit zu beachten (BGH NZM 2017, 120). Die danach zu beurteilende **Ausführungsfrist** darf nicht durch schadensersatzrechtl Sanktionen gegen den ZdLeister, einen nicht mehr widerruflichen ZAuftrag noch anzuhalten, unterlaufen werden (Köln WM 2016, 1781). Die Pflichten des ZdLeisters des ZEmpfängers hingegen sind nicht Gegenstand dieser Regelung; die von diesem geschuldete **Wertstellung** nach Eingang eines ZBetrages ist in **§ 675t** geregelt. Dort ist auch dessen Pflicht erfasst, den auf dem Konto des ZdLeisters des ZEmpfängers eingegangenen Geldbetrag dem ZEmpfänger unverzüglich verfügbar zu machen, dh gutzuschreiben (§ 675t Rn 2ff).

3 **b) Alle Arten von Zahlungsvorgängen.** Die in Abs I geregelte Pflicht ist iRe ZAuftrags vom **ZdLeister des Zahlers** unabhängig davon zu erfüllen, welche Arten von ZVorgängen im Einzelfall – „Push"- oder „Pull"-Zahlungen – zugrunde liegen (Staudinger/*Omlor* Rn 3; MüKo/*Jungmann* Rn 21; *Herresthal* in L/B/S Rn 4). Aus Abs I ergibt sich jedoch auch, dass die Norm nur auf die Abwicklung eines institutsübergreifenden ZAuftrags anwendbar ist (Grü/*Grüneberg* Rn 2; BeckOK/*Schmalenbach* Rn 2; MüKo/*Jungmann* Rn 20). Soweit es sich um einen institutsinternen ZAuftrag handelt, ist nämlich bereits die Belastungsbuchung auf dem ZKonto des Zahlers endgültig und steht ohne einen weiteren Akt dem ZKonto des Empfängers zur Verfügung (MüKo/*Jungmann* Rn 22). Irrelevant ist des Weiteren, in welchem Umfang – bezogen auf das Interbanken-Verhältnis – weitere Institute, welche dann allerdings nicht als ZdLeister tätig werden (zur Haftung vgl § 675z Rn 10), zwischengeschaltet werden müssen, um die Rechtzeitigkeit des auszuführenden ZVorgangs sicherzustellen (BT-Drs 16/11643, 111). Unerheblich ist schließlich auch, ob Zahler oder ZEmpfänger ein ZKonto unterhalten oder nicht (BT-Drs 16/11643, 111). Diese Aussage bezieht sich indessen zwangsläufig auch auf solche ZVorgänge, denen eine **Bareinzahlung** oder eine **Barauszahlung** zugrunde liegt (zum Recht, insoweit jew ein Entgelt zu fordern, *Kropf/Habl* BKR 2013, 103; so auch LG Bamberg WM 2012, 2285). Die BReg betont daher auch (BT-Drs 16/11643, 111), dass Abs I der Umsetzung von Art 70 ZdRL dient und dass diese Norm so verstanden werden kann (und muss), dass damit auch ein solcher ZdLeister gemeint ist, „bei welchem ein ZEmpfänger Geldbeträge entgegennimmt, ohne dass er mit diesem in einer ZdRahmenvertragsbeziehung steht". Das Bestehen eines **Einzelzahlungsvertrags** reicht daher aus (BeckOGK/*Zahrte* Rn 12).

4 Man wird Art 83 I ZdRL – und damit Abs I – auch so verstehen dürfen, dass es nicht entscheidend darauf ankommt, von wem der ZVorgang ausgelöst wird. Entscheidend ist allein, dass die Ausführungsfrist für die Abwicklung eines ZAuftrags nach Art 79 I ZdRL in dem Zeitpunkt zu laufen beginnt, in dem der ZAuftrag des Zahlers bei dessen ZdLeister **eingegangen** ist. Dann erst kann die Ausführungsfrist beginnen, weil dann der Geschäftstag des Zugangs des ZAuftrags feststeht, so dass dann auch der nachfolgende Geschäftstag für die Frage Maß gibt, wann die Ausführung des ZAuftrags „spätestens" erfüllt sein muss. Nach der insoweit zutr Auffassung der BReg (BT-Drs 16/11643, 111) regelt Abs I nur den **„Fluss des Geldes"** zw den beteiligten ZdLeistern des Zahlers und des ZEmpfängers (vgl auch Grü/*Grüneberg* Rn 2; *Franck/Massari* WM 2009, 1117, 1120).

5 **c) Fristbeginn – Fristende. aa)** Ein ZAuftrag ist nur dann iSv § 675n wirksam, wenn er dem ZdLeister des Zahlers **zugeht** (§ 675n Rn 2ff). Daraus folgt: Nach **Abs I S 1** ist der ZdLeister des Zahlers verpflichtet, den ihm zugegangenen (wirksamen) ZAuftrag – dieser bezieht sich immer auf einen ZVorgang iSv § 675f III (§ 675f Rn 41) – bis zum Ende des folgenden Geschäftstags auszuführen (EBJS/*Keßler* Rn 3; MüKo/*Jungmann* Rn 24). **Geschäftstag** ist gem Art 4 Nr 37 ZdRL jeder Tag, an dem der an der Ausführung eines ZVorgangs jew beteiligte ZdLeister den für die Ausführung von ZVorgängen erforderlichen Geschäftsbetrieb unterhält (BGH NJW 2019, 2469 – nähere Konkretisierung). Es gilt insoweit die Definition des Geschäftstags nach § 675n I 4. Da aber ein zw Zahler und ZEmpfänger abzuwickelnder ZVorgang – etwa die Durchführung einer Überweisung oder die Zahlung per Kreditkarte – nach Maßgabe des zugrunde liegenden Valutaverhältnisses voraussetzt, dass der jew ZBetrag auch auf dem ZKonto des ZEmpfängers verfügbar ist (*Herresthal* in L/B/S Rn 10), ist insoweit stets **§ 675t** mit heranzuziehen, um das Datum der **Wertstellung** auf dem ZKonto des ZEmpfängers festzulegen (§ 675t Rn 7). Freilich handelt es sich insoweit nicht mehr um eine Erfüllungspflicht des ZdLeister des Zahlers, sondern – eine scharfe Abgrenzung der Risiko- und Herrschaftssphären ist hier gefordert (BeckOGK/*Zahrte* Rn 10) – um die sich daran anschließende Erfüllungspflicht des ZdLeisters des ZEmpfängers (§ 675t Rn 7). Bei der **Rechtzeitigkeit der Ausführungspflicht** iSv Abs I kommt es insoweit auf den Geschäftstag des ZdLeisters des Zahlers an (MüKo/*Jungmann* Rn 36; Grü/*Grüneberg* Rn 3), während die vom ZdLeister des ZEmpfängers zu bewirkende Gutschrift (Wertstellungsdatum) nach § 675t I **unverzüglich** zu erfüllen ist, nachdem der ZBetrag auf dem Konto des ZdLeisters des ZEmpfängers – regelmäßig handelt es sich hier um ein Verrechnungskonto – eingegangen, dh gutgeschrieben worden ist. Fehlt indessen auf dem ZKonto die **erforderliche Deckung**, um den ZAuftrag – nach dessen Zugang beim ZdLeister des Zahlers – auszuführen, dann kann und muss der ZdLeister dessen Ausführung ablehnen. Entscheidet er sich gleichwohl, ihn auszuführen, ist die Frist des Abs I auch in diesem Fall für ihn bindend (Grü/*Grüneberg* Rn 3).

6 **bb) Zahlungsvorgänge nicht in Euro – Papierform.** Gem **Abs I S 2** ist die Ausführungsfrist bei ZVorgängen innerhalb des EWR, die nicht in Euro erfolgen (vgl auch § 675e II 1), für den ZdLeister des Zahlers – entspr Ver-

einbarung vorausgesetzt – auf max **vier Geschäftstage** begrenzt (BeckOGK/*Zahrte* Rn 21). Auch wenn es sich hier um einen **beleggebundenen** ZVorgang handelt, ist Abs I S 3 auf die in Abs I S 2 erwähnten Fälle nicht anwendbar (BT-Drs 16/11643, 111; BeckOK/*Schmalenbach* Rn 8). Folglich kann die Frist hier – eine auch in AGB zulässige Vereinbarung vorausgesetzt – um **einen Geschäftstag** verlängert werden. Bei dieser Berechnung handelt es sich um den Geschäftstag des ZdLeisters des Zahlers (MüKo/*Jungmann* Rn 36). Aus § 675d I 2 folgt des Weiteren, dass die in Art 248 §§ 1–16 EGBGB vorgesehenen **Informationspflichten** dann nicht gelten, wenn es sich um eine **Drittstaatenzahlung** handelt, dh dem ZVorgang muss hier die Währung eines Staats außerhalb des EWR zugrunde liegen oder der ZdLeister des Zahlers oder des ZEmpfängers muss außerhalb des EWR belegen sein (§ 675d Rn 6). IÜ Rn 14f. Hat der ZdLeister mit seinem Zahler **keine Vereinbarung** über die Dauer der Ausführungsfrist iSv Abs I getroffen, gilt – dt Recht als anwendbar vorausgesetzt – § 271, so dass der ZdLeister des Zahlers verpflichtet ist, den ZAuftrag **sofort** zu erfüllen.

d) Eingang des Zahlungsbetrags – Gutschrift. Der Eingang des ZBetrags ist immer, aber auch erst dann – 7
bezogen auf die Pflichten des ZdLeisters des Zahlers – zu bejahen (MüKo/*Jungmann* Rn 14f), wenn er rechtzeitig, weil fristgerecht auf dem **Konto des ZdLeisters des ZEmpfängers** erfolgt (BeckOK/*Schmalenbach* Rn 7), dh dort auch mit entspr Wertstellung gutgeschrieben worden ist. Damit ist die **werkvertragl** Seite des ZAuftrags (Geschäftsbesorgung) im Blick auf die nach Abs I bestimmten Ausführungsfristen angesprochen. Nur wenn dieser Erfolg eintritt, hat der ZdLeister des Zahlers seine Pflicht zur rechtzeitigen Übermittlung des ZBetrags iSv § 362 (Deckungsverhältnis) erfüllt. Der Eintritt der Verzugsfolgen ist dann für das Deckungsverhältnis ausgeschlossen; die Haftung des ZdLeisters nach § 675y ist nicht gegeben. Auch im Kontext dieser Norm macht es keinen Unterschied, ob sich um einen institutsinternen oder einen institutsübergreifenden ZVorgang handelt. Es geht stets nur darum, dass der ZBetrag auf dem Konto des ZdLeisters des ZEmpfängers eingeht, nicht aber dass er auch auf dem ZKonto des ZEmpfängers gutgeschrieben wird. Denn die Erfüllung dieser Pflicht richtet sich ausschließlich nach § 675t. Bei institutsübergreifenden ZVorgängen haftet der ZdLeister des Zahlers für etwaige Verspätungen, welche im Interbankensystem durch die zwischengeschalteten Kreditinstitute eingetreten sind, wie sich aus §§ 675y und 675z ablesen lässt (§ 675z Rn 9). Doch wird man bezogen auf das **Valutaverhältnis** zw Zahler und ZEmpfänger auch in diesem Kontext an die Grundsatzentscheidung EuGH ZIP 2008, 732 erinnern müssen, die der BGH iSv § 269 IV, § 271 so umgesetzt hat, dass es auf die rechtzeitige Erfüllung der Leistungshandlungen des Zahlers, also auf die rechtzeitige Erteilung eines ZAuftrags an das ZdLeister des Zahlers ankommt (BGH NZM 2017, 120). Das führt zu der Frage, welche rechtl Folgen eintreten, wenn der ZdLeister gegen die Pflicht nach Abs I **verstößt** (Staudinger/*Omlor* Rn 17). Diese ergeben sich aus § 675y III und IV sowie aus § 675z I 4. Danach ist der ZdLeister des Zahlers verpflichtet, dem Zahler den insoweit entstandenen **Zinsschaden** zu ersetzen (EBJS/*Keßler* Rn 3; MüKo/*Jungmann* Rn 38). Selbstredend aber bleiben Ansprüche im **Valutaverhältnis** unberührt (§ 280).

Inzwischen hat die Überweisung in Echtzeit große praktische Bedeutung erlangt: **SEPA Instant Payment** als 7a
Überweisungsform (*Herresthal* ZIP 2019, 895ff). Die Teilnahme an diesem System ist noch freiwillig (BeckOGK/*Zahrte* Rn 35). Die Abwicklung ist vollautomatisiert (*Herresthal* ZIP 2019, 895, 897 – Schaubild). Zu weiteren rechtl Einzelfragen *Herresthal* ZIP 2019, 895, 902ff; BeckOGK/*Zahrte* Rn 35ff.

e) Abgrenzung gegenüber Abs II. Diese Norm setzt voraus, dass es sich um einen von oder über den ZEmp- 8
fänger ausgelösten ZVorgang – „Pull"-Zahlung – handelt (BeckOGK/*Zahrte* Rn 36; MüKo/*Jungmann* Rn 40), so dass die Pflicht des ZdLeisters des ZEmpfängers besteht, den **ZAuftrag** innerhalb der vereinbarten Frist dem ZdLeister des Zahlers zu übermitteln. Abs II bezieht sich also auf den „Weisungsfluss" (BT-Drs 16/11643, 111), dh auf die **Rechtzeitigkeit der Weiterleitung des erhaltenen ZAuftrags** (BT-Drs 16/1643, 111; MüKo/*Jungmann* Rn 42), die der ZdLeister des ZEmpfängers bei allen Formen einer „Pull"-Zahlung schuldet (BeckOK/*Schmalenbach* Rn 7). Das sind bei **Kartenzahlung** bzw bei der **Lastschrift** die Übermittlung des jew Datensatzes, nicht aber die Auslösung des Geldflusses selbst. Des Weiteren: Während Abs I nach der hier vertretenen Auffassung alle Fälle eines ZAuftrags bezieht, gleichgültig, ob der ZVorgang vom Zahler oder über den ZEmpfänger ausgelöst worden ist (Rn 3), bezieht sich Abs II lediglich auf ZVorgänge, die um oder über den **ZEmpfänger** ggü seinem eigenen ZdLeister ausgelöst worden sind. Erfasst wird also von dieser Bestimmung auch das früher praktizierte Einzugsermächtigungsverfahren (aM *Laitenberger* NJW 2010, 192, 195).

aa) Vereinbarte Zeit. Abs II S 1 geht davon aus, dass im **Inkassoverhältnis** zw dem ZEmpänger und seinem 9
ZdLeister eine Zeit für die Weiterleitung des ZAuftrags des ZEmpfängers an den ZdLeister des Zahlers vereinbart ist. Das ist in der Praxis nur sehr selten der Fall. Daher greift in diesen Fällen das Merkmal der Unverzüglichkeit nach § 122 ein (vgl BGH NJW-RR 1988, 559 – schnellste und sicherste Weg für Scheckvorlage). Entscheidend ist insoweit, dass der hier vom Gesetzgeber angesprochene „Weisungsfluss" (BT-Drs 16/11643, 111) dem Zweck dient, Kartenzahlungen als Kernstück dieser Regel möglichst rasch abzuwickeln.

bb) Institutsinterner ZAuftrag. Ob die Regel des Abs II S 1 auch in den Fällen zur Anwendung berufen ist, in de- 10
nen der ZEmpfänger sein ZKonto beim gleichen Zdleister wie der Zahler hat, dürfte **zweifelhaft** sein, weil es sich in diesen Fällen aus praktischen Gründen nicht darum handelt, dass ein ZAuftrag zw zwei verschiedenen ZdLeistern „übermittelt" wird (Grü/*Grüneberg* Rn 4 – Rn 3). In diesen Fällen fehlt es auch regelmäßig daran, dass eine zeitl Abrede im Inkassoverhältnis anzutreffen ist. Daher wird man die in Abs II S 1 angesprochene **Ausführungsfrist** zweckmäßigerweise an dem Merkmal der Unverzüglichkeit des § 122 ausrichten müssen, um so dem Grundgedanken des Gesetzgebers nach einem raschen „Weisungsfluss" hinreichend Rechnung zu tragen.

11 **cc) Übermitteln – Verrechnen.** Ein ZBetrag ist iSv Abs II S 1 immer dann dem ZdLeister des Zahlers fristgerecht übermittelt, wenn der ZAuftrag rechtzeitig, dh vor Ablauf der vereinbarten Frist beim ZdLeister des Zahlers iSv § 130 eingegangen ist. Gemeint ist damit der Transportweg im Interbankenverkehr (Grü/*Grüneberg* Rn 4; EBJS/*Keßler* Rn 6). Sobald der ZAuftrag eingegangen ist, ist der ZdLeister des Zahlers verpflichtet, die **Ausführungsfrist** gem Abs I S 1 zu beachten. Mit Recht hat nämlich der Gesetzgeber bei Umsetzung der ZdRL I (BT-Drs 16/11643, 111) die Auffassung vertreten, dass Abs I **alle ZVorgänge** betrifft, während Art 83 I und III ZdRL nur die ZVorgänge zum Gegenstand hat, die vom oder über den ZEmpfänger – wie etwa eine Lastschrift oder eine Kreditkartenzahlung – ausgelöst werden. Daher kommt auch hier die kurze Frist in Abs I S 1 immer dann zur Anwendung, wenn der ZAuftrag beim ZdLeister des Zahlers tatsächlich gem § 130 eingegangen ist (BT-Drs 16/11643, 111). Diese Ausführungspflicht kann jedoch nach § 675n II im Rahmen einer Vereinbarung abgeändert werden, so dass man insoweit Abs I S 1 als dispositiv betrachten muss. Eine vereinbarte Ausführungsfrist iSv Abs I S 1 wird allerdings nicht dadurch verlängert, dass weitere Banken – etwa im Interbanken-Verhältnis – zwischengeschaltet werden (so wohl auch Grü/*Grüneberg* Rn 4). Dies folgt auch aus der Haftungssanktion des § 675z S 3, wonach der ZdLeister auch für ein Verschulden der zwischengeschalteten Stellen verantwortlich ist, weil er deren Verschulden wie eigenes Verschulden zu vertreten hat (§ 675z Rn 9).

12 **3. Lastschrift.** Der Anwendungsbereich von **Abs II S 2** ist auf Lastschriften begrenzt, weil insoweit die Vorgabe von Art 69 III ZdRL ins dt Recht umgesetzt wurde (Staudinger/*Omlor* Rn 14; MüKo/*Jungmann* Rn 44). Abs II S 2 stellt daher als **Sonderregel** ausdrückl klar, dass bei einer Lastschrift der ZAuftrag so rechtzeitig dem ZdLeister des Zahlers zu übermitteln ist, dass die Verrechnung an dem Fälligkeitstag möglich ist (BeckOGK/*Zahrte* Rn 44), den der ZEmpfänger angegeben hat. Das zielt auf die **SEPA-Lastschrift.** Folglich kommt es auf das Datum an, das zw ZdLeister und ZEmpfänger vereinbart wurde: Innerhalb dieses Zeitraums muss also nicht nur der ZAuftrag vom ZdLeister des ZEmpfängers an den ZdLeister des Zahlers übermittelt werden; vielmehr muss innerhalb des zw Zahler und ZEmpfänger vereinbarten Zeitraums der ZVorgang durch **Verrechnung**, dh Gutschrift iSv § 675t auch tatsächlich durchgeführt werden, was im Rahmen des Valutaverhältnisses im Blick auf die Rechtssicherheit bedeutsam ist (Grü/*Grüneberg* Rn 4, einschränkend, weil auf den Fälligkeitstag iSd Belastung des ZKontos des Zahlers abstellend BeckOGK/*Zahrte* Rn 45). So gesehen betrifft also Abs II nicht nur die Vereinbarung einer Weiterleitungsfrist (so aber wohl BT-Drs 16/11643, 112), sondern erfasst auch die **Ausführungsfrist** (in der Sache auch Grü/*Grüneberg* Rn 4). Doch folgt die Festlegung der Frist iSv Abs II S 1 nicht aus dem Valutaverhältnis, sondern stets aus der zw ZEmpfänger und seinem ZdLeister jew getroffenen Abrede. Diese werden etwa bei einer **Kreditkartenzahlung** regelmäßig im Rahmen des Akquisitionsvertrags vereinbart. Fehlt eine solche Vereinbarung, gilt wiederum für die Rechtzeitigkeit der zu erbringenden Übermittlungsleistungen des ZdLeisters des ZEmpfängers § 271. Auch für **Inkassoaufträge** gilt stets die Frist von Abs II S 1 (BT-Drs 16/11643, 112). Denn diese werden vom oder über den ZEmpfänger ausgelöst.

13 Bei einer **Lastschrift** ist gem Abs II S 2 – bezogen auf das im **Valutaverhältnis** vereinbarte Fälligkeitsdatum – sicherzustellen, dass der ZdLeister des ZEmpfängers den ZAuftrag so rechtzeitig an den ZdLeister des Zahlers übermittelt, dass der ZBetrag auf dem Konto des ZdLeisters des ZEmpfängers verrechnet und unverzüglich gem § 675t I dem Konto des ZEmpfängers gutgebracht werden kann (insoweit auf eine entspr Pflicht aus den Inkassoverhältnis abstellend *Laitenberger* NJW 2010, 192, 195; grds zu Mietzahlungen BGH NZM 2017, 120). Maßgebend ist hier i Erg der zw Zahler und ZEmpfänger vereinbarte Fälligkeitstag. Dieses wird aber nur dann von **Abs II S 2** erfasst, wenn die entspr Fälligkeitsabrede auch Teil des dem SEPA-Mandat zugrunde liegenden Datensatzes ist. Das Verspätungsrisiko im Valutaverhältnis bezogen auf die rechtzeitige Übermittlung trägt also der ZEmpfänger, weil er es ja auch ist, der den betr ZVorgang ausgelöst hat. Doch geht die Gesetzesbegr bei Umsetzung der ZdRL I mit Recht davon aus, dass sich die Rechtzeitigkeit gem § 362 danach entscheidet, ob die **Verrechnung des Geldbetrags** an dem zw Zahler und ZEmpfänger vereinbarten Fälligkeitstag „zw den beiden ZdLeistern" stattgefunden hat (BT-Drs 16/11643, 111; BeckOGK/*Zahrte* Rn 44 – Zeitpunkt der Verrechnung bei den beteiligten ZdLeistern entscheidet; aM wohl Grü/*Grüneberg* Rn 4). Dem ist entgegen der in der Voraufl vertretenen Meinung nicht mehr zu folgen. Es geht auch bei einer Lastschrift – bezogen auf das **Valutaverhältnis** – darum, dass der Zahler seine Leistungshandlungen so rechtzeitig vornimmt, dass der nach § 362 geschuldete Leistungserfolg am Fälligkeitstag eintritt (BGH NZM 2017, 120; EuGH NJW 2008, 1935). **Abw Vereinbarungen** sind nur in den engen Grenzen etwa bei Kleinbetragszahlungsinstrumenten nach § 675i II Nr 6 zulässig, nicht aber im unternehmerischen Verkehr, sofern sich diese zum Nachteil des ZdNutzers nach § 675e IV auswirken (Grü/*Grüneberg* Rn 4). Solche Abreden verstoßen auch gegen § 307 II Nr 1, sofern nicht auch § 134 eingreift.

14 **4. Drittstaatbezug.** Ausgangspunkt für die in Abs III neu eingeführte Regel ist, dass der europäische Gesetzgeber ausdrückl sichergestellt hat (Staudinger/*Omlor* Rn 16; BeckOGK/*Zahrte* Rn 46ff), dass die kurzen Ausführungsfristen für ZAufträge (Art 83 I ZdRL – am Ende des folgenden Geschäftstags) dann nicht eingehalten werden können, wenn ein Drittstaatbezug (außerhalb des EWR) oder eine Drittstaatwährung vorliegt (BT-Drs 18/11495, 160). Das hat den dt Gesetzgeber (Art 107 ZdRL) gebunden. Folglich bestimmt Abs III eine **Ausnahme**, wenn Fälle vorliegen, die von § 675d VI 1 Nr 1 und 3 erfasst werden (§ 675e II Nr 1). Das bedeutet praktisch: Wenn es sich um einen Fall des § 675d VI 1 Nr 1 handelt, ist nach den Vorgaben von Abs III S 1 die Norm des Abs I S 1 und 3 nicht anzuwenden (BT-Drs). Bei einer sog one-leg-transaction (ein Bestandteil des ZVorgangs ist im EWR belegen) suspendiert Abs III S 1 vollständig, dass die nach Abs I S 1 und 3 zu beachtenden Fristen beachtet und eingehalten werden (vgl BeckOGK/*Zahrte* Rn 48). Das bedeutet nach der Gesetzesbegr auch, dass den Parteien insoweit dispositives Recht nicht zur Verfügung gestellt wird (BT-Drs 18/11495, 160). Doch sind

die Parteien nicht frei; es gilt vielmehr nach § 675c das durch die Grundsätze der Geschäftsbesorgung geprägte Auftragsrecht (BT-Drs). Folglich sind insofern die aus diesen Normen sich ableitenden „Leitbildfunktionen" der betr Vorschriften der §§ 675, 611ff bei der Verwendung von AGB nach den strengen Vorgaben des § 307 II Nr 1 zu beachten (§ 307 Rn 24ff).

Wenn aber – Abs III S 2 – ein Fall des § 675d VI 1 Nr 1 lit a vorliegt – Vereinbarung der Währung eines anderen Staates als Euro oder des EWR, Belegenheit beider ZdLeister aber innerhalb des EWR – dann ist nach den Rechtsfolgen gem Nr 1 und 2 zu differenzieren: Abs I S 2 ist dann auch auf die Bestandteile eines ZVorgangs nicht anzuwenden, welche innerhalb des EWR stattfinden. In diesem Fall kann aber auch – Nr 2 – von den Vorgaben des Abs II durch eine Vereinbarung abgewichen werden. Doch auch hier erhält dann die Regel des – abzubedingenden – Abs I S 2 den Charakter einer **„Leitbildfunktion"** nach § 307 II Nr 1 (BT-Drs 18/11495, 161). Praktische Bedeutung hat dies vor allem für den unternehmerischen Verkehr. 15

§ 675t Wertstellungsdatum und Verfügbarkeit von Geldbeträgen; Sperrung eines verfügbaren Geldbetrags

(1) Der Zahlungsdienstleister des Zahlungsempfängers ist verpflichtet, dem Zahlungsempfänger den Zahlungsbetrag unverzüglich verfügbar zu machen, nachdem der Betrag auf dem Konto des Zahlungsdienstleisters eingegangen ist, wenn dieser
1. keine Währungsumrechnung vornehmen muss oder
2. nur eine Währungsumrechnung zwischen dem Euro und einer Währung eines Vertragsstaates des Abkommens über den Europäischen Wirtschaftsraum oder zwischen den Währungen zweier Vertragsstaaten des Abkommens über den Europäischen Wirtschaftsraum vornehmen muss.

Sofern der Zahlungsbetrag auf einem Zahlungskonto des Zahlungsempfängers gutgeschrieben werden soll, ist die Gutschrift, auch wenn sie nachträglich erfolgt, so vorzunehmen, dass der Zeitpunkt, den der Zahlungsdienstleister für die Berechnung der Zinsen bei Gutschrift oder Belastung eines Betrags auf einem Zahlungskonto zugrunde legt (Wertstellungsdatum), spätestens der Geschäftstag ist, an dem der Zahlungsbetrag auf dem Konto des Zahlungsdienstleisters des Zahlungsempfängers eingegangen ist. Satz 1 gilt auch dann, wenn der Zahlungsempfänger kein Zahlungskonto unterhält.

(2) Zahlt ein Verbraucher Bargeld auf ein Zahlungskonto bei einem Zahlungsdienstleister in der Währung des betreffenden Zahlungskontos ein, so stellt dieser Zahlungsdienstleister sicher, dass der Betrag dem Zahlungsempfänger unverzüglich nach dem Zeitpunkt der Entgegennahme verfügbar gemacht und wertgestellt wird. Ist der Zahlungsdienstnutzer kein Verbraucher, so muss dem Zahlungsempfänger der Geldbetrag spätestens an dem auf die Entgegennahme folgenden Geschäftstag verfügbar gemacht und wertgestellt werden.

(3) Eine Belastung auf dem Zahlungskonto des Zahlers ist so vorzunehmen, dass das Wertstellungsdatum frühestens der Zeitpunkt ist, an dem dieses Zahlungskonto mit dem Zahlungsbetrag belastet wird. Das Zahlungskonto des Zahlers darf nicht belastet werden, bevor der Zahlungsauftrag seinem Zahlungsdienstleister zugegangen ist.

(4) Unbeschadet sonstiger gesetzlicher oder vertraglicher Rechte ist der Zahlungsdienstleister des Zahlers im Fall eines kartengebundenen Zahlungsvorgangs berechtigt, einen verfügbaren Geldbetrag auf dem Zahlungskonto des Zahlers zu sperren, wenn
1. der Zahlungsvorgang vom oder über den Zahlungsempfänger ausgelöst worden ist und
2. der Zahler auch der genauen Höhe des zu sperrenden Geldbetrags zugestimmt hat.

Den gesperrten Geldbetrag gibt der Zahlungsdienstleister des Zahlers unbeschadet sonstiger gesetzlicher oder vertraglicher Rechte unverzüglich frei, nachdem ihm entweder der genaue Zahlungsbetrag mitgeteilt worden oder der Zahlungsauftrag zugegangen ist.

(5) Wenn ein Fall des § 675d Absatz 6 Satz 1 Nummer 1 Buchstabe a vorliegt,
1. kann von § 675t Absatz 1 Satz 3 für die innerhalb des Europäischen Wirtschaftsraums getätigten Bestandteile des Zahlungsvorgangs abgewichen werden und
2. ist § 675t Absatz 2 auf die innerhalb des Europäischen Wirtschaftsraums getätigten Bestandteile des Zahlungsvorgangs nicht anzuwenden.

1. Europarechtliche Vorgaben. Die Regelung setzt Art 83 II (Wertstellung), 84, 85 und vor allem auch Art 87 ZdRL in nationales Recht um (BT-Drs 18/11495, 161f). Unterhält der ZEmpfänger beim ZdLeister **kein ZKonto**, ist der ZdLeister, bei dem der eingezahlte Geldbetrag eingegangen ist, gem Art 84 ZdRL verpflichtet, spätestens am Ende des folgenden Geschäftstags dem ZEmpfänger diesen Betrag – immer Buchgeld – „verfügbar" zu machen (Art 83 I ZdRL). Darauf beruht die Unterscheidung zw dem Anspruch auf **Gutschrift** und dem dann später folgenden Anspruch desZEmpfängers gegen seinen ZdLeister aus der Gutschrift, nämlich dem Schuldanerkenntnis (MüKo/*Jungmann* Rn 2). Damit ist die Schnittstelle angesprochen, die zw den Pflichten des Zdleisters des Zahlers und denen des ZdLeisters des ZEmpfängers liegt (Staudinger/*Omlor* Rn 1). Zeitl zwischengeschaltet ist der Anspruch des ZdLeisters des ZEmpfängers auf **Wertstellung** nach **Abs I S 2** (Grü/*Grüneberg* Rn 8; MüKo/*Jungmann* Rn 4). Ist iSv Art 85 ZdRL **Bargeld** vom Zahler auf ein ZKonto eingezahlt, enthält hier Abs II die in dt Recht umgesetzte Rechtsregel; sie ist wörtlich übernommen worden. Die in Abs I S 1 festgelegte Pflicht, dass das Datum der Wertstellung einer Gutschrift auf dem ZKonto des ZEmpfängers spätestens der Geschäftstag ist, an 1 dem dieser Betrag seinerseits dem Konto des ZdLeisters des ZEmpfängers gutgeschrieben wird, wird in Art 83 ZdRL reflektiert. **Abs III** entspricht der Vorgabe von Art 78 I ZdRL. Abs IV setzt nunmehr in Änderung der Ausgangslage der ZdRL I den neu eingefügten Art 75 I und 2 ZdRL um (BT-Drs 18/11495, 162). Abs V weist wieder – wie schon § 675s – einen Drittstaatbezug auf, der wiederum auf der Regel des § 675d VI 1 Nr 1 lit a aufbaut (BT-Drs 18/11495, 162). Bedenken gegen die zutr Umsetzung bestehen nicht. Der Kern der Regelung sind die Abs I und II; sie zielen darauf ab, eine zügige Wertstellung und auch – gekoppelt an dieses Datum – den ZBetrag dem ZEmpfänger rasch verfügbar zu machen (BeckOGK/*Zahrte* Rn 3).

2 **2. Verfügbarmachen des Zahlungsbetrags. a) Begriffliche Klärung.** Nach **Abs I S 1** kommt es entscheidend darauf an, dass auf dem (Verrechnungs)-Konto des ZdLeisters des ZEmpfängers – kenntlich gemacht durch die jew angeführte Kundenkennung – aufgrund eines ausgeführten ZAuftrags/ZVorgangs ein bestimmter ZBetrag eingegangen ist (Grü/*Grüneberg* Rn 2). Dieser ist dann entspr dem **Deckungszuflussprinzip** (MüKo/*Jungmann* Rn 5) dem ZKonto des ZEmpfängers verfügbar zu machen (*Herresthal* in L/B/S Rn 2). Dies ist immer dann der Fall, wenn dieser Betrag dem Konto des ZdLeisters des ZEmpfängers gutgeschrieben, dh dort verrechnet worden ist (BT-Drs 16/11643, 112). Das bedeutet, dass der ZEmpfänger berechtigt ist, über eben diesen beim ZdLeister eingegangen Geldbetrag im Rahmen des rechtl Zulässigen zu verfügen, also alle ihm gestatteten ZAufträge auszuführen und alle ZVorgänge zu bewirken (vgl auch Grü/*Grüneberg* Rn 4). Früher war die Unterscheidung geläufig, wonach es einen Anspruch **auf Erteilung einer Gutschrift** und sodann einen Anspruch aus der erteilten Gutschrift gab (BGH NJW-RR 2005, 559; NJW 1988, 1320f; krit BeckOGK/*Zahrte* Rn 11). Danach ist der Anspruch auf Gutschrift ein abstraktes Schuldversprechen iSd § 780 und zielt darauf ab, dass der ZdLeister des ZEmpfängers verpflichtet ist, diesen erhaltenen Betrag „unverzüglich" dem Konto des ZEmfpängers „verfügbar zu machen" (Staudinger/*Omlor* Rn 8). Es ist also der Anspruch gegen den ZdLeister auf Zahlung **aus der Gutschrift**, der auf dem Girovertrag beruht und sowohl vom Deckungs- als auch vom Valutaverhältnis losgelöst ist (MüKo/*Jungmann* Rn 38; BeckOGK/*Zahrte* Rn 11). Es ist **umstritten**, ob diese Unterscheidung – trotz Geltung von Abs I S 1 – weiterhin beibehalten werden kann (bejahend: Staudinger/*Omlor* Rn 7f; Grü/*Grüneberg* Rn 4; MüKo/*Jungmann* Rn 18ff; verneinend BeckOGK/*Zahrte* Rn 11). Das ist allerdings i Erg zu bejahen (MüKo/*Jungmann* Rn 18f). Nach Auffassung des Gesetzgebers (BT-Drs 16/11643, 112) ist der Begriff des **Verfügbarmachens** allerdings gleichbedeutend mit dem „Anspruch aus der Gutschrift" iSd aufgezeigten Terminologie (Staudinger/*Omlor* Rn 8f). Der Unterschied beider Meinungen ist für die Praxis allerdings vernachlässigenswert. Entscheidend ist, dass der ZEmpfänger einen Anspruch nach Abs I S 1 darauf hat, dass dieser ihm den ZBetrag, sobald er auf dem (Verrechnungs)-Konto eingegangen ist, in der Höhe, wie er ihm zugeflossen ist, „unverzüglich" verfügbar macht (im Einz Staudinger/*Omlor* Rn 7ff). Das bedeutet: Der ZdLeister muss dem ZEmpfänger eine Gutschrift erteilen und ihm eine Verfügungsbefugnis über eben diesen Betrag einräumen (MüKo/*Jungmann* Rn 18f). Der ZBetrag wird also in diesem Augenblick auf dem ZKonto des ZEmpfängers bereitgestellt (BeckOGK/*Zahrte* Rn 11). Ist dieses Konto **aktivisch**, dann erhöht sich der Habenbetrag; umgekehrt reduziert sich der Sollsaldo (BT-Drs 16/11643, 112). Aus dieser Sicht liegt ein Verfügbarmachen ggü dem ZEmpfänger naturgemäß stets nur insoweit vor, als der ZdLeister einen ZBetrag entweder im Interbanken-Verhältnis (Clearing) oder unmittelbar vom ZdLeister des Zahlers tatsächlich erhalten hat (BT-Drs 16/11643, 112). Erst dann hat er die entspr Verfügungsmacht über eben **diesen** Geldbetrag erhalten. Das ist also der **Anspruch auf Gutschrift** (BeckOGK/*Zahrte* Rn 11). **Anspruchsinhaber** ist der jew im ZAuftrag bezeichnete Inhaber des ZKontos (MüKo/*Jungmann* Rn 27). Der **Anspruch aus der Gutschrift** – verstanden als Anspruch auf Auszahlung (MüKo/*Jungmann* Rn 36f) – steht dem ZEmpfänger ggü seinem ZdLeister **unverzüglich** nach Erteilung der Gutschrift zu (*Laitenberger* NJW 2010, 192, 195). Es geht dann um die Verfügbarmachung des jew ZBetrages zugunsten des ZKontos des ZEmpfängers (BeckOGK/*Zahrte* Rn 12).

2a Diese Grundregel wird über **Abs II S 2** für den **unternehmerischen Verkehr** noch konkretisiert: Spätestens an dem auf den Geschäftstag, an welchem der ZBetrag dem ZdLeister des ZEnpfängers verfügbar gemacht worden ist, folgenden Geschäftstag muss der verrechnete Geldbetrag dem Konto des ZEmpfängers verfügbar gemacht werden (Rn 6). Das bedeutet in Anlehnung an die grundlegende Entscheidung des EuGH zur Rechtzeitigkeit einer Überweisung (NJW 2008, 1935) auch, dass es – im Blick auf einen etwa eintretenden **Zahlungsverzug** des Zahlers (Leistungszeit – § 271) – entscheidend darauf ankommt, dass der geschuldete ZBetrag innerhalb der bedungenen Frist – Valutaverhältnis – dem ZKonto des ZEmpfängers tatsächlich auch gutgebracht worden ist (BGH NZM 2017, 120 – Mietzahlungen – Eingang auf dem Konto des Vermieters; Karlsruhe WM 2014, 1422 – Verkehr zw Verbrauchern: modifizierte Bringschuld; vgl auch Grü/*Grüneberg* § 270 Rn 5f). Falls der ZdLeister des ZEmpfängers vor Ausführung der Gutschrift auf dem ZKonto des ZEmpfängers erkennt, dass die **Kundenkennung nicht mit dem Namen des ZEmfpängers** übereinstimmt, darf der ZVorgang nicht ausgeführt werden, und er muss beim Zahler rückfragen, ohne den ZAuftrag zu Ende zu führen (Grü/*Grüneberg* Rn 4). Es würde dem Grundsatz des § 242 widerstreiten, würde man den ZdLeister als berechtigt (nicht verpflichtet) ansehen, den ZBetrag gleichwohl an den Inhaber des ZKontos auszukehren, der sich aus der Kundenkennung ergibt.

3 Der ZdLeister des ZEmpfängers ist aber – trotz der Pflicht des Verfügbarmachens des eingegangenen Geldbetrags – nicht daran gehindert, einen gutzuschreibenden ZBetrag nur **unter Vorbehalt** („Eingang vorbehalten – E.v." – Bedingung) dem ZEmpfänger zur Verfügung zu stellen (Staudinger/*Omlor* Rn 8; *Herresthal* in L/B/S Rn 5; BeckOGK/*Zahrte* Rn 20f; MüKo/*Jungmann* Rn 21), etwa dann, wenn mit einem Erstattungsanspruch des Zahlers nach § 675x zu rechnen ist (Grü/*Grüneberg* Rn 4; BT-Drs 16/11643, 112). Entscheidend ist, dass der ZEmpfänger auch unter diesen – einschränkenden – Voraussetzungen (Bedingungen nach § 158) über den auf

seinem ZKonto gebuchten ZBetrag verfügen kann, weil sein ZdLeister ihm diesen Betrag verfügbar gemacht hat. Dass dieser Betrag dann ggf im Fall eines vom Zahler geltend gemachten Erstattungsanspruchs nach § 675x II (SEPA-Lastschrift) zurückgefordert wird, ist irrelevant (*Grundmann* WM 2009, 1159, 1159). Erstreckt sich etwa das typische **Pfandrecht** des ZdLeisters des ZEmpfängers auf den eingegangenen ZBetrag (hierzu BGH NJW 1985, 1218, 1219 – Oder-Konto) liegt gleichwohl ein Verfügbarmachen zugunsten des ZEmpfängers vor. Das Gleiche gilt, wenn der ZdLeister die Einrede des nicht erfüllten Vertrags gem § 320 erhebt oder von etwaigen Aufrechnungsrechten gem §§ 387ff Gebrauch macht (BT-Drs 16/11643, 112). Auch ist der Umstand irrelevant, dass das ZKonto des ZEmpfängers nach Eingang des ZBetrages weiterhin **debitorisch** ist, weil dann eben nur der ihm zur Verfügung gestellte ZBetrag und damit die Darlehensverbindlichkeit ggü seinem ZdLeister entspr gemindert wurde (BT-Drs 16/11643, 112). Dass dann ggf der ZEmpfänger über den ihm verfügbar gestellten ZBetrag nicht tatsächlich verfügen darf, weil etwa der **Dispo-Kredit** überzogen ist oder das debitorisch geführte ZKonto nur reduziert wurde, ist und der ZdLeister keine weitere Verfügung mehr zulässt, ist in der Sache für die Anwendung von Abs I S 1 irrelevant (MüKo/*Jungmann* Rn 22; *Langenbucher* in L/B/S Rn 7). iÜ ist darauf aufmerksam zu machen, dass dem ZdLeister des ZEmpfängers das Recht auf Erteilung einer Gutschrift zusteht, was einschließt, dass dem ZEmpfänger selbst **kein Zurückweisungsrecht** zukommt (BGH NJW 1995, 520; EBJS/*Keßler* Rn 6). Das bedingt, dass bei einer fehlerhaften Überweisung im Valutaverhältnis keine Erfüllung eintritt, doch ist der ZEmpfänger ungerechtfertigt nach den §§ 812ff bereichert (BGH NJW 1985, 2700; NJW 1995, 520, 521).

b) Institutsinterner Zahlungsvorgang. Abs I bezieht sich auf alle ZVorgänge iSv Art 4 Nr 5 ZdRL, also auf Bereitstellung, Transfer oder Abhebung eines Geldbetrags. Bei Abwicklung eines institutsinternen ZVorgangs erfolgt kein ZEingang auf einem Verrechnungskonto des ZdLeisters des ZEmpfängers; es ist dann nur noch eine Umbuchung erforderlich, die aber insoweit nicht zählt (BeckOGK/*Zahrte* Rn 19). Das hat Bedeutung bei einer Überweisung (§ 675s Rn 2f), aber auch bei der Lastschrift. Diese Bestimmung ist insofern (Lastschrift) als Sonderregel ggü § 675s für die Rechtzeitigkeit des ZAuftrags maßgebend, weil es auf die jew Belastungsbuchung auf dem ZKonto des Zahlers ankommt (Grü/*Grüneberg* Rn 3). Liegt sie vor, hat der ZEmpfänger einen Anspruch auf Gutschrift. 4

c) Unverzüglichkeit. Soweit ein Geldbetrag auf dem Konto des ZdLeisters des ZEmpfängers eingegangen ist, besteht die Verpflichtung, diesen Betrag dem ZEmpfänger unverzüglich (§ 121) gutzubringen, dh zur Verfügung zu stellen. Über das **Datum der Wertstellung** entscheidet jedoch allein die in Abs I S 2 vorgesehene Zeitangabe (Rn 7 und 9). Doch für die Praxis wird man idR von einer **taggleichen Gutschrift** auf dem ZKonto des ZEmpfängers (*Langenbucher* in L/B/S Rn 9), dh der Person, deren Kundenkennung für die Abwicklung des jew ZAuftrags verwendet wurde, ausgehen müssen. Bei zunehmender Automatisierung wird dies – Stichwort: **SEPA Instant Payment** (*Herresthal* ZIP 2019, 895, 901f) – sogar innerhalb von wenigen Sekunden die Regel (BeckOK/*Schmalenbach* Rn 4). 5

d) Einschränkende Voraussetzungen. Neu in die Norm sind die Einschränkungen aufgenommen worden, die sich jetzt in **Abs I S 1 Nr 1 und Nr 2** finden (BT-Drs 18/11495, 161), wodurch Art 87 II ZdRL umgesetzt wird. Die in Abs I S 1 konkretisierte Pflicht des ZdLeisters des ZEmpfängers, einen bei diesem zur Verrechnung eingegangenen Geldbetrag unverzüglich dem ZEmpfänger verfügbar (Rn 2) zu machen, soll dann nicht gelten, wenn eine Währungsumrechnung – regelmäßig in Euro – durchgeführt werden muss (Nr 1). Denn die strikte Erfüllung der Pflicht nach Abs I wird vom europäischen Gesetzgeber wohl als unbillig angesehen, wenn eben eine solche Umrechnung erforderlich ist, um auf das grds in Euro lautende ZKonto des ZEmpfängers den eingegangenen Geldbetrag gutzubringen. Doch sollte deren Beachtung auch im Fall von Nr 1 gleichwohl als „gute Praxis" (ErwGr 83) eingehalten werden. **Alternativ** bestimmt Nr 2, dass auch dann die vorerwähnte Einschränkung eingreifen soll, wenn nur eine Währungsumrechnung zw dem Euro und einer Währung eines Vertragsstaats des EWR oder zw den Währungen zweier Vertragsstaaten des EWR vorzunehmen ist (BT-Drs 18/11495, 161). 6

3. Wertstellung – Valutierung. Nach **Abs I S 2** sind Gutschriften und Belastungen eines ZBetrags auf einem ZKonto so vorzunehmen, dass sie „spätestens" an dem Geschäftstag **wertgestellt** werden müssen, an dem der ZBetrag auf dem Konto des ZdLeisters des ZEmpfängers eingegangen ist (MüKo/*Jungmann* Rn 51). Maßgebend ist das Deckungszuflussprinzip. Es gilt also idR die Pflicht der **taggleichen** Wertstellung (krit BeckOGK/*Zahrte* Rn 36 – wegen unterschiedlicher cut-offs). Dies gilt natürlich dann nicht, wenn die Geschäftstage der an einem ZVorgang beteiligten ZdLeister nicht tagidentisch sind, was möglicherweise mal wegen unterschiedlicher Geschäftstage (regional) vorkommen kann. Doch ist bei der Interpretation von Abs I S 2 im Auge zu behalten, dass die Wertstellung zugunsten des ZdNutzers **„spätestens"** an dem Geschäftstag erfolgen muss, an dem der Geldbetrag auf dem Verrechnungskonto des ZdLeisters des ZEmfpängers eingegangen ist. Das cut-off ist zu beachten (§ 675n I 3), was nur vorbehaltlich etwaiger Missbrauchsfälle zu verstehen ist; das Grundanliegen der Norm zielt darauf ab, sog **„Float-Gewinne"** zu vermeiden. Damit wird erkennbar auch eine **„Rückvalutierung"** auf eben diesen Geschäftstag dem ZdLeister des ZEmpfängers als Pflicht auferlegt, sofern sie nicht an eben diesem vorgenommen wurde. Technisch und auch rechtl hat diese Frage vor allem dann Bedeutung, wenn eine nachträgl Gutschrift zu erteilen ist. 7

a) Begriffliches. Zw der Wertstellung – **Valutierung** – einerseits und der **Gutschrift** (Verfügbarmachung – Rn 2) andererseits ist zwingend zu unterscheiden (Staudinger/*Omlor* Rn 17). Dies folgt aus der Fassung von Abs I S 1 und S 2: Während die Wertstellung nach Abs I S 2 „spätestens" am gleichen Geschäftstag – also: taggenau 8 mit dem Eingang des ZBetrags auf dem Konto des ZdLeister des ZEmpfängers (BGH NJW 1989, 582; 1997, 3168 – jew unangemessene Benachteiligung bei Wertstellung einen Bankarbeitstag später) – erfolgen muss, reicht es iSv § 121 aus, wenn die Gutschrift iSv Abs I S 1 dem ZEmpfänger erst später, etwa am **nachfolgenden Geschäftstag** (nach Eingang des Geldbetrages auf dem Verrechnungskonto des ZdLeisters des ZEmpfängers) zugeht (MüKo/*Jungmann* Rn 51). Damit kann die bisherige Rechtspraxis aufrechterhalten werden (vgl BeckOGK/*Zahrte* Rn 34). Für die Wertstellung entscheidet also allein der Geschäftstag, an dem der zu überweisende ZBetrag auf dem Konto des ZdLeister des ZEmpfängers eingegangen ist – **Deckungszuflussprinzip** – (BeckOGK/*Zahrte* Rn 34), weil der ZdNutzer von diesem Zeitpunkt an in der Lage ist, mit dem ZBetrag zu arbeiten und das Geld – zinsgünstig – zu nutzen. Dieser Zeitpunkt ist daher das Datum der **Wertstellung/Valutierung**, also der Zeitpunkt, der – gleichgültig, ob es sich um eine Gutschrift oder um eine Belastung handelt – für die Berechnung der Zinsen Maß gibt, also bei der Berechnung von Soll- oder Habenzinsen durch Bildung eines fiktiven Zwischensaldos aufgrund der rechnerischen Differenz zw den Soll- und den Habenbuchungen zu berücksichtigen ist (vgl BGH NJW 1997, 3168; 1997, 2042; 1989, 582, 583). Die Wertstellung für **Gutschriften** muss taggenau mit dem Geschäftstag erfolgen (MüKo/*Jungmann* Rn 50), an dem der Geldbetrag auf das Konto des ZdLeisters des ZEmpfängers eingegangen ist, damit unabhängig von dem Tag, an dem die Buchung – Gutschrift oder Belastung – erfolgt. Für die Wertstellung bei **Belastungsbuchungen** ist der Geschäftstag entscheidend (näher Rn 15), an dem der **Abfluss der Mittel vom ZKonto des Zahlers** erfolgt. Bei der Valutierung/Wertstellung geht es immer nur um den Beginn der Zinsberechnung. Über die Höhe der (niedrigeren) Guthaben- bzw der (höheren) Sollzinsen ist damit gar nichts gesagt; sie unterliegen – entspr den Vorgaben des Preisverzeichnisses – der Vereinbarung zw den Parteien. Zu Fragen von **Negativ- oder Strafzinsen** und ihrer rechtl Wirksamkeit *Strobel* NJW 2021, 881 – Aufbewahrungsentgelt; so auch Dresden BKR 2022, 247 – nach § 307 unbedenklich; LG Berlin BKR 2022, 109 – unangemessen; so auch LG Berlin BeckRS 2021, 55367; iÜ *Wagner* BKR BKR 2017, 315; *Krepold/Herrle* BKR 2018, 89; ggü Verbrauchern *Suendorf-Bischof* BKR 2019, 279; bei Guthaben vgl *Omlor* BKR 2018, 109; *Vogel* BKR 2018, 45; *Tröger* NJW 2015, *Hingst/Neumann* BKR 2016, 95; *Kropf* WM 2017, 1185 – entgeltpflichtige Kapitalverwahrung; unzulässig neben Kontoführungsgebühren LG Tübingen BKR 2018, 128 – überraschende Klausel; abl für Riester-Verträge wegen Alterssicherung Stuttgart WM 2019, 1110; ähnl aber allg (§ 307 I 1) bei Einführung von Negativzinsen bei Termin- und Festgeldanlagen sowie Sichteinlagen LG Tübingen BKR 2018, 128.

9 **b) Zwischensaldo.** Nach st Rspr erfolgt die Zinsberechnung auf Girokonten bei einer Wertstellung nach **Abs I S 2** durch Bildung von Zwischensalden (BGH NJW 1989, 582, 583): Für jeden Umsatz, also für jede Soll- oder Habenbuchung, wird der Zeitpunkt festgelegt, zu dem die Kontobewegung für die Zinsberechnung in den zu bildenden Zins-Zwischensaldo eingeht (*Schimansky* BKR 2003, 179, 182). Dieser bildet sich aus der rechnerischen Differenz zw Soll- und Habenbuchungen mit gleicher Wertstellung. Schuldzinsen sind vom ZdNutzer nur zu entrichten, soweit eben dieser Zwischensaldo **negativ** ist (BGH NJW 1989, 582; NJW 1997, 2042f). Der gebuchte ZBetrag wirkt sich daher wertmindernd aus, sofern bei einem positiven Saldo eine Verzinsungspflicht des ZdLeisters und beim negativen Saldo eine Verzinsungspflicht des ZEmpfängers besteht. Daraus folgt weiter: Wertstellungsklauseln für Gutschriften, die nicht an den jew Geschäftstag – taggenau – anknüpfen, der in Abs I S 2 bezeichnet ist, sind nach § 307 II Nr 1 unwirksam (BGH NJW 1997, 3168). Ist die Gutschrift durch den ZdLeister irrtümlich erfolgt, steht dem ZdLeister des ZEmpfängers das Recht zu, die Buchung zu **stornieren** (Staudinger/*Omlor* Rn 14). Doch gilt dieses Recht nur bis zum Rechnungsabschluss, der auf die Buchung erfolgt. Danach besteht nur ein Bereicherungsanspruch nach Maßgabe von § 812 II (BGH NJW 2001, 453, 454; 1983, 2501). Es bestehen keine Bedenken, die Gutschrift zu **bepreisen** (BGH NJW 2015, 3025: unwirksam, weil ausnahmslos und daher auch für fehlerhaft ausgeführten ZAuftrag, vgl Rn 35; BeckOGK/*Zahrte* Rn 41ff). Dieser Ansatz setzt aber voraus, dass man die Bepreisung als nach § 675f V 2 wegen einer vom ZdLeister zu erfüllenden **Nebenpflicht** als wirksam anerkennt (so nunmehr BGH NJW 2019, 3771; aM BGH NJW 1996, 2032; 1994, 318). Vorbehalten bleibt auch der Verbotstatbestand von **§ 312a IV Nr 2** (BGH NJW 2019, 3771 – LS 2 und 3), womit eine Begrenzung der Kosten auf das Maß der dem ZdLeister durch die Nutzung eines Zahlungsmittels entstehenden, weil insoweit verursachten Kosten beachtet wird (BGH ZIP 2021, 2071 Rn 24 nur Kreditkarte; Grü/*Grüneberg* § 312a Rn 5). Indessen muss der ZdLeister dem Verbraucher stets eine bargeldlose Zahlungsweise kostenlos zur Verfügung stellen, die dieser mit zumutbarem Aufwand nutzen kann (im Einz MüKo/*Wendehorst* § 312a Rn 78ff).

10 **c) Zeitpunkt der Wertstellung.** Wann die **Gutschrift** tatsächlich vorgenommen wird, ist unerheblich (MüKo/*Jungmann* Rn 53). Denn **Abs I S 2** erwähnt ausdrückl den Tatbestand, dass dies erst „nachträgl", dh nachdem der ZBetrag dem ZEmpfänger verfügbar gemacht wurde, geschieht. Abs I S 2 erfasst also eine tatsächlich eingetretene Verspätung einer Gutschrift, weil sie nicht am Geschäftstag des ZEingangs erfolgt. Zinstechnisch ist dieser Fall genauso zu behandeln, als wäre die Gutschrift rechtzeitig durchgeführt worden (BeckOGK/*Zahrte* Rn 39). Entscheidend ist nach S 2 allein, dass die **Wertstellung spätestens** an dem Geschäftstag erfolgt, an dem der ZBetrag auf dem Konto des ZdLeisters des ZEmpfängers eingegangen ist (MüKo/*Jungmann* Rn 53). Die Buchung kann auch noch in wirksamer Weise am folgenden Geschäftstag erfolgen (BT-Drs 16/11643, 112). Für das Lastschriftverfahren sind aber Abs I und III zwingend zu beachten. Bereits dann, wenn der ZEmpfänger über die – vorbehaltene – Gutschrift (Rn 3) verfügen kann, ist der ZdLeister verpflichtet, für eine **taggleiche Wertstellung** zu sorgen (*Laitenberger* NJW 2010, 192, 195; krit zu diesem Begriff BeckOGK/*Zahrte* Rn 34, 36 – wegen unterschiedlicher Geschäftstage bei transnationalen ZAufträgen). Dies folgt nicht zuletzt aus ErwGr 45 ZdRL,

dessen Zweck darauf zielt, Zinsgewinne der Banken im Rahmen der Abwicklung des Zahlungsverkehrs zu verhindern (*Laitenberger* NJW 2010, 192, 195). Ob unter dem Gesichtswinkel von Abs I und III die bisherige Praxis der **Sammellastschrifteinzüge** beibehalten werden kann, erscheint in der Tat sehr fraglich und dürfte abzulehnen sein, sofern sich herausstellt, dass die Gutschrift sich nur an dem Datum orientiert, das der durchschnittlichen Einzugsdauer aller Lastschriften entspricht. Denn dies sichert dem ZdLeister allemal unzulässige Zinsgewinne (*Laitenberger* NJW 2010, 192, 195). Auch ggü Unternehmern sind insoweit keine abw Vereinbarungen wirksam (*Laitenbeger* NJW 2010, 192, 195), weil § 675e IV dem zwingend entgegensteht, so dass hier auch Art 86 ZdRL mit ihrem Grundsatz der nicht einschränkbaren Vollharmonisierung durchschlägt.

d) Stornierung. Hat der ZEmpfänger – ohne Rechtsgrund – eine Gutschrift erhalten, dann steht dem ZdLeister auf der Ebene der AGB (*Bunte/Zahrte*, AGB-Banken, Nr 8 Rn 145ff) ein **vertragl Berichtigungsanspruch** zu (Staudinger/*Omlor* Rn 14), der den Anspruch aus den §§ 812ff verdrängt, weil der Einwand des Wegfalls der Bereicherung nach § 818 III ausgeschlossen ist (*Bunte/Zahrte*, AGB-Banken Nr 8 Rn 157; MüKo/*Jungmann* Rn 43). In der Sache handelt es sich nach Ansicht des BGH um ein **einseitiges Widerrufsrecht** (BGH NJW 1978, 2149, 2150). 10a

e) Informationspflichten. Der ZdLeister ist nach Art 248 § 8 Nr 5 EGBGB verpflichtet, dem ZdNutzer das Datum der Wertstellung nach Ausführung des ZVorgangs mitzuteilen. Dies muss unverzüglich nach Erteilung der Gutschrift geschehen. Doch ist nach Art 248 § 9 EGBGB eine abw Vereinbarung im Blick auf die Häufigkeit zulässig, so dass es idR dabei bleibt, dass dem ZdNutzer entweder wöchentlich oder monatlich die Kontoauszüge übermittelt werden. Das Gleiche gilt im Blick auf einen Einzelzahlungsvorgang (Art 248 § 15 Nr 5 EGBGB). 11

f) Anspruchsberechtigung. Zur Geltendmachung eines Anspruchs auf **Erteilung einer Gutschrift** (Verfügbarmachung des ZBetrages) ist der jew **Inhaber des ZKontos** (MüKo/*Jungmann* Rn 27). Bei einem Gemeinschaftskonto ist dies, wenn es ein Oder-Konto ist (Grü/*Grüneberg* Rn 4), jeder Kontoinhaber; bei einem Und-Konto ist ein Zusammenwirken der Berechtigten erforderlich. Maßgebend für den **Umfang** der Verfügungsberechtigung ist nicht die Wertstellung, sondern allein das Tagesguthaben (BGHZ 84, 325, 330f), welches durch Verrechnung der Haben- und der Sollbuchungen – fiktiv – durchgeführt wird. Über den Tagessaldo zu verfügen sind nur der jew Kontoinhaber bzw diejenigen Personen berechtigt, welche **Kontovollmacht** besitzen (§ 675f Rn 71). Für den Sonderfall des Und-Kontos vgl § 675f Rn 68, des Oder-Kontos vgl § 675f Rn 69. Den Personen, die nach Maßgabe des jew Kontos verfügungsbefugt sind, steht gem Abs I S 1 der Anspruch „aus der Gutschrift" – Verfügbarmachen – zu, sobald der ZBetrag auf dem Konto des ZdLeisters des ZEmpfängers eingegangen ist (Rn 7). Für den **beleglosen** Überweisungsverkehr bedeutet dies: Der ZdLeister des ZEmpfängers ist nicht verpflichtet, eine Abgleichung zw Kontonummer und Empfängernamen vorzunehmen (vgl *Pauli* NJW 2008, 2229). Insoweit ist § 675r zu beachten, weil der ZdLeister danach berechtigt ist, sich ausschließlich an der vom ZdNutzer angegebenen Kundenkennung zu orientieren (§ 675r Rn 3; Karlsruhe ZIP 2004, 1900, 1902; Dresden WM 2007, 1023; vgl auch *Casper*, FS Nobbe, 2009, 3, 16ff). Doch gilt dies nicht, falls der ZdLeister – vor Ausführung der Gutschrift – erkennt, dass Name des ZEmpfängers und Kundenkennung nicht übereinstimmen (Rn 2). Soweit vom ZdLeister zu vertretende **Fehlüberweisungen** in Rede stehen, ergibt sich die Haftung aus § 675y (§ 675y Rn 6ff). Zum bereicherungsrechtl Ausgleich vgl § 675y Rn 41ff. 12

g) Kein Zahlungskonto. Abs I S 3 schreibt vor, dass S 1 auch dann in Bezug auf eine Gutschrift gilt, wenn der ZEmpfänger kein ZKonto unterhält (vgl BeckOGK/*Zahrte* Rn 51f). Diese Fälle können vor allem dann praktisch werden, wenn der ZEmpfänger bei seinem ZdLeister keinen ZdRahmenvertrag mehr unterhält (BT-Drs 16/11643, 112) oder wenn das ZKonto gelöscht worden ist oder er nur noch ein Sparkonto unterhält (vgl BGH WM 1989, 1640). Aber auch in diesem Fall ist der ZdLeister verpflichtet, den bei ihm eingegangenen Geldbetrag dem ZEmpfänger verfügbar zu machen (Rn 2). Demzufolge hat dieser einen Anspruch auf **Auszahlung der Valuta** ggü dem jew ZdLeister (Grü/*Grüneberg* Rn 7). Es macht keinen Unterschied, ob es sich hier um eine institutsinterne oder eine institutsfremde Abwicklung eines ZVorgangs handelt. 13

4. Bareinzahlungen. a) Zahler – Verbraucher. Abs II bezieht sich auf den Zeitpunkt der Verfügbarkeit und Wertstellung bei **Bareinzahlungen** aller Art auf ein **ZKonto bei dem ZdLeister des ZEmpfängers** (BeckOGK/*Zahrte* Rn 58ff; MüKo/*Jungmann* Rn 58ff; Staudinger/*Omlor* Rn 16; BeckOK/*Schmalenbach* Rn 13). Will der Zahler hingegen Bargeld auf das ZKonto des ZEmpfängers einzahlen, das bei einem anderen ZdLeister geführt wird, dann handelt es sich um eine **Barüberweisung** (MüKo/*Jungmann* Rn 58). **Voraussetzung** ist hier, dass Bargeld in der Währung eingezahlt wird, in der das betreffende ZKonto geführt wird. **Verbraucher** ist gem der Definition des ZdNutzers in Art 4 Nr 10 ZdRL – dies im Kern in Übereinstimmung mit § 13 – eine nat Person, die im Rahmen eines von der ZdRL erfassten ZdVertrags handelt, ohne dass ihre gewerbliche oder berufliche Tätigkeit insoweit tangiert ist. Trifft dies zu, ist es **unerheblich**, ob es der Einzahlende selbst oder eine dritte Person ist, sofern diese nur beim ZdLeister ein ZKonto unterhält (BT-Drs 16/11643, 112). Ob der ZdLeister bereit ist, eine Bareinzahlung entgegenzunehmen (zur Entgeltpflicht *Kropf/Habl* BKR 2013, 103), ist nicht Bestandteil von Abs II S 1. Denn ZdLeister, die nur Zahlungskonten für die Abwicklung des unbaren Zahlungsverkehrs anbieten – Direktbanken – sind aufgrund dieser Bestimmung nicht verpflichtet, Bargeld entgegenzunehmen (BT-Drs 16/11643, 112; MüKo/*Jungmann* Rn 61). Sobald der ZdLeister des Verbrauchers das auf ein ZKonto eingezahlte Bargeld entgegengenommen hat, ist er verpflichtet sicherzustellen, dass dieser Betrag dem ZEmpfänger unverzüglich **verfügbar** gemacht und auch **wertgestellt** wird. Der Begriff der Verfügbarmachung entspricht demjenigen in Abs I – Saldoanerkenntnis – Anspruch aus der erteilten Gutschrift (Rn 2); zum Begriff der Wertstellung Rn 7ff. Im Kontext von Abs II S 1 fallen Verfügbarmachung – als Begründung eines „Anspruchs aus der Gut- 14 schrift" – und Wertstellung zeitl zusammen. Denn der ZEmpfänger hat Anspruch darauf, dass der ZdLeister beide Pflichten **unverzüglich** gem § 121 nach der Entgegennahme des Bargeldbetrags erfüllt. Da es sich um eine **institutsinterne** Einzahlung von Bargeld handelt, wird man unter Berücksichtigung von § 121 regelmäßig davon ausgehen müssen, dass der eingegangene Geldbetrag noch am gleichen Geschäftstag verfügbar gemacht und auch wertgestellt werden muss (Grü/*Grüneberg* Rn 9). Denn es ist nicht zu erkennen, aus welchen Gründen eine Bareinzahlung – und dies ist Voraussetzung gem Abs II S 2 Hs 1 – erst zu einem nachfolgenden Geschäftstag verfügbar gemacht und wertgestellt werden sollte. Allerdings lässt die europarechtl Vorgabe gem Art 85 ZdRL insoweit keine weiteren Rückschlüsse zu, weil sie die gleichen Vokabeln verwendet wie Abs II. Im Fall einer **Pflichtverletzung** wegen nicht erfolgten, fehlgeschlagenen oder verspätet ausgeführten ZVorgangs ergibt sich für den ZdLeister die Sanktion aus § 675y (§ 675y Rn 6ff). Zur Berechtigung der ZdLeisters, Bareinzahlungen und Barauszahlungen zu **bepreisen**, BGH NJW 2019, 3771.

15 **b) Einzahler – Unternehmer.** Ist der ZdNutzer/Zahler **Unternehmer**, folgt aus Abs II S 2 (BeckOGK/*Zahrte* Rn 63f), dass der ZdLeister verpflichtet ist, den erhaltenen Geldbetrag spätestens an dem auf die Entgegennahme folgenden Geschäftstag dem ZEmpfänger verfügbar zu machen und wertzustellen (BeckOK/*Schmalenbach* Rn 13). Auch hier fallen Verfügbarmachen (Rn 2) und Wertstellung (Rn 7f) tatbestandsmäßig in zeitl Hinsicht zusammen. Im Fall der **Pflichtverletzung** richtet sich die Sanktion nach § 675y (§ 675y Rn 6ff).

16 **5. Belastungsbuchung.** In **Abs III S 1** ist nunmehr vorgesehen, dass die Wertstellung bei einer Belastungsbuchung des ZKontos des Zahlers der ZdLeister „frühestens" in dem Zeitpunkt vorgenommen werden darf (Stichwort: **Deckungsabflussprinzip**; vgl MüKo/*Jungmann* Rn 62), an dem die entspr Belastung auf dem ZKonto gebucht worden ist (Staudinger/*Omlor* Rn 20, BeckOGK/*Zahrte* Rn 68ff). Es kommt also auf den Zeitpunkt an, an dem die Mittel vom ZKonto des Zahlers abgeflossen sind und dieser Tatbestand durch eine entspr Buchung belegt ist (Grü/*Grüneberg* Rn 10). Die Wertstellung darf also nicht vor dem Belastungszeitpunkt erfolgen (Staudinger/*Omlor* Rn 19). Gegenstand der Regelung des Abs III ist also nur die Wertstellung (Begriff Rn 2). Konkret bedeutet dies: Die Belastung des ZKontos ist im Hinblick auf das Wertstellungsdatum taggenau an den Zeitpunkt vorzunehmen, an dem die Belastungsbuchung vorgenommen worden ist. Diese Deckungsgleichheit der Wertstellung (Rn 7f) ist freilich nur insoweit zwingend, als es dem ZdLeister des Zahlers untersagt ist, eine frühere Wertstellung vorzunehmen (BT-Drs 16/11643, 113). Dann würde nämlich die Verzinsungspflicht vor einem Zeitpunkt beginnen, in dem das ZKonto des Zahlers noch nicht tatsächlich durch eine Sollbuchung belastet worden ist. Es gilt also auch bei einer Belastungsbuchung für die Wertstellung das Geschäftstagsprinzip (BGH NJW 2019, 2964). Allerdings ist eine spätere, dh dem Zahler günstigere Wertstellung durch Abs III nicht ausgeschlossen (MüKo/*Jungmann* Rn 65; aM BeckOK/*Schmalenbach* Rn 10). Der dahinter stehende Fall: Abhebungen am Geldautomaten, Verbuchung erst am Montag der kommenden Woche, was die Praxis – entgegen der Regel des Abs III S 1 – zur zeitgleichen Handhabung veranlasst (vgl MüKo/*Jungmann* Rn 65). Doch ist dies als Folge der vollständigen Automatisierung unproblematisch. Maßgebend ist: Abs III S 1 und S 2 stellen – in Übereinstimmung mit der Vorgabe von Art 87 II ZdRL – ausschließlich auf die Kongruenz zw Wertstellungsdatum und Belastungsbuchung ab.

17 Ergänzend stellt **Abs III S 2** sicher (BeckOGK/*Zahrte* Rn 71f), dass das ZKonto des Zahlers nicht vor dem **Zugang des ZAuftrags** beim ZdLeister des Zahlers belastet werden darf. Diese Regel ist eine blanke Selbstverständlichkeit, weil der ZAuftrag des Zahlers noch gar nicht wirksam geworden ist, bevor er dem ZdLeister des tatsächlich zugegangen ist und dieser hiervon auch Kenntnis erlangt hat. Die Gesetzesbegr spricht daher auch mit Recht nur von einer „Klarstellung" (BT-Drs 18/11495, 161; Staudinger/*Omlor* Rn 21; MüKo/*Jungmann* Rn 66). Das ist eigentlich unter Beachtung des Prinzips des Zahlungsflusses eine Selbstverständlichkeit, zumal mit Recht die Frage aufgeworfen wird, ob denn der ZdLeister des Zahlers vor Zugang des ZAuftrags idR überhaupt Kenntnis von der Existenz eines ihn verpflichtenden ZAuftrags haben kann (Staudinger/*Omlor* Rn 21). Doch praktische Konsequenzen hat diese Regel insoweit, als auch bei **Terminaufträgen** keine vorgängige Belastung in Betracht kommen darf (MüKo/*Jungmann* Rn 67). Ob **Vorschüsse** iSd § 669 zulässig sind, ist umstr, aber in der Sache dann jedenfalls zu bejahen (aM BeckOK/*Schmalenbach* Rn 10), wenn ein solcher dem ZEmpfänger zu einem Zeitpunkt gewährt wird, nachdem bereits der Mittelzufluss und eine Belastungsbuchung erfolgt sind, der ZBetrag aber noch nicht auf dem ZKonto des ZEmpfängers eingegangen ist (Grü/*Grüneberg* Rn 10; Staudinger/*Omlor* Rn 19; aM *Grundmann* WM 2009, 1109, 1113).

18 **6. Sperrung bei Kartenzahlung.** Wenn der Zahler bei einer bevorstehenden **Kartenzahlung** den Betrag nicht genau kennt (Grü/*Grüneberg* Rn 11), haben in der Vergangenheit Kartenunternehmen sich einen – geschätzten – Betrag, etwa für die Buchung eines Hotelzimmers im vorhinein auf der Karte „reservieren" lassen (Staudinger/*Omlor* Rn 23; MüKo/*Jungmann* Rn 70f). Auf diesen Sektor der Nutzung einer Karte ist nunmehr die Regel des **Abs IV** gerichtet (BT-Drs 18/11495, 162). Hier sind jetzt verschiedene Kautelen durch die Umsetzung von Art 75 I ZdRL in Stellung gebracht worden (Staudinger/*Omlor* Rn 23ff; BeckOGK/*Zahrte* Rn 73ff). Es geht dabei nicht um die Autorisierung einer kartengebundenen Zahlung, sondern um deren Sperrung. Vorabautorisierung bleiben weiter zulässig (MüKo/*Jungmann* Rn 72). Zugrunde liegt der Tatbestand, dass der Zahler im Valutaverhältnis eine Bestellung – regelmäßig eine Reservierung einer demnächst abzurufenden Leistung (Mietwagen, Hotelbuchung etc) – später mit seiner Karte bezahlen will, so dass das Vertragsunternehmen als Vertragspartner auf diese Weise eine hinreichende Sicherheit (Reservierung des erforderlichen Geldbetrages) erhält, so dass im Fall der tatsächlichen Inanspruchnahme der Leistung und der dann auszulösenden Kartenzahlung auch Deckung auf dem ZKonto des Zahlers vorhanden ist.

a) Recht des Zahlungsdienstleisters auf Sperrung. Ausgangspunkt für **Abs IV** ist der Tatbestand, dass der Zahler der genauen Höhe des zu sperrenden, dh des urspr reservierten, Geldbetrags – „Pull"-Zahlung, weil Auslösung durch den ZEmpfänger (Grü/*Grüneberg* Rn 11) – zunächst **zugestimmt** hat (Nr 2). Das setzt voraus, dass zw dem Zahler und dem Vertragsunternehmen ein entspr Vertrag zustande gekommen ist, der sich auf den vorab zu reservierenden Geldbetrag – Sperrung durch den ZdLeister im Rahmen eines ZVorgangs – bezieht (MüKo/*Jungmann* Rn 72f). Daher weiß und muss der Zahler/Karteninhaber genau wissen, welcher Betrag im Rahmen seines Kartenlimits durch einen so veranlassten ZVorgang blockiert und damit für die weitere Nutzung der Karte gemindert ist. Ob das Vertragsunternehmen auch berechtigt ist, gewisse Risikoaufschläge für „Unvorhergesehenes" – etwa Plünderung der Minibar in einem Hotelzimmer oder Verzehrrechnungen, Nutzung des Mietwagens – vorzusehen, ist wohl zu bejahen, falls der Zahler/Karteninhaber auch dem zu „reservierenden" Betrag vorab zugestimmt hat (BeckOGK/*Zahrte* Rn 78f; MüKo/*Jungmann* Rn 75). Des Weiteren verlangt Nr 1, dass der ZVorgang vom oder über den ZEmpfänger/Vertragsunternehmen „ausgelöst" worden ist. Unter diesen beiden Voraussetzungen hat also der ZdLeister des Zahlers das Recht, den Verfügungsrahmen der Karte – vgl „verfügbaren Geldbetrag" – für einen bereits ausgelösten ZVorgang sperren (Grü/*Grüneberg* Rn 11; MüKo/*Jungmann* Rn 77). 19

b) Freigabe des gesperrten Betrages. Abs IV S 2 stellt sicher, dass der ZdLeister des Zahlers verpflichtet ist, den gesperrten Geldbetrag unverzüglich (§ 121) freizugeben (Staudinger/*Omlor* Rn 28ff), sobald ihm das Vertragsunternehmen/ZEmpfänger den genauen Geldbetrag bekannt gegeben hat oder der ZAuftrag zugegangen ist (MüKo/*Jungmann* Rn 78). Somit soll sichergestellt werden, dass der Zahler sogleich – idR nach Zugang des ZAuftrags und der darin enthaltenen Bekanntgabe des tatsächlich benötigten Geldbetrages – wieder über sein Kartenkonto verfügen kann (BT-Drs 18/11495, 162; BeckOGK/*Zahrte* Rn 81; MüKo/*Jungmann* Rn 78). 20

c) Begrenzte Auswirkungen – sonstige Rechte. Abs IV S 1 hebt iÜ auch darauf ab, dass die hier behandelte Berechtigung des ZdLeisters zur Sperre des ZKontos des Zahlers als spezialrechtl zu verstehende Befugnis neben den sonstigen gesetzl oder vertragl Rechten des ZdLeisters besteht. Erfasst wird damit vor allem das AGB-Pfandrecht des ZdLeisters am Kontoguthaben des Zahlers (BT-Drs 18/11495, 162), aber auch etwaige Gegenrechte, etwa aus einer Aufrechnungsbefugnis (zur Unwirksamkeit einer allein an § 309 Nr 3 ausgerichteten Klausel BGH NJW 2018, 2042). 21

7. Drittstaatbezug. Abs V stellt sicher, dass der auch schon bei § 675q III und § 675s III behandelte Drittstaatbezug auch für die Fragen der zu beachtenden Wertstellung berücksichtigt wird. Wenn also ein ZAuftrag in Rede steht, der sich nach § 675d VI 1 Nr 1 lit a auf eine **Drittwährung** bezieht (BT-Drs 18/11495, 162), so ist Folgendes zu beachten: Nicht anwendbar ist dann nach Nr 1 die Regel des Abs I S 3. Das besagt: Wenn der ZEmpfänger **kein ZKonto** führt, laufen natürlich auch die Vorschriften über eine Wertstellung leer (BT-Drs 18/11495, 162). Das gleiche gilt dann (Nr 2), wenn ein Verbraucher **Bargeld** auf sein ZKonto einzahlen will, weil insoweit von Abs II dispensiert wird. Nach Nr 1 bezieht sich allerdings die Freistellung nur auf die innerhalb des Gebiets des EWR liegenden Bestandteile des ZVorgangs, so dass insoweit die Parteien berechtigt sind, abw Vereinbarungen zu treffen. Mangels solcher Abreden sind jedoch über § 675c I die allg Grundsätze der §§ 675, 611ff anwendbar. Sie haben dann auch im Rahmen von § 307 II Nr 1 Leitbildfunktion, sofern AGB verwendet werden. Im Rahmen von Nr 2 gilt bezogen auf Abs II – Verbraucher – die Norm auch für die innerhalb des EWR liegenden Bestandteile eines ZVorgangs. 22

8. Geltung für Unternehmer. Abs I, II und IV sind nach **§ 675e IV** nicht bei Vereinbarung zw Unternehmen dispensiert. Daher gelten sie uneingeschränkt (BeckOGK/*Zahrte* Rn 90 – begrenzt allerdings auf Abs I und III). 23

9. Schadensersatzpflicht. Es ist str, nach welcher Norm sich eine Schadensersatzpflicht des ZdLeisters in den Fällen richtet, in denen § 675t verletzt wurde. Teilw wird angenommen, dass auch hier auf § 675z zurückgegriffen werden sollte (*Grundmann* WM 2009, 1109, 1116), was dann dazu führt, dass eine Haftungsbegrenzung eingreift. Auf der anderen Seite wird vertreten (Grü/*Grüneberg* Rn 1; aM BeckOK/*Schmalenbach* Rn 15), dass auch hier die allg Norm des § 280 I einschlägig ist, weil die Ausführung der Gutschrift ihrerseits keinen ZAuftrag darstellt, was in der Sache als zutr zu bezeichnen ist und daher die Anwendung von § 675z sperrt. 24

Unterkapitel 3
Haftung (§§ 675u–676c)

§ 675u Haftung des Zahlungsdienstleisters für nicht autorisierte Zahlungsvorgänge

Im Fall eines nicht autorisierten Zahlungsvorgangs hat der Zahlungsdienstleister des Zahlers gegen diesen keinen Anspruch auf Erstattung seiner Aufwendungen. Er ist verpflichtet, dem Zahler den Zahlungsbetrag unverzüglich zu erstatten und, sofern der Betrag einem Zahlungskonto belastet worden ist, dieses Zahlungskonto wieder auf den Stand zu bringen, auf dem es sich ohne die Belastung durch den nicht autorisierten Zahlungsvorgang befunden hätte. Diese Verpflichtung ist unverzüglich, spätestens jedoch bis zum Ende des Geschäftstags zu erfüllen, der auf den Tag folgt, an welchem dem Zahlungsdienstleister angezeigt wurde, dass der Zahlungsvorgang nicht autorisiert ist, oder er auf andere Weise davon Kenntnis erhalten hat. Hat der Zahlungsdienstleister einer zuständigen Behörde berechtigte Gründe für den Verdacht, dass ein betrügerisches Verhalten des Zahlers vorliegt, schriftlich mitgeteilt, hat der Zahlungsdienstleister seine Verpflichtung

aus Satz 2 unverzüglich zu prüfen und zu erfüllen, wenn sich der Betrugsverdacht nicht bestätigt. Wurde der Zahlungsvorgang über einen Zahlungsauslösedienstleister ausgelöst, so treffen die Pflichten aus den Sätzen 2 bis 4 den kontoführenden Zahlungsdienstleister.

1 **1. Europarechtliche Vorgaben.** Die Bestimmung setzt bezogen auf nicht autorisierte ZVorgänge (§ 675j) die Vorgaben von Art 73 ZdRL um. Es handelt sich hierbei um die „**Grundnorm des Haftungsrechts**" (so Staudinger/*Omlor* Rn 3; Grü/*Grüneberg* Rn 2). Dabei ist die neue Regelung von § 675u um drei Sätze erweitert worden (BT-Drs 18/11495, 163f). S 3 und S 4 dienen dabei der Umsetzung von Art 73 I ZdRL. S 5 bezieht sich in seiner Umsetzung auf Art 73 II ZdRL. Wie sich aus § 675z S 1 ergibt, ist die Regel des § 675u als abschließend zu verstehen. Sie ist nur zum Vorteil des ZdNutzers abdingbar (BeckOGK/*Zimmermann* Rn 8), iÜ **zwingendes Recht** (MüKo/*Zetzsche* Rn 9). § 675y erfasst die Haftung des ZdLeisters im Fall einer nicht erfolgten, fehlerhaften oder verspäteten Ausführung eines ZAuftrags. § 675x bezieht sich demggü auf den Sonderfall, dass ein Erstattungsanspruch entsteht, wenn der ZdLeister das ZKonto des Zahlers in dem Fall belastet, dass ein von oder über den ZEmpfänger ausgelöster autorisierter ZVorgang in Rede steht, bei dem ua der ZBetrag nicht genau angegeben worden ist. IÜ regeln die §§ 675u–675x Haftungsfragen, die sich sowohl auf den ZdNutzer als auch auf den ZdLeister auf Grund der ZdRL beziehen (vgl *Hoffmann* VuR 2016, 243ff).

2 **2. Fehlende Autorisierung. a) Zahlungsvorgang.** Ob ein ZVorgang – maßgebend ist hier allein das **Deckungsverhältnis** (BeckOGK/*Zimmermann* Rn 6; MüKo/*Zetzsche* Rn 7; Grü/*Grüneberg* Rn 2) – autorisiert oder nicht autorisiert, dh ob er mit oder ohne Zustimmung/Genehmigung des Zahlers iSv § 675j I wirksam geworden ist, entscheidet sich ausschließlich danach, ob die Voraussetzungen von § 675j I vorliegen (AG Berlin MMR 2016, 391; AG Berlin-Schöneberg MMR 2016, 393; zum Fall des **CEO-Fraud** neuestens BGH ZIP 2021, 186 – gefälschte Faxanweisung; Celle BKR 2022, 114 – gefälschter Überweisungsbeleg; LG Düsseldorf BKR 2019, 154; LG Karlsruhe BKR 2019, 151; allg *Zahrte* BKR 2019, 126 – organisierte Cyber-Kriminalität; hierzu insgesamt näher Rn 3 – Anscheinsvollmacht). Liegt eine Autorisierung vor, scheidet § 675u als Haftungsnorm aus (Köln WM 2016, 1780). Entscheidend ist stets die Autorisierung des **Zahlers** im Blick auf die vom ZdLeister veranlasste Belastungsbuchung auf dessen ZKonto (*Herresthal* in L/B/S Rn 5). Der Widerruf nach § 675p steht dabei i Erg einer Anfechtung nach den §§ 119ff gleich. Diese hat allerdings wegen der Vorrangigkeit des Widerufs nach § 675p keine Bedeutung, ausgenommen bleibt die Anfechtung wegen Arglist nach § 123 (§ 675p Rn 4). Da die Autorisierung iSv § 675j I sowohl als Einwilligung als auch als Genehmigung erteilt werden kann, ist die **Haftungssanktion** von § 675u entscheidend davon abhängig, dass der jew ZVorgang vom Zahler nicht autorisiert ist. Erfasst wird also hier, um es zu wiederholen (Rn 1), nur das Deckungsverhältnis (BeckOGK/*Zimmermann* Rn 6). Der wichtigste Fall in der Praxis ist die **gefälschte Überweisung** (BGH ZIP 2021, 186; Celle BKR 2022, 114; *Langenbucher* in L/B/S Rn 4ff; Staudinger/*Omlor* Rn 4ff; MüKo/*Zetzsche* Rn 12). Sie liegt dann vor, wenn der eingereichte Überweisungsträger nicht vom Zahler stammt (BeckOGK/*Zimmermann* Rn 19). Liegt ein nicht autorisierter ZVorgang vor, kann sich der ZdLeister auch nicht auf eine Genehmigung berufen, weil der ZdNutzer/Zahler angeblich das (monatliche oder vierteljährlich) zu gewährende **Saldoanerkenntnis** „genehmigt" hat (MüKo/*Zetzsche* Rn 10). Nach § 675j I 4 kann die erforderliche Zustimmung allerdings auch unter Benutzung eines bestimmten **ZInstruments** (PIN – personalisiertes Sicherheitsmerkmal) erteilt werden, etwa bei der Verwendung der **Kreditkarte** (§ 675f Rn 99) oder bei der Verwendung von PIN und TAN beim **Online-Banking** (*Herresthal* in L/B/S Rn 5; *Omlor* BKR 2019, 105, 111ff). Sofern der nicht autorisierte ZVorgang allerdings auf der Nutzung eines verloren gegangenen, gestohlenen oder sonst abhanden gekommenen ZInstruments oder auf der missbräuchlichen Verwendung personalisierter Sicherheitsmerkmale beruht (§ 675v Rn 4), ist die Haftung des Zahlers gem § 675v eingefordert. Da auch das **Lastschriftverfahren** die Ausführung eines ZVorgangs zum Gegenstand hat (MüKo/*Zetzsche* Rn 15; BeckOGK/*Zimmermann* Rn 20; Staudinger/*Omlor* Rn 7), kommt es darauf an, dass iSd § 675j keine Autorisierung vorliegt, weil das betr Lastschrift-Mandat zB gefälscht worden ist oder wenn keine wirksame Vertretungsmacht (Rn 3) besteht (MüKo/*Zetzsche* Rn 15). Wird eine **Debit-Karte** zur Abhebung von Geld am Geldautomaten ohne Wissen des Inhabers eingesetzt, fehlt naturgemäß die erforderliche Autorisierung (MüKo/*Zetzsche* Rn 16). Für die in diesem Kontext ergangene frühere Judikatur, die im Blick auf das **Bereicherungsrecht** nach dem Zeitpunkt der fehlenden Autorisierung (von Anfang an oder später weggefallen) differenzierte, ist kein Platz mehr (Rn 15; vgl BGH NJW 2008, 2331; 2001, 2880). Von einiger praktischer Bedeutung ist, dass es dem ZdLeister nicht gestattet ist, auch für solche Buchungen ein **Entgelt** zu fordern, welche nicht gem § 675u als autorisiert anzusehen sind, weil dies gegen zwingendes Recht verstößt (BGH WM 2015, 1704, 1709 – Preis pro Buchungsposten: unwirksam, auch nach § 134 iVm § 675e I und IV). Die **Beweislast** für die Autorisierung ergibt sich aus § 675w (aM LG Düsseldorf BKR 2019, 154, 155 – ZdLeister: ZdNutzer muss Erteilung des ZAuftrags nachweisen, ZdLeister seine Erfüllung und Autorisierung).

3 **b) Vertretungsmacht – Anscheinsvollmacht.** Handelt der Zahler durch einen Boten oder einen Vertreter nach §§ 164ff, muss die ggü dem ZdLeister abgegebene Willenserklärung auch für den Vertretenen wirksam werden, weil die Autorisierung (BGH NJW 2017, 2273, 2276 – pay by call-Verfahren; Schleswig WM 2019, 106 – kein Anscheinsbeweis wegen Fehlen eines insoweit typischen Nutzerverhaltens; LG Düsseldorf BKR 2019, 154 – CEO-Fraud; LG Karlsruhe BKR 2019, 151 – dito; LG Kiel BKR 2018, 528 – Online-Banking: kein Beweis des ersten Anscheins gegen den ZdNutzer, aber sekundäre Beweislast, welche Sicherungsmaßnahmen er getroffen hat: Abfangen von per SMS versandten TAN) dann wirksam ist, so dass Abs I ausscheidet (BeckOGK/*Zimmermann* Rn 15; EBJS/*Keßler* Rn 11). Es stellt sich aber die Frage, ob auch dann keine Autorisierung iSd Abs I vorliegt, wenn der Tatbestand eines Handelns ohne Vertretungsmacht (Dritter) auf Seiten des Zahlers vorliegt. In diesen

Fällen fehlt die erforderliche Zustimmung des Zahlers (Staudinger/*Omlor* Rn 6; *Nobbe* in E/F/N/B Rn 11). Das gilt etwa auch bei Fehlen einer Kontovollmacht (Schleswig NJW-RR 2014, 741). Der BGH hat inzwischen durchgreifende Bedenken gegen die Anwendbarkeit der Grundsätze des **Anscheinsvollmacht** im Kontext mit einer Autorisierung nach § 675j angemeldet (BGH BKR 2021, 240 Rn 13; krit BeckOGK/*Zimmermann* Rn 17; Staudinger/*Omlor* Rn 6 – für den Fall des „Phishings"; *Omlor* BKR 2019, 105, 109; vgl aber auch BGH MMR 2016, 382 Rn 58; vgl auch BGH MMR 2017, 70 – pay by call – § 45i IV 1 TKG), bei Nutzung eines ebay-Kontos durch einen (nicht bevollmächtigten) Dritten, aber diese in Bezug auf eine Kontovollmacht bejaht (BGH MMR 2011, 447; LG Darmstadt BKR 2014, 480, 483 – „man-in-the-middle" – i Erg bejaht). Die Haftungsregel des § 675u ist insoweit als **abschließend** anzusehen (BGH BKR 2021, 240 Rn 13), als sie den Anspruch des Zahlers auf den ZdLeister verweist, so dass die Autorisierung Dritter, sofern sie – etwa bei Bestehen einer Kontovollmacht – nicht ggü dem ZdLeister legitimiert sind, regelmäßig ausscheidet (BGH MMR 2016, 382 Rn 58). IÜ würde durch ein einmaliges Auftreten eines Unbefugten, der sich eine Autorisierung eines ZVorgangs anmaßt, eine Anscheinsvollmacht grds nicht begründet (BGH NJW 2017, 2273, 2276). Diese Einschränkung gilt auch für Fälle der Überweisung (*Müller* WM 2010, 1293, 1300f). Bejaht man hingegen das Bestehen einer **Anscheinsvollmacht**, führt dies zwingend zum Ausschluss eines Anspruchs nach Abs I (LG Darmstadt BKR 2015, 96; vgl auch LG Kiel MMR 2018, 528). Doch ist dem noch dies entgegenzusetzen: Dieses Vorgehen würde zu einem nicht auflösbaren **Wertungswiderspruch** führen, weil der Zahler nach § 675v II nur für **Vorsatz und grobe Fahrlässigkeit** haftet, im Fall der Annahme einer Anscheinsvollmacht dann aber auch für einfache Fahrlässigkeit (mit Recht BGH MMR 2016, 382 Rn 58). Doch diese Streitfrage dürfte sich durch die neue Rspr des BGH erledigt haben (BGH BKR 2021, 240 Rn 13; vgl auch krit *Linardatos* Anm zu LG Darmstadt BKR 2015, 96, 98). IÜ vgl auch § 675v Rn 10.

c) **Deckungsverhältnis – Anwendungsbereich.** Die Sanktionsfolge von S 1 besteht nach **S 2** darin, dass der 4 ZdLeister des Zahlers – **mangels einer Autorisierung** des ZVorgangs – gegen diesen keinen Anspruch auf Erstattung seiner Aufwendungen hat (Oldenburg MMR 2019, 390: ZdNutzer ist bei Übersendung einer sms-TAN verpflichtet, diese sorgfältig mit Überweisungsdaten zu prüfen, Schadprogramm „Testüberweisung" – Banking Trojaner: daher grobe Fahrlässigkeit). Macht der Zahler folglich seinen Erstattungsanspruch gegen den ZdLeister geltend, liegt darin eine Gegenweisung, welche den erteilten ZAuftrag, einschl einer Autorisierung mit Wirkung ex-tunc entfallen lässt (*Einsele* WM 2015, 1125ff). Die abschließende Regelung von § 675u ist indessen auf das Deckungsverhältnis begrenzt (im Einz Rn 15). Diese Sicht bedeutet auch, dass das **Interbankenverhältnis** von § 675u nicht berührt wird (BeckOGK/*Zimmermann* Rn 6). Für das **Valutaverhältnis** gilt hingegen: Der „Zahler" erfüllt im Valutaverhältnis – mangels einer Autorisierung des ZVorgangs – ggü dem ZEmpfänger keine von ihm auch veranlasste und daher vertragl auch bestehende Verbindlichkeit. Es tritt keine Erfüllung nach § 362 ein, so dass auch kein Platz für einen Bereicherungsausgleich besteht. Dabei ist stets im Auge zu behalten: Wenn und soweit ein ZVorgang nicht vom Zahler autorisiert worden ist, bezieht sich dies auch auf den gesamten ZAuftrag. Denn nach Art 4 Nr 13 ZdRL zielt ein ZAuftrag auf die Ausführung/Auslösung eines ZVorgangs, was für das Wirksamwerden eines ZVorgangs das Bestehen eines wirksamen ZAuftrags voraussetzt.

d) **Informationspflichten.** Besteht zw dem Zahler und seinem ZdLeister ein ZdRahmenvertrag, schuldet der 5 ZdLeister im Rahmen seiner vorvertragl Informationspflichten gem Art 248 § 4 I Nr 5 lit c EGBGB dem Zahler Informationen zu seiner Haftung einschl der Angabe eines Höchstbetrags. Ist der nicht autorisierte ZVorgang lediglich in einen **Einzelzahlungsvertrag** gem § 675f I eingebettet (§ 675f Rn 11f), entfällt eine Informationspflicht des ZdLeisters ggü seinem Zahler im Hinblick auf die Haftung.

e) **Ausnahmen. § 675i III** stellt sicher, dass die Haftungssanktion von § 675v für **E-Geld** nicht anwendbar ist 6 (Staudinger/*Omlor* Rn 3, 12ff; BeckOGK/*Zimmermann* Rn 10), sofern der ZdLeister des Zahlers nicht die Möglichkeit hat, das ZKonto oder das Kleinbetragsinstrument zu sperren. Ferner ist § 675u dann nicht anwendbar, wenn gem § 675i II 3 die Nutzung des Kleinbetragsinstruments keinem ZdNutzer zugeordnet werden kann oder wenn aufgrund der Besonderheiten des Kleinbetragsinstruments der Nachweis nicht möglich ist, dass ein ZVorgang autorisiert worden war (§ 675i Rn 9).

3. Gesetzlicher Erstattungsanspruch. a) Abschließende Regelung. Da gem Art 107 III ZdRL eine **Vollhar-** 7 **monisierung** angeordnet ist, folgt daraus zwingend, dass die Sanktionsfolgen von **S 1 und S 2** abschließenden Charakter besitzen (BT-Drs 16/11643, 113; BGH BKR 2022, 811 Rn 25; 2021, 240 Rn 13; MMR 2016, 382; vgl auch Staudinger/*Omlor* Rn 22). Das gilt sowohl betr Ansprüche auf Schadensrestz nach § 280 als auch – Stichwort: verbotenes Glücksspiel (§ 134) – ggü solchen aus Delikt nach § 823 II (BKR 2022, 811 Rn 25). Das gleiche Resultat wird auch in § 675z S 1 aufgegriffen. Dies bedeutet: Alle Ansprüche des ZdLeisters, die in der Sache – als Folge einer fehlenden Autorisierung des ZVorgangs durch den Zahler – darauf gerichtet sind, dem ZdLeister einen Anspruch auf Erstattung seiner Aufwendungen gegen den Zahler zu gewähren, sind ausgeschlossen, und zwar bereicherungsrechtl Ansprüche (BGH NJW 2015, 3093; LG Berlin WM 2015, 376; BT-Drs 16/11643, 990; *Langenbucher* in L/B/S Rn 17; aM BeckOGK/*Zimmermann* Rn 45ff; hierzu im Einz Bereicherungsausgleich Rn 15) als auch aus der Geschäftsbesorgung (Soergel/*Werner* Rn 6). Praktisch wird dies vor allem im Hinblick auf die **Erstattungspflicht des ZdLeisters nach S 2.** Danach besteht eine unbedingte und unverzüglich zu erfüllende Erstattungspflicht, sofern der – nicht autorisierte – ZBetrag dem ZKonto des Zahlers bereits belastet worden, eine **Belastungsbuchung** also bereits vollzogen war (BeckOGK/*Zimmermann* Rn 23). Dann besteht ein gesetzl Anspruch des Zahlers auf **Kontoberichtigung** (BT-Drs 16/116543, 113; Staudinger/*Omlor* Rn 19). Die geschuldete Rückerstattung muss in gleicher Weise vorgenommen werden wie die Zahlung erfolgte (BeckOGK/*Zimmer-*

mann Rn 25). Entscheidend ist, dass die Rechtsfolge der Vorschrift darauf abzielt, das Risiko eines nicht autorisierten ZVorgangs ausschließlich auf den **ZdLeister** abzuwälzen, indem entweder kein Erstattungsanspruch besteht (BKR 20211, 811 – verbotenes Glücksspiel) oder der Zahler einen gesetzl Erstattungsanspruch in der Weise erhält, dass er Wiederherstellung des früheren Zustands seines ZKontos verlangen kann. Das wirft natürlich bei Belastungsbuchungen und deren Rückgängigmachung die Frage auf, wie denn der ZdLeister in die Lage versetzt werden kann, seinerseits Regress – etwa ggü einem Mobilfunkanbieter – geltend zu machen. Das kann etwa über eine **Drittschadensliquidation** geschehen (*Zahrte* BKR 2016, 315, 320).

8 **b) Inhalt des Anspruchs. S 1** stellt zunächst klar: Wenn und soweit der ZVorgang vom Zahler nicht autorisiert war (BGH BKR 2022, 811), hat der ZdLeister keinen Anspruch auf Erstattung seiner Aufwendungen. Daran knüpft **S 2** an (BGH BKR 2022, 811 Rn 19). Liegt bereits eine **Belastungsbuchung** des ZKonto des Zahlers vor, muss der ZdLeister diesen Betrag unverzüglich erstatten (BeckOGK/*Zimmermann* Rn 25; MüKo/*Zetzsche* Rn 20; Staudinger/*Omlor* Rn 25; *Herresthal* in L/B/S Rn 13). Es findet eine **Berichtigungsbuchung** statt (*Nobbe* in E/F/N/B Rn 33). Der ZdLeister schuldet nämlich nach **S 2** ggü dem Zahler – bezogen auf dessen ZKonto – die **Wiederherstellung des Zustands**, der bestehen würde, wenn der nicht autorisierte ZVorgang – zinsneutral – nicht stattgefunden hätte (BeckOGK/*Zimmermann* Rn 25; Staudinger/*Omlor* Rn 25). Er kann daher auch fordern, dass – in umgekehrter Richtung – die **Wertstellung** so vorgenommen wird (Soergel/*Werner* Rn 6), wie dies § 675t III für eine Belastungsbuchung fixiert (§ 675t Rn 15): Das Wertstellungsdatum und das Datum der Belastung müssen danach taggleich sein. Jeglicher Zinsverlust zum Nachteil des Zahlers ist auszuschließen, so dass auch zu viel gezahlte Sollzinsen zu erstatten und nicht erhaltene Habenzinsen zu gewähren sind (Grü/*Grüneberg* Rn 4; BeckOGK/*Zimmermann* Rn 25; BeckOK/*Schmalenbach* Rn 3). Besteht hingegen ein **Schadensersatzanspruch des ZdLeisters** gegen den Zahler, dann kann iH dieses Anspruchs ein Anspruch auf Erteilung einer Gutschrift betr den Erstattungsanspruch **verweigert** werden (BGH BKR 2021, 243 Rn 25). Aus S 2 ist keine Pflicht zur **vorfristigen Erstattung** abzuleiten (BGH BKR 2021, 243 Rn 25).

9 **c) Geltendmachung des Anspruchs.** Es ist stets Sache des Zahlers, iSv **S 1** sicherzustellen, dass der ZdLeister ihm ggü keinen Erstattungsanspruch geltend macht, sofern ein nicht autorisierter ZVorgang in Rede steht (MüKo/*Zetzsche* Rn 18). Dies trifft auch zu, wenn die Autorisierung deswegen unwirksam ist, weil keine Vertretungsmacht bestand (Celle BeckRS 2022, 38118). Ist eine **Belastungsbuchung** aber bereits vollzogen, ist es ebenfalls Sache des **Zahlers**, den ihm ggü dem ZdLeister zustehenden Erstattungsanspruch – gerichtet auf den (vormaligen) Stand seines ZKontos (Rn 9) – iSv S 2 geltend zu machen (MüKo/*Zetzsche* Rn 19). Geht der Zahler gegen seinen ZdLeister auf diesem Weg vor, ist der ZdLeister verpflichtet, den Erstattungsanspruch ohne schuldhaftes Zögern – also **unverzüglich** nach § 121 – zu erfüllen (*Nobbe* in E/F/N/B Rn 32). Es ist unbedenklich, dem Zahler im Rahmen von **S 2** auch das Recht zuzugestehen, dass er **Auszahlung des Erstattungsbetrages** verlangen kann (Grü/*Grüneberg* Rn 5), soweit das ZKonto Deckung aufweist. Doch ist es ausgeschlossen, die Norm von S 1 einzusetzen, um auf diese Weise Ansprüche aus der **Drittschadensliquidation** geltend zu machen, indem ein betrogener „Zahler" – nach Erlangung eines Erstattungsanspruchs gegen den ZdLeister – seinen „Anspruch" auf Schadloshaltung gegen den Betrüger an den ZdLeister abtritt. Denn es hat hier keine Schadensverlagerung stattgefunden (Düsseldorf MMR 2021, 649). Es ist auch dann kein Platz für einen Anspruch wegen Verletzung eines **Vertrages mit Schutzwirkungen zugunsten Dritter** (Düsseldorf MMR 2021, 649).

10 **d) Bestehenbleiben des Stornorechts? Zweifelhaft** ist, ob unter dem Regime von **S 2** auch das bislang praktizierte **Stornorecht** des ZdLeisters, wie es etwa in Nr 8 AGB-Banken verankert ist, weiterhin Bestand haben kann. Dieses Stornorecht bezieht sich auf fehlerhafte Gutschriften in einem Kontokorrent (MüKo/*Zetzsche* 21). Zugrunde liegt ein einseitiges Widerrufsrecht des ZdLeisters (BankR-HdB/*Bunte* § 13 Rn 7; *Blaurock* NJW 1984, 1, 5). Soweit bereits ein Rechnungsabschluss iSv Nr 8 II AGB-Banken anerkannt ist, stellt der zugunsten des ZdLeisters eingreifende Berichtigungsanspruch einen Bereicherungsanspruch gem § 812 dar. Während der ZdLeister Inhaber des Storno- bzw Berichtigungsrechts ist, bezieht sich die Sanktionsfolge von S 2 auf einen **valutagerecht durchzuführenden Erstattungsanspruch des Zahlers** (BeckOK/*Schmalenbach* Rn 4), dessen ZKonto idR bereits als Folge des nicht autorisierten ZVorgangs **belastet** ist (MüKo/*Zetzsche* Rn 21). Diese Ansprüche unterscheiden sich jedoch wesentlich, wenn man die in S 2 ausgesprochene Rechtsfolge **ausschließlich** dem Zahler als dem Anspruchsberechtigten ggü seinem ZdLeister als dem Verpflichteten, aber nicht Berechtigten in den Fällen zuweist, in denen ein nicht vom Zahler autorisierter ZVorgang zugrunde lag. Dann spricht vieles dafür, dass das Storno- und Berichtigungsrecht des ZdLeisters nach Nr 8 AGB-Banken wegen des **Vorrangs der Vollharmonisierung** gem Art 107 ZdRL von § 675u **verdrängt** wird (aM MüKo/*Zetzsche* Rn 21). Denn das Storno- bzw Berichtigungsrecht des ZdLeisters wäre sonst geeignet, dem allein dem Zahler zugewiesenen Erstattungsanspruch gem S 2 – zumindest tatsächlich gewertet – den Boden zu entziehen. Gestützt wird diese Erwägung auch dadurch, dass § 675z S 1 als Haftungssanktion den Fall eines nicht autorisierten ZVorgangs gem § 675u als abschließend erfasst. Zwangsläufig führt dies dazu, dass dem Zahler ggü dem ZdLeister in diesen Fällen auch keine Schadensersatzansprüche nach § 241 II, § 280 I zustehen (BT-Drs 16/11643, 113): Im Fall der fehlerhaften Ausführung eines ZAuftrags oder bei einem nicht autorisierten ZVorgang ist folglich die Haftungssanktion der §§ 675u, 675y abschließend (§ 675z Rn 2).

11 **e) Unverzüglichkeit.** Nach **S 3** ist der ZdLeister verpflichtet, diesen Erstattungsanspruch ggü dem Zahler unverzüglich zu erfüllen (Staudinger/*Omlor* Rn 26). Doch ist der nach § 121 zu beurteilende Tatbestand hier noch weiter eingeschränkt. Denn S 3 verlangt, dass die Erstattung **„spätestens"** bis zum Ende des Geschäftstags zu erfüllen ist, der auf den Tag folgt, an dem der Sachverhalt einer fehlenden Autorisierung eines bestimmten ZVor-

gangs dem ZdLeister des Zahlers angezeigt wurde oder er auf anderem Weg hiervon Kenntnis erlangt hat. Die so bezeichnete „Spätestfrist" ist als Höchstfrist anzusehen (Grü/*Grüneberg* Rn 6; BeckOGK/*Zimmermann* Rn 26). Diese kurze Frist führt mitunter dazu, dass der ZdLeister eine Erstattung vornimmt, auch wenn noch nicht abschließend geklärt ist, ob die Belastung rechtmäßig war (*Zahrte* NJW 2018, 337, 340). Sowohl im Fall einer nach S 3 vollzogenen Anzeige des Zahlers als auch dann, wenn entspr Kenntnis des ZdLeisters von der fehlenden Autorisierung des ZVorgangs vorliegt, besitzt dieser positive Kenntnis der zugrunde liegenden Tatsachen, dass nämlich der Zahler keine Autorisierung erteilt hat. Hat der ZdLeister jedoch, ohne dazu verpflichtet zu sein, den Erstattungsanspruch des Zahlers – **ohne Rechtsgrund** – erfüllt, dann steht ihm ein Anspruch auf Leistungskondition nach § 812 zu; das Gleiche gilt selbstverständlich, wenn sich erst später iSv S 4 (Rn 12) herausstellt, dass der ZdLeister in Wirklichkeit nicht verpflichtet war, dh Leistung einer Nichtschuld (BeckOGK/*Zimmermann* Rn 28). Man kann diesen Anspruch natürlich auch als Aufwandserstattungsanspruch nach den §§ 683, 670 begründen. Jedenfalls ist sicherzustellen, dass der Geldbetrag dem ZdLeister wieder gutgebracht wird.

f) Verdacht – Einschaltung einer Behörde. Die praktische Bedeutung von **S 4** erschließt sich ggü der aus S 3, 12
wenn man bedenkt, dass es in S 4 ausreicht, aber auch erforderlich ist, dass **berechtigte Gründe für einen Verdacht** sprechen, wonach auf Seiten des **Zahlers** ein betrügerisches Verhalten vorliegen kann (MüKo/*Zetzsche* Rn 40ff; Staudinger/*Omlor* Rn 28). Dabei geht es stets um Handlungen des Zahlers (BT-Drs 18/11495, 163). Trifft dies zu, dann ist der ZdLeister gehalten, diese Gründe der Strafverfolgungsbehörde schriftlich mitzuteilen. Kommt er dieser Pflicht nach, kann er abwarten, ob sich der entspr Verdacht erhärtet (BT-Drs 18/11495, 163). Bestätigt er sich jedoch nicht, ist der Erstattungsanspruch nach S 2 und S 3 fällig. Zu bedenken ist dabei auch, dass betrügerisches Verhalten des Zahlers ausreicht, es ist nicht erforderlich, dass ein vollendeter Betrug vorliegt und dem Zahler auch nachgewiesen worden ist (BT-Drs 18/11495, 163).

g) Einschaltung eines Zahlungsauslösedienstleisters. Aus **S 5** ergibt sich, dass die Pflichten nach S 1–4 dann 13
den kontoführenden ZdLeister treffen, wenn dieser einen ZAuslösedienstleister (Definition § 1 XXXIII ZAG) eingeschaltet hat (im Einz BeckOGK/*Zimmermann* Rn 29ff; Staudinger/*Omlor* Rn 30). Im Hintergrund steht die Erkenntnis, dass im Rahmen der Umsetzung von Art 73 II ZdRL der ZdLeister für Handlungen des ZAuslösedienstleister einstehen muss; doch haftet der ZdLeister in diesen Fällen nicht schärfer (BT-Drs 18/11495, 164).

h) Darlegungs- und Beweislast. Uneingeschränkt zählt es zu den anspruchsbegründenden Tatsachen, dass 14
der Zahler den Nachweis der Umstände erbringt (BeckOGK/*Zimmermann* Rn 24; *Herresthal* in L/B/S Rn 17), dass der jew ZVorgang von ihm nicht iSv § 675j autorisiert wurde (vgl LG Essen WM 2015, 2098 – Preisgabe von Telefon-Banking-PIN, betrügerische E-Mail: Fahrlässigkeit). Da aber der ZdNutzer (Zahler) die Einzelheiten nicht immer kennt, kommt es auch auf die **sekundäre Beweislast** an, so dass der ZdLeister insoweit in der Pflicht ist, Tatsachen vorzutragen, weil er sich nicht auf ein Bestreiten beschränken darf (LG Düsseldorf BKR 2019, 154; BeckOGK/*Zimmermann* Rn 24). Ist jedoch ein **ZInstrument** des Zahlers verwendet worden, gilt die Haftungssanktion von § 675v (§ 675v Rn 2ff). Diese Haftung steht jedoch in einem unmittelbaren Zusammenhang mit der Regelung der vom Zahler – bezogen auf ein ZInstrument – zu erfüllenden Sicherungspflichten iSv § 675l (§ 675l Rn 2ff). Für die **Höhe** des nach S 2 geltend gemachten Erstattungsanspruchs hat allein der Zahler die Darlegungs- und Beweislast.

4. Bereicherungsausgleich. Nach der hier vertretenen und auch andernorts noch im Einz begründeten Auf- 15
fassung (§ 675y Rn 4) handelt es sich auch bei § 675u S 1 und 2 um eine **abschließende Regelung** (BGH BKR 2021, 240 Rn 13: NJW 2015, 3093; 2015, 2075 – i Erg noch offen gelassen: fehlende, weil widerrufene Kontovollmacht; LG Berlin WM 2015, 378). Das wird als Ergebnis auch zusätzl in § 675z S 1 so festgelegt. Die aus § 675u abzuleitenden Ansprüche – sowohl im Rahmen von S 1 als auch von S 2 – verdrängen daher etwaige bereicherungsrechtl Ausgleichsansprüche nach den §§ 812ff (verneinend Staudinger/*Omlor* Rn 17; *Nobbe* in E/F/N/B Rn 4; *Herresthal* in L/B/S Rn 12ff; *Wilhelm* BKR 2017, 8ff; *Schnauder* JZ 2016, 603, 604ff; BeckOGK/*Zimmermann* Rn 38ff; bejahend Grü/*Grüneberg* § 812 Rn 107; BeckOK/*Schmalenbach* Rn 10; EBJS/*Keßler* Rn 11ff; BeckOK/*Wendehorst* § 812 Rn 211ff; MüKo/*Zetzsche* Rn 30ff; *Dieckmann* BKR 2018, 276, 281f; *Landschein* BKR 2016, 2016, 457ff; *Kropf* WM 2016, 67ff – unionsrechtl Ansatz; *Bartels* WM 2010, 1828ff; *Linardatos* BKR 2013, 373, 375; *Winkelhaus* BKR 2010, 441, 445; *Belling/Belling* JZ 2010, 708, 710f). Entscheidend ist insoweit auch der Befund, dass aufgrund der gesetzgeberischen Entscheidung in § 675u eine Tilgungswirkung im Valutaverhältnis nicht eintritt, wenn der ZAuftrag nicht autorisiert ist. Dieser Lösungsansatz ist i Erg auch die zwingende Konsequenz (*Belling/Belling* JZ 2010, 708, 710f) daraus, dass die Regeln der Vollharmonisierung nach Art 107 III ZdRL den Rückgriff auf andere Normen im Rahmen eines praktischen Ausweichens verbieten (§ 675z Rn 2). Daran ist auch unter Beachtung des **ErwGr 87 ZdRL** festzuhalten (aM BeckOGK/*Zimmermann* Rn 45). Denn dieser zielt darauf ab, dass das gesamte Haftungssystem, an dem ZdLeister – einschl der zwischengeschalteten Stellen – beteiligt sind, rechtssicher ausgestaltet sein muss, was vertragl Absprachen zw allen Beteiligten voraussetzt, einschl der daran beteiligten ZdNutzer. Da aber die in Art 73 normierte Haftung des ZdLeisters im Fall eines nicht autorisierten ZVorgangs zwingend gesetzl geregelt und dann auch vertragl abzusichern ist (S 2 – unverzügliche Erstattungspflicht des ZdLeisters), wird man schwerlich einen Raum finden, der insoweit noch für die Berücksichtigung des Bereicherungsrechts Raum bietet (aM BeckOGK/*Zimmermann* Rn 45ff). Die frühere BGH-Judikatur, welche auf dem Grundsatz beruhte, dass die Leistung dem Zahler auf Grund seiner Veranlassung oder aus Erwägungen der Rechtsscheinhaftung – bezogen auf die Perspektive des ZEmpfängers – zuzurechnen ist (BGH WM 2008, 1118, 1119), hat also keinen Bestand mehr (BGH NJW 2015, 3093; Brandenburg BeckRS 2020, 5427 Rn 32); **Dreh- und Angelpunkt** aller hier anzustellenden Überlegungen ist die Antwort auf

die Frage, ob eine Autorisierung des ZVorgangs nach § 675j durch den Zahler vorliegt (BGH BKR 2021, 240 Rn 13). Das führt i Erg dazu, dass ein Bereicherungsanspruch **nur zw ZdLeister und ZEmpfänger** besteht (BGH NJW 2015, 3093; 2015, 2075; Brandenburg BeckRS 2020, 5427). Auch zw dem angeblich Überweisenden, dem „Zahler" und dem ZEmpfänger besteht kein Bereicherungsanspruch, weil die Bereicherung hier wegen der Wertung des Abs I nur „auf Kosten" des ZdLeisters geschieht; der ZEmpfänger ist draußen vor (*Langenbucher* in L/B/S Rn 18). Praktisch wird dies alles immer dann, wenn der Fehler für die Ausführung des ZVorgangs im Verantwortungsbereich des ZdLeisters liegt, also keine wirksame Autorisierung vorliegt, etwa beim sog Phishing (Hamburg MMR 2006, 749; KG MMR 2010, 128 – Bereicherungsanspruch des ZdLeisters gegen den ZEmpfänger) oder auch dann, wenn die Überweisung an den falschen ZEmpfänger (bei Beachtung der Kennung) geschickt wurde (*Bartels* WM 2010, 1828, 1832). Gleiches gilt bei einem nicht beachteten Widerruf des ZAuftrags.

§ 675v Haftung des Zahlers bei missbräuchlicher Nutzung eines Zahlungsinstruments

(1) Beruhen nicht autorisierte Zahlungsvorgänge auf der Nutzung eines verloren gegangenen, gestohlenen oder sonst abhandengekommenen Zahlungsinstruments oder auf der sonstigen missbräuchlichen Verwendung eines Zahlungsinstruments, so kann der Zahlungsdienstleister des Zahlers von diesem den Ersatz des hierdurch entstandenen Schadens bis zu einem Betrag von 50 Euro verlangen.

(2) Der Zahler haftet nicht nach Absatz 1, wenn

1. es ihm nicht möglich gewesen ist, den Verlust, den Diebstahl, das Abhandenkommen oder eine sonstige missbräuchliche Verwendung des Zahlungsinstruments vor dem nicht autorisierten Zahlungsvorgang zu bemerken, oder

2. der Verlust des Zahlungsinstruments durch einen Angestellten, einen Agenten, eine Zweigniederlassung eines Zahlungsdienstleisters oder eine sonstige Stelle, an die Tätigkeiten des Zahlungsdienstleisters ausgelagert wurden, verursacht worden ist.

(3) Abweichend von den Absätzen 1 und 2 ist der Zahler seinem Zahlungsdienstleister zum Ersatz des gesamten Schadens verpflichtet, der infolge eines nicht autorisierten Zahlungsvorgangs entstanden ist, wenn der Zahler

1. in betrügerischer Absicht gehandelt hat oder

2. den Schaden herbeigeführt hat durch vorsätzliche oder grob fahrlässige Verletzung

a) einer oder mehrerer Pflichten gemäß § 675l Absatz 1 oder

b) einer oder mehrerer vereinbarter Bedingungen für die Ausgabe und Nutzung des Zahlungsinstruments.

(4) Abweichend von den Absätzen 1 und 3 ist der Zahler seinem Zahlungsdienstleister nicht zum Schadensersatz verpflichtet, wenn

1. der Zahlungsdienstleister des Zahlers eine starke Kundenauthentifizierung im Sinne des § 1 Absatz 24 des Zahlungsdiensteaufsichtsgesetzes nicht verlangt oder

2. der Zahlungsempfänger oder sein Zahlungsdienstleister eine starke Kundenauthentifizierung im Sinne des § 1 Absatz 24 des Zahlungsdiensteaufsichtsgesetzes nicht akzeptiert.

Satz 1 gilt nicht, wenn der Zahler in betrügerischer Absicht gehandelt hat. Im Fall von Satz 1 Nummer 2 ist derjenige, der eine starke Kundenauthentifizierung nicht akzeptiert, verpflichtet, dem Zahlungsdienstleister des Zahlers den daraus entstehenden Schaden zu ersetzen.

(5) Abweichend von den Absätzen 1 und 3 ist der Zahler nicht zum Ersatz von Schäden verpflichtet, die aus der Nutzung eines nach der Anzeige gemäß § 675l Absatz 1 Satz 2 verwendeten Zahlungsinstruments entstanden sind. Der Zahler ist auch nicht zum Ersatz von Schäden im Sinne des Absatzes 1 verpflichtet, wenn der Zahlungsdienstleister seiner Pflicht gemäß § 675m Abs. 1 Nr. 3 nicht nachgekommen ist. Die Sätze 1 und 2 sind nicht anzuwenden, wenn der Zahler in betrügerischer Absicht gehandelt hat.

1 **1. Europarechtliche Vorgaben.** Die Norm wurde im Rahmen der II. ZdRL neu gefasst und setzt die Vorgabe von Art 74 ZdRL um. Im Unterschied zur Vorgängernorm, welche auf der Umsetzung von Art 61 ZdRL I beruhte, schränkt die Gesetz gewordene Bestimmung die Haftungsvoraussetzungen zugunsten des Zahlers weiter ein (BT-Drs 18/11495, 165; vgl auch Staudinger/*Omlor* Rn 2). Die Bestimmung von § 675v ist ggü ihrer Vorgängernorm um zwei Absätze erweitert (Abs II und IV), während der neue Abs V der bisherigen Regelung in Abs III entspricht und der jetzige Abs III im Wesentlichen der frühere Abs II ist. Bedenken ggü der zutr Umsetzung bestehen nicht. Die frühere Haftungsobergrenze **von 150 € wurde nunmehr auf 50 € herabgesetzt**, was durch Art 75 I 1 ZdRL als recht moderate Beteiligung des Zahlers am Risiko eines Missbrauchs des ZInstruments begründet ist (MüKo/*Zetzsche* Rn 5).

2 **2. Abschließende Regelung – Vollharmonisierung.** Der Gesetzgeber hat mit dieser Norm ein neues Leitbild (*Grundmann* WM 2009, 1157, 1163), nämlich eine **vom Verschulden losgelöste Haftung des Zahlers** geschaffen, das mit der früheren Konzeption nicht im Einklang steht (BGH NJW-RR 2004, 481, 482; NJW 2002, 2234). Es ist eine Zäsur eingetreten (BeckOGK/*Hofmann* Rn 12). Jetzt handelt es sich um eine **abschließende Regelung**, sofern ein ZInstrument missbräuchlich iSd Abs I eingesetzt wird (Grü/*Grüneberg* Rn 2). Ein ZInstrument (§ 1 XX ZAG) ist – so sagt es der EuGH (EuZW 2014, 464 Rn 33) – nur dann **personalisiert**, wenn es dem ZdLeis-

ter ermöglicht, zu überprüfen, „dass der ZAuftrag von einem hierzu berechtigten Nutzer erteilt wurde". Die Norm enthält mithin drei Voraussetzungen (Staudinger/*Omlor* Rn 10ff; MüKo/*Zetzsche* Rn 16): (1) Es muss sich um einen nicht autorisierten ZVorgang handeln (BeckOK/*Schmalenbach* Rn 4). (2) Dieser muss auf der Nutzung eines verloren gegangenen, gestohlenen oder sonstwie abhanden gekommenen ZInstruments beruhen (hierzu BeckOGK/*Hofmann* Rn 26ff). Alternativ (3) Es muss eine „sonstige missbräuchliche Verwendung" des ZInstruments vorliegen (BeckOGK/*Hofmann* Rn 32ff). Gegenstand dieser Bestimmung ist zudem – auch im Blick auf die **Vollharmonisierung** und die insoweit vorgesehene Haftungsverteilung zw ZdLeister und ZdNutzer nach den Abs I–V – in **zeitl Sicht** der Zeitpunkt, von dem an das ZInstrument dem ZdNutzer als berechtigte Person nach Maßgabe des § 675m I Nr 1 zugänglich gemacht worden ist (MüKo/*Zetzsche* Rn 7). Von diesen Grundsätzen einer Haftungsverteilung darf zum Nachteil des ZdNutzers – weder zum Haftungsgrund noch zur Haftungshöhe – nicht abgewichen werden. Vom Zeitpunkt des Erhalts des ZInstruments an beginnen auch die **Sicherungspflichten des ZdNutzers** nach Maßgabe von § 675l. Von da an hat der ZdLeister das Risiko einer missbräuchlichen Verwendung gem Abs I–V zu tragen, soweit es nicht im Einzelfall nach diesen Absätzen auf den ZdNutzer überwälzt wird. Das besagt nach Abs V, dass der ZdLeister allein haftet, wenn der ZdNutzer das ZInstrument eine Anzeige gem § 675l I 2 erteilt hat, ausgenommen der Zahler handelt – vgl Abs V S 3 – in betrügerischer Absicht (Rn 20). Von besonderer Bedeutung ist schließlich, dass der ZdNutzer nach Abs IV nicht zum Ersatz des Schadens wegen der missbräuchlichen Nutzung eines ZInstruments verpflichtet ist, wenn der ZdLeister **keine starke Kundenauthentifizierung** verlangt oder der ZdLeister des ZEmpfängers eine solche nicht akzeptiert. Die Einzelheiten (BeckOGK/*Hofmann* Rn 92ff) ergeben sich mit Wirkung ab dem **14.9.2019** aus der Geltung der VO 2018/389, welche in den §§ 48ff ZAG – betr die starke Kundenauthentifizierung in § 55 ZAG – umgesetzt ist. ZInstrumente (§ 1 XX ZAG – Kredit- und Debit-Karten) sind von **personalisierten Sicherheitsmerkmalen** (PIN/TAN – Stichwort: geheim) streng zu trennen, und diese wiederum ggü einer starken Kundenauthentifizierung (§ 55 ZAG). IÜ ist das gesamte **Haftungsregime gem §§ 675u–w** unter Berücksichtigung des Grundgedankens der Vollharmonisierung gem Art 107 III ZdRL eine selbständige Regelung (MüKo/*Zetzsche* Rn 8), ist sie zwingend als nach § 675z S 1 **abschließend** zu bewerten (BT-Drs 16/11643, 113).

3. AGB-rechtliches Leitbild: Verbraucher – Unternehmer. Wesentlicher Anwendungsbereich der Norm ist die **Online-Überweisung** (MüKo/*Zetzsche* Rn 22) sowie alle ZVorgänge mit **Zahlungskarten**, bei denen eine PIN verwendet werden muss, angefangen von der Nutzung der Debit-Karte beim Abheben von Geld am Geldautomaten, der Verwendung einer Geldkarte bis hin zur Zahlung an einer POS-Kasse, aber auch die Lastschrift (BeckOGK/*Hofmann* Rn 14ff). Nach Auffassung des EuGH ist auch der unterzeichnete Überweisungsträger ein ZInstrument (EuGH WM 2015, 813), was auch für die NFC-Funktion der Kartre zutrifft (EuGH BKR 2021, 234). Zwangsläufig hat die **neue Konzeption in Abs I–V** unmittelbare Auswirkungen vor allem auch auf die Gestaltung von **AGB-Klauseln**. Allerdings bestimmt § 675e I ohnedies, dass vertragl Vereinbarungen unwirksam sind, soweit sie von den §§ 675f ff abweichen und dem ZdNutzer als **Verbraucher** nachteilig sind (MüKo/*Zetzsche* Rn 9). Doch ist entscheidend, dass nach § 675e IV eine Ausnahme hinsichtl der Haftung des Zahlers im Fall der missbräuchlichen Verwendung eines ZInstruments (verloren, gestohlen, abhanden gekommen) dann auch in AGB – abw von der Haftungshöchstgrenze nach Abs I – vereinbart werden kann, wenn es sich um einen **Unternehmer** handelt, was durch § 675e IV vorgegeben ist (MüKo/*Zetzsche* Rn 9). Welche konkreten Auswirkungen sich daraus im Blick auf eine Haftungshöhe des ZdNutzers im unternehmerischen Bereich (über 50 €) ergeben werden, bleibt abzuwarten. Doch sprechen gute Gründe dafür, es auch ggü einem Unternehmer bei den gleichen Grundsätzen der Haftungsverteilung zu belassen, die § 675v für den Verbraucher zwingend vorsieht (vgl BGH NJW 2017, 2986 Rn 66 – Darlehen: Unternehmer – Bearbeitungsgebühr – Gleichbehandlung; BGH NJW 2014, 2420 – Verbraucher – jew § 488 I 2 als AGB-rechtl Leitbild iSv § 307 II Nr 1). Das gilt vor allem im Blick auf die Haftungsfreizeichnung des ZdNutzers nach dem Vorbild von Abs II. Denn allein die Option des § 675e IV, in unternehmerischen AGB von den Vorgaben des § 675v abweichen zu dürfen, ist noch keine hinreichende Legitimation für den ZdLeister, eine solche Abweichung in Form einer vom Verschulden losgelösten Haftung des ZdNutzers in **AGB-Klauseln** ungeachtet des Rahmens von Abs II zu begründen. Denn die verschuldensabhängige Haftung auf Schadensersatz ist eine der Säulen des dt Haftungsrechts, so dass ihr Leitbildfunktion nach § 307 II Nr 1 zuzuweisen ist (BGH NJW 2018, 181 – Qualitätssicherungsvereinbarung). Demnach ist es mit § 307 II Nr 1 nicht ohne weiteres vereinbar, wenn auch ggü einem **Unternehmer** eine vom Verschulden abhängige Haftung iSv § 675v I vorgesehen wird (BGH NJW 2006, 47, 49). Doch wird man keine durchgreifenden Bedenken dagegen erheben können, wenn in diesen Fällen die Selbstbeteiligung des Zahlers im Rahmen von Abs I erhöht wird, bis etwa 500 € pro einzelnem missbräuchlichen ZVorgang; dies dürfte nicht nach § 307 II Nr 1 zu beanstanden sein. Im Rahmen **einfacher Fahrlässigkeit** des Zahlers in Bezug auf eine missbräuchliche Nutzung des betreffenden ZInstruments wird man daher auch nichts gegen eine Klauselgestaltung des ZdLeisters vorbringen können, die auf eine gesetzl Haftung im Rahmen von § 241 II, § 280 I zielt und keine Begrenzung vorsieht. Dasselbe gilt – selbstverständlich – dann auch für die Fälle, in denen Vorsatz, Betrug oder „nur" grobe Fahrlässigkeit als Schadensursache einschlägig sind. Ggü **Verbrauchern** beschränkt sich die AGB-rechtl gestützte Vertragsfreiheit, weil es sich iÜ um **zwingendes Recht** handelt, auf die wenig praxisrelevante Drittstaatenregel des § 675d I 2 sowie auf Kleinbetragsinstrumente (Grü/*Grüneberg* Rn 1; MüKo/*Zetzsche* Rn 9). 3

4. Limitierter Schadensersatzanspruch des Zahlungsdienstleisters – Abs I. a) Unterschied zu § 675u. 4
§ 675u beruht darauf, dass der ZdLeister immer dann haftet, sofern ein nicht autorisierter ZVorgang ausgeführt wird, weil er gegen den Zahler keinen Erstattungsanspruch geltend machen kann. Die Ursache ist insoweit irre-

levant; es entsteht dann vielmehr ein – vom Verschulden losgelöster – Erstattungsanspruch des Zahlers (Gefährdungshaftung – Staudinger/*Omlor* Rn 1). Dieser ist nach **§ 675u S 2** auf Wiedergutmachung gerichtet, weil das ZKonto in den Stand zurückzuversetzen ist, in dem es sich – ohne die Belastung durch den nicht autorisierten ZVorgang – befunden hätte (§ 675u Rn 9ff). Demggü setzt hier die **Haftungsregel von Abs I** voraus, dass der nicht autorisierte ZVorgang auf der (unbefugten) Nutzung eines **ZInstruments** beruht. Folglich ist die Haftungsregel des § 675v im Deckungsverhältnis zw Zahler und ZdLeister **lex specialis ggü der allg Norm des § 675u** (MüKo/*Zetzsche* Rn 1). Für die in § 675l im Hinblick auf die personalisierten Sicherheitspflichten und in § 675m im Blick auf die einzuhaltenden Sicherungsmerkmale zu beachtenden Pflichten gilt die Schadensersatzhaftung nach § 675v für **alle ZInstrumente** im Fall ihrer missbräuchlichen Verwendung, die der ZdLeister dem Zahler überlassen hat (§ 675m Rn 2). Sobald dies geschehen ist, trägt der Zahler dafür die Verantwortung, dass iSv § 675l I 1 die erforderlichen und zumutbaren Sicherheitsvorkehrungen beachtet werden (§ 675l Rn 2ff). Soweit diese von § 675l statuierten Pflichten in **betrügerischer Absicht, vorsätzlich oder grob fahrlässig** verletzt werden (Rn 18), gilt die Sanktionsregel von Abs III (MüKo/*Zetzsche* Rn 3). Sie gilt aber auch dann, wenn – wiederum: in betrügerischer Absicht, vorsätzlich oder grob fahrlässig – die nach Abs III Nr 2 zw ZdLeister und Zahler vereinbarten Bedingungen für die Ausgabe und Nutzung des ZInstruments nicht beachtet worden sind (Rn 8).

5 **b) Zeitliche Grenze.** Die auf 50 € begrenzte Schadensersatzhaftung gem Abs I gilt nur insoweit, als nicht autorisierte ZVorgänge in Rede stehen, die bis zur **Anzeige** gem § 675l I 2 infolge eines Verlustes, Diebstahls oder eines sonstigen Abhandenkommens des ZInstruments, einschl seiner missbräuchlichen Verwendung iSv Abs I entstanden sind (*Scheibengruber* BKR 2010, 15, 16f).

6 **c) Verschuldensunabhängige Risikohaftung des Zahlers sowie des Zahlungsdienstleisters.** Die Haftungsregel gem Abs I bedeutet als Tatbestand der **Gefährdungshaftung** für den Fall des Verlustes, des Diebstahls, des Abhandenkommens sowie der sonstigen missbräuchlichen Verwendung eines **ZInstruments** – auch gemessen an den Vorgaben von Art 74 I ZdRL – eine **Abwälzung** des dem ZdLeister kausal entstandenen Schadens auf den Zahler bis zur Höhe von max 50 € (MüKo/*Zetzsche* Rn 16; *Omlor* BKR 2019, 105, 112). Von der letzten Alternative – missbräuchliche Verwendung des ZInstruments – werden alle Fälle des **Online-Bankings** erfasst (MüKo/*Zetzsche* Rn 22). **Verlust** bedeutet unwillentliche Einbuße der Sachherrschaft (vgl MüKo/*Zetzwsche* Rn 18 – Raub/Diebstahl). Darunter wird man auch alle Fälle eines **Abhandenkommens** des ZInstruments (MüKo/*Zetzsche* Rn 22f) subsumieren können (Staudinger/*Omlor* Rn 10). Darüber hinaus listet Abs I Fälle der **sonstigen missbräuchlichen Verwendung** des ZInstruments auf. Ausgangspunkt für diese Wertung ist, dass die Nutzung **ohne oder auch gegen den Willen** des berechtigten ZdNutzers erfolgen muss (MüKo/*Zetzsche* Rn 22f). Erfasst wird auf diese Weise jegliches ZInstrument, und zwar unabhängig von seiner Verkörperung (Staudinger/*Omlor* Rn 10; MüKo/*Zetzsche* Rn 22). Bedeutung hat dies für den Bereich des **Online-Banking**, weil die Regel des Abs I sich dann auch auf die missbräuchliche Verwendung von PIN, TAN etc bezieht (*Herresthal* in L/B/S Rn 22). Eingeschlossen von der Regel des Abs I werden daher als **ZInstrument** auch **Debit- und Kreditkarten**, und zwar auch im **Mailorder-Verfahren** (Staudinger/*Omlor* Rn 4), aber auch die **Geldkarte**. Ausgenommen ist allerdings **E-Geld** (Grü/*Grüneberg* Rn 1). In Bezug auf **„Phishing"-Angriffe** wird sogar die Meinung vertreten, dass diese „nicht ohne erhebliche Mitwirkung des ZdNutzers möglich" sind (München BeckRS 2022, 36975). Es werden Grundkenntnise über die Risiken solcher Angriffe vorausgesetzt (LG Zweibrücken BeckRS 2023, 2293). Zur **Geschäftsführerhaftung** in solchen Fällen Zweibrücken ZIP 2023, 524, zum Ansteigen der Misbrauchsfälle BankR-HdB/*Maihold* § 33 Rn 185ff. Im Einz ist noch Folgendes festzuhalten: Offen ist die Antwort, ob die Sanktion des Abs I im Blick auf eine missbräuchliche Verwendung auch dann eingreift, wenn **Doubletten von Karten** verwendet werden (bejahend *Scheibengruber* BKR 2010, 15,16; im Einz auch BeckOGK/*Hofmann* Rn 27ff – Verlustmodalitäten). In diesen Fällen hat der Zahler das Original seiner Karte noch in Händen, so dass die Tatbestände Verlust etc des ZInstruments iSv Abs I nach dem Wortlaut der Norm ausscheiden. Doch ein Rückgriff auf eine – möglicherweise – vorliegende „sonstige" missbräuchliche Verwendung bleibt in diesen Fällen durchaus möglich (*Langenbucher* in L/B/S Rn 9). Für die Haftungssanktion nach Abs I – Gefährdungshaftung (**Basishaftung** – MüKo-HGB/*Linardatos* Online-Banking Rn 184) gibt es im dt Schuldrecht (bislang) **keine Parallele**, weil § 280 I 2 stets ein **Vertretenmüssen** voraussetzt. Doch ist gerade deswegen ergänzend auf den **Haftungsausschluss gem § 676c** hinzuweisen: Liegen ungewöhnliche und unvorhersehbare Ereignisse vor, auf die sich – etwa bei einem Verlust, einem Diebstahl oder einem sonstigen Abhandenkommen des ZInstruments (MüKo/*Zetzsche* Rn 15; 22ff) – der Zahler beruft, und macht er geltend, dass er insoweit keinen Einfluss auf den Eintritt dieser Ereignisse hatte und auch – trotz Anwendung der gebotenen Sorgfalt – nicht in der Lage war, ihre Folgen zu vermeiden, kommt unter Berücksichtigung von Art 93 ZdRL der Haftungsausschluss von § 676c zum Zug (§ 676c Rn 2).

7 **aa) Nicht autorisierter Zahlungsvorgang.** Die Schadensersatzhaftung des Zahlers ggü dem ZdLeister ist nach **Abs I** zunächst davon abhängig, dass es sich in jedem Fall um einen nicht autorisierten ZVorgang handelt (Staudinger/*Omlor* Rn 5; BeckOK/*Schmalenbach* Rn 4). Ob dies zutrifft, entscheidet sich unter Berücksichtigung der in § 675j I zu beurteilenden **Autorisierung** nach den gleichen Merkmalen, wie dies für § 675u zutrifft (§ 675u Rn 2ff). Auch eine Autorisierung **per E-Mail** ist wirksam (Karlsruhe ZIP 2022, 1966). Ein derart nicht autorisierter, dh nicht dem Willen des Zahlers entspr ZVorgang muss auf der Nutzung eines ZInstruments **beruhen**, was zu **Kausalitätserwägungen** führen muss (EBJS/*Keßler* Rn 8; Staudinger/*Omlor* Rn 14; vgl zu den Einzelheiten § 675j Rn 7). Erforderlich ist also, dass ein Dritter das ZInstrument missbräuchlich verwendet und mit einer solchen Handlung einen ZVorgang auslöst (MüKo/*Zetzsche* Rn 25ff). Der Rückgriff auf Fälle einer **Anscheinsvoll-**

macht scheiden allerdings aus (BGH BKR 2021, 240 Rn 13; BeckOGK/*Hofmann* Rn 35; Staudinger/*Omlor* Rn 5; näher hier Rn 10).

Ein **personalisiertes Sicherheitsmerkmal** ist hingegen – und dies in Abgrenzung zum ZInstrument – nur dann anzunehmen, wenn es geeignet ist, den ZdNutzer zweifelsfrei zu authentifizieren, auch muss es geheim gehalten werden (PIN, TAN oder auch login-Merkmale beim Online-Banking – BeckOGK/*Hofmann* Rn 23f). Auch die Unterschrift fällt in diese Kategorie, ist aber nach der Auffassung des **EuGH** gleichzeitig ein ZInstrument (EuGH WM 2015, 813 Rn 28; EuZW 2014, 464 Rn 44; aM BeckOGK/*Hofmann* Rn 23). Der ZdNutzer ist nach den Vorgaben von § 675l I 1 verpflichtet, die personalisierten Sicherheitsmerkmale vor einem unbefugten Zugriff – und damit vor einer missbräuchlichen Verwendung nach Abs I – zu schützen, er ist verpflichtet, diese sicher aufzubewahren (§ 675l Rn 3ff). Der Gesetzgeber hat sich daher wegen dieses weitreichenden Gleichklangs dazu entschlossen, die früher in Abs I S 1 (ZInstrument) und in Abs I S 2 (personalisierte Sicherheitsmerkmale) getrennten Tatbestände jetzt in Abs I zu integrieren (BT-Drs 18/11495, 165). Doch sind sie gleichwohl idR – wie hier geschehen – terminologisch säuberlich ggü einem ZInstrument zu unterscheiden. 7a

bb) Sonstige missbräuchliche Verwendung. Dieser Tatbestand – er ist als Auffangtatbestand zu werten (Staudinger/*Omlor* Rn 13) – wird bezogen auf den Schutz der personalisierten Sicherheitsmerkmale des ZdNutzers immer begleitet von dem weiteren, allerdings begrifflich vorgeschalteten Umstand, dass der Zahler die persönlichen Sicherheitsmerkmale nicht sicher und nicht geheim aufbewahrt hat (aM BeckOK/*Schmalenbach* Rn 5). Diese Pflicht ist in § 675l I 1 angesprochen (§ 675l Rn 2ff). Aber man wird diesen Tatbestand noch weiter fassen müssen: Eine sonstige missbräuchliche Verwendung setzt nur voraus, dass sie **ohne oder auch gegen den Willen des ZdNutzers** erfolgt (Grü/Grüneberg Rn 3; BeckOK/*Schmalenbach* Rn 5; MüKo/*Zetzsche* Rn 23). Anwendungsfall für diesen Auffangtatbestand ist, wie bereist erwähnt, das Online-Banking (BeckOGK/*Hofmann* Rn 32). Zu den besonderen Pflichten gehört beim Online-Banking daher inzwischen auch, sich gegen **Attacken** von Dritten zu schützen (MüKo/*Zetzsche* Rn 23, vgl § 675l Rn 3ff; Bsp für Pflichtverletzungen beim Online-Banking vgl *Omlor* BKR 2019, 105, 111; *Herresthal* in L/B/S Rn 21ff; *Spindler*, FS Nobbe, 2009, 215, 227ff; *van Gelder*, FS Nobbe, 2009, 55, 61ff). 8

cc) Erfordernis des Beruhens. Zw dem nicht autorisierten ZVorgang einerseits und dem Abhandenkommen bzw der missbräuchlichen Verwendung eines ZInstruments muss ein kausaler Zusammenhang bestehen, weil der Gesetzgeber in Abs I von einem „Beruhen" spricht (MüKo/*Zetzsche* Rn 25). Ob darin eine widerlegliche (MüKo/*Zetzsche* Rn 23) oder eine unwiderlegliche Vermutung zu sehen ist (*Oechsler* WM 2010, 1381, 1383), ist bestenfalls von rein akademischem Interesse. Klar muss man sich nur darüber sein, dass der betr Vorgang gerade durch das missbräuchlich verwendete oder auch abhanden gekommene ZInstrument ausgelöst worden ist (Staudinger/*Omlor* Rn 19). 8a

d) Überlassung an einen Dritten. Soweit der Zahler die Nutzung des ZInstruments einem Dritten gestattet hat (§ 675l Rn 10), trägt der Zahler/ZdNutzer allein das Risiko, dass ein Abhandenkommen, Verlust pp sowie eine missbräuchliche Verwendung stattfinden (umfassend MüKo-HGB/*Linardatos* Online-Banking K Rn 136; LG Kiel BKR 2018, 485). Soweit daher ein Dritter ohne Wissen und Wollen (zu „Angriffen" auf die Kundendaten durch Tätigwerden eines „Hackers" als „Dritter" vgl *Zahrte* BKR 2018, 315, 318) des berechtigten Nutzers das ZInstrument verwendet, ist dies **stets missbräuchlich** gem Abs I. Die entscheidende praktische Frage ist jedoch, ob iSv Abs I S 2 auch dann eine sonstige missbräuchliche Verwendung vorliegt, wenn der Dritte als Nutzer die gem § 675l I 1 gesetzl geschuldeten und vertragl vereinbarten Sicherungsvorkehrungen zum Schutz vor Drittmissbrauchsfällen getroffen hat. Insoweit gilt zunächst: Der Dritte wird dann wohl – im Fall einer gestatten Drittnutzung – in den Rang eines Erfüllungsgehilfen nach § 278 rücken. Ob die Haftung wegen fehlenden Verschuldens ausgeschlossen ist, entscheidet sich – auch in Bezug auf die Handlungen/Unterlassungen – eines Dritten dann immer nach Maßgabe des Abs II (Rn 12). Nicht aber nach Abs I. 9

e) Anscheinsvollmacht. Bei der **Verwendung von ZInstrumenten durch einen Dritten** stellt sich immer wieder die Frage, ob die Grundsätze der Anscheinsvollmacht eingreifen (abl BGH BKR 2021, 240 Rn 13; BeckOGK/*Hofmann* Rn 35; Staudinger/*Omlor* Rn 5; vgl *Omlor* BKR 2019, 105, 111), weil die Regeln der §§ 675j und 675u S 1 als **abschließend** zu werten sind (BGH NJW 2016, 2024 Rn 56). Dieser Ansatz wird auch in der Lit teilw befürwortet (*Linardatos* BKR 2015, 96, 98; *Köbrich* VuR 2015, 9, 12; *Pieckenbrock* WM 2015, 797, 801f; *Gößmann/Bredenkamp*, FS Nobbe, 2009, 93, 102ff; Hopt/*Hopt* HGB [7] Bankgeschäfte F/35), auch die instanzgerichtliche Judikatur stimmt dem zu (KG MMR 2011, 338; LG Darmstadt ZIP 2014, 1972, 1974; LG Berlin MMR 2010, 137). Dem ist zu folgen. Davon abgesehen ist es – das ist ein weiterer Einwand – für die Bejahung einer Anscheinsvollmacht erforderlich (vgl BGH NJW 2014, 2790 Rn 12ff; 1998, 1854, 1855), dass der ZdNutzer mit einer **gewissen Häufigkeit einen Vertrauenstatbestand** geschaffen hat (*Omlor* BKR 2019, 105, 111), auf den der ZdLeister auch vertrauen konnte, so dass er daraus auf eine Bevollmächtigung schließen durfte (BGH NJW 1998, 1854, 1855; 2006, 1971, 1972). Daran wird es bei der missbräuchlichen Verwendung eines ZInstruments durch einen **unbefugten Dritten** – jedenfalls bei Vorliegen einer nur kurzen Verwendungsdauer – regelmäßig fehlen (so auch mit Recht *Spindler*, FS Nobbe, 2009, 215, 217ff für Fälle des Online-Bankings). Denn dieser nutzt das ZInstrument regelmäßig nur sehr kurze Zeit, so dass auch der befugte Zahler praktisch keine Chance/Gelegenheit hat, diese Nutzung zu unterbinden, weil er von ihr nichts erfährt (KG WM 2012, 493, 494; *Herresthal* in L/B/S Rn 7). Auch muss der gesetzte Rechtsschein dem „Vertretenen" zurechenbar sein, was dann nicht anzunehmen ist, wenn ein Ausspähen der personalisierten Sicherheitsmerkmale vorlag (KG). Damit verbleibt als Anknüpfungspunkt für eine Haftung des Zahlers in diesen Fällen nur Abs I, der kein Vertretenmüssen voraussetzt, weil 10 das Abhandenkommen pp des ZInstruments sowie die missbräuchliche Verwendung personalisierter Sicherheitsmerkmale ausreicht.

11 **f) Haftungshöchstgrenze: 50 €.** Steht ein Verlust, ein Diebstahl oder ein sonstiges Abhandenkommen eines ZInstruments oder seine missbräuchliche Verwendung fest, haftet der Zahler unabhängig von einem Vertretenmüssen dem ZdLeister auf Ersatz des Schadens bis zu einer **Höchstgrenze** von 50 € (*Omlor* BKR 2019, 105, 112). Dabei stellt sich die Frage, ob damit der **Gesamtschaden** gemeint ist (Staudinger/*Omlor* Rn 18; *Oechsler* WM 2010, 1381, 1383 – Bezugnahme auf den ErwGr Nr 32 ZdRL I; MüKo/*Zetzsche* Rn 31) oder ob dieser Schaden sich auf jede einzelne missbräuchliche Verwendung eines ZInstruments bezieht. Da sich Abs I ganz allg auf den „hierdurch entstandenen Schaden" in Bezug nimmt und allein daran die Haftungsgrenze für den Zahler festmacht, wird man die Höchstsumme von 50 € immer im Blick auf den gesamten Schaden zur Anwendung berufen müssen (MüKo/*Zetzsche* Rn 31; Grü/*Grüneberg* Rn 4); erfasst wäre also der **gesamte Serienschaden** (vgl auch *Casper*/*Pfeifle* WM 2009, 2343, 2347). OB dem i Erg zu folgen ist, erscheint deswegen fraglich, weil sich **Art 74 I ZdRL** auf den Schaden eines „nicht autorisierten ZVorgangs" bezieht. Damit ist erkennbar der **Einzelschaden** gemeint, der durch einen missbräuchlich ausgeführten ZVorgang verursacht wurde. Gestützt wird dies auch durch die englische Fassung von Art 74 I ZdRL, die von einer Haftung für eine jede, nämlich **„any** unauthorized payment transcations" spricht (aM *Herresthal* in L/B/S Rn 37). Daher ist eine **richtlinienkonforme Auslegung** von Abs I S 2 geboten, so dass der Zahler für jeden einzelnen Schaden iH bis zu 50 € einstehen muss, der das Ergebnis eines einzelnen ZVorgangs war (aM auch *Casper*/*Pfeifle* WM 2009, 2343, 2347).

12 **5. Fortfall der Haftung des Zahlers – Abs II. a) Fehlende Bemerkbarkeit.** Die Haftung des Zahlers nach Maßgabe von Abs I ist weiterhin davon abhängig, dass – vgl **Abs II Nr 1** – er keine Möglichkeit hatte (MüKo/*Zetzsche* Rn 33), den Verlust, den Diebstahl, das Abhandenkommen oder auch die missbräuchliche Verwendung eines ZInstruments in Bezug auf den nicht autorisierten ZVorgang zu „bemerken" (Staudinger/*Omlor* Rn 15, *Hofman* BKR 2018, 62, 63f). Dieses Merkmal bezieht sich also zum einen auf die Tatbestände des Abhandenkommens pp iSv Abs I, zum anderen aber auch auf den nicht autorisierten ZVorgang. Dadurch wird die Regel der verschuldensunabhängigen Haftung des Zahlers nach Abs I – allerdings nur iHv 50 € – in Abs II Nr 1 auf den Kopf gestellt, weil die Frage, ob es denn dem Zahler „möglich" war, das Abhandenkommen des ZInstruments im Zusammenhang mit der fehlenden Autorisierung des ZVorgangs zu bemerken, an ein **Verschulden** anknüpft (BT-Drs 18/11495, 165; MüKo/*Zetzsche* Rn 35). Da es hier auf die Möglichkeit ankommt, den Vorgang zu „bemerken", hat dieser Tatbestand – und der daran anknüpfende Vorwurf einer Pflichtverletzung – nichts mit der Kenntnis zu tun, welche eine Anzeigepflicht nach § 675l I 2 auslösen (§ 675l Rn 13). Vielmehr bezieht sich Abs II Nr 1 hier auf das Vorfeld, indem es das Tor im Blick auf den Tatbestand der **subj Vorwerfbarkeit** (aM BeckOK/*Schmalenbach* Rn 7 – rein obj Sachverhalt maßgebend) weit öffnet, welche **Nachforschungspflichten** dem Zahler – obj bewertet iS einer „äußeren Sorgfalt" – (gesetzl oder auch vertragl: durch AGB) auferlegt werden dürfen, sofern sich ein Verdacht andeutet, dass ein Abhandenkommen oder die missbräuchliche Verwendung eines ZInstruments im Zusammenhang mit einem nicht autorisierten ZVorgang vorgelegen haben kann (BeckOGK/*Hofmann* Rn 40ff). Abzugrenzen sind die hiernach maßgebenden Pflichten von den **Sicherungspflichten** (Geheimhaltung, getrennte Aufbewahrung etc), welche sich für den Zahler aus § 675l I 1 ableiten (§ 675l Rn 5f). Stellt nämlich der Zahler fest, dass Anzeichen dafür vorliegen, dass diese Sicherungspflichten für die Verwahrung eines ZInstruments oder eines personalisierten Sicherheitsmerkmals im Einzelfall fehlgeschlagen sind, dann kommt unmittelbar die Pflicht ins Spiel, welche Abs II Nr 1 adressiert: Es geht dann darum, ob der Zahler die Möglichkeit hatte, eben dieses Fehlschlagen der Sicherungspflicht im Zusammenhang mit einem nicht autorisierten ZVorgang zu „bemerken".

13 Dabei wird man auch beachten müssen, dass Art 74 I ZdRL von **„bemerkbar"** („was not detectable") spricht (hierzu auch *Hofmann* BKR 2016, 62, 63f) nicht aber, wie die deutsche Umsetzung in Abs II Nr 1 – von „bemerken". Ob darin ein substantieller Unterschied liegt, ist nicht sicher. Jedenfalls ist klar, dass der Begriff „bemerkbar" unmittelbar an dem der **obj ausgerichteten Fahrlässigkeit nach § 276 II** anknüpft (BT-Drs 18/113495, 165). Insoweit ist entspr dem ErwGr Nr 72 an die Vorgaben des jew nationalen Rechts anzubinden. Um hier in der Praxis einen Schritt weiterzukommen, kann man auf die Erfüllung der Sicherungspflichten des § 675l I 1 reflektieren und so die Meinung stützen, dass zw dem Vorwurf einer dem Zahler danach anzulastenden Pflichtverletzung eine parallele Wertung zw dieser Norm und der von Abs II Nr 1 besteht (so Grü/*Grüneberg* Rn 5). Man wird also nicht an – neu zu schaffende (restriktiv auch BeckOGK/*Hofmann* Rn 41) – Nachforschungspflichten des Zahlers hier anknüpfen (zurückhaltend auch Frankfurt BKR 2002, 331 – Zurücklassen der EC-Karte im Wohnmobil), sondern den Tatbestand fehlender, weil entschuldigter Bemerkbarkeit des Abhandenkommens eines ZInstruments oder seiner missbräuchlichen Nutzung wegen der ordnungsgemäß erfüllten Sicherungspflichten nach § 675l I 1 bejahen. Auch scheint es geboten, hier zw dem Tatbestand des Abhandenkommens des ZInstruments und seiner **missbräuchlichen Nutzung** zu unterscheiden (*Hoffmann* VuR 2016, 243, 244). Man wird hier die Bemerkbarkeit eines Missbrauchs zwangsläufig auf Konstellationen beziehen müssen, welche der Verwendung vorgeschaltet sind, wie etwa das Ausspähen bei der Eingabe der Karte/PIN am Geldautomaten (*Hoffmann* VuR 2016, 243, 245).

14 **b) Kontrolle nach § 307 I 1.** Die entscheidende – weitergehende – Frage bezieht sich darauf, ob denn der ZdLeister berechtigt ist, weitergehende Pflichten in seinen **AGB** im Rahmen von Abs II Nr 1 ggü dem Zahler durch AGB zu begründen, indem etwa **Nachforschungspflichten** vorgesehen werden (BeckOGK/*Hofmann* Rn 40ff), die schon sehr früh, bei einem bloßen **Verdacht des Abhandenkommens** (Staudinger/*Omlor* Rn 15)

bzw der missbräuchlichen Nutzung eines ZInstruments zum Zuge kommen (*Omlor* BKR 2019, 105, 111f – Einzelfälle auf Basis ausgewerteter AGB) und damit im Fall ihrer Verletzung eine Haftung des Zahlers iHv 50 € nach Abs I begründen. Ausgehend vom Wortlaut des Art 74 I lit a ZdRL – „vor einer Zahlung nicht bemerkbar" – wird man sich diesem Ansatz nicht verschließen dürfen, Nachforschungspflichten ggü dem Zahler in den AGB des ZdRahmenvertrages zu formulieren, sobald sich ein Verdacht einer missbräuchlichen Verwendung eines ZInstruments zeigt. Die so geschaffenen Pflichten des Zahlers müssen sich natürlich im Rahmen des Angemessenen nach § 307 I 1 halten; sie dürfen ihn also nicht unangemessen belasten. Das wäre etwa dann der Fall, wenn die AGB von ihm verlangen, dass er sich täglich darüber vergewissert, ob denn die auf einem Zettel notierte (und separat aufbewahrte) PIN noch an ihrem angestammten Platz liegt. Doch bestehen keinerlei Bedenken dagegen, die ohnehin schon gesetzl (§ 254 II) verankerte Pflicht des Zahlers, seine Kontoauszüge regelmäßig zu kontrollieren (vgl auch Staudinger/*Omlor* Rn 15), in den AGB auch im Rahmen eines angemessenen Zeitintervalls (etwa: wöchentlich) festzuschreiben (BeckOGK/*Hofmann* Rn 45 – „in regelmäßigen Abständen").

c) Zeitmoment. Abs II Nr 1 stellt darauf ab, dass der Zahler nicht die Möglichkeit hatte, das Abhandenkommen bzw die missbräuchliche Verwendung eines ZInstruments **vor** dem nicht autorisierten ZVorgang zu bemerken. Damit zielt die hier normierte Pflicht auf **Prävention**; das Entstehen neuer, weiterer nicht autorisierter ZVorgänge soll vermieden werden, zumal der Zahler – nach dem **Erkennen** eines solchen Abhandenkommens des ZInstruments oder von personalisierten Sicherheitsmerkmalen gem § 675l I 2 verpflichtet ist, eine Anzeige an den ZdLeister zu erstellen (§ 675l Rn 13). Gleichzeitig ergibt sich aber auch, dass es auf **jeden einzelnen Fall** eines nicht autorisierten ZVorgangs ankommt (BT-Drs 18/11495, 165). Die Beachtung der in Abs II Nr 1 niedergelegten Pflicht hat daher besondere praktische Bedeutung, wenn es als Folge eines solchen Abhandenkommens zu einer **Serie von unautorisierten ZVorgängen** kommt. Daher ist es allemal unbedenklich, wenn die Nachforschungspflicht daran anknüpft, dass der Zahler gehalten ist, seine Kontoauszüge regelmäßig zu prüfen (*Omlor* BKR 2019, 105, 112; *Hofmann* BKR 2018, 62, 64). Gleichzeitig belegt aber diese auf den Einzelfall abstellende Wertung, dass es auch im Kontext von Abs I und die Schadenshaftung des Zahlers iHv 50 € (Rn 11) nicht auf den Gesamtschaden ankommt, sondern auf jeden einzelnen Schadensfall. Denn die Privilegierung der Nichthaftung des Zahlers nach Abs II Nr 1 zielt unmittelbar darauf ab, die in Abs I niedergelegte Haftungssanktion abzuwenden. 15

d) Verantwortungsbereich des Zahlungsdienstleisters. Ausgehend von einer auf die **je eigene Risikosphäre** bezogenen Haftung bestimmt **Abs II Nr 2**, dass die Kausalität eines **Verlustes** eines ZInstrument durch einen Angestellten, einen Agenten, eine Zweigniederlassung oder eine sonstige Stelle, an die die Erfüllung der ZDienste des ZdLeisters ausgelagert worden sind, nicht die Haftung des Zahlers – trotz Bemerkbarkeit des Abhandenkommens des ZInstruments etc nach Abs II Nr 1 (BeckOGK/*Hofmann* Rn 47) gem Abs I auslöst (BT-Drs 18/11495, 166). Auf diesem Weg wird der Radius des § 278 erweitert (MüKo/*Zetzsche* Rn 37). Ob allerdings bereits Tatbestand der **Mitverursachung** ausreicht (MüKo/*Zetzsche* Rn 38; BeckOGK/*Hofmann* Rn 48) und eine umfassende Privilegierung der Haftung des Zahlers nach Abs I nach sich zieht (vgl *Hoffmann* VuR 2016, 243, 246), erscheint zweifelhaft, ist aber i Erg zu bejahen. Auf die nach Abs II Nr 1 zentrale Frage, ob das Abhandenkommen bzw die missbräuchliche Nutzung des ZInstruments dem Zahler bemerkbar war, kommt es im Rahmen von Abs II Nr 2 nicht an (BT-Drs 18/11495, 166). 16

e) Ausnahme nach § 676c. Es ist praktisch von einiger Wichtigkeit, bei Prüfung der Haftungsvoraussetzungen bei einem nicht autorisierten ZVorgang auch die Ausnahmebestimmung des § 676c nicht aus dem Auge zu verlieren. Danach ist die Haftung immer dann ausgeschlossen, wenn die Ereignisse – so der Regelfall der Nr 1 – auf Umständen beruhen, welche als ungewöhnlich und unvorhersehbar zu qualifizieren sind (§ 676c Rn 2f). 17

f) Verteilung der Darlegungs- und Beweislast. Als erstes ist in diesen Fällen stets die allg Beweislastregel des § 675w zu bemühen (BeckOGK/*Hofmann* Rn 49; Karlsruhe ZIP 2022, 1996 – außerhalb dieser Norm = ZdLeister beweisbelastet). Ist nämlich **streitig**, ob es sich um einen autorisierten oder einen nicht autorisierten ZVorgang handelt, gelten vorrangig die dort festgehaltenen Regeln (§ 675w Rn 5ff). Erst wenn feststeht, dass iSv § 675v I oder II in der Tat ein nicht autorisierter ZVorgang anzunehmen ist, können die hier vorgesehenen Haftungsregeln zum Zuge kommen. Dabei liegen im Rahmen von **Abs II Nr 1** die hier zu lösenden Fragen klar zu Tage: Es geht um die Enthaftung des **Zahlers**, so dass er auch verpflichtet ist, die Tatsachen im Einz darzulegen und auch zu beweisen, was auch bei den vielgestaltigen Fällen des **CEO-Fraud** bedeutsam ist (vgl BGH BKR 2021, 240 – gefälschte Faxanweisung; Celle BKR 2021, 114 – gefälschte Überweisung; LG Karlsruhe BKR 2019, 151 – CEO-Fraud – Beweislast für Fälschung = ZdLeister; LG Düsseldorf BKR 2019, 154, 155 – Beweislast für Autorisierung trägt ZdButzer – CEO-Fraud; zu diesen Betrugsfällen allg *Zahrte* BKR 2019, 126), dass er die ihm insoweit obliegenden Pflichten erfüllt hat und dass das Abhandenkommen bzw der Tatbestand der missbräuchlichen Verwendung eines ZInstruments (personalisierte Sicherheitsmerkmale) nicht erkennbar war – und damit auch nicht verhindert werden konnte (*Hoffmann* VuR 2016, 243, 246). Anders liegen die Dinge, wenn es sich um den Verlust eines ZInstruments im Rahmen von **Abs II Nr 2** handelt, weil hier unmittelbar die Sphäre des ZdLeisters betroffen ist. Hier erscheint es sachgerecht, auf die allg Grundsätze der **sekundären Darlegungs- und Beweislast**, wie sie von der Rspr entwickelt worden sind (LG Kiel BKR 2018, 485), abzuheben (BGH NJW 2016, 953, 956 – Tauschbörse III; NJW 2014, 2360 – BearShare; NJW 2010, 2061 – Sommer unseres Lebens). Dennoch wird man vom Zahler erwarten dürfen, dass er Tatsachen darlegt und unter Beweis stellt, dass es um die vom ZdLeister (sowie der sonstigen Personen) ausgehende Verursachung eines Verlustes des ZInstruments geht (auch zu Konkurrenzfragen nach europäischem Recht *Piekenbrock* WM 2017, 797, 800ff). Das ist unproblematisch, solan- 18 ge der Sachverhalt vorliegt, den § 675m I Nr 1 adressiert, dh dass das fragliche ZInstrument sowie die personalisierten Sicherheitsmerkmale noch nicht der berechtigten Person des Zahlers zugänglich gemacht worden sind (§ 675m Rn 2). Denn solange dies nicht zutrifft, hat der Zahler **keine Sachherrschaft**, weder im Rahmen des § 446 (ZInstrument) noch in dem des § 130 (personalisierte Sicherheitsmerkmale – PIN/TAN). Trifft dies aber nach Erledigung der Pflichten des ZdLeisters nach § 675m I Nr 1 zu, dann scheidet aus praktischen Gründen die Anwendung von Abs II Nr 2 idR aus. Hat nämlich der Zahler die entspr Sachherrschaft begründet, ist es nur sehr schwer vorstellbar, wie der Verlust eines ZInstruments gleichwohl vom ZdLeister verursacht worden sein kann.

19 **6. Haftung für den gesamten Schaden.** Die in **Abs III** vorgesehene Sanktion, dass der **Zahler** bei einem nicht von ihm autorisierten ZVorgang für den gesamten entstandenen Schaden haftbar ist, hängt von verschiedenen Voraussetzungen ab, die in Nr 1 und Nr 2 aufgelistet sind. Dass im Rahmen von Abs III auch Raum ist, ein **Mitverschulden** des ZdLeisters nach § 254 ins Spiel zu bringen (Staudinger/*Omlor* Rn 30 – Grundsatz von § 242 letztlich maßgebend), ergibt sich bereits aus der Kausalitätserwägung, dass nämlich der vom Zahler zu ersetzende Schaden „infolge" eines nicht autorisierten ZVorgangs verursacht worden ist. Das ist etwa dann der Fall, wenn die Sicherheitsanforderungen, welche die IT des ZdLeisters erfüllen muss, nicht hinreichend eingehalten worden sind (BGH NJW 2016, 2024, 2028 – Anscheinsbeweis – Online-Banking; zum Online-Banking auch *Omlor* BKR 2019, 105).

20 **a) Betrügerische Absicht, vorsätzliche oder grob fahrlässige Pflichtverletzung.** Die jetzt in **Abs III Nr 1** – früher: Abs II – verankerte unbegrenzte Schadensersatzhaftung entspricht den Vorgaben von Art 74 I letzter UAbs ZdRL. Dogmatisch gewertet handelt es sich hier um einen **eigenständigen Tatbestand**, nicht aber nur darum, dass die begrenzte Haftung nach Abs I erweitert wird (BeckOGK/*Hofmann* Rn 51). Folgende Voraussetzungen müssen erfüllt sein, damit der ZdLeister berechtigt ist, vom Zahler den aus der missbräuchlichen Verwendung eines ZInstruments entstandenen Schaden zur Gänze beim Zahler einzufordern: Da es sich in der Alt nach Nr 1 darum handelt, dass beim Zahler eine betrügerische Absicht im Zusammenhang mit dem Auslösen eines nicht autorisierten ZVorgangs vorliegen muss, kann insoweit uneingeschränkt auf die Voraussetzungen des § 263 StGB verwiesen werden (Grü/*Grüneberg* Rn 8; MüKo/*Zetzsche* Rn 41). Wenn aber iSv **Abs III Nr 2** der als Folge eines nicht autorisierten ZVorgangs eingetretene Schaden eine unbegrenzte Haftung des Zahlers auslösen soll, dann muss der Zahler bestimmte Sorgfaltspflichten, die sich entw aus § 675l I ergeben oder die zw ihm und dem ZdLeister vereinbart worden sind, vorsätzlich oder grob fahrlässig verletzt haben.

21 **aa) Grobe Fahrlässigkeit.** Der europäische Gesetzgeber hat im **ErwGr 72 ZdRL** festgestellt, dass es den einzelnen Mitgliedstaaten vorbehalten bleibt, die Voraussetzungen der Fahrlässigkeit autonom zu beurteilen (hierzu BGH NJW 2012, 2422 – mehrfache Verwendung von TANs trotz Warnung). Darüber hinaus legt dieser Erwägungsgrund fest, dass insoweit „alle Umstände" zu berücksichtigen sind. Dort führt der Gesetzgeber auch an, dass etwa die „offene und leicht für Dritte einzusehende Aufbewahrung der Sicherheitsmerkmale, die zur Autorisierung eines ZVorgangs verwendet werden, zusammen mit dem ZInstrument" geeignet ist, den Vorwurf einer groben Fahrlässigkeit zu begründen. Nimmt man hinzu, dass dort auch vermerkt wird, dass der Vorwurf einer groben Fahrlässigkeit „ein erhebliches Ausmaß an Nachlässigkeit aufweist", liegt eine Parallele zum dt Recht nach den §§ 276 II, 277 offen zu Tage (Grü/*Grüneberg* 9; MüKo/*Zetzsche* Rn 42; i Erg BGH NJW 2001, 286, 287 – EC-Karte). Danach liegt im Rahmen von Abs III Nr 2 beim Zahler nur dann grobe Fahrlässigkeit vor (Übersicht auch bei BeckOGK/*Hofmann* Rn 58f), wenn die verkehrserforderliche Sorgfalt im besonders schweren Maße verletzt wird, weil schon einfachste, ganz naheliegende Überlegungen nicht angestellt wurden und das nicht beachtet worden ist, was im gegebenen Fall jedem Schuldner einleuchten musste (BGH NJW 2007, 2988; 2003, 1118, 1119). Deshalb muss es sich auch in subj Hinsicht um ein **unentschuldbares Fehlverhalten** handeln (vgl Auflistung bei BeckOGK/*Hofmann* Rn 60ff). Die praktisch meisten Fälle – die PIN ist ein personalisiertes Sicherheitsmerkmal – beziehen sich auf den schuldhaften Umgang mit **PIN/TAN**, etwa bei ihrer Aufbewahrung – Stichwort: Trennungsprinzip (BGH NJW 2001, 286, 287 – Verwahrung mit Karte; LG Saarbrücken ZIP 2023, 137 – telefonische Weitergabe von drei TANs – Mitverschulden = 50 %; LG Oldenburg MMR 2016, 450 – keine grobe Fahrlässigkeit bei erfolgreichem Angriff durch einen Trojaner; kein Beweis, dass Virenschutzprogramm nicht installiert war oder Angriff verhindert hätte; LG Köln WM 2014, 2372 – unterlassene Prüfung der TAN-SMS; AG Bonn BKR 2014, 304 – Überweisung eines Geldbetrags mittels TAN auf ein unbekanntes Konto im Einz auch MüKo/HGB/*Linardatos* Online-Banking K Rn 125ff). Es kommt aber auch ein **Ausspähen der PIN** beim Abheben von Geld am Geldautomaten in Betracht (BeckOGK/*Hofmann* Rn 73f). Bei Weitergabe an einen **Dritten** ist zu unterscheiden (MüKo-HGB/*Linardatos* Online-Banking Rn K 136f; BeckOGK/*Hofmann* Rn 75f), ob dies vom ZdNutzer gestattet ist – dann Vertretung nach §§ 164ff (LG Nürnberg-Fürth ZIP 2021, 685 – Weitergabe an Ehegatten unbedenklich) – oder ob dieser sich die personalisierten Sicherheitsmerkmale (seltener das ZInstrument) erschlichen hat (**„Phishing"** – keine Haftung des Organs Zweibrücken ZIP 2023, 524; stets erhebliche Mitwirkung des ZdNutzers als Mitverschulden München BeckRS 2022, 36075; LG Köln BKR 2020, 310 – telefonische Weitergabe der TAN; so auch AG München VuR 2017, 466; Hamm GWR 2015, 433 – Mail eines Dritten bittet ZdNutzer um Preisgabe von Kontodaten oder PIN auf der Internetseite; ähnl LG Essen WM 2015, 2098; München MMR 2013, 163 – Bitte um Eingabe sämtlicher TANs befolgt; ähnl AG Krefeld MMR 2013, 164; LG Berlin MMR 2012, 229 – Eingabe von 40 TANs). Doch muss stets ein Verschulden des ZdNutzers vorliegen, welches ein gewöhnliches Maß erheblich erheblich übersteigt (BGH NJW 1997, 1012, 1013). **Grobe Fahrlässigkeit** auch, wenn der ZdNutzer es unterlässt, die Überweisungsdaten im Online-Banking mit dem ZdLeister per

mobiler TAN übermittelten Daten zu vergleichen (Oldenburg GWR 2019, 50). Diese ist aber dann **nicht** anzunehmen, wenn PIN und ZInstrument in verschiedenen Räumen – vor allem auch in den eigenen Privaträumen (weiter BeckOGK/*Hofmann* Rn 71 – keine Pflicht, die PIN zu verstecken; Aufbewahrung von PIN und Karte im gleichen (privaten) Raum unbedenklich) – also getrennt verwahrt werden (BGH NJW 2001, 286, 287) oder wenn beim Abheben am Geldautomaten der Zahler übersieht, dass die Karte nicht zurückgegeben wird (Düsseldorf MMR 2012, 3381). Ob diese Überlegungen auch ungekürzt auf das **Online-Banking** (§ 675l Rn 4; umfassend MüKo-HGB/*Linardatos* Online-Banking K Rn 118ff; BeckOGK/*Hofmann* Rn 82ff; MüKo/*Zetzsche* Rn 53ff – jew Bsp) sowie auf das **Mailorder-Verfahren** (MüKo/HGB/*Haertlein*, Bankkartenverfahren Rn E 111ff; *Oechsler* WM 2010, 1381, 1383f) zu übertragen sind, könnte zweifelhaft sein und kann grds im Fall des Missbrauchs nicht unbesehen im Blick auf den Vorwurf grober Fahrlässigkeit mit der gleichen Argumentationskette bejaht werden. Jedenfalls beim Mailorder-Verfahren sind die Daten der Kreditkarte (Nr, Gültigkeitsdauer und Prüfnummer) immer wieder dem Zugriff zahlreicher Dritter ausgesetzt. Im Zweifel liegt dann lediglich einfache Fahrlässigkeit vor; zur Frage der Beweisverteilung vgl § 675w Rn 11. Bei der Abhebung eines Geldbetrags mittels einer **Debit-Karte** stellt es keine grobe Fahrlässigkeit dar, wenn der ZdNutzer die Ausgabe bzw Nichtausgabe der Karte übersieht (Düsseldorf NJW 2012, 3381 – doch zweifelhaft; Einzelheiten bei MüKo/HGB/*Linardatos* Zahlung mittels Kreditkarte Rn G 74ff). Bei der **Fälschung der Unterschrift** – Verwendung der Kreditkarte im Präsenzgeschäft – liegt idR keine grobe Fahrlässigkeit vor, weil sich der Zahler kaum wirksam gegen Fälschungen dieser Art wehren kann (*Langenbucher* in L/B/S § 675j Rn 19).

bb) Vorsätzliches Handeln. Vorsatz iSv Abs III Nr 2 bedeutet Wissen und Wollen des pflichtwidrigen Erfolgs (BGH NJW 1965, 962, 963). Hierzu gehört auch das **Bewusstsein der Rechtswidrigkeit/Pflichtwidrigkeit** (BGH NJW 2002, 3255, 3256; 1995, 1960, 1961). 22

b) Verletzte Pflichten. Der gem **Abs III** unbegrenzt vom Zahler zu übernehmende Schaden muss – kausal – durch einen nicht autorisierten ZVorgang (unter Verwendung seines ZInstruments) entstanden sein (MüKo/*Zetzsche* Rn 57). Der Vorwurf einer vorsätzlichen oder doch grob fahrlässigen Pflichtverletzung muss sich dabei nach Abs III Nr 2 lit a auf die Sorgfaltspflichten des Zahlers beziehen, die sich nach Maßgabe von § 675l I 1 und 2 ergeben. Diese **Sicherungspflich**t zielt darauf ab, die personalisierten Sicherheitsmerkmale (§ 675l Rn 2ff) vor unbefugtem Zugriff (Dritter) zu schützen (Rn 22). Darüber hinaus konstituiert § 675l I 2 eine unverzüglich vom Zahler zu erfüllende **Anzeigepflicht**, sobald der Zahler davon Kenntnis erhalten hat, dass der Verlust, der Diebstahl oder die missbräuchliche Verwendung eines ZInstruments stattgefunden hat (§ 675l Rn 2). Es steht dem ZdLeister jedoch frei, mit dem Zahler zu vereinbaren, welche konkreten – weiteren, den gesetzl Rahmen überschreitenden – Sicherungspflichten hier im Einz (Abs III Nr 2 lit b) geschuldet werden (§ 675l Rn 4). Zu den Möglichkeiten des **Ausspähens** bei Einsatz der Debit-Karte MüKo/*Zetzsche* Rn 52. Diese stehen freilich unter dem Vorbehalt der richterlichen Inhaltskontrolle gem § 307 II Nr 1 (§ 307 I 1) (§ 675l Rn 20; zu den Sicherungspflichten bei **Zahlungskarten** MüKo/*Zetzsche* Rn 46f), weil sie regelmäßig zw ZdLeister und Zahler in AGB vereinbart werden. Sie müssen des Weiteren im Rahmen der **vorvertragl Informationspflichten** gem Art 248 § 4 I Nr 5a EGBGB dem Zahler in Textform gem Art 248 § 3 EGBGB mitgeteilt werden; die Erfüllung dieser Verpflichtung ist Bestandteil des ZdRahmenvertrags iSv § 675f II (§ 675f Rn 20). Auch bei einem Einzelzahlungsvertrag iSv § 675f I besteht gem Art 248 § 13 I 2 EGBGB eine entspr vorvertragl zu erfüllende Informationspflicht des ZdLeisters. In leicht zugänglicher Form sind diese Informationen dem Zahler gem Art 248 § 12 EGBGB zur Verfügung zu stellen, dh zur Kenntnisnahme zu überlassen. 23

c) Darlegungs- und Beweislast. Auch im Kontext von **Abs III** ist zu beachten, dass eine Beweisvermutung gem § 675w S 3 gilt. Denn dort ist der hier an den Zahler gerichtete Pflichtenkatalog in Nr 1 bis Nr 4 von § 675w S 3 exakt aufgegriffen (§ 675w Rn 8). Es reicht also nicht aus, dass der ZVorgang mittels eines ZInstruments ausgelöst wurde und dass seine Nutzung, einschl der Authentifizierung durch den ZdLeister aufgezeichnet wurde. Damit ist noch nicht der erforderliche Nachweis iSv Abs III Nr 1 oder Nr 2 erbracht, dh die zum Nachteil des ZdLeisters streitende Beweisvermutung iSv § 286 ZPO widerlegt. Erforderlich ist vielmehr nach der Rspr, dass der Nachweis der Autorisierung eines ZVorgangs mittels eines ZInstruments nach § 675w S 3 Voraussetzung dafür ist, den **Anscheinsbeweis** zur Anwendung zu bringen, dh auf Grund aktueller Erkenntnisse steht danach die „allg praktische Unüberwindlichkeit des eingesetzten Sicherungsverfahrens sowie dessen ordnungsgemäße Anwendung und fehlerfreie Funktion“ fest (BGH NJW 2016, 2024, 2028 – Online-Banking; hierzu auch Schleswig NJW-RR 2019, 680; wenn unbefugte Dritte korrekte PIN eingeben, dann trägt der ZdLeister die Beweislast, dass der ZdNutzer das Abhandenkommen zu vertreten hat, LG Kiel BKR 2018, 528; für Kreditkartenmissbrauch Dresden NJW-RR 2014, 824 – weiter anwendbar; nicht aber im Präsenzgeschäft bei Verwendung der PIN, Bremen NJW-RR 2021, 1063; AG Köln NJW-RR 2015, 888 – Parteivernehmung des Kunden zulässig). S § 675w Rn 8ff, 11. IÜ gelten für den Nachweis des Schadens die allg Grundsätze der §§ 249ff. Das bedeutet, dass auch ein etwaiges **Mitverschulden des ZdLeisters** nach § 254 zu beachten ist (MüKo/*Zetzsche* Rn 59f; *Spindler*, FS Nobbe, 2009, 215, 224), was auch von der Rspr bestätigt wird (KG MMR 2011, 338 – Verwendung eines veralteten Systems: 70 % Mitverschulden). Der BGH verlangt zu Recht, dass der ZdLeister ein Sicherungssystem verwendet, welches auf Grund aktueller Erkenntnisse praktisch unüberwindbar ist und im konkreten Einzelfall ordnungsgemäß und fehlerfrei arbeitet (BGH NJW 2016, 2024 – Online-Banking: Anscheinsbeweis). Doch ist die Duldung der Überziehung des ZKontos kein begründeter Einwand nach § 254 (BGH WM 2012, 164 – betragsmäßige Begrenzung für Abhebungen am Geldautomaten – Kartenmissbrauch, Überziehung gestattet). Ob der ZdLeister verpflichtet 24 ist, hinreichende Sicherheitsvorkehrungen zur ständigen Überwachung des Geldautomaten anzubringen, erscheint zweifelhaft (aM *Nobbe* in E/F/N/B Rn 113).

25 **7. Haftungsausschluss. Abs IV S 1** stellt sicher, dass der Zahler dann nicht ggü seinem ZdLeister nach den Regeln von Abs I und III auf Ersatz des Schadens haftet, wenn der ZdLeister nicht vom Zahler verlangt, dass dieser zur Durchführung der von ihm ausgehenden ZAufträge eine starke Kundenauthentifizierung verlangt (Nr 1) oder der ZEmpfänger oder sein ZdLeister eine solche nicht akzeptiert (im Einz Staudinger/*Omlor* Rn 38ff). Damit ist im Umkehrschluss klar: Nur dann, wenn der ZdLeister eine solche starke Kundenauthentifizierung verlangt, besteht eine Haftung des ZdNutzers (*Hofmann* BKR 2018, 62, 65). Der zentrale Begriff ist der der **„starken Kundenauthentifizierung"** (ausf BeckOGK/*Hofmann* Rn 93ff). Ihre **Definition** ergibt sich aus Art 4 Nr 30 ZdRL (§ 55 ZAG); sie ist in § 1 XXIV ZAG übernommen. MWv **14.9.2019** (Art 38) gilt sie nach näherer Maßgabe der VO 2018/389, welche in Bezug auf die „starke Kundenauthentifizierung" in § 55 ZAG aufsichtsrechtl umgesetzt ist (MüKo/*Zetzsche* Rn 62). Danach gilt (*Zahrte* NJW 2018, 337, 340; *Werner* WM 2018, 449, 453): Ein solche Kundenauthentifizierung „ist eine Authentifizierung, die so ausgestaltet ist, dass die Vertraulichkeit der Authentifizierungsdaten geschützt ist und die unter Heranziehung von **mindestens zwei** der folgenden, in dem Sinne voneinander unabhängigen Elementen geschieht, dass die Nichterfüllung eines Kriteriums die Zuverlässigkeit der anderen nicht in Frage stellt" (krit zu dieser Übersetzung *Hoffmann* VuR 2016, 243, 249): „1. Kategorie **Wissen** (PIN oder TAN, Passwörter, also etwas, das nur der Nutzer weiß, Staudinger/*Omlor* Rn 30), 2. Kategorie **Besitz** (Karte), also etwas, das nur der Nutzer besitzt (Staudinger/*Omlor* Rn 31), oder 3. Kategorie Inhärenz (zB Fingerabdruck), also etwas, das der Nutzer ist" (Ergänzungen nur hier). In der Sache besagt diese Charakterisierung, dass die technische Überwindung einer der drei Kategorien noch nicht dazu führt, dass damit auch eine andere „enttarnt" ist (*Hoffmann* VuR 2016, 243, 249; Grü/*Grüneberg* Rn 10). In die Kategorie Nr 1 fallen etwa auch wegen der erforderlichen Geheimhaltung/Sicherung nach § 675m I die ZKarte und deren PIN, einschl der Prüfnummer. In die Kategorie Nr 3 fallen allemal die biometrischen Daten, etwa der Fingerabdruck – Inhärenz (*Baumann* GWR 2017, 275, 277; Grü/*Grüneberg*; BeckOGK/*Hofmann* Rn 99ff). In der Sache geht es, wie aus ErwGr 95 ZdRL abzulesen, um die Sicherheit elektronischer Zahlungen; das Betrugsrisiko soll „möglichst weitgehend eingeschränkt" werden (vgl auch *Zahrte* NJW 2018, 337, 340; zum Sicherheitsstandard bei Banken vgl *Frisse/Glaßl/Baranowski* BKR 2018, 177). § 55 I Nr 1 ZAG fordert eine solche **„starke Kundenauthentifizierung"** bei jedem Zugriff auf ein ZKonto (MüKo/Zetzsche Rn 62; BeckOGK/*Hofmann* Rn 93ff), also auch bei einer simplen Abfrage des Kontostandes (*Zahrte* NJW 2018, 337, 340; aM BeckOGK/*Hofmann* Rn 111 – begrenzt auf die zurückliegenden 90 Tage). Besondere **praktische Beachtung** erfährt die „starke Kundenauthentifizierung" nach § 55 I Nr 2 ZAG im Zusammenhang mit dem **Online-Banking**, weil insoweit der ZdLeister eine solche Authentifizierung vom ZdNutzer „verlangen" kann (*Omlor* BKR 2019, 105, 112f; Auslösen eines „elektronischen Zahlungsvorgangs". Erfasst werden damit auch Abhebungen am Geldautomaten mithilfe einer Karte oder Zahlungen an Händlerterminals (BeckOGK/*Hofmann* Rn 114f), aber auch die Fälle des kontaktlosen Bezahlens (NFC-Funktion der Karte – BeckOGK/*Hofmann* Rn 112f; § 675f Rn 129a). Schließlich ist auf die aufsichtsrechtl Regelung von § 55 I Nr 3 ZAG hinzuweisen. Danach kann ein ZdLeister auch dann eine „starke Kundenauthentifizierung" verlangen, wenn der ZdNutzer „über einen **Fernzugang** eine Handlung vornimmt, die das Risiko eines Betrugs im Zahlungsverkehr oder anderen Missbrauchs beinhaltet". Erfasst werden davon Online-Überweisungen (*Zahrte* NJW 2018, 337, 340). Es werden daher nur noch **sms-TAN** verwendet. Bedeutung hat die Regel des Abs IV bei der **missbräuchlichen Verwendung einer Kreditkarte:** Im Präsenzgeschäft ist eine Unterschrift kein personalisiertes Sicherheitsmerkmal, weil sie nie geheim ist; sie taugt daher auch nicht als „starke Kundenauthentifizierung" (Grü/*Grüneberg* Rn 10). Folglich kann eine Haftung des ZdNutzers nur dann eingreifen, wenn die Verwendung einer PIN gefordert wird (*Hofmann* BKR 2018, 62, 65). Ähnl ist es im **Fernabsatz**, da hier die Karte nicht vorgelegt wird, so dass eine starke Kundenauthentifizierung hier auch nicht verlangt werden kann (Element: Besitz – Art 4 I VO 2018/389; BeckOGK/*Hofmann* Rn 122ff).

26 **a) Starke Kundenauthentifizierung nicht verlangt oder nicht akzeptiert.** Wenn nach **Abs IV Nr 1** ein ZdLeister des Zahlers nicht verlangt, dass für die Auslösung eines ZVorgangs eine solche starke Kundenauthentifizierung eingesetzt wird, dann haftet der Zahler nicht (*Omlor* BKR 2019, 105, 112f), vielmehr trägt dann der ZdLeister den gesamten Schaden, der durch einen nicht autorisierten ZVorgang verursacht wird (MüKo/*Zetzsche* Rn 63ff; Grü/*Grüneberg* Rn 11). Umgekehrt: Wenn der ZdLeister des ZEmpfängers oder dieser selbst eine solche starke Kundenauthentifizierung nicht akzeptiert, geht die Schadenshaftung zu seinen Lasten (**Abs IV Nr 2**). Das hat praktische **Auswirkungen**: Mit Recht ist festgestellt worden, dass darin ein **Paradigmenwechsel** liegt, weil nun primär der ZdLeister in die Pflicht – und in die Haftung – genommen ist, für eine „starke Kundenauthentifizierung" bei seinem ZdNutzer zu sorgen und diese auch als Vorbedingung für den Abschluss eines ZdRahmenvertrages anzusehen ist. Nach Abs IV Nr 2 entfällt die Schadensersatzhaftung des Zahlers, wenn der ZEmpfänger oder dessen ZdLeister eine „starke Kundenauthentifizierung" nicht akzeptiert.

27 **b) Handeln in betrügerischer Absicht – Fälschung der Unterschrift. Abs IV S 2** besagt eindeutig, dass die Haftung des ZdLeisters nach S 1 dann nicht eingreift, wenn der Zahler in betrügerischer Absicht gehandelt hat (Rn 20). Weiter bleibt anzumerken, dass bei **Fälschung einer Unterschrift** (Kreditkarte/Überweisung) die Unterschrift als solche – mangels Geheimhaltungsmöglichkeit – kein personalisiertes Sicherheitsmerkmal, wohl aber ein ZInstrument ist (EuGH BKR 2021, 234). Das besagt: Ihre Fälschung kann weder nach Abs I noch nach Abs III eine Haftung des ZdNutzers auslösen, es bleibt bei der Haftung des ZdLeisters (LG Karlsruhe BKR 2019, 151; BeckOGK/*Hofmann* Rn 127). Die Regel des § 675v greift jedoch ein, weil es sich auch bei einer – unter-

schriebenen – Überweisung um den Einsatz eines ZInstruments (EuGH BKR 2021, 234) handelt (aM LG Karlsruhe BKR 2019, 151). Damit ist auch klar: Im **Präsenzgeschäft**, in dem eine Unterschrift bei Nutzung der Karte, nicht aber die PIN verlangt wird, haftet der ZdNutzer unterhalb der Schwelle des Betrugs nicht (MüKo/*Zetzsche* Rn 63). Entscheidend ist, dass in diesen Fällen der ZdLeister des Zahlers eine starke Kundenauthentifizierung nicht fordert. Bei Verwendung der Kreditkarte im Mailverkehr werden inzwischen zwei Merkmale verlangt, zum einen die Eingabe der PIN, zum anderen die Eingabe eines Codes, der die Voraussetzungen einer solchen starken Authentifizierung erfüllt (BeckOGK/*Hofmann* Rn 128).

c) Ersatz des Schadens. Abs IV S 3 regelt den Fall, dass nach Abs IV Nr 2 ein ZdLeister oder der ZEmpfänger aus welchen Gründen auch immer nicht bereit oder auch nicht in der Lage ist, eine „starke Kundenauthentifizierung" zu akzeptieren. In einem solchen Fall ist die betreffende Person verpflichtet, dem ZdLeister den Schaden zu erstatten, der dem Zahler auf Grund eines von ihm nicht autorisierten ZVorgangs entstanden ist. 28

d) Beweislast. Die Anwendungsbereiche von Abs I–IV sind nur dann eröffnet, wenn der ZdLeister den Nachweis angetreten hat, dass das betreffende ZInstrument dem Zahler auch tatsächlich zugegangen, also in seinen Herrschaftsbereich gem § 675m I 1 gelangt ist (AG Berlin BKR 2002, 887; Grü/*Grüneberg* Rn 13). Doch bereitet die Einordnung der Beweislastregeln im Rahmen von **Abs IV** Schwierigkeiten. Es geht darum, wer die Tatsachen vortragen und beweisen muss, die in Nr 1 und Nr 2 als Ausnahmetatbestände angesprochen werden (hierzu auch MüKo/*Zetzsche* Rn 68 – Rückausnahme für Abs IV S 2), dass nämlich eine starke Kundenauthentifizierung bei der Auslösung eines ZVorgangs zum einen vom ZdLeister des Zahlers „nicht verlangt", zum anderen vom ZEmpfänger oder seinem ZdLeister „nicht akzeptiert" worden ist. Mit Recht ist allerdings darauf hingewiesen worden, dass diese beiden Tatbestände nur dem jew **ZdLeister** bekannt sind und daher auch nur von ihm bewiesen werden können (BeckOGK/*Hofmann* Rn 129). Der ZdNutzer trägt daher die Beweislast für die entspr Kenntnis. Daher erscheint es folgerichtig, vom ZdNutzer in beiden Alt von Abs IV zu fordern, dass er als haftungsbegründende Voraussetzung für eine Haftung nach Abs I und III den Nachweis erbringt, dass eine starke Kundenauthentifizierung nicht verwendet wurde (Grü/*Grüneberg* Rn 13; aM BeckOGK/*Hofmann* Rn 129). 29

8. Anzeige – Enthaftung des Zahlers. a) Schadenszeitpunkt. Abs V S 1 beruht auf der Erwägung, dass der ZdNutzer jedenfalls nach einer Anzeige gem § 675l I 2 nicht verpflichtet ist, einen dem ZdLeister – wegen der nachfolgenden Verwendung des ZInstruments – entstandenen Schaden nach Abs I und III zu tragen. Hat nämlich der ZdNutzer diese Obliegenheit zur Anzeige erfüllt (MüKo/*Zetzsche* Rn 69; BeckOGK/*Hofmann* Rn 130), greift die Verpflichtung des ZdLeisters gem § 675m I 1 Nr 4 ein. Es ist dann seine Sache, jede weitere Nutzung des ZInstruments zu verhindern, was idR dadurch geschieht, dass der ZdLeister eine **Sperrung** gem § 675k II Nr 1 oder Nr 2 verfügt (BeckOGK/*Hofmann* Rn 133). Da der Zahler keine weitere Einflussmöglichkeit auf die – unberechtigte – Nutzung des ZInstruments nach Absendung der Anzeige hat, geht das **gesamte Risiko** eines danach entstehenden Schadens uneingeschränkt zulasten des ZdLeisters. Eine **Rückausnahme** (Rn 32) ist jedoch insoweit nach Abs V S 1 zu beachten, als der ZdNutzer in betrügerischer Ansicht gehandelt hat (MüKo/*Zetzsche* Rn 69). IÜ gibt es keinen weiteren kausalen Anknüpfungspunkt, den Zahler an dem entstandenen Schaden zu beteiligen. Für den Zahler hat sich das Risiko entledigt. 30

b) Verpflichtung des Zahlungsdienstleisters nach § 675m I Nr 3. Abs V S 2 stellt im Blick auf eine Nichthaftung des Zahlers nach Abs I und III darauf ab, ob der ZdLeister seine Pflicht nach § 675m I 1 Nr 3 erfüllt hat. Danach muss der ZdLeister durch geeignete Mittel sicherstellen, dass der ZdNutzer **jederzeit** die Möglichkeit hat, eine Anzeige gem § 675l I 2 vorzunehmen. Verletzt der ZdLeister diese Pflicht, folgt aus Abs V S 2 im Rahmen eines alternativ zu verstehenden Haftungsausschlusses, dass auch unter dieser Voraussetzung der Zahler nicht zum Ersatz des Schadens nach Abs I verpflichtet ist. Denn dann hat der ZdLeister dem Zahler pflichtwidrig die Möglichkeit genommen, durch eine Anzeige gem § 675l I 2 das weitere Entstehen eines Schadens – als Folge der unberechtigten Nutzung seines ZInstruments – zu verhindern. Der ZdLeister ist daher auch gem Art 248 § 4 I Nr 5a EGBGB verpflichtet, dem ZdNutzer im Rahmen der **vorvertragl Informationspflichten** anzugeben, in welcher Weise die Anzeigepflicht nach § 675l I 2 zu erfüllen ist. Diese Information schuldet der ZdLeister gem Art 248 § 3 EGBGB in Textform. Soweit ein **Einzelzahlungsvertrag** gem § 675f I vorliegt, ist der ZdLeister gem Art 248 § 13 I 2 EGBGB in gleicher Weise verpflichtet, die entspr Information gem Art 248 § 12 EGBGB in geeigneter Form zur Verfügung zu stellen. 31

c) Handeln in betrügerischer Absicht. Vorbehalten bleibt auch hier gem **Abs V S 3** (hierzu im Einz BeckOGK/*Hofmann* Rn 135ff), dass der Zahler in betrügerischer Absicht gehandelt hat (Rn 18). 32

d) Kausalitätserwägungen. Durch die **Anzeige** nach § 675l I 2 ist die Kausalität zw der ursprüngl Pflichtverletzung des Zahlers und dem Entstehen eines weiteren Schadens unterbrochen. Für die Rechtzeitigkeit der Verlustanzeuge trägt der ZdNutzer die Beweislast (*Jungmann* in L/B/S Rn 35; Grü/*Grüneberg* Rn 13). In der Terminologie von Art 74 III ZdRL führt dies dazu, dass der Zahler „**keine finanziellen Folgen**" trägt (MüKo/*Zetzsche* Rn 70), die aus der nachfolgenden missbräuchlichen Nutzung des ZInstruments resultieren. Ein Rückgriff auf Erwägungen, die sich auf die **haftungsausfüllende Kausalität** beziehen könnten (Vor § 249 Rn 28), ist danach ausdrückl ausgeschlossen. Das Gleiche gilt im Kontext von Abs V S 2. Allerdings ist der in Art 74 III UAbs 2 ZdRL angesprochene Zusammenhang aus der Perspektive des dt Rechts nicht ganz einsichtig (*Langenbucher* in L/B/S Rn 21 – zur aF von Art 64 III ZdRL I). Man wird die Bestimmung in Art 74 III UAbs 2 ZdRL so interpretieren müssen: Wenn der ZdLeister seine Pflicht zur **Sperrung** gem § 675m I 1 Nr 3 nicht erfüllt und daher auch nicht die entspr Voraussetzungen schafft, dann soll der Zahler „nicht für die finanziellen Folgen der Nutzung dieses 33

ZInstruments" einstehen. Folglich kommt es insoweit für etwaige Erwägungen der Kausalität nur darauf an, den Zeitpunkt festzustellen, in welchem der Zahler in der Lage gewesen wäre, seine Anzeigepflicht gem § 675l I 2 ordnungsgemäß zu erfüllen (vgl auch MüKo/*Zetzsche* Rn 70). Ob der Zahler überhaupt die Absicht hatte, eine Anzeige zu tätigen, ist irrelevant. Das **Nichteingreifen** der Haftungssanktion zum Nachteil des Zahlers knüpft ausschließlich an die Pflichtverletzung des ZdLeisters an, ohne dass weitere Erwägungen zur Kausalität oder zu einer alternativen Kausalität angebracht wären. Allein der Tatbestand einer dem ZdLeister zurechenbaren Pflichtverletzung iSv § 675m I 1 Nr 3 reicht aus (so in der Sache auch Grü/*Grüneberg* Rn 6). Aus alledem folgt auch, dass entgegenstehende AGB an § 307 II Nr 1 scheitern (Rn 2; *Nobbe* in E/F/N/B Rn 121; *Langenbucher* in L/B/S Rn 21).

34 **9. Darlegungs- und Beweislast.** Hat der ZdLeister nachgewiesen, dass das ZInstrument gem § 675l I 1 dem Zahler zugegangen ist, in dem dieser daran gem § 446 Besitz ergriffen hat (für den Erhalt der personalisierten Sicherheitsmerkmale kommt es auf deren Zugang nach § 130 an), ist es im Rahmen von **Abs V** Sache des Zahlers, den Nachweis zu führen, dass und zu welchem Zeitpunkt er die Anzeigeobliegenheit gem § 675l I 2 erfüllt oder dass der ZdLeister seinerseits seine Pflicht nach § 675m I 1 Nr 3 nicht erfüllt hat. Ist hingegen die Autorisierung eines ausgeführten ZVorgangs durch Verwendung eines ZInstruments **str**, gilt die **Sonderregel** von § 675w (§ 675w Rn 3ff). Ist allein der ZVorgang str, greift § 676 ein (§ 676 Rn 2).

§ 675w Nachweis der Authentifizierung

Ist die Autorisierung eines ausgeführten Zahlungsvorgangs streitig, hat der Zahlungsdienstleister nachzuweisen, dass eine Authentifizierung erfolgt ist und der Zahlungsvorgang ordnungsgemäß aufgezeichnet, verbucht sowie nicht durch eine Störung beeinträchtigt wurde. Eine Authentifizierung ist erfolgt, wenn der Zahlungsdienstleister die Nutzung eines bestimmten Zahlungsinstruments, einschließlich seiner personalisierten Sicherheitsmerkmale, mit Hilfe eines Verfahrens überprüft hat. Wurde der Zahlungsvorgang mittels eines Zahlungsinstruments ausgelöst, reicht die Aufzeichnung der Nutzung des Zahlungsinstruments einschließlich der Authentifizierung durch den Zahlungsdienstleister und gegebenenfalls einen Zahlungsauslösedienstleister allein nicht notwendigerweise aus, um nachzuweisen, dass der Zahler

1. den Zahlungsvorgang autorisiert,
2. in betrügerischer Absicht gehandelt,
3. eine oder mehrere Pflichten gemäß § 675l Absatz 1 verletzt oder
4. vorsätzlich oder grob fahrlässig gegen eine oder mehrere Bedingungen für die Ausgabe und Nutzung des Zahlungsinstruments verstoßen

hat. Der Zahlungsdienstleister muss unterstützende Beweismittel vorlegen, um Betrug, Vorsatz oder grobe Fahrlässigkeit des Zahlungsdienstnutzers nachzuweisen.

1 **1. Europarechtliche Vorgaben.** Grundlage der Norm ist Art 72 ZdRL. Der Unterschied zu der Vorgängernorm des Art 50 ZdRL I ist im Wesentlichen nur sprachlicher Natur; aus dem „Zahlungsauthentifizierungsinstrument" ist nunmehr ein „Zahlungsinstrument" (**„ZInstrument"**) geworden, was durchgängig zu beachten ist (S 1 und S 2). Bemerkenswert, aber ohne weitere praktische Auswirkung ist, dass Art 72 I ZdRL nicht von „Störung" spricht, sondern davon, dass der ZVorgang „durch eine technische Panne oder einen anderen Mangel des vom ZdLeister erbrachten Dienstes beeinträchtigt wurde". Die Gesetzesbegr hebt insoweit darauf ab, dass nur die dt Übersetzung, nicht aber die anderen Vertragssprachen, in die von der engl Urfassung übersetzt wird, hier einen Unterschied zu der Vorgängernorm des Art 50 ZdRL I machen (BT-Drs 18/11495, 167). Der in S 1 erscheinende Begriff der **„Authentifizierung"** (§ 1 XXVI ZAG) beruht auf der definitorischen Vorgabe von Art 4 Nr 29 ZdRL. Gemeint ist damit ein „Verfahren, mit dessen Hilfe der ZdLeister die Identität eines ZdNutzers oder die berechtigte Verwendung eines bestimmten ZInstruments, einschließlich der Verwendung der personalisierten Sicherheitsmerkmale feststellen kann" (vgl MüKo/*Zetzsche* Rn 1). Das von der Umsetzung der Vorgaben der ZdRL geprägte gesetzl Haftungsregime der §§ 675u–z beherrscht die Szene und verdrängt andere Normen des nationalen Rechts (§ 675z S 1). Kategorisch hält daher § 675z S 1 fest, dass das Haftungsregime gem §§ 675u–675y als **abschließend** zu begreifen ist. In dieses klar umgrenzte, nicht immer leicht nachzuvollziehende Haftungssystem sind die **Beweislastregeln** nach Art 72 ZdRL eingebettet. Ihre **Kernaussage**: Der **ZdLeister** hat innerhalb des **Deckungsverhältnisses** (MüKo/*Zetzsche* Rn 1) die **Darlegungs- und Beweislast** dafür, dass der ZVorgang unter Einsatz eines dem ZdNutzer zugegangenen ZInstruments (Grü/*Grüneberg* Rn 2) **authentifiziert**, ordnungsgemäß aufgezeichnet und auch verbucht ist und dass keine „technischen Pannen oder ein anderer Mangel" – Störung – die Ausführung des ZVorgangs beeinträchtigt haben (MüKo/*Zetzsche* Rn 5; Staudinger/*Omlor* Rn 3). Vorgeschaltet ist selbstverständlich die Darlegungs- und Beweislast für den ZdNutzer, dass er den betr ZAuftrag autorisiert hat (MüKo/*Zetzsche* Rn 1; Staudinger/*Omlor* Rn 3; aM Karlsruhe ZIP 2022, 1966). Der ZdLeister ist dann seinerseits verpflichtet, den Nachweis zu führen, dass eine ordnungsgemäße Autorisierung stattgefunden hat (LG Düsseldorf BKR 2019, 154 Rn 7). Die andere, **zweite Aussage der Norm: Bestreitet** ein **ZdNutzer**, dass er selbst einen ausgeführten ZVorgang autorisiert hat, erschöpft sich die Darlegungs- und Beweislast des ZdLeisters **„nicht notwendigerweise"** darin, dass er die Nutzung des ZInstruments und die Authentifizierung aufgezeichnet hat (Art 72 II ZdRL), um die Haftung unter Berücksichtigung der Einzelheiten in § 675w S 3 Nr 1–4 abzuwenden (hierzu auch *Casper/Pfeifle* WM 2009, 2343, 2346f; *Franck/Massari* WM 2009, 1117, 1126f; *Spindler*, FS Nobbe, 2009, 215, 231ff – jew zu Art 59 II ZdRL I) und so den Nachweis anzutreten, dass der ZdNutzer

seine Sorgfaltspflichten verletzt oder gar betrügerisch gehandelt hat (MüKo/*Zetzsche* Rn 1). Gleichwohl bleibt es im Kern – bezogen auf das **Deckungsverhältnis** (MüKo/*Zetzsche* Rn 3; Grü/*Grüneberg* Rn 2; *Nobbe* in E/F/N/B Rn 6) nach den Vorgaben von Art 72 I und II ZdRL – bei der allg Verteilung der Darlegungs- und Beweislast nach **Gefahren- und Risikobereichen.** Die praktische Kernfrage ist allerdings, ob die bisherigen dt-rechtl Regeln über den **Anscheinsbeweis** aufrechterhalten werden können (umfassend hierzu Staudinger/*Omlor* Rn 8ff), um den Missbrauch des Zahlers bei der Verwendung eines ZInstruments zu begründen (Rn 14). Die Beweisregel des § 675w greift bei Ansprüchen nach § 675v – Haftung des Zahlers bei missbräuchlicher Verwendung eines ZInstruments. Wesentliches Merkmal des § 675w ist es aber auch, dass er **Mindestanforderungen** an die Autorisierung des ZVorgangs festlegt (S 1). Sie sind daher nicht abschließend zu verstehen (MüKo/*Zetzsche* Rn 6). Die hiervon **abzugrenzende Norm des § 676** enthält demggü keine Haftungs-, sondern ebenfalls eine eigenständige und insoweit auch vorrangige **Beweisregel;** sie knüpft daran an, dass str ist, ob ein autorisierter ZVorgang ordnungsgemäß durchgeführt wurde (§ 676 Rn 1ff). Schließlich: Andere ZVorgänge, die nicht mittels eines ZInstruments ausgelöst werden, werden von der Beweisregel des Abs I nicht erfasst (MüKo/*Zetzsche* Rn 3). Daher ist etwa auch der beleglose Überweisungsverkehr nicht Gegenstand dieser Beweisregel (*Langenbucher* in L/B/S Rn 1).

Art 72 I ZdRL ist allerdings insoweit auch in § 676 umgesetzt, als es sich um autorisierte, aber **nicht ordnungsgemäß ausgeführte ZVorgänge** handelt (§ 676 Rn 1). Ob der Zahler einen ZVorgang autorisiert hat, entscheidet sich gem § 675j I danach, ob er hierzu seine Einwilligung bzw seine Genehmigung erteilt hat und die Zustimmung seinem ZdLeister gem § 130 auch zugegangen ist. Denn ein autorisierter ZVorgang wird gem § 675n I 1 ggü dem ZdLeister des Zahlers wirksam, wenn er diesem zugeht (§ 675n Rn 2f) und nicht rechtzeitig vor dem Zugang nach § 675p widerrufen worden ist. Wird der ZVorgang jedoch über einen ZAuslösedienstleister vom **ZEmpfänger** oder über diesen ausgelöst, endet gem § 675p II die Widerruflichkeit für den Zahler dann, wenn er dem ZAuslösedienstleister die Zustimmung zur Ausführung des ZVorgangs oder die Zustimmung zur Ausführung des ZVorgangs an den ZEmpfänger erteilt hat (§ 675p Rn 6ff). IÜ ist § 675w jetzt durch einen S 4 ergänzt worden. IÜ ist die Norm ggü Verbrauchern **halbzwingend,** weil nur zum Vorteil des ZdNutzers von ihr abgewichen werden darf (§ 675e IV). 2

2. Inhalt der Nachweispflicht des Zahlungsdienstleisters. a) Streit über die Autorisierung. Von ihrem Ansatz her bezieht sich die Norm des **S 1** auf alle denkbaren Ansprüche, die der ZdLeister gegen den Zahler aus erbrachten – autorisierten – ZdLeistungen hat. Bezogen auf die **Sphäre** des Zahlers ist eine Autorisierung iSv S 1 dann str, wenn er darlegt, dass entweder eine Autorisierung unter Verwendung eines ZInstruments iSv § 675j I 4 nicht vorlag oder dass er rechtzeitig von seinem Widerrufsrecht im Rahmen von § 675p Gebrauch gemacht hat. Dabei macht es keinen Unterschied, ob der Zahler einen Erstattungsanspruch wegen fehlender Autorisierung nach § 675u geltend macht oder der ZdLeister seinerseits wegen eines von ihm durchgeführten ZVorgangs Erstattung seiner Aufwendungen fordert (Grü/*Grüneberg* Rn 2). Denn auch dies belegt die Existenz eines Streits. Erfasst von § 675w wird daher sowohl der **Schadensersatzanspruch** nach § 675v als auch der in § 675x geregelte **Erstattungsanspruch,** der voraussetzt, dass es sich um einen vom Zahler autorisierten, aber vom oder über den ZEmpfänger ausgelösten ZVorgang handelt (§ 675x Rn 3f), wie etwa bei der Verwendung eines blanko unterzeichneten Slips bei Einsatz der Kreditkarte. Besteht also insoweit Streit über den Tatbestand der ordnungsgemäß durch den Zahler vorgenommenen Autorisierung, liegt – tatsächlich betrachtet – die Vermutung nahe, dass dem ZVorgang eine **missbräuchliche Nutzung** eines ZInstruments zugrunde lag, so dass die **Sonderregel** des S 3 eingreift (Rn 8). Steht hingegen der Tatbestand der Autorisierung fest und ist **nicht strittig,** gilt nicht § 675w, sondern § 676, sofern der ZVorgang nicht ordnungsgemäß vom ZdLeister ausgeführt worden ist. 3

b) Tatsachenvortrag des Zahlungsdienstleisters. aa) Ausgangspunkt. Bei den Merkmalen von **S 1** handelt es sich um **Mindestanforderungen** (BeckOGK/*Hofmann* Rn 17; MüKo/*Zetzsche* Rn 5), welche der ZdLeister erfüllen muss, um eine Autorisierung durch den ZdNutzer nachzuweisen (Soergel/*Werner* Rn 5; *Herresthal* in L/B/S Rn 5) und so seinen Anspruch auf Aufwendungserstattung zu begründen (§ 675c). Voraussetzung für die in S 1 niedergelegte Nachweispflicht des ZdLeisters (§ 675j I 1) ist also, dass der Zahler Tatsachen vorträgt, die geeignet sind, die fehlende Autorisierung eines ausgeführten ZVorgangs zu belegen, ohne dass insoweit ein Vollbeweis nach § 286 ZPO zu verlangen ist. Vielmehr reicht es aus, ist aber auch erforderlich, dass über den Tatbestand einer Autorisierung und damit der jew reklamierten Erstattungs- oder Schadensersatzansprüche Streit besteht, der eine Beweisaufnahme rechtfertigt. Dieser löst dann die **Nachweispflicht des ZdLeisters** aus, dass eine **Authentifizierung** stattgefunden hat, deren Tatbestandsmerkmale sich aus **S 2** ableiten (Rn 5ff). Indessen ist es in der Lit **strittig,** ob der Nachweis der Autorisierung auch auf **andere Weise** geführt werden kann als in Abs I S 1 vorgesehen. Soweit dies bejaht wird (MüKo/*Zetzsche* Rn 6), wird mit überzeugenden Gründen darauf hingewiesen, dass es dem ZdLeister auch gestattet sein muss, auf andere Art schlüssig nachzuweisen, dass der Zahler den ZVorgang autorisiert hat, etwa durch den Nachweis über Zeugenaussagen, weil es in der Sache vor allem darum gehen muss, unbillige Ergebnisse zu vermeiden (BeckOGK/*Hofmann* Rn 18), welche bei einer abschließenden Beschränkung der Nachweise auf die Erfüllung der Voraussetzungen von Abs I S 1 auftreten würden (BeckOGK/*Hofmann* Rn 18; einschränkend Staudinger/*Omlor* § 675v Rn 3). Große praktische Bedeutung hat dieser Streit indessen nicht. Daran ändert auch der neu eingefügte **S 4** nichts, da dieser auf Tatbestände wie **Betrug, Vorsatz oder grobe Fahrlässigkeit** begrenzt ist und den ZdLeister verpflichtet, insoweit **unterstützende Beweismittel** vorzulegen (Rn 20). 4

bb) Nachweis der Authentifizierung. Es ist **Sache des ZdLeisters** nachzuweisen (BeckOK/*Schmalenbach* Rn 5), dass eine Authentifizierung des betreffenden – str – ZVorgangs tatsächlich erfolgt ist. Was darunter zu verstehen 5 ist, ist der Definition in **S 2** zu entnehmen. Diese deckt sich mit den Vorgaben von Art 4 Nr 29 ZdRL. Danach handelt es sich um ein „Verfahren, mit dessen Hilfe der ZdLeister in der Lage ist, die Nutzung eines bestimmten ZInstruments, einschl der Verwendung der entspr personalisierten Sicherheitsmerkmale, zu überprüfen". Es geht also darum, dass der ZdLeister im Rahmen der Authentifizierung nach S 2 ein **Verfahren** einsetzt, welches überprüft, ob eine Autorisierung des jew Zahlers bei Verwendung eines ZInstruments (MüKo/*Zetzsche* Rn 3) vorliegt; ob die Autorisierung in mehreren Prüfschritten oder automatisch direkt erfolgt, ist gleichgültig (BeckOGK/*Hofmann* Rn 20 – zum praktischen Nachweis der Banken). Welches Verfahren der ZdLeister für die durchzuführende Authentifizierung iSv S 2 einsetzt, bleibt seiner organisatorischen Entscheidung vorbehalten (so auch Dresden ZIP 2014, 766, 769). Sichergestellt werden muss lediglich, dass dieses Verfahren auch geeignet ist, die tatsächliche Nutzung eines bestimmten ZInstruments einschl der personalisierten Sicherheitsmerkmale des Zahlers zu verifizieren und damit vor allem Betrugsfälle nachhaltig zu verhindern (vgl ErwGr 69 ZdRL betr die Sicherungspflichten des ZdNutzers).

6 **cc) Nachweise im Einzelnen.** Darüber hinaus bezieht sich die Nachweispflicht des ZdLeisters nach **S 1** darauf, dass er den ZVorgang ordnungsgemäß **aufgezeichnet** hat (BeckOK/*Schmalenbach* Rn 9f; MüKo/*Zetzsche* Rn 7). In welcher Weise dies geschieht, ist gleichgültig, solange die vorgenommene Aufzeichnung hinreichend beweiskräftig, dh **protokolliert** ist. Diese Pflicht bezieht sich in erster Linie auf die Nutzung von Geldautomaten und POS-Kassen (BeckOGK/*Hofmann* Rn 20). Die protokollierten Daten müssen den ZVorgang exakt abbilden (Kartendaten, PIN, Ort, Zeit – MüKo/*Zetzsche* Rn 7; BeckOGK/*Hofmann* Rn 20; Online-Banking: Prüfpflicht des ZdLeisters LG Darmstadt WM 2014, 2323). Ein lückenloses Protokoll stellt sicher, dass es sich nicht um einen Fehler im System handelt, den der ZdLeister zu vertreten hat (MüKo/*Zetzsche* Rn 7). Darüber hinaus muss der ZdLeister nachweisen, dass er den ZVorgang ordnungsgemäß **verbucht** hat. Auch insoweit ist es gleichgültig, ob es sich um eine Gutschrift oder um eine Belastungsbuchung handelt; unerheblich ist schließlich auch, ob der jew ZVorgang auf dem Konto des ZdLeisters, dem des ZEmpfängers oder dem des Zahlers verbucht wurde. Auf die Wertstellung der jew Buchung gem § 675t I kommt es ebenfalls nicht entscheidend an. Der ZdLeister ist schließlich auch verpflichtet nachzuweisen, dass die Ausführung des ZVorgangs nicht durch eine **technische Störung beeinträchtigt** wurde – ein Begriff, den Art 72 I ZdRL umfassender umschreibt, nämlich als eine **„technische Panne oder einen anderen Mangel"**. Es handelt sich insoweit um den Beweis einer negativen Tatsache, so dass der ZdLeister gehalten ist nachzuweisen, dass das EDV-System zu dem fraglichen Zeitpunkt ordnungsgemäß funktioniert hat, weil auch andere, zeitgleich durchgeführte ZVorgänge ordnungsgemäß aufgezeichnet und verbucht worden sind. Denn es geht um die Widerlegung des Tatbestandes einer „Störung", die neben einem Fehler des IT-Systems auch sonstige Mängel umfasst. Dafür sind idR Protokolle und sonstige aussagekräftige Aufzeichnungen heranzuziehen (BeckOGK/*Hofmann* Rn 20). Alle in **S 1 aufgeführten Tatsachen** muss der ZdLeister darlegen und ggf auch beweisen (MüKo/*Zetzsche* Rn 5; Grü/*Grüneberg* Rn 2). Da es sich, wie bereits betont, um Mindestanforderungen nach S 1 handelt, folgt daraus auch: Wenn eines der dort vorgesehenen Merkmale fehlt, hat der ZdLeister seine Beweisführungslast für die ordnungsgemäße Authentifizierung eines ZVorgangs nicht erbracht und scheitert bereits an dieser Hürde (BGH NJW 2016, 2024, 2025; Staudinger/*Omlor* Rn 4f; einschränkend MüKo/*Zetzsche* Rn 5). Diese Schlussfolgerung beruht auf der Erwägung, dass der ZdLeister nach **S 2** die Authentifizierung eines Vorgangs in einem Verfahren überprüft haben muss, wonach das betreffende ZInstrument einschl der personalisierten Sicherheitsmerkmale des Zahlers auch tatsächlich verwendet worden ist. Die **Beweislastregel des S 3** bezieht sich dann erst auf den darauf folgenden Schritt (Rn 11). Wenn eine **Überweisung** durch **Unterzeichnung** des ZdNutzers in Auftrag gegeben wurde, dann trägt der ZdLeister die Darlegungs- und Beweislast, dass diese vom ZdNutzer – Inhaber des ZKontos oder Bevollmächtigter des ZdNutzers – herrührt (Bremen NJW-RR 2021, 1063 Rn 10; Frankfurt NJW-RR 2017, 1329 Rn 13). Das Fälschungsrisiko trägt der ZdLeister (BGH BKR 2021, 240 Rn 19; NJW 2001, 2968). Zu dem Problembereich des **kontaktlosen Zahlens** (NFC) vgl *Linardatos* BKR 2021, 665, 668ff. IÜ auch § 675f Rn 129a.

7 **dd) Einzelfälle.** Zielpunkt dieser idR automatisch erfolgenden Überprüfung (Staudinger/*Omlor* Rn 4) nach **S 1 und auch S 2** muss stets die Antwort auf die Frage sein, ob – formal betrachtet – eine Autorisierung des ZVorgangs durch den berechtigten Zahler vorliegt oder trotz Erfüllung der Mindestanforderungen einer Authentifizierung der Verwendung von ZInstrument und personalisierten Sicherheitsmerkmalen durch den ZdLeister weiterhin str bleibt. Im Einz: Beim **Online-Banking** muss die Kundenkennung (PIN/TAN) (umfassend MüKo-HGB/*Linardatos* Online-Banking Rn K 118ff, vgl auch Rn 232ff), beim Telefon-Banking müssen Geheimzahl und Passwort überprüft werden (LG Darmstadt WM 2014, 2323). Beim Benutzen der **Debit-Karte** sind die Echtheit der Karte und die Angabe der korrekten PIN an Hand der Protokolle (BeckOGK/*Hofmann* Rn 20, vgl auch MüKo-HGB/*Haertlein*, Bankkartenverfahren Rn E 130ff) zu prüfen (Soergel/*Werner* Rn 6); Gleiches gilt bei der **Kartenzahlung** (*Jungmann* in L/B/S Rn 5). Aus den **Protokollen** muss sich in Form eines lückenlosen Belegs auch Zeit und Ort des ZVorgangs ablesen lassen (BeckOGK/*Hofmann* Rn 20). Beim **Präsenzgeschäft** und der Verwendung einer Kreditkarte ist auch die Unterschrift auf dem Beleg zu kontrollieren. Dies hängt damit zusammen, dass nach der hier vertretenen Meinung die persönliche Unterschrift des Zahlers ein personalisiertes Sicherheitsmerkmal ist (§ 675j Rn 7). Im Erg erfasst S 1 abschließend den Nachweis von Vorgängen, die in der Sphäre des ZdLeisters liegen, so dass er die ordnungsgemäße Aufzeichnung, Verbuchung und das Fehlen einer technischen Panne in Bezug auf den str ZVorgang darzulegen und auch zu beweisen hat. Ist er nicht in der Lage, diese Beweise nach § 286 ZPO erfolgreich zu führen, steht aufgrund der Verteilung der Beweislast fest, dass die Autorisierung des ausgeführten ZVorgangs nicht vom Zahler oder von dessen Bevollmächtigten herrührt.

3. Zahlungsinstrument – Beweisvermutung. a) Grundaussage. Ziel und Zweck der Regelung in **S 3** ist es, zu verhindern, dass – ohne weitere Ansehung der Umstände des Einzelfalls – allein aufgrund der Aufzeichnung des eingesetzten ZInstruments, der vom ZdLeister vorgenommenen **Authentifizierung, der Aufzeichnung sowie der Verbuchung des betreffenden ZVorgangs** zugunsten des ZdLeisters der ihm zustehende Aufwendungserstattungs- oder Schadensersatzanspruch ggü dem Zahler als begründet behandelt wird (BT-Drs 16/11643, 114). Schärfer formuliert: Für sich allein genommen reichen also die vom ZdLeister vorgenommene Aufzeichnung der Nutzung eines bestimmten ZInstruments sowie die nach S 2 vorgenommene Authentifizierung nicht aus, einen Anspruch gegen den Zahler auf Erstattung der Aufwendungen durchzusetzen und die Tatumstände im Einz als nachgewiesen zu behandeln, die in S 3 Nr 1–4 vorgesehen sind. Der **Schlüsselbegriff** ist in diesem Zusammenhang, dass die vom ZdLeister nachzuweisenden Tatsachen **„nicht notwendigerweise"** ausreichen, den Zahler in Haftung zu nehmen (hierzu Staudinger/*Omlor* Rn 9; auch BGH NJW 2016, 2024 Rn 23ff). Wenn also der ZdLeister den Nachweis erbracht hat, dass er die Mindestvoraussetzungen für eine ordnungsgemäße Authentifizierung iSv S 1 und S 2 erfüllt hat, dann führt S 3 nicht unbedingt – praktisch im Wege einer unwiderleglichen Vermutung – dazu, dass dann der Zahler eines der in S 3 Nr 1–4 vorgesehenen Tatbestandsmerkmale erfüllt hat, weil insoweit – praktisch nicht mehr abänderbar – zugunsten des ZdLeisters der Beweis des ersten Anscheins eingreift – mit der Folge, dass der ZdNutzer pflichtwidrig gehandelt hat (BGH NJW 2012, 1277 – Abhebung am Geldautomat: keine Kartendoublette, pflichtwidrige Verwahrung der PIN). 8

b) Folgerungen. Die Grundaussage von S 3 ist damit klar: Es ist nicht gestattet, ohne Rücksicht auf die besonderen **Umstände des Einzelfalls** die Haftung des Zahlers wegen eines pflichtwidrigen Verhaltens allein deswegen als begründet anzusehen, weil es dem ZdLeister gelungen ist, die in S 3 vorgesehenen Tatsachen darzulegen und auch zu beweisen. Demzufolge hat auch in diesen Fällen der Zahler die Möglichkeit, substantiiert Tatsachen darzulegen, dass iSv § 675v ein Verlust, ein Diebstahl oder ein sonstiges Abhandenkommen des ZInstruments sowie eine sonstige missbräuchliche Verwendung tatsächlich stattgefunden und den entstandenen Schaden verursacht hat (BT-Drs 16/11643, 114). Insoweit steht dem Zahler uneingeschränkt das Recht zu, eben diese Missbrauchsfälle – und damit eine fehlende Autorisierung des ZVorgangs – darzulegen und zu beweisen (vgl AG Frankfurt MMR 2020, 66 – Prüfung des Transaktionsbelegs bei Abbruch; AG Köln BKR 2020, 48 – Erschütterung des Anscheinsbeweises; kein Anscheinsbeweis Schleswig MMR 2019, 752; LG Düsseldorf BKR 2019, 154 – CEO-Fraud). 9

c) Von S 3 erfasste Fälle. Der Nachweis der Nutzung eines bestimmten ZInstruments sowie die Authentifizierung des einzelnen ZVorgangs (Rn 3) reichen also nach S 3 Nr 1 nicht aus, den Nachweis zu führen, dass der Zahler trotz der Verwendung eines bestimmten, ihm zugewiesenen ZInstruments den ZVorgang tatsächlich auch autorisiert hat (S 3 Nr 1). Soweit kein ZInstrument verwendet wird, hat der dt Gesetzgeber den **Sondertatbestand** von § 676 geschaffen. Die dort niedergelegte Beweislastregel entscheidet dann, wenn der Tatbestand des ZVorgangs als solcher str ist (§ 676 Rn 2). Nach S 3 Nr 2 reicht der Nachweis der Aufzeichnung etc (Rn 8) auch nicht aus nachzuweisen, dass der Zahler in betrügerischer Absicht gehandelt hat (§ 675v Rn 13). Nach S 3 Nr 3 reicht der entspr Nachweis auch nicht dafür aus zu belegen, dass der Zahler eine oder mehrere **Sorgfaltspflichten** gem 675l I 1 oder die **Anzeigepflichten** gem § 675l I 2 verletzt hat. Damit ist der Tatbestand einer verschuldensunabhängigen sowie einer auf den Fahrlässigkeitsvorwurf bezogenen Haftung nach § 675v I angesprochen (§ 675v Rn 6). Der in S 3 Nr 4 behandelte Tatbestand einer vorsätzlichen oder grob fahrlässigen Pflichtverletzung entspricht der Regelung von § 675v III Nr 2 (§ 675v Rn 18f). 10

d) Grundsätze der Beweisführung. Damit stellt sich die Frage, wie die in S 3 – aber auch in S 4 – niedergelegte Beweisregel in der **Praxis** einzusetzen ist (BGH NJW 2016, 2024, 2025; hierzu eingehend *Linardatos* NJW 2017, 2145, 2150; Schleswig MMR 2019, 752; *Grüneberg* WM 2017, 61, 62; aus der instanzgerichtlichen Rspr AG Freudenberg ZIP 2017, 563; Dresden NJW-RR 2014, 824; Düsseldorf NJW 2012, 3381; LG Berlin NJW-RR 2011, 352 – alle Kartenmissbrauch). Zunächst ist darauf hinzuweisen, dass die Interpretation der aus Art 59 PSD I - nunmehr Art 72 II ZdRL - übernommen Formel „nicht notwendigerweise" in **S 3** letztlich **Sache des EuGH** sein wird (*Franck/Massari* WM 2009, 1117, 1127 – Überprüfung auf RL-Konformität, aM MüKo/*Zetzsche* Rn 18; *Grundmann* WM 2009, 1157, 1163). Hinzuzusetzen ist aber, dass – abseits dieser Kontroverse – die Rechtsfigur des Anscheinsbeweises auf europäischer Ebene nicht bekannt ist (*Casper/Pfeifle* WM 2009, 2343, 2347). Entscheidend ist schließlich im Rahmen des nationalen Rechts, dass die Anwendung der Voraussetzungen des Anscheinsbeweises immer Sache des entscheidenden Gerichts sein wird, wobei es maßgebend auf die **Umstände des Einzelfalls** ankommt (*Casper/Pfeifle* WM 2009, 2343, 2347), so dass eine differenzierte Betrachtung vorzunehmen ist. Es kommt stets auf die Ergebnisse der Beweiswürdigung an (Celle MMR 2009, 858 – Nutzung der Karte durch einen Dritten, aber kein Anscheinsbeweis; *Franck/Massari* WM 2009, 1117, 1127). Dennoch anerkennt der BGH in mehreren Urteilen, dass S 3 der Figur eines **dt-rechtl Anscheinsbeweises** entspricht (BGH NJW 2004, 3623; 2007, 593; 2012, 1277; 2016, 2024, 2028; BeckOGK/*Hofmann* Rn 36ff; Staudinger/Omlor Rn 9; restriktiv allerdings – unionsrechtskonforme Konturierung – MüKo/*Zetzsche* Rn 26f). Davon ist auszugehen. Nach eindeutiger Rspr erfordert die Anwendung der Grundsätze eines Anscheinsbeweises, dass ein **allg anerkannter Erfahrungssatz** besteht als eine aus allg Umständen abgeleitete Schlussfolgerung, welche auf den konkreten Sachverhalt auch passt (BGH NJW 2016, 2024, 2027). Diese muss eine **Typik** aufweisen, so dass daraus auf eine bestimmte Ursache wie auch auf einen bestimmten Verlauf geschlossen werden kann (BGH NJW 2004, 3623 – Diebstahl einer Karte und zeitnahe Benutzung gestattet die Folgerung, dass der ZdNutzer die PIN auf einem Zettel notiert 11 und mit der Karte zusammen verwahrt hat). Beides – Ursache wie Verlauf – sind dann maßgeblich für den Eintritt eines bestimmten Erfolges (BGH NJW 2016, 2024, 2028; 2006, 300, 301).

12 **aa) Erweiterungen.** Es geht in **S 3 und S 4** um zwei tatbestandliche Erweiterungen in der Funktionalität des Anscheinsbeweises (*Linardatos* NJW 2017, 2045, 2050): Den einen hat die Rspr des BGH – gerade auch im Blick auf S 3 – herausgearbeitet; der andere ist nunmehr vom Gesetzgeber in **S 4** neu verankert (hierzu MüKo/*Zetzsche* Rn 26). Es geht darum, dass der ZdLeister verpflichtet ist, in bestimmten Fällen des **S 3** (Rn 10) **unterstützende Beweismittel** vorzulegen, um den Nachweis von Betrug, Vorsatz oder grober Fahrlässigkeit des ZdNutzers zu erbringen. Im praktischen **Mittelpunkt** der anzustellenden Erwägungen über die Anwendung des Anscheinsbeweises bei einem autorisierten ZVorgang, der aber str geblieben ist, muss – bezogen auf die Wertung von S 3 und S 4 (BGH NJW 2016, 2024 – smsTAN) – der Befund verankert werden, dass die Anwendung dieser Grundsätze zum Nachteil des ZdNutzers im Einzelfall immer an der Sicherheit des vom ZdLeister konkret eingesetzten technischen Systems hängt (MüKo/*Zetzsche* Rn 19ff; BeckOK/*Schmalenbach* Rn 7ff; Staudinger/*Omlor* Rn 8f). Es geht hier um die jew Sicherheit, dh Manipulationsfestigkeit des Systems. Voraussetzung für die Berufung auf den Anscheinsbeweis zum Nachteil des ZdNutzers ist also nicht nur der vom ZdLeister zu erbringende Nachweis der in S 1 und S 2 aufgeführten Tatbestandsmerkmale, sondern – weitergehend, dass der ZdLeister bei der Nutzung eines ZInstruments durch den Zahler ein Sicherheitssystem einsetzt, dass nach allg praktischer Erfahrung nicht zu überwinden ist und auch im konkreten Einzelfall ebenso ordnungsgemäß auch eingesetzt wurde (BGH NJW 2016, 2024 Rn 19). Damit nimmt der BGH – ohne die Beschränkungen von S 4 aufzugreifen – diese in der Sache vorweg, indem er vom ZdLeister den Nachweis „unterstützender Beweismittel" fordert (*Linardatos* NJW 2017, 2145, 2150). Der **BGH** verwendet insoweit – bezogen auf Fälle des **Online-Bankings** – die Formel: Die allseits bekannte Gefahr des Ausspähens und des Verfälschens von Daten „steht einer gesicherten Lebenserfahrung zur Verlässlichkeit einer Online-Autorisierung dann nicht entgegen, wenn auf Grundlage aktueller Erkenntnisse die allg praktische Unüberwindbarkeit eines konkret eingesetzten Sicherungsverfahrens und dessen Beachtung im konkreten Einzelfall feststehen" (BGH NJW 2016, 2024 Rn 32). Diese zentrale Aussage – als Grundvoraussetzung für die Anwendung der Grundsätze des Anscheinsbeweises (Dresden NJW-RR 2014, 824) – korreliert jedoch in der Praxis mit der ebenfalls als unstreitig anzusehenden Feststellung, dass die **Angriffe**, welche gegen die zu fordernde „Unüberwindbarkeit" des konkret eingesetzten Sicherheitssystems gerichtet sind, immer neue und auch aggressivere Formen annehmen (*Schulte am Hülse/Kraus* MMR 2016, 435ff; betr CEO-Fraud *Zahrte* BKR 2019, 126 – gleichsam „Enkel-Trick" bei Cyberattacken; BGH NJW 2021, 1458 – CEO-Fraud/Faxanweisung; Celle BKR 2021, 114 – CEO-Fraud; LG Karlsruhe BKR 2019, 151; LG Düsseldorf BKR 2019, 154 – gefälschte Faxüberweisung, unterzeichnet von Mitarbeiter). Es ist also ein ständiges Wechselspiel, welches auch in Bezug auf die Anwendung der Regeln des Anscheinsbeweises fallspezifische Fortentwicklungen einschließt (*Hoeren/Kairies* WM 2015, 549ff). Ältere Ergebnisse der Judikatur sind daher oft veraltet und taugen nicht ohne weiteres für die Bewältigung der zahlreichen Missbrauchsfälle im Rahmen von S 3, weil und soweit der BGH mit Recht auf den **„konkreten Einzelfall"** abstellt (BGH NJW 2016, 2024 Rn 28). Deshalb ist zu unterstreichen, dass auch die frühere Rspr des BGH (NJW 2004, 3623) keineswegs für alle Fallkonstellationen, in denen ein ZInstrument eingesetzt wird (umfassend BGH NJW 2016, 2024 Rn 33, die verschiedenen Sicherungssysteme und die dazu geäußerten Meinungen reflektierend), ein einheitliches Schema eines Regel-Ausnahme-Verhältnisses im Rahmen des Anscheinsbeweises begründet, sondern durchaus Raum für eine notwendige, differenzierte Betrachtung lässt (aM *Franck/Massari* WM 2009, 1117, 1127), ob im **Einzelfall** die Voraussetzungen des Anscheinsbeweises anwendbar sind oder nicht. Die bislang in Rspr und Lit berücksichtigten Einzelheiten werden weiter unten dargestellt (**Kreditkarte** Rn 16; *Nobbe* in E/F/N/B Rn 46ff; **Geldautomat** Rn 17; *Nobbe* in E/F/N/B Rn 30ff; **Online-Banking** Rn 18; *Nobbe* in E/F/N/B Rn 49ff). Eine solche aber hat nie einen zwingenden Aussagewert für die zutr Beurteilung neu auftretender Fallkonstellationen. Insoweit kann hier auch nicht mehr geboten werden als die Darlegung der beweisrechtl Grundsätze (Rn 15) und die Voraussetzungen, die der ZdNutzer erfüllen muss (Rn 15), um einen ggf eingreifenden Anscheinsbeweis zu erschüttern.

13 **bb) Ordnungsgemäße Umsetzung.** In Umsetzung der europarechtl Vorgaben des Art 59 PSD I – nunmehr Art 72 II ZdRL (BT-Drs 18/11495, 167f) – weist der **dt Gesetzgeber** die in **S 3** aufgeworfenen Fragen, was im Einz unter der dort verwendeten Formulierung des „nicht notwendigerweise" (Rn 8) zu verstehen sei, der freien Beweiswürdigung der (nationalen) Gerichte iSv § 286 ZPO zu (Bedenken bei MüKo/*Zetzsche* Rn 28 – mit der Fragestellung, ob eine Vorlagepflicht an den EuGH geboten sein könnte; hierzu auch allg *Graf v Westphalen* ZIP 2022, 1907). Es obliegt diesen zu klären, ob – unter Berücksichtigung aller Einzelfallumstände – die Voraussetzungen für einen Anscheinsbeweis vorliegen, und „ggf der Vortrag des ZdNutzers den Anschein einer Autorisierung oder einer Sorgfaltspflichtverletzung erschüttert" hat (BT-Drs 16/11643, 114). Denn nach der bindenden Vorgabe des Art 59 PSD I sowie Art 72 II ZdRL reicht es eben **„allein nicht notwendigerweise aus"**, dass der ZdLeister den Nachweis erbringt, die Aufzeichnung der Nutzung des ZInstruments und der Authentifizierung vorgenommen zu haben, um der Beweislast zu genügen, dass der ZVorgang vom berechtigten ZdNutzer auch tatsächlich vorgenommen wurde. Der nunmehr vom **Gesetzgeber** im Rahmen von § 675w S 3 ins Spiel gebrachte Gedanke zielt darauf ab, dass Sinn und Zweck dieser Norm darin besteht zu verhindern, dass „ohne Ansehung des Einzelfalls allein die Aufzeichnung des Einsatzes eines ZInstruments ausreicht, um einen Aufwendungsersatzanspruch oder einen Schadensersatzanspruch des ZdLeisters zu begründen" (BT-Drs 18/11495, 167). Diese Ansatzpunkte sind für die weitere Klärung, ob die Figur des dt-rechtl Anscheinsbeweises bei Missbrauch eines ZInstruments aufrechterhalten bleiben kann, von Belang (BGH NJW 2016, 2024; BeckOGK/*Hofmann* Rn 35ff).

Gestützt wird dies auch durch ErwGr 33 PSD I, wonach eine umfassende Beweiswürdigung nach den nationalen Regeln der einzelnen Mitgliedstaaten zulässig bleiben soll (mit Recht BGH NJW 2016, 2024 Rn 25). Eine umfassende Prüfung der **Umstände des Einzelfalls** ist daher stets vordringlich geboten (*Hofmann* BKR 2018, 62, 68f). Trotz früher an dieser Stelle geäußerter Bedenken entspricht diese Konzeption den von der Rspr entwickelten Linien eines Anscheinsbeweises. In der Lit und in der instanzgerichtlichen Rspr wird die aufgeworfene Frage allerdings unterschiedlich gesehen (verneinend AG Berlin-Mitte NJW-RR 2010, 407, 409; *Spindler*, FS Nobbe, 2009, 215, 232f). Weit überwiegend wird allerdings – schon vor Erlass des einschlägigen BGH-Urt (BGH NJW 2016, 2024) – die Beibehaltung des Anscheinsbeweises auch iRv § 675w befürwortet (BeckOGK/*Hofmann* Rn 34ff; Grü/*Grüneberg* Rn 4; MüKo/*Zetzsche* Rn 28; *Herresthal* in L/B/S Rn 9ff; Soergel/*Werner* Rn 9; *Nobbe* in E/F/N/B Rn 30ff; Staudinger/*Omlor* Rn 7ff; *Hofmann* BKR 2018, 62, 68f; *Casper/Pfeifle* WM 2009, 2343, 2347f; *Lohmann/Koch* WM 2008, 57, 63; *Grundmann* WM 2009, 1157, 1163; *Nobbe* WM 2011, 961, 967f; *Derleder* NJW 2009, 3195, 3197; aM *Jungmann* in L/B/S Rn 6ff; *Schinkels* in Gebauer/Wiedmann, Zivilrecht unter europäischem Einfluss, 2010, Kap 16 Rn 56; *Scheibengruber* BKR 2010, 15, 21; *Franck/Massari* WM 2009, 1117, 1126). Der mehrheitlich vertretenen Ansicht hat sich auch die **neue BGH-Judikatur** angeschlossen: Der dt-rechtl Anscheinsbeweis bleibt in seinen recht engen Grenzen (Schleswig MMR 2019, 592) anwendbar (BGH NJW 2016, 2024, 2027 Rn 34 – Online-Banking: Verwendung des smsTAN-Verfahrens; insb auch *Hoeren/Kairies* ZBB 2015, 35, 37).

e) Typischer Ablauf – Pflichtverletzung des Zahlungsdienstnutzers. Zu bedenken ist als erstes, dass die von 14 der Rspr anerkannten Grundsätze des Beweises des ersten Anscheins **typologisch** und auch systematisch nur dann eingreifen, wenn ein bestimmter Sachverhalt (etwa Nutzung des ZInstruments durch einen **unbefugten Dritten**, bei Nachweis der Autorisierung und der praktischen Unüberwindbarkeit des Sicherungsverfahrens im konkreten Einzelfall) feststeht, sofern und weil dies nach der **allg Lebenserfahrung** auf eine bestimmte Ursache (Verletzung der Sorgfalts- und Geheimhaltungspflichten etwa der PIN durch den ZdNutzer) schließen lässt (Schleswig NJW-RR 2019, 680) oder auch ein bestimmter Geschehensablauf als für den eingetretenen Erfolg – Verlust der Karte, zeitnahe Abhebung und Belastungsbuchung – ursächlich hinweist (BGH NJW 2016, 2024 Rn 37; 2004, 3623; 2001, 1140, 1141). Dieser Sachverhalt in seiner Typik von der beweisbelasteten Partei – der ZdLeister – nachgewiesen werden (BGH NJW 2016, 2024 Rn 37 – Online-Banking; MMR 2006, 158, 159 – Nachnahmesendung; NJW 2004, 3623, 3624 – Kartenmissbrauch: PIN-Verwahrung). Der Anscheinsbeweis kann allerdings erschüttert werden (BGH NJW 2016, 2024, 2028). Das trifft dann zu, wenn der ZdNutzer Tatsachen darlegt, und diese zur vollen Überzeugung des Gerichts (§ 286 ZPO) beweist (BGH NJW 1953, 584), welche die ernsthafte, ebenfalls in Betracht kommende Möglichkeit einer anderen Ursache nahelegen (BGH NJW 2016, 2024, 2029; 2004, 3623, 3624; 1991, 230, 231). Konkret besagt dies: Der ZdNutzer ist danach nicht verpflichtet, einen „konkreten und erfolgreichen Angriff gegen das Authentifizierungsinstrument zu beweisen“ (BGH NJW 2016, 2024, 2029). Vielmehr kann und muss er sich auf die Darlegung solcher Umstände beschränken, welche gegen eine Autorisierung durch ihn selbst sprechen und gleichzeitig für einen Missbrauch durch einen Dritten (BGH NJW 2016, 2024, 2029). Die Darlegung der **rein theoretischen Möglichkeit** einer unzulänglichen Sicherheit des vom ZdLeister eingesetzten technischen Sicherheitssystems (Verschlüsselung) reicht nicht aus (BGH NJW 2004, 3623, 3625); substantiierter Sachvortrag ist erforderlich; im Bestreitensfall ist der Nachweis geschuldet (BGH NJW 2016, 2024 Rn 48). Da es dem ZdNutzer regelmäßig nicht möglich und auch nicht zumutbar ist, das technische Sicherheitskonzept des ZdLeisters durch Angabe konkreter Tatsachen ernsthaft als überwindbar in Frage zu stellen, wird es in der Praxis regelmäßig darauf ankommen, die sog **sekundäre Darlegungslast** ins Visier zu nehmen (LG Kiel BKR 2018, 485). Der ZdLeister muss sich im Rahmen seiner Erklärungspflichten (§ 138 II ZPO) zu den (mehr oder weniger allg) Behauptungen des ZdNutzers konkret äußern, weil es ihm zumutbar ist, zu den Einzelheiten des technischen Sicherheitskonzepts Stellung zu nehmen (BGH NJW 2016, 2024; 2004, 3623, 3625f). Denn erst durch diese Darlegungen wird der beweispflichtige ZdNutzer in die Lage versetzt, seine Darlegungen und Beweisantritte entspr zu konkretisieren und sich bemühen, den Anscheinsbeweis zu erschüttern.

aa) Gegenbeweis des Zahlers. Es steht bei Anwendung der Regeln des Anscheinsbeweises dem Zahler offen, den 15 Gegenbeweis zu führen (BeckOGK/*Hofmann* Rn 46ff) und die Typizität des im Anscheinsbeweis liegenden Geschehensablaufs zu erschüttern. Er kann also den Nachweis antreten, dass er die Autorisierung selbst nicht vorgenommen hat und dass er auch – Stichwort: ordnungsgemäße Verwahrung der Karte und der PIN – deren missbräuchliche Verwendung nicht verursacht hat. In der Sache geht es also um den Nachweis eines atypischen Geschehensablaufs; dieser muss als **alternativer Geschehensablauf** ernsthaft in Betracht kommen (BGH NJW 2016, 2024, 2029). Dies trifft etwa dann zu, wenn ein **Ausspähen** der PIN nachgewiesen werden kann, ohne dass dies auf einem Verschulden des ZdNutzers beruht (BeckOGK/*Hofmann* Rn 48ff), aber auch dann, wenn bei der Eingabe von Karte und zutreffender PIN – durch einen Dritten – zuvor die Karte entwendet wurde und der berechtigte Karteninhaber die Karte nebst PIN zuvor an einem Geldausgabeautomaten oder bei einer POS-Stelle verwendet hat, sie ihm aber dort gestohlen wurde (BGH NJW 2004, 3623).). In der Praxis bedeutsam sind die Fälle, in denen der Zahler einwendet, das vom ZdLeister eingesetzte **Sicherheitssystem** sei – entgegen den Forderungen der Rspr (BGH NJW 2016, 2024) – eben doch nicht technisch so ausgereift, dass es praktisch nicht überwindbar sei (BeckOGK/*Hofmann* Rn 51ff). Die einfache Behauptung des Zahlers, seine PIN sei abstrakt berechenbar und könne deswegen bei Nutzung der Karte auch eingesetzt werden, dürfte kaum ausreichen, den Anscheinsbeweis ernsthaft zu erschüttern. Vielmehr geht der BGH offenbar den Weg (BGH NJW 2012, 1277, 1279 Rn 37): Wenn feststeht, dass die Originalkarte, nicht aber eine Doublette eingesetzt wurde, ist zu klären, ob das vom ZdLeister – Betreiber eines Geldautomaten – eingesetzte **technische Sicherheitssystem** derart ist, dass es als unüberwindlich anzusehen ist (BeckOGK/*Hofmann* Rn 52), weil dieser Nachweis Voraussetzung für die Anwendung des Anscheinsbeweises ist (MüKo/*Zetzsche* Rn 38). Dabei kommt es immer auf den **neuesten Stand der Technik** und der damit verbundenen Sicherheitserfahrungen des ZdLeisters an (MüKo/*Zetzsche* Rn 38). Inwieweit hier die **sekundäre Darlegungslast** des ZdLeisters deswegen eingeschränkt ist, weil seine eigenen **Sicherheitsinteressen** – Betriebsgeheimnisse – in Rede stehen, ist abhängig vom Einzelfall und einer danach vorzunehmenden Abwägung der Interessen beider Parteien an der Erfüllung der ihnen obliegenden Beweisführungslast. Auch reicht es nicht aus, wenn der Zahler lediglich – unsubstantiiert – behauptet, dass die Abwehrmaßnahmen zur Verhinderung von Hackerangriffen bei dem von dem ZdLeister verwendeten Sicherheitssystem unzureichend sind (Sachverständigengutachten – BGH NJW 2004, 3623, 3625). Ob die Schilderung von größeren Internetattacken auf die IT-System der ZdLeister ausreichen, den Anscheinsbeweis zu erschüttern (vgl Beck-OGK/*Hofmann* Rn 52), dürfte zweifelhaft sein. Denn insofern fehlt der konkrete Bezug auf den streitigen Lebenssachverhalt, dh auf das IT-System des betreffenden ZdLeisters (vgl Frankfurt WM 2009, 1602, 1604). Die Erörterung rein theoretischer Möglichkeiten reicht beweisrechtl nicht aus.

16 **bb) Einzelheiten: Kreditkartenmissbrauch.** Nach der Rspr des BGH greift der **Anscheinsbeweis** nur dann bei einem möglichen und vom ZdNutzer behaupteten Kartenmissbrauch ein (Staudinger/*Omlor* Rn 20ff, MüKo-HGB/*Haertlein* Rn E 51ff; *Herresthal* in L/B/S Rn 9ff), wenn neben der PIN auch die **Originalkarte** verwendet wurde (BGH WM 2012, 164; hierzu auch *Günther* WM 2013, 496). Zudem kommt es darauf an, ob der Karteninhaber die Karte und die PIN **getrennt aufbewahrt** hat (BGH WM 2011, 924; AG Köln BKR 2020, 48 Rn 11ff; Hamm WM 1997, 1711 – Zurücklassen der Karte in einer Aktentasche – kein Publikumsverkehr in dem Bürotrakt). Der ZdNutzer ist nämlich von sich aus nicht oder nur unter kaum zu bewältigenden Voraussetzungen in der Lage, etwa vorhandene Sicherheitslücken im technischen System des ZdLeisters darzulegen (vgl *Gößmann/Bredenkamp*, FS Nobbe, 2009, 93, 107ff; MüKo/*Zetzsche* Rn 31f). Es gehört zu dem vom ZdLeister zu erbringenden Vollbeweis im Rahmen der **sekundären Darlegungslast**, dass das konkret im Einzelfall eingesetzte Sicherungssystem – gerade auch im Blick auf immer raffinierter Angriffsmethoden – als praktisch unüberwindbar zu bezeichnen ist (BGH NJW 2016, 2024). Die Legitimation für die Anwendung des Beweises des ersten Anscheins liegt allemal in der Sicherheit des technischen Systems des ZdLeisters im konkreten Einzelfall (BGH NJW 2016, 2024, 2027f; hierzu auch *Koch* in Fischer/Klanten, Bankrecht Rn 10.482; aus der instanzgerichtlichen Rspr AG Frankfurt MMR 2020, 66 – keine Beleganforderung bei Abbruch der Transaktion; instruktiv Schleswig MMR 2019, 752 – korrekte Aufzeichnung der Nutzung des ZInstruments und Prüfung der Authentifizierung reichen für die Anwendung des Anscheinsbeweises nicht aus; AG Freudenstadt ZIP 2017, 563 – gegenläufig; Dresden NJW-RR 2014, 824; AG Hamburg ZIP 2013, 1466; Düsseldorf NJW 2012, 3381; LG Berlin NJW-RR 2011, 352). IÜ für weitere Konstellationen Soergel/*Werner* Rn 10ff. Der auch insoweit anzuwendende Anscheinsbeweis kann etwa auch durch die **Parteivernehmung** des ZdNutzers **erschüttert** werden (*Günther* WM 2013, 496; AG Köln NJW-RR 2015, 888).

17 **cc) Einzelheiten – Geldautomat.** Beim Einsatz der **Debit-Karte** am Geldautomaten (hierzu Staudinger/*Omlor* Rn 15ff) spricht der Beweis des ersten Anscheins dafür, dass der ZdNutzer die PIN auf der Karte notiert oder diese zusammen mit der Karte aufbewahrt hat, wenn die zutreffende PIN und auch die Originalkarte eingesetzt worden sind (BGH MMR 2012, 225; 2004, 812; LG Darmstadt WM 2014, 1282; LG Würzburg BKR 2011, 526, 527 – sehr streng; LG Ulm VuR 2012, 105; AG Köln BKR 2020, 48 - Diebstahl – Erschütterung des Anscheinsbeweises). Dieser Ansatz ist auch verfassungsrechtl nicht zu beanstanden (BVerfG NJW 2010, 1129). Dies soll sogar dann gelten, wenn es sich um den missbräuchlichen Einsatz einer EC-Karte handelt, die der ZdNutzer noch nicht erhalten hatte (BVerfG NJW 2010, 1129), was sehr weit geht. Einem Beweisangebot des ZdNutzers, dass er die PIN nicht in dieser Weise aufbewahrt hat, ist nachzugehen (BGH WM 2011, 924, 925). Stellt sich dies als zutr (§ 286 ZPO) heraus, besteht Anlass, das technische Sicherheitssystem des ZdLeisters unter die Lupe zu nehmen (Frankfurt VuR 2010, 386). Sehr weit geht es, wenn es als grob fahrlässig nach § 675v III Nr 2 eingestuft wird, dass sich ein ZdNutzer bei einer abgebrochenen Geldabhebung keinen Transaktionsbeleg ausstellen lässt (AG Frankfurt MMR 2020, 66).

18 **dd) Einzelheiten – Online-Banking.** Soweit hier PIN/TAN etc verwendet werden müssen (umfassend *Hoffmann/Haupert/Freilling* ZHR 2017, 780ff; Staudinger/*Omlor* Rn 24ff; BeckOKG/*Hofmann* Rn 56ff), um einen ZAuftrag abzuwickeln, wird man die von der Rspr für den Bereich des Missbrauchs einer Kreditkarte entwickelte Judikatur (BGH NJW NJW 2016, 2024; 2007, 593; 2004, 3623) nicht unbedingt als einschlägig heranziehen dürfen (abl *Erfurth* WM 2006, 2198, 2204ff; vgl auch *Kind/Werner* CR 2006, 353, 359). Zwar ist auch in diesen Fällen – wie dargelegt (§ 675l Rn 2) – zu erwarten, dass der Zahler die ihm zumutbaren und auch erforderlichen Sicherheitsvorkehrungen trifft, um sich gegen die „Attacken" von **Phishing** bis **Pharming** zu schützen (BGH NJW 2016, 2024 Rn 48; München BeckRS 2022, 36075; Zweibrücken ZIP 2023, 524 – keine Organhaftung; LG Köln BKR 2020, 310 – jew zum „Phishing"; MMR 2008, 259; LG Bonn MMR 2007, 462; AG Freudenstadt ZIP 2017, 563 – Erschütterung des Anscheinsbeweises; LG München VuR 2017, 466 – telefonische Weitergabe der TAN – grobe Fahrlässigkeit; *Zahrte* MMR 2013, 207). Doch die Angriffe sind höchst variantenreich und immer wieder durch neue Methoden verfeinert (*Hoeren/Kairies* WM 2015, 549; *Schulte am Hülse/Kraus* MMR 2016, 435). Deshalb ist zu bedenken, dass die Installation geeigneter und wirksamer Sicherheitsvorkehrungen und vor allem das erforderliche, immer wieder kehrende Updating – abhängig von den Umständen des Einzelfalls – einen normalen Verbraucher durchaus überfordern kann (vgl *Spindler*, FS Nobbe, 2009, 215, 227ff). Zum einen ist daher auch im Blick auf zu aufwändige vom ZdNutzer vorzusehende Sicherheitsvorkehrungen die Sperre der

richterlichen Inhaltskontrolle nach § 307 II Nr 1 oder nach § 307 I 1 zu beachten (vgl *Erfurth* WM 2006, 2198, 2201f), zum anderen steht fest, dass der – gewöhnliche – ZdNutzer idR erst feststellen muss, dass irgendeine „Attacke" (Phishing, Sniffing, Pharming, Malware etc; *Schulte am Hülse/Kraus* MMR 2016, 435; zum CEO-Fraud *Zahrte* BKR 2019, 126 – „Enkeltrick"; LG Düsseldorf BKR 2019, 154; LG Karlsruhe BKR 2019, 151) auf seine Kontodaten oder auf die personalisierten Sicherheitsmerkmale stattfindet, bevor er reagieren kann. Doch der Anwendung der **Grundsätze des Anscheinsbeweises** steht das nicht entgegen (BGH NJW 2016, 2024; Schleswig NJW-RR 2019, 680 Rn 60 – abgelehnt mangels Sachvortrags; *Herresthal* in L/B/S Rn 13ff; *Hoffmann/Haupert/Freilling* ZHR 2017, 780, 793ff – Berücksichtigung der unterschiedlichen Sicherungsverfahren). **Entscheidend** ist: Allein die Aufzeichnung der Nutzung eines ZInstruments sowie die Prüfung der Authentifizierung nach Abs III Nr 4 rechtfertigen noch nicht die Anwendung des Anscheinsbeweises im Blick auf eine **grobe Fahrlässigkeit** des ZdNutzers (BGH NJW 2016, 2024, 2030). Denn es gibt angesichts der Vielzahl der möglichen Attacken **keinen Erfahrungssatz** (so auch die Instanzgerichte LG Düsseldorf BKR 2019, 154, 155: CEO-Fraud: ZdNutzer muss Erteilung des ZAuftrags, ZdLeister Erfüllung und Autorisierung beweisen; LG Karlsruhe BKR 2019, 151 – ZdLeister trägt Fälschungsrisiko – Überweisungsauftrag – CEO-Fraud, hierzu auch *Zahrte* BKR 2019, 126; KG ZIP 2011, 1048, 1050; LG Mannheim BKR 2009, 84, 85 – Verwendung von TAN und PIN – kein Anscheinsbeweis; LG Köln WM 2008, 354, 357 – Phishing – Computerbetrug, Mittelsperson, die das Geld nach Russland überweist; AG München VuR 2017, 466 – telefonische Weitergabe der TAN), der auf ein typisches Fehlverhalten des ZdNutzers – insb auf eine grobe Fahrlässigkeit – hindeutet (BGH NJW 2016, 2024, 2031). Vielmehr ist die Anwendung dieser Grundsätze davon abhängig, dass auch der ZdNutzer als Kläger dazu – notfalls mit Hilfe eines Sachverständigen – vorträgt, dass im Zeitpunkt der Autorisierung das aktuell verwendete Sicherungssystem praktisch unüberwindbar war und dieses auch konkret funktioniert hat (BGH NJW 2016, 2024, 2031). Das trifft dann zu, wenn das Authentifizierungsverfahren von einer Kompromittierung der eingesetzten Geräte nicht berührt wird, der Zugriff eines Dritten auf das System praktisch ausgeschlossen ist, die verwendete TAN an den konkreten ZAuftrag gebunden war und das Verfahren dem ZdNutzer die Überprüfung des ZAuftrags ermöglicht (BGH NJW 2016, 2024, 2027 Rn 35). Es ist dann Sache des ZdNutzers, den Anscheinsbeweis zu erschüttern (AG Freudenstadt ZIP 2017, 563), indem er Tatsachen darlegt und diese ggf auch beweist, dass die ernsthafte, auch in Betracht kommende Möglichkeit einer anderen Ursache nahe liegt (BGH NJW 2016, 2024, 2028). Insoweit kann sich der ZdNutzer auch auf äußere Umstände stützen; er ist nicht gehalten, einen konkreten und erfolgreichen Angriff gegen das verwendete ZInstrument vorzutragen. Dabei kann es allerdings auch so sein, dass der ZdLeister im Rahmen der **sekundären Darlegungslast** verpflichtet ist (neuestens BGH NJW 2023, 781 Rn 24), Tatsachen im Rahmen des Zumutbaren betr das aktuell verwendete Sicherungssystem vorzutragen (BGH NJW 2016, 2024, 2031). Ein Verstoß gegen die dem ZdNutzer auferlegten **Sorgfalts- und Geheimhaltungspflichten** besteht etwa dann, wenn der ZdNutzer seine PIN oder TAN auf telefonische Aufforderung oder aufgrund einer E-Mail herausgibt (LG Köln MMR 2008, 259, 261) oder gar viermal seine PIN durch die Angabe seiner TAN bestätigen soll (LG Berlin MMR 2010, 137). Solche Handlungsweisen begründen allemal den Vorwurf der **Fahrlässigkeit**. Ob sie auch die Voraussetzungen der **groben Fahrlässigkeit** (§ 277) und damit einer weiter reichenden Haftung nach § 675v II und die Anwendung der Regeln des Anscheinsbeweises begründen, ist von der Rspr abgelehnt worden (BGH NJW 2016, 2024, 2030 – Rn 70). Die Einschaltung eines **Sachverständigen** in diesen Fällen ist unerlässlich, weil nur so darüber aussichtsreich gestritten werden kann, ob das vom ZdLeister eingesetzte Sicherungssystem in der Tat praktisch unüberwindbar ist. Auf ein rein **individuelles Fehlverhalten** des ZdNutzers finden die Grundsätze des Anscheinsbeweises – mangels einer Regeltypizität – keine Anwendung (BGH NJW 2016, 2024, 2031). Die **Geheimhaltungsinteressen** des ZdLeisters in Bezug auf das eingesetzte Sicherungssystem und dessen Funktionieren im konkreten Fall sind grds nicht im Rahmen der Beweisführungslast anzuerkennen (BGH NJW 2016, 2024, 2031); das Gericht kann vielmehr die Parteien zur Geheimhaltung nach § 174 III GVG verpflichten (BGH NJW-RR 2016, 606). Aus der Rspr zum **Phishing** sei Folgendes hervorgehoben (hierzu *Köbrich* VuR 2015, 9ff): Derjenige, der sich bereit erklärt, dass auf sein Girokonto Geldbeträge unklarer Herkunft überwiesen werden, damit er diese per Bargeldtransfer ins Ausland überweist, handelt bösgläubig iSv § 819 (Zweibrücken MMR 2010, 346). Wenn Geldbeträge im Wege des Phishings durch Unbefugte transferiert werden, steht dem ZdLeister ein Rückbuchungsrecht zu (Hamburg MMR 2006, 749; LG Bonn MMR 2007, 462). Das gilt allemal bei einer institutsinternen Überweisung (Karlsruhe MMR 2008, 752). Doch führt eine Phishing-Attacke zugunsten des ZdNutzers nicht dazu, die Voraussetzungen eines Anscheinsbeweises zu bejahen, so dass die schuldhafte Verletzung der Sorgfaltspflichten des ZdNutzers gegeben ist (LG Mannheim MMR 2008, 765; LG Köln MMR 2008, 259; LG Berlin MMR 2010, 137 – Eingabe mehrerer TANs). Es bietet sich i Erg auch an, die hier dargestellten Vorausetzungen für das Eingreifen bzw das Nichteingreifen eines Anscheinsbeweises auf die Fälle auszudehnen, in denen **mobile Zahlungssysteme** verwendet werden (MüKo/*Zetzsche* Rn 41).

f) Grundsätze des Anscheinsbeweises – Relevanz von S 4. aa) Fragestellung. Ausgangspunkt ist die gesetzl Regel, dass der ZdLeister verpflichtet ist, zum Nachweis von Betrug, Vorsatz oder grober Fahrlässigkeit **„unterstützende Beweismittel"** vorzulegen (MüKo/*Zetzsche* Rn 18ff; hierzu auch Frankfurt GRUR-RR 2022, 40). Das wirft die Frage auf, ob unter der Herrschaft des S 4 die bisherigen Regeln der Rspr zum Anscheinsbeweis noch beibehalten werden können (bejahend Frankfurt GRUR-RR 2022, 40 Rn 21; AG Bonn VuR 2022, 142), wie sie in Bezug auf S 3 entwickelt und dargestellt worden sind (Rn 13ff). Die Rspr des BGH geht im Kern davon aus (BGH NJW 2016, 2024 Rn 23), dass die Anwendbarkeit des Anscheinsbeweises davon abhängt, dass der ZdNutzer seine Pflicht zur sicheren Aufbewahrung der personalisierten Sicherheitsmerkmale (PIN/TAN etc) **grob fahrlässig** verletzt hat (BeckOGK/*Hofmann* Rn 71), so dass ein Dritter, der in den Besitz der Originalkarte ge- 19 langt ist, in der Lage war, diese missbräuchlich zu nutzen (BGH NJW 2016, 2024; NJW 2004, 3623, 3625). Diese Beweisführung setzt natürlich voraus, dass der ZdLeister seinerseits den Nachweis einer ordnungsgemäßen Authentifizierung nach S 1 erbracht hat (Frankfurt GRUR-RR 2022, 40 Rn 24 – illustrativ; Bremen NJW-RR 2021, 1063 Rn 24). Unter diesen Voraussetzungen wirft die neue Regel des S 4 die Frage auf, ob bei Vorliegen eines **qualifizierten Verschuldens** iSv S 3 Nr 2 und 4 (Betrug, vorsätzliches oder grob fahrlässiges Verhalten) die zuvor angestellten Überlegungen noch beibehalten werden können oder ob sie deswegen zu modifizieren sind, weil S 4 gebieterisch verlangt, dass der **ZdLeister** in Fällen des S 3 Nr 2 und 4 verpflichtet ist, „unterstützende Beweismittel vorzulegen", um eben diesen qualifizierten Schuldvorwurf ggü dem ZdNutzer nachzuweisen. *Linardatos* (NJW 2017, 2145, 2150) hat darauf hingewiesen, dass die hohen Hürden, welche sich für den Zdleister aus der Erfüllung der Voraussetzungen eines Anscheinsbeweises ergeben, auch dazu führen, die materiell-rechtl Bedingungen von S 4 zu erledigen, wonach es nämlich Sache des ZdLeisters ist, weitergehende Nachweise ggü dem ZdNutzer vorzulegen, wenn der Tatbestand eines qualifizieren Verschuldens des ZdNutzers untermauert werden soll. Denn es geht hierbei darum, das gesetzgeberische Ziel im Auge zu behalten, dass die Basishaftung nach § 675v I – Haftung des ZdLeisters bei missbräuchlicher Nutzung eines ZInstruments – nicht leerläuft. Wenn man diesem Ansatz folgt (BeckOGK/*Hofmann* Rn 71), dann geht es bei der Erfüllung der materiellen Voraussetzungen des S 4 darum, dass der ZdLeister ja stets als **Voraussetzung** für die Anwendbarkeit des Anscheinsbeweises und die somit eingreifende Regel den Nachweis schuldet, dass das von ihm konkret eingesetzte Sicherheitssystem in der Tat praktisch nicht überwindlich ist (BGH NJW 2016, 2024, 2026; Bremen NJW-RR 2021, 1063; Frankfurt GRUR-RR 2022, 40). Ein einfaches Behaupten reicht hier nicht aus (BeckOGK/*Hofmann* Rn 73). Der **dt Gesetzgeber** nimmt indessen diese Frage nicht in den Blick, sondern meint lediglich, dass ZdNutzer berechtigt bleiben, sich bei Diebstahl oder missbräuchlicher Verwendung eines ZInstruments auf eben diese Umstände berufen zu dürfen, ohne sogleich uneingeschränkt nach S 3 der vollen Haftung ausgesetzt zu sein. Vielmehr sei der ZdLeister hier zusätzl beweisrechtl in die Pflicht genommen (BT-Drs 18/11495, 168).

20 **bb) Eigene Erwägungen.** Ob diese Überlegungen wirklich den Sinngehalt von S 4 und damit von **Art 72 II 2 ZdRL** ausschöpfen, erscheint zweifelhaft. Der wesentliche Einwand bezieht sich darauf, dass die vom BGH im Zusammenhang mit der Anwendbarkeit des Anscheinsbeweises geforderte Voraussetzung, dass nämlich der ZdLeister ein umfassend wirksames und auch technisch abgesichertes IT-System nachweisen muss (BGH NJW 2016, 2024, 2026; Frankfurt GRUR-RR 2022, 40; Bremen NJW-RR 2021, 1063; AG Bonn VuR 2022, 142), sich an die Adresse des ZdLeisters richtet (BeckOGK/*Hofmann* Rn 73). Doch hat dies mit dem von S 4 geforderten „unterstützenden Beweismitteln", dass auf Seiten des ZdNutzers ein qualifiziertes Verschulden – Betrug, Vorsatz oder grobe Fahrlässigkeit bei dem betreffenden ZVorgang – vorlag, nichts zu tun. Die Beweisanforderung des BGH zielt auf den eigenen Bereich des ZdLeisters, die in S 4 geforderte Beibringung von unterstützenden Beweismitteln aber ist ausschließlich auf die Sphäre des ZdNutzers gerichtet (hierzu auch *Linardatos* NJW 2017, 2145, 2150). Die Zielrichtung beider Argumentationsketten ist also nicht identisch. Daraus folgt: Es reicht nicht aus, dass im Rahmen des Anwendungsbereichs von S 4 lediglich die Grundsätze des Anscheinsbeweises (BGH NJW 2026, 2024) weiterhin beachtet werden. Vielmehr bleibt zu bedenken, dass die Beweisregel des S 3 und des S 4 in enger Verknüpfung zur Haftungsregel des § 675v III stehen, weil unter den Bedingungen von Betrug, Vorsatz oder grober Fahrlässigkeit eine volle Schadensersatzhaftung des Zahlers für die missbräuchliche Verwendung eines ZInstruments eingreift. Diese **Vollhaftung des Zahlers** nach § 675v III gilt aber nicht bei Vorliegen einfacher Fahrlässigkeit, welche einem der Tatbestände des § 675v I – Abhandenkommen, Diebstahl missbräuchliche Verwendung des ZInstruments etc. – zugrunde liegt; hier ist die Haftung des Zahlers auf 50 € limitiert. Beachtet man dies, wird man die weitere Anwendbarkeit des Anscheinsbeweises nur noch differenziert aufrechterhalten können.

21 **cc) Praktische Folgerungen.** Bedenkt man, dass **S 4** eine materiell-rechtl Beweisregel ist, die ausschließlich an den ZdLeister gerichtet ist und auf dem Hintergrund der Haftungsregel des § 675v III gelesen werden muss, dann ergibt sich: Soweit es nur darum geht, den Tatbestand einer **grobfahrlässigen Pflichtverletzung** des ZdNutzers nachzuweisen, kann es uneingeschränkt bei den bisher von der Rspr bereits berücksichtigten Grundsätzen des Anscheinsbeweises sein Bewenden haben (Frankfurt GUR-RR 2022, 40 Rn 21; Bremen NJW-RR 2021, 1063; BGH NJW 2016, 2024). Dabei kommt es auch die in den Online-AGB jew verankerten Pflichten des ZdNutzers an, in welcher Weise er sein ZInstrument sowie die personalisierten Sicherheitsmerkmale ggü einem möglichen Missbrauch schützen muss (*Omlor* BKR 2019, 105, 112f). In den Fällen des S 4 wird man aber i Erg den Gesetzesbefehl nicht missachten dürfen, der allein an die Adresse des ZdLeisters gerichtet ist. Also wird man im Fall des Vorwurfs eines **betrügerischen Verhaltens** des ZdNutzers sowie im Fall einer **vorsätzlichen Pflichtverletzung** den ZdLeister in die Pflicht nehmen müssen, zusätzl – unterstützende – Beweismittel für eben diesen für die Vollhaftung des Zahlers nach § 675v III erheblichen Vorwurf zu erbringen. Denn insoweit reicht die Erfüllung der Nachweispflichten nach S 1 und S 2 – Authentifizierung – nicht aus (Rn 5). Welche Beweismittel dies sein können, lässt sich kaum abschließend sagen. Doch zielt die Regel des S 4 vor allem auf den **Herrschafts- und Organisationsbereich des ZdNutzers** (BeckOGK/*Hofmann* Rn 74), ist also dem ZdLeister von vornherein versperrt, so dass er auch gegen die dt-rechtl Typizität des Beweisrechts verstößt, das ja von dem Grundsatz beherrscht wird, nach Gefahren- und Risikobereichen der streitenden Parteien zu differenzieren. Vermutlich wird dann um die Erfüllung der sekundären Darlegungs- und Beweislast des ZdNutzers gestritten, wenn der ZdLeister Tatbestände des S 4 auf den Tisch legt. Es ist auch denkbar, dass sich die Debatte **in der Praxis erledigt**, weil und soweit die Vollhaftung des Zahlers nach § 675v III ausschließlich auf den Tatbestand der groben Fahrlässig-

keit gestützt wird, weil sich an der bisherigen Rechtslage nichts Entscheidendes ändert. Dies gilt vor allem auch mit Blick auf die Enthaftung des ZdNutzers nach **§ 675v IV**, wenn und soweit der Tatbestand einer **„starken Kundenauthentifizierung"** vorliegt. Daher müssen die ZdLeister auch den Nachweis erbringen, dass eine solche vorlag und auch zum Einsatz gekommen ist (BeckOGK/*Hofmann* Rn 74).

dd) Aufsichtsrechtl Pflichterfüllung – Anscheinsbeweis. Man wird unter dem Eindruck der Änderung der Bestimmungen der §§ 48ff ZAG auf Basis der VO 2018/389 (BeckOGK/*Hofmann* § 675v Rn 93ff) sich der Frage nicht verschließen dürfen, ob die – falltypischen – Voraussetzungen des Anscheinsbeweises, wie sie von der Rspr entwickelt worden sind (BGH NJW 2016, 2024), in der Tat noch den Pulverdampf einer breit angelegten Debatte rechtfertigen (*Hoffmann/Haupert/Freiling* ZHR 2017, 780ff), wenn ZdLeister eine „starke Kundenauthentifizierung" fordern. Dann stellt sich nämlich die Frage, welche Auswirkungen diese Konstellation auf die Berücksichtigung des Anscheinsbeweises entfaltet. Konkret geht es darum, ob die Installation einer „starken Kundenauthentifizierung" dazu führt, dass damit auch das Codewort der „allgemeinen praktischen Unüberwindlichkeit des eingesetzten Sicherungsverfahrens" (BGH NJW 2016, 2024) bereits ausgefüllt ist. Dies wird mit beachtlichen technikbasierten Argumenten in Frage gestellt (*Hoffmann/Haupert/Freiling* ZHR 117, 780, 801f). Treffen diese Bedenken zu, dann wird man uneingeschränkt an den dargestellten Grundsätzen des Anscheinsbeweises auch im Rahmen der Enthaftung des Zahlers nach § 675u IV festhalten müssen. Zum gleichen Resultat gelangt man, wenn man vom Zahler den Nachweis verlangt, dass die Voraussetzungen einer „starken Kundenauthentifizierung" (§ 1 XXIV ZAG) erfüllt worden sind, um sodann den Anscheinsbeweis in Stellung zu bringen (BeckOGK/*Hofmann* Rn 75; *Hofmann* BKR 2018, 62, 68f). 22

4. Anscheinsvollmacht. Nicht zu verwechseln sind die zuvor erörterten Fragen mit derjenigen, ob eine nicht autorisierte Nutzung eines ZInstrument (PIN/TAN) deswegen zu verneinen ist, weil ein **unbefugter Dritter** die Nutzung vorgenommen hat, der berechtigte Nutzer aber hierfür im Rahmen einer Anscheinsvollmacht haftet (hierzu BGH NJW 2016, 2024; § 675v Rn 10; *Omlor* BKR 2019, 105, 109). Dabei vertritt der BGH die Ansicht, dass die Regeln der Anscheinsvollmacht für das Handeln eines nicht vertretungsberechtigten Dritten im Rahmen der als **abschließend zu verstehenden Regeln** des § 675e I sowie des § 675j I 4 und 675u S 1 nicht in Einklang zu bringen sind (BGH NJW 2016, 2024, 2029; 2015, 3093, 3094; aM KG WM 2012, 493, 494). Selbst wenn man dem nicht folgen würde, ist zu bedenken: Auch wenn der ZdNutzer gegen die Sorgfalts- und Geheimhaltungspflichten des § 675l verstoßen hat, ist nicht ohne weiteres davon auszugehen, dass damit gleichzeitig die Voraussetzungen der Anscheinsvollmacht gegeben sind. Dies ist vielmehr grds bei einem nur einmaligen (erstmaligen) Missbrauch abzulehnen (so auch für das Online-Banking BGH NJW 2016, 2024, 2030), weil die Voraussetzungen einer solchen Vollmacht stets eine gewisse Häufigkeit oder doch eine gewisse Dauer voraussetzen (BGH NJW 2007, 987, 988; Grü/*Ellenberger* § 172 Rn 12; *Omlor* BKR 2019, 105, 109). Allein die Verletzung einer Sorgfaltspflicht reicht insoweit nicht aus (Grü/*Ellenberger* § 172 Rn 13). IdR scheitert also die Annahme einer Anscheinsvollmacht an diesen Hürden. 23

§ 675x Erstattungsanspruch bei einem vom oder über den Zahlungsempfänger ausgelösten autorisierten Zahlungsvorgang

(1) Der Zahler hat gegen seinen Zahlungsdienstleister einen Anspruch auf Erstattung eines belasteten Zahlungsbetrags, der auf einem autorisierten, vom oder über den Zahlungsempfänger ausgelösten Zahlungsvorgang beruht, wenn

1. bei der Autorisierung der genaue Betrag nicht angegeben wurde und
2. der Zahlungsbetrag den Betrag übersteigt, den der Zahler entsprechend seinem bisherigen Ausgabeverhalten, den Bedingungen des Zahlungsdiensterahmenvertrags und den jeweiligen Umständen des Einzelfalls hätte erwarten können; mit einem etwaigen Währungsumtausch zusammenhängende Gründe bleiben außer Betracht, wenn der zwischen den Parteien vereinbarte Referenzwechselkurs zugrunde gelegt wurde.

Ist der Zahlungsbetrag einem Zahlungskonto belastet worden, so ist die Gutschrift des Zahlungsbetrags auf diesem Zahlungskonto so vorzunehmen, dass das Wertstellungsdatum spätestens der Geschäftstag der Belastung ist. Auf Verlangen seines Zahlungsdienstleisters hat der Zahler nachzuweisen, dass die Voraussetzungen des Satzes 1 Nummer 1 und 2 erfüllt sind.

(2) Unbeschadet des Absatzes 3 hat der Zahler bei SEPA-Basislastschriften und SEPA-Firmenlastschriften ohne Angabe von Gründen auch dann einen Anspruch auf Erstattung gegen seinen Zahlungsdienstleister, wenn die Voraussetzungen für eine Erstattung nach Absatz 1 nicht erfüllt sind.

(3) Der Zahler kann mit seinem Zahlungsdienstleister vereinbaren, dass er keinen Anspruch auf Erstattung hat, wenn er seine Zustimmung zur Ausführung des Zahlungsvorgangs direkt seinem Zahlungsdienstleister erteilt hat und er, sofern vereinbart, über den anstehenden Zahlungsvorgang mindestens vier Wochen vor dem Fälligkeitstermin vom Zahlungsdienstleister oder vom Zahlungsempfänger unterrichtet wurde.

(4) Ein Anspruch des Zahlers auf Erstattung ist ausgeschlossen, wenn er ihn nicht innerhalb von acht Wochen ab dem Zeitpunkt der Belastung des betreffenden Zahlungsbetrags gegenüber seinem Zahlungsdienstleister geltend macht.

(5) Der Zahlungsdienstleister ist verpflichtet, innerhalb von zehn Geschäftstagen nach Zugang eines Erstattungsverlangens entweder den vollständigen Betrag des Zahlungsvorgangs zu erstatten oder dem Zahler die Gründe für die Ablehnung der Erstattung mitzuteilen. Im Fall der Ablehnung hat der Zahlungsdienstleister auf die Beschwerdemöglichkeiten gemäß den §§ 60 bis 62 des Zahlungsdiensteaufsichtsgesetzes und auf die Möglichkeit, eine Schlichtungsstelle gemäß § 14 des Unterlassungsklagengesetzes anzurufen, hinzuweisen. Das Recht des Zahlungsdienstleisters, eine innerhalb der Frist nach Absatz 4 geltend gemachte Erstattung abzulehnen, erstreckt sich nicht auf den Fall nach Absatz 2.

(6) Wenn ein Fall des § 675d Absatz 6 Satz 1 Nummer 1 Buchstabe b vorliegt,

1. **ist § 675x Absatz 1 auf die innerhalb des Europäischen Wirtschaftsraums getätigten Bestandteile des Zahlungsvorgangs nicht anzuwenden und**
2. **kann von § 675x Absatz 2 bis 5 für die innerhalb des Europäischen Wirtschaftsraums getätigten Bestandteile des Zahlungsvorgangs abgewichen werden.**

1 **1. Europarechtliche Vorgaben.** Mit § 675x hat der Gesetzgeber die Vorgaben von Art 76 und 77 ZdRL umgesetzt. Der Anwendungsbereich ist dadurch bestimmt, dass es sich hier lediglich um solche ZVorgänge handelt, die auf die „Erstattung eines von einem oder über einen **ZEmpfänger** ausgelösten ZVorgangs" bezogen sind. Erfasst werden daher in Abs I **„Pull"-Zahlungen** (BT-Drs 18/11495, 168; BeckOKG/*v Olshausen* Rn 3; MüKo/*Zetzsche* Rn 1; EBJS/*Keßler* Rn 3; Staudinger/*Omlor* Rn 6; *Einsele* WM 2015, 1125ff). Die Erstattung bezieht sich hier stets auf einen autorisierten ZVorgang, und zwar entweder auf die Autorisierung des ZEmpfängers oder einen über diesen ausgelösten ZVorgang. Doch hat in diesen Fällen der Zahler den ZVorgang bereits in Gang gesetzt, überlässt es aber dem ZEmpfänger, diesen – auch durch Ausfüllen des jew Geldbetrages – auszulösen (Grü/*Grüneberg* Rn 1). Der Anspruch richtet sich stets gegen den ZdLeister des Zahlers (BT-Drs 18/11495, 168). Auf Überweisungen ist diese Norm – genauso wie ihre Vorgängernorm – nicht anwendbar (BT-Drs 16/11643, 102). IÜ ist Abs I S 2 **neu gefasst**, weil dort Art 76 I UAbs 3 ZdRL umgesetzt worden ist (BT-Drs 18/11495, 169). Zu erstatten ist nämlich der vollständige Betrag, wobei die Wertstellung (S 2) auf das Datum der Belastung des ZKontos bezogen wird. Hat der Zahler den ZAuftrag – und damit auch den ZVorgang – nicht autorisiert, richtet sich sein Haftungsanspruch gegen den ZdLeister, weil dieser keinen Erstattungsanspruch nach § 675u hat. Darauf hinzuweisen ist auch, dass § 675y den Fall eines dem Zahler zustehenden Erstattungsanspruchs regelt, wenn es sich um einen vom ZdLeister nicht oder nicht ordnungsgemäß ausgeführten ZAuftrag handelt. Demggü zielt der Erstattungsanspruch des § 675x I darauf ab, den Zahler – trotz eines von ihm autorisierten ZAuftrags – davor zu schützen, dass der konkrete ZBetrag von seinen **berechtigten Erwartungen** abweicht (MüKo/*Zetzsche* Rn 1); doch darf der ZBetrag in diesem Fall nicht konkretisiert sein. Der in Abs I erfasste **Erstattungsanspruch** – er ist kein auf Ersatz eines Schadens gerichteter Haftungsanspruch (MüKo/*Zetzsche* Rn 1) – beschränkt sich auf das **Deckungsverhältnis** zw Zahler und seinem ZdLeister als ein **eigenständiger schuldrechtl Anspruch** (Staudinger/*Omlor* Rn 7). Der in Abs II geregelte – gesetzl – Erstattungsanspruch (Staudinger/*Omlor* Rn 11) erfasst die im Rahmen einer **SEPA-Lastschrift** (BGH NJW 2010, 3510 Rn 20 – Erstattungsanspruch als eigenständiger Anspruch, als aktives Gegenrecht) geltenden Regeln (MüKo/*Zetzsche* Rn 4f) und vor allem auch die in Abs III angesprochene Vereinbarung, dass der Zahler vom ZEmpfänger oder von seinem ZdLeister mindestens vier Wochen im Voraus von dem vorab zu valutierenden Geldbetrag informiert wird, der sich auf die Lastschrift bezieht.

2 In Weiterführung des Grundgedankens von Art 76 regelt Art 77 I ZdRL – vgl Abs IV – die **Frist** von acht Wochen, innerhalb derer der Zahler agieren muss, um einen Erstattungsanspruch geltend zu machen. Nach Abs V hat dann der ZdLeister eine Frist von zehn Geschäftstagen nach Zugang eines solchen Erstattungsbegehrens, um entweder den vollständigen Betrag des ZVorgangs zu erstatten oder das Erstattungsverlangen abzulehnen. Bedenken gegen die zutr Umsetzung von Art 76 und 77 ZdRL bestehen nicht. **Nicht geregelt** in § 675x ist zum einen das **Valutaverhältnis** zw Zahler und ZEmpfänger (Grü/*Grüneberg* Rn 1) sowie das **Inkassoverhältnis** zw dem ZEmpfänger und seinem ZdLeister (BeckOGK/*v Olshausen* Rn 5; hierzu auch MüKo/*Zetzsche* Rn 38ff – betr Rückabwicklung im Inkasso- sowie Interbankenverhältnis).

3 **2. Erstattungsanspruch – autorisierter Zahlungsvorgang. a) Voraussetzung. aa) Praktischer Anwendungsbereich.** Der in **Abs I** verankerte Erstattungsanspruch des Zahlers ist gegen seinen ZdLeister gerichtet (vgl auch BGH NJW 2010, 3510, 3512). Er zielt auf Rückerstattung des belasteten ZBetrags, sofern – und dies ist entscheidend – der zugrunde liegende ZVorgang vom Zahler autorisiert, aber vom oder über den ZEmpfänger erst – auch in Bezug auf den konkret angegebenen Geldbetrag (Abs I Nr 1) – ausgelöst wurde (MüKo/*Zetzsche* Rn 6; Grü/*Grüneberg* Rn 2). Der Zahler muss nach § 675j I 2 in den ZVorgang eingewilligt haben. Dogmatisch wird dieser Anspruch als ein **verhaltener Anspruch** eingeordnet, weil er davon abhängt, dass der Zahler ihn auch tatsächlich geltend macht (BeckOGK/*v Olshausen* Rn 7). Näher liegend scheint es jedoch, diesen Anspruch auf Erstattung als ex-tunc-Beseitigung der ursprüngl Autorisierung zu begreifen (hierzu *Einsele* WM 2015, 1125, 1126, 1128, 1131). Praktisch ist die Bedeutung dieser Frage jedoch vernachlässigenswert. Für den Verbraucher ist dieser Anspruch nach Abs I **zwingend** (BeckOK/*Schmalenbach* Rn 5), für den Unternehmer nicht (§ 675e IV). Erfasst werden von Abs I vor allem solche ZVorgänge, die auf einem ZAuftrag beruhen, bei dem der Zahler – im Zeitpunkt der Autorisierung – noch nicht in der Lage war, den konkreten Geldbetrag (Abs I Nr 1) tatsächlich anzugeben und damit konkret zum Gegenstand seiner (pauschalen) Autorisierung zu machen (MüKo/*Zetzsche* Rn 13ff, Staudinger/*Omlor* Rn 9) – vorausgesetzt, dieser Betrag ist dann tatsächlich höher als der Betrag, den der Zahler iSv Abs I Nr 2 „hätte erwarten können" (BT-Drs 16/11643, 115). Es geht also um eine Blankettautorisierung des Zahlers. Das betrifft vor allem **Kreditkartenzahlung** (MüKo/*Zetzsche* Rn 10; § 675f Rn 99ff). Im praktischen

Mittelpunkt stehen also **pauschale Autorisierungen** etwa bei Hotel- und Mietwagenbuchungen (BT-Drs 16/11643, 115), welche wider Erwarten höher ausfallen als berechtigterweise zuvor – bei der Autorisierung – vom Zahler angenommen. Ist der zu zahlende Betrag tatsächlich angeführt, ist für die Berücksichtigung von Abs I kein Platz (BeckOGK/*v Olshausen* Rn 14ff). In Rede steht hier immer nur das **Deckungsverhältnis** zw Zahler und seinem ZdLeister, weil der Erstattungsanspruch – wenn er besteht (Rn 4) – gegen diesen in Form eines Rückerstattungsanspruchs gerichtet ist (BeckOK/*Schmalenbach* Rn 3). Es handelt sich um einen selbständigen ZVorgang (*Bitter* WM 2010, 1725, 1731), der auf Erstattung der **Belastungsbuchung** beim Zahler gerichtet ist. Er ist daher – das gebietet **Abs I S 2** – valutarisch **taggenau rückabzuwickeln** (BGH NJW 2022, 2619; *Ellenberger* in E/F/N/B Rn 8; BeckOK/*Schmalenbach* Rn 3; aM BT-Drs 16/11643, 115). Diese Einordnung beruht im Verhältnis zw S 1 und der Wertstellung nach S 2 darauf, dass der Erstattungsanspruch nach Abs I ex tunc-Wirkung entfaltet (*Einsele* WM 2015, 1125, 1131). Findet eine Rückerstattung vom ZdLeister an den Zahler statt, spricht Einiges dafür, dass dieser ZdLeister auf seinem Regressanspruch sitzen bleibt, weil insoweit Abs I S 1 Nr 1 und 2 das Risiko ausschließlich dem ZdLeister des Zahlers zuweist.

bb) Autorisierung. Nach Abs I S 1 Nr 1 muss eine Autorisierung des ZVorgangs **ohne genauee Betragsangabe** durch den Zahler vorliegen (MüKo/*Zetzsche* Rn 13ff – Blankettautorisierung). Fehlt sie, ist nicht diese Bestimmung, sondern ausschließlich § 675u S 1 im Blick auf die Haftung des ZdLeisters anwendbar: Mangels einer Autorisierung hat der ZdLeister des Zahlers jedenfalls keinen Anspruch auf Erstattung seiner Aufwendungen (§ 675u Rn 4; BeckOGK/*v Olshausen* Rn 9), und zwar auch dann nicht, wenn das ZKonto des Zahlers bereits mit dem ZBetrag **belastet** worden ist (vgl § 675u Rn 9). Demzufolge setzt Abs I S 1 Nr 1 eine Autorisierung des Zahlers iSv § 675j I voraus, aber der genaue Zahlenbetrag muss und darf noch nicht angegeben sein (BeckOK/*Schmalenbach* Rn 6). Klassischer Anwendungsfall Kartenzahlung: Einchecken im Hotel, ein Beleg der Kreditkarte – freilich: (oft) ohne Unterschrift – wird gezogen; der ZBetrag erst später beim Auschecken vom ZEmpfänger eingesetzt und autorisiert. Erfasst wird aber auch das **SEPA-Mandat** für Lastschriften gem **Abs II** (BGH NJW 2010, 3510, 3512; BeckOGK/*v Olshausen* Rn 23f; MüKo/*Zetzsche* Rn 8f). Denn das SEPA-Mandat ist die Vorabautorisierung, aber gleichzeitig auch die an den ZdLeister des Zahlers gerichtete Weisung, die vom ZEmpfänger auf das ZKonto des Zahlers gerichtete Lastschrift einzulösen. Das Erstattungsverlangen des Verbrauchers ist hier voraussetzungslos, weil – wie aus der Norm ersichtlich – Gründe nicht angegeben werden müssen. 4

cc) Übersteigender Zahlungsbetrag – Erwartungshorizont des Zahlers. Kumulativ muss neben Abs I Nr 1 auch die weitere Voraussetzung gem **Abs I S 1 Nr 2** vorliegen. Dies bedeutet im Einz: Bezogen auf den Erwartungshorizont des Zahlers (BT-Drs 16/11643, 115) muss zw dem blanko autorisierten und dem konkret geschuldeten ZBetrag eine erhebliche Diskrepanz liegen. Der in Abs I S 1 Nr 2 niedergelegte Schutz des Zahlers bestimmt sich nämlich anhand **dreier Kriterien**, von deren Vorliegen – es handelt sich um hier einen unbestimmten Rechtsbegriff (EBJS/*Keßler* Rn 5) – dann der Erstattungsanspruch gegen den ZdLeister abhängt: Zunächst ist – erstens – das **bisherige Ausgabeverhalten** des Zahlers die Richtschnur; dieses prägt seinen „Erwartungshorizont" (BT-Drs 16/11643, 115, MüKo/*Zetzsche* Rn 16; Grü/*Grüneberg* Rn 3). Es kommt insoweit nicht entscheidend darauf an, ob dieses auch dem ZdLeister bekannt ist (BeckOGK/*v Olshausen* Rn 14; Grü/*Grüneberg* Rn 3). Doch ist die Erwartungshaltung des Zahlers allemal ein Umstand, der dem ZdLeister versperrt ist (BeckOGK/*v Olshausen* Rn 15). Mit Recht wird daher diese Norm auch als „kaum handhabbar", aber „uneingeschränkt justiziabel" bezeichnet (BeckOGK/*v Olshausen* Rn 15). Sie öffnet zwar die Tür zum Missbrauch, ist aber auch in ihren erwartbaren Folgen hinzunehmen. Auch wird man im Rahmen von Abs I S 1 Nr 2 das **obj Ausgabenverhalten** des Zahlers ggü anderen ZdLeistern beachten müssen, weil es hier um den Schutz des Zahlers geht und darum, dessen „bisheriges Ausgabeverhalten" zur Richtschnur zu machen (BeckOGK/*v Olshausen* Rn 16). Einzuwenden ist auch nicht, dass ein ZdLeister sich grds nicht um das Valutaverhältnis zw den Parteien kümmern darf (Grundsatz formaler Auftragsstrenge). Dieses Tatbestandsmerkmal ist eben schlicht nur obj zu ermitteln, weil diese Frage für den zur Erstattung aufgeforderten ZdLeister jedenfalls anhand der Kontoauszüge des ZdNutzers nachprüfbar ist. Doch ist stets die in Abs I S 3 angesprochene **Darlegungs- und Beweislast** des ZdNutzers (Staudinger/*Omlor* Rn 10) für das Vorliegen der Voraussetzungen von Abs I S 1 Nr 1 und Nr 2 zu beachten (Rn 6, 9), wodurch die Brisanz der angeschnittenen Fragestellungen relativiert werden dürfte (hierzu im Einz MüKo/*Zetzsche* Rn 24ff). Weiterhin sind – zweitens – die **Bedingungen des ZdRahmenvertrags** (einschl Dispositionskreditlinie) zu berücksichtigen (MüKo/*Zetzsche* Rn 18), etwa dann, wenn eine Kontoüberziehung gestattet ist. Bei Kreditkartenzahlungen kommt es hier auf das eingeräumte **Limit** – möglicherweise, falls vorgesehen, auch auf das Tageslimit – an. Darüber hinaus – drittens – sind die jew **Umstände des Einzelfalls** zu berücksichtigen (MüKo/*Zetzsche* Rn 19). Sie sind insb dafür maßgebend, ob der tatsächlich geschuldete ZBetrag oberhalb des „Erwartungshorizonts" des Zahlers liegt. Dies ist gerichtlich uneingeschränkt nachprüfbar (Staudinger/*Omlor* Rn 9). 5

dd) Maßstab. Die Norm des **Abs I S 1 Nr 2** lässt – bezogen auf ihre praktische Anwendung – nicht ohne weiteres erkennen, von welcher **Größenordnung** an tatsächlich der fällig werdende ZBetrag die von der Autorisierung geprägten Erwartungen des Zahlers sowie unter Beachtung der Umstände des Einzelfalls (Grü/*Grüneberg* Rn 3) in dem Maße übersteigt (krit auch MüKo/*Zetzsche* Rn 19), dass ihm ein Erstattungsanspruch zusteht. Auch die Formulierung in Art 76 I lit b ZdRL lässt keine sicheren Rückschlüsse zu, zumal die Textversion mit der dt Norm identisch ist. Ob man insoweit lediglich einen prozentualen Anteil oder einen nominalen Betrag fordern sollte, um den Differenzbetrag zu konkretisieren, ist offen. Dabei wird man auch etwa eingeräumte Dispositionskredite (und Limite bei Kartenzahlungen) im Rahmen des vereinbarten ZdRahmenvertrages in Ansatz brin- 6 gen müssen, was die tatsächliche Berechnung noch erheblich schwieriger macht (BeckOGK/*v Olshausen* Rn 16). Denn dann wäre wohl erst dann die Schwelle des Abs I S 1 Nr 2 überschritten, wenn der Zahler erst diesen Betrag als außerhalb seines bisherigen Ausgabenverhaltens liegend monieren kann (BeckOGK/*v Olshausen* Rn 17). Folgende Lösung dürfte sich anbieten: Übersteigt der aktuell geforderte ZBetrag den Durchschnittsbetrag des bisherigen Ausgabeverhaltens (im Vergleich zu den betreffenden vorherigen – vergleichbaren – Geschäften) um mehr als 25 %, dann liegen – vorbehaltlich entgegenstehender Umstände des Einzelfalls sowie der Darlegungspflichten gem Abs I S 3 (Rn 9) – gute Gründe vor, einen Erstattungsanspruch zu bejahen (großzügig MüKo/*Zetzsche* Rn 21 – nur „Exzessgrenze für Extremfälle“). Dies dürfte auch dann gelten, wenn der aktuell geforderte ZBetrag innerhalb des Limits liegt, das der ZdLeister dem Zahler in dem geltenden ZdRahmenvertrag eingeräumt hat, sofern – und dies ist entscheidend – nach Maßgabe des bisherigen Ausgabeverhaltens dieses Limit noch zu keinem Zeitpunkt erreicht, geschweige denn überschritten wurde. Denn dies lässt – freilich unter Berücksichtigung der Umstände des Einzelfalls – darauf schließen, dass der Zahler sein tatsächliches Ausgabeverhalten in überschaubare Bahnen lenkt. Doch selbst dieser Richtwert von 25 % kann lediglich ein Kriterium sein, welches neben anderen bestimmten Umständen zu berücksichtigen ist. Eingeräumt sei, dieser Schwellenwert ist gegriffen. Aber wenn man darauf abhebt, dass erst die Ausschöpfung der Kreditlinie des ZdRahmenvertrags die Möglichkeit für den Zahler eröffnet, einen Erstattungsanspruch wegen Überschreitens der Limite von Abs I S 1 Nr 2 einzufordern, läuft die Norm weithin leer. Dann sind auch die vom Gesetzgeber gewählten Beispiele – Hotel- und Mietwagenreservierungen und anschließende Belastungen – ebenfalls nur selten wirklich praktisch (BT-Drs 16/11643, 115) und es ist wenig verständlich, warum der europäische Gesetzgeber bei der Schaffung der ZdRL gerade auch die Frage der **Beweislast** in Abs I S 3 neu justiert hat (hierzu auch MüKo/*Zetzsche* Rn 24ff). Denn je höher man die Schwelle nach Abs I S 1 Nr 2 legt, desto weniger relevant werden in der Praxis die jetzt vom Zahler zu erfüllenden Darlegungs- und Beweislastpflichten (Rn 9).

7 **b) Währungsumtausch.** Soweit der aktuell geforderte ZBetrag – wiederum: Blanko-Autorisierung vorausgesetzt – durch einen etwaigen Währungsumtausch und die damit zusammenhängenden Gründe beeinflusst sein sollte, bleiben diese außer Betracht. Dies entspricht den Vorgaben von Art 62 II ZdRL und gilt nur dann nicht, wenn zw ZdLeister und Zahler ein **Referenzwechselkurs** vereinbart wurde. Trifft dies zu, enthält Art 248 § 4 I Nr 3 lit b EGBGB ohnehin eine **vorvertragl Informationspflicht** des ZdLeisters, die in Textform gem Art 248 § 3 EGBGB zu erfüllen ist. Liegt ein Einzelzahlungsvertrag gem § 675f I vor, ergibt sich die gleichlautende vorvertragl Informationspflicht aus Art 248 § 13 I 2 EGBGB; diese Information ist dem ZdNutzer in leicht zugänglicher Form zur Verfügung zu stellen, dh ihm muss die Kenntnisnahme ermöglicht werden. Der Referenzwechselkurs iSv Art 4 Nr 18 ZdRL ist nur der Wechselkurs, der bei jedem Währungsumtausch zugrunde gelegt wird und vom ZdLeister entweder dem Zahlungsnutzer zugänglich gemacht wird oder aus einer öffentlich zugänglichen Quelle stammt (Tageszeitung, Internet etc). Diese Regelung ist nur für EWR-Währungen maßgebend (§ 675d I 2).

8 **c) Umfang des Anspruchs – Wertstellung.** Die Besonderheit des dem Zahler unter dieser Voraussetzung zustehenden Erstattungsanspruchs besteht nach Abs I S 2 darin, dass er darauf gerichtet ist, den **vollständigen Betrag** vom ZdLeister fordern zu können (BT-Drs 16/11643, 115). Der Zahler ist also nicht darauf beschränkt, lediglich die Differenz iS einer Berechnung nach Maßgabe von Abs I S 1 Nr 2 zu beanspruchen. Dies wäre zwar naheliegend, ist aber nicht gewollt. Art 76 I lit b ZdRL stellt vielmehr ausdrückl klar, dass es bei dem Erstattungsanspruch um den „Betrag des ZVorgangs“ geht, dh den Betrag, auf den sich die Blanko-Autorisierung des Zahlers bezieht. Ausdrückl stellt Art 76 I 3 ZdRL fest: „Erstattet wird der vollständige Betrag des ausgeführten ZVorgangs“. Die Erstattung wird in der Weise nach Abs I S 2 vollzogen, dass in ihrer Höhe eine **Wiedergutschrift** auf dem ZKonto des Zahlers – valutarisch neutral – vorzunehmen ist (*Ellenberger* in E/F/N/B Rn 19; Grü/*Grüneberg* Rn 5; MüKo/*Zetzsche* Rn 23; BT-Drs 198/11495, 168). Diese Folgerung rechtfertigt sich aus der Formulierung des Gesetzes, die von „Erstattung eines belasteten Zahlungsbetrags“ spricht. Gleichzeitig stellt Abs I S 2 klar, dass der Anspruch des Zahlers gegen seinen ZdLeister darauf gerichtet ist, dass diese Gutschrift des Zahlungsbetrages in der Weise vorzunehmen ist, dass das Datum der Wertstellung „spätestens“ der Geschäftstag der Belastung ist. Damit ist **Zinsneutralität** zu gewährleisten (MüKo/*Zetzsche* Rn 23).

9 **d) Darlegungslast – Verlangen des Zahlungsdienstleisters.** Vorgeschaltet der Regelung von **Abs I S 3** ist, dass der Zahler seinen Erstattungsanspruch nach Abs I S 1 zunächst einmal geltend zu machen hat (MüKo/*Zetzsche* Rn 24). Dabei muss er in plausibler und für den ZdLeister nachvollziehbarer Weise auch die kumulativ zu wertenden Merkmale von Abs I S 1 Nr 1 und Nr 2 darlegen. An eben diese Tatsache knüpft dann die Norm des **Abs V** an: Innerhalb einer Frist von zehn Geschäftstagen, gerechnet ab Zugang des entspr Erstattungsverlangens, muss sich der ZdLeister darüber klar werden, ob er den Anspruch erfüllt oder ob er ihn ablehnt (Rn 15). Genau in diesem Rahmen kommt die – zusätzl – Regel des Abs I S 3 ins Spiel (hierzu auch MüKo/*Zetzsche* Rn 26). Danach ist der Zahler – freilich: nur auf ausdrückl Verlangen seines ZdLeisters – verpflichtet, die Umstände darzulegen (BeckOGK/*v Olshausen* Rn 21 – außergerichtliche Darlegungs- und Beweislast), aus denen er glaubt, sein Erstattungsverlangen herleiten, dh rechtfertigen zu können. Er muss diese Umstände **nachweisen.** Es kann aus praktischen Gründen offen bleiben, ob es sich hierbei um eine Obliegenheit des Zahlers (BeckOGK/*v Olshausen* Rn 20; MüKo/*Zetzsche* Rn 26) oder um eine außerprozessuale Erklärungspflicht handelt. Sie greift jedenfalls im vorprozessualen Stadium ein (BeckOGK/*v Olshausen* Rn 21). Praktisch kommt es hier darauf an – und dies ist im Kontext von Abs V S 1 zu sehen – dass der ZdLeister das Erstattungsbegehren noch nicht innerhalb der Frist von zehn Geschäftstagen, gerechnet ab Zugang des Erstattungsbegehrens, abgelehnt hat (vgl auch MüKo/*Zetz-*

sche Rn 26). Daher kann sich das Nachbesserungsbegehren des ZdLeisters nach Abs I S 3 – innerhalb der Frist des Abs V geltend gemacht – (BeckOK/*Schmalenbach* Rn 7) auf alle die Tatsachen beziehen, welche Voraussetzungen für die Begründetheit eines Erstattungsanspruchs nach Abs I S 1 Nr 1 und Nr 2 sind. Ausreichend ist es, dass der ZdLeister nachvollziehbar darlegt, dass die ihm bislang vom Zahler präsentierten Gründe für die Geltendmachung eines Erstattungsanspruchs nicht überzeugen. Ob der ZdLeister auch berechtigt ist, ein nach Abs I S 3 maßgebendes Verlangen in seinen **AGB** zu formulieren, könnte zweifelhaft sein (vgl aber BeckOGK/*v Olshausen* Rn 22). Denn es dürfte dann idR an der erforderlichen Transparenz nach § 307 I 2 fehlen, wenn der (unzutreffende) Eindruck entsteht, dass nur ein im Einz vom Zahler begründetes Erstattungsverlangen den Fristbeginn nach Abs V S 1 auslöst. Das **Verfahren** der Erstattung ist in Abs IV (Rn 14f) und Abs V (Rn 16) näher ausgestaltet.

3. Lastschrift. a) Unbedingter Erstattungsanspruch – Basislastschrift. Die Besonderheit der sich auf die 10
Lastschrift beziehenden Regelung von **Abs II** besteht nunmehr darin (MüKo/*Zetzsche* Rn 41ff), dass der europäische Gesetzgeber die Regel des Art 76 I UAbs 4 ZdRL geschaffen und dort vorgesehen hat, dass ein bedingungsloser – gesetzl – Anspruch auf Erstattung – **Refund** – innerhalb einer Frist von acht Wochen (Art 77 ZdRL) besteht (Staudinger/*Omlor* Rn 11ff); dieser besteht neben dem (bisherigen) vertragl Erstattungsanspruch (BT-Drs 18/11495, 169). Praktische Bedeutung hat diese Regelung in Abs II nur für das vom Verbraucher zu nutzenden **SEPA-Basis-Lastschriftverfahren.** Es handelt sich um ein voraussetzungsloses Gegenrecht des Zahlers (BeckOK/*Schmalenbach* Rn 22). Denn für das **SEPA-Firmenlastschriftverfahren** schafft § 675e IV eine Ausnahme, sofern die Parteien, was regelmäßig zutrifft, den Erstattungsanspruch vertragl abbedungen haben. Für das Basis-Lastschriftverfahren bedeutet dies: Der Zahler kann – trotz vorangehender Autorisierung (BeckOGK/*v Olshausen* Rn 26) – einen **bedingungslosen Erstattungsanspruch** gegen seinen ZdLeister geltend machen (Grü/*Grüneberg* Rn 4), wenn die betreffende SEPA-Lastschrift (lautend in €) eingelöst worden ist und zu einer Belastung seines ZKontos geführt hat. Die Wertstellung richtet sich dann nach den Vorgaben von Abs I S 2 (Rn 8). Der hier geregelte Erstattungsanspruch bezieht sich nur auf das Rechtsverhältnis zw dem Zahler und seinem ZdLeister (Grü/*Grüneberg* Rn 1). Damit ist gleichzeitig klar, dass die weiteren Voraussetzungen des Erstattungsanspruchs nach Abs I – das stellt Abs II unmissverständlich klar – nicht erfüllt sein müssen. Festzuhalten ist, dass nach Abs V S 3 die **Ausschlussfrist des Abs IV** für das SEPA-Lastschriftverfahren nicht eingreift, weil der ZdLeister nicht das Recht hat, die Erstattung innerhalb der acht-Wochen-Frist in diesen Fällen abzulehnen (Rn 16). Ob dann der ZdLeister des Zahlers, wenn er den Erstattungsanspruch des Zahlers erfüllt hat, seinerseits Erstattung erhält, richtet sich nach dem Interbankenverhältnis (Grü/*Grüneberg* Vor § 675c Rn 7) sowie nach dem Inkassoverhältnis zw ZEmpfänger/Gläubiger und dessen ZdLeister (Grü/*Grüneberg* Vor 675e Rn 6). Zum Valutaverhältnis Rn 11.

b) Keine Begründungspflicht – Frist. Als ausreichend für die Geltendmachung eines solchen Erstattungs- 11
anspruchs wird man es ansehen dürfen (BT-Drs 18/11495, 169), wenn der Zahler „Widerspruch" einlegt und daher um Rückbuchung der Belastung bittet (im Einz *Einsele* WM 2015, 1125). Abs II verlangt ausdrückl keine Begründungspflicht des Zahlers (MüKo/*Zetsche* Rn 46). Doch bleibt es gleichwohl bei der Frist von acht Wochen (missverständlich BeckOGK/*v Olshausen* Rn 27 betr die Interpretation der Begründung des RegE), welche Abs IV adressiert. Sie rechnet von dem Tag an, an welchem der ZdLeister des Zahlers den betreffenden ZBetrag dem ZKonto des Zahlers belastet. Nicht zur Geltung berufen ist damit auch Abs I S 3, der eine spezielle Begründungspflicht des Zahlers für die Geltendmachung seines Erstattungsverlangens fordert. Gleiches gilt auch für die Frist des Abs V, weil es dem ZdLeister nicht an die Hand gegeben ist, das Erstattungsverlangen des Zahlers abzuweisen. Gem Art 248 § 4 I Nr 5f EGBGB ist der ZdLeister im Rahmen der von ihm zu erfüllenden **vorvertragl Informationspflichten** verpflichtet, die „Bedingungen für die Erstattung" dem Zahler in Textform gem Art 248 § 3 EGBGB mitzuteilen. Die Auswirkungen dieser Regel auf das **Valutaverhältnis** zw Zahler und ZEmpfänger sind erheblich. Erfüllt der ZdLeister des Zahlers dessen Erstattungsanspruch nach Abs II, dann ist im Rahmen des Valutaverhältnisses keine Erfüllung eingetreten; die Lastschriftabrede ist iSv § 364 II gescheitert. Bis zu diesem Zeitpunkt geht allerdings die Rspr davon aus, dass mit der Gutschrift auf dem ZKonto des ZEmpfängers auflösend bedingt Erfüllung eingetreten ist (BGH NJW 2010, 3510; krit allerdings *Hadding* WM 2014, 97). Die darin liegende Belastung des ZEmpfängers wird freilich durch die Acht-Wochen-Frist des Abs IV noch gesteigert. Denn erst nach Ablauf von acht Wochen, gerechnet ab dem Zeitpunkt der Belastung des ZBetrags auf dem ZKonto des Zahlers, ist der Erstattungsanspruch tatsächlich **ausgeschlossen** und abschließend auch Erfüllung nach § 362 eingetreten (krit hierzu wegen einer angeblichen Fiktion des Parteiwillens auch BeckOGK/*v Olshausen* Rn 69f).

4. Abbedingung des Erstattungsanspruchs – Abs III. a) Genese. Abs III dient der Umsetzung von Art 76 III 12
ZdRL. Der vertragl vereinbarte Ausschluss des Erstattungsanspruchs ist zunächst davon abhängig, dass der Zahler seine Zustimmung zur Durchführung des ZVorgangs **unmittelbar** ggü seinem ZdLeister erklärt hat. Eine solche Vereinbarung muss Gegenstand des ZdRahmenvertrags iSv § 675f II sein (Art 76 III ZdRL). Gegenständlich bezieht sich die in Abs III Gesetz gewordene Regelung auf das SEPA-Firmenlastschriftverfahren (BeckOGK/*v Olshausen* Rn 36). Dass dieses Verfahren nicht auf Abs III angewiesen ist, weil vertragl Abreden nach § 675e IV zw Unternehmen auch und gerade im Blick auf die Abbedingung von § 675x zulässig sind, sei der Vollständigkeit halber unterstrichen. Abs III bezieht sich jedoch nicht auf Kartenzahlungen, weil es dort keine Unmittelbarkeit (Staudinger/*Omlor* Rn 18) in der Autorisierung eines ZVorgangs zw Zahler und seinem ZdLeister gibt, da ja das Vertragsunternehmen zwischengeschaltet ist.

13 **b) Vertragliche Abbedingung.** Ausdrückl bestimmt § 675e IV, dass ggü **Unternehmen** die Norm des § 675x II abbedungen werden darf (BT-Drs 18/11495,169; Staudinger/*Omlor* Rn 17ff; BeckOK/*Schmalenbach* Rn 28), was bei den Vereinbarungen, welche das SEPA-Firmenlastschriftverfahren regeln, der Fall ist (Grü/*Grüneberg* Rn 6). Die entspr Vereinbarung, welche allerdings in der Praxis keine große Bedeutung hat (zur „doppelten" Mandatserteilung bei einer SEPA-Lastschrift vgl BGH NJW 2010, 3510, 3512 – Gestattung des ZEmpfängers, den ZBetrag vom Konto des Zahlers einzuziehen, sondern auch die Weisung des Zahlers an seinen ZdLeister, die vom ZEmpfänger herrührende Weisung, das ZKonto des Zahlers zu belasten und so die Lastschrift einzulösen) zielt nach Abs III in die Richtung, dass sowohl der **gesetzl Erstattungsanspruch** nach Abs I als auch der für SEPA-Basis-Lastschriften vorgesehene (begründungslose) Erstattungsanspruch des Zahlers abbedungen werden können (*Einsele* WM 2015, 1125, 1129f). Voraussetzung ist weiter, dass der Zahler seine Zustimmung zur Ausführung eines ZVorgangs „direkt" erteilt hat. Damit ist ein Erfordernis der Unmittelbarkeit ins Visier genommen, was dazu führt, dass, wie bereits kurz angesprochen, Kartenzahlungen von der Regel des Abs III ausgeschlossen sind, weil hier der ZAuftrag über das eingeschaltete Vertragsunternehmen an den ZdLeister des Zahlers/Käufers erteilt wird (BeckOGK/*v Olshausen* Rn 37). Eine weitere – allerdings nur fakultativ zu wertende – Vereinbarung, besteht darin, dass der Zahler über den jew anstehenden ZVorgang mindestens vier Wochen vor der Fälligkeit entweder vom ZdLeister oder vom ZEmpfänger selbst zu unterrichten ist. Dann ist er in der Lage, die entspr Dispositionen zu treffen, so dass der Ausschluss des Erstattungsanspruchs keine weitere Belastung für ihn darstellt. Die Vier-Wochen-Frist ist dabei eine Mindestfrist. Der Fälligkeitstermin ist aus dem Valutaverhältnis abzulesen; bei der Berechnung der Frist gem § 187 zählt er nicht mit. In welcher Weise der ZEmpfänger oder ZdLeister des Zahlers den Zahler unterrichtet, ist in Abs III nicht näher geregelt. Liegen diese Voraussetzungen in Form von wirksamen Vereinbarungen ggü Unternehmen vor, dann besteht kein Erstattungsanspruch des Zahlers, weil und soweit die getroffenen Abreden bestehende gesetzl Erstattungsansprüche ausgeschlossen haben. Damit wird für den Bereich **des SEPA-Firmenlastschriftverfahrens** hinreichende Rechtssicherheit geschaffen.

14 **5. Erstattungspflicht des Zahlungsdienstleisters. a) Grundsatz.** Soweit der Zahler ein Erstattungsbegehren gem Abs I an den ZdLeister gerichtet hat (§ 130), ist dieser verpflichtet (Grü/*Grüneberg* Rn 6), den vollständigen Betrag des ZVorgangs zu erstatten (Rn 3). Dies wird er jedoch nur dann tun, wenn er davon – auch vorprozessual – überzeugt ist, dass die Voraussetzungen von Abs I gegeben sind (Rn 3). Offen bleibt daher das Recht des ZdLeisters, nach Abs I S 2 vom Zahler eine Begründung für seinen Anspruch zu verlangen.

15 **b) Frist für Reaktion.** Die erforderliche Begründung muss innerhalb der Frist von **zehn Geschäftstagen** geschehen, **Abs V S 1. Alternativ** ist der ZdLeister auch berechtigt, das Begehren innerhalb dieser Frist abzulehnen. Doch schuldet er hierfür eine sachlich nachvollziehbare Begründung. Er kann allerdings vom Zahler auch Nachbesserung seiner Begründung nach Abs I S 3 fordern (Rn 9). Eine Ablehnung der Erstattung schließt gem **Abs V S 2** ein, dass der ZdLeister den Zahler auf die Beschwerdemöglichkeit nach § 28 ZAG hinweist, weil insoweit gem § 28 I ZAG jeder ZdNutzer wegen eines behaupteten Verstoßes seines ZdLeisters gegen die Bestimmungen der §§ 675c–676c auch selbst beschwerdebefugt ist. Außerdem muss der ZdLeister den Zahler auf die Möglichkeit hinweisen, gem § 14 UKlaG die Schlichtungsstelle anzurufen, die bei der Deutschen Bundesbank errichtet wurde. Soweit eine Beschwerde nach § 28 ZAG beim BaFin eingelegt ist, ist dieses verpflichtet, bei seiner Antwort seinerseits gem § 28 II 2 ZAG auch auf das Verfahren nach § 14 UKlaG hinzuweisen. Nimmt der ZdNutzer das Schlichtungsverfahren gem § 14 UKlaG in Anspruch, so berührt dieses Vorgehen keineswegs sein Recht, den ordentlichen Rechtsweg wegen eines behaupteten Verstoßes zu beschreiten.

16 **6. Acht-Wochen-Frist.** Für alle Erstattungsverlangen des Zahlers nach Abs I und II gilt zusätzl die von diesem zu beachtende **Ausschlussfrist** des **Abs IV** (Staudinger/*Omlor* Rn 20, BeckOGK/*v Olshausen* Rn 41). Dh: Der Anspruch des Zahlers auf Erstattung ist ausgeschlossen, wenn er nicht innerhalb einer Frist von acht Wochen geltend gemacht wird. Die Frist beginnt in dem Zeitpunkt (§ 187), an dem die Belastung des ZBetrags auf dem Konto des Zahlers verbucht wurde. Auf die Kenntnis des Zahlers kommt es hierbei nicht an. Der Anspruch ist gegen den ZdLeister des Zahlers zu richten. In welcher Weise dies geschieht, ist gleichgültig. Die Frist ist eine Ausschlussfrist und daher von Amts wegen zu berücksichtigen. Von besonderem Belang ist allerdings, dass diese Frist nach **Abs V S 3** für den ZdLeister **nicht gilt**, weil er nicht berechtigt ist, die Erstattung innerhalb der Frist von acht Wochen nach Abs IV abzulehnen, sofern – und diese Einschränkung ist entscheidend – es sich um den Fall einer SEPA-Lastschrift nach Abs II handelt. Insoweit ist auch unstrittig, dass zugunsten des Zahlers, weil für ihn günstig, eine Verlängerung der Frist des Abs IV unbedenklich ist (MüKo/*Zetzsche* Rn 12).

17 **7. Drittstaatenbezug.** Wie andere Normen auch regelt Abs VI einen Drittstaatbezug. Unter den hier genannten Voraussetzungen des Abs VI ist Abs I dann nicht anzuwenden (Abs VI Nr 1), wenn mehrere ZdLeister iSv § 675d VI 1 Nr 1 lit b an der Transaktion beteiligt sind, dabei aber mindestens einer innerhalb und einer außerhalb des EWR als ZdLeister tätig ist (one leg transaction; hierzu auch MüKo/*Zetzsche* Rn 48f). Nach Nr 2 ist es den Parteien gestattet, bei Vorliegen der Voraussetzungen von § 675d VI 1 Nr 1 lit b für die innerhalb des EWR getätigten Bestandteile eines ZVorgangs abweichende Vereinbarungen im Blick auf die Regeln von Abs II bis V zu treffen.

§ 675y Haftung der Zahlungsdienstleister bei nicht erfolgter, fehlerhafter oder verspäteter Ausführung eines Zahlungsauftrags; Nachforschungspflicht

(1) Wird ein Zahlungsvorgang vom Zahler ausgelöst, kann dieser von seinem Zahlungsdienstleister im Fall einer nicht erfolgten oder fehlerhaften Ausführung des Zahlungsauftrags die unverzügliche und ungekürzte Erstattung des Zahlungsbetrags verlangen. Wurde der Betrag einem Zahlungskonto des Zahlers belastet, ist dieses Zahlungskonto wieder auf den Stand zu bringen, auf dem es sich ohne den fehlerhaft ausgeführten Zahlungsvorgang befunden hätte. Wird ein Zahlungsvorgang vom Zahler über einen Zahlungsauslösedienstleister ausgelöst, so treffen die Pflichten aus den Sätzen 1 und 2 den kontoführenden Zahlungsdienstleister. Soweit vom Zahlungsbetrag entgegen § 675q Abs. 1 Entgelte abgezogen wurden, hat der Zahlungsdienstleister des Zahlers den abgezogenen Betrag dem Zahlungsempfänger unverzüglich zu übermitteln. Weist der Zahlungsdienstleister des Zahlers nach, dass der Zahlungsbetrag ungekürzt beim Zahlungsdienstleister des Zahlungsempfängers eingegangen ist, entfällt die Haftung nach diesem Absatz.

(2) Wird ein Zahlungsvorgang vom oder über den Zahlungsempfänger ausgelöst, kann dieser im Fall einer nicht erfolgten oder fehlerhaften Ausführung des Zahlungsauftrags verlangen, dass sein Zahlungsdienstleister diesen Zahlungsauftrag unverzüglich, gegebenenfalls erneut, an den Zahlungsdienstleister des Zahlers übermittelt. Weist der Zahlungsdienstleister des Zahlungsempfängers nach, dass er die ihm bei der Ausführung des Zahlungsvorgangs obliegenden Pflichten erfüllt hat, hat der Zahlungsdienstleister des Zahlers dem Zahler gegebenenfalls unverzüglich den ungekürzten Zahlungsbetrag entsprechend Absatz 1 Satz 1 und 2 zu erstatten. Soweit vom Zahlungsbetrag entgegen § 675q Abs. 1 und 2 Entgelte abgezogen wurden, hat der Zahlungsdienstleister des Zahlungsempfängers den abgezogenen Betrag dem Zahlungsempfänger unverzüglich verfügbar zu machen.

(3) Wird ein Zahlungsvorgang vom Zahler ausgelöst, kann dieser im Fall einer verspäteten Ausführung des Zahlungsauftrags verlangen, dass sein Zahlungsdienstleister gegen den Zahlungsdienstleister des Zahlungsempfängers den Anspruch nach Satz 2 geltend macht. Der Zahlungsdienstleister des Zahlers kann vom Zahlungsdienstleister des Zahlungsempfängers verlangen, die Gutschrift des Zahlungsbetrags auf dem Zahlungskonto des Zahlungsempfängers so vorzunehmen, als sei der Zahlungsvorgang ordnungsgemäß ausgeführt worden. Wird ein Zahlungsvorgang vom Zahler über einen Zahlungsauslösedienstleister ausgelöst, so trifft die Pflicht aus Satz 1 den kontoführenden Zahlungsdienstleister. Weist der Zahlungsdienstleister des Zahlers nach, dass der Zahlungsbetrag rechtzeitig beim Zahlungsdienstleister des Zahlungsempfängers eingegangen ist, entfällt die Haftung nach diesem Absatz.

(4) Wird ein Zahlungsvorgang vom oder über den Zahlungsempfänger ausgelöst, kann dieser im Fall einer verspäteten Übermittlung des Zahlungsauftrags verlangen, dass sein Zahlungsdienstleister die Gutschrift des Zahlungsbetrags auf dem Zahlungskonto des Zahlungsempfängers so vornimmt, als sei der Zahlungsvorgang ordnungsgemäß ausgeführt worden. Weist der Zahlungsdienstleister des Zahlungsempfängers nach, dass er den Zahlungsauftrag rechtzeitig an den Zahlungsdienstleister des Zahlers übermittelt hat, ist der Zahlungsdienstleister des Zahlers verpflichtet, dem Zahler gegebenenfalls unverzüglich den ungekürzten Zahlungsbetrag nach Absatz 1 Satz 1 und 2 zu erstatten. Dies gilt nicht, wenn der Zahlungsdienstleister des Zahlers nachweist, dass der Zahlungsbetrag lediglich verspätet beim Zahlungsdienstleister des Zahlungsempfängers eingegangen ist. In diesem Fall ist der Zahlungsdienstleister des Zahlungsempfängers verpflichtet, den Zahlungsbetrag entsprechend Satz 1 auf dem Zahlungskonto des Zahlungsempfängers gutzuschreiben.

(5) Ansprüche des Zahlungsdienstnutzers gegen seinen Zahlungsdienstleister nach Absatz 1 Satz 1 und 2 sowie Absatz 2 Satz 2 bestehen nicht, soweit der Zahlungsauftrag in Übereinstimmung mit der vom Zahlungsdienstnutzer angegebenen fehlerhaften Kundenkennung ausgeführt wurde. In diesem Fall kann der Zahler von seinem Zahlungsdienstleister jedoch verlangen, dass dieser sich im Rahmen seiner Möglichkeiten darum bemüht, den Zahlungsbetrag wiederzuerlangen. Der Zahlungsdienstleister des Zahlungsempfängers ist verpflichtet, dem Zahlungsdienstleister des Zahlers alle für die Wiedererlangung des Zahlungsbetrags erforderlichen Informationen mitzuteilen. Ist die Wiedererlangung des Zahlungsbetrags nach den Sätzen 2 und 3 nicht möglich, so ist der Zahlungsdienstleister des Zahlers verpflichtet, dem Zahler auf schriftlichen Antrag alle verfügbaren Informationen mitzuteilen, damit der Zahler einen Anspruch auf Erstattung des Zahlungsbetrags geltend machen kann. Der Zahlungsdienstleister kann mit dem Zahlungsdienstnutzer im Zahlungsdiensterahmenvertrag ein Entgelt für Tätigkeiten nach den Sätzen 2 bis 4 vereinbaren.

(6) Ein Zahlungsdienstnutzer kann von seinem Zahlungsdienstleister über die Ansprüche nach den Absätzen 1 und 2 hinaus die Erstattung der Entgelte und Zinsen verlangen, die der Zahlungsdienstleister ihm im Zusammenhang mit der nicht erfolgten oder fehlerhaften Ausführung des Zahlungsvorgangs in Rechnung gestellt oder mit denen er dessen Zahlungskonto belastet hat.

(7) Wurde ein Zahlungsauftrag nicht oder fehlerhaft ausgeführt, hat der Zahlungsdienstleister desjenigen Zahlungsdienstnutzers, der einen Zahlungsvorgang ausgelöst hat oder über den ein Zahlungsvorgang ausgelöst wurde, auf Verlangen seines Zahlungsdienstnutzers den Zahlungsvorgang nachzuvollziehen und seinen Zahlungsdienstnutzer über das Ergebnis zu unterrichten.

(8) Wenn ein Fall des § 675d Absatz 6 Satz 1 Nummer 1 Buchstabe b vorliegt, ist § 675y Absatz 1 bis 4 auf die innerhalb des Europäischen Wirtschaftsraums getätigten Bestandteile des Zahlungsvorgangs nicht anzuwenden.

1 **I. Europarechtliche Vorgaben.** Die Norm bezieht sich auf die Umsetzung von Art 89 und Art 81 III ZdRL, so dass ggü der Vorgängernorm einige **Modifikationen** zu verzeichnen sind (BT-Drs 18/11495, 170). Zugrunde liegt hier eine **verschuldensunabhängige Haftung** des ZdLeisters (Staudinger/*Omlor* Rn 6). Sie griff im Rahmen der Vorgängernorm nur dann ein, wenn der ZVorgang im Rahmen eines ZAuftrags nicht oder nicht ordnungsgemäß vom ZdLeister ausgeführt wurde. Nunmehr wird auch die **verspätete Ausführung** eines ZAuftrags als eigenständiger Tatbestand in Abs III und IV aufgeführt (BT-Drs 18/11495, 170). Damit wird klargestellt, dass es sich bei der verspäteten Ausführung eines ZAuftrags nicht um den Unterfall einer mangelhaften Ausführung, sondern um einen selbständigen Tatbestand handelt, dem eigene Rechtsfolgen – teils aus nationalem Recht – zuzumessen sind (BT-Drs 18/11495, 171). Überdies ist – vgl Abs I S 3 sowie Abs III S 3 – der **ZAuslösedienstleister** in das Haftungssystem von § 675y integriert, indem für diesem zuzurechnende Pflichtverletzungen der kontoführende ZdLeister die Haftung übernehmen muss (§ 278). Die hier angesprochene verschuldensunabhängige Haftung des ZdLeisters steht systematisch in enger Verbindung zu § 675z und § 676 (BeckOGK/*Köndgen* Rn 7). Die Vorschrift wird auch wegen ihrer praktisch **herausragenden Funktion** als das Leistungsstörungsrecht des ZAuftrags (Staudinger/*Omlor* Rn 1) als **„Kernmaterie des Zahlungsrechts"** bezeichnet (MüKo/*Zetzsche* Rn 1). Die Haftung des ZdLeisters zielt dabei in Abs I und II – differenzierend zw „Pull"- und „Push"-Zahlungen – auf die Gewährleistung einer **„money back guarantee"** und setzt eine fehlerhafte Ausführung eines dem ZdLeister erteilten ZAuftrags oder dessen Nichtdurchführung voraus. In Abs III und IV liegt die Leistungsstörung in der **Verspätung** als einer weiteren Kategorie des Leistungsstörungsrechts; der Anspruch ist hier – vgl Abs III S 2 – darauf gerichtet, dass der ZdLeister des Zahlers vom ZdLeister des ZEmpfängers verlangen kann, dass die Gutschrift auf dem ZKonto des Zahlers so ausgeführt wird, als sei der ZAuftrag zeitl ordnungsgemäß ausgeführt worden (vgl auch Abs IV S 1). Nach § 675z sind diese Ansprüche als **abschließend** geregelt zu verstehen; weitergehende Ansprüche können daher nur nach dt Recht (§ 280) – **verschuldensabhängig** – geltend gemacht werden (§ 675z Rn 3).

2 Eine **Entlastung** wird für den ZdLeister, dem eine Leistungsstörung angelastet wird, lediglich in den – seltenen – Fällen praktisch, die Art 93 ZdRL adressiert: Wenn und soweit „ungewöhnliche und unvorhersehbare Ereignisse" dafür verantwortlich sind, dass der ZVorgang nicht oder nicht ordnungsgemäß durchgeführt wurde, kann sich der ZdLeister aus der Haftungsschlinge befreien, sofern er nachweist, die für die Abwendung solcher Ereignisse erforderliche Sorgfalt angewandt zu haben (vgl § 676c Rn 1ff). Ferner stellt ErwGr 85 ZdRL klar, dass eine Haftung des ZdLeisters auch in den (seltenen) Fällen nicht in Betracht kommt, wenn Handlungen und Unterlassungen des ZdLeisters des ZEmpfängers haftungsbegründend in Rede stehen, „für deren Auswahl allein der ZEmpfänger verantwortlich ist". Denn diese sind nicht seinem Herrschafts- und Risikobereich zuzurechnen. IÜ steht der europäische Gesetzgeber auf dem Standpunkt, dass ein „reibungslos und effizient funktionierendes Zahlungssystem" voraussetzt, dass sich der „Nutzer sich auf die ordnungsgemäße und fristgerechte Ausführung eines ZVorgangs durch den ZdLeister verlassen kann" (ErwGr 85). Nach ErwGr 86 gilt das Gleiche im Blick darauf, dass „die Zahlung in voller Höhe und fristgerecht ausgeführt wird".

3 Das Haftungsregime von Art 89 und 90 ZdRL (Art 88 I–IV – fehlerhafter Kundenidentifikator – Haftung), wie es in § 675y Gesetz geworden ist, bezieht sich zum einen auf das **Deckungsverhältnis**, dh auf das Vertragsverhältnis zw Zahler und ZdLeister, indem eine „money-back-guarantee" eingefordert wird, soweit der ZAuftrag fehlerhaft ausgeführt wurde (BeckOGK/*Köndgen* Rn 7). Zum anderen betrifft die Nom das **Inkassoverhältnis**, dh das Verhältnis zw ZEmpfänger und seinem ZdLeister (Grü/*Grüneberg* Rn 1). Der Begriff des ZAuftrags ist nach Art 4 Nr 13 ZdRL auf einen ZVorgang bezogen. Der wiederum besteht gem Art 4 Nr 5 ZdRL darin, dass er vom „Zahler oder ZEmpfänger" ausgelöst und durch „Bereitstellung, Transfer oder Abhebung eines Geldbetrags" – regelmäßig: zw Zahler und ZEmpfänger – realisiert wird. Die Haftung nach § 675y setzt einen fehlerhaft umgesetzten ZAuftrag voraus. **Neu eingebaut** in das Haftungsregime des § 675y (BT-Drs 18/11495, 170) ist die Tätigkeit des **ZAuslösedienstleisters**, wobei im Haftungsfall das durch diesen verursachte Risiko beim kontoführenden ZdLeister lokalisiert wird (Abs I S 3; Abs III S 3).

4 Unter Berücksichtigung des Grundgedankens der (Art 107 III ZdRL) ist schließlich auch deutlich zu machen: Soweit die aus Art 89, 90 ZdRL resultierende Schadensersatzhaftung des ZdLeisters ggü dem Zahler bzw dem ZEmpfänger eine gesetzl Regelung aufgrund der Vorgaben der ZdRL erfahren hat, ist diese **abschließend** (BT-Drs 18/11495, 171; Staudinger/*Omlor* Rn 1; Grü/*Grüneberg* Rn 1; BeckOGK/*Köndgen* Rn 7; MüKo/*Zetzsche* Rn 6). Ein Rückgriff auf Normen des nationalen Rechts, insb auf die §§ 241 II, 280 I scheidet daher insoweit von vorneherein aus (MüKo/*Zetzsche* Rn 6). Die – verschuldensunabhängige – Schadensersatzhaftung des ZdLeisters ist zum einen auf Erstattung, zum anderen im Rahmen einer Wiedergutmachung auf den Geldbetrag ausgerichtet, der Gegenstand des jew ZAuftrags bzw ZVorgangs war und der deshalb dem ZEmpfänger auch ungekürzt zusteht. Es handelt sich um ein in sich geschlossenes Leistungsstörungsrecht, das dem **Verantwortungsbereich des ZdLeisters** zuzuweisen ist.

5 **Weitergehende Schäden**, insb Folgeschäden – etwa aus Verzug im Rahmen von Abs III –, die aufgrund anderer Anspruchsgrundlagen dem ZdNutzer (vor allem aus dem Valutaverhältnis) wegen eines nicht erfolgten oder fehlerhaft durchgeführten ZAuftrags zustehen (MüKo/*Zetzsche* Rn 6, BT-Drs 18/11495, 171) und von diesem ggü seinem ZdLeister geltend gemacht werden können (§ 675z Rn 3), sind daher vorbehalten (Grü/*Grüneberg* Rn 1).

Dabei ist freilich sogleich auch die vertragl zulässige **Haftungsbegrenzung** zugunsten des ZdLeisters im Auge zu behalten, die § 675z S 2 – einfache Fahrlässigkeit vorausgesetzt – mit 12 500 € zugunsten des ZdNutzers angibt (§ 675z Rn 2). Denn diese kann sich naturgemäß auch auf etwaige Folgeschäden beziehen, welche nach nationalem Recht eingreifen und von dem Haftungsregime der Art 89, 90 ZdRL nicht erfasst werden.

2. Vom Zahler ausgelöster Zahlungsvorgang – „Push"-Zahlungen. a) Misserfolg oder fehlerhafte Ausführung des Zahlungsauftrags. Eine Haftung des ZdLeisters – gleichgültig ob im Kontext von Abs I oder Abs II – kommt nur dann in Betracht, wenn der ZVorgang iSv § 675j I vom Zahler ordnungsgemäß **autorisiert** worden ist (MüKo/*Zetzsche* Rn 5, § 675j Rn 2). Fehlt diese, dann ist nicht § 675y, sondern die Sonderregel des § 675u einschlägig (Rn 8). Im Kontext von **Abs I** muss es sich immer um einen vom Zahler ausgelösten ZVorgang handeln, es muss also eine **„Push"-Zahlung** vorliegen (Staudinger/*Omlor* Rn 9, BeckOK/*Schmalenbach* Rn 7). Ferner darf der dem ZVorgang zugrunde liegende ZAuftrag nicht rechtzeitig gem § 675p widerrufen worden sein (§ 675p Rn 3f). Schließlich ist es notwendig, dass der ZdLeister die Ausführung des ZAuftrags auch nicht gem § 675o abgelehnt hat (§ 675o Rn 2ff). Insoweit ist daran zu erinnern, dass gem § 675o III – insb auch für die Haftungsfolgen des § 675y – ein ZAuftrag dann als nicht zugegangen anzusehen ist, wenn seine Ausführung **berechtigterweise** vom ZdLeister abgelehnt wurde (§ 675o Rn 5). Entscheidend für das Eingreifen des Erstattungsanspruchs des Abs I ist, dass der ZVorgang **nicht erfolgt** ist, **fehlerhaft oder verspätet (Abs III und IV) ausgeführt** wurde (MüKo/*Zetzsche* Rn 11ff; Staudinger/Omlor Rn 6). Insoweit kommt es – bezogen auf die 1. Alt – daher darauf an, ob der ZBetrag nicht auf dem ZKonto des ZdLeisters des ZEmpfängers tatsächlich verbucht (gutgeschrieben) worden ist, weil er nur dann als „nicht erfolgt" – in der Kette verloren gegangen (MüKo/*Zetzsche* Rn 11) – qualifiziert werden kann (vgl Rn 9). Gleichzeitig aber muss der Zahler mit dem ZBetrag belastet worden sein (BeckOK/*Schmalenbach* Rn 7). Es ist also zw einer **Nichtleistung und einer fehlerhaften Ausführung** zu unterscheiden (MüKo/*Zetzsche* Rn 11). Von einer **fehlerhaften Ausführung** ist dann zu sprechen (Grü/*Grüneberg* Rn 3), wenn im Rahmen einer Überweisung (Staudinger/*Omlor* Rn 10) der ZBetrag ganz oder teilw verloren geht (*Ellenberger* in E/F/N/B Rn 4) und den ZEmpfänger deswegen nicht als ungekürzter ZBetrag (MüKo/*Zetzsche* Rn 12) erreicht (Grü/*Grüneberg* Rn 3). Auch fehlgeschlagene Überweisungen wird man in eine der beiden Kategorien (nicht erfolgt/fehlerhaft) einordnen können (vgl auch MüKo/*Zetzsche* Rn 11ff – für eine Unterscheidung), in welche, das ist i Erg irrelevant (Grü/*Grüneberg* Rn 3). Maßgebend ist allein, dass der ZBetrag auf dem ZKonto des ZEmpfängers nicht ungekürzt oder überhaupt nicht als Gutschrift auf dem Verrechnungskonto des ZdLeisters des ZEmpfängers verbucht wurde. 6

Ist der ZVorgang – etwa eine SEPA-Überweisung – anhand der **Kundenkennung** des ZdNutzers auszuführen (Abs V) (Rn 31), sind die beteiligten ZdLeister berechtigt, diesen ZVorgang **ausschließlich** anhand eben dieser Merkmale auszuführen (*Hoffmann* WM 2016, 1110ff). Er ist nämlich immer dann als „ordnungsgemäß ausgeführt" anzusehen, wenn der ZAuftrag „in Übereinstimmung mit dieser Kundenkennung ausgeführt" wurde (§ 675r Rn 3f). Nach § 675s ist der ZdLeister des Zahlers verpflichtet sicherzustellen, dass der jew ZBetrag **spätestens am Ende des auf den Zugangszeitpunkt des ZAuftrags folgenden Geschäftstags** beim ZdLeister des ZEmpfängers **eingeht.** Daran schließt sich die Verpflichtung dieses ZdLeisters an, das **Wertstellungsdatum** exakt zu beachten, und zwar für die Gutschrift auf dem ZKonto des ZEmpfängers (§ 675t Rn 7ff) sowie – spiegelbildlich – für die Belastung des ZKontos des Zahlers (§ 675t Rn 15). 7

b) Kein Eingreifen von Abs I und Abs II. Fehlt für einen ZVorgang die gem § 675j I erforderlich **Autorisierung** des Zahlers, richtet sich die Haftung des ZdLeisters **ausschließlich** nach § 675u (§ 675u Rn 1): Der Zahler hat dann ggü seinem ZdLeister ein Anspruch auf unverzügliche Erstattung; das ZKonto ist (valutarisch) in den Zustand zu versetzen, der vor der Belastung durch den nicht autorisierten ZVorgang bestand. Alle Fallkonstellationen, in denen die Haftung des Zahlers sowie (teilw) auch die des ZdLeisters in Betracht kommt, weil die missbräuchliche Verwendung eines **ZInstruments** in Rede stand, sind ausschließlich über die Haftungsnormen des § 675v zu erfassen (§ 675v Rn 3ff); alle diese Fallgestaltungen sind also zunächst auszugrenzen. Dies gilt auch für alle ZVorgänge, denen **kein ZAuftrag** zugrunde lag. Das folgt aus der Überschrift. Ein Eingreifen von Abs I und II entfällt aber auch dann, wenn es sich um ein **unvermeidbares Ereignis** handelt (§ 676c). Auch ist anerkannt, dass ein **Mitverschulden** des Zahlers bzw des ZEmpfängers nach § 254 in Betracht kommen kann (BeckOK/*Schmalenbach* Rn 5). 8

c) Pflichtverletzung. aa) Grundtatbestand. Die Haftungsregel des **Abs I** umfasst das **Deckungsverhältnis.** Hier schuldet der ZdLeister, der die Ausführung des ZAuftrags vom Zahler entgegengenommen hat, den **(werkvertragl) Erfolg**, dh der ZAuftrag muss ordnungsgemäß und fehlerfrei durchgeführt werden (BeckOGK/*Köndgen* Rn 25; MüKo/*Zetzsche* Rn 11f). Erfasst werden also die Tatbestände, dass der erteilte ZAuftrag gar nicht ausgeführt wird (fehlgeleitete und verlorene Überweisung – Grü/*Grüneberg* Rn 3), dass er mangelhaft (gekürzt – dh fehlerhaft) oder dass er – separater Tatbestand (Abs III) – **verspätet** ausgeführt wird. Für die Sanktion – Erstattung – ist die Unterscheidung zw nicht oder fehlerhaft ausgeführtem ZAuftrag **vernachlässigenswert** (im Einz zur Differenzierung zw „nicht erfolgt" und „fehlerhaft" vgl MüKo/*Zetzsche* Rn 11ff). Dies wird auch durch Abs I S 5 verdeutlicht (Beweislast des ZdLeisters): Ist nämlich der ZdLeister des Zahlers in der Lage, den Nachweis zu führen, dass der zu transferierende ZBetrag rechtzeitig und ungekürzt beim ZdLeister des ZEmpfängers **eingegangen** ist (außerhalb des Inkassoverhältnisses), kommt seine Haftung nicht mehr in Betracht. Dann ist Erfüllung nachgewiesen und auch im Deckungsverhältnis nach § 362 eingetreten. Es kommt also stets auf den vom ZdLeister herbeizuführenden Erfolg der Überweisung an. Damit ist gleichzeitig klar, dass die eine Haftung begründende Pflichtverletzung irgendwo in der Kette darin liegen muss (Staudinger/*Omlor* Rn 12), dass der ZdLeis- 9 ter des Zahlers oder die zwischengeschaltete Stelle (vgl § 676a Rn 4) eine Handlung oder Unterlassung (pflichtwidrig) gesetzt hat, die für den eingetretenen Schaden – Misserfolg – ursächlich geworden ist. Für die Einhaltung der bedungenen **Ausführungsfrist** ist § 675s maßgebend. Diese Konstellation ist Gegenstand von **Abs III** (Rn 20ff). Für die **ganze Kette** haftet der ZdLeister des Zahlers, wobei ihm freilich ein **Ausgleichsanspruch** zur Seite steht (Staudinger/*Omlor* Rn 12), wenn und soweit die Schadensursache entweder im Bereich des anderen ZdLeisters oder einer zwischengeschalteten Stelle liegt (§ 676).

10 **bb) Verantwortlichkeit des Zahlungsdienstleisters des Zahlers.** Ein in der Praxis nicht seltener Fall einer Pflichtverletzung iSv Abs I S 1 liegt darin, dass der ZVorgang nicht erfolgt ist, der geschuldete Erfolg also einfach ausbleibt. Dies ist immer nur dann zu bejahen, wenn der ZdLeister des Zahlers den ZAuftrag überhaupt nicht ausgeführt hat oder wenn der ZVorgang – also: die Transferierung des Geldbetrags an den ZEmpfänger – total gescheitert ist, etwa auch dann, wenn der ZBetrag „auf der Strecke" verloren gegangen ist (BT-Drs 16/11643, 116), insb wenn er – etwa wegen einer **falsch angegebenen IBAN** – den ZdLeister des ZEmpfängers nie erreicht hat (BeckOK/*Schmalenbach* Rn 7). In diesen Fällen ist stets als erstes die **Sondernorm** des **§ 675r** zu beachten: Die Haftung des ZdLeisters nach Abs I S 1 scheidet aus, wenn er sich an die angegebene **Kundenkennung** gehalten hat, weil ein nach diesen Vorgaben ausgeführter ZAuftrag als ordnungsgemäß ausgeführt anzusehen ist (§ 675r Rn 3f). In diesen Fällen kommt es zwangsläufig zu einer Belastung des ZKontos des Zahlers (BeckOK/*Schmalenbach* Rn 18). Dann öffnet **Abs V S 2** den Weg, dass der ZdLeister des Zahlers sich „im Rahmen seiner Möglichkeiten" (Rn 33) verpflichtet, sich darum zu bemühen, den ZBetrag zugunsten des Zahlers wiederzuerlangen. Es kann allerdings auch vorkommen, dass der ZdLeister des ZEmpfängers im Rahmen des zw beiden bestehenden **Inkassoverhältnisses** den durchführenden ZAuftrag nicht ordnungsgemäß ausführt (Grü/*Grüneberg* Rn 4 – Gutschriftphase). Nach § 675t schuldet dieser ZdLeister ja die ungekürzte und die entspr Wertstellung auf dem ZKonto des ZEmpfängers. Dieser Fall der Haftung wegen eines fehlerhaft durchgeführten ZAuftrags (keine volle Gutschrift/fehlerhafte Wertstellung) wird allerdings nicht von § 675y, sondern von § 675t erfasst. Wie sich aus Abs I S 5 ablesen lässt, endet die – erfolgsbezogene – Haftungskonzentration ggü dem ZdLeister des Zahlers in dem Augenblick, in welchem der Nachweis erbracht wurde, dass der ZBetrag auf **dem Verrechnungskonto des ZdLeisters des ZEmpfängers gutgeschrieben** worden ist. An diesem Punkt endet die Haftungssanktion von Abs I.

11 **d) Haftungssanktionen nach Abs I S 2. aa) Erstattung.** Nach der haftungsrechtl Grundaussage von Abs I S 1 führt die nicht oder fehlerhaft erfolgte Ausführung eines vom Zahler ausgelösten ZAuftrags dazu, dass der Zahler das Recht und damit auch den Anspruch nach Abs I 4 hat, von seinem ZdLeister zu verlangen, dass dieser mit Wirkung ex nunc ihm **unverzüglich** den ungekürzten ZBetrag erstattet (MüKo/*Zetzsche* Rn 16). Dogmatisch handelt es sich wohl nicht um einen klassischen Schadensersatzanspruch (BeckOGK/*Köndgen* Rn 32f – fristloses Stornierungsrecht mit Rückabwicklungsregime), zumal er erkennbar von einem Verschulden des ZdLeisters als Schuldner dieses Anspruchs unabhängig ist. Diskontiert man diesen Aspekt wegen der unionsrechtl Vorrangigkeit von Art 89 ZdRL, dann steht gleichwohl fest: Der Erstattungsanspruch des Zahlers ggü seinem ZdLeister ist erkennbar – und dies auch rückwirkend – auf **Wiedergutmachung** gerichtet, wie sich aus Abs I S 2 ablesen lässt. Es macht also in der Praxis keinen Unterschied, ob man diesen Anspruch dem Rücktrittsrecht gleich achtet oder als eine vom Verschulden losgelöste Schadensersatzsanktion begreift (Staudinger/*Omlor* Rn 1, 3). Voraussetzung der Erstattung wegen des eingetretenen – haftungsbegründenden – Misserfolges ist also insoweit nur der Nachweis der Tatsache, dass der vom Zahler angestoßene ZVorgang – und damit die Transferierung des ZBetrags – nicht beim ZdLeister des ZEmpfängers ungekürzt eingegangen ist (BT-Drs 16/1643, 117). Unterhält der Zahler beim ZdLeister ein **ZKonto** und ist dieses – trotz des nicht oder fehlerhaft ausgeführten ZAuftrags – mit einer Soll-Buchung belastet worden, geht das Erstattungsverlangen des Zahlers nach Abs I S 2 dahin, dass der ZdLeister dieses ZKonto wieder auf den Stand bringt, auf dem es sich ohne den fehlerhaft ausgeführten ZVorgang befunden hätte. Der dem Zahler im Rahmen des Deckungsverhältnisses zustehende Erstattungsanspruch ist vom ZdLeister unverzüglich iSv § 121 zu erfüllen. Dieses Begehren wird man als Ausübung einer gegen den ZdLeister gerichteten **Gestaltungserklärung** einordnen können (so MüKo/*Zetzsche* Rn 15).

12 Es ist also **Wiedergutmachung** des angerichteten Schadens in Form der Geltendmachung und Durchsetzung des Erstattungsanspruchs gegen den ZdLeister nach Abs I S 2 geschuldet (Grü/*Grüneberg* Rn 5, Staudinger/*Omlor* Rn 13). Es geht also um die danach vorgesehene **Wiedergutschrift des Betrages**, mit dem das ZKonto des Zahlers (fehlerhaft) belastet wurde (MüKo/*Zetzsche* Rn 16). Zwangsläufig umfasst dies auch die Pflicht, dem Zahler etwaige auf dem ZKonto verbuchte **Sollzinsen** wieder gutzubringen und ihm entgangene **Habenzinsen** zu erstatten. Damit ist gleichzeitig die – rückwirkende – **Wertstellung** iSv § 675t angesprochen, so dass auch die durch die Belastungsbuchung beim Zahler verursachte Verzinsung als Schaden iSv § 249 auszugleichen ist. Die Geltendmachung des Erstattungsverlangens nach Abs I S 2 führt – **dogmatisch betrachtet** – dazu, dass der vom Zahler ausgelöste und seinem ZdLeister erteilte ZAuftrag rückwirkend erlischt und sich damit erledigt (*Einsele* WM 2015, 1125, 1126 – Gegenweisung des Zahlers).

13 **bb) Übermitteln des Fehlbetrags.** Liegt allerdings der fehlgeschlagene Erfolg nach **Abs I S 1** darin, dass der zu transferierenden Geldbetrags beim ZdLeister des ZEmpfängers nur **gekürzt – ohne Abzug von Entgelten** (hierzu Rn 16, weil Abs I 4 Sonderregel) - auf dem ZKonto des ZEmpfängers gutgeschrieben wird, ist mit Blick auf die geschuldete **Wiedergutmachung** zu **unterscheiden**: Beruht die Kürzung darauf, dass der ZdLeister des ZEmpfängers die Kürzung vornimmt (Gutschriftphase – Grü/*Grüneberg* Rn 6), dann ist § 675t einschlägig, weil sich der entspr Anspruch dann auf den ZdLeister des ZEmpfängers konzentriert und allein dem berechtigten Kontoinhaber zusteht. Beruht die Kürzung allerdings darauf, dass eine bei der Durchführung des ZAuftrags beteiligte zwi-

schengeschaltete Stelle diese vorgenommen hat, dann hat der ZdLeister des Empfängers einen Ausgleichsanspruch nach § 676a. Wieder anders ist es, wenn die Kürzung sich auf **Entgelte** bezieht, die in der Kette geltend gemacht worden sind, dann ist die **Sonderregel** des Abs I S 4 zu beachten (Rn 16).

cc) Mitwirkendes Verschulden des Zahlers. Str ist, ob der Mitverschuldenseinwand des Zahlers weiterhin ggü der Haftung des ZdLeisters bei einer Haftung nach **§ 675y** beachtlich ist (BeckOK/*Schmalenbach* Rn 4; *Grundmann* WM 2009, 1109, 1115). Er ist durch die strikte – verschuldensunabhängige – Haftungssanktion nicht ausgeschlossen, weil im Rahmen des § 254 auch eine Mitverursachung ausreichend ist (§ 254 Rn 21ff). Dieser Einwand steht freilich nicht unter dem Damoklesschwert von § 675r: Soweit nämlich der ZVorgang durch den ZdNutzer unter Berücksichtigung der **Kundenkennung** fehlerhaft oder auch gar nicht zugunsten des ZEmpfängers ausgeführt wurde, haftet insoweit allein der ZdNutzer. Denn der ZdLeister führt gem § 675r I 2 den ihm übermittelten ZAuftrag dann ordnungsgemäß aus, wenn dies in Übereinstimmung mit der jew Kundenkennung geschieht (§ 675r Rn 3). IÜ ist entscheidend, dass die Haftungsregeln der §§ 675u und y abschließend zu verstehen sind, was in § 675z S 1 bekräftigt wird. Für einen Einwand des Mitverschuldens nach § 254 ist also grds kein Platz (MüKo/*Zetzsche* Rn 17; *Einsele* WM 2015, 1125, 1126, 1128), ausgenommen bleibt die aus § 657z S 2 resultierende weitergehende Haftung, weil es sich hier nicht um die Beachtung der europarechtl Vorgaben handelt. 14

3. Über einen Zahlungsauslösedienst ausgelöster Zahlungsvorgang. Diesen Tatbestand adressiert **Abs I S 3** erstmals. Die Tätigkeit eines solchen ZAuslösedienstleisters ist in § 1 XXXIII ZAG ein „Dienst, bei dem auf Veranlassung Zahlungsdienstnutzers ein ZAuftrag in Bezug auf ein bei einem anderen Zahlungsdienstleister geführtes Zahlungskonto ausgelöst wird" (§ 675f Rn 36). Trifft dies zu, dann besteht bei einer nicht erfolgten oder fehlerhaften Ausführung eines ZAuftrags iS v Abs I S 1 die Sanktion darin, dass die Haftung (Rn 11ff) auf den kontoführenden ZdLeister des Zahlers konzentriert wird. 15

4. Gekürzter Zahlungsbetrag – Sonderregel des Abs I S 4. Der wesentliche Grundsatz von Abs I S 4 liegt darin: Sofern entgegen dem grundsätzlichen Gebot von nach § 675q vereinbarten Entgelte von dem zu transferierenden Geldbetrag in Abzug gebracht worden sind und somit eine Mindererfüllung des ZdLeisters des Zahlers anzunehmen ist, dann besteht die angeordnete Rechtsfolge darin, dass der ZdLeister des Zahlers auch in diesem Fall verpflichtet ist, Ersatz zu leisten (MüKo/*Zetzsche* Rn 20ff). Doch bestimmt Abs I S 4, dass nur der gekürzte Betrag dem ZEmpfänger unverzüglich zu übermitteln ist (vgl auch BeckOGK/*Köndgen* Rn 53); es geht also hier nur um eine entspr eingeschränkte Erstattungspflicht, sozusagen um die Resterfüllung (Staudinger/*Omlor* Rn 12). Dabei haftet der ZdLeister des Zahlers für den **Misserfolg**, der in der Kette (bis zum ZEmpfänger) deswegen eingetreten ist, weil i Erg Entgelte entgegen der Regel des § 675q abgezogen worden sind. Das ist, wie mit Recht bemerkt wurde, eine Haftung für Dritte, ohne dass die Voraussetzungen des § 278 vorliegen (BeckOGK/*Köndgen* Rn 37). Sie ist dem dt Recht fremd, aber nach den Vorgaben des Art 90 ZdRL geboten. Das führt zur Ausgleichspflicht der jew Verursacher ggü dem ZdLeister des Zahlers nach Maßgabe von § 676a. 16

5. Beweisregel des Abs I S 5. Abs I S 5 regelt – anknüpfend an die dargestellten Pflichten (Rn 10) – den Fall, dass die Haftung des ZdLeisters des Zahlers immer dann entfällt (*Ellenberger* in E/F/N/B Rn 9; aM BeckOGK/*Köndgen* Rn 50 – nur Beweisregel; so auch BeckOK/*Schmalenbach* Rn 10), wenn dieser den Nachweis erbracht hat, dass der ZBetrag entspr der Grundverpflichtung von § 675s I 1 rechtzeitig und ungekürzt beim ZdLeister des ZEmpfängers eingegangen ist (MüKo/*Zetzsche* Rn 24; Grü/*Grüneberg* Rn 6 – beide für Beweisregel; *Langenbucher* in L/B/S Rn 13). Der Meinungsstreit, ob Abs I S 5 eine Haftungsfreizeichnung oder eine Beweislastregel darstellt, ist in der Sache **unergiebig**. Entscheidend ist: Nach dem eindeutigen Wortlaut der Norm ist der ZdLeister verpflichtet, den entspr Nachweis zu führen, dass nämlich der ZBetrag „ungekürzt" beim ZdLeister des ZEmpfängers eingegangen ist. Gelingt dieser Beweis, dann entfällt die Haftung in Form eines gegen den ZdLeister gerichteten Erstattungsanspruchs iSv Abs I S 1–4. Im Zeitpunkt des Eingangs des ZBetrages auf dem Verrechnungskonto des ZdLeisters des ZEmpfängers endet, wie bereits verschiedentlich betont, die Verantwortlichkeit und Haftung des ZdLeisters des Zahlers. Es beginnt die Verpflichtung des **ZdLeisters des ZEmpfängers** gem § 675t: Dieser ist verpflichtet, diesen Betrag unverzüglich dem **ZKonto** des ZEmpfängers gutzuschreiben (§ 675t Rn 9). IÜ kann eine **Enthaftung** zugunsten des ZdLeisters des Zahlers auch unter den Voraussetzungen von § 676c gegeben sein (extrem selten). Es muss sich nämlich dann um ein ungewöhnliches und unvorhersehbares Ereignis handeln (Schleswig MMR 2019, 752, 753), welches dazu führt, dass der ZVorgang nicht oder fehlerhaft ausgeführt wurde (§ 676c Rn 2f), und der ZdLeister muss die für die Abwendung dieses Ereignisses die erforderliche Sorgfalt angewandt haben. Im Blick auf die **Darlegungs- und Beweislast** für die Haftung des ZdLeisters des Zahlers nach Abs I wird man von folgenden Kriterien ausgehen dürfen: Wenn der Zahler vorträgt, dass – bezogen auf das Valutaverhältnis – den ZBetrag nicht ungekürzt oder überhaupt nicht beim ZEmpfänger angekommen ist, dann wird man in einem nächsten Schritt auf Abs I S 5 zurückgreifen können. Denn dort ist eine **Umkehr der Beweislast** für den gesamten Herrschafts- und Organisationsbereich angeordnet, der die ordnungsgemäße Durchführung eines wirksam autorisierten ZAuftrags nach § 676 betrifft – mit der Konsequenz, dass diese beim ZdLeister des Zahlers konzentriert ist (MüKo/*Zetzsche* Rn 25; Grü/*Grüneberg* Rn 6). Die Norm des § 676 fordert nämlich die weitergehende Beweisführungslast des ZdLeisters des Zahlers ein, dass der ZVorgang ordnungsgemäß aufgezeichnet und auch verbucht wurde und dass keine Störung des technischen Ablaufs und kein unsorgfältiges Handeln vorlag (§ 676 Rn 1ff). 17

6. Vom oder über den Zahlungsempfänger ausgelöster Zahlungsvorgang – „Pull"-Zahlungen. a) Anwendungsbereich. Voraussetzung für die Anwendbarkeit von **Abs II** auf Pull-Zahlungen (BeckOGK/*Köndgen* Rn 55f; BeckOK/*Schmalenbach* Rn 11), der insoweit die Vorgabe von Art 89 II ZdRL umsetzt, ist zunächst, dass der 18

ZVorgang vom oder über den ZEmpfänger ausgelöst wurde. Erfasst werden damit als „Pull"-Zahlungen das **SEPA-Lastschriftverfahren** (§ 675f Rn 85ff; Grü/*Grüneberg* Rn 7; *Hadding* WM 2014, 2065, 2069f), die **Kreditkartenzahlung** (§ 675f Rn 99ff) sowie die Verwendung der **Debit-Karte** am Geldautomaten (§ 675f Rn 124). Erfasst wird in Abs II S 1 und 3 im Fall einer Leistungsstörung das **Inkassoverhältnis** zw dem ZEmpfänger und seinem ZdLeister (MüKo/*Zetzsche* Rn 28), weil und soweit es in diesem Verhältnis zu Leistungsstörungen gekommen ist. Die in Abs I S 2 geregelte Erstattungspflicht (vgl Abs I S 1 und S 2) bezieht sich hingegen auf das Deckungsverhältnis, also auf den Vertrag zw dem Zahler und seinem ZdLeister.

19 **aa) Nicht erfolgter oder fehlerhaft ausgeführter Zahlungsauftrag.** Die Haftungsvoraussetzungen gem **Abs II S 1** für eine SEPA-Lastschrift, welche vom ZdLeister nicht oder verspätet ausgeführt wurde (vgl auch *Fornasier* AcP 212, 410, 441ff), entsprechen denen von Abs I S 1, soweit ein ZAuftrag nicht oder fehlerhaft ausgeführt wird (Rn 9). Es geht hierbei, anbindend **an § 675s II** (Staudinger/*Omlor* Rn 15), um eine Leistungsstörung im **Inkassoverhältnis** (MüKo/*Zetzsche* Rn 28). Der Fall eines **verspätet ausgeführten ZAuftrags** ist – wenn er denn, wie in Abs II vorgesehen, von oder über den ZdLeister des ZEmpfängers ausgelöst wird – nicht in Abs III, sondern spiegelbildlich in **Abs IV** erfasst (Rn 22). Doch ergeben sich einige markante Unterschiede im Hinblick auf Inhalt und Zeitpunkt der Erstattungspflicht. Im Blick auf die ordnungsgemäße Ausführung eines ZAuftrags ist im Rahmen von Abs II darauf abzustellen, dass der Inkassoauftrag an den ZdLeister des Zahlers gelangt ist; die Einziehung des geschuldeten Geldbetrags vom ZKonto des Zahlers liegt außerhalb des Verantwortungsbereich des ZdLeisters des ZEmpfängers. Das folgt aus der der Beweisregel des Abs I S 5 nachgebildeten Norm des Abs II S 2 (Rn 21).

20 **bb) Haftungsvoraussetzung – Rechtsfolge.** Voraussetzung für eine nach **Abs II S 1** interessierende Störung des **Inkassoverhältnisses** (BeckOGK/*Köndgen* Rn 55) ist, dass ein wirksamer, nicht wirksam widerrufener Inkassoauftrag ggü dem ZdLeister des Zahlers vorliegt und dieser ihn auch nicht berechtigterweise nach § 675o abgelehnt hat (MüKo/*Zetzsche* Rn 28). Ist der vom ZEmpfänger ausgelöste ZVorgang überhaupt nicht in der Weise ausgeführt worden, so dass der ZBetrag auch bei dessen ZdLeister nicht eingegangen ist, muss dieser die aus § 675s II resultierende Verpflichtung unverzüglich erfüllen und den ZAuftrag dem ZdLeister des Zahlers innerhalb der zw dem ZEmpfänger und seinem ZdLeister vereinbarten Frist **erneut** übermitteln (§ 675s Rn 7ff; vgl BT-Drs 16/11643, 117). Geschuldet ist also eine **abermalige Erfüllung** (MüKo/*Zetzsche* Rn 29f), dh das entspr Tätigwerden (BeckOGK/*Köndgen* Rn 58). Hat der ZdLeister des ZEmpfängers hingegen seine Übermittlungspflicht bereits erfüllt (MüKo/*Zetzsche* Rn 30), ist aber gleichwohl – aus welchen Gründen immer – der ZBetrag noch nicht beim ZEmpfänger eingegangen, dann zielt die Haftung auf die Herausgabe des Inkassogegenwerts (BT-Drs 16/11643, 117) ab (aM wohl MüKo/*Zetzsche* Rn 30 – abermalige Auslösung geschuldet). Soweit es sich darum handelt, dass der ZAuftrag in der Weise fehlerhaft ausgeführt wurde, dass der ZBetrag, welcher dem ZEmpfänger gutgeschrieben wurde, **gekürzt** wurde, weil Entgelte entgegen der Wertung von § 675q in Abzug gebracht worden sind, greift **Abs II S 3** die Rechtsfolge auf (MüKo/*Zetzsche* Rn 33), welche weiter oben bereits bei Abs I S 4 erörtert wurde (Rn 16). Es gelten daher die gleichen Erwägungen auch im Blick auf die – zinsneutrale (§ 675t I) – Wertstellung einer Berichtigungsbuchung.

21 **b) Nachweispflicht des Zahlungsdienstleisters des Zahlungsempfängers. Abs II S 2** stellt im Rahmen einer Beweisregel klar (BeckOGK/*Köndgen* Rn 57), dass es stets Sache des **ZdLeisters des ZEmpfängers** ist, den Nachweis dafür anzutreten und auch erfolgreich zu führen, dass er die ihm bei der Ausführung des ZVorgangs obliegenden Pflichten tatsächlich erfüllt hat (Grü/*Grüneberg* Rn 8). Daraus folgt zunächst: Die nicht erfolgte oder fehlerhafte Ausführung des ZAuftrags muss innerhalb des **Pflichtenkreises** des ZdLeisters des ZEmpfängers liegen (MüKo/*Zetzsche* Rn 31). Diese Pflichten sind gem § 362 erfüllt, wenn der ZdLeister des ZEmpfängers den Nachweis erbringen kann, dass er den vom oder über den ZEmpfänger ausgelösten ZAuftrag ordnungsgemäß und rechtzeitig an den ZdLeister des Zahlers übermittelt hat. Nicht zu den Pflichten nach Abs II S 2 gehören auch hier die sich aus § 675t ergebende Pflicht zur unverzüglichen **Gutschrift** (Wertstellung), sobald der ZBetrag auf dem Verrechnungskonto des ZdLeister des ZEmpfängers angekommen ist (Staudinger/*Omlor* Rn 15). Denn die Pflichten des zu erfüllenden **Lastschriftmandats** erstrecken sich auf diesen Bereich nicht mehr. Nach § 675z S 3 ist jedoch – von Ausnahmen abgesehen – der ZdLeister verpflichtet, für das Verschulden der zwischengeschalteten Stellen (Interbanken-Verhältnis) gem § 278 einzustehen (§ 675z Rn 9). Die **Trennlinie** der Verantwortungsbereiche der beiden ZdLeister wird also durch die ordnungsgemäße und rechtzeitige Übermittlung des ZAuftrags an den ZdLeister des Zahlers markiert. Soweit danach eine Pflichtverletzung des ZdLeisters des ZEmpfängers in Rede steht, richtet sich die Haftung ausschließlich nach **Abs II S 1**. Man wird in dieser Norm – genauso wie in Abs I S 5 – eine **Beweislastumkehr** zum Nachteil des ZdLeisters des ZEmpfängers sehen dürfen (Grü/*Grüneberg* Rn 9; aM BeckOGK/*Köndgen* Rn 61).

21a **c) Unternehmerischer Verkehr – Abs I und Abs II – Haftungsbegrenzung.** Sowohl im Rahmen des Überweisungsverkehrs als auch des Lastschriftverfahrens (MüKo/*Zetzsche* Rn 26 und 35) gehen die Banken einen anderen Weg, soweit es sich um den unternehmerischen Verkehr handelt. Im Bereich der **Überweisung** schließen sie den Erstattungsanspruch nach **Abs I** im Fall einer Pflichtverletzung vollständig aus, soweit kein eigenes Verschulden des ZdLeisters in Rede steht (Ziff 2.3.3 und Ziff 2.3.4), beschränken diesen aber der Höhe nach auf 12.500 €. Für das Verschulden der von dem ZdLeister eingeschalteten weiteren ZdLeister bezieht sich die Haftungszusage nur auf die Fälle einer schuldhaften Einschaltung eines Substituten, einschl dessen Überwachung (§ 664 I 2). Im Rahmen einer **Lastschrift reduzieren** sie ihre Einstandspflicht gem **Abs II** in gleicher Weise und gewähren bei einer Pflichtverletzung maximal einen Betrag von 12.500 € (vgl Staudinger/*Omlor* Rn 2). Dieses

Vorgehen beruht auf der Norm des § 675e IV. In der Lit sind gegen diese Regelungen unter der Perspektive des § 307 erhebliche Bedenken vorgebracht worden (MüKo/*Zetzsche* Rn 26 und 35; BeckOGK/*Köndgen* Rn 16). Diese haben eine dreifache Stoßrichtung: Soweit diese Abbedingungen darauf hinauslaufen, nicht nur den in Abs I und Abs II vorgesehenen – verschuldenunabhängigen – Erstattungsanspruch in einen verschuldensabhängigen Schadensersatzanspruch umzuändern, ist auch § 675z betroffen. Diese Abänderung des **gesetzlichen Leitbildes** (§ 307 II Nr 1) wird man **nicht als wirksam** ansehen dürfen (BGH NJW 2017, 2986 Rn 37ff; MüKo/*Zetzsche* Rn 26; BeckOGK/*Köndgen* Rn 16). Das gleiche gilt im Blick auf die gegen § 675z S 3 gerichtete Einschränkung der Haftung für eingeschaltete ZdLeister, so dass die Haftung des ZdLeisters auf Fälle **schuldhafter Substitution** heruntergeschraubt wird (MüKo/*Zetzsche* Rn 26; BeckOGK/*Köndgen* Rn 16). Da § 675z S 1 festlegt, dass das Haftungsregime des § 675y als abschließend zu werten ist, wird man auch durchgreifende Bedenken nach § 307 II Nr 1 insoweit anmelden müssen, als die ZdLeister – was iÜ auch insoweit für den Verkehr mit dem **Verbraucher** gilt – die Haftung auf die **Höchstsumme von 12.500 €** begrenzt haben (MüKo/*Zetzsche* Rn 26, 35), was aus der nicht anwendbaren Norm des § 675z S 2 übernommen worden ist, aber mit den allg Grenzen einer Haftungshöchstsumme (BGH NJW 1993, 335) nicht übereinstimmt. Danach ist die Haftung nur auf den typischerweise vorhersehbaren Schaden begrenzbar.

7. Haftung wegen verspäteter „Push"-Zahlungen. a) Ausführungsfrist. Da Art 89 I UAbs 5 ZdRL nunmehr ausdrückl den Fall einer verspätet durchgeführten „Push"-Zahlung in den Anwendungsbereich der (Art 107 III ZdRL) umzusetzenden ZdRL genommen hat (Staudinger/*Omlor* Rn 18), hat der Gesetzgeber entspr reagiert und eine Sonderregel in **Abs III** für diese Fälle geschaffen (BT-Drs 18/11495, 171). Es geht in **Abs III** immer nur um die Erfassung von „Push"-Zahlungen, weil bei der Verspätung von „Pull"-Zahlungen **Abs IV** einschlägig ist (Rn 28). In der Sache betrifft diese Vorschrift die Frage, ob die nach § 675s maßgebende **Ausführungsfrist** gewahrt oder nicht gewahrt wurde. Liegt eine Pflichtverletzung in diesem Kontext vor, dann zielt die Haftung des ZdLeisters darauf ab, auf dem ZKonto des ZEmpfängers eine **Buchung mit rückwirkender Wertstellung** vorzunehmen (Staudinger/*Omlor* Rn 18; MüKo/*Zetzsche* Rn 39). Führt das im Valutaverhältnis dazu, dass eine Geldschuld erst verspätet beglichen wird, und entsteht dem Zahler daraus ein weiterer Verzugs- oder Folgeschaden, dann ist der Rückgriff auf § 280 geboten, weil diese Schäden nicht von Abs III erfasst werden (MüKo/*Zetzsche* Rn 40; Staudinger/*Omlor* Rn 19; Grü/*Grüneberg* Rn 12). Zugrunde liegt die dem ZdLeister gebotene Beachtung der ohnedies kurzen Ausführungsfristen (§ 675s). Die Verantwortung für deren Versäumung kann nach Abs III entweder in der Sphäre des ZdLeisters des ZEmpfängers oder in der des ZdLeisters des Zahlers liegen. Es kann also sein, dass der ZBetrag nicht rechtzeitig beim ZdLeister des ZEmpfängers eingegangen ist oder dass der Betrag erst entgegen der Regel des § 675t **verspätet** dem ZdLeister des ZEmpfängers **verfügbar gemacht** wurde (MüKo/*Zetzsche* Rn 41). Konstruktiv überzeugt im Verhältnis zw Zahler und seinem ZdLeister der Lösungsansatz, für die Frage der Verspätung die Geschäftstag-Regel des § 675s (BGH WM 2017, 1017) als Fristsetzung zu werten, so dass keine weitere Mahnung erforderlich ist, um die Verzugsfolgen des Abs III S 2 eintreten zu lassen (BeckOGK/*Köndgen* Rn 65), zumal die Abwicklung der Transaktionen (etwa auch beim SEPA-Instant Payment) stets höchst eilbedürftig ist. Voraussetzung für das Eingreifen dieser Sanktion ist dabei stets, dass der auf Grund des ausgeführten ZAuftrags geschuldete Geldbetrag verspätet ausgeführt wurde, was begrifflich ein vollständiges Ausbleiben iSv Unmöglichkeit naturgemäß ausschließt; dieser Fall würde von Abs I erfasst, weil es dann eine „nicht erfolgte" Ausführung des ZAuftrags ist. Des Weiteren ist zu unterstreichen, dass **Abs III S 1** wegen der **unterschiedlichen Rechtsfolgen** streng ggü den Fällen abzugrenzen ist, welche **Abs I mit seinen Kategorien „nicht ausgeführt" und „fehlerhaft" ausgeführt** im Auge hat. Dabei kann vor allem die Markierung der Grenze ggü dem Tatbestand eines „nicht" ausgeführten ZAuftrags ggü einem nur verspätet durchgeführten ZAuftrag schwierig sein. Das Abstellen auf die Frage, ob eine **„Nichtausführung innerhalb der gesetzl Ausführungsfrist"** vorliegt (BeckOGK/*Köndgen* Rn 29; MüKo/*Zetzsche* Rn 42), kann daher als Antwort und Leitlinie dienen, um den Anwendungsbereich zu bestimmen. Ein Rückgriff auf die Vorstellungen des nationalen Leistungsstörungsrechts, vor allem in der Abgrenzung zw Unmöglichkeit und Verzug als einer nachholbaren Leistung hilft hier nicht unbedingt weiter, zumal wenn man ins Auge fasst, dass bei einer idR vorhandenen Vollautomatisierung (Online-Banking) der Tatbestand der Unmöglichkeit wohl nur noch denkerisch vorkommt, kaum aber in der Praxis. Zielführender dürfte es sein, eine andere Trennlinie zu ziehen (BeckOK/*Schmalenbach* Rn 7), ob nämlich der Zahler bereits von einem ZdLeister Erstattung nach Abs I S 1 und S 2 geltend gemacht und auch erhalten hat. Unterhalb dieser zeitl Schwelle liegen daher die von Abs III als Verspätung erfassten und so auch zu behandelnden Sachverhalte. Es erscheint nicht unangemessen, dem Anspruchsberechtigten die Antwort in die Hand zu geben, ob er den Weg über Abs I oder über Abs III wählt. Im Blick auf eine vereinbarte Haftungsbegrenzung iHv 12 500 € sind beide Wege der gegen den ZdLeister gerichteten Haftungsansprüche ohnehin über § 675z S 2 miteinander verkoppelt. 22

b) Haftungsfolge. Die Berechtigung für die Geltendmachung eines **Anspruchs aus Verspätung** liegt nach **Abs III S 2** beim ZdLeister des Zahlers (MüKo/*Zetzsche* Rn 43). Der Anspruch richtet sich gegen den ZdLeister des ZEmpfängers (BT-Drs 18/11495, 172), was damit zusammenhängt und auch vom Gesetzgeber so erklärt wird, dass der ZdLeister des Zahlers praktisch für den Zahler auftritt. Wie diese Rechtsfigur das Abs III S 2 dogmatisch zu erfassen ist, ist ungeklärt (BeckOGK/*Köndgen* Rn 71 – gesetzl Stellvertretung/Prozessstandschaft für den Zahler), aber praktisch nur von begrenztem Erkenntniswert. **Wirtschaftlich** kommt jedenfalls der Wiedergutmachungsanspruch – Gutschrift/Wertstellung – dem ZKonto des Zahlers zugute (MüKo/*Zetzsche* Rn 44f; Grü/*Grüneberg* Rn 10): Der ZEmpfänger muss gezahlte Sollzinsen oder erhaltene Habenzinsen erstatten (BT-Drs 23

18/11495, 172; Staudinger/*Omlor* Rn 18). Dieser – sachlich limitierte – Erstattungsanspruch zielt nämlich darauf ab, dass der ZdLeister des ZEmpfängers verpflichtet wird, die Gutschrift auf dem ZKonto des ZEmpfängers so vorzunehmen, als wäre der ZAuftrag – rückwirkend – ordnungsgemäß und damit auch rechtzeitig (§ 675s) durchgeführt worden (Grü/*Grüneberg* Rn 10; MüKo/*Zetzsche* Rn 43. Die Wertstellung der durchzuführenden Gutschrift (§ 675t) muss also – **rückwirkend** – auf den Tag vorgenommen werden, an welchem (Geschäftstagprinzip) – hypothetisch – die betreffende „Pull"-Zahlung iS eines Erfolges hätte ausgeführt sein müssen (BeckOK/*Schmalenbach* Rn 15). Dabei gilt es im Blick auf **Abs III S 2** auch zu beachten, dass die an den ZdLeister des Zahlers gerichtete **Konzentration der Haftung** (MüKo/*Zetzsche* Rn 44) auch dann eingreift, wenn die Ursache für die eingetretene Verspätung nicht von ihm selbst (Grü/*Grüneberg* Rn 11), sondern vom ZdLeister des Zahlers oder einer zwischengeschalteten Stelle verursacht worden ist (BT-Drs 18/11495, 172). Das ist aber i Erg ohne weiteren Belang, weil insoweit Ausgleichsansprüche nach § 676a zum Zuge kommen (§ 676a Rn 2ff).

24 Die **sachlich und inhaltlich begrenzte Haftungsfolge** von **Abs III S 2** wirft die Frage auf, wie dieser – zusätzl neben S 1 bestehende – Anspruch des ZdLeisters des Zahlers gegen den ZdLeister des ZEmpfängers einzuordnen ist (Grü/*Grüneberg* Rn 11). In der Sache ist dies ein Haftungsdurchgriff auf den ZdLeister des ZEmpfängers/Gläubigers (BeckOGK/*Köndgen* Rn 72ff). Zudem stellt sich die Frage, ob nach nationalem Recht weitergehende Ansprüche – sowohl nach S 1 als auch nach S 2 – geltend gemacht werden können (MüKo/*Zetzsche* Rn 40), sofern sie sich aus dem Gesichtspunkt des **Verzugs** ergeben. Der Gesetzgeber steht hier auf dem Standpunkt, dass ein **weitergehender**, von Abs III S 2 nicht abgedeckter **Schaden** über § 280 II zu erstatten ist (BeckOK/*Schmalenbach* Rn 16; BT-Drs 18/11495, 171f). Dem ist zu folgen. Das soll etwa dann der Fall sein, wenn der ZEmpänger infolge eines verspäteten Erhalts des Geldbetrages keine Deckung auf seinem ZKonto besitzt, um Verbindlichkeiten ggü einem Dritten zu begleichen. Dann wäre dieser Schaden nach § 280 II zu ersetzen, allerdings nur im Rahmen einer **verschuldensabhängigen Haftung**. In der **Praxis** dürfte das Problem über § 675z S 2 erheblich eingeschränkt sein, weil danach die Haftung eines ZdLeisters ggü einem ZdNutzer – ausgenommen idR im Fall von Vorsatz und grober Fahrlässigkeit – auf einen Betrag von **12 500 €** beschränkt werden kann (§ 675z Rn 4ff). IÜ ist darauf hinzuweisen, dass die nicht rechtzeitige Gutschrift eines Geldbetrages im **Valutaverhältnis** nach der Rspr des BGH nicht zu den vom Zahlungsschuldner geschuldeten Leistungshandlungen zählt (vgl Karlsruhe WM 2014, 1427), sondern nur die rechtzeitige Erstellung und Übersendung des ZAuftrags an den ZdLeister des Zahlers (BGH NJW 2017, 1596 Rn 23 – Mietzahlung).

25 **c) Einschaltung eines Zahlungsauslösedienstleisters.** Nach **Abs III S 3** gilt das Gleiche, was bereits in Abs I S 3 (Rn 15) angesprochen worden ist: Wird ein ZAuslösedienstleister eingeschaltet, um den ZAuftrag auszuführen, dann trifft in diesem Fall die Pflicht zur rückwirkenden Berichtigung (Wertstellung) iSv Abs III S 1 den kontoführenden ZdLeister des Zahlers.

26 **d) Beweislastregel.** Genauso wie Abs I S 5 (Rn 17) enthält auch **Abs III S 4** spiegelbildlich eine Beweisregel: Weist der ZdLeister des Zahlers nach, dass der ZBetrag rechtzeitig beim ZdLeister des ZEmpfängers eingegangen ist, entfällt die Haftung. Es ist auch hier von einer **Beweislastumkehr** zum Nachteil des ZdLeisters des Zahlers auszugehen.

27 **8. Ansprüche bei verspäteten „Pull"-Zahlungen. a) Ausgangspunkt.** Inb diesen Fällen kommt es nach **Abs IV S 1** maßgebend darauf an (BeckOK/*Schmalenbach* Rn 17), ob der vom oder über den ZEmpfänger ausgelöste ZVorgang verspätet übermittelt worden ist (Grü/*Grüneberg* Rn 134; MüKo/*Zetzsche* Rn 50, BT-Drs 18/11495, 173), sodann als weitere Konsequenz der ZBetrag nicht rechtzeitig auf dem ZKonto des ZEmpfängers gutgeschrieben worden ist (MüKo/*Zetzsche* Rn 50). Bei **Kartenzahlungen** hat der ZdLeister des ZEmpfängers (Vertragsunternehmen) den ZAuftrag verspätet an den ZdLeister des Zahlers vorgenommen (*Ellenberger* in E/F/N/B Rn 27). Hier können **drei Ursachen** in Betracht kommen: (1) der ZdLeister des Zahlers hat den ZAuftrag nicht rechtzeitig übermittelt (*Ellenberger* in E/F/N/B Rn 28); (2) der ZdLeister des ZEmpfängers, der bei einer „Pull"-Zahlung diese auslösen muss (Lastschrift – BeckOGK/*Köndgen* Rn 77ff), hat den ZAuftrag aber nicht rechtzeitig übermittelt (§ 675 II; MüKo/*Zetzsche* Rn 50); (3) der ZBetrag ist nicht rechtzeitig auf dem ZKonto des ZEmpfängers gutgeschrieben worden (§ 675t I – *Ellenberger* in E/F/N/B Rn 30). Der sich als Rechtsfolge einer Verspätung ergebende Anspruch – **S 1** – ist darauf gerichtet, dass der ZdLeister des ZEmpfängers die Gutschrift auf seinem ZKonto so vornimmt, als sei der ZBetrag ordnungsgemäß ausgeführt worden. Das bedeutet, dass die Wertstellung für den Geschäftstag vorzunehmen ist, an dem der ZBetrag bei ordnungsgemäßer Ausführung des ZAuftrags auf dem ZKonto des ZEmpfängers gutgeschrieben worden wäre (MüKo/*Zetzsche* Rn 52). Das bedeutet – wie stets – dass entgangene Habenzinsen zu erstatten und gezahlte Sollzinsen zurückzubuchen sind, und zwar zinsneutral auf den betreffenden Geschäftstag.

28 **b) Rechtzeitige Übermittlung. Abs IV S 2** legt fest, dass der ZdLeister des ZEmpfängers **nachweisen** kann, dass er den ZAuftrag rechtzeitig an den ZdLeister des Zahlers übermittelt hat. Trifft dies zu, dann liegt – gesetzl Vermutung – die Ursache in der Sphäre des ZdLeisters des Zahlers, so dass dieser verpflichtet wird, den ungekürzten Geldbetrag dem Zahler zu erstatten, und zwar so, dass die Gutschrift auf den Tag wertgestellt wird, an dem der ZAuftrag ordnungsgemäß ausgeführt worden wäre (MüKo/*Zetzsche* Rn 56). MaW: Das Datum der vorzunehmenden Wertstellung muss mindestens der Geschäftstag sein, an dem der ZBetrag bei ordnungsgemäßer Ausführung des ZAuftrags auf dem ZKonto des ZEmpfängers eingegangen und damit auch gutgeschrieben worden wäre (BT-Drs 18/11495, 174). Aus Sicht des Zahlers liegt in diesem Fall eine fehlerhafte Ausführung des ZAuftrags vor, so dass Abs IV S 2 auf Abs I S 1 und S 2 verweist und in der Sache einen Erstattungsanspruch des Zahlers gegen seinen ZdLeister begründet ist (Art 75 II UAbs 3 ZdRL).

c) Kein Erstattungsanspruch. Nach der Anordnung von **Abs IV S 3** gilt jedoch diese Rechtsfolge im Blick auf einem dem Zahler zustehenden Erstattungsanspruch dann nicht (MüKo/*Zetzsche* Rn 57), wenn der ZdLeister des Zahlers **nachweist**, dass der ZBetrag nur verspätet auf dem Verrechnungskonto des ZdLeisters des ZEmpfängers eingegangen ist (BT-Drs 18/11495, 174). Da im Ergebnis, wenngleich verspätet, der ZBetrag beim ZdLeister jedoch eingegangen ist und dieser dann auch in der Lage war, den ZBetrag dem ZKonto des ZEmfpängers gutzuschreiben, bestimmt **Abs IV S 4**, dass dann der ZdLeister des ZEmpfängers verpflichtet ist, den ZBetrag **wertstellungsmäßig** dem ZKonto des ZEmpfängers gutzubringen (MüKo/*Zetzsche* Rn 52). Folglich sind auch hier entgangene Habenzinsen zu erstatten und berechnete Sollzinsen wertstellungsmäßig – bezogen auf den Tag des hypothetischen Wertstellungstermins – zu berichtigen. Die Besonderheit der in **S 4** angeordneten Rechtsfolge mit der **Konzentration des Erstattungsanspruchs** auf die Person des ZdLeisters des ZEmpfängers besteht zunächst darin, dass nur der ZdLeister des ZEmpfängers in die Pflicht genommen wird, und zwar auch dann, wenn die Verspätung vom ZdLeister des Zahlers oder einer zwischengeschalteten Stelle verursacht worden war (*Ellenberger* in E/F/N/B Rn 31; BT-Drs 18/11495, 174). **Korrigiert** wird dieses Ergebnis über § 676a, weil danach ein Ausgleichsanspruch besteht, soweit die Ursache für eine „Haftung“ nach § 675y von einem anderen ZdLeister oder einer zwischengeschalteten Stelle verursacht worden ist (§ 676a Rn 4). 29

9. Fehlerhafte Kundenkennung – Ausführung eines Zahlungsauftrags. a) Kein Bestehen von Ansprüchen. 30
Abs V S 1 bestimmt, dass immer dann keine Ansprüche des ZdNutzers gegen den ZdLeister nach Abs I S 1 und 2 sowie nach Abs II S 2 bestehen, soweit der betreffende ZAuftrag in Übereinstimmung mit der vom ZdNutzer angegebenen – fehlerhaften – Kundenkennung ausgeführt worden ist (EuGH EuZW 2019, 351; Staudinger/*Omlor* Rn 38; BeckOGK/*Köndgen* Rn 83ff). Wird also ein ZVorgang anhand einer Kundenkennung iSv § 675r ausgeführt, ist es gleichgültig, ob diese vom Zahler oder vom ZEmpfänger in fehlerhafter Weise verwendet wird. Denn der ZdLeister ist stets berechtigt, sich ausschließlich an der Kundenkennung zu orientieren; die den ZVorgang und seine Ausführung beherrschenden Pflichten reichen nicht weiter als die strikte Observanz der jew Kundenkennung (§ 675r Rn 3ff). Diesen Zusammenhang greift Abs V auf (BT-Drs 19/11495, 175). Die Vorschrift knüpft als Haftungsfreizeichnungstatbestand logisch an § 675r I an, weil eine fehlerhafte Kennung nicht bewirkt, dass der erteilte ZAuftrag fehlerhaft/mangelhaft iSv Abs I S 1 ausgeführt wird (Grü/*Grüneberg* Rn 16). Dogmatisch kann man darin auch eine rechtshindernde Einwendung gegen den Erstattungsanspruch des Zahlers sehen (BeckOGK/*Köndgen* Rn 83). Zwangsläufig ist aber die Rechtslage eine andere, wenn die fehlerhafte Kundenkennung nicht vom ZdNutzer, sondern vom ZdLeister zu vertreten ist, weil er etwa dem ZdNutzer eine fehlerhafte Kundenkennung zugewiesen hat. Die vom Zahler verursachte fehlerhafte Kundenkennung ist allemal für das Valutaverhältnis schädlich, weil ein so bearbeiteter ZVorgang zwangsläufig dazu führt, dass ein nicht berechtigter Empfänger de ZBetrag erhält oder dass der ZVorgang – mangels hinreichender Zuordnungsmöglichkeit – scheitert. Ob das eine oder das andere der Fall ist, ist für die Anwendbarkeit von Abs V S 1 gleichgültig.

b) Rechtsfolgen. Anknüpfend an die vom ihm herrührende und vom ihm verursachte fehlerhafte, aber **kohärente Kundenkennung** stellt **Abs V S 1** sicher (BeckOGK/*Köndgen* Rn 85), dass in diesen Fällen – bezogen auf das **Deckungsverhältnis** – der ZdNutzer keinen Anspruch gegen seinen ZdLeister auf Erstattung hat (MüKo/*Zetzsche* Rn 60). Auch soweit als Folge einer fehlerhaften Kundenkennung eine Belastungsbuchung iSv Abs I S 1 vollzogen wurde, besteht kein Anspruch des Zahlers auf Wiedergutmachung. Erfasst werden hier sowohl die vom Zahler nach Abs I S 1 ausgelösten ZVorgänge wie auch die vom ZEmpfänger nach Abs II S 1 ausgelösten ZVorgänge. Es fügt sich in dieses Bild, dass auch der in Abs II S 2 vorgesehene Erstattungsanspruch des Zahlers gegen seinen ZdLeister hier nicht zum Zuge kommt. Insoweit ist allerdings Abs V S 1 nur mit einer klarstellenden Funktion ausgestattet, weil es nach S 1 immer nur um einen Sachverhalt geht, in dem eine vom ZdNutzer herrührende fehlerhafte Kundenkennung Ursache für etwaige Ansprüche des ZdNutzers ggü dem ZdLeister ist und der ZAuftrag iÜ in Konkordanz mit eben dieser – fehlerhaften – Kundenkennung, also entspr der insoweit fehlerhaften Weisung des Zahlers bzw des ZEmpfängers ausgeführt wurde. 31

c) Wiederbeschaffungspflicht. **Abs V S 2** verpflichtet den ZdLeister des Zahlers, sich auf dessen Verlangen **„im Rahmen seiner Möglichkeiten darum zu bemühen“** (hierzu BeckOGK/*Köndgen* Rn 92f), den Geldbetrag wiederzuerlangen (Staudinger/*Omlor* Rn 41; BT-Drs 18/11495, 175), der Gegenstand des (gescheiterten) ZVorgangs war. Es ist eine Wiederbeschaffungspflicht, allerdings nur im Rahmen einer **Bemühensregel**, die daher auch nicht erfolgsbezogen ist (MüKo/*Zetzsche* Rn 62; Grü/*Grüneberg* Rn 16). In diesem Verlangen liegt zunächst ein besonderer Auftrag an den ZdLeister (BeckOGK/*Köndgen* Rn 92), den man aber auch als Weisung iRd ZdRahmenvertrages begreifen kann, ohne dass daraus praktische Unterschiede abzuleiten wären. Nach Auffassung des **Gesetzgebers** (BT-Drs 16/11643, 117) besteht hier eine „verhältnismäßig hohe Schwelle“, was der ZdLeister insoweit alles zu tun verpflichtet ist. Die eingeforderten Aktivitäten müssen daher schon zielführend sein (BeckOGK/*Köndgen* Rn 92), weil **objektive Kriterien** maßgebend sind (Staudinger/*Omlor* Rn 40). Gesetzl ist hier eine Beschränkung zu beachten, weil diese Bemühenspflicht nur **im Rahmen der Möglichkeiten des ZdLeisters des Zahlers** in Geltung gesetzt werden soll (Staudinger/*Omlor* Rn 41). Welche Maßnahmen insoweit zu ergreifen sind, wird nicht gesagt (MüKo/*Zetzsche* Rn 62). Nach Auffassung des Gesetzgebers fordert die Erfüllung dieses Tatbestandselements vom ZdLeister des Zahlers, dass dieser dem ZdLeister des ZEmpfängers als erstes mitteilt, dass eine fehlerhafte Kundenkennung verwendet wurde (BT-Drs 16/11643, 117), so dass dieser in der Lage ist, eine **Stornobuchung** – vorausgesetzt, die rechtl Voraussetzungen sind dafür gegeben – vorzunehmen (vgl Grü/*Grüneberg* Rn 16). Wesentlich ist aber die Pflicht des ZdLeisters, im Rahmen des gesetzl Zulässigen alles zu tun, um die Ausführung des ZVorgangs zu stoppen, womit vor allem der Interbankenverkehr (zwischengeschal- 32 tete Stellen) betroffen sein dürfte. Man wird auch nicht zögern dürfen, den ZdLeister des Zahlers als verpflichtet anzusehen, den ZdLeister des ZEmpfängers unverzüglich zu unterrichten, um den ZBetrag von dort, soweit technisch noch möglich (MüKo/*Zetzsche* Rn 62), zurückzuholen (Grü/*Grüneberg* Rn 16).

33 Insofern ist es von praktischer Wichtigkeit, dass **Abs V S 3** – neu (Umsetzung von Art 88 III ZdRL) – nunmehr auch den ZdLeister des ZEmpfängers verpflichtet, dem Zahler auf schriftlichen Antrag (Auskunftsverlangen) hin alle Informationen zur Verfügung zu stellen, welche für die Wiedererlangung des ZBetrages erforderlich sind (BeckOGK/*Köndgen* Rn 93). Seiner dogmatischen Struktur nach handelt es sich hier um einen Auskunftsanspruch (Grü/*Grüneberg* Rn 16). Das Merkmal der Erforderlichkeit ist an dem Ziel des Zahlers auszurichten, den ZBetrag zurückzuerhalten. Dieser ist nämlich im Zweifel als Folge der fehlerhaften Kundenkennung an einen falschen ZEmpfänger gelangt und dessen ZKonto möglicherweise auch bereits gutgeschrieben. Die wichtigste Information im Rahmen von Abs V S 3 ist hier sicherlich die Mitteilung der Anschrift des ZEmpfängers, damit der Zahler so in die Lage versetzt wird, einen Bereicherungsanspruch nach den §§ 812ff geltend zu machen (BT-Drs 18/11495, 175).

34 **d) Unmöglichkeit der Wiedererlangung.** Nach **Abs V S 4** ist der ZdLeister des Zahlers verpflichtet, dem Zahler auf dessen **schriftlichen Antrag** alle Informationen mitzuteilen, die bei ihm verfügbar und in seinem Besitz sind (BeckOGK/*Köndgen* Rn 96). Ziel dieser Regelung ist es, dass der Zahler seinen Anspruch auf Erstattung des ZBetrages geltend machen kann. Auch hier handelt es sich um einen **Auskunftsanspruch**, der gegen den ZdLeister des Zahlers gerichtet ist; doch schließt er notwendigerweise auch all die Informationen ein, welche der ZdLeister des ZEmpfängers nach Abs V S 3 dem ZdLeister des Zahlers bereits mitgeteilt hat. Dieser umfassende Auskunftsanspruch gegen den ZdLeister des Zahlers setzt aber voraus, dass die Bemühungen um die Wiederbeschaffung des fehlgeleiteten ZBetrages nicht von Erfolg gekrönt waren; es muss insoweit der Tatbestand der Unmöglichkeit vorliegen. Diesen wird man dann als erfüllt ansehen dürfen, wenn der ZdLeister des ZEmpfängers mitteilt, dass er den ZBetrag von seinem Verrechnungskonto abgebucht und auf dem ZKonto eines Dritten gutgeschrieben hat. Sofern diese nach Abs V S 3 mitzuteilende Information weiterhin einschließt, dass der ZEmpfänger nicht bereit ist, den ZBetrag von sich aus zurück zu überweisen, dann, aber erst dann wird man von einer Unmöglichkeit der Wiedererlangung iSv Abs V S 4 ausgehen dürfen. Erst dann kann der Zahler ggü dem tatsächlichen ZEmpfänger seinen Anspruch auf Erstattung des ZBetrages geltend machen. Das nach Abs V S 2 bis 4 vorab zu durchlaufende Verfahren der Wiedererlangung des ZBetrages, einschl seiner Rückholung durch den ZdLeister des Zahlers ist also tatbestandliche Voraussetzung für den vom Zahler geltend zu machenden Erstattungsanspruch. Diese Sequenz von Maßnahmen beruht auf dem einleuchtenden Gedanken, dass der Zahler zur eigenständigen Geltendmachung des ihm zustehenden Erstattungsanspruchs auf die verschiedenen Informationen angewiesen ist, welche ihm sein ZdLeister (S 2) und der ZdLeister des ZEmpfängers (S 3) im Rahmen eines Auskunftsbegehrens an die Hand geben können und auch sollen.

35 **e) Entgeltregelung.** Aus **Abs V S 5** folgt, dass der ZdLeister des Zahlers berechtigt ist, im ZdRahmenvertrag zu bestimmen (MüKo/*Zetzsche* Rn 66, Staudinger/*Omlor* Rn 46), dass er berechtigt ist, für seine Bemühungen um die Wiederbeschaffung des – fehlgeleiteten – ZBetrags innerhalb des **Deckungsverhältnisses** (Staudinger/*Omlor* Rn 46) ein Entgelt zu verlangen. Diese Regelung deckt sich mit Art 88 IV 3 ZdRL. Damit ist gleichzeitig – bezogen auf die Bemühenspflicht zur Wiedererlangung des fehlgeleiteten ZBetrags – ein **Äquivalenzverhältnis** begründet. Es geht um die **Herbeiführung des Erfolgs** iSd Wiederbeschaffungsmühens (Staudinger/*Omlor* Rn 47 – auf den tatsächlichen Erfolg abstellend, geprägt durch unionsrechtl Erwägungen; MüKo/*Zetzsche* Rn 66 – kein Entgelt für die blosse Tätigkeit; aM BT-Drs 18/11495, 175). Die Entgeltpflicht ist hier abw von § 675f IV 2 gestattet (BeckOGK/*Köndgen* Rn 97). Entgeltpflichtig sind nur die Tätigkeiten des ZdLeisters des Zahlers nach Maßgabe von Abs V S 2 bis 4. Daraus ist aber abzuleiten, dass nach Abs V S 3 auch der **ZdLeister des ZEmpfängers** berechtigt ist, in dem zw beiden bestehenden ZdRahmenvertrag ein Entgelt etwa auch für die **Mitteilungen der Informationen** zu fordern, welche für die Wiedererlangung des ZBetrages erforderlich sind. Daraus darf freilich nicht im Umkehrschluss gefolgert werden: Sofern kein Entgelt im ZdRahmenvertrag vereinbart ist, reduziert sich die Wiederbeschaffungspflicht des ZdLeisters des Zahlers nach Abs V S 2 auf Null. Eine solche Argumentation würde nämlich als abw Vereinbarung gem § 675e I zu werten sein, weil sie i Erg zum Nachteil des ZdNutzers ausschlägt. Mehr noch: Abs V S 5 lässt nur zu, dass die Tätigkeit der jeweiligen ZdLeister nach Abs V S 2–4 abgegolten werden (MüKo/*Zetzsche* Rn 66). Das wird man so verstehen müssen, dass das Entgelt nur die Kosten der Beschaffung der erforderlichen Informationen umfassen darf; Gemeinkostenzuschläge sind nicht erfasst. Es handelt sich nur um die Kompensation von Einzelkosten, die verursachergerecht entstanden sind und von der Entgeltregelung von S 5 betroffen sind. Dies muss die Klauselgestaltung in transparenter Weise (§ 307 I 2) widerspiegeln. Der zu beachtende Kostenrahmen wird über § 307 II Nr 1 gegen überzogene Entgeltforderungen geschützt.

36 **10. Pflicht zur Erstattung von Zinsen und Entgelten. a) Weiterreichende Ansprüche.** Voraussetzung für einen weitergehenden Anspruch des ZdNutzers – gerichtet auf die Erstattung von Entgelten und Zinsen – ist (vgl **Abs VI**), dass der ZdLeister für eine nicht erfolgte oder fehlerhafte Ausführung eines ZAuftrags gem Abs I und II haftet (MüKo/*Zetzsche* Rn 67). So gesehen erweitert Abs VI die Ansprüche nach Abs I und II, setzt aber gleichzeitig deren Bestehen voraus (Grü/*Grüneberg* Rn 17). Diese Ansprüche nach Abs I S 1 und 2 sowie nach Abs II S 2 bestehen allerdings dann nicht, wenn der ZdNutzer – gleichgültig, ob Zahler oder ZEmpfänger – eine fehlerhafte **Kundenkennung** angegeben hat, die der Ausführung des ZAuftrags zugrunde gelegt wurde (Rn 30). Gleichzeitig geht Abs VI davon aus, dass bei einer mangelhaften Ausführung eines ZAuftrags im Rahmen von Abs V S 1

keine Ansprüche auf Entgelt oder Zinsen bestehen (BeckOGK/*Köndgen* Rn 99f). Wenn aber der ZdLeister zur Durchführung oder zur Entgegennahme eines ZAuftrags iSv § 675f IV ein **Entgelt** verlangt hat, ist dieses dem ZdNutzer zu erstatten (BeckOGK/*Köndgen* Rn 99 – Transaktionsentgelt), soweit es im Zusammenhang mit der nicht erfolgten oder fehlerhaften Ausführung des ZVorgangs entweder dem ZdNutzer in Rechnung gestellt oder seinem ZKonto **belastet** wurde. Erfasst werden hier alle Formen eines Entgelts; auch besteht kein Unterschied, ob es für eine Haupt- oder eine Nebenleistung des ZdLeisters zu entrichten ist (Grü/*Grüneberg* Rn 17). Das Gleiche gilt, soweit in diesem Zusammenhang **Zinsen** in Rechnung gestellt werden, was regelmäßig nur infolge der Belastungsbuchung beim Zahler – Sollzinsen – denkbar ist. Dabei ist zu beachten, dass der ZdLeister nicht berechtigt ist, unterschiedslos pro Buchung ein Entgelt zu fordern, weil dies nicht von Abs VI im Verkehr mit dem Verbraucher gedeckt ist (BGH NJW 2015, 1440). Eine so weit gefasste Klausel bezieht sich auch auf die Fälle des **Abs VI**, weil danach nur im Fall einer fehlerhaften oder nicht erfolgten Ausführung des ZVorgangs eine Erstattung des Entgelts vom Zahler gefordert werden kann. Über § 675e besteht auch eine sich auf den Individualvertrag erstreckende **Sperre gegen die Wirksamkeit** solcher umfassend gestalteten Klauseln (*Omlor* LSK 2015, 36809). Im **unternehmerischen Verkehr** gilt § 675e IV, wonach eine Abweichung von § 675y zulässig ist. Doch bleibt im Rahmen der AGB-Kontrolle zu erwägen, ob nicht § 675y insoweit die Funktion eines „Leitbildes" nach § 307 II Nr 1 übernimmt, wofür Einiges spricht (*Omlor* LSK 2015, 36809).

b) Valutaverhältnis. Die Gesetzesbegr für die jetzt in **Abs VI** (nicht mehr Abs IV) Gesetz gewordene Fassung 37
betont ausdrückl (BT-Drs 16/11643, 118), dass Ansprüche zw Zahler und ZEmpfänger – etwa gerichtet auf Ersatz von Verzugszinsen – nicht von Abs VI erfasst sind (BeckOGK/*Köndgen* Rn 99). Danach sind weitergehende finanzielle Entschädigungen, die zw dem ZdNutzer und seinem ZdLeister in Betracht kommen, kollisionsrechtl nach dem jew anwendbaren nationalen Recht zu beurteilen (Grü/*Grüneberg* Rn 17; *Langenbucher* in L/B/S Rn 17). Dies wird auch durch § 675z S 1 klargestellt, weil die abschließende Regelung in § 675y nur insoweit Anwendung findet, als es sich um dort geregelte Ansprüche des ZdNutzers ggü seinem ZdLeister handelt.

aa) Habenzinsen werden nicht von Abs VI erfasst (Grü/*Grüneberg* Rn 17, BeckOGK/*Köndgen* Rn 99). Soweit 38
ein nicht erfolgter oder fehlerhaft ausgeführter ZAuftrag in Rede steht, hat nämlich der ZEmpfänger gegen seinen ZdLeister einen Anspruch darauf, dass ihm der Betrag, der Gegenstand des ZVorgangs ist, unverzüglich zur Verfügung gestellt wird und seinem ZKonto gutzubringen ist. Dieser Anspruch wird also von Abs I S 1 erfasst (Rn 6ff). Es geht hier um die valutamäßige Rückbuchung.

bb) Anspruch über § 675y hinausgehend. Soweit dem ZEmpfänger ein Schaden entstanden ist, der über dem 39
Anwendungsbereich von Abs I und II – bezogen auf das Valutaverhältnis – hinausreicht, ist die Haftungsgrenze für die Haftung des ZdLeisters von § 675z S 2 zu beachten (§ 675z Rn 3). Grds gilt dann eine Haftungsobergrenze von 12 500 €.

11. Nachvollziehen des Zahlungsvorgangs. Abs VII setzt die UAbs 4 von Art 75 I und II ZdRL I um: Wird 40
der ZAuftrag fehlerhaft oder überhaupt nicht durchgeführt, besteht ein **Auskunftsanspruch** (BT-Drs 16/11643, 118; BeckOGK/*Köndgen* Rn 100; MüKo/*Zetzsche* Rn 72; Staudinger/*Omlor* Rn 35): Auf Verlangen eines ZdNutzers ist der ZdLeister, dessen ZdNutzer die Zahlung ausgelöst hat – gleichgültig, ob dies der Zahler oder der ZEmpfänger ist – verpflichtet, den ZVorgang im Einz nachzuvollziehen und den ZdNutzer über das gefundene Ergebnis zu unterrichten. Voraussetzung ist hier, dass es sich um einen nicht oder fehlerhaft ausgeführten ZVorgang handelt, so dass eben die Fälle des Abs V – Kundenkennung entscheidet – oder die der verspäteten Ausführung hier nicht interessieren (Abs III). Dieser **Auskunftsanspruch** besteht allerdings **nicht**, wenn eine Zahlung wegen der falschen Angabe der IBAN an das Finanzamt von dort aus an einen unbekannten Dritten gelangt und der Zahler das Finanzamt nicht aufgefordert hat, den ZBetrag zurückzufordern (LG Frankfurt BeckRS 2018, 13113). Wenn der Zahler den ZAuftrag erteilt hat, ist – bezogen auf das **Deckungsverhältnis** – sein ZdLeister zur Erteilung dieser Auskunft verpflichtet. Ist hingegen der ZVorgang vom oder über den ZEmpfänger ausgelöst worden, ist insoweit das **Inkassoverhältnis** betroffen, so dass dann der ZdLeister des ZEmpfängers auskunftspflichtig ist. Das Gesetz verwendet in diesem Kontext das bislang gesetzestechnisch nicht benutzte Verb „nachvollziehen". Dies signalisiert, dass die Verpflichtung des jew ZdLeister darin besteht, das tatsächlich eingetretene Defizit in der Abwicklung des ZAuftrags zu ermitteln und den ZdNutzer auch hiervon in Kenntnis zu setzen. Die so Gesetz gewordene Nachforschungspflicht schließt naturgemäß auch eine Prüfpflicht ein, ob nämlich das „Nachvollziehen" des betreffenden ZVorgangs zu einem plausiblen Resultat geführt hat und damit die Ursachen klärt, welche für die Nichtausführung oder die fehlerhafte Ausführung des ZVorgangs verantwortlich sind. Ob das so ermittelte Defizit bei dem zur Auskunft verpflichteten ZdLeister, den zwischengeschalteten Stellen oder dem ZdLeister des ZEmpfängers (oder umgekehrt) liegt, ist gleich. Typologisch wird man diese Nachforschungspflicht **dienstvertragl gem §§ 675, 611ff** einordnen müssen: Der zur Nachforschung verpflichtete ZdLeister besorgt ein Geschäft im Interesse des ZdNutzers, doch ist er lediglich gehalten, die Einzelheiten aufzuspüren, die ursächlich dafür waren, dass der ZAuftrag entweder fehlerhaft oder gar nicht ausgeführt wurde. Von diesem Ergebnis ist der **anspruchsberechtigte** ZdNutzer zu unterrichten. In der Praxis spricht Einiges dafür, dass die Nachforschung des Anspruchs des ZdNutzers dem Zweck dient, den Wiedererlangungsanspruch gem Abs V vorzubereiten.

12. Bereicherungsrechtlicher Ausgleich. a) Frühere Rechtslage. Die früher geführte Debatte wurde im Rah- 41
men der §§ 812ff von den verschiedenen Fallkonstellationen beherrscht, die als „Anweisungsfälle" diskutiert wurden. Die Einzelheiten dieser nicht ganz unkomplizierten Materie (Grü/*Grüneberg* § 812 Rn 107) hat der BGH in NJW 2008, 2331 bestätigt. In der Rspr des BGH war insb anerkannt, dass die Vornahme einer Zahlung

durch einen ZdLeister – ohne Vorliegen einer entspr Autorisierung, weil die Überweisung (oder der Scheck) gefälscht oder verfälscht war – dem Zahler als Anweisendem nicht zuzurechnen ist, so dass dem ZdLeister ein unmittelbarer Bereicherungsanspruch ggü dem (nicht berechtigten) ZEmpfänger zusteht (BGH NJW 1994, 2357; NJW-RR 1990, 1200). Anders ist jedoch die Rechtslage, wenn der ZdLeister trotz des Widerrufs eines ZAuftrags diesen gleichwohl durchführt. In diesen Fällen muss sich der ZdLeister grds an den Zahler halten, weil der Mangel hier das Deckungsverhältnis betrifft (BGH NJW 2008, 2331, 2332; 1983, 2501). Etwas anderes gilt nur dann, wenn ausnahmsw dem ZEmpfänger der Widerruf bekannt war, so dass dann dem ZdLeister ein direkter Kondiktionsanspruch nach § 812 ggü dem ZEmpfänger zusteht (BGH NJW 2008, 2331, 2332; NJW 1987, 185).

42 **b) Neue Rechtslage.** Die Frage, ob die frühere Judikatur beibehalten werden kann (hierzu umfassend *Fornasier* AcP 212, 410ff; Staudinger/*Omlor* § 675z Rn 24ff; *Bartels* WM 2012, 1828), stellt sich aus zwei Ansätzen heraus: Nach § 675u steht dem Zahler immer dann, wenn es sich um einen nicht autorisierten ZVorgang nach § 675j I handelt, ein Erstattungsanspruch ggü dem ZdLeister zu (§ 675u Rn 2ff). Dieser ist verpflichtet, das ZKonto unverzüglich wieder in den Stand zu versetzen, auf dem es sich ohne Belastung mit dem nicht autorisierten ZBetrag befunden hätte (§ 675u Rn 9ff). Es besteht also ein Anspruch auf Erstattung und Wiedergutmachung. Führt indessen – das ist der zweite Ansatz – der ZdLeister einen ZAuftrag nicht oder nur fehlerhaft durch, kann der Zahler bei Angabe einer fehlerhaften Kundenkennung von seinem ZdLeister verlangen, dass er sich nach besten Kräften um die Wiedererlangung des ZBetrags bemüht, § 675y V 2. Beide Normen sind abschließend, wie sich aus § 675z S 1 ergibt. Daraus ergeben sich **neue Folgerungen** (**BGH** NJW 2015, 3093; offen gelassen noch BGH NJW 2015, 2725 Rn 18; LG Hannover ZIP 2011, 1406, 1407; Grü/*Grüneberg* § 675u Rn 3; Staudinger/*Omlor* § 675u Rn 17):

43 **aa) Bei fehlender Autorisierung.** Wenn man – wie hier (§ 675p Rn 4) – nicht nur den rechtzeitigen Widerruf nach § 675p, sondern auch die Anfechtung nach den §§ 119ff als Grund dafür heranzieht, dass eine Autorisierung des ZVorgangs iSv § 675u fehlt, ist die Rechtslage durch die **Sperrwirkung des § 675z S 1** vorgegeben (BGH NJW 2015, 3093; BeckOK/*Wendehorst* § 812 Rn 213; *Omlor* ZIP 2016, 558, 563; aM *Fornasier* AcP 212, 410, 431ff; *Dieckmann* WM 2015, 14, 17ff; *Müller* WM 2016, 809, 814): Dem ZdLeister steht im Rahmen von § 675u **kein Bereicherungsanspruch** nach § 812 ggü dem ZEmpfänger zu (Grü/*Grüneberg* § 812 Rn 107; *Kiehnle* NJW 2015, 3095, 3096 = Anm zu BGH NJW 2015, 3093; BGH NJW 2015, 2725 – offen lassend, aM BGH NJW 2008, 2331, 2332). Vielmehr steht bei fehlender Autorisierung – wegen der Kondiktionensperre zw ZdLeister und Zahler – (*Langenbucher* in L/B/S § 675u Rn 17ff; *Nobbe* in E/F/N/B § 675u Rn 19; *Bartels* WM 2012, 1828; *Winkelhaus* BKR 2010, 441) lediglich dem Zahler entweder nach § 675u S 1 ein Abwehranspruch ggü dem Begehren des ZdLeisters nach Erstattung der Aufwendungen zu oder der Zahler hat nach § 675u S 2 einen Anspruch auf Rückgängigmachung der Belastung ggü dem ZdLeister. Damit tritt eine **signifikante Änderung der Rechtslage** ein (BGH NJW 2015, 3093; *Belling/Belling* JZ 2010, 708ff; Grü/*Grüneberg* § 812 Rn 107; MüKo/*Zetzsche* § 675u Rn 30ff; aM Staudinger/*Omlor* § 675z Rn 7ff; wohl auch *Grundmann* WM 2009, 1109, 1116 – Anspruch des ZdLeisters gegen den ZEmpfänger). Ein ohne Autorisierung des Zahlers durchgeführter ZVorgang kann und darf dem Zahler nicht als Leistung zugerechnet werden (MüKo/*Zetzsche* § 675u Rn 30; Grü/*Grüneberg* § 812 Rn 107); es liegt keine Tilgungsbestimmung in Bezug auf das Valutaverhältnis zw Zahler und ZEmpfänger vor (BGH NJW 2015, 3093, 3095) und damit auch keine Erfüllungswirkung nach § 362. Da mithin keine Leistung des Zahlers vorliegt, besteht in diesen Fällen ein Anspruch wegen einer Nichtleistungskondiktion, der dem ZdLeister ggü dem ZEmpfänger zusteht (BGH NJW 2015, 3093, 3095). Wenn also ein ZAuftrag ohne die erforderliche Autorisierung des Zahlers durchgeführt wurde und zugunsten des Zahlers ein Anspruch auf Erstattung/Wiedergutmachung der Belastung seines ZKontos entsteht, liegt es nahe, dass der Zahler seinerseits vom ZdLeister verlangt, dass der ZBetrag nach § 675y III 2 wieder zurückgeholt wird. Es kann dann Zug um Zug so verfahren werden: Der ZdLeister erstattet, der Zahler verpflichtet sich, seinen Wiedererlangungsanspruch nach § 675y III 2 dem ZdLeister nach den §§ 398ff abzutreten (§ 255). Demggü ist iSd § 812 anzumerken, dass der Zahler mangels eines wirksamen ZAuftrags nichts erlangt hat, der ZEmpfänger hingegen hat durch die Zahlung keine Leistung des ZdLeisters auf sonstige Weise erlangt (BGH NJW 2015, 3093, 3095; *Bartels* WM 2010, 1828, 1831).

44 **bb) Fehlerhaft ausgeführter Zahlungsauftrag.** In der Lit wird allerdings geltend gemacht (*Belling/Belling* JZ 2010, 708, 710), dass immer dann, wenn keine dem Zahler zurechenbare, dh von ihm autorisierte Zahlung vorliegt, etwa wenn der ZdLeister einen **Widerruf** nicht beachtet hat, ein Bereicherungsausgleich zw dem ZdLeister und dem ZEmpfänger nach § 812 durchzuführen sei (BGH NJW 2015, 2275 – Widerruf einer Kontovollmacht: Bereicherungsausgleich zw ZdLeister und ZEmpfänger). Dieser Ausgangspunkt der Rspr ist wohl anzuerkennen (BGH NJW 2015, 3093 – § 675u). Geht man jedoch – durchaus am Ergebnis zweifelnd – davon aus, dass § 675y nach § 675z S 1 als abschließend zu bewerten ist, bezieht sich diese Festlegung auch auf den Anspruch des Zahlers ggü dem ZdLeister auf Wiedererlangung eines fehlerhaft durchgeführten ZAuftrags nach § 675y III 2 sowie auf § 675u. Das wird man durchgängig als zutreffend werten müssen. Im Fall eines Widerrufs hat also der ZdLeister des Zahlers keinen Anspruch auf Aufwendungsersatz. Dass sich der ZdLeister nur nach Kräften darum bemühen muss, den Betrag des fehlerhaft durchgeführten ZAuftrags zurückzuerhalten, steht dieser Einordnung nicht entgegen. Denn die gesamte Regelung von § 675y ist als abschließend zu werten. Und Art 76 ZdRL I gestattet lediglich, solche weitergehenden – nationalen – Regelungen für anwendbar zu erklären, die auf eine „finanzielle Entschädigung“ gerichtet sind. Dazu aber zählen die Ansprüche nach den §§ 812ff nicht. Hinzu tritt die Erwägung, dass auch § 675y III 2 durchaus als **einklagbarer Anspruch** ausgestaltet ist, weil die Norm von ei-

nem entspr Verlangen des Zahlers spricht (Rn 33; 40). Damit steht die praktische Funktion dieser Norm nicht hinter § 812 zurück, der insoweit verdrängt wird. Wenn aber die Nachforschung des ZdLeisters nicht zum Erfolg, dh zur Rückzahlung des Zahlbetrags führt, dann bleibt dem Zahler keine andere Alternative: Er muss sich dann auf den Weg machen und einen Kondiktionsanspruch nach § 812 unmittelbar gegen den ZEmpfänger durchzusetzen versuchen, auch wenn er im Zweifel gar nicht weiß, an wen der Betrag tatsächlich ausgezahlt worden ist. Denn der falsche Empfänger ist bei Beachtung der Kennung im Rahmen von § 675y III zum richtigen Empfänger geworden (*Bitter* WM 2010, 1725, 1728). Eine Pflicht des ZdLeisters, nach § 812 vorzugehen, besteht dann freilich nicht.

13. Drittstaatenbezug. Nach **Abs VIII** gilt: Wenn eine Transaktion iSv § 675d IV 1 Nr 1 lit b vorliegt – hier sind mehrere ZdLeister an dem ZVorgang beteiligt, von denen mindestens einer innerhalb und mindestens einer außerhalb des EWR belegen ist („one-leg-transaction" – Grü/*Grüneberg* Rn 19) –, dann sind die Regeln des Abs I–IV nicht anwendbar, soweit der ZVorgang sich auf die innerhalb des EWR getätigten Bestandteile des ZVorgangs bezieht. Die gesetzgeberische Begründung: In diesen Fällen bestehen nur geringe Aussichten, Ausgleichsansprüche wegen eines nicht ordnungsgemäß durchgeführten ZVorgangs gegen einen außerhalb des EWR belegenen ZdLeister durchzusetzen (BT-Drs 18/11495, 175). An die Stelle der abbedungenen Regeln der Abs I–IV treten dann ergänzend die allg nationalen Regeln, hier: die der §§ 675ff, allerdings nur für die Bestandteile, welche innerhalb des Geltungsbereichs des EWR realisiert werden. Für die außerhalb des Geltungsbereichs des EWR belegenen Bestandteile gilt die Rechtsregel des § 675e II Nr 1 (BT-Drs 18/11495, 176); die Abdingbarkeit beruht in diesen Fällen auf § 675e II Nr 2. 45

§ 675z Sonstige Ansprüche bei nicht erfolgter, fehlerhafter oder verspäteter Ausführung eines Zahlungsauftrags oder bei einem nicht autorisierten Zahlungsvorgang

Die §§ 675u und 675y sind hinsichtlich der dort geregelten Ansprüche eines Zahlungsdienstnutzers abschließend. Die Haftung eines Zahlungsdienstleisters gegenüber seinem Zahlungsdienstnutzer für einen wegen nicht erfolgter, fehlerhafter oder verspäteter Ausführung eines Zahlungsauftrags entstandenen Schaden, der nicht bereits von § 675y erfasst ist, kann auf 12 500 Euro begrenzt werden; dies gilt nicht für Vorsatz und grobe Fahrlässigkeit, den Zinsschaden und für Gefahren, die der Zahlungsdienstleister besonders übernommen hat. Zahlungsdienstleister haben hierbei ein Verschulden, das einer zwischengeschalteten Stelle zur Last fällt, wie eigenes Verschulden zu vertreten, es sei denn, dass die wesentliche Ursache bei einer zwischengeschalteten Stelle liegt, die der Zahlungsdienstnutzer vorgegeben hat. In den Fällen von Satz 3 zweiter Halbsatz haftet die von dem Zahlungsdienstnutzer vorgegebene zwischengeschaltete Stelle anstelle des Zahlungsdienstleisters des Zahlungsdienstnutzers. § 675y Absatz 5 Satz 1 ist auf die Haftung eines Zahlungsdienstleisters nach den Sätzen 2 bis 4 entsprechend anzuwenden. Wenn ein Fall des § 675d Absatz 6 Satz 1 Nummer 1 Buchstabe b vorliegt, ist § 675z Satz 3 auf die innerhalb des Europäischen Wirtschaftsraums getätigten Bestandteile des Zahlungsvorgangs nicht anzuwenden.

1. Europarechtliche Vorgaben. Die Norm stellt zunächst sicher, dass das Prinzip der **Vollharmonisierung** gem Art 107 III ZdRL verwirklicht wird: Die Haftungsbestimmungen der §§ 675u und 675y werden in S 1 als „abschließend" kategorisiert. Doch gestatten Art 73 III und Art 91 ZdRL den Mitgliedstaaten, weitergehende Haftungsregeln zu etablieren. Genau dies ist in S 2 geschehen. Soweit also Ansprüche nach nationalem Recht zw dem ZdNutzer und dem ZdLeister (einschl des ZAuslösedienstleister) bestehen, welche über den Rahmen der ZdRL (§§ 675u und 675y) hinausgehen, bleiben diese unberührt. Bedenken gegen die ordnungsgemäße Umsetzung der Vorgaben der ZdRL bestehen also nicht. 1

2. Abschließende Regelung. Soweit ein Anspruch wegen eines nicht autorisierten ZVorgangs gem § 675u oder wegen eines nicht erfolgten oder fehlerhaft ausgeführten ZAuftrags gem § 675y gegen den ZdLeister gerichtet ist (BGH NJW 2015, 2725 – Widerruf der Kontovollmacht – Bereicherungsausgleich; AG Schorndorf WM 2015, 1239 – Zuvielüberweisung – Bereicherungsausgleich), sind alle **dt-rechtl Ansprüche ausgeschlossen** (BeckOGK/*Köndgen* Rn 15; Staudinger/*Omlor* Rn 5; BeckOK/*Schmalenbach* Rn 2), die – aufgrund anderer gesetzl Bestimmungen des nationalen Rechts – die gleiche Rechtsfolge herbeiführen könnten (BT-Drs 18/11495, 176). Das bedeutet: In § 675u ist für den Fall eines nicht autorisierten ZVorgangs ein Erstattungsanspruch bzw der Anspruch auf Rückgängigmachung der Belastung (Wiedergutmachung) vorgesehen (§ 675u Rn 7ff). Dieser umfasst aber auch Zinsen und Entgelte (Grü/*Grüneberg* Rn 2). In ähnl Weise enthält § 675y einen – verschuldensunabhängigen – Erstattungsanspruch, und zwar gleichgültig, ob der ZAuftrag vom Zahler (§ 675y I), vom oder über den ZEmpfänger (§ 675y II) oder über einen ZAuslösedienstleister ausgelöst wurde. **Neu** ist, dass nunmehr auch der Fall der **verspäteten Ausführung** eines ZVorgangs von dem als abschließend zu wertenden Haftungsregime des S 1 erfasst wird, weil sich dies aus § 675y III und IV ablesen lässt. Nach den hier einschlägigen Normen von § 675u S 2 und § 675y I 2 und III 2 sowie Abs IV 2 ist die Belastungsbuchung rückgängig zu machen, dh der ursprüngl Zustand des ZKontos (Zinsen und Entgelte) ist wiederherzustellen, der infolge eines nicht erfolgten, fehlerhaft oder verspätet ausgeführten ZVorgangs als Schaden beim ZdNutzer entstanden ist; dieser Anspruch schließt daher auch die Erstattung von Zinsen und sonstigen Entgelten ein. In der Sache handelt es sich um einen **Folgenbeseitigungsanspruch** (MüKo/*Zetzsche* Rn 5). Nach dt-rechtl Vorstellungen spricht Vieles da- 2 für, dass es in beiden Fällen um die Geltendmachung eines Schadensersatzanspruchs nach den §§ 280, 249ff geht (Staudinger/*Omlor* Rn 5; *Ellenberger* in E/F/N/B Rn 2; BeckOK/*Schmalenbach* Rn 3). Folglich ist im Anwendungsbereich von §§ 675u und 675y der Rückgriff auf schadensersatzrechtl Normen untersagt (BGH NJW 2015, 3093). Die Sperrwirkung von S 1 bezieht sich jedoch nicht nur auf Ansprüche aus § 280 I und II, sondern auch auf Ansprüche aus **Bereicherung** nach den §§ 812ff (MüKo/*Zetzsche* Rn 5; Staudinger/*Omlor* Rn 6f), welche auch den Charakter eines Folgenbeseitigungsanspruchs aufweisen. Aber auch Ansprüche aus **Delikt** nach § 823 (Staudinger/*Omlor* Rn 5, MüKo/*Zetzsche* Rn 5) sind hier betroffen (Schadensersatz/Wiedergutmachung). Immer ist für die Anwendbarkeit von S 1 als einer abschließend zu wertenden Norm entscheidend, ob eine nationale Bestimmung das **gleiche Anspruchsziel** zugunsten eines ZdNutzers ggü seinem ZdLeister – Erstattung des ZBetrages nebst Zinsen und Entgelten – verfolgt und somit verdrängt wird. Daher steht der Bereicherungsanspruch nach § 812 dem ZdLeister folgerichtig nur ggü dem ZEmpfänger zu, falls es sich um einen nach § 675j autorisierten ZVorgang handelt (BGH NJW 2015, 2075 – Widerruf einer Kontovollmacht), nicht aber wie der Erstattungsanspruch, der sich im Verhältnis zw ZdNutzer und ZdLeister auswirkt. Die Sperrwirkung von S 1 wird iÜ immer dann eingefordert, wenn diese auf Rückgängigmachung zielenden **Rechtsfolgen** durch andere Normen des jew anwendbaren materiellen Rechts, etwa auch eines anderen Rechts eines EU-Mitgliedstaates verfolgt werden (Rn 3). Ob auch die **Haftungsvoraussetzungen** der §§ 675u und 675y mit denen des anwendbaren nationalen Rechts identisch – nämlich: wie hier verschuldensunabhängig ausgestaltet – sind, ist irrelevant (BT-Drs 16/11643, 118).

3 **3. Weitergehende Ansprüche – Haftungsbegrenzung. a) Keine abschließende Regelung.** Aus dem zuvor Gesagten folgt, dass weitergehende, über die Erstattung (einschl von Zinsen und Entgelten) hinausreichende **Folgeschäden** eines nicht autorisierten oder nicht erfolgten, fehlerhaft oder verspätet ausgeführten ZAuftrags von der Sperrwirkung von S 1 nicht erfasst werden (BT-Drs 18/11495, 176; Staudinger/*Omlor* Rn 5; BeckOGK/*Köndgen* Rn 17; MüKo/*Zetzsche* Rn 7; Grü/*Grüneberg* Rn 3; *Ellenberger* in E/F/N/B Rn 3). Anspruchsgrundlage in diesen in S 2 angesprochenen Fällen – nicht erfolgte oder fehlerhafte Ausführung eines ZVorgangs – ist stets – verschuldensabhängig – § 280 I und im Fall eines verspätet durchgeführten ZVorgangs § 280 II (§ 286). Dabei ist die Kategorie der verspäteten Ausführung eine eigenständige, welche auch als eigenständiger Tatbestand einer Leistungsstörung eigene Rechtsfolgen nach sich zieht, was sich nicht zuletzt in weitergehenden Ansprüchen wegen Verzugs im Valutaverhältnis niederschlägt (BT-Drs 18/11495, 176). Erfasst werden – außerhalb der Sperrwirkung von S 1 – vor allem Ansprüche wegen entgangenen Gewinns, der beim jew ZdNutzer entstanden ist. Demzufolge sind insoweit vor allem auch Schäden erfasst, die im jew **Valutaverhältnis** entstanden sind (MüKo/*Zetzsche* Rn 8), wie etwa Verzugszinsen (BT-Drs 18/11495, 176). Auch Ansprüche aus den §§ 823ff, welche aus dem Valutaverhältnis stammen (BeckOGK/*Köndgen* Rn 17), bleiben unberührt (BeckOK/*Schmalenbach* Rn 3), nichts anderes gilt insoweit auch für Bereicherungsansprüche (BT-Drs 18/11495, 176). Doch im Hinblick auf den **Schutzzweck** der §§ 675u und 675y ist darauf hinzuweisen, dass es sich bei den in Betracht zu ziehenden nationalen Rechtsregeln stets um den Ersatz von Schäden handeln muss, die aufgrund eines nicht autorisierten, eines nicht erfolgten oder fehlerhaft ausgeführten sowie eines verspätet durchgeführten ZAuftrags entstanden sind (Grü/Grüneberg Rn 3). MaW: Der Erstattungsanspruch nach den §§ 675u und 675y darf nicht durch eine national-rechtl Norm verdrängt und damit ersetzt werden (BeckOGK/*Köndgen* Rn 17). Soweit **verschuldensabhängige Ansprüche** in Rede stehen, ist auch hier schon auf **S 3** hinzuweisen (Staudinger/*Omlor* Rn 14): Ein Verschulden der zwischengeschalteten Stellen hat der jew ZdLeister wie eigenes Verschulden zu vertreten (Rn 9). Doch besteht insoweit unter Beachtung von S 2 eine Ausnahme: Die Haftungszurechnung nach § 278 – bezogen auf ein Verschulden der zwischengeschalteten Stelle – greift dann nicht ein, wenn der ZdNutzer selbst die Einschaltung dieser Stellen vorgegeben hatte (Rn 9). Soweit der Tatbestand des subj zurechenbaren Verschuldens auf Seiten des ZdLeisters in Rede steht, ist die allg Beweisregel des § 280 I 2 zu bedenken: Der Schuldner muss sich entlasten (§ 280 Rn 31). Immer geht es in diesen Fällen um **Ansprüche des ZdNutzers**, die sich entweder gegen den ZdLeister des Zahlers oder gegen den des ZEmpfängers richten. Im ersten Fall betreffen sie das Deckungs-, im zweiten das Inkassoverhältnis (MüKo/*Zetzsche* Rn 11).

4 **b) Haftungsbegrenzung.** Soweit wegen eines nicht erfolgten, fehlerhaft oder auch verspätet ausgeführten ZAuftrags (BGH NJW 2015, 2725 – Widerruf der Kontovollmacht: Bereicherungsanspruch) **weitergehende Schäden** nach **S 2** entstanden sind, dürfen diese nicht von S 1 bereits erfasst sein (MüKo/*Zetzsche* Rn 5). Diese betreffen idR das **Valutaverhältnis** (BGH NJW 2017, 1596 – Rechtzeitigkeit der Mietzahlungen). In diesen Fällen – und nur in diesen Fällen (vgl S 2 – BeckOGK/*Köndgen* Rn 17) – hat der ZdLeister ggü seinem ZdNutzer (gleichgültig, ob Zahler oder ZEmpfänger) das Recht, durch **vertragl Vereinbarung** (Staudinger/*Omlor* Rn 12; *Ellenberger* in E/F/N/B Rn 4) – sei es durch einen Individualvertrag (sehr selten) oder aufgrund von AGB – seine Schadensersatzhaftung ggü seinem ZdNutzer auf einen Betrag iHv **12 500 €** zu begrenzen. Doch müssen Voraussetzungen und Grenzen einer solchen Haftungsbegrenzungsklausel im Einz stets sorgfältig geprüft werden:

5 **aa) Einbeziehung.** Die nach **S 2** maßgebende Haftungsbegrenzungsklausel bis zu einem Betrag iHv 12 500 € kommt nur dann in Betracht, wenn es dem ZdLeister gelungen ist, diese Haftungsregel gem § 305 II in das Vertragsverhältnis mit seinem ZdNutzer wirksam einzubeziehen. Ist dieser ein Unternehmer, vollzieht sich die Einbeziehung nach den §§ 145ff. Insoweit ist auch die Sonderregel von Art 248 § 3 EGBGB zu beachten. Danach ist der ZdLeister verpflichtet, die Vertragsbedingungen dem ZdNutzer in **Textform** mitzuteilen, soweit diese Gegenstand eines ZdRahmenvertrags sind. Handelt es sich hingegen um einen **Einzelzahlungsvertrag** gem § 675f I, sind die Vertragsbedingungen dem ZdNutzer in leicht zugänglicher Form zur Verfügung zu stellen, was im

Kern den Voraussetzungen von § 305 II Nr 2 entspricht. Werden die Voraussetzungen von § 305 II nicht beachtet, gilt § 306 I: Die Haftungsbegrenzungsklausel ist dann nicht Gegenstand des Vertragsverhältnisses zw ZdLeister und ZdNutzer. Wird hingegen Art 248 § 3 EGBGB nicht beachtet, gilt die Schadensersatzsanktion des § 311 II (§ 675a Rn 14); im Kontext von Art 248 § 13 EGBGB gilt das Gleiche.

bb) Haftungsvoraussetzungen. Die Haftungsbegrenzungsklausel gem **S 2** muss eindeutig sein; sie darf sich nämlich nur auf solche Fallgestaltungen beziehen, in denen es sich um Schäden wegen einer nicht erfolgten, fehlerhaften oder verspäteten Ausführung eines ZAuftrages handelt; insoweit ist auf die parallelen Ausführungen in § 675y zu verweisen (§ 675y Rn 5). Der praktisch wichtigste Fall dürfte der der **Überweisung** sein (§ 675f Rn 76ff). Festzuhalten bleibt, dass im Fall eines nicht vom Zahler autorisierten ZVorgangs gem **§ 675u** die Norm nach S 2 nicht zur Anwendung gelangt (Grü/*Grüneberg* Rn 4; MüKo/*Zetzsche* Rn 2). S 2 nimmt insoweit nämlich die Voraussetzungen von § 675u – entgegen der Wertung von S 1 – nicht auf. Für eine analoge Anwendung dieser Bestimmung ist kein Raum. Insoweit bleibt es in dem Fall einer **nicht autorisierten Ausführung eines ZAuftrags** bei den allg Regeln der §§ 305ff. Ob man in diesen Fällen – einfache Fahrlässigkeit vorausgesetzt – eine Klausel als wirksam nach § 307 II Nr 1 ansehen darf, welche die Haftungsgrenze von S 2 iHv 12 500 € reflektiert, könnte zweifelhaft sein, weil und soweit es sich in diesen Fällen regelmäßig um die Verletzung einer als wesentlich einzuordnenden Vertragspflicht handeln dürfte und es nicht gesichert erscheint, dass die Haftungsgrenze nach S 2 „Leitbildfunktion" auch außerhalb des engen Anwendungsbereichs dieser Bestimmung entfaltet. Man wird daher wohl auf die typischerweise zu beachtende Voraussehbarkeit eines Schadens als Grenze nach § 307 II Nr 1 abstellen müssen (BGH NJW 1993, 335). 6

cc) Begrenzung auf 12 500 €. Der dem ZdNutzer entstandene Schaden muss den Betrag von 12 500 € übersteigen, damit die Haftungsbegrenzung zugunsten des ZdLeisters in wirksamer Weise zum Zuge kommt (BeckOGK/*Köndgen* Rn 29; BeckOK/*Schmalenbach* Rn 3). Die Begrenzung bezieht sich auf jeden einzelnen nicht, fehlerhaft oder verspätet ausgeführten ZVorgang (vgl Staudinger/*Omlor* Rn 12). Voraussetzung ist jedoch immer, dass der Schaden nicht bereits über die Haftungsnorm des § 675y – Erstattung – abgedeckt wird. Dann greift nämlich die Sperrwirkung von S 1. Demzufolge bezieht sich die als wirksam anzuerkennende Haftungsbeschränkung ausschließlich auf weitergehende Schadensersatzansprüche gem § 280 I sowie gem § 280 II iVm § 286 (Rn 3). Soweit eine solche Haftungsbegrenzung vereinbart ist, findet eine richterliche Inhaltskontrolle nach § 307 III nicht statt. Es ist unbedenklich, dass diese Haftungsbegrenzung auch durch AGB vereinbart werden kann; S 2 enthält kein Privileg zugunsten einer Individualabrede. 7

dd) Ausnahmen. Soweit die Schadensursache auf **Vorsatz oder grober Fahrlässigkeit** des ZdLeisters beruht, gelten die gleichen Voraussetzungen für eine unbegrenzte Haftung, wie sie in § 309 Nr 7 lit b fixiert sind (BeckOGK/*Köndgen* Rn 32; MüKo/*Zetzsche* Rn 14). Ausgenommen ist des Weiteren der Tatbestand eines **Zinsschadens**, der im Valutaverhältnis entsteht, weil der Zinsschaden des Deckungsverhältnisses schon von § 675y erfasst wird (BeckOGK/*Köndgen* Rn 33; MüKo/*Zetzsche* Rn 15) sowie der vom ZdLeister übernommenen **besonderen Gefahr** (MüKo/*Zetzsche* Rn 16). Damit ist eine ausdrückl **Risikoübernahme** des ZdLeisters zugunsten des ZdNutzers, insb in Form einer Garantieübernahme angesprochen (vgl BGH NJW 2007, 1346 – Zusicherung; NJW 1999, 1542, 1544 – selbständige Garantie), so dass sich die Schadensfolgen, wenn denn eine selbständige Garantie vorliegt, zugunsten des ZdNutzers aus den §§ 249ff ableiten. Ein solches – regelmäßig: selbständiges – Garantieversprechen ist dadurch charakterisiert, dass eine Verpflichtung zur Schadloshaltung vom ZdLeister übernommen wird, falls der garantierte Erfolg eines ZAuftrags nicht eintritt (vgl BGH NJW 1999, 1542, 1543; 1985, 2941). Es bedarf keiner weiteren Begründung, dass insoweit die Übernahme des ZAuftrags – für sich allein genommen – unter keinen Umständen ausreicht. Vielmehr müssen stets besondere Umstände vorliegen, die – selten genug – die Begründung eines selbständigen Garantieversprechens – regelmäßig auf der Ebene eines Individualvertrages – rechtfertigen könnten, was jew durch eine sorgfältige Auslegung gem §§ 133, 157 festzustellen ist (vgl auch Staudinger/*Omlor* Rn 9). 8

4. Fremdes Verschulden. S 3 stellt klar, dass zwischengeschaltete Stellen den Status von **Erfüllungsgehilfen** des ZdLeisters erhalten, der die jew Zahlung angestoßen hat (BT-Drs 16/11643, 118; MüKo/*Zetzsche* Rn 17; Staudinger/*Omlor* Rn 14; BeckOGK/*Köndgen* Rn 36ff). Der daran anknüpfende **Ausgleichsanspruch** ergibt sich in diesen Fällen aus § 676a, sofern die Schadensursache bei einem anderen ZdLeister oder im Verantwortungsbereich einer zwischengeschalteten Stelle liegt (§ 676a Rn 4). Diese erhalten dann ohne weitere Prüfung die Rechtsstellung eines Erfüllungsgehilfen iSd § 278. Mithin haftet der ZdLeister für ein Verschulden der zwischengeschalteten Stellen wie für eigenes Verschulden (MüKo/*Zetzsche* Rn 17; BT-Drs 18/11495, 176). Eine strikte Verschuldenszurechnung gem § 278 gilt jedoch in den Fällen nicht (BeckOK/*Schmalenbach* Rn 8), wenn **die wesentliche Schadensursache** von einer zwischengeschalteten Stelle zu verantworten ist, die der ZdNutzer selbst vorgegeben hat (**S 3**). Ob dies zutrifft oder ob die Schadensursache als unwesentlich anzusehen ist, ist in erster Linie unter Berücksichtigung der von der zwischengeschalteten Stelle zu erfüllende Pflichten zu entscheiden: Ist der ZAuftrag dort stecken geblieben, so dass er i Erg – bezogen auf die Perspektive des ZEmpfängers – als nicht erfolgt zu qualifizieren ist, ist diese Schadensverursachung immer wesentlich. Bei fehlerhaft ausgeführten ZAufträgen – insb bei **Verzögerungen** (*Hadding* WM 2014, 2065ff) – wird man dies im Zweifel auch bejahen müssen, sofern nicht die eingetretene Verzögerung nur marginal war, also etwa nur einen Geschäftstag ausmachte. Hinzukommen muss, dass die zwischengeschaltete Stelle nicht (was üblich ist) vom ZdLeister, sondern (was unüblich ist) vom **ZdNutzer** vorgegeben worden ist (MüKo/*Zetzsche* Rn 19). Dies ist nur dann anzunehmen, wenn dieser iS einer **Weisung** darauf insistiert hat, dass der betreffende ZdLeister eine bestimmte zwischengeschaltete 9

Stelle zur Ausführung eines ZAuftrags einsetzt. Soweit AGB im unternehmerischen Verkehr diese Norm (§ 675e IV) – sie hat Leitbildfunktion nach § 307 II Nr 1 – nicht beachten, sind sie unwirksam, insb dann, wenn die Haftung für fremdes Verschulden mit der Maßgabe abbedungen wird, dass nur eine Substitutenhaftung nach § 664 I 2 eingreift, was wegen § 675e IV für den unternehmerischen Verkehr Bedeutung hat.

10 **5. Haftungssanktion der zwischengeschalteten Stelle.** Liegen die Voraussetzungen von S 3 letzter Hs vor (*Herresthal* in L/B/S Rn 10), liegt es auf der Hand, dass ein eigenständiger Erstattungsanspruch als **Direktanspruch** (Staudinger/*Omlor* Rn 17) des geschädigten ZdNutzers gegen die zwischengeschaltete Stelle besteht: Diese haftet dann **anstelle** des ZdLeisters des ZdNutzers, wie in **S 4** nachzuvollziehen (BT-Drs 16/11643, 118). Es handelt sich hier um ein gesetzl Schuldverhältnis, weil der ZdNutzer einen eigenständigen Haftungsanspruch gegen die vom ihm selbst vorgeschlagene zwischengeschaltete Stelle erhält, während der ZdLeister aus dem Spiel ist. Doch ist auch hier Voraussetzung, dass diese Stelle eine wesentliche Ursache gesetzt haben, dass der ZAuftrag nicht, fehlerhaft oder verspätet ausgeführt wurde (Rn 9).

11 **6. Beachtung der Kundenkennung.** **S 5** stellt klar, dass Ansprüche auf Ersatz von Folgeschäden des ZdNutzers wegen nicht erfolgter oder fehlerhafter Ausführung gegen seinen ZdLeister im Deckungsverhältnis nicht bestehen (Staudinger/*Omlor* Rn 23; *Hoffmann* WM 2016, 1110, 1113f), sofern die mangelhafte/fehlerhafte Ausführung des ZAuftrags darauf zurückzuführen ist (BeckOGK/*Köndgen* Rn 50), dass der ZdNutzer die Kundenkennung fehlerhaft angegeben hat (MüKo/*Zetzsche* Rn 30: § 675r Rn 3). Erfasst werden hiervon auch weitergehende Schadensersatzansprüche gem S 2 (Rn 3) sowie Schadensersatzansprüche gegen die vom ZdLeister vorgegebene zwischengeschaltete Stelle iSv S 4 (Grü/*Grüneberg* Rn 7). Eine Hinzurechnung fremden Verschuldens der zwischengeschalteten Stelle zulasten des ZdLeisters, wie sie S 3 vorgesehen ist, bleibt unberührt. Bei der Behandlung dieser Fälle ist freilich stets im Auge zu behalten, dass bereits § 675r S 2 klarstellt (vgl auch *Ellenberger* in E/F/N/B Rn 8): Wenn ein ZVorgang in Übereinstimmung mit der Kundenkennung ausgeführt wird, gilt er als ordnungsgemäß erledigt, weil die vom ZdNutzer angegebene Kundenkennung den ZdLeister abschließend berechtigt, den ZVorgang ausschließlich unter Berücksichtigung eben dieser Kundenkennung auszuführen (§ 675r Rn 3). Somit begründet die fehlerhafte Kundenkennung keine originäre Pflichtverletzung des ZdLeisters (krit *Bitter* WM 2010, 1725, 1728), für die eine Haftung des ZdLeisters in Betracht käme. Zu einer solchen Annahme ist regelmäßig nur unter den engen Voraussetzungen von § 675r III Raum (§ 675r Rn 9). Entscheidend für die klarstellende Funktion von S 5 ist zudem, dass die Vereinbarung darauf hinausläuft, die Abwicklung des ZAuftrags nur auf Basis der Kundenkennung vorzunehmen (Soergel/*Werner* Rn 6).

12 **7. Haftungsausgleich.** Soweit ein Erstattungsanspruch gem Abs I zugunsten des Zahlers besteht, ist im Hinblick auf die Verantwortlichkeit eines anderen ZdLeisters gem § 675y, einschl der Verantwortlichkeit einer zwischengeschalteten Stelle (Interbanken-Verhältnis), stets § 676a in den Blick zu nehmen. Denn im Außenverhältnis bestimmt § 675z S 3, dass der ZdLeister für ein Verschulden, das einer zwischengeschalteten Stelle zur Last fällt, wie für eigenes Verschulden haftet, soweit nicht die entscheidende Haftungsursache im Interbanken-Verhältnis liegt und der ZdNutzer dies so **vorgegeben** hatte (Rn 9).

13 **8. Drittstaatenbezug.** Wenn mehrere ZdLeister an einer Transaktion iSv § 675d VI 1 Nr 1 lit b beteiligt sind, von denen mindestens einer in dem Geltungsbereich des EWR, mindestens einer aber außerhalb dieses Bereichs belegen ist, dann regelt S 6, dass S 3 auf die innerhalb des EWR belegenen Bestandteile einer solchen Transaktion keine Anwendung findet (BT-Drs 18/11495, 17). Insoweit gilt aber nach § 675e II Nr 1, dass Gleiches auch für die Bestandteile gilt, welche außerhalb des Geltungsbereichs des EWR belegen sind. Zur Folge hat dies, wie auch in anderen Fällen, dass der Gesetzgeber den Parteien insoweit für etwaige Vereinbarungen betr die Zurechnung fremden Verschuldens nach S 3 nur die allg Regeln der Geschäftsbesorgung nach den §§ 675ff zur Verfügung stellt, so dass diese dann eine Leitbildfunktion bei der Verwendung von AGB iSv § 307 II Nr 1 aufweisen.

§ 676 Nachweis der Ausführung von Zahlungsvorgängen

Ist zwischen dem Zahlungsdienstnutzer und seinem Zahlungsdienstleister streitig, ob der Zahlungsvorgang ordnungsgemäß ausgeführt wurde, muss der Zahlungsdienstleister nachweisen, dass der Zahlungsvorgang ordnungsgemäß aufgezeichnet und verbucht sowie nicht durch eine Störung beeinträchtigt wurde.

1 **1. Europarechtliche Vorgaben.** Grundlage für diese Norm ist Art 72 I ZdRL. Demzufolge reflektiert § 676 lediglich die grundlegende Verpflichtung der Mitgliedstaaten, eine Norm des Inhalts zu schaffen, dass ein ZdLeister „für den Fall, dass dessen ZdNutzer bestreitet, einen ausgeführten ZVorgang autorisiert zu haben, oder geltend macht, dass der ZVorgang nicht ordnungsgemäß ausgeführt wurde, nachweisen muss, dass der ZVorgang authentifiziert war, ordnungsgemäß aufgezeichnet und verbucht und nicht durch einen technische Panne oder einen anderen Mangel des vom ZdLeister erbrachten Dienstes beeinträchtigt wurde" (Art 72 I ZdRL). Daraus ist für das **Rangverhältnis** von § 675w und § 676 Entscheidendes abzuleiten: § 676 ist insoweit lex specialis (*Herresthal* in L/B/S Rn 3) und umfasst – im Gegensatz zu § 675w – nicht nur den nicht autorisierten ZVorgang, sondern bezieht sich auf den Anspruch des ZdNutzer, dass der ZVorgang **nicht ordnungsgemäß ausgeführt** wurde, so dass insoweit die Haftungsnorm des § 675y in Rede steht. Demggü beziehen sich Art 72 II ZdRL und damit auch § 675w **ausschließlich** auf den Tatbestand, dass ein ZdNutzer **bestreitet**, dass ein ZVorgang ordnungsgemäß autorisiert war.

2. Nicht ordnungsgemäße Ausführung. Bestreitet also ein ZdNutzer, dass ein ZVorgang autorisiert war, dass also die Voraussetzungen von § 675j I vorliegen, gilt die Beweislastregel von § 675w (§ 675w Rn 5ff). Insoweit gilt die Regel des § 676 für alle Push- und Pull-Zahlungen, und zwar sowohl im Deckungs- als auch im Inkassoverhältnis (BeckOGK/*Zahrte* Rn 4; MüKo/*Zetzsche* Rn 2; näher Rn 4). § 676 setzt ausschließlich daran an, dass der ZVorgang nicht nicht oder ordnungsgemäß ausgeführt wurde, was der ZdNutzer nachweisen muss (Staudinger/*Omlor* Rn 3). Damit sind die Tatbestände von § 675y erfasst (Soergel/*Werner* Rn 3). Es fehlt an einer ordnungsgemäßen Ausführung des ZVorgangs immer dann, wenn dieser entweder nicht erfolgt ist, fehlerhaft oder verspätet ausgeführt wurde oder wenn der ZBetrag nur verkürzt an den richtigen ZEmpfänger oder gar an den falschen ZEmpfänger gelangt ist (BeckOGK/*Zahrte* Rn 6; Grü/*Grüneberg* Rn 1). Für die Ordnungsgemäßheit der Ausführung eines ZVorgangs gilt: Die **Rechtzeitigkeit** entscheidet sich nach Maßgabe der Vorgaben von § 675s: Spätestens am Ende des auf den Zugangszeitpunkt des ZAuftrags folgenden Geschäftstag muss der ZBetrag beim ZdLeister des ZEmpfängers eingehen (§ 675s Rn 5). Der ZVorgang muss des Weiteren **ungekürzt** unter Berücksichtigung der Vorgaben von § 675q abgewickelt werden, so dass der Zahlungsvertrag, der Gegenstand des ZVorgangs ist, ungekürzt beim ZdLeister des ZEmpfängers ankommt (§ 675q Rn 2ff). Zu beachten ist dabei stets, dass der ZdLeister berechtigt ist, den ZVorgang ausschließlich anhand der **Kundenkennung** iSv § 675r I durchzuführen (§ 675r Rn 5). Zielt also die Behauptung des ZdNutzers dahin, der ZVorgang sei nicht an den richtigen ZEmpfänger gelangt, dann spricht Einiges dafür, § 675r insoweit als **Sonderregel** zu qualifizieren. Ferner geht § 676 davon aus, dass die Durchführung des ZVorgangs **„nicht durch eine Störung beeinträchtigt"** sein darf. Dieser Begriff ist weit zu verstehen, wie sich aus der Fassung des Art 72 I ZdRL ablesen lässt. Dort ist nämlich davon die Rede, dass keine „technische Panne" „oder ein anderer Mangel der vom ZdLeister erbrachten Dienste" vorliegen darf, der die Ordnungsgemäßheit des auszuführenden ZVorgangs „beeinträchtigt". MaW: Das für die Ausführung des ZVorgangs jeweils vom ZdLeister benutzte technische System muss **reibungslos funktionieren.** Das trifft dann nicht zu, wenn technische Störungen und Auffälligkeiten die Abwicklung des ZVorgangs beeinträchtigen (Grü/*Grüneberg* Rn 2; BeckOGK/*Zahrte* Rn 7). Immer dann, wenn der ZVorgang nicht rechtzeitig oder nicht ungekürzt ausgeführt wurde, trifft also die Beweislast dafür, dass eine Beeinträchtigung durch eine technische Störung nicht vorlag, den ZdLeister. Die praktische Bedeutung der Norm liegt im Kreditkartengeschäft (*Jungmann* in L/B/S Rn 2f). 2

a) Ausnahmen. Bei der Verwendung eines Kleinbetragsinstruments iSv § 675i I 2, 3 ist § 676 nicht anzuwenden, wenn seine Nutzung keinem ZdLeister zugeordnet werden kann oder der ZdLeister aus sonstigen Gründen, die in dem betreffenden Kleinbetragsinstrument selbst angelegt sind, nicht in der Lage ist, nachzuweisen, dass ein ZVorgang autorisiert wurde (§ 675i Rn 2) und die Parteien dies vereinbart haben, § 675i II Nr 3. Ist der ZdNutzer **kein Verbraucher**, so gilt eine weitere Ausnahme gem § 675e IV. 3

b) Streit – Nachweispflichten. Die dem ZdLeister auferlegte Beweisführungslast greift erst dann ein, wenn zw den Parteien str ist, ob der ZVorgang ordnungsgemäß ausgeführt worden ist. Dafür reicht es aus, dass der ZdNutzer schlüssig vorträgt, dass er den ausgeführten ZVorgang nicht autorisiert hat; gemeint ist damit in der Praxis regelmäßig, dass der ZdNutzer den Tatbestand des § 675y I vorträgt, dass also das ZInstrument gestohlen, abhanden gekommen, verloren gegangen oder in sonstiger Weise missbräuchlich benutzt wurde. Die dem ZdLeister dann auferlegte **Nachweispflicht** bezieht sich ausschließlich auf die Tatbestände der vom ZdLeister zu erfüllenden Pflichten, um i Erg sicherzustellen, dass der ZVorgang ordnungsgemäß ausgeführt und dies auch so dokumentiert wurde (BeckOGK/*Zahrte* Rn 9). Es macht keinen Unterschied, ob es sich um einen ZVorgang handelt, der vom Zahler ausgelöst wurde, oder ob es sich iSv § 675y II um einen vom oder über den ZEmpfänger ausgelösten ZVorgang handelt (vgl auch Grü/*Grüneberg* Rn 1). MaW: Die Beweisregel des § 676 gilt, wie bereits eingangs gesagt, für alle „Pull"- und auch „Push"-Zahlungen; sie gilt gleichermaßen im Deckungs- wie im Inkassoverhältnis (BeckOGK/*Zahrte* Rn 4). Nach § 676 ist der ZdLeister auf jeden Fall verpflichtet, den Nachweis zu führen, dass er den ZVorgang ordnungsgemäß aufgezeichnet und verbucht hat und dass keine Störungen – technische Pannen iSv Art 72 I ZdRL – vorliegen, die die Abwicklung des ZVorgangs beeinträchtigt haben. Diese Begriffe decken sich mit denen, die in § 675w S 1 angesprochen worden sind (§ 675w Rn 6); vorbehalten bleibt naturgemäß der nur im Kontext von § 675w zu beachtende Nachweis der ordnungsgemäßen Authentifizierung des ZVorgangs, wie sie sich als vom ZdLeister durchzuführendes Prüfverfahren nach § 675w S 2 ergibt (Nutzung eines bestimmten ZInstruments sowie Überprüfung der personalisierten Sicherheitsmerkmale, § 675w Rn 5). Da hier im Blick auf die ordnungsgemäße Ausführung eines ZVorgangs eine verschuldensunabhängige Einstandspflicht in Rede steht, kommt es auch auf subj Zurechenbarkeiten iSv § 276 I nicht an (MüKo/*Zetzsche* Rn 5). In der Praxis dürfte die Streitfrage, ob eine dem ZdLeister zurechenbare Pflichtverletzung vorliegt, wesentlich durch die Anwendung von § 675y VII entschärft werden: Liegt nämlich dem nicht ordnungsgemäß ausgeführten ZVorgang ein **ZAuftrag** zugrunde, gilt die Rechenschafts- und Auskunftspflicht des ZdLeisters des Zahlers, weil er verpflichtet ist, den (fehlgeschlagenen) ZVorgang nachzuvollziehen und über das Ergebnis seinem ZdNutzer Bericht zu erstatten (§ 675y Rn 40). In diesem Kontext wird sich regelmäßig klären, in welchem Verantwortungsbereich der Defekt tatsächlich liegt. Die Beweislast liegt beim ZdLeister (AG Aachen VuR 2017, 464 – Geldautomat), wie in ErwGr 85 der II. ZdRL nachzulesen. Darin wird man indessen keine Beweisvermutung zu Lasten des ZdLeisters sehen dürfen, sondern eine an § 286 ZPO anknüpfende Regel, welche die vom ZdLeister zu erbringenden Nachweise des ZVorgangs (BT-Drs 16/11643, 118 „Mindestanforderungen") mit Blick auf Aufzeichnung, Verbuchung und störungsfreien Ablauf konkretisiert (BeckOK/*Schmalenbach* Rn 2; BeckOGK/*Zahrte* Rn 9). 4

5 **c) Folgen.** Die vom ZdLeister zu erfüllende Nachweispflicht bezieht sich mithin auf die von ihm zu verantwortende Herrschafts- und Risikosphäre. Daher muss der ZdLeister in diesen Fällen den **dokumentarischen Nachweis** einer ordnungsgemäßen Ausführung des ZVorgangs erbringen (BeckOGK/*Zahrte* Rn 9). Somit erschöpft sich die Beweislastregel von § 676 darin, dem ZdLeister eben diesen Nachweis abzufordern, sofern es **str** ist, ob der ZVorgang ordnungsgemäß ausgeführt wurde. So gesehen setzt § 675y im Hinblick auf die Haftung des ZdLeisters voraus, dass dem ZdNutzer iSv § 286 ZPO der Nachweis gelungen ist, dass der ZVorgang nicht ordnungsgemäß ausgeführt wurde. Nach den gesetzl Vorgaben ist also nur dann die Haftung des ZdLeisters gem § 675y eingefordert, wenn es ihm nicht gelingt, die nach § 676 von ihm verlangte – idR dokumentarische – Nachweispflicht ordnungsgemäß zu erfüllen. § 676 enthält mithin keine eigene Haftungsregel, sondern bezieht sich auf den Sonderfall, dass die nicht ordnungsgemäße Durchführung eines ZVorgangs zw ZdLeister und ZdNutzer **str** ist. Dies besagt, dass die Beweisregel des § 286 ZPO zum Zuge gelangt (so auch BeckOGK/*Zahrte* Rn 9). Dass die Gesetzesbegr insoweit von einer „Mindestanforderung" spricht (BT-Drs 16/11643, 118), welche der ZdLeister nach § 676 beweisrechtl zu erfüllen hat, führt nicht zu einer unwiderleglichen Vermutung, dass der ZVorgang nicht ordnungsgemäß ausgeführt wurde.

§ 676a Ausgleichsanspruch

(1) Liegt die Ursache für die Haftung eines Zahlungsdienstleisters gemäß den §§ 675u, 675y und 675z im Verantwortungsbereich eines anderen Zahlungsdienstleisters, eines Zahlungsauslösedienstleisters oder einer zwischengeschalteten Stelle, so kann der Zahlungsdienstleister von dem anderen Zahlungsdienstleister, dem Zahlungsauslösedienstleister oder der zwischengeschalteten Stelle den Ersatz des Schadens verlangen, der ihm aus der Erfüllung der Ansprüche eines Zahlungsdienstnutzers gemäß den §§ 675u, 675y und 675z entsteht.

(2) Ist zwischen dem kontoführenden Zahlungsdienstleister des Zahlers und einem Zahlungsauslösedienstleister streitig, ob ein ausgeführter Zahlungsvorgang autorisiert wurde, muss der Zahlungsauslösedienstleister nachweisen, dass in seinem Verantwortungsbereich eine Authentifizierung erfolgt ist und der Zahlungsvorgang ordnungsgemäß aufgezeichnet sowie nicht durch eine Störung beeinträchtigt wurde.

(3) Ist zwischen dem kontoführenden Zahlungsdienstleister des Zahlers und einem Zahlungsauslösedienstleister streitig, ob ein Zahlungsvorgang ordnungsgemäß ausgeführt wurde, muss der Zahlungsauslösedienstleister nachweisen, dass
1. der Zahlungsauftrag dem kontoführenden Zahlungsdienstleister gemäß § 675n zugegangen ist und
2. der Zahlungsvorgang im Verantwortungsbereich des Zahlungsauslösedienstleisters ordnungsgemäß aufgezeichnet sowie nicht durch eine Störung beeinträchtigt wurde.

1 **1. Europarechtliche Vorgaben.** Die Bestimmung dient der Umsetzung der Vorgaben von Art 92 I ZdRL sowie von Art 73 II UAbs 2 S 1 und Art 90 II ZdRL (BT-Drs 18/11495, 177). Art 90 I ZdRL zielt darauf ab, dass ein haftender ZdLeister einen andern ZdLeister – ohne Rücksicht auf dessen Verschulden (MüKo/*Zetzsche* Rn 1) – in Regress nimmt (BeckOK/*Schmalenbach* Rn 2), so dass dieser für alle nach den Art 73 (§ 675u) und Art 89 ZdRL (§ 675y) erlittenen Verluste oder gezahlten Beträge entschädigt wird. Art 90 II ZdRL hat die Entschädigungspflicht des ZAuslösedienstleister ggü dem kontoführenden ZdLeister im Auge, während Art 73 II UAbs 2 S 1 ZdRL den Fall erfasst, dass der ZAuslösedienstleister für einen nicht autorisierten ZVorgang haftet und so verpflichtet ist, den kontoführenden ZdLeister zu entschädigen. I Erg zielt Art 92 I ZdRL darauf ab, eine Regressregelung sicherzustellen, so dass – bezogen auf die jew Verursachung des Scheiterns bzw des fehlerhaft ausgeführten ZVorgangs – die Haftung/Verantwortlichkeit für den hierdurch entstandenen Schaden klar entspr dem jew Verantwortungsbereich des ZdLeisters, der betreffenden zwischengeschalteten Stelle oder eines eingeschalteten ZAuslösedienstleisters lokalisiert wird.

2 **2. Selbständiger Regressanspruch. a) Haftung eines anderen Zahlungsdienstleisters gem §§ 675u, 675y, 675z.** Der vom Verschulden losgelöste Ausgleichsanspruch gem § 676a kommt im Innenverhältnis der ZdLeister erst dann zum Zuge (BeckOGK/*Köndgen* Rn 5), wenn feststeht, dass ein anderer ZdLeisters, ZAuslösedienstleister oder eine zwischengeschaltete Stelle für die nicht erfolgte, fehlerhafte oder verspätete Ausführung eines ZAuftrags gem § 675y oder gem § 675z S 2 oder S 4 haftet (BT-Drs 18/11495, 177). Insoweit wird man den regressierenden ZdLeister als **beweisbelastet** bezeichnen müssen (BeckOGK/*Köndgen* Rn 16). Da nunmehr auch die Norm des § 675u als Voraussetzung eines Regressanspruchs des betreffenden ZdLeisters in die Bestimmung von § 676a aufgenommen worden ist, greift diese Regressregel auch im Fall eines nicht autorisierten ZVorgangs. Der wesentliche Anknüpfungspunkt der Regressregel von § 676a liegt dabei in der Haftungszurechnung iSd **Verursachungsprinzips** (Sphärengedanke MüKo/*Zetzsche* Rn 8; BeckOK/*Schmalenbach* Rn 6), wie auch in § 675z S 3 verankert (BeckOGK/*Köndgen* Rn 16). Danach ist grds eine Pflichtverletzung der zwischengeschalteten Stelle dem einzelnen ZdLeister, der eben diese Stelle eingeschaltet hat, wie eine eigene zuzurechnen (§ 675z Rn 10). Ob insoweit vertragl Ansprüche bestehen, auf die der Regress gestützt werden kann, ist irrelevant (BeckOK/*Schmalenbach* Rn 2), weil § 676a einen **eigenständigen Regressanspruch** schafft (MüKo/*Zetzsche* Rn 8; aM Staudinger/*Omlor* Rn 20 – Vertrag mit Schutzwirkungen zugunsten Dritter). Da es nach den Vorgaben von § 676a nur darauf ankommt, dass die „Ursache für die Haftung eines ZdLeisters" für einen Anspruch aus den §§ 675y und § 675z gegeben ist, kommt es insoweit auf den Eintritt eines Schadens nicht an, weil bereits der Tatbestand der entspr Inanspruchnahme im Rahmen einer Pflichtverletzung ausreicht (BeckOK/*Schmalenbach* Rn 3). Ferner ist iSv

§ 675y I 1 zu beachten, dass die dort zugunsten des Zahlers ggü seinem ZdLeister festgelegte Haftung verschuldensunabhängig ist (§ 675y Rn 6ff). Das Gleiche gilt entspr im Rahmen von § 675y II, sofern der ZVorgang vom oder über den ZEmpfänger ausgelöst wurde (§ 675y Rn 18ff). Folglich ist die gesetzl Verschuldenszurechnung gem § 278 nur im Kontext einer über die §§ 675y und 675z hinausgehenden, **weitergehenden Haftung** gem § 675z S 2 zu beachten. Denn der Verantwortungsbereich des ZdLeisters umfasst hier die – verschuldensunabhängige – Einstandspflicht des ZdLeisters für ein Fehlverhalten der zwischengeschalteten Stellen. Die am ZVorgang beteiligten ZdLeister sowie die zwischengeschalteten Stellen können sich mit Recht darauf verlassen, dass eine – gesetzl – Basis für ihre gegenseitigen Regressansprüche besteht (vgl BT-Drs 16/11643, 118).

b) Verantwortungsbereich eines Dritten. Dieser wird deutlich, wenn man die zweite Anspruchsvoraussetzung für den Regress nach § 676a ins Auge fasst. Danach ist nämlich der Regress des haftenden ZdLeisters davon abhängig, dass die jew **Ursache** für einen nicht erfolgten oder fehlerhaft ausgeführten ZAuftrag im Verantwortungsbereich eines Dritten liegt. Ob dieser der ZdLeister des ZEmpfängers (oder im Rahmen von § 675y II der des Zahlers) oder eine zwischengeschaltete Stelle (Interbanken-Verhältnis) ist, ist gleichgültig. Denn im Rahmen des Regressanspruchs nach § 676a entscheidet ausschließlich die Feststellung, wo die tatsächliche Ursache dafür lag, dass ein ZAuftrag nicht oder nur fehlerhaft durchgeführt werden konnte. Verschulden ist irrelevant. 3

c) Interbanken-Verhältnis. § 676a schafft einen vom etwa bestehenden Vertragsverhältnis losgelösten – selbständigen – Ausgleichsanspruch (BT-Drs 16/11643, 118f; *Langenbucher* in L/B/S Rn 3). Ausgangspunkt für den dt Gesetzgeber ist insoweit die auch durch ErwGr 47 ZdRL geäußerte Erwartung, dass die am ZVorgang beteiligten ZdLeister sowie die zwischengeschalteten Stellen sich darauf verlassen können müssen, dass ihnen ein Regressanspruch zusteht, wenn sie bei etwaigen „Leistungsstörungen" (BT-Drs 16/11643, 119) von ihrem ZdNutzer in Anspruch genommen werden. Wie man diesen dogmatisch bewertet, hat keine erkennbaren Auswirkungen auf die Findung eines praktischen Ergebnisses (BeckOGK/*Köndgen* Rn 12 – „Rückgriffs-Regressanspruch"; MüKo/*Zetzsche* Rn 3 – Normzweck: Sicherung der Verlässlichkeit des Zahlungsverkehrs; *Ellenberger* in E/F/N/B Rn 2 – Gefährdungshaftung). Jedenfalls ist er ein **Direktregress** (MüKo/*Zetzsche* Rn 8). Schutzpflichten zugunsten Dritter bestehen insoweit nicht (BGH NJW 2008, 2245; aM Staudinger/*Omlor* Rn 10f). **Ausgenommen** sind dabei jedoch alle Fallgestaltungen, bei denen die Ursache für den nicht erfolgten oder fehlerhaft ausgeführten ZAuftrag darin besteht, dass der jew ZdNutzer seinerseits die entscheidende Ursache für das Scheitern des ZAuftrags – und damit des ZVorgangs – gesetzt hat. In praktischer Hinsicht führt dies wiederum oft zu § 675r: Ist die Kundenkennung vom ZdNutzer fehlerhaft angegeben, fehlt es an den Haftungsvoraussetzungen, die dann gegen den ZdLeister in Stellung gebracht werden könnten (§ 675r Rn 3ff). 4

d) Weitergehende vertragliche Regelungen – Abbedingung. Da das Vertragsverhältnis zw dem ZdLeister und der zwischengeschalteten Stelle – Gleiches gilt auch für die zwischengeschalteten Stellen ihrerseits – nicht in den Anwendungsbereich der ZdRL fällt (*Langenbucher* in L/B/S Rn 2), also auch keinen Zahlungsdienst darstellt, kann es ohne weiteres sein, dass der in § 676a verankerte Regressanspruch ganz oder teilw abbedungen wird (Grü/*Grüneberg* Rn 1). Hier besteht regelmäßig Vertragsfreiheit in den Grenzen der §§ 305ff; bei Vorsatz und grober Fahrlässigkeit ist § 309 Nr 7 lit b zu beachten (BGH NJW 2007, 3447), bei einfacher Fahrlässigkeit ist der Vorbehalt einer wesentlichen Pflichtverletzung iSd § 307 II Nr 2 einschlägig (BGH NJW 2013, 293 – Stromliefervertrag – Verbraucher; NJW-RR 2005, 1496, 1505 – Honda – Unternehmer). Individualabreden dürften sehr selten sein (BGH NJW 2013, 856). Es fügt sich in dieses Bild, dass auch die Anzeigepflicht gem § 676b insoweit nicht einschlägig ist. 5

e) Inhalt des Anspruchs. Soweit der ZdLeister über seinen ZdNutzer gem § 675y oder nach § 675z S 2 oder S 4 gehaftet hat (BeckOK/*Schmalenbach* Rn 3), ist in eben diesem Umfang ein Regressanspruch ggü dem den Schaden verursachenden ZdLeister bzw der eingeschalteten Stelle gegeben (BeckOGK/*Köndgen* Rn 16; vgl auch *Foerster* AcP 2013, 405ff). Der Anspruch geht auf volle Kompensation des erlittenen Schadens. Der Einwand fehlenden Verschuldens ist in diesem Kontext irrelevant. Ob der Einwand nach § 254 hier eingreift, dürfte ebenfalls zweifelhaft sein, ist aber i Erg auf einem Umweg zu bejahen (vgl *Langenbucher* in L/B/S Rn 7 – „wertende Anlehnung"). Der Regressanspruch nach § 676a ist davon abhängig, dass die Ursächlichkeit/Verantwortlichkeit des nicht ordnungsgemäß erfolgten oder fehlerhaft ausgeführten ZAuftrages feststeht. Haben aber der andere ZdLeister bzw die zwischengeschalteten Stellen ihrerseits jew eine eigene Ursache für das Scheitern bzw die fehlerhafte Ausführung des ZAuftrags gesetzt, wird man eher an eine analoge Anwendung des § 830 denken müssen, aber dann über § 840 insoweit zum gesamtschuldnerischen Ausgleich des § 426 führen, was dann freilich § 254 I insoweit zur Anwendung beruft, als der Verursachungsgrad des jew Schadens in Rede steht. 6

3. Darlegungs- und Beweislast. Der ggü seinem ZdNutzer haftende ZdLeister ist für alle Umstände darlegungs- und beweispflichtig, die geeignet sind, den Regressanspruch nach § 676a zur Entstehung zu bringen. Insoweit macht es keinen Unterschied, ob dieser Anspruch gegen den ZdLeister oder gegen eine zwischengeschaltete Stelle gerichtet ist (BeckOK/*Schmalenbach* Rn 6). Soweit das Vertragsverhältnis zw dem haftenden ZdLeister und der zwischengeschalteten Stelle durch sonstige vertragl Regelungen beeinflusst ist (Rn 5), kann sich die Darlegungs- und Beweislast ebenfalls ändern; doch ist in diesem Vertragsverhältnis § 309 Nr 12 oder § 307 zu beachten (BGH NJW-RR 2014, 456 – Rn 19 – grds Beachtung der allg Beweislastregeln auch im unternehmerischen Verkehr). Ob sich im praktischen Ansatz die Darlegungs- und Beweislast im Hinblick auf den Regressanspruch des § 676a auf das Deckungs- oder das Inkasso-Verhältnis bezieht, ist irrelevant, da diese Bestimmung sich auf beide Vertragsverhältnisse gleichermaßen bezieht. 7

8 **4. Einschaltung eines Zahlungsauslösedienstleisters – Beweislast.** Entspr der Vorgabe von Art 72 I UAbs 2 ZdRL bestimmt nunmehr Abs II, dass bei einem Streit zw einem ZdLeister des Zahlers und einem vom Zahler eingeschalteten ZAuslösedienstleister, ob ein konkreter ZVorgang auch **autorisiert** worden war, der ZAuslösedienstleister die Nachweispflicht trifft, ob in seinem Verantwortungsbereich eine Authentifizierung (§ 675w S 2) durchgeführt und ob der ZVorgang auch ordnungsgemäß aufgezeichnet und nicht durch eine Störung beeinträchtigt worden ist (§ 675w Rn 3f; BeckOGK/*Köndgen* Rn 28, Staudinger/*Omlor* Rn 13f – Vertrag mit Schutzwirkung zugunsten Dritter des ZdRahmenvertrages mit Deckungsverhältnis). Damit sind die gleichen Voraussetzungen ggü einem ZAuslösedienstleister zur Anwendung berufen, wie sie in § 675w allg für einen ZdLeister normiert sind, freilich mit dem wichtigen Unterschied, dass es hier um einen Regressanspruch des kontoführenden ZdLeisters geht (BT-Drs 18/11495, 177). Nur wenn es dem ZAuslösedienstleister gelingt, diesen in Abs II verankerten Nachweis zu führen (§ 286 ZPO), kann er den Regressanspruch des kontoführenden ZdLeisters abwehren (BT-Drs). Das non liquet fällt dem ZAuslösedienstleister zur Last.

9 **5. Einschaltung eines Zahlungsauslösedienstleisters – Beweislast – § 675 I 3 und III 3.** Die in **Abs III** Gesetz gewordene Regel beruht auf der Umsetzung von Art 90 I UAbs 2 ZdRL; sie erfasst die Fälle, dass ein ZAuftrag nicht, fehlerhaft oder verspätet ausgeführt wurde und dass der Zahler einen ZAuslösedienstleister (§ 675f III) eingeschaltet hat. Ist dann zw dem kontoführenden ZdLeister des Zahlers und dem ZAuslösedienstleister streitig, ob ein ZVorgang ordnungsgemäß ausgeführt wurde, dann trifft den ZAuslösedienstleister die Beweislast dafür, dass – vgl Nr 1 – der ZAuftrag dem kontoführenden ZdLeister nach § 675n zugegangen ist und dass – vgl Nr 2 – der ZVorgang im Verantwortungsbereich des ZAuslösedienstleisters ordnungsgemäß aufgezeichnet und durch eine Störung beeinträchtigt wurde (vgl § 675w Rn 3f). Doch handelt es sich auch hier um eine Regressregel, so dass der ZAuslösedienstleister in der Pflicht ist, die Tatbestandsvoraussetzungen von Abs III ggü dem Regressanspruch des kontoführenden ZdLeister als Nachweis zu erbringen. Gelingt dies nicht, trägt der ZAuslösedienstleister das Risiko der Nichterweislichkeit.

§ 676b Anzeige nicht autorisierter oder fehlerhaft ausgeführter Zahlungsvorgänge

(1) Der Zahlungsdienstnutzer hat seinen Zahlungsdienstleister unverzüglich nach Feststellung eines nicht autorisierten oder fehlerhaft ausgeführten Zahlungsvorgangs zu unterrichten.

(2) Ansprüche und Einwendungen des Zahlungsdienstnutzers gegen den Zahlungsdienstleister nach diesem Unterkapitel sind ausgeschlossen, wenn dieser seinen Zahlungsdienstleister nicht spätestens 13 Monate nach dem Tag der Belastung mit einem nicht autorisierten oder fehlerhaft ausgeführten Zahlungsvorgang hiervon unterrichtet hat. Der Lauf der Frist beginnt nur, wenn der Zahlungsdienstleister den Zahlungsdienstnutzer über die den Zahlungsvorgang betreffenden Angaben gemäß Artikel 248 §§ 7, 10 oder § 14 des Einführungsgesetzes zum Bürgerlichen Gesetzbuche unterrichtet hat; anderenfalls ist für den Fristbeginn der Tag der Unterrichtung maßgeblich.

(3) Für andere als die in § 675z Satz 1 genannten Ansprüche des Zahlungsdienstnutzers gegen seinen Zahlungsdienstleister wegen eines nicht autorisierten oder fehlerhaft ausgeführten Zahlungsvorgangs gilt Absatz 2 mit der Maßgabe, dass der Zahlungsdienstnutzer diese Ansprüche auch nach Ablauf der Frist geltend machen kann, wenn er ohne Verschulden an der Einhaltung der Frist verhindert war.

(4) Wurde der Zahlungsvorgang über einen Zahlungsauslösedienstleister ausgelöst, sind Ansprüche und Einwendungen des Zahlungsdienstnutzers gegen seinen kontoführenden Zahlungsdienstleister ausgeschlossen, wenn der Zahlungsdienstnutzer den kontoführenden Zahlungsdienstleister nicht spätestens 13 Monate nach dem Tag der Belastung mit einem nicht autorisierten oder fehlerhaften Zahlungsvorgang hiervon unterrichtet hat. Der Lauf der Frist beginnt nur, wenn der kontoführende Zahlungsdienstleister den Zahlungsdienstnutzer über die den Zahlungsvorgang betreffenden Angaben gemäß Artikel 248 §§ 7, 10 oder § 14 des Einführungsgesetzes zum Bürgerlichen Gesetzbuche unterrichtet hat; anderenfalls ist für den Fristbeginn der Tag der Unterrichtung durch den kontoführenden Zahlungsdienstleister maßgeblich.

(5) Für andere als die in § 675z Satz 1 genannten Ansprüche des Zahlungsdienstnutzers gegen seinen kontoführenden Zahlungsdienstleister oder gegen den Zahlungsauslösedienstleister wegen eines nicht autorisierten oder fehlerhaft ausgeführten Zahlungsvorgangs gilt Absatz 4 mit der Maßgabe, dass

1. **die Anzeige an den kontoführenden Zahlungsdienstleister auch zur Erhaltung von Ansprüchen und Einwendungen des Zahlungsdienstnutzers gegen den Zahlungsauslösedienstleister genügt und**
2. **der Zahlungsdienstnutzer seine Ansprüche gegen den kontoführenden Zahlungsdienstleister oder gegen den Zahlungsauslösedienstleister auch nach Ablauf der Frist geltend machen kann, wenn er ohne Verschulden an der Einhaltung der Frist verhindert war.**

1 **1. Europarechtliche Vorgaben. Die Bestimmung setzt Art 71 I ZdRL um.** Die tragenden Begriffe, die Art 71 I ZdRL verwendet, unterscheiden sich von denjenigen des § 676b: Es geht in der ZdRL um die „**Korrektur**" eines nicht autorisierten oder fehlerhaft ausgeführten ZVorgangs, die der ZdNutzer ggü dem ZdLeister „erwirken kann". Demggü verwendet § 676b II die Terminologie „Ansprüche und Einwendungen", die der ZdNutzer dem ZdLeister fristgemäß entgegenhalten muss. Indessen ist diese Begrifflichkeit im Grundsatz durch ErwGr 31 ZdRL I vorgegeben. Denn dort ist auch davon die Rede, dass der ZdNutzer „**Einwendungen**" rechtzeitig erheben muss, sofern der ZdLeister seine Informationspflichten erfüllt hat. Soweit § 676b II zusätzl den Terminus „Ansprüche" verwendet, ist dies deswegen unerheblich, weil auch Art 71 I ZdRL davon spricht, dass ein nicht

autorisierter oder fehlerhaft ausgeführter ZVorgang durchaus zur „Entstehung eines Anspruchs" des ZdNutzers ggü seinem ZdLeister „geführt hat". Im Ganzen gesehen bestehen gegen die ordnungsgemäße Umsetzung von Art 71 I ZdRL keine Bedenken. Das gilt auch deswegen, weil die Verwendung des Begriffs „Einwendungen" auch das in § 676b niedergelegte Zeitelement – 13 Monate nach dem Tag der Belastung – im Rahmen der dt-rechtl Umsetzung zutr zum Ausdruck bringt (BT-Drs 16/11643, 119). Art 71 II ZdRL erfasst nunmehr auch den Fall, dass ein **ZAuslösedienstleister** an dem nicht autorisierten oder fehlerhaft durchgeführten ZVorgang beteiligt war, was nunmehr in Abs IV umgesetzt worden ist (BT-Drs 18/11495, 178). Dort ist iÜ auch eine Parallelregelung von Abs II S 2 in Abs IV S 2 aufgenommen, um eine zeitl bestimmte Ausschlussfrist auch dann in Gang zu setzen, wenn ein ZAuslösedienstleister beteiligt war (BT-Drs). Abs III setzt Art 73 III und Art 91 ZdRL um und gestattet eine über Erstattungsansprüche hinausreichende Haftung (§ 675z S 1), soweit diese nach dt Recht begründet sind, was dann in Abs V nochmals aufgegriffen wird (BT-Drs 18/11495, 179).

2. Unterrichtungspflicht. a) Dogmatische Einordnung. Mit Recht ist in der Lit darauf hingewiesen worden (Grü/*Grüneberg* Rn 2), dass Abs I von einer **Verpflichtung** des ZdNutzers zur Unterrichtung des ZdLeisters spricht, während die Auslegung von Art 71 I ZdRL den Schluss nahelegt, dass es sich insoweit um eine **Obliegenheit** des ZdNutzers handelt dürfte (Grü/*Grüneberg* Rn 2; BeckOGK/*Zahrte* Rn 10; vgl auch Staudinger/*Omlor* Rn 3; MüKo/*Zetzsche* Rn 6 – Obliegenheit; *Langenbucher* in L/B/S Rn 3 zur Vorgängernorm des Art 58 ZdRL I; aM BeckOK/*Schmalenbach* Rn 2 – „Verpflichtung"), weil das Recht des ZdNutzers darauf zielt, dass er **im eigenen Interesse** (Staudinger/*Omlor* Rn 3) rechtzeitig eine „Korrektur" des nicht autorisierten oder fehlerhaft ausgeführten ZVorgangs zu „erwirken kann". Damit ist also das Gebot gemeint, die eigenen Interessen zu wahren, bei deren Verletzung sonst ein Rechtsnachteil oder ein Rechtsverlust eintreten kann (BGH NJW 1957, 1233, 1234). Die dogmatische Debatte um die richtige Umsetzung von Art 71 ZdRL ist jedoch angesichts des Gebots der **Vollharmonisierung** gem Art 107 ZdRL wenig zielführend, zumal die Auslegung von Art 71 I ZdRL **autonom** vorzunehmen ist. Die in Art 71 I ZdRL verwendete **Wortwahl** weist darauf hin: Der ZdNutzer „kann nur dann eine **Korrektur"** ggü seinem ZdLeister durchsetzen, wenn er die zeitl Vorgaben nach Art 71 I ZdRL einhält. Damit steht fest, dass dieses Recht dem ZdNutzer immer dann verwehrt ist, wenn er nicht **unverzüglich** (§ 121 – Art 71 I ZdRL) nach Feststellung eines nicht autorisierten oder fehlerhaft ausgeführten ZVorgangs dem ZdLeister hiervon unterrichtet und „Korrektur" begehrt (so i Erg auch *Langenbucher* in L/B/S Rn 3). Zu **AGB-Klauseln** Rn 5. 2

b) Nicht autorisierter oder fehlerhaft ausgeführter Zahlungsvorgang. Die nach Abs I geschuldete Anzeigepflicht bezieht sich auf einen nicht autorisierten ZVorgang (§ 675j I sowie § 675u – § 675u Rn 2). Die Voraussetzungen eines fehlerhaft ausgeführten ZVorgangs sind gleichbedeutend mit denjenigen des § 675y, und zwar gem § 675y I, sofern der ZVorgang vom Zahler ausgelöst wird und entweder nicht, fehlerhaft oder verspätet ausgeführt wird; spiegelbildlich gilt dies auch nach § 675y II, falls der ZVorgang vom oder über den ZEmpfänger gem § 675y IV ausgelöst wird (§ 675y Rn 28ff). Das trifft also bei einer nicht autorisierten SEPA-Lastschrift zu (*Nobbe* in E/F/N/B Rn 15), kann aber auch bei einer unwirksamen Überweisung so sein (BeckOGK/*Zahrte* Rn 4). 3

c) Unterrichtung. Der Anspruch auf „Korrektur" (Art 71 I ZdRL) setzt eine Unterrichtung des ZdLeisters des jew ZdNutzers nach Abs I voraus. Sofern ein **ZAuslösedienstleister** eingeschaltet ist s Rn 11f. Begrifflich geht der Unterrichtung voraus, dass der ZdNutzer zuvor **festgestellt** hat (positive Kenntnis, Staudinger/*Omlor* Rn 6; BeckOK/*Schmalenbach* Rn 4), dass ein nicht autorisierter oder fehlerhaft ausgeführter ZVorgang in Rede steht. In welcher Weise der ZdNutzer diese Feststellung getroffen hat, ist irrelevant. Doch kann nur dann von einer „Feststellung" die Rede sein, wenn der ZdNutzer zu der entspr Überzeugung gelangt ist. Gleichgültig ist auch, ob dieser Anspruch letzten Endes **str** ist, weil sowohl § 675w S 3 als auch § 676 eine **Beweislastregel** enthalten, die den Haftungsanspruch des ZdNutzers ggü seinem ZdLeister erfassen. Würde man nämlich fordern, dass die Unterrichtung gem Abs I erst dann einsetzen soll, wenn der ZdLeister nicht nur eine entspr Feststellung über einen nicht autorisierten oder fehlerhaft ausgeführten ZVorgang getroffen hat, sondern dieser Tatbestand auch beweismäßig feststeht, würde die in Art 71 I ZdRL verankerte Sanktionswirkung praktisch verpuffen. Die in Abs I angesprochene Unterrichtung des ZdLeisters bezieht sich auf alle Details, aus denen der ZdNutzer i Erg meint ableiten zu können, dass ein ZVorgang nicht autorisiert oder fehlerhaft ausgeführt wurde. Insoweit muss eine **hinreichende Gewissheit** vorliegen, um die in Abs I verankerte Obliegenheit des ZdNutzers zur Unterrichtung des ZdLeisters auszulösen. In welcher **Form** die geschuldete Unterrichtung des ZdLeisters geschieht, ist gleichgültig; auch Art 71 I ZdRL enthält keine entspr Vorgabe. Besteht danach eine solche Gewissheit, dann muss der ZdNutzer seinen ZdLeister **unverzüglich** unterrichten, dass nach seiner Feststellung ein nicht autorisierter oder fehlerhaft ausgeführter ZVorgang vorliegt. Versäumt er diese Frist, ist die **Rechtsfolge** nach Abs II vorgezeichnet; es tritt **Anspruchsverlust** ein. Ob man dieses Resultat auch im Anwendungsbereich von Abs I für zutr erachtet, könnte zweifelhaft sein (Grü/*Grüneberg* Rn 3). Man wird aber auch wohl zögern, dem ZdLeister das Recht an die Hand zu geben, **Prüfpflichten** dem ZdNutzer aufzuerlegen, die innerhalb einer gewissen Frist zu erfüllen sind, ob denn ein nicht autorisierter oder ein fehlerhaft ausgeführter ZVorgang gegeben ist. Denn Abs I knüpft abschließend an den Tatbestand einer (positiven) **„Feststellung"** eines nicht autorisierten oder fehlerhaft durchgeführten ZVorgangs an, welche dann zur Unterrichtung des ZdLeisters führt. Dies löst die Frage aus, ob hier nicht nach den Grundsätzen der Vollharmonisierung (Art 107 III ZdRL) eine Sperre einsetzt, welche vorgeschaltete Prüfpflichten des ZdNutzers im Blick auf nicht autorisierte oder fehlerhaft ausgeführte ZVorgänge unterbindet, soweit ein Verbraucher als ZdNutzer betroffen ist (§ 675e IV – Unternehmer betr Fristen in Abs II 4 und IV – abdingbar). Würde man nämlich die in Abs II und IV vorgesehenen **Spätestfristen** durch vorgeschaltete Prüfpflichten praktisch illusorisch machen, dann wäre dies ein Resultat, das mit den Grundsätzen der Vollharmonisierung nicht mehr im Einklang steht, weil die Versäumung von Prüfpflichten oder deren unsorgfältige Durchführung – oder gar eine Genehmigungsfiktion – die Rechtsstellung des ZdNutzers als Verbraucher beeinträchtigen (näher Rn 5).

4a Die nach Abs I maßgebende **Rechtsfolge**, falls der ZdNutzer – nach „Feststellung" des Fehlers – die Obliegenheit zur unverzüglichen Unterrichtung des ZdLeisters pflichtwidrig versäumt, erschöpft sich daher – entspr dem allg Grundsatz einer Obliegenheitsverletzung – in der Anwendung von § 254 (so auch Grü/*Grüneberg* Rn 3). Doch führt die **Nichtunterrichtung** und damit vor allem auch die **Versäumnis der Ausschussfrist des Abs II** zwingend dazu, dass Ansprüche und auch Einwendungen des ZdNutzers gegen seinen ZdLeister gem §§ 675u–675z **ausgeschloossen** sind (MüKo/*Zetzsche* Rn 22; Staudinger/*Omlor* Rn 10). Zw der Rechtsfolge des Abs I und der nach Abs II besteht erkennbar ein Spannungsverhältnis. Im Zentrum steht die Frage, ob das Versäumen der Unterrichtungsobliegenheit nach Abs I nur die Rechtsfolge adressiert, die sich aus der Frist von 13 Monaten nach Abs II ergibt (hierzu im Einz MüKo/*Zetzsche* Rn 8ff; vgl auch Staudinger/*Omlor* Rn 10ff). Diese Fragestellung berührt unmittelbar den Problemkreis, ob der ZdNutzer durch AGB verpflichtet werden kann, die ihm zugesandten Kontoauszüge, insb aber die Rechnungsabschlüsse „unverzüglich" zu prüfen, so dass auch dann – im Fall des Schweigens – eine **Genehmigungsfiktion** nach § 308 Nr 5 eingreift (Rn 5), welche die Frist des Abs II und deren Rechtsfolge missachtet.

5 **3. Ausschluss von Ansprüchen und Einwendungen. a) Vorrangigkeit vertraglicher Regelungen.** Die Ausschlusswirkung nach **Abs II** – Unterrichtung des ZdLeisters spätestens innerhalb von 13 Monaten nach dem Tag der Belastung des ZKontos des Zahlers – erfasst nur alle Ansprüche des ZdNutzers gegen den ZdLeister, und zwar auch den auf Kondiktion nach § 812 II, die sich auf einen nicht autorisierten oder fehlerhaft ausgeführten ZVorgang beziehen (Grü/*Grüneberg* Rn 4). Dies führt allerdings nicht dazu, dass die Verjährungsregeln der §§ 812ff (§§ 195, 199) durch die Norm des § 676b II verdrängt würden (BeckOGK/*Zahrte* Rn 36). Soweit in den **AGB** zw dem ZdNutzer und seinem ZdLeister vereinbart ist, dass – vgl Nr 11 IV AGB-Banken – der ZdNutzer verpflichtet ist, Kontoauszüge, Wertpapierabrechnung, Depot- und Erträgnisaufstellungen sowie sonstige Abrechnungen unverzüglich zu prüfen, ist es wohl **zweifelhaft**, ob unter Beachtung des Grundsatzes der Vollharmonisierung die dadurch ausgelöste Rechtsfolge von Abs II (Anspruchsverlust nach 13 Monaten) unberührt bleibt. Die gleiche Erwägung gilt im Blick auf Nr 7 II AGB-Banken, wonach eine Genehmigung von Rechnungsabschlüssen vorliegt, wenn der ZdNutzer erst verspätet reagiert. Dies ist allerdings nicht die Position des **Gesetzgebers** (BT-Drs 16/11643, 119). Seine Begründung deutet darauf hin, dass sich Abs II nur auf solche Ansprüche/Einwendungen bezieht, die der ZdNutzer nicht bereits „im Rahmen des vierteljährlichen Rechnungsabschlusses genehmigt hat". Dies dürfte jedoch in doppelter Hinsicht **zweifelhaft** sein: Zunächst ist auf die zwingende Regel gem § 675e I hinzuweisen, wonach vertragl Regelungen unwirksam sind, die zum Nachteil des ZdNutzers als **Verbraucher** ausfallen (Art 107 III ZdRL). Genau dies aber trifft zu, wenn eine AGB-Klausel wie in Nr 7 II 2 AGB-Banken eine Genehmigungsfiktion (aM BeckOGK/*Zahrte* Rn 59 – Einzelbuchung – § 676b/Abschlusssaldo (AGB-Banken) – Unterschied) im Hinblick auf das Schweigen bei der Übersendung von Rechnungsabschlüssen vorsieht (vgl BankR-Hdb/*Bunte* § 12 Rn 24ff). Zur Konsequenz hat dies allerdings nur, dass die verspätete Erhebung von Einwendungen gem Nr 7 II 4 AGB-Banken eine **Beweislastumkehr** zum Nachteil des ZdLeisters bewirkt, so dass dieser nunmehr darlegen und beweisen muss, dass Einzelforderungen nicht bestanden oder bestehende Forderungen fehlerhaft in den Rechnungsabschluss Eingang gefunden haben (BankR-Hdb/*Bunte* § 12 Rn 29). Genau dies aber verstößt nunmehr gegen die zwingende Beweislastregel von § 675w (zweifelnd, aber i Erg ablehnend Grü/*Grüneberg* Rn 4). Doch die wohl überwiegende Auffassung der Lit sieht **keine Bedenken**, so dass Abs II nur dann Bedeutung erlangt, wenn kein stillschweigendes Saldoanerkenntnis des ZdNutzers nach den einschlägigen AGB vorliegt (BankR-HdB/*Maihold* § 33 Rn 203; MüKo/*Zetzsche* Rn 9ff; *Langenbucher* in L/B/S Rn 5; BeckOGK/Zahrte Rn 59). Dem ist jedoch **nicht zu folgen** (Art 107 III ZdRL). Die von *Zetzsche* ins Feld geführte Auslegung, um die Regelungen in Ziff 11 IV der Banken-AGB und Ziff 20 I lit g und h der Sparkassen-AGB zu saldieren (MüKo/*Zetzsche* Rn 10), überzeugen im Rahmen des § 305c II wegen ihres inhärenten, an § 676b ausgerichteten Korrekturverständnisses nur schwerlich. Ähnliches ist der Argumentation von *Maihold* entgegenzusetzen. Dass die §§ 675c ff nur den ZVorgang als solchen regeln, nicht aber „Inhalt und Ausformung derKontoführung und des der Bankenverbindung zugrunde liegenden Rechtsverhältnisses" ist angesichts des **zwingenden Gebots der Vollharmonisierung nach Art 107 ZdRL** und ihres umfassenden Regelungsanspruchs, der vor allem das gesamte Deckungsverhälnis betrifft, nur schwer nachvollziehbar. Denn ob es unionsrechtl vertretbar ist, den in Art 71 ZdRL niedergelegten Tatbestand einer **„Feststellung"** eines fehlerhaft durchgeführten ZVorgangs über Prüfpflichten sowie eine dann nach § 308 Nr 5 im Fall des Schweigens eingreifende **Genehmigungsfiktion** zu begründen, erscheint unter dem Grundsatz des unionsrechtl „effet utile" iSd Verbraucherschutzes überaus zweifelhaft. Liegen allerdings die Voraussetzungen einer **schlüssigen Willenserklärung** vor, dann wird man ein darauf aufbauendes Saldoanerkenntnis hinnehmen müssen (BGH NJW-RR 1991, 1251 – stillschw Kontokorrentabrede; NJW 2010, 3510 – Lastschriftverfahren). Im **unternehmerischen Verkehr** schafft allerdings die Erlaubnisnorm des § 675e IV Hs 2 eine Ausnahme, indem dort auch die Möglichkeit vorgesehen ist, andere Fristen zu vereinbaren als die in Abs II und IV.

6 Man wird jedoch sowohl ggü einem Verbraucher als auch einem Unternehmer als ZdNutzer noch einen Schritt weitergehen müssen: Nach Nr 11 IV AGB-Banken gibt es eine Pflicht, Kontoauszüge, Wertpapierabrechnungen,

Depot- und Erträgnisaufstellungen sowie sonstige Abrechnungen unverzüglich zu **überprüfen** (hierzu BankR-HdB/*Schmieder* § 26 Rn 89ff). Wird diese Obliegenheit (hierzu *Bunte/Zahrte*, AGB Banken und Sonderbedingungen, Rn 231f) verletzt, führt auch dies zur **Sanktion** der **Beweislastumkehr** zum Nachteil des ZdNutzers, die aber wiederum mit den Vorgaben von Art 71 I ZdRL nicht vereinbar ist. Denn danach besteht gerade keine Prüfpflicht, weil sich die Norm damit begnügt, von der tatsächlichen „Feststellung" auszugehen, die der ZdNutzer ohne vorgeschaltete Prüfpflicht im Einzelfall trifft, weil und soweit ein ZVorgang nicht autorisiert oder fehlerhaft ausgeführt wurde. Deshalb wird man gegen die Klausel in Nr 11 IV AGB-Banken § 307 II Nr 1 in Stellung bringen müssen, um auf diese Weise dem Gebot der Vollharmonisierung gem Art 107 III ZdRL zu entsprechen (aM MüKo/*Zetzsche* Rn 25ff; BT-Drs 16/11643, 119).

b) Rechte des Zahlungsdienstnutzers. Welche Rechte und Einwendungen der ZdNutzer gem Abs II geltend macht, ist entscheidend davon abhängig, dass diese geeignet sein müssen, eine **„Korrektur"** des nicht autorisierten der fehlerhaft ausgeführten ZVorgangs zu erreichen. Das bedeutet: Die Ausschlussfrist erfasst auf jeden Fall die Einwendungen und Ansprüche des ZNutzers gegen den ZdLeister, welche in den §§ 675u–z (vgl S 2 „Unterkapitel") vorgesehen sind (Grü/*Grüneberg* Rn 5). Dies ist dann zu bejahen, wenn der ZdLeister für nicht autorisierte ZVorgänge gem § 675u haftet; das Gleiche gilt, wenn nach § 675x dem Zahler ein Anspruch auf Erstattung eines belasteten ZBetrags zusteht, oder wenn die Haftungsvoraussetzungen des ZdLeisters nach § 675y gegeben sind. Konkret bedeutet dies: Erfasst von der Ausschlussfrist nach Abs II werden der Erstattungsanspruch des Zahlers für einen nicht autorisierten ZVorgang nach § 675u S 2; ferner die Erstattungsansprüche, welche für nicht erfolgte, fehlerhaft oder verspätet ausgeführte ZAufträge in § 675y I 2, I 4, II 1, II 2 sowie II 3, IV 1, VI geregelt sind. Im Blick auf etwaige **Einwendungen**, welche der ZdNutzer ggü seinem ZdLeister vorbringen kann, ist an den fehlenden nach § 675u S 1 zu denken, an die fehlende Haftung des Zahlers im Kontext von § 675v II. Im Blick auf die als abschließend zu wertende Regel des § 675z S 1 gilt dies auch für alle – gleichgerichteten – nationalen Rechtsvorschriften (§ 675z Rn 2). Für Ansprüche im Kontext von **§ 675z S 2**, soweit diese im Vergleich zu einem Erstattungsanspruch eine weitergehende Haftung des ZdLeisters nach dem jew anwendbaren nationalen Recht vorsehen, gilt die Sonderregel des **Abs III**, so dass diese Ansprüche auch noch nach Ablauf der Frist von 13 Monaten geltend gemacht werden können. Doch ist **§ 675z S 4** deswegen **ausgenommen**, weil dieser Haftungsanspruch sich nicht gegen einen ZdLeister, sondern gegen eine zwischengeschaltete Stelle richtet, welche vom ZdNutzer – selten genug – vorgegeben wurde (§ 675z Rn 10; Staudinger/*Omlor* Rn 20). Eine **Sonderregelung** gilt iÜ im Kontext von § 675x, wie sich aus § 675x IV für Lastschriften ergibt, weil dort eine eigenständige Frist (acht Wochen, gerechnet vom Zeitpunkt der Belastung an) für die Geltendmachung eines Anspruchs auf Erstattung ggü dem ZdLeister gilt (§ 675x Rn 16). 7

c) Fristbeginn – Fristende betreffend Anzeige. Nach der Struktur von Art 71 I ZdRL besteht kein Zweifel daran, dass es sich hier um eine **Ausschlussfrist** handelt (Staudinger/*Omlor* Rn 10; BeckOGK/*Zahrte* Rn 19; MüKo/*Zetzsche* Rn 19). Dies bedeutet: Der ZdNutzer ist verpflichtet, den ZdLeister innerhalb der in Abs II bezeichneten Frist zu unterrichten, dh er muss diese Obliegenheit ggü seinem ZdLeister rechtzeitig vorgenommen haben. Die Beachtung dieser Frist ist von Amts wegen geboten (Vor § 194 Rn 9); es handelt sich ja nicht um eine Verjährungsfrist. Eine verspätete Geltendmachung eines Anspruchs auf Erstattung wegen eines nicht autorisierten oder fehlerhaft ausgeführten ZVorgangs ist daher ausgeschlossen (Schleswig NJW-RR 2016, 1245 Rn 55; BT-Drs 16/11643, 119). Der **Beginn** der Frist des Abs II ist der Tag der **Belastungsbuchung** (MüKo/*Zetzsche* Rn 20), die sich auf einen nicht autorisierten oder fehlerhaft ausgeführten ZVorgang bezieht (BeckOGK/*Zahrte* Rn 24). Die Frist endet 13 Monate nach diesem Stichtag. Hierfür ist allerdings **Voraussetzung**, dass der ZdLeister dem ZdNutzer die Angaben unterbreitet hat, die gem Art 248 §§ 7, 10 oder 14 EGBGB erforderlich sind. Art 248 § 7 EGBGB (Art 57 ZdRL) fordert vom ZdLeister, dass dem Zahler nach Belastung seines Kontos mit dem ZBetrag eines einzelnen ZVorgangs folgende Informationen übermittelt werden: Eine dem ZVorgang zugeordnete Kennung (Nr 1), die Mitteilung des ZBetrags in der Währung, in der das ZKonto des Zahlers belastet wird (Nr 2), die für den ZVorgang zu entrichtende Entgelte und deren Aufschlüsselung oder die vom Zahler zu entrichtenden Zinsen (Nr 3), der Wechselkurs (Nr 4) sowie das Datum der **Wertstellung** der Belastung (Nr 5). Nach Art 248 § 10 EGBGB sind insoweit **abw Vereinbarungen** aufgrund des ZdRahmenvertrags möglich, und zwar im Hinblick auf die **Häufigkeit** sowie auf eine von Art 248 § 3 EGBGB abw **Form**. Doch ist gem Art 248 § 10 S 2 EGBGB die nach Art 248 § 7 EGBGB erforderliche Information mindestens einmal im Monat zu übermitteln. Wenn im Rahmen eines **Einzelzahlungsvertrags** gem § 675s I Informationen erforderlich sind, richten sich diese – alternativ zu den Informationen aufgrund eines ZdRahmenvertrags – nach Art 248 § 14 EGBGB. Diese Informationen sind nach Zugang des ZAuftrags an den Zahler unverzüglich geschuldet, und zwar ebenfalls über die dem ZVorgang zugeordnete Kennung (Nr 1), den ZBetrag in der im ZAuftrag verwendeten Währung (Nr 2), die Höhe der vom Zahler für den ZVorgang zu entrichtenden Entgelte, ggf deren Aufschlüsselung (Nr 3), den Wechselkurs (Nr 4) sowie das Datum des Zugangs des ZAuftrags (Nr 5). Nur wenn der ZdLeister den Zahler entspr diesen gesetzl Bestimmungen über den einzelnen ZVorgang unterrichtet hat, beginnt die Frist nach dem Tag der Belastung. Ist dies nicht der Fall, weil iSv Art 248 § 10 eine abw Häufigkeit – mindestens: einmal im Monat – vereinbart worden ist, dann ist der **Tag der Unterrichtung** für den Fristbeginn maßgeblich (aM BeckOGK/*Zahrte* Rn 27 – Tag der Belastungsbuchung; MüKo/*Zetzsche* Rn 18). § 187 ist insoweit abbedungen (dh diese Frist beginnt dann nicht erst am Tag nach der Unterrichtung). 8

4. Nicht in § 675z S 1 genannte Ansprüche. Da die in **Abs III** erfassten, aus § 675u und § 675y resultierenden Ansprüche gem 675z 1 gegen den ZdLeister als **abschließend** zu verstehen sind, kommt diese Norm nur 9 dann in Betracht, wenn es sich um weitergehende Ersatzansprüche handelt und der ZdNutzer die Frist des Abs II schuldlos versäumt hat (vgl Staudinger/*Omlor* Rn 17). Dies ist durch die Vorgabe von Art 73 III sowie Art 91 ZdRL gerechtfertigt, weil insoweit die einzelnen Mitgliedstaaten eine Gesetzgebungskompetenz besitzen. Erfasst wird dann vor allem der Ersatz von Folgeschäden aus dem Valutaverhältnis (*Nobbe* in E/F/N/B Rn 21, BeckOK/*Schmalenbach* Rn 8; BeckOGK/*Zahrte* Rn 25). Doch wird angenommen, dass eine **unverschuldete Säumnis** vorliegt, wenn der Anspruch auf Ersatz des Schadens dem ZdNutzer erst nach Ablauf von 13 Monaten mitgeteilt wird und bekannt wird (Grü/*Grüneberg* Rn 7; BeckOK/*Schmalenbach* Rn 9).

10 Doch ist auch hier Voraussetzung, dass diese – weitergehenden – Ansprüche wegen eines nicht autorisierten oder eines fehlerhaft ausgeführten ZVorgangs eingreifen. Ist dies der Fall, folgt aus Abs III eine **Sonderregel**: Diese Ansprüche, aber eben auch nur diese, können vom ZdNutzer ggü dem ZdLeister auch nach Ablauf der Frist von 13 Monaten geltend gemacht werden. Doch ist dies wiederum entscheidend davon abhängig, dass das Fristversäumnis **ohne vorwerfbares Verschulden** des ZdNutzers eingetreten ist. Folglich schadet jede Fahrlässigkeit iSv § 276 I. Das – fehlende – Verschulden bei Anwendung erforderlicher Sorgfalt muss sich allerdings ausschließlich auf das Versäumen der Frist beziehen (hierzu auch Staudinger/*Omlor* Rn 20), nicht auf eine möglicherweise verspätete Feststellung, dass es sich iSv Abs I um einen nicht autorisierten bzw nicht fehlerfrei ausgeführten ZVorgang handelt.

11 **5. Auslösen des Zahlungsvorgangs über einen Zahlungsauslösedienstleister.** Nach **Abs IV** wird in Umsetzung von Art 71 II ZdRL eine Parallelregelung zu Abs II für den Fall verankert, dass der ZVorgang über einen ZAuslösedienstleister ausgelöst wurde und daher Ansprüche des ZdNutzers wegen eines nicht autorisierten oder fehlerhaft ausgeführten ZVorgangs gegen den kontoführenden ZdLeister zu richten sind (BT-Drs 18/11495, 178). Hier richten sich die Ansprüche auf Erstattung („Korrektur" – Art 71 II ZdRL) des ZdNutzers allein gegen den kontoführenden ZdLeister. Dieser ist als **Empfangsbote** einzuordnen (BeckOGK/*Zahrte* Rn 42). Der ZAuslösedienstleister bleibt hier draußen vor. Für die Unterrichtungspflicht ggü dem kontoführenden ZdLeister des ZdNutzers gelten die gleichen Erwägungen, wie sie zuvor im Kontext von Abs II dargestellt worden sind (Rn 5ff). Für die ausgeschlossenen Ansprüche und Einwendungen vgl Rn 7. Für die Berechnung der Frist Rn 8.

12 **6. Parallelwertung in Abs V zu Abs III.** Der Gesetzgeber hat in Abs VI eine zu Abs III vergleichbare Wertung vorgenommen, falls sich ein ZAuslösedienstleister an einem nicht autorisierten oder fehlerhaft ausgeführten ZVorgang beteiligt und Ansprüche in Rede stehen (BT-Drs 18/11495, 179), welche andere sind als die, welche § 675z S 1 adressiert (vgl Rn 9). Der ZdNutzer kann in diesen Fällen seine Anzeige zum Erhalt seiner Ansprüche und Einwendungen gegen den ZAuslösedienstleister direkt gegen den kontoführenden ZdLeister richten, und zwar (Nr 2) auch nach Ablauf der Frist von 13 Monaten, sofern die Versäumung dieser Frist dem ZdNutzer nicht als Verschulden vorwerfbar ist (Rn 10; BeckOGK/*Zahrte* Rn 44).

§ 676c Haftungsausschluss

Ansprüche nach diesem Kapitel sind ausgeschlossen, wenn die einen Anspruch begründenden Umstände

1. auf einem ungewöhnlichen und unvorhersehbaren Ereignis beruhen, auf das diejenige Partei, die sich auf dieses Ereignis beruft, keinen Einfluss hat, und dessen Folgen trotz Anwendung der gebotenen Sorgfalt nicht hätten vermieden werden können, oder

2. vom Zahlungsdienstleister auf Grund einer gesetzlichen Verpflichtung herbeigeführt wurden.

1 **1. Europarechtliche Vorgaben.** Die Norm setzt Art 93 ZdRL um. Der hier Gesetz gewordene Haftungsausschluss entspricht im Kern den Grundsätzen, dass ein solcher Haftungsausschluss in Fällen höherer Gewalt stets als Korrektiv eingreift. Denn auch nach § 651j darf ein Ereignis höherer Gewalt – bezogen auf den Zeitpunkt des Vertragsabschlusses – nicht vorhersehbar sein (§ 651j Rn 2f – Beispielsfälle). Doch hat der Gesetzgeber (BT-Drs 16/11643, 119) aus zutr Gründen darauf hingewiesen: Die Verwendung des Begriffs höherer Gewalt hat in den Mitgliedstaaten durchaus unterschiedliche Bedeutung, so dass hier auf die Übernahme dieses Begriffs verzichtet wurde. Es bleibt daher bei der Ausfüllung der Begriffe „Unvorhersehbarkeit/Außergewöhnlichkeit", welche freilich ihrerseits und jedenfalls im Kontext von § 651j Bestandteile des Begriffs höherer Gewalt nach Maßgabe des dt Rechts sind.

2 **2. Ungewöhnlichkeit – Unvorhersehbarkeit. a) Reichweite des Haftungsausschlusses.** Aus dem Wortlaut des 1. Hs folgt, dass die hier geregelte Haftungsbefreiung – verstanden als rechtshindernde Einwendung (BeckOGK/*Köndgen* Rn 7) – **alle Ansprüche** erfasst (Staudinger/*Omlor* Rn 1; *Herresthal* in L/B/S Rn 1; BeckOK/*Schmalenbach* Rn 2), die in den §§ 675j–676a formuliert sind. Dabei macht es keinen Unterschied, ob diese Ansprüche vom ZdNutzer ggü dem ZdLeister, von diesem ggü dem ZdNutzer (Schleswig WM 2019, 206) oder vom ZdLeister ggü einem Dritten oder von einem Dritten ggü einem ZdLeister geltend gemacht werden (Grü/*Grüneberg* Rn 1). Entscheidend ist allein, dass es sich um einen Anspruch nach Kap 3 handelt (BT-Drs 16/11643, 119). Für andere Ansprüche, welche nicht „in diesem Kapitel" (für die Annahme eines Redaktionsversehen BeckOGK/*Köndgen* Rn 9 – „Haftung" gemeint) angesprochen sind, gilt jedoch die Norm nicht, etwa für solche aus § 280 (Grü/*Grüneberg* Rn 1; BeckOK/*Schmalenbach* Rn 2). Dieses Resultat ist mit den Grundsätzen der Vollharmonisierung (Art 107 III ZdRL) vereinbar, weil und soweit anderweitige Ansprüche des nationalen Rechts eben nicht dem Diktat der ZdRL unterworfen sind.

b) Vermeidbarkeit. Nr 1 stellt entscheidend darauf ab, dass das jew Ereignis – und vor allem seine **Folgen** – bei Anwendung der gebotenen Sorgfalt hätten vermieden werden können. Damit ist zunächst ein Grundelement des Begriffs **höherer Gewalt** angesprochen (BGH NJW 1973, 698; § 206 Rn 4). Auch hier sind zu seiner Auslegung obj, abstrakte und typisierende Maßstäbe anzuwenden (§ 276 Rn 10). Entscheidend ist insoweit, dass im Kontext von § 276 I die Begriffe der Vorhersehbarkeit (BGH NJW-RR 2006, 965, 966) und der Vermeidbarkeit (BGHZ 39, 281, 285) für den Vorwurf der Fahrlässigkeit konstitutiv sind. Ob der Begriff der höheren Gewalt (§ 206) enger ist als der hier verwandte (BeckOK/*Schmalenbach* Rn 4) könnte zweifelhaft sein, weil auch nach § 206 geringste Fahrlässigkeit ausreicht (Staudinger/*Omlor* Rn 3), den Tatbestand auszuschließen (BGH NJW 1997, 3164 – unabwendbarer Zufall; Schleswig WM 2019, 206, 208). Wird also dem Schuldner, der sich auf den Haftungsausschluss beruft, Fahrlässigkeit unter Verwendung dieser beiden Begriffe nachgewiesen, fehlt es iSv Nr 1 an dem Merkmal der Nichtvorhersehbarkeit bzw der Ungewöhnlichkeit des jew Ereignisses (Schleswig WM 2019, 206, 208). Diese **Testfrage** (hierzu BeckOGK/*Köndgen* Rn 14ff) ist im Blick auf die zu vermeidenden Folgen immer dann idS zu beantworten, wenn es sich – wie durchgängig im Haftungskonzept der ZdRL – um eine **verschuldensunabhängige Haftung** handelt, weil es – gemessen an eben diesen Fahrlässigkeitsmerkmalen – um die Begründung des Haftungsausschlusses iS eines **unabwendbaren Ereignisses** geht (MüKo/*Zetzsche* Rn 4ff). Das erfordert die Beachtung „äußerster Sorgfalt" (BGH NJW 1997, 3164 Rn 14) oder, wie es auch heißt, „Exculpation plus x" (BeckOGK/*Köndgen* Rn 15) oder – anders formuliert – die Beachtung einer „optimalen Sorgfalt bis zur Grenze des technisch Möglichen und des wirtschaftlich Vertretbaren" (BeckOGK/*Köndgen* Rn 15). Das dürfte zu weit gehen. Vielmehr wird man beachten müssen, dass es um eine **verschuldensunabhängige Haftung** geht, so dass es für den hier interessierenden Haftungsausschluss ausreicht, aber auch erforderlich ist, wenn die gewöhnlichen Merkmale der Fahrlässigkeit nach § 276 II nicht vorliegen (Schleswig WM 2019, 206, 208). Das ist etwa der Fall, wenn es sich um eine (nicht entdeckbare – etwa bei CEO-Fraud, hierzu § 676c abl LG Düsseldorf BKR 2019 Rn 10; auch *Zahrte* BKR 2019, 126, 130) **Fälschung** handelt (so auch Schleswig WM 2009, 206, 208; aM Düsseldorf BKR 2019, 154, 155; MüKo/*Zetzsche* Rn 11f; BeckOK/*Schmalenbach* Rn 4; *Zahrte* BKR 2019, 126, 129 – übliche/gewöhnliche Fälschungen sind bei ZdLeister weder ein ungewöhnliches Ereignis noch ein unvorhergesehenes). Das weitere Tatbestandselement, dass derjenige, der sich auf die Haftungsbefreiung beruft, auf eben dieses Ereignis **keinen Einfluss** haben darf, wird man zweckmäßigerweise dahin verstehen, dass es um die Beherrschbarkeit des betr Risikos geht (Staudinger/*Omlor* Rn 3; BeckOGK/*Köndgen* Rn 17), verstanden iSe Verantwortung für die eigene Risikosphäre (*Köndgen* Rn 17). Sehr weit geht es daher auch, wenn die Meinung vertreten wird, dass **Unvermeidbarkeit** – und damit ein unabwendbares Ereignis – nur dann vorliegt, wenn unter Anwendung „massiver physischer Gewalt oder massiver Drohungen" dem ZdNutzer die Karte entwendet wird (so MüKo/*Zetzsche* Rn 15). I Erg können die Ergebnisse zu § 206 Anhaltspunkte liefern (Staudinger/*Omlor* Rn 3). 3

c) Gesetzliche Verpflichtungen des Zahlungsdienstleisters. Alternativ zu Nr 1 bestimmt Nr 2, dass ein Haftungsausschluss gerade auch dann eingreift, wenn die den Haftungsanspruch begründenden Umstände deswegen vom **ZdLeister** herbeigeführt worden sind, weil sein Handeln einer gesetzl Verpflichtung entsprach. Auf diesen Tatbestand kann sich nur der ZdLeister berufen (BeckOGK/*Köndgen* Rn 40). Art 93 ZdRL verdeutlicht diesen Tatbestand, indem diese Fallkonstellationen darauf konzentriert werden, dass – vom ZdLeister zu erfüllende – „andere rechtl Verpflichtungen" in Rede stehen müssen, die entweder aufgrund von einzelstaatlichen Rechtsregeln oder aufgrund der Regeln des Unionsrechts begründet werden. Gedacht ist etwa an die Fälle, in denen der ZdLeister aufgrund einer **Kontobeschlagnahme** oder auch aufgrund einer **Pfändung** verpflichtet ist (BeckOK/*Schmalenbach* Rn 5), entweder den Zahlungsfluss zu sperren oder Zahlung an einen Pfändungspfandgläubiger zu bewirken (vgl Grü/*Grüneberg* Rn 3). 4

d) Beweislast. Die Beweislast (Schleswig WM 2019, 206) für das Vorliegen der Voraussetzungen von § 676c trägt – wie stets – die Partei, die sich auf den Tatbestand eines unabwendbaren Ereignisses beruft (Grü/*Grüneberg* Rn 1). 5

Titel 13
Geschäftsführung ohne Auftrag (§§ 677–687)

Vorbemerkung vor § 677

Schrifttum: *Allmendinger/Lüneborg*, Unterlassungsansprüche des Eigentümers einer Immobilie gegen den nicht beauftragten Makler, NJW 2021, 509; *Bärenfänger*, Der Kostenerstattungsanspruch aus Geschäftsführung ohne Auftrag im Kennzeichenrecht – eine Abrechnung, GRUR 2012, 461; *Baldringer/Jordans*, Beurteilung des „Abschleppfalles" nach bürgerlichem Recht – insbesondere Ersatz der Abschleppkosten bei widerrechtlichem Parken, NZV 2005, 72; *v Bar*, Die Äquivalente des Common Law für das kontinentaleuropäische Konzept der berechtigten Geschäftsführung ohne Auftrag, FS Werner Lorenz, 2001, 441; *v Bar* et al., Benevolent Intervention in Another's Affairs (PEL Ben. Int.), 2006 (zit: *v Bar*, PEL Ben Int); *Bartylla/Schäfer*, Die Selbstvornahme durch den Käufer – ein rechtsökonomischer Perspektivwechsel, ZfPW 2020, 467; *Batsch*, Aufwendungsersatzanspruch und Schadensersatzpflicht des Geschäftsführers im Falle berechtigter und unberechtigter Geschäftsführung ohne Auftrag, AcP 171 (1971), 218; *Berger*, Das abbestellte Abschlussschreiben, GRUR 2020, 1165; *Bergmann*, Die Geschäftsführung ohne Auftrag als Subordinationsverhältnis, 2010 (zit: *Bergmann*, Subordinationsverhältnis); *Bergmann*, Eigenmächtige und irrtümliche Verwendungen auf einen gemeinschaftlichen Gegenstand oder das gemeinschaftliche Eigentum, ZMR 2020, 7;

Beuthien, Leistung und Aufwendung im Dreiecksverhältnis – Grenzen des Handelns im Doppelinteresse, JuS 1987, 841; *Beuthien*, Was ist vermögenswert, die Persönlichkeit oder ihr Image? Begriffliche Unstimmigkeiten in den Marlene-Dietrich-Urteilen, NJW 2003, 1220; *Beuthien/Wasmann*, Zur Herausgabe des Verletzergewinns bei Verstößen gegen das Markengesetz – Zugleich Kritik an der sogenannten dreifachen Schadensberechnung, GRUR 1997, 255; *Birks*, Negotiorum Gestio and the Common Law, 24 Current Legal Problems 110–132 (1971); *Bönschen*, Geschäftsführung ohne Auftrag und Geschäftsanmaßung im Mehrpersonenverhältnis, 2006; *Casper*, Die Zusendung unbestellter Waren nach § 241a BGB, ZIP 2000, 1602; *Dawson*, Negotiorum Gestio: The Altruistic Intermeddler, 74 Harv L Rev 817–864, 1073–1129 (1961); *Deutsch*, Die Selbstaufopferung im Straßenverkehr, AcP 165 (1965), 193; *Dietrich*, Auftraglose Hilfeleistung in gefährlichen Situationen, JZ 1974, 535; *Dörre/Maaßen*, Das Gesetz zur Verbesserung der Durchsetzung von Rechten des geistigen Eigentums, Teil I: Änderungen im Patent-, Gebrauchsmuster-, Marken- und Geschmacksmusterrecht, GRUR-RR 2008, 217; *Dornis*, Contribution and Indemnification among Joint Tortfeasors in Multi-State Conflict Cases: A Study of Doctrine and the Current Law in the US and under the Rome II Regulation, J Priv Intl L 237 (2008); *Dornis*, Das Dilemma der Erbensucher, JZ 2013, 592; *Dornis*, Die GoA auf der Schnittstelle von realem und hypothetischem Vertrag, ZJS 2013, 216; *Dornis*, The Doctrines of Contract and Negotiorum Gestio in European Private Law: Quest for Structure in a No Man's Land of Legal Reasoning, RLR 23 (2015), 73; *Dornis*, Die Erbensuche im Kollisionsrecht – von grenzüberschreitender „Menschenhülfe" zu internationaler Marktregulierung, ZfPW 2015, 376; *Dornis*, Das Paradox von mehr Anspruch und weniger Ertrag – die Erbensuche im Rechtsvergleich zwischen Österreich und Deutschland, ZfRV 2016, 34; *Dornis*, Das Kollisionsrecht der auftragslosen Geschäftsführung – Ein Beispiel für Materialisierung und Typisierung im modernen europäischen IPR, RabelsZ 80 (2016), 543; *Dornis/Sturm*, „Der nur scheinbare Notfall", JURA 2013, 1167; *Dornis*, Negotiorum Gestio and the Brussels Ibis Regulation, in Mankowski (ed.), Research Handbook on the Brussels Ibis Regulation, 2019; *Dutta*, Ein besonderer Gerichtsstand für die Geschäftsführung ohne Auftrag in Europa?, IPRax 2011, 134; *Eberl-Borges*, Geschäftsführung ohne Auftrag unter Miterben?, ZEV 2022,1; *Ebert*, Die Geschäftsanmaßung – Zur Funktion des § 687 Abs. 2 BGB im privatrechtlichen Anspruchssystem, 2000; *Ehlers/Pünder* (Hrsg), Allgemeines Verwaltungsrecht, 16. Aufl 2022; *Eimer*, Rechtsfragen der Bergrettung, 2010; *Falk*, Von Titelhändlern und Erbensuchern – Die GoA-Rspr am Scheideweg, JuS 2003, 833; *Fikentscher/Heinemann*, Schuldrecht, 12. Aufl 2022; *Fleck*, Vertrag, unerlaubte Eigengeschäftsführung und Anspruchsverjährung, ZIP 1991, 1269; *Franßen/Blatt*, Ersatzansprüche aus Geschäftsführung ohne Auftrag beim Feuerwehreinsatz, NJW 2012, 1031; *Friedrich*, Die Selbstaufopferung im Straßenverkehr für ein Kind und die Inanspruchnahme der Eltern aus Geschäftsführung ohne Auftrag, VersR 2000, 697; *Fritzsche*, Endlich: Das Gesetz zur Stärkung des fairen Wettbewerbs, WRP 2020, 1367; *v Gerlach*, Anmerkung zu Schweizerisches BG, Urteil v. 7.12.2006 – 5 C 66/2006, JZ 2007, 1162; *v Gierke*, Deutsches Privatrecht, Dritter Band: Schuldrecht, 1917; *Giesen*, Das Recht der fremdnützigen Geschäftsbesorgung, JURA 1996, 225; *Goldmann*, Die Berechnung des Schadensersatzanspruchs vor und nach Umsetzung der Durchsetzungsrichtlinie, WRP 2011, 950; *Grabinski*, Gewinnherausgabe nach Patentverletzung – Zur gerichtlichen Praxis acht Jahre nach dem „Gemeinkostenanteil"-Urteil des BGH, GRUR 2009, 260; *Greiner*, Wille und Interesse, Altruismus und Egoismus im Recht der Geschäftsführung ohne Auftrag, AcP 219 (2019), 211; *Gsell*, Schadensersatz und Aufwendungsersatz im Mietrecht, NZM 2010, 71; *Gursky*, Die Haftung des Notgeschäftsführers – BGH, NJW 1972, 475, JuS 1972, 637; *Gursky*, Der Tatbestand der Geschäftsführung ohne Auftrag, AcP 185 (1985), 13; *Gutzeit/Vrban*, Bestattung ohne Auftrag, NJW 2012, 1630; *Habersack/Schürnbrand*, Zur Geschäftsführung ohne Auftrag bei nichtigem Vertrag, AcP 220 (2020), 1; *Hadding*, Die Verweisungen auf die Vorschriften über die Herausgabe einer ungerechtfertigten Bereicherung im BGB, FS Mühl, 1981, 225; *Hassold*, Die Verweisung in § 682 BGB – Rechtsfolgeverweisung oder Rechtsgrundverweisung?, JR 1989, 358; *Hau*, Geschäftsführung ohne Verbraucherauftrag, NJW 2001, 2863; *Helm*, Geschäftsführung ohne Auftrag, in BMJ (Hrsg), Gutachten und Vorschläge zur Überarbeitung des Schuldrechts, Band III, 1983, 335 (zit: *Helm*, Gutachten III); *Herschel*, Nochmals: Herausgabe des Untermietzinses bei unberechtigter Untervermietung? – BGH, NJW 1964, 1853, JuS 1968, 562; *Huguenin*, Obligationenrecht – Allgemeiner und Besonderer Teil, 3. Aufl 2019; *Jansen*, Negotiorum gestio and Benevolent Intervention in Another's Affairs: Principles of European Law?, ZEuP 2007, 958; *Janssen*, Abschleppen im bürgerlichen Recht, NJW 1995, 624; *Jhering*, Die Reflexwirkungen oder die Rückwirkung rechtlicher Thatsachen auf dritte Personen, JhJb 10 (1871), 245; *Klatt*, Auftraglose Fremdgeschäftsführung durch Minderjährige, Diss 2000; *Klocke*, Die Haftung des unredlichen Besitzers nach § 687 Abs. 2 BGB, JZ 2018, 661; *Knoche*, Minderjährige als Geschäftsführer ohne Auftrag?, MDR 1964, 193; *Köhler*, Arbeitsleistungen als „Aufwendungen"?, JZ 1985, 359; *Köhler*, Unbestellte Leistungen – Die richtlinienkonforme Auslegung am Beispiel des neugefassten § 241a BGB, JuS 2014, 865; *Köndgen*, Die Geschäftsführung ohne Auftrag im Wandel der Zeiten – Versuch einer Ehrenrettung, in Zimmermann (Hrsg), Rechtsgeschichte und Privatrechtsdogmatik, 1999, 371; *Köndgen*, Gewinnabschöpfung als Sanktion unerlaubten Tuns – Eine juristisch-ökonomische Studie, RabelsZ 64 (2000), 661; *Kötz*, Geschäftsführung ohne Auftrag aus rechtsökonomischer Sicht, FS Großfeld, 1999, 583; *J. Kohler*, Die Menschenhülfe im Privatrecht, JhJb 25 (1887), 1; *Landes/Posner*, Salvors, Finders, Good Samaritans, and other Rescuers: An Economic Study of Law and Altruism, 7 J Leg Stud 83–128 (1978); *Lange*, Geschäftsführung ohne Auftrag bei nicht geschuldeten Schönheitsreparaturen, NZM 2007, 785; *Larenz*, Lehrbuch des Schuldrechts, Bd 2/1, 13. Aufl 1986; *Laufs*, Mehrere Geschäftsherren bei der negotiorum gestio, NJW 1967, 2294; *Lent*, Der Begriff der auftragslosen Geschäftsführung, 1909; *Lent*, Wille und Interesse bei der Geschäftsbesorgung, 1939; *Levmore*, Waiting for Rescue: An Essay on the Evolution and Incentive Structure of the Law of Affirmative Obligations, 72 Va L Rev 879–940 (1986); *Looschelders*, Schuldrecht Besonderer Teil, 17. Aufl 2022; *S. Lorenz*, Geschäftsführung ohne Auftrag und Bereicherungsausgleich bei Vornahme nicht geschuldeter Schönheitsreparaturen, NJW 2009, 2576; *Loyal*, Die „entgeltliche" Geschäftsführung ohne Auftrag, 2011; *Lützenkirchen*, Unterlassene Schönheitsreparaturen durch den Mieter – Anwendbarkeit der Vorschriften über die Geschäftsführung ohne Auftrag, MDR 2001, 9; *Marcuse*, Die Auslegung des § 843 Abs. 4 BGB, JW 1915, 264; *Martinek/Theobald*, Grundfälle zum Recht der Geschäftsführung ohne Auftrag, JuS 1997, 612, 805, 992, JuS 1998, 27; *Mayer-Maly*, Probleme der negotiorum gestio, SZRA 86 (1969), 416; *Meier-Beck*, Herausgabe des Verletzergewinns – Strafschadensersatz nach deutschem Recht?, GRUR 2005, 617; *Meier-Beck*, Schadenskompensation bei der Verletzung gewerblicher Schutzrechte nach dem Durchsetzungsgesetz, WRP 2012, 503; *Neuffer*, Der pflichtengebundene Geschäftsführer ohne Auftrag, Diss 1970; *Nipperdey*, Der Eingriff in schuldrechtlich festgelegte Interessensphären und § 687 Abs. 2 BGB, FS Böhm, 1965, 163; *Oppermann*, Konstruktion und Rechtspraxis der Geschäftsführung ohne Auftrag, AcP 193 (1993), 497; *Pahlow*, Das Recht der Gleichnamigen im Internet, WRP 2002, 1228; *Frhr v Proff*, Der Ausgleich unentgeltlicher Leistungen an die Eltern der Lebensgefährtin, NJW 2015, 1482; *Rabel*, Ausbau oder Verwischung des Systems? Zwei praktische Fragen, RheinZ 10 (1919/20), 89; *Rebler*, Straßenverkehr – Ansprüche aus GoA in Fällen der Nothilfe oder Selbstaufopferung, MDR 2013, 254; *Reichard*, Negotium alienum und ungerechtfertigte Bereicherung – Zur Entbehrlichkeit des § 687 Abs. 2 BGB, AcP 193 (1993), 567; *Schapiro*, Der Rückforderungsanspruch des Mieters wegen Durchführung nicht geschuldeter Schönheitsreparaturen, ZfIR 2011, 639; *Scherer*, Realakte mit „Doppelnatur" – Anmerkungen zu den Beschlüssen des Gemeinsamen Senats zum Rechtsweg bei wettbewerbsrelevantem Verwaltungshandeln, NJW 1989, 2724;

Schlosser, Europäisch-autonome Interpretation des Begriffs „Vertrag oder Ansprüche aus einem Vertrag" iSv Art 5 Nr 1 EuGVÜ, IPRax 1984, 65; *Schmid*, Die Geschäftsführung ohne Auftrag, 1992; *Schmieder*, Unterlassungsanspruch bei gewerblichem Fotografieren ohne Eigentümererlaubnis, NJW 1975, 1164; *Schmitt-Gaedke/Arz*, Der Kostenerstattungsanspruch des Hinterlegers einer Schutzschrift, WRP 2012, 60; *Schoch*, Geschäftsführung ohne Auftrag im Öffentlichen Recht, JURA 1994, 241; *Schoch* (Hrsg), Besonderes Verwaltungsrecht, 2018; *Schubert*, Der Tatbestand der Geschäftsführung ohne Auftrag, AcP 178 (1978), 425; *Schubert* (Hrsg), Die Vorlagen der Redaktoren für die erste Kommission zur Ausarbeitung des Entwurfs eines Bürgerlichen Gesetzbuchs, Recht der Schuldverhältnisse, Teil 2: Besonderer Teil, Verfasser: *Franz v Kübel* und Hilfsarbeiter, 1980 (zit: *Schubert/v Kübel*, Vorlagen II); *Schulien*, Anm z LG Aachen, Urt v 25.4.1963 – 6 S 17/63, NJW 1963, 1878; *G. Schulze*, Anm zu BGH, Urt v 23.9.1999 – III ZR 322/98, JZ 2000, 523; *Seiler*, Der Tatbestand der negotiorum gestio im Römischen Recht, 1968; *Spickhoff*, Gerichtsstand des Sachzusammenhangs und Qualifikation von Anspruchsgrundlagen, ZZP 109 (1996), 493; *Stamm*, Die Rückführung der sog „auch fremden Geschäfte" von der Geschäftsführung ohne Auftrag auf die Gesamtschuld, JURA 2002, 730; *Stoljar*, Negotiorum Gestio, in: v Caemmerer/Schlechtriem, Restitution – Unjust Enrichment and Negotiorum Gestio, Int'l Encycl Comp L, vol X, ch 17; *Stoll*, Rechtsfragen bei Hilfeleistung in vermeintlicher Not, FG Weitnauer, 1980, 411; *Thole*, Die Geschäftsführung ohne Auftrag auf dem Rückzug – Das Ende des „auch fremden" Geschäfts?, NJW 2010, 1243; *v Tuhr*, Besprechung: Der 82. Band der Entscheidungen des Reichsgerichts in Zivilsachen, DJZ 1914, 334; *Wacke*, Donatio non praesumitur, AcP 191 (1991), 1; *Wandt*, Die Geschäftsführung ohne Auftrag im internationalen Privatrecht, Diss 1989; *Wandt*, Gesetzliche Schuldverhältnisse, 11. Aufl 2022; *Wenckstern*, Die Geschäftsanmaßung als Delikt, AcP 200 (2000), 240; *Wendlandt*, Der Dombrandfall – Unechte Gesamtschuld, GoA und Bereicherung, JURA 2004, 325; *Wendt*, Anm zu LG Braunschweig, Urt v 9.11.1965 – 6 S 40/65, NJW 1966, 1820; *Widmann*, Die Bestattungspflicht und Bestattungskostentragungspflicht in der höchstrichterlichen Rechtsprechung, MDR 2012, 617; *Wilckens*, Ist der Rückgriff des Bestohlenen auf den Veräußerungserlös notwendig endgültiger Verzicht auf das Eigentum?, AcP 157 (1958/59), 399; *Windscheid/Kipp*, Lehrbuch des Pandektenrechts, Bd 2, 9. Aufl 1906; *Witschen*, Haftung und Versicherung bei Gefälligkeiten, AcP 219 (2019), 300; *Wittmann*, Begriff und Funktionen der Geschäftsführung ohne Auftrag, 1981 (zit: *Wittmann*); *M. Wolf*, Die aufgedrängte Bereicherung, JZ 1966, 467; *M. Wolf*, Die Verwendungsersatzansprüche des Besitzers im Anspruchssystem, AcP 166 (1966), 188; *M. Wolf*, Das Willensmoment beim Gerichtsstand des Erfüllungsortes, in FS Lindacher, 2007, 201; *Wollschläger*, Die Geschäftsführung ohne Auftrag, 1976 (zit: *Wollschläger*); *Wollschläger*, Die Geschäftsführung ohne Auftrag im öffentlichen Recht und Erstattungsanspruch, 1977 (zit: *Wollschläger*, GoA im öffentlichen Recht); *Zimmermann*, Der Selbstmord als Gefährdungssachverhalt (Aufwendungs- oder Schadensersatz für den Retter?), FamRZ 1979, 103; *Zimmermann*, The Law of Obligations – Roman Foundations of the Civilian Tradition, Cape Town et al 1990; *Zitelmann*, Ausschluß der Widerrechtlichkeit, AcP 99 (1906), 1.

I. Grundlagen. 1. Begriff und Terminologie. Die Regelung der „Geschäftsführung ohne Auftrag" in Titel 13 des BGB erfasst als **Sammel- und Auffangtatbestand** verschiedene Rechtsinstitute. Diese unterscheiden sich zT ganz erheblich (vgl etwa die Unterschiede zw § 677 und § 687; hierzu § 687 Rn 1). Der Tatbestand der Geschäftsführung ohne Auftrag (im Folgenden: GoA) muss darum zunächst möglichst allg definiert werden: Jemand (Geschäftsführer oder *gestor*) wird wissentlich im Lebens- oder Geschäftsbereich eines anderen (Geschäftsherr oder *dominus*) tätig, ohne von ihm dazu beauftragt oder ihm ggü sonst dazu berechtigt zu sein. Fehlende Legitimation sowie Fremdgeschäftsführungsbewusstsein sind Voraussetzungen des Grundtatbestandes in § 677; die erg Regelungen der §§ 678ff enthalten Ausgestaltungen variierender Fallkonstellationen (allg RGRK/*Steffen* Rn 1ff; MüKo/*Seiler*[6] Rn 2). In der dt Praxis und im Schrifttum haben sich die Bezeichnungen **„Geschäftsführung ohne Auftrag"** und **„auftragslose Geschäftsführung"** durchgesetzt. Vor allem im anglo-amerikanischen Rechtskreis wird überwiegend die römisch-rechtl Bezeichnung ***negotiorum gestio*** verwendet (ausf *Stoljar*, Negotiorum Gestio, IECL, vol X ch 17, 1ff; *Dornis* RLR 23 [2005], 73ff). Die *Study Group on a European Civil Code* hat ihren Entwurf einer europäisch einheitlichen Regelung mit **„Benevolent Intervention in Another's Affairs"** überschrieben; das Regelungsprogramm entspricht weitgehend der dt GoA (*v Bar* PEL Ben Int; krit *Jansen* ZEuP 2007, 958ff). 1

2. Regelungszweck. Der Regelungszweck der GoA ist **umstritten**; es existiert eine **Vielzahl von Theorien zur Ratio des Ausgleichssystems** bei auftragslosem Eingriff in einen fremden Rechts- und Interessenkreis (s nachf Rn 3ff). Über die historisch-dogmatischen Diskrepanzen darf allerdings folgender Grundzusammenhang nicht vernachlässigt werden: Die §§ 677ff dienen in erster Linie dem **Ausgleich gegenläufiger Interessen im Verhältnis der unmittelbar Beteiligten**. Fremdnützige Hilfeleistung soll nicht als Verlustgeschäft enden; darum soll durch das Inaussichtstellen von Ausgleich und Entlohnung ein **Anreiz für (potentielle) Geschäftsführer** geschaffen werden. Allerdings kann sich eine Geschäftsbesorgung nachteilig auf die Angelegenheiten des Geschäftsherrn auswirken. Er soll darum vor den Gefahren unsachgemäßer und überschießender Eingriffe in seine Selbstbestimmung geschützt werden. Dies bedingt die treuhandähnl Ausgestaltung des Instituts; der **Wille des Geschäftsherrn hat Vorrang**. Neben der individuellen Perspektive ist überdies im Gesamtbild zu beachten, dass die Regeln zum privatrechtl Innenausgleich auch den **Status an Hilfsbereitschaft und tätiger Hilfe in der Gemeinschaft** mitbestimmen. Neben Normen des Strafrechts (vgl vor allem § 323c StGB) tragen die §§ 677ff unmittelbar zur Verhaltenssteuerung bei. ZT zeigt sich dieser Aspekt ausdrückl im Gesetz, zB bei Privilegierung der Tätigkeit im öffentlichen Interesse oder zur Rettung in Gefahrenlagen (vgl §§ 679, 680). 2

II. Geschichte und Theorie, Kritik und Streit. Die GoA (als *negotiorum gestio*) ist ein **Vermächtnis des römischen Rechts**. Der BGB-Gesetzgeber hat das Institut in enger Anlehnung an die römisch-rechtl Quellen entworfen (ausf *Seiler*, Der Tatbestand der negotiorum gestio im Römischen Recht; *Mayer-Maly* SZRA 86 [1969], 416ff; HKK/*Jansen* Rn 1ff). Bereits im römischen Recht, jedenfalls aber unter Geltung des BGB, wurde das Institut insb in der Rspr auf **zahlreiche Fallgruppen von Regresskonstellationen** ausgedehnt. Das krit Schrifttum spricht von „ergebnisorientierter Rechtsanwendung", einem Vorwiegen von „Billigkeitserwägungen" und einer „Hypertrophierung" und „Denaturierung" zum Zweck der „Lückenfüllung" (vgl bereits *Rabel* RheinZ 10 [1919/20], 89, 94f; *Schubert* AcP 178, 424ff; auch *S. Lorenz* NJW 2009, 2576, 2576; *Thole* NJW 2010, 1243, 1244). 3

Eine Hauptursache dieser **Ausweitung** ist die **Unsicherheit bei der rechtsdogm Kategorisierung** (vgl *Helm*, Gutachten III, 335, 365; *Oppermann* AcP 193, 497, 499); es überrascht darum auch kaum, dass (je nach Fallkonstellation) stets eine Vielzahl theoretischer Ansätze ins Feld geführt wird. Eine **„herrschende Meinung" zur Konzeption der GoA** hat sich **bislang nicht herausgebildet.** Für einen Überblick über die verschiedenen Theorien lassen sich vereinfacht die nachfolgenden Kategorien bilden:

4 **1. Historische Theorien und Gesetzgebung.** In der Diskussion um den Regelungszweck der GoA haben sich im Lauf der Zeit mehrere Theorien als einflussreich erwiesen. Keiner dieser Ansätze wurde vollständig ins Gesetz übernommen. Die BGB-GoA ist jedoch von Elementen aller Theorien geprägt. Bereits die 1. Kommission hat das Fremdgeschäftsführungsbewusstsein zur Voraussetzung der Geschäftsführung erklärt. Die römisch-rechtl begründete sog **obj Theorie**, wonach die Führung fremder Geschäfte allein (ohne zusätzl subj Element) für die Anwendung der Vorschriften zur *negotiorum gestio* genügen sollte, wurde damit abgelehnt (vgl Mugdan II 486; ausf Staudinger/*Bergmann* Rn 24ff). Im Schrifttum wird die obj Theorie allerdings nach wie vor vertreten (insb *Wollschläger*, 52ff). Elemente der obj Theorie finden sich zudem in der Praxis: Die Rspr negiert zB bei der Einordnung der auch-fremden Geschäfte die subj Elemente weitgehend (§ 677 Rn 5ff). Auch bei der Verletzung von Immaterialgüterrechten findet sich im Verzicht auf das Vorsatzerfordernis beim Geschäftsanmaßungstatbestand (§ 687 II) ein Rest an „obj" Theorie iS eines wert- statt verhaltensbezogenen Ausgleichssystems (§ 687 Rn 6 und 16ff). S überdies zur Objektivierung bei der Zuständigkeitstheorie Rn 8.

5 Die zweite historische Kerntheorie wird mittlerweile kaum mehr vertreten: Nach der von *Kohler* begründeten **„Theorie der Menschenhülfe"** ist die GoA rein altruistische Hilfeleistung. Das Eingreifen aus Nächstenliebe soll begünstigt werden; zugleich seien unerwünschte eigensüchtige Übergriffe zu verhindern (grundlegend *Kohler* JhJb 25 [1887], 1, 42ff und *passim*; krit *Rabel* RheinZ 10 [1919/20], 89, 97). Auch diese Theorie wurde erkennbar nicht ins BGB übernommen, fehlt doch ein Tatbestandsmerkmal der Uneigennützigkeit. Dennoch argumentieren **Rspr und Schrifttum** regelmäßig unter **Verweis auf die Notwendigkeit einer Förderung der Hilfsbereitschaft** (vgl zB BGHZ 38, 270, 275 [Ausweichen im Straßenverkehr als „Akt der Menschenhilfe"]; RGZ 101, 18, 19 [„Humanitätsrücksichten"]). I Erg zutreffend wird damit auf die **regulatorische Funktion der §§ 677ff** abgestellt (s auch Rn 2 und Rn 10). Bei empirischer Betrachtung zeigt sich zudem deutlich, dass die Motivation der Menschenhilfe immer geringe praktische Bedeutung hatte und hat. Lediglich ein Bruchteil der tatsächlich von den Gerichten entschiedenen Fälle betrifft Sachverhalte genuin altruistischen Handelns (*Wollschläger*, 28ff).

6 Schließlich konnte sich auch die sog **Quasikontrakttheorie** nicht durchsetzen. Nach dieser vor allem in der Pandektistik vertretenen Konzeption der GoA sollten Kategorien der sog Quasikontrakte (ua die *negotiorum gestio*) denjenigen Vertragstypen zugeordnet werden, mit denen die größte Ähnlichkeit bestand (hierzu *Schubert/v Kübel*, Vorlagen II, 929, 942f; *Zimmermann*, Law of Obligations, 434ff). In der **hypothetischen Willensübereinstimmung** lag die Legitimation einer ausdrückl nicht-vertragl Rechtsbeziehung. Zugleich erhielt der Wille des Geschäftsführers maßgebliche Bedeutung (*Gursky* AcP 185, 13, 26ff). Auch dieser Ansatz wurde für das BGB abgelehnt (vgl Mugdan II 1201). Dennoch hat die Theorie die Entwicklung beeinflusst, so finden sich **Rudimente insb als Bestandteil der sog streng subj Theorie** (§ 683 S 1), wonach ein Anspruch auf Aufwendungsersatz nur bei Willensübereinstimmung gewährt wird (s sogleich Rn 7 und § 683 Rn 4). Die **ökonomische Analyse des Rechts** (auch der GoA) arbeitet schließlich mit der Hypothese einer Simulation effektiven Marktgeschehens. Dies erfordert auch einen Rückgriff auf das Konzept des hypothetischen Vertrages. Die Quasikontrakttheorie scheint darum jedenfalls insoweit einen zunehmend bedeutenden Wiedergänger gefunden zu haben (s Rn 10).

7 Jedenfalls zT ausdrückl im BGB verankert wurde die sog **streng subj Theorie**. Sie spiegelt sich in der Abgrenzung zw berechtigter und unberechtigter GoA (§ 683): Primär ist der individuelle Wille des Geschäftsherrn zu beachten. Dies gilt ungeachtet der obj Vernünftigkeit oder des wohlverstandenen Interesses des Geschäftsherrn (s § 677 Rn 55 und § 683 Rn 4ff). Diese **Ausrichtung auf den Willen des Geschäftsherrn** lag zwar auch der Menschenhilfe-Theorie zugrunde (vgl *Kohler* JhJb 25 [1887], 1, 48, 50, 52ff), jedoch nicht iSd Liberalismus der BGB-Väter: Die subj Theorie ist ein **essentieller Baustein der Privatautonomie.** Sie ist damit ein Bestandteil der Privatrechtsordnung als Rahmengeber für die wirtschaftl Selbstentfaltung (vgl zB *Schubert/v Kübel*, Vorlagen II, 975; zweifelnd BeckOGK/*Thole* § 677 Rn 27). Eine Übernahme der Geschäftsbesorgung (das „Ob") ist nach der streng subj Theorie darum nur bei Übereinstimmung mit dem Geschäftsherrnwillen als berechtigt anzusehen. Gleichwohl hat dieser Ansatz bereits bei den Beratungen des BGB eine Einschränkung aus praktischen Gründen erfahren: Zwar ist der wirkliche Willen des Geschäftsherrn nach wie vor als maßgeblich anzusehen. Fehlt es daran und kann auch kein mutmaßlicher Wille ermittelt werden, entscheidet aber sein obj Interesse (ausf § 683 Rn 4).

8 **2. Moderne Theorie und Praxis.** In der Rspr haben sich zahlreiche Elemente der alten Kerntheorien gehalten, zT haben einzelne Aspekte sogar dominierenden Einfluss erlangt. So erscheint zB das Element der obj Fremdheit eines Geschäfts maßgeblich für eine Kostenzuordnung nach Billigkeitsgesichtspunkten (zur Kritik Staudinger/*Bergmann* Rn 27; *S. Lorenz* NJW 2009, 2576; *S. Lorenz* NJW 1996, 883; *Gursky* AcP 185, 13f). Der Fremdgeschäftsführungswille hat zudem nur noch untergeordnete Funktion (*Wollschläger*, 52ff, 72ff). Dies gilt vor allem beim Umgang mit sog auch-fremden Geschäften und der Vermutung des Fremdgeschäftsführungswillens (vgl § 677 Rn 8ff). Das Schrifttum bezeichnet diese Objektivierung entspr als **Prinzip der höherrangigen Zuständigkeit** oder **Näher-Dran-Prinzip.** Die Kosten der Geschäftsführung sind demnach von derjenigen Partei zu tragen, welche sich „näher" am verwirklichten Risiko befindet. Diese Annäherung an eine scheinbar wirtschaftl sinnvol-

le Lösung wird allerdings häufig als Billigkeitsjurisprudenz kritisiert (vgl *Köndgen* in Zimmermann, 371, 376; *Falk* JuS 2003, 833, 835).

Als Gegenposition zu den obj Erklärungsversuchen wird im neueren Schrifttum vereinzelt die sog **Theorie realgeschäftlicher Interessenwahrnehmung** vertreten. Die GoA dürfe nicht in Kategorien des Gegensatzes oder der Gleichrichtung von Interessen eingeordnet werden; es gehe vielmehr um die Frage der **Interessenwahrung (Subordination)**. Die Geschäftsführung sei demnach eine spezialgesetzl geregelte Interessensubordination in Abwesenheit eines wirksamen Vertrages oder vorrangiger Gesetze (*Wittmann*, 26ff, 28ff, 81ff und passim; *Bergmann*, Subordinationsverhältnis, 47ff und passim; Staudinger/*Bergmann* Rn 28ff). Zw den Parteien bestehe eine Treuhandbeziehung (Staudinger/*Bergmann* Rn 29f). Obligationsbegründendes Element sei die Geschäftsführungsabsicht und diese sei rein normativ-wertend, nicht subj-empirisch zu bestimmen. Wann immer sich das **Tätigwerden des Geschäftsführers seinem sozialen Sinn nach als fremdnützige Interessenwahrnehmung** erweise, sei der Anwendungsbereich der §§ 677ff eröffnet (*Wittmann*, 72ff; Staudinger/*Bergmann* Rn 31ff). 9

Mit Ausnahme der Theorien der Menschenhilfe (s Rn 5) und der realgeschäftlichen Interessenwahrnehmung (s Rn 9) bedienen sich alle Erklärungsansätze jedenfalls zT **ökonomischer Argumente**. Evident ist dies für die Quasikontrakttheorie als faktischem „Vorgänger" des Konzepts eines hypothetischen Vertrages (s Rn 6). Auch die streng subj Theorie spiegelt im Ansatz einen ökonomischen Aspekt: im Vorrang der privatautonomen Regelung individueller Belange kommt auch der Gedanke einer wohlfahrtsorientierten Privatrechtsordnung zum Ausdruck (s Rn 7). In der Tat kommt dem **Gesichtspunkt der Effizienz** für das Rechtsinstitut **grundlegende Bedeutung** zu. Dies zeigt sich zB bei der Abgrenzung von berechtigter und unberechtigter GoA, wo es im ökonomischen Sinne um die möglichst effiziente Ressourcenverteilung und -nutzung geht. Die Protagonisten einer ökonomischen Analyse knüpfen hier regelmäßig an eine objektivierte **Bestimmung der Nützlichkeit** an und ermitteln sowohl den Willen als auch das Interesse des Geschäftsherrn einheitlich unter einer **allg Nutzen-Kosten-Formel** (vgl zB *Kötz*, FS Großfeld, 583ff; *Köndgen* in Zimmermann, 371ff). Diese grds zu begrüßende objektivierte Ausrichtung an materieller Wohlfahrt ist allerdings nicht ganz unproblematisch. Für die GoA (va das „Ob" der Übernahme) entscheidend ist nämlich zunächst die individuelle Perspektive (ökonomisch: die Präferenzen) des Geschäftsherrn. Die Frage der Nützlichkeit stellt sich erst in einem weiteren Schritt. Darum ist auch jedes Auf-oktroyieren eines allg Wertemaßstabes grds zu vermeiden (ebenso *Helm*, Gutachten III, 335, 373, 401; zur historischen subj Theorie: *Schubert/v Kübel*, Vorlagen II, 971; s auch § 683 Rn 4). 10

III. Rechtsvergleich und Europäisches Privatrecht. Zahlreiche **europäische Zivilrechtsordnungen** statuieren eine dem dt Recht der GoA überwiegend vergleichbare Regelung des Ausgleichs bei nicht beauftragtem Tätigwerden. Dies gilt insb für Österreich, die Schweiz, die Niederlande, Frankreich und Italien (vgl *v Bar*, PEL Ben Int [mit umf Überblick]; *Dawson*, 74 Harv L Rev 817ff, 1073ff [1961]; *Dornis*, Restitution Law Review 23 (2015), 73ff; *Dornis*, ZfRV 2016, 34ff; ausf auch *Stoljar*, Negotiorum Gestio, IECL, vol X ch 17, 20ff). Teilw erhebliche Unterschiede bestehen im Vergleich zum **Common Law**. Dort besteht (jedenfalls grds) keine Sanktion für die unterlassene Hilfeleistung in Notsituationen; zugleich ist dem Grunde nach keine Entlohnung oder Aufwandserstattung nach Prinzipien der auftragslosen Geschäftsführung vorgesehen. Dies mag nach dem *statutory law* einzelner Jurisdiktionen anders sein (s zB *Levmore*, 72 Va L Rev 879, 896ff [1986]). Ein eigenständiges Rechtsgebiet der *negotiorum gestio* besteht aber nach wie vor in keiner *common law*-Jurisdiktion (vgl *v Bar*, FS Werner Lorenz, 441, 442; *Birks*, 24 Current Legal Problems 110ff [1971]; *Dornis*, Restitution Law Review 23 (2015), 73ff). Mit den **Principles of European Law on Benevolent Intervention in Another's Affairs (PEL Ben Int)** hat die *Study Group on a European Civil Code* im Jahr 2003 eine Vereinheitlichung der Regeln zur auftragslosen Geschäftsführung vorgeschlagen (s ausf *v Bar*, PEL Ben Int; sehr krit *Jansen* ZEuP 2007, 958ff). 11

IV. Tatbestände und Systematik. Die Entstehung der GoA ist **abschließend in § 677 geregelt** (vgl Mugdan II 477; Staudinger/*Bergmann* Rn 90). Durch die Übernahme der Geschäftsführung entsteht zw Geschäftsherrn und Geschäftsführer ein **unvollkommen zweiseitiges gesetzl Schuldverhältnis** (*Wollschläger*, 45ff; Soergel/*Beuthien* Rn 5; Staudinger/*Bergmann* Rn 90ff; MüKo/*Schäfer* Rn 14; BeckOGK/*Thole* § 677 Rn 3). Geregelt sind Tatbestände der **echten GoA (§§ 677–686)** und der **unechten GoA (§ 687)**. Das heutige Verständnis des Rechtsinstituts bestimmt sich vorrangig nach dieser Unterteilung; allerdings orientieren sich Systematik und Aufbau der Fallprüfung stets nach den Ansprüchen der Beteiligten (Staudinger/*Bergmann* Rn 90ff; MüKo/*Seiler*[6] Rn 7ff). Im Rahmen des Tatbestands der echten GoA regeln die §§ 677–682 **Ansprüche des Geschäftsherrn gegen den Geschäftsführer (sog actio directa**; vgl Mugdan II 477). In den §§ 683–685 ist der **Anspruch des Geschäftsführers gegen den Geschäftsherrn auf Aufwendungsersatz normiert (sog actio contraria**; vgl Mugdan II 477). 12

1. Beginn durch Übernahme. Die Übernahme der Geschäftsführung ist der nach **außen erkennbar gewordene bewusste und gewollte Entschluss** des Geschäftsführers, durch sein Handeln eine fremde Angelegenheit zu erledigen oder voranzubringen. Sie fällt regelmäßig mit dem aktiven Beginn der Ausführung zusammen, ist aber hiervon zumindest der Sache nach streng zu unterscheiden (RGRK/*Steffen* Rn 35; MüKo/*Schäfer* Rn 21f; BeckOGK/*Thole* § 677 Rn 14). Das Tatbestandsmerkmal der Übernahme kann auch durch Dulden oder Unterlassen erfüllt werden (ebenso Staudinger/*Bergmann* Rn 109; aA aber die hM, zB Grü/*Retzlaff* § 677 Rn 2; vgl § 677 Rn 2). Eine GoA kann schließlich auch dann vorliegen (dh „übernommen" werden), wenn das Geschäft nach Beendigung eines Vertragsverhältnisses schlicht fortgeführt wird (s § 677 Rn 50). 13

Die Übernahme ist **kein Rechtsgeschäft** (vgl RGRK/*Steffen* Rn 80; Soergel/*Beuthien* § 682 Rn 3; MüKo/*Schäfer* § 677 Rn 13; BeckOGK/*Thole* § 677 Rn 3; ausf *Klatt*, Auftraglose Fremdgeschäftsführung durch Minderjährige, 14

66ff, 215ff). Bei vielen Übernahmehandlungen fehlen Erklärungsbewusstsein und Geschäftswillen. Die Rechtsfolgen der GoA treten nicht *ex voluntate*, sondern *ex lege* ein. Zweifelhaft ist, ob von einer **rechtsgeschäftsähnl Handlung** auszugehen ist (so wohl LG Aachen NJW 1963, 1252; RGRK/*Steffen* Rn 80). Wenngleich dogmatisch nicht fernliegend, steht dieser Auffassung die Ungleichbehandlung Geschäftsunfähiger und beschränkt Geschäftsfähiger entgegen. Während der beschränkt Geschäftsfähige noch auf eine Genehmigung hoffen kann, wird der Geschäftsunfähige vom Regress ausgeschlossen (vgl Soergel/*Beuthien* Rn 2). Deshalb wird man die **Geschäftsbesorgung als Realakt** einordnen müssen. Hierfür sprechen mehrere Gründe: Zunächst basiert die GoA gerade auf dem Fehlen einer rechtsgeschäftlichen Verbindung. Die Einordnung als Realakt entspricht überdies dem Willen des historischen Gesetzgebers. Die 1. Kommission ging noch von einer Einordnung in die Kategorie der „Rechtshandlungen iwS" aus (vgl Mugdan II 480). Entspr wurde die Vorschrift des § 682 aufgenommen; ein Nachwirken der Quasikontrakttheorie ist zu erkennen (Staudinger/*Bergmann* Rn 42). Die 2. Kommission hat diese Einordnung jedoch verworfen (vgl Mugdan II 1201). Das gesetzl Schuldverhältnis kommt darum unabhängig von der Geschäftsfähigkeit des Geschäftsführers zur Entstehung; die §§ 104ff gelten mit der überwiegenden Ansicht weder unmittelbar noch entspr (Soergel/*Beuthien* § 682 Rn 3; MüKo/*Schäfer* § 682 Rn 3; unzutr *Loyal*, Entgeltliche Geschäftsführung, 293ff).

15 **2. Beendigung.** Das gesetzl Schuldverhältnis der GoA endet mit **Erledigung oder Unmöglichwerden der Geschäftsbesorgung** sowie bei **Begründung vertragl Beziehungen** zw den Parteien idR *ex nunc* (RGRK/*Steffen* Rn 85; eingeschränkt Staudinger/*Bergmann* Rn 227; vgl auch MüKo/*Schäfer* Rn 28). Allein der Widerruf oder das Verbot der Geschäftsführung durch den Geschäftsherrn genügt nicht. Dies gilt nicht nur im Fall des § 679 (Staudinger/*Bergmann* Rn 228; MüKo/*Schäfer* Rn 28; aA RGRK/*Steffen* Rn 86). Entstehungsgrund des gesetzl Schuldverhältnisses ist die tatsächliche Übernahme durch den Geschäftsführer; ein rechtsgeschäftliches oder rechtsgeschäftsähnl Eingreifen des Geschäftsherrn kann keinen *actus contrarius* bilden. Der Geschäftsführer kann die Tätigkeit aber einstellen, was idR mit der **Aufgabe der Geschäftsführungsabsicht** einhergehen wird; die GoA endet dann ebenfalls (RGRK/*Steffen* § 677 Rn 3; Soergel/*Beuthien* Rn 3; Staudinger/*Bergmann* Rn 55 und 226; zur unzeitigen Beendigung s § 677 Rn 57). Die Beendigung der GoA lässt die bis zu diesem Zeitpunkt entstandenen Rechte und Pflichten nicht entfallen (RGZ 63, 280, 284). UU entsteht eine Pflicht des Geschäftsführers, den Geschäftsherrn auf die Beendigung hinzuweisen. IÜ kommt es zur Abwicklung mit Auskunft und Rechenschaft, sowie ggf Aufwendungsersatz und Herausgabe (s Rn 21ff). Eine Beendigung ex tunc mit Wegfall der Rechte und Pflichten ergibt sich aber zB bei Ausschlagung der Erbschaft durch einen vom Erbensucher „gefundenen" Erben; dieser beendet mit der Ausschlagung auch seine Stellung als Geschäftsherr (vgl § 1953; ausf *Dornis* JZ 2013, 592, 596; zum Erbensucher Rn 26).

16 **3. Geschäfts- und Gestionsfähigkeit, Ableben und Insolvenz.** Bei Einordnung der Gestion als Realakt ist die **Geschäftsfähigkeit des Geschäftsführers** keine Voraussetzung der Geschäftsführung (Staudinger/*Bergmann* Rn 47; *Hadding*, FS Mühl, 1981, 225, 240). Erforderlich ist lediglich sog **Gestionsfähigkeit des Geschäftsführers.** Darunter wird die natürliche, von einer gewissen Einsichtsfähigkeit getragene Fähigkeit des Geschäftsführers verstanden, mit Absicht der Geschäftsführung für einen anderen zu handeln (*Fikentscher/Heinemann*, SchuldR Rn 1269; *Wittmann*, 69). Insoweit ist auch streng zwischen dem gesetzl Schuldverhältnis der GoA und einem im Zuge der Übernahme abgeschlossenen Rechtsgeschäft mit Dritten zu unterscheiden; für die Übernahme ist auch bei einer Geschäftsbesorgung rechtsgeschäftlicher Art keine Geschäftsfähigkeit erforderlich (so wohl auch Staudinger/*Bergmann* Rn 44 und 47; aA Erman/*Ehmann*[12] § 682 Rn 2). Auch die **Geschäftsfähigkeit des Geschäftsherrn** ist jedenfalls für das Entstehen der GoA unbeachtlich (vgl Mugdan II 1201). Bei interessen- und willensgemäßer Geschäftsführung haftet auch der geschäftsunfähige Geschäftsherr nach § 683 S 1 (Staudinger/*Bergmann* Rn 52). Allerdings ist für den Willen zu unterscheiden: Bei kurzfristiger Geschäftsunfähigkeit entscheidet der mutmaßliche Wille des Geschäftsherrn (Soergel/*Beuthien* § 682 Rn 5; Staudinger/*Bergmann* Rn 52). Bei länger andauernder Geschäftsunfähigkeit entscheidet der Wille des gesetzl Vertreters; ohne einen solchen ist das obj Interesse des nicht voll Geschäftsfähigen zu ermitteln (RGRK/*Steffen* § 682 Rn 8; Staudinger/*Bergmann* Rn 52). Bei höchstpersönlichen Angelegenheiten kommt es ausschließlich auf den Willen des geschäftsunfähigen Geschäftsherrn an (analog § 828 III; vgl auch BGHZ 29, 33ff [ärztlicher Eingriff bei Minderjährigem]; RGRK/*Steffen* § 682 Rn 8). Anders ist für die Genehmigung einer unberechtigten GoA (§ 684 S 2) und die Genehmigung einer unsachgemäß ausgeführten GoA (§ 677) zu entscheiden; aufgrund der rechtsgeschäftlichen Folgen dieser Genehmigungen ist Geschäftsfähigkeit zu fordern. Zur Rechtsnatur der Übernahme s Rn 14.

17 Das **Ableben** des Geschäftsherrn ändert nichts am Fortbestand des Geschäftsführungsverhältnisses (§ 672 analog; vgl Mugdan II 480). In Abweichung von den auftragsrechtl Bestimmungen (§ 673) gehen die Pflichten des Geschäftsführers bei dessen Ableben allerdings zunächst grds auf die Erben über (aA MüKo/*Schäfer* § 677 Rn 32; Grü/*Retzlaff* § 677 Rn 14). Dies gilt, obwohl den Geschäftsführer jedenfalls keine durchsetzbare Erfüllungspflicht trifft (aA RGRK/*Steffen* § 677 Rn 85 [Tod oder Handlungsunfähigkeit des Geschäftsführers beenden Geschäftsführung]; zweifelnd auch Soergel/*Beuthien* Rn 11). Allein aus der persönlichen Vertrauensstellung des Geschäftsführers wird man die entspr Anwendung des § 673 S 1 nicht herleiten können (so aber wohl Staudinger/*Bergmann* Rn 229). Die GoA basiert auf der tatsächlichen Übernahme. Das persönliche Vertrauen findet deshalb erst für die nach Übernahme zu beantwortenden Fragen Beachtung. Die Erben sind zur Anzeige des Ablebens und der Übernahme der Geschäftsführung verpflichtet (§ 681 S 1).

18 Bei **Insolvenz** ist nach dem Zeitpunkt der Insolvenzeröffnung zu unterscheiden. Voraussetzung ist, dass sich die Geschäftsführung auf das zur Insolvenzmasse gehörende Vermögen bezieht (vgl § 35 InsO). Für die subj Merk-

male (insb Geschäftsherrnwille und -interesse) ist je nach Zeitpunkt auf die Person des Insolvenzschuldners oder des Insolvenzverwalters abzustellen. In der Insolvenz des Geschäftsherrn gilt: Ansprüche aus einer vor Insolvenzeröffnung ohne Auftrag ausgeführten und abgeschlossenen Geschäftsführung werden durch die Genehmigung des Insolvenzverwalters nicht zu Masseverbindlichkeiten (MüKo-InsO/*Hefermehl* § 55 Rn 66; Uhlenbruck/*Sinz* § 55 InsO Rn 39). Dies ist wohl anders bei Geschäftsbesorgung nach Insolvenzeröffnung. Zwar fehlt es an einer „Handlung" des Insolvenzverwalters iSd § 55 I Nr 1 InsO, die Rspr fordert jedoch, der Geschäftsführer solle einem Beauftragten gleichstehen. Eine GoA für den Insolvenzverwalter begründe darum eine Masseforderung (BGH NJW 1971, 1564 [§ 59 Nr 1 KO analog]; MüKo-InsO/*Hefermehl* § 55 Rn 67; Uhlenbruck/*Sinz* § 55 InsO Rn 39). Für eine entspr Anwendung der Sondervorschriften für Aufträge (§ 115 InsO) bleibt demnach wohl kein Raum. Bei Insolvenz des Geschäftsführers gelten die allg Regeln; insb gewährt ein vor Insolvenzeröffnung entstandener Anspruch nach §§ 681 S 2, 667 kein Aussonderungsrecht (allg MüKo-InsO/*Ganter* § 47 Rn 341, 347; zudem MüKo/*Schäfer* Rn 29).

4. Echte Geschäftsführung ohne Auftrag. Unter einer sog echten GoA ist jede Besorgung eines Geschäfts für einen anderen ohne Auftrag oder sonstige Berechtigung zu verstehen. Die Regeln zur echten GoA finden sich in den §§ 677–686. Die echte GoA ist „berechtigt", wenn die Übernahme (das „Ob") sowohl dem Interesse als auch dem wirklichen oder mutmaßlichen Willen des Geschäftsherrn entspricht (§ 683 S 1). Das Erfordernis dieser Übereinstimmung entfällt, wenn die Geschäftsführung der Erfüllung einer im öffentlichen Interesse liegenden Pflicht oder einer gesetzl Unterhaltspflicht des Geschäftsherrn dient (§ 679). Die echte GoA ist „unberechtigt", wenn die Übernahme nicht willens- und interessengemäß ist und auch nicht im öffentlichen Interesse liegt. Der Geschäftsherr kann die unberechtigte GoA aber rückwirkend durch Genehmigung zur berechtigten machen (§ 684 S 2). Der Geschäftsführer hat das Geschäft als solches (das „Wie") sowohl bei berechtigter als auch bei unberechtigter echter GoA dem Willen und Interesse des Geschäftsherrn entspr auszuführen (Soergel/*Beuthien* Rn 5; MüKo/*Seiler*[6] § 677 Rn 50; Grü/*Retzlaff* Rn 5; ausf Staudinger/*Bergmann* Rn 95ff; aA *Batsch* AcP 171, 218, 227; RGRK/*Steffen* Rn 1; s § 677 Rn 1). 19

5. Unechte Geschäftsführung ohne Auftrag. Bei der sog unechten GoA handelt es sich zwar um die Führung eines obj fremden Geschäfts, allerdings nicht „für" einen anderen, also **ohne Fremdgeschäftsführungwillen.** Die unechte GoA ist in **§ 687** normiert. Zwei Varianten sind zu unterscheiden: Wird der Geschäftsführer in der Meinung tätig, das fremde Geschäft sei sein eigenes, fehlt der Fremdgeschäftsführungswille. Dies wird auch als **irrtümliche Eigengeschäftsführung** bezeichnet (RGRK/*Steffen* Rn 5). **§ 687 I** stellt insoweit klar, dass die Vorschriften der GoA hier nicht zur Anwendung kommen. Wird der Geschäftsführer im Geschäftsbereich eines anderen tätig, obwohl er weiß, dass er hierzu nicht beauftragt ist, handelt es sich um eine **sog unerlaubte oder angemaßte Eigengeschäftsführung (§ 687 II)**. Von diesen Fällen ist schließlich ein weiterer Fall zu unterscheiden, der grds ebenfalls nicht in den Anwendungsbereich der §§ 677ff, 687 II fällt: hier wird ein eigenes Geschäft in der irrigen Annahme besorgt, es handele sich um ein fremdes Geschäft (MüKo/*Seiler*[6] Rn 11; zum subj-fremden Geschäft s allerdings § 677 Rn 14). 20

6. Rechte und Pflichten der Parteien. Die echte GoA begründet ein **unvollkommen zweiseitiges gesetzl Schuldverhältnis** (s Rn 12); Pflichten entstehen primär beim Geschäftsführer; unter bestimmten Umständen auch beim Geschäftsherrn, jedenfalls aber **nie im Synallagma** (BGHZ 15, 102, 105; Staudinger/*Bergmann* Rn 210; BeckOGK/*Thole* § 677 Rn 3). Neben den §§ 677ff finden deshalb lediglich die Vorschriften der §§ 273, 275ff, 280ff, nicht jedoch die §§ 320ff Anwendung. 21

Der **Geschäftsführer** hat einen Anspruch auf Aufwendungsersatz, sofern die Übernahme der Geschäftsführung dem wirklichen oder mutmaßlichen Willen des Geschäftsherrn entspricht und er seine Aufwendungen nach den Umständen für erforderlich halten durfte (§ 683 S 1, § 670; s § 683 Rn 11ff). Handelt es sich nicht um eine berechtigte GoA, ist der Geschäftsführer auf einen Anspruch auf die noch vorhandene Bereicherung beschränkt (§ 684 S 1; s § 684 Rn 4). Der Geschäftsführer ist grds nicht zur Übernahme und auch nicht zur Fortführung der einmal übernommenen Geschäftsbesorgung verpflichtet (RGZ 63, 280, 283; RGRK/*Steffen* § 677 Rn 2f; s § 677 Rn 55ff). Er hat allerdings die einmal übernommene Geschäftsführung anzuzeigen und die Entschließung des Geschäftsherrn abzuwarten (§ 681 S 1). Er hat das Geschäft im Interesse und nach dem wirklichen oder mutmaßlichen Willen des Geschäftsherrn zu führen (§ 677); dies gilt auch, wenn die Übernahme nicht dem Willen und Interesse des Geschäftsherrn entspricht (Staudinger/*Bergmann* Rn 92, 98; aA *Wittmann*, 123ff; s § 677 Rn 1 und § 677 Rn 53). Das Geschäft ist so auszuführen, wie es der Geschäftsführer nach den Umständen im Zeitpunkt seines Tätigwerdens für richtig halten musste (BGH LM § 683 Nr 3). Außerdem hat er Auskunfts- und Rechenschaftspflichten, die Pflicht zur Herausgabe des aus der Geschäftsführung Erlangten und zur Verzinsung etwa erlangten Geldes (§ 681 S 2, §§ 666–668). Mit der Übernahme des Geschäfts entsteht zudem die Pflicht zur Rücksichtnahme auf die Interessen des Geschäftsherrn. Im Einzelfall kann daraus die Pflicht zur jedenfalls teil- oder zeitweisen Fortführung erwachsen (RGZ 63, 280; RG WarnRspr 22 Nr 12; s § 677 Rn 57). Dies gilt vor allem, wenn der Geschäftsführer durch sein Eingreifen das Tätigwerden Dritter verhindert oder die Gefahr eines noch größeren Schadens begründet (RGZ 33, 280, 283; RGRK/*Steffen* § 677 Rn 4; s insb *Kohler* JhJb 25 [1887], 1, 50). 22

Der **Geschäftsherr** hat Ansprüche auf Auskunft und Rechnungslegung und er kann vom Geschäftsführer die Herausgabe des aus der Geschäftsführung Erlangten sowie Zinsen fordern (§ 681 S 2, §§ 666ff). Die Pflichten des Geschäftsherrn entsprechen den Leistungsansprüchen des Geschäftsführers. Bei berechtigter GoA ist Aufwendungsersatz (§ 683, § 684 S 2, § 670) – und zwar erfolgsunabhängig – zu leisten. Bei unberechtigter GoA hat der Geschäftsherr nach Kondiktionsregeln das Erlangte herauszugeben (§ 684 S 1). Darüber hinaus ist umstr, ob 23 die Geschäftsführung auch Nebenpflichten für den Geschäftsherrn begründet. ZT wird vertreten, der Geschäftsherr habe den Geschäftsführer bei Kenntnis und Zumutbarkeit von der Übernahme einer unerwünschten Geschäftsführung abzuhalten. Andernfalls hafte er gem den Vorschriften der vorvertragl Pflichtverletzung (§ 311 II, § 241 II, § 280; vgl RGRK/*Steffen* Rn 81 und 86; krit Staudinger/*Bergmann* Rn 215; BeckOGK/*Thole* § 677 Rn 10 [fehlende Aufklärung als Obliegenheitsverletzung iSd § 254]).

24 Die GoA betrifft ausschließlich das Innenverhältnis zw Geschäftsführer und Geschäftsherrn. Sie begründet **keine Vertretungs- oder Verfügungsmacht im Außenverhältnis** (BGHZ 17, 181, 187f; RGRK/*Steffen* Rn 83; Staudinger/*Bergmann* Rn 218ff; MüKo/*Schäfer* Rn 27). Dies gilt auch, wenn der Geschäftsführer ausdrückl im Namen des Geschäftsherrn handelt. Es gelten die §§ 177ff; die Wirksamkeit des Vertrages im Außenverhältnis bedarf der Genehmigung des Geschäftsherrn. Der Geschäftsführer hat auch keinen Anspruch auf Genehmigung. Er kann aber nach § 683 S 1 Freistellung (§§ 257, 179) fordern (BGH NJW 1951, 398; RGRK/*Steffen* § 683 Rn 5). Auch die Notgeschäftsführung gewährt dem Geschäftsführer keine Vertretungsmacht und keinen Anspruch auf Genehmigung (RGZ 106, 350, 354; RGRK/*Steffen* § 683 Rn 5; Staudinger/*Bergmann* Rn 218; MüKo/*Schäfer* Rn 27; aA BGH NJW 1951, 398; LG Saarbrücken NJW 1971, 1894).

25 **V. Anwendungsbereich und Konkurrenzen. 1. Allgemeines.** Die Anwendung der §§ 677ff ist ausgeschlossen soweit die Parteien eine vertragl Einigung getroffen haben oder tatsächlich verhandeln hätten können. Zudem scheiden Ansprüche aus GoA bei bestehender gesetzl Sonderregelung aus (s § 677 Rn 46ff).

26 **2. Vertragsschluss und Anbahnung.** Die §§ 677ff gelten grds nur insoweit, als die Parteien keine vertragl Regelung getroffen haben (s § 677 Rn 46ff). Die Sperre privatautonomer Regelung reicht zudem in den Zeitraum vor dem Abschluss eines Rechtsgeschäfts hinein. Allerdings ist die genaue Reichweite des sog **Vorfelds eines Vertragsschlusses** umstritten. Nach den Grundsätzen der im BGB verankerten Privatautonomie liegen Investitionen in der Phase der Vorbereitung und Anbahnung von Vertragsverhandlungen grds im eigenen Risikobereich jeder Partei. Diese Risikoverteilung darf nicht durch die §§ 677ff unterlaufen werden; erzwungene Transaktionen sind zu vermeiden (ausf *Dornis* JZ 2013, 592, 593ff). Das Problem wurde bislang insb für Fälle der **Erbensuche** diskutiert. Der BGH und das Schrifttum sehen die Tätigkeit des Erbensuchers als Investition im „Vorfeld eines Vertragsschlusses" an. Der **Grundsatz der negativen Vertragsfreiheit** verbiete eine Vergütung nach GoA-Grundsätzen. Der Erbensucher soll darum keinen Anspruch gegen den Erben aus §§ 677ff geltend machen können (BGH ZEV 2015, 231; NJW-RR 2006, 656; NJW 2000, 72, 73; *G. Schulze* JZ 2000, 521; Staudinger/*Bergmann* Rn 205; MüKo/*Schäfer* Rn 79; *Greiner* AcP 219, 211, 240f; aA noch Celle ZEV 1999, 449). Diese Auffassung ist abzulehnen: der Erbensucher wird in einem Zeitraum tätig, in welchem noch überhaupt keine Möglichkeit für Verhandlungen mit den (erst noch zu suchenden) Erben besteht. Es handelt sich darum um eine geradezu typische Konstellation der GoA (ausf *Dornis* JZ 2013, 592, 593ff; *Dornis* ZfRV 2016, 34ff; zust *Looschelders*, Schuldrecht BT § 43 Rn 12; wohl auch BeckOGK/*Thole* § 677 Rn 132). Zu Willen und Interesse s § 683 Rn 3ff; zum Erbensucher-Fall überdies § 683 Rn 32. Die Konstellation der **sog außerrechtl Gefälligkeit ohne Auftrag** ist hiervon insoweit streng zu unterscheiden, als der Anwendungsbereich der §§ 677ff bereits nach der Interessenlage der Parteien nicht eröffnet ist (BGH NJW 2015, 2880 Rn 8f): Gefälligkeiten liegen, insb wenn sie unbeauftragt erbracht werden, außerhalb des rechtl Bereichs und damit sowohl jenseits des Vertrags als auch der GoA (s auch § 677 Rn 3).

27 **3. Verbraucherschutz, unbestellte Leistungen (§ 241a).** Handelt ein Geschäftsführer bei Übernahme und Ausführung als Unternehmer und ist der Geschäftsherr zudem Verbraucher (§§ 13, 14), lassen sich *prima facie* eine Vielzahl von GoA-Konstellationen als vom Anwendungsbereich des § 241a umfasst ansehen (allg *Hau* NJW 2001, 2863ff; MüKo/*Schäfer* § 677 Rn 97). Die **Reichweite der Vorschrift** ist jedoch für typische Fälle der fremdnützigen Hilfeleistung **teleologisch einzuschränken.** Viele Konstellationen sind darum nicht erfasst (zB die Unfallhilfe eines Arztes [Unternehmer] für einen Verletzten [Verbraucher]). Bei weitgehend übereinstimmenden Ergebnissen variieren die Begründungen im Schrifttum. ZT wird die Anwendung bei Handeln mit altruistischer Motivation versagt (*Casper* ZIP 2000, 1602, 1605 Fn 26); teilw sollen nur Handlungen, die in der Absicht einer Geschäftsanbahnung vorgenommen werden, erfasst sein (zB *Hau* NJW 2001, 2863, 2864 [wohl hM]; zsf *Dornis* ZJS 2013, 216, 221f mwN); vereinzelt wird der Ausschluss gesetzl Ansprüche sogar ganz verneint (vgl *Köhler* JuS 2014, 865, 868f). Zur Unanwendbarkeit bei Erbensucherfällen s zudem *Dornis* JZ 2013, 592, 593ff; zust Grü/*Grüneberg* § 241a Rn 4; *Looschelders* Schuldrecht BT § 43 Rn 12.

28 **4. Eigentümer-Besitzer-Verhältnis.** Das Verhältnis der Geschäftsführung zum Eigentümer-Besitzer-Verhältnis ist nicht abschließend geklärt (zB offengelassen in BGHZ 39, 186, 188; s auch MüKo/*Schäfer* § 677 Rn 83f; BeckOGK/*Thole* § 677 Rn 60ff). Liegt in der Besitzerlangung zugleich die Übernahme einer **berechtigten GoA**, scheiden Ansprüche des Geschäftsherrn als Eigentümer aus Eigentümer-Besitzer-Verhältnis aus; die GoA gibt dann ein Recht zum Besitz iSd § 986 (BGHZ 31, 129, 132ff; Soergel/*Beuthien* Rn 10; *Wittmann*, 141). Dies gilt allerdings nur bis zum berechtigten Herausgabeverlangen des Geschäftsherrn als Eigentümer oder bis zur Umwandlung des Fremdbesitzes in Eigenbesitz (BGHZ 31, 129, 132ff; Grü/*Retzlaff* Rn 12). Bei **unberechtigter GoA** geht die Rspr vom grds Vorrang der §§ 987ff aus (BGHZ 41, 157ff; aA *M. Wolf* AcP 166, 188, 214ff; MüKo/*Seiler*[6] Rn 19); dies gilt jedoch nicht für die Ansprüche aus § 687 II, § 678 und § 687 II, § 681 S 2, § 667 (vgl BGH WM 1956, 1279; BGHZ 39, 186, 188; Soergel/*Beuthien* Rn 10; Grü/*Retzlaff* Rn 12; vgl zudem diff *Klocke* JZ 2018, 661). Abw gehen Vertreter der Lehre einer realgeschäftlichen Interessenwahrung (vgl Rn 9) von einer grds vorrangigen Anwendung sowohl der Regeln zur berechtigten als auch zur unberechtigten GoA aus (zB Staudinger/

Bergmann Rn 241; s zudem *M. Wolf* AcP 166, 188, 214ff). Ein Rückgriff auf die §§ 987ff solle nur dann in Betracht kommen, wenn der Geschäftsführer die fremdnützige Absicht aufgebe.

5. Ungerechtfertigte Bereicherung. Die §§ 812ff finden neben den Vorschriften für die berechtigte GoA grds keine Anwendung. Diese bildet nach wohl überwiegender Ansicht den Rechtsgrund für in der GoA liegende Vermögensverschiebungen (BGH NJW 2012, 523 Rn 41; NJW 1993, 3196f; NJW 1969, 1205, 1207; RGRK/*Steffen* Rn 82; MüKo/*Schäfer* Rn 85; abw Staudinger/*Bergmann* Rn 99 und 242 [Spezialregelung]). Eine andere Beurteilung ist bei der Rückabwicklung gescheiterter Verträge angezeigt (vgl § 677 Rn 51). § 684 S 1 verweist für die unberechtigte GoA auf die Rechtsfolgen der Kondiktion (ausf BeckOGK/*Thole* § 677 Rn 63ff; s § 684 Rn 4ff). 29

6. Unerlaubte Handlung. Die berechtigte GoA schafft einen Rechtfertigungsgrund für etwaige vom Geschäftsführer bei der Ausführung begangene unerlaubte Handlungen gegen den Geschäftsherrn (BGH LM BGB § 683 Nr 2; Hamburg VersR 1984, 758, 759; RGZ 151, 349, 354f; RGRK/*Steffen* Rn 82; Soergel/*Beuthien* Rn 9; MüKo/*Schäfer* Rn 90; grundlegend *Zitelmann* AcP 99 [1906], 1, 104ff; abw Staudinger/*Bergmann* Rn 99 und 243ff). Zwar spricht die Pflicht zur ordentlichen Geschäftsführung nach § 677 gegen ein Eingriffsrecht des Geschäftsführers in die Rechtssphäre des Geschäftsherrn. *Zitelmann* hat aber bereits früh zutr ausgeführt, dass die berechtigte GoA sich innerhalb des Willens- und Interessenbereichs des Rechtsträgers bewegt – in diesem Rahmen muss sie rechtmäßig sein (Gedanke der mutmaßlichen Einwilligung). Die Einschränkung des Deliktsrechts gilt hingegen nicht für unerlaubte Handlungen, die über den Rahmen der berechtigten GoA hinausgehen (Soergel/*Beuthien* Rn 9; ausf Staudinger/*Bergmann* Rn 244; BeckOGK/*Thole* § 677 Rn 66ff; krit MüKo/*Seiler*[6] Rn 17). Insb bei unordentlicher Geschäftsführung – entgegen den Pflichten des § 677 – kommen deshalb auch deliktische Ansprüche in Betracht (hM, vgl nur *Batsch* AcP 171, 218, 224f; MüKo/*Schäfer* Rn 91). Ansprüche aus § 678 stehen in Konkurrenz zu deliktischen Ansprüchen. Eine Haftungsbeschränkung gem § 680 erfasst auch deliktische Ansprüche (BGH NJW 1972, 475ff; BGHZ 46, 313, 316). 30

VI. Entsprechende Anwendung. Das BGB ordnet an zahlreichen Stellen eine entspr Anwendung der §§ 677ff ausdrückl an. Dies gilt zB für Erben vor der Ausschlagung der Erbschaft (§ 1959 I), bei Führung erbschaftlicher Geschäfte vor Erbschaftsannahme (§ 1978 I 2, III, § 1991 I) und bei Verwendungen eines Vorerben auf die Erbschaft (§ 2125 I). Auch bei Miete, Pacht und Leihe (§ 539 I, § 581 II, § 601 II) sowie bei den sachenrechtl Ansprüchen der § 994 II, § 1049 I, § 1216 S 1 ist eine entspr Anwendung angeordnet. Alle Verweisungen betreffen die Rechtsfolgen (Grü/*Retzlaff* Rn 7), mit Ausnahme der Regelung in § 539 I, § 581 II (BGH NJW 2009, 2590, 2591 [Rechtsgrundverweisung]). 31

VII. Öffentlich-rechtliche Geschäftsführung ohne Auftrag. 1. Allgemeines. Grds ist die Anwendung der privatrechtl Regeln der §§ 677ff auch **im Bereich des öffentlichen Rechts anerkannt** (vgl zB BVerfGE 18, 429, 436; BGHZ 156, 394, 396f; BVerwGE 80, 170, 173; MüKo/*Seiler*[6] Rn 23; *Schoch* JURA 1994, 241, 242). Allein die Tatsache, dass die öffentliche Hand einer eigenen öffentlich- oder verfassungsrechtl Pflicht nachkommt, steht einer Anwendung privatrechtl Normen wie es scheint nicht entgegen (vgl zB BGHZ 65, 384, 387; 54, 157, 160). Der öffentlichen Hand kommt die Vermutung des Fremdgeschäftsführungswillens bei Ausführung auch-fremder Geschäfte ebenfalls zugute (vgl BGHZ 65, 354, 357f; 40, 28, 30f). Geschäftsführer ist zudem immer der Verwaltungsträger; die handelnden Amtsträger sind lediglich Geschäftsführungsgehilfen (zum Geschäftsführungsgehilfen s § 677 Rn 4 und 45). Problematisch ist ein Transfer privatrechtl Geschäftsführungsregeln insoweit, als keine **öffentlich-rechtl Zuständigkeiten unterlaufen** werden dürfen. Bei abschließender Sonderregelung scheidet die Anwendung der §§ 677ff deshalb aus (BGH NZV 2012, 535, 536; BGHZ 156, 394, 397f; BVerwGE 115, 389ff; vgl auch BVerfG NJW 2011, 3217, 3218; ausf zudem allg Staudinger/*Bergmann* Rn 281ff; *Franßen*/*Blatt* NJW 2012, 1031 [zu Feuerwehreinsätzen]). 32

2. Abgrenzung. Die Abgrenzung von öffentlich-rechtl und privatrechtl GoA erfolgt nach der **Einordnung des Geschäfts bei einer gedachten Vornahme durch den Geschäftsherrn** (st Rspr, BGH NJW 1971, 1218; NVwZ 2016, 870 Rn 11; NJW 2018, 2714 Rn 17; zudem Soergel/*Beuthien* Rn 15; abw *Schoch* JURA 1994, 241, 247 [Handlungszusammenhang]). Zwar kann die öffentliche Verwaltung demnach auch privatrechtl Geschäfte tätigen. Ob für derartige fiskalische Hilfsgeschäfte aber die §§ 677ff direkte Anwendung finden, kann bezweifelt werden; könnte der Verwaltungsträger damit doch die Bindung an Handlungsrestriktionen im öffentlichen Recht abstreifen (*Schoch* JURA 1994, 241, 247). 33

3. Fallgruppen. Es lassen sich **vier Fallgruppen** bilden, innerhalb derer die Anwendung der sog öffentlich-rechtl GoA in Erwägung gezogen wird: 34

a) Handelt ein **Verwaltungsträger für einen anderen Verwaltungsträger** in dessen Zuständigkeitsbereich, ist vorrangig zu prüfen, ob eine **öffentlich-rechtl Spezialregelung** zu Geschäftsführung und Kostentragung besteht. Nur höchst ausnahmsweise kommen Tätigwerden und Erstattung nach den Regeln der öffentlich-rechtl GoA in Betracht (ausf *Schoch* JURA 1994, 241, 243f; *Gurlit* in Ehlers/Pünder, AllgVerwR § 35 Rn 14f; OVG Münster NJOZ 2014, 223, 224f; BGHZ 140, 102, 110; 30, 162, 169). Neben den Regeln der öffentlich-rechtl GoA sind für die Kosten auch die **Voraussetzungen des öffentlich-rechtl Erstattungsanspruchs** zu prüfen. Man wird i Erg davon auszugehen haben, dass die öffentlich-rechtl GoA jedenfalls im Bereich der Aushilfe unter Verwaltungsträgern keine Bedeutung hat (so auch MüKo/*Seiler*[6] Rn 24; *Gurlit* in Ehlers/Pünder, AllgVerwR § 35 Rn 14ff; *Schoch* JURA 1994, 241, 249; *Wollschläger*, GoA im öffentlichen Recht, 37 und passim). 35

b) Handelt ein **Verwaltungsträger für eine Privatperson**, sind verschiedene Konstellationen zu unterscheiden. Zunächst wird die Anwendung der §§ 677ff im Zusammenhang mit **Leistungen der Verwaltung auf dem Ge-** 36

biet des Sozialleistungs- und Versorgungsrechts sowie bei **Bau- und Unterhaltslastentragung für fremde Sachen** diskutiert (vgl ausf MüKo/*Seiler*[6] Rn 29). Der Verwaltungsträger erbringt Leistungen, die dem Leistungsempfänger von einem privaten Dritten geschuldet werden. Im Anschluss stellt sich die Frage des Ausgleichs zw dem privaten Dritten und der leistenden Verwaltung. In Fällen dieser Art ist regelmäßig ein gesetzl Forderungsübergang der privaten Ansprüche auf die Verwaltung statuiert (zB § 116 SGB X, §§ 93, 94 SGB XII; weitere Bsp bei MüKo/*Seiler*[6] Rn 29). Die §§ 677ff haben dann keine praktische Bedeutung. Bei Fehlen einer gesetzl Zession kommt zwar eine öffentlich-rechtl GoA in Betracht; regelmäßig wird ein Rückgriff aber dennoch ausgeschlossen sein (zur Problematik, insb dem Dombrand-Fall des RG s § 677 Rn 38). Daneben kommt ein Rückgriff entspr privatem Geschäftsführungsrecht bei **Erfüllung öffentlich-rechtl Pflichten eines Privaten durch die Verwaltung** in Betracht. Typisches Bsp ist die polizeiliche Ersatzvornahme bei Beseitigung einer Gefahr und die nachfolgende Inanspruchnahme des Verantwortlichen. Auch hier sind die Grenzen öffentlich-rechtl Handelns durch Zuständigkeitsregeln und andere Rechtmäßigkeitsvoraussetzungen zu beachten; regelmäßig bestehen abschließende Spezialregeln. ZT verweisen die öffentlich-rechtl Gesetze sogar ausdrückl auf die privatrechtl GoA (so zB in den Polizeigesetzen der Länder). Die Rspr geht teilw davon aus, dass bei Fehlen einer Spezialregelung ein Rückgriff auf die §§ 677ff möglich ist (BGH NVwZ 2016, 870, 872 [Bestattung im Nachgang zu § 159 StPO; keine öffentlich-rechtl Ersatzvornahme]; BGHZ 65, 384, 388; 63, 167, 172; Hamm NJW 2012, 1088). Mit dem überwiegenden Schrifttum wird man diese Ausweitung und Umgehung des öffentlich-rechtl Erstattungssystems kritisch sehen müssen. Nach dem **Grundsatz der Gesetzmäßigkeit der Verwaltung** gilt: Der Staat hat die Schaffung gesetzl Erstattungspflichten selbst in der Hand; die Gerichte sind nicht zur Lückenfüllung berufen (vgl BGH WM 2007, 2123f; BGHZ 156, 394, 397f; *Schoch* JURA 1994, 241, 244f; *Scherer* NJW 1989, 2724, 2725ff).

37 c) Bei Handeln einer **Privatperson für einen Verwaltungsträger** gilt Folgendes: Bei privatrechtl Geschäften finden die §§ 677ff unmittelbar Anwendung (vgl OVG Lüneburg KommJur 2012, 338 [Anspruch aus Notbehandlung eines Fundtiers gegen Gemeinde als Fundbehörde]; s auch VGH München NJW 2016, 1606 Rn 16ff). Bei öffentlich-rechtl Geschäften ist die Anwendung der Geschäftsführungsregeln zwar nicht ausgeschlossen, sofern keine öffentlich-rechtl Sonderregel besteht (zB § 25 SGB XII [Sozialhilfe]). Vorrangig sind aber Zuständigkeits- und Rechtmäßigkeitsvoraussetzungen zu beachten: Eine Privatperson kann nicht hoheitlich tätig werden; es kommt deshalb nur sog schlicht-hoheitliches Handeln in Betracht (*Schoch* JURA 1994, 241, 246f; Soergel/*Beuthien* Rn 18; MüKo/*Seiler*[6] Rn 26 [zahlreiche Bsp]). Zum Sozialversicherungsschutz bei Nothilfe s § 683 Rn 17.

38 d) Handelt eine **Privatperson für eine andere Privatperson**, so gilt: Gegen eine Anwendbarkeit von Regeln des öffentlichen Rechts spricht, dass Private stets – also auch bei Erfüllung öffentlich-rechtl Pflichten – privat und gerade nicht hoheitlich tätig werden. Die Übernahme einer öffentlich-rechtl Leistung durch eine andere Privatperson ist deshalb ebenfalls stets privatrechtl Handeln (*Schoch* JURA 1994, 241, 247; Soergel/*Beuthien* Rn 19). Bei der Erfüllung **noch nicht bestandskräftig festgestellter öffentlich-rechtl Pflichten** ist überdies Folgendes zu beachten: Die Stellung des Geschäftsherrn darf sich durch das Eingreifen eines anderen Privaten nicht verschlechtern. Liegt weder eine durch bestandskräftigen Verwaltungsakt festgestellte Pflicht noch eine Situation des sofortigen Vollzugs vor, kommt kein Anspruch in Betracht (vgl *Wollschläger*, 155ff; s hierzu auch § 679 Rn 4). Liegt ein bestandskräftiger Verwaltungsakt vor oder hätte ein möglicher Rechtsbehelf gegen den Verwaltungsakt keine aufschiebende Wirkung, kann der die Pflicht erfüllende Private nach den §§ 677ff Rückgriff nehmen. Dies gilt allerdings nur, wenn die Verwaltung auch hinsichtl der **Vollstreckung des bestandskräftigen Verwaltungsakts** oder der Pflicht kein Ermessen mehr hatte (hierzu ausf Staudinger/*Bergmann* Rn 285). Beim **Ausgleich unter mehreren Polizeipflichtigen** ist zudem stets eine etwaige vorrangig anzuwendende öffentlich-rechtl Regelung zu beachten. Der Verwaltungsträger hat regelmäßig Ermessen, welchen von mehreren Polizeipflichtigen er in Anspruch nimmt. Dies kann beim Auseinanderfallen von Zustands- und Verhaltensstörer (zB in Altlastenfällen) zu Dreieckskonstellationen führen. Der in Anspruch genommene Störer kann dann bei Pflichterfüllung beim anderen Störer Regress nehmen. Besteht eine **vorrangige Sonderregelung** (zB § 24 BBodSchG), scheidet ein Ausgleich nach den Regeln der privatrechtl GoA aus. Andernfalls wird von der wohl überwiegenden Ansicht eine Ausgleichspflicht **analog § 426** vertreten (vgl *Schoch* in Schoch, BesVerwR, 1. Kap, Rn 433ff mwN). Der BGH geht hingegen von der Anwendbarkeit der §§ 677ff aus (BGH NJW 1981, 2457, 2458; NJW 1990, 2358ff).

39 **VIII. Verjährung.** Die Ansprüche der §§ 677ff verjähren nach den **allg Regeln** (vgl §§ 195, 199; BGHZ 47, 370, 376). Dies gilt auch dann, wenn der Geschäftsführer den Geschäftsherrn von einer **Verbindlichkeit mit abw Verjährungsfrist** befreit (s § 677 Rn 24 und § 683 Rn 33). Die Rspr hat allerdings **Ausnahmen** anerkannt. So wurde zB ein Anspruch wegen Abmahnkosten (bereits unter Geltung des § 21 UWG aF) der sechsmonatigen Verjährung unterstellt (BGHZ 115, 210). Vgl zudem BGH NJW 1969, 1205, 1206 [zu § 117 BinSchG] und NJW 1974, 743, 744 [zu § 548]). Zudem wird vertreten, dass bei Leistungen auf nichtige Verträge eine ggf abweichende Verjährungsfrist aus dem Vertrag folgen könnte (so zB BeckOGK/*Thole* § 677 Rn 175).

40 **IX. Internationales Privatrecht.** Für die Bestimmung des anwendbaren Rechts bei der internationalen auftragslosen Geschäftsführung sind zunächst Vorrangregeln für Spezialfälle, so zB bei Seerettung die *International Convention on Salvage* (1989), implementiert in §§ 574ff HGB (vgl zudem Art 8 EGHGB), zu beachten. IÜ gilt die Rom-II-VO. Die dortige Anknüpfungsleiter lautet: Rechtswahl (Art 14), akzessorisches Rechtsverhältnis (Art 11 I), gemeinsamer gewöhnlicher Aufenthalt der Parteien (Art 11 II), Ort, an dem die Geschäftsführung erfolgt ist (Art 11 III; hierzu LG München IPRax 2014, 438ff; *Dornis* ZfPW 2015, 376ff), und offensichtlich enger verbundener Staat (Art 11 IV). Praktisch bedeutsam ist besonders die akzessorische Anknüpfung an das Vertragsstatut sowie an gesetzl Sonderbeziehungen (zB Verwandtschaft oder Unterhalt). Zwingende Deliktsakzesso-

rietät besteht nicht; es kann uU auch an das GoA-Statut anzuknüpfen sein (vgl Art 4 III; Grü/*Thorn* Rom II 11 Rn 5); vgl zudem allg: *Wandt*, Die Geschäftsführung ohne Auftrag im internationalen Privatrecht (zum EGBGB); *Dornis*, RabelsZ 80 (2016), 543ff (zur Rom-II-VO); zur Erfüllung fremder Verbindlichkeiten, Gesamtschuld und Regress: *Dornis* JPrivIntL 2008, 237ff. Bei angemaßter Geschäftsführung durch Verletzung von Immaterialgüterrechten (vgl § 687 II) ist nach Art 13 zudem der Vorrang des Art 8 *(lex loci protectionis)* zu beachten.

X. Prozessuales. 1. Darlegungs- und Beweislast. Für die Darlegungs- und Beweislast gelten keine Abweichungen von den allg Regeln (s Anm zur jew Vorschrift). 41

2. Gerichtsstand. Es existiert **keine ausdrückl gesetzl Regelung zu GoA-Gerichtsständen** (vgl *Dutta* IPRax 2011, 134, 137f). Im dt Prozessrecht sind (jedenfalls auf den ersten Blick) **weder Vertrags- noch Deliktsgerichtsstände einschlägig.** Auch soll keine internationale Zuständigkeit nach Art 7 Nr 1 und 2 EuGVVO bestehen; fehlt es doch sowohl an einer freiwillig eingegangenen Verpflichtung als auch an hinreichender Nähe der GoA-Tatbestände zur Schadensersatzhaftung (vgl zB Düsseldorf IPRax 1998, 210 [Art 5 EuGVÜ]; Köln IPRax 2011, 174 [Art 5 EuGVVO]; Stein/Jonas/*Wagner* Art 5 EuGVVO Rn 37; wohl auch BGHZ 132, 105, 108 [§ 29 ZPO]). Lediglich **vereinzelt** wird **auf Ähnlichkeiten zu Vertrags- und Deliktskonstellationen abgestellt.** So wird im Schrifttum zT für die genehmigte GoA (§ 684 S 2) und für Ansprüche gegen den Geschäftsführer der Vertragsgerichtsstand vorgeschlagen (vgl *Schlosser* IPRax 1984, 65, 66; BeckOGK/*Thole* § 677 Rn 181; umfassender *M. Wolf*, FS Lindacher, 201, 209f). Zudem wird für die angemaßte Geschäftsführung nach § 687 II zT auch in der Praxis ein Gerichtsstand nach § 32 ZPO angenommen (Hamm OLGRp 2003, 82; Zöller/*Schultzky* § 32 ZPO Rn 8). Vor dem Hintergrund der Forderung eines Deliktsgerichtsstandes auch für Fälle der Eingriffskondiktion (vgl zB *Spickhoff* ZZP 109, 493, 513) wird die hM zudem mit Blick auf Ansprüche aus § 678 bezweifelt (weitergehend BeckOGK/*Thole* § 677 Rn 182 (auch für §§ 677, 280 und § 683 S 1 [bei Schäden des Geschäftsführers])). Richtigerweise wird man die Ansprüche beider Seiten nach der **jew Nähe zum Vertrag oder Delikt zwischen den in Frage kommenden Gerichtsständen aufzuteilen** haben (ausf *Dornis* in Mankowski, 88ff). Dies bedeutet, dass **Ansprüche des Geschäftsherrn nach § 681 S 2, §§ 666ff, §§ 677, 280 und § 678** unter den **Vertragsgerichtsstand** fallen. Diese resultieren aus einer vom Geschäftsführer freiwillig eingegangenen Verpflichtung, bei deren Geltendmachung der Geschäftsherr vor den Nachteilen eines Rückgriffs auf den allg Beklagtengerichtstand geschützt sein muss (*Dornis* in Mankowski, 88ff). Für die **Ansprüche des Geschäftsführers** ist hingegen zum Schutz der Privatautonomie des Geschäftsherrn (auch in prozessualer Hinsicht) grds die Verortung unter dessen allg Gerichtsstand (als Beklagtem) angezeigt. **Ansprüche nach § 687 II** fallen schließlich unter den Deliktsgerichtsstand (*Dornis* in Mankowski, 88ff). 42

§ 677 Pflichten des Geschäftsführers

Wer ein Geschäft für einen anderen besorgt, ohne von ihm beauftragt oder ihm gegenüber sonst dazu berechtigt zu sein, hat das Geschäft so zu führen, wie das Interesse des Geschäftsherrn mit Rücksicht auf dessen wirklichen oder mutmaßlichen Willen es erfordert.

I. Grundlagen. Die Regelung formuliert zum einen den Grundtatbestand der sog echten GoA (s Vor § 677 Rn 19) und umschreibt zum anderen die Hauptpflicht zur sog ordnungsgemäßen Geschäftsausführung (s Rn 55). Zutr wird eine Geltung der Norm sowohl für die berechtigte als auch für die unberechtigte GoA gefordert (zur Unterscheidung s Vor § 677 Rn 19f); entsteht doch in beiden Fällen ein besonderes Schuldverhältnis zwischen den Beteiligten (MüKo/*Schäfer* Rn 109; Staudinger/*Bergmann* Vorbem zu §§ 677ff Rn 96ff; ausf BeckOGK/*Thole* Rn 7ff; aA zB *Wittmann*, 123ff; *Gursky* AcP 185, 13, 42f; *Larenz*, SchuldR II/1[13], § 57, 437; *Fikentscher/Heinemann*, SchuldR Rn 1260). 1

II. Tatbestand. 1. Geschäftsbesorgung. Der **Begriff** ist wie in § 662 nach allgA im weitesten Sinne zu verstehen (vgl § 662 Rn 13). Erfasst sind sowohl Rechtsgeschäfte als auch tatsächliches Handeln. Anders als nach § 675 ist kein Handeln in Vermögensangelegenheiten gefordert (arg e § 680; vgl BGHZ 38, 270, 275; RGZ 135, 103; Soergel/*Beuthien* Rn 2). Bloßes „Geben" allein kann ausreichen; Unterlassen oder Dulden sollen hingegen nach einer häufig vertretenen Ansicht nicht für die Geschäftsbesorgung genügen (Soergel/*Beuthien* Rn 2; MüKo/*Schäfer* Rn 31; Grü/*Retzlaff* Rn 2; aA Staudinger/*Bergmann* Rn 109). Schließlich können auch verbotene oder sittenwidrige Geschäfte oder Handlungen Gegenstand einer Geschäftsbesorgung sein (RGRK/*Steffen* Vor § 677 Rn 9; MüKo/*Schäfer* Rn 31; zur Begrenzung im Rahmen des § 683 s § 683 Rn 9 und 11). 2

Die Besorgung kann **einzelne Angelegenheiten** umfassen oder eine **Reihe von Tätigkeiten**. Für die Abgrenzung und Einordnung entscheiden die tatsächlichen Gegebenheiten und die Interessen der potentiellen Geschäftsherrn (aA Staudinger/*Bergmann* Vorbem zu §§ 677ff Rn 225 [normative Betrachtung]; *Lent*, Begriff der auftragslosen Geschäftsführung, 133 [Geschäftsführungswille bestimmt Umfang]; diff MüKo/*Schäfer* Rn 32). Unbeachtlich ist, **ob der Geschäftsherr das Geschäft selbst hätte vornehmen können** (Celle SeuffA 61 [1906], Nr 31). Körperliche oder geistige Defizite oder tatsächliche Abwesenheit des Geschäftsherrn sind nicht erforderlich. Ebenso spielt es keine Rolle, ob die Geschäftsbesorgung von Anfang an für jedermann unmöglich war (vgl § 311a I; vgl bereits *Kohler* JhJb 25 [1887], 1, 66). Außerrechtl Gefälligkeiten des täglichen Lebens erfüllen den Tatbestand ebenfalls nicht. Bei der Einordnung der sog **Gefälligkeit ohne Auftrag** muss Gleichlauf zur vertragsrechtl Beurteilung hergestellt werden (BGH NJW 2015, 2880 Rn 8f; Staudinger/*Bergmann* Vorbem zu §§ 677ff Rn 111; aA *Witschen* AcP 219, 300, 308). Andernfalls droht eine wertungswidersprüchliche Umgehung der dort gezogenen Grenzen. Entscheidend ist, wie sich das Handeln des Leistenden dem obj Betrachter darstellt – und 3 zwar „nach Treu und Glauben unter Berücksichtigung der Umstände des Einzelfalls mit Rücksicht auf die Verkehrssitte" (BGH NJW 2015, 2880 Rn 9). Die Abgrenzung hat konkret auf Art, Grund, Zweck und die wirtschaftl und rechtl Bedeutung der Tätigkeit für den Geschäftsherrn sowie auf die Umstände der Erbringung und die Interessenlage der Parteien abzustellen; nach der Rspr ist die Beförderung minderjähriger Mitglieder eines Sportvereins durch Angehörige demnach als reine Gefälligkeit (auch ggü dem Sportverein) anzusehen.

4 Der Geschäftsführer muss nicht in eigener Person handeln. Er kann sich sog **Geschäftsführungsgehilfen** bedienen (BGHZ 67, 368, 371; Soergel/*Beuthien* Rn 2; MüKo/*Schäfer* Rn 19; s auch Rn 45).

5 **2. „Für einen anderen" (Fremdgeschäftsführung). a)** Nach der überwiegenden Ansicht wird ein Geschäft „für einen anderen" besorgt, wenn die Angelegenheit nicht ausschließlich im eigenen Rechts- oder Interessenbereich des Geschäftsführers liegt, sondern auch die Belange mindestens einer weiteren Person berührt (BGH NJW 2000, 72, 73; RGRK/*Steffen* Vor § 677 Rn 10; MüKo/*Schäfer* Rn 33, 36ff; Grü/*Retzlaff* Rn 3). Bei **obj fremden Geschäften** ergibt sich die Zugehörigkeit zu einem fremden Rechtskreis bereits direkt aus dem tatsächlichen Zusammenhang. Bsp sind die Rettung eines Verunglückten, der Umgang mit fremdem Eigentum (Reparatur, Verkauf, oÄ) oder die Tilgung fremder Schulden (vgl MüKo/*Seiler*[6] Rn 6; Grü/*Retzlaff* Rn 4). Ein obj fremder Bezug ist aber nicht zwingend erforderlich. Anders als § 687 II fordert § 677 nämlich gerade kein „fremdes" Geschäft (Soergel/*Beuthien* Rn 3; Grü/*Retzlaff* Rn 3; aA wohl RGZ 97, 64, 65f; RGRK/*Steffen* Vor § 677 Rn 10). Der Geschäftsführer kann darum auch Geschäfte „für" einen anderen vornehmen, mit denen dieser rechtl nichts zu tun hat, die aber für ihn bestimmt sind. Man spricht dann von subj **fremden Geschäften** (BGH NJW 2000, 72ff; Soergel/*Beuthien* Rn 3; MüKo/*Schäfer* Rn 39; Grü/*Retzlaff* Rn 3 und 5; s Rn 14). Typisches Bsp ist der Kauf einer Sache ohne Auftrag, aber in der Absicht, diese für einen Dritten (als Geschäftsherrn) zu erwerben. Bei einem derartig obj neutralen (oder obj eigenen) Geschäft ist der fremde Rechtskreis zunächst nicht berührt. Erst der sog Fremdgeschäftsführungswille macht den anderen zum Geschäftsherrn. Bei **auch-fremden Geschäften** handelt der Geschäftsführer schließlich zwar in einer eigenen Angelegenheit, sein Tätigwerden berührt aber zugleich auch den Rechts- oder Interessenbereich zumindest einer weiteren Person (s Rn 15f mit Rspr-Bsp). An der sog **Fremdheit des Geschäfts** entzündet sich seit jeher der Streit über die richtige dogmatische Einordnung und den praktischen Umgang mit der GoA; zentrale Kritik ist die schrittweise Ausdehnung der GoA zu einem Regressinstitut („Lückenfüller") durch die Rspr (zur modernen Kritik s zB *S. Lorenz* NJW 2009, 2576; *Thole* NJW 2010, 1243). Die (immer noch) im Fluss befindliche Diskussion wird ua zu Fragen der Unmittelbarkeit der Vorteile aus einer Geschäftsbesorgung (s Rn 6), der Bedeutung des Fremdgeschäftsführungswillens (s Rn 8ff), insb beim sog auch-fremden Geschäft (s Rn 15f) und bei Tätigwerden eines sog pflichtgebundenen Geschäftsführers (s Rn 17f), sowie bei rechtsgrundlosen Leistungen und nichtigen Verträgen (s Rn 51) geführt. Zum Theorienstreit s Vor § 677 Rn 3ff.

6 Eine lediglich **mittelbare Beziehung des Geschäfts zu einem Dritten (sog Reflexvorteil)** reicht nach der hL und Praxis nicht aus, um von einem fremden Geschäft ausgehen zu können. Die Notwendigkeit einer Abgrenzung zw obj fremdem Geschäft und lediglich mittelbarem Vorteil oder Reflexvorteil besteht vor allem dann, wenn mehrere Beteiligte als Geschäftsherren in Betracht kommen, zB bei Verhinderung von Schäden, welche von einem Dritten zu ersetzen wären – insb im Verhältnis zu Versicherern oder Schadensverursachern (BGHZ 72, 151, 153ff; 55, 207; 54, 157, 160f [Ölunfall-Hilfe kein Geschäft des Haftpflichtversicherers des Unfallverursachers]; 40, 28ff [Funkenflug]; ausf *Laufs* NJW 1967, 2294ff; MüKo/*Schäfer* Rn 40ff; s zudem *Jhering* JhJb 10 [1871], 245, 331ff). Die Rspr differenziert in **Versicherungsfällen** nach der Einstandspflicht des Versicherers. Aufwendungen des Geschäftsführers zur Schadensminderung sind demnach vom Versicherer nicht zu erstatten, wenn letzteren im Verhältnis zum Versicherungsnehmer nur eine interne Leistungspflicht trifft (vgl BGHZ 72, 151, 153ff; 54, 157, 160f; MüKo/*Schäfer* Rn 42). Anders sei dies bei Krankenversicherern, die nicht lediglich Kostenerstattung, sondern Heilbehandlung schuldeten (BGHZ 33, 251, 254f). Bei der **Verwendung auf versicherte Sachen** sollen Rettungsmaßnahmen eines Dritten entgegen der früheren Rspr kein Geschäft des Sachversicherers sein. Die Rettungsobliegenheit treffe den Versicherungsnehmer (vgl §§ 82, 83 VVG; Soergel/*Beuthien* Rn 13; MüKo-VVG/*Looschelders* § 83 Rn 26; aA RGZ 32, 4, 13; 19, 87, 92; *Wollschläger*, 184ff). Insg wird man die Begriffe des Reflexvorteils und der Mittelbarkeit stets mit **Wertungen außerhalb der GoA-Strukturen** zu füllen haben (zutr krit darum Staudinger/*Bergmann* Vorbem §§ 677ff Rn 134; BeckOGK/*Thole* Rn 99f).

7 Maßgebend für die Bestimmung der Fremdheit ist der **Zeitpunkt der Geschäftsübernahme** (RGRK/*Steffen* Vor § 677 Rn 12). Eine nachfolgende Änderung der Situation kann das Merkmal der Fremdheit allerdings entfallen lassen, zB bei Änderung der obj Zuweisung betroffener Gegenstände oder bei Wegfall des Fremdgeschäftsführungswillens (MüKo/*Schäfer* Rn 35).

8 Der **Fremdgeschäftsführungswille** erfordert den Willen und das Bewusstsein beim Geschäftsführer, das Geschäft nicht für sich selbst, sondern für einen anderen zu besorgen oder mitzubesorgen (BGH NJW 1991, 2638, 2639; RGZ 84, 390; RGRK/*Steffen* Vor § 677 Rn 38; Soergel/*Beuthien* Rn 4; MüKo/*Schäfer* Rn 43). Ein **Eigeninteresse** schadet grds nicht. Der Geschäftsführer muss nicht ausschließlich fremde Interessen befolgen, er kann auch zugleich im eigenen Interesse tätig werden. Dies ergibt sich bereits aus den Materialien des BGB, die sich gegen die Idee völliger Uneigennützigkeit und Freiwilligkeit bei der Besorgung ausgesprochen haben (vgl Mugdan II 485; MüKo/*Seiler*[6] Rn 9; *Schubert* AcP 178, 425, 428ff). Die Unbeachtlichkeit von Zusatzmotivationen folgt praktischer Notwendigkeit: der Einwand eines beachtlichen Eigeninteresses wäre prozessual schwer handhabbar (zum Beweis s Rn 11ff und Rn 60ff). Allerdings fehlt der Fremdgeschäftsführungswille, wenn der Geschäftsfüh-

rer eine Angelegenheit ausschließlich als eigene wahrnehmen will (RGZ 130, 310, 311; RGRK/*Steffen* Vor § 677 Rn 38; vgl auch § 687 Rn 4 und 6).

Bei genauer Betrachtung sind **Fremdgeschäftsführungsbewusstsein** und **Fremdgeschäftsführungswille ieS (Fremdgeschäftsführungsabsicht)** zu unterscheiden. Während das Bewusstsein als kognitives Element *e contrario* aus § 687 I hergeleitet wird, ergibt sich die Notwendigkeit eines voluntativ-finalen Elements direkt aus dem Wortlaut des § 677 („für einen anderen"; hierzu Staudinger/*Bergmann* Vorbem zu §§ 677ff Rn 165; MüKo/*Schäfer* Rn 44ff). 9

Ein **Irrtum** über die Person des Geschäftsherrn ist unbeachtlich. Verpflichtet und berechtigt ist stets der wirkliche Geschäftsherr (vgl § 686 Rn 3). Unerheblich ist zudem, in wessen Namen der Geschäftsführer handelt; er muss den Geschäftsherrn (jedenfalls beim obj fremden Geschäft) nicht einmal kennen. Möglich ist deshalb auch eine **Geschäftsführung „für den, den es angeht"** (vgl BGHZ 43, 188, 191f; Mugdan II 478). Handeln im eigenen Namen macht ein obj fremdes nicht zum eigenen Geschäft (Grü/*Retzlaff* Rn 9). Der Fremdgeschäftsführungswille soll **von einer Bedingung abhängig** gemacht werden können. Der Bedingungseintritt entscheide dann über das Vorliegen der GoA (BGHZ 28, 359, 363; RGRK/*Steffen* Vor § 677 Rn 43; *Wollschläger*, 100). Handelt eine **juristische Person als Geschäftsführer**, ist auf die Mitglieder des geschäftsführenden Organs abzustellen (BGHZ 30, 162, 167; RGRK/*Steffen* Vor § 677 Rn 44). Geschäftsführer wird allerdings der Verband, nicht das Organ (für die Abgrenzung von Geschäftsführer und Gehilfen s Rn 45). 10

Der Fremdgeschäftsführungswille muss grds **nach außen in Erscheinung treten** (BGHZ 155, 342ff; 138, 281, 286; RGRK/*Steffen* Vor § 677 Rn 45; MüKo/*Seiler*[6] Rn 6; krit *Gursky* AcP 185, 13, 33f; vgl zudem *Greiner* AcP 219 (2019), 211, 225). Je nach Art und Umfang des Geschäfts sind an das Vorliegen und den Nachweis des Fremdgeschäftsführungswillens in der Praxis allerdings unterschiedliche Anforderungen zu stellen. Die Rspr hat für die verschiedenen Fallgruppen unterschiedliche **Beweisregeln** entwickelt (s auch Rn 60ff). 11

Obj fremd sind Geschäfte, die „an und für sich der Sorge eines anderen obliegen"; dies ist dann der Fall, wenn das Geschäft schon nach seinem Inhalt in einen **fremden Rechts- und Interessenkreis** eingreift (BGHZ 181, 188ff; RGZ 138, 45, 48; 97, 61, 65f; Soergel/*Beuthien* Rn 7; Grü/*Retzlaff* Rn 4). Bei einem obj fremden Geschäft wird der **Fremdgeschäftsführungswille vermutet** (vgl BGHZ 181, 188ff; NJW 2007, 63, 64; NJW 2021, 2023 Rn 54; s auch Rn 60ff). Diese Vermutung gilt selbst dann, wenn der Geschäftsführer spontan und ohne Nachdenken agiert, etwa im Straßenverkehr zur Unfallvermeidung (BGHZ 38, 270, 276; RGRK/*Steffen* Vor § 677 Rn 46; Grü/*Retzlaff* Rn 6; Mugdan II 478, 486; zur Selbstaufopferung im Straßenverkehr s Rn 34). 12

Bsp aus der Rspr (vgl zudem Rn 20ff): RGZ 138, 45, 48f (Veräußerung fremder Sachen); BGH NJW 1961, 359 (Hilfeleistung für Verletzten); BGHZ 38, 270ff (Ausweichmanöver im Straßenverkehr); 43, 188ff (Warnung vor Verkehrsgefahren); 47, 370ff; BGH WM 1968, 1201f; WM 1999, 2032 (Tilgung fremder Schuld); BGHZ 67, 368ff (Seenotrettung); 70, 389, 396 (Mängelbeseitigung); 98, 235ff (Altlastbeseitigung); 143, 9 (sicherungsverwaltetes Grundstück); BGH NJW 2000, 72; NJW-RR 2006, 656 (Erbensucher); NJW 2007, 63 (Stellung einer Sicherheit). Als obj fremdes Geschäft einzuordnen ist zudem die Führung des Rücktrittsprozesses gegen den Lieferanten des Leasingguts durch den Leasingnehmer bei unwirksamer Freizeichnung (BGH NJW 1994, 576ff; BGHZ 109, 139, 152). Nicht unter die obj fremden Geschäfte fällt der Registrierungsantrag für eine Internet-Domain, die fremde Kennzeichenrechte verletzt (BGHZ 149, 191ff; ausf *Pahlow* WRP 2002, 1228, 1234f). 13

Fehlt eine obj Fremdbezogenheit, kann es sich um ein **subj fremdes Geschäft** handeln; diese Art von Geschäften wird auch als obj neutral oder obj eigen bezeichnet (s Rn 5). Typisches Bsp für ein Geschäft, das nach Inhalt und Zweckrichtung obj neutral ist, das der Geschäftsführer aber für einen anderen führen will, ist der Erwerb einer Sache für einen Dritten. Für diese Geschäfte besteht **keine Vermutung** für den Fremdgeschäftsführungswillen. Dieser muss nach außen erkennbar geworden sein; der Geschäftsführer trägt die Beweislast (BGHZ 40, 28, 31; 181, 188ff; BGH NJW-RR 2004, 81ff; krit *Gursky* AcP 185, 13, 33f; s Rn 60ff). 14

Bei **auch-fremden Geschäften** handelt der Geschäftsführer im **Doppel- oder Mehrfachinteresse.** Er nimmt sowohl die Angelegenheit eines anderen als auch eine eigene Angelegenheit wahr. Es genügt, dass das Geschäft nach seiner äußeren Erscheinung nicht nur dem Geschäftsführer, sondern auch dem Geschäftsherrn zugutekommt (vgl nur BGH BeckRS 2018, 1598 Rn 8ff; NJW 2021, 2023 Rn 54; Grü/*Retzlaff* Rn 6). Nach überwiegender Rspr und Schrifttum wird der **Fremdgeschäftsführungswille auch in diesem Fall vermutet** (BGH NJW 2009, 2590 Rn 18; BeckRS 2018, 1598 Rn 8ff; NJW 2021, 2023 Rn 54; str, ausf *Thole* NJW 2010, 1243ff; s Rn 60ff). 15

Bsp aus der Rspr des BGH (vgl zudem Rn 20ff): BGHZ 16, 12, 16 (Einreißen einsturzgefährdeter Mauer); 38, 270ff (Ausweichmanöver im Straßenverkehr); 40, 28ff (Löschung durch Feuerwehr); 63, 167, 170 (Ölunfall); 65, 354ff (Beseitigung von Straßenverschmutzung); 65, 384ff (Bergung von Schiffsmaterial); 98, 235ff (Altlastenbeseitigung); 110, 313ff (Entsorgung verdorbenen Milchpulvers); BGH NJW-RR 2008, 683ff (Stellplatzerrichtung); 70, 389ff (Mängelbeseitigung); NJW 1979, 598ff (Angehörigenbesuchskosten); NJW 2000, 72, 73 (Erbensuche; s Vor § 677 Rn 26); NJW-RR 2005, 639ff (Stromlieferung); NJW 2005, 1366 (Altlastbeseitigung); NJW 2021, 2023 (Abmahnung). 16

Ob die Vermutung für den Fremdgeschäftsführungswillen auch gilt, wenn der Geschäftsführer zugleich eine eigene privat- oder öffentlich-rechtl Pflicht erfüllt, ist zweifelhaft (sog **pflichtgebundener Geschäftsführer**). Von einem Teil der obergerichtlichen Rspr und des Schrifttums wird „Freiwilligkeit" der Geschäftsführung gefordert. Demnach scheidet die Anwendung der §§ 677ff aus, wenn der Geschäftsführer aufgrund bestehender oder als bestehend angesehener Pflichten tätig wird (Koblenz NJW 1999, 2904, 2905; NJW 1992, 2367, 2368; Soergel/ 17

Beuthien Rn 16; *Neuffer*, Der pflichtengebundene Geschäftsführer ohne Auftrag, 83ff; *Greiner* AcP 219, 211, 238f; *Falk* JuS 2003, 833, 834ff). Teilw werden besondere zusätzl Anhaltspunkte gefordert, welche den Schluss auf einen Fremdgeschäftsführungswillen zulassen (so wohl BayObLG 1968, 200, 204; LG Frankfurt NJW 1977, 1924f; MüKo/*Seiler*[6] Rn 21; wohl auch Soergel/*Beuthien* Rn 10; *Wendlandt* JURA 2004, 325, 332). Der BGH ging im Anschluss an das RG lange Zeit davon aus, die Geschäftsführungsabsicht werde nicht dadurch ausgeschlossen, dass sich der Geschäftsführer zur Geschäftsführung verpflichtet halte oder er in Erfüllung einer tatsächlich bestehenden Pflicht tätig werde (zB BGHZ 143, 9, 13ff; 110, 313, 314f; s auch RGRK/*Steffen* Vor § 677 Rn 41; zum Dombrand-Fall s Rn 38; allg zur öffentl-rechtl GoA s Vor § 677 Rn 32ff).

18 Mit der **neueren Rspr des BGH** ist jedoch eine Einschränkung vorzunehmen: Zunächst birgt die Ausweitung des auch-fremden Geschäfts die Gefahr, das bürgerlich-rechtl Anspruchs- und Leistungssystem zu umgehen (Soergel/*Beuthien* Rn 10; *Beuthien* JuS 1987, 841, 847; *Thole* NJW 2010, 1243, 1247). Überdies ist eine sinnwidrige Überlagerung bestehender vertragl Pflichten durch die §§ 677ff nicht ausgeschlossen. Insb in Dreieckskonstellationen sind Interessenkonflikte möglich, so zB bei doppelter Beziehung des Geschäftsführers im Rahmen eines Werkvertrages und der GoA – der Geschäftsführer wäre im Rahmen des Werkvertrages weisungsgebunden und zugleich dem Geschäftsherrn über die §§ 681, 666 auskunfts- und rechenschaftspflichtig. Dies war auch ein Grund für die Ablehnung der gemeinrechtl Versionsklage durch die BGB-Verfasser (Soergel/*Beuthien* Rn 10; *Schubert* AcP 178, 425, 436ff; vgl Mugdan II 487f). Ein GoA-Rückgriff ist darum jedenfalls grds ausgeschlossen, wenn der Geschäftsführer die **Frage des Entgelts** (ggf auch im Verhältnis zu einem Dritten) **„umfassend" geregelt** hat. Eine derartige Regelung wirkt auch für das Außenverhältnis als Sperre; insb vor dem Hintergrund der Privatautonomie und mit Blick auf die angemessene Verteilung des Insolvenzrisikos in Dreiecksverhältnissen (BGH NZV 2012, 535, 536; NJW-RR 2004, 956, 957; 2004, 81, 83; vgl zudem BGH NJW 2021, 1818 Rn 39; *Martinek/Theobald* JuS 1997, 992, 994; BeckOGK/*Thole* Rn 116ff). Eine **Ausnahme** wird allerdings selbst im krit Schrifttum gefordert: Habe ein behandelnder Arzt keine Gelegenheit, sich den Patienten nach Gesichtspunkten der Zahlungsfähigkeit und -bereitschaft auszusuchen, sei der Durchgriff auf den Unterhaltspflichtigen zuzulassen (MüKo/*Seiler*[6] § 677 Rn 32; BeckOGK/*Thole* Rn 50 und 149f; s auch bereits *Rabel* RheinZ 10 [1919/1920], 112, 113 [„Gläubigernot" des Arztes]; krit *Schubert* AcP 178, 425, 443f).

19 Vom auch-fremden Geschäft, bei dem die Zuordnung der Kosten und des Nutzens einheitlich erfolgt, sind **gemeinschaftl Geschäfte bei gleichrangiger Güter- und Lastenzuständigkeit** zu unterscheiden (Staudinger/*Bergmann* Vorbem zu §§ 677ff Rn 142; *Wollschläger*, 67f). In erster Linie betrifft dies **Gemeinschaften** sowie **Gesamtschuldner und -gläubiger** (§§ 420ff, 744ff, 2038 sowie §§ 18ff WEG). Aufgrund der abschließenden gesetzl Spezialregelungen kommt der GoA hier lediglich erg Funktion zu (allg BGH NJW 2019, 3780 Rn 9ff; NZM 2021, 146 Rn 17). Als Bsp in der Rspr – mit jew quotenmäßiger Kosten- und Nutzenteilung – sind zu nennen: Abriss einer einsturzgefährdeten Giebelmauer durch einen Miteigentümer (BGHZ 16, 12, 16f; RGZ 149, 205, 209; s auch München NJW-RR 2008, 534f [Gemeinschaft haftet, nicht der einzelne Eigentümer]); Beseitigung von Brandfolgen durch einen von mehreren gleichermaßen öffentlich-rechtl Verantwortlichen (BGHZ 110, 313, 317); Mangelbeseitigung bei zwei gleichrangig verpflichteten Unternehmen (Hamm NJW-RR 1992, 849; NJW-RR 1991, 730).

20 **b) Einzelfälle alphabetisch** (Rspr und Schrifttum; weitere Bsp s § 683 Rn 22ff):

21 • **Abmahnung und Gegenabmahnung.** S § 683 Rn 22ff.

22 • **Abschleppfälle.** Allg zu Selbsthilfefällen s Rn 35. Zu unterscheiden sind das Abschleppen durch einen privaten Abschleppdienst infolge polizeilicher Veranlassung und das rein private Abschleppen eines Falschparkers (etwa zur Behebung der Blockade einer Grundstücksausfahrt). Im ersteren Fall hat sich keine einheitliche Linie der Rspr gebildet. Übereinstimmung herrscht nur insoweit, als der Behörde kein Erstattungsanspruch außerhalb der vorrangigen Polizeikostenerstattungsgesetze zustehen soll (Staudinger/*Bergmann* Vorbem zu §§ 677ff Rn 157; MüKo/*Schäfer* Rn 56). ZT wird von einem Anspruch des Abschleppunternehmers auch gegen den Halter oder Fahrer des polizeirechtswidrig abgestellten Fahrzeugs ausgegangen (so LG Stuttgart VersR 1973, 517; aA Karlsruhe DAR 1966, 20; LG München I NJW 1978, 48). Bei der durch Private veranlassten Freiräumung eines Grundstücks ergibt sich die Haftung sowohl nach §§ 677ff als auch aus der rechtswidrigen Besitz- und Eigentumsstörung des Parkenden (s zB BGH NJW 2016, 2407, 2408; NZM 2020, 283 Rn 27; ausf *Baldringer/Jordans* NZV 2005, 75, 76ff; krit BeckOGK/*Thole* Rn 144f).

23 • **Erbensuche.** Der BGH geht bei der Tätigkeit eines Erbensuchers von einem auch-fremden Geschäft aus (BGH NJW 2000, 72, 73; NJW-RR 2006, 656; zum Meinungsstand im Schrifttum *Dornis* JZ 2013, 592, 592). Die Anwendung der §§ 677ff wird aber dennoch nach nahezu allgA verneint. Vgl Vor § 677 Rn 26.

24 • **Erfüllung fremder Verbindlichkeiten.** Die Leistung auf eine fremde Schuld ist GoA für den Schuldner (§ 267; BGH NJW-RR 2003, 1192, 1195; RG JW 1927, 1364), sofern der Leistende nicht zur Leistung aufgefordert und damit als beauftragter Erfüllungsgehilfe tätig wurde (Soergel/*Beuthien* Rn 11). Im Einzelfall ist jedoch zu differenzieren: Grds entspricht die Zahlung auf fremde Schuld dem Interesse des Schuldners. Trotz des hierdurch entstehenden Anspruchs des Geschäftsführers erlangt der Schuldner und Geschäftsherr jedenfalls einen Zahlungsaufschub. Dies gilt auch dann, wenn der Geschäftsherr bereits aufrechenbare Ansprüche gegen den zahlenden Geschäftsführer hat (vgl BGHZ 47, 370, 374f; BGH WM 1968, 1201f). Nicht interessengemäß ist jedoch die Leistung auf eine einredebehaftete sowie durch Anfechtung, Rücktritt oder Aufrechnung vernichtbare Forderungen (RG SeuffA 37 [1882] Nr 112; RGRK/*Steffen* Vor § 677 Rn 65; Staudinger/*Bergmann* Vorbem zu §§ 677ff Rn 261; vgl

auch Mugdan II 481). Zutr wird man ein Interesse des Geschäftsherrn an freier Disposition berücksichtigen müssen: Entscheidend ist, was der Geschäftsherr mit den ihm tatsächlich zur Verfügung stehenden Zahlungsmitteln vorhatte (vgl Staudinger/*Bergmann* Vorbem zu §§ 677ff Rn 261; abw *Wollschläger*, 86). Die Tilgung einer Steuerschuld kann demnach zB interessenwidrig sein, wenn dem Geschäftsherrn ein Erlass oder eine Stundung zugutegekommen wäre (so RGZ 147, 228, 231). Zur Darlegungs- und Beweislast s Rn 60ff. Zudem gilt: Führt die Leistung des Dritten zu einem gesetzl Forderungsübergang, ist der Rückgriff abschließend geregelt; die §§ 677ff finden keine Anwendung (Staudinger/*Bergmann* Vorbem zu §§ 677ff Rn 146 und 264; aA *Wollschläger*, 93).

• **Freistellungspflicht.** Erfüllt ein vertragl Freizustellender die gegen ihn gerichtete Forderung eines Dritten, ohne dem Freistellungsverpflichteten zuvor Gelegenheit einzuräumen, die Freistellung nebst Prüfung der Anspruchsbegründetheit selbst vorzunehmen, besteht ein Erstattungsanspruch nicht aus Verzug oder Pflichtverletzung, sondern nur wegen berechtigter oder unberechtigter GoA (BGH NJW 2002, 2382; zur Beweislast s Rn 60ff). 25

• **Gesamtschuldnerausgleich.** Die Erfüllung der gemeinsamen Schuld durch einen Gesamtschuldner kann kaum als GoA gesehen werden (aA *Wollschläger*, 126f). Der Streit hat vor dem Hintergrund der *cessio legis* in § 426 wenig praktische Relevanz. Zur Erfüllung fremder Verbindlichkeiten s Rn 24. 26

• **Heilbehandlung Unterhaltsberechtigter.** Wird ein Patient ohne Vertrag behandelt (zB im Notfall bei Bewusstlosigkeit), besorgt der Behandelnde nach nunmehr hA ein Geschäft des Patienten (RGRK/*Steffen* Vor § 677 Rn 28; Staudinger/*Bergmann* Vorbem zu §§ 677ff Rn 148). Zugleich wird aber auch ein Geschäft des Unterhaltspflichtigen diskutiert; dies soll sogar gelten, wenn zw Behandelndem und Patient ein Vertrag besteht (Köln NJW 1965, 350; LG Bonn FamRZ 1970, 321; RGRK/*Steffen* Vor § 677 Rn 28; BeckOGK/*Thole* Rn 150 aA Saarbrücken NJW 1998, 828, 829; Koblenz NJW 1992, 2367f). Für Unfallschäden soll sogar für den Schädiger gehandelt werden (RGRK/*Steffen* Vor § 677 Rn 28). Zum Problem des pflichtgebundenen Geschäftsführers s Rn 17. 27

• **Interzession (Bürgschaft und Schuldübernahme).** Neben dem Zessionsregress des § 774 kann der zahlende Bürge auch aus den §§ 677ff Rückgriff nehmen; jedenfalls sofern es an einer vertragl Beziehung zum Hauptschuldner fehlt. Dieser Grundsatz gilt auch für den Fall des Schuldbeitritts; das eigene wirtschaftl Interesse des Beitretenden schließt die Fremdnützigkeit nicht aus (Staudinger/*Bergmann* Vorbem zu §§ 677ff Rn 272; MüKo/*Seiler*[6] Rn 26; zum Fremdgeschäftsführungswillen s Rn 8ff; zur Erfüllung fremder Verbindlichkeiten s Rn 24). 28

• **Nichteheliche Lebensgemeinschaft.** Leistungen innerhalb einer nichtehelichen Lebensgemeinschaft sind während des Bestehens der Partnerschaft grds nicht über die Regelungen der §§ 677ff zu erstatten (BGHZ 77, 55, 59; BGH NJW 1981, 1502f; Düsseldorf FamRZ 2010, 1849). 29

• **Personenbeförderung.** Eine fremdnützige Personenbeförderung unterfällt den Grundsätzen der GoA (BGHZ 55, 128ff [Flugreise-Fall]). 30

• **Prozessführung.** Die Prozessführung in fremdem Interesse kann den Regeln der GoA unterfallen. Dies gilt zB wenn der Leasingnehmer – bei unwirksamer Haftungsfreizeichnung des Leasinggebers im Leasingvertrag – den Wandlungsprozess gegen den Verkäufer der Leasingsache führt (BGH NJW 1994, 576, 578; BGHZ 109, 139, 143). Vgl auch **§ 89 ZPO** zum prozessualen Tätigwerden eines Geschäftsführers ohne Auftrag. 31

• Regress in **Rettungsfällen.** Bei Rettung eines verletzten oder gefährdeten Menschen (zB durch erste Hilfe oder Unfallbergung) wird primär ein Geschäft des Verletzten besorgt (BGHZ 67, 368, 372; RGZ 167, 85, 88). Zugleich besorgt der Rettende auch ein Geschäft des Schädigers oder allg des zur Rettung Verpflichteten (vgl BGHZ 40, 28, 31 (Brandlöschung); 67, 368, 372 (Seerettung); RGRK/*Steffen* Vor § 677 Rn 21). Zweifelhaft ist, ob der Retter einer Person stets zugleich auch ein Geschäft des Ehepartners des Geretteten besorgt (so noch RGZ 167, 85, 88). 32

• **Schönheitsreparaturen.** Die überwiegende Meinung in Rspr und Schrifttum geht davon aus, dass ein Mieter, der aufgrund einer unwirksamen Schönheitsreparaturklausel renoviert, kein Geschäft des Vermieters besorgt (BGHZ 181, 188ff; *Lange* NZM 2007, 785ff). Es kommt aber ein Anspruch aus ungerechtfertigter Bereicherung in Betracht (vgl BGHZ 181, 188ff; diff *Gsell* NZM 2010, 71, 76; *Schapiro* ZfIR 2011, 639, 641ff). Nimmt der Vermieter Schönheitsreparaturen vor, die eigentlich vom Mieter durchzuführen gewesen wären, sind die §§ 323ff als abschließende Sonderregelung anzusehen (Hamburg NJW 1973, 2211; aA Koblenz MDR 1999, 1496; *Lützenkirchen* MDR 2001, 9ff; s auch Rn 39). 33

• **Selbstaufopferung (vor allem Straßenverkehr).** Wer – etwa im Straßenverkehr – eigene Rechtsgüter gefährdet oder aufgibt, um eine Schädigung Dritter zu vermeiden, führte nach der Rspr (zu § 7 StVG aF) zugleich auch ein Geschäft des jeweils begünstigten Dritten, sofern der Aufopfernde im Fall eines Unfalls nicht für die vermiedenen Schäden gehaftet hätte. Hätte er hingegen gehaftet, sollte er sich nicht auf die Fremdgeschäftsführung berufen können (BGHZ 38, 270, 275; Oldenburg MDR 2005, 631; Hamm VersR 2002, 1254; *Deutsch* AcP 165, 193, 194ff). Bei Ausweichmanövern zugunsten von Kindern ging die Rspr überdies davon aus, dass der Ausweichende auch ein Geschäft der Eltern besorgt (Hamm VersR 2002, 1254; aA LG Berlin DAR 1999, 74f (mit zweifelhafter Begr); ausf *Friedrich* VersR 2000, 697ff). Nach Änderung des Entlastungsgrundes für die Halterhaftung in § 7 II StVG (2002) kommt es für Unfälle zwischen Kraftfahrzeugen und nicht-motorisierten Verkehrsteilnehmern (Fußgängern, Radfahrern) nun darauf an, ob der vermiedene Unfall durch „höhere Gewalt" verursacht worden wäre. Im Unterschied zum Merkmal des „unabwendbaren Ereignisses" erlaubt das Merkmal der „höheren Gewalt" den Haftungsausschluss nur noch für betriebsfremde, von außen (durch elementare Naturkräfte oder Dritte) herbeigeführte Schadensereignisse. Diese Erweiterung der Halterhaftung hat den Zweck, die Position von Kindern, Hilfsbedürftigen und älteren Menschen zu stärken (BT-Drs 14/7752, 30). Entspr wird man auch im Rahmen der 34

GoA einen strengeren Maßstab anlegen müssen; Ansprüche werden folglich in den meisten Fällen ausscheiden (vgl zB Oldenburg MDR 2005, 631; LG Köln NZV 2007, 577, 578; *Rebler* MDR 2013, 254, 257; MüKo/*Schäfer* Rn 54). Anderes gilt hingegen bei Unfällen zwischen Kraftfahrzeugen; hier gilt sowohl für den Ersatzanspruch Dritter als auch für den Ausgleich zwischen den Haltern die Vorschrift des § 17 StVG, in der nach wie vor auf das „unabwendbare Ereignis" abgestellt wird (vgl § 17 III StVG). Zum Anspruchsumfang bei Selbstaufopferung s § 683 Rn 41.

35 • **Selbsthilfeaufwendungen.** Hierbei handelt es sich um Kosten für die Aufwendungen des Geschäftsführers zur Erbringung einer Leistung an sich selbst (konkret: Abwendung einer Gefahr für oder Beseitigung einer Störung seiner Rechtsgüter), welche eigentlich vom Geschäftsherrn (als Verantwortlichem) geschuldet war (BGH NJW 2005, 1366, 1367; BGHZ 110, 313, 315). Bei Selbsthilfe des gestörten Eigentümers oder Besitzers geht die hA von einer GoA des Gestörten für den Störer als Geschäftsherrn aus (zB §§ 858, 862, 1004; BGHZ 142, 227, 237; 110, 313, 315; RGZ 149, 205; MüKo/*Schäfer* Rn 55). Daneben kommen Ansprüche aus ungerechtfertigter Bereicherung oder Delikt (ggf bei Schutzgesetzverletzung) in Betracht. Zu dieser Fallgruppe gehören auch die Abschleppfälle (s Rn 22). Bei bestehenden vertragl Beziehungen zw den Beteiligten sind die §§ 677ff allerdings ausgeschlossen. Die rechtsgeschäftliche Vereinbarung darf nicht umgangen werden; die vom besonderen Vertragsrecht oder allg Schuldrecht vorgegebenen Voraussetzungen (zB Fristsetzung nach § 281) sind einzuhalten (vgl BGHZ 92, 123, 125; Soergel/*Beuthien* Rn 18; s Rn 46ff).

36 • **Selbstvornahme.** Eine Selbstvornahme des Käufers oder Bestellers ohne vorangegangene Fristsetzung (vgl §§ 437, 637 I) ist kein Fall der GoA (vgl BGH NJW 2005, 1348ff; NJW 2005, 3211, 3212; aA *Bartylla/Schäfer* ZfPW 2020, 467, 477ff). S Rn 35.

37 • **Situationsverbesserungen.** Die Einzäunung eines Weidegrundstücks ohne Verpflichtung, welche die Unfallgefahr am angrenzenden Bahnverkehr verringert, ist nach der Rspr nicht als GoA einzuordnen (BGH LM BGB § 683 Nr 17). Die Suche eines Maklers nach dem Eigentümer eines Grundstücks, für das er einen Kaufinteressenten gefunden hat, erfolgt ausschließlich im eigenen, nicht aber im Interesse des Eigentümers (AG Schöneberg NJW-RR 1998, 412f).

38 • **Unterhaltspflichten und (unechte) Gesamtschuld bei Schädigung.** Besonders umstr ist die Situation bei **Regress eines Unterhaltspflichtigen gegen den Schädiger des Unterhaltsberechtigten.** Erbringt der Unterhaltsverpflichtete dem Unterhaltsberechtigten eine Leistung zur Beseitigung des Schadens, den ein Dritter verursacht hat, kommt ein Anspruch gegen den Dritten aus §§ 677ff in Betracht; dieser ist der primär Verantwortliche und sollte i Erg auch die Kosten tragen (vgl § 843 IV; BGH NJW 1979, 598; RG SeuffA 65 [1910], Nr 188; Staudinger/*Bergmann* Vorbem zu §§ 677ff Rn 275f; *Wollschläger*, 115; zum pflichtgebundenen Geschäftsführer s Rn 17). Ausgangspunkt dieser Diskussion um die sog unechte Gesamtschuld war der **Dombrand-Fall des RG** (RGZ 82, 206). I Erg konnte der baulastpflichtige Fiskus dort die Kosten für die Wiederherstellung eines abgebrannten Kirchengebäudes von den Brandstiftern ersetzt verlangen. Die Meinungen im Schrifttum sind uneinheitlich. Neben vereinzelter Zustimmung (vgl Soergel/*Beuthien* Rn 11; *Wollschläger*, 120f) wurde die Lösung des RG überwiegend abgelehnt. Vorrangig erfolgte dies unter Hinweis auf das Fortbestehen des Schadensersatzanspruchs beim Geschädigten (vgl § 843 IV). Das RG war wohl vom Erlöschen des Schadensersatzanspruchs ausgegangen (vgl RGZ 82, 206, 215). Zutr wurde festgestellt: Solange die Schadensersatzpflicht fortbesteht, kommt keine GoA für den Schädiger in Betracht (vgl insb *Rabel* RheinZ 10 [1919/1920], 89, 91, 95f; *Marcuse* JW 1915, 264, 265f; *Wittmann*, 107). Teilw wird dem Geschäftsführer analog § 426 ein Anspruch zugestanden, zT wird auf eine entspr Anwendung des § 255 verwiesen (*Wendlandt* JURA 2004, 325, 333f; *Stamm* JURA 2002, 730, 731; *Martinek/Theobald* JuS 1997, 805, 811f; *Giesen* JURA 1996, 225, 232; *Schubert* AcP 178, 425, 450; s zu beiden Lösungen bereits *Rabel* RheinZ 10 [1919/1920], 89, 106; *v Tuhr* DJZ 1914, 334, 337). Ungeachtet der dogmatischen Umsetzung wird man nicht bezweifeln können, dass der Schädiger als Verantwortlicher auch die Kosten zu tragen hat. Lässt man außer Acht, dass im Dombrand-Fall ein öffentlich-rechtl Tätigwerden vorlag, muss deshalb Ausgleich geleistet werden (zur öffentlich-rechtl GoA s Vor § 677 Rn 32ff). Die Legalzession erweist sich im Vergleich zum Abtretungsanspruch als der praktisch bessere Weg; wird doch der Umweg über den Geschädigten vermieden (vgl *Wollschläger*, 125; zudem MüKo/*Schäfer* Rn 62).

39 • **Verwendungen auf fremde Sachen.** Zwar kann es sich bei Verwendungen auf fremde Sachen um eine GoA handeln. Hier sind jedoch vorrangige Sonderregeln zu beachten. Im Eigentümer-Besitzer-Verhältnis gehen die §§ 994ff vor. Auch im Vertragsrecht besteht regelmäßig eine Sperre. Der Umbau von vermieteten Räumen durch einen Dritten zum Zweck der Weitervermietung nach Auszug des zahlungsunfähigen Mieters ist ein Geschäft des Eigentümers (Vermieters), aber nicht des Mieters oder dessen Bürgen (BGHZ 82, 323, 329; zum Reflexvorteil s Rn 6). Auch die freiwilligen **Schönheitsreparaturen** des Mieters sind kein Geschäft des Vermieters (s Rn 33). Bei Verwendungen auf eine fremde **verkaufte Sache** ist nach dem Gefahrübergang zu unterscheiden; vor Gefahrübergang ist es ein Geschäft des Verkäufers, danach ein Geschäft des Käufers (vgl §§ 446, 447 und 474). Rettet ein Dritter die **Leasingsache** vor Zerstörung, führt er idR kein Geschäft des Leasinggebers. Die Sachgefahr ist auf den Leasingnehmer übergegangen; es ist deshalb sein Geschäft. Dies gilt wohl auch, wenn der Leasingnehmer mit den Raten in Verzug geraten ist (vgl Staudinger/*Bergmann* Vorbem zu §§ 677ff Rn 299 [Kauf] und 160 [Leasing]; *Martinek/Theobald* JuS 1997, 612, 615).

40 Entspr ist bei **Verwendungen Dritter auf fremdes Sicherungsgut** nach dem Zeitpunkt des Eintritts des Sicherungsfalls zu unterscheiden; im Zeitraum davor ist es ausschließlich ein Geschäft des Eigentümers, erst nach

Eintritt wird der Verwender zumindest auch für den Sicherungsnehmer tätig (MüKo/*Seiler*[6] Rn 37; *Wollschläger*, 181ff; undiff LG Braunschweig NJW 1966, 1820 m krit Anm *Wendt*). Zwar ist der Zustand des Sicherungsgutes stellenweise im BGB ausdrückl als „Interesse" des Sicherungsnehmers anerkannt (vgl zB §§ 1134, 1135); letztlich ist aber auch insoweit das Risiko dem Sicherungsgeber auferlegt (vgl § 1133; zutr BeckOGK/*Thole* Rn 140). Man wird insoweit von einem reinen Reflexvorteil ausgehen müssen; vgl Rn 6.

Zu **Verwendungen Dritter auf eine versicherte Sache** vgl Rn 6. 41

Im Versicherungsvertrag sind **Verwendungen des Versicherungsnehmers auf eine versicherte Sache** vorrangig 42
nach §§ 82, 83 VVG zu beurteilen; Ansprüche aus GoA bestehen insoweit nicht (zutr MüKo-VVG/*Looschelders* § 83 Rn 3; aA aber zB *Prölss/Martin* § 83 VVG Rn 1; vgl überdies § 90 VVG; vgl Rn 6).

• **Warnungsfälle.** Bei Warnung vor Gefahren oder deren Beseitigung kann ein Geschäft des Gefahrverursachers 43
und des Gewarnten geführt werden (BGHZ 43, 188ff; BGH VersR 1970, 620; Koblenz NJW 1962, 1515).

c) Personenmehrheiten. Bei **mehreren Geschäftsherren** ist danach zu differenzieren, ob eine einheitliche un- 44
teilbare Leistung oder mehrere teilbare Leistungen erbracht werden. Im letzteren Fall entstehen voneinander unabhängige Schuldverhältnisse, die getrennt voneinander abzuwickeln sind (RGRK/*Steffen* Vor § 677 Rn 97). Bei unteilbarer Leistung (zB Löschung eines Hausbrandes bei Miteigentum) ist idR von einer GoA für alle auszugehen (BGH MDR 1967, 111ff; *Laufs* NJW 1967, 2294, 2296). Der einzelne Geschäftsherr kann sich ggü dem Geschäftsführer insb nicht darauf berufen, die GoA sei nicht interessen- und willensgemäß, weil er einen lediglich geringen Anteil am betreffenden Gegenstand inne habe (aA RGRK/*Steffen* Vor § 677 Rn 99). Die Frage der Inanspruchnahme ist vom primären Interesse und Willen an der Erhaltung des Gesamtgegenstandes zu unterscheiden. Dem Bruchteils- oder Erbteilsinhaber ist der Rückgriff gegen die anderen – mit allen damit verbundenen Risiken – zumutbar. Der Geschäftsführer hat hingegen regelmäßig keine Informationen zum Innenverhältnis. Im Außenverhältnis haftet darum jeder Geschäftsherr allein auf den vollen Betrag und muss dann ggf im Innenverhältnis den Ausgleich suchen (§ 427 analog, §§ 421, 426; vgl BGH MDR 1967, 111ff; RGZ 167, 55, 59).

Bei **mehreren Geschäftsführern** ist vorab eine Einordnung der Tätigen nach ihrer formalen schuldrechtl Be- 45
ziehung zum Geschäftsherrn als **Beauftragter**, **Geschäftsbesorger** oder **berechtigter oder unberechtigter Geschäftsführer ohne Auftrag** erforderlich (RGRK/*Steffen* Vor § 677 Rn 103; ausf auch MüKo/*Schäfer* Rn 20). Bei einem nicht aufgrund vertragl Verpflichtung Tätigen ist – sofern es sich um eine einheitliche, unteilbare Leistung handelt – zunächst für jeden einzelnen der Handelnden festzustellen, ob es sich um Geschäftsführer oder Gehilfen handelt. Auch der Geschäftsführer kann sich bei der Geschäftsbesorgung sog **Geschäftsführungsgehilfen** bedienen (BGHZ 67, 368, 371; BGH NJW 2021, 1818 Rn 39; Staudinger/*Bergmann* Vorbem zu §§ 677 Rn 181). Die Geschäftsführungsgehilfen stehen in keinem Rechtsverhältnis zum Geschäftsherrn; der Geschäftsführer hat sich ihr Verhalten aber im Verhältnis zum Geschäftsherrn zurechnen zu lassen (vgl § 278; BGH NJW 2004, 513, 515 [Polizeibeamter im Einsatz ist kein privatrechtl Geschäftsführer]; Staudinger/*Bergmann* Vorbem zu §§ 677ff Rn 181; MüKo/*Schäfer* Rn 19). Für die **Abgrenzung** zw selbständigem (Mit-)Geschäftsführer und Geschäftsführungsgehilfen wird man auf die Grundsätze der **Substitution** nach § 664 zurückgreifen müssen (Staudinger/*Bergmann* Vorbem zu §§ 677ff Rn 182). Überschreitet der Gehilfe die Grenzen des ihm – ua durch den Rahmen des Geschäftsführergewerbes – gezogenen Tätigkeitsbereichs, wird er selbst zum Geschäftsführer. Entscheidend ist darum der Bezug zur Tätigkeit des Dienstherrn. Wird der Gehilfe nicht **„in Ausführung"**, sondern lediglich **„bei Gelegenheit"** (der Tätigkeit für den Dienstherrn) für den anderen tätig, scheidet die Einordnung des Dienstherrn als Geschäftsführer aus (mit Bsp: Staudinger/*Bergmann* Vorbem zu §§ 677ff Rn 182). Für die **Herausgabepflicht** bei teilbarer und unteilbarer Leistung (insb bei gemeinsamer Veräußerung und Erlöseinnahme) gelten die §§ 420, 421, 431 (BGH MDR 1959, 635ff; vgl Mugdan II 479f).

3. Ohne Auftrag oder sonstige Berechtigung. Die Anwendung der §§ 677ff ist ausgeschlossen, wenn zw den 46
Parteien ein **vertragl oder gesetzl Rechtsverhältnis** besteht, welches die Geschäftsbesorgung abschließend regelt (BGH NJW-RR 2004, 956; 2004, 81, 83; Staudinger/*Bergmann* Vorbem zu §§ 677ff Rn 187ff; BeckOGK/*Thole* Rn 48ff; zur Öffnung s aber zB § 2 VIII Nr 3 VOB/B; hierzu Jena OLGRp 2003, 65, 66). Etwaige vertragl oder sonstige **Berechtigungen im Verhältnis zu Dritten** sind grds unbeachtlich (s aber Rn 17f). Ohne Bedeutung ist die **Vorstellung des Geschäftsführers**, dh, ob er sich irrtümlich zum Tätigwerden berechtigt oder verpflichtet hält (BGH NJW-RR 2005, 1426, 1428; BGHZ 37, 258, 262f; Staudinger/*Bergmann* Vorbem zu §§ 677ff Rn 202). Für den **Zeitpunkt** des Fehlens der Berechtigung ist auf die Übernahme der Geschäftsführung abzustellen. Dabei sind die Rückwirkung einer Anfechtung vertragl Beziehungen (vgl § 142) sowie der Genehmigung nach § 684 zu beachten.

Auch die gesetzl Regelung **vorvertragl Pflichten** bei Vertragsanbahnung (vgl § 311 II, § 241 II, § 280) kann 47
nicht durch die §§ 677ff umgangen werden. Gehaftet wird für diesen Zeitraum nur bei Verschulden. Die Privatrechtsordnung kennt darum auch grds keine Pflicht zur **Vergütung vorvertragl Leistungen.** Dabei muss jedoch vermieden werden, das vom BGH in den Raum gestellte „Vorfeld des Vertragsschlusses" als generelle Sperre für die §§ 677ff zu weit in den Bereich genuiner GoA-Konstellationen auszudehnen (vgl ausf Vor § 677 Rn 26). Schließlich ist für **unbestellt gelieferte Sachen oder unbestellt erbrachte sonstige Leistungen** und den Ausschluss der Vergütung nach § 241a eine teleologische Reduktion erforderlich (s Vor § 677 Rn 27).

Eine sonstige Berechtigung kann aus zahlreichen **vertragl Rechtsverhältnissen** resultieren. Im Einz schließen 48
die Anwendung der §§ 677ff zB aus: **Auftrag, Dienst-, Kauf-, Werk-, Miet-** oder **Geschäftsbesorgungsvertrag,** insb die besonderen vertragl Gewährleistungsrechte im Kauf-, Miet- und Werkvertragsrecht sowie die Vorschrif-

ten des **allg Leistungsstörungsrechts** (vgl BGH NJW 2005, 1448, 1449ff; NJW 2019, 3780 Rn 17). Im Mietrecht schließt § 536a die §§ 539, 677ff aus (BGHZ 181, 188ff; BGH NJW 2008, 1216, 1217; krit *Gsell* NZM 2010, 71, 74f).

49 Eine vorrangige Spezialregelung existiert zudem bei vorbestehenden **gesetzl Rechtsverhältnissen**: so zB bei **verbandsrechtl Organstellung**, einer **Stellung als Amtswalter** (zB Insolvenz- oder Nachlassverwalter, Testamentsvollstrecker), einem **familienrechtl Rechtsinstitut** (Pflegschaft, Vormundschaft oder elterliche Sorge) oder einem besonderem **öffentlich-rechtl Gewaltverhältnis** (BGHZ 109, 354, 358f; LG Frankfurt NJW 1977, 1924, 1925). Bei **gesetzl geregeltem Rückgriffsanspruch** (insb cessio legis) sind die Geschäftsführungsregelungen ebenfalls gesperrt (BGHZ 155, 342, 350; 30, 162, 169ff). Dies gilt auch im Rahmen des **§ 1357** (BGHZ 163, 42, 52f). Bei **Bergung in Seenot** gelten die §§ 574ff HGB; bei der **Binnenschifffahrt** die §§ 93ff BinSchG (mit Verweis auf HGB-Vorschriften). Im Rahmen des Regelungsbereichs dieser Vorschriften entfalten sie Sperrwirkung; darüber hinaus bleiben die Grundsätze der GoA anwendbar (BGHZ 67, 368, 369f; MüKo/*Seiler*[6] Vor § 677 Rn 20). Für **Bruchteilsgemeinschaft** (§§ 744ff), **Erbengemeinschaft** (§ 2038) und **Wohnungseigentümergemeinschaft** (§§ 18ff WEG) sind die gesetzl Regelungen grds vorrangig (vgl BGH NJW 2019, 3780 Rn 9ff; NZM 2021, 146 Rn 17 [WEG]; zudem *Bergmann* ZMR 2020, 7, 9f). Für die Erbengemeinschaft hat der BGH die **Sperrwirkung der §§ 2038ff** allerdings **auf Maßnahmen zur *Verwaltung* des Nachlasses begrenzt**; darüber hinaus sollen die §§ 677ff anwendbar bleiben (BGH NJW 2021, 157 Rn 6ff; krit *Eberl-Borges* ZEV 2022, 1, 3f). Ein **Notwehr-, Notstands- und Selbsthilferecht** gibt hingegen **kein sonstiges Recht zum Tätigwerden**. Dem Handelnden stehen deshalb grds Ansprüche aus §§ 683, 684 gegen den Störer oder Angreifer zu (vgl §§ 227, 228, 229, 858, 904 sowie §§ 32, 34, 35 StGB; MüKo/*Schäfer* Rn 67; aA Staudinger/*Bergmann* Vorbem zu §§ 677ff Rn 200). Ebenso schließen weder die allg **Pflicht zur Hilfeleistung in § 323c StGB** und die spezielle **Garantenpflicht nach § 13 StGB** noch die Pflicht zum Abschluss eines Versorgungsvertrages die GoA aus (BGH NJW-RR 2005, 1426, 1427f [EnWG]; BeckOGK/*Thole* Rn 161).

50 Einigkeit herrscht insoweit, als vorrangige und abschließende vertragl oder gesetzl Regelungen eine **zeitl begrenzte Sperrwirkung** nur bis zum Auslaufen des Vertrages oder der gesetzl Stellung entfalten. Der nach Beendigung seines Vertrages weiter tätige Geschäftsbesorger handelt deshalb fortan als Geschäftsführer ohne Auftrag. Ebenso kann ein Amtswalter bei Fortsetzung seiner Tätigkeit nach Beendigung des Amtes als Geschäftsführer ohne Auftrag liquidieren (BGH WM 2002, 1932ff; BayObLG NJW-RR 2000, 155; s allg zur Beendigung Vor § 677 Rn 15).

51 Bei einem **nichtigen Vertrag** zw Geschäftsherrn und Geschäftsführer finden auf Leistungen der Parteien die Regelungen der §§ 677ff nach der **herrschenden Rspr** unter dem Blickwinkel des auch-fremden Geschäfts Anwendung (BGH NJW 2015, 1020 Rn 6ff; NJW 2012, 3366, 3368; NJW-RR 2005, 639ff; BGHZ 37, 258, 262f; 101, 393, 399; 111, 308, 311). Eine GoA liegt demnach zB vor, wenn die Nichtigkeit des Vertrages auf einem Formmangel, dem Fehlen der Vollmacht oder Geschäftsfähigkeit, der Versagung einer behördlichen Genehmigung oder einem Verstoß gegen das Gesetz oder die guten Sitten beruht (vgl zB BGH NJW 2015, 1020 Rn 6; NJW 2012, 3366, 3368; WM 2004, 2441, 2442f; 157, 168ff). Der Anspruch scheitert bei Verstoß gegen ein gesetzl Verbot oder die guten Sitten allerdings i Erg meist daran, dass der Geschäftsführer die getätigten Aufwendungen nicht „den Umständen nach für erforderlich halten" darf (vgl § 670; BGH NJW 2014, 1805 Rn 14; NJW-RR 1997, 564f; NJW 1992, 2021; vgl § 683 Rn 11). Das **überwiegende Schrifttum** lehnt die Anwendung der §§ 677ff in Fällen nichtiger Verträge seit jeher ab (MüKo/*Seiler*[6] Rn 48; MüKo/*Schäfer* Rn 88; Soergel/*Beuthien* Rn 16; *Fikentscher/Heinemann*, SchuldR Rn 1265; *Thole* NJW 2010, 1243, 1248; ebenso Koblenz NJW 1999, 2904, 2905). Dem ist zu folgen: Unabhängig davon, ob der Fremdgeschäftsführungswille fehlt (so zB *Gursky* AcP 185, 13, 38f; *Greiner* AcP 219, 211, 240; jurisPK/*K. Lange* Rn 30), kann die Anwendung der §§ 677ff vor allem zur Umgehung bereicherungsrechtl Rückabwicklungsschranken führen (vgl § 814, § 817 S 2, §§ 818f; vgl MüKo/*Schäfer* Rn 88; ausf zudem *Habersack/Schürnbrand* AcP 220 (2020), 1, 7ff). Der Fall mangelhafter Werkleistung ist illustrativ: wäre bei nichtigem Vertrag vom Geschäftsherrn nach Kondiktionsrecht lediglich die „geminderte" Bereicherung herauszugeben, könnte der Geschäftsführer diese Grenze bei unverschuldet mangelhafter Leistung mit der GoA überschreiten; es entstünde ein „Erfüllungsanspruch ohne Vertrag" (vgl *Falk* JuS 2003, 833, 836; *Helm*, Gutachten III, 335, 393; *Schubert* AcP 178, 425, 452; zutr diff *Habersack/Schürnbrand* AcP 220 (2020), 1, 10ff; zum pflichtgebundenen Geschäftsführer s Rn 17f; zu Schönheitsreparaturen s Rn 33).

52 Ausschließlich als vertragl Pflichtverletzungen zu behandeln sind nach der sog **Lehre vom Vertragsverstoß** Fälle, in denen ein geschäftsführender Personenhandelsgesellschafter, der Geschäftsführer einer GmbH oder der Vorstand einer AG im Rahmen der Tätigkeit für die Gesellschaft seine Geschäftsführungsbefugnis überschreitet (BGH NJW 1997, 314; RGRK/*Steffen* Vor § 677 Rn 56; Staudinger/*Bergmann* Vorbem zu §§ 677ff Rn 190; aA noch RGZ 158, 302, 311ff). Dies gilt auch im Rahmen der Befugnisse nach §§ 709, 744 II oder bei der Tätigkeit eines Betreuers. Auch hier darf das gesellschafts- und vertragsrechtl Gefüge nicht durch die GoA umgangen werden. Zudem fehlt beim Tätigwerden für die Gesellschaft im Rahmen des Anstellungsvertrages regelmäßig der Fremdgeschäftsführungswille (Soergel/*Beuthien* Rn 17). Dies gilt allerdings nicht, wenn der Tätige den Rahmen der vertragl oder organschaftlichen Befugnisse nicht in Ausübung, sondern lediglich „bei Gelegenheit" seiner Tätigkeit überschreitet.

53 **4. „Berechtigte Geschäftsführung ohne Auftrag".** Die Voraussetzungen einer berechtigten GoA liegen vor, wenn die Übernahme der Geschäftsführung dem Interesse und dem wirklichen oder mutmaßlichen Willen des Geschäftsherrn entspricht (§ 683 S 1) oder ein entgegenstehender Wille gem § 683 S 2, § 679 unbeachtlich ist.

Der Geschäftsherr kann die Übernahme auch genehmigen (§ 684 S 2). Diese Berechtigung ist allerdings keine Voraussetzung für das Entstehen der Pflicht aus § 677 (s Rn 1 und nachfolgend Rn 54ff). Zu Interesse und Willen des Geschäftsherrn s ausf § 683 Rn 3ff.

III. Rechtsfolgen. Zw den Parteien entsteht durch die Übernahme der Geschäftsbesorgung ein auftragsähnl gesetzl Schuldverhältnis. Dieses schafft Pflichten auf beiden Seiten. Der Geschäftsherr schuldet Aufwendungs- und Schadensersatz, der Geschäftsführer die sachgerechte Ausführung. 54

1. Ausführungspflicht. Der Geschäftsführer schuldet eine **ordentliche Geschäftsausführung**, wie es das Interesse des Geschäftsherrn mit Rücksicht auf dessen wirklichen oder mutmaßlichen Willen erfordert. Die Beurteilung steht im pflichtgemäßen Ermessen des Geschäftsführers (BGH NJW-RR 2008, 759, 760). Das Interesse wird überwiegend in Anlehnung an § 683 als der nach der Verkehrsanschauung obj resultierende Nutzen der Geschäftsbesorgung erklärt. Der Wille soll sich entspr aus den subj Vorstellungen des Geschäftsherrn ergeben (MüKo/*Seiler*[6] Rn 51; Soergel/*Beuthien* Rn 19; Staudinger/*Bergmann* Rn 16 und § 683 Rn 32ff; vgl zudem § 683 Rn 4). Umstr (allerdings praktisch kaum relevant) ist das **Verhältnis zw „Wille" und „Interesse"**. Abw von § 683 (s § 683 Rn 4) folgert die hA zu § 677, bei einem Widerspruch zw Wille und Interesse sei vorrangig auf das Interesse abzustellen; dies gelte jedenfalls, sofern der Geschäftsherrnwille unbekannt sei (MüKo/*Seiler*[6] Rn 52; Grü/*Retzlaff* Rn 12; *Fikentscher/Heinemann*, Schuldrecht Rn 1274; aA Soergel/*Beuthien* Rn 19; diff Staudinger/*Bergmann* Rn 16f). Dieser Auffassung ist (nicht nur mit Blick auf den Wortlaut) zuzustimmen; bei der Ausführung ist grds mehr „freie Hand" zu gewähren als bei der Übernahme (Staudinger/*Nipperdey*[11] Rn 22; MüKo/*Seiler*[6] Rn 52; abw aber neuerdings MüKo/*Schäfer* Rn 114). Schon im Gesetzgebungsverfahren wurde deutlich, dass bei berechtigter Übernahme eine Ausführung des Geschäfts mit pflichtgemäßer Sorgfalt ausreichen solle. Das Ermessen des Geschäftsführers ersetze die fehlenden Weisungen des Geschäftsherrn (vgl Mugdan II 1197). 55

2. Nebenpflichten. Die Nebenpflichten bestimmen sich nach Auftragsrecht (§ 681). 56

3. Fortführungspflicht. Der Geschäftsführer ist grds nicht verpflichtet, ein übernommenes Geschäft fortzuführen (RGZ 63, 280, 283f; Staudinger/*Bergmann* Vorbem zu §§ 677ff Rn 55 und § 677 Rn 22; Soergel/*Beuthien* Rn 20; vgl auch Mugdan II 480). Dies kann jedoch nicht absolut gelten: Eine Ausnahme besteht zunächst für die Aufgabe zur Unzeit (§ 671 II analog; vgl *Larenz*, SchuldR II/1[13], § 57 I b). Zudem gilt dies für den Fall eines drohenden Schadens bei Abbruch der Geschäftsführung; jedoch auch nur dann, wenn der Schaden nicht entstehen würde, hätte der Geschäftsführer das Geschäft erst gar nicht übernommen (RGZ 126, 287, 292ff; WarnRspr 1922 Nr 12; MüKo/*Seiler*[6] Rn 53; Mugdan II 480). Man wird dann eine Nebenpflicht des Geschäftsführers annehmen müssen, dem Geschäftsherrn unverzüglich Meldung zu machen und ihm Gelegenheit zur Übernahme oder Ersatzbeschaffung zu geben (vgl MüKo/*Schäfer* Rn 118; abw Soergel/*Beuthien* Rn 20 [Obliegenheit]; allg auch BeckOGK/*Thole* Rn 162). 57

4. Unterlassenspflicht. Untersagt der Geschäftsherr die weitere Ausführung des Geschäfts durch den Geschäftsführer, ist dieser zum Abbruch und zur Unterlassung verpflichtet (*arg e* § 681 S 1; Staudinger/*Bergmann* Rn 26; *Allmendinger/Lüneborg* NJW 2021, 509, 511 [nicht beauftragter Makler]). Dies gilt allerdings nicht in Fällen des § 679 oder bei gesetzl Handlungspflicht des Geschäftsführers. 58

5. Ausführungshaftung und Sorgfaltsmaßstab. Für Pflichtverletzungen bei der Ausführung wird nach § 280 auf Schadensersatz gehaftet (zur begrenzten Reichweite s ausf MüKo/*Schäfer* Rn 122). Ein bestimmter Leistungserfolg ist bei der Geschäftsausführung nicht geschuldet (Soergel/*Beuthien* Rn 20; RGRK/*Steffen* Rn 11; MüKo/*Schäfer* Rn 120). Auch ist der Geschäftsführer nur zu notwendigen, nicht zu allg nützlichen Maßnahmen verpflichtet (BGH NJW-RR 2008, 759; Grü/*Retzlaff* Rn 12). Eine mangelhafte Ausführung des übernommenen Geschäfts kommt trotz dieses *prima facie* weiten Spielraums aber sowohl bei **Nichtbeachtung des Willens** des Geschäftsherrn (soweit bekannt oder erkennbar) als auch bei schlechter Ausführung des Geschäfts – im Sinne eines **Verstoßes gegen das Interesse** des Geschäftsherrn – in Betracht (zum Verhältnis s Rn 55). Bei nichtigem Vertrag (s Rn 51) orientieren sich die Pflichten nach § 677 am Leistungs- und Pflichtenprogramm des Vertrages (BGH MDR 2005, 1424ff; Staudinger/*Bergmann* Rn 25). Das sog **Ausführungsverschulden** ist grds an §§ 276ff zu messen, ggf an § 680 (BGHZ 63, 167; BGH NJW 1972, 475ff; Staudinger/*Bergmann* Rn 1ff und 32). Für Geschäftsführungsgehilfen haftet der Geschäftsführer über § 278 (zum Gehilfen s Rn 45). Vom Verschulden bei der Ausführung (§§ 677, 280 I) ist das sog Übernahmeverschulden (§ 678) zu unterscheiden; die Abgrenzung erfolgt streng nach der zeitl Abfolge von Übernahme und Ausführung (s § 678 Rn 1). 59

IV. Prozessuales. Jede Seite hat diejenigen Tatsachen zu beweisen, aus denen sie Rechtsfolgen herleiten will (*Baumgärtel/Laumen/Prütting* Rn 1; RGRK/*Steffen* Vor § 677 Rn 91; teilw aA NK/*Schwab* § 678 Rn 9). Besondere Bedeutung hat dies für die Feststellung des Fremdgeschäftsführungswillens (s Rn 11ff). Bei **obj fremdem Geschäft** geht die Rspr von einer auf der Lebenserfahrung beruhenden tatsächlichen Vermutung des Willens aus (vgl BGH AbfallR 2018, 86 Rn 13; BGHZ 181, 188ff; 143, 9, 14f; 63, 167, 169). Diese Vermutung ist widerlegbar (MüKo/*Schäfer* Rn 126; *Baumgärtel/Laumen/Prütting* Rn 4; s auch aufschlussreich BGH AbfallR 2018, 86 Rn 14). Gefordert wird nicht der Beweis des Gegenteils (aA Jauernig/*Mansel* Rn 4; Staudinger/*Bergmann* Vorbem zu §§ 677ff Rn 168). Es handelt sich ausschließlich um eine tatsächliche Vermutung, die nicht unter § 292 ZPO fällt; damit tritt auch keine Beweislastverlagerung ein (allg Zöller/*Greger* Vor § 284 ZPO Rn 33; speziell *Baumgärtel/Laumen/Prütting* Rn 4). Die Gegenseite kann die Vermutung durch den Vortrag von Tatsachen erschüttern, aus denen sich die ernsthafte Möglichkeit eines entgegenstehenden Willens ergibt. Die obj Beweislast für den Fremdgeschäftsführungswillen bleibt unverändert (*Baumgärtel/Laumen/Prütting* Rn 4). Insb bei Tilgung ei- 60 ner fremden Schuld geht die Rspr von der Vermutung aus, dass die Tilgung dem obj Interesse und damit auch dem mutmaßlichen Willen des Geschäftsherrn entspreche (vgl BGHZ 47, 370, 373f; *Wollschläger*, 77ff mwN). Macht der Geschäftsherr dagegen geltend, die Tilgung habe seinem Interesse an freier Verfügung über eigene Zahlungsmittel oder seinem kaufmännischen Interesse an späterer Zahlung widersprochen, trägt er die Last hinreichend substantiierter Darlegung (Staudinger/*Bergmann* Vorbem zu §§ 677ff Rn 261).

61 Die Vermutung des Fremdgeschäftsführungswillens gilt nach der Rspr richtigerweise auch für das sog **auch-fremde Geschäft** (BGH NJW 2009, 2590; BGHZ 143, 9, 14f; 40, 28, 31; BeckOGK/*Thole* Rn 96 mwN; MüKo/*Schäfer* Rn 126; aA *Baumgärtel/Laumen/Prütting* Rn 4; s auch Rn 15). Für das **pflichtgebundene Geschäft** s Rn 17f.

62 Bei subj **fremdem Geschäft** obliegt dem Geschäftsführer der positive Beweis für das Vorliegen des Fremdgeschäftsführungswillens; hier existiert keine Vermutung (s Rn 14). Der Beweis gelingt regelmäßig nur mit Hilfe von Indizien (BGHZ 63, 167, 169; *Baumgärtel/Laumen/Prütting* Rn 6; *Gursky* AcP 185, 13, 35). Zeigt der Geschäftsführer die Übernahme des Geschäfts in Erfüllung seiner Nebenpflicht aus § 681 an, lässt dies den Schluss auf das Vorliegen des Fremdgeschäftsführungswillens bei Übernahme zu (vgl BGHZ 65, 354, 356; *Baumgärtel/Laumen/Prütting* Rn 6; Grü/*Retzlaff* § 681 Rn 2). Das Unterlassen der Anzeige indiziert den Eigengeschäftsführungswillen allerdings umgekehrt nicht zwangsläufig. Die fehlende Anzeige kann nämlich auch auf Nachlässigkeit beruhen (BGHZ 65, 354, 356; jurisPK/*K. Lange* Rn 27). Auch ein Streit der Beteiligten über die Kostentragung im Vorfeld der Geschäftsübernahme indiziert das Vorliegen des Fremdgeschäftsführungswillens (BGH NJW 1979, 598; RGZ 149, 205, 208; Staudinger/*Bergmann* Vorbem zu §§ 677ff Rn 169). Handelt der Geschäftsführer im Namen des Geschäftsherrn, ist dies gleichfalls ein Indiz (vgl zudem BGH MDR 1958, 93; RGRK/*Steffen* Vor § 677 Rn 50). Für weitere Bsp vgl Staudinger/*Bergmann* Vorbem zu §§ 677ff Rn 169.

63 Das **Vorliegen einer Berechtigung** – iS einer vorrangigen gesetzl oder vertragl Regelung – hat derjenige darzulegen und zu beweisen, der sich auf die Nichtanwendbarkeit der §§ 677ff beruft (Staudinger/*Bergmann* Vorbem zu §§ 677ff Rn 256). Verlangt der Geschäftsherr **Schadensersatz wegen fehlerhafter Ausführung**, hat er die Voraussetzungen der berechtigten GoA zu beweisen und dass eine andere Art der Geschäftsführung als die tatsächlich erfolgte seinem Interesse und Willen entsprochen hätte (RGRK/*Steffen* § 677 Rn 12; *Baumgärtel/Laumen/Prütting* Rn 7; BaRo/*Gehrlein* Rn 19). Der Geschäftsführer muss sich nach § 280 I 2 bei festgestellter Sorgfaltspflichtverletzung entlasten (MüKo/*Seiler*[6] Rn 56; *Baumgärtel/Laumen/Prütting* Rn 7). Da der Geschäftsführer keinen Erfolg schuldet, lässt sich aus der Erfolglosigkeit der Geschäftsbesorgung allein noch nicht schließen, diese sei sachwidrig und mangelhaft erfolgt (RGRK/*Steffen* Rn 11; Soergel/*Beuthien* Rn 20).

§ 678 Geschäftsführung gegen den Willen des Geschäftsherrn

Steht die Übernahme der Geschäftsführung mit dem wirklichen oder dem mutmaßlichen Willen des Geschäftsherrn in Widerspruch und musste der Geschäftsführer dies erkennen, so ist er dem Geschäftsherrn zum Ersatz des aus der Geschäftsführung entstehenden Schadens auch dann verpflichtet, wenn ihm ein sonstiges Verschulden nicht zur Last fällt.

1 **I. Grundlagen.** Eine dem Willen des Geschäftsherrn erkennbar widersprechende Übernahme verpflichtet zum Ersatz resultierender Schäden wegen sog **Übernahmeverschuldens** (vgl Soergel/*Beuthien* Rn 1; RGRK/*Steffen* Rn 6; Grü/*Retzlaff* Rn 2). Die Vorschrift ist eigenständige Anspruchsgrundlage und schützt den Geschäftsherrn vor aufgedrängter Geschäftsbesorgung. Gehaftet wird für den unberechtigten und schuldhaften Einbruch in einen fremden Rechtskreis. Nach moderner Doktrin sind Übernahme- und Ausführungsverschulden dabei streng zu unterscheiden. Bei berechtigter GoA haftet der Geschäftsführer nur aufgrund der fehlerhaften *Ausführung*, nicht aufgrund der *Übernahme*; § 678 gilt insoweit auch nicht analog (BGH NJW 1972, 475ff; RGRK/*Steffen* Rn 2; MüKo/*Schäfer* Rn 5). Bei unberechtigter Übernahme haftet der Geschäftsführer hingegen selbst im Fall der ordnungsgemäßen Ausführung des Geschäfts (RGZ 101, 18, 19; Staudinger/*Bergmann* Rn 2; MüKo/*Schäfer* § 677 Rn 110f; zum sog Ausführungsverschulden vgl § 677 Rn 55 und § 677 Rn 59).

2 **II. Tatbestand. 1. Übernahme der Geschäftsführung.** Voraussetzung einer Haftung ist zunächst die Übernahme einer Geschäftsführung für einen anderen. Die Übernahme setzt den nach außen erkennbar gewordenen Willensentschluss des Geschäftsführers voraus; als solches ist sie lediglich Realakt (s Vor § 677 Rn 13f). Regelmäßig liegt die Übernahme im Beginn der Ausführung. Reine Vorbereitungshandlungen genügen nicht (allg Soergel/*Beuthien* Rn 2; MüKo/*Seiler*[6] Rn 3; Staudinger/*Bergmann* Rn 7; diff *Batsch* AcP 171, 218, 224).

3 **2. Widerspruch zum Willen des Geschäftsherrn (Pflichtverletzung).** Die Übernahme muss im Widerspruch zum wirklichen oder mutmaßlichen Willen des Geschäftsherrn stehen; entscheidend für die Feststellung des Widerspruchs ist der **Zeitpunkt der Übernahme**. Das **obj Interesse ist grds unbeachtlich** (und darum auch kein Tatbestandsmerkmal); es kann aber mittelbar für die Bestimmung des mutmaßlichen Willens Bedeutung erlangen (RGZ 101, 18; RGRK/*Steffen* Rn 9; Staudinger/*Bergmann* Rn 8; MüKo/*Schäfer* Rn 9; aA jurisPK/*K. Lange* Rn 8; vgl § 683 Rn 4ff). § 678 scheidet deshalb aus, wenn die Übernahme dem offensichtlich wohlverstandenen Interesse widerspricht, sofern nur dem Willen des Geschäftsherrn genüge getan ist (RGRK/*Steffen* Rn 9; MüKo/*Seiler*[6] Rn 5; Staudinger/*Bergmann* Rn 10). Umgekehrt haftet der Geschäftsführer grds auch bei interessengemäßer Übernahme, sofern diese nicht willensgem ist; es wird dann aber möglicherw am Verschulden fehlen (vgl RGZ 101, 18; *Batsch* AcP 171, 218, 229; MüKo/*Seiler*[6] Rn 5). Der **Grund für den Widerspruch ist unbeachtlich**, auch sachwidrige Erwägungen des Geschäftsherrn können den Widerspruch begründen (RGRK/*Steffen* Rn 5;

Staudinger/*Bergmann* Rn 8; MüKo/*Schäfer* Rn 9). Der Widerspruch kann sich auf die Übernahme als solche oder auf die Umstände beziehen, zB Zeitpunkt, Umfang, Art und Weise oder Person des Geschäftsführers (MüKo/*Schäfer* Rn 7; Soergel/*Beuthien* Rn 2; krit BeckOGK/*Thole* Rn 12). § 678 greift nicht in Fällen des **§ 679**, bei **gesetzes- oder sittenwidrigem Willen** oder bei **fehlender Fähigkeit des Geschäftsherrn zur vernünftigen Willensbildung** (§§ 104, 105; BGH NJW 1972, 475ff [Volltrunkenheit]; Soergel/*Beuthien* Rn 2). Auch im Rahmen einer **Pflicht zum Tätigwerden** (vgl. §§ 323c, 13 StGB) findet § 678 keine Anwendung (Staudinger/*Bergmann* Rn 9). Dies gilt auch bei **irrtümlicher Eigengeschäftsführung** (§ 687 I; anders jedoch nach § 687 II). Eine **Genehmigung der Übernahme (§ 684 S 2)** beseitigt den Widerspruch *ex tunc*. Die Vorschrift ist dann unanwendbar (BGHZ 128, 210, 213; Soergel/*Beuthien* Rn 2). Bei der Genehmigung ist allerdings genau zu unterscheiden, ob sich diese auf die Übernahme oder die Ausführung bezieht (s § 684 Rn 9ff).

3. Verschulden. Für das sog Übernahmeverschulden gilt § 280 I. Es bezieht sich auf das **Hinwegsetzen über den Willen des Geschäftsherrn** und ist nach § 276 zu beurteilen. Erforderlich sind Kenntnis oder Kennenmüssen des Widerspruchs (vgl **§ 122 II**). Für die Wissenszurechnung gilt **§ 166 entsprechend** (BeckOGK/*Thole* Rn 19). Der Schaden als solcher muss nicht verschuldet worden sein. Der Geschäftsführer haftet deshalb selbst bei einer fehlerfreien Ausführung, wenn der Schaden ohne die Übernahme nicht entstanden wäre (vgl allg BGH NJW 1972, 475; RGZ 158, 313). Fehlen Anhaltspunkte für den Willen, ist das obj Interesse des Geschäftsherrn entscheidend für die Ermittlung der Erkennbarkeit (s auch Rn 3). Der Sorgfaltsmaßstab ist reduziert in Fällen des **§ 680** (BGH NJW 1972, 475ff; BGHZ 43, 188, 193); bei fehlender Geschäftsfähigkeit gilt **§ 682**. 4

III. Rechtsfolgen. 1. Unterlassung und Schadensersatz. Solange die unberechtigte GoA andauert, kann der Geschäftsherr Unterlassung fordern. Überdies ist der Geschäftsführer zum Ersatz aller adäquat kausal und zurechenbar mit der Übernahme verbundenen Schäden verpflichtet. Das bedeutet: der Geschäftsherr ist so zu stellen, wie er ohne Übernahme des Geschäfts stünde; ggf ist auch entgangener Gewinn zu ersetzen (Soergel/*Beuthien* Rn 5; jurisPK/*K. Lange* Rn 12; BeckOGK/*Thole* Rn 21f). Trotz möglicherweise fehlenden Ausführungsverschuldens ist er darum auch zum Ersatz von Schäden verpflichtet, die zufällig entstehen, sofern diese nicht entstanden wären, wenn er den entgegenstehenden Willen des Geschäftsherrn beachtet hätte (BGH NJW 1972, 475; RGZ 158, 302, 313; RGRK/*Steffen* Rn 8; BeckOGK/*Thole* Rn 6 und 21). Für diejenigen Schäden, die auch ohne das unerwünschte Eingreifen des Geschäftsführers entstanden wären, haftet der Geschäftsführer hingegen nicht (Staudinger/*Bergmann* Rn 17; MüKo/*Schäfer* Rn 12f). Etwaige Vorteile aus der Geschäftsführung sind überdies nach den Grundsätzen der Vorteilsausgleichung zu berücksichtigen (BGH NJW 2013, 1958, 1961; Soergel/*Beuthien* Rn 3; Staudinger/*Bergmann* Rn 18). 5

2. Konkurrenzen. Der Anspruch wegen Übernahmeverschuldens konkurriert mit einem etwaigen Anspruch wegen Ausführungsverschuldens nach §§ 280 I, 677 (s § 677 Rn 1 und § 677 Rn 55ff, 59) sowie mit deliktischen Ansprüchen (zu Konkurrenzen s Vor § 677 Rn 30). Die Haftung erstreckt sich über den Schutz absoluter Rechtsgüter hinaus auch auf den Bereich reiner Vermögensschäden (aA *Batsch* AcP 171, 218, 231ff [Rechtspositionen des § 823]). 6

IV. Prozessuales. Der Geschäftsherr ist für die Voraussetzungen des Anspruchs aus § 678 darlegungs- und beweispflichtig. Er hat den Widerspruch zu seinem Willen, Kausalität und Schadensumfang zu beweisen (zum Fremdgeschäftsführungswillen s zudem § 677 Rn 8ff und 60ff). Der Geschäftsführer hat die fehlende Erkennbarkeit des Widerspruchs zum Willen des Geschäftsherrn darzulegen und zu beweisen (Staudinger/*Bergmann* Rn 4 und 13; MüKo/*Schäfer* Rn 16; aA die hM, vgl zB BGH NJW 1984, 1461, 1462; *Baumgärtel/Laumen/Prütting* Rn 1; BeckOGK/*Thole* Rn 23f [Erkennbarkeit des Widerspruchs vom Geschäftsherrn zu beweisen]). Will er sich darauf berufen, ist er auch mit dem Beweis belastet, dass der Schaden auch ohne sein Eingreifen entstanden wäre (vgl *Schubert/v Kübel*, Vorlagen II, 951; s Rn 5). Den Geschäftsführer trifft zudem auch die Beweislast für eine Genehmigung (§ 684 S 2) und hinsichtl etwaiger von dem Geschäftsherrn aus der Geschäftsführung erlangten Vorteile (BGH NJW 1984, 1461, 1462; MüKo/*Schäfer* Rn 16; NK/*Schwab* Rn 9; zur Vorteilsausgleichung s Rn 5). 7

§ 679 Unbeachtlichkeit des entgegenstehenden Willens des Geschäftsherrn

Ein der Geschäftsführung entgegenstehender Wille des Geschäftsherrn kommt nicht in Betracht, wenn ohne die Geschäftsführung eine Pflicht des Geschäftsherrn, deren Erfüllung im öffentlichen Interesse liegt, oder eine gesetzliche Unterhaltspflicht des Geschäftsherrn nicht rechtzeitig erfüllt werden würde.

I. Grundlagen. 1. Regelungszweck. Die Vorschrift normiert eine Ausnahme vom dominierenden Prinzip des Vorrangs des Geschäftsherrnwillens und damit eine Einschränkung der Privatautonomie (vgl bereits *Kohler* JherJb 25 [1887], 1, 56f; s Vor § 677 Rn 2 und § 683 Rn 4ff). Dies erfolgt im Gemeinwohlinteresse. Die das öffentliche Interesse berührenden Angelegenheiten des Geschäftsherrn sind nur insoweit vor einem Eingriff geschützt, als die Einmischung seinem rechtl *beachtlichen* Willen widerspräche (RGRK/*Steffen* Rn 1; Jauernig/*Mansel* Rn 1). Die Vorschrift ist damit (iVm § 683 S 2) Ausdruck eines Prinzips der steuernd-regulierenden Kosten- und Nutzenzuweisung im Allgemeininteresse: die Position des Geschäftsführers – als eines im öffentlichen Interesse Handelnden – wird dabei substantiell verbessert. Dies garantiert ausreichende Anreize zur öffentlich-rechtl Pflichtenerfüllung durch Private. Trotz Einschränkung der grds privatautonomieschützenden Ratio steht § 679 (anders als § 687 II, s § 687 Rn 1) nicht außerhalb des Systems der GoA (RG HRR 1937 Nr 9; RGRK/*Steffen* Rn 1; MüKo/*Schäfer* Rn 2; aA Staudinger/*Bergmann* Rn 2). 1

2 **2. Systematik.** § 679 gilt als **Ausnahmetatbestand** in allen Konstellationen, die auf den positiven Willen des Geschäftsherrn abstellen (§§ 677, 678 und 683 S 1; vgl Soergel/*Beuthien* Rn 2; Grü/*Retzlaff* Rn 1; MüKo/*Schäfer* Rn 3). Die Vorschrift erklärt dabei zwar ausdrückl nur den entgegenstehenden *Willen* für unbeachtlich; soweit eine Interessenbetrachtung zu einem Konflikt führen kann, muss aber auch das Interesse des Geschäftsherrn dem öffentlichen Belang weichen (vgl auch Staudinger/*Bergmann* Rn 4; *Helm*, Gutachten III, 335, 399f; BeckOGK/*Thole* Rn 6; aA LG Aachen JR 1951, 440; Soergel/*Beuthien* Rn 2; MüKo/*Schäfer* Rn 17). Die übrigen Voraussetzungen der GoA müssen nach wie vor erfüllt sein. Die irrtümliche Annahme der Voraussetzungen des § 679 entlastet den Geschäftsführer nicht (RGZ 149, 205, 207; 106, 350).

3 **II. Vorfrage: Gesetzes- und Sittenwidrigkeit.** Wäre oder ist die Willensbetätigung des Geschäftsherrn gesetzl verboten, ist sein Wille per se unbeachtlich (vgl **§ 134**; Soergel/*Beuthien* Rn 1; MüKo/*Schäfer* Rn 4). Eine Prüfung des § 679 ist dann nicht erforderlich. Nach überwiegender Ansicht soll der Wille des Geschäftsherrn außerdem unbeachtlich sein, wenn eine Befolgung gegen die guten Sitten verstieße (RGRK/*Steffen* Vor § 677 Rn 71; Grü/*Retzlaff* Rn 6; MüKo/*Schäfer* Rn 4; aA Soergel/*Beuthien* Rn 5 und 15). Dies wird entweder aus **§ 138** hergeleitet oder durch **entspr Anwendung des § 679** erreicht (vgl RGRK/*Steffen* Vor § 677 Rn 71; MüKo/*Seiler*[6] Rn 13). Richtigerweise wird man sowohl die Gesetzes- als auch die Sittenkonformität des Willens im Vorfeld der Geschäftsführung zu prüfen haben; eine Analogie kommt deshalb nicht in Betracht (ähnl Soergel/*Beuthien* Rn 15 Fn 57; jurisPK/*K. Lange* Rn 22). In diesem Zusammenhang wird immer noch intensiv über die Einordnung der **Verhinderung eines Suizids** gestritten (ausf zB BeckOGK/*Thole* Rn 25ff). I Erg handelt es sich bei der Rettung meist um eine echte GoA. Sieht man im Suizidversuch als solchen zutreffend keinen Verstoß gegen die Sittenordnung, ist für die Berechtigung der Übernahme eine Prüfung des tatsächlichen Willens des anscheinend lebensmüden Geschäftsherrn angezeigt: dieser wünscht allerdings in vielen Fällen insgeheim die Rettung oder kann keinen vernünftigen Willen bilden; in beiden Varianten handelt der Retter als berechtigter Geschäftsführer (vgl §§ 683, 684 S 2 oder § 104 Nr 2, § 105 analog; vgl Köln 24.2.2015 – 5 U 156/14). Im Rahmen einer evtl Übernahmehaftung des Geschäftsführers sind zudem eine einschränkende Auslegung des § 678 (so Soergel/*Beuthien* Rn 15) sowie ein Rückgriff auf Wertungen der §§ 13, 323c StGB geboten. Die strafrechtl bewehrte Pflicht zur Hilfeleistung schließt das Übernahmeverschulden aus (s § 678 Rn 3). Gem § 680 wird zudem nur für grobe Fahrlässigkeit gehaftet, was in Suizid-Rettungsfällen – vor allem bei Eile und mit Blick auf die schwer erkennbaren Motive des Suizidenten – meist zu verneinen sein dürfte (s hierzu § 680 Rn 3ff). Etwaige Schäden des Geschäftsführers infolge gefahrverbundener Rettungshandlungen finden schließlich regelmäßig Ausgleich über § 823 („Herausforderungsformel") oder über das Sozialversicherungsrecht (vgl Soergel/*Beuthien* Rn 15; MüKo/*Seiler*[6] Rn 13; *Dornis/Sturm* JURA 2013, 1167ff).

4 **III. Tatbestand. 1. Pflicht des Geschäftsherrn im öffentlichen Interesse (Alt 1).** Bei der Pflicht des Geschäftsherrn kann es sich um eine **privat- oder öffentlich-rechtl Pflicht** handeln; sie kann auf Vertrag, Gesetz oder Hoheitsakt beruhen. Allein das öffentliche Interesse an einer Geschäftsbesorgung (zB bei karitativen Zwecken) zählt nicht; auch rein **moralische Gebote genügen nicht** (RGZ 92, 197, 201; Soergel/*Beuthien* Rn 5). Dem öffentlichen Nutzen der Geschäftsführung muss vielmehr eine unmittelbar darauf gerichtete Rechtspflicht des Geschäftsherrn gegenüberstehen. Dies ist zB nicht der Fall, wenn ein Eigentümer (ohne Pflicht zur Verkehrssicherung) sein an Bahngleise angrenzendes Grundstück umzäunt, um Viehunfälle zu vermeiden, oder wenn der Wegeunterhaltspflichtige Straßen einzäunt (BGH MDR 1963, 922; allg BeckOGK/*Thole* Rn 10). Die Pflicht muss im Zeitpunkt der Übernahme der Geschäftsführung **fällig und durchsetzbar** sein (vgl BGHZ 16, 12, 14ff; RGZ 167, 55, 59). Für vorläufig zu erfüllende Verpflichtungen gilt dies nur bedingt (uneingeschränkt aber RGRK/*Steffen* Rn 3). Die Erfüllung der Rechtspflicht des Geschäftsherrn muss (über das allg Interesse an der Erfüllung von Forderungen hinaus) im besonderen öffentlichen Interesse liegen. Erforderlich ist darum ein **gesteigertes öffentliches Interesse** an der in Frage stehenden Verpflichtung und ihrer Erfüllung (Soergel/*Beuthien* Rn 6; s bereits *Zitelmann* AcP 99, 1, 114f). Allein der öffentlich-rechtl Charakter einer Pflicht genügt nicht (vgl Mugdan II 1198f). Anders als nach § 680 ist auch keine Notsituation gefordert (BGH NJW 1971, 2373, 2374). Erforderlich ist vielmehr eine Pflicht zum Schutz von **Belangen der Allgemeinheit**, was auch und insb absolute Rechtsgüter umfasst, zB Leben, Gesundheit oder wichtige Sachgüter (Soergel/*Beuthien* Rn 6; RGRK/*Steffen* Rn 5; MüKo/*Schäfer* Rn 9). Deshalb besteht auch grds kein Anspruch bei Abschleppen verbotswidrig geparkter Fahrzeuge ohne behördlichen Auftrag. § 679 kann in diesen Fällen nur eingreifen, wenn über das allg Interesse an der Einhaltung der Straßenverkehrsvorschriften hinaus ein besonders gesteigertes Interesse an der Freimachung besteht; dies kann allerdings nur bei konkreten Gefahren (zB Feuerwehrzufahrt oder Krankentransport) angenommen werden. Außerhalb dieser gesteigerten Gefahrenlagen ist der Vorrang staatlicher Vollstreckung zu beachten (*Janssen* NJW 1995, 624f; zu weit Soergel/*Beuthien* Rn 10; LAG Düsseldorf MDR 1989, 1027; zu Abschleppfällen s § 677 Rn 22). Zudem muss auch das **Tätigwerden des Geschäftsführers als solchem** mit dem öffentlichen Interesse an der Erfüllung vereinbar sein. Hat die Rechtsordnung ein Interesse daran, dass der Geschäftsherr die Pflicht persönlich erfüllt, ist § 679 ausgeschlossen (zB bei höchstpersönlichen Pflichten wie der Zahlung einer Geldstrafe; Soergel/*Beuthien* Rn 5; MüKo/*Schäfer* Rn 13; Staudinger/*Bergmann* Rn 19; aA bzgl Geldstrafe: BeckOGK/*Thole* Rn 13). Bei Verwaltungsaufgaben muss folglich die Besorgung durch eine andere als die nach öffentlich-rechtl Regelung eigentlich dazu bestimmte Stelle im öffentlichen Interesse liegen (BGHZ 138, 281, 288; BGH NJW 1978, 1258, 1259; RGRK/*Steffen* Rn 7; Soergel/*Beuthien* Rn 6; *Lent*, Wille und Interesse bei der Geschäftsbesorgung, 32 Fn 7; zur öffentlich-rechtl GoA s Vor § 677 Rn 32ff).

Einzelfälle alphabetisch (Rspr): Abfallbeseitigung (OVG Münster NuR 1996, 314); vorprozessuale **Abmahnung und Gegenabmahnung** (s § 683 Rn 22ff); **Abschleppen eines Kfz** (s § 677 Rn 22); **Behandlung Drogenabhängiger** anstelle des zuständigen Leistungsträgers (BSG NJW 1991, 2373, 2374); **Bergung Verunglückter** auf öffentlichen Straßen anstelle der zuständigen Behörde (RGZ 75, 276, 283); **Bestattung** von Personen (BGHZ 191, 325, 332f; vgl zudem Prot II 738; s überdies § 683 Rn 30); **Brandbekämpfung** (RGZ 98, 195, 199f) und Beseitigung von Brandfolgen (BGHZ 110, 313, 318); Abwendung von Gefahren bei drohendem **Gebäudeeinsturz** (RGZ 149, 205, 208); Kennzeichnung einer **Gefahrenstelle** (RGZ 75, 188, 189; BGHZ 43, 188, 193); Abreißen einer einsturzgefährdeten **Giebelmauer** (BGHZ 16, 12, 13ff); Streuen bei **Glatteis** (RG JW 1923, 78); **Heileingriff** gegen den Willen des Patienten (RGZ 151, 349; BGHZ 29, 46, 49f); Erfüllung der öffentlich-rechtl Pflicht zur Schaffung von **Kfz-Stellplätzen bei Bauvorhaben** (BGH NJW-RR 2008, 683, 686); **Krankenhilfe und -transport** (BGHZ 33, 251, 254); Füllung eines verkehrsgefährdenden **Luftschutzstollens** (BGHZ 40, 18); Sicherungskosten bei **öffentlichen Veranstaltungen** (LG Berlin NJW-RR 2005, 63, 64); **Rücktransport von Pauschaltouristen** anstelle der nicht leistungsbereiten Fluggesellschaft (LG Frankfurt NJW 1983, 52, 53); Erbringung von **Sozialleistungen durch Private** (BSG NJW-RR 2001, 1282ff); Sicherung eines Bahnkörpers vor **Steinschlag** (RGZ 167, 55, 59; 149, 205, 207ff); Tilgung fremder **Steuerschulden** (BGHZ 41, 31, 33; 7, 346, 355f; RGZ 82, 390, 395; aA MüKo/*Schäfer* Rn 13; jurisPK/*K. Lange* Rn 10; s zudem Mugdan II 1199); Beseitigung von **Straßenverschmutzungen oder Schneeverwehungen** (BGHZ 65, 354, 356); **Suizidrettung** (BayObLGZ 1968, 200, 204; vgl ausf *Zimmermann* FamRZ 1979, 103, 107f; Staudinger/*Bergmann* Rn 24; s zudem Rn 3 und § 683 Rn 9); Bergen eines havarierten **Tankwagens** (BGHZ 63, 167ff); Abwendung von **Unfallgefahren** eines Fahrzeugs (BGHZ 43, 188, 193); Sicherung der **Wasserversorgung** (RG JW 1938, 1962, 1964); Beseitigung von Hindernissen aus **Wasserwegen** (RGZ 75, 188, 190; BGHZ 1, 57, 62). 5

2. Gesetzliche Unterhaltspflicht (Alt 2). Bei der gesetzl Unterhaltspflicht ist das **Vorliegen eines besonderen öffentlichen Interesses** an der Erfüllung nicht zu prüfen; dieses wird **unwiderlegbar vermutet** (Staudinger/*Bergmann* Rn 27; MüKo/*Schäfer* Rn 14; Grü/*Retzlaff* Rn 4). Die gesetzl Unterhaltspflicht muss aufgrund Familien- oder Erbrechts bestehen. Im Einz fallen hierunter: §§ 1360ff, 1569ff, 1371 IV, §§ 1601ff, 1754, 1770, 1615a, 1963, 1969, § 5 LPartG. Für Fälle ärztlicher Behandlung im Rahmen des § 1357 I („Schlüsselgewalt") scheidet der Rückgriff auf die §§ 677ff – sofern ein Behandlungsvertrag geschlossen wurde – jedenfalls infolge direkter Verpflichtung auch des anderen Ehegatten aus (Soergel/*Beuthien* Rn 11). Es spielt für die Einordnung als „gesetzl Unterhaltspflichten" allerdings keine Rolle, ob bestehende gesetzl Ansprüche vertragl modifiziert werden (RGZ 164, 65; Staudinger/*Bergmann* Rn 26). Eine rein durch Rechtsgeschäft oder Delikt (zB § 844 II) begründete Unterhaltspflicht erfüllt den Tatbestand jedoch nicht; möglicherweise besteht aber ein ausreichendes öffentliches Interesse nach Alt 1 (BGHZ 4, 153, 161; RGRK/*Steffen* Rn 10; Soergel/*Beuthien* Rn 11; s Rn 4). 6

3. Nicht rechtzeitige Erfüllung. Ohne Eingreifen des Geschäftsführers muss die Gefahr bestehen, dass die Pflicht nicht rechtzeitig oder überhaupt nicht erfüllt wird. Auf die **Ordnungsgemäßheit** der Erfüllung kommt es nicht an (Staudinger/*Bergmann* Rn 28; MüKo/*Schäfer* Rn 5). Es geht auch nicht um die *tatsächliche* Nichterfüllung; die **obj Gefahr** genügt (vgl RG JW 1938, 1962, 1964; MüKo/*Schäfer* Rn 5). Die Pflicht muss fällig sein; **Verzug** ist nicht erforderlich (BGH NJW 1978, 1258, 1259). Entscheidend für die fehlende Rechtzeitigkeit ist zudem allein die obj Beurteilung im Zeitpunkt des Eingreifens des Geschäftsführers; seine **Vorstellung ist unbeachtlich** (RGZ 149, 205, 207; RGRK/*Steffen* Rn 16). Bei **öffentlich-rechtl Pflichten** darf der Geschäftsherr nicht durch ein vorschnelles Tätigwerden des Geschäftsführers benachteiligt werden. Es ist deshalb darauf abzustellen, wann der zuständige Verwaltungsträger ermessensfehlerfrei tätig werden könnte, was idR erst dann der Fall ist, wenn eine **unmittelbare Ausführung (sofortiger Vollzug) durch die Verwaltung** zulässig wäre (Soergel/*Beuthien* Rn 13; allg BGHZ 138, 281, 289; BGH NJW 1978, 1258f). 7

IV. Rechtsfolgen. Der entgegenstehende **Wille des Geschäftsherrn ist unbeachtlich**; er muss die Geschäftsbesorgung dulden. Die eigentlich unberechtigte GoA wird zur berechtigten. Der Geschäftsführer haftet im Rahmen dieser berechtigten GoA nicht nach § 678 (s § 678 Rn 3). Auch im Rahmen des § 679 treffen den Geschäftsführer allerdings die Pflichten nach § 681. Er erlangt einen **Aufwendungsersatzanspruch nach §§ 683, 670**; dies umfasst auch erfolglose Aufwendungen (RGRK/*Steffen* Rn 17; *Batsch* AcP 171, 218, 219f). Der Geschäftsführer erlangt allerdings auch im Rahmen des § 679 **keine Vertretungs- oder Verfügungsmacht**; auch keinen Anspruch auf Genehmigung der ohne Vollmacht abgeschlossenen Geschäfte (BGH NJW 1972, 1117; RGZ 106, 350, 354; s bereits *Kohler* JherJb 25 [1887] 1, 61; s allg Vor § 677 Rn 24). Er kann aber für eine etwaige eigene Haftung nach § 179 vom Geschäftsherrn gem §§ 683, 679 iVm 257 **Freistellung** verlangen (Staudinger/*Bergmann* Rn 13). 8

V. Prozessuales. Die Beweislast für das Vorliegen der Tatbestandsvoraussetzungen des § 679 trägt der Geschäftsführer (RGRK/*Steffen* Rn 23; *Baumgärtel/Laumen/Prütting* Rn 1; Mugdan II 479). Allerdings kommt auch im Rahmen des § 679 eine sekundäre Darlegungslast des Geschäftsherrn für Umstände in seiner Verantwortungssphäre (zB bei der Berechnung von Unterhaltspflichten) zum Tragen. 9

§ 680 Geschäftsführung zur Gefahrenabwehr

Bezweckt die Geschäftsführung die Abwendung einer dem Geschäftsherrn drohenden dringenden Gefahr, so hat der Geschäftsführer nur Vorsatz und grobe Fahrlässigkeit zu vertreten.

I. Grundlagen. 1. Regelungszweck. Für den zur Gefahrenabwehr handelnden Geschäftsführer senkt § 680 den Haftungsmaßstab (abw von § 276) auf Vorsatz und grobe Fahrlässigkeit. Die Vorschrift ist nach überwie- 1 gender Ansicht vor allem **Ausdruck eines allg Rechtsgedankens:** Das Eingreifen von Privatpersonen sei gerade bei dringenden Gefahren erwünscht. In diesen Fällen könne es aufgrund Zeitdrucks und fehlender Erfahrung zu Fehlleistungen kommen. Die Senkung des Sorgfaltsmaßstabes trage diesen Risiken Rechnung und fördere damit die **Bereitschaft zur Hilfeleistung** (BGH NJW 2019, 1809, 1812; BGHZ 63, 167, 174; Mugdan II 479; MüKo/*Schäfer* Rn 1; modern-ökonomisch: BeckOGK/*Thole* Rn 2). Die Besserstellung des Notgeschäftsführers rechtfertigt sich zudem dogmatisch auch aus dem **Gedanken der überholenden Kausalität:** der Geschäftsführer kann sich in Gefahrenlagen bis zur Grenze der grob fahrlässig verursachten Schäden darauf berufen, dass ohne sein Eingreifen ein noch größerer Schaden entstanden wäre (s bereits *Kohler* JherJb 25 [1887], 1, 49; *Windscheid/Kipp*, PandektenR II, § 430, 1 Fn 6; *Wollschläger*, 278ff; krit BeckOGK/*Thole* Rn 3).

2 **2. Geltungsbereich.** Der Haftungsmaßstab des § 680 gilt im Rahmen der Gefahrenabwehr **bei berechtigter und bei unberechtigter GoA**, sowohl für die **Übernahme** als auch für die **Ausführung** (BGHZ 43, 188, 193; Staudinger/*Bergmann* Rn 6; MüKo/*Schäfer* Rn 3; BeckOGK/*Thole* Rn 5 und 18). Auch der Haftungsmaßstab für konkurrierende Ansprüche des Geschäftsherrn aus **Delikt** wird herabgesetzt (BGH NJW 2019, 1809, 1812; NJW 2018, 2723, 2727; NJW 1972, 475ff). Anders als die §§ 708, 1359 gilt § 680 auch für **Schädigungen im Straßenverkehr** (RGRK/*Steffen* Rn 9; *Gursky* JuS 1972, 637, 639). Für Schäden, die **Dritte** infolge der Übernahme oder Ausführung erleiden, gilt § 680 allerdings nicht (BGH NJW 1972, 475, 476; Grü/*Retzlaff* Rn 1). Es kommt aber ein Freistellungsanspruch des Geschäftsführers ggü dem Geschäftsherrn nach § 257, § 683 S 1, § 670 in Betracht (Soergel/*Beuthien* Rn 4; Staudinger/*Bergmann* Rn 24). Die Vorschrift senkt den Sorgfaltsmaßstab auch bei der **Mitverschuldensprüfung** für Ersatzansprüche des Geschäftsführers: sind ihm aus der Geschäftsführung Begleitschäden entstanden, die nach § 683 ersetzbar sind (vgl hierzu § 683 Rn 16), kann er auch bei leichter Fahrlässigkeit den vollen Ersatz verlangen; eine Anrechnung mitwirkenden Verschuldens findet erst bei grober Fahrlässigkeit statt (BGHZ 43, 188, 194; MDR 1972, 487; RGRK/*Steffen* Rn 15; Jauernig/*Mansel* Rn 1). Für **beruflich oder kraft öffentlichen Amtes zur Gefahrenabwehr Tätige** (sog **professionelle Nothelfer**) soll § 680 nach zutreffender überwiegender Ansicht nicht gelten (Soergel/*Beuthien* Rn 5; Grü/*Retzlaff* Rn 1; BeckOGK/*Thole* Rn 20ff; MüKo/*Schäfer* Rn 9; aA wohl München NJW 2006, 1883, 1885): Zunächst ist das Risiko eines Fehlverhaltens für routinierte berufliche Nothelfer geringer als für zufällig zur Nothilfe herangezogene Personen. Darüber hinaus erhalten erstere über § 683 den vergütungsgleichen vollen Aufwendungsersatz für ihr Tätigwerden; darin enthalten sind auch Beiträge zur Berufshaftpflichtversicherung. Beides rechtfertigt eine teleologische Einschränkung (Soergel/*Beuthien* Rn 5; ausf *Köndgen* in Zimmermann, 371, 392f; *Helm*, Gutachten III, 335, 403; s § 683 Rn 13ff). Diese Erwägung gilt auch bei **Tätigwerden der Verwaltung** (BGH NJW 2018, 2723, 2727 (Berufsfeuerwehr); NJW 2019, 1809, 1812f (Sportlehrer)) und für **ehrenamtl Verbandstrainer** (BGH NJW 2021, 1818 Rn 40).

3 **II. Tatbestand. 1. Dem Geschäftsherrn drohende dringende Gefahr.** Erfasst sind **tatsächlich drohende Gefahren** für Person, Sachen oder Vermögen des Geschäftsherrn. Diese Schäden müssen **mit großer Wahrscheinlichkeit unmittelbar bevorstehen** (BGH VersR 1970, 620, 622; München WM 1999, 1878ff; Soergel/*Beuthien* Rn 6). Umstr ist, ob die Voraussetzung auch erfüllt ist, wenn die Gefahr nicht unmittelbar den Interessen des Geschäftsherrn, sondern einem **Angehörigen** oder einer Näheperson droht (so RGRK/*Steffen* Rn 4; Grü/*Retzlaff* Rn 2; aA Soergel/*Beuthien* Rn 6; MüKo/*Schäfer* Rn 6; Mugdan II 1194). Der Streit hat meist geringe praktische Bedeutung. Zunächst ist der gefährdete Dritte stets selbst Geschäftsherr. Ein Rückgriff kommt zudem nur in Betracht, wenn der in Anspruch Genommene (entweder aufgrund eigener Gefahrenabwehr- oder Unterhaltspflicht) in seinem Rechtskreis betroffen gewesen wäre (Soergel/*Beuthien* Rn 6; jurisPK/*K. Lange* Rn 8; aA Staudinger/*Bergmann* Rn 10; MüKo/*Schäfer* Rn 6).

4 Geht der Geschäftsführer irrtümlich vom Bestehen einer Gefahr aus (sog **Scheingefahr**), ist umstr, ob eine Anwendung des § 680 in Frage kommt. Die wohl überwiegende Ansicht verweigert dem irrenden Geschäftsführer den Schutz des § 680 (Bamberg VersR 1976, 997ff; Frankfurt MDR 1976, 1021; MüKo/*Schäfer* Rn 7; *Stoll*, FG Weitnauer, 1980, 411, 415; *Wollschläger*, 277ff). Die Gegenansicht ist bestrebt, die Hilfsbereitschaft in Notsituationen zu fördern. Die Norm solle deshalb auch dann gelten, wenn der Geschäftsführer **ohne grobe Fahrlässigkeit** zur falschen Einschätzung gelangt sei; zT wird ein **unverschuldeter Irrtum** gefordert (München WM 1999, 1878, 1879; RGRK/*Steffen* Rn 7; Soergel/*Beuthien* Rn 8; *Larenz* SchuldR II/1[13], § 57 I b Fn 38; enger: *Dietrich* JZ 1974, 535, 539; jurisPK/*K. Lange* Rn 11; begrifflich diff BeckOGK/*Thole* Rn 9ff). Ungeachtet der möglicherweise wünschenswerten **Anreizwirkung** einer derartigen Haftungsfreistellung in Zweifelsfällen (allg *Landes/Posner*, 7 J Leg Stud 83ff, 127 (1978)), sprechen Wortlaut und Entstehungsgeschichte der Norm sowie der Gedanke einer Reserveursächlichkeit (s Rn 1) gegen die Anwendung auf Scheingefahren (zutr auch *Stoll*, FG Weitnauer, 1980, 411, 415; ausf *Wollschläger*, 277ff). Zur Putativ-Nothilfe s überdies § 683 Rn 8.

5 Die Vorschrift entschuldigt zudem nach soweit erkennbar überwiegender Ansicht auch keine mit einem **unverhältnismäßigen Schadensrisiko** verbundenen Rettungshandlungen zugunsten geringwertiger Sachen oder reiner Vermögenswerte (RGRK/*Steffen* § 680 Rn 6; Staudinger/*Bergmann* Rn 11; BeckOGK/*Thole* Rn 8; allg *Köhler* JZ 1985, 359, 363).

6 **2. Gefahrabwendungszweck.** Der Geschäftsführer muss mit dem **Willen zur Gefahrenabwehr** handeln. Eine Gefahrenabwehr nur bei Gelegenheit der Geschäftsführung oder eine unbeabsichtigte Gefahrenabwehr genügt nicht (Soergel/*Beuthien* Rn 7; Staudinger/*Bergmann* Rn 7). Unbeachtlich ist, ob die Geschäftsführung dem öffentlichen Interesse nach § 679 entspricht. Auch ist **kein Erfolg der Abwehr gefordert** (BGHZ 43, 188, 192; BGH VersR 1970, 620, 621). Die Vorschrift greift schließlich auch dann, wenn sich die Gefahr erst durch das Eingreifen des Geschäftsführers verwirklicht hat (BGHZ 43, 188, 192; RGRK/*Steffen* Rn 8). Ist die Gefahrenabwendung be-

reits von Anfang an aussichtslos, gilt § 680 nur, sofern die Aussichtslosigkeit nicht grob fahrlässig verkannt wurde (aA RGRK/*Steffen* Rn 8 [leichte Fahrlässigkeit]).

III. Rechtsfolgen. 1. Herabsetzung des Sorgfaltsmaßstabes. Bei Vorliegen der Voraussetzungen des § 680 haftet der Geschäftsführer für Ausführungsfehler im Rahmen der berechtigten GoA nach § 677 und für Übernahmefehler bei unberechtigter GoA nach § 678 lediglich bei **Vorsatz oder grober Fahrlässigkeit** (BGHZ 43, 188, 193; MüKo/*Schäfer* Rn 13). Auch auf Ansprüche des Geschäftsführers aus **§ 683** findet die Vorschrift Anwendung (s Rn 2). Darüber hinaus kann der Geschäftsführer im Rahmen des § 680 Erstattung von Aufwendungen verlangen, die er ohne grobe Fahrlässigkeit für erforderlich halten durfte (Staudinger/*Bergmann* Rn 20). Dies gilt auch für Schäden des Geschäftsführers, die ihm bei Ausführung durch Verwirklichung einer typischen Gefahr entstanden sind (MüKo/*Seiler*[6] Rn 8). 7

2. Fahrlässigkeitsprüfung. Die **Rspr** und ein Teil des Schrifttums lassen bei der Abgrenzung der groben von der leichten Fahrlässigkeit die **vom Geschäftsführer angetroffene Gefahrenlage** bei der Beurteilung außer Betracht. Berücksichtigt wird ausnahmsw aber eine über das übliche Maß hinausgehende Gefahrensituation, zB bei besonderer Dringlichkeit oder Bedrohung hochrangiger Rechtsgüter (BGH NJW 1972, 475, 476; Grü/*Retzlaff* Rn 3). Demggü fordert das überwiegende **Schrifttum** eine Berücksichtigung der Gefahrenlage nicht nur zur Bestimmung des Maßstabs für das Vertretenmüssen, sondern auch im Rahmen der Fahrlässigkeitsprüfung (Soergel/*Beuthien* Rn 9; MüKo/*Schäfer* Rn 10; BeckOGK/*Thole* Rn 13f; *Dietrich* JZ 1974, 535, 537). 8

3. Vorteilsausgleichung. Etwaige Schadensersatzansprüche des Geschäftsherrn, die infolge der Geschäftsführung entstehen, sollten nach dem Normzweck wohl zudem um den Wert der verhinderten Verluste gekürzt werden. Der im Zeitpunkt der Übernahme der Notgeschäftsführung drohende Schaden hat die Vermögensbilanz des Geschäftsherrn nämlich bereits ungünstig verändert. Es handelt sich deshalb bei der Rettung nicht mehr lediglich um Bestandswahrung, sondern um Bemühungen zur Herbeiführung eines Vermögenszuwachses (Soergel/*Beuthien* Rn 12; Staudinger/*Bergmann* Rn 26; krit BeckOGK/*Thole* Rn 15; aA RGRK/*Steffen* Rn 13). 9

IV. Prozessuales. Die Beweislast für die Voraussetzungen des § 680 trifft nach allg Grundsätzen den Geschäftsführer (RGRK/*Steffen* Rn 16; *Baumgärtel/Laumen/Prütting* Rn 1). Dies gilt auch für die Frage der Anwendbarkeit bei Tätigkeit (nicht-)professioneller Nothelfer (aA MüKo/*Schäfer* Rn 16). 10

§ 681 Nebenpflichten des Geschäftsführers

Der Geschäftsführer hat die Übernahme der Geschäftsführung, sobald es tunlich ist, dem Geschäftsherrn anzuzeigen und, wenn nicht mit dem Aufschub Gefahr verbunden ist, dessen Entschließung abzuwarten. Im Übrigen finden auf die Verpflichtungen des Geschäftsführers die für einen Beauftragten geltenden Vorschriften der §§ 666 bis 668 entsprechende Anwendung.

I. Grundlagen. 1. Regelungszweck. Die Vorschrift ergänzt die Hauptpflicht zur ordentlichen Geschäftsführung in § 677 durch eine Reihe von Nebenpflichten. Hierdurch wird die Stellung des Geschäftsführers der eines treuhänderisch Beauftragten angenähert. Die Position des Geschäftsherrn wird damit verbessert; er wird in die Lage versetzt, informiert und selbständig über den Fortgang und die Ergebnisse der Geschäftsführung zu entscheiden. Die Norm ist damit besondere Ausprägung des allg, am **Schutz der Privatautonomie** ausgerichteten Regelungszwecks; der Geschäftsherr soll vor unerwünschter Einmischung bewahrt werden (s Vor § 677 Rn 2). 1

2. Geltungsbereich. Umstr ist, ob die Vorschrift nur bei bereits von Anfang an berechtigter und genehmigter oder auch bei unberechtigter GoA gilt. Die besseren Gründe sprechen für eine **umfassende Geltung** (BGH NJW-RR 1990, 109f; NJW 1984, 1461, 1462; BayObLG NJW-RR 2000, 155; MüKo/*Schäfer* Rn 3; Staudinger/*Bergmann* Rn 2; BeckOGK/*Thole* Rn 6ff; aA RGRK/*Steffen* Rn 1). Der Wortlaut unterscheidet nicht nach der Berechtigung. Systematisch befindet sich die Vorschrift zudem eingerahmt von mehreren Normen, die ebenfalls für beide Fälle gelten. Sieht man die Hauptpflicht des § 677 auch bei unberechtigter GoA als bestehend an (vgl § 677 Rn 1), muss das auch für die Nebenpflichten des § 681 gelten (umfassend Soergel/*Beuthien* Rn 1; jurisPK/*K. Lange* Rn 3). 2

II. Pflichten des Geschäftsführers. § 681 statuiert eine Reihe von Nebenpflichten. Dies erfolgt unter Rückgriff auf das Auftragsrecht. Die Nebenpflichten sind **nicht abschließend** normiert; nach der Rspr können sich weitere Nebenpflichten ua aus einem nichtigen Vertrag ergeben (s § 677 Rn 51 und 59). Die in der Praxis bedeutsamste Pflicht ist die Herausgabepflicht (s Rn 5). 3

1. Anzeige- und Wartepflicht sowie „Gehorsamspflicht". Die Anzeigepflicht beginnt mit und bezieht sich zunächst auf die Übernahme der Geschäftsführung. Eine sog **antizipierte Anzeige** (bereits *vor* der Übernahme) ist möglich und geeignet, die Anzeigepflicht zu erfüllen (RGRK/*Steffen* Rn 4; Staudinger/*Bergmann* Rn 4). Es muss allerdings stets geprüft werden, ob es sich um eine Anzeige (als Realakt) oder ein Angebot auf den Abschluss eines Geschäftsbesorgungs- oder Auftragsvertrages handelt (MüKo/*Schäfer* Rn 6; vgl zudem *Dornis* JZ 2013, 592, 594). Die Pflicht kommt auch in Konstellationen des **§ 679** zur Entstehung (BGHZ 65, 354ff). Das Tatbestandsmerkmal **„sobald es tunlich ist"** muss iSv **obj geboten und zumutbar** verstanden werden (BGH NJW-RR 2008, 759, 760; NJW-RR 2005, 1426, 1428). Dies verlangt stets eine Abwägung (bei Einzelfallprüfung) unter Beachtung von **Bedeutung und Eile der anstehenden Besorgung** sowie des Aufwands der Anzeige (vgl MüKo/*Schäfer* Rn 7; BeckOGK/*Thole* Rn 13). Nach der Anzeige hat der Geschäftsführer abzuwarten, dh mit der Fortsetzung der Geschäftsführung innezuhalten, wenn nicht mit dem Aufschub Gefahr verbunden ist. Diese Nebenpflichten 4 dienen dem Schutz der Willensherrschaft des Geschäftsherrn; die Privatautonomie gewährt aber **kein Recht zum Schweigen** (aA MüKo/*Schäfer* Rn 8). Vielmehr obliegt es dem Geschäftsherrn im Anschluss, seinen Willen kundzutun (RGZ 101, 18, 19; RGRK/*Steffen* Rn 3; aA BeckOGK/*Thole* Rn 17). Erklärt er seinen Willen, hat der Geschäftsführer Folge zu leisten (sog Gehorsamspflicht, vgl Staudinger/*Bergmann* Rn 1, 3 und 7); nur so ist die Privatautonomie auf Seiten des Geschäftsherrn hinreichend gesichert. Zur Fortführungspflicht s § 677 Rn 57.

5 **2. Rechenschaft, Herausgabe und Verzinsung.** Gem S 2 gelten die **Pflichten aus Auftragsrecht** über Auskunft, Rechenschaft, Herausgabe und Verzinsung (§§ 666–668) entspr. Die mit Auskunft und Rechnungslegung verbundenen Kosten kann der Geschäftsführer nach **§§ 683, 670** ersetzt verlangen (BGH NJW 1996, 656f). Herauszugeben sind alle Sachen und Rechte, deren Erhalt im inneren Zusammenhang mit der Geschäftsbesorgung steht; umfasst ist auch ein **erzielter Gewinn** (Saarbrücken NJW-RR 2008, 696, 699; BeckOGK/*Thole* Rn 23 (auch erhaltene Schmiergelder)). Der Geschäftsführer kann sich nicht auf § 818 III berufen. Allerdings hat er ein **Zurückbehaltungsrecht** zur Sicherung seines Aufwendungsersatzanspruchs (vgl § 273). Der Zinssatz für die Verzinsung nach §§ 681 S 2, 668 ergibt sich aus **§ 246**; erst ab Verzug aus §§ 286, 288 (BeckOGK/*Thole* Rn 24).

6 **III. Rechtsfolgen.** Eine Verletzung der Pflichten aus § 681 macht die berechtigte nicht zur unberechtigten GoA. Der Geschäftsführer behält einen etwaigen Anspruch aus § 683 (BGHZ 65, 354, 357; Soergel/*Beuthien* Rn 4). Die Folgen einer Verletzung von Nebenpflichten ergeben sich aus den allg schuldrechtl Regelungen. Der Geschäftsherr ist so zu stellen, als wäre die jew Pflicht ordnungsgemäß erfüllt worden. Es gelten die **§§ 280ff, 249ff** (BGH NJW-RR 2005, 1426, 1428; RGZ 63, 280, 287f (entgangener Gewinn)). Die Haftungsbeschränkung des **§ 680 gilt nicht** (Staudinger/*Bergmann* Rn 14; aA Soergel/*Beuthien* Rn 4; diff BeckOGK/*Thole* Rn 27 (nur für Anzeigepflicht)). Bereits entstandene Pflichten aus § 681 gehen auf Rechtsnachfolger des Geschäftsführers über (RGRK/*Steffen* Rn 10; allg zur Rechtsnachfolge s Vor § 677 Rn 17). Allein im Rechenschaftsverlangen ist noch keine Genehmigung nach **§ 684 S 2** zu sehen (s § 684 Rn 9ff). Dies ist anders beim Gewinnherausgabeverlangen (vgl Mugdan II 480 und 1194; s § 684 Rn 10).

7 **IV. Prozessuales.** Fordert der Geschäftsherr vom Geschäftsführer Schadensersatz wegen Verletzung der Anzeige- und Wartepflicht, hat er die **Pflichtverletzung** zu beweisen; ebenso auch, dass die Anzeige im Interesse der Beteiligten obj geboten und dem Geschäftsführer zuzumuten war (*Baumgärtel/Laumen/Prütting* Rn 1; RGRK/*Steffen* Rn 13; NK/*Schwab* Rn 16). Der Geschäftsführer muss bei Verletzung der Wartepflicht beweisen, dass mit dem Aufschub Gefahr verbunden war (Soergel/*Beuthien* Rn 5; NK/*Schwab* Rn 16). Für das Verschulden gilt **§ 280 I 2**. Zeigt der Geschäftsführer die Übernahme des Geschäfts in Erfüllung seiner Nebenpflicht aus § 681 an, lässt dies den Schluss auf das Vorliegen des **Fremdgeschäftsführungswillens** bei Übernahme zu. Das Unterlassen der Anzeige indiziert den Eigengeschäftsführungswillen hingegen nicht unbedingt; die fehlende Anzeige kann auch auf Nachlässigkeit beruhen.

§ 682 Fehlende Geschäftsfähigkeit des Geschäftsführers

Ist der Geschäftsführer geschäftsunfähig oder in der Geschäftsfähigkeit beschränkt, so ist er nur nach den Vorschriften über den Schadensersatz wegen unerlaubter Handlungen und über die Herausgabe einer ungerechtfertigten Bereicherung verantwortlich.

1 **I. Grundlagen. 1. Regelungszweck.** Zwar ist die Entstehung eines Schuldverhältnisses nach §§ 677ff nicht von der Geschäftsfähigkeit der Beteiligten abhängig (s Vor § 677 Rn 16). Dennoch sollen **Geschäftsunfähige und beschränkt Geschäftsfähige grds privilegiert** sein und im Rahmen einer GoA nicht strenger als nach den allg Vorschriften haften; insb nicht nach § 678 (Soergel/*Beuthien* Rn 1; Staudinger/*Bergmann* Rn 1).

2 **2. Geltungsbereich.** Die Geschäftsübernahme ist weder Rechtsgeschäft noch rechtsgeschäftsähnl Handlung; die §§ 104ff gelten nicht (auch nicht entsprechend, s Vor § 677 Rn 14). Stattdessen regelt § 682 Konstellationen mangelnder Geschäftsfähigkeit des Geschäftsführers abschließend. Die Vorschrift gilt nur im Verhältnis des Geschäftsführers zum Geschäftsherrn, nicht ggü Dritten. Geregelt werden zudem **nur Fälle der Geschäftsunfähigkeit oder eingeschränkten Geschäftsfähigkeit des *Geschäftsführers***; nicht der beeinträchtigten Geschäftsfähigkeit des *Geschäftsherrn*. S hierzu allg Vor § 677 Rn 16. Die Vorschrift gilt sowohl für die **berechtigte als auch die unberechtigte GoA** sowie für die **Geschäftsanmaßung nach § 687 II** (RGRK/*Steffen* Rn 9; MüKo/*Schäfer* Rn 2; Staudinger/*Bergmann* Rn 7).

3 **3. Ausschluss des § 682.** Übernimmt der beschränkt Geschäftsfähige die Geschäftsführung mit **Zustimmung seines gesetzl Vertreters**, geht ein Teil des Schrifttums vom Ausschluss des § 682 aus (*Schulien* NJW 1963, 1878, 1879; RGRK/*Steffen* Rn 3; MüKo/*Seiler*[6] Rn 5). Auf der Grundlage einer Theorie des Realakts überzeugt diese Ansicht nicht (zutr aA zB *Klatt*, Auftraglose Fremdgeschäftsführung durch Minderjährige, 210ff; MüKo/*Schäfer* Rn 3; s zudem Vor § 677 Rn 14). Auch der Wortlaut gibt hierfür keinen Anhaltspunkt. Es ist eher zu fragen, ob die Zustimmung den gesetzl Vertreter zum Geschäftsführer macht; der beschränkt Geschäftsfähige wäre dann allenfalls als Geschäftsführungsgehilfe anzusehen (s § 677 Rn 45).

4 **II. Rechtsfolgen.** Das Haftungsprivileg erfasst nur **Schadensersatz- und Herausgabeansprüche des Geschäftsherrn** gegen den Geschäftsführer (vor allem § 677, § 280 I, § 678, § 681 S 2, §§ 666ff, 280ff), nicht hingegen den Aufwendungsersatzanspruch des Geschäftsführers. Dieser verliert sein Haftungsprivileg auch nicht bei Geltendmachung eigener Ansprüche (MüKo/*Schäfer* Rn 9; aA *Knoche* MDR 1964, 193, 195). **Umstr** ist, ob es sich bei der Vorschrift um eine **Rechtsfolgen- oder Rechtsgrundverweisung** handelt. Der Streit hat geringe prak-

tische Bedeutung (Rechtsfolgenverweisung: RGZ 81, 204, 205f; RGRK/*Steffen* Rn 2; MüKo/*Schäfer* Rn 5; Rechtsgrundverweisung: Soergel/*Beuthien* Rn 1; *Hassold* JR 1989, 358, 361; Jauernig/*Mansel* Rn 1). Die Pflichten aus § 681 bleiben grds unberührt. Geschäftsunfähige und beschränkt Geschäftsfähige haften allerdings auf Schadensersatz und Herausgabe insoweit nur nach den §§ 823ff, 812ff; dabei gelten die Einschränkungen der §§ 827ff und § 818 III (Staudinger/*Bergmann* Rn 3f).

III. Prozessuales. Mit dem Beweis der Geschäftsunfähigkeit oder der beschränkten Geschäftsfähigkeit ist belastet, wer sich auf die Rechtsfolgen des § 682 beruft (*Baumgärtel/Laumen/Prütting* Rn 1). 5

§ 683 Ersatz von Aufwendungen

Entspricht die Übernahme der Geschäftsführung dem Interesse und dem wirklichen oder dem mutmaßlichen Willen des Geschäftsherrn, so kann der Geschäftsführer wie ein Beauftragter Ersatz seiner Aufwendungen verlangen. In den Fällen des § 679 steht dieser Anspruch dem Geschäftsführer zu, auch wenn die Übernahme der Geschäftsführung mit dem Willen des Geschäftsherrn in Widerspruch steht.

I. Grundlagen. Die Vorschrift ist Anspruchsgrundlage ausschließlich für die berechtigte GoA (arg e § 684 S 1; s Vor § 677 Rn 19) und verwirklicht das allg **Regelungsziel der §§ 677ff** in Form eines **Interessenausgleichs zwischen den Beteiligten**: der Geschäftsführer erlangt einen Aufwendungsersatzanspruch gegen den Geschäftsherrn, dem ein möglicher Ertrag der Geschäftsbesorgung zugutekommt. Dabei ist der Geschäftsherr allerdings zwingend gegen unerwünschte Einmischung in seine Angelegenheiten geschützt: im **Vorrang des Geschäftsherrnwillens** verwirklicht sich das streng subj Prinzip als **Ausfluss der Privatautonomie** des Geschäftsherrn (vgl Mugdan II 480ff; Staudinger/*Bergmann* Rn 1; MüKo/*Schäfer* Rn 2; *Greiner* AcP 219, 211, 223f, 227; s nachfolgend Rn 4). Der Geschäftsherr trägt die Kosten der Geschäftsführung darum auch nur, wenn die Übernahme seinem Willen (hilfsweise: Interesse) entspricht oder im Fall der §§ 683 S 2, 679. Diese Wirkung ist allerdings auf die *Übernahme* beschränkt. Für die *Ausführung* der Geschäftsbesorgung gilt ein weitgehend objektivierter Maßstab (s § 677 Rn 55). Die daraus resultierende Verlagerung des Aufwendungsrisikos auf den Geschäftsherrn wurde vom Gesetzgeber bewusst und auch im Hinblick auf die Hürde des streng subj Prinzips bei der Übernahme gewählt (vgl Mugdan II 1197). 1

II. Tatbestand. 1. Übernahme der Geschäftsführung. Zunächst müssen die allg Tatbestandsvoraussetzungen der GoA vorliegen: der Geschäftsführer muss ein Geschäft für einen anderen ohne Auftrag übernommen haben (§ 677). Diese Voraussetzungen müssen zudem tatsächlich vorliegen; die irrige Annahme des Vorliegens auf Seiten des Geschäftsführers genügt nicht (Frankfurt MDR 1976, 1021; MüKo/*Seiler*[6] Rn 12; Jauernig/*Mansel* Rn 2; anders noch *Kohler* JherJb 25 [1887], 1, 65; s auch Mugdan II 1195ff [Antrag 1]). 2

2. Übereinstimmung mit Interesse und Willen des Geschäftsherrn. Ferner muss die ***Übernahme*** der Geschäftsführung gem S 1 **dem Interesse und dem wirklichen oder dem mutmaßlichen Willen des Geschäftsherrn entsprechen**; auf die Ausführung kommt es nicht an (BGH LM § 683 Nr 17; RGRK/*Steffen* Vor § 677 Rn 61). Für die Beurteilung der Konvergenz ist stets auf den Zeitpunkt der tatsächlichen Übernahme abzustellen (Frankfurt NJW-RR 1996, 1337; München NJW-RR 1988, 1013; Soergel/*Beuthien* Rn 3; abw RGRK/*Steffen* Vor § 677 Rn 35). Eine nach Übernahme erfolgte Willensänderung macht die GoA nicht zur unberechtigten. Der Geschäftsherr kann die Ausführung jederzeit untersagen; dann ist aber Kundgabe ggü dem Geschäftsführer erforderlich. Dieser kann sich auf eine zunächst festgestellte Willensübereinstimmung verlassen und muss nicht ständig nachfragen (RGRK/*Steffen* Vor § 677 Rn 69). Existiert der Geschäftsherr noch nicht (zB nasciturus, juristische Person i Gr), entscheidet der Zeitpunkt seiner Entstehung (vgl Nürnberg NJW-RR 1987, 405, 406). 3

Das **streng subj Prinzip des § 683** macht den Willen des Geschäftsherrn zur obersten Leitlinie (hM, vgl nur BGHZ 138, 281, 287; *Greiner* AcP 219, 211, 228f; Staudinger/*Bergmann* Vorbem zu §§ 677ff Rn 17 und § 683 Rn 3ff; Mugdan II 480ff, 1195ff; s bereits *Kohler* JherJb 25 [1887], 1, 63; zur Divergenz von Willen und Interesse: Rn 6). Dabei kommt dem **geäußerten wirklichen Willen** Priorität zu (Koblenz NJW-RR 1995, 15; RGZ 101, 18; Staudinger/*Bergmann* Rn 24 und 28; aA MüKo/*Schäfer* Rn 5). Nicht entscheidend ist, ob der Wille gerade ggü dem Geschäftsführer geäußert wurde oder ob dieser anderweitig Kenntnis genommen hat. Der wirkliche Wille gilt auch, wenn dem Geschäftsführer die Willensäußerung unbekannt geblieben ist oder er den Willen falsch beurteilt hat (BGH LM § 683 Nr 3; RGRK/*Steffen* Vor § 677 Rn 68; Staudinger/*Bergmann* Rn 12ff). §§ 116, 118 gelten entsprechend (*Dornis/Sturm* JURA 2013, 1167, 1175f; MüKo/*Schäfer* Rn 5). Die Priorität des wirklichen Willens zeigt sich schließlich in der Anzeigepflicht nach § 681: soweit keine sofortige Übernahme erforderlich ist, muss der Willensentschluss des Geschäftsherrn abgewartet werden (jurisPK/*K. Lange* Rn 21; *Dornis* JZ 2013, 592, 594; s zudem Rn 10). Erst wenn der wirkliche Wille nicht feststellbar, entspr §§ 104ff oder wegen Gesetzes- oder Sittenwidrigkeit unbeachtlich ist (s Rn 9), kommt es subsidiär auf den **mutmaßlichen Willen** an (BGH NJW-RR 2005, 1426, 1428; NJW 1972, 475). Auch dem mutmaßlichen Willen kommt allerdings ggü dem obj Interesse des Geschäftsherrn Priorität zu (Staudinger/*Bergmann* Rn 30; Soergel/*Beuthien* Rn 5; *Giesen* JURA 1996, 288, 289). Die Bestimmung des mutmaßlichen Willens orientiert sich an dem, **was der Geschäftsherr im Zeitpunkt der Geschäftsübernahme gewünscht hätte.** Zu fragen ist, ob er unter Berücksichtigung aller bekannten Umstände der Geschäftsführung zugestimmt hätte. Dies gilt für das Geschäft selbst, den erstrebten Erfolg, die Umstände der Übernahme durch den Geschäftsführer und dessen Person. Allein das vermutete Einverständnis des Geschäftsherrn mit dem Erfolg genügt nicht, wenn er zB nicht mit der Person des Geschäftsführers einverstanden ist (BGH LM § 683 Nr 3; RGRK/*Steffen* Vor § 677 Rn 74; Staudinger/*Bergmann* Rn 28; *Gursky* AcP 185, 13, 4

44f). Der mutmaßliche Wille ist **nicht grds mit dem obj Interesse gleichzusetzen** (Staudinger/*Bergmann* Rn 28; MüKo/*Schäfer* Rn 6; unklar zB jurisPK/*K. Lange* Rn 9; wohl auch BGH NJW-RR 1989, 970, 971; BGHZ 47, 370, 374).

5 Das **Interesse des Geschäftsherrn** ist gewahrt, wenn die Übernahme obj nützlich und sachlich vorteilhaft ist (BGHZ 16, 12, 16; RGZ 149, 207; RGRK/*Steffen*, Vor § 677 Rn 64; MüKo/*Schäfer* Rn 8). Entscheidend ist nicht eine abstrakte oder isolierte Betrachtung der jew Maßnahme. Die Übernahme ist **konkret im Lichte der persönlichen Situation des Geschäftsherrn zu bewerten** (va Beruf, Familienstand, Vermögensverhältnisse; BGHZ 33, 251; MüKo/*Schäfer* Rn 8; jurisPK/*K. Lange* Rn 10). Die Vorstellung des Geschäftsführers ist unbeachtlich. Es spielt auch keine Rolle, ob er die Umstände kannte oder richtig einordnen konnte (Staudinger/*Bergmann* Rn 35). Entspricht die Übernahme der Geschäftsführung dem Willen des Geschäftsherrn, ist sie regelmäßig interessengemäß (s aber auch Rn 6). Entspricht die Geschäftsführung dem Interesse, wird eine **Übereinstimmung mit dem Willen widerlegbar vermutet** (s Rn 46). Im Rahmen der Interessenbewertung ist eine Güter- und Gefahrenabwägung iS einer **Kosten-Nutzen-Analyse** vorzunehmen: nicht sachgemäße und überflüssige Maßnahmen sind nicht nützlich (RGZ 57, 23, 27; LG Berlin NJW-RR 2005, 63, 64; Soergel/*Beuthien* Rn 4; MüKo/*Schäfer* Rn 8). Steht die vom Geschäftsführer aufgenommene Gefahr für eigene Rechtsgüter außer Verhältnis zu den zu rettenden Rechtsgütern des Geschäftsherrn, entfällt die Nützlichkeit ebenfalls (BGHZ 79, 26ff [Bergrettung]; Karlsruhe VersR 1977, 936 [Bankraubabwehr]; Düsseldorf VersR 1973, 826 [Bergung eines Modellflugzeugs]; Düsseldorf r+s 2015, 256 Rn 26f [Sturz bei Pkw-Anschieben]; allg *Köhler* JZ 1985, 359, 363; *Kötz*, FS Großfeld, 1999, 583, 590f).

6 Nach dem Wortlaut des § 683 muss die Übernahme sowohl dem Interesse als auch dem Willen des Geschäftsherrn entsprechen. Bei **Divergenz von Willen und Interesse** entscheidet aber ausschließlich der Wille; die obj Nützlichkeit allein kann dann keine berechtigte GoA begründen (allg A; vgl zB RGZ 101, 18, 19; BGH LM Nr 3 § 683 BGB; *Greiner* AcP 219, 211, 228f; MüKo/*Schäfer* Rn 15; Staudinger/*Bergmann* Rn 30; für Ausnahmen s Rn 9). Dies ist in Fällen einer sog **unvernünftigen GoA** allerdings nicht ganz unzweifelhaft. Diese entspricht zwar dem Willen des Geschäftsherrn, aber nicht dessen Interesse. Nach der überwiegenden Ansicht findet S 1 auch insoweit Anwendung. Es liegt keine unerwünschte Einmischung in den Rechtskreis des Geschäftsherrn vor. Ein Anspruch des Geschäftsführers kann darum auch bei obj unvernünftigen Maßnahmen zur Entstehung kommen; jedenfalls, sofern diese willensgemäß sind (BGHZ 138, 281, 287; Soergel/*Beuthien* Rn 5; Staudinger/*Bergmann* Rn 30; MüKo/*Schäfer* Rn 15; Erman/*Ehmann*[12] Rn 2). Diskutiert wird dieses Problem ua für Fälle, in denen der Geschäftsherr irrtümlich eine Hilfeleistung anfordert, obwohl keine Notlage besteht (vgl Karlsruhe VersR 1981, 774, 775; Erman/*Ehmann*[12] Rn 2; zur Putativ-Nothilfe s zudem Rn 8).

7 Kehrseite der Priorität des Willens ist die Belastung des Geschäftsführers mit dem **Risiko unerkennbarer Motive** seines Gegenübers (vgl bereits Mugdan II 480ff, 1195; *Kohler* JherJb 25 [1887] 1, 65). Verfehlt der Geschäftsführer den Willen des Geschäftsherrn, erlangt er keinen Erstattungsanspruch. Dies wird zwar gemildert durch § 684 S 1; das Risiko der Entreicherung bleibt jedoch. Es gibt darum, so eine häufig bemühte Formulierung, **keine gutgläubige actio contraria** (Karlsruhe VersR 1977, 936, 937; AG München 6.8.2010 – 281 C 22204/09 [„aufgezwungener Hubschraubertransport"]; Staudinger/*Bergmann* § 683 Rn 13; MüKo/*Schäfer* Rn 7; *Batsch* AcP 171, 218, 225f; zur actio contraria s Vor § 677 Rn 12).

8 Weitgehend ungeklärt ist in diesem Zusammenhang die Behandlung von Fällen sog **Putativ-Nothilfe** (zB Suche nach nur scheinbar in Not geratenem Bergsteiger; zu diesem Fall und der Erstattung von Aufwendungen nach Art 419ff Schweizer OR: Gerichtspräs I Biel, SJZ 46 (1950), 208ff). Die **hM** geht auch hier von der **Geltung des streng subj Prinzips** aus (vgl Vor § 677 Rn 6f; Staudinger/*Bergmann* Rn 13; *Martinek/Theobald* JuS 1997, 612, 614; *dies* JuS 1998, 27, 32). Vereinzelt wird hingegen, mit Verweis auf den Rechtsgedanken des § 680, allg eine Kostenerstattung für den Putativ-Nothelfer gefordert (Karlsruhe VersR 1981, 774, 774f; LG Heidelberg VersR 1968, 53, 54; *Dietrich* JZ 1974, 535, 538f; umfassend *Eimer*, Rechtsfragen der Bergrettung, 274ff; dies gilt wohl auch nach Art 1:101[2] PEL Ben Int, vgl *v Bar* PEL Ben Int, Art 1:101 n 53); zT wird gefragt, ob der Geschäftsherr in vorwerfbarer Weise den Anschein einer Notlage erweckt hat (jurisPK/*K. Lange* § 680 Rn 11 aE; Erman/*Ehmann*[12] Rn 2; *Schmid*, Geschäftsführung ohne Auftrag, Rn 395 [Schweizer OR]). *Stoll* vertrat insoweit eine **entspr Anwendung des § 829** (*Stoll*, FG Weitnauer, 1980, 411, 419ff). Im Hinblick auf den historischen Willen des dt Gesetzgebers (s Mugdan II 480) und das Gesamtsystem der bei Nothilfe zusammenwirkenden Ausgleichsstrukturen (ua SGB VII; hierzu Rn 17f) wird man der Erweiterung der GoA an dieser Stelle aber wohl richtigerweise eine Absage erteilen müssen. Zu beachten sind dann aber **ggf Ansprüche aus §§ 823ff** (ausf *Dornis/Sturm* JURA 2013, 1167ff).

9 **3. Ausnahmen: Unbeachtlichkeit des Willens.** Der wirkliche oder mutmaßliche Wille des **geschäftsunfähigen** oder **beschränkt geschäftsfähigen Geschäftsherrn** ist **entspr §§ 104ff** idR unbeachtlich. Es entscheidet der Wille des gesetzl Vertreters (BGHZ 55, 128ff; BGH NJW 2015, 1020; RGRK/*Steffen* Vor § 677 Rn 72; Staudinger/*Bergmann* Rn 16). Bei lediglich vorübergehender Bewusstseinsstörung entscheidet der mutmaßliche Wille des Geschäftsherrn (vgl § 105 II; s auch BGH NJW 1972, 475, 476f). Für höchstpersönliche Geschäfte ist auf die persönliche Einsichtsfähigkeit des Geschäftsherrn abzustellen (wohl LG München I NJW-RR 2014, 1285, 1286; s zudem Staudinger/*Bergmann* Rn 16; MüKo/*Schäfer* Rn 18; s Vor § 677 Rn 16). Analog §§ 134, 138 unbeachtlich ist zudem der auf ein **sittenwidriges oder verbotenes Geschäft** gerichtete Wille (s § 679 Rn 3); der Geschäftsführer muss sein Handeln darum stets auf das Interesse eines vernünftigen und rechtschaffenen Geschäftsherrn ausrichten (RGRK/*Steffen* Vor § 677 Rn 71; Staudinger/*Bergmann* Rn 17). Diese Frage wird vor

allem bei **Suizidfällen** relevant (s § 679 Rn 3). Für **Fälle des § 679** ordnet S 2 die Unbeachtlichkeit des Geschäftsherrnwillens ausdrückl an; anders als in den Fällen der §§ 104ff, 134, 138 ist hier auch das **Interesse** des Geschäftsherrn unbeachtlich (s § 679 Rn 2).

4. Besondere Dringlichkeit und Obliegenheit zur Erkundigung. In der Vergangenheit wurde teilw besondere Dringlichkeit als Voraussetzung des Aufwendungsersatzes gefordert (vgl zB *Wittmann*, 128). Dies wird jedoch mittlerweile überwiegend abgelehnt (BGHZ 47, 370, 372; Staudinger/*Bergmann* Rn 42; MüKo/*Schäfer* Rn 8; BeckOGK/*Thole* Rn 11). Für **gewerblich tätige Geschäftsführer** soll sich allerdings eine Beschränkung des Ersatzes auf die Unkosten ergeben, wenn diese vor der Übernahme die Möglichkeit hatten, mit dem Geschäftsherrn zu kontrahieren. Begründet wird dies unter Verweis auf die wirtschaftl Funktion der Geschäftsführung als subsidiäre Ersatzvertragsordnung (*Köndgen* in Zimmermann, 371, 385f; Staudinger/*Bergmann* Rn 42). Auch ganz allg – also ebenso für **nicht gewerblich Tätige** – wird man weiter von der Obliegenheit ausgehen müssen, sich bei der Gegenseite zu erkundigen, sofern hierfür genügend Zeit zur Verfügung steht (vgl Art 1:101[2][a] PEL Ben Int; hierzu *v Bar* PEL Ben Int, Art 1:101 n 43ff; zudem rechtsvergleichend zB OGH JBl 1984, 256, 257f [österr ABGB]; *Kostkiewicz*/*Rudolph*, Schweizer OR^2 Art 419 Rn 6; *Huguenin*, Obligationenrecht AT/BT, § 20 Rn 1628 [Schweizer OR]). Auch dies ist Folge des Grundsatzes einer strengen **Priorität des Geschäftsherrnwillens** (s Rn 4). 10

III. Rechtsfolgen. 1. Aufwendungsersatz. Der Geschäftsführer kann nach den Grundsätzen des Auftragsrechts Ersatz seiner bereits tatsächlich getätigten Aufwendungen verlangen. Sein Tätigwerden muss nicht erfolgreich gewesen sein. Es genügt, dass er die **Aufwendungen den Umständen nach** für **erforderlich** halten durfte (BGH LM BGB § 683 Nr 17; RGZ 149, 205, 206f; *Batsch* AcP 171, 218, 220; MüKo/*Schäfer* Rn 23; jurisPK/*K. Lange* Rn 8; vgl § 670 Rn 12f). Dieser **objektivierte Maßstab** steht im Gegensatz zur streng subj Theorie und bewirkt eine Verschiebung der Risiken einer Fehleinschätzung des Geschäftsführers zulasten des Geschäftsherrn. Entscheidend ist das vernünftige Ermessen des Geschäftsführers (ex ante) unter Berücksichtigung der Pflichten aus § 677; insoweit gilt ein Maßstab der **Wirtschaftlichkeit** (vgl zB BGH NJW 1984, 2525; Staudinger/*Bergmann* Rn 8 und 46f; MüKo/*Schäfer* Rn 23; BeckOGK/*Thole* Rn 34). Für die Beurteilung der Erforderlichkeit bei Situationen dringender Gefahrenabwehr gilt § 680 entspr (BGHZ 55, 207ff). Geht der Geschäftsführer im Zuge der Geschäftsführung Verbindlichkeiten ein, hat er Anspruch auf **Freistellung** nach §§ 670, 257 (BayObLG 2002, 35ff). Aufgewendete Geldbeträge sind nach §§ 670, 256 zu verzinsen. § 817 S 2 gilt nicht (BGHZ 39, 87, 91). Kein Anspruch besteht für Aufwendungen, die infolge **verbotener oder sittenwidriger Tätigkeit** entstehen (BGHZ 118, 142, 150; 37, 258, 263f). Nach überwiegender Ansicht soll der Geschäftsführer in Fällen eines ohne Vertretungsmacht im Namen des Geschäftsherrn abgeschlossenen Vertrages zwar Freistellung von der Verpflichtung nach § 179 fordern können, hingegen keinen Anspruch auf Genehmigung des schwebend unwirksamen Vertrages gegen den Geschäftsherrn haben (BGH NJW 1951, 398f; Soergel/*Beuthien* Rn 7; MüKo/*Schäfer* Rn 25). Dies ist im Rahmen eines Tätigwerdens nach § 679 stärker umstr (für Vertretungsmacht wohl BGH NJW 1951, 398; LG Saarbrücken NJW 1971, 1894; RGRK/*Steffen* Rn 5; dagegen RGZ 106, 350, 354; Soergel/*Beuthien* Rn 7; MüKo/*Seiler*^{6} Rn 27; zur Vertretungsmacht s allg Vor § 677 Rn 24). 11

Einen **infolge der Geschäftsführung erlittenen Verdienstausfall** kann der Geschäftsführer nach wohl allgA stets geltend machen. Konkret zu erstatten ist dann die freiwillig geopferte Erwerbsmöglichkeit (Hamburg SeuffA 46 Nr 186; *Martinek*/*Theobald* JuS 1998, 27, 29; MüKo/*Schäfer* Rn 27; Staudinger/*Bergmann* Rn 55). Liegt der Verdienstausfall allerdings über dem Marktwert der erbrachten Leistung, wird man den überschießenden Wert nicht mehr für erforderlich halten dürfen (vgl Rn 11). 12

Umstr ist, ob und in welchem Umfang einem Geschäftsführer **Aufwendungsersatz für erbrachte Leistungen und Mühen** zu gewähren ist. Ein Teil des Schrifttums geht davon aus, dass Aufwendungsersatz für Arbeitsleistung immer dann zu erbringen sei, wenn die Übernahme der Geschäftsführung den Umständen nach nur gegen Entgelt zu erwarten war. Sie begründet dies mit einem **Redaktionsversehen des historischen Gesetzgebers**. Es sei deshalb nicht zw berufsbezogenen und nicht berufsbezogenen Leistungen des Geschäftsführers zu unterscheiden (Staudinger/*Bergmann* Rn 56ff; *Wollschläger*, 311ff; MüKo/*Schäfer* Rn 28; diff *Fikentscher*/*Heinemann*, SchuldR Rn 1273; weiter *Köhler* JZ 1985, 359, 361ff; krit *Loyal*, Entgeltliche Geschäftsführung, 51ff). Diese Ansicht wurde immer wieder apodiktisch abgelehnt: dem Geschäftsführer sei bei altruistischer Tätigkeit gerade keine Möglichkeit zur Gewinnerzielung eröffnet. Wie der Beauftragte gem § 662 habe darum auch der Geschäftsführer unentgeltlich tätig zu werden (vgl zB Soergel/*Beuthien* Rn 11; *Wittmann*, 28, 136f). 13

Die ganz überwiegende Meinung in Rspr und Lit anerkennt zumindest eine Ausnahme von der „Altruismussperre" (s Rn 13 aE): Sie fordert für die Erstattung der bei Geschäftsführung eingesetzten Arbeitskraft, dass die Geschäftsführung in den **Bereich der beruflichen oder gewerblichen Tätigkeit des Geschäftsführers** fällt (BGH NJW-RR 2005, 639, 641; BGHZ 143, 9, 16; 65, 384, 390; RGRK/*Steffen* Rn 7; Soergel/*Beuthien* Rn 11; Grü/*Retzlaff* Rn 8; *Helm*, Gutachten III, 335, 392f). In diesem Fall ist die **tarifmäßige oder sonst übliche Vergütung** zu gewähren. Dies umfasst ua auch die allg Geschäftskosten für eine bereitgehaltene Organisation, zB in Form eines Gemeinkostenzuschlags (BGH NJW 2015, 1020 Rn 9; NJW-RR 2005, 1426, 1428; BGHZ 65, 384, 389f; Staudinger/*Bergmann* Rn 58). Begründet wird dies vor allem mit dem Hinweis auf **§ 1835 III BGB aF (§ 1877 III BGB nF)** und **§ 354 HGB** (vgl RGZ 149, 121, 124; Kiel OLG 18 [1909], 22, 23; Staudinger/*Bergmann* Rn 58f; MüKo/*Schäfer* Rn 28). Weiter wird darauf verwiesen, die Vergütung sei pauschalierter Verdienstausfall oder mittelbare Vermögensaufwendung (Soergel/*Beuthien* Rn 11; so bereits *Kohler* JherJb 25 [1887] 1, 138; s auch Rn 12). Schließlich sei die Erstattung für berufliche und gewerbliche Tätigkeiten ein **Gebot ökonomischer Vernunft:** Dem professionellen Geschäftsführer komme die Privilegierung des § 680 nicht zugute (s § 680 Rn 2); zudem sei ihm die 14

Möglichkeit versagt, Schäden im Rahmen des Aufwendungsersatzes zu liquidieren, sofern sich darin das professionell übernommene Risiko verwirklicht habe. Durch das Entgelt könnten die übernommenen geschäftsführungsspezifischen Risiken abgegolten werden. Allerdings sei die subsidiäre Funktion der GoA im Gesamtgefüge bürgerlich-rechtl Ausgleichs zu berücksichtigen und der Vergütungsanspruch nur in Fällen zuzugestehen, in denen keine Möglichkeit eines vorherigen Vertragsschlusses bestand. Diese Beschränkung auf Fälle eines Marktversagens ergänze die Rspr zur gescheiterten Vertragsanbahnung (Staudinger/*Bergmann* Rn 60f; aA MüKo/*Schäfer* Rn 28). Für diese Ansicht spricht neben der ökonomischen Angemessenheit auch das Argument, dass bei Beauftragung eines professionellen Dritten (zB Handwerker bei Reparatur) durch einen (nicht professionellen) Geschäftsführer von letzterem eine Erstattung für Lohn und Aufwand des Dritten gefordert werden kann. Es wäre darum paradox, dem Geschäftsführer umgekehrt einen Anspruch bei (gleichwertigem) unmittelbarem eigenem Tätigwerden zu versagen (vgl *v Bar* PEL Ben Int, Introduction n 101; s zudem Rn 15).

15 Im Hinblick auf eine Optimierung der Anreize zu nützlicher Hilfeleistung wird man zudem weitergehend auch für **nicht gewerblich oder nicht beruflich Tätige** eine **Entlohnung iHd Marktwerts der Leistung** in Erwägung ziehen müssen (instruktiv *Köndgen* in Zimmermann, 371, 389f). Durch die Tatbestandsmerkmale der berechtigten GoA ist der Willensvorrang des Geschäftsherrn gesichert. Anders gewendet: soweit die Besorgung nicht mit einer professionellen Leistung mithalten kann, entfällt die Entsprechung mit Willen und Interesse (zum Umstands- und Personenbezug von Willen und Interesse s Rn 3ff). Die Gefahr einer Umgehung der Privatautonomie durch Aufdrängung einer Leistung ohne „professionellen Standard" ist darum verschwindend gering (aA MüKo/*Schäfer* Rn 28).

16 **2. Schadensersatz („risikotypische Begleitschäden").** Ebenso wie der Beauftragte kann der Geschäftsführer auch Begleitschäden ersetzt verlangen, die aus einem mit der Geschäftsführung typischerweise verbundenen Risiko resultieren (BGH NJW 1993, 2234, 2235; BGHZ 38, 270, 277; Staudinger/*Bergmann* Rn 62 und 67; zur Kritik HKK/*Jansen* §§ 677–687 Rn 65; vgl § 670 Rn 18f). Zw Geschäftsführung und Schaden muss allerdings ein **spezieller Zurechnungszusammenhang** bestehen. Dies erfordert die Verwirklichung einer geschäftsbesorgungstypischen Gefahr (BGHZ 55, 207ff; Staudinger/*Bergmann* Rn 66; vgl auch § 670 Rn 18). Nicht unter einen derartigen Gefahrzusammenhang fallen Schäden, die einzig aufgrund des allg Lebensrisikos eingetreten sind (MüKo/*Schäfer* Rn 29; Grü/*Retzlaff* Rn 9). Hinsichtl des Umfangs sind sowohl Körper- als auch Sachschäden erfasst. Nach hM ist nur eine angemessene, **nach Billigkeit zu bemessende Entschädigung** zu gewähren (BGHZ 92, 270, 271f; 38, 270, 279; MüKo/*Seiler*[6] Rn 22; Grü/*Retzlaff* Rn 9; *Helm*, Gutachten III, 335, 391). Ein Teil des Schrifttums fordert dagegen (im Anschluss an das RG und ökonomisch sinnvoll) eine vollständige Kompensation nach dem Grundsatz der Totalreparation (grundlegend RGZ 167, 85, 89ff; vgl zB auch Soergel/*Beuthien* § 670 Rn 22; *Wandt*, Gesetzl Schuldverhältnisse, § 5 Rn 39; MüKo/*Schäfer* Rn 30). Hinreichende Anreize zur Hilfeleistung können nur gesichert werden, wenn der Geschäftsführer nicht nur ausreichenden Ersatz erhält (s Rn 15), sondern ihm auch im Schadensfall keine Verluste drohen. Die Erstattung von Verdienstausfall als Schadensposition wirft schließlich, anders als bei der Frage des infolge einer Geschäftsbesorgung entgangenen Einkommens (s Rn 12), selten Probleme auf. Das sozialrechtl Ausgleichssystem sorgt nämlich dafür, dass Erstattungslücken selten sind (vgl BGHZ 33, 251, 257f; s Rn 17f). Ggf stehen den Hinterbliebenen eines verunglückten Geschäftsführers Ersatzansprüche **entspr §§ 844, 845** zu (RGZ 167, 85, 88ff; Soergel/*Beuthien* Rn 8; Staudinger/*Bergmann* Rn 71; aA RGZ 122, 298, 305; MüKo/*Schäfer* Rn 30). Auch im Rahmen des § 683 ist ein Mitverschulden des Geschäftsführers **analog § 254** zu berücksichtigen (RG DR 1944, 287, 288; Staudinger/*Bergmann* Rn 70; aA MüKo/*Schäfer* Rn 29 (vollständiger Ausschluss)). Zur entspr Anwendung des § 680 s § 680 Rn 7.

17 In **Nothilfefällen** besteht **Unfallversicherungsschutz für Retter** bzgl ihrer **Körper- und Sachschäden** sowie ihrer **Aufwendungen**, die sie den Umständen nach für erforderlich halten durften (vgl § 2 I Nr 13, §§ 26ff SGB VII). Ansprüche nach §§ 683, 670, die risikotypische Schäden betreffen, gingen zunächst gem § 2 I Nr 13 lit a, §§ 13, 26ff SGB VII iVm § 116 SGB X auf den Versicherungsträger über. Diese Rspr hat der BGH jedenfalls hinsichtl des Ersatzes von Personenschäden aufgegeben (vgl BGHZ 92, 270, 271ff; abw noch RGZ 167, 90ff; MüKo/*Schäfer* Rn 31; *Wollschläger*, GoA, 304). Der Geschäftsführer muss sich die Leistungen des Versicherers im Verhältnis zum Geschäftsherrn (Geretteten) im Wege der **Vorteilsausgleichung** anrechnen lassen. Die Frage eines **direkten Ausgleichs zw Retter und Gerettetem** stellt sich darum nur noch in **Ausnahmefällen**, etwa bei hohen, nicht von der Sozialversicherung gedeckten Personenschäden oder bei Sachschäden, für die es beim Forderungsübergang auf den Versicherer bleibt (vgl § 13 S 4 SGB VII, § 116 SGB X; zudem: BGHZ 92, 270, 273f; Soergel/*Beuthien* Rn 9; Staudinger/*Bergmann* Rn 63 und 72).

18 Nach alter Rechtslage (bis 2002) stand dem Geschäftsführer kein Anspruch auf Schmerzensgeld zu (vgl BGHZ 52, 115, 117; Soergel/*Beuthien* Rn 10). Seit der Neufassung des **§ 253 II** und der Ausweitung des **Ersatzes immaterieller Schäden** (ua auf die Gefährdungshaftung) ist die einst strenge Verknüpfung des Ersatzes immaterieller Schäden mit den Kategorien Verschulden und Genugtuung gelockert. Deshalb wird überwiegend vertreten, bei dem Geschäftsherrn zurechenbarer Herausforderungslage analog § 253 II auch im Rahmen der GoA einen Ausgleich für immaterielle Schäden zu ermöglichen (Soergel/*Beuthien* Rn 10; Staudinger/*Bergmann* Rn 69; *Wandt*, Gesetzl Schuldverhältnisse, § 5 Rn 39; aA MüKo/*Schäfer* Rn 30; BeckOGK/*Thole* Rn 42). Nimmt man die Hinkehr des Gesetzes zur Ausgleichsfunktion des Schadensersatzes auch bei immateriellen Schäden ernst (vgl BT-Drs 14/7752, 14f), wird man diese Auslegung auch bei der GoA nicht ablehnen können.

19 **3. Konkurrenzen.** Der Geschäftsführer hat in Nothilfefällen möglicherweise konkurrierende Ansprüche. Neben den Anspruch aus GoA tritt ggf ein deliktischer Anspruch gegen denjenigen, welcher die Notsituation

rechtswidrig und schuldhaft verursacht und das Eingreifen herausgefordert hat (vgl BGHZ 101, 215ff; *Dornis/Sturm* JURA 2013, 1167ff). Möglicherweise besteht bei vermeintlicher Gefährdung ein Billigkeitsanspruch analog § 829 (*Stoll*, FG Weitnauer, 1980, 411, 423ff; *Helm*, Gutachten III, 335, 391; krit *Martinek/Theobald* JuS 1998, 27, 33; s auch Rn 8). Weitere Ansprüche können nach dem OEG bestehen. Zum Unfallversicherungsschutz s Rn 17.

4. Handeln im Mehrfachinteresse. Bei Handeln im eigenen und fremden Interesse sind die entstandenen Aufwendungen soweit wie möglich gegenständlich auf die beteiligten Interessen, dh auf abgrenzbare Angelegenheiten, aufzuteilen (vgl RGZ 149, 205, 207ff; RGRK/*Steffen* Rn 9; Staudinger/*Bergmann* Rn 51). Dies gilt auch bei Tätigwerden für mehrere Geschäftsherren (vgl § 677 Rn 44). Ist eine genaue Abgrenzung und Aufteilung nicht möglich, sind die durch die Geschäftsführung entstandenen Kosten nach dem Maß der Verantwortlichkeit und des Gewichts der beteiligten Interessen zu verteilen; entspr ist der Anspruch des Geschäftsführers im jew Verhältnis pro rata zu kürzen (BGHZ 110, 313, 317f; 16, 12, 16f; Soergel/*Beuthien* Rn 12). Erst wenn feststeht, dass den Geschäftsherrn nach materiellen Kriterien die alleinige Zuständigkeit für die Kostentragung trifft, kommt es beim auch-fremden Geschäft zur vollen einseitigen Kostentragung (Staudinger/*Bergmann* Rn 51; MüKo/*Seiler*[6] Rn 26; Grü/*Retzlaff* Rn 8). Wenngleich diese Lösung nur subsidiär in Ansatz kommt, handelt es sich doch um den praktischen Regelfall des auch-fremden Geschäfts nach der herrschenden Rspr (s § 677 Rn 15f). 20

5. Verzinsung. Der Anspruch des Geschäftsführers nach § 683 fällt nicht unter § 288 II, V; es handelt sich nicht um eine „Entgeltforderung" (BeckOGK/*Dornis* § 286 Rn 201.7; aA aber zB Grü/*Grüneberg* § 286 Rn 27). 21

6. Einzelfälle alphabetisch (Rspr und Schrifttum)

• **Abmahnung und Gegenabmahnung.** Die **berechtigte vorprozessuale Abmahnung eines Mitbewerbers wegen eines UWG-Verstoßes** ist grds als Angelegenheit des Abgemahnten anzusehen. Durch die auf eine Abmahnung folgende Unterwerfungserklärung wird der Lauterkeitsverstoß beseitigt; der Abgemahnte hat daran ein Interesse, weil sich auf diesem Weg eine gerichtl Austragung des Rechtsstreits vermeiden lässt (vgl BGHZ 52, 393, 399; zuletzt BGH NJW 2017, 78 Rn 16; NJW 2021, 2023 Rn 56 [UrhR]). Nach GoA-Grundsätzen ist bei berechtigter Abmahnung eine Übereinstimmung mit dem mutmaßlichen Willen zu vermuten (anders bei unberechtigter Abmahnung, vgl BGH NJW 2021, 2023 Rn 56ff). Der Abgemahnte war entspr **nach der früheren Rspr nach §§ 677ff zu Kostenersatz verpflichtet** (vgl BGHZ 115, 210, 212; 52, 393, 399f). Diese Doktrin ist für das UWG obsolet (vgl zu Ansprüchen aus ImmaterialgüterR Rn 28). Mit der ausdrückl Regelung einer Pflicht zur Kostenerstattung für die UWG-Abmahnung (zunächst in § 12 I UWG aF) hat der Gesetzgeber zwar „die Rechtsprechung nachvollzogen, die über die Regeln der Geschäftsführung ohne Auftrag einen Aufwendungsersatzanspruch des Abmahnenden hergeleitet hat" (BT-Drs 15/1487, 25). In der Begründung des Gesetzes zur Stärkung des fairen Wettbewerbs von 2020 (BGBl I 2020, 2568) wurde allerdings die **abschließende Spezialität der Regelungen in § 13 III und IV UWG** herausgestellt: Der Abmahnende kann sich daher grds nicht mehr auf GoA-Ansprüche berufen (BT-Drs 19/12084, 31f). Für Abmahnungen die am 2.12.2020 bereits zugegangen waren, gilt § 13 UWG noch nicht (vgl § 15a UWG); insoweit ist weiterhin § 12 I UWG aF anzuwenden (KG GRUR-RR 2022, 42 Rn 50; BeckOK-UWG/*Tavani/Scholz* § 13 Rn 2). Für **unberechtigte oder nicht den Anforderungen des § 13 II UWG entsprechende Abmahnungen** sowie **missbräuchliche Abmahnungen** gelten Sonderregeln (s Rn 25 und Rn 26). 22

Für die UWG-Kostenerstattung ist **zwischen begründeten und berechtigten Abmahnungen zu differenzieren:** Sinn der vorgerichtlichen Abmahnung ist es, dem Abgemahnten die Gelegenheit zu geben, den Streit durch Abgabe einer strafbewehrten Unterlassungserklärung beizulegen. Dies erfordert **Begründetheit** der Abmahnung; dh dem Abmahnenden muss ein **Unterlassungsanspruch wegen eines lauterkeitswidrigen Verhaltens** gegen den Abgemahnten zustehen. Darüber hinaus muss nach der **Berechtigung** der Abmahnung gefragt werden. Dh die **Abmahnung muss es dem Abgemahnten ermöglichen, den Vorwurf tatsächlich und rechtl zu prüfen, und ihm damit einen Weg weisen, den Abmahnenden ohne Inanspruchnahme der Gerichte klaglos zu stellen** (vgl BGH GRUR 2018, 72, 78; NJW 2017, 78, 83f; Harte-Bavendamm/Henning-Bodewig/*Brüning* § 13 UWG Rn 77 und 82ff). Auf dieser Grundlage sind etwa **nur Kosten für die erste Abmahnung** erstattungsfähig, nicht aber für eine zweite oder weitere Abmahnungen. Bereits durch die erste Abmahnung wird die Möglichkeit der außergerichtlichen Streitbeilegung eröffnet; weitere Abmahnungen können darüber hinaus keinen berechtigten Zweck mehr erfüllen. Zur Erstattung bleibt allenfalls der Rückgriff auf Schadensersatz. Der Gedanke des Zweckentfalls schließt eine Kostenerstattung überdies auch dann aus, wenn der Abgemahnte auf die Abmahnung eines anderen Mitbewerbers **bereits eine Unterwerfungserklärung abgegeben** hat; es fehlt dann infolge des Wegfalls der Wiederholungsgefahr sogar an einem Unterlassungsanspruch (*Köhler/Bornkamm/Feddersen* § 13 UWG Rn 100ff). Kosten für eine Abmahnung, die erst nach Erlass einer sog **Schubladenverfügung** ausgesprochen wird, sind schließlich weder nach § 13 III UWG noch nach §§ 677ff zu erstatten. Aufgrund der bereits erfolgten Inanspruchnahme eines Gerichts fehlt es an der Berechtigung der Abmahnung (BGH GRUR 2010, 257). Durch das Gesetz zur Stärkung des fairen Wettbewerbs eingeführt wurden überdies **formale inhaltliche Anforderungen an die Abmahnung in § 13 II UWG**, die zusätzliche Voraussetzungen für einen Erstattungsanspruch schaffen. Ebenfalls neu ist der **Ausschluss der Erstattung für Abmahnungen nach § 13 IV UWG.** 23

Eine Pflicht zur **Kostenerstattung besteht nur im Rahmen zweckentsprechender Rechtsverfolgung** (BGH NJW 2017, 78, 83; NJW 2004, 2448; Harte-Bavendamm/Henning-Bodewig/*Brüning* § 13 UWG Rn 86ff). Die 24

Kosten eines Rechtsanwalts sind darum zB nicht erstattungsfähig, wenn der Abmahnende in der Lage ist, den Verstoß selbst zu verfolgen. Dies ist insb der Fall bei **Unternehmen mit eigener Rechtsabteilung** oder bei **Wettbewerbsverbänden**, jedenfalls falls es sich um mit durchschnittlichem Aufwand verfolgbare Verstöße handelt (BGH NJW 2004, 2448ff; Düsseldorf NJW-RR 2002, 122f). Eine Kostenerstattung erfolgt überdies nur bis zur Höhe der **tatsächlichen Aufwendungen** (München MMR 2007, 115f; Harte-Bavendamm/Henning-Bodewig/*Brüning* § 13 UWG Rn 86). Diese restriktive Linie wird in der Rspr zT aufgeweicht (vgl BGH NJW 2017, 78, 83; NJW 2008, 2651f [Rechtsanwaltskosten trotz eigener Rechtsabteilung]). Ob die Erstattungsfähigkeit entfällt, wenn das abgemahnte Verhalten in den Verkehrskreisen des Abgemahnten als unlauter oder rechtswidrig bekannt ist (so AG Hamburg-Altona BeckRS 2001, 12898; im Anschluss Jauernig/*Mansel* Rn 6; MüKo/*Schäfer* Rn 24), muss bezweifelt werden. Damit würden regelmäßig gerade gravierende Verstöße hinsichtl der Kosten bevorzugt. Mit den **Schutzzwecken des UWG** (vgl § 1 UWG) ist dies unvereinbar.

25 Der **Abmahnende haftet für Aufwendungen des Abgemahnten** zur Rechtsverteidigung nicht nur wie bisher **bei missbräuchlichen Abmahnungen** (vgl § 8c III UWG, s unten Rn 27), sondern auch **bei unberechtigten oder nicht den Anforderungen des § 13 II UWG entsprechenden Abmahnungen** (vgl § 13 V UWG). Dem Abgemahnten steht ein Anspruch auf Ersatz der erforderlichen Aufwendungen zu, „soweit die Abmahnung unberechtigt ist" (ausf *Fritzsche* WRP 2020, 1367, 1373). Die Erforderlichkeit der Aufwendungen bestimmt sich wie im Rahmen des § 13 III UWG (*Köhler/Bornkamm/Feddersen* § 8c UWG Rn 6). Der Anspruch ist nach § 13 V 2 UWG gedeckelt und zudem ausgeschlossen, wenn die fehlende Berechtigung der Abmahnung für den Abmahnenden nicht erkennbar war (Verschuldensprüfung; § 13 V 3 UWG). **Weitergehende Ersatzansprüche**, etwa nach §§ 823, 826 und § 678 oder nach § 9 UWG, bleiben **gem § 13 V 4 UWG unberührt**.

26 Für eine sog **Gegenabmahnung** besteht Anlass, wenn der Abmahnende erkennbar von einem unrichtigen Sachverhalt ausgeht (BGH GRUR 2004, 790, 792; München WRP 1997, 979, 980; *Köhler/Bornkamm/Feddersen* § 13 UWG Rn 92). Ist davon auszugehen, dass der Abmahnende den Unterlassungsanspruch fallen lassen wird, weil er durch die Gegenabmahnung erst über den tatsächlichen Sachverhalt informiert wird, ist diese geboten (BGH GRUR 2004, 790, 792; *Köhler/Bornkamm/Feddersen* § 13 UWG Rn 92). In diesem Fall hat der Gegenabmahnende einen **Anspruch auf Kostenerstattung**. Dieser gründet nicht in § 13 III UWG und nicht in Regeln zur GoA (vgl zur bisherigen Rspr BGH GRUR 2004, 790, 792; unklar *Köhler/Bornkamm/Feddersen* § 13 UWG Rn 92), sondern in **§ 13 V UWG** (Harte-Bavendamm/Henning-Bodewig/*Brüning* § 13 UWG Rn 111f; s oben Rn 25).

27 Für die sog **missbräuchliche Abmahnung** ist **§ 8c UWG** zu beachten. Eine derartige Abmahnung ist nicht berechtigt (BGH GRUR 2012, 930 Rn 13; GRUR 2019, 199 Rn 40; s oben Rn 23). Die Geltendmachung von Ansprüchen ist nach § 8c I UWG unzulässig, wenn sie unter Berücksichtigung der gesamten Umstände missbräuchlich ist, insb wenn sie vorwiegend dazu dient, gegen den Zuwiderhandelnden einen Anspruch auf Ersatz von Aufwendungen oder Kosten der Rechtsverfolgung entstehen zu lassen (vgl § 8c II Nr 1 UWG). Bei Missbrauch entsteht kein Anspruch für den Abmahnenden; weder aus § 13 III UWG noch aus GoA (BGH GRUR 2012, 730 Rn 13; GRUR 2013, 307 Rn 11; Harte-Bavendamm/Henning-Bodewig/*Goldmann* § 8c UWG Rn 235). Allerdings kann ein **Anspruch für den missbräuchlich Abgemahnten aus § 8c III** UWG folgen. Dies betrifft in erster Linie die Anwaltskosten für die Verteidigung gegen die missbräuchliche Abmahnung. Auch hier gilt ein Maßstab der Erforderlichkeit und bestimmt sich der Umfang nach § 13 III UWG (Harte-Bavendamm/Henning-Bodewig/*Goldmann* § 8c UWG Rn 243 und 245). Darüber hinaus gehende Ersatzansprüche aus anderen Anspruchsgrundlagen bleiben nach § 8c III 2 UWG unberührt, insb Schadensersatzansprüche nach § 9 UWG sowie §§ 823ff und § 678. Der Anspruch ist **nicht gedeckelt** (anders als nach § 13 V 2 UWG, s oben Rn 25).

28 Für **Abmahnungen bei der Verletzung von gewerblichen Schutzrechten und Urheberrechten** sowie **bei presserechtlichen Ansprüchen** ist für Ersatz von Abmahnkosten vorrangig auf spezielle Anspruchsgrundlagen (vgl § 97a III und IV UrhG) und bei Fehlen von Sonderregeln auf §§ 677ff zurückzugreifen (vgl BGHZ 52, 393, 399f; GRUR 2016, 936 Rn 12 [MarkenR]; GRUR 2016, 741 Rn 9 und 40 [geographische Herkunftsangabe]; Hamburg GRUR-RS 2018, 52239 [Geschmacksmuster/DesignR] Rn 126; Harte-Bavendamm/Henning-Bodewig/*Brüning* § 13 UWG Rn 81). § 13 III UWG erfasst nur UWG-Abmahnungen (*Köhler/Bornkamm/Feddersen* § 13 UWG Rn 98 und 110).

29 • **Abschlussschreiben.** Die Kosten eines Abschlussschreibens – dh der Aufforderung an den Schuldner (nach Erlass einer einstweiligen Verfügung), die Verfügung durch Abgabe der Abschlusserklärung als endgültige Regelung anzuerkennen – werden nach den Grundsätzen der §§ 677ff oder als Schadensersatz erstattet (BGH GRUR 2017, 1160 Rn 53ff; GRUR 2020, 664 Rn 50 [§§ 677ff]; *Berger* GRUR 2020, 1165; aA *Köhler/Bornkamm/Feddersen* § 13 UWG Rn 96; Harte-Bavendamm/Henning-Bodewig/*Brüning* § 13 UWG Rn 77 [§ 13 III UWG analog]).

30 • **Bestattungskosten.** Die Rspr geht davon aus, dass als Geschäftsherr nicht stets der Erbe oder Unterhaltsverpflichtete (vgl §§ 1968, 1615 II) anzusehen ist, sondern derjenige, dem es obliegt, für die Bestattung zu sorgen. Dies bestimmt sich idR nach den öffentlich-rechtl Bestattungsgesetzen der Länder (BGH NVwZ 2016, 870, 872; BGHZ 191, 325, 329ff; BGH NJW 2012, 1651, 1652; s auch *Gutzeit/Vrban* NJW 2012, 1630ff; *Widmann* MDR 2012, 617ff).

31 • **Dienstleister.** Umstr ist die Ersatzfähigkeit für Kosten eines zwischengeschalteten Dienstleistungsunternehmens, zB eines Objektüberwachers. Beauftragt dieser bei Falschparken auf einem Kundenparkplatz ein Abschleppunternehmen und stellt (neben den Abschleppkosten) auch die eigenen Kosten in Rechnung, scheitert

eine Erstattung regelmäßig bereits am Widerspruch zum Interesse des Abgeschleppten oder Halters (jurisPK/*K. Lange* Rn 46; AG München DAR 2007, 392f).

• **Erbensuche.** Die Anwendung der §§ 677ff ist in Fällen der Erbensuche – entgegen der immer noch überwiegenden Ansicht – nicht unter Hinweis auf eine drohende Einschränkung der negativen Vertragsfreiheit ausgeschlossen (*Dornis* JZ 2013, 595ff; s zudem Vor § 677 Rn 26). Auch findet § 241a keine Anwendung (ausf *Dornis* JZ 2013, 595, 595; Grü/*Grüneberg* § 241a Rn 4; aA *Hau* NJW 2001, 2863, 2864; Staudinger/*Bergmann* Vorbem zu § 677ff Rn 207; s zudem Vor § 677 Rn 27). Bei der Suche nach Erben eines scheinbar erbenlosen Nachlasses handelt es sich um ein auch-fremdes Geschäft (BGH NJW 2000, 72, 72f). Die Erbensuche entspricht überdies dem Willen und Interesse des Erben; hatte dieser keine Kenntnis von der werthaltigen Erbschaft, impliziert die obj Nützlichkeit der Suche den mutmaßlichen Willen (zum Verhältnis Willen/Interesse Rn 4; ausf zur Erbensuche *Dornis* JZ 2013, 592, 596f; *Dornis* ZfRV 2016, 34ff). 32

• **Erfüllung fremder Verbindlichkeiten.** Die Tilgung fremder Schulden ist nach der überwiegenden Rspr als grds interessengemäß einzuordnen. Dies wird auf die faktische Stundungswirkung der Erfüllung durch den Geschäftsherrn – bei zeitl nachgelagertem Rückgriff – zurückgeführt (BGHZ 47, 370, 373; Frankfurt VersR 1976, 172). Aufwendungen sind deshalb regelmäßig voll zu ersetzen. Dies gilt hingegen nicht uneingeschränkt, insb nicht für einrede- und einwendungsbelastete Forderungen (s § 677 Rn 24). 33

• **Halteranfrage.** Die Kosten für eine Halteranfrage des Parkplatzbetreibers bei Verstoß (infolge Dauerparkens) sind weder nach §§ 683, 670 noch nach § 684 S 1 zu erstatten (BGH NJW 2016, 863 Rn 31ff; aA noch BGH NJW 2012, 3781 Rn 13); es fehlt an der Willensübereinstimmung. 34

• **Heimunterbringung.** Die angefallenen Kosten unterfallen nicht § 683, wenn eine Pflegefamilie günstiger gewesen wäre (Hamm MDR 1990, 152, 153). 35

• **Hinterbliebene.** Auch ein Schaden der Hinterbliebenen des bei einer Lebensrettung tödlich Verunglückten ist nach §§ 683, 670 (entspr §§ 844, 845) zu erstatten (grundlegend RGZ 167, 85, 88f; vgl zudem Rn 16f). 36

• **Kindesunterhalt.** Unterhält ein Elternteil ein eheliches Kind allein, besteht eine Rückgriffsmöglichkeit nach § 683; allerdings gelten die Grenzen des § 1613 I (BGH NJW 1984, 2158, 2159). S zudem § 685 Rn 1ff. 37

• **Rettungskosten.** Exorbitante Rettungskosten (zB Rettungsflug): ein in Lebensgefahr schwebender Verletzter hat als Geschäftsherr grds immer ein Interesse an der Durchführung jeglicher Rettungsversuche. Eine Kosten-Nutzen-Abwägung scheidet bei Gefahr für Leib und Leben per se aus. Dies gilt nur dann nicht, wenn bereits bei Betrachtung ex ante feststeht, dass keine Rettungsmöglichkeit besteht (Frankfurt NJW-RR 1996, 1337f). 38

• **Rückrufaktion.** Die Durchführung einer Rückrufaktion durch den Hersteller soll für den Zulieferer interessengemäß und damit erforderlich sein, wenn er zur Nachrüstung verpflichtet ist (BGHZ 179, 157ff; München NJW-RR 1999, 1657ff). 39

• **Schutzschrift.** Kosten für die Hinterlegung einer Schutzschrift können nach § 678 und §§ 823ff erstattungsfähig sein, wenn damit eine unberechtigte Abmahnung abgewehrt werden soll (Frankfurt GRUR 1989, 858; *Schmitt-Gaedke/Arz* WRP 2012, 60, 62; Harte-Bavendamm/Henning-Bodewig/*Retzer* § 12 UWG Rn 423). Bei Verteidigung gegen eine berechtigte Abmahnung besteht kein Anspruch (LG Hamburg ZUM 2012, 74, 76). Zu (Gegen-)Abmahnkosten s Rn 22ff. 40

• **Selbstaufopferung im Straßenverkehr.** Bei der Selbstaufopferung vermeidet der Kraftfahrer einen Unfall durch ein Ausweichmanöver, bei dem er einen Schaden erleidet. Die Rspr unterscheidet für die §§ 677ff danach, ob der Ausweichende den Entlastungsbeweis nach StVG führen kann. Gelingt ihm dies nicht, handelt es sich um ein ausschließlich eigenes Geschäft, weil er lediglich die eigene Haftung vermieden hat. Andernfalls hat er ein fremdes Geschäft besorgt. Er hat sich überobligationsmäßig durch Gefährdung und tatsächliche Schädigung eigener Rechtsgüter verausgabt, obwohl er im Falle eines Unfalls nicht gehaftet hätte (s § 677 Rn 34). Im Rahmen des Ausgleichs nach § 683 berücksichtigt die Rspr den Gedanken der Schadensgemeinschaft und gewährt darum keinen „echten Schadensersatzanspruch" mit voller Aufwandserstattung, sondern lediglich eine „angemessene Entschädigung" unter Beachtung der Umstände des Einzelfalls, so insb auch der Betriebsgefahr des Fahrzeugs des Ausweichenden. Ansprüche aus der Sozialversicherung sind zudem anzurechnen (ausf BGHZ 38, 270ff; Soergel/*Beuthien* Rn 16; *Rebler* MDR 2013, 254, 255; zum Streitstand zudem MüKo/*Seiler*[6] Rn 23). 41

• **Selbsthilfe- und Notverkauf.** Auch wenn die Voraussetzungen des § 373 HGB nicht vorliegen, kann der Selbsthilfeverkauf des Verkäufers im Interesse des Käufers liegen, der sich im Annahmeverzug befindet (vgl BGH MDR 1958, 93; Staudinger/*Bergmann* Vorbem zu §§ 677ff Rn 248; s auch bereits *Kohler* JhJb 25 [1887] 1, 114f). Ebenso kann der Käufer bei Rücktrittsberechtigung ein nützliches Geschäft des Verkäufers erbringen, wenn er die Sache verkauft (RGZ 66, 186, 197; anders bei Widerspruch des Verkäufers: RGZ 101, 18, 19). 42

• **Testkauf.** Auch die Kosten eines Testkaufs sind nach der Rspr zu erstatten (vgl Karlsruhe WRP 1988, 381; Frankfurt WRP 1985, 349). 43

• **Verwendungen auf fremde Sachen.** Aufgedrängte Sachverbesserungen fallen grds nicht unter § 683. Dies kann insb für Verwendungen des Mieters gelten, sofern hierdurch keine Möglichkeit zur Renditeerhöhung für den Vermieter entsteht (MüKo/*Seiler*[6] Rn 8; vgl zu Schönheitsreparaturen § 677 Rn 33). Ebenso gilt dies für allg unverhältnismäßig hohe und nicht dringend erforderliche Verwendungen sowie in Fällen, in denen die Verwendungen den Wert der Sache übersteigen (BGHZ 67, 232ff; LG Stuttgart VersR 1973, 517). Hätte der Eigentümer 44 die Verwendungen auch selbst getätigt oder nutzt er die Verwendungen tatsächlich, kann hingegen Ersatz verlangt werden (RGZ 143, 382, 386; JW 1921, 1247; MüKo/*Seiler*[6] Rn 7).

45 **IV. Verjährung.** Der Aufwendungsersatzanspruch nach § 683 verjährt nach den allg Regeln (§§ 195, 199). Ungeklärt ist, welche Frist gilt, wenn im Rahmen der GoA eine **fremde Schuld mit abweichender Verjährungsfrist getilgt** wird. Nach überwiegender Ansicht beginnt mit der Tilgung zunächst eine neue und unabhängige Verjährungsfrist zu laufen (BGHZ 115, 210, 211; 47, 370, 374ff; BeckOGK/*Thole* § 677 Rn 173ff; MüKo/*Schäfer* Rn 28). Im Fall einer kürzeren Verjährungsfrist der erfüllten Forderung ist allerdings zu prüfen, ob die Erfüllung dem Willen und Interesse des Geschäftsherrn entspricht (vgl Mugdan II 483; *Wollschläger*, 82ff; Staudinger/*Bergmann* Vorbem zu §§ 677ff Rn 253; zur Verjährung s zudem Vor § 677 Rn 39). Fehlt es an den Voraussetzungen des S 1, erhält der Geschäftsführer im Rahmen des § 684 lediglich die Bereicherung. Nach richtiger Ansicht verjährt dieser Anspruch in der gleichen Frist wie die getilgte Forderung (Staudinger/*Bergmann* Vorbem zu §§ 677ff Rn 253 und 263; vgl zudem RGZ 86, 96, 97f; BGHZ 47, 370, 375f).

46 **V. Prozessuales. 1. Beweisregeln.** Die Beweislast für die Voraussetzungen des Erstattungsanspruchs trägt nach den allg Regeln der Geschäftsführer. Er muss zunächst beweisen, dass die Übernahme der Geschäftsführung dem wirklichen oder mutmaßlichen Willen des Geschäftsherrn entsprach. Kann kein Wille ermittelt werden, ist zu beweisen, dass die Übernahme dem obj Interesse entsprach und dass sie zur Interessenwahrung geeignet war (*Baumgärtel/Laumen/Prütting* Rn 1). Es besteht eine widerlegbare Vermutung, dass der Wille des Geschäftsherrn mit dem obj Interesse übereinstimmt (vgl BGH NJW-RR 1989, 970; BGHZ 47, 370, 374; München NJW-RR 1988, 1013, 1015; *Greiner* AcP 219, 211, 229; Staudinger/*Bergmann* Rn 31 und 73, s Rn 5). Insofern genügt idR der Nachweis obj Nützlichkeit. Behauptet der Geschäftsherr einen von seinem Interesse abw wirklichen Willen, obliegen ihm Substantiierung und Beweis (RGZ 82, 206, 216; *Baumgärtel/Laumen/Prütting* Rn 2; vgl auch Mugdan II 482). Ebenso ist er mit dem Beweis eines vor der Übernahme ausdrückl geäußerten entgegenstehenden Willens belastet (*Baumgärtel/Laumen/Prütting* Rn 3). Erfüllt ein vertragl Freizustellender die gegen ihn gerichtete Forderung eines Dritten, ohne dem Freistellungsverpflichteten Gelegenheit einzuräumen, die Freistellung nebst vorheriger Prüfung der Anspruchsbegründetheit selbst vorzunehmen, kann er Erstattung verlangen. Er muss allerdings darlegen, dass der getilgte Anspruch tatsächlich in der geltend gemachten Höhe entstanden ist; nur insoweit entspricht die Tilgung dem mutmaßlichen Willen des Freistellungsverpflichteten oder ist dieser bereichert (BGH NJW 2002, 2382).

47 **2. Zwischen- und Feststellungsurteil.** Ein Zwischenurteil über die Voraussetzungen des § 683 ist zulässig. Im anschließenden Betragsverfahren kann dann die Berechtigung der Aufwendungen nach § 670 geklärt werden (vgl RGZ 167, 55, 60). Der Anspruch aus § 683 umfasst nur den Ersatz bereits tatsächlich getätigter Aufwendungen. Eine Klage auf Feststellung der Ersatzverpflichtung hinsichtl erst künftig zu tätigender Aufwendungen ist abzuweisen. Bevor die Aufwendungen tatsächlich getätigt wurden, besteht kein feststellungsfähiges Rechtsverhältnis (vgl RGZ 84, 390, 391). Anders ist zu entscheiden, wenn aufgrund bereits abgeschlossener Geschäftsbesorgung erst in der Zukunft mit weiteren Aufwendungen, zB in Form von erst künftig zur Entstehung kommenden Verpflichtungen, zu rechnen ist (zur Erstattungspflicht bei unfreiwilligen Vermögenseinbußen des Geschäftsführers s Rn 16).

§ 684 Herausgabe der Bereicherung

Liegen die Voraussetzungen des § 683 nicht vor, so ist der Geschäftsherr verpflichtet, dem Geschäftsführer alles, was er durch die Geschäftsführung erlangt, nach den Vorschriften über die Herausgabe einer ungerechtfertigten Bereicherung herauszugeben. Genehmigt der Geschäftsherr die Geschäftsführung, so steht dem Geschäftsführer der in § 683 bestimmte Anspruch zu.

1 **I. Grundlagen. 1. Regelungszweck.** Die Vorschrift ergänzt die Regelung zur berechtigten GoA in § 683. Im Fall der berechtigten GoA ist der Ersatz von Aufwendungen durch Willen und Interesse des Geschäftsherrn inhaltlich und umfänglich begrenzt (s § 683 Rn 1ff). Der **Schutz der Privatautonomie** des Geschäftsherrn würde eine Erstattung bei unberechtigter GoA – ungeachtet der tatsächlichen Vermögensfolgen – eigentlich ausschließen. Allerdings verbietet sich auch eine **Bereicherung des Geschäftsherrn** als Folge des von ihm nicht gewünschten Eingriffs (venire contra factum proprium). § 684 S 1 statuiert darum eine ausgleichende **Wertabschöpfung.** § 684 S 2 bestimmt die Rechtsfolgen des nachträgl Sich-Zu-Eigen-Machens einer Geschäftsbesorgung in Form einer Genehmigung der anfänglich unberechtigten GoA durch den Geschäftsherrn.

2 **2. Rechtsnatur.** Umstr ist die Rechtsnatur des Anspruchs. ZT wird angenommen, S 1 normiere einen **Bereicherungsanspruch** (Soergel/*Beuthien* Rn 2; *Batsch* AcP 171, 218, 227; *Martinek/Theobald* JuS 1997, 612, 616). Die Gegenansicht sieht einen **Aufwendungsersatzanspruch** verwirklicht (Staudinger/*Bergmann* Rn 3; MüKo/*Schäfer* Rn 1). Im Anschluss daran ist mit der überwiegenden Ansicht von einer **Rechtsfolgenverweisung** auszugehen (BGH WM 1976, 1056, 1060; RGZ 81, 204, 205f; RGRK/*Steffen* Rn 8; *Hadding*, FS Mühl, 1981, 225, 241f; Staudinger/*Bergmann* Rn 5; MüKo/*Schäfer* Rn 6; aA BGH WM 1978, 953, 954; *Gursky* AcP 185, 13, 40 [Rechtsgrund]). Nicht durchschlagend ist der Einwand, zur Vermeidung der bei einer Rechtsfolgenverweisung fehlenden Anwendbarkeit der §§ 814, 815 und 817 S 2 sei eine Rechtsgrundverweisung anzunehmen (MüKo/*Seiler*[6] Rn 4; *Gursky* AcP 185, 13, 40). Auch eine Rechtsfolgenverweisung ermöglicht die Anwendung rechtshindernder Einwendungen des Kondiktionsrechts; ebenso des § 853 (RG WarnRspr 1910 Nr 286 [§ 817 S 2]; Soergel/*Beuthien* Rn 2; allg *Hadding*, FS Mühl, 1981, 225, 241f, 254f).

II. Rechtslage bei unberechtigter Geschäftsführung ohne Auftrag. Zu den allg Rechten und Pflichten des Geschäftsführers und des Geschäftsherrn anlässlich der Übernahme s § 677 Rn 54ff. 3

1. Herausgabepflicht des Geschäftsherrn. Der Geschäftsherr hat das durch die Geschäftsführung Erlangte herauszugeben. Die herauszugebende Bereicherung umfasst alle Vorteile aus der Geschäftsführung, unter anderem in Form einer **Vermögensmehrung** (§ 818 I), **abgewendeter Vermögensverluste**, **ersparter Aufwendungen** (jew § 818 II) und etwaiger **Schuldbefreiungen**, vgl § 267 I, II (BGH NJW 2001, 3184, 3186; Düsseldorf NJW-RR 1996, 913, 914; Soergel/*Beuthien* Rn 2; Staudinger/*Bergmann* Rn 12ff). Der Geschäftsführer kann ggf auch eine mit einem Gegenstand des Geschäftsherrn verbundene Sache wegnehmen (Mugdan II 484 und 1201f; RGRK/*Steffen* Rn 12; Staudinger/*Bergmann* Rn 17). IÜ gilt für den Umfang des Bereicherungsanspruchs **§ 818 III**. Die Position des unberechtigt Tätigen ist damit in zweifacher Hinsicht schlechter als die Stellung des berechtigten Geschäftsführers: der Geschäftsherr hat zunächst nur die tatsächliche Vermögensmehrung herauszugeben. Der Geschäftsführer trägt das Erfolgsrisiko. Darüber hinaus hat der Geschäftsherr den Einwand der aufgedrängten Bereicherung und kann sich hinsichtl der Vermögensmehrung auf den begrenzten subj Wert der Bereicherung berufen (vgl § 818 III; *Wittmann*, 94, 130; Staudinger/*Bergmann* Rn 11). Bei einem **gewerblich oder beruflich tätigen Geschäftsführer** werden Aufwendungen (anders als bei § 683, s § 683 Rn 14) schließlich nur insoweit vergütet, als der Geschäftsherr tatsächlich Aufwendungen erspart hat; zB bei bausichernden Maßnahmen (vgl Düsseldorf NJW-RR 1996, 913; Soergel/*Beuthien* Rn 2; jurisPK/*K. Lange* Rn 6). 4

Umstr ist, ob der Herausgabeanspruch auf die **Höhe eines entspr Anspruchs aus § 683 S 1, § 670** bei berechtigter GoA begrenzt werden muss. Es wird darauf verwiesen, der unberechtigt Tätige sei andernfalls ungerechtfertigt bessergestellt (*M. Wolf* JZ 1966, 467, 469f; RGRK/*Steffen* Rn 9; Staudinger/*Bergmann* Rn 3 und 10; MüKo/*Schäfer* Rn 8; aA Soergel/*Beuthien* Rn 2; MüKo/*Seiler*[6] Rn 9; BeckOGK/*Thole* Rn 13). Die Frage wird kaum praktisch relevant werden. Allerdings ist bei wirtschaftl Betrachtung wohl keine Kürzung angezeigt, ist es doch allein der Geschäftsführer, der durch seine Tätigkeit einen effizienten Ressourceneinsatz bewirkt. 5

2. Haftung des unberechtigten Geschäftsführers. Der unberechtigte Geschäftsführer ist nach **§§ 812ff** und **§ 681 S 2, § 667** zur Herausgabe verpflichtet (Soergel/*Beuthien* Rn 3; BeckOGK/*Thole* § 681 Rn 6ff und § 684 Rn 15; aA RGRK/*Steffen* Rn 4ff); bei Verbrauch oder Untergang gelten darum die **§§ 275ff**. Der Geschäftsführer haftet zudem nach **§§ 678, 823ff**, wenn aus der Übernahme einer unberechtigten GoA ein Schaden entsteht (Soergel/*Beuthien* Rn 3; Staudinger/*Bergmann* Rn 17, s § 678 Rn 1ff). Nach zutr Ansicht gelten bei Ausführungsverschulden zudem die **§§ 280, 677** (s § 677 Rn 1 und § 677 Rn 55). Die §§ 680, 682 gelten auch bei der unberechtigten GoA (RGRK/*Steffen* § 683 Rn 11; Hk/*Schulze* Rn 2). 6

III. Genehmigung der Geschäftsführung ohne Auftrag. Die Genehmigung wandelt die unberechtigte GoA ex tunc in eine berechtigte GoA (BGHZ 128, 210ff; s auch Vor § 677 Rn 19). Eine Geschäftsbesorgung nach § 687 kann nicht genehmigt werden (RG JW 1904, 497; MüKo/*Seiler*[6] Rn 14). 7

1. Rechtsnatur. Bei der Genehmigung handelt es sich um eine **empfangsbedürftige Willenserklärung**; sie ist ausdrückl oder konkludent zu erklären (§§ 133, 157; s nachfolgend Rn 9f). Die **§§ 182ff gelten entspr** (BGHZ 144, 349ff; BGH NJW 1989, 1672, 1673; Soergel/*Beuthien* Rn 4; MüKo/*Seiler*[6] Rn 13; vgl auch Mudgan II 485). Ebenso sind die sonstigen Vorschriften über Rechtsgeschäfte anwendbar; insb die **§§ 104ff, 116ff, 130ff und 164ff**. Die Genehmigung der Übernahme ist auch dann formlos wirksam, wenn die Übertragung der Geschäftsbesorgung formgebunden gewesen wäre (vgl § 182 II; RGZ 102, 17, 21; RGRK/*Steffen* Rn 14). 8

2. Inhalt. In Betracht kommen hinsichtl des zu genehmigenden Gegenstandes mehrere Varianten einer „Genehmigung". Jede Variante kann einzeln oder kombiniert in der jew Erklärung des Geschäftsherrn enthalten sein; dies ist durch Auslegung der Willenserklärung des Geschäftsherrn zu ermitteln. Unmittelbar erfasst von S 2 ist lediglich die **Genehmigung der Übernahme** der Geschäftsführung (zur Wirkung s Rn 11). Daneben kommt auch eine **Genehmigung der Ausführung** der Geschäftsführung (oder einzelner Maßnahmen innerhalb einer mehraktigen Geschäftsführung) in Betracht. In diesem Fall genehmigt der Geschäftsherr die Art und Weise der Ausführung oder der einzelnen Maßnahme; die Übernahme als solche ist dann aber nicht von der Genehmigung umfasst. Zudem sind diese beiden auf das Innenverhältnis der Parteien bezogenen Erklärungen von der **Genehmigung eines vom Geschäftsführer ohne Vollmacht abgeschlossenen Geschäfts** im Außenverhältnis zu unterscheiden (RG HRR 1935 Nr 103; RGRK/*Steffen* Rn 19). Bei der außenwirksamen Genehmigung ist zudem zw § 177 und § 185 zu differenzieren. Schließlich kann in der Genehmigung zugleich eine **Beauftragung zur Fortsetzung** der Geschäftsführung liegen. 9

Ob sich die Genehmigung lediglich auf die Übernahme der Geschäftsführung als solche oder auch auf die tatsächliche Geschäftsbesorgung (die „Ausführung") bezieht, ist durch **Auslegung** zu klären (§§ 133, 157; Mugdan II 484f, 1202; s Rn 9). Beruft sich der Geschäftsherr darauf, seine Genehmigung sei gegenständlich eingeschränkt (so zB lediglich im Außenverhältnis, nicht aber für die Ausführung der Geschäftsführung), ist zu prüfen, inwieweit er sich damit zu sich selbst in Widerspruch setzt (protestatio facto contraria). Bloßes **Schweigen auf die Anzeige der Übernahme** (§ 681) erfüllt nicht die Voraussetzungen einer Genehmigung. Vereinzelt wird bei Bestehen eines „besonderen Rechtsverhältnisses" zwischen den Beteiligten allerdings von einer Obliegenheit des Geschäftsherrn zum Widerspruch und damit einer Genehmigung auch bei Schweigen ausgegangen (wohl i Erg München WM 1999, 1878ff). Nicht als Genehmigung eingeordnet werden kann das **Verlangen auf Auskunft oder Rechenschaft** (§ 681 S 2, § 666); hierin liegt idR lediglich die Vorbereitung seines weiteren Vorgehens und damit auch der Entscheidung über den Umfang der Genehmigung (RG WarnRspr 1927 Nr 57; Soergel/*Beuthien* 10

Rn 5; Mugdan II 1194). Im Fall einer in Form der **Stufenklage** geltend gemachten Auskunft ist dies anders zu beurteilen. Eine **konkludente Genehmigung der Übernahme** kann im Verlangen auf Herausgabe des durch die Geschäftsführung Erlangten liegen (§ 681 S 2, § 667); so jedenfalls, wenn damit die Ergebnisse der Geschäftsbesorgung beansprucht werden (zB Erlösherausgabe; vgl Soergel/*Beuthien* Rn 5; MüKo/*Schäfer* Rn 15; vgl auch Mugdan II 480; BayObLG Recht 1914 Nr 761). Gleiches gilt bei Erfüllung einer vom Geschäftsführer für den Geschäftsherrn eingegangen Verbindlichkeit oder bei Annahme von Frachtgut im Hinblick auf die Zahlung der Einfuhrumsatzsteuer (BGH NJW 1991, 2638, 2640; Staudinger/*Bergmann* Rn 23; MüKo/*Seiler*[6] Rn 17). Keine Genehmigung liegt im bloßen Dulden von Einbauten des Mieters durch den Vermieter; hier sind die sachen-, mietvertrags- und gestionsrechtl Ebene zu unterscheiden (BGH NJW 1959, 2163, 2164; Karlsruhe NJW 1972, 2224, 2225). Auch die Geltendmachung eines Anspruchs wegen Ausführungsverschulden (§§ 280, 677) enthält keine Genehmigung der Übernahme (zur Unterscheidung s § 678 Rn 1). Auch kann umgekehrt aus der genehmigten Übernahme nicht zugleich auch auf eine **Genehmigung der Ausführung** geschlossen werden. Die im Herausgabeverlangen enthaltene konkludente Billigung der Übernahme muss sich nicht auf die Ausführung beziehen (vgl auch Rn 11).

11 **3. Wirkung.** Die Genehmigung und ihre Verweigerung sind unwiderruflich. Bei **Verweigerung der Genehmigung** durch den Geschäftsherrn verbleibt es endgültig bei den Rechtsfolgen der unberechtigten GoA (vgl allg BGH NJW-RR 1989, 1104, 1105); eine Anfechtung wegen Irrtums ist möglich (s Rn 8). Mit Genehmigung entsteht (***ex tunc***) das gesetzl Schuldverhältnis einer berechtigten GoA (BGHZ 128, 210, 213; RGRK/*Steffen* Rn 17; Staudinger/*Bergmann* Vorbem zu §§ 677ff Rn 54 und § 684 Rn 19). Das Rechtsverhältnis zw den Parteien wird durch die Genehmigung nicht nachträgl zu einem Auftragsvertrag aufgewertet (Soergel/*Beuthien* Rn 5; Jauernig/*Mansel* Rn 2; s bereits *v Gierke*, Dt PrivatR III, § 216 III 1, 983f). Es ist aber nicht fernliegend, in der Genehmigung zugleich eine rechtsgeschäftliche Beauftragung für die Fortsetzung der Geschäftsführung zu sehen (so zB Staudinger/*Bergmann* Rn 19). Mit Genehmigung entstehen alle Rechte und Pflichten der berechtigten GoA, so insb der Anspruch des Geschäftsführers aus § 683 S 1 (BGHZ 128, 210, 213). Etwaige Anzeigen oder Benachrichtigungen sind ggf nachzuholen (RGRK/*Steffen* Rn 17). Ein bereits entstandener **Anspruch aus § 678** entfällt mit Genehmigung der Übernahme. Der Geschäftsführer kann allerdings immer noch wegen fehlerhafter Ausführung und Verletzung der Pflichten aus § 677 haften (vgl BGHZ 128, 210, 213; Soergel/*Beuthien* Rn 5; Mugdan II 484f, 1202; s § 677 Rn 55ff und 59).

12 **4. Anspruch auf Genehmigung.** Die Genehmigung des § 684 S 2 steht im freien Ermessen des Geschäftsherrn. Der Geschäftsführer hat keinen Anspruch auf Erteilung der Genehmigung (MüKo/*Seiler*[6] Rn 13).

13 **IV. Verjährung.** Zur Verjährung des Anspruchs aus S 1 bei Erfüllung einer fremden Verbindlichkeit und abw Verjährungsfrist s § 683 Rn 33 und 45 und § 677 Rn 24.

14 **V. Prozessuales.** Die Beweislast für die Voraussetzungen des S 1 trägt der Geschäftsführer. Der Geschäftsherr hat einen Wegfall der Bereicherung oder die Voraussetzungen der aufgedrängten Bereicherung zu beweisen (MüKo/*Schäfer* Rn 17f; *Baumgärtel/Laumen/Prütting* Rn 1; Staudinger/*Bergmann* Rn 14f). Die Beweislast für die Genehmigung trifft nach allg Regeln stets diejenige Partei, die aus der Genehmigung ein Recht herleitet (RGRK/*Steffen* Rn 20; *Baumgärtel/Laumen/Prütting* Rn 2; NK/*Schwab* Rn 18).

§ 685 Schenkungsabsicht

(1) Dem Geschäftsführer steht ein Anspruch nicht zu, wenn er nicht die Absicht hatte, von dem Geschäftsherrn Ersatz zu verlangen.

(2) Gewähren Eltern oder Voreltern ihren Abkömmlingen oder diese jenen Unterhalt, so ist im Zweifel anzunehmen, dass die Absicht fehlt, von dem Empfänger Ersatz zu verlangen.

1 **I. Grundlagen.** Die Vorschrift ergänzt die Tatbestände für Ansprüche des Geschäftsführers (§§ 683, 684) um ein negatives Erfordernis, nämlich um die **„Absicht", keinen Ersatz zu verlangen** (BGH NJW 1963, 483; RG JW 1915, 325, 326; zudem bereits Mugdan II 482). Abs I ist insoweit unklar formuliert, als es im Rahmen der actio contraria nicht darum geht, ob der Geschäftsführer die Absicht hatte, Ersatz zu fordern (sog animus recipiendi). Diese Absicht ist **keine Anspruchsvoraussetzung**. Ansprüche des Geschäftsführers entfallen vielmehr dann, wenn er bei Übernahme der Geschäftsführung die Absicht hatte, keinen Ersatz zu fordern. Diese Einwendung wird meist etwas ungenau als sog animus donandi bezeichnet (vgl allg BGHZ 38, 302, 304; RGZ 88, 21, 29; Mugdan II 482; Staudinger/*Bergmann* Rn 1; zum Begriff MüKo/*Schäfer* Rn 1; anschaulich zudem *Kohler* JhJb 25 [1887], 1, 107f). **Abs II** enthält die **Vermutung**, bei **Leistungen zw nahen Verwandten** werde der Geschäftsführer mit Verzichtsabsicht tätig. Damit sollen Rechtsstreitigkeiten vermieden werden (Mugdan II 483; *Wacke* AcP 191, 1, 6f).

2 **II. Abs I. 1. Umfasste Ansprüche.** Der Anspruch des Geschäftsführers auf Aufwendungsersatz nach **§ 683** entfällt, wenn bei Übernahme der Geschäftsführung die Absicht bestand, keinen Ersatz zu verlangen. Auch der Anspruch nach **§ 684 S 1** ist erfasst, obwohl dort nur von „Herausgabe", nicht von „Ersatz" die Rede ist; die Abweichung im Wortlaut erklärt sich durch die Verweisung auf die Regeln der Kondiktion. Nicht erfasst ist der Ausgleich nach § 812 I 2 Alt 1 (BGHZ 111, 125ff; BGH NJW 1985, 313, 314; Soergel/*Beuthien* Rn 1; Staudinger/*Bergmann* § 684 Rn 8). Der Ausschluss umfasst alle Aufwendungen, auch wegen risikotypischer Begleitschäden aus der Geschäftsführung (BGHZ 38, 302, 304f; Staudinger/*Bergmann* Rn 11; vgl hierzu § 683 Rn 16). Die Ansprü-

che des Geschäftsherrn (§§ **677, 280, 678, 681**) werden dagegen nicht berührt (RGRK/*Steffen* Rn 13; MüKo/*Seiler*[6] Rn 1; Mugdan II 483). Allerdings zieht die Rspr entspr § 521 eine Herabsetzung des Haftungsmaßstabes für den Geschäftsführer in Betracht (BGHZ 64, 260, 264; 32, 44, 52). Man wird dies mit Blick auf die grundsätzlich restriktive Handhabung der Einmischung in fremde Angelegenheiten kritisch sehen müssen (hierzu Vor § 677 Rn 2 und 7, § 683 Rn 4ff); falls überhaupt, ist zu unterscheiden, ob es sich um Schäden an dem Geschäftsherrn bei Übernahme bereits zustehenden Vermögensgegenständen handelt, oder ob darüber hinausgehende Vorteile betroffen sind. Eine Haftungserleichterung kann allenfalls im letzteren Fall greifen (Staudinger/*Bergmann* Rn 12).

2. Verzichts- oder Schenkungsabsicht. Umstr ist die Rechtsnatur der „Absicht" und ihres Nachaußentretens. 3
Vereinzelt wird gem der Theorie der realgeschäftlichen Interessenwahrung von einem rein normativen Merkmal ausgegangen; die Schenkungsabsicht sei keine empirisch erfassbare Erscheinung (ausf Staudinger/*Bergmann* Rn 6). Die überwiegende Ansicht geht hingegen zutr von einer **Willensbetätigung** aus. Die Absicht erfordert demnach das Wissen über möglicherweise bestehende Ansprüche sowie den Willen, diese Ansprüche nicht geltend zu machen (RGRK/*Steffen* Rn 3; s bereits *Kohler* JhJb 25 [1887], 1, 109; aA MüKo/*Schäfer* Rn 5 (Willenserklärung)). Nach dieser Theorie finden die **§§ 104ff, 116ff, 130ff und 164ff entspr Anwendung**. Bei Betätigung der Schenkungsabsicht durch nicht voll Geschäftsfähige muss der gesetzl Vertreter zustimmen. Bei beachtlichem Irrtum im Zeitpunkt der Übernahme kommt eine Anfechtung in Betracht (Soergel/*Beuthien* Rn 3; RGRK/*Steffen* Rn 6; MüKo/*Seiler*[6] Rn 5; BeckOGK/*Thole* Rn 9). Bei Übernahme einer gefährlichen Handlung kann sich die Schenkungsabsicht zunächst nur auf die einkalkulierten Folgen und Schäden erstrecken. Ggf kommt die Vorschrift auch für später entstandene Ansprüche zur Anwendung (RGRK/*Steffen* Rn 3). Hat sich der Geschäftsführer überhaupt keine Gedanken gemacht, scheidet § 685 aus (RGRK/*Steffen* Rn 4; *Frhr v Proff* NJW 2015, 1482, 1484).

Die Absicht muss tatsächlich bestehen. Eine ausdrückl Erklärung ist nicht erforderlich. **Erkennbarkeit** genügt, 4
dh der Geschäftsführer muss seine Absicht nach außen zum Ausdruck gebracht haben. Dies ist bei fehlender ausdrückl Erklärung jeweils mit Blick auf die Umstände des Einzelfalls (va Verhältnisse und Beziehung der Beteiligten, Art der Geschäftsführung, bestehende Risiken) zu ermitteln (RGRK/*Steffen* Rn 4; Soergel/*Beuthien* Rn 1; aA MüKo/*Schäfer* Rn 5). Für den **Zeitpunkt** des Vorliegens der Schenkungsabsicht ist zu unterscheiden: Ein Anspruch auf Ersatzleistung kommt erst gar nicht zur Entstehung, wenn die Absicht bereits bei Übernahme vorliegt. Entschließt sich der Geschäftsführer jedoch erst später zur Nichtgeltendmachung, kommt lediglich ein Erlass des Anspruchs in Betracht (MüKo/*Seiler*[6] Rn 2; Staudinger/*Bergmann* Rn 10; BeckOGK/*Thole* Rn 6 [modifiziert: Zeitpunkt des Tätigens der Aufwendungen]). Eine nachträgl gebildete Erstattungsabsicht (nachdem zunächst Verzicht oder Schenkung beabsichtigt waren) bringt keinen Erstattungsanspruch zum Entstehen.

Die Vorschriften über Rückforderung und Widerruf einer Schenkung (**§§ 528ff**) finden keine Anwendung, auch 5
nicht entspr (Staudinger/*Bergmann* Rn 10; MüKo/*Schäfer* Rn 5; aA RGRK/*Steffen* Rn 5; s auch Mugdan II 1199f).

III. Abs II. 1. Struktur. Die Vorschrift kehrt das Regel-Ausnahme-Verhältnis um: wird allg keine Schenkungs- 6
absicht vermutet (Abs I), ändert sich dies im Verhältnis von **in gerader Linie miteinander verwandten Personen**. Abs II statuiert insoweit eine **Tatsachenvermutung** (MüKo/*Schäfer* Rn 12; wohl auch BGH NJW 1998, 978ff; aA BGHZ 38, 302, 305; RGRK/*Steffen* Rn 9; Staudinger/*Bergmann* Rn 15; Grü/*Retzlaff* Rn 3 [Rechtsvermutung]). Die Vorschrift gilt nur im Verhältnis des Leistenden zum Empfänger, hingegen nicht im Verhältnis zu einem vorrangig unterhaltspflichtigen Dritten. Im Verhältnis zu diesem Unterhaltsverpflichteten (als Geschäftsherr) wird ein Anspruch des Leistenden (als Geschäftsführer) durch Abs II nicht ausgeschlossen (Düsseldorf NJW 1981, 1379, 1380; RGRK/*Steffen* Rn 10; Soergel/*Beuthien* Rn 2; Staudinger/*Bergmann* Rn 15; zum Ausschluss der §§ 677ff bei cessio legis (zB § 1607) s aber § 677 Rn 24).

2. Tatbestand. Nach dem Wortlaut wird das Fehlen der Ersatzforderungsabsicht vermutet, wenn Eltern oder 7
Voreltern ihren Abkömmlingen oder umgekehrt diese jenen **Unterhalt** – in Form von Aufwendungen für den allg Lebensbedarf – gewähren. Erfasst sind nur Leistungen unter **in gerader Linie miteinander verwandten Personen** (RGZ 74, 139, 140f; Soergel/*Beuthien* Rn 2; Staudinger/*Bergmann* Rn 18). Die Vorschrift ist als **Ausnahmevorschrift** eng auszulegen. Sie gilt deshalb nicht für andere als die genannten Personen; auch nicht für andere als die genannten Unterhaltsleistungen (BGHZ 38, 302ff; Dresden SächsArch 1 [1906], 343f; Jena DJZ 5 [1906], 324; RG WarnRspr 1912 Nr 104; RGZ 74, 139, 140f; MüKo/*Seiler*[6] Rn 7). Für **primär Unterhaltsverpflichtete** (zB Eltern für Kinder) erlangt Abs II nur für Leistungen jenseits der gesetzl Unterhaltspflicht Bedeutung (RGRK/*Steffen* Rn 9; MüKo/*Schäfer* Rn 11; s auch allg § 677 Rn 46ff). Für Leistungen **nicht primär Unterhaltsverpflichteter** (zB Großeltern für Enkel) gilt die Vorschrift hingegen grds uneingeschränkt. Diese können allerdings grds beim primär Pflichtigen Rückgriff nehmen (s Rn 6).

IV. Prozessuales. 1. Abs I. Die Schenkungsabsicht ist eine **von Amts wegen zu beachtende rechtshindernde** 8
Einwendung (BGH NJW 1985, 313f; Staudinger/*Bergmann* Rn 19; Grü/*Retzlaff* Rn 1). Die Beweislast für die Absicht des Geschäftsführers, keinen Ersatz zu fordern, trifft nach Abs I den Geschäftsherrn (RG JW 1915, 325, 326; WarnRspr 1919 Nr 104; *Wacke* AcP 191, 1, 6f; Mugdan II 482). Eine Vermutung besteht nicht; im Zweifel existiert gerade keine Verzichtsabsicht (RGZ 74, 139, 140; MüKo/*Seiler*[6] Rn 4; *Baumgärtel/Laumen/Prütting* Rn 1). Auch bei Hilfeleistung unter nahen Verwandten gilt keine Vermutung (vgl aber BGHZ 38, 302, 306 [tatsächliche Vermutung]; zur Kritik vgl Soergel/*Beuthien* Rn 2). Dies gilt auch dann nicht, wenn der Geschäftsführer mit der Geschäftsbesorgung ein eigenes Geschäft erledigt oder eigene Verpflichtungen erfüllt (RGZ 75, 276, 283; *Baum-*

gärtel/Laumen/Prütting Rn 2). Allerdings wird gelegentlich eine de minimis-Grenze gesehen: lediglich geringfügige Leistungen werden demnach regelmäßig in Verzichtsabsicht erbracht (vgl Hamburg HansGZ 1919, B 44, 45; *Baumgärtel/Laumen/Prütting* Rn 2). Ein späteres Ersatzverlangen wird teilw als Indiz für eine bereits anfänglich vorhandene Ersatzabsicht gewertet (RGZ 75, 276, 283; RGRK/*Steffen* Rn 7; *Baumgärtel/Laumen/Prütting* Rn 4; NK/*Schwab* Rn 11). Sowohl de minimis-Grenze als auch Indizwirkung sind in dieser Allgemeinheit zweifelhaft; die Umstände des Einzelfalls entscheiden. Ebenso werden sonstige nachträgl Handlungen oder Äußerungen, die auf einen Verzicht hindeuten, nur ausnahmsw entspr ausgelegt werden können (zB bei steuerlicher Geltendmachung von Aufwendungen als Spende).

9 **2. Abs II.** In Abs II wird das Fehlen der Absicht, vom Empfänger Ersatz zu verlangen, vermutet (s Rn 6). Der Geschäftsführer muss die Tatsachenvermutung widerlegen (BGH NJW 1998, 978, 979; BGHZ 38, 302, 306; MüKo/*Schäfer* Rn 13; krit RGRK/*Steffen* Rn 7). Häufig wird bei Hilfeleistungen im engen Familienkreis die Annahme naheliegen, dass sich der Geschäftsführer überhaupt keine Gedanken über einen Ersatz macht; die Vorschrift soll dann nicht anzuwenden sein (vgl RGRK/*Steffen* Rn 8; *Baumgärtel/Laumen/Prütting* Rn 1).

§ 686 Irrtum über die Person des Geschäftsherrn

Ist der Geschäftsführer über die Person des Geschäftsherrn im Irrtum, so wird der wirkliche Geschäftsherr aus der Geschäftsführung berechtigt und verpflichtet.

1 **I. Grundlagen.** Die Norm senkt die Anforderungen an die Feststellung des Fremdgeschäftsführungsbewusstseins im Hinblick auf das Wissen des Geschäftsführers, dass er in einen fremden Rechts- und Zuständigkeitsbereich eingreift (Soergel/*Beuthien* Rn 1; MüKo/*Schäfer* Rn 1; s § 687 Rn 1). Es genügt demnach, dass er das **Geschäft „für denjenigen, den es angeht"** führt (BGHZ 43, 188, 191f; 1, 57, 62; vgl bereits *Windscheid/Kipp*, PandektenR II, § 430, 2). Der Fremdgeschäftsführungswille wird hierdurch zwar nicht entbehrlich; ein **Irrtum** ist aber **unbeachtlich** (Mugdan II 484). Die Vorschrift gilt für die berechtigte und die unberechtigte GoA.

2 **II. Tatbestand.** Die Vorschrift erfasst nur den **Irrtum über Existenz oder Identität des Geschäftsherrn**. Nicht erfasst sind die irrtümliche Annahme der Berechtigung oder Verpflichtung zum Tätigwerden oder der Irrtum über die Fremdheit des Geschäfts. Regelmäßig findet sich die Konstellation des § 686 bei Verfügungen über fremde Gegenstände und gleichzeitigem Irrtum über die Person des dinglich Berechtigten (vgl zB RGZ 92, 128, 132 [Verkauf fremder Schiffsladung]). Weitere Fälle erfassen das Tätigwerden für einen **noch nicht existenten Geschäftsherrn** (vgl zB Soergel/*Beuthien* Rn 2 [nasciturus]). Bei **Gesellschaften im Gründungsstadium** sind die Vorgründungsgesellschaft und vor deren Bestehen die natürlichen Gründungspersonen als Geschäftsherr anzusehen (vgl Nürnberg NJW-RR 1987, 405, 406; RG WarnRspr 23 Nr 122; RG LZ 1913, 853; ausf Staudinger/*Bergmann* Rn 4). Schließlich kann das **Tätigwerden eines Erbensuchers** als GoA „für den, den es angeht" angesehen werden (s hierzu Vor § 677 Rn 26, § 683 Rn 32; zudem *Dornis* JZ 2013, 592, 596f).

3 **III. Rechtsfolgen.** Trotz Irrtums über die Person des Geschäftsherrn wird der **tatsächlich Betroffene berechtigt und verpflichtet.** Ob es hingegen ausreicht, dass der Geschäftsherr erst durch ein nachträgl Ereignis bestimmt wird, ist zweifelhaft (so aber BGH NJW 1966, 1360, 1361; krit Staudinger/*Bergmann* Rn 4). Die Unterscheidung zw berechtigter oder unberechtigter GoA erfolgt nach den Umständen des wirklichen Geschäftsherrn. Der Geschäftsführer wird nicht durch Herausgabe an den vermeintlichen Geschäftsherrn befreit; eine Genehmigung des vermeintlichen Geschäftsherrn ist unbeachtlich. Auch die Gefahrenlage nach § 680 muss dem wirklichen Geschäftsherrn gedroht haben (RGRK/*Steffen* Rn 5). Die Absicht, von einem bestimmten Geschäftsherrn keinen Ersatz zu fordern (vgl § 685), wirkt nicht ohne weiteres auch ggü dem wirklichen Geschäftsherrn (MüKo/*Schäfer* Rn 5; s allg § 685 Rn 1).

4 **IV. Prozessuales.** Die Beweislast für die Behauptung, eine bestimmte Person sei der wahre Geschäftsherr, liegt nach den allg Regeln bei demjenigen, der sich darauf beruft.

§ 687 Unechte Geschäftsführung

(1) Die Vorschriften der §§ 677 bis 686 finden keine Anwendung, wenn jemand ein fremdes Geschäft in der Meinung besorgt, dass es sein eigenes sei.

(2) Behandelt jemand ein fremdes Geschäft als sein eigenes, obwohl er weiß, dass er nicht dazu berechtigt ist, so kann der Geschäftsherr die sich aus den §§ 677, 678, 681, 682 ergebenden Ansprüche geltend machen. Macht er sie geltend, so ist er dem Geschäftsführer nach § 684 Satz 1 verpflichtet.

1 **I. Grundlagen.** Die **Tatbestände der unechten GoA** in § 687 I und II sind streng zu unterscheiden; wenngleich nach beiden jew die Führung eines fremden Geschäfts als eigenes gefordert wird, unterscheiden sich die Vorschriften insb nach dogmatischer Einordnung und Normzweck (ausf BeckOGK/*Hartmann* Rn 3). Fehlt das kognitive Element des Fremdgeschäftsführungswillens, liegt sog **irrtümliche Eigengeschäftsführung nach Abs I** vor. Dieser Begriff bezeichnet kein Rechtsinstitut im eigentlichen Sinne. Es dient der klarstellenden Beschreibung eines Verhaltens, das weder als echte GoA nach § 677 noch als Geschäftsanmaßung nach § 687 II einzuordnen ist. Mit § 687 I hat das BGB sich gegen die obj Theorie entschieden (zum Theorienstreit s Vor § 677 Rn 3ff). Es bleibt in diesen Fällen beim Ausgleich nach den allg Vorschriften (Staudinger/*Bergmann*, Vorbem zu §§ 677ff Rn 1, § 687 Rn 2 und 5). **Abs II** regelt bei fehlendem finalem Element des Fremdgeschäftsführungswillens die

Fälle einer sog **angemaßten Eigengeschäftsführung** (RGRK/*Steffen* Rn 22; *Nipperdey*, FS Böhm, 1965, 163, 165). Im Gegensatz zur irrtümlichen Eigengeschäftsführung weiß der angemaßte Geschäftsführer allerdings, dass er ein fremdes Geschäft besorgt; er handelt dabei im Eigeninteresse. Die Geschäftsanmaßung ist darum kein Unterfall der echten GoA, sondern ihr Gegenteil (Staudinger/*Bergmann* Vorbem zu §§ 677ff Rn 4; *Reichard* AcP 193, 567, 581; zur Kritik an der historisch-dogmatischen Verortung im Recht der GoA (mwN) s zB BeckOGK/*Hartmann* Rn 8ff). Aus dem vorsätzlichen Eingriff in einen fremden Rechtskreis soll kein Vorteil gezogen werden. Die Vorschrift ergänzt die allg Schadensersatz- und Kondiktionsansprüche und verbessert die Stellung des Betroffenen nach § 687 II 1, §§ 677ff (zur historisch-dogmatischen Einordnung: MüKo/*Schäfer* Rn 1; BeckOGK/*Hartmann* Rn 15ff; zu ökonomischen Grundlagen zB *Köndgen* RabelsZ 64 [2000], 661, 679ff).

II. Irrtümliche Eigengeschäftsführung (Abs I). 1. Tatbestand. Eine irrtümliche Eigengeschäftsführung kann nur **obj fremde Geschäfte** betreffen (RGRK/*Steffen* Rn 3; Soergel/*Beuthien* Rn 3; BeckOGK/*Hartmann* Rn 6; vgl § 677 Rn 5ff). Der Geschäftsführer handelt in der **Vorstellung und Überzeugung, ein eigenes Geschäft zu erledigen.** Macht sich der Geschäftsführer überhaupt keine Gedanken, findet die Vorschrift keine Anwendung. Er handelt dann „für den, den es angeht". Dies soll auch gelten, wenn er unsicher ist, ob es sich tatsächlich um eine eigene Angelegenheit handelt (RGRK/*Steffen* Rn 14). Typische Fälle dieses irrtümlichen Tätigwerdens in einem fremden Rechtskreis sind Verfügungen über fremde Gegenstände. Die Abgrenzung zu Abs II verläuft bei der grob fahrlässigen Annahme eines Eigengeschäfts (Soergel/*Beuthien* Rn 3; BeckOGK/*Hartmann* Rn 6 und 6.1; aA MüKo/*Schäfer* Rn 3). 2

2. Rechtsfolgen. Rechtsfolge ist die **Unanwendbarkeit der §§ 677–686.** Der irrende Eigengeschäftsführer haftet nach den allg Regeln der **§§ 823ff, §§ 812ff oder §§ 946ff, 985ff sowie § 1004.** Der Geschäftsherr haftet aus **§§ 812ff, 994ff.** Die irrtümliche Eigengeschäftsführung kann vom Geschäftsherrn nicht genehmigt werden (Mugdan II 486; RGZ 105, 84, 92; MüKo/*Schäfer* Rn 4; BeckOGK/*Hartmann* Rn 7). 3

III. Angemaßte Eigengeschäftsführung (Abs II). 1. Tatbestand. Die Tätigkeit des Geschäftsanmaßers nach Abs II erfasst **obj fremde Geschäfte** (BGH NJW 2000, 72, 73; NJW 1989, 1255, 1257; NJW 1980, 178; RGRK/*Steffen* Rn 3; Soergel/*Beuthien* Rn 6; MüKo/*Schäfer* Rn 14). Gegenstand der Geschäftsführung (enger: Geschäftsbehandlung) kann sowohl **tatsächliches als auch rechtsgeschäftliches Handeln** sein (RGZ 135, 94, 103; MüKo/*Schäfer* Rn 24; BeckOGK/*Hartmann* Rn 45). Auch ein auf den ersten Blick teilw fremdes oder auch-fremdes Geschäft soll die Voraussetzung obj Fremdheit erfüllen können, zB bei Verkauf eigener Waren unter Verwendung fremder Kennzeichen (BGHZ 34, 320, 322). Die Fremdheit liegt in diesem Fall allerdings ausschließlich in der Verwendung fremder Kennzeichenrechte; diesbzgl ist kein eigenes Geschäft – auch nicht teilw – gegeben (vgl MüKo/*Schäfer* Rn 14; BeckOGK/*Hartmann* Rn 41.1). Die Fremdheit muss nicht nach außen in Erscheinung treten (Soergel/*Beuthien* Rn 5; Staudinger/*Bergmann* Rn 19). Keine Rolle spielt zudem, ob der Geschäftsanmaßer **im eigenen oder fremden Namen** handelt (RGZ 138, 45, 49). Beim *falsus procurator* kann der Geschäftsherr zwar nach § 177 genehmigen, aber immer noch nach Abs II gegen den Geschäftsanmaßer vorgehen (Staudinger/*Bergmann* Rn 32; zu den Rechtsfolgen s Rn 8ff). 4

Zugleich muss die Geschäftsführung **gegen oder ohne den Willen des Geschäftsherrn** erfolgen. Dies verneint die Rspr zB für das Handeln des Alleingesellschafters bei einer Ein-Mann-GmbH (BGHZ 119, 257, 259f). Zudem wird eine Einschränkung des Abs II unter dem Aspekt des Vorrangs bestehender vertragl oder organschaftlicher Strukturen diskutiert. Liege in der Geschäftsanmaßung zugleich ein Verstoß gegen vertragl oder organschaftliche Pflichten des Anmaßers, scheide eine Haftung nach § 687 II aus (BGH NJW-RR 1989, 1255, 1257; NJW 1984, 2411; krit Soergel/*Beuthien* Rn 13; Staudinger/*Bergmann* Rn 39; z Lehre vom Vertragsverstoß s § 677 Rn 52). 5

Subj verlangt die angemaßte Eigengeschäftsführung, dass der Geschäftsanmaßer das Geschäft als eigenes (oder für einen Dritten) und **nicht „für" einen anderen** geführt hat. Allein das Vorliegen eigensüchtiger Motive genügt allerdings nicht (Staudinger/*Bergmann* Rn 31 und 33). Beim Geschäftsanmaßer muss vielmehr zunächst das sog **Fremdgeschäftsführungsbewusstsein** im Sinne des Wissens vorliegen, dass es sich nicht um ein eigenes Geschäft handelt, und dass er nicht zur Übernahme berechtigt ist (BGHZ 119, 257ff; RGZ 105, 409). Grob fahrlässige Unkenntnis genügt nicht (Soergel/*Beuthien* Rn 5; RGRK/*Steffen* Rn 18; MüKo/Schäfer Rn 10 und 22; BeckOGK/*Hartmann* Rn 71f); in diesem Fall liegt irrtümliche Eigengeschäftsführung nach Abs I vor (s Rn 2). Kenntnis der die Nichtberechtigung begründenden Tatsachen genügt allerdings, falls diese ohne weiteres auf das Fehlen der Berechtigung schließen lassen (RGRK/*Steffen* Rn 6; Staudinger/*Bergmann* Rn 37). Eine Ausnahme ist zudem für die Verletzung von Immaterialgüterrechten anerkannt (s Rn 16ff). Macht sich der Geschäftsführer überhaupt keine Gedanken, findet Abs II keine Anwendung (RGRK/*Steffen* Rn 19). Bei der Wissenszurechnung ist analog § 831 zu entscheiden (BeckOGK/*Hartmann* Rn 74; aA MüKo/*Schäfer* Rn 7). Zusätzl zum kognitiven Element des Wissens muss als voluntativer Bestandteil noch die sog **Eigengeschäftsführungsabsicht** (als Gegensatz zur Fremdgeschäftsführungsabsicht) hinzukommen (RGRK/*Steffen* Rn 8; MüKo/*Schäfer* Rn 23). Führt der Anmaßer das Geschäft für einen anderen, genügt auch das Vorliegen der sog Drittgeschäftsführungsabsicht (vgl MüKo/*Schäfer* Rn 25). 6

Entscheidender **Zeitpunkt** für die Beurteilung des subj Tatbestandes ist der Moment der Übernahme der Geschäftsbehandlung (Bsp s Rn 15ff). Eine nachträgl Kenntniserlangung führt nicht rückwirkend zur Anwendung des Abs II, kann aber vom Zeitpunkt der Kenntnis an – bei Fortsetzung der Ausführung – zur Haftung führen (RGRK/*Steffen* Rn 20; Staudinger/*Bergmann* Rn 37). Gem § 142 II wird der Geschäftführer allerdings auch be- 7 reits bei Kenntnis der Anfechtbarkeit des zur Geschäftsführung berechtigenden Rechtsverhältnisses so behandelt, wie wenn er die fehlende Berechtigung gekannt hätte (RGZ 138, 45, 48f; *Wenckstern* AcP 200, 240, 267).

8 **2. Rechtsfolgen.** Der Geschäftsherr hat die Möglichkeit, nach **§ 687 II** vorzugehen (s Rn 9ff). Andernfalls bestimmen sich seine Rechte nach **§§ 987ff, 823ff und 812ff.** Dann stehen dem Geschäftsanmaßer keine Rechte aus § 687 II 2, § 684 S 1 zu. Zugleich soll ihm auch ein Anspruch nach § 812 versagt bleiben; dies gilt aber nicht für Fälle des § 994 II (sog Ausschlusswirkung des § 687 II; BGHZ 39, 186, 188f; Soergel/*Beuthien* Rn 9; *Martinek/Theobald* JuS 1997, 612, 616; krit Staudinger/*Bergmann* Rn 55; BeckOGK/*Hartmann* Rn 103ff).

9 Allein die Geltendmachung der Ansprüche nach Abs II S 1 ist grds noch **keine Genehmigung** der Eigengeschäftsführung **im Innenverhältnis** zum angemaßten Geschäftsführer (RGRK/*Steffen* Rn 22; Soergel/*Beuthien* Rn 8; Staudinger/*Bergmann* Rn 48). Ob der Geschäftsherr die Geschäftsbesorgung **im Außenverhältnis** bei Geltendmachung der Ansprüche ggü dem angemaßten Geschäftsführer nach **§ 182 I, § 184, § 185 II** genehmigt, ist zweifelhaft (bejahend zB Soergel/*Beuthien* Rn 8; Jauernig/*Mansel* Rn 8; diff MüKo/*Schäfer* Rn 35). Die Rspr hat dies im Rahmen der § 185 II, § 816 teilw angenommen (vgl RGZ 106, 44, 45; 115, 31, 34). Der Geschäftsherr kann das Risiko eines Verlusts seiner dinglichen Berechtigung aber durch **Klage auf Erlösherausgabe Zug-um-Zug gegen Genehmigung** vermeiden (vgl auch *Wilckens* AcP 157, 399, 401ff). Jedenfalls allein die Forderung von Schadensersatz ist keine Verweigerung der Genehmigung im Außenverhältnis (vgl zu § 185: BGH NJW 1968, 1326, 1327). Werden zunächst lediglich die Ansprüche aus **§ 687 II 1, § 681 S 2, § 666** (auf Auskunft und Rechnungslegung) geltend gemacht, löst dies noch keinen Aufwendungsersatzanspruch aus (s auch Rn 10 und 14).

10 Die **ggü den allg Vorschriften verschärfte Haftung** des angemaßten Geschäftsführers hat für den Geschäftsherrn mehrere **Vorteile**: Zunächst hat er die Möglichkeit, Auskunft und Rechenschaft zu fordern (§ 687 II 1, § 681 S 2, § 666). Für **Schäden** (auch primäre Vermögens- und Zufallsschäden) haftet der angemaßte Geschäftsführer gem **§ 687 II, § 678** wegen der Übernahme; gleiches gilt bei späterer Kenntniserlangung und Fortsetzung der Geschäftsanmaßung oder beim Wechsel vom Fremd- zum Eigengeschäftsführungswillen in entspr Anwendung (Staudinger/*Bergmann* Rn 44; MüKo/*Schäfer* Rn 28). Nach **§ 687 II, § 677, § 280 I** haftet er zudem wegen nicht ordnungsgemäßer Ausführung (s aber Rn 12). Hinsichtl des **erzielten Gewinns** kann der Geschäftsherr nicht nur nach **§ 252** liquidieren, er kann gem **§ 687 II, § 681 S 2, § 667 Var 2** auch einen vom angemaßten Geschäftsführer erzielten **Verletzergewinn** herausverlangen. Dies gilt auch dann, wenn der Geschäftsherr diesen Gewinn selbst nicht erzielt hätte (vgl BGH NJW 2001, 2173, 2174). Im Hinblick auf die vom Anmaßer eingesetzten Mittel und Werte (zB Sachaufwendungen, Arbeitskraft) wird zT dogmatisch zutreffend gefordert, zunächst den gesamten Bruttogewinn herauszugeben (*Wenckstern* AcP 200, 240, 269f; MüKo/*Schäfer* Rn 31; krit BeckOGK/*Hartmann* Rn 83ff mwN); eigene Beiträge des Anmaßers seien erst im Anschluss über § 687 II, § 684 S 1 geltend zu machen, ggf sei aufzurechnen (*Wenckstern* AcP 200, 240, 269f; MüKo/*Schäfer* Rn 31). Die Rspr bringt die eigenen Beiträge des Anmaßers hingegen direkt in Ansatz (vgl RGZ 156, 321, 325ff; BGH NJW 1961, 1017, 1018; NJW 2001, 2173, 2174f). Der Einwand des **§ 818 III** greift nicht; es gilt das allg Leistungsstörungsrecht (vgl BGH NJW 1962, 1507, 1508; MüKo/*Schäfer* Rn 32). Schließlich erhält der Geschäftsherr **Nutzungen, Zinsen und Ersatzwerte** aus Folgegeschäften (vgl §§ 667, 668; RGRK/*Steffen* Rn 29; Jauernig/*Mansel* Rn 8).

11 Einige **Einschränkungen** sind zu beachten: **Schadensersatz nach § 678** und **Gewinnherausgabe** (s Rn 10) sind unvereinbar. Der Geschäftsherr kann nicht wegen unberechtigter Geschäftsübernahme Schadensersatz fordern und gleichzeitig den durch diese angeblich schadhafte Übernahme erzielten Gewinn verlangen (Staudinger/*Bergmann* Rn 45; aA aber zB RGRK/*Steffen* Rn 28; BeckOGK/*Hartmann* Rn 100). Die Geltendmachung eines weitergehenden Begleitschadens neben der Gewinnherausgabe ist aber möglich (BGHZ 44, 372ff; Staudinger/*Bergmann* Rn 45). Für Geschäftsunfähige und beschränkt Geschäftsfähige als Anmaßer gilt der Haftungsausschluss des **§ 682** (krit BeckOGK/*Hartmann* Rn 75f). Für die **Verzinsung** kann der Geschäftsherr zudem nicht nach **§ 288 II** vorgehen; es handelt sich nicht um eine „Entgeltforderung" (vgl allg zur GoA BeckOGK/*Dornis* § 286 Rn 201.7).

12 Die **Verweisung auf § 677 und § 681 S 1** wird **kritisiert**: Der Anmaßer habe die Geschäftsführung zunächst ganz grds zu unterlassen, nicht dem Interesse und Willen des Geschäftsherrn anzupassen. Auch gehe die Anzeigepflicht fehl, weil der Anmaßer den Willen des Geschäftsherrn ohnehin nicht berücksichtigen wolle (Soergel/*Beuthien* Rn 6; RGRK/*Steffen* Rn 24; jurisPK/*K. Lange* Rn 64; *Wittmann*, 150). Dem kann nicht gefolgt werden: der Anmaßer ist grds nicht besser zu behandeln als der berechtigte Geschäftsführer; die Haftung kann zudem praktisch durchaus relevant werden, etwa bei unterlassener Gewinnerzielung (Staudinger/*Bergmann* Rn 45; BeckOGK/*Hartmann* Rn 94ff; krit aber MüKo/*Schäfer* Rn 29). Der Verweis auf Auskunfts- und Anzeigepflichten ist ebenfalls nicht unbegründet: diese helfen dem Geschäftsherrn bei der Durchsetzung seiner Herausgabe- und Schadensersatzansprüche (s Rn 9).

13 Es wird bestritten, dass ein **Geschäftsanmaßungsgehilfe** (vergleichbar dem Geschäftsführungsgehilfen (s § 677 Rn 45)) existiert (s zB Staudinger/*Bergmann* Rn 57). Jeder von mehreren an einer Geschäftsanmaßung Beteiligten soll demnach getrennt nach Abs II haften; die Vorschriften der §§ 830, 840 sollen entspr Anwendung finden. Nach einer neueren Gegenansicht, soll es aber nicht erforderlich sein, dass der Geschäftsanmaßer die Eingriffshandlung selbst vornimmt (zutr zB *Ebert*, Geschäftsanmaßung, 160; *Bönschen*, Geschäftsführung im Mehrpersonenverhältnis, 95ff).

14 Dem **angemaßten Geschäftsführer** stehen **keine Ansprüche** (weder aus § 687 II 2, § 684 S 1 noch aus §§ 812ff) zu, **wenn der Geschäftsherr seinerseits keine Ansprüche aus § 687 II 1 erhebt**; eine Ausnahme gilt für **§ 994**

II (s Rn 8). Wählt der Geschäftsherr allerdings die Ansprüche nach § 687 II 1 (iS einer tatsächlichen Forderung der Leistung, vgl Soergel/*Beuthien* Rn 9), ist er dem angemaßten Geschäftsführer nach **§ 684 S 1** verpflichtet. Eine **Genehmigung der Geschäftsführung** ist in der Geltendmachung dieser Ansprüche nicht zu sehen (s Rn 9 und § 684 Rn 9f). Ausgleich von Aufwendungen des angemaßten Eigengeschäftsführers kann nur bis zur Höhe der beim Geschäftsherrn eingetretenen Bereicherung gefordert werden. Das **Erfolgsrisiko** bleibt darum stets beim Geschäftsanmaßer (BGHZ 39, 186ff; 34, 320, 323f; MüKo/*Schäfer* Rn 36). Die Pflicht zum Ausgleich entsteht allerdings nicht schon dann, wenn der Geschäftsherr **Auskunft, Benachrichtigung oder Rechnungslegung** verlangt, sondern erst bei Forderung von Schadensersatz oder Herausgabe (s Rn 9). Die Rechnungslegung dient zunächst allein der Information des Geschäftsherrn. Der Gesetzeswortlaut geht zu weit; die Vorschrift ist darum teleologisch zu reduzieren (Soergel/*Beuthien* Rn 8; MüKo/*Schäfer* Rn 36; BeckOGK/*Hartmann* Rn 102). Keine Seite ist vorleistungspflichtig. Beide können aufrechnen oder ein **Zurückbehaltungsrecht** geltend machen (vgl **§ 273**; RGRK/*Steffen* Rn 32).

3. Einzelfragen. Allgemein. Der Eingriff in den berechtigten **Besitz** eines anderen wird als unbefugte Geschäftsanmaßung angesehen (Staudinger/*Bergmann* Rn 22 [unbefugte werbliche Nutzung einer Gebäudewand]; wohl zust BeckOGK/*Hartmann* Rn 67). Der unbefugte **Einzug fremder Forderungen** (im Rahmen der §§ 407ff) kann Geschäftsanmaßung sein (Staudinger/*Bergmann* Rn 23; krit BeckOGK/*Hartmann* Rn 66). Auch die gewerbliche Verbreitung von **Fotografien eines im Privateigentum stehenden Gebäudes** kann als unzulässiger Eingriff angesehen werden (*Schmieder* NJW 1975, 1164f). Die unberechtigte **Gebrauchsüberlassung fremder Sachen** an Dritte fällt unter § 687 II (RGZ 105, 408, 409f); ebenso bei entgeltlicher Überlassung eines **gemeinschaftl Gegenstandes** durch nur einen der Teilhaber (vgl §§ 744, 745; München 12.1.2011 – 20 U 2913/10). Gleiches gilt für Verstöße gegen Verpflichtungen aus **Grunddienstbarkeiten** (zB Betrieb einer Gaststätte ohne Zustimmung des ausschließlich Berechtigten; Düsseldorf 12.8.2010 – 15 U 227/02). Auch die Verwertung fremder **Immaterialgüterrechte** (Patent, Gebrauchsmuster, Urheber-, Marken-, Geschmacksmuster und sonstige gewerbliche oder verwandte Schutzrechte) kann in den Anwendungsbereich der angemaßten Eigengeschäftsführung fallen. Dies gilt zB bei Anmeldung einer fremden Erfindung auf den eigenen Namen (RGZ 84, 49, 53; s Rn 16). Die vorsätzliche Verletzung fremder gesetzl **Monopolrechte** kann ebenfalls den Tatbestand des § 687 II erfüllen (RGZ 103, 409; 100, 142, 145f). Die unberechtigte **Nutzung eines fremden Grundstücks** kann angemaßte Eigengeschäftsführung sein (BGHZ 39, 186, 188 – Aufstellen einer Baubude). Die bewusste Überschreitung der **Organ-Geschäftsführungsbefugnis** durch einen GmbH-Geschäftsführer ist hingegen keine angemaßte Eigengeschäftsführung, sondern lediglich Verletzung des Geschäftsführervertrages (BGH NJW-RR 1989, 1255, 1256f; aA *Fleck* ZIP 1991, 1269, 1271; ebenso Köln VersR 2000, 108f; s auch § 677 Rn 52). Zum Eingriff in fremde **Persönlichkeitsrechte** s Rn 18. Umstr ist, ob der vorsätzliche Eingriff in das **Recht am eingerichteten und ausgeübten Gewerbebetrieb** den Tatbestand einer Geschäftsanmaßung erfüllt (zutr dagegen zB BGHZ 7, 208, 218; Staudinger/*Bergmann* Rn 24; MüKo/*Schäfer* Rn 17; aA MüKo/*Seiler*[6] Rn 20). Für **Schmiergeldzahlungen** geht das BAG von einer Pflicht zur Herausgabe aus (BAG MDR 1961, 1045; ebenso BGH wistra 2008, 262, 263; aA RGRK/*Steffen* Rn 12; MüKo/*Seiler*[6] Rn 20). Auch ein Verstoß gegen **Schutzgesetze iSd § 823 II** kann Geschäftsanmaßung sein, so zB bei Verstoß gegen §§ 201ff StGB (Staudinger/*Bergmann* Rn 25). Bei Verletzung der Position eines Mitbewerbers am Markt durch **unlauteren Wettbewerb** ist zu differenzieren (s Rn 19). Für eine unberechtigte **Untervermietung** durch den Hauptmieter gilt der Grundsatz hinsichtl Überlassung fremder Sachen zutr nicht: Die Nutzung der vermieteten Sache ist dem Hauptmieter allein zugewiesen; die Weiter- oder Untervermietung ist darum nicht Geschäft des Vermieters (BGH NJW-RR 2009, 1522, 1523f; aA *Herschel* JuS 1968, 562, 563; BeckOGK/*Hartmann* Rn 56ff mwN). Die **Veräußerung und Verarbeitung fremder Sachen** in Kenntnis des fremden Eigentums und der fehlenden Verfügungsbefugnis ist angemaßte Eigengeschäftsführung (RGZ 138, 45, 48f; BeckOGK/*Hartmann* Rn 55; anders aber bei Veräußerung durch Treuhänder Staudinger/*Bergmann* Rn 20). Umstr ist die Frage des Eingriffs in lediglich **vertragl begründete Rechte oder Interessensphären**, zB zum Alleinvertrieb oder bei Wettbewerbsverboten. Die Frage kann vor allem zw den Vertragsparteien trotz typischerweise zugleich bestehender Ansprüche des Klägers wegen Vertragsverletzung des angeblich anmaßenden Geschäftsführers praktische Bedeutung erlangen, sofern ersterer ohne nachweisbaren Schaden die Herausgabe des Verletzergewinns anstrebt (Staudinger/*Bergmann* Rn 27; *Nipperdey*, FS Böhm, 1965, 163). Das überwiegende Schrifttum lehnt dies unter Verweis auf die Ergänzungsfunktion der angemaßten Eigengeschäftsführung im System des Delikts- und Bereicherungsrechts ab; erfasst seien nur Eingriffe in absolut geschützte Rechte (MüKo/*Schäfer* Rn 18; *Wittmann*, 152f; *Wenckstern* AcP 200, 240, 263f; aA *Nipperdey*, FS Böhm, 1965, 163, 165ff). Die Rspr ist uneinheitlich, aber grds abl (vgl BGH NJW 1984, 2411; wohl auch BGH NJW-RR 1989, 1255, 1256f; RG HRR 1933 Nr 1640; anders aber Saarbrücken NJW 1960, 2339; wohl auch Hamm BauR 2012, 1433, 1436 (Anspruch des Auftraggebers auf Honorarherausgabe bei Zweitverwertung von Architektenplänen); ausf mwN Staudinger/*Bergmann* Rn 27ff; BeckOGK/*Hartmann* Rn 49ff). 15

Sonderfälle: Immaterialgüter- und Persönlichkeitsrechtsverletzungen, Lauterkeitsrechtsverstöße. Bei Eingriffen in fremde **Immaterialgüterrechte** hat der Inhaber vor allem sondergesetzl Beseitigungs- und Unterlassungsansprüche (zB § 97 UrhG, § 139 PatG, § 24 GebrMG, § 42 DesignG, §§ 14ff MarkenG). Daneben bestehen (bei schuldlosen Verstößen) Ansprüche aus Bereicherungsrecht; dies umfasst idR die Zahlung einer angemessenen Lizenzgebühr (vgl BGHZ 82, 299, 308; ausf *Meier-Beck* GRUR 2005, 617, 618f). Bei schuldhaftem Eingriff wurde bereits seither gewohnheitsrechtl (meist im Rahmen deliktischer Ansprüche, aber auch unter § 687 II; vgl zB RGZ 70, 249, 251; BGH NJW 1961, 1017; GRUR 2007, 431, 433) die Möglichkeit einer dreifachen Schadens- 16 berechnung gewährt. Dies wurde 2008 mit der Umsetzung der RL 2004/48/EG zur Durchsetzung der Rechte des geistigen Eigentums (EnforcementRL) ausdrückl geregelt (vgl zB § 97 II UrhG, § 139 II PatG, § 24 II GebrMG, § 42 II DesignG, § 14 VI, § 15 V MarkenG). Es können darum neben dem tatsächlich entstandenen Schaden zwei weitere Bemessungsfaktoren eine Rolle spielen. Zunächst ist der Gewinn, den der Verletzer durch den Eingriff in das Recht erzielt hat, zu beachten. Zudem kann der Schaden auf der Grundlage derjenigen Vergütung berechnet werden, die bei vorheriger Erlaubniseinholung als Lizenzgebühr zu entrichten gewesen wäre (vgl bereits bisher BGHZ 119, 20, 23f; *Meier-Beck* GRUR 2005, 617, 618; zur EnforcementRL zB *Dörre/Maaßen* GRUR-RR 2008, 217ff). Zur Frage der weiteren Anwendbarkeit des § 687 II s Rn 17. Die Möglichkeit der dreifachen Schadensberechnung wurde vom BGH zudem schon seit längerem ausgedehnt auf die Verletzung von **Namens- und Firmenrechten**, auf die **Verletzung von Persönlichkeitsrechten** (s Rn 18) sowie auf bestimmte **Verstöße gegen das Lauterkeitsrecht** (s Rn 19). Ob die Vorschriften der EnforcementRL insoweit (zB im Lauterkeitsrecht) entspr Anwendung finden, ist zu bezweifeln (aA *Goldmann* WRP 2011, 950, 970).

17 Für die **Konkurrenz der Ansprüche** gilt Folgendes: Eine eigenständige Bedeutung der Geschäftsanmaßung als Ausgleichsregelung neben den sondergesetzl Ausgleichsansprüchen wird mit guten Gründen bezweifelt (so zB *Grabinski* GRUR 2009, 260, 261; *Meier-Beck* WRP 2012, 503, 505). Zunächst ist zu beachten, dass der oft als „gewohnheitsrechtl gefestigt" bezeichnete Rückgriff auf § 687 II auf der Grundlage des europäischen RL-Rechts kaum noch überzeugen kann (*Meier-Beck* WRP 2012, 503, 505). Die dogmatische Herleitung dieser Konstruktion war zudem von Anfang an mit Zweifeln behaftet. Gerade in letzter Zeit wurde sie auch in der Praxis immer seltener zur Begründung herangezogen (MüKo/*Seiler*[6] Rn 27). Vor allem im Hinblick auf den schwindenden Nutzen bei der Durchsetzung hat der Anspruch aus Geschäftsanmaßung die scheinbar vorhandenen Vorteile eingebüßt, was sich vor allem bei der Verjährung zeigt (MüKo/*Seiler*[6] Rn 30; s auch Rn 20).

18 Bei **Verletzungen der Persönlichkeit** durch Kränkung oder Ausnutzung ihres wirtschaftl Werts stehen dem Träger des Rechts Ansprüche zu (ausf *Beuthien* NJW 2003, 1220, 1221ff). Das von der Rspr entwickelte System zum Ausgleich von Eingriffen in den wirtschaftl Wert der Persönlichkeit erscheint zur **Verhinderung einer Zwangskommerzialisierung** der Persönlichkeit allerdings nicht uneingeschränkt geeignet. Weder der deliktische Schutz (§§ 823, 253 II) noch der Ausgleich ungerechtfertigter Bereicherung können die Persönlichkeit umfassend vor Eingriffen schützen. Insb kann keine **Herausgabe des Verletzergewinns** erreicht werden (BGHZ 99, 244, 248; *v Gerlach* JZ 2007, 1162, 1163). Dies erscheint **lediglich über § 687 II möglich** (vgl BGHZ 143, 214, 231f; *Beuthien* NJW 2003, 1220, 1221f; zweifelnd *v Gerlach* JZ 2007, 1162, 1163). Allerdings kann dies nur dann gelten, wenn eine Genehmigung der Verwertung nicht von vorneherein ausgeschlossen ist. Besonders gravierende Persönlichkeitsrechtsverletzungen sind so wegen fehlender Verwertbarkeit („Marktgängigkeit") vom Rechtsschutz abgeschnitten (zB Ehrverletzungen). Die Rspr steht sich selbst im Weg (vgl zB BGHZ 60, 206, 211; 26, 349, 352f; vgl auch *v Gerlach* JZ 2007, 1162, 1163). Darüber hinaus kann auch eine Pflicht zur Gewinnherausgabe die Prävention nicht vollständig gewährleisten: Von den Prozesskosten abgesehen kann es nämlich an einem spürbaren und damit relevanten Verlust beim Verletzerfehlen.

19 Bei **Lauterkeitsrechtsverletzungen** ist zu differenzieren. Eine angemaßte Eigengeschäftsführung liegt jedenfalls vor bei Verwertung fremder Geheimnisse (vgl §§ 1ff GeschGehG; zuvor zB BGH GRUR 2012, 1048, 1049); ebenso in Fällen sklavischer Nachahmung (§ 4 Nr 3 UWG). In beiden Fällen ist die Position, in welche eingegriffen wird (Geheimnis bzw Produktgestaltung), dem Mitbewerber individuell und konkret zugeordnet. Im Schrifttum wird darüber hinaus nach den jew geschützten „Wettbewerbspositionen", zT nach deren marktüblicher Verwertbarkeit, unterschieden. Demnach soll eine angemaßte Eigengeschäftsführung zB nur in Betracht kommen, wenn der betreffende Tatbestand eine den Immaterialgüterrechten vergleichbare Grundlage habe (vgl Staudinger/*Bergmann* Rn 26; *Ebert*, Geschäftsanmaßung, 415ff; *Beuthien/Wasmann* GRUR 1997, 255, 258). Diese Kategorisierung läuft Gefahr, die **Unterschiede zw Lauterkeitsrecht und Immaterialgüter- sowie Deliktsrecht** zu verwischen. Das Lauterkeitsrecht des dt UWG ist heterogen: Es schützt sowohl individuelle Rechtspositionen iSd Immaterialgüter- und Deliktsrechts als auch die Rechte von Verbrauchern und das allg Interesse an unverfälschtem Wettbewerb (vgl § 1 UWG). Der Schutz für viele der scheinbar individuellen Positionen der Mitbewerber hat seinen Grund in der Zielsetzung, das reibungslose Funktionieren des Wettbewerbs allgemein – dh im öffentl Interesse – zu gewährleisten. Die Unterschiede zeigen sich zB in Fällen des sog Behinderungswettbewerbs. Hier ist jeweils danach zu differenzieren, worauf sich die konkrete Behinderung bezieht. Bei Behinderung durch Missbrauch der eigenen Nachfragemacht wird nicht in eine konkret zugewiesene, individuelle Position der betroffenen Mitbewerber eingegriffen; beeinträchtigt ist nur der freie Wettbewerb. Entsprechend kann es sich auch nicht um eine angemaßte Eigengeschäftsführung handeln. Anders ist die Beurteilung aber etwa bei unlauterem Ausnutzen gegenständlicher Mitbewerbereinrichtungen (zB Nutzung des Mitbewerberparkplatzes für die eigenen Kunden, Schmarotzen an Internet-Flatrate; zu den Bsp: *Köhler/Bornkamm/Feddersen* § 4 UWG Rn 4.27b; BGH GRUR 2014, 393 Rn 33 – wetteronline.de; Hamburg GRUR-RR 2009, 323). Hier wird geschäftsanmaßend in eine konkrete, vom Mitbewerber getätigte und ihm jenseits des Wettbewerbsgeschehens zugewiesene Investition eingegriffen.

20 **IV. Verjährung.** Die Ansprüche aus § 687 II, § 681 verjähren nach der **Regelfrist des § 195** in drei Jahren. Bei konkurrierenden Ansprüchen aus Geschäftsanmaßung und spezialgesetzl Immaterialgüterschutz ist der verbleibende Anwendungsbereich der §§ 687 II, 681 in der Praxis fraglich: Die Verjährung richtet sich auch bei Verletzung von Immaterialgüterrechten nach den §§ 194ff. Zudem gilt dort aber die Sonderregelung des § 852 entspr

(vgl zB § 102 UrhG, § 141 PatG, § 24f GebrMG, § 49 DesignG, § 20 MarkenG). Die Spezialgesetze sind darum i Erg günstiger.

V. Prozessuales. Für die Darlegungs- und Beweislast gelten die allg Grundsätze. Der Geschäftsherr trägt die Darlegungs- und Beweislast für den Tatbestand der vorsätzlichen angemaßten Eigengeschäftsführung. Der Eingriff in eine fremde Rechtsposition indiziert die Rechtswidrigkeit. Der Geschäftsanmaßer trägt die Darlegungs- und Beweislast für das Fehlen der Rechtswidrigkeit (Staudinger/*Bergmann* Rn 36). Gelingt dem Geschäftsherrn der Nachweis nicht, entfällt auch der Anspruch des Geschäftsanmaßers nach § 687 II 2, § 684 S 1 (BGHZ 39, 186, 188; MüKo/*Seiler*[6] Rn 16). Der angemaßte Geschäftsführer hat seine Aufwendungen zu beweisen. Zudem obliegt ihm der Nachweis für die Bereicherung des Geschäftsherrn; dieser hat wiederum seine Entreicherung nach § 818 III zu beweisen (Soergel/*Beuthien* Rn 18; *Baumgärtel/Laumen/Prütting* Rn 2). 21

Titel 14
Verwahrung (§§ 688–700)

§ 688 Vertragstypische Pflichten bei der Verwahrung

Durch den Verwahrungsvertrag wird der Verwahrer verpflichtet, eine ihm von dem Hinterleger übergebene bewegliche Sache aufzubewahren.

I. Inhalt. 1. Vertragsschluss. Der Vertragsabschluss erfolgt mit ggf stillschweigender Einigung über Aufbewahrungspflicht durch eine Partei (Bsp BGH NJW-RR 2018, 249 Rn 10: Annahme von Bargeld; Gegenbsp Oldenburg NJW-RR 2021, 272: Abgabe aufgefundener Goldmünzen in amtl Verwahrung zwecks Ermittlung des Berechtigten). Zur häufig schwierigen Abgrenzung zur Gefälligkeit und anderen Vertragsverhältnissen, insb in Bezug auf die Bedeutung der Obhut im Verhältnis zu anderen Pflichten, vgl Rn 5. Die früher hM, wonach Verwahrung Realvertrag war (Vertragsschluss erst mit Übergabe), ist heute von der Lehre vom **Konsensualvertrag** verdrängt, wonach die Einigung das Vertragsverhältnis begründet (für Lagergeschäft BGHZ 46, 43 LS 1 und Rn 17f). Gleichwohl sind viele Regelungen der §§ 688ff vor Übergabe und nach Rückgabe der Sache inhaltsleer; so entstehen die Pflichten zur Aufbewahrung (§ 688) und Rückgabe (§ 695) erst mit Verschaffung des unmittelbaren Besitzes (BGH NJW 1987, 2812, 2813 zu Fundsachen im Großmarkt). 1

2. Vertragsgegenstand. Prägendes Merkmal und Hauptpflicht der Verwahrung ist die **Aufbewahrungspflicht (Gewährung von Raum und Obhut**, BGHZ 3, 200). Gegenstand der Verwahrung sind **bewegliche Sachen** (§ 90). In Bezug auf Forderungen und Rechte wird kein Verwahrungsverhältnis gem §§ 688ff begründet (nach der Spezialregelung in §§ 68ff KAGB entspricht Gewährleistung der Rechtsinhaberschaft des Investmentvermögens in einigen Aspekten der Verwahrung, Rn 14). Für unbewegliche Sachen kann ein Auftrag, bei Entgeltlichkeit Dienst-, Werk- oder Geschäftsbesorgungsvertrag gegeben sein. Die Vereinbarung über die Hinterlegung des Quellcodes zw Softwareentwickler und -anwender ist Verwahrungsvertrag, soweit der Quellcode auf einem verwahrfähigen Datenträger gespeichert ist (soweit *Milzer* ZNotP 2004, 348 Fn 3); bei Verwahrung an anderer Stelle („Cloud") kann Auftrag oder Geschäftsbesorgung gegeben sein. Die Frage hat jedoch durch Anerkennung eines dinglich begründeten, auf den Fall der Insolvenz des Softwareherstellers bedingten Anspruchs auf Herausgabe des Quellcodes (BGH NJW 2006, 915) an Bedeutung eingebüßt. 2

3. Übergabe der Sache. Aufbewahrung setzt **Übergabe der Sache** (Verschaffung des unmittelbaren Besitzes, § 854) voraus. Wenn der Verwahrer bereits die tatsächliche Sachherrschaft hat, genügt die Einigung (§ 854 I, § 855), aber auch Besitzerlangung nach § 854 II genügt. Verschaffung mittelbaren Besitzes genügt für Verwahrung nicht (Zweibrücken NZG 2020, 879: Wertpapiere des einen im Depot des anderen Ehegatten), aber ggf Auftrag. Die Übergabe setzt die Hauptpflicht zur Aufbewahrung und weitere Pflichten der §§ 688ff in Gang (Rn 1). – Ein **Eigentumsübergang** ist grds nicht Rechtsfolge der Verwahrung (s aber den Sonderfall der unregelmäßigen Verwahrung, § 700); dies unterscheidet die Verwahrung etwa vom Darlehen (§§ 488ff, 607ff; Bsp LG Köln 17.1.2014 – 25 O 227/13 Rn 23ff) und begründet Parallelen zur Miete, Pacht und Leihe. Der Verwahrer muss nicht Eigentümer des Verwahrgegenstands sein (Bsp Kfz-Leasingnehmer gibt Kfz in Verwahrung). – Grds ist Rückgabe **derselben Sache** geschuldet (Ausnahme § 700 sowie die Tausch- und Sammelverwahrung nach DepotG, Rn 14; s dort auch zur elektronischen Registerführung nach eWpG. 3

4. Entgelt. Ein **Entgelt** ist kein konstitutives Merkmal der Verwahrung; das Gesetz kennt die entgeltliche (§ 690) und die unentgeltliche Verwahrung. Es weist aber auf den Rechtsbindungswillen hin (Rn 5). Die unentgeltliche Verwahrung ist unvollkommen zweiseitig verpflichtender Vertrag, weil der Hinterleger nur möglicherweise (s § 693) Aufwendungsersatz schuldet. Die entgeltliche Verwahrung ist in Bezug auf Aufbewahrung und Entgelt zweiseitiger Vertrag gem §§ 320ff; Rückgaberecht und Rücknahmeanspruch (§§ 695, 696) sind vom Synallagma ausgenommen (Düsseldorf NJW-RR 1996, 480). 4

II. Abgrenzung. 1. Gefälligkeit. Der Gefälligkeit fehlt im Gegensatz zur Verwahrung der rechtsgeschäftliche Charakter mangels Rechtsbindungswillen des Verwahrenden. Ob ein Rechtsgeschäft gegeben ist, folgt aus den Umständen des Einzelfalls, wobei maßgeblich ist, wie sich dem obj Beobachter das Handeln des Leistenden darstellt (BGHZ 21, 102, 107 – Bindungswille; Karlsruhe VersR 1994, 801). Bsp für Gefälligkeit bei Karlsruhe VersR 5

1994, 693; Bsp für unentgeltliche Verwahrung: (1) Briefkastenentleerung während Urlaubszeit, OVG Magdeburg NVwZ 2016, 791; (2) Inobhutnahme einer Hündin, Hamm NJW-RR 2016, 91; (3) Kaufvertrag, Braunschweig NJW-RR 2022, 26. Entgelt, Wert der verwahrten Sache, Wert der Inobhutnahme aus Sicht des Hinterlegers sowie ggf übernommene Zusatzpflichten (Bestandsgarantie) sprechen für Verwahrung; für Gefälligkeit spricht außerrechtl Geltungsgrund wie Freundschaft, Kollegialität oder Nachbarschaft (s LG Offenburg NJW-RR 2022, 1036). **2. Einordnung der Obhutspflicht.** Bei anderen Überlassungsverträgen ist die **Obhutspflicht des Besitzers meist nicht Haupt-, sondern Nebenpflicht**, so etwa bei Miete, Leihe, Dienst-/Arbeits-/Werkvertrag, oder **eine von mehreren Hauptpflichten** (so bei Verwahrung durch Beauftragte, durch Vormünder oder der Verwahrstelle nach §§ 68ff KAGB). Es gilt dann das Recht des jew maßgeblichen Vertragsrechts; einzelne Vorschriften der §§ 688ff sind erg analog anzuwenden (str, Staudinger/*Bieder* Vorb zu §§ 688ff Rn 53 mwN; vorsichtiger MüKo/*Henssler* Rn 46). Ist die **Obhutspflicht für beide Parteien primär wesentlich**, ist dies die typusbildende Pflicht, handelt es sich um Verwahrung (Bsp Pferdeinstellung, Oldenburg MDR 2011, 473; Brandenburg NJW-RR 2006, 1558, Schleswig OLGR 2000, 248). Dann sind die §§ 688ff anwendbar, ggf modifiziert um Elemente anderer Vertragsrechte (Grundsatz der Vertragsfreiheit).

6 **III. Pflichten der Vertragsparteien. 1. Hauptpflicht des Verwahrers.** Die Hauptpflicht des **Verwahrers** ist die Aufbewahrung (**Gewährung von Raum und Obhut**). Er muss den Zustand der Sache erhalten – Bsp Fütterung (Karlsruhe VersR 1994, 801; Brandenburg NJW-RR 2006, 1558, zum Pferdeeinstellvertrag *Häublein* NJW 2009, 2982; zur Kündigungsfrist auch BGH NJW 2020, 328), Wartung – und soweit zumutbar schädigende Einwirkungen (Bsp Wetter, Zugriff Dritter) fernhalten. Konkretisierung ist vom Verwahrungsobjekt und -ort abhängig, grds aber mit Blick auf die zugesagten oder obj gebotenen Verkehrssicherungspflichten auszulegen; so kann zB bei Kfz auch der Kofferrauminhalt einbezogen sein (BGH NJW 1969, 789, dort auch zu einem Mitverschulden des Gastes wegen der dort liegengelassenen Gegenstände nach § 254; s auch zum Vollberittvertrag BGH MDR 2017, 334, der allerdings Dienstvertrag, nicht Verwahrung mit Beweislastumkehr gem § 695 ist). – **Beginn** mit Übergabe. – **Gebrauch** der Sache ist grds unzulässig, es sei denn, die Nutzung ist zur Wahrnehmung der Obhut erforderlich (Bsp Ausreiten, Mot II S 571, 576). Die vertragswidrige Nutzung verpflichtet zu Schadensersatz, zu Geld vgl § 698.

7 **2. Nebenpflichten des Verwahrers. Nebenpflichten des** Verwahrers können aus § 241 II, § 242 entstehen. (1) **Anzeige** zB bei Gefährdung, Verschlechterung, Pfändung (s § 692); (2) **Rettung, Bergung** (Mot II S 574), soweit von einem gewissenhaften Verwahrer zu erwarten (vgl § 276 II; keine Selbstgefährdung). Kommen dabei Sachen des Verwahrers zu Schaden, ist dies im Rahmen des Aufwendungsersatzes (§ 693) zu berücksichtigen (MüKo/*Henssler* Rn 13); (3) Grds besteht keine **Versicherungspflicht.** Abw gilt bei bestimmten Vertragsverhältnissen, etwa im Bewachungsgewerbe (§ 14 BewachV iVm § 34a I 3 Nr 4 GewO), § 28 ADSp 2017 und auf Weisung des Hinterlegers gem § 390 II, § 454 II, § 472 I HGB. Versicherungsprämien sind über die Verwahrdauer dem Wert der verwahrten Sache anzupassen, für die Erhöhung schuldet der Hinterleger Aufwendungsersatz; (4) **Rückgabe** gem § 695; (5) Hinweis an Geschäftsnachfolger, dass es sich um Fremdeigentum in Verwahrung handelt (LG Düsseldorf 7.1.2016 – 1 O 68/14 Rn 21); (6) **Abfederung von Nachwirkungen**, etwa bei liegengebliebenen Gegenständen. – Zu Pfandhalter und Pfandgläubiger s bei §§ 1215, 1206.

8 **3. Pflichten des Hinterlegers.** Der **Hinterleger** schuldet Aufwendungsersatz nach § 693, ggf Schadensersatz nach § 694 und Vergütung nach § 690. S jew dort. Als Nebenpflicht aus § 241 II, § 242 hat er sich bei der Abwicklung des Vertragsverhältnisses so zu verhalten, dass Körper, Leben, Eigentum und sonstige Rechtsgüter des Verwahrers nicht verletzt werden (Hamm NJW-RR 2016, 91 Rn 73f).

9 **IV. Arten der Verwahrung. 1. Tauschverwahrung.** Bei der Tauschverwahrung nach dem DepotG darf der Verwahrer abw von § 695 anstelle der verwahrten Sache solche von gleicher Art und Güter an Erfüllungs statt zurückgeben. Es gelten neben dem DepotG die §§ 688ff, der Hinterleger bleibt Eigentümer der hinterlegten Sache (Abgrenzung zu § 700). **2. Sammelverwahrung.** Bei der Sammelverwahrung werden vertretbare Sachen gleicher Art und Güte ungetrennt voneinander verwahrt. Anders als bei der Einzel-/Sonderverwahrung verliert der Hinterleger sein Eigentum an der hinterlegten Sache und wird Miteigentümer nach Bruchteilen am Sammelbestand (§§ 947ff, 1008ff, 741ff); vgl die Sonderregelungen in § 469 HGB, §§ 5ff DepotG (Rn 14), Sammeleintragungen gem § 9 eWPG (dazu Rn 14) sowie §§ 68ff KAGB (dazu Rn 14). **3. Unregelmäßige Verwahrung.** Bei der unregelmäßigen Verwahrung geht das Eigentum an vertretbaren Sachen ins Eigentum des Verwahrers über, dieser hat Sachen von gleicher Art, Güte und Menge zurückzugewähren. Näher bei § 700. **4. Drittverwahrung.** Bei der Drittverwahrung wird die Vertragspartei des Verwahrers ausgewechselt. Näher bei § 691. **5. Sequestration.** Bei der Sequestration verwahrt ein gemeinsam bestellter Verwahrer für mehrere mit der Abrede, die verwahrte Sache nur an alle gemeinsam oder deren Bevollmächtigten herauszugeben (Mot II S 580). S dazu die vereinzelten Regelungen in § 432 I 2 (unteilbare Leistung), § 1206 (Pfandhaltervertrag), § 1231 (Mehrbesitz an Pfand), § 1281 (Mehrgläubigerschaft bei Pfand), § 2039 (Erbengemeinschaft).

10 **V. Einzelfälle. 1. Abstellen von Kfz.** Über die Bereitstellung von Raum hinaus müssen weitere Umstände auf eine Obhutsübernahme schließen lassen, dass also der Betreiber den Kunden erkennbar vor rechtswidrigen Zugriffen Dritter schützen möchte; Maßstab ist Wahrnehmung des durchschnittlichen Kunden (Hamburg VersR 1989, 1266; Düsseldorf NJW-RR 2011, 1607; Naumburg OLGR 2003, 186). – Bei **bewachtem (oder als solchem ausgewiesenen) Parkplatz** ist Obhut geschuldet, daher insoweit Verwahrungsrecht anwendbar (Karlsruhe NJW-RR 2004, 1610, str). Alternativen: nur Raumbereitstellung (Indiz „Keine Haftung") oder bei hervorgehobener Bedeutung der Raumbereitstellung Mietrecht mit verschuldensunabhängiger Mängelhaftung analog § 536a I

(teils wird auch Kombinationsvertrag mit Verwahrungselementen vertreten, s MüKo/*Henssler* Rn 54). – Beim **Einstellen eines Kfz im Parkhaus** erwartet der Nutzer keine Bewachung, allenfalls gewisse Sicherheitsvorkehrungen (§ 241 II, § 242), zB Tauglichkeit des Gebäudes, Versicherung, Videokameras, daher keine Verwahrung (hM, vgl Düsseldorf NJW-RR 2001, 1607 – Flughafenparkhaus; LG Köln 12.5.2016 – 22 O 285/15 Rn 23 – Hotelparkplatz; MüKo/*Henssler* Rn 56; i Erg ohne Benennung des Vertragstyps auch BGH NJW 1972, 150 – bei Tiefgarage genügt geringfügige Sicherung bei bestehendem Versicherungsschutz und geringem Parkentgelt). – **Parkuhr**: kein Verwahrungsvertrag, sondern gebührenpflichtige Verwaltungsleistung (BVerwGE 58, 326). – Bei der Bereitstellung von **Sammel- und Einzelgaragen** soll auch Obhut geschuldet sein (München VersR 1959, 74), was teils auf Verwahrung (Staudinger/*Bieder* Vorb zu §§ 688ff Rn 46 mwN), teils auf Nebenpflichten zu einem Mietvertrag (KG VersR 1968, 440) gestützt wird. Es besteht indes kein Grund, die Obhutspflichten über das für kommerzielle Parkhäuser festgesetzte Maß hinaus auszudehnen; Obhut für das eingestellte Kfz erwartet der Garagenmieter nicht, jedenfalls sind derartige Obhutspflichten vertragl gestaltbar. Grenze: § 242; der Vermieter muss dafür Sorge tragen, dass der Zugang zur Garage grds auf den Mieter beschränkt ist (durch gelegentliche Schlüsselkontrolle, Schlossaustausch bzw Neuprogrammierung der Zugangskennung).

2. Garderobenablage. Seitens des Bereitstellers geht es idR um Raum, nicht um Obhut (Indiz: „Für Garderobe keine Haftung.") Daher ist keine Verwahrung gegeben (ganz hM); Obhutspflichten entstehen allenfalls aus § 241 II, § 242 iS einer ordentlichen Beschaffenheit der Garderobenanlage (RGZ 99, 35). Anders ist es zu bewerten, wenn der Gast die Garderobe nicht selbst beaufsichtigen kann und deshalb auf die Obhut des Bereitstellers angewiesen ist (RGZ 105, 202). Zumeist handelt es sich jedoch um Nebenpflichten zum Hauptvertrag. Zu einem selbständigen Verwahrungsvertrag kommt es nur dann, wenn für die Verwahrung ein eigenes **Entgelt** erhoben wird (zB bei Theater-/Opernbesuch) oder diese einer dafür **besonders bereitgestellten Person** übertragen wird (Indiz Übergabe an diese gegen Garderobenmarke). Näher MüKo/*Henssler* Rn 46. Schließfächer sind Mietvertrag. Für Fundsachen bei der Eisenbahn entstehen Aufbewahrungspflichten als Nebenpflicht zum Beförderungsvertrag, jedoch gelten die §§ 688ff (insb § 690) nicht. 11

3. Bewachungs- und Sicherheitsdienste. Bei der Bewachung von Immobilien fehlt für die Anwendung der §§ 688ff die Beweglichkeit der Sache. Soweit es um die Bewachung nur des Inventars einer Sache geht, stellt der Bewacher nur Obhut, aber keinen Raum zur Verfügung, so dass ein Werk- oder Dienstvertrag gegeben ist. Anders jedoch, wenn die Sache auf einem vom Bewachungsdienst bereitgestellten Gelände zwischengelagert wird (bereitgestellte Lager oder „**Tresorräume**") oder bei **Geldtransporten**, wo (wenngleich) beweglicher „Raum" (in Form eines gepanzerten Kfz) zur Verfügung gestellt wird. Insoweit wird häufig ein gemischttypischer Vertrag aus Dienst-/Werk- und Mietelementen angenommen (Bsp BGH NJW-RR 2000, 648 Rn 11). Dies trifft zu, wenn die vertragswesentliche Leistung die **Verbringung** des Gegenstands darstellt, ist jedoch anders zu bewerten, wenn es wesentlich auf die **Lagerung des Gegenstands** ankommt (zB bewachte Lagerung von Gold als Hauptleistung mit Transport als Nebenleistung zwecks Bereitstellung zu einem bestimmten Termin). 12

4. Arbeitsrecht. Neben dem Arbeitsverhältnis besteht kein Raum für die Regeln zur Verwahrung. ArbN und ArbG schulden zwar ggf Obhut, idR aber nicht die Bereitstellung des Raumes dafür. Selbst wenn ausnahmsw auch Raum bereitgestellt wird (zB Umkleidespinde), gehen die Haftungsregeln des Arbeitsrechts mit seinen besonderen Wertungen den §§ 688ff vor (tendenziell BAGE 90, 9 insb LS 2 betr den Kassierer eines Spielkasinos). Dies schließt nicht aus, dass es aufgrund einer Obhutspflichtverletzung zu Ansprüchen kommen kann (zB BAGE 9, 31; 17, 229); diese stützen sich aber auf § 241 II, § 242, § 617, § 618 bzw § 280 I des Arbeits-/Dienstvertrags und haben mit §§ 688ff nichts zu tun (*Herrmann*, FS Reuter, 2010, 525, 533ff). Raum für den Abschluss eines separaten Verwahrungsvertrags besteht allenfalls bei **Selbständigen**. Soweit es sich um Selbständige mit sehr enger Weisungsbindung an den Auftraggeber und organisatorischer Eingliederung in den Betrieb des Auftraggebers handelt („Scheinselbständige"), ist jedoch auf die Anwendung der §§ 688ff ebenfalls zu verzichten, da nur formal Selbständigkeit gegeben ist und die Interessenlage der Parteien denen im Arbeitsverhältnis entspricht. Mit den Kriterien, mit denen das BAG eine Mankohaftung für ArbN gem § 280 I befürwortet (näher *Schwab* NZA-RR 2017, 7), insb dass **wirtschaftliche Überlegungen** anzustellen und **Entscheidungen über die Verwendung der Sache** zu treffen sind (BAGE 90, 9 LS 1), wird man jedoch bei Selbständigen auch einen selbständigen Verwahrungsvertrag annehmen dürfen. 13

VI. Handelsrecht. Erg anzuwenden sind §§ 688ff auf: **1. Lagergeschäft** (§§ 467ff HGB), also die entgeltliche Verwahrung bestimmter lagerfähiger Güter in Form der Einzel- oder Sammellagerung durch gewerbliche Unternehmen (vgl München NJW-RR 2018, 1245; MüKo-HGB/*Hesse* § 467 Rn 40); Abgrenzung zur Miete Dresden RdTW 2021, 242; **2. Depotgeschäft** nach DepotG, als Verwahrung von unverschlossen zur Verwahrung anvertrauten Wertpapieren, in Form der Sonderverwahrung im „Streifbanddepot" (§ 2 DepotG), Sammelverwahrung (§ 5 DepotG), Drittverwahrung (§ 3 DepotG), Tauschverwahrung (§§ 10, 11 DepotG) sowie der grds formbedürftigen Summenverwahrung (§§ 15, 16 DepotG), für welche § 700 gilt (§ 15 I DepotG). Das Depotgeschäft kombiniert Verwahrungs- mit Verwaltungselementen in einem gemischttypischen Vertrag, auf welchen die §§ 688ff subsidiär anzuwenden sind, weil es sein „Gepräge durch verwahrungsrechtl Elemente" erhält (BGH NJW 1991, 978; Köln ZIP 2004, 1703 Rn 30; näher MüKo/*Henssler* Rn 35ff; BankR-HdB/*Klanten*, § 47 Rn 1ff). Eine Sonderform des Depotgeschäfts ist die **Verwahrstellenfunktion bei Investmentvermögen** gem §§ 68ff KAGB; hier treten zur Verwahrfunktion mit stark spezialgesetzl Ausgestaltung (ua partielle Ausdehnung auf Forderungen, Veritätshaftung) Verwaltungs- und Kontrollpflichten hinzu; §§ 688ff sind subsidiär anwendbar (dazu *Vadolas/Kunschke* in Assmann/Wallach/Zetzsche, 2. Aufl., 2022, § 68 KAGB Rn 3ff; *Zetzsche*, Prinzipien der kollekti- 14 ven Vermögensanlage, 2015); **3. Kryptowertverwahrung und Elektronische Wertpapierregisterführung** (dazu *Bartlitz* NJW 2022, 1981; *Lehmann* NJW 2021, 2318) ist gem § 7 IV eWpG keine Verwahrung iSd DepotG, aber auch nicht iSd §§ 688ff, weil Besitz an einer Urkunde kein Registrierungserfordernis ist. Die Registerposition tritt als Publizitätstatbestand an die Stelle des Besitzes. Dessenungeachtet gelten Kryptowerte und e-Wertpapiere als Sachen, § 2 III eWpG. In Bezug auf den Rückgriff auf §§ 688ff ist zu differenzieren: Für die **Einzelregistrierung/-verwahrung** gilt das DepotG gar nicht. Soweit das eWpG Lücken lässt, kann auf §§ 688ff zurückgegriffen werden (Bsp: ggf vertragl „Herausgabeanspruch" des Einlieferers = Emittenten oder letzten vorherigen Registerplatzinhabers, wenn die Berechtigung nach § 3 II eWpG nicht anders ermittelt werden kann). Die **Sammeleintragung** gilt gem § 9 I eWpG als Wertpapiersammelbestand. Damit referenziert § 9 eWpG auf die Sammelverwahrung des DepotG, jedoch beschränkt, wie aus den zusammenhängenden Vorschriften ersichtlich, auf Eigentumsfragen; § 9 eWpG gewährt besitzloses (!) Miteigentum, entspr ist der Eigentumsschutz auch nicht possessorisch konzipiert. Raum für die besitzrechtl konstruierte Verwahrung besteht grds nicht; es kann jedoch im Einzelfall zu einer analogen Anwendung in dem gleichen beschränkten Umfang kommen, wie die §§ 688ff unter der Geltung des DepotG zur Anwendung kommen (s Rn 5, 9). Ein Anwendungsbereich für die §§ 688ff besteht bei der **Kryptowertverwahrung**. Aus § 2 III eWpG lässt sich schließen, dass der Gesetzgeber von der Existenz eines besitzähnlichen Kontrolltatbestands am Kryptowert ausging (in Form sog private keys). Wenn der Berechtigte die private keys dem Kryptoverwahrer iSd KWG überlässt, soll der Verwahrer nicht Eigentum erwerben, so dass die §§ 688ff interessengerechter Regelungsrahmen sind. Praktisch handelt häufig der Handels- zugleich als nachfolgender Verwahrintermediär (Broker als Verwahrer); dann gilt gem Rn 3: Erlangt der Verwahrer zuerst den Kontrollbestand (private key), genügt für die Begründung der Verwahrung die Einigung (§ 854 I, § 855 analog); die Übereignung folgt ggf abw Regeln (s § 25 eWpG); **4. Vermögensverwahrung und Übernahme von Kundengeldern** nach § 84 WpHG (dazu *Beule* in Assmann/Schneider/Mülbert[8], § 84 WpHG Rn 1ff); die Vorschrift gilt nicht für die Verwahrung von Kryptowerten, arg ex § 2 IV WpHG; **5. Verwahrung durch Treuhänder** nach § 7 PfandBG; **6.** vertragl vereinbarte **Treuhand** (§ 675 Rn 90). Dagegen ist der Schließfachvertrag nur Mietvertrag, welcher den Kunden zum unmittelbaren Alleinbesitzer seines Inhalts macht, während den §§ 688ff das Verwahrgeschäft der Banken im sog verschlossenen Depot untersteht (dazu BankR-HdB/*Klanten*, § 49).

15 **VII. Öffentlich-rechtliche Verwahrung.** Das verwaltungsrechtl Schuldverhältnis entsteht, wenn der Verwaltungsträger durch Verwaltungsakt (zB Beschlagnahme nach § 94 StPO, BGH NJW 2005, 998) oder öffentlichrechtl Vertrag bewegliche Sachen in Gewahrsam nimmt und so diese der Obhut der Unterworfenen entzieht (zB OVG Schleswig NJOZ 2019, 259 Rn 13: Sicherstellung Pferd durch StA; VG Neustadt adW BeckRS 2022, 34999: Wegnahme von Hund durch Veterinäramt gem § 16a I 2 Nr 2 TierSchG; Hamm NJW-RR 2022, 528: Pfändung). – **Rechtsfolgen** ergeben sich aus entspr Anwendung von §§ 688ff und allg Leistungsstörungsrecht, soweit mit öffentlichem Interesse und Zweck der öffentlich-rechtl Verwahrung vereinbar (st Rspr, BGHZ 61, 7, 11; BGH NJW 1990, 1230). Aus den §§ 688ff sind insb anwendbar § 693 (VGH Kassel NJW 1988, 3035), § 697 (BGH NJW 2005, 988; nach BGH NJW 2019, 2618 auch ggü nicht beschuldigten Dritten daher Rückgabepflicht nur an Ort der Verwahrung), dagegen nicht § 695 und § 690 (BGHZ 4, 192, 194); für die Verjährung gilt § 195. Die Ansprüche aus öffentlich-rechtl Verwahrung konkurrieren mit Art 34 GG/§ 839 (BGH DB 1974, 831). – Zuständig für vermögensrechtl Ansprüche des Bürgers gegen den Verwaltungsträger (Rückgabe, Schadensersatz, Auskunft) sind die **Zivilgerichte** (§ 40 II VwGO; BGHZ 43, 269 LS 2 und 277; BVerwGE 37, 231 Rn 15f; zur Verweisungskompetenz KG NJW 2015, 2437; Bsp (1) Abschleppfälle, BGHZ 200, 188 Rn 12; (2) durch Ersatzvornahme zerstörte Pflanzen, Brandenburg 23.12.2014 – 2 U 30/14), die Verwaltung muss für Lagergeld, Verwahrungsgebühren und Aufwendungsersatz den Verwaltungsrechtsweg beschreiten (§ 40 I VwGO). Näher MüKo/*Henssler* Rn 60ff; Staudinger/*Bieder* Vorb zu §§ 688ff Rn 65ff. – **Beweislast**: Kläger muss Freiheit von Schäden bei Verwahrungsbeginn, öffentliche Hand analog § 695 nachweisen, dass in Verwahrung entstandene Schäden nicht von ihr zu vertreten sind (Hamm NJW-RR 2022, 528 Rn 28; Braunschweig 25.3.2015 – 3 U 31/14, juris Rn 31, 33).

§ 689 Vergütung

Eine Vergütung für die Aufbewahrung gilt als stillschweigend vereinbart, wenn die Aufbewahrung den Umständen nach nur gegen eine Vergütung zu erwarten ist.

1 Die Verwahrung kann entgeltlich und unentgeltlich erfolgen (s §§ 689, 690). Welche Variante gegeben ist, richtet sich nach der **Vergütungsvereinbarung**, die – wie § 689 klarstellt – **auch stillschw** geschlossen sein kann. Entgeltlich meint: Die Vergütung wird für die Verwahrung an sich geleistet. Die Zusage von Aufwendungsersatz begründet allein noch keine Entgeltlichkeit. Bsp: RG JW 1919, 750 und JW 1933, 716: Gewerbetreibender verwahrt Gegenstände im Kundeninteresse; Köln Der Sachverständige 2014, 159: Lagerkosten für gerichtlicherseits demontierten Schlepper.

2 § 689 begründet die **unwiderlegliche Vermutung**, dass aus den Umständen auf eine Vergütung zu schließen ist, wenn die Aufbewahrung nur gegen eine Vergütung zu erwarten ist. Kriterien sind die Verkehrssitte, Art, Umfang und Dauer der Verwahrung sowie die Stellung der Beteiligten zueinander; unmaßgeblich ist die persönliche Meinung einer Partei (Hamm NJW-RR 2016, 91 Rn 40). Die Vermutung ist gegeben insb bei gewerblicher Ver- und Aufbewahrung mit der Übernahme von Obhutspflichten (s etwa für Lagerhalter §§ 354, 467 II HGB, für den gerichtlich bestellten Verwahrer in den Fällen der §§ 432, 1217, 1281 und 2039, s § 410 Nr 3 FamFG).

Die **Höhe** des aus § 689 folgenden Anspruchs richtet sich zunächst nach der **für die Vertragsdauer** taxmäßigen, mangels einer solchen der üblichen Vergütung (s § 612 II, § 632 II, § 653 II); zur vorzeitigen Beendigung vgl § 699 II. Ist **keine übliche Vergütung feststellbar**, hat der Verwahrer die Vergütung nach billigem Ermessen festzusetzen (§ 316, § 315 I und II), der Hinterleger den Anspruch (nur) in ebendieser Höhe zu erfüllen (§ 315 III). 3

Der **Erfüllungsort** richtet sich nach §§ 269, 270 IV. 4

§ 690 Haftung bei unentgeltlicher Verwahrung

Wird die Aufbewahrung unentgeltlich übernommen, so hat der Verwahrer nur für diejenige Sorgfalt einzustehen, welche er in eigenen Angelegenheiten anzuwenden pflegt.

§ 690 ordnet als Ausprägung der **Haftungsprivilegierung des unentgeltlich Leistenden** eine Beschränkung des Verschuldensmaßstabs auf die eigenübliche Sorgfalt gem § 277 (diligentia quam in suis) an; die Beweislast liegt ebenso wie bei § 277 beim Verwahrer. Damit wird der in eigenen Angelegenheiten unsorgfältig Handelnde bis zur Grenze der groben Fahrlässigkeit (vgl § 277) privilegiert, während es für den gewöhnlich Sorgfältigen bei § 276 II bleibt, vgl BVerwG NJW 1978, 717 Rn 29; Düsseldorf VersR 1983, 349; Braunschweig NJW-RR 2022, 26: Traktor ohne Schutz im Freien ist grob fahrlässig). Das Privileg des § 690 erstreckt sich, soweit es um die spezifischen Verwahrerpflichten geht (MüKo/*Henssler* Rn 8f), auch auf Ansprüche in Konkurrenz zu den verwahrungsvertragl Ansprüchen aus § 280 I, insb §§ 823ff, §§ 311 II, 280 (BGH NJW 1954, 145; NJW 1967, 42 Rn 10 zu § 708). Setzt der Verwahrer Gehilfen ein, bleibt der durch sein Handeln gesetzte Sorgfaltsmaßstab maßgeblich; auf die Sorgfalt des Gehilfen kommt es im Verhältnis zum Hinterleger nicht an (RGZ 65, 17, 20). Zur Anwendung beim Lagergeschäft (s § 347 II HGB) München NJW-RR 2018, 1245 Rn 3. 1

§ 690 findet keine Anwendung **im öffentlichen Verwahrungsverhältnis** (BGHZ 4, 192, 194) sowie auf **Verträge, bei denen die Verwahrung Nebenpflicht** ist (näher § 688 Rn 5), und zwar unabhängig von der Entgeltlichkeit. Bsp: Verwahrungspflicht (1) des Veräußerers im Rahmen eines Besitzkonstituts nach § 868 zwecks Übereignung nach § 930; (2) des Sicherungsgebers bei Sicherungsübereignung; (3) des Pfandgläubigers; (4) des Vermieters für den Hausrat des Mieters als Gegenleistung für dessen vorzeitigen Auszug (Düsseldorf MDR 1976, 842). Zur Zusendung unbestellter Waren vgl bei § 241a. 2

§ 691 Hinterlegung bei Dritten

Der Verwahrer ist im Zweifel nicht berechtigt, die hinterlegte Sache bei einem Dritten zu hinterlegen. Ist die Hinterlegung bei einem Dritten gestattet, so hat der Verwahrer nur ein ihm bei dieser Hinterlegung zur Last fallendes Verschulden zu vertreten. Für das Verschulden eines Gehilfen ist er nach § 278 verantwortlich.

Ohne Zustimmung oder abw Vereinbarung („Gestattung" iSv S 2) darf der Verwahrer die Sache nicht bei Dritten hinterlegen, sondern muss sie **selbst verwahren**; dies folgt neben S 1 aus §§ 414, 415 BGB, § 472 II HGB. Als Eigenverwahrung gilt auch jene durch **Gehilfen** (arg e S 3). Der Verwahrer muss für Gehilfen über § 278 hinaus – wegen der aus dem Vertrauen in die Person des Verwahrers entstehenden umfassenden Obhutspflicht – auch negative Einwirkungen des Gehilfen bei Gelegenheit verantworten (vgl für Diebstahl RGZ 101, 348, 350). Ist ausnahmsw der Gehilfeneinsatz abbedungen, haftet der Verwahrer wegen eigenen Verschuldens für jeden durch den Gehilfeneinsatz adäquat verursachten Schaden. 1

Vom Gehilfeneinsatz abzugrenzen ist die in § 691 geregelte **Drittverwahrung** (Substitution), bei der die Verwahrung selbständig anstelle des Verwahrers durchgeführt wird, gleich ob dafür zwischen Verwahrer und Dritter eine vertragl Grundlage geschaffen wurde. Ob die Person abhängige Unterverwahrung (mit Einstandspflicht gem § 691 S 3, § 278, Besitz des Verwahrers und Besitzdienerschaft des Unterverwahrers als Rechtsfolge) oder selbständige Drittverwahrung betreibt (mit Einstandspflicht nach § 691 S 2 und Besitz des Dritten als Rechtsfolge), ist Gestaltungsfrage; umfassende Weisungsrechte des Verwahrers und soziale Unterordnung der eingesetzten Person indizieren die Unterverwahrung mit Gehilfenstellung (str, tendenziell wie hier MüKo/*Henssler* Rn 3). § 691 gilt auch für die **öffentlich-rechtl Verwahrung**; eine andere Kasse des Staats ist dann aber nicht Dritter (RGZ 103, 173). 2

Unerlaubte Drittverwahrung (S 1). Wird gegen das Gebot der Eigenverwahrung verstoßen, ergibt sich **gegen den Verwahrer** ein Anspruch auf Fortsetzung der Eigenverwahrung; zudem kann der Hinterleger nach § 695 S 1 zurückfordern. Der Verwahrer muss in beiden Fällen seinerseits nach § 695 S 1 zurückfordern, um wieder in den Besitz der Sache zu gelangen. Daneben kann der Hinterleger Schadensersatz nach § 280 I 1 geltend machen (Verletzung einer Hauptpflicht); für zufällige Schäden gelten § 287 S 2, § 848 analog (str, wie hier MüKo/*Henssler* Rn 7). 3

Erlaubte Drittverwahrung (S 2). Die Gestattung (durch abw ursprüngliche oder nachträgl Vereinbarung oder Zustimmung im Einzelfall) hebt bei Beachtung etwaiger Grenzen (Ausschluss bestimmter oder Begrenzung auf einzelne Personen) die höchstpersönliche Aufbewahrungspflicht auf und ermöglicht dem Verwahrer (ggf im Namen des Hinterlegers) den Abschluss eines weiteren Verwahrungsvertrags mit einem selbständigen (Dritt-)Verwahrer. Nach hM soll dem Verwahrer bei Ausübung der Gestattung eine Anzeigepflicht aus § 241 II, § 242 obliegen (s MüKo/*Henssler* Rn 11), jedoch ist nicht einzusehen, warum eine solche Pflicht ungeschrieben entstehen 4 soll, wenn Umfang und Konditionen der Gestattung vertragl disponibel sind (arg S 2); jedenfalls ist eine solche Nebenpflicht vertragl abdingbar.

5 Die Haftung bei erlaubter Drittverwahrung beschränkt sich auf Auswahl- und Einweisungsfehler. Für Fehler bei Überwachung des Dritten hat der Verwahrer nicht einzustehen, weil gem S 2 der Drittverwahrer den Verwahrer als Vertragspartei ersetzt und damit der Verwahrer aus dem Vertragsverhältnis ausscheidet. – Die Drittverwahrung ist der zulässige Regelfall bei der **Depotverwahrung** (§ 3 I DepotG). Dabei haftet der Verwahrer für Verschulden der Zwischenverwahrer, die für ihn Wertpapiere verwahren, wie für Gehilfen, während die Haftung für Drittverwahrer auf das Auswahlverschulden begrenzt oder sogar gänzlich entfallen kann (§ 3 II DepotG).

6 Der **Dritte** hat die Sache dem Hinterleger unabhängig von der Erlaubnis zur Drittverwahrung unmittelbar und jederzeit auf Verlangen herauszugeben (vgl § 546 II, § 604 IV analog, MüKo/*Henssler* Rn 7, 11).

§ 692 Änderung der Aufbewahrung

Der Verwahrer ist berechtigt, die vereinbarte Art der Aufbewahrung zu ändern, wenn er den Umständen nach annehmen darf, dass der Hinterleger bei Kenntnis der Sachlage die Änderung billigen würde. Der Verwahrer hat vor der Änderung dem Hinterleger Anzeige zu machen und dessen Entschließung abzuwarten, wenn nicht mit dem Aufschub Gefahr verbunden ist.

1 § 692 setzt die ggf konkludente **Vereinbarung einer Aufbewahrungsart** voraus und beschreibt die Konditionen ihrer Änderung. Ohne eine solche Vereinbarung darf der Verwahrer bei Beachtung seiner Obhutspflicht die Art der Verwahrung jederzeit ändern, weil er jenseits der vertragl Vereinbarungen keiner Weisungspflicht unterliegt; im Rahmen der Obhutspflicht darf er den Ort, die klimatischen Verhältnisse und die Überwachungsform frei modifizieren.

2 **Von der vereinbarten Aufbewahrungsart** darf der Verwahrer **nur mit Zustimmung des Hinterlegers** abweichen. Von diesem Grundsatz macht § 692 keine Ausnahme, ersetzt aber die ausdrückl durch die mutmaßliche Billigung, wenn mit dem Aufschub Gefahr verbunden ist; dies nähert i Erg das Verwahrungs- dem Auftragsrecht an (vgl § 665). Ohne Gefahr muss der Verwahrer die Änderung dem Hinterleger anzeigen und abwarten. Die Anzeige ist geschäftsähnl Handlung, es gelten §§ 119ff analog. Mutmaßliche Billigung ist immer gegeben, wenn der wirkliche dem unterstellten Willen des Hinterlegers entspricht, darüber hinaus, wenn der Verwahrer aufgrund der ihm bekannten Umstände eine Billigung erwarten durfte. Fehlt es an solchen Umständen, ist das pekuniär zu bemessende obj Interesse maßgeblich.

3 Die Befugnis zur Änderung der Aufbewahrungsart tritt **in zwei Fällen ein**: ausdrückl Zustimmung – bei Genehmigung mit Wirkung ab deren Zugang – und Gefahr. Der Fristablauf als solcher führt nicht zur Änderungsbefugnis, solange keine Gefahr eintritt (arg „wenn …"), es kann aber vereinbart sein, dass Schweigen trotz Zugang der Anzeige und Fristablauf zusammen als Zustimmung gelten soll. Bei unbefugter Änderung der Aufbewahrungsart bestimmen sich die Rechtsfolgen nach § 280 I 1, der Verwahrer trägt das Risiko zufälliger Verschlechterung, die durch die Änderung der Aufbewahrungsart eingetreten ist (analog § 287 S 2). Insoweit wird § 690 verdrängt.

§ 693 Ersatz von Aufwendungen

Macht der Verwahrer zum Zwecke der Aufbewahrung Aufwendungen, die er den Umständen nach für erforderlich halten darf, so ist der Hinterleger zum Ersatz verpflichtet.

1 Aufwendungen (dazu § 670 Rn 7ff, auch zur Erforderlichkeit) sind freiwillige Vermögensopfer zur Gewährung von Raum und Obhut (§ 688 Rn 1, 6). Aus der Erwähnung der „Umstände" folgt ein obj Maßstab, ergänzt um eine subj Komponente („halten darf"). Die Vorschrift ist dispositiv. Bedeutung kommt ihr bei der **unentgeltlichen Verwahrung** zu. Bei der **entgeltlichen Verwahrung** ist durch Vertragsauslegung zu ermitteln, ob das Entgelt die Aufwendungen miterfasst; dies wird häufig der Fall sein und ergibt sich aus der Kalkulation des Verwahrers. Dann behält § 693 eine Restbedeutung für außergewöhnliche Aufwendungen (zB Heizkosten bei Wintereinbruch im Hochsommer zum Schutz kälteempfindlicher Tiere) sowie in den Fällen des § 692.

2 § 693 erfasst **angemessene Verwendungen auf hinterlegte Sachen** zum Schutz gegen Verlust, Verderb oder Beschädigung (Bsp Hamm NJW-RR 2016, 91: ja für Tierfütterung, Wurmkur, nein für tierpsychologische Behandlung; AG Kassel BeckRS 2019, 6422: aus ex ante-Sicht angemessene tierärztliche Behandlung; Strom für Aufrechterhaltung der Batterieerhaltung eines Kfz); **Aufbewahrungskosten** (Versicherungsbeiträge, Bewachung). Nicht ersatzfähig sind Kosten, die die Aufbewahrung erst ermöglichen (zB Anmietung des Raumes, in dem die Verwahrung stattfinden soll). Diese sollen vom Verwahrungsentgelt erfasst sein.

3 Der Anspruch aus § 693 begründet ein Zurückbehaltungsrecht nach § 273 ggü dem Rückgabeanspruch aus § 695; §§ 256, 257 finden Anwendung. Ein gesetzl Pfandrecht an der aufbewahrten Sache entsteht allenfalls aus § 475 HGB (Brandenburg NJW-RR 2006, 1558).

§ 694 Schadensersatzpflicht des Hinterlegers

Der Hinterleger hat den durch die Beschaffenheit der hinterlegten Sache dem Verwahrer entstehenden Schaden zu ersetzen, es sei denn, dass er die Gefahr drohende Beschaffenheit der Sache bei der Hinterlegung weder kennt noch kennen muss oder dass er sie dem Verwahrer angezeigt oder dieser sie ohne Anzeige gekannt hat.

§ 694 enthält in Bezug auf Gefahren, die vom verwahrten Gegenstand ausgehen, eine **Gefahrtragungsregel**. Gefahren aus der Beschaffenheit der Sache trägt der Hinterleger, der die Beschaffenheit kennt oder kennen musste, wenn er die Beschaffenheit dem Verwahrer nicht angezeigt hat und der Verwahrer die Beschaffenheit ohne Anzeige nicht gekannt hat. Infolgedessen kann der Hinterleger das Risiko nur durch umfassende Aufklärung auf den Verwahrer verlagern. Die Aufklärung ist Nebenpflicht gem § 241 II (bei Einlagerung vor Vertragsschluss iVm § 311 II), bei deren Verletzung der Hinterleger aus §§ 282, 280 iVm 694 haftet. Kommt es zum Vertragsschluss, wird auf das Erfüllungsinteresse gehaftet, sonst auf das negative Interesse (Schadlosigkeit). 1

Bsp: gefährliche Chemikalien oder Krankheitserreger; gefährliche oder kranke Tiere (AG Berlin-Schöneberg NJW-RR 1986, 113). Die Gefahr muss allein aus der Beschaffenheit, ohne dass weitere Umständen hinzutreten. So greift § 694 nicht, wenn eingelagerte Schmierstoffe bei einem Brand das Löschwasser kontaminieren (LG München I BB 1991, 1667). 2

Aus HS 2 ergibt sich Vermutung des Verschuldens des Hinterlegers und **Beweislastumkehr** („es sei denn"), was Aussage des § 280 I 1 verstärkt. Hinterleger kann die Vermutung widerlegen durch a) Nachweis der Unkenntnis ohne Fahrlässigkeit, b) Anzeige an den Verwahrer (geschäftsähnl Handlung, es gilt § 130 I 1 analog) oder c) Nachw der Kenntnis des Verwahrers. Ein „Kennenmüssen" der Beschaffenheit gereicht dem Verwahrer grds nicht zum Nachteil, jedoch ist § 254 anzuwenden, wenn sonstige Umstände aus dem Verantwortungsbereich des Verwahrers den Schaden verursachen; beachte insoweit für die unentgeltliche Verwahrung § 690. 3

§ 695 Rückforderungsrecht des Hinterlegers

Der Hinterleger kann die hinterlegte Sache jederzeit zurückfordern, auch wenn für die Aufbewahrung eine Zeit bestimmt ist. Die Verjährung des Anspruchs auf Rückgabe der Sache beginnt mit der Rückforderung.

I. Rückgabeanspruch. Das Verwahrungsverhältnis ist auf vorübergehende Verschaffung von Fremdbesitz des Verwahrers gerichtet. Mit der vorübergehenden Natur korrespondiert ein Rückforderungsrecht des Hinterlegers bei Beendigung. Dieses wird vom BGB nicht separat geregelt (s aber § 473 HGB zum Lagergeschäft und § 7 I DepotG; § 695 gilt auch im Depotgeschäft und steht Kostenregelungen bei Geltendmachung entgegen, BGHZ 161, 189). Danach ist der Verwahrer verpflichtet, die in seine Obhut gegebene, zuvor unbeschädigte Sache ordnungsgemäß wieder herauszugeben, andererseits eine Beweislastumkehr eintritt und den Verwahrer die Beweislast trifft, dass (1) der eingetretene Zustand nicht auf einer ihm zurechenbaren Pflichtverletzung beruht (BGH MDR 2017, 334; Oldenburg MDR 2011, 473 Rn 12) und (2) er die Sache herausgegeben hat, BGH NJW-RR 2018, 249 Rn 10). § 695 beschränkt sich auf eine **Fälligkeits- und Verjährungsregelung**. Zur Drittverwahrung § 691 Rn 3ff. 1

Das Gesetz regelt insb nicht den **Umfang der Herausgabepflicht**. Gegenstand der Verwahrpflicht ist nur die Inbesitznahme der Hauptsache; abw erweiternde Regelung, die sich auf Früchte (zB Jungtiere) bezieht, ist zulässig und üblich (Hamm NJW-RR 2016, 91). Ansprüche auf Herausgabe von Nutzungen (Früchte, Gebrauchsvorteile, §§ 99, 100) sind abhängig vom Eigentum des Hinterlegers und geregelt über §§ 985, 986, §§ 987ff, GoA (§§ 677ff, insb § 687 II, § 681, § 667) und Bereicherungsrecht (§ 812 I 1 Alt 2). Bsp: Fruchtherausgabe an Eigentümer gem §§ 985, 953. Nicht kraft Eigentums des Hinterlegers, sondern wegen vertragswidrigen Verhaltens des Verwahrers können **Schadensersatzansprüche** auf Nutzungsherausgabe gerichtet sein (§ 249 I), da der Verwahrer Nutzungen nach der gesetzl Ausgangslage nicht ziehen darf. Abw Regelung kann erg Anwendung von Vorschriften zur Pacht (§§ 581ff), Miete/Leihe (§§ 535ff, 598ff) oder Schenkung (§§ 516ff) rechtfertigen. 2

Mit Geltendmachung des Rückgabeanspruchs wird das Verwahrungsverhältnis **gekündigt** (s auch § 473 I HGB), bei entgeltlicher Verwahrung endet der Vergütungsanspruch des Verwahrers (§ 699 II), bis zur Besitzübergabe gelten jedoch die Obhutspflichten des Verwahrers fort (ähnl Grü/*Retzlaff* Rn 1). Mit Zugang der Kündigung entsteht vorbehaltlich abw Vereinbarung **Rückgabepflicht**. Bei von Verwahrer zu vertretender Unmöglichkeit der Rückgabe ist er schadensersatzpflichtig gem § 280 I und III, § 283, § 275); der Verwahrer ist zur Ursache der Verschlechterung vortrags- und beweisbelastet (§ 280 I 2), ein Verschulden des Hinterlegers ist ggf nach § 254 zu berücksichtigen, vgl BGH NJW 1969, 790 zur Einstellung von Kfz; Oldenburg MDR 1990, 821 zur Haftung des Insolvenzverwalters für massefremdes Eigentum; Saarbrücken 10.7.2012 – 4 U 143/11 betreffend versehentliche Verschrottung eines sichergestellten Kfz bei öffentlicher Verwahrung). 3

Soll der **Rücknahmeanspruch permanent abbedungen** sein, liegt kein Verwahrungsverhältnis vor (mit Charakterisierung als atypischem Verhältnis ist nichts gewonnen, so aber MüKo/*Henssler* Rn 2; diff Staudinger/*Bieder* Vorb zu §§ 688ff Rn 8). Im Rahmen der Vertragsfreiheit liegt es aber, einzelne Regelungen der §§ 688ff durch Vereinbarung zur Anwendung zu bringen. **Dispositiv** sind jedoch die in § 695 statuierte Fälligkeits- und Verjährungsregelung. 4

5 **II. Fälligkeit (S 1).** § 695 trifft Sonderregelung zu § 271 II und gewährt jederzeitiges Rückgaberecht unabhängig von einer Zeitbestimmung (Bsp LG Düsseldorf 7.1.2016 – 1 O 68/14). Dessen Ausübung steht unter den Einschränkungen der § 241 II, § 242, so etwa keine Rückgabe zur Unzeit, ggf erst nach Ablauf angemessener, aus den Umständen der Verwahrung (Bsp: besonders gesichert, Tiefkühlung) resultierende Frist. Sonderregelung in § 473 I, § 358 HGB.

6 **III. Gegenrechte: Verjährungseinrede (S 2).** Durch S 2 beginnt Verjährung entspr allg Regeln ab Fälligkeit des Rückforderungsanspruchs zu laufen. Die Regelung wurde durch Art 1 I Nr 52 SchuldRModG eingefügt (dazu *Rieble* NJW 2004, 2270). Parallelvorschrift § 696 S 3, § 604 V. Zweck war es, den Beginn der kurzen Verjährung (§ 195) nicht schon bei Anspruchsentstehung (i Erg Vertragsschluss), sondern erst bei Fälligkeit (also Rückforderung) sicherzustellen. Zudem zugunsten des Verwahrers Vorverlagerung des Verjährungsbeginns abw von § 199 I durch Verzicht auf Maßgeblichkeit des Jahresendes. – **Sonstige:** Der Rücknahmeanspruch steht nicht im Synallagma, § 320 gilt nicht (ebensowenig § 241a I), aber **Zurückbehaltungsrecht** aus § 273 wegen Aufwendungen (§ 693 Rn 1) und ggf Vergütung; allerdings besteht während des Zeitraums der Zurückbehaltung kein Vergütungsanspruch. – Macht ein **Dritter als Eigentümer** Herausgabeansprüche geltend, kann Verwahrer Besitz- oder Überlassungsrecht des Hinterlegers einwenden (§ 986 I 1 Alt 2 und S 2); mit Herausgabe an den Dritten geht Rückforderungsrecht des Hinterlegers unter (§ 275 I); bei Verschulden des Verwahrers und Schaden des Hinterlegers ggf Haftung aus § 280 I, III, § 283, § 275 I. – Trotz länger andauernder berufsrechtl Aktenaufbewahrungspflicht des Rechtsanwalts verjährt der Anspruch des Mandanten auf Herausgabe der seinen Fall betreffenden Akten binnen drei Jahren nach Mandatsbeendigung (LG Frankfurt DStRE 2019, 402).

§ 696 Rücknahmeanspruch des Verwahrers

Der Verwahrer kann, wenn eine Zeit für die Aufbewahrung nicht bestimmt ist, jederzeit die Rücknahme der hinterlegten Sache verlangen. Ist eine Zeit bestimmt, so kann er die vorzeitige Rücknahme nur verlangen, wenn ein wichtiger Grund vorliegt. Die Verjährung des Anspruchs beginnt mit dem Verlangen auf Rücknahme.

1 Der Verwahrer hat ein **Interesse an der (fristgerechten) Rücknahme**, da die Verwahrung bei ihm Kosten erzeugt und er grds in Vorleistung tritt (§ 699), sich mit zunehmender Dauer somit der dem Hinterleger gewährte Kredit erhöht. § 696 regelt die Entstehung des Rücknahmeanspruchs. Ab dem in § 696 bestimmten Zeitpunkt kommt (1) der Hinterleger unter den Voraussetzungen des § 286 in Verzug, (2) kann der Verwahrer Schadensersatz gem §§ 280, 281 (Bsp Koblenz NZV 2016, 584: jahrelanger Verbleib von Kfz bei Reparaturwerkstatt; Anspruch auf Restwert des Fahrzeugs begrenzt) und (3) bei entgeltlicher Verwahrung die Vergütung und Aufwendungen nach § 693 und zudem ggf § 304 geltend machen. Entgegen der hM (Staudinger/*Bieder* Rn 5 mN) kommt der Gläubiger in Bezug auf das Rückforderungsrecht nach § 695 nicht in Verzug gem §§ 293ff, weil keine Rückforderung (§ 695 S 1) gegeben ist und diese auch nicht fingiert werden kann; Hinterlegung (§ 372) und öffentliche Versteigerung (§ 383) sind dem Verwahrer deshalb nicht eröffnet. Abw kann sich aus den Abreden ergeben. Rücktritt nach § 323 (s Düsseldorf NJW-RR 1996, 480 zu § 326 aF) und Bereicherungsansprüche gem §§ 812ff (aA Karlsruhe MDR 1969, 219 betreffend Standgeld für nicht abgeholtes Kfz) sind ebenfalls ausgeschlossen.

2 Dem Verwahrer ist die **bewusste Preisgabe des verwahrten Gutes grds untersagt**, selbst wenn der Verwahrzeitraum abgelaufen ist. Bei daraus folgender Beschädigung oder Zerstörung der Sache ist er dem Hinterleger aus Verletzung nachvertragl Sorgfaltspflichten ersatzpflichtig (§ 688 Rn 7). Statt Preisgabe muss er seinen Rücknahmeanspruch ggf gerichtlich geltend machen. Dass ein Rücknahmeanspruch besteht, folgt aus der Natur der Verwahrung und wird vom Gesetz vorausgesetzt. § 696 regelt insoweit lediglich **Fälligkeit und Verjährung des Anspruchs**; abw Sonderregel in § 473 II, III HGB.

3 **Rücknahmeanspruch bei unbefristeter Verwahrung (S 1).** Die durch Geltendmachung des Rücknahmeanspruchs implizit geltend gemachte **Kündigung** (s § 473 II HGB) ist im unbefristeten Verwahrungsverhältnis **jederzeit** zulässig. Als Rechtsfolge enden Verwahrungsvertrag und bei entgeltlicher Verwahrung die Vergütungspflicht jedoch erst mit Rücknahme der Sache durch den Hinterleger (Mot II S 326; *Krampe* NJW 1992, 1264, 1269 mwN), sonst läge es in der Hand des Verwahrers, bei neuen Entwicklungen das Verwahrrisiko auf den Hinterleger zu verlagern. Die Rücknahme ist schonend geltend zu machen und hat die Interessen der anderen Vertragsseite einzubeziehen (vgl § 241 II, § 242; LG Berlin NJW 1992, 1327, 1328).

4 **Rücknahmeanspruch bei befristeter Verwahrung (S 2).** Bei Befristung kann Verwahrer die vorzeitige Rücknahme nur bei wichtigem Grund verlangen. Was wichtiger Grund ist, bestimmt sich nach § 314 I 2. Der Rücknahmeanspruch aus wichtigem Grund ist nicht vertragl abdingbar (näher MüKo/*Henssler* Rn 2). S zu Lagergeschäft auch § 473 II, § 358 HGB.

5 **Verjährung (S 3).** Durch S 3 beginnt Verjährung entspr allg Regeln ab Fälligkeit des Rücknahmeanspruchs zu laufen. Näher § 695 Rn 6. Die Verjährung läuft ab **Zugang des Rücknahmeverlangens** bei unbefristeter Verwahrung sowie bei befristeter Verwahrung, wenn ein wichtiger Grund gegeben ist (Rn 4). Daneben kann es auf die **Kenntnis oder grob fahrlässige Unkenntnis des wichtigen Grundes** gem § 199 I Nr 2 ankommen (arg e § 696 S 3, soll Hinterleger begünstigen, vgl BT-Drucks 14/6040, 268f; Nichtberücksichtigung von § 199 I Nr 2 ist Redaktionsversehen). Bei befristeter Verwahrung und Fehlen eines wichtigen Grunds entsteht vor Fristablauf kein Rücknahmeanspruch, so dass die Verjährung ab Fälligkeit zu laufen beginnt.

§ 697 Rückgabeort

Die Rückgabe der hinterlegten Sache hat an dem Ort zu erfolgen, an welchem die Sache aufzubewahren war; der Verwahrer ist nicht verpflichtet, die Sache dem Hinterleger zu bringen.

§ 697 schreibt dispositiv als **Leistungsort für Rückgabe (§ 695) und Rücknahme (§ 696)** den vertragl vereinbarten Verwahrungsort vor. Dies ist grds ein vom Verwahrer bestimmter Ort, eine andere Regelung kann vertragl getroffen sowie in Fällen der zulässigen Drittverwahrung (§ 691) oder Änderung (§ 692) gegeben sein. 1

HS 2 stellt den Charakter als **Holschuld** klar. Abw von § 269 sind Wohn- und Betriebssitz grds unerheblich, jedoch wird bei entgeltlicher Verwahrung idR Betriebssitz jedenfalls konkludent vereinbart (Bsp Banktresor). § 270 ist bei Geldverwahrung nicht anzuwenden, da Verwahrung keine Geldschuld ist. 2

§ 697 erfasst die **Verwahrprimärleistung** (hinterlegter Gegenstand und etwaig zu ziehende Früchte, etwa Jungtiere). Für Sekundäransprüche etwa wegen unbefugt gezogener Nutzungen (§§ 100, 99) gelten die allg Vorschriften (insb § 269), was indes selten andere Ergebnisse bedingt. 3

§ 697 gilt im Zweifel auch für die **unregelmäßige Verwahrung** (§ 700 I 3), vgl BGH NJW 1994, 318; LG Köln 13.5.2014 – 3 O 208/12. Im **öffentlich-rechtl Verwahrverhältnis** gilt § 697 analog (hM). Daher hat der Verwahrer die beschlagnahmte Sache nach Freigabe grds nicht an den Wohnort des Eigentümers zu senden (BGH NJW 2005, 988 Rn 1; BGH NJW 2019, 2618 Rn 13ff betr Unbeteiligtem); anders jedoch, wenn ein Folgenbeseitigungsanspruch aus rechtswidrigem Anspruch besteht (BGH NJW 2005, 988 Rn 6). 4

§ 698 Verzinsung des verwendeten Geldes

Verwendet der Verwahrer hinterlegtes Geld für sich, so ist er verpflichtet, es von der Zeit der Verwendung an zu verzinsen.

§ 698 regelt mit der Zinspflicht bei **unbefugter Eigenverwendung von Bargeld** gleich welcher Währung Rechtsfolgen einer Veruntreuung; vgl zur befugten Verwendung § 700 I 2. Als pauschalierte Mindestentschädigung hat der Hinterleger den Betrag zu verzinsen (s auch §§ 668, 1836). Verwendung ist nicht erst der Einsatz des Geldes, sondern bereits die Begründung von Eigenbesitz (§ 872); auf Eigentum kommt es nicht an. Bsp: Ablage in Versteck oder für Hinterleger unzugänglichem Tresor; Einzahlung auf eigenes oder ein fremdes Konto zur Begleichung einer Schuld; schenkweise Zuwendung an Dritte. Bei Vermischung soll bei Miteigentum (als Rechtsfolge der §§ 948, 947 I) die Norm nicht anzuwenden sein; jedoch beeinträchtigt auch dies die Verfügungsfreiheit des Hinterlegers und auf Eigentum kommt es nicht an, so dass § 698 greift. 1

Als **Rechtsfolge** schuldet der Verwahrer Zinsen iHv 4 % (§ 246) bzw 5 % (§ 352 HGB) auf den hinterlegten Betrag. Weitere Herausgabe- und Ersatzansprüche sind nicht gesperrt, insb § 280 I; §§ 823ff; § 687 II, § 678; § 681, § 667; § 812 I 1 Alt 2; § 816 I. Vgl für die öffentlich-rechtl Hinterlegung § 688 Rn 15. 2

Für **Kaution** und andere **Sicherheitsleistungen** gilt § 698 nicht, sondern §§ 1213f analog (für Restkaufpreisforderung aus Leasingvertrag BGH NJW-RR 2010, 633). 3

§ 699 Fälligkeit der Vergütung

(1) Der Hinterleger hat die vereinbarte Vergütung bei der Beendigung der Aufbewahrung zu entrichten. Ist die Vergütung nach Zeitabschnitten bemessen, so ist sie nach dem Ablauf der einzelnen Zeitabschnitte zu entrichten.

(2) Endigt die Aufbewahrung vor dem Ablauf der für sie bestimmten Zeit, so kann der Verwahrer einen seinen bisherigen Leistungen entsprechenden Teil der Vergütung verlangen, sofern nicht aus der Vereinbarung über die Vergütung sich ein anderes ergibt.

Die Vorschrift regelt abw von § 271 die Fälligkeit der vereinbarten oder gem § 689 geschuldeten Vergütung. Danach besteht (zumindest teilw, vgl Abs I S 2) eine **Vorleistungspflicht** (s auch § 614). Die Vorschrift ist dispositiv. Für den Erfüllungsort bleibt es bei §§ 269, 270 IV. 1

Anhaltspunkt für die Bemessung des Anspruchs nach Abs II bei zB nach § 695 S 1, § 696 S 2 vorzeitig beendeter Verwahrung ist das Verhältnis der vereinbarten zur tatsächlichen Verwahrdauer (AG Lehrte 11.5.2010 – 9 C 857/09). Vgl dazu BGH NJW 2020, 328 (vorformulierte beiderseitige Kündigungsfrist von acht Wochen bei Pferdepensionsvertrag ist AGB-rechtlich nicht zu beanstanden). 2

§ 700 Unregelmäßiger Verwahrungsvertrag

(1) Werden vertretbare Sachen in der Art hinterlegt, dass das Eigentum auf den Verwahrer übergehen und dieser verpflichtet sein soll, Sachen von gleicher Art, Güte und Menge zurückzugewähren, so finden bei Geld die Vorschriften über den Darlehensvertrag, bei anderen Sachen die Vorschriften über den Sachdarlehensvertrag Anwendung. Gestattet der Hinterleger dem Verwahrer, hinterlegte vertretbare Sachen zu verbrauchen, so finden bei Geld die Vorschriften über den Darlehensvertrag, bei anderen Sachen die Vorschriften über den Sachdarlehensvertrag von dem Zeitpunkt an Anwendung, in welchem der Verwahrer sich die

Sachen aneignet. In beiden Fällen bestimmen sich jedoch Zeit und Ort der Rückgabe im Zweifel nach den Vorschriften über den Verwahrungsvertrag.

(2) **Bei der Hinterlegung von Wertpapieren ist eine Vereinbarung der im Absatz 1 bezeichneten Art nur gültig, wenn sie ausdrücklich getroffen wird.**

1 Das depositum irregulare bzw die Summenverwahrung (in der unglücklichen Gesetzesterminologie seit dem SchuldRModG „unregelmäßige Verwahrung") beschreibt einen zw Verwahrung und Darlehen stehenden, typengemischten Vertrag eigener Art. Dabei wird abw von der Verwahrung das Eigentum auf den Verwahrer übertragen, abw vom Darlehen erfolgt die Verwahrung im überwiegenden Interesse des Hinterlegers, welches ua **auf jederzeitige Verfügbarkeit** gerichtet ist (§ 700 I 3). Der gebotene Zins ist daher unabhängig von der Zentralbankrate gering. Hauptfall ist das **Girokonto** (Sichteinlage, Tagesgeld). Bsp BGHZ 180, 191 Rn 17f; 131, 60, 632, nunmehr auch der **Prämiensparvertrag**, BGHZ 222, 74; BKR 2020, 351; s *Stöhr* NJW 2019, 2902; *Piekenbrock/Rodi* WM 2021, 1113; *Kalisz* WM 2022, 1957.

2 **Kein Fall des § 700 sind** das Anderkonto bei Notar oder Bank (BGH NJW 2002, 1346) oder die Spareinlage auf dem Sparbuch (§ 808 Rn 1; unklar Köln NJW-RR 2001, 188, das in Rn 3 § 700 nennt). § 700 gilt nicht für die öffentlich-rechtl Hinterlegung nach den HintO der Länder.

3 Die **unregelmäßige Verwahrung entsteht** durch anfängliche, ggf auch konkludente (arg e § 700 II) Einigung über den Eigentumsübergang und die Rückerstattungspflicht des Verwahrers (S 1) oder die anfängliche oder nachträgl, ggf auch konkludente Gestattung des Verbrauchs der Sache vor dem Hintergrund eines bestehenden (regelmäßigen) Verwahrungsverhältnisses (S 2); in der Gestattung liegt dann ein ggf gegenständlich begrenzter Antrag auf Übereignung, welcher durch Verbrauch oder eine andere Art der **Aneignung** angenommen wird (§ 151), mit Rechtsfolge des Erwerbs gem § 929 S 2. Aneignung ist jede äußerlich erkennbare Handlung, welche zuverlässig auf eine Erwerbsabsicht schließen lässt (RGZ 52, 202, 205); auf die Verbrauchbarkeit der Sache kommt es daher ebensowenig an wie auf schuldrechtl Abreden. Auch Übertragung des Eigentums auf Dritte ist Aneignung.

4 **Rechtsfolge des § 700 I** ist die teilw Anwendung der Vorschriften über Darlehen und Sachdarlehen (§§ 488, 607ff). Grds gilt Darlehensrecht, insb bei Geld § 488 I, II und bei Verbraucherverträgen die §§ 491ff (mit Form gem § 492), bei anderen vertretbaren Sachen § 607 I, § 609. Das Verwahrungsrecht regelt **Rückgabezeit und -ort** (Abs I S 3 verweist auf §§ 695-697); § 488 III, § 489, § 604 respektive § 608 sind nicht anzuwenden. Die Rechtsfolge des § 700 tritt mit Wirkung des Eigentumsübergangs (etwa durch Besitzübergang) ein (MüKo/*Henssler* Rn 13, str). Für die Wirkung des § 700 I ist unerheblich, ob das Eigentum auf den Verwahrer oder einen Dritten übergeht (s auch § 13 I, § 15 I DepotG).

5 **Abs II** enthält eine Sondervorschrift zur **Hinterlegung von Wertpapieren**; Kryptowerte sind Wertpapiere, wenn sie die Voraussetzungen des § 2 I WpHG erfüllen; dies ist unabhängig von ihrer Zuordnung zum eWpG, weil dieses gem § 1 eWpG auf Inhaberschuldverschreibungen beschränkt ist; keine Wertpapiere sind sog Kryptowährungen ohne Unternehmens- oder Gewinnanteil (Bsp Bitcoin, Ether). Schutzzweck ist die Warnfunktion zugunsten des Hinterlegers (Prot II S 396). Erforderlich ist insoweit eine **ausdrückl Vereinbarung.** Der Regelungsschwerpunkt liegt auf der Ausdrücklichkeit, nicht der Vereinbarung. Die Ausdrücklichkeit stellt kein Formerfordernis auf, schließt aber Einigung bzw Gestattung durch schlüssiges Verhalten aus (weiter MüKo/*Henssler* Rn 19: nur Eindeutigkeit geboten). § 700 II gilt auch, wenn die Formvorschriften der § 13 I, § 15 DepotG nicht gelten (s § 16 DepotG). Vgl zur Wertpapierverwahrung nach DepotG § 688 Rn 14.

Titel 15
Einbringung von Sachen bei Gastwirten (§§ 701–704)

Vorbemerkung vor § 701

1 **I. Gesetzliche Erfolgshaftung.** Die §§ 701–703 regeln die **gesetzl Haftpflicht** des Beherbergungswirts für eingebrachte Sachen des Gastes. Diese Haftung entsteht unabdingbar (§ 702a) kraft Gesetzes und ist unabhängig vom Entstehen und Bestand eines Vertrags. Es handelt sich um eine **Erfolgshaftung** aus gesetzl Schuldverhältnis (Naumburg OLG-NL 2003, 97; MüKo/*Henssler* § 701 Rn 3; BeckOGK/*Jüchser* § 701 Rn 7) für Schäden an den eingebrachten Sachen des Gastes (Grü/*Retzlaff* Rn 2; Staud/*Werner* Rn 5). Es ist in der Sache gleichgültig, ob man diese Haftung dem Bereich der Gefährdungshaftung zuweist (BGH NJW 1964, 708), von einer gesetzl Risikozurechnung ausgeht (vgl MüKo/*Henssler* § 701 Rn 4) oder ob von einer Zufallshaftung aus gesetzl Schuldverhältnis die Rede ist (Naumburg OLG-NL 2003, 97; Staud/*Werner* Rn 5). Denn im praktischen Ergebnis ergibt sich kein Unterschied. Jedenfalls steht fest, dass eine Haftung des Gastwirts dann nicht eingreift, wenn die Schadensursache dem Gast zuzurechnen ist oder auf dem Tatbestand der höheren Gewalt beruht (BeckOGK/*Jüchser* § 701 Rn 7).

2 Durch die §§ 701ff bleiben **Ansprüche aus** einem **Vertragsverhältnis** zw Gast und Wirt **unberührt**, so dass die gesetzl Ansprüche aus der Einbringung von Sachen nach den §§ 701ff diese ergänzen (BGHZ 63, 333, 336). Denn nach allg Meinung enthalten die §§ 701ff keine abschließende Regelung (statt aller MüKo/*Henssler* § 701

Rn 5). Daher bleiben die allg Haftungsnormen der § 241 II, § 311 II, § 280 zugunsten des Gastes unberührt (BGH NJW 1980, 1947 – Haftung bei Nichtbereitstellen eines bestellten Zimmers erstreckt sich nicht auf immaterielle Schäden). Der **Beherbergungsvertrag** ist dadurch charakterisiert, dass der Gastwirt – er ist nicht notwendigerweise auch der Eigentümer der Herberge (Staud/*Werner* § 701 Rn 2; BeckOGK/*Jüchser* § 701 Rn 10) – die Pflicht übernimmt, dem Gast Unterkunft zu gewähren, und zwar als Ersatz für seine eigene Wohnung; hinzukommt, dass die jew Serviceleistungen entspr der vertragl Vereinbarung geschuldet werden (Hamm NJW-RR 2013, 349). Grds ist der Gastwirt in seiner **unternehmerischen Entscheidung** frei, wen er als Gast aufnimmt (BGH NJW 2012, 1725 – Hausverbot für den NPD-Bundesvorsitzenden). Typologisch bewertet ist der Beherbergungsvertrag ein Unterfall des allg Gastaufnahmevertrags, der zw einem Schank- oder Speisewirt (§ 1 I Nr 1 und 2 GastG) und seinem Gast geschlossen wird. Dieser hat lediglich die Benutzungsgewährung oder -gestattung von Räumen und Einrichtungsgegenständen der Gast- und/oder Speisewirtschaft und den Kauf von Speisen und/oder Getränken zum Gegenstand, die der Wirt selbst herstellt oder seinerseits bezieht. **Typologisch** ist der Beherbergungsvertrag bzw Gastaufnahmevertrag ein **gemischter Vertrag**, der Elemente aus Kauf-, Miet-, Dienst-, Werk- und Verwahrungsvertrag zum Gegenstand hat (BeckOK/*Gehrlein* Rn 1; Staud/*Werner* Rn 7; MüKo/*Henssler* § 701 Rn 6; AG Garmisch-Partenkirchen NJW 1969, 608). Den Kern dieses Vertrages bildet das Mietrecht (BGH NJW 1963, 1449). Etwaige **Leistungsstörungen** sind daher idR mietrechtl anzubinden (BGH NJW 1978, 1426; NJW 1963, 1449, BeckO/*Gehrlein* Rn 1), soweit nicht die besonderen Regeln der einzelnen Vertragselemente Maß geben (MüKo/*Henssler* § 701 Rn 6). Eine nach den §§ 536f in Betracht zu ziehende Haftung des Gastwirts wegen Mängeln des überlassenen Zimmers setzt, soweit nicht eine Garantiehaftung in Betracht kommt, zB § 536a I (vgl Brandenburg BeckRS 2009, 09564 – Abbruch eines Astes auf dem Parkplatz und Zerstörung des Pkw – keine Erkennbarkeit des Pilzbefalls des abgebrochenen Astes), Verschulden voraus. Der Anspruch auf Minderung folgt aus § 536 (MüKo/*Henssler* § 701 Rn 6). Bei **Storno** einer Reservierung besteht im Zweifel kein Handelsbrauch auf Kostenfreiheit bzw Rückerstattung (AG Frankfurt BeckRS 2011, 00479), es sei denn, die Buchung erfolgt durch ein Reisebüro (Frankfurt NJW-RR 1986, 911; München NJW 1990, 698; LG Hamburg NJW-RR 2004, 699 – Eventveranstalter), so dass allerdings eine frühzeitige Abbestellung (etwa 30 Tage) sanktionslos erfolgen kann (so aber kraft Auslegung Hamm NJW-RR 2002, 1348: caritativ tätiges Gelegenheitsunternehmen). Im Zweifel ist die **Buchung nach den §§ 145ff verbindlich** (Düsseldorf NJW-RR 1991, 1143), und zwar auch dann, wenn sie acht Monate im Voraus getätigt wird (Braunschweig NJW 1976, 570). Die Vereinbarung des Zimmerpreises (Messebesuch) soll bei einer verbindlichen Buchung nicht zu den essentialia gehören, was nicht sehr überzeugend ist (LG Frankfurt NJW-RR 2006, 54). Abweichendes betr **kostenlosen Storno** gilt nur bei entspr Vereinbarung (BGH NJW 1977, 385; Braunschweig NJW 1976, 570). Der Schadensersatzanspruch wegen Vertragsverletzung (Storno = Rücktritt) ggü dem Gast muss die Voraussetzungen von § 309 Nr 5 lit a und b berücksichtigen. Das setzt bei der Berechnung des abstrakten Schadens voraus, dass die ersparten Aufwendungen in Abzug gebracht werden und dass der Gegenbeweis nach lit b ausdrücklich geöffnet wird.

Abzugrenzen ist – typologisch bewertet – der Gastaufnahmevertrag gleichwohl ggü der **Miete** (MüKo/*Henssler* 2a § 701 Rn 13; aM BGH NJW 1963, 1449 – grds Anwendbarkeit des Mietrechts). Hier steht die Gebrauchsüberlassung der Mietsache als typische Leistung im Vordergrund; alle sonstigen dienst- und werkvertragl Elemente des Beherbergungsvertrages fehlen jedoch bei der Miete, wie etwa bei der Vermietung eines Ferienappartements (BeckOK/*Gehrlein* § 701 Rn 3) oder bei der Anmietung eines Campingplatzes (Hamm NJW 1966, 2017 – nur Haftung wegen Verschuldens).

II. Sonstige Haftungsgrundlagen. Da die Spezialhaftung des § 701 auf den Ersatz des Schadens an den vom 3 Gast eingebrachten Sachen bezogen (und auch begrenzt) ist, haftet der Wirt für die körperliche Unversehrtheit des Gastes allein aus dem Gastaufnahmevertrag und aus der **deliktischen Verkehrssicherungspflicht** (Köln NJW-RR 1987, 1111). Diese hat in der Praxis **steigende Bedeutung** erlangt (Hamm NJW-RR 2013, 349 – Körperverletzung des Einlass begehrenden, alkoholisierten Gastes, weil der Schlüssel nicht funktionierte und der Gastwirt einen weithin sprachunkundigen „Portier" eingestellt hatte; Koblenz BeckRS 2012, 05682 – Ausrutschen im Bad: grds keine Haftung wegen Vorhersehbarkeit der Gefahr; anders bei mangelhafter Reinigung des Bades Koblenz NJW-RR 1990, 98 – Wasserfilm vorhanden; Saarbrücken NJOZ 2010, 662 – tiefes Loch im Bereich der Theke; Karlsruhe NJW 1961, 1866 – große Klärgrube; LG Karlsruhe NJOZ 2009, 493 – geringfügig zu niedrige Brüstung, was jedoch für den Gastwirt nicht erkennbar war; Stuttgart NJW 2008, 2514 – Sturz durch einen brechenden Kanaldeckel nach Besuch einer Disco; Schleswig SchlHA 1957, 335 – Sturz in den Keller wegen nicht als solcher gekennzeichneter Tür; ähnlich Hamm BeckRS 1990, 30996870; Hamm r+s 2000, 105 – erhöhte Anforderungen an die Sicherheit von Treppen, wenn ältere Gäste in größeren Gruppen regelmäßig kommen; Brandenburg BeckRS 2008, 09564 – Abbruch eines großen Astes einer Eiche, Zerstörung des auf dem Parkplatz abgestellten Pkw; München NJW 2007, 704 – Hörschaden nach Discobesuch; LG Bonn NJW-RR 2005, 534 – Aufstellen eines Wasserbassins im Rahmen einer Sonderveranstaltung). Wie stets ergibt sich aus § 241 II, § 311 II, § 823 I, dass der Gastwirt verpflichtet ist, alle Gefahrenquellen, welche für eine Schädigung des Gastes in Betracht kommen können, im Rahmen des ihm Zumutbaren auszuschalten (Saarbrücken NJOZ 2010, 662, 664; Karlsruhe NJW-RR 2005, 462, 463). So haftet der Gastwirt auch nicht, wenn einer seiner Mitarbeiter mit dem Pkw eines Gastes eine unerlaubte Schwarzfahrt durchführt (LG Nürnberg-Fürth BeckRS 2016, 126859). Dies gilt nicht für die Verkehrssicherheit **öffentlicher Wege**, soweit es sich nicht um Risiken handelt, die von der Gaststätte ausgehen (Köln NJW-RR 1996, 277). Bei tödlichem Ausgang einer **„Trinkwette"** kann eine Haftung des Gastwirts aus seiner **Garantenstellung** heraus bestehen (Saarbrücken NJW-RR 1995, 986). Im Rahmen der **Pro-**

duzentenhaftung eines Gastwirts wegen einer verseuchten Puddingcreme besteht bei Vorliegen einer Körperverletzung eine Umkehr der Beweislast für den Bereich des Verschuldens nach § 823 I (BGH NJW 1992, 1039; Stuttgart NJW-RR 1996, 595 – Salmonellen; Frankfurt NJW 1995, 2498 – Gelbsucht). Dabei ist – sowohl nach § 3 ProdHaftG als auch nach § 823 I – das Maß an Schutzniveau mit Blick auf die Verbrauchererwartung zu gewährleisten, das ein verständiger, umsichtiger, vorsichtiger und auch gewissenhafter Gastwirt für ausreichend ansieht, um Dritte als Gäste vor Schädigungen zu schützen (BGH NJW 2008, 3775; NJW 2006, 2326). Doch wird nicht für jede Gefährdung der Rechtsgüter Dritter gehaftet, weil der Geschädigte jedenfalls die Schädigungen selbst zu tragen verpflichtet ist, welche ausnahmsw – unter besonders eigenartigen und entfernt liegenden Umständen – eintreten (BGH VersR 2007, 2007). Freilich besteht insoweit eine **Besonderheit** ggü dem allg Konzept der Verkehrssicherungspflichten des § 823 I: Bei der Gestaltung der Gasträume, insb bei einer Gaststätte, muss der Gastwirt sich darüber im Klaren sein, dass Aufmerksamkeit und Konzentration seiner Gäste – vor allem durch Alkoholgenuss – und durch die in einer Gaststätte stattfindende (allg, oft auch laute) Kommunikation herabgesetzt sind, so dass gesteigerte Sorgfaltsanforderungen zu erfüllen sind (Saarbrücken NJOZ 2010, 662, 664 – zu hohe Stufe, nicht durch Signalfarben hervorgehoben, aber nicht haftungsursächlich; Koblenz BeckRS 2005, 5344). Mit der Anwesenheit alkoholisierter Gäste muss der Gastwirt grds rechnen, so dass auch ausreichende Vorkehrungen gegen die dann regelmäßig auftretenden Gleichgewichtsstörungen geschuldet werden (LG Karlsruhe NJOZ 2009, 493, 497). Die Verkehrssicherungspflicht des Gastwirts bezieht sich auch auf den Bürgersteig vor seinem Lokal, auf den zu seinem Lokal führenden Zugang sowie auf den Privatparkplatz (Hamm NJW 2000, 3144; Stuttgart NJW 2008, 2514). Dabei kann naturgemäß auch oft ein erhebliches Mitverschulden nach § 254 eine Rolle spielen, wenn und soweit der verunfallte Gast mehr oder weniger stark alkoholisiert war (LG Karlsruhe NJOZ 2009, 493 – zu niedrige Fensterbrüstung im Badezimmer, was aber für den Wirt nicht erkennbar war, Einwand der Alkoholisierung des Gastes führte zur Klageabweisung). Auch die **Streupflicht** ist von § 823 I erfasst (vgl etwa BGH VersR 1987, 508 – Verkehrssicherungspflicht für Gäste und Passanten, sogar über Vorgaben der Ortssatzung [Streupflicht] hinaus; BGH MDR 1986, 44 – Einbau einer Druckkabine; Köln NJW-RR 1987, 1111 – Toilettenbrille; München VersR 1998, 326 – Verlauf von Fluchtwegen). Die Pflicht umfasst aber nicht die besondere Vorsorge gegen allg bekannte Gefahren (Ausrutschen in der Badewanne, AG Berlin-Mitte VersR 1998, 510). Für die Verjährung dieser Ansprüche gelten die §§ 195, 199.

3a **III. Besondere Hinweispflichten.** Erkennt der Gastwirt, dass seine Gäste **wertvollen Schmuck** mit sich führen, ist er verpflichtet, darauf aufmerksam zu machen, falls der Safe im Zimmer keine hinreichende Sicherheit bietet (Karlsruhe NJW-RR 2005, 462, 463). Ob dann, wenn es sich erkennbar um besonders wertvollen Schmuck handelt, ein allg Hinweis des Gastwirts ausreicht, erscheint allerdings fraglich, weil der Gast diesem nicht die gleiche Aufmerksamkeit widmet wie einem ausdrücklichem Hinweis, vorzugsweise den Hotelsafe zu benutzen (*Lindemeyer* BB 1983, 1504, 1508). Ein **Parkplatz**, der „nur für Hotelgäste" bestimmt ist (im Einz Rn 8), soll nach Auffassung des LG Düsseldorf (BeckRS 2009, 88271) keine Kontroll- und Überwachungspflicht des Gastwirts auslösen, wenn zusätzl vermerkt ist, dass „widerrechtlich parkende Fahrzeuge abgeschleppt" werden. Denn diese Schilder besagen, dass der Parkplatz nicht für unbefugte Dritte vorgesehen ist. Eine Kontrolle des älteren Baumbestands auf einem Hotelparkplatz ist halbjährlich im belaubten und im unbelaubten Zustand durchzuführen (Brandenburg BeckRS 2008, 09564). Im Zusammenhang mit der Verletzung einer Verkehrssicherungspflicht spielt auch die Frage eine Rolle, ob der **Anscheinsbeweis** (BGH NJW 2008, 3775) durchgreifen kann (Saarbrücken NJOZ 2010, 662, 664; LG Karlsruhe NJOZ 2009, 493, 496). Entscheidend ist insoweit, dass eine Gefahr sich verwirklicht, gegen deren Entstehen wegen der Typizität des Geschehensverlaufs die auferlegte Verkehrssicherungspflicht den Geschädigten schützen sollte (Saarbrücken NJOZ 2010, 662, 664).

4 **IV. Haftungsausschluss.** Der Ausschluss oder die **Begrenzung der Haftung** aus dem Beherbergungsvertrag sind durch entspr Vereinbarungen möglich (BGHZ 63, 333). In den durch die §§ 307ff gesetzten Grenzen kann das auch in Formularverträgen oder AGB geschehen. Doch liegen die Grenzen offen zu Tage. Sie ergeben sich aus dem Verbotstatbestand von § 309 Nr 7a (Körper- und Gesundheitsschäden) und b (grobe Fahrlässigkeit/Vorsatz) sowie aus der „Leitbildfunktion" der Gastwirtshaftung nach § 701.

5 **V. Haftung für sonstige eingebrachte Gegenstände.** Praktisch bedeutsam ist auch die Haftung des Gastwirts für Garderobe und Fahrzeuge, die in der Garage oder auf dem Hotelparkplatz im Einvernehmen mit dem Wirt abgestellt wurden, sowie die für Handlungen von Angestellten des Herbergswirts. Grundlagen dieser Haftung sind regelmäßig das einem Beherbergungsvertrag innewohnende Element eines Verwahrungsvertrags und die daraus aus § 241 II resultierenden Obhutspflichten (vgl MüKo/*Henssler* § 701 Rn 9). So gesehen ist aber entscheidend darauf abzustellen, ob ein entspr Vertrag – regelmäßig: konkludent abgeschlossen – zw Gastwirt und Gast zustande gekommen ist. Dies ist nicht schon deswegen zu bejahen, weil der Gastwirt etwa einen Parkplatz (LG Düsseldorf BeckRS 2009, 88271) oder eine Garderobeablage anbietet, wohl aber dann, wenn der Gastwirt sein Personal veranlasst, den Gast in die Garage einzuweisen (BGH NJW 1968, 780). In Betracht kommt vor allem eine Haftung aus § 241 II (BGH NJW 1965, 1709) oder aus § 311 II, aber auch aus der Verletzung der Verkehrssicherungspflicht nach § 823 I (Rn 3). Wird dem Gast ein Stellplatz angeboten (vgl BGH NJW 1975, 645 – Bejahung einer Vertragspflicht, keine Gefälligkeit), ist insoweit Mietrecht anwendbar (Brandenburg BeckRS 2008, 09564), so dass die verschuldensunabhängige Haftung nach § 536a eingreifen kann.

6 **1. Garderobe.** Für Garderobe haftet der Schank- und/oder Speisewirt nur aus dem Gastaufnahmevertrag oder wegen Verschuldens vor Vertragsschluss gem § 311 II (BGH NJW 1980, 1096). Er haftet nicht nach den §§ 701ff. Dabei hängt die Haftung davon ab, ob das Element des Verwahrungsvertrags in dem Gastaufnahmevertrag ent-

halten ist (LG Braunschweig MDR 1958, 161). Dieses ist nicht schon deswegen gegeben, weil der Gast seine Garderobe an eine lediglich im Lokal angebrachte Kleiderablage hängt oder eine Kleiderablage in einem Nebenraum zur Verfügung gestellt wird. Dies gilt selbst dann noch, wenn der Wirt oder sein Personal entgegen dem Wunsch des Gastes, die Kleidungsstücke bei sich am Tisch zu behalten, sie in einer Garderobe aufhängen (BGH NJW 1980, 1096, 1097). Etwas anderes gilt aber dann, wenn dem Gast dadurch die Aufsicht nicht nur erschwert, sondern völlig entzogen wird (BGH NJW 1980, 1096, 1097). Eine Haftung aus Verwahrung kommt ferner in Betracht, wenn die Garderobe an einer besonders bewachten Ablage abgegeben wird. Eine Pflicht, den Gästen eine überwachte Garderobe zur Verfügung zu stellen, besteht nicht (RGZ 104, 45). Wenn ein Gast bei Einnahme eines Frühstückbuffets seine Jacke, in der die Geldbörse enthalten ist, an der Garderobe abgibt, soll dies weder eine Haftung aus dem Beherbergungsvertrag noch aus einem Verwahrungsvertrag begründen (AG Miesbach VersR 2003, 1400; näherliegend wäre es wohl gewesen, haftungsbejahend auf § 254 abzustellen).

Die für den Gastaufnahmevertrag geltenden Grundsätze über die Haftung für abgelegte Garderobe gelten auch für die vertragl Haftung aus dem **Beherbergungsvertrag**; sie richtet sich nach §§ 280f. Für die gesetzl Haftung aus §§ 701ff ist auch die Garderobe als eingebracht zu behandeln, die der Gast mit in die Restaurationsräume nimmt (§ 701 Rn 5). Dabei folgt aus der Beherbergung für den Wirt neben der Haftung aus § 701 eine vertragl Nebenpflicht gem § 241 II, den Sachen, die der Gast in die allg zugänglichen oder von mehreren Gästen benutzten Räume gewöhnlich mitnimmt, erhöhte Aufmerksamkeit zu widmen. Wird jedoch ein Notebook in einem Seminarraum – unabgeschlossen – zurückgelassen, besteht keine Aufsichtspflicht (AG Berlin LSK 2004, 380267). Haben indessen Reinigungskräfte zugesagt, der Raum werde abgesperrt, wird damit noch kein Verwahrungsvertrag begründet, was zweifelhaft erscheint (AG Berlin-Mitte LSK 2004, 380267). 7

Für die **vertragl Haftung** des Wirts und für Handlungen des Personals gelten die allg Grundsätze des § 278, doch haftet der Wirt nur für das, was Angestellte als seine Erfüllungsgehilfen tun, nicht für das, was sie außerhalb dieses Rahmens für den Gast tun. So fällt die Überführung des Wagens in die betriebszugehörige Garage oder den Parkplatz durch einen Angestellten unter § 278; daher Haftung des Gastwirts, auch wenn der Angestellte bei dieser Gelegenheit eine Schwarzfahrt unternimmt (BGH NJW 1965, 1709). Hingegen lässt sich der Fall, dass ein Angestellter den Wagen zu einer Tankstelle fährt, um zu tanken (BGH NJW 1964, 718) oder kleinere Arbeiten am Wagen durchführen zu lassen, nicht allg iS einer Haftung des Gastwirts entscheiden, da es sich um eine Gefälligkeit handeln kann, so dass es auf den Rechtsbindungswillen entscheidend ankommt. 8

2. Parkplätze. Eine Haftung des Gastwirts für ein abgestelltes **Kraftfahrzeug** setzt eine ausdrückl **vertragliche Zuweisung** eines **Parkplatzes** voraus (BGHZ 63, 333; Brandenburg BeckRS 2008, 09564); ein tatsächliches Bereithalten von Parkraum begründet hingegen noch keine Haftung aus Beherbergungsvertrag (RGZ 105, 202, 203; Naumburg OLG-NL 2003, 97, 98; LG Düsseldorf BeckRS 2009, 8827). Es müssen daher weitergehende Indizien vorliegen, die auf den Abschluss eines Verwahrungsvertrags hindeuten (Naumburg OLG-NL 2003, 97, 98; LG Köln BeckRS 2016, 15603 – Abhandenkommen von Sachen im Pkw – kein Verwahrvertrag). Das ist etwa dann zu bejahen, wenn der Gastwirt damit wirbt, dass eine Garage bereitsteht und dass sein Personal das Fahrzeug dort unterbringt (BGH NJW 1969, 789f). Die Angabe in einem Prospekt soll jedoch insoweit nicht ausreichen, was zweifelhaft ist (Naumburg OLG-NL 2003, 97, 98, aber wohl zutr, da erkennbar keine gesicherte Absperrung des Platzes). Die vertragl Haftung kann sich auf im Wagen befindliche Sachen erstrecken (BGH NJW 1969, 789), aber idR Schadensminderung aus § 254; zur gesetzl Haftung § 701 IV. Soweit dem Gast durch den Beherbergungsvertrag ein Parkplatz mitüberlassen ist, erstreckt sich die Haftung kraft des mietrechtl Elementes auf das abgestellte Kfz (Brandenburg BeckRS 2008, 09564), wobei für den sicheren Zustand des Platzes auch die Garantiehaftung des § 536a I in Betracht kommt (BGHZ 63, 333, 335; Brandenburg BeckRS 2008, 09564). Auch kann eine Haftung des Gastwirts darauf gestützt werden, dass er es pflichtwidrig (§ 241 II) unterlassen hat, den Gast darüber aufzuklären, dass die Garage – trotz Sicherheitsvorkehrungen – von jedermann betreten werden kann (LG Hamburg NJW-RR 1994, 1476; hierzu auch krit *Wortmann* VersR 1995, 1157). Der Wirt muss zudem auf besondere Gefahren hinweisen (Rn 3a), wenn er die Haftung dafür ausschließen will, zB Gefahr des Astbruchs bei Bäumen auf dem Parkplatz. Ob ein solcher Hinweis allerdings angesichts der als vorrangig zu beachtenden Verkehrssicherungspflicht des Gastwirts nach § 823 I ausreicht (Rn 3), erscheint deswegen fraglich, weil der Gast nur sehr geminderte Möglichkeiten besitzt, einer konkreten Gefahr (bei Beachtung des Hinweises) gegenzusteuern; der Gastwirt ist hier wesentlich „näher dran" (vgl Konstellation des Sachverhalts in Brandenburg BeckRS 2008, 9564). Der Hinweis „Parken auf eigene Gefahr" schließt nur die Haftung für typische Abstellrisiken, wie Diebstahl, Einbruch und Beschädigung durch Mitbenutzer aus (BGHZ 63, 333). Wegen § 701 IV ist die Haftung für Kraftfahrzeuge aus Vertrag besonders bedeutsam. Doch wenn der Gastwirt erklärt, auf dem Stellplatz sei „noch nie etwas weggekommen", dann ist dies eine Tatsachenbehauptung; sie ist nicht geeignet, einen Garantievertrag zu begründen (Naumburg OLG-NL 2003, 97). 9

VI. Vertragsschluss. Gastaufnahme- und Beherbergungsvertrag kommen nach den allg für den Vertragsschluss geltenden Grundsätzen zustande (§§ 145ff). Ergeht aufgrund einer Anfrage eine Reservierungsbestätigung, reicht dies idR für die Bejahung eines Vertragsabschlusses aus (LG Frankfurt NJW-RR 2006, 54) Ein konkludenter Vertragsschluss setzt nicht unbedingt die Einkehr des Gastes voraus (Stuttgart HRR 1932, 1116); öffentlich-rechtl Erfordernisse für den Betrieb einer Gast- oder einer Beherbergungsstätte sind für das Zustandekommen und den Bestand des Vertrags ohne Bedeutung (RGZ 103, 263 – Polizeistunde). Die **Verjährung** der Ansprüche richtet sich nach den §§ 195, 199; doch ist die Regel betreffend das **Erlöschen** eines Schadensersatzanspruchs nach § 703 zu beachten. Für die **Beweislast** bei Pflichtverletzungen gilt § 280 I 2. Die Grundsätze des 10

kaufmännischen Bestätigungsschreibens sind idR ggü einem Gastwirt anzuwenden, auch wenn er nicht Kaufmann ist, aber in erheblichem Umfang am Geschäftsleben teilnimmt (Frankfurt NJW-RR 2000, 434, 435).

11 **VII. Haftung des Gastes.** Aus dem Gastaufnahme- bzw Beherbergungsvertrag **haftet auch der Gast** nach den für die einzelnen Elemente des Vertrags geltenden Grundsätzen (vgl MüKo/*Henssler* Rn 6), weil es sich um einen gemischten Vertrag handelt (Rn 2), für den die einzelnen Typen eine Regelung für die Fälle einer Leistungsstörung bereithalten, zB für Beschädigungen oder Diebstahl. Beim Tod des Gasts Erbenhaftung aus auftragsloser Geschäftsführung, §§ 683, 679, für Auslagen (herbeigerufener Arzt, Benachrichtigungen) aus §§ 157, 242. Gleiches gilt für notwendige Desinfektionen, da derartige Aufwendungen nicht im Zimmerpreis enthalten sind. Der Wirt kann also seine Aufwendungen, nicht aber seine Verluste (Abreise anderer Gäste) ersetzt verlangen. Für die Verantwortlichkeit des Gastwirts wegen Krankheit anderer Gäste besteht uU Haftung des Gastes, wenn er mit erkannter Krankheit einzog, und der Wirt ein längeres Verbleiben des Kranken dulden muss. Diese „Einwirkung" durch den Gast liegt nicht mehr im Rahmen der Beherbergung. Falls der Gast den **Schlüssel** des Zimmers verliert, haftet er nur auf Ersatz dieses Schlüssels (LG Köln VersR 1994, 690), nicht aber weitergehend (§ 249). Der Einwand des **Mitverschuldens nach § 254** bleibt bestehen, etwa dann, wenn der Gast besonders wertvollen Schmuck in einen nicht hinreichend sicheren Zimmersafe geschlossen hat (Karlsruhe NJW-RR 2005, 462, 463 – 50 %).

12 **VIII. Abgrenzung zum Reisevertrag.** Inwieweit die §§ 701ff auch ggü dem **Reiseveranstalter** Anwendung finden, ist str. ZT werden die §§ 651a ff, insb § 651i, als **abschließende Regelung** der Gewährleistung des Reiseveranstalters angesehen (Düsseldorf NJW-RR 2003, 775; München BeckRS 1999, 1113; LG Duisburg NJOZ 2006, 840), so dass er auf Schadensersatz nur bei Verschulden haftet (LG Frankfurt NJW-RR 1994, 1477; gegen die Anwendbarkeit der §§ 701ff auch LG Berlin NJW 1985, 144; AG Stuttgart RRa 1996, 255; *Isermann* NJW 1988, 873, 875). Andere wollen den Reiseveranstalter, der die Gesamtheit der Reiseleistungen schuldet, bei Beherbergung nicht schwächer haften lassen als einen Wirt (*Tempel* JuS 1984, 81ff; für analoge Anwendung auch LG Berlin NJW 1985, 2425; AG Bamberg NJW-RR 1994, 1137). Dafür könnte sprechen, dass der Reiseveranstalter sich Rückgriff gegen den Wirt ausbedingen kann. Freilich sind die §§ 651a ff allein bzgl der Reisemängelhaftung leges speciales, so dass iÜ ein Rückgriff auf die §§ 701ff möglich ist. Dieser Ansicht ist zu folgen. Daraus ergibt sich: Die verschuldensunabhängige Erfolgshaftung des § 701 ihrerseits ist auf den Reisevertrag als solchen nicht, auch nicht analog anzuwenden (Düsseldorf NJW-RR 2003, 776; LG Duisburg NJOZ 2006, 840). Soweit jedoch der Beherbergungsvertrag im Zuge eines Reiseurlaubs geschlossen ist, kommt als Schadensposition des Gastes die vertane Urlaubszeit in Betracht, da § 651i Nr 7 iVm § 651n unmittelbar oder zumindest analog (BGH NJW 1985, 906) Anwendung findet. Dabei ist stets zu bedenken, dass die Berufung auf § 651i Nr 7 iVm § 651n voraussetzt, dass ein Reisemangel vorliegt. Ein Diebstahl im Rahmen eines Beherbergungsvertrags aber ist allg Lebensrisiko des Reisenden (Düsseldorf NJW-RR 2003, 776).

§ 701 Haftung des Gastwirts

(1) Ein Gastwirt, der gewerbsmäßig Fremde zur Beherbergung aufnimmt, hat den Schaden zu ersetzen, der durch den Verlust, die Zerstörung oder die Beschädigung von Sachen entsteht, die ein im Betrieb dieses Gewerbes aufgenommener Gast eingebracht hat.

(2) Als eingebracht gelten

1. **Sachen, welche in der Zeit, in der der Gast zur Beherbergung aufgenommen ist, in die Gastwirtschaft oder an einen von dem Gastwirt oder dessen Leuten angewiesenen oder von dem Gastwirt allgemein hierzu bestimmten Ort außerhalb der Gastwirtschaft gebracht oder sonst außerhalb der Gastwirtschaft von dem Gastwirt oder dessen Leuten in Obhut genommen sind,**
2. **Sachen, welche innerhalb einer angemessenen Frist vor oder nach der Zeit, in der der Gast zur Beherbergung aufgenommen war, von dem Gastwirt oder seinen Leuten in Obhut genommen sind.**

Im Falle einer Anweisung oder einer Übernahme der Obhut durch Leute des Gastwirts gilt dies jedoch nur, wenn sie dazu bestellt oder nach den Umständen als dazu bestellt anzusehen waren.

(3) Die Ersatzpflicht tritt nicht ein, wenn der Verlust, die Zerstörung oder die Beschädigung von dem Gast, einem Begleiter des Gastes oder einer Person, die der Gast bei sich aufgenommen hat, oder durch die Beschaffenheit der Sachen oder durch höhere Gewalt verursacht wird.

(4) Die Ersatzpflicht erstreckt sich nicht auf Fahrzeuge, auf Sachen, die in einem Fahrzeug belassen worden sind, und auf lebende Tiere.

1 **I. Gegenstand.** Die Haftung aus §§ 701ff für **Verlust, Zerstörung oder Beschädigung von Sachen**, die in den Betrieb des Gastwirts eingebracht worden sind, ist **gesetzl Erfolgshaftung für Betriebsgefahr** (BGHZ 32, 149). Ob darin eine Gefährdungshaftung (vgl auch RGZ 112, 58f; BeckOK/*Gehrlein* Rn 1) oder eine garantieähnliche Risikozurechnung (Staud/*Werner* vor § 701 Rn 5) zu sehen ist, kann dahinstehen, weil sich daraus keine wesentlichen praktischen Konsequenzen ableiten lassen (MüKo/*Henssler* Rn 4). Jedenfalls knüpft die Haftung des Gastwirts nur an die Aufnahme des Gastes zur Beherbergung an. Die **Aufnahme** ist ein tatsächlicher, einseitiger und von einem Vertragsschluss unabhängiger Realakt, der den Willen des Gastwirts bekundet, einen Gast zur Beherbergung aufzunehmen, ihm also einen Ersatz für sein Heim in einem Raum (BeckOK/*Gehrlein* Rn 3) zu gewähren, einschl der damit verbundenen Serviceleistungen. Darin liegt ein Realakt (MüKo/*Henssler* Rn 17). Die spe-

zialgesetzl Bestimmungen der §§ 701ff sollen vor allem dann eingreifen, wenn entweder ein Beherbergungsvertrag nicht abgeschlossen worden ist oder es an einem Verschulden des Gastwirts fehlt (BGHZ 63, 333, 336f; Naumburg OLG-NL 2003, 97f). Eine Übernachtung ist für die Anwendung der Haftung nach § 701 nicht erforderlich, so dass auch die Aufnahme in einem Stundenzimmer erfasst ist (Staudinger/*Werner* Rn 4). Eine **vorläufige Aufnahme** genügt (MüKo/*Henssler* Rn 18), auch wenn der Gast später aus irgendeinem Grund kein Zimmer bekommt oder nimmt. Daher genügt es, wenn nur das Gepäck an der Rezeption abgestellt wird (MüKo/*Henssler* Rn 18). Ohne Bedeutung ist, ob der Gast entgeltlich oder unentgeltlich oder zu einem Vorzugspreis aufgenommen wird. Die Aufnahme eines Gastes auf **Dauer** begründet einen Mietvertrag (BeckOK/*Gehrlein* Rn 3). Auch die Überlassung einer Ferienwohnung ist Miete (MüKo/*Henssler* Rn 13). **Nicht aufgenommen** ist aber, wer in einem Beherbergungsbetrieb nur zur Teilnahme an einer Veranstaltung, einem Fest oder zur Einnahme von Speise oder Trank einkehrt. Denn dann fehlt der Zweck der Beherbergung des Gastes, dh der Gewährung von Unterkunft. Unberührt bleibt in diesem Fall die vertragl Haftung (vgl Vor § 701 Rn 8). Andererseits unterbricht der zwischenzeitl Aufenthalt des Gastes in allg offenen Räumen, insb den Restaurationsräumen, nicht die Aufnahme und damit nicht die Haftung aus §§ 701ff. Der Tagungsteilnehmer, der im Tagungsraum eines Hotels einen Verlust erleidet, hat somit allenfalls vertragl Ansprüche, der Schutz des § 701 kommt ihm nur zugute, wenn er gleichzeitig im Hotel wohnt (näher *Liecke* NJW 1982, 1800; BeckOK/*Gehrlein* Rn 3).

II. Gastwirt. Gastwirt ist nur, wer die Beherbergung von Menschen **gewerbsmäßig**, dh im Rahmen einer dauerhaften Leistungserbringung übernimmt, wobei es – wie stets – nicht erforderlich ist, dass konstitutiv darauf abgestellt wird, ob eine Absicht der Gewinnerzielung besteht (MüKo/*Henssler* Rn 14). Der Tatbestand der **Beherbergung** bedeutet, dass einem Fremden **Unterkunft** zur Verfügung gestellt wird (BeckOGK/*Jüchser* Rn 13). Fremd – Gast – ist dabei derjenige, der nicht im Geschäftskreis des Gastwirts tätig ist oder diesem – Familie – zugerechnet werden muss (Rn 3). Das hat Auswirkungen auf etwa die von einem Alpenverein zur Verfügung gestellte Hütte oder auf den Träger einer gemeinnützig agierenden Jugendherberge, weil dort die Absicht, Gewinn zu erzielen, nicht vorliegt. Gleichzeitig ist klar, dass die Beherbergung nicht nur eine **Nebenleistung** eines anderen Vertragsverhältnisses sein darf, und zwar auch dann, wenn sie gewerbsmäßig ausgeübt wird. Das bedingt, dass Leistungen eines Krankenhauses (AG Frankfurt NJW 1988, 2959) oder eines Sanatoriums (BeckOK/*Gehrlein* Rn 4) **außerhalb von § 701** liegen (Grü/*Retzlaff* Rn 2). Auch das Einnehmen einer Mahlzeit in einem Hotel begründet keinen Beherbergungsvertrag (AG Miesbach VersR 2003, 1400). Mehr noch: Wenn die Beherbergung **Nebenleistung** ist (BeckOK/*Gehrlein* Rn 4), dann handelt es sich nicht um einen Gastwirt. Daher: Wenn ein „Gastwirt" zwar Räume und Plätze zur Nutzung gegen Entgelt zur Verfügung stellt, etwa auf einem **Campingplatz**, handelt es sich nicht um einen Gastwirt. Auch ein Schankwirt oder ein Speisewirt (Kantine) fällt nicht in die Kategorie des § 701 (vgl BGH NJW 1980, 1096). Der Veranstalter einer Kreuzfahrt ist kein Gastwirt (Grü/*Retzlaff* Rn 2). Das Gleiche gilt, wenn in einem Hotel Seminarräume gemietet werden, und zwar auch dann, wenn gleichzeitig Verpflegung gewährt wird. In all diesen Fällen bleibt eine Haftung auf Ersatz eines erlittenen Schadens unter den allg Voraussetzungen des § 280 I (§ 241 II) ggü dem „Gastwirt" möglich. Wenn aber Private **gewerbsmäßig** – also: zum Zweck der Erzielung von Gewinn – ihre Wohnungen (mit Service/Frühstück) vermieten, dann sind sie auch dann als Gastwirte einzustufen, wenn sie dies regelmäßig tun (B & B; BeckOK/*Gehrlein* Rn 4, MüKo/*Henssler* Rn 14). 2

1. Aufnahme eines Gastes. Die Aufnahme des Fremden, des Gastes, muss stets zum Zweck der **Beherbergung und auch innerhalb des Beherbergungsbetriebs** (vgl „ein im Betrieb dieses Gewerbes aufgenommener Gast") erfolgen. Dies ist ein Realakt (BGH NJW 1974, 1818, 1820) und nur dann zu bejahen, wenn die Aufnahme jedenfalls als Ausübung einer Teilbetätigung des Beherbergungsbetriebs – zum Zweck der Gewährung von Unterkunft – geschieht (BeckOK/*Gehrlein* Rn 5). Ein sicherer Zugang zum Hotel muss für den – bereits aufgenommenen – Gast jederzeit gewährleistet sein (Hamm NJW-RR 2013, 349). Der Gast muss in den Unternehmensbereich zum Zweck der Beherbergung eingegliedert sein (BeckOK/*Gehrlein* Rn 5). Die Zuweisung eines Zimmers ist insoweit maßgebend. Das kann aber auch schon dann zutreffen, wenn der Gast am Bahnhof oder Flughafen von den Leuten des Gastwirts weisungsgemäß abgeholt wird (MüKo/*Henssler* Rn 17). Gast ist also jeder, dem der Gastwirt seine Beherbergungsleistung anbietet (MüKo/*Henssler* § 701 Rn 16), und zwar auch dann, wenn nur ein Ehegatte den Vertrag abgeschlossen hat (BGH NJW 1974, 1818). Wird der Beherbergungsvertrag mit einer jur Person abgeschlossen, ist immer nur die nat Pers Gast iSd § 701 (BeckOGK/*Jüchser* Rn 21). Dauer und Zeitpunkt des Aufenthalts (vgl aber Rn 5) sind ohne Bedeutung. Auch auf die Wirksamkeit des Vertrages kommt es nicht an (BGH NJW 1974, 1818). Eine Aufnahme eines Gastes kann schon dadurch im Blick auf die Haftung für die eingebrachten Sachen geschehen, dass der Gastwirt Gäste am Bahnhof oder am Flughafen abholen lässt (Staudinger/*Werner* Rn 23). Die zwangsweise Aufnahme von Fremden, etwa von Flüchtlingen oder Katastrophenopfern, fällt jedoch wegen des Zwangscharakters der Aufnahme – Fehlen einer freien Entscheidung – nicht in den Anwendungsbereich des § 701 (MüKo/*Henssler* Rn 17; BeckOK/*Gehrlein* Rn 5; aM Staudinger/*Werner* Rn 26). Erfolgt die Raumgewährung an den Gast aber so, dass der Raum aus dem Betrieb des Gastwirts herausgenommen wird, scheidet auch hier eine Haftung nach §§ 701ff aus. Dies kann etwa in der Weise geschehen, dass einem Dauerbewohner Räume abgegrenzt vermietet werden oder der Betriebsinhaber das Hausrecht zu dessen Gunsten aufgibt, soweit er nicht die Serviceleistungen des Gastwirts gleichwohl in Anspruch nimmt. Grundlegendes Kriterium für eine Abgrenzung im Einzelfall ist stets die Erwägung, dass die §§ 701ff eine Haftung für eine besondere Betriebsgefahr sind (BGHZ 32, 149), also dort eingreifen, wo eine durch das Kommen und Gehen vieler Menschen, die einander nicht kennen und auch dem Gastwirt im Allg unbekannt oder nur 3 wenig bekannt sind, gekennzeichnete gewerbliche Wirtstätigkeit ausgeübt wird. Bei Herausnahme liegt Miete von möbliertem Raum mit Nebenleistungen vor. Ein nach **öffentlichem Recht** unerlaubter Aufenthalt schließt die Haftung nach §§ 701ff nicht aus.

4 **2. Beherbergungsbetrieb.** Beherbergungsbetriebe sind neben Hotels und Pensionen jeglicher Art (LG Berlin VersR 1958, 73) auch Jugendherbergen oder Fremdenheime (vgl Rn 2), Autoraststätten, Autohöfe für Fernfahrer und ähnliche Betriebe. Der Beherbergungsbetrieb umfasst räumlich den gesamten Gebäudekomplex mit seinen Nebenanlagen (zB Garten, Pool- und Fitnessräume), der den Gästen zugänglich ist, und außerhalb dieser Räumlichkeiten die Plätze, die das Personal oder der Wirt dem Gast als Verbringungsort von Sachen anweisen, zB Kofferabstellplätze, Schuppen oÄ, die mit der Gastwirtschaft zusammenhängen (BGH NJW 1958, 825). Auch Vereinshütten (Deutscher Alpenverein) können Beherbergungsbetriebe sein, wenn sie die Kriterien der Aufnahme zur gewerbsmäßigen Beherbergung (Rn 2) erfüllen. Dies wird idR auch dann gegeben sein, wenn sie nur für Mitglieder eines großen oder mehrerer Vereine zugänglich sind. Für **Sanatorien und Kuranstalten** kommt es darauf an, ob der Beherbergungszweck oder die Durchführung eines Heilverfahrens für den Betrieb grundlegend ist (RGZ 112, 58). Dabei begründet zB die nicht medizinisch angezeigte Aufnahme von Familienangehörigen die Haftung nach §§ 701ff. **Keine Beherbergungsbetriebe** sind ferner Kliniken (Heilung wesentlich, BeckOK/*Gehrlein* Rn 4), Schülerheime, Schullandheime, Internate (Stuttgart OLG 43, 80), Campingplätze (Vermietung des Zeltplatzes mit Nebenräumen und Nebenleistungen), Sportschiffsanlegeplätze, Schlafstellen, Nachtasyle. Fluggesellschaften gewähren ebenfalls keine beherbergungsmäßige Unterkunft, sondern nur Transport in ihren Flugzeugen, ebenso eine Schlafwagengesellschaft (Grü/*Retzlaff* Rn 2). Privatpensionen sind dann **keine Beherbergungsbetriebe**, wenn sie nur Dauergäste haben, ebenso wenig sind es Privatpersonen, die während der Saison stets dieselben Gäste aufnehmen (vgl RGZ 103, 9). Bei **Schiffsreisen** ist die Anwendbarkeit von § 701 zu verneinen, und zwar sowohl dann, wenn nur die Beförderung (Fährschiff) als auch dann, wenn die Unterkunftsgewährung auf dem Schiff Vertragsgegenstand ist (MüKo/*Henssler* Rn 16). Ob die **öffentlich-rechtl Voraussetzungen** für den Betrieb eines Beherbergungsgewerbes gegeben sind, ist gleichgültig.

5 **III. Einbringen von Sachen.** Eingebracht sind alle Sachen des Gastes (§ 90) iSv **Abs II Nr 1 oder Nr 2.** Nach der 1. Alt sind es Sachen des Gastes, die er in der Zeit, in der er zur Beherbergung aufgenommen ist, in die Gastwirtschaft tatsächlich einbringt. Diese Zeit beginnt mit der Aufnahme des Gastes und endet in dem Augenblick, in welchem der Gast die Gastwirtschaft wieder verlässt (Grü/*Retzlaff* Rn 6). Sachen sind dann eingebracht, wenn sie **während der Aufnahme** in der Gastwirtschaft in diese gebracht worden sind. Ob der Gastwirt davon tatsächlich Kenntnis hat, ist irrelevant (Bamberg NJW 1963, 1783 – im Pkw zurückgelassenes Gepäck: geringer Wert; MüKo/*Henssler* Rn 21), weil dieser ja nicht wissen kann, welche Sachen der Gast in seinem Koffer/Gepäck mit sich führt oder – wie zB Uhr und Brieftasche – bei sich trägt (aM wohl BGH NJW 1969, 789 – Kollektion im Kofferraum eines Pkw). Geht man indessen davon aus, dass die Gefährdungshaftung des Gastwirts voraussetzt, dass dieser Kenntnis vom Inhalt des Wagens und des Kofferraums haben muss, um die Haftung nach § 701 zu begründen (so BGH NJW 1969, 789), dann wird man – abhängig von den Umständen des Falles – den Abschluss eines Verwahrungsvertrags nach den §§ 688ff bejahen können. **Alternativ** bestimmt Abs II Nr 1, dass auch solche Sachen als eingebracht anzusehen sind (Fiktion), welche an einem vom Gastwirt oder **dessen Leuten** angewiesenen Ort oder allg hierzu bestimmten Ort verbracht werden, der **außerhalb der Gastwirtschaft** liegt (vgl BGHZ 63, 333, 336; BeckOGK/*Jüchser* Rn 31). Das Gleiche gilt auch dann, wenn die Sachen vom Gastwirt oder seinen Leuten außerhalb der Gastwirtschaft in **Obhut** genommen worden sind (MüKo/*Henssler* Rn 22). Damit macht es zunächst keinen Unterschied, ob diese Sachen in die Gastwirtschaft selbst oder an einem anderen Ort – außerhalb der Gastwirtschaft – eingebracht worden sind. Ein Gastwirt, der damit zu rechnen hat, dass ein Gast wertvollen Schmuck mit sich führt, muss ihn darauf hinweisen, dass das **Zimmersafe** – lediglich in der Schrankwand befestigt – kein sicherer Verwahrungsort ist. Unterlässt er diesen Hinweis, dann besteht eine nach Abs II Nr 1 zu beurteilende Haftung (Karlsruhe NJW-RR 2005, 462). Der **Zeitraum** für die Gastwirtshaftung nach **Abs I Nr 1** ist deckungsgleich mit der Zeit, in der der Gastwirt den Gast zur Beherbergung aufgenommen hat (BeckOGK/*Jüchser* Rn 32). Es ist unerheblich, in wessen **Eigentum** die eingebrachten Sachen des Gastes stehen (MüKo/*Henssler* Rn 27). Doch steht der Ersatzanspruch stets dem Gast zu, so dass dann im Schadensfall auf das Instrument der Schadensliquidation im Drittinteresse zurückzugreifen ist (Grü/*Retzlaff* Rn 1). Die Richtigkeit dieser Erwägung folgt aus § 703 S 1 (MüKo/*Henssler* Rn 27), weil dort davon die Rede ist, dass es sich um einen „dem Gast zustehenden Anspruch" handelt (Rn 13).

6 **1. Räumlicher Bereich. Gastwirtschaft** iSv **Abs II Nr 1** bezeichnet dabei den gesamten räumlichen Bereich (BeckOK/*Gehrlein* Rn 8), der bei größeren Hotelkomplexen durchaus beträchtliche Dimensionen entfalten kann, angefangen von Dependancen, Schwimmanlagen, Tennisplätzen, Golfplätzen etc bis hin zum Hotelparkplatz (vgl Grü/*Retzlaff* Rn 7). Welche Räumlichkeiten – **außerhalb der Gastwirtschaft** gelegen – von Abs II Nr 1 im Blick auf Verlust, Zerstörung oder Beschädigung der eingebrachten Sachen des Gastes erfasst werden, ist nur davon abhängig, ob der Gastwirt oder seine Leute eine entspr Weisung erteilen (etwa Abstellen der Ski in einer Skischule oder Abstellen des Pkw auf einem Hof, der zur Gaststätte zählt, BGH NJW 1958, 825). Es kann daher ein Ort sein, der allg vom Gastwirt hierzu bestimmt ist. An diese Orte müssen die Sachen physisch verbracht werden, um eingebracht worden zu sein (BGH NJW 1958, 825). Als **weitere Alternative** iSv Abs II Nr 1 reicht es aus, wenn es sich um Sachen handelt, die vom Gastwirt oder seinen Leuten (außerhalb der Gastwirtschaft, zB im Hotelomnibus) in **Obhut** genommen wurden (MüKo/*Henssler* Rn 22). Eine solche Übernahme in Obhut liegt **regelmäßig** dann vor, wenn die betreffenden Sachen vom Gast dem Gastwirt oder seinen Leuten tatsächlich

übergeben worden sind. Das kann auch **konkludent** geschehen (Grü/*Retzlaff* Rn 8). Miterfasst sind auch Sachen, die der angesagte Gast vorausschickt (Kiel OLG 18, 25). Eingebrachte Sachen des Gastes, die tatsächlich in den Beherbergungsbetrieb gelangt sind, scheiden jedoch nicht dadurch aus der Haftung aus, dass der Gast sie bei sich trägt (Koblenz VersR 1953, 484), wenn er die Gastwirtschaft kurzfristig verlässt oder sie aus seinem Zimmer mit in einen auch für Restaurationsgäste und/oder andere Hotelgäste zugänglichen Raum nimmt oder im Flur abstellt (RGZ 105, 202; zum Hotelparkplatz vgl BGHZ 77, 116; Brandenburg BeckRS 2008, 09564). Hingegen sind nicht eingebracht die Sachen, die der Gast im Beherbergungsbetrieb unter dem Vorbehalt seiner Entscheidung, ob er ein Zimmer nimmt, zunächst abstellt (RG JW 1908, 272).

2. Einbringen. Eingebracht sind nach der Regel des **Abs II Nr 2** aber auch solche Sachen – der Zeitraum des Abs I Nr 1 wird hier ausgedehnt –, welche innerhalb einer **angemessenen Zeit** – vor oder nach der Zeit, in welcher der Gast zur Beherbergung aufgenommen worden war – vom Gastwirt oder seinen Leuten in Obhut genommen worden sind (vgl auch BeckOGK/*Jüchser* Rn 34ff). Der Begriff der Obhut deckt sich mit demjenigen in Abs II Nr 1 (Rn 6). Welche Zeit als **angemessen** anzusehen ist (vgl AG Garmisch-Partenkirchen MDR 1969, 50), lässt sich schwer allg sagen. Sie beginnt in jedem Fall – spätestens – in dem Augenblick, in welchem der Gast zur Beherbergung aufgenommen worden ist. Wenn Gepäck vorausgeschickt wird (Rn 6), dürfte eine Zeitspanne von 2 Tagen (vor dem Eintreffen des Gastes) kaum überschritten werden dürfen, um die Haftung des Gastwirts angemessen zu begrenzen. Wenn der abreisende Gast sein Gepäck in der Gastwirtschaft zur Aufbewahrung gibt, dann dürfte der Zeitraum von einem Tag (nach der Abreise des Gastes) wohl noch haftungsbegründend sein. Denn es ist davon auszugehen, dass der weiterreisende oder nach Hause zurückkehrende Gast das Gepäck für gewöhnlich sehr kurzfristig braucht. 7

3. Leute des Gastwirts. Sowohl im Rahmen von Nr 1 als auch von Nr 2 ist entscheidend, dass es sich um Leute des Gastwirts handelt. Der Begriff ist weit zu verstehen (MüKo/*Henssler* Rn 23; BeckOK/*Gehrlein* Rn 9). Das sind sicherlich die Familienangehörigen des Gastwirts (Grü/*Retzlaff* Rn 10). Auch alle Angestellten des Gastwirts, auch wenn sie nur als Aushilfskräfte angestellt worden sind, sind als „Leute" und daher als „bestellt" anzusehen, und zwar sowohl in Bezug auf die Befolgung der Anweisung des Gastwirts, die eingebrachten Sachen des Gastes an einen anderen Ort – außerhalb der Gastwirtschaft – zu verbringen (Rn 6) als auch diese in Obhut zu nehmen. Der Tatbestand der Inobhutnahme setzt eine tatsächliche Willenseinigung voraus (BeckOK/*Gehrlein* Rn 9). Es reicht die Tatsache der Inobhutnahme der vom Gast eingebrachten Sachen. Unter dieser Voraussetzung sind diese Leute Erfüllungsgehilfen des Gastwirts. Doch muss sich die Erfüllungsgehilfenschaft nicht auf den Beherbergungsvertrag beziehen (MüKo/*Henssler* Rn 23; BeckOK/*Gehrlein* Rn 8). IÜ ergibt sich der Begriff aus der Parallelnorm des § 428 HGB. Deshalb rechnet zu den Leuten jede Person (von der Aushilfskraft bis zu Familienangehörigen), die nach den Umständen für die jew Inobhutnahme der eingebrachten Sache des Gastes als bestellt anzusehen ist (Grü/*Retzlaff* Rn 10), weil und soweit diese mit Wissen und Wollen des Gastwirts insoweit tätig wird. Dieser Begriff ist also tendenziell weiter als der des § 278 (Grü/*Retzlaff* Rn 10), denn Inobhutnahme ist nur Begründung einer Besitzdienerschaft; sie ist ein Realakt. Daher Haftung, wenn Mitarbeiter des Hotels (§ 278) nachts eine unerlaubte Schwarzfahrt mit dem Pkw eines Gastes unternimmt (Nürnberg NJW-RR 2017, 1106). 8

a) Wann und unter welchen Voraussetzungen **Leute** – aus der Perspektive des Gastes gesehen – als **bestellt** iSv Abs II S 2 anzusehen sind, um die Obhut über die vom Gast eingebrachten Sachen auszuüben, lässt sich nicht generell sagen; es entscheiden die **Umstände des Einzelfalls**. Eine entspr Bevollmächtigung iSv §§ 164ff ist nicht erforderlich. Auch wird man auch nicht so weit gehen dürfen, diese Voraussetzung nur dann zu bejahen, wenn die Tatbestandselemente einer **Anscheins- oder Duldungsvollmacht** gegeben sind (vgl BGH NJW-RR 2004, 1275, 1277). Vielmehr wird man grds alle die Personen als nach den Umständen bestellt ansehen, welche sich – für den Gastwirt erkennbar – daran machen, Sachen des Gastes – etwa im Zusammenhang mit einer bevorstehenden Abreise – in ihre Obhut zu nehmen oder das Gepäck des Gastes an einen anderen, hierzu bestimmten Ort außerhalb der Gastwirtschaft zu verbringen. Doch ist etwa der Nachtportier eines kleineren Betriebs im Allg nicht als zur Entgegennahme von Wertpapieren bestellt anzusehen (RGZ 99, 70). 9

b) Bei **Handreichungen des Personals** dürfte idR – außerhalb der eigentlichen Beherbergung, zB Besorgung von Gegenständen – eine Inobhutnahme der vom Gast eingebrachten Sachen gegeben sein (konkludent geschlossener Verwahrvertrag). Auch zählen branchenübliche Dienstleistungen stets zur Tätigkeit des Personals innerhalb der Gastaufnahme des Beherbergungsbetriebs, zB Knopf annähen (RG JW 1923, 75), auch das Waschen durch hoteleigene oder fremde Wäscherei im Auftrag des Gastes. 10

c) Eine **Anweisung** iSv Abs II S 2 muss sich zwangsläufig darauf beziehen, dass die Leute des Gastwirts als befugt anzusehen sind, die vom Gast eingebrachten Sachen tatsächlich in Obhut zu nehmen. „Bestellt" zur Inobhutnahme der Sachen sind sie aber nur dann, wenn die betreffende Anweisung des Gastwirts – und damit der Akt der „Bestellung" – auch für den Gast hinreichend erkennbar gemacht wird. Fehlt es daran, kommt es darauf an, ob sich dies aus den Umständen ableiten lässt. So gesehen kommt es – mangels Vorliegens einer entspr Anweisung/Weisung des Gastwirts – darauf an, ob sich aus der Gesamtheit der Umstände des Einzelfalls ableiten lässt, dass der jew Angestellte mit Wissen und Wollen des Gastwirts die Obhut über die betreffende Sache übernommen hat (BGH NJW 1958, 825 – Pkw, der auf Weisung des Gastwirts auf dem zur Gaststätte gehörenden Hof untergestellt wird: eingebracht). Während die Übernahme der Obhut ein Realakt ist, erfordert die entspr Anweisung des Gastwirts ein **rechtsgeschäftliches Handeln** in Form der Erteilung eines „Auftrags" an die Leute des Gastwirts. So ist bei einem Hotel das vor dem Hotel tätige Personal allemal (generell) angewiesen, das Gepäck des 11 anreisenden Gastes in Obhut zu nehmen, weil es ihm normalerweise auch erst dann ausgehändigt wird, wenn er sein Zimmer bereits bezogen hat. Gleiches gilt für das Personal, das sich in der Empfangshalle aufhält. Nichts anderes gilt, wenn ein Angestellter den Pkw entweder in die hoteleigene Garage verbringt oder auf einen eigenen oder doch hierfür bestimmten Parkplatz, etwa auf reservierte Parkplätze eines öffentlichen Parkhauses. Wenn der Gast bei seiner Ankunft das Gepäck einem Betrüger aushändigt, so haftet der Wirt nur, wenn er das Auftreten des Schwindlers schuldhaft nicht verhindert hat. Wenn der Wirt hingegen eingebrachte Sachen an einen Falschen herausgibt, haftet er aus § 701. Dies gilt sogar, wenn mehrere zusammen ein Zimmer nehmen und einer von ihnen eine Sache herausverlangt, da den Wirt insoweit regelmäßig eine Erkundigungspflicht trifft.

12 **IV. Ende der Haftung.** Die Haftung aus §§ 701ff endet – vorbehaltlich der Regelung in Abs II Nr 2 (Rn 7) – unabhängig von der Dauer des Beherbergungsvertrags mit der tatsächlichen **endgültigen Beendigung der Aufnahme des Gastes. Vorübergehende Abwesenheit** des Gastes hebt die Aufnahme in den Beherbergungsbetrieb nicht auf. Die Haftung besteht gesondert ggü jedem einzelnen Gast und jedem seiner Begleiter (auch Eheleuten), der aufgenommen wurde (BGH NJW 1974, 1818). Bei Gruppen gilt dies ggü jedem Mitglied. Vereinbarungen über eine Haftungsbegrenzung wirken nur ggü dem jew Vertragspartner. Dies gilt selbst dann, wenn er Gastgeber einer Gruppe ist und die Unterkunft auf seine Rechnung geht (Düsseldorf JW 1925, 1019). Für die **Weitergeltung der Haftung** nach Abs II Nr 2 ist es wichtig, die Fälle, in denen der Gast etwas im Beherbergungsbetrieb vergessen hat, von denen zu unterscheiden, welche die Haftung des Gastwirts eingreifen lassen. Liegt die 1. Alt vor, kommt idR eine Haftung aus den §§ 701ff nicht in Betracht, weil es an dem entscheidenden Merkmal fehlt, dass diese – vergessenen – Sachen nicht von den Leuten des Gastwirts auch in Obhut genommen worden sind (vgl auch MüKo/*Henssler* Rn 25). Die Haftung kann dann allenfalls aus einer nachwirkenden Pflicht des § 241 II abgeleitet werden, was jedoch im Blick auf das Tatbestandselement der Pflichtverletzung bereits erhebliche praktische Beweisprobleme nach sich ziehen dürfte. Denn der „vergessliche" Gast muss beweisen, dass der Gastwirt oder einer seiner Erfüllungsgehilfen die betreffende Sache an sich genommen hat, nicht aber ein Dritter, vor allem ein neuer Gast als Dieb. Auf die Entkräftung der Verschuldensvermutung nach § 280 I 2 dürfte es daher kaum jemals ankommen. Eine Haftung nach § 823 bleibt selbstverständlich unberührt. Demzufolge setzt ein weiteres Eingreifen der Haftung nach § 701 bei vergessenen Sachen voraus, dass der Gast eine Inobhutnahme der eingebrachten Sachen veranlasst hat (Grü/*Retzlaff* Rn 9). Das aber ist regelmäßig das Gegenteil von „vergessen".

13 **V. Schaden.** Schaden, für den der Gastwirt nach § 701 I haftet, ist jeder Nachteil, der durch den Verlust, die Zerstörung oder die Beschädigung einer eingebrachten Sache entstanden ist (Grü/*Retzlaff* Rn 10a). Es muss sich immer um einen Sachschaden handeln (BeckOGK/*Jüchser* Rn 38). Der **Verlust** einer Sache ist dann gegeben, wenn diese nicht in Kürze zurückgegeben werden kann, weil sie abhandengekommen ist. Bei einem Diebstahl unter Verwendung des Zimmerschlüssels reicht es für den Tatbestand eines Verlustes aus, wenn sich der Gastwirt an der Rezeption die Zimmernummer des Gastes von einem „Dritten" nennen lässt, ohne nach dem Namen des Gastes zu fragen (Düsseldorf NJW-RR 2003, 776 – wohl zweifelhaft, aber auf die Verhältnisse in Mallorca abstellend). Eine **Zerstörung** liegt regelmäßig dann vor, wenn die Substanz der Sache vernichtet worden ist, während eine **Beschädigung** immer dann gegeben ist, wenn iSv § 823 I eine Verletzung des Eigentums (Substanzschaden) vorliegt. Den Schadensersatzanspruch hat nach hM nur der Gast (RGZ 93, 40), auch wenn er nicht Eigentümer der Sache ist, da ihm der Anspruch dann aus **gesetzl Drittschadensliquidation** zusteht (Staudinger/*Werner* Rn 59; MüKo/*Henssler* Rn 27; BeckOK/*Gehrlein* Rn 12). Für die hM spricht vor allem der Wortlaut von § 703, wo auf den dem Gast zustehenden Anspruch nach § 701 Bezug genommen wird.

14 **VI. Haftungsausschluss.** Nach **Abs III** tritt die Haftung nicht ein, wenn der Gast, einer seiner Begleiter oder jemand, den der Gast bei sich aufgenommen hatte, den Schaden allein verursacht hat oder höhere Gewalt (Rn 16) vorliegt. Soweit der Gast den Schaden allein verursacht hat, ist kein Verschulden nötig. Es kommt allerdings auf eine Alleinverursachung des eingetretenen Schadens an. Liegt diese Voraussetzung nicht vor, hat aber der Gast den Schaden mitverschuldet, findet § 254 dergestalt Anwendung, dass zunächst § 254 und danach § 702 heranzuziehen sind (BGHZ 32, 149). Hingegen fallen andere Gäste, die zwar mit dem Gast zusammen, aber nicht seine Besucher sind, nicht unter Abs III. In der Praxis bereiten die unter Abs III fallenden Konstellationen regelmäßig einige Schwierigkeiten, etwa dann, wenn eine nicht unerhebliche Nachlässigkeit des Gastes dazu führt, dass die eingebrachten Sachen gestohlen werden können. Anwendbar ist dann § 254.

15 Als weitere Umstände, die den Haftungsausschluss nach Abs III begründen, kommen die wohl seltenen Fälle in Betracht, in denen **die Beschaffenheit der Sache** allein **ursächlich** dafür ist, dass die eingebrachten Sachen zerstört oder beschädigt werden oder verloren gehen. Ob Fälle mangelhafter Verpackung eines in Obhut genommenen Koffers unter diese Norm zu fassen sind, erscheint zweifelhaft, weil es dann regelmäßig näher liegen dürfte, von einer Alleinverursachung durch den Gast auszugehen. Auf ein Verschulden kommt es insoweit nicht an (Grü/*Retzlaff* Rn 11). Der Schadensverursachung durch den Gast (§ 254) gleichgestellt sind diejenige durch einen Begleiter eines Gastes wie auch durch eine Person, die der Gast bei sich aufgenommen hat. In der Praxis wird dem Anspruch des Gastes oft der Einwand entgegengehalten, er habe zu wertvollen Schmuck (§ 254) auf die Reise mitgenommen (BGH NJW 1960, 1199 – Einsteigediebstahl – im Erdgeschoss gelegenes Zimmer: Wert 3.000 DM). Maßgebend ist hierbei allein der Zeitpunkt des Schadensereignisses.

16 **Höhere Gewalt** ist von der Betriebsgefahr des Betriebs aus gesehen ein außerhalb des typischen Betriebsrisikos liegendes, nicht voraussehbares und nicht abwendbares außergewöhnliches Ereignis, das auch bei Anwendung äußerster Vorsicht und Sorgfalt nicht abwendbar war (MüKo/*Henssler* Rn 34). Im Zweifel kann hier auf die Rspr

zu § 206 zurückgegriffen (Grü/*Retzlaff* Rn 1) werden (MüKo/*Grothe* § 206 Rn 3f). Daher keine höhere Gewalt bei im Rahmen des Betriebs entfachtem Brand, Diebstahl (LG Gießen MDR 1997, 357), Fassadenkletterei, Einbruch, Raub mit Waffen. Keine höhere Gewalt, sondern Verschulden des Gastwirts liegt vor, wenn dieser zB eine Auseinandersetzung mit Eindringlingen voraussieht und eine Notwehrsituation herbeiführt, ohne Rücksicht auf seine Gäste zu nehmen (BGH MDR 1978, 1013). **Kein Verschulden** des Wirts liegt vor, wenn er im Zimmer keinen Hinweis auf die Möglichkeit anbringt, Wertsachen im Hotelsafe zu deponieren (LG München VersR 1990, 315). Das gilt aber nicht, wenn der Gastwirt davon Kenntnis hat, dass der Schmuck wertvoll und der Zimmersafe nur in der Schrankwand befestigt ist (Karlsruhe NJW-RR 2005, 462). Kein Verschulden aber auch, wenn das Reinigungspersonal die Zimmertür nicht abschließt, sondern nur zuzieht, nicht aber gesondert versperrt (AG München VersR 1999, 584 – sehr zweifelhaft). Hingegen kann ein **Mitverschulden des Gastes** darin liegen, dass er Türen und Fenster nicht schließt und Wertgegenstände ohne die verkehrsübliche Sicherung im Zimmer zurücklässt. Allg ist auf die Verhältnisse des Einzelfalles, insb den Wert der Sache oder den Zuschnitt des Hotels, abzustellen (Einzelfälle: BGHZ 32, 145; RGZ 75, 386, 395; Koblenz VersR 1953, 484 m Anm *Schmidt* VersR 1955, 439; AG Hamburg VersR 1958, 696). Bei der Übergabe von Sachen an Angestellte kann ein Mitverschulden darin liegen, dass der Gast wertvolle Sachen an eine Person übergibt, die üblicherweise nicht vom Wirt hierfür bestimmt ist (zB den Hausdiener), und die erkennbar auf den Wert nicht achtet oder nicht achten kann, ohne sich sodann selbst um die ordnungsgemäße Behandlung zu bemühen (Köln OLG 24, 400). Bringt der Gast gefährliche Sachen mit, entfällt nicht nur die Haftung des Gastwirts wegen höherer Gewalt; vielmehr macht sich der Gast seinerseits schadensersatzpflichtig.

VII. Fahrzeuge und Tiere. Fahrzeuge und ihr Inhalt sind nach **Abs IV** von der Ersatzpflicht ausgenommen 17
(Jena BeckRS 2000, 168; LG Düsseldorf BeckRS 2009, 88271), desgl lebende Tiere (zum Abschluss eines Verwahrvertrags vgl BGH NJW 1969, 789). Das Merkmal Fahrzeug ist umfassend zu verstehen als jedes Verkehrsmittel zur Beförderung von Personen und/oder Gütern, das menschlich, tierisch oder motorisch angetrieben und so zu Lande, zu Wasser oder in der Luft fortbewegt wird (LG Bückeburg ZMR 1970, 241 – Boot). Auch der Begriff **Inhalt** ist nicht eng auszulegen (Grü/*Retzlaff* Rn 12), sondern umfasst etwa außen am Fahrzeug befindliche Sachen, wie aufgeschnallte Koffer, Surfbretter uÄ. Dieser Ausschluss nach Abs IV gilt nicht für die Haftung aus (Beherbergungs-)Vertrag (Grü/*Retzlaff* Rn 13), der aber nicht bei jedem Bereithalten einer Parkmöglichkeit vorliegt, auch dann nicht, wenn auf einen Fahrradständer verwiesen wird, wo „nichts wegkommt" (LG Nürnberg VersR 1997, 1285). Der Hotelier, der das Fahrzeug in einer „hoteleigenen" Garage abstellen lässt, muss den Gast darüber aufklären, dass die Garage praktisch von jedermann betreten werden kann (LG Hamburg VersR 1995, 664, allerdings mit zu geringer Bewertung des Mitverschuldens des Gastes, der im Fahrzeug wertvolle Gegenstände offen hatte liegen lassen; krit zur Annahme der Aufklärungspflichten *Wortmann* VersR 1995, 1257f). Etwas anderes kann sich dann ergeben, wenn für das abgestellte Fahrzeug ein stillschweigender (oder auch ausdrücklicher) **Verwahrungsvertrag** nach § 688 abgeschlossen worden ist (LG Köln BeckRS 2016, 15603). Dazu soll es aber nicht ausreichen, wenn auf dem Parkplatz ein Hinweisschild steht mit dem Text „nur für Hotelgäste" (LG Düsseldorf BeckRS 2009, 88271); auch ändert der Umstand nichts, dass weiterhin darauf aufmerksam gemacht wird, dass „widerrechtlich geparkte Fahrzeuge auf Kosten des Halters entfernt werden" (LG Düsseldorf BeckRS 2009, 88271). Auch der Hinweis des Gastwirts, es sei auf dem Parkplatz „noch nichts weggekommen", begründet keine eigenständige vertragl Haftung (Naumburg OLG-NL 2003, 97).

VIII. Beweislast. Da es sich bei § 701 um eine gesetzl Zufallshaftung handelt, ist ein Verschulden des Gast- 18
wirts ebenso wenig erforderlich und darzulegen wie das seiner Leute (MüKo/*Henssler* Rn 40; BeckOK/*Gehrlein* Rn 15). Die Beweislast für Einbringung und Verlust, Zerstörung bzw Beschädigung während des Eingebrachtseins der Sachen trägt der **Gast** (Düsseldorf NJW-RR 2003, 776, 778; KG VersR 1971, 571; im Einz MüKo/*Henssler* Rn 40). Dieses Erfordernis lässt den Anspruch praktisch oft scheitern (vgl KG Vers 1971, 571). Die **Darlegungs- und Beweislast** für die Pflichtverletzung und die haftungsbegründende Kausalität, Eintritt und Höhe des Schadens ist Sache des Gastes (MüKo/*Henssler* Rn 40). Für die Höhe des Anspruchs ist der Zeitpunkt des Schadenseintritts maßgebend (Dresden OLG 41, 126). Doch muss der Richter oft nach § 287 ZPO schätzen (auch Beweis des ersten Anscheins, aber abhängig von der Typizität der Tatsachen). Es ist dann Sache des Gastwirts, den Nachweis eines Mitverschuldens nach § 254 zu führen sowie zu beweisen, dass die Ausschlussgründe von Abs III eingreifen (BeckOK/*Gehrlein* Rn 15). Bei unerlaubter Handlung hat der Gast das Verschulden der Erfüllungsgehilfen des Wirts nicht zu beweisen (RG JW 1939, 560). Den Haftungsausschluss muss der Wirt beweisen.

Zur **Verjährung** vgl § 703 Rn 4. 19

§ 702 Beschränkung der Haftung; Wertsachen

(1) Der Gastwirt haftet aufgrund des § 701 nur bis zu einem Betrag, der dem Hundertfachen des Beherbergungspreises für einen Tag entspricht, jedoch mindestens bis zu dem Betrag von 600 Euro und höchstens bis zu dem Betrag von 3500 Euro; für Geld, Wertpapiere und Kostbarkeiten tritt an die Stelle von 3500 Euro der Betrag von 800 Euro.

(2) Die Haftung des Gastwirts ist unbeschränkt,

1. wenn der Verlust, die Zerstörung oder die Beschädigung von ihm oder seinen Leuten verschuldet ist,
2. wenn es sich um eingebrachte Sachen handelt, die er zur Aufbewahrung übernommen oder deren Übernahme zur Aufbewahrung er entgegen der Vorschrift des Absatzes 3 abgelehnt hat.

(3) Der Gastwirt ist verpflichtet, Geld, Wertpapiere, Kostbarkeiten und andere Wertsachen zur Aufbewahrung zu übernehmen, es sei denn, dass sie im Hinblick auf die Größe oder den Rang der Gastwirtschaft von übermäßigem Wert oder Umfang oder dass sie gefährlich sind. Er kann verlangen, dass sie in einem verschlossenen oder versiegelten Behältnis übergeben werden.

1 **I. Höhe der Haftung.** Der **Höchstbetrag des Schadens** aus der Betriebsgefahr (gesetzl Zufallshaftung) des § 701 (§ 701 Rn 1) ist in ihrem Anwendungsbereich auf die Haftung nach dieser Norm begrenzt (BeckOGK/*Jüchser* Rn 4). Sie gilt deshalb nicht für andere Haftungsregime (Delikt oder Vertrag). Sie dient dem Zweck, die Haftung sowohl kalkulier- als auch versicherbar zu gestalten (BeckOK/*Gehrlein* Rn 1). Der Höchstbetrag ist am Übernachtungspreis (ohne Frühstück und Trinkgeld) ausgerichtet (MüKo/*Henssler* Rn 3; BeckOK/*Gehrlein* Rn 2). Die Höchsthaftung gilt jedoch gesondert ggü jedem einzelnen **Gast** und jedem seiner **Begleiter** (auch Ehegatten), der aufgenommen wurde (BGH NJW 1974, 1818). Hierfür spricht vor allem, dass jeder Gast vom Betriebsrisiko (dazu BGHZ 32, 149) gleichermaßen getroffen wird. Demzufolge gilt auch für unentgeltlich mitbeherbergte, unselbständige Familienmitglieder (Kinder) nichts anderes (vom BGH offen gelassen NJW 1974, 1818, 1820). Der Höchstschaden – ausgerichtet am Zimmerpreis – wird dann entspr geteilt (BeckOK/*Gehrlein* Rn 2). Der Schadensbetrag von **600 Euro** ist stets ohne Rücksicht auf die Höhe des Beherbergungspreises der **Mindestschaden**. Dieser gilt für jeden einzelnen Schaden (BeckOGK/*Jüchser* Rn 7). Im Rahmen von 600–3.500 Euro richtet sich der **Höchstbetrag** nach dem Hundertfachen des Beherbergungspreises. Für **Geld, Wertpapiere, Kostbarkeiten** (§ 372) beträgt der Höchstsatz 800 Euro, **Abs I Hs 2**, für sonstige Wertsachen, **Abs III** (zB teure Pelze), gem Abs I Hs 1 3.500 Euro. Die Haftungsbeschränkung gilt für die gesamte Habe des Gastes, also auch wenn Kleider, Geld usw gleichzeitig verloren gehen, desgl bei mehreren voneinander unabhängigen Diebstählen (BeckOK/*Gehrlein* Rn 3). Denn immer steht nur die Haftung des Gastwirts nach § 701 als gesetzl Haftung im Rahmen dieser Höchsthaftungsgrenzen zur Debatte. Praktische Schwierigkeiten tauchen dann auf, wenn der Gast ein **Doppelzimmer** für die Beherbergung von sich und einem Dritten wählt. Da die Haftungshöchstgrenze iHv 3.500 Euro auf § 701 verweist, kommt es somit auch hier auf jeden einzelnen Gast an (Grü/*Retzlaff* Rn 4; BeckOGK/*Jüchser* Rn 8). Zur Konsequenz hat dies, dass der Beherbergungspreis auch für jeden einzelnen Gast/Tag zu errechnen ist, so dass auch der Mindestschaden von 600 Euro für jeden einzelnen Gast zur Verfügung steht. Für die Haftungshöchstgrenze von 3.500 Euro gilt Entspr (BGH NJW 1974, 1818). Dabei macht es keinen Unterschied, ob zwei oder mehrere Personen ein Zimmer belegen. Jeder Geschädigte hat Anspruch auf Ersatz der eingebrachten Sachen. Irrelevant ist es daher auch, ob der Ehemann für seine Frau als „Begleitperson" den Beherbergungsvertrag unterzeichnet hat (BGH NJW 1974, 1818).

2 **II. Mitverschulden.** Bei Mitverschulden des Gastes findet § 254 dergestalt Anwendung, dass zur Berechnung der Ersatzforderung zunächst § 254 (München BeckRS 2009, 18991 – Blaufuchspelz; BeckOGK/*Jüchser* Rn 10) und danach § 702 heranzuziehen sind (BGH NJW 1960, 1199). Also ist zunächst die Schadenssumme, nicht die Höchsthaftung (BeckOK/*Gehrlein* Rn 3) nach dem Grad des Verschuldens zu teilen (BeckOGK/*Jüchser* Rn 10), so dass erst danach die Haftungsbeschränkung zum Zuge gelangt (BGH NJW 1954, 1197 – zum vergleichbaren Fall eines Schadensausgleich nach dem StVG). Mitwirkendes Verschulden des Gastes kann schon im Unterlassen von Hinweisen oder im offenen Hantieren mit Geld oder Wertsachen in Gegenwart unbekannter Dritter liegen.

3 **III. Unbeschränkte Haftung.** Ausnahmsw greift nach **Abs II** die volle, dh unbeschränkte Haftung bei **Verschulden des Wirts** – einfache Fahrlässigkeit reicht (Karlsruhe NJW-RR 2005, 462; MüKo/*Henssler* Rn 10) – oder seiner Leute (Nr 1); bei Übernahme der **Aufbewahrung** haftet der Gastwirt ebenfalls **unbeschränkt** (BeckOK/*Gehrlein* Rn 5). Der Gastwirt ist verpflichtet, im Rahmen des Beherbergungsvertrages seine **Sicherungspflichten** grds so einzurichten, dass das eingebrachte Eigentum des Gastes nicht Schaden leidet (München VersR 1990, 1245). Der Tatbestand der Aufbewahrung geht weiter als der der Inobhutnahme (BeckOK/*Gehrlein* Rn 5). Das schlägt sich auch darin nieder, dass insoweit eine Vereinbarung erforderlich ist (Rn 4). Ggf muss der Gastwirt den Gast auch ausdrückl darauf hinweisen, dass kurz zuvor ein Diebstahl stattgefunden hat (München VersR 1990, 1245). Unzureichende Sicherungsmaßnahmen – und damit eine Verletzung der Aufbewahrungspflicht – liegen jedoch dann nicht vor, wenn sich das Schloss des Zimmers von außen aufschließen lässt, obwohl der Schlüssel von innen steckt (LG Gießen NJW-RR 1997, 627). Es besteht keine Pflicht, Sicherheitsschlösser anzubringen (AG München VersR 1999, 584), wohl aber eine Reparaturpflicht, falls das Schloss mangelhaft ist (RGZ 75, 392). Keine Sorgfaltspflichtverletzung auch dann, wenn die Schlüssel in einem geschützten Bereich in der Rezeption verwahrt werden (LG Berlin r+s 1985, 271). Die Aufbewahrung setzt jedoch die **Übergabe** der Sachen an den Gastwirt voraus. Daran fehlt es, wenn der Gast die Wertgegenstände im Zimmersafe aufbewahrt, weil dann ein Verwahrungsvertrag zustande kommt (LG Landshut VersR 1997, 1284). Eine nicht begrenzte Haftung des Gastwirts greift aber auch dann, wenn er entgegen **Abs III** die Aufbewahrung von **Geld, Wertpapieren, Kostbarkeiten** oder anderen Wertsachen des Gastes unberechtigterweise (vgl Abs III) abgelehnt hat (Rn 4). Der Wirt haftet im Rahmen seines Verschuldens für sein Personal ohne Rücksicht darauf, ob ihn bei der Auswahl oder Aufsicht eine Schuld trifft (RG LZ 1922, 711); § 831 ist ausgeschaltet, nicht aber § 254. Verschulden iSd Abs II Nr 1 ist angenommen worden bei Verwendung eines einfachen, ohne Weiteres mit einem Dietrich zu öffnenden Türschlosses (LG München II VersR 1990, 315), ferner bei Unterlassen eines Hinweises, dass unmittelbar vorher ein Diebstahl stattgefunden hat (München VersR 1990, 1245) oder dass Sicherheitsmängel am Zimmersafe bestehen (Karlsruhe NJW-RR 2005, 462 – Luxushotel). Fraglich ist, ob der Wirt auch haftet, wenn der Einbruch mit einem vor der Einmietung des Gastes abhanden gekommenen Originalschlüssel verübt wurde, was zu bejahen ist (abl AG Westerstede VersR 1994, 990). Die **Beweislast** für ein Verschulden des Gastwirts nach

Abs II trägt der Gast (Karlsruhe NJW-RR 2005, 462; München VersR 1991, 315; LG Berlin VersR 1995, 466; LG Berlin r+s 1985, 271; BeckOK/*Gehrlein* Rn 4). **Mitverschulden des Gastes** kann darin liegen, dass der Gast wertvollen Schmuck im erkennbar unzureichend gesicherten Hotelzimmer liegen lässt (LG Itzehoe BeckRS 1998, 1372), oder wenn er einzieht, obwohl er weiß, dass zu diesem Zeitpunkt der Schlüssel nicht vorhanden ist (LG Berlin VersR 1992, 223). Grobe Fahrlässigkeit des Gastes liegt dann vor, wenn er trotz eines entspr Hinweises des Gastwirts auf einen Hotelsafe wertvollen Schmuck und Bargeld im Hotelzimmer aufbewahrt (LG Koblenz VersR 1988, 142). Hat der Wirt eingebrachte Sachen zur besonderen Aufbewahrung übernommen, haftet er für den vollen Wert, ebenso wenn er Geld, Wertpapiere, Kostbarkeiten (Begriff: § 372) oder andere Wertsachen nicht aufbewahren will; die bloße Bereithaltung eines Zimmersafes stellt keine Übernahme zur Aufbewahrung iSd Abs II Nr 2 dar (LG Landshut VersR 1997, 1284).

Dem Gast kann nicht zugemutet werden, **Geld, Wertpapiere, Kostbarkeiten oder andere Wertsachen** im 4
Hotelzimmer zu belassen. Als solche kommen in Betracht: Luxusuhren, Schmuck (BGH NJW 1960, 1199 – 3.000 DM), Bilder, Goldmünzen etc. Der Begriff „Wertpapiere" setzt voraus, dass ein Recht auf Zahlung in dem Papier verkörpert ist, was gegen Vorlage ausgelöst wird (MüKo/*Henssler* Rn 8). **Kostbarkeiten** sind dann anzunehmen, wenn sie vom Umfang und Gewicht her klein, aber von ihrem Wert her groß sind, wie etwa Schmuck, Edelsteine etc (BeckOGK/*Jüchser* Rn 14). Ein mitgebrachter Pelz fällt nicht in diese Kategorie (Hamm VersR 1982, 1081), er ist Kleidungsstück. Der Gastwirt ist daher nach **Abs III** verpflichtet, solche Gegenstände besonders zu verwahren, zB in einem Safe (München BeckRS 2009, 18991 – wertvolle Pelze). Er ist also verpflichtet, die ihm vom Gast zur **Aufbewahrung** von Geld, Wertpapieren etc übergebenen Sachen zu übernehmen, was körperliche Übergabe voraussetzt. Man wird nur dann von einer Aufbewahrung reden dürfen, wenn sich der Gastwirt mit dem Gast dahingehend geeinigt hat, dass der Gastwirt die Wertsachen – unter Ausschluss einer Zugriffsmöglichkeit des Gastes – zwecks ihrer Verwahrung in Besitz nehmen soll (BeckOGK/*Jüchser* Rn 24). Ob der Gastwirt selbst oder seine Leute die Aufbewahrung verabreden, steht gleich (BeckOGK/*Jüchser* Rn 25). Str ist gleichwohl, ob diese Übernahme mehr ist als die Inobhutnahme nach § 701 (so Grü/*Retzlaff* Rn 6; Staud/*Werner* Rn 19), so dass eine Nebenabrede zw Gastwirt/Leuten und dem Gast akkordiert sein muss (aM MüKo/*Henssler* Rn 11). Da Abs III eine entspr **Verpflichtung** des Gastwirts voraussetzt, wird man es nicht bei einer einfachen Übergabe mit Besitzerlangung des Gastwirts bewenden lassen dürfen. Die besseren Argumente sprechen daher für das Erfordernis einer vertragl **Nebenabrede** (BeckOK/*Gehrlein* Rn 5; Grü/*Sprau* Rn 10). Diese hat jedoch ihre eigene Grenze: Wenn nämlich die Gastwirtschaft – bezogen auf ihre Größe und ihren Rang – im Vergleich zu den aufzubewahrenden Wertsachen minderwertig ist, weil eben diese Sachen – im Verhältnis gesehen – einen **übermäßigen Wert oder Umfang** aufweisen, kann der Gastwirt deren Aufbewahrung **ablehnen** (BeckOK/*Gehrlein* 6). Stimmt er hingegen der Aufbewahrung zu (MüKo/*Henssler* Rn 13), haftet er nach Abs II Nr 2 voll und unbeschränkt. Lehnt er die Aufbewahrung unberechtigt ab, gilt das Gleiche. Er kann also die Aufbewahrung der Wertsachen nur dann mit der Folge der Haftungsbeschränkung nach Abs I ablehnen, wenn die Voraussetzungen von Abs III S 1 vorliegen. Diese sind aber auch immer dann gegeben, wenn es sich um Wertsachen handelt, die **gefährlich** sind. Ist der Gastwirt zur Aufbewahrung von Geld oÄ verpflichtet und lehnt er diese auch nicht ab, dann kann er verlangen, dass diese in einem verschlossenen oder versiegelten Behältnis ihm übergeben werden. Dadurch werden Beweisschwierigkeiten ausgeschaltet, wenn Streit darüber entsteht, ob ein Verlust iSv § 701 I vorliegt, der in den Risikobereich des Gastwirts fällt. Lehnt der Gastwirt jedoch entgegen den Voraussetzungen von Abs III die Übernahme ab, dann haftet er uneingeschränkt (Grü/*Retzlaff* Rn 7). Eine Aufbewahrung – und damit eine Haftung oberhalb der Höchstgrenze wegen Verschuldens des Gastwirts – liegt allerdings nicht schon dann vor, wenn ein in einem Hotel übernachtender Gast sein Notebook in seinem Seminarraum über Nacht zurücklässt, weil ihm gesagt wurde, dass die Tür abgeschlossen wird; doch das Reinigungspersonal hatte Zutritt, das Notebook wurde gestohlen (LG Berlin VersR 2004, 650). Keine weitergehende Haftung des Gastwirts als in Abs I vorgesehen auch dann, wenn ein Gast ausdrücklich darauf hingewiesen wird, dass der Zimmerschlüssel nicht vorhanden ist, er aber dann – ohne Vorbehalte – das Zimmer in Besitz nimmt und dort wertvollen Schmuck in einem Koffer verwahrt (LG Berlin VersR 1992, 323).

§ 702a Erlass der Haftung

(1) Die Haftung des Gastwirts kann im Voraus nur erlassen werden, soweit sie den nach § 702 Abs. 1 maßgeblichen Höchstbetrag übersteigt. Auch insoweit kann sie nicht erlassen werden für den Fall, dass der Verlust, die Zerstörung oder die Beschädigung von dem Gastwirt oder von Leuten des Gastwirts vorsätzlich oder grob fahrlässig verursacht wird oder dass es sich um Sachen handelt, deren Übernahme zur Aufbewahrung der Gastwirt entgegen der Vorschrift des § 702 Abs. 3 abgelehnt hat.

(2) Der Erlass ist nur wirksam, wenn die Erklärung des Gastes schriftlich erteilt ist und wenn sie keine anderen Bestimmungen enthält.

I. Abbedingung der Haftung. Die nach § 702 vorgesehene **Höchsthaftung des Gastwirts** kann grds **nicht im** 1
Voraus abbedungen werden. Einzige Möglichkeit zur wirksamen Haftungsbegrenzung des Gastwirts ist die Beschränkung auf den Betrag von 3500 bzw 800 Euro (§ 702 I) durch Vereinbarung. Ob dies durch AGB oder durch eine Individualvereinbarung geschieht, ist gleich. Voraussetzung für die Wirksamkeit ist aber nach Abs II, dass der über die Höchstgrenze hinausreichende Haftungsausschluss nur durch schriftl (§ 126), auf ein besonderes Blatt gesetzte Erklärung wirksam vorgesehen werden darf, sofern der Erlass – das ist die weitere Voraussetzung

– keine weitere Bestimmung enthält. Soweit iÜ die Wirtshaftung zulässig abbedingbar ist, ist dies nicht für **Vorsatz oder grobe Fahrlässigkeit** des Wirts oder seiner Leute (BeckOK/*Gehrlein* Rn 1) und bei unberechtigter Ablehnung der Aufbewahrung iSv § 702 II Nr 2 möglich (§ 702 Rn 4). Die unbeschränkte Haftung nach § 702 II Nr 1 und 2 kann demnach nur dann auf den Höchstbetrag des § 702 I beschränkt werden, wenn das Verschulden des Gastwirts oder seiner Leute auf leichter Fahrlässigkeit – Verlust, Zerstörung oder Beschädigung der vom Gast eingebrachten Sachen – beruht, oder bei eingebrachten Sachen, die der Wirt als ihm zur besonderen Aufbewahrung angebotenen Wertsachen iSv § 702 II Nr 2 abgelehnt hat.

2 **II. Anwendungsbereich.** Die Norm gilt nur für den **Bereich der Gastwirtshaftung** nach § 701, nicht für die idR auch in Betracht zu ziehende Haftung wegen **schuldhafter Verletzung des Beherbergungsvertrags** aus § 241 II, § 311 II oder der Verletzung der Verkehrssicherungspflichten nach § 823 I oder nach den §§ 823ff (statt aller MüKo/*Henssler* Rn 6). Denn für eine summenmäßige Begrenzung dieser Haftungsnormen ergeben sich keine hinreichenden Anhaltspunkte aus dem Wortlaut und dem Zweck der Norm; auch besteht insoweit kein Bedürfnis (Staud/*Werner* Rn 7). Doch gelten insoweit selbstverständlich die allg Grenzen, die sich aus § 309 Nr 7 und § 307 ergeben. Der praktische Unterschied besteht dann nur darin, dass für eine summenmäßige Begrenzung der Haftung des Gastwirts bei einfacher Fahrlässigkeit nur die allg Grenze in Betracht kommt, dass der Schaden in der vereinbarten Höchstsumme typischerweise vorhersehbar ist (BGH NJW 1993, 335). Diese Haftung wird daher wohl regelmäßig nicht auf die Grenzen des § 702 I zu beschränken sein.

3 **Kein Verschulden** ist etwa dann anzunehmen, wenn der Gastwirt es unterlässt, bei kurzfristigem Verlassen der Rezeption – spät abends oder nachts – die Rezeption zu verschließen oder für eine Vertretung zu sorgen, damit Diebstähle der dort deponierten Schlüssel unterbleiben (Düsseldorf NJW-RR 2003, 776). Werden allerdings die Hotelschlüssel nicht hinreichend sicher verwahrt, kann der dadurch verursachte Diebstahl auch als Reisemangel nach § 651i angesehen werden (LG Duisburg NJOZ 2006, 840). In einem Seminarraum zurückgelassene Sachen begründen keine besondere Aufsichts- oder Verwahrpflicht des Gastwirts (AG Berlin-Mitte LSK 2004, 380267). Ebenfalls kein Verschulden liegt vor, wenn es der Gastwirt unterlässt, seinen Gast darauf aufmerksam zu machen, dass seine Haftung dann ausgeschlossen ist, wenn der Gast Wertsachen im Zimmersafe deponiert (LG Itzehoe VersR 2000, 894). Gleiches gilt, wenn das vom Gastwirt beschäftigte Reinigungspersonal die Zimmertür nur zuzieht, nicht aber versperrt (LG Gießen VersR 1997, 1283 – zweifelhaft). Umgekehrt ist der Gastwirt verpflichtet, den Gast auf die Möglichkeit hinzuweisen, wertvollen Schmuck im Hotelsafe einzuschließen (Karlsruhe NJW-RR 2005, 462).

4 **III. Form.** Der **Erlass der Haftung** – es handelt sich insoweit um einen Vertrag – muss **schriftlich** erteilt werden (§ 126) und darf in der betreffenden Urkunde keine anderen Bestimmungen enthalten, damit der Gast den Inhalt der Haftungsbeschränkung keinesfalls übersehen kann. Der Erlass muss zudem leicht lesbar sein. Keine Einwände bestehen insoweit, als es sich um eine Haftungsverzichtsvereinbarung handelt, welche zwischen Gastwirt und Gast **nach Eintritt eines Schadensfalls** vereinbart wird. Denn diese ist nicht durch die Sonderregel des Abs I ausgeschlossen, weil sie nicht im Voraus, sondern im Nachhinein vereinbart wird. Dabei ist es stets eine Frage der Auslegung, ob eine Haftungsbegrenzung nur für den Bereich der Haftung des § 701 oder auch für die parallel eingreifenden Haftungen aus dem Beherbergungsvertrag oder aus Delikt Geltung beansprucht (BeckOGK/*Jüchser* Rn 8). Doch gelten auch in diesen Fällen entweder **Abs II** oder die **allg Grenzen der Haftungsfreizeichnung** und die der Haftungsbegrenzung, welche sich aus § 309 Nr 7 lit a und b (Körperverletzung und grobes Verschulden) sowie aus § 307 Abs II Nr 2 bei einfacher Fahrlässigkeit – Verletzung einer vertragswesentlichen Pflicht zur sorgfältigen Verwahrung – ableiten lassen (§ 309 Rn 72f).

§ 703 Erlöschen des Schadensersatzanspruchs

Der dem Gast aufgrund der §§ 701, 702 zustehende Anspruch erlischt, wenn nicht der Gast unverzüglich, nachdem er von dem Verlust, der Zerstörung oder der Beschädigung Kenntnis erlangt hat, dem Gastwirt Anzeige macht. Dies gilt nicht, wenn die Sachen von dem Gastwirt zur Aufbewahrung übernommen waren oder wenn der Verlust, die Zerstörung oder die Beschädigung von ihm oder seinen Leuten verschuldet ist.

1 **I. Unverzügliche Anzeige.** Die **Anzeige** des Schadensfalls ist als geschäftsähnliche Handlung des Gastes Voraussetzung für den Erhalt des Schadensersatzanspruchs ggü dem Gastwirt. Sie soll den Gastwirt vor einer sonst eintretenden Beweisnot schützen (MüKo/*Henssler* Rn 1). Auch soll sie den Gastwirt in die Lage versetzen, weiteren Schaden abzuwehren (BeckOGK/*Jüchser* Rn 2). Die Anzeige ist eine einseitige, empfangsbedürftige Erklärung an diesen oder seinen Vertreter, nicht an die Leute. Es gilt das allg Erfordernis des § 130 (MüKo/*Henssler* Rn 3). **Unverzüglichkeit** der geschuldeten Anzeige bedeutet, dass der Gast ohne schuldhaftes Zögern (BeckOK/*Gehrlein* Rn 1) handeln muss (§ 121), nachdem er davon Kenntnis erlangt hat, dass eine von ihm eingebrachte Sache verloren gegangen, zerstört oder beschädigt worden ist. Der Wirt soll aufgrund der Anzeige gegen das Personal oder auch gegen Dritte vorgehen können (BeckOK/*Gehrlein* Rn 2). Daher muss die Anzeige so konkrete Angaben enthalten (Grü/*Sprau* Rn 1), wie dies dem Gast möglich und zumutbar ist (MüKo/*Henssler* Rn 2). Bei einer Zerstörung oder einer Beschädigung ist eine konkretisierte Anzeige ohnedies selbstverständlich, bei einem Verlust allemal in den Grenzen der §§ 276, 242 geschuldet. Ein Verzeichnis aller verloren gegangenen Sachen anzufertigen, ist dem Gast idR nicht zumutbar. Unterlässt der Gast pflichtwidrig die unverzüglich geschuldete Anzeige oder zeigt er nur pauschal an, dass „etwas" verloren gegangen bzw zerstört oder beschädigt ist, ist dies kei-

ne hinreichende Anzeige, so dass der Schadensersatzanspruch des Gastes nach Ablauf der Frist der Unverzüglichkeit (§ 121) erlischt.

II. Entfallen der Anzeigepflicht. Soweit **eingebrachte Sachen** an den Gastwirt oder seinen Vertreter zur Aufbewahrung **übergeben** wurden (MüKo/*Henssler* Rn 5), hat dieser die Möglichkeit der Prüfung und der Rechtsverfolgung, weshalb nach S 2 **keine Anzeigepflicht** des Gastes besteht (BeckOGK/*Jüchser* Rn 10). Das Gleiche gilt dann, wenn Verlust, Zerstörung oder Beschädigung der vom Gast eingebrachten Sachen vom Gastwirt oder seinen Leuten (§ 701 Rn 5ff) verschuldet sind (Grü/*Retzlaff* Rn 2). Ob der Schaden nur einfach fahrlässig (MüKo/*Henssler* Rn 6) oder auch im Rahmen groben Verschuldens verursacht wurde, ist gleich. IÜ bezieht sich die Anzeigepflicht (§ 121) nur auf die gesetzl Haftung nach den §§ 701, 702. Für andere vertragl oder gesetzl Ansprüche gilt sie nicht, etwa für Ansprüche aus unerlaubter Handlung. 2

III. Beweislast. Die Beweislast für den Zeitpunkt der Kenntniserlangung des Gastes vom Schaden trägt der Gastwirt (MüKo/*Henssler* Rn 7); der Gast hingegen hat die Rechtzeitigkeit der Anzeige bzw deren Entbehrlichkeit (S 2) zu beweisen (BeckOK/*Gehrlein* Rn 2). Dass der Gast dann auch den Umfang des Schadens darlegen und auch beweisen muss, ist evident. 3

Die **Verjährung** unterfällt den §§ 195, 199. 4

§ 704 Pfandrecht des Gastwirts

Der Gastwirt hat für seine Forderungen für Wohnung und andere dem Gast zur Befriedigung seiner Bedürfnisse gewährte Leistungen, mit Einschluss der Auslagen, ein Pfandrecht an den eingebrachten Sachen des Gastes. Die für das Pfandrecht des Vermieters geltenden Vorschriften des § 562 Abs. 1 Satz 2 und der §§ 562a bis 562d finden entsprechende Anwendung.

I. Gesetzliches Pfandrecht. Das **Pfandrecht** des Gastwirts ist ein gesetzl und besitzloses Recht (BeckOK/*Gehrlein* Rn 1). Es entsteht nämlich nur an eingebrachten, pfändbaren Sachen, welche im **Eigentum des Gastes** (MüKo/*Henssler* Rn 4; BeckOK/*Gehrlein* Rn 1) stehen, **nicht** an **Sachen Dritter**. Ein gutgläubiger Erwerb findet nicht statt (Grü/*Retzlaff* Rn 1). Es handelt sich um ein gesetzl, aber besitzloses Pfandrecht, weil es nur auf den Tatbestand ankommt, ob die Sachen des Gastes tatsächlich eingebracht worden sind. Dieses gesetzl Pfandrecht gilt für alle Forderungen des Gastwirts für die **Gewährung von Wohnung** (Zimmerpreis) sowie für **sonstige Leistungen** des Gastwirts, die dieser dem Gast für die Befriedigung seiner Bedürfnisse gewährt hat (Kosten für Speis und Trank, Telefonkosten, Kosten für Wäsche und Reinigung, Zeitungen, Wellness-Besuche, Massagen, Video, Business center etc). Erfasst werden also alle Leistungen, die auf Veranlassung des Gastes ihm von Seiten des Gastwirts gewährt worden sind. Das gesetzl Pfandrecht bezieht sich aber auch auf alle **Auslagen**, welche der Gastwirt dem Gast auf dessen Wunsch hat zukommen lassen. Darunter fallen auch alle Vorleistungen an Dritte (zB Kurtaxe), nicht aber Darlehen an den Gast. 1

Aufgrund der Verweisung auf § 562a I 2 darf der Wirt die nur vorübergehende Entfernung einzelner Gegenstände von dem Hotelgrundstück nicht verhindern (BeckOK/*Gehrlein* Rn 1), wohl aber dann, wenn der Gast mit dem gesamten Gepäck abreisen will, weil dies zum Erlöschen des Pfandrechts führen würde, es sei denn, dies geschähe mit Wissen und Wollen des Gastwirts. Der Gastwirt kann aber auch dann widersprechen, wenn das Entfernen der Sachen den gewöhnlichen Lebensverhältnissen des Gastes entspricht (MüKo/*Henssler* Rn 7), weil nur diese Sicht dem Bestehenbleiben des Pfandrechts nutzt. Entspr Anwendung finden auch die Bestimmungen der §§ 562b–562d (vgl dort), so dass dem Gastwirt auch ein Selbsthilferecht zusteht (Staud/*Werner* Rn 15). Für zurückbehaltene Sachen haftet der Gastwirt nur nach §§ 1215, 276, 278, nicht nach §§ 701, 703. Ein Vermieterpfandrecht besteht neben dem Pfandrecht aus § 704 nicht. In der **Insolvenz des Gastes** gilt § 50 I, II iVm §§ 166ff InsO. Die **Darlegungs- und Beweislast** für das Eigentum des Gastes (MüKo/*Henssler* Rn 4) und damit für das Entstehen des Pfandrechts trägt der Gastwirt (BeckOK/*Gehrlein* Rn 1). 2

II. Erstreckung des Pfandrechts. Das Pfandrecht des Gastwirts erstreckt sich auch auf **Anwartschaftsrechte**, die der Gast an eingebrachten Sachen besitzt (BeckOK/*Gehrlein* Rn 1). Mit Erwerb des Vollrechts (ggf auch aufgrund einer Zahlung des Gastwirts, § 267 II) erlangt dieser ein Pfandrecht an der Sache selbst, welches sodann Vorrang vor zwischenzeitl begründeten Pfändungspfandrechten hat (vgl BGHZ 35, 85). 3

III. Eingebrachte Sachen von Begleitern. Die Behandlung von Sachen mitaufgenommener Begleiter (vgl § 702 Rn 1) des Gastes ist str (vgl *Weimar* ZMR 1980, 68). Nach allg Ansicht unterfallen sie nicht dem Pfandrecht, wenn und soweit ein Beherbergungsvertrag nur zw Gast und Gastwirt besteht (Grü/*Retzlaff* Rn 1). Hingegen will die hM ein Pfandrecht dann annehmen, wenn der Beherbergungsvertrag mit dem Gast nicht rechtsgültig geschlossen wurde, da dann Bereicherungsansprüche bestünden (MüKo/*Henssler* Rn 3; Grü/*Retzlaff* Rn 1). Diese Ausdehnung des Pfandrechts vermag aber schon deshalb nicht zu überzeugen, weil sich der Kondiktionsanspruch gegen den Gast und nicht gegen seinen Begleiter richtet, da der Wirt regelmäßig allein an ersteren geleistet hat. 4

IV. Verweis auf mietrechtliche Vorschriften. Die nach S 2 vorgesehene **entspr Anwendung** der Vorschriften der §§ 562a–562d wird bei der Komm dieser Bestimmungen gesondert behandelt; s dort. **§ 562a I 2** stellt bei seiner analogen Anwendung sicher, dass sich das Pfandrecht des Gastwirts nicht auf solche Sachen des Gastes erstreckt, die nicht der Pfändung unterworfen sind (§§ 811, 811c ZPO). IÜ regelt **§ 562a** das Erlöschen des Pfandrechts des Gastwirts, sofern der Gast die eingebrachten Sachen mit Wissen und ohne Widerspruch des Gastwirts 5 aus der Gastwirtschaft entfernt. Folgerichtig sieht **§ 562b** zugunsten des Gastwirts ein Selbsthilferecht vor, weil der Gastwirt dem Entfernen der eingebrachten Sachen widersprechen kann, um so sein Pfandrecht zu wahren. Dieses Widerspruchsrecht soll selbst dann bestehen, wenn der Gastwirt in anderer Weise hinreichend gesichert ist (MüKo/*Henssler* Rn 7; BeckOGK/*Jüchser* Rn 13). Nach **§ 562c** steht es dem Gast frei, die Geltendmachung des Pfandrechts dur ch Sicherheitsleistung abzuwenden (§§ 232ff). **§ 562d** sichert letztlich nur die Forderungen des Gastwirts aus der aktuellen Beherbergung.

Titel 16
Gesellschaft (§§ 705–740c)

Untertitel 1
Allgemeine Bestimmungen (§ 705)

Vorbemerkung vor § 705

Schrifttum: *Altmeppen*, Neue Verwirrung um das Grundstückseigentum der GbR, NZG 2017, 1281; *Altmeppen*, Kritischer Zwischenruf zum „Mauracher Entwurf", NZG 2020, 822; *Armbrüster*, Die treuhänderische Beteiligung an Personengesellschaften, 2001; *Armbrüster*, Die Entwicklung der Rechtsfähigkeit der GbR seit ARGE „Weißes Roß", ZGR 2013, 366; *Armbrüster*, Außengesellschaft und Innengesellschaft, ZGR Sonderheft 23, 143; *Aumann*, Das MoPeG: Ein Überblick für die Praxis, notar 2022, 99; *Bachmann*, Was ist eine rechtsfähige „Personengesellschaft"? Ein Rätsel und seine Lösung, FS K. Schmidt I, 2019, 49; *Bachmann*, Zum Entwurf eines Gesetzes zur Modernisierung des Personengesellschaftsrechts (MoPeG), NZG 2020, 612; *Bachmann*, Das Gesetz zur Modernisierung des Personengesellschaftsrechts, NJW 2021, 3073; *Bachmann*, Die folgenlose Beseitigung der rechtsfähigen Gesamthand durch das MoPeG, FR 2022, 709; *Ballerstedt*, Der gemeinsame Zweck als Grundbegriff des Rechts der Personengesellschaften, JuS 1963, 253; *Bartels/Wagner*, Die Scheingesellschaft als „Teilnehmerin" am Rechtsverkehr, ZGR 2013, 482; *Bauermeister/Grobe*, Personen im Recht – über Rechtssubjekte und ihre Rechtsfähigkeit –, ZGR 2022, 733; *Bayer/Lieder*, Examens-Repetitorium Handels- und Gesellschaftsrecht, 2. Aufl 2021; *Bayer/Rauch*, Beschlussmängel im neuen Recht der Personengesellschaften nach dem MoPeG, DB 2021, 2609; *Bergmann*, Der Mauracher Gesetzentwurf der Expertenkommission für die Modernisierung des Personengesellschaftsrechts, DB 2020, 994; *Berger*, Prozessuale Fragen zur actio pro socio bei der BGB-Gesellschaft (§ 715b BGB), ZZP 135, 407; *Bestelmeyer*, Die Vollstreckung in den Grundbesitz einer GbR nach dem Tod eines Gesellschafters, ZfIR 2011, 117; *Beuthien*, Die Gesamthand – was ist das eigentlich? – Die kühle Antwort des BGB, ZGR 2019, 664; *Beuthien*, Gibt es noch die herkömmliche GbR, noch dazu auf vielerlei Art?, NZG 2019, 41; *Blath*, Das Mehrheitsprinzip im GmbH-Recht – Grundlegendes und Gestaltungsfragen, RNotZ 2017, 218; *Blaurock*, Unterbeteiligung und Treuhand an Gesellschaftsanteilen, 1981; *Blaurock*, Handbuch Stille Gesellschaft, 9. Aufl 2020; *Bochmann*, Gesellschafterwechsel, Ausscheiden und Auflösung im Mauracher Entwurf zur Modernisierung des Personengesellschaftsrechts, ZGR Sonderheft 23, 221; *Borries*, Zum Stimmverbot des GbR-Gesellschafter, NZG 2023, 558; *Böttcher*, Die Gesellschaft bürgerlichen Rechts im Grundstücksrecht, ZfIR 2009, 613; *Böttcher*, Gesellschaftsvertragliche Mehrheitsklauseln und Stimmverbote bei Personengesellschaften in der aktuellen BGH-Rechtsprechung, NZG 2019, 61; *Breuninger*, Die BGB-Gesellschaft als Rechtssubjekt im Wirtschaftsverkehr, 1991; *Buchner*, Die neueste Entwicklung der Gesellschaft bürgerlichen Rechts im deutschen Recht – nicht zur Nachahmung empfohlen!, FS Georgiades, 2006, 609; *Bunk*, Vermögenszuordnung, Auseinandersetzung und Ausscheiden in Sozietät und Gemeinschaftspraxis, 2007; *Deckenbrock/Meyer*, Die Haftung des Scheinsozius, ZIP 2014, 701; *Dembski*, Gesellschaftsrechtliche Treuepflichten von Nichtmitgliedern, insbesondere nachmitgliedschaftliche Treuepflichten, 2009; *Denga*, Zur Definition der Außen-GbR, ZfPW 2021, 73; *Dettke*, Gewinnthesaurierung und Minderheitenschutz in der Personenhandelsgesellschaft als Konzernobergesellschaft, 2017; *Dieckmann*, Gesamthand und juristische Person, 2019; *Drescher*, Beschlussmängelrecht, ZGR Sonderheft 23, 115; *Eble*, Familien- und betreuungsgerichtliche Genehmigungen im Gesellschaftsrecht, RNotZ 2021, 117; *Esch*, Die Unterbeteiligung an Handelsgesellschaftsanteilen, NJW 1964, 902; *Fest*, Zweckoffenheit der Gesellschaft bürgerlichen Rechts: Restriktionen bei der Errichtung von Innengesellschaften, AcP 215, 765; *Fleischer*, Gelöste und ungelöste Probleme der Geschäftschancenlehre, NZG 2003, 985; *Fleischer*, Die Geschäftschancenlehre im Recht der BGB-Gesellschaft, NZG 2013, 361; *Fleischer*, Zur Auslegung von Gesellschaftsverträgen und Satzungen, DB 2013, 1466; *Fleischer*, Leitbildwandel im Recht der BGB-Gesellschaft – Ein erster Rundgang durch den Mauracher Entwurf zur Modernisierung des Personengesellschaftsrechts –, DB 2020, 1107; *Fleischer*, Annäherungen an den Mauracher Entwurf für ein Gesetz zur Modernisierung des Personengesellschaftsrechts, ZGR-Sonderheft 23, 1; *Fleischer*, Das gesetzliche Wettbewerbsverbot im Personengesellschaftsrecht, WM 2020, 1897; *Fleischer*, Ein Rundgang durch den Regierungsentwurf eines Gesetzes zur Modernisierung des Personengesellschaftsrechts, DStR 2021, 430; *Fleischer/Hahn*, Das Gesellschaftsrecht der Tippgemeinschaft, NZG 2017, 1; *Fleischer/Harzmeier*, Zur Abdingbarkeit der Treuepflichten bei der Personengesellschaft und GmbH, NZG 2015, 1289; *Fleischer/Harzmeier*, Die actio pro socio im Personengesellschaftsrecht, ZGR 2017, 239; *Fleischer/Heinrich*, Informationsrechte in der BGB-Gesellschaft: Rechtsdogmatik – Rechtsvergleichung – Rechtspolitik, DB 2020, 827; *Fleischer/Thoma*, Fehlerhafte Personengesellschaft und Scheingesellschaft: Eine rechtsvergleichende Gegenlese, FS Canaris, Bd I, 2017, 841; *Flume*, Die Personengesellschaft, 1977, 2. Teil, Die juristische Person, 1983; *Foerster*, Die Zuordnung der Mitgliedschaft, 2018; *Freund*, Der Rechtsformwechsel zwischen Personengesellschaften, 2005; *Geibel*, Mauracher Entwurf zum Personengesellschaftsrecht: Ein Gesetzgebungsvorschlag mit gewissen Widersprüchen, ZRP 2020, 137; *Gesmann-Nuissl*, Die Rechts- und Parteifähigkeit sowie Haftungsverfassung der Gesellschaft bürgerlichen Rechts nach dem Urteil des BGH, II ZR 331/00, WM 2001, 973; *Goette*, Zu den typischen in der höchstrichterlichen Rechtsprechung behandelten Folgen der Beendigung einer Freiberufler-Sozietät, ZGR 2017, 426; *Goette/Goette*, Mehrheitsklauseln im Personengesellschaftsrecht, DStR 2016, 74; *Graf Wolffskeel v Reichenberg*, Forderungen eines Personengesellschafters gegen seine Gesellschaft bzw. Mitgesellschafter, NZG 2017, 45; *Grunewald*, Die Gesellschafterklage in der Personengesellschaft und der GmbH, 1990; *Grunewald*, Die Auslegung von Gesellschaftsverträgen und Satzungen, ZGR 1995, 68; *Grunewald*, Scheinsozietäten als besondere Form der Scheingesellschaft, FS Ulmer, 2003, 141, *Grunewald*, Wer kann ohne besonderen Anlass seine Gesellschafterstellung verlieren?, FS Priester, 2006, 123; *Grunewald*, Die actio pro socio und Ansprüche der Gesellschafter aus eigenem Recht in der Liquidation der Personengesellschaften, FS Hommelhoff, 2012, 275; *Grunewald*, Abgrenzung zwischen Außen- und Innengesellschaft des bürgerlichen Rechts – Eine überschätzte Problematik, FS K. Schmidt I, 2019, 391; *Grunewald*, Die Auswirkungen der geplanten Neuregelung für Beschlussfassung und Beschlussmängel bei Personenhandelsgesellschaften auf die Gesellschaft bürgerlichen Rechts, die Partnerschaftsgesellschaft und den Verein, FS Hager, 2021, 371; *Habersack*, Die Mitgliedschaft – subjektives und sonstiges Recht, 1996; *Habersack*, Anerkennung der Rechts- und Parteifähigkeit der GbR und der akzessorischen Gesellschafterhaftung durch den BGH, BB 2001, 477; *Habersack*, Modernisierung des Personengesellschaftsrechts – aber wie?, ZGR 2020, 539; *Habersack/Lüdeking*, Die Haftung des Gesellschafters nach Aufhebung des § 708 BGB durch das MoPeG, RFamU 2022, 3; *Hadding*, Actio pro socio: Die Einzelklagebefugnis des Gesellschafters aus dem Gesellschaftsverhältnis, 1966; *Hadding*, Nochmals: Rechtsfähigkeit der Gesellschaft bürgerlichen Rechts und persönliches Verpflichtetsein ihrer Gesellschafter, FS Raiser, 2006, 129; *Heckschen*, Der so genannte „Mauracher Entwurf" – ein positiver Schritt zur Reform des Personengesellschaftsrechts, NZG 2020, 761; *Henssler/Strohn*, Gesellschaftsrecht, 5. Aufl 2021; *Herrler*, Das neue Gesellschaftsregister, ZGR Sonderheft 23, 39; *Hippeli*, Zur avisierten Reform des Personengesellschaftsrechts, DZWIR 2020, 386; *Hoffmann/Horn*, Die Neuregelung des internationalen Personengesellschaftsrechts, RabelsZ 86, 65; *Hoger/Lieder*, Die grenzüberschreitende Anwachsung, ZHR 180, 613; *Holler*, Neues zur mehrheitlichen Vertragsänderung und Beschlusskontrolle in Publikums-Personengesellschaften, ZIP 2010, 1678; *Hölscher*, Güterstandsklausel und Unternehmereheverträge auf dem Prüfstand, NJW 2016, 3057; *U. Huber*, Vermögensanteil, Kapitalanteil und Gesellschaftsanteil an Personalgesellschaften des Handelsrechts, 1970; *G. Hueck*, Der Grundsatz der gleichmäßigen Behandlung im Privatrecht, 1958; Immenga, Die personalistische Kapitalgesellschaft, 1970; *John*, Das Gesellschaftsregister nach MoPeG: Voraussetzungen und Folgen der Eintragung einer GbR unter dem neuen Registerregime, NZG 2022, 243; *Kiehnle*, § 899a BGB und das Schuldrecht, ZHR 174, 209; *Kilian*, Gesellschafter kraft Rechtsscheins, NZG 2016, 90; *Kindler*, Der Kommanditist hinter dem Kommanditisten (II) – Qualifizierte Treuhand und Haftungsregress, FS K. Schmidt, Bd I, 2019, 641; *Kindler*, Die „rechtsfähige Gesellschaft" als juristische Person – erste Befunde und Überlegungen zum Gesetz zur Modernisierung des Personengesellschaftsrechts (MoPeG), ZfPW 2022, 409; *Klein-Wiele*, Verhältnismäßigkeit und ultima ratio handelsrechtlicher Gestaltungsklagen, 2016; *Kleindiek*, Eintrittshaftung in der BGB-Gesellschaft, FS Röhricht, 2005, 315; *Kohler*, Verfügungsbeschränkungen bei GbR und § 899a BGB, ZIP 2013, 1362; *Koller/Kindler/Roth/Drüen*, Handelsgesetzbuch, 9. Aufl 2019 (zit KKRD/*Bearbeiter*); *Konzen*, Der besondere Vertreter in Kapital- und Personengesellschaften, FS Hommelhoff, 2012, 565; *Krieger*, Mehrheitsbeschlüsse im Aktionärspool, FS Hommelhoff, 2012, 593; *Krüger*, Die Gesellschaft bürgerlichen Rechts und das Grundbuch – causa infinita, NZG 2010, 801; *Kuckein/Jenn*, Klarheit bei Grundstücksgeschäften mit BGB-Gesellschaften durch das neue ERVGBG?, NZG 2009, 848; *Lautner*, Alles wieder beim Alten? – Die gesetzliche Neuregelung zur Teilnahme der Gesellschaft bürgerlichen Rechts am Grundstücksverkehr, DNotZ 2009, 650; *Lieder*, Vorgründungsgesellschaft, Vorbeteiligungsgesellschaft und andere Vorbereitungsgesellschaften, DStR 2014, 2464; *Lieder*, The Duty of Loyalty in German Company Law, Revue Trimestrielle de Droit Financier (RTDF) 2014, N 3, 33; *Lieder*, Die rechtsgeschäftliche Nachfolge in Geschäftsanteile – Grundsatzfragen und aktuelle Probleme der Verfügung über Anteile an Personengesellschaften, ZfPW 2016, 205; *Lieder*, Öffnungs- und Mehrheitsklauseln im Wohnungseigentums- und Gesellschaftsrecht, notar 2016, 283; *Lieder*, Personelle Reichweite des mietrechtlichen Konkurrenzschutzes – Zurechnungsdurchgriff bei Personengesellschaften, Kapitalgesellschaften und Kapitalverwaltungsgesellschaften, AcP 218, 109; *Lieder*, Reform des gesellschaftsrechtlichen Beschlussmängelrechts, NZG 2018, 1321; *Lieder*, Sittenwidrige Übertragung von Personengesellschaftsanteilen, FS K. Schmidt, Bd I, 2019, 815; *Lieder*, Mehrheitsbeschlüsse in Stimmrechtskonsortien, FS Krieger, 2020, 583; *Lieder*, Geschäftsführung und Vertretung im modernisierten Personengesellschaftsrecht, ZGR-Sonderheft 23 (2020), 169; *Lieder*, Modernisierung des Personengesellschaftsrechts: Der Regierungsentwurf des MoPeG in der rechtspolitischen Analyse, ZRP 2021, 34; *Lieder/Hilser*, Das Internationale Personengesellschaftsrecht des MoPeG, ZHR 185, 471; *Lieder/Hilser*, Die Reform des Personengesellschaftsrechts: Implikationen für Dogmatik und notarielle Praxis, NotBZ 2021, 401; *Lieder/Hoffmann*, Die PartG mbB als nunmehr dominierende Partnerschaftsgesellschaftsform, NZG 2020, 721; *Lieder/Pommerening*, Materielle Beschlusskontrolle im Wohnungseigentumsrecht, NotBZ 2019, 403; *Lieder/Pordzik*, WEG Reform 2020: Änderungen der Rechte und Pflichten der Wohnungseigentümer, ZWE 2021, 105; *Limbach*, Gesamthand und Gesellschaft: Geschichte einer Begegnung, 2016; *Lubberich*, Sanierungsbeiträge und Innenausgleich in der Treuhand-KG: Ausgleichsansprüche gegen Mit-Treugeber, DNotZ 2016, 416; *Lüdeking*, Der gemeinsame Zweck in § 705 BGB, AcP 220, 303; *Martens*, Vom Beruf unserer Zeit für ein Gesetz zur Modernisierung des Personengesellschaftsrechts – Kritische Anmerkungen zum „Mauracher Entwurf", AcP 221, 68; *Merkt*, Anmerkungen zur Treuepflicht der Kleinaktionäre, FS Bergmann, 2018, 509; *Michalski/Heidinger/Leible/J. Schmidt*, GmbHG, 4. Aufl 2023 (zit MHLS/*Bearbeiter*); *Mock*, Nieder mit dem Treuhandkommanditisten – Es lebe der Vertragskommanditist (oder wenigstens der Unterbeteiligte!), ZIP 2016, 497; *Neumann*, Der unfreiwillige Austausch der Komplementärgesellschaft einer Publikumskommanditgesellschaft, ZIP 2017, 1141; *Nitschke*, Die körperschaftlich strukturierte Personengesellschaft, 1970; *M. Noack*, Von Maurach in die Welt – Der Gesetzentwurf der Expertenkommission zur Modernisierung des Personengesellschaftsrechts im Überblick, NZG 2020, 581; *M. Noack*, Adieu „Feststellungsmodell", bonjour „Anfechtungsmodell" – über den Systemwechsel im Beschlussmängelrecht der Personengesellschaften, ZIP 2020, 1382; *Noack/Göbel*, Die eingetragene Personengesellschaft zwischen Rechtsformwahl und Rechtsformzwang: Zum praktischen Umgang mit Statuswechseln rechtsfähiger Personengesellschaften nach dem Regierungsentwurf eines Gesetzes zur Modernisierung des Personengesellschaftsrechts, GmbHR 2022, 569; *Osterloh-Konrad*, Die Selbstorganschaft in der Personengesellschaft – Wesenszug oder Anachronismus?, ZGR 2019, 271; *Otte*, Beschlussmängelstreitigkeiten in Personengesellschaften nach dem Mauracher Entwurf für ein Gesetz zur Modernisierung des Personengesellschaftsrechts, ZIP 2020, 1743; *Otte-Gräbener*, Umfassende Modernisierung des Personengesellschaftsrechts – Entwurf der Expertenkommission, BB 2020, 1295; *Paefgen*, Die Gewinnverwendung in der GmbH & Co KG und ihrer Unternehmensgruppe nach „Otto", FS U.H. Schneider, 2011, 929; *Paefgen*, „Media-Saturn": Beschlussfreiheit unternehmerisches Ermessen, Gesellschaftsinteresse und Treuebindung, ZIP 2016, 2293; *Palzer*, Kartellbefangene Gesellschaftsverträge: Anwendungsfall der Lehre von der fehlerhaften Gesellschaft?, ZGR 2013, 631; *Priester*, Gewinnverwendung durch Mehrheitsentscheid bei Personengesellschaften, FS U.H. Schneider, 2011, 985; *Priester*, Eigene Anteile an Personengesellschaften, ZIP 2014, 245; *v Proff*, Die Anwachsung als Gestaltungsmodell bei Personengesellschaften, DStR 2016, 2227; *Prütting*, Der Mauracher Entwurf und das Prozessrecht, FS Grunewald, 2021, 881; *Punte/Klemens/Sambulski*, Der „Mauracher Entwurf" zur Modernisierung des Personengesellschaftsrechts – was lange währt, wird endlich gut?, ZIP 2020, 1230; *Reichert*, Treupflichten bei der Abstimmung über Geschäftsführungsmaßnahmen in personalistisch strukturierten Gesellschaften, FS K. Schmidt II, 2019, 229; *Reiner/Bogedain*, Die GbR als Rechtsverfolgungs-Konsortium – Ein Beitrag zum Wesen der Personengesellschaft, JZ 2020, 982; *Röder*, Reformüberlegungen zum Recht der GbR, AcP 215, 466; *Roesener*, Alles beim Alten? Aktualisierung und Konsolidierung von Gesellschaftsverträgen, NJW 2016, 2214; *W.-H. Roth*, Nichtigkeit von Gesellschaftsverträgen bei Verstoß gegen das europäische Kartellrecht, FS Hopt, 2010, 417; *Röttger*, Die Kernbereichslehre im Recht der Personenhandelsgesellschaften, 1989; *Rottmann*, Das Ende der Gesellschaft bürgerlichen Rechts, JZ 2018, 272; *Ruhwinkel*, Die GbR im Grundbuch – Was nun?, MittBayNot 2009, 177; *Schäfer*, Die Lehre vom fehlerhaften Verband, 2002; *Schäfer*, Vom Einstimmigkeitsprinzip zum treupflichtgetragenen Mehrheitsentscheid im Personengesellschaftsrecht, ZGR 2013, 237; *Schäfer*, Zu Fragen der Treugeberhaftung bei qualifizierten Treuhandbeteiligung an Publikumspersonengesellschaften, ZHR 177, 619; *Schäfer*, Interessenkonflikt und Unabhängigkeit im Recht der GmbH und der Personengesellschaften, ZGR 2014, 731; *Schäfer*, Neue Impulse für den Minderheitenschutz gegen Mehrheitsbeschlüsse, FS Bergmann, 2018, 617; *Schäfer*, Grundzüge des neuen Personengesellschaftsrechts nach dem Mauracher Entwurf, ZIP 2020, 1149; *Schäfer*, Insolvenzrechtliche Implikationen des neuen Personengesellschaftsrechts nach dem Mauracher Entwurf, ZRI 2020, 333; *Schäfer*, Actio pro socio – neue Impulse durch das MoPeG und aktuelle Rechtsprechung, ZHR 187, 78; *Schäfer*, Das neue Personengesellschaftsrecht, 2022; *Schall*, Eine dogmatische Kritik am „Mauracher Entwurf" zur Modernisierung des Personengesellschaftsrechts, ZIP 2020, 1443; *Scherer*, Neuregelung für Grundstücksgeschäfte mit der GbR, NJW 2009, 3063; *Schirrmacher*, Der Haftungsmaßstab in der Personengesellschaft nach dem MoPeG, ZHR 186, 250; *K. Schmidt*, Die BGB-Außengesellschaft: rechts- und parteifähig, NJW 2001, 993; *K. Schmidt*, Gesellschaftsrecht, 4. Aufl 2002; *K. Schmidt*, Die Gesellschafterhaftung bei der Gesellschaft bürgerlichen Rechts als gesetzliches Schuldverhältnis, NJW 2003, 1897; *K. Schmidt*, Die Sozietät als Sonderform der BGB-Gesellschaft, NJW 2005, 2801; *K. Schmidt*, Struktur und Transparenz einer Treugeber-Innengesellschaft, NZG 2011, 361; *K. Schmidt*, Neuregelung des Rechts der Personengesellschaften?, ZHR 177, 712; *K. Schmidt*, Personengesellschaft: neu gedacht?, ZIP 2014, 493; *K. Schmidt*, Ein neues Zuhause für das Recht der Personengesellschaft – Zum Regierungsentwurf eines MoPeG, ZHR 185, 16; *K. Schmidt*, Gesetzliche Stimmverbote im künftigen Recht der Personengesellschaften?, FS Grunewald, 2021, 1029; *St. Schneider*, Der Stimmbindungsvertrag, 2017; Schollmeyer, Der Mauracher Entwurf, ZGR Sonderheft 23, 29; *Scholz*, Der Grundsatz der Selbstorganschaft in der Reform des Personengesellschaftsrechts: Ein Vorschlag für die Zulassung fremdorganschaftlicher Strukturen auf Grundlage des „Mauracher Entwurfs", NZG 2020, 1044; *Schön*, Die Personengesellschaft im europäischen Gesellschaftsrecht, ZHR 187, 123; *Schulze-Osterloh*, Das Prinzip der gesamthänderischen Bindung, 1972; *Schulze-Osterloh*, Der gemeinsame Zweck der Personengesellschaften, 1973; *Schürnbrand*, Publikumspersonengesellschaften in Rechtsprechung und Literatur, ZGR 2014, 256; *Servatius*, Gesellschaft bürgerlichen Rechts, 2023; *Sigle*, Zum Bestimmtheitsgrundsatz und zur Kernbereichslehre, FS Hüffer, 2009, 973; *Staake*, Organschaftliche Vertretungsbefugnisse für Kommanditisten: Plädoyer für die Disponibilität des § 170 HGB, NZG 2021, 95; *Staake/Weber*, Geschäftsunfähige Gesellschafter: Zum Spannungsfeld von Gesellschafts- und Betreuungsrecht, ZIP 2021, 611; *Steckhan*, Die Innengesellschaft, 1966; *Stangl*, Klagen gegen den Akzessorietätsverlauf – Prozesstaktiken und Prozessrisiken bei einer GbR, NZG 2016, 568; *Stenert/Gravenhorst*, Minderjährige in der Unternehmensnachfolge: Zivilrechtliche Grundlagen unter Berücksichtigung der Neuregelungen zum 1.1.2023, GmbHR 2022, 1232; *Stöber*, Die Haftung der Anleger notleidender Immobilienfonds in der Rechtsform einer Personengesellschaft, NZG 2011, 738; *Stock*, Die gesellschaftsrechtlichen Voreintragungserfordernisse nach dem MoPeG, NZG 2023, 361; *Storz*, Der Mauracher Entwurf für ein Gesetz zur Modernisierung des Personengesellschaftsrechts (MoPeG), GWR 2020, 257; *Tassius*, Die Haftungsverfassung der Ideal-GbR unter Geltung des MoPeG, AcP 222, 500; *Tebben*, Die qualifizierte Treuhand im Personengesellschaftsrecht, ZGR 2011, 586; *Tebben*, Karlsruhe locuta causa finita: Die Gesellschaft bürgerlichen Rechts im Grundbuch, NZG 2009, 288; *Tolani*, Grundbuchfähigkeit der Gesellschaft bürgerlichen Rechts – Publizität und Rechtssicherheit, JZ 2013, 224; *Tröger*, Gesetzgebung im Recht der Personengesellschaften, JZ 2016, 834; *Tröger/Happ*, Unzulängliche Institutionenbildung im Beschlussmängelrecht der Personengesellschaft, NZG 2021, 133; *Ulmer*, Unbeschränkte Gesellschafterhaftung in der Gesellschaft bürgerlichen Rechts, ZGR 2000, 339; *Ulmer*, Die höchstrichterlich „enträtselte" Gesellschaft bürgerlichen Rechts, ZIP 2001, 585; *Ulmer*, Mehrheitsbeschlüsse in Personengesellschaften: definitiver Abschied vom Bestimmtheitsgrundsatz, ZIP 2015, 657; *Ulmer/Steffek*, Grundbuchfähigkeit einer rechts- und parteifähigen GbR, NJW 2002, 330; *Uwer*, Die Öffnung der Personenhandelsgesellschaft für Freiberufler in berufsrechtlicher Perspektive, ZGR Sonderheft 23 (2021), 87; *Verse/Tassius*, Die Entstehung der rechtsfähigen GbR im reformierten Personengesellschaftsrecht, FS Grunewald, 2021, 1159; *Weber*, Vorvertragliche Treuebindungen: Begründung, Reichweite und Vorauswirkungen gesellschaftsrechtlicher Treuepflichten, 1999; *Weber*, Privatautonomie und Außeneinfluss im Gesellschaftsrecht, 2000; *Weber*, Miniatur: Mehrheitsklauseln in Gesellschaftsverträgen, ZfPW 2015, 123; *Wertenbruch*, Das Gesellschafts- und Insolvenzrecht der GbR in der Reform des Personengesellschaftsrechts – Abschied von § 736 ZPO?, ZIP 2019, 2082; *Wertenbruch*, Rechtsfähigkeit und „Teilrechtsfähigkeit" von juristischer Person und Personengesellschaft, FS Seibert, 2019, 1089; *Wertenbruch*, Erfasst § 899a BGB auch das Verpflichtungsgeschäft bei Immobiliarrechtserwerb von GbR?, ZIP 2010, 1884; *Wertenbruch*, Die Haftung von Gesellschaft und Gesellschaftsanteilen in der Zwangsvollstreckung, 2000; *Wertenbruch*, Status und Haftung des Treugebers bei der Personengesellschaftstreuhand, NZG 2013, 285; *Wertenbruch*, Zum Gesamtschuldnerregress bei „Sanieren oder Ausscheiden", NZG 2016, 401; *Wertenbruch*, Schloss Maurach zur Reform des Personengesellschaftsrechts, GmbHR 2020, R196; *Wertenbruch*, Der BMJV-Referentenentwurf eines MoPeG, GmbHR 2021, 1; *Wertenbruch*, Gesellschaftsvertrag und Entstehung der rechtsfähigen GbR iSd § 705 Abs. 2 Var. 1 BGB nF, ZPG 2023, 1; *Wertenbruch*, Das MoPeG – die Reform des Rechts der Personengesellschaft, JZ 2023, 78; *H.P. Westermann*, Vertragsfreiheit und Typengesetzlichkeit im Recht der Personengesellschaften, 1970; *H.P. Wester-*

mann, Die Gesellschaft bürgerlichen Rechts auf dem Wege in die Rechtsfähigkeit, WM 2013, 441; *H.P. Westermann*, Die Sanierung geschlossener Immobilienfonds, NZG 2010, 321; *H.P. Westermann*, Die Anpassung von Gesellschaftsverträgen an veränderte Umstände, FS Hefermehl, 1976, 225; *H.P. Westermann*, Erste Folgerungen aus der Anerkennung der Rechtsfähigkeit der BGB-Gesellschaft, NZG 2001, 289; *H.P. Westermann*, Die rechtsfähige BGB-Gesellschaft – ein Zwischenbericht, FS Konzen, 2006, 957; *H.P. Westermann*, Die Verteidigung von Mitgliedschaftsrechten in der Personengesellschaft (einschl GmbH & Co KG), NZG 2012, 1121; *H.P. Westermann*, Rechtsfolgen des Ausscheidens aus einer Freiberuflersozietät, AnwBl 2007, 103; *H.P. Westermann*, Vertraglich geregeltes oder treupflichtgemäßes Ausscheiden aus einer sanierungsbedürftigen Personengesellschaft, NZG 2016, 9; *H.P. Westermann*, Zum Stand der „Modernisierung" des Personengesellschaftsrechts, DZWIR 2020, 321; *Wicke*, Testamentsvollstreckung an Gesellschaftsbeteiligungen, ZGR 2015, 161; *Wiedemann*, Rechte und Pflichten des Personengesellschafters, WM 1992, Sonderbeilage 7, 36; *Wiedemann*, Die Übertragung und Vererbung von Mitgliedschaftsrechten bei Handelsgesellschaften, 1965; *Wiedemann*, Die Auslegung von Satzungen und Gesellschaftsverträgen, DNotZ Sonderheft 1977, 99; *Wiedemann*, Gesellschaftsrecht, Band II, Personengesellschaften, 2004; *Wiedemann*, Mehrheitsbeschlüsse und Gesellschafterschutz in Personengesellschaften, FS Hopt, 2010, 1491; *Wiedemann*, Gedanken zur Mitgliedschaft und zu den mitgliedschaftlichen Rechtsverhältnissen, FS Goette, 2011, 617; *Wiedemann*, „Sanieren oder Ausscheiden", FS Hommelhoff, 2012, 1337; *Wilhelm*, Dritterstreckung im Gesellschaftsrecht, 2017; *Wilhelm*, Das Recht der Gesamthand im 21. Jahrhundert: Entwicklungsstand und Perspektiven unter besonderer Berücksichtigung der geplanten Reform des Personengesellschaftsrechts, 2021; *Wilhelmi*, Leistungsstörungen bei Sacheinlagen in der BGB-Gesellschaft, FS Grunewald, 2021, 1337; *Wimmer*, Der Mauracher Entwurf: eine richtungsweisende Konzeption für Objekt- und Subjektpublizität, DZWIR 2020, 379; *Witt*, Gutgläubiger Erwerb nach § 899a Satz 2 iVm § 892 Abs 1 BGB: Anwendungsbereich, Charakteristik und Kondiktionsfestigkeit, BB 2011, 259; *Zeising*, Die Außenhaftung des Treugebers in der Personen-Publikumsgesellschaft, DZWIR 2016, 551; *Zöllner*, Die Schranken mitgliedschaftlicher Stimmrechtsmacht bei den privatrechtlichen Personenverbänden, 1963; *Zöllner*, Rechtssubjektivität von Personengesellschaften?, FS Gernhuber, 1993, 563.

I. Systematische Stellung der BGB-Gesellschaft im Verbandsrecht. 1. Begriff des Verbandes und der Gesellschaft. Die Gesellschaft wird im BGB als ein vertragl Zusammenschluss von mehreren Personen zur Erreichung eines gemeinschaftl Zwecks verstanden, wobei zur Zweckerfüllung **schuldrechtliche Pflichten** übernommen werden; hieran ändert auch die Rechtsfähigkeit der GbR (Rn 40ff) und die Reform des Personengesellschaftsrechts durch das MoPeG nichts, da das Innenverhältnis der Gesellschafter obligatorisch geordnet werden muss, selbst wenn diese nicht die Rechtsträger des Gesellschaftsvermögens sind, sondern nur die Gesellschaft (*Tröger* in Westermann/Wertenbruch Rn I 101; *Beuthien* NZG 2018, 41f). 1

Die Gesellschaft gehört zu den **privatrechtlichen Personenverbänden** mit Vertragscharakter, unter denen man alle einem vereinbarten Zweck dienenden Zusammenschlüsse natürlicher oder jur Personen versteht, gleich, ob sie zur Erreichung des Zwecks eine von den Personen der Verbandsmitglieder abgelöste und somit verselbständigte Organisation geschaffen haben oder nicht. Ohne Belang ist weiter, ob der vereinbarte Zweck um des privaten Nutzens der Mitglieder oder um seiner selbst willen verfolgt wird. 2

Das Schrifttum (MüKo/*Schäfer* Rn 1f; BeckOK/*Schöne* § 705 aF Rn 6f; Soergel/*Hadding*/*Kießling* Rn 1, 14 sowie Erman/*Westermann*[16] Rn 2) unterscheidet einen **engeren** und einen **weiteren Gesellschaftsbegriff**. Der weitere Begriff bezeichnet jeden rechtsgeschäftlichen Zusammenschluss körperschaftlichen und personalistischen Zuschnitts zur Verfolgung eines gemeinsamen Zwecks, während sich die Reichweite des engeren Begriffs auf die Personengesellschaften (GbR, OHG, KG, Partnerschaft, EWIV) beschränken sollen, bei denen die personalistische Verbundenheit der Gesellschafter im Vordergrund steht und bei denen es in besonderem Maße auf die einzelnen nicht beliebig auswechselbaren Mitglieder ankommt. **Vorzugswürdig** erscheint demggü eine **Differenzierung zw Personengesellschaften und Körperschaften** (vgl *K. Schmidt* GesR § 8 II 1; *Bayer*/*Lieder* Rn 406). Ohne dass damit wesentliche Unterschiede in der Sache verbunden wären, erscheint die konkrete Bezeichnung zweier Idealtypen von privatrechtl Personenvereinigung doch präziser als die Differenzierung innerhalb eines einheitlichen Gesellschaftsbegriffs. 3

Zu den **Personengesellschaften** zählen neben der GbR die Handelsgesellschaften des HGB (OHG, KG) sowie die Partnerschaft nach Maßgabe des PartGG (Rn 58) und EWIV. Nach ihrem gesetzl Leitbild ist ihr Gesellschafterkreis überschaubar, die Gesellschafter bringen sich persönlich ein und es bestehen enge persönliche Bindungen. Damit korrespondiert der Grundsatz der persönlichen Gesellschafterhaftung für Gesellschaftsverbindlichkeiten (§ 721 Rn 1ff). In Vertretungsfragen gilt Selbstorganschaft (§ 720 Rn 4) und Beschlüsse bedürfen im Grundsatz der Einstimmigkeit (vgl § 714 Rn 35f). Zudem ist eine Übertragung der Mitgliedschaft typischerweise nur mit Zustimmung der übrigen Gesellschafter möglich (§ 711 Rn 4ff). Bis zum Inkrafttreten des MoPeG war auch die gesamthänderische Gebundenheit des Gesellschaftsvermögens ein Charakteristikum der Personengesellschaften (für die OHG etwa Oetker/*Lieder* § 105 HGB Rn 6). Im Zuge des MoPeG ist das Gesamthandsprinzip allerdings vollständig aus dem (Personen-)Gesellschaftsrecht getilgt worden (§ 713 Rn 1). 4

Zu den **Körperschaften** zählen die Kapitalgesellschaften (GmbH, AG, KGaA, SE), Vereine sowie Genossenschaften. Die Körperschaft ist von ihren Mitgliedern nicht nur vermögensmäßig, sondern im weitesten Sinne auch rechtl losgelöst (Trennungsprinzip) und ab dem Zeitpunkt der Registereintragung als jur Person verselbständigt. Ihr Gesellschaftszweck ist darauf gerichtet, die Mitgliedschaft der einzelnen Gesellschafter zu überdauern (*Bayer*/*Lieder* Rn 609). Bei der Beschlussfassung gilt das Mehrheitsprinzip; zudem ist Fremdorganschaft zulässig. Eine Teilmenge der Körperschaften sind **Kapitalgesellschaften**, bei denen die Mitgliedschaft durch in Aktien bzw Geschäftsanteile zerlegte Kapitalbeteiligungen geprägt ist. Die Gesellschaftsgläubiger können nur auf das Vermögen der Gesellschaft zugreifen, grds aber nicht auf das der Gesellschafter (vgl § 13 II GmbHG, § 1 I 2 AktG). 5

2. Personalistische und körperschaftliche Verbände. Die GbR als die Grundform der Personengesellschaften ist gekennzeichnet durch ihre **vertragliche Grundlage**, die den **gemeinschaftlichen Zweck** bezeichnet und die 6

Mitglieder zur **Förderung** dieses Zwecks durch Beiträge sowie durch spezielle Leistungshandlungen und allg Verhaltensweisen verpflichtet (näher § 705 Rn 15f). Das zw den Vertragschließenden bestehende Gesellschaftsverhältnis sowie die aus ihm folgenden Rechte und Pflichten bilden den systematischen Ansatzpunkt der gesetzl Regelung, die auf einen **personalistischen** Verband ausgerichtet ist. Dagegen ist von einem **körperschaftlich** strukturierten Verband die Rede, wenn eine weniger auf den Personen der Mitglieder, sondern eher auf dem von ihnen bereitgestellten Vermögen beruhende eigenständige, meist auch mit **juristischer Persönlichkeit** (dazu Vor § 21 Rn 2ff) ausgestattete Organisation auf der Grundlage einer Satzung geschaffen ist, die vom Mitgliederwechsel weitgehend unabhängig ist, während bei einer Personengesellschaft jeder Gesellschafterwechsel zumindest auch eine Vertragsänderung bedeutet (MüKo/*Schäfer* Rn 2).

7 Körperschaftliche und personalistische Struktur bezeichnen **Realtypen**, denen einzelne **Rechtsformen** von Verbänden in der Weise zugeordnet sind, dass ein die Rechtsform erfüllender konkreter Personenzusammenschluss gewöhnlich die dazu gehörenden Typusmerkmale weitgehend oder ganz enthält und somit mehr oder weniger genau dem personalistischen oder körperschaftlichen Typus entspricht (näher *Westermann*, Vertragsfreiheit, 123ff). Das gilt auch für die wichtigen Typenvermischungen und -verbindungen sowie die **Publikumspersonengesellschaften** (dazu *Schürnbrand* ZGR 2014, 256ff; *Krieger* FS Stimpel, 1985, 307ff). Im letzteren Zusammenhang dient auch die GbR als Rechtsform für große und zumindest in der Praxis kapitalistische Personenzusammenschlüsse, namentlich im Bereich der im Wesentlichen eigenes Vermögen verwaltenden Immobilienfonds (näher Rn 59ff). In Ermangelung einer persönlichen Verbindung der Mitglieder untereinander bedarf es besondere Schutzgewährleistungen für berechtigte Minderheits- und Gläubigerinteressen, die in der Rspr zur Herausbildung eines Sonderrechts für Publikumsgesellschaften führten (vgl BGHZ 64, 238, 241; 84, 11, 14; 102, 172, 177f; 104, 50, 53ff; 125, 74, 79ff; 196, 131 Rn 20; BGH NZG 2011, 1432 Rn 16; 2012, 744 Rn 45f; 2015, 269 Rn 13). Weitere **atypische Gestaltungen** der GbR, die aufgrund des hohen Maßes an Vertragsfreiheit im Innenverhältnis zulässigerweise erschaffen werden können, sind Emissionskonsortien (Rn 83f) sowie besondere Arten der Innengesellschaft, insb die Unterbeteiligung (Rn 66ff) und die stille GbR (§ 740 Rn 11). Die damit verbundenen Strukturunterschiede verlangen zuweilen nach einer behutsamen Abweichung vom dispositiven Gesetzesrecht, namentlich im Wege der ergänzenden Vertragsauslegung und Analogiebildung (vgl etwa BGH NJW 1979, 2304, 2305; allg *Nitschke*, Personengesellschaft, 1970; *Immenga*, Kapitalgesellschaft, 1970; zusammenfassend MüKo/*Schäfer* Rn 3).

8 **3. Abgrenzung zu Gemeinschaften. a) Bruchteilsgemeinschaft.** Von der **Gemeinschaft** iSd §§ 741ff unterscheidet sich die Gesellschaft durch ihre vertragl Grundlage, die bei der Gemeinschaft nicht die Quelle der Rechte und Pflichten ist, obwohl auch sie durch gemeinschaftl Erwerbsakt zustande gekommen sein kann und über das Verhältnis der Mitberechtigten in Bezug auf die Verwaltung des gemeinsamen Gegenstandes vertragl Absprachen getroffen sein können. Wenn die BGB-Gesellschafter ein Gesellschaftsvermögen begründen, geschieht dies in Verfolgung des gemeinsamen Zwecks, der dann eine Erstreckung der Vergemeinschaftung auf den Vermögensbereich erfordert, nach dem gesetzl Modell (§ 713) durch die Rechtszuordnung der durch die GbR erworbenen Rechte zum Gesellschaftsvermögen, doch können die Gesellschafter auch Vermögensgegenstände in Bruchteilsgemeinschaft halten, § 713 Rn 1. Eine solche entsteht regelmäßig kraft Gesetzes (etwa § 947 BGB, § 6 S 2 PatG); das gemeinsame Interesse erschöpft sich dann im **gemeinsamen Haben und Verwalten** dieser Einheit (Stuttgart BeckRS 2020, 49377 Rn 20: „Interessengemeinschaft ohne Zweckgemeinschaft"), während bei der Gesellschaft, selbst dann, wenn sie auf das gemeinsame Haben eines Gegenstandes gerichtet ist (§ 705 Rn 11), zur Erreichung dieses Zwecks vermögensmäßige Geschäfte abgeschlossen werden müssen.

9 Die rechtl Beziehungen zw den Teilhabern beruhen auf **keiner gesellschaftsvertraglichen Bindung**, sondern auf der gemeinsamen Berechtigung am gemeinschaftl gehaltenen Vermögensgegenstand (*Schnorr*, Gemeinschaft nach Bruchteilen, 2004, 153f; MüKo/*Schäfer* Rn 129). Da eine Bruchteilsgemeinschaft auch zw BGB-Gesellschaftern bestehen kann, sei es, dass letztere eine Innen-GbR bilden, sei es, dass sie es schlicht unterlassen haben, den gemeinschaftl gehaltenen Gegenstand an eine Außen-GbR zu übertragen, kommt es für das Vorliegen einer GbR neben einer Bruchteilsgemeinschaft maßgeblich darauf an, dass die Beteiligten nicht nur schlicht einen Gegenstand gemeinsam innehaben und verwalten, sondern zw ihnen zugleich eine **(gesellschafts-)vertragliche Verpflichtung zur Förderung eines gemeinsamen Zweck** besteht (Stuttgart BeckRS 2020, 49377 Rn 20; MüKo/*Schäfer* Rn 130). Allerdings darf sich der gemeinsame Zweck nicht in der Begründung und Fortführung einer Bruchteilsgemeinschaft erschöpfen (*Fest* AcP 215, 765, 789). Eine GbR ist etwa anzunehmen, wenn die Teilhaber gezielt zusammenwirken, um den gemeinschaftl Gegenstand zu vermieten, wie zB ein Grundstück (BeckOGK/*Geibel* § 705 aF Rn 133; aA aber RGZ 89, 176, 179; zust Soergel/*Hadding*/*Kießling* Rn 13), oder ein gemeinschaftl Patent zu verwerten. Maßgeblich für das Vorliegen einer GbR ist letztlich der auf die gemeinsame Zweckverfolgung gerichtete Parteiwille der Beteiligten. Indizielle Bedeutung kommt dem Wortlaut der Vereinbarung zu („Gemeinschaft", „Gesellschaft") und inwiefern die getroffenen Regelungen eher dem Gemeinschafts- oder dem Gesellschaftsrecht entsprechen. Dabei sprechen die Übertragbarkeit der Anteile und die Unauflösbarkeit der Verbindung für eine Gemeinschaft (Stuttgart BeckRS 2020, 49377 Rn 21ff). Wenn **mehrere Gegenstände** in Gemeinschaft gehalten werden, hat dies praktisch vor allem zur Folge, dass ein einzelner Gesellschafter über seinen Bruchteil an einem Gegenstand verfügen kann, was bei einer Übertragung des Gegenstands auf die GbR ausscheidet, weil der Gegenstand dann nicht den Gesellschaftern, sondern dem Vermögen der Gesellschaft zugewiesen ist (§ 713 Rn 2ff).

Die Praxis kennt **Mischformen,** wie zB bei einer Gesellschaft der Miteigentümer von eigengenutzten Wohnungen auf einem gemeinschaftl Grundstück, die Verpflichtungen zu gemeinsamen Investitionen zur Altersvorsorge übernehmen, iÜ aber die Miteigentumsanteile im eigenen Vermögen (und nicht in einem Gesellschaftsvermögen) halten, was ihnen eine selbständige und zustimmungsfreie Veräußerung ermöglichen sollte (Düsseldorf NZG 2001, 746). Wenn in einer solchen Konstellation ein Gegenstand erworben werden soll, müssen an der Verfügung auf Erwerberseite alle Bruchteilseigentümer beteiligt sein (MüKo/*Schäfer* § 705 Rn 204). Bei einer **Tipp-Gemeinschaft** (dazu Rn 52) kann gemeinsames Eigentum der Gesellschafter an einem Los vereinbart sein; tritt die GbR allerdings nach außen in Erscheinung, kann das Los auch zu Eigentum der GbR erworben werden (*Fleischer/Hahn* NZG 2017, 1, 5f). 10

b) Interessengemeinschaft. Besonders bei den privaten Zweckverbänden des Wirtschaftsrechts ist bisweilen von einer **Interessengemeinschaft** die Rede (näher *Würdinger*, Theorie der schlichten Interessengemeinschaften, 1934; *Wüst*, Die Interessengemeinschaft, 1958); dabei handelt es sich um bloße Gleichrichtung der Belange mehrerer in gleicher Lage befindlicher oder an demselben Vermögen interessierter Personen wie der Gläubiger eines Insolvenzschuldners. Dabei wird das Bild von der Interessengemeinschaft fast bis zur Konturenlosigkeit ausgedehnt, etwa in Bezug auf die Forderungen mehrerer Gläubiger gegen den aus einer beschränkten Gattungsschuld verpflichteten Schuldner, der nicht alle Gläubiger befriedigen kann und alle verhältnismäßig befriedigen möchte, statt an die einen voll und an alle anderen gar nicht zu leisten (RGZ 84, 125; krit *E. Wolf* JuS 1962, 101, 103). Von **„schlichten Interessengemeinschaften"** ist die Rede bei einigen sondergesetzl geschaffenen Gemeinschaften bzgl besonderer Rechtsgüter: Sammellager (§ 469 HGB), Sammeldepot (§ 6 DepotG) oder Sammelladung (RGZ 88, 389, 391). 11

c) Miturhebergemeinschaft. Durch gemeinschaftl schöpferisches Handeln kann eine **Miturhebergemeinschaft** entstehen, ähnl bilden mehrere Inhaber einer **Marke** eine Bruchteilsgemeinschaft (BGH GRUR 2014, 1024 Rn 9). Wenn sich die Beiträge jedes Beteiligten am Werk nicht gesondert verwerten lassen, handelt es sich um eine Rechtsgemeinschaft besonderer, in § 8 I UrhG nur umrisshaft geregelter Art, die weder mit dem Recht der Gemeinschaft (so aber *Schulze-Osterloh*, Das Prinzip, 195) noch mit dem der Gesellschaft (so aber *Werner* BB 1982, 280f) befriedigend zu erfassen ist. Stattdessen handelt es sich um eine Gemeinschaft sui generis (ausf *Rehbinder/Peukert* UrhR § 12 Rn 293ff). Das schließt es nicht aus, dass die Miturheber zur gemeinsamen Verwertung des Werks, an dem die Miturhebergemeinschaft besteht, eine echte gesellschaftliche Bindung eingehen. In Parallele zur Bruchteilsgemeinschaft (Rn 8ff) ist wiederum entscheidend, dass die Miturheber einen über die bloße Innehabung hinausgehenden gemeinsamen Zweck verfolgen, der etwa in der gemeinschaftl Verwertung des Werks und Verteilung der Erträge bestehen kann (MüKo/*Schäfer* Rn 134; zur Miturhebergemeinschaft im Verhältnis zum BGB-Gesellschaftsrecht *Spindler* FS Schricker, 2005, 539ff). Diese Grundsätze finden auch auf **Künstlergruppen** iSd § 80 UrhG sinngemäße Anwendung (ausf MüKo/*Schäfer* Rn 135f). 12

d) Wohnungseigentümergemeinschaft. Nach der ursprüngl Konzeption des WEG war die Gemeinschaft der Wohnungseigentümer als Bruchteilsgemeinschaft (Rn 8ff) konzipiert (BayObLGZ 1984, 239, 242; BeckOK-WEG/*Müller* § 9a Rn 1; Bärmann/*Suilmann* § 9a WEG Rn 2). Dementspr standen die Wohnungseigentümer im Zentrum der wohnungseigentumsrechtl Beziehungen im Innen- und Außenverhältnis. Das änderte sich sukzessive mit der Anerkennung der Rechtsfähigkeit der Wohnungseigentümergemeinschaft als **Verband sui generis** durch den BGH (BGHZ 163, 154, 160ff) und deren gesetzl Verankerung durch die Novelle von 2007 in § 10 VI WEG aF (Begr RegE, BT-Drs 16/887, 60ff; BT-Drs 16/3843, 24ff). Damit rückte der Verband in den Mittelpunkt einer schon im Ansatz **organschaftlich strukturierten Gemeinschaftsverfassung** und drängte die individuelle Ausübung von Eigentümerrechten schrittweise zurück (*Lieder/Pordzik* ZWE 2021, 105f). Trotz der rechtl Verselbständigung der GbR blieb es nach alter Rechtslage dabei, dass sie nicht Verwalterin nach §§ 26, 27 WEG sein konnte (BGH NJW 2006, 2189; NJW 2009, 594). Wird die nun durch das MoPeG ermöglichte Eintragung (eGbR; dazu § 707 Rn 2ff) vollzogen, so schafft die Registerpublizität die vom BGH bemängelte Klarheit über die Person des Verwalters, sodass die eGbR Verwalterin nach §§ 26, 27 WEG sein kann (BeckOGK/*Greiner* § 26 WEG Rn 24f; Bärmann/*Becker* § 26 WEG Rn 22). 13

Neben der Gemeinschaft der Wohnungseigentümer besteht **keine personenidentische Bruchteilsgemeinschaft**. Stattdessen ist das Gemeinschaftsvermögen dem nach § 9a I 1 WEG rechtsfähigen Verband sui generis zugeordnet. Mit Blick auf die Zuordnung des Gemeinschaftsvermögens zum rechtl verselbständigten Verband ist die Wohnungseigentümergemeinschaft auch **nicht als Gesamthandsgemeinschaft** zu qualifizieren; eine gesamthänderische Bindung der Wohnungseigentümer ist aufgrund der Vermögenszuordnung zur Gemeinschaft von vornherein ausgeschlossen (BeckOGK/*Falkner* § 9a WEG Rn 96; aA noch MüKo/*Schäfer* Rn 140). Davon strikt zu trennen ist das Gemeinschaftseigentum, das in sachenrechtl Hinsicht ausschließlich den Wohnungseigentümern in Form von **Bruchteilseigentum am gemeinsamen Grundstück** zugeordnet ist (BeckOGK/*Falkner* § 9a WEG Rn 42). 14

Vor diesem Hintergrund besteht auch für die Begründung einer aus den Wohnungseigentümern bestehenden **GbR neben der Gemeinschaft** der Wohnungseigentümer als Verband sui generis **kein Raum**. Nicht fernliegend ist allerdings die Anwendung **allgemeiner Prinzipien des (Personen-)Gesellschaftsrechts,** soweit das WEG in Bezug auf das Innenverhältnis der Wohnungseigentümergemeinschaft planwidrige Regelungslücken aufweist. Das gilt namentlich für die Grundsätze der materiellen Beschlusskontrolle bei Öffnungsklauseln und darauf beruhenden Mehrheitsbeschlüssen von Wohnungseigentümern (vgl BGHZ 221, 373; dazu ausf *Lieder/Pommere-* 15 *ning* NotBZ 2019, 403ff; zuvor bereits *Lieder* notar 2016, 283, 294ff) oder die Grundsätze der actio pro socio (dazu ausf *Lieder/Pordzik* ZWE 2021, 105, 110f; erwägend Grü/*Wicke* § 27 WEG Rn 3).

16 **4. Abgrenzung zu anderen Vertragsverhältnissen. a) Austauschverträge.** Nur im begrifflichen Ausgangspunkt scharf ist die Grenzziehung zw Gesellschaft und Austauschverträgen. Die Abgrenzung richtet sich maßgeblich nach § 705 I: Wirken die Beteiligten zur Verfolgung eines gemeinsamen Zwecks zusammen und bestehen entspr Förderpflichten, dann handelt es sich um eine Gesellschaft, und zwar unabhängig vom Grad der persönlichen Bindung und der gewählten Bezeichnung des Rechtsverhältnisses (MüKo/*Schäfer* Rn 109). Bei langfristiger Zusammenarbeit, wie sie etwa bei Vertriebsverträgen oder bei arbeitsteiliger Zusammenarbeit an einer Produktion vorkommt, kann es, muss es aber nicht, zu Formen der organisierten Zusammenarbeit kommen, die über einen bloßen Leistungsaustausch hinausgehen. Einen Hinweis auf das Vorliegen einer Zweckgemeinschaft gibt dann die Prüfung, ob die kooperative Organisation dem Leistungsaustausch dient oder ob die von den Beteiligten erbrachten Leistungen einen **über ihren Austausch hinausreichenden Zweck** verfolgen sollen (letzteres spricht für eine Gesellschaft, vgl auch BeckOGK/*Geibel* § 705 aF Rn 129; *Lettl* DB 2005, 365, 368f). Aus der manchmal schwierigen Abgrenzung sucht sich die Praxis gelegentlich mit der Figur des **gesellschaftsähnlichen Rechtsverhältnisses** zu befreien (s etwa BGH DB 1959, 733; WM 1962, 108; NJW 1992, 967). Das ist abzulehnen, weil die Verwendung der Rechtsfigur das bestehende Abgrenzungsproblem nur verdeckt (so auch Soergel/*Hadding/Kießling* Rn 19; MüKo/*Schäfer* Rn 111): Entweder handelt es sich um einen unter die Rechtsform der Gesellschaft fallenden, wenn auch atypischen Zusammenschluss, oder es werden Elemente gemeinsamer Zweckverfolgung mit denen eines Austauschverhältnisses kombiniert, sodass es sich in Wahrheit um typengemischte Verträge handelt (Rn 21ff).

17 **b) Partiarische Rechtsverhältnisse.** Wenn in einem Austauschvertrag für die Leistung des einen Teils als Gegenleistung allein oder zusätzl zu einer anderen Vergütung eine **Beteiligung am Gewinn oder Erfolg** versprochen wird, die der Empfänger der Leistung (idR durch Einsatz im Unternehmen) erzielt hat, besteht ein partiarisches Rechtsverhältnis. Ähnlichkeiten bestehen besonders zw dem partiarischen Darlehen und der stillen Gesellschaft gem §§ 230ff HGB, was praktische Bedeutung hat etwa für die Verlustbeteiligung des Geldgebers (§ 231 I HGB), aber auch für die Kündigung des Rechtsverhältnisses (vgl § 488 III BGB; §§ 132, 234 I HGB), seine Fortsetzung nach dem Tod des Empfängers (vgl § 723 I Nr 1, § 724 BGB, § 234 II HGB), die Anwendung der Lehre vom fehlerhaften Verband (§ 705 Rn 164ff) und der AGB-rechtl Vorschriften (zur Geltung der Bereichsausnahme des § 310 IV für die stille Gesellschaft s § 310 Rn 27) und die Ansprüche des Geldgebers in der Insolvenz des Empfängers (MüKo/*Schäfer* Rn 113; dort auch zur Insolvenzanfechtung nach § 136 I InsO bei Kapitalrückzahlungen), während nur auf partiarische Austauschverträge das allg Leistungsstörungsrecht (§§ 320ff) uneingeschränkte Anwendung findet (zur eingeschränkten Anwendbarkeit auf die GbR s § 705 Rn 102ff). Beim partiarischen Rechtsverhältnis ist die Gewinnbeteiligung zwar versprochen, bildet aber nicht den gemeinschaftl Zweck; vielmehr handelt jeder Partner, besonders der zur Gewinnerzielung wirtschaftl Tätige, auf jew eigene Rechnung (Soergel/*Hadding/Kießling* Rn 10; zum Begriff des partiarischen Rechtsgeschäfts allg *Schulze-Osterloh*, Der gemeinsame Zweck, 2f). Somit ist **Abgrenzungsmerkmal** nicht das Bestehen einer Gewinnbeteiligung, sondern die fehlende Teilnahme des einen Partners an der Interessenverfolgung des anderen (vgl BGHZ 3, 75, 81; BGH WM 1967, 321), regelmäßig kommt auch kein gemeinsames Vermögen zustande. Letzteres allein genügt freilich zur Abgrenzung nicht, da auch im Rahmen der §§ 705ff eine der stillen Gesellschaft des HGB (§§ 230ff HGB) nachgebildete **bürgerlichrechtliche stille Gesellschaft** gewollt sein kann (dazu Blaurock/*Blaurock*, Hdb Stille Gesellschaft, Rn 5, 32ff; näher *Häuselmann*, Hybride Finanzinstrumente, 2019, 184ff, 279ff). Als partiarische Rechtsverhältnisse kommen hauptsächlich Darlehen, Miete und Pacht sowie Dienstvertrag in Betracht. Die Abgrenzung zur Innengesellschaft (§ 705 Rn 160f) richtet sich danach, ob die Parteien ein gemeinschaftl Ziel durch die Erfüllung ihrer Verpflichtungen erreichen wollen (BGH NJW 1990, 573).

18 Um nach diesen Kriterien abgrenzen zu können, ist freilich stets eine **Gesamtbetrachtung** aller Umstände des Vertrags erforderlich (BGH BB 1967, 349; WM 1978, 994; 1984, 1207; BGHZ 127, 176, 181, dazu *H. Schmidt* ZHR 159, 734, 737), von denen einzelnen der Charakter von **Indizien** für das eine oder andere Rechtsverhältnis zukommt. Entscheidend ist stets, ob die Parteien lediglich die Durchsetzung ihrer jew eigenen Interessen sichern oder ob ihre Beziehungen einem gemeinsamen Zweck dienen (BGH FamRZ 1987, 676, 678). So spricht die Einräumung von **Mitwirkungs- und Kontrollbefugnissen** für den Geldgeber, Vermieter oder Dienstverpflichteten zur Sicherung seiner gewinnabhängigen Vergütungsansprüche für das Vorliegen eines Gesellschaftsverhältnisses (RGZ 141, 143, 145; BGHZ 127, 176, 178; s auch bereits BGH BB 1951, 849 = LM Nr 1 zu § 335 HGB m Anm *Fischer*; anders hinsichtl der Kontrollbefugnisse BGH FamRZ 1987, 676, 678). Wenn die Kontrollbefugnisse unter das Maß des § 233 HGB abgeschwächt werden, liegt im Zweifel keine Gesellschaft vor (BGH NJW 1951, 308; Soergel/*Hadding/Kießling* Rn 11; MüKo/*Schäfer* Rn 115; aA BFH NJW 1978, 1280; MüKo-HGB/*K. Schmidt* § 230 Rn 64). Eine Umsatzbeteiligung des Vermieters nebst Verpflichtung, seinerseits zur Förderung des Umsatzes beizutragen, kann auch bei einem partiarischen Mietverhältnis vereinbart sein (BGH WM 1988, 172; zust *Sonnenschein* EWiR § 535 BGB 1/88). Wenn der das Unternehmen nicht führende Teil sich schon an der Gründung mit **Beiträgen** beteiligt hat, spricht dies für einen gesellschaftlichen Zusammenschluss (MüKo/*Schäfer* Rn 115), besonders, wenn dieser Beitrag im Vergleich zum haftenden Kapital des Inhabers erheblich ist (BFH NJW 1978, 1280). Ist das Recht des Außenstehenden gläubigerähnlich ausgestaltet, etwa durch Bestellung von **Sicherheiten** für die Rückgewährforderung eines Gläubigers, so spricht dies gegen eine Gesellschaftsbeteiligung, während die Vorstellung der Beteiligten, der Geldgeber oder Eigner der zur Verfügung gestellten Sache könne seinen Beitrag

nicht wieder an sich ziehen oder seine Rechte abtreten, Indiz für eine gesellschaftliche Beteiligung ist (BFH NJW 1978, 1280). Ist eine Verteilung von Tätigkeitsbereichen unter den Vertragspartnern abgesprochen, so spricht dies mit starkem Gewicht für eine Gesellschaft (BGHZ 8, 249, 255; Düsseldorf NJW-RR 1995, 1246), ebenso die Zuweisung interner Mitverwaltungsrechte, wie zB eine Geschäftsführungsbefugnis (BGHZ 127, 176, 179f; BGH NJW 1990, 573, 574). Das gilt besonders für die Abgrenzung von Gesellschaft und partiarischem Dienstvertrag. Anderes gilt, wenn sich ein Mitarbeiter trotz erfolgsabhängiger Vergütung auf die Erbringung der vereinbarten Dienstleistungen beschränken kann (BFH GmbHR 1988, 157). Für das Vorliegen einer Gesellschaft spricht es weiter, wenn die Übertragbarkeit vertragl Forderungen des Kapitalgebers ausgeschlossen oder beschränkt ist (BGHZ 127, 176, 178) oder die Beteiligten bereits zuvor bestehende geschäftliche oder persönliche Verhältnisse fortsetzen (BGH BB 1951, 849; MüKo/*Schäfer* Rn 115).

„Alternative" **Arbeitsverhältnisse** werden somit häufig Gesellschaftsverhältnisse sein. Kriterium ist das für Arbeitsverhältnisse kennzeichnende Über- und Unterordnungsverhältnis (RGZ 142, 13, 18; BGHZ 8, 249, 255; MüKo/*Schäfer* Rn 116). Dass nicht wie beim echten Dienst- oder Arbeitsvertrag der eine Teil einseitig das Risiko des erfolgreichen Einsatzes der Dienstleistung oder der Arbeit des anderen trägt, hindert die Annahme eines partiarischen Vertrags nicht. Für die Qualifikation eines „Kooperationsvertrags" mit ungleichartigen Leistungen als Gesellschafts- und nicht als Arbeitsverhältnis spricht die Gleichberechtigung der Beteiligten in der Geschäftsführung (LAG Hamm BuW 2001, 701; s auch Rn 90). Bei Gebrauchsüberlassung von Sachen liegt die Risikoverteilung nach den Regeln über **Miete** und **Pacht** am nächsten, sodass eine Gesellschaft nur anzunehmen ist, wenn der Eigentümer der Sache auf die durch ihre wirtschaftl Nutzung gebildeten Geldmittel zugreifen kann (RG DR 1942, 1161) oder wenn er über die Art der Nutzung der Sache mitbestimmt. 19

Die Annahme, ein gemeinsamer Zweck iSd § 705 erfordere zwingend eine **Verlustbeteiligung** aller Partner (*Schulze-Osterloh*, Der gemeinsame Zweck, 25ff, 37; dagegen *Westermann* JR 1977, 38), führt zu Abgrenzungsproblemen. Bei ihrem Ausschluss muss nicht zwingend ein partiarisches Darlehen vorliegen, andererseits spricht die Verlustbeteiligung zwingend für ein Gesellschaftsverhältnis (BGHZ 127, 176, 181; MüKo/*Schäfer* Rn 113), wie umgekehrt ihr Ausschluss zumindest ein Indiz für eine partiarische Beteiligung bildet (weitergehend *Schön* ZGR 1993, 210ff, der bei fehlender Verlustbeteiligung immer eine Gesellschaft annimmt, iÜ aber das partiarische Darlehen allg für eine nicht existente Rechtsfigur hält; dagegen MüKo-HGB/*K. Schmidt* § 230 Rn 57ff; MüKo/*Schäfer* Rn 113). Nach Hamm NJW-RR 1994, 1382 kann eine beiderseitige Verlustbeteiligung nicht als partiarisches Verhältnis qualifiziert werden. Ein Kriterium ist auch, ob sich der Geldgeber am Risiko einer nicht allein vom Empfänger zu steuernden Geldanlage beteiligen will – das spricht für ein partiarisches Darlehen –, oder ob der Geldempfänger für die Sorgfalt in der Geschäftsführung verantwortlich sein soll; das spricht eher für eine Gesellschaft (s auch BGH NJW 1966, 501; *Ballerstedt* JuS 1963, 261). 20

c) **Typengemischte Verträge.** Auf die früher vielfach als gesellschaftsähnliche Rechtsverhältnisse (Rn 16) bezeichneten Fallgestaltungen sind die Regeln über gemischte Verträge anwendbar: Dabei bildet das Zusammenwirken der Partner zu einer (nicht notwendig gemeinsamen) Zweckerreichung das **gesellschaftsrechtliche Element**, das in die Auslegung und Anwendung eines Vertrags eingeht oder zur Füllung von Vertragslücken dienen kann. Eine zweite Fallgruppe zeichnet sich durch eine Überlegung der gesellschaftskonstituierenden Merkmale des § 705 I durch Elemente von Austausch- oder Interessenwahrnehmungsverträgen aus (vgl Soergel/*Hadding/Kießling* Rn 17; MüKo/*Schäfer* Rn 118). Beiden Gestaltungen ist die Mischung der Vertragstypen gemeinsam, auf welche die allg Regelungen über gemischte Verträge zur Anwendung gelangen (ausf Vor § 311 Rn 16ff). 21

Notwendige Voraussetzung für eine strukturelle Vergleichbarkeit mit einer Gesellschaft ist der **Dauerschuldcharakter** der Rechtsbeziehung, was bei einem einmaligen Leistungsaustausch ausscheidet (Rn 51). Als weitere Indizien kommen hinzu das Vorhandensein eines beiderseitigen **Vertrauensverhältnisses** (RGZ 81, 233, 235; 142, 212, 214) oder zw den Parteien bestehende **Kontrollrechte** (BGH MDR 1959, 637). Ein starkes Indiz für Gesellschaftsähnlichkeit ist auch das Vorhandensein einer Regelung über die **Gewinnverteilung** (RGZ 122, 70; 126, 65), wofür aber (Rn 17) eine bloße Gewinnbeteiligung an der von einem Teil dem anderen ermöglichten wirtschaftl Aktivität noch nicht genügt. 22

Die **Anwendung gesellschaftsrechtlicher Regeln** kommt nur dann in Betracht, wenn nicht vorrangig Vorschriften und Grundsätze des allg Schuldrechts, namentlich der Dauerschuldverhältnisse, anwendbar sind (dazu Einl § 241 Rn 17; § 314 Rn 3a ff; vgl auch MüKo/*Schäfer* Rn 121). Das gilt namentlich für das Recht zur außerordentlichen Kündigung von Dauerschuldverhältnissen nach § 314 sowie zur allg Rechnungslegungspflicht nach § 666. Zulässig ist aber zB die Heranziehung des Rechtsgedankens von § 725 VI, wonach ein außerordentliches **Kündigungsrecht** immer bestehen muss und auch nicht durch einschneidende nachteilige Folgen der Vertragsbeendigung entwertet werden darf (s noch zu § 723 III aF BGH GRUR 1955, 338; RG JW 1926, 2529; näher § 725 Rn 10ff). Während man sich nach früherem Recht mit einer analogen Anwendung des jederzeitigen Kündigungsrecht nach § 723 I 1 aF sehr zurückhielt (restriktiv BGH DB 1959, 733f; ablehnend MüKo/*Schäfer* Rn 121; *Raisch* BB 1968, 526, 530f), weil die Vorschrift als Fremdkörper im Kontext der Dauerschuldverhältnisse erscheinen musste, kann in Abhängigkeit von den Umständen des konkreten Einzelfalls eine analoge Anwendung des § 725 I (ordentliche Kündigung mit einer Dreimonatsfrist zum Jahresende) durchaus sach- und interessengerecht sein. Hinsichtl der Auskunfts- und **Einsichtsrechte** kommt eine Analogie zu § 717 in Betracht; nicht immer reicht der allg Auskunftsanspruch aus § 242 gegen denjenigen, der allein über die zur Geltendmachung eines Rechts benötigten Informationen verfügt (vgl MüKo/*Schäfer* Rn 126; aA BGH GRUR 1961, 466, 469). In Betracht kommt ferner 23 die sinngemäße Anwendung des § 729 II bei **Zweckerreichung** oder deren Unmöglichkeit (zu § 726 aF Soergel/*Hadding/Kießling* Rn 17a).

24 **Beispiele** sind urheberrechtl Nutzungsverträge wie etwa der **Lizenzvertrag** bei Verpflichtung des Lizenzgebers zur Mitarbeit oder zum Einsatz seines persönlichen Know-hows (RGZ 142, 212f; BGHZ 2, 331, 335; BGH GRUR 1976, 140; *Goerdeler* JR 1960, 398), die bei längerfristiger Interessenverbindung von Lizenzgeber und -nehmer auch als gesellschaftsähnlich bezeichnet werden (BGH GRUR 1971, 243). Dass schon die Möglichkeit für den Lizenzgeber, die Bücher des Lizenznehmers zu kontrollieren, für Gesellschaftsähnlichkeit ausreichen soll (etwa RG SeuffA 1935 (89) Nr 81, S 171; JW 1938, 1897; Soergel/*Hadding/Kießling* Rn 18), erscheint angesichts des Interesses an Kontrolle auch im Austauschvertrag fraglich (s etwa die Verhältnisse bei einer teilweise umsatzabhängigen Mietforderung). Bei **Urheberrechtsgemeinschaften** und Erfindergemeinschaften gibt § 9 UrhG eine Grundlage für eine Qualifizierung als Gesellschaft, die allerdings vertragl vereinbart sein muss (weiterführend MüKo/*Schäfer* Rn 123; s auch BGH WM 1998, 1020; s ferner BGH GRUR 1973, 328). Hinzu kommen **Verlagsverträge**, soweit der Verfasser am Reingewinn beteiligt ist und insb dem Verleger urheberrechtl Verwertungsbefugnisse zustehen (RGZ 140, 264, 274f; 87, 215, 219f; 81, 233, 235; Soergel/*Hadding/Kießling* Rn 18). Bei der Filmherstellung oder der Lizenz zur Filmverwertung können neben werkvertragl auch gesellschaftsvertragl Elemente vorhanden sein (RGZ 161, 321, 323; BGHZ 2, 331, 335), beim Bühnenaufführungsvertrag kommen mitunter pachtvertragl Merkmale hinzu (BGHZ 13, 115, 119). Mangels einer Parallelität der jew verfolgten Interessen **fehlt** es an gesellschaftsrechtl Elementen beim Belegarztvertrag (BGH NJW 1972, 1128, 1129), Alleinvertriebs- und Vertragshändlervertrag (MüKo/*Schäfer* Rn 128), Franchisevertrag (*Martinek*, Franchising, 1987, 184ff) und Tankstellenagenturvertrag (BGHZ 52, 171, 174f).

25 **5. GbR und Handelsgesellschaften. a) Grundlagen.** Im Gesamtsystem des Verbands- und Gesellschaftsrechts ist die GbR die **Grundform** der **Personengesellschaften.** Daran hat sich auch im Zuge der Reform des Personengesellschaftsrechts durch das MoPeG (Rn 42ff) nichts geändert (vgl Begr RegE, BT-Drs 19/27635, 100, 104; *Fleischer* ZGR-Sonderheft 23, 1, 16; *Lieder/Hilser* NotBZ 2021, 401, 402; *Martens* AcP 221, 68, 85). Im Gegenteil hat das Reformgesetz die bürgerliche und die handelsrechtl Gesellschaft durch **verbandsformübergreifende Rechtsharmonisierung** einander deutlich angenähert (*Fleischer* DB 2020, 1107, 1113; *Lieder* ZGR-Sonderheft 23, 169, 171). Dabei unterstreicht die erhöhte Regulierungsdichte der §§ 705ff die rechtssystematische Stellung der GbR als Grundtypus. Zudem erscheint die GbR nicht länger als bloßer Verbund ihrer Gesellschafter, sondern sie erhält klare Umrisse einer organschaftlich ausgestalteten Unternehmensverfassung, die sich in einer schärferen Funktionentrennung und Kompetenzverteilung manifestiert (*Lieder* ZGR-Sonderheft 23, 169, 171).

26 Nach § 105 I, § 161 I HGB müssen OHG und KG die Erfordernisse des § 705 I erfüllen mit der Maßgabe, dass der gemeinsame Zweck auf den Betrieb eines **Handelsgewerbes** (§ 1 II HGB) oder (bei Eintragung ins Handelsregister, § 107 I 1, II 1 HGB) eines **Kleingewerbes** oder der **Verwaltung eigenen Vermögens** gerichtet sein muss. Damit hängt der kaufmännische Charakter einer Gesellschaft, mithin ihre Einordnung als OHG oder KG, davon ab, dass das betriebene – oder durch Vorbereitungsgeschäfte ins Werk gesetzte – Unternehmen kaufmännischen Zuschnitt haben soll, wobei es ausreicht, wenn die Vorkehrungen für eine kaufmännische Größe und Einrichtung demnächst vorliegen werden; nach Eintragung im Handelsregister kann nach § 105 I 1, II 1 HGB auch ein nicht kaufmännisches Gewerbe oder die Verwaltung eigenen Vermögens genügen. Nach Maßgabe des § 107 I 2, II 1 HGB kann eine Gesellschaft auch dann als OHG oder KG in das Handelsregister eingetragen werden, wenn ihr Zweck auf die gemeinsame Ausübung **Freier Berufe** (vgl § 1 II PartGG) durch ihre Gesellschafter gerichtet ist, soweit das anwendbare Berufsrecht die Eintragung zulässt. Durch die BRAO-Reform sind die Personenhandelsgesellschaften bereits für eine gemeinsame Berufsausübung von **Rechts- und Patentanwälten** geöffnet worden (vgl § 59b II 1 Nr 1 BRAO). **Steuerberater** und **Wirtschaftsprüfer** konnten sich bereits zuvor in Form der OHG oder KG organisieren (vgl § 49 II StBerG; § 28 I 2 WPO; näher Oetker/*Lieder* § 105 HGB Rn 21).

27 **b) Handelsgewerbe und Kleingewerbe.** Der für die Qualifikation als **Handelsgewerbe** vorgegebene **Gewerbebegriff** ist nicht definiert. BGB-Gesellschaften, die nach § 1 II HGB nicht Handelsgewerbe sind, weil sie einen nach Art und Umfang kaufmännischen Geschäftsbetrieb nicht benötigen, können nach § 2 HGB auf ihren Antrag ins Handelsregister eingetragen werden und „gelten" dann als Handelsgewerbe. Wenn das Gewerbe kaufmännischen Zuschnitt hat, muss eine Eintragung gem § 1 II, § 29 HGB vorgenommen werden; nimmt es diesen Zuschnitt später an, findet eine sich außerhalb des UmwG vollziehende, identitätswahrende Umwandlung in eine Handelsgesellschaft statt, und die Gesellschaft muss eingetragen werden. In einem solchen Fall kann die Firma auch nicht auf eigenen Antrag im Handelsregister wieder gelöscht werden. Ist eine Handelsgesellschaft eingetragen, so führt ein Rückgang des von ihr betriebenen Gewerbes auf den Stand eines nichtkaufmännischen, der sich auch durch eine Verpachtung ergeben kann (BGH NJW 1971, 1698), im Außenverhältnis für eine nicht eingetragene Gesellschaft zur Anwendbarkeit der Regeln über die GbR; dies folgt aus § 107 I 1 HGB (zum früheren Recht vgl MüKo/*Schäfer* Rn 18; Hopt/*Roth* § 105 HGB Rn 8; eingehend *Freund*, Rechtsformwechsel, 87ff). Die Gesellschaft kann aber – etwa durch Ende der Pacht – wieder Handelsgesellschaft werden (BGH BB 1962, 349). Umgekehrt sorgt § 107 II 2 HGB dafür, dass eine Gesellschaft, solange sie im Handelsregister eingetragen ist, OHG oder KG bleibt, auch wenn ihre Tätigkeit zwar zunächst ein Handelsgewerbe umfasste, später aber auf einen kleingewerblichen oder einen lediglich eigenes Vermögen verwaltenden Betrieb herabsinkt (zum früheren Recht näher Oetker/*Lieder* § 105 HGB Rn 31f). Nur infolge eines Statutenwechsels kann aus einer Personenhandelsgesellschaft eine GbR werden (§ 707c Rn 2).

c) **Vermögensverwaltende Gesellschaften.** Die in § 107 I 1 HGB weiter angesprochenen Gesellschaften, die **„nur eigenes Vermögen"** verwalten, aber dennoch durch Eintragung Handelsgesellschaften werden können, sind Gegenstand dieser Sonderregelung geworden, weil sie nur ein Objekt, das vermietet oder verpachtet ist, als gemeinsames Eigentum halten, ohne weitergehende Zwecke zu verfolgen, obwohl zumindest der Einsatz des eigenen Vermögens, ohne schon gewerblichen Charakter zu begründen, iS eines gemeinsamen Zwecks hierher gehören kann (zum Ganzen *Harbecke* RNotZ 2022, 521, 525ff). Gleiches gilt für **Holding**-Gesellschaften oder Besitz-Gesellschaften im Rahmen einer Betriebsaufspaltung. Daher muss die Verwaltungstätigkeit nicht kaufmännischer Natur sein; so wird bei nur Anteile an abhängigen Unternehmen verwaltenden Holding-Gesellschaften der gewerbliche Charakter und die Frage nicht zu prüfen sein, ob von der Möglichkeit zur Konzernleitung Gebrauch gemacht wird (*K. Schmidt* DB 1998, 2165), und auch das Absinken einer früher kaufmännischen (weil konzernmäßigen) Verwaltung auf ein bloßes Halten von Beteiligungen ändert an der Rechtsform nichts, solange die Eintragung besteht. Für die Besitzgesellschaft im Rahmen einer **Betriebsaufspaltung** bedeutet § 107 I 1, II 1 HGB, dass eine einmal eingetragene Personengesellschaft – meist eine KG –, obwohl sie nur mehr ein Unternehmen oder Anlagevermögen an eine Betriebsgesellschaft verpachtet, als Handelsgesellschaft bestehen bleibt, solange sie nicht im Wege eines Statuswechsels nach § 107 II 2 HGB als GbR fortgesetzt wird. 28

d) **Land- und forstwirtschaftliche Unternehmen.** Land- und forstwirtschaftl Unternehmen nach § 3 HGB sind als solche **keine Handelsgewerbe** und können daher nach § 107 I 1 HGB keine OHG oder KG bilden. Wenn sie aber einen nach Art und Umfang kaufmännisch eingerichteten Gewerbebetrieb benötigen, können sie – wie die unter § 2 HGB fallenden Gewerbetreibenden – ihre Firma **im Handelsregister eintragen** lassen, sodass eine Gesellschaft bereits nach § 105 I, § 3 II HGB unter das für OHG oder KG geltende Recht fällt. Diese Gesellschaften können auch dann in den Kaufmannsstand eintreten, wenn sie einen **kaufmännischen Betrieb nicht brauchen** (*K. Schmidt* NJW 1998, 2161, 2162f; *Bydlinski* ZIP 1998, 1169, 1173; *Kindler* in Ebenroth/Boujong/Joost/Strohn § 3 HGB Rn 24; *Tröger* in Westermann/Wertenbruch Rn I 115a; aM *Ries* in Röhricht/Graf v Westphalen/Haas § 3 HGB Rn 19, 21, 22). 29

Besonderheiten gelten nach § 3 II HGB für die **Löschung** großer Betriebe der Land- und Forstwirtschaft, die nur nach den allg Vorschriften (vgl § 31 II HGB; § 395 FamFG) gelöscht werden können. Bisher konnten sich **kleingewerblich tätige land- und fortwirtschaftliche Unternehmen** nach § 2 S 3 HGB löschen lassen (Oetker/*Körber* § 3 HGB Rn 27). Nach neuer Rechtslage kommt eine Rückkehr zur GbR analog § 107 II 2 HGB nur im Wege eines Statuswechsels in Betracht. Zwar bezieht sich die Vorschrift nach ihrem Wortlaut nur auf kleingewerbliche, vermögensverwaltende und freiberufliche Gesellschaften. Der Regelungszweck, Gesellschaften, die den Status einer OHG oder KG freiwillig angenommen haben, daran zu hindern, die mit der Eintragung in das Handelsregister erlangte Transparenz nicht ohne Weiteres abzustreifen (Begr RegE, BT-Drs 19/27635, 224f), trägt auch bei Betrieben der Land- und Forstwirtschaft. 30

e) **Vorgesellschaft. Nicht** unter das Recht der **GbR** fällt nach zutr hM die bei der Gründung einer Kapitalgesellschaft (GmbH oder AG) zw Satzungsfeststellung und Entstehung durch Eintragung im Handelsregister entstehende **Vorgesellschaft**, die ein Verband eigener Art ist (BGHZ 21, 242, 246; 80, 129, 133; 117, 323), aber im Wesentlichen nach GmbH-Recht lebt und mit der GmbH nach deren Registereintragung identisch ist (Scholz/*K. Schmidt* § 11 GmbHG Rn 30, 31). Die Vorgesellschaft ist vollwertige Rechtsträgerin, die unter den Voraussetzungen des § 1 II HGB Kaufmannseigenschaft haben kann. 31

Allerdings führt die Aufgabe der Eintragungsabsicht nach zutr hM ipso iure zur identitätswahrenden Umwandlung der Vorgesellschaft in eine Personengesellschaft bestehend aus den Gesellschaftern der ehemaligen Vor-GmbH oder Vor-AG (vgl BGHZ 80, 129, 142; Lutter/Hommelhoff/*Bayer* § 11 GmbHG Rn 20f). Es handelt sich um eine fehlgeschlagene Vorgesellschaft, die ebenso als **unechte Vorgesellschaft** einzustufen ist, wie die Konstellation, dass die Gründer zwar ordnungsgemäß den Gesellschaftsvertrag abschließen, aber die Eintragung der GmbH oder AG von Beginn an nicht ernstlich anstreben (*Bayer/Lieder* Rn 516). Je nachdem, ob die Gesellschafter ein Handelsgewerbe betreiben, sind sie als **OHG** oder **GbR** organisiert. 32

f) **Vorgründungsgesellschaft, Vorbeteiligungsgesellschaften.** Wirken die späteren GmbH-Gesellschafter oder Aktionäre bereits vor Abschluss des Gesellschaftsvertrags zusammen, um die **Gründung der GmbH oder AG vorzubereiten** und dabei etwa gründungsspezifische Geschäfte mit Dritten abschließen, entsteht eine **Vorgründungsgesellschaft.** Sie ist regelmäßig als **BGB-Gesellschaft** organisiert, vielfach als Innengesellschaft ohne eigenes Vermögen (Lutter/Hommelhoff/*Bayer* GmbHG § 11 Rn 2), kann aber auch GbR-Außengesellschaft sein (BGHZ 91, 148, 157). Anders als die Vorgesellschaft (Rn 31f) ist sie mit der durch die Satzungsfeststellung entstehenden Vorgesellschaft nicht identisch (BGH NJW 1992, 362; Scholz/*K. Schmidt* § 11 GmbHG Rn 15). Deswegen gehen die Verbindlichkeiten der Vorgründungsgesellschaft nicht ohne besonderen Übernahmeakt auf die Vorgesellschaft oder die eingetragene GmbH oder AG über, und die persönliche Haftung der Partner der Vorgründungsgesellschaft, die dem Personengesellschaftsrecht folgt (Scholz/*K. Schmidt* § 11 GmbHG Rn 17), erlischt hierdurch nicht (BGH GmbHR 2001, 293). Nur wenn die Gesellschafter ausnahmsweise bereits ein Handelsgewerbe betreiben, handelt es sich um eine **OHG** (BGHZ 91, 148, 151; BGH NJW 1998, 1645). 33

Nach personengesellschaftsrechtl Grundsätzen richtet sich auch die Behandlung von **Vorbeteiligungsgesellschaften**, die vor der Übernahme der Geschäftsanteile oder Aktien zw den an einer Kapitalerhöhung mitwirkenden Gesellschaftern entstehen können (Schleswig DStR 2014, 2246; dazu ausf MüKoGmbHG/*Lieder* § 55 GmbHG Rn 212ff; *Lieder* DStR 2014, 2464; *Priester* GWR 2014, 405; krit *Fallak/Huynh Cong* NZG 2016, 1291) 34 sowie von anderen **Vorbereitungsgesellschaften**, wie sie im Vorfeld einer Umwandlung oder eines derivativen Anteilserwerbs zur Entstehung gelangen können (ausf *Lieder* DStR 2014, 2464, 2470). Beginnen die Gesellschafter eines über die Gründung einer **Personengesellschaft** geschlossenen Vorvertrags mit der Geschäftstätigkeit, wird hierin regelmäßig bereits die konkludente Einigung auf den Gesellschaftsvertrag liegen (§ 705 Rn 16; vgl noch BGHZ 11, 190, 192; BGH NJW 1962, 1008; 1982, 932, 933; MüKo/*Schäfer* Rn 26) und – in Abhängigkeit vom Betrieb eines Handelsgewerbes eine GbR oder OHG zur Entstehung gelangen.

35 **6. Partnerschaftsgesellschaft.** Die durch das Gesetz v 25.7.1994 (BGBl I 1994, 1744) neu geschaffene **Partnerschaftsgesellschaft** sollte nach dem Willen des Gesetzgebers eine auf die spezifischen Bedürfnisse von **Angehörigen der Freien Berufe** zugeschnittene Rechtsform zur Verfügung stellen, die sich – neben den zulässigen Rechtsformen (GbR, GmbH) – als Unternehmensträgerin gerade für größere Sozietäten eignet (Begr RegE, BT-Drs 12/6152, 1f). Die Partnerschaftsgesellschaft ist gem § 4 PartGG in ein besonderes Register einzutragen, was an die Handelsgesellschaften erinnert, zu denen die Partnerschaft aber ausweislich § 1 I 2 PartGG, wonach sie **kein Handelsgewerbe** ausübt, nicht gehört. Vielmehr finden auf die Partnerschaft nach § 1 IV PartGG, soweit das Gesetz nichts anderes bestimmt, die Vorschriften über die GbR Anwendung. Das vermag indes nicht darüber hinweg zu täuschen, dass die Partnerschaft in konzeptioneller, funktioneller und regelungstechnischer Hinsicht als **OHG der Freien Berufe** erscheint (vgl *K. Schmidt* ZIP 1993, 633, 635: „Schwesterfigur der OHG"; abw MüKo/*Schäfer* Rn 21: „Sonderform der GbR"). Das zeigt sich besonders deutlich an den zahlreichen Verweisungen auf Vorschriften des OHG-Rechts (vgl § 2 I, § 4 I 1, IV, § 5 II, § 6 III, § 7 II, § 9 I, IV 3, § 10 II PartGG). Danach ist die PartG insb voll rechts- und namensfähig sowie registerpflichtig. Weitere Parallelen ergeben sich für die **Gründung** und die Organisationsverfassung. Eine Besonderheit besteht allerdings darin, dass der Abschluss des Partnerschaftsvertrages nach § 3 I PartGG der Schriftform bedarf. Zudem liegt es in der Natur freiberuflicher Betätigung, dass sich nur natürliche Personen an einer PartG beteiligen können (§ 1 I 3 PartGG), nicht aber auch Gesellschaften. Zudem müssen sämtliche Mitglieder ihren Beruf aktiv ausüben (*Zöbeley* RNotZ 2017, 341, 342f). Eine Besonderheit im Rahmen der **Organisationsverfassung** besteht darin, dass Partner von der Erbringung ihrer freiberuflichen Leistungen auch insofern nicht ausgeschlossen werden können, als es um die Geschäftsführung in der Partnerschaft geht. Weitgehende Übereinstimmungen bestehen ferner für die **Haftungsverfassungen** von OHG und PartG. Danach haften Partner für Verbindlichkeiten der Partnerschaft im Grundsatz persönlich mit ihrem Privatvermögen (§ 8 I 1 PartGG). Nach Maßgabe des § 8 II PartGG unterliegen der persönlichen Haftung für berufliche Fehler allerdings nur diejenigen Partner, die ganz konkret mit der Bearbeitung des betr Mandats befasst sind, wobei untergeordnete Bearbeitungsbeiträge keine haftungsbegründende Wirkung entfalten. Ungeachtet der PartG als neue Organisationsform für Freiberufler ließ der rechtstatsächliche Erfolg der Rechtsform auf sich warten. Freiberufler blieben vielfach weiter in Form der GbR organisiert oder wandten sich nach der Liberalisierung berufs- und standesrechtl Vorschriften der GmbH zu. Neue Dynamik entfaltete erst die Etablierung der **Partnerschaftsgesellschaft mit beschränkter Berufshaftung** (PartG mbB) durch Gesetz v 15.7.2013 (BGBl I 2013, 2386) als Rechtsformvariante der herkömmlichen Partnerschaft. Herzstück und zentraler Vorzug der PartG mbB ggü dem Grundtypus ist die **Haftungsprivilegierung nach § 8 IV PartGG**, für die es im tradierten System des dt Gesellschaftsrechts kein Vorbild gibt. Die Reichweite der Haftungsbeschränkung ist allerdings in zweifacher Hinsicht limitiert: Zum einen gilt das Haftungsprivileg nur für Verbindlichkeiten der PartG als solcher. Zum anderen beschränkt es sich in sachlicher Hinsicht auf Ersatzansprüche wegen fehlerhafter Berufsausübung. Darüber hinaus kommen die Partner nur dann in den Genuss des § 8 IV PartGG, wenn das jew Berufsrecht die PartGG als Organisationsform zulässt und die Partnerschaft als solche eine obligatorische Berufshaftpflichtversicherung abschließt. Die PartG mbB darf durchaus als Erfolgsgeschichte bezeichnet werden. Neue empirische Daten belegen, dass sie ihren Siegeszug in der Praxis fortsetzt, obgleich die Zuwachsraten rückläufig sind (*Lieder/Hoffmann* NJW-aktuell Heft 8/2021, 15).

36 **7. Europäische Wirtschaftliche Interessenvereinigung.** Bei der Europäischen Wirtschaftlichen Interessenvereinigung (EWIV) handelt es sich um die erste unionsrechtl supranationale Rechtsform. Eingeführt durch VO (EWG) 2137/85 v 25.7.1985 (ABl EU L 199/1) dient sie der grenzüberschreitenden Zusammenarbeit ihrer Mitglieder (Art 3 I EWIV-VO). Letztere können unternehmerisch oder freiberuflich tätig sein, während die EWIV selbst keine Gewinnerzielungsabsicht haben darf. Nach dem dt Ausführungsgesetz (EWIVAG v 14.4.1988, BGBl I 1988, 514) finden auf EWIV mit Sitz in Deutschland nach § 1 EWIVAG die Vorschriften der §§ 105ff HGB entspr Anwendung. Über die Verweisung des § 105 III HGB findet **BGB-Gesellschaftsrecht** wiederum subsidiäre Anwendung. Ungeachtet ihrer genossenschaftlichen Zweckrichtung ist die EWIV als Handelsgesellschaft zu qualifizieren (§ 1 EWIVAG), voll rechtsfähig und registerpflichtig (§ 2 I EWIVAG). Ihre Mitglieder müssen aus mindestens zwei EU-Mitgliedstaaten stammen (§ 4 II EWIV-VO). Die **Organisationsverfassung** besteht aus den gemeinschaftl handelnden Mitgliedern und den Geschäftsführern (Art 16 EWIV-VO), die nicht notwendig zugleich Mitglieder sein müssen. Die Geschäftsführer vertreten die EWIV nach außen, ohne dass deren Vertretungsmacht eingeschränkt werden könnte (Art 20 I EWIV-VO). Für Verbindlichkeiten der EWIV **haften** die Mitglieder mit ihrem Privatvermögen persönlich, allerdings nur subsidiär ggü der Gesellschaft (Art 24 EWIV-VO).

37 **8. Vereine ohne Rechtspersönlichkeit.** Im Zuge der Reform des Personengesellschaftsrechts durch das MoPeG (Rn 42ff) sind auch die Regelungen für den nichtrechtsfähigen Verein neugefasst worden. Für Vereine ohne Rechtspersönlichkeit – so die neue amtliche Bezeichnung – sind nach Maßgabe des § 54 I 1 die Vorschriften über den eingetragenen Verein (§§ 24ff) entspr anwendbar, soweit deren Zweck **nicht auf einen wirtschaftli-**

chen Geschäftsbetrieb gerichtet ist und sie nicht durch Eintragung in das Vereinsregister Rechtspersönlichkeit erlangt haben. Die Neuregelung vollzieht damit die bisherige Rechtsprechungslinie (RGZ 113, 125, 135; 143, 212, 215; BGHZ 50, 325, 329) nach und stellt damit zugleich klar, dass die Vereinsmitglieder für die Verbindlichkeiten des Vereins **keine persönliche Haftung** mit ihrem Privatvermögen trifft (Begr RegE, BT-Drs 19/27635, 124).

Ist der Zweck eines nichteingetragenen Vereins hingegen auf einen **wirtschaftlichen Geschäftsbetrieb** gerichtet (zur Abgrenzung vom Idealverein s Vor § 21 Rn 1) und nicht durch staatliche Verleihung privilegiert (und damit rechtsfähig), dann finden gem § 54 I 2 die Vorschriften über die Gesellschaft entspr Anwendung. In Abhängigkeit vom Betrieb eines Handelsgewerbes (Rn 26) gelten die Bestimmungen des **BGB-Gesellschaftsrechts** oder des Rechts der **OHG** (Begr RegE, BT-Drs 19/27635, 124). Damit verbunden ist die **persönliche Haftung der Vereinsmitglieder** für die Verbindlichkeiten des Vereins. Sie trägt dem Umstand Rechnung, dass für eine haftungsprivilegierte unternehmerische Betätigung besondere Rechtsformen zur Verfügung stehen, die berechtigte Gläubigerinteressen durch strenge Kapitalschutzvorschriften besonders absichern. Davon kann für den wirtschaftl tätigen Verein nur auf Grundlage einer staatl Verleihung der Rechtsfähigkeit abgesehen werden. Die Anwendung personengesellschaftsrechtl Vorschriften dient neben dem Gläubigerschutz auch dem Schutz der Mitglieder (Begr RegE, BT-Drs 19/27635, 124). 38

Der neue § 54 I betrifft nur die Grenzziehung innerhalb der Vereine ohne Rechtspersönlichkeit in eine ideelle und eine wirtschaftl Spielart. Damit ist für die **Abgrenzung zur GbR** nicht viel gewonnen. Zutr erscheint es, unter Rückgriff auf die hergebrachten Grundsätze (MüKo/*Schäfer* Rn 141) danach zu differenzieren, ob es sich um einen höchstpersönlichen Personenverband mit beschränkter Zahl von Mitgliedern handelt, die im Grundsatz gemeinsam zur Geschäftsführung berufen sind (dann GbR), oder ob das Rechtsgebilde körperschaftlich strukturiert ist und durch besondere Organe (Vorstand) am Rechtsverkehr teilnimmt. Bei mitgliederstarken Personenverbänden bereitet die Anwendung dieser Kriterien Schwierigkeiten, weil sich dort personalistische und korporative Elemente mit gesellschafts- und vereinsmäßigen Strukturen in unterschiedlichen Schattierungen verbinden (vgl BGH NJW 1979, 2304, 2305). Zuvörderst obliegt es den Mitgliedern, auf privatautonomer Grundlage für einen Verein oder eine Gesellschaft zu votieren. Eine dahingehende bewusste Entscheidung ist vom Rechtsanwender im Rahmen des gesetzl Erlaubten zu respektieren (vgl BGHZ 63, 338, 344f; 64, 238, 241; 66, 82, 86; 104, 50, 53ff; 125, 74, 79ff; MüKo/*Schäfer* Rn 143; *Krieger* FS Stimpel, 1987, 307, 312ff; aA MüKo/*Leuschner* § 54 Rn 8; *Reuter* FS Semler, 1992, 931, 937f). IÜ ist mit Blick auf die strukturelle Ausgestaltung des Verbands für den konkreten Einzelfall danach zu fragen, welche Vorschriften den Interessen der Beteiligten am ehesten gerecht zu werden vermögen (vgl BGH NJW 1979, 2304, 2305; Soergel/*Hadding* § 54 Rn 5; *K. Schmidt* GesR § 25 II 2). 39

II. Reform des BGB-Gesellschaftsrechts. 1. Überblick. Der Normbestand der §§ 705ff hat sich seit dem Inkrafttreten des BGB am 1.1.1900 bis zum 1.1.2024 praktisch kaum verändert (für Einzelheiten Rn 41). Vom historischen Gesetzgeber ist die GbR als Gelegenheitsgesellschaft ohne gefestigte Organisationsstruktur konzipiert worden (vgl §§ 709ff, 721, 723 aF). Ihre Verwendung als Erwerbsgesellschaft machte erhebliche kautelarjuristische Anpassungen notwendig. Zu tektonischen Verschiebungen kam es durch die Anerkennung der **Rechtsfähigkeit der BGB-Gesellschaft** mit der bahnbrechenden Entscheidung „ARGE Weißes Ross" (BGHZ 146, 341) aus dem Jahre 2001. Seitdem haben sich das geschriebene Recht einerseits und die durch Rechtsfortbildung modifizierte gelebte Rechtswirklichkeit andererseits sukzessive voneinander entfernt (vgl *Bergmann* DB 2020, 994; *Habersack* ZGR 2020, 539; *Lieder/Hilser* NotBZ 2021, 401; *Otte-Gräbener* BB 2020, 1295). Unübersehbar ist dies namentlich bei der **Teilnahme der GbR am Grundstücksverkehr**. Es bestand in der Vergangenheit folglich enormer legislatorischer Handlungsbedarf, der im Zuge der Reform des Personengesellschaftsrechts durch das MoPeG weitgehend beseitigt worden ist (Rn 42ff). 40

2. Änderungen des BGB-Gesellschaftsrechts vor dem MoPeG. Zuvor beschränkten sich die Änderungen einzelner Vorschriften des BGB-Gesellschaftsrechts auf punktuelle Anpassungen, die allesamt auf externen Gründen beruhten. Das gilt zunächst für die Ergänzung des § 736 II aF (= § 728b) im Zuge des **Nachhaftungsbegrenzungsgesetzes** v 18.3.1994 (BGBl I 1994, 560), das seinerseits die BGH-Rspr (BGHZ 87, 286) nachvollzog und eine Enthaftung des ausgeschiedenen Gesellschafters nach Ablauf von fünf Jahren nicht nur für die OHG (§ 160 HGB), sondern auch für die GbR in Form der Verweisung des § 736 II aF (vgl heute § 728b) festschrieb. Durch das **Einführungsgesetz zur InsO** v 5.10.1994 (BGBl I 1994, 2911) wurde § 728 I aF (vgl heute § 729 I Nr 2) neu gefasst und § 730 I aF (= § 735 I) erweitert, was nach Anerkennung der Insolvenzfähigkeit der GbR gem § 11 II Nr 1 InsO erforderlich geworden war. Eine technische Änderung erfuhr § 729 aF (= § 736b) durch das **Handelsrechtsreformgesetz** v 22.6.1998 (BGBl I 1998, 1474). Die bis dato weitgehendsten Änderungen erfuhr § 723 I aF (= § 725 IV) durch das **Minderjährigenhaftungsbeschränkungsgesetz** v 25.8.1998 (BGBl I 1998, 2487), das dem (zunächst minderjährigen) Gesellschafter mit Vollendung des 18. Lebensjahres ein außerordentliches Kündigungsrecht einräumte. 41

3. Gesetz zur Modernisierung des Personengesellschaftsrechts. Eine grundstürzende Reform des BGB-Gesellschaftsrechts ist in der Vergangenheit mehrfach angemahnt worden. Hervorzuheben ist der Reformentwurf im Rahmen der **Vorarbeiten für die Schuldrechtsreform** aus der Feder von *K. Schmidt* (BMJ, Gutachten und Vorschläge zur Überarbeitung des Schuldrechts, Bd 3, 1983, 413ff), der im Zuge der Schuldrechtsmodernisierung im Jahre 2001 indes nicht umgesetzt worden ist. Nach Anerkennung der formellen Grundbuchfähigkeit der GbR durch den BGH (BGHZ 179, 102, 107 = NJW 2009, 594) mehrten sich indes – ungeachtet der Einfüh- 42 rung des § 899a aF – die Forderungen nach einer Gesamtrevision der §§ 705ff (*K. Schmidt* ZHR 177, 712; *Röder* AcP 215, 466). Anknüpfend an die Reformdiskussion auf dem **71. Deutschen Juristentag 2016** (Gutachten: *Schäfer* Verhandlungen 71. DJT, Bd I, 2016, E1ff; Beschlüsse Verhandlungen 71. DJT, Bd II/2, 2017, O219ff) hatte sich der **Koalitionsvertrag** von CDU, CSU und SPD für die 19. Legislaturperiode v 12.3.2018 (S 131) ua die Reform des Personengesellschaftsrechts auf die Fahnen geschrieben. Die im Herbst 2018 vom BMJV eingesetzte Expertenkommission hat am 20.4.2020 den Entwurf eines Gesetzes zur Modernisierung des Personengesellschaftsrechts (MoPeG) vorgelegt, der nach dem Ort der abschließenden Tagung als **Mauracher Entwurf** firmierte (dazu zB *Altmeppen* NZG 2020, 822; *Geibel* ZRP 2020, 137; *Hippeli* DZWIR 2020, 386; *Punte/Klemens/Sambulski* ZIP 2020, 1230; *Schäfer* ZRI 2020, 333). Am 19.11.2020 folgte der RefE, gefolgt vom RegE v 17.3.2021 (BT-Drs 19/27635; dazu zB *Lieder* ZRP 2021, 34). Das auf dieser Grundlage mit wenigen Änderungen durch den Rechtsausschuss (BT-Drs 19/30942, 19/31105) beschlossene **Gesetz zur Modernisierung des Personengesellschaftsrechts** (MoPeG) v 10.8.2021 (BGBl I 2021, 3436) stellt das BGB-Gesellschaftsrecht mWz 1.1.2024 auf ein vollkommen neues Fundament.

43 Im Ausgangspunkt verfolgt das MoPeG das Ziel, das geschriebene BGB-Gesellschaftsrecht im Interesse der Rechtssicherheit und Rechtsklarheit an die Rechtslage anzupassen, die durch die Anerkennung der Rechts- und Grundbuchfähigkeit der GbR (Rn 40, 42) entstanden ist (Begr RegE, BT-Drs 19/27635, 101). Damit einher geht eine **Konsolidierung des GbR-Rechts**, ohne freilich die Unterschiede zw kaufmännischen und nichtkaufmännischen Personengesellschaften einzuebnen (Rn 25ff). Hervorzugeben ist in diesem Zusammenhang die Anerkennung der **Rechtsfähigkeit** der Außen-GbR (krit *Escher-Weingart* WM 2022, 2297ff), der nach § 705 II die nicht rechtsfähige Innen-GbR, die den Gesellschaftern zur Ausgestaltung ihres Rechtsverhältnisses untereinander dient (§ 740 Rn 2), gegenübergestellt wird. Berechtigte Gläubigerinteressen werden – in Ermangelung eines gesetzl Kapitalschutzsystems – durch die **persönliche Gesellschafterhaftung** nach §§ 721ff abgesichert. Davon abgesehen soll die GbR auch weiterhin vielseitig und flexibel für jeden zulässigen Zweck eingesetzt werden können. Diesem Regelungsziel dient das hohe Maß an **Gestaltungsfreiheit** sowie die **Formfreiheit** des Gesellschaftsvertrags (§ 708 Rn 1ff; vgl Begr RegE, BT-Drs 19/27635, 104f).

44 Zugleich soll das Personengesellschaftsrecht an die **Bedürfnisse des modernen Wirtschaftslebens** angepasst werden (Begr RegE, BT-Drs 19/27635, 100). Das geschieht durch einen Leitbildwandel im BGB-Gesellschaftsrecht (Begr RegE, BT-Drs 19/27635, 105ff; *Fleischer* DB 2020, 1107ff). Während die GbR nach bisherigem Recht als reines Schuldverhältnis (vgl *Habersack* ZGR 2020, 539, 542; *K. Schmidt* ZHR 185, 16, 20) und eher als Gelegenheitsgesellschaft konzipiert war, orientiert sich die neue Rechtslage am Leitbild einer **auf** gewisse **Dauer angelegten** und **am Rechtsverkehr teilhabenden Gesellschaft** (Begr RegE, BT-Drs 19/27635, 2; *Armbrüster* ZGR-Sonderheft 23, 143, 145; *Lieder* ZRP 2021, 34; *Luy* notar 2020, 182, 187; *Schulteis* GWR 2021, 112, 113). Durch umfassende Regelungen im BGB-Gesellschaftsrecht und die Verweisung hierauf in § 105 III HGB, § 161 II HGB und § 1 IV PartGG wird die systematische Stellung der GbR als Grundform der Personengesellschaften nochmals unterstrichen (Rn 6, 25). Ein weiterer Aspekt des Leitbildwandels ist der Paradigmenwechsel von der Gesamthandsgesellschaft (*Lieder* ZGR-Sonderheft 23, 169, 180) zum erwerbswirtschaftl tätigen Rechtssubjekt, wie es in § 713 mit der dort normierten Möglichkeit eines der GbR selbst zugeordneten Vermögens deutlich zum Ausdruck kommt. Zudem zeigt sich die Hinwendung von der Personen- zur Verbandskontinuität darin, dass bisher zur Auflösung der Gesellschaft führende Umstände in der Person der Gesellschafter zu Ausscheidensgründen abgeändert werden (vgl § 723 I). Die Auflösung der GbR ist nur noch in wenigen Fällen die gesetzl Rechtsfolge (vgl § 729 I). Eine weitere Neuerung liegt in der Trennung von Geschäftsführung und Beschlussfassung: Die Willensbildung auf der Ebene der Gesellschafter (durch Beschlussfassung in der Gesellschafterversammlung, § 714) wird von der Geschäftsführung der Gesellschaft durch die geschäftsführungsbefugten Gesellschafter, §§ 715ff) rechtsdogmatisch wie auch regelungstechnisch sauber abgeschichtet (näher *Lieder* ZGR-Sonderheft 23, 169, 171).

45 Der Leitbildwandel der GbR manifestiert sich ferner in der Kreation eines eigenständigen **Gesellschaftsregisters**, das treffender als GbR-Register bezeichnet worden wäre (*Lieder/Hilser* NotBZ 2021, 401, 402). Es zielt darauf ab, das Publizitätsdefizit der BGB-Gesellschaft zu beseitigen, die bisher in keinem Subjektregister, sondern allenfalls in Objektregistern eingetragen war (*Herrler* ZGR-Sonderheft 23, 39, 41; *Otte-Gräbener* FS Seibert, 2019, 613, 617; *Wimmer* DZWIR 2020, 379, 380). Die Ausgestaltung des Registerverfahrens sowie von Inhalt und Wirkung der Registereintragungen orientiert sich maßgeblich am Handelsregister (näher *Herrler* ZGR-Sonderheft 23, 39, 53). Die von den Eintragungen ausgehende negative und positive **Publizitätswirkung** nach § 707a III 1 iVm § 15 HGB dient dem überindividuellen Interesse an der Sicherheit und Leichtigkeit des Rechts- und Handelsverkehrs, weil sich Vertragspartner auf die materielle Richtigkeit und Vollständigkeit des Gesellschaftsregisters verlassen können (näher § 707a Rn 19). Damit wird das nach altem Recht bestehende Publizitätsdefizit in Bezug auf die Existenz, Identität und ordnungsgemäße Vertretung der GbR weitgehend behoben.

46 Ungeachtet des gewandelten gesetzl Leitbilds macht das MoPeG aus der GbR **keine juristische Person** (dazu schon *Lieder/Hilser* NotBZ 2021, 401, 402; ebenso MüKo/*Schäfer* Rn 13f; *Fleischer* NZG 2021, 949, 951, 956; *Prütting* FS Grunewald, 2021, 881, 884f; *Wertenbruch* JZ 2023, 78, 79f; *Wilhelm* NZG 2020, 1041, 1042; aA *Kindler* ZHR 185, 598, 608; *Kindler* ZfPW 2022, 409, 417ff; *Schall* FS Heidel, 2021, 155, 167ff). Stattdessen handelt es sich bei ihr – in Übereinstimmung mit den Personenhandels- und Partnerschaftsgesellschaften – um eine rechtsfähige Personengesellschaft iSd § 14 II (vgl weiter § 1059a II; § 11 InsO). Sie unterscheiden sich von jur Personen dadurch, dass sie zur Entstehung keiner **Eintragung in ein Register** bedürfen. Für jur Personen ist zudem

kennzeichnend, dass sie nur dann wirksam errichtet werden können, wenn zwingende Normativbestimmungen vollständig erfüllt sind, die für jur Personen nach den gesetzl Regelungen konstitutiv sind, und deren Vollzug mit der Eintragung in das Register dokumentiert ist (**Normativsystem**; näher *Lieder* in Bayer/Habersack, Aktienrecht im Wandel, Bd 1, 2007, Kap 10 Rn 14). Auch wenn sich die moderne GbR durch eine Verselbständigung der Gesellschaft als Zuordnungssubjekt des Gesellschaftsvermögens von den Gesellschaftern als Mitglieder der GbR auszeichnet, sind die personengesellschaftsrechtl Charakteristika doch auch weiterhin klar erkennbar. Das gilt namentlich für die unbeschränkte Gesellschafterhaftung (§§ 721ff), den Grundsatz der Selbstorganschaft (§ 720; zur Kritik Rn 49), das Erwerbsverbot für eigene Anteile (§ 711 I 2), die Regelung zur An- und Abwachsung des Gesellschaftsvermögens (§ 712) sowie die Unzulässigkeit von Einpersonen-Personengesellschaften (vgl § 712a I; dazu *Fleischer* DStR 2021, 430, 433). Diese strukturellen Unterschiede bilden die Legitimationsgrundlage für die Transparenzbesteuerung nach §§ 15, 15a EStG (vgl *Bachmann* FR 2022, 709; *Fleischer* DStR 2021, 430, 433; *Noack* NZG 2021, 643f; *Stöber* GmbHR 2022, 967; *Wertenbruch* JZ 2023, 78, 80). Die Gegenauffassung geht davon aus, dass die das Innenrecht betreffenden Ausformungen zur Disposition der Gesellschafter stehen (BeckOK/*Schöne* Rn 52ff; *Kindler* ZfPW 2022, 409, 423). Dem kann mit Blick auf die Intention des MoPeG-Gesetzgebers bei der Kodifizierung der jew Strukturmerkmale nicht gefolgt werden. Dessen ungeachtet verfügen jur Personen und rechtsfähige Personengesellschaften prinzipiell über eine vergleichbare Fähigkeit, Träger von Rechten und Pflichten zu sein. Deshalb sollte in Bezug auf die GbR auch nicht länger von Teilrechtsfähigkeit gesprochen werden. Vielmehr kommt ihr nach zutr Auffassung **uneingeschränkte Rechtsfähigkeit** zu; sie ist ebenso ein Rechtssubjekt wie die natürliche oder die jur Person (vgl auch *Bauermeister/Grobe* ZGR 2022, 733, 742ff, 772ff).

Hinzu kommen zahlreiche **weitere Änderungen** und Neuregelungen. Ohne Anspruch auf Vollständigkeit seien nur genannt die freie Sitzwahl für registrierte Gesellschaften (§ 706 Rn 1ff), die ersatzlose Streichung des verminderten Haftungsmaßstabs nach § 708 aF (§ 715 Rn 25), die Neufassung der Informationsrechte und Informationspflichten von Gesellschafter und GbR (§ 717 Rn 4ff), die Neukonzeption von Gründen für das Ausscheiden von Gesellschaftern (§ 723 Rn 5ff) und für die Auflösung der Gesellschaft (§ 729 Rn 2) sowie die neuen Regelungen für die Innengesellschaft (§ 740 Rn 2ff). Zudem sind anerkannte Rechtsfiguren und Grundsätze des geltenden Rechts in eine maßvolle Gesetzesform gegossen worden. Das betrifft namentlich die Notgeschäftsführungsbefugnis (§ 715a Rn 1ff), die – auch actio pro socio genannte – Gesellschafterklage (§ 715b Rn 1ff) und die persönliche Gesellschafterhaftung (§ 721 Rn 1ff). **Mittelbare Auswirkungen** auf das BGB-Gesellschaftsrecht ergeben sich aus der Öffnung der Personenhandelsgesellschaften (OHG, KG) für Freiberufler (Rn 57ff). 47

Auch nach der Reform verbleiben einige **Desiderata**. Das betrifft zunächst das **Beschlussmängelrecht der BGB-Gesellschaft**. Während der Mauracher Entwurf in den vorgeschlagenen §§ 714a ff noch verbandsformübergreifend für alle Personengesellschaften ein einheitliches Beschlussmängelregime in Anlehnung an das aktienrechtl Regelungsmodell der §§ 241ff AktG vorsah, beschränkt sich das MoPeG – im Anschluss an kritische Stellungnahmen aus dem Schrifttum (*Drescher* ZGR-Sonderheft 23, 115, 123ff; *Geibel* ZRP 2020, 137, 140; *Habersack* ZGR 2020, 539, 560f) – nach §§ 110ff HGB darauf, das Anfechtungsmodell nur mehr im Recht der Personenhandelsgesellschaften zu verankern. Damit bleibt das MoPeG auf dem Weg zu einer Institutionenbildung im Beschlussmängelrecht (ausf *Koch* Verhandlungen 72. DJT, Bd I, 2018, F68ff; *Lieder* NZG 2018, 1321, 1328) auf halber Strecke stehen (*Lieder* ZRP 2021, 34, 35; *Tröger/Happ* NZG 2021, 133; zust hingegen *Storz* GWR 2021, 5, 7; *Wertenbruch* GmbHR 2021, 1 Rn 20). Wer sich mit Rechtsbindungswillen an einer rechtsfähigen Personengesellschaft beteiligt, der muss mit einer persönlichen Haftung für Gesellschaftsverbindlichkeiten ebenso rechnen wie er sich innerhalb angemessener Frist gegen belastende Gesellschafterbeschlüsse zur Wehr setzen muss, will er deren Bestandskraft vermeiden. Das entspricht auch dem neuen Leitbild der GbR als einer auf Dauer angelegten Erwerbsgesellschaft. Zudem bringt die Differenzierung zw bürgerlichen und handelsrechtl Personengesellschaften Abgrenzungsschwierigkeiten mit sich, wie zB wenn eine kleingewerbliche GbR aufgrund zunehmender Geschäftstätigkeit unbemerkt die Schwelle der § 105 I, § 1 II HGB überschreitet oder eine nicht eingetragene OHG zu einer GbR herabsinkt. 48

Darüber hinaus ist es an der Zeit, sich vom überkommenen **Prinzip der Selbstorganschaft** zu verabschieden (dazu näher *Lieder* ZRP 2021, 34, 36; *Lieder* ZGR-Sonderheft 23, 169, 179ff). Mit der Abkehr vom Gesamthandsprinzip hat das Prinzip einen weiteren Legitimationsstrang eingebüßt (vgl auch *Bachmann* NZG 2020, 612, 615); die kritischen Stimmen sind im Laufe der aktuellen Reformdiskussion lauter geworden (*Fleischer* ZGR-Sonderheft 23, 1, 23f; *Lieder* ZGR-Sonderheft 23, 169, 179ff; *Scholz* NZG 2020, 1044ff; *Staake* NZG 2021, 95ff; zuvor bereits *Osterloh-Konrad* ZGR 2019, 271; verteidigend aber *Wertenbruch* GmbHR 2021, 1 Rn 6). Dem Gesetzgeber steht es frei, den Gedanken der Fremdorganschaft im Recht der Personengesellschaften zu verankern. Das gilt umso mehr, als Art 19 I EWIV-VO (Rn 36) die fremdorganschaftliche Organisation einer dt EWIV erlaubt (vgl *Blaurock* ZEuP 1998, 460, 465). Zudem wird die GmbH & Co KG in der Praxis gerade deshalb gewählt, weil sie faktisch eine Fremdorganschaft ermöglicht. Schließlich belegt ein rechtsvergleichender Blick nach Frankreich und in die Schweiz (ausf *Fleischer* NZG 2020, 601, 605; *Osterloh-Konrad* ZGR 2019, 271, 282ff), dass dem Prinzip der Selbstorganschaft für Personengesellschaften keine wesensprägende Bedeutung in dem Sinne zukommt, dass ein Regelsetzer nicht davon abweichen könnte. 49

Das **Gesamturteil** über das MoPeG fällt **positiv** aus (so schon *Lieder* ZRP 2021, 34, 37: „ein großer Wurf"). Inhaltl verdienen die **Grundkonzeption** des MoPeG und der **Leitbildwandel** der BGB-Gesellschaft volle Zustim- 50 mung. Die gesetzl Anerkennung der **Rechtsfähigkeit** der Außen-GbR dient als Grundlage sowohl für eine Stärkung der innergesellschaftlichen Organisationsstruktur mit einer organschaftlich ausgestalteten Unternehmensverfassung, die sich in einer scharfen Funktionentrennung und Kompetenzverteilung manifestiert, als auch für weittragende dogmatische Abschichtungen (ausf *Lieder* ZGR-Sonderheft 23, 169, 171). Die mit der Angleichung des BGB-Gesellschaftsrechts an das Recht der OHG verbundene **Rechtsharmonisierung** leistet einen wichtigen Beitrag zur Institutionenbildung im (Personen-)Gesellschaftsrecht. Zudem schafft die freiwillige Eintragung der GbR in ein **Gesellschaftsregister** Publizität und Transparenz über die Beteiligungsstruktur und die Vertretungsverhältnisse. Die praktischen Probleme beim Erwerb registerpflichtiger Vermögenspositionen gehören mit der Neuregelung der Vergangenheit an.

51 **III. Typologische Erscheinungsformen der GbR. 1. Gelegenheits- und Dauergesellschaft.** Zwar ist die GbR als **Dauerschuldverhältnis** konzipiert (vgl MüKo/*Schäfer* Rn 6). Das Gesetz unterscheidet allerdings nicht danach, ob die Verfolgung des gemeinsamen Zwecks eine länger dauernde Verbindung erfordert oder mit kurzfristigen, wenn nicht einmaligen Erfüllungshandlungen erledigt ist. Freilich haben sich die Gewichte im modernisierten BGB-Gesellschaftsrecht von einem eher losen Personenzusammenschluss hin zu einer **auf gewisse Dauer** angelegten und am Rechtsverkehr teilnehmenden Verbindung verschoben (Rn 51). Das kommt namentlich darin zum Ausdruck, dass das ordentliche Kündigungsrecht nach § 725 befristet ist, Rechnungsabschluss und Gewinnverteilung nach § 718 jährlich stattfinden und die GbR nach § 723 I nicht mehr automatisch aufgelöst wird, wenn ein Gesellschafter stirbt, kündigt, ausgeschlossen oder insolvent wird (vgl MüKo/*Schäfer* Rn 91). Damit ist indes keine Beschränkung der GbR auf Dauergesellschaften verbunden. Stattdessen bleibt es bei dem gesamten vor dem MoPeG anerkannten Spektrum an Erscheinungsformen.

52 **Gelegenheitsgesellschaft** kann eine Verbindung sein, die zu einem einzigen, wenn auch längerfristig durchführbaren Geschäft eingegangen ist, zB die Arbeitsgemeinschaft zur Errichtung eines Bauwerks oder das Emissionskonsortium (Rn 52, § 705 Rn 82, 83f), es kann aber auch eine Errichtung und anschließende Vermarktung eines Objekts hierhergehören (BGH NJW 2011, 1730). Davon abgesehen besteht kein Anlass, die Gelegenheitsgesellschaft auf erwerbswirtschaftl Zwecke unter Ausschluss karitativer oder ideeller Ziele zu reduzieren (Soergel/*Hadding/Kießling* Rn 27). Somit kann eine Sammel- oder Spendenaktion ebenso in der Form einer Gelegenheitsgesellschaft durchgeführt werden wie eine Reise im gemieteten Segelboot oder sonst ein gemeinsamer Wochenendurlaub unter Aufteilung der Reisekosten und Mieten auf alle Beteiligten (*Albers* NJW 2017, 2380 gegen LG Arnsberg NJW 2017, 2421). Eine Tipp-Gemeinschaft ist daher zumeist als Personengesellschaft, nicht als Schuldvertrag einzuordnen (*Fleischer/Hahn* NZG 2017, 1, 3). Die Zusammenarbeit von Musikern, etwa in einem Kammermusik-Ensemble, kann auf Dauer gerichtet sein und die Rechtsform der GbR annehmen (zum Streichquartett *Ulmer* FS K. Schmidt, 2009, 1625), seltener – wegen der meist öffentlich-rechtl Trägerschaft – bei Orchestern (*Bastuck* NJW 2009, 719, 721). Als Gelegenheitsgesellschaft kommt schließlich der Schülerjahrgang in Betracht, der im Rahmen der Organisation der Abiturfeier in Erscheinung tritt (LG Detmold NJW 2015, 3176; dazu *Oechsler/Mihaylova* Jura 2016, 833), soweit die Beteiligten tatsächlich den erforderlichen Rechtsbindungswillen hatten (§ 705 Rn 12).

53 In der Praxis fungieren GbR demggü vielfach als **Dauergesellschaften**. In Betracht kommen namentlich Verbindungen von Freiberuflern, Kleingewerbetreibenden, von Land- und Forstwirten sowie Stimmrechts- und Beteiligungskonsortien, Ehegattengesellschaften und Verbindung in Form einer nichtehelichen Lebensgemeinschaft. Die Kautelarpraxis sorgte bereits vor dem MoPeG für eine stabilere Organisationsstruktur, die sich namentlich durch besondere Geschäftsführungs- und Vertretungsregeln, Fortsetzungs- und Nachfolgeklauseln auszeichnete (vgl MüKo/*Schäfer* Rn 93).

54 **2. Erwerbsgesellschaft.** Keine eigene rechtl Erscheinungsform stellt die **Erwerbsgesellschaft** dar, worunter man im Zuge der Begriffsgeschichte (näher *Raisch* BB 1969, 1361, 1365f) eine Gesellschaft verstand, die gewerbsmäßige oder sonst auf Erwerb gerichtete Ziele verfolgt. Hierbei geht es in erster Linie um Verbindungen von Freiberuflern, Gewerbetreibenden, Land- und Forstwirten. Die Verbandsform ist OHG, wenn das Gewerbe kaufmännischen Zuschnitt hat, ebenso bei der gewerbetreibenden Gesellschaft nicht kaufmännischen Gepräges, soweit eine Eintragung nach § 107 I HGB erfolgt ist (näher Rn 26f). Innerhalb der BGB-Gesellschaften ist ein besonderer Typus der Erwerbsgesellschaft besonders bei der auf Dauer (wenn nicht auf Lebenszeit) angelegten Freiberufler-Gesellschaft (Rn 57ff) erkennbar (MüKo/*Schäfer* Rn 94), soweit von der Eintragungsoption des § 107 I 2 HGB kein Gebrauch gemacht worden ist. Typologische Kennzeichen sind die erschwerte Kündigung und eine flexible Geschäftsführungs- und Vertretungsregelung; vielfach ist Einzelgeschäftsführungs- und Einzelvertretungsbefugnis vereinbart. Gebräuchlich sind auch Wettbewerbsverbote, die aber auch aus der gesellschaftsrechtl Treuepflicht folgen können (§ 705 Rn 133).

55 **IV. Praktische Anwendungsformen der GbR. 1. Gesellschaften des Alltagslebens.** Im Alltagsleben wird die GbR nicht selten durch **konkludentes Verhalten** geschlossen, oft in Form einer Gelegenheitsgesellschaft (Rn 55, § 705 Rn 16), die vom bloßen **Gefälligkeitsverhältnis** abgegrenzt werden muss (§ 705 Rn 16). Wenn die Partner einen **Gegenstand gemeinsam halten**, um mit ihm einen darüber hinausgehenden gemeinsamen Zweck zu erreichen, liegt eine Gesellschaft vor (Rn 8ff). Beispiele sind die Zählergemeinschaft bei der Abrechnung von Gas und Strom (*Arnold* MDR 1948, 249), gemeinsames Halten und Benutzen eines Sportflugzeugs (BGH JZ 1972, 88), gemeinsames Bestellen von Heizöl, um einen Preisvorteil zu erlangen (LG Konstanz NJW 1987, 2521; krit *K. Schmidt* JuS 1988, 444); gemeinsame Beratung durch einen Anwalt über eine geplante Gesellschaftsänderung (Karlsruhe NJW-RR 1987, 671). Keine GbR ist hingegen anzunehmen beim gemeinsamen Anmieten einer Gara-

ge, um dort eigene Fahrzeuge abzustellen (Rostock OLGRp 2001, 386). Davon abgesehen können Partner einer Gesellschaft in Abhängigkeit von den Umständen des konkreten Einzelfalls durch Tätigwerden außerhalb dieser Gesellschaft eine weitere Gelegenheitsgesellschaft begründen (BGH ZIP 1999, 581, 582). Die Voraussetzungen sind ferner erfüllt bei einer **Fahrgemeinschaft**, auch wenn das Fahrzeug im Alleineigentum eines Vertragschließenden bleibt (BGHZ 46, 313, 315; JZ 1979, 101; VersR 1960, 802 m Anm *Böhmer* S 943; *Weimar* DAR 1975, 34f). Als GbR können auch Vereinbarungen von Teilzeitarbeitnehmern (**Jobsharing**) über Fragen von gemeinsamem Interesse zu qualifizieren sein, wie zB Art und Weise der Teilung des Arbeitsplatzes und Vertretungsregelungen (*Reuter* AcP 207, 673, 683; *Schüren*, Jobsharing, 1983, Rn 212, 247ff). Gelegenheitsgesellschaften kommen vor bei gemeinsamer Ausübung von **Jagd** oder **Sport**, doch ist dabei genau zu prüfen, ob die Beteiligten nicht ohne rechtl Bindung kooperieren (BGH NJW 1963, 1099 m krit Anm *Schöpe* 1606 für Motorsport; Karlsruhe NJOZ 2006, 1313; Hamm BeckRS 2022, 7593 für Jagdgesellschaft).

Zum gemeinsamen Ausspielen eines **Lotterieloses** vgl RGZ 43, 148; JW 1904, 360, zur **Tipp-Gemeinschaft** 56
Rn 52; zu Fragen der Inhaberschaft eines Gesellschafters an einem „erspielten" Kronkorken LG Arnsberg NJW 2017, 2421 und dazu *Albers* 2380. Bei **Spiel- und Wettgemeinschaften** ist GbR naheliegend (BGH WM 1968, 376; NJW 1974, 1705, wo eine Haftung des Gesellschafters für die Ausfüllung des Wettscheins jedoch verneint wird; krit *Plander* AcP 176, 477; für Haftung unter Vorbehalt schlüssigen Haftungsausschlusses *Fleischer/Hahn* NZG 2017, 1, 6ff; Karlsruhe NJW-RR 1988, 1266 für Lottotippgemeinschaft). Gleiches gilt für einen **Sparclub** (LG Dessau-Roßlau BeckRS 2020, 50558). Ein **Abiturjahrgang** kann sich konkludent als GbR mit dem Ziel der Ausrichtung einer Abiturfeier organisieren (bejahend LG Detmold NJW 2015, 3176; krit *Hippeli* NJW 2015, 3178; eingehend *Oechsler/Mihaylova* Jura 2016, 833), soweit wirklich ein Rechtsbindungswille aller Beteiligten vorliegt. Auf das letztere Kriterium kommt es auch bei einer Facebook-Gruppe (im Einzelfall abl AG München NZG 2014, 661) und anderen Verbindungen über **soziale Medien** an. Nicht selten sind schließlich **Innengesellschaften** der Art, dass einer der Partner nach außen hin alle Rechtsbeziehungen in seiner Person vereinigt (etwa ein Fahrzeug für eine Reise mietet), sich im Innenverhältnis aber die anderen Vertragschließenden als GbR beteiligen.

2. Freiberufler. Große praktische Bedeutung hat die GbR als Instrument gemeinsamer Berufsausübung **freiberuflich Tätiger**, wobei die **Anwaltssozietäten** vor dem Aufkommen der GmbH und der Partnerschaftsgesellschaft einschl PartG mbB (Rn 35) sowie der Öffnung der (GmbH & Co) KG (§ 107 I 2 HGB iVm § 59b BRAO) den größten Teil ausmachten, was durch den Zwang zur Spezialisierung, die Notwendigkeit der Arbeitsteilung und einer gegenseitigen Urlaubs- und sonstigen Abwesenheitsvertretung bedingt ist (im Einz *Damm* FS Th. Raiser, 2005, 23ff; *K. Schmidt* NJW 2005, 2801ff). Hier und bei den Heilberufen steht die **Gemeinschaftspraxis** oder **Sozietät** (auch: Berufsausübungsgesellschaft) neben der **Büro-** oder **Praxisgemeinschaft**, bei der Räume und Teile der Kosten der grds auf eigene Rechnung ihre Praxis betreibenden Berufsangehörigen zusammengelegt werden, sodass Gesellschaftszweck nicht die Berufsausübung ist (Schleswig MedR 2004, 56 m Anm *Cramer*; *Deckenbrock* NJW 2008, 3528). Bei der Bürogemeinschaft kann eine GbR vorliegen, wenn gemeinsam Büroflächen angemietet und Anstellungsverträge mit dem Personal abgeschlossen werden (MüKo/*Schäfer* Rn 40; *Bunk*, Sozietät und Gemeinschaftspraxis, 2007, 57ff). Sie begründet indes keine Rechtsanwalts-GbR, wie sich auch aus dem neuen § 59q BRAO ergibt. Eine reine Bürogemeinschaft führt steuerrechtl nicht zur Mitunternehmerschaft (BFH NJW 2006, 111 m Anm *Kempermann* FR 2005, 1148), auch wenn die Gesellschaft nach außen in Erscheinung tritt. Auch bei einer echten Gemeinschaftspraxis sind verschiedene Kooperationsformen denkbar, so etwa bei einem Zusammenschluss von Chirurgen und Orthopäden zur Erstellung von Gutachten. Die Bürogemeinschaft ist manchmal Innengesellschaft, wird aber bei gemeinsamer Nutzung von Praxisräumen oder bei gemeinsamem Personal Außengesellschaft sein. Davon abgesehen kann die Art des Auftretens nach außen, etwa die Gestaltung des Briefbogens (dazu *Henssler* in Henssler/Streck, Hdb Sozietätsrecht, 18f), den **Rechtsschein** des Bestehens einer Sozietät begründen (BGH NJW 1990, 827; Hamm NZG 2011, 137, 139; näher *Hartung* in Henssler/Streck, Hdb Sozietätsrecht, 626; zur Haftung eines „Schein-Sozius" § 721 Rn 8; zum Gesellschafter kraft Rechtsscheins *Kilian* NZG 2016, 90; *Freund* NZG 2017, 1001). Zum Abschluss von Mandatsverträgen mit der Sozietät oder einem einzelnen Partner und zu den Folgen für die Vertragshaftung auch solcher Sozien, die keine Anwälte sind, § 721 Rn 8. In der Musterberufsordnung der dt **Ärzte** ist die ärztliche Gemeinschaftspraxis vorgesehen (§§ 23a ff). Außengesellschaft ist die Belegärztegemeinschaft (BGH NZG 2006, 136, für Einzelheiten s MünchHdbGesR I/*Gummert* § 25). Besondere Probleme verursacht das Ausscheiden aus einer Gemeinschaftspraxis hauptsächlich durch die Bindung der Kassenarztzulassung an die Person und nicht an eine Gesellschaft (s BGH NJW 2002, 3536; *Braun/Richter* MedR 2005, 466ff). Weitere Beispiele sind **Architektengemeinschaften** (Hopt/*Roth* § 105 HGB Rn 14) und **Kammermusikorchester** (vgl Rn 52). Auch mehrere **Sachverständige** können als GbR zusammenwirken. Sie bilden eine Außengesellschaft, wenn sie gemeinsam nach außen einen Auftrag zur Erstattung eines Gutachtens annehmen und in diesem Rahmen einen gemeinsamen Zweck verfolgen. Wird nur ein Sachverständiger mandatiert, der im Rahmen der Gutachtenerstellung mit anderen Sachverständigen dergestalt zusammenwirken, dass jew selbständige Begutachtungsleistungen erbracht werden, entsteht regelmäßig eine Innen-GbR (ausf *Werling/Zieschang* DS 2021, 276, 277f). 57

Interprofessionelle Zusammenschlüsse von Angehörigen unterschiedlicher Freier Berufe unter Beteiligung von 58
Rechtsanwälten sind nach der jüngsten **Reform des anwaltlichen Gesellschaftsrechts** durch Gesetz v 7.7.2021 (BGBl I 2021, 2363) deutlich erleichtert worden. Nach Maßgabe des § 59c I Nr 4 BRAO können sich **Anwälte** künftig mit allen Personen zur gemeinsamen Berufsausübung zusammenschließen, die in der Berufsausübungs-

gemeinschaft einen **Freien Beruf iSd § 1 II PartGG** ausüben. Ohne Belang ist dabei, ob es sich um verkammerte Berufe handelt (*Deckenbrock* DB 2021, 2200, 2202). Demggü scheidet eine gemeinsame Berufsausübung mit **rein gewerblich tätigen Berufsträgern** aus (dazu näher *Kilian* NJW 2021, 2385 Rn 16ff). Der Reformgesetzgeber verfolgt damit das Ziel, die Unabhängigkeit der Freiberufler zu gewährleisten und zugleich zu verhindern, dass nicht die persönliche Leistungserbringung, sondern eine nach kaufmännischen Gesichtspunkten erfolgende Erbringung standardisierter Dienstleistungen im Vordergrund steht. Interprofessionelle Berufsausübungsgesellschaften scheiden auch dann aus, wenn der Zusammenschluss mit der Rechtsstellung des Anwalts als unabhängiges Organ der Rechtspflege unvereinbar ist oder eine **Gefahr für seine Unabhängigkeit** darstellen kann (§ 59c I Nr 4 Hs 2 BRAO). Das soll insb dann gelten, wenn in der anderen Person ein Grund vorliege, der bei einem Anwalt nach § 7 BRAO zur Versagung der Zulassung führen würde. Das dürfte mit Blick auf die Ausklammerung gewerblicher Berufe nur selten in Betracht kommen (vgl auch *Deckenbrock* DB 2021, 2200, 2202) und ist etwa anzunehmen, wenn der betr Berufsträger ggü einem gesellschaftsfremden Dritten weisungsgebunden ist (Begr RegE, BT-Drs 19/27670, 179). Unter vergleichbaren Voraussetzungen können sich auch **Steuerberater** mit anderen Freien Berufen iSd § 1 II PartGG nach Maßgabe des § 50 I 1 Nr 4 StBerG zur gemeinsamen Berufsausübung miteinander verbinden. Weiterhin unzulässig sind Verbindungen zw Rechtsanwälten und **Nur-Notaren** (§ 9 I 1 BNotO). **Anwaltsnotare** können sich nach Maßgabe des § 9 II, III BNotO mit Rechtsanwälten, Patentanwälten, Steuerberatern, Steuerbevollmächtigten, Wirtschaftsprüfern und Buchprüfern verbinden, soweit es um die gemeinsame Ausübung der anwaltlichen Tätigkeit geht. Die Wahrnehmung ihrer notariellen Tätigkeit ist hiervon strikt zu trennen und muss auch in diesem Fall stets persönlich und eigenverantwortlich erfolgen.

59 Die **Übernahme von Gemeinschaftsmandaten** mit Verpflichtung jedes Sozius und damit die Bildung von Außengesellschaften ist im Rahmen der rechtsfähigen Sozietät möglich (BGHZ 56, 355, 359; 124, 47, 49; BGH WM 1999, 1846; *Sieg* WM 2002, 1432; *Damm* FS Th Raiser, 2005, 23, 29ff). Nicht selten sind Sozien vertragl gehindert, ein nur sie persönlich berechtigendes und verpflichtendes Einzelmandat zu übernehmen (näher *Bunk*, Vermögenszuordnung, 74ff; umfassend dazu *Tophoven* in Henssler/Streck, Hdb Sozietätsrecht, 145ff). Ein Mandat der Sozietät konnte vor Inkrafttreten des RDG auch bei einer aus Anwälten und Steuerberatern bestehenden Sozietät in Bezug auf anwaltliche Dienstleistungen erteilt werden, wobei die Erbringung dieser Leistungen den beteiligten Anwälten überlassen blieb. Bei einem Mandat der Gemeinschaft **haften alle Sozien gesamtschuldnerisch** für den durch einen von ihnen verursachten Mandantenschaden (BGH NJW 1992, 337 und § 52 BRAO), und zwar auch diejenigen, welche nicht selbst Anwälte sind (BGH NJW 2012, 2435; zust insoweit Anm *Grunewald* S 2443; MüKo/*Schäfer* Rn 37). Nach dem Akzessorietätsmodell kann sich der Anwalt auf Einwendungen der Sozietät berufen (Düsseldorf NZG 2012, 421). Zur **Bezeichnung** der Berufsausübungsgesellschaften haben sich differenzierte Regeln herausgebildet, die liberal gehandhabt werden können (etwa „Kollegium" statt „Sozietät"), während der Gesellschaftszusatz „GbR mit beschränkter Haftung" schon aus gesellschaftsrechtl Gründen ausscheidet (BGHZ 142, 315; aA *Beuthien* WM 2012, 1ff; zu Vertretungsbeschränkungen, die zu ähnl Ergebnissen führen können: *Armbrüster* ZGR 2014, 333, 353ff; zur wettbewerbsrechtl Unzulässigkeit bereits BayObLG NJW 1999, 297). Die Partner einer Sozietät müssen sämtlich auf den in der Sozietät verwendeten **Briefbögen** genannt werden (BGH NJW 2002, 1419; für die Anwalts-GmbH s § 35a GmbHG), was aber nicht ausschließt, einzelne Personen als angestellte Rechtsanwälte zu bezeichnen, die auch nicht als Partner haften (das gilt nach BGH NZG 2012, 65 auch für einen Anwalt, der seine Kanzlei an den Zusammenschluss verkauft, zugleich aber Inhaber einer unter gleicher Anschrift ansässigen Einzelkanzlei bleiben sollte – gegen die Anwendung des § 28 HGB auf die Haftungsfragen in diesem Fall BGHZ 157, 361). Die „neue" Gesellschaft haftet dagegen auch dann nicht, wenn ihr Auftreten auf eine **„Schein-Sozietät"** hinweisen sollte, da diese nicht existiert und folglich auch kein tauglicher Anspruchsgegner von Verbindlichkeiten sein kann, die nur die „Scheingesellschafter" persönlich trifft (s schon BGHZ 154, 370), weil aus der Sicht eines nicht über die Haftungsverfassung informierten Mandanten in der Tat der Rechtsschein einer Gesellschafterhaftung begründet sein kann (§ 721 Rn 8). Dasselbe gilt, wenn mehrere Sozietäten aus Gründen der Werbung oder gegenseitigen Weiterempfehlung auf Briefbögen oder Praxisschildern den Eindruck erwecken, eine einzige Sozietät zu bilden (*Grunewald* FS Ulmer, 2003, 143). IÜ lässt es § 52 II 2 BRAO zu, die **Haftung** durch Vereinbarung mit dem Mandanten – auch durch AGB – auf einzelne Sozietätsmitglieder ohne Haftungsprivileg zu **beschränken**, was sich jedoch in der Praxis nicht empfiehlt, sodass der Weg in eine der die Haftung beschränkenden Gesellschaftsformen (PartG mbB, GmbH, GmbH & Co KG) näherliegt.

60 In der Freiberufler-Sozietät sind für das **Innenverhältnis** besonders die Bestimmungen über die Dauer der Gesellschaft, die Kündigung, die Aufnahme neuer Partner, den Umfang der auf gemeinschaftl Rechnung auszuübenden Tätigkeit der Sozien, die Vereinbarung eines Wettbewerbsverbots für tätige und ausgeschiedene Partner zu beachten, wobei die verbreiteten „Mandantenschutz-Klauseln" nach Art, Zeit und Gegenstand nicht über die schutzwerten Interessen der begünstigten Partner hinausgehen dürfen (BGH NJW-RR 1996, 741 m Anm *Goette* DStR 1996, 1256; NJW 2000, 2584 m Anm *Goette* DStR 2000, 1021; NJW 2004, 66; BB 2005, 2098ff; zum Ganzen *Bunk*, Vermögenszuordnung, 67ff; *Michalski/Römermann* in Henssler/Streck, Hdb Sozietätsrecht, 117ff). Ein Partner einer Anwaltssozietät ist keine arbeitnehmerähnliche Person iSd § 5 I 2 ArbGG, auch wenn er von der Sozietät wirtschaftl abhängig ist (BAG NJW 1993, 2458). Es finden sich aber auch Versorgungsansprüche altersbedingt ausgeschiedener Teilhaber (und/oder ihrer Hinterbliebenen), sodass insg die Entwicklung des Gesellschaftsverhältnisses starke Belastungen für die Berufsausübung und ihre Finanzierung nach sich ziehen kann. Rechtl ergibt sich daraus das Problem der Ausübungsschranken bzgl vertragl verbriefter Rechte (§ 708 Rn 8).

Die Bindungen sind lockerer bei der Büro- oder Praxisgemeinschaft (dazu *Steindorff* FS R. Fischer, 1979, 746, 750). Auch für die Gewinnverteilung sind besondere Modelle entwickelt worden (dazu *Heller* PFB 2005, 35ff), die es insb ermöglichen sollen, Juniorpartner unter Berücksichtigung steuerrechtl Gegebenheiten aufzunehmen (*Heller* PFB 2004, 33ff).

3. Land- und Forstwirtschaft, Kleingewerbetreibende und Handwerker. Die gemeinsame Ausübung von **Land-** und **Forstwirtschaft** kann nach § 2 HGB wahlweise in der Form der GbR oder der Handelsgesellschaft erfolgen, und zwar auch dann, wenn deren Betrieb keine kaufmännische Einrichtung erfordert (Hopt/*Merkt* § 3 HGB Rn 2; *K. Schmidt* ZHR 163, 87, 91; *Bydlinski* ZIP 1998, 1169, 1173). Da für die Praxis Kooperationsformen mit Haftungsbeschränkungsmöglichkeiten wichtig erscheinen, wird, soweit nicht die KG gewählt wird, bisweilen auch in diesem Bereich die Eignung von Betriebsaufspaltungen zur Abschirmung des – dann in GbR gehaltenen – Grundbesitzes von der Haftung für unternehmerische Verbindlichkeiten erwogen. IÜ bilden sich eigenständige gesellschaftsrechtl Praktiken und Anschauungen, die bereits als „Agrargesellschaftsrecht" bezeichnet worden sind (näher *Storm* JZ 1974, 568; *Storm* AgrarR 1976, 188; *Raisch* BB 1969, 1361, 1365; *Upmeier zu Belzen*, Die landwirtschaftl Familiengesellschaft als GbR, 1966). Dagegen konkurriert die Anschaffung von Maschinen zur gemeinschaftl Nutzung als Gegenstand eines gesellschaftlichen Zusammenschlusses mit genossenschaftlichen Formen. Für die Gesellschaft von **Kleingewerbetreibenden** oder **Handwerkern** ist das Wahlrecht zw der GbR und der Eintragung ins Handelsregister nach § 2 HGB zu beachten (näher § 705 Rn 7). Mehrere Inhaber von Fahrschulerlaubnissen dürfen, soweit sich ihre Erlaubnisse decken, eine **Fahrschule** in der Rechtsform der GbR betreiben (BVerwG NJW 1993, 1151). 61

4. Arbeitsgemeinschaft. Häufig nicht kaufmännischer Natur, weil keine dauernde Zusammenlegung der Gewerbe vorgesehen ist, sind die Arbeitsgemeinschaften im Baugewerbe (**ARGE**), die zur Erstellung eines einzelnen Projekts Großunternehmen oder hochspezialisierte Unternehmen zusammenführen (BGHZ 146, 341; BGH NJW 1997, 2754; Schleswig NZG 2001, 796). Das gilt insb, wenn sie nicht nach außen in Erscheinung treten und nur der Koordination der beteiligten Bauunternehmen dienen. Im umgekehrten Fall kommt eine Qualifikation als OHG in Betracht, wenn sie zumindest auf eine gewisse Dauer gerichtet sind (KG BauR 2001, 1790; Dresden DB 2003, 713; Frankfurt OLGR 2005, 257; *Wertenbruch* NZG 2006, 408). Bei der Vertragsgestaltung muss auf die Möglichkeit einer Qualifikation als OHG geachtet werden (*Evers/Scheef* BauRB 2005, 24ff; für die Bauindustrie gibt es einen Mustervertrag, der 2016 eine neue Fassung erhalten hat; abrufbar unter https://www.bwi-bau.de/shop/mustervertraege/). Da dem Bauherrn/Auftraggeber ggü alle Partner gemeinschaftl auftreten wollen, handelt es sich um Außengesellschaften auf Zeit (MüKo/*Schäfer* Rn 44; *Messerschmidt/Thierau* NZBau 2007, 179, 205), wobei zunächst auch nur eine bloße Bietergemeinschaft bestehen kann (zur vergaberechtl Behandlung *Hertwig/Nelskamp* BauRB 2004, 183ff). Die Bildung eines Gesellschaftsvermögens ist nicht notwendig, zumal der Vergütungsanspruch gegen den Bauherrn unmittelbar pro rata verteilt werden kann. Bei größeren Arbeitsgemeinschaften werden jedoch auch Beiträge in Geld oder Avalkredit für die Gesellschaft als ganze benötigt, sodass Gesellschaftsvermögen entsteht. Wenn – praktisch insb für Arbeitsgemeinschaften über Consulting-Leistungen – ein einheitlich erteilter Auftrag im Innenverhältnis in Teilleistungen aufgeteilt wird, handelt es sich um eine **Los-ARGE** (häufig mit Vergabe der Lose an Subunternehmer gekoppelt). Von einer Beihilfegemeinschaft spricht man, wenn sich der im Außenverhältnis allein auftretende Bauunternehmer im Innenverhältnis die Unterstützung bestimmter weiterer Unternehmer gegen eine Beteiligung an der Vergütung in Anspruch nimmt (Grü/*Sprau* § 705 Rn 37; MüKo/*Schäfer* Rn 44). Nur durch besondere Gestaltung des Außenverhältnisses, dh einer Vereinbarung mit dem Auftraggeber, ist erreichbar, dass ihm ggü nur diejenigen Vertragspartner haften, bei deren eigener Pflichterfüllung ein Fehler unterlaufen ist; regelmäßig haften alle (zum Fall der Insolvenz BGHZ 72, 267, 271 = BGH JuS 1979, 590 mit Anm *K. Schmidt*). Eine Konzentration der Haftung lediglich auf die konkret mit einer Leistung befassten Mitglieder kann nur durch eine PartG erreicht werden. 62

5. Bauherrengemeinschaft. Ein weitgehend steuerrechtl motivierter, nicht selten größere Gesellschafterkreise erfassender Typ der GbR ist die **Bauherrengemeinschaft.** Gemeinsamer Zweck ist die Errichtung größerer Wohneinheiten, in denen der einzelne Gesellschafter unter Inanspruchnahme der mit der „Bauherreneigenschaft" verbundenen Steuervorteile eine oder mehrere Einzelwohnungen nach Maßgabe des WEG, seltener auch Bruchteilseigentum (BGH NJW 1982, 1881; MüKo/*Schäfer* Rn 48) erwerben soll. Vereinbart sein kann auch die Aufteilung des zu errichtenden Gebäudes in Wohnungen nach Maßgabe des WEG. Wenn die Gesellschafter nur als **Anleger** durch Geldeinlagen die Erstellung einer – dann gemeinsam zu verwaltenden, etwa zu vermietenden – Immobilie finanzieren, entsteht eine Handelsgesellschaft, meist als KG. In allen Varianten sind häufig **Treuhänder** eingeschaltet, die entweder schon beim Zusammenschluss der Geldgeber, dann aber auch bei Vergabe des Bauauftrags für die Gesellschaft oder für jeden einzelnen „Bauherrn" tätig sind. Die Gesellschaft verfolgt als Zweck den Bau des Gebäudes zu Miteigentum aller Anleger oder die Schaffung von Einzelwohnungen für jeden von ihnen. Dabei können also Außen-, aber auch Innengesellschaften bürgerlichen Rechts entstehen. Gewöhnlich ist der Zusammenschluss zw den „Bauherren" in Form einer Innen-GbR aufgrund des Abschlusses gleichlautender Verträge mit dem Treuhänder schon um seiner steuerlichen Folgen willen ernsthaft gewollt (BGH NJW-RR 1988, 220; *Maser* NJW 1980, 962; MüKo/*Schäfer* Rn 49; zur Gültigkeit BGHZ 76, 86, 89; *Crezelius* NJW 1978, 2158). Daher können auch **Treuepflichten** der „Bauherren" untereinander bestehen (BGH WM 1996, 1004). Ein Treuhänder ist den Anlegern auch zur Auskunft über die Person der anderen Anleger verpflichtet (BGH WM 2011, 317; zur Struktur der Innengesellschaft hierbei *K. Schmidt* NZG 2011, 361). Möglich ist auch, dass die Bauaufträge jew im Namen einzelner Bauherren erteilt werden. Auch bei einer **Integrierten Projekt-** 63

abwicklung mit Mehrparteienvertrag entsteht durch die regelmäßig vereinbarten Vertragspflichten typischerweise eine Innen-GbR (*Fuchs/Leuering* NZBau 2022, 499).

64 Die **Beitrittsakte** können Regeln des Verbraucherschutzes unterliegen, auch ergeben sich Gültigkeitsbedenken unter den Gesichtspunkten der mangelnden Aufklärung oder sogar der Täuschung, bisweilen auch der nichtautorisierten Rechtsberatung (s etwa Düsseldorf NZG 2010, 1106). Ein weiteres Problem ist die zuweilen geforderte **Vollstreckungsunterwerfung** des Anlegers mit seinem Privatvermögen, wenn auch meist nur nach Maßgabe seiner quotalen Beteiligung am Gebäude (BGH ZIP 2005, 1361ff). Der BGH akzeptierte hier eine im Gesellschaftsvertrag übernommene Verpflichtung des Anlegers, die Vollstreckungsunterwerfung zu erklären, mit der Folge, dass bei Wirksamkeit des Beitritts der Anleger nach Treu und Glauben gehindert sei, sich auf die Unwirksamkeit der Unterwerfungserklärung zu berufen (zust *Jungmann* Anm WuB VIII D Art 1 § 1 RBerG 8.05; *Schimansky* WM 2005, 2209ff; abl *Ulmer* ZIP 2005, 1341; *Habersack* BB 2005, 1695). Die Verpflichtung zur Vollstreckungsunterwerfung wird dabei als Mittel zur Haftungsbeschränkung der Gesellschafter verstanden (BGH ZIP 2006, 120; zu den Fragen um die quotale Haftungsbeschränkung § 721 Rn 2ff). Anderes gilt, wenn die Gesellschaft selbst durch ihre Geschäftsführung den Kredit aufgenommen hat (BGH ZIP 2007, 64). Dann ist zwar eine durch den Geschäftsbesorger für die Gesellschafter mit ihrem Privatvermögen erklärte Vollstreckungsunterwerfung uU ein Fall unzulässiger Rechtsberatung, die aber nicht die für die Gesellschaft abgegebenen Erklärungen erfasst (BGH ZIP 2005, 1361; ZIP 2006, 121; *Goette* DStR 2006, 337; s auch *Altmeppen* ZIP 2006, 1, 5; aM *Ulmer* ZIP 2005, 1341, 1343). Wenn die Gesellschaft selber den Kredit im Rahmen ihrer gewerblichen Betätigung aufnimmt, greifen die verbraucherschützenden Vorschriften der §§ 491ff nicht ein (BGH ZIP 2006, 1622; zur möglichen Qualifikation einer GbR als Verbraucherin § 705 Rn 51). Bei der Einschaltung von Treuhändern der Anleger in die Begründung und Durchführung der Vertragswerke wird – trotz einer darin liegenden verbotenen Rechtsberatung – keine Nichtigkeit des aufgrund der Vollmacht erklärten Beitritts angenommen, wenn bei Beurkundung des Beitritts die Vollmacht im Original vorgelegen hat und der Erklärungsempfänger gutgläubig war (Zweibrücken OLGRp 2004, 633).

65 Im Innenverhältnis der Gesellschafter untereinander bestehen **Erfüllungspflichten** (BGH WM 1986, 1001 m zust Kurzkomm *Reithmann* EWiR § 705 BGB 1/86; s auch BGH WM 1987, 1515; WM 1988, 661), bei Unwirksamkeit des Beitritts wegen Täuschung oder wegen eines wirksamen Widerrufs des Anlegers können sie aus der Lehre von der **fehlerhaften Gesellschaft** (§ 705 Rn 165ff) folgen (Hamm OLGRp 2004, 383), wobei aber die Rückabwicklung im Verhältnis zu einem Darlehensgeber nach den Regeln des Verbraucherrechts dazu führen kann, dass der Anleger das Darlehen nicht (mehr) zu bedienen braucht bzw seine Leistungen zurückfordern kann, seinerseits der Bank aber die Wohnung übereignen muss. Mit Abschluss des Projekts richtet sich das **Innenverhältnis der Bauherren** nach dem WEG (vgl Brandenburg NZM 2021, 892 Rn 25) oder ist Bruchteilsgemeinschaft; die GbR ist (mangels abweichender Vereinbarung) nach § 729 II aufgelöst und zu liquidieren, es sei denn, es stehen noch Leistungen der Gesellschaft aus (BGH WM 1988, 661 m Anm *v Heymann* WuB I GZ 10/88) oder das Objekt wird gemeinsam verwaltet. Stehen der GbR noch **Gewährleistungsansprüche** gegen den ausführenden Bauunternehmer zu, ist sie verpflichtet, diese an die Wohnungseigentümergemeinschaft zu übertragen, um deren Durchsetzung im Außenverhältnis zu ermöglichen (Brandenburg NZM 2021, 892 Rn 28).

66 **6. Unterbeteiligung.** Eine der wichtigsten Formen der BGB-Innengesellschaft (§ 740 Rn 2ff) ist die Unterbeteiligung an Gesellschaftsanteilen. **Grund für derartige Verträge** kann der Zusammenschluss zum Erwerb eines Anteils sein (dann wirtschaftl Verwandtschaft mit der Treuhand, s *Blaurock*, Unterbeteiligung und Treuhand an Gesellschaftsanteilen, 1981, 499f; *Tebben*, Unterbeteiligung und Treuhand an Gesellschaftsanteilen, 2000, 27ff; zur Qualifikation als BGB-Innengesellschaft Staudinger/*Habermeier* Rn 64), daneben das Bestreben, Miterben oder Pflichtteilsberechtigte, die nicht unmittelbar Gesellschafter der Hauptgesellschaft werden sollen oder können, mit einem nicht in Geld bestehenden Vermögenswert abzufinden (BGHZ 50, 316; BGH WM 1967, 685). Die Gründe für eine solche Gestaltung finden sich im Steuer- wie auch im Zivilrecht (Übersicht bei *Kühne/Rehm* NZG 2013, 561; zum Steuerrecht *Blaurock*, Hdb Stille Gesellschaft, 46ff; *Wergulla* DB 2009, 1166).

67 **a) Rechtsnatur und Grundlagen.** Die Unterbeteiligungsgesellschaft besteht aus dem Gesellschafter der **Hauptgesellschaft**, der ggü dieser bzw seinen dortigen Mitgesellschaftern Alleininhaber der Beteiligung und Träger der damit verbundenen Rechte und Pflichten ist, und auf der anderen Seite den Unterbeteiligten. Ist der Hauptbeteiligte im Innenverhältnis gar nicht beteiligt, ist er Treuhänder, die anderen Beteiligten sind Treugeber (BGH NJW 1994, 2886; ähnl Hamm DB 1994, 1233; Staudinger/*Habermeier* Rn 64; krit *Roth* Anm LM Nr 45 zu § 662 BGB). Das gilt vor allem dann, wenn ihm ggü die Unterbeteiligten umfassende Weisungsrechte haben. Wenn der Hauptbeteiligte nur einen Teil seines Anteils für die anderen Vertragspartner hält, spricht mehr für Unterbeteiligung (BGH NJW 1994, 2886; *Armbrüster*, Die treuhänderische Beteiligung, 2002, 24). Treuhand und Unterbeteiligung schließen einander aber nicht aus (BGH NJW 1995, 960). Gegenstand der Unterbeteiligung, die **reine Innengesellschaft** ist, sind alle Rechte des Hauptbeteiligten aus seinem Anteil an der Hauptgesellschaft, manchmal auch lediglich der Gewinn. Dass die Innengesellschaft kein Vermögen bilden kann, hindert nicht, schuldrechtl eine Beteiligung des Unterbeteiligten auch am Wertzuwachs des Anteils zu schaffen (was bei der Auseinandersetzung zum Tragen kommt, BGH WM 1967, 685; *Blaurock*, Unterbeteiligung und Treuhand an Gesellschaftsanteilen, 114f; MüKo/*Schäfer* Rn 103; aM *Tebben*, Unterbeteiligung, 346f). Gleiches gilt für eine Verlustbeteiligung der Unterbeteiligten. Ob solche Regelungen getroffen worden sind, ergibt sich durch Auslegung des Unterbeteiligungsvertrags. Selbst wenn eine Verlustbeteiligung vereinbart ist, kommt eine persönliche Haftung des Unter-

beteiligten für Verbindlichkeiten der Hauptgesellschaft nur auf Grundlage eines eigenen Verpflichtungsgrundes in Betracht (MüKo/*Schäfer* Rn 103).

Bei einer sog **atypischen** Unterbeteiligung steht den Unterbeteiligten bei Auflösung der Hauptgesellschaft oder beim Ausscheiden des Hauptgesellschafters aus ihr ein Anteil am Abfindungsguthaben zu (*Blaum* in Westermann/Wertenbruch, Rn I 2319). Das Verständnis der Unterbeteiligung als GbR entspricht der hM (BGHZ 50, 316, 320; BGH BB 1965, 517; MüKo/*Schäfer* Rn 97; abw *Esch* NJW 1964, 902, 904; *H. Schneider* FS Möhring, 1965, 115f; *K. Schmidt*, GesR § 63 I 1, die HGB-Regeln über die stille Gesellschaft anwenden wollen), was in der Tat bei stiller Beteiligung an einer kleingewerblichen Gesellschaft in Betracht kommt und eine Anwendung von HGB-Normen nicht ausschließt (*Westermann* in Westermann/Wertenbruch, Rn I 233m–233p; LG Bremen 1991, 269). Allerdings kann sich der Abschluss eines solchen Vertrags wegen Bindungen ggü den Unterbeteiligten im Rahmen der Hauptgesellschaft störend auswirken, sodass eine Zustimmung der übrigen Gesellschafter der Hauptgesellschaft nötig ist, bei deren Fehlen der Hauptbeteiligte, der die Unterbeteiligung trotzdem eingegangen ist, uU sogar ausgeschlossen werden kann (MüKo/*Schäfer* Rn 102). 68

Bei der **rechtlichen Behandlung** der Unterbeteiligung, namentlich der Auslegung des Unterbeteiligungsvertrags, ist von den §§ 740ff auszugehen; sie können jedoch durch das Recht der stillen Gesellschaft ergänzt werden, sobald die Interessen des Hauptgesellschafters an der Verwaltung der ihm zustehenden Beteiligung denen des Inhabers eines Handelsgeschäfts iSd § 230 HGB vergleichbar sind. Unanwendbar sind somit grds die Kündigungsregeln des BGB, anwendbar stattdessen die §§ 231, 233 HGB über Gewinnbeteiligung und Kontrollrechte (BGH NJW 1995, 960). **Direkte Beziehungen** zw den **Unterbeteiligten** und den anderen **Mitgliedern der Hauptgesellschaft** sowie zu dieser selbst bestehen nicht (BGHZ 50, 316, 324; Soergel/*Hadding/Kießling* Rn 33; MüKo/*Schäfer* Rn 99, 102), weil der Hauptgesellschafter in den Stand gesetzt werden muss, in der Hauptgesellschaft seine Pflichten zu erfüllen und seine Rechte verantwortlich wahrzunehmen. 69

Obwohl von einer echten **Vorrangstellung der Hauptgesellschaft** für den Fall der Kollision von Regelungen dieser und der Unterbeteiligungsvereinbarung **nicht** ausgegangen werden sollte (Staudinger/*Habermeier* Rn 64; MüKo/*Schäfer* Rn 100; aM *Rüthers* AcP 168, 283), wird manchmal doch die Verteilung von Rechten und Pflichten in der Unterbeteiligungsgesellschaft vor dem Hintergrund des Vertrags der Hauptgesellschaft zu sehen sein, aus dem folgt, ob dem Hauptbeteiligten die Begründung von Unterbeteiligungen verboten ist, welche Informationen weitergegeben werden dürfen und wie der Hauptbeteiligte Interessenkollisionen zu lösen hat (s etwa *Tebben*, Unterbeteiligung, 179ff). Eine hauptgesellschaftsakzessorische Interpretation des Unterbeteiligungsvertrags kann auf einer ausdrückl Vereinbarung in Letzterem beruhen oder nach den Umständen des konkreten Einzelfalls anzunehmen sein, wie zB bei Regelungen, die eine Abhängigkeit der Unterbeteiligung von der Hauptgesellschaft oder eine Rücksichtnahme auf die Interessen des Hauptgesellschafters betonen (MüKo/*Schäfer* Rn 100). Weist der Unterbeteiligungsvertrag Lücken oder Unklarheiten auf, kann im Wege ergänzender Vertragsauslegung an den Vereinbarungen des Hauptgesellschaftsvertrags behutsam Maß genommen werden (*Tebben*, Unterbeteiligung, 177). 70

b) Abschluss des Unterbeteiligungsvertrags. Der Abschluss des Unterbeteiligungsvertrages zw dem Haupt- und dem Unterbeteiligten ist darauf gerichtet, eine gemeinsame Berechtigung an dem Anteil der Hauptgesellschaft zu begründen. Der Vertrag bedarf **keiner besonderen Form**, soweit keine Verpflichtung zur Übertragung von Grundstücken oder GmbH-Anteilen begründet wird (§ 705 Rn 20ff). Im **Schenkungsfall** ist § 518 I 1 zu beachten, es sei denn, die Zuwendung der Unterbeteiligung erfolgt nach § 1624 I zu Ausstattungszwecken (BGH WM 1967, 685). Ein etwaiger Formmangel wird mit dem Abschluss des Unterbeteiligungsvertrages geheilt (speziell zur Unterbeteiligung *Tebben*, Unterbeteiligung, 225ff). Für den Abschluss eines Unterbeteiligungsvertrages braucht der Hauptgesellschafter die Zustimmung seiner Partner in der Hauptgesellschaft gewöhnlich nur, wenn die Unterbeteiligten über eine schuldrechtl Gewinnbeteiligung hinaus Mitwirkungsrechte bekommen sollen (vgl MüKo/*Schäfer* Rn 102; *Westermann* in Westermann/Wertenbruch, Rn I 233). 71

c) Rechtsstellung des Unterbeteiligten. Die Unterbeteiligten haben eigenständige **Kontrollrechte** nur gegen den Hauptbeteiligten betr die auf den Gegenstand der Beteiligung bezogenen Umstände. Dies gilt im Hinblick auf die Berechnung sämtlicher aus der Beteiligung fließenden Erträgnisse (BGHZ 50, 316, 323; BGH NJW-RR 1995, 165; *Esch* NJW 1964, 902, 905; *Blaurock*, Unterbeteiligung und Treuhand an Gesellschaftsanteilen, 183; MüKo/*Schäfer* Rn 104); sie können analog § 233 HGB vom Hauptbeteiligten eine jährliche Bilanz über dessen Gesellschaftsanteil, nicht aber Vorlage der Gewinn- und Verlustrechnung der Gesellschaft selbst verlangen (Frankfurt GmbHR 1987, 57, 59). Ein Recht, die Bilanz oder Gewinn- und Verlustrechnung der Hauptgesellschaft einzusehen, steht dem Unterbeteiligten selbst dann nicht zu, wenn der Gesellschaftsvertrag der Hauptgesellschaft die Bildung von Unterbeteiligungen vorsieht (BGHZ 50, 316, 324f; MüKo/*Schäfer* Rn 104; aM MüKo-HGB/*K. Schmidt* § 233 Rn 34; 16. Aufl Rn 40 [*Westermann*]). Die Trennung der beiden Beteiligungsverhältnisse kommt weiter dadurch zum Ausdruck, dass die **Stimmrechtsausübung** durch den Hauptbeteiligten in der Hauptgesellschaft auch dann wirksam ist, wenn sie gegen die Interessen des Unterbeteiligten verstößt; auch die Grundsätze des Vollmachtsmissbrauchs finden keine Anwendung (BGH NJW 1968, 1471; WM 1977, 525, 527 zur Treuhand; MüKo/*Schäfer* Rn 105; aA *Tebben*, Unterbeteiligung, 192ff, 202). Allerdings kommt ein Schadensersatzanspruch des Unterbeteiligten in Betracht, wenn der Hauptgesellschafter die Interessen des Unterbeteiligten beeinträchtigt, ohne durch die Treuepflichtbindung innerhalb der Hauptgesellschaft dazu verpflichtet zu sein (BGH WM 1977, 525, 528f), wie zB durch Aushöhlung der Gewinnbeteiligung des Unterbeteiligten durch Bildung stiller Reserven oder hohe Selbstfinanzierung (MüKo/*Schäfer* Rn 105). Bei einer unter Begründung von Rechten gegen die Mit- 72 glieder der Hauptgesellschaft (mit deren Zustimmung) zustande gekommenen **offenen Unterbeteiligung** hat der Unterbeteiligte, wenn der Vertrag nicht entgegensteht, eigene Kontrollrechte, unterliegt aber auch der gesellschaftlichen Treubindung (MüKo/*Schäfer* Rn 106; *Blaurock* Unterbeteiligung und Treuhand an Gesellschaftsanteilen, 184f).

73 **d) Kündigung und Auseinandersetzung.** Die **Kündigung** der Unterbeteiligung durch einen Unterbeteiligten oder den Hauptbeteiligten wird im Schrifttum (*Esch* NJW 1964, 906; MüKo/*Schäfer* Rn 107; aM *Blaurock* Unterbeteiligung und Treuhand an Gesellschaftsanteilen, 163f; *Tebben* Unterbeteiligung, 340; Soergel/*Hadding*/*Kießling*: erg Vertragsauslegung) analog §§ 234 I, 132, 133 HGB beurteilt, was den Interessen des Partners in der Hauptgesellschaft und dem Bedürfnis, Kapitalabfluss zu vermeiden, regelmäßig am besten entspricht. Bei Unterbeteiligungsgesellschaften mit Abfindungscharakter sind regelmäßig Mindestlaufzeiten oder eine Kündbarkeit erst nach Auskehrung eines bestimmten Betrages an die Unterbeteiligten vorgesehen. Gegen sehr lange oder nicht genau festgelegte Bindungsfristen spricht, dass die Rspr (BGHZ 23, 10, 15; 50, 316, 322; BGH NJW 1994, 2386 zu § 723 III aF) § 725 VI anwenden könnte, auch wenn die Kündigung die Stellung des Hauptgesellschafters in der Hauptgesellschaft unberührt lässt. Deshalb kann die Dauer der Unterbeteiligung auch nicht vom Fortbestand der Hauptgesellschaft oder der Mitgliedschaft des Hauptgesellschafters in der Hauptgesellschaft abhängig gemacht werden (BGHZ 50, 316, 320f; BGH NJW 1994, 2886, 2888). Der Tod eines Unterbeteiligten (§ 234 II HGB) oder des Hauptbeteiligten hat – vorbehaltlich einer abw vertragl Regelung oder Vertragsauslegung – im Zweifel keine Beendigung der Unterbeteiligung zur Folge. Anderes gilt für das Ausscheiden des Hauptbeteiligten aus der Gesellschaft (§ 740a II). Auf die **Auseinandersetzung** findet § 235 HGB analoge Anwendung (*Esch* NJW 1964, 906; *Paulick* ZGR 1974, 280; MüKo/*Schäfer* Rn 108).

74 **7. Organisation wirtschaftlicher Einheiten.** Im Bereich der Organisation wirtschaftl Einheiten und marktbezogener Vorgänge wird die GbR in der Form der Gelegenheitsgesellschaft, aber auch als Dauergesellschaft nicht selten mit bedeutendem wirtschaftl Gewicht tätig, obwohl sie bei dieser Art der Kooperation idR nicht unternehmenstragend ist. Daher stammt die rechtl Problematik dieser Gebilde weniger aus dem BGB-Gesellschaftsrecht als aus sonstigen Normen, die sich auf den vom gemeinsamen Zweck der Gesellschafter erfassten Lebensvorgang richten. Dass es sich bei diesen Verbindungen wirtschaftl Einheiten typischerweise um GbR und nicht um OHG handelt, resultiert entweder aus der mangelnden Dauerhaftigkeit des auf einzelne Geschäfte beschränkten Gesellschaftszwecks oder am fehlenden planmäßigen Auftreten am Markt (vgl BGH WM 1992, 1225, 1230; MüKo/*Schäfer* Rn 52 aE; Soergel/*Hadding*/*Kießling* Rn 47).

75 **a) Konzern und Gemeinschaftsunternehmen.** Das zeigt sich bei den verschiedenen Formen **konzernmäßiger Zusammenschlüsse.** Gewinngemeinschaften und Gleichordnungskonzerne können als GbR organisiert sein, indem eine einheitliche Leitung unter gleichgeordneten Unternehmen vereinbart wird (*Emmerich*/*Habersack*, Aktien- und GmbH-Konzernrecht[10] 2022, § 291 AktG Rn 102; *Koch* § 292 AktG Rn 2; Soergel/*Hadding*/*Kießling* Rn 50; MüKo/*Schäfer* Rn 67), während bei Beherrschungs- und anderen vertikalen Unternehmensverträgen ein satzungsüberlagernder Organisationsvertrag vorliegt, weniger durch einen gemeinsamen Zweck als durch ein Austauschmoment gekennzeichnet ist (MüKo/*Schäfer* Rn 67; Koch § 291 AktG Rn 17f; aA *Kersting* Der Konzern 2011, 445, 449ff). Beim faktischen Konzern wird kein Gesellschaftsvertrag vorliegen (*U.H. Schneider* BB 1981, 249, 255). Im gesamten Konzernorganisationsrecht wird die GbR allenfalls einen Rahmen hergeben, innerhalb dessen die Absprachen – gewöhnlich in Konkretisierung oder Abwandlung der §§ 705ff – und Verhaltensweisen der beteiligten Unternehmen gesellschaftsrechtl Relevanz entfalten. Gewöhnlich werden handelsrechtl Regeln, etwa zur Haftung, nicht benötigt, um die Interessenlage zu erfassen (Staudinger/*Habermeier* Rn 74). Etwas stärker tritt die instrumentale Funktion der GbR hervor, wenn es sich um die Bildung und den gemeinschaftl Einsatz von Stimmrechten und Stimmrechtsvollmachten im Rahmen von Poolverträgen handelt.

76 Die Handhabung wird am deutlichsten beim **Gemeinschaftsunternehmen** (Joint Venture) das von mehreren herrschenden Unternehmen iSd § 17 AktG über den Anteilsbesitz abhängig ist (BGHZ 62, 193; 74, 359, 366), und dessen Steuerung über die Stimmrechtsausübung zw den Muttergesellschaften vereinbart wird; diese Abrede ist Gesellschaftsvertrag (*Gansweid*, Gemeinsame Tochtergesellschaften, 1976, 53ff; *Hohmuth* ZIP 2016, 658). Da jede Muttergesellschaft ggü dem Gemeinschaftsunternehmen allein im eigenen Namen auftritt, liegt oft nur eine Innengesellschaft vor (MüKo/*Schäfer* Rn 67), doch kann es sich auch um die gemeinschaftl Beherrschung eines operativ tätigen, häufiger wirtschaftl Hilfsfunktionen für die Gesellschafter wahrnehmenden Unternehmens (dann meist in der Rechtsform der GmbH) handeln. Zudem die **Gewinngemeinschaft** iSd § 292 I Nr 1 AktG ist auf Gewinnerzielung als gemeinsamen Zweck gerichtet und damit regelmäßig als Innen-GbR zu qualifizieren (MüKo-AktG/*Altmeppen* § 292 Rn 12). Auch die wirtschaftl Betätigung im Rahmen von **Business Combination Agreements** kann in der Rechtsform der GbR erfolgen (*Reichert* ZGR 2015, 1, 4; *Schmidbauer*/*Kürten* NZG 2021, 1150, 1152; *Strohn* ZHR 182, 114, 121; vgl auch MüKo-AktG/*Bayer* § 18 Rn 52; *Arens*, Vertragliche Einflussrechte auf die Geschäftsführung des Vorstandes durch ein Business Combination Agreement, 2014, 43ff; *Wiegand*, Investorenvereinbarung und Business Combination Agreement, 2017, 147), wobei die GbR eine Vorstufe der Unternehmensverbindung ist, uU auch ein verdeckter Beherrschungsvertrag sein kann (*Kiefner* ZHR 178, 547, 566ff; *Herwig*, Leitungsautonomie und Fremdeinfluss, 2014, 129ff).

77 **b) Kartell, Syndikat, Doppelgesellschaft.** Soweit die GbR Bedeutung als Instrument der **Kartellbildung** hat, ist die Marktbeeinflussung, soweit erlaubt (zu den Folgen eines Kartellverstoßes § 705 Rn 171), Zweck iSd § 705 (Soergel/*Hadding*/*Kießling* Rn 51), obwohl das Merkmal des Vertrags zu einem gemeinsamen Zweck in § 1 GWB gestrichen ist. Trotz der auf eine Gesellschaft weisenden Kennzeichnung der von den beteiligten Unterneh-

men getroffenen Vereinbarungen kann ein gemeinsamer Zweck iSd Vorschrift auch vorliegen, wenn keine GbR angenommen werden kann. Für höher organisierte Kartelle, insb **Syndikate**, wird entweder eine GmbH gegründet, oder eine eigens zu diesem Zweck geschaffene GmbH übernimmt die Geschäftsführung (ggf den gemeinsamen Betrieb) für die in einer GbR zusammengeschlossenen Kartellmitglieder; man spricht dann von einer **Doppelgesellschaft** (RGZ 151, 321; *Westermann*, Vertragsfreiheit, 446ff; *Gansweid* aaO, 71; ähnl MüKo/*Schäfer* Rn 68), weil die Beteiligten sich zweier rechtl verselbständigter Rechtsformen bedienen, deren Organisationsstrukturen aufeinander bezogen sind (MüKo-GmbHG/*Liebscher* § 45 Rn 26).

c) **Stimmrechtspools und Schutzgemeinschaften.** In Pool- oder Schutzgemeinschaftsverträgen verfolgen die Beteiligten sehr verschiedenartige Ziele, die im Kern stets der Bündelung ihrer wirtschaftl Interessen ggü anderen dienen. Bei den verschiedenen Formen der **Beteiligungskonsortien**, die ebenfalls als (Stimmrechts-)Pool bezeichnet werden, geht es um die gemeinsame Willensbildung durch „Zusammenlegen" von Beteiligungsrechten. Dabei muss nicht ein gemeinsames Vermögen gebildet werden. Insb müssen Anteile, um den durch sie vermittelten unternehmerischen Einfluss im Pool bündeln zu können, nicht ins Eigentum einer eigens gebildeten Gesellschaft eingebracht werden, und zwar auch dann nicht, wenn sie überhaupt erst zu diesem Zweck von den Gesellschaftern erworben werden (s BGH WM 1970, 962f; *Schröder* AG 1978, 578). Wenn es nur um eine Bindung der Gesellschafter durch Vinkulierung von Namensaktien geht, durch die Dritte aus dem Aktionärskreis ferngehalten werden sollen, ist eine BGB-Innengesellschaft gegeben (BGH NZG 2010, 62); es kann aber auch – so beim Sicherheitenpool (Rn 82) – eine Außengesellschaft gewollt sein. Darüber entscheidet nach Maßgabe des § 705 II der Wille der Konsorten. Eine zulässige Gestaltungsform ist zudem, dass die Anteile durch die Konsortialführerin treuhänderisch für die Konsorten gehalten werden. 78

Charakteristisch bei den Beteiligungskonsortien ist die **Stimmrechtsbindung** (zu Stimmbindungsverträgen ausf § 714 Rn 22ff). Ist sie vereinbart, so liegt eine Gesellschaft vor, wenn damit ein gemeinsamer Zweck verfolgt wird (RGZ 133, 90, 93; BGH NJW 1951, 268; WM 1970, 962), indem etwa eine stabile Stimmenmehrheit beschafft und gemeinsam die Herrschaft über das Beteiligungsunternehmen ausgeübt, in der AG auch dem Einfluss eines besonders stark beteiligten Gesellschafters dauernd entgegengetreten werden soll. Man spricht dann auch von einer **Schutzgemeinschaft** (BGHZ 126, 226, 234; Hamm NZG 2022, 1211 Rn 181ff; *Ulmer* FS Hommelhoff, 2012, 1249; *Krieger* FS Hommelhoff, 2012, 593ff; zum Konsortium als Kampfinstrument schon *Westermann* FS Bezzenberger, 2000, 449ff). Schutzgemeinschaft idS ist auch der Zusammenschluss von Treugeber-Kommanditisten zum Zweck der Kontrolle oder schon des Vorgehens gegen den gemeinsamen Treuhänder, wobei unter den Treugebern eine Innengesellschaft vorliegt, auch wenn nach dem Vertrag der Treuhänder Vertretungsmacht für die Treugeber haben sollte (BGH ZIP 2011, 322; *Priester* ZIP 2011, 699, 700; BGHZ 179, 13, 24 – Schutzgemeinschaft II; zu Streitigkeiten innerhalb der Schutzgemeinschaft über die Stimmbindung LG Heidelberg ZIP 2016, 2318). Als weitere Zwecke kommen in Betracht die Sicherung eines Mindesteinflusses durch eine Repräsentation im Aufsichtsrat oder inhaltl Zusagen bzgl der Geschäftspolitik, wie zB das Versprechen, auf eine bestimmte Dividende oder einen entnahmefähigen Gewinn hinzuwirken. Werden solche Bindungen mit Vorkaufsrechten verknüpft, bedarf es keiner Bildung eines Gesellschaftsvermögens; geschieht es dennoch, ist von einem Beteiligungskonsortium die Rede (BGH WM 1969, 790; *Schrödter* NJW 1979, 2592; *Hartmann* FS Werner, 1984, 217ff; *K. Schmidt* GesR § 58 III 7d). Dabei können Erwerbsvorrechte für die Gesellschafter, die ggü dem Wunsch nach Ausscheiden aus der Schutzgemeinschaft oder auch bei vertragswidrigem Verhalten eingreifen, sich ggü dem an einem Ausscheiden Interessierten wie Kündigungsbeschränkungen auswirken, namentlich bei vertragl Festlegung des Erwerbspreises; daher ist insoweit eine Inhalts- und Ausübungskontrolle wie bei Abfindungsklauseln (§ 728 Rn 39ff) angebracht (BGHZ 126, 226, 241; dazu *Westermann* ZGR 1996, 272ff). 79

In einem Stimmrechtskonsortium besteht ein erhebliches Bedürfnis, die **Willensbildung** so auszugestalten, dass keine Blockademöglichkeiten entstehen, sodass Mehrheitsentscheidungen vereinbart sein können, dies auch dann, wenn es sich um Entscheidungen handelt, die in der Kapitalgesellschaft, an welcher die Konsorten beteiligt sind, nicht mit einfacher Mehrheit getroffen werden können (dazu BGHZ 179, 13 – Schutzgemeinschaft II; *Krieger* FS Hommelhoff, 2012, 596ff; *Lieder* FS Krieger, 2020, 583ff). Ein weiteres Problem entsteht, wenn im Pool ein Gesellschafter die Mehrheit erlangt, was ihn befähigt, mit der Stimmkraft der gesamten Gemeinschaft in der Hauptversammlung der Hauptgesellschaft Beschlüsse durchzusetzen, die von der Pool-Minderheit abgelehnt werden („Unterwanderung" der Schutzgemeinschaft, *Ulmer* FS Hommelhoff, 2012, 1256). Ein allg Vorrang der kapitalgesellschaftsrechtl Ebene vor der Konsortialsphäre besteht nicht (eingehend *Zöllner* FS Ulmer, 2003, 725ff gegen *Habersack* ZHR 164, 1ff; für die Wirksamkeit von Mehrheitsentscheidungen auch *Odersky* FS Lutter, 2000, 557ff). 80

Hohe praktische Bedeutung kommt Poolverträgen zu, die in **Familienunternehmen** dazu dienen, einer Familie den Einfluss auf die Unternehmensführung zu sichern oder die Sphären mehrerer Familienstämme abzugrenzen (ausf *Westermann*, Der Gesellschafter (Österreich), 2015, 160ff; *Klein-Wiele* NZG 2018, 140). In Form von **Familienpools** können Vermögenswerte der Familie gebündelt werden. Der zentrale Vorzug einer solchen GbR im Vergleich zur vorweggenommenen Erbfolge besteht darin, dass Nutzungs- und Verwaltungsverträge gesellschaftsvertragl zw den Familienmitgliedern nach ihren individuellen Präferenzen aufgeteilt werden können. Zudem erleichtern die Prinzipien der Anwachsung und der Sondererbfolge in die Gesellschaftsanteile die generationsübergreifende Perpetuierung des Familienvermögens (MüKo/*Schäfer* Rn 73; MHdB GesR I/*Schücking* § 4 Rn 113; *Langenfeld* NJW 1996, 2601, 2602f). Auch beim **Cash Pooling**, durch das die Liquiditätsversorgung von Kon- 81 zernunternehmen über eine zentrale Verrechnungsstelle verbessert oder sichergestellt werden soll, kann die Rahmenvereinbarung als GbR ausgestaltet sein (näher *Decker* ZGR 2013, 392).

82 **d) Sicherheitenpools.** Beim Sicherheitenpool, durch den mehrere Sicherungsnehmer (Lieferanten oder Banken) eines Schuldners ihre Sicherungsrechte in eine Gesellschaft einbringen, um sie gemeinsam (besonders gegen Insolvenzverwalter) durchsetzen zu können (MüKo/*Schäfer* Rn 74; *Peters* ZIP 2000, 2238), hoffen die Beteiligten, die Einwände ausräumen zu können, die einem einzelnen Sicherungsnehmer bei der Geltendmachung seiner Rechte unter Hinweis auf die kollidierenden Rechte anderer Gläubiger gewöhnlich entgegengesetzt werden. Die Sicherungsrechte werden entweder in den Pool derart eingebracht, dass ein Gesellschaftsvermögen entsteht und die Rechte namens des Sicherheitenpools geltend gemacht werden, oder einer der Poolbeteiligten übernimmt – als Konsortialführer – die Rechte als Treuhänder, auch kann unbeschadet der Gesellschaftseigenschaft das Sicherungsgut zu Bruchteilen gehalten werden. Diese Vereinbarungen begründen im Grundsatz einen gültigen BGB-Gesellschaftsvertrag (BGH WM 1988, 1784, 1785; NJW 1992, 1501; Frankfurt WM 1986, 27, 29; Hamburg ZIP 1985, 740, 741; für bloße Rechtsgemeinschaft *Stürner* ZZP 1994, 264, 275). Rechtl Bedenken bestehen nur, wenn durch die Poolbindung zweifelhafte Sicherheiten insolvenzfest gemacht werden sollen (Karlsruhe WM 1979, 343) oder durch die Höhe der im Pool gehaltenen Sicherheiten eine Täuschung der übrigen Gläubiger verursacht wird. Eine andere Zielrichtung weisen **Sanierungsfonds** auf, die – ebenfalls als GbR organisiert – von Vertragspartnern eines insolvenzgefährdeten Unternehmens errichtet werden, um den Fortbestand dieses Unternehmens durch zusätzl Liquidität zu sichern (vgl München DB 2002, 2429f).

83 **e) Emissionskonsortien.** Im Bereich der **Emission** von Wertpapieren (Aktien oder Schuldverschreibungen) sowie im Kreditgeschäft kooperieren die beteiligten Banken oft in Form einer als **Konsortium** bezeichneten GbR (näher *Brandt/Sonnenhol* WM 2001, 2329). Da oft nur eine einzelne Emission durchgeführt oder ein bestimmter Kredit gewährt wird, handelt es sich um Gelegenheitsgesellschaften (Rn 52), wenn auch in der Praxis das Bankenkonsortium, das bei wirtschaftl bedeutenden und nur mit erheblichem Aufwand zu platzierenden Emissionen zusammentritt, oftmals für mehrere Fälle auf einen identischen oder sehr ähnlichen Gesellschafterkreis zurückgreift. Beim bloßen **Begebungskonsortium** handeln die Banken als Kommissionäre für den Emittenten, übernehmen also die Werte nicht selbst und tragen nicht das Risiko der Platzierung; der gemeinsame Zweck besteht im geschlossenen Auftreten am Kapitalmarkt. Dagegen wird beim **Emissionskonsortium** eine atypische GbR gebildet, deren Zweck die Übernahme der Wertpapiere, ihre Bezahlung an den Emittenten, die Börseneinführung und die Platzierung am Markt einschl einer gewissen Kurspflege ist (*Westermann* AG 1967, 285ff; *Canaris*, Bankvertragsrecht[2], Rn 2248, 2264ff). Dies alles wird regelmäßig zw dem Emittenten und der insoweit für das Konsortium allein geschäftsführungs- und vertretungsbefugten **Konsortialführerin** vereinbart, die dann im Namen der Konsorten die Papiere übernimmt und sie den Konsorten nach Maßgabe ihrer Quote zur Platzierung überträgt (*Westermann* AG 1967, 290; *Canaris* Bankvertragsrecht[2], Rn 2310).

84 Soweit die Konsorten – wie üblich – selbst die Wertpapiere proratarisch zu Alleineigentum übernehmen und platzieren und das Konsortium auch sonst nicht darauf gerichtet ist, als solches am Rechtsverkehr teilzunehmen, handelt es sich um eine **Innengesellschaft** (MüKo/*Schäfer* Rn 55; aA noch 16. Aufl Rn 46 [*Westermann*]). Im Hinblick auf die zwingenden Regeln zur Kapitalerhöhung einer AG ist die geschlossene Übernahme der gesamten Emission durch das Konsortium notwendig, s auch § 186 V AktG. Soll das Konsortium gem § 705 II nach dem gemeinsamen Willen der Gesellschafter am Rechtsverkehr teilnehmen, handelt es sich um eine **Außengesellschaft**. In diesem Fall hat der Emittent gegen das Konsortium als solches Anspruch auf Übernahme und Platzierung der Gesamtemission, die Übernahmeerklärung und die daraus folgende Zahlungspflicht trifft aufgrund der getroffenen Absprachen unter Ausschluss der Gesamtschuld der Konsorten jedoch zunächst nur die einzelnen Konsorten, für die die Konsortialführerin die entspr Erklärungen abgegeben hat (ähnl MüKo/*Schäfer* Rn 53). Beim Emissionskonsortium sollte aber die Konsortialgesellschaft als solche nicht Aktionärin im Umfang der gesamten Emission werden, da dies nicht mit einer quotalen Haftungsbeschränkung verbunden werden könnte (BGHZ 118, 83, 100; abschwächend *Timm/Schöne* ZGR 1994, 113, 134ff). Nach dem Außenverhältnis zum Auftraggeber richtet sich, inwieweit das Konsortium etwaigen auf die Platzierung oder Kurspflege gerichteten Wünschen des Emittenten nachkommen muss (zu den Folgen im Innenverhältnis *Scheef* MDR 2005, 603ff).

85 **f) Kreditkonsortien.** Im Rahmen von Versuchen zur Unternehmenssanierung oder -ausweitung kommen Kredit- und Finanzierungskonsortien vor (BankR-Hdb/*Stöcker* Rn 170). Es geht dabei meist um die Gewährung von Großkrediten iSd KWG, wobei nach außen gewöhnlich ein Kreditinstitut den ganzen Kredit allein gewährt, das Risiko aber im Verhältnis zu seinen Konsorten entspr der jew übernommenen Quote verteilt (vgl noch § 13 KWG). Das Konsortium ist Gesellschaft, da sich die Konsorten verpflichten, zur Gewährung und Valutierung, ggf zur Besicherung und Überwachung des gesamten Kredits, zusammenzuwirken (*Hadding* § 97 Rn 23; krit *Assmann* ZHR 152, 371, 377). Es ist regelmäßig Gelegenheits- und **Innengesellschaft** (Grü/*Sprau* § 705 Rn 44; Staudinger/*Freitag* § 488 Rn 79; aA für internationale LMA-Kreditverträge *Rauch/Kaufmann* WM 2018, 652ff), evtl gewährte Sicherheiten hält regelmäßig die Konsortialführerin als Treuhänderin. Unter den Voraussetzungen des § 705 II (§ 705 Rn 151ff) kann mit dem Willen der Gesellschafter das Konsortium auch im Außenverhältnis in Erscheinung treten (vgl MüKo/*Schäfer* Rn 59). Mit dem Kreditkonsortium kann im Zuge eines **Sanierungskonsortiums** ein Forderungsverzicht der beteiligten Banken als Beitrag zur Förderung des gemeinsamen Zwecks verbunden werden. Auch gewerbliche Bürgschaften für ein Unternehmen werden bisweilen durch ein **Aval-Konsortium** unter Führung einer Bank (gewöhnlich der Hausbank) übernommen. Ähnliche Funktionen kann ein **Stillhaltekonsortium** erfüllen, bei dem sich die Gesellschafter verpflichten, fällige Forderungen nicht zu kün-

digen oder Kreditlinien trotz bestehender Beendigungsmöglichkeiten offen zu halten (BGH WM 1984, 1017; MüKo/*Schäfer* Rn 61). Eine Haftung der Konsorten ggü dem Kreditnehmer besteht somit nicht (krit *Assmann* ZHR 152, 371ff).

g) Anlagenbaukonsortien. Der Bau von Schiffen und Industrieanlagen wird vielfach im Rahmen eines Konsortialvertrages realisiert, dessen Zweck sich in einer frühen Phase zunächst auf den Erhalt des Zuschlags für ein bestimmtes Bauprojekt und in der späteren Phase auf dessen Realisierung richtet (zum Ganzen ausf *Nicklisch* NJW 1985, 2361ff; *E. Vetter* ZIP 2000, 1041ff; für Musterverträge s *Nicklisch*, Konsortien und Joint Ventures, 1998, 211ff; *Mahnken/Kurtze* NZBau 2017, 187ff; zusammenfassend MüKo/*Schäfer* Rn 64). Die Konsorten können durch den Zusammenschluss nach ihrem Willen eine Innen- oder Außengesellschaft begründen. Im Fall der **Innengesellschaft** schließt der Konsortialführer den Vertrag über den Anlagen- oder Schiffsbau mit dem Besteller ab, und zwar – als mittelbarer Stellvertreter für die Konsorten fungierend – im eigenen Namen. Das hat für die Konsorten den praktischen Vorzug, dass aus dem Bauvertrag für sie keine persönliche Haftung droht (*E. Vetter* in Nicklisch, Konsortien und Joint Ventures, 1998, 155, 156ff). Eine **Außengesellschaft** liegt vor, wenn das Konsortium – vielfach repräsentiert durch sämtliche Konsorten – ggü dem Besteller auftritt und sich zur Erbringung der Bauleistungen verpflichtet. Im Rahmen der Vertragsabwicklung erbringen die Konsorten ihre jew (Teil-)Leistungen aufgrund der Gesamtverpflichtung des Konsortiums und erhalten im Gegenzug einen Teil der als Gegenleistung geschuldeten Vergütung (zur konkreten Ausgestaltung s *E. Vetter* FS Jagenburg, 2002, 913, 914f). Mit der Gestaltung eines Außenkonsortiums geht auch die Gefahr der gesamtschuldnerischen Haftung der Konsorten einher (*Nicklisch* NJW 1985, 2361, 2363f; *E. Vetter* in Nicklisch, Konsortien und Joint Ventures, 1998, 155, 158f). 86

h) Rechtsverfolgungskonsortien. Das Rechtsverfolgungskonsortium dient der gebündelten Durchsetzung gleichgerichteter Forderungen gegen Dritte. Zu diesem Zweck werden die den Konsorten persönlich zustehenden Ansprüche auf eine **Außen-GbR** übertragen, die im eigenen Namen und aus eigenem Recht den Rechtsstreit gegen den Anspruchsgegner führt (*Heß* AG 2003, 113, 122f; *Koch* NJW 2006, 1469, 1470f). Der Einsatz solcher **Prozessgesellschaften** verstößt jedenfalls dann nicht gegen die Vorgaben des RDG, wenn die einzuziehende Forderung endgültig auf die GbR übertragen wird und diese das volle wirtschaftl Risiko der Beitreibung übernimmt. Das ist nicht anzunehmen, wenn der Gewinn zw dem Prozessfinanzierer und dem Kunden geteilt werden soll (München WM 2018, 426, 427 im Anschluss an BGH WM 2017, 228 Rn 19; WM 2014, 66; großzügiger *Reiner/Bogedain* JZ 2020, 982ff; zum Ganzen ausf *Mann* DStR 2013, 765ff; zu Reformbestrebungen *Krüger/Seegers* BB 2021, 1031ff). Davon zu unterscheiden sind **Sammelklagen**, bei welchen die Anspruchsinhaber lediglich einen gemeinsamen Prozessvertreter einschalten, nicht aber ihre Forderungen übertragen. Soweit die Gläubiger einen gemeinsamen Zweck verfolgen, kann im Einzelfall eine **Innen-GbR** vorliegen (vgl MüKo/*Schäfer* Rn 76). 87

i) Metaverbindungen, Dezentrale Autonome Organisationen. Soweit sich mehrere Personen zusammenschließen, um Umsatzgeschäfte über Waren oder Wertpapiere jew **im eigenen Namen**, aber **auf gemeinsame Rechnung** einzugehen und den erzielten Gewinn nach dem vereinbarten Verhältnis zu teilen, spricht man von einer Metaverbindung (BGH NJW 1990, 573; WM 1982, 1403; BB 1964, 12). Sie ist **Innengesellschaft**; die – Metisten genannten – Gesellschafter fungieren als Rechtsinhaber der umgesetzten Waren oder Wertpapiere (MüKo/*Schäfer* Rn 77; MHdB-GesR I/*Schücking* § 4 Rn 34ff). **Dezentralisierte Autonome Organisationen** (DAO) werden regelmäßig als Innen-GbR einzuordnen sein, wenn sie zahlreiche Blockchain-basierte Smart Contracts verwalten (Grü/*Sprau* Rn 38; *Hahn* NZG 2022, 684, 686; *Mann* NZG 2017, 1014, 1018; *Sattler* BB 2018, 2243, 2250; *Spindler* ZGR 2018, 17, 51; *Spindler* RDi 2021, 309 Rn 10ff; aA *Langenbucher* AcP 218, 385, 422f). 88

8. Ehegattengesellschaft. Überlegungen, ob die Figur der GbR von den Gerichten zu einer Korrektur der Bedingungen benutzt werden kann, unter denen sich **Eheleute** oder die Partner einer nichtehelichen Lebensgemeinschaft nach der Scheidung oder Trennung wirtschaftl auseinandersetzen, konkurrieren mit Lösungen über eine Störung der Geschäftsgrundlage (§ 313 Rn 55) und das Bereicherungsrecht, wobei es um einen Ausgleich von Geld-, Sach- und Arbeitsleistungen gehen kann (s etwa BGHZ 142, 137 und dazu *Grziwotz* DNotZ 2000, 486; *Hohloch* Anm LM § 705 BGB Nr 73; Schleswig FamRZ 2004, 1395 m Anm *Wever*; *Schulz* FamRB 2005, 111ff). Die rechtl Schwierigkeit einer gesellschaftsrechtl Lösung, namentlich über den gesellschaftsrechtl Abfindungsanspruch, liegt darin, dass die Partner zumeist nicht bewusst einen Gesellschaftsvertrag oder sonst eine schuldrechtl Grundlage ihres Zusammenlebens geschaffen haben – obwohl sie dies könnten. Das würde dazu zwingen, ihnen nach der menschlichen Trennung, die aufgrund der Gegebenheiten des Familienrechts für einen von ihnen eine materiell ungünstige Situation herbeiführen kann, einen Willen zur gesellschaftlichen Zusammenarbeit im Nachhinein zu unterstellen und daraus eine Auseinandersetzung nach §§ 730ff abzuleiten. Es ist klar, dass eine rein faktische Willensübereinstimmung über Zuwendungen hierfür nicht genügt (BGHZ 165, 1, 10; BGH NJW 2011, 2880). Unbedenklich ist aber eine **bewusste gesellschaftsrechtliche Zusammenarbeit von Eheleuten** oder nicht verheirateten Paaren (BGHZ 165, 1, 5f; 155, 249, 253ff; BGH WM 1973, 296; Karlsruhe FamRZ 1975, 341). Dem steht das eheliche Güterrecht nicht entgegen (§ 1356 Rn 26ff). Das gilt nicht zuletzt, wenn sie im Rahmen einer Außengesellschaft zusammenwirken (vgl *Fest* AcP 215, 765, 779). In diesem Rahmen können die Beteiligten auch Regeln für eine etwaige Auseinandersetzung aufstellen (Köln NJW-RR 1995, 930). 89

Fehlt es an ausdrückl Vereinbarungen, gelten für den **konkludenten Abschluss eines BGB-Gesellschaftsvertrags** im Ausgangspunkt die allg Voraussetzungen (§ 705 Rn 12ff). Zunächst darf sich das faktische Zusammenwirkungen der Ehegatten nicht in einer Gefälligkeit erschöpfen, sondern muss auf das Vorliegen eines beiderseitigen **Rechtsbindungswillens** (§ 705 Rn 12, 16) und die Übernahme gesellschaftsvertragl **Beitragspflichten** schließen lassen (§ 705 Rn 13). Zudem müssen die Eheleute Ziele verfolgen, die **über den typischen Rahmen** 90

der ehelichen Lebensgemeinschaft hinausgehen (BGH WM 1990, 877; BGHZ 142, 144; 155, 254; BGH NZG 2016, 547 Rn 23), etwa der Aufbau eines gemeinsamen Vermögens oder die Ausübung eines gemeinsamen Unternehmens oder Berufs, wie zB die Tätigkeit als Influencer auf einer Social-Media-Plattform (Herberger FamRZ 2021, 1603, 1605f) auf der Basis gleichberechtigter Mitarbeit (BGHZ 165, 1; Brandenburg NZG 2022, 452 Rn 25), aber uU auch bei alleiniger Inhaberschaft eines Gatten an einem Unternehmen oder Geschäft, seltener an einem sonstigen wirtschaftl genutzten Vermögensgut wie zum Zweck der Vermietung errichteter Ferienhäuser (KG NJW 2017, 3246). Demggü scheidet die Annahme einer GbR aus, wenn die Zusammenarbeit der Eheleute in einem solchen Rahmen nur der gemeinsamen Finanzierung und Verwirklichung der Lebensgemeinschaft und ihrer wirtschaftl Grundlagen dienen soll, wie zB beim Bau eines Eigenheims oder bei einer sich in den Grenzen des Üblichen bewegenden Ehegattenmitarbeit. Gleiches gilt bei einer bloßen Gewährung von Geldmitteln durch Kredit oder Sicherheitenbestellung für den Betrieb des Ehegatten ohne gleichberechtigte Beteiligung an Aufbau und Führung des Geschäftsbetriebs (Brandenburg NZG 2022, 452 Rn 25). In diesem Fall bewegen sich die Partner ausschließlich auf der Grundlage der bestehenden familienrechtl Verbindung. Nur wenn sie bewusst darüber hinausgehen, kommt eine Innen-GbR in Betracht, auch wenn sie die begründete schuldrechtl Vertragsbeziehung in rechtl Hinsicht fehlerhaft einordnen (BGHZ 165, 1, 6; 142, 137, 145f).

91 **Indizien für eine Ehegatteninnengesellschaft** sind danach die Art der Planung, Umfang und Dauer einer Vermögensbildung, Absprachen über die Geschäftsverteilung und die Verwendung von Erträgen, was auch bei nicht ganz gleichgeordneter Tätigkeit der Ehegatten möglich ist (vgl BGHZ 142, 137, 154; BGH NZG 2016, 547 Rn 23). Ein wichtiges Kriterium ist die Vorstellung der Beteiligten, dass gemeinsam geschaffene Vermögenswerte nicht nur dem formal (gesellschaftsrechtl oder dinglich) Berechtigten, sondern auch dem anderen Ehegatten zugerechnet werden sollen (BGHZ 142, 137; 143, 146; 177, 193; schon vorher BGHZ 31, 197, 201; 87, 265; BGH NJW 1974, 2278; 1995, 3383; 2006, 1268; Schleswig FamRZ 2004, 1375; Hamm FamRZ 2010, 1737; Übersicht bei *Schwab* FamRZ 2010, 1701ff; *Grziwotz* FF 2009, 435, 439). Für die Annahme einer schlüssig vereinbarten Gesellschaft spricht auch ein erkennbares Bedürfnis, eine Aktiva und Passiva erfassende Gesamtlösung zu finden, während die Tatsache, dass die Eheleute im Güterstand der **Zugewinngemeinschaft** lebten, zu der Annahme führte, dass eine Innengesellschaft nur ausnahmsweise bestehe (KG NJW 2017, 3246). Zweifelhaft ist aber, ob eine Ehegatteninnengesellschaft auch vorliegen kann, wenn die alleinige Inhaberschaft eines der Gatten an den Vermögensgütern bezweckte, das Vermögen des anderen dem Zugriff seiner Gläubiger zu entziehen (dagegen Frankfurt FamRZ 2004, 877; anders Hamm BeckRS 2012, 16231; KG NJW 2017, 3246). Ist unter diesen Voraussetzungen der konkludente Abschluss einer **Innen-GbR** anzunehmen, wird der gemeinsam geschaffene Vermögenswert dem nach außen in Erscheinung tretenden Gesellschafter dinglich zugeordnet. Nur wenn die Partner den konkreten Willen haben mit der Gesellschaft am Rechtsverkehr teilzunehmen, entsteht eine **Außen-GbR**, die daraufhin rechtl Zuordnungssubjekt sein kann (BGH NJW 1982, 170, 171; WM 1965, 1134, 1135).

92 Die **gesellschaftsrechtliche Lösung** ist **grds vorzugswürdig** ggü der zwischenzeitl vertretenen Auffassung, die Ehegattenleistungen als unbenannte ehebezogene Zuwendungen qualifizierte und beim Scheitern der Ehe zu einem Ausgleich über die Störung der Geschäftsgrundlage gelangte (BGHZ 127, 48; wie hier BGHZ 142, 137, 143ff; s auch Schleswig NJW-RR 2004, 972ff). Während § 709 III 3 davon ausgeht, dass die Ehegatten zu gleichen Teilen an Gewinn und Verlust partizipieren, ist mit Blick auf sämtliche Umstände des konkreten Einzelfalls sehr genau zu prüfen, ob sich die Ehegatten nicht stillschweigend auf eine abw Regelung verständigt haben (§ 709 III 1, 2). Der **Ausgleichsanspruch**, der sich bei Auflösung der Gesellschaft ergibt, ist **nicht subsidiär** ggü einem Anspruch auf Zugewinnausgleich (BGHZ 142, 137, 143, 155; 155, 249, 255; KG NJW 2017, 3246); er kommt sogar in Betracht, wenn ein Zugewinn nicht erzielt worden ist. Aus dem gesellschaftlichen Zusammenschluss folgt auch die Pflicht der Ehegatten, der gemeinsamen steuerlichen Erstveranlagung zuzustimmen (BGHZ 142, 137; 155, 249).

93 Die vorstehend entwickelten Grundsätze finden nach zutr Auffassung auch auf **Verlobte** Anwendung. Es ist daher fernliegend, eine gesellschaftsrechtl Verbindung beim gemeinsamen Bau eines künftigen Familienheims anzunehmen (Grü/*Sprau* § 705 Rn 39; vgl weiter BGH BB 1958, 5; aA 16. Aufl Rn 51 [*Westermann*]). Allerdings können sich die Verlobten bewusst einer GbR bedienen, um ein Familienheim zu unterhalten, woran allerdings hohe Anforderungen zu stellen sind (zu weitgehend Düsseldorf DNotZ 1974, 169, 170).

94 **9. Nichteheliche Lebensgemeinschaft.** Gegen die stillschweigende Begründung einer GbR unter den Partnern einer **nichtehelichen Lebensgemeinschaft** spricht – trotz der Überwindung verfassungsrechtl Bedenken (BVerfG NJW 1990, 1593) – im Ausgangspunkt, dass kein Güterstandssurrogat für Verbindungen angewendet werden darf, die sich einer rechtl Regelung ihres Zusammenlebens sowie einer etwaigen Trennung bewusst nicht unterwerfen wollen (BGHZ 77, 55, 59; 93, 373, 378; BGH NJW 1996, 2727; NJW 1997, 3371; FamRZ 2005, 1151; MüKo/*Schäfer* Rn 86; aM *Battes* FS Hübner, 1984, 379ff). Das schließt allerdings nicht aus, dass eine **bewusst eingegangene gesellschaftsrechtliche Verbindung**, auch wenn hierdurch das Fehlen eines güterrechtl Ausgleichs kompensiert werden sollte, rechtl anerkannt wird, so wie auch eine bereicherungsrechtl Abwicklung (Rn 89), die Annahme eines Aufwendungsersatzanspruchs nach Auftrags- oder Geschäftsbesorgungsrechts (BGH NJW 1981, 1502, 1504; Frankfurt NJW 1985, 810) oder eine Anpassung wegen Fortfalls der Geschäftsgrundlage (Rn 89; § 313 Rn 55) interessengerecht sein kann.

95 Der konkludente Abschluss einer **Innengesellschaft** setzt nach neuerer Rspr voraus, dass Leistungen für das Unternehmen des Partners erbracht werden (Bsp: BGHZ 84, 388, 391), nicht hingegen bei Leistungen für das gemeinsame Familienanwesen, da insoweit kein Zweck verfolgt wird, der über die **Verwirklichung der nichtehe-**

lichen Lebensgemeinschaft hinausgeht (BGH NJW 2008, 3277, 3278). Bei der nichtehelichen Lebensgemeinschaft wird es tendenziell häufiger an einem auf Gesellschaftsvertragsabschluss gerichteten **Rechtsbindungswillen** der Partner fehlen (BGHZ 177, 193, 201). Ein konkludenter Gesellschaftsvertragsabschluss scheidet weiterhin aus, wenn die Mitarbeit eines Partners auch arbeitsvertragl geregelt ist (Braunschweig NZG 2015, 595). Eine Gesellschaft kommt auch nicht zustande, wenn ein Partner im Einverständnis des anderen, aber ohne namhafte Beiträge von dessen Seite, aus seinem Einkommen ein ihm allein gehörendes Vermögen aufbauen konnte (Bremen NZG 2013, 134). Gegen einen Ausgleich der während der Gemeinschaft erbrachten Beiträge zum gemeinsamen Haushalt spricht, dass die Beteiligten gerade insoweit bewusst ihr Zusammenleben gestalten und davon ausgehen, dass jeder leistet, was er kann und was dem anderen wertvoll genug erscheint, um das Seinige beizutragen (Frankfurt FamRZ 1981, 253; NJW 1982, 1213; BFH FamRZ 1983, 1213; NJW 1986, 374; *Derleder* NJW 1980, 545, 547).

In ausdrückl Abkehr von der bisherigen Rspr hat der BGH in einem Grundsatzurteil (BGHZ 177, 193 = JZ 2009, 413 m Anm *Dethloff*, 418ff; s auch *Grziwotz* FamRZ 2009, 150; MüKo/*Schäfer* Rn 82; vgl weiter Braunschweig NZG 2015, 595 Rn 10ff; dazu *v Proff* NJW 2008, 3266ff) Ansprüche aus **ungerechtfertigter Bereicherung** sowie wegen **Störung der Geschäftsgrundlage** für den Fall des Scheiterns der nichteheliche Lebensgemeinschaft anerkannt, soweit im Zuge der Gemeinschaft Leistungen des einen Partners unter vermögensrechtl Besserstellung des anderen erfolgt sind, die im Vertrauen auf den Fortbestand der menschlichen Verbindung erbracht wurden, und die **über das hinausgehen, was das tägliche Zusammenleben fordert**. Die Voraussetzungen im Einz sind aber nicht leicht zu bestimmen. So bedarf es für den Leistungsanspruch einer Zweckabrede in Gestalt einer „finalen Ausrichtung" der Zuwendung des einen an den anderen Partner „auf den nicht erzwingbaren Erfolg" (Braunschweig NZG 2015, 595), wozu auch gehört, dass die Zuwendung zur Schaffung eines gemeinsamen Vermögenswerts führen sollte (BGHZ 177, 193), der unabhängig von der Lebensgemeinschaft bestehen sollte (Bremen NZG 2013, 134). Zum letzten Erfordernis passt freilich kaum, dass Leistungen für ein Wohnhaus, an dem der Leistende dinglich nicht beteiligt war und die nicht der Erfüllung laufender Unterhaltsverpflichtungen dienten, genügten, weil sie in der Erwartung einer langfristigen gemeinsamen Nutzung des Objekts erbracht wurden (BGH NJW 2011, 2880, 2883). Ein Ausgleichsanspruch wegen Störung der Geschäftsgrundlage soll voraussetzen, dass das Vermögen des Partners des Leistenden noch vermehrt ist, was wiederum unwahrscheinlich ist, wenn die Arbeit vertragl vergütet wurde (Braunschweig NZG 2015, 595). 96

10. Wohngemeinschaft. Wohngemeinschaften sind oftmals als **Innen-GbR** einzuordnen, wobei jeder Gesellschafter individuell ggü dem Vermieter auftritt (zum Gesellschaftscharakter Hamm BB 1976, 529; LG München NJW-RR 1993, 334; *Reiff* EWiR 2000, 477, Kurzkomm zu Düsseldorf ZIP 2000, 580; Soergel/*Hadding*/*Kießling* Rn 41; *Grunewald* JZ 2015, 1027; *Streyl* NZM 2011, 377, 379f; *Siegmund* MDR 2022, 1063, 1065). Sie können aber auch Außengesellschaften sein, sodass die Gemeinschaft Mieterin ist. Für die Verfolgung eines **gemeinsamen Zwecks** spricht, dass die auf Mieterseite zusammengeschlossenen Personen einen einzigen Mietvertrag mit dem Vermieter schließen (BGHZ 26, 102), der sie berechtigt, die ganze Wohnung gemeinsam zu nutzen. Die Aufteilung unter den Mietern geht den Vermieter nichts an, die Pflichten ggü dem Vermieter und ggf der Hausgemeinschaft, die sich nicht in Geldzahlung erschöpfen, sind gemeinsam zu erfüllen. Öfters schaffen die Mieter auch Einrichtungsgegenstände gemeinsam an (für Gesellschaftscharakter *Schüren* JZ 1989, 358, 360). Vor allem die Auseinandersetzung beim Auseinandergehen der Gemeinschaft richtet sich dann nach Gesellschaftsrecht (LG Bonn NJW-RR 1989, 1489; zum Fehlen von Zahlungsansprüchen der Mieter untereinander LG Berlin GE 2001, 929). Der aus der gemeinsamen Wohnung ausziehende Partner einer nichtehelichen Lebensgemeinschaft kündigt damit schlüssig auch die Gesellschaft (LG Köln NJW-RR 1993, 712; *Grunewald* JZ 2015, 1027, 1028). Umgekehrt hat der Partner, der die Auflösung der Wohngemeinschaft aus wichtigem Grund verlangen kann, gegen die anderen einen Anspruch auf Mitwirkung an der Kündigung (LG München NJW-RR 1993, 334). Das **Verhältnis zum Vermieter** ist berührt, wenn aufgrund einer Vermieter- oder Mieterkündigung ein einzelner Mieter ausscheiden soll oder will und die anderen das Mietverhältnis fortsetzen wollen. Entscheidet sich die Mietergesellschaft zur Aufgabe der Wohnung, so ist die Kündigung des Mietvertrags Teil der Auseinandersetzung des Gesellschaftsvermögens (*Grunewald* JZ 2015, 1027,1029). Will ein Einzelner kündigen, kann bei Vorliegen entspr Anhaltspunkte im Mietvertrag (etwa bei Vermietung an Studierende) ein Mietertausch als Übertragung der Mitgliedschaft zugelassen sein (*Schüren* JZ 1989, 358, 363), doch steht dem regelmäßig das Interesse des Vermieters an der Leistungsfähigkeit und Leistungswilligkeit jedes seiner Vertragspartner entgegen, das den Vermieter zumindest bei Unzumutbarkeit des neuen Gesellschafters zur Ablehnung berechtigen kann (Staudinger/*Emmerich* § 540 Rn 78; *Grunewald* JZ 2015, 1027, 1029), ebenso bei Aufnahme eines neuen Partners. Kündigt der Vermieter wegen Pflichtverletzungen, die nur einem der Mitmieter zur Last fallen, und kann aus dem Vertrag nicht entnommen werden, dass die anderen das Mietverhältnis fortsetzen dürfen, so endet die Gesellschaft gem § 740a II, bei Vorliegen der Voraussetzungen des § 574 (analog) kommt aber uU ein Recht der Verbliebenen (in der Form einer neuen Gesellschaft) auf Abschluss eines neuen Mietvertrags in Betracht (*Schüren* JZ 1989, 358, 363; i Erg ähnl LG Darmstadt NJW 1983, 52; LG Frankfurt WuM 1987, 21). 97

§ 705 Rechtsnatur der Gesellschaft

(1) Die Gesellschaft wird durch den Abschluss des Gesellschaftsvertrags errichtet, in dem sich die Gesellschafter verpflichten, die Erreichung eines gemeinsamen Zwecks in der durch den Vertrag bestimmten Weise zu fördern.

(2) Die Gesellschaft kann entweder selbst Rechte erwerben und Verbindlichkeiten eingehen, wenn sie nach dem gemeinsamen Willen der Gesellschafter am Rechtsverkehr teilnehmen soll (rechtsfähige Gesellschaft), oder sie kann den Gesellschaftern zur Ausgestaltung ihres Rechtsverhältnisses untereinander dienen (nicht rechtsfähige Gesellschaft).

(3) Ist der Gegenstand der Gesellschaft der Betrieb eines Unternehmens unter gemeinschaftlichem Namen, so wird vermutet, dass die Gesellschaft nach dem gemeinsamen Willen der Gesellschafter am Rechtsverkehr teilnimmt.

1 **I. Normzweck und Grundlagen.** Die zentrale Spitzenvorschrift des BGB-Gesellschaftsrechts definiert in § 705 I die GbR als eine Gesellschaft, deren Gesellschafter sich dazu verpflichtet haben, die Erreichung eines gemeinsamen Zwecks in der durch den Gesellschaftsvertrag bestimmten Weise zu fördern. Nach Maßgabe des § 705 **II** sind zwei Varianten zu unterscheiden, und zwar zum einen die rechtsfähige **Außen-GbR**, die selbst Rechte erwerben und Verpflichtungen eingehen kann, und zum anderen die nicht rechtsfähige **Innen-GbR**, die über kein Gesellschaftsvermögen verfügt (§ 740 I). Da die Unterscheidung der beiden Rechtsformvarianten der GbR im Einzelfall nicht unerhebliche Schwierigkeiten bereiten kann, wird gem § 705 **III** das Vorliegen einer **rechtsfähigen Gesellschaft vermutet**, wenn der Gegenstand der Gesellschaft auf den Betrieb eines Unternehmens unter gemeinschaftl Namen gerichtet ist. Die Systematik der GbR wird komplettiert durch die weitere Unterteilung der Außen-GbR in eine in das Gesellschaftsregister nach § 707 **eingetragene GbR** (eGbR; dazu § 707 Rn 2ff) und eine **nicht eingetragene** Variante der **GbR**.

2 Das durch das MoPeG reformierte BGB-Gesellschaftsrecht findet **ab 1.1.2024** auch auf vor diesem Zeitpunkt entstandene Gesellschaften (**Altgesellschaften**) grds **Anwendung** (MüKo/*Schäfer* Rn 1). **Übergangsregelungen** bestehen für vor diesem Zeitpunkt bereits in das Grundbuch oder das Schiffsregister eingetragene Gesellschaften sowie für Gesellschaften, deren Eintragungsverfahren bereits vor diesem Zeitpunkt in Gang gesetzt worden sind (Art 229 § 21 EGBGB). Zudem bleiben nach Art 229 § 61 EGBGB die §§ 723–728 aF anwendbar, wenn ein Gesellschafter dies schriftlich ggü der GbR bis zum 1.1.2024 verlangt und zwischenzeitl keine Auflösungs- oder Ausscheidensgrund eintritt.

3 **II. Entstehung der GbR. 1. Abschluss des Gesellschaftsvertrags.** Die Gesellschaft wird errichtet und entsteht durch **Abschluss** eines **Vertrags**, der die Pflicht begründet, einen gemeinsamen Zweck in der vereinbarten Weise zu fördern. Besondere Regeln über die Form des Vertragsschlusses bestehen nicht, und es gibt kein förmliches Gründungsverfahren; nur im Einzelfall sind besondere Formvorschriften einzuhalten (Rn 20ff). Wird ein unwirksamer Gesellschaftsvertrag von den Beteiligten durch gemeinsames Handeln in Verfolgung des Gesellschafts-

zwecks vollzogen, findet die Lehre von der fehlerhaften Gesellschaft (Rn 165ff) Anwendung. Nicht erforderlich ist für die Entstehung der Gesellschaft insb, dass ein nach dem Vertrag zu bildendes Gesellschaftsvermögen bereits existiert oder die versprochenen Beiträge geleistet werden. Zudem darf der **Gesellschaftszweck** gerade nicht auf den Betrieb eines Handelsgewerbes gerichtet sein (Vor § 705 Rn 26; Rn 15). Geht es um Zusammenschlüsse von Freiberuflern iSd § 1 II PartGG, darf außerdem keine Eintragung in das **Partnerschaftsregister** erfolgen.

In Übereinstimmung mit der bisherigen Rechtslage entsteht die GbR in dem **Zeitpunkt**, in dem der **Gesellschaftsvertrag wirksam** wird. Die **Rechtsfähigkeit** der GbR hängt nach Maßgabe des § 705 II davon ab, ob die Gesellschaft nach dem Willen der Gesellschafter am Rechtsverkehr teilnehmen soll (rechtsfähige Außen-GbR) oder ob sie den Gesellschaftern ausschließlich zur (internen) Gestaltung ihrer Rechtsverhältnisse untereinander dient (nicht rechtsfähige Innen-GbR). Ist die Gesellschaft auf eine Teilnahme am Rechtsverkehr gerichtet, dann entsteht sie als Rechtsträger mit Abschluss des Gesellschaftsvertrags. Das entspricht der zum bisherigen Recht hM (*Bayer/Lieder* Rn 434; 16. Aufl Rn 1 [*Westermann*]; aA MüKo/*Schäfer* Rn 2; *Schäfer* FS Schneider, 2011, 1085ff). Auch § 719 I ist kein gegenteiliges Ergebnis zu entnehmen (zur Dogmatik des § 719 I näher § 719 Rn 2). Denn dieser – § 123 HGB aF nachgebildeten – Vorschrift geht es ausschließlich darum, denjenigen Zeitpunkt festzulegen, zu welchem die §§ 720ff auf die Außen-GbR zur Anwendung gelangen (Begr RegE, BT-Drs 19/27635, 161). Auch zu § 123 HGB aF ist anerkannt, dass er weder das Wirksamwerden des Gesellschaftsvertrags noch die Entstehung der Gesellschaft als Rechtsträger betrifft, sondern die Frage, unter welchen Voraussetzungen die Gesellschaft dem Recht der Handelsgesellschaften untersteht; das betrifft namentlich die Geltung der Vertretungsnormen (vgl MüKo/*K. Schmidt/Drescher* § 123 HGB Rn 2; Röhricht/v Westphalen/Haas/*Haas* § 123 HGB Rn 1). Wenn ein Vertrag unter **aufschiebender Bedingung** geschlossen ist, entsteht die Gesellschaft nach § 158 I erst mit Eintreten der Bedingung (MüKo/*Schäfer* Rn 6, 31; Staudinger/*Habermeier* Rn 7). Zulässig ist zudem die Vereinbarung einer **auflösenden Bedingung**, die zur Auflösung der GbR mit Wirkung ex nunc führt (§ 729 Rn 3). Der Entstehungszeitpunkt ist außerdem beim Fehlen einer familiengerichtlichen **Genehmigung** (Rn 43) hinausgeschoben. 4

Die Gesellschaft kann durch **Einbringung eines bereits bestehenden Geschäfts** gegründet werden. In diesem Rahmen kann es vorkommen, dass die Parteien die Wirkung des Vertragsschlusses **zurückzudatieren** suchen, indem sie vereinbaren, dass die Geschäfte des bisher alleinigen Inhabers von einem bestimmten (zurückliegenden) Zeitpunkt an zw ihnen als gemeinsame behandelt werden sollen. Das ist zulässig (BGH NJW 1978, 264; WM 1976, 972, 974; *U.H. Schneider* AcP 175, 279, 298f), vorbehaltlich steuerrechtl Bedenken gegen die willkürliche Zuordnung von Gewinn (Koblenz WM 1979, 1435). Die damit ausgelösten Rechtswirkungen sind ausschließlich schuldrechtl Natur; die Gesellschafter sind verpflichtet, einander so zu stellen, als ob der Geschäftsbeginn bereits früher erfolgt sei. Die Gesellschaft als solche entsteht damit indes nicht rückwirkend (MüKo/*Schäfer* Rn 7). Bei der Aufnahme eines Partners in eine Freiberuflersozietät steht in Ermangelung einer Vereinbarung über die **Behandlung der Honorare** aus abrechnungsreifen Mandaten ein solches Entgelt noch dem bisherigen Alleininhaber zu, wenn er die Sache bis zur Abrechnungsreife bearbeitet hat (BGH NJW 1972, 101; WM 1987, 1073, 1074). Anderes kann für Honorare aus bei Eintritt laufenden Angelegenheiten gelten, wenn sich die vor der Gründung der Sozietät einem Anwalt erteilten Mandate überhaupt auf die anderen Gesellschafter erstrecken, was nicht immer der Fall sein wird (BGH WM 1988, 497 m zust Anm *Huff* WuB IV A § 675 BGB 4/88; zur Zuordnung der Mandate bei bestehender Sozietät s Vor § 705 Rn 59). 5

2. Umwandlung. a) Umwandlungen nach dem UmwG. Eine GbR kann auch durch Umwandlung entstehen. Nachdem §§ 190ff UmwG aF nur die formwechselnde, zugleich identitätswahrende Umwandlung einer AG, KGaA oder GmbH, deren Unternehmensgegenstand nicht handelsgewerblicher Natur ist, in eine GbR (nicht umgekehrt aus der GbR) erlaubten, hat das MoPeG der **eingetragenen GbR** (§ 707 Rn 4) eine Umwandlungsfähigkeit in demselben Umfang wie Personenhandelsgesellschaften zuerkannt (Begr RegE, BT-Drs 19/27635, 263ff; *Storz* GWR 2020, 257, 260f). Die eGbR kann sich daraufhin an **Verschmelzung** (§ 3 I Nr 1, §§ 39ff UmwG), **Spaltung** (§ 124 I UmwG) und **Formwechsel** (§ 191 I Nr 1, II Nr 1, § 214 UmwG) als übertragender, übernehmender und neuer Rechtsträger beteiligen. Fungiert die GbR als neuer Rechtsträger, dann entsteht sie infolge einer solchen Umwandlungsmaßnahme mit der (letzten) Eintragung im jew Register. 6

b) Statuswechsel und schlichter Rechtsformwechsel. Von diesen Vorgängen nach UmwG zu unterscheiden sind der schlichte Rechtsformwechsel sowie das durch das MoPeG neu eingeführte Institut des Statuswechsels (vgl § 190 II UmwG), die im Einzelfall auch nebeneinander zur Anwendung gelangen können. Durch **Statuswechsel** nach § 707c kann eine GbR aus einer OHG, KG und PartG entstehen. Zentrales Anknüpfungsmoment dafür ist die Überführung der Personengesellschaften aus dem Handels- bzw Partnerschaftsregister in das Gesellschaftsregister (ausf § 707c Rn 1ff). Der Statuswechsel steht nur eingetragenen Personengesellschaften offen. IÜ müssen sich eingetragene Personenhandels- und Partnerschaftsgesellschaften regelmäßig des Statuswechsels zur Umwandlung bedienen, weil die Transparenz und Publizität der Gesellschaftsverhältnisse auch bei einem Übergang zur GbR gewahrt werden soll. Eine Personengesellschaft soll nicht ohne Weiteres aus dem Register verschwinden können. Das gilt zunächst für den Fall, dass eine eingetragene OHG zu einem Kleingewerbe herabsinkt, weil die Gesellschaft aufgrund Registereintragung nach § 107 I 1 HGB auch weiterhin OHG ist. Der Statuswechsel entfaltet in dieser Konstellation **konstitutive Wirkung.** Der nach bisherigem Recht gangbare Weg, die OHG oder KG in eine GbR zu überführen und die Firma im Handelsregister zu löschen (MüKo/*Schäfer* Rn 11), ist nach neuem Recht verbaut. Davon ist der Fall zu unterscheiden, dass die Gesellschaft kein Gewerbe mehr betreibt. Dann führt auch die Eintragung im Handelsregister nicht nach § 107 I 2, II HGB zu einer Qualifikation 7 als OHG, sondern es handelt sich in materiellrechtl Hinsicht um eine GbR, die im Rechtsverkehr womöglich als Schein-OHG auftritt. Aus rechtstechnischer Perspektive findet ein **schlichter Rechtsformwechsel** statt. Der infolge des Formwechsels indizierte Statuswechsel, der zur Überführung der Gesellschaft aus dem Handels- in das Gesellschaftsregister führt, entfaltet daraufhin lediglich **deklaratorische Wirkung**.

8 Klassischer Anwendungsfall des **schlichten Rechtsformwechsels** ist der Übergang von einer nicht eingetragenen Personenhandelsgesellschaft auf eine (nicht eingetragene) GbR wegen Entfallens eines handelsgewerblichen Zwecks. Normativer Anknüpfungspunkt ist § 105 I HGB, wonach eine (nicht eingetragene) OHG ein Handelsgewerbe betreiben muss. Ist dies nicht länger der Fall, sorgt die Typenfixierung im Gesellschaftsrecht (Vor § 705 Rn 25) dafür, dass aus der OHG ipso iure im Wege eines – sich außerhalb des UmwG vollziehenden – identitätswahrenden Formwechsels eine GbR wird. Aus rechtsdogmatischer Perspektive bleibt der Rechtsträger als Zuordnungssubjekt des Gesellschaftsvermögens identisch; es ändert sich lediglich das Rechtskleid des Verbands (vgl BGH DStR 2010, 284, 285; KG FGPrax 2009, 54, 55; MüKo/*Schäfer* Rn 13; aA *Kießling* WM 1999, 2391, 2394). Es findet folglich auch keine Gesamtnachfolge von der Personenhandelsgesellschaft auf die GbR statt (BGH NJW 1967, 821). Regelmäßig bleiben außerdem die an der Gesellschaft beteiligten Mitglieder in ihrem Bestand unverändert. Es ist allerdings anerkannt, dass im Zuge des schlichten Rechtsformwechsel und auch des Statuswechsels Personen eintreten und ausscheiden können. Soweit **Grundstücke** zum Gesellschaftsvermögen gehören, bedarf es keiner Grundbuchberichtigung iSd § 894 BGB, § 22 GBO (so aber RGZ 155, 75, 85; Hamm DB 1984, 341; Soergel/*Hadding*/*Kießling* Rn 3; 16. Aufl Rn 4 [*Westermann*]), weil in materiellrechtl Hinsicht der richtige Inhaber eingetragen ist; die fehlerhafte Rechtsform wird als fehlerhafte tatsächliche Angabe lediglich richtiggestellt (BayObLG NJW 1952, 28, 29; Zweibrücken ZIP 2012, 2254, 2255; KG FGPrax 2009, 54, 55; MüKo/*Schäfer* Rn 13).

9 Solche Umwandlungen außerhalb des UmwG kommen vor bei einer **Betriebsaufspaltung**, indem sich die Besitz-Personengesellschaft auf die Vermietung oder Verpachtung von Anlagevermögen beschränkt (BGH WM 1976, 1053), was allerdings vermieden werden kann, indem die bisherige Handelsgesellschaft nicht gelöscht wird; sie besteht dann nach § 107 I 1 HGB fort (MüKo/*Schäfer* Rn 17). Gleiches gilt, wenn sich die bisherige Handelsgesellschaft auf eine bloße Holding-Funktion beschränkt oder das bisher betriebene Handelsgewerbe unter Verpachtung der benutzten Anlagen an einen Dritten eingestellt wird (BGHZ 32, 307, 312; BGH WM 1962, 10, 12). Anders gelagert ist hingegen die Übertragung sämtlicher Anteile an einer Personenhandelsgesellschaft auf eine personengleiche, schon bestehende GbR, die hierdurch als Rechtsnachfolgerin der Handelsgesellschaft deren Geschäftsbetrieb übernimmt und selbst zur Handelsgesellschaft wird (s BGH ZIP 1990, 505).

10 Für den Fall des Status- und Rechtsformwechsels sollten die Gesellschafter Vorsorge treffen und ihre Befugnisse im Innenverhältnis sowie im Rechtsverkehr einer ausdrückl Regelung zuführen. Im Anschluss an die BGH-Rspr (BGH NJW 1987, 3124; NJW 1971, 1698) ist im Wege erg Vertragsauslegung davon auszugehen, dass in der GbR die das Innenverhältnis der Handelsgesellschaft betreffenden Vertragsregeln fortgelten. Für die ursprüngl KG bedeutet das, dass die bisherigen Komplementäre, wie es § 715 IV zulässt, unter Ausschluss der bisherigen Kommanditisten zur Geschäftsführung und damit zur Vertretung befugt sind, und zwar ungeachtet des Umstands, dass die bisherigen Kommanditisten mit der Folge persönlicher Haftung vertreten werden. Die bisherigen Kommanditisten und jetzigen BGB-Gesellschafter können eine Vollhaftung durch Vereinbarung mit dem Vertragspartner vermeiden. Ob man ihnen darüber hinaus einen Freistellungsanspruch gegen die ehemaligen Komplementäre oder ein außerordentliches Kündigungsrecht zubilligt (MüKo/*Schäfer* Rn 20), hängt von den Umständen des konkreten Einzelfalls ab. Zu berücksichtigen ist hierbei namentlich, ob die Kommanditisten den Formwechsel bewusst herbeigeführt haben oder ob sie in besonderem Maße schutzbedürftig erscheinen. Hatte ein Kommanditist rechtsgeschäftliche Vertretungsmacht und in (zulässiger) Abwandlung des § 164 HGB Geschäftsführungsmacht, gelten auch diese Befugnisse im Grundsatz ebenso fort, wie auch im Fall der fehlgeschlagenen OHG- oder KG-Gründung, die daran scheiterte, dass kein Handelsgewerbe zustande kam.

11 **c) Von der nichtrechtsfähigen Personengemeinschaft zur Personengesellschaft.** Gänzlich untechnisch wird der Begriff der Umwandlung gebraucht, wenn vom Abschluss eines Gesellschaftsvertrags durch Personen die Rede ist, die an einer nichtrechtsfähigen Personengemeinschaft beteiligt sind. Dies kommt bei den Mitgliedern einer **Bruchteilsgemeinschaft** in Betracht, die den gemeinschaftl gehaltenen Gegenstand rechtsgeschäftlich in das Gesellschaftsvermögen einbringen, obwohl sie auch in der Rechtsform der GbR einen für den Gesellschaftszweck benötigten Gegenstand zu Bruchteilen halten können (Vor § 705 Rn 4). Gleiches gilt für **Miterben** und Eheleute in **Gütergemeinschaft**, die bisher gesamthänderisch beteiligt waren (BGHZ 92, 259, 263; Hamm DNotZ 1958, 416, 418; MüKo/*Schäfer* Rn 21; abw *Ganßmüller* DNotZ 1955, 172, 178). In rechtsdogmatischer Hinsicht unterscheiden sich die Gestaltungen von den vorstehend bezeichneten Formwechseln dadurch, dass die Beteiligten einen Gesellschaftsvertrag auf klassische Weise neu abschließen müssen (Rn 12ff). Ein Gesellschaftsvermögen können die hierdurch neu entstandenen Gesellschaften auch nur durch rechtsgeschäftliche Übertragungsgeschäfte aufbauen (vgl RGZ 65, 227, 233; BayObLG Rpfleger 1981, 58, 59; Soergel/*Hadding*/*Kießling* Rn 3). Die Personengemeinschaften und die GbR sind folglich auch nicht identisch.

12 **III. Gesellschaftsvertrag. 1. Vertragliche Einigung. a) Rechtsbindungswille.** Für den **Abschluss des Gesellschaftsvertrags** gelten die allg Regeln des Vertragsrechts. Aus der systematischen Stellung des § 705 I im Besonderen Schuldrecht folgt, dass es sich bei der GbR zumindest auch um ein vertragl Schuldverhältnis handelt (vgl auch Begr RegE, BT-Drs 19/27635, 125). Wie üblich bedarf es für den Vertragsschluss korrespondierender Willenserklärungen iSd §§ 145ff. Gerade bei Gelegenheitsgesellschaften (Vor § 705 Rn 52) bedarf es der Feststellung,

dass die Gesellschafter sich wechselseitig rechtsverbindlich zur Förderung eines gemeinsamen Zwecks verpflichten wollten. Die Beteiligten müssen also nach allg Grundsätzen mit **Rechtsbindungswillen** gehandelt haben (vgl LAG Köln ZIP 2021, 194, 196; Grü/*Sprau* Rn 1, 11). Unzureichend ist es namentlich, dass sich die Willensübereinstimmung der Beteiligten auf die Begründung von Neben- oder Schutzpflichten beschränkt (MüKo/*Schäfer* Rn 23). Stattdessen ist anhand sämtlicher Umstände des konkreten Einzelfalls – unter Berücksichtigung der Art der Handlung, deren Grund und Zweck sowie der Interessenlage der Parteien – danach zu fragen, welche wirtschaftl und rechtl Relevanz die Handlung für den anderen Teil hat (BGHZ 21, 102, 106f). Wurzelt die Handlung nur im rein gesellschaftlichen Bereich, dann handelt es sich um eine Gefälligkeit, die regelmäßig keine Rechtspflichten begründet (BGHZ 21, 102, 107). Im gesellschaftsrechtl Kontext ist ein rechtsgeschäftlicher Wille naheliegend, wenn ein Projekt von gewisser Bedeutung aus wirtschaftl oder anderen relevanten Gründen auf gemeinsame Rechnung verfolgt wird (MüKo/*Schäfer* Rn 25).

Ein einmaliges Zusammenwirken kann leicht nur aus **Gefälligkeit** ggü den Wünschen eines anderen, also ohne 13
Verpflichtungswillen im Hinblick auf einen gemeinsamen Zweck geschehen; so die Verabredung zu einem Ausflug oder einem Theaterbesuch. Allerdings macht es einen Unterschied, ob ein Verhandlungspartner sich lediglich auf eine sorgfältige Berücksichtigung seiner Interessen oder schon auf die Mitwirkung am gemeinsamen Zweck verlassen zu können glaubte. So könnte die Vereinbarung der Mütter soeben eingeschulter Kinder, einige Zeit abwechselnd alle Kinder zur Schule zu bringen, durchaus Gesellschaft sein (aA BGH NJW 1968, 1874f), ebenso die Verabredung zu gemeinsamen Reisen mit Kostenteilung (anders BGH JZ 1979, 110; s aber Saarbrücken NJW 1985, 811). Die Gründung einer Lottospielgemeinschaft (zurückhaltend ggü einer Gesellschaftsgründung BGH NJW 1974, 1705f; s aber auch *Plander* AcP 176, 424ff; eingehend *Fleischer/Hahn* NZG 2017, 1, 4) wird nicht ohne Weiteres zu Beitragsleistungen auch für die Zukunft verpflichten (s auch Vor § 705 Rn 56). Auch Kostenteilung allein lässt grds nicht auf den Abschluss eines Gesellschaftsvertrags schließen (LG Arnsberg NJW 2017, 2421, 2422). Eine Facebook-Gruppe ist regelmäßig nicht als GbR zu qualifizieren (AG Menden NZG 2014, 661). Wird schon ein unternehmerisches Risiko, etwa in Gestalt einer Verbindlichkeit, begründet, das alle aktiv Mitwirkenden trifft, liegt der Schluss auf einen **stillschweigenden Vertrag** dagegen sehr nahe (BFH BB 1980, 1835). Gleiches gilt, wenn das erstrebte Ergebnis nur durch längeres Zusammenwirken und mit Einsatz von Finanzmitteln erreicht werden kann, wie bei der Sanierung oder Umstrukturierung eines Unternehmens durch ein Konsortium. Bei Sammelbestellungen liegt an sich eine Gesellschaft unter den „Bestellenden" nahe, die aber nicht zustande kommt, wenn der Lieferant Bestellungen und Zahlungspflichten jedes einzelnen Vertragspartners unterscheiden kann (LG Augsburg NJW-RR 2004, 852).

b) Anforderungen an die Einigung. Die Einigung braucht nicht uno actu zu erfolgen; auch ist es möglich, dass 14
ein Partner dem geschlossenen Vertrag später beitritt (RGZ 163, 392). Indessen bringt es der intuitus personae des Gesellschaftsvertrags (dazu *Westermann*, Vertragsfreiheit, 20) mit sich, dass der Vertrag grds erst entsteht, wenn alle Personen, deren Beteiligung auch nur ein Vertragschließender will, beigetreten sind, was den Zugang ihrer Erklärung bei allen übrigen Beteiligten voraussetzt (Staudinger/*Habermeier* Rn 2). Diesbzgl kann ein Gesellschafter zum Abschluss mit Beitrittswilligen **bevollmächtigt** sein (BGH WM 1978, 136). Diese Möglichkeit hat die Rspr in problematischem Umgang mit dem Erfordernis der Selbstorganschaft (§ 715 Rn 12ff) sogar auf nichtgesellschaftsangehörige **Dritte** ausgedehnt, wobei die Forderung des BGH (WM 1982, 40), der Dritte müsse der Gesellschaft besonders verbunden sein, von Hamburg ZIP 1985, 740 noch abgeschwächt worden ist; diese Entwicklung steht im Zusammenhang mit den Bauherrengemeinschaften und Publikumspersonengesellschaften unter Kapitalanlegern (Vor § 705 Rn 63; Rn 95), wobei die Initiatoren häufig als Treuhänder der Anleger fungieren.

Wie im allg Vertragsrecht besteht die Möglichkeit, den Vertrag nach **Einigung über die wesentlichen Punkte** in 15
Vollzug zu setzen. Zu diesen elementaren Faktoren zählen im Gesellschaftsrecht die Einigung über den Zweck iSd § 705 und die grds Art der Förderung. Ist der gemeinsame Zweck nicht auf den Betrieb eines Handelsgewerbes gerichtet, meinen aber die Beteiligten, eine OHG oder KG einzugehen, so ist gleichwohl von der Einigung auf einen Zweck und damit auf eine Gesellschaft iSd § 705 auszugehen (BGHZ 32, 307, 310; Soergel/*Hadding/Kießling* Rn 6). Wer sich hierüber beim Vertragsschluss **geirrt** hat, kann nach § 119 II anfechten oder die Gesellschaft, wenn sie in Vollzug gesetzt ist, nach den Regeln über die fehlerhafte Gesellschaft kündigen (s Rn 182; Soergel/*Hadding/Kießling* Rn 6; zur Abgrenzung zum Dissens *Tröger* in Westermann/Wertenbruch Rn I 123a). Voraussetzung ist allerdings, dass es sich bei der Falschbezeichnung nicht nur um eine falsa demonstratio gehandelt hat, sondern es dem Irrenden entscheidend auf die Rechtsform der Gesellschaft ankam (MüKo/*Schäfer* Rn 29). Keine Abweichung vom allg Vertragsrecht stellt es dar, dass die Parteien ihre Regelung auf wenige Punkte beschränken und sich iÜ auf das **dispositive Gesetzesrecht** verlassen oder einen unbewusst **lückenhaften Vertrag** geschlossen haben, der dann einer ergänzenden Auslegung zugänglich ist (näher zur Auslegung Rn 96), soweit nicht eine Leistungsbestimmung nach §§ 315ff erfolgen sollte (BGH NJW 1960, 430f). Das Letztere wird besonders dadurch ermöglicht, dass der willentliche Vollzug des Gesellschaftsvertrags die Rspr in Umkehrung des § 154 zu dem Schluss geführt hat, die Parteien hätten einen vorläufigen Vertrag gewollt (BGHZ 11, 190, 192; BGH NJW 1960, 430; *Wertenbruch* in Ebenroth/Boujong/Joost/Strohn, § 105 HGB Rn 103). Das ist zutreffend, weil die Beteiligten mit Invollzugsetzung der Gesellschaft ihren rechtl Bindungswillen dokumentieren.

c) Konkludenter Vertragsschluss. Die Möglichkeit eines konkludenten Vertragsschlusses, theoretisch unzweifel- 16
haft, führt zu Auslegungsschwierigkeiten namentlich bei der **Gelegenheitsgesellschaft**, die jedenfalls eine Einigung über den Zweck und die Art des Zusammenwirkens voraussetzt. Maßgebliche Voraussetzung für die An-

nahme eines stillschweigenden Vertragsschlusses ist das Vorliegen eines allseitigen **Rechtsbindungswillens** (Rn 12), der die GbR vom außerrechtl **Gefälligkeitsverhältnis** unterscheidet. In der Sache ist von dem notwendigen Rechtsbindungswillen auszugehen, wenn die Beteiligten an dem gemeinsamen Projekt ein wirtschaftl oder sonstiges Interesse von gewisser Bedeutung haben. Bestehen zw den Beteiligten im Zeitpunkt des (vermeintlichen) Vertragsschlusses nicht bereits anderweitige Rechtsbindungen (Rn 18f), dann begründet die einvernehmliche Durchführung der gemeinsamen Transaktion die **widerlegliche Vermutung** für den Abschluss eines Gesellschaftsvertrags (vgl BGHZ 11, 190, 192; BGH NJW 1960, 430; Soergel/*Hadding*/*Kießling* Rn 7; MüKo/*Schäfer* Rn 32). Ein rein tatsächliches Zusammenwirken der Beteiligten genügt freilich nicht (BGHZ 165, 1, 10; BGH NJW 2012, 3374 Rn 17; *Fest* AcP 215, 765, 768).

17 **d) Sternvertrag.** Ein nicht ausdrückl Gesellschaftsvertrag kann sich beim Abschluss gleichförmiger Verträge eines Unternehmens, meist eines Lieferanten, mit mehreren in gleicher Lage befindlichen, meist im nachgeordneten Vertrieb oder im Franchising tätigen Unternehmen ergeben (Sternvertrag). Nach einer Literaturauffassung entsteht hier eine Gesellschaft, wenn die Vertriebsverträge Teil eines Systems aufeinander bezogener Vertriebswege sind, nicht aber bei Initiative und Schwerpunktsetzung bei den Vertriebsbemühungen des jew Lieferanten (eingehend *Steindorff* DB 1979 Beil 3; MüKo/*Schäfer* Rn 27). Der BGH (EWiR § 705 BGB 4/85 m Kurzkomm *Bunte*) sah demggü gleichlautende individuelle „Beitragsvereinbarungen" mehrerer Vertriebsfirmen mit den Lieferanten trotz der Einrichtung gemeinsamer Kontrollorgane, etwa einer „Vollversammlung" der Vertriebsfirmen, zu Recht nur als (jew) zweiseitigen Geschäftsbesorgungsvertrag an. Vom Sternvertrag zu unterscheiden sind flächendeckende Systeme eines Herstellers oder Rechteinhabers mit jew nur einem in einem bestimmten Bezirk tätigen Partner, die jew BGB-Gesellschaften, wenn auch mit „Kartellverdacht", sein können.

18 **e) Vertragsschluss bei bereits bestehender Rechtsbindung. Besonderer Anhaltspunkte** für einen Vertragsschluss bedarf es, wenn unter den betr Personen bereits eine rechtl Bindung besteht. Dies gilt für die **Ehegattengesellschaft** (Vor § 705 Rn 89ff), aber auch für die Miteigentümer bei **Bruchteilsgemeinschaft** (Vor § 705 Rn 8ff; für eine Einschränkung des Gesellschaftszwecks *Fest* AcP 215, 765ff). Bei der Prüfung, ob eine **Erbengemeinschaft** das ererbte Handelsgeschäft als Gesellschaft fortführen will (dazu allg BGHZ 17, 299; NJW 1985, 136 m Anm *K. Schmidt*), sollte darauf abgestellt werden, ob die Beteiligten sich über die Art der Förderpflichten und der Risiken, insb Haftungsfolgen, im Unterschied zu bloß gemeinschaftl Verwaltung oder Verzehr des Nachlasses klar waren. Zu Recht hat die Rspr (BGHZ 92, 259, 264) ein längeres, über die Frist des § 27 HGB hinausgehendes Zusammengehen als Erbengemeinschaft auch bei einem ererbten Handelsgeschäft für möglich gehalten, während im Schrifttum (*Fischer* ZHR 144, 1, 10ff; *Damrau* NJW 1985, 2236, 2239; dagegen *K. Schmidt* NJW 1985, 2785, 2787; *M. Wolf* AcP 189, 480ff; MüKo/*Schäfer* Rn 34) in solchen Fällen zuweilen bereits das Vorliegen einer **OHG** angenommen wird. Für einen Vertragsschluss ist ein nicht unerheblicher Grad an Bewusstheit zu verlangen; selbst der Einsatz der gesamten Arbeitskraft für das Unternehmen reicht nicht aus (*Hüffer* ZGR 1986, 610; *Tröger* in Westermann/Wertenbruch Rn I 123; zum Ganzen eingehend *Dauner-Lieb*, Unternehmen in Sondervermögen, 1998, 477ff). In Bezug auf die **GbR** ist weiter zu berücksichtigen, dass kleingewerbliche Zwecke auch längerfristig im Rahmen der gemeinsamen Verwaltung des Nachlasses verfolgt werden können, ohne dass eine Teilauseinandersetzung unter den Erben erfolgen muss. Aufgrund der bestehenden Rechtsbindung unter den Erben bedarf es hier wiederum besonderer Anhaltspunkte, die darauf schließen lassen, dass die Miterben einen über die gemeinsame Nachlassverwaltung hinausgehenden gemeinsamen Zweck verfolgen (MüKo/*Schäfer* Rn 34).

19 Für die Frage, wann ein gültiger Gesellschaftsvertrag vorliegt, wenn nur ein **Vorvertrag** zum Abschluss eines Gesellschaftsvertrags verpflichtet, gelten die gewöhnlichen Regeln (Vor § 145 Rn 46ff). Ohne Klarheit über den zu verfolgenden Zweck und die Beitragspflichten wird es aber an der nötigen **Bestimmtheit** fehlen (vgl RGZ 66, 116, 121; 156, 129, 138; BGH BB 1953, 97; Karlsruhe NJW-RR 1996, 997, 998; Naumburg NZG 1999, 717). Bestimmbarkeit nach Maßgabe der §§ 315, 317 reicht aus. Unterliegt der Gesellschaftsvertrag, dessen Abschluss angestrebt wird, einer Formpflicht, erfasst diese regelmäßig auch den Vorvertrag (MüKo/*Schäfer* Rn 184; diff *Henrich*, Vorvertrag, Optionsvertrag, Vorrechtsvertrag, 1965, 147f). Zur **Vorgesellschaft** und zur **Vorgründungsgesellschaft** bei der Entstehung von Kapitalgesellschaften s Vor § 705 Rn 31ff.

20 **2. Formvorschriften. a) Verpflichtung zur Grundstücksübertragung.** Für den Gesellschaftsvertrag gelten keine besonderen Formvorschriften, sodass das Formerfordernis des **§ 311b I** anwendbar ist, wenn der Gesellschafter sich zur Übertragung eines Grundstücks an die Gesellschaft oder einen Dritten verpflichtet (Staudinger/*Habermeier* Rn 10). Missverständlich ist es, wenn im Schrifttum die Verpflichtung zur Grundstückübertragung nur für eGbR als zulässig erachtet wird (so MüKo/*Schäfer* Rn 42). Denn § 47 II GBO betrifft ausschließlich die Eintragung als Bestandteil des dinglichen Verfügungsgeschäfts, während die gesellschaftsvertragl Übertragungspflicht schuldrechtl Natur ist und § 47 II GBO dementspr nicht berührt.

21 Das Formbedürfnis erfasst den **gesamten Vertrag** (BGH NJW 1979, 915; NJW-RR 1990, 340f), auch wenn in einem zusammengesetzten Vertrag die Übertragungspflicht nur untergeordnet ist (krit München DB 1993, 2477; dazu auch *Sigle*/*Maurer* NJW 1984, 2567f). Fraglich ist die Anwendung des § 311b, wenn der Gesellschaftsvertrag zur Finanzierung von Grundstücksgeschäften verpflichtet, die durch **Treuhänder** abgeschlossen werden sollen, oder wenn er nur die Bebauung und Verwaltung bereits im Eigentum der „Bauherren" stehenden Grundeigentums betrifft (s auch Vor § 705 Rn 63). Keine Lösung liegt darin, darauf abzustellen, ob ein Gesellschafter unmittelbar von einem Vertragspartner erwirbt oder an ihn verkauft. Der Gesellschaftsvertrag, der zum Erwerb oder zur Veräußerung eines bestimmten Grundstücks verpflichtet, unterliegt dem Formzwang (BGH NJW-RR

1991, 613f; NJW 1992, 3237; Köln NZG 2000, 930), wobei eine praktische Erleichterung möglicherweise darin besteht, den gemeinsamen notariellen Erwerb bereits als im Gesellschaftsvertrag bestimmt zu betrachten (*Petzoldt* BB 1975, 905f, 908; näher dazu *Heckschen*, Die Formbedürftigkeit mittelbarer Grundstücksgeschäfte, 1987, 127ff).

Formbedürftig ist weiter die Vereinbarung eines **Vorkaufsrechts** der Gesellschaft am Grundstück eines Gesellschafters (RGZ 110, 327, 333; 125, 261, 263) sowie die auf ein Grundstück bezogene Erwerbsverpflichtung eines Gesellschafters, um das Grundstück daraufhin an die GbR oder einen Dritten zu übertragen (BGHZ 85, 245, 250f; BGH NJW-RR 1991, 613, 615). Beim Grundstückserwerb durch **Treuhänder** besteht Formzwang, wenn der Vertrag unmittelbar eine Erwerbsverpflichtung begründet (BGHZ 85, 245, 251; 127, 168, 175). Entgegen der hM (BGHZ 89, 41, 44f, 46f; Grü/*Grüneberg* § 311b Rn 5) unterliegt auch eine im Gesellschaftsvertrag verankerte Verpflichtung zur **Abtretung eines Auflassungsanspruchs** dem Formerfordernis des § 311b I 1 (*Ertl* DNotZ 1976, 68, 79ff; *Lieder*, Die rechtsgeschäftliche Sukzession, 2015, 347), weil sich beide Vertragsparteien aus der Verpflichtung gegenseitig auf Erfüllung in Anspruch nehmen können und andernfalls der mit § 311b I 1 intendierte Zweck verfehlt würde. Gleiches gilt für die Vereinbarung von schweren Nachteilen unter der Voraussetzung, dass das Grundstück von der Gesellschaft nicht erworben oder veräußert wird (MüKo/*Fleischer* § 105 HGB Rn 133; Oetker/*Lieder* § 105 HGB Rn 13). 22

Der Beitritt zu einer **Grundstücksgesellschaft**, die im Allg zum Ziel hat, Grundstücke zu erwerben und zu veräußern, unterliegt dem Erfordernis dagegen nicht (Köln NZG 2000, 930; Soergel/*Hadding/Kießling* Rn 10), weil die Warnfunktion der Form sich nur auf die Veräußerung oder den Erwerb bestimmter Grundstücke richtet und bei konkreten Grundstücksgeschäften der Gesellschaft erfüllt werden kann (BGH NJW 1996, 1279). Allerdings müssen dann die Geschäftsführer für die Gesellschaft handeln können; wenn daher allein ein solcher Vertragsschluss vom Erfordernis des § 311b ausgenommen sein sollte, der zur Gesamtgeschäftsführung der Gesellschafter führt (*Petzold* BB 1975, 905, 907; eingehend *Heckschen*, Die Formbedürftigkeit mittelbarer Grundstücksgeschäfte, 1987, 137ff), so kann andererseits dem Schutzbedürfnis der Gesellschaft als Erwerberin auch bei Handeln Alleinvertretungsbefugter genügt werden. Auch die **Anteilsübertragung** an einer Grundstücksgesellschaft ist nicht formbedürftig, es sei denn, es handelt sich um ein Umgehungsgeschäft (BGHZ 86, 367, 369ff; BGH NJW 1998, 376f; BFH NJW-RR 2012, 265 Rn 19). Formfrei ist außerdem der **Rechtsformwechsel** innerhalb der Gruppe der Personengesellschaften möglich, auch wenn zum Gesellschaftsvermögen ein Grundstück gehört. 23

Zur Formbedürftigkeit der **Vollmacht** zum Grundstückserwerb neben einem nicht dem § 311b genügenden Beitritt zur Gesellschaft s § 167 Rn 4 und zum speziellen Problemkreis *Heckschen*, Die Formbedürftigkeit mittelbarer Grundstücksgeschäfte, 1987, 89ff; *Mock* FS Bezzenberger, 2000, 529ff. Die **Gebrauchsüberlassung** des Grundstücks (praktisch bei der Betriebsüberlassung) kann formlos vereinbart werden, ebenso die Einbringung dem Werte nach ohne die Möglichkeit des Zugriffs der Gesellschaft auf die Substanz des Grundstücks, namentlich in Form eines Verwertungsrechts in der Liquidation (BGH WM 1967, 609f). Die **Rechtsfolge** eines Formmangels bestimmt sich nach § 139 (BGHZ 45, 376f; BGH NJW 1983, 565; MüKo/*Fleischer* § 105 HGB Rn 137, 139; aA MüKo/*Schäfer* Rn 40: Anwendung des § 140), soweit nicht (etwa im Sonderfall der durch die Einbringung zur Nutzung ersetzbaren Grundstücksübertragung) eine Umdeutung möglich ist (*Wiesner* NJW 1984, 98). 24

b) Schenkweise zugewendete Beteiligung. Bei einer schenkweise zugewendeten Beteiligung ist **§ 518** zu beachten, freilich mit einigen Besonderheiten. Im Ausgangspunkt muss die Beteiligung an der Gesellschaft beim Begünstigten zu einer Vermögensmehrung führen und alle Beteiligten müssen sich über den unentgeltlichen Charakter der Transaktion einig sein (§ 516 Rn 6). Unentgeltlich kann die Einräumung einer beitragsfreien Unterbeteiligung (Vor § 705 Rn 66ff) eher sein als die des Anteils an einer Außengesellschaft, da die Übernahme der persönlichen Haftung und/oder von Tätigkeitspflichten als Entgelt gedacht sein kann oder jedenfalls zweifeln lässt, ob überhaupt eine Vermögenszuwendung an den neuen Gesellschafter gewollt war (BGH NJW 1959, 1433; DB 1965, 472; Soergel/*Hadding/Kießling* Rn 11; zweifelnd BGH NJW 1981, 1956; NJW 1990, 2616). Die Annahme, dass Zuwendung des Anteils an einer Außengesellschaft nicht als unentgeltlich anzusehen ist, was jetzt auch für die GbR zu gelten hätte, während bei einer Innengesellschaft Unentgeltlichkeit eher in Betracht kommt, sieht zu Unrecht von den maßgeblichen Wertverhältnissen ab (Schleswig NZG 2012, 1424; *K. Schmidt* BB 1990, 1992, 1994; MüKo/*Schäfer* Rn 49; Staudinger/*Habermeier* Rn 10). Es kommt also maßgeblich darauf an, ob der durch die Aufnahme in die Gesellschaft zugewendete Wert die Belastung des Beigetretenen durch Tätigkeitspflichten und persönliche Haftung aufwiegt. 25

Auch hinsichtl des **Vollzugs von Schenkungen** (§ 518 II) ist eine Unterscheidung nach Innen- und Außengesellschaft, wie sie die Rspr bei dieser verneint und bei jener bejaht (BGHZ 7, 174, 179; 7, 378f; BGH WM 1967, 685), abzulehnen, da es neben dem Abschluss eines Gesellschaftsvertrags auch bei der Außengesellschaft keiner Übertragungsakte hinsichtl eines Gesellschaftsvermögens bedarf und die innergesellschaftlichen Pflichten sich nicht wesentlich von der Innengesellschaft unterscheiden müssen (*Brandner/Bergmann* FS Sigle, 2000, 327, 331; MüKo/*Schäfer* Rn 51f). Nach neuerer Rspr (BGHZ 191, 354 Rn 21ff; BFH ZIP 2014, 2131, 2134) reicht der zivilrechtl Vollzug einer atypischen stillen Beteiligung für § 518 II aus (diff *Westermann* ZIP 2012, 1007), während die bloße **Umbuchung** von Kapitalanteilen bei unentgeltlicher Aufnahme keinen Vollzug darstellen soll (BGHZ 7, 174, 179; 7, 378, 340; s auch § 518 Rn 9). Wird eine Einlage zur Begünstigung eines Gesellschafters bewusst zu hoch bewertet, hängt es von den Gründen für diese Maßnahme ab, ob es sich um eine unentgeltliche Vermögenszuwendung handelt, was ebenso möglich ist (BGH NJW 1959, 1433) wie die Annahme einer bloß ge- 26 mischten Schenkung, wie sie bei der Übertragung eines Anteils an einer rein vermögensverwaltenden GbR in Betracht kommt (Schleswig NZG 2012, 1423f; Koblenz NZG 2002, 570). Die Annahme einer Schenkung hat – besonders bei den Handelsgesellschaften – ua zur Folge, dass bei Spannungen unter den Gesellschaftern auch ohne Rücksicht auf gesellschaftsrechtl Hindernisse für eine Ausschließung uU ein Widerruf der Schenkung wegen groben Undanks in Betracht kommt (BGHZ 112, 40, 46; dazu *K. Schmidt* BB 1990, 1992; *Kollhosser* AcP 194, 231, 239f; *Mayer* ZGR 1995, 93; *Jülicher* ZGR 1996, 82ff); auch sind Auswirkungen auf Pflichtteilsansprüche denkbar (dazu auch Schleswig NZG 2012, 1423; *Westermann* ZIP 2012, 1007ff).

27 **c) Vertragliche Schriftformklauseln.** Vertragl Schriftformklauseln betreffen hauptsächlich Änderungen des Gesellschaftsvertrags. Ob mit der Form entgegen § 125 S 2, § 154 II nur Klarstellung und Beweissicherung gewollt ist, oder ob die Gültigkeit der Erklärung von der Einhaltung der Form abhängen soll (für die erstere Meinung BGHZ 49, 364, 366; Soergel/*Hadding/Kießling* Rn 14; dagegen *Tiefenbacher* BB 1968, 608; MüKo/*Schäfer* Rn 55; Staudinger/*Habermeier* Rn 11), kann nicht allg entschieden werden, da es sich um Vertragsauslegung handelt. Bei Änderungen des Gesellschaftsvertrags ist eine konstitutive Bedeutung der Schriftform anzunehmen, soweit nicht an eine bloß einmalige Durchbrechung einer Vertragsregelung gedacht ist (s auch BeckOK/*Schöne* aF Rn 50), die dann freilich im allseitigen Einverständnis geschehen sein muss. Schwierig ist auch die Beurteilung eines Verhaltens der Gesellschafter, das als **Aufhebung** der vereinbarten Schriftform in Anspruch genommen wird. Die Parteien können – ggf mit den im Gesellschaftsvertrag vorgesehenen Mehrheiten – das Formerfordernis ändern (*Römermann* NZG 1998, 978, 980), wobei man allerdings bei dem hier praktisch häufigen bloß schlüssigen Verhalten verlangen muss, dass sie sich der Abweichung ihres Verhaltens vom Vertrag bewusst sind und auch für die Zukunft eine andere Regelung wollen (gegen formlose Änderung bei „qualifizierten Schriftformklauseln" BGHZ 66, 378, 381f – anders bei einer Publikums-Personengesellschaft, wo Protokollierung eines Beschlusses genügt). Eine generelle Änderung wird oft nicht gewollt sein, sodass für die Praxis die Frage wichtig wird, ob die Gesellschafter auch für einen Einzelfall (bewusst) vom Formerfordernis abweichen können. Das ist zu bejahen (BGHZ 110, 283, 291; speziell für Gesellschaftsvertrag *A. Hueck* DB 1968, 1207f; MüKo/*Schäfer* Rn 57). Eine längerdauernde abweichende Handhabung eines Formerfordernisses begründet die Vermutung, dass ein Abgehen gewollt war (BGH NJW 1966, 826; WM 1978, 300). Bei Publikumspersonengesellschaften mit vorformuliertem Gesellschaftsvertrag neigt die Rspr zu erleichterten Voraussetzungen für die Aufhebung von Schriftformklauseln (BGH WM 1981, 121f).

28 **d) Weitere Formerfordernisse.** Weitere Formerfordernisse ergeben sich aus **§ 15 IV 1 GmbHG** bei Übertragung eines GmbH-Geschäftsanteils (BGHZ 75, 352, 354), nebst im Gesellschaftsvertrag vereinbarter Abtretung des Übertragungsanspruchs (BGHZ 75, 352; Lutter/Hommelhoff/*Bayer* § 15 GmbHG Rn 55) und Heilungsmöglichkeit nach § 15 IV 2 GmbHG, aus **§ 311b III** bei Übertragung eines gesamten Vermögens oder eines Vermögensbruchteils (*K.J. Müller* NZG 2007, 201ff) und aus **§ 1031 ZPO** bei Vereinbarung von Schiedsklauseln (Oetker/*Lieder* § 105 HGB Rn 16), entgegen BGH (BGHZ 65, 79, 81) aber nicht aus **§ 1410** bei Gütergemeinschaft (MüKo/*Schäfer* Rn 33).

29 **e) Rechtsfolgen von Formverstößen.** Der **Verstoß** gegen Formvorschriften, auch gewillkürte, gehört zu den Mängeln des Gesellschaftsvertrags, die, wenn sie beim Vollzug unerkannt geblieben sind, zur Annahme einer fehlerhaften Gesellschaft (Rn 164ff) führen können, wenn nicht mit den Regeln über die Teilnichtigkeit geholfen werden kann (Rn 33).

30 **3. Mängel des Gesellschaftsvertrags. a) Einzelne Vertragsmängel.** Mängel eines Gesellschaftsvertrags können den Vertrag als Ganzes oder die Beitrittserklärung nur eines Gesellschafters betreffen. Als Fehlerquellen kommen die allg **Unwirksamkeits- und Anfechtungsgründe** aus dem Recht der Willenserklärung in Betracht, von denen aber nur wenige gesellschaftsspezifisch ausgeprägt sind. Hervorzuheben sind das Fehlen oder die **Störung der Geschäftsgrundlage** (RGZ 165, 193, 199; BGHZ 10, 44, 51; BGH NJW 1974, 1656), dessen Rechtsfolgen hier mit der aus der Treupflicht (Rn 110ff) erwachsenen Verpflichtung der Gesellschafter zu einer Anpassung des Gesellschaftsverhältnisses (§ 731 Rn 4), aber auch einzelner Individualrechte an veränderte Umstände konkurrieren (näher *Westermann* FS Hefermehl, 1976, 227ff; eingehend zum Letzteren *Lettl* AcP 202, 3ff; *Teichmann*, GS M. Wolf, 2011, 169). Einzelne spezielle Schranken der Vertragsfreiheit enthalten die **gesetzlichen Regeln** etwa der § 717 I 3, II 2, § 725 VI sowie weithin anerkannte Grundsätze wie das Prinzip der **Selbstorganschaft** (§ 715 Rn 12) oder das Verbot gezielter **Gläubigerbenachteiligung** bei der Abfindung (§ 735 Rn 22f), bei der sich auch eine übermäßige Beschneidung von Gesellschafterrechten ergeben kann.

31 In Betracht kommen ferner **Sittenwidrigkeit**, etwa wegen Knebelung eines Gesellschafters (BGHZ 44, 158) oder im Hinblick auf die Art des verfolgten Gesellschaftszwecks, sowie ein Verstoß gegen bestimmte gesetzl Bestimmungen etwa gegen Kartellrecht (Rn 171). Eine Ungleichbehandlung der Gesellschafter im Vertrag genügt hingegen nicht (BGH WM 1965, 1284; WM 1975, 325). Stattdessen bedarf es einer Gesamtwürdigung sämtlicher Umstände des konkreten Einzelfalls. Nicht sittenwidrig ist etwa die gesellschaftsvertragl Abrede, wonach die an der Gesellschaft beteiligte Ehefrau, die von einem Mitgesellschafter eingelegte Beträge ihrem im Interesse der Gesellschaft tätigen Ehemann zuleiten, aber Fehlbeträge ausgleichen sollte, da die Ehefrau an der gesellschaftlichen Tätigkeit ein erhebliches Eigeninteresse hatte und daher die Grundsätze über die Ehegattenbürgschaft keine Anwendung finden (BGH ZIP 2013, 1620; zust *Schäfer* EWiR 2013, 545).

Eine Inhaltskontrolle nach **AGB-Regeln** findet nach § 310 IV im Gesellschaftsrecht nicht statt; zu Ausnahmen bei der Publikumspersonengesellschaft und zur Ausübungskontrolle § 708 Rn 7f, zu Abfindungsvereinbarungen § 728 Rn 15ff. 32

b) Teilnichtigkeit. Vor einer Anwendung der Regeln über die fehlerhafte Gesellschaft (Rn 164ff) muss stets geprüft werden, ob der Mangel eine einzelne Vertragspflicht oder den ganzen Vertrag betrifft, und zwar sowohl beim Vertragsschluss als auch bei Änderungen des Gesellschaftsvertrags. Eine **Teilnichtigkeit** kommt **nicht** in Betracht bei Mängeln, die sich aus der Wertung des Gesellschaftsvertrags als Ganzes ergeben wie bei Gesetz- und Sittenwidrigkeit (Soergel/*Hadding/Kießling* Rn 40). Gleiches gilt für die Beurteilung des fehlerhaften Beitrags aufgrund arglistiger Täuschung über die Konditionen oder die Umstände des Beitritts oder bei fehlender Geschäftsfähigkeit. In diesen Fällen ist durch Auslegung zu ermitteln, ob die übrigen Gesellschafter die GbR auch ohne den fehlerhaft Beigetretenen durchführen wollen (Rn 35). 33

Bei Mängeln einzelner Bestimmungen greift häufig eine **salvatorische Klausel** ein. Ihre Wirkung, die auf Gesamtnichtigkeit gehende Vermutung des § 139 zu beseitigen (MüKo/*Schäfer* Rn 59), ist im Gesellschaftsrecht allerdings kein ausreichender Schutz gegen Mängel solcher Bestimmungen, deren Wegfall im Rahmen eines häufig komplizierten Vertragswerks zu schwer schließbaren Lücken führt (BGH WM 1976, 1027, 1029). Deshalb bedarf es entweder einer Regelung über das, was anstelle der weggefallenen Vorschrift gelten soll, oder wenigstens der Pflicht und der Methode zur Ergänzung des Vertrags (näher *H. Westermann* FS Möhring, 1975, 135ff). Dessen ungeachtet ist das gemeinsame **Bestandsinteresse** der Gesellschafter ggü Mängeln des Vertrags im Verbandsrechts so stark ausgeprägt, dass bei vollzogener Gesellschaft außerhalb der Maßstäbe nach **§ 139** auch bei Ungültigkeit einer das Zusammenwirken der Gesellschafter maßgeblich steuernden Vertragsbestimmung Gesamtnichtigkeit nur in Betracht kommt, wenn die mangelhafte Vereinbarung das geplante Zusammenwirken der Gesellschafter im Kern trifft und ihr Rechtsgehalt unersetzbar ist (BGHZ 49, 364f; BGH WM 1955, 1054; 1962, 462f; Soergel/*Hadding/Kießling* Rn 40; *Tröger* in Westermann/Wertenbruch Rn I 140; *Wiedemann* GesR I, § 3 I 2c). In Ermangelung abweichender Regelungen sind zur Lückenfüllung in diesen Fällen die Grundsätze der ergänzenden Vertragsauslegung heranzuziehen (Rn 86ff). 34

Die Mangelhaftigkeit der Erklärung nur einzelner Gesellschafter, etwa unter dem Einfluss von Irrtum, kann nicht zur Anwendung des § 139 führen, weil der Mangel zur Gesamtnichtigkeit der abgegebenen Erklärung führt, sodass auch der Begriff „**subjektive Teilnichtigkeit**" insoweit irreführend ist. Stattdessen ist durch Auslegung zu ermitteln, ob die übrigen Beteiligten den Gesellschaftsvertrag auch ohne den unwirksamen Beigetretenen abgeschlossen hätten (MüKo/*Schäfer* Rn 60). Die im Schrifttum (*Wiedemann* GesR I, § 3 I 2c; zögernd MüKo/*Schäfer* Rn 60) als Indiz herangezogene Fortsetzungsklausel lässt nicht mit hinreichender Deutlichkeit auf das gemeinsame Interesse der übrigen Gesellschafter schließen, weil es einen Unterschied macht, ob ein bestimmter Gesellschafter von vornherein nicht mitwirkt, was ein Abschlusshindernis bildet, oder ob er bei Tod oder späterer Kündigung ersetzt werden muss (ähnl *A. Hueck* OHG § 7 I 2; Soergel/*Hadding/Kießling* Rn 41). Wenn aber feststeht, dass die Person eines Gesellschafters oder sein Beitrag für die Verfolgung des Gesellschaftszwecks nach der Vorstellung der Vertragschließenden **nicht unabdingbar** ist, wie zB bei kapitalistisch strukturierten Gesellschaften mit nur geringfügiger Einlage des einzelnen Gesellschafters, kann die Gesellschaft als solche gültig entstanden sein. Wenn ein Gesellschafter bei seinem Beitritt die Mangelhaftigkeit der Erklärungen der anderen durch **arglistige Täuschung** verursacht hat, kann ausnahmsweise auf diesem Wege die Gültigkeit der Gesellschaft ohne den Täuschenden festgestellt werden. Schließlich kann in der stillschweigenden Fortsetzung der Gesellschaft in Kenntnis des Mangels ein **Neuabschluss** des Vertrags liegen. 35

4. Änderung des Gesellschaftsvertrags. Die Änderung des Gesellschaftsvertrags bedarf der gleichen Voraussetzungen wie der ursprüngl Vertragsschluss (Rn 12ff; dazu und zum Folgenden bereits Oetker/*Lieder* § 105 HGB Rn 98ff), soweit der Vertrag nicht abweichende Vorgaben enthält. Der Änderung müssen grds alle Gesellschafter zustimmen. Eine Ermächtigung zur Vertragsänderung durch **Mehrheitsklausel** bedarf keiner besonderen Anforderungen (BGHZ 203, 77). Aus der Vertragsklausel muss sich nur – ggf durch Auslegung – entnehmen lassen, dass auch Änderungen des Gesellschaftsvertrags erfasst sind (§ 711 Rn 5, § 714 Rn 40). Erst auf zweiter Stufe findet eine materielle Beschlusskontrolle statt (§ 711 Rn 6, § 714 Rn 41). 36

Änderungen können auch **konkludent** erfolgen, vor allem durch langjährige einvernehmliche Übung der Gesellschafter (BGHZ 70, 331, 332; 132, 263, 271; anders bei Publikumsgesellschaften BGH NJW 1990, 2684, 2685). Solche einverständlichen Übungen sind im Rahmen der Auslegung zu berücksichtigen (BGH NZG 2005, 625). Eine einfache **Schriftformklausel** wird hierdurch mit geändert (BGHZ 132, 263, 270). Anderes gilt für eine qualifizierte Schriftformklausel, die selbst nur durch eine schriftliche Vereinbarung aufgehoben werden kann (BGHZ 66, 378; BFHE 165, 256; BAG NJW 2003, 3725). Gleichwohl können die Gesellschafter einvernehmlich den Vertrag durchbrechen; dies wirkt allerdings nur für den konkreten Einzelfall (BGH NJW 1972, 623f). IÜ können die Rechtsfolgen eines Verstoßes gegen das Schriftformerfordernis im Gesellschaftsvertrag konkretisiert werden (*Roesener* NJW 2016, 2214, 2217). Die Beachtung von **Formvorschriften** richtet sich nach den Regeln über den Abschluss des Vertrags (Rn 20), wenn im Zeitpunkt der Vertragsänderung die Formbedürftigkeit besteht (BayObLG BB 1987, 711, 712f). Zudem greift die Formpflicht nur dann ein, wenn sich die Änderungen unmittelbar auf die formbedürftige Übertragungspflicht bezieht, nicht etwa bei Änderungen der Einberufungsmodalitäten für die Gesellschafterversammlung (MüKo/*Schäfer* Rn 63; *Heinze* ZNotP 2013, 42, 44f). Spätere Vertragsänderungen bedürfen grds keiner familiengerichtlichen Genehmigung (BGHZ 16, 160, 163; BGH NJW 1961, 724f; 1992, 300, 301). 37

38 Um Streitigkeiten unter den Gesellschaftern zu vermeiden, empfiehlt sich in regelmäßigen Abständen eine **Aktualisierung und Konsolidierung des Gesellschaftsvertrags** (ausf *Roesener* NJW 2016, 2214ff). Änderungs- und Anpassungsbedarf kann sich aus einer Änderung des Gesellschafterkreises (§ 707 Rn 33ff), von Gesellschafterdarlehen (Rn 105), aus technischem Fortschritt oder der Konzernstruktur ergeben. Zu denken ist zudem an Gesetzesänderungen, wie gerade im Zuge des MoPeG (Vor § 705 Rn 42ff), und Rspr-Änderungen, wie zB die Auswirkungen von BGHZ 203, 77 zum Bestimmtheitsgrundsatz und zur Kernbereichslehre bei Mehrheitsbeschlüssen (§ 714 Rn 37ff) oder die Rspr zu Einziehungs- und Abfindungsklauseln (§ 736d Rn 9, § 728 Rn 20ff).

39 **IV. Gesellschafter. 1. Gesellschafterzahl.** Eine Personengesellschaft setzt nach § 705 voraus, dass mindestens **zwei Gesellschafter** den Gesellschaftsvertrag schließen und auch mindestens zwei Gesellschafter in der Gesellschaft verbleiben (BGHZ 65, 79, 82f; Hamm NZG 2012, 20 Rn 22; *Siebert*, Einmann-Personengesellschaften, 2005, 129ff; aA *Raiser* AcP 194, 495, 509f). Scheidet die vorletzte Person aus oder werden alle Personengesellschaftsanteile auf einen Gesellschafter oder einen Dritten übertragen, erlischt die GbR liquidationslos und das Gesellschaftsvermögen geht im Wege der **Gesamtnachfolge** auf den Verbliebenen über (§ 712a I; zu Ausnahmen s § 712a Rn 5). Umgekehrt existiert für die GbR **keine gesetzliche Höchstzahl**. Mit der Vergrößerung des Gesellschafterkreises geht eine tendenzielle Abschwächung der personalistischen Verbundenheit der Gesellschafter einher; korporative Charakteristika drängen zunehmend in den Vordergrund (Rn 88).

40 **2. Einheitlichkeit des Gesellschaftsanteils.** Die Mitgliedschaft des Gesellschafters in der Personengesellschaft ist **unteilbar** (ausf *Ulmer* ZHR 167, 103ff) und kann nur einheitlich ausgeübt werden, etwa in Bezug auf das Stimmrecht (BGHZ 24, 106, 108; 58, 316, 318; BGH NJW-RR 1989, 1259). Auch wenn das Dogma der Unteilbarkeit heute nicht mehr unbestritten vorherrscht (*Esch* BB 1993, 664ff; *Lamprecht*, Die Zulässigkeit der mehrfachen Beteiligung an einer Personengesellschaft, 2002), entspricht es doch der vertragsrechtl Grundlage und der Sozietätsstruktur, welche die Personengesellschaft von den Körperschaften unterscheiden (Vor § 705 Rn 3ff). MaW kann eine Person **nicht mehrere Beteiligungen** halten (aA BeckOK/*Schöne* § 709 Rn 28ff); erwirbt ein Gesellschafter einen Anteil hinzu, vereinigen sie sich zu einem einheitlichen Anteil (BGH WM 1963, 989; Schleswig ZIP 2006, 233; Jena NZG 2011, 1301). Dementspr kann ein Gesellschafter nur als eine Person am Gesellschaftsvertrag und am Gesellschaftsleben teilnehmen (*Wiedemann* FS Zöllner, 1998, 635, 642). Zudem kann ein unbeschränkt Haftender, wenn er eine Kommanditbeteiligung erwirbt, nicht zugleich beschränkt haften. Anerkannte **Ausnahmen** vom grds Verbot der mehrfachen Beteiligung bestehen – in Parallele zur Einpersonengesellschaft (§ 712a Rn 1) – bei Testamentsvollstreckung, Nachlassverwaltung und Nachlassinsolvenz, mit Nießbrauch und Pfandrecht belasteten Anteilen, bei der offenen Treuhand und dem Anteilsvermächtnis, nicht aber bei Vorerbschaft. Bei der Vereinigung von Gesellschaftsanteilen findet eine Anwachsung statt, wie sie in §§ 712, 712a einen normativen Niederschlag gefunden hat (zum Anwachsungsmodell näher *Hoger/Lieder* ZHR 180, 613ff; *v Proff* DStR 2016, 2227ff; *Recktenwald* NZG 2023, 539ff). Aus dem Einheitlichkeitsdogma folgt weiter, dass die Personengesellschaft **eigene Anteile** an sich selbst nicht erwerben kann, was § 711 I 2 nun ausdrückl normiert (§ 711 Rn 16).

41 **3. Natürliche Personen.** Gesellschafter einer Personengesellschaft kann jede natürliche Person sein. Besonderheiten gelten für nicht voll geschäftsfähige Personen (Rn 42ff) und für Ehegatten (Rn 47f). Nicht die Person betreffende **Schranken** können sich aus berufsrechtl Vorschriften ergeben, wie zB für Rechtsanwaltssozietäten aus § 59c BRAO und Apothekengesellschaften aus § 8 ApoG.

42 **a) Nicht voll geschäftsfähige Personen.** Die Beteiligung nicht voll geschäftsfähiger Personen am Gesellschaftsvertrag setzt wie gewöhnlich eine Mitwirkung des gesetzl Vertreters voraus (näher *Stenert/Gravenhorst* GmbHR 2022, 1232 Rn 3ff). Dessen **Einwilligung** ist nach § 107 nur bei lediglich rechtl vorteilhaften Geschäften beschränkt Geschäftsfähiger entbehrlich, was zum einen beim unentgeltlichen Erwerb eines Anteils an einer reinen Innengesellschaft in Betracht kommt (*Klamroth* BB 1975, 525, 527; Bedenken bei *E. Herrmann* ZHR 147, 313, 324ff). Zum anderen kommt dies auf Grundlage einer dem Minderjährigen nach § 112 I erteilten Genehmigung des Familiengerichts in Betracht; ausgenommen ist nach § 112 I 2 iVm § 1852 Nr 1, 2 freilich die Beteiligung an einer Erwerbsgesellschaft. Das Widerrufsrecht bei schwebender Unwirksamkeit nach § 109 kann von jedem anderen Gesellschafter ausgeübt werden (MüKo/*Schäfer* Rn 73).

43 Zusätzl ist nach § 1643 I, § 1852 die **Genehmigung des Familiengerichts** erforderlich, wenn der Minderjährige einen Gesellschaftsvertrag zum Betrieb eines Erwerbsgeschäfts (dazu § 1852 Rn 3ff) eingeht oder er eine Verfügung trifft bzw eine Verpflichtung zu einer Verfügung eingeht, durch die er einen Anteil an einer Personengesellschaft, die ein Erwerbsgeschäft betreibt, erwirbt oder veräußert. Der Genehmigung bedürfen folglich der Beitritt zu einer GbR, der Anteilserwerb und das rechtsgeschäftliche Ausscheiden (zum Letzteren BGHZ 17, 160; BGH NJW 1961, 724, 725 zum alten Recht; zum neuen Recht ebenso *Eble* RNotZ 2021, 117, 138; vgl weiter *Stenert/Gravenhorst* GmbHR 2022, 1232 Rn 22ff). Gleiches gilt für die Fortführung eines geerbten Einzelunternehmens (RGZ 127, 153, 157; BGH NJW 1983, 748) oder die Fortführung einer aufgelösten Gesellschaft, nicht aber die Vertragsänderungen (BGHZ 17, 160, 163; 38, 26, 28; BGH BB 1968, 932; jedoch str, s § 1852 Rn 20).

44 **Genehmigungsfrei** ist weiter die Beteiligung an einer reinen Vermögensverwaltungsgesellschaft, weil diese nicht den Betrieb eines Erwerbsgeschäfts bezweckt (Brandenburg NZG 2020, 597 Rn 22; Dresden NZG 2018, 1108 Rn 10; ausf *van de Loo/Strnad* ZEV 2018, 617ff). Das gilt namentlich für die Verwaltung der von den Gesellschaftern selbst genutzten Immobilie als Gesellschaftszweck. Die Grenze zum Erwerbsgeschäft soll nach der problematischen obergerichtlichen Rspr überschritten sein, wenn dauerhaft gewerblich nutzbare Immobilien von

erheblichem Wert verwaltet, vermietet oder verwertet werden oder mittelbar eine operative wirtschaftl Tätigkeit entfaltet wird (vgl BayObLG DNotZ 1995, 941, 943; Nürnberg NJW-RR 2015, 840 Rn 23; Dresden NZG 2018, 1108 Rn 12; Oldenburg ZEV 2019, 726, 728; Schleswig RNotZ 2020, 525, 528; ausf *Eble* RNotZ 2021, 117, 120f; *Stenert/Gravenhorst* GmbHR 2022, 1232 Rn 55ff).

Eine **nachträgliche Genehmigungspflicht** kommt in Betracht, wenn eine zunächst anders geartete Tätigkeit oder reine Vermögensverwaltung später zum Betrieb eines Erwerbsgeschäfts übergeht (BGHZ 17, 160, 165; 38, 26, 27; München MittBayNot 2009, 52, 53; 2019, 132, 135; *Winkler* ZGR 1973, 177, 202f; *Eble* RNotZ 2021, 117, 121). Eine weitere Fallgestaltung besteht in dem Beitritt zu einer **Innengesellschaft**, die mit Blick auf die individuelle Risiken im Innenverhältnis keine Haftung des Minderjährigen auslöst und daher genehmigungsfrei ist (MüKo/*Schäfer* Rn 75). Wiederum erscheint der Minderjährige schutzwürdig beim Übergang zu einem Erwerbsgeschäft (MüKo/*Schäfer* Rn 75), was dann, da die Gesellschafter zustimmen müssen, das Genehmigungserfordernis begründet. Als Risiko idS sollte aber nicht schon die bloße Verlustbeteiligung bei einer unentgeltlich begründeten Unterbeteiligung genügen (*Klamroth* BB 1975, 525, 529; zur Genehmigungsfreiheit bei der atypischen Gesellschaft Hamm NJW 1974, 294). Steht ein Volljähriger unter **Betreuung** (§§ 1814ff), so kommt es für den Umfang der Tätigkeit des Betreuers auf die Bestimmung durch das Betreuungsgericht an (näher *Heckschen* NZG 2012, 10, 12ff; zu rechtspraktischen Gestaltungsmöglichkeiten *Staake/Weber* ZIP 2021, 611ff). 45

Die Mitwirkung des gesetzl Vertreters reicht nicht aus, wenn das **Verbot des Selbstkontrahierens (§ 181)** eingreift; es bedarf dann eines Ergänzungspflegers nach § 1809 (im Einz *Stenert/Gravenhorst* GmbHR 2022, 1232 Rn 11ff). Dies kommt beim Abschluss des Gesellschaftsvertrags, aber auch bei Vertragsänderungen in Betracht, wenn neben dem Minderjährigen auch die gesetzl Vertreter beteiligt sind (§ 1629 II, § 1824; BayObLG NJW 1959, 989; Hamm MDR 1972, 783; Zweibrücken OLG 1980, 213; näher *Stenert/Gravenhorst* GmbHR 2022, 1232 Rn 8ff). Die aus § 181 ersichtliche Ausnahme gilt, wenn der Vertragsschluss in Erfüllung einer Verbindlichkeit geschieht (BGH NJW 1961, 724) oder die Vertragsänderung lediglich rechtl vorteilhaft ist (BGH NJW 1975, 1885). Auf diese Weise ist die Kontrolle der gesetzl Vertreter und die gerichtliche Mitwirkung bei der Herstellung des vertragl Rahmens der gesellschaftlichen Betätigung gesichert. Darüber hinaus ist nicht die Gesellschaft als solche fürsorgebedürftig, sodass Beschlüsse in **laufenden Angelegenheiten** von den gesetzl Vertretern für den nicht voll geschäftsfähigen Gesellschafter gefasst werden können. Auch wenn der gesetzl Vertreter selbst beteiligt ist, greift in solchen Fällen § 181 nicht ein (BGHZ 65, 93, 97f; näher § 181 Rn 13). 46

b) Ehegatten. Auch Ehegatten können gemeinsam an einer Gesellschaft beteiligt sein (s Vor § 705 Rn 89ff). Beim Handeln eines Ehegatten allein ist **§ 1365** zu beachten, was bei der Gründung praktisch vor allem wichtig ist, wenn ein einzubringender Gegenstand den Voraussetzungen der Norm entspricht; maßgeblich ist der Zeitpunkt der Verpflichtung (BGHZ 106, 253). Ein Hindernis kann § 1365 vor allem für einen im gesetzl Güterstand der **Zugewinngemeinschaft** Verheirateten bei der Mitwirkung an Vertragsänderungen wie etwa der Aufnahme eines neuen Gesellschafters sein (im Einz s *Tröger* in Westermann/Wertenbruch Rn I 134ff). Keine eherechtl Besonderheiten gelten für **Gütertrennung.** 47

Lebt ein Gesellschafter in **Gütergemeinschaft**, so ist er gesellschaftsrechtl frei, soweit die Beteiligung zum Vorbehaltsgut gehört, wofür genügt, dass sie mit derartigen Mitteln erworben ist (näher § 1418 Rn 2). Gehört sie zum Gesamtgut, greifen die familienrechtl Regeln über die gemeinschaftl Verwaltung ein (näher § 1421 Rn 1). Das ist freilich nicht schon der Fall, wenn die Beteiligung mit Mitteln des Gesamtguts entstanden ist; unter den Voraussetzungen von § 1417 II, § 719 sind sie Sondergut des Ehegatten, in dessen Namen der Beitritt erfolgt ist. Das hat den BGH in einem umstr Urteil (BGHZ 65, 79, 82; dazu krit *Reuter/Kunath* JuS 1977, 376; Staudinger/*Habermeier* Rn 24; zust aber *Schünemann* FamRZ 1976, 138) dazu geführt, die Gesellschaftsgründung zw im Güterstand der Gütergemeinschaft lebenden Ehegatten mit Mitteln des Gesamtguts für unmöglich zu halten, weil die Zugehörigkeit der Anteile zum Gesamtgut automatisch zu ihrer Vereinigung in der Hand eines Rechtsträgers führe und Vorbehaltsgut auf diesem (rechtsgeschäftlichen) Wege nicht gebildet werden könne (näher § 1417 Rn 2). Dem steht mit der überwiegenden Auffassung im Schrifttum entgegen, dass die Gesellschaftsanteile aufgrund ihrer vermögens- und personenrechtl Besonderheiten nicht in das Gesamtgut einbezogen werden, sondern Vorbehaltsgut der Eheleute bleiben (MüKo/*Schäfer* Rn 79; Soergel/*Hadding/Kießling* Rn 23). 48

4. Juristische Personen. BGB-Gesellschafter kann jede jur Person des **Privatrechts** und des **öffentlichen Rechts** (RGZ 163, 142, 149; BAG NJW 1989, 3034) werden, auch ein rechtsfähiger Ideal- oder Wirtschaftsverein (Oetker/*Lieder* § 105 HGB Rn 43). Rechtstatsächlich verbreitet sind Gesellschaften ausschließlich aus jur Personen beim Emissionskonsortium (Vor § 705 Rn 83f) und bei der Arbeitsgemeinschaft (Vor § 705 Rn 62). Anerkannt ist weiter, dass **Vorgesellschaften**, namentlich eine Vor-GmbH (dazu Vor § 705 Rn 31f), die als werdende jur Person zu qualifizieren ist, als Gründerin einer Personengesellschaft mitwirken bzw einer solchen Gesellschaft beitreten kann (vgl BGHZ 80, 129, 132, 143; *Ulmer* ZGR 1981, 593ff; Staudinger/*Habermeier* Rn 26). Freilich hängt es von der Vertretungsbefugnis des konkret für die Vor-GmbH Handelnden ab, ob der Beitritt die Vorgesellschaft und (nach ihrer Eintragung im Register) die entstandene GmbH bindet. Gesellschafterfähigkeit besitzen ferner **aufgelöste** jur Personen (BGHZ 75, 178, 181f). 49

Umstritten ist, ob eine nur aus Kapitalgesellschaften bestehende Personengesellschaft oder eine Gesellschaft, in der eine Kapitalgesellschaft mindestens mitvertretungsberechtigt ist, **nicht per se Handelsgesellschaft** ist, weil die zwingend dem Handelsrecht unterworfene Tätigkeit der Kapitalgesellschaften auf die Personengesellschaft durchschlägt (so *Veismann* BB 1970, 1160; *Schulze-Osterloh* NJW 1983, 1281). Dies ist mit der hM im Recht der 50

Handelsgesellschaften, die zwar die GmbH, nicht aber die GmbH & Co KG als Formkaufmann betrachtet (BayObLG NJW 1985, 982; *K. Schmidt*, Handelsrecht, § 19 II 2), abzulehnen, weil zw den Zwecksetzungen der Gesellschaft und ihrer Gesellschafter zu unterscheiden ist (PWW/*v Ditfurth* Rn 16).

51 Die Beteiligung jur Personen ist auch maßgeblich für die Frage, in welchen Fällen die GbR als **Verbraucherin** zu qualifizieren ist (dazu und zum Folgenden bereits *Bayer/Lieder* Rn 433). Zu großzügig erscheint die Auffassung des OLG Köln (BB 2017, 2390), wonach die GbR bereits dann als Verbraucherin anzusehen sei, wenn auch nur ein Gesellschafter Verbraucher sei. Diese Position erscheint mit Blick auf die ausdrückl Regelung des § 14 II nicht haltbar (so auch MüKo/*Micklitz* § 13 Rn 20; *Siemienowski* NZG 2018, 168, 169). Vielmehr muss im Einzelfall, insb wenn ein Gesellschafter gewerbliche oder selbständige berufliche Zwecke verfolgt, geprüft werden, ob auch die GbR überwiegend solchen Zwecken dient (*Otte-Gräbener* BB 2017, 2390, 2391). In diesem Zusammenhang hat der BGH die Verbrauchereigenschaft einer GbR bei Beteiligung einer **juristischen Person als Gesellschafter** sogar unabhängig davon verneint, ob sie lediglich zu privaten oder nicht gewerblichen Zwecken tätig ist (BGH NJW 2017, 2752; dazu *Linardatos* NZG 2018, 696).

52 **Ausländische** jur Personen können Gesellschafter werden, wenn sie nach dem Personalstatut ihres Gründungsstaates rechtsfähig sind und Gesellschafter einer anderen Personengesellschaft sein können (BayObLG NJW 1986, 3029; Frankfurt NZG 2006, 830f; Dresden NZG 2008, 265). Das gilt nicht nur für EU-Auslandsgesellschaften, sondern auch für Gesellschaften, die nach dem Recht eines Drittstaats wirksam errichtet worden sind. Namentlich eine schweizerische AG kann sich an dt Personengesellschaften beteiligen, ohne dass hierfür eine besondere Anerkennung nötig ist (Saarbrücken NJW 1990, 647).

53 **5. Rechtsfähige Personengesellschaften.** Die Fähigkeit rechtsfähiger Personengesellschaften iSd § 14 II, Gesellschafter einer GbR zu sein, ist bei den **handelsrechtlichen Personengesellschaften** aufgrund ihrer rechtl Verselbständigung von den Personen und vom Vermögen ihrer Gesellschafter unstreitig (RGZ 142, 13, 21; BGH WM 1959, 288; MüKo/*Schäfer* Rn 80; Staudinger/*Habermeier* Rn 27). Ihre Beteiligung bringt zwar Probleme der Willensbildung mit sich, die mehrstufig ist, und deren konzernrechtl Folgen mangels gesetzl Regelung nicht immer leicht vorherzusagen sind (näher *Schulze-Osterloh* FS H. Westermann, 1974, 541ff; *Emmerich* FS Stimpel, 1985, 743ff; *Tröger* in Westermann/Wertenbruch Rn I 4053ff; Oetker/*Lieder* § 105 HGB Rn 147ff), und es ist auch für die Mitgesellschafter nicht immer ganz übersehbar, wie die Verwaltungsrechte in der Beteiligungsgesellschaft gehandhabt werden, ob etwa bei fehlender Einmütigkeit der Teilhaber Mehrheitsentscheidungen zulässig sind. Diese Problemstellung kann jedoch durch kautelarjuristische Vorkehrungen deutlich entschärft werden.

54 Bei der **Beteiligung einer GbR an einer anderen** hat sich die hM schon vor der Anerkennung der Rechtsfähigkeit der Gesellschaft über die Bedenken hinweggesetzt, die sich aus der Unsicherheit der personellen Zusammensetzung der Beteiligungsgesellschaft ergeben konnten (RGZ 136, 236, 240; BGH NJW 1998, 376; *Hohner* NJW 1975, 718; Soergel/*Hadding/Kießling* Rn 24; MüKo/*Schäfer* Rn 83). Das gilt umso mehr nach der ausdrückl Anerkennung der Rechtsfähigkeit der **Außen-GbR** (Rn 40, 43). Mangels Rechtsfähigkeit scheidet die Beteiligung einer **Innen-GbR** an einer anderen BGB-Gesellschaft hingegen aus; beteiligen können sich nur die Mitglieder der Innen-GbR (§ 740 Rn 2). Zulässig ist umgekehrt die Beteiligung einer Außen-GbR an einer Innen-GbR und damit auch als stiller Gesellschafter (MüKo/*K. Schmidt* § 230 HGB Rn 34), und zwar auch dann, wenn die Außen-GbR selbst nicht eingetragen ist (MüKo/*Schäfer* Rn 83). Handelt es sich bei der Hauptgesellschaft um eine **eGbR** (§ 707 Rn 2ff), dann kann das mit dem Gesellschaftsregister und der Registereintragung verfolgte Ziel einer erhöhten Publizität der Gesellschaftsverhältnisse nur erreicht werden, wenn nach § 707a I 2 auch die Gesellschafter-Gesellschaft zuvor in das Gesellschaftsregister eingetragen wird. Die Formulierung als Soll-Vorschrift stellt klar, dass eine mangelnde Eintragung der materiellrechtl Beteiligung nicht entgegensteht. In gleicher Weise setzt die Eintragung als Gesellschafterin einer OHG oder KG in das Handelsregister nach § 105 II HGB, § 161 II HGB iVm § 707a I 2 die vorherige Eintragung der Beteiligungs-GbR in das Gesellschaftsregister voraus (Begr RegE, BT-Drs 19/27635, 132).

55 **6. Weitere Personenvereinigungen.** Ungeachtet der Neuregelung des § 54 I ist dem **nicht rechtsfähigen Verein** die Fähigkeit, Mitglied einer GbR zu sein, zuzuerkennen (zur Mitgliedschaft der GbR in einem Idealverein s § 38 Rn 5). Zwar spricht die amtliche Überschrift von einem „Verein ohne Rechtspersönlichkeit". Für den nicht eingetragenen **wirtschaftlichen Verein** folgt die Rechts- und Beteiligungsfähigkeit aus der Verweisung auf das Personengesellschaftsrecht in § 54 I 2. Für den nicht eingetragenen **Idealverein** gehen die Materialien (Begr RegE, BT-Drs 19/27635, 124; vgl noch BeckOK/*Schöpflin* § 54 Rn 62; *Grunewald* npoR 2020, 279, 280) davon aus, dass der Verein Verbindlichkeiten begründen kann, für die seine Mitglieder nicht persönlich haften. Berechtigte Gläubigerinteressen werden durch die Haftung des Vereinsvermögens und die Handelndenhaftung nach § 54 II geschützt (vgl MüKo/*Schäfer* Rn 85; Staudinger/*Habermeier* Rn 29). Geht es um die Beteiligung an einer **eGbR**, wird man bei einem nicht eingetragenen **wirtschaftlichen Verein** wegen § 707a I 2 die Eintragung des Vereins – in Abhängigkeit vom Betrieb eines Handelsgewerbes – als GbR im **Gesellschaftsregister** bzw als OHG im Handelsregister verlangen müssen. Handelt es sich um einen nicht eingetragenen **Idealverein**, dann bewendet es bei der Rechtslage zum alten Recht (zum Folgenden Oetker/*Lieder* § 105 HGB Rn 43). Analog § 47 I GBO sind **sämtliche Vereinsmitglieder** in das Gesellschaftsregister einzutragen (so auch *Böhringer* NotBZ 2022, 161, 164f). Wer analog § 47 II GBO die Eintragung in das Vereinsregister fordert (so *Enneking/Wöffen* NZG 2023, 308, 311ff) gelangt zu einer systemwidrigen – faktischen – Eintragungspflicht des nicht eingetragenen Vereins, wenn sich dieser an anderen Gesellschaften beteiligen will. Das setzt sich zugleich in einen auffälligen Widerspruch zur Anerkennung der Rechtsfähigkeit, welche – zumindest die materielle – Beteiligungsfähigkeit einschließt.

Konsequenz dieser Auffassung wäre, dass Parteien und Gewerkschaften, die regelmäßig als nicht eingetragene Vereine organisiert sind, von der Übernahme von Beteiligungen faktisch ausgeschlossen werden. Wer für eine Eintragungsfähigkeit des Vereins nur mit seinem Namen eintritt (so *Schäfer/Wertenbruch* § 13 Rn 14ff; *Wertenbruch* JZ 2023, 78, 88), fällt damit hinter das im Rechts- und Beteiligungsverkehr notwendige Niveau an Rechtssicherheit und Publizität zurück, denn § 47 II GBO liegt die klare Wertung zugrunde, dass nur registrierte Verbände unter ihrem Namen in das Grundbuch eingetragen werden können. Eine Ausnahme von der Eintragung aller Mitglieder ist bei **Parteien** und **Gewerkschaften** bereits aus verfassungsrechtl Gründen (vgl Art 21, 9 III GG) angezeigt, will man solche Vereine nicht vom Handels- und Beteiligungsverkehr ausschließen. Für andere mitgliederstarke Gesellschaften ist eine vergleichbar weite Ausnahme von den Erfordernissen der Publizität des Gesellschaftsregisters nicht zu rechtfertigen. Das gilt namentlich für kommunale Schadensausgleiche (vgl BGH NZG 2016, 666 Rn 21f). Wegen der rechtl Bedenken unterliegenden Vertretungsberechtigung und der umständlichen Eintragung aller Mitglieder wird meist ein **Treuhänder** (Rn 59ff) für den Verein Gesellschafter (Oetker/*Lieder* § 105 HGB Rn 43; MüKo/*Fleischer* § 105 HGB Rn 227).

Die **Erbengemeinschaft** kann sich mangels Rechtsfähigkeit (BGH NJW 2006, 3715; *Ulmer* AcP 198, 113, 126ff; 56 aA *Grunewald* AcP 197, 305, 315) nicht als solche an einer GbR beteiligen. Das folgt daraus, dass die Erbengemeinschaft nach § 2042 auf Wunsch eines Miterben jederzeit aufgelöst werden muss, sodass die für die Beteiligung an einer gewöhnlich auf Dauer angelegten GbR nötige Stabilität fehlt; ferner besteht die Möglichkeit der Haftungsbeschränkung nach § 2059 I (MüKo/*Schäfer* Rn 86; Soergel/*Hadding/Kießling* Rn 25; zweifelnd Staudinger/*Habermeier* Rn 31). Beteiligen können sich daher nur die einzelnen Miterben (BGHZ 68, 225, 237); sie rücken im Erbfall auf Grundlage einer Nachfolgeklausel nach § 711 II 2 kraft Gesetzes entspr ihrer Erbquote als Gesellschafter ein.

Auch der **ehelichen Gütergemeinschaft** (Rn 48) mangelt es an Rechtsfähigkeit; die Gemeinschaft als solche ist 57 nach hM zu sehr als reine Vermögensgemeinschaft ausgerichtet, als dass sie Mitglied einer auf weitere Zweckverfolgung zielenden Gesellschaft sein könnte (BayObLG ZIP 2003, 480 für eine Kommanditbeteiligung; Soergel/*Hadding/Kießling* Rn 25; MüKo/*Schäfer* Rn 87; aM aber *Tiedtke* FamRZ 1975, 678). Stattdessen kommen nur die Ehegatten als BGB-Gesellschafter in Betracht.

Ebenso wenig rechtsfähig ist die **Bruchteilsgemeinschaft**, die als solche nicht an einer GbR beteiligt sein kann. 58 Gegen ihre Gesellschafterfähigkeit spricht insb die Zuständigkeit mehrerer für Mitgliedschaftsrechte, die sich mit dem Anspruch an die persönliche Mitwirkung der BGB-Gesellschafter nicht in Einklang bringen lässt (MüKo/*Schäfer* Rn 88; Soergel/*Hadding/Kießling* Rn 26). Das schließt es freilich nicht aus, dass einzelne oder alle Gesellschafter einen Gegenstand in Bruchteilsgemeinschaft halten und ihn der Gesellschaft zur Verfügung stellen oder aber neben der Bruchteilsgemeinschaft eine Innen-GbR begründen.

7. Treuhandverhältnisse. a) Formen, Begründung, Bedeutung. Die Mitgliedschaft an einer GbR kann auch 59 **treuhänderisch** gehalten werden (zum Folgenden bereits Oetker/*Lieder* § 105 HGB Rn 48ff; zu Beteiligungsmodellen im Einz *Zeising* DZWIR 2016, 551, 552ff). In diesem Zusammenhang unterscheidet man nach der **Interessenlage des Treuhänders** die uneigennützige (Verwaltungs-)Treuhand von der eigennützigen (Sicherungs-)Treuhand (näher BeckOGK/*Lieder* § 398 Rn 207). Treuhänderische Personengesellschaftsanteile werden typischerweise auf Grundlage einer Verwaltungstreuhand gehalten, bei welcher der Treuhänder die Rechte nur nach Maßgabe des Treugebers im Rahmen des zw den Parteien geschlossenen Treuhandvertrags ausüben darf (MüKo/*K. Schmidt* Vor § 230 HGB Rn 36; *Zeising* DZWIR 2016, 551, 556). Treuhandverhältnisse sind häufig bei Publikumspersonengesellschaften anzutreffen, bei welchen vielfach einer GmbH die Rolle des Treuhänders zugewiesen ist. Sie können durch Anteilsübertragung vom Treugeber (oder Dritten) auf den Treuhänder (Übertragungstreuhand) oder mittels vertragl Abrede zw dem Gesellschafter (und künftigen Treuhänder) und dem Treugeber (Vereinbarungstreuhand) **begründet** werden (vgl BeckOGK/*Lieder* § 398 Rn 208).

Soweit zur Begründung eines Treuhandverhältnisses ein Anteil übertragen wird, bedarf der Vertrag über die 60 Begründung einer offenen Treuhand der **Zustimmung** der Mitgesellschafter, wenn sie für eine Übertragung nötig wäre (BGHZ 24, 106, 114; 77, 392, 396f; *Blaurock*, Unterbeteiligung und Treuhand an Gesellschaftsanteilen, 1981, 151f; MüKo-HGB/*K. Schmidt* Vor § 230 Rn 54; aM *Armbrüster*, Die treuhänderische Beteiligung, 2001, 119ff; *Tebben*, Unterbeteiligung und Treuhand an Gesellschaftsanteilen, 2000, 236ff; MüKo/*Schäfer* Rn 87). Die Anteilsübertragung kann unabhängig davon ein Treupflichtverstoß sein, zB wenn sie an einen Wettbewerber erfolgt (BGH WM 1982, 334). Bei treuhänderischem Erwerb einer Mitgliedschaft für den Hintermann wird idR verdeckte Treuhand vorliegen. Sonst haben die Mitgesellschafter es in der Hand, den Treuhänder als Gesellschafter abzulehnen; tun sie dies nicht, liegt im Vertragsschluss ihr Einverständnis, auch mit einer späteren Rückübertragung (BGHZ 77, 392, 396). Soll der **bisherige Gesellschafter** künftig **als Treuhänder** eines außenstehenden Dritten fungieren, ist die Zustimmung der Mitgesellschafter stets erforderlich (Hopt/*Roth* § 105 HGB Rn 32; MüKo-HGB/*K. Schmidt* Vor § 230 Rn 54; Oetker/*Lieder* § 105 HGB Rn 48 aE) und nicht nur, wenn dem Dritten dieselben Informationsrechte oder Einfluss auf die Ausübung der Mitverwaltungsrechte eingeräumt werden sollen (MüKo/*Schäfer* Rn 89; Soergel/*Hadding/Kießling* Rn 28; *Beuthien* ZGR 1974, 26, 39). Ein effektiver Schutz der Mitgesellschaft lässt sich ohne schwierige Abgrenzungsfragen nur dann gewährleisten, wenn die Vereinbarungstreuhand unterschiedslos der Zustimmung der übrigen Gesellschafter unterstellt wird. Allerdings haben die Gesellschafter auch in diesem Zusammenhang die Möglichkeit, die Übertragbarkeit der Gesellschaftsanteile allg oder im Hinblick auf die Begründung von Treuhandverhältnissen gesellschaftsvertragl zu gestalten (näher MüKo-HGB/*K. Schmidt* Vor § 230 Rn 54).

61 Die Treuhand hat **praktische Bedeutung** hauptsächlich bei den Handelsgesellschaften, ist aber etwa im wirtschaftsorganisatorischen Bereich (Vor § 705 Rn 74ff), bei den Bauherrengemeinschaften (s den Fall BGH NJW 2002, 888, näher Vor § 705 Rn 63ff) und bei einer Schutzgemeinschaft (Vor § 705 Rn 78ff) auch an einer GbR-Beteiligung verbreitet und kann auch der einheitlichen Wahrnehmung der Rechte mehrerer im Erbgang in eine Gesellschaft nachgerückter Erben dienen (*Wiedemann* GesR II § 4 I 6b). Die **Gründe**, die den in der Rechtsform der GbR handelnden Immobilienfonds zu solchen Konstruktionen führen, sind die Zusammenfassung vieler Treugeberrechte in der Hand eines Treuhänders, der allein im Handelsregister oder auch im Grundbuch eingetragen wird, oder die Bedenklichkeit bzw Unzulässigkeit der Drittverwaltung von Gesellschaftsbeteiligungen (zu den Gründen näher *Blaurock*, Unterbeteiligung und Treuhand an Gesellschaftsanteilen, 1981, 66ff; *Armbrüster*, Die treuhänderische Beteiligung an Gesellschaften, 2001, 49ff; *Tebben*, Unterbeteiligung und Treuhand an Gesellschaftsanteilen, 2000, 33ff).

62 **b) Charakteristika.** Für die **fiduziarische Anteilsübertragung** ist charakteristisch, dass der Treuhänder im Außenverhältnis das Vollrecht und damit eine über den Zweck der Treuhandabrede hinausgehende Rechtsposition erwirbt, während er im Innenverhältnis ggü dem Treugeber auf einen enger gezogenen Vertragszweck beschränkt ist. Aus **gesellschaftsrechtlicher** Perspektive ist dem Treuhänder demnach die volle Gesellschafterstellung eingeräumt (Trennungsgrundsatz; vgl Jena NZG 2007, 460), während er aus **schuldrechtlicher** Perspektive ggü seinem Treugeber an den jew Vertragszweck und dessen Weisungen gebunden ist, zudem einem Veräußerungsverbot unterliegt und sich bei Pflichtverletzungen nach § 280 I schadensersatzpflichtig machen kann (*Armbrüster*, Die treuhänderische Beteiligung an Gesellschaften, 2001; MüKo-HGB/*K. Schmidt* Vor § 230 Rn 34ff).

63 **c) Rechtsstellung der Beteiligten.** Aus der Gesellschafterstellung des Treuhänders folgt, dass den hinter dem Treuhänder stehenden Treugeber keine **Haftung** nach §§ 721ff unmittelbar ggü den Gesellschaftsgläubigern trifft, und zwar selbst dann nicht, wenn ihm im Innenverhältnis eine gesellschafterähnliche Stellung eingeräumt wurde (BGHZ 178, 271; BGH ZIP 2010, 1590 Rn 25; NZG 2012, 1024 Rn 21; *Schürnbrand* ZGR 2014, 256, 271f; aA *Kindler* ZIP 2009, 1146: Haftung als Scheingesellschafter; dagegen BGHZ 178, 271 Rn 23; ebenfalls aA *Pfeifle/Heigl* WM 2008, 1485; *Schlick* WM 2014, 581, 590; weitere Fundamentalkritik bei *Kindler* FS K. Schmidt, Bd I, 2019, 641ff). Dies gilt uneingeschränkt für die **verdeckte Treuhand** (dazu *Zeising* DZWIR 2016, 551, 557); für die **offene Treuhand** (zu dieser Unterscheidung *Ulmer* FS Odersky, 1996, 873, 888ff) gilt dies gleichermaßen, wenn im Gesellschaftsvertrag nichts anderes geregelt ist (BGHZ 178, 271; Frankfurt NZG 2010, 383; aA *Schäfer* ZHR 177, 619, 634ff). Als Gesellschafter hat der Treugeber die Einlagen (Jena NZG 2007, 460) und bei wirksamer Pflichtenbegründung auch Nachschuss zu leisten (München WM 2009, 2309); das gilt auch für eine Publikums-GbR, etwa für den Widerruf einer Beitrittserklärung (Grü/*Sprau* Rn 10). Zudem ist es der Treuhänder, der in der Gesellschaft Beschlüsse fasst und ggf angreift und die GbR im Außenverhältnis vertritt. Auch wenn er hiermit gegen Bindungen im Innenverhältnis verstößt, sind die **Verfügungen** des Treuhänders im Außenverhältnis wirksam (gilt auch in der zweigliedrigen Gesellschaft, wenn der eine Partner Treuhänder des anderen ist, BGH WM 1991, 1753). Eine Grenze ziehen nach zutr Auffassung die Lehre vom Missbrauch der Vertretungsmacht und die Grundsätze der Kollusion (MüKo/*Schäfer* § 705 Rn 90; MüKo-HGB/*K. Schmidt* Vor § 230 Rn 69; *Klöckner* BB 2009, 1313, 1316; enger – nur §§ 138, 826, 823 II BGB iVm § 266 StGB – BGH BB 1968, 560; WM 1977, 525, 527). In Betracht kommt eine **Drittschadensliquidation** des anspruchsberechtigten Treuhänders wegen eines wirtschaftl den Treugeber treffenden Schadens (BGH NJW 1967, 930, 931; KG WM 2008, 852).

64 Ein Treuhänder, der bereits vor Beitritt getäuschter Anleger auch eigene unmittelbare Anteile an der Gesellschaft hält, **haftet** jedoch gem § 280 I, § 311 II, § 278 für eine **Verletzung der Aufklärungspflicht** durch einen Gründungsgesellschafter als Verhandlungsgehilfen (BGH NZG 2013, 980). Der mit einem **eigenen Kapitalanteil** beteiligte Treuhänder haftet nicht nur ggü nach ihm eintretenden Treugebern, sondern auch ggü neu beitretenden Direktgesellschaftern, mit denen er (und die anderen Gesellschafter) den Aufnahmevertrag schließt (BGH NJW 2017, 3001 Rn 11, 13; NZG 2018, 902 Rn 17). Auf die Höhe der Kapitaleinlage des Altgesellschafters kommt es ebenso wenig an wie auf die Anzahl der weiteren Gesellschafter (BGH NZG 2018, 902 Rn 16, 21). Fungiert der Treuhänder nur als Beteiligungsverwalter oder als Einzahlungstreuhänder, dann ist er nicht verpflichtet, den Anlegern ein zutreffendes Bild über das Beteiligungsobjekt zu vermitteln (BGH NJW 2017, 3001 Rn 10; NZG 2018, 902 Rn 17). Bei einer Publikumsgesellschaft ist eine Haftung auch insofern ausgeschlossen, als sie einen Altgesellschafter betrifft, der **rein kapitalistisch** als Anleger beigetreten ist (BGH NZG 2013, 980 Rn 28; NZG 2016, 986 Rn 12; NZG 2017, 858 Rn 15; NJW 2017, 3001 Rn 16; NZG 2018, 902 Rn 19).

65 **d) Qualifizierte Treuhand.** Darüber hinaus kann allerdings zw den Beteiligten vereinbart werden, dass die Treugeber (Anleger) im Innenverhältnis wie Gesellschafter (**Quasi-Gesellschafter**) zu behandeln sind (qualifizierte oder atypische Treuhand; vgl BGHZ 10, 44, 49f; 148, 201, 205; 178, 271; BGH NZG 2011, 1432 Rn 16ff; *Tebben* ZGR 2011, 586ff; krit *Foerster*, Die Zuordnung der Mitgliedschaft, 2018, 144ff). Dies ist wegen der weitgehenden Vertragsfreiheit im Innenverhältnis bereits der Fall, wenn die mittelbare Beteiligung erst noch zu werbender Anleger im Gesellschaftsvertrag von vornherein vorgesehen ist und im Hinblick darauf bestimmte gesellschaftliche Rechte und Pflichten der Anleger im Gesellschaftsvertrag geregelt sind (BGH NZG 2011, 1432 Rn 16ff; BGH NZG 2018, 539 Rn 19). In allen diesen Fällen bleibt es im Grundsatz dabei, dass die Quasi-Gesellschafter **keine Haftung** nach § 721 im Außenverhältnis trifft (s auch BGH NZG 2015, 269 Rn 20 aE; *Wertenbruch* NZG 2016, 401, 403; aA *Kindler* FS K. Schmidt, Bd I, 2019, 641ff; offenbar ebenso *Foerster*, Die Zuordnung der Mitgliedschaft, 2018, 62ff, 241, 378ff). Die Haftung scheidet mangels Gesellschafterstellung aus. Denkbare Haftungsgründe sind aber Rechtsschein, Haftungsdurchgriff und Delikt (Hopt/*Roth* § 105 HGB Rn 34). Allerdings steht

im Fall der qualifizierten Treuhand der Gesellschaft unmittelbar der gegen den Treugeber gerichtete Anspruch auf **Einlageleistung** zu (vgl BGH NZG 2011, 1432 Rn 16f; 2012, 1342 Rn 13; 2012, 1345 Rn 11; 2018, 539 Rn 18).

Kraft vertragl Abrede können Treugebern **Weisungs-, Kontroll- und Stimmrechte** (speziell zum Stimmrecht BGHZ 196, 131 Rn 15ff; BGH ZIP 2013, 619 Rn 17ff; *Wertenbruch* NZG 2017, 81, 83ff) ebenso übertragen werden wie das Recht zur Nichtigkeitsfeststellung von Gesellschafterbeschlüssen (vgl BGHZ 10, 44, 47; 76, 127, 131; München NZG 2008, 864, 865). Insofern trifft den Treugeber auch die gesellschaftsvertragl **Treuepflicht** mit ihren Komponenten Rücksichtnahme und Förderung (BGH NZG 2015, 269 Rn 20; NZG 2015, 1353 Rn 22). Zugleich können sie von der Gesellschaft nach § 716 **Aufwendungsersatz** verlangen, wenn sie ohne Verpflichtung im Innenverhältnis eine Gesellschaftsverbindlichkeit getilgt haben (BGH NZG 2015, 1353 Rn 15; *Lubberich* DNotZ 2016, 416, 419; *Wertenbruch* NZG 2016, 401, 404; *Kindler* FS K. Schmidt, Bd I, 2019, 641, 646; aA *Mock* ZIP 2016, 497, 500). Erhalten sie von der Gesellschaft keinen Aufwendungsersatz, können sie einen **Ausgleichsanspruch analog § 426** gegen die übrigen Treugeber geltend machen, die sich nicht an der Tilgung von Gesellschaftsverbindlichkeiten zur Verwirklichung eines Sanierungskonzepts beteiligt haben. Die übrigen Treugeber können sich nach § 242 nicht darauf berufen, dass eine unmittelbare Haftung im Außenverhältnis ausgeschlossen ist (BGH NZG 2015, 1353 Rn 21ff; *Lubberich* DNotZ 2016, 416, 419; *Wertenbruch* NZG 2016, 401, 405ff; aA *Mock* ZIP 2016, 497, 500ff; abl mit Blick auf den Gesamtschuldnerausgleich bei Teilleistungen *Altmeppen* NJW 2016, 1761ff – der auf den konkreten Einzelfall bezogene Einwand von *Altmeppen* NJW 2016, 1761ff erscheint überzeugend; vgl auch MüKo/*Bydlinski* § 426 Rn 23; insg krit *Kindler* FS K. Schmidt, Bd I, 2019, 641, 648ff). Es gelten die Wertungen aus „Sanieren oder Ausscheiden" (BGH NZG 2015, 1353 Rn 23 unter Hinweis auf BGHZ 196, 131 Rn 21; abl *Mock* ZIP 2016, 497, 501; *Kindler* FS K. Schmidt, Bd I, 2019, 641, 651f). 66

Die **Sonderstellung des Treugebers** aufgrund seiner wirtschaftl Beteiligung an der GbR verlangt nach einer Zustimmung der Mitgesellschafter bei einer Übertragung der Treugeberrechte auf Dritte (vgl BGH WM 1987, 811) und rechtfertigt die Berücksichtigung des Treugeberverhalten bei einem Ausschließungsbeschluss gegen den Treuhänder (BGHZ 32, 17, 33). Zudem kann sich der Treugeber durch Kündigung des Treuhandverhältnisses von einer Beteiligung lösen, wenn der hierfür notwendige wichtige Grund in der Person des Treuhänders liegt und ein Ausscheiden nur über diesen möglich ist (BGHZ 73, 294, 300). Im Rahmen der qualifizierten Treuhand kommen auch die Grundsätze der **fehlerhaften Gesellschaft** (Rn 164ff) zur Anwendung mit der Folge, dass sich der Treugeber nur mit Wirkung ex nunc von einem fehlerhaften Beitrittsvertrag lösen kann (BGH NJW 2015, 1169 Rn 11). Ist er zum Beitritt durch Täuschung oder Drohung bestimmt worden, steht ihm ein außerordentliches **Kündigungsrecht** zu (Rn 182). 67

e) **Freistellungsanspruch.** Der Treuhänder hat ggü dem Treugeber einen **Regressanspruch auf Freistellung** (§ 257) bzw **Aufwendungsersatz** (§ 675 I, § 670), dessen Höhe sich nach der (drohenden) Außenhaftung des Treuhänders nach §§ 721ff bemisst (vgl BGH BeckRS 2011, 09694 Rn 19; 2011, 09690 Rn 12; *Stumpf* BB 2011, 1807, 1810; *Tebben* VGR 16, 161, 169f; aA bei fehlender Vereinbarung *Mock* ZIP 2016, 497, 499). Daneben können aufgrund der Treuhandvereinbarung vertragl Regressansprüche bestehen (BGHZ 76, 127, 130ff; 185, 310 Rn 11; BGH NZG 2011, 588 zur Falk-Gruppe m Anm *Lieder* WuB II F § 171 HGB 1.11 und m Anm *Stöber* NZG 2011, 738ff). Dementspr können die Beteiligten auch einen Aufwendungsersatzanspruch nach § 716 vereinbaren. Das ist anzunehmen, wenn ein Treugeber als Quasi-Gesellschafter im Innenverhältnis einem unmittelbaren Gesellschafter gleichgestellt sein soll (BGH NZG 2015, 1353 Rn 16 unter Hinweis auf BGH NJW-RR 2002, 455; Kindler FS K. Schmidt, Bd I, 2019, 641, 646; aA *Mock* ZIP 2016, 497, 500). Zudem hat der Treugeber bei **Kündigung** des Treuhandverhältnisses dem Treuhänder nach §§ 675, 670 den Auseinandersetzungsfehlbetrag zu erstatten (Naumburg BeckRS 2013, 22621 m zust Anm *Stari/Beuster* DStR 2014, 271). 68

Der Freistellungs- bzw Aufwendungsersatzanspruch ist nach § 398 an die Gesellschaftsgläubiger **abtretbar** und führt damit mittelbar zu einer Haftung der Treugeber, ohne dass dem der Einwand der Treuwidrigkeit aus § 242 entgegengehalten werden kann (BGH NJW 1993, 2232, 2233; 2010, 2197; vgl auch BGHZ 178, 271; BGH NZG 2011, 588 m Anm *Lieder* WuB II F § 171 HGB 1.11; zur Haftung im Rahmen von Schiffsfonds *Paul/Richter* DB 2010, 2153ff). Die Abtretung kann wegen § 399 Alt 1 nur die Freistellung von den Ansprüchen des Gläubigers aus der Außenhaftung nach § 721 erfassen und könnte gem § 139 insg nichtig sein, weil ein Freistellungsanspruch wirksam nur an den Gläubiger des Anspruchs, von dem freigestellt werden soll, abgetreten werden kann (BGHZ 185, 310 Rn 12; BGH ZIP 2011, 906 Rn 14; 2012, 2246 Rn 18). Es ist daher sorgfältig zu unterscheiden zw den Freistellungsansprüchen ggü Ansprüchen von verschiedenen Gläubigern und Ansprüchen der Gesellschaft selbst (§ 716 Rn 23). 69

Freistellungsansprüche verjähren mit der dreijährigen Frist des § 195. Die **Verjährungsfrist des Freistellungsanspruchs** beginnt gem § 199 I Nr 1 nicht mit dem Schluss des Jahres, in dem der Freistellungsanspruch fällig geworden ist, sondern erst mit dem Schluss des Jahres, in dem die Drittforderung fällig wird, von der zu befreien ist (BGH NJW 2010, 2197 m abl Anm *Rutschmann* NZG 2010, 776; NZG 2011, 588 Rn 23 zur Falk-Gruppe m zust Anm *Lieder* WuB II F § 171 HGB 1.11 und *Stöber* NZG 2011, 738ff; BGH NJW 2018, 1873 Rn 21 m Anm *Lieder* WuB 2018, 107ff). Anderes soll nach Auffassung des BGH gelten, wenn sich der **Befreiungsanspruch** vor Fälligkeit der Drittforderung bereits **in** einen **Zahlungsanspruch umgewandelt** hat. Das gelte insb dann, wenn die Inanspruchnahme des Befreiungsgläubigers durch den Drittgläubiger mit Sicherheit zu erwarten ist und zudem feststeht, dass auf Mittel des Befreiungsschuldners für die Erfüllung der Drittforderung zugegriffen werden müsse (BGH NJW 2018, 1873 Rn 22 mAnm *Lieder* WuB 2018, 107ff). Diese Begründung vermag al- 70 lein die (Rück-)Ausnahme von der differenzierten Rspr zur Verjährung von Befreiungsansprüchen zu tragen, nicht aber den (materiellrechtl) Übergang vom Freistellungs- zum Zahlungsanspruch. Gegen diesen spricht nicht nur der Grundgedanke des § 257 S 1, der dem Befreiungsschuldner selbst die Entscheidung überlässt, auf welche Weise er den Befreiungsgläubiger von der Verbindlichkeit entlastet, sondern dafür sprechen auch ganz erhebliche Abgrenzungsschwierigkeiten, die ein hohes Maß an Rechtsunsicherheit in die Abwicklung von Freistellungsansprüchen hineintragen (näher *Lieder* WuB 2018, 107, 109f).

71 Ggü dem Zahlungsanspruch des Gesellschaftsgläubigers kann der Treugeber **nicht** nach § 404 mit Schadensersatzansprüchen gegen den Treuhänder **aufrechnen**, weil dies dem Prinzip der persönlichen Haftung in der Personengesellschaft widerspricht (BGH NZG 2011, 588 Rn 29 m Anm *Lieder* WuB II F § 171 HGB 1.11; BGHZ 194, 180 Rn 32 für OHG; *Schürnbrand* ZGR 2014, 256, 272; aA *Zeising* DZWIR 2016, 551, 564ff). Dem Konzept der „wirtschaftl Außenhaftung" ist zuzustimmen, weil es die von den Parteien privatautonom gewählte treuhänderische Beteiligung an der Gesellschaft ernst nimmt (keine Außenhaftung), aber aus der ebenfalls zumeist aus steuerlichen Gründen gewählten schuldrechtl wirtschaftl Gleichstellung der Treugeber (Verlustzurechnung) konsequent eine rechtl Innenhaftung herleitet (MüKo-HGB/*K. Schmidt* Vor § 230 Rn 59; *Stöber* NZG 2011, 738, 741; *Wertenbruch* NZG 2013, 285, 287f; *Schäfer* ZHR 177, 619, 624ff; krit *Klöhn* VGR 18, 143, 145ff).

72 **f) Auskunftsanspruch.** Auch **im Innenverhältnis unter den Treugebern** besteht an sich keine gesellschaftsvertragl Verbundenheit. Es stellt sich daher die Frage, ob die Treugeber vom Treuhänder zur Durchsetzung ihrer Ansprüche nach § 717 **Auskunft über die Identität der anderen Treugeber** verlangen können. Der BGH bejaht diese Frage jedenfalls dann, wenn zw den Treugebern eine **Innen-GbR** begründet worden ist (BGH DStR 2010, 65; NJW 2011, 921 Rn 11; NZG 2020, 381 Rn 13; zur Innen-GbR in solchen Fällen näher und krit *Zeising* DZWIR 2016, 551, 555f). Das Gleiche gilt, wenn die Treugeber im Innenverhältnis jew Gesellschaftern einer Personengesellschaft gleichgestellt sind (BGH NZG 2013, 379 Rn 11ff; München NZG 2011, 1941 Rn 36ff; NZG 2019, 577 Rn 12; 2019, 540 Rn 20; **aA** *Altmeppen* ZIP 2011, 326ff; *Nast* NZG 2020, 826f). Die Kenntnis der Identität der Mitgesellschafter einer Personengesellschaft ist zur Durchsetzung von Rechten gegen diese erforderlich und resultiert aus der zw den Gesellschaftern bestehenden schuldrechtl Sonderverbindung des Gesellschaftsverhältnisses. Für **datenschutzrechtliche Bedenken** ist vor diesem Hintergrund kein Raum (*Priester* ZIP 2011, 697ff; *Wertenbruch* EWiR § 716 BGB 1/11, 183; *Paul* GWR 2011, 225ff; aA *Hoeren* ZIP 2010, 2436, 2438; *Holler* ZIP 2010, 2429, 2431ff). Das gilt auch nach Inkrafttreten der DSGVO, insb stehen Art 5 DSGVO und Art 6 DSGVO einem Auskunftsanspruch nicht entgegen (BGH NZG 2020, 381 Rn 26ff; München NZG 2019, 577 Rn 25ff; NZG 2019, 540 Rn 27ff; aA *Nast* NZG 2020, 826, 827). Weil die Kenntnis der Mitgesellschafter für die Durchführung des Gesellschaftsvertrags und die Erreichung des Gesellschaftszwecks existenziell ist, kann ein Recht auf Anonymität wegen Verstoßes gegen vertragsrechtl Grundprinzipien nicht wirksam vereinbart werden (BGH NJW 2010, 439 Rn 10, 13; NZG 2011, 276 Rn 20; NZG 2013, 379 Rn 24ff, 38ff; 2015, 269 Rn 23; krit *Altmeppen* NZG 2012, 1321, 1327). Verlangt werden kann die **Angabe von Namen und Anschrift** der anderen mittelbar und unmittelbar beteiligten Anleger (BGH NZG 2013, 379; 2015, 269 Rn 9; 2020, 381 Rn 20), ebenso die Beteiligungshöhen (Stuttgart BeckRS 2013, 4352; München NZG 2011, 861 Rn 41, 47; 2019, 540 Rn 23), nicht aber deren E-Mail-Adressen (LG Bremen NZG 2013, 781 Rn 3). Verpflichtet sind die Gesellschaft und die geschäftsführenden Gesellschafter (BGH NZG 2013, 379 Rn 47ff; Stuttgart BeckRS 2013, 4352) sowie die Treuhänder (Stuttgart BeckRS 2013, 4352; aA München NZG 2011, 861 Rn 50f).

73 Nicht entschieden hat der BGH bislang über Gestaltungen, in denen die Treugeber **nur** über einen **Treuhandvertrag** mit der Publikumsgesellschaft verbunden sind, ohne einem Gesellschafter gleichgestellt zu sein (BGH NZG 2013 Rn 37; zum Meinungsstand *Armbrüster* FS Kanzleiter, 2010, 31, 49ff). Eine Literaturauffassung gewährt daher der privatautonomen Gestaltung zw dem Treugeber und dem Treuhänder den Vorrang ggü dem Informationsinteresse der anderen Treugeber (*Altmeppen* ZIP 2013, 576; *Asmus/Markwardt* ZIP 2012, 1581, 1590). Hiergegen spricht indes, dass selbst in der GmbH die anderen Gesellschafter einen Auskunftsanspruch auf Kundgabe der Identität des Treugebers haben (BGH NZG 2013, 379 Rn 28 mwN) und damit jeder Treugeber seinen Treuhänder-Gesellschafter anweisen könnte, diese Informationsansprüche zu verfolgen. Zudem ist der Treugeber aufgrund der Treuhandabrede nach §§ 675, 670 vom Erfolg oder Misserfolg der Gesellschaft i Erg wirtschaftl genauso betroffen, als ob er (Voll-)Gesellschafter wäre (BGH NZG 2013, 379 Rn 21). Dies rechtfertigt auch bei einem einfachen Treuhandverhältnis entspr Auskunftsansprüche.

74 Die Auskunft ist begrenzt durch das Verbot unzulässiger Rechtsausübung (§ 242) und das Schikaneverbot gem § 226 (BGH NJW 2011, 921 Rn 22; NZG 2013, 379 Rn 12; 2015, 269 Rn 11, 26; München NZG 2019, 577 Rn 30; NZG 2019, 540 Rn 21). Diese **Grenze** ist erreicht, wenn ein gering beteiligter Treugeber allein aus Gründen der Mandantenwerbung durch seinen Prozessvertreter der Gesellschaft beigetreten ist und Auskunft über 4.900 Mitgesellschafter begehrt (AG München WM 2014, 2051; ebenso Bamberg WM 2014, 1174 bei 5.100 Mitanlegern und geringer Beteiligung; anders aber BGH NZG 2013, 789 für 75.000 Mitglieder eines VVaG). Die Gefahr einer rechtswidrigen Nutzung der erlangten Daten durch den Prozessbevollmächtigten des Anlegers schließt einen Auskunftsanspruch nur bei **kollusivem Zusammenwirken** mit dem Anleger aus (BGH NZG 2020, 381 Rn 24). Ein rechtsmissbräuchliches Verhalten des Anwalts allein ist durch berufs- und datenschutzrechtl Rechtsbehelfe zu unterbinden. Von der Kostenübernahme durch den Prozessbevollmächtigten eines Anlegers kann nicht ohne Weiteres auf ein kollusives Zusammenwirken geschlossen werden (Stuttgart BeckRS 2013, 4352 Rn 154; aA München NZG 2019, 577 Rn 38ff). Es ist auch nicht rechtsmissbräuchlich, die Auskunft nur deshalb zu verlan-

gen, um den Mitgesellschaftern daraufhin ein **Kaufangebot** für ihre Beteiligung zu unterbreiten (München NZG 2019, 540 Rn 23ff).

g) Verstoß gegen RBerG und RDG. Die umfassende vertragl Regelung der schuldrechtl Rechtsbeziehungen zw Treugeber und Treuhänder sieht der BGH wegen Verstoßes gegen Art 1 § 1 **RBerG** nach § 134 als nichtig an, wenn dem Treuhänder über die Befugnis zur treuhänderischen Verwaltung des Gesellschaftsanteils hinaus (kein Verstoß, wenn sich die Vollmacht auf gesellschaftsrechtl Belange und die wirtschaftl Beratung beschränkt: BGH NZG 2012, 78 Rn 14ff; NZG 2011, 588 Rn 12 zur Falk-Gruppe m Anm *Lieder* WuB II F § 171 HGB 1.11) zugleich umfassende Vertretungsmacht durch den Treugeber eingeräumt wird. Die Vertretungsbefugnis kann notwendig sein für die Finanzierung der Treuhandbeteiligung mittels Darlehens, um Sicherheiten (Schuldbeitritt/ Sicherungsabtretung; vgl BGHZ 178, 271) zulasten des Treugebers der Fondsgesellschaft zu bestellen (BGHZ 153, 214, 218; 159, 294, 299; BGH NJW 2008, 1585; zur Diskussion *Altmeppen* ZIP 2006, 1ff), um den Treuhänder von seiner Außenhaftung zulasten der Treugeber zu befreien (BGH NZG 2010, 991 Rn 31) oder durch eine Auffanggesellschaft Regressansprüche der Gesellschafter untereinander nach § 426 einzuziehen (BGH NZG 2011, 672 Rn 13ff). Daran hat sich unter Geltung der seit dem 1.7.2007 geltenden, gelockerten §§ 3, 2 II 1 **RDG** nichts geändert (BGH BeckRS 2013, 13519 zu einer Auffanggesellschaft; *Stöber* NZG 2011, 738, 739f; aA *Stumpf* BB 2012, 1429, 1431f: frühere Rspr gelte nur noch eingeschränkt). Gleichwohl können sich die Anleger-Treugeber idR nur für die Zukunft von der Gesellschaftsbeteiligung lösen, wenn die Regeln über die fehlerhafte Gesellschaft anwendbar sind (vgl BGHZ 148, 201, 207; 153, 214, 221; 156, 46, 52; BGH NZG 2010, 991 Rn 35). Ggü Dritten, zB darlehensgebenden Banken, kann sich der Gesellschafter ebenfalls nicht auf die Unwirksamkeit berufen (Karlsruhe ZIP 2011, 905 Rn 32 mwN). 75

h) Abtretungsmodell. Beim Abtretungsmodell sieht der Treuhandvertrag vor, dass der Treuhänder im Fall der Insolvenz der Gesellschaft seine Gesellschafterstellung an die Treugeber überträgt. Selbst wenn die hierzu eingeräumte Vollmacht gegen das RDG verstößt (Rn 75), ist die Anteilsübertragung für die Vergangenheit nach den Regeln über die fehlerhafte Gesellschaft als wirksam anzusehen (Rn 164ff), sodass die Anleger-Treugeber gem §§ 721ff haften (BGH NZG 2010, 991 m Anm *Stöber* NZG 2011, 738ff). 76

i) Auflösung. Aufgrund der Gesellschafterstellung der Treugeber kann die Gesellschaft nach **Auflösung** durch ihre Liquidatoren (§ 729 Rn 2) von ihnen nach §§ 735ff Ausgleich im Verhältnis ihrer Kapitalkonten fordern, soweit der eingeforderte Betrag für die Zwecke der Auflösung benötigt wird (BGH NZG 2011, 1432 Rn 35f). Mit dieser Einschränkung kann der Anspruch neben den an die Gesellschaftsgläubiger abgetretenen Ansprüchen auf Freistellung von den Gläubigerforderungen (Rn 68f) geltend gemacht werden (BGH NZG 2011, 1432 Rn 34f). Ein Anspruch auf Ausgleich nach § 737 steht der Gesellschaft auch zu, wenn der Treugeber von seinem Widerrufsrecht nach § 312 Gebrauch macht (Naumburg BeckRS 2013, 22621). 77

8. Nießbrauch an Gesellschaftsanteilen. Die **Bestellung** eines Nießbrauchs nach § 1068 an einem BGB-Gesellschaftsanteil ist unter **Zustimmung** aller Gesellschafter zulässig (BGHZ 58, 316, 318f; BGH NJW 1999, 571, 572). Der Nießbraucher erhält ein umfassendes dingliches Nutzungsrecht an dem Anteil, wird aber nicht Gesellschafter (BGHZ 58, 316, 320; München DStR 2016, 2000 Rn 12; zum Ganzen *Hepp-Schwab*, Die Mitgliedschaft des Personengesellschafters und der Nießbrauch an seinem Gesellschaftsanteil, 1998; *Schön* ZHR 158, 229ff; *Wälzholz* DStR 2010, 1786ff; *Wedemann* ZGR 2016, 799ff; *Trinks*, Stimmrechtszuordnung beim Nießbrauch an Gesellschaftsanteilen, 2020). Wegen seiner umfassenden Verwaltungsrechte (§ 711a Rn 1ff) ist der Nießbrauch an dem Anteil einer eGbR **eintragungsfähig** (zum Handelsregister Oldenburg NZG 2015, 643; Stuttgart NZG 2013, 432; MüKo/*Pohlmann* § 1068 Rn 87; Oetker/*Lieder* § 105 HGB Rn 62, § 106 HGB Rn 16; aA München DStR 2016, 2000; Köln NZG 2020, 64 Rn 5; *Wertenbruch* NZG 2020, 641ff). Für weitere Einzelheiten s § 1069 Rn 7ff. Zur **Pfändung** und **Verpfändung** von Gesellschaftsanteilen s § 711a Rn 12. 78

V. Gemeinsamer Zweck und Förderungspflicht. 1. Grundsätzliche Bedeutung. Beim Erfordernis des gemeinsamen Zwecks handelt es sich um den ausschlaggebenden Unterschied zw einem Gesellschafts- und einem **sonstigen Schuldvertrag** (ausf Vor § 705 Rn 16ff). In Relation zur **Personenhandelsgesellschaft** kommt es aus den Vor § 705 Rn 26 genannten Gründen nicht einmal darauf an, ob die Parteien eine Handelsgesellschaft oder eine GbR errichten wollten (Oldenburg DB 2002, 423). Maßgeblich ist allein, dass der Gesellschaftszweck gerade nicht auf den Betrieb eines Handelsgewerbes gerichtet ist (Vor § 705 Rn 26). Zudem scheidet die Verfolgung von gesetzes- oder sittenwidrigen Zwecken aus (Rn 31). 79

2. Gemeinschaftlichkeit des Zwecks. Zu unterscheiden ist zw dem **gemeinsamen Zweck** als dem wirtschaftl oder ideellen Ziel, das durch das Zusammenwirken der Gesellschafter erreicht werden soll, und den – nicht notwendig identischen – **Beweggründen** jedes einzelnen Vertragschließenden, zu denen eine Beteiligung an den Ergebnissen der Gesellschaft gehören kann, aber nicht muss (BGH WM 1987, 689; zu der Unterscheidung *Ballerstedt* JuS 1963, 253, 254f; *Wiedemann* GesR I § 1 I 1b; anders *Schulze-Osterloh*, Der gemeinsame Zweck, 16ff, 21ff). Ohne Belang ist zudem, ob eine **gemeinsame Organisation** in Form von Gesellschaftsorganen oder Gesellschaftsvermögen existiert (MüKo/*Schäfer* Rn 156; anders noch BGH NJW 1951, 308; München NJW 1968, 1384, 1386), zumal die Innen-GbR über kein eigenes Vermögen verfügen kann (§ 740 Rn 1). Der Zweck muss gerade **aufgrund des Vertrags** verfolgt werden, sodass Gestaltungen grds ausscheiden, bei denen schon eine anderweitige Interessenverbindung die gemeinsamen Pflichten begründet (zur Abgrenzung zur Gemeinschaft Vor § 705 Rn 8ff; zur Ehegatten-Innengesellschaft Vor § 705 Rn 89ff; vgl auch *Fest* AcP 215, 765ff). Auch neben einem bereits bestehenden Gesellschaftsverhältnis können einzelne (oder alle) Teilhaber sich zu gemeinsamen 80

Maßnahmen in Bezug auf diese Gesellschaft (Umstrukturierung, Sanierung, Börsengang) verpflichten, was eine selbständige GbR schafft.

81 Hinsichtl der **Arten des gemeinsamen Zwecks** unterscheidet § 705 nicht; es gibt auch keine Typenbeschränkung (zum Begriff *Westermann*, Vertragsfreiheit, 114), abgesehen davon, dass Zwecke erwerbswirtschaftl Art im Rahmen der Personenhandelsgesellschaft zu verfolgen sind, wenn sie einen kaufmännischen Gewerbetrieb erfordern (Vor § 705 Rn 26f). Davon abgesehen können die BGB-Gesellschafter **jeden erlaubten Zweck** verfolgen (ausf *Ballerstedt* JuS 1963, 253ff; zur Zweckoffenheit und ihren Grenzen auch *Fest* AcP 215, 765, 767ff; zur Dogmengeschichte *Lüdeking* AcP 220, 303, 305ff; vgl weiter BeckOGK/*Geibel* aF Rn 140; Staudinger/*Habermeier* Rn 18). Handelt es sich um einen unerlaubten Zweck, stellt dies allerdings nicht das Vorliegen einer GbR in Frage, sondern kann nur der Wirksamkeit des Gesellschaftsvertrags entgegenstehen (MüKo/*Schäfer* Rn 147) mit der Folge, dass eine fehlerhafte Gesellschaft (Rn 164ff) gegeben sein kann. Der Gesellschaftszweck darf namentlich nicht gegen ein **gesetzliches Verbot** oder die **guten Sitten** verstoßen. Weitere Schranken ziehen Rechtsformverbote für Kapitalanlagegesellschaften nach § 124 I 1, § 149 I 1 KAGB sowie der Rechtsformzwang nach § 105 I HGB bei Betrieb eines Handelsgewerbes.

82 Neben den wirtschaftl-materiellen kommen ebenso kulturelle, politisch-ideologische oder religiöse Zwecke in Betracht. Keinen Unterschied macht es, ob der Zweck in gemeinsam zu erbringenden oder zu erlangenden Leistungen liegt, in der Herstellung einer Sache, der Herbeiführung eines Erfolges oder auch nur in gemeinsamer Tätigkeit (Berufsausübung). Die Letztere ist regelmäßig auf Dauer angelegt, doch müssen andere Zwecke nicht unbedingt nur in Gelegenheitsgesellschaften verwirklicht werden, wie zB die Durchführung einer gemeinsamen Reise, einer Theateraufführung oder eines Konzerts. Weitere **Beispiele** sind: Führung eines Rechtsstreits (Hamburg OLG 33, 119); Bebauung eines Geländes mit mehreren Wohneinheiten (BGH NJW-RR 1991, 1187); Platzierung von Wertpapieren durch Konsortium (Vor § 705 Rn 83f); Produktion und Verkauf eines Verlagswerks (BGH NJW 1983, 1188); Verwaltung von GmbH-Anteilen (BGH WM 1969, 700); Spiel- und Wettgemeinschaft (Rn 13; s auch Vor § 705 Rn 29); zweifelhaft das gemeinsame Leben in einer Kommune (Weimar MDR 1973, 907) und anonyme Hausbesetzer (dazu *Friedeborn* myops 2014, 32ff).

83 Der Zweck muss allen Vertragschließenden **gemeinsam** sein (RGZ 95, 147, 149; BGH NJW 1951, 308; BB 1980, 15; *Schulze-Osterloh* Der gemeinsame Zweck, 9ff). Das bedeutet, dass jeder Gesellschafter vor seinen persönlichen Beweggründen die Verpflichtung übernommen haben muss, zur Erreichung des Zwecks aller Vertragschließenden, also seines eigenen und desjenigen seiner Partner, beizutragen, wobei es nicht schadet, wenn auch Drittinteressen verfolgt werden, solange nur die gemeinsame Zweckbestimmung den Hauptzweck bildet (*Böhmer* JZ 1994, 982ff). Dieser gemeinsame Zweck muss von der **vertraglichen Einigung** erfasst sein. Die damit bewirkte Vergemeinschaftung des Zwecks bildet – wie § 729 II zeigt – die Grundlage für die vertragl Förderpflichten der Gesellschafter (MüKo/*Schäfer* Rn 152; *Ballerstedt* JuS 1963, 253, 254). Es genügt also ein Zusammenwirken von Personen, von denen einer ideelle, ein anderer materielle Ziele verfolgt, etwa bei der Erstellung oder Finanzierung eines öffentlichen Gebäudes, ebenso bei wirtschaftl Unternehmen, die ein Vertragspartner wegen des Absatzes eigener Erzeugnisse, ein anderer wegen der Schaffung eines auch für ihn verfügbaren Know-how betrieben wissen möchte. Wenn der gemeinsam zu erreichende Zustand nur für einen der Vertragspartner interessant ist und von ihm im Verhältnis zu den anderen zum Gegenstand eines Austauschgeschäfts gemacht werden soll, liegt kein gemeinsamer Zweck vor (München NJW 1968, 1384 für die Bebauung eines im Bruchteilseigentum stehenden Grundstücks, das dann von einem allein übernommen werden soll; BGH NJW-RR 1991, 1186f; Staudinger/*Habermeier* Rn 18).

84 Dass eine **Beteiligung** jedes Gesellschafters am **Ergebnis**, speziell am Gewinn, nicht notwendig ist (vgl BGH NJW 1987, 3124, 3125; Soergel/*Hadding*/*Kießling* Rn 36; *Flume* I 1 § 3 II; MüKo/*Schäfer* Rn 152 und die hM; anders *Schulze-Osterloh* Der gemeinsame Zweck, 25f, 66), gilt auch bei Gesellschaften mit wirtschaftl Zielsetzung wie den Handelsgesellschaften, sodass es genügt, wenn ein Altgesellschafter ohne eigene Gewinnbeteiligung an dem von ihm aufgebauten Unternehmen nach Übertragung der gewinnbringenden Anteile auf seine Kinder wegen der Kontrollmöglichkeit oder auch nur wegen der Stärkung des Kredits der Gesellschaft beteiligt bleibt (Bedenken wegen der Abgrenzung zur Schenkung oder zur Garantie bei *Ballerstedt* JuS 1963, 253, 255). Somit schadet es nicht, wenn ein Gesellschafter, der das gesamte wirtschaftende Gesellschaftsvermögen eingebracht hat, deswegen einen 100%igen Kapitalanteil erhält, was nichts daran ändert, dass die anderen Gesellschafter, die andere Beiträge zu erbringen hatten, am Gesellschaftsvermögen beteiligt und gleichermaßen BGB-Gesellschafter sind (Frankfurt NZG 2012, 238; vgl weiter BGH WM 2015, 380 m Anm *Lieder*/*Scholz* WuB 2015, 238ff). Ausreichend ist insb die Zusage einer Geschäftsführervergütung (BGH NJW 1987, 3124, 3125 m Kurzkomm *H. Schmidt* EWiR § 714 BGB 1/87f). Ebenso kann vereinbart werden, dass ein Gesellschafter am **Verlust** nicht teilnimmt. Allerdings ist bei einer Vereinbarung, wonach sich die Ergebnisse der Gesellschaft ganz einseitig verteilen, sehr genau zu prüfen, ob die Beteiligten tatsächlich einen gemeinsamen Zweck verfolgen wollten; für die Annahme einer Gesellschaft müssen dann besondere Anhaltspunkte vorliegen. Umgekehrt ist es rechtl nicht ausgeschlossen, dass einzelne Gesellschafter nur am Verlust teilnehmen, während die anderen den Gewinn beanspruchen können (sog **societas leonina**; dazu *Flume* § 3 V; *Ballerstedt* JuS 1963, 253, 255; *Hingst*, Die societas leonina in der europäischen Privatrechtsgeschichte, 2003). Auch die verlusttragenden Gesellschafter können alle Pflichten zur Erreichung eines Ziels übernommen haben, das ihnen unabhängig von ihrer Erfolgsbeteiligung erstrebenswert vorkommt (für Gesellschaftscharakter auch MüKo/*Schäfer* Rn 154; Soergel/*Hadding*/*Kießling* Rn 36; *Lüdeking* AcP 220, 303, 320f; anders *Ballerstedt* JuS 1963, 253, 255). Die einseitige Schlechterstellung eines Gesell-

schafters kann allerdings den Gesellschaftsvertrag nach § 138 I als sittenwidrig erscheinen lassen (BeckOGK/*Geibel* aF Rn 128; MüKo/*Schäfer* Rn 155 aE; *Lüdeking* AcP 220, 303, 321; vgl zur übervorteilenden Einlagenbewertung BGH WM 1975, 325, 327).

3. Förderungspflicht. Die Förderungspflicht ist eine allg, durch den gemeinsamen Zweck inhaltl bestimmte dauernde **Hauptpflicht der Gesellschafter**, nicht etwa – wie Schutz- und Rücksichtnahmepflichten aus § 241 II oder sonstige aus § 242 folgende Pflichten – Nebenpflicht. Sie erschöpft sich nicht in der Pflicht zur Leistung von Beiträgen (§ 709 Rn 1ff), die im Gegenteil zur Erfüllung der Förderungspflicht nicht unerlässlich und, wenn sie vereinbart sind, nicht unbedingt ausreichen müssen. Weiter spricht die Pflicht zur bloß einmaligen Leistung für einen Austauschvertrag (RGZ 77, 223, 237). Die Förderpflicht muss aus dem Gesellschaftsvertrag folgen. Es genügt nicht, wenn sie sich aus schon bestehenden Rechtsverhältnissen ergibt (Staudinger/*Habermeier* Rn 19), wie zB zw Ehegatten oder Miterben (§ 705 Rn 18). Als Hauptleistungspflicht kann die Förderpflicht regelmäßig gerichtlich durchgesetzt werden. Eine Verletzung kann zu Schadensersatzansprüchen und in letzter Konsequenz zur Ausschließung aus der Gesellschaft führen. Gegenständlich stehen Beiträge und Tätigkeitspflichten im Vordergrund, es kommen aber auch Unterlassungen, etwa von Wettbewerb (*Ballerstedt* JuS 1963, 253), in Betracht. 85

VI. Auslegung und Anwendung des Gesellschaftsvertrags. 1. Auslegungsmaßstäbe, ergänzende Vertragsauslegung. a) Grundlagen. Die Vertragsauslegung, auch die ergänzende, unterscheidet sich im Gesellschaftsrecht im Ausgangspunkt nicht von der Auslegung sonstiger Verträge. Das gelegentlich hier erwähnte **Moment der Dauer** gibt es auch bei anderen Schuldverhältnissen (grds zur Auslegung BGH WM 1957, 512f; WM 1975, 662; *Coing* ZGR 1978, 659ff; *Wiedemann* GesR I § 3 II 2). Die Regeln über Gesetzesauslegung sind nicht anwendbar (*Wiedemann* aaO). Aus dem Dauerschuldcharakter des Gesellschaftsvertrages folgt allerdings, dass im Rahmen der Auslegung auch zu berücksichtigen ist, wie einzelne Vertragsbestimmungen über eine längere Zeit hinweg praktiziert worden sind (MHdB GesR I/*Schücking* § 1 Rn 11; Oetker/*Lieder* § 105 HGB Rn 97; vgl auch BGH NJW-RR 1989, 993, 994; vgl noch Rn 35). Die Rspr zur Auslegung von GmbH-Satzungen (RGZ 79, 418ff; 164, 129, 140; BGH WM 1973, 510; unter Einbeziehung von AG-Satzungen auch *Schockenhoff* ZGR 2013, 76) mit den Differenzierungen nach der subj, auf den Gründerwillen gerichteten, und nach der obj, nach dem Sinnverständnis des Textes fragenden Auslegungsmethode, lässt sich für den Gesellschaftsvertrag einer GbR nur eingeschränkt heranziehen. 86

Im Grundsatz ist der Gesellschaftsvertrag gem §§ 133, 157 nach dem Wortlaut und dem **subjektiven Willen** iSd wirklichen Willens aller Beteiligten sowie unter Berücksichtigung der Genese, Systematik und Teleologie des Vertrages auszulegen (vgl BGH NJW 1996, 1678; 2005, 2618; 2008, 1075, 1077; NJW-RR 2022, 261 Rn 35; MüKo/*Schäfer* Rn 175; Oetker/*Lieder* § 105 HGB Rn 97) und beschränkt die obj Auslegung auf Verbände mit körperschaftlicher Struktur, die (mit Ausnahme des nicht rechtsfähigen Vereins) formbedürftig sind und der Registerpublizität unterliegen (BGHZ 21, 370, 374; 47, 172, 180; zur Personenhandelsgesellschaft BGH WM 1968, 228; WM 1978, 514; NJW 1995, 3313f; *Grunewald* ZGR 1995, 68f; *Wiedemann* DNotZ 1977, 99ff; Staudinger/*Habermeier* Rn 13). Falschbezeichnungen schaden daher bei Auslegung des BGB-Gesellschaftsvertrages grds nicht (vgl BGH NJW 1996, 1678, 1679). Diese Grundsätze gelten zumindest für realtypische Personengesellschaften mit einem persönlich miteinander verbundenen und überschaubaren Mitgliederkreis, der sich nach der Gründung nicht erheblich durch das Hinzutreten neuer Gesellschafter verändert hat. 87

Im Gegensatz dazu ist eine **objektive Auslegung** des Gesellschaftsvertrags geboten, wenn es sich um eine Publikumspersonengesellschaft (Rn 37) handelt, der Vertrag auf gelegentlichen oder regelmäßigen Gesellschafterwechsel angelegt ist oder die Mitgliedschaft noch unbekannten Personen offengehalten werden soll. In diesen Fällen ist der Adressatenkreis der Vertragsbestimmungen und damit der relevante „Empfängerhorizont" nicht auf die ersten Vertragschließenden beschränkt (zu diesem Gesichtspunkt *Wiedemann* GesR I § 3 II 2 S 169; *Grunewald* ZGR 1995, 68f). Stattdessen sprechen Gründe des Verkehrsschutzes, namentlich die Interessen neu eintretender Gesellschafter, berechtigte Interessen Dritter, eine korporative Realstruktur sowie die Vielzahl nicht miteinander persönlich verbundener Gesellschafter für eine auf den obj Wortlaut bezogene Auslegung, während der aus dem Vertrag nicht ersichtliche oder dem Beitretenden sonst bekannt gewordene subj Wille der Gründer oder ihrer Berater zurücktritt (vgl BGH NJW 1979, 2102; ZIP 2007, 812 Rn 18; 2011, 322 Rn 12; NZG 2011, 551 Rn 8; 2011, 1140 Rn 14; 2013, 738 Rn 14; NJW-RR 2016, 550 Rn 12f; 2018, 665 Rn 16; NZG 2018, 1226 Rn 17; zum Ganzen eingehend und differenziert *Fleischer* DB 2013, 1466ff; zu familienbezogenen Rechtsgeschäften näher *Prütting/Schirrmacher* ZGR 2017, 825). 88

Die **Entstehungsgeschichte** der Bestimmungen ist wichtig, nicht nur für die Feststellung des subj Gewollten, sondern auch für die Entscheidung, ob eine Regelung ggü der Handhabung durch die Parteien oder einem vernünftigen Verständnis ihres Inhalts überholt ist. Insb bei einem von Fachleuten entworfenen Vertrag kann auch seine **Systematik** eine Rolle spielen (*Wiedemann* DNotZ Sonderheft 1977, 99, 103), so im Hinblick auf die Gestaltung des Gleichgewichts der Kräfte innerhalb des Gesellschafterkreises (Aufbau der Gesellschaft nach Familienstämmen, genehmigungsfreie Anteilsveräußerung an Abkömmlinge, Kampf gegen Überfremdung, Vorrang tätiger vor passiven Gesellschaftern). Auch bei einem nicht nur von Fachleuten entworfenen Vertrag kann bisweilen eine **Grundtendenz** festgestellt werden (*Tröger* in Westermann/Wertenbruch Rn I 141a). In diesem Rahmen können dann auch Umstände **außerhalb des Vertragstextes** relevant werden, die auch nicht unbedingt im Wortlaut angelegt sein müssen (*Busche* FS Säcker, 2012, 47, 56; *Grunewald* ZGR 1995, 68, 75). Die schon für sich zweifelhafte Andeutungstheorie (vgl BGH NJW 1980, 1276, 1277; 2011, 218 Rn 15; dagegen mit Recht 89

MüKo/*Busche* § 133 Rn 69; *Foerste* DNotZ 1993, 84; *Berneith*, Die Konversion, 2016, 64ff) gilt selbst für formbedürftige Gesellschaftsverträge nicht (EBJS/*Wertenbruch* § 105 HGB Rn 102; Oetker/*Lieder* § 105 HGB Rn 97).

90 **b) Einverständliche tatsächliche Handhabung.** Die einverständliche Handhabung des Gesellschaftsvertrags (**Observanz**) ist ein legitimes Auslegungskriterium für Gesellschaftsverträge, weil daraus Schlüsse auf den Vertragswillen bei Vertragsabschluss gezogen werden können. Eine langjährige Praxis kann zur Auslegung sogar gegen den klaren Vertragswortlaut führen (MüKo/*Schäfer* Rn 176), selbst wenn die Handelnden um die Vertragswidrigkeit nicht wussten (RG JW 1936, 2387). Darüber hinaus kommt eine konkludente Vertragsänderung in Betracht (BGHZ 70, 331f), die aber von einer Beschlussfassung entspr der gesellschaftsvertragl Kompetenzverteilung zu unterscheiden ist, die für die Zukunft nicht bindet (vgl BGH ZIP 2005, 1368; zust *Wertenbruch* NZG 2005, 665f und *Volmer* EWiR 2005, 675 für langjährige Entnahmepraxis der hierfür zuständigen Gesellschafterversammlung, die sich nicht als Vertragsänderung darstelle; für eine schlüssige Vertragsänderung, die in die Zukunft wirkt vgl BGH WM 1966, 159; WM 1978, 300f; PWW/*v Ditfurth* Rn 14; abw für Publikums-Personengesellschaften BGH NJW 1990, 2684). Maßgeblich sind **typische Verhaltensweisen** des am Vertrag beteiligten Personenkreises, wenn der Zeitablauf seit Abschluss oder Neufassung des Gesellschaftsvertrags den Gerechtigkeitsgehalt des subj Willens der Vertragschließenden zurücktreten lässt und stattdessen ein „vernünftiges" Verständnis der Regelungen zur Geltung drängt. Dies kann sich etwa darin äußern, dass die Gesellschafter ihre Verbindung stillschweigend mit einer besonderen **Bestandskraft** versehen wollen, was auf der Grundlage des früheren Rechts auf einen Fortsetzungswillen beim Ausscheiden eines Gesellschafters auch in Abwesenheit einer Fortsetzungsklausel schließen lassen konnte (BGHZ 68, 225, 229; MüKo/*Schäfer* Rn 177).

91 Zurückhaltung ist indes geboten, wenn die Rspr die verbandsrechtl **Treuepflicht** im Rahmen der Auslegung fruchtbar zu machen sucht (vgl BGH NJW 1995, 3313, 3314; 2005, 2618, 2619; ZIP 2008, 1075 Rn 12). Denn die Zielrichtungen der Treuepflicht sind auf Rücksichtnahme und Förderung des Gesellschaftszwecks gerichtet. Berechtigten Belangen der Gesellschaftermehrheit kann auf Grundlage der allg Auslegungsgrundsätze unter Berücksichtigung von subj Gewolltem und im Verkehrsinteresse Gebotenem angemessen Rechnung getragen werden. Ähnl Vorbehalte sind angezeigt, wenn die Rspr auf die „allg Lebenserfahrung" rekurriert (BGHZ 23, 17, 29). Stattdessen sollten die Interessenlage der beteiligten Gesellschafter sowie allg verbandsrechtl Grundsätze, wie zB Aspekte des Minderheits- und Gläubigerschutzes, im Rahmen der anerkannten Auslegungsgrundsätze einbezogen werden.

92 **c) Ergänzende Vertragsauslegung.** Eine **ergänzende Vertragsauslegung** kommt nach den allg Grundsätzen (§ 157 Rn 15ff) auch bei Gesellschaftsverträgen in Betracht, und zwar auch dann, wenn eine Vertragslücke in Anwendung des dispositiven Gesetzesrechts gefüllt werden könnte (BGH NJW 1979, 1705; 1982, 2816; 1985, 192f; 2004, 2449f; Koblenz OLGRp 2002, 156; *Wiedemann* GesR I § 3 II 2b; Soergel/*Hadding*/*Kießling* Rn 38; MüKo/*Schäfer* Rn 178), weil der konkrete Gesellschaftsvertrag die tatsächliche Ausgangslage und den grds Gestaltungswillen der Gesellschafter, von denen auszugehen ist, und die unter Beachtung der in Rn 90f entwickelten Grundsätze zu entfalten sind, besser wiedergibt als das generalisierende und typisierende Gesetz. Anderes gilt, wenn der konkrete Typus der Gesellschaft der Regelgestalt des Gesetzes entspricht (BGHZ 123, 281, 285).

93 Die Feststellung des **hypothetischen Parteiwillens** (Staudinger/*Habermeier* Rn 13) kann bei Erwerbsgesellschaften, aber auch bei Gesellschaftstypen, die auf verbreitete Gestaltungen zurückgreifen (Übersicht Vor § 705 Rn 29ff), unter Zuhilfenahme der Entwicklungsgeschichte und der Grundtendenz des Vertrags, aber auch der typischen Interessenlage der beteiligten Verkehrskreise mit Blick auf redlich handelnde Vertragschließende erfolgen. Die hier in Rede stehende Anpassungsmethode ist in manchen Fällen mit den Möglichkeiten der geltungserhaltenden Reduktion einer beanstandbaren Regelung abzustimmen (Rn 98f). Die Kriterien und Methoden der ergänzenden Vertragsauslegung, insb die Bedeutung eines hypothetischen Willens der Vertragschließenden, können auch zur Aktualisierung von durch Zeitablauf, Veränderungen der Tatsachen oder der Gesetzeslage und sogar veränderter Richtigkeitsvorstellungen der Gesellschafter überholter Gesellschaftsverträge herangezogen werden (eingehend *Roesener* NJW 2016, 2214; zum praktisch besonders wichtigen Fall der Abfindungs- und Nachfolgeregelungen *Foerster* ZGR 2014, 396ff).

94 **2. Revisibilität.** Die Revisibilität der Verträge von Personengesellschaften folgt den für sonstige obligatorische Verträge geltenden Grundsätzen. Die Nachprüfung umfasst die allg anerkannten Auslegungsregeln, Denk- und Erfahrungssätze sowie die Berücksichtigung aller wesentlichen Tatsachen (BGH ZIP 2001, 1414, MüKo/*Schäfer* Rn 182). Das gilt auch für die ergänzende Vertragsauslegung. Für eine ausdehnende Tendenz spricht, dass auch bei Personengesellschaften, deren Gründung länger zurückliegt, typische und in ihrer Bedeutung über den Einzelfall hinausweisende Verständnisfragen auftreten können. Demgemäß ist die Auslegung von Vereinbarungen individuellen Inhalts nur nach den allg Grundsätzen revisibel, während voll nachprüfbar ist, ob sich das Tatsachengericht bei der Auslegung zu Unrecht auf den Wortlaut einer Regelung beschränkt und das Gesamtbild des Vertrags vernachlässigt hat (BGH NJW-RR 1996, 932; vgl weiter BGH NZG 2018, 658).

95 **3. Publikumspersonengesellschaften.** Die Auslegung der Verträge von Publikumspersonengesellschaften wird von der Rspr gem ihrer körperschaftlichen Struktur am **objektiven Erklärungstatbestand** und ohne Rücksicht auf die individuellen Vorstellungen der Initiatoren zunächst an einem klaren Wortlaut ausgerichtet (BGH NJW 1982, 878; WM 1986, 195; WM 1989, 786; NJW 1990, 2684f; NJW-RR 2003, 820; ZIP 2001, 1906; ZIP 2012, 1342; *Grunewald* ZGR 1995, 72; MüKo/*Schäfer* Rn 181; BeckOK/*Schöne* aF Rn 73). In der Tat pflegen diese Verträge für eine zunächst noch unbestimmte Zahl künftig beitretender Anleger bestimmt zu sein, deren Ver-

ständnis von dem der – häufig nicht oder nur unmaßgeblich beteiligten – Gründer abweichen kann. Maßgeblich sind neben dem Wortlaut der Zusammenhang und Zweck des Gesellschaftsvertrages aus der Perspektive eines verständigen Publikumspersonengesellschafters (vgl BGH NJW 2016, 550 Rn 12; 2018, 665 Rn 17).

Bei der **ergänzenden Vertragsauslegung** gilt die Besonderheit, dass über das dispositive Gesetzesrecht der GbR 96
hinaus bei großen Verbänden das Aktienrecht Hinweise geben kann, was allerdings vorwiegend für die Publikums-KG von Bedeutung ist (dazu näher *Stimpel* FS Rob Fischer, 1979, 771, 775ff; vgl weiter MüKo/*Schäfer* Rn 181). Unter den typischen Interessen und Verhaltensweisen, deren Anschauung zur Auslegung und Lückenfüllung beitragen kann, ist die steuerrechtl Rationalität hervorzuheben. Eine ebenso wichtige Besonderheit liegt darin, dass sich die Auslegung – ungeachtet der Bereichsausnahme des § 310 IV – an § 305c II orientiert (BGH ZIP 2016, 518; dazu *v Falkenhausen* EWiR 2016, 227; BGH ZIP 2013, 1222; ZIP 2017, 2399). Darüber hinaus ist der **subjektive Wille** der Gründer oder Initiatoren von Bedeutung, wenn dieser sich zugunsten der Publikumsgesellschafter auswirkt und diese Aspekte ihnen ggü im Rahmen der Werbung für den Beitritt offengelegt worden sind (BGH ZIP 2013, 1222 Rn 14; 2016, 518 Rn 15; 2017, 2399 Rn 6). Diese Grundsätze sind nicht nur bei einer unmittelbaren Beteiligung der Anleger anwendbar, sondern auch im Fall von Treuhandgestaltungen (BGH NJW-RR 1989, 993, 994; MüKo/*Schäfer* Rn 181).

Bei der Anwendung des Gesellschaftsvertrags – auch eines nicht formularmäßigen – hat sich jedenfalls für die 97
Publikumspersonengesellschaft eine **richterliche Inhaltskontrolle** entwickelt (§ 708 Rn 8), daneben eine **Ausübungskontrolle**, die allerdings angesichts des § 310 IV sehr zurückhaltend gehandhabt werden müssen. In der Praxis des Gesellschaftsrechts haben dafür Aspekte wie Minderheitsschutz und Gleichbehandlung, in einigen Fragenkreisen die Bedenken ggü einer übermäßigen Beeinträchtigung individueller Gesellschafterbelange eine nicht zu übersehende Kraft gezeigt. Namentlich hat der **Gleichbehandlungsgrundsatz,** wie § 53a AktG zeigt und im Recht der GbR in § 709 II, III 3 positiv erkennbar, im gesamten Gesellschaftsrecht zentrale Geltung (ausf Rn 141ff).

4. Geltungserhaltende Reduktion. Wenn bei der Inhalts- und Ausübungskontrolle von Verträgen bzw des 98
vertragsgemäßen Handelns die Unwirksamkeit einer Regelung oder die Fehlerhaftigkeit einer Maßnahme festgestellt wird, so kann sich – abgesehen von der Frage nach der Teilnichtigkeit (s dazu Rn 33ff) – ergeben, dass eine Regelung des Gesellschaftsvertrags zwar nicht in der vorliegenden Form der Kontrolle standhält, aber eine Reduktion des Inhalts unter Beachtung ihres berechtigten Kerns möglich erscheint, durch die sie mit reduzierter Wirkung aufrechterhalten werden könnte (geltungserhaltende Reduktion, s auch § 708 Rn 8). Umdeutung und Aufrechterhaltung des gültigen Teils einer unwirksamen Klausel stehen methodisch nebeneinander. Von der ergänzenden Auslegung unterscheidet sich die geltungserhaltende Reduktion dadurch, dass dort die Lückenfüllung anhand des hypothetischen Parteiwillens erfolgt, während hier der tatsächliche Parteiwillen zur **Reduktion** einer Regelung **auf das rechtlich vertretbare Maß** herangezogen wird (näher *Westermann* FS Stimpel, 1985, 69, 88ff; MüKo/*Schäfer* Rn 179).

Die geltungserhaltende Reduktion kommt in Betracht, wenn eine bloße **Teilnichtigkeit eines Vertrags** unter 99
Aufrechterhaltung der restlichen Regelung für die durch die Inhaltskontrolle zu schützenden Personen oder Gruppen nicht ausreicht, wohl aber eine Vertragsregelung, die auf eine allen zumutbare Beschneidung von Rechten oder Auferlegung von Pflichten reduziert ist. Sie beruht auf der Pflicht der Gesellschafter, ihren Gesellschaftsvertrag an die Verhältnisse anzupassen, die durch die beanstandete Klausel, weil sie ihnen Pflichten im Übermaß auferlegt oder ihre Rechte zu stark beschneidet, nicht angemessen geregelt, aber an sich iSd Vertragszwecks regelungsbedürftig sind. Praktische **Beispiele** sind etwa die Aufrechterhaltung eines nach dem Vertragswortlaut zeitl unbegrenzten Ausschließungsrechts nach dem Tod eines Mitgesellschafters als zeitl begrenztes (BGH WM 1988, 133, 135) oder die Reduktion eines (unwirksamen) Rechts zur einseitigen Ausschließung nach freiem Ermessen auf den Fall des Vorliegens wichtiger oder durch die besondere Art der Gesellschafterstellung gerechtfertigter Gründe (BGH BB 1989, 1499 und näher § 727 Rn 11); zur Reduktion von übermäßigen Abfindungsbeschränkungen § 728 Rn 22ff. Die geltungserhaltende Reduktion findet auch bei den Verträgen von **Publikumspersonengesellschaften** grds Anwendung (so auch BeckOGK/*Geibel* aF Rn 69; aA MüKo/*Schäfer* Rn 179), kann allerdings nicht allein am hypothetischen Willen der Verwender nach einseitig vorgegebenen Bedingungen ausgerichtet werden.

VII. Der Gesellschaftsvertrag als gegenseitiger Vertrag und als Gemeinschaftsverhältnis. 1. Gesellschafts- 100
vertrag und gegenseitiger Vertrag. Der BGB-Gesellschaftsvertrag zeichnet sich durch eine Doppelnatur aus; er ist zugleich schuldrechtl Verpflichtungs- und verbandsrechtl Organisationsvertrag (*Wertenbruch* ZPG 2023, 1, 2). Wegen der Unterschiede von gemeinschaftsbegründendem Organisationsvertrag (zum MoPeG vgl *Martens* AcP 221, 68, 78f) und Austauschvertrag (Vor § 705 Rn 16) passt der Gesellschaftsvertrag in das **System der gegenseitigen Verträge** nicht so, dass die Regeln über das Synallagma bei Vertragsschluss und bei Erfüllung und Abwicklung des Vertrags ohne Einschränkungen anwendbar wären. Für die Einordnung unter die gegenseitigen Verträge, für die es Hinweise aus der Entstehungsgeschichte geben mag (*Hüttemann*, Leistungsstörungen bei Personengesellschaften, 1988, 19ff), spricht nach der Neufassung durch das MoPeG nicht einmal mehr der Wortlaut des § 705 (Streichung von „wechselseitig"; dazu Begr RegE, BT-Drs 19/27635, 125; *Wertenbruch* ZPG 2023, 1, 3f). Dementspr gelten zahlreiche schuldrechtl Regeln, etwa die §§ 241ff, 280ff, 311b, c, 315–317; zu Leistungsstörungen der Beitragspflicht s § 709 Rn 12ff, auch im Gesellschaftsrecht, nicht aber grds die Vorschriften über gegenseitige Verträge nach §§ 320–326.

101 Der BGH ist bisher ohne Entscheidung der theoretischen Einordnung in der konkreten Rechtsanwendung immer von anderen Regeln als den §§ 320ff ausgegangen (BGH BB 1954, 92; WM 1959, 53f; NJW 1973, 1188f; WM 1967, 419f; NJW 1983, 1188; ebenso München BB 2000, 2120; Überblick bei *Wertenbruch* NZG 2001, 306ff). Das ist verständlich, denn die Gesellschafter genügen jeder für sich der Förderungspflicht, nicht weil und damit es auch die Vertragspartner tun, sondern weil sie den gemeinsamen Zweck erreichen wollen. Deshalb stehen sich auch Förderbeiträge der Gesellschafter und die Pflicht der Gesellschaft, die Gesellschafter am gemeinsamen Gewinn zu beteiligen, nicht als Leistung und Gegenleistung ggü, mag auch der Gewinnanteil Ziel der Mitwirkung des Gesellschafters gewesen sein (zum Unterschied zw gemeinsamem Zweck und Motiv Rn 83, 84). Vielmehr ist die Gewinnbeteiligung Ausdruck erfolgreicher Förderungstätigkeit aller Gesellschafter, und die Gesellschaft gewährt die Gewinnbeteiligung nicht, um die Beiträge zu erlangen (aA *Wilhelmi* FS Grunewald, 2021, 1337, 1340f).

102 **2. Anwendung der §§ 320ff im Einzelnen.** Über die praktischen Folgen besteht weitgehende Einigkeit (so auch MüKo/*Schäfer* Rn 169, *Wertenbruch* in Westermann/Wertenbruch Rn I 391ff). Das gilt für die **Unanwendbarkeit der §§ 320, 322** (BGH BB 1954, 92; *Hüttemann*, Leistungsstörungen bei Personengesellschaften, 1988, 87ff; Staudinger/*Habermeier* § 706 Rn 24; MüKo/*Schäfer* Rn 170) idS, dass ein Gesellschafter seiner Inanspruchnahme aus der **Beitragspflicht** nicht entgegenhalten kann, seine Partner hätten noch nicht geleistet. Eine Inanspruchnahme unter Verstoß gegen den Gleichbehandlungsgrundsatz braucht der Gesellschafter aber nicht hinzunehmen (Soergel/*Hadding/Kießling* Rn 45; *Wilhelmi* FS Grunewald, 2021, 1337, 1342). Eine Ausnahme gilt nach zutr Auffassung bei der **Zweipersonengesellschaft** (MüKo/*Schäfer* Rn 173; Oetker/*Lieder* § 105 HGB Rn 103; Soergel/*Hadding/Kießling* Rn 44f; aA BGH WM 1967, 419, 420; Staudinger/*Habermeier* § 706 Rn 16). Die Anwendung der §§ 320, 322 wird hier von der besonderen Interessenlage der Beteiligten getragen, deren wechselseitige Beitragspflichten die schuldrechtl Verknüpfung unter den Gesellschaftern einem Austauschvertrag in einer Weise annähert, die eine entspr Geltung der auf den gegenseitigen Vertrag zugeschnittenen Vorschrift gerechtfertigt erscheinen lässt.

103 Hinsichtl des Verhältnisses zur **Gewinnbeteiligung** durch die Gesellschaft ist der Gesellschafter vorleistungspflichtig (MüKo/*Schäfer* Rn 170). Soweit später Beiträge geleistet werden sollen, obwohl die Gesellschaft entnahmefähigen Gewinn einbehält, kann der Gesellschafter den Arglisteinwand entgegensetzen (BGHZ 26, 330, 338) oder sich auf § 273 berufen (aA noch 16. Aufl Rn 44 [*Westermann*]; ebenso *Hüttemann*, Leistungsstörungen bei Personengesellschaften, 1988, 137ff). Hinsichtl der Pflicht, an der Geschäftsführung mitzuwirken, kommt ebenfalls keine Zurückhaltung in Frage (BGH WM 1959, 53f), solange nicht die Voraussetzungen der §§ 725 oder 729 II vorliegen. Ein **Leistungsverweigerungsrecht nach § 321** wird vielfach bejaht (s etwa *Hueck* OHG § 6 II 3c; zurückhaltend Staudinger/*Habermeier* § 706 Rn 24), wobei es auf die Vermögensverschlechterung der Gesellschaft ankommt; indessen passt die Rechtsfolge des § 321 nicht (diff aber *Hüttemann*, Leistungsstörungen bei Personengesellschaften, 1988, 128ff), stattdessen liegt eine Anwendung des § 273 oder die Gewährung eines Kündigungsrechts näher (*Wertenbruch* in Westermann/Wertenbruch Rn I 391a; s dazu auch BGH WM 1968, 876).

104 Auch die Vorschriften über den **Rücktritt** vom gegenseitigen Vertrag bei Unmöglichkeit oder Verzug nach §§ 323ff finden keine Anwendung (Oetker/*Lieder* § 105 HGB Rn 103; zT abweichend *Wilhelmi* FS Grunewald, 2021, 1337, 1345f, 1347, 1349f). Über die Rechtsfolgen ist stattdessen nach Maßgabe der gesellschaftsrechtl Regelungen, der ergänzenden Vertragsauslegung, der Vertragsanpassung nach der gesellschaftsrechtl Treuepflicht oder der Anwendung der §§ 725, 727, 729 II zu entscheiden (MüKo/*Schäfer* Rn 168), wobei die Wertungen der §§ 323ff durchaus Berücksichtigung finden können (*Hüttemann*, Leistungsstörungen bei Personengesellschaften, 1988, 234ff, 488f). Zu Leistungsstörungen s § 709 Rn 12ff.

105 **VIII. Rechte und Pflichten der Gesellschafter. 1. Mitgliedschaft.** Die verbandsrechtl Rechte und Pflichten der Gesellschafter untereinander und zur Gesellschaft fügen sich in ihrer Gesamtheit zur Mitgliedschaft in der Personengesellschaft zusammen (*Lutter* AcP 180, 84ff; *K. Schmidt* ZGR 2011, 108ff; *Merkt* ZfPW 2018, 300ff). Sie bezeichnet zum einen die **Sonderrechtsverbindung** eines jeden Gesellschafters zur Gesellschaft, deren Verletzung nach § 280 I Ersatzansprüche auslösen kann. Zum anderen ist sie als subj Recht der Gesellschafter und **sonstiges Recht** iSd § 823 I ggü jedermann vor unerlaubten Handlungen geschützt (BGHZ 110, 323, 327f, 334; *Habersack*, Die Mitgliedschaft – subj und sonstiges Recht, 1996, 113ff; *Lieder* ZfPW 2016, 205, 211; *Wiedemann* FG Goette, 2011, 617ff). Zudem genießt die Mitgliedschaft **verfassungsrechtlichen Schutz** gem Art 14 I GG; ihre eigentumsrechtl Verfestigung zeichnet sich durch eine vermögensrechtl und eine herrschaftsrechtl Komponente aus (vgl BVerfG NJW 2007, 3268; 2012, 3081; BGH NJW 2014, 146).

106 **2. Arten von Mitgliedschaftsrechten.** Die Gesellschafter sind im Rahmen ihrer Förderungspflicht (Rn 85) zur Leistung von **Beiträgen** verpflichtet, wenn nichts anderes vereinbart ist (§ 709 Rn 2). Nur unter den in den §§ 728a, 737 geregelten Voraussetzungen kommt ein Anspruch auf **Nachschuss** in Betracht (s auch § 710). Auch auf die **Geschäftsführung** und Vertretung richten sich Pflichten der Gesellschafter (vgl § 715 I), deren Nicht- oder Schlechterfüllung schadensersatzpflichtig machen kann. Ähnliches gilt für die Pflichten zur Auskunftserteilung und Rechnungslegung (§ 717 II, § 718), auf Grundlage der mitgliedschaftlichen Treuepflicht zuweilen auch zur Stimmabgabe, bei der zu berücksichtigen ist, dass sie vorwiegend ein eigennütziges Recht (Rn 123f) ist. In der Auseinandersetzung sind alle Gesellschafter grds zur Liquidation berufen (§ 736 I); zudem kann der Gesellschafter verpflichtet sein, einen Anteil am Verlust auszugleichen (§ 709 III, § 737), schon vorher kann er zur Herausgabe der Gesellschaft gehörender Gegenstände verpflichtet sein (§§ 716 III). Unter verschiedenen Aspekten,

wegen Verletzung der Förderungspflicht und der mitgliedschaftlichen **Treuepflicht** (Rn 110ff), kann die Gesellschaft Ansprüche aus Pflichtverletzung (§§ 280ff) gegen den Gesellschafter haben.

Unter den Vermögensrechten des Gesellschafters ragen hervor der **Gewinnanspruch** nach § 709 III sowie der Anspruch auf das **Liquidationsguthaben** nach § 736d VI. In diesem Zusammenhang ist weiter zu unterscheiden zw dem Stammrecht und dem daraus bei Erfüllung der Voraussetzung folgenden Einzelanspruch (*Wiedemann* GesR II § 3 III 1; dazu § 711a Rn 7f). Der Gesellschafter hat nach § 716 I einen Anspruch auf **Aufwendungsersatz** gegen die Gesellschaft, der auch den Ausgleich nach der Inanspruchnahme eines Gesellschafters für eine Gesellschaftsverbindlichkeit regelt. Scheidet ein Gesellschafter aus der ohne ihn fortbestehenden Gesellschaft aus, hat er einen **Abfindungsanspruch** nach § 728. 107

Im Zusammenhang mit der **Mitverwaltung** und **Willensbildung** der Gesellschaft stehen Ansprüche der Gesellschafter auf Teilnahme an Geschäftsführung und Vertretung (§ 715 I, § 720 I), zT auch nur in Gestalt des Widerspruchsrechts gem § 715 IV, ferner das Stimmrecht (dazu § 714 Rn 8). Den Auskunftspflichten (Rn 72ff) stehen mit großer praktischer Bedeutung Informations- und Kontrollansprüche der Gesellschafter ggü (§ 717 I). Zur Mitwirkung sind die Gesellschafter außerdem in der Liquidation berufen (§ 736 I). Hinzu kommen Kündigungsrechte (§ 715 VI, § 725) sowie außerordentliche Entziehungs- und Ausschließungsrechte (§ 715 V, § 720 IV, § 727). 108

Gesellschaftsrechtl Rechte und Pflichten unterliegen Besonderheiten, die sich aus ihrer Bezogenheit auf die gemeinsame Zweckverfolgung in einem Personenverband und aus der personalistischen Prägung des Gesellschaftsverhältnisses (Vor § 705 Rn 6f) ergeben. Die Mitverwaltungspflichten (Rn 149) müssen aus diesem Grunde im Zweifel **höchstpersönlich**, wenn auch nicht notwendig ohne Unterstützung Dritter, erbracht werden (MüKo/*Schäfer* Rn 255); ihrer Ausübung durch andere als den zuständigen Gesellschafter sind zumindest enge Grenzen gesetzt (zur „Abspaltung" § 711a S 1). Auf der anderen Seite ist ein Teil der Gesellschafterrechte den Gesellschaftern in ihrem eigenen Interesse als **eigennützig** eingeräumt, so das Stimmrecht in Bezug auf die Grundlagen und etwaige Änderungen des Gesellschaftsvertrags, die Informations- und Kontrollrechte, die vermögensrechtl Ansprüche. Eigennützigkeit bedeutet, dass Rücksichtnahme auf die Interessen der Gesellschaft bei der Wahrnehmung dieser Rechte auch unter dem Aspekt der mitgliedschaftlichen Treuepflicht (Rn 110ff) nur ausnahmsweise gefordert werden kann. Immerhin unterliegt der Gesellschafter bei der Wahrnehmung der **uneigennützigen** Befugnisse der Geschäftsführung (§ 715 I) und Vertretung, des Widerspruchs (§ 715 IV) oder des Stimmrechts in Geschäftsführungsangelegenheiten einer engeren Treupflichtbindung, deren Verletzung ihn schadensersatzpflichtig machen kann. 109

3. Treupflichtbindung. a) Grundlagen. Die mitgliedschaftliche Treuepflicht der Gesellschafter ist heute verbandsformübergreifend anerkannt (BGHZ 30, 195, 201; 64, 253, 257; zur GmbH BGHZ 98, 276, 278; zur AG BGHZ 129, 136, 142; dazu und zum Folgenden bereits Oetker/*Lieder* § 109 HGB Rn 25ff). Da sie in der Mitgliedschaft selbst wurzelt, bedarf die Treuepflicht keiner besonderen – gesellschaftsvertragl – Begründung (BGH NJW 2015, 2882 Rn 23; *Fleischer/Harzmeier* NZG 2015, 1289, 1290). Ihre **rechtliche Fundierung** findet die Treuepflicht sowohl in der Förderpflicht des § 705 I als auch im Rechtsgedanken von Treu und Glauben, auch wenn sie sich rechtsdogmatisch seit langem zu einem allg Institut des Gesellschaftsrechts entwickelt hat. Die Treupflicht ist somit auch eine gesellschaftsspezifische Ausprägung der Grundsätze des § 242 (*Schmidt* ZHR 134, 173, 178; *Hennrichs* AcP 195, 228), allerdings in ihrer Intensität bedeutend gesteigert durch die Tatsache, dass im Gesellschaftsrecht durch den Gemeinschaftsbezug der meisten Handlungen und Rechte Anforderungen an die Wahrnehmung nicht nur von eigenen, sondern auch von Gesellschaftsbelangen und den individuellen Interessen der Mitgesellschafter ausgeübt werden (*Zöllner*, Schranken, 326ff). 110

Hieraus speisen sich auch die **beiden Wirkrichtungen** der Treuepflicht. Zum einen haben die Gesellschafter zur Verwirklichung des gemeinsamen Zwecks auf ein gedeihliches Miteinander hinzuwirken (**Förderpflicht**). Zum anderen können sie aufgrund ihrer mitgliedschaftlichen Beteiligung auf die Rechtsstellung und Interessen der Gesellschaft und der Mitgesellschafter einwirken und sind daher zur gegenseitigen Rücksichtnahme verpflichtet (**Rücksichtnahmepflicht**). IdS bezieht sich die mitgliedschaftliche Treuepflicht sowohl auf das vertikale Verhältnis des Gesellschafters zur Gesellschaft als auch auf das horizontale Verhältnis der Gesellschafter untereinander. Auf beiden Ebenen kann die Treuepflicht Handlungs- und Unterlassungspflichten begründen. Sie kann ebenso dazu führen, dass Gesellschafterbeschlüsse, namentlich Mehrheitsbeschlüsse (BGHZ 170, 283; 179, 13), oder Vertragsklauseln unwirksam sind (BGH ZIP 1993, 1160). 111

Die **mitgliedschaftliche** ist von der **organschaftlichen** Treuepflicht der geschäftsführenden Gesellschafter abzugrenzen, auch wenn beide Ausformungen gemeinsame Wurzeln aufweisen (ausf *Lieder* RTDF 2014, N 3, 33ff). Insg ist die mitgliedschaftliche Treuepflicht mit Blick auf die Eigeninteressen der Gesellschafter weniger intensiv als die organschaftliche Treuepflicht, weil die Gesellschafter im Rahmen der Geschäftsführung uneigennützig im Interesse der Gesellschaft tätig werden. 112

Neben der Treuepflicht besteht für ein eigenständiges, minderheitsschützendes **Institut der Verhältnismäßigkeit** (dafür etwa MüKo/*Schäfer* Rn 279; *Schäfer* ZGR 2013, 237, 266ff) **kein Bedürfnis** (Lieder/*Oetker* § 109 HGB Rn 25; MüKo-HGB/*Enzinger* § 119 Rn 87). Seine Vorgaben an die Ausgestaltung des Gesellschaftsvertrags respektive die Beschlussfassung aufgrund einer Mehrheitsklausel gehen über die Gewährleistung der Treuebindung nicht hinaus, sondern sind als unselbständiger Bestandteil im Rahmen der umfassenden Gesamtabwägung in Ansatz zu bringen. 113

114 Während die hM eine **Abdingbarkeit der Treuepflicht** zumindest für ihre einzelnen Ausprägungen befürwortet (*Armbrüster* ZGR 2014, 333, 350f; *Fleischer* ZGR 2016, 36, 80ff; *Fleischer/Harzmeier* NZG 2015, 1089, 1090), ist sie mit der im Vordringen begriffenen Auffassung **generell** anzunehmen, soweit ihre Gewährleistungen über die allg gesetzl Schranken hinausgehen; die damit auch weiterhin anwendbaren §§ 134, 138, 242 vermitteln den Gesellschaftern einen hinreichenden Mindestschutz (*Hellgardt* FS Hopt, 2010, 765, 784ff; *Klöhn* AcP 216, 281, 317f; *Haunschild*, Abdingbarkeit der Treuepflicht im Gesellschaftsrecht, 2018; *Mann*, Abdingbarkeit und Gegenstand der gesellschaftsrechtl Treuepflicht, 2018, 187ff; zur GmbH ausf MHLS/*Lieder* § 13 GmbHG Rn 152ff). Die Abbedingung erfolgt in formeller Hinsicht entweder durch eine einstimmige Regelung im Gesellschaftsvertrag oder aber nachträgl durch einen allseitigen Gesellschafterbeschluss, wobei eine abstrakte Formulierung ausreicht (*Mann*, Abdingbarkeit und Gegenstand der gesellschaftsrechtl Treuepflicht, 2018, 196f; zur GmbH MHLS/*Lieder* § 13 GmbHG Rn 154).

115 **b) Personeller Anwendungsbereich.** Der mitgliedschaftlichen Treuepflicht unterliegt **jeder Gesellschafter.** Das schließt den Mehrheitsgesellschafter ebenso ein wie die Minderheitsgesellschafter, zumal mit Blick auf das im Personengesellschaftsrecht verbreitete Einstimmigkeitserfordernis (vgl BGHZ 183, 1 Rn 23). Gleiches gilt für mittelbare Gesellschafter (Stuttgart ZIP 2006, 2031: Treuhand; ausf *Wilhelm*, Dritterstreckung im Gesellschaftsrecht, 2017, 275ff). Soweit genuin verbandsrechtl Einwirkungsmöglichkeit auf die Gesellschaft und ihre Gesellschafter bestehen, sind entgegen der hM auch **vor- und nachmitgliedschaftliche Treuepflichten** anzuerkennen (vgl *Weber*, Vorvertragliche Treuebindungen: Begründung, Reichweite und Vorauswirkungen gesellschaftsrechtl Treuepflichten, 1999, 226ff, 234ff; *Dembski*, Gesellschaftsrechtliche Treuepflichten von Nichtmitgliedern, insb nachmitgliedschaftliche Treuepflichten, 2009; *Wilhelm*, Dritterstreckung im Gesellschaftsrecht, 2017, 260ff, 287ff; vgl noch Naumburg BeckRS 2022, 22573 Rn 22).

116 **c) Allgemeine inhaltliche Vorgaben.** Der Inhalt der Treuepflicht bestimmt sich anhand einer umfassenden **Gesamtabwägung** der konfligierenden Interessen (vgl BGHZ 221, 100 Rn 19 = WuB 2019, 313 m Anm *Lieder/Pommerening*). Einzubeziehen ist die Realstruktur der Gesellschaft; je stärker die personalistische Bindung der Gesellschafter, desto intensiver ist die Treuepflichtbindung. Besonders intensiv ist die Treuepflicht in der Zweipersonengesellschaft ausgeprägt, aber auch in Publikumsgesellschaften findet sie zumindest dem Grunde nach Anwendung (BGH NJW 1985, 972, 973; 1985, 974f). Zu berücksichtigen sind weiter Umfang und Dauer der individuellen Beteiligung des Gesellschafters, seine Einwirkungsmöglichkeit auf die Gesellschaft und die Mitgesellschafter, die innergesellschaftliche Organisationsstruktur und der jew Gesellschaftszweck (BGHZ 65, 15, 19; BGHZ 221, 100 Rn 19 = WuB 2019, 313 m Anm *Lieder/Pommerening*), aber auch eine etwaige familiäre Bindung zw den Gesellschaftern (MHdB GesR IX/*Lieder* § 3 Rn 119f; *Fleischer* GmbHR 2021, 113, 118; MHdB GesR VII/*Holler* § 75 Rn 238ff; *Holler* DStR 2019, 880, 882; *Holler/Mann* NZG 2021, 402ff).

117 Innerhalb der mitgliedschaftlichen Treuepflicht wiederum ist zw der Ausübung eigennütziger und uneigennütziger Rechte und Pflichten zu differenzieren. Nehmen Gesellschafter **fremdnützige** Befugnisse wahr, wie zB bei der laufenden Geschäftsführung, dann ist eine Orientierung am Gesellschaftsinteresse geboten (vgl Düsseldorf ZIP 1996, 1083, 1087). Handelt es sich hingegen um die Ausübung eines **eigennützigen** Rechts wie zB bei der Geltendmachung eines Austrittsrechts, dann müssen die eigenen Interessen nicht hinter den Interessen der Gesellschaft oder der Mitgesellschafter zurücktreten, wenngleich auch die letztgenannten Belange im Rahmen der Gesamtabwägung zu berücksichtigen sind (BGHZ 14, 25, 38; BGH NJW-RR 1991, 1249). Beim Gebrauch eigennütziger Rechte kann bei der Abwägung das Eigeninteresse den Ausschlag geben, solange die Gesellschaftsbelange nicht willkürlich verletzt werden (*Zöllner* Schranken, 349ff; Soergel/*Hadding/Kießling* Rn 59). Die Interessen der anderen Partner müssen hier, wenn sie den Vorzug genießen sollen, auch im Vergleich von überragender Wichtigkeit sein, wobei jedoch auch zu beachten ist, dass Einschnitte in die Rechte der Mitgesellschafter auf ein unvermeidliches Mindestmaß beschränkt bleiben müssen (*Zöllner* Schranken, 343). Jedenfalls ist der Partner einer Miteigentümergesellschaft nicht gehindert, seinen Miteigentumsanteil zu veräußern (Düsseldorf NZG 2001, 746). Stets ist schließlich zu beachten, dass die Treuepflicht zur **Vertragsfreiheit** der Gesellschafter in ein Spannungsverhältnis tritt. Vor diesem Hintergrund erscheint die Treuepflicht als Generalklausel oder besser Sammelbezeichnung, die einer beispielhaften **Fallgruppenbildung** zugänglich ist (*Lieder* RTDF 2014, N 3, 33, 39; im Einzelnen Rn 118ff).

118 **d) Rücksichtnahmepflichten.** Von Mehrheits- und Minderheitsgesellschaftern ist zu verlangen, dass sie bei der Ausübung des **Stimmrechts** die Interessen der Gesellschaft und der Mitgesellschafter im bereits dargestellten Umfang (Rn 66) berücksichtigen. Bei der Beschlussfassung über **Geschäftsführungsangelegenheiten** haben sich die Gesellschafter ausschließlich vom Gesellschaftsinteresse leiten zu lassen (vgl Hamm GmbHR 1992, 612, 613; ZIP 1993, 119, 121; Düsseldorf ZIP 1996, 1083, 1087). Ebenso haben bei der Wahrnehmung eines Widerspruchs- oder Weisungsrechts in Geschäftsführungsangelegenheiten die Eigeninteressen (nicht: die individuelle Beurteilung einer Situation) so weit zurückzutreten, wie es die Belange der Gesellschaft erfordern (BGHZ 37, 381, 384; 76, 160, 164; BGH NJW 2019, 157 Rn 35; Soergel/*Hadding/Kießling* Rn 59). Einzelne Gesellschafter dürfen keine unberechtigten **Sondervorteile** erstreben (vgl BGHZ 76, 352, 357; 111, 224, 227; NJW 1992, 368, 369). Geschäftsführer dürfen nicht zur Führung aussichtsloser **Prozesse** veranlasst werden (Düsseldorf GmbHR 1994, 172, 175f). Zudem ist eine Klageerhebung von Mitgesellschaftern neben der klagenden Gesellschaft treuwidrig, soweit sich dadurch lediglich die Kosten der Durchsetzung eines Sozialanspruchs erhöhen (BGH NJW-RR 2019, 742 Rn 15). Bei der **Entziehung** der Geschäftsführungs- und Vertretungsbefugnisse müssen vorrangig Gesellschaftsinteressen berücksichtigt werden. Treuwidrig kann eine solche Entziehung vor allem bei jahrzehntelangen

Geschäftsführern sein, wenn zugleich angestrebt wird, sie danach auch aus der Gesellschafterstellung zu drängen (BGH DStR 1994, 214, 215f). Gleiches gilt für eine unangemessen hoch angesetzte **Vergütung** des Gesellschafters, die sich unter keinem Gesichtspunkt rechtfertigen lässt (vgl BGH NZG 2004, 516, 517).

Gegen **Strukturmaßnahmen** kann sich die Minderheit in sehr weitem Umfang wehren, ohne die Treuepflicht zu verletzen (zur GmbH *Vorwerk/Wimmers* GmbHR 1998, 717, 719ff). Das gilt auch dann, wenn die Umwandlung in eine andere Rechtsform verhindert wird, um einer Entmachtung der Minderheit entgegenzutreten (BGHZ 14, 25, 38). Umgekehrt kann die Mehrheit Strukturmaßnahmen beschließen, soweit nur das gesetzl erforderliche Mehrheitsquorum erreicht wird (vgl Stuttgart NZG 2000, 159, 161). Ist für die **Übertragung des Gesellschaftsanteils** – wie üblich (vgl § 711 I 1) – die Zustimmung der Gesellschafter erforderlich, unterliegt auch diese Entscheidung der Treuepflichtbindung (vgl BGH NJW 1987, 1019, 1020; Koblenz NJW-RR 1989, 1057). 119

Darüber hinaus darf der Gesellschafter die Gesellschaft **nicht aus Eigennutz schädigen** (vgl BGH GmbHR 1991, 362, 363), sie insb ggü Dritte nicht mit kreditschädigenden Äußerungen diskreditieren (vgl BGH WM 1978, 1205, 1206; GmbHR 1994, 406, 409; Brandenburg GmbHR 1998, 193, 195). Auf die Frage, ob der Gesellschaft ein **Nachteil** entsteht, kommt es bei der Beurteilung eines die eigenen Interessen unangemessen durchsetzenden Verhaltens nicht an (vgl KG OLG 1969, 311; Nürnberg WM 1962, 731f). Immerhin ist ein **unberechtigter Insolvenzantrag** eines Gesellschafters, infolge dessen die Gesellschaft nach § 729 I Nr 2 aufgelöst wird, ein zur Entschädigung der Mitgesellschafter führender Treupflichtverstoß (München ZIP 2015, 826). Gesellschaftern ist es ferner untersagt, unter Umgehung der gesetzl oder gesellschaftsvertragl Zuständigkeit der Gesellschafterversammlung auf die Geschäftsführung sachwidrig Einfluss zu nehmen oder im Gesellschaftsvermögen stehende Sachen und Rechte zu eigennützigen Zwecken zu vereinnahmen (vgl MHLS/*Lieder* § 13 GmbHG Rn 175). Der Gesellschafter muss zeitweilig auf die Geltendmachung seines Gewinnanspruchs (RG JW 1937, 1986) und Ansprüche während der Liquidation der Gesellschaft (vgl Düsseldorf NJW-RR 1995, 420, 422f) verzichten, wenn er andernfalls eine Liquiditätskrise der Gesellschaft auslösen würde. Umgekehrt dürfen keine **unangemessen hohen Rücklagen** gebildet und damit das Gewinnbezugsrecht der Gesellschafter beeinträchtigt werden, um womöglich Minderheitsgesellschafter herauszudrängen (vgl MHLS/*Lieder* § 13 GmbHG Rn 175). Zudem dürfen Mitgesellschafter nicht an der sachgemäßen **Ausübung ihrer Gesellschafterrechte** gehindert werden (BGHZ 127, 107, 111). Allerdings kann der Gesellschafter, namentlich in einer wirtschaftl Gesellschaftskrise, aufgrund der Treuebindung an der Ausübung eines etwaigen Entnahmerechts gehindert sein (Karlsruhe NZG 2003, 429, 430). Durch die Wahrnehmung der **Informationsrechte und Informationspflichten** darf die Gesellschaft nicht geschädigt werden. Insb dürfen die erlangten Informationen nicht an unbefugte Dritte weitergegeben werden (RGZ 107, 171; Frankfurt aM DB 1992, 2489, 2490). Treuwidrig handeln auch Gesellschafter, die **Beschlussmängel** in illoyaler und eigennütziger Weise geltend machen, insb mit dem Ziel, sich den Lästigkeitswert abkaufen zu lassen (vgl MHLS/*Lieder* § 13 GmbHR Rn 177). Die Geltendmachung eines **Erwerbsrechts** ist unzulässig, wenn die Voraussetzungen treuwidrig herbeigeführt wurden (arg e § 162; vgl RGZ 162, 388, 394; BGHZ 30, 195, 202f). Die Ausübung eines **Kündigungsrechts** oder ein **Auflösungsbeschluss** können bei Hinzutreten weiterer Umstände treuwidrig sein (BGH NJW 1985, 1901), wie zB, wenn diese Maßnahmen ausschließlich darauf gerichtet sind, Minderheitsgesellschafter aus der Gesellschaft zu drängen (BGHZ 76, 352, 355; 103, 184, 193ff). Treuwidrig ist weiterhin ein **„ausbootende" Sanierung** durch die Gründung einer neuen Gesellschaft durch einseitige Sanierungsvereinbarung nur einiger Gesellschafter mit dem Darlehensgeber mit dem Ziel, die nicht an der neuen Gesellschaft beteiligten Gesellschafter auf Zahlung in Anspruch zu nehmen, um sich selbst schadlos zu halten (BGH NJW 2014, 1107). 120

Im Verhältnis zu den Mitgesellschaftern wird ein Verzicht auf schutzwürdige eigene Interessen nicht verlangt (BGH LM § 105 HGB Nr 8; Soergel/*Hadding/Kießling* Rn 60), und keinen Gesellschafter trifft eine Fürsorgepflicht für die **Belange seiner Partner** (BGHZ 4, 66, 73), Rücksichtnahmepflichten (etwa im Hinblick auf besondere Belastungen oder gesundheitliche Probleme eines Mitgesellschafters, *Tröger* in Westermann/Wertenbruch Rn I 160a) sind aber denkbar. In Betracht kommt zudem die Zustimmung zu dringenden einmaligen (etwa erbschaftsteuerlich bedingten) Entnahmebedürfnissen eines Mitgesellschafters. Die Rspr hat die Ansprüche besonders ausgedehnt, wenn es um die Ausübung eines Gestaltungsrechts oder sonst einer einen anderen Gesellschafter belastenden Rechtsausübung ging, und verlangt eine schonende Ausübung (s BGH WM 1979, 1058 – Überwindung der fehlenden Zustimmung zur Aufnahme eines neuen Komplementärs zur Fortsetzung einer KG; BGH WM 1964, 1127; NJW 1959, 432; 1980, 1628 – keine Ausübung eines Übernahmerechts zur treuwidrigen Erlangung von Vorteilen), nicht selten in Zusammenhang mit einer treuwidrig herbeigeführten Kündigung (BGHZ 30, 195, 201f; RGZ 162, 388, 394). Eine Vermehrung der Pflichten der Gesellschafter muss schon angesichts des § 707 auf besondere Ausnahmefälle beschränkt bleiben (BGH WM 1973, 990; BGHZ 98, 276, 280). Zugleich bestehen **Schranken der Mehrheitsherrschaft**, da eine formal gültige Entscheidung unwirksam sein kann, wenn sie dazu führt, die Stellung der Minderheit zu verschlechtern; dieser Gedanke ist im Gervais-Urt (BGH NJW 1980, 231) zur Begründung erster Schritte auf dem Wege zu einem **Konzernrecht** der Personengesellschaften (dazu *Emmerich* FS Stimpel, 1985, 743; *U.H. Schneider* ZHR 143, 485; *Reuter* AG 1986, 130; *Tröger* in Westermann/Wertenbruch Rn I 4019f) aufgegriffen worden, nachdem er schon im GmbH-Konzernrecht große Bedeutung erlangt hatte (BGHZ 65, 15 – ITT). Dementspr muss die Eingliederung des Unternehmens der Gesellschaft in das Unternehmen des herrschenden Gesellschafters ausscheiden, soweit es an einer Absicherung der Minderheitsinteressen fehlt. 121

122 Die Rspr zum Einfluss der Treuepflicht auf **Drittgeschäfte** lässt eine klare Linie vermissen (vgl BGH NJW 1989, 166, 167f). Während dem Gesellschafter einerseits ein zeitweiliger Zinsverzicht abverlangt worden ist (BGH WM 1985, 195, 196), konnte sich der Gesellschafter andererseits auf die Formnichtigkeit eines Grundstücksvorkaufvertrags berufen, obgleich die Gesellschaft darauf bereits eine Betriebsstätte errichtet hatte (BGH NJW 1989, 166, 167f). Aus rechtsdogmatischer Perspektive kann nur eine **restriktive Linie** überzeugen. Soweit der Gesellschafter dem Verband wie ein außenstehender Dritter ggütritt, die Handlung oder Maßnahme mit der Wahrnehmung genuin gesellschaftsrechtl Rechte und Pflichten also in keinem spezifischen Zusammenhang steht, dann fehlt es an der Grundlage für die Anwendung der Treuepflicht (näher MHLS/*Lieder* § 13 GmbHG Rn 180).

123 **e) Förderpflichten.** Der Gesellschafter ist auf Grundlage seiner Förderpflicht grds verpflichtet, im Wege der Stimmabgabe an der Willensbildung in der Gesellschaft mitzuwirken (Frankfurt GmbHR 2019, 940, 944; Hopt/*Roth* § 119 HGB Rn 6; Oetker/*Lieder* § 119 HGB Rn 31). Daraus folgt jedoch im Grundsatz nicht, auch nicht in Angelegenheiten der Geschäftsführung, eine Stimmpflicht in der Weise, dass Stimmenthaltungen verboten sind. Etwas anderes gilt nur, wenn aufgrund der Treuepflicht eine Pflicht zu einem bestimmten Abstimmungsverhalten besteht, dann gilt eine Ablehnung ebenso wie die Stimmenthaltung als unwirksam (BGH NJW 1960, 434; DStR 1992, 1102f).

124 In Form der Förderpflicht kann die Treuepflicht ausnahmsweise zur **Zustimmung** zu außergewöhnlichen Maßnahmen nach § 715 II 2 (vgl BGH WM 1973, 1291, 1294), zu einem Wechsel im Gesellschafterbestand (BGH NJW 1987, 952, 953), zur Aufnahme eines neuen Gesellschafters (BGH WM 1979, 1058, 1059) oder zu anderweitigen **Änderungen des Gesellschaftsvertrags** verpflichten (BGH NJW 1987, 952, 953; 1995, 194, 195). Die Änderung muss im Interesse des Fortbestands der Gesellschaft unter Berücksichtigung der in ihr geschaffenen Werte oder zur Vermeidung erheblicher Verluste obj unabweisbar erforderlich und den Gesellschaftern mit Blick auf ihre berechtigten Interessen zumutbar sein (BGH NJW 1987, 952, 953). Zweck und Interesse der Gesellschaft müssen die in Rede stehende Maßnahme zwingend gebieten und der Gesellschafter muss seine Zustimmung ohne vertretbaren Grund verweigern (BGH NZG 2016, 781 Rn 13; München GmbHR 2016, 925, 926). Der Gesellschafter unterliegt im Hinblick auf seine **Stimmabgabe** keiner Rechtfertigungspflicht. Er kann – vorbehaltlich einer bestehenden Zustimmungspflicht – eine von der Geschäftsführung vorgeschlagene Maßnahme auch aus sachwidrigen und unverständlichen Motiven verweigern (BGH NZG 2016, 781 Rn 14f; München GmbHR 2016, 925, 926; einschränkend *Reichert* FS K. Schmidt, Bd II, 2019, 229, 240ff; abl MüKo/*Schäfer* Rn 231). Eine Grenze ist erst dort zu ziehen, wo die angestrebte Stimmabgabe obj zwingend geboten und daher keine andere Stimmabgabe denkbar ist (BGH NZG 2016, 781 Rn 15; *Paefgen* ZIP 2016, 2293, 2295). Zweckmäßigkeit der Stimmabgabe und Rationalität der Beweggründe unterliegen nicht der gerichtlichen Prüfung (BGH NZG 2016, 781 Rn 19; dazu ausf *Merkt* FS Bergmann, 2018, 509, 526f; *Reichert* FS K. Schmidt, Bd II, 2019, 229, 239f; *Paefgen* ZIP 2016, 2293, 2296ff).

125 Es kann eine Pflicht bestehen, an der **Einziehung** von Geschäftsführungs- und Vertretungsbefugnis mitzuwirken, soweit sich der Geschäftsführer als ungeeignet erweist (BGHZ 102, 172, 176; BGH NJW 1991, 846). Bei Vorliegen eines Ausschließungsgrundes besteht die Pflicht, an der Beschlussfassung über die **Ausschließung** des Gesellschafters aus wichtigem Grund nach § 727 mitzuwirken (vgl BGHZ 64, 253, 256ff; 68, 81, 82, 84). Gleiches gilt für die Zustimmung zum Ausscheiden eines Gesellschafters, der für die Gesellschaft nicht mehr tragbar ist (BGH NJW 1961, 724f; vgl weiter BGH NJW-RR 1986, 256). Zustimmungspflichten sind weiterhin anzuerkennen in Bezug auf einen **Auflösungsbeschluss**, soweit die Gesellschaft dauerhaft unrentabel ist und (oder) die Erreichung des Gesellschaftszwecks offensichtlich unmöglich geworden ist (BGH NJW 1960, 434; Köln AG 2021, 608, 610 = WuB 2022, 155 m Anm *Weinmann*), sowie für die Anpassung des **Gesellschaftszwecks** an veränderte Umstände, wenn das Bestandsinteresse der Gesellschaft nicht auf andere Weise gesichert werden kann (MüKo/*Schäfer* Rn 239; *Lettl* AcP 202, 3, 16ff).

126 Umgekehrt kann eine Pflicht zur Mitwirkung an der **Fortsetzung** einer aufgelösten Gesellschaft bestehen, wenn die Gesellschaft fortsetzungswürdig ist und dem Einzelnen die Fortsetzung oder das Ausscheiden aus der Gesellschaft zumutbar ist (RGZ 169, 153, 157f; BGHZ 30, 195, 201f; BGH NJW-RR 1986, 256). Im Fall der Befriedigung eines nach § 726 kündigenden Privatgläubigers kann ein **Wiederaufnahmeanspruch** des gekündigten Gesellschafters bestehen (BGH ZIP 2022, 1695 Rn 16). Besteht ein solcher Wiederaufnahmeanspruch, steht er einer Feststellung des Ausscheidens des gekündigten Gesellschafters nach Treu und Glauben gem. § 242 (dolo agit) entgegen (BGH ZIP 2022, 1695 Rn 17). Freilich besteht keine Pflicht zur Fortsetzung um jeden Preis (BGH BB 1968, 850). Unter engen Voraussetzungen kann der Gesellschafter zur **Übertragung seines Gesellschaftsanteils** auf einen Dritten oder einen Mitgesellschafter verpflichtet sein, wenn dadurch die Sanierung der Gesellschaft ermöglicht wird (im konkreten Fall verneinend Köln NZG 1999, 1166, 1167). In Betracht kommt weiter eine Pflicht zur **Teilnahme an der Gesellschafterversammlung**, wenn auch nur durch einen Vertreter (BGHZ 88, 320, 329f; 98, 276, 279ff; BGH WM 1987, 841, 842; GmbHR 1991, 61; jew zur Stimmpflicht; einschränkend *Meul* GmbHR 2020, 76ff) oder die Mitwirkung an der Entsendung von Beiratsmitgliedern (Düsseldorf BB 1994, 2306; dazu *Sester* BB 1997, 1ff). Eine weitergehende **Mitwirkung in der Gesellschaft** kann nur verlangt werden, wenn der Gesellschafter aufgrund spezieller Kenntnisse aufgenommen worden ist (MHLS/*Lieder* § 13 GmbHG Rn 192).

127 **Weitere Beispiele** sind die Zustimmung zur Kündigung eines Lizenzvertrags durch die Gesellschaft (BGH NJW 1960, 91), zur Änderung der Organisation der Geschäftsführung (BGH WM 1986, 1556; DStR 1992, 1102f), zur Verlängerung der Dauer der Gesellschaft (BGH NJW 1973, 1602), zur Verweigerung von Entlastung (Frankfurt

GmbHR 2019, 940, 944), zu einer Gesellschafternachfolge (BGH NJW 1987, 952), zur Änderung der Nachfolgeregelung für den Fall der Ehescheidung (BGH NJW 1974, 1656), zur vorübergehenden Stimmrechtsausübung durch einen Stellvertreter (BGH NJW 1970, 706), zur Anpassung der Tätigkeitsvergütung (BGHZ 44, 40; BGH WM 1974, 372; 1978, 1230; 1978, 1232) und zur Erhöhung der Vorausvergütung (BGH NJW-RR 1987, 285; KG BeckRS 2009, 25559).

Auffallend häufig sind Treupflichtverstöße bei Einladungen zu **Gesellschafterversammlungen**, etwa der (unrichtige) Hinweis auf ein für den Eingeladenen geltendes Stimmverbot (BGH NZG 2018, 1445 zur GmbH) oder zur Abhaltung einer neuen Versammlung nach Scheitern der ersten (Düsseldorf ZIP 2018, 1783). Vorstellbar ist auch, dass mit der Platzierung eines Tagesordnungspunkts in Wahrheit ein andersartiger Zweck verfolgt wird. Das Bestehen eines Liquidationsbeschlusses, der darauf gerichtet ist, durch die Auflösung der Gesellschaft Abfindungen ausscheidender Gesellschafter zu vermeiden, ist nicht per se als treuwidrig zu qualifizieren (BGH ZIP 2018, 778; zust *Bergmann* ZIP 2018, 1963). Ferner gebietet es die Treuepflicht, Mitgesellschafter im Interesse sachgemäßer Wahrnehmung ihrer Mitverwaltungsrechte umfassend **zu informieren**, uU auch über die Tragweite vorgeschlagener Maßnahmen näher aufzuklären (BGH NJW 1992, 302; ZIP 2003, 73; *Fleischer* NZG 2000, 561, 566; *Wiedemann* GesR II § 3 II 3; s auch Rn 121). Zudem kann die Gesellschaft gehalten sein, dem Gesellschafter bei der Ausübung eigennütziger Rechte die Hinzuziehung eines sachverständigen Beraters zu gestatten. 128

Gesellschafter können zur Vornahme von **Sanierungsmaßnahmen** verpflichtet sein. Umstritten ist dabei, ob das **Insolvenzplanverfahren** nach §§ 217ff InsO die gesellschaftsrechtl Treuepflicht mit dem Inhalt, einen Minderheitsgesellschafter nicht zu entmachten, partiell außer Kraft setzt (Frankfurt NZG 2013, 1388; *Eidenmüller* NJW 2014, 17, 18; *Haas* NZG 2012, 961, 965; *Seibt/Bulgrin* ZIP 2017, 353, 358f; *Thole* ZIP 2013, 1937, 1939ff), oder auch während eines Insolvenzverfahrens die Treuepflicht der Gesellschafter missbräuchlichen insolvenzrechtl Maßnahmen entgegensteht (LG Frankfurt aM ZIP 2013, 1831; ZIP 2013, 1720, 1723ff; *Schäfer* ZIP 2013, 2237ff; *Westermann* NZG 2015, 134, 138; *Priester* FS Kübler, 2015, 557, 564f). Auch wenn das ESUG (BGBl I 2011, 2582, ber 2800) darauf abzielte, das Störpotenzial der Gesellschafterbeteiligung zurückzudrängen, verlangt es nach seinem Zweck keinen vollständigen Ausschluss der Treuebindung. Stattdessen gilt auch im Sanierungsverfahren nach zutr Auffassung der Treuepflichtgedanke in einem **maßvollen Umfang** (für eingeschränkte Geltung auch *H.-F. Müller* DB 2014, 41, 45; *Spliedt* ZInsO 2013, 2155, 2157f; wohl auch *K. Schmidt* ZIP 2018, 853, 854f). Verdrängt wird die Treuepflicht allerdings im Einzelfall, wenn zur Gläubigerbefriedigung eine Sanierung dringend geboten ist oder sonstige Wertungen des Insolvenzrechts, namentlich das Obstruktionsverbot nach § 245 InsO, entgegenstehen. Davon abgesehen ist ein Gesellschafter nicht daran gehindert, durch Einklagen einer Forderung die Insolvenz herbeizuführen, wenn das Verhältnis der Gesellschafter untereinander zerrüttet ist (LG Berlin NZG 2014, 1303). 129

Grds besteht keine Pflicht, durch die Zahlung von **Nachschüssen** die Insolvenz der Gesellschaft abzuwenden, weil durch die dadurch ermöglichte Geschäftsfortführung weitere Verlustrisiken für die Gesellschafter entstehen können (BGH NZG 2005, 753, 754; 2006, 306, 308; 2007, 381). Jedoch kann ein Beschluss wirksam sein, durch den nicht sanierungswillige Gesellschafter zum Austritt aus der Gesellschaft gezwungen werden (§ 710 Rn 2). Diese für eine Publikums-OHG entwickelte Zustimmungspflicht zu einem Mehrheitsbeschluss mit der Alternative **„Sanieren oder Ausscheiden"** (BGHZ 183, 1 Rn 23; ausf *St. Schneider*, Gesellschafter-Stimmpflichten bei Sanierungen, 2014) gilt auch für die BGB-Gesellschaft (BGH NZG 2011, 510; 2015, 995; Stuttgart NZG 2013, 1061 Rn 39), die stille Gesellschaft (*Mock* ZInsO 2017, 140ff) und sinngemäß für die GmbH (MHLS/*Lieder* § 13 GmbHG Rn 187ff; MüKo/*Lieder* § 55 GmbHG Rn 42ff). Grundvoraussetzung für die Anwendung dieser Rechtsprechung ist, dass die Mehrheit die Sanierung anstrebt (MHdB GesR IV/*Rieckers* § 17 Rn 29; Lieder/*Oetker* § 109 HGB Rn 30; *Merkt* FS Bergmann, 2018, 509, 525f). Die ablehnende Gegenauffassung (*Reichert* NZG 2018, 134, 139f) läuft auf eine Diktatur der Minderheit gegen die Mehrheit hinaus, die sich mit den Prinzipien des Gesellschaftsrechts schwerlich in Einklang bringen lässt. 130

Allerdings kann der **Gesellschaftsvertrag** ausdrückl vorsehen, dass die nicht an der Kapitalerhöhung teilhabenden Gesellschafter in der Gesellschaft verbleiben und eine Verringerung ihrer Beteiligung hinzunehmen haben (zum Ganzen *Wicke* MittBayNot 2017, 125, 128f). Dann handelt der Gesellschafter auch nicht treuwidrig, wenn er in der Gesellschaft verbleibt, da es auf die durch den Gesellschaftsvertrag vermittelte „Erwartungshaltung" ankommt (BGH NJW 2011, 1667 Rn 21). Unwirksame Nachschussklauseln schließen die Zustimmungspflicht aufgrund der Treuepflicht aber gerade nicht aus (BGH NZG 2015, 995 Rn 23; Düsseldorf ZIP 2014, 2183 Rn 71; aA München NZG 2014, 818 Rn 49; krit auch *Escher-Weingart* WM 2019, 1569, 1570ff). Zudem kann der Gesellschafterbeschluss in Form einer Bedingung vorsehen, dass die Sanierung und ein etwaiges Ausscheiden aus der Gesellschaft von weiteren Voraussetzungen abhängig sind, wie zB vom Erhalt des für die Sanierung notwendigen Kapitalbedarfs bis zu einem konkreten Zeitpunkt (BGH NJW-RR 2018, 665 Rn 18ff). 131

f) Rechtsfolgen. Die Verletzung einer aus der Treuepflicht resultierenden Unterlassungspflicht kann **Schadensersatzansprüche** nach § 280 I begründen (RGZ 89, 398, 400; BGH NZG 2013, 216 Rn 21; NJW 2014, 1107). Ein Treupflichtverstoß führt nach dem hergebrachten Beschlussmängelregime zur Nichtigkeit des **Gesellschafterbeschlusses** (BGHZ 170, 283; 179, 13). Bezieht sich die Treuwidrigkeit auf die konkrete **Stimmabgabe**, ist die Stimme unwirksam und bei der Feststellung des Beschlusses nicht mitzuzählen (BGH NJW 1991, 846). Umgekehrt sind nicht erteilte zustimmende Erklärungen der Gesellschafter als erteilt anzusehen, wenn die Treuepflicht eine **Zustimmung** gebietet (vgl BGH NZG 2016, 781 Rn 17; NJW 1985, 974; Brandenburg ZInsO 2023, 33, 37; diff MüKo/*Schäfer* Rn 248). Davon abgesehen ist eine treuwidrige Rechtsausübung als nichtig und damit 132 unbeachtlich anzusehen (vgl RGZ 158, 302, 310f; BeckOK/*Schöne* aF Rn 107). Bestehende Handlungspflichten sind mittels Leistungsklage als Erfüllungsansprüche durchsetzbar. Weitere Rechtsfolgen sind, insb bei besonders schwerwiegenden und fortlaufenden Verstößen, die **Einziehung** der Geschäftsführungs- und Vertretungsbefugnis eines geschäftsführenden Gesellschafters nach § 715 V, § 720 IV oder die **Ausschließung** nach § 737. In Betracht kommt umgekehrt auch ein **Austritt** der anderen Gesellschafter oder die Auslösung der Gesellschaft (Oetker/*Lieder* § 109 HGB Rn 32).

133 **g) Wettbewerbsverbot.** Ein **Wettbewerbsverbot**, dessen Normierung bei der GbR auch nach dem MoPeG fehlt (dazu Begr RegE, BT-Drs 19/27635, 140; krit *Fleischer* ZGR-Sonderheft 23, 1, 26f; *Fleischer* WM 2020, 1897, 1905), kann für die geschäftsführenden Gesellschafter als Ausfluss der Förderungspflicht auf Grundlage der mitgliedschaftlichen Treuepflicht begründet werden (vgl BGH NZG 2013, 216 Rn 33; *Kardaras*, Das Wettbewerbsverbot in den Personalgesellschaften, 1967, 34; Staudinger/*Habermeier* Rn 52; MüKo/*Schäfer* Rn 287; abweichend *Wertenbruch* in Westermann/Wertenbruch Rn I 470; *Fleischer* WM 2020, 1897, 1904: § 112 HGB analog; einschränkend München NZG 2022, 553 Rn 39ff: nur Geschäftschancenlehre; dazu Rn 137ff), jedoch nicht für von der Geschäftsführung ausgeschlossene (*Lutter* AcP 180, 84, 112; *Armbrüster* ZIP 1997, 261ff). Der bloße Zugang zu Informationen genügt nicht, er verbietet allerdings, das erlangte Wissen zum Nachteil der Gesellschaft zu gebrauchen (MüKo/*Schäfer* Rn 288).

134 Nach Ausscheiden aus der GbR trifft die Gesellschafter mangels grds Treupflichtbindung (zu Ausnahmen Rn 135) kein gesetzl Wettbewerbsverbot (MüKo/*Schäfer* Rn 289; Oetker/*Lieder* § 112 HGB Rn 18). Zum Schutz der Gesellschaft kann ein Wettbewerbsverbot auf **vertraglicher** Grundlage vereinbart werden. Dieses kann konkludent durch eine besonders hohe Abfindung verabredet sein (vgl RG JW 1913, 142, 143; RGZ 90, 98, 100) oder sich aus der Art des Ausscheidens ergeben (RGZ 90, 98, 100; Oetker/*Lieder* § 112 HGB Rn 18). Mit Blick auf die verfassungsrechtl verbürgte Berufsfreiheit nach Art 12 I GG, die im Wege mittelbarer Drittwirkung in Form einer verfassungskonformen Auslegung des § 138 I zu berücksichtigen ist, muss die Wettbewerbsvereinbarung **gegenständlich, räumlich und zeitlich begrenzt** sein, um dem Gesellschafter die Aufnahme einer neuen Berufstätigkeit nicht ungebührlich zu erschweren (BGH NJW 1997, 3098; NZG 2010, 270). Das führt regelmäßig zu einer Höchstdauer von zwei Jahren. Eine darüber hinausgehende Vereinbarung wird – vorbehaltlich anderer eine Sittenwidrigkeit begründender Aspekte – im Wege geltungserhaltender Reduktion auf diese Höchstdauer beschränkt (BGH NJW 1997, 3089; DStR 1997, 2038; 2000, 1021; 2005, 1657). Ein nachvertragl Wettbewerbsverbot kommt nur in Betracht, wenn und soweit es notwendig ist, um einen Vertragspartner vor einer illoyalen Verwertung der Erfolge seiner Arbeit durch den anderen Vertragspartner zu schützen (Stuttgart ZIP 2019, 1425, 1428 m Anm *Lieder/Bialluch* EWiR 2019, 493f).

135 Ist der (Alt-)Gesellschafter keine natürliche Person, sondern wiederum eine **Gesellschaft**, erstreckt sich das vertragl Wettbewerbsverbot im Grundsatz nicht auf die Gesellschafter dieser Gesellschaft (ausf *Roesener* GmbHR 2014, 513ff). Im Wege der ergänzenden Vertragsauslegung nach §§ 133, 157 kann sich aber ausnahmsweise ergeben, dass nach sämtlichen Umständen des konkreten Einzelfalls **ausnahmsweise auch die Gesellschafter** von dem Wettbewerbsverbot erfasst sein sollen. Zu prüfen ist, ob nach dem konkreten Wortlaut und den Vorstellungen der Vertragsparteien im Einzelfall auch ein Dritter (Gesellschafter) in den Anwendungsbereich des Wettbewerbsverbots einbezogen sein soll (allg *Lieder* AcP 218, 109, 118). Zudem kann die Berufung auf die formelle Verschiedenheit der vertragl unmittelbar verpflichteten Gesellschaften und deren Gesellschafter wegen des **Verbots widersprüchlichen Verhaltens** nach den Grundsätzen von Treu und Glauben (§ 242 BGB) ausgeschlossen sein. Die Feststellung eines missbräuchlichen Verhaltens hängt primär von den Umständen des konkreten Einzelfalls ab und ist nur bei Erfüllung hoher Anforderungen zu bejahen, und zwar, wenn ohne eine Erstreckung das zw den Parteien vereinbarte Wettbewerbsverbot durch ein entgegengesetztes Verhalten des Gesellschafters entwertet würde (weiterführend Oetker/*Lieder* § 112 HGB Rn 20a ff).

136 Bei unternehmenstragenden GbR tritt das Wettbewerbsverbot in Konflikt zum **Kartellverbot** des § 1 GWB und – in binnenmarktrelevanten Sachverhalten – nach Art 101 AEUV. Im Wege praktischer Konkordanz ist der Konflikt dahingehend aufzulösen, dass für typische Personengesellschaften das auf Grundlage der Treuepflicht begründete Wettbewerbsverbot nicht gegen § 1 GWB verstößt (BGHZ 38, 306; 70, 331; BGH NJW 1994, 384). Etwas anderes gilt, wenn der Zusammenschluss in der Gesellschaft nur erfolgt, um das Kartellverbot zu umgehen (BGHZ 104, 246; BGHSt 30, 270). Auch ein entspr begrenztes vertragl Wettbewerbsverbot verstößt regelmäßig nicht gegen das Kartellverbot (BGH NJW 1994, 384, 385; weiterführend Oetker/*Lieder* § 112 HGB Rn 35).

137 **h) Geschäftschancenlehre.** Die Geschäftschancenlehre ist ein weiterer Anwendungsfall der gesellschaftsrechtl Treuepflicht und statuiert eine Pflicht der Gesellschafter, Geschäftschancen nicht zum Nachteil der Gesellschaft auf eigene Rechnung auszunutzen, sondern der Gesellschaft das Verwertungsrecht an Geschäftschancen zu belassen (BGH NZG 2013, 216 Rn 21; NZG 2017, 627 Rn 20; ausf *Polley* Wettbewerbsverbot und Geschäftschancenlehre, 1993; *Weisser*, Corporate Opportunities, 1991). **In personeller Hinsicht** unterliegen in erster Linie geschäftsführende Gesellschafter der Pflicht; nichtgeschäftsführende Gesellschafter sind erfasst, wenn sie aufgrund ihrer Gesellschafterstellung von der Chance erfahren oder an der Anbahnung eines Geschäfts beteiligt waren (vgl BGH NJW 1989, 2687; MüKo/*Fleischer* § 112 HGB Rn 67 aE). Grds sind nur aktuelle Gesellschafter erfasst; aus der nachwirkenden Treuepflicht kann sich allerdings ergeben, dass der Gesellschafter auch nach dem Ausscheiden auf die Wahrnehmung von Gesellschaftschancen verzichten muss (Naumburg BeckRS 2022, 22573 Rn 22). Die aus dem angloamerikanischen Rechtskreis stammende Lehre ist **verbandsformübergreifender Natur** und daher auch auf den (geschäftsführenden) Gesellschafter einer GbR anwendbar, wenn diese eine Erwerbsgesell-

schaft oder unternehmenstragende Gesellschaft darstellt (BGH NZG 2013, 216 Rn 20; *Kaya* DStR 2013, 1088, 1092; extensiv auch *Fleischer* NZG 2013, 361, 366). Sie stellt im **Verhältnis zum Wettbewerbsverbot** eine weitere selbständige Rechtsfigur dar (vgl BGH NZG 2013, 216 Rn 20; Köln NZG 2009, 306, 307ff; Stuttgart ZIP 2019, 1425, 1429 m Anm *Lieder/Bialluch* EWiR 2019, 493f; München NZG 2022, 553 Rn 39ff). Einerseits setzt der Verstoß gegen ein Wettbewerbsverbot nicht notwendig eine Geschäftschance voraus. Andererseits zielt die Geschäftschancenlehre nicht primär darauf ab, eine Konkurrenztätigkeit des Gesellschafters zu verhindern, sondern auf die Verhinderung der Ausnutzung einer konkreten Geschäftschance, und zwar unabhängig davon, ob der personelle, räumliche und zeitl Anwendungsbereich des Wettbewerbsverbots eröffnet ist.

Ein Gesellschafter darf keine Geschäfte an sich ziehen oder Dritten, wie zB nahestehenden Personen oder beherrschten Gesellschaften (Stuttgart ZIP 2019, 1425, 1429 m Anm *Lieder/Bialluch* EWiR 2019, 493f), zuweisen, die nach dem konkreten Gesellschaftszweck und den konkreten Umständen (BGH NZG 2013, 216 Rn 24) in den **tatsächlichen Geschäftsbereich der Gesellschaft** fallen **oder** dieser aufgrund bestimmter konkreter Umstände bereits **zugeordnet** sind (BGH NZG 2013, 216 Rn 21; 2017, 627 Rn 20). Das ist der Fall, wenn die Gesellschaft als erste mit dem Geschäft in Berührung gekommen ist und der Geschäftsführer die näheren Umstände erfahren hat, bereits ein Vertrag geschlossen oder unterschriftsreif vorbereitet worden ist, Vertragsverhandlungen vom Geschäftsleiter für die Gesellschaft laufen oder dem Geschäftsführer ein Angebot nur mit Rücksicht auf seine Stellung angetragen worden ist (BGH NZG 2013, 216 Rn 26ff; 2017, 627 Rn 22; Stuttgart ZIP 2019, 1425, 1429 m Anm *Lieder/Bialluch* EWiR 2019, 493f; Oetker/*Lieder* § 112 HGB Rn 23; *Fleischer* NZG 2003, 985f). Ferner genügt es, wenn die Gesellschaft bereits einen Beschluss zur Wahrnehmung der Geschäftschance gefasst hat oder ihr Interesse an dem Geschäft bekundet hat (vgl BGH NJW 1989, 2687, 2688; WM 1976, 77; *Fleischer* NZG 2003, 985, 986). Gleiches kann bei einer Erfindung durch einen wie ein Geschäftsführer in die Unternehmensleitung eingebundenen Gesellschafter gelten (Frankfurt aM GRUR-RR 2017, 294). Zu den Geschäftschancen im tatsächlichen **Tätigkeitsbereich** gehören auch solche, von denen der Geschäftsleiter im privaten Umfeld Kenntnis erlangt hat (BGH NZG 2013, 216 Rn 27; NJW 1986, 584, 585; Stuttgart ZIP 2019, 1425, 1429 m Anm *Lieder/Bialluch* EWiR 2019, 493f; großzügiger *Fleischer* NZG 2003, 985, 989). Ob die Gesellschaft über genug finanzielle Mittel zur Wahrnehmung der Chance verfügt, ist ohne Belang (BGH NZG 2013, 216 Rn 27; NJW 1986, 584, 585; *Fleischer* NZG 2003, 985, 988). Noch während seiner Geschäftsführerzeit angebahnte Chancen gehören der Gesellschaft (BGH NJW 1986, 585; 1998, 1225, 1226; *Fleischer* NZG 2003, 985, 986). 138

Unschädlich ist hingegen die Wahrnehmung von Geschäftschancen, die sich erst nach dem Ausscheiden ergeben und durch während der Organstellung erworbenes Wissen bedingt sind (Frankfurt NZG 2000, 738, 740; *Fleischer* NZG 2003, 985, 992). Gleiches gilt für Chancen, die der Gesellschafter bereits vor Gründung der Gesellschaft akquiriert hat (BGH NJW 1998, 1225, 1226), oder solche, die zwar vom weiten formalen Gesellschaftszweck gedeckt sind, nicht aber in den konkreten tatsächlichen Tätigkeitsbereich der Gesellschaft fallen (*Fleischer* NZG 2003, 985, 987; *Kübler/Waltermann* ZGR 1991, 162, 170). Gleiches gilt, wenn der Vertragspartner mit der Gesellschaft keine Geschäfte machen will (Stuttgart ZIP 2019, 1425, 1429 m Anm *Lieder/Bialluch* EWiR 2019, 493f), gesetzl Vorschriften einer Ausnutzung entgegenstehen, die Gesellschafterversammlung ordnungsgemäß beschließt, die Chance nicht wahrzunehmen, oder die **Wahrnehmung** der Geschäftschance aus sonstigen Gründen für die Gesellschaft von vornherein **ausgeschlossen** ist (Oetker/*Lieder* § 112 HGB Rn 24). 139

Bei pflichtwidriger Wahrnehmung einer Geschäftschance kann der Gesellschafter von der Gesellschaft auf **Unterlassung** und **Schadensersatz** (§ 280 I) in Anspruch genommen werden; als ultima ratio kommt eine Ausschließung nach § 727 in Betracht. Zwar hat die Gesellschaft grds darzulegen und zu beweisen, dass sie das Geschäft ausgeführt hätte, wenn der Gesellschafter in ihrem Interesse gehandelt hätte; es kommt ihr dabei aber die Beweiserleichterung des § 287 ZPO zugute (BGH NJW 1989, 2787, 2688). Anstelle der Darlegung eines konkreten Schadens kann die GbR analog § 118 I HGB die Abführung der gezogenen Vorteile verlangen (Oetker/*Lieder* § 112 HGB Rn 26). Inhaltl ist Schadensersatz nach §§ 249ff geschuldet, bei Ausnutzung der Gelegenheit zum Grundstückserwerb also dessen Herausgabe, uU Wertersatz nach § 250 (BGH NZG 2013, 216 Rn 45, 46). Die kurze **Verjährungsfrist** des § 118 III HGB kommt schon deshalb nicht zur Anwendung, da gesetzl Grundlage der Geschäftschancenlehre die Treuepflicht und nicht § 118 HGB ist (BGH WM 1972, 1229f; NZG 2013, 216 Rn 33ff; aA Köln NZG 2009, 306). 140

4. Gleichbehandlungsgrundsatz. Der verbandsformübergreifende Grundsatz der Gleichbehandlung aller Gesellschafter findet eine normative Verankerung etwa in § 709 II, III 3 sowie in § 53a AktG und ist inzwischen gewohnheitsrechtl anerkannt (BGHZ 16, 59, 70; 20, 363, 369; *Zöllner*, Schranken, 301ff; *Wiedemann* WM 2009, 1ff). Rechtsdogmatische Grundlage ist die gesellschaftsrechtl Treuepflicht (Oetker/*Lieder* § 109 Rn 33; *Verse*, Der Gleichbehandlungsgrundsatz im Recht der Kapitalgesellschaft, 2006, 87ff). Allerdings beschränkt sich die Wirkung des Gleichbehandlungsgrundsatzes auf das Verhältnis der GbR zu den Gesellschaftern, während sich die Gesellschafter untereinander nicht gleich zu behandeln haben. 141

Inhaltl besagt der Rechtssatz nur, dass **sachlich nicht gerechtfertigte Ungleichbehandlungen** der Gesellschafter unterbleiben müssen (*G. Hueck*, 179ff; MüKo/*Schäfer* Rn 298). In dieser Fassung ist der Satz Auslegungsdirektive für unklare Bestimmungen (Soergel/*Hadding/Kießling* Rn 65) und Hinweis, in welchem Sinne eine Lückenergänzung (Rn 92f) stattzufinden hat. Die Gleichbehandlung gleicher Sachverhalte oder gleichwertiger Verhaltensweisen kann auch bei der Ausübungskontrolle von Mitgliedschaftsrechten, hauptsächlich von Mehrheitsbeschlüssen, durchgesetzt werden. Dies kann praktisch werden bei der Benutzung von Gesellschaftseinrichtungen (Saarbrücken NJW 1985, 811; s BGH LM Nr 2 zu § 39 zum Verein und BGH WM 1972, 931 zur 142

GmbH), der Festsetzung von Liefer- oder Bezugspflichten oder der Grundsätze der Beitragsberechnung, der Anwendung der gesellschaftsvertragl Regeln bzgl der Begründung und Ausgestaltung der Geschäftsführungs- und Vertretungsbefugnis in die Gesellschaft nachrückender Familienangehöriger, des Ansatzes des Werts von Leistungen für die Gesellschaft, (vielfach auch) der Gewinnverteilungs- und Entnahmeregelungen, besonders auch bei der Reaktion auf Pflichtverletzungen eines Gesellschafters, und Nachschüsse.

143 Eine **sachliche Rechtfertigung** kann gestützt werden auf höhere Beiträge eines Gesellschafters (BGHZ 116, 359, 363) oder auf den Umstand, dass eine geschuldete Leistung nicht teilbar oder für die Gesellschaft weniger brauchbar ist (Oetker/*Lieder* § 109 HGB Rn 33). Ebenso kann ein Entnahmerecht an die jew Höhe der auf die Gesellschaftsbeteiligung entfallenden Steuern ausgerichtet werden, wenn nichtentnahmefähige Gewinne auf einem Darlehenskonto angemessen verzinst werden (BGH WM 1977, 1022, 1024). Hinzu kommen die vorgesehene Tätigkeit innerhalb der Gesellschaft, Verdienste um die Gründung, Haftungspotenzial, Alter, Fähigkeiten, Kenntnisse und Erfahrungen (MüKo/*Schäfer* Rn 299 aE). Im Fall einer Änderung dieser Umstände kann aufgrund der mitgliedschaftlichen Treupflicht ein Anpassungsanspruch der übrigen Gesellschafter bestehen (vgl München NZG 2001, 558, 560f; 2001, 793, 794; MüKo/*Schäfer* Rn 300).

144 Die Gleichbehandlung ist **vertragsdispositiv,** sodass bei der Vereinbarung von Rechten und Pflichten der Gesellschafter, demzufolge auch bei der Auslegung des Vertrags, die Vertragschließenden ohne sachlich nachprüfbare Gründe eine Vorzugsstellung eines Gesellschafters oder einer Gruppe (etwa der Gründergesellschafter) und eine Ungleichbehandlung anderer Partner vereinbaren können (RGZ 151, 321, 326; BGH WM 1965, 1284; Karlsruhe ZIP 1983, 445, 447). Dies spielt in den Personengesellschaften eine nicht unerhebliche Rolle, indem Vorzugsstellungen nach Maßgabe der Geschäftsführungstätigkeit, der Beiträge oder auch nur der zurückliegenden Leistungen vereinbart werden. Die Ungleichbehandlung kann aber nur innerhalb der Grenzen des für die benachteiligten Gesellschafter Vorhersehbaren vereinbart werden. Unzulässig ist zudem eine **allgemeine Minderberechtigung** eines Gesellschafters oder einer Gesellschaftergruppe (so aber *Flume*, 137ff, 179ff zum „minderberechtigten" Gesellschafter; dagegen *Fischer* ZGR 1979, 264; *U. Huber* ZGR 1979, 193). Im Grunde bedeutet dies, dass eine Ungleichbehandlung einsehbare Ursachen haben muss, die rechtl (einschl steuerrechtl, wie zB Entnahmemöglichkeit nach Maßgabe der Steuerprogression, BGH WM 1977, 1022), wirtschaftl oder persönlicher Art sein können. Vertragsbestimmungen, die auf der Ausnutzung der wirtschaftl Überlegenheit des einen oder der Unerfahrenheit eines anderen Gesellschafters beruhen und zu einem deutlichen Missverhältnis zw Beitragspflichten und Gewinnchancen führen, können nach § 138 **sittenwidrig** sein (BGH WM 1975, 325; zur Knebelung BGHZ 44, 158, 161). Gleiches gilt für Hinauskündigungsklauseln und anderweitige Vereinbarungen eines Ausschließungsrechts nach freiem Ermessen (§ 724 Rn 18).

145 Der Gleichbehandlungsgrundsatz wirkt im Zusammenhang mit dem **Minderheitenschutz**, indem zwar (in Abweichung vom Gesetz) die Zulässigkeit von Mehrheitsentscheidungen in Geschäftsführungsangelegenheiten sowie auch in Bezug auf Grundlagenentscheidungen und Vertragsänderungen eingeführt werden kann (näher § 714 Rn 37ff), aber hierdurch nicht die Kräfteverteilung innerhalb der Gesellschaft willkürlich weiter zum Nachteil der Minderheit verschoben werden darf (zur Unzulässigkeit der weiteren Verwässerung der Minderheitenbeteiligung durch Ausschluss von einer Kapitalerhöhung BGH WM 1974, 1151, 1153; zur Geltung des Gleichbehandlungsprinzips RGZ 151, 321, 326; BGHZ 8, 35, 42; 20, 263, 269). In dieser auf das Verhältnis von Mehrheit und Minderheit bezogenen Sichtweise nähert sich der Gleichbehandlungsgrundsatz inhaltl der Treupflicht (*G. Hueck*, 107ff; MüKo/*Schäfer* Rn 297).

146 Das zeigt sich auch an den **Rechtsfolgen** von Verstößen gegen das Prinzip. Im Vordergrund steht die das Innenverhältnis erfassende Unwirksamkeit von Maßnahmen, besonders Beschlüssen, was bedeutet, dass die zu Unrecht diskriminierten Gesellschafter diese nicht gegen sich gelten lassen müssen (Soergel/*Hadding*/*Kießling* Rn 67; MüKo/*Schäfer* Rn 299). Auf einen Beschluss, der die Gleichbehandlung verletzt, kann daher ein Anspruch gegen einen Gesellschafter oder ein Einwand gegen eine ihm zustehende Forderung nicht gestützt werden. Wenn ein Gesellschafter zu Unrecht bevorzugt worden ist, kommt es auf die wirtschaftl Umstände der Gesellschaft sowie auf die Art des gewährten Vorteils respektive zugefügten Nachteils an, wie der Ausgleich vorzunehmen ist. In Betracht kommen Rückgewähr durch den Bevorzugten (Karlsruhe ZIP 1983, 445), Ausgleichszahlung (BGH WM 1972, 931, 933), Gleichstellung der Benachteiligten durch Ausdehnung des Vorzugs auf alle oder – näher liegend – durch Nivellierung des allen gewährten Vorzugs (BGH NJW 1960, 2143). In Betracht kommen auch Schadenersatzansprüche nach § 280 I gegen die GbR oder die am Verstoß beteiligten Mitgesellschafter. Diese Rechtsfolgen betreffen die Beseitigung von Verstößen durch zurückliegende Handlungen; die Anpassung einer einzelne Gesellschafter diskriminierenden Vertragslage ist eine mögliche Ausformung der Treuepflicht (s dazu § 714 Rn 54).

147 **5. Rechtsverhältnisse zwischen Gesellschafter und Gesellschaft. a) Sozialansprüche.** Sozialansprüche, die der Gesellschaft gegen einzelne Gesellschafter zustehen, bilden einen **Teil des Gesellschaftsvermögens** (BGH NJW 2001, 1210; WM 1961, 426f; RGZ 76, 276, 278; *Hadding* JZ 1975, 159, 163; MüKo/*Schäfer* Rn 261; Staudinger/*Habermeier* Rn 40). Für sie hat der verpflichtete Gesellschafter in Haftungsfällen mit seinem Privatvermögen einzustehen (näher § 713 Rn 7). Bei der Innengesellschaft (§ 740 Rn 1ff) hat den Anspruch auf die Einlage eines stillen Gesellschafters der Inhaber des Handelsgeschäfts. Sozialansprüche sind für die Gesellschaft durch die geschäftsführenden Gesellschafter geltend zu machen und durch Leistung an die Gesellschaft – so hat auch der Klageantrag zu lauten – zu erfüllen (BGH NJW 1960, 433; *Wertenbruch* in Westermann/Wertenbruch Rn I 422). Wenn die Geschäftsführung nicht handelt, kommt eine Gesellschafterklage nach § 715b in Frage. Praktisch ge-

hören hierher die Beitragspflicht, etwaige Nachschusspflicht, Schadensersatzansprüche wegen ihrer Nichterfüllung (BGHZ 25, 47, 49; WM 1961, 426), Zinsansprüche nach Rücktritt von einem beitragsweise geschlossenen Grundstückskauf (BGH NJW 2001, 1201), Ansprüche wegen unberechtigter Entnahmen (BGH NJW 2000, 505), aber auch Geschäftsführungspflicht (§ 715 I; zu Nicht- und Schlechterfüllung vgl RGZ 89, 398, 400; BGH NJW 1973, 2198) und Treuepflicht. **Nicht hierher gehören** Ansprüche eines Gesellschafters, der durch die Pflichtverletzung eines Mitgesellschafters einen Schaden erlitten hat. Solche Ansprüche folgen aus § 280 I und richten sich gegen den Schädiger (Düsseldorf WM 1983, 1320). Etwas anderes gilt nur dann, wenn sich die Gesellschaft analog § 31 die Pflichtverletzung eines organschaftlich handelnden Gesellschafters zurechnen lassen muss (BGHZ 154, 88). Jedenfalls entsteht hier eine Sozialverbindlichkeit (Rn 149).

b) Sozialverpflichtungen. Die Ansprüche des Gesellschafters gegen die Gesellschaft (Sozialverpflichtungen) auf 148 **Vermögensleistungen** (Gewinnanteil; Liquidationsguthaben; Vergütung für Geschäftsführertätigkeit; Aufwendungsersatz – auch nach Inanspruchnahme für Gesellschaftsschulden; Ansprüche auf Schadensersatz wegen Beschädigung einer der Gesellschaft überlassenen Sache oder wegen Schädigungen des Privatvermögens, die durch Geschäftsführung verursacht sind) sind gegen die Gesellschaft (und nur gegen sie, Saarbrücken NZG 2000, 369; Staudinger/*Habermeier* Rn 37) gerichtet. Derartige Ansprüche können auch auf Geschäftsführungshandlungen beruhen, durch die im Vermögen eines Gesellschafters ein Schaden verursacht worden ist (MüKo/*Schäfer* Rn 258), und die der Gesellschaft zuzurechnen sind (Rn 147). **Haftungsobjekt** ist nur das Gesellschaftsvermögen, eine Haftung mit dem Privatvermögen würde wirtschaftl auf eine nach § 710 verbotene Beitragserhöhung hinauslaufen (BGH DB 1964, 67; WM 1968, 697; ZIP 1989, 852; Celle WM 2001, 2444). Wenn das Gesellschaftsvermögen nicht zur Befriedigung des Anspruchs ausreicht, muss der Gesellschafter ggf kündigen und in der Auseinandersetzung nach § 737 vorgehen, wobei er auf Leistung an die Gesellschaftskasse oder pro rata an sich selbst klagen kann (Soergel/*Hadding*/*Kießling* Rn 52). Diese Lösung ist gerechtfertigt bei Gewinnansprüchen, nicht aber bei Rückgriffsansprüchen eines im Außenverhältnis allein zur Tilgung einer Gesellschaftsschuld herangezogenen Gesellschafters. Der Leistende ist nicht gehalten, aufgrund der zufälligen Tatsache seiner Inanspruchnahme bis zur Auflösung der Gesellschaft zu warten, bis er seine Partner in Regress nehmen kann. Als in Anspruch genommener Gesamtschuldner kann der Gesellschafter nach § 426 I, II gegen seine Mitgesellschafter vorgehen (BGHZ 37, 299, 302; BGH NJW 1980, 339f; NJW 1981, 1095f; NJW 1988, 1375; Frankfurt NZG 1999, 821; *Hadding*/*Häuser* WM 1988, 1585, 1588f; näher § 716 Rn 19).

Sozialverbindlichkeiten sind auch die Rechte der Gesellschafter, an der Willensbildung der Gesellschaft mitzu- 149 wirken, wie zB Geschäftsführungs- und Vertretungsbefugnis, Stimmrecht, Informationsrecht und Recht auf Rechnungslegung (**Mitverwaltungsrechte**). Auch sie richten sich grds gegen die Gesellschaft. Mit Blick auf die gesellschaftsvertragl Verbindung zw den Gesellschaftern ist eine Einbeziehung der Mitgesellschafter ebenfalls zulässig, regelmäßig in Gestalt einer Feststellungsklage (RG DR 1944, 245f; BGHZ 72, 1229f; BGH WM 1970, 1223f; WM 1992, 57, 58; MüKo/*Schäfer* Rn 259) gegen diejenigen, die der Wahrnehmung des Rechts widersprechen (näher zum Ganzen *Westermann* NZG 2012, 1121ff). Ein hierbei verurteilter Gesellschafter kann seine Prozesskosten nur auf die Gesellschaft abwälzen, wenn die Voraussetzungen des § 716 vorliegen (MüKo/*Schäfer* Rn 259). Für Streitigkeiten betr den **Inhalt des Gesellschaftsvertrags** und die personelle Zusammensetzung des Gesellschafterkreises, auch betr die Gültigkeit eines Stimmbindungsvertrags (§ 714 Rn 21ff, dazu Hamm NZG 2000, 1036), ist die **Feststellungsklage** unter streitenden Gesellschaftern gegeben (BGHZ 48, 145, 176; s auch BGH WM 1983, 795), die dabei auch nicht als notwendige Streitgenossen verklagt werden müssen (BGHZ 30, 195, 198; anders *Lüke* ZGR 1994, 266, 269f). Einer Bestimmung des Gesellschaftsvertrages bedarf es dafür nicht. Geht es um die Feststellung des Bestehens oder Nichtbestehens der Mitgliedschaft, führt die Beteiligung aller Gesellschafter am Prozess dazu, dass eine zw allen Gesellschaftern getroffene Feststellung auch die Gesellschaft bindet; möglich ist aber auch ein Entscheidungseinklang dadurch, dass die Gesellschaft zur Prozessführung ermächtigt wird (BGH WM 1990, 309; München NZG 2001, 762; Staudinger/*Habermeier* Rn 39; näher *Bork* ZGR 1991, 125ff).

c) Drittgeschäfte. Rechte und Pflichten zw Gesellschaft und Gesellschaftern können sich auch aus **außergesell-** 150 **schaftlichen Rechtsverhältnissen** ergeben, und zwar dann, wenn eine Leistung des Gesellschafters, für die eine Gegenleistung gefordert wird, nicht Beitrag iSd § 709 war (dazu § 709 Rn 2). Das gilt für Rechtsgeschäfte, die der Gesellschafter wie ein Dritter mit der GbR eingeht, etwa aus Kauf, Miete, Darlehen oder Dienstverhältnis. Die schuldrechtl Beziehungen unterliegen zwar im Grundsatz auch hier der mitgliedschaftlichen Treuepflicht (BGH NJW 1983, 749; s auch Rn 115). Dies führt aber – entgegen der früher hM (Köln NZG 2014, 179, 182; *K. Schmidt* GesR § 49 I 2 b; *Windbichler* GesR § 14 Rn 29) – nicht dazu, dass sich der Gesellschafter zunächst an die Gesellschaft wenden muss, bevor er nach § 721 auf die Mitgesellschafter zugreift (**keine Subsidiarität**; BGH NJW 2013, 1334; Oetker/*Lieder* § 105 HGB Rn 69). Für die Ansprüche besteht also schon vor der Liquidation der Gesellschaft eine **Haftung** der **Mitgesellschafter** als Gesamtschuldner (RGZ 153, 305, 311; BGH NJW 1983, 749 m Anm *Wolter* JZ 1983, 259; Soergel/*Hadding*/*Kießling* Rn 57; MüKo/*Schäfer* Rn 220; für proratarische Haftung entspr dem jew Verlustanteil aber *Wolter* JuS 1982, 86; *Prediger* BB 1981, 245, 248). Allerdings kann sich aus dem Gleichbehandlungsgrundsatz das Verbot der einseitigen Begünstigung eines Gesellschafters ergeben (vgl *Wiedemann* WM-Sonderbeil 7/1992, 10f). Zudem muss sich der Gesellschafter nach zutr hM seinen **Anteil abziehen** lassen (BGH WM 1970, 280, 281; NJW 1983, 749; NZG 2002, 519; diff *Wolffskeel v Reichenberg* NZG 2017, 45, 48ff). Resultieren aus dem Geschäftsverhältnis Einwendungen gegen die Drittgläubigerforderung, so können diese nach § 404 einem Zessionar entgegengesetzt werden (BGH NJW 1983, 749; MüKo/*Schäfer* Rn 209 aE).

150a Eine Kürzung des Anspruchs um den eigenen Verlustanteil wird teils allg (MüKo/*Schäfer* Rn 263 unter Berufung auf BGH NJW 1983, 749), teils nur im Verhältnis zu den Mitgesellschaftern (Soergel/*Hadding/Kießling* Rn 57; BGH WM 1970, 280; RGZ 153, 305, 311) vertreten. Weiter brächte eine persönliche Inanspruchnahme auf den vollen Betrag den jew betroffenen Mitgesellschafter in die Lage des Rückgriffsberechtigten. Die damit angebrachte proratarische Haftung der Mitgesellschafter ist ggü der Inanspruchnahme der Gesellschaft zumutbar subsidiär.

151 **IX. Rechtsfähige und nicht rechtsfähige Gesellschaft. 1. Definition.** Seit dem MoPeG finden sich in § 705 II Legaldefinitionen für die rechtsfähige und die nicht rechtsfähige Gesellschaft. Um eine **rechtsfähige Gesellschaft** handelt es sich danach, wenn sie selbst Rechte erwerben und Verbindlichkeiten eingehen kann und nach dem gemeinschaftl Willen der Gesellschafter am Rechtsverkehr teilnehmen soll. Das entspricht der bereits vor dem MoPeG anerkannten rechtsfähigen **Außen-GbR**. Die nicht rechtsfähige Gesellschaft ist demggü dadurch gekennzeichnet, dass sie den Gesellschaftern ausschließlich zur Ausgestaltung ihrer Rechtsverhältnisse untereinander dient und nach § 740 I über kein Vermögen verfügt. Im Umkehrschluss zu § 705 II Alt 1 darf die nicht rechtsfähige Gesellschaft gerade nicht nach dem gemeinsamen Willen der Gesellschafter auf eine Teilnahme am Rechtsverkehr ausgerichtet sein. Das entspricht der herkömmlichen **Innen-GbR**. Nur diese beiden Rechtsformvarianten stehen den Gesellschaftern für den Betrieb einer GbR zur Verfügung – tertium non datur (vgl MüKo/*Schäfer* Rn 184; *K. Schmidt* ZHR 185, 16, 21).

152 **2. Abgrenzung. a) Gesellschafterwille zur Verkehrsteilnahme.** Welche der beiden Rechtsformvarianten (krit zu dieser Einordnung *K. Schmidt* ZHR 185, 16, 24) vorliegt, entscheidet sich nach Maßgabe des § 705 II anhand des gemeinsamen Willens der Gesellschafter (krit zur subj Anknüpfung *Martens* AcP 221, 68, 77; aA *Bachmann* NZG 2020, 612, 614). Richtet er sich darauf, mit der Gesellschaft **am Rechtsverkehr teilzunehmen**, handelt es sich um eine Außen-GbR. Geht es den Gesellschaftern hingegen nur darum, ihre Rechtsverhältnisse untereinander zu gestalten, ohne hingegen im Außenverhältnis in Gesellschaftsform aufzutreten, besteht eine Innen-GbR. Mit dem Kriterium des gemeinschaftl Gesellschafterwillens wird zugleich ausgeschlossen, dass ein einzelner Gesellschafter durch sein Handeln die GbR in die Rechtsfähigkeit zwingt. Vielmehr müssen **alle Gesellschafter** mit einer Teilnahme am Rechtsverkehr einverstanden sein. Maßgeblich ist deren Vereinbarung, die auf eine Teilnahme am Rechtsverkehr gerichtet sein muss, während das obj Handeln der Geschäftsführer von untergeordneter Bedeutung ist (MüKo/*Schäfer* Rn 215; *Armbrüster* ZGR-Sonderheft 23, 143, 148; aA *Blaurock*, Unterbeteiligung und Treuhand, 1981, 91f: obj Handeln entscheidend). Die Gesellschaftervereinbarung kann auch stillschweigend getroffen werden und muss sich auf die Geschäftsaufnahme iSd § 719 beziehen (Henssler/Strohn/*Servatius* Rn 7; MüKo/*Schäfer* Rn 12, 31; *Armbrüster* ZGR-Sonderheft 23, 143, 148). Das gilt selbst für den Fall, dass der Gesellschaftsvertrag die Teilnahme am Rechtsverkehr an die Einhaltung einer besonderen Form bindet, weil das Formerfordernis auch mittels konkludenter Vereinbarung außer Kraft gesetzt werden kann (Rn 37; vgl noch BGH NJW 1965, 293; *Armbrüster* ZGR-Sonderheft 23, 143, 148). Der gemeinsame Gesellschafterwille zur Teilnahme am Rechtsverkehr manifestiert sich außerdem in der **Eintragung** der GbR in das Handelsregister, die nach der Wertung des § 719 I Hs 2 für eine rechtsfähige Gesellschaft iSd § 705 II Hs 1 spricht (Begr RegE, BT-Drs 19/27635, 162; *Bachmann* NJW 2021, 3073 Rn 8; *K. Schmidt* ZHR 185, 16, 26). Zuvor spricht bereits die einvernehmliche Anmeldung als solche für eine tatsächliche Vermutung des gemeinsamen Gesellschafterwillens (Begr RegE, BT-Drs 19/27635, 162; *K. Schmidt* ZHR 185, 16, 26).

153 **b) Auslegung des Gesellschaftsvertrags.** Ob der gemeinschaftl Gesellschafterwille besteht, ist in erster Linie durch Auslegung des Gesellschaftsvertrags nach §§ 133, 157 zu bestimmen (Begr RegE, BT-Drs 19/27635, 126). Anhaltspunkte für einen Willen zur Teilnahme am Rechtsverkehr können sich aus der Wahl eines **Namens** und **Sitzes**, einer gefestigten **Organisations- und Haftungsverfassung** ergeben. Das gilt namentlich, wenn einem Gesellschafter Vertretungsmacht für die Gesellschaft eingeräumt wird, während es gegen die Rechtsfähigkeit spricht, wenn die erteilte Vertretungsmacht nur einen Gesellschafter der Gesellschaft binden soll (*Grunewald* FS K. Schmidt, Bd I, 2019, 391, 392). Von Bedeutung ist ferner der Gesellschaftszweck, der auf eine gewünschte Rechtsfähigkeit schließen lässt, wenn er nur durch Teilnahme am Rechtsverkehr verwirklicht werden kann, wie zB wenn die Gesellschaft selbst Vermögen erwerben soll. Auch wenn sich die Materialien zurückhaltend äußern (Begr RegE, BT-Drs 19/27635, 126), kann auch die **tatsächliche Art der Teilnahme am Rechtsverkehr** auf den maßgeblichen Gesellschafterwillen schließen lassen, wie zB die gemeinschaftl Ausübung einer gewerblichen oder freiberuflichen Tätigkeit in Form einer Anwaltssozietät oder Gemeinschaftspraxis durch alle Gesellschafter. Demggü sind rein kooperative Organisationsgemeinschaften, wie zB Büro- oder Praxisgemeinschaften, als Innengesellschaften zu qualifizieren (*K. Schmidt* ZHR 185, 16, 27). Zudem lässt eine gesellschaftsvertragl Regelung oder eine begleitende Gesellschaftervereinbarung auf den Gesellschafterwillen zur Verkehrsteilnahme schließen, wenn sie vorsehen, dass die GbR in das Gesellschaftsregister **eingetragen** werden soll (*K. Schmidt* ZHR 185, 16, 26).

154 Das Vorhandensein eines Gesellschaftsvermögens und eine Beitragspflicht sind **keine konstitutiven Voraussetzungen** für eine rechtsfähige Gesellschaft, weil es primär auf die subj Willensrichtung der Gesellschafter ankommt. Ein Gesellschaftsvermögen kann kraft Gesellschaftsvertrags sogar ausgeschlossen werden (vgl MüKo/*Schäfer* Rn 261, 274ff). Allerdings ist die Beitragspflicht im Allg keine Tatbestandsvoraussetzung der GbR. Das gilt ungeachtet des Umstandes, dass aus dem rechtsgeschäftlichen Auftreten für die Gesellschaft nach außen ty-

pischerweise ein Gesellschaftsvermögen entsteht und es sich dann zwingend um eine Außen-GbR handelt. Angesichts der subj Anknüpfung an den Gesellschafterwillen sollte die Entscheidung für die Rechtsfähigkeit der GbR **ausdrücklich** im Gesellschaftsvertrag oder durch Gesellschafterbeschluss **getroffen** und entspr **dokumentiert** werden (vgl *Bachmann* NJW 2021, 3073 Rn 6). Setzt sich die vertragl Regelung in Widerspruch zum tatsächlichen Auftreten der GbR, gibt letztere nach dem Grundsatz protestatio facto contraria non valet den Ausschlag (*Bachmann* NJW 2021, 3073 Rn 7). Soll eine Rechtsfähigkeit der Gesellschaft sicher vermieden werden, müssen die Gesellschafter dafür sorgen, dass die Gesellschaft gerade nicht unter eigener Identität am Rechtsverkehr teilnimmt.

c) Wechsel zwischen den Rechtsformvarianten. Es liegt in der Konsequenz des gesetzl Abgrenzungskriteriums, dass die **Innen- zur Außen-GbR** wird, wenn sie beabsichtigt, auch nur gelegentlich am Rechtsverkehr teilzunehmen. Ein solcher Wechsel findet auch dann statt, wenn sich die Gesellschafter einvernehmlich für die Eintragung der (Innen-)GbR in das Gesellschaftsregister entscheiden (vgl *Armbrüster* ZGR-Sonderheft 23, 143, 157; krit *K. Schmidt* ZHR 185, 16, 25). Mit der Begründung erster Rechte oder Pflicht zugunsten der GbR entsteht ein Gesellschaftsvermögen, das nach § 740 I das Vorliegen einer Innengesellschaft ausschließt. 155

Ein Übergang von der **Außen- zur Innen-GbR** ist nur denkbar, wenn die GbR über kein Gesellschaftsvermögen (mehr) verfügt und auch den Willen aufgibt, bis auf Weiteres am Rechtsverkehr teilzunehmen. Eine Außengesellschaft kann folglich ohne Liquidation nicht in eine Innengesellschaft umgewandelt werden (vgl MüKo/*Schäfer* Rn 21; *Armbrüster* ZGR-Sonderheft 23, 143, 150; *Bachmann* NZG 2020, 612, 615; *K. Schmidt* ZHR 185, 16, 24f). 156

d) Vermutungsregel. Da die Abgrenzung im Einzelfall nicht unerhebliche Schwierigkeiten bereiten kann, wird das Vorliegen einer **rechtsfähigen Gesellschaft** im Interesse der Sicherheit des Rechtsverkehrs (näher BR, BT-Drs 19/27635, 305 gegen Begr RegE, BT-Drs 19/27635, 126; zur Entstehungsgeschichte ausf *Wertenbruch* ZPG 2023, 1, 9ff) **vermutet**, wenn der Gegenstand der Gesellschaft auf den Betrieb eines Unternehmens unter gemeinschaftl Namen gerichtet ist (§ 705 III). Mit Blick auf das Regelungsziel sowie die Materialien handelt es sich um eine unwiderlegliche Vermutung (vgl Rechtsausschuss, BT-Drs 19/31105, 6; MüKo/*Schäfer* Rn 4, 189; *Bachmann* NJW 2021, 3073 Rn 7; aA *Wertenbruch* ZPG 2023, 1, 11f). Jedenfalls wenn diese Voraussetzungen erfüllt sind, handelt es sich um eine rechtsfähige GbR. Aber auch wenn die Vermutung nicht eingreift, kann sich das Vorliegen einer Außengesellschaft aus den Gesellschafterwillen ergeben (Rn 152), für dessen Bestimmung auf Indiztatsachen zurückgegriffen werden kann (vgl Rn 153). Das Erfordernis vom **unternehmerischen Betrieb** nimmt an § 14 I Maß und umfasst daher eine (klein-)gewerbliche oder selbständige berufliche Tätigkeit (§ 14 Rn 8ff). Zum Gesellschaftsnamen s § 707 Rn 11ff. Soweit die Vermutungsregel nicht eingreift, haben diejenigen, die sich auf die Rechtsfähigkeit der Gesellschaft oder das Vorliegen einer Rechtsscheinhaftung berufen, die jew Tatbestandsvoraussetzungen darzulegen und im Ernstfall zu beweisen (MüKo/*Schäfer* Rn 215; vgl noch BGHZ 12, 308, 315; BGH NJW 1960, 1851). Ist bereits die Eintragung in das Gesellschaftsregister erfolgt, ist die GbR – ungeachtet § 705 III – nach § 719 I Hs 2 (§ 719 Rn 2) entstanden (*Wertenbruch* ZPG 2023, 1, 11). 157

3. Rechtsfähige Gesellschaft. a) Grundlagen. Auch wenn § 705 II die beiden Varianten der GbR gleichberechtigt nebeneinanderstellt, ergibt sich aus der gewählten Reihenfolge innerhalb dieser Bestimmung sowie aus der Systematik des BGB-Gesellschaftsrechts in Form der drei Untertitel, dass es sich bei der rechtsfähigen **Außen-GbR**, die selbst Rechte erwerben und Verpflichtungen eingehen kann, um die gesetzl Grundform und den **Normaltypus der BGB-Gesellschaft** handelt. In Form der rechtsfähigen Außen-GbR liegt der BGB-Gesellschaft nach dem erklärten Willen des Gesetzgebers das **Leitbild** einer auf Dauer angelegten, mit Rechten und Pflichten ausgestatteten Personengesellschaft zugrunde (Begr RegE, BT-Drs 19/27635, 125; zum Leitbildwandel s Vor § 705 Rn 44ff). Mit der ausdrückl Anerkennung der Rechtsfähigkeit der Außen-GbR kodifiziert § 705 II Alt 1 die Rspr-Entwicklung auf Grundlage des früheren Recht (vgl BGHZ 146, 341) und erklärt die GbR zur **Trägerin des Gesellschaftsvermögens** und der zugehörigen Rechte und Pflichten (vgl § 713). Die gesamthänderische Gebundenheit der Personengesellschafter, die nach früherem Recht noch erhebliche praktische Bedeutung hatte, wird aus dem modernisierten Personengesellschaftsrecht getilgt (Begr RegE, BT-Drs 19/27635, 103). Die mit der Abkehr vom Gesamthandsprinzip verbundenen Änderungen in der Sache sind freilich überschaubar. IÜ ist die GbR **uneingeschränkt rechtsfähig**. Sie kann – nicht anders als die Personenhandelsgesellschaften (§ 105 II HGB, § 161 II HGB) sowie AG (§ 1 I 1 AktG) und GmbH (§ 13 I GmbHG) – Zuordnungssubjekt sämtlicher Vermögenspositionen sein (ausf § 715b Rn 15). 158

b) Identitätsausstattung und Organe. Davon abgesehen ist ohne Belang, ob die rechtsfähige Gesellschaft unternehmenstragenden Charakter (vgl *K. Schmidt* GesR § 58 V) oder eine **eigene Identitätsausstattung** einschl Sitz, Name und Handlungsorganisation (vgl *Ulmer* AcP 198, 113, 126ff; *Ulmer* ZIP 2001, 585, 593f; *Reuter* AcP 207, 673, 681ff) aufweist (*Armbrüster* ZGR-Sonderheft 23, 143, 149). Freilich zählt eine gefestigte Organisationsverfassung ebenso wie ein Gesellschaftsvermögen (§ 713) zu den typischen Merkmalen der Außengesellschaft. Da die GbR selbst nicht handlungsfähig ist, wird sie im Rechtsverkehr durch ihre **Organe** vertreten (§ 720 Rn 2ff), deren Rechtsstellung derjenigen eines gesetzl Vertreters ähnl ist (§ 164 Rn 16ff). Bei Organen handelt es sich um verbandsinterne Personen oder Gremien, die auf Grundlage der Organisationsverfassung für die Bildung und Umsetzung des Willens der Gesellschaft verantwortlich zeichnen (MüKo/*Schäfer* Rn 263; Staudinger/*Weick* Einl § 21 Rn 34ff; Soergel/*Hadding* § 26 Rn 3). IdS sind Organe organisatorisch, nicht aber rechtl (im Außenverhältnis) von der Gesellschaft verselbständigt und dienen der Willensbildung und Handlungsfähigkeit des Verbands (*Schürnbrand*, Organschaft im Recht der privaten Verbände, 2007, 49ff, 69ff, 435f). Zu unterscheiden ist weiterhin zw dem Organ und den Organwaltern. Bei Letzteren handelt es sich um natürliche Personen, die zu Mitglie- 159 dern des Organs berufen sind und für das Organ handeln (*Schürnbrand*, Organschaft im Recht der privaten Verbände, 2007, 42, 46ff).

160 **4. Nicht rechtsfähige Gesellschaft.** Die rechtstatsächlich häufige **Innengesellschaft** beruht auf Parteivereinbarung, durch die das gemeinsame Auftreten – und sei es nur durch einen in Vertretung der Gesellschaft handelnden Partner – nach außen ausgeschlossen wird, was dem gemeinschaftl Gesellschafterwillen entsprechen muss, also nicht durch ein Handeln eines einzelnen Gesellschafters im Namen der Gesellschaft begründet wird. Zudem verfügt die Innen-GbR wegen § 740 I zwingend über **kein Gesellschaftsvermögen**; auch ein Gesamthandsvermögen der Innengesellschafter schließen die Materialen konsequent aus (Begr RegE, BT-Drs 19/27635, 190; dazu MüKo/*Schäfer* Rn 215; *Schäfer* FS Seibert, 2019, 723, 729f; *Schäfer* FS Windbichler, 2020, 981, 985f; *K. Schmidt* ZHR 185, 16, 21; *Otte-Gräbener* FS Seibert, 2019, 613, 619f). Die fehlende Rechtsfähigkeit der Innengesellschaft führt aber nur dazu, dass die Innengesellschaft als solche **keine Rechte und Pflichten** tragen kann. Gleichwohl können ihre Gesellschafter nach außen in Erscheinung treten und rechtsgeschäftlich für sich und (oder) die Mitgesellschafter handeln. Von einer nicht rechtsfähigen Gesellschaft ist immer dann auszugehen, wenn die geschäftsführenden Gesellschafter zwar auf Rechnung, nicht aber im Namen der GbR am Rechtsverkehr teilnehmen (MüKo/*Schäfer* Rn 215). Eine **Rechtsscheinhaftung** kommt in Betracht, wenn ein Gesellschafter ohne Legitimation der übrigen Gesellschafter für eine nicht rechtsfähige Gesellschaft nach außen auftritt (*Heckschen/Nolting* BB 2021, 2946; ausf *Grunewald* FS K. Schmidt, Bd I, 2019, 391, 393f).

161 Auch eine Innengesellschaft kann eine **verbandsmäßige Organisation** benötigen, etwa eine Unterbeteiligung mit mehreren Mitgliedern (bezeichnend hat BGH NZG 2011, 376 [und dazu *K. Schmidt*, S 361] von einer körperschaftlich strukturierten Publikumsinnengesellschaft gesprochen; vgl weiter BGH NZG 2018, 1387; dazu *Schäfer* FS Windbichler, 2020, 981, 986f), die nach einer Auflösung nicht nach gesellschaftsrechtl Regeln abgewickelt werden muss, weil ein Gesellschaftsvermögen fehlt (Hamburg ZIP 2015, 688; BGH NZG 2016, 422), die aber in der Form am Rechtsverkehr teilnehmen kann, dass das dem Gesellschaftszweck gewidmete Vermögen dinglich allein dem nach außen hervortretenden Hauptgesellschafter zugeordnet ist. Typischerweise fehlt es indes an einer Organisationsverfassung, namentlich Vertretungsregeln, und einer Identitätsausstattung, namentlich Namen und Sitz (MüKo/*Schäfer* Rn 216). Ohne Belang ist für das Vorliegen einer nicht rechtsfähigen Gesellschaft, ob der Gesellschaftsvertrag die Außenvertretung ausdrückl ausschließt (so noch *Beuthien* NZG 2017, 201, 204; wie hier aber *Armbrüster* ZGR-Sonderheft 23, 143, 149). Maßgeblich sind stattdessen die Nichtteilnahme der GbR am Rechtsverkehr und das Fehlen eines Gesellschaftsvermögens.

162 In der **stillen Gesellschaft** iSd §§ 230ff HGB steht das Gesellschaftsvermögen allein dem Geschäftsinhaber zu, auf dessen Person sich auch die Außenbeziehungen beschränken. Die Geschäfte werden vom geschäftsführenden Gesellschafter (**Hauptgesellschafter**) im eigenen Namen, wenn auch für Rechnung der Gesellschaft gemacht, der bei Überschreitung seiner im Innenverhältnis begründeten Geschäftsführungsmacht auf Schadensersatz haftet (zum Fehlen einer Vertragsregelung BGHZ 191, 361; Soergel/*Hadding/Kießling* vor § 705 Rn 28). Will ein Gläubiger die neben dem Hauptgesellschafter beteiligten Partner in Anspruch nehmen, muss er ein auch von den Mitgesellschaftern getragenes Auftreten des Handelnden im Namen der Gesellschaft, also das Betreiben einer Außengesellschaft, behaupten und beweisen (BGHZ 12, 308, 315; BGH NJW 1960, 1851). Die gemeinsame Geschäftsführung im Innenverhältnis ist durch die Beschränkung der Kompetenzen für Geschäfte mit Außenwirkung auf den „Außengesellschafter" nicht beseitigt (BGH NZG 2018, 1387). Eine Deliktshaftung für den nach außen hervortretenden Geschäftsführer analog § 31 scheidet ebenso aus wie ein Anspruch aus § 831 (MüKo/*Schäfer* Rn 263, 284).

163 Ein Sonderfall ist die **bürgerlichrechtliche stille Gesellschaft.** Die §§ 230ff HGB, die bei der Unterbeteiligung als ergänzendes Gesetzesrecht neben den §§ 705ff in Betracht kommen (Vor § 705 Rn 69), passen als Modell auch dann, wenn jemand in das nicht handelsgewerbliche (auch: freiberufliche, landwirtschaftl; s auch Vor § 705 Rn 55ff) Unternehmen eines anderen eine Einlage leistet, die ins Vermögen des anderen übergeht (MüKo/*Schäfer* Rn 286, 287; MüKo-HGB/*K. Schmidt* § 230 Rn 25, 196). Dies beschränkt sich aber auf das Innenverhältnis und muss anhand der Einzelregelungen auf seine Angemessenheit für die Innengesellschaft geprüft werden. Ein gemeinsames Auftreten im Rechtsverkehr ist nicht vorgesehen, oft nicht einmal möglich. Die stillen Gesellschafter können sich ihrerseits zu einer GbR zusammenschließen, um ihre Rechte gemeinsam geltend zu machen (BGH WM 1987, 1361; dazu *Blaurock* EWiR § 230 HGB 1/87); es gibt aber auch die „mehrgliedrige stille Gesellschaft" (auch: Innen-KG), bei der nach Auflösung der Gesellschaft der Inhaber den Stillen in Geld abzufinden hat (vgl BGH ZIP 2016, 523; dazu *Nolting* EWiR 2016, 261 – für KG; zust *Schröder* Anm WuB 2017, 142).

164 **X. Fehlerhafte Gesellschaft. 1. Grundlagen.** Mängel eines Gesellschaftsvertrags können nach den Regeln der Rechtsgeschäftslehre dazu führen, dass uU längere Zeit nach Vollzug des Vertrags, der Bildung eines Gesellschaftsvermögens sowie der Begründung und Abwicklung von Verbindlichkeiten die Ungültigkeit der rechtl Grundlagen des Zusammenwirkens der Gesellschafter zutage tritt. Ähnliches kann auch beim Eintritt oder Ausscheiden eines Gesellschafters oder bei anderen Vertragsänderungen auftreten. Das daraus folgende **Problem,** wie der Tatbestand des Zusammenwirkens auf einer mangelhaften Vertragsgrundlage zu bewerten ist, und ob die Rückabwicklung erzwungen werden kann, hat die Rspr anfangs stark unter dem Aspekt des Außenverhältnisses (Vertretungs- und Haftungsfragen) gesehen und wollte verhindern, dass Mängel der Vertragsgrundlage Gläubigern der Gesellschaft (und der Gesellschafter) entgegengesetzt werden können; zur Anwendung gelangten Rechtsscheingrundsätze (RGZ 76, 439, 441; 142, 98, 107). Über den Aspekt des Gläubigerschutzes hinaus stellte sich aber die Frage nach der Behandlung des fehlerhaften Innenverhältnisses.

Der **Grundansatz** der Lehre von der **fehlerhaften Gesellschaft** besteht nunmehr darin, dass die Gesellschaft nach Vollzug des Vertrags als nach **innen** und **außen wirksam** betrachtet wird, soweit die zur rechtl Mangelhaftigkeit führenden Wertungsgrundsätze dies zulassen, und dass die Rechtsfolgen des Mangels auf eine Auflösung des Rechtsverhältnisses für die Zukunft reduziert werden. Hierin unterscheidet sich die Lehre von der früher zu ihrer Begründung vertretenen Theorie von der faktischen Gesellschaft (*Siebert* FS Hedemann, 1938, 266ff; *Haupt* FS Siber II, 1943, 5ff; *Simitis*, Die faktischen Vertragsverhältnisse, 1957, 232ff), die bis zu einem gewissen Grade die Faktizität des Zusammenwirkens an die Stelle eines Vertragsschlusses setzte und damit den Mangel im Grunde leugnete. Demggü setzt die hM heute bei der Erkenntnis an, dass zwar nicht die in der allg Rechtsgeschäftslehre, im Gesellschafts- oder Verbraucherrecht begründete Fehlerquelle beseitigt werden kann, dass aber für Gesellschaftsverträge und eine Reihe weiterer gesellschaftsrechtsrelevanter Geschäfte die Nichtigkeits- und Anfechtungsfolgen wegen ihrer Rückwirkung auf den Zeitpunkt des Vertragsschlusses keine sach- und interessengerechte Lösung darstellen, sodass auf die Mängel im Rahmen eines nach innen und außen als bestehend anerkannten Verbandes reagiert werden muss. Mit diesem Ziel ist trotz einiger verbliebener Streitfragen eine für die Praxis im Kern verlässliche Grundlage entstanden (BGHZ 3, 285; 8, 157; 11, 190; 26, 330; 44, 235; 55, 5; 62, 20; zur GbR BGH NJW 1982, 877; 1983, 748). Heute ist die „Lehre von der fehlerhaften Gesellschaft" für das Recht der Personengesellschaften als „gesicherter Bestandteil" anzusehen (BGH ZIP 2008, 1018, 1020) und ist zugleich als verbandsformübergreifendes Rechtsinstitut anerkannt (rechtsvergleichend *Fleischer/Thoma* FS Canaris, Bd I, 2017, 841, 847ff). Dies entspricht auch die Sichtweise der überwiegenden Meinung in der Lehre (Übersicht bei *Wiesner*, Die Lehre von der fehlerhaften Gesellschaft, 1980, 43ff; MüKo/*Schäfer* Rn 308; Oetker/*Lieder* § 105 HGB Rn 105ff; zu den Grundlagen aber krit *Möschel* FS Hefermehl, 1976, 171ff; *Schulze-Osterloh*, Das Prinzip der gesamthänderischen Bindung, 1972, 272ff; *Weber*, Die Lehre von der fehlerhaften Gesellschaft, 1978, 102ff). 165

Eine fehlerhafte Gesellschaft liegt vor, wenn ein **Gesellschaftsvertrag geschlossen** worden ist, dessen nicht auf bloße Teilnichtigkeit beschränkbare Mängel (dazu Rn 33ff) nach bürgerlichrechtl Grundsätzen die Rückabwicklung des Geschehenen verlangen würden (zu anderen fehlerhaften gesellschaftsrechtl Akten Rn 169ff). Sodann muss der Vertrag **vollzogen** sein (Rn 177ff). In **Ausnahmefällen** ist die Anwendung der Grundsätze über die fehlerhafte Gesellschaft bzw den fehlerhaften Beitritt ausgeschlossen, wenn die Nichtanwendung der allg Regeln über Anfechtung und Nichtigkeit zu Ergebnissen führen würde, die mit höherrangigen rechtl geschützten **Interessen der Allgemeinheit** nicht vereinbar sind oder den nach der Rechtsordnung gebotenen Schutz **bestimmter Personengruppen** verfehlen (BGHZ 62, 234, 241; 75, 214, 217f; 97, 243, 250; BGH NJW 1992, 1503, 1504; 2005, 1784, 1785; NZG 2013, 1187 Rn 14). Über die konkrete Reichweite dieser Ausnahmen herrscht Streit (dazu im Einz bei den Mängeln Rn 166ff). Im Interesse eines effektiven Verkehrsschutzes und der uneingeschränkten Funktionsfähigkeit der Gesellschaft sind Ausnahmefälle nur dann anzuerkennen, wenn grundlegende Wertungsentscheidungen der Rechtsordnung entgegenstehen (restriktiv schon Oetker/*Lieder* § 105 HGB Rn 111ff; *Bayer/Lieder* Rn 804; *K. Schmidt* AcP 186, 421, 444ff, 449ff). Soweit die Art des Mangels nicht eine Aufrechterhaltung des bestehenden Zustandes verbietet, wird der **Zusammenschluss** der Parteien in einer Gesellschaft als **wirksam** behandelt, wobei die Vertragschließenden, soweit sie den Mangel nicht gerade herbeigeführt oder zu vertreten haben, das Recht haben, die Gesellschaft wegen des Mangels **für die Zukunft aufzulösen**. 166

Die Lehre vom fehlerhaften Verband zielt in der Sache darauf ab, **Abwicklungsschwierigkeiten zu vermeiden**, die mit einer rückwirkenden Nichtigkeit des Gesellschaftsvertrags verbunden sind, und schützt so zugleich berechtigte Interessen des Rechtsverkehrs auf den Bestand gesellschaftsrechtl Strukturen (dazu und zum Folgenden bereits Oetker/*Lieder* § 105 HGB Rn 105). Die Rückabwicklung erfolgt daher nicht nach den §§ 812ff BGB, sondern nach den gesellschaftsrechtl Auseinandersetzungsvorschriften (§§ 735ff). Hierdurch wird ein Ausgleich geschaffen zw den Interessen der (anderen) Mitglieder am **Bestand der Gesellschaft** und der Gläubiger an der **Erhaltung der Haftungsmasse** einerseits und andererseits den Interessen ausscheidungswilliger Gesellschafter, sich auf die Fehlerhaftigkeit der Gesellschaftsgründung oder des Beitritts berufen zu können. Denn der Ausfall eines Gesellschafters kann zu einer höheren finanziellen Belastung der verbleibenden führen, mit der diese weder gerechnet haben noch rechnen mussten. Hinzu kommt, dass die rückwirkende Vernichtung der Mitgliedschaft im Hinblick auf die zwischenzeitlich geschaffenen Rechtstatsachen, etwa aufgrund der unter Mitwirkung des fehlerhaft beigetretenen Gesellschafters gefassten Beschlüsse, zu Schwierigkeiten führt, auf welche die schuldrechtl Rückabwicklungs- und Nichtigkeitsvorschriften nicht zugeschnitten sind (BGHZ 148, 201, 207). 167

Vor diesem Hintergrund müssen die individuellen Interessen derjenigen, zu deren Gunsten bestimmte Anfechtungs- und Nichtigkeitsgründe bestehen, im Rahmen einer typisierten Gesamtabwägung hinter dem überindividuellen **Verkehrsinteresse** (im Außenverhältnis) sowie der **Funktions- und Handlungsfähigkeit** der Gesellschaft (im Innenverhältnis) dem Grunde nach zurücktreten (dazu und zum Folgenden schon *Bayer/Lieder* Rn 797). Zudem erschöpft sich die GbR aus zivilrechtsdogmatischer Sicht nicht in einer schuldrechtl Beziehung der Gesellschafter untereinander, sondern begründet mit ihrer Entstehung zugleich ein Organisationsverhältnis (**Doppelnatur der Gesellschaft**). Dieses bleibt nach Invollzugsetzung in seinem Bestand von der Anfechtung oder Nichtigkeit der gesellschaftsvertragl Grundlage vorläufig unberührt und lässt eine Abwicklung nur mit **Wirkung ex nunc** zu (*Flume* I, § 2 II, III; *Wiesner*, Die Lehre von der fehlerhaften Gesellschaft, 1980, 81ff; *Ulmer* FS Flume II, 1978, 301, 310ff; im Wesentlichen auch *Schäfer*, Die Lehre vom fehlerhaften Verband, 2002, 126ff; MüKo/*Schäfer* Rn 356; *Lieder* ZHR 178, 282, 292). 168

2. Mängel des Gesellschaftsvertrags. a) Vorliegen von Willenserklärungen. Vorausgesetzt wird ein **Gesellschaftsvertrag**, der an einem **Mangel** leidet; unzureichend ist die bloß faktische Zusammenarbeit ohne wenigs- 169 tens schlüssigen Vertrag (BGHZ 11, 196f). Voraussetzung ist deshalb auch, dass ein Gesellschafter beim Beitritt überhaupt **wirksam vertreten** wurde und ihm die Willenserklärung daher zurechenbar ist, andernfalls kann dieser nur Scheingesellschafter sein (BGH WM 1962, 1353, 1354; 1988, 414, 416f; BGHZ 153, 214, 221; BGH NJW 2011, 1225 Rn 12; abweichend *Klimke* NZG 2012, 1361ff). Etwas anderes gilt nur, wenn die übrigen Gesellschafter die Erklärung für wirksam gehalten haben, weil sie etwa davon ausgegangen sind, der Mitgesellschafter sei wirksam vertreten worden und seine Zustimmung liege vor, oder wenn der Vertreter zwar ohne Vollmacht gehandelt hat, der Abschluss des Gesellschaftsvertrags aber vom Auftrag des Gesellschafters umfasst war und damit auf seinen Willen zurückzuführen ist. Davon kann aber keine Rede sein, wenn der Vertreter eine unwirksame Generalvollmacht missbraucht hat und eigenmächtig und im Rahmen eines Insichgeschäfts mit sich selbst gehandelt hat (BGH NJW 2011, 1225 Rn 12).

170 **b) Allgemeine Gründe der Fehlerhaftigkeit.** Die Ursache eines Mangels kann verschieden sein, wie zB **Anfechtung** wegen Irrtums nach § 119 oder ein Formverstoß. Bei der Nichtigkeit wegen **Formverstoßes** ist vorrangig an eine Heilung durch Vollzug der versprochenen Leistung zu denken (Staudinger/*Habermeier* Rn 65). Auch bei einem verdeckten **Dissens** kommen die Regeln über die fehlerhafte Gesellschaft in Betracht, wenn der übereinstimmende Wille der Gesellschafter feststellbar ist, auf der Grundlage des Gesellschaftsrechts tätig zu werden (BGH NJW 1992, 1501, 1502; MHdB GesR I/*Miras* § 100 Rn 46; abweichend *Schäfer*, Die Lehre vom fehlerhaften Verband, 2002, 215ff). Weiterhin führt das anfängliche Fehlen der **Geschäftsgrundlage** nach § 313 zur Anwendung der Regeln über die fehlerhafte Gesellschaft (BGHZ 62, 20, 26ff), ebenso wie der nachträgl Wegfall der Geschäftsgrundlage (BGHZ 10, 44, 51; BGH NJW 1967, 1081, 1082). Wenn nur einzelne Vertragsbestandteile betroffen sind, ist der Vertrag anzupassen (§ 313 I; vgl BGH NJW 1974, 1656, 1657). Die anfängliche **Unmöglichkeit** der Erreichung des Gesellschaftszwecks ist bereits nach § 311a I kein Nichtigkeitsgrund mehr (Oetker/*Lieder* § 105 HGB Rn 107).

171 **c) Gesetzes- und Sittenverstoß.** Sehr umstritten ist, ob für Verstöße gegen **§§ 134, 138** eine Ausnahme von der Lehre vom fehlerhaften Verband angezeigt ist. Die hierfür plädierende **hM** spricht sich für eine Rückabwicklung nach den allg Vorschriften aus, sodass §§ 812ff einschl § 817 zur Anwendung gelangen sollen (BGHZ 55, 5, 9; 62, 234, 241; 75, 214, 217; 153, 214, 222; BGH NJW 2005, 1784, 1785; *Windbichler* GesR § 12 Rn 17; *Theurer* BB 2013, 137ff; *Wessels* ZIP 2014, 101ff; *Wessels* ZIP 2014, 857ff; mit Replik *K. Schmidt* ZIP 2014, 863ff). Gleiches gilt nach hM für Gesellschaften, deren Zweck gegen ein Kartellverbot verstößt (BGH ZIP 1991, 402; NZG 2009, 182; Düsseldorf NZKart 2013, 377; *Theurer* BB 2013, 137ff; aA Hamm NJW-RR 1986, 1487; WuW/E OLG 4033; *Roth* FS Hopt, 2010, 2881ff). Die **vorzugswürdige Gegenauffassung** gelangt hingegen auch in diesen Fällen zur Abwicklung ex nunc (*K. Schmidt* GesR § 6 III 3c; Palzer ZGR 2012, 631ff; *Tröger* in Westermann/Wertenbruch Rn I 224b; *Wertenbruch*, Die Rechtsfolgen der Doppelkontrolle von Gemeinschaftsunternehmen nach dem GWB, 1990, 55ff; *Schäfer* Die Lehre vom fehlerhaften Verband, 2002, 264ff; *Schwintowski* NJW 1988, 937; ausf *Lieder* FS K. Schmidt, Bd I, 2019, 815, 822ff; ebenso jetzt Begr RegE, BR-Drs 560/22, 19). Denn Gesellschaftsgläubiger und andere Dritte können die Unwirksamkeit des Gesellschaftsvertrags gerade auch in diesen Fällen nicht erkennen. Stattdessen streiten die allg Wertungen der Lehre vom fehlerhaften Verband (Vermeidung von Rückabwicklungsschwierigkeiten, Verkehrsschutz und Funktionsfähigkeit der Gesellschaft) für deren Anwendung (vgl noch BGH GmbHR 2015, 532ff; *K. Schmidt* GmbHR 2015, 505, 508). So wird insb sichergestellt, dass im Rahmen der Sanktionierung von Kartellverstößen ein wirksamer Rechtsträger als Haftungsadressat besteht. Auch bei den §§ 134, 138 entspricht es der funktionalen Betrachtung, dass die individuellen Interessen der Beteiligten, die durch die Nichtigkeitsfolge geschützt sind, im Rahmen einer typisierten Gesamtabwägung hinter dem überindividuellen Verkehrsinteresse (im Außenverhältnis) sowie der Funktions- und Handlungsfähigkeit der Gesellschaft und ihrer Organe (im Innenverhältnis) dem Grunde nach zurücktreten müssen (*Lieder* FS K. Schmidt, Bd I, 2019, 815, 823). Zu bedenken ist beim Kartellverbot weiterhin, dass sich die Vorstellung einer rückwirkenden Herstellung unverfälschten Wettbewerbs durch die Nichtigkeit des Verbandes nicht realisieren lässt (MüKo/*Schäfer* Rn 334; eingehend *Palzer* ZGR 2012, 631ff, 639ff). Schließlich spricht für die Anwendung der Lehre auf § 138 die wertungsmäßige Parallele zu deren Anwendung bei arglistiger Täuschung (Rn 171) und bei einem betrügerischen Verhalten von Gesellschaftern (BGH NJW 1971, 375, 377; zur Übertragung der Wertungen näher *Lieder* FS K. Schmidt, Bd I, 2019, 815, 824).

172 **d) Arglistige Täuschung oder Drohung.** Auch eine Anfechtung wegen arglistiger Täuschung oder Drohung nach § 123 steht der Anwendung der Lehre vom fehlerhaften Verband nicht entgegen (BGHZ 26, 330, 335; 44, 235, 236; 63, 338, 344ff; 148, 201, 207; 159, 280, 291; aA noch BGHZ 13, 320, 323; 55, 5, 8f für Sondervorteil eines Gesellschafters). Eine andere Sichtweise würde nicht nur die Gläubigerinteressen vernachlässigen, sondern auch diejenigen der übrigen Gesellschafter. Gerade bei Publikumsgesellschaften kommt es vor, dass diese Personen unter ähnl Bedingungen beigetreten und daher im Ausgangspunkt nicht weniger schutzwürdig sind als der anfechtende Gesellschafter. Soweit diese nach den einschlägigen Regelungen die Anfechtung nicht mehr erklären können, müssten sie nicht nur die Folgen ihres eigenen, von einer fehlerhaften Willensbildung beeinflussten Beitritts tragen, sondern auch noch die auf den widerrufenden Gesellschafter entfallenden Lasten. Sie sind einem Wettlauf des Austritts ausgesetzt, da sich durch den rückwirkenden Wegfall einiger Gesellschafter die von den Einlagen der verbleibenden Gesellschafter abzuschreibenden Verluste und der Umfang evtl zu leistender Nachschüsse im Fall der Überschuldung erhöhen.

173 **e) Minderjährigenschutz.** Im Ausgangspunkt ist man sich darüber einig, dass dem Minderjährigenschutz aufgrund seines überragenden Stellenwerts (§§ 104, 105, 107) grds Vorrang ggü dem Gläubigerschutz gebührt. Um-

gekehrt ist anerkannt, dass die Beteiligung des Minderjährigen der Anwendbarkeit der Lehre vom fehlerhaften Verband nicht grds entgegensteht. Welche Auswirkungen sich aber nun konkret aus der Beteiligung des Minderjährigen ergeben, ist sehr umstritten. Während die **hM** davon ausgeht, dass der Minderjährige **kein Gesellschafter** wird (BGHZ 17, 160, 165ff; BGH NJW 1983, 748; 1992, 1503, 1504; so auch noch 16. Aufl. Rn 76 [*Westermann*]), plädiert die **vorzugswürdige Gegenauffassung** dafür, den Minderjährigen zwar als Gesellschafter zu behandeln, ihn aber von sämtlichen Haftungsansprüchen und allen übrigen **Rechtsnachteilen freizuhalten** (Oetker/*Lieder* § 105 HGB Rn 113; *K. Schmidt* GesR § 6 III 3 c cc; abweichend MüKo/*Schäfer* Rn 321: uneingeschränkte Anwendung der Lehre wegen § 1629a). Diese Auffassung verwirklicht den gesetzl intendierten Minderjährigenschutz auf besonders effektive Weise, da es für seine berechtigten Interessen ausreicht, dass der Minderjährige allein von Rechtsnachteilen freigehalten wird (arg e § 107). Die hM schießt über das Schutzziel hinaus, wenn sie ihm von vornherein keine Gesellschafterstellung einräumt. Damit nimmt sie ihm zugleich auch die mit der Mitgliedschaft verbundenen Vorteile, wie zB den gesellschaftsvertragl Gewinnanspruch. Um dies zu vermeiden ist auch in Kauf zu nehmen, dass dem beschränkt Geschäftsfähigen i Erg eine „hinkende" Gesellschafterstellung eignet (krit MüKo/*Schäfer* Rn 321; *Schürnbrand*, Organschaft im Recht der privaten Verbände, 2007, 280).

f) Ehegatten. Bei einem Verstoß gegen **§ 1365** ist – entgegen einer früher vielfach vertretenen Auffassung (*Tubbesing* BB 1966, 829; Soergel/*Lange* § 1365 Rn 51) – die Lehre vom fehlerhaften Verband anwendbar (*Sandrock* FS Duden, 1977, 524f; MHdB GesR I/*Miras* § 100 Rn 80; MüKo/*Schäfer* Rn 352; PWW/*v Ditfurth* Rn 34; BeckOK/*Schöne* aF Rn 90; Staudinger/*Habermeier* Rn 70). Die tragenden Erwägungen der Lehre gelten auch für diese Fallgestaltung, zumal der Ehegatte durch den Beitritt eine Gesellschaftsbeteiligung erwirbt. Zudem kann den berechtigten Interessen des übergangenen Ehegatte dadurch hinreichend Rechnung getragen werden, dass er die Einlage als ihm ggü unwirksam nach § 1368 zurückfordern kann (PWW/*v Ditfurth* Rn 34; s auch *Sandrock* FS Duden, 1977, 524f; BeckOK/*Schöne* aF Rn 90; Staudinger/*Habermeier* Rn 70). Nach allg Grundsätzen ist zu bestimmen, ob der Verlust der Einlageleistung und des Anspruchs auf sie als ein für ihren Bestand unerlässlich wirksamer Bestandteil der Gründung den ganzen Vertrag unwirksam macht; dann können der fehlerhaft Beigetretene und seine Mitgesellschafter aus wichtigem Grund oder wegen Wegfalls der Geschäftsgrundlage für die Zukunft die Auflösung der Gesellschaft verlangen (ähnl MüKo/*Schäfer* Rn 352). 174

g) Verbraucherrecht. Bei einem bankfinanzierten, auch bei einem durch Treuhänder vermittelten oder durch Vertriebsmitarbeiter angebahnten Gesellschaftsbeitritt kann der Anleger das Recht haben, seine Erklärungen nach den Regeln des Verbraucherrechts zu **widerrufen**, auch wenn solche Mängel im Zuge der Abwicklung eines verbundenen Geschäfts (§ 359) sich schon auf den Beitritt auswirken. Die Anwendung der Lehre von der fehlerhaften Gesellschaft führt hier i Erg dazu, dass der Anleger nach dem Widerruf seiner Beitrittserklärung nur einen auf den Zeitpunkt des Wirksamwerdens des Widerrufs bezogenen Anspruch gegen die Gesellschaft auf sein Liquidationsguthaben – und nicht auf Rückgabe seiner Einlage – erhält (näher BGHZ 44, 235, 237; BGH ZIP 1988, 512; BGHZ 148, 201; 150, 1, 5; 153, 214, 221; BGH DStR 2010, 2198; NJW 2013, 155; eingehend *Westermann* VGR 2009, 145, 146ff; *Goette* VGR 2008, 8ff; MüKo/*Schäfer* Rn 313); daneben bestehen uU Schadensersatzansprüche gegen den Urheber der Täuschung oder Fehlinformation. Diese Ansprüche können auch gegen eine finanzierende Bank erhoben werden, wenn der Vertreiber der Anlage in deren Verantwortungsbereich tätig war. Die Mitgesellschafter haften hierfür nur bei Vorliegen eines besonderen Zurechnungsgrundes, während der fehlerhaft Beigetretene mit nachteiligen gesellschaftsrechtl Konsequenzen, ua einer Fehlbetragshaftung nach § 737, rechnen muss (ausf *Wagner* ZHR 169, 605, 612; *Casper* JZ 2002, 1112). Gegen die Anwendbarkeit der Lehre von der fehlerhaften Gesellschaft ist Kritik unter dem Gesichtspunkt geübt worden, dass diese Art der Abwicklung gegen die vom **Europarecht** (RL 85/577 EWG) geprägte Rückabwicklung verstoße, wonach die erbrachte Einlage rückwirkend und ohne gesellschaftsrechtl Einschränkungen, Haftungsrisiken und Verlustbeteiligung zurückzugewähren sei (München NZG 2007, 325; ähnl *Hammen* WM 2008, 223, 234f; *Rohlfing* NZG 2003, 854, 858f). Das veranlasste den BGH (ZIP 2008, 1028) zu einer Vorlage an den EuGH, weil die Gründe für die bisherige Anwendung der Lehre von der fehlerhaften Gesellschaft vor allem im Hinblick auf die Existenzbedrohung der Gesellschaft durch Rückgabe der Einlagen uU zahlreicher Anleger und die Interessen der übrigen Gesellschafter, die die mit der Rückgewähr verbundenen Gefahren allein zu tragen haben würden, obwohl auch sie uU „Verbraucher" sind, gegen das Interesse der widerrufenden Anleger abgewogen werden müssten (so auch Bamberg NZG 2004, 129; *M. Schwab* ZGR 2004, 861f; *Oechsler* NJW 2008, 2471; *Armbrüster*, Gesellschaftsrecht und Verbraucherschutz, 2005, 17ff). Die Entscheidung des EuGH erklärte die dt höchstrichterliche Rspr aus den im Wesentlichen vom BGH genannten Erwägungen als mit der RL vereinbar (ZIP 2010, 772 m zust Anm *Habersack*, 775; ebenso *Westermann* DZWIR 2010, 265f; *Kindler/Libbertz* NZG 2010, 603ff; zweifelnd MüKo/*Schäfer* Rn 313). Dies hat der BGH bestätigt, sodass es bei der hM bleibt (BGH ZIP 2010, 1540; NZG 2018, 539 Rn 52). Praktisch bedeutet dies, dass der Anleger, wenn er seine Beteiligungserklärung widerruft oder anficht, Anspruch auf ein Abfindungsguthaben hat, den er auch, soweit der Beitritt zusammen mit den zu seiner Finanzierung aufgenommenen Darlehen ein verbundenes Geschäft iSd § 359 darstellt, einem Darlehensrückgewähranspruch der Bank entgegenhalten kann, obwohl er hierdurch – zugegebenermaßen (Stuttgart ZIP 2002, 1895) – besser gestellt wird als Mitgesellschafter, die ihre Beteiligung selbst finanziert haben. Im Verhältnis zu einer finanzierenden Bank kann aber nach ein beim Beitritt arglistig getäuschter Anleger seinen „Rückforderungsdurchgriff" hinsichtl der erbrachten Zins- und Tilgungsleistungen mit dem gem § 358 IV 5 an die Bank abzutretenden Abfindungsanspruch saldieren (BGH ZIP 2003, 1592; ZIP 2002, 240, 248). Auch kann ein widerrufbarer Darle- 175 hensvertrag durch vertragsgemäße Auszahlung des Darlehensbetrags an einen Treuhänder zum Erwerb einer Fondsbeteiligung gültig werden (BGH NJW 2006, 1952).

176 **h) Rechtsdienstleistungen, Schneeballsystem.** Die Lehre vom fehlerhaften Verband findet ferner Anwendung bei geschlossenen Immobilienfonds, wenn die Vertretung bei Vertragsschluss gegen das **Rechtsberatungsgesetz** bzw das **Rechtsdienstleistungsgesetz** verstoßen hat. Die Nichtigkeit des Treuhandvertrags erfasst nicht den Gesellschaftsvertrag. Nicht die Gesellschaft selbst ist auf die nach § 1 RBerG verbotene Besorgung fremder Rechtsangelegenheiten gerichtet und daher ihr Vertrag nach § 134 nichtig, sondern lediglich die Vollmachtserteilung für den Beitritt zur Immobiliengesellschaft (BGHZ 153, 214, 221; BGH BeckRS 2010, 18811). Gleiches gilt für Verstöße gegen § 3 RDG. Auch bei einer Kapitalanlagegesellschaft, die ein sittenwidriges Schneeballsystem betreibt, ist nicht bereits das vereinbarte Kapitalanlagesystem, sondern die tatsächlich betriebene Anlage nach dem **Schneeballsystem** (Ausschüttung der Gelder der jew neu hinzutretenden Gesellschafter an die Altgesellschafter) sittenwidrig. Daher greifen die Grundsätze der fehlerhaften Gesellschaft ein und der getäuschte Anleger hat lediglich einen Anspruch auf Auszahlung seines aktuellen Liquidationsguthabens (BGH NZG 2013, 1187 Rn 15ff m zust Anm *Müller* EWiR § 134 InsO 3/13, 587).

177 **3. Vollzug des Gesellschaftsvertrags.** Der mangelhafte Vertrag muss **vollzogen** worden sein (BGH NJW 2005, 1784, 1785); fehlt es daran, so ist die Gesellschaft nicht (auch nicht fehlerhaft) entstanden, und eine Abwicklung nach gesellschaftsrechtl Grundsätzen scheidet aus (Frankfurt NJW-RR 1996, 101). Vollzug bedeutet Durchführung des Gesellschaftsvertrags oder Aufnahme des Geschäftsbetriebs (BGHZ 116, 37, 40; BGH NJW 1992, 1501, 1502). Das ist der Fall, wenn die Gesellschaft durch den Abschluss von Rechtsgeschäften mit Dritten ihre Geschäfte begonnen hat (RGZ 165, 193, 204; BGHZ 3, 285, 287), selbst bei reinen Vorbereitungshandlungen (BGHZ 13, 320, 321; BGH NJW 2000, 3558; 2005, 1784, 1785). Handlungen ohne Außenwirkung reichen aus, wenn die Gesellschafter Leistungen erbracht (BGHZ 13, 302, 321; 116, 37, 40) oder Beschlüsse gefasst (Oetker/*Lieder* § 105 HGB Rn 108; Heymann/*Emmerich* § 105 HGB Rn 80) haben. Im Rahmen der Anwendung der Lehre von der fehlerhaften Gesellschaft auf Vertragsänderungen (Rn 183f) muss der Verständnisinhalt des Begriffs des Vollzugs entspr modifiziert werden.

178 Die **bloße Eintragung** in das Gesellschaftsregister reicht allein **nicht aus** (vgl Oetker/*Lieder* § 105 HGB Rn 109; Habersack/Schäfer/*Schäfer* § 105 HGB Rn 335; Heymann/*Emmerich* § 105 HGB Rn 80; *Goette* DStR 1996, 266 (268); aA *Wiedemann* WM-Sonderbeil 8/1990, 26; Hopt/*Roth* § 105 HGB Rn 82; KKRD/*Kindler* § 105 HGB Rn 27), indiziert aber den Vollzug (Habersack/Schäfer/*Schäfer* § 105 HGB Rn 343) und ist idR auch mit der Aufnahme von Außenbeziehungen verbunden (*Goette* DStR 1996, 266, 268). Dass die Eintragung nicht mit dem Vollzug gleichzusetzen ist, ergibt sich aus dem tieferen Zweck des Vollzugserfordernisses, der darin begründet ist, in teleologischer Hinsicht solche Fallgestaltungen abzuschichten, in welchen Rückabwicklungsschwierigkeiten zu gewärtigen und schutzwerte Interesse im Innen- oder Außenverhältnis berührt sind. Dies ist bei einer bloßen Eintragung in das Gesellschaftsregister ohne weitere Ausführungshandlungen nicht der Fall.

179 Die Gesellschafter können jederzeit die Gesellschaft in Vollzug setzen oder den Mangel beheben. Insb kann auch in der einvernehmlichen Vollziehung der Gesellschaft eine rechtsgeschäftliche Bestätigung des ursprüngl unwirksamen oder anfechtbaren Vertrags gesehen werden, wenn die Gesellschafter um den Mangel wussten (MüKo/*Schäfer* Rn 368). Das gilt etwa bei Beginn der gemeinsamen Zweckverfolgung, auch wenn sich die Gesellschafter noch nicht auf alle relevanten Punkte verständigt haben (BGHZ 11, 190, 191; BGH NJW 1960, 430). Niemand ist jedoch **verpflichtet**, an einer Heilung oder einem Neuabschluss des Vertrags **mitzuwirken**. Bis zum Zeitpunkt des Vollzugs kann sich jeder Gesellschafter seinen Partnern ggü auf den vorliegenden Mangel berufen (BGH BB 1976, 528f). Zur Mängelheilung durch Vollzug oder Aufhebung von Formerfordernissen s auch Rn 20ff; zur Überwindung eines Einigungsmangels durch Vollzug Rn 15; zur Teilnichtigkeit Rn 33ff.

180 **4. Rechtsfolgen.** Der fehlerhafte, vollzogene Vertrag führt unter den Vertragschließenden eine **nach außen und innen gültige Gesellschaft** herbei. Ihre Organisation und Willensbildung richtet sich nach den getroffenen Vereinbarungen (BGHZ 26, 330, 335; 63, 338, 344). Beiträge müssen geleistet werden (BGHZ 26, 330, 335; dgl bei genügender Vertragsgrundlage Nachschüsse); es besteht auch bereits die Treupflicht ggü den Mitgesellschaftern (BGHZ 17, 160, 167). Für vertragswidriges Verhalten haften die Gesellschafter nach allg Grundsätzen (§ 715 Rn 25; vgl noch BGH NJW-RR 2005, 627, 628; Oetker/*Lieder* § 105 HGB Rn 117). Die Gültigkeit der Gesellschaft wird in unterschiedlicher Weise eingeschränkt, wenn gegen den Vertragsinhalt als solchen rechtl Bedenken bestehen, die fehlerhafte einzelne Klausel den Bestand der GbR aber nicht in Frage stellt (vgl BGHZ 47, 293, 301). Dies kann etwa in Bezug auf solche Bestimmungen nötig sein, die gerade die Fehlerhaftigkeit des Vertrags begründen (BGH NJW 2000, 2586 = ZIP 2000, 1208 m Anm *Bälz* WuB II E § 161 HGB), so etwa bei Dissens über eine Regelung, Formfehler, gesetzl Verbot (BGH WM 1958, 1105, 1107), Sittenverstoß (BGH WM 1977, 783, 784) und solche Bestimmungen, die einzelne Gesellschafter in einer die Unwirksamkeit oder Anfechtbarkeit begründenden Weise benachteiligen oder begünstigen (MüKo/*Schäfer* Rn 328). Eine Einzelbestimmung, die den Mangel des Vertrags verursacht hat, gilt nicht und ist durch ergänzende Vertragsauslegung (Rn 86ff) zu ersetzen (BGHZ 47, 293, 301; BGH NJW 1982, 877). Wer eine Bestimmung durch Drohung, **Täuschung** oder Übervorteilung in den Vertrag **hat aufnehmen lassen**, kann sich hierauf nicht berufen; auch die Inhaltskontrolle von Vertragsbestimmungen, soweit generell zulässig (Rn 39ff), greift ein. Zu weit geht es dagegen, alle Abreden von der Geltung auszunehmen, die noch keinen Niederschlag in der „gesellschaftlichen Organisation" gefunden haben (*Flume* I 1 § 2 III; MüKo/*Schäfer* Rn 328), denn der Sinn der Anerkennung eines durch Vollzug gültigen Vertrags besteht darin, die Gesellschaft so weit wie möglich nach den selbst gewählten Regeln und nicht nach ei-

nem „Abwicklungsstatut" aus dispositivem Gesetzesrecht und Auslegungsergebnissen leben zu lassen. Bei Nichtigkeit einzelner Bestimmungen kann uU nur **Teilunwirksamkeit** oder die Möglichkeit der **Konversion** der ungültigen in eine wirksame Regelung bestehen, daneben kommt auch Lückenfüllung durch erg Vertragsauslegung in Betracht (MüKo/*Schäfer* Rn 330; in der Rspr BGH NJW 1977, 1820; Rostock NZG 2010, 930). Für die Ermittlung eines auf Bestandsschutz gerichteten hypothetischen Willens wird die einverständliche Fortsetzung der Gesellschaft in Kenntnis eines Vertragsmangels sprechen.

Im **Außenverhältnis** gelten die gesetzl Regeln über Vertretung und Haftung (BGHZ 44, 235; 55, 5, 8; 63, 338, 181
344 – sämtlich zur Handelsgesellschaft). Da es sich nicht um Rechtsscheinhaftung, sondern um eine zeitl und inhaltl begrenzte Gültigkeit der Gesellschaft handelt, kommt es auf den guten Glauben Außenstehender nicht an (BGHZ 44, 235, 237). Für die Verbindlichkeiten haften die Gesellschafter nach §§ 721ff (BeckOK/*Schöne* aF Rn 92; vgl weiter BGHZ 44, 235, 236f; BGH NJW 1983, 748; *Schäfer,* Die Lehre vom fehlerhaften Verband, 2002, 76ff). Einschränkungen der Außenhaftung ergeben sich nur aus der allg Arglisteinrede.

Die Anerkennung einer fehlerhaften Gesellschaft ändert nichts daran, dass der Mangel mit Wirkung für die Zu- 182
kunft geltend gemacht werden kann. Der Gesellschafter, der sich auf den Mangel beruft, hat also ein Recht zur **außerordentlichen Kündigung** analog § 725 II, § 731 I. Die Fehlerhaftigkeit des Gesellschaftsvertrags ist regelmäßig als wichtiger Grund iSd Vorschriften anzusehen (BGHZ 3, 285, 290; BGH NJW 1982, 877; 1983, 748; MüKo/*Schäfer* Rn 329; Soergel/*Hadding/Kießling* Rn 78). Die Kündigung muss allerdings auf den Vertragsmangel gestützt werden (BGH DB 2013, 2081). Anderes gilt, wenn ein Mangel, der sich durch Anwendung einer dem Schutz eines Gesellschafters dienenden Vorschrift ergibt, nach dem Ausscheiden dieses Gesellschafters ohne Verstoß gegen Treu und Glauben nicht mehr geltend gemacht werden kann; wenn etwa der Ausscheidende verbindlich erklärt hat, aus dem Mangel keine Rechte herleiten zu wollen, sind die Mitgesellschafter gehindert, den anstelle des Ausgeschiedenen Eingetretenen wegen des Mangels auszuschließen (BGH ZIP 1988, 509, 511). Scheidet ein Gesellschafter infolge Kündigung unter Fortführung der Gesellschaft durch die übrigen Gesellschafter aus, hat er einen nach den gesellschaftsvertragl Regelungen zu berechnenden **Abfindungsanspruch** (BGHZ 199, 104 Rn 28; BGH ZIP 2013, 1761 Rn 23; NJW 2015, 1169 Rn 11). Zugleich bleibt der Gesellschafter zur Zahlung rückständiger, noch ausstehender Einlageleistungen verpflichtet (vgl BGH NZG 2018, 539 Rn 52ff). Dieser Anspruch auf die offene Einlage setzt nach allg Grundsätzen allerdings voraus, dass dies zu Abwicklungszwecken oder zur Durchführung des Innenausgleichs unter den Gesellschaftern notwendig ist (im Fall verneinend BGH NZG 2018, 539 Rn 56ff). IÜ richtet sich die **Abwicklung** der fehlerhaften Gesellschaft nach den §§ 735ff und dem Gesellschaftsvertrag. Eine Besonderheit tritt nur insoweit ein, als noch in Natur **vorhandene Einlagen**, um der gesetzl Nichtigkeitsfolge möglichst nahe zu kommen, nach Bereicherungsgrundsätzen zurückzugeben sind (MüKo/*Schäfer* Rn 330). Die Rückabwicklung nach gesellschaftsrechtl Grundsätzen gilt auch dann, wenn ein Gesellschafter nichts eingebracht hat, da die Rückabwicklung kein Grund ist, ihm die erworbene Position zu nehmen. Anderes gilt wiederum, wenn gerade die Bedingungen oder die Art seiner Aufnahme Grund für die Fehlerhaftigkeit sind.

5. Fehlerhafte Änderungen. a) Gesellschaftsvertragsänderung. Auf **fehlerhafte Änderungen** eines Gesell- 183
schaftsvertrags soll die Lehre von der fehlerhaften Gesellschaft nur anzuwenden sein, wenn der „Status" der Gesellschaft von der Änderung berührt ist und infolgedessen ein Bedürfnis nach Bestandsschutz besteht (BGHZ 62, 20, 27; BGH DB 1956, 65; NJW 1969, 1483; 1992, 300), wohingegen es für Änderungen der schuldrechtl Beziehungen der Gesellschafter bei der Unwirksamkeit bleibe. Die Lehre gelangt zur Anwendung, wenn die Inhaltsänderung die Verbandsverfassung betrifft und weitergehende Wirkungen entfalten kann, wie zB Änderungen der Geschäftsführungs- und Vertretungsbefugnis (vgl BGHZ 62, 20, 26ff; BGH NJW 1969, 1483) oder eine Erhöhung der Kapitalbeteiligung auf Grundlage eines unwirksamen Gesellschafterbeschlusses (Hamburg NZG 2019, 303 Rn 4). Nur schuldrechtl Charakter haben etwa Änderungen der Gewinnverteilungsabrede, die nicht nach einer Aufrechterhaltung der Verhältnisse für die Vergangenheit verlangt. Kommt in diesem Fall keine ergänzende Vertragsauslegung in Betracht, sind die Zahlungen nach §§ 812ff rückabzuwickeln (Oetker/*Lieder* § 105 HGB Rn 122; EBJS/*Wertenbruch* § 105 HGB Rn 342; aA noch 16. Aufl Rn 84 [*Westermann*]).

Bei einem fehlerhaften, aber durchgeführten **Auflösungsbeschluss** ist die Rechtslage umstritten (für Anwen- 184
dung der Lehre von der fehlerhaften Gesellschaft Soergel/*Hadding/Kießling* Rn 91; aM MüKo/*Schäfer* Rn 350; MüKo-HGB/*K. Schmidt* § 105 Rn 251). Praktisch können in Vollzug des Beschlusses durchgeführte Auflösungsmaßnahmen nicht negiert werden. Wegen der Mängel des Auflösungsbeschlusses besteht im Gesellschaftsrecht ein Anspruch, ohne Fortsetzungsbeschluss die Geschäftstätigkeit – uU auf veränderter Tatsachengrundlage – fortzusetzen (Soergel/*Hadding/Kießling* Rn 91). Sofern allerdings die **Vollbeendigung** der Gesellschaft stattgefunden hat, ist dies unmöglich geworden, woran auch eine Neugründung scheitern wird (*Tröger* in Westermann/Wertenbruch Rn I 222i), es gelten dann die allg Rückabwicklungsregeln des Schuldrechts.

b) Beitritt. Der **fehlerhafte Beitritt** zu einer **gültigen** Gesellschaft ist nach den Grundsätzen über die fehlerhafte 185
Gesellschaft wirksam, dh nicht rückwirkend vernichtbar, wenn er **vollzogen** ist (BGHZ 26, 330, 334; 44, 235, 236; 153, 214; BGH ZIP 2016, 1432; NJW 2016, 2492), wobei es auf eine vom Willen der anderen Gesellschafter getragene Leistung der Einlage ins Gesellschaftsvermögen oder die Teilnahme an der Willensbildung der Gesellschaft ankommt (BGH NJW 1992, 1501, 1502; NZG 2016, 828 Rn 22; zur Beitragsleistung BGH NJW 2000, 3560; aM MüKo/*Schäfer* Rn 353; s auch BGH NJW 1992, 1501 zur Duldung des Handelns des Geschäftsführers). Beim fehlerhaften Beitritt ergibt sich aber eine weitere Voraussetzung der Anwendung der Lehre von der fehlerhaften Gesellschaft dahin, dass am – fehlerhaften – Beitrittsakt alle Mitgesellschafter mitgewirkt oder sich durch

einen von ihnen haben vertreten lassen (BGH NJW 1988, 1321, 1323), da es sonst an einem Gültigkeitsmangel eines alle betreffenden rechtsgeschäftlichen Akts fehlt. Beim Beitritt zu einer Publikumspersonengesellschaft wird häufig der Geschäftsführer/Initiator in Vertretung der anderen Gesellschafter tätig werden, wobei die Vollmacht eher eng auszulegen ist (Frankfurt NJW-RR 1994, 1321; zur grds Wirksamkeit einer entspr Vollmacht aber BGH NJW 1978, 1000); dann liegt ein Beitrittsmangel vor, wenn die Vollmacht nicht weit genug ging. Alle Gesellschafter können den Mangel durch fristlose Kündigung des Gesellschaftsverhältnisses mit dem fehlerhaft Beigetretenen geltend machen. Wenn er den Mangel zu vertreten hat, kann er uU analog § 727 ausgeschlossen werden (MüKo/*Schäfer* Rn 354; Soergel/*Hadding*/*Kießling* Rn 89). Willensmängel beim Beitritt berechtigen den Gesellschafter aber auch selbst zur Kündigung nach § 725 II (vgl BGH ZIP 2013, 1533; NZG 2016, 828 Rn 22). Er hat jedoch bis zur Kündigung seinen Beitrag zu leisten, soweit er dazu nicht unredlicherweise bewogen wurde und die Erfüllung der Einlagepflicht dem Täuschenden zugutekäme; dann hat er ein Recht zur Leistungsverweigerung wegen Arglist (BGHZ 26, 330, 335; Köln BB 1970, 1460; MüKo/*Schäfer* Rn 355). Andernfalls hat er auch keinen Anspruch auf Rückzahlung der redlicherweise erbrachten Einlagen, sondern hat nur einen Anspruch auf das Liquidationsguthaben bzw muss seinen Anteil am Verlust tragen (BGH NJW 1973, 1604; 2000, 2586; ZIP 2008, 1018). Der einer fehlerfreien Gesellschaft Beigetretene kann den Vertragsmangel nur geltend machen, wenn er die Konditionen seines Beitritts berührt (*Hueck* OHG § 7 III 7).

186 **c) Ausscheiden.** Ein **fehlerhaftes Ausscheiden**, das vollzogen ist, ist nach der Lehre vom fehlerhaften Verband gültig, muss aber durch **Wiederaufnahme** des Ausgeschiedenen rückgängig gemacht werden (BGH NJW 1969, 1483; WM 1975, 512, 514; NJW 1988, 1324; *Schäfer*, Die Lehre vom fehlerhaften Verband, 2002, 310ff; aM *Hartmann* FS Schiedermair, 1976, 267ff). Als Fehler genügt freilich **nicht** ein bloßer Mangel der Abfindungsvereinbarung, etwa ihre Unvereinbarkeit mit den Rechten eines ausscheidenden Gesellschafters; ein solcher kann allerdings die Vereinbarung über das Ausscheiden (gleich steht der Wechsel von der Kommanditistenstellung in die eines stillen Gesellschafters) und damit die Struktur der Gesellschaft erfassen. Als **Vollzug** des Ausscheidens ist die Fortführung der Gesellschaft ohne Mitwirkung des Ausgeschiedenen, etwa durch Umbuchung (Oetker/*Lieder* § 105 HGB Rn 125; Röhricht/v Westphalen/Haas/*Haas* § 105 HGB Rn 49) oder Zahlung eines Abfindungsguthabens anzusehen (Soergel/*Hadding*/*Kießling* Rn 90; gegen die Maßgeblichkeit eines Vollzugs MüKo/*Schäfer* Rn 357; für Wirkung des Vollzugs nur bei nach außen wirkenden Umständen *W. Müller* FS Maier-Reimer, 2010, 510). Das fehlerhafte Ausscheiden führt zur Anwachsung des Anteils des Ausscheidenden bei den anderen Gesellschaftern und zur Begründung eines Abfindungsanspruchs in der Person des Ausgeschiedenen (BGH NJW 1969, 1483; WM 1975, 512, 513f).

187 Der Ausgeschiedene kann **Wiederaufnahme** nicht verlangen, wenn er den Fehler der Vereinbarung über sein Ausscheiden zu vertreten hat (s BGH NJW 1969, 1483) oder wenn etwa infolge Zeitablaufs oder grundlegender Veränderungen der Tatsachen ein Wiedereintritt zu einem völlig anderen Gesellschaftsverhältnis führen würde (*W. Müller* FS Maier-Reimer, 2010, 505f). War der Fehler dem Ausgeschiedenen zuzurechnen, haben die anderen Gesellschafter einen Anspruch auf seinen Wiedereintritt, freilich mit denselben aus der Funktionsfähigkeit der Gesellschaft abzuleitenden Einschränkungen. In beiden Fällen kommen gegen den oder die am fehlerhaften Ausscheidenstatbestand schuldigen Partner auch Schadensersatzansprüche in Betracht (*W. Müller* FS Maier-Reimer, 2010, 505). Der wieder Eingetretene muss zwischenzeitliche Vertragsänderungen gegen sich gelten lassen (*Wiesner* Die Lehre von der fehlerhaften Gesellschaft, 1980, 154; MüKo/*Schäfer* Rn 358; aM *K. Schmidt* AcP 186, 421, 436, der einem ausgeschlossenen Gesellschafter beim Wiedereintritt das Recht gibt, sich so stellen zu lassen, als wäre er Gesellschafter geblieben). Im Verhältnis zu Dritten ist der Gesellschafter dagegen als ausgeschieden und wieder eingetreten zu behandeln.

188 Ob ein fehlerhaft ausgeschiedener **nicht voll geschäftsfähiger Gesellschafter** weiterhin Gesellschafter bleibt und seinen laufenden Gewinnanspruch behält, ist umstritten (dafür BGH NJW 1992, 1503, 1504; Hopt/*Roth* § 105 HGB Rn 95; EBJS/*Wertenbruch* § 105 HGB Rn 361; *Biddermann*, Der minderjährige Gesellschafter, 1965, 112; *Gursky*, Das fehlerhafte Ausscheiden eines Gesellschafters aus einer Personengesellschaft, 1969, 148ff; dagegen Habersack/Schäfer/*Schäfer* § 105 HGB Rn 361; *Tröger* in Westermann/Wertenbruch Rn I 222g; *Lieder* ZfPW 2016, 205, 226f). Folgt man der in Rn 173 entwickelten Argumentation, dann ist die Streitfrage einmal mehr zugunsten der übergeordneten Regelungsanliegen der Lehre vom fehlerhaften Verband (Vermeidung von Rückabwicklungsschwierigkeiten, Gewährleistung von Bestands- und Verkehrsschutz) zu entscheiden und dabei mit dem Minderjährigenschutz zu versöhnen. Insb ist der Minderjährige von sämtlichen Rechtsnachteilen freizuhalten – mehr aber auch nicht. Dementspr finden die Grundsätze der fehlerhaften Gesellschaft auch hier Anwendung mit der Folge, dass der Minderjährige wirksam aus der Gesellschaft **ausgeschieden** ist und von einer **persönlichen Haftung freigehalten** wird. Umgekehrt kann er freilich auch keine Vorteile mehr aus der Gesellschafterstellung ziehen, insb keine Gewinnansprüche geltend machen. Das ist aber zum einen mit Blick auf Erwägungen des Verkehrsschutzes und der Funktionsfähigkeit der Gesellschaft hinzunehmen. Zum anderen erscheint dies aber auch vor dem tatsächlichen Hintergrund gerechtfertigt, dass der Minderjährige keine Tätigkeit mehr für die Gesellschaft entfaltet. Seine berechtigten Interessen werden iÜ durch den Anspruch auf Wiederaufnahme in die Gesellschaft hinreichend gewährleistet.

189 **d) Anteilsübertragung.** Ob auch auf den fehlerhaften Gesellschafterwechsel die Regeln über die fehlerhafte Gesellschaft anzuwenden sind, ist **sehr umstritten.** Während die Rspr im Personengesellschaftsrecht (BGH WM 1968, 892, 893; NJW 1988, 1321, 1324f; BGHZ 186, 253 Rn 40ff; KG BeckRS 2011, 4832) in Übereinstimmung mit einem Großteil des Schrifttums (KKRD/*Kindler* § 105 HGB Rn 64; Grü/*Sprau* Rn 19; Grü/*Sprau* § 719 Rn 7;

EBJS/*Wertenbruch* § 105 HGB Rn 364; *Grunewald* GesR § 1 Rn 176; *Wiedemann* GesR II § 2 V 5b; *Däubler* BB 1966, 1292, 1295; *Konzen* ZHR 145, 29, 61ff; *Grothe* FS Säcker, 2011, 345, 346ff) die Anwendung befürwortet, spricht sich eine verbreitete Literaturauffassung – unter Hinweis auf die BGH-Rspr zum GmbH-Recht (BGH NJW 2007, 1058 Rn 19) – gegen deren Anwendung aus (*Balz/Ilina* BB 2006, 2764; Hopt/*Roth* § 105 Rn 94; *K. Schmidt* AcP 186, 421, 438f; *K. Schmidt* BB 1988, 1053; MüKo/*Schäfer* Rn 360; *Schäfer*, Die Lehre vom fehlerhaften Verband, 2002, S 312ff; Heymann/*Emmerich* § 105 HGB Rn 100; Röhricht/v Westphalen/Haas/*Haas* § 105 HGB Rn 53; diff *Tröger* in Westermann/Wertenbruch Rn I 223a f; ebenso noch 16. Aufl Rn 87 [*Westermann*]). Für den seltenen Fall des kombinierten Aus- und Eintritts mit Zustimmung der anderen Gesellschafter ist die Anwendung der Lehre einhellig anerkannt (MüKoHGB/*Fleischer* § 105 HGB Rn 517; *Westermann* in Westermann/Wertenbruch Rn I 223a).

Nach vorzugswürdiger Auffassung sind auch auf die fehlerhafte Anteilsübertragung die **Grundsätze** des fehler- 190
haften Verbandes **anzuwenden** (zum Folgenden bereits ausf *Lieder* ZfPW 2016, 205, 222ff; *Lieder* FS K. Schmidt, Bd I, 2019, 815, 817ff; Oetker/*Lieder* § 105 HGB Rn 128ff). Zum einen sind die Grundsätze nach ihrer Wertung passgenau auf den fehlerhaften Gesellschafterwechsel zu übertragen. Dies gewährleistet nicht nur die **Funktions- und Handlungsfähigkeit** der Gesellschaft und vermeidet allfällige Rückabwicklungsschwierigkeiten, sondern leistet zugleich einen nicht gering zu schätzenden Beitrag zur Institutionenbildung im Gesellschaftsrecht (vgl *Lieder* ZHR 178, 282, 285, 290ff gegen BGHZ 196, 195; s ferner *Bayer/Lieder* NZG 2012, 1, 3). Für die Anwendung der Grundsätze über die fehlerhafte Gesellschaft besteht ein **Bedürfnis,** weil sich sowohl die Gesellschaft als auch der Rechtsverkehr ebenso wie bei dem fehlerhaften Beitritt wegen der Teilnahme an Beschlüssen und der Vertretung im Rechtsverkehr darauf verlassen müssen, dass ein Neugesellschafter bis zu seinem Ausscheiden vollwertiger Gesellschafter ist (BGH NZG 2010, 991 Rn 38ff; EBJS/*Wertenbruch* § 105 HGB Rn 364; *Konzen* ZHR 145, 29, 61ff; KKRD/*Kindler* § 105 HGB Rn 64). In rechtsdogmatischer Hinsicht zeichnet sich auch die **Anteilsübertragung** durch eine **Doppelnatur** aus; sie beschränkt sich nicht auf das zw Veräußerer und Erwerber geschlossene Verfügungsgeschäft, sondern befördert den Nachfolger zugleich in die vertragl und korporative Rechtsstellung des Altgesellschafters. Die hiermit verbundene Veränderung des innergesellschaftlichen Organisationsverhältnisses bildet die Grundlage für die Anwendung der Lehre. Zum anderen ist ein **vergleichbares Schutzniveau** allein mittels Anwendung der allg Vertrauens- und Rechtsscheinhaftung (vgl §§ 413, 407, 409; § 707a III 1 iVm § 15 III HGB iVm § 707 III 2) **nicht erreichbar,** da dies einerseits zu nur relativ wirksamen Gesellschaftsverhältnissen führen kann (vgl *Grunewald* GesR § 1 Rn 179; zu den Folgen in einem anderen Zusammenhang *Lieder*, Die rechtsgeschäftliche Sukzession, 2015, 176f, 192f) und außerdem ein Wahlrecht der Beteiligten dahingehend besteht, ob sie sich auf den Vertrauensschutz berufen wollen oder nicht (vgl *Lieder* ZfPW 2016, 205, 224f; *Schürnbrand*, Organschaft im Recht der privaten Verbände, 2007, 270). Schließlich ist auch die Rspr zum **GmbH-Recht** nicht auf den Gesellschafterwechsel in der Personengesellschaft übertragbar, weil es hier an einer § 16 I 1 GmbHG entspr Legitimationsvorschrift fehlt, die dort für die Anwendung der Lehre vom fehlerhaften Verband schlichtweg keinen Raum lässt (BGHZ 186, 253 Rn 44; *Grothe* FS Säcker, 2011, 345, 349; *Lieder* ZfPW 2016, 205, 225). Entgegen Karlsruhe (NZG 2016, 507, 508 m abl Anm *Wardenbach* GWR 2016, 166; zust hingegen *Dehne-Niemann* Jura 2020, 247ff; *Schunke* Jura 2022, 1287, 1290f) gelten diese Erwägungen nicht nur für Rechtsmängel des Verfügungsgeschäfts, sondern auch für Fehler des zugrunde liegenden **Verpflichtungsgeschäfts.** Die Interessenlage ist in beiden Fällen dieselbe, sodass auch gleichermaßen die Lehre vom fehlerhaften Verband zur Anwendung gelangt. Auch eine Sonderbehandlung ausschließlich des Rechtsverhältnisses zw Veräußerer und Erwerber (Karlsruhe NZG 2016, 507, 508; *K. Schmidt* AcP 186, 421ff; *Schäfer*, Die Lehre vom fehlerhaften Verband, 2002, 137ff) ist aus rechtsdogmatischen und praktischen Erwägungen heraus abzulehnen (ausf *Lieder* FS K. Schmidt, Bd I, 2019, 815, 827).

Rechtsfolge der fehlerhaften Anteilsübertragung ist zunächst, dass bis zur Geltendmachung des Wirksamkeits- 191
mangels das fehlerhafte Übertragungsgeschäft und die unter Beteiligung des Erwerbers vorgenommenen Maßnahmen **als vorläufig wirksam** zu behandeln sind (*Lieder* ZfPW 2016, 205, 228). Bis zur Rückübertragung der Anteile (Rn 192) ist der Veräußerer kein Gesellschafter (dazu und zum Folgenden *Lieder* FS K. Schmidt, Bd I, 2019, 815, 826). Allein der Erwerber kann gesellschaftliche Rechte ausüben, an Beschlüssen mitwirken und die Gesellschaft im Rechtsverkehr vertreten. Umgekehrt trifft den Erwerber die persönliche Haftung für Gesellschaftsverbindlichkeiten. Zwischenzeitlich erfolgte Gewinnausschüttungen und Zahlungen von Liquidationsguthaben sind als Leistungen an den berechtigten Erwerber zulässig und können nicht nach Bereicherungsrecht herausverlangt werden. Die Lehre von der fehlerhaften Gesellschaft bildet den Rechtsgrund zum Behaltendürfen.

Aufgrund der Fehlerhaftigkeit besteht ein **schuldrechtlicher Anspruch auf Rückabwicklung** der Anteilsübertra- 192
gung (vgl BGH WM 1975, 512, 515; NJW-RR 1987, 1439; NJW 1988, 1324, 1325; 1990, 1915; *Lieder* ZfPW 2016, 205, 228; MHdB GesR I/*Schweizer* § 101 Rn 67; MHdB GesR II/*Schweizer* § 96 Rn 47; ausf *Lieder* FS K. Schmidt, Bd I, 2019, 815, 825f); der Gesellschaftsanteil fällt nicht automatisch (und auch nicht rückwirkend) an den Veräußerer zurück. Weil der Erwerber in die Organisationsstruktur aufgenommen worden ist, muss er nun im Rahmen eines geordneten Verfahrens wieder aus der innergesellschaftlichen Organisationsstruktur herausgelöst werden. Ein automatischer Rückfall würde sich zu den Regelungszielen der Lehre von der fehlerhaften Gesellschaft in Widerspruch setzen. Zugleich wird durch Anerkennung eines schuldrechtl Rückgewähranspruchs Streit darüber vermieden, ob der Veräußerer nun tatsächlich wieder Gesellschafter ist. Bestätigt wird dieses Ergebnis mit Blick auf die Rechtsfolgen einer fehlerhaften Gesellschaftsgründung (Rn 180ff) sowie des fehlerhaften Beitritts (Rn 185) und Austritts (Rn 186ff), die ebenfalls nach einem geordneten Restitutionsverfahren ablaufen. Davon

abgesehen bestehen **keine konkurrierenden Schadensersatzansprüche,** weil sich deren Anerkennung mit den Wertungen der Lehre vom fehlerhaften Verband nicht in Einklang bringen lassen (BGH WM 1975, 512, 514; NJW 2000, 3558, 3559; ausf *Lieder* FS K. Schmidt, Bd I, 2019, 815, 827ff). Die abweichende Rspr zur stillen Gesellschaft (Rn 194ff) beruht auf dem Umstand, dass diese kein Gesellschaftsvermögen aufweist (BGH NZG 2004, 961, 962; BGHZ 199, 104 Rn 15; *Bayer/Riedel* NJW 2003, 2567, 2571; *Geibel* BB 2005, 1009, 1015), und kann daher nicht verallgemeinert werden (ausf *Lieder* FS K. Schmidt, Bd I, 2019, 815, 828ff; vgl weiter *Tröger* in Westermann/Wertenbruch Rn I 221; *Westermann* VGR 14, 145, 164ff; *Schäfer* ZHR 170, 373, 382ff; *Wälzholz* DStR 2003, 1533, 1535; *Konzen* FS Westermann, 2008, 1133, 1152f; aA *Gehrlein* WM 2004, 1489, 1493ff; *Bälz* FS Raiser, 2005, 615, 620ff, 643ff; im Grundsatz auch BeckOK HGB/*Klimke* § 105 HGB Rn 239; Hopt/*Roth* § 105 HGB Rn 89).

193 **e) Erbrechtliche Gesellschafternachfolge.** Da sich der Eintritt auf Grundlage einer erbrechtl Nachfolgeklausel nach § 1922 I und nicht auf vertragl Grundlage vollzieht, **fehlt** es für die Anwendung der Lehre vom fehlerhaften Verband an der erforderlichen **Vertragsgrundlage** (voluntatives Element). Der als Gesellschafter behandelte vermeintliche Erbe ist daher auch nicht wie ein (fehlerhafter) Gesellschafter zu behandeln, sondern als Scheingesellschafter (MüKo/*Fleischer* § 105 HGB Rn 518). Gesellschafter ist der wahre Erbe (MüKo/*Schäfer* Rn 389). Die Abwicklung der Beteiligung richtet sich also nach allg zivilrechtl Regeln. Zur Anwendung gelangen dabei auch §§ 2366, 2367 (*K. Schmidt* AcP 186, 421, 437f; MüKo/*Schäfer* Rn 389; abweichend *Konzen* ZHR 145, 29, 61ff: weitgehende Anwendung der Lehre) sowie § 707a III 1 iVm § 15 HGB (vgl MüKo/*Fleischer* § 105 HGB Rn 518). Demggü kommen auf einen rechtsgeschäftlich vollzogenen – fehlerhaften – Beitritt auf Grundlage einer **Eintrittsklausel** die Grundsätze des fehlerhaften Beitritts (Rn 185) zur Anwendung (MüKo/*Schäfer* Rn 389; MüKo/*Fleischer* § 105 HGB Rn 518).

194 **6. Fehlerhafte Innengesellschaft. a) Meinungsstand.** Die Behandlung der fehlerhaften Innengesellschaft ist wegen der rechtl sehr unterschiedlichen Strukturen der Gesellschaft str. Der **BGH** wendete früher die Grundsätze über die fehlerhafte Gesellschaft an (BGHZ 8, 157, 167; 55, 5, 8; 62, 234, 237; 75, 214, 217f; BGH NJW-RR 1991, 613), wobei dies für atypische (so auch Hamm BB 2003, 653; Dresden BB 2002, 1776) als auch für typische stille Gesellschaften gelten sollte (s etwa BGHZ 55, 5, 8; 62, 234; BGH WM 1980, 12; ZIP 2005, 753; NZG 2010, 62; zweifelnd insoweit aber Schleswig ZIP 2002, 1244, 1247; ZIP 2003, 74, 77). Der BGH hat aber auch Zweifel erkennen lassen (BGH WM 1990, 1543, 1546), im Grundsatz aber stets an der **Anwendung der Lehre** festgehalten (BGHZ 199, 104). In der Lit findet sich neben Zustimmung zur Rspr (etwa Grü/*Sprau* Rn 19a) und einer generell ablehnenden Auffassung (BeckOK/*Schöne* aF Rn 161; *Bayer/Riedel* NJW 2003, 2567) eine verbreitete Auffassung, die danach differenziert, ob sich die Innengesellschaft in einer schuldrechtl Verbindung erschöpft (dann Ablehnung) oder zugleich eine verbandsrechtl Organisationsstruktur aufweist (*K. Schmidt* AcP 186, 421, 432f; MüKo-HGB/*K. Schmidt* § 230 Rn 133f; *K. Schmidt* ZIP 2014, 1457, 1463; für die „Innen-KG" ebenso MüKo/*Schäfer* Rn 371f; *Blaurock/Gimmler* ZGR 2014, 371, 392).

195 **b) Stellungnahme.** Die **differenzierende Auffassung** trifft den richtigen Kern der Problematik. Maßgeblicher Anknüpfungspunkt ist die verbandsrechtl oder zumindest verbandsähnliche Struktur mit eigenen Gesellschaftsorganen, weil das Vorhandensein eines Organisationsverhältnisses dogmatische Voraussetzung für die Anwendung der Lehre und die Überwindung der bürgerlichrechtl Nichtigkeits- und Anfechtungsgründe bildet. Sind die Stillen zudem wie Außengesellschafter wirtschaftl am Vermögen des Unternehmensträgers beteiligt, ergeben sich zudem Abwicklungsschwierigkeiten, denen mit der Anwendung verbandsrechtl Grundsätze am sachnächsten Rechnung getragen werden kann. Das gilt namentlich für die „Innen-KG" in Form einer mehrgliedrigen GmbH/AG & Still (BGHZ 199, 104). Auf das nach früherem Recht diskutierte Kriterium des Gesamthandsvermögens kommt es nach neuem Recht nicht mehr an, weil die Innengesellschaft per definitionem über kein Gesellschaftsvermögen verfügt (§ 740 I). Fehlt es hingegen an einer verbandsähnlichen Struktur und erschöpfen sich die rechtl Beziehungen der Innengesellschafter untereinander in einer rein schuldrechtl Verbindung, besteht keine Notwendigkeit und auch keine sachliche Rechtfertigung, von den allg zivilrechtl Regeln abzuweichen.

196 **c) Schadensersatzansprüche nach BGH.** Auf **Grundlage der abweichenden BGH-Rspr** können die Gesellschafter in der stillen Gesellschaft untereinander, insb bei einem durch arglistige Täuschung durch einen Mitgesellschafter veranlassten Beitritt, einen **Anspruch auf Schadensersatz** aus cic (§ 280 I, § 311 II, § 241 II), der Verletzung der gesellschaftsrechtl Treuepflicht (§ 280 I) oder § 826 haben (BGH NJW 1993, 2107; 2005, 1784, 1786ff; näher hierzu *Armbrüster/Joost* ZIP 2004, 189ff; *Kiethe* DStR 2005, 925ff; *Schäfer* ZHR 170, 372ff; *Wagner* NZG 2005, 499ff; *Wertenbruch* NJW 2005, 2823; *Konzen* FS H.P. Westermann, 2008, 1133, 1141ff). Der Anspruch kann sich unter den Voraussetzungen von § 280 I, § 311 II, III im Wege der **Dritthaftung** auch gegen einen Vertreter oder Repräsentanten der Gesellschaft persönlich richten (BGH ZIP 2004, 1706; 2005, 254, 256; 2005, 763; *Tröger* in Westermann/Wertenbruch Rn I 216d; *Wertenbruch* NJW 2005, 2823, 2824; *Wertenbruch* NZG 2006, 408ff; vgl zum Anspruch des stillen Gesellschafters gegen eine Gesellschaft BGH NZG 2005, 467, 469; *Wertenbruch* NJW 2005, 2823, 2824f). Ein **Schaden** liegt insb dann vor, wenn die Einlage aufgrund von Verlusten der Gesellschaft nicht oder nicht vollständig zurückgezahlt werden kann (BGH ZIP 2004, 1706; 2005, 254, 256; 2005, 763; *Tröger* in Westermann/Wertenbruch Rn I 216d; *Wertenbruch* NJW 2005, 2823, 2825; *Wertenbruch* NZG 2006, 408ff).

197 Die Grundsätze der fehlerhaften Gesellschaft schließen zwar eine Rückabwicklung des Gesellschaftsverhältnisses ex tunc aus, sodass der Gesellschafter auf einen etwaigen **Abfindungsanspruch ex nunc** verwiesen ist (§ 728 Rn 1ff). Soweit gegen die Gesellschaft, gegen Gründungsgesellschafter, Initiatoren der Gesellschaft oder sonstige

Verantwortliche Schadensersatzansprüche nach den Grundsätzen der Prospekthaftung und des Verschuldens bei Vertragsschluss, § 280 I, § 311 II, § 241 II iVm § 31 und § 278 wegen arglistiger Täuschung beim Beitritt zur Gesellschaft bestehen (BGH ZIP 2004, 1706, 1707f; BGHZ 199, 104 Rn 14f), führen diese i Erg doch wieder zu einer **Rückabwicklung ex tunc.** Zur Auflösung des Konkurrenzverhältnisses geht der BGH bei Anlagegesellschaften in Form von jew **zweigliedrigen stillen Gesellschaften** zw dem Anleger und dem Inhaber des Handelsgewerbes davon aus, dass der Schadensersatzanspruch nicht nach den Grundsätzen der fehlerhaften Gesellschaft beschränkt ist (BGH ZIP 2004, 1706, 1707f; BGHZ 199, 104 Rn 15). Bei dem Beitritt zu einer **mehrgliedrigen stillen Gesellschaft** sind die Grundsätze über die fehlerhafte Gesellschaft mit der Maßgabe anzuwenden, dass der Gesellschafter von der Gesellschaft nicht im Wege des Schadensersatzes wegen eines vorvertragl Aufklärungsverschuldens die Rückabwicklung seiner Beteiligung durch Rückgewähr seiner Einlage Zug um Zug gegen Übertragung seiner Rechte aus der stillen Beteiligung verlangen kann (BGHZ 199, 104 Rn 16ff, 24f). Die Täuschung durch einen **Verhandlungsgehilfen** wird gem § 278 anderen Altgesellschaftern zugerechnet, aber nicht den bloßen Treuhandanlegern (BGH NZG 2013, 980 Rn 26ff m zust Anm *Just* EWiR § 311 BGB 1/13, 647). Zur Haftung in Treuhandverhältnissen iÜ Rn 63f.

Entgegen einer Schrifttumsauffassung (*Bälz* FS Raiser, 2005, 615, 620ff, 643ff; *Gehrlein* WM 2004, 1489, 1493ff; im Grundsatz auch BeckOK HGB/*Klimke* § 105 HGB Rn 239; Hopt/*Roth* § 105 HGB Rn 89; EBJS/*Wertenbruch* § 105 HGB Rn 348) ist diese Rechtsprechungslinie **nicht verallgemeinerungsfähig** (*Konzen* FS Westermann, 2008, 1133, 1152f; *Schäfer* ZHR 170, 373, 382ff; *Wälzholz* DStR 2003, 1533, 1535; *Tröger* in Westermann/Wertenbruch Rn I 216d; *Westermann* VGR 14, 145, 164ff; ausf *Lieder* FS K. Schmidt, Bd I, 2019, 815, 828ff). Der BGH betont selbst, dass die Anerkennung von Schadensersatzansprüchen „aus den Besonderheiten der stillen Gesellschaft" resultiert (BGH NZG 2004, 961, 962; in der Sache ebenso BGHZ 199, 104 Rn 14; vgl noch *Gehrlein* WM 2004, 1489, 1493). Zu diesen Besonderheiten zählt, dass die stille Gesellschaft kein Gesellschaftsvermögen bildet (BGH NZG 2004, 961, 962; BGHZ 199, 104 Rn 15; *Bayer/Riedel* NJW 2003, 2567, 2571; *Geibel* BB 2005, 1009, 1015). Weiter spielen Aspekte des Gläubigerschutzes für die stille Gesellschaft keine Rolle. 198

XI. Scheingesellschaft. Von der fehlerhaften Gesellschaft zu unterscheiden ist die Scheingesellschaft, deren „Gründung" ein Scheingeschäft iSd § 117 sein kann (BGH NJW 1954, 231; *Freund* NZG 2017, 1001, 1002; aA MüKo/*Schäfer* Rn 390: fehlerhafte Gesellschaft). Während bei der fehlerhaften Gesellschaft nach allg zivilrechtl Grundsätzen unwirksame Rechtsverhältnisse als wirksam behandelt werden, werden bei der Scheingesellschaft in Wahrheit überhaupt nicht bestehende **tatsächliche Verhältnisse nur vorgespiegelt.** Es fehlt für das Vorliegen einer fehlerhaften Gesellschaft hier am voluntativen Element der **tatsächlichen Willensübereinstimmung** der Gesellschafter. Hier entsteht kein Rechtssubjekt, es wird auch kein Gesellschaftsvermögen gebildet; deshalb kann die Scheingesellschaft auch nicht in Anspruch genommen werden. Die Rechtsfigur der Scheingesellschaft greift auch nicht zu Gunsten der Gesellschaft ein, wie zB in einem Aktivprozess der Gesellschaft (Hamm NZG 2012, 20 Rn 23). 199

Die Rechtsbeziehungen im **Innenverhältnis** richten sich dann nach den §§ 985, 812ff (BGH NJW 1953, 1220). Im **Außenverhältnis** haften die Scheingesellschafter nach den Regeln der Rechtsscheinhaftung. Sie können analog § 721 persönlich in Anspruch genommen werden, wenn sie zurechenbar den Rechtsschein der Gesellschafterstellung in einer Scheingesellschaft gesetzt haben und der Gläubiger auf den Rechtsschein vertraut hat (vgl BGHZ 61, 59, 64f; BGH NJW 1980, 784, 785; WM 1991, 1505, 1506; 1996, 1630, 1631; DStR 2010, 1530; NJW 2012, 3368; *G. Roth* DB 2007, 616ff). Das ist etwa der Fall, wenn sie nach ihrem Ausscheiden aus der Gesellschaft weiterhin als Gesellschafter auftreten (BGH NZG 2012, 221 Rn 20). Ein Rechtsschein wird hingegen nicht gesetzt, wenn sich der Scheingesellschafter ggü dem Gläubiger rein passiv verhalten hat (BFH BStBl II 2007, 600). Auch setzt die Haftung für den gesetzten Rechtsschein voraus, dass der Scheingesellschafter im Zeitpunkt der Entstehung des Anspruchs etwa durch anwaltliche Pflichtverletzung noch Scheingesellschafter gewesen ist (LG Bonn DStR 2010, 1648 Rn 42; insofern offenlassend Köln BeckRS 2011, 8572). Ebenfalls reicht die Erteilung einer Generalvollmacht allein nicht aus, die der Bevollmächtigte missbraucht, wobei aber das Handeln des Vertreters dem Vertretenen zugerechnet werden kann. Hiervon ist wiederum eine Ausnahme zu machen, wenn der Geschäftspartner davon ausgehen müsste, getäuscht worden zu sein (BGH DStR 2010, 1530). Die Scheingesellschaft selbst kann nicht in Anspruch genommen werden, wenn gar keine Gesellschaft vorliegt, sondern nur die Gesellschafter unter den genannten Voraussetzungen. 200

Tritt jemand als Gesellschafter einer existierenden Gesellschaft auf, **ohne Gesellschafter zu sein,** kommen die Grundsätze der Rechtsscheinhaftung ebenfalls zur Anwendung (*G. Roth* DB 2007, 616ff). Voraussetzung ist wiederum, dass der Gesellschafter zurechenbar den Rechtsschein einer Gesellschafterstellung erweckt hat, etwa durch Namensnennung auf dem Briefkopf (BGH NJW-RR 1988, 1299; NJW 1990, 827, 829; 1999, 3040, 3041; BGHZ 146, 341, 359; BGH ZIP 2007, 1460; NZG 2012, 221 Rn 20). Die durch den BGH entwickelten Besonderheiten der Haftung der Scheingesellschafter einer Freiberufler-GbR (Beschränkung der Rechtsscheinhaftung auf anwaltstypische Tätigkeiten) sind für die GbR nach deren Anerkennung als rechtsfähige Außengesellschaft überholt (*K. Schmidt* NJW 2003, 1897, 1902; *Lux* NJW 2008, 2309ff; *Wischmeyer/Honisch* NJW 2014, 881, 884; aA BGH NJW 2008, 2330; umfassende Darstellung bei *Heyers* DStR 2013, 813). Neben dem Scheingesellschafter kann der wahre Unternehmensträger nach den Grundsätzen des unternehmensbezogenen Rechtsgeschäfts haften (BGH NJW 2012, 3368; Oetker/*Lieder* § 105 HGB Rn 132; aA *Bartels/Wagner* ZGR 2013, 482, 486ff; *Heyers* DStR 2013, 813, 815f). Für Altverbindlichkeiten wird nicht analog § 130 HGB gehaftet (Saarbrücken NJW 2006, 2862; Hopt/*Roth* § 130 HGB Rn 5; Röhricht/v Westphalen/Haas/*Haas* § 130 HGB Rn 6; *G. Roth* DB 2007, 616, 201

617, 620; aA *Lepczyk* NJW 2006, 3391; *C. Schäfer* DStR 2003, 1078, 1082, 1084), es sei denn, der Vertragspartner hat im Vertrauen auf die scheinbare Gesellschafterstellung Folgedispositionen getätigt (*G. Roth* DB 2007, 616, 617f). Im Fall der **Eintragung** des Gesellschafters in das Gesellschaftsregister gilt § 707a III 1 iVm § 15 HGB. Die Einschaltung eines **Treuhänders** oder Strohmanns gehört nicht hierher, wenn die Beteiligten dessen Gesellschafterstellung tatsächlich gewollt haben (Oetker/*Lieder* § 105 HGB Rn 132). Auch der hinter dem Treuhänder stehende Treugeber haftet nicht analog §§ 721, 721a, selbst wenn er im Innenverhältnis eine gesellschafterähnliche Stellung innehat (Rn 65).

Untertitel 2
Rechtsfähige Gesellschaft (§§ 706–739)

Kapitel 1
Sitz; Registrierung (§§ 706–707d)

§ 706 Sitz der Gesellschaft

Sitz der Gesellschaft ist der Ort, an dem deren Geschäfte tatsächlich geführt werden (Verwaltungssitz). Ist die Gesellschaft im Gesellschaftsregister eingetragen und haben die Gesellschafter einen Ort im Inland als Sitz vereinbart (Vertragssitz), so ist abweichend von Satz 1 dieser Ort Sitz der Gesellschaft.

1 **I. Normzweck.** Die Vorschrift ist durch das **MoPeG** neu geschaffen worden und regelt den Sitz der Gesellschaft. Der Systematik folgend ist der Verwaltungs- vom Vertragssitz zu unterscheiden. Nach S 1 ist (**Verwaltungs-)Sitz** der GbR der Ort, an dem deren Geschäfte tatsächlich geführt werden. Für nicht eingetragene GbR ist dieser Verwaltungssitz obligatorisch. Bei der eGbR können die Gesellschafter nach S 2 einen (**Vertrags-)Sitz** im Gesellschaftsvertrag vereinbaren, der vom Verwaltungssitz abweichen kann und dann maßgeblicher Sitz der Gesellschaft ist. Über die jew Verweisungsvorschriften gilt die Norm auch für die **OHG** (§ 105 III HGB), **KG** (§ 161 II, § 105 III HGB) und **PartG** (§ 1 IV PartGG). In Bezug auf die GbR spricht die gesellschaftsvertragl Adressierung des Gesellschaftssitzes für den Willen der Gesellschaft, als Gesellschaft am Rechtsverkehr teilnehmen zu wollen, und damit für das Vorliegen einer rechtsfähigen Außen-GbR (§ 705 Rn 4). Die Innen-GbR verfügt über keinen Sitz (BeckOK/*Schöne* Rn 1).

2 Eingetragenen Personengesellschaften wird damit die **freie Sitzwahl** und **Sitzspaltungsfreiheit** eröffnet, was zu einem Gleichlauf mit den Kapitalgesellschaften (§ 5 AktG, § 4a GmbHG) führt und aus rechtspolitischer Perspektive uneingeschränkt zu begrüßen ist (ausf *Lieder/Hilser* ZHR 185, 471, 482f; vgl noch *Heckschen* NZG 2020, 761, 763f; *Hoffmann/Horn* RabelsZ 86, 65, 67; *Paefgen* FS Aderhold, 2021, 305, 316f, 322f). Denn es entspricht dem praktischen Bedürfnis von Personengesellschaften, eine rechtssichere Geschäftstätigkeit im Ausland unter Beibehaltung der vertrauten dt Rechtsform zu entfalten, kommt aber – mit Blick auf Erfordernisse der Rechtssicherheit und Publizität – auch nur für eingetragene Gesellschaften in Betracht, zumal Personengesellschaftsverträge auch weiterhin im Grundsatz formfrei abgeschlossen werden können (Begr RegE, BT-Drs 19/27635, 127). Damit ist gewährleistet, dass eine eingetragene Personengesellschaft – unter Verbleib des Vertragssitzes im Inland – ihren Verwaltungssitz originär im Ausland begründen oder nachträgl über die Grenze verlegen kann. Voraussetzung ist jew die Eintragung einer in einem EU-Mitgliedstaat befindlichen Geschäftsanschrift (§ 707 II Nr 1 lit c; § 106 II Nr 1 lit c HGB). Hiergegen bestehen auch keine unionsrechtl Bedenken (MüKo/*Kindler* IntGesR Rn 146; *Lieder/Hilser* ZHR 185, 471, 483; *Schall* ZIP 2020, 1443, 1448; *Weller* IPRax 2009, 202, 207f; aA *W.-H. Roth* ZGR 2014, 168, 190ff; *Paefgen* FS Aderhold, 2021, 305, 325f). – Zum Internationalen Gesellschaftsrecht s Anh Art 12 EGBGB Rn 1ff.

3 **II. Verwaltungssitz. 1. Grundsatz.** Nach S 1 ist grds der Ort als Sitz der Gesellschaft anzusehen, an dem die Geschäfte der GbR tatsächlich geführt werden. Dieser Verwaltungssitz ist ausnahmslos für die **nicht eingetragene GbR** maßgeblich, während die **eingetragene GbR** auch einen hiervon abweichenden Satzungssitz vertragl festlegen kann. Bei einer nicht eingetragenen GbR muss der Verwaltungssitz zwingend im Inland liegen. Ein ausländischer Verwaltungssitz kommt nur bei Vorliegen eines inländischen Vertragssitzes in Betracht, über welchen nur eGbR verfügen. Für die nicht eingetragene GbR bleibt es nach den Vorgaben des MoPeG dementspr bei der Geltung der überkommenen Sitztheorie (*Schön* ZHR 187, 123, 137ff).

4 **2. Betätigungsort der Geschäftsleitung.** Verwaltungssitz ist der Ort der **tatsächlichen Hauptverwaltung** iSd Leitung und Geschäftsführung, nicht der Produktionsstätten oder der Hilfstätigkeiten der Verwaltung (KG ZIP 2012, 980 Rn 10; Oetker/*Lieder* § 106 HGB Rn 22; *Fedke* ZIP 2020, 799, 802f; *Paefgen* FS E. Vetter, 2019, 527, 528). Wird die Gesellschaft von mehreren Orten aus geleitet, ist Sitz der Ort der Hauptverwaltung (BGH WM 1957, 999, 1000) in dem Sinne, wo sich auf Grundlage einer wertenden Betrachtung sämtlicher Umstände des konkreten Einzelfalls der Schwerpunkt der Leitungsbetätigung befindet, wo also die **Leitungsentscheidungen** laufend **in Geschäftsführungsakte umgesetzt** werden (vgl BGHZ 97, 269, 272; BGH WM 2017, 1944 Rn 15; NJW-RR 2010, 1364 Rn 16; NJW 2009, 1610 Rn 11; *Paefgen* FS Aderhold, 2021, 305, 315). Steht die Gesellschaft in einem konzernrechtl Abhängigkeitsverhältnis, ist der Ort maßgeblich, wo die Leitungsentscheidungen (des herrschenden Unternehmens) in der laufenden, täglichen Geschäftsführung umgesetzt werden, was regelmäßig

am Verwaltungssitz des **Tochterunternehmens** geschieht (vgl Staub/*Großfeld* IntGesR Rn 230ff; Oetker/*Lieder* § 106 HGB Rn 22; *Paefgen* FS E. Vetter, 2019, 527, 528). Da ein **Doppelsitz** nach traditioneller Lesart unzulässig ist, muss sich das Unternehmen zw einer Haupt- und einer Zweigniederlassung entscheiden (Heymann/*Emmerich* § 106 HGB Rn 7; Röhricht/v Westphalen/Haas/*Haas* § 106 HGB Rn 10; Hopt/*Roth* § 106 HGB Rn 8; aA BeckOK/*Schöne* Rn 7; MüKo/*Schäfer* Rn 5); andernfalls ist der Ort maßgeblich, an dem sich die bedeutsamsten Teile der Hauptverwaltung befinden (vgl BeckOGK/*Lieder* § 1 GmbHG Rn 514.1).

3. Praktische Bedeutung. Von **Bedeutung** ist der Gesellschaftssitz namentlich für die Zuständigkeit des Registergerichts (§ 707 Rn 1ff) und für den allg Gerichtsstand nach § 17 I ZPO und den besonderen Gerichtsstand der Mitgliedschaft (§ 22 ZPO). Gleiches gilt – selbst bei Festlegung eines Vertragssitzes (Rn 8) – für die Bestimmung der örtlichen Zuständigkeit des Insolvenzgerichts, und zwar sowohl im nationalen Kontext nach § 3 I 2 InsO (MüKo/*Schäfer* Rn 7; missverständlich Begr RegE, BT-Drs 19/27635, 127) als auch in grenzüberschreitenden Sachverhalten nach Art 3 I EuInsVO (dazu MüKo/*Thole* Art 3 EuInsVO Rn 23ff). In der **Liquidation** kommt eine Sitzverlegung nur dann in Betracht, wenn der Liquidationszweck dies erfordert (BGH LM § 106 HGB Nr 1). Der Sitz ist relevant für die Bestellung der Liquidatoren nach §§ 377, 375 Nr 17 FamFG, § 736a I, III und als Erfüllungsort, auch in Bezug auf Leistungen der Gesellschafter (vgl BGH NJW 1985, 1286, 1287; BeckOK/*Schöne* Rn 9). 5

4. Sitzklausel. Der Gesellschaftsvertrag einer nicht eingetragenen GbR braucht nicht notwendig eine Bestimmung des (Verwaltungs-)Sitzes zu enthalten. Ist dies aber der Fall, dann muss der bezeichnete Sitz mit dem Betätigungsort der Geschäftsleitung übereinstimmen. Ist dies nicht der Fall, ergibt sich daraus eine **Verpflichtung der Geschäftsführung**, ihre Betätigung von dem vertragl vereinbarten Ort aus zu entfalten (MüKo/*Schäfer* Rn 4). Eine spätere tatsächliche Sitzverlegung führt regelmäßig zu einer **konkludenten Änderung** des Gesellschaftsvertrags einer nicht eingetragenen GbR. Bei der eGbR können Verwaltungs- und Vertragssitz auseinanderfallen, sodass eine tatsächliche Sitzverlegung auf den Vertragssitz typischerweise keine Auswirkungen zeitigt, sodass auch keine Eintragung in das Gesellschaftsregister erforderlich ist (aA offenbar MüKo/*Schäfer* Rn 4). 6

5. Verlegung des Verwaltungssitzes. Eine Verlegung des Verwaltungssitzes ist als Vertragsänderung zu qualifizieren, wenn der Verwaltungssitz im **Gesellschaftsvertrag** fixiert ist (MüKo/*Schäfer* Rn 12). Fehlt es an einer gesellschaftsvertragl Fixierung des Verwaltungssitzes, dann bedarf es bei einer **grenzüberschreitenden** Sitzverlegung eines Gesellschafterbeschlusses, weil es sich um ein Grundlagengeschäft handelt (BGH WM 1957, 999, 1000; *Hoffmann*/*Horn* RabelsZ 86, 65, 80). Demggü berührt eine Verwaltungssitzverlegung **innerhalb Deutschlands** die Grundlagen der Gesellschaft typischerweise nicht und ist daher nicht als Grundlagenentscheidung (so aber MüKo/*Schäfer* Rn 12), sondern als außergewöhnliches Geschäft iSd § 715 II 2 einzustufen (§ 715 Rn 22). 7

III. Vertragssitz. 1. Bestimmung des Vertragssitzes. Nach § 706 S 2 kann als Vertragssitz ein Ort im Inland bestimmt werden, der vom Betätigungsort der Geschäftsleitung abweichen kann. Die Beschränkung auf einen inländischen Ort zielt darauf ab, die notwendige Verbindung der Gesellschaft mit der dt Rechtsordnung hinreichend zu dokumentieren (MüKo/*Schäfer* Rn 9; Lieder/*Oetker* § 106 HGB Rn 33; s ferner *Paefgen* FS E. Vetter, 2019, 527f; *Weller* FS Blaurock, 2013, 497, 509ff; aA *Korch*/*Thelen* IPRax 2018, 248, 249). Zulässig ist eine solche Festlegung allerdings nur bei der **eGbR**; dort gehört der Vertragssitz zu den Angaben, die nach § 707 II Nr 1 lit b zur Eintragung in das Gesellschaftsregister **anzumelden** sind (§ 707 Rn 16). Für nicht registrierte Gesellschaften ist aus Gründen fehlender Publizität und eines unzureichenden Gläubigerschutzes auch weiterhin stets allein der Verwaltungssitz maßgeblich (Begr RegE, BT-Drs 19/27635, 127; *Lieder*/*Hilser* ZHR 185, 471, 482, 493f; *Hoffmann*/*Horn* RabelsZ 86, 65, 73f). Wird **unzulässigerweise** ein im Ausland belegener Vertragssitz vereinbart, ist nach S 1 der Verwaltungssitz maßgeblich. Eine hiergegen verstoßende Anmeldung ist abzulehnen; eine dennoch erfolgte Eintragung ist nach § 395 FamFG zu löschen (BeckOK/*Schöne* Rn 18). 8

Bezeichnet wird der Sitz mit dem Ort der **politischen Gemeinde** (RGZ 59, 106; *Melchior* GmbHR 2013, 853, 856). Existieren innerhalb einer großen Gemeinde mehrere Amtsgerichte, ist zudem der maßgebliche Registerbezirk anzugeben (BayObLG GmbHR 1988, 23f; MüKo/*Schäfer* Rn 9). Der vorrangige Vertragssitz ist maßgeblich für die Zuständigkeit des **Registergerichts** (§ 707 Rn 8) sowie den allg **Gerichtsstand** nach § 17 I ZPO (vgl RGZ 59, 106, 107f; Hamm NJW-RR 2019, 743 Rn 21; NZG 2019, 785 Rn 23; MüKo/*Schäfer* Rn 6); daneben kann der besondere Gerichtsstand der Niederlassung nach § 21 ZPO gegeben sein. Ist gesellschaftsvertragl die Geltung des Anfechtungsmodells (§§ 110ff HGB) vorgesehen, bestimmt sich die Zuständigkeit für Beschlussmängelklagen nach § 113 I, § 114 HGB nach dem Vertragssitz; dieser ist auch maßgeblicher Gesellschaftssitz iSd Art 24 Nr 2, 63 I lit a EuGVVO (*Paefgen* FS Aderhold, 2021, 305, 328). 9

Die **Verlegung** des Vertragssitzes bedeutet eine **Vertragsänderung**, die einstimmig bzw mit der im Gesellschaftsvertrag vorgesehenen Mehrheit zu beschließen ist (MüKo/*Schäfer* Rn 11). Sie ist von sämtlichen Gesellschaftern (§ 707 IV 1) beim bisherigen Registergericht zur Eintragung **anzumelden** (§ 707b Nr 2 iVm § 13h I HGB). 10

2. Ausländischer Verwaltungssitz. Die Vorschrift ermöglicht nicht nur eine inländische Abweichung des Vertrags- vom Verwaltungssitz, sondern auch die **Begründung oder Verlegung des Verwaltungssitzes ins Ausland** unter Beibehaltung des Vertragssitzes in Deutschland. Eine BGB-Gesellschaft dt Provenienz kann folglich mit Verwaltungssitz im Ausland gegründet werden oder eine in Deutschland gegründete GbR kann ihren Verwaltungssitz nachträgl ins Ausland verlegen. Das ist nicht nur mit Blick auf die Parallelführung zu § 5 AktG, § 4a GmbHG zu begrüßen, sondern auch mit Blick auf die einheitliche Behandlung einer Auslandsgesellschaft & Co KG (*Heckschen* AnwBl Online 2020, 470, 472; *Lieder*/*Hilser* ZHR 185, 471, 482; *Stiegler* Jura 2023, 64, 70). 11

12 Die Verlegung des Verwaltungssitzes ist auf Grundlage des § 706 uneingeschränkt zulässig in einen **EU-Mitgliedstaat** (vgl EuGH Slg 1999, I-1459 Rn 23ff; 2003, I-10155 Rn 100f, 104f) und **EWG-Mitgliedstaat** (vgl BGH GmbHR 2005, 1483) sowie in einen **Drittstaat**, der der **Gründungstheorie** folgt, wie zB die USA (BGHZ 153, 353). Folgt man mit der hM unter Billigung des EuGH (EuGH IPRax 1989, 354) in Wegzugsfällen der (modifizierten) Sitztheorie, führt eine solche Verwaltungssitzverlegung gleichwohl zu einem Statutenwechsel (MüKo/*Kindler* IntGesR Rn 832), und zwar ungeachtet dessen, ob der Immigrationsstaat EU/EWG-Mitgliedstaat oder Drittstaat ist (MüKo/*Weller* Einl GmbHG Rn 361; *Lieder/Hilser* ZHR 185, 471, 484). Ohne § 706 wäre die wegziehende Gesellschaft aufgelöst und zu liquidieren (vgl *Lutter* BB 2003, 7, 10; *Schön* ZGR 2003, 333, 355). Der sachrechtl Gehalt der Vorschrift dispensiert zulässigerweise von dieser Rechtsfolge (BeckOGK/*Lieder* § 1 GmbHG Rn 558).

13 Anderes gilt auf Grundlage eines rein sachrechtl Verständnisses für die Verwaltungssitzverlegung in einen **Drittstaat**, der der **Sitztheorie** anhängt. Eine Auflösung und Liquidation der dt Personengesellschaft kann nur durch eine Interpretation des § 706 als **verdeckte Kollisionsnorm** vermieden werden (ausf *Lieder/Hilser* ZHR 185, 471, 490ff; ebenso *Fleischer* BB 2021, 386, 388; *Hoffmann/Horn* RabelsZ 86, 65, 67f; *Schall* ZIP 2020, 1443, 1448f; *Schön* ZHR 187, 123, 137; *Stiegler* Jura 2023, 64, 70; aA *Heckschen* NZG 2020, 761, 763f; *Heckschen/Nolting* BB 2020, 2256, 2257; *Kindler* ZfPW 2022, 409, 414f; *Noack* BB 2021, 643, 644f). Nur diese Lesart wird dem Regelungsziel der Vorschrift vollauf gerecht, das darin besteht, die mit der Sitztheorie verbundenen Hemmnisse für die grenzüberschreitende Mobilität dt Personengesellschaften effektiv zu beseitigen.

14 Keine Auswirkungen zeitigt § 706 auf die **Verlegung des Verwaltungssitzes** einer ausländischen (Personen-)Gesellschaft **nach Deutschland**. Denn der sachliche Anwendungsbereich der Vorschrift beschränkt sich auf das Schicksal der wegziehenden – dt – Personengesellschaft. Für zuziehende – ausländische – Personengesellschaften trifft die Vorschrift keine Regelung. Stattdessen bleibt es bei der Anwendung der allg Grundsätze des Gesellschaftskollisionsrechts (*Lieder/Hilser* ZHR 185, 471, 495f; *Hoffmann/Horn* RabelsZ 86, 65, 71ff, 75). Während die hM von einer **gespaltenen Anknüpfung** bei der Sitzverlegung aus einem EU/EWG-Mitgliedstaat (Gründungstheorie) und aus einem Drittstaat (Sitztheorie) ausgeht (*W.-H. Roth* ZHR 2015, 168, 201ff; *Schön* ZHR 187, 123, 143; *Stiegler* ZGR 2017, 312, 329ff; *Weller* FS Goette, 2011, 583ff), tritt die zutr Gegenauffassung für die einheitliche Geltung einer **(modifizierten) Gründungstheorie** mit Sonderanknüpfungen ein (Oetker/*Lieder* § 105 HGB Rn 142; *Lieder/Hilser* ZHR 185, 471, 495f; *Lieder/Kliebisch* BB 2009, 338ff; *Bartels* ZHR 176, 412, 414ff; *Hoffmann/Horn* RabelsZ 86, 65, 88ff).

15 Stets **unzulässig** ist eine **Verlegung des Vertragssitzes** unter Beibehaltung der Rechtsform als dt Personengesellschaft ins Ausland, weil der Vertragssitz nach § 706 S 2 im Inland belegen sein muss (MüKo/*Schäfer* Rn 11; *Lieder/Hilser* ZHR 185, 471, 496ff; *Paefgen* FS E. Vetter, 2019, 527, 536f; *Hoffmann/Horn* RabelsZ 86, 65, 79f). Ein entspr Verlegungsbeschluss ist nichtig, weil andernfalls die Durchsetzung dt Gesellschaftsrechts durch Behörden und Gerichte vereitelt oder zumindest erschwert würde. Eine gleichwohl erfolgte Eintragung ist von Amts wegen zu löschen (Oetker/*Lieder* § 106 HGB Rn 24; *Paefgen* FS E. Vetter, 2019, 527, 537). In Abhängigkeit von der Interpretation des Internationalen Personengesellschaftsrechts kommt allenfalls eine rechtsformwechselnde Vertragssitzverlegung in Betracht. Auf Grundlage der von der hM vertretenen **Sitztheorie** ist eine solche Sitzverlegung allerdings unmöglich, weil die Gesellschaft durch den inländischen Verwaltungssitz mit der dt Gesellschaftsrechtsordnung verbunden bleibt. Ein isolierter grenzüberschreitender Formwechsel scheidet danach aus. Folgt man hingegen der hier vertretenen **Gründungstheorie**, dann steht einer isolierten – rechtsformwechselnden – Verlegung des Vertragssitzes in einen Gründungstheoriestaat nichts entgegen. Die Folge ist ein identitätswahrender Statutenwechsel. Die Polbud-Rspr des EuGH (NJW 2017, 3639 Rn 32ff) ist auf die Personengesellschaft zu übertragen (Oetker/*Lieder* § 105 HGB Rn 142a; *Lieder/Hilser* ZHR 185, 471, 498; vgl noch *Hoffmann/Horn* RabelsZ 86, 65, 82; *Stiegler* Jura 2023, 64, 70f). ISd Geschöpftheorie ist es aber auch weiterhin erforderlich, dass das Recht des Zuzugsstaats es ausreichen lässt, dass die Gesellschaft bloß ihren Satzungssitz in seinem Territorium hat (vgl *Bayer/Schmidt* BB 2018, 2562; *Lieder/Bialluch* GPR 2019, 286; *Lieder/Hilser* ZHR 185, 471, 498).

§ 707 Anmeldung zum Gesellschaftsregister

(1) Die Gesellschafter können die Gesellschaft bei dem Gericht, in dessen Bezirk sie ihren Sitz hat, zur Eintragung in das Gesellschaftsregister anmelden.

(2) Die Anmeldung muss enthalten:

1. folgende Angaben zur Gesellschaft:
   a) den Namen,
   b) den Sitz und
   c) die Anschrift, in einem Mitgliedstaat der Europäischen Union;

2. folgende Angaben zu jedem Gesellschafter:
   a) wenn der Gesellschafter eine natürliche Person ist: dessen Namen, Vornamen, Geburtsdatum und Wohnort;
   b) wenn der Gesellschafter eine juristische Person oder rechtsfähige Personengesellschaft ist: deren Firma oder Namen, Rechtsform, Sitz und, soweit gesetzlich vorgesehen, zuständiges Register und Registernummer;

3. die Angabe der Vertretungsbefugnis der Gesellschafter;
4. die Versicherung, dass die Gesellschaft nicht bereits im Handels- oder im Partnerschaftsregister eingetragen ist.

(3) Wird der Name der im Gesellschaftsregister eingetragenen Gesellschaft geändert, der Sitz an einen anderen Ort verlegt oder die Anschrift geändert oder ändert sich die Vertretungsbefugnis eines Gesellschafters, ist dies zur Eintragung in das Gesellschaftsregister anzumelden. Ist die Gesellschaft im Gesellschaftsregister eingetragen, so sind auch das Ausscheiden eines Gesellschafters und der Eintritt eines neuen Gesellschafters zur Eintragung in das Gesellschaftsregister anzumelden.

(4) Anmeldungen sind vorbehaltlich der Sätze 2 und 3 von sämtlichen Gesellschaftern zu bewirken. Scheidet ein Gesellschafter durch Tod aus, kann die Anmeldung ohne Mitwirkung der Erben erfolgen, sofern einer solchen Mitwirkung besondere Hindernisse entgegenstehen. Ändert sich nur die Anschrift der Gesellschaft, ist die Anmeldung von der Gesellschaft zu bewirken.

I. Normzweck. Die Vorschrift regelt im Zusammenhang mit §§ 707a–707d die Anmeldung der GbR zum Gesellschaftsregister. **Abs I** normiert die Möglichkeit der GbR, sich freiwillig in das Gesellschaftsregister einzutragen zu lassen, und die Zuständigkeit des Registergerichts. Damit bezweckt ist die Schaffung von **Subjektpublizität**, sodass der redliche Rechtsverkehr auf die aus dem Gesellschaftsregister ersichtlichen Angaben zur Existenz, Identität, Zusammensetzung der Vertretungsbefugnisse der Gesellschaft vertrauen darf (Begr RegE, BT-Drs 19/27635, 128). **Abs II** bezeichnet die konkreten Pflichtangaben, die zur Eintragung in das Gesellschaftsregister anzumelden sind. Nach **Abs III** sind spätere Änderungen der Gesellschaftsverhältnisse ebenfalls in das Gesellschaftsregister einzutragen, um die Angaben im Gesellschaftsregister stets aktuell zu halten. **Abs IV** verpflichtet im Grundsatz alle Gesellschafter die Anmeldung zum Gesellschaftsregister vorzunehmen, um eine Mitwirkung und Kenntnis sämtlicher Gesellschafter von den relevanten Anmeldungen sicherzustellen. Ausnahmen gelten für die Mitwirkung von Erben im Todesfall eines Gesellschafters sowie für die Änderung der Geschäftsanschrift, die von den vertretungsberechtigten Gesellschaftern zu bewirken ist. Wegen seines Schutzzwecks ist § 707 zwingend (vgl Oetker/*Lieder* § 106 HGB Rn 2 aE). 1

II. Anmeldung der Gesellschaft. 1. Anmeldeoption. Das in Abs I vorgesehene Recht, die GbR zur Eintragung in das Gesellschaftsregister anzumelden, ist die zentrale Innovation des MoPeG (Vor § 705 Rn 45). Der Grundsatz einer freiwilligen, deklaratorischen Eintragung zielt darauf ab, das **Publizitätsdefizit** der GbR zu **beseitigen**, die bisher in keinem Subjektregister, sondern allenfalls in Objektregistern eingetragen war (vgl *Herrler* ZGR-Sonderheft 23, 39, 41; *Lieder/Hilser* NotBZ 2021, 401, 402). Über die Existenz, Identität und ordnungsgemäße Vertretung der Gesellschaft kann so für Transparenz und Rechtssicherheit hergestellt werden. Auch wenn sich der Reformgesetzgeber gegen die Schaffung eines einheitlichen Registers für GbR und Personenhandelsgesellschaften entschieden hat, orientieren sich das Registerverfahren sowie Inhalt und Wirkung der Registereintragung maßgeblich am Handelsregister. Das Gesellschaftsregister ist sowohl in das Unternehmensregister (Art 54 MoPeG) als auch in das Transparenzregister (Art 92 MoPeG) eingebunden. Die eGbR muss insb nach § 20 I 1 GwG die Angaben über die wirtschaftl Berechtigten nach § 19 I GwG einholen und der registerführenden Stelle zur Eintragung in das Transparenzregister mitteilen (näher *Wertenbruch* JZ 2023, 78, 81f). Das werden professionell am Markt auftretende Gesellschaften zur Erhöhung ihrer Seriosität in Kauf nehmen müssen, wie zB Freiberuflergesellschaften, oder aber grundstücksverwaltende Familienpools, während gelegentliche Personenzusammenschlüsse auf eine Eintragung regelmäßig verzichten können (vgl *Otte* ZIP 2021, 2162, 2165). 2

Anders als bei den Personenhandelsgesellschaften (vgl § 106 I HGB) besteht für die GbR **keine gesetzliche Eintragungspflicht**. Die Eintragung ist weder Voraussetzung für das Bestehen einer GbR noch für die Erlangung der Rechtsfähigkeit, wenngleich eine eingetragene GbR stets rechtsfähig ist, weil die Gesellschafter mit der Eintragung ihren gemeinsamen Willen zur Teilnahme am Rechtsverkehr dokumentieren (§ 705 II; § 705 Rn 3). Dementspr handelt es sich bei einer eingetragenen Gesellschaft notwendig um eine Außen-GbR (MüKo/*Schäfer* Rn 7). 3

Die Registereintragung erhöht die Handlungsfähigkeit der GbR. Registrierte GbR erlangen **Umwandlungsfähigkeit** (§ 3 I Nr 1, §§ 39ff, § 125 I 1, § 191 I Nr 1, II Nr 1, § 214 UmwG), **Grundbuchfähigkeit** (§ 47 II GBO), Schiffsregisterfähigkeit (§ 51 II SchRegO) und die Möglichkeit, ihren **Vertragssitz frei zu wählen** (§ 706 S 2), ihren Status zu wechseln (§ 707c I) und eine mit Publizitätswirkung (§ 707a III iVm § 15 HGB) versehene Abweichung von der gesetzl Vertretungsbefugnis nach § 720 (Begr RegE, BT-Drs 19/27635, 128). In das Aktienregister (§ 67 I 3 AktG) und die Gesellschafterliste (§ 40 I 3 GmbHG) können ebenfalls nur eGbR eingetragen werden. Das damit bezeichnete **Voreintragungserfordernis** für Erwerb und Veräußerung registrierter Rechte zeigt zwar keine materiellrechtl Wirkung, hat aber jedenfalls verfahrensrechtl Bedeutung und begründet in diesem Sinne einen **faktischen Registerzwang** (Begr RegE, BT-Drs 19/27635, 108; MüKo/*Schäfer* Rn 2; Schäfer/*Hermanns* § 2 Rn 2, 27ff; *Herrler* ZGR-Sonderheft 23, 39, 50f). Dies schließt es nicht aus, dass sich ein Rechtserwerb auch außerhalb des Registers vollziehen kann, wie zB kraft erbrechtl Gesamtnachfolge; die Eintragung der GbR in das Objektregister kann aber nur nach der Eintragung der GbR in das Gesellschaftsregister erfolgen, und zwar auch bei Altgesellschaften (Art 229 § 21 EGBGB). Eine Ausnahme gilt für Immaterialgüterrechte, zumal die Eintragung im jew Register auf die materielle Rechtslage keinerlei Auswirkung zeitigt (MüKo/*Schäfer* Rn 2). Zusammen mit den Publizitätswirkungen der Eintragung (§ 707a Rn 1, 19ff) ergibt sich für registrierte GbR ein Seriositätsvorsprung der eGbR ggü nicht eingetragenen Gesellschaften, der sich nach § 707a II 1 in der obliga- 4 torischen Führung eines entspr Namenszusatzes manifestiert (*Schollmeyer* VGR 26, 15, 22). IÜ wird man annehmen dürfen, dass auch potenzielle Vertragspartner von GbR, wie zB Banken, auf die Gesellschaften zumindest sanften Druck in Richtung einer Eintragung ausüben werden, sodass die rechtl Freiwilligkeit der Eintragung in der Praxis nicht selten in einen faktischen Zwang umschlagen wird. Umgekehrt ist zu bedenken, dass eGbR mitteilungspflichtige Rechtsträger iSd § 20 I GwG und daher ihre wirtschaftl Berechtigten zum **Transparenzregister** anzumelden sind (*Goette* DStR 2021, 1551, 1555; *John* NZG 2022, 243, 247).

5 Aus rechtspolitischer Perspektive erscheint die Eintragungsoption als **vernünftiger Kompromiss** für einen Ausgleich der Interessen kleiner Gesellschaften an Kostenersparnis für Notar- und Registergebühren einerseits und den Bedürfnissen des Rechtsverkehrs nach Rechtssicherheit und Publizität andererseits (*Lieder/Hilser* NotBZ 2021, 401, 403; *Luy* notar 2020, 182, 183; aA *Heckschen* NZG 2020, 761, 762). Zugleich werden Schwierigkeiten im Umgang mit nicht eingetragenen Gesellschaften vermieden, die aus der Verknüpfung von Eintragung und Rechtsfähigkeit hätten resultieren können (dazu *Herrler* ZGR-Sonderheft 23, 39, 49). Die Gesellschafter müssen sich indes darüber im Klaren sein, dass die Entscheidung für eine Eintragung der GbR irreversibel ist; aus Verkehrsschutzgründen führt **kein Weg zurück** in die nicht eingetragene GbR. Eine Löschung kommt nur auf Grundlage der allg Vorschriften in Betracht, wie zB durch Umwandlung oder Liquidation (§ 707a IV; § 707a Rn 22).

6 Ungeachtet der mangelnden gesetzl Anmeldepflicht kann sich aus dem Gesellschaftsvertrag eine **schuldrechtliche Pflicht** ergeben, die GbR zur Eintragung in das Gesellschaftsregister anzumelden (vgl MüKo/*Fleischer* § 106 HGB Rn 9; Oetker/*Lieder* § 106 HGB Rn 10). Eine solche Verpflichtung ergibt sich auf Grundlage der mitgliedschaftlichen Treuepflicht bzw im Wege ergänzender Auslegung des Gesellschaftsvertrags, wenn sich der Unternehmensgegenstand ohne Eintragung nicht verwirklichen lässt, weil der **Erwerb registrierter Rechte** (Grundstücke, GmbH-Anteile oder Namensaktien) andernfalls ausscheidet (*John* NZG 2022, 243, 244; *Stock* NZG 2023, 361, 367f). Aus rechtsdogmatischer Perspektive handelt es sich um eine Verpflichtung der Gesellschafter ggü der GbR, an der Eintragung der Gesellschaft in das Gesellschaftsregister mitzuwirken (*Stock* NZG 2023, 361, 368; dort auch zur prozessualen Durchsetzung). Klarheit kann eine ausdrückl Regelung im Gesellschaftsvertrag über die Ausübung der Eintragungsoption schaffen, die zu empfehlen ist. Eine entspr Verpflichtung können die Gesellschafter mittels Leistungsklage gerichtlich durchsetzen. Ebenso kann eine Voreintragungspflicht in Personen- und GmbH-Gesellschaftsverträgen vereinbart werden (*Stock* NZG 2023, 361, 368). **Weitere Anmeldepflichten** bestehen für nachträgl **Änderungen** bei anmeldepflichtigen Tatsachen eingetragener GbR (vgl § 707 III, § 734 III, § 736c I, § 738).

7 **2. Anmeldezeitpunkt.** Sobald die GbR durch **Abschluss des Gesellschaftsvertrags** entstanden ist (§ 705 Rn 3ff), kann sie zur Eintragung in das Gesellschaftsregister angemeldet werden. Unabhängig von der Zustimmung aller Gesellschafter zur Teilnahme am Rechtsverkehr entsteht die GbR im Verhältnis zu Dritten spätestens mit der Eintragung in das Gesellschaftsregister (§ 719 I; § 719 Rn 5). Da die fehlerhafte Gesellschaft, der fehlerhafte Ein- und Austritt von Gesellschaftern und die **fehlerhafte Anteilsübertragung** nach Invollzugsetzung bis zur Geltendmachung der Fehlerhaftigkeit wie wirksame Vorgänge zu behandeln sind (§ 705 Rn 189ff), kommt auch in diesen Fällen eine Eintragung in Betracht (vgl KG GWR 2011, 164; Oetker/*Lieder* § 106 Rn 9).

8 **3. Anmeldeverfahren.** Das Verfahren der Eintragung in das Gesellschaftsregister richtet sich nach § 707b Nr 2 iVm §§ 8ff HGB sowie nach der auf Grundlage des § 707d erlassenen Verordnung über die Einrichtung und Führung des Gesellschaftsregisters (**Gesellschaftsregisterverordnung** – GesRV) v 16.12.2022 (BGBl I 2022, 2422; dazu ausf § 707d Rn 2). Die Anmeldung ist in rechtsdogmatischer Hinsicht als **Verfahrenshandlung**, nicht als privatrechtl-materielles Rechtsgeschäft zu qualifizieren (vgl BayObLG DB 1977, 1085; 1990, 168, 169). Daraus folgt, dass § 181 unanwendbar ist (Rn 44) und die Anmeldung nicht mit Wirkung ex tunc angefochten, sondern allenfalls zurückgenommen werden kann (zur Umdeutung vgl BayObLG DB 1990, 168, 169). Die Anmeldung erfolgt elektronisch in **öffentlich beglaubigter Form** (§ 12 I HGB). Weitere Unterlagen müssen grds nicht vorgelegt werden (vgl BayObLG DB 1977, 1085; Rpfleger 1978, 254, 255), es sei denn, es handelt sich um notwendige, in öffentlich beglaubigter Form vorliegende Dokumente, wie zB eine familienrechtl Genehmigung (§ 705 Rn 43). Örtlich **zuständig** ist nach § 707 I das Gericht, in dessen Bezirk die Gesellschaft ihren Vertragssitz hat (dazu Rn 30). Das Gericht des Sitzes ist mit Ausnahme von Sonderregelungen, etwa § 707b Nr 3 iVm §§ 13, 13d HGB für Zweigniederlassungen, ausschließlich zuständig. Sachlich zuständig sind nach § 707b Nr 2 iVm § 8 HGB iVm § 376 II FamFG, § 23a I Nr 2 GVG die Amtsgerichte. Funktionell ist nach § 3 Nr 1 lit n RPflG der Rechtspfleger zuständig. **Beschwerdebefugt** sind nach § 383 FamFG alle zur Anmeldung berufenen Gesellschafter, nicht aber die Gesellschaft selbst (vgl BGH NZG 2020, 1070 Rn 23), die in notwendiger Verfahrensstandschaft alle gemeinsam tätig werden müssen (KG NZG 2022, 222 Rn 5), aber auch der einzelne Gesellschafter, wenn dessen Recht beeinträchtigt ist (vgl Hamm NZG 2010, 631; Röhricht/v Westphalen/Haas/*Haas* § 107 HGB Rn 16; enger Schleswig NZG 2010, 957, 958).

9 **III. Inhalt der Anmeldung.** Machen die Gesellschafter von ihrem Eintragungswahlrecht Gebrauch (Rn 2), sind die in Abs II aufgeführten Pflichtangaben im Fall der Erstanmeldung zur Eintragung in das Gesellschaftsregister anzumelden (s Muster bei Schäfer/*Hermanns* § 2 Rn 17). Mit Blick auf § 707a III iVm § 15 HGB handelt es sich um **eintragungspflichtige Tatsachen**, die an der Publizitätswirkung des Registers teilnehmen und deren Eintragung mittels Zwangsgeldfestsetzung (§ 14 HGB) durchgesetzt werden kann (Begr RegE, BT-Drs 19/27635, 129). Zudem müssen die zur Eintragung angemeldeten Tatsachen **inhaltlich zutreffend** sein (MüKo/*Schäfer* Rn 12).

Die in § 707 normierte Anmeldeoption umfasst diejenigen Tatsachen und Rechtsverhältnisse der GbR, an denen der Rechtsverkehr ein **berechtigtes Informationsinteresse** hat. Die Kenntnis von Namen, Sitz und Geschäftsanschrift ist erforderlich, wenn der Rechtsverkehr Forderungen ggü der Gesellschaft geltend machen will. Die Kenntnis der hinter der Gesellschaft stehenden persönlich haftenden Gesellschafter benötigt der Rechtsverkehr, um die persönliche Haftung der Gesellschafter durchzusetzen. An der Kenntnis der Vertretungsbefugnisse der Gesellschafter besteht beim Abschluss von Rechtsgeschäften ein berechtigtes Interesse der Vertragspartner. Die ergänzende Versicherung soll gewährleisten, dass eine Eintragung nur dann erfolgt, wenn die Gesellschaft nicht bereits in einem anderen Register eingetragen ist. **Nicht vorgesehen** ist hingegen die Eintragung des Gesellschaftsvertrags, Gesellschaftszwecks und Unternehmensgegenstands, weil sich aus diesen Angaben für den Rechtsverkehr keine relevanten Implikationen ergeben; insb ist die Vertretungsmacht der Gesellschafter nach § 720 III 2 unbeschränkbar. 10

1. Angaben über die Gesellschaft. a) Name. Der Name gehört nicht zu den konstitutiven Voraussetzungen einer (rechtsfähigen) GbR. Ihm kommt allerdings zumindest indizielle Bedeutung für das Vorliegen einer Außen-GbR zu (§ 705 Rn 153). Um die **Identifizierung der Gesellschaft** zu ermöglichen, vor allem bei mehreren Gesellschaften mit gleichem Mitgliederbestand, erhebt § 707 II Nr 1 lit a den Namen der Gesellschaft zur Pflichtangabe. Nach § 707b Nr 1 finden auf die Namenswahl die Prinzipien der **Firmenwahrheit, Firmenklarheit** und **Unterscheidbarkeit** entspr Anwendung (§ 707b Nr 1 iVm §§ 18, 21–24 HGB; s § 707b Rn 2). Die Zulässigkeit ist Prüfungsgegenstand des Registergerichts (MüKo/*Schäfer* Rn 13). Dem Namen anzufügen ist der Rechtsformzusatz **eGbR** (§ 707a II; § 707a Rn 1, 17f). 11

Der Verweis auf das Firmenrecht betrifft ausdrückl nur die eGbR (Begr RegE, BT-Drs. 19/19/27635, 129). Allerdings war schon bisher anerkannt, dass die weitgehende Einheitlichkeit des Auftretens der Gesellschaft im Rechtsverkehr es den Gesellschaftern jedoch erlaubt, einen **Namen zu wählen**, unter dem die GbR bei der Verfolgung des Gesellschaftszwecks handelt (vgl BGHZ 146, 341; 136, 254, 258; Staudinger/*Habermeier* Vor § 705 Rn 23; *Wertenbruch* in Westermann/Wertenbruch Rn I 182; MüKo/*Schäfer* § 705 Rn 207; abw *Wessel* BB 1978, 1084 mit vorwiegend wechselrechtl Bedenken). Die Namenswahl kann kraft Gesellschaftsvertrags oder kraft Gesellschafterbeschlusses erfolgen (MüKo/*Schäfer* § 705 Rn 208). Da das Recht zur – gesetzl nicht determinierten – Namensgebung aus dem einheitlichen Auftreten im Rechtsverkehr hergeleitet wird, muss der Name hiermit in Verbindung gebracht werden können. Es können also ohne Bindung an die Grundsätze des Firmenrechts die Namen von Gesellschaftern, verbunden mit oder ersetzt durch (nicht willkürliche) Sachbezeichnungen verwendet werden (Soergel/*Hadding*/*Kießling* Rn 68), etwa bei einer ARGE oder einer Publikumsgrundstücksgesellschaft; aber auch reine Phantasiebezeichnungen sind zulässig (*Wertenbruch* in Westermann/Wertenbruch Rn I 182). Inhaltl sollte an den **Grundsätzen des § 18 HGB** Maß genommen werden, sodass auch der Name der nicht eingetragenen Gesellschaft klar, wahr und unterscheidbar sein muss (MüKo/*Schäfer* § 705 Rn 207f). Bezeichnungen wie ARGE, Konsortium, Rechenzentrum (Karlsruhe BB 1978, 519) sind in Ordnung. Bei Freiberufler-Sozietäten sind standesrechtl Regeln über die Namensbildung zu beachten (näher *Wertenbruch* in Westermann/Wertenbruch Rn I 188). Soweit einer der Gesellschafter einer unternehmerisch tätigen Gesellschaft das gemeinsame Geschäft allein weiterführt, findet **§ 24 HGB** analoge Anwendung mit der Folge, dass der bisherige Name beibehalten werden darf und die Einwilligung der übrigen Teilnehmer nur nötig ist, wenn ihr Name in der Gesellschaftsbezeichnung enthalten war (Nürnberg BB 1999, 652). 12

Namentlich bei Freiberuflergesellschaften kann es interessant sein, **akademische Titel** eines Gesellschafters in den Namen der Gesellschaft aufzunehmen. Für eine in der Wirtschaftsprüfung tätige Partnerschaftsgesellschaft hat der BGH (ZIP 2018, 1494) nach dem Tod des promovierten Namensgebers den Verbleibenden bei Einwilligung des Ausgeschiedenen oder seiner Erben die Fortführung des bisherigen Namens der Gesellschaft auch dann gestattet, wenn keiner von ihnen promoviert hat (ebenso BGH NZG 2018, 1016 bei einer Steuerberatungsgesellschaft). Das wurde aus § 2 II PartGG iVm § 24 II HGB begründet und gegen das Irreführungsverbot gem § 18 II HGB dadurch abgegrenzt, dass die verbleibenden Partner ihrerseits die immerhin hohe Qualifikation von Steuerberatern oder Wirtschaftsprüfern besaßen. 13

Der Name einer eingetragenen GbR wird über § 707b Nr 1 nach handelsrechtl Grundsätzen geschützt (§ 707b Rn 2ff). Für den **Namensschutz** nicht eingetragener GbR kommt als Grundlage **§ 12** in Betracht, der auch auf Personenverbände anwendbar ist (§ 12 Rn 12). Wenn das Namensrecht aus der Art des Auftretens der Gesellschaft im Rechtsverkehr folgt, kann es für den Schutz gem § 12 nicht auf Verkehrsgeltung ankommen (MüKo/*Schäfer* § 705 Rn 209; Soergel/*Hadding*/*Kießling* Rn 69). Wohl müssen die gewöhnlichen Voraussetzungen der individualisierenden Wirkung des Namens (dazu § 12 Rn 1) gegeben sein, was bei Phantasiebezeichnungen einer GbR zweifelhaft sein kann. Bei berechtigter Benutzung des Namens im geschäftlichen Verkehr greift auch der Schutz gem. § 16 UWG. Das Registergericht kann gem **§ 37 HGB** gegen den mit der Verwendung einer kaufmännischen Firma verwechselbaren Gebrauch eines Namens durch Kleingewerbetreibende vorgehen (BayObLG BB 1960, 996; Frankfurt BB 1975, 247; weitere Bsp Hamm DB 1968, 479; *Zwernemann* BB 1987, 774ff). Über die Verweisung des § 707b Nr 2 können sich auch eGbR auf § 37 HGB berufen. Rechte Dritter sind auch nach **§ 12 BGB, §§ 5, 15 MarkenG** zu beachten. 14

Die in das Gesellschaftsregister eingetragene GbR hat nach § 707a II 1 den **Rechtsformzusatz eGbR** oder die entspr Langfassung zu führen (näher § 707a Rn 17). Damit wird die Abkürzung „GbR" auch für nicht eingetragene Gesellschaften anerkannt (MüKo/*Schäfer* § 705 Rn 211). Eine gesetzl Verpflichtung zur Führung eines solchen Rechtsformzusatzes (dafür MüKo/*Schäfer* § 705 Rn 211; *Wertenbruch* in Westermann/Wertenbruch Rn I 15

184) lässt sich aber auch dem modernisierten BGB-Gesellschaftsrecht nicht entnehmen. Jedenfalls unzulässig ist der Rechtsformzusatz „**GbR mbH**" (München ZIP 1999, 535; *Wertenbruch* in Westermann/Wertenbruch Rn I 185; näher Vor § 705 Rn 17). Den Namenszusatz „und Partner" können seit Geltung des § 11 I PartGG nur Partnerschaftsgesellschaften verwenden (BGHZ 135, 257).

16 **b) Sitz.** Bei dem anzumeldenden Sitz handelt es sich grds um denjenigen (Vertrags-)Sitz, auf den sich die Gesellschafter nach § 706 S 2 verständigt haben. Fehlt es an einer entspr Vereinbarung ist nach § 706 S 1 der Verwaltungssitz anzumelden. Maßgeblich ist jew der Ort der inländischen politischen Gemeinde (Begr RegE, BT-Drs 19/27635, 129). Für Einzelheiten s § 706 Rn 1ff.

17 **c) Anschrift in der EU.** Anzumelden ist weiterhin die Anschrift der Gesellschaft, die in einem EU-Mitgliedstaat belegen sein muss und vom tatsächlichen Ort der Hauptversammlung abweichen kann. Die Adresse setzt sich zusammen aus Straße, Hausnummer, Postleitzahl und Ort (Begr RegE, BT-Drs 19/27635, 129) und soll sicherstellen, dass Gläubiger dem Register eine Geschäftsanschrift entnehmen können, die eine zuverlässige **Zustellung an die Gesellschaft** ermöglicht (Begr RegE, BT-Drs 19/27635, 129). Das ändert freilich nichts daran, dass die Zustellung nach § 170 ZPO nicht an die Gesellschaft als solche, sondern an die gesetzl Vertreter zu erfolgen hat, wobei zur Passivvertretung im Grundsatz jeder Gesellschafter berufen ist (§ 720 V; § 720 Rn 26). Zumindest kommt aber eine Ersatzzustellung nach §§ 178ff ZPO in den inländischen Geschäftsräumen der GbR in Betracht. Bestehen keine Geschäftsräume in der EU, taugt auch der Wohnsitz eines Gesellschafters als Geschäftsanschrift (Begr RegE, BT-Drs 19/27635, 129). Nach Erlass der ZustellungsVO (VO Nr 1393/2007, ABl. 2007 L 324/79) ist inzwischen ein fast vergleichbares Schutzniveau bei Zustellungen im EU-Ausland erreicht (vgl EuGH NJW 2013, 443 Rn 41), sodass nicht länger eine inländische Geschäftsanschrift notwendig erscheint; sie vielmehr auch in einem EU-Mitgliedstaat liegen kann (Begr RegE, BT-Drs 19/27635, 129f). Da die ZustellungsVO im EWR nicht gilt, genügt eine dort belegene Anschrift nicht (Begr RegE, BT-Drs 19/27635, 130).

18 **2. Angaben über die Gesellschafter.** Aufgrund des **zwingenden Charakters** der § 707 ist eine Vereinbarung der Gesellschafter, wonach einer von ihnen nicht angemeldet werden und nicht nach außen in Erscheinung treten solle, nach § 134 unwirksam (vgl BGHZ 10, 44, 48; Oetker/*Lieder* § 106 HGB Rn 14). Zulässige Gestaltungsmöglichkeit sind in einem solchen Fall die Stellung als stiller Gesellschafter (§ 230 HGB), eine treuhänderische Beteiligung (§ 705 Rn 59ff) oder die Unterbeteiligung an einem Gesellschaftsanteil (Vor § 705 Rn 66ff).

19 **a) Natürliche Personen.** Für natürliche Personen ist der **Familienname** in der sich aus dem Personenstandsregister ergebenden Form und der **Vorname** durch Angabe des Rufnamens anzumelden, soweit keine Verwechslungsgefahr mit anderen Personen gleichen Familiennamens und Wohnorts besteht (MüKo/*Fleischer* § 106 HGB Rn 17; Oetker/*Lieder* § 106 HGB Rn 15). Ein **Doktortitel** ist kraft Gewohnheitsrechts eintragungsfähig (BGH NZG 2017, 734 Rn 10, 21ff). Künstlernamen und Pseudonymen sind zulässig, wenn sie in Personenstandsurkunden oder Ausweisdokumenten vermerkt sind (Frankfurt NJW 2003, 364). Das **Geburtsdatum** dient nicht allein der Identifizierung, sondern zugleich der Feststellung der Volljährigkeit durch das Registergericht und der Information des Rechtsverkehrs wegen § 1629a (Oetker/*Lieder* § 106 HGB Rn 15). Der **Wohnort** bezeichnet den Ort des dauerhaften tatsächlichen Aufenthalts des Gesellschafters, der nicht mit dem Wohnsitz iSd §§ 7ff identisch sein muss, welcher seinerseits in den Beglaubigungsvermerk nach § 12 HGB aufzunehmen ist. Eine ungeborene Leibesfrucht kann vor der Geburt nicht in das Handelsregister eingetragen werden (Celle NZG 2018, 303 Rn 9ff).

20 **b) Juristische Personen.** Bei jur Personen, die Handelsgesellschaften sind, ist deren **Firma**, bei anderen jur Personen, wie zB eV oder Stiftung, ist deren **Name** einzutragen. Hinzu kommen die jew **Rechtsform** und der **Sitz.** Soweit dies gesetzl vorgesehen ist, ist ferner das zuständige Register und die zugehörige Registernummer einzugeben. **Fehlt** es an einem öffentlichen **Register**, wie zB bei öffentlich-rechtl Anstalten, altrechtl Vereinigungen, Realgemeinden, nicht eingetragenen Vereinen oder ausländischen Rechtsformen (zur Beteiligungsfähigkeit s § 705 Rn 49ff), sind weitere Angaben zur Identifizierung erforderlich (Oetker/*Lieder* § 106 HGB Rn 18). Gerade für ausländische Personenvereinigungen sollen Publizitätsdefizite analog §§ 13e ff HGB durch Angaben vermieden werden, die für die Anmeldung einer inländischen Zweigniederlassung erforderlich wären (Begr RegE, BT-Drs 19/27635, 131). Das Registergericht hat nach § 26 FamFG zu prüfen, ob die Personenvereinigung in einem Subjektregister eingetragen ist, kann sich hierbei aber auf die Angaben im Rahmen der Anmeldung grds verlassen (Begr RegE, BT-Drs 19/27635, 130). Vorgesellschaften sind mit dem Zusatz „in Gründung" (i Gr) in das Gesellschaftsregister einzutragen (Begr RegE, BT-Drs 19/27635, 130; BGH WM 1985, 165, 166; EBJS/*Born* § 106 HGB Rn 10). Nach Eintragung der (Vor-)Gesellschaft in das Handelsregister ist dieser Zusatz zu lösen. Die Eintragung der gesetzl Vertreter der jur Person findet nicht statt (Oetker/*Lieder* § 106 HGB Rn 18; KKRD/*Kindler* § 106 HGB Rn 2; abw BayObLG NJW 1986, 3029, 3032).

21 **c) Personengesellschaften.** Bei Personengesellschaften sind die **Firma** oder der **Name** sowie **Rechtsform** und **Sitz** zur Eintragung anzumelden. Soweit gesetzl vorgesehen ist ferner das zuständige Register und zugehörige Registernummer einzugeben. Die gesetzl Vertreter und Gesellschaftern können hingegen nicht eingetragen werden (vgl Oetker/*Lieder* § 106 HGB Rn 17; MüKo/*Fleischer* § 106 HGB Rn 21). Deutsche Personengesellschaften können nur dann als Gesellschafter eingetragen werden, wenn sie zuvor selbst in das zuständige Register eingetragen worden sind (§ 707a I 2).

22 **3. Vertretungsbefugnis der Gesellschafter.** Zur Eintragung anzumelden ist weiterhin die Vertretungsbefugnis der Gesellschafter, und zwar auch dann, wenn sie nicht von der gesetzl Regelung der **Gesamtvertretung**

(§ 720 I) abweicht. Das erhöht die Übersichtlichkeit des Gesellschaftsregisters im Interesse des Rechtsverkehrs (Begr RegE, BT-Drs 19/27635, 131). Pflichtangabe ist ferner die Befreiung vom Verbot des **Selbstkontrahierens** nach § 181 (EBJS/*Born* § 106 HGB Rn 18; Oetker/*Lieder* § 106 HGB Rn 26). Für ausländische Gesellschaftern ergibt sich die Rechtslage nach deren Personalstatut (Karlsruhe GmbHR 2011, 1324, 1326). **Nicht anzugeben** sind Ermächtigungen nach § 720 II (Begr RegE, BT-Drs 19/27635, 163; vgl noch Oetker/*Lieder* § 106 HGB Rn 26; Hopt/*Roth* § 106 HGB Rn 3f; KKRD/*Kindler* § 106 HGB Rn 2; aA *Servatius* NZG 2002, 456, 458) oder rechtsgeschäftliche Generalvollmachten (vgl Hamburg NZG 2009, 957). Das berechtigte Interesse des Rechtsverkehrs wird in diesen Fällen durch ein Zurückweisungsrecht analog § 174 gewährleistet (§ 174 Rn 3; vgl Begr RegE, BT-Drs 19/27635, 163).

4. Versicherung fehlender Voreintragung. Die Gesellschafter müssen in der Anmeldung ferner erklären, dass die Gesellschaft nicht bereits im Handels- oder im Partnerschaftsregister eingetragen ist. Hintergrund sind die in § 107 I HGB und § 1 PartGG vorgesehenen Eintragungsmöglichkeiten für kleingewerbliche, vermögensverwaltende und freiberufliche Gesellschaften. Um eine Irreführung des Rechtsverkehrs zu vermeiden, darf ein und dieselbe Gesellschaft nicht in mehrere Register eingetragen werden (**Vermeidung von Doppeleintragungen**; vgl MüKo/*Schäfer* Rn 19; Schäfer/*Hermanns* § 2 Rn 9). Zugleich werden die Bestimmungen über den Statuswechsel abgesichert, der nur mittels Anmeldung bei demjenigen Register in Gang gesetzt werden kann, in welchem die Gesellschaft bereits eingetragen ist (Begr RegE, BT-Drs 19/27635, 131; vgl noch § 707c, §§ 106, 107 HGB, § 4 IV PartGG). Die Versicherung hat keinen höchstpersönlichen Charakter und ist auch nicht strafbewehrt. Daher kann sie auch von einem Vertreter abgegeben werden (MüKo/*Schäfer* Rn 19; Schäfer/*Hermanns* § 2 Rn 10). 23

5. Weitere Angaben. Über diese gesetzl vorgesehenen Vorgaben hinausgehende Informationen sind im Interesse der Übersichtlichkeit des Gesellschaftsregisters nur dann eintragungsfähig, wenn an der Information ein **erhebliches Bedürfnis des Rechtsverkehrs** besteht (vgl BGHZ 87, 59, 62; BGH ZIP 1992, 395, 397; 1998, 152; NZG 2012, 385 Rn 16). Das ist bei einer Mitberechtigung am Gesellschaftsanteil die Ausnahme; nicht einzutragen ist daher zB die **Unterbeteiligung** (MüKo/*Schäfer* Rn 17); umgekehrt ist der Treuhänder ohne einen entspr Vermerk einzutragen (vgl EBJS/*Born* § 106 HGB Rn 11; Oetker/*Lieder* § 106 HGB Rn 16). Wegen der umfassenden Befugnisse eines Nießbrauchers an einem Gesellschaftsanteil und seiner möglichen Haftung ist die Eintragungsfähigkeit des **Nießbrauchs** zu bejahen (vgl Oldenburg NZG 2015, 643; Stuttgart NZG 2013, 432; Staudinger/*Heinze* Anh § 1068 Rn 92; MüKo/*Pohlmann* § 1068 Rn 87; MüKo/*Schäfer* Rn 17; aA München DStR 2016, 2000; Köln NZG 2020, 64 Rn 5; *Lazarets*/*Becker* NotBZ 2020, 289, 291f; *Wertenbruch* NZG 2020, 641ff). 24

Eintragungsfähig sind ferner ein **Fortsetzungsbeschluss** nach Auflösung der GbR (vgl Oetker/*Lieder* § 106 HGB Rn 29; MüKo/*Fleischer* § 106 HGB Rn 40), der Abschluss eines **Unternehmensvertrags** (vgl EBJS/*Born* § 106 HGB Rn 22), ein klarstellender Vermerk über einen **Gesellschafterwechsel** durch Gesamtnachfolge oder Anteilsübertragung (Rn 33f; vgl BGHZ 81, 82, 86; BGH NZG 2006, 15; Röhricht/v Westphalen/Haas/*Haas* § 106 Rn 6). In allen diesen Fällen sind die Gesellschafter einer eGbR zur Eintragung verpflichtet (vgl Oetker/*Lieder* § 106 HGB Rn 29 aE; MüKo/*Fleischer* § 106 HGB Rn 40). 25

Weder eintragungspflichtig noch eintragungsfähig sind Umstände, die das Innenverhältnis der Gesellschafter berühren (vgl Röhricht/v Westphalen/Haas/*Haas* § 106 HGB Rn 24; Oetker/*Lieder* § 106 HGB Rn 30), eine rechtsgeschäftliche Vertretungsmacht, fehlende Geschäftsfähigkeit (vgl Heymann/*Emmerich* § 106 HGB Rn 10; *Adams*, Geschäftsunfähigkeit und Betreuung in Personengesellschaften, 2016, 276ff), güterrechtl Verhältnisse (vgl Habersack/Schäfer/*Schäfer* § 106 HGB Rn 13), Testamentsvollstreckung (vgl BGHZ 108, 187, 195; KG WM 1995, 1890, 1891), Einzahlung der Geschäfts- und Kapitalanteile der Gesellschafter (vgl KG JW 1936, 2933), Details der Einlageleistung (vgl BGHZ 81, 82, 87). 26

IV. Anzumeldende Änderungen. 1. Grundlagen. Nach § 707 III 1 sind spätere Änderungen der Gesellschaftsverhältnisse ebenfalls in das Gesellschaftsregister einzutragen. Genannt sind die Änderung des Namens und Sitzes, der Geschäftsanschrift und der Vertretungsbefugnis der Gesellschafter. Im Fall einer bereits registrierten GbR sind auch das Ausscheiden und der Eintritt von Gesellschaftern zur Eintragung in das Gesellschaftsregister anzumelden (§ 707 III 2). Diese Eintragungspflicht dient dem Schutz des Rechtsverkehrs, in dem sie die **Aktualität des Gesellschaftsregisters** gewährleistet (Begr RegE, BT-Drs 19/27635, 131). Vor diesem Hintergrund erklärt sich der öffentlich-rechtl und zwingende Charakter der Regelung (vgl Oetker/*Lieder* § 107 HGB Rn 2; EBJS/*Born* § 107 HGB Rn 1). Ergänzt wird die Vorschrift durch weitere Anmeldepflichten, wie zB bei Auflösung der GbR (§ 733) bei Fortsetzung der aufgelösten GbR (§ 734 III), bei Bestellung von Liquidatoren (§ 736c I) und bei Erlöschen der GbR (§ 738). Daraus folgt zugleich, dass die Anmeldepflicht auch nach Auflösung fortbesteht (MüKo/*Schäfer* Rn 20). Form und Verfahren der Anmeldung richten sich nach den für die Erstanmeldung geltenden Bestimmungen (Rn 8). 27

2. Beginn und Ende. Der Anmeldung unterliegen alle in § 707 III genannten Tatsachen, die **bereits eingetreten** sind oder bis zur Eintragung **eintreten werden** (MüKo/*Schäfer* Rn 21). Allerdings scheidet eine vorsorgliche Eintragung künftiger Änderungen aus (vgl BayObLG NJW 1970, 1796; Oetker/*Lieder* § 107 HGB Rn 5; MüKo/*Fleischer* § 107 HGB Rn 12). Eine Verknüpfung der Eintragung mit einer aufschiebenden Bedingung ist zulässig, wie zB bei einem Gesellschafterbeitritt (vgl BGHZ 82, 209, 212; Röhricht/v Westphalen/Haas/*Haas* § 107 HGB Rn 1). Anwendung findet die Vorschrift auch noch in der **Liquidation** (vgl Oetker/*Lieder* § 107 HGB Rn 5 aE; Heymann/*Emmerich* § 107 HGB Rn 3). 28

29 **3. Namensänderung.** Namensänderungen können den gesamten Namen, den Namenskern oder Bestandteile des Namens der GbR betreffen (MüKo/*Fleischer* § 107 HGB Rn 4; Oetker/*Lieder* § 107 HGB Rn 6). Die Zulässigkeit richtet sich nach den allg Voraussetzungen (Rn 2ff), die vom Registergericht zu prüfen sind. Soll die Änderung anderweitigen Tatsachen angemeldet werden, kann das Registergericht die Eintragung nicht unter Verweis auf einen (unveränderten) unrichtigen Namen abgelehnt werden. Stattdessen muss das Registergericht nach § 37 HGB sowie §§ 392, 395 FamFG vorgehen (vgl BGH WM 1977, 1879, 1880; BayObLG WM 1988, 710, 711). Nicht anzumelden ist eine Änderung der Firma oder des Namens einer Gesellschafterin, weil es sich um keine Namensänderung der GbR handelt (vgl Celle DNotZ 2013, 304).

30 **4. Sitzverlegung.** Eine Sitzverlegung kann durch die Änderung des Vertragssitzes oder durch die Änderung des Schwerpunkts der unternehmerischen Betätigung erfolgen. Anmeldepflichtig ist allerdings nur die Verlegung des Vertragssitzes (MüKo/*Schäfer* Rn 23), während die Verlegung des Verwaltungssitzes weder eintragungspflichtig noch überhaupt eintragungsfähig ist. Für das **Verfahren** gilt über die Verweisung des 707b Nr 2 die Regelung des § 13h HGB. Nur wenn es der Liquidationszweck erfordert, kommt eine Sitzverlegung auch im Liquidationsstadium in Betracht. IÜ beschränkt sich die Prüfung der Sitzverlegung durch das Registergericht auf Missbrauch (MüKo/*Schäfer* Rn 23; vgl noch BayObLG AG 1987, 377, 378; Schleswig NJW-RR 1994, 610). Zur Sitzverlegung ins Ausland s § 706 Rn 7. Das Registergericht des bisherigen Sitzes kann nach pflichtgemäßem Ermessen entscheiden, ob es gleichzeitig mit der Anmeldung der Sitzverlegung oder kurz zuvor eingegangene und noch nicht erledigte **anderweitige Änderungen** noch vornimmt oder sie zur Erledigung an das neue Registergericht weiterleitet. Letzteres ist insb nicht zu beanstanden, wenn die anderen Anmeldungen im maßgeblichen Zeitpunkt noch nicht zur Entscheidung reif waren. Ist das der Fall, wird für das neue Registergericht die örtliche Zuständigkeit begründet (KG NJW-RR 1997, 868).

31 **5. Geschäftsanschrift.** Die Änderung der Geschäftsanschrift vollzieht sich **rein faktisch**, ohne dass es hierfür eines Gesellschafterbeschlusses bedarf (vgl Oetker/*Lieder* § 107 HGB Rn 9; *Melchior* GmbHR 2013, 853, 859). Auch der Umzug in derselben politischen Gemeinde löst die Anmeldepflicht aus (vgl *Krafka* RegisterR Rn 341). Sie besteht auch nach Eröffnung des Insolvenzverfahrens über das Vermögen der GbR fort (vgl Hamburg GmbHR 2011, 828; KG GmbHR 2012, 1007). Die Verlegung des tatsächlichen Verwaltungssitzes der GbR wird vielfach mit einer – anmeldepflichtigen – Änderung der Geschäftsanschrift einhergehen.

32 **6. Vertretungsbefugnis.** Änderungen der Vertretungsbefugnis können die abstrakte Vertretungsmacht oder die Vertretungsbefugnis bestimmter Gesellschafter betreffen (vgl *Busch* Rpfleger 2003, 329, 332f mit Bsp), aber auch eine Befreiung vom Verbot des Selbstkontrahierens (Rn 22). Erfasst sind zB eine Modifikation der Gesamtvertretungsbefugnis, der generelle Übergang zur Einzelvertretungsbefugnis sowie der (teilweise) Entzug der Vertretungsbefugnis nach § 720 IV, § 715 V (MüKo/*Schäfer* Rn 25). **Keine** Anmeldepflicht besteht für Ermächtigungen nach § 720 II, rechtsgeschäftlich erteilte Vollmachten für Gesellschafter oder Dritte (vgl Frankfurt NZG 2006, 262, 263; Hamburg NZG 2009, 957) sowie die Änderung der Vertretungsbefugnisse bei einer Gesellschafter-Gesellschaft (MüKo/*Schäfer* Rn 25).

33 **7. Änderungen des Gesellschafterkreises.** Die Anmeldepflicht erfasst den selbständigen **Beitritt** eines neuen Gesellschafters ebenso wie den Eintritt bei gleichzeitigem Austritt eines anderen Gesellschafters oder die Übertragung des Gesellschaftsanteils (vgl KG GWR 2011, 164; Köln NZG 2013, 754 Rn 5). Im letzteren Fall kann und sollte ein **Nachfolgevermerk** eingetragen werden (MüKo/*Schäfer* Rn 27; vgl weiter Oetker/*Lieder* § 107 HGB Rn 10; MüKo/*Fleischer* § 107 HGB Rn 12). Fehlt es an der Voreintragung des veräußernden Gesellschafters, ist dieser vor Eintragung des erwerbenden Gesellschafters nachzutragen (vgl KG GWR 2011, 164; Hamm DB 1996, 876). Gleiches gilt, wenn der Gesellschaft bereits vor Eintragung der Gesellschaft schon wieder ausgeschieden ist (Oldenburg DB 1987, 1527f).

34 Der Eintritt kann zudem auf einer **Gesamtnachfolge** erbrechtl, umwandlungsrechtl oder sonstiger Art beruhen (vgl BGHZ 108, 187, 189f; Röhricht/v Westphalen/Haas/*Haas* § 107 HGB Rn 6; *Rawert*/*Endres* ZIP 2016, 1609, 1610). Als **Nachweis** ist die Vorlage des Erbscheins für die Anmeldung erforderlich (Hamm Rpfleger 1986, 139, 140; Frankfurt Rpfleger 1994, 67, 68; KG NZG 2000, 1167; Köln NZG 2005, 37, 38). Bei Eindeutigkeit genügt die Vorlage einer öffentlich beurkundeten Verfügung von Todes wegen oder des Eröffnungsprotokolls (vgl KG NZG 2000, 1167, 1168; 2007, 101). Bis zur Geltendmachung der Fehlerhaftigkeit ist auch ein **fehlerhafter** Gesellschafterwechsel (§ 705 Rn 189ff) eintragungspflichtig (vgl KG GWR 2011, 164). Das **Ausscheiden** eines Gesellschafters ist anmeldepflichtig beim selbständigen Austritt, Tod des Gesellschafters, bei Eintritt eines anderen Ausscheidensgrundes nach § 723 I oder beim Gesellschafterwechsel (MüKo/*Schäfer* Rn 28). Besonderheiten bei der Anmeldung durch alle Gesellschafter gelten für den Todesfall (Rn 42).

35 **Keine Anmeldepflicht** besteht für die Änderung der Zusammensetzung des Gesellschafterkreises einer Gesellschafterin der unmittelbar betroffenen Gesellschaft (vgl Oetker/*Lieder* § 107 HGB Rn 11). Gleiches gilt – wegen der Einheitlichkeit und Unteilbarkeit der Mitgliedschaft (§ 705 Rn 40) – bei Übernahme eines weiteren Gesellschaftsanteils an der betroffenen Gesellschaft (vgl BGH BB 1963, 1076, 1077; WM 1983, 279, 281). Übernimmt ein Dritter **sämtliche Anteile**, dann ist das Ausscheiden der bisherigen Gesellschafter und der Vermögensübergang auf den Dritten nach § 712a I anzumelden und einzutragen (vgl KG NZG 2019, 143).

36 **8. Nicht anmeldepflichtige Änderungen.** Änderungen von **Personalien** der natürlichen Gesellschafter, wie zB Name, Vorname und Wohnort, sowie der **Identitätsmerkmale** jur Personen und Personengesellschaften, wie zB Firma oder Name, Rechtsform, Sitz, unterliegen keiner Anmeldepflicht, sind aber aus Klarstellungsgründen

analog § 17 I HRV eintragungsfähig (MüKo/*Schäfer* Rn 26; vgl weiter Frankfurt NZG 2015, 710 Rn 14; Röhricht/v Westphalen/Haas/*Haas* § 107 HGB Rn 12). In diesem Fall genügt – entgegen § 707 IV – die Anmeldung durch den betroffenen Gesellschafter und ein Nachweis durch öffentliche Urkunden (vgl Frankfurt NZG 2015, 710 Rn 17; EBJS/*Born* § 107 HGB Rn 13). Bei einer **Geschlechtsumwandlung** kommt analog § 21 I HRV eine Änderung des Vornamens durch Umschreibung auf ein neues Registerblatt in Betracht (vgl Schleswig NZG 2014, 831, 833; offenlassend BGH NJW 2015, 2116 Rn 26; aA *Wertenbruch* in Westermann/Wertenbruch Rn I 174c). Mit Blick auf die berechtigten Interessen des Rechtsverkehrs und die Integrität des Gesellschaftsregisters ist eine vollständige (rückwirkende) Tilgung des bisherigen Namens unzulässig (BGH NJW 2015, 2116 Rn 8ff; Oetker/*Lieder* § 107 HGB Rn 18).

V. Anmeldung durch alle Gesellschafter. 1. Grundlagen. Die Mitwirkung sämtlicher Gesellschafter bei der Anmeldung der Gesellschaft nach § 707 IV 1 soll gewährleisten, dass die angemeldeten Tatsachen der **Wahrheit** entsprechen. Zugleich kann allen Gesellschaftern der Rechtsschein nach § 707a III 1 iVm § 15 III HGB zugerechnet werden, wenn sie an der Anmeldung beteiligt waren. Hinzu kommt mit Blick auf die originäre Eintragungsoption (Rn 2) eine Warnfunktion (Begr RegE, BT-Drs 19/27635, 131; vgl noch BGH NZG 2020, 1070 Rn 20 = ZIP 2020, 1658 m Anm *Lieder/Karpp* EWiR 2020, 581f). Die mitwirkenden Gesellschafter sind nach § 707b Nr 2 iVm § 12 HGB zu identifizieren. Zudem dient die Einbindung des Notars zur Prüfung des Anmeldungsinhalts nach § 378 III FamFG der Richtigkeit der anzumeldenden Tatsachen (MüKo/*Schäfer* Rn 9; *Herrler* ZGR-Sonderheft 23, 39, 57). In sachlicher Hinsicht bezieht sich die allseitige Anmeldepflicht auf die Erstanmeldung nach Abs I sowie auf Änderungen nach Abs III. 37

Die Anmeldepflicht ggü dem Registergericht ist **öffentlich-rechtlicher Natur**, **zwingend** und trifft jeden einzelnen Gesellschafter. Nach § 707b Nr 2 iVm § 14 HGB iVm § 388 FamFG kann sie mit Zwangsmitteln ggü jedem säumigen Gesellschafter persönlich durchgesetzt werden (vgl MüKo/*Fleischer* § 108 HGB Rn 5; Oetker/*Lieder* § 108 Rn 5). Ist eine jur Person oder Personengesellschaft säumige Gesellschafterin, richtet sich das Ordnungsverfahren gegen die gesetzl Vertreter (vgl BayObLG DB 1974, 1521). Die öffentlich-rechtl Anmeldepflicht besteht während der gesamten Dauer der Gesellschaft fort, solange die Anmeldung nicht ordnungsgemäß bewirkt ist (vgl KG GWR 2011, 164; Oetker/*Lieder* § 108 HGB Rn 10). 38

Davon abgesehen sind die **Gesellschafter auch untereinander verpflichtet**, an der Anmeldung mitzuwirken (*John* NZG 2022, 243, 244); der Mitwirkungsanspruch steht den Gesellschaftern, nicht etwa der GbR zu (vgl BGHZ 30, 195, 197f; Oetker/*Lieder* § 108 Rn 6). Gerichtlich durchsetzbar ist der Anspruch mittels Leistungs- und Feststellungsklage; eine Verletzung kann Schadensersatzansprüche nach sich ziehen (MüKo/*Schäfer* Rn 30). Der in Anspruch genommene Gesellschafter kann sich nur unter Hinweis darauf verteidigen, dass die Voraussetzungen des § 707 II, III nicht vorliegen (vgl BGH NJW 1974, 498, 499). Aus der Beteiligung im Anmeldeverfahren kann in materiellrechtl Hinsicht auf die Billigung der Erklärung geschlossen werden (vgl BGH WM 1972, 1368, 1369; 1974, 177, 179; 1984, 1605, 1606; 1985, 1229). Wirksam ist auch eine gesellschaftsvertragl Verpflichtung der Gesellschafter, entweder die Anmeldung zu unterzeichnen oder dem Geschäftsführer eine nur aus wichtigem Grund widerrufliche Anmeldevollmacht zu erteilen (BGH NJW 2006, 2854). Auch die privatrechtl Anmeldepflicht besteht während der Dauer der Gesellschaft fort, solange die Anmeldung nicht ordnungsgemäß bewirkt ist (vgl KG GWR 2011, 164; Oetker/*Lieder* § 108 HGB Rn 10). 39

2. Anmeldepflichtige Personen. a) Grundsätzlich alle Gesellschafter. Zur Anmeldung sind im Regelfall alle Gesellschafter verpflichtet, und zwar unabhängig davon, ob die geschäftsführungs- oder vertretungsbefugt sind (vgl BGH NZG 2020, 1070 Rn 30 m Anm *Lieder/Karpp* EWiR 2020, 581f). Eine Anmeldung in nur vertretungsberechtigter Zahl scheidet aus. Maßgeblich ist die Gesellschafterstellung im **Zeitpunkt** des Eintritts des anmeldepflichtigen Ereignisses; bei der Erstanmeldung deren Zeitpunkt. Der Beitretende muss bei Anmeldung seines Beitritts, der Ausscheidende bei Anmeldung seines Austritts und sämtliche Gesellschafter bei Anmeldung einer Anteilsübertragung mitwirken (vgl BayObLG DB 1977, 1085; Schleswig GmbHR 2012, 799; Köln NZG 2013, 754 Rn 5; so auch *John* NZG 2022, 243, 244). Bei einem Ausscheiden wegen Kündigung des Privatgläubigers, ist Letzterer nicht anmeldepflichtig (MüKo/*Schäfer* Rn 31). Beruht das Ausscheiden auf der Insolvenz des Gesellschafters, obliegt die Anmeldung dem Insolvenzverwalter (MüKo/*Schäfer* Rn 31; vgl noch BGHZ 108, 187, 190). Eine gleichzeitige Abgabe der Erklärungen ist aber nicht notwendig (vgl Oetker/*Lieder* § 108 HGB Rn 9; MüKo/*Fleischer* § 108 HGB Rn 12). 40

Juristische Personen und **Personengesellschaften** werden als anmeldepflichtige Gesellschafter durch ihre vertretungsberechtigten Organmitglieder oder Gesellschafter vertreten (vgl Celle NZG 2012, 667). Eines Nachweises nach § 12 HGB bedarf es bei im Register eingetragenen Vertretern nicht. Für ausländische Gesellschaften bestehen strengere Voraussetzungen (ausf Oetker/*Preuß* § 12 HGB Rn 29ff; vgl noch Dresden NZG 2008, 265; Schleswig GmbHR 2012, 799). Der gesetzl Vertreter handelt für **nicht voll geschäftsfähige** Gesellschafter. Allerdings umfasst § 112 auch eine Anmeldung. Da die Anmeldung als Verfahrenshandlung einzuordnen ist, findet das Verbot des **Selbstkontrahierens** nach § 181 keine Anwendung (Rn 8; vgl noch BayObLG DB 1977, 1085; Frankfurt ZIP 2013, 2058 Rn 23). 41

b) Ausscheiden durch Tod. Scheidet ein Gesellschafter durch Tod aus einer eGbR aus, kann die Anmeldung ohne die Mitwirkung der Erben erfolgen, soweit deren Mitwirkung besondere Hindernisse entgegenstehen (§ 707 IV 2). Regelungsziel ist die Gewährleistung einer möglichst baldigen Beschränkung der Nachlasshaftung für nach dem Todesfall begründete Gesellschaftsverbindlichkeiten, wenn zwar der Tod des Gesellschafters zweifels- 42 frei feststeht, nicht aber dessen Erben oder deren Erreichbarkeit. Dem Registergericht wird es nach pflichtgemäßem Ermessen erlaubt, auf die Mitwirkung derjenigen Erben zu verzichten, die unbekannt oder nicht erreichbar sind (Begr RegE, BT-Drs 19/27635, 131). Eine Ausnahme gilt für den Fall, dass die Gesellschaft mit allen Erben fortgeführt wird, weil es – aufgrund der persönlichen Haftung aller Gesellschafter – an einem dringenden Interesse an der Eintragung des Ausscheidens fehlt (Begr RegE, BT-Drs 19/27635, 132). IÜ unterliegen sämtliche Erben der Anmeldepflicht für das Ausscheiden des Erblassers und den Eintritt von (bestimmten) Erben, und zwar auch diejenigen, die nicht mittels Sondererbfolge in die Gesellschaft einrücken (vgl BayObLG DB 1979, 86; Hamm Rpfleger 1986, 139, 140; WM 1989, 830, 831).

43 c) **Geschäftsanschrift.** Die Anmeldung einer Änderung der Geschäftsanschrift ist nach § 707 IV 3 von der Gesellschaft selbst anzumelden. Berufen sind demnach nicht alle Gesellschafter, sondern die vertretungsbefugten Gesellschafter oder Liquidatoren in jew vertretungsberechtigter Zahl, die die Anmeldung im Namen der Gesellschaft vornehmen. Dogmatischer Hintergrund ist, dass es sich nur um eine einfache Geschäftsführungsmaßnahme handelt; eine Anmeldung durch alle Gesellschafter bedeutete einen unangemessenen bürokratischen Aufwand. Dies soll eine rasche und einfache Anmeldung ermöglichen, was wiederum im wohlverstandenen Interesse der Gläubiger an einer ungehinderten Erreichbarkeit der GbR liegt (Begr RegE, BT-Drs 19/27635, 132).

44 d) **Bevollmächtigte.** Die Gesellschafter können sich durch einen mit **öffentlich beglaubigter Vollmacht** versehenen Bevollmächtigten vertreten lassen (§ 707b Nr 2 iVm § 12 I 3 HGB iVm § 10 II FamFG; dazu vgl KG NZG 2005, 626). In Betracht kommt in Ermangelung der Geltung des § 181 (Rn 41) auch ein Gesellschafter. Bis zur Vornahme der Anmeldung ist die Vollmacht im Grundsatz frei **widerruflich**. Auch der **Notar** kann zur Vertretung bevollmächtigt werden und gilt iÜ nach § 378 II FamFG zur Vertretung der Gesellschafter als bevollmächtigt. In diesem Fall hat das Registergericht auch die Vollmacht zu prüfen. Eine Erklärung, dass die Vollmacht zwischenzeitlich nicht widerrufen worden ist, kann das Gericht nicht verlangen (vgl München DB 2016, 2954, 2955). Eine auf alle persönlichen und vermögensrechtl Angelegenheiten bezogene **Generalvollmacht** (Vorsorgefallmacht) umfasst implizit auch Anmeldungen zum Gesellschaftsregister (vgl Frankfurt ZIP 2013, 2058 Rn 15, 18; Karlsruhe GmbHR 2014, 205). Gegen eine solche Generalvollmacht bestehen keine durchgreifenden Bedenken; ihre Erteilung bedarf auch nicht der Zustimmung der übrigen Gesellschafter (ausf Oetker/*Lieder* § 108 HGB Rn 15; abw MüKo/*Schäfer* Rn 29). Gesellschafter können auch eine **unwiderrufliche** Anmeldevollmacht erteilen, die aber freilich stets aus wichtigem Grund gleichwohl widerrufen werden kann (vgl BGH NZG 2005, 722, 725; NJW 2006, 703; abw MüKo/*Schäfer* Rn 29). Für den Tod des Vollmachtgebers kann eine **aufschiebend bedingte** Vollmacht erteilt werden (vgl Schleswig NZG 2010, 957, 959).

45 Der **Prokurist** kann ohne zusätzl Vollmacht keine Anmeldung vornehmen, die sich auf die Grundlagen des „eigenen" Handelsgewerbes bezieht (vgl BGHZ 116, 190; Karlsruhe ZIP 2014, 2181). Anderes gilt für die Änderung der Geschäftsanschrift, weil es sich um eine Geschäftsführungsmaßnahme und kein Grundlagengeschäft handelt (vgl KG NZG 2014, 150; aA Karlsruhe ZIP 2014, 2181). Auch Anmeldungen, die der Prokurist für ein anderes Unternehmen in Ausübung der Gesellschafterrechte an diesem Unternehmen vornimmt, sind von § 49 I HGB gedeckt, wie zB die Änderung der Firma einer Tochtergesellschaft (vgl BGHZ 116, 190, 193).

46 **VI. Gesellschaftsregister und Grundbuch. 1. Grundlagen.** Die Schaffung des Gesellschaftsregisters führt im Grundbuchrecht zu erheblichen Erleichterungen (dazu und zum Folgenden bereits *Lieder/Hilser* NotBZ 2021, 401, 404f). Denn am Grundstücksverkehr können nach Maßgabe des § 47 II GBO nur noch eGbR teilnehmen. Daraufhin wird in das Grundbuch künftig **ausschließlich die GbR**, nicht hingegen auch ihre Gesellschafter, eingetragen. Zum Inhalt der Eintragung gehören nach Maßgabe des § 15 I Nr 2 GBV deren **Name** und **Sitz**. Zudem sollen das **Registergericht** und das **Registerblatt** bei der Eintragung des Berechtigten in das Gesellschaftsregister angegeben werden, wenn sich diese Angaben aus den Eintragungsunterlagen ergeben oder dem Grundbuchamt anderweitig bekannt sind. Ungeachtet der Formulierung als Soll-Vorschrift stellt die Regierungsbegründung klar, dass eine Eintragung der eGbR in das Grundbuch nur dann in Betracht kommt, wenn dem Grundbuchamt die Voreintragung im Gesellschaftsregister nachgewiesen wird. Schon aus diesem Grund werden sich Angaben zu Registergericht und Registerblatt typischerweise aus den Eintragungsunterlagen entnehmen lassen (Begr RegE, BT-Drs 19/27635, 138).

47 Aufgrund der **umfassenden Publizitätswirkung** der Eintragung in das Gesellschaftsregister nach § 707a III 1 iVm § 15 HGB darf der redliche Rechtsverkehr auf die Existenz, den Gesellschafterkreis und die Vertretungsregelungen vertrauen. Die damit vermittelten **Gutglaubenswirkungen** beziehen sich sowohl auf die dingliche als auch auf die schuldrechtl Ebene und sorgen im überindividuellen Interesse der Sicherheit und Leichtigkeit des Rechts- und Handelsverkehrs für einen gesteigerten Bestandsschutz. In der Folge ist auch der vielgescholtene **§ 899a** obsolet und daher **ersatzlos gestrichen** worden.

48 Allerdings hat die Voreintragungsobliegenheit **nur grundbuchrechtliche Bedeutung**. Im materiellrechtl Sinne kann auch eine nichteingetragene GbR Grundstücksrechte erwerben, und zwar kraft Gesetzes, wie zB durch Erbfall oder Anwachsung. Soll im Nachgang allerdings das **Grundbuch** nach § 22 I GBO **berichtigt** werden, bedarf es gleichwohl der Voreintragung der GbR in das Gesellschaftsregister, weil eine Berichtigung nach § 29 I GBO eine Registerbescheinigung nach § 32 I 2 GBO erfordert. Demggü bewirkt das Voreintragungserfordernis bei **rechtsgeschäftlichen Erwerbsvorgängen** regelmäßig einen faktischen Zwang (Begr RegE, BT-Drs 19/27635, 207), weil der Erwerbstatbestand nach § 873 I die Eintragung in das Grundbuch vorsieht, die ohne Eintragung der GbR in das Gesellschaftsregister nach § 47 II GBO nicht in Betracht kommt. Gleiches gilt für die Eintragung einer Vor-

merkung zugunsten einer GbR (MüKo/*Schäfer* Rn 37; Schäfer/*Hermanns* § 2 Rn 34). Das Eintragungserfordernis gilt gleichermaßen im Rahmen der Zwangsvollstreckung und Zwangsversteigerung (vgl Begr RegE, BT-Drs 19/27635, 207; MüKo/*Schäfer* Rn 38).

Eine **grundbuchvollzugsfähige Auflassung** an eine neue GbR, die in der Erwerbsurkunde gegründet und danach im Gesellschaftsregister eingetragen wird, kann notariell beurkundet werden (dazu und zum Folgenden *Bolkart* MittBayNot 2021, 319, 330; vgl noch *Aumann* notar 2022, 99, 102). Dabei ist zu berücksichtigen, dass notarielle Urkunden und öffentliche Register nach §§ 29, 32 GBO gleichwertige Informationsquellen darstellen. Die **Gründungsurkunde** vermittelt rechtsbegründende Wirkung für die Existenz, Identität und die Vertretungsberechtigung der GbR. Nach der Registereintragung kann die Auflassung nach Maßgabe des § 47 II GBO aufgrund einer Notarbescheinigung gem § 24 I 1 BNotO, eines Registerauszugs oder einer beglaubigten Registerabschrift vollzogen werden (vgl Begr RegE, BT-Drs 19/27635, 206). Dabei ergibt sich die Identität von gegründeter und angemeldeter GbR aus der Aufnahme in die Urkunde oder den Informationen in der Anmeldung (vgl auch MüKo/*Schäfer* Rn 37; Schäfer/*Hermanns* § 2 Rn 36f). 49

2. Übergangsrecht. Nach bisheriger Rechtslage **unter Nennung der Gesellschafter** eingetragene GbR können in dieser Form im Grundbuch stehenbleiben. Erst wenn später eine Eintragung ein der GbR zustehendes Recht betrifft, bedarf es nach Art 229 § 21 I EGBGB der vorherigen Eintragung der GbR in das Gesellschaftsregister. Beabsichtigt die GbR also das ihr zustehende Recht zu veräußern, zu belasten oder in sonstiger Weise darüber zu verfügen, muss sich die Gesellschaft zuvor registrieren lassen. Diese Voreintragungsobliegenheit führt bis zur Eintragung in das Gesellschaftsregister zu einer **faktischen Grundbuchsperre** (*Luy* notar 2020, 182, 186; krit für den Fall der Veräußerung *Wilsch* ZfIR 2020, 521, 524). Zur Eintragung der eGbR in das Grundbuch bedarf es nach Art 229 § 21 III EGBGB der **Bewilligung** aller bisher eingetragenen Gesellschafter und, wenn die GbR als Eigentümerin eingetragen werden soll (§ 22 II GBO), der **Zustimmung** der GbR, vertreten durch die Geschäftsführer. Die Berichtigungsbewilligung kann durch den **Unrichtigkeitsnachweis** nach § 22 I 1 GBO ersetzt werden, bspw in Form der Anmeldung der Eintragung der GbR durch sämtliche Gesellschafter unter Hinweis auf ihre Eigenschaft als Alleingesellschafter (MüKo/*Schäfer* Rn 39 aE; *Herrler* ZGR-Sonderheft 23, 39, 68). Das gilt nach zutr Auffassung auch für den Fall, dass die **GbR** aus dem Grundbuch **gelöscht** werden soll oder das Grundstücksrecht kraft Gesetzes auf einen anderen Rechtsträger übergeht (MüKo/*Schäfer* Rn 43; Schäfer/*Hermanns* § 2 Rn 43). Für die im Schrifttum zuweilen erwogene teleologische Reduktion (so *Bolkart* MittBayNot 2021, 319, 325f) ist aufgrund der deutlichen Aussagen in den Gesetzesmaterialien (Begr RegE, BT-Drs 19/27635, 216) kein Raum. 50

Sollten in diesem Zusammenhang **Zuordnungsprobleme** auftreten, wie zB, weil mehrere Gesellschaften mit identischer Zusammensetzung sachlich und räumlich miteinander zusammenhängende Grundstücke besitzen, kann zur Identifizierung im konkreten Einzelfall auf sämtliche Umstände der Anmeldung und Eintragung im Rahmen der Auslegung zurückgegriffen werden (dazu *Bolkart* MittBayNot 2021, 319, 324). Wird dennoch eine falsche Gesellschaft als Eigentümerin eingetragen, kommt ein Erwerb vom Nichtberechtigten nach § 892 in Betracht (MüKo/*Schäfer* Rn 42; i Erg ebenso *Bolkart* MittBayNot 2021, 319, 325f). Da Art 229 § 21 I EGBGB als **Soll-Vorschrift** konzipiert ist, macht ein Verstoß die Eintragung im Grundbuch nicht unwirksam (Begr RegE, BT-Drs 19/27635, 216). Hinzu kommen einzelne **Ausnahmen** von der Voreintragungsobliegenheit, wie zB für die Eintragung von Zwangssicherungshypotheken, da die fehlende Eintragung der GbR dem Gläubiger nicht zum Nachteil gereichen kann (Begr RegE, BT-Drs 19/27635, 218; *Heckschen/Nolting* BB 2020, 2256, 2257). Keine Voreintragung bedarf es ferner bei Änderung des Namens und Sitzes der GbR sowie der Namen von Gesellschafter, weil von diesen Änderungen kein Recht iSd Art 229 § 21 I EGBGB betroffen ist (Begr RegE, BT-Drs 19/27635, 216; MüKo/*Schäfer* Rn 44). 51

Verfügt ein Gesellschafter über seinen **Gesellschaftsanteil** oder **ändert sich der Gesellschafterkreis** auf andere Weise, wie zB durch Erbfall, brauchen die Beteiligten grds keine Änderungen vorzunehmen. Allerdings sieht Art 229 § 21 II EGBGB-MoPeG für solche Fälle eine entspr Anwendung des § 82 GBO vor. Danach kann das Grundbuchamt verlangen, dass eine Änderung im Grundbuch durch **Umstellung auf eine Eintragung** des neuen Rechts erfolgt. Dies kann wiederum nur unter der Voraussetzung geschehen, dass die betr GbR in das Gesellschaftsregister eingetragen wird. Das Grundbuchamt ist aber regelmäßig nicht zu eigenen Ermittlungen verpflichtet, sondern wird nur tätig, wenn ihm die Unrichtigkeit oder darauf hindeutende Tatsachen bekannt werden (Begr RegE, BT-Drs 19/27635, 217). 52

Schließlich steht für die Fälle, in denen die **Grundbuchänderung bereits angemeldet**, bei Inkrafttreten des MoPeG aber noch nicht eingetragen ist, mit Art 229 § 21 IV EGBGB eine Übergangsregelung in Anlehnung an § 878 zur Verfügung, die von der Erwägung getragen ist, dass die Dauer der Eintragung in das Grundbuch nicht zulasten des Erwerbers gehen darf (*Herrler* ZGR-Sonderheft 23, 39, 64). Gleiches gilt, wenn vor diesem Zeitpunkt eine Vormerkung in das Grundbuch eingetragen oder bewilligt worden ist. Für diesen Fall bleiben auch § 47 GBO aF und § 899a anwendbar (MüKo/*Schäfer* Rn 41). 53

§ 707a Inhalt und Wirkungen der Eintragung im Gesellschaftsregister

(1) Die Eintragung im Gesellschaftsregister hat die in § 707 Absatz 2 Nummer 1 bis 3 genannten Angaben zu enthalten. Eine Gesellschaft soll als Gesellschafter nur eingetragen werden, wenn sie im Gesellschaftsregister eingetragen ist.

(2) Mit der Eintragung ist die Gesellschaft verpflichtet, als Namenszusatz die Bezeichnungen „eingetragene Gesellschaft bürgerlichen Rechts“ oder „eGbR“ zu führen. Wenn in einer eingetragenen Gesellschaft keine natürliche Person als Gesellschafter haftet, muss der Name eine Bezeichnung enthalten, welche die Haftungsbeschränkung kennzeichnet.

(3) Die Eintragung bewirkt, dass § 15 des Handelsgesetzbuchs mit der Maßgabe entsprechend anzuwenden ist, dass das Fehlen der Kaufmannseigenschaft nicht an der Publizität des Gesellschaftsregisters teilnimmt. Die Eintragung lässt die Pflicht, die Gesellschaft zur Eintragung in das Handelsregister anzumelden (§ 106 Absatz 1 des Handelsgesetzbuchs), unberührt.

(4) Nach Eintragung der Gesellschaft findet die Löschung der Gesellschaft nur nach den allgemeinen Vorschriften statt.

1 **I. Normzweck.** Die durch das MoPeG neu eingefügte Vorschrift regelt **Inhalt und Wirkung von Eintragungen** in das Gesellschaftsregister. Einzutragen sind nach **Abs I** zunächst die Pflichtangaben nach § 707 II (§ 707 Rn 9ff). Zudem wird zur Gewährleistung von Publizität und Transparenz angeordnet, dass eine GbR nur dann als Gesellschafter einer anderen Personengesellschaft eingetragen werden kann, wenn sie selbst in das Gesellschaftsregister eingetragen ist (**faktischer Registerzwang**). Zum Schutz der Sicherheit des redlichen Rechtsverkehrs verlangt **Abs II** von der registrierten BGB-Gesellschaft die Führung des Rechtsformzusatzes „**eGbR**“ oder einer Langform. Soweit keine natürliche Person als Gesellschafter haftet, ist zudem eine die Haftungsbeschränkung kennzeichnender Hinweis aufzunehmen, wie zB GmbH & Co eGbR. **Abs III** ordnet die Geltung der Publizitätswirkungen des § 15 HGB für das Gesellschaftsregister an. Die Vorschrift dient dem **Verkehrsschutz**, entfaltet eine gewisse **Druckfunktion**, namentlich Änderung der Pflichtangaben ordnungsgemäß zum Gesellschaftsregister anzumelden und unterstützt die **Informationsfunktion** des Gesellschaftsregisters (MüKo/*Schäfer* Rn 2). Der Publizitätsfunktion des Registers und dem Schutz des Rechtsverkehrs dient auch **Abs IV**, der es verhindert, dass einmal registrierte GbR sich ohne Weiteres aus dem Gesellschaftsregister zurückziehen und ihre Publizität wieder abstreifen können, was dem Regelungsziel des Gesellschaftsregisters ersichtlich zuwiderliefe (Begr RegE, BT-Drs 19/27635, 134). Der **Rückzug** kann nur in Form der Auflösung und Liquidation oder einer Umwandlung erfolgen. Das erscheint nicht nur mit Blick auf registrierte Rechte, wie zB Grundstücke, von Bedeutung, sondern auch für bestehende Vertragsbeziehungen. Umgekehrt setzt auch ein Formwechsel in die GbR deren Eintragung voraus, nicht zuletzt um eine „Firmenbestattung“ zu verhindern (vgl § 191 II Nr 1 UmwG; dazu Begr RegE, BT-Drs 19/27635, 134; zum Voreintragungserfordernis bei Umwandlungen ausf *Stock* NZG 2023, 361, 366f).

2 **II. Inhalt der Eintragung.** Der Inhalt der Eintragung in das Gesellschaftsregister umfasst nach § 707a I 1 die Pflichtangaben von § 707 II Nr 1–3 (§ 707 Rn 11–22). Im Interesse der **Übersichtlichkeit** und **Klarheit** des Gesellschaftsregisters sind diese Angaben grds als abschließend zu begreifen. Insb Haftquoten oder Haftsumme für Gesellschafter sind daher nicht eintragungsfähig (Begr RegE, BT-Drs 19/27635, 132). Gleiches gilt für den Gesellschaftszweck und den Unternehmensgegenstand (§ 707 Rn 10). Nur ausnahmsweise können gesetzl nicht ausdrückl vorgesehene Angaben **ergänzend** in das Gesellschaftsregister aufgenommen werden (§ 707 Rn 24).

3 **III. Gebot der Voreintragung. 1. Personengesellschaften.** Als Gesellschafter einer anderen registrierten Gesellschaft kann die GbR nach § 707a I 2 nur dann eingetragen werden, wenn sie selbst im Gesellschaftsregister eingetragen ist. Die **Sollvorschrift** zielt darauf ab, dass eine Eintragung ohne Voreintragung zu unterbleiben hat; erfolgt die Eintragung gleichwohl unter Verstoß gegen die Vorschrift, ist sie dennoch wirksam (Begr RegE, BT-Drs 19/27635, 132). Über die Verweisung von § 105 III, § 161 II HGB findet das Voreintragungsgebot auch Anwendung auf die **OHG** und **KG**, während die Vorschrift bei **Kapitalgesellschaften** nicht zur Anwendung gelangt, weil deren Gesellschafter gerade nicht in das Register einzutragen sind (zu Gesellschafterliste und Aktienregister s Rn 7ff, 13ff). Da die Publizität der Gesellschafter-Gesellschaft durch die Eintragung in deren Register gewährleistet ist, brauchen deren Gesellschafter in der anderen Gesellschaft nicht mehr in das Register eingetragen zu werden, sodass auch § 162 I 2 HGB aF ersatzlos gestrichen werden konnte (MüKo/*Schäfer* Rn 5). I Erg kann daher eine Personengesellschaft, die unter Beteiligung einer nicht eingetragenen GbR errichtet werden soll, insg nicht in das Register eingetragen werden (*Stock* NZG 2023, 361, 362).

4 Für **Altgesellschaften** wird das Voreintragungsgebot nach Art 89 I EGHGB bei **Veränderungen im Gesellschafterkreis** aktiviert. Nach dem 1.1.2024 können solche Änderungen nicht mehr eingetragen werden. Stattdessen ist die GbR in das Gesellschaftsregister einzutragen. Danach haben sämtliche (eingetragene) Gesellschafter der eGbR sowie alle im anderen Register genannten Gesellschafter die eGbR zur Eintragung in das andere Register anzumelden und zu versichern, dass die beiden Gesellschaften identisch sind. Das Voreintragungsgebot zielt darauf ab, die Perpetuierung der nach altem Recht in das Handelsregister eingetragenen Gesellschaften zu verhindern (Begr RegE, BT-Drs 19/27635, 260). Damit ist indes keine Korrekturpflicht und ebenso wenig eine Eintragungspflicht aufgrund des Gesellschafterwechsels verbunden (*John* NZG 2022, 243, 246).

5 **Keine Voreintragung** ist erforderlich, wenn die nach altem Recht eingetragene GbR lediglich über einen Personenhandelsgesellschaftsanteil **verfügt**, weil es sich gerade nicht um eine (Neu-)Eintragung als Gesellschafter handelt und auch die Übergangsvorschrift nur für solche Fälle eine Voreintragung vorsieht, in denen sich der Gesellschafterbestand der im Handelsregister eingetragenen GbR ändert (MüKo/*Schäfer* Rn 5; Schäfer/*Hermanns* § 2 Rn 57). Gleiches wird man auch für eine teilweise Verfügung annehmen müssen, weil die Interessenlage hier mit derjenigen identisch ist, wenn die GbR den Anteil nur passiv weiterhält (Stock NZG 2023, 361, 363; aA Schäfer/*Hermanns* § 2 Rn 57; zweifelnd MüKo/*Schäfer* Rn 5 mit Fn 8).

Da § 707a I 2 nur verfahrensrechtl Bedeutung hat, sind der **Beitritt einer nicht eingetragenen GbR** sowie die Abtretung des GbR-Anteils an eine nicht eingetragene GbR wirksam; diese Gesellschaft kann aber nur dann als Gesellschafterin der Haupt-GbR eingetragen werden, wenn sie sich selbst hat registrieren lassen (krit *John* NZG 2022, 243, 245). Bei der **Verfügung über einen Personengesellschaftsanteil** handelt es sich um einen einheitlichen Vorgang (§ 711 Rn 3, 12), sodass nicht etwa isoliert nur das Ausscheiden des Veräußerers in das Register eingetragen werden kann, wenn der Anteil von einer nicht eingetragenen GbR erworben werden soll (so aber *John* NZG 2022, 243, 245). Stattdessen findet eine Eintragung der Verfügung in diesem Fall überhaupt nicht statt. Der Veräußerer kann sich vor einer Rechtsscheinhaftung dadurch schützen, dass er die Anteilsübertragung unter die aufschiebende Bedingung der Voreintragung der erwerbenden GbR in das Gesellschaftsregister stellt (*Stock* NZG 2023, 361, 363). Umgekehrt kann eine nicht eingetragene GbR ihren **Anteil an einer eingetragenen GbR** an eine eingetragene GbR veräußern, ohne sich zuvor selbst in das Gesellschaftsregister eintragen zu lassen. Diese Grundsätze gelten auch für die Veräußerung von Anteilen an Personenhandelsgesellschaften (*John* NZG 2022, 243, 245f; *Stock* NZG 2023, 361, 363). 6

2. Gesellschafterliste. Eine GbR kann nach § 40 I 3 GmbHG nur dann in die Gesellschafterliste eingetragen und es können nur dann Änderungen an ihrer Eintragung vorgenommen werden, wenn die GbR in das Gesellschaftsregister eingetragen ist. Erfasst sind damit nicht nur die **Ersteintragung**, sondern auch jede **Verfügung** über den GmbH-Geschäftsanteil (Begr RegE, BT-Drs 19/27635, 271). In Parallele zu § 707a I 2 soll hiermit ein rechtssicherer Nachweis der Existenz und Identität der Gesellschafter sowie ihrer Verfügungsbefugnis gewährleistet werden. Zugleich bildet die Eintragung der GbR die Grundlage für einen redlichen GmbH-Anteilserwerb nach § 16 III GmbHG (MüKo/*Schäfer* Rn 7). Mit Blick auf die Publizitäts- und Gutglaubensfunktion der Gesellschafterliste kann eine Gesellschafterliste ohne Aufnahme der nicht eingetragenen GbR insg nicht zur Aufnahme in das Handelsregister eingereicht werden (*Stock* NZG 2023, 361, 364). 7

Das Eintragungserfordernis greift bei der Ersteintragung in der Gesellschafterliste **nach** dem 1.1.2024. Eine Art 229 § 21 IV EGBGB (§ 707 Rn 53) entspr Überleitungsvorschrift fehlt, sodass allein der Zeitpunkt des Listeneintrags maßgeblich ist (MüKo/*Schäfer* Rn 8). Ebenso wie § 47 II GBO (§ 707 Rn 4, 46) hat das Voreintragungsgebot hier nur **verfahrensrechtliche** Bedeutung. Die GbR kann zwar den GmbH-Anteil materiellrechtl erwerben; im Verhältnis zur GmbH ist sie aber erst dann als Gesellschafterin anzusehen, wenn sie als registrierte GbR in die Gesellschafterliste eingetragen ist (§ 16 I GmbHG). Ein Nachweis der Identität der einen GmbH-Anteil erwerbenden und der in das Gesellschaftsregister eingetragenen GbR mittels öffentlicher Urkunden kann in Parallele zum Grundstücksrecht (§ 707 Rn 49) bewerkstelligt werden (MüKo/*Schäfer* Rn 8; Schäfer/*Hermanns* § 2 Rn 49). 8

Fehlt es an der **Voreintragung** der erwerbenden GbR, kann keine neue Gesellschafterliste zum Handelsregister eingereicht werden; insb kann nicht lediglich der Veräußerer in der Liste entfernt und die Eintragung der erwerbenden nicht eingetragenen GbR unterbleiben, weil es sich bei der Verfügung um einen einheitlichen Vorgang handelt (*Stock* NZG 2023, 361, 364; aA *John* NZG 2022, 243, 246). Gleiches gilt für die Beteiligung einer nicht eingetragenen GbR an einer **Kapitalmaßnahme** (*Stock* NZG 2023, 361, 364f). Im Fall der **Zwangseinziehung** eines Geschäftsanteils, der zum Untergang des Anteils führt, ist das Voreintragungserfordernis teleologisch zu reduzieren, weil der Normzweck der Voreintragung, für eine Verkehrsfähigkeit zu sorgen und den redlichen Erwerb abzusichern, bei einem endgültigen Ausscheiden der nicht eingetragenen GbR nicht tangiert ist (*Stock* NZG 2023, 361, 365). Nach Mitwirkung an der Eintragung der GbR in das Gesellschafterregister obliegt dem Notar nach § 40 II GmbHG auch die Einreichung der geänderten Gesellschafterliste (*Herrler* ZGR Sonderheft 23, 39, 73; *Aumann* notar 2022, 99, 104). 9

Der Eintragung in das Gesellschaftsregister bedarf es auch im Fall der **Verfügung**, namentlich der **Veräußerung**, eines GmbH-Anteils, weil auch die Austragung der veräußernden GbR eine Veränderung iSd § 40 I 3 GmbHG darstellt (MüKo/*Schäfer* Rn 9; Schäfer/*Hermanns* § 2 Rn 50). Der **Identitätsnachweis** zw der bisher mit ihren Gesellschaftern in der Gesellschafterliste eingetragenen und der neu in das Gesellschaftsregister eingetragenen GbR wird dadurch geführt, dass alle Gesellschafter aus der Gesellschafterliste und dem Gesellschaftsregister ersichtlichen Gesellschafter versichern, dass es sich um dieselbe GbR handelt (§ 12 EGGmbHG). Die **Versicherung** gehört nicht zum Listeninhalt, sondern ist in Abhängigkeit von § 40 I, II GmbHG entweder den Geschäftsführern oder dem Notar ggü abzugeben (Begr RegE, BT-Drs 19/27635, 273). 10

Die Gesellschafter der GbR können sich auch ohne konkreten Anlass für eine Eintragung in das Gesellschaftsregister entscheiden und daraufhin die **isolierte Umfirmierung** in der Gesellschafterliste nachvollziehen (Begr RegE, BT-Drs 19/27635, 272). Das erfolgt nach den Grundsätzen einer Namensänderung des in der Gesellschafterliste eingetragenen Gesellschafters, konkret durch die Löschung der Gesellschafter und die Angabe von Rechtsformzusatz, Registersitz und -nummer. Daraufhin ist eine neue Gesellschafterliste einzureichen (Begr RegE, BT-Drs 19/27635, 272). Das kann etwa durch den Notar erfolgen, der die Anmeldung der GbR bewerkstelligt, oder alternativ durch die Geschäftsführer (MüKo/*Schäfer* Rn 10). 11

Nach § 12 II EGGmbHG löst die **Veränderung des Gesellschafterkreises** das Voreintragungserfordernis aus (MüKo/*Schäfer* Rn 11). Nach Eintragung der GbR ist eine neue Gesellschafterliste mit den Angaben der eGbR zum Handelsregister einzureichen und die Identität der bisherigen mit der neuen GmbH von allen Beteiligten zu versichern (Rn 10). Gleiches gilt für eine **Namensänderung** oder **Sitzverlegung.** Allerdings wird man die Gesellschafter nicht von Gesetzes wegen für verpflichtet halten können, auch die Voreintragung tatsächlich vorzunehmen (*Bärwaldt/Richter* DB 2021, 2476, 2480; *John* NZG 2022, 243, 246). 12

13 **3. Aktienregister.** In das Aktienregister kann eine GbR nach § 67 I 3 AktG nur dann eingetragen und es können nur dann Änderungen an ihrer Eintragung vorgenommen werden, wenn die GbR in das Gesellschaftsregister eingetragen ist. In einer Parallele zu § 707a I 2 soll hiermit ein **rechtssicherer Nachweis** der Existenz und Identität der Gesellschafter sowie ihrer Verfügungsbefugnis gewährleistet werden. Zugleich bildet die Eintragung in der GbR die Grundlage für eine effektive Rechtsdurchsetzung, die Teilnahme der GbR an der Hauptversammlung und gewährleistet eine wirksame Verfügung der GbR über Namensaktien (Begr RegE, BT-Drs 19/27635, 269). Das Voreintragungserfordernis greift sowohl bei der **Ersteintragung** in das Aktienregister als auch bei **Veränderungen** von Name, Sitz und Anschrift (MüKo/*Schäfer* Rn 13). Eine **Versicherung** (Rn 4, 10) ist allerdings **nicht** vorgesehen, weil das Aktienregister nicht auf die Information der Öffentlichkeit gerichtet ist und auch nicht als Legitimationsgrundlage für einen redlichen Aktienerwerb fungiert (Begr RegE, BT-Drs 19/27635, 269). Auch bei einer **freiwilligen Umfirmierung** der GbR (Rn 11) ist das Aktienregister entspr zu ändern (Begr RegE, BT-Drs 19/27635, 269). Gleichwohl kann sich eine nicht eingetragene GbR in materiellrechtl Hinsicht wirksam an der **Gründung einer AG** beteiligen, darf ohne Voreintragung nur nicht in das Aktienregister eingetragen werden. Sie ist daraufhin weitgehend von der Ausübung ihrer Aktionärsrechte ausgeschlossen, kann sind indes bei einer Inanspruchnahme im Rahmen der Kapitalaufbringung nach Treu und Glauben (§ 242) nicht auf ihre Nichteintragung berufen (*Stock* NZG 2023, 361, 365).

14 Eine nicht eingetragene GbR kann **Namensaktien** in materiellrechtl Hinsicht wirksam **erwerben**, darf aber nur dann in das Aktienregister eingetragen werden, wenn sie zuvor in das Gesellschaftsregister eingetragen worden ist. Dessen ungeachtet kann der Veräußerer aus dem Aktienregister ausgetragen werden, ohne dass es einer Voreintragung und Eintragung der erwerbenden GbR bedarf. Stattdessen werden die betr Aktien der erwerbenden, nicht eingetragenen GbR im Aktienregister als freier Meldebestand geführt (vgl BeckOGK/*Cahn* § 67 AktG Rn 25; *Stock* NZG 2023, 361, 365f).

15 Demggü bedarf es vor einer **Veräußerung von Namenaktien keiner Voreintragung** der veräußernden GbR in das Gesellschaftsregister (MüKo/*Schäfer* Rn 14; BeckOGK/*Cahn* § 67 AktG Rn 26; aA offenbar Begr RegE, BT-Drs 19/27635, 269; *John* NZG 2022, 243, 246; *Heckschen* AnwBl 2021, 224, 226; Schäfer/*Hermanns* § 2 Rn 52; abweichend *Stock* NZG 2023, 361, 366: Korrektur auf Rechtsfolgenebene). Das legt § 67 I 3 AktG zwar nahe, weil die Löschung der GbR durchaus als Veränderung idS angesehen werden kann. Allerdings bedarf es bei der gebotenen teleologischen Auslegung der Regelung keine Eintragung aus Publizitätsgründen, weil die GbR (und ihre Existenz, Identität, Gesellschafter und Vertretungsberechtigung) nach ihrem Ausscheiden für die Willensbildung in der AG nicht weiter von Belang sind. Im Gegenteil führte die Annahme eines Voreintragungserfordernisses zu dem impraktikablen Ergebnis, dass der Erwerber nicht ohne Weiteres in das Aktienregister aufgenommen und ggü der AG legitimiert werden kann. Auch berechtigte Interessen des Verkehrsschutzes steht nicht entgegen, weil der redliche Erwerb von Namensaktien nicht am Aktienregister, sondern am Indossament nach § 68 I AktG ansetzt. Zudem fehlt es an einer § 12 II EGGmbHG entspr Übergangsvorschrift (MüKo/*Schäfer* Rn 14).

16 Letzteres führt auch dazu, dass **Veränderungen im Gesellschafterkreis** der im Aktienregister eingetragenen GbR kein Voreintragungserfordernis auslösen (vgl Begr RegE, BT-Drs 19/27635, 270; MüKo/*Schäfer* Rn 15). Die abweichende Rechtslage zur Gesellschafterliste (Rn 2) manifestiert sich in der Änderung der Übergangsvorschrift während des Gesetzgebungsverfahren und lässt sich sachlich mit Blick auf die unterschiedliche Anknüpfung des redlichen Erwerbs erklären: Während die Gesellschafterliste selbst nach § 16 III GmbHG die Legitimationsgrundlage bildet, knüpft § 68 I AktG iVm Art 16 II WG an das Indossament und nicht an das Aktienregister an (MüKo/*Schäfer* Rn 15).

17 **IV. Rechtsformzusatz.** Die eingetragene GbR hat als Namenszusatz die Langbezeichnung „eingetragene Gesellschaft bürgerlichen Rechts" oder die Abkürzung „eGbR" zu führen (§ 707a II 1). Der Rechtsformzusatz zielt auf den **Schutz des Rechtsverkehrs** ab, der hierdurch darauf hingewiesen wird, dass es sich um eine eGbR handelt, bei welcher die Gesellschaftsverhältnisse aus dem Register ersichtlich sind und namentlich die **Vertretungsbefugnisse** von der gesetzl Regelung der Gesamtvertretung mit entspr Publizitätswirkung abweichen können (Begr RegE, BT-Drs 19/27635, 133). Wird gegen diese Verpflichtung **verstoßen**, kann das Registergericht nach § 707b Nr 1 iVm § 37 I HGB auf eine korrekte Führung dringen und ggf ein Ordnungsgeld verhängen. Weitere privatrechtl Folgen ergeben sich aus § 37 II HGB. Für eine Rechtsscheinhaftung bei unterlassener Führung ist regelmäßig kein Raum, weil der Zusatz nicht auf die Existenz eines Rechtsträgers hinweist und auch über die Kaufmannseigenschaft oder Haftungsverhältnisse keine Aussage trifft (Begr RegE, BT-Drs 19/27635, 132).

18 Soweit **keine natürliche Person** in der GbR persönlich haftet, ist dies – orientiert am Regelungsgedanken des § 19 II HGB – durch Führung eines erweiterten Namenszusatzes zu offenbaren. Sind an der GbR etwa ausschließlich GmbH beteiligt, lautet der Zusatz „GmbH & Co GbR" (vgl MüKo/*Schäfer* Rn 18). Das gilt entspr für die Beteiligung anderer Körperschaften, wie zB AG, SE, KGaA, eG, eV. Sind unterschiedliche Rechtsformen beteiligt, sollte man den Gesellschaftern grds die Wahl lassen, welche Rechtsform sie im Rahmen des erweiterten Zusatzes voranstellen. Unzulässig ist aber jedenfalls der Zusatz „eGbR mbH" (§ 707 Rn 15).

19 **V. Publizitätswirkung.** Die von § 707a III 1 in Bezug genommene Regelung des § 15 HGB stattet das Gesellschaftsregister mit dem Handelsregister vergleichbaren Publizitätswirkungen aus und **incentiviert die Gesellschafter** zugleich, die bei der Ersteintragung (§ 707 II) und späteren Änderungen (§ 707 III) notwendigen Pflichtangaben ordnungsgemäß zur Anmeldung zu bringen. Die Geltung für die **Ersteintragung** ist unter Hinweis auf deren fakultativen Charakter in Zweifel gezogen worden (so etwa *Geibel* ZRP 2020, 137, 139; *Herrler*

ZGR-Sonderheft 23, 39, 57), kann allerdings mit Blick auf das übergeordnete Regelungsziel des Gesellschaftsregisters nicht zweifelhaft sein (*Bolkart* MittBayNot 2021, 319, 322; *Claußen/Pieronczyk* NZG 2021, 620, 622; *Lieder* ZGR-Sonderheft 23, 169, 176; *Lieder/Hilser* NotBZ 2021, 401, 403; *Martens* AcP 221, 68, 97; Schäfer/*Hermanns* § 2 Rn 13; MüKo/*Schäfer* Rn 20, § 707 Rn 11). Das mit dem Gesellschaftsregister verfolgte Ziel, die durch Anerkennung der Rechtsfähigkeit namentlich im Grundstücksverkehr entstandene Publizitätslücke zu schließen, kann nur unter der Voraussetzung erreicht werden, dass auch die erstmalige Eintragung der GbR einschl ihrer Gesellschafter und der Vertretungsverhältnisse an der Registerpublizität partizipieren. So wird ein Gleichlauf zur Publizität der OHG-Verhältnisse hergestellt. Zudem kann die Ersteintragung durchaus als eintragungspflichtiger Umstand interpretiert werden, weil mit der Entscheidung der Gesellschafter für die Eintragung eine entspr Eintragungspflicht für die gesetzl geforderten gesellschaftsbezogenen Angaben besteht (vgl *Bolkart* MittBayNot 2021, 319, 322; *Lieder/Hilser* NotBZ 2021, 401, 403).

Aufgrund der **negativen Publizitätswirkung** des § 15 I HGB kann sich die anmeldepflichtige GbR ggü einem redlichen Dritten nicht auf eine eintragungspflichtige Tatsache berufen, soweit sie in das Gesellschaftsregister nicht eingetragen und bekanntgemacht ist. Die **positive Publizitätswirkung** des § 15 III HGB sorgt dafür, dass sich ein redlicher Dritter ggü der anmeldepflichtigen GbR auf die Richtigkeit einer einzutragenden und bekannt gemachten Tatsache berufen kann. Die anmeldepflichtige GbR wird nach Maßgabe des § 15 II HGB – nach Ablauf der 15-Tage-Frist – dahingehend geschützt, dass sie einem Dritten eine eingetragene und bekanntgemachte Tatsache entgegenhalten kann. 20

Eine **Ausnahme** von der Publizitätswirkung ist nach § 707a III 1 Hs 2 insofern vorgesehen, als dass sie sich nicht auf das Fortbestehen der GbR in dieser Rechtsform und damit auf die **Kaufmannseigenschaft** bezieht (Begr RegE, BT-Drs 19/27635, 133; krit *Wimmer* DZWIR 2021, 379, 384). Ungeachtet der Eintragung in das Gesellschaftsregister wandelt sich die GbR folglich in eine OHG um, wenn der gemeinsame Zweck auf den **Betrieb eines Handelsgewerbes** gerichtet ist (Begr RegE, BT-Drs 19/27635, 133). Die außerhalb des UmwG erfolgende Umwandlung vollzieht sich nach Maßgabe des § 105 I, § 1 II HGB ohne das Zutun der Gesellschafter (zum Rechtsformzwang s § 705 Rn 27). In diesem Fall ist die (neu) entstandene OHG nach § 707a III 2 iVm § 106 I HGB **verpflichtet**, sich als solche in das Handelsregister eintragen zu lassen. Zu diesem Zweck ist in technischer Hinsicht ein Statuswechsel nach § 707c durchzuführen, soweit es sich um eine eGbR handelt. Ohne Statuswechsel können sich redliche Dritte nach § 15 I HGB darauf berufen, dass es sich bei der Gesellschaft mangels Eintragung um keine OHG handelt. 21

VI. Löschung. Um zu verhindern, dass die GbR die durch die Eintragung in das Gesellschaftsregister erlangte Publizität nach freiem Ermessen der Gesellschafter wieder abstreifen und den mit der Eintragung erzielten Transparenzgewinn nachträgl vereiteln kann, sieht § 707a IV im **Interesse des Verkehrsschutzes** (vgl Begr RegE, BT-Drs 19/27635, 133) vor, dass die eGbR nur nach den allg Vorschriften gelöscht, nicht aber unter unverändertem Fortbestand das Gesellschaftsregister wieder verlassen und als nicht registrierte GbR fortbestehen kann. Das ist vor allem für solche eGbR von besonderem Wert, die Inhaber registrierter Rechte (Grundstücke, GmbH-Anteile, Namensaktien) sind; hier besteht ein besonderes Verkehrsinteresse daran, die Subjektpublizität der GbR zu erhalten und die Gesellschaft an die einmal getroffene Eintragungsentscheidung dauerhaft zu binden. Die Löschung der eGbR setzt für den Regelfall also die Durchführung der **Liquidation** (§ 738) voraus, soweit nicht ausnahmsweise eine **liquidationslose Beendigung** vorgesehen ist, wie zB nach § 712a I 1. Ein weiterer Anwendungsfall ist das Erlöschen der eGbR infolge einer Umwandlungsmaßnahme nach dem UmwG (§ 20 I Nr 2, § 131 I Nr 2 [Aufspaltung], § 202 I Nr 1 UmwG). Der gleiche Regelungsgedanke findet sich für fakultativ eingetragene OHG, die sich nach § 107 II HGB nur noch im Wege eines Statuswechsels in eine GbR umwandeln können. 22

§ 707b Entsprechend anwendbare Vorschriften des Handelsgesetzbuchs

Folgende Vorschriften des Handelsgesetzbuchs sind auf eingetragene Gesellschaften entsprechend anzuwenden:

1. **auf die Auswahl und den Schutz des Namens der Gesellschaft: die §§ 18, 21 bis 24, 30 und 37,**
2. **auf die registerrechtliche Behandlung der Gesellschaft und die Führung des Gesellschaftsregisters: die §§ 8, 8a Absatz 1, § 9 Absatz 1 Satz 1 und Absatz 3 bis 6, die §§ 10 bis 12, 13h, 14, 16 und 32 und**
3. **auf die registerrechtliche Behandlung der Zweigniederlassung einer Gesellschaft: die §§ 13 und 13d mit der Maßgabe, dass eine Verpflichtung zur Anmeldung der Zweigniederlassung nicht besteht.**

I. Normzweck. Die durch das MoPeG neu eingefügte Vorschrift erklärt eine ganze Reihe von für das **Handelsregister geltenden Vorschriften** auf das Gesellschaftsregister und die darin eingetragene eGbR für entspr **anwendbar.** Das betrifft die Auswahl und den Schutz des **Namens** der Gesellschaft (Nr 1), die registerrechtl Behandlung der eGbR und die **Führung des Gesellschaftsregisters**, einschl Recht zur Einsichtnahme, Bekanntmachung der Eintragungen, Form der Anmeldung, Verlegung des Gesellschaftssitzes, Festlegung von Zwangsgeld (Nr 2) sowie die registerrechtl Behandlung von **Zweigniederlassungen** der Gesellschaft (Nr 3). Hintergrund der großflächigen Verweisung ist der Umstand, dass das Gesellschaftsregister mit dem Handelsregister weitestgehend **parallel verlaufende Funktionen** zu erfüllen hat (Begr RegE, BT-Drs 19/27635, 134). 1

II. Auswahl und Schutz des Gesellschaftsnamens. Für die Auswahl und den Schutz des Namens der Gesellschaft nimmt Nr 1 auf §§ 18, 21–24, 30, 37 Bezug. Entspr Geltung genießen die Vorschriften nur bei der eGbR. Allerdings finden die Leitgedanken auch auf nicht eingetragene GbR zumindest eingeschränkte Anwendung 2

(§ 707 Rn 14). Mit der Verweisung werden die Grundsätze der **Firmenwahrheit** (vgl §§ 18, 23 HGB), **Firmenbeständigkeit** (vgl §§ 21, 22, 24 HGB), **Firmenausschließlichkeit** (vgl § 30 HGB) auf den Namen der eGbR übertragen, um einen Gleichklang von Namens- und Firmenrecht zu gewährleisten (Begr RegE, BT-Drs 19/27635, 135). Dies gilt gleichermaßen für Rechtsbehelfe nach § 37 HGB gegen einen **unbefugten Namensgebrauch**.

3 **III. Führung des Gesellschaftsregisters.** Von den in Bezug genommenen Vorschriften bestimmt § 8 HGB das **gesellschaftsregisterführende Gericht** (§ 707 Rn 8). Eine wirksame Eintragung setzt nach § 8a I HGB voraus, dass die Angaben auf Dauer inhaltl unverändert in lesbarer Form abgerufen werden können. Anstelle der von der Verweisung ausgenommenen Verordnungsermächtigung nach § 8a II HGB ermächtigt § 707d zum Erlass einer Gesellschafterlistenverordnung (§ 707d Rn 1f).

4 Nach Maßgabe des § 9 HGB kann jedermann ohne Nachweis eines rechtl Interesses in das Gesellschaftsregister **Einsicht nehmen** und **Abschriften** anfordern. Anstelle der nach § 9 I 2–5 HGB vorgesehenen Ermächtigung zur Errichtung eines gemeinsamen Registerportals durch die Länder findet sich eine auf das Gesellschaftsregister bezogene Verordnungsermächtigung in § 707d II (§ 707d Rn 1).

5 Für die vollumfängliche **Bekanntmachung** der Eintragung und die Auswahl der Eintragungsblätter gelten §§ 10, 11 HGB. Die Anmeldung zum Gesellschaftsregister erfolgt nach § 12 HGB unter Mitwirkung des Notars elektronisch in **öffentlich beglaubigter Form**. Vom Prüfungsauftrag des Notars ist nicht nur die Identität der Anmeldenden erfasst, sondern nach § 378 III FamFG auch die materielle Rechtmäßigkeit und Eintragungsfähigkeit der angemeldeten Angaben. Der Notar nimmt in diesem Zusammenhang eine Kontroll- und Filterfunktion wahr und entlastet zugleich das Registergericht (vgl Begr RegE, BT-Drs 19/27635, 135).

6 Die **Verlegung des Gesellschaftssitzes** richtet sich nach § 13h HGB (§ 707 Rn 30). Soweit sich die Gesellschafter für die Eintragung der GbR entschieden haben, können gesetzl Anmeldepflichten nach § 14 HGB durch **Festsetzung von Zwangsgeldern** durchgesetzt werden. Das Registergericht ist nach § 16 HGB an rechtskräftige und vollstreckbare Entscheidungen des Prozessgerichts gebunden, in denen eine Verpflichtung des Beklagten zur Mitwirkung bei der Registeranmeldung festgestellt worden ist. Über die Verweisung auf § 32 HGB ist schließlich sichergestellt, dass das Registergericht in einem **Insolvenzverfahren** die maßgeblichen Tatsachen einzutragen hat, namentlich Verfahrenseröffnung, Aufhebung des Eröffnungsbeschlusses sowie Einstellung oder Aufhebung des Insolvenzverfahrens.

7 **IV. Zweigniederlassung.** Zur Schaffung von Publizität über die Rechtsverhältnisse an einer Zweigniederlassung erklärt Nr 3 die §§ 13, 13d HGB für entspr anwendbar. Da dem Gesellschafter aber schon für die Eintragung der GbR nach § 707 I (§ 707 Rn 2) ein **Wahlrecht** zusteht, kommen die Vorschriften nur dann zur Anwendung, wenn die Gesellschafter sich bewusst für eine Anmeldung der Zweigniederlassung entscheiden. Tun sie das, müssen sie in der Folge freilich auch Änderungen zwingend zur Eintragung in das Gesellschaftsregister anmelden (Begr RegE, BT-Drs 19/27635, 136).

8 Die **Anmeldung** der Zweigniederlassung erfolgt nach § 13 I HGB beim Registergericht der Hauptniederlassung. Die Eintragung erfolgt nach § 13d HGB für GbR mit **Verwaltungssitz im Ausland** (§ 707 Rn 8) oder für der GbR vergleichbare Auslandsgesellschaften jew in Bezug auf die im Inland domizilierte Zweigniederlassung. Das Registergericht hat die Vorgaben des Internationalen Personengesellschaftsrechts einschl der Wertungen der unionsrechtl Niederlassungsfreiheit nach Art 49, 54 AEUV zu beachten und die Einhaltung der deutschrechtl Anforderungen an die registerrechtl Behandlung einer Zweigniederlassung sicherzustellen (MüKo/*Schäfer* Rn 10).

§ 707c Statuswechsel

(1) Die Anmeldung zur Eintragung einer bereits in einem Register eingetragenen Gesellschaft unter einer anderen Rechtsform einer rechtsfähigen Personengesellschaft in ein anderes Register (Statuswechsel) kann nur bei dem Gericht erfolgen, das das Register führt, in dem die Gesellschaft eingetragen ist.

(2) Wird ein Statuswechsel angemeldet, trägt das Gericht die Rechtsform ein, in der die Gesellschaft in dem anderen Register fortgesetzt wird (Statuswechselvermerk). Diese Eintragung ist mit dem Vermerk zu versehen, dass die Eintragung erst mit der Eintragung der Gesellschaft in dem anderen Register wirksam wird, sofern die Eintragungen in den beteiligten Registern nicht am selben Tag erfolgen. Sodann gibt das Gericht das Verfahren von Amts wegen an das für die Führung des anderen Registers zuständige Gericht ab. Nach Vollzug des Statuswechsels trägt das Gericht den Tag ein, an dem die Gesellschaft in dem anderen Register eingetragen worden ist. Ist die Eintragung der Gesellschaft in dem anderen Register rechtskräftig abgelehnt worden oder wird die Anmeldung zurückgenommen, wird der Statuswechselvermerk von Amts wegen gelöscht.

(3) Das Gericht soll eine Gesellschaft, die bereits im Handels- oder im Partnerschaftsregister eingetragen ist, in das Gesellschaftsregister nur eintragen, wenn
1. der Statuswechsel zu dem anderen Register angemeldet wurde,
2. der Statuswechselvermerk in das andere Register eingetragen wurde und
3. das für die Führung des anderen Registers zuständige Gericht das Verfahren an das für die Führung des Gesellschaftsregisters zuständige Gericht abgegeben hat.
§ 707 Absatz 2 bleibt unberührt.

(4) Die Eintragung der Gesellschaft hat die Angabe des für die Führung des Handels- oder des Partnerschaftsregisters zuständigen Gerichts, die Firma oder den Namen und die Registernummer, unter der die

Gesellschaft bislang eingetragen ist, zu enthalten. Das Gericht teilt dem Gericht, das das Verfahren abgegeben hat, von Amts wegen den Tag der Eintragung der Gesellschaft in das Gesellschaftsregister und die neue Registernummer mit. Die Ablehnung der Eintragung teilt das Gericht ebenfalls von Amts wegen dem Gericht, das das Verfahren abgegeben hat, mit, sobald die Entscheidung rechtskräftig geworden ist.

(5) Wird ein Gesellschafter Kommanditist, ist für die Begrenzung seiner Haftung für die zum Zeitpunkt seiner Eintragung im Handelsregister begründeten Verbindlichkeiten § 728b entsprechend anzuwenden. Dies gilt auch, wenn er in der Gesellschaft oder einem ihr als Gesellschafter angehörenden Unternehmen geschäftsführend tätig wird. Seine Haftung als Kommanditist bleibt unberührt.

I. Normzweck. Die durch das MoPeG neu eingefügte Vorschrift regelt den Statuswechsel (dazu auch *Noack/Göbel* GmbHR 2022, 569). Hintergrund ist die Entscheidung gegen ein Einheitsregister und für ein gesondertes Gesellschaftsregister, das – in Abhängigkeit von den wirtschaftl Verhältnissen der Gesellschaft und den unternehmerischen Vorstellungen der Gesellschafter – nach verfahrensrechtl Regelungen für einen **Wechsel vom Gesellschaftsregister zum Handelsregister oder Partnerschaftsregister** oder umgekehrt verlangt. Das Statusverfahren regelt den registerrechtl Vollzug eines solchen Wechsels, der sich außerhalb des UmwG vollzieht, und soll Doppeleintragungen vermeiden sowie das Vertrauen des Rechtsverkehrs in die Richtigkeit und Vollständigkeit der Registerlage schützen (Begr RegE, BT-Drs 19/27635, 137). 1

Die Vorschrift betrifft den **Formwechsel** einer bereits im Handels- oder Partnerschaftsregister eingetragenen Gesellschaft **in eine eGbR**. Ein Formwechsel in eine nicht eingetragene GbR ist nach § 107 II 2 HGB unzulässig. Als erster Schritt ist der beabsichtigte Statuswechsel nach **Abs I** beim Ausgangsregister anzumelden. **Abs II** regelt die Eintragungen in das Ausgangsregister und die Abgabe an das Zielregister. Eintragungshindernisse für den Statuswechsel ergeben sich aus **Abs III**. Der Inhalt der Eintragung in das Zielregister (Gesellschaftsregister) sowie deren Ablehnung sind Gegenstand von **Abs IV**. Eine Sonderregelung für den Übergang in eine KG und die Kommanditistenhaftung enthält **Abs V**. Für den Statuswechsel fallen wie üblich Notar- und Gerichtsgebühren an (ausf *Noack/Göbel* GmbHR 2022, 569 Rn 41ff). 2

Aus materiellrechtl Perspektive kann es sich beim Statuswechsel um eine deklaratorische oder eine konstitutive Entscheidung handeln. Nur **deklaratorische** Bedeutung hat der Statuswechsel, wenn eine im Handelsregister eingetragene OHG eine freiberufliche Tätigkeit entfaltet, die nicht nach § 107 I 2 HGB berufsrechtl privilegiert ist. Hierbei handelt es sich tatsächlich um eine GbR, die im Wege des Statusverfahrens in das Gesellschaftsregister einzutragen und im Handelsregister zu löschen ist. Der Statuswechsel hat umgekehrt **konstitutive** Wirkung, wenn eine OHG vermögensverwaltend oder kleingewerblich tätig ist und in eine GbR überführt werden soll. Mit der abschließenden Eintragung in das Gesellschaftsregister wird aus der OHG eine eGbR. Der konstitutive Statuswechsel ist als **Grundlagenänderung** anzusehen und bedarf grds der Zustimmung aller Gesellschafter. Haben sich die Gesellschafter insofern auf eine Mehrheitsentscheidung verständigt, bedarf die Änderungen analog § 217 I 3 UmwG wenigstens einer Dreiviertelmehrheit (MüKo/*Schäfer* Rn 3). Der Formwechsel in eine eGbR kommt aber nur dann in Betracht, wenn die Gesellschaft nicht **kraft Gesetzes als OHG** anzusehen ist (107 III 1 HGB). Dieser Umstand ist vom Registergericht bei Anmeldung des Statuswechsels zu prüfen. Die Eintragung ist nach § 382 II FamFG abzulehnen, wenn die Voraussetzungen des § 1 II HGB tatsächlich erfüllt sind. Das Registergericht hat im Fall eines konstitutiven Statuswechsels auch das Vorliegen eines erforderlichen Gesellschafterbeschlusses zu prüfen (MüKo/*Schäfer* Rn 3). 3

In rechtsdogmatischer Hinsicht gilt für den Statuswechsel das **Identitätsprinzip**. Der Rechtsträger bleibt trotz des Wechsels der Registereintragung und womöglich auch der Rechtsform identisch; wirkt die Eintragung konstitutiv, ändert sich lediglich die Verbandsform. Die Rechtsverhältnisse zu Dritten und auch der Gesellschafterkreis ändern sich durch den Statuswechsel grds nicht. Eine Vermögensübertragung findet nicht statt. Auf Grundlage privatautonomer Gestaltungsfreiheit können sich die Gesellschafter nach allg Grundsätzen aber auf einen **Gesellschafterwechsel** verständigen, wie zB bei einem Wechsel einer eGbR oder PartG in eine KG eine Komplementär-GmbH als persönlich haftende Gesellschafterin aufzunehmen, während alle übrigen Gesellschafter zu Kommanditisten werden (Begr RegE, BT-Drs 19/27635, 137). Der Beitritt kann unter die aufschiebende Bedingung der Registereintragung gestellt werden. Auch anderweitige Änderungen des Gesellschaftsvertrags im Zuge des Statuswechsels sind zulässig. 4

II. Anmeldung. Die Anmeldung des Statuswechsels erfolgt nach § 707c I bei dem Gericht, das das Register führt, in dem die Gesellschaft eingetragen ist. Dabei handelt es sich beim Formwechsel aus einer Personenhandelsgesellschaft oder einer PartG in eine eGbR um das **Handelsregister** oder das **Partnerschaftsregister** (für ein Anmeldungsmuster s Schäfer/*Hermanns* § 2 Rn 26). Anders als nach § 198 II 2 UmwG bedarf es keiner (weiteren) Anmeldung beim Zielregister (Begr RegE, BT-Drs 19/27635, 137). Die Anmeldung richtet sich iÜ nach § 707 II, IV (§ 707 Rn 9ff, 37ff). In der Sache ist die Anmeldung darauf gerichtet, dass die Gesellschaft unter neuer Rechtsform im Zielregister fortgesetzt wird (*Noack/Göbel* GmbHR 2022, 569 Rn 16ff). Im Zuge der Anmeldung des Statuswechsels können noch weitere eintragungspflichtige Änderungen der Gesellschaft angemeldet werden, namentlich Änderungen des Gesellschafterkreises (Begr RegE, BT-Drs 19/27635, 157; *Noack/Göbel* GmbHR 2022, 569 Rn 19). 5

III. Abgabeverfahren. Im Ausgangsregister wird nach § 707c II ein **Statuswechselvermerk** eingetragen, dh diejenige Rechtsform, in der die Gesellschaft in dem anderen Register fortgesetzt wird (§ 707c II 1), also die eGbR. Zuvor **prüft** das Ausgangsregister, ob die Anmeldung des Statuswechsels ordnungsgemäß und die Gesell- 6 schaft im Ausgangsregister eingetragen ist und sich nicht Liquidation befindet, da sie andernfalls nicht als werbende Gesellschaft anderer Rechtsform fortgesetzt werden kann (*Noack/Göbel* GmbHR 2022, 569 Rn 20f). Zudem ist zu prüfen, ob die im Handelsregister eingetragene OHG oder KG dort verbleiben muss, weil sie noch immer ein Handelsgewerbe betreibt, was eine Eintragung in das Gesellschaftsregister und somit einen Statuswechsel ausschließt (*Noack/Göbel* GmbHR 2022, 569 Rn 22).

7 Bei einem **Wechsel vom Gesellschafts- in das Partnerschaftsregister** (oder umgekehrt) muss gleichermaßen geprüft werden, ob die Gesellschaft kein Handelsgewerbe betreibt, was eine Eintragung in das Handelsregister zur Folge hätte (dazu und zum Folgenden *Noack/Göbel* GmbHR 2022, 569 Rn 23). Wegen der Anmeldepflicht nach § 106 I HGB ist das Verfahren analog § 707c II 3 von Amts wegen an das zuständige Handelsregister abzugeben. Das Zielregister ist an die Feststellungen des Ausgangsregisters gebunden und hat den Antragsteller nach § 382 IV FamFG zur Ergänzung der Anmeldung aufzufordern. Die Anmeldung kann wegen der Anmeldepflicht nach § 106 I HGB nicht analog § 707c II 5 zurückgenommen werden.

8 Der Statuswechselvermerk hat nach § 707c II 2 zugleich darauf hinzuweisen, dass die Eintragung erst mit der Eintragung der eGbR im Gesellschaftsregister wirksam wird (**Vorläufigkeitsvermerk**). Danach gibt es das Verfahren an das Zielregister (Gesellschaftsregister) ab (§ 707 II 3). Sobald die GbR in das Gesellschaftsregister eingetragen ist, wird im Ausgangsregister das Eintragungsdatum nachgetragen (§ 707c II 4). Lehnt das Zielregister die Eintragung ab oder wird die Anmeldung zurückgenommen, wird der Statuswechselvermerk von Amts wegen gelöscht (§ 707c II 5). Eines Vorläufigkeitsvermerks bedarf es nicht, wenn die Eintragungen im Ausgangs- und Zeitregister am gleichen Tag erfolgen; der Rechtsverkehr kann dann davon ausgehen, dass mit der Eintragung auch der Statuswechsel stattgefunden hat (Begr RegE, BT-Drs 19/27635, 137). Eine inhaltl Prüfung des Ausgangsregisters ist hingegen nicht vorgesehen, weil dies in den Verantwortlichkeitsbereich des Zielregisters (Gesellschaftsregisters) fällt.

9 **IV. Zielregisterverfahren. 1. Prüfung des Zielregistergerichts.** Das Zielregister (Gesellschaftsregister) **prüft** nach § 707c III 1 die **Eintragungsvoraussetzungen** für den Statuswechsel nach § 707c I, II. Das betrifft im Einz die Anmeldung des Statuswechsels beim Ausgangsregister, die dortige Eintragung des Statuswechselvermerks und Abgabe des Verfahrens an das Zielregister. Zudem ist die **Eintragungsfähigkeit der statuswechselnden Gesellschaft** nach allg Grundsätzen durch das aufnehmende Register zu prüfen (§ 707c III 2 iVm § 707 II; § 707 Rn 9ff). Die Verweisung ist insofern teleologisch zu reduzieren, als die Versicherung über eine fehlende Voreintragung ohne Belang ist (*Noack/Göbel* GmbHR 2022, 569 Rn 30). Darüber hinaus muss der Grundsatz der Firmenunterscheidbarkeit beachtet werden (§ 707b Nr 1 iVm § 30 I HGB; näher *Noack/Göbel* GmbHR 2022, 569 Rn 31). Beim Statuswechsel in eine eGbR ist namentlich zu prüfen, ob nicht der Betrieb eines Handelsgewerbes (§ 105 I, 1 II HGB) der Fortsetzung der Gesellschaft als eGbR entgegensteht. Die Prüfung erstreckt sich bei einem konstitutiven Statuswechsel außerdem auf den notwendigen Gesellschafterbeschluss (Rn 3). Die Formulierung als Soll-Vorschrift stellt klar, dass ein Verstoß die Wirksamkeit der Eintragung nicht beeinträchtigt (*Noack/Göbel* GmbHR 2022, 569 Rn 29).

10 **2. Eintragungsinhalt und Mitteilungen.** Nach § 707c IV 1 hat die Eintragung der eGbR die Angabe des **Ausgangsregistergerichts**, die bisherige **Firma** oder den bisherigen **Namen** und die bisherige **Registernummer** zu enthalten. Das soll die Identität der Gesellschaft aus den Eintragungen nachvollziehbar machen, namentlich für den Fall, dass sich Name/Firma und die Vertretungsverhältnisse im Zuge des Statuswechsels ändern (Rn 4; vgl Begr RegE, BT-Drs 19/27635, 138). Das Zielregister teilt dem Ausgangsregister von Amts wegen den Tag der Eintragung der GbR in das Gesellschaftsregister und die neue Registernummer mit (§ 707c IV 2). Daraufhin kann das Ausgangsregister den Abschluss des Statuswechsels kenntlich machen und das alte Registerblatt schließen (§ 707c II 4). Sobald umgekehrt eine ablehnende Entscheidung rechtskräftig geworden ist, teilt das Zielregister dem Ausgangsregister von Amts wegen die Ablehnung der Eintragung mit, wie zB wenn die Eintragung der GbR an dem auf Betrieb eines Handelsgewerbes gerichteten Gesellschaftszwecks scheitert.

11 **V. Statuswechsel in die KG.** Verändert sich die Rechtsstellung eines Gesellschafters im Zuge des Statuswechsels dergestalt, dass er nun als Kommanditist fungiert, findet nach § 707c V 1 auf die **Haftung für Altverbindlichkeiten** § 728b entspr Anwendung. Dies führt zu einer Beschränkung der unbeschränkten persönlichen Haftung nach §§ 721 f für vor dem Statuswechsel begründete Verbindlichkeiten nach Ablauf von fünf Jahren nach Wirksamwerden des Statuswechsels. Das gilt auch für den Fall, dass er als Gesellschafter oder in einem der GbR als Gesellschafter angehörendem Unternehmen geschäftsführend tätig wird (§ 707c V 2). Unberührt bleibt nach § 707c V 3 seine **Haftung als Kommanditist.**

§ 707d Verordnungsermächtigung

(1) Die Landesregierungen werden ermächtigt, durch Rechtsverordnung nähere Bestimmungen über die elektronische Führung des Gesellschaftsregisters, die elektronische Anmeldung, die elektronische Einreichung von Dokumenten sowie deren Aufbewahrung zu treffen, soweit nicht durch das Bundesministerium der Justiz und für Verbraucherschutz nach § 387 Absatz 2 des Gesetzes über das Verfahren in Familiensachen und in den Angelegenheiten der freiwilligen Gerichtsbarkeit entsprechende Vorschriften erlassen werden. Dabei können sie auch Einzelheiten der Datenübermittlung regeln sowie die Form zu übermittelnder elektronischer Dokumente festlegen, um die Eignung für die Bearbeitung durch das Gericht sicher-

zustellen. Die Landesregierungen können die Ermächtigung durch Rechtsverordnung auf die Landesjustizverwaltungen übertragen.

(2) Die Landesjustizverwaltungen bestimmen das elektronische Informations- und Kommunikationssystem, über das die Daten aus den Gesellschaftsregistern abrufbar sind, und sind für die Abwicklung des elektronischen Abrufverfahrens zuständig. Die Landesregierung kann die Zuständigkeit durch Rechtsverordnung abweichend regeln; sie kann diese Ermächtigung durch Rechtsverordnung auf die Landesjustizverwaltung übertragen. Die Länder können ein länderübergreifendes, zentrales elektronisches Informations- und Kommunikationssystem bestimmen. Sie können auch eine Übertragung der Abwicklungsaufgaben auf die zuständige Stelle eines anderen Landes sowie mit dem Betreiber des Unternehmensregisters eine Übertragung der Abwicklungsaufgaben auf das Unternehmensregister vereinbaren.

I. Normzweck. Die durch das MoPeG neu eingefügte Vorschrift enthält – ebenso wie § 376 II, § 387 FamFG – eine Verordnungsermächtigung für das Gesellschaftsregister. **Abs I** enthält die **Ermächtigungsgrundlage** für Landesrechtsverordnungen hinsichtl der Registerführung, Anmeldung und Dokumenteneinreichung, Dokumentenaufbewahrung, Datenübermittlung und Datenformate, soweit keine bundeseinheitliche Regelung auf Grundlage des § 387 II FamFG erlassen wird. Letzteres ist mit der „Verordnung über die Einrichtung und Führung des Gesellschaftsregisters und zur Änderung der Handelsregisterverordnung" v 16.12.2022 (BGBl I 2022, 2422) tatsächlich erfolgt. Nach **Abs II** kann das Gesellschaftsregister in das **gemeinsame Registerprotal der Länder** eingebunden werden, das den Datenabruf aus dem Handels-, Genossenschafts-, Partnerschafts- und Gesellschaftsregister eröffnet. Nach § 707d II 3 haben die Länder ein länderübergreifendes, zentrales elektronisches Informations- und Kommunikationssystem bestimmt, das nach § 707d II 4 vom Land Nordrhein-Westfalen geführt wird. 1

II. Gesellschaftsregisterverordnung. Die auf Grundlage des § 387 II FamFG erlassene „Verordnung über die Einrichtung und Führung des Gesellschaftsregisters und zur Änderung der Handelsregisterverordnung" (Gesellschaftsregisterverordnung – GesRV) v 16.12.2022 (BGBl I 2022, 2422) lautet: 2

§ 1 Anwendung der Handelsregisterverordnung:

(1) Für die Einrichtung und Führung des Gesellschaftsregisters ist die Handelsregisterverordnung entsprechend anwendbar, soweit in dieser Verordnung nichts anderes bestimmt ist.

(2) Für die entsprechende Anwendung der Handelsregisterverordnung nach Absatz 1 steht die Gesellschaft bürgerlichen Rechts (Gesellschaft) einer offenen Handelsgesellschaft mit den Maßgaben gleich, dass

1. an die Stelle der Firma der offenen Handelsgesellschaft der Name der Gesellschaft tritt und

2. an die Stelle der persönlich haftenden Gesellschafter der offenen Handelsgesellschaft die Gesellschafter der Gesellschaft treten.

§ 2 Einteilung und Gestaltung des Gesellschaftsregisters

(1) Jede Gesellschaft ist unter einer fortlaufenden Nummer (Registerblatt) in das Gesellschaftsregister einzutragen.

(2) Bei der Führung des Registers sind die Muster der Anlagen 1 bis 4 zu verwenden.

§ 3 Anmeldung und Eintragung

(1) In der Anmeldung der Gesellschaft zur Eintragung in das Gesellschaftsregister soll auch der Gegenstand der Gesellschaft angegeben werden, soweit er sich nicht aus deren Namen ergibt. Dies gilt auch für die Anmeldung der Umwandlung oder des Statuswechsels in eine Gesellschaft.

(2) Als Gesellschafter ist eine Gesellschaft nur in das Gesellschaftsregister einzutragen, wenn sie ihrerseits im Gesellschaftsregister eingetragen ist. Dies gilt auch, wenn der Eintritt eines Gesellschafters in eine bestehende Gesellschaft angemeldet wird.

§ 4 Inhalt der Eintragungen in das Gesellschaftsregister

(1) In Spalte 1 des Gesellschaftsregisters ist die laufende Nummer der die Gesellschaft betreffenden Eintragungen einzutragen.

(2) In Spalte 2 des Gesellschaftsregisters sind die folgenden Angaben und die sich jeweils darauf beziehenden Änderungen einzutragen:

1. unter Buchstabe a: der Name der Gesellschaft,

2. unter Buchstabe b:

a) der Sitz der Gesellschaft,

b) die Anschrift der Gesellschaft in einem Mitgliedstaat der Europäischen Union und

c) die Errichtung oder die Aufhebung von Zweigniederlassungen der Gesellschaft unter jeweiliger Angabe des Ortes einschließlich der Postleitzahl, die inländische Geschäftsanschrift der Zweigniederlassung und, falls dem Namen der Gesellschaft für eine Zweigniederlassung ein Zusatz beigefügt ist, die Angabe dieses Zusatzes.

Mit der Eintragung nach Satz 1 Nummer 1 erhält der Name der Gesellschaft den Zusatz „eingetragene Gesellschaft bürgerlichen Rechts" oder „eGbR".

(3) In Spalte 3 des Gesellschaftsregisters sind die folgenden Angaben und die sich jeweils darauf beziehenden Änderungen einzutragen:

1. unter Buchstabe a: die allgemeine Regelung zur Vertretung der Gesellschaft durch die Gesellschafter und die Liquidatoren,

2. unter Buchstabe b:

a) die Gesellschafter,

b) die als solche bezeichneten Liquidatoren.

Gesellschafter und Liquidatoren nach Satz 1 Nummer 2 sind jeweils mit Namen, Vornamen, Geburtsdatum und Wohnort einzutragen. Handelt es sich bei einem solchen Gesellschafter oder Liquidator um eine jur Person oder rechtsfähige Per-

sonengesellschaft, so sind deren Firma oder Name, Rechtsform, Sitz und, soweit gesetzl vorgesehen, Art und Ort des zuständigen Registers und Registernummer einzutragen. Weicht die Vertretungsbefugnis der in Spalte 3 unter Buchstabe b einzutragenden Personen von den in Spalte 3 unter Buchstabe a eingetragenen Angaben ab, so ist die besondere Vertretungsbefugnis bei den jeweiligen Personen zu vermerken.

(4) In Spalte 4 des Gesellschaftsregisters sind die folgenden Angaben und die sich jeweils darauf beziehenden Änderungen einzutragen:

1. unter Buchstabe a: die Rechtsform der Gesellschaft,

2. unter Buchstabe b:

a) die Auflösung, Fortsetzung und Nichtigkeit der Gesellschaft; das Erlöschen der Gesellschaft sowie Löschungen von Amts wegen;

b) Statuswechsel;

c) Eintragungen nach dem Umwandlungsgesetz;

d) die Eröffnung, Einstellung und Aufhebung des Insolvenzverfahrens sowie die Aufhebung des Eröffnungsbeschlusses; die Bestellung eines vorläufigen Insolvenzverwalters unter den Voraussetzungen des § 707b Nummer 2 des Bürgerlichen Gesetzbuchs in Verbindung mit § 32 Absatz 1 Satz 2 Nummer 2 des Handelsgesetzbuchs sowie die Aufhebung einer derartigen Sicherungsmaßnahme; die Anordnung der Eigenverwaltung durch den Schuldner und deren Aufhebung sowie die Anordnung der Zustimmungsbedürftigkeit bestimmter Rechtsgeschäfte nach § 277 der Insolvenzordnung; die Überwachung der Erfüllung eines Insolvenzplans und die Aufhebung der Überwachung.

(5) In Spalte 5 des Gesellschaftsregisters sind die folgenden Angaben einzutragen:

1. unter Buchstabe a: der Tag der Eintragung,

2. unter Buchstabe b: sonstige Bemerkungen.

(6) Enthält eine Eintragung im Gesellschaftsregister einen in ein öffentliches Register eingetragenen Rechtsträger, so sind im Gesellschaftsregister auch Art und Ort des Registers und die Registernummer dieses Rechtsträgers zu vermerken.

§ 5 Bekanntmachungen

Die Bekanntmachungen erfolgen in dem für das Handelsregister bestimmten Veröffentlichungssystem (§ 10 des Handelsgesetzbuchs). Registerbekanntmachungen im Sinne des § 10 Absatz 3 des Handelsgesetzbuchs sind möglichst nach dem Muster in Anlage 5 abzufassen.

3 Die GesRV enthält Regelungen über die **Einrichtung und Führung des Gesellschaftsregisters**, die sich aus rechtl und technischer Perspektive stark an den Vorgaben für das Handelsregister orientieren. Das bringt bereits § 1 I GesRV deutlich zum Ausdruck, der die **Handelsregisterverordnung** (HRV) v 12.8.1937 (RMBl 1937, 515) für **entsprechend anwendbar** erklärt, soweit nichts anders in der GesRV bestimmt ist. Von der Verweisung erfasst sind namentlich die Bestimmungen über die allg Zuständigkeit des Amtsgerichts, zur elektronischen Registerführung, zur Einsichtnahme, zum Verfahren der Anmeldung, Eintragung und Bekanntmachung von Eintragungen (Begr RegE, BR-Drs 560/22, 13f). Unterschiede resultieren vor allem daraus, dass eGbR keine Firmen führen und keine Prokura erteilen können. Die **Einteilung und Gestaltung des Gesellschaftsregisters** nach § 2 GesRV hat sich an den Mustern zu orientieren, die in den Anlagen 1–4 der GesRV beigefügt sind. Bei der **Anmeldung** ist nach § 3 I GesRV auch der Gegenstand der Gesellschaft anzugeben, soweit er sich nicht aus deren Namen ergibt. Gemeint ist damit das konkrete Betätigungsfeld der GbR (Begr RegE, BR-Drs 560/22, 15). Um die chronologische Abfolge zu dokumentieren, sind die Eintragungen auf dem Registerblatt fortlaufend zu **nummerieren** (§ 4 I GesRV). Der Inhalt der Eintragungen in das Gesellschaftsregister ist in § 4 II–VI GesRV ausbuchstabiert (dazu Begr RegE, BR-Drs 560/22, 16ff). **Bekanntmachungen** erfolgen nach § 5 GesRV iVm § 10 HGB über das einheitliche Bekanntmachungssystem im Gemeinsamen Registerportal der Länder.

Kapitel 2

Rechtsverhältnis der Gesellschafter untereinander und der Gesellschafter zur Gesellschaft (§§ 708–718)

§ 708 Gestaltungsfreiheit

Von den Vorschriften dieses Kapitels kann durch den Gesellschaftsvertrag abgewichen werden, soweit im Gesetz nichts anderes bestimmt ist.

1 **I. Normzweck.** Die durch das MoPeG neu eingefügte Vorschrift ist die Spitzennorm im Regelungsbereich, der das Rechtsverhältnis der Gesellschafter untereinander und der Gesellschafter zur GbR in den Blick nimmt. Inhaltl regelt § 708 die **Disponibilität** der nachfolgenden Vorschriften. Von ihnen kann kraft Gesellschaftsvertrags abgewichen werden, soweit keine gesetzl Grenzen bestehen. Damit unterstreicht die Vorschrift die Geltung des systemprägenden Prinzips der Privatautonomie im Recht der BGB-Gesellschafter. Gesellschafter können nicht nur selbst darüber entscheiden, ob sie sich an einem Zusammenschluss nach § 705 I beteiligen, sondern können auf Grundlage des Gesellschaftsvertrags das Zusammenwirken auch **inhaltlich gestalten** (Begr RegE, BT-Drs 19/27635, 140). Die mit der eigenverantwortlichen Regelung ihrer Rechtsverhältnisse verbundene Flexibilität trägt zu deren praktischen Verbreitung bei. Von der hohen Flexibilität und Gestaltungsfreiheit der Personengesellschaften profitieren Familiengesellschaften, aber auch andere vom gesetzl Normalfall abweichende Sonderformen, wie zB Publikumsgesellschaften, geschlossene Immobilien- und Schiffsfonds. Das Innenverhältnis der Gesellschafter untereinander und der Gesellschafter zur GbR bestimmt sich also vorrangig nach dem Gesellschaftsvertrag. Sieht dieser keine anderen Regelungen vor, gelten für das Innenrecht die §§ 709–718.

II. Grundsatz der Vertragsfreiheit. Die Vorschrift ordnet das grds **Primat des Gesellschaftsvertrags** im Verhältnis zu den §§ 709–718 an. Die Auslegung des Vertrags einschl der ergänzenden Vertragsauslegung hat Vorrang vor dem dispositiven Gesetzesrecht. Da die in Vollzug gesetzte Gesellschaft bis zu ihrer Beendigung als wirksam behandelt wird, bildet auch bei ihr der Gesellschaftsvertrag die maßgebliche Grundlage (§ 705 Rn 15). Die Vertragsfreiheit im Innenverhältnis ermöglicht es, den verschiedenen Typen von Personengesellschaften durch Vertragsgestaltung gerecht zu werden. Neben den §§ 709–718 sind auch die Regelungen über die Auflösung und Liquidation **dispositiv**, soweit sie nicht dem Gläubigerschutz dienen (vgl Oetker/*Lieder* § 109 HGB Rn 8). 2

Von den §§ 709–718 kann auch mittels **Gesellschafterbeschlusses** abgewichen werden, der den Gesellschaftsvertrag ändern oder auch nur einmalig durchbrechen kann (Begr RegE, BT-Drs 19/27635, 140). Das bereitet bei einstimmig gefassten Beschlüssen, die einen formfrei zulässigen Gesellschaftsvertrag ändern, keine Probleme. Besonderheiten gelten für Gesellschafterbeschlüsse, die aufgrund einer gesellschaftsvertragl Mehrheitsklausel gefasst werden (§ 714 Rn 35ff). 3

III. Grenzen der Vertragsfreiheit. Die Vertragsfreiheit ist auch im verbandsrechtl Kontext nicht schrankenlos gewährleistet. Allerdings können solche Schranken **nicht** aus einer **Typengesetzlichkeit der Gesellschaftsformen** in Gestalt änderungsfester Regeln entwickelt werden (dazu *Flume* BGB AT I/1, § 13; *Reuter*, Privatrechtl Schranken der Perpetuierung von Unternehmen, 1973; *Reuter* AcP 181, 1; *Reuter* GmbHR 1981, 129; *Teichmann*, Gestaltungsfreiheit in Gesellschaftsverträgen, 1970, 123ff; *Westermann*, Vertragsfreiheit und Typengesetzlichkeit im Recht der Personengesellschaften, 1970; *Westermann* AcP 175, 375; wie hier abl Heymann/*Hoffmann*/*Bartlitz* § 109 HGB Rn 4; Hopt/*Roth* § 109 HGB Rn 3; Oetker/*Lieder* § 109 HGB Rn 10). Vielmehr werden die Grenzen der jew Rechtsform durch die zwingenden Regeln bestimmt. Innerhalb des dispositiven Gesetzesrechts sind abweichende Gestaltungen grds erlaubt. Es lassen sich allerdings allg Rechtsprinzipien aus dem normativen Umfeld und fundamentalen Wertungen des Personengesellschaftsrechts ableiten, die inzwischen als Strukturmerkmale anerkannt werden, wie zB das Prinzip der **Selbstorganschaft** (§ 715 Rn 12), das **Abspaltungsverbot** bei der Mitgliedschaft (§ 711a Rn 1), die mitgliedschaftliche **Treuepflicht** (§ 705 Rn 110ff) und der **Gleichbehandlungsgrundsatz** (§ 705 Rn 141), das Prinzip der Einheitlichkeit der Mitgliedschaft (§ 705 Rn 40) und das Verbot der Einpersonengesellschaft (§ 705 Rn 39). Im Bereich der **Beschlusskontrolle** wird die Gestaltungsfreiheit insb durch einen materiellen Minderheitsschutz begrenzt (§ 714 Rn 41ff). An diesen Strukturprinzipien hat auch das MoPeG keine wesentlichen Änderungen vorgenommen (*Hippeli* DZWIR 2020, 386, 389; *Kruse* DStR 2021, 2412, 2414; *Lieder* ZGR-Sonderheft 23, 169, 181; *Noack* NZG 2020, 581, 582; aA BeckOK/*Schöne* Rn 11ff). 4

1. Privatrechtliche Schranken und Inhaltskontrolle. Die Grenzen des gesetzl Verbots und der Sittenwidrigkeit gelten auch im Gesellschaftsrecht. Die Geltung des **§ 138** kann sich etwa niederschlagen in einer Sittenwidrigkeit des **Geschäftszwecks** (BGH NJW 1982, 877), grober Übervorteilung eines Gesellschafters bei der Vereinbarung der Konditionen seines Beitritts (BGH WM 1975, 325), Ausschluss eines Partners von sämtlichen Verwaltungsrechten (BGHZ 44, 158), Knebelung eines Gesellschafters durch beitretende Partner oder Vereinbarungen über die Benachteiligung eines durch Insolvenz ausscheidenden Gesellschafters (s BGH BB 1992, 948). Auch manche Typen von Güterstandsklauseln in Gesellschaftsverträgen, durch die dem Ehegatten eines Gesellschafters Gütertrennung auferlegt wird, werden verbreitet als sittenwidrig angesehen (*Münch* NJW 2015, 288ff), was der BGH aber nur unter besonderen Umständen annimmt (BGH NJW 2013, 461; NJW 2015, 55; eingehend *Hölscher* NJW 2016, 3057ff). Sittenwidrigkeit kommt weiter in Betracht, wenn ein Gesellschafter gegen seinen Willen aus der Gesellschaft hinausgedrängt (**Hinauskündigungsklauseln,** BGHZ 68, 212; 81, 263; 112, 103; 164, 107; 164, 98; dazu *Lieder* DZWIR 2006, 63ff; BGH NJW-RR 2007, 913; NJW 2007, 1256; München NZG 2020, 903 Rn 51ff), sein Abfindungsrecht über Gebühr eingeschränkt oder eine übermäßige Ausgleichspflicht festgelegt wird (vgl BGH NZG 2013, 984). Im Grundsatz nicht zu beanstanden sind **Russian-Roulette-Klauseln** (Shoot-Out-Klauseln) in zweigliedrigen Gesellschaften des Inhalts, dass jeder Teil berechtigt ist, dem jew anderen Teil seine Gesellschaftsbeteiligung unter Nennung eines bestimmten Preises zum Ankauf anzubieten, und dass der Angebotsempfänger verpflichtet ist, bei Nichtannahme dieses Angebots seine Gesellschaftsbeteiligung an den Anbietenden unverzüglich zum gleichen Kaufpreis zu verkaufen und abzutreten (Nürnberg NZG 2014, 222; zust *Lieder* WuB II A § 84 AktG 1.14; *Schaper* DB 2014, 821; *Schmolke* ZIP 2014, 897; ebenso bereits *Fleischer*/*Schneider* DB 2010, 2713). Gleiches gilt für **andere Beendigungsklauseln,** wie zB Blind-Bid-Klauseln und Texan-Shoot-Out-Klauseln (vgl *Lieder* WuB II A § 84 AktG 1.14; *Wedemann*, Gesellschafterkonflikte in geschlossenen Kapitalgesellschaften, 2013, 495f). Das mit diesen Klauseln verbundene Missbrauchspotenzial ist im Rahmen einer an den Grundsätzen von Treu und Glauben iVm der gesellschaftsrechtl Treuepflicht orientierten **Ausübungskontrolle** zu sanktionieren (vgl *Fleischer*/*Schneider* DB 2010, 2713, 2718; *Lieder* WuB II A § 84 AktG 1.14; *Schaper* DB 2014, 821, 824; *Schmolke* ZIP 2014, 897, 901). 5

Wenn der Gesellschaftszweck zu Handlungen und Verhaltensweisen verpflichtet, die der Zielsetzung eines Gesetzes, gewöhnlich dem Schutz von Allgemeininteressen, zuwiderlaufen, ist nach **§ 134** Nichtigkeit des Gesellschaftsvertrags anzunehmen (vgl Düsseldorf NZG 2010, 1106 für eine zur Wahrnehmung der Ansprüche von Anlegergesellschaften gegen die Beteiligungsgesellschaft gegründete Schutzgemeinschaft in der Form der GbR, was gegen das RBerG, jetzt auch gegen das RDG, verstoße). Gleiches gilt für einen Verstoß gegen § 1 GWB (s auch BGHZ 96, 69; 147, 325; krit *Säcker* FS Canenbley, 2012, 397ff). Die hieraus resultierenden Konsequenzen bestimmen sich nach hier vertretener Auffassung nach der Lehre von der fehlerhaften Gesellschaft (§ 705 Rn 171). 6

Angesichts des § 310 IV 1 kommt eine **Inhaltskontrolle** formularmäßig geschlossener Gesellschaftsverträge an sich nicht in Betracht, was auch für die stille Gesellschaft angenommen wird (BGHZ 127, 176 und dazu 7

H. Schmidt ZHR 159, 734, anders für zweiseitige Innengesellschaften *K. Schmidt* ZHR 195, 734, 742f; MüKo/*Schäfer* § 705 Rn 139). Dies gilt allerdings nicht für Vereinbarungen, die innerhalb oder außerhalb des Gesellschaftsvertrags Rechtsbeziehungen zum Inhalt haben, die von dem gesellschaftsrechtl Verhältnis zu trennen sind. Dies betrifft etwa Dienst- oder Darlehensverträge der Gesellschafter ggü der Gesellschaft außerhalb des Gesellschaftsverhältnisses (BGH WM 1992, 99, 100; *Brandes* WM 1994, 569; MüKo-HGB/*Enzinger* § 109 Rn 8). Dies gilt nach Auffassung der obergerichtlichen Rspr aus Gründen des Verbraucherschutzes ebenso für gesellschaftsrechtl Beteiligungen, die allein zum Zwecke der Vermögensanlage durch Privatpersonen getätigt werden (KG WM 1999, 731, 733; Oldenburg NZG 1999, 896, 897; Frankfurt NJW-RR 2004, 991, 992; Hamm 9.3.2011 – 8 U 133/10; ebenso Grü/*Grüneberg* § 310 Rn 49; aA *Drygala* ZIP 1997, 968, 970; offenlassend BGH NJW 2001, 1270, 1271).

8 Indessen ist die Rspr (BGHZ 64, 238 und öfter) in Anwendung der allg Ausübungskontrolle nach § 242 und unter Gesichtspunkten des Minderheitenschutzes darüber weit hinausgegangen und hat namentlich die Inhaltskontrolle der Verträge von **Publikumspersonengesellschaften** so weit perfektioniert, dass heute eine gesetzl Regelung überflüssig erscheint (*Krieger* FS Stimpel, 1985, 307ff). Das betrifft zwar in erster Linie die KG wegen der Rechte der Kommanditisten, hat aber auch Bedeutung für die GbR (BGHZ 84, 11, 14; 102, 172; 104, 50 zur Publikums-KG; zur GbR BGH NJW 1982, 877; NJW 1982, 2495; WM 1983, 1407; zust *Westermann* AcP 175, 375, 408ff; *U.H. Schneider* ZGR 1978, 1; *Fastrich*, Richterliche Inhaltskontrolle im Privatrecht, 1992, 124ff; MüKo/*Schäfer* § 705 Rn 143). Nicht generell kontrollbedürftig sind Regelungen, die ggü einem unter Lebenden oder von Todes wegen in die Gesellschaft gekommenen Neugesellschafter angewendet werden; auch hier können die Bestimmungen unter Gruppen oder „Stämmen" von Gesellschaftern ausgehandelt und somit nicht einseitig „gestellt" sein (MüKo/*Schäfer* § 705 Rn 144). Vor diesem Hintergrund ist auch das Instrument der **geltungserhaltenden Reduktion** im Gegensatz zu den Verhältnissen bei der sonstigen Inhaltskontrolle legitim einsetzbar (*Westermann* FS Stimpel, 1985, 69ff, näher § 705 Rn 98f). Insg wird hier die auf § 242 und auf die gesteigerte Treuepflicht (§ 705 Rn 117) gestützte **Ausübungskontrolle** bei einzelnen Klauseln eine wichtige Rolle spielen (näher dazu *Westermann* FS Stimpel 1985, 69, 88ff; *Westermann* FS 50 Jahre BGH, Bd III, 2000, 245ff). Sie greift sowohl, wenn der gesamte Gesellschaftsvertrag nichtig ist, wie zB wegen eines Verstoßes gegen das Kartellverbot des § 1 GWB (§ 705 Rn 171), als auch wenn einzelne Vertragsklauseln, etwa ein Wettbewerbsverbot gegen das GWB verstößt.

9 **2. Gesellschaftsrechtliche Schranken.** Neben den (weitmaschigen) zivilrechtl Schranken sind eine ganze Reihe von gesellschaftsrechtl Grenzen entwickelt worden. Diese Grenzen bedürfen in jedem Fall einer **normativen Rückbindung** an das geschriebene Recht oder an die den Vorschriften zugrunde liegenden – ungeschriebenen – Grundwertungen des allg Verbandsrechts. Auf dieser Grundlage lässt sich ein bunter Strauß – vielfach verbandsformübergreifender – **allgemeiner Prinzipien des Gesellschaftsrechts** identifizieren, die der Gestaltungsfreiheit der Gesellschafter(-mehrheit) Grenzen setzt. Das gilt zunächst für die Ausgestaltung des Gesellschaftsvertrags, aber im übertragenen Sinne letztlich auch für die Inhaltskontrolle von (auf der Grundlage von Mehrheitsklauseln gefassten) Gesellschafterbeschlüssen. Im Mittelpunkt steht ein angemessener Ausgleich zw der Funktions- und Handlungsfähigkeit der Gesellschaft und dem berechtigten Schutzinteresse der Minderheit (**Minderheitsschutz**).

10 Hierzu zählen zunächst **zwingende Vorschriften**, namentlich die Notgeschäftsführungsbefugnis nach § 715a S 2 (§ 715a Rn 2ff), die Gesellschafterklage nach § 715b II (§ 715b Rn 1ff), Informationsrechte und Informationspflichten nach § 717 I 3, II 2 (§ 717 Rn 4ff, 2ff), das Erwerbsverbot für eigene Anteile nach § 711 I 2 (§ 711 Rn 16), die eingeschränkte Übertragbarkeit von Gesellschafterrechten nach § 711a (§ 711a Rn 1ff), das liquidationslose Erlöschen bei Ausscheiden des vorletzten Gesellschafters nach § 712a (§ 712a Rn 3), die Anmeldepflichten nach § 707 III (§ 707 Rn 27ff), die Entstehung der Gesellschaft nach § 719 II (§ 719 Rn 1ff), der Umfang der Vertretungsbefugnis nach § 720 III (§ 720 Rn 16ff), die persönliche Gesellschafterhaftung nach § 721 (§ 721 Rn 1ff), die Haftung des eintretenden Gesellschafters nach § 721a S 2 (§ 721a Rn 6), das bedingte Austrittsrecht des Gesellschaftererben nach § 724 (§ 724 Rn 11f), Ausschluss und Beschränkung des Kündigungsrechts nach § 725 VI (§ 725 Rn 25ff), Kündigung durch einen Privatgläubiger eines Gesellschafters nach § 726 (§ 726 Rn 6ff), Kündigung der Mitgliedschaft nach § 731 II (§ 731 Rn 2ff), Gesellschafter als Liquidatoren nach § 736 I (§ 736 Rn 5ff) und die gerichtliche Berufung und Abberufung von Liquidatoren nach § 736a I (§ 736a Rn 1ff). Die Ausscheidensgründe nach § 723 I können nicht abbedungen, sondern nur in Auflösungsgründe umgewandelt werden (MüKo/*Schäfer* § 705 Rn 136). Besonderheiten gelten für das Mehrbelastungsverbot nach § 710 (§ 710 Rn 1ff).

11 Weitere Gestaltungsschranken bilden der **Verbandszweck** (Habersack/Schäfer/*Schäfer* § 119 HGB Rn 42; *K. Schmidt* GesR § 21 II 3 b) und der Grundsatz der **Verbandssouveränität**, der auf den Schutz der Gesellschafter vor einer zu starken Einflussnahme von außen im Hinblick auf den Gesellschaftsvertrag gerichtet ist (dazu und zum Folgenden bereits Oetker/*Lieder* § 109 HGB Rn 24). Der Vertrag darf nur durch die Gesellschafter geändert werden (BGHZ 33, 105, 109) und Außenstehenden keine Entscheidungs- oder Zustimmungsbefugnisse hierzu einräumen. In rechtsdogmatischer Hinsicht basiert die Verbandssouveränität im Personengesellschaftsrecht auf dem **Einigungsprinzip,** das seinerseits wiederum auf dem systemprägenden Grundsatz der Privatautonomie fußt (dazu allg *Lieder*, Die rechtsgeschäftliche Sukzession, 2015, 231ff). Da die Gesellschafter den Gesellschaftsvertrag abgeschlossen haben, ist es nur konsequent, ihnen gleichermaßen die Änderungsbefugnis zu überantworten. Das deckt sich mit den zivilrechtl Grundsätzen für Vertragsänderungen, die die Rechtsstellung aller Beteiligten berühren. Die Verbandssouveränität stellt vor diesem Hintergrund sicher, dass außenstehende Dritte

effektiv von einer unbefugten Einwirkung auf die Gesellschaftsgrundlagen ausgeschlossen sind. Das verhindert zugleich eine Selbstentmündigung der Gesellschafter (Habersack/Schäfer/*Schäfer* § 109 HGB Rn 30; MüKo HGB/*Enzinger* § 109 Rn 15; *Grunewald* GS U. Hübner, 2012, 485). Vor diesem Hintergrund unbedenklich und daher **zulässig** sind die Einräumung von Kontrollrechten an Dritte (MüKo-HGB/*Enzinger* § 109 Rn 18; Habersack/Schäfer/*Schäfer* § 109 HGB Rn 32) oder eines Stimmrechts neben den übrigen Gesellschaftern (BGH NJW 1960, 963, 964; MüKo-HGB/*Enzinger* § 109 Rn 18). Aus wichtigem Grund können diese Rechte jederzeit wieder entzogen werden (BGH WM 1984, 29; MüKo-HGB/*Enzinger* § 109 Rn 18; *Flume* BGB AT I/1 § 14 VII).

Davon abgesehen erkennt die bisher hM als weitere Grenze den **Kernbereichsschutz an** (Staudinger/*Habermeier* 12
§ 705 Rn 14; Soergel/*Hadding/Kießling* § 705 Rn 33; MüKo/*Schäfer* § 705 Rn 138). In der Sache geht es zumeist um eine Inhaltskontrolle von auf der Grundlage von Mehrheitsklauseln gefassten Gesellschafterbeschlüssen (§ 714 Rn 43ff). Allerdings hat der BGH in der Vergangenheit auch Regelungen unmittelbar im Gesellschaftsvertrag anhand der Kernbereichslehre überprüft. Zu dem so verstandenen Kernbereich rechnet die Rspr etwa das Recht, Auskunft über die Namen und Anschriften der Gesellschafter untereinander zu verlangen (BGH NJW 2011, 921 Rn 20), und das Austrittsrecht des Gesellschafters aus wichtigem Grund (BGHZ 116, 359, 369). In jüngerer Zeit hat sich der BGH **vom Kernbereichsbegriff distanziert** (BGHZ 203, 77 Rn 19). In der Folge ist umstritten, ob die Kernbereichslehre nun der Vergangenheit angehört (dafür *Altmeppen* NJW 2015, 2065; *Priester* NZG 2015, 529; *Ulmer* ZIP 2015, 657, 658f; *Wertenbruch* DB 2014, 2875, 2876ff; aA *Goette/Goette* DStR 2016, 74, 80; *Heckschen/Bachmann* NZG 2015, 531, 537; *Schäfer* ZIP 2014, 1401, 1404; *Schiffer* BB 2015, 584, 585; *Weber* ZfPW 2015, 123, 126f) oder ob es eine – über die Treuepflicht (§ 705 Rn 110ff) hinausgehende – materielle Inhaltskontrolle geben muss (dafür *Goette/Goette* DStR 2016, 74, 80; *Priester* NZG 2015, 529; *Schäfer* ZIP 2015, 1313, 1315f; *Seidel/Wolf* BB 2015, 2563; *Ulmer* ZIP 2015, 657, 658ff; aA *Wertenbruch* DB 2014, 2875, 2876ff). Richtigerweise versteht sich die Rspr-Entwicklung als **primär terminologische Neuausrichtung** (dazu und zum Folgenden schon Oetker/*Lieder* § 109 HGB Rn 37ff). Aus dem Begriff des Kernbereichs lassen sich keine konkreten Rechtsfolgen deduzieren. Grenzen der Gestaltungsfreiheit bedürfen stattdessen der **Rückbindung an das geschriebene Gesetzesrecht** und die zugrunde liegenden Wertungen. Die hieraus gewonnenen Schranken sind nicht abstrakt-genereller Natur, sondern anhand einer **einzelfallgeleiteten Anwendung** der Rechtsvorschriften und ungeschriebenen gesellschaftsrechtl Struktur- und Wertungsprinzipien zu bestimmen. Dabei sind sämtliche Umstände des konkreten Einzelfalls in die Betrachtung einzubeziehen, namentlich die Gesellschaftsform, Realtypik, der Gesellschaftszweck sowie die Schutzwürdigkeit und Schutzbedürftigkeit des Gesellschafters.

Unwirksam nach § 138 I sind etwa ein vollständiger und dauerhafter Ausschluss des **Teilnahmerechts** in der Ge- 13
sellschafterversammlung (MüKo-HGB/*Enzinger* § 119 Rn 68; KKRD/*Kindler* § 109 HGB Rn 5;) einschl Rede- und Antragsrecht (EBJS/*Born* § 109 HGB Rn 17; Heymann/*Hoffmann/Bartlitz* § 109 HGB Rn 9) und des Rechts auf **Anfechtung rechtswidriger Beschlüsse** (KKRD/*Kindler* § 109 HGB Rn 5; MüKo-HGB/*Enzinger* § 119 Rn 68; vgl noch BGHZ 14, 264, 273; BGH WM 1988, 753, 755; NJW 1995, 1218, 1219), soweit die Ausschlüsse nicht nach den Umständen des konkreten Einzelfalls durch sachliche Gründe gerechtfertigt sind. Liegen keine besonderen Umstände vor, führen solche Ausschlüsse zu einer Selbstentmündigung der Gesellschafter in Parallele zu Hinauskündigungsklauseln (Rn 5), die vor dem Erfordernis eines rechtsethischen Minimums (§ 138 I) keinen Bestand haben können. Denn andernfalls wäre der Gesellschafter der Willkürherrschaft der Mehrheit schutzlos ausgeliefert. Auf das ihm zugebilligte Recht auf konstruktive Opposition kann der Gesellschafter nicht verzichten.

Demggü kann der Gesellschafter – mit seiner Zustimmung – wirksam auf die **Übertragbarkeit** des Gesell- 14
schaftsanteils nach §§ 413, 399 Alt 2 (*Lieder* ZfPW 2016, 205, 219ff), auf das Gewinnrecht (BGHZ 132, 263, 268; 170, 283 Rn 14; aA Heymann/*Hoffmann/Bartlitz* § 109 HGB Rn 9), das Recht auf Beteiligung am Liquidationserlös (BGH NJW 1995, 194, 195; EBJS/*Born* § 109 HGB Rn 17; KKRD/*Kindler* § 109 HGB Rn 5; aA Heymann/*Hoffmann/Bartlitz* § 109 HGB Rn 9), das Geschäftsführungsrecht (EBJS/*Born* § 109 HGB Rn 17; KKRD/*Kindler* § 109 HGB Rn 5) und auf sein **Stimmrecht** in der Gesellschafterversammlung (Oetker/*Lieder* § 109 HGB Rn 39; MüKo-HGB/*Enzinger* § 119 Rn 68; Heymann/*Hoffmann/Bartlitz* § 109 HGB Rn 9; für Kommanditisten BGHZ 20, 363, 364ff; für Komplementär-GmbH einer personenidentischen GmbH & Co KG BGH DB 1993, 1664; aA KKRD/*Kindler* § 109 HGB Rn 5; Heymann/*Hoffmann/Bartlitz* § 109 HGB Rn 9) **verzichten**. Gleiches gilt für dem Gesellschafter zugewiesene Sonderrechte, wie zB ein Recht zur Mitarbeit (BGH NJW-RR 2005, 39, 40f). Soweit es allerdings um Beschlussgegenstände geht, über die nur mit seiner individuellen Zustimmung beschlossen werden kann, entfaltet die Entscheidung ggü dem mitwirkungspflichtigen Gesellschafter ihre Wirkung nur, wenn er auch konkret zugestimmt hat (§ 714 Rn 64; vgl noch BGH NJW 1985, 972, 973; 1985, 974).

§ 709 Beiträge; Stimmkraft; Anteil an Gewinn und Verlust

(1) Der Beitrag eines Gesellschafters kann in jeder Förderung des gemeinsamen Zwecks, auch in der Leistung von Diensten, bestehen.

(2) Im Zweifel sind die Gesellschafter zu gleichen Beiträgen verpflichtet.

(3) Die Stimmkraft und der Anteil an Gewinn und Verlust richten sich vorrangig nach den vereinbarten Beteiligungsverhältnissen. Sind keine Beteiligungsverhältnisse vereinbart worden, richten sie sich nach dem Verhältnis der vereinbarten Werte der Beiträge. Sind auch Werte der Beiträge nicht vereinbart worden, hat

jeder Gesellschafter ohne Rücksicht auf den Wert seines Beitrags die gleiche Stimmkraft und einen gleichen Anteil am Gewinn und Verlust.

1 **I. Normzweck.** Die durch das MoPeG neu eingefügte Vorschrift regelt die Beiträge der Gesellschafter und die Bedeutung ihrer Beteiligung für ihre Stimmkraft und ihren Anteil an Gewinn und Verlust. Nach **Abs I** kann der Beitrag des Gesellschafters in jeder Förderung des gemeinsamen Zwecks bestehen, auch in der Leistung von Diensten. Die Gesellschafter sind nach **Abs II** im Zweifel zu gleichen Beiträgen verpflichtet. In der Zusammenschau mit § 53a AktG bildet die Vorschrift eine einfachgesetzl Ausformung des verbandsrechtl Gleichbehandlungsgrundsatzes (BeckOK/*Schöne* Rn 13). Das vereinbarte Beteiligungsverhältnis determiniert nach **Abs III** die Stimmkraft und den Anteil an Gewinn und Verlust eines Gesellschafters. In Ermangelung eines Beteiligungsverhältnisses ist das Verhältnis der vereinbarten Werte der Beiträge maßgeblich. Sind auch solche nicht vereinbart, gilt subsidiär das Kopfprinzip. IÜ steht die Vorschrift nach § 708 zur Disposition der Gesellschafter (BeckOK/*Schöne* Rn 2). Über die Verweisungen nach § 105 III, § 161 II HGB findet Vorschrift auf die **OHG** und **KG** sowie nach § 1 IV PartGG auf die **PartG** Anwendung. Gleiches gilt nach § 740 II für die **Innen-GbR**.

2 **II. Beitragspflicht. 1. Grundlagen. a) Beiträge.** Die Vorschrift begründet keine Beitragspflicht; stattdessen ergibt sich die Beitragspflicht aus dem Gesellschaftsvertrag. Geeignet ist **jeder der Zweckförderung dienende Beitrag.** Damit wendet sich das neue Recht von der überkommenen Unterscheidung von Beiträgen ieS und Beiträgen iwS ab (vgl *Hueck*, OHG § 14 I; Soergel/*Hadding/Kießling* Rn 1ff; ebenso noch 16. Aufl § 706 Rn 1 [*Westermann*]) und wählt einen denkbar weiten Beitragsbegriff. Erfasst sind im Grundsatz Leistungen aller Art, seien sie noch geschuldet oder bereits geleistet, und zwar unabhängig vom Vermögenswert und ihrem Beitrag zur Mehrung der Haftungsmasse (Begr RegE, BT-Drs 19/27635, 141). Erfasst sind Sachen, Rechte und Dienstleistungen. **Nicht Beitrag oder Einlage** sind hingegen **Aufwendungen** oder sonstige nicht im Gesellschaftsvertrag vorgesehene Leistungen an die GbR (vgl BGH WM 1975, 196; Naumburg NZG 2016, 346, 349; Staudinger/*Habermeier* Rn 10) und aus Gewinn oder Tätigkeitsvergütungen gebildete Rücklagen. Sie zeitigen auf den Kapitalanteil keine Auswirkungen, sondern lösen stattdessen einen Erstattungsanspruch nach § 716 aus. Auch die Ausgleichsansprüche nach § 728b und § 737 sind keine Beiträge und unterliegen daher auch nicht dem Mehrbelastungsverbot des § 710 (MüKo/*Schäfer* Rn 5).

3 **b) Einlagen.** Der Beitragsbegriff umfasst in terminologischer Hinsicht auch **Einlagen**, bei denen es sich um Leistungen handelt, die das Gesellschaftsvermögen mehren, deren wirtschaftl Wert festgestellt werden kann und die wirtschaftl verwertet werden können. In Parallele zum Kapitalgesellschaftsrecht (vgl MüKo/*Lieder* § 56 GmbHG Rn 13) ist ohne Belang, ob die Leistung bilanzierungsfähig ist oder unmittelbar im Vermögen der GbR dem Zugriff der Gesellschaftsgläubiger unterliegt (aA MüKo/*Schäfer* Rn 3; Schäfer/*Hennrichs* § 11 Rn 3). Dementspr handelt es sich bei Dienstleistungspflichten sowie aus der mitgliedschaftlichen Treuepflicht fließenden Förderpflichten (§ 705 Rn 123) zwar um Beiträge iSd § 709 I, nicht aber um Einlagen. Der Einlagenbegriff ist vor allem deshalb von praktischer Bedeutung, weil er angibt, welche Beiträge dem Kapitalanteil eines Gesellschafters zugeschrieben werden können (MüKo/*Schäfer* Rn 3).

4 **c) Drittgeschäfte.** Es kann auch sein, dass ein Gegenstand der Gesellschaft zur Nutzung überlassen (Rn 9) oder durch seine Hingabe ein Darlehen gewährt wird. Dabei ist zwischen **gesellschaftsrechtlichen Beitragspflichten** und **sonstigen**, möglicherweise auf **Individualvertrag** beruhenden Pflichten aus einem Drittverhältnis zu unterscheiden. So pflegen bei einer ARGE (Vor § 705 Rn 62) die Bauleistungen der Gesellschafter aufgrund selbständiger Verträge über die einzelnen Lose zw der Gesellschaft und den Gesellschaftern erbracht zu werden (Hamm NZBau 2001, 28); Abschluss und Erfüllung eines solchen Vertrags sind dann aber ein Beitrag zur Erfüllung des Gesellschaftszwecks. Die Finanzierung von Publikumspersonengesellschaften (§ 705 Rn 95), die GbR oder KG sind, basiert zuweilen auf der Pflicht der Anleger, neben einem Geldbeitrag ein Darlehen zu gewähren, und der BGH hat in einer Reihe von Entscheidungen (BGHZ 70, 61, 63f; BGH NJW 1980, 1522; NJW 1982, 2253f; BGHZ 93, 159, 161, 163) den aus Kommanditanteil und Darlehen zusammengesetzten Betrag insg als Pflichteinlage bezeichnet, die in der Insolvenz nachrangig ist und vom Insolvenzverwalter oder vom Liquidator auch über die Haftsumme hinaus eingefordert werden kann (näher *Westermann* FS Fleck, 1988, 423, 430ff). Die Unterscheidung zw Beiträgen und sonstigen Leistungen des Gesellschafters an die Gesellschaft, bei denen der Gesellschafter wie ein außenstehender Dritter handelt, ist praktisch wichtig wegen der Verknüpfung dieser Leistungspflichten mit dem Gesellschaftsverhältnis bei seiner Beendigung: eine Beitragsleistung ist der Gesellschaft mindestens solange zu belassen, wie das Gesellschaftsverhältnis besteht. Dies ist für die erwähnten Kommanditistendarlehen regelmäßig vertragl vereinbart, gilt aber auch für beitragsfreie Nutzungsüberlassung oder Arbeitsleistung (BAG NJW 1979, 999f). **Im Zweifel** ist bei einer Festlegung im Gesellschaftsvertrag von einem **gesellschaftsrechtlichen Charakter** auszugehen, und zwar auch dann, wenn eine Gegenleistung der GbR vorgesehen ist (MüKo/*Schäfer* Rn 4).

5 **2. Festsetzung.** Die Festsetzung von Art und Höhe der Beiträge geschieht im **Gesellschaftsvertrag**, wobei auch eine etwaige Beitrittserklärung in die Betrachtung einzubeziehen ist (BGH NJW-RR 2008, 419, 420). Die Beitragspflicht besteht auch im Fall des fehlerhaften Beitritts (§ 705 Rn 185) bis zur Kündigung (vgl BGH NJW 2016, 2492 Rn 20ff). Die in Abs II enthaltene Auslegungsregel, wonach im Zweifel alle Partner gleiche Beiträge zu leisten haben, geht ausdrückl oder schlüssigen Regelungen des Gesellschaftsvertrags nach (MüKo/*Schäfer* Rn 13). Die Gesellschafter können unterschiedliche Beiträge schulden, die sich in verschieden hohen Beteiligungen am Gesellschaftsvermögen sowie unterschiedlichen Anteilen an Gewinn und Verlust niederschlagen; bei genossenschaftsähnlichen Gesellschaften kann die Höhe von Umsätzen im Geschäft mit der Gesellschaft für die

Höhe des Beitrags bestimmend sein. Umgekehrt kann die Festsetzung unterschiedlicher Anteile Rückschlüsse auf die Höhe der Beiträge gestatten. Ein Gesellschafter kann auch von Beitragsleistungen **freigestellt** werden, was am Gesellschaftscharakter des Zusammenschlusses so lange nichts ändert, wie ihm die allg und unabdingbare (§ 705 Rn 85) Förderungspflicht in einer durch den Gesellschaftsvertrag näher geregelten Weise obliegt (MüKo/*Schäfer* Rn 15; aM *Herrmann* ZHR 147, 313, 317). Am vollwertigen Charakter der Beteiligung eines Gesellschafters kann auch dann kein Zweifel bestehen, wenn ein Mitgesellschafter die Beitragspflicht des anderen erfüllt hat (BGH NJW 1984, 2290) oder „die Einlage geschenkt" worden ist (hierzu, besonders zum Problem des Schenkungsvollzugs, § 705 Rn 26). Abgesehen von den Sonderfällen der § 311b I, § 518 I bedarf die Festsetzung keiner besonderen Form. Es schadet auch nicht, wenn einer der Gesellschafter allein die Verpflichtung übernimmt, die zur Erreichung des Gesellschaftszwecks erforderlichen Mittel zu beschaffen (RGZ 80, 271), eine dies ausgleichende Schlechterstellung eines Mitgesellschafters ist dann nicht als sittenwidrig zu beanstanden (zur „societas leonina" § 705 Rn 84). Auch die Übernahme der Pflicht zur Geschäftsführung (BGH WM 1987, 689f) und das bloße Halten einer Beteiligung aufgrund der Verbreiterung der Kreditgrundlage wegen der persönlichen Haftung nach § 721 (BGH NJW 2011, 921 Rn 15) genügen.

Im Rahmen der Vertragsfreiheit haben die Gesellschafter im Gesellschaftsvertrag auch über die **Bewertung** von Beiträgen im Hinblick auf die Höhe der Einlage (Rn 5) und einer etwaigen Kapitalbeteiligung zu entscheiden. 6
Dabei sind unterschiedliche Maßstäbe bis zur Grenze der sittenwidrigen Übervorteilung von Gesellschaftern unbedenklich (BGH WM 1975, 325). Die Festsetzung eines im Gesellschaftsvertrag nach Art und Höhe nicht bestimmten Beitrags obliegt nicht der Geschäftsführung, sondern hat durch Entscheidung sämtlicher Gesellschafter zu geschehen, da es sich um die Konkretisierung der Grundlagen der Gesellschaft handelt. Wohl können die Gesellschaftergesamtheit oder der Gesellschaftervertrag derartige Festsetzungen auf einen Gesellschafter oder die geschäftsführenden Partner delegieren, wenn wenigstens die Bestimmbarkeit der Beiträge gesichert ist. Zur **Beitragserhöhung** s § 710.

Die Beitragsschuld ist, wenn sich nicht aus dem Gesellschaftsvertrag etwas anderes ergibt, nach § 271 sofort **fällig** (PWW/*v Dithfurth* Rn 2). Häufig und zulässig sind periodische Aufteilung der Beitragspflicht, Befristungen, auch Entscheidungsbefugnisse der Gesellschafter oder eines eigens bestimmten Organs zur Einforderung geschuldeter, aber noch nicht fälliger Beiträge. Auch hierbei ist der Gleichbehandlungsgrundsatz (Abs II und näher § 705 Rn 141ff) zu beachten. Soweit es der Liquidationszweck erfordert, kann der Anspruch auch nach der Auflösung noch durchgesetzt werden (München ZIP 2015, 2222, 2223). Die Beitragspflicht verjährt nach §§ 195, 199 (BGH ZIP 2010, 1341 Rn 9). Zu Störungen bei der Beitragsleistung Rn 12ff. 7

3. Inhalt. Aufgrund der prinzipiellen Gestaltungsfreiheit nach § 708 kommen die verschiedensten **Arten von Beiträgen** in Betracht. Ist eine **Sache** Einlagegegenstand, dann ergibt eine Auslegung der Einlagepflicht regelmäßig, dass sie zu Eigentum einzubringen (**quoad dominium**) ist und daher eine Übereignung stattfinden muss. Das gilt gleichermaßen für andere Einlagegegenstände (MüKo/*Schäfer* Rn 9). Sind die Beiträge ins Gesellschaftsvermögen eingegangen, trägt die Gesellschaft die Gefahr im Zuge einer nur modifizierten Anwendung des § 446 (Soergel/*Hadding*/*Kießling* Rn 22). **Forderungen** sind abzutreten, eine Forderung gegen die Gesellschaft kann durch Verrechnung „in Kapital umgewandelt" werden (BGH WM 1963, 1230). Immaterialgüterrechte sind zu übertragen (zum Aufführungsrecht BGHZ 39, 300, 304), Know-how und sonstige Kenntnisse sind faktisch zur Verfügung zu stellen und zu offenbaren; vielfach verbindet der Gesellschaftsvertrag dies mit der Pflicht zur Leistung von Diensten (Rn 10). Auch eine beitragsweise Erbringung von **Werkleistungen** ist zulässig (BGH WM 1980, 402f); hier kann die Unterscheidung von gesellschaftsrechtl Beitrag und Leistung auf einen Individualvertrag (Rn 2) praktisch werden. Im Auflösungs- oder Ausscheidensfall ist der Einlagegegenstand nicht zurückzugeben, sondern ein Wertersatz nach § 736d V 2, § 728 geschuldet. 8

Hinsichtl der **Einbringung zur Nutzung** unterscheidet man gewöhnlich zwei Arten von Verabredungen (näher Staudinger/*Habermeier* Rn 6, 7): Die Einbringung lediglich der Gebrauchsmöglichkeit (**quoad usum**) ist mietähnlich, wobei es sich freilich ebenfalls um eine gesellschaftsrechtl Pflicht des Eigentümers handelt. Er behält damit aber die Sachgefahr und bleibt verfügungsbefugt (MüKo/*Schäfer* Rn 11), er hat keinen Anspruch auf Mietzahlung, sondern ein Gewinnrecht. Ein Erwerber des Gegenstandes kann unter den Voraussetzungen des § 986 II an die Überlassungspflicht gebunden sein. Nach Auflösung kann der Eigentümer die Rückgabe der Sache verlangen. Bei der Einbringung dem Wert nach (**quoad sortem**) wird ohne Veränderung der dinglichen Zuordnung der Wert der Sache im Innenverhältnis schuldrechtl dem Gesellschaftsvermögen zugewiesen (RGZ 109, 380, 382), das von der Wertsteigerung profitiert und auch die Sachgefahr übernimmt. Die Einbringung entfaltet ggü einem an der Gesellschaft nicht beteiligten Eigentümer keine Wirkung (BGH NZG 2009, 1107). Nach Auflösung der GbR ist die dem Wert nach eingebrachte Sache analog § 736d V 1 zurückzugewähren (§ 736d Rn 16). 9

Abs I hebt als möglichen Beitrag die Pflicht zur **Leistung von Diensten** hervor (**Arbeitsgesellschafter**; dazu ausf *Fleischer*/*Pendl* WM 2017, 881ff; *Fleischer* JZ 2019, 53, 59ff), obwohl sie analog § 27 II AktG nicht einlagefähig sind (BGHZ 144, 294; *Wertenbruch* in Westermann/Wertenbruch Rn I 387). In Betracht kommt allerdings, dass der Geschäftsführer seinen Anspruch auf das vereinbarte Gehalt stehen lässt und mit dem Anspruch der Gesellschaft auf Bareinlage verrechnet (vgl *Wertenbruch* in Westermann/Wertenbruch Rn I 388; *Fleischer*/*Pendl* WM 2017, 881, 883). Vielfach wird es sich bei Arbeitsgesellschaftern – in Ermangelung der Einlagefähigkeit von Dienstleistungsversprechen – um Gesellschafter ohne Kapitalanteil handeln, was ohne Weiteres zulässig ist (BGH NJW 1987, 3124; NZG 2015, 321 Rn 8 m Anm *Lieder*/*Scholz* WuB 2015, 238; Frankfurt NZG 2013, 338). Im Gesellschaftsvertrag kann aber auch vorgesehen sein, dass dem Arbeitsgesellschafter für die künftig zu leis- 10 tenden Dienste ein Entgelt auf das Kapitalkonto als Einlage gutgeschrieben wird (*Fleischer/Pendl* WM 2017, 881, 883). In der Praxis ist dieser Realtypus bei Familiengesellschaften vielfach anzutreffen, wenn ein Familienfremder zwar die Geschäftsführung übernehmen, aber nicht am Gesellschaftsvermögen beteiligt sein soll (vgl Oetker/*Lieder* § 105 HGB Rn 76a; *Fleischer/Pendl* WM 2017, 881, 883).

11 Dabei sind besonders die **Geschäftsführung** und **Vertretung** wichtig. Es kann sich aber auch um speziellere Aufgaben in Verfolgung des Gesellschaftszwecks handeln (BGH NJW 1983, 1188). Das bedeutet, dass es des Abschlusses eines Dienstvertrags nicht bedarf. Die Anwendung von Vorschriften der §§ 611ff kommt nur in Betracht, wenn für einen speziellen Vertragsschluss keine gesellschaftsrechtl Grundlage besteht (BAG NJW 1979, 999, weitergehend zT Koblenz DB 1980, 248). Praktisch passt nur § 613 S 1, Vergütungsregelungen müssen zumindest zur gesellschaftsvertragl Gewinnverteilung in Beziehung gesetzt werden und können in diesem Zusammenhang als Gewinnvoraus wirken (§ 715 Rn 9f). Ohne besondere Vereinbarung ist für beitragsweise geleistete Dienste kein Entgelt zu zahlen, was aus § 736d V 3 gefolgert werden kann (vgl BGHZ 10, 44, 54; BGH BB 1976, 526; *K. Schmidt*, GesR § 20 II 2). Ein Arbeitsverhältnis kommt regelmäßig nicht zustande, ist aber, wenn die Dienste nicht als Beitrag geschuldet werden (Rn 2), nicht ausgeschlossen (*Schulze-Osterloh* AG 2003, 272; zur bilanzrechtl Behandlung *Sudhoff* NJW 1964, 1249).

12 **4. Leistungsstörungen bei der Beitragspflicht.** Wird einem Gesellschafter seine Mitwirkung an der Förderung des Gesellschaftszwecks schuldlos **unmöglich**, so wird er nach § 275 I frei; bei einer Sacheinlage kann allerdings die Vertragsauslegung ergeben, dass der Schuldner nunmehr Geld zu leisten hat (*Hueck* OHG § 6 II 3; *Wertenbruch* in Westermann/Wertenbruch Rn I 394). Soweit ein Gesellschafter frei wird, ist er aus Gründen der Treupflicht gehalten, eine Herabsetzung seines Gewinnanteils hinzunehmen. Die anderen Gesellschafter werden von ihren Beiträgen, die nicht Gegenleistung der unmöglich gewordenen sind, nicht nach § 326 I frei (Soergel/*Hadding/Kießling* Rn 45; anders noch RGZ 158, 321). Denkbar ist allerdings, dass wegen des Ausfalls des Beitrages für die anderen Gesellschafter eine nach §§ 725 oder 729 II zur Kündigung berechtigende oder die Erreichung des Gesellschaftszwecks vereitelnde Lage eintritt, die auch eine Pflicht zur Vertragsanpassung auslösen kann. Bei anfänglicher **Unmöglichkeit** kommt nach § 311a eine Schadensersatzpflicht des Schuldners in Betracht, die an die Stelle der geschuldeten Leistung tritt. Wenn die Gesellschaft die Unmöglichkeit zu vertreten hat, ergibt sich analog § 326 II, dass der Gewinnanspruch des Gesellschafters vorbehaltlich eines Einwandes aus der Treupflicht (§ 705 Rn 110) nicht gekürzt wird (anders *Wertenbruch* in Westermann/Wertenbruch Rn I 394b). Im Rahmen des § 326 II 2, sonst der Treupflicht, kommt aber eine Anrechnung ersparter Aufwendungen in Betracht. Die Fortdauer der Beitragspflichten der anderen Vertragspartner ist nicht hierdurch, sondern durch das Fehlen eines echten Gegenseitigkeitsverhältnisses verursacht.

13 Die **Schadensersatzpflicht des Gesellschafters**, der die Unmöglichkeit seiner Leistung zu vertreten hat, folgt ggü der Gesellschaft aus § 280 I, III, § 283 (Soergel/*Hadding/Kießling* Rn 45; ausf *Wilhelmi* FS Grunewald, 2021, 1337, 1342ff); in Betracht kommen wieder die Folgen der §§ 725, 729 II (BGH WM 1967, 419f; RGZ 78, 303, 305f; 112, 280, 283), die allerdings nicht schon aus dem bloßen Umstand der verschuldeten Unmöglichkeit abgeleitet werden können. Bei **Verzug** gilt § 286 (RGZ 81, 303, 305; 89, 398, 400; s aber auch BGH NJW 1983, 1188; Köln NZG 2001, 467; ausf *Wilhelmi* FS Grunewald, 2021, 1337, 1346f); das Gesellschaftsverhältnis bleibt iÜ unberührt (Staudinger/*Habermeier* § 706 Rn 22). Für einen Übergang auf Schadensersatz wegen Nichterfüllung muss nach § 280 I, III, § 281 I 1 vorgegangen werden, was abgesehen von den Ausnahmen nach § 281 II eine Fristsetzung erfordert. Schadensersatz- und Erfüllungsanspruch stehen zueinander im Verhältnis elektiver Konkurrenz (§ 281 Rn 56ff).

14 Bei **Schlechtleistung**, namentlich bei Vorliegen von Sach- und Rechtsmängeln im Zeitpunkt des Gefahrübergangs, besteht zunächst eine Pflicht zur Nacherfüllung in Gestalt von Nachlieferung oder Nachbesserung (§§ 437, 439). Schlägt die Nacherfüllung fehl oder erweist sich der Mangel als anfänglich oder nachträgl unbehebbar oder kommt der Gesellschafter der Nacherfüllung nicht nach, greifen wieder §§ 311a, 280 I, III, §§ 281ff ein (zum Ganzen *Wilhelmi* FS Grunewald, 2021, 1337, 1347ff). Aus gesellschaftsrechtl Gründen ausgeschlossen sind das Rücktrittsrecht nach §§ 323, 326 V und das Minderungsrecht nach § 441 (MüKo/*Schäfer* Rn 23; aA *Wilhelmi* FS Grunewald, 2021, 1337, 1349f). Leistungsstörungen bei der Überlassung von Sachen zum Gebrauch oder dem Werte nach sowie Störungen bei Erbringung von Dienstleistungen bestimmen sich gleichermaßen nach §§ 280ff (MüKo/*Schäfer* Rn 24f).

15 **III. Stimmkraft, Gewinn- und Verlustanteil.** Die Stimmkraft sowie die Verteilung von Gewinn und Verlust bestimmen sich nach § 709 III 1 primär nach den **vereinbarten Beteiligungsverhältnissen** der Gesellschafter. Maßgeblich ist danach die Anteilsquote iS einer Rechnungsziffer, die sich auf den „(Buch-)Wert der wirtschaftl Beteiligung" am Gesellschaftsvermögen bezieht und vielfach als **Kapitalanteil** bezeichnet wird (Begr RegE, BT-Drs 19/27635, 142f). Dieser Wert ist nicht notwendig mit der Beitragsquote identisch, was sich nicht zuletzt vor dem Hintergrund der Unterscheidung von Beitrag und Einlage erklärt (Rn 3). Allerdings können auch gesellschaftsvertragl Beteiligungsverhältnisse vom Kapitalanteil abweichen. Bei der Ausgestaltung sind die Gesellschafter grds frei und gerade nicht an die Beitrags- oder Einlageverhältnisse gebunden (MüKo/*Schäfer* Rn 28).

16 Fehlt es an einer Vereinbarung über die Beteiligungsverhältnisse, sind nach § 709 III 2 in zweiter Linie die vereinbarten Werte der zu leistenden Beiträge (**Beitragsquote**) maßgeblich. Eine Anknüpfung an die Beitragsquote setzt stets eine vorherige Bewertung der zu leistenden Beiträge voraus, die von den Gesellschaftern zu besorgen ist und sich nicht an den obj Beitragswerten orientieren müssen (vgl Begr RegE, BT-Drs 19/27635, 143; MüKo/

Schäfer Rn 29). Eine stillschweigend vereinbarte Beitragsquote kann sich ergeben, wenn es signifikante Wertunterschiede gibt (Begr RegE, BT-Drs 19/27635, 143). Gleichermaßen können auffällige Wertunterschiede zu einer ergänzenden Vertragsauslegung oder einem Anspruch auf Vertragsanpassung führen (MüKo/*Schäfer* Rn 30).

Nur subsidiär gilt nach § 709 III 3 das **Kopfprinzip.** Jeder Gesellschafter hat also ohne Rücksicht auf den Wert seines Beitrags die gleiche Stimmkraft und einen gleichen Anteil am Gewinn und Verlust. 17

Dessen ungeachtet sind nach § 708 auch alle weiteren **abweichenden Vereinbarungen** grds zulässig, wie zB eine Geschäftsführervergütung in Form eines festen oder flexiblen Gewinnvoraus, ein garantierter Mindestgewinn (BGH WM 1989, 1850, 1851), eine differenzierte Gestaltung der Gewinn- und Verlustbeteiligung oder der Ausschluss der Gewinn- oder Verlustbeteiligung für einzelne Gesellschafter (MüKo/*Schäfer* Rn 32). Für die Vereinbarung gelten die allg Grundsätze einschl der ergänzenden Vertragsauslegung und der Möglichkeit einer konkludenten Abweichung vom geschriebenen Gesellschaftsvertrag kraft abweichender Handhabung (§ 705 Rn 86ff). 18

§ 710 Mehrbelastungsverbot

Zur Erhöhung seines Beitrags kann ein Gesellschafter nicht ohne seine Zustimmung verpflichtet werden. Die §§ 728a und 737 bleiben unberührt.

I. Grundsatz und Voraussetzungen einer nachträglichen Erhöhung. Da die Beitragsleistung im Gesellschaftsvertrag festgesetzt sein muss (§ 709 Rn 5), haben Beitragserhöhungen die Qualität einer Vertragsänderung, die gewöhnlich der Zustimmung jedes einzelnen Gesellschafters bedarf. Folglich liegt die spezielle Bedeutung der Vorschrift darin, den **Schutz vor einer unfreiwilligen Veränderung** der gesellschaftsrechtl Pflichten durch Nachschusspflichten in den Rang eines zentralen Elements privater Mitgliedschaftsrechte zu erheben (vgl Begr RegE, BT-Drs 19/27635, 143), von dem nur unter besonderen Voraussetzungen abgewichen werden kann. Grds Voraussetzung ist – wie § 710 nun klar zum Ausdruck bringt – die **Zustimmung jedes Gesellschafters.** Die Zustimmung ist Wirksamkeitsvoraussetzung für die Beitragserhöhung und nach § 182 ein selbständiges Rechtsgeschäft (MüKo/*Schäfer* Rn 1). Die Vorschrift gilt über die Verweisung der § 105 III, § 161 II HGB für die **OHG** und **KG** sowie über die Verweisung des § 1 IV PartGG für die **PartG.** Zudem ist das aus § 710 fließende Zustimmungsrecht als solches **unverzichtbar** (MüKo/*Schäfer* Rn 3; *Armbrüster* ZGR 2009, 1, 8ff; abweichend offenbar BeckOK/*Schöne* Rn 5ff), was § 127 III 4 KAGB unterstreicht und iÜ aus seinem individualschützenden Charakter folgt. 1

Ein solches „**Belastungsverbot**" wird gelegentlich als mitgliedschaftliches Grundrecht bezeichnet (*Wiedemann* ZGR 1977, 692), was freilich nicht immer einer **Überwindung** durch einen vertragl zugelassenen und genügend **qualifizierten Mehrheitsbeschluss** (dazu § 714 Rn 35) entgegensteht (*K. Schmidt* GesR § 16 III 3; MüKo/*Schäfer* Rn 8). Das zeigt sich namentlich bei sanierungsbedürftigen Gesellschaften. Aber selbst dort ist eine aus der Treuepflicht folgende Erhöhungspflicht nur unter sehr engen Voraussetzungen denkbar, will man nicht die Grundwertung des § 710 ad absurdum führen (vgl auch *Armbrüster* ZGR 2009, 1, 21; MüKo/*Schäfer* Rn 2). Davon zu unterscheiden ist die Verpflichtung, eine von willigen Mitgesellschaftern initiierte Beitragserhöhung ohne sachlichen Grund auch dann zu verhindern, wenn keine eigene Beteiligung daran besteht. In diesem Zusammenhang können Treuepflichten auch die Gesellschafterminderheit vor die Wahl stellen, in einer Gesellschaftskrise durch zusätzl Leistungen „mit zu **sanieren**" oder **auszuscheiden**, was nicht nur für Handelsgesellschaften gilt (für die KG Karlsruhe NZG 2017, 260 und dazu die Anm von *Rummel/Enge* 256), sondern auch für Anlagegesellschafter in einer GbR (vgl § 705 Rn 63; näher *Westermann* in Westermann/Wertenbruch Rn I 533d). 2

Nach Ende der Abwicklung einer aufgelösten Gesellschaft begründet § 737, nach Ausscheiden eines Gesellschafters § 728a eine **Nachschusspflicht** zur Ausgleichung von Verlusten. Solche Pflichten im Rahmen einer werbenden, wenn auch uU sanierungsbedürftigen Gesellschaft durch Gesellschafterbeschluss oder gar durch eine Geschäftsführungsmaßnahme zu schaffen, verhindert § 710 im Grundsatz. Notwendig ist stattdessen regelmäßig eine Änderung des Gesellschaftsvertrags, die auch nur einstimmig (BGH NJW 2005, 753; NZG 2007, 382; 2008, 65) respektive unter den in § 714 Rn 35ff behandelten Umständen auch mit Mehrheit beschlossen werden kann (s etwa BGH NJW 2010, 65; *Wahl/Schult* BB 2010, 14; *K. Schmidt* JZ 2010, 125; zur Zustimmungspflicht BGH ZIP 2007, 766; s auch § 705 Rn 124). 3

Eine antizipierte Zustimmung der Gesellschafter in Form einer gesellschaftsvertragl Ermächtigung muss **Art und Obergrenze einer möglichen Zusatzbelastung** der Gesellschafter und das Verfahren, in dem die Gesellschaft zu einer solchen Forderung gelangt, mit hinlänglicher Deutlichkeit erkennen lassen (BGHZ 132, 263, 268; BGH NZG 2006, 306; NJW 2007, 1685; KG ZIP 2010, 1545; BGH ZIP 2011, 768; NJW-RR 2009, 753; Stuttgart DB 2010, 1058; *Nentwig* WM 2011, 2168, 2172; für Mietpool ebenso BGH NZG 2009, 1143). Die in manchen Gesellschaftsverträgen, etwa von Immobilienfonds, gebrauchten Formulierungen, wonach eine Nachschusspflicht besteht, wenn die laufenden Einnahmen die Ausgaben nicht decken (s etwa BGH ZIP 2006, 754; 2007, 814; München NZG 2004, 807), oder wenn sich „während der Vertragszeit ein nicht kalkulierbarer Finanzierungsbedarf" zeigt, genügen für eine Abbedingung des Belastungsverbots nicht (im Einz *Meyer* ZIP 2015, 256ff). Stattdessen müssen sich die Beitragspflichten aus dem Gesellschaftsvertrag, wenn auch aufgrund obj Daten und in Abhängigkeit vom Geschäftsumfang oder Gesellschaftszweck, eindeutig ergeben (vgl BGH NJW-RR 2008, 419, 420; MüKo/*Schäfer* Rn 4). 4

5 Bei **Projektgesellschaften** kann im Vertrag vereinbart sein, dass die Gesellschafter außer den zunächst geschuldeten Beiträgen weitere laufende Beiträge zur Projektfinanzierung leisten müssen; fehlt hier eine genaue Festlegung der Höhe, so ist die Herleitung von Nachschusspflichten aus der Treupflicht gewöhnlich nicht möglich (BGH NZG 2007, 381; näher *Wilde* NZG 2012, 216). Zu beachten ist in diesem Zusammenhang ferner, dass die sanierungswilligen Gesellschafter, um gegen die zu Nachschüssen nicht bereiten Partner prozessual vorgehen zu können, nach BGH NJW 2011, 2581 (dazu *Mann* ZIP 2011, 2393 und *Schmitz-DuMont* EWiR 2012, 155) nicht so verfahren können, dass sie eine GbR gründen, die kraft einer Einziehungsermächtigung die Ausgleichsansprüche ihrer Gesellschafter aus § 426 I 2 einklagt (Verstoß gegen das RDG).

6 Im speziellen Fall einer **Nachschusspflicht** zur **Verlustausgleichung** müssen, wenn dies durch Mehrheitsentscheidung festgelegt werden soll, auch die zu § 737 entwickelten Voraussetzungen einer **Schlussabrechnung** gegeben sein (BGH ZIP 2012, 515ff), s im Einz § 737 Rn 1. Liegen diese Voraussetzungen vor, so sind Festlegung und Einforderung der Beträge Sache der Geschäftsführer. § 710 steht nicht entgegen, dass bei unbestimmter Regelung der Beitragshöhe und der Art der sonstigen Belastungen im Gesellschaftsvertrag das bestimmungsberechtigte Organ nach Maßgabe der aus dem Vertrag eindeutig (auch bei Publikums-Personengesellschaften, BGH BB 2006, 795; KG ZIP 2007, 183) hervorgehenden Kriterien Erhöhungen vornimmt (BGH ZIP 2005, 1455; einschränkend aber MüKo/*Schäfer* Rn 4).

7 **II. Anwendungsbereich.** Aus § 710 folgt weiter, dass ein geschäftsführender Gesellschafter während der Dauer der Gesellschaft **Ansprüche aus der Geschäftsführung** (§§ 713, 670) nur gegen das Gesellschaftsvermögen, nicht gegen die Mitgesellschafter persönlich erheben kann, auch dann nicht, wenn das Gesellschaftsvermögen zur Abdeckung seiner Ansprüche nicht ausreicht (RGZ 80, 268, 272; BGH ZIP 1989, 852; Staudinger/*Habermeier* Rn 6; Celle WM 2001, 2444 m Anm *Weber* WuB II J § 705 BGB 2.02 zur Aufrechnung). Soweit allerdings ein Gesellschafter auf **Zahlung** von **Gesellschaftsschulden** in Anspruch genommen worden ist und hierfür aus dem Gesellschaftsvermögen keinen Ausgleich erhalten kann, darf er seinen Ausgleichsanspruch gegen die anderen Gesellschafter auch während der Dauer der Gesellschaft geltend machen (BGHZ 37, 299, 302; BGH NJW 1980, 339f; MüKo/*Schäfer* Rn 5); s weiter § 716 Rn 5.

8 **III. Freiwillige Beitragserhöhungen.** Freiwillige Beitragserhöhungen können Einfluss auf die Beteiligungsverhältnisse haben und sind daher idR ohne Zustimmung der Mitgesellschafter mit vertragsändernder Mehrheit nicht zulässig. Bieten einzelne Gesellschafter zusätzl Beitragsleistungen an, etwa in einer wirtschaftl Krise der Gesellschaft, so kann es die Treupflicht den zur Erhöhung nicht bereiten Gesellschaftern gebieten, ihre Zustimmung auch bei folgeweiser Änderung der Kapitalanteile zu erteilen, was sich dann auch in einer etwaigen Auseinandersetzung auswirkt. Zur Verminderung einer Einlage ist der Gesellschafter ohne Zustimmung der Mitgesellschafter nicht berechtigt.

§ 711 Übertragung und Übergang von Gesellschaftsanteilen

(1) Die Übertragung eines Gesellschaftsanteils bedarf der Zustimmung der anderen Gesellschafter. Die Gesellschaft kann eigene Anteile nicht erwerben.

(2) Ist im Gesellschaftsvertrag vereinbart, dass im Fall des Todes eines Gesellschafters die Gesellschaft mit seinem Erben fortgesetzt werden soll, geht der Anteil auf den Erben über. Sind mehrere Erben vorhanden, fällt der Gesellschaftsanteil kraft Gesetzes jedem Erben entsprechend der Erbquote zu. Die Vorschriften über die Erbengemeinschaft finden insoweit keine Anwendung.

1 **I. Normzweck.** Die durch das MoPeG neu eingefügte Vorschrift regelt die Übertragung des Gesellschaftsanteils. **Abs I** erklärt die **Übertragung unter Lebenden** – in Abgrenzung zu der nur eingeschränkten Übertragbarkeit von Gesellschafterrechten nach § 711a – für zulässig, macht sie aber von der Zustimmung der übrigen Gesellschafter abhängig. Der Erwerb eigener Gesellschaftsanteile ist hingegen ausgeschlossen. Für den **Erbfall** sieht **Abs II** den Übergang der Anteile auf die Erben vor, soweit der Gesellschaftsvertrag die Fortsetzung mit den Erben vorsieht. Diese Erben treten im Wege einer Sondernachfolge entspr ihrer Erbquote in die Gesellschaft ein, während insoweit die Vorschriften über die Erbengemeinschaft (§§ 2032ff) keine Anwendung finden.

2 **II. Übertragung eines Gesellschaftsanteils. 1. Art der Übertragung.** Neben der in § 711 I 1 zugelassenen Verfügung über den Gesellschaftsanteil ist auch ein kombinierter Aus- und Eintritt zulässig, aber meistens impraktikabel. Das ändert nichts daran, dass ein **Doppelvertrag** in der Art möglich ist, dass ein ausscheidender Gesellschafter mit den Verbleibenden sein Ausscheiden nebst Konditionen vereinbart und ein anderer, ebenfalls aufgrund von Vereinbarungen mit den verbliebenen Gesellschaftern, in den Verband eintritt. Direkte Beziehungen zw Neu- und Altgesellschafter entstehen dann nicht (BGH NJW 1975, 166f). Das Schicksal der gesellschaftsrechtl Beteiligung ist dadurch gekennzeichnet, dass mit dem Ausscheiden die Beteiligung den verbleibenden Gesellschaftern **anwächst** (§ 712 I), während beim Eintritt eines Partners eine entspr **Abwachsung** stattfindet (§ 712 II).

3 Dagegen tritt bei der im Vertrag zugelassenen Veräußerung einer Mitgliedschaft, die durch **Abtretung des Anteils** nach §§ 398, 413, dh als Verfügungsgeschäft zw dem ausscheidenden und dem neu eintretenden Gesellschafter erfolgt, eine unmittelbare **Nachfolge** ein (BGHZ 81, 82, 89; BGH WM 1986, 1314), ohne dass eine An- und Abwachsung stattfindet oder die Mitgesellschafter – vorbehaltlich ihrer Zustimmung (Rn 8) – an dem Rechtsgeschäft beteiligt sind. Es entspricht regelmäßig der Interessenlage der Transaktionsparteien, dass der Ge-

sellschaftsanteil **identitätswahrend im Wege einer Sukzession** vom Veräußerer auf den Erwerber übertragen wird (ausf *Lieder* ZfPW 2016, 205ff). Mit der Übertragung eines Gesellschaftsanteils geht die Mitgliedschaft als solche, dh mit allen Rechten und Pflichten des bisherigen Gesellschafters aus dem Gesellschaftsvertrag auf den Erwerber über, wenn nichts anderes vereinbart ist. Ein Abfindungsanspruch nach § 728 gelangt nicht zum Entstehen (§ 728 Rn 2). Zugleich ermöglicht das Gestaltungsmittel der Verfügung die **Auswechslung aller Gesellschafter** unter Aufrechterhaltung der Identität der GbR (BGHZ 44, 229, 231; BGH NZG 2016, 221 Rn 27). Davon umfasst sind auch bereits entstandene Sozialansprüche, etwa aus einer Tätigkeitsvergütung für die Vergangenheit (Brandenburg DB 2007, 1130, 1131). Der neue Gesellschafter tritt als Nachfolger in die Gesellschafterstellung des alten ein. **Schuldrechtlich** können der Anteilszession ein Kauf, eine Schenkung oder andere Rechtsverhältnisse zugrunde liegen (vgl BGHZ 86, 367; BGH NJW-RR 2008, 773; Frankfurt NJW-RR 1996, 1123; *Schunke* Jura 2022, 1287, 1288). Bei der Beteiligung **Minderjähriger** bedarf es im Fall eines Erwerbsgeschäfts – auch bei unentgeltlichen Geschäften – nach § 1643 I iVm § 1852 Nr 1b der Zustimmung des Familiengerichts (ausf *Staake/Weinmann* RFamU 2022, 493, 494f; *Stenert/Gravenhorst* GmbHR 2022, 1232 Rn 60ff), bei Beteiligung von **Ehegatten** ist § 1365 zu beachten (§ 705 Rn 174). Ein redlicher Anteilserwerb scheidet selbst bei der eGbR aus, weil § 707a III iVm § 15 I, III HGB keine taugliche Rechtsscheingrundlage für die Inhaberschaft des Gesellschaftsanteils darstellt (ausf *Lieder* ZfPW 2016, 205, 229f; *Schunke* Jura 2022, 1287, 1289).

2. Zustimmung der Mitgesellschafter. Dies alles kann nicht ohne **Zustimmung der Mitgesellschafter** geschehen, die aber im Voraus im Gesellschaftsvertrag erteilt sein kann (Begr RegE, BT-Drs 19/27635, 144; BGH WM 1968, 303f; NJW 1980, 2708). Das rechtsdogmatische Fundament dieses Zustimmungsrechts ist – entgegen der hM (Staudinger/*Habermeier* § 719 Rn 8; MüKo/*Schäfer* Rn 2) – nicht der höchstpersönliche Charakter der Mitgliedschaft, sondern das Prinzip der **negativen Kontrahentenwahlfreiheit,** wonach keinem Personengesellschafter gegen seinen Willen ein neuer Mitgesellschafter aufgedrängt werden kann (*Lieder* ZfPW 2016, 205, 212f). Zustimmungsbedürftig ist nur die Verfügung, nicht das zugrunde liegende Schuldverhältnis (BGH WM 1958, 49; Oetker/*Lieder* § 105 HGB Rn 88). Die **Freistellung** der Anteilsübertragung vom Zustimmungserfordernis (etwa bei Übertragung in vorweggenommener Erbfolge, dazu *Westermann* in Westermann/Wertenbruch Rn I 1027) erspart der Gesellschaft gewöhnlich eine Kündigung der Beteiligung mit Abfindungsfolgen; deshalb kann ein Anteilserwerb durch einen Gesellschafter, der seine Beteiligung bereits gekündigt hat, vertragswidrig sein (vgl BGH NJW 1989, 2687). 4

Die Zustimmung kann auch von Fall zu Fall erteilt werden, wobei ein Gesellschafterbeschluss zu fassen ist, der gewöhnlich den Ansprüchen an gesellschaftsvertragsändernde **Mehrheitsbeschlüsse** unterliegt. Die Mehrheitsklausel muss nach ausdrückl Rspr-Änderung des BGH (BGHZ 203, 77) nicht länger den formalen Anforderungen des Bestimmtheitsgrundsatzes entsprechen (§ 714 Rn 37; dazu *Lieder* ZfPW 2016, 205, 214f). Eine einfache Mehrheitsklausel reicht völlig aus. Allerdings ist bei der Formulierung Vorsicht geboten. Spricht die Klausel etwa davon, dass die Mehrheit über sämtliche „Änderungen des Gesellschaftsvertrags" entscheide, ist die Anwendbarkeit auf die Anteilsübertragung zweifelhaft (vgl BGHZ 203, 77 Rn 26ff), weil es sich in technischer Hinsicht gerade um keine Vertragsänderung, sondern um eine rechtsgeschäftliche Nachfolge in den Gesellschaftsanteil handelt. Allerdings kann eine Auslegung der Klausel im Einzelfall ergeben, dass die Gesellschafter auch den Gesellschafterwechsel als Vertragsänderung eingestuft wissen wollten (*Lieder* ZfPW 2016, 205, 214f). 5

IÜ zählt das aus der Mehrheitsklausel folgende – konkrete – Zustimmungsrecht, das seine zwingende Zustimmung in jedem konkreten Einzelfall der Anteilsübertragung erforderlich macht, jedenfalls nicht zu den **individuellen Rechten** des Gesellschafters (*Lieder* ZfPW 2016, 205, 216; *Schäfer* ZIP 2015, 1313; *Seidel/Wolf* BB 2015, 2563, 2566). Nur die Schaffung einer Mehrheitsklausel greift in das individuelle „Vetorecht" des Gesellschafters ein, soweit erstmals vom Einstimmigkeitsprinzip abgewichen wird **(materielle Beschlusskontrolle).** Gleiches gilt für die Aufhebung eines analog § 35 dem Gesellschafter zugewiesenen Sonderrechts (*Lieder* ZfPW 2016, 205, 216f). Allerdings kann die Erteilung oder Verweigerung der Zustimmung gegen die gesellschaftsrechtl **Treuepflicht** verstoßen (BGHZ 203, 77 Rn 34; *Lieder* ZfPW 2016, 205, 217ff; *Schäfer* ZIP 2015, 1313; *Weber* ZfPW 2015, 123, 128). Aber selbst bei einer Zustimmungsverweigerung ggü dem Minderheitsgesellschafter überwiegt regelmäßig das Interesse der Mehrheit am unveränderten Fortbestand des Gesellschafterkreises – in Abhängigkeit von Rechtsform, Realtypik und Zweck der Gesellschaft – das berechtigte Interesse des Veräußerers (näher *Lieder* ZfPW 2016, 205, 217f). Umgekehrt führt ein Verstoß gegen die Treuepflicht zur Unwirksamkeit der Anteilsübertragung, wenn die Aufnahme des Erwerbers unzumutbar ist, weil gegen ihn ein Ausschließungsgrund bestehen würde (BGH WM 1982, 234, 235). 6

Davon abgesehen kann die **Übertragung eingeschränkt** werden, etwa indem der Gesellschafterkreis auf Familienangehörige oÄ beschränkt wird (Oetker/*Lieder* § 105 HGB Rn 91). Die Übertragbarkeit kann durch Vereinbarung mit den Mitgesellschaftern sogar **vollständig aufgehoben** werden, da es sich um kein unverzichtbares Recht iSd § 137 S 1 handelt; § 399 Alt 2, § 413 gehen als leges speciales vor (dazu und zum Folgenden *Lieder* ZfPW 2016, 205, 220f). Allerdings setzt die Aufhebung der Übertragbarkeit eine ausdrückl Zustimmung des betroffenen Gesellschafters voraus, weil hierdurch in ein individuelles Gesellschafterrecht eingegriffen wird. Die Auslegung wird regelmäßig ergeben, dass für den Fall der Kündigung und Abfindung eines Gesellschafters dieser nicht vor Ende der Kündigungsfrist einen anderen Anteil hinzuerwerben und daher trotz Zahlung der Abfindung für den alten Anteil nicht Gesellschafter bleiben kann (BGH NJW-RR 1989, 1259; München NJW-RR 2004, 334; *Wertenbruch* NZG 2006, 408, 417). 7

8 Auf die Zustimmung der Gesellschafter sind die §§ 182ff anwendbar (ausf *Reiff/Nannt* DStR 2009, 2376; *Lieder* ZfPW 2016, 205). Bis zur Erteilung der Zustimmung ist ein abgeschlossener Übertragungsvertrag **schwebend unwirksam** (BGHZ 13, 179, 185) und nach endgültiger Verweigerung (oder wirksamem Widerruf) unwirksam (BGH WM 1964, 878f); zur fehlerhaften Übertragung § 705 Rn 189ff. Die Zustimmungserklärung ist wie andere Willenserklärungen **widerruflich**, wobei ein Widerruf nach Vertragsabschluss allerdings meist daran scheitern wird, dass mit der Zustimmung ein Vertrauenstatbestand gesetzt worden ist (so BGHZ 77, 392, 396 für den Fall einer Einwilligung zur treuhänderischen Übertragung, in der auch die unwiderrufliche Einwilligung zur Rückübertragung gesehen wurde). Damit wird für diesen Bereich die Ansicht von der Widerruflichkeit der Zustimmung nur aus wichtigem Grund (BGH WM 1969, 1009) relativiert. Ein **Anspruch auf Zustimmung**, es sei denn, es liegt ein wichtiger Ablehnungsgrund vor, kann auch vertragl eingeräumt werden (Bremen NZG 2008, 225).

9 Wenn der Gesellschaftsvertrag dies vorsieht oder die Gesellschafter zustimmen, ist auch die **anteilige Übertragung** eines Mitgliedschaftsanteils nach den Regeln der Vollübertragung zulässig (BGHZ 24, 106, 114f). Die gesellschaftsvertragl Regelung bzw. Gesellschafterzustimmung muss sich aber explizit auf eine Teilabtretung beziehen respektive auf den Umstand, dass infolge der Anteilsübertragung eine weitere Person in die Gesellschaft aufgenommen wird. Dies ist von der bloßen Zustimmung zur Übertragung des Gesellschaftsanteils nicht gedeckt. In der Folge sind **Vermögensrechte** mangels abweichender Vereinbarungen entspr der Beteiligungsquote auf Veräußerer und Erwerber zu verteilen. Für auf den Anteil des Erwerbers entfallende Verbindlichkeiten haftet der Veräußerer grds gesamtschuldnerisch (MüKo/*Schäfer* Rn 34). **Verwaltungsrechte**, wie zB Informationsrecht, Auskunftsrecht, Kündigungsrecht stehen demggü beiden Gesellschaftern zu, soweit nicht der Gesellschaftsvertrag deren Wahrnehmung zulässigerweise an differenzierte Voraussetzungen knüpft (MüKo/*Schäfer* Rn 34). Die Stimmkraft bestimmt sich nach § 709 III.

10 Die Entscheidungsbefugnis über die Zustimmung kann auch auf einen geschäftsführenden Gesellschafter, einen Beirat oder einen externen Geschäftsbesorger **delegiert** werden (BGH WM 1958, 49f; München NZG 2009, 25, 26). In der Praxis werden im Rahmen der Delegation weitere Entscheidungskriterien für die Erteilung oder Verweigerung der Zustimmung festgelegt. Das ist im Interesse einer voraussehbaren Entscheidung zulässig (*Neumann* ZIP 2016, 1753, 1755). Die **Versagungsgründe** im Gesellschaftsvertrag sind regelmäßig als abschließend zu verstehen, sodass bei Abwesenheit eines solchen ein klagbarer Anspruch des Gesellschafters auf Zustimmung besteht (BGH BB 1961, 347; Bremen NZG 2008, 225, 226). Kann **„aus wichtigem Grund"** die Zustimmung verweigert werden, besteht eine grds eine Zustimmungspflicht, die nur im Ausnahmefall zu verneinen ist (Bremen NZG 2008, 225, 226). Dafür ist der Delegierte darlegungs- und beweispflichtig (BGH BB 1961, 347). Die mit einer Übertragung auf einen beschränkt haftenden Gesellschafter einhergehende Verschlechterung der „Haftungsmasse" für Gläubiger und die korrespondierende Erhöhung des Haftungsrisikos für die Mitgesellschafter stellt nicht per se einen „wichtigen Grund" dar, kann aber nach einer Gesamtabwägung der beteiligten Interessen nach sämtlichen Umständen des konkreten Einzelfalls zu bejahen sein (ausf *Neumann* ZIP 2016, 1753, 1755ff).

11 **3. Form.** Im Allg ist die Übertragung **nicht formbedürftig** (Begr RegE, BT-Drs 19/27635, 144). Insb führt auch das Vorhandensein von **Grundstücken** oder **GmbH-Geschäftsanteilen** im Gesellschaftsvermögen nicht zur Formbedürftigkeit eines auf Übertragung der Mitgliedschaft gerichteten Vertrags (BGHZ 86, 367, 369f). Dies gilt selbst dann, wenn sämtliche Mitgliedschaften übertragen werden sollen, weil nicht über diese Gegenstände, sondern über Gesellschaftsanteile verfügt wird (s auch *Petzold* BB 1975, 905, 907f; MüKo/*Schäfer* Rn 17). **Ausnahmen** kommen bei Gesellschaftsgründungen in Betracht, die auf einen erleichterten Handel mit Grundstücken abzielen bzw wenn sich das Gesellschaftsvermögen auf das Halten von Grund- und Beteiligungsvermögen beschränkt (vgl Begr RegE, BT-Drs 19/27635, 144; BGH NJW 1997, 2220, 2222; *K. Schmidt* AcP 182, 481, 398f; *K. Schmidt* BB 1983, 1697ff; *Heckschen*, Die Formbedürftigkeit mittelbarer Grundstücksgeschäfte, 1987, 143ff). Hier geht es um eine analoge Anwendung der § 311b I 1 BGB, § 15 IV GmbHG auf das Verpflichtungsgeschäft, während das Verfügungsgeschäft formfrei bleibt; das eröffnet die Geltendmachung eines bereicherungsrechtl Rückübertragungsanspruchs, soweit nicht eine Heilung nach § 311b I 2 BGB, § 15 IV 2 GmbHG eintritt (MüKo/*Schäfer* Rn 19ff). Ob die unentgeltliche Übertragung eines Gesellschaftsanteils eine **Schenkung** mit den Folgen der Formbedürftigkeit nach § 518 und von Pflichtteilsergänzungsansprüchen ist, ist für die KG zu bejahen (BGH NJW 1990, 2616; ZEV 2002, 427, 428); für die Übertragung eines Anteils eines persönlich haftenden Gesellschafters wegen des Haftungsrisikos mangels Unentgeltlichkeit dagegen zu verneinen (BGH NJW 1959, 1433; WM 1965, 359; aA für vermögensverwaltende GbR Schleswig MittBayNot 2013, 59 m Anm *Evers* ZEV 2013, 66). Davon abgesehen werden in der praktischen Umsetzung die Schenkungsabrede und die Anteilsübertragung regelmäßig zusammenfallen, sodass regelmäßig Heilung nach § 518 II eintritt.

12 **4. Rechtsfolgen.** Die **Wirkung** einer **gültigen Übertragung** der Mitgliedschaft besteht darin, dass der Erwerber als Einzelnachfolger des Veräußerers in dessen Gesellschafterstellung einrückt (BGH WM 1986, 1314f; NJW 1999, 715; NJW 2003, 1803). Werden alle Anteile auf nur einen Erwerber übertragen, erlischt die Gesellschaft ohne Liquidation und das Vermögen fällt dem Erwerber zu (BGH NJW 1978, 1525; Düsseldorf NJW-RR 1999, 619; so jetzt § 712a I). Werden jedoch alle Gesellschafter durch Anteilsübertragung ausgewechselt, bleibt der Fortbestand der Gesellschaft unberührt (BGH ZIP 2016, 211; dazu *Armbrüster* EWiR 2016, 133). Eine Notwendigkeit, mit dem Ausgeschiedenen nach §§ 728, 728a abzurechnen, besteht nicht (BGH NJW 1981, 1096; Hamm Rpfleger 1985, 289; Staudinger/*Habermeier* Rn 15); wohl ist der Veräußerer haftungsmäßig wie ein ehemaliger Gesellschafter und der Erwerber wie ein neu eingetretener zu behandeln, die nach § 721 (§ 721 Rn 7) bzw § 721a (§ 721a Rn 1) **haften**.

Verfügungen, die der Veräußerer vor der Übertragung getroffen hatte, binden auch den Erwerber (BGH ZIP 2003, 435 m zust Anm *Buck* WuB II J § 705 BGB 1.03). Die nach § 711a S 2 von der Mitgliedschaft **abspaltbaren Vermögensrechte** werden, da sie weitgehend ihren wirtschaftl Wert ausmachen, regelmäßig mit abgetreten sein, auch wenn der wirtschaftl Gegenwert bereits dem Veräußerer zugefallen und für ihn verbucht war (BGHZ 45, 221f; BGH NJW 1973, 328). Allerdings können die Parteien Abweichendes vereinbaren (Düsseldorf 2.2.2018 – I-22 U 33/17, juris Rn 68). Bei Ansprüchen aus Geschäften, die die Gesellschaft auch mit Dritten hätte machen können (etwa Darlehensaufnahme), kann eine solche Vermutung nicht gelten (BGH DB 1978, 877), wenn die Verpflichtung zur Darlehensgewährung oder zum Stehenlassen von Mitteln, wie häufig, schon aus dem Gesellschaftsvertrag folgt. Nach der Abtretung entstehende Ansprüche werden unmittelbar in der Person des Erwerbers begründet. Häufig werden Vereinbarungen getroffen, die die Geltung auf den Beginn eines neuen Geschäftsjahres legen (vgl BGH ZIP 2004, 1551). 13

Soweit nicht aus dem Gesellschaftsvertrag hervorgeht, dass **Mitverwaltungsrechte** dem Veräußerer nur aufgrund seiner persönlichen Qualifikation oder eines speziellen ihm entgegengebrachten Vertrauens eingeräumt waren, stehen sie auch dem Erwerber zu (Henssler/Strohn/*Kilian* Rn 17). Freilich wird man einen Willen, die Mitverwaltungsrechte unabhängig von der fachlichen oder menschlichen Befähigung jedem beliebigen Nachfolger zuzugestehen, ohne Anhaltspunkte in den Umständen des Vertragsschlusses oder in der Zustimmungserklärung nicht annehmen dürfen. Umgekehrt ist es denkbar, dass ein Ausschluss des Veräußerers von den allg Mitverwaltungsrechten, der in seiner persönlichen Qualifikation oder Lage (etwa Lebensalter oder Interessenkollision) begründet lag, einen Erwerber nicht trifft (MüKo/*Schäfer* Rn 24; anders *Wiedemann*, Übertragung und Vererbung, 74). 14

Bzgl der **Haftung für Sozialansprüche** wurde die Rspr (BGHZ 45, 221f; BGH WM 1968, 892) bisher dahin gedeutet, dass von einer Zustimmung der Gesellschaft als Gläubigerin abgesehen werden könne. Dies setzt sich indes mit der Wertung der privativen **Schuldübernahme** nach § 415 in Widerspruch. Auch spätere Urteile (BGH WM 1986, 1314; WM 1988, 265) deuten darauf hin, dass von einer gesamtschuldnerischen Haftung von Veräußerer und Erwerber für Sozialverbindlichkeiten nur abgesehen werden kann, wenn die durch die Haftungsfreistellung betroffenen Mitgesellschafter individuell dem Veräußerungsvertrag mit der Abrede einer abweichenden Rechtsfolgenanordnung zustimmen, was auch konkludent geschehen kann (*Goette* FS Krämer, 2009, 253, 257ff). In einer ad hoc erklärten Zustimmung der Mitgesellschafter, die den Bestand an Sozialansprüchen überblicken können, kann man eine Zustimmung zur Schuldübernahme sehen, nicht aber schon in einer gesellschaftsvertragl Einräumung einer Abtretungsmöglichkeit. Eine **Ausnahme** von der grds gesamtschuldnerischen Haftung von Veräußerer und Erwerber ist aber dann angezeigt, wenn der Sozialanspruch auf einem persönlichen Fehlverhalten des Veräußerers beruht, wie zB auf der Verletzung von Geschäftsführerpflichten (Frankfurt DB 1996, 1177; MüKo/*Schäfer* Rn 29). Soweit ein für Gesellschaftsschulden in Anspruch genommener Gesellschafter von seinen Mitgesellschaftern Ausgleich verlangen kann (§ 721 Rn 24), muss er einer mit der Anteilsübertragung verbundenen Übernahme der Ausgleichspflicht zustimmen (BGH NJW 1981, 1095f). Wird ein übertragender Gesellschafter „wegen seiner persönlichen Haftung als Gesellschafter" freigestellt, umfasst dies eine Gesellschafter- wie auch eine Gesellschaftsschuld (Zweibrücken OLGRp 2000, 216). Im **Innenverhältnis** ist regelmäßig der Erwerber zum Ausgleich der ihm bekannten Verbindlichkeiten verpflichtet; der Veräußerer kann vom ihm Freistellung bzw Ausgleich nach § 426 verlangen (MüKo/*Schäfer* Rn 31). 15

III. Kein Erwerb eigener Anteile. Mit § 711 I 2 wird die bisher hM (vgl nur *K. Schmidt* ZIP 2014, 493ff; aA *Priester* ZIP 2014, 245, 246) kodifiziert und ein Erwerb eigener Anteile von Personengesellschaften im Grundsatz ausgeschlossen. Das entspricht der **Sozietätsstruktur der Personengesellschaft**, folgt aus der Einheitlichkeit und Unteilbarkeit der Mitgliedschaft und steht im Einklang der Systematik des MoPeG, namentlich § 711 I 1, §§ 711a, 712a (Begr RegE, BT-Drs 19/27635, 144). Diese Regelung ist zwingend (aA BeckOK/*Schöne* Rn 12.2). 16

IV. Vererbung des Gesellschaftsanteils. 1. Ausgangslage. Gesetzl Regelfolge des Versterbens eines Gesellschafters ist nach § 723 I Nr 1 die **Fortsetzung** der GbR mit den verbleibenden Gesellschaftern. Gesellschaftsvertragl kann ausweislich § 723 I auch die **Auflösung** als Rechtsfolge bei Tod eines Gesellschafters angeordnet werden. Auf Grundlage von § 711 II 1 können sich die Gesellschafter in Form einer **Nachfolgeklausel** im Gesellschaftsvertrag ebenso gut darauf verständigen, dass die Gesellschaft mit den Erben des verstorbenen Gesellschafters fortgesetzt wird. Zu entscheiden ist bei diesen Regelungen über die Stellung der überlebenden Gesellschafter, des oder der Erben und etwaiger sonstiger am Nachlass Interessierter, sowie in diesem Rahmen über das Zugriffsrecht sonstiger Nachlassbeteiligter auf die Substanz- und Ertragsbeteiligung und schließlich über die Möglichkeiten der Testamentsvollstreckung. Besonderheiten gelten für die Zweipersonengesellschaft (s § 712a Rn 5f). Zur fehlerhaften erbrechtl Nachfolge s § 705 Rn 193. 17

2. Nachfolgeklauseln. a) Einfache erbrechtliche Nachfolgeklausel. Eine **Nachfolgeklausel** bewirkt, dass die **Mitgliedschaft** des Erblassers abweichend von § 723 I Nr 1 nicht nur zur Fortsetzung der GbR mit den übrigen Gesellschaftern führt, sondern auch **vererblich** ist, Erben also in die Gesellschaft nachrücken. Daraufhin kann sich im Wege einer Verfügung von Todes wegen oder der gesetzl Erbfolge der unmittelbare Übergang der Mitgliedschaft auf den- oder diejenigen vollziehen, die nach dem Gesellschaftsvertrag Nachfolger sein können; das Vermächtnis eines Gesellschaftsanteils hat diese Wirkung nicht (MüKo/*Schäfer* Rn 62; näher *Ivo* FAErbR 2005, 29ff). Ohne entspr Vorkehrungen im Gesellschaftsvertrag können in einer letztwilligen Verfügung keine in das Gesellschaftsverhältnis eingreifenden Anordnungen getroffen werden. Auch muss der Erblasser, wenn er nur einzelnen von mehreren Erbanwärtern die Beteiligung zuwenden will, diese zu Erben einsetzen und die anderen 18 von der Erbschaft ausschließen. Dass BGH WM 1990, 1066 dies für die Folgen einer Teilungsanordnung iSd § 2048 anders handhaben konnte, lag daran, dass an der betr Gesellschaft außer den Erben keine weiteren Gesellschafter beteiligt waren, sodass ihre Auseinandersetzung (einschl der Belastung eines bestimmten Gesellschaftsanteils mit der Aufbringung von Erbschaftsteuern) auch auf erbrechtl Wege geregelt werden konnte.

19 Wenn durch die Klausel im Gesellschaftsvertrag nicht alle, sondern nur einzelne Erben zur Nachfolge zugelassen werden (**qualifizierte Nachfolgeklausel**, näher Rn 25), so kann dies bis zu einem gewissen Grad, wenn auch auf einem rechtstechnisch anderen Weg, auch durch ein Vermächtnis erreicht werden. Die von der wohl hM durchgehaltene Konstruktion der Rspr bereitet Schwierigkeiten, wenn durch Gesellschaftsvertrag Personen zu möglichen Nachfolgern erklärt werden, die später nicht erben, oder wenn Personen Erben werden, die von der (insoweit „qualifizierten") Nachfolgeklausel nicht als mögliche Nachfolger zugelassen werden (näher *Westermann* in Westermann/Wertenbruch Rn I 1238f). Wenn die **gesellschaftsrechtliche** und die **erbrechtliche Komponente** des Nachfolgevorgangs nicht zusammenpassen, geht die Nachfolgeregelung des Gesellschaftsvertrags ins Leere (MüKo/*Schäfer* Rn 62). Es muss allerdings geprüft werden, ob die Nachfolgeklausel in **ergänzender Auslegung** als Eintrittsklausel zugunsten der nicht als Erben bedachten Personen (Rn 25) angesehen werden kann (§ 1922 Rn 27; *Berneith*, Die Konversion, 2016, 176ff; für Umdeutung BGH NJW 1978, 264; s auch BGH JZ 1987, 880 m krit Anm *Ulmer*). Im umgekehrten Fall fragt sich, ob bei Erbenstellung von Personen, deren Nachfolge an der qualifizierten Nachfolgeklausel scheitern müsste, die Mitgesellschafter im Zuge der Anwachsung des Anteils des Verstorbenen diesen treuhänderisch zu halten und sodann an die durch die Nachfolgeklausel Qualifizierten zu übertragen haben (angedeutet bei BGHZ 68, 225, 233; BGH NJW 1978, 264f; s auch Rn 28). In jedem Fall ist unter den Beteiligten eine Ausgleichung nach Maßgabe der erbrechtl Wertverteilung nötig. Bei vor längerer Zeit geschlossenen Gesellschaftsverträgen kann es sein, dass die Bevorzugung einzelner Erbanwärter durch eine qualifizierte Nachfolgeklausel auf inzwischen aufgekommene rechtl Hindernisse (etwa aus dem AGG) stößt oder den Vorstellungen der Beteiligten nicht mehr entspricht (zu diesen Fragen, die auch Pflichten zur Mitwirkung an einer **Vertragsänderung** auslösen können, *Foerster* ZGR 2014, 396).

20 **b) Sondererbfolge.** Ein durch Gesellschaftsvertrag als möglicher Nachfolger Bezeichneter, der **Alleinerbe** ist, rückt unmittelbar kraft Erbrechts nach § 1922 I in die Stellung des Erblassers ein; er kann dies durch Ausschlagung (§ 1942) vermeiden und von den Gestaltungsmöglichkeiten des § 724 Gebrauch machen. Die Mitverwaltungsrechte des Erblassers fallen dem Erben grds ebenso zu wie einem rechtsgeschäftlichen Erwerber (Rn 24; Soergel/*Hadding*/*Kießling* § 727 Rn 28). Treten nach der Nachfolgeklausel mehrere Personen ein und werden sie Miterben, so sieht § 711 II 2 eine **Sondererbfolge** jedes Miterben nach Maßgabe seiner Quote vor. Eine Erbengemeinschaft nach § 2032 entsteht nicht (§ 711 II 3) und kann auch nicht kraft gesellschaftsvertragl Regelung entstehen (aA BeckOK/*Schöne* Rn 12.5). Für die Sondererbfolge sprechen vor allem die sonst unvermeidbare Entscheidungsfindung in der Miterbengemeinschaft nach den wenig handlichen erbrechtl Grundsätzen und der unabdingbare Anspruch auf jederzeitige Auseinandersetzung (§ 2042). In der Folge finden die Grundsätze der anteiligen Übertragung (Rn 9) sinngemäße Anwendung.

21 Ferner fragt sich, ob mit der Anerkennung der Sondererbfolge die Vorstellung verbunden ist, dass die ererbte **Mitgliedschaft** dem Zugriff der **Nachlassgläubiger** entzogen sei. Obwohl die Nachlasszugehörigkeit der ererbten Mitgliedschaft allg angenommen wird, können hieraus Folgerungen nicht mit begrifflicher Sicherheit gezogen werden; demgemäß ist str, wie sich die Aufteilung des Anteils unter mehreren Miterben haftungsrechtl auswirkt (dazu *Westermann* AcP 173, 24ff; *Stodolkowitz* FS Kellermann, 1991, 439, 450ff; *Ulmer*/*Schäfer* ZHR 160, 413ff; *Heckelmann* FS v Lübtow, 1980, 619, 632f; Staudinger/*Marotzke* § 2059 Rn 16). ZT wird der gesellschaftsrechtl Sondererbfolge die Qualität als Nachlassteilung iSd § 2059 abgesprochen, sodass das erbrechtl Haftungssystem passe (*Heckelmann*, Staudinger/*Marotzke* aaO; in diese Richtung auch *Stodolkowitz* FS Kellermann, 1991, 439, 450ff; *Ulmer*/*Schäfer* ZHR 160, 413ff; MüKo/*Schäfer* Rn 57f). Zumindest dann, wenn der Anteil den wesentlichen Nachlasswert ausmacht, liegt etwas daran, Nachlass- und Privatgläubigern ohne das Erfüllungsverweigerungsrecht des Erben nach § 2059 einen gleichrangigen Zugriff auf den Nachlass zu ermöglichen, wobei aber unter teleologischer Reduktion des § 2062 Hs 1 jeder Gesellschafter/Erbe auch nach der automatischen Aufteilung der Mitgliedschaft noch Nachlassverwaltung sollte beantragen können (*Westermann* aaO; insoweit auch Staudinger/*Marotzke* § 2059 Rn 16; ähnl Soergel/*Hadding*/*Kießling* § 727 Rn 33). Ist der verhältnismäßige Wert des Anteils für den Nachlass geringer, bleibt § 2059 anwendbar. Im Schrifttum (*Stodolkowitz* und *Ulmer*/*Schäfer* aaO) wird demggü eine Lösung bevorzugt, die den – durch Sondererbfolge geteilten, aber nachlasszugehörigen – Anteil dem Zugriff der Nachlassgläubiger reserviert, gegen den der Gesellschafter-Erbe nicht die beschränkte Erbenhaftung geltend machen kann, mit der weiteren Maßgabe, dass die Gläubiger einen Titel gegen alle Miterben benötigen. Dem Zugriff von Privatgläubigern könne entweder durch ein Antragsrecht der Nachlassgläubiger gem § 1981 II (*Stodolkowitz* aaO) oder – weniger gesetzesnah – durch deren Drittwiderspruchsklage begegnet werden (MüKo/*Schäfer* Rn 60). Ein solcher Vorrang der Nachlassgläubiger führt nicht zu einem Haftungssystem, aus dem die Privatgläubiger durch die Nachlasszugehörigkeit des Anteils ganz verdrängt werden könnten (vgl auch *Marotzke* JR 1988, 184, 186f). Anders als die Testamentsvollstreckung wird **Nachlassverwaltung** auf Antrag eines Erben oder von Nachlassgläubigern vom Nachlassgericht angeordnet (§ 1981 II), was gem § 1975 die Haftung des Erben auf den Nachlass beschränkt. Der Verwalter hat Zugriff auf die Vermögensrechte von Gesellschafter-Erben, kann also die Mitverwaltungsrechte diesen überlassen, die aber nach § 1985 I nicht über Nachlassgegenstände verfügen können (im Einz *Westermann* in Westermann/Wertenbruch Rn I 1342).

c) **Testamentsvollstreckung.** Die Frage nach der Zuständigkeit eines **Verwaltungstestamentsvollstreckers** für den vererbten Anteil an einer GbR ist differenziert zu betrachten und begegnet generell gewissen Bedenken. In der **Liquidationsgesellschaft** wurde schon früher eine auf die Vermögensrechte beschränkte Befugnis des Testamentsvollstreckers für zulässig gehalten (BGH NJW 1981, 749f), später erkannte der BGH (BGHZ 98, 48, 58) in diesem Rahmen dem Testamentsvollstrecker auch die Mitverwaltungsrechte aus dem Anteil zu. Da die Nachlasszugehörigkeit der Beteiligung an einer nach dem Tod des Erblassers fortgesetzten Gesellschaft anerkannt ist (Rn 21), ist auch ohne Zustimmung der Mitgesellschafter des Erben von der uneingeschränkten Mitwirkung des Testamentsvollstreckers in der Liquidationsgesellschaft auszugehen (Staudinger/*Habermeier* § 727 Rn 12), die meist nur Abwicklungsvollstreckung sein wird (zu ihrer Zulässigkeit Soergel/*Hadding/Kießling* § 727 Rn 49). Der Testamentsvollstrecker muss einem Fortsetzungsbeschluss zustimmen, was allerdings in der fortgesetzten Gesellschaft zu den Beschränkungen seiner Rechte führt (BGH NJW 2017, 3715). 22

Obwohl nach längerem Schwanken inzwischen die Erstreckung einer Verwaltungstestamentsvollstreckung auf einen **Kommanditanteil einer werbenden Gesellschaft** bei Zustimmung der Mitgesellschafter bejaht wird (BGHZ 108, 187; *Stimpel* FS Brandner, 1996, 779ff; *Hehemann* BB 1995, 1301ff; *Ulmer* NJW 1990, 73), sind hinsichtl der Stellung eines **unbeschränkt haftenden Gesellschafters einer Handelsgesellschaft** die Bedenken aus der gem § 2206 I beschränkten Verpflichtungsmacht des Testamentsvollstreckers nicht überwindbar (BGHZ 108, 187, 195; Düsseldorf ZEV 2008, 142; *Flume* NJW 1988, 161, 163; MüKo/*Schäfer* § 705 Rn 116; *Westermann* in Westermann/Wertenbruch Rn I 1334; für die Zulassung aber *Marotzke* JZ 1986, 457, 463; abw bei Zustimmung aller Mitgesellschafter auch Soergel/*Hadding/Kießling* § 727 Rn 51). Das gilt gleichermaßen für die **werbende GbR** nach ihrer Annäherung an die OHG mit Blick auf die Haftungsverfassung nach §§ 721ff und das bedingte Austrittsrecht im Erbfall nach § 724 (MüKo/*Schäfer* § 705 Rn 118f). 23

Muss eine Testamentsvollstreckung in Bezug auf **Verwaltungsrechte** des Gesellschafter-Erben danach ausscheiden, fallen die von der Mitgliedschaft trennbaren **Vermögensrechte** (§ 711a S 2) unabhängig von seiner Zuständigkeit für die Mitverwaltungsrechte und ohne Notwendigkeit einer Zustimmung der Mitgesellschafter in die Verfügungsmacht des Verwalters (MüKo/*Schäfer* § 705 Rn 120). Auch das Recht, Verfügungen über die Mitgliedschaft zu treffen, kann ihm zugebilligt werden, wogegen er gem § 2205 S 3 unentgeltliche Verfügungen nicht treffen darf (*D. Mayer* ZIP 1990, 976, 978; *Brandner* FS Kellermann, 1991, 45). Darunter fällt dann auch die Kündigung der Gesellschaft mit der Folge des Ausscheidens des Erben. 24

d) **Qualifizierte erbrechtliche Nachfolgeklausel.** Bei einer qualifizierten Nachfolgeklausel (Rn 19) tritt die erbrechtl Sondernachfolge **zugunsten des im Gesellschaftsvertrag Benannten** ein, wenn er Erbe wird; die Stellung als Vermächtnisnehmer genügt nicht. Decken sich Erbeinsetzung und Gesellschaftsvertrag nicht, geht die Anordnung ins Leere; im Wege ergänzender Auslegung ist zu entscheiden, ob die gesellschaftsrechtl Anordnung als Eintrittsklausel zu interpretieren ist. Zulässig ist auch die gesellschaftsvertragl Begründung eines **Auswahlrechts** des Gesellschafter-Erblassers, der danach einen oder mehrere Nachfolger aus dem Kreis seiner Erben durch letztwillige Verfügung auswählen kann; dieses Auswahlrecht ist im Grundsatz vererblich (BGH WM 1966, 1035). Der Übergang erfolgt nach § 1922 I entspr dem Verhältnis der ausgewählten Erben nach ihrer jew Erbquote bezogen auf den gesamten Anteil, wobei der Erblasser auch eine disproportionale Verteilung vornehmen kann (MüKo/*Schäfer* Rn 64). 25

Wer Erbe wird, ohne die „Qualifikation" zu erfüllen, hat keinen gesellschaftsrechtl Abfindungsanspruch gegen die Gesellschaft und die Mitgesellschafter, da der volle Anteil des Erblassers auf den oder die Gesellschafter-Erben übergeht, wohl aber einen **erbrechtlichen Ausgleichsanspruch** gegen den oder die Gesellschafter-Erben entspr seiner Erbquote, der aus einer Analogie zu §§ 2050ff folgt und bis zu einer Zahlungspflicht gehen kann (MüKo/*Schäfer* Rn 65; *Flume* BGB AT I/1 § 18 IV 2; *Brox/Walker* ErbR § 45 Rn 17; *Bayer/Lieder* Rn 786; für eine Lösung mit § 242 BGHZ 22, 186, 197; vgl auch BGHZ 68, 225, 238). Ausgenommen ist indes die Anwendung des § 2056, weil die Vorschrift nur die Anrechnung eines lebzeitigen Empfangs verhindern will (MüKo/*Schäfer* Rn 65; *Brox/Walker* ErbR § 45 Rn 17). Damit werden die Konsequenzen der Sondererbfolge im Wesentlichen auf die gesellschaftsrechtl Zuordnung beschränkt (Henssler/Strohn/*Kilian* § 727 Rn 14), hinsichtl der Wertverteilung unter den Miterben gilt Erbrecht (*Wiedemann*, Übertragung, 207). Den Ausgleichsanspruch kann der Erblasser freilich durch Anordnung eines Vorausvermächtnisses (§ 2150) gestalten (MüKo/*Schäfer* Rn 65). 26

e) **Rechtsgeschäftliche Nachfolgeklausel.** Der Erblasser kann außerdem einen beliebigen Dritten, der **nicht zum Kreis der Erben** zählt, als rechtsgeschäftlichen Nachfolger in seine Gesellschafterstellung einsetzen. Bei der rechtsgeschäftlichen Nachfolgeklausel handelt es sich in rechtsdogmatischer Hinsicht um eine auf den Tod des Gesellschafters **aufschiebend bedingte Anteilsübertragung** unter Lebenden (Soergel/*Hadding/Kießling* § 727 Rn 38; Staudinger/*Habermeier* § 727 Rn 23). Mit Blick auf das Einigungsprinzip (*Lieder*, Die rechtsgeschäftliche Sukzession, 2015, 232f) sind rechtsgeschäftliche Nachfolgeklauseln nur dann wirksam, wenn der Erwerber am Gesellschaftsvertrag als Mitgesellschafter beteiligt war oder die Klausel nachträgl unter **Beteiligung des Erwerbers** vereinbart worden ist (BGHZ 68, 224, 234). Ohne Mitwirkung des Begünstigten ist die Nachfolgeklausel unwirksam. Zwar sind Verfügungen zugunsten Dritter – entgegen der hM (BGHZ 41, 95f) – im Grundsatz anzuerkennen (*Bayer*, Der Vertrag zugunsten Dritter, 1995, S 199ff; *Lieder* JuS 2011, 874, 878f). Hier läuft die Nachfolgeklausel aber wegen der Haftung des Eintretenden nach § 721a auf einen **unzulässigen Vertrag zulasten Dritter** hinaus (BGHZ 68, 225, 232; BeckOK/*Schöne* § 727 aF Rn 19). Allerdings kommt in diesem Fall eine Umdeutung der Klausel nach § 140 in eine **Eintrittsklausel** in Betracht (BGH NJW 1977, 1339; Soergel/*Hadding/Kießling* § 727 Rn 41). Führt die Klausel zum Eintritt eines Nichterben, kommen **Pflichtteilsergänzungs-** 27

ansprüche nach § 2325 gegen die Erben und § 2329 gegen den Eintretenden in Betracht (MüKo/*Schäfer* Rn 70). Weitergehende Ansprüche analog §§ 2050ff scheiden hingegen aus, weil sich der Erwerb unter Lebenden vollzieht und damit am Nachlass vorbei (Soergel/*Hadding/Kießling* § 727 Rn 38; aA BeckOK/*Schöne* § 727 aF Rn 20).

28 **3. Eintrittsklauseln.** Im Gesellschaftsvertrag können die Vertragschließenden den Erben, einzelnen von ihnen oder Dritten ein **Eintrittsrecht** in die Gesellschaft zuwenden. Hier wird durch Vertrag zugunsten Dritter den in der vertragl Eintrittsklausel benannten Personen ein Anspruch gegen die verbleibenden Gesellschafter eingeräumt, sie anstelle des durch Tod ausgeschiedenen Erblassers in die Gesellschaft aufzunehmen (*Wiedemann*, Übertragung, 162ff; Soergel/*Hadding/Kießling* Rn 15; MüKo/*Schäfer* Rn 53). Der Berechtigte kann sein Recht durch bloße Eintrittserklärung geltend machen, wenn es nach dem Vertrag so ausgestaltet ist (uU Auslegungsfrage), dass es der Mitwirkung der übrigen Gesellschafter an der Aufnahme nicht mehr bedarf (MüKo/*Schäfer* Rn 75). Das ist anzunehmen, wenn die Eintrittsbedingungen und die Ausgestaltung der Rechtsstellung feststehen und der Berechtigte in vollem Umfang an die Stelle des Erblassers treten soll (BGH NJW 1978, 264, 266). Besteht hingegen ein Anspruch auf Abschluss eines Aufnahmevertrags, so kann dieser dahingehen, dem Eintrittsberechtigten im Innenverhältnis eine Gesellschafterstellung einzuräumen, wie wenn eine unmittelbare Nachfolge stattgefunden hätte (BGH NJW 1978, 264, 266), es zu einer zwischenzeitlichen An- und Abwachsung der Vermögensbeteiligung also nicht gekommen wäre. Eine **zweigliedrige Gesellschaft** erlischt somit durch den Tod eines der Partner nach § 712a und wird aufgrund des Eintrittsrechts uU neu gegründet. Den Anspruch auf Aufnahme kann der Gesellschaftsvertrag vom Vorliegen bestimmter Qualifikationen des Nachfolgers abhängig machen, er kann aber keine Eintrittspflicht vorsehen (hierzu bedarf es einer entspr Auflage gem § 1940 oder eines Vermächtnisses zugunsten der Mitgesellschafter), weil sonst ein unzulässiger Vertrag zulasten Dritter vorläge (BGHZ 68, 225, 232; Soergel/*Hadding/Kießling* Rn 16).

29 Macht der Begünstigte von seinem Eintrittsrecht keinen Gebrauch, gibt es keinen nach dem Vertrag Eintrittsberechtigten oder fehlt es überhaupt an einer abweichenden Gestaltung und bleibt es daher bei der Fortsetzung mit den übrigen Gesellschaftern nach § 723 I Nr 1, so entsteht nach § 729 II, § 728 I mit dem Erbfall ein **Abfindungsanspruch**, der nach gewöhnlichen Regeln in den Nachlass fällt. Tritt der Berechtigte ein, so besteht kein Abfindungsanspruch, wenn die vertragl Eintrittsklausel dahin verstanden werden kann, dass dem Eintrittsberechtigten das Eintrittsrecht in der Weise zuerkannt wird, dass die Mitgesellschafter die Vermögensrechte bis zu seinem Eintreten treuhänderisch für ihn halten, was als Modifikation des zulässigen Ausschlusses eines Abfindungsanspruchs möglich ist (MüKo/*Schäfer* Rn 76f; s auch BGH NJW 1978, 264f; Hamburg MDR 1955, 43). Gleich steht ein Verständnis des Eintrittsrechts dahin, dass eine Vorausabtretung des Anspruchs auf das Liquidationsguthaben zw dem bisherigen Gesellschafter und dem Eintrittsberechtigten vereinbart ist. Was gewollt ist, ist Auslegungsfrage. Fehlt es an einer entspr Regelung, fällt auch bei Eintreten des Berechtigten in die Gesellschaft der Abfindungsanspruch in den Nachlass, der Eintretende muss eine Einlage leisten, wenn dies im konkreten Fall zu den Gesellschafterpflichten gehört.

30 **4. Auslegung von Nachfolgeklauseln.** Die Rspr hat sich verschiedentlich mit den Folgen unzureichender Abstimmung zw Gesellschaftsvertrag und erbrechtl Nachfolgeregelung zu befassen gehabt. Für die **Auslegung** einer Vertragsklausel wird angenommen, im Zweifel sei einer Nachfolge- vor der Eintrittsklausel der Vorzug zu geben (BGHZ 68, 225, 231; Staudinger/*Habermeier* Rn 26). Bei Berufsausübungsgesellschaften wird es allerdings näherliegen, dass die Mitgesellschafter noch Einfluss auf das Eintreten des Nachfolgers erhalten und die erbrechtl Auseinandersetzungen – auch mit den Nachlassgläubigern – sich nicht auf die Stellung des Eingetretenen auswirken können. Zur ergänzenden Auslegung einer Nachfolgeklausel, die Personen bezeichnet, die später nicht Erben werden, in Form einer Eintrittsklausel s bereits Rn 19, 25. Der BGH (ZIP 1987, 1042 m krit Anm *Ulmer* JZ 1987, 882 und Aufsatz *Marotzke* JR 1988, 184) hat es für möglich gehalten, durch ergänzende Auslegung einer Nachfolgeklausel einer als Alleinerbin eingesetzten, aber nach dem Gesellschaftsvertrag nicht nachfolgefähigen Witwe, die bis zu ihrem Tode von den Einkünften aus der Beteiligung leben sollte, die abtretbaren (§ 711a S 2) Gewinnansprüche zu ihren Lebzeiten als Nachlassbestandteil zukommen zu lassen und den nach dem Vertrag nachfolgefähigen Abkömmlingen einen (vermächtnisweisen) Anspruch auf Eintritt in die Gesellschaft zuzuwenden. Dass damit zugleich erreicht werden sollte, den Gläubigern der Abkömmlinge zu Lebzeiten der Witwe den Zugriff auf den Anteil zu verwehren, hat Kritik erfahren, weil es eigentlich nur durch einen Anteilsnießbrauch hätte verwirklicht werden können (*Ulmer* JZ 1987, 882; s auch *Marotzke* JR 1988, 186). Die hier tatsächlich stattfindende „Abspaltung" von Vermögensrechten von der Mitgliedschaft bewirkt nach dem BGH sogar, dass die Privatgläubiger auch mit einer Pfändung des Stammrechts nach § 859 ZPO die schon vorher durch Verfügung von Todes wegen übergegangenen vermögensrechtl Ansprüche nicht erreichen können.

§ 711a Eingeschränkte Übertragbarkeit von Gesellschafterrechten

Die Rechte der Gesellschafter aus dem Gesellschaftsverhältnis sind nicht übertragbar. Hiervon ausgenommen sind Ansprüche, die einem Gesellschafter aus seiner Geschäftsbesorgung für die Gesellschaft zustehen, soweit deren Befriedigung außerhalb der Liquidation verlangt werden kann, sowie Ansprüche eines Gesellschafters auf einen Gewinnanteil oder auf dasjenige, was ihm im Fall der Liquidation zukommt.

1 **I. Normzweck.** Die Vorschrift ordnet die grds Unübertragbarkeit von mitgliedschaftsgebundenen Rechten an (S 1), erlaubt im gleichen Atemzug aber die Übertragung bestimmter Vermögensrechte (S 2). Das im Grundsatz

geltende Unübertragbarkeitsdogma zielt auf eine **Zweckbindung von Sozialverbindlichkeiten** ab und solle eine Zersplitterung der mitgliedschaftlich gebundenen Rechte auf unterschiedliche Personen verhindern (Begr RegE, BT-Drs 19/27635, 145). Darin kommt das **Abspaltungsverbot** zum Ausdruck, wonach Mitverwaltungsrechte nur Personen zustehen können, die als Gesellschafter an Chancen und Risiken der Geschäfte teilnehmen und Miteigentümer des dem Gesellschaftszweck gewidmeten Vermögens sind (grundlegend BGHZ 3, 354, 357; ferner die st Rspr BGHZ 20, 363, 365; BGH BB 1953, 926; im Schrifttum *A. Hueck* JZ 1952, 115; *Beuthien* ZGR 1974, 26, 55; *Reuter* ZGR 1978, 633ff; *Wiedemann*, Übertragung und Vererbung, 277ff; MüKo/*Schäfer* Rn 6; *Wertenbruch* in Westermann/Wertenbruch Rn I 236b; Überblick über die – vielfältigen – Begründungen bei *Weber*, Privatautonomie und Außeneinfluss, 2000, 64ff). Das Gegenstück dazu bildet der Grundsatz der **Einheitlichkeit der Mitgliedschaft** (§ 705 Rn 40). Nach traditionellem Verständnis steht das Unübertragbarkeitsprinzip, soweit es den durch Übertragbarkeit von Rechten möglicherweise entstehenden Dritteinfluss verhindern will, in Verbindung mit dem Grundsatz der **Selbstorganschaft** (*Wertenbruch* in Westermann/Wertenbruch Rn I 235a), dessen prinzipielle Geltung durch das MoPeG unangetastet geblieben ist, während es seine rechtspolitische Sinnhaftigkeit inzwischen vollständig eingebüßt hat (§ 717 Rn 12ff).

Diesem Normzweck entspr hat das MoPeG den Anwendungsbereich des § 711a S 1 zu Recht im Vergleich zur § 717 S 1 aF erweitert und erfasst nicht mehr nur **„Ansprüche"**, sondern sämtliche **Mitverwaltungsrechte** (Begr RegE, BT-Drs 19/27635, 145), seien sie stärker eigen- oder stärker gemeinnützig ausgestaltet (dazu § 705 Rn 109). Nicht betroffen sind Ansprüche aus Geschäften zw einem Gesellschafter und der Gesellschaft, die so auch zw gesellschaftsrechtl unverbundenen Personen hätten abgeschlossen werden können oder die als gesetzl Ansprüche unabhängig von der Mitgliedstellung des Berechtigten erworben wurden (**Drittgeschäfte**); diese sind also – vorbehaltlich allenfalls einer Schranke aus der mitgliedschaftlichen Treupflicht – übertragbar. § 711a S 1 erfasst auch keine **Sozialansprüche** der Gesellschaft (zu diesen § 705 Rn 147; MüKo/*Schäfer* Rn 3). Die Gesellschaft kann über diese zu ihrem Vermögen nach § 713 gehörenden Ansprüche – vertreten durch die Gesellschafter – verfügen. Zudem können Gesellschafter nach Maßgabe des § 711 (§ 711 Rn 9) über die **Mitgliedschaft im Ganzen** – uU auch anteilig – verfügen. 2

Das in § 711a **S 1** angeordnete Abspaltungsverbot gehört zu den **zwingenden Vorschriften**, auf welche die Gesellschafter nicht verzichten können (§ 708 Rn 4; MüKo/*Schäfer* Rn 4; Schäfer/*Bergmann* § 7 Rn 9f; aA BeckOK/*Schöne* Rn 4). Demggü steht die Übertragbarkeit von Vermögensrechten iSd **S 2** nach Maßgabe des § 399 Alt 2 zur **Disposition** der Gesellschafter, die gesellschafts- oder individualvertragl eine Abtretungsbeschränkung vereinbaren können (MüKo/*Schäfer* Rn 5). Über die Verweisungen von § 105 III, § 161 II HGB gilt die Vorschrift auch für die **OHG** und **KG**, über die Verweisung nach § 1 IV PartGG auch für die **PartG**. 3

II. Unübertragbare Rechte. Grds **unübertragbar** sind das Stimmrecht, das Recht auf Teilnahme an der Gesellschafterversammlung und auf Mitwirkung an der Geschäftsführung nach § 715 I, ggf das hieraus fließende Widerspruchsrecht gem § 715 IV, das Recht auf Mitwirkung an Abberufungsbeschlüssen gem § 715 V, § 720 IV, die Gesellschafterklage nach § 715b, das Informationsrecht nach § 717, das Recht auf Rechnungslegung nach § 718, das Kündigungsrecht sowie das Recht auf Mitwirkung an der Liquidation, obwohl auf diese Rechte uU verzichtet werden kann (dazu näher im Rahmen der materiellen Beschlusskontrolle § 714 Rn 43ff). An den Wertungen des § 711a scheitert auch eine die betr Verwaltungsrechte ausschließende, **verdrängende Vollmachtserteilung** an einen Nichtgesellschafter (BGHZ 3, 354, 359; 20, 363, 365; BGH NJW 1970, 468; MüKo/*Schäfer* Rn 13). 4

Das Unübertragbarkeitsdogma hindert die Gesellschafter auf Grundlage einer allseitigen Entscheidung indes nicht daran, bestimmte Verwaltungsrechte Dritten **zur Ausübung zu überlassen**, wie zB Informationsrechte, Stimmrechte, Recht auf Rechnungslegung. Im Bereich von Geschäftsführung und Vertretung kann Dritten ein Auftrag mit Generalvollmacht erteilt werden (BGHZ 36, 292, 295; MüKo/*Schäfer* Rn 6). Der Unterschied zu einer Abspaltung mitgliedschaftlicher Befugnisse besteht darin, dass die Gesellschafter jederzeit die Verwaltungsrechte wieder selbst ausüben und den Dritten die Ausübungsbefugnis entziehen können. Mit Blick auf § 711a S 1 abzulehnen ist daher auch die vereinzelt gebliebene BGH-Entscheidung, die eine Einräumung selbständiger, nicht an eine Gesellschafterstellung gekoppelter Mitverwaltungsrechte an einen Dritten zuließ (BGH NJW 1960, 963; abl *Flume* § 14 VII; *Priester* FS Werner, 1984, 655, 664f; MüKo/*Schäfer* Rn 7; BeckOK/*Schöne* Rn 8; *Weber*, Privatautonomie, 287ff). Vor diesem Hintergrund kommt eine **Umdeutung** der gegen § 711a S 1 verstoßenden Abspaltung in eine sachlich entspr Ausübungsermächtigung in Betracht (BGHZ 20, 363, 366; MüKo/*Schäfer* Rn 6). Unbedenklich ist hingegen eine differenzierte Ausgestaltung von Verwaltungsrechten der Gesellschafter untereinander, soweit nicht die allg Grenzen nach § 138 berührt sind (§ 708 Rn 5; MüKo/*Schäfer* Rn 14). Weitere Besonderheiten ergeben sich für die **Treuhand** (§ 705 Rn 59ff), die **Unterbeteiligung** (Vor § 705 Rn 66ff), den **Nießbrauch** (Rn 9ff), die **Testamentsvollstreckung** (§ 711 Rn 22ff) und **Stimmbindungsverträge** (§ 714 Rn 21ff). 5

III. Übertragbare Rechte. Bei den nach S 2 **übertragbaren Rechten** handelt es sich um von der Mitgliedschaft, der sie entstammen, nach ihrer Entstehung verselbständigte schuldrechtl Gläubigerrechte (MüKo/*Schäfer* Rn 11). Hierzu gehören der Aufwendungsersatzanspruch und der Ausgleichsanspruch des auf Zahlung einer Gesellschaftsschuld in Anspruch genommenen Gesellschafters (§ 721 Rn 23), Ansprüche auf Gewinnanteil und Geschäftsführervergütung, schließlich der Anspruch auf das Liquidationsguthaben. Gleiches gilt nach zutr Auffassung auch für **Entnahmeansprüchen** (*Ganßmüller* DB 1967, 1531, 1534; *Winnefeld* DB 1977, 897; Staudinger/*Habermeier* § 717 Rn 3; BeckOK/*Schöne* § 717 aF Rn 21; mit Zustimmung aller Gesellschafter auch 6

MüKo/*Schäfer* Rn 30; abl RGZ 67, 13; *Wiedemann*, Übertragung und Vererbung, 294; Soergel/*Hadding*/*Kießling* § 717 Rn 10) sowie für Ansprüche aus einem **Darlehenskonto**, wie zB im Rahmen eines Drei-Konten-Modells für auf das Darlehenskonto gebuchte entnahmefähige Teile des Jahresgewinns (Stuttgart DStR 2013, 1138, 1140; MüKo/*Schäfer* Rn 30). Erhalten die Gesellschafter auf für sie geführten Gesellschafterkonten **Zinsen**, so ist die Abtretung der „Erträgnisse" im Zweifel dahin zu verstehen, dass auch dieser Anspruch mit abgetreten ist (BGH WM 1985, 1343; freilich Auslegungsfrage, *Claussen* WuB II J § 717 BGB 1/86).

7 Bei einigen Ansprüchen kommt eine Übertragung praktisch hauptsächlich nur mit Wirkung **für die Zukunft** in Betracht, so beim Anspruch auf das Liquidationsguthaben, dem Abfindungsanspruch bei vorzeitigem Ausscheiden des Gesellschafters sowie auf Gewinn und Geschäftsführervergütung (BGHZ 88, 205; BGH NJW 1987, 3770), was auch bei sicherungsweiser Abtretung gilt, die möglich ist (*Riegger* BB 1992, 115; MüKo/*Schäfer* Rn 32; Soergel/*Hadding*/*Kießling* Rn 14). Die Wirksamkeit der Zession setzt allerdings nach dem Koinzidenzprinzip (dazu *Lieder*, Die rechtsgeschäftliche Sukzession, 2015, 545ff) und der Wertung des § 566b voraus, dass der Zedent im Zeitpunkt des Wirksamwerdens des Rechtsübergangs noch Gesellschafter ist, weil sonst die Ansprüche in der Person eines anderen Inhabers entstünden, der nicht über sie verfügt hat (vgl BGHZ 88, 205; BGHZ 104, 351; *G. Müller* ZIP 1994, 342, 351ff; MüKo/*Schäfer* Rn 28). Auch iÜ ist die **Stellung des Zessionars** von der des Gesellschafters im Zeitpunkt des Wirksamwerdens der Abtretung abhängig, indem im Gesellschafterkreis gültig vereinbarte Veränderungen des Anspruchs, etwa eine neue Verteilung des Gewinns oder der Entnahmemöglichkeiten (BGH WM 1985, 1343; Staudinger/*Habermeier* Rn 16), auch gegen den Zessionar gelten. Ein Mitverwaltungsrecht, kraft dessen der Erwerber Derartiges verhindern könnte, erwirbt er also nicht (Soergel/*Hadding*/*Kießling* Rn 13). Ebenso wenig kann er verlangen, als Inhaber des Liquidationsguthabens an der Liquidation als solcher mitzuwirken (RG 90, 19f; *Riegger* BB 1992, 115, 117). Er hat schließlich auch nicht die Rechte aus § 726, sondern muss sich an den Zedenten halten (Soergel/*Hadding*/*Kießling* Rn 15). Der Zessionar muss auch eine zwischenzeitliche **Pfändung** des Stammrechts, aus dem Liquidationsguthaben und Gewinnansprüche fließen, gegen sich gelten lassen (BGHZ 97, 392; BGH NJW-RR 1987, 989; Köln NJW-RR 1994, 1517; wN bei *Wertenbruch* in Westermann/Wertenbruch Rn I 657; aM aber RGZ 95, 231; *Marotzke* ZIP 1988, 1509 und näher *Armbrüster* NJW 1991, 606). Die Pfändung des künftigen Liquidationsguthabens geht ins Leere, wenn der Gesellschafter den Anspruch im Wege der Vorausabtretung einem Dritten zugewendet hat (BGH WM 1981, 648, 649; Hamburg NZG 2020, 418, 419; MüKo/*Schäfer* Rn 35 aE). Dieses dem Pfandgläubiger nachteilige Ergebnis lässt sich nur vermeiden, wenn er sich neben dem künftigen Liquidationsanspruch auch den Gesellschaftsanteil verpfänden lässt (MüKo/*Schäfer* Rn 36; zur Verpfändung s Rn 12). Der Pfandgläubiger kann wegen § 91 InsO nach Eröffnung des **Insolvenzverfahrens** über das Gesellschaftsvermögen kein Pfandrecht an hiernach entstehenden Gewinnansprüchen erlangen, und zwar selbst dann, wenn ihm der Gesellschafter neben dem Gewinnanspruch auch den Gesellschaftsanteil verpfändet hat (BGH NZI 2010, 682, 682; ZIP 2010, 335, 337f). IÜ gelten die allg Schuldnerschutzvorschriften nach §§ 404, 406ff.

8 **Nicht** auf Grundlage des § 711a S 2 **übertragbar** sind Vermögensrechte, die den Inbegriff der Mitgliedschaft des Gesellschafters repräsentieren, namentlich der **Vermögenswert der Beteiligung** als solcher sowie die **Gewinnstammrechte** und etwaige andere Vermögensstammrechte, die nach § 711a S 1 nicht übertragbar sind (MüKo/*Schäfer* Rn 12; vgl weiter *Flume* BGB AT I/1 § 11 III). Gleiches gilt, weil zu eng mit der Wahrnehmung der Geschäftsführerpflichten verbunden, für den Anspruch auf **Vorschusszahlung** nach § 716 II (§ 716 Rn 25; s auch Staudinger/*Habermeier* Rn 15) und den Freistellungsanspruch, der nur an den Freistellungsgläubiger abgetreten werden kann (BeckOGK/*Lieder* § 399 Rn 57).

9 **IV. Rechtsstellung des Nießbrauchers.** Dem Nießbrauch an Gesellschaftsanteilen kommt praktisch im Wesentlichen bei Aktien und GmbH-Geschäftsanteilen, ferner Kommanditbeteiligungen, vor (näher § 1081 Rn 4ff). Die Bestellung des Nießbrauchs verlangt die Zustimmung der Mitgesellschafter (*Petzold* DStR 1992, 1171; MüKo/*Schäfer* § 705 Rn 99; s auch § 705 Rn 78). Probleme aus dem Recht der GbR sind ähnl wie bei der Treuhand die Aufteilbarkeit der Verwaltungsbefugnisse unter Gesellschafter und Nießbraucher und die Frage der Haftung des Bestellers, wenn er die Mitverwaltungsrechte mit dem Nießbraucher teilen oder ihm den entscheidenden Einfluss überlassen muss. Da der Nießbraucher ein dingliches, gesichertes Recht benötigt, das er zumindest durch **Informationsrechte** wahrnehmen können muss (*Trinks*, Stimmrechtszuordnung beim Nießbrauch an Gesellschaftsanteilen, 2020, 485ff), kommt es unvermeidlich zu einer Aufspaltung der Gesellschafterstellung (Stuttgart NZG 2013, 432; MüKo/*Schäfer* Rn 99; *Schön* ZHR 158, 229, 251), die man ggü dem Abspaltungsverbot damit begründen kann, dass der Besteller nicht ausscheidet, sondern er nun gemeinsam mit dem Nießbraucher dinglich berechtigt ist und nur über die konkrete Ausgestaltung der Rechtsstellung zu entscheiden ist (BGHZ 108, 199; MüKo/*Schäfer* Rn 96). Einer treuhänderischen Vollrechtsübertragung auf den Nießbraucher bedarf es angesichts der Dinglichkeit seiner Stellung nicht (BGHZ 58, 316; Hamm OLG 1977, 283, 288f; Karlsruhe MDR 1989, 160; BFH NJW 1995, 1918).

10 Die **Gesellschafterstellung** steht weiterhin dem Nießbrauchbesteller zu, der folglich das **Stimmrecht** hat, auch in Bezug auf die **Grundlagenentscheidungen** im Verband (zum Streitstand *Wedemann* ZGR 2016, 799ff), aber **nicht** für **Rechnungslegung** und **Gewinnverteilung** (*Teichmann* ZGR 1972, 1, 9; MüKo/*Schäfer* § 705 Rn 106; BGH NJW 1999, 571; *Gschwendtner* NJW 1995, 1875f; abweichend für Verbleiben sämtlicher Geschäftsführungsbefugnisse beim Besteller *Wertenbruch* in Westermann/Wertenbruch Rn I 683; s auch Koblenz NJW 1992, 2163). Sodann entspricht es aber der Konzeption des Nießbrauchs als subj Recht an der Mitgliedschaft, dass der Nießbraucher **nicht** der **persönlichen Haftung** unterliegt (MüKo-HGB/*K. Schmidt* Vor § 230 Rn 24; *Werten-*

bruch in Westermann/Wertenbruch Rn I 681a; *Wedemann* ZGR 2016, 799, 828; aA MüKo/*Schäfer* § 705 Rn 111 aE).

Der Nießbraucher und der nießbrauchbelastete Gesellschafter teilen die aus der Mitgliedschaft fließenden Rechte. Der **Nießbraucher** kann die **Nutzungen des Anteils**, so auch einen auf das Privatkonto des Gesellschafters entfallenden Zins (BGH WM 1985, 1343) beanspruchen, ist dabei aber nach hM auf den entnahmefähigen Gewinn beschränkt (BGHZ 58, 316; BFH NJW 1995, 1918; Soergel/*Hadding/Kießling* Rn 18; *Stimpel* ZGR 1973, 99; anders *Schön* ZHR 158, 242). Keine Nutzungen sind außerordentliche Erträge, etwa aus der Auflösung stiller Reserven (*Schön* aaO, 245), und das Liquidationsguthaben (weitergehend *Schön* aaO, 246). Dem Nießbraucher obliegen außerdem die **laufenden Angelegenheiten der Geschäftsführung** (in diese Richtung BGHZ 108, 187, 199; *Ulmer* FS Fleck, 1988, 383, 394f; MüKo/*Schäfer* § 705 Rn 105; *Wedemann* ZGR 2016, 799, 804ff, 823ff; *Trinks*, Stimmrechtszuordnung beim Nießbrauch an Gesellschaftsanteilen, 2020, 137ff, 477ff; diff *Petzold* DStR 1992, 1171, 1173); der nießbrauchbelastete Gesellschafter entscheidet in seine Stellung betreffenden Angelegenheiten allein (BGH NJW 1999, 571 für die Mitwirkung beim Rechnungsabschluss). Im Gegenzug unterliegt der Nießbraucher auch den Pflichten aus der Gesellschafterstellung, namentlich ist er an die mitgliedschaftliche Treuepflicht gebunden (MüKo/*Schäfer* § 705 Rn 107; *Wedemann* ZGR 2016, 799, 827ff). Soll der Nießbraucher Mitverwaltungsrechte erhalten, so bedarf die Bestellung der **Zustimmung** der Mitgesellschafter (*Blaurock*, Unterbeteiligung und Treuhand an Gesellschaftsanteilen, 139; anders für den Fall einer allein auf den Gewinnbezug gerichteten Berechtigung des Nießbrauchers Soergel/*Hadding/Kießling* Rn 18; Düsseldorf DNotZ 1999, 440; gegen jede Übertragung des Stimmrechts auf Nießbraucher BeckOK/*Schöne* Rn 10). Das Recht zur **Kündigung** der Mitgliedschaft bleibt beim Besteller (*Teichmann* ZGR 1972, 115f). 11

V. Verpfändung und Pfändung. Eine **Verpfändung** des Mitgliedschaftsrechts als Ganzes ist zulässig, wenn und soweit nach dem Gesellschaftsvertrag eine Übertragung möglich ist (§ 1273, § 1274 II, § 1280; *Wertenbruch* in Westermann/Wertenbruch Rn I 667ff; Staudinger/*Habermeier* Rn 9). Die Verpfändung der Mitgliedschaft ist formfrei; auch § 1280 greift nicht ein. Das Pfandrecht umfasst die gesamte Mitgliedschaft mit Ausnahme der Mitverwaltungsrechte (BGH WM 1972, 81; Oetker/*Lieder* § 105 HGB Rn 95). Nicht erfasst ist hingegen das Eigentum an den Gegenständen des Gesellschaftsvermögens, sodass über das Eigentum weiterhin durch die GbR verfügt werden kann. Nach Pfandreife kann der Pfändungsgläubiger nach § 1277 BGB, § 859 I 1 ZPO vor nachfolgenden Gläubigern die Zwangsvollstreckung in den Anteil betreiben. Will er außer auf die laufenden Ansprüche aus der Mitgliedschaft auf das Liquidationsguthaben zugreifen, muss er den Anteil pfänden und kündigen. Möglich ist auch eine Verpfändung der einzelnen Vermögensrechte, die zur Mitgliedschaft gehören (BGH WM 1972, 81; *K. Schmidt* JR 1977, 177f; Soergel/*Hadding/Kießling* Rn 17), wenn der Gesellschaftsanteil übertragbar ist (BGH WM 2010, 368); meist wird jedoch insoweit eine Sicherungsabtretung gewollt sein. Zur **Pfändung** der Mitgliedschaft als Rechtspfändung mit der Möglichkeit der Kündigung s § 726. 12

§ 712 Ausscheiden eines Gesellschafters; Eintritt eines neuen Gesellschafters

(1) Scheidet ein Gesellschafter aus der Gesellschaft aus, so wächst sein Anteil an der Gesellschaft den übrigen Gesellschaftern im Zweifel im Verhältnis ihrer Anteile zu.

(2) Tritt ein neuer Gesellschafter in die Gesellschaft ein, so mindern sich die Anteile der anderen Gesellschafter an der Gesellschaft im Zweifel im Umfang des dem neuen Gesellschafter zuwachsenden Anteils und in dem Verhältnis ihrer bisherigen Anteile.

I. Normzweck. Die Vorschrift normiert die Auswirkungen des Ausscheidens und Eintritts von Gesellschaftern auf die Beteiligungsverhältnisse an der Gesellschaft. **Abs I** regelt die **Anwachsung** eines Anteils bei den verbleibenden Gesellschaftern im Fall des Ausscheidens eines Gesellschafters. Die Ausscheidensgründe finden sich in § 723; die übrigen Rechtsfolgen des Ausscheidens sind in §§ 728ff geregelt. Den Sonderfall des Ausscheidens aus einer Zweipersonengesellschaft regelt § 712a. **Abs II** behandelt die spiegelbildliche **Abwachsung** von Anteilen der bisherigen Gesellschafter im Fall des Eintritts eines neuen Gesellschafters in die GbR. 1

Über die Verweisung des § 105 III, § 161 II HGB und § 1 IV PartGG findet die Vorschrift auch auf **OHG**, **KG** und **PartG** Anwendung. Gleiches gilt nach § 740 II für die **Innengesellschaft**, **nicht** aber für die **WEG**-Miteigentümergemeinschaft (BGHZ 109, 179, 185). 2

II. Anwachsung. Infolge der Anwachsung nach § 712 I wird der Anteil des ausgeschiedenen Gesellschafters nicht eingezogen, sondern geht **anteilig kraft Gesetzes** auf die verbleibenden Gesellschafter über. Einer rechtsgeschäftlichen Verfügung bedarf es dafür nicht. Rechtsdogmatischer Bezugspunkt ist nicht länger der Anteil des Gesellschafters am Gesellschaftsvermögen, sondern der Gesellschaftsanteil als Inbegriff der mitgliedschaftlichen Rechte und Pflichten (Begr RegE, BT-Drs 19/27635, 146). Nach der Tilgung des Gesamthandprinzips aus dem BGB-Gesellschaftsrecht (vgl § 713; § 713 Rn 1) liegt der Anwachsung idS ein wertbezogenes Verständnis zugrunde (Begr RegE, BT-Drs 19/27635, 146 unter Hinweis auf *K. Schmidt* FS Huber, 2006, 969, 975ff). Der Übergang bezieht sich dementspr nicht auf (einzelne) zum Gesellschaftsvermögen gehörende Gegenstände, sondern auf die mitgliedschaftlichen Rechte und Pflichten bzw den durch die Mitgliedschaft als Kapitalanteil verkörperten Vermögenswert (MüKo/*Schäfer* Rn 5). Darin liegt eine bemerkenswerte Abweichung von Kapitalgesellschaftsrecht, wo Anteile im Fall der Einziehung vernichtet werden. 3

4 Als **weitere Folge des Ausscheidens** endet die Gesellschafterstellung einschl der mitgliedschaftlichen Rechte und Pflichten, wie zB dem Stimmrecht und der Geschäftsführungsbefugnis. An die Stelle des Informationsrechts tritt das Auskunftsrecht nach § 810 (§ 717 Rn 5; vgl noch BGH NJW 2000, 2276, 2277; MüKo/*Schäfer* Rn 2). Demggü entfaltet die mitgliedschaftliche Treuepflicht (§ 705 Rn 110ff) nachvertragl Wirkungen, wie zB in Form eines nachvertragl Wettbewerbsverbots (§ 705 Rn 134).

5 **III. Abwachsung.** Die Abwachsung nach § 712 II betrifft die Anteile der bisherigen Gesellschafter, die sich anteilig in dem Umfang vermindern, mit welchem ein neuer Gesellschafter wertmäßig in die GbR eintritt. Erfasst ist lediglich der schlichte Neueintritt eines Gesellschafters, **nicht** hingegen ein Gesellschafterwechsel im Wege der **Anteilsübertragung** nach §§ 398, 413 (§ 711 Rn 3). Die Beteiligungsquote des Neugesellschafters richtet sich primär nach den Vereinbarungen der Gesellschafter und der Beitragsleistung (vgl § 709 III). Eine Abwachsung findet nur beim Eintritt in eine bereits bestehende Gesellschaft statt, nicht aber beim Eintritt in ein Einzelunternehmen iSd § 28 HGB, bei welchem es sich aus rechtsdogmatischer Perspektive um eine Gesellschaftsgründung handelt (MüKo/*Schäfer* Rn 6).

6 **IV. Abweichende Vereinbarungen.** Die Formulierung des § 712 als Auslegungsregel („im Zweifel") sieht Anwachsung und Abwachsung im Verhältnis der Gesellschaftsanteile der verbleibenden bzw bisherigen Gesellschafter vor, lässt auf Grundlage des § 708 allerdings Raum für eine abweichende privatautonome Gestaltung der Gesellschafter. Deren Spielraum beschränkt sich allerdings auf eine **disproportionale Zuweisung von Wertanteilen.** Es kann etwa vereinbart werden, dass demjenigen, der einen Teil des Gesellschaftsanteils im Wege vorweggenommener Erbfolge auf einen Nachfolger überträgt, bei dessen Ausscheiden der Anteil wieder vollständig anwächst (BeckOK/*Schöne* Rn 9). Dass es zu einer An- oder Abwachsung kommt, können die Gesellschafter auf privatautonomer Grundlage indes nicht verhindern. Daran scheitert auch eine Vereinbarung, die in Form eines Rücktritts oder Aufhebungsvertrages darauf abzielt, die Wirkungen des Ausscheidens für die Vergangenheit zu beseitigen. In Betracht kommt nur die Möglichkeit der Neuaufnahme des ausgeschiedenen Gesellschafters (BGH WM 1982, 1146, 1147; MüKo/*Schäfer* Rn 8).

§ 712a Ausscheiden des vorletzten Gesellschafters

(1) Verbleibt nur noch ein Gesellschafter, so erlischt die Gesellschaft ohne Liquidation. Das Gesellschaftsvermögen geht zum Zeitpunkt des Ausscheidens des vorletzten Gesellschafters im Wege der Gesamtrechtsnachfolge auf den verbleibenden Gesellschafter über.

(2) In Bezug auf die Rechte und Pflichten des vorletzten Gesellschafters sind anlässlich seines Ausscheidens die §§ 728 bis 728b entsprechend anzuwenden.

1 **I. Normzweck.** Die durch das MoPeG neu eingefügte Vorschrift regelt die Rechtsfolgen bei Ausscheiden des vorletzten Gesellschafters. **Abs I** ordnet für diesen Fall an, dass die GbR ohne Liquidation erlischt und das Gesellschaftsvermögen auf den letztverbleibenden Gesellschafter im Wege der Gesamtnachfolge übergeht (krit *Escher-Weingart* WM 2022, 2297, 2302). **Abs II** stellt klar, dass sich die Rechte und Pflichten des vorletzten Gesellschafters nach Maßgabe der §§ 728–728b bestimmen. Die Vorschrift findet über die Verweisungen der § 105 III HGB und § 1 IV PartGG grds Anwendung auf die **OHG**, **KG** und **PartG**. Scheidet der **einzige Komplementär** aus der KG aus, erlischt die Gesellschaft bei Vorhandensein nur noch eines einzigen Kommanditisten oder ist bei mehreren verbleibenden Kommanditisten aufgelöst und zu liquidieren (MüKo/*Grunewald* § 161 HGB Rn 3; EBJS/*Weipert* § 161 HGB Rn 24; Oetker/*Oetker* § 161 Rn 65). Die Rechtsfolge des § 712a kann dadurch **abbedungen** werden, dass die Gesellschafter eine Auflösungsklausel nach § 723 I vereinbaren (Begr RegE, BT-Drs 19/27635, 148). Unzulässig ist indes die Vereinbarung des nachträgl Entstehens einer Einpersonengesellschaft (aA BeckOK/*Schöne* Rn 6ff) oder einer Keinpersonengesellschaft (aA BeckOK/*Schöne* Rn 13ff).

2 **II. Ausscheiden des vorletzten Gesellschafters.** Einzige tatbestandliche Voraussetzung des § 712a ist das Ausscheiden des vorletzten Gesellschafters nach § 723, sodass nur noch ein Gesellschafter verbleibt. Einer zusätzl Übernahmeerklärung des letzten Gesellschafters bedarf es hingegen nicht (Rechtsausschuss, BT-Drs 19/30942, 20; 19/31105, 7). Der Ausscheidensgrund ist ohne Bedeutung. So können etwa sämtliche Gesellschafter ihre Anteile auf einen Mitgesellschafter oder einen Dritten übertragen. Alle Gesellschafter bis auf einen können aus der Gesellschaft austreten, infolge Kündigung oder Insolvenz ausscheiden oder versterben. Ein weiterer Anwendungsfall ist die Verschmelzung der an der GbR beteiligten Gesellschafter, nicht aber, wenn Ehegatten Gütergemeinschaft vereinbaren (MüKo/*Schäfer* Rn 6; Staudinger/*Habermeier* § 705 Rn 32).

3 **III. Erlöschen und Gesamtnachfolge.** Scheidet der vorletzte Gesellschafter aus, dann erlischt die Gesellschaft nach § 712a I 1 **ohne Liquidation.** Das ist konsequent, weil bei Verbleiben eines einzigen Gesellschafters Auflösung und Vollbeendigung der GbR zusammenfallen (Begr RegE, BT-Drs 19/27635, 147). Das Vermögen der erlöschenden Gesellschaft geht nach § 712a I 2 im Wege einer **gesetzlichen Gesamtnachfolge** auf den letztverbleibenden Gesellschafter über. In der Folge können Gläubiger der GbR auf den Übernehmer zugreifen, gegen den sich nunmehr die bisher der GbR zugewiesenen Verbindlichkeiten richten.

4 **IV. Rechtsstellung des vorletzten Gesellschafters.** Die Rechtsstellung des vorletzten Gesellschafters richtet sich nach den allg Vorschriften, wie § 712a II klarstellt, namentlich nach §§ 728–728b. Dementspr richtet sich der **Abfindungsanspruch** nach § 728 I gegen den Übernehmer als Gesamtnachfolger der erloschenen GbR. Umgekehrt haftet der vorletzte Gesellschafter dem Übernehmer auf den **Fehlbetrag** nach § 728a (Begr RegE, BT-Drs

19/27635, 147) sowie für **Altverbindlichkeiten** mit der Nachhaftungsbeschränkung nach § 728b (MüKo/*Schäfer* Rn 9). Der Umfang des Abfindungsanspruchs ist auch bei Ausscheiden des vorletzten Gesellschafters im Rahmen des gesetzl Zulässigen gestaltbar (§ 728 Rn 15ff). Auf Grund seiner **nachwirkenden Treuepflicht** ist der vorletzte Gesellschafter verpflichtet, Schaden von dem vom letzten Gesellschafter übernommenen Unternehmen abzuwenden. Bei Verstößen kommt eine Haftung nach § 280 I sowie der Einwand unzulässiger Rechtsausübung in Bezug auf den Abfindungsanspruch in Betracht (BGH NJW 1960, 718, 719; MüKo/*Schäfer* Rn 11).

V. Ausnahmsweiser Fortbestand der GbR. Ausnahmen sind anerkannt und zugelassen, soweit trotz des Zusammentreffens der Anteile in einer Hand eine unterschiedliche Zuordnung geboten ist (Schleswig ZIP 2006, 233; Oetker/*Lieder* § 105 HGB Rn 38; *Ulmer* ZHR 167, 103, 114f; ausf *v Bary* AcP 220, 343ff). In Parallele zur Konfusion von Forderungsrechten und zur Konsolidation beschränkter (dinglicher) Rechte mit dem Vollrecht des belasteten Gegenstands ist hier im Grunde eine wertende Betrachtung anhand von Zweckmäßigkeitserwägungen angezeigt (*Lieder*, Die rechtsgeschäftliche Sukzession, 2015, 577ff, 580ff). In dogmatischer Hinsicht bestehen in diesen Sondersituationen mehrere Anteile, die einem Gesellschafter zugeordnet sind. Das ist anzunehmen, wenn ein Gesellschafter den anderen beerbt und hierfür **Testamentsvollstreckung** (BGHZ 98, 48, 57; BGH NJW 1996, 1284, 1286; Hamm ZIP 2007, 1233; MüKo/*Schäfer* § 705 Rn 68; *Söring*, Die Zulässigkeit der Mehrfachbeteiligung an einer Personengesellschaft, 1997, 78ff, 136f, 138f; *Lüttge* NJW 1994, 5, 8; *Esch* BB 1993, 664, 665f, 668; *Esch* BB 1996, 1621, 1625f; Priester DB 1998, 55, 58ff; zu Funktionsweise und Gestaltungsmöglichkeiten *v Proff* DStR 2018, 415ff) oder **Nachlassverwaltung oder -insolvenz** (Hamm ZEV 1999, 234, 236; MüKo/*Schäfer* § 705 Rn 68; *Priester* DB 1998, 55, 58ff) angeordnet ist. Eine getrennte Zuordnung von Gesellschaftsanteilen ist mit der zutr hM auch im Fall der Belastung eines Gesellschaftsanteils mit einem **Pfandrecht** oder **Nießbrauch** anzunehmen (LG Hamburg NZG 2005, 926, 927; MüKo/*Schäfer* § 705 Rn 67; *Kanzleiter* DNotZ 1999, 442; *Ulmer* ZHR 167, 103, 114; offengelassen von Schleswig ZIP 2006, 615; aA Düsseldorf NJW-RR 1999, 619, 620; EBJS/*Wertenbruch* § 105 HGB Rn 63, 68). Pfandgläubiger und Nießbraucher können sich auf ein besonderes Kontinuitätsinteresse (dazu allg *Lieder*, Die rechtsgeschäftliche Sukzession, 2015, 577ff) für ihre dinglichen Rechtspositionen am Gesellschaftsanteil berufen. Ihre dinglich geschützte Rechtsstellung darf sich durch die Anteilsvereinigung nicht verschlechtern. Ein entspr besonderes Kontinuitätsinteresse wird man mit der vordringenden Auffassung auch für die **offene Treuhand** am Gesellschaftsanteil bejahen müssen (MüKo/*Schäfer* § 705 Rn 67; KKRD/*Kindler* § 105 HGB Rn 14; *Ulmer* ZHR 167, 103, 114f; aA EBJS/*Wertenbruch* § 105 HGB Rn 56). Für ein **Anteilsvermächtnis** ist wegen § 2175 ebenso zu entscheiden (Oetker/*Lieder* § 105 HGB Rn 38; aA *Ulmer* ZHR 167, 103, 115). 5

Anderes gilt nach zutr Auffassung für die Anordnung der **Vorerbschaft** (MüKo/*Schäfer* § 705 Rn 69; EBJS/*Wertenbruch* § 105 HGB Rn 61; *Flume* BGB AT I/1 § 7 III; *Ulmer* ZHR 167, 103; 115; aA Henssler/Strohn/*Henssler* § 105 HGB Rn 39; Röhricht/v Westphalen/Haas/*Haas* § 105 HGB Rn 5; *Baur/Grunsky* ZHR 133 (1970), 209, 217ff, 228; *Söring*, Die Zulässigkeit der Mehrfachbeteiligung an einer Personengesellschaft, 1997, 106ff). Damit bleibt es bei dem Grundsatz der Gesamtnachfolge. Zwar ließe sich auch hier auf ein berechtigtes Erwerbsinteresse des Nacherben verweisen. Für eine Ausnahme ist aber i Erg kein Raum, weil seine Rechtsstellung nach Maßgabe der §§ 2139, 2143 durch ein Wiederaufleben erloschener Rechtsverhältnisse bewerkstelligt wird. Diese gesetzgeberische Wertung der Vorerbschaft ist auch im Personengesellschaftsrecht ernst zu nehmen. Danach muss die Gesellschaft bei Eintritt des Nacherbfalls mit dem Nacherben wieder neu errichtet werden. Eines darüber hinausgehenden Schutzes bedarf es weder im Interesse des Nacherben noch im Interesse der Gesellschaftsgläubiger. 6

§ 713 Gesellschaftsvermögen

Die Beiträge der Gesellschafter sowie die für oder durch die Gesellschaft erworbenen Rechte und die gegen sie begründeten Verbindlichkeiten sind Vermögen der Gesellschaft

I. Normzweck. Die durch das MoPeG neu eingefügte Vorschrift betrifft das Gesellschaftsvermögen, zu dem namentlich die Beiträge der Gesellschafter, die für die GbR erworbenen Rechte und die gegen sie begründeten Verbindlichkeiten gehören. IdS regelt § 713 die **Existenz und** den **Umfang des Gesellschaftsvermögens** (MüKo/*Schäfer* Rn 4). Mit Anerkennung der Rechtsfähigkeit der GbR (§ 705 Rn 151) und der gesetzl Zuweisung des der gemeinsamen Zweckverfolgung gewidmeten Vermögens an die GbR wird zugleich das **Gesamthandsprinzip obsolet** (Begr RegE, BT-Drs 19/27635, 148; näher *Armbrüster* ZGR-Sonderheft 23, 143, 151; *Bachmann* FR 2022, 709ff; relativierend *Wertenbruch* ZPG 2023, 1, 7ff; krit *Altmeppen* NZG 2020, 822; *Schall* ZIP 2020, 1443, 1445). Die Geltung des Anwachsungsprinzips nach § 712 wird davon indes nicht berührt, zumal es nicht vermögensrechtl, sondern mitgliedschaftsbezogen ausgestaltet ist (§ 712 Rn 3). Die Vorschrift gilt über die Verweisungen der § 105 III HGB und § 1 IV PartGG auch für **OHG**, **KG** und **PartG**, **nicht** aber für die **Innen-GbR**, die nach § 740 I über kein Vermögen verfügt. 1

II. GbR als Rechtsträger. 1. Gesellschaftsvermögen. Die Vorschrift normiert einen denkbar **weiten Vermögensbegriff**, der das gesamte Aktiv- und Passivvermögen umfasst. Das schließt registrierte Rechte – ungeachtet des Voreintragungsprinzips (§ 707 Rn 4) – ebenso ein wie Forderungen der GbR gegen die Gesellschafter aufgrund deren **Beitragspflicht** (Begr RegE, BT-Drs 19/27635, 148). Das schließt es allerdings nicht aus, den Anspruch auf Beitragsleistung den Gesellschaftern als Gesamtgläubiger oder gemeinschaftl iSd § 741 zuzuweisen (MüKo/*Schäfer* Rn 5). 2

3 Das Gesellschaftsvermögen **entsteht** regelmäßig mit Abschluss des Gesellschaftsvertrags, der zugleich die Beitragsansprüche der GbR gegen die Gesellschafter begründet. Das Vermögen besteht auch nach Auflösung der Gesellschaft fort und **gerät** erst dann **in Wegfall**, wenn entweder der vorletzte Gesellschafter aus der GbR ausscheidet (§ 712a Rn 2), ein vertragl Übernahmerecht ausgeübt (§ 735 Rn 25) oder das Gesellschaftsvermögen infolge der Liquidation vollständig verteilt wird (MüKo/*Schäfer* Rn 8).

4 Auch die rechtsfähige GbR braucht **nicht zwingend** über ein Gesellschaftsvermögen zu verfügen (§ 705 Rn 154). Vielmehr steht § 713 angesichts § 708 zur Disposition der Gesellschafter. Sie können sich namentlich darauf verständigen, **Bruchteilseigentum** zu begründen (§ 705 Rn 11; vgl auch MüKo/*Schäfer* Rn 6). Die Zuordnung des Gesellschaftsvermögens wird von einem Formwechsel nach UmwG oder außerhalb des UmwG (§ 705 Rn 7f) nicht berührt.

5 **2. Rechte der Gesellschaft.** Der Grund für den Vermögenserwerb ist ohne Belang. In Betracht kommen **rechtsgeschäftliche** Erwerbsvorgänge ebenso wie ein Erwerb **kraft Gesetzes**, wie zB durch Erbfall, Verbindung, Vermischung, Verarbeitung oder durch Verschmelzung oder Spaltung nach UmwG (Begr RegE, BT-Drs 19/27635, 148). Der rechtsgeschäftliche Erwerb setzt ein Handeln der vertretungsberechtigten Gesellschafter im Namen der GbR voraus (RGZ 54, 103, 106; Celle NZG 2004, 613, 614; MüKo/*Schäfer* Rn 13). Gesellschaftsvermögen kann ferner durch ein zugunsten der GbR angeordnetes **Vermächtnis** oder einen Vertrag zugunsten der GbR (§ 328) begründet werden (MüKo/*Schäfer* Rn 17).

6 Erfasst werden außerdem **Surrogate** (Begr RegE, BT-Drs 19/27635, 149). Zu den Surrogaten zählen sämtliche Sach- und Rechtsfrüchte nach § 99, wie zB aufgrund der §§ 953ff oder des Fruchtziehungsrechts des Nießbrauchers, nicht aber durch rechtsgeschäftlichen Erwerb eines vermögenszugehörigen Gegenstands. Die Kaufpreisforderung für einen veräußerten GbR-Gegenstand steht nur dann der Gesellschaft zu, wenn der Kaufvertrag namens der GbR geschlossen wurde (MüKo/*Schäfer* Rn 15). Als Surrogate zählen ferner zum Gesellschaftsvermögen, was die GbR als Ersatz für die Beschädigung oder Zerstörung eines Vermögensgegenstandes erworben hat, wie zB Ersatzansprüche nach §§ 280ff, einschl des stellvertretenden commodums nach § 285 (MüKo/*Schäfer* Rn 16).

7 **3. Haftung der Gesellschaft.** Zum Gesellschaftsvermögen gehören nach § 713 auch Verbindlichkeiten, die sich gegen die GbR richten. Sie sind zugleich Voraussetzung für eine Haftung der Gesellschafter mit ihrem Privatvermögen nach § 721. Verbindlichkeiten können **rechtsgeschäftlich** durch ein Handeln der vertretungsberechtigten Gesellschafter im Namen der GbR oder aufgrund eines unternehmensbezogenen Geschäfts (§ 164 Rn 7) begründet werden. Sie können sich zudem aus dem **Gesellschaftsvertrag** in Form von mitgliedschaftlichen Ansprüchen der Gesellschafter ergeben, wie zB auf Gewinn, Geschäftsführervergütung (§ 715 Rn 9f), Aufwendungsersatz nach § 716, Liquidationsguthaben nach § 736d V, VI (§ 736d Rn 19) und Abfindung nach § 728 I (§ 728 Rn 3ff). Eine **gesetzliche** Haftung kann die GbR aus Geschäftsführung ohne Auftrag (§§ 677ff), Delikt (§ 31, § 831, §§ 833ff, § 7 StVG) oder Bereicherungsrecht (§§ 812ff) treffen. Hinzu kommt eine Haftung kraft **Gesamtnachfolge**, wie zB bei einer Verschmelzung oder Spaltung zur Aufnahme durch die GbR, während bei einem Formwechsel innerhalb oder außerhalb des UmwG die Vermögenszuordnung unverändert bleibt und sich lediglich das rechtl Kleid des Verbandes ändert.

8 Zudem wird der GbR das Fehlverhalten ihrer **Erfüllungsgehilfen** nach § 278 zugerechnet. Das betrifft namentlich Angestellte, aber auch andere Dritte, die mit Wissen und Wollen in den Erfüllungsvorgang einbezogen werden (MüKo/*Schäfer* Rn 24). Demggü erfolgt die Zurechnung von Fehlverhalten der **organschaftlichen Vertreter** analog § 31. Eine Anwendung des § 278 scheidet nach zutr Auffassung aus, weil die geschäftsführenden Gesellschafter keine fremde, sondern eine eigene Verbindlichkeit erfüllen und daher nicht als Erfüllungsgehilfen iSd § 278 zu qualifizieren sind (MüKo/*Grundmann* § 278 Rn 10; Soergel/*Hadding/Kießling* § 718 Rn 22; *Bayer/Lieder* Rn 589; aA MüKo/*Schäfer* Rn 24). Darüber hinaus haftet die GbR nach § 831 für Delikte von **Verrichtungsgehilfen**. Bei § 831 handelt es sich allerdings um keine Zurechnungsnorm, sondern um eine Anspruchsgrundlage, die eine Haftung für eigenes Auswahl- und Überwachungsverschulden der GbR begründet. Daher ist auch für die Haftung der Gesellschaft aus § 831 analog § 31 auf das Verschulden ihrer organschaftlichen Vertreter abzustellen (MüKo/*Schäfer* Rn 25). Umgekehrt greift § 831 für die organschaftlichen Vertreter nicht ein, weil es sich bei ihnen mangels Weisungsgebundenheit nicht um Verrichtungsgehilfen handelt (BGHZ 45, 311, 313); gerade deshalb bedarf es der Zurechnung analog § 31 für deliktisches Verhalten (*Bayer/Lieder* Rn 593). Mit der Trennung der Vermögensmassen von GbR und Gesellschafter lässt sich die nach früherem Recht vertretene **Haftung der GbR für Verbindlichkeiten ihrer Gesellschafter nicht** in Einklang bringen; das hat der MoPeG-Gesetzgeber auch durch die Tilgung des Regelungsgehalts des § 736 ZPO aF unterstrichen (vgl Begr RegE, BT-Drs 19/27635, 202; MüKo/*Schäfer* Rn 26).

9 **4. GbR als Besitzerin.** Die GbR übt ihren Besitz durch ihre Organe aus (**Organbesitz**; vgl MüKo/*Schäfer* Rn 27). Das werden idR berufene Vertreter sein. Die Organwalter sind nicht Besitzdiener der GbR (so aber MüKo/*Schäfer* Rn 28); vielmehr findet – ebenso wie bei jur Personen (vgl BGHZ 56, 73, 77; 57, 166, 168; 156, 310, 316f; MHLS/*Lieder* § 13 GmbHG Rn 26; *Brand*, Der Organbesitz, 2015, S 47ff, 71ff, 95ff) – eine unmittelbare Besitzzurechnung statt. Die GbR muss nicht zwingend Besitzerin sein (MüKo/*Schäfer* Rn 29). Behält ein ausscheidender Gesellschafter eine Sache in seiner Gewalt oder ändert die Willensrichtung und besitzt fortan für sich selbst, dann begeht er – vorbehaltlich der Einwilligung vertretungsberechtigter Gesellschafter – verbotene Eigenmacht nach § 858 (MüKo/*Schäfer* Rn 29; Soergel/*Hadding/Kießling* § 718 Rn 19). Die GbR ist weiterhin

nach § 935 gegen einen redlichen Erwerb sowie durch dingliche (§ 985, §§ 987ff) und deliktische (§ 823 I) Ansprüche geschützt (MüKo/*Schäfer* Rn 30; Soergel/*Hadding*/*Kießling* § 718 Rn 19).

III. GbR im Prozess. Im Zivilprozess ist die Außen-GbR nach § 50 I ZPO **parteifähig** (Begr RegE, BT-Drs 19/27635, 202; näher *Prütting* FS Grunewald, 2021, 881, 885ff). Die GbR selbst ist Klägerin oder Beklagte. Sollen daneben die Gesellschafter nach § 721 in Anspruch genommen werden, liegt einfache Streitgenossenschaft nach §§ 59, 60 ZPO vor. Die Vollstreckung in das Gesellschaftsvermögen setzt einen Titel gegen die GbR voraus (§ 722 I), eine solche in das Privatvermögen der Gesellschafter einen Titel gegen die Gesellschafter (vgl auch § 736 ZPO). Aus einem gegen die GbR gerichteten Vollstreckungstitel kann gegen ihre Gesellschafter nicht vollstreckt werden (§ 722 II). 10

Einen **Aktivprozess**, der ihr Vermögen betrifft, und für den die Außengesellschaft parteifähig ist, betreiben in ihrem Namen die geschäftsführenden Gesellschafter, dies auch dann, wenn Sozialansprüche oder Ansprüche aus Drittgeschäften gegen einzelne Gesellschafter durchgesetzt werden sollen (MüKo/*Schäfer* Rn 37). Die Prozessführungsbefugnis gehört zur Geschäftsführung, die anderen Gesellschafter können im Prozess nicht wirksam für die Gesellschaft handeln. Der Gesellschafter hat auch kein rechtl Interesse zum Beitritt bei einer Zahlungsklage der Gesellschaft gegen Nichtgesellschafter (BGH ZIP 2018, 1128). **Streitigkeiten zw Gesellschaftern**, etwa um das Bestehen der Mitgliedschaft, können unter den Gesellschaftern ausgetragen werden, wegen der Durchsetzung **mitgliedschaftlicher Teilnahme- und Schutzrechte** kann der Gesellschafter Erfüllungsansprüche gegen die Gesellschaft haben. Es werden nur Prozesshandlungen wirksam, die mit den Vertretungsregeln der konkreten Gesellschaft übereinstimmen (*Westermann* NZG 2001, 289, 292). Soweit die Gesellschaft allein klagt, kann ihr Anwalt weder die Gebühr für eine Vertretung mehrerer Parteien verlangen (LG Erfurt EWiR 2001, 807, auch nicht die klagende Sozietät, Koblenz NJW 2003, 2723, ebenso Hamm NJW-RR 2002, 1219; Karlsruhe NJW 2001, 1072), noch kann er seine Gebühren gegen die Gesellschafter festsetzen lassen (Koblenz NJW 2003, 1130), was ihn an einem selbständigen Vorgehen gegen diese aber nicht hindert. Für die GbR handeln nach § 51 I ZPO ihre **organschaftlichen Vertreter** in Abhängigkeit der ihnen verliehenen Vertretungsmacht (MüKo/*Schäfer* Rn 36). An jeden einzelnen Geschäftsführer können Zustellungen nach § 170 I, III ZPO bewirkt werden (BGH NJW 2006, 2191f; Celle NZG 2004, 613). Sie gelten im Prozess als Partei und können daher nicht als Zeugen vernommen werden (MüKo/*Schäfer* Rn 36). Die Gesellschaft tritt im Prozess unter ihrem Namen (§ 707 Rn 11ff) mit Bezeichnung des Vertreters auf; es erfolgt keine Aufnahme der Gesellschafternamen ins **Rubrum** (*K. Schmidt* NJW 2001, 993, 1000; *Wertenbruch* in Westermann/Wertenbruch Rn I 830). Berufung gegen ein Urteil kann nur die Gesellschaft einlegen (Rostock OLGRp 2002, 423). 11

Im **Passivprozess** ist zw der Klage gegen die Gesellschaft aus der Gesellschaftsschuld und der Geltendmachung der Haftung der Gesellschafter zu unterscheiden. Die vertretungsbefugten Gesellschafter können allein für die Gesellschaft rechtswirksame Prozesshandlungen vornehmen, sodass die früheren Probleme aus der Figur der Streitgenossenschaft hier nicht auftreten (BGHZ 146, 348f). Auch im Passivprozess gegen die Gesellschaft bleibt ein Gesellschafterwechsel folgenlos. Bei der Geltendmachung von Sozialverbindlichkeiten ist die Gesellschaft richtige Beklagte. Sie ist unter der Bezeichnung, mit welcher sie im Rechtsverkehr auftritt, unter Angabe der gesetzl Vertreter zu individualisieren (dazu und zum Folgenden *Neumayer*/*Zeyher* NZG 2022, 1707f). Die Bezeichnung der eGbR richtet sich nach den Angaben aus dem Gesellschaftsregister. Bei Änderungen durch Status- oder Formwechsel kann das Gericht eine schlichte Parteiberichtigung vornehmen. Ein bereits ergangenes Urteil kann nach § 319 I ZPO berichtigt werden. Der allg **Gerichtsstand** ist nach § 17 ZPO der Sitz nach § 706 und zugleich maßgeblich für Klagen der GbR gegen ihre Gesellschafter und der Gesellschafter untereinander (MüKo/*Schäfer* Rn 36). Ergibt sich der Gerichtsstand aus § 29 oder § 32 ZPO, erstreckt sich der besondere Gerichtsstand auch auf die gegen die Gesellschafter gerichtete Klage (RGZ 32, 44, 46; 46, 352, 353; BayObLG ZIP 2002, 1998, 1999; *Neumeyer*/*Zeyher* NZG 2022, 1707, 1709). Das gegen die GbR gerichtete Urteil wirkt nach § 722 I auch mit **Rechtskraft** gegen die Gesellschafter, soweit es um deren persönliche Haftung nach § 721 geht (MüKo/*Schäfer* Rn 36). Demggü besteht keine entspr Bindung für den Fall einer gegen die Gesellschafter gerichteten Klage in Bezug auf die Haftung der GbR (BGH ZIP 2011, 1143 Rn 7ff; *Prütting* FS Grunewald, 2021, 881, 887; *Neumeyer*/*Zeyher* NZG 2022, 1707, 1714). 12

Besonderheiten gelten für die **Vollstreckung unter Beteiligung von eGbR** nach § 736 ZPO, der den Nachweis der Identität zw der im Vollstreckungstitel aufgeführten GbR und der nunmehr in das Register eingetragenen Gesellschafter erleichtern und insb eine Umschreibung des Vollstreckungstitels entbehrlich machen will (Begr RegE, BT-Drs 19/27635, 202f). Zu diesem Zweck lässt es § 736 Nr 1 ZPO genügen, wenn der im Vollstreckungstitel genannte Name und Sitz oder die Anschrift der Gesellschaft identisch sind mit dem Namen und Sitz oder der Anschrift der eGbR. Sind in dem Vollstreckungstitel außerdem die Gesellschafter der Gesellschaft aufgeführt, dann müssen diese nach § 736 Nr 2 ZPO mit den im Gesellschaftsregister als Gesellschafter Eingetragenen identisch sein. Wechselt die **nicht eingetragene GbR** in eine OHG, KG oder PartG sollte § 736 ZPO analog zur Anwendung gelangen (*Neumeyer*/*Zeyher* NZG 2022, 1707, 1714). Bei einem Status- oder Formwechsel der eGbR kann der Identitätsnachweis durch Vorlage von Registerauszügen geführt werden (*Neumeyer*/*Zeyher* NZG 2022, 1707, 1714). Nach der **Übergangsregelung** des § 45 EGZPO kann mit einem vor dem 1.1.2024 gegen die Gesellschafter erwirkten Vollstreckungstitel in das Gesellschaftsvermögen vollstreckt werden. 13

§ 714 Beschlussfassung

Gesellschafterbeschlüsse bedürfen der Zustimmung aller stimmberechtigten Gesellschafter.

1 **I. Normzweck.** Die durch das MoPeG neu eingeführte Vorschrift befasst sich mit der **innergesellschaftlichen Willensbildung** und **Entscheidungsfindung der Gesellschafter** durch Beschlussfassung und grenzt die Beschlussfassung nach § 714 auch aus regelungstechnischer Perspektive streng von der Geschäftsführung nach § 715 ab. Dementspr erfolgt die Geschäftsführung und Leitung der Gesellschaft durch die geschäftsführenden Gesellschafter, während die Willensbildung auf Ebene der Gesellschafter durch **Beschlussfassung der Gesellschafter** stattfindet, die ihre Entscheidung im Rahmen einer Gesellschafterversammlung treffen können, aber nicht müssen. Auf formale Vorgaben für die Beschlussfassung, wie sie etwa in § 109 HGB enthalten sind, hat das MoPeG für die GbR bewusst verzichtet (näher MüKo/*Schäfer* Rn 4).

2 Im Ausgangspunkt geht § 714 von der Geltung des **Einstimmigkeitsprinzips** für Gesellschafterbeschlüsse aus. Das dient der Gleichbehandlung der Gesellschafter und dem Gleichlauf von Herrschaft und Haftung (vgl Oetker/*Lieder* § 119 HGB Rn 2). Auf Grundlage des § 708 können die Gesellschafter aber auch **Mehrheitsentscheidungen** zulassen, um einen flexibleren und praktikableren Entscheidungsprozess zu ermöglichen. Hieraus resultiert das grds Spannungsverhältnis zw der Gewährleistung der Funktionsfähigkeit des Personenverbands und der Handlungsfähigkeit der Gesellschaftermehrheit auf der einen Seite und dem besonderen Interesse an einem effektiven Individual- und Minderheitsschutz der Gesellschafter auf der anderen Seite (näher *Lieder* notar 2016, 283).

3 **II. Bedeutung und Rechtsnatur von Gesellschafterbeschlüssen.** Über die **Rechtsnatur** von Gesellschafterbeschlüssen ist viel diskutiert worden (s nur *Bartholomeyczik* ZHR 105, 292ff; *Ulmer* FS Niederländer, 1991, 424ff; *Mülbert/Gramse* WM 2002, 2085ff; monografisch *Skauradszun*, Der Beschluss als Rechtsgeschäft, 2020; dazu *Bachmann* AcP 222, 651; *Hoffmann-Becking* ZHR 186, 770). Nach zutr hM handelt es sich um **mehrseitige Rechtsgeschäfte eigener Art** zur verbindlichen Feststellung des Gemeinschaftswillens; die zu ihnen führenden Stimmabgaben sind empfangsbedürftige Willenserklärungen (vgl Jena 10.8.2016 – 2 U 506/14, juris Rn 49; PWW/*v Ditfurth* Rn 13; MüKo/*Schäfer* Rn 9; Oetker/*Lieder* § 119 HGB Rn 35). Die Versuche, für Beschlüsse ein Sonderrecht ggü den Grundsätzen der allg Rechtsgeschäftslehre zu entwickeln (RGZ 122, 367, 369) bzw vertragsändernde Beschlüsse einem vertragl Verständnis zu unterwerfen (vgl MüKo/*Schäfer* Rn 9; Heymann/*Hoffmann*/*Bartlitz* § 119 Rn 3; *Ulmer* FS Niederländer, 1991, 414, 424ff), haben keinen Mehrwert und sind daher abzulehnen (Oetker/*Lieder* § 119 HGB Rn 35; BeckOGK/*Geibel* § 709 Rn 112). Vielmehr überzeugt der rechtsgeschäftliche Ansatz der hM, weil es den Gesellschaftern im Rahmen der Beschlussfassung primär darum geht, ihre Rechtsverhältnisse untereinander und zur Gesellschaft zu gestalten.

4 Für den Beschluss passen die Regeln über Rechtsgeschäfte, die auf die einzelne Willenserklärung zugeschnitten sind, nicht ohne Weiteres, und gerade in diesem Punkt hat das Verbandsrecht für die Behandlung von Mängeln eigenständige Regeln entwickelt. Bei Teilnahme eines Gesellschafters an der Abstimmung, dessen **Minderjährigkeit** unbekannt ist, ist die Stimmabgabe unwirksam. Der Versammlungsleiter, der um die Minderjährigkeit weiß, kann aber auf eine Einwilligung der gesetzl Vertreter hinwirken oder prüfen, ob eine solche im Einverständnis zum Beitritt des Minderjährigen vorliegt (näher *J. Flume* NZG 2014, 17ff). Auch sonst ist für die **Wirksamkeitsvoraussetzungen** stets zw der einzelnen Stimmabgabe (Rn 8ff) und dem Beschluss als Ganzem (Rn 29ff) zu unterscheiden.

5 **III. Beschlussgegenstände.** In den genuinen Anwendungsbereich des § 714 fallen zunächst **Grundlagengeschäfte**. Dabei handelt es sich um Vertragsänderungen sowie weitere Gesellschafterbeschlüsse, die in ähnl Weise die Grundlagen der Gesellschaft berühren oder in Rechtspositionen der Gesellschafter eingreifen (vgl BGHZ 170, 283; Oetker/*Lieder* § 119 HGB Rn 9). Gesetzl Grundlagenentscheidungen betreffen die Auflösung nach § 729 I Nr 4, § 732 und die Bestellung der Liquidatoren nach § 736 IV.

6 In **Geschäftsführungsangelegenheiten** sind nach § 715 I grds (nur) die geschäftsführungsbefugten Gesellschafter berufen. Sie treffen ihre gemeinsame Entscheidung nach § 715 III ebenfalls regelmäßig im Beschlusswege (§ 715 Rn 26). Der Beschlussfassung durch alle Gesellschafter nach § 714 unterliegen in Abgrenzung zur laufenden Geschäftsführung die darüber hinausgehenden Geschäfte. Das betrifft neben den Grundlagenentscheidun-

gen (Rn 35) die noch zur Geschäftsführung gehörenden **außergewöhnlichen Geschäftsführungsmaßnahmen**, die nach § 715 II 2 eines Beschlusses sämtlicher Gesellschafter bedürfen (§ 715 Rn 19).

Eines Gesellschafterbeschlusses iSd § 714 bedarf es weiterhin für die **Bilanzfeststellung** und **Gewinnverwendung** (BGH NJW 1999, 571), für die Entscheidung über die Klageerhebung und Rechtsverfolgung gegen Mitgesellschafter, die **Entlastung** der Geschäftsführer, die **Entziehung** der Geschäftsführungs- und Vertretungsbefugnis (§ 715 V, § 720 IV), die **Zustimmung** zur Anteilsabtretung nach § 711 I (§ 711 Rn 4) und die Ausübung des kollektiven **Informationsrechts** nach § 717 II (vgl MüKo/*Schäfer* Rn 13; Oetker/*Lieder* § 119 HGB Rn 7). Darüber hinaus kann sich die Notwendigkeit eines Gesellschafterbeschlusses aus dem **Gesellschaftsvertrag** ergeben, wie zB die Wahl des Abschlussprüfers oder die Bestellung von Beiratsmitgliedern (MüKo-HGB/*Enzinger* § 119 Rn 1; MüKo/*Schäfer* Rn 13 aE; Oetker/*Lieder* § 119 HGB Rn 9 aE). 7

IV. Stimmrecht. 1. Grundlagen. Für die **Stimmabgabe**, die eine (zugangsbedürftige) Willenserklärung ist (BGHZ 66, 93, 96), gelten die §§ 104ff (*Skauradszun*, Der Beschluss als Rechtsgeschäft, 2020, 209ff). Die Stimme kann ohne Formerfordernis auf jede Weise abgegeben werden, es gibt auch nicht die Notwendigkeit, gemeinschaftl abzustimmen, wenn es nicht der Gesellschaftsvertrag anders regelt (Staudinger/*Habermeier* Rn 16). Somit können Beschlüsse auch konkludent zustande kommen. Zudem können sie nichtig oder anfechtbar sein, sind der Auslegung nach §§ 133, 157 zugänglich und können unter eine Bedingung gestellt werden (Oetker/*Lieder* § 119 HGB Rn 12). 8

Umstritten ist, ob die einmal abgegebene Stimme frei **widerrufen** werden kann (dafür RGZ 163, 385, 392f; KKRD/*Kindler* § 119 HGB Rn 13; EBJS/*Freitag* § 119 HGB Rn 53; dagegen Heymann/*Hoffmann*/*Bartlitz* § 119 HGB Rn 6; MüKo-HGB/*Enzinger* § 119 Rn 15; *Wiedemann* GesR II § 4 I 4b). Den Ausgangspunkt bildet die grds Bindungswirkung der Willenserklärung (allg *Lieder*, Die rechtsgeschäftliche Sukzession, 2015, 256ff). Auch wenn Prinzipien des Personengesellschaftsrechts die §§ 104ff überlagern, greift doch der generelle Normzweck der die Bindungswirkung anordnenden §§ 145ff auch hier ein, indem das individuelle **Vertrauensinteresse der Mitgesellschafter** besonders geschützt wird (MüKo/*Busche* § 145 Rn 2; *Neuner* BGB AT § 37 Rn 12). Auch mit der Treuepflicht wäre es schwerlich in Einklang zu bringen, könnte der Gesellschafter sich ohne triftigen Grund jederzeit von seiner einmal abgegebenen Stimme wieder lossagen. Die Treuepflicht verbietet es allerdings, den Erklärenden bei Vorliegen eines **wichtigen Grundes,** an den mit Blick auf das Vertrauensinteresse der Erklärungsempfänger hohe Anforderungen zu stellen sind, weiter an seiner Stimmabgabe festzuhalten; ausnahmsweise kann er daher in diesem Fall den Widerruf erklären (KKRD/*Kindler* § 119 HGB Rn 13; MüKo-HGB/*Enzinger* § 119 Rn 15; *Ulmer* FS Niederländer, 1991, 415, 422, 433). 9

2. Stimmberechtigung. a) Gesellschafter. Das Stimmrecht steht dem Gesellschafter zu, und zwar nur während der Dauer seiner **Mitgliedschaft.** Die Stimmabgabe für einen **minderjährigen** Gesellschafter erfolgt durch die Eltern als gesetzl Vertreter oder bei familiengerichtlicher Genehmigung nach § 112 durch den Minderjährigen selbst (BGHZ 44, 98, 100f zum Gebrechlichkeitspfleger nach § 1910 aF). Wirken **geschäftsunfähige** Gesellschafter an der Beschlussfassung bei Geltung des Einstimmigkeitsprinzips oder des Mehrheitsprinzips mit, kommt der Gesellschafterbeschluss nicht wirksam zustande (ausf *Adams*, Geschäftsunfähigkeit und Betreuung in Personengesellschaften, 2016, 60ff). Das hieraus resultierende Problem der Handlungsunfähigkeit der Gesellschafter kann einerseits durch einen Ausschluss des betroffenen Gesellschafters aus der Gesellschaft selbst oder von seinem Stimmrecht sowie andererseits durch die Bestellung eines **Betreuers** gelöst werden (näher *Adams*, Geschäftsunfähigkeit und Betreuung in Personengesellschaften, 2016, 101ff, 115ff; *Staake*/*Weber* ZIP 2021, 611, 613). Gegen die Vertretung des Geschäftsunfähigen durch einen Betreuer sind weder im Hinblick auf das Abspaltungsverbot (Rn 11) noch mit Blick auf eine mögliche Doppelzuständigkeit des Betreuten und des Betreuers Bedenken zu erheben (dazu *Adams*, Geschäftsunfähigkeit und Betreuung in Personengesellschaften, 2016, 123ff, 156ff). Zudem kann dem nicht geschäftsfähigen Gesellschafter nach § 715 V, § 720 IV die Geschäftsführungsbefugnis und die Vertretungsbefugnis entzogen werden (vgl *Adams*, Geschäftsunfähigkeit und Betreuung in Personengesellschaften, 2016, 209ff; *Staake*/*Weber* ZIP 2021, 611, 613). Zulässig ist es, wenn unerfahrene Gesellschafter einen vertrauenswürdigen und zur Verschwiegenheit verpflichteten **Beistand** zur Beschlussfassung hinzuziehen (LG Köln BB 1975, 342; MüKo/*Schäfer* Rn 20). 10

b) Übertragung. Das Stimmrecht als wesentliche Ausprägung der Mitgliedschaft kann von dieser nicht getrennt und auf Dritte übertragen werden. Dies verbietet das **Abspaltungsverbot** des § 711a S 1 (§ 711a Rn 1; vgl noch BGHZ 3, 354, 357; 20, 363, 364; 36, 292, 293; 43, 261, 267). Verboten sind auch vergleichbare Gestaltungen wie eine unwiderrufliche **Stimmrechtsvollmacht** mit Stimmverzicht des Vollmachtgebers (BGHZ 3, 354, 357; vgl auch BGH DStR 1996, 387 m Anm *Goette* 389) oder mit der Abrede, von dem Stimmrecht nur mit Erlaubnis des Bevollmächtigten Gebrauch zu machen (BGHZ 20, 363, 364). 11

c) Ausübung durch Dritte. Neben den Fällen der gesetzl Vertretung (Rn 10) kann sich ein Gesellschafter von einem Mitgesellschafter und ausnahmsweise auch von Dritten (BGH NJW 1970, 706), etwa im Rahmen einer Vorsorgevollmacht (dazu *Jocher* notar 2014, 3; *v Proff* DStR 2020, 1380, 1384f), **rechtsgeschäftlich vertreten** lassen, wenn er daran gehindert ist, sich an der Abstimmung zu beteiligen (ausf *Grunewald* FS E. Vetter, 2019, 173ff; *Skauradszun*, Der Beschluss als Rechtsgeschäft, 2020, 235ff). Voraussetzung ist allerdings, dass der Gesellschaftsvertrag dies vorsieht, die anderen Gesellschafter dem im Einzelfall zustimmen oder aufgrund einer unvorhergesehenen Verhinderung des Gesellschafters eine Zustimmungspflicht besteht (BGH NJW 1970, 706; NZG 2005, 33; München 7.3.2012 – 7 U 3453/11, juris Rn 21). Zulässig ist darüber hinaus die Vereinbarung einer **Ver-** 12

treterklausel im Gesellschaftsvertrag, wonach eine größere Gesellschaftergruppe zur Erleichterung der Willensbildung durch einen Gruppengesellschafter vertreten wird; ausgenommen sind wiederum indisponible und zustimmungspflichtige Beschlussgegenstände, die einer Beschlussfassung entzogen oder der persönlichen Zustimmung jedes einzelnen Gesellschafters bedürfen (vgl MüKo/*Schäfer* Rn 39f; MüKo-HGB/*Enzinger* § 119 Rn 52). Die unzulässige Teilnahme eines gewillkürten Vertreters führt als formaler Verstoß zur **Nichtigkeit** des Beschlusses (München 7.3.2012 – 7 U 3453/11, juris Rn 16; Oetker/*Lieder* § 109 HGB Rn 17). Besonderheiten gelten für die Verteilung des Stimmrechts für den **Nießbraucher** (§ 711a Rn 9), den **Testamentsvollstrecker** (§ 711 Rn 22) und den **Treuhänder** (§ 705 Rn 62ff).

13 Bei einer Stimmvertretung durch einen Mitgesellschafter ist das **Verbot des Selbstkontrahierens** nach § 181 relevant. Es greift bei Änderungen des Gesellschaftsvertrags (BGHZ 65, 93, 97) und bei der Bestellung des Stimmvertreters zum geschäftsführenden Gesellschafter (BGHZ 112, 339, 341; vgl noch BGHZ 51, 209, 215f). Demggü ist eine teleologische Reduktion des § 181 dann angezeigt, wenn der Beschlussgegenstand auf eine gemeinsame, gleichgerichtete Interessenwahrnehmung im Rahmen von Geschäftsführungsmaßnahmen ausgerichtet ist (BGHZ 65, 93, 97f; Oetker/*Lieder* § 119 HGB Rn 18). Darüber hinaus kann generell sowie im Einzelfall eine Befreiung von § 181 erteilt werden (BGHZ 66, 83, 86; 112, 339, 343).

14 **3. Einschränkungen.** Das Stimmrecht steht **grds jedem Gesellschafter** zu. Allerdings kann sich ein Stimmverbot sowohl aus gesetzl Gründen als auch aus dem Gesellschaftsvertrag ergeben. Die Stimme des nicht stimmberechtigten Gesellschafters bleibt dann außer Betracht. Der vom Stimmverbot betroffene Gesellschafter bleibt jedoch zur Einberufung der Gesellschafterversammlung befugt (BGH NZG 2014, 945 Rn 24), darf daran teilnehmen, dort reden und Anträge stellen (Oetker/*Lieder* § 119 HGB Rn 23). Sämtliche Verfahrenserfordernisse sind auch ggü dem nicht stimmberechtigten Gesellschafter zu berücksichtigen, der im Fall der Missachtung die Wirksamkeit der Beschlussfassung angreifen kann (vgl BGH WM 2023, 434 Rn 28; *Borries* NZG 2023, 558, 561). Gleichermaßen stehen dem stimmrechtslosen Gesellschafter die unverzichtbaren Informations-, Kontroll- und Anfechtungsrechte zu (vgl BGHZ 14, 264, 270f; MüKo/*Schäfer* Rn 23). Auch bei konkludenter Beschlussfassung ist der nicht stimmberechtigte Gesellschafter an der Willensbildung zu beteiligen (BGH WM 2023, 434 Rn 29ff; *Borries* NZG 2023, 558, 560f).

15 **a) Gesetzliche Grenzen.** Zu den gesetzl geregelten Fällen zählen die Entziehung der Geschäftsführungs- und Vertretungsbefugnis nach § 715 V 1, § 720 IV und die Ausschließung nach § 727 S 1, bei denen das Gesetz die in eigenen Angelegenheiten betroffenen Gesellschafter von der Abstimmung ausschließt, weil er sonst zum **Richter in eigener Sache** würde (vgl BGHZ 97, 28, 33; BGH NZG 2018, 1226 Rn 26; s ferner Begr RegE, BT-Drs 19/27635, 149). Diese Regelungen sind Ausdruck eines allg rechtsformübergreifenden Prinzips des Verbandsrechts, das auch in den § 47 IV GmbHG, § 136 I AktG, § 43 VI GenG und § 34 niedergelegt ist (Oetker/*Lieder* § 119 HGB Rn 22; *Zöllner*, Die Schranken mitgliedschaftlicher Stimmrechtsmacht bei den privaten Personenverbänden, 1963, S 146ff).

16 Diese Vorschriften werden auf Grundlage einer Gesamtanalogie zur Anerkennung ungeschriebener Stimmverbote verdichtet, wenn nach typisierender Betrachtung die Gefahr besteht, der betr Gesellschafter werde sich bei dem Abstimmungsgegenstand von seinem **Sonderinteresse** leiten lassen (BGH NZG 2012, 625; Hopt/*Roth* § 119 HGB Rn 8; Oetker/*Lieder* § 119 HGB Rn 23). **Beispiele** sind die Befreiung von einer Verbindlichkeit oder die Erteilung von Entlastung (BGHZ 97, 382, 384; BGH NZG 2018, 1226 Rn 26), die Verfolgung von Ersatzansprüchen gegen den Gesellschafter (BGHZ 97, 28, 33f; BGH NZG 2014, 945 Rn 23; 2018, 1226 Rn 26) oder die Einleitung oder Erledigung eines Rechtsstreits gegen ihn (BGHZ 116, 353; BGH NJW 1980, 1527; NZG 2018, 1226 Rn 26), die Kündigung eines Vertrages, wenn der Beschluss darauf abzielt, das Verhalten des Gesellschafters zu missbilligen (BGH WM 2023, 434 Rn 24f) sowie bei Verfehlungen eines Geschäftsführers, die der Gesellschafter gemeinsam mit diesem begangen haben soll (BGHZ 97, 28, 34; BGH ZIP 2009, 1158 Rn 30; 2009, 2195 Rn 11; NZG 2012, 625 Rn 19). Bei der Verfolgung von Ansprüchen gegen einen Gesellschafter einer an einer **Tochtergesellschaft** beteiligten anderen (Mutter-)Gesellschaft ist diese Gesellschaft nur von der Beschlussfassung ausgeschlossen, wenn der betroffene Gesellschafter die Muttergesellschaft beherrscht (BGH ZIP 2005, 117, 118; 2009, 2194; NZG 2012, 625 Rn 17). Insg bedarf es in persönlicher Hinsicht einer **wirtschaftlichen Betrachtung**, die einem Gesellschafter auch dann ein Stimmverbot auferlegt, wenn sich der schwerwiegende Interessenkonflikt aus der Beziehung zu einer Gesellschaft ergibt, an welcher er unmittelbar oder mittelbar nahezu alle Anteile hält (BGH WM 2023, 434 Rn 28; dazu *Borries* NZG 2023, 558, 560). Ein Stimmverbot erstreckt sich nicht ohne Weiteres auf den **Ehegatten** des Gesellschafters oder andere nahestehende Personen (BGH NZG 2018, 1226 Rn 27; *Böttcher* NZG 2019, 61, 63).

17 Entgegen der hM (RGZ 136, 236, 245; Hamburg DB 2000, 314; KG 18.12.2008 – 23 U 95/08, juris Rn 22; München ZIP 2018, 1630, 1631; MüKo/*Schäfer* Rn 29; Hopt/*Roth* § 119 HGB Rn 8; diff *Borries* NZG 2023, 558, 562f) besteht **kein Stimmverbot**, wenn es um den Abschluss eines Rechtsgeschäfts zw Gesellschaft und Gesellschafter geht (Oetker/*Lieder* § 119 HGB Rn 25; MüKo-HGB/*Enzinger* § 119 Rn 33; *Westermann* in Westermann/Wertenbruch Rn I 511). Denn die bloße Vornahme eines Rechtsgeschäfts begründet nicht per se einen so erheblichen abstrakten Interessenkonflikt, der es gerechtfertigt erscheinen ließe, den Gesellschafter analog § 47 IV GmbHG, § 34 einem generellen Stimmverbot zu unterwerfen. Stattdessen ist im Rahmen der materiellen Beschlusskontrolle anhand der Umstände des konkreten Einzelfalls danach zu fragen, ob die Stimmabgabe gegen die gesellschaftsrechtl Treuepflicht verstößt (§ 705 Rn 132).

Davon abgesehen ist ein **Stimmverbot** auch dann **nicht generell** anzunehmen, wenn Beschlüsse die Rechtsstellung oder die **Interessen eines Gesellschafters berühren**, weil die Wahrnehmung eigener Interessen gerade zum gesellschaftsrechtl Mitwirkungsrecht gehört (BGHZ 18, 205, 210; 48, 163, 166f; 51, 209, 215f; 52, 316, 320; BGH NZG 2018, 1226 Rn 26 aE; WM 2023, 434 Rn 26; *K. Schmidt* FS Grunewald, 2021, 1029, 1031, 1036f). Beispiele sind etwaige Änderungen des Gesellschaftsvertrags, die Einsetzung als geschäftsführender Gesellschafter oder die Beendigung der Gesellschafterstellung, sofern dies nicht auf einem wichtigen Grund beruht, sowie die Einforderung von Beiträgen und Wahlen (EBJS/*Freitag* § 119 HGB Rn 16). Bei diesen Beschlussgegenständen ist die einzelne Stimmabgabe jew nur anhand der gesellschaftsrechtl Treuepflicht zu prüfen, die bei einem Stimmrechtsmissbrauch zur Unwirksamkeit der Stimmabgabe führt (Oetker/*Lieder* § 119 HGB Rn 26). 18

Kein Stimmverbot gilt grds bei Vorliegen eines bloßen **Interessenkonflikts** (BGH NZG 2018, 1226 Rn 26 aE; Frankfurt NZG 2018, 740 Rn 42; *K. Schmidt* FS Grunewald, 2021, 1029, 1031, 1036f; aA Hopt/*Roth* § 119 HGB Rn 8). Stattdessen hat hier eine inhaltl Überprüfung im Rahmen der materiellen Beschlusskontrolle anhand der mitgliedschaftlichen Treuepflicht zu erfolgen (BGH NZG 2018, 1226 Rn 35; 2016, 782 Rn 13ff; 2012, 626 Rn 33f; *Borries* NZG 2023, 558, 559). Ist das Ausmaß des Interessenkonflikts für **mehrere Gesellschafter** identisch, unterliegen entweder alle Gesellschafter dem Stimmrechtsverbot oder keiner. Das gilt insb für den Fall gemeinsam begangener Verfehlungen (vgl BGH NZG 2009, 1309 Rn 11; NJW 2009, 2300 Rn 30; NZM 2010, 408 Rn 8; Frankfurt NZG 2018, 740 Rn 44). Sind von der gleichen Angelegenheit mehrere Gesellschafter betroffen, kann nicht eine beliebige Gesellschaftermehrheit ihre gleichgerichteten Interessen gegen jew nur einen beliebigen Gesellschafter durchsetzen. Vielmehr müssen alle Gesellschafter sich über ein solches Recht auseinandersetzen und auch an der Abstimmung teilnehmen können (Frankfurt NZG 2018, 740 Rn 44). 19

b) Vertragliche Einschränkungen und Erweiterungen. Das **Stimmrecht** des Gesellschafters kann auf privatautonomer Grundlage im Einzelfall **ausgeschlossen** werden (MüKo/*Schäfer* Rn 22; zur GmbH BGH NJW 1993, 2100; für Kommanditisten BGHZ 20, 363). Allerdings sind hier die Grenzen der Mehrheitsmacht zu beachten, wie sie im Rahmen der Beschlussfassung aufgrund von Mehrheitsklauseln auf Grundlage einer materiellen Beschlusskontrolle gelten (Rn 41). Zustimmungspflichtige Beschlussgegenstände bedürfen ungeachtet des vereinbarten Stimmrechtsausschlusses der Zustimmung des Gesellschafters, die sich aus dogmatischer Perspektive vom Stimmrecht unterscheidet. Indisponible Beschlussgegenstände sind einer privatautonomen Regelung schlichtweg entzogen; die betreffenden Befugnisse verbleiben dem Gesellschafter also in jedem Fall. Demggü kann ein aus Gründen der eigenen Betroffenheit bestehendes gesetzl **Stimmverbot nicht abbedungen** werden (Hopt/*Roth* § 119 HGB Rn 12; Oetker/*Lieder* § 119 HGB Rn 27). Das betrifft namentlich die Mitwirkung an einem Entlastungsbeschluss (BGHZ 108, 21, 26f; BGH DStR 1994, 869) oder an einem Beschluss über die Einleitung eines Rechtsstreits gegen den Gesellschafter (BGHZ 116, 353; BGH NJW 1980, 1527). 20

4. Stimmbindungen. Auch im Personengesellschaftsrecht werden **Stimmbindungsverträge** als gültig anerkannt (RGZ 107, 67 und ständig; *A. Hueck* FS Nipperdey I, 1965, 401; für Personengesellschaften auch Soergel/*Hadding/Kießling* Rn 34; *Westermann* in Westermann/Wertenbruch Rn I 500). Sie sind praktisch in Familiengesellschaften zur Erhaltung des Einflusses eines Gesellschafterstamms; manchmal macht darüber hinaus die Stimmbindung den Kern eines ganz auf gemeinsame Stimmrechtsausübung gerichteten Unter-Gesellschaftsvertrags aus. Stimmbindungen in Konsortialverträgen können insb eine Steuerung der personellen Zusammensetzung des Aktionärskreises oder der Organe bezwecken. Der Vertrag hat **rein schuldrechtliche Wirkung**; stimmt der Gesellschafter vertragswidrig ab, so ist seine Stimme gesellschaftsrechtl wirksam, er muss allerdings uU Schadensersatz leisten (Soergel/*Hadding/Kießling* Rn 37), der durch Vereinbarung von Vertragsstrafen abgesichert werden kann. Bürgerlich-rechtl Prinzipien bestimmen die Reichweite der vertragl Bindungswirkung von Stimmbindungsverträgen ebenso wie über die (mangelnde) Bindungswirkung ggü Sondernachfolgern. Ein unter Verstoß gegen die Stimmbindungsvereinbarung zustande gekommener Beschluss ist nach zutr Auffassung auch dann **nicht anfechtbar**, wenn es sich um eine zw allen Gesellschaftern geschlossene Vereinbarung handelt (ausf *Lieder* in Fleischer/Kalss/Vogt, Aktuelle Entwicklungen im deutschen, österreichischen und schweizerischen Gesellschafts- und Kapitalmarktrecht 2012, 2013, S 231, 250ff; aA Hamm GmbHR 2000, 673, 674; vgl noch BGH NJW 1983, 1910, 1911; 1987, 1890, 1892; 2010, 3718; Celle NZG 2023, 71 Rn 18). Die korporative Ebene des Gesellschaftsvertrags und die schuldrechtl Ebene der Stimmbindungsabrede sind aus Gründen der Rechtssicherheit streng voneinander zu trennen (*Lieder* in Fleischer/Kalss/Vogt, Aktuelle Entwicklungen im deutschen, österreichischen und schweizerischen Gesellschafts- und Kapitalmarktrecht 2012, 2013, S 231, 248). 21

Grenzen für die Gültigkeit von Stimmbindungsverträgen ergeben sich aus den bürgerlich-rechtl und personengesellschaftsrechtl Grundsätzen, den Grundsätzen von Stimmverboten und Stimmpflichten sowie der gesellschaftsrechtl Treuepflicht (vgl BGHZ 48, 163, 167f; Oetker/*Lieder* § 119 HGB Rn 28). Unzulässig ist namentlich eine Stimmbindung, die zu einer Umgehung von Stimmverboten (Rn 26) führen würde (MüKo/*Schäfer* § 714 Rn 22). Zudem kann **Nichtgesellschaftern** durch Stimmbindungsvertrag nach zutr hM im Grundsatz kein Einfluss auf gesellschaftsrechtl Entscheidungen eingeräumt werden (*Fleck* FS Fischer, 1979, 107, 116; *Priester* FS Werner, 1984, 657, 667ff; MüKo/*Schäfer* § 711a Rn 22; Soergel/*Hadding/Kießling* Rn 36; abw BGHZ 48, 163; BGH NJW 1987, 1890, 1892; Köln WM 1988, 974; *Zöllner* ZHR 155, 180f; *K. Schmidt* GesR § 21 II 4). Ausnahmen gelten aber bei der mit Zustimmung der Mitgesellschafter begründeten **Treuhand** (näher *Beuthien* ZGR 1974, 43, 45; *Priester* FS Werner, 1984, 672ff; MüKo/*Schäfer* § 711a Rn 23), bei **Unterbeteiligung** (BGH WM 1977, 525, 528) und **Nießbrauch** (§ 711a Rn 9ff). Soll die Stimmbindung die Unübertragbarkeit einer Beteiligung unterlaufen, ist sie unwirksam (RGZ 69, 134, 137; *K. Schmidt* GesR § 21 II 4; zur diesbzgl Bedeutung von 22

Vinkulierungsklauseln im Kapitalgesellschaftsrecht *Sieveking/Technau* AG 1989, 17; *Lutter/Grunewald* AG 1989, 109). Anders ist zu entscheiden, wenn sich der veräußerungswillige Gesellschafter verpflichtet, in der Gesellschaft seine Stimme iS einer Zustimmung zu der Veräußerung abzugeben (BGHZ 46, 163).

23 Weiter ist darauf zu achten, dass die Grenze einer nicht hinnehmbaren **Selbstentmündigung** nicht überschritten wird. Die Grenzziehung erfolgt hier anhand der Wertungen des § 138 und erstreckt sich namentlich auf indisponible und mitwirkungspflichtiger Beschlussgegenstände (Rn 45ff). Eine an sich gültige Stimmbindung darf nicht zur Durchsetzung treupflichtwidriger Einflussnahmen eines Gesellschafters oder einer anderen zur Wahrung der Gesellschaftsinteressen verpflichteten Person führen (BGH WM 1970, 904f; *Flume* § 14 VI). Dies ist aber nicht schon dann zu befürchten, wenn ein Außenstehender seine Interessen in Bezug auf Angelegenheiten der Gesellschaft zur Geltung bringen kann (zulässig etwa eine Verpflichtung des Veräußerers von Gewinnansprüchen, sich für bilanziellen Ausweis entstehender Gewinne einzusetzen, BGH WM 1983, 1279f).

24 Zielt der Stimmbindungsvertrag darauf ab, dauerhaft einen gemeinsamen Zweck zu verfolgen, bilden die betr Gesellschafter eine **GbR** (BGHZ 126, 226, 234; 179, 13). Die Willensbildung erfolgt im Grundsatz nach dem Einstimmigkeitsprinzip, aber auch **Mehrheitsklauseln** sind zulässig (Rn 35). Der formalen Kontrolle von Mehrheitsentscheidungen (Rn 37) ist auch dann Genüge getan, wenn die einfache Mehrheit ausdrückl für Beschlussgegenstände gelten soll, die im **Beteiligungsunternehmen** (Hauptgesellschaft) einer größeren Mehrheit bedürfen (BGHZ 179, 13 Rn 20). Selbst qualifizierte Mehrheitsbeschlüsse in der Beteiligungsgesellschaft (vgl § 179 II 2, § 179a I 2, § 3182 I 2, § 186 III 2, 3 AktG) bedürfen auf der Konsortialebene **keiner sachlichen Rechtfertigung** (*Krieger* FS Hommelhoff, 2012, 593, 602f; *Lieder* FS Krieger, 2020, 555, 568f; *St. Schneider*, Der Stimmbindungsvertrag, 2017, S 262f; aA *Schäfer* ZGR 2009, 768, 791). Sie können aber – bei Hinzutreten besonderer Umstände – gegen die gesellschaftsrechtl Treuepflicht verstoßen, wie zB für den Fall, dass den Konsorten im Vorfeld der Fassung des Stimmbindungsbeschlusses keine angemessene Vorbereitungszeit eingeräumt wird (*Krieger* FS Hommelhoff, 2012, 593, 603f; *Lieder* FS Krieger, 2020, 555, 569f; *St. Schneider*, Der Stimmbindungsvertrag, 2017, S 260f; *Klein-Wiele* NZG 2018, 1401, 1404).

25 Insg gilt im Verhältnis von Konsortialbeschluss und Beschlussfassung im Beteiligungsunternehmen das **Trennungs- und Abstraktionsprinzip** (ausf *Lieder* FS Krieger, 2020, 555, 563ff; zum Folgenden bereits ebenso Oetker/*Lieder* § 119 HGB Rn 30a ff). Beschlussmängel der beiden Regelungssysteme lassen die Wirksamkeit des jew anderen Gesellschafterbeschlusses unberührt (*Lieder* FS Krieger, 2020, 555, 564; *St. Schneider*, Der Stimmbindungsvertrag, 2017, S 90ff), und zwar auch bei omnilateralen Stimmbindungsverträgen (*Krieger* FS Hommelhoff, 2012, 593, 597f; *Lieder* FS Krieger, 2020, 555, 564; *St. Schneider*, Der Stimmbindungsvertrag, 2017, S 82ff; aA *Klein-Wiele* NZG 2018, 1401, 1404; *K. Schmidt* ZIP 2009, 737, 743; *Söntgerath*, Vermittelte Mehrheit, 2010, S 520ff; *Priester* FS Reuter, 2010, 1139, 1152). In der Konsequenz sind auch vertragswidrig abgegebene Stimmen grds gültig (RGZ 119, 386, 388f; *König* ZGR 2005, 417, 425; *Priester* FS Reuter, 2010, 1139, 1140; *Zöllner* FS Ulmer, 2003, 725, 742). Gleichermaßen wirksam sind umgekehrt auf einem unwirksamen Stimmbindungsvertrag beruhende Stimmen (*Lieder* FS Krieger, 2020, 555, 564). Wirksamkeitsvoraussetzungen und Wirksamkeitsschranken im Recht der Beteiligungsgesellschaft sind nicht auf die Beschlussfassung im Stimmrechtskonsortium zu übertragen (aA *Schäfer* ZGR 2009, 768, 780; *Klein-Wiele* NZG 2018, 1401, 1403f) und umgekehrt (ausf *Lieder* FS Krieger, 2020, 555, 572f). Allein die **gesellschaftsrechtliche Treuepflicht** (§ 705 Rn 110) fungiert als Scharnier zw beiden Beschlussebenen, bestimmt sich inhaltl aber ausschließlich nach dem Regelungssystem der betr Verbandsform.

26 **Zustimmungspflichtige Beschlussgegenstände** (Rn 46ff) in der Beteiligungsgesellschaft werden zwar grds von einer einfachen Mehrheitsklausel erfasst (aA *Krieger* FS Hommelhoff, 2012, 593, 601; *Kleine-Wiele* NZG 2018, 1401, 1404; *St. Schneider*, Der Stimmbindungsvertrag, 2017, S 254). Ohne individuelle Zustimmung der betr Gesellschafter erweist sich ein Konsortialbeschluss aber regelmäßig als treuwidrig (ausf *Lieder* FS Krieger, 2020, 555, 566f). Nach allg Auslegungsgrundsätzen (§§ 133, 157) ist zu ermitteln, ob die Mehrheitsklausel neben einem regulären Hauptversammlungsbeschluss auch **Sonderbeschlüsse** von einer Maßnahme in besonderer Weise betroffener Gesellschafter, wie zB nach § 141 III, § 296 II, § 297 II AktG, erfasst (ausf *Lieder* FS Krieger, 2020, 555, 570f; aA *Krieger* FS Hommelhoff, 2012, 593, 606; *Kleine-Wiele* NZG 2018, 1401, 1404: einfache Mehrheitsklausel reicht nicht aus). Das ist bei nicht allseitigen Stimmbindungsverträgen im Zweifel abzulehnen. Andernfalls findet eine materielle Beschlusskontrolle am Maßstab der gesellschaftsrechtl Treuepflicht statt.

27 Die materielle **Beschlusskontrolle im Beteiligungsunternehmen** bestimmt sich ausschließlich nach den Grundsätzen dieser Verbandsform (MHdB GesR I/*Weipert* § 34 Rn 29) und knüpft allein an die dortige Stimmabgabe an (ausf *Lieder* FS Krieger, 2020, 555, 573f; i Erg ebenso *Schäfer* ZGR 2009, 768, 778; *K. Schmidt* ZIP 2009, 737, 740; *Priester* FS Reuter, 2010, 1139, 1150; *Krieger* FS Hommelhoff, 2012, 593, 600). Trotz wirksamer Stimmbindung kann die Ausübung des Stimmrechts aber jedenfalls gegen die gesellschaftsrechtl Treuepflicht verstoßen, in deren Gesamtabwägung aber auch Umstände aus dem Vorfeld der Stimmabgabe berücksichtigt werden können.

28 Stimmbindungen sind **klagbar** und nach § 894 ZPO **vollstreckbar** (BGHZ 48, 163; BGH ZIP 1989, 1261 *Peters* JZ 1968, 27f; *Mertens* JR 1968, 27f; MüKo/*Schäfer* § 711a Rn 15; Staudinger/*Habermeier* § 717 Rn 11; Bedenken bei *Zöllner* ZHR 155, 186f), was freilich noch eines Zugangs der im Urteil liegenden Erklärung an die Mitgesellschafter bedarf. Ein Urteil, das ein der Stimmbindung gemäßes Verhalten in Gestalt der Unterlassung bindungswidriger Stimmabgabe durchzusetzen befiehlt, ändert an der Wirksamkeit der Stimmabgabe nichts. **Einstweilige Verfügungen** zur Durchsetzung einer Stimmbindung (dazu Koblenz NJW 1986, 1693) werden hingegen

verbreitet nicht zugelassen (*Hueck* FS Nipperdey I, 1965, 401, 407; MüKo-HGB/*Enzinger* § 119 Rn 39; Henssler/Strohn/*Finckh* § 119 HGB Rn 23; anders Hamburg NJW 1992, 186; München NZG 1999, 407f; *Zutt* ZHR 155, 190, 191ff; *Damm* ZHR 154, 413ff; *v Gerkan* ZGR 1985, 179ff), wobei die Besorgnis eine Rolle spielt, der Entscheidung des dazu berufenen Organs und damit der Hauptsache vorzugreifen (Koblenz NJW 1991, 1119). Dennoch ist ohne effektiven einstw Rechtsschutz nicht auszukommen, wenn sonst ein irreversibler Vollzug vertragswidriger Stimmabgaben (und Beschlüsse) bevorsteht (s etwa LG München I ZIP 1994, 1858; Hamm ZIP 1992, 689; Diskussion bei *Westermann* in Westermann/Wertenbruch Rn I 508). Die Anforderungen sind freilich hoch anzusetzen, sodass insb der Verfügungsgrund nach einer besonderen Schutzwürdigkeit des Antragstellers und der Abwesenheit milderer Maßnahmen verlangt (vgl München NZG 1999, 407f; 2007, 152, 153; Düsseldorf NZG 2005, 633, 634; MüKo/*Schäfer* § 711a Rn 26). Richtet sich die Verfügung auf Abgabe der Stimme in einem ganz bestimmten Sinn, so kommt Vollstreckung gem § 888 ZPO in Betracht (*Werner* Anm WuB II C § 47 GmbHG 4/88 zu Köln WM 1988, 974), doch wird auch eine Anwendung des § 894 ZPO befürwortet (*v Gerkan* ZGR 1985, 180ff; *Zutt* ZHR 155, 190, 202f).

V. Beschlussfassung. 1. Form. Beschlüsse bedürfen **keiner besonderen Form**. Obgleich sich der MoPeG-Gesetzgeber bewusst auf die Regelung der Beschlussmodalitäten der Personenhandelsgesellschaften beschränkt hat und insb das Anfechtungsmodell nach §§ 110ff HGB keine Anwendung auf die GbR findet (Rn 58), kann in Bezug auf die Beschlussfassung in der GbR § 109 I HGB im Wege der Analogiebildung herangezogen werden (*Grunewald* FS Hager, 2021, 371, 372f; aA MüKo/*Schäfer* Rn 4, 30). Als Versammlung bezeichnet es die Begründung, wenn mehrere Personen zu einem bestimmten Zweck zusammenkommen. Das muss nicht physisch geschehen. Gesellschafterbeschlüsse können auch mündlich oder schriftlich gefasst werden (BGH LM § 705 Nr 61; WM 2023, 434 Rn 21). Auch müssen die Gesellschafter im Rahmen einer Versammlung nicht gleichzeitig ihre Stimmen abgeben (RGZ 128, 172, 176; 163, 385, 392; BGH NJW-RR 1990, 798; WM 2023, 434 Rn 21). Weiter kommt eine Beschlussfassung im Umlaufverfahren (*Heckschen/Strnad* GmbHR 2020, 807, 808), durch Briefwechsel, E-Mail oder Einzelbesprechungen in Betracht (Oetker/*Lieder* § 119 HGB Rn 36). **Konkludente** Beschlüsse kommen in Betracht, wie zB bei einer gemeinsamen Anmeldung bestimmter Tatsachen zum Gesellschaftsregister (vgl § 707 IV; § 707 Rn 37ff; s noch RGZ 108, 78; BGH WM 2023, 434 Rn 21). Rein **virtuelle Gesellschafterversammlungen** sind ebenso zulässig wie Gesellschafter ihre Stimmen im Wege elektronischer Kommunikationsmittel abgeben können (näher *Böffel/Schramm* WM 2020, 2004, 2006ff). Darauf müssen sich die Gesellschafter vertragl oder durch grds allseitigen Gesellschafterbeschluss verständigen (vgl *Wertenbruch* GmbHR 2023, 157, 168). Es empfiehlt sich, die Modalitäten des Abstimmungsverfahrens im Gesellschaftsvertrag zu konkretisieren (*Heckschen/Strnad* GmbHR 2020, 807, 808; *Otte* ZIP 2021, 2162, 2164). 29

Wird vertragl eine **Schriftform** für Beschlüsse vereinbart, gelten die §§ 125ff. Nach § 127 können bei vereinbarter Schriftform die Stimmen auch mit gesonderten Schriftstücken, also etwa durch Briefwechsel, abgegeben werden. Schriftlich sind auch Erklärungen per Telegramm, per Telefax oder Fernschreiben. Nach § 126 III kann die elektronische Form, § 126a, die Schriftform ersetzen oder gem §§ 126b, 127 die Textform vereinbart werden (vgl BGH NZG 2006, 349). Für die schriftliche **Sitzungsniederschrift** reicht es aus, wenn der Beschluss hierin aufgenommen, vom Versammlungsleiter unterschrieben und den anderen Gesellschaftern zugeleitet wird. Für die Erklärung eines einzelnen Gesellschafters bedarf es aber der schriftlichen Form, hier reicht die Protokollierung seiner Erklärung nicht aus (BGHZ 66, 82, 86f). Die **Nichtbeachtung** der vereinbarten Schriftform hat nach der Rspr idR entgegen der Auslegungsregel des § 125 S 2 nicht die Unwirksamkeit des Rechtsgeschäfts zur Folge (BGHZ 49, 364f; 58, 115, 118; 71, 162, 164; BGH NJW 1990, 2684), soweit die Gesellschafter den Formverzicht erkennbar wollten (Oetker/*Lieder* § 119 HGB Rn 37). Anders ist hingegen zu entscheiden, wenn **notarielle Beurkundung** vorgeschrieben ist (RGZ 122, 367, 369), weil hier noch der Beratungsfunktion Genüge getan werden muss (EBJS/*Freitag* § 119 HGB Rn 61; Oetker/*Lieder* § 119 HGB Rn 37). 30

2. Modalitäten. a) Allgemeines. Der Gesellschaftsvertrag kann die weiteren Modalitäten der Beschlussfassung regeln, namentlich Einberufung, Ladung, Verfahrensablauf und die Behandlung von Beschlussmängeln (Rn 67f). Es besteht ein erheblicher **Gestaltungsspielraum**, sofern nicht in die individuelle Rechtsstellung eines Gesellschafters eingegriffen wird (Oetker/*Lieder* § 119 HGB Rn 38). Auch bei einem **Stimmverbot** kann der Gesellschafter an der Gesellschafterversammlung teilnehmen und am Willensbildungsprozess mitwirken (Rn 14). Zu beachten ist ferner der gesellschaftsrechtl **Gleichbehandlungsgrundsatz** (BGH NJW 1995, 194). Bei komplexen Entscheidungen muss eine angemessene **Ladungsfrist** vorgesehen werden (BGHZ 100, 264, 266; BGH NJW 1995, 1353, 1355f), nicht aber bei der Behandlung von allg Themen (vgl BGH DStR 1999, 1366). Im Allg sind **Zeit und Ort** so festzulegen, dass jedes Mitglied sich angemessen vorbereiten und an der Versammlung teilnehmen kann (BGH NZG 2016, 552, 553f Rn 21). Das ist etwa dann nicht der Fall, wenn das Betreten der Versammlungsräume für einen Gesellschafter unzumutbar ist (BGH NZG 2016, 552 Rn 25). Eine **Tagesordnung** mit den relevanten Beschlussgegenständen ist analog § 109 II HGB stets anzugeben (*Hoffmann-Becking* NZG 2022, 99, 100; *Grunewald* FS Hager, 2021, 371, 373f; vgl weiter Hopt/*Roth* § 119 HGB Rn 31; Oetker/*Lieder* § 119 HGB Rn 38; aA Heymann/*Hoffmann/Bartlitz* § 119 HGB Rn 9). 31

b) Einberufung. Für die gesetzestypische Personengesellschaft gibt es keine Regeln über die **Einberufung** von Gesellschafterversammlungen. Ohnehin gehört es zur ordnungsmäßigen Erfüllung der Geschäftsführungspflicht, wo notwendig, die Zustimmung der Mitgesellschafter einzuholen und diese über die Angelegenheiten der Gesellschaft laufend so zu informieren, dass sie ihre Mitverwaltungsrechte sachgerecht wahrnehmen können. Analog § 109 II 1 HGB obliegt die Einberufung den geschäftsführenden Gesellschaftern (*Hoffmann-Becking* 32

NZG 2022, 99, 100; *Grunewald* FS Hager, 2021, 371, 373f). Empfehlenswert können aber Regelungen über die Pflicht zur Einberufung und über die Beschlussfähigkeit sein, um eine Blockade durch Gesellschafter oder Gesellschaftergruppen zu verhindern. Vertragsänderungen kann jeder Gesellschafter durch Erklärung ggü seinen Mitgesellschaftern beantragen. Wenn für Beschlüsse Formalitäten vertragl vorgeschrieben sind, namentlich auch wenn Mehrheitsbeschlüsse möglich sind, dann ist eine Gesellschafterversammlung analog § 36 in den vertragl vorgesehenen Fällen sowie dann einzuberufen, wenn das Interesse der Gesellschaft dies erfordert. Analog § 717 I 3 kann ein Gesellschafter jederzeit aus wichtigem Grund die Einberufung einer Gesellschafterversammlung verlangen und – wenn diesem Verlangen nicht entsprochen wird – selbst die Versammlung einberufen und die Tagesordnung bestimmen (vgl BGHZ 102, 172, 175 m zust Kurzkomm *Blaurock* EWiR § 712 BGB 1/88, *Hüffer* WuB II J § 712 BGB 1/88; BGH NJW 1998, 1946, 1947; Köln ZIP 1987, 1120, 1122; diff *Hoffmann-Becking* NZG 2022, 99, 100). Wird ein Gesellschafter durch die Art der Einladung über die Notwendigkeit (oder Möglichkeit) seiner Teilnahme **irregeführt**, auch bei der Neueinladung nach einer mangels Beschlussfähigkeit ausgefallenen Gesellschafterversammlung, so kann dies zu Beschlussmängeln führen (Düsseldorf ZIP 2018, 1783); derartige Treupflichtverletzungen können besonders bei einer Einheits-GmbH & Co KG vorkommen (Hamm NZG 2018, 868, 1071, 1445). IÜ kann das Recht zur Einberufung einer Gesellschafterversammlung **ausgeschlossen** oder **eingeschränkt** werden. Sinnvoll erscheint es, den geschäftsführenden Gesellschaftern das Einberufungsrecht vertragl **einzuräumen** (*Heckschen/Strnad* GmbHR 2020, 807, 811).

33 c) **Zustandekommen des Beschlusses.** Werden die Stimmen unter Anwesenden abgegeben, kommt der Beschluss mit der Abgabe der letzten Stimme zustande. Diese kann auch nachträgl und in anderer Form abgegeben werden, wenn die übrigen Gesellschafter dies zulassen (*Hoffmann-Becking* NZG 2022, 99, 102). **Adressaten,** denen die Willenserklärungen zugehen müssen (Rn 3), sind die jew **Mitgesellschafter** (RGZ 163, 385, 391). Bei schriftlicher Abstimmung kommt der Beschluss durch die letzte Unterschrift auf dem Schriftstück und die Kundgabe an die anderen Gesellschafter zustande (dazu und zum Folgenden EBJS/*Freitag* § 119 HGB Rn 64). Auch im Umlaufverfahren sind die anderen Gesellschafter Adressaten, sodass auch hier der Beschluss erst mit der letzten Unterschrift und der Kundgabe etwa per Kopie an alle Gesellschafter zustande kommt. Sinnvollerweise sollte einer der Gesellschafter oder ein Dritter, etwa ein zur Verschwiegenheit verpflichteter Rechtsanwalt, zum **Empfangsberechtigten** der einzelnen Stimmen benannt werden (BGH WM 1957, 1128, 1130). Der Beschluss wird dann ohne weitere förmliche Beschlussfeststellung (BGHZ 15, 324, 329) mit dem Zugang der letzten Stimme bei ihm wirksam (EBJS/*Freitag* § 119 HGB Rn 51; Oetker/*Lieder* § 119 HGB Rn 40). Aus Gründen der Rechtssicherheit empfiehlt sich aber eine förmliche Feststellung, die durch einen kraft Gesellschaftsvertrages oder Mehrheitsbeschlusses eingesetzten **Versammlungsleiter** (zu ihm ausf *Ernst* FS K. Schmidt, Bd I, 2019, 261, 265ff; *Hoffmann-Becking* NZG 2022, 99, 100f) erfolgen kann. Eine Pflicht zur förmlichen Beschlussfeststellung besteht demggü nicht und eine solche hat – in Ermangelung der Vereinbarung des Anfechtungsmodells (Rn 67) – auch keine Bindungswirkung (*Hoffmann-Becking* NZG 2022, 99, 103). Weitere Aufgaben des Versammlungsleiters sind die Durchführung der Versammlung; er hat namentlich die Anträge zur Abstimmung zu stellen und damit förmliche Beschlussfassung herbeizuführen (MüKo/*Schäfer* Rn 33). Zudem ist er zu Ordnungsmaßnahmen befugt, führt die Rednerliste und erteilt das Wort (näher *Hoffmann-Becking* NZG 2022, 99, 101).

34 In Angelegenheiten der Geschäftsführung, aber auch bei Wahlen zu Organen, können mehrere Tagungsordnungspunkte in einem Beschlussantrag zusammengefasst sein, was zu der Frage führt, ob der Zwang zu einer Zustimmung oder Ablehnung im Zuge der **Blockabstimmung**, die ja dann alle Einzelpunkte erfasst, die Entschließungsfreiheit der Abstimmenden beschneidet; hierfür muss wohl eine Satzungsregelung verlangt werden, andernfalls kann es geboten sein, mit Eventualanträgen eine erneute Abstimmung vorzubereiten; der Versammlungsleiter kann auch hier vor der Frage stehen, ob für Gesellschafter, die für einzelne Teile eines Beschlussantrags vom Stimmrecht ausgeschlossen sind, die Teilnahme an der Blockabstimmung ganz entfallen soll; das begründet erhebliche Vorbehalte gegen eine diese Art der Willensbildung zulassende Vertragsregelung (zum Ganzen eingehend *Ernst* FS K. Schmidt, Bd I, 2019, 261, 270ff). Zulässig ist darüber hinaus auch eine **geheime Abstimmung** (näher *Hoffmann-Becking* NZG 2022, 99, 102).

35 **VI. Mehrheitsentscheidungen. 1. Grundlagen.** Nach § 714 bedürfen Gesellschafterbeschlüsse der Mitwirkung aller stimmberechtigten Gesellschafter. Es gilt der **Grundsatz der Einstimmigkeit**. Um aus der Geltung des Einstimmigkeitsprinzips folgende Beeinträchtigungen der Handlungs- und **Funktionsfähigkeit der Gesellschaft** zu vermeiden, können sich die Gesellschafter kraft vertragl Gestaltung nach § 708 auf Mehrheitsentscheidungen verständigen (Begr RegE, BT-Drs 19/27635, 149). Die Gesellschafter können sich für den **Maßstab** der einfachen Stimmenmehrheit entscheiden oder ein qualifiziertes Mehrheitsquorum wählen. Allerdings erfordern bestimmte Grundlagenentscheidungen zwingend eine Mehrheit von mindestens drei Vierteln der abgegebenen Stimmen, wie zB Auflösungs- und Fortsetzungsbeschlüsse nach §§ 732, 734 II. Mehrheitsentscheidungen können auch dann wirksam getroffen werden, wenn im Gesellschaftsvertrag **keine näheren Verfahrensregeln** niedergelegt worden sind (*Herchen* VGR 22, 83, 98f; Oetker/*Lieder* § 119 HGB Rn 42; aA MHdB GesR I/*Weipert* § 57 Rn 88). Stattdessen gelten die allg Grundsätze.

36 Wenn bei Personengesellschaften, insb mit einer größeren Anzahl von Gesellschaftern, als Ausnahme vom Grundsatz der Einstimmigkeit Mehrheitsentscheidungen der Gesellschafter vereinbart sind, stellt sich die Frage, wie der einzelne Gesellschafter vor unvorhergesehenen oder unzumutbaren Beschlüssen geschützt werden kann, ohne dass zugleich die Handlungsfähigkeit der Gesellschaft durch Verharren auf dem Erfordernis der Einstimmigkeit eingeschränkt wird. Diese Grundsatzfrage gehört in den Kontext des übergeordneten Makrothemas der

Reichweite und Schranken der Gestaltungsfähigkeit im Gesellschaftsrecht (§ 708 Rn 1ff). Wie dieses **Spannungsverhältnis zw der Handlungsfähigkeit der Gesellschaft** auf Grundlage des Mehrheitsvotums **und** dem berechtigten Interesse an einem effektiven **Individual- und Minderheitsschutz der Gesellschafter** zu einem angemessenen Ausgleich zu bringen ist, ist seit langem umstritten (dazu und zum Folgenden bereits *Lieder* notar 2016, 283; Oetker/*Lieder* § 119 HGB Rn 43ff). Die nachfolgende Darstellung verzichtet darauf, die historische Entwicklung ausführlich nachzuzeichnen, und beschränkt sich auf den gegenwärtigen Diskussionsstand und die eigene Position. Zu unterscheiden sind dabei im Ausgangspunkt die für die Beschlussfassung erforderliche formelle Legitimationsgrundlage (Rn 37ff) und die auf eine Beschränkung der Mehrheitsmacht gerichtete materielle Beschlusskontrolle (Rn 41ff).

2. Formelle Legitimationsgrundlage. Der von der Rspr entwickelte **Bestimmtheitsgrundsatz** (RGZ 91, 166, 37
168; 114, 393, 395; BGHZ 8, 35, 41ff; 48, 251, 253ff) ist vom BGH inzwischen **aufgegeben** worden (BGHZ 203, 77; dem folgend Düsseldorf NZG 2018, 297 Rn 28). Es ist daher nicht mehr erforderlich die einzelnen Mehrheitsentscheidungen nach ihrem konkreten Beschlussgegenstand eindeutig im Gesellschaftsvertrag festzuschreiben, wenn sich die Mehrheitsklausel auch auf Vertragsänderungen und Grundlagenentscheidungen erstrecken sollte. Vielmehr deckt eine allg Mehrheitsklausel sowohl gewöhnliche als auch ungewöhnliche Beschlussgegenstände, Vertragsänderungen und Grundlagengeschäfte ab (BGHZ 203, 77 Rn 9, 13f; vgl weiter BGH NZG 2018, 1226 Rn 17). Die Abkehr vom Bestimmtheitsgrundsatz ist ausdrückl **zu begrüßen** (so bereits Oetker/*Lieder* § 119 HGB Rn 47; *Lieder* ZfPW 2016, 205, 214f; ebenso etwa *Goette/Goette* DStR 2016, 74ff; *Heckschen/Bachmann* NZG 2015, 531, 537; *Schäfer* NZG 2014, 1401ff; *Seidel/Wolf* BB 2015, 2563, 2564; *Ulmer* ZIP 2015, 657ff; *Weber* ZfPW 2015, 123, 124; *Wertenbruch* DB 2014, 2875, 2876f; krit *Altmeppen* NJW 2015, 2065ff; abl Henssler/Strohn/*Finckh* § 119 HGB Rn 38ff, 45). Die umfassenden Auflistungen von Beschlussgegenständen waren weder in funktioneller Hinsicht in der Lage, einen substantiellen Minderheitsschutz zu gewährleisten, noch war das mit dem Bestimmtheitsgrundsatz geschaffene Sonderrecht ein rechtsdogmatisch überzeugendes Konzept. Der vom II. ZS vorgenommene Rückbau der Beschlusskontrolle führt damit auch den Minderheitsschutz auf die Grundprinzipien des Bürgerlichen Rechts und die Wertungen des allg Gesellschaftsrechts zurück.

Von der Bestimmtheit der Mehrheitsklausel zu unterscheiden ist die Bestimmtheit einer **antizipierten Zustimmung** zu einem – nach dem modernen Konzept der materiellen Beschlusskontrolle zustimmungspflichtigen – Beschlussgegenstand (Rn 46). Dort geht es um die Legitimation für einen Eingriff der Gesellschaftermehrheit in ein – nach bisheriger Terminologie – mehrheitsfestes, relativ unentziehbares, individuelles Gesellschafterrecht, während der hergebrachte, hier abgelehnte Bestimmtheitsgrundsatz einen institutionellen Minderheitsschutz gewährleisten wollte, dieses Ziel aber nicht zu erreichen vermochte. 38

Inhaltlich kann sich die Mehrheitsbefugnis damit aus jeder denkbaren Vereinbarung der Gesellschafter ergeben (dazu und zum Folgenden bereits *Lieder* ZfPW 2016, 205, 214f; Oetker/*Lieder* § 119 HGB Rn 49ff). Auch weiterhin können die Beschlussgegenstände katalogartig aufgezählt werden. Das ist aber nicht länger notwendig. Stattdessen können sie sich aus einfachen oder interpretationsfähigen Mehrheitsklauseln ergeben und in letzter Konsequenz auch auf einer stillschweigenden Vereinbarung beruhen (BGHZ 203, 77 Rn 14). Zudem erfasst die Mehrheitsklausel – in Ermangelung abweichender Regelungen – nicht nur einfache Geschäftsführungsmaßnahmen, sondern auch außergewöhnliche Geschäfte iSd § 715 II 2 (BGH NZG 2018, 1226 Rn 17; *Böttcher* NZG 2019, 61, 62). Gleiches gilt nach zutr Auffassung auch für Grundlagenentscheidungen und Vertragsänderungen (BGH NZG 2020, 1384 Rn 11; Karlsruhe 27.4.2022 – 6a U 1/21, juris Rn 65ff, insb Rn 74; *Goette/Goette* DStR 2016, 74, 77; *Caliebe* bei *Otte* VGR 22, 129, 130; *Borries* NZG 2021, 194, 195; aA MüKo/*Schäfer* Rn 49; *Schäfer* FS Bergmann, 2018, 617, 619f), wie zB die Aufnahme neuer Gesellschafter (BGH NJW 2012, 1439 Rn 17ff). Selbst Änderungen des Gesellschaftszwecks, wie zB die Auflösung der Gesellschaft, sind von einer allg Mehrheitsklausel erfasst (vgl Heymann/*Hoffmann/Bartlitz* § 119 HGB Rn 34; *Caliebe* bei *Otte* VGR 22, 129, 130; aA *Schäfer* FS Bergmann, 2018, 617, 620). Allerdings bedarf es nach materiellen Grundsätzen der Zustimmung aller Gesellschafter (Rn 35). 39

Vorsicht ist allerdings bei der **Formulierung** der Mehrheitsklausel geboten. So kann eine Klausel, die „Änderungen des Gesellschaftsvertrags" der Mehrheitsentscheidung unterstellt, nicht ohne Weiteres dahingehend ausgelegt werden, dass auch die rechtsgeschäftliche Nachfolge in den Gesellschaftsanteil hiervon umfasst ist. Wie auch iÜ kommt es hier entscheidend auf die **Auslegung der Mehrheitsklausel** nach Maßgabe der §§ 133, 157 an (§ 705 Rn 87; so auch BeckOK/*Klimke* § 119 HGB Rn 41). Steht die Klausel unter dem Vorbehalt abweichender gesetzl Bestimmungen, ist sie dahingehend auszulegen, dass die Mehrheitsklausel dem dispositiven Gesetzesrecht vorgeht (BGH NZG 2018, 1226 Rn 19ff zur Publikumsgesellschaft; verallgemeinernd *Scharf/v Girsewald* DB 2018, 2556; *Otte* GWR 2018, 429; aA offenbar *Mock* BB 2018, 2644). Den Gesellschaftern steht es frei, aus der grds geltenden Mehrheitsklausel bestimmte, besonders bedeutende Entscheidungen auszuklammern und stattdessen Einstimmigkeit vorzusehen (vgl *Risse/Höfling* NZG 2017, 1131, 1134). Im Gesellschaftsvertrag können die Gesellschafter ein abgestuftes Mehrheitssystem umsetzen und Regelbeispiele mit den zugehörigen Mehrheitserfordernissen niederlegen. Zudem können Sonder- und Vetorechte, Mehrfachstimmrechte und Stimmrechtsbeschränkungen ausdrückl geregelt werden (*Heckschen/Bachmann* NZG 2015, 531, 536; *Wicke* MittBayNot 2017, 125, 127). Im Zweifel ist davon auszugehen, dass Sonderregelungen, die bei Geltung des einfachen Mehrheitsprinzips für einzelne Beschlussgegenstände Einstimmigkeit oder ein qualifiziertes Quorum voraussetzen, nur unter Einhaltung dieses Quorums abgeändert oder aufgehoben werden können (MüKo/*Schäfer* Rn 49; offenlassend BGHZ 76, 191, 195; BGH NZG 2013, 57 Rn 27; 2013, 63 Rn 16). 40

41 **3. Materielle Beschlusskontrolle. a) Allgemeine Anforderungen.** In Parallele zu den Gestaltungsschranken im Rahmen des § 708 (§ 708 Rn 4ff) sind einer Mehrheitsentscheidung zunächst privatrechtl Schranken gesetzt. Der Beschluss darf namentlich nicht gegen **gesetzliche Verbote** (§ 134) und die **guten Sitten** (§ 138) verstoßen (§ 708 Rn 5). Zudem zieht zwingendes Gesellschaftsrecht der Beschlussfassung Grenzen, die sich entweder unmittelbar aus dem geschriebenen Recht ergeben können (Übersicht bei § 708 Rn 10) oder zur gesicherten Nomenklatur des Personengesellschaftsrecht gehören, namentlich **Verbandszweck** und **Verbandssouveränität** (§ 708 Rn 11), **Selbstorganschaft** (§ 715 Rn 12), gesellschaftsrechtl **Treuepflicht** (§ 705 Rn 110ff) und verbandsrechtl **Gleichbehandlungsgrundsatz** (§ 705 Rn 141ff).

42 **b) Kernbereichslehre.** Eine von den vorstehenden Maßstäben verselbständigte **Kernbereichslehre**, wie sie von der früheren Rspr vertreten wurde, ist inzwischen **überholt**. Schranken der Beschlussfassung, die sich nicht an das **geschriebene Gesetzesrecht** und die **zugrunde liegenden Wertungen rückbinden** lassen, sind nicht anzuerkennen. Stattdessen sind für jeden Einzelfall Schranken der Mehrheitsmacht anhand der anerkannten Instrumente der juristischen Methodik konkret zu begründen; aus dem Begriff des Kernbereichs der Mitgliedschaftsrechte können keine konkreten Rechtsfolgen abgeleitet werden (§ 708 Rn 12; nahestehend *B. Staudinger*, Minderheitsschutz im Personengesellschaftsrecht, 2020, 94ff, 105ff; *Kleindiek* GmbHR 2017, 674, 676f; vom Kernbereich sprechen unverändert etwa MüKo/*Schäfer* Rn 50ff; Hopt/*Roth* § 119 HGB Rn 35ff; KKDR/*Kindler* § 119 HGB Rn 12).

43 **c) Inhaltskontrolle.** Dessen ungeachtet ist eine materielle Beschlusskontrolle von Mehrheitsbeschlüssen **unverzichtbar** (ebenso mit Unterschieden im Detail MüKo/*Schäfer* Rn 57; MüKo-HGB/*Enzinger* § 119 Rn 86; KKRD/*Kindler* § 119 HGB Rn 11; *Goette/Goette* DStR 2016, 74, 80; *Kleindiek* GmbHR 2017, 674, 675f, 678f; *Priester* NZG 2015, 529ff; *Seidel/Wolf* BB 2015, 2563ff; *Ulmer* ZIP 2015, 657, 658ff). Abzulehnen ist insb die Auffassung, die Mehrheitsentscheidung ausschließlich am Maßstab der gesellschaftsrechtl Treuepflicht messen will (so aber EBJS/*Freitag* § 119 HGB Rn 73; *Wertenbruch* DB 2014, 2875, 2876ff). Denn der Verzicht auf alle weiteren Schranken wäre mit einem substanziellen Rückbau der Beschlusskontrolle verbunden, die sich nachteilig auf den Schutz berechtigter Individual- und Minderheitsinteressen auswirken würde. Stattdessen ist auf die Rechtsvorschriften und Wertungen des Gesellschaftsrechts zurückzugreifen, die im Rahmen einer **allgemeinen Inhaltskontrolle nach §§ 134, 138, 242** – aufgeladen mit den Wertungen des Gesellschaftsrechts – im Einzelfall zur Unwirksamkeit des Beschlusses führen können.

44 In Anlehnung an das bisherige Konzept der hM ist im Rahmen der materiellen Beschlusskontrolle eine **Dreiteilung** vorzunehmen (dazu und zum Folgenden bereits Oetker/*Lieder* § 119 HGB Rn 55): (1) Indisponible Beschlussgegenstände sind einer privatautonomen Regelung schlichtweg entzogen. (2) Zustimmungspflichtige Beschlussgegenstände bedürfen der Zustimmung des nachteilig betroffenen Gesellschafters. (3) Mehrheitsfähige Beschlussgegenstände sind am Maßstab der Treuepflicht und des Gleichbehandlungsgrundsatzes zu messen. Welche dieser Fallgruppen einschlägig ist, bestimmt sich – anders als nach tradierter Lesart der Kernbereichslehre – nicht abstrakt-generell, sondern nach einer **einzelfallgeleiteten Anwendung der Rechtsvorschriften** und ungeschriebenen gesellschaftsrechtl Struktur- und Wertungsprinzipien. Dabei sind sämtliche Umstände des konkreten Einzelfalls in die Betrachtung einzubeziehen, namentlich die Gesellschaftsform, Realtypik und der Gesellschaftszweck sowie die Schutzwürdigkeit und Schutzbedürftigkeit des Gesellschafters.

45 aa) Einer **Disposition durch Mehrheitsbeschluss entzogen** sind neben den zwingenden Vorschriften des Zivil- und Gesellschaftsrechts (Rn 41) namentlich der dauerhafte und vollständige Ausschluss des Teilnahmerechts in der Gesellschafterversammlung (aA BeckOK/*Schöne* Rn 14), das Recht auf Erhebung einer Beschlussmängelklage, soweit Beschränkungen im Einzelfall nicht durch besondere Umstände gerechtfertigt sind (vgl BeckOK/*Klimke* § 119 HGB Rn 49; MüKo-HGB/*Enzinger* § 119 Rn 68; *Neumann* ZIP 2017, 1141, 1143). Ein hiergegen verstoßender Beschluss ist nichtig (*Blath* RNotZ 2017, 218, 220). Nicht indisponibel, sondern im Einzelfall verzichtbar sind das Recht des Gesellschafters auf Übertragung des Geschäftsanteils und sein Stimmrecht in der Gesellschafterversammlung (§ 708 Rn 14).

46 **bb**) Ungeachtet einer bestehenden Mehrheitsklausel muss gleichwohl **jeder einzelne Gesellschafter** seine **Zustimmung erteilen**, wenn der Beschluss eine **Beitragsvermehrung** nach § 710 zum Gegenstand hat (BGHZ 203, 77 Rn 10, 17; *Goette/Goette* DStR 2016, 74, 81f; *Schiffer* BB 2015, 584, 586; *Wicke* MittBayNot 2017, 125, 127ff). Die Zustimmung kann ad hoc oder unter besonderen Voraussetzungen auch antizipiert im Gesellschaftsvertrag erteilt werden (Rn 38). Von der Nachschusspflicht ist das **Recht zur Übernahme weiterer Beiträge** zu unterscheiden. Die dieser – einer Kapitalerhöhung vergleichbaren – Maßnahme innewohnende Gefahr einer Verwässerung der Beteiligungsquote rechtfertigt nach zutr Auffassung kein Zustimmungserfordernis (MüKo/*Schäfer* Rn 55; MüKo-HGB/*Enzinger* § 119 Rn 74). Anderes gilt, wenn das Beteiligungsrecht einzelner Gesellschafter ausgeschlossen oder einzelne Gesellschafter zum Ausschluss anderer Gesellschafter besonders ermächtigt werden (MüKo-HGB/*Enzinger* § 119 Rn 74; *Löffler* NJW 1989, 2656, 2659). Eine Zustimmung ist auch dann entbehrlich, wenn nur die Zahlungsmodalitäten oder die Fälligkeitsregelung für eine bestehende, nur gestundete Pflichteinlage geändert wird, wie zB wenn die zunächst nur anteilige Einzahlungspflicht nun durch Änderung des Gesellschaftsvertrags um einen weiteren Teil erhöht wird (München ZIP 2017, 679).

47 Die Aufhebung des **Vetorechts** des Gesellschafters bei der Anteilsübertragung (§ 711 Rn 4) ist nur mit der Zustimmung des Gesellschafters wirksam (ausf *Lieder* ZfPW 2016, 205, 216f), weil dem Gesellschafter aufgrund einer für den Gesellschafterwechsel neu geschaffenen Mehrheitsklausel künftig auch gegen seinen Willen eine an-

dere Person als neuer Gesellschafter aufgezwungen werden kann. Die **Übertragbarkeit der Mitgliedschaft** kann nur mit der Zustimmung des betroffenen Gesellschafters **aufgehoben** (*Lieder* ZfPW 2016, 205, 219f) und der **Gesellschaftszweck** nur mit deren Zustimmung geändert werden (MüKo/*Schäfer* Rn 54; BeckOK/*Klimke* § 119 HGB Rn 55; *Löffler* NJW 1989, 2656, 2659). Zudem kann dem Gesellschafter – ohne wichtigen Grund (MüKo-HGB/*Enzinger* § 119 Rn 71; *K. Schmidt* GesR § 16 III 3b aa) oder seine Zustimmung – nicht die gesamte **Gesellschafterstellung entzogen** werden (BGHZ 183, 1 Rn 16; *Goette/Goette* DStR 2016, 74, 81). Auch das **Stimmrecht** (BGH DNotZ 1997, 577, 580; MüKo/*Schäfer* Rn 54; MüKo-HGB/*Enzinger* § 119 Rn 72; *Neumann* ZIP 2017, 1141, 1143; *Blath* RNotZ 2017, 218, 220; *Schäfer* FS Bergmann, 2018, 617, 624), das **Informationsrecht** (außerhalb § 717 I 3, II; vgl BGH NJW 1995, 192, 194), das **Gewinnbezugsrecht** (BGHZ 170, 283, 288ff; MüKo/*Schäfer* Rn 54; BeckOK/Klimke § 119 HGB Rn 54; Blath RNotZ 2017, 218, 220; *Neumann* ZIP 2017, 1141, 1143; *Schäfer* FS Bergmann, 2018, 617, 624), das Recht auf einen **Liquidationserlös** (Karlsruhe 27.4.2022 – 6a U 1/21, juris Rn 130; MüKo/*Schäfer* Rn 54; MüKo-HGB/*Enzinger* § 119 Rn 72; BeckOK/*Klimke* § 119 HGB Rn 54; *Blath* RNotZ 2017, 218, 220; *Neumann* ZIP 2017, 1141, 1143), das Recht auf **Bestellung der Liquidatoren** (Karlsruhe 27.4.2022 – 6a U 1/21, juris Rn 152ff) sowie das Recht auf **Geschäftsführung** (BGH NZG 2020, 1384 Rn 16 m Anm *Lieder* WuB 2021, 14, 17; Karlsruhe 27.4.2022 – 6a U 1/21, juris Rn 130; MüKo/*Schäfer* Rn 54; BeckOK/*Klimke* § 119 HGB Rn 54; MüKo-HGB/*Enzinger* § 119 Rn 72; *Neumann* ZIP 2017, 1141, 1143; *Borries* NZG 2021, 194, 196) und **Vertretung** (vgl München DStR 1992, 1102, 1103; BeckOK/*Klimke* § 119 HGB Rn 54; *Karrer* NZG 2009, 932, 933) kann Gesellschaftern ohne ihre Zustimmung oder wichtigen Grund nicht dauerhaft entzogen werden. Nicht nur die Entziehung, sondern auch die Beeinträchtigung dieser mitgliedschaftlichen Rechte können einer Zustimmung des betroffenen Gesellschafters bedürfen, sondern auch bereits **Beeinträchtigungen**, wie zB bei einer Vertragsänderung, die zukünftige Entziehungen der Geschäftsführungs- und Vertretungsbefugnisse erleichtern sollen (BGH NZG 2020, 1384 Rn 20 m Anm *Lieder* WuB 2021, 14, 17; *Borries* NZG 2021, 194, 196f).

Gleiches gilt analog § 35 für Vorzugs- oder **Sonderrechte** einzelner Mitglieder (*Blath* RNotZ 2017, 218, 221; 48
Neumann ZIP 2017, 1141, 1143). Die Definition des Sonderrechts, die gewöhnlich wiederum durch die Unentziehbarkeit geschieht (RGZ 170, 358, 360; BGH NJW 1969, 131; *Wiedemann* GesR I § 7 IIa; krit aber *Beuthien* ZGR 2014, 24ff), kann daran anknüpfen, dass der Gleichbehandlungsgrundsatz bis zur Grenze der Willkür vertragl abbedungen werden kann (§ 705 Rn 144), sodass Gesellschaftern im Hinblick auf die Willensbildung der Gesellschaft, die Gewinnbeteiligung und die Sicherung ihrer Stellung gegen Ausschließung eine ungleich stärkere Position eingeräumt werden kann als ihren Partnern, wie zB Vorrechte des Senior-Partners hinsichtl Arbeitseinsatz, Urlaubsanspruch, Gewinnbeteiligung, Einbringung von Honoraren in eine Sozietät. Solche Rechte sind mehrheitsfest, solange nicht Tatbestände der Entziehung aus wichtigem Grund entspr angewendet werden können, was wiederum vom Versammlungsleiter zu beachten ist. Allerdings begründet die namentliche Bezeichnung eines Gesellschafters im Gesellschaftsvertrag noch nicht per se ein solches Sonderrecht, einziger und alleiniger persönlich haftender Gesellschafter zu sein (BGH NJW 2017, 1467 Rn 34; Neumann ZIP 2017, 1141, 1145). Für eine nur graduelle Einschränkung dieser Rechte kann anderes gelten.

Nicht erfasst ist hingegen die Befugnis zur **Feststellung des Jahresabschlusses** (BGHZ 170, 283 Rn 14; Beck- 49
OK/*Klimke* § 119 HGB Rn 54; aA noch BGHZ 132, 263, 266) und der **Auseinandersetzungsbilanz** (vgl BGHZ 191, 293 Rn 20; BeckOK/*Klimke* § 119 HGB Rn 54). Gleiches wird man auch für die Bildung von **Rücklagen** annehmen müssen (aA MüKo/*Schäfer* Rn 55; offenlassend BGHZ 170, 283 Rn 14; BeckOK/*Klimke* § 119 HGB Rn 54). Auch die **Verlängerung** der Gesellschaft (aA BeckOK/*Klimke* § 119 HGB Rn 55), die **Auflösung** der Gesellschaft (Karlsruhe 27.4.2022 – 6a U 1/21, jurisRn 129ff) und die **Aufnahme neuer Mitglieder** (aA für personalistische Gesellschaften MüKo/*Schäfer* Rn 55; BeckOK/*Klimke* § 119 HGB Rn 55; *Schäfer* FS Bergmann, 2018, 617, 625) kann kraft Mehrheitsbeschlusses erfolgen, ohne dass es außerdem noch eines wichtigen Grundes oder der Zustimmung sämtlicher Mitglieder bedürfte. Gleiches gilt für die **Veräußerung wesentlicher Unternehmensteile** (näher Oetker/*Lieder* § 119 HGB Rn 61; *Weber* DNotZ 2018, 96, 126f; anders noch Stuttgart DStR 2004, 469; Hamm FGPrax 2007, 258, 260). Auch eine bestimmte **Sperrminorität** vermittelt kein Sonderrecht, sondern kann mit der jew vertragl festgeschriebenen Mehrheit abgeändert werden (*Schäfer* FS Bergmann, 2018, 617, 620f).

Die **Zustimmung** des Betroffenen kann im Rahmen der Beschlussfassung **ad hoc** oder zu einem früheren Zeit- 50
punkt **antizipiert** erteilt werden (Hopt/*Roth* § 119 HGB Rn 37; Röhricht/v Westphalen/Haas/*Haas* § 119 HGB Rn 29a; *Schäfer* FS Bergmann, 2018, 617, 627f; *Borries* NZG 2021, 194, 197; aA MüKo-HGB/*Enzinger* § 119 Rn 66). In rechtsdogmatischer Hinsicht handelt es sich nicht um die Zustimmung bei der Beschlussfassung, sondern um eine Zustimmung zu dem Beschluss selbst, die vor, während oder nach der eigentlichen Beschlussfassung – in Ermangelung besonderer Vorschriften zudem formfrei – ggü der Gesellschaft erklärt werden kann (*Blath* RNotZ 2017, 218, 220). Regelmäßig ist die im Rahmen der Beschlussfassung abgegebene Ja-Stimme aber zugleich als Zustimmung zum Beschluss als solchen zu werten (*Blath* RNotZ 2017, 218, 220f). Zur **Rechtsfolge** einer fehlenden Zustimmung s Rn 64f.

Für eine **antizipierte Zustimmung** reicht eine einfache Mehrheitsklausel nicht aus. Vielmehr muss sich die Zu- 51
stimmung auf den konkreten Beschlussgegenstand beziehen. Die Zustimmung muss weiterhin das konkrete Ausmaß und ihre Reichweite eindeutig erkennen lassen (mit Formulierungsbsp *Schäfer* FS Bergmann, 2018, 617, 628; i Erg ebenso Röhricht/v Westphalen/Haas/*Haas* § 119 HGB Rn 29a; vgl weiter *Temming* ZIP 2020, 1373, 1381). So muss zB die antizipierte Zustimmung zu einer **Beitragsvermehrung** eine Obergrenze enthalten, bis zu

welchem konkreten Betrag die Beitragspflicht erweitert werden darf (BGHZ 170, 283 Rn 9; 203, 77 Rn 10, 17; BGH NZG 2007, 381 Rn 14; 2007, 582 Rn 10; 2009, 501 Rn 14; 2013, 738 Rn 27). Etwas anderes gilt außerhalb des Bereichs des § 710 bei Auflösung der Gesellschaft (BGH NZG 2011, 1432 Rn 40; NJW 2012, 1439 Rn 17ff).

52 Eine **Zustimmung** ist im Einzelfall **entbehrlich,** wenn der Betroffene aufgrund seiner gesellschaftsrechtl **Treuepflicht** zur Mitwirkung verpflichtet ist. Das ist anzunehmen, wenn eine Zustimmung zur Erreichung des Verbandszwecks geeignet und erforderlich ist und auch schutzwerte Interessen des Gesellschafters nicht in unzumutbarer Weise beeinträchtigt werden (§ 705 Rn 132; vgl noch BGH NZG 2020, 1384 Rn 21 m Anm *Lieder* WuB 2021, 14, 18; *Borries* NZG 2021, 194, 197f). Aus Praktikabilitätsgründen braucht der bestehende Zustimmungsanspruch nicht mittels Leistungsklage durchgesetzt zu werden. Vielmehr findet er im Rahmen der materiellen Beschlusskontrolle entspr Berücksichtigung, so wie es bereits in der Leitentscheidung „Sanieren oder Ausscheiden" vom BGH anerkannt worden ist (BGHZ 183, 1 Rn 23; BGH NJW 2016, 2739 Rn 13ff; aA MüKo/*Schäfer* Rn 53).

53 cc) Handelt es sich weder um einen indisponiblen noch um einen zustimmungspflichtigen Beschlussgegenstand, kann eine **Mehrheitsentscheidung** nach allg Grundsätzen ergehen (Rn 35). Inhaltl muss sie freilich der gesellschaftsrechtl **Treuepflicht** (vgl BGHZ 203, 77 Rn 34; BGH NZG 2018, 1226 Rn 35ff; *Lieder* ZfPW 2016, 205, 217; *Schäfer* ZIP 2015, 1313; *Weber* ZfPW 2015, 123, 128; *Blath* RNotZ 2017, 218, 223; *Böttcher* NZG 2019, 61, 62) und dem **Gleichbehandlungsgrundsatz** (vgl *Blath* RNotZ 2017, 218, 222f; *Kleindiek* GmbHR 2017, 674, 675) entsprechen.

54 Der **Gleichbehandlungsgrundsatz** fungiert als Grenze der Mehrheitsherrschaft in der Weise, dass auch eine von der vertragl Regelung gedeckte Entscheidung mangelhaft ist, wenn durch sie Gesellschafter oder Gesellschaftergruppen willkürlich bevorzugt oder diskriminiert werden (BGHZ 20, 363, 370; *G. Hueck*, Der Grundsatz der gleichmäßigen Behandlung im Privatrecht, 1958, 173ff; *H.P. Westermann* in Mohr, Freiheit und/oder Gemeinwohl, 2016, 56ff; *K. Schmidt* GesR § 16 II 4), was auch bei Vertragsanpassung und -änderung zu berücksichtigen ist. **Willkürlich** ist eine Unterscheidung nicht schon dann, wenn sie in einer Vorzugsstellung im Gesellschaftsvertrag angelegt ist, sondern erst dann, wenn eine Gesellschaftermehrheit ihre Stimmkraft dazu benutzt, sich Vorteile zu verschaffen oder Nachteile von sich abzuwenden, die sie nach dem Gesellschaftsvertrag entspr ihrem Beitrag genauso hätte tragen müssen wie die Minderheit (zur Belastung mit Nachteilen, die nicht alle Mitglieder treffen, s *K. Schmidt* GesR § 16 II 4). Allerdings kann die Einführung von Vorrechten (namentlich für institutionelle Anleger) wichtige Gründe haben (näher *Westermann* aaO, 61ff). Bei solchen Entscheidungen ist den Gesellschaftern allerdings ein den unternehmerischen Erfordernissen und Risiken entspr Beurteilungsspielraum zuzubilligen (BGHZ 71, 40, 44; 80, 69, 74f). Danach verbietet sich die Verfolgung gesellschaftsfremder Sondervorteile durch die Mehrheit, wie zB Befreiung eines Gesellschafters vom Wettbewerbsverbot oder Zahlung von Konzernumlagen, oder ein durch das Gesellschaftsinteresse nicht gebotener Eingriff in die Rechtsposition der Minderheit, etwa bei Entnahmebeschränkungen.

55 Das gilt zB für die **Übertragung eines Gesellschaftsanteils** auf Grundlage einer Mehrheitsklausel (ausf *Lieder* ZfPW 2015, 205, 216ff; ähnl *Goette/Goette* DStR 2016, 74, 80; *Schäfer* ZIP 2015, 1313; *Seidel/Wolf* BB 2015, 2563, 2566). In diesen Fällen haben die überstimmten Gesellschafter den **Nachweis** zu führen, dass die Mehrheitsentscheidung treuwidrig oder sonst gesetzeswidrig war (BGHZ 170, 283; 179, 13 Rn 17). Ein Treupflichtverstoß kommt insb in Betracht, wenn die Mehrheit ihre Stimmrechtsmacht zur Erlangung eines nicht gerechtfertigten Sondervorteils ausnutzt (BGH NZG 2018, 1226 Rn 37; *Böttcher* NZG 2019, 61, 62). Freilich steht es den Gesellschaftern mit Blick auf ihren Gestaltungsspielraum frei, abweichende Regelungen zu treffen und auch für solche Entscheidungen Einstimmigkeit oder ein qualifiziertes Mehrheitsquorum vertragl festzuschreiben.

56 **4. Berechnung der Mehrheit.** Soweit die Mehrheitsklausel keine Vorgaben macht, genügt zur Beschlussfassung die einfache Stimmenmehrheit. Die **Stimmkraft** bestimmt sich nicht länger im Grundsatz nach Köpfen, sondern anhand der abgestuften Regelung des **§ 709 III** primär nach den vereinbarten Beitragsverhältnissen (§ 709 Rn 15). Abweichende Regelungen können in den Grenzen des § 138 getroffen werden. Dabei kann einem Gesellschafter auch eine höhere Stimmenzahl oder ein mehrfaches Stimmrecht für alle oder bestimmte Beschlussgegenstände zugeordnet werden. Möglich sind auch Kombinationen von Stimmen jew pro Kopf und zusätzl entspr der Höhe des Kapitalanteils. Weiter kann vereinbart werden, dass eine Mindestanzahl von Gesellschaftern an dem Beschluss beteiligt sein muss, damit er zustande kommt. Mit der „Mehrheit der anwesenden Stimmen" sind nur diejenigen gemeint, die sich an einer **schriftlichen Abstimmung** beteiligen, wenn sonst bei schriftlicher Abstimmung etwa ein gefordertes Teilnahmequorum verfehlt würde (BGH ZIP 2011, 1906 m Anm *Tröger* WuB IV A § 1004 BGB 1.12).

57 Dem Gesetz, das positive Zustimmung verlangt, entspricht es, im Zweifel auf die Mehrheit der stimmberechtigten Mitglieder abzustellen. Mehrheitsbasis ist dann der **Bestand aller Stimmberechtigten**, also ohne die von einem Stimmrechtsausschluss betroffenen und diejenigen, die erklären, ihr Stimmrecht nicht auszuüben, die ungültig stimmen oder zur Abstimmung nicht erschienen sind (*Ernst* FS K. Schmidt I, 2019, 261, 264, dort auch zur Verantwortung des Versammlungsleiters im Verhältnis zum Selbstorganisationsrecht der Gesellschafterversammlung; aA BeckOK/*Schöne* Rn 7ff: Mehrheit der abgegebenen Stimmen). **Stimmenthaltungen** sind wie Gegenstimmen zu behandeln (vgl BGH NJW 1998, 1946, 1948; MüKo/*Schäfer* Rn 42). Es empfiehlt sich, vor allem bei großen Gesellschaften zur Verhinderung von Obstruktion durch Gesellschaftsvertrag auf die **Mehrheit der Erschienenen** abzustellen. Die Beschlussfähigkeit kann sich nach abweichenden Grundsätzen richten; nament-

lich sind nicht stimmberechtigte, aber erschienene Gesellschafter bei Ermittlung der Beschlussfähigkeit grds zu berücksichtigen (Celle OLGR 2008, 453; für eine analoge Anwendung des § 109 IV HGB *Grunewald* FS Hager, 2021, 371, 374f).

58 **VII. Beschlussmängel. 1. Grundlagen.** Das Beschlussmängelrecht der GbR hat durch das MoPeG letztlich keine Regelung erfahren. Nachdem der Mauracher Entwurf ursprüngl beabsichtigt hatte, das Beschlussmängelrecht in Anlehnung an das aktienrechtl Regelungsmodell der §§ 241ff AktG zu kodifizieren, wurden die Vorschriften – infolge massiver Kritik des Schrifttums (*Drescher* in ZGR-Sonderheft 23, 115, 126; *Fehrenbach* WM 2020, 2049, 2052; *Fleischer* ZGR-Sonderheft 23, 1, 15; *Fleischer* BB 2021, 386, 389; *Habersack* ZGR 2020, 539, 560; *Schollmeyer* VGR 26, 15, 26) – letztlich in Form des §§ 110ff HGB Gesetz und auf die Personenhandelsgesellschaften beschränkt. Dass auf nicht kaufmännische Gesellschaften weiterhin das **Feststellungsmodell** zur Anwendung gelangt, ist aus rechtspolitischer Perspektive zu kritisieren (*Bayer/Rauch* DB 2021, 2609, 2611; *Claußen/Pieronczyk* NZG 2021, 620, 627; *Lieder* ZRP 2021, 34, 35; *K. Schmidt* ZHR 187, 107, 114f; *Tröger/Happ* NZG 2021, 133, 137; aA *Löbbe* FS Heidel, 2021, 575, 593ff), muss vom Rechtsanwender aber akzeptiert werden. Insb ist eine analoge Anwendung der §§ 110ff HGB auf GbR und PartG abzulehnen (BeckOK/*Schöne* Rn 35; MüKo/*Schäfer* Rn 6f, 68; Schäfer/*Grunewald* § 5 Rn 40; Schäfer/*Liebscher* § 5 Rn 69; *Lieder/Hilser* NotBZ 2021, 401, 407f; *Grunewald* FS Hager, 2021, 371, 375; aA *K. Schmidt* ZHR 187, 107, 117; *Tröger/Happ* ZIP 2021, 2059, 2069f; für eGbR *Claußen/Pieronczyk* NZG 2021, 620, 628). Für die Übertragung des handelsrechtl Regelungskomplexes fehlt es in rechtsmethodischer Hinsicht bereits an einer planwidrigen Regelungslücke, weil sich der Reformgesetzgeber ganz bewusst gegen eine Kodifizierung des Anfechtungsmodells im Kontext der §§ 705ff entschieden hat (vgl Begr RegE, BT-Drs 19/27635, 228; *Schollmeyer* VGR 26, 15, 26). Das entspricht i Erg der bisher hM, die eine Übernahme des kapitalgesellschaftsrechtl Beschlussmängelrechts verneinte (BGH NJW 1999, 3113 m Anm *Casper* BB 1999, 1837 und m Anm *Brandes* NZG 1999, 936; Nürnberg NZG 2013, 256 Rn 165ff; *Wiedemann* GesR I § 8 IV 2; Oetker/*Lieder* § 119 HGB Rn 67; aA MüKo-HGB/*Enzinger* § 119 Rn 98f; EBJS/*Freitag* § 119 HGB Rn 82; *Gaul* DStR 2009, 804ff). Selbst wenn die Gesellschaft körperschaftlich strukturiert ist, müssen die Gesellschafter nicht hinnehmen, nach Ablauf einer bestimmten Frist mit ihren Einwänden ausgeschlossen zu sein. Die Geltendmachung der Unwirksamkeit im Rahmen der **Feststellungsklage nach § 256 ZPO** (Rn 66) unterliegt nur der Verwirkung gem § 242 (BGH NJW-RR 1990, 474; NJW 1999, 3113; Nürnberg NZG 2013, 256). Besonderheiten gelten bei einem zwischenzeitlichen Wechsel der Rechtsform von der GbR zur OHG (ausf *Pieronczyk* ZIP 2022, 1033, 1036ff).

59 **2. Arten von Beschlussmängeln.** Ist die Stimmabgabe aus den Gründen der **Rechtsgeschäftslehre** unwirksam oder verstößt sie gegen § 181 (Rn 13), führt dies nur zur Nichtigkeit des gesamten Beschlusses wenn Einstimmigkeit erforderlich ist (EBJS/*Freitag* § 119 HGB Rn 55, 78). In Betracht kommen Willensmängel nach allg Recht, etwa wegen eines Irrtums bei der Stimmabgabe, aber auch bei einem Treupflichtverstoß des Gesellschafters oder dem Verstoß gegen ein Stimmverbot (Rn 26; Einzelfälle bei BGHZ 65, 93, 98; BGH WM 1979, 1060). Unter der Geltung des Mehrheitsprinzips kommt es darauf an, ob der Beschluss auch ohne die unwirksame Stimme, die als Enthaltung zu werten ist, zustande gekommen ist (BGHZ 14, 264, 267f zur GmbH; LM BGB § 242 Nr 252; NJW 1987, 1262 zur Publikumsgesellschaft). Die Treuepflicht kann es gebieten, den Gesellschafter erneut abstimmen zu lassen, wenn sich der Fehler ohne Weiteres abstellen lässt (Oetker/*Lieder* § 119 HGB Rn 68).

60 **a) Verfahrensfehler.** Einen zur Nichtigkeit des Gesellschafterbeschlusses führenden Verfahrensfehler stellt die Verletzung von **Einberufungsregelungen** (Form, Frist und Inhalt) dar, wenn er – wie im Regelfall – für die Vorbereitung auf die Beschlussfassung von zentraler Bedeutung war (BGH NZG 2014, 621 Rn 13; NJW 1995, 1353, 1355f; BGHZ 100, 264, 266 für GmbH; NJW 1998, 1946; anders uU bei Publikumsgesellschaft BGH NJW 1987, 1262). Beteiligt sich der nicht oder fehlerhaft geladene Gesellschafter dennoch an der Abstimmung, ist der Fehler hingegen weder kausal noch relevant (vgl BGH NJW 2008, 69 für nichteingetragenen Verein; s ferner BGH NZG 2014, 621 Rn 13; NZG 2013, 57 Rn 47) für das Abstimmungsverhalten und -ergebnis. Es liegt dann eine den Einladungsmangel heilende **Universalversammlung** vor (BGH ZIP 2009, 562 Rn 2; NZG 2014, 945 Rn 12). Auch bei anderen formellen Fehlern, etwa einer fehlerhaften Stimmauszählung, unrichtiger Feststellung des Beschlussergebnisses oder der Zulassung eines vom Stimmrecht ausgeschlossenen Gesellschafters, ist der Beschluss grds nichtig (BGH NJW 1995, 1353, 1355f; München 7.3.2012 – 7 U 3453/11, juris Rn 16), es sei denn, der Fehler war ohne Bedeutung für das Beschlussergebnis (BGHZ 100, 264, 266 für GmbH). Auch die Einberufung durch einen Unbefugten stellt einen zur Nichtigkeit führenden Einberufungsmangel dar (BGHZ 11, 231, 236f; ZIP 2010, 1640 Rn 12; NZG 2014, 945 Rn 12).

61 **b) Inhaltsfehler.** Ein inhaltl Fehler liegt vor bei einem Verstoß gegen **gesetzliche Vorschriften** sowie gegen allg **Grundsätze des Gesellschaftsrechts** wie das Gleichbehandlungsgebot, die Treuepflicht oder individuelle Gesellschafterrechte (Rn 41ff), ebenso bei Fehlen einer gesetz- oder satzungsmäßigen Grundlage (s etwa BGH WM 1992, 57 zum fehlerhaften Ausschließungsbeschluss; Frankfurt DB 1993, 2172 zur Unrichtigkeit eines beschlossenen Jahresabschlusses). Hierher gehört auch die Unzulässigkeit einer Mehrheitsentscheidung mangels einer genügenden vertragl Grundlage (Köln OLGRp 2001, 210). Denkbar ist aber auch, dass treuwidriges Fernbleiben von Gesellschaftern die Mangelhaftigkeit der Entscheidung des beschlussunfähig gewordenen Gremiums überwindet (Hamburg WM 1992, 272).

62 Verstöße gegen gesellschaftsvertragl Bestimmungen, die nicht auch zugleich zwingendes Recht wiederholen, führen nur zur Nichtigkeit des Beschlusses, wenn sich hieraus nicht die wenigstens konkludente Änderung des Vertrags im Einzelfall (**Vertragsdurchbrechung**) herleiten lässt (EBJS/*Freitag* § 119 HGB Rn 78; Oetker/*Lieder*

§ 119 HGB Rn 70). Weitere Einschränkungen ergeben sich aus den Grundsätzen über die fehlerhafte Gesellschaft, wenn der Beschluss eine Vertragsänderung darstellt, die schon vollzogen worden ist (§ 705 Rn 183). Verstöße gegen Ordnungsvorschriften sind hingegen unbeachtlich (RGZ 122, 367, 369; *Bayer/Möller* NZG 2018, 801, 807). Ein nichtiger Beschluss kann unter den gleichen Voraussetzungen wie seine wirksame Begründung gem § 141 BGB **bestätigt** werden. Verfahren die Gesellschafter dauerhaft auf der Grundlage des nichtigen Beschlusses, kann die Berufung auf die Nichtigkeit nach § 242 verwirkt sein (Oetker/*Lieder* § 119 HGB Rn 70).

63 Auf verschiedene Teilinhalte eines Beschlusses ist **§ 139** anwendbar (Nürnberg NZG 2013, 256 Rn 159; BGHZ 124, 111 für Aufsichtsratsbeschlüsse einer AG; BGHZ 139, 288 für WEG-Beschlüsse). Bei einer Blockabstimmung (Rn 34) können Mängel nur eine der getroffenen Entscheidungen erfassen, sodass sich die Frage nach einer **Teilnichtigkeit** des Beschlusses stellt, was allerdings nur in Betracht kommt, wenn ein einheitliches, aber teilbares Rechtsgeschäft vorliegt (dazu *Grunewald* NZG 2017, 1321, 1323). Daran fehlt es, wenn zwei selbständig denkbare Entscheidungen in der Weise aufeinander aufbauen, dass bei Ungültigkeit der einen die andere gegenstandslos oder sinnlos ist. Im Rahmen des auf den Schluss als Rechtsgeschäft anwendbaren § 139 kommt es dann auf den Parteiwillen an, praktisch also darauf, ob die für einen Beschluss stimmende Gesellschaftermehrheit die nicht mangelhaften Teile auch gewollt haben würde, wenn sie um den Mangel des anderen Teils gewusst hätte; das wird allerdings bei einer großen Zahl von Abstimmenden nicht gleich festzustellen sein (*Grunewald* NZG 2017, 1321, 1323). Der BGH (NZG 2018, 508, 512 m Anm *Theusinger* EWiR 2018, 395) will aber nicht zulassen, dass im Zuge einer Anwendung des § 139 die Gesellschaftermehrheit bessergestellt würde, als wenn von vornherein nur über die verbleibenden Beschlussteile abgestimmt worden wäre. In einigen Fällen (etwa Hamburg NZG 2003, 341) kann ein hypothetischer Wille aber feststellt werden, ohne dass die Auslegungsregel des § 139 herangezogen werden muss.

64 c) **Schwebende und relative Unwirksamkeit.** Handelt es sich um ein **zustimmungspflichtiges Geschäft,** wie zB eine Beitragserhöhung aufgrund Mehrheitsklausel (Rn 46) oder einen Verstoß gegen den Gleichbehandlungsgrundsatz ohne Zustimmung des Benachteiligten, ist der Beschluss **schwebend unwirksam.** Mit der Zustimmung wird er wirksam, mit Verweigerung ex tunc nichtig (RGZ 148, 175, 187; BGHZ 48, 141, 143; MüKo-HGB/*Enzinger* § 119 Rn 104, 108; abl *Skauradszun,* Der Beschluss als Rechtsgeschäft, 2020, 223ff; dagegen *Bachmann* AcP 222, 651, 656f). Im Zusammenhang mit der Neujustierung der materiellen Beschlusskontrolle hat der BGH die Kategorie des **relativ unwirksamen** Gesellschafterbeschlusses eingeführt. Namentlich bei der Beitragsvermehrung soll der Beschluss ohne die Zustimmung des belasteten Gesellschafters formell wirksam gefasst sein, ohne die erforderliche Zustimmung sei er indes dem Gesellschafter ggü relativ unwirksam (BGHZ 183, 1 Rn 12; 203, 77 Rn 16; dem folgend *Wertenbruch* DB 2014, 2875, 2878).

65 Die Rechtsfigur des relativ unwirksamen Beschlusses ist **abzulehnen** (i Erg ebenso *Altmeppen* NJW 2015, 2065, 2070; *Altmeppen* VGR 21, 55, 61; *Ulmer* ZIP 2015, 657, 661f). Sie ist mit den dogmatischen Grundlagen des Gesellschafterbeschlusses als mehrseitiges Rechtsgeschäft eigener Art nicht in Einklang zu bringen und bildet einen Fremdkörper in der allg Rechtsgeschäftslehre. Mangelt es bei einem mehrseitigen Vertrag an einer Willensübereinstimmung, kommt der Vertrag grds nicht zustande. Es gelten die **allgemeinen Vorschriften der §§ 139, 140** (*Ulmer* ZIP 2015, 657, 661f). Die Regelfolge der fehlenden Zustimmung ist also die Unwirksamkeit des gesamten Beschlusses nach Maßgabe des § 139. Bei einer Konversion nach § 140 ist Vorsicht geboten. Hier kommt es nicht nur darauf an, ob die Mehrheit den Beschluss auch ohne die Zustimmung des dissentierenden Gesellschafters fassen wollte (so aber *Ulmer* ZIP 2015, 657, 662), sondern ob auch der Minderheitsgesellschafter damit einverstanden war, dass die übrigen Gesellschafter den Beschluss ohne seine Beteiligung fassen. Keinesfalls muss der dissentierende Gesellschafter etwa dulden, dass die Mehrheit ihre Kapitalanteile ohne seine Beteiligung erhöht (*Altmeppen* NJW 2015, 2065, 2070). Dies ist Ausdruck des allg Prinzips der negativen Vertragsfreiheit. Anderes gilt nur, wenn die Verweigerung des Gesellschafters einen **Treuepflichtverstoß** bedeutet (Rn 52).

66 **3. Geltendmachung.** Soweit die Parteien nichts anderes vereinbart haben (Rn 67), ist grds die **Feststellungsklage** gem § 256 ZPO die passende Klageart, es sei denn, die Frage wird inzident im Rahmen einer Leistungsklage entschieden (BGH NJW-RR 1992, 227; NZG 2012, 625 Rn 24; 2013, 664 Rn 8; MüKo/*Schäfer* Rn 80; EBJS/*Freitag* § 119 HGB Rn 79; Hopt/*Roth* § 119 HGB Rn 31f; aA MüKo-HGB/*Enzinger* § 119 Rn 98, 108; *Gaul* DStR 2009, 804ff; bei Vereinbarung von Mehrheitsbeschlüssen *K. Schmidt* FS Stimpel, 1985, 217, 236f; *K. Schmidt* GesR § 15 II 3). Der Personengesellschafter hat grds ein Interesse iSv § 256 I ZPO an der Feststellung der Unwirksamkeit eines Gesellschafterbeschlusses, unabhängig vom Inhalt des Beschlusses (BGH NZG 2013, 664 Rn 10). Die Klage wird **zw den Gesellschaftern** ausgetragen, nicht zw dem dissentierenden Gesellschafter und der Gesellschaft, wenn nichts anderes vereinbart worden ist (BGHZ 81, 263, 264f; 85, 350, 353; 91, 132f; BGH NZG 2013, 664 Rn 14; 2015, 1242 Rn 20; monografisch *Todtenhöfer,* Bestimmung des Klagegegners bei personengesellschaftsrechtl Beschlussmängelklagen, 2016; aA *Bayer/Rauch* DB 2021, 2609, 2617: analog § 113 II 1 HGB; für Publikumsgesellschaften *Herchen* VGR 22, 83, 112ff). Dabei kann jeder Gesellschafter aus eigenem Recht gegen denjenigen Gesellschafter vorgehen, der den Beschluss anders als der Kläger für wirksam oder unwirksam hält. Das gilt grds auch für die Klage eines mittlerweile ausgeschiedenen Gesellschafters (BGH NZG 2012, 625 Rn 24; 2013, 664 Rn 10, 14). Eine notwendige Streitgenossenschaft der Gesellschafter besteht nicht (EBJS/*Freitag* § 119 HGB Rn 79; Oetker/*Lieder* § 119 HGB Rn 73; aA *Gaul* DStR 2009, 804, 806; *Herchen* VGR 22, 83, 115f). Der BGH hat aber auch das Feststellungsinteresse des dissentierenden Gesellschafters nach § 256 I ZPO bei einer Klage gegen die Gesellschaft bejaht, wenn sich aus dem Beschluss ein (Zahlungs-)Anspruch der Gesellschaft selbst gegen ihn ergeben würde (BGH NZG 2007, 381; aA, wenn bereits Zahlungsklage erhoben worden ist,

Stuttgart DB 2010, 1058; bei Publikumsgesellschaften Celle NZG 1999, 64.; hiergegen BGH NJW 1999, 3113, 3115). Diese Klage ist nach hM nicht an eine **Frist** gebunden (BGH NJW 1999, 3113; aA Stuttgart DStR 2009, 651: drei Monate, spätestens sechs Monate). Sie kann aber verwirkt sein (BGHZ 112, 339, 344; BGH NJW 1999, 3113). Das ist bei Verfahrensmängeln typischerweise der Fall, wenn der Verstoß nicht unverzüglich vom Gesellschafter gerügt wird (BGHZ 25, 47, 51; BGH WM 1999, 796). Auch Nichtgesellschafter können sich auf die Nichtigkeit des Beschlusses berufen (München DB 2004, 1878, 1879; MüKo-HGB/*Enzinger* § 119 Rn 114; Heymann/*Hoffmann*/*Bartlitz* § 119 HGB Rn 11ff). Die Wirkungen des Rechtsstreits treffen nach § 325 I ZPO allerdings nur die Prozessparteien (BGHZ 91, 132, 133; BGH NZG 2015, 1242 Rn 19; *Bayer*/*Möller* NZG 2018, 801, 808; aA *Herchen* VGR 22, 83, 115f).

4. Abweichende Regelungen. Zumindest in größeren Gesellschaften wird die Geltendmachung von Beschlussmängeln meist in Anlehnung an das Recht der Kapitalgesellschaft vertragl geregelt, was in praktischer Hinsicht empfehlenswert ist (*Otte* ZIP 2021, 2162, 2164). Zulässig sind gesellschaftsrechtl Vereinbarungen, dass bei der Geltendmachung von Beschlussmängeln die **Gesellschaft Klagegegner** ist (BGHZ 85, 350, 353; BGH NJW 1988, 411; 2011, 2578 Rn 19; München ZIP 2021, 1654, 1655; näher *Sackmann* NZG 2016, 1041, 1043f), eine **Anfechtungsklage** zu erheben und die Klage **fristgebunden** ist (BGHZ 68, 212, 216; BGH NJW 1995, 1218; *Bayer*/*Möller* NZG 2018, 801, 808). Die Geltung der kapitalgesellschaftlichen Grundsätze wird aber noch nicht allein dadurch umfassend vereinbart, dass eine „Anfechtungsfrist" vereinbart wird (BGH NJW 2011, 2578 Rn 21 m Anm *Pathe* EWiR § 119 HGB 1/11, 565 und krit Anm *Münnich* GmbHR 2011, 541, 542) oder andere Vereinbarungen in Annäherung an das kapitalgesellschaftsrechtl System getroffen worden sind (aA München 7.3.2012 – 7 U 2565/11). Allerdings darf die **Frist** die nach der Wertung des § 112 I 2 HGB geltende Dauer von einem Monat nicht unterschreiten (vgl BGH NJW 1995, 1218, 1219; DStR 2007, 961; Nürnberg NZG 2013, 256 Rn 170; Hamm OLGR 2008, 453: vier Wochen; BGH NZG 2011, 1432 Rn 39: acht Wochen ausreichend). Nach bisheriger Rechtslage erwuchs die Entscheidung gegen nicht am Rechtsstreit beteiligte Gesellschafter nicht in Rechtskraft; sie waren aber schuldrechtl verpflichtet, das Urteil gegen sich gelten zu lassen (*Bayer*/*Möller* NZG 2018, 801, 808). Dabei muss es auch unter Geltung des MoPeG im Grundsatz bleiben, jedenfalls kann nicht § 113 VI HGB isoliert auf das Feststellungsmodell übertragen werden (MüKo/*Schäfer* Rn 82; Schäfer/*Liebscher* § 5 Rn 147; *Bayer*/*Rauch* DB 2021, 1609, 1617). Unzulässig ist es allerdings, einen (fehlerhaften) Gesellschafterbeschluss qua gesellschaftsvertragl Bestimmung so lange als wirksam zu behandeln, bis er im Wege eines gerichtlichen Verfahrens erfolgreich beseitigt worden ist (BGH NJW-RR 1990, 474, 475; EBJS/*Freitag* § 119 HGB Rn 80; Oetker/*Lieder* § 119 HGB Rn 74; aA *Herchen* VGR 22, 83, 117). 67

Kraft gesellschaftsvertragl Regelungen können sich die Gesellschafter namentlich dafür entscheiden, das für die Personenhandelsgesellschaften nach **§§ 110ff HGB** vorgesehene Beschlussmängelregime auf die GbR zur Anwendung kommen zu lassen (Begr RegE, BT-Drs 19/27635, 107; dazu näher BeckOK/*Schöne* Rn 36ff). Diese Gestaltungsoption geht insofern über das bisher Zulässige (Rn 58) hinaus, als die Entscheidung nun analog § 113 VI HGB **Gestaltungswirkung** entfaltet und ggü sämtlichen Gesellschaftern **Rechtskraft** wirkt. Zudem können die Gesellschafter hiermit analog § 110 I, II HGB die **Unterscheidung** zw nichtigen und anfechtbaren Beschlüssen in das BGB-Beschlussmängelrecht einführen (MüKo/*Schäfer* Rn 69). Die Geltung der §§ 110ff HGB kann mittels eines pauschalen **Verweises** auf die Vorschriften erfolgen (MüKo/*Schäfer* Rn 70; Schäfer/*Liebscher* § 5 Rn 144f). Auf dieser Grundlage können im zulässigen Rahmen auch die geltenden Vorschriften abbedungen und **modifiziert** werden, wie zB durch Verkürzung der Anfechtungsfrist oder eine Kostenteilung (MüKo/*Schäfer* Rn 70; Schäfer/*Liebscher* § 5 Rn 146). Demggü erscheint das austarierte System der §§ 113–115 HGB weitgehend änderungsfest (MüKo/*Schäfer* Rn 70; Schäfer/*Liebscher* § 5 Rn 147). 68

5. Schiedsfähigkeit. Streitigkeiten über Beschlussmängel im Personengesellschaftsrecht sind grds schiedsfähig (BGH NZG 2017, 657; Hamm DB 1992, 2180; *Löwe* in Mehrbrey, Gesellschaftsrechtliche Streitigkeiten, 3. Aufl 2020, § 34 Rn 51; *Salger* in Reichert, GmbH & Co. KG, 8. Aufl 2021, § 44 Rn 52; *Sackmann* NZG 2016, 1041, 1043; *Schwedt*/*Lilja*/*Schaper* NZG 2009, 1281, 1285; *Witte*/*Hafner* DStR 2009, 2052; *K. Schmidt* NZG 2018, 121, 123; *Otto* ZGR 2019, 1082, 1108f; monografisch *Zimmermann*, Schiedsfähigkeit von Beschlussmängelstreitigkeiten in Personengesellschaften, 2020). Soweit der Gesellschaftsvertrag vorsieht, dass **Beschlussmängelklagen gegen die Gesellschaft zu richten** sind oder das **Anfechtungsmodell der §§ 110ff HGB** zur Anwendung kommt (dazu Begr RegE, BT-Drs 19/27635, 111f), gelten nach zutr Auffassung die zum GmbH-Recht (BGHZ 180, 221) entwickelten Grundsätze auch für Personengesellschaften (so bereits *Lieder* NZG 2018, 1321, 1330; vgl weiter *Baumann*/*Wagner* BB 2017, 1993, 1997; *Borris* NZG 2017, 761, 766f; *Hauschild*/*Böttcher* DNotZ 2012, 577, 587f; *Sackmann* NZG 2016, 1041, 1044f; vgl weiter MHdB GesR VII/*Benedict*/*Gehle*/*Schmidt* § 146 Rn 41; *v Hase* BB 2011, 1993, 1996; *Zimmermann*, Schiedsfähigkeit von Beschlussmängelstreitigkeiten in Personengesellschaften, 2020, S 241ff, 250, 262f, 277f; aA *Nolting* ZIP 2017, 1641, 1645f; *Otto* ZGR 2019, 1082, 1112ff). Denn in diesem Fall ist sicherzustellen, dass die Gestaltungswirkung erga omnes analog § 248 I 1, § 249 I 1 AktG auch im Schiedsverfahren auf einer legitimen Grundlage fußt. Die Drittwirkung von Schiedssprüchen macht es notwendig, dass alle Gesellschaftsorgane und jeder Gesellschafter von der Einleitung und dem Verlauf des Schiedsverfahrens informiert werden und sich als Nebenintervenienten daran beteiligen können. Zudem müssen alle Gesellschafter an Auswahl und Bestellung der Schiedsrichter mitwirken können oder die Auswahl muss durch eine neutrale Stelle erfolgen. Sind auf einer Seite des Rechtsstreits mehrere Gesellschafter beteiligt, kann nach Mehrheitsprinzip entschieden werden. Außerdem sind sämtliche Beschlussmängelklagen, die denselben Klagegegenstand betreffen, nach der Wertung des § 246 III AktG bei demselben Schiedsgericht zu konzentrieren, um divergierende 69

Entscheidungen zu vermeiden (BGHZ 180, 221 Rn 20; BGH NZG 2017, 657 Rn 25). Die konkrete Formulierung kann sich an den von der Deutschen Institution für Schiedsgerichtsbarkeit (DIS) entworfenen Regeln orientieren (abrufbar unter https://www.disarb.org/werkzeuge-und-tools/dis-regeln [24.5.2023]; vgl weiter *Baumann/Wagner* BB 2017, 1993, 1997; *Borris/Schenk-Busch* NZG 2022, 259, 262; *Garbe* GWR 2017, 222). Eine solche Schiedsklausel kann in den Gesellschaftsvertrag aufgenommen oder zw allen Gesellschaftern individualvertragl vereinbart werden (*Römermann* GmbHR 2009, 710, 711; *Römermann* GmbHR 2017, 761, 762).

70 Diese **Mindestanforderungen** sollen nach Auffassung des **I. Zivilsenats** des BGH auf alle Beschlussmängelstreitigkeiten in Personengesellschaften anwendbar sein (BGH NZG 2017, 657 Rn 26 – Schiedsfähigkeit III; dem folgend im Grundsatz *J. Schmidt* Verh. 72. DJT, Bd II/1, 2019, O101, O104; Heymann/*Hoffmann/Bartlitz* § 119 HGB Rn 15; BeckOK-HGB/*Klimke* § 119 Rn 83.1; auf der Basis seines abweichenden Konzepts auch *K. Schmidt* NZG 2018, 121, 125f). Das schließt offenbar auch den Fall ein, dass keine Anfechtungsklage nach dem kapitalgesellschaftsrechtl Rechtsschutzsystem erhoben wird, sondern eine **Feststellungsklage.** Insofern ist diese Position **abzulehnen** (dazu und zum Folgenden bereits *Lieder* NZG 2018, 1321, 1330f; vgl weiter *Baumann/Wagner* BB 2017, 1993ff; *Borris* NZG 2017, 761ff; *Nolting* ZIP 2017, 1641ff; *Otto* ZGR 2019, 1082, 1107ff; *Habersack* FS Graf-Schlicker, 2018, 37, 42ff; krit auch *Heinrich* ZIP 2018, 411ff; *Schlüter* DZWIR 2018, 251ff; *Zimmermann*, Schiedsfähigkeit von Beschlussmängelstreitigkeiten in Personengesellschaften, 2020, S 243ff). Das geltende Beschlussmängelrecht von BGB- und Kapitalgesellschaften unterscheidet sich grundlegend. Soweit nicht das kapitalgesellschaftsrechtl Regime gesellschaftsvertragl festgeschrieben ist (Rn 67), erfolgt die Geltendmachung von Beschlussmängeln durch Erhebung einer Feststellungsklage gegen alle übrigen Gesellschafter. Das von den Mindestanforderungen an die Schiedsvereinbarung adressierte Problem der Legitimation drittwirkender Schiedssprüche stellt sich bei der GbR gerade nicht. Dementspr schießt es auch deutlich über das Ziel hinaus, besagte Mindesterfordernisse auf die Personengesellschaften zu übertragen. Verfehlt ist auch die Annahme der Nichtigkeit einer in diesem Sinne unzureichenden Schiedsvereinbarung nach § 138 I. Um eine Verletzung rechtl Gehörs (Art 103 I GG), die zur Nichtigkeit nach § 138 I führen würde, zu vermeiden, müssen die Schiedsverfahrensparteien und alle Personengesellschafter, gegen die der Schiedsspruch Rechtskraft entfaltet, allerdings an der **Benennung der Schiedsrichter** mitwirken können (*Baumann/Wagner* BB 2017, 1993, 1996; *Boris* NZG 2017, 761, 764; *Heinrich* ZIP 2018, 411, 413f; *Nolting* ZIP 2017, 1641, 1644; *Otto* ZGR 2019, 1082, 1110f; *Zimmermann*, Schiedsfähigkeit von Beschlussmängelstreitigkeiten in Personengesellschaften, 2020, S 270ff). Mit einer **Nachfolgeentscheidung** hat der I. ZS iSd hiesigen Kritik seine zu weit geratene Aussage inzwischen **eingeschränkt** und klargestellt, dass die kapitalgesellschaftsrechtl Mindestanforderungen nur dann gelten, wenn im Gesellschaftsvertrag vorgesehen ist, dass die Beschlussmängelklage nicht gegen die Gesellschafter, sondern gegen die Gesellschaft zu richten ist (BGH ZIP 2022, 125 – Schiedsfähigkeit IV; dazu *Baumann/Wagner* BB 2022, 963; *Borris/Schenk-Busch* NZG 2022, 259; *Heinrich* DB 2022, 446; *Jobst* ZIP 2022, 884; *Liebscher/Günther* ZIP 2022, 713, 715ff; *Mock* SchiedsVZ 2022, 56; *Mülbert/Schneider* MittBayNot 2022, 385ff; *Nolting* NZG 2022, 1286; *Schlüter* DZWIR 2022, 605).

§ 715 Geschäftsführungsbefugnis

(1) Zur Führung der Geschäfte der Gesellschaft sind alle Gesellschafter berechtigt und verpflichtet.

(2) Die Befugnis zur Geschäftsführung erstreckt sich auf alle Geschäfte, die die Teilnahme der Gesellschaft am Rechtsverkehr gewöhnlich mit sich bringt. Zur Vornahme von Geschäften, die darüber hinausgehen, ist ein Beschluss aller Gesellschafter erforderlich.

(3) Die Geschäftsführung steht allen Gesellschaftern in der Art zu, dass sie nur gemeinsam zu handeln berechtigt sind, es sei denn, dass mit dem Aufschub eines Geschäfts Gefahr für die Gesellschaft oder das Gesellschaftsvermögen verbunden ist. Dies gilt im Zweifel entsprechend, wenn nach dem Gesellschaftsvertrag die Geschäftsführung mehreren Gesellschaftern zusteht.

(4) Steht nach dem Gesellschaftsvertrag die Geschäftsführung allen oder mehreren Gesellschaftern in der Art zu, dass jeder allein zu handeln berechtigt ist, kann jeder andere geschäftsführungsbefugte Gesellschafter der Vornahme des Geschäfts widersprechen. Im Fall des Widerspruchs muss das Geschäft unterbleiben.

(5) Die Befugnis zur Geschäftsführung kann einem Gesellschafter durch Beschluss der anderen Gesellschafter ganz oder teilweise entzogen werden, wenn ein wichtiger Grund vorliegt. Ein wichtiger Grund ist insbesondere eine grobe Pflichtverletzung des Gesellschafters oder die Unfähigkeit des Gesellschafters zur ordnungsgemäßen Geschäftsführung.

(6) Der Gesellschafter kann seinerseits die Geschäftsführung ganz oder teilweise kündigen, wenn ein wichtiger Grund vorliegt. § 671 Absatz 2 und 3 ist entsprechend anzuwenden.

1 **I. Normzweck.** Die durch das MoPeG neugestaltete Vorschrift regelt die **Geschäftsführungsbefugnis der Gesellschafter** und grenzt diese namentlich von der Beschlussfassung durch die Gesellschafter über Grundlagenentscheidungen ab. Damit wird die Geschäftsführung und Leitung der GbR auf Ebene der geschäftsführungsbefugten Gesellschafter von der Willensbildung durch **Beschlussfassung aller Gesellschafter** abgegrenzt (§ 714 Rn 35). Nach der anderen Seite ist die Geschäftsführungsbefugnis im Innenverhältnis von der **Vertretungsbefugnis im Außenverhältnis** abzugrenzen, die nach § 720 rechtssystematisch und regelungstechnisch von der Geschäftsführungsbefugnis entkoppelt ist (§ 720 Rn 1).

Im Einz weist **Abs I** das Recht und die Pflicht zur Geschäftsführung allen Gesellschaftern gleichermaßen zu. Damit verbunden ist ein unverändertes Bekenntnis des positiven Rechts zum Prinzip der **Selbstorganschaft** (Rn 12). Die Geschäftsführungsbefugnis erstreckt sich nach **Abs II** inhaltl auf sämtliche Geschäfte, welche die Teilnahme der GbR am Rechtsverkehr gewöhnlich mit sich bringt. Eines allseitigen Gesellschafterbeschlusses iSd § 714 bedürfen die darüber hinausgehenden Geschäfte. **Abs III** normiert den Grundsatz der Gesamtgeschäftsführung, lässt – iS einer Notgeschäftsführung (vgl § 715a; § 715a Rn 2) – aber Einzelgeschäftsführung genügen, wenn eine zeitl Verzögerung die Gesellschafter oder das Gesellschaftsvermögen gefährdet. Haben sich die Gesellschafter vertragl auf die Geltung von Einzelgeschäftsführung verständigt, dann besitzt jeder andere geschäftsführende Gesellschafter nach **Abs IV** ein Widerspruchsrecht, bei dessen Ausübung das Geschäft zu unterbleiben hat. Mittels Gesellschafterbeschlusses kann die Geschäftsführungsbefugnis aus wichtigem Grund, namentlich aufgrund einer groben Pflichtverletzung oder bei Unfähigkeit zur Geschäftsführung, nach **Abs V** ganz oder teilweise entzogen werden. Bei Vorliegen eines wichtigen Grundes ist umgekehrt auch der Gesellschafter nach **Abs VI** berechtigt, die Geschäftsführung ganz oder teilweise zu kündigen. Neben der Notgeschäftsführungsbefugnis nach § 715a steht § 715 in enger Verbindung zur Gesellschafterklage nach § 715b, zu den Gesellschafterrechten nach § 716 sowie zur Berechtigung der Liquidatoren nach § 736 I. 2

II. Recht und Pflicht zur Geschäftsführung. Geschäftsführungs- und Vertretungstätigkeit folgen aus der **Förderungspflicht** und sind Beitrag iSd § 709 (§ 709 Rn 10f). Aber der Gesellschafter hat auch ein **Recht zur Mitwirkung** an der Geschäftsführung. Seine Befugnisse, auf die er nicht schon im Gesellschaftsvertrag verzichtet hat, können ihm nur unter den in § 715 V, § 720 IV geregelten Voraussetzungen entzogen werden. Umgekehrt kann einem Gesellschafter, der nach dem Vertrag an der Geschäftsführung nicht teilzunehmen braucht, eine solche Tätigkeit später nicht aufgezwungen werden (§ 710). Die Geschäftsführungs- und Vertretungstätigkeit werden, da es sich um Beiträge handelt, grds ohne Vergütung ausgeübt (Begr RegE, BT-Drs 19/27635, 150); allerdings kann eine Geschäftsführervergütung vereinbart werden (§ 709 Rn 11) und es besteht ein Anspruch auf Aufwendungsersatz (§ 716). 3

1. Begriff und Abgrenzung. Der **Begriff** der Geschäftsführung ist in § 715 vorausgesetzt, aber nicht näher geregelt. Zumindest verstehen die Materialien darunter „jede zur Förderung des Gesellschaftszwecks ausgeübte Tätigkeit, mit Ausnahme solcher Maßnahmen, die die Grundlagen der Gesellschaft betreffen" (Begr RegE, BT-Drs 19/27635, 150). Der Geschäftsführungsbegriff ist damit **weit zu fassen** und erstreckt sich auf alle Maßnahmen, gleich ob rechtsgeschäftlicher oder tatsächlicher Art, die den **Gesellschaftszweck** unmittelbar oder mittelbar **fördern sollen.** Ob die Maßnahme Außenwirkung hat und mithin ein Vertretungsakt sein kann, oder nur im Innenverhältnis wirkt, ist für die Qualifikation als Geschäftsführungsmaßnahme unerheblich; Geschäftsführungs- und Vertretungsakte werden im rechtsgeschäftlichen Bereich häufig zusammenfallen. 4

Von der Geschäftsführung ausgenommen sind Grundlagengeschäfte, über welche prinzipiell alle Gesellschafter gemeinsam zu entscheiden haben. Das gilt insb für Maßnahmen, die den **Gesellschaftsvertrag ändern,** zB Erhöhung der Beiträge (RGZ 151, 321, 327), die Änderung der Rechtsform (*Lieder* ZGR-Sonderheft 23, 169, 173), die Vereinbarung über das Ausscheiden eines Gesellschafters (Oldenburg NZG 2000, 542), was nicht ausschließt, bestimmte Entscheidungen über solche Fragen, etwa die **Aufnahme neuer Gesellschafter** (BGH NJW 2011, 1666 Rn 9) in der Publikumspersonengesellschaft, auf einzelne Gesellschafter, einen Treuhänder oder sogar eine nicht gesellschaftsangehörige Person wie den dazu bevollmächtigten Initiator (Frankfurt NJW-RR 1994, 1321) zu übertragen (BGH NJW 1973, 1064; NJW 1978, 1000). Zu den Grundlagenentscheidungen gehören weiterhin Entscheidungen, die ähnl einer Vertragsänderung die Grundlagen der GbR berühren oder in die Rechtsstellung der Gesellschafter eingreifen, wie zB die **Änderung von Gesellschaftszweck** und Unternehmensgegenstand, nicht schon eine weitgehende Ausgliederung in der Satzung umschriebener Tätigkeitsbereiche, solange noch ein signifikanter Teil bleibt (Stuttgart DB 2001, 854 für GmbH), die **Auflösung** (RGZ 162, 370, 372), die **Organisation der Geschäftsführung** durch Verleihung und Entziehung der Geschäftsführungs- und Vertretungsbefugnis, die Vergütung der Geschäftsführer (Oetker/*Lieder* § 114 Rn 6; MüKo-HGB/*Jickeli* § 114 Rn 9; *Goette* DStR 1993, 1229; *Priester* FS Korn, 2005, 377, 384), die Entscheidungen über **Bilanzfeststellung** und **Gewinnverwendung** (BGH ZIP 2007, 475, 476f; *Priester* DStR 2007, 28), die Wahl der Abschlussprüfer (BGH NJW 1980, 1689, 1690; Hamm DStR 1999, 1824; *Schulze-Osterloh* FS Hadding, 2004, 637, 648f), der Erlass von Ersatzansprüchen wegen pflichtwidriger Geschäftsführung (BGH NJW 1985, 2830), nicht aber der Abschluss eines stillen Gesellschaftsvertrags (RGZ 153, 371, 373). Ebenso wenig handelt es sich bei der **Übertragung des gesamten Gesellschaftsvermögens** um eine Grundlagenentscheidung idS, sondern stattdessen um ein ungewöhnliches Geschäft iSd § 715 II 2 (Rn 22; vgl auch *Wentz* WM 2022, 2262, 2266f). Das entzieht der analogen Anwendung des § 179a AktG die Grundlage (BGHZ 232, 375 Rn 23ff; anders noch BGH ZIP 1995, 278, 279). Das wird man auch bei Publikumspersonengesellschaften kaum anders sehen können, sofern sich die Gesellschafter – wenn auch auf Grundlage einer Mehrheitsentscheidung – an der Entscheidungsfindung über außergewöhnliche Geschäfte regulär beteiligen können; entsprechen deren Entscheidungsrechte eher denen eines Aktionärs, liegt eine analoge Anwendung des § 179a nahe (offenlassend BGHZ 232, 375 Rn 36; tendenziell für eine Analogie *Tröger* WuB 2022, 247, 250; *Witt* ZGR 2022, 893, 909; aA *Ebbinghaus/Metzen* NZG 2022, 697, 701; *Keller/Schümmer* DB 2022, 1625, 1628ff). 5

2. Geschäftsführungsrecht. Die Mitwirkung an der Geschäftsführung in dem vom Gesellschaftsvertrag gesetzten Rahmen ist eines der **uneigennützigen Rechte** jedes Gesellschafters, bei deren Wahrnehmung aber von vornherein eine Pflichtenbindung an das Gesellschaftsinteresse besteht (§ 705 Rn 117). Der Gesellschafter hat in 6 diesem Rahmen auch Anspruch darauf, seine Ansicht in Bezug auf Sachentscheidungen zur Geltung bringen zu können, dh nach seinem Ermessen seine Zustimmung zu verweigern oder zu versagen (Staudinger/*Habermeier* § 709 aF Rn 41; zu den Grenzen Rn 2, 9). Weisungen einer Gesellschafterversammlung ist er nicht unterworfen, muss sich aber einer wirksam – von seinen Mitgeschäftsführern oder anderen Gesellschaftern – einberufenen Mehrheitsentscheidung fügen.

7 a) **Minderjährige Geschäftsführer.** Ein **Geschäftsunfähiger** kann nicht als Geschäftsführer fungieren (ausf *Staake/Weber* ZIP 2021, 611ff). Im Grundsatz hat auch ein minderjähriger Gesellschafter die Geschäftsführungsbefugnis, was hauptsächlich praktisch werden dürfte, wenn er im Erbgang nachgerückt ist. Die Stimmabgabe eines **beschränkt Geschäftsfähigen** ist niemals iSd § 107 wirksam. Angesichts des niedrigen Volljährigkeitsalters dürfte eine Ermächtigung zum selbständigen Betrieb eines Erwerbsgeschäfts nach § 112 (zur Anwendbarkeit auf Gesellschaftsbeteiligungen *Biddermann*, Der minderjährige Gesellschafter, 1965, 183f; *J. Flume* NZG 2014, 17, 21) kaum einmal praktisch werden. Die Geschäftsführung obliegt insoweit also dem gesetzl Vertreter, der aber in nicht wenigen Punkten eine gerichtliche Genehmigung brauchen wird (§ 705 Rn 42). Nimmt der gesetzl Vertreter die Geschäftsführung unmittelbar als Vertreter des Minderjährigen selbst vor, bedarf er hierzu keiner Ermächtigung durch den Gesellschaftsvertrag oder der Mitgesellschafter, da er etwa auch das Stimmrecht für Grundlagengeschäfte in Vertretung ausüben kann (RGZ 123, 289, 299; Hopt/*Roth* § 114 HGB Rn 4; Oetker/*Lieder* § 114 HGB Rn 25; aA MüKo/*Schäfer* Rn 59). Wird der gesetzl Vertreter tätig, unterliegt er denselben Bindungen wie der minderjährige Gesellschafter. Er kann auch mit gerichtlicher Genehmigung analog § 112 den Minderjährigen zu selbständigen Geschäftsführungsmaßnahmen ermächtigen (Soergel/*Hadding/Kießling* § 709 aF Rn 7), wobei das Gericht aber die Einstellung der Mitgesellschafter zu einer solchen Maßnahme ermitteln sollte. Für die Beachtlichkeit tatsächlicher Handlungen im Innenverhältnis liegt es nahe, auf die konkrete Einsichtsfähigkeit des Minderjährigen abzustellen. Zum Verfahren bei Abstimmungen s § 714 Rn 10.

8 b) **Personenverbände als Geschäftsführer.** Für einen rechtsfähigen **Personenverband** üben seine Organe die Geschäftsführung in der Gesellschaft aus, bei Mitgliedstellung einer anderen GbR oder Personenhandelsgesellschaft schlägt also deren Regelung der Vertretung auf die Geschäftsführung der Beteiligungsgesellschaft durch (zur Möglichkeit der Mitgliedschaft solcher Verbände § 705 Rn 53f). Bei der GmbH & Co KG kann somit der GmbH-Geschäftsführer, ohne an der KG beteiligt zu sein, deren Geschäftsführung ausüben, was zu verschiedenen Problemen bei Meinungsverschiedenheiten führen kann, die dann nach KG-Recht unter Berücksichtigung der Besonderheiten der Grundtypenvermischung zu beurteilen sind (*Blaum* in Westermann/Wertenbruch Rn I 3208ff).

9 **3. Vergütung für Geschäftsführertätigkeit.** Eine **Geschäftsführervergütung** kann nur beansprucht werden, wenn sie besonders vereinbart ist (Begr RegE, BT-Drs 19/27635, 150; Brandenburg DB 2007, 1130, § 709 Rn 10f). Allerdings werden stillschweigende Vergütungsregelungen zugelassen (BGHZ 17, 299, 301), die aber nicht schon dann angenommen werden können, wenn von mehreren Gesellschaftern nur einer oder einzelne Geschäftsführer sind (Koblenz WM 1986, 590). Ein auf die Gewährung von Geschäftsführervergütung gerichteter Gesellschafterbeschluss bedarf – in Ermangelung einer gesellschaftsvertragl Mehrheitsklausel – der Zustimmung aller Gesellschaft (Begr RegE, BT-Drs 19/27635, 150 unter Hinweis auf BGH WM 1967, 1099). Wird eine Vergütung versprochen, kann dies ein Hinweis auf den Abschluss eines gesonderten Dienstvertrags sein (BGH NJW 1963, 1051), was aber erst dann wirklich naheliegt, wenn ein Gesellschafter über das Maß des Üblichen hinaus seine Arbeitskraft einsetzt, ohne in anderer Weise, etwa durch einen höheren Gewinnanspruch, dafür entschädigt zu werden. Ähnl liegt der Fall bei einer Inanspruchnahme von Dienstleistungen, die außergewöhnliche Fähigkeiten erfordern. Werden gleiche Beiträge geleistet, so müssen diese – wenn überhaupt – auch in gleicher Weise vergütet werden (München NZG 2001, 558). Für eine Qualifikation als Dienstvertrag spricht die Vereinbarung einer die gesamte Arbeitskraft beanspruchenden Tätigkeit namentlich dann, wenn andere Gesellschafter nicht in diesem Umfang mitzuwirken brauchen, wofür es nicht genügt, wenn nur ein geschäftsführender Gesellschafter vorhanden ist (Koblenz WM 1986, 590: ein besonders starker Hinweis ist eine Versorgungszusage). Am Charakter als Beitrag ändert eine Vergütungszusage nichts (Staudinger/*Habermeier* § 709 aF Rn 34). Zuweilen kann eine Vergütungsvereinbarung auch so ausgelegt werden, dass ohne Abschluss eines Individualvertrags eine Vergütung als **Gewinnvoraus** geschuldet wird (*Rieger* DB 1983, 1909f; MüKo/*Schäfer* Rn 65; s aber auch BGH WM 1986, 1556), was das Rechtsverhältnis allein dem Gesellschaftsrecht unterstellt.

10 Für die Frage, ob der Vergütungsanspruch von der Höhe des **Gewinns** abhängig ist und auch erfüllt werden muss, wenn unerwartet wenig oder kein Gewinn anfällt (dafür Staudinger/*Habermeier* § 709 aF Rn 35), kommt es weniger auf die Einordnung als Dienstvertrag an als auf die Wertung aller Umstände des Einzelfalls, ebenso für die Frage, was gelten soll, wenn der Geschäftsführer an der Wahrnehmung seiner Pflichten gehindert ist oder unerwartet wenig Arbeit anfällt. Mit § 616 ist letzteres Problem nicht zu lösen (MüKo/*Schäfer* Rn 66; aM BGH NJW 1963, 1051f; *Ganßmüller* NJW 1965, 1948f). Bei einer klaren dienstvertragl Zusage ist der Anspruch gewinnunabhängig, insb wenn ihm Versorgungscharakter zukommt; ein Gewinnvoraus wird demggü auf Grundlage einer ergänzenden Vertragsauslegung wegfallen, wenn keine Gewinne mehr erwirtschaftet werden oder die Tätigkeit nicht mehr ausgeübt wird (BGHZ 10, 44, 53; MüKo/*Schäfer* Rn 65f; zurückhaltend Koblenz DB 1980, 247, 249). Auch eine gewinnunabhängig versprochene Tätigkeitsvergütung oder Versorgungszusage unterliegt unter den Voraussetzungen einer durch die Treupflicht geleiteten Vertragsanpassung der **Herabsetzung**, wenn die Tätigkeit nicht mehr ausgeübt werden kann und das durch sie abgegoltene Risiko etwa wegen einer Änderung der Rechtsform nicht mehr besteht (näher *Dänzer-Vanotti* BB 1983, 999f). Unter besonderen Voraussetzungen,

die auf die Anwendung der Geschäftsgrundlagenlehre hinauslaufen, wird auch eine Pflicht der Gesellschaft zur **Erhöhung** der Vergütung bejaht (BGH BB 1977, 1271).

4. Verpflichtungen des Geschäftsführers. Die Gesellschafter sind im Rahmen des Gesellschaftsvertrags zur Geschäftsführung **verpflichtet**. Der Gesellschafter ist nach § 275 von der Pflicht frei, wenn er an der Erfüllung seiner Aufgaben gehindert ist (BGHZ 43, 384, 387 mit Ausführungen zur Übernahme eines Abgeordnetenmandats; dazu krit *Konzen* AcP 172, 315). Eine längerfristige Verhinderung kann Grund für eine Entziehung der Geschäftsführungsmacht seitens der anderen Gesellschafter, aber auch für eine Kündigung sein (§ 715 V). Macht der Gesellschafter seine Mitwirkung schuldhaft unmöglich, kommt ein Schadensersatzanspruch aus § 280 I in Betracht (§ 705 Rn 105). Ein an der Geschäftsführung beteiligter Gesellschafter ist aufgrund seiner Treupflicht auch gehalten, **Wettbewerb** zu unterlassen (*Wiedemann* GesR II § 4 II 4; MüKo/*Schäfer* § 705 Rn 287; für Ableitung aus §§ 112, 113 HGB analog *Wertenbruch* in Westermann/Wertenbruch Rn I 470a), soweit sich nicht aus den Umständen des Vertragsschlusses ein diesbezüglicher Freiraum ergibt. 11

5. Selbstorganschaft. Die Ableitung des Geschäftsführungsrechts aus der Gesellschafterstellung führt die ganz hM dazu, das zur Typregelung personalistischer Verbände gehörende Prinzip der **Selbstorganschaft** für zwingend zu halten, wobei die Vertretung persönlich haftenden Gesellschaftern vorbehalten bleiben soll (zum Grundsatz BGHZ 26, 330, 332f; 33, 105, 108; 51, 198, 200; BGH WM 2001, 1056; *Flume*, Personengesellschaft, § 14 VIII; *Wiedemann*, GesR II § 4 II 2; *Werra*, Zum Stand der Diskussion um die Selbstorganschaft, 1991, 109f; MüKo/*Schäfer* Rn 13f; *Wertenbruch* in Westermann/Wertenbruch Rn I 310; zweifelnd *K. Schmidt*, GesR § 14 II 2; abw *Beuthien* ZIP 1993, 1589 mit Blick auf fremdorganschaftliche Leitung kraft Satzung in Unternehmensverbindungen). Die Selbstorganschaft hat als „Wesenszug" der Personengesellschaften keine über ihren formal-konstruktiven Ausgangspunkt hinausreichende Überzeugungskraft mehr; die praktischen, das Innen- wie das Außenverhältnis betreffenden Gründe für die Aufrechterhaltung (oder auch die Durchbrechung) des Prinzips zeigen, dass eine zwingende Kraft des Grundsatzes nicht mehr zeitgemäß ist (eingehend *Osterloh-Konrad* ZGR 2019, 271ff; *Lieder* ZGR-Sonderheft 23, 169, 179ff; *Fleischer* ZGR-Sonderheft 23, 1, 23f; Scholz NZG 2020, 1044; aA *Wertenbruch* GmbHR 2021, 1 Rn 6). Einesteils geht es um den Schutz der an Haftung und Risiko teilnehmenden Gesellschafter vor einer von ihnen nicht jederzeit zu beseitigenden Entscheidungsbefugnis eines nicht zum Gesellschafterkreis gehörenden Dritten, aus der Sicht des Rechtsverkehrs um die Sicherheit, dass die letzte Entscheidung allein bei denen liegt, die mit ihrem Vermögen für die Richtigkeit unternehmerischer Entschlüsse einstehen müssen (s etwa *Wiedemann* JZ 1969, 471; *Nitschke*, Die kapitalistische Personengesellschaft, 1970, 217ff). Die Zulassung der GmbH & Co KG, die gesetzl Einführung von Fremdorganschaft in der Liquidation (§ 736 IV 1) und die weitgehende Nachgiebigkeit ggü Gestaltungen von Publikumspersonengesellschaften in Anwendung des Instruments der Fremdorganschaft sind Schwächen bei der Durchführung des Prinzips (näher *Westermann* FS Lutter, 2000, 955, 961ff; Staudinger/*Habermeier* § 709 aF Rn 12), was auch den BFH nicht gehindert hat, die Haftung eines umfassend tätigen Fremdgeschäftsführers einer GbR festzustellen (FamRZ 2003, 1099). Mit der Abkehr vom Gesamthandsprinzip (§ 713 Rn 1) hat das Prinzip der Selbstorganschaft einen weiteren Legitimationsstrang eingebüßt. Eine Ausnahme vom Prinzip kann auch bei einer obligatorischen Gruppenvertretung gemacht werden (*Westermann* in Westermann/Wertenbruch Rn I 542). Bei einer Familiengesellschaft lehnte allerdings Frankfurt ZIP 2014, 875 (so auch MüKo/*Schäfer* Rn 13) die Notbestellung eines Organs analog § 29 ab, weil gewöhnlich durch die anderen Gesellschafter die Handlungsunfähigkeit der Gesellschaft vermieden werden könne. Über ärztliche Praxisgemeinschaften mit Fremdgeschäftsführung *Ahrens* MedR 1992, 141. 12

Die Kritik de lege ferenda hat im Zuge des MoPeG **keine Änderungen der lex lata** nach sich gezogen (Begr RegE, BT-Drs 19/27635, 150; MüKo/*Schäfer* Rn 12; aA BeckOK/*Schöne* Rn 8ff: Fremdorganschaft zulässig). Vielmehr ist § 715 I die Wertung zu entnehmen, dass die Geschäftsführung auch weiterhin in der Hand der Gesellschafter zu liegen hat. Es bleibt also de lege lata dabei, dass die **organschaftliche Geschäftsführungs- und Vertretungsbefugnis** – im Gegensatz zur schuldrechtl Übertragung der Geschäftsführung durch ein Dienstverhältnis und zur Einräumung rechtsgeschäftlicher Vollmacht, den **persönlich haftenden Gesellschaftern vorbehalten** ist (BGHZ 26, 330, 333; 33, 105, 108; 36, 292, 293; 41, 367, 369; 51, 198). Nichtgesellschaftern kann keine ausschließliche Geschäftsführungsbefugnis eingeräumt werden (vgl BGHZ 3, 354, 356ff; 20, 363, 364ff; BGH NJW 1982, 877, 878; NJW-RR 1994, 98; Oetker/*Lieder* § 114 HGB Rn 18). 13

Die **Überlassung der Geschäftsführungsbefugnis zur Ausübung an einen Dritten** auf Grundlage eines Dienstleistungsvertrags ist jedoch zulässig, solange nur die organschaftliche Geschäftsführung so geregelt ist, dass auch Gesellschafter allein bestimmen können. Unter dieser Voraussetzung ist nach zutr hM selbst der **Ausschluss sämtlicher Gesellschafter** von der Geschäftsführung zulässig, wobei den Gesellschaftern stets das Recht verbleibt, anstelle des Ausübungsberechtigten selbst über die Geschäftsführung zu entscheiden und die Entscheidungsbefugnis jederzeit wieder an sich zu ziehen (Röhricht/v Westphalen/Haas/*Haas* § 114 HGB Rn 13; Heymann/*Hoffmann*/*Bartlitz* § 114 HGB Rn 24f; vgl noch BGH WM 1994, 237, 238). Zudem muss die Überlassung zur Ausübung so gestaltet sein, dass sie nicht einer Übertragung gleichkommt, wie etwa im Fall einer unwiderruflichen rechtsgeschäftlichen Vollmacht und bei Verzicht auf die eigene Rechtsausübung (BGHZ 3, 354, 359; BGH NJW 1982, 877, 878; 1982, 2495; NJW-RR 1994, 98; WM 2005, 1698, 1700). Unter diesen Voraussetzungen kann auch ein Vertreter im Fall der Geschäftsunfähigkeit etwa infolge Demenz im Rahmen von **Vorsorgevollmachten** bestellt werden (näher *Schäfer* ZHR 175, 557f; zur Vorsorgevollmacht vgl weiter *v Proff* DStR 2020, 1380, 1384ff; *Hölscher* ZErb 2020, 269ff). 14

15 Weitere Beispiele sind namentlich bei Publikumspersonengesellschaften der Abschluss von **Management-** und **Betriebsführungsverträgen** (BGH NJW 1982, 1817; 1982, 877, 878; näher *Priester* ZIP 2020, 1685, 1686). Für zulässig erachtet die Rspr solche Verträge, wenn den Gesellschaftern ggü dem Dritten ein weitgehendes Weisungsrecht zusteht und ein Recht zur ordentlichen und zur außerordentlichen Kündigung aus wichtigem Grund vereinbart ist (BGH NJW 1982, 877, 878; 1982, 2495; 1982, 1817, 1818). Den nicht von der Geschäftsführung ausgeschlossenen Gesellschaftern stehen ggü dem Dienstleister **Weisungsbefugnisse** zu (Oetker/*Lieder* § 114 HGB Rn 20; Heymann/*Hoffmann*/*Bartlitz* § 114 HGB Rn 26; vgl auch BGHZ 76, 160, 164f; BGH WM 1994, 237, 238). Die Gesellschafter treffen auch bei der Übertragung der Geschäftsführung auf einen Dienstleister Aufsichtspflichten, denen sie durch ihre Informations-, Kontroll- und Weisungsrechte nachkommen können. Sie haften daher zumindest für ein Auswahl- und Aufsichtsverschulden (Oetker/*Lieder* § 114 HGB Rn 20; Schlegelberger/*Martens* § 114 HGB Rn 12, 53). Ist der externe Dienstleister eine jur Person, können die persönlich haftenden Gesellschafter hierdurch ihre Geschäftsführerhaftung gleichwohl erheblich begrenzen. Die umfassende Übertragung der Geschäftsführung und Vertretung mit Beratungsaufgaben auf Dritte kann wegen Verstoßes gegen das RBerG bzw das RDG gem § 134 unwirksam sein (vgl BGH WM 2005, 1698, 1700; 2006, 1673, 1674f; NJW 2011, 2581 Rn 10f; *Altmeppen* ZIP 2006, 1; *Habersack* BB 2005, 1695; *Schimansky* WM 2005, 2209; *Ulmer* ZIP 2005, 1341).

16 **6. Ausschluss einzelner Gesellschafter.** Die Verteilung der Geschäftsführungsbefugnis steht zur **Disposition** der Gesellschafter (§ 708). Sie können von § 715 I, III abweichende Regelungen kraft Gesellschaftsvertrags, Gesellschafterbeschlusses und langjähriger Übung (§ 705 Rn 90) treffen (MüKo/*Schäfer* Rn 15). Zulässig ist ausweislich § 715 III 2, IV 1 („mehrere") die Zuweisung der Geschäftsführung an bestimmte Gesellschafter oder der Ausschluss einzelner Gesellschafter (vgl Begr RegE, BT-Drs 19/27635, 152; MüKo/*Schäfer* Rn 16). Ob die berechtigten Gesellschafter nun einzel- oder gesamtgeschäftsführungsbefugt sind, ist wiederum durch die Gesellschafter zu regeln; andernfalls gilt **im Zweifel Gesamtgeschäftsführungsbefugnis** (§ 715 III 2).

17 Für den Fall, dass einer von zwei geschäftsführungsbefugten Gesellschaftern dauerhaft verhindert ist oder seine Geschäftsführungsbefugnis durch Kündigung oder Tod erlischt, gilt nach § 715 III Gesamtgeschäftsführungsbefugnis (MüKo/*Schäfer* Rn 20; Soergel/*Hadding*/*Kießling* § 710 aF Rn 6; vgl noch BGHZ 41, 367, 368f; abw noch *Wertenbruch* in Westermann/Wertenbruch Rn I 359c. Gleiches gilt, wenn der einzige Geschäftsführer ausfällt (BGH ZIP 2014, 2344 Rn 14; BeckOK/*Schöne* § 709 aF Rn 9). Weitere Gestaltungsoptionen sind Gesamtgeschäftsführung nach dem Mehrheitsprinzip (Rn 27) und Einzelgeschäftsführungsbefugnis mit Widerspruchsrecht (Rn 34ff). Von der Geschäftsführung **ausgeschlossene Gesellschafter** dürfen keine Geschäftsführungstätigkeit entfalten, insb keinen Widerspruch nach § 715 IV erklären (RGZ 102, 410, 412). An der Beschlussfassung über außergewöhnliche Geschäfte wirken sie aber ebenso mit wie ihnen ihre Vermögens- und sonstigen Verwaltungsrechte zustehen, wie zB Stimmrecht, Informationsrecht und Recht auf Rechnungslegung (MüKo/*Schäfer* Rn 23). Der Ausschluss sämtlicher Gesellschafter von der Geschäftsführung scheitert am Prinzip der Selbstorganschaft (Rn 12; vgl BGH NZG 2016, 1223 Rn 13 aE; MüKo/*Schäfer* Rn 24).

18 Der Ausschluss von der Geschäftsführung kommt auch dann zum Tragen, wenn der Gesellschaftsvertrag sämtliche Kompetenzen unter einzelne von mehreren Gesellschaftern in der Weise verteilt, dass eine **gegenständliche Aufspaltung** nach Bereichen (Rn 35) oder eine Zuständigkeit der im Vertrag besonders bedachten Gesellschafter für die gewöhnlichen Geschäfte bestimmt ist. Im ersteren Fall haben die ausgeschlossenen Gesellschafter weder Zustimmungs- noch Widerspruchsrecht in einem Bereich, der im Vertrag einem Geschäftsführer zugewiesen ist; im zweiten Fall gilt für die außergewöhnlichen Geschäfte § 709 (MüKo/*Schäfer* Rn 22). Das Letztere gilt freilich nicht für eine lediglich unter den Geschäftsführern vereinbarte **interne Ressortverteilung** (Staudinger/*Habermeier* § 709 aF Rn 2, 3): Mit der Gesamtgeschäftsführungsbefugnis aller oder einer Gruppe von Gesellschaftern vereinbar ist eine **Aufteilung** der Geschäftsführungskompetenz durch gegenseitige **Ermächtigung**, jew bestimmte Teilaufgaben selbständig zu erledigen (Staudinger/*Habermeier* § 709 aF Rn 10; *Wiedemann* GesR II § 4 II 3). Ohne Mitwirkung der Gesellschaftergesamtheit, die eine diesbezügliche vertragl Regelung trifft, handelt es sich jedoch immer nur um eine intern unter den geschäftsführungsbefugten Gesellschaftern wirkende, von ihnen jederzeit zu beseitigende oder zu ändernde Absprache, die an der Gesamtzuständigkeit und Gesamtverantwortlichkeit und damit auch (im Rahmen des § 715 IV) an Widerspruchsrechten eines Geschäftsführers nichts ändert (MüKo/*Schäfer* Rn 15; Soergel/*Hadding*/*Kießling* § 709 aF Rn 21). Daher sollte auf die normaltypische Personengesellschaft auch die Entscheidung des BGH (NZG 2019, 225 zur GmbH) übertragen werden, die eine Aufgabenzuweisung an einzelne geschäftsführende Gesellschafter von einer klaren und eindeutigen Billigung des Gesellschaftsvertrages oder der Gesellschafterversammlung abhängig macht, was für „nicht delegierbare Angelegenheiten" nicht in Betracht kommt; der BGH verlangt allerdings keine schriftliche Dokumentation.

19 **III. Umfang der Geschäftsführungsbefugnis.** Für den Umfang der Geschäftsführungsbefugnis ist nach § 715 II – in Parallele zu § 116 I, II HGB aF – zw **gewöhnlichen** und **außergewöhnlichen Geschäften** zu unterscheiden. Während gewöhnliche Geschäfte vom Umfang der gesetzl Geschäftsführungsbefugnis gedeckt sind, bedarf es zur Vornahme außergewöhnlicher Geschäfte die Zustimmung aller Gesellschafter. Letztere Geschäfte sind folglich der Regelzuständigkeit der Geschäftsführer entzogen; stattdessen hat die Gesellschafterversammlung nach § 714 (§ 714 Rn 6) darüber Beschluss zu fassen. Das allseitige Zustimmungserfordernis für außergewöhnliche Geschäfte zielt auf eine Begrenzung des persönlichen Haftungsrisikos der nicht geschäftsführungsbefugten Gesellschafter ab. Ohne ihr Zutun soll das Unternehmen nicht grundlegend umgestaltet und es sollen insg keine Geschäfte von essentieller Bedeutung vorgenommen werden können (Begr RegE, BT-Drs 19/27635, 151). Dieser

Regelungszweck kommt freilich nur dann zum Tragen, wenn eine von der Gesamtgeschäftsführung abweichende Gestaltung gewählt wird. Vereinbaren die Gesellschafter Einzelgeschäftsführung oder sind Gesellschafter von der Geschäftsführung ausgeschlossen, ist deren **berechtigtes Partizipationsinteresse** durch das allseitige Zustimmungserfordernis in angemessener Weise zu schützen. Dessen ungeachtet steht § 715 II 2 zur Disposition der Gesellschafter und kann ausgeschlossen oder modifiziert werden (Begr RegE, BT-Drs 19/27635, 151; MüKo/*Schäfer* Rn 25).

1. Gewöhnliche Geschäfte. Gewöhnliche Geschäfte iSd § 715 II 1 sind solche Maßnahmen, die der Betrieb des konkreten Unternehmens nach Art und Umfang normalerweise mit sich bringt und die insofern **üblich** sind. Die Üblichkeit einer Maßnahme bestimmt sich nach der Ausgestaltung des **Gesellschaftsvertrags**, Art und Umfang der **Geschäftstätigkeit**, der **bisherigen Praxis** in der Gesellschaft sowie der Art, Größe, Bedeutung und des **Risikos des Geschäfts** für die Gesellschaft (vgl RGZ 158, 302, 308; BGH BB 1954, 143; WM 1969, 688, 690; BGHZ 76, 160, 162f; Köln NJW-RR 1995, 547, 548; Hamm GmbHR 2016, 423, 426; Oetker/*Lieder* § 116 HGB Rn 4; *Raue* GmbHR 2015, 121, 125; ähnl Begr RegE, BT-Drs 19/27635, 151). Mit Blick auf die grammatikalische Struktur und Systematik des § 715 II sowie die hiermit erstrebte Effektivität der Geschäftsführung der auf gewisse Dauer angelegten GbR ist **im Zweifel** vom Vorliegen eines **gewöhnlichen Geschäfts** auszugehen (vgl BGH BB 1954, 143; Heymann/*Hoffmann*/*Bartlitz* § 116 HGB Rn 3; Oetker/*Lieder* § 116 HGB Rn 4; Hopt/*Roth* § 116 HGB Rn 1). Anders stellt sich die Situation indes dar, wenn sich die Gesellschafter nur lose in Form einer Gelegenheitsgesellschaft (Vor § 705 Rn 52) zusammengeschlossen haben (*Lieder* ZGR-Sonderheft 23, 169, 183). 20

Beispiele für gewöhnliche Geschäfte sind – jew in Abhängigkeit von der konkreten Gesellschaftsstruktur – Verträge mit Architekten und Bauunternehmen (BGHZ 76, 160, 162f), die Verlagerung von Warenbeständen bei drohenden Gefahren (BGH BB 1954, 143), die Einholung von Auskünften über die Kreditwürdigkeit von Geschäftspartnern (RGZ 20, 190, 194), die Rückforderung von Ausschüttungen (Hamm 4.2.2015 – 8 U 89/14; 8 U 99/14 juris Rn 69) und die Stellung von Sicherheiten bei einer Betriebsaufspaltung durch die Besitzgesellschaft für Kredite, die der Betriebsgesellschaft gewährt werden (RGZ 158, 302, 308ff). Hinzu kommen alltägliche Maßnahmen der Forschung und Entwicklung, Produktion und Marketing, Finanzierung und Vermögensverwaltung, Abschluss laufender Arbeits-, Dienst-, Bank- und Versicherungsverträge (vgl Oetker/*Lieder* § 116 HGB Rn 5; MüKo-HGB/*Jickeli* § 116 Rn 22; MüKo/*Schäfer* Rn 27). Gleiches gilt in Abhängigkeit von der konkreten Gesellschaft für die Gründung oder Auflösung von Zweigniederlassungen oder die Veräußerung von Vermögensgegenstände, die keinen ungewöhnlichen Wert aufweisen (vgl Oetker/*Lieder* § 116 HGB Rn 6; Schlegelberger/*Martens* § 116 HGB Rn 10), die Klageerhebung gegen einen Gesellschafter wegen eines mit ihm geschlossenen Drittgeschäfts (BGH WM 1997, 1431) sowie die Geltendmachung von Sozialansprüchen gegen ihn (Hamm 20.6.2011 – 8 U 151/10, juris Rn 51; BeckRS 2013, 16349). 21

2. Ungewöhnliche Geschäfte. Ungewöhnlich sind Geschäfte, die über die für gewöhnliche Maßnahmen genannten Kriterien (Rn 20) hinausgehen und daher nur **ausnahmsweise vorkommen** (vgl BGH BB 1954, 143; BGHZ 76, 160, 162f; 232, 375 Rn 28; Hamm ZIP 2016, 1071, 1074; NZG 2020, 828 Rn 32; *Wertenbruch* NZG 2016, 1081, 1082). Beispiele sind die **langfristige Bindung** von Betriebsmitteln und Kreditgeschäfte von **besonderer Tragweite** und **Risikoneigung** (Röhricht/v Westphalen/Haas/*Haas* § 116 HGB Rn 2a; Oetker/*Lieder* § 116 HGB Rn 8), Abschluss langfristiger Lieferverträge (BGH NJW 1991, 1681, 1682), Verpflichtung zur **Übertragung des gesamten Gesellschaftsvermögens** (BGHZ 232, 375 Rn 28ff: keine analoge Anwendung des § 179a AktG auf KG), Veräußerung zentraler Vermögensgegenstände (vgl KG 8.3.2007 – 23 U 65/06, juris Rn 32; bestätigt durch BGH NZG 2008, 622), Erteilung einer **Generalvollmacht** (Begr RegE, BT-Drs 19/27635, 151) oder einer langfristigen Handlungsvollmacht (vgl Oetker/*Lieder* § 116 HGB Rn 8; MüKo-HGB/*Jickeli* § 116 Rn 26), Errichtung neuer Produktionsstätten oder Zweigniederlassungen (vgl BGH NJW 1991, 1681, 1682) und die **Neuausrichtung der Geschäftspolitik** infolge eines Wechsels des Hauptvertragspartners (Begr RegE, BT-Drs 19/27635, 151). Hinzu kommen **Erweiterungsinvestitionen**, die über den bisherigen Geschäftsbetrieb hinausgehen, betriebswirtschaftl Organisationsmaßnahmen, wie zB Restrukturierungsmaßnahmen (vgl Oetker/*Lieder* § 116 HGB Rn 8; MüKo-HGB/*Jickeli* § 116 Rn 31, 33; *Deubert*/*Lewe* BB 2018, 874, 876), ungewöhnlich umfangreiche Baumaßnahmen (Heymann/*Hoffmann*/*Bartlitz* § 116 HGB Rn 6), Einräumung einer Ergebnisbeteiligung außerhalb des Gesellschaftsvertrags für Nichtgesellschafter, namentlich in Form einer stillen Beteiligung (RGZ 153, 371, 373f; BGH NJW 1971, 375), Maßnahmen, die die Gefahr einer **Interessenkollision** zw Geschäftsführer und Gesellschaft mit sich bringen (BGH WM 1973, 170, 171; vorsichtiger BGHZ 76, 160, 163), wie zB wenn der Mitgesellschafter für einen Auftrag, der normalerweise durch externe Personen durchgeführt wird, eine gesonderte Vergütung zulasten der Gesellschaft erhalten soll (Hamm NZG 2020, 828 Rn 33ff), sowie **Klagen** gegen einen Gesellschafter auf Schadensersatz wegen schuldhafter Verletzung der Geschäftsführerpflichten (BGH WM 1983, 60; 1997, 1431; 2010, 2311 Rn 17), die Übernahme der Prozesskosten der unterlegenen Gegenpartei (Celle NZG 2017, 418 Rn 24ff), die Bestellung eines **besonderen Vertreters** analog § 46 Nr 8 GmbHG, § 147 II AktG (BGH NZG 2010, 1381 Rn 17), die Verteilung von **Spenden** über das alltägliche Maß hinaus (*K. Schmidt* Non Profit Law Yearbook 2001, 2002, 116ff) und die **Kündigung** des Beratervertrags eines Gründungsgesellschafters und langjährigen Geschäftsführers (München 3.2.2011 – 23 U 4705/09, juris Rn 29). 22

3. Verletzung der Geschäftsführungsbefugnis. Geschäftsführende Gesellschafter handeln **pflichtwidrig**, wenn sie bei Grundlagen- oder außergewöhnlichen Geschäften nicht die Zustimmung aller Gesellschafter einholen (§ 714 Rn 6), bei Gesamtgeschäftsführungsbefugnis nicht die Zustimmung der übrigen Geschäftsführer einholen (Rn 26) oder sich bei Einzelgeschäftsführungsbefugnis über einen beachtlichen Widerspruch hinweg- 23 setzen (Rn 40). Mit Ausnahme der Grundlagenentscheidungen schlägt die Pflichtwidrigkeit nach § 720 III nicht auf die Vertretungsbefugnis durch (§ 720 Rn 17).

24 Auf die schuldhafte Überschreitung der Geschäftsführungsbefugnis hat das RG (RGZ 158, 302, 312f) noch die Grundsätze über die **Geschäftsführung ohne Auftrag** nach §§ 677ff angewandt. Diese Sichtweise ist zu Recht **überholt**, weil die Überschreitung der Geschäftsführungsbefugnis am Vorliegen eines Geschäftsführungshandelns nichts ändert, nur eben, dass dieses Handeln pflichtwidrig war. Bereits die schuldhafte Überschreitung der Befugnis begründet die Pflichtverletzung, die durch einen **Innenhaftungsanspruch nach § 280 I** zu sanktionieren ist. Eine weitere pflichtwidrige Ausführungshandlung bei Durchführung der Geschäftsführung ist nicht erforderlich (vgl BGH WM 1988, 968, 970; NJW 1997, 314). Es kann aber an der Kausalität für den Schaden fehlen (vgl BGH NJW-RR 2008, 1252; 1997, 314; näher Oetker/*Lieder* § 114 HGB Rn 38). IÜ kommen Geschäftsführern bei Sorgfaltspflichtverletzungen die Privilegierungen der **Business Judgment Rule** analog § 93 I 2 AktG zugute, soweit es sich um eine unternehmerische Entscheidung handelt (MüKo/*Schäfer* Rn 30; *Habersack/Lüdeking* RFamU 2022, 3, 8f; zurückhaltend *Schirrmacher* ZHR 186, 250, 265ff). Das ist bei einer Verletzung der innergesellschaftlichen Kompetenzordnung, namentlich der Überschreitung der Geschäftsführungsbefugnis regelmäßig nicht anzunehmen (MüKo/*Schäfer* Rn 30; *Habersack/Lüdeking* RFamU 2022, 3, 8f; *Schirrmacher* ZHR 186, 250, 276ff). Bei **zweifelhafter Rechtslage** hat sich der Gesellschafter über das Ausmaß und mögliche Folgen eines rechtswidrigen Handelns der GbR zu vergewissern (Köln NZG 2021, 26 Rn 25; *Verse* ZGR 2017, 174, 176ff). Zu diesem Zweck kann er auf externen Rat vertrauen, muss diesen allerdings einer Plausibilitätsprüfung unterziehen. Eine Delegation dieser Pflicht auf einen nachgeordneten Mitarbeiter ist zwar zulässig, entbindet den Geschäftsführer aber nicht von den allg Anleitungs-, Informations- und Überwachungspflichten (vgl Köln NZG 2021, 26 Rn 23).

25 Ein Schadensersatzanspruch setzt schuldhaftes Verhalten des Geschäftsführers voraus. Nach ersatzloser **Streichung des § 708 aF** finden im Grundsatz die allg Sorgfaltsanforderungen nach § 276 Anwendung, die freilich verkehrskreisbezogen zu bestimmen sind (§ 276 Rn 15). Gerade bei **Gelegenheitsgesellschaften** wird die verkehrskreisbezogene Bestimmung des Sorgfaltsmaßstabs nicht selten zu einer gewissen Haftungserleichterung führen (MüKo/*Schäfer* Rn 30; *Fleischer/Danninger* NZG 2016, 481, 490f; *Habersack/Lüdeking* RFamU 2022, 3, 8), während eine generelle Haftungsprivilegierung analog §§ 31a, 31b bzw analog §§ 521, 599, 690 jedenfalls nicht in Betracht kommt (MüKo/*Schäfer* Rn 30; *Habersack/Lüdeking* RFamU 2022, 3, 7; *Schirrmacher* ZHR 186, 250, 260ff). Bei **unternehmenstragenden Gesellschaften** scheidet eine mildere Haftung in aller Regel aus (MüKo/*Schäfer* Rn 30). Davon abgesehen können sich die Gesellschafter – auch stillschweigend – auf einen **Haftungsausschluss** verständigen (Begr RegE, BT-Drs 19/27635, 140), für dessen Annahme indes große Zurückhaltung angezeigt ist, um sich nicht in die Nähe einer Willensfiktion zu begeben (vgl *Habersack/Lüdeking* RFamU 2022, 3, 7; *Schirrmacher* ZHR 186, 250, 256).

26 **IV. Gesamtgeschäftsführungsbefugnis. 1. Einstimmigkeitsprinzip.** Nach § 715 III 1 sind alle Gesellschafter im Grundsatz zur Geschäftsführung nur gemeinschaftl berechtigt. Das entspricht dem Prinzip, dass dispositive Gesamtgeschäftsführungsbefugnis und Gesamtvertretungsbefugnis (vgl § 78 II 1 AktG, § 35 II 1 GmbHG, § 25 I 1 GenG, § 26 II 1) **verbandsformübergreifend** den gesetzl Regelfall bildet (Begr RegE, BT-Drs 19/27635, 151; näher *Lieder* ZGR-Sonderheft 23, 169, 174f; *Wertenbruch* NZG 2019, 407, 409f). Das gilt im Zweifel auch für den Fall, dass mehrere Gesellschafter zur Geschäftsführung berufen sind (§ 715 III 2) und in der Innengesellschaft (BGH NZG 2018, 1387 Rn 20f). Die Zuständigkeit für die Geschäftsführung liegt demnach bei der Gesamtheit der Gesellschafter, die nach § 714 mit jeder Einzelmaßnahme einverstanden sein müssen. Soweit mehrere Gesellschafter für eine Geschäftsführungsmaßnahme zuständig sind, treffen sie ihre Entscheidungen in Gestalt eines **Beschlusses**, der alle Gesellschafter bindet.

27 **2. Mehrheitsprinzip und andere Gestaltungsmöglichkeiten.** Auf Grundlage des § 708 können sich die Gesellschafter auf die Geltung des Mehrheitsprinzips in Geschäftsführungsangelegenheiten verständigen. Eine allg Mehrheitsklausel deckt sowohl **gewöhnliche** als auch **ungewöhnliche** Geschäftsführungsmaßnahmen ab (§ 714 Rn 37). Die überstimmten Geschäftsführer haben kein Widerspruchsrecht (MüKo/*Schäfer* Rn 34). Der Mehrheitsbeschluss bindet auch die Minderheit und verpflichtet sie, an der Umsetzung des Beschlusses ordnungsgemäß mitzuwirken (MüKo/*Schäfer* Rn 34; Soergel/*Hadding/Kießling* § 709 aF Rn 17; BeckOK/*Schöne* § 709 aF Rn 21); die praktische Durchführung sollte aber weiterhin den Geschäftsführern (auch nach Maßgabe ihrer Ressorts) überlassen bleiben.

28 Davon abgesehen kann gesellschaftsvertragl auch das **Vier-Augen-Prinzip** festgeschrieben werden, sodass immer zwei Gesellschafter gemeinsam zur Geschäftsführung berechtigt sind. Zudem kann Gesamtgeschäftsführung für einzelne Gesellschafter mit Einzelgeschäftsführung für andere Gesellschafter **kombiniert** werden. Zulässig ist weiterhin eine **Ressortaufteilung**, wonach Gesellschafter für bestimmte Ressorts allein verantwortlich sind und nur solche Entscheidungen gemeinschaftl zu fällen sind, die keinem einzelnen Ressort zugewiesen sind (BeckOK/*Schöne* Rn 22).

29 **3. Notgeschäftsführung.** Im Fall der gesetzl Gesamtgeschäftsführung kann nach § 715 III 1 Hs 2 **jeder geschäftsführungsbefugte** Gesellschafter **einzeln tätig werden**, wenn mit einem Zuwarten eine Gefahr für die Gesellschaft oder das Gesellschaftsvermögen verbunden ist. Es handelt sich um eine Komponente der allg Notgeschäftsführung (Begr RegE, BT-Drs 19/27635, 152), die durch § 715a ergänzt wird, auf den sich auch nicht geschäftsführungsbefugte Gesellschafter berufen können (§ 715a Rn 2). Das Notgeschäftsführungsrecht greift

nur dann ein, wenn die (eigentlich zuständigen) geschäftsführungsbefugten Gesellschafter **nicht rechtzeitig erreichbar** sind, sie also keinen Zustimmungsbeschluss fassen können. Umgekehrt muss sichergestellt sein, dass die grds Entscheidungskompetenz der geschäftsführungsbefugten Gesellschafter durch die Inanspruchnahme des Notgeschäftsführungsrechts nicht unterlaufen wird (Begr RegE, BT-Drs 19/27635, 153). Insb darf eine Zustimmungsverweigerung der zuständigen – geschäftsführungsbefugten – Gesellschafter nicht durch das Notrecht konterkariert werden. Daraus folgt zugleich die Pflicht der Handelnden, sich nach Kräften darum zu bemühen, rechtzeitig die erforderliche Zustimmung der anderen Geschäftsführer zu erlangen (Heymann/*Hoffmann*/*Bartlitz* § 115 HGB Rn 22; Oetker/*Lieder* § 115 HGB Rn 25).

Darüber hinaus hängt die Notgeschäftsführungsbefugnis davon ab, dass ein Zuwarten auf die Entscheidungsfindung im Kreise der geschäftsführungsbefugten Gesellschafter mit einer **Gefahr für die Gesellschaft** und das Gesellschaftsvermögen verbunden ist. Ohne das sofortige alleinige Handeln eines – unbefugten – Gesellschafters muss der Gesellschaft bei obj Betrachtung ex post ein Schaden drohen, bei dem es sich auch um entgangenen Gewinn handeln kann (Begr RegE, BT-Drs 19/27635, 153). 30

Die **Rechtsfolge** des § 715 III 1 Hs 2 beschränkt sich entspr seiner systematischen Stellung auf das **Innenverhältnis**. Das Tätigwerden eines nicht allein geschäftsführungsbefugten Gesellschafters wird ausnahmsweise legitimiert. Der Handelnde verstößt nicht gegen die gesetzl Kompetenzordnung. Ggü Maßnahmen der Notgeschäftsführung wird ein Widerspruchsrecht nicht anerkannt (*Hueck*, OHG § 10 III 6; MüKo/*Schäfer* Rn 11; Staudinger/*Habermeier* § 711 aF Rn 5; Soergel/*Hadding*/*Kießling* § 711 aF Rn 3). Eine Vertretungsbefugnis im Außenverhältnis folgt daraus gerade nicht (dazu und zum Folgenden Begr RegE, BT-Drs 19/27635, 154). Der Notgeschäftsführer wird nach außen entweder im eigenen Namen tätig und selbst Vertragspartei des anderen Teils, oder aber er schließt den Vertrag als falsus procurator für die GbR. Die vertretungsberechtigten Gesellschafter können das Geschäft dann entweder im Namen der GbR genehmigen oder der Notgeschäftsführer haftet nach § 179. Wird der Notgeschäftsführer in Anspruch genommen oder erleidet er infolge der Geschäftsführung Verluste, dann kommt ein Ersatzanspruch nach § 716 I in Betracht. 31

4. Zustimmungspflicht. Kommt die nötige Zahl von zustimmenden Äußerungen nicht zustande, hat die Maßnahme zu unterbleiben (zur Notgeschäftsführung Rn 29ff). Nach dem Grundanliegen der Gesamtgeschäftsführung (Rn 26) ist eine positive Zustimmung erforderlich, sodass eine Stimmenthaltung schadet (MüKo/*Schäfer* Rn 31). Wie die eine bestimmte Maßnahme befürwortenden Geschäftsführer auf eine **Verweigerung der Zustimmung** reagieren können, ist im Einzelnen umstritten. Klar ist im Ausgangspunkt, dass die Geschäftsführer grds nach ihrem Ermessen entscheiden können und sollen, und dass die Gerichte nicht befugt sind, solche Entscheidungen im Konfliktfall daraufhin zu überprüfen, welche am ehesten der Erreichung des Gesellschaftszwecks dient (BGH NJW 1972, 862; Köln OLGRp 2001, 194; Stuttgart NZG 2007, 102; MüKo/*Schäfer* Rn 15), während auf der anderen Seite der dem Geschäftsführer eingeräumte Ermessensspielraum nicht bedeutet, dass er sich von sachfremden Gründen leiten lassen darf (vgl *Westermann* FS Maier-Reimer, 2010, 855, 864f). Die anderen Gesellschafter können sich daher über eine verweigerte Zustimmung hinwegsetzen, wenn ggü offensichtlichen rechtl oder unternehmerischen Notwendigkeiten, die für eine bestimmte Maßnahme sprechen, keine anderen als individuell-private Motive des Widersprechenden angeführt werden können (BGH WM 1986, 1556f; PWW/*v Ditfurth* § 709 aF Rn 10; *Wertenbruch* in Westermann/Wertenbruch Rn I 357g). Auf der anderen Seite spricht der Eindruck, dass mehrere Geschäftsführungsbefugte einen anderen ständig aus persönlichen Motiven (Machtausübung) überstimmen, gegen die Rechtmäßigkeit der Entscheidungen, ebenso, wenn in einer Familiengesellschaft die Entscheidungsvorschläge eines missliebigen Familienmitglieds ständig „blockiert" werden. 32

Im Grundsatz ist dem Gesellschafter die Verfolgung eigener Vorstellungen nicht vorzuwerfen (BGH NJW 1986, 844), wohl aber ein eigennütziges oder seine eigene Beurteilung verabsolutierendes Handeln, mit dem er sich über Gesellschaftsinteressen hinwegsetzt (s auch BGH BB 1971, 759). In Anlehnung an Modelle aus dem öffentlichen Recht kann gesagt werden, dass eindeutiger **Ermessensfehlgebrauch** und das Obwalten sachfremder Motive bei dem seine Zustimmung verweigernden Gesellschafter die anderen Partner berechtigt, sich über seine fehlende Zustimmung (wie über seinen Widerspruch im Fall des § 715 IV; Rn 41) hinwegzusetzen. Die Kasuistik zur Entziehung der Geschäftsführungsbefugnis wegen eines pflichtwidrigen Versagens in der Zusammenarbeit mit den anderen Geschäftsführern (Rn 45) kann herangezogen werden. Zugleich ist damit entschieden, dass den Gesellschafter zwar keine allg Pflicht trifft, seine **Ablehnung** einer **Zustimmung** zu einer konkreten Maßnahme zu **begründen**, dass er aber gehalten ist, soviel von seinen Erwägungen offenzulegen, dass die Unterscheidung zw einer legitimen Verfolgung persönlicher Interessen bzw individueller Beurteilung von Gesellschaftsbelangen auf der einen Seite und eigennütziger Motive auf der anderen Seite für die Mitgesellschafter möglich wird (BGH NJW 1972, 862f; MüKo/*Schäfer* Rn 16; Staudinger/*Habermeier* § 709 aF Rn 42). 33

V. Einzelgeschäftsführung. 1. Grundlagen. Nach § 715 IV kann gesellschaftsvertragl – wie bei der OHG – vorgesehen werden, dass alle oder mehrere Gesellschafter jeder für sich allein zu handeln berechtigt sind. Den anderen (geschäftsführungsbefugten) Gesellschaftern steht ein Widerspruchsrecht zu, bei dessen Ausübung das Geschäft unterbleiben muss. Diese Gestaltungsoption sorgt für eine größere Flexibilität und **Bewegungsfreiheit bei der wirtschaftlichen Entscheidungsfindung** der Gesellschaftsleitung (vgl EBJS/*Drescher* § 115 HGB Rn 1; Oetker/*Lieder* § 115 HGB Rn 2; *Weygand* AcP 158, 150, 151). Neben einer Anordnung durch Gesellschaftsvertrag oder Gesellschafterbeschluss kann sich Einzelgeschäftsführungsbefugnis auch aus einer ergänzenden Vertragsauslegung ergeben, wie zB wenn sich eine OHG oder KG ausnahmsweise in eine GbR umwandelt oder die 34

Entstehung einer Handelsgesellschaft an § 107 HGB scheitert (BGH NJW 1971, 1968; WM 1972, 21, 22; MüKo/*Schäfer* Rn 43).

35 Bei einer vom Gesellschaftsvertrag (nicht: von den Geschäftsführern untereinander) festgelegten **Ressortaufteilung** ist im Zweifel jedem Geschäftsführer ein Widerspruch in den jew anderen Ressorts verwehrt, dies kann aber nicht ohne Anhaltspunkte im Vertrag angenommen werden (weitergehend Staudinger/*Habermeier* § 711 aF Rn 5). Sinnvoll kann es auch sein, das Widerspruchsrecht der geschäftsführenden Gesellschafter bei grds bestehender Einzelgeschäftsführung auf außergewöhnliche Geschäfte zu beschränken oder es in diesem Bereich zum Zustimmungsvorbehalt zu verstärken. Auch bei einer zulässigen Geschäftsverteilung bleibt es bei der grds Gesamtverantwortung der geschäftsführenden Gesellschafter, die sich in gegenseitigen **Überwachungspflichten** manifestiert (EBJS/*Drescher* § 114 Rn 30; MüKo-HGB/*Jickeli* § 114 Rn 18; *Linnertz*, Die Delegation durch den Vorstand einer Aktiengesellschaft, 2020, S 168).

36 **2. Widerspruchsrecht.** Das Widerspruchsrecht ist **Ausfluss der Geschäftsführungsbefugnis** und wird zum Individualrecht des Einzelnen erst, wenn es ihm durch den Vertrag außerhalb der Verteilung der Geschäftsführungsbefugnisse eingeräumt ist. Das bedeutet eine ggü den Verhältnissen bei Individualrechten stärkere Bindung der Ausübung des Rechts an den Gesellschaftszweck. Die Maßstäbe für die Treupflichtbindung sind dieselben wie bei Geschäftsführungsmaßnahmen (§ 705 Rn 117ff). Ist der Geschäftsführer wegen einer Interessenkollision von der Willensbildung ausgeschlossen, steht ihm auch kein Widerspruchsrecht zu, wie zB gegen die Entscheidung, eine Klage gegen ihn zu erheben (BGH NJW 1974, 1555, 1556).

37 Zur Organisation in der Form der Einzelgeschäftsführungsbefugnis mit Widerspruchsrecht gehört ferner zwingend die Pflicht der Geschäftsführer, sich gegenseitig über geplante Maßnahmen zu **informieren**, wenn aufgrund der Bedeutung der Sache oder einer dem Handelnden bekannten Einstellung des oder der Mitgeschäftsführer zu dem Fragenkreis davon auszugehen ist, dass diese auf eine vorherige Unterrichtung Wert legen (BGH WM 1971, 819; Staudinger/*Habermeier* § 711 aF Rn 3); andererseits darf mit dem Widerspruch der Geschäftsführende nicht überrumpelt werden (MüKo/*Schäfer* Rn 46). Der Gesellschafter, der mangels rechtzeitiger Information nicht mehr widersprechen konnte, hat einen Anspruch auf Rückgängigmachung des Geschäfts, notfalls ein Selbsthilferecht zu (BGH WM 1971, 819; MüKo/*Schäfer* Rn 46); dieser Maßnahme kann dann der andere nicht widersprechen. Daneben kommen die gewöhnlichen Folgen pflichtwidriger Geschäftsführung in Betracht. Das Widerspruchsrecht greift ein ggü Geschäftsführungsmaßnahmen eines zur Einzelgeschäftsführung befugten Gesellschafters, nicht also gegen die Wahrnehmung von Informations- oder Kontrollrechten oder von Individualrechten. Schreibt der Gesellschaftsvertrag **Gesamtgeschäftsführung** durch jew mehrere Gesellschaftergruppen vor, so besteht ein Widerspruchsrecht jeder Gruppe ggü der jew anderen, wobei aber die Gruppe geschlossen handeln muss (MüKo/*Schäfer* Rn 50). Beschränkt sich das Einzelgeschäftsführungsrecht eines Gesellschafters auf einen bestimmten Teilbereich, dann steht ihm auch nur für diesen Teilbereich das Widerspruchsrecht zu (MüKo/*Schäfer* Rn 49 aE; BeckOK/*Schöne* § 711 aF Rn 3).

38 § 715 IV ist **dispositiv**, sodass Voraussetzungen und Folgen des Widerspruchs im Einz näher festgelegt werden können und das Widerspruchsrecht auch durch andere Maßnahmen ersetzt oder ganz beseitigt werden kann; es kann auch bestimmt werden, dass ein Widerspruch durch einen Mehrheitsbeschluss im Geschäftsführerkreis oder gar in der Gesellschafterversammlung überwunden werden kann (BGH WM 1988, 968f). Möglich ist auch eine Vereinbarung, dass einem geschäftsführenden Gesellschafter Widersprüche nicht entgegengesetzt werden können oder dass jeder von mehreren Geschäftsführern in dem ihm übertragenen Teilbereich widerspruchsfrei handeln kann (funktionell beschränkte Einzelgeschäftsführung, MüKo/*Schäfer* Rn 47; *Wertenbruch* in Westermann/Wertenbruch Rn I 357a). Dem Grundsatz der Selbstorganschaft steht es nicht entgegen, einem Dritten ein Widerspruchsrecht einzuräumen (BGH NJW 1960, 963; Hopt/*Roth* § 115 HGB Rn 7; Oetker/*Lieder* § 115 HGB Rn 28; aA MüKo/*Schäfer* Rn 48).

39 **3. Beachtlichkeit des Widerspruchs.** Die Ausübung des Widerspruchsrechts, auf die hin das geplante Geschäft nach § 715 IV 2 unterbleiben muss (näher Rn 40), ist nicht selten Ausdruck erheblicher Meinungsverschiedenheiten oder führt zu ihnen, was dann Anlass zur Prüfung der Beachtlichkeit und Pflichtwidrigkeit des Widerspruchs gibt. Beachtlich ist der Widerspruch zunächst nur, wenn er sich gegen **konkrete Handlungen** richtet, die sich auch erst in **bestimmten Plänen** (RGZ 109, 58) niedergeschlagen haben oder zumindest gattungsmäßig benannt werden können (Staudinger/*Habermeier* § 711 aF Rn 7). Sie dürfen nur nicht so unbestimmt oder pauschal sein, dass die Geschäftsführungstätigkeit des Betroffenen praktisch lahmgelegt wird (RGZ 84, 136, 139; *Wertenbruch* in Westermann/Wertenbruch Rn I 357b). Wenn ein bestimmtes Vorhaben durch den Widerspruch verhindert werden soll, kann er auch mehrere oder eine Reihe von Rechtsgeschäften betreffen. Sachfremd ist auch ein Widerspruch, dessen Urheber ihn ständig, wahllos oder fortlaufend gegen die Handlungen eines Gesellschafters einsetzt (MüKo/*Schäfer* Rn 54), wenngleich die Rspr aus dem Bestehen langanhaltender Streitigkeiten zw den Geschäftsführern noch nicht die Unbeachtlichkeit des Widerspruchs folgert (BGH NJW 1986, 844). Der Widerspruch muss zwar nicht begründet werden, um zu wirken (näher Oetker/*Lieder* § 115 HGB Rn 10), doch erweckt ein nicht begründeter Widerspruch besonders im Wiederholungsfall den Verdacht der Pflichtwidrigkeit (Staudinger/*Habermeier* § 711 aF Rn 11), und es kann sein, dass eine Missachtung des Widerspruchs durch den Handelnden dann entschuldigt ist (s auch Rn 42). Ein Widerspruch gegen den Widerspruch ist unbeachtlich (MüKo/*Schäfer* Rn 51 aE; BeckOK/*Schöne* § 711 aF Rn 4).

Ein Widerspruch muss **beachtet** werden, auch wenn der handlungswillige Gesellschafter ihn für falsch hält. Setzt er sich über den Widerspruch hinweg, handelt er ohne Geschäftsführungsbefugnis, was allerdings seine **Vertretungsmacht** grds unberührt lässt (vgl § 720 III), da sich außenstehende Dritte um Meinungsverschiedenheiten zw den Geschäftsführern, auch wenn sie ihnen bekannt sind, nicht zu kümmern brauchen (*Wertenbruch* in Westermann/Wertenbruch Rn I 357d); dies gilt bis zur Grenze des Missbrauchs der Vertretungsmacht (dazu § 167 Rn 70, § 720 Rn 18; vgl weiter BGHZ 16, 394; PWW/*v Ditfurth* § 711 aF Rn 3; MüKo/*Schäfer* Rn 56; aM aber *Baur* JZ 1955, 609; *Flume*, Personengesellschaft § 15 II 4). Allerdings muss der Widerspruch **rechtzeitig** erfolgen. Er ist nach Durchführung der Maßnahme verspätet und braucht nicht mehr – etwa durch Rückgängigmachung – beachtet zu werden, es sei denn, der Handelnde hat den Widersprechenden überrumpelt (Rn 37) oder der Widersprechende war nicht rechtzeitig informiert worden (vgl auch Staudinger/*Habermeier* § 711 aF Rn 12). Der handlungswillige Gesellschafter kann die Gesellschafterversammlung anrufen, die dann allerdings, wenn nicht im Vertrag anderes bestimmt ist, einstimmig entscheiden muss (*Westermann* in Westermann/Wertenbruch Rn I 268), woran auch die geschäftsführenden Gesellschafter mitzuwirken haben. 40

Für die Praxis wichtig ist, wann der Widerspruch wegen **Pflichtwidrigkeit nicht beachtet** zu werden braucht. Dies ist zunächst der Fall, wenn er Teil einer umfassenden Obstruktionspolitik des Widersprechenden ist (Rn 39), aber auch dann, wenn er konkret Ausdruck einer Interessenkollision, eines Wettbewerbsverstoßes oder von eigennützigen Motiven ist, mit denen der Gesellschafter gegen Gesellschaftsinteressen verstößt (RGZ 158, 302, 310; 163, 35, 39; *Hueck*, OHG § 10 II 5). Die frühere Rspr (s noch RGZ 109, 54, 59; BGH BB 1956, 92) verlangte einen „offensichtlichen" Verstoß gegen das Gesellschaftsinteresse; inzwischen betont sie das Bestehen eines gerichtlich nicht überprüfbaren Beurteilungsspielraums für den Widersprechenden (BGH NJW 1986, 844; WM 1988, 968, 970), was darauf hinausläuft, dass keine Zweckmäßigkeitsprüfung stattfindet, sondern dargelegt werden muss, aus welchen konkreten und als unbeachtlich zu qualifizierenden Motiven der Widersprechende gehandelt hat. 41

Hält der Handlungswillige den Widerspruch für pflichtwidrig und will er sich darüber **hinwegsetzen**, geht er ein Risiko ein. War der Widerspruch berechtigt, hat der Handelnde im Innenverhältnis (zur Vertretung Rn 40) rechtswidrig gehandelt, und wenn dies schuldhaft geschehen ist, kann er auf Schadensersatz in Anspruch genommen werden. Dabei ist Handeln gegen einen berechtigten Widerspruch als schuldhaft anzusehen, ohne dass die Haftungserleichterungen der Business Judgment Rule analog § 93 I 2 AktG anzuwenden sind (vgl BGH ZIP 1988, 843; Habersack/Schäfer/*Schäfer* § 114 HGB Rn 58); ein Verschulden bei der eigentlichen Maßnahme ist nicht erforderlich. Eine rechtzeitig entscheidende Gesellschafterversammlung (Rn 40) nimmt dem Handelnden dieses Risiko ab. Er kann sich allerdings nicht darauf berufen, dass eine Gesellschafterversammlung, die er nicht einberufen oder einzuberufen sich geweigert hat, ihm unter allen Umständen zugestimmt haben würde (zum Ganzen *Westermann* FS Maier-Reimer, 2010, 855, 862ff). Zumindest im Wiederholungsfall riskiert er auch eine Abberufung nach § 715 V (Rn 44). Bei **Pflichtwidrigkeit des Widerspruchs**, den der Handlungswillige trotzdem beachtet hat, kommt eine Schadensersatzhaftung des Widersprechenden in Betracht, wenn er schuldhaft handelte. Wegen dieser Verwicklungen sollten die Rechtsfolgen des Widerspruchs im Vertrag dahin modifiziert werden, dass nunmehr die Gesamtheit der geschäftsführenden Gesellschafter oder die Gesellschafterversammlung mit Mehrheit zu entscheiden hat. Wer sich darüber hinwegsetzt, geht dasselbe Risiko ein wie bei der Nichtbeachtung eines Widerspruchs (s den Fall BGH ZIP 1988, 843). 42

VI. Entziehung. 1. Zweck und Anwendungsbereich einer Entziehung. Die Geschäftsführungsbefugnis (zur Vertretung § 720 IV; § 720 Rn 19ff) setzt wechselseitiges **Vertrauen** zw den zur Geschäftsführung befugten untereinander und zu den von ihr ausgeschlossenen Gesellschaftern voraus. Ist dieses erschüttert, so müssen die anderen Gesellschafter und auch der Geschäftsführer die Möglichkeit haben, die geschäftsführende Tätigkeit zu beenden. Das gewährleistet § 715 V und verlangt dafür einen Beschluss der übrigen Gesellschafter sowie das Vorliegen eines wichtigen Grundes. 43

Der Entziehung nach § 715 V unterliegen nicht nur **durch Gesellschaftsvertrag** übertragene Befugnisse, namentlich die Einräumung von Geschäftsführungsmacht unter Ausschluss der übrigen Gesellschafter (Rn 16) und Einzelgeschäftsführungsbefugnis (Rn 34). Stattdessen kann nach dem inzwischen klaren Wortlaut auch die **gesetzliche** Gesamtgeschäftsführungsbefugnis ganz oder teilweise (Rn 50) entzogen werden (Begr RegE, BT-Drs 19/27635, 152). Die früher vertretene Gegenauffassung (Braunschweig NZG 2010, 1104; s auch Grü/*Sprau* § 712 aF Rn 1; Staudinger/*Habermeier* § 712 aF Rn 5; PWW/*v Ditfurth* § 712 aF Rn 2; i Erg auch Soergel/*Hadding/Kießling* § 712 aF Rn 1) ist nach dem MoPeG obsolet. Die Entziehung kann auch andere Arten der vertragl eingeräumten Geschäftsführungsbefugnis betreffen, etwa die auf einen bestimmten **Teilbereich** beschränkte Einzelgeschäftsführungsmacht. Entzogen werden kann ebenso ein dem Gesellschafter, der sonst nicht geschäftsführungsbefugt ist, vorbehaltenes und von ihm missbrauchtes **Widerspruchsrecht** (Staudinger/*Habermeier* § 712 aF Rn 2), nicht aber kann das Widerspruchsrecht unter Umgestaltung bestehender Geschäftsführungsmacht allein beseitigt werden, wodurch der Betroffene zum nachrangigen Geschäftsführer würde. Die Entziehung der Geschäftsführungsbefugnis des Hauptgesellschafters einer **stillen Gesellschaft** scheidet im Blick auf das Organisationsgefüge einer stillen Gesellschaft aus (BGH DB 2008, 608 Rn 16; MüKo/*Schäfer* Rn 73; BeckOK/*Schöne* § 712 aF Rn 8). Zur Innengesellschaft s § 740 Rn 8. 44

2. Voraussetzungen einer Entziehung. Voraussetzungen der Entziehung sind das Vorliegen eines **wichtigen Grundes** und ein einstimmiger **Beschluss** der Mitgesellschafter. Die Gründe unterscheiden sich von den zu §§ 117, 127 HGB genannten im Kern nicht, auch insoweit nicht, als ein **Verschulden** an dem in Betracht gezoge- 45 nen Geschehen nicht Voraussetzung sein und nur bei der Prüfung der Wichtigkeit des Grundes mit einbezogen werden soll (BGH BB 1952, 649; MüKo/*Schäfer* Rn 74); anders schon definitionsgemäß bei der groben Pflichtverletzung (BGH NJW 1984, 173). Daher muss ein schuldloses Verhalten mit Rücksicht auf die gesellschaftliche Treupflicht eine erhebliche Belastung der Gesellschaft darstellen, bevor es eine Entziehung begründen kann. Für die Handelsgesellschaft hat der BGH (LM Nr 1 zu § 117 HGB) anerkannt, dass langjährige persönliche Beziehungen der Gesellschafter untereinander (dieser Gesichtspunkt kann auch für die GbR gelten) oder Verdienste des Geschäftsführers als Gegengründe zu berücksichtigen sind. Insg sind die im Gesetz ausdrückl aufgeführten Fälle nur beispielhaft. Im Rahmen einer Gesamtbetrachtung sind alle Umstände des konkreten Einzelfalls abzuwägen (Staudinger/*Habermeier* § 712 aF Rn 8). Maßgeblich ist, ob der Fortbestand des dem betroffenen Gesellschafter eingeräumten Mitentscheidungs- oder Widerspruchsrechts vor dem Hintergrund der wohlverstandenen Interessen der Gesellschafter für die Mitgesellschafter **zumutbar** erscheint (vgl LG Hamburg NJOZ 2010, 1329, 1330; MüKo/*Schäfer* Rn 74; Soergel/*Hadding/Kießling* § 712 aF Rn 2). Wichtiger Grund ist auch die Verletzung von Pflichten zur Information der Mitgesellschafter über eine wichtige Geschäftschance (Köln DB 2005, 2571). Im Vordergrund steht stets die Zusammenarbeit unter den geschäftsführungsbefugten Teilhabern (s BGH ZIP 1992, 760 zur GmbH), gleich steht die beständige Verletzung von Mitwirkungsrechten von Mitgesellschaftern (BGH NJW 1984, 173), nicht selten auch der Umgang mit Personal, die dauernde Strapazierung der Gesellschafterversammlung und des Widerspruchsrechts (s näher BGH ZIP 2002, 396 m Anm *v Gerkan* WuB II F § 127 HGB 1.02). Gleiches gilt, wenn sich der Geschäftsführer aufgrund bei einer anderen Gesellschaft begangenen unrechtmäßigen Eingriffen als unzuverlässig erweist, auch wenn sich die Unzuverlässigkeit bisher in der konkreten GbR noch nicht manifestiert hat (BGH DB 2008, 806 Rn 23). Gleiches gilt für den Verlust der Geschäftsfähigkeit (MüKo/*Schäfer* Rn 75; *Staake/Weber* ZIP 2021, 611, 613f). In den nicht seltenen Fällen von **Fehlverhalten auf beiden Seiten**, auch durch Dulden von Verstößen eines Repräsentanten einer Gesellschaftergruppe, kommt es nicht darauf an, wer als erster die Abberufung betreibt (Zweibrücken OLGRp 2005, 444; s auch Hamm GmbHR 1985, 119), sondern auf das relative Gewicht der Pflichtverletzungen; die als Ausweg genannte Kündigung oder Auflösung der Gesellschaft (MüKo/*Schäfer* Rn 76) muss ultima ratio bleiben (zur Tragweite und zu den Grenzen dieses Prinzips eingehend *Klein-Wiele*, Verhältnismäßigkeit und ultima ratio handelsrechtlicher Gestaltungsklagen, 2016).

46 Der notwendige **Gesellschafterbeschluss** muss einstimmig von den übrigen Gesellschaftern gefasst werden, der abzuberufende Geschäftsführer darf also nicht mitstimmen. Willigt der abzuberufende Gesellschafter ein, handelt es sich um eine Vertragsänderung. Wenn die Mehrheitserfordernisse erfüllt sind, bedarf es einer formalen Beschlussfassung nicht mehr (Köln DB 2005, 2571). Das **Einstimmigkeitserfordernis** folgt daraus, dass die Entziehung übertragener Befugnisse in der Nähe der Gesellschaftsvertragsänderung steht und keine, auch keine außerordentliche Geschäftsführungsmaßnahme ist. Für eine **Mehrheitsentscheidung** über die Entziehung, die bei entspr Vertragsregelung ebenfalls ausreicht, genügt es nicht, wenn die Geschäftsführung sonst nach dem Mehrheitsprinzip organisiert ist (MüKo/*Schäfer* Rn 78). Ausreichend ist hingegen eine allg Mehrheitsklausel (§ 714 Rn 37). Auch in der **Zweipersonengesellschaft** kann nichts anderes gelten (RGZ 162, 78, 83), da sonst das Prinzip des Stimmverbots bei Entscheidungen in eigener Sache (*K. Schmidt* GesR § 21 II 2) missachtet würde (Soergel/*Hadding/Kießling* § 712 aF Rn 3); die Entziehung erfolgt dann durch einseitige Erklärung ggü dem betr Gesellschafter. Zur **Publikumspersonengesellschaft** s Rn 48. Zwar ist die Entziehung der Geschäftsführungsbefugnis nach § 715 V von derselben der Vertretungsbefugnis nach § 720 IV (§ 720 Rn 1) zu unterscheiden, allerdings wird ein isolierter auf die Geschäftsführungsbefugnis beschränkter Beschluss – in Ermangelung abweichender Anhaltspunkte – regelmäßig dahin auszulegen sein, dass auch die **Vertretungsbefugnis** erfasst sein soll (MüKo/*Schäfer* Rn 81).

47 Kommt die erforderliche Mehrheit für die Entziehung nicht zustande, so kann das im Recht der Personenhandelsgesellschaft entwickelte Instrument der Kombination von **Mitwirkungs-** und **Abberufungsklage** (BGHZ 64, 253; 68, 81, 82; BGH ZIP 1983, 1066; näher *Wertenbruch* in Westermann/Wertenbruch Rn I 300b) mit der Modifikation eingesetzt werden, dass ein auf Zustimmung lautender Titel den auf Abberufung gerichteten nicht einstimmig gefassten Gesellschafterbeschluss ergänzt. Für das Bestehen einer Zustimmungspflicht aus wichtigem Grund ist das Gesellschaftsinteresse an der Bereinigung von Unzuträglichkeiten in der Geschäftsführung gegen die aus persönlichen Beziehungen zum Geschäftsführer folgenden Beharrungsinteressen abzuwägen; das erstere hat den Vorrang, wenn die Schwierigkeiten die Erreichung des Gesellschaftszwecks gefährden (MüKo/*Schäfer* Rn 80), eine nur aus enger persönlicher Verbundenheit erklärbare Weigerung, an der Abberufung mitzuwirken, würde möglicherweise ohnehin wegen einer Interessenkollision des sich Weigernden unbeachtlich sein (Staudinger/*Habermeier* § 712 aF Rn 10). Lösungen dieser Art sind nötig, um zu gewährleisten, dass nicht mehrere Gesellschafter, die zusammen das Zustandekommen eines Mehrheitsbeschlusses verhindern können, damit zugleich das Durchgreifen der gegen jeden von ihnen bestehenden Entziehungsgründe verhindern. Der Weg über die Zustimmungsklage ist einer Kündigung der Gesellschaft wegen Unmöglichkeit der Entziehung (so aber RGZ 162, 396) vorzuziehen; zu einem Schadensersatzanspruch wegen pflichtwidriger Weigerung, an der Entziehung mitzuwirken, kann es nur unter Umständen kommen, die der Zustimmungsklage zum Erfolg verhelfen müssten.

48 In der **Publikumspersonengesellschaft** kommt zur Zustimmungspflicht die Pflicht der Geschäftsführung hinzu, auf Verlangen einer qualifizierten Minderheit eine Gesellschafterversammlung mit dem Tagesordnungspunkt „Entziehung“ einzuberufen oder eine Tagesordnung zu erweitern. IÜ gilt hier insofern eine Besonderheit, als ei-

ne Bestimmung des Gesellschaftsvertrags, wonach der Gesellschafter-Geschäftsführer nur einstimmig abberufen werden darf, im Wege der Inhaltskontrolle dahin zu modifizieren ist, dass die **einfache Mehrheit genügt** (BGHZ 102, 172, 178; zust *Hüffer* WuB II J § 712 BGB 1/88 sowie Kurzkomm *Blaurock* EWiR § 712 BGB 1/88). Dies gilt auch für die Abberufung eines nicht zum Gesellschafterkreis gehörenden Geschäftsführers oder Treuhänders, die allerdings vom Vorliegen wichtiger Gründe abhängig gemacht werden kann (BGH NJW 1982, 2495). In diesem Bereich kann auch ein offizieller Vertrauensentzug durch die Gesellschafterversammlung als wichtiger Grund ausreichen (*Reichert/Winter* BB 1988, 988).

Der Gesellschafterbeschluss ist vor Gericht mit der **Feststellungsklage** dahingehend angreifbar, dass ein wichtiger Grund nicht vorgelegen habe oder die Voraussetzungen der Einstimmigkeit oder einer genügenden Mehrheit gefehlt hätten. Verklagt werden kann nach den Regeln des § 256 ZPO jeder, der sich auf die Entziehung beruft; er trägt die Beweislast für das Vorliegen deren Voraussetzungen. 49

3. Teilweise Entziehung. Zulässig ist eine vollständige, aber auch eine **teilweise Entziehung** der Befugnisse, die sich – in Form einer Beschränkung der Geschäftsführungsbefugnis – im Vergleich zu einer vollständigen Entziehung als milderes Mittel darstellen kann (näher *Wertenbruch* in Westermann/Wertenbruch Rn I 287a). Bspw kann einem einzelgeschäftsführungsbefugten Gesellschafter die Einzelbefugnis entzogen und er auf den gesetzl Regelfall der Gesamtgeschäftsführungsbefugnis zurückgeworfen werden. Die Gesellschafter können aber auch eine gegenständliche Beschränkung der Geschäftsführungsbefugnis beschließen, wie zB auf Produktion, Einkauf oder Betrieb des von der Gesellschaft getragenen Unternehmens (Begr RegE, BT-Drs 19/27635, 152). Die früher vertretene Gegenauffassung (RG Warn Rspr 1913 Nr 51; Soergel/*Hadding/Kießling* § 712 aF Rn 4: keine Beschränkung zulässig, außer im Gesellschaftsvertrag zugelassen) ist nach dem MoPeG obsolet. Gleichermaßen kommt eine temporäre Entziehung in Betracht (BeckOK/*Schöne* Rn 27). 50

4. Rechtsfolgen. Mit der Bekanntgabe des Beschlusses an den betroffenen Gesellschafter, die sich bei seiner Abwesenheit nach § 130 richtet, treten die Rechtsfolgen ein. Sie bestehen im Eintreten der von den übrigen Gesellschaftern **konkret beschlossenen** ganzen oder teilweisen Entziehungen der gesellschaftsvertragl oder gesetzl Geschäftsführungsbefugnis. Wenn ein Einzelgeschäftsführer bisher durch einen Widerspruch desjenigen sollte kontrolliert werden können, dem nun die Geschäftsführung entzogen wird, muss im Wege der Vertragsänderung eine andere Kontrollmöglichkeit geschaffen werden, woran eine notwendige Entziehung nicht scheitern darf. Die Regelung gem § 715 III kommt zum Zuge, wenn dem einzigen Geschäftsführer die Rechtsmacht entzogen wird (RGZ 162, 78, 83) oder durch die Entziehung das gesamte vom Gesellschaftsvertrag geschaffene System der checks and balances zerstört wird. Die im Kapitalgesellschaftsrecht bekannte Figur der **„fehlerhaften Abberufung“**, die nur zu einer vorläufigen Wirksamkeit der Maßnahme führen könnte, hat im Personengesellschaftsrecht bisher keine Entsprechung und wird auch für das Aktienrecht offenbar nicht durchgehalten (näher *Scholz* ZIP 2019, 2338ff). 51

5. Abdingbarkeit. Auch § 715 V ist **abdingbar** (MüKo/*Schäfer* Rn 87; Staudinger/*Habermeier* § 712 aF Rn 6), was für hinlängliche Flexibilität in den Rechtsfolgen auch genutzt werden sollte. Nicht selten werden vertragl bestimmte Ereignisse und Entwicklungen als **wichtige Gründe** festgelegt oder dieser Qualifikation entzogen. Die Beispiele aus der Rspr (BGH NJW 1973, 651; NJW 1968, 212, 215) stammen aus dem Handelsrecht. Auch die **völlige Beseitigung des Entziehungsrechts** kann in einer auf persönliche Zusammenarbeit eingerichteten Gesellschaft hingenommen werden (MüKo/*Schäfer* Rn 88; Soergel/*Hadding/Kießling* § 712 aF Rn 7; Staudinger/*Habermeier* § 712 aF Rn 6), allerdings nur, solange wenigstens das Recht zur Ausschließung (§ 737) bestehen bleibt; anderenfalls hätte der Geschäftsführer einen Freibrief für willkürliches Verhalten. Es kann auch eine **Entziehung ohne wichtige Gründe** vereinbart werden (vgl BGH NZG 2020, 1384 Rn 19; MüKo/*Schäfer* Rn 87). 52

VII. Kündigung der Geschäftsführerbefugnis. 1. Niederlegung der Geschäftsführung. Die Kündigung nach § 715 VI eröffnet als Entsprechung zur Entziehung der Geschäftsführungsbefugnis die Möglichkeit für einen Gesellschafter, sein Geschäftsführungsamt niederzulegen. Damit verbunden ist das Recht, sich aus wichtigem Grund der **Tätigkeitspflicht**, die aus der Geschäftsführungsbefugnis folgt, zu **entziehen**, ohne auch das Gesellschaftsverhältnis für ihn vollständig beenden zu müssen (vgl *K. Schmidt* DB 1988, 2241ff). Eine Kündigung ist unnötig, wenn der Gesellschafter aus von ihm nicht zu vertretenden Gründen von der Tätigkeitspflicht befreit ist (Rn 11). Die Kündigung eines Gesellschafters kann für einen Mitgesellschafter einen wichtigen Grund zur Kündigung seiner Gesellschafterstellung nach §§ 725, 731 darstellen (MüKo/*Schäfer* Rn 89). 53

In Parallele zu § 715 V (Rn 43ff) kann sich der Gesellschafter von der Geschäftsführungspflicht **ganz** oder **teilweise** befreien, und zwar unabhängig davon, ob sich die Befugnis aus **Gesellschaftsvertrag** oder aus **Gesetz** ergibt. Die früher vertretene Gegenauffassung (*Wertenbruch* in Westermann/Wertenbruch Rn I 352) ist nach dem MoPeG obsolet. Im Rahmen der Abwägung ist allerdings zu berücksichtigen, dass die gesetzl Gesamtgeschäftsführungsbefugnis für alle Gesellschafter regelmäßig weniger belastend erscheint als Einzelgeschäftsführungsbefugnis bestimmter Gesellschafter (Begr RegE, BT-Drs 19/27635, 153). Im Allg liegt ein wichtiger Grund vor, wenn dem Gesellschafter die fortwährende Geschäftsführung in der konkreten Gestaltung nicht zugemutet werden kann (MüKo/*Schäfer* Rn 90). 54

2. Erklärung. Die Kündigung muss **ggü allen Mitgesellschaftern** erklärt werden, da sie den Gesellschaftsvertrag ändert. Es gibt keine gesetzl Fristen, doch darf nach § 715 VI 2 iV mit § 672 II nur so gekündigt werden, dass rechtzeitig für Ersatz gesorgt werden kann oder die Mitgesellschafter sich auf die Veränderung einstellen können. Damit gilt auch die Schadensersatzpflicht bei Kündigung zur Unzeit (§ 671 II 2). 55

56 Die **Rechtsfolgen** der Kündigung für die Geschäftsführungsbefugnisse der Mitgesellschafter sind ebenso zu bestimmen wie bei Entziehung (Rn 51; MüKo/*Schäfer* Rn 93; Staudinger/*Habermeier* § 712 aF Rn 20; aM *K. Schmidt* DB 1988, 2241ff).

57 Auch § 715 VI ist **abdingbar**, sodass dem Gesellschafter erleichtert oder freigestellt werden kann, die Tätigkeit niederzulegen. Die Verweisung auf § 671 III bedeutet aber, dass der Gesellschafter auf die Kündigung aus wichtigem Grund nicht im Voraus verzichten kann; dies ist zwingend.

§ 715a Notgeschäftsführungsbefugnis

Sind alle geschäftsführungsbefugten Gesellschafter verhindert, nach Maßgabe von § 715 Absatz 3 Satz 3 [*richtig: § 715 Absatz 3 Satz 1 Halbsatz 2*] bei einem Geschäft mitzuwirken, kann jeder Gesellschafter das Geschäft vornehmen, wenn mit dem Aufschub Gefahr für die Gesellschaft oder das Gesellschaftsvermögen verbunden ist. Eine Vereinbarung im Gesellschaftsvertrag, welche dieses Recht ausschließt, ist unwirksam.

1 **I. Normzweck.** Die durch das MoPeG neu eingefügte Vorschrift regelt – in Ergänzung des § 715 III 1 Hs 2 (§ 715 Rn 26) – nach **S 1** die einem jeden – auch von der Geschäftsführung ausgeschlossenen – Gesellschafter zustehende **allgemeine Notgeschäftsführungsbefugnis**. Sie gilt über die Verweisungen der § 105 III, § 161 II HGB und § 1 IV PartGG auch für OHG, KG und PartG und ist nach **S 2 satzungsfest**. Die Notgeschäftsführungsbefugnis schließt die für eine analoge Anwendung des § 29 zur Bestellung eines Notgeschäftsführers erforderliche Regelungslücke (BGH ZIP 2014, 2344 Rn 12; MüKo/*Schäfer* Rn 1). Sie ergänzt die Notgeschäftsführungsbefugnisse, die sich auch noch für andere Sondersituationen im Privatrecht finden (dazu *Grunewald* FS Aderhold, 2021, 89ff). Eine Pflicht zur Notgeschäftsführung kann sich für Gesellschafter nur ausnahmsweise auf Grundlage der mitgliedschaftlichen Treuepflicht ergeben (§ 705 Rn 110; *Grunewald* FS Aderhold, 2021, 89, 92, 98; *Schirrmacher* NJW 2018, 3348, 3349f).

2 **II. Voraussetzungen.** Der Wahrnehmung der Notgeschäftsführungsbefugnis steht weder eine nach § 715 III verweigerte Zustimmung noch ein Widerspruch nach § 715 IV entgegen. Allerdings darf eine konkrete gesellschaftsvertragl Vereinbarung, etwa die Gesamtgeschäftsführungsbefugnis mehrerer Gesellschafter, nicht durch das Notrecht unterlaufen werden (Begr RegE, BT-Drs 19/27635, 153). Dementspr setzt § 715a S 1 voraus, dass **alle geschäftsführungsbefugten Gesellschafter verhindert** sein müssen. Sind nur einzelne von ihnen zur Geschäftsführung nicht in der Lage, greift vorrangig die Notgeschäftsführungsbefugnis (gesamt-)geschäftsführungsbefugter Gesellschafter nach § 715 III 1 Hs 2 ein (Begr RegE, BT-Drs 19/27635, 153). Vor diesem Hintergrund ist der handlungswillige Gesellschafter verpflichtet, sich nach Kräften darum zu bemühen, rechtzeitig die erforderliche Zustimmung eines geschäftsführungsbefugten Gesellschafters zu erlangen (vgl Oetker/*Lieder* § 115 HGB Rn 25; Heymann/*Hoffmann*/*Bartlitz* § 115 HGB Rn 22).

3 Darüber hinaus muss – in Parallele zu § 715 III 1 Hs 2 (§ 715 Rn 29) – bei Untätigkeit des Gesellschafters eine **Gefahr für die Gesellschaft und das Gesellschaftsvermögen** bestehen. Ohne das sofortige Handeln eines – unbefugten – Gesellschafters muss der Gesellschaft bei **objektiver Betrachtung ex post** ein Schaden drohen, bei dem es sich auch um entgangenen Gewinn handeln kann (Begr RegE, BT-Drs 19/27635, 153). Schätzt der Gesellschafter die Gefahrenlage ex ante falsch ein, kommen die Regelungen über die Geschäftsführung ohne Auftrag zur Anwendung (Begr RegE, BT-Drs 19/27635, 154).

4 **III. Rechtsfolgen.** Die **Rechtsfolge** des § 715a beschränkt sich entspr seiner systematischen Stellung auf das **Innenverhältnis**. Das Tätigwerden eines nicht geschäftsführungsbefugten Gesellschafters wird ausnahmsweise legitimiert. Der Handelnde verstößt nicht gegen die gesetzl Kompetenzordnung. Eine Vertretungsbefugnis im Außenverhältnis folgt daraus gerade nicht (dazu und zum Folgenden Begr RegE, BT-Drs 19/27635, 154). Der Notgeschäftsführer wird nach außen entweder im eigenen Namen tätig und selbst Vertragspartei des anderen Teils, oder aber er schließt den Vertrag als falsus procurator für die GbR. Die vertretungsberechtigten Gesellschafter können das Geschäft dann entweder im Namen der GbR genehmigen oder der Notgeschäftsführer haftet nach § 179. Ist der Notgeschäftsführer im Innenverhältnis legitimiert, hat er gegen die vertretungsberechtigten Gesellschafter aus der gesellschaftsrechtl Treuepflicht regelmäßig einen Anspruch auf Erteilung der Genehmigung nach § 177 (MüKo/*Schäfer* Rn 6). Wird der Notgeschäftsführer in Anspruch genommen oder erleidet er infolge der Geschäftsführung Verluste, dann kommt ein Ersatzanspruch nach § 716 I in Betracht (Begr RegE, BT-Drs 19/27635, 154).

§ 715b Gesellschafterklage

(1) Jeder Gesellschafter ist befugt, einen auf dem Gesellschaftsverhältnis beruhenden Anspruch der Gesellschaft gegen einen anderen Gesellschafter im eigenen Namen gerichtlich geltend zu machen, wenn der dazu berufene geschäftsführungsbefugte Gesellschafter dies pflichtwidrig unterlässt. Die Befugnis nach Satz 1 erstreckt sich auch auf einen Anspruch der Gesellschaft gegen einen Dritten, wenn dieser an dem pflichtwidrigen Unterlassen mitwirkte oder es kannte.

(2) Eine Vereinbarung im Gesellschaftsvertrag, welche das Klagerecht ausschließt oder dieser Vorschrift zuwider beschränkt, ist unwirksam.

(3) Der klagende Gesellschafter hat die Gesellschaft unverzüglich über die Erhebung der Klage und die Lage des Rechtsstreits zu unterrichten. Ferner hat er das Gericht über die erfolgte Unterrichtung in Kenntnis zu setzen. Das Gericht hat auf eine unverzügliche Unterrichtung der Gesellschaft hinzuwirken.

(4) Soweit über den Anspruch durch rechtskräftiges Urteil entschieden worden ist, wirkt die Entscheidung für und gegen die Gesellschaft.

I. Normzweck und Grundlagen. Die durch das MoPeG neu eingefügte Vorschrift regelt die Gesellschafterklage (actio pro socio), die über die Verweisungen nach § 105 III, § 161 II HGB und § 1 IV PartGG auch den Gesellschaftern der **OHG**, **KG** und **PartG** zur Verfügung steht. Unter Berücksichtigung der rechtsformspezifischen Besonderheiten kommt die Vorschrift im Wege der Analogiebildung auch auf die **GmbH** zur Anwendung (*Schäfer* ZHR 187, 78, 104f; skeptisch BeckOK/*Schöne* Rn 5). 1

Nach **Abs I** ist jeder Gesellschafter berechtigt, einen auf dem Gesellschaftsverhältnis beruhenden Anspruch der GbR gegen einen anderen Gesellschafter im eigenen Namen durchzusetzen, wenn der zuständige geschäftsführungs- und vertretungsbefugte Gesellschafter dies pflichtwidrig unterlässt. Ansprüche gegen Dritte werden nur dann erfasst, wenn der Dritte am pflichtwidrigen Unterlassen der Anspruchsverfolgung mitgewirkt hat oder es zumindest kannte. Nach ihrer Grundausrichtung kommt der Gesellschafterklage eine **minderheitsschützende Funktion** zu (vgl Begr RegE, BT-Drs 19/27635, 154; BeckOK/*Schöne* Rn 1; Berger ZZP 135, 407f; *Schäfer* ZHR 187, 78, 79), die sich auch darin manifestiert, dass die Klagebefugnis nach **Abs II** als satzungsfest ausgestaltet wird. **Abs III** regelt wegen des berechtigten Partizipationsinteresses der GbR die verfahrensrechtl Erfordernisse. Im überindividuellen Interesse an Rechtssicherheit ordnet **Abs IV** die Rechtskraftwirkung des erstrittenen Urteils für und gegen die GbR an. 2

Aus dogmatischer Perspektive begründet § 715b eine **gesetzliche Einziehungs- und Prozessführungsbefugnis** (Begr RegE, BT-Drs 19/27635, 154) und entscheidet damit die leidige Streitfrage nach der Rechtsnatur der actio pro socio iSd schon bisher zutr Auffassung (vgl Oetker/*Lieder* § 105 HGB Rn 71; *Verse* FS U.H. Schneider, 2011, 1325, 1328ff). Diese dogmatische Verortung fügt sich nahtlos in das moderne Konzept einer rechtsfähigen Personengesellschaft ein und verhindert eine künstliche Verdoppelung der zugunsten der GbR begründeten Forderungen (näher *Lieder* ZGR-Sonderheft 23, 169, 204); anderes gilt freilich bei der nichtrechtsfähigen Innengesellschaft (§ 740 Rn 8). Zuvor noch an der Verortung als gesetzl Prozessstandschaft geäußerte methodische Zweifel (so *Kumkar* ZGR 2021, 123, 141ff) haben sich mit dem MoPeG erledigt (*Berger* ZZP 135, 407, 411f; *Osterloh-Konrad* VGR 2021, 63, 71f; *Schäfer* ZHR 187, 78, 86). 3

Darüber hinaus kann zur Anspruchsverfolgung analog § 147 II 1 AktG, § 46 Nr 8 GmbHG ein **besonderer Vertreter** bestellt werden (Begr RegE, BT-Drs 19/27635, 154; BGH ZIP 2010, 2345 Rn 11). Seine Bestellung ist ggü einem Vorgehen nach § 715b nicht subsidiär (so aber *Konzen* FS Hommelhoff, 2012, 565, 580), mag allerdings – gerade bei Publikumsgesellschaften und mit Blick auf die tatbestandlichen Voraussetzungen des § 715b – im Einzelfall attraktiver sein (MüKo/*Schäfer* Rn 6; *K. Schmidt* ZGR 2011, 108, 125). Auch die **Notgeschäftsführungsbefugnis** (§ 715 Rn 29, § 715a Rn 1ff) wird durch das Einzelklagerecht nicht ausgeschlossen (Begr RegE, BT-Drs 19/27635, 155), sodass beim Vorliegen der strengen Voraussetzungen im Einzelfall auch eine Klageerhebung im eigenen Namen ohne Einhaltung der Voraussetzungen nach § 715b in Betracht kommt (MüKo/*Schäfer* Rn 5; vgl weiter BGHZ 17, 181, 187; BGH NJW 2000, 3272; krit *Berger* ZZP 135, 407, 412). 4

II. Tatbestandliche Voraussetzungen. 1. Geltendmachung durch Gesellschafter. Im Zeitpunkt der Anspruchsverfolgung muss der Kläger Gesellschafter sein. Daran ändert auch die Auflösung der Gesellschaft nichts (näher BeckOK/*Schöne* Rn 8). Nach seinem **Ausscheiden** entfällt das schutzwürdige Interesse, an der Verfolgung von Sozial- und Drittansprüchen beteiligt zu sein. Stattdessen kann er etwaige Gesellschafterforderungen im Rahmen seines Abfindungsanspruchs zu seinen Gunsten berücksichtigen (Begr RegE, BT-Drs 19/27635, 155; Saarbrücken NZG 2000, 369). Die Klage ist **unzulässig**, wenn der Kläger kein Gesellschafter ist oder die Mitgliedschaft verliert (Karlsruhe NJW 1995, 1296; Düsseldorf ZMR 2001, 182f; MüKo/*Schäfer* Rn 8; *Neumayer/Zeyher* NZG 2022, 1707, 1709; aA Hörstel NJW 1995, 1271; *Berger* ZZP 135, 407, 414f; krit auch BeckOK/*Schöne* Rn 30), was auch nicht über § 265 ZPO abgefangen werden kann (zu den Folgen einer Insolvenz aufseiten des Gesellschafters und der Gesellschaft näher *Berger* ZZP 135, 407, 415ff). 5

2. Sozial- und Drittansprüchen. Mittels Gesellschafterklage können zunächst **Sozialansprüche** durchgesetzt werden. Dabei handelt es sich um Ansprüche der GbR gegen einen anderen Gesellschafter, die ihre Rechtsgrundlage im Gesellschaftsverhältnis haben. Dazu zählen zB Beitragsforderungen, Ersatzansprüche gegen pflichtvergessene Geschäftsführer (Begr RegE, BT-Drs 19/27635, 155) wegen unerlaubter Entnahmen nach § 812 I 1 Alt 1 (BGH DStR 2010, 1346), Auskunftsansprüche (BGH WM 1970, 249; 1971, 723, 725), in der Bau-ARGE Stellung einer Gewährleistungsbürgschaft (Dresden DB 2003, 713, dazu *Weipert* EWiR 2003, 123) und Ansprüche auf Unterlassung von Wettbewerb (vgl Oetker/*Lieder* § 105 HGB Rn 68). Beruht ein gegen den Gesellschafter gerichteter Anspruch nicht auf dem Gesellschaftsverhältnis (**Drittgeschäft**; dazu § 705 Rn 150), kommt eine Gesellschafterklage nicht nach § 715b I 1, sondern nur nach § 715b I 2 in Betracht (*Schäfer* ZHR 187, 78, 94; aA *Berger* ZZP 135, 407, 417). 6

In Übereinstimmung mit der bisherigen Rspr (BGHZ 39, 14, 16ff; BGH ZIP 1988, 12, 13; NJW 2000, 734, 735; NZG 2008, 588 Rn 37) können nach § 715b I 2 auch **Drittansprüche** verfolgt werden, wenn der außenstehende Drittschuldner an dem pflichtwidrigen Verhalten **mitgewirkt** oder es **gekannt** hat, wobei das pflichtwidrige Handeln gerade dazu geführt haben muss, dass die geschäftsführungs- und vertretungsberechtigten Gesellschaf- 7 ter die Anspruchsverfolgung unterließen. Diese Erweiterung trägt dem Umstand Rechnung, dass der Drittschuldner bei einer Mitwirkung an dem pflichtwidrigen Verhalten des zuständigen Gesellschafters nicht schutzwürdig ist, während die Minderheitsgesellschafter ein berechtigtes Interesse daran haben, auch gegen Dritte gerichtete Forderungen im Gesellschaftsinteresse durchzusetzen (*Lieder* ZGR-Sonderheft 23, 169, 200). Fahrlässige Unkenntnis vom Pflichtverstoß der Geschäftsführer schadet dem Dritten hingegen nicht (Begr RegE, BT-Drs 19/27635, 155).

8 Schädliche **Kenntnis** wird man allerdings nicht nur iS einer Beweiserleichterung für das strengere Erfordernis eines gezielten Zusammenwirkens von Geschäftsführer und Drittschuldner verstehen können (so aber MüKo/*Schäfer* Rn 17; näher *Schäfer* ZHR 187, 78, 91ff; krit auch *Berger* ZZP 135, 407, 417f), denn auch der Drittschuldner, der um das pflichtwidrige Geschäftsführerhandeln weiß, ist nicht schutzwürdig. Die Materialien weisen ausdrückl darauf hin, dass der Dritte nur dann keiner Gesellschafterklage ausgesetzt werden dürfe, wenn er „nicht in der Lage ist, eine Berufung des klagenden Gesellschafters auf Versagen der primären Geschäftsführungs- und Vertretungsordnung zu widerlegen, auch wenn sie unzutreffend ist" (Begr RegE, BT-Drs 19/27635, 155 unter Hinweis auf *Bork/Oepen* ZGR 2001, 515, 545f). Kennt der Dritte indes das pflichtwidrige Verhalten des Geschäftsführers, ist er zu der besagten Beurteilung gerade in der Lage und erkennt die Legitimität der Rechtsverfolgung mittels Gesellschafterklage.

9 **3. Subsidiarität.** Einzelne Gesellschafter können Gesellschaftsforderungen nur dann nach § 715b durchsetzen, wenn die geschäftsführungs- und vertretungsbefugten Gesellschafter die Anspruchsverfolgung **pflichtwidrig** unterlassen. Der Grundsatz der Subsidiarität entspricht – mit der hM zum früheren Recht (vgl Naumburg GmbHR 2013, 932 Rn 41; Koblenz NZG 2014, 65; Oetker/*Lieder* § 105 HGB Rn 73; Röhricht/v Westphalen/Haas/*Haas* § 105 HGB Rn 80; EBJS/*Wertenbruch* § 105 HGB Rn 255; abweichend BGHZ 25, 47, 49f; Hopt/*Roth* § 109 HGB Rn 32: Treuepflicht als alleinige Ausübungsschranke) – dem Charakter der Gesellschafterklage als **Abweichung von der innergesellschaftlichen Kompetenzordnung**. Entscheidend ist die Pflichtwidrigkeit des Unterlassens; auf ein Verschulden kommt es nicht an (*Berger* ZZP 135, 407, 418). Die Nichtverfolgung eines bestehenden, fälligen und liquiden Anspruchs der GbR durch die Geschäftsführer ist im Grundsatz pflichtwidrig. Mit Blick auf den zu erwartenden Prozesserfolg steht den Geschäftsführern allerdings eine Einschätzungsprärogative zu, die durch die Gesellschafterklage nicht unterlaufen werden darf (näher *Berger* ZZP 135, 407, 419f).

10 Zur Wahrung der grds Geschäftsführungszuständigkeit ist es den Gesellschaftern grds verwehrt, ohne Weiteres nach § 715b vorzugehen. Stattdessen sind diese im Grundsatz verpflichtet, zuvor die zuständigen **Geschäftsführer aufzufordern**, die Gesellschaftsforderung durchzusetzen (MüKo/*Schäfer* Rn 11; *Berger* ZZP 135, 407, 418). Die Geschäftsführer sind daraufhin verpflichtet, sich über die Anspruchsverfolgung eine Meinung zu bilden und diese an den klagewilligen Gesellschafter zu kommunizieren. Im Fall deren Untätigkeit kommt eine Klageerhebung durch den Gesellschafter nach Ablauf einer **angemessenen Entschließungsfrist** in Betracht, die von Gesellschaft (Gelegenheitsgesellschaft) zu Gesellschaft (unternehmenstragende Gesellschaft) stark variieren kann (vgl MüKo/*Schäfer* Rn 11: 14 Tage). Gleiches gilt, wenn der zuständige Geschäftsführer die Anspruchsverfolgung aus sachwidrigen Gründen ablehnt. Empfehlenswert erscheint es zudem, dass der Klagewillige selbst eine angemessene Frist setzt (BeckOK/*Schöne* Rn 20), wobei davon auszugehen ist, dass bei Festsetzung einer unangemessen kurzen Frist eine angemessene Frist zu laufen beginnt. Analog § 323 II kann eine Aufforderung entbehrlich sein (MüKo/*Schäfer* Rn 11). Hat die Gesellschaft einen **besonderen Vertreter** bestellt (Rn 4), kommt eine Gesellschafterklage nur bei pflichtwidriger Untätigkeit des Sondervertreters in Betracht (*Berger* ZZP 135, 407, 419).

11 Fällt die Rechtsdurchsetzung in die **Zuständigkeit der Gesellschafterversammlung**, haben die Geschäftsführer einen entspr Gesellschafterbeschluss herbeizuführen. Eine Ausnahme vom Beschlusserfordernis ist anzuerkennen, wenn die Mitgesellschafter die Anspruchsverfolgung verweigern und auch nicht auf die Gesellschaftsforderung verzichten (BGH WM 1982, 928, 929; Düsseldorf GmbHR 1996, 689, 696; Koblenz NZG 2010, 1023, 1024); dann genügt die Aufforderung an die Geschäftsführer. Für einen ablehnenden Gesellschafterbeschluss postulieren die Motive (Begr RegE, BT-Drs 19/27635, 155) den grds **Vorrang der Beschlussmängelklage** ggü einer Gesellschafterklage, um zu vermeiden, dass die besonderen Voraussetzungen einer Beschlussmängelklage unterlaufen werden. Das ist in der praktischen Anwendung durchaus nicht unproblematisch, da eine strenge Handhabung der Vorrangregel mit dem Risiko behaftet ist, der Gesellschafterklage einen Großteil ihrer praktischen Schlagkraft zu nehmen, müsste sich der Gesellschafter zunächst jew gegen den ablehnenden Beschluss zur Wehr setzen und könnte erst, nachdem der Beschluss in einem womöglich langwierigen Verfahren für nichtig erklärt worden ist, ein zweites Verfahren nach § 715b anstrengen (*Lieder* ZGR-Sonderheft 23, 169, 201; zustimmend BeckOK/*Schöne* Rn 18). Das erscheint mit Blick auf den hohen Stellenwert der Gesellschafterklage für die Durchführung von Sozialansprüchen als unverhältnismäßig aufwendig und insg wenig prozessökonomisch. Die Problematik wird aber jedenfalls dadurch entschärft, dass Beschlussmängel- und Gesellschafterklage in einem **Verfahren miteinander verbunden** werden können (Begr RegE, BT-Drs 19/27635, 155 in Reaktion auf die Kritik von *Lieder* ZGR-Sonderheft 23, 169, 201). Auf welcher Grundlage aber eine solche Verfahrensverbindung im Fall einer Drittforderung erfolgen soll, bleibt im Dunkeln, sodass – schon um eine Verjährung der Forderung zu verhindern – einer Gesellschafterklage keine unverhältnismäßigen Hürden errichtet werden dürfen (so auch BeckOK/*Schöne* Rn 18). Insg darf das Subsidiaritätserfordernis nicht dahingehend missverstanden werden, dass die Gesellschafterklage nur als ultima ratio in Betracht kommt (BeckOK/*Schöne* Rn 21; tendenziell abweichend *Schäfer* ZHR 187, 78, 99).

Davon abgesehen darf die Erhebung der Gesellschafterklage nicht gegen die **mitgliedschaftliche Treueplicht** verstoßen oder in sonstiger Weise missbraucht werden (vgl BGHZ 25, 47, 50; BGH WM 2008, 1453, 1454; DStR 2010, 1346 Rn 3; ZIP 2019, 1008 Rn 11ff). Das kommt etwa in Betracht, wenn der in Anspruch Genommene nachweisen kann, dass ihm aus dem Jahresabschluss Gegenansprüche auf Gewinnentnahmen zustehen, der Kläger aber die Feststellung des Jahresabschlusses aus sachfremden Erwägungen blockiert (vgl BGH DStR 2010, 1346). Demggü ist die zeitgleich mit der Gesellschaft in Bezug auf den gleichen Sozialanspruch gerichtete Gesellschafterklage subsidiär (MüKo/*Schäfer* Rn 15). 12

III. Rechtsfolgen. Die Vorschrift gewährt dem Gesellschafter ein **Individualklagerecht**, die erfassten Sozial- und Drittansprüche im eigenen Namen geltend zu machen. Damit verbunden sind eine gesetzl Einziehungsbefugnis und eine gesetzl Prozessführungsbefugnis. Mangels abweichender Regelung ist davon auszugehen, dass der Klageantrag auch weiterhin auf Leistung an die Gesellschaft zu richten ist (so auch *Berger* ZZP 135, 407, 422; vgl weiter BGHZ 10, 91, 101f; 25, 47, 49f; BGH NJW 2003, 2676; 2004, 3561; NZG 2008, 622; DStR 2010, 1346; Oetker/*Lieder* § 105 HGB Rn 70; zweifelnd BeckOK/*Schöne* Rn 23ff). Nur im Liquidationsstadium kommt ausnahmsweise eine Klage auf Leistung an den Gesellschafter in Betracht (*Berger* ZZP 135, 407, 422; vgl weiter BGH NJW 1953, 1217, 1219; ZIP 2016, 216 Rn 25). Bei den tatbestandlichen Voraussetzungen (Rn 5ff) handelt es sich um **Sachurteilsvoraussetzungen**, die im Verfahren von Amts wegen zu prüfen sind (Begr RegE, BT-Drs 19/27635, 155). Die Klage gegen Mitgesellschafter kann am **Gerichtsstand** der Mitgliedschaft nach § 22 ZPO erhoben werden, nicht aber die Klage gegen Dritte (*Berger* ZZP 135, 407, 421). Der Kläger ist für die Voraussetzungen des § 715b I **darlegungs- und beweispflichtig**, während der Beklagte den Nachweis hinsichtl des Einwands der Treuwidrigkeit (Rn 12) als Prozesshindernis zu führen hat (MüKo/*Schäfer* Rn 18). Die Klage ist **begründet**, wenn der geltend gemachte Gesellschaftsanspruch besteht und auch keine Einwendungen oder Einreden die Durchsetzung hindern. Dabei ist namentlich der Gleichbehandlungsgrundsatz (§ 705 Rn 141) zu wahren. 13

Da der Gesellschafter im eigenen Namen klagt, entsteht das **Prozessverhältnis** zw ihm und dem Beklagten. Der Gesellschafter ist auch Kostenschuldner; unterliegt er, wird er regelmäßig auch keinen Aufwendungsersatzanspruch nach § 716 geltend machen können, weil er die Erhebung der Gesellschafterklage für nicht erforderlich halten durfte (näher MüKo/*Schäfer* Rn 20; großzügiger BeckOK/*Schöne* Rn 32). 14

Zuordnungssubjekt und **Anspruchsinhaber** bleibt aber ausschließlich die **GbR**. Nur sie kann über die Ansprüche verfügen, etwa auf sie verzichten (BGH NJW 1985, 2830, 2831; Oetker/*Lieder* § 105 HGB Rn 71; Hopt/*Roth* § 109 Rn 35) oder einen Prozessvergleich schließen (Begr RegE, BT-Drs 19/27635, 155; Oetker/*Lieder* § 105 HGB Rn 71; *Mock* JuS 2015, 590, 594; *Neumayer/Zeyher* NZG 2022, 1707, 1709; krit *Berger* ZZP 135, 407, 423f). Durch einen solchen **Verzicht** kann die GbR der Gesellschafterklage die Grundlage entziehen. Voraussetzung ist allerdings ein allseitiger Gesellschafterbeschluss oder ein gesellschaftsvertragl angeordneter Mehrheitsbeschluss (BGH NJW 1985, 2830, 2831; Oetker/*Lieder* § 105 HGB Rn 71 aE). Die daran im Schrifttum geäußerte **Kritik** (BeckOK/*Schöne* Rn 29) **dringt nicht durch**, weil die verfahrensrechtl Befugnis des einzelnen Gesellschafters zur Erhebung der Gesellschafterklage als notwendige Grundlage das Bestehen eines materiellen Gesellschaftsanspruchs voraussetzt. Damit wird auch der hohe Stellenwert der Gesellschafterklage und deren eingeschränkte Abdingbarkeit nicht in Frage gestellt, weil sich beide Charakteristika auf das Institut der Gesellschafterklage als solches beziehen, nicht auf die individuell verfolgte Gesellschaftsforderung. Daher kommt ein Verzicht (entgegen BeckOK/*Schöne* Rn 29) auch dann in Betracht, wenn die Gesellschafterklage bereits erhoben worden ist. Andernfalls würde auch die materielle Dispositionsfreiheit der GbR ungebührlich eingeschränkt. Der von der Gegenauffassung befürwortete Verfügungsverzicht ist dogmatisch nicht begründbar. Eine dingliche Wirkung kann ihm wegen § 137 S 1 nicht zukommen; als Abtretungsbeschränkung nach § 399 Alt 2 ist er untauglich, weil er nicht mehr mit dem Schuldner vereinbart worden ist. Über eine etwaige schuldrechtl Vereinbarung könnte sich die GbR ohne Weiteres hinwegsetzen, regelmäßig mit dem Ergebnis, Aufwendungsersatz nach § 716 I zu schulden. Die Hürden für die Annahme eines widersprüchlichen Verhaltens iSd § 242 (§ 242 Rn 12) oder eines Treupflichtverstoßes (§ 705 Rn 110ff) liegen hoch. 15

IV. Unterrichtungspflichten. Die in § 715b IV angeordnete Rechtskrafterstreckung auch zulasten der Gesellschaft (Rn 17) steht und fällt mit der **Wahrung des gesellschaftlichen Partizipationsinteresses** (zum verfassungsrechtl Hintergrund *Berger* ZZP 135, 407, 421f). Dies gewährleisten die Unterrichtungspflichten nach § 715b III. Danach hat der klagende Gesellschafter die GbR zunächst unverzüglich über die Klageerhebung (einschl Klageschrift) sowie die Lage des Rechtsstreits in Kenntnis zu setzen und hiervon auch das Gericht zu informieren. Konkreter Adressat ist ein passivvertretungsberechtigter Gesellschafter nach § 720 V (§ 720 Rn 25). Umgekehrt hat das Gericht auf eine unverzügliche Unterrichtung der GbR hinzuwirken. Der Gesellschaft steht es daraufhin frei, sich an dem Rechtsstreit zu beteiligen, namentlich durch Nebenintervention (§ 66 ZPO), oder aber selbst Klage zu erheben und damit der Gesellschafterklage die Grundlage zu entziehen (*Lieder* ZGR-Sonderheft 23, 169, 203; zT abweichend *Berger* ZZP 135, 407, 422). Solange sich die GbR am Verfahren nicht beteiligt, ist die GbR fortlaufend über wesentliche Verfahrensschritte zu unterrichten (MüKo/*Schäfer* Rn 21). Das betrifft die einzelnen Verfügungen des Gerichts und Schriftwechsel der Parteien (BeckOK/*Schöne* Rn 42). Unterbleibt die Unterrichtung der GbR, scheidet eine Rechtskrafterstreckung in teleologischer Reduktion des § 715b IV aus (*Berger* ZZP 135, 407, 421). 16

V. Rechtskrafterstreckung. In Anlehnung an § 148 V 1 AktG ordnet § 715b IV die Rechtskraftwirkung des vom Gesellschafter über den Anspruch erstrittenen Urteils **für und gegen die GbR** an (zu den Hintergründen 17 näher *Berger* ZZP 135, 407, 424f). Die zum früheren Recht vertretene Gegenauffassung (Staudinger/*Habermeier* § 705 aF Rn 48; *Hueck* OHG § 18 II 3) ist damit obsolet. Leistet der Beklagte auf ein stattgebendes Urteil an die Gesellschaft, kann diese Leistung nicht als rechtsgrundlos zurückgefordert werden. Wird die Klage abgewiesen, braucht der Beklagte keine weitere Inanspruchnahme vonseiten der GbR zu befürchten (Begr RegE, BT-Drs 19/27635, 156). Das berechtigte Partizipationsinteresse der GbR wird durch Unterrichtungspflichten (Rn 16) geschützt. Eine Rechtskrafterstreckung ggü **Gesellschaftern** ist **nicht** vorgesehen und auch nicht notwendig, weil im Fall der Klageabweisung rechtskräftig feststeht, dass der Geschäftsführer die Anspruchsverfolgung nicht pflichtwidrig unterlassen hat (Begr RegE, BT-Drs 19/27635, 156f; diff BeckOK/*Schöne* Rn 46; abweichend offenbar *Berger* ZZP 135, 407, 425f).

18 Analog § 148 III AktG kann die **Gesellschaft** ihren Anspruch **selbst** gerichtlich geltend machen, auch wenn ein Gesellschafter bereits mittels Gesellschafterklage vorgeht, die mit Klageerhebung durch die Gesellschaft unzulässig wird (Oetker/*Lieder* § 105 HGB Rn 71a; *Bayer* GmbHR 2016, 505, 510; *Fleischer/Harzmeier* ZGR 2017, 239, 266; *Verse* FS U.H. Schneider, 2011, 1325, 1332; aA *Altmeppen* FS Musielak, 2004, 1, 11f; *Berger* ZZP 135, 407, 420). Der Gesellschafter kann daraufhin seine Prozesskosten nach der Wertung des § 148 VI 4 AktG im Rahmen des § 716 I von der GbR ersetzt verlangen und sich als Nebenintervenient nach § 69 ZPO an dem von der GbR geführten Verfahren beteiligen (MüKo/*Schäfer* Rn 23).

19 **VI. Abweichende Regelungen.** Vereinbarungen, die das Klagerecht ausschließen oder der Vorschrift zuwiderlaufen, sind nach § 715b II unwirksam. Die Regelung trägt der an der Begründung zum Mauracher Entwurf geübten Kritik Rechnung, der die Gesellschafterklage in den Grenzen der §§ 138, 242 noch zur Disposition der Gesellschafter stellen wollte (ausf *Lieder* ZGR-Sonderheft 23, 169, 203f). Nach der Vorschrift ist ein Klageausschluss nicht per se unwirksam; er muss aber kompensiert werden, etwa durch Abberufungsrechte oder das Recht auf Bestellung von Sondergeschäftsführern (Begr RegE, BT-Drs 19/27635, 156). Insg muss den Gesellschaftern eine der Gesellschafterklage gleichwertige alternative Befugnis eingeräumt werden. Mit Blick auf den hohen Stellenwert der actio pro socio für die Durchsetzung von Sozial- und Drittansprüchen, die Vermeidung einer Willkürherrschaft der geschäftsführenden Mehrheit und das Recht zur konstruktiven Opposition des einzelnen Gesellschafters sind an die **Gleichwertigkeit alternativer Gestaltungen strenge Maßstäbe** anzulegen. Unzureichend ist daher bspw, wenn das Individualklagerecht der Gesellschafter kraft Gesellschaftsvertrags durch das Recht zur Bestellung eines besonderen Vertreters auf Grundlage eines Mehrheitsbeschlusses ersetzt werden soll (BeckOK/*Schöne* Rn 37). Gleiches gilt für den Verweis auf das Abberufungsrecht in Bezug auf unwillige Geschäftsführer, das eine vollkommen andere Stoßrichtung aufweist als das Einzelklagerecht, und zudem dauerhaft – womöglich ungeliebte – Folgewirkungen zeitigt (BeckOK/*Schöne* Rn 38). Daher kann von einer gesellschaftsvertragl Einschränkung oder auch nur Konkretisierung der Gesellschafterklage **nur abgeraten** werden (BeckOK/*Schöne* Rn 39).

§ 716 Ersatz von Aufwendungen und Verlusten; Vorschusspflicht; Herausgabepflicht; Verzinsungspflicht

(1) Macht ein Gesellschafter zum Zwecke der Geschäftsbesorgung für die Gesellschaft Aufwendungen, die er den Umständen nach für erforderlich halten darf, oder erleidet er unmittelbar infolge der Geschäftsbesorgung Verluste, ist ihm die Gesellschaft zum Ersatz verpflichtet.

(2) Für die erforderlichen Aufwendungen hat die Gesellschaft dem Gesellschafter auf dessen Verlangen Vorschuss zu leisten.

(3) Der Gesellschafter ist verpflichtet, der Gesellschaft dasjenige, was er selbst aus der Geschäftsbesorgung erlangt, herauszugeben.

(4) Verwendet der Gesellschafter Geld für sich, das er der Gesellschaft nach Absatz 3 herauszugeben hat, ist er verpflichtet, es von der Zeit der Verwendung an zu verzinsen. Satz 1 gilt entsprechend für die Verzinsung des Anspruchs des Gesellschafters auf ersatzfähige Aufwendungen oder Verluste.

1 **I. Normzweck und Anwendungsbereich.** Die Vorschrift regelt die gegenseitigen, aus der Geschäftsführung resultierenden Rechte und Pflichten von Gesellschafter und Gesellschaft. **Abs I** normiert einen **Aufwendungsersatzanspruch** sowie den Ersatzanspruch wegen erlittener Verluste nach dem Vorbild des § 110 HGB aF, ergänzt durch einen **Vorschussanspruch** nach **Abs II**. Umgekehrt regelt **Abs III** – in Parallele zu § 667 – die **Herausgabepflicht** des Gesellschafters in Bezug auf durch die Geschäftsführung für die GbR erlangte Gegenstände. Wechselseitige bestehende Geldforderungen sind nach **Abs IV** zu **verzinsen**. Die Vorschrift gilt über die Verweisungen nach § 105 III, § 161 II HGB mit der Modifikation des Zinsanspruchs nach § 119 HGB auch für die **OHG** und **KG** sowie nach § 1 IV PartGG mit der Modifikation des Zinsanspruchs nach § 6 III 2 PartGG iVm § 119 HGB für die **PartG**.

2 In den Anwendungsbereich der Vorschrift sind nicht nur Geschäftsführer, sondern **alle Gesellschafter** einbezogen, wenn ihr Handeln in obj und subj Hinsicht auf die Gesellschaft bezogen ist. Andernfalls gelten die Regelungen über die Geschäftsführung ohne Auftrag. Wird im Wege der zulässigen Überlassung (§ 715 Rn 14) ein **Nichtgesellschafter** für die GbR tätig, finden die Vorschriften über den Geschäftsbesorgungsvertrag nach § 675 Anwendung. Gleiches gilt, wenn Gesellschafter im Rahmen eines **Drittgeschäfts** auf vertragl Grundlage tätig werden (MüKo/*Schäfer* Rn 3).

II. Ersatzpflicht der Gesellschaft. In Parallele zu § 110 HGB aF ist § 716 I als ein **Anwendungsfall der allgemeinen Risikozurechnung** aufzufassen (vgl Begr RegE, BT-Drs 19/27635, 157; Hopt/*Roth* § 110 HGB Rn 1; Oetker/*Lieder* § 110 Rn 2 aE; Röhricht/v Westphalen/Haas/*Haas* § 110 HGB Rn 1; ausf *Gramlich/Müssig* NZG 2019, 1333ff). 3

1. Anspruchsinhaber. a) Gesellschafter. Anspruchsinhaber ist der Gesellschafter, und zwar auch der von Geschäftsführung ausgeschlossene. Dabei ist nicht entscheidend, ob der Anspruchsinhaber zur Handlung **befugt** war (Begr RegE, BT-Drs 19/27635, 157; Oetker/*Lieder* § 110 HGB Rn 3; *Gramlich/Müssig* NZG 2019, 1333, 1339; abweichend offenbar MüKo/*Schäfer* Rn 7), sondern ob seine Handlung aus subj Sicht ex ante im Interesse der Gesellschaft lag, obwohl beides im Normalfall zusammenfallen wird. Insofern stellt § 716 I ggü der Geschäftsführung ohne Auftrag (§ 683) eine abschließende Spezialregelung dar (vgl Oetker/*Lieder* § 110 HGB Rn 3 aE; Heymann/*Hoffmann/Bartlitz* § 110 HGB Rn 2; EBJS/*Bergmann* § 110 HGB Rn 7), sodass ein Rückgriff auf die Vorschriften der Geschäftsführung ohne Auftrag entbehrlich ist (Begr RegE, BT-Drs 19/27635, 157f; *Fleischer* BB 2020, 2114, 2116). 4

b) Ausgeschiedene Gesellschafter. Der Anspruch steht dem Gesellschafter zu, der **während seiner Gesellschafterstellung** entspr Aufwendungen getätigt hat oder aufgrund seiner Tätigkeit während seiner Gesellschafterstellung einen Verlust erlitten hat. Diesen Anspruch kann er auch nach seinem Ausscheiden aus der Gesellschaft geltend machen. Allerdings ist dieser Sozialanspruch nur im Rahmen der Abrechnung des Gesellschaftsverhältnisses gem § 728 I zu berücksichtigen und kann nicht isoliert geltend gemacht werden, es besteht eine **Durchsetzungssperre** (BGH ZIP 2006, 994 Rn 17; NJW 2011, 1730 Rn 14; 2011, 2355 Rn 14). Ausnahmen bestehen, wenn der Ausgeschiedene einen Einzelposten in keinem Fall zurückzahlen muss (BGH NJW-RR 1988, 1249; NJW-RR 1989, 866). 5

Ausgeschiedene Gesellschafter können **nach** ihrem **Ausscheiden entstandene Ansprüche** nicht mehr auf § 716 I stützen, etwa wenn der Ausgeschiedene nach seinem Ausscheiden auf Erfüllung einer Gesellschaftsschuld in Anspruch genommen wird (BGHZ 39, 319, 325; BGH WM 1978, 114, 115; EBJS/*Bergmann* § 110 HGB Rn 8; Röhricht/v Westphalen/Haas/*Haas* § 110 HGB Rn 2; Oetker/*Lieder* § 110 HGB Rn 5; aA *Schumann* JZ 1958, 428; *Hadding* FS Stimpel, 1985, 154). Die Anwendung des § 716 I würde der Interessenlage nicht gerecht werden, weil für diesen Erstattungsanspruch gesellschaftsrechtl Gesichtspunkte maßgeblich sind, die zu einer Einschränkung dieses Anspruchs nach Maßgabe der für das Gesellschaftsverhältnis geltenden Vorschriften führen können (BGHZ 37, 301, 302). Das passt nicht für den Erstattungsanspruch des ausgeschiedenen Gesellschafters, der diesen gesellschaftlichen Bindungen nicht mehr unterliegt. Der ausgeschiedene Gesellschafter, der einen Altgläubiger befriedigt, hat daher einen Ersatzanspruch aus der Auseinandersetzungsbilanz (§ 721 Rn 7, 24), bei dem die Anwendung des § 426 II zugebilligt wird. Damit kann der zahlende Gesellschafter wie ein Gesamtschuldner bei seinem Rückgriff auch auf die Sicherheiten und Vorrechte zugreifen, die zugunsten der Forderung des Gläubigers bestanden haben (BGHZ 39, 319, 325). Bei sonstigen späteren Aufwendungen greifen nur die Regeln über die Geschäftsführung ohne Auftrag gem §§ 677ff ein (Oetker/*Lieder* § 110 HGB Rn 5 aE; KKRD/*Kindler* § 110 HGB Rn 3). 6

c) Dritte. Außenstehenden Dritten sowie den Gesellschaftern, die Aufwendungen oder Verluste aus einer Drittbeziehung zu der Gesellschaft (§ 705 Rn 150) erleiden, steht **kein Anspruch** aus § 716 I zu (Oetker/*Lieder* § 110 HGB Rn 6; EBJS/*Bergmann* § 110 HGB Rn 8; *Gramlich/Müssig* NZG 2019, 1333, 1337). Maßgeblich für die zeitl Abgrenzung ist das Innenverhältnis des Gesellschafters zur GbR; sie muss entstanden bzw der Gesellschafter wirksam beigetreten sein (Hopt/*Roth* § 123 HGB Rn 16, 18; *Gramlich/Müssig* NZG 2019, 1333, 1337); umgekehrt findet § 716 I auch im Liquidationsstadium Anwendung (Hopt/*Roth* § 156 HGB Rn 3; *Gramlich/Müssig* NZG 2019, 1333, 1337). Der Anspruch kann allerdings an Dritte **abgetreten** werden (EBJS/*Bergmann* § 110 HGB Rn 31; Oetker/*Lieder* § 110 HGB Rn 6). Der Ausgleich in den genannten Rechtsbeziehungen richtet sich nach dem dabei zugrunde liegenden Schuldverhältnis (Oetker/*Lieder* § 110 HGB Rn 6; EBJS/*Bergmann* R§ 110 Rn 10). Kommt der Gesellschafter jedoch zu Tode oder tritt ein Fall des § 845 ein, stehen den Unterhaltsberechtigten die Ansprüche aus §§ 844 f auch gegen die Gesellschaft zu (RGZ 167, 85, 89; BGHZ 7, 30, 34, beide zu § 670; BGHZ 16, 265 zum Dienstvertragsrecht; *Hueck* OHG § 15 II 2; Hopt/*Roth* § 110 HGB Rn 2; *Genius* AcP 173, 481, 518f). 7

2. Aufwendungen im Gesellschaftsinteresse. a) Aufwendungen. Die Vorschrift umfasst Aufwendungen und Verluste (Rn 13). Aufwendungen sind **freiwillig** eingegangene Vermögensopfer jeglicher Art (Hopt/*Roth* § 110 HGB Rn 7; Oetker/*Lieder* § 110 HGB Rn 7; Röhricht/v Westphalen/Haas/*Haas* § 110 HGB Rn 7), wie zB die freiwillige Erfüllung von Schulden der Gesellschaft (BGHZ 37, 299, 302; 39, 319, 324; 76, 127, 130; BGH NJW 1984, 893; 1985, 1776). Denn trotz der Verpflichtung nach außen ist der Gesellschafter regelmäßig im Innenverhältnis wegen § 710 nicht zur Begleichung der Gesellschaftsschulden verpflichtet (Rn 18; vgl noch BGH NZG 2002, 232; NJW 2011, 2581 Rn 15). Weitere Beispiele sind die Auslage von Geld für die Zwecke der Gesellschaft (BGHZ 94, 268, 272), Kosten der Rechtsverfolgung für die Abberufung und Ausschließung eines pflichtwidrigen geschäftsführenden Gesellschafters (*Reichert/Winter* BB 1988, 991; vgl aber auch Celle NZG 2017, 418 Rn 38: keine Erforderlichkeit, soweit kein wichtiger Grund zur Abberufung der Geschäftsführer besteht), die Überlassung von Wirtschaftsgütern aus dem Privatvermögen (Schlegelberger/*Martens* § 110 HGB Rn 18) sowie die Übernahme einer Bürgschaft oder einer anderen Sicherheit für eine Gesellschaftsschuld (RGZ 31, 141). Eine freiwillige Aufwendung entfällt nur dann, wenn der Gesellschafter selbst primär zur Zahlung, etwa für eigene **Steuerschulden,** verpflichtet ist (BGH DB 1978, 627; DStR 1996, 753; offengelassen wegen Verjährung BGH NZG 2013, 703 8

Rn 16; aA München NJW-RR 1994, 1057; *Priester* ZHR 176, 268, 285). Dies beruht auf dem Grundsatz, dass die Steuerpflicht den Gesellschafter persönlich trifft und daher ohne gesellschaftsrechtl Vereinbarung i Erg nur von ihm in Höhe seines persönlichen Steuersatzes zu tragen ist. Dies gilt auch für die von der Gesellschaft einbehaltene und abzuführende **Kapitalertragsteuer** (BGH ZIP 1995, 462, 464; offengelassen durch BGH NZG 2013, 703 Rn 16).

9 **Mangels Freiwilligkeit** gewährt die Vorschrift keinen Anspruch auf eine Vergütung für den Geschäftsführer oder für sonstige Leistungsbeziehungen wie **Dienstleistungen,** zu denen sich der Gesellschafter verpflichtet hat (§ 715 Rn 9f; vgl Hopt/*Roth* § 110 HGB Rn 19; Oetker/*Lieder* § 110 HGB Rn 8). Entspr § 1835 III aF kommt ein Aufwendungsersatzanspruch in Betracht, wenn die Dienstleistung zum Gewerbe oder Beruf des Gesellschafters gehört und üblicherweise nur entgeltlich erbracht wird (Heymann/*Hoffmann*/*Bartlitz* § 110 HGB Rn 8; Röhricht/v Westphalen/Haas/*Haas* § 110 HGB Rn 7; ausf *Köhler* JZ 1985, 359ff). Dies gilt aber nur, wenn sich der Gesellschafter zur Erbringung der Dienste nicht verpflichtet hat, weil die Frage der Entgeltlichkeit entweder ein Dienstvertrag regelt oder, wenn der Gesellschafter die Dienste auf der Grundlage des Gesellschaftsvertrags erbringt und diese im Zweifel als Gesellschafterbeitrag dienen, der durch die Gewinnbeteiligung abgegolten ist (BGHZ 10, 44, 55; 17, 299, 301; 44, 40, 41f; Brandenburg DB 2007, 1130). Eine **Ausnahme** kann gelten, wenn der Gesellschafter eine besondere Qualifikation und Sachkunde besitzt, auf den konkludenten Abschluss eines Dienstvertrags hindeutet, oder sich durch die Änderung tatsächlicher Umstände eine erhebliche Mehrarbeit ergibt, sodass sich im Wege der ergänzenden Vertragsauslegung oder auf Grundlage der gesellschaftsrechtl Treuepflicht ein entspr Anspruch ergibt (*Fleischer* BB 2020, 2114, 2118).

10 **b) Gesellschaftsangelegenheiten.** Die Aufwendungen müssen in Gesellschaftsangelegenheiten getätigt worden sein. Dazu müssen sie **objektiv** im Bereich des Unternehmensgegenstandes der Gesellschaft erfolgt und auch **subjektiv** durch den Gesellschafter hierzu oder allg im Gesellschaftsinteresse bestimmt gewesen sein (Begr RegE, BT-Drs 19/27635, 157; Oetker/*Lieder* § 110 HGB Rn 9; Röhricht/v Westphalen/Haas/*Haas* § 110 HGB Rn 5). Das Handeln muss nicht unmittelbar dem Gesellschaftszweck dienen, es reicht aus, wenn hierdurch allg Schaden oder Gefahren von der Gesellschaft abgewendet werden (EBJS/*Bergmann* § 110 HGB Rn 14; Oetker/*Lieder* § 110 HGB Rn 9). Liegt die Tätigkeit zugleich auch im Interesse des Gesellschafters, ist dies unschädlich, weil das zumindest mittelbar bei allen Tätigkeiten zugunsten der Gesellschaft der Fall ist. Ausgeschlossen ist der Ersatzanspruch nur dann, wenn die **eigenen Interessen** des Gesellschafters völlig überwiegen (BGH DStR 2005, 1197; *Gramlich*/*Müssig* NZG 2019, 1333, 1339). Daher kann die Komplementär-GmbH von der KG Erstattung für die Zahlung des Gehalts ihres Geschäftsführers verlangen, wenn sich die Tätigkeit der GmbH auf ihre Komplementärrolle beschränkt (Hamm NZI 2010, 904). Auf eine Befugnis zum Tätigwerden kommt es nicht an (Rn 4). Beispiele für eine Ersatzpflicht sind gegeben bei der Erfüllung von Registerpflichten nach § 707, die Begleichung von Abgaben- und Steuerschulden, die Abwendung einer Gefahr von der GbR, die Übernahme einer Bürgschaft für die GbR, die Überlassung von Vermögensgegenständen (*Gramlich*/*Müssig* NZG 2019, 1333, 1338) oder bei der Tätigkeit als Beiratsmitglied (*Voormann*, Der Beirat im Gesellschaftsrecht, 2. Aufl 1990, S 159; weitere Bsp Rn 8). Nach bislang hM gehörte auch der Aufwendungsersatz für (im Ausland teilweise als üblich angesehene) **Schmiergeldzahlungen** dazu (erwogen für Handelsvertreter von BGHZ 94, 268, 272 = NJW 1985, 2405; vgl weiter Schlegelberger/*Martens* § 110 HGB Rn 19; zweifelnd EBJS/*Bergmann* § 110 HGB Rn 13). Dies ist angesichts der Strafbarkeit auch im ausländischen Wettbewerb vorgenommener Handlungen (§ 299 StGB) und mit Blick auf die allg Compliance-Pflichten (Oetker/*Lieder* § 114 HGB Rn 30a; MHdB-GesR VII/*Balke* § 104 Rn 6; *Fleischer* BB 2020, 2114, 2117; *Merkt* ZIP 2014, 1705, 1707f, 1714; *Jenne*, Die Überprüfung und Zertifizierung von Compliance-Management-Systemen, 2017, 65f) heute abzulehnen (LG München I NZG 2014, 345; Oetker/*Lieder* § 110 HGB Rn 9; BeckOK-HGB/*Klimke* § 110 Rn 14 (anders aber offenbar Rn 9 aE); Heymann/*Hoffmann*/*Bartlitz* § 110 HGB Rn 11 aE). Auch wenn der Gesellschafter der OHG **wie ein Dritter** gegenübertritt, kann er Ersatz nur nach den allg Grundsätzen verlangen (Henssler/Strohn/*Finckh* § 110 HGB Rn 5; *Gramlich*/*Müssig* NZG 2019, 1333, 1335; *Großmann* NZG 2019, 456, 458).

11 Der Gesellschafter nimmt keine Gesellschaftsangelegenheit wahr, wenn er **eigene Gesellschafterrechte** ausübt (Röhricht/v Westphalen/Haas/*Haas* § 110 HGB Rn 5a; BeckOK/*Klimke* § 110 HGB Rn 9; *Gramlich*/*Müssig* NZG 2019, 1333, 1335, 1339). Hierzu gehören die Kosten der Wahrnehmung von Informations- und Kontrollrechten (EBJS/*Bergmann* § 110 HGB Rn 13; *Gramlich*/*Müssig* NZG 2019, 1333, 1335) oder die Übernahme der Einlage eines anderen Gesellschafters (RG JW 1928, 2368). Ausgleichspflichtig sind ohne besondere Vereinbarung die Kosten für die Teilnahme an regelmäßigen Gesellschafterversammlungen (BeckOK/*Klimke* § 110 HGB Rn 12; Oetker/*Lieder* § 110 HGB Rn 10; aA Heymann/*Hoffmann*/*Bartlitz* § 110 HGB Rn 9 aE; *Gramlich*/*Müssig* NZG 2019, 1333, 1335; *Fleischer* BB 2020, 2114, 2117). Ist Beschlussgegenstand die Änderung des Gesellschaftsvertrags, sind hingegen die von § 716 I nicht erfassten eigenen Gesellschafterangelegenheiten betroffen; ob der Gesellschafter von besagten Änderungen spürbar betroffen wird, ist ohne Belang (BeckOK/*Klimke* § 110 HGB Rn 12 Oetker/*Lieder* § 110 HGB Rn 10). IÜ gilt das Primat des Gesellschaftsvertrags, der eine abweichende Regelung vorsehen kann (Rn 29), und zwar auch stillschweigend, was namentlich bei Publikumsgesellschaften anzunehmen ist (BeckOK/*Klimke* § 110 HGB Rn 12 aE).

12 **c) Erforderlichkeit.** Da die Vorschrift nicht darauf abstellt, ob der Gesellschafter zu der ausgleichspflichtigen Tätigkeit befugt war (Rn 4), ist das Merkmal der Erforderlichkeit entscheidend für das Entstehen des Ersatzanspruchs. Abzustellen ist auf den subj-obj Maßstab eines sorgfältig handelnden Gesellschafters; die Ersatzpflicht setzt voraus, dass dieser von der Erforderlichkeit der Aufwendungen überzeugt sein durfte (Begr RegE,

BT-Drs 19/27635, 157). Der **Sorgfaltsmaßstab** bestimmt sich nach allg Grundsätzen, namentlich § 276 (§ 715 Rn 25; vgl noch MüKo/*Schäfer* Rn 11). Entscheidend sind die **Umstände des Einzelfalls.** So wird es regelmäßig sorgfaltswidrig sein, wenn der Gesellschafter eine nicht bestehende, nicht fällige oder verjährte Schuld der Gesellschaft begleicht, ohne **vorher Auskunft** bei dem geschäftsführenden Gesellschafter einzuholen (EBJS/*Bergmann* § 110 HGB Rn 15). Für erforderlich halten darf ein Gesellschafter die Erfüllung von Schulden der Gesellschaft iÜ aber grds, etwa durch Zahlung auf ein eigenes Bankkonto für Rechnung der Gesellschaft (BGH NZG 2011, 502 Rn 12 zu § 670).

3. Verluste durch Geschäftsführung. a) Verluste. Verluste sind im Gegensatz zu Aufwendungen unfreiwillige Vermögenseinbußen jeder Art, gleich ob sie unmittelbar oder mittelbar durch die Geschäftsführung verursacht worden sind (BGHZ 33, 251, 257 zu § 670; Hopt/*Roth* § 110 HGB Rn 11; Röhricht/v Westphalen/Haas/*Haas* § 110 HGB Rn 10; *Gramlich/Müssig* NZG 2019, 1333, 1340). Hierunter fallen etwa ein Verdienstausfall (BGHZ 33, 251, 257 zu § 670) oder die deliktische Haftung ggü einem Geschädigten (BGHZ 89, 153, 158 zu § 670). Immaterielle Schäden werden nach allg Grundsätzen des Zivilrechts nicht ersetzt (Hopt/*Roth* § 110 HGB Rn 11; Oetker/*Lieder* § 110 HGB Rn 12). Auch für einen Schmerzensgeldanspruch nach § 253 II fehlt es an einer Anspruchsgrundlage, da der Aufwendungsersatzanspruch kein Schadensersatz ist (so aber EBJS/*Bergmann* § 110 HGB Rn 18), wie es § 253 voraussetzt (Hopt/*Roth* § 110 HGB Rn 11; Schlegelberger/*Martens* § 110 HGB Rn 20; Heymann/*Hoffmann/Bartlitz* § 110 HGB Rn 13). 13

b) Zusammenhang mit der Geschäftsführung. Der Verlust muss unmittelbar infolge der Geschäftsbesorgung entstanden sein, dh in einem obj engen Zusammenhang mit der Tätigkeit für die Gesellschaft stehen (Begr RegE, BT-Drs 19/27635, 158; Oetker/*Lieder* § 110 HGB Rn 13; Röhricht/v Westphalen/Haas/*Haas* § 110 HGB Rn 11; EBJS/*Bergmann* § 110 HGB Rn 21; Heymann/*Hoffmann/Bartlitz* § 110 HGB Rn 15). Der Verlust muss auf einer betrieblichen Gefahr beruhen, die sich in einem tätigkeits- oder geschäftstypischen Schaden manifestiert (Begr RegE, BT-Drs 19/27635, 158), nicht etwa nur auf dem allg Lebensrisiko (Hopt/*Roth* § 110 HGB Rn 13; EBJS/*Bergmann* § 110 HGB Rn 21; *Genius* AcP 173, 481, 510). Entscheidend ist nicht, ob die Tätigkeit das Risiko ggü dem normalen Maße erhöht, etwa durch eine Reise in Risikogebiete (so Schlegelberger/*Martens* § 110 HGB Rn 22; aA *Gramlich/Müssig* NZG 2019, 1333, 1342). Das zu ersetzende „Sonderopfer" des Gesellschafters tritt vielmehr schon dann ein, wenn das Risiko mit der im Gesellschaftsinteresse übernommenen Tätigkeit in einem untrennbaren Zusammenhang steht und sich dieses Risiko verwirklicht, also etwa bereits durch Gefahren im Straßenverkehr bei der Reisetätigkeit des Gesellschafters (EBJS/*Bergmann* § 110 HGB Rn 22f; Hopt/*Roth* § 110 HGB Rn 13). Weitere Beispiele sind die Kosten für einen Zivilprozess (BGH NJW 1960, 1568f) oder Strafprozess (vgl *Rehbinder* ZHR 148, 555, 557; Schlegelberger/*Martens* § 110 HGB Rn 23; vgl weiter BGHZ 110, 127), die Erfüllung eines Gefährdungstatbestands durch den Gesellschafter (BGH NJW 1963, 251, 252 zu § 670) und die eigene Schädigung (BGHZ 38, 270, 277 zu § 670) oder die Dritter (BGHZ 89, 153, 157f). Der Anspruch entfällt, wenn der Gesellschafter mit der Tätigkeit auch eigene Geschäfte tätigt (BGH NJW 1960, 1568f). Ohne Belang ist hingegen, ob der Geschäftsführer die Tätigkeit in einer konkreten Art und Weise vornehmen musste, sodass keine Handlungsalternative zur Verfügung stand (so aber EBJS/*Bergmann* § 110 HGB Rn 22). Denn hierdurch würde der Anspruch entgegen dem Normzweck des § 110 in nicht hinnehmbarer Weise beschränkt (Heymann/*Hoffmann/Bartlitz* § 110 HGB Rn 16). 14

Ein **Vertretenmüssen** der Gesellschaft mittels schuldhaften Verhaltens ihrer Organe oder der Mitgesellschafter ist keine Voraussetzung für den Ersatzanspruch, da es sich nicht um Schadensersatz handelt (EBJS/*Bergmann* § 110 HGB Rn 25; Heymann/*Hoffmann/Bartlitz* § 110 HGB Rn 17; *Gramlich/Müssig* NZG 2019, 1333, 1342). Auch ein Verschulden des Gesellschafters schließt den Anspruch nicht aus; es kann dann jedoch fraglich sein, ob er im Interesse der Gesellschaft handeln durfte. Zudem kann der Anspruch analog § 254 gemindert oder ganz ausgeschlossen sein (BGH NZG 2008, 777; Röhricht/v Westphalen/Haas/*Haas* § 110 HGB Rn 12f). Unter Rückgriff auf die Grundsätze der Arbeitnehmerhaftung wird allg ein Aufwendungsersatz abgelehnt, wenn der Anspruchsinhaber den Schaden selbst vorsätzlich oder grob fahrlässig verursacht hat (Schlegelberger/*Martens* § 110 HGB Rn 24; *Genius* AcP 173, 481, 513). 15

Die Ersatzpflicht für im Inland verhängte **Freiheits-** und **Geldstrafen** sowie für **Geldbußen** lehnt die hM aus dem Gesichtspunkt der Einheit der Rechtsordnung ab (BGHZ 23, 222, 224; 41, 223, 228f; Hopt/*Roth* § 110 HGB Rn 14; Röhricht/v Westphalen/Haas/*Haas* § 110 HGB Rn 13; großzügiger *Rehbinder* ZHR 148, 555, 567f; aA Heymann/*Hoffmann/Bartlitz* § 110 HGB Rn 13). Anders ist dies bei den Kosten der Prozessführung, da die Durchführung eines rechtsstaatlichen Verfahrens zur Verhängung von Strafen nicht gegen die Einheit der Rechtsordnung verstößt (Schlegelberger/*Martens* § 110 HGB Rn 25; ausf *Brockhaus* ZWH 2012, 169ff). Bei **im Ausland** verhängten Strafen soll ein Ersatz nach hM hingegen zulässig sein, falls die weiteren Voraussetzungen vorliegen (in diese Richtung Schlegelberger/*Martens* § 110 HGB Rn 25). Dies kann mit Blick auf die moderne Compliance-Diskussion ebenso wenig überzeugen wie die frühere Behandlung von Schmiergeldern (Rn 10). Jedenfalls tritt die Zubilligung eines Ersatzanspruchs auch in diesem Fall mit den Präventionszwecken der Straf- und Ordnungswidrigkeitsregeln in einen unauflöslichen Wertungswiderspruch (ähnl Hopt/*Roth* § 110 HGB Rn 14; EBJS/*Bergmann* § 110 HGB Rn 19). Die nachträgl Erstattung von Geldstrafen oder Geldbußen, entweder auf Grund von § 716 I oder freiwillig geleistet, stellt jedenfalls keine Strafvereitelung nach § 258 II StGB und auch keine Untreue dar, wenn die Zahlung aus Fürsorgegesichtspunkten notwendig war (BGHSt 37, 226, 229ff aA Schönke/Schröder/*Hecker* § 258 StGB Rn 29; vgl auch BGH NJW 2013, 3590 zur Untreue ggü den Gesellschaftern, nicht ggü der Gesellschaft bei Schmiergeldzahlungen, m abl Anm *K. Schmidt* JZ 2014, 878ff). 16

17 **4. Rechtsfolgen. a) Anspruchsgegner.** Verpflichtet zum Ersatz ist nach § 716 I die **Gesellschaft** (BGHZ 37, 299; BGH NJW-RR 1989, 866; München ZIP 2010, 182; Hamburg NJOZ 2010, 1034). Es handelt sich um eine Sozialverbindlichkeit (§ 705 Rn 148; vgl noch RGZ 31, 139, 141; BGHZ 37, 299, 301). Der Anspruch kann ggü der Gesellschaft während des Bestehens der Gesellschafterstellung jederzeit geltend gemacht werden (RGZ 31, 139, 141; BGH NJW 2011, 1730 Rn 11; zum ausgeschiedenen Gesellschafter sowie bei Auflösung Rn 20).

18 Während der Dauer der Gesellschaft und selbst nach ihrer Auflösung kann der Berechtigte von einem anderen **Gesellschafter** keinen Ersatz nach § 716 I verlangen (RGZ 80, 268, 273 zu § 707 aF; RGZ 153, 305, 309; BGHZ 37, 299, 301; Hopt/*Roth* § 110 HGB Rn 5; EBJS/*Bergmann* § 110 HGB Rn 29; *Gramlich*/*Müssig* NZG 2019, 1333, 1337; aA *Wiedemann* GesR I § 5 III a; Schlegelberger/*Martens* § 110 HGB Rn 8f). Dies widerspräche der Regelung in § 710, weil der Ersatz durch einen anderen Gesellschafter einer Nachschusspflicht gleichkäme. Die Mitgesellschafter haften auch nicht nach § 721, weil die Vorschrift Sozialverbindlichkeiten nicht erfasst (§ 721 Rn 6; vgl noch BGHZ 37, 299; BGH NJW-RR 1989, 866). Eine Ausnahme ist zuzulassen, wenn bereits vor der Schlussabrechnung feststeht, dass ein solcher Ausgleichsanspruch zu Gunsten eines Gesellschafters besteht, etwa bei einer aus zwei Personen bestehenden Gesellschaft, deren Vermögen erschöpft ist, weil in diesem Fall ein Zuwarten nicht erforderlich ist (mit Unterschieden im Detail Oetker/*Lieder* § 110 HGB Rn 17; EBJS/*Bergmann* § 110 HGB Rn 27; Hopt/*Roth* § 110 HGB Rn 5; aA KKRD/*Kindler* § 110 HGB Rn 3). Es handelt sich um den Anspruch aus der Vorwegnahme der Schlussabrechnung nach § 728 I (vgl Oetker/*Lieder* § 110 HGB Rn 17; Hopt/*Roth* § 110 HGB Rn 5).

19 Die Mitgesellschafter können allerdings nach **§ 426 I** untereinander Ausgleich bei Inanspruchnahme für Verbindlichkeiten der Gesellschaft verlangen. Da die aus § 721 resultierende Verpflichtung jeden von ihnen trifft und die Inanspruchnahme des Einzelnen durch Drittgläubiger von Zufälligkeiten abhängen kann, kann dieser Aufwendungsersatzanspruch auch schon vor der Auseinandersetzung gegen die Mitgesellschafter geltend gemacht werden (BGHZ 37, 299, 302; BGH NZG 2008, 777; *Wolffskeel v Reichenberg* NZG 2017, 45, 46f). Dieser Anspruch richtet sich jedoch nur gegen jeden einzelnen Mitgesellschafter in Höhe seiner Verlustbeteiligung unter Abzug des eigenen Verlustanteils des Anspruchsinhabers und ist **subsidiär** ggü dem Anspruch aus § 716 I gegen die Gesellschaft (§ 721 Rn 24; vgl noch BGHZ 37, 299; 103, 72, 76ff; BGH NZG 2002, 232; NZG 2008, 777; NJW 2011, 1730; NZG 2013, 1334 Rn 35). Beruht die gesamtschuldnerische Haftung auf dem schuldhaften Verhalten eines Gesellschafters, muss sich dieser nach dem Gedanken des § 254 im Innenverhältnis seinen eigenen Schadensanteil entgegenhalten lassen, sodass uU der Anspruch in voller Höhe besteht (BGH ZIP 2007, 2313; NZG 2008, 777). Nach **§ 426 II** gehen auch die Forderung gegen die Gesellschaft, auf die der Gesellschafter gezahlt hat, sowie die nach §§ 401, 412 bestehenden Sicherheiten (§ 721 Rn 24) auf ihn über. Die ggü dem Anspruch aus § 426 I bestehenden Einschränkungen schlagen auf den gem § 426 II übergehenden Anspruch durch (BGHZ 37, 299; 103, 72, 76ff; BGH NZG 2002, 232; 2008, 777; 2013, 1334 Rn 35).

20 Der Anspruch ist nach der **Auflösung** der Gesellschaft oder dem **Austritt** des in Anspruch genommenen Gesellschafters nur im Rahmen der Abrechnung des Gesellschaftsverhältnisses gem § 738 I 2 in der Auseinandersetzungsbilanz zu berücksichtigen und kann nicht isoliert geltend gemacht werden; es besteht eine **Durchsetzungssperre** (BGH ZIP 2006, 994 Rn 17; NJW 2011, 1730 Rn 14; 2012, 1439 Rn 33ff; Hamburg NZG 2019, 142 Rn 17). Eine Ausnahme gilt nur für den Fall, dass schon vor der Auseinandersetzung feststeht, dass Aufwendungsersatz in bestimmter Höhe vom Gesellschafter verlangt werden kann, was allerdings eine vorläufige Auseinandersetzungsrechnung voraussetzt (Hamburg NZG 2019, 142 Rn 18). Für den Abfindungsanspruch haften die Mitgesellschafter nach § 721 gesamtschuldnerisch und unmittelbar (*Wolffskeel v Reichenberg* NZG 2017, 45, 47).

21 **b) Beschränkungen.** Der Anspruch aus § 716 I gegen die Gesellschaft ist im Gegensatz zu Ausgleichsansprüchen der Gesellschafter untereinander (Rn 19) in der Höhe nicht begrenzt (BGH NZG 2002, 232; RGZ 31, 139, 141; 153, 305, 309). Er ist auch nicht subsidiär zur Inanspruchnahme ersatzpflichtiger Dritter (Schlegelberger/*Martens* § 110 HGB Rn 27; Hopt/*Roth* § 110 HGB Rn 6; aA Düringer/Hachenburg/*Flechtheim* § 110 HGB Rn 9). Drittansprüche sind aber gem § 255 (vgl Hopt/*Roth* § 110 HGB Rn 6; Schlegelberger/*Martens* § 110 HGH Rn 27; *Gramlich*/*Müssig* NZG 2019, 1333, 1338; aA Düringer/Hachenburg/*Flechtheim* § 110 HGB Rn 9) oder wegen der gesellschaftsrechtl Treuepflicht abzutreten (EBJS/*Bergmann* § 110 HGB Rn 30; Oetker/*Lieder* § 110 HGB Rn 19). Die gesellschaftsrechtl Treuepflicht kann es gebieten, auf die Situation der Gesellschaft Rücksicht zu nehmen, etwa durch Ratenzahlung oder Stundung des Anspruchs (*Hueck* OHG § 15 II 2; Schlegelberger/*Martens* § 110 HGB Rn 27). Zu abweichenden Regelungen s Rn 29; zum **Ausscheiden** eines Gesellschafters und zur **Auflösung** der Gesellschaft Rn 20.

22 **c) Insolvenz.** Wird über das Vermögen der Gesellschaft das Insolvenzverfahren eröffnet, kann der Gesellschafter den Anspruch aus § 716 I noch **zur Insolvenztabelle anmelden,** wenn sich der Ersatzanspruch als Sonderopfer des Gesellschafters darstellt, weil er freiwillig einen Gläubiger befriedigt hat (Rn 8; vgl noch BGHZ 207, 54 Rn 15; BGH NZG 2018, 100 Rn 38). In diesem Fall tritt der Gesellschafter in Fortsetzung der Befriedigungswirkung gleichsam an die Stelle des Gläubigers (BGH NZG 2018, 100 Rn 38). Wendet der Gesellschafter den Geldbetrag nicht einem Gläubiger zu, sondern unmittelbar der (später insolventen) Gesellschaft, dann wird nur der vor Ausschüttung bestehende Zustand wiederhergestellt und gerade kein Ausgleichsanspruch nach § 110 HGB begründet (BGH NZG 2018, 100 Rn 38; zust *Amort* WuB 2018, 195, 198; *Zeising* DZWIR 2018, 117, 120f; zuvor bereits *Rock*/*Contius* ZIP 2017, 1889, 1892ff; krit *Menkel* NZG 2018, 731, 733).

5. Weitere Ansprüche. a) Freistellungsanspruch. Nach § 257 S 1 besteht ein Freistellungsanspruch gegen die Gesellschaft, wenn der Gesellschafter in ihrem Interesse Verbindlichkeiten eingeht oder solche bereits bestehen (Stuttgart NZG 2006, 902; Hopt/*Roth* § 110 HGB Rn 16; Oetker/*Lieder* § 110 HGB Rn 20; *Gramlich/Müssig* NZG 2019, 1333, 1343). Die Gesellschaft kann nach § 257 S 2 bis zur Fälligkeit der Verbindlichkeit Sicherheit leisten. Die Vorschrift greift im Fall erlittener Verluste entspr ein (Oetker/*Lieder* § 110 HGB Rn 20; Schlegelberger/*Martens* Rn 30). 23

b) Anspruch aus übergegangenem Recht gegen die Gesellschaft. Nach verbreiteter Ansicht hat der Gesellschafter nicht nur ggü den anderen Gesellschaftern einen Anspruch aus der auf ihn durch cessio legis gem § 426 II übergegangenen Forderung des Gläubigers, die er befriedigt hat (Rn 19; § 721 Rn 23), sondern auch ggü der Gesellschaft. Vorteil dieses Rechtsübergangs neben dem Anspruch aus § 716 I ist es, dass mit der Forderung bestellte **akzessorische Sicherheiten** wie Bürgschaften oder Hypotheken auf den zahlenden Gesellschafter ganz oder anteilig übergehen (§§ 401, 412, § 774 I, § 1143 I), während im Hinblick auf **nicht akzessorische Sicherheiten** wie Grundschulden ein entspr Abtretungsanspruch bestünde. Rechtsgrundlage hierfür ist nicht § 426 II wie zw den Gesellschaftern, weil die primäre Haftung der Gesellschaft und die akzessorische Haftung der Gesellschafter nicht auf einer Stufe stehen, wie es für die Gesamtschuld erforderlich ist (BGH NZG 2011, 1023 Rn 59). Auch eine analoge Anwendung von § 426 II auf das Verhältnis zw Gesellschafter und Gesellschaft kommt nicht in Betracht, da das Gesellschaftsrecht hierfür § 716 I vorsieht (BGH NZG 2011, 1023 Rn 59). Andere ziehen als Rechtsgrundlage das **allgemeine Prinzip einer akzessorischen Haftung** analog § 774 I (iVm § 1143 I, § 1225) heran (MüKo/*K. Schmidt/Drescher* § 128 HGB Rn 32; Habersack/Schäfer/*Habersack* § 128 HGB Rn 43f; *Hammen* WM 2019, 945ff; aA Hopt/*Roth* § 128 HGB Rn 25; EBJS/*Hillmann* § 128 HGB Rn 30; *Wertenbruch* in Westermann/Wertenbruch Rn I 403; *Preuß* ZHR 160, 163, 173). Der **BGH** hat diese Auffassung indes **zu Recht** mit der Begründung **zurückgewiesen,** dass der Aufwendungsersatzanspruch den Regressanspruch des in der Gesellschaft verbleibenden, eine Gesellschaftsschuld zahlenden Gesellschafters gegen die Gesellschaft abschließend regele und einen Übergang von Sicherungsrechten gerade nicht vorsehe (BGHZ 39, 319, 324f; BGH NZG 2011, 1023 Rn 60; zust BeckOK/*Klimke* § 128 HGB Rn 40; EBJS/*Hillmann* § 128 HGB Rn 30; Heymann/*Hoffmann*/*Bartlitz* § 110 HGB Rn 22; *Großmann* NZG 2019, 456, 457). Das wird auch der Interessenlage der am Sicherungsgeschäft Beteiligten entsprechen, zumal der Sicherungsgeber sich für den Fall der Uneinbringlichkeit der Hauptforderung verpflichtet hat und davon ausgehen durfte, dass er nur dann in Anspruch genommen wird, wenn weder die Gesellschaft noch der Gesellschafter (nach § 721) für die Hauptforderung aufkommt (*Großmann* NZG 2019, 456, 457). Ein anteiliger Übergang des Sicherungsrechts auf den Gesellschafter setzt sich hierzu in Widerspruch. 24

III. Vorschuss. Für den Anspruch auf Aufwendungsersatz – nicht hingegen erlittene Verluste – kann sich der Gesellschafter nach § 716 II einen Vorschuss zahlen lassen. Maßstab ist hierbei – anders als bei § 716 I (Rn 12) – nicht, dass der Gesellschafter Aufwendungen für erforderlich halten darf, sondern dass die Aufwendungen obj erforderlich sind (Begr RegE, BT-Drs 19/27635, 158). 25

IV. Herausgabepflicht. Die Herausgabepflicht nach § 716 III bezieht sich auf Sachverhalte, in denen dem Gesellschafter aufgrund seiner Tätigkeit für die GbR Leistungen von Dritten oder sonstige Vorteile zufließen, wie zB Sonderprovisionen oder Schmiergelder (Begr RegE, BT-Drs 19/27635, 158). Diese sind an die GbR herauszugeben. 26

V. Verzinsung. 1. Herausgabepflicht. Soweit der Gesellschafter der GbR nach § 716 III (Rn 26) die Herausgabe von Geld schuldet, ist dieser Zahlungsanspruch ab dem Zeitpunkt der Verwendung dieses Geldes zu verzinsen (§ 716 IV 1). Der damit sanktionierte Zinsschaden der Gesellschaft wird unwiderleglich vermutet; es muss durch die Gesellschaft folglich nicht nachgewiesen werden, dass ihr tatsächlich ein Zinsschaden entstanden ist (Begr RegE, BT-Drs 19/27635, 158). Der Zinssatz bestimmt sich nach § 246 (MüKo/*Schäfer* Rn 19). Befindet sich der Gesellschafter mit der Erfüllung der Herausgabepflicht in Verzug, besteht daneben ein Zinsanspruch nach § 288 I (Begr RegE, BT-Drs 19/27635, 158 unter Hinweis auf BGH WM 2005, 2194 Rn 9). 27

2. Aufwendungen und Verluste. Nach § 716 IV 2 sind die auf Aufwendungs- und Verlustersatz gerichteten Ansprüche der Gesellschafter gegen die GbR vom Zeitpunkt der Aufwendung an zu verzinsen. Gleiches gilt für eingetretene Verluste. Die Verzinsungspflicht erstreckt sich nicht nur auf Geldansprüche, sondern auch auf andere Gegenstände entspr ihrem Wert (vgl § 256 S 1; dazu MüKo/*Schäfer* Rn 20). 28

VI. Abweichende Regelungen. Die Vorschrift ist **dispositiv** (Oetker/*Lieder* § 110 HGB Rn 25; EBJS/*Bergmann* § 110 HGB Rn 38; Hopt/*Roth* § 110 HGB Rn 18; *Gramlich/Müssig* NZG 2019, 1333, 1336f; MüKo/*Schäfer* Rn 21)· Eine Grenze bildet jedoch die gesellschaftliche Treuepflicht. Es kann geregelt werden, dass nur unter bestimmten Voraussetzungen die Ansprüche aus § 716 gegeben sind. Wird eine Ersatzpflicht ganz ausgeschlossen, kann dies wegen eines Verstoßes gegen die Treuepflicht unwirksam sein. Ein Eingriff in die individuelle Rechtsstellung des Gesellschafters ist damit nicht verbunden, sodass es sich bei dem Aufwendungsersatzanspruch auch nicht um ein unverzichtbares Recht iSd früheren Kernbereichslehre handelt. Die bloße Vereinbarung, dass bei einem „zwischenzeitlichen Verlust" ein Verlustausgleich nach gemeinsamer Ermittlung durch die Gesellschafter anteilig vorgenommen wird, schließt den Anspruch aus § 716 I nicht aus (BGH NJW 2011, 1730 Rn 11). Der BGH ließ aber offen, ob § 110 HGB aF überhaupt nicht abdingbar ist, oder sich lediglich die getroffene Abrede nur auf den internen Verlustausgleich zw den Gesellschaftern (Rn 19) bezog. Für zulässig erachtet wurden aber konkludente Änderungen diesbezüglicher Regelungen (dazu BGH NJW 1980, 339, 340; Koblenz NJW-RR 1987, 29

24), auch durch langjährige Übung (BGH NJW 1966, 826). Sinnvoll sind Pauschalierungen, etwa bei Reisekosten, und der Abschluss von D&O-Versicherungen für zivil- und strafrechtl Haftungsrisiken. Die Gesellschafter können auch vereinbaren, über § 716 I hinaus Gesellschafter von Belastungen freizustellen (zu entspr Regelungen bei der Freiberufler-GbR *Sommer/Treptow/Dietlmeier* NJW 2011, 1551, 1555). Hierbei ist jedoch insb das Gleichbehandlungsgebot zu beachten (§ 705 Rn 141).

30 Sagt die Gesellschaft im Vorhinein die **Erstattung** von **Geldstrafen** oder **Geldbußen** zu, so ist dies ebenso wie die Erstattung dieser Beträge selbst unter dem Gesichtspunkt der Einheit der Rechtsordnung unwirksam (diff *Bastuck*, Enthaftung des Managements, 1986, 136f; *Rehbinder* ZHR 148, 555, 561, 566), falls hierin nicht bereits eine Anstiftung oder Beihilfe zur Straftat liegt (EBJS/*Bergmann* § 110 HGB Rn 20; Schlegelberger/*Martens* § 110 HGB Rn 26; dazu BGHSt 37, 226, 229ff; Schleswig SchlHA 2005, 159). Für die nachträgl Erstattung gilt das unter Rn 16 Gesagte.

§ 717 Informationsrechte und -pflichten

(1) Jeder Gesellschafter hat gegenüber der Gesellschaft das Recht, die Unterlagen der Gesellschaft einzusehen und sich aus ihnen Auszüge anzufertigen. Ergänzend kann er von der Gesellschaft Auskunft über die Gesellschaftsangelegenheiten verlangen. Eine Vereinbarung im Gesellschaftsvertrag, welche diese Rechte ausschließt oder dieser Vorschrift zuwider beschränkt, steht ihrer Geltendmachung nicht entgegen, soweit dies zur Wahrnehmung eigener Mitgliedschaftsrechte erforderlich ist, insbesondere, wenn Grund zur Annahme unredlicher Geschäftsführung besteht.

(2) Die geschäftsführungsbefugten Gesellschafter haben der Gesellschaft von sich aus die erforderlichen Nachrichten zu geben, auf Verlangen über die Gesellschaftsangelegenheiten Auskunft zu erteilen und nach Beendigung der Geschäftsführertätigkeit Rechenschaft abzulegen. Eine Vereinbarung im Gesellschaftsvertrag, welche diese Verpflichtungen ausschließt, ist unwirksam.

1 **I. Normzweck.** Die durch das MoPeG neu eingefügte Vorschrift regelt die Informationsrechte und Informationspflichten der Gesellschafter. Die Gesellschafter können nach **Abs I** ein **individuelles Informationsrecht** gegen die Gesellschaft geltend machen, das in erster Linie dem **Minderheitsschutz** zu dienen bestimmt ist (vgl BGH NJW 1984, 2470; 1989, 225; 1995, 194; Oetker/*Lieder* § 118 HGB Rn 2). Die Gesellschafter sollen sich jederzeit über ihr mit der Beteiligung an der Gesellschaft verbundenes Risiko informieren können. Die Informationen über die Lage der GbR schaffen die Grundlage dafür, dass die Gesellschafter ihre mitgliedschaftlichen Entscheidungsbefugnisse ordnungsgemäß und zweckmäßig ausüben, vermögensrechtl Ansprüche geltend machen und Schaden von der Gesellschaft abwenden können (vgl BGH NJW 1984, 2470f; 1992, 1890, 1891; EBJS/*Drescher* § 118 HGB Rn 2; *Wohlleben*, Informationsrechte der Gesellschafter, 1989, 25ff; *Fleischer/Heinrich* DB 2020, 827, 828; *Lieder* ZGR-Sonderheft 23, 169, 205). Durch die **Schutzvorschrift des § 717 I 3** wird sichergestellt, dass die Gesellschafter ihre Kontroll- und Informationsrechte ausüben können, auch wenn die Befugnisse im Gesellschaftsvertrag weitgehend ausgeschlossen sind, soweit dies zur Wahrnehmung der Mitgliedschaftsrechte des Gesellschafters erforderlich ist, insb wenn Grund zu der Annahme unredlicher Geschäftsführung besteht.

2 Umgekehrt stehen der Gesellschaft gegen die geschäftsführenden Gesellschafter nach **Abs II Benachrichtigungs- und Auskunftsrechte** zu. Es dient der Informationsbeschaffung der GbR, namentlich für den Fall, dass bestimmte Informationen nur bei einzelnen Geschäftsführern vorhanden sind. Hierdurch kann die Gesellschaft auf diese Weise die Informationen erlangen, die sie wiederum zur Befriedigung des Informationsanspruchs der Gesellschafter nach § 717 I benötigt (MüKo/*Schäfer* Rn 1). Anders als es die Materialien tun (vgl Begr RegE, BT-Drs 19/27635, 159f; ebenso *Fleischer/Heinrich* DB 2020, 827), sollte in diesem Zusammenhang nicht von einem kollektiven Informationsrecht gesprochen werden, weil Informationsgläubiger heute die GbR ist und nicht wie früher noch die Gesamtheit der übrigen Gesellschafter (näher *Lieder* ZGR-Sonderheft 23, 169, 207f). Die **Schutzvorschrift des § 717 II 2** sorgt für ein änderungsfestes Mindestniveau an Minderheitenschutz durch Information.

3 Die Vorschrift gilt sowohl für die rechtsfähige Außen-GbR als auch für die nicht rechtsfähige Innengesellschaft (§ 740 II; § 740 Rn 9) sowie über die Verweisungen nach § 105 III, § 161 II HGB für **OHG-Gesellschafter** und **Komplementär** und nach § 1 IV PartGG für Mitglieder einer **PartG**. Besonderheiten gelten nach § 166 HGB für **Kommanditisten** (dazu zT krit *Lieder* ZGR-Sonderheft 23, 169, 208ff). Bei der **typischen stillen GbR** sowie bei der **Unterbeteiligung** stehen dem Stillen bzw dem Unterbeteiligten nur die Informations- und Einsichtsrechte analog § 233 HGB zu (MüKo/*Schäfer* Rn 3). Ansprüche **zw den Gesellschaftern** gehören nicht zum Regelungsgegenstand des § 717, sondern können sich namentlich auf Grundlage der mitgliedschaftlichen Treuepflicht ergeben (Begr RegE, BT-Drs 19/27635, 159; BGH NZG 2003, 73; BeckOK/*Schöne* Rn 3; *Fleischer/Heinrich* DB 2020, 827, 834).

4 **II. Informationsrechte der Gesellschafter. 1. Anspruchsinhaber.** Anspruchsinhaber sind **alle aktuellen Gesellschafter**. Während der **Liquidation** nach der Auflösung der GbR besteht das Informationsrecht ohne Einschränkungen (BGH BB 1970, 187; München 23.3.2016 – 7 U 900/15, juris Rn 68). Der **Vollstreckungsschuldner**, der Einzelansprüche der Gesellschafter gegen die GbR pfänden und sich überweisen lässt, wird hierdurch

nicht zum Gesellschafter, sodass ihm auch die Rechte aus § 717 I nicht zustehen (LG Freiburg JurBüro 2008, 271; nicht beanstandet von BGH NZG 2009, 1106).

Dem **ausgeschiedenen Gesellschafter** stehen die Informationsrechte nach § 717 I nicht mehr zu, weil er keine Mitgliedschaftsrechte mehr ausüben kann und auch nicht mehr aufgrund seiner Gesellschafterstellung zur Verschwiegenheit verpflichtet ist (BeckOK/*Schöne* Rn 10; EBJS/*Drescher* § 118 HGB Rn 5; Oetker/*Lieder* § 118 HGB Rn 4; aA NK/*Heidel* § 716 Rn 4). Stattdessen hat er nach **§§ 242, 810** das Recht auf Einsicht in die streitbefangenen Bücher und Papiere, soweit dies für die Klärung seiner Ansprüche erforderlich ist (vgl BGH WM 1961, 1329; NJW 1989, 225, 226; 1989, 3272, 3273; WM 1994, 1925, 1928; näher Oetker/*Lieder* § 118 HGB Rn 25f). Gleiches gilt für den **Erben**, der nicht im Zuge einer Nachfolgeregelung Gesellschafter wird. Zulässig ist es allerdings das Informationsrecht nach § 717 I kraft Gesellschaftsvertrags auf die Zeit nach Ausscheiden zu verlängern, namentlich um die vermögensmäßigen Gesellschafteransprüche gegen die GbR und die Mitgesellschafter zu gewährleisten (BeckOK/*Schöne* Rn 10; zur Zulässigkeit der Erweiterung des Informationsrechts s Rn 22). 5

Auf **Dritte** kann das Informationsrecht nicht übertragen werden (§ 711a S 1); durch Dritte kann nur die Ausübung übernommen werden (vgl BGH WM 1962, 883; 1975, 1299; Heymann/*Hoffmann*/*Bartlitz* § 118 HGB Rn 2, 7; Oetker/*Lieder* § 118 HGB Rn 3, 6). Der **gesetzliche Vertreter** oder ein **Betreuer** kann die Informationsrechte des Gesellschafters wahrnehmen (vgl BGHZ 44, 98, 100, 103), muss sich zu diesem Zweck allerdings zuvor zur Verschwiegenheit verpflichten (MüKo/*Schäfer* Rn 17; Staudinger/*Habermeier* § 716 aF Rn 4). Die Ausübung durch einen **rechtsgeschäftlichen Bevollmächtigten** ist nur zulässig, wenn dies der Gesellschaftsvertrag vorsieht oder die Mitgesellschafter einverstanden sind (vgl BGHZ 25, 115, 122; BGH WM 1975, 1299). Eine Ausnahme besteht bei längerer Verhinderung des Gesellschafters durch Abwesenheit, Krankheit oder Alter (vgl BGHZ 25, 115, 122f; Röhricht/v Westphalen/Haas/*Haas* § 118 HGB Rn 8). 6

Zulässig ist davon abgesehen die **unterstützende Hinzuziehung sachverständiger Dritter**, die ihrerseits zur Verschwiegenheit verpflichtet sind (vgl BGHZ 25, 115, 123; BGH NJW 1984, 2470, 2471), sofern der Gesellschafter nicht aus eigener Kenntnis sachgerecht Einsicht zu nehmen in der Lage ist (vgl BGH WM 1962, 883; Oetker/*Lieder* § 118 HGB Rn 7; dort auch zur Unzumutbarkeit der Zuziehung für die Gesellschaft). Dabei kommt es nicht darauf an, ob der Gesellschafter – etwa durch persönliche Anwesenheit – auch äußerlich den Informationsvorgang steuert oder steuern kann, dies kann dem Sachverständigen überlassen bleiben (s zum Ganzen *Goerdeler* FS Stimpel, 1985, 124ff). Allerdings dürfen gegen die Person des Sachverständigen keine Ablehnungsgründe aus der Sicht der Gesellschaft bestehen. Es kann sogar sein, dass ein zur Berufsverschwiegenheit verpflichteter Sachverständiger anstelle des Gesellschafters das Einsichtsrecht auszuüben hat, dann nämlich, wenn der Gesellschaft daran liegen muss, dem als ihrem **Wettbewerber** tätigen Gesellschafter nur solche Informationen zukommen zu lassen, aus denen er als Wettbewerber keine Vorteile ziehen kann, und die allein ihm der Sachverständige dann weitergeben darf (BGH WM 1982, 1403f; NJW 1995, 194f zu § 166 HGB). Eine **Entziehung des Informationsrechts** analog § 715 VI muss auf extreme Ausnahmefälle begrenzt bleiben, weil sich die Gesellschaft unter Hinweis auf die Treuepflicht und den Missbrauchseinwand (Rn 16) regelmäßig angemessen zur Wehr setzen kann (MüKo/*Schäfer* Rn 7). 7

2. Anspruchsgegner. Anspruchsgegner ist die **Gesellschaft** (vgl BGHZ 25, 115, 118; BGH WM 1962, 883; NJW 1992, 1890, 1891). Zuständig für die Erfüllung sind die geschäftsführungsbefugten Gesellschafter (vgl BGH WM 1962, 883; Hamm NJW 1986, 1693, 1694). Daneben ist aus seiner Pflicht zur Geschäftsführung der Geschäftsführer selbst zur Information hierüber verpflichtet (vgl BGH WM 1962, 883; 1983, 910, 911; NJW 1992, 1890, 1891f). Ist über das Vermögen der GbR das **Insolvenzverfahren** eröffnet worden, ist der Insolvenzverwalter nach § 80 I InsO zur Erfüllung verpflichtet, wenn sich der Gesellschafter unabhängig vom Insolvenzverfahren über seine eigene persönliche Haftung nach § 721 unterrichten will (vgl Karlsruhe WM 1966, 1744). 8

3. Inhalt und Umfang. a) Gegenstand. Das Informationsrecht umfasst **alle Angelegenheiten der Gesellschaft**, dh alle Vorgänge, die die Gesellschaft mittelbar oder unmittelbar betreffen (vgl Hamm NJW 1986, 1693, 1694; Röhricht/v Westphalen/Haas/*Haas* § 118 HGB Rn 5). Dazu gehören alle **wirtschaftlichen Verhältnisse** der Gesellschaft sowie ihre öffentlich-rechtl und steuerrechtl Rechtsverhältnisse (vgl Oetker/*Lieder* § 118 HGB Rn 9; *Wohlleben*, Informationsrechte des Gesellschafters, 1989, S 99ff). Steht die Gesellschaft mit **Dritten** in wichtigen vertragl Beziehungen, können auch Informationen über Dritte umfasst sein (vgl Heymann/*Hoffmann*/*Bartlitz* § 118 HGB Rn 13; Oetker/Lieder § 118 HGB Rn 11). Das gilt auch für **verbundene Unternehmen,** wenn sie für die Gesellschaft von Bedeutung sind (vgl BGHZ 25, 115, 118; BGH WM 1983, 910, 911; NJW 1984, 2470). Der Anspruch richtet sich in diesem Fall nur gegen die eigene Gesellschaft und wird durch berechtigte Interessen des verbundenen Unternehmens und seiner Gesellschafter begrenzt (vgl BGH WM 1983, 910, 911; NJW 1984, 2470f; Röhricht/v Westphalen/Haas/*Haas* § 118 HGB Rn 5; Schlegelberger/*Martens* § 118 HGB Rn 8; aA Heymann/*Hoffmann*/*Bartlitz* § 118 HGB Rn 13). 9

Auch über **Namen** und **Anschriften** der **Gesellschafter** kann Auskunft verlangt werden, was vor allem bei Publikumsgesellschaften und Treuhandkonstellationen (§ 705 Rn 59ff) aktuell werden kann (BGH DStR 2010, 65; NJW 2011, 921 Rn 11 für Treugeber von Publikumskommanditanteilen, die eine Innen-GbR bilden; weitergehend für Treugeber auch ohne Innengesellschaft, die Gesellschaftern gleichgestellt sind: BGH NZG 2015, 269; NJW 2013, 2190; ebenso *K. Schmidt* NZG 2011, 361, 364, der bei allen Gestaltungen eine gesellschaftsrechtl Verbundenheit zw den Treuhandkommanditisten annimmt; insg bestätigend auch vor dem Hintergrund der DSGVO BGH NZG 2020, 381 Rn 29; abl MüKo/*Schäfer* Rn 15; *Wolfer* NZG 2011, 854ff). Die Kenntnis der Identität der 10

Mitgesellschafter einer Personengesellschaft ist erforderlich zur Durchsetzung von Rechten gegen diese und steht den Gesellschaftern aus der zw ihnen bestehenden schuldrechtl Sonderverbindung des Gesellschaftsverhältnisses zu. Dieses setzt sich ggü datenschutzrechtl Vorgaben im Zweifel durch (*Priester* ZIP 2011, 697ff; *Paul* GWR 2011, 225ff; aA *Hoeren* ZIP 2010, 2436, 2438f; *Holler* ZIP 2010, 2429, 2431ff). Weil die Kenntnis der Mitgesellschafter für die Durchführung des Gesellschaftsvertrags und die Erreichung des Gesellschaftszwecks existenziell ist, kann ein Recht auf Anonymität wegen Verstoßes gegen vertragsrechtl Grundprinzipien nicht wirksam vereinbart werden (§ 705 Rn 72; vgl BGH NJW 2010, 439 Rn 10, 13; NZG 2011, 276 Rn 20; 2013, 379 Rn 24ff, 38ff; 2015, 269 Rn 23; krit *Altmeppen* NZG 2012, 1321, 1327; *Armbrüster* FS Kanzleiter, 2010, 31, 40).

11 **b) Einsichtnahme und Abschriften.** In sachlicher Übereinstimmung mit § 716 aF und § 118 HGB aF hat jeder – auch der nicht zur Geschäftsführung berufene – Gesellschafter nach § 717 I 1 ggü der GbR das Recht, die Unterlagen der Gesellschaft einzusehen und sich aus ihnen Abzüge anzufertigen. Das Informationsrecht hängt nicht von bestehender Geschäftsführungsbefugnis ab, sondern gehört zur Mitgliedstellung, weshalb auch **kein besonderes rechtliches Interesse** für seine Geltendmachung erforderlich ist (RGZ 148, 278, 280; Staudinger/*Habermeier* § 716 aF Rn 1; PWW/*v Ditfurth* § 716 aF Rn 2).

12 Das Informationsrecht umfasst **alle Unterlagen der Gesellschaft** wie die Unternehmensbücher und Geschäftsunterlagen, dh Verträge, Geschäftsbriefe, Aktenvermerke (BGHZ 25, 115, 120; BGH NJW 1997, 1985, 1986; *Wohlleben*, Informationsrechte des Gesellschafters, 1989, S 113ff), die elektronischen Informationsmedien, die per Bildschirm oder Ausdruck zur Verfügung zu stellen sind (BGH DStR 2010, 65; *Wohlleben*, Informationsrechte des Gesellschafters, 1989, S 116f), aber nicht durch jederzeitigen Zugriff auf die EDV-Anlage oder den Server (Schlegelberger/*Martens* § 118 HGB Rn 10; Heymann/*Hoffmann*/*Bartlitz* § 118 HGB Rn 15). Sind geschäftliche Vorgänge in **privaten Unterlagen** enthalten, ist, sofern erforderlich, auch hier ein Einsichtsrecht zu gewähren (BGH BB 1970, 187; Köln BB 2012, 219 Rn 53). Dass die Unterlagen geheim zu behandeln sind, etwa bei Erfindungen oder Know-how, steht nicht entgegen, weil der Gesellschafter zur Verschwiegenheit verpflichtet ist (Hopt/*Roth* § 118 HGB Rn 4; Schlegelberger/*Martens* § 118 HGB Rn 12).

13 Das Recht zur Einsichtnahme umfasst zugleich das Recht, die **Geschäftsräume** zu betreten. So können auch die vorhandenen Anlagen und der Kassen- und Warenbestand besichtigt werden (Hopt/*Roth* § 118 HGB Rn 4; *Wohlleben*, Informationsrechte des Gesellschafters, 1989, S 128). Die Unterlagen sind nicht herauszugeben, sondern es ist nur Einsicht zu gewähren (BGH NJW 1984, 2470; Heymann/*Hoffmann*/*Bartlitz* § 118 HGB Rn 17). Ist offensichtlich, dass die Unterlagen lückenhaft sind, besteht neben dem Auskunftsrecht ein Anspruch auf Einsicht in die fehlenden Unterlagen, mithin auf Ergänzung der Unterlagen (*Wohlleben*, Informationsrechte des Gesellschafters, 1989, S 136ff). Ein Anspruch auf **Befragung der Mitarbeiter** besteht nicht (Schlegelberger/*Martens* § 118 HGB Rn 9; Heymann/*Hoffmann*/*Bartlitz* § 118 HGB Rn 14).

14 Da die Einsicht allein bei umfangreicherem Material zur Durchsetzung der Rechte nicht ausreicht, hat der Gesellschafter auch das Recht, **Abschriften** und Fotokopien selbst anzufertigen, sofern keine berechtigten Interessen der Gesellschaft entgegenstehen (vgl Köln ZIP 1985, 800, 801f; EBJS/*Drescher* § 118 HGB Rn 27). Auf der Grundlage moderner Technik wird man auch das Kopieren auf einen USB-Stick (BGH K&R 2013, 493 Rn 3) oder das Scannen hinzurechnen dürfen. Überwiegen **Geheimhaltungsinteressen** der Gesellschaft, etwa im Hinblick auf Konstruktionszeichnungen, Erfindungen oder Marken, dann besteht nur das Einsichtsrecht (*Wohlleben*, Informationsrechte des Gesellschafters, 1989, S 126f; Schlegelberger/*Martens* § 118 HGB Rn 13; ähnl Köln ZIP 1985, 800, 802). Die Gesellschaft selbst muss keine Kopien anfertigen, es sei denn, es handelt sich nur um eine geringe Anzahl und diese lassen sich ohne Aufwand auf Kosten des Gesellschafters erstellen (*Wohlleben*, Informationsrechte des Gesellschafters, 1989, S 125ff; Schlegelberger/*Martens* § 118 HGB Rn 13; einschränkend Köln ZIP 1985, 800, 801f). Auch eine Paraphierung oder der Export durch einen IT-Dienstleister kann nicht verlangt werden (BGH K&R 2013, 493 Rn 3). Zur Weitergabe der Kopien ist der Gesellschafter nicht befugt, da sie nur der Ausübung seines eigenen Kontrollrechts dienen (Röhricht/v Westphalen/Haas/*Haas* § 118 HGB Rn 13; Schlegelberger/*Martens* § 118 HGB Rn 13).

15 **c) Auskunftsrecht.** Nur ergänzend, wenn das Einsichtnahme- und Abschriftsrecht für die Zwecke der individuellen Information des Gesellschafters nicht ausreicht, kann er nach § 717 I 2 Auskunft über die Gesellschaftsangelegenheiten verlangen. Der Vorrang des Einsichtnahmerechts soll die geschäftsführenden Gesellschafter zur Dokumentation incentivieren und trägt iÜ dem Umstand Rechnung, dass eine Einsichtnahme regelmäßig zuverlässigere Ergebnisse liefert (Begr RegE, BT-Drs 19/27635, 159). Erforderlich erscheint die Ausübung des Auskunftsrechts jedenfalls, wenn die **Unterlagen lückenhaft oder widersprüchlich** sind (BGH 14, 53, 60; BGH WM 1983, 910, 911). UU kann auch der geschäftsführende Gesellschafter verpflichtet sein, zusätzl Informationen zu beschaffen (vgl Hamm NJW 1986, 1693, 1694; Röhricht/v Westphalen/Haas/*Haas* § 118 HGB Rn 7).

16 **4. Grenzen.** Das Informations- und Auskunftsrecht ist Bestandteil der mitgliedschaftlichen Rechte und bedarf keiner besonderen Voraussetzungen zu seiner Geltendmachung (vgl BGH WM 1962, 883; Köln BB 1961, 953; Schlegelberger/*Martens* § 118 HGB Rn 18; *Otte* NZG 2014, 521, 523). Es steht auch nicht in einem Gegenseitigkeitsverhältnis zu den Pflichten des Gesellschafters, etwa zur Beitragsleistung (KG LZ 1918, 66; Hopt/*Roth* § 118 HGB Rn 1). Aus dem Grundsatz der **gesellschaftsrechtlichen Treuepflicht** und dem **Verbot missbräuchlichen Verhaltens** können sich ausnahmsweise Einschränkungen des Kontroll- und Informationsrechts ergeben (BGHZ 14, 53, 58f; 25, 115, 120f). Das ist der Fall, wenn die Informationen analog § 51a II GmbHG **gesellschaftsfremden Zwecken** oder zum **Nachteil der Gesellschaft** dienen sollen, etwa zu Wettbewerbsverstößen, oder bei einem

schikanösen, übertriebenen Gebrauchmachen des Informationsrechts (vgl BayObLG NJW-RR 1989, 350, 351; Heymann/*Hoffmann*/*Bartlitz* § 118 HGB Rn 11; *Otte* NZG 2014, 521, 523).

Wegen des Zwecks der Vorschrift, dem Gesellschafter die Durchsetzung seiner Mitgliedschaftsrechte zu ermöglichen, ist die Ausübung des Informationsrechts **nicht ausgeschlossen** bei einem **Zerwürfnis** unter den Gesellschaftern oder wenn damit zu rechnen ist, der Gesellschafter werde die Informationen zur Durchsetzung dieser Rechte verwerten (Köln BB 2012, 219; LG Köln 21.11.2012 – 83 O 100/11). Auch die bereits erteilte **Genehmigung der Bilanz** und des Jahresabschlusses schließt das Einsichtsrecht nicht aus (näher Schlegelberger/*Martens* § 118 HGB Rn 19). Schließlich können sich auch im Nachhinein Anzeichen für eine Bilanzmanipulation ergeben. 17

Selbst ein **Geheimhaltungsinteresse** der Gesellschaft schließt das Einsichtsrecht nicht aus, sondern verbietet nur die Anfertigung von Kopien (Rn 14) und verpflichtet den Gesellschafter zur Verschwiegenheit (*Hueck* OHG § 12, 4; *Wohlleben*, Informationsrechte des Gesellschafters, 1989, S 149, 187; Schlegelberger/*Martens* § 118 HGB Rn 19) oder er ist auf den Einsatz eines zur Verschwiegenheit verpflichteten Gesellschafters vorläufig zu verweisen (*G. Roth*, Das einheitliche Recht auf Information, 2006, S 264ff; *Hirte* FS Röhricht, 2005, 217), um die Interessenkollision zw Gesellschaft und Gesellschafter aufzulösen. Das gilt selbst dann, wenn der Gesellschafter an einem Konkurrenzunternehmen beteiligt ist (Oetker/*Lieder* § 118 HGB Rn 18; offengelassen von BGH NJW 1995, 194, 196). Allerdings überwiegen die Interessen des Unternehmens, wenn die ernstliche Befürchtung besteht, der Gesellschafter werde Informationen an Konkurrenzunternehmen weiterleiten oder zu sonstigen gesellschaftsfremden Zwecken verwenden. Das ist anzunehmen, wenn der Gesellschafter schon in der Vergangenheit seine Verschwiegenheitspflicht verletzt oder Informationen missbräuchlich verwendet hat (*Otte* NZG 2014, 521, 523; zur GmbH Lutter/Hommelhoff/*Bayer* § 51a GmbHG Rn 35f; zu streng Köln 8.12.2011 – 18 U 38/11, juris Rn 41: Nachweis der Gefahr einer missbräuchlichen Verwendung in der Zukunft). Für die Umstände, die eine Einschränkung des Informationsrechts begründen, trägt die Gesellschaft die Darlegungs- und **Beweislast** (BGHZ 14, 53, 59; 25, 115, 121). 18

5. Modalitäten der Ausübung. Das Informationsrecht ist auf der Grundlage der **Treuepflicht** so auszuüben, dass der Arbeitsablauf im Geschäftsbetrieb der Gesellschaft möglichst reibungslos erfolgen kann (BayObLG NJW-RR 1989, 350, 351; Hopt/*Roth* § 118 HGB Rn 4). Die Einsicht ist in den **Geschäftsräumen** zu nehmen, außer wenn dies in besonderen Ausnahmefällen unmöglich oder unzumutbar ist (BGH NJW 1984, 2470; s auch Köln BB 1961, 953). Dem Einsichtnehmenden ist ein geeigneter Raum zur Verfügung zu stellen (Oetker/*Lieder* § 118 HGB Rn 19; Röhricht/v Westphalen/Haas/*Haas* § 118 HGB Rn 11) und die relevanten Unterlagen vorzulegen (LG Köln 27.1.2011 83 O 93/10, juris Rn 17; *Otte* NZG 2014, 521, 522). Die Einsicht darf nicht zur Unzeit erfolgen, das bedeutet idR während der **üblichen Geschäftszeiten** (Köln BB 2012, 219 Rn 46; Heymann/*Hoffmann*/*Bartlitz* § 118 HGB Rn 10). 19

ie **genauen Modalitäten** hat der Gesellschafter mit der Geschäftsführung abzusprechen (*Otte* NZG 2014, 521, 522). Zuvor hat er sein Einsichtsverlangen anzukündigen und dessen Gegenstand näher zu benennen (Köln 8.12.2011 – 18 U 38/11, juris Rn 45; *Otte* NZG 2014, 521, 522; aA KG NJW-RR 1989, 230), ohne indes konkrete Unterlagen detailliert bezeichnen zu müssen (vgl Köln GmbHR 1986, 385, 386; *Otte* NZG 2014, 521, 522f). Ein globales Einsichtsverlangen würde den Geschäftsbetrieb hingegen lahmlegen, sodass nach der Treuepflicht eine Konkretisierung des Verlangens zu erfolgen hat (näher *Otte* NZG 2014, 521, 522f). 20

Seine eigenen durch die Einsichtnahme entstandenen **Kosten** trägt der Gesellschafter, vor allem die Kosten der Hinzuziehung eines Sachverständigen (BGH BB 1970, 187; Köln ZIP 1985, 800, 802). Die Kosten der Bereitstellung der Unterlagen trägt hingegen die Gesellschaft. War die Hilfe durch Sachverständige allerdings durch Fehler oder Lücken in den Unterlagen durch die Gesellschaft bedingt (München BB 1954, 669; *Goerdeler* FS Stimpel, 1985, 125, 137; *Hirte* BB 1985, 2208, 2210) oder stellt sich heraus, dass dem Gesellschafter wegen pflichtwidriger Schädigung ein Schadensersatzanspruch gegen die Gesellschaft zusteht (*Goerdeler* FS Stimpel, 1985, 125, 137; Röhricht/v Westphalen/Haas/*Haas* § 118 HGB Rn 14), trägt die Gesellschaft diese Kosten. 21

6. Abweichende Regelungen. Das Informationsrecht des § 717 I ist, wie § 708 und § 717 I 3 zeigen, in den Grenzen des § 717 I 3 grds **dispositiv**, sodass es beschränkt und erweitert werden kann (vgl Hopt/*Roth* § 118 HGB Rn 17ff). Das gilt zB auch für die Ausübungsmodalitäten, wie zB Beschränkung auf bestimmte Unterlagen, Termine und Fristen (vgl EBJS/*Drescher* § 118 HGB Rn 33) oder Erweiterung auf regelmäßige Berichterstattung (vgl Schlegelberger/*Martens* § 118 HGB Rn 31). Zulässig ist auch eine Übertragung der Ausübung auf einen **Beirat** oder sachverständige Dritte (vgl BGH WM 1984, 807, 808). Das Informationsrecht kann **weitgehend ausgeschlossen** werden, und zwar sowohl im Gesellschaftsvertrag als auch durch Gesellschafterbeschluss aufgrund einer (einfachen) Mehrheitsklausel (Hopt/*Roth* § 118 HGB Rn 17; *de Groot* NZG 2013, 529ff; aA BGHZ 20, 363, 368; 170, 283). Eine **Ausnahme** gilt für die Namen der Mitgesellschafter (Rn 10). 22

Das individuelle Informationsrecht **ausschließende oder beschränkende Vereinbarungen** stehen einer Geltendmachung nach § 717 I 3 nicht entgegen, soweit dies zur Wahrnehmung der Mitgliedschaftsrechte des Gesellschafters erforderlich ist, insb wenn Grund zu der Annahme **unredlicher Geschäftsführung** besteht. Danach genießt das individuelle Informationsinteresse des Gesellschafters bspw den Vorrang, wenn Informationen trotz ungewöhnlicher Geschäftsentwicklung grundlos verweigert werden, Geschäftsunterlagen fehlerhaft geführt sind (Begr RegE, BT-Drs 19/27635, 160), bedeutsame Unterlagen gänzlich fehlen (vgl Heymann/*Hoffmann*/*Bartlitz* § 118 HGB Rn 16; Oetker/*Lieder* § 118 HGB Rn 30) oder konkrete Anhaltspunkte für Versuche vorliegen, bestimmte 23

Geschäftsvorgänge zu vertuschen (Hopt/*Roth* § 118 HGB Rn 18; Oetker/*Lieder* § 118 HGB Rn 30). Der Gesellschafter muss die bezeichneten Umstände nicht beweisen oder glaubhaft machen, sondern lediglich darlegen (vgl Röhricht/v Westphalen/Haas/*Haas* § 118 HGB Rn 18; Oetker/*Lieder* § 118 HGB Rn 30).

24 **III. Informationsrechte der Gesellschaft. 1. Allgemeines.** Der Anspruch richtet sich gegen alle geschäftsführenden Gesellschafter, und zwar unabhängig von der konkreten Geschäftsverteilung (MüKo/*Schäfer* Rn 23). Anspruchsinhaber ist die Gesellschaft. Die Informationsrechte können als Sozialansprüche von jedem Gesellschafter im Wege der **Gesellschafterklage** nach § 715b auf Leistung an die GbR geltend gemacht werden (vgl BGH NZG 2018, 736 Rn 26; *Binz/Freudenberg* BB 1991, 785, 787; *Huber* ZGR 1982, 539, 547). Die Geltendmachung mittels Gesellschafterklage ist aber nicht nur durch das Prinzip der Subsidiarität (§ 715b Rn 9), sondern auch insofern **begrenzt**, als der einzelne Gesellschafter den Anspruch nur geltend machen kann, wenn er ihn auch nach § 717 I verlangen könnte (vgl Begr RegE, BT-Drs 19/27635, 160; BGH NJW 1992, 1890, 1892; *Brandes* WM 1994, 569, 576; Oetker/*Lieder* § 118 HGB Rn 27). Dies gilt nicht, wenn die Gesellschaftergesamtheit den Auskunftsanspruch ggü den geschäftsführungsbefugten Gesellschaftern verfolgt.

25 **2. Inhalt und Umfang.** Dem Informationsrecht der Gesellschaft wird nach § 717 II 1 durch die **Bringschuld** der geschäftsführenden Gesellschafter entsprochen, über ihre Geschäftsführungstätigkeit zu berichten. Inhalt und Umfang dieser Berichterstattungspflicht richten sich nach dem **konkreten objektiven Informationsbedürfnis** der GbR, das maßgeblich von der wirtschaftl Bedeutung und vom persönlichen Haftungsrisiko der Gesellschafter abhängt (Begr RegE, BT-Drs 19/27635, 160).

26 Die auf Verlangen erteilten **Auskünfte** erhält die Gesellschaftergesamtheit entweder schriftlich, elektronisch oder im Rahmen der Gesellschafterversammlung. Ein Anspruch auf Auskünfte über den Inbegriff von Gegenständen nach § 260 hat die Gesellschaft nicht, weil sich die Rechnungslegungspflicht nach § 718 als spezielleres Instrument darstellt (MüKo/*Schäfer* Rn 24; *Fleischer/Heinrich* DB 2020, 827, 829).

27 Nach Beendigung der Tätigkeit als Geschäftsführer, dh nach Auflösung der Gesellschaft oder nach Beendigung der Geschäftsführungstätigkeit, hat er nach § 259 **Rechenschaft** zu legen. Praktische Bedeutung kommt der Rechnungslegungspflicht vor allem bei einem vorzeitigen Ausscheiden aus der Geschäftsführung zu, weil das Informationsinteresse iÜ nach § 718 und bei Auflösung der Gesellschaft durch § 736d befriedigt wird (Begr RegE, BT-Drs 19/27635, 160). Den inhaltl Pflichten aus § 259 werden die Geschäftsführer regelmäßig nur nachkommen können, wenn sie laufend Geschäftsbücher führen, was sich aber für den Regelfall bereits aus der Rechnungslegungspflicht nach § 718 ergibt (näher MüKo/*Schäfer* Rn 26).

28 **3. Abweichende Regelungen.** Ein gesellschaftsvertragl Ausschluss der Informationsrechte der GbR ist nach § 717 II 2 unwirksam. Demggü sollen bloße Beschränkungen nach den Materialien bis zur Grenze der Rechtsschutzverkürzung (§ 138) zulässig sein (Begr RegE, BT-Drs 19/27635, 160). Diese eingeschränkte Disponibilität sorgt für ein änderungsfestes Mindestniveau an Minderheitenschutz durch Information.

§ 718 Rechnungsabschluss und Gewinnverteilung

Der Rechnungsabschluss und die Gewinnverteilung haben im Zweifel zum Schluss jedes Kalenderjahrs zu erfolgen.

1 **I. Normzweck.** Die durch das MoPeG neu eingefügte Vorschrift ist Ausfluss und Ausformung der Leitbildänderung der GbR von der Gelegenheitsgesellschaft hin zu einer auf Dauer ausgelegten Unternehmung (Begr RegE, BT-Drs 19/27635, 161). Hierzu passt die periodische, im Zweifel zum Schluss jedes Kalenderjahres erfolgende Rechnungslegung und Gewinnverteilung. Mittelbar wird dadurch die Rechnungslegung und Gewinnverteilung nach jedem Geschäft ausgeschlossen und die Gläubiger von Gesellschaftern darauf verwiesen, die regelmäßigen Gewinnausschüttungen abzuwarten, sofern sie nicht die Mitgliedschaft insg pfänden oder sie kündigen und auf den Abfindungsanspruch zugreifen (Begr RegE, BT-Drs 19/27635, 161). Die Vorschrift ist **abdingbar** und kann etwa bei Gelegenheitsgesellschaften durch die Vereinbarung einer kurzfristigen periodischen Abrechnung ersetzt werden, so zur Gewinnverteilung bei der Tipp-Gemeinschaft (Vor § 705 Rn 56), die gewöhnlich nach jeder Auslosung zu erfolgen hat (*Fleischer/Hahn* NZG 2017, 1ff; vgl auch Begr RegE, BT-Drs 19/27635, 161). Über die Verweisung nach § 1 IV PartG findet die Vorschrift auf die **PartG** ebenso Anwendung wie nach § 740 II auf **Innengesellschaften.**

2 **II. Ansprüche des Gesellschafters.** Bei den Ansprüchen auf Rechnungslegung und Gewinnverteilung handelt es sich um Individualansprüche der Gesellschafter, die sich gegen die Gesellschaft richten, deren Geschäftsführer oder Liquidator dann die Bilanz aufzustellen (BGH NZG 2011, 697) und den Gewinn auszuzahlen hat (Begr RegE, BT-Drs 19/27635, 161), bei der Unterbeteiligung gegen den Hauptbeteiligten (*Kühne/Rehm* NZG 2013, 565). Ebenso wie bei § 717 (§ 717 Rn 8) können die Gesellschafter ihre Ansprüche auch unmittelbar gegen die geschäftsführenden Gesellschafter geltend machen, ohne auf den Umweg der actio pro socio verwiesen zu sein (MüKo/*Schäfer* Rn 2). Auch kann ein Gesellschafter iSd § 256 ZPO ein rechtl Interesse an einer Feststellung seiner Gewinnbeteiligung haben (BGH ZIP 2019, 414). Der Antrag, eine Auseinandersetzungsbilanz zu erstellen, ist hinreichend bestimmt, welche Handlungen hierfür nötig sind, kann dem Vollstreckungsverfahren überlassen bleiben (Koblenz NZG 2002, 371). In der Liquidation hat ein daran nicht beteiligter und auch sonst über das Vermögen der Gesellschaft nicht orientierter Partner einen Anspruch auf Rechnungsabschluss und Rechnungslegung (BGH WM 1960, 1121; Düsseldorf ZIP 2011, 145).

III. Rechnungsabschluss und Ergebnisverwendung. Regeln über die Grundsätze der Rechnungslegung enthält § 718 nicht. Die Rspr geht von einer Zuständigkeit der Geschäftsführer aus, eine Bilanz und eine Gewinn- und Verlustrechnung aufzustellen (BGH BB 1980, 121f). Die Feststellung des Rechnungsabschlusses obliegt daraufhin sämtlichen Gesellschaftern als **Grundlagengeschäft** (BGHZ 170, 283). Entscheidend für die Frage, ob auch eine mit der Feststellung des Jahresabschlusses einhergehende Mehrheitsentscheidung über die Ergebnisverwendung zulässig ist, ist nach der neuen Konzeption des BGH zur formellen Beschlusskontrolle (§ 714 Rn 37) die **Auslegung des Gesellschaftsvertrags.** Ein Anhaltspunkt für die Zulässigkeit einer Mehrheitsentscheidung kann es sein, dass für Vertragsänderungen allg eine bestimmte Mehrheit vorgesehen ist und mit demselben Quorum über die Gewinnverwendung entschieden werden kann (Oetker/*Lieder* § 120 HGB Rn 41; Hopt/*Roth* § 120 HGB Rn 8; EBJS/*Ehricke* § 120 HGB Rn 64). Wenn nach den vertragl Bestimmungen hiernach eine Übertragung der Zuständigkeit von allen Gesellschaftern auf eine Gesellschaftermehrheit zulässig ist, weil die Grenzen der Thesaurierung bestimmt genug im Gesellschaftsvertrag festgelegt worden sind, kann die Entscheidung über die Thesaurierung einstimmig sogar einem **geschäftsführenden Gesellschafter** überlassen werden (Stuttgart DB 2007, 2587, 2589; bestätigt durch BGH DStR 2009, 1544). Der Beschluss über die Verwendung des Bilanzergebnisses, insb durch die **Bildung von** gesetzl bei Personengesellschaften nicht vorgeschriebenen **offenen Rücklagen**, schmälert den Gewinnanteil, berührt aber die mitgliedschaftliche Rechtsstellung des Gesellschafters nicht so stark, sodass es einer zwingenden Mitwirkung bedürfte; vielmehr ist der Beschluss inhaltl an der Treuepflicht zu messen (§ 714 Rn 53; aA MüKo/*Schäfer* Rn 7ff). Hingegen sind Beschlüsse über die **vollständige Ausschüttung** des Gewinns grds zulässig (EBJS/*Ehricke* § 120 HGB Rn 65; enger Schlegelberger/*Martens* § 120 HGB Rn 24). Auch wenn die Gesellschaft ein gewisses Arbeitskapital benötigt, ist ein bestimmtes Kapital der Personengesellschaften nicht vorgeschrieben. 3

In rechtsdogmatischer Hinsicht ist der darauf gerichtete Gesellschafterbeschluss nicht als Vertrag zu qualifizieren (so aber BGH NJW 1996, 1678; Celle WM 2001, 2444; dazu *Schulze-Osterloh* BB 1980, 1402, 1404; *Ulmer* FS Hefermehl, 1976, 214f; *Scholz* in Westermann/Wertenbruch Rn I 599a), sondern als **Organbeschluss** (Oetker/*Lieder* § 120 HGB Rn 24; Hopt/*Roth* § 164 HGB Rn 3; *Priester* FS Hadding, 2004, 607, 609ff; Soergel/*Hadding*/*Kießling* § 721 aF Rn 5; *Schulze-Osterloh* FS Westermann, 2008, 1487, 1491). Dass sich die Gesellschafter schuldrechtl auf die Bilanzansätze einigen und als Vertragspartner auftreten, entspricht typischerweise nicht dem Willen der Gesellschafter, die bei der Beschlussfassung primär als Organ der Gesellschaft tätig werden. Zur Mitwirkung hieran ist jeder Gesellschafter verpflichtet (Staudinger/*Habermeier* § 721 aF Rn 8). Demgemäß können und müssen die Gesellschafter Streitigkeiten über die Bilanzfeststellung untereinander austragen (BGH BB 1980, 121f; NJW 1999, 571f). Im Rahmen des Rechnungsabschlusses ist **Gewinn** zu verteilen, während eine Verteilung von Verlusten erst nach Auflösung (§ 737) oder Ausscheiden eines Gesellschafters (§ 728a) vorgesehen ist, vorher steht § 710 entgegen (Begr RegE, BT-Drs 19/27635, 161; Soergel/*Hadding*/*Kießling* § 721 aF Rn 19). Die Ermittlung und Verteilung von Verlust iS einer Verbuchung nach Maßgabe des Verteilungsschlüssels ist dadurch aber nicht ausgeschlossen (Begr RegE, BT-Drs 19/27635, 161; Staudinger/*Habermeier* § 721 aF Rn 8). 4

IV. Gewinnanspruch. Vom Anspruch auf Durchführung der Rechnungslegung ist der eigentliche **Gewinnanspruch** zu unterscheiden. Er richtet sich gegen die Gesellschaft und steht jedem einzelnen Gesellschafter zu, der über ihn nach § 711a S 2 auch verfügen kann (§ 711a Rn 6). Nach Beendigung der Gesellschaft kann ein Gewinnanspruch nicht mehr erhoben werden (Frankfurt NZG 2018, 1141: **Durchsetzungssperre**; vgl noch BGH ZIP 2011, 1359), der Gewinn geht stattdessen in das Liquidationsguthaben ein. Dies gilt auch dann, wenn sich die Auseinandersetzung wegen Streits unter den Gesellschaftern lange hinzieht. Im Regelfall setzt der Gewinnanspruch eine Bilanzfeststellung voraus, es sei denn, der Gesellschafter kann den auf ihn entfallenden Anteil am Überschuss problemlos aus den ihm bekannten Bruttoeinnahmen errechnen. Das kann der Fall sein, wenn der Zweck der Gesellschaft allein in der Verwaltung eines einzelnen Gegenstandes besteht (BGH EWiR § 721 BGB 2/86 m Kurzkomm *Müller*). Der Geschäftsführer kann dann namens der Gesellschaft dem Anspruch etwaige Aufwendungen entgegenhalten (*Müller* aaO). Ein – möglicherweise sogar gewinnunabhängiger – **Entnahmeanspruch** ist nicht vorgesehen. Er muss vertragl vereinbart sein (BGH NJW-RR 1994, 996), was bei Dauergesellschaften durchaus praktisch ist. Bildeten Eheleute eine zweigliedrige GbR und waren freie Entnahmen vereinbart, dann ist im Wege der Vertragsauslegung im Zweifel davon auszugehen, dass die Gesellschafter auch nach Beendigung der GbR an der bis dahin erfolgten Entnahmepraxis festhalten und sich nicht hälftig ausgleichen wollten (Stuttgart GmbHR 2022, 867). Gleiches gilt für Entnahmebeschränkungen bei einem vertragl bestehenden Entnahmerecht (BGHZ 132, 263, 276). Unberechtigte Entnahmen können mit der Gesellschafterklage zurückgefordert werden (BGH ZIP 2000, 75 m Kurzkomm *Schuschke* EWiR 2000, 669). Die Verjährung des Gewinnanspruchs richtet sich nach §§ 195, 199 (BGHZ 80, 357, 359). 5

Kapitel 3
Rechtsverhältnis der Gesellschaft zu Dritten (§§ 719–722)

§ 719 Entstehung der Gesellschaft im Verhältnis zu Dritten

(1) Im Verhältnis zu Dritten entsteht die Gesellschaft, sobald sie mit Zustimmung sämtlicher Gesellschafter am Rechtsverkehr teilnimmt, spätestens aber mit ihrer Eintragung im Gesellschaftsregister.

(2) Eine Vereinbarung, dass die Gesellschaft erst zu einem späteren Zeitpunkt entstehen soll, ist Dritten gegenüber unwirksam.

1 **I. Normzweck.** Die durch das MoPeG neu eingefügte Vorschrift regelt die Entstehung der Gesellschaft im Verhältnis zu Dritten und macht sie nach **Abs I** davon abhängig, dass eine GbR mit Zustimmung aller Gesellschafter am Rechtsverkehr teilnimmt oder im Gesellschaftsregister eingetragen wird. Die beiden Alternativen zielen darauf ab, die Gesellschafter im Gründungsstadium der GbR vor dem **eigenmächtigen Handeln einzelner Gesellschafter** für die GbR und hieraus resultierenden Haftungsfolgen **zu schützen**; Voraussetzung einer persönlichen Gesellschafterhaftung soll die einvernehmliche Geschäftsaufnahme sein (*Verse/Tassius* FS Grunewald, 2021, 1159, 1161). Eine Innengesellschaft wird durch diese Eintragung analog § 719 I Hs 2 zur Außengesellschaft (*Armbrüster* ZGR-Sonderheft 23, 143, 157). Entgegenstehende Vereinbarungen über eine erst später eintretende Drittwirksamkeit der Gesellschaft sind nach **Abs II** Dritten ggü unwirksam. Das gilt selbst bei Kenntnis des Dritten (Schleswig DStR 1991, 1430, 1431; MüKo/*Schäfer* Rn 11). Zulässig ist aber jedenfalls die Erteilung der allseitigen Zustimmung unter einer aufschiebenden Bedingung.

2 Die **dogmatische Konstruktion** der relativen Rechtsfähigkeit (so MüKo/*Schäfer* Rn 4) oder Innenrechtsfähigkeit (so *Geibel* ZRP 2020, 137, 139) bereitet Schwierigkeiten, weil relative Rechtsverhältnisse häufig mit Anwendungsproblemen verbunden sind (näher *Verse/Tassius* FS Grunewald, 2021, 1159, 1167f). Stattdessen muss § 705 II die klare Rechtsfolge entnommen werden, dass die GbR unter diesen Voraussetzungen mit Abschluss des Gesellschaftsvertrags wirksam und als vollwertiger Rechtsträger entsteht, und zwar auch im Verhältnis zu Dritten (§ 705 Rn 4). Die Gesellschafter sind lediglich nicht in der Lage, die GbR als Rechtsträger wirksam zu verpflichten, soweit die Voraussetzungen des § 719 I nicht erfüllt sind. I Erg ist die Vorschrift daher als eine **gesetzliche Beschränkung der organschaftlichen Vertretungsmacht** zu qualifizieren (vgl *Verse/Tassius* FS Grunewald, 2021, 1159, 1170f; aA MüKo/*Schäfer* Rn 4), die sich freilich nur auf das Außenverhältnis erstreckt, nicht aber auf die Anmeldung nach § 707 (§ 707 Rn 7).

3 **II. Geschäftsbeginn.** Für einen Geschäftsbeginn muss die GbR als solche **nach außen in Erscheinung treten.** Das kann durch vorbereitende Rechtsgeschäfte geschehen, wie zB die Eröffnung eines Geschäftskontos oder die Anmietung von Geschäftsräumen, aber auch schon durch Verteilung von Prospekten, die als invitatio ad offerendum zu werten sind (MüKo/*Schäfer* Rn 5). Unzureichend sind Rechtsgeschäfte zw Gesellschafter und Gesellschaft, der Gesellschafter untereinander oder der Gesellschafter mit Dritten (MüKo/*Schäfer* Rn 5).

4 Dem Geschäftsbeginn müssen **alle Gesellschafter zugestimmt** haben. Die noch immer vereinzelt vertretene Auffassung, das Einstimmigkeitserfordernis beziehe sich nur auf das Innenverhältnis, während (einzel-)vertretungsberechtigte Gesellschafter wirksam für die GbR handeln könnten (so BeckOK/*Schöne* Rn 7) lässt sich weder mit dem Gesetzeswortlaut noch mit dem erklärten Regelungsziel der Vorschrift in Einklang bringen, die Gesellschafter vor einem übereilten Tätigwerden der GbR und unerwünschten Haftungsfolgen zu schützen (Begr RegE, BT-Drs 19/27635, 161). Der redliche Rechtsverkehr wird geschützt durch die Haftung des eigenmächtig handelnden Gesellschafters als Vertreter ohne Vertretungsmacht (§ 179) sowie durch die Grundsätze der Scheingesellschaft analog § 721 (Begr RegE, BT-Drs 19/27635, 162). Die allseitige Zustimmung muss sich konkret **auf den Geschäftsbeginn beziehen**; unzureichend ist die gesellschaftsvertragl Abbedingung von Gesamtvertretung (MüKo/*Schäfer* Rn 7; *Verse/Tassius* FS Grunewald, 2021, 1159, 1163). Wer sich auf die Wirksamkeit des Vertragsschlusses beruft, ist dafür darlegungs- und **beweispflichtig** (MüKo/*Schäfer* Rn 7 aE; krit BeckOK/*Schöne* Rn 8).

5 **III. Eintragung.** Im Außenverhältnis wird die GbR spätestens mit der Eintragung in das Gesellschaftsregister wirksam. Mit Blick auf die Publizitätswirkungen des Gesellschaftsregisters ist es nach Eintragung nicht mehr gerechtfertigt, den Vertrauensschutz des Rechtsverkehrs hinter den Individualschutz der Gesellschafter vor einer ungewollten persönlichen Haftung nach § 721 zurücktreten zu lassen. Maßgeblicher Zeitpunkt ist die Eintragung als solche, nicht bereits die Anmeldung zur Eintragung in das Gesellschaftsregister (MüKo/*Schäfer* Rn 10).

§ 720 Vertretung der Gesellschaft

(1) Zur Vertretung der Gesellschaft sind alle Gesellschafter gemeinsam befugt, es sei denn, der Gesellschaftsvertrag bestimmt etwas anderes.

(2) Die zur Gesamtvertretung nach Absatz 1 befugten Gesellschafter können einzelne von ihnen zur Vornahme bestimmter Geschäfte oder bestimmter Arten von Geschäften ermächtigen.

(3) Die Vertretungsbefugnis der Gesellschafter erstreckt sich auf alle Geschäfte der Gesellschaft. Eine Beschränkung des Umfangs der Vertretungsbefugnis ist Dritten gegenüber unwirksam. Dies gilt insbesondere für die Beschränkung, dass sich die Vertretung nur auf bestimmte Geschäfte oder Arten von Geschäften erstreckt oder dass sie nur unter gewissen Umständen oder für eine gewisse Zeit oder an einzelnen Orten stattfinden soll.

(4) Die Vertretungsbefugnis kann einem Gesellschafter in entsprechender Anwendung von § 715 Absatz 5 ganz oder teilweise entzogen werden.

(5) Ist der Gesellschaft gegenüber eine Willenserklärung abzugeben, genügt die Abgabe gegenüber einem vertretungsbefugten Gesellschafter.

I. Normzweck. Die durch das MoPeG neu eingefügte Vorschrift regelt die Vertretungsmacht der Gesellschafter, und zwar in rechtssystematischer und regelungstechnischer Hinsicht **entkoppelt von der Geschäftsführungsbefugnis** nach § 715. Abweichend von der Auslegungsregel des § 714 aF ist die Vertretungsbefugnis nicht länger nur ein Annex zur Geschäftsführungsbefugnis. Stattdessen schafft **Abs I** – in Anlehnung an § 125 I HGB aF – eine gesetzl, mangels abweichender Vertragsgestaltung geltende Bestimmung der im Grundsatz als **Gesamtvertretungsbefugnis** ausgestalteten Vertretungsmacht. Die Gesamtbefugnis zielt vor dem Hintergrund der persönlichen Gesellschafterhaftung auf den Schutz der Gesellschafter ab und ist aus rechtspolitischer Perspektive zu begrüßen (BeckOK/*Schöne* Rn 2, 4.1; *Lieder* ZGR-Sonderheft 23, 169, 174f, 184; *Habersack* ZGR 2020, 539, 561; *Noack* NZG 2020, 581, 583f; *Wertenbruch* NZG 2019, 407, 408ff). 1

Zugleich wird klargestellt, dass es sich um eine organschaftliche Vertretungsmacht in Bezug auf die **rechtsfähige Außen-GbR** handelt, die nach moderner Dogmatik als Zuordnungssubjekt der durch die Gesellschafter gemeinsam begründeten Rechte und Pflichten fungiert. In **zeitlicher** Hinsicht besteht die organschaftliche Vertretungsmacht ab Wirksamwerden der GbR im Außenverhältnis (§ 719 Rn 2) bis zur Auflösung, in welcher die Liquidatoren vertretungsberechtigt sind (§ 736a I). Die Außen-GbR kann eingetragen oder nicht eingetragen sein. Im Fall der **Eintragung** ist auch die Vertretungsbefugnis der Gesellschafter nach § 707 II Nr 3 zu vermerken (§ 707 Rn 22). Umgekehrt findet die Vorschrift nach § 740 II keine Anwendung auf die **nicht rechtsfähige Innen-GbR**. 2

Nach **Abs II** können – in Anlehnung an § 125 II 2 HGB aF – in Form einer **Gesamtvertreterermächtigung** einzelne gesamtvertretungsberechtigte Gesellschafter zur eigenverantwortlichen Vornahme bestimmter Geschäfte und Arten von Geschäften ermächtigt werden. Inhaltl erstreckt sich die Vertretungsberechtigung nach **Abs III** auf **alle Geschäfte** der GbR, wobei **Beschränkungen** des Umfangs ggü Dritten **unwirksam** sind. In entspr Anwendung des § 715 V kann die Vertretungsbefugnis den Gesellschaftern nach **Abs IV** ganz oder teilweise **entzogen** werden. Die **Passivvertretung** der GbR obliegt den Gesellschaftern nach **Abs V** – in Anlehnung an § 125 II 3 HGB aF – als Einzelvertretungsbefugnis, sodass Zugang einer ggü der GbR abzugebenden Willenserklärung schon bei einem der zur Mitwirkung bei der Vertretung befugten Gesellschafter ausreicht. 3

Die Vorschrift nähert die Vertretungsbefugnis der BGB-Gesellschafter deutlich an das OHG-Recht an (BeckOK/*Schöne* Rn 2 aE; *Lieder* ZGR-Sonderheft 23, 169, 171, 212; *Habersack* ZGR 2020, 539, 567). Unberührt bleibt die Geltung des **Prinzips der Selbstorganschaft** (MüKo/*Schäfer* Rn 4; aA BeckOK/*Schöne* Rn 3), auch wenn das Institut aus rechtspolitischer Perspektive nicht zu überzeugen vermag (§ 715 Rn 12). Zudem hat die Vertretungsbefugnis nach § 720 organschaftlichen Charakter, sodass die vertretungsberechtigten Gesellschafter durchaus als Gesellschaftsorgan bezeichnet werden können (vgl MüKo/*Schäfer* Rn 5). Als Mitgliedschaftsrecht kann die Vertretungsbefugnis **nicht auf Dritte übertragen** werden (vgl BGH NJW 2006, 2980 Rn 18ff; MüKo/*Schäfer* Rn 4). In Betracht kommt lediglich eine rechtsgeschäftliche Bevollmächtigung nach §§ 164ff. 4

II. Gesamtvertretungsbefugnis und abweichende Gestaltungen. 1. Grundsatz der Gesamtvertretung. In Ermangelung einer abweichenden Ausgestaltung sind nach § 720 I alle Gesellschafter **gemeinsam** zur Vertretung der GbR befugt. Die Gesamtvertretungsbefugnis der Gesellschafter ist bei der eGbR ebenso im Gesellschaftsregister **einzutragen** wie abweichende Gestaltungen, und zwar für jeden einzelnen Gesellschafter (§ 707 II Nr 3; § 707 Rn 22). Änderungen der Vertretungsbefugnis sind nach § 707 III 1 anzumelden. Die Eintragung partizipiert an der Publizitätswirkung des Gesellschaftsregisters nach § 707a III 1 iVm § 15 HGB. 5

Entspr den allg Regeln über rechtsgeschäftliche Vertretung ist erforderlich, dass der oder die Handelnden offen **im Namen der Gesellschaft auftreten** (BGH MDR 2009, 655; Koblenz NZG 2004, 373; MüKo/*Schäfer* Rn 9). Bei der Gesamtvertretung müssen also grds alle Gesellschafter gemeinsam handeln. Das gilt auch im **Prozess**, in dem alle vertretungsbefugten Gesellschafter für die Gesellschaft auftreten müssen, falls nicht der Gesellschaftsvertrag – was dann vorgetragen werden muss – anderes bestimmt; ein Vertretungsmangel kann nur dadurch geheilt werden, dass alle organschaftlichen Vertreter als solche in den Prozess eintreten und das Handeln des bisher Vollmachtlosen genehmigen (BGH NJW 1998, 384). Namens einer **Publikumspersonengesellschaft**, die gegen einzelne Partner vorgehen will, müssen die Mitgesellschafter tätig werden, die Erklärung der Handelnden, namens der übrigen zu genehmigen, genügt nicht (BGH DStR 2010, 2044), und die Annahme einer konkludenten Genehmigung kann in einem zerstrittenen Gesellschafterkreis an § 181 scheitern (BGH DStR 2010, 391). Dasselbe gilt für eine finanzgerichtliche Klage gegen einen Feststellungsbescheid (FG Brandenburg EFG 2002, 157). Im Allg wird aber bei diesen Gesellschaften die organschaftliche Vertretung einem besonderen, häufig von den Initiatoren beherrschten Organ übertragen sein. 6

Das **Verbots des Selbstkontrahierens** nach § 181 gilt, wenn ein Gesellschafter im Namen der Gesellschaft mit sich im eigenen Namen oder als Vertreter eines Dritten ein Rechtsgeschäft abschließt, wenn nicht der Gesellschaftsvertrag oder ein Beschluss der übrigen Gesellschafter dies gestatten. Bei einem Verstoß gegen § 181 kann für die Frage, ob das Handeln genehmigt und insoweit eine Freistellung vom Verbot des Insichgeschäfts erteilt worden ist, nicht auf das Wissen des handelnden Gesamtvertreters abgestellt werden, sondern nur auf die Perspektive des oder der zur Genehmigung Befugten (BGH NZG 2010, 261). Entgegen BGH (GmbHR 2018, 251 m Kurzkomm *Göbl* EWIR 2018, 261) ist bei einem Insichgeschäft ein Missbrauch der Vertretungsmacht nicht davon abhängig, dass das Geschäft für die Vertretenen nachteilig ist (näher *Bayer* FS E. Vetter, 2019, 51, 75; *Scholz* ZfPW 2019, 297, 305f). Wenn in einer **zweigliedrigen Gesellschaft** ein Gesellschafter seinen Anteil **treuhänderisch** für den anderen hält, ist § 181 anwendbar (BGH NJW-RR 1991, 1441), wobei man davon ausgeht, dass beim Wegfall eines von zwei Gesamtvertretern wegen des Verbots des Selbstkontrahierens an sich der ande- 7 re einzelvertretungsbefugt wird (BGHZ 64, 72, 76; MüKo/*Schäfer* Rn 13; aA München NZG 2014, 900). Dagegen ist eine Untervollmacht für einen Gesamtvertreter als Umgehung des Erfordernisses der Gesamtvertretung zu werten (BGHZ 91, 336; BGH NJW 1991, 692; zum Ganzen *Hadding* FS Merle, 2010, 143ff).

8 Was **§ 166** angeht, so reicht Kenntnis oder Kennenmüssen bei einem Gesamtvertreter aus (BGH NJW 1999, 284; zur Zurechnung der Kenntnis ausgeschiedener Gesellschafter *Scheuch* FS Brandner, 1996, 121ff; zur Wissenszurechnung von Verbänden näher *Armbrüster/Kosich* ZIP 2020, 1494; *Grigoleit* ZHR 181, 160; *Guski* ZHR 184, 363; *Schürnbrand* ZGR 181, 357; *Spindler* ZHR 181, 311). **Erlischt** die **Vertretungsmacht eines Gesamtvertreters** durch Tod oder Abberufung, so erstarkt nach allgM (BGHZ 41, 367; Soergel/*Hadding/Kießling* § 714 aF Rn 19; PWW/*v Ditfurth* § 714 aF Rn 3) die Vertretungsmacht der übrigen nicht zur Alleinvertretung. Ein allein verbleibender vertretungsberechtigter Gesellschafter kann die Macht hinfort allein ausüben (BGHZ 41, 367), dies jedenfalls dann, wenn bei satzungsmäßiger Vertretung durch einen oder zwei Geschäftsführer ein ursprüngl allein bestellter Geschäftsführer nach dem Tod eines später zusätzl bestellten allein übrigblieb (BGH ZIP 2007, 1406 für GmbH; s auch Schleswig ZIP 2011, 662). Die grds Vertretungsbefugnis wird nicht dadurch in Frage gestellt, dass ein Gesellschafter vorübergehend oder für einzelne Geschäfte, wie zB nach § 181, an der Wahrnehmung der Vertretungsbefugnis verhindert ist (BeckOK/*Schöne* Rn 7).

9 **2. Abweichende Gestaltungen.** Auf der Grundlage des dispositiven Charakters des GbR-Innenrechts (vgl § 708) kann die Vertretungsbefugnis der BGB-Gesellschafter abweichend gestaltet werden. Zulässig sind danach besonders die Anordnung von **Einzelvertretungsbefugnis**, modifizierte Gesamtvertretungsbefugnis, sodass nur ein Teil der Gesellschafter gemeinschaftl handeln kann, und der vollständige **Ausschluss** einzelner Gesellschafter von der Vertretung der GbR, aber auch die Kombination von Gesamt- und Einzelvertretungsbefugnis, sodass die Gesellschafter in unterschiedlicher Weise zur Vertretung befugt sind (MüKo/*Schäfer* Rn 14ff). Zudem steht es den Gesellschaftern frei, die Befugnisse zur Geschäftsführung und zur Vertretung **unterschiedlich** zu regeln. Unzulässig ist wegen des Prinzips der Selbstorganschaft (§ 715 Rn 12) der Ausschluss sämtlicher Gesellschafter von der Vertretungsbefugnis; eine entspr Regelung hat Gesamtvertretungsbefugnis zur Folge (vgl BGHZ 33, 105, 108; MüKo/*Schäfer* Rn 16).

10 Solche abweichenden Gestaltungen können und sollten durch ausdrückl Regelung im Gesellschaftsvertrag erfolgen. Sie können sich aber auch aus einer **ergänzenden Auslegung** des Gesellschaftsvertrags ergeben, wie zB bei **vor dem 1.1.2024** gegründeten Gesellschaften, bei welchen ausschließlich die Geschäftsführungsbefugnis abweichend geregelt ist, nicht aber die Vertretungsbefugnis. Eine ergänzende Vertragsauslegung wird bei solchen Gesellschaften regelmäßig dazu führen, dass die Gesellschafter einen Gleichlauf von Geschäftsführungs- und Vertretungsbefugnis regeln wollten (BeckOK/*Schöne* Rn 5.1). Bei einer **nach dem 1.1.2024** gewählten Vertragsgestaltung, die zw Geschäftsführungs- und Vertretungsbefugnis differenziert, ist anzunehmen, dass kein Gleichlauf, sondern eine entspr Differenzierung gewollt war (BeckOK/*Schöne* Rn 5.2). Zugleich bleibt es den Gesellschaftern unbenommen, einen § 714 aF entspr Gleichlauf gesellschaftsvertragl zu verankern. Im Wege ergänzender Vertragsauslegung ist auch im Fall der **Umwandlung einer OHG oder KG** in eine GbR im Zweifel von einem Fortbestand von Einzelvertretungsbefugnis auszugehen (MüKo/*Schäfer* Rn 14; s ferner § 715 Rn 34).

11 Bei einer nicht eingetragenen GbR mit abweichender Vertretungsgestaltung kann der Empfänger einer **einseitigen Willenserklärung**, wie zB einer Kündigung, die durch einen Gesellschafter namens der GbR abgegebene Erklärung nach § 174 S 1 grds **zurückweisen**, sofern die organschaftliche Vertretungsbefugnis nicht ordnungsgemäß nachgewiesen wird (Begr RegE, BT-Drs 19/27635, 163; näher § 174 Rn 3). Bei eGbR scheidet ein solches Zurückweisungsrecht aus, weil sich die Vertretungsbefugnis aus dem Gesellschaftsregister mit entspr Publizitätswirkungen ergibt (§ 174 Rn 3). Das entfaltet zugleich einen Anreiz zur Eintragung der GbR (Begr RegE, BT-Drs 19/27635, 163; BeckOK/*Schöne* Rn 6 aE; *Noack* NZG 2020, 581, 584). Bei **formbedürftigen** Geschäften muss jeder vertretungsbefugte Gesellschafter unter Wahrung der erforderlichen Form und unter Hinweis auf die GbR handeln (BGHZ 53, 210, 214f; 183, 67 Rn 17ff; BGH NJW-RR 2021, 244 Rn 9).

12 **III. Gesamtvertreterermächtigung.** Im Rahmen der Gesamtvertreterermächtigung nach § 720 II können – in Übereinstimmung mit § 125 II 2 HGB aF – einzelne gesamtvertretungsberechtigte Gesellschafter zur eigenverantwortlichen Vornahme bestimmter Geschäfte und Arten von Geschäften ermächtigt werden. Das gilt nicht nur im Fall einer allseitigen **Gesamtberechtigung**, sondern auch dann, wenn der Gesellschaftsvertrag vorsieht, dass ein Teil der Gesellschafter unter Ausschluss der übrigen Gesellschafter gesamtberechtigt ist oder eine Kombination mit der Einzelermächtigung bestimmter Gesellschafter besteht (BeckOK/*Schöne* Rn 10). Die geschäftsführungsbefugten Gesellschafter entscheiden über die Erteilung einer Gesamtvertreterermächtigung. Sie können dem Ermächtigten aber **keine vollständige organschaftliche Vertretungsbefugnis** überantworten und auch keine Generalermächtigung erteilen (vgl BGH NJW-RR 1986, 778; Dresden NJW-RR 1995, 803, 804; Staub/*Habersack* § 125 HGB Rn 48).

13 Die Gesamtvertreterermächtigung wird durch **einseitige, formfreie, empfangsbedürftige Willenserklärung** an den zu berechtigenden Gesamtvertreter erteilt und kann jederzeit und ohne wichtigen Grund nach § 168 widerrufen werden (BeckOK/*Schöne* Rn 11). Die Erklärung wird durch **sämtliche Gesamtvertreter** abgegeben, ohne dass der Ermächtigte hieran mitwirkt (BeckOK/*Schöne* Rn 11). Der Widerruf kann demggü analog § 116 II 3 HGB durch **jeden einzelnen ermächtigenden Gesamtvertreter** erfolgen, nicht aber durch an der Ermächtigung nicht beteiligte Einzel- oder Gesamtvertreter (BeckOK/*Schöne* Rn 11).

Die Gesamtvertreterermächtigung ist mit Blick auf die Übersichtlichkeit des Gesellschaftsregisters **nicht eintragungsfähig**, weil sie keinen gesetzl fixierten Umfang aufweist. Vielmehr ist den geschäftsführungsberechtigten Gesellschaftern die konkrete Ausgestaltung anheimgestellt (Begr RegE, BT-Drs 19/27635, 163; BeckOK/*Schöne* Rn 12; *Lieder* ZGR-Sonderheft 23, 169, 188; vgl weiter Hamburg NZG 2009, 957, 958; Heymann/*Emmerich* § 106 HGB Rn 18). Dementspr kommt auch keine Publizitätswirkung nach § 707a III 1 BGB iVm § 15 HGB in Betracht und es besteht die Möglichkeit der Zurückweisung einer durch den Gesamtvertretungsermächtigten abgegebenen einseitigen Willenserklärung (Begr RegE, BT-Drs 19/27635, 163; BeckOK/*Schöne* Rn 12). 14

Im Rahmen der erteilten Ermächtigung kann der berechtigte Gesellschafter die GbR **allein vertreten**, muss aber nicht zwingend von der Befugnis Gebrauch machen (BeckOK/*Schöne* Rn 8). Aus dogmatischer Perspektive vermittelt die Ermächtigung dem Berechtigten keine rechtsgeschäftliche, sondern eine **organschaftliche Vertretungsmacht** (Begr RegE, BT-Drs 19/27635, 163; BeckOK/*Schöne* Rn 9; *Lieder* ZGR-Sonderheft 23, 169, 188), und zwar dergestalt, dass der Ermächtigte nun im Rahmen der Ermächtigung **einzelvertretungsbefugt** handeln kann (vgl BGH NJW 1975, 1117, 1118; Hopt/*Roth* § 125 HGB Rn 17; Oetker/*Boesche* § 125 HGB Rn 30; aA Heidel/Schall/*Freitag* § 125 HGB Rn 11; MüKo-HGB/*K. Schmidt/Drescher* § 125 Rn 45: Ausübung der Gesamtvertretungsbefugnis der anderen Gesamtvertreter). Der Gesamtvertretungsermächtigte kann vom **Verbot des § 181** befreit werden. Ist dies nicht erfolgt, kann er einen anderen Gesamtvertreter zur Vornahme dieses Geschäfts aufseiten der GbR nach § 720 II ermächtigen, der als Vertreter der GbR auftritt (BeckOK/*Schöne* Rn 13; vgl weiter BGH NJW 1975, 1117, 1118; Henssler/Strohn/*Servatius* § 714 Rn 7; aA BeckOK/*Klimke* § 125 HGB Rn 32; KKRD/*Kindler* § 125 HGB Rn 5). 15

IV. Umfang der Vertretungsbefugnis. Nach § 720 III erstreckt sich die Vertretungsbefugnis auf **alle Geschäfte** der Gesellschaft, und zwar gerichtliche wie außergerichtliche, gewöhnliche wie außergewöhnliche sowie innerhalb und außerhalb des Gesetzeszwecks liegende Geschäfte (BeckOK/*Schöne* Rn 14), nicht aber Grundlagengeschäfte (§ 715 Rn 5). **Beschränkungen** des Umfangs sind Dritten ggü **unwirksam**. Das entspricht einem allg Strukturprinzip des dt Gesellschaftsrechts (vgl § 124 IV HGB, § 82 I AktG, § 37 II GmbHG, § 27 II GenG; näher *Lieder* ZGR-Sonderheft 23, 169, 185; *Wertenbruch* NZG 2019, 407, 411; krit *Habersack* ZGR 2020, 539, 561f), während die hM zum bisherigen Recht aA war (BGHZ 142, 315, 321; *Armbrüster* ZGR 2005, 34, 38f; *Canaris* ZGR 2004, 69, 82, 88ff; *Hadding* FS Raiser, 2005, 129, 140; *Westermann* FS Konzen, 2006, 957, 964; aA *Dauner-Lieb* DStR 2001, 360f; *Hasselbach* MDR 1998, 1200, 1203). Die **unbeschränkte und unbeschränkbare Vertretungsmacht** der Gesellschafter dient dem überindividuellen Interesse an der Sicherheit und Leichtigkeit des Rechtsverkehrs (vgl BGHZ 38, 26, 33; BGH NJW 1974, 1555f; Staub/*Habersack* § 126 HGB Rn 1; Heymann/*Hoffmann/Bartlitz* § 126 HGB Rn 1) und hat auch rechtsökonomische Vorteile in Form einer Senkung von Transaktionskosten für sich (näher *Lieder* ZGR-Sonderheft 23, 169, 186). Als Regelungsbeispiele nennt § 720 III 3 in nicht abschließender Weise Beschränkungen etwa in Bezug auf die Geschäftsart, den Ort und die Zeit. 16

Beschränkungen im Innenverhältnis schlagen aus **Gründen des Verkehrsschutzes** grds nicht auf die Vertretungsmacht im Außenverhältnis durch. Das gilt nicht zuletzt für die Überschreitung der Geschäftsführungsbefugnis oder die Missachtung eines Widerspruchs gegen die Maßnahme eines einzelgeschäftsführungsbefugten Gesellschafters (vgl § 715 IV; § 715 Rn 34ff). Unschädlich ist auch die Beteiligung eines **Minderjährigen** an der GbR (BeckOK/*Schöne* Rn 15; vgl weiter BGH NJW 1962, 2344, 2345f; 1971, 375, 376). Es gilt der Grundsatz der **Trennung und Abstraktion** von Geschäftsführungsbefugnis und Vertretungsmacht (dazu allg *Lieder* JuS 2014, 393ff; *Bayer* FS E. Vetter, 2019, 51ff). Die schuldhafte Verletzung der Geschäftsführungsbefugnis führt nach § 280 I typischerweise zu einem Schadensersatzanspruch (§ 715 Rn 24). 17

Eine **Ausnahme** gilt – im Wege teleologischer Reduktion des § 720 III – bei Geschäften zw der GbR und ihren Gesellschaftern, weil die **Gesellschafter** nicht den allg Rechtsverkehr repräsentieren und damit nicht als Dritte im Sinne der Vorschrift anzusehen sind (vgl BGHZ 38, 26, 34; Hamm NZG 2020, 828 Rn 23, 36; BeckOK/*Schöne* Rn 19). Gleiches gilt für gesellschaftsnahe Dritte (näher BeckOK/*Klimke* § 126 HGB Rn 9ff; Heidel/Schall/*Freitag* § 126 HGB Rn 4; MüKo-HGB/*K. Schmidt/Drescher* § 126 Rn 17f). Die prinzipiell für die Unbeschränkbarkeit der Vertretungsmacht streitenden Verkehrsschutzgründe greifen hier ausnahmsweise nicht ein. Gleiches gilt nach allg Grundsätzen im *Fall* des **Missbrauchs der Vertretungsmacht** und der **Kollusion** (dazu allg *Lieder* JuS 2014, 681ff; in diesem Kontext vgl Begr RegE, BT-Drs 19/27635, 164; *Lieder* ZGR-Sonderheft 23, 169, 178, 186; BeckOK/*Schöne* Rn 19; speziell zur M&A-Praxis *Leo/John* NZG 2022, 1383ff). Davon angesehen kann die Vertretungsmacht Dritten ggü in Form von Individualabreden beschränkt werden (vgl BGH NJW 1997, 2678f; BeckOK/*Schöne* Rn 18). 18

V. Entziehung der Vertretungsbefugnis. Nach § 720 IV kann dem Gesellschafter über den entspr anwendbaren § 715 V die Vertretungsbefugnis bei Vorliegen eines wichtigen Grundes ganz oder teilweise durch Gesellschafterbeschluss entzogen werden. Für die Einzelheiten ist zunächst auf die Erl zur Entziehung der Geschäftsführungsbefugnis zu verweisen (§ 715 Rn 43ff). Hier wird das Vertrauen der übrigen Gesellschafter in die Ordnungsmäßigkeit des Vertreterhandelns der vertretungsberechtigten Gesellschafter geschützt. Ist den übrigen Gesellschaftern der **Fortbestand** der organschaftlichen Vertretungsmacht in der Person eines Gesellschafters **nicht mehr zumutbar**, können sie die Organstellung beenden. Die Entkopplung der Geschäftsführungs- und Vertretungsbefugnis ermöglicht die jew **isolierte** Entziehung einer der beiden Befugnisse (Begr RegE, BT-Drs 19/27635, 164; *Lieder* ZGR-Sonderheft 23, 169, 192). 19

20 Entzogen werden kann sowohl die kraft Gesellschaftsvertrags verliehene als auch die gesetzl Vertretungsbefugnis nach § 720 I (Begr RegE, BT-Drs 19/27635, 164; BeckOK/*Schöne* Rn 21), **nicht** aber die **Gesamtvertreterermächtigung** nach § 720 II, die stattdessen dem Widerruf nach § 168 unterliegt (Rn 13). Auch die Entziehung bzw der Widerruf einer rechtsgeschäftlich erteilten Vertretungsmacht richtet sich nach §§ 164ff und nicht nach § 720 IV.

21 In Form einer **teilweisen Entziehung** der Vertretungsbefugnis kann etwa eine erteilte Einzelvertretungsbefugnis zur Gesamtvertretungsbefugnis herabgestuft werden (Begr RegE, BT-Drs 19/27635, 164; *Lieder* ZGR-Sonderheft 23, 169, 192; BeckOK/*Schöne* Rn 25). Dabei wird es sich oftmals um das mildere Mittel ggü einer vollständigen Entziehung der Vertretungsbefugnis handeln (BeckOK/*Schöne* Rn 25; *Lieder* ZGR-Sonderheft 23, 169, 192). Eine Beschränkung des Umfangs der Vertretungsmacht scheidet nach der Wertung des § 720 III hingegen aus (BeckOK/*Schöne* Rn 26). An § 720 III 3 Var 4 („für eine gewisse Zeit") scheitert auch eine zeitl Befristung der Entziehung (BeckOK/*Schöne* Rn 27).

22 Über die Entziehung haben die Gesellschafter unter Ausschluss des von der Entziehung betroffenen Gesellschafters **einstimmig** zu beschließen. Der Gesellschaftsvertrag kann diese Maßnahme allerdings auch einer **Mehrheitsentscheidung** unterwerfen (§ 714 Rn 35). Zudem können im Gesellschaftsvertrag absolute Entziehungsgründe festgeschrieben werden (BeckOK/*Schöne* Rn 29; vgl BGH NJW 1998, 1225, 1226; EBJS/*Hillmann* § 127 HGB Rn 18). Zudem können sich die Gesellschafter darauf verständigen, dass die Entziehung auch ohne Vorliegen eines wichtigen Grundes erfolgen können soll (vgl BGH NJW 1998, 1225, 1226; MüKo-HGB/*K. Schmidt/Drescher* § 127 Rn 17f). Umgekehrt ist es zulässig, die Entziehung der Vertretungsbefugnis durch die Statuierung materieller und verfahrensmäßiger Anforderungen zu erschweren (vgl BGH NJW 1998, 1225, 1226; Oetker/*Boesche* § 127 HGB Rn 22; Hopt/*Roth* § 127 HGB Rn 11). Ein kompletter Ausschluss der Entziehung aus wichtigem Grund kommt indes nicht in Betracht, sondern bleibt immer möglich (vgl Oetker/*Boesche* § 127 HGB Rn 21; EBJS/*Hillmann* § 127 HGB Rn 20; Hopt/*Roth* § 127 HGB Rn 11).

23 Die Entziehung oder Einschränkung der Befugnis lässt als **Rechtsfolge** die Rechtsmacht eines anderen Gesellschafters, der nur zusammen mit dem Abberufenen tätig werden konnte, nicht zur Einzelvertretung erstarken. Wird allerdings dem einzigen vertretungsbefugten Gesellschafter die Vertretungsmacht entzogen, so greift Gesamtvertretung ein (MüKo/*Schäfer* Rn 28).

24 Im Unterschied zur Geschäftsführungsbefugnis nach § 715 VI kann der Gesellschafter seine Vertretungsmacht **nicht kündigen**; eine analoge Anwendung der Vorschrift scheitert am entgegenstehenden Willen des Gesetzgebers (vgl Begr RegE, BT-Drs 19/27635, 164; BeckOK/*Schöne* Rn 32). Nach der Entkoppelung der beiden Befugnisse lässt die Kündigung der Geschäftsführungsbefugnis den Bestand der Vertretungsbefugnis unberührt. Allerdings kann an die Kündigung **gesellschaftsvertraglich** der Entfall der Vertretungsbefugnis geknüpft werden; ebenso gut können die Gesellschafter die Vertretungsmacht ad hoc entziehen, soweit ein wichtiger Grund gegeben ist (vgl BeckOK/*Schöne* Rn 33).

25 **VI. Passive Vertretungsbefugnis.** Ist der GbR ggü eine Willenserklärung abzugeben, dann genügt nach § 720 V – in Anlehnung an § 125 II 3 HGB aF – die Abgabe ggü einem der zur Mitwirkung bei der Vertretung befugten Gesellschafter. Das entspricht der bisher geltenden Rechtslage (vgl RGZ 53, 227, 230f; BGHZ 62, 166, 173; BGH NZG 2012, 69; *Wertenbruch* in Westermann/Wertenbruch Rn I 366) und ist als verbandsformübergreifender Rechtsgrundsatz zu begreifen (vgl § 78 II 2 AktG, § 35 II 2 GmbHG, § 25 I 3 GenG, § 26 II 2). In der Sache zielt die passive Vertretungsbefugnis darauf ab, den **Rechtsverkehr** im Hinblick auf den Empfang von Willenserklärungen durch die GbR **zu erleichtern** (BeckOK/*Schöne* Rn 35).

26 Die passive Vertretungsbefugnis berechtigt nur zur **Empfangs**vertretung nach § 164 III. Die Abgabe von Willenserklärungen ist hingegen nicht erfasst, insb keine konkludente Annahme eines Angebots (BeckOK/*Schöne* Rn 36). Die konkrete Art der aktiven Vertretungsbefugnis ist ohne Belang; es genügt namentlich auch **Gesamtvertretungsbefugnis**. Diese Rechtsfolge steht nicht zur Disposition der Gesellschafter; Abweichungen können nur in Form der Individualabrede mit dem jew Vertragspartner vereinbart werden (BeckOK/*Schöne* Rn 35). Zudem ist die passive Vertretungsberechtigung weder eintragungspflichtig noch eintragungsfähig. Im Zivilprozess kann die **Zustellung** an die GbR nach § 170 III ZPO erfolgen (BeckOK/*Schöne* Rn 37).

§ 721 Persönliche Haftung der Gesellschafter

Die Gesellschafter haften für die Verbindlichkeiten der Gesellschaft den Gläubigern als Gesamtschuldner persönlich. Eine entgegenstehende Vereinbarung ist Dritten gegenüber unwirksam.

1 **I. Normzweck.** Die durch das MoPeG neu eingeführte Vorschrift regelt – in Anlehnung an § 128 HGB aF – die **Haftung der BGB-Gesellschafter** für Verbindlichkeiten der GbR mit ihrem Privatvermögen. Das entsprach bereits seit Anerkennung der Rechtsfähigkeit der GbR durch BGHZ 146, 341 der ganz hM (*Wertenbruch* in Westermann/Wertenbruch Rn I 882). Mehrere Gesellschafter haften untereinander **gesamtschuldnerisch** (**S 1**). Dritten ggü sind entgegenstehende Vereinbarungen nach **S 2 unwirksam**. Zulässig sind allerdings Individualabreden mit Gläubigern über Haftungsbeschränkungen.

Die Vorschrift findet ausschließlich auf die rechtsfähige (eingetragene und nicht eingetragene) Außen-GbR nach § 705 II Anwendung, während sie aus dem Katalog des § 740 II ausgenommen und daher auf die **Innen-GbR nicht** anwendbar ist (MüKo/*Schäfer* Rn 6). Die Haftung der Innengesellschafter richtet sich primär nach allg Schuldrecht. Der im eigenen Namen nach außen handelnde Gesellschafter haftet persönlich und kann ggf bei den Mitgesellschaftern nach § 740 II, § 716 I Regress nehmen. Treten mehrere Gesellschafter in Erscheinung finden §§ 427, 428, 431, 432, 830, 840 in Abhängigkeit vom konkreten Einzelfall Anwendung (MüKo/*Schäfer* Rn 8f). 2

II. Verbindlichkeit der Gesellschaft. Die Haftung nach § 721 setzt das **Bestehen** und die **Wirksamkeit** einer rechtsfähigen Außen-GbR voraus. Allerdings kann dieser Status bereits unmittelbar mit dem (einvernehmlichen) Abschluss des ersten Rechtsgeschäfts iSd § 719 I (§ 719 Rn 3) zusammenfallen. Umgekehrt steht einer Inanspruchnahme der Gesellschafter die **Auflösung** der GbR nicht entgegen (MüKo/*Schäfer* Rn 11). 3

Die Haftung gilt für sämtliche Verbindlichkeiten der GbR ohne Ansehung des Entstehungsgrundes. Das betrifft zunächst **alle rechtsgeschäftlich begründeten Verbindlichkeiten** der Gesellschaft einschl ihrer Erweiterungen durch Leistungsstörungen und durch die Zurechnung vertragsähnlich haftungsbegründender Verhaltensweisen wie etwa cic (*K. Schmidt* NJW 2001, 1898; PWW/*v Ditfurth* § 708 aF Rn 8), wobei pflichtwidriges und schuldhaftes Handeln der Gesellschafter analog § 31 der GbR zugerechnet wird (§ 713 Rn 8). Zur rechtsgeschäftlichen Haftung führen auch Geschehnisse wie die Teilnahme der Gesellschaft an der Finanzierung von Kapitalgesellschaften (Kapitalaufbringung und -erhaltung) oder KG sowie das Eintreten der Gesellschaft in das Geschäft eines Einzelkaufmanns (§ 28 HGB), ebenso aus der Übernahme eines anderen Rechtsträgers im Zuge von Umwandlungsmaßnahmen. 4

Die akzessorische Haftung erfasst auch die **gesetzlichen Verbindlichkeiten** der Gesellschaft, etwa Steuerschulden (Begr RegE, BT-Drs 19/27635, 166; vgl weiter *Altmeppen* NJW 1996, 1017, 1021ff; *Baumann* JZ 2001, 895, 900f; Henssler/Strohn/*Servatius* § 714 Rn 12; *Beuthien* DB 1975, 725f; *Schwark* FS Heinsius, 1991, 753, 764; Staub/*Habersack* § 128 Rn 10; abl für die Festsetzungsbefugnis durch Verwaltungsakt gegen Gesellschaftern für den sanierungsrechtl Ausgleichsbetrag nach § 154 BauGB OVG Berlin ZIP 2015, 1782). Gleiches gilt für **Bereicherungsansprüche** und **unerlaubte Handlungen** einschl Produkt- und Gefährdungshaftung (Begr RegE, BT-Drs 19/27635, 166; MüKo/*Schäfer* Rn 13; vgl schon BGH NJW 2003, 1445; für Sozietät BGH NJW 2007, 2490; abl noch *Canaris* ZGR 2004, 105ff; *Armbrüster* FS Raiser, 2005, 56ff; *Altmeppen* NJW 2003, 1553); dies umfasst auch Wettbewerbsverstöße der GbR, die in ihrem Namen durch einen Geschäftsführer begangen werden, ohne Rücksicht darauf, ob der in Anspruch Genommene von der Handlung Kenntnis hatte (Frankfurt ZIP 2015, 976 mit der Einschränkung, dass der nicht Verantwortliche nicht persönlich Unterlassung schuldet). 5

Der Akzessorietätsgedanke passt hingegen **nicht** für **Sozialverbindlichkeiten** der Gesellschaft (§ 705 Rn 148), weil es sich bei der Begründung derartiger Ansprüche um Vorgänge im Innenverhältnis der Gesellschafter handelt, die ihre uU unterschiedliche Inanspruchnahme für die Gesellschaftsinteressen im Rahmen einer internen Abrechnung untereinander auszugleichen haben, wenn sie keine Befriedigung aus dem Gesellschaftsvermögen, das hierfür in erster Linie herhalten muss, erreichen können (vgl BGH ZIP 2010, 516; Staudinger/*Habermeier* vor § 705 aF Rn 46). Eine direkte Inanspruchnahme der Privatvermögen der Gesellschafter könnte auch nicht ohne Berücksichtigung eines eigenen Verlustanteils geschehen und würde zudem die Gefahr einer Verletzung des Prinzips des § 710 begründen (vgl Brandenburg NZG 2022, 1483 Rn 28; MüKo/*Schäfer* Rn 15). Ein Ausgleich unter den Gesellschaftern findet im Rahmen der Auseinandersetzung nach § 737 statt. **Besonderheiten** gelten zum einen für die **Abfindungsansprüche** eines ausgeschiedenen Gesellschafters, zum anderen bei der Durchsetzung von **Drittgläubigerforderungen** eines Gesellschafters, bei der sich die Haftung der Mitgesellschafter nicht auf das Gesellschaftsvermögen und seine (evtl) Auseinandersetzung beschränken lässt (näher § 705 Rn 150). Der Forderungsberechtigte muss sich jedenfalls seine Haftungsquote anrechnen lassen. 6

III. Haftende. 1. Gesellschafter. Im Ausgangspunkt haften alle bei **Begründung der Schuld** der Gesellschaft als Gesellschafter angehörenden Personen. Für nicht voll Geschäftsfähige gelten die aus §§ 1629a, 725 IV 1 ersichtlichen Besonderheiten (s § 725 Rn 20f). Der später **Eintretende** haftet für Altverbindlichkeiten im Rahmen des § 721a. Der später **Ausscheidende** haftet für Altverbindlichkeiten weiter in Form der Nachhaftungsbegrenzung nach Maßgabe des § 728b. Zudem hat er nach § 728 einen Anspruch auf Befreiung von der Gesellschafterhaftung. Maßgeblicher Zeitpunkt ist der Abschluss des Rechtsgeschäfts bzw die vollständige Tatbestandserfüllung einer gesetzl Haftungsnorm (MüKo/*Schäfer* Rn 14). Besonderheiten gelten für Sekundäransprüche, die auf Schadensersatz gerichtet sind, nach Maßgabe des § 728b I 2 (§ 728b Rn 4). 7

2. Scheingesellschafter. Die Haftung kann – nach **Rechtsscheingrundsätzen** – auch den geschäftsführenden Gesellschafter einer Komplementär-GmbH treffen, wenn er den Eindruck erweckt hat, selbst Gesellschafter der GbR zu sein, die sonst keinen persönlich haftenden Gesellschafter hat (Köln EWiR 2001, 467 m Kurzkomm *Henssler*). Auch der **Scheingesellschafter** einer Freiberufler-Sozietät ist von der Haftung betroffen (BGHZ 146, 341, 349; BGH NJW 1999, 3040; ZIP 2003, 899 und dazu *Westermann* EWiR 2003, 513; *K. Schmidt* NJW 2006, 2801, 2808; *Grunewald* FS Ulmer, 2003, 141ff; *Blaurock* FS Krämer, 2009, 177ff; *Kilian* NZG 2016, 90ff, dort auch zu den berufsrechtl Aspekten sowie zum Lauterkeitsrecht). Das gilt auch für alle Mitglieder einer Schein-Sozietät (LG Bonn NZG 2011, 142, 144), wobei der „Schein-Sozius“ allerdings vor der Begründung des zum Schaden führenden Mandats einen Rechtsschein seiner Beteiligung gesetzt haben muss (Saarbrücken NJW 2006, 2862), auf den der Dritte vertrauen konnte, wobei es auch ausreicht, wenn er dem insoweit bestehenden Rechtsschein 8 nicht genügend entgegengetreten ist (Hamm NZG 2011, 137, 139). Wird eine Sozietät, die in Wahrheit nicht besteht, nur vorgetäuscht, kommt eine Haftung der Gesellschaft nicht in Betracht (BGH ZIP 2012, 1964; *Bartels/Wagner* ZGR 2013, 482ff), sondern nur diejenige eines einzelnen Schein-Gesellschafters; zur Haftung eines als Scheingesellschafter Eingetretenen s § 721a Rn 5, zur Nachhaftung eines solchen § 728b Rn 2. Das Berufsrecht steht der Bezeichnung eines nicht als GbR strukturierten Zusammenschlusses von Anwälten als „Sozietät" nicht entgegen (BGH ZIP 2012, 1960ff). Wer infolge eines **Formwechsels** aus einer GmbH zu Unrecht als BGB-Gesellschafter im Handelsregister eingetragen ist, haftet nach Rechtsscheingrundsätzen für die Rechtsverfolgungskosten der Gläubiger der ehemaligen GmbH (BGH NJW 2017, 559 Rn 15ff; dazu *Liebscher* ZGR 2017, 389, 403ff; ebenso MüKo/*Schäfer* Rn 16).

9 **3. Weitere Berechtigte.** Eine persönliche Haftung scheidet aus bei einem Auseinanderfallen von Mitgliedschaft und Ausübung der daraus fließenden Verwaltungsrechte. Das gilt namentlich für den **Nießbraucher** als bloßen Inhaber dinglicher Rechte an der Mitgliedschaft (§ 711a Rn 10; aA MüKo/*Schäfer* Rn 18). Die **Unterbeteiligten** oder **Treugeber** eines Gesellschafters sind in ihren Rechten auf das Innenverhältnis zu dem Hauptgesellschafter oder dem Treuhänder beschränkt, der nach außen allein in Erscheinung tritt und daher auch die Risiken der Mitgliedschaft zu tragen hat, sodass der Treugeber bzw der Unterbeteiligte nicht haftet (BGHZ 77, 392, 395; 178, 271; BGH NZG 2012, 104; für die KG BGHZ 98, 45). Dies gehört gerade zu den Gründen für solche Gestaltungen (dazu Düsseldorf DB 1991, 1274; *Armbrüster*, Die treuhänderische Beteiligung an Personengesellschaften, 2001, 420; *Wiesner* FS Ulmer, 2003, 673, 681; MüKo/*Schäfer* Rn 18, 42; aM aber *Schiemann* FS Zöllner, 1998, 503, 511; *Kindler* ZIP 2009, 1146). Wenn der Treugeber sich im Innenverhältnis die Wahrnehmung seiner Gesellschafterrechte vorbehalten hat (näher BGH NJW 2015, 1169; *Wiedemann* JZ 2012, 1786ff), kann es sein, dass der Treuhänder in Bezug auf die persönliche Haftung einen Freistellungsanspruch gegen den oder die Treugeber hat (näher § 705 Rn 68).

10 **IV. Möglichkeiten einer Haftungsbeschränkung. 1. Individualvereinbarung.** Nachdem die Ablehnung einer pauschalen Haftungsbeschränkung durch eine Firmierung der GbR gesichert ist, kommt ein Ausschluss der Haftung der Gesellschafter mit ihrem Privatvermögen nach § 721 S 2 nur aufgrund einer Individualvereinbarung mit dem Gläubiger in Betracht (BGHZ 142, 315, 323; 146, 341, 358; *Canaris* ZGR 2004, 69, 90, 104; *Henze* BB 1999, 2262; *Goette* DStR 1999, 1797; dem folgend Stuttgart WM 2002, 667; Henssler/Strohn/*Servatius* Rn 18; zu den Folgen für die Vertragsgestaltung *Specks* NZG 2009, 293ff). Abreden zw den Gesellschaftern wirken nur im Innenverhältnis, selbst wenn sie für die Gläubiger erkennbar sind (Begr RegE, BT-Drs 19/27635, 165; MüKo/*Schäfer* Rn 19). Haftungsbeschränkende Individualabreden erfassen lediglich vertragl Verbindlichkeiten, während gesetzl Forderungen nur im Nachhinein erlassen werden können (MüKo/*Schäfer* Rn 19).

11 **2. AGB und Berufsrecht.** Derartige Haftungsbeschränkungen können auch durch **AGB** vereinbart werden (BGHZ 150, 1, 6; anders noch BGHZ 142, 315, 320; BGH NZG 2005, 209, 210), die sich freilich an § 307 II Nr 1 messen lassen müssen und daher grds unwirksam sind. Bei Vorliegen eines sachlichen Rechtfertigungsgrundes können sich solche Klauseln aber auch als angemessen erweisen, müssen aber zugleich den Anforderungen des § 305c genügen (MüKo/*Schäfer* Rn 20). Beim **Anwaltsberuf** ist eine allg verlautbarte Haftungsbeschränkung gesetzl zugelassen (§ 52 I Nr 2 BRAO), ebenso für **Steuerberater** (§ 67a I Nr 2 StBerG) und **Wirtschaftsprüfer** (§ 54a I Nr 2 WPO). Hinzu kommt die Möglichkeit einer formularmäßigen Haftungskonzentration nach § 52 II 2 BRAO, § 67a II 1 StBerG, § 54a II WPO, die iSd § 307 als angemessen gilt und eine analoge Anwendung des § 8 II PartGG ausschließt (vgl LG Frankenthal NJW 2004, 3190; LG Hamburg NJW 2004, 3492, 3495; MüKo/*Schäfer* Rn 21; offenlassend BGH NJW 2003, 1803, 1805).

12 **3. Kasuistik.** Davon abgesehen hat die BGH-Rspr (BGHZ 150, 1, 6; 156, 46, 56; Stuttgart NZG 2002, 84; hierzu auch *Goette* DStR 1999, 1797) unter Geltung des früheren Rechts Ausnahmen für **Bauherrengemeinschaften**, geschlossene **Immobilienfonds, Gelegenheitsgesellschaften** und **gemeinnützige Gesellschaften** anerkannt, die nach dem erklärten Willen des MoPeG-Gesetzgebers (Begr RegE, BT-Drs 19/27635, 165) auch auf Grundlage des reformierten Rechts weiter Anwendung finden sollen. Soweit sich das Modell der unbeschränkten Gesellschafterhaftung im Rahmen einer Gesamtabwägung der Gläubiger- und Gesellschafterinteressen als unangemessen erweise, könne auf andere Haftungsmodelle zurückgegriffen werden, wie zB eine quotale Haftung, beitragsbeschränkte Haftung analog §§ 171ff HGB oder Haftungsbeschränkung auf das Gesellschaftsvermögen mit Handelndenhaftung analog § 54. Entspr Beschränkungen sollen aufgrund einer stillschweigenden Vereinbarung, ergänzenden Vertragsauslegung oder analog §§ 171ff HGB und § 54 zulässig sein.

13 Diese Einlassungen werfen **kaum lösbare rechtsmethodische und rechtsdogmatische Probleme** auf (krit auch BeckOK/*Schöne* Rn 5ff), auch wenn das dahinterstehende rechtspolitische Anliegen durchaus nachvollziehbar ist. Für die praktische Handhabung der möglichen Haftungsbeschränkungen wird man nach den überdeutlichen Hinweisen des Gesetzgebers indes schwerlich daran vorbeikommen, die schon bisher in der höchstrichterlichen Rspr anerkannten **Fallgruppen** auch unter Geltung des neuen Rechts anzuerkennen (aA offenbar BeckOK/*Schöne* Rn 12, 14). Das betrifft zunächst **gemeinnützige Gesellschaften** und solche, die sich einer ideellen, nicht wirtschaftl Zielsetzung verschrieben haben, bei denen aufgrund der strukturellen Nähe zum nicht rechtsfähigen Verein analog § 54 I 1 eine Haftungsbeschränkung auf das Gesellschaftsvermögen nebst Handelndenhaftung analog § 54 II in Betracht kommt (Breslau OLGE 32, 362, 363; MüKo/*Schäfer* Rn 39, 43; *Tassius* AcP 222, 500, 525ff; aA *Servatius* Rn 14). Weitere Beschränkungsmöglichkeiten auf vertragl Grundlage gelten für geschlossene Immobilienfonds (BGHZ 150, 1, 6; BGH ZIP 2006, 1622 Rn 31ff; 2007, 169 Rn 21ff; 2008, 1317 Rn 18ff; aA MüKo/*Schäfer* Rn 39, 42ff: KG-Modell kraft institutioneller Haftungsbeschränkung für Fonds- und Publikums-

gesellschaften), während für Bauherrengemeinschaft eine gesetzl Haftungsbeschränkung Platz greifen soll (BGHZ 150, 1, 4ff). Umgekehrt scheidet eine Haftungsbeschränkung – ungeachtet einer Individualvereinbarung (Rn 10) – bei erwerbswirtschaftl Gesellschaftern, die sich auch in Form einer haftungsbeschränkten Rechtsform organisieren können, regelmäßig aus (MüKo/*Schäfer* Rn 39; *Reiff* ZGR 2003, 550, 565ff). Ohne Belang ist iÜ, ob es sich um eine Gelegenheitsgesellschaft handelt. Davon abgesehen scheidet eine nach bisherigem Recht zulässige Beschränkung der Vertretungsmacht der Gesellschafter wegen der nach § 720 III unbeschränkten und unbeschränkbaren Vertretungsmacht aus (so auch MüKo/*Schäfer* Rn 46).

V. Inhalt der Haftung. Inhaltlich kann der Gläubiger außer von der Gesellschaft von allen Gesellschaftern aufgrund ihrer Verpflichtung **Erfüllung** verlangen. Der Streit über den Inhalt der Gesellschafterhaftung bei der Handelsgesellschaft (zur Rechtslage BGHZ 73, 217ff; *Hadding* ZGR 1981, 557ff; *John*, Die organisierte Rechtsperson, 1973, 250ff; *Wiedemann* GesR I S 288; Staub/*Habersack* § 128 HGB Rn 28; *Fleischer* NZG 2023, 243, 251), der dort im Wesentlichen zugunsten von fallbezogenen Modifikationen auf der Grundlage der Erfüllungstheorie entschieden ist (*Wertenbruch* in Westermann/Wertenbruch Rn I 903), muss nach § 721 für die GbR ebenso entschieden werden (MüKo/*Schäfer* Rn 22; Staudinger/*Habermeier* Vor § 705 aF Rn 35). Das bedeutet, dass auf der Grundlage eines direkt gegen die Gesellschafter gerichteten Erfüllungsanspruchs zw Erfüllung in Natur und Schadensersatz (auf das Interesse oder ebenfalls in Natur) nach Maßgabe der Interessenlage zu unterscheiden ist, wobei das Bedürfnis des Gläubigers, die ihm geschuldete Leistung zu erlangen, und der Schutz der Privatsphäre des Gesellschafters ihm ggü unzumutbaren oder unmöglichen Erfüllungshandlungen abzuwägen sind (zum Grundsatz BGHZ 23, 302, 304; 34, 293, 297; 73, 217 m Anm *Wiedemann* JZ 1980, 193; BGHZ 104, 76, 78; BGH NJW 1987, 2367; Nürnberg WM 1996, 399, 401; *Wertenbruch* in Westermann/Wertenbruch, Rn I 903; MüKo/*Schäfer* Rn 23). 14

Bei Geldschulden, Gattungsschulden und Verpflichtungen zu **vertretbaren Handlungen** kann dem Gesellschafter, wenn die Gesellschaft nicht erfüllt, zugemutet werden, entweder selbst zu erfüllen oder zumindest eine zur Erfüllung geeignete Person zu finden, ebenso häufig bei Mängelbeseitigung (BGHZ 73, 217; *Hadding* ZGR 1981, 585; für Handlungen iSv § 887 ZPO BGH NZG 2009, 136; s auch MüKo/*Schäfer* Rn 23). Bei **unvertretbaren Handlungen** werden im Regelfall nicht alle Gesellschafter sinnvoll auf Erfüllung in Anspruch genommen werden können (Staub/*Habersack* § 128 HGB Rn 36; aM für Rechnungslegung BGHZ 23, 303, 306), ebenso bei berufsspezifischen Pflichten etwa im Rahmen einer Sozietät (BGH WM 1982, 743; *Römermann* NJW 2009, 1560, 1562). So kann die **Lieferung** einer im Eigentum der Gesellschaft stehenden **Sache** nur von der Gesellschaft verlangt werden (BGH WM 1983, 220); dagegen kann die Übergabe von den Gesellschaftern und der Gesellschaft verlangt werden, die darauf beide in Anspruch genommen werden können, während die Einigungserklärung über § 894 ZPO vollstreckt wird. Zum Herausgabeanspruch gilt Ähnliches (BGH NJW 1987, 2367). Eine von der Gesellschaft geschuldete Übereignung und Übergabe eines Grundstücks, die also zT durch eine Willenserklärung erfüllt werden muss, kann nur durch Handlungen namens der Gesellschaft erfüllt werden, nicht durch Erklärungen von Gesellschafterseite im eigenen Namen (BGH NZG 2008, 264; vgl weiter Staub/*Habersack* § 128 HGB Rn 17; MüKo-HGB/*K. Schmidt* § 128 Rn 28; *Koechel* NZG 2020, 127ff). 15

Bei **Unterlassungs- und Duldungspflichten** richtet sich das Interesse des Gläubigers auf ein Verhalten der Gesellschaft, aber auch die Gesellschafter dürfen sich nicht vertragswidrig verhalten (Staub/*Habersack* § 128 HGB Rn 38). Sie können allerdings regelmäßig nicht auf Unterlassung in Anspruch genommen werden, weil die Unterlassung durch den Gesellschafter mit der Unterlassung durch die Gesellschaft nicht identisch ist (BGH NZG 2013, 1095 Rn 11). Dementspr haftet der Gesellschafter regelmäßig nur auf das Gläubigerinteresse, falls die Gesellschaft das Unterlassungsgebot verletzt. In Betracht kommt eine persönliche Verpflichtung der Gesellschafter in Form eines **Zurechnungsdurchgriffs** auf der Grundlage von Treu und Glauben (ausf *Lieder* AcP 218, 109, 113ff). Die Hürde für eine Zurechnung wegen widersprüchlichen Verhaltens liegt allerdings hoch. Vor allem wenn dem Vertragspartner die Rechtsform als Personengesellschaft bekannt ist, steht es ihm frei, neben einer Konkurrenzschutzvereinbarung mit der Gesellschaft zugleich auch die Gesellschafter mit in die Pflicht zu nehmen. Wird die Vereinbarung hingegen auf die Gesellschaft beschränkt, kann es nicht als treuwidrig erscheinen, wenn sich die Gesellschafter nun darauf berufen, dass nur die Gesellschaft ein Unterlassen konkurrierender Handlungen schuldet und für die Gesellschafter selbst keine vertragl Unterlassungspflicht besteht (vgl BGH NZG 2013, 1095 Rn 15). 16

Weitere Differenzierungen können sich aus der Art der Tätigkeit der Gesellschaft ergeben, mit der Folge, dass ein für eine bestimmte (**Dienst-)Leistung** nicht qualifizierter (oder gar nicht befugter) Gesellschafter bei Nichterfüllung durch die Gesellschaft nur auf das Interesse haftet (BGH WM 1982, 743; 1993, 1677; *Grunewald* FS Peltzer, 2001, 129, 132f), wobei es sich allerdings um die Primärleistung, nicht um Schadensersatz wegen Pflichtverletzung handelt (gegen BGH NJW 2000, 1333f, der eine Haftung für Veruntreuung von Mandantengeldern ablehnte, krit *Grunewald* FS Peltzer, 2001, 129, 132f; *Daum/Micklitz* JZ 2001, 76; MüKo/*Schäfer* Rn 24). Das kann bei Freiberufler-Sozietäten praktisch werden, die Angehörige verschiedener Berufe vereinen. Wenn die Gesellschaft, wie bei der Los-ARGE oder bei manchen **Konsortien**, die zur Erbringung ihrer Leistung im Außenverhältnis nötigen Leistungen unter den Partnern aufgeteilt hat, schulden diese nur diese Tätigkeiten, haften aber iÜ auf das volle Interesse (MüKo/*Schäfer* Rn 24). 17

VI. Haftungsfolgen. 1. Allgemeines. Das Verhältnis von **Gesellschafts-** und **Gesellschafterschuld** ist kein Gesamtschuldverhältnis (BGHZ 39, 319, 323f; ZIP 2011, 909, 914; *Habersack* AcP 198, 152, 159ff; Soergel/*Hadding/Kießling* § 714 aF Rn 37; aM *Flume* § 16 II 2a). Stattdessen wirken sich Veränderungen der Gesellschafts- 18 schuld aufgrund des **akzessorischen** Charakters der Gesellschafterhaftung unmittelbar und nicht nach Regeln wie § 425 auf die Gesellschafterschuld aus (vgl Begr RegE, BT-Drs 19/27635, 165; BGHZ 36, 224, 226; 73, 217, 224). Die Forderung gegen die GbR und die akzessorische Haftung der Gesellschafter können wegen § 401 nicht durch **Abtretung** voneinander getrennt werden (MüKo/*Schäfer* Rn 27). Das Akzessorietätsprinzip macht sich auch bei der Entstehung und beim Inhalt der Verbindlichkeit bemerkbar. Rechtshindernde und rechtsvernichtende **Einwendungen gegen die Gesellschaftsschuld** wirken auch zugunsten des Gesellschafters. Dieser Grundsatz wird durch § 721b unterstrichen, wonach Gesellschafter Einwendungen und Einreden der GbR gleichermaßen den Gläubigern entgegensetzen können; demggü wird die GbR nur mit eigenen Einwendungen und Einreden gehört (MüKo/*Schäfer* Rn 2). Davon abgesehen kann der Gesellschafter auch die ihm persönlich gegen den Gläubiger zustehenden Einwendungen und Einreden geltend machen, wie zB Erlass und Stundung, auch in Form eines Vertrags zw Gläubiger und GbR zugunsten des Gesellschafters, Aufrechnung oder Zurückbehaltungsrecht (MüKo/*Schäfer* Rn 28). Davon abgesehen können die Gesellschafter nach § 721 **unmittelbar** und **primär** von den Gläubigern in Anspruch genommen werden; sie müssen nicht zuerst auf die GbR zugreifen, zumal eine § 771 entspr Bestimmung fehlt (MüKo/*Schäfer* Rn 2).

19 Im Gegensatz zum RG (JW 1928, 2612) hat BGHZ 47, 376 – allerdings mit schiefer Begründung – den ggü der Gesellschaft erklärten Erlass für unwirksam erklärt. Dies ist zutr, weil aufgrund der Akzessorietät sonst auch die Gesellschafterhaftung entfallen wäre, dies aber nicht dem Willen und auch nicht dem obj Inhalt der Verzichtserklärung entsprach (Staub/*Habersack* § 128 HGB Rn 21; *K. Schmidt* GesR § 49 II 3 a). An diesem Ergebnis ändert sich – entgegen BGH (WM 1975, 974) – auch nichts, wenn die Gesellschafter zustimmen; doch kann man die dreiseitige Vereinbarung in ein pactum de non petendo zugunsten der GbR unter gleichzeitigem Verzicht der Gesellschafter auf die Einrede nach § 721b umdeuten (Staub/*Habersack* § 128 HGB Rn 21; *K. Schmidt* GesR § 49 II 3 a). Der Erlass im Verhältnis zu einem Mitgesellschafter lässt die Haftung der GbR und der übrigen Gesellschafter unberührt (MüKo-HGB/*K. Schmidt*/*Drescher* § 128 Rn 14; MüKo/*Schäfer* Rn 25).

20 **2. Quotale Haftung.** In Kreisen geschlossener Immobilienfonds in der Rechtsform der Personengesellschaft, auch und gerade der GbR, kann **formularmäßig** eine quotale Haftung der Gesellschafter **vereinbart** werden, die zumeist ggü den Hauptgläubigern wie den finanzierenden Banken gelten soll, und zwar allein durch den vom Fondsinitiator gestalteten Gesellschaftsvertrag (BGHZ 188, 223; BGH NJW 2011, 2045; mit Blick auf die Haftung für Altverbindlichkeiten BGH ZIP 2013, 266). Dies hat weiter zu Problemen bzgl der Berechnung der Haftsumme der Gesellschafter geführt, auch unter Berücksichtigung von ihnen oder von der Gesellschaft erbrachter Teilleistungen (einschl der Erlöse aus einer Zwangsvollstreckung ins Gesellschaftsvermögen, dazu *Westermann* FS Krämer, 2009, 375ff; *Westermann* NZG 2010, 321, 325f; *Loddenkemper* ZfIR 2006, 707; *K. Schmidt* NJW 2011, 2001; *Westermann* NZG 2011, 1041). An sich ist davon auszugehen, dass die Verbindlichkeiten der Gesellschafter sich durch die Versäumung der der Gesellschaft obliegenden Zinszahlungen sowie durch Mahnung der Gesellschaft und Vollstreckungsmaßnahmen in ihr Vermögen erhöht haben können, wenn die vertragl Gestaltung so ist, dass die Quote jedes Gesellschafters vom aktuellen Bestand der Gesellschaftsschuld aus zu berechnen ist (*Wagner* ZfIR 2005, 605, 616). Auslegungsfrage ist demggü, ob die Vereinbarungen zw den Gesellschaftern und dem Gläubiger, die manchmal auch einen festen Betrag der Gesellschafterhaftung nennen, eine solche Veränderung nicht ausschließen. Diese Differenzierung kann sich auch bei der Behandlung von Zahlungen der Gesellschaft oder auch einzelner Gesellschafter an den Gläubiger auswirken. An sich müssten sich Teilleistungen der Gesellschaft auf die nach Maßgabe der Quote zu bestimmende Gesellschaftsschuld auswirken. Bei Leistungen aus dem Gesellschaftsvermögen einschl den Erlösen aus einer Zwangsvollstreckung in ihr Vermögen tritt die weitere Frage auf, ob eine Anrechnung auf die Gesellschafterschulden, deren Höhe nicht die ganze noch verbliebene Gesellschaftsschuld erreicht, nicht die möglichst hohe Absicherung der Gesellschaftsschuld durch die Haftung der Privatvermögen der Gesellschafter gefährdet. Mit Recht geht die Rspr in diesem Zusammenhang davon aus, dass sich eine weitere Privilegierung der Gesellschafter in Form einer Anrechnung der Leistungen (durch erfolgreiche Zwangsvollstreckung) aus dem Gesellschaftsvermögen auf die Gesellschafterschuld einer hinreichend bestimmten Vereinbarung bedarf; im Zweifelsfall muss eine solche Anrechnung ausscheiden (BGH ZIP 2011, 909, 914, NZG 2012, 663; 2012, 701; ZIP 2013, 266; dazu *Schäfer* EWiR 2013, 141; *Westermann* NZG 2011, 1041). Ohne Einfluss auf die Haftung der Gesellschafter bleibt es zudem, wenn sich der Gläubiger mit einzelnen Gesellschaftern auf Leistungen unter Anrechnung des Vollstreckungserlöses vergleichsweise geeinigt hat; es handelt sich insg also um eine **unechte Quotenhaftung**, die auf eine verdeckte Gesamtschuld hinausläuft (vgl *K. Schmidt* NJW 2011, 2001ff; krit *Klimke* WM 2011, 492; *Priester* DStR 2011, 1278; MüKo/*Schäfer* Rn 41).

21 Nach dem BGH ist davon auszugehen, dass es für den Inhalt der quotalen Haftung nicht darauf ankommt, ob in den Verträgen die Quote durch einen **Prozentsatz oder durch einen absoluten Betrag** angegeben ist. Offen bleibt danach auch, ob die Ansprüche einer Gläubigerbank uneingeschränkt nach diesen Regeln bestimmt werden, wenn die Bank – etwa im Zuge verbundener Geschäfte – die diesbzgl Formulierungen des Prospekts mit zu verantworten hat. Der BGH hat damit einige Instanzgerichte bestätigt, nach denen die quotenmäßig beschränkte Haftung für eine Gesellschaftsschuld generell bedeutet, dass sich die Quote stets und unverändert nur auf die noch offene Restforderung des Gläubigers gegen die Gesellschaft bezieht, und dass den Gesellschaftern eine Entlastung erst zuteil wird, wenn die Restschuld der Gesellschaft unter den Betrag seiner Quote der ursprüngl Gesellschafterschuld abgesunken ist (dazu KG NZG 2009, 299, 301 gegen KG ZIP 2009, 1118, 1120; zum Ganzen eingehend *Bastian*, Wirtschaftliche Risiken in geschlossenen Immobilienfonds, 2013, 238ff; *Klaiber*, Die pro-rata-Haftung der GbR-Gesellschafter, 2014, 115ff).

Str ist auch, wie sich das **Ausfallen eines oder mehrerer mithaftender Gesellschafter** und ihre daraus oft folgende Ausschließung aus der Gesellschaft auf die quotale Haftung der verbleibenden Teilhaber auswirkt; hier steht der Befürchtung, durch eine Senkung der Beträge der persönlichen Haftung der verbleibenden Gesellschafter könne es zu einem Ausfallen von Sicherheiten für die Gesellschaftsschuld kommen (Köln NZG 2010, 107), der Einwand ggü, der Gläubiger könne zusätzl Sicherheiten verlangen (KG ZIP 2009, 1118; s auch Frankfurt NZG 2009, 1426; anders *Lehleiter/Hoppe* BKR 2008, 323; *Bastian* aaO, 252ff). Ob sich die Haftungsquote erhöht, wenn nicht alle Gesellschaftsanteile gezeichnet waren, ist durch Auslegung des Darlehensvertrages zu ermitteln (BGH ZIP 2013, 266). IÜ kann jeder Gesellschafter gegen die Inanspruchnahme aus einer Gesellschaftsschuld **persönliche Einreden** aus seinem Verhältnis zum Gläubiger geltend machen, etwa Stundung oder Erlass ihm ggü. Zudem kann der Gesellschafter nach § 721b **Einreden der Gesellschaft** gegen die Forderung (Zurückbehaltungsrecht, Stundung, Verjährung) geltend machen. 22

3. Haftung der Gesellschafter untereinander. Die Gesellschafter untereinander haften nach § 721 S 1 als **Gesamtschuldner**. Daran ändert eine Auflösung der Gesellschaft nach Begründung der Schuld nichts (Koblenz NZG 2013, 256). Einem für **Unfallfolgen** in Anspruch genommenen Gesellschafter, der selbst auf der Betriebsstätte tätig war, kann ein Haftungsprivileg gem § 106 III Alt 3 SGB VII zugutekommen; das kann dazu führen, dass nach den Grundsätzen der gestörten Gesamtschuld auch die Inanspruchnahme der Gesellschaft ausgeschlossen ist (BGHZ 155, 205ff; zust *Waltermann* LMK 2004, 43ff), wobei der BGH aber offenließ, ob sich etwas durch die Verantwortlichkeit der Gesellschaft für das Handeln des Gesellschafters nach § 31 ändert (*Unberath* JuS 2004, 662ff; *Buck* Anm WuB II J 705 BGB 1.04). 23

Bzgl des **Ausgleichs** unter Gesellschaftern und Gesellschaft bei Inanspruchnahme eines Gesellschafters für eine Gesellschaftsverbindlichkeit ist zu unterscheiden. Ein Aufwendungsersatzanspruch oder Vorschussanspruch **gegen die Gesellschaft** ergibt sich regelmäßig aus § 716 I, II (Henssler/Strohn/*Servatius* § 714 Rn 26; MüKo/*Schäfer* Rn 31; näher § 716 Rn 17). **Gegenüber den Mitgesellschaftern** richtet sich der Ausgleich wegen § 710 nicht nach § 721 (näher Rn 6), sondern nach § 426 I 1, II, jedoch mit der Maßgabe, dass der Anspruch gegen die Gesellschaft vorgeht und jeder Gesellschafter nur entspr seiner Verlustbeteiligung nach § 709 III zum Ausgleich verpflichtet ist (BGHZ 37, 299, 302; BGH NJW 1980, 339f; NJW 1981, 1095f). Zuvor hat der Gesellschafter bereits einen **Freistellungsanspruch**, soweit sich abzeichnet, dass Aufwendungsersatz von der GbR nicht zu erlangen ist (BGHZ 184, 35 Rn 30; BGH WM 2007, 2289 Rn 14ff). Gegen einen **ausgeschiedenen Gesellschafter** kann der Gesellschafter nur vorgehen, wenn es sich um die Befriedigung einer Altverbindlichkeit handelt und das Gesellschaftsvermögen zur Befriedigung nicht ausreicht (BGH NJW 1981, 1095; BGHZ 103, 72, 76f). Daneben ist mangels Bestehens eines Gesamtschuldverhältnisses zw GbR und Gesellschafter (Rn 18) **kein Raum für eine cessio legis** der vom Gesellschafter befriedigten Gläubigerforderung, die nach §§ 412, 401 auch akzessorische Sicherungsrechte auf den Gesellschafter übergehen ließe (näher § 716 Rn 24). 24

§ 721a Haftung des eintretenden Gesellschafters

Wer in eine bestehende Gesellschaft eintritt, haftet gleich den anderen Gesellschaftern nach Maßgabe der §§ 721 und 721b für die vor seinem Eintritt begründeten Verbindlichkeiten der Gesellschaft. Eine entgegenstehende Vereinbarung ist Dritten gegenüber unwirksam.

I. Normzweck. Die durch das MoPeG neu eingefügte Vorschrift ordnet – in Anlehnung an § 130 HGB aF – die **Haftung** eines neu in eine bestehende GbR eintretenden Gesellschafters **für Altverbindlichkeiten** an **(S 1)**. Damit wird dem Umstand Rechnung getragen, dass der Neugesellschafter nun auf das Gesellschaftsvermögen einwirken kann und an den von den Altgesellschaftern bisher generierten Gewinnchancen partizipiert; im Gegenzug muss er auch die Risiken der unternehmerischen Betätigung in Form des Haftungsrisikos für Altverbindlichkeiten tragen. Zudem liegt es im berechtigten Gläubigerinteresse, dass die persönliche Haftung den Eintretenden von einer Vermögensverlagerung, nachträgl Änderung der Risikostruktur und einer extensiven Erhöhung der Schuldenlast tendenziell abhalten wird. Zudem wird dem Gläubiger die Haftungsrealisierung erleichtert, weil er uneingeschränkt auf alle aktuellen Gesellschafter zugreifen kann, ohne dass es auf den Entstehungszeitpunkt der Verbindlichkeit ankäme (Begr RegE, BT-Drs 19/27635, 166). Für **Neuverbindlichkeiten** ergibt sich die Haftung des Eintretenden unmittelbar aus § 721 S 1. Im Interesse eines effektiven Gläubigerschutzes können sich die Gesellschafter durch eine untereinander getroffene Vereinbarung von dieser Eintrittshaftung **nicht befreien (S 2)**. Dafür ist eine vertragl Vereinbarung mit dem Gläubiger erforderlich. 1

IÜ hat der MoPeG-Gesetzgeber ganz bewusst von der Normierung einer § 28 HGB entspr Vorschrift abgesehen, weil er davon ausgeht, dass bei dem **Eintritt in ein nicht kaufmännisches Unternehmen keine schutzwerte Erwartung des Rechtsverkehrs** bestehe, dass Altgläubiger sich an das Gesellschaftsvermögen halten und Altschuldner mit befreiender Wirkung an die GbR leisten können (Begr RegE, BT-Drs 19/27635, 167). Damit ist zugleich der nach bisherigen Recht vertretenen Gegenauffassung, die eine analoge Anwendung des § 28 HGB auf die Gründung einer GbR befürwortete, mangels planwidriger Regelungslücke der rechtsmethodische Boden entzogen (so auch BeckOK/*Schöne* Rn 3; MüKo/*Schäfer* Rn 6). 2

II. Eintritt in die Gesellschaft. 1. Abschluss eines Aufnahmevertrags. Da alle Gesellschafter im Rahmen des Gesellschaftsvertrags rechtsgeschäftlich miteinander verbunden sind und der Beitritt zu einer **Änderung des Gesellschaftsvertrags** führt (vgl BGH ZIP 1997, 2197, 2198), setzt der Beitritt eines neuen Gesellschafters grds einen Vertragsschluss mit sämtlichen Altgesellschaftern voraus (MüKo/*Schäfer* Rn 2). Allerdings ist auch die Ver- 3 einbarung einer Mehrheitsklausel zulässig (§ 711 Rn 5, § 714 Rn 37ff). Davon abgesehen können auch die organschaftlichen Vertreter im Gesellschaftsvertrag oder ad hoc zur Aufnahme neuer Gesellschafter ermächtigt werden (vgl BGH WM 1987, 1336f; NZG 2011, 551 Rn 9). Für den **fehlerhaften** Beitritt gilt die Lehre vom fehlerhaften Verband (§ 705 Rn 185).

4 **2. Anteilsübertragung.** Auch infolge der rechtsgeschäftlichen Übertragung des Gesellschaftsanteils tritt der Erwerber iSd § 721a in die GbR ein und unterliegt der Haftung für Altverbindlichkeiten. Das gilt für eine **Abtretung** nach § 711 I ebenso wie für den Erwerb kraft **Erbgangs** nach § 711 II (vgl BGH NJW 1982, 45; MüKo/*Schäfer* Rn 4). In letzteren Fall tritt die persönliche Haftung des Gesellschaftererben neben die nach § 1922 I übergegangene Haftung, die den üblichen erbrechtl Beschränkungen unterliegt; der Erbe kann sich nach § 724 von dieser Haftung befreien. Gehaftet wird auch im Fall einer **fehlerhaften** Anteilsübertragung (§ 705 Rn 190).

5 **3. Scheingesellschafter.** In Ermangelung einer kausalen Verbindung muss eine Haftung des neu eintretenden **Scheingesellschafters** für Altverbindlichkeiten nach § 721a grds ausscheiden (vgl BGH AG 2017, 241 Rn 17f; Saarbrücken NJW 2006, 2862; Hopt/*Roth* § 130 HGB Rn 5; *G. Roth* DB 2007, 616, 617, 620; *Deckenbrock/Meyer* ZIP 2014, 704; aA *Lepczyk* NJW 2006, 3391; *Schäfer* DStR 2003, 1078, 1082, 1084), es sei denn, der Vertragspartner hat im Vertrauen auf die scheinbare Gesellschafterstellung Folgedispositionen getätigt (*Bayer/Lieder* Rn 823; ausf *G. Roth* DB 2007, 616, 617f). Denn ein Scheinsozius erhält anders als ein wirksam Beigetretener für die Haftung für Altverbindlichkeiten keinen Ausgleich durch Zugriff auf das Gesellschaftsvermögen. Zudem kann der Vertragspartner (Mandant), ggü dem erst nach Begründung (und sogar Beendigung) des Mandats ein Rechtsscheintatbestand gesetzt wurde, die Forderung nicht im Vertrauen auf die Mithaftung begründet haben (zum notwendigen Vertrauensschutz bzgl einer persönlichen Haftung der Gesellschafter *Armbrüster* FS Raiser, 2005, 33ff).

6 **III. Haftungsfolgen.** Neu eintretende Gesellschafter haften nach § 721a für bestehende **Altverbindlichkeiten** der GbR nach Maßgabe der §§ 721, 721b. Die Haftung ist zwingend; auf die Kenntnis des neuen Gesellschafters kommt es ebenso wenig an wie auf den Rechtsgrund und die Anspruchsgrundlage der Verbindlichkeit. Für **Neuverbindlichkeiten** ergibt sich die Haftung des Eintretenden unmittelbar aus § 721 S 1. Zw den Gesellschaftern vereinbarte abweichende Regelungen entfalten ggü Dritten nach § 721a S 2 keine Wirkung. Dafür bedarf es vertragl Regelungen mit den Gläubigern. Aus einer internen Beschränkungsregelung können sich aber Freistellungspflichten der GbR und der übrigen Gesellschafter ergeben (MüKo/*Schäfer* Rn 10).

§ 721b Einwendungen und Einreden des Gesellschafters

(1) Wird ein Gesellschafter wegen einer Verbindlichkeit der Gesellschaft in Anspruch genommen, kann er Einwendungen und Einreden, die nicht in seiner Person begründet sind, insoweit geltend machen, als sie von der Gesellschaft erhoben werden können.

(2) Der Gesellschafter kann die Befriedigung des Gläubigers verweigern, solange der Gesellschaft in Ansehung der Verbindlichkeit das Recht zur Anfechtung oder Aufrechnung oder ein anderes Gestaltungsrecht, dessen Ausübung die Gesellschaft ihrerseits zur Leistungsverweigerung berechtigen würde, zusteht.

1 **I. Normzweck.** Die durch das MoPeG neu eingeführte Vorschrift regelt – in Anlehnung an § 129 HGB aF und in Ausformung des **akzessorischen Charakters** der Gesellschafterhaftung nach § 721 (§ 721 Rn 18) – die Einwendungen und Einreden, die der Gesellschafter einer Inanspruchnahme durch Gesellschaftsgläubiger entgegensetzen kann. Das betrifft nach **Abs I** sämtliche Einwendungen und Einreden, welche die GbR noch erheben kann. Nach Maßgabe des **Abs II** kann der Gesellschafter die Befriedigung des Gläubigers außerdem verweigern, solange der Gesellschaft in Bezug auf die Verbindlichkeit ein Anfechtungs-, Aufrechnungs- oder anderes Gestaltungsrecht zusteht, dessen Ausübung die GbR zur Leistungsverweigerung berechtigen würde. Der **Gesellschafter** wird hierdurch davor **geschützt**, auf eine Gesellschaftsschuld leisten zu müssen, die nicht, noch nicht oder nicht so besteht. Umgekehrt wird verhindert, dass der Gläubiger eine Forderung gegen den Gesellschafter durchsetzen kann, gegen die sich die GbR wirksam verteidigen könnte (BeckOK/*Schöne* Rn 2). Daneben stehen dem Gesellschafter die Einreden aus eigenem Recht zu. Auf Einwendungen oder Einreden des Gesellschafters kann sich die GbR umgekehrt nicht berufen (§ 721 Rn 18).

2 **II. Einwendungen und Einreden. 1. Persönliche Einwendungen und Einreden.** Ungeachtet § 721b kann der Gesellschafter zunächst die ihm persönlich gegen den Gläubiger zustehenden Einwendungen und Einreden geltend machen, wie zB **Erlass** und **Stundung**, auch in Form eines Vertrags zw Gläubiger und GbR zugunsten des Gesellschafters, **Aufrechnung** oder **Zurückbehaltungsrecht** (MüKo/*Schäfer* Rn 2). Zudem kann eine Inanspruchnahme des Gesellschafters **treuwidrig** sein, wie zB wenn ein Teil der Altgesellschafter eine neue GbR gründet, die Forderungen gegen die Altgesellschafter erwirbt und dann gegen bestimmte Altgesellschafter vorgeht, die sich nicht an der Neugesellschaft beteiligen konnten (BGH NZG 2014, 385 Rn 12ff).

3 **2. Abgeleitete Einwendungen und Einreden.** Der Gesellschafter kann nach § 721b alle Einwendungen und Einreden geltend machen, die der GbR zustehen, etwa Nichtigkeit des Vertrags (§§ 134, 138, 142, 119ff), Erfüllungseinwand (§ 362), Unmöglichkeit (§ 275), Wegfall der Gegenleistungspflicht (§ 326) oder Abschluss eines Erlassvertrags (§ 397). Diese Rechtsfolge ergibt sich bei **rechtsvernichtenden Einwendungen** bereits aus dem § 721 zugrunde liegenden Akzessorietätsprinzip; die Gesellschafterhaftung muss bereits in Ermangelung einer wirksamen Verbindlichkeit der GbR ausscheiden. Eigenständige Bedeutung hat § 721b für **Einreden**, die die

GbR noch erheben kann, die nach dieser Vorschrift auch vom Gesellschafter geltend gemacht werden können, wie zB Stundung, Zurückbehaltungsrecht, Verjährung oder rechtskräftige Klageabweisung (MüKo/*Schäfer* Rn 3).

Die Hemmung der **Verjährung** durch Klageerhebung ggü der GbR wirkt auch ggü dem Gesellschafter (BGHZ 73, 217, 223f). Wird umgekehrt der Gesellschafter in Anspruch genommen, so wird dadurch die Verjährung der Gesellschaftsschuld nicht gehemmt (MüKo-HGB/*K. Schmidt*/*Drescher* § 129 Rn 9; Staub/*Habersack* § 128 HGB Rn 8); hierfür ist vielmehr eine Klageerhebung ggü der GbR erforderlich. Wie der BGH jedoch zutr entschieden hat (BGHZ 104, 76), kann sich der noch vor Eintritt der Verjährung verklagte Gesellschafter ggü dem Gläubiger nicht auf die nach Klageerhebung eintretende Verjährung der Gesellschaftsschuld berufen (*Bayer*/*Lieder* Rn 619; *K. Schmidt* GesR § 49 II 3 c). Denn GbR und Gesellschafter bilden eine wirtschaftl Einheit, sodass § 721b I in diesem Fall anhand seines Normzwecks teleologisch zu reduzieren ist. Die Unterbrechung der Verjährung auch ggü der GbR erscheint als reine Formalie. 4

III. Leistungsverweigerungsrecht. Ein der GbR (noch) zustehendes **Gestaltungsrecht** – Anfechtungsrecht, Rücktrittsrecht, Kündigungsrecht, usw – kann der Gesellschafter nicht im eigenen Namen ausüben, da er hierzu nicht befugt ist. Jedoch kann er nach § 721b II die Befriedigung des Gläubigers **solange verweigern**, als die Gesellschaft ein ihr in Bezug auf die Verbindlichkeit zustehendes Anfechtungs-, Aufrechnungs- oder anderes zur Leistungsverweigerung berechtigendes Gestaltungsrecht **noch ausüben könnte**. Macht der Gesellschafter die Einrede geltend, wird die Klage als „derzeit unbegründet" abgewiesen (BGHZ 38, 122, 129). Kann die GbR das Gestaltungsrecht nicht länger ausüben, wie zB nach Ablauf der Anfechtungsfrist, erlischt auch das Leistungsverweigerungsrecht (BGHZ 42, 396, 397; Heymann/*Hoffmann*/*Bartlitz* § 129 HGB Rn 16). Wird das Gestaltungsrecht umgekehrt von der GbR **ausgeübt**, wirkt die Umgestaltung der Rechtslage kraft Akzessorietät auch für den Gesellschafter (MüKo-HGB/*K. Schmidt*/*Drescher* § 129 Rn 18; Staub/*Habersack* § 129 HGB Rn 2). Hat der Gesellschafter den Gläubiger zuvor bereits befriedigt, kann er das Geleistete nach den Grundsätzen der Leistungskondiktion zurückverlangen (MüKo/*Schäfer* Rn 6). 5

§ 722 Zwangsvollstreckung gegen die Gesellschaft oder gegen ihre Gesellschafter

(1) Zur Zwangsvollstreckung in das Vermögen der Gesellschaft ist ein gegen die Gesellschaft gerichteter Vollstreckungstitel erforderlich.

(2) Aus einem gegen die Gesellschaft gerichteten Vollstreckungstitel findet die Zwangsvollstreckung gegen die Gesellschafter nicht statt.

I. Normzweck. Die durch das MoPeG neu eingefügte Vorschrift zieht **vollstreckungsrechtliche Konsequenzen** aus der gesetzl Zuordnung des Gesellschaftsvermögens zur GbR nach § 713 und regelt die Zwangsvollstreckungsoptionen für Gläubiger der GbR und der Gesellschafter. Für weitere Hinweise zur GbR im Zivilprozess und in der Zwangsvollstreckung s § 713 Rn 10ff. 1

II. Vollstreckung gegen die GbR. Wollen Gesellschaftsgläubiger in das GbR-Vermögen vollstrecken, benötigen sie – in Anlehnung an § 124 II HGB aF – nach **Abs I** einen gegen die Gesellschaft gerichteten Vollstreckungstitel. Zudem kann aus einem gegen die Gesellschafter gerichteten Vollstreckungstitel nur in deren Privatvermögen vollstreckt werden, und zwar auch dann, wenn sich der Titel gegen sämtliche Gesellschafter richtet (Begr RegE, BT-Drs 19/27635, 168f). Die GbR kann sich mit der **Drittwiderspruchsklage** nach § 771 ZPO zur Wehr setzen, sollte ein Gläubiger mit einem gegen die Gesellschafter gerichteten Titel in das Gesellschaftsvermögen vollstrecken wollen (MüKo/*Schäfer* Rn 2). Davon abgesehen steht die **Auflösung** der GbR einer Vollstreckung in das Gesellschaftsvermögen im Grundsatz nicht entgegen, es sei denn, die Auflösung beruht nach § 729 I Nr 2 auf der Insolvenz der Gesellschafter, die nach § 89 InsO ein Vollstreckungsverbot nach sich zieht (MüKo/*Schäfer* Rn 3). 2

III. Vollstreckung gegen die Gesellschafter. Umgekehrt stellt **Abs II** – in Anlehnung an § 129 IV HGB aF – klar, dass aus einem gegen die GbR gerichteten Vollstreckungstitel nicht gegen die Gesellschafter vollstreckt werden kann. Hierfür bedarf es eines gegen die Gesellschafter gerichteten Vollstreckungstitels. Diese Regelung ist Ausdruck des verbandsrechtl Trennungsprinzips sowie der damit verbundenen Unterscheidung zw Verband und Mitgliedern sowie von Gesellschaftsverbindlichkeiten und Gesellschafterhaftung (Begr RegE, BT-Drs 19/27635, 169). 3

Eine weitere Implikation des § 722 II besteht darin, die **Umschreibung** eines gegen die GbR gerichteten Titels nach § 727 ZPO – ohne Gesamtnachfolge auf den letztverbleibenden Gesellschafter (§ 712a Rn 3) – auszuschließen (MüKo/*Schäfer* Rn 4). Zudem kommt eine **Zwangsvollstreckungsunterwerfung** in Bezug auf das Privatvermögen der Gesellschafter nur durch eine von den Gesellschaftern persönlich oder durch Vertreter abgegebene Unterwerfungserklärung in Betracht, nicht aber durch eine entspr Erklärung der GbR (MüKo/*Schäfer* Rn 5). 4

Der Gesellschafter kann mittels **Drittwiderspruchsklage** nach § 771 ZPO die Vollstreckung in sein Privatvermögen aus einem gegen die GbR gerichteten Vollstreckungstitel abwehren. Allerdings erweist sich die Klage wegen Verstoßes gegen Treu und Glauben (§ 242) als unbegründet, wenn der Gesellschafter nach § 721 mit seinem Privatvermögen für die Verbindlichkeit einzustehen hat (vgl BGH NJW 2004, 217, 218; Oetker/*Boesche* § 129 HGB Rn 16; MüKo-HGB/*K. Schmidt*/*Drescher* § 129 Rn 29; EBJS/*Hillmann* § 129 HGB Rn 16; aA MüKo/*Schäfer* Rn 6). 5

Kapitel 4
Ausscheiden eines Gesellschafters (§§ 723–728b)

§ 723 Gründe für das Ausscheiden; Zeitpunkt des Ausscheidens

(1) Folgende Gründe führen zum Ausscheiden eines Gesellschafters aus der Gesellschaft, sofern der Gesellschaftsvertrag für diese Fälle nicht die Auflösung der Gesellschaft vorsieht:
1. Tod des Gesellschafters;
2. Kündigung der Mitgliedschaft durch den Gesellschafter;
3. Eröffnung des Insolvenzverfahrens über das Vermögen des Gesellschafters;
4. Kündigung der Mitgliedschaft durch einen Privatgläubiger des Gesellschafters;
5. Ausschließung des Gesellschafters aus wichtigem Grund.

(2) Im Gesellschaftsvertrag können weitere Gründe für das Ausscheiden eines Gesellschafters vereinbart werden.

(3) Der Gesellschafter scheidet mit Eintritt des ihn betreffenden Ausscheidensgrundes aus, im Fall der Kündigung der Mitgliedschaft aber nicht vor Ablauf der Kündigungsfrist und im Fall der Ausschließung aus wichtigem Grund nicht vor Mitteilung des betreffenden Beschlusses an den auszuschließenden Gesellschafter.

1 **I. Normzweck.** Treten in der Person eines Gesellschafters besondere Umstände ein, namentlich Tod, Kündigung der Mitgliedschaft, Insolvenz, Gläubigerkündigung oder Ausschließung aus der Gesellschaft, ordnet **Abs I** als Regelfolge den grds Fortbestand der GbR unter den übrigen Gesellschaftern sowie unter Ausscheiden des betroffenen Gesellschafters an. Von diesen Ausscheidensgründen sind die Auflösungsgründe nach § 729 zu unterscheiden, die eine Liquidation der GbR nach sich ziehen. Aus systematischer Perspektive erscheint das **Ausscheiden** eines Gesellschafters im Vergleich zur Auflösung der GbR als **vorrangig** (Begr RegE, BT-Drs 19/27635, 169). Der damit gewährleistete grds Fortbestand der Gesellschaft entspricht dem gewandelten Leitbild der rechtsfähigen Außen-GbR (§ 705 Rn 158). Nach **Abs II** können sich die Gesellschafter kraft Gesellschaftsvertrags auf die Geltung **weiterer Ausscheidensgründe** verständigen. **Abs III** regelt schließlich den **Zeitpunkt** des Ausscheidens. Dieser fällt regelmäßig mit dem Eintritt des Ausscheidensgrundes zusammen. Bei der Kündigung ist der Ablauf der Kündigungsfrist maßgeblich; bei der Ausschließung die Mitteilung des Ausschließungsbeschlusses ggü dem betr Gesellschafter.

2 Die Gesellschafter können von § 723 **abweichende Regelungen** treffen. Nach § 723 I können sie namentlich die Ausscheidensfolge gegen die Folge der Auflösung der Gesellschaft austauschen. Im Todesfall haben gesellschaftsvertragl Nachfolgeklauseln erhebliche Bedeutung (§ 711 Rn 18ff).

3 Die Vorschrift wird flankiert von §§ 711, 712, 712a. Im Fall des Ausscheidens findet eine **Anwachsung** bei den verbleibenden Gesellschaftern statt (§ 712 I). Verbleibt nach dem Ausscheiden nur noch ein Gesellschafter, geht das Gesellschaftsvermögen ipso iure im Wege der **gesetzlichen Gesamtnachfolge** und ohne Liquidation nach § 712a I auf ihn über. Das bedeutet im Umkehrschluss, dass das Bestehen einer Zweipersonengesellschaft dem Ausscheiden eines Gesellschafters nach § 723 nicht entgegensteht (MüKo/*Schäfer* Rn 1).

4 Auf die **Innen-GbR** findet die Vorschrift keine Anwendung; dort gelten Sonderregelungen für die Beendigung (§ 740a), die Auseinandersetzung (§ 740b) und das Ausscheiden eines Gesellschafters (§ 740c). Zu beachten ist iÜ die **Übergangsvorschrift** des Art 229 § 61 EGBGB. Danach gelten die bisherigen Regelungen nach §§ 723–728 aF weiter, soweit keine abweichende Regelung getroffen worden ist und ein Gesellschafter die Fortgeltung innerhalb einer Frist bis 31.12.2024 verlangt; die Gesellschafter können das Verlangen durch Beschluss zurückweisen (näher *Servatius* Rn 39ff; *v Proff* NZG 2023, 147, 150ff).

5 **II. Gesetzliche Ausscheidensgründe. 1. Tod des Gesellschafters. a) Allgemeines.** Dem Tod eines Menschen steht die **Todeserklärung** nach § 9 VerschG gleich, während die bloße **Verschollenheit** eines Gesellschafters nur zur Bestellung eines Pflegers führt, die dann Kündigungsgrund sein kann (MüKo/*Schäfer* Rn 6). Keine Anwendung findet § 723 I Nr 1 allerdings bei der **aufgelösten Gesellschaft**; dort findet nach der Wertung des § 736 III (dazu Begr RegE, BT-Drs 19/27635, 184) eine abschließende Liquidation unter Beteiligung der Erben statt (MüKo/*Schäfer* Rn 8; aA *Servatius* Rn 12).

6 **b) Juristische Personen, Personengesellschaften, gesellschaftsrechtliche Vorgänge.** Die **Auflösung** einer der Gesellschaft angehörenden **juristischen Person** oder **Personengesellschaft** beseitigt **nicht** ihre Existenz oder die Handlungsfähigkeit ihrer Organe, zwingt diese allerdings, die Beteiligung an der GbR in die Liquidation einzubeziehen. Die reine Auflösung der beteiligten Gesellschaft kann daher noch nicht als Auflösungsgrund angesehen werden (BGH WM 1982, 974; BGHZ 108, 187; *Hueck* OHG § 23 II; MüKo/*Schäfer* Rn 7; Soergel/*Hadding/Kießling* § 727 Rn 3). Wenn die beteiligte Gesellschaft voll beendigt ist, steht auch das Schicksal ihrer Beteiligung fest, sodass für eine Auflösung der GbR kein Bedürfnis mehr besteht (ähnl Staudinger/*Habermeier* § 727 Rn 5, während im genannten Schrifttum sonst Auflösung durch Vollbeendigung der beteiligten Gesellschaft angenommen wird). Im Fall eines **liquidationslosen Erlöschens** einer beteiligten Personengesellschaft wird die GbR mit dem letztverbleibenden Gesellschafter fortgesetzt, auf den das Vermögen der beteiligten Gesellschaft nach § 712a I 2 übergegangen ist. Gleiches gilt für **Umwandlungsvorgänge** (MüKo/*Schäfer* Rn 7; ausf *Lieder/Scholz* ZIP 2015, 1705ff).

c) **Vereinbarung der Auflösung.** Verständigen sich die Gesellschafter nach § 723 I auf die Auflösung der GbR im Todesfall, dann werden die Erben **Mitglieder in der Liquidationsgesellschaft.** Das bedeutet ein Nachrücken in die Vermögens- wie in die Mitverwaltungsrechte des Erblassers (BGH NJW 1982, 170; 1995, 3314; NZG 2011, 697; Staudinger/*Habermeier* § 727 Rn 7). Im Rahmen der Abwicklungsgesellschaft bestehen keine Bedenken, die Gesellschafterstellung des Verstorbenen **mehreren Erben** in ungeteilter Miterbengemeinschaft zuzuweisen (BGHZ 98, 48, 58; BGH NJW 1995, 3314; s auch schon BGH NJW 1982, 170; Soergel/*Hadding/Kießling* § 727 Rn 4; Staudinger/*Habermeier* § 727 Rn 10). Das bedeutet zugleich, dass der vererbte **Anteil** einen **Teil des Nachlasses** bildet (BGHZ 98, 48, 52; 108, 187, 192). Allerdings sind die Tätigkeitspflichten und Befugnisse aller Gesellschafter, nicht nur der Erben, an die Situation der Liquidationsgesellschaft angepasst. Ferner muss in einer unter Mitwirkung der Erben vereinbarten Rückumwandlung der Gesellschaft in eine werbende zugleich eine – auf die Mitgliedschaft beschränkte – **Nachlassteilung** gesehen werden, sodass in der fortgesetzten Gesellschaft die einzelnen Miterben mit ihrer Quote oder der sonst von ihnen vereinbarten Beteiligung Gesellschafter sind (BGH NJW 1982, 170). 7

Für die **Ausübung** der den Erben zugefallenen Rechte gilt das Statut der Miterbengemeinschaft, also grds gemeinsame Vornahme (§ 2038) mit der Maßgabe, dass Entscheidungen, die zu einer ordnungsmäßigen Verwaltung des Nachlasses nötig sind, mehrheitlich (§ 745 I iVm § 2038 II 1) getroffen werden können. Ein Nachlassverwalter, der wie der Testamentsvollstrecker in der Liquidationsgesellschaft die Verwaltungsrechte geltend machen kann (BGHZ 98, 48, 58), ist nicht zur Geltendmachung der persönlichen Mitgliedschaftsrechte der Gesellschafter-Erben befugt, auch nicht zu Verfügungen über Gegenstände des Gesellschaftsvermögens; das gilt in der Liquidationsgesellschaft wie in einer mit den Erben fortgesetzten Gesellschaft (BayObLG WM 1991, 131) und ist somit auch nicht durch die Frage der Nachlasszugehörigkeit der Beteiligungen beeinflusst. Damit bedarf insb ein **Fortsetzungsbeschluss** der Zustimmung aller Miterben (BGHZ 1, 324, 328; BGH NJW 1982, 170; Soergel/*Hadding/Kießling* § 727 Rn 6; Staudinger/*Habermeier* § 727 Rn 11); er kann auch durch gemeinsames Außenverhalten der Gesellschafter schlüssig zustande kommen, was insb für die Fortführung von Prozessen Bedeutung haben kann (näher *Beurskens/Rottmann* JZ 2018, 272, 275). 8

Der oder die Erben **haften** im **Innenverhältnis** für Pflichtverletzungen. Da der Anteil an der Abwicklungsgesellschaft zum Nachlass gehört (Rn 7) und die Erben in ungeteilter Gemeinschaft Gesellschafter sind, sind die bei der Verwaltung der Mitgliedschaftsrechte entstehenden Haftpflichten Nachlassverbindlichkeiten, sodass die Erben gem §§ 1975ff, 2059 die Haftung auf das Ererbte beschränken können (RGZ 92, 341; Soergel/*Hadding/Kießling* § 727 Rn 7; MüKo/*Schäfer* Rn 33). Dasselbe gilt i Erg für die Haftung für **Gesellschaftsschulden** ggü den Gläubigern der Gesellschaft; soweit die Schuld vor dem Erbfall entstanden war, folgt dies aus der persönlichen Verpflichtung des Erblassers. Bei Verpflichtungen, die im Zuge ordnungsmäßiger Verwaltung des Nachlasses eingegangen werden mussten, liegt eine Nachlasserbenschuld vor (zur Art der Beschränkung der hieraus erwachsenden Haftung auf den Nachlass § 1967 Rn 9). 9

2. Eigenkündigung der Mitgliedschaft. Die in § 723 I Nr 2 in Bezug genommene Kündigung der Mitgliedschaft durch den Gesellschafter hat in **§ 725** eine ausführliche Regelung erfahren, auf deren Erl verwiesen wird. Als Kündigung idS ist auch das Austrittsrecht des **Gesellschafter-Erben** nach § 724 (§ 724 Rn 11) ausgestaltet. Abzugrenzen von der Austrittskündigung ist die **Auflösungskündigung** nach § 731, die zur Liquidation der GbR führt (zur Abgrenzung s § 725 Rn 10). Nach **Auflösung** der GbR kommt eine Eigenkündigung mangels Schutzwürdigkeit des ausscheidenswilligen Gesellschafters nicht mehr in Betracht (MüKo/*Schäfer* Rn 10; vgl noch BGH NJW-RR 2018, 615 Rn 42f). 10

3. Insolvenzverfahren über Gesellschaftervermögen. Der Ausscheidensgrund des § 723 I Nr 3 stellt sicher, dass die Eröffnung des Insolvenzverfahrens über das Vermögen des Gesellschafters zunächst seine Gesellschafterstellung beendet und im Interesse seiner Gläubiger zur **Liquidation seiner Beteiligung** führt, auf welche der Insolvenzverwalter zugreifen kann (MüKo/*Schäfer* Rn 11). Soweit vor der Insolvenz des Gesellschafters bereits die Gesellschaft selbst wegen Eröffnung des Insolvenzverfahrens **aufgelöst** ist, findet der Ausscheidensgrund nach § 723 I Nr 3 wegen der Wertung des § 736 II (dazu Begr RegE, BT-Drs 19/27635, 183) keine Anwendung (MüKo/*Schäfer* Rn 13). IÜ sind die beiden über das Vermögen des Gesellschafters und der Gesellschaft eröffneten Insolvenzverfahren unabhängig voneinander zu führen und wechselseitige Forderungen sind als Insolvenzforderungen vom Insolvenzverwalter geltend zu machen (MüKo/*Schäfer* Rn 12, 14). 11

Der Gesellschafter scheidet mit dem **Wirksamwerden des Eröffnungsbeschlusses** über sein Vermögen nach § 27 I InsO aus der Gesellschaft aus; Gleiches gilt für die Anordnung von Eigenverwaltung (MüKo/*Schäfer* Rn 15). Demggü haben vorläufige Sicherungsmaßnahmen oder die Abweisung des Antrags mangels Masse nach § 26 I InsO kein Ausscheiden des Gesellschafters zur Folge. Auch die Eröffnung eines **Nachlassinsolvenzverfahrens** bei einem Gesellschafter-Erben wird nicht von § 723 I Nr 3 erfasst, weil das Verfahren den Gesellschafter nicht daran hindert, unter Einsatz seines Privatvermögens an der GbR beteiligt zu sein. Allerdings kann der Nachlassinsolvenzverwalter die Beteiligung analog § 726 kündigen (vgl BGHZ 91, 132, 137; MüKo/*Schäfer* Rn 16; *Servatius* Rn 21; Staudinger/*Habermeier* § 728 Rn 20; aA MüKo-HGB/*K. Schmidt/Fleischer* § 131 Rn 74). Die **Einstellung des Insolvenzverfahrens** oder dessen **Aufhebung** nach Bestätigung des Insolvenzplans macht den Gesellschafter nicht rückwirkend wieder zum Gesellschafter. Allerdings können die Gesellschafter die Wiederaufnahme des zuvor ausgeschiedenen Gesellschafters beschließen (vgl MüKo/*Schäfer* Rn 17; *Servatius* Rn 22). 12

13 Der Gesellschaftsanteil gehört zur **Insolvenzmasse** nach § 35 InsO. Nach Verfahrenseröffnung kann der Insolvenzverwalter nach § 80 I InsO namentlich den **Abfindungsanspruch** und weitere Rechte aus § 728 geltend machen. Der gegen den Gesellschafter gerichtete Anspruch der Gesellschaft auf den Fehlbetrag nach § 728a bildet eine einfache Insolvenzforderung (MüKo/*Schäfer* Rn 18). Zw den Gesellschaftern bestehende, gesellschaftsrechtl begründete Ansprüche sind im Rahmen der Gesamtabrechnung zu berücksichtigen (§ 728 Rn 3). **Gesellschaftsgläubiger** können ihren Anspruch nach § 721 als einfache Insolvenzforderung geltend machen. Ungeachtet des gleichermaßen gegen die GbR bestehenden Hauptanspruchs kann die Forderung vollständig geltend gemacht werden. An der Verteilung nimmt der Gläubiger freilich nur insofern teil, als er nicht bereits durch die Gesellschafter oder andere Gesamtschuldner Ausgleich erhalten hat (MüKo/*Schäfer* Rn 20). Demggü können von den Geschäftsführern für die ausgeschiedenen Gesellschafter wegen § 728b keine neuen Insolvenzforderungen begründet werden (MüKo/*Schäfer* Rn 21).

14 Von § 723 I Nr 3 kann insofern nicht abgewichen werden, dass Gesellschafter nach Insolvenzeröffnung nicht (**Verbleibklausel**) oder erst zu einem späteren Zeitpunkt ausscheiden (Begr RegE, BT-Drs 19/27635, 170; MüKo/*Schäfer* Rn 27; *Servatius* Rn 27; *Kruse* DStR 2021, 2412, 2414). Ein Verbleib ist allerdings nach **§ 179 HGB** bei der GmbH & Co KG vorgesehen, was man im Wege der Analogiebildung auf eine GmbH & Co GbR (vgl § 707a II 2; § 707a Rn 1) wird übertragen müssen (MüKo/*Schäfer* Rn 28).

15 **Gestaltbar** sind hingegen die Ausscheidensfolgen, namentlich die Höhe der Abfindungszahlung (§ 728 Rn 15ff). Zudem kann nach § 723 I, § 729 IV, § 730 II an die Insolvenzeröffnung die **Auflösung** der GbR geknüpft werden (*Servatius* Rn 28; *Kruse* DStR 2021, 2412, 2414). Zudem steht es den übrigen Gesellschaftern frei, den kraft Insolvenz ausgeschiedenen Gesellschafter mit Zustimmung des Insolvenzverwalters **wieder in die GbR aufzunehmen** (MüKo/*Schäfer* Rn 22; *Servatius* Rn 28; BeckOGK/*v Proff* § 728 Rn 57).

16 **4. Privatgläubigerkündigung der Mitgliedschaft.** Die in § 723 I Nr 4 in Bezug genommene Kündigung der Mitgliedschaft durch einen Privatgläubiger des Gesellschafters hat in **§ 726** eine Regelung erfahren, auf deren Erl verwiesen wird. Die Kündigung wird zum Ende des Kalenderjahres wirksam; dann scheidet der Gesellschafter nach § 723 III aus der GbR aus. Ist die GbR bereits aufgelöst, ist für eine Anwendung des § 723 I Nr 4 im Wege einer teleologischen Reduktion kein Raum, weil der Gläubiger im Fall der Auflösung ohnehin auf das Liquidationsguthaben zugreifen kann und sich die Ermittlung des Abfindungsvertrags als unverhältnismäßig darstellt (MüKo/*Schäfer* Rn 24).

17 **5. Ausschließung eines Gesellschafters.** Die in § 723 I Nr 5 in Bezug genommene Ausschließung eines Gesellschafters aus wichtigem Grund hat in **§ 727** eine Regelung erfahren, auf deren Erl verwiesen wird. Die Ausschließung wird nach § 723 III nicht vor Mitteilung des betr Beschlusses an den auszuschließenden Gesellschafter wirksam. Auch während des **Liquidationsstadiums** ist eine Ausschließung möglich, doch muss bei der Bestimmung des wichtigen Grundes berücksichtigt werden, dass die Gesellschaft nur noch begrenzte Zeit bis zur Vollbeendigung zusammenbleibt (vgl BGH WM 1961, 32; MüKo/*Schäfer* Rn 26).

18 **III. Vertragliche Ausscheidensgründe.** Zulässigerweise können **hinreichend bestimmte objektiv personenbezogene** Ausscheidensgründe gesellschaftsvertragl festgeschrieben werden, wie zB das Erreichen einer Altersgrenze, eine anderweitige Befristung der Mitgliedschaft oder die durch obj Umstände belegte Berufungs- oder Geschäftsunfähigkeit (MüKo/*Schäfer* Rn 37; *Servatius* Rn 32). Weisen die Gründe hingegen **keinen unmittelbaren Bezug zur Gesellschafterstellung** aus, wie zB eine Wiederverheiratungsklausel und das Verhalten in anderen Rechtsbeziehungen, sind diese Regelungen am Maßstab des § 138 I zu messen und werden sich vor dem Hintergrund der Hinauskündigungsrechtsprechung – in Ermangelung einer sachlichen Rechtfertigung – regelmäßig als **unzulässig** erweisen (MüKo/*Schäfer* Rn 37). Unzulässig ist es zudem, die Ausschließung eines Gesellschafters ohne wichtigen Grund an einen bloßen Mehrheitsbeschluss zu knüpfen oder einen Ausschluss jenseits der allg Grundsätze der Hinauskündigung zu erleichtern (MüKo/*Schäfer* Rn 36).

19 **IV. Zeitpunkt des Ausscheidens.** Der Gesellschafter scheidet nach § 723 III im Grundsatz mit Eintritt des Ausscheidensgrundes gem § 723 I unmittelbar aus der Gesellschaft aus. Es bedarf zu diesem Zweck regelmäßig keiner weiteren Beschlussfassungen oder Erklärungen. Das versteht sich für den **Tod** (Nr 1) ohne Weiteres. Für den Fall der **Privatinsolvenz** (Nr 3) kommt es auch auf die Wirksamkeit des Eröffnungsbeschlusses an (Rn 12). Im Fall einer **Kündigung** (Nr 2, 4) kommt es maßgeblich auf den Ablauf der Kündigungsfrist an. Anderes gilt für die Kündigung aus wichtigem Grund, die unmittelbar mit Zugang bei den übrigen Gesellschaftern wirksam wird (vgl BGH NJW 2016, 2492 Rn 25; MüKo/*Schäfer* Rn 38). Die **Ausschließung** eines Gesellschafters aus wichtigem Grund ist ihm nach der Beschlussfassung durch einen Gesellschafter zu erklären. Die Erklärung muss dem betr Gesellschafter zugehen; das ist jedenfalls gegeben, wenn der Gesellschafter bei der Beschlussfassung zugegen war (näher MüKo/*Schäfer* Rn 39).

§ 724 Fortsetzung mit dem Erben; Ausscheiden des Erben

(1) Geht der Anteil eines verstorbenen Gesellschafters auf seine Erben über und erfüllt die Gesellschaft die Voraussetzungen nach § 107 Absatz 1 des Handelsgesetzbuchs, um in das Handelsregister eingetragen zu werden, so kann jeder Erbe gegenüber den anderen Gesellschaftern antragen, dass ihm die Stellung eines Kommanditisten eingeräumt und der auf ihn entfallende Anteil des Erblassers als seine Kommanditeinlage anerkannt wird.

(2) Nehmen die anderen Gesellschafter einen Antrag nach Absatz 1 nicht an oder ist eine Fortführung der Gesellschaft als Kommanditgesellschaft nicht möglich, ist der Erbe befugt, seine Mitgliedschaft in der Gesellschaft ohne Einhaltung einer Kündigungsfrist zu kündigen.

(3) Die Rechte nach den Absätzen 1 bis 2 können von dem Erben nur innerhalb von drei Monaten nach dem Zeitpunkt, zu dem er von dem Anfall der Erbschaft Kenntnis erlangt hat, geltend gemacht werden. Auf den Lauf der Frist ist § 210 entsprechend anzuwenden. Ist bei Ablauf der drei Monate das Recht zur Ausschlagung der Erbschaft noch nicht verloren, endet die Frist nicht vor dem Ablauf der Ausschlagungsfrist.

(4) Scheidet innerhalb der Frist des Absatzes 3 der Erbe aus der Gesellschaft aus oder wird innerhalb der Frist die Gesellschaft aufgelöst oder dem Erben die Stellung eines Kommanditisten eingeräumt, so haftet er für die bis dahin entstandenen Gesellschaftsverbindlichkeiten nur nach Maßgabe der Vorschriften, welche die Haftung des Erben für die Nachlassverbindlichkeiten betreffen.

I. Normzweck. Die durch das MoPeG neu eingefügte Vorschrift regelt – in Anlehnung an § 139 HGB aF – die Geltung einer Fortsetzung der GbR mit den Erben sowie deren Austrittsmöglichkeit. Hintergrund ist die den Erben nach § 721a treffenden **Haftung für Altverbindlichkeiten**, die einer Haftungsbeschränkung nach §§ 1965ff nicht zugänglich ist. Deshalb wird dem Gesellschafter-Erben die Möglichkeit eröffnet, als **Kommanditist** in der Gesellschaft zu verbleiben, soweit die anderen Gesellschafter nichts dagegen haben und ein Formwechsel in eine KG rechtl möglich ist. Andernfalls kann er aus der GbR **austreten** (vgl Begr RegE, BT-Drs 19/27635, 171). 1

Ist gesellschaftsvertragl vorgesehen, dass der Gesellschaftsanteil auf die Erben übergeht, können diese nach **Abs I wählen**, ob sie als persönlich haftende Gesellschafter in der GbR verbleiben oder aber die Einräumung der Rechtsstellung eines **Kommanditisten** verlangen. Voraussetzung ist im letzteren Fall freilich, dass nach § 107 I HGB die Eintragung in das Handelsregister und der damit verbundene Formwechsel in eine KG in Betracht kommt. Ist dies nicht der Fall oder lehnen die anderen Gesellschafter das Angebot zur Beteiligung als Kommanditist ab, kann der Gesellschafter-Erbe seine Mitgliedschaft nach **Abs II fristlos kündigen** und scheidet daraufhin nach § 723 I Nr 2 aus. Die **Ausübungsfrist** für die Erbenrechte aus Abs I und II beträgt nach **Abs III** drei Monate nach Kenntniserlangung vom Anfall der Erbschaft. Sie soll einerseits dem Gesellschafter die nötige Bedenkzeit vermitteln, andererseits soll sie den übrigen Gesellschaftern innerhalb eines überschaubaren Zeitraums Klarheit über die künftige Zusammensetzung der Gesellschafter und den Gläubigern Klarheit über die (künftigen) Haftungsverhältnisse verschaffen (vgl MüKo/*Schäfer* Rn 26). Die **Haftung** des Erben ist nach **Abs IV** auf die Nachlassverbindlichkeiten **beschränkt**, wenn er (1) innerhalb der Ausübungsfrist aus der GbR ausscheidet, (2) die GbR innerhalb dieser Frist aufgelöst wird oder (3) er die Rechtsstellung eines Kommanditisten annimmt. Auf die **Innen-GbR** findet die Vorschrift im Umkehrschluss zu § 740a III keine Anwendung. Zum zeitl Geltungsbereich s § 723 Rn 10. 2

II. Einräumung einer Kommanditistenstellung. 1. Erbrechtlicher Anteilsübergang. Nach dem Regelungszweck des § 724 muss der Gesellschaftsanteil kraft erbrechtl Universalsukzession nach § 1922 I auf den Erwerber übergangen sein. Die Sondererbfolge nach § 711 II kann auf einer einfachen oder qualifizierten **erbrechtlichen Nachfolgeklausel** beruhen (§ 711 Rn 18ff). **Keine Anwendung** findet die Vorschrift hingegen bei rechtsgeschäftlichen Nachfolgeklausel (§ 711 Rn 27) oder einer Eintrittsklausel (§ 711 Rn 28), weil sich der Eintritt in diesen Fällen unter Lebenden vollzieht und der Erwerber an dem Erwerbsgeschäft mitgewirkt haben muss. Der mit § 724 intendierte Schutzgedanke kommt in diesen Fällen nicht zum Tragen (MüKo/*Schäfer* Rn 3; *Servatius* Rn 6). Gleiches gilt, wenn die GbR bereits aufgelöst ist oder der vorletzte vom letzten Gesellschafter beerbt wird (MüKo/*Schäfer* Rn 3). Davon abgesehen hat der Erbe stets die erbrechtl Möglichkeit, die gesamte Erbschaft nach §§ 1944ff **auszuschlagen** (MüKo/*Schäfer* Rn 4). 3

2. Berechtigung. Die Berechtigung zur Ausübung des Wahlrechts steht **jedem einzelnen Erben** persönlich zu (vgl § 711 II 2; § 711 Rn 20; s noch BGH NJW 1971, 1268), und zwar auch dann, wenn das Recht der Fremdverwaltung unterliegt oder belastet ist (MüKo/*Schäfer* Rn 5). Der **Minderjährige** handelt durch seinen gesetzl Vertreter, der keiner familienrechtl Genehmigung bedarf (vgl BGH NJW 1971, 1268, 1269). Bei angeordneter **Nacherbfolge** kann der Vorerbe vom Wahlrecht Gebrauch machen; Gleiches gilt für den Nacherben, soweit der Vorerbe nicht bereits die Umwandlung in einen Kommanditanteil bewerkstelligt hat (vgl BGH NJW 1977, 1540, 1541). Der Nacherbe kann von § 724 I selbst dann Gebrauch machen, wenn der Vorerbe mittels Eintrittsklausel Gesellschafter geworden ist (MüKo/*Schäfer* Rn 5 aE). Auch dem **Ersatzerben** gem § 2096 steht das Wahlrecht zu (*Servatius* Rn 6 aE). 4

3. Zulässigkeit der Kommanditistenstellung. Der Wechsel der GbR-Beteiligung in einen Kommanditanteil setzt voraus, dass die Gesellschaft in eine KG umgewandelt werden kann. Das richtet sich nach § 107 I HGB. Der Zweck der Gesellschaft muss demnach auf eine **kleingewerbliche** oder **vermögensverwaltende** Tätigkeit gerichtet sein, oder aber auf die gemeinsame Ausübung eines **Freien Berufs**, soweit das anwendbare Berufsrecht die Eintragung als Personenhandelsgesellschaft zulässt, wie zB § 59b II BRAO für Rechtsanwälte (ausf Schäfer/*Wertenbruch* § 10 Rn 4ff). Ist das nicht der Fall, kann der Gesellschafter-Erbe nach § 724 II ausscheiden. Das gilt gleichermaßen für den Sonderfall einer vererblich gestellten **Beteiligung ohne Kapitalanteil**, die als Kommanditanteil ausscheidet, mit der Folge, dass der Erbe ohne Ausübung des Wahlrechts sogleich nach § 724 II ausscheiden kann (MüKo/*Schäfer* Rn 8). 5

4. Ausübung des Wahlrechts. Die Einräumung der Kommanditistenstellung erfolgt auf Grundlage einer Änderung des Gesellschaftsvertrags. Die Ausübung des Wahlrechts durch den Gesellschafter-Erben erscheint aus 6 rechtsdogmatischer Perspektive daher als **Antrag auf Vertragsänderung** und richtet sich gegen **alle übrigen Gesellschafter** (Begr RegE, BT-Drs 19/27635, 171). Die nachfolgeberechtigten Miterben gehören nicht zum Adressatenkreis, sollten allerdings informationshalber informiert werden (vgl BGH NJW 1971, 1268, 1269). Das Angebot kann nicht von weitergehenden Vorgaben oder Bedingungen des Gesellschafter-Erben abhängig gemacht werden (MüKo/*Schäfer* Rn 10).

7 Der Antrag muss **fristgerecht** (§ 724 III; Rn 13) bei allen übrigen Gesellschaftern **zugehen** (aA *Servatius* Rn 9: Anwendung von § 720 V und § 707a III iVm § 15 I HGB), kann aber von allen übrigen (bisherigen) Gesellschaftern auch erst nach Fristablauf **angenommen** werden; in diesem Fall kommt das Haftungsprivileg des § 724 IV allerdings nicht zur Anwendung (MüKo/*Schäfer* Rn 12). Lehnt auch nur ein einziger Gesellschafter den Antrag ab, ist die Umwandlung gescheitert. Zulässig ist eine gesellschaftsvertragl Regelung, welche die Zustimmung an einen **Mehrheitsbeschluss** knüpft (MüKo/*Schäfer* Rn 12). Eine Annahme mit Änderungen gilt nach § 150 II als neues Angebot und kann vom Erben innerhalb der Ausübungsfrist angenommen werden. Lässt er sich auf die Änderungen nicht ein, kann er nach § 724 II austreten. Mit Ablauf der Ausübungsfrist endet die Bindung des Antrags. Umgekehrt kann dem Erben keine abweichende Frist nach § 148 gesetzt werden (MüKo/*Schäfer* Rn 12).

8 Die anderen Gesellschafter können über die Annahme des Antrags **nach freiem Ermessen** entscheiden und die Erben auch unterschiedlich behandeln (vgl BGH NJW 1971, 1268, 1269), wenn eine Kontrolle anhand der Treuepflicht dies nicht ausschließt (*Servatius* Rn 12). Grds besteht aber kein Anspruch auf Einräumung einer Kommanditistenstellung; ein solcher wird sich auch kaum einmal auf Grundlage der mitgliedschaftlichen Treuepflicht herleiten lassen (*Servatius* Rn 12). Für die Entscheidung muss den übrigen Gesellschaftern eine **angemessene Bedenkzeit** verbleiben (MüKo/*Schäfer* Rn 13), für die man in Abhängigkeit vom konkreten Einzelfall zw zwei und vier Wochen veranschlagen sollte (*Servatius* Rn 13). Umgekehrt gehen Verzögerungen aufseiten der anderen Gesellschafter zulasten des Gesellschafter-Erben. Mit Ablauf der Ausübungsfrist verliert er die Haftungsprivilegierung nach § 724 IV, wenn er nicht zuvor seinen Austritt nach § 724 II erklärt. Eine Fristverlängerung kommt mit Blick auf berechtigte Gläubigerinteressen nicht in Betracht. Die übrigen Gesellschafter können sich nur im Innenverhältnis schadensersatzpflichtig machen (MüKo/*Schäfer* Rn 13).

9 **5. Kommanditistenstellung des Erben.** Mit der wirksamen Vertragsänderung **wandelt sich die GbR zur KG** und die Rechtsstellung des Gesellschafter-Erben in diejenige eines Kommanditisten. Die **Beteiligungsquote** nach § 709 III bleibt im Vergleich zum Erblasser unverändert, nur die **Verlustbeteiligung** ist nach § 167 HGB begrenzt (MüKo/*Schäfer* Rn 14). Die entstehende KG ist nach § 162 HGB ins Handelsregister anzumelden. Erfolgt die Umwandlung aus einer eGbR, vollzieht sich ein Statuswechsel nach § 707c (aA offenbar *Servatius* Rn 14: Löschung der eGbR analog § 738).

10 Dem Gesellschafter-Erben ist als Kommanditeinlage nach § 724 I „der auf ihn entfallende Anteil des Erblassers" einzuräumen. Dabei handelt es sich um den **aktuellen Kapitalanteil** des Erblassers in Form der bei der Gesellschaft geführten Kapitalkonten ungeachtet von Darlehens- und sonstigen Forderungskonten, nicht etwa die ursprüngl vereinbarte Einlage (MüKo/*Schäfer* Rn 15). Bei der Kommanditeinlage handelt es sich – mit Blick auf die gesetzl Unterscheidung von Einlage und Haftsumme – um die **Pflichteinlage** im Verhältnis zur KG, sodass die gesellschaftsvertragl Differenzierung nach festen und beweglichen Kapitalkonten unverändert fortgeschrieben werden kann (MüKo/*Schäfer* Rn 16). Für **rückständige Einlagen** haftet der Erbe wie zuvor der Erblasser gehaftet hätte, und zwar ohne die Möglichkeit der Haftungsbeschränkung nach erbrechtl Grundsätzen (MüKo/*Schäfer* Rn 16). Die **Haftsumme** entspricht grds der Pflichteinlage, ist zum Schutz des Erben vor einer Inanspruchnahme aber namentlich um die noch rückständigen Einlagen zu kürzen. Ein negativer Kapitalanteil ist mit 1 festzusetzen (MüKo/*Schäfer* Rn 17; *Servatius* Rn 17, 19). Allerdings können sich die Gesellschafter auch auf einen anderen Betrag verständigen (vgl BGHZ 101, 123, 126).

11 **III. Kündigung der Mitgliedschaft.** Nehmen die übrigen Gesellschafter den Umwandlungsantrag nicht an oder gilt er als abgelehnt, weil sich die Gesellschafter nicht erklären oder er mit einer unzulässigen Bedingung verbunden wird (Rn 6), kann jeder einzelne Gesellschafter-Erbe nach § 724 II seine **Mitgliedschaft mit sofortiger Wirkung kündigen** und scheidet nach § 723 I Nr 2 aus der GbR aus. Kommt eine Umwandlung in eine KG von vornherein nicht in Betracht, kann der Gesellschafter sogleich kündigen. Zudem kann er den Antrag auf Umwandlung mit der Kündigung für den Fall der Ablehnung des Antrags verbinden (MüKo/*Schäfer* Rn 18). Davon abgesehen kommen Kündigungen nach § 725 und § 731 sowie die Ausschließung des Erben nach § 727 in Betracht.

12 Das Kündigungsrecht ist innerhalb der **Ausübungsfrist** des § 724 III auszuüben (Begr RegE, BT-Drs 19/27635, 172) und bedarf – vorbehaltlich einer abweichenden Regelung im Gesellschaftsvertrag – keiner besonderen **Form** (MüKo/*Schäfer* Rn 19) und kann auch konkludent erfolgen, soweit nur der Beendigungswille des Erben hinreichend deutlich wird (*Servatius* Rn 21). Die empfangsbedürftige Willenserklärung muss allen übrigen Gesellschaftern **zugehen** (aA *Servatius* Rn 20, 21: GbR), wobei auch die geschäftsführungsbefugten Gesellschafter für den Empfang bevollmächtigt werden können; dann gilt § 720 V. Beruht die verspätete Ausübung des Kündigungsrechts auf einer Pflichtverletzung der anderen Gesellschafter, kommt eine Schadensersatzhaftung für gemeinsame Schulden in Betracht (MüKo/*Schäfer* Rn 19 aE). Dass eine Kündigung nach § 725 V zur Unzeit erfolgt oder nach § 242 rechtsmissbräuchlich erklärt wird, ist kaum einmal anzunehmen (*Servatius* Rn 22). Der **Minderjährige** handelt durch seinen gesetzl Vertreter, der keiner familiengerichtlichen Genehmigung bedarf (näher MüKo/*Schäfer* Rn 20). Das **Abfindungsgutachten** berechnet sich auf den Zeitpunkt des Wirksamwer-

dens der Kündigung, also mit Zugang beim letzten übrigen Gesellschafter. Gesellschaftsvertragl Abfindungsbeschränkungen finden nach allg Grundsätzen Anwendung (MüKo/*Schäfer* Rn 21). Der Abfindungsanspruch gehört zum Nachlass.

IV. Ausübungsfrist. Der Antrag nach Abs I und die Kündigung nach Abs II können nur innerhalb einer **Frist von drei Monaten** nach Kenntniserlangung vom **Anfall der Erbschaft** nach § 1942 ausgeübt werden (§ 724 III 1). Ohne Belang ist demggü die Kenntnis des Grundes der Erbenstellung, von Beschränkungen und von der Gesellschafterstellung des Verstorbenen (*Servatius* Rn 10). Die Frist läuft separat für **jeden einzelnen Erben**. Sie berechnet sich nach §§ 187ff und ist eine materielle Ausschlussfrist, die keiner Wiedereinsetzung in den vorherigen Stand zugänglich ist (MüKo/*Schäfer* Rn 24). Im Fall der Ausschlagung und bei Nacherbschaft beginnt die Frist mit Kenntniserlangung des nachrückenden Erben erneut zu laufen (MüKo/*Schäfer* Rn 22). Auf den Fristlauf finden nach § 724 III 2 die Regelungen des § 210 entspr Anwendung, sodass der gesetzl Vertreter eines **minderjährigen** Gesellschafters Kenntnis erlangen muss (vgl BGH NJW 2019, 1071 Rn 13; 1971, 1268) oder der Minderjährige volljährig wird. Zudem wird die Frist verlängert, wenn die **Ausschlagungsfrist** nach § 1944 noch nicht abgelaufen ist (§ 724 III 3). Aufgrund des während des Fristlaufs bestehenden **Schwebezustands** ist der Gesellschafter-Erbe kraft mitgliedschaftlicher Treuepflicht daran gehindert, solche Rechte auszuüben, die irreversible Rechtsfolgen für die Beteiligung mit sich bringen und nur demjenigen zustehen, der endgültig die Beteiligung erhält. Umgekehrt ist er auch nicht gezwungen, eine bisherige Konkurrenztätigkeit wegen der neuen (womöglich nur vorübergehenden) Beteiligung einzustellen (MüKo/*Schäfer* Rn 25). 13

V. Haftung des Erben. Scheidet der Erbe innerhalb der Ausübungsfrist aus der Gesellschaft aus, wird die GbR aufgelöst oder erlangt er die Rechtsstellung eines Kommanditisten, dann kann er sich in Bezug auf die bis zu diesem Zeitpunkt entstandenen Gesellschaftsverbindlichkeiten auf die **erbrechtliche Haftungsbeschränkung** nach §§ 1975, 1990 berufen. Der Ausschluss der persönlichen Haftung nach §§ 721, 721a wirkt folglich auf den Zeitpunkt des Erbfalls zurück. Verstreicht die Frist ergebnislos, haftet der Gesellschafter-Erbe. 14

Innerhalb der **Schwebelage** (Rn 13) sind die Gesellschaftsgläubiger daran gehindert, auf das Privatvermögen des Gesellschafter-Erben zuzugreifen, weil nicht feststeht, ob er der Gesellschaft künftig als persönlich haftender Gesellschafter angehören wird (MüKo/*Schäfer* Rn 27). Begleicht er dennoch während der Schwebezeit Gesellschaftsverbindlichkeiten oder tätigt anderweitige Aufwendungen und scheidet später aus oder wird Kommanditist, kann er nach § 716 I von der Gesellschaft Aufwendungsersatz verlangen oder aus dem Nachlass gem § 1978 III, § 1979 Regress verlangen (MüKo/*Schäfer* Rn 28). 15

Bleibt der Erbe **persönlich haftender Gesellschafter** kann er nach Ablauf der Dreimonatsfrist für Altverbindlichkeiten (§ 721a) und Zwischenneuschulden, dh zw Erbfall und Fristablauf entstandenen Verbindlichkeiten (§ 721), persönlich in Anspruch genommen werden. Der Erbe haftet ferner nach **erbrechtlichen Grundsätzen** für vor dem Erbfall entstandene Gesellschaftsschulden (vgl BGH NJW 1982, 45, 46; 1992, 2694f) sowie für Zwischenneuschulden (vgl BGH NJW 1971, 1268, 1270). Den Erben steht allerdings die Einrede nach § 2059 I 1 zu (MüKo/*Schäfer* Rn 29). 16

Nach Wechsel in die **Kommanditistenstellung** haftet der Erbe nach **erbrechtlichen Grundsätzen** und mit der Möglichkeit der Haftungsbeschränkung nach §§ 1975ff für Altverbindlichkeiten und Zwischenneuschulden (vgl BGH NJW 1971, 1268, 1270). Als Kommanditist haftet der Erbe für nach der Umwandlung seiner Beteiligung begründete Gesellschaftsverbindlichkeiten im Rahmen der §§ 171, 172 HGB sowie für Zwischenneuschulden nach § 173 HGB (vgl RGZ 171, 328, 331). Die zu § 139 IV HGB aF vertretene Gegenauffassung, die eine Haftung für Zwischenneuschulden ablehnte, läuft auf eine nicht intendierte Privilegierung des künftigen Kommanditisten hinaus. Die Haftung nach § 173 HGB führt nach zutr Auffassung dazu, dass sich die gesamte Nachfolge so darstellt, als sei eine Kommanditbeteiligung des Erblassers auf den Erben übergegangen (MüKo/*Schäfer* Rn 30; MüKo-HGB/*K. Schmidt/Fleischer* § 139 Rn 114f). Davon abgesehen ist es mit dem Regelungszweck des Wahlrechts auch nicht vereinbar, den Erben nach § 176 I HGB (so aber *Servatius* Rn 27) oder nach § 176 II HGB (so noch BGH NJW 1976, 848, 849; anders zutr BGHZ 108, 187, 197) haften zu lassen (vgl *Bayer/Lieder* Rn 795; Oetker/*Kamanabrou* § 139 HGB Rn 89; Oetker/*Oetker* § 176 HGB Rn 45). 17

Scheidet der **Erbe** durch Kündigung nach § 724 II oder kraft vertragl Vereinbarung aus der GbR **aus** (vgl BGHZ 55, 267, 271), haftet er für Altverbindlichkeiten und Zwischenneuschulden nur **mit dem Nachlass**, soweit sein Recht zur Haftungsbeschränkung noch besteht (vgl § 1994 I, § 2005 I, § 2006 III). Gleiches gilt für eine Anteilsveräußerung innerhalb der Dreimonatsfrist (MüKo/*Schäfer* Rn 31). 18

Im Fall einer **fristgerechten Auflösung** gilt für den Erben ebenfalls das Haftungsprivileg in Bezug auf Altverbindlichkeiten und Zwischenneuschulden. Haftungsrechtl stellt es sich für den Erben so dar, als sei die GbR mit dem Erbfall aufgelöst worden (vgl RGZ 72, 119, 121; BGH NJW 1982, 45, 46). Eine Ausnahme mangels Schutzbedürftigkeit gilt für den Fall, dass der Gesellschafter schon vor der fristgerechten Auflösung persönlich haftender Gesellschafter geworden ist (Rn 16). Führt der Tod des Erblassers kraft Gesellschaftsvertrags zur Auflösung der Gesellschaft, haften die Erben ebenfalls privilegiert analog § 724 IV (vgl BGH NHW 1982, 45, 46; MüKo/*Schäfer* Rn 33). 19

VI. Abweichende Gestaltungen. Die Vorschrift ist – abweichend von § 139 V HGB aF – im Grundsatz **abdingbar** (*Servatius* Rn 29; aA MüKo/*Schäfer* Rn 2; BeckOK/*Schöne* Rn 4). Das ergibt sich sowohl aus der Gesetzeshistorie und dem erklärten Willen der Entwurfsverfasser (Begr RegE, BT-Drs 19/27635, 171 unter Hinweis auf *Bochmann* ZGR-Sonderheft 23, 221, 230ff) als auch aus einem systematischen Blick auf § 131 V HGB, der 20 zwingend ausgestaltet ist. Ist die Vorschrift abbedungen, kann der Erbe nur die gesamte Erbschaft ausschlagen oder er bleibt Gesellschafter, haftet persönlich und nutzt ggf anderweitige Kündigungsmöglichkeiten. Eine solche Regelung muss **gesellschaftsvertraglich** getroffen werden. Das kann zulässigerweise auch kraft Mehrheitsbeschlusses erfolgen, bedarf aber als mitwirkungsbedürftiger Beschlussgegenstand jedenfalls der **Zustimmung** des Erblassers bzw der Erben (*Servatius* Rn 29). Mit Blick auf die Zulässigkeit abweichender Gestaltung ist auch die Auffassung abzulehnen, dass § 724 im Wege einer teleologischen Reduktion immer dann keine Anwendung findet, wenn den Gesellschafter-Erben, wie zB in Immobilienfonds (§ 721 Rn 12), keine persönliche Haftung treffe (so aber MüKo/*Schäfer* Rn 2; eine konkludente Abbedingung erwägend *Servatius* Rn 2; i Erg wie hier auch BeckOK/*Schöne* Rn 7).

21 Die Gesellschafter können weiterhin vereinbaren, dass sich der Gesellschaftsanteil mit dem Tod automatisch in einen **Kommanditanteil umwandelt** (vgl BGH NJW 1987, 3185), was freilich voraussetzt, dass die Tatbestandsvoraussetzungen des § 107 I HGB erfüllt sind. Andernfalls ist durch Auslegung zu ermitteln, ob dem Erben zumindest ein Austrittsrecht zustehen sollte (*Servatius* Rn 30). Unter der Voraussetzung des § 107 I HGB kann dem Erben auch das einseitige Recht eingeräumt werden, zukünftig als Kommanditist mitzuwirken (vgl BGH NJW 1971, 1268) oder die Zustimmung der Mitgesellschafter an einen **Mehrheitsbeschluss** zu binden (*Servatius* Rn 30). Im Interesse eines effektiven Gläubigerschutzes kann allerdings die **Ausübungsfrist** nicht über drei Monate hinaus verlängert werden (*Servatius* Rn 30).

§ 725 Kündigung der Mitgliedschaft durch den Gesellschafter

(1) Ist das Gesellschaftsverhältnis auf unbestimmte Zeit eingegangen, kann ein Gesellschafter seine Mitgliedschaft unter Einhaltung einer Frist von drei Monaten zum Ablauf des Kalenderjahres gegenüber der Gesellschaft kündigen, es sei denn, aus dem Gesellschaftsvertrag oder aus dem Zweck der Gesellschaft ergibt sich etwas anderes.

(2) Ist für das Gesellschaftsverhältnis eine Zeitdauer vereinbart, ist die Kündigung der Mitgliedschaft durch einen Gesellschafter vor dem Ablauf dieser Zeit zulässig, wenn ein wichtiger Grund vorliegt. Ein wichtiger Grund liegt insbesondere vor, wenn ein anderer Gesellschafter eine ihm nach dem Gesellschaftsvertrag obliegende wesentliche Verpflichtung vorsätzlich oder grob fahrlässig verletzt hat oder wenn die Erfüllung einer solchen Verpflichtung unmöglich wird.

(3) Liegt ein wichtiger Grund im Sinne von Absatz 2 Satz 2 vor, so ist eine Kündigung der Mitgliedschaft durch einen Gesellschafter stets ohne Einhaltung einer Kündigungsfrist zulässig.

(4) Ein Gesellschafter kann seine Mitgliedschaft auch kündigen, wenn er volljährig geworden ist. Das Kündigungsrecht besteht nicht, wenn der Gesellschafter bezüglich des Gegenstands der Gesellschaft zum selbständigen Betrieb eines Erwerbsgeschäfts gemäß § 112 ermächtigt war oder der Zweck der Gesellschaft allein der Befriedigung seiner persönlichen Bedürfnisse diente. Der volljährig Gewordene kann die Kündigung nur binnen drei Monaten von dem Zeitpunkt an erklären, in welchem er von seiner Gesellschafterstellung Kenntnis hatte oder haben musste.

(5) Die Kündigung darf nicht zur Unzeit geschehen, es sei denn, dass ein wichtiger Grund für die unzeitige Kündigung vorliegt. Kündigt ein Gesellschafter seine Mitgliedschaft ohne solchen Grund zur Unzeit, hat er der Gesellschaft den daraus entstehenden Schaden zu ersetzen.

(6) Eine Vereinbarung im Gesellschaftsvertrag, welche das Kündigungsrecht nach den Absätzen 2 und 4 ausschließt oder diesen Vorschriften zuwider beschränkt, ist unwirksam.

1 **I. Normzweck.** Die Vorschrift enthält Regelungen zur Eigenkündigung der Mitgliedschaft, die nach § 723 I Nr 2 zum Ausscheiden des kündigenden Gesellschafters aus der GbR führt. Auf **unbestimmte Zeit** geschlossene BGB-Gesellschaftsverträge können nach **Abs I ordentlich** – vorbehaltlich einer abweichenden Vertragsbestimmung – mit einer Frist von drei Monaten zum Ende des Kalenderjahres gekündigt werden. Dem liegt der Gedanke der Privatautonomie und der negativen Vereinigungsfreiheit in Form der **Desinvestitionsfreiheit** zugrunde, die es dem Gesellschafter ermöglichen soll, sich nach seinen individuellen Präferenzen seiner gesellschaftsvertragl Bindungen wieder entledigen zu können (vgl Begr RegE, BT-Drs 19/27635, 172; *Servatius* Rn 7). Die **dreimonatige Kündigungsfrist** ermöglicht es der Gesellschaft und den Gesellschaftern, sich über die Fortsetzung der Gesellschaft, eine Auflösung, Kündigung respektive die Zahlung der Abfindung und allen anderen Nachteilen wegen der plötzlichen Veränderung der Gesellschafterstruktur eine Meinung zu bilden (vgl Begr RegE, BT-Drs 19/27635, 172; *Servatius* Rn 28; Schäfer/*Bergmann* § 7 Rn 45).

2 Auf **bestimmte Zeit** geschlossene Verträge können vor Fristablauf nach **Abs II** nur bei Vorliegen eines wichtigen Grundes **außerordentlich**, dh ohne Einhaltung einer Kündigungsfrist (**Abs III**) gekündigt werden. Dabei handelt es sich um eine Spezialvorschriften zu § 314 (BeckOK/*Schöne* Rn 2 aE; *Servatius* Rn 8; vgl noch Frankfurt NJOZ 2020, 1394 Rn 22), wobei die Definition des wichtigen Grundes (§ 314 I 2) sowie die Erklärungsfrist (§ 314 III) auch bei § 725 II von Bedeutung sein kann (MüKo/*Schäfer* Rn 8). Das außerordentliche Kündigungsrecht schützt den Gesellschafter in unverzichtbarer Weise vor einer **unzumutbaren Fortsetzung** des Gesellschaftsverhältnisses (vgl RGZ 128, 1, 16ff; BGH NJW-RR 2002, 704, 705; *Servatius* Rn 8).

Darüber hinaus kann ein **minderjähriger** Gesellschafter seine Mitgliedschaft innerhalb einer Erklärungsfrist von drei Monaten grds auch kündigen, wenn er volljährig geworden ist (**Abs IV**). In Parallele zu § 1629a und § 108 III zielt die Regelung darauf ab, dass sich der volljährig Gewordene von **vermögensmäßigen Belastungen** entledigen kann, die hier in Haftungsrisiken aufgrund der gesellschaftsvertragl Bindung bestehen (*Servatius* Rn 9). Soweit kein wichtiger Grund für eine unzeitige Kündigung gegeben ist, darf die Kündigung insg nach **Abs V nicht zur Unzeit** geschehen. Das Kündigungsrecht nach Abs II und Abs IV **beschränkende Vereinbarungen** im Gesellschaftsvertrag sind nach **Abs VI** unwirksam. 3

Die Vorschrift gilt nach § 740a III auch für die **Innen-GbR**. Bei der **fehlerhaften Gesellschaft** begründet die Fehlerhaftigkeit des Gesellschaftsvertrags grds einen wichtigen Grund iSd § 731 (§ 705 Rn 182). Allerdings greift bei einem fehlerhaften Beitritt einzelner Gesellschafter oder fehlerhafter Anteilsübertragungen vorrangig § 725 II ein (*Servatius* Rn 10). Ist die **Geschäftsgrundlage gestört**, ist vorrangig nach einer Vertragsanpassung gem § 313 I zu fragen und nur bei deren Unmöglichkeit oder Unzumutbarkeit nach § 313 III 2 eine Kündigung nach § 725 II bzw § 731 zu erwägen (MüKo/*Schäfer* Rn 7). Zum zeitl Geltungsbereich s § 723 Rn 10. 4

II. Allgemeine Kündigungsvoraussetzungen. Die Kündigung ist eine **einseitige Gestaltungserklärung**, die von jedem Gesellschafter ausgesprochen werden kann und der **Gesellschaft zugehen** muss, wobei nach § 720 V jeder vertretungsberechtigte Gesellschafter zum Empfang der Kündigungserklärung befugt ist (vgl Begr RegE, BT-Drs 19/27635, 180; *Servatius* Rn 31; Schäfer/*Bergmann* § 7 Rn 37; aA BeckOK/*Schöne* Rn 12; MüKo/*Schäfer* Rn 14). Bei der Innen-GbR muss die Kündigungserklärung allen Gesellschaftern zugehen (*Servatius* Rn 31). Das Kündigungsrecht kann nicht von der Mitgliedschaft abgespalten werden (§ 711a S 1; § 711a Rn 4), aber eine Ausübung durch Dritte ist zulässig (§ 711a Rn 5; zum Nießbrauch und Pfandgläubiger § 711a Rn 9ff, 12). Der gesetzl Vertreter eines **minderjährigen** Gesellschafters bedarf für eine Kündigung keiner familiengerichtlichen Genehmigung, weil das Ausscheiden und Eingreifen der gesetzl Kündigungsfolgen weder mit der Veräußerung des Erwerbsgeschäfts noch mit einer Verfügung über den Anteil gleichzusetzen ist (*Eble* RNotZ 2021, 117, 139; aA MüKo/*Schäfer* Rn 12). Handelt es sich bei der Beteiligung um das wesentliche Vermögen eines **Ehegatten** und hatten die Mitgesellschafter davon Kenntnis, greift § 1365 bei der ordentlichen Kündigung ein, nicht aber bei derselben aus wichtigem Grund (MüKo/*Schäfer* Rn 12). Der **Vorerbe** kann ohne Zustimmung des Nacherben kündigen (vgl BGHZ 78, 177, 183; MüKo/*Schäfer* Rn 13). 5

Bis zum Zugang kann die Kündigung noch **zurückgenommen** werden, danach nur mit Zustimmung aller Mitgesellschafter (MüKo/*Schäfer* Rn 21; zur stillen Gesellschaft BGH WM 1983, 170). In Ermangelung gesellschaftsvertragl Regelungen ist die Kündigung **formlos** möglich. Daher genügt auch eine schlüssige Erklärung, die jedoch unabhängig von der Wortwahl („Auflösung“, „Rücktritt“, „Austritt“) eindeutig den Willen zeigen muss, ausscheiden zu wollen. Deshalb kann in einer Klage, die Ausscheidensfolgen realisieren soll, eine schlüssige Kündigung liegen (BGH WM 1979, 1062, 1064), ebenso im Verkauf des zwar nicht ins Gesellschaftsvermögen eingebrachten, aber doch gemeinsam im Gesellschaftsinteresse zu verwaltenden Miteigentumsanteils (BGH NJW 2003, 1729). Eine Kündigungserklärung kann nach § 140 **umgedeutet** werden, was hauptsächlich praktisch wird für eine (wegen unzureichender Gründe) unwirksame fristlose außerordentliche Kündigung, die in eine ordentliche Kündigung umgedeutet werden kann. Dies setzt allerdings voraus, dass die Rechtsfolgen einander entsprechen und den Mitgesellschaftern ein auch auf eine ordentliche Kündigung bezogener Lösungswille des Kündigenden erkennbar ist (BGH NJW 1998, 1551; MüKo/*Schäfer* Rn 20). Unter diesen Umständen ist auch die Aufrechterhaltung einer verspäteten Kündigung zum nächstzulässigen Termin möglich (RG LZ 1908, 699). 6

Die Kündigung ist entgegen verbreiteter Lehre über die Bedingungsfeindlichkeit von Gestaltungsakten unter einer **Bedingung** möglich, wenn für die Erklärungsempfänger keine unzumutbare Unklarheit über das Eintreten der Gestaltungswirkung verursacht wird, sodass etwa eine vom Willen des Erklärungsempfängers abhängige oder eine ein leicht feststellbares nahes Ereignis betreffende Bedingung zulässig ist (Soergel/*Hadding*/*Kießling* § 727 Rn 17; MüKo/*Schäfer* Rn 19). Eine **Änderungskündigung**, mit der der Vertrag gelöst werden soll, wenn über die gewünschte Änderung keine Einigkeit erreicht werden kann, ist nicht als (auflösend) bedingte Kündigung zu verstehen, sondern als unbedingte Kündigung, verbunden mit dem Angebot, die Kündigungswirkung nach Vertragsänderung rückgängig zu machen. Eine Kündigung kann auch erfolgen, bevor der Gesellschaftsvertrag in Vollzug gesetzt worden ist (Celle NZG 2000, 586). Eine Teilkündigung ist unzulässig, es sei denn, die Gesellschafter haben sich gesellschaftsvertragl darauf verständigt und eine Teilung der Mitgliedschaft ist möglich (MüKo/*Schäfer* Rn 18; *Servatius* Rn 34). 7

III. Ordentliche Kündigung. Die ordentliche Kündigung ist nach § 725 I für ein Gesellschaftsverhältnis **auf unbestimmte Zeit** vorgesehen. Das ist dann nicht der Fall und die ordentliche Kündigung ausgeschlossen, wenn entweder die Gesellschaft befristet ist – mit Fristablauf ist sie aufgelöst (§ 729 I Nr 1) – oder die Mitgliedschaft einer Befristung unterliegt, was nach § 723 II zum Ausscheiden des Gesellschafters aus der GbR führt. **Im Zweifel** ist eine **unbefristete** Gesellschaft anzunehmen; das Gegenteil ist von demjenigen nachzuweisen, der sich darauf beruft (*Servatius* Rn 22). Auch bei der auf unbestimmte Zeit geschlossenen Gesellschaft können sich die Gesellschafter auf **abweichende Fristen und Termine** verständigen, wenn auch an konkludenten Vereinbarungen einer Befristung nach dem Gesellschaftszweck hohe Anforderungen zu stellen sind. Umgekehrt ist bei der Abbedingung der Kündigungsfrist für Gelegenheitsgesellschaften großzügig zu verfahren (vgl Begr RegE, BT-Drs 19/27635, 172f; MüKo/*Schäfer* Rn 25). Zudem kann eine ursprüngl befristete Gesellschaft nach Zeitablauf auf unbestimmte Zeit fortgesetzt werden (*Servatius* Rn 22). Gleiches gilt, mit Blick auf den Normzweck des § 725 I, den Gesellschaftern eine reguläre Beendigung des Dauerschuldverhältnisses nach ihren individuellen Bedürfnis- 8 sen nicht ungebührlich zu erschweren, wenn die Gesellschaft für die **Lebenszeit eines Gesellschafters** nach §§ 163, 158 II eingegangen wurde (*Servatius* Rn 23). Die Vereinbarung einer Mindestdauer begründet einen stillschweigenden Ausschluss der ordentlichen Kündigung vor Verstreichen dieser Frist (BeckOK/*Schöne* Rn 7).

9 Die Kündigungsfrist beträgt **drei Monate zum Ende des Kalenderjahres.** Der Gesellschafter muss seine Kündigung folglich so rechtzeitig erklären, dass sie der Gesellschaft, vertreten durch einen geschäftsführenden Gesellschafter nach § 720 V (Rn 5), spätestens am 30.9. **zugeht.** Für die Fristberechnung gelten §§ 187ff. Dabei findet § 193 auf Kündigungserklärungen keine Anwendung, sodass es beim 30.9. auch bleibt, wenn dieser auf einen Samstag, Sonntag oder Feiertag fällt (§ 193 Rn 3). Eine **verspätete Erklärung** gilt im Wege der Auslegung oder Umdeutung regelmäßig für das nächste Jahr (*Servatius* Rn 29). IÜ ist es den Gesellschaftern unbenommen, auf die Einhaltung der Kündigungsfrist zu **verzichten** (MüKo/*Schäfer* Rn 26).

10 **IV. Außerordentliche Kündigung. 1. Abgrenzung zur Auflösungskündigung.** Die außerordentliche Kündigung nach § 725 II, die nach § 723 I Nr 2 zum Ausscheiden des kündigenden Gesellschafters führt, ist von der Auflösungskündigung nach § 731 abzugrenzen, die nach § 729 I Nr 3 zur Liquidation der GbR führt. Maßgebliches **Abgrenzungskriterium** ist die vom Gesellschafter abgegebene **Erklärung** und der mit ihr verfolgte **Zweck,** der sich auf das bloße Ausscheiden oder die Auflösung der gesamten Gesellschaft beziehen kann. Im Zweifel ist davon auszugehen, dass der Gesellschafter lediglich die GbR verlassen will (MüKo/*Schäfer* Rn 4, 17). Das beruht nicht zuletzt auf dem zw § 725 und § 731 bestehenden **Stufenverhältnis** (vgl Begr RegE, BT-Drs 19/27635, 179). Danach bedarf es für die Auflösung eines wichtigen Grundes, der es dem Gesellschafter unzumutbar macht, die Gesellschaft mit ihm, aber auch ohne ihn fortzusetzen. Das ist nur dann anzunehmen, wenn keine **Kündigung nach § 725 als milderes Mittel** in Betracht kommt (MüKo/*Schäfer* Rn 4; *Servatius* Rn 8).

11 **2. Wichtiger Grund.** Ist eine Gesellschaft auf bestimmte Zeit eingegangen oder ist im Gesellschaftsvertrag eine Kündigungsfrist bestimmt, so kann gem § 725 II auch vor dem Ablauf der Frist aus wichtigem Grund und **fristlos** gekündigt werden. Dies entspricht den allg Rechtsgrundsätzen bei Dauerschuldverhältnissen, auch insoweit, als es für die Kündbarkeit aus wichtigem Grund entscheidend auf die Unzumutbarkeit für den Kündigenden ankommt, bis zum nächsten ordentlichen Kündigungstermin am Vertrag festzuhalten, was schwerer wiegen muss als die auf den Fortbestand gerichteten Interessen (BGHZ 4, 108, 113; 31, 295, 304; 84, 379, 383; Staudinger/*Habermeier* § 723 Rn 26; Soergel/*Hadding*/*Kießling* § 723 Rn 34; MüKo/*Schäfer* Rn 30). Eine Kündigung aus wichtigem Grund ist allerdings auch im Fall einer auf unbestimmte Zeit eingegangenen Gesellschaft möglich mit der Folge, dass die Kündigungsfrist nach § 725 I nicht eingehalten werden muss (MüKo/*Schäfer* Rn 28; *Servatius* Rn 51).

12 Inhaltl geboten ist eine **Würdigung sämtlicher objektiven und subjektiven Umstände des Einzelfalls,** besonders der Schwere der Zumutung, auf den Ablauf der Befristung oder auf den nächsten ordentlichen Kündigungstermin zu warten (BGH WM 1975, 329, 331; WM 1976, 1030, 1032; NJW 2000, 3491; WM 2005, 1752f; München WM 1996, 1452), der Intensität des für die weitere Zusammenarbeit nötigen Vertrauensverhältnisses (BGHZ 84, 379, 382), bei Dauergesellschaften im beruflichen Bereich auch der Verdienste des oder der durch die Kündigung Betroffenen um den Aufbau einer Lebensstellung. Stets ist zw dem Bedürfnis des Kündigungswilligen, nicht bis zum ursprüngl vorgesehenen Vertragsende gebunden zu bleiben, und dem Interesse der Mitgesellschafter an einer Fortsetzung **abzuwägen** (BGHZ 169, 270), sodass die Insolvenz des geschäftsführenden Gründungsgesellschafters für einen anderen Teilhaber nur bei Darlegung besonderer Umstände einen wichtigen Kündigungsgrund ergibt (vgl BGH ZIP 2012, 1500). Die im Gesetz erwähnten Fälle der groben Pflichtverletzung oder der Unmöglichkeit der Erfüllung einer wesentlichen Pflicht sind nur Beispiele. Eine Pflichtverletzung liegt insb in der Weigerung des Gesellschafters, seine gesellschaftsvertragl Förder- und Beitragspflichten zu erfüllen (BGH ZIP 2005, 753, 758; NJW 2005, 1784, 1788; 2007, 589, 592). Gleiches gilt für einen schwerwiegenden Treupflichtverstoß (BGH NJW 1952, 461, 462; 2000, 3491, 3492), der aber eher zur Ausschließung nach § 727 führt. Von den Umständen des Einzelfalls, besonders von der Bedeutung und der herausgehobenen Stellung eines Geschäftsführers, hängt es auch ab, ob eine Entziehung der Geschäftsführungs- und Vertretungsbefugnis ggü der Kündigung der Gesellschaft als **milderes Mittel** Vorrang genießt (zu diesem ultima-ratio-Prinzip s *Klein-Wiele*, Verhältnismäßigkeit und ultima ratio handelsrechtl Gestaltungsklagen, 2016). Insg ist bei weniger schwerwiegenden Verletzung und Verstößen vor der Kündigung zunächst eine **Abmahnung** auszusprechen (München BeckRS 2009, 13138; MüKo/*Schäfer* Rn 34; *Servatius* Rn 57).

13 Der **Gesellschaftsvertrag** kann bestimmte Umstände als wichtigen Grund nennen, etwa eine Höchstdauer der Abwesenheit aus der Geschäftsführung; praktisch wird dies allerdings hauptsächlich bei der Ausschließung (§ 727 Rn 11). Ferner kann es vorkommen, dass Vereinbarungen zur Erleichterung der außerordentlichen Kündigung der Gesellschaft getroffen werden, etwa in der Weise, dass dem Kündigungswilligen das Ausscheiden ermöglicht wird; solche Vereinbarungen sind grds wirksam, bedenklich können sie werden durch die Bestimmung nachteiliger Rechtsfolgen für den Ausscheidenden, die sich auch als eine nach Abs VI verbotene Kündigungsbeschränkung auswirken können (Staudinger/*Habermeier* § 723 Rn 43). Zu diesen Grenzen der Vertragsfreiheit Rn 22 sowie § 728 Rn 15ff.

14 Wichtige Gründe können und werden regelmäßig, müssen aber nicht unbedingt **in der Person** eines Gesellschafters oder in **schuldhaftem Verhalten** von Vertragspartnern ihre Ursache haben. Auch unverschuldete Umstände taugen daher als wichtiger Grund, wie zB körperliche oder psychische Krankheit, Alter, Unmöglichkeit der Beitragsleistung, Minderung des Ansehens oder finanzieller Zusammenbruch eines Gesellschafters (MüKo/

Schäfer Rn 35). Das Gesetz stellt freilich (ebenso wie § 134 S 2 HGB) vorsätzliche oder grob fahrlässige Pflichtverletzungen in den Vordergrund, woraus folgt, dass Vorgänge, die nicht vom Verhalten eines Mitgesellschafters abhängen, nur unter besonderen Umständen als wichtiger Grund gewertet werden können. Praktisch werden unverschuldete schwere Pflichtverstöße nicht unbedingt zu einer **Zerstörung des Vertrauensverhältnisses** und nur im Fall fortbestehender Unmöglichkeit der Erfüllung wesentlicher Pflichten, etwa zur Geschäftsführung durch einen in dieser Funktion nicht ersetzbaren Partner, zur Unzumutbarkeit der Fortsetzung der Gesellschaft führen. Die grds Unabhängigkeit des wichtigen Kündigungsgrundes vom Verschulden bedeutet insb, dass schwere und andauernde Zerwürfnisse unter den Gesellschaftern, die die Erreichung des Gesellschaftszwecks gefährden, Kündigungsgrund sein können (BGHZ 4, 108, 112; BGH WM 1963, 282; 1966, 1051; 1975, 329; NJW 2006, 844), wobei es auf die Gründe des Zerwürfnisses insofern ankommt, als sie oft von beiden Seiten verursacht sind (München NZG 2002, 85). Eine **„Verschuldensaufrechnung"** findet zwar nicht statt, auch nicht in der zweigliedrigen Gesellschaft, doch kommt die Hinauskündigung eines Gesellschafters durch den anderen gewöhnlich nur bei überwiegender Verursachung des Zerwürfnisses durch den zu Kündigenden in Betracht (BGH WM 2003, 1084, 1086), und es kann sein, dass ein der Kündigung vorangegangenes Fehlverhalten des Kündigenden (einschl einer unwirksamen fristlosen Kündigung) nicht schwer genug wiegt, um die Kündigung des anderen zu rechtfertigen (zu dieser Gesamtabwägung s BGH NJW 2006, 844). Es kann auch sein, dass unter solchen Umständen eine einseitige Störung durch den Kündigenden seine Kündigung als rechtsmissbräuchlich erscheinen lässt (BGH WM 1966, 1051; ZIP 2002, 570). Zu den wichtigen Gründen zählen arglistige Täuschung der Mitgesellschafter (BGH WM 1981, 452; Hamburg OLG 24, 408) und grobe Missachtung ihrer Interessen und ihres Geltungsanspruchs im gesellschaftlichen Bereich (BGHZ 4, 108, 120f; 46, 392, 396), etwa durch Verschweigen wichtiger Informationen über schädigendes Verhalten Dritter (München NZG 1999, 980), möglicherweise die Nichterfüllung für den Gesellschaftszweck wichtiger Zusagen (BGH DB 1977, 87f), speziell von notwendigen Mitwirkungshandlungen (BGH ZIP 2002, 570; Köln NZG 2001, 1082), durch die allerdings der Gesellschaftszweck gefährdet sein muss (Köln NZG 2000, 834), besonders ggü der Finanzverwaltung. Relevant werden kann auch Verhalten im **außergesellschaftlichen Bereich**, das Einfluss auf das Vertrauensverhältnis der Gesellschafter in der Gesellschaftssphäre hat (BGHZ 46, 392, 394 für Ehebruch, dazu *Lindacher* NJW 1973, 1169; s auch BGH NJW 1973, 92); schwerwiegend auch die Herabwürdigung eines Partners in einem Mandantenrundschreiben mit beigefügter Strafanzeige (München NZG 2002, 85) oder ggü der Hausbank. Zur **„Hinauskündigung"** eines Gesellschafters ohne wichtigen Grund s § 727 Rn 11.

Unter den für eine Kündigung ausreichenden **objektiven Umständen**, die nicht gerade auf eine Unmöglichkeit der Zweckerreichung iSd § 729 II hinauslaufen, ragen schwerwiegende Zweifel an der Möglichkeit der erfolgreichen Verwirklichung des gesetzten Ziels heraus. Das zwingt uU zu der Prognoseentscheidung, ob für die Zukunft noch eine sinnvolle Zusammenarbeit zu erwarten ist (BGH NJW 1998, 166). Verluste oder eine geschäftliche Krise genügen nicht, wenn und solange eine Besserung gut vorstellbar erscheint (s RG JW 1913, 265), wohl aber eine grundlegende nachteilige Änderung der technischen oder rechtl Bedingungen (RGZ 142, 212; zu den Verhältnissen bei geschlossenen Immobilienfonds insoweit Frankfurt NZG 2013, 292), der drohende wirtschaftl Zusammenbruch eines für die Erreichbarkeit des Gesellschaftszwecks unerlässlichen Partners (RG Recht 1913 Nr 2926; s auch BGHZ 84, 379 für die stille Gesellschaft) und die Notwendigkeit, die bisherigen Ziele durch ganz neue zu ersetzen (s BGH WM 1980, 868f). Die Veröffentlichung der Insolvenzgefahr durch einen der Gesellschafter einer Komplementär-GmbH rechtfertigt die Einziehung seines Gesellschaftsanteils (Dresden NZG 1999, 1220: aber nicht ohne weiteres die Kündigung einer atypischen stillen Gesellschaft). In diesem Bereich wird stets zu prüfen sein, ob dem Gesellschafter nicht zugemutet werden kann, den vereinbarten Zeitablauf oder den nächsten ordentlichen Kündigungstermin abzuwarten (RGZ 146, 169, 180; Soergel/*Hadding*/*Kießling* § 723 Rn 36). Das gilt allenfalls in Ausnahmefällen auch für irreführende Angaben im Prospekt, dessen sich die Gesellschaft – nicht ein Werber – für die Veranlassung zum Beitritt bedient hat (KG NZG 2001, 954); in den schwerwiegenden Fällen der Täuschung massenhaft angeworbener Kapitalanleger (Rn 14) ist dagegen eine fristlose Kündigung angebracht. 15

Ungeachtet § 725 VI kann das Recht zur außerordentlichen Kündigung im Einzelfall **verwirkt** sein, wenn der zur Kündigung berechtigte Gesellschafter durch sein Verhalten in Kenntnis des Kündigungsgrundes zu erkennen gegeben hat, dass er die Fortsetzung der Gesellschaft nicht für unzumutbar hält (BGH WM 1959, 134). Dies wird allerdings erst nach Ablauf eines längeren Zeitraums in Betracht kommen, der für denjenigen Gesellschafter, dessen Verhalten Anlass zur Kündigung sein könnte, den Eindruck erweckt, es werde nicht mehr gekündigt werden (BGH NJW 1966, 2160). Auch eine bloße Verzögerung der Geltendmachung des Kündigungsgrundes kann hierfür ausreichen, doch darf der Berechtigte jedenfalls so lange warten, wie es nötig ist, um die Kündigungsgründe und die Kündigungsfolgen sachgemäß abzuwägen (BGH NJW 1966, 2160). 16

Das **Nachschieben** von Kündigungsgründen ist zulässig, sofern es sich um Ereignisse vor der Kündigung handelt, spätere haben nur indizielle Bedeutung (BGH NJW 2000, 3491; Henssler/Strohn/*Kilian* § 723 Rn 17; großzügiger Staudinger/*Habermeier* § 723 Rn 27; anders Köln NZG 2001, 1082). Anders ist aber zu entscheiden, wenn die „nachgeschobenen" Gründe mit den zunächst geltend gemachten in Zusammenhang stehen (BGHZ 27, 220, 225), sodass der Kündigungsgegner mit ihrer Geltendmachung rechnen musste (BGH ZIP 2012, 1503; *Wiedemann* WM Sonderbeil 1992, 7, 23, 52). Aus der Treuepflicht ergibt sich die Verpflichtung zur **Angabe des Kündigungsgrundes**, sofern er nicht für die Mitgesellschafter offenkundig ist (MüKo/*Schäfer* Rn 29). 17

18 Ein Gesellschafter, dessen schuldhaftes Verhalten eine Kündigung aus wichtigem Grund verursacht hat, kann auf **Schadensersatz** haften. Dabei hat er uU auch den durch die vorzeitige Auflösung entstandenen Schaden zu ersetzen (BGH WM 1963, 282f) und muss einen Kündigenden, dessen Beitritt er durch Täuschung herbeigeführt hat, so stellen, als habe er das Anlagegeschäft nicht abgeschlossen (Rn 14). Kein zum Schadensersatz verpflichtender Umstand ist die Kündigung als solche, auch wenn fortsetzungswillige Gesellschafter keinen wichtigen Grund gesetzt haben. Wohl kann einem Schadensersatzverlangen § 254 entgegengehalten werden, wenn das Vertrauensverhältnis der Gesellschafter nicht durch den Beklagten allein, sondern auch durch den oder die auf Schadensersatz klagenden Partner zerstört worden ist (MüKo/*Schäfer* Rn 51).

19 Ob ein wichtiger Grund für die Kündigung vorgelegen hat, ist im Rechtsstreit in vollem Umfang nachprüfbar, in der **Revisionsinstanz** auch daraufhin, ob die Anwendung des Begriffs des wichtigen Grundes von einer zutreffenden Wertung der Umstände ausgeht (s *Nassall* juris PR-BGH-ZivR 8/2006 zu BGH NJW 2006, 844; für den Fall der vertragl vorbehaltenen Zustimmung zu einer Anteilsübertragung, die lediglich aus wichtigem Grund versagt werden kann, ebenso Bremen BB 2007, 1645 m Anm *Weisner*). Somit kann geprüft werden, ob alle zur Beurteilung wichtigen Aspekte herangezogen worden sind, ob das Gewicht der Gründe vor dem Maßstab der Unzumutbarkeit des weiteren Festhaltens am Vertrag ausreicht (BGHZ 46, 392, 396; BGH WM 1966, 1051; DB 1977, 87f; ZIP 2002, 570). Auf der Grenze zw Stellungnahme zur Tat- und Rechtsfrage liegt die gelegentliche Zubilligung eines „tatrichterlichen Beurteilungsspielraums" (BGHZ 46, 392, 396), die die Wertung festgestellter Geschehnisse und Verhaltensweisen betrifft, vor allem die Frage, ob die Tatsacheninstanz alle relevanten Umstände richtig eingeordnet hat.

20 **V. Kündigung des volljährig Gewordenen. Abs IV** beruht auf dem Gedanken, dass der Minderjährige, der durch eigene Handlungen mit Zustimmung seiner gesetzl Vertreter, durch deren eigenes Handeln oder durch die Aktivitäten anderer für die Gesellschaft vertretungsberechtigter Personen (zu dieser durch § 1629a begründeten Gleichstellung *Habersack* FamRZ 1999, 1, 3; *Grunewald* ZIP 1999, 597) persönlich verpflichtet worden ist, nach Erreichen der Volljährigkeit nicht nur das Recht haben soll, seine Haftung auf das bei Eintritt der Volljährigkeit vorhandene Vermögen zu beschränken, wobei eine der Rechtslage bei der Erbenhaftung gleichende Trennung von Alt- und Neuvermögen stattfindet (im Einz dazu *Habersack* FamRZ 1999, 1, 5ff). Darüber hinaus soll er eine Möglichkeit erhalten, eine sein künftiges Vermögen belastende unternehmerische Bindung zu beenden (zu den Zwecken des Gesetzes *Coester* FS W. Lorenz, 2003, 113ff; *Glöckner* ZEV 2001, 47ff). Für die OHG und KG findet sich eine Parallelregelung in § 132 IV HGB. Folgerichtig ist, dass das Kündigungsrecht einem volljährig gewordenen Minderjährigen nicht zusteht, wenn er gem § 112 zum **selbständigen** Betrieb eines **Erwerbsgeschäfts** ermächtigt war. Die Kündigung nach § 725 IV kommt ungeachtet einer erteilten Ermächtigung in Betracht, wenn sich die wirtschaftl Risiken für den Minderjährigen insoweit verändert haben, dass sie von der ursprüngl Ermächtigung nicht mehr gedeckt sind (*Servatius* Rn 73). Allein der **Befriedigung der persönlichen Bedürfnisse** des minderjährigen Gesellschafters dienen Zusammenschlüsse zur Förderung der Ausbildung oder zur gesundheitlichen Unterstützung des Minderjährigen (*Behnke* NJW 1998, 3078, 3080; Staudinger/*Habermeier* § 723 Rn 34; s dazu auch § 1629a II). Bestehen bei solchen Gesellschaften aber dennoch wirtschaftl Risiken, ist die Ausnahmevorschrift teleologisch zu reduzieren und das Kündigungsrecht nach § 725 IV zur Anwendung zu bringen (*Servatius* Rn 74).

21 Die Kündigung muss innerhalb von drei Monaten vom Eintritt der Volljährigkeit an erfolgen. Für die Fristberechnung gelten § 187 I, § 188 II. War dem volljährig Gewordenen die Tatsache seiner Gesellschafterstellung nicht bekannt, beginnt die **Frist** in dem Zeitpunkt zu laufen, in dem die Mitgliedschaft dem Gesellschafter bekannt sein musste (*Habersack* FamRZ 1999, 1, 6). Der wichtige Grund liegt bereits im bloßen Eintreten der Volljährigkeit; für die anderen Gesellschafter kann dieser Umstand in Ausnahmefällen ebenfalls einen wichtigen Grund darstellen (*Grunewald* ZIP 1999, 598), etwa dann, wenn die Finanzierung der Gesellschaft in der Zukunft maßgeblich auf dem Beitrag des volljährig Gewordenen und auf Altverbindlichkeiten des jetzt nur mehr beschränkt haftenden Partners beruht. **Abfindungsbeschränkungen**, die für diesen speziellen Fall in den Gesellschaftsverträgen kaum zu finden sein werden, wenn sie auch nicht ganz pauschal jeden Fall der Kündigung ansprechen dürfen, greifen grds auch hier ein; die Annahme (*Habersack* FamRZ 1999, 1, 7), dass die Grenzen für die Wirksamkeit solcher Regelungen (Rn 25ff) auch im Interesse der freien Entscheidung des volljährig gewordenen Gesellschafters zu beachten sind, trifft zu, wird aber keine große Bedeutung entfalten, wenn der Gesellschafter durch die – freilich nicht notwendig gleichzeitig angestrebte – Beschränkung seiner Haftung gem § 1629a sein bei Eintritt der Volljährigkeit vorhandenes Vermögen ohnehin zur Gläubigerbefriedigung einsetzen muss (*Grunewald* ZIP 1999, 598). Für diesen Fall bestimmte Abfindungsbeschränkungen sind darauf zu überprüfen, ob durch sie gezielt die Gläubiger des ehemals Minderjährigen benachteiligt werden sollen (*Grunewald* ZIP 1999, 599). War die Gesellschaft wegen der Minderjährigkeit des Gesellschafters **fehlerhaft**, so bleibt es bei der Befreiung des Minderjährigen von der Außenhaftung und bei seinem Austrittsrecht, für das es keiner weiteren Gründe bedarf (s § 705 Rn 173 und für den vorliegenden Zusammenhang *Grunewald* ZIP 1999, 600).

22 **VI. Kündigungsschranken. Abs V** bestimmt, dass eine zur **Unzeit** erfolgte Kündigung, der nicht ein wichtiger Grund zur Seite steht, zwar wirksam ist, aber den Kündigenden zum Schadensersatz verpflichtet. Gegen dieses Verbot verstößt eine Kündigung nicht schon dann, wenn die Fortsetzung ohne den Ausgeschiedenen für die verbleibenden Gesellschafter nachteilig ist, sondern erst, wenn unter mehreren zur Verfügung stehenden Kündigungszeitpunkten schuldhaft – wenn auch nicht unbedingt gezielt – einer ausgewählt wurde, durch dessen Wirksamkeit die Interessen der anderen Gesellschafter verletzt werden (BGH GRUR 1959, 384, 388; Karlsruhe NZG

2003, 324; *Hensslerl/Kilian* ZIP 2005, 2229, 2232; MüKo/*Schäfer* Rn 55). Es genügt somit nicht, wenn der Kündigungswillige ohne zusätzl Nachteil auf seiner Seite die Kündigung auch hätte verschieben können. Aber auch eine danach anzunehmende Unzeitigkeit der Kündigung ist für den Kündigenden folgenlos, wenn ihm ein wichtiger Grund zur Seite stand, was eine Abwägung der für eine Kündigung streitenden Interessen und der für einen zeitl Aufschub sprechenden Belange der Mitgesellschafter erfordert (BGH DB 1977, 87, 89; Soergel/*Hadding/Kießling* § 723 Rn 51). Verschiebt sich durch die Wahl des Kündigungszeitpunkts das Verhältnis von Nachteilen für die verbleibenden und Vorteilen für den ausscheidenden Gesellschafter nicht, so greift der Unzeiteinwand nicht (zum Ganzen *Strothmann/Vieregge* FS Oppenhoff, 1985, 462ff). Auch bedeutet die mit Rücksicht auf Abs V erfolgte Verschiebung einer fristlosen Kündigung keinen Verzicht auf die Geltendmachung von wichtigen Kündigungsgründen (Staudinger/*Habermeier* § 723 Rn 37).

Der **Schadensersatzanspruch** gegen den zur Unzeit Kündigenden ist von Verschulden abhängig (Soergel/*Hadding/Kießling* § 723 Rn 52; MüKo/*Schäfer* Rn 57), weil er auf einer individuellen Abwägung beruht, deren Fehleinschätzung dem Kündigenden nicht ohne weiteres zum Vorwurf gereichen kann. Ein Schaden, dessen mögliches Eintreten trotz wirksamer Kündigung bisweilen bezweifelt wird (*van Venrooy* JZ 1981, 53, 58), kann darin liegen, dass gerade der Zeitpunkt der Wirksamkeit der Kündigung für die Mitgesellschafter Nachteile verursacht (*Strothmann/Vieregge* FS Oppenhoff, 1985, 464). 23

Da die außerordentliche Kündigung nach § 725 VI grds zum unabdingbaren Bestand eigennütziger Gesellschafterrechte gehört, ist namentlich ggü dem Einwand des **Missbrauchs des Kündigungsrechts** Zurückhaltung geboten (BGHZ 23, 10, 16; BGH WM 1977, 736, 738; MüKo/*Schäfer* Rn 52, 59ff; zur Verwirkung Rn 16). Dies gilt jedenfalls soweit, als die Unwirksamkeit einer Kündigung dargetan werden soll. Anderes gilt hingegen, wenn wegen unzeitiger Kündigung Schadensersatzansprüche gegen den kündigenden Gesellschafter geltend gemacht werden sollen. Die Unwirksamkeit der Kündigung wegen Rechtsmissbrauchs kommt in Betracht, wenn den Kündigenden wegen der Ausnutzung der bestehenden Kündigungsmöglichkeiten ein Vorwurf trifft. Das ist der Fall, wenn er selbst die Kündigungslage arglistig herbeigeführt hat (BGHZ 30, 195, 202) oder besondere Rücksichtslosigkeit ggü den Interessen eines von der Kündigung betroffenen Mitgesellschafters an den Tag gelegt wird, ohne dass der Kündigung, etwa weil der Kündigungszeitpunkt als solcher weniger wichtig ist, schon mit dem Unzeiteinwand begegnet werden kann (s etwa den Fall OGH NJW 1950, 503f). Missbrauch kann auch darin begründet sein, dass der Kündigende – bei Bestehen einer Auflösungsklausel – aus den Folgen der Auflösung der Gesellschaft für sich besondere Vorteile erstrebt, doch wird man in Kenntnis des Linotype-Urteils (BGHZ 103, 184, 190) ein Recht jedes Gesellschafters, sein Engagement zu beenden, nicht an den Interessen der Mitgesellschafter scheitern lassen können. Kein Missbrauch ist als solche die (massenhafte) Kündigung mehrerer Gesellschafter (*Henssler/Kilian* ZIP 2005, 2229), obwohl sie für die Verbleibenden schwere Folgen haben kann. Davon abgesehen kommt ein Treupflichtverstoß durch die Kündigung in Betracht, namentlich wenn in Schädigungsabsicht gehandelt wird oder rücksichtslos eigene Interessen verfolgt werden (MüKo/*Schäfer* Rn 60). 24

VII. Abweichende Regelungen. 1. Zeitlicher Ablauf. Eine **Befristung** der Gesellschaft oder die Vereinbarung einer unbefristeten Dauer der Gesellschaft, dsgl die Vereinbarung einer besonders langen Kündigungsfrist, kann den Gesellschafter zeitl erheblich binden, wenn ein wichtiger Grund für eine Kündigung ausbleibt. Abs VI bestimmt aber, dass ein Kündigungsrecht aus wichtigem Grund sowie des volljährig gewordenen Gesellschafters nicht ausgeschlossen oder den Vorschriften des Gesetzes zuwider beschränkt werden darf. Die ordentliche Kündigung wird von Abs VI nicht erfasst, sondern entspr Beschränkungen werden am Maßstab des § 138 I gemessen, wobei auch die Wertung der Kündigungsmöglichkeit nach § 725 I zu berücksichtigen ist (MüKo/*Schäfer* Rn 66; auf die Wertung des § 725 VI verweisend Begr RegE, BT-Drs 19/27635, 174). 25

An sich ist ein **Ausschluss** der ordentlichen Kündigung **auf Zeit** zulässig und führt (bei einer Praxisgemeinschaft) auch dann nicht zu einem jederzeitigen Austrittsrecht, wenn der Vertrag bestimmt, dass beim Ausscheiden des Kündigenden für alle Niederlassungsfreiheit eintritt (BGH ZIP 2011, 231; zur Problematik von Festlaufzeiten *Wertenbruch* DB 2009, 1222). Für Berufsausübungsgesellschaften gilt das Prinzip der Kündigungsfreiheit, das allerdings nicht völlig unbeschränkt ist, auch aus **verfassungsrechtlichen** Gründen (BGH AnwBl 1987, 140). Da die Kündigungsregelung des § 725 nicht in allen Teilen als zwingendes Recht angesehen werden kann, ist zweifelhaft, welche Vereinbarungen zulässig sind. Zunächst betrifft Abs III Befristungen oder Kündigungsfristen, die eine so lange Dauer der Bindung begründen, dass der hier eingreifende Ausschluss einer ordentlichen Kündigung praktisch auf eine Unkündbarkeit der Gesellschaft innerhalb des für den Kündigungswilligen überschaubaren zeitl Rahmens hinauslaufen muss, wie zB Kündbarkeit erst nach Ablauf der vorgesehenen Nutzungsdauer des für das Unternehmen vorgesehenen Gebäudes (Düsseldorf NZG 2000, 588f; zum Grundsatz BGHZ 126, 226, 230). So werden **Befristungen**, die deutlich über die Lebenserwartungen der beteiligten Gesellschafter hinausreichen, weithin für unzulässig gehalten (*Gersch* BB 1977, 874; *Heckelmann*, Abfindungsklauseln, 132f; *Wiedemann* GesR S 398f), was insb Absprachen in den Verträgen von **Freiberuflern**, die von einer lebenslangen Bindung ausgingen, als unwirksam erscheinen lässt. Das ist auch deswegen hinnehmbar, weil die zu solchen Vereinbarungen beitragenden Praktiken der Altersversorgung ausscheidender Sozien angesichts der heute möglichen anderweitigen Versorgung eine so lange Bindung der verbleibenden Partner nicht erfordern (*Römermann* NJW 2007, 297 = Anm zu BGH NJW 2007, 295). Bei einer Berufsausübungsgesellschaft wurde eine fünf Jahre übersteigende Bindungswirkung für unzulässig gehalten (Stuttgart NZG 2007, 786; BGH ZIP 2006, 2316 – allerdings auch gegen eine Regelhöchstlaufzeit). Ein besonderes Problem in diesem Zusammenhang bilden Rentenverpflichtungen (LG München I NJW 2014, 478 und dazu *Offermann-Burckardt* NJW 2014, 434). Die zeitl Unüberschaubarkeit 26 der Bindung, die in einem Ausschluss der ordentlichen Kündbarkeit für 30 Jahre liegt, hat die Unwirksamkeit dieser Regelung zur Folge, wobei Beschränkungen der Kündbarkeit für lange Zeit der Vereinbarung einer überlangen zeitl Bindung gleichstehen (vgl BGH NJW 2007, 295). Die Folge ist die Nichtigkeit dieser Vereinbarung, nicht des Gesellschaftsvertrags (*Goette* AnwBl 2007, 637, 641). Dann muss entweder, um den Lösungsbedürfnissen Rechnung zu tragen, eine auf eine überlange Zeit befristete Gesellschaft als auf unbestimmte Zeit eingegangen angesehen werden (Soergel/*Hadding*/*Kießling* § 723 Rn 25), oder die überlange Befristung muss auf ein erträgliches Maß reduziert werden. Eine **Reduktion überlanger Fristen** im Wege ergänzender Vertragsauslegung oder aufgrund der Treupflicht ist möglich (BGH BB 1967, 309; NJW 1994, 2886; *Flume* § 13 II 1; MüKo/*Schäfer* Rn 67; zur geltungserhaltenden Reduktion *Westermann* FS Stimpel, 1985, 69ff). Hinsichtl der **Überlänge** haben in letzter Zeit die Ansichten gewechselt. Während früher Zeiträume von 50 Jahren diskutiert und erst Befristungen oberhalb von 75 Jahren verworfen wurden, wurden später noch 30 Jahre für passend gehalten (BGH WM 1967, 315; *Großfeld*/*Gersch* JZ 1988, 937; s auch *K. Schmidt* GesR § 25 III 6). Aber auch 30 Jahre können zu viel sein, wenn im Einzelfall besondere Umstände vorliegen (vgl BGH NJW 2007, 295; ZIP 2005, 759; 2006, 425; Stuttgart ZIP 2007, 1714). An der Unwirksamkeit der über 30 Jahre hinausreichenden und mit persönlicher Haftung verbundenen Bindung eines Anlegers änderte auch der Umstand nichts, dass der Gesellschafter nach 19 Jahren Beitragsfreiheit beantragen konnte (BGH ZIP 2012, 1599). Eine ordentliche Kündigung können auch solche Vereinbarungen nicht verhindern, die eine **Verlängerung** des zunächst auf bestimmte Zeit geschlossenen Vertrags **auf unbestimmte Zeit** oder auf eine wegen ihrer Länge unzumutbare Dauer anordnen (MüKo/*Schäfer* Rn 71). Davon abgesehen kann die ordentliche Kündigung wegen § 138 I nicht an bestimmte Gründe, die Zustimmung der Mitgesellschafter, einen gemeinsamen Vertreter oder einen Mehrheitsbeschluss geknüpft werden (vgl BGH NJW 1954, 106; 1973, 1602; MüKo/*Schäfer* Rn 72).

27 **2. Zeitablauf.** Wie aus § 729 I Nr 1 hervorgeht, kann eine Gesellschaft auch durch **Ablauf** der **Zeit** enden, für die sie eingegangen ist. Bei einer vertragl Zeitbestimmung ist vor dem Ablauf der vereinbarten Zeit keine ordentliche, sondern nur eine außerordentliche Kündigung möglich (Rn 10ff). Dabei werden an die Präzision der Vereinbarung über die Zeitdauer in der Praxis keine hohen Anforderungen gestellt, insb ist keine kalendermäßige Bestimmung nötig (BGHZ 10, 91, 97; s auch BGH NJW 1994, 2886; 1992, 2696). Es genügt auch, wenn aus dem Gesellschaftszweck eine zeitl Begrenzung der Zusammenarbeit ersichtlich ist (s BGHZ 50, 316, 321; wN bei Staudinger/*Habermeier* Rn 7), wie es bei Gelegenheitsgesellschaften, aber auch bei Dauergesellschaften vorkommen kann, deren Zweckerfüllung vom Fortbestand einer bestimmten tatsächlichen oder rechtl Situation abhängt, wie zB, wenn die Gesellschaft zur Realisierung eines bestimmten Projekts gegründet war (Köln NZG 2001, 1982). Notwendig ist nur, dass die Zeitdauer nach obj Maßstäben ermittelbar ist. Unzulässig ist es aber, die Mitgliedschaft oder die Gesellschaft insg nur für einen bestimmten Teil der Gesellschafter zu befristen, für einen anderen Teil der Gesellschafter nicht (BGHZ 23, 10, 12ff; 50, 316, 320f; MüKo/*Schäfer* Rn 10).

28 **3. Vereinbarungen zur Dauer.** Wenn die Parteien eine **Mindestdauer** vereinbaren, so ist dies lediglich dahin zu verstehen, dass die Gesellschaft mit Ablauf der Zeit iSd Abs I als auf **unbestimmte Zeit** fortbestehend geschlossen gilt, während vorher eine ordentliche Kündigung ausgeschlossen ist (Staudinger/*Habermeier* § 723 Rn 6; MüKo/*Schäfer* § 725 Rn 70). Dasselbe gilt, sofern die Gesellschaft für einen bestimmten Zeitraum fortbestehen soll, wenn sie nicht auf den Ablauf dieser Periode gekündigt wird (RGZ 136, 236, 241). Die Gesellschaft endigt dann mit dem Eintreten des Termins nicht (BGHZ 10, 91, 98). Bei der – seltenen – Vereinbarung einer **Höchstdauer** bedarf es, um die automatische Auflösung mit dem Erreichen des Termins zu verhindern, eines Fortsetzungsbeschlusses; auch kann regelmäßig vor Ablauf der Zeit ordentlich gekündigt werden. **Verlängerungsklauseln** sehen vor, dass sich die befristete Gesellschaft aufgrund eines Gesellschafterbeschlusses um eine weitere Zeit verlängert, und sind nur wirksam, wenn sie eine bestimmte Dauer der Verlängerung enthalten, die nicht überlang erscheint (Rn 26).

29 Eine gesellschaftsrechtl Bindung kann wie jedes Rechtsgeschäft unter eine **auflösende Bedingung** gestellt werden (vgl § 729 IV). Mangels Rückwirkung ist idR von einer Auflösung der Gesellschaft ex nunc und der Notwendigkeit einer Abwicklung auszugehen. Eine auflösend bedingt vereinbarte Gesellschaft ist damit auf unbestimmte Zeit geschlossen (MüKo/*Schäfer* Rn 69). Die Gesellschaft endet auch durch einen **Auflösungsbeschluss** der Gesellschafter, der vertragsändernden Charakter hat (zu den Anforderungen an Mehrheitsentscheidungen s Celle NZG 2000, 586). Er ist als schlüssig gefasst anzusehen, wenn die Gesellschafter beschließen, das Unternehmen der Gesellschaft zu veräußern (BGHZ 26, 130), soweit nicht gleichzeitig ein anderer Zweck festgelegt wird (Soergel/*Hadding*/*Kießling* Vor § 723 Rn 12).

30 **4. Regelung der Kündigungsfolgen.** Eine ordentliche Kündigung kann auch durch Vereinbarungen bzgl der Kündigungsfolgen unzulässig beschränkt werden (BGH NZG 2012, 984). Das betrifft hauptsächlich die besonders in der Praxis der Handelsgesellschaften verbreitete Schlechterstellung des nach Kündigung ausscheidenden Gesellschafters durch **Beschränkungen seines Abfindungsanspruchs** unter dem realen wirtschaftl Wert, auch durch die Möglichkeit der Gesellschaft, die Anteile des durch Kündigung Ausgeschiedenen zu einem Bruchteil ihres Nennwerts zu veräußern. Aus der Unwirksamkeit dieser Regelung folgt eine Vertragslücke, die dazu führt, dass die dem Ausgeschiedenen zustehende Abfindung um die Hälfte des Unterschiedsbetrages zu dem für die Anteile erzielten Preis wird (Frankfurt NZG 2012, 292). Reduzierbar ist eine zu hoch angesetzte **Vertragsstrafe** (RGZ 61, 328; *Strothmann*/*Vieregge* FS Oppenhoff, 1985, 457). Unschädlich ist eine Vertragsstrafe, solange sie sich innerhalb des zulässigen Zeitraums hält, innerhalb dessen eine ordentliche Kündigung in Ansehung des § 138 I ausgeschlossen werden kann (MüKo/*Schäfer* Rn 74).

Auch die **persönliche Haftung** eines ausgeschiedenen Gesellschafters für Rentenansprüche von Altsozien gegen die Gesellschaft kann im Einzelfall gegen § 138 verstoßen (LG Heidelberg NZG 2009, 1181). Nicht selten wird ein vollständiger Abfindungsausschluss in solchen Gesellschaften vereinbart, deren Partner ohne Einlage aufgenommen worden sind oder die keine wirtschaftl Zwecke verfolgen (BGHZ 135, 387 m Anm *Grunewald* JZ 1997, 1064; Frankfurt OLGRp 2009, 374; MüKo/*Schäfer* Rn 77; *Westermann* in Westermann/Wertenbruch Rn I 1166); dies ist besonders verbreitet bei Freiberufler-Sozietäten (*Römermann* NJW 2007, 2209, 2213f; *Bunk*, Vermögenszuordnung, 119ff; *Sigle* ZGR 1999, 674), wobei der Grundsatz, dass ein ohne Einlage eingetretener Gesellschafter bei seinem – freiwilligen oder erzwungenen – Ausscheiden keine Abfindung erhält („naked in – naked out"), nicht mehr voll anerkannt wird (*Römermann* NJW 2007, 297), insb, wenn einem solchen, meist als Berufsanfänger eingetretenen Partner auch noch die Versorgung älterer Gesellschafter auferlegt ist (krit dazu *Goette* VGR 2010, 6 m Hinw auf BGH DStR 2010, 1898). Ähnliches gilt für die mit Rücksicht auf die meist bestehenden Berechnungsschwierigkeiten vereinbarte **Buchwertabfindung**, die so lange nicht als unzulässige Beschränkung des Kündigungsrechts anzusehen ist, wie die effektiven Werte und der Buchwert nicht so weit voneinander abweichen, dass der an sich kündigungswillige Gesellschafter, um dem Ausscheiden gegen Abfindung zu entgehen, eine auf Dauer unerträgliche Bindung hinnehmen muss (BGH NJW 1985, 193; NJW-RR 1991, 589; NJW 1992, 899; NJW 1995, 1022; Naumburg NZG 2001, 658; MüKo/*Schäfer* Rn 77; *Westermann* in Westermann/Wertenbruch Rn I 1162). Dies gilt auch für andere schwerwiegende Abfindungsbeschränkungen (BGHZ 123, 281; 126, 226; BGH NJW 2008, 2987). Unzulässig kann dann auch eine **Festlegung des Ertragswerts** sein, die stark hinter dem Liquidationswert zurückbleibt (BGH NZG 2006, 425). Diese Grenzen gelten jedenfalls für den Fall der Ausschließung ohne wichtigen Grund, nicht bei freiwilligem Ausscheiden (Naumburg NZG 2001, 658). 31

Es handelt sich hier um eine **Inhalts- und Ausübungskontrolle** (zu den Kriterien näher *Bunk* Vermögenszuordnung, 120ff, 123ff), wobei in Einzelfällen auch Gesichtspunkte des Gläubigerschutzes (*Bunk* Vermögenszuordnung,122f) sowie – besonders bei Freiberuflern – der Wettbewerbsfreiheit (*Bunk* Vermögenszuordnung,155ff; *Römermann* NJW 2007, 2213ff) in den Vordergrund rücken können. Das betrifft nicht nur Kündigungsbeschränkungen, sondern auch wirtschaftl gleichwertige **Behinderungen** bei der **Veräußerung von Beteiligungen**, die allerdings angesichts des grds Zustimmungserfordernisses im Ausgangspunkt anders zu beurteilen sind. Immerhin unterliegt eine in einem Schutzgemeinschaftsvertrag von Mitgliedern einer Kapitalgesellschaft getroffene Vereinbarung, nach der ein Mitglied, das seine Beteiligung veräußern möchte, diese zu einem bestimmten Preis den anderen Mitgliedern der Schutzgemeinschaft anbieten muss, bei Abweichungen des Übernahmepreises vom Verkehrswert zZt des Veräußerungswunsches ebenso der Ausübungskontrolle wie eine Beschränkung der Abfindung (BGHZ 126, 226 m Kurzkomm *Wiedemann*, EWiR § 723 BGB 1/94; zust *Westermann* ZGR 1996, 272ff; weitergehend Hamburg DB 1993, 1667). Als unwirksam sind zudem **verfahrensmäßige** Beschränkungen der Kündigung anzusehen, etwa das Erfordernis, dass nur mehrere Gesellschafter zusammen kündigen können (RG LZ 1911, 454) oder überlange Kündigungsfristen zu beachten sind (RGZ 162, 388, 393; Soergel/*Hadding/Kießling* Rn 52). 32

Abs III betrifft auch vertragl Regelungen der **Kündigung aus wichtigem Grund**. Bedenklich und in schwerwiegenden, über eine bloße Konkretisierung der unbestimmten Rechtsbegriffe hinausgehenden Fällen auch unzulässig sind Regelungen, die die Qualifikation von Handlungen und Ereignissen als wichtige Gründe für eine außerordentliche Kündigung ausschließen (RGZ 162, 388, 393; 136, 236, 243; Staudinger/*Habermeier* Rn 43). Danach geht es namentlich nicht an, bestimmte Umstände unabhängig von dem Gewicht, das sie im späteren Streitfall haben können, ein für alle Mal für irrelevant zu erklären. Festlegungen, was nicht als wichtiger Grund gelten soll, sind also nur gültig, solange nicht hierdurch den Gesellschaftern ein **Freibrief** für pflichtwidriges Verhalten ausgestellt wird. Auch zulässige Kündigungserschwerungen schließen nicht aus, dass wichtige, von den Vertragschließenden nicht vorhergesehene Gründe zur Kündigung berechtigen können (MüKo/*Schäfer* Rn 76). Insg sollen derartige Regelungen das Gewicht eines Fragenkomplexes für die Gesellschaft reduzieren, können aber die Bewertung eines Geschehens als wichtigen Grund nicht im Voraus voll determinieren. Kündigungsbeschränkung sind ferner über das Gesetz hinausgehende materielle Wirksamkeitserfordernisse wie die Einhaltung von Fristen oder die Verschiebung des Wirksamkeitszeitpunkts, die mehr bewirken als eine der gesellschaftlichen Treupflicht entspr Möglichkeit für die Kündigungsgegner, sich auf die Kündigung einzurichten. **Tilgungsstreckungen** für das Abfindungsguthaben können für den Ausgeschiedenen hinnehmbar sein, wenn sie durch die Liquiditätserfordernisse der Gesellschaft begründet sind und die Realisierbarkeit des Anspruchs nicht gefährden; eine Verzinsung ist nicht unerlässlich (zur Handelsgesellschaft *Westermann* in Westermann/Wertenbruch Rn I 1169). 33

§ 726 Kündigung der Mitgliedschaft durch einen Privatgläubiger des Gesellschafters

Hat ein Privatgläubiger eines Gesellschafters, nachdem innerhalb der letzten sechs Monate eine Zwangsvollstreckung in das bewegliche Vermögen des Gesellschafters ohne Erfolg versucht wurde, aufgrund eines nicht bloß vorläufig vollstreckbaren Schuldtitels die Pfändung des Anteils des Gesellschafters an der Gesellschaft erwirkt, kann er dessen Mitgliedschaft gegenüber der Gesellschaft unter Einhaltung einer Frist von drei Monaten zum Ablauf des Kalenderjahrs kündigen.

1 **I. Pfändung eines Gesellschaftsanteils.** Die Vorschrift knüpft an den Umstand an, dass ein **Privatgläubiger** eines Gesellschafters (dessen Forderungen sich nicht aus namens der Gesellschaft eingegangenen Verbindlichkeiten ergeben) nach § 722 I nicht ins Gesellschaftsvermögen vollstrecken kann (§ 722 Rn 3). Da wegen der eigenen Rechtspersönlichkeit der Gesellschaft die Gegenstände des Gesellschaftsvermögens dem Gläubigerzugriff nicht ausgesetzt sind, bleibt zu seiner Befriedigung nur der Vermögenswert der Mitgliedschaft, was über die nach § 711a S 2 abtretbaren Vermögensrechte (§ 711a Rn 6) hinausgeht und es erlaubt, die Substanz der Beteiligung dem Gläubigerzugriff zugänglich zu machen. **Gegenstand** der Pfändung, die dem Pfandgläubiger später gem § 726 die Kündigung der Gesellschaft gestatten kann, ist die **Mitgliedschaft**, die die im Gesellschaftsanteil verkörperten Vermögensrechte zusammenfasst (BGHZ 97, 392, 394 im Anschluss an *U. Huber* Vermögensanteil, 143, 164ff; Köln NJW-RR 1994, 1518; s weiter PWW/*v Ditfurth* § 725 Rn 1; MüKo/*Schäfer* Rn 8ff). Damit entspricht die durch Pfändung bewirkte Rechtslage der einer Verpfändung (§ 711a Rn 12), und beide erfassen nicht nur die abtretbaren Forderungen aus dem Gesellschaftsverhältnis (so aber *K. Schmidt* JR 1977, 177ff; dagegen BGHZ 97, 392, 394; MüKo/*Schäfer* Rn 9). Der Pfändungsbeschluss muss nach § 829 II ZPO dem Vollstreckungsschuldner zugestellt werden.

2 Die Pfändung richtet sich nach **§ 857 ZPO** (vgl Begr RegE, BT-Drs 19/27635, 203), nicht unmittelbar nach § 829 ZPO (BGHZ 97, 392, 395; MüKo/*Schäfer* Rn 12; PWW/*v Ditfurth* § 725 Rn 2; Staudinger/*Habermeier* § 725 Rn 9; anders *K. Schmidt* JR 1977, 177, 180; für Anwendung des § 851 ZPO Soergel/*Hadding/Kießling* § 725 Rn 6); eine Vorpfändung nach § 845 ZPO reicht nicht aus (Hamm BeckRS 2009, 9497). Neben dem **Pfändungspfandgläubiger** kann auch ein **vertraglicher Pfandgläubiger** nach Pfandreife die Zwangsvollstreckung nach § 1277 betreiben (MüKo/*Schäfer* Rn 3).

3 **Drittschuldner** ist die Gesellschaft; der Gläubiger muss sich demnach sowohl wegen mitgepfändeter einzelner Vermögensrechte als auch wegen der Kündigung der Gesellschaft an die Gesellschaft wenden, der, vertreten durch die Geschäftsführer, der Pfändungsbeschluss zuzustellen ist (BGHZ 97, 392, 395; *Hintzen* Rpfleger 1992, 262; MüKo/*Smid* § 859 ZPO Rn 7; MüKo/*Schäfer* Rn 12; Soergel/*Hadding/Kießling* § 725 Rn 10). Der Gläubiger, der lediglich die Kündigung der Gesellschaft gem § 726 anstrebt, braucht sich den Anteil nicht **überweisen** zu lassen, da § 726 insoweit spezielle Voraussetzungen aufstellt. Eine Überweisung gem § 835 I, § 857 I ZPO ist aber erforderlich für die Verwertung der sonstigen mit dem Vermögensanteil gepfändeten vermögensrechtl Ansprüche.

4 Die Pfändung des Anteils erfasst die übertragbaren gesellschaftlichen **Vermögensrechte** des Gesellschafters gegen die Gesellschaft, also den Liquidations- oder Abfindungsanspruch (BGH ZIP 1992, 109 in Abweichung von RGZ 95, 231), Aufwendungsersatzansprüche (§ 716 Rn 1ff) sowie Ausgleichsansprüche (§ 721 Rn 23). Davon abgesehen können diese selbständigen Ansprüche bereits nach §§ 829, 851 ZPO gepfändet werden (MüKo/*Schäfer* Rn 6). Die Pfändung des Anteils verschafft dem Gläubiger die Gewinnansprüche aber nicht, wenn der Schuldner, was nach § 711a S 2 möglich ist, hierüber schon vorher verfügt hat (§ 711a Rn 6). Die Pfändung des Gesellschaftsanteils führt zur **Verstrickung** der Vermögensrechte, die aus der Mitgliedschaft folgen (BGH NZG 2016, 1307 Rn 17; BeckRS 2020, 28124 Rn 20). Dem Pfandgläubiger stehen indes keine **Mitverwaltungsrechte** zu (§ 711a Rn 4f). Er kann weder **Rechnungslegung** verlangen (RGZ 90, 19; 52, 35, 37) noch dem weiterhin bestehenden Recht der Gesellschafter, namens der Gesellschaft über einen Vermögensgegenstand zu verfügen, durch ein im Grundbuch eintragungsfähiges Verfügungsverbot begegnen (Stuttgart OLGRp 2000, 151). Demggü kann aufgrund einer Verpfändung ein dahingehender Vermerk im Grundbuch eingetragen werden (Düsseldorf NZG 2004, 415). Der Pfandgläubiger kann aber, wenn die Gesellschaft nur einen einzigen Vermögensgegenstand verwaltet, unmittelbar auf Duldung der Veräußerung des Gegenstandes und Auszahlung des dem Schuldner nach Schuldtilgung noch gebührenden Anteils am Reinerlös klagen (BGH ZIP 1992, 109f).

5 Mit einem Titel gegen einen Gesellschafter, der auf dessen Haftung für Gesellschaftsschulden beruht, kann der Gläubiger die Gesellschaft nicht kündigen und auf diese Weise den in der Beteiligung gebundenen Vermögenswert realisieren. Er hat nur die Möglichkeit, sich aus dem gesamten Gesellschaftsvermögen zu befriedigen, sodass die Reservierung des Wegs über § 726 für **Privatgläubiger** (*Schönle* NJW 1966, 1997; MüKo/*Schäfer* Rn 18; Staudinger/*Habermeier* § 725 Rn 10) gerechtfertigt ist. Der Weg über § 726 steht aber auch einem **Mitgesellschafter** offen, der einen Titel gegen einen Partner hat, den er nicht auch gegen die Gesellschaft durchsetzen kann (MüKo/*Schäfer* Rn 18; zur Treuepflichtbindung des Mitgesellschafters BGH ZIP 2022, 1695 Rn 14). Wenn ein Gesellschaftsgläubiger seine titulierte Forderung an einen Dritten abtritt, der dann seinerseits gem § 726 vorgeht, wird die Erleichterung, die die Anteilspfändung nebst Kündigung uU gewährt, erschlichen, abgesehen davon, dass bei isolierter Abtretung nur des Anspruchs gegen den haftenden Gesellschafter sogar eine doppelte Inanspruchnahme wegen ein und derselben Forderung droht.

6 **II. Kündigung durch Pfändungsgläubiger.** Der Realisierung der in der Mitgliedschaft gebundenen Vermögenssubstanz dient die **Kündigung** der Gesellschaft durch den Privatgläubiger, der den Vermögensanteil **gepfändet** hat (Rn 1ff). Wenn dies auf der Grundlage eines nicht nur vorläufig vollstreckbaren, also eines **rechtskräftigen Schuldtitels** geschehen ist, kann der Gläubiger unter Einhaltung einer **Frist von drei Monaten** zum Ablauf des Kalenderjahres (§ 725 Rn 9) durch **Erklärung gegenüber der Gesellschaft**, vertreten durch einen Geschäftsführer nach § 720 V, kündigen (zur Kündigungserklärung § 725 Rn 5; aA MüKo/*Schäfer* Rn 19: Erklärung ggü Mitgesellschaftern; wie hier aber *Servatius* Rn 19). Ein Vorbehaltsurteil reicht zur Kündigung nicht aus, solange noch das Nachverfahren anhängig ist (LG Lübeck NJW-RR 1986, 836). Ebenso wenig genügt die isolierte Pfändung selbständig übertragbarer Gesellschafterrechte nach § 711a S 2 (MüKo/*Schäfer* Rn 10). Zudem schei-

det eine Kündigung aus, wenn das Pfandrecht durch **Ablösung** nach § 268 auf Mitgesellschafter übergegangen ist (Staudinger/*Selb* § 268 Rn 19; MüKo/*Schäfer* Rn 14).

Analog § 726 können darüber hinaus auch **Testamentsvollstrecker, Nachlassverwalter** und **Nachlassinsolvenzverwalter** die Mitgliedschaft kündigen, um Nachlassverbindlichkeiten und Ausgleichsansprüche befriedigen zu können, und zwar – mit Blick auf ihre erbrechtl Verwaltungs- und Verwertungsbefugnisse – ohne das Erfordernis einer vorherigen Pfändung auf Grundlage eines rechtskräftigen Titels (vgl BGHZ 91, 132, 137; BGH NJW 2017, 3715 Rn 20; MüKo/*Schäfer* Rn 4f; *Servatius* Rn 13). Weitere Voraussetzung ist, dass die Verwertung des Gesellschaftsanteils zur Befriedigung der Nachlassgläubiger auch tatsächlich erforderlich ist (MüKo/*Schäfer* Rn 4f; *Servatius* Rn 13). 7

Darüber hinaus hängt die Geltendmachung des Kündigungsrechts – in Anlehnung an § 135 HGB aF – davon ab, dass innerhalb der letzten sechs Monate wegen einer Geldforderung ein **erfolgloser Vollstreckungsversuch** unternommen wurde, auf das bewegliche Vermögen des Gesellschafters nach §§ 803ff ZPO zuzugreifen. Diese Voraussetzung dient dem Schutz der Gesellschafter vor einer Belastung mit einer Abfindungszahlung, soweit sich der Privatgläubiger durch den Zugriff auf andere Vermögensgegenstände des Gesellschafters befriedigen kann (Begr RegE, BT-Drs 19/27635, 174). Die Voraussetzung ist auch erfüllt, wenn gepfändete Gegenstände infolge eines Widerspruchs wieder freigegeben werden mussten oder sich als unpfändbar erwiesen haben (MüKo/*Schäfer* Rn 16). Der Vollstreckungsversuch muss weder vom Pfandgläubiger noch in Bezug auf dessen Forderung unternommen worden sein (*Servatius* Rn 18). Der **Nachweis** wird durch eine beglaubigte Abschrift des Pfändungsprotokolls oder eine Gerichtsvollzieherbescheinigung geführt (vgl MüKo-HGB/*K. Schmidt/Fleischer* § 135 Rn 19; *Servatius* Rn 18). 8

Der **Fristlauf** beginnt mit dem letzten Vollstreckungsversuch. Innerhalb von sechs Monaten muss der Pfändungsbeschluss dem Gesellschafter zugestellt werden; der Zeitpunkt der Kündigung kann auch danach liegen (MüKo/*Schäfer* Rn 17). Geht der Pfändungsbeschluss dem Vollstreckungsversuch voraus, ist die Frist jedenfalls gewahrt (BGH NJW 1982, 2773; ZIP 2009, 1863 Rn 12). Die Frist beginnt erst zu laufen, wenn sich die Erfolglosigkeit des Vollstreckungsversuchs manifestiert. Für die Fristberechnung gelten iÜ § 187 I, § 188 II, § 193 (MüKo/*Schäfer* Rn 17). 9

Nach Ablauf der Kündigungsfrist **scheidet** der Gesellschafter nach § 723 I Nr 4 aus der Gesellschaft **aus**, soweit nicht ausnahmsweise eine Auflösungsklausel vereinbart worden ist. Das Pfändungspfandrecht erstreckt sich auf das Abfindungsguthaben nach §§ 728, 728a (BGH NZG 2016, 1307 Rn 17). Der Gläubiger kann nach der Kündigung den Anspruch des Schuldners auf Durchführung der Liquidation geltend machen (BGHZ 116, 222, 230; Zöller/*Herget* § 859 ZPO Rn 4; MüKo/*Schäfer* Rn 22; Staudinger/*Habermeier* § 725 Rn 15) und in diesem Rahmen auch Informationen verlangen (München RS 2008, 18097; *H. Roth* ZGR 2001, 190ff; anders noch RGZ 95, 231; zurückhaltend *Servatius* Rn 29). Zudem ist er nach Maßgabe der § 735 II 2, § 736a II Nr 4 im Rahmen der Liquidation zu beteiligen. 10

Erfolgt **nach der Kündigung** durch den Gesellschafter oder einen Mitgesellschafter nach § 268 die **Befriedigung** des Gläubigers, verliert er seine Berechtigung am Gesellschaftsanteil. Hiervon bleiben die übrigen Wirkungen der Kündigung allerdings unberührt (BGH ZIP 2022, 1695 Rn 15; aA *Servatius* Rn 23 nach Kündigungserklärung und vor Ablauf der Kündigungsfrist). Nach Beseitigung seiner Zahlungsunfähigkeit kann dem infolge der Kündigung ausgeschiedenen Gesellschafter aufgrund der Treuepflichtbindung ein Anspruch auf **Wiederaufnahme** in die Gesellschaft zustehen (BGHZ 30, 195, 201f; BGH NJW 1982, 2773), den er einer Klage auf Feststellung seines Ausscheidens nach § 242 entgegensetzen kann (BGH ZIP 2022, 1695 Rn 17). Das gilt namentlich für Fälle, in denen die Mitgesellschafter selbst gegen den Gesellschafter vorgegangen sind oder einen außenstehenden Privatgläubiger hierzu veranlasst haben (BGHZ 30, 195, 202; BGH WM 1964, 1127, 1128). In schuldrechtl Hinsicht ist der wieder aufgenommene Gesellschafter so zu stellen, wie er ohne die Kündigung stehen würde (BGH ZIP 2022, 1695 Rn 16). 11

Die Kündigungsmöglichkeit kann durch Gesellschaftsvertrag **nicht abbedungen** werden. Auch eine Abfindungsbeschränkung, die nur auf den Fall der Anteilspfändung oder der anschließenden Kündigung gemünzt ist, ist nicht wirksam (MüKo/*Schäfer* Rn 7). Enthält der Vertrag eine **Auflösungsklausel** (§ 723 Rn 7), ist der Pfändungsgläubiger an der Entscheidung über die Fortsetzung der von ihm gekündigten Gesellschaft zu beteiligen (BGHZ 51, 84). Die auch für die **Innen-GbR** nach § 740a III zur Verfügung stehende Kündigungsoption führt nach § 740a I Nr 6 regelmäßig zur Beendigung der Innengesellschaft (MüKo/*Schäfer* Rn 2; *Servatius* Rn 5). Zum zeitl Geltungsbereich der Vorschrift s § 723 Rn 16. 12

III. Verbleibende Verfügungsbefugnis. Die Anteilspfändung hindert den **Schuldner**, über die einzelnen Vermögensrechte noch zu **verfügen** (BGH NJW 1968, 2059f), die Beteiligung als solche ist pfandrechtsbelastet (RGZ 73, 376, 378). Da die Mitverwaltungsrechte jedenfalls vor der Kündigung nicht auf den Gläubiger übergehen (Rn 4), kann der Schuldner sie weiterhin ausüben, insb selbst die Gesellschaft kündigen (MüKo/*Smid* § 829 ZPO Rn 56), solange er nicht – etwa durch Modifikationen des Gewinnverteilungsschlüssels – an Manipulationen zum Nachteil des Gläubigers mitwirkt. 13

§ 727 Ausschließung aus wichtigem Grund

Tritt in der Person eines Gesellschafters ein wichtiger Grund ein, kann er durch Beschluss der anderen Gesellschafter aus der Gesellschaft ausgeschlossen werden. Ein wichtiger Grund liegt insbesondere vor, wenn der Gesellschafter eine ihm nach dem Gesellschaftsvertrag obliegende wesentliche Verpflichtung vorsätzlich oder grob fahrlässig verletzt hat oder wenn ihm die Erfüllung einer solchen Verpflichtung unmöglich wird. Dem Beschluss steht nicht entgegen, dass nach der Ausschließung nur ein Gesellschafter verbleibt.

1 **I. Normzweck.** Die Vorschrift bestimmt, unter welchen Voraussetzungen ein Gesellschafter unter Fortbestand der Gesellschaft ausgeschlossen werden kann. Nach seiner Schutzrichtung handelt es sich um ein **Verteidigungsrecht** der übrigen Gesellschafter gegen einen die Funktionsfähigkeit und gemeinsame Zweckverfolgung störenden Gesellschafter (BeckOK/*Schöne* Rn 2). Als Gegenstück zur Austrittskündigung (§ 725 Rn 1ff) führt die Ausschließung nur zum **Ausscheiden** des betr Gesellschafters (§ 723 I Nr 5; § 723 Rn 17), nicht aber zur Auflösung der GbR. Das entspricht dem Primat des Ausscheidens im Vergleich zur Auflösung (§ 723 Rn 1), die bei Vorliegen eines wichtigen Grundes nach § 731 ebenfalls in Betracht kommt. Die Vorschrift kommt nach § 740c II auch bei der (mehrgliedrigen) **Innen-GbR** zur Anwendung, soweit eine Fortsetzungsklausel vereinbart ist.

2 Nach **S 3** kommt eine Ausschließung auch dann in Betracht, wenn danach **nur ein Gesellschafter verbleibt**. Auch in diesem speziellen Fall kann also ein auf Ausschließung eines Gesellschafters gerichteter Gesellschafterbeschluss gefasst werden. Die Rechtsfolgen bestimmt sich nach **§ 712a**: Die Gesellschaft erlischt liquidationslos und das Gesellschaftsvermögen geht im Wege gesetzl Universalsukzession auf den verbleibenden Gesellschafter über. Zum zeitl Geltungsbereich s § 723 Rn 17.

3 **II. Wichtiger Grund.** Die Ausschließung erfordert einen **wichtigen Grund** in der Person eines Gesellschafters. Das Gesetz lässt keine besonderen Verschärfungen in den Anforderungen ggü § 725 II (§ 725 Rn 11ff) erkennen, sodass es wie dort auf die Gesamtwürdigung aller obj Umstände des Einzelfalles und die daraus abzuleitende Feststellung ankommt, dass die weitere Zusammenarbeit mit dem Betreffenden für die anderen Gesellschafter **unzumutbar** ist (BGHZ 4, 110; BGH WM 1975, 329; NZG 2006, 625). Die in **S 2** genannte grobe Pflichtverletzung und unmögliche Pflichterfüllung bilden – wie bei § 725 II (§ 725 Rn 12) – nur **Regelbeispiele.** Soweit Pflichtverletzungen in Rede stehen, kommt es maßgeblich auf deren obj Schwere sowie die Konsequenzen für das Vertrauensverhältnis der Gesellschafter an (BGH WM 1966, 29; MüKo/*Schäfer* Rn 6).

4 Ohne **schuldhaft** gesetzte Tatbestände wird eine Ausschließung selten möglich sein (zur groben Fahrlässigkeit zurückhaltend BGH WM 1966, 29). Nur selten genügen rein obj Umstände wie der Verlust der Anwaltszulassung für die Ausschließung aus einer Sozietät (Soergel/*Hadding*/*Kießling* § 737 Rn 8), während das Verfehlen von Umsatzvorgaben einer Sozietät kaum ausreicht, solange es nicht auf mangelndem Arbeitseinsatz beruht (*Henssler*/*Michel* NZG 2012, 401, 402). Auch der – altersbedingte – Verlust der Kassenzulassung eines Arztes sollte nicht ausreichen. Auf der anderen Seite ist auch Verschulden derjenigen Gesellschafter bei der Abwägung zu berücksichtigen, die die Ausschließung betreiben (BGH NZG 2005, 845; ebenso zu § 723 aF auch BGH WM 1996, 1452f), sodass eine Ausschließung nur bei **klar überwiegendem Fehlverhalten** in Betracht kommt (BGH ZIP 2003, 1037), so auch, wenn ein Gesellschafter die Liquidation betreibt, die anderen aber eine Chance zur Fortsetzung sehen (KG NZG 1999, 1055 m Anm *Notthoff*). Auch der begründete Verdacht einer Übervorteilung der Mitgesellschafter kann genügen (BGHZ 31, 295).

5 Während dem Gesellschafter ein lebhafter Gebrauch von **Gesellschafterrechten**, wie zB dem Auskunftsrecht, zuzugestehen ist, begründet eine rechtsmissbräuchliche Handhabung einen wichtigen Grund (MüKo/*Schäfer* Rn 6). Weitere Beispiele sind **Kompetenzverstöße**, (wiederholte) Verletzung von internen Zustimmungspflichten (BGH NJW-RR 1993, 1123), Anmaßung von Geschäftsführungsbefugnissen (Koblenz ZIP 2014, 2086, 2087), mutwillige und schikanöse **Prozessführung** gegen die Gesellschaft oder Mitgesellschafter (vgl Frankfurt GmbHR 1993, 659, 660), geschäfts- und ansehensschädigendes Verhalten ggü Dritten (LG Heidelberg BeckRS 2019, 34295 Rn 20), **strafrechtlich relevantes Verhalten** gegen die Gesellschaft oder Mitgesellschafter (BGH GmbHR 1987, 302, 303; Düsseldorf GmbHR 1999, 543, 546).

6 Entgegen der früher hM (BGHZ 4, 108, 110; BGH WM 1961, 32f; WM 1965, 1032) sind an die Ausschließung eines Gesellschafters keine generell schärferen Anforderungen zu stellen als an eine Auflösungskündigung nach § 731 (BGH ZIP 2003, 1037, 1038; MüKo/*Schäfer* Rn 8; Servatius Rn 14). Gleichwohl kommt eine Ausschließung nur in Betracht, wenn **keine milderen, gleich geeigneten Mittel** zur Reaktion auf das Verhalten des Gesellschafters zur Verfügung stehen (§ 725 Rn 12), wie zB die Entziehung von Geschäftsführungs- und Vertretungsbefugnissen (vgl BGH ZIP 2011, 806 Rn 30; 2003, 1037, 1038). Umgekehrt kann eine Entziehung der Geschäftsführungsbefugnisse (§ 715) für den in der Gesellschaft verbleibenden Gesellschafter schwerer wiegen als eine Ausschließung, wenn er weiterhin mit privater Haftung rechnen muss. Für den Vergleich zw Auflösungskündigung und Ausschließung kommt es auf die Konditionen der Abfindung (§ 728), ferner auf das Gewicht ideeller Aspekte des gemeinsamen Zwecks an.

7 Im **Liquidationsstadium** kommt eine Ausschließung nur dann in Betracht, wenn die Mitwirkung des betr Gesellschafters auch mit Blick auf die Abwicklung der Gesellschaft den anderen Mitgesellschaftern als unzumutbar erscheint (Bamberg BeckRS 2008, 17847; Grü/*Sprau* § 737 Rn 1; MüKo/*Schäfer* Rn 10). Dabei handelt es sich aufgrund des deutlich limitierten Gesellschaftszweck um eine seltene **Ausnahme.** Anderes gilt allerdings, wenn

die Gesellschafter die Gesellschaft nach der Auflösung ohne den betr Gesellschafter fortsetzen wollen (MüKo/*Schäfer* Rn 11; *Servatius* Rn 16).

III. Ausschließungsbeschluss. Die Gesellschafter entscheiden durch **einstimmigen Beschluss** – nicht etwa in Form einer Ausschließungsklage (München NZG 2022, 604 Rn 33) – über die Ausschließung, an dem der Betroffene nicht mitwirken darf (MüKo/*Schäfer* Rn 13; Staudinger/*Habermeier* § 737 Rn 10), was auch gilt, wenn mehrere ausgeschlossen werden sollen (BGHZ 97, 28, 34). Wenn nach dem Gesellschaftsvertrag der Geschäftsführer eine Ausschließung aus wichtigem Grund verfügen darf, steht dieses Recht der Gesellschafterversammlung erst recht zu (Köln NZG 2000, 834). Wird der Beschluss dem Betroffenen mitgeteilt – nicht notwendig durch sämtliche Gesellschafter –, dann wird er wirksam (BGHZ 31, 295). Namentlich, wenn das Erfordernis der Einstimmigkeit nicht durch Gesellschaftsvertrag **abbedungen** ist – was in den allg Grenzen zulässiger Mehrheitsklauseln (§ 714 Rn 37ff) möglich ist –, kann nach den allg Grundsätzen der mitgliedschaftlichen Treuepflicht eine **Zustimmungspflicht** der Mitgesellschafter zu dem Ausschließungsbeschluss bestehen (§ 705 Rn 124). Bei Vorliegen eines wichtigen Grundes in der Person eines Gesellschafters sind die übrigen Gesellschafter regelmäßig verpflichtet, dem Ausschließungsbeschluss zuzustimmen (vgl Heymann/*Freitag* § 140 HGB Rn 11; Röhricht/v Westphalen/Haas/*Haas* § 140 HGB Rn 17; Oetker/*Kamanabrou* § 140 HGB Rn 33; *Grunewald*, Der Ausschluß aus Gesellschaft und Verein, 1987, S 102f). Die gegen die Ausschließung stimmenden Gesellschafter handeln **treuwidrig**; in der Folge sind ihre Stimmen entweder unberücksichtigt zu lassen oder als erteilt zu werten (vgl BGH WM 1979, 1058; 1986, 1556, 1557; NJW-RR 2008, 1484 Rn 42; ZIP 2016, 1220 Rn 17; *Servatius* Rn 19; für eine klageweise Durchsetzung des Zustimmungsanspruchs BGH NJW 1977, 1013). 8

Nach § 723 III wird die Ausschließung durch **Mitteilung** des betr Beschlusses an den auszuschließenden Gesellschafter und dessen Zugang nach § 130 I wirksam. Das erfolgt bei Anwesenheit des Gesellschafters bei Beschlussfassung unmittelbar in der Gesellschafterversammlung. Andernfalls kann die Mitteilung durch irgendeinen Gesellschafter erfolgen, der nicht Geschäftsführer sein muss (MüKo/*Schäfer* Rn 14). Der Gesellschafter kann die Mitteilung des **Grundes** verlangen (BayObLGZ 9, 179, 185). 9

Gegen den gefassten Beschluss kann der Betroffene mit einer gegen die übrigen Gesellschafter gerichteten, auf Fortbestand seiner Mitgliedschaft gerichteten **Feststellungsklage** vorgehen (BGH BB 1992, 595; NJW-RR 1992, 227; ZIP 1999, 1391, 1392; MüKo/*Schäfer* Rn 12; zu den Parteirollen näher *Westermann* NZG 2012, 1121, 1125, 1127). Bei Publikumspersonengesellschaften führt ein kapitalistischer Zuschnitt dazu, dass die Gesellschaft selbst als richtige Partei anzusehen ist (BGH NJW 2003, 1729 und dazu *Armbrüster* LMK 2003, 106). Das kann auch im Gesellschaftsvertrag so vorgesehen sein (BGH ZIP 2007, 766). Im Rechtsstreit findet nach allg Meinung eine **volle Nachprüfung** der tatsächlichen dem Beschluss zugrundeliegenden Annahmen und der rechtl Wertung des Vorliegens eines wichtigen Grundes statt (BGHZ 13, 5, 10; 31, 295, 299; BeckOGK/*Koch* § 737 Rn 24; Staudinger/*Habermeier* § 737 Rn 13). Demggü kann ein Beschluss nicht mit der Begründung angefochten werden, dem Betroffenen sei das **rechtliche Gehör** verweigert worden (so aber RGZ 169, 330, 338; Frankfurt NZG 2001, 144: für Abmahnung, soweit nicht besondere Eile geboten ist; Grü/*Sprau* § 737 Rn 3; wie hier aber Soergel/*Hadding*/*Kießling* § 737 Rn 13; MüKo/*Schäfer* Rn 15; Servatius Rn 17). Der betr Gesellschafter kann aber einen Schadensersatzanspruch wegen Treuepflichtverletzung haben, wenn er nicht angehört worden ist (MüKo/*Schäfer* Rn 15 aE). 10

IV. Abdingbarkeit. § 727 ist **abdingbar** (MüKo/*Schäfer* Rn 16ff; abweichend BeckOK/Schöne Rn 16ff: weitgehend änderungsfest; diff *Servatius* Rn 26ff). Praktisch stehen Vereinbarungen über den wichtigen Grund (§ 723 Rn 17) und über die im Ausschließungsverfahren geforderten Mehrheiten (Rn 8) im Vordergrund. Zulässig ist weiter eine Ersetzung der Ausschließung durch die **Auflösung** der Gesellschaft (MüKo/*Schäfer* Rn 16). Daneben kommen vertragl Ausschlussklauseln in Betracht, die eine **Ausschließung ohne wichtigen Grund** aus einer gesetzestypischen Gesellschaft (**Hinauskündigung**) erlauben. Sie werfen grds Probleme im Spannungsverhältnis von Privatautonomie und Gesellschafterschutz auf. Zur Auflösung des Spannungsverhältnisses sollte weder der Lehre vom Gesellschafter minderen Rechts (*Flume* BGB AT I/1, § 10 III) noch einer Ausübungskontrolle (*Benecke* ZIP 2005, 1437, 1440ff; *Grunewald* DStR 2004, 1750, 1751f; *Schockenhoff* ZIP 2005, 1009, 1012ff), sondern der Rspr gefolgt werden, die ohne das Vorliegen sachlich gerechtfertigter Gründe von der **Nichtigkeit** solcher Ausschlussklauseln **nach § 138 I** ausgeht (BGHZ 68, 212, 215; 81, 263, 265ff; 104, 50 für Publikums-KG; 105, 213, 216; 107, 351, 353; 112, 103, 107; 125, 74 für atypische stille Gesellschaft; zust *Wiedemann*, Gesellschaftsrecht § 7 III 2a; MüKo/*Schäfer* Rn 19; eingehend *Habersack*/*Verse* ZGR 2005, 451, 456; *Henssler* FS Konzen, 2006, 267; abl *Krämer* NJW 1981, 2553ff; *Kreutz* ZGR 1983, 109; *Koller* DB 1984, 545), ohne dass es noch auf die Konditionen des Ausscheidens und insb der Abfindung ankommt (dazu *Esch* NJW 1979, 1390; *Huber* ZGR 1980, 177, 210f). Mit modernen rechts- und sozialethischen Wertvorstellungen ist es grds nicht in Einklang zu bringen, dass sich ein Gesellschafter bei der Übernahme eines Geschäftsanteils freiwillig in eine minderberechtigte Position drängen lässt. Andernfalls ist er der Willkürherrschaft des bevorrechtigten Gesellschafters schutzlos ausgeliefert. Um Gesellschafter bleiben zu können, wird der Gesellschafter vielfach gezwungen sein, den Wünschen des Berechtigten zu entsprechen und auf das ihm grds zustehende Recht auf konstruktive Opposition zu verzichten (zum Ganzen *Lieder* DZWIR 2006, 63ff). 11

Allerdings sind – mit Blick auf die harsche Rechtsfolge der Nichtigkeit – an die **sachliche Rechtfertigung** keine überzogenen Anforderungen zu stellen. In der **Freiberuflergesellschaft** ist ein Bedürfnis anzuerkennen, über eine längere Zeit die Eignung eines eingetretenen Partners zur Zusammenarbeit zu prüfen und sich, wenn diese verneint wird, auch ohne wichtige Gründe von ihm trennen zu können. Die **Probezeit** darf allerdings nicht zu 12 lange dauern; zehn Jahre sind als erheblich zu lang anzusehen (BGH ZIP 2004, 903 m Anm *Henssler* LMK 2005, 15; *Wertenbruch* WuB II J § 737 BGB 1.05; *Grunewald* DStR 2004, 1750; für drei bis höchstens fünf Jahre *Dahm* MedR 2004, 565; ebenso Frankfurt DStR 2006, 199, für höchstens dreijährige „Probezeit" BGH ZIP 2007, 1309; s auch *Engler* MedR 2010, 477; *Bieder* MDR 2007, 249). Eine weitere Ausnahme ist anzuerkennen für den Fall der **Beendigung eines** neben dem Gesellschaftsvertrag laufenden **sonstigen Vertragsverhältnisses** (eines internationalen Paketdienstes, BGH ZIP 2005, 706), ggü dem sich die Mitgliedschaft als bloßer Annex darstellte. Dieser Gedanke lässt sich in Abhängigkeit von den Umständen des konkreten Einzelfalls auf vergleichbare Gestaltungen mehrerer nebeneinander herlaufender Verträge übertragen (*Gehrlein* BB 2005, 2433ff; *Grunewald* FS Priester, 2007, 123, 126ff).

13 Zu erwähnen sind weiter die **Managerfälle**, etwa die Beteiligung eines Geschäftsführers mit einem 10 % ausmachenden Anteil am Kapital der von ihm geleiteten GmbH. Die Beteiligung war an den Bestand des Anstellungsverhältnisses gebunden und hatte dem Geschäftsführer ein Mehrfaches seines Gehalts eingebracht. Der Mehrheitsgesellschafter legte Wert darauf, diese Art von „Manager-Beteiligung" auch einem Nachfolger des Geschäftsführers anbieten zu können, was sachlich gerechtfertigt erscheint (BGH WM 2005, 2043; Düsseldorf ZIP 2004, 1804; anders noch Frankfurt ZIP 2004, 1801). Gleiches gilt für die Konstellation der **Arbeitnehmerin**, die einen Geschäftsanteil zum Nominalwert und einen weiteren als Geschenk erhalten und sich verpflichtet hatte, bei Ausscheiden aus dem Arbeitsverhältnis die Anteile zurückzuübertragen. Trotz sachlicher Rechtfertigung kommt eine auf den Zeitpunkt der Hinauskündigung bezogene **Ausübungskontrolle** (§ 705 Rn 97) der betr Klausel in Betracht (*Verse* DStR 2007, 1822; *Rittstieg* DB 1985, 2288; *Benecke* ZIP 2005, 1437ff).

14 Als sachlicher Grund kommt weiterhin die enge zeitl Anknüpfung an den **Tod eines Mitgesellschafters** in Betracht, wobei die Ausschließungsmöglichkeit dem Berechtigten auf seine Ankündigung hin eingeräumt worden war, das elterliche Unternehmen zu verlassen (BGHZ 105, 213). Zulässig ist auch die Hinauskündigung eines von mehreren Erben, die aufgrund einer **testamentarischen Anordnung** zugelassen war (BGH ZIP 2007, 862; s aber auch *Marotzke* Kurzkomm EWiR § 138 BGB 2/07; *Verse* DStR 2007, 1822). Demggü genügt die **Unentgeltlichkeit** des Anteilserwerbs für eine sonst grundlose Hinauskündigung nicht (BGHZ 112, 109; *Wälzholz* NZG 2007, 416). Inakzeptabel ist selbst bei einer atypischen stillen Publikumsgesellschaft eine Vertragsregelung, die dem am Gewinn und Verlust nicht nennenswert beteiligten „Geschäftsinhaber" das Recht gab, die Anleger nach freiem Ermessen hinaus zu kündigen (BGHZ 125, 74). Auch eine **wirtschaftlich unbedeutende Kapitalbeteiligung** ist nicht ohne weiteres als sachlicher Ausschlussgrund anzuerkennen (s einerseits Hopt/*Roth* § 140 HGB Rn 31, andererseits EBJS/*Lorz* § 140 HGB Rn 63).

15 Möglich ist aber die vertragl Festlegung von **Umständen als Ausschließungsgrund** oder Grund für automatisches Ausscheiden, sodass es auf die Qualifikation als „wichtig" oder „sachlich gerechtfertigt" nicht ankommt (Naumburg NZG 2000, 541 für „beantragtes Konkursverfahren"; BGH ZIP 2003, 843 für Veräußerung einer in eine GbR eingebundenen Eigentumswohnung). Das setzt eine **eindeutige Bestimmung** dieser Umstände voraus, sodass deren Vorliegen für alle Beteiligten feststellbar ist, wie zB Altersgrenze (§ 723 Rn 18). Bei verweigerter Zustimmung (zur Umwandlung einer KG in eine Kapitalgesellschaft) kann der Gesellschaftsvertrag dagegen kein automatisches Ausscheiden des Opponenten vorsehen (Karlsruhe ZIP 2003, 78; krit *Kowalski*/*Dörrbecker* Kurzkomm EWiR § 207 UmwG 1/03). Der ausgeschlossene Gesellschafter **scheidet** ohne weiteres aus der Gesellschaft **aus** und muss nach § 738 abgefunden werden.

16 Vergleichbare Grundsätze gelten für **Russian-Roulette-Klauseln**, wonach in einer zweigliedrigen Gesellschaft ein Gesellschafter das Ankaufangebot seines Partners entweder annehmen oder selbst seinen Anteil zu den vorgeschlagenen Konditionen verkaufen muss (Nürnberg NZG 2014, 222; dazu *Lieder* WuB II A. § 84 AktG 1.14; *Schmolke* ZIP 2014, 897ff). Die sachliche Rechtfertigung liegt hier in der Auflösung der Pattsituation und der mangelnden Notwendigkeit zur Ermittlung der dem Ausscheidenden zu zahlenden Abfindung. Allerdings kann die Ausnutzung der Klausel im Einzelfall treuwidrig sein, wenn zB der das Ausschlussverfahren initiierende Gesellschafter die wirtschaftl Schwäche des anderen Teils bewusst zum eigenen Vorteil ausnutzt (näher *Lieder* WuB II A § 84 AktG 1.14).

§ 728 Ansprüche des ausgeschiedenen Gesellschafters

(1) Sofern im Gesellschaftsvertrag nichts anderes vereinbart ist, ist die Gesellschaft verpflichtet, den ausgeschiedenen Gesellschafter von der Haftung für die Verbindlichkeiten der Gesellschaft zu befreien und ihm eine dem Wert seines Anteils angemessene Abfindung zu zahlen. Sind Verbindlichkeiten der Gesellschaft noch nicht fällig, kann die Gesellschaft dem Ausgeschiedenen Sicherheit leisten, statt ihn von der Haftung nach § 721 zu befreien.

(2) Der Wert des Gesellschaftsanteils ist, soweit erforderlich, im Wege der Schätzung zu ermitteln.

1 **I. Normzweck und Anwendungsbereich.** Die Vorschrift ist in Nachfolge des § 738 aF die zentrale Bestimmung über die Folgen des **Ausscheidens** eines Gesellschafters aus einer **fortgesetzten Gesellschaft**. Ihm soll durch sein Ausscheiden im Vergleich zur Auflösung der GbR kein Nachteil entstehen. Da der Ausscheidende durch die Abfindung an den geschaffenen Vermögenswerten teilhat, unterliegt er auch einer Zahlungspflicht für einen im Zeitpunkt des Ausscheidens vorhandenen Verlust (§ 728a). Demggü ist die Situation im Verhältnis zu den Gläubigern von Gesellschaftsschulden dadurch gekennzeichnet, dass der Ausgeschiedene grds für Verbind-

lichkeiten, die zu Zeiten seiner Mitgliedschaft begründet wurden, weiterhaftet (§ 728b Rn 3) und dafür einen Schuldbefreiungsanspruch hat (Rn 35). In rechtssystematischer Hinsicht wird der Abfindungsanspruch **von der Auflösung entkoppelt** und betont hierdurch stärker als nach altem Recht das berechtigte Interesse der verbleibenden Gesellschafter, durch den Liquidationsabfluss keinen Nachteil in Bezug auf den Fortbestand der Gesellschaft zu erleiden (*Servatius* Rn 2).

Auf die **Innen-GbR** findet die Vorschrift nach § 740c II Anwendung. Keine – auch keine analoge – Anwendung findet § 728 auf die Miteigentümergemeinschaft nach WEG (BGH NJW 1990, 447). Bei der **Übertragung der Mitgliedschaft** nach § 711 handelt es sich nicht um einen Fall des abfindungspflichtigen Ausscheidens, da Veräußerer und Erwerber die Vergütung für den Veräußerer untereinander regeln (BGH NJW 1981, 1095); § 728 gilt aber für ein mit dem Eintritt eines anderen Gesellschafters kombiniertes Ausscheiden (*Servatius* Rn 10). Für das Ausscheiden aus einer **Personenhandelsgesellschaft** findet sich in § 135 HGB eine Parallelbestimmung, auf die § 9 I PartGG (BeckOK/*Schöne* Rn 1 aE; MüKo/*Schäfer* Rn 7 aE; aA *Servatius* Rn 10: § 1 IV PartGG) für die **PartG** verweist. Für die stille Gesellschaft gilt § 235 HGB. 2

II. Abfindungsanspruch. 1. Grundlagen. Mit dem Ausscheiden erwirbt der ehemalige Gesellschafter einen Abfindungsanspruch **gegen die Gesellschaft**, für den anders als während des Bestehens der Gesellschaft § 721 zur Anwendung gelangt (Begr RegE, BT-Drs 19/27635, 175; *Servatius* Rn 52; vgl weiter BGH NZG 2016, 1025; *Wolffskeel v Reichenberg* NZG 2017, 45, 47; MüKo/*K. Schmidt/Fleischer* § 131 HGB Rn 130; aA Kopp ZIP 2022, 875, 878). Unbeschadet der Haftung der Mitgesellschafter (dazu noch BGH NJW 2011, 2335; ablehnend *Altmeppen* NJW 2013, 1025) soll aber für einen neben dem Abfindungsanspruch bestehenden Ausgleich der Kapitalkonten der Gesellschafter kein Raum sein (BGH NJW 2016, 3597 m Anm *Wolffskeel v Reichenberg* S 3598; s auch *Paulus* EWiR 2016, 619), zumal nicht unternehmenswertbezogene gegenseitige Ansprüche aus dem Gesellschaftsverhältnis in die Berechnung des Guthabens eingehen (BGH ZIP 2011, 1359). Allerdings kann, wenn das Gesellschaftsvermögen **abgewickelt** ist, eine interne Auseinandersetzung unmittelbar unter den ausgeschiedenen und den verbleibenden Gesellschaftern stattfinden (BGH ZIP 2016, 216; diff zu den Rechnungsposten *Hippeli* DZWIR 2016, 512). 3

Für das Ausscheiden aus einer **zweigliedrigen GbR** verweist § 712a II auf die §§ 728ff, sodass sich der Abfindungsanspruch gegen den verbleibenden Gesellschafter richtet. Bei Auseinandersetzung einer **Ehegatteninnengesellschaft** (Vor § 705 Rn 89ff) fallen Auflösung und Vollbeendigung zusammen; die Eheleute stehen sich als Gläubiger und Schuldner des fälligen Auseinandersetzungsanspruchs ggü (BGH NJW 1999, 2962, 2967; Hamm FamRZ 2010, 1737). 4

Die Berechnung der Höhe des Anspruchs richtet sich nach dem **Zeitpunkt** des Ausscheidens, in welchem der Abfindungsanspruch auch dem Grunde nach entsteht (Begr RegE, BT-Drs 19/27635, 175). Umstritten ist die **Fälligkeit**. Der verbreitet erwogene Zeitpunkt der Feststellung der Abfindungsbilanz (RG JW 1917, 539; *Hörstel* NJW 1994, 2268, 2271) kann wegen häufiger Streitigkeiten um einzelne Bilanzpositionen sehr spät liegen, auch weil es im Einzelfall unbestreitbare Forderungen geben kann. Deshalb spricht mehr dafür, auf den Zeitpunkt des Ausscheidens, verschoben um die für die Erstellung der Bilanz nötige Zeit, abzuheben (MüKo/*Schäfer* Rn 17, Staudinger/*Habermeier* § 738 Rn 13; abweichend *Servatius* Rn 49; aA *Kopp* ZIP 2022, 875, 878f: sofort mit Ausscheiden). Dessen ungeachtet können unstreitige Mindestbeträge schon vorher geltend gemacht werden (BGH WM 1981, 487; NJW-RR 1988, 1249; NJW 1999, 3557). Die spätere Fälligkeit des Abfindungsanspruchs hat zur Folge, dass der Ausscheidende, der eigenmächtig Beträge entnimmt, zur sofortigen Rückführung verpflichtet ist und nicht einwenden kann, der Erstattungsanspruch stelle einen unselbständigen Rechnungsposten bei der Ermittlung des Abfindungsguthabens dar (Köln BB 1996, 2163). 5

In **prozessualer** Hinsicht kann der Ausgeschiedene im Rahmen einer Zahlungsklage schon nach Verstreichen der vereinbarten Fälligkeitszeitpunkte die Höhe seines Anspruchs begründen und zugleich den Streit darüber austragen, ob und in welcher Höhe bei der Berechnung des Abfindungsguthabens bestimmte Aktiv- oder Passivposten zu berücksichtigen sind (BGH ZIP 1987, 1314f; WM 2012, 1372). Klarheit über die Anspruchshöhe, die zu einem solchen Vorgehen berechtigt, kann etwa beim Ausscheiden aus einer Sozietät bestehen, wenn die Abfindung nach einem vereinbarten Anteil am Kanzleiwert berechnet wird, der sich häufig aus den Umsätzen früherer Jahre ergibt (*Kilian* WuB II J § 738 BB 1.12). Zu beachten ist, dass der Streit um die Höhe der Abfindung oder um die Wirksamkeit einer vertragl Abfindungsklausel (Rn 15) den Tatbestand des Ausscheidens nicht berührt. Auch bei unwirksamer Abfindungsklausel ist der Gesellschafter, wenn die dafür bestehenden Voraussetzungen vorliegen, aus der Gesellschaft ausgeschieden und muss mit ihr wegen der Höhe der Abfindung streiten (BGH NJW 1973, 651f; WM 1978, 1044; DB 1989, 1668). Unerheblich ist, ob der Ausscheidende noch einer Außenhaftung unterliegt (KG NZG 2009, 1222). Zu den Streitigkeiten um die Bilanz s Rn 14. 6

Eine Pflicht zur **Verzinsung des Abfindungsanspruchs** setzt Fälligkeit (Rn 5) und Mahnung seitens des Gläubigers voraus (MüKo/*Schäfer* Rn 19; anders *Stötter* BB 1977, 1220). Eine dahingehende Vereinbarung kann mit solchen über eine Tilgungsstreckung verbunden sein. In der Verabredung über einen Abfindungsstichtag eine schlüssige Regelung der Verzinsungspflicht zu sehen, setzt weiter voraus, dass der Gesellschafter zw der Zeit seines Ausscheidens und der Fälligkeit seines Abfindungsguthabens an den Erträgnissen der Gesellschaft nicht mehr teilnehmen kann. Soweit der (frühere) Gesellschafter gegen seinen Ausschluss Klage erhoben hat, beginnt die **Verjährung** nach §§ 195, 199 I nicht vor rechtskräftiger Entscheidung über die Wirksamkeit seines Ausschlusses (BGH 7

NZG 2021, 1118). War die Mitgliedschaft mit einem Pfandrecht oder Nießbrauch **belastet**, setzen sich diese analog § 1258 III, § 1273 II am Abfindungsanspruch fort (*Servatius* Rn 12).

8 **2. Höhe und Berechnung.** Der Abfindungsanspruch muss in der Höhe dem Wert der Beteiligung **angemessen** sein und als vollwertiges Äquivalent dem ausscheidungsbedingten Verlust der Mitgliedschaft entsprechen. Dementspr ist der wahre Wert des Anteils zu ermitteln, der sich regelmäßig aus dem Unternehmenswert ergibt (dazu näher *Hüttemann/Meyer* ZIP 2022, 935, 939ff). Angesicht der Vielzahl geeigneter Bewertungsmethoden schreibt das Gesetz selbst **keine Wertermittlungsmethode** vor, sondern erweist sich als methodenoffen (zum Ganzen Begr RegE, BT-Drs 19/27635, 176).

9 Grundlage der Wertermittlung ist im Regelfall eine Abfindungsbilanz, in die diejenigen materiellen Ansätze einfließen, die sich aus der Beteiligung des Ausgeschiedenen am **Vermögen** ergeben. Es können in die Abfindungsbilanz auch Werte eingehen, die in einer Erfolgsbilanz unberücksichtigt bleiben (BGH ZIP 1986, 301f). Auszugehen ist dann von den Werten des fortgesetzten Gesellschaftsvermögens, zu denen gesellschaftsvertragl Ansprüche des Ausgeschiedenen hinzutreten, die wegen der Durchsetzungssperre (§ 735 Rn 13) bisher nicht geltend gemacht werden konnten. Dabei ist der Ansatz zu **Fortführungswerten**, nicht zu Liquidationswerten, rechtl im Hinblick darauf begründet, dass durch die Regelung über die Fortsetzung der Gesellschaft unter den übrigen Partnern der Ausgeschiedene nicht verlangen kann – und umgekehrt auch nicht darauf verwiesen werden kann –, wie bei einer Abwicklung des Vermögens behandelt zu werden (BGHZ 17, 130, 136; 116, 359; BGH NJW 1967, 1464; WM 1971, 1450; *Sudhoff* ZGR 1972, 157f; *Schulze-Osterloh* ZGR 1986, 545, 549f; *Heckelmann*, Abfindungsklauseln in Gesellschaftsverträgen, 1973, 23f; Soergel/*Hadding/Kießling* Rn 30; dagegen *Schönle* DB 1959, 1427f; *Flume* § 12 I).

10 Die **Ermittlung des Fortführungswerts** kann nicht auf den Buchwerten der einzelnen Vermögensgegenstände aufbauen, da hierin Reserven enthalten sein können, an denen der Ausgeschiedene nach dem Grundgedanken der Abfindung teilnimmt; die Reserven sind also aufzulösen (BGHZ 17, 130, 133; 138, 371). Ohnehin geht aber die Bewertung der im Gesellschaftsvermögen enthaltenen **Substanz** in ihrer Bedeutung der Wertermittlung nach der **Ertragswertmethode** nach (BGHZ 116, 359, 370; BGH NJW 1985, 192; 1995, 192f; 1999, 283; Hamburg NZG 2001, 471; *Ulmer* FS Quack, 1991, 477ff; *Schulze-Osterloh* ZGR 1986, 550ff; *Freund* ZIP 2009, 946; Soergel/*Hadding/Kießling* § 738 Rn 32; *Hülsmann* ZIP 2001, 450; Staudinger/*Habermeier* § 738 Rn 18; BeckOGK/*Koch* § 738 Rn 47), wobei **Verkehrswert** derjenige Preis ist, den bei Veräußerung des Unternehmens als Einheit ein Dritter für den Anteil bezahlen würde (BGHZ 17, 130, 136; BGH NJW 1999, 784). Dabei müssen die nachhaltigen Zukunftserträge, die sich auch aus schwebenden Geschäften ergeben können (vgl Begr RegE, BT-Drs 19/27635, 176), geschätzt und dieser Betrag muss unter Anwendung eines (nicht allg feststehenden) Kapitalisierungszinsfußes auf den Bewertungszeitpunkt abgezinst werden (*Schulze-Osterloh* ZGR 1986, 550ff). Hierin sind erkennbare Unsicherheiten enthalten, etwa in Gestalt der Gewährleistungsansprüche bei einer Bau-ARGE (München OLGRp 2000, 479), zT auch in den Abschreibungen, die zu berücksichtigen sind (Düsseldorf NZG 2001, 695), am meisten aber in der Einschätzung der zukünftigen Erträge. Dennoch hat sich die Ertragswertmethode in der Praxis der Wirtschaftsprüfung weithin durchgesetzt und wird auch verfassungsrechtl gebilligt (BVerfG NZG 1999, 931 – Altana; dazu *W. Müller* FS Bezzenberger, 2000, 712). Nachschusszahlungen der Gesellschafter in das Gesellschaftsvermögen sind in der Auseinandersetzungsregelung ggü dem Ausgeschiedenen zu **passivieren** (BGH NZG 2009, 581).

11 Wenn den Gesellschaftern nach der zugrundeliegenden Vereinbarung **Gegenstände des Gesellschaftsvermögens zurückgegeben** werden müssen, ist dies bei der Berechnung des Liquidationsguthabens zu berücksichtigen, ebenso wie die aus dem Gesellschaftsvermögen zu begleichenden Sozialverbindlichkeiten oder, wenn der Ausgeschiedene privat Schulden der Gesellschaft übernimmt (Karlsruhe NZG 2000, 1123). Insg ist also eine auf Substanzwerten beruhende Rechnung durch die Maßgeblichkeit der Ertragswerte für die Abfindung nicht entbehrlich (BGH NZG 2006, 425; Hamburg NZG 2001, 471; Soergel/*Hadding/Kießling* § 738 Rn 34; MüKo/*Schäfer* Rn 22; gegen alleinige Maßgeblichkeit des Ertragswerts auch *Herff* GmbHR 2012, 621, 624). Soweit der Substanzwertmethode gefolgt wird, sind der **Goodwill** des Unternehmens (RGZ 106, 128; BGHZ 17, 130; 138, 371) oder ein Wert der Kundschaft oder des Mandantenstamms zu berücksichtigen (Soergel/*Hadding/Kießling* § 738 Rn 30), wenn dies nicht vertragl ausgeschlossen ist, was bei einer individuell bemessenen zeitl Abschreibung des Goodwill, wie sie bei der Mitnahme von Mandantenbeziehungen durch den ausscheidenden Partner einer Sozietät vereinbart werden kann (Koblenz OLGRp 1999, 206; Schleswig MedR 2004, 215), vorkommen kann. Bei einer freiberuflichen Praxis steht dieser Wert sogar im Vordergrund (für Ausgleichung der Hälfte des Geschäftswerts daher LG Düsseldorf StW 2001, 415; anders Oldenburg NZG 2000, 1157). Die starke Personengebundenheit von Patientenbeziehungen führen dazu, dass der in die Abfindung eingehende Wert des Goodwill nur sehr gering ist (Celle NZG 2002, 882), was auch naheliegt bei Mandaten, die, wie etwa die zwingend beim Ausscheiden verbleibenden Mandate als Insolvenzverwalter, den verbliebenen Gesellschaftern verloren gehen (hierzu und zum Verhältnis von „Mandantenschutz“ und Verteilung von Vergütungserwartungen im Abschichtungsverfahren Rn 28ff; eingehend *Westermann* FS E. Vetter, 2019, 875ff). Der Wert von bestimmten Berechtigungen, wie etwa Ausbauverträgen der Gesellschaft, ist als Aktivposten zu berücksichtigen, falls er mit dem Marktwert angegeben werden kann oder vermögensrechtl der Gesellschaft zugerechnet wird (BGH ZIP 1996, 301, 303). Der Abfindungsanspruch setzt sich ähnl zusammen wie das Liquidationsguthaben eines Gesellschafters bei der Abwicklung (§ 736d Rn 19); er kann also auch zu einer Beteiligung an einem **Verlust führen** (vgl § 728a).

3. Freiberufliche Tätigkeit. Bei der Auseinandersetzung und Abfindung nach Ausscheiden aus einer **freiberuflichen Praxis** haben sich einige typische Handhabungen ergeben (im Einz *Ahrens* FS Geiß, 2001, 219ff; *Hülsmann* NZG 2001, 625; *Westermann* AnwBl 2007, 103, 105ff; *Bunk* Vermögenszuordnung, 79ff, 191ff). ZT betrifft dies die Bewertung des Mandanten- oder Patientenstamms (Rn 28), wenn der Ausscheidende die von ihm Betreuten nicht „mitnehmen" darf. Soll der Ausscheidende die Mandanten aufgrund eines zw ihm und der Gesellschaft vereinbarten **nachvertraglichen Wettbewerbsverbots** nicht weiter betreuen dürfen, müssen bei der Vereinbarung die gegenständlichen, räumlichen und zeitl Grenzen beachtet werden, die sich aus dem Grundgedanken ergeben, dass eine solche Beschränkung nur gerechtfertigt ist, soweit sie nötig ist, um die verbleibenden Partner vor einer illoyalen Verwertung der gemeinsamen Arbeitsergebnisse zu schützen (§ 705 Rn 134; vgl noch BGH NJW 2004, 66f; NJW 2000, 2584; wN bei *Bunk* Vermögenszuordnung, 167ff). Dagegen geht es auch bei einer Ausschließung aus wichtigem Grund nicht an, den Ausgeschlossenen durch das Wettbewerbsverbot noch einer besonderen Sanktion zu unterwerfen (BGH NZG 2005, 843). 12

Wenn kein Wettbewerbsverbot vereinbart ist, ändert dies grds nichts am Bestehen eines Abfindungsanspruchs, die hierin liegenden Vorteile – wie umgekehrt diejenigen aus den verbreiteten **„Mandantenschutzklauseln"** – müssen aber bei der Beteiligung an einem Goodwill berücksichtigt werden. Darf der Ausscheidende dagegen, insb nach „Mandantenbefragung", die für ihn optierenden Mandanten weiter betreuen, so verringert sich bei seiner Abfindung seine Beteiligung am Goodwill (Karlsruhe NZG 2001, 654; BGH NJW 1995, 1551). Ähnliches gilt, wenn der Ausgeschiedene in räumlicher Nähe zur Gemeinschaftspraxis eine neue Praxis eröffnet hat (LG Kiel MedR 2005, 419). Ganz ohne Beteiligung an dem von ihm mitgeschaffenen Praxiswert darf aber der Ausscheidende nicht gelassen werden (LG Düsseldorf StW 2001, 415). Verstärkt gilt dies, wenn der Ausscheidende verpflichtet ist, Mandanten, die sich an ihn wenden, an die frühere Praxis zu verweisen oder Teile des Honorars abzuführen (München NZG 1999, 821; zu derartigen Vereinbarungen näher Rn 28ff). 13

4. Aufstellung der Abfindungsbilanz. Zur Aufstellung der Abfindungsbilanz und zur Berechnung des Abfindungsguthabens, die nur entbehrlich sind, wenn eine einwandfreie Buchwertabfindungsklausel gilt (Rn 16), ist die Gesamtheit der verbliebenen Gesellschafter **verpflichtet** (s auch *Goette* ZGR 2017, 426, 430). Die Verpflichtung besteht (noch) nicht, wenn ein Ausgeschlossener den Ausschluss angreift und eine Abfindung nicht fordert (Köln NZG 2000, 834). An der hierzu führenden Tätigkeit, die den Geschäftsführern obliegt (BGH WM 1979, 1330), hat auch der Ausgeschiedene im Rahmen seiner praktischen Möglichkeiten mitzuwirken (BeckOGK/*Koch* § 738 Rn 36). Über die **Feststellung** der für den Abfindungsanspruch maßgeblichen Abfindungsbilanz entscheiden die Beteiligten durch Beschluss (§ 718 Rn 3). Wenn Einverständnis über die Bilanz herrscht, bildet sie die Grundlage für den Zahlungsanspruch des Ausgeschiedenen. Bei fehlendem Einverständnis über die Bilanz kann die Richtigkeit einzelner Positionen durch **Feststellungsklage** in Zweifel gezogen und zur Nachprüfung gestellt werden (BGHZ 1, 65, 74; BGH WM 1964, 1052; WM 1972, 1399; NJW 2008, 2987; *Stötter* DB 1972, 272), ohne dass sofort eine Leistungsklage erhoben werden muss, die daneben aber zulässig ist (Koblenz NJW-RR 2002, 827). Ist die Bilanz nicht aufgestellt worden, etwa weil die verbleibenden Gesellschafter die Verpflichtung zur Aufstellung oder im Hinblick auf eine vertragl Abfindungsregelung ihre Notwendigkeit bestreiten, so kann der Ausgeschiedene eine Leistungsklage erheben (MüKo/*Schäfer* Rn 27), wobei vielfach eine Stufenklage in Betracht kommen wird (*Stötter* BB 1997, 1475; *Westermann* in Westermann/Wertenbruch Rn I 1154b). Der Antrag auf Erstellung einer Auseinandersetzungsbilanz ist bestimmt genug (Koblenz NJW-RR 2002, 827). Der Anspruch **erlischt**, wenn der Ausgeschiedene das Unternehmen zusammen mit den Altgesellschaftern in neuer Gesellschaft fortführt (BGH NJW 2000, 166). Solange über die Bilanz keine Klarheit herrscht, hat der Ausgeschiedene ein **Recht auf Einsicht** zumindest aus §§ 242, 810 (BGH NJW 2008, 2987; Koblenz NJW 2001, 654; ebenso Karlsruhe NZG 2001, 654 für ärztliche Gemeinschaftspraxis; im Grundsatz auch BGH NJW 2000, 2276 zu den Ansprüchen gegen ebenfalls ausgeschiedene Mitgesellschafter; dazu Anm *Goette* DStR 2000, 1274 und *Veil* WuB II J § 738 1.01). 14

III. Vertragliche Abfindungsvereinbarungen. 1. Problemaufriss und Grundlagen. Den **Grund** für vertragl Abfindungsvereinbarungen bilden die Schwierigkeiten der Berechnung des Abfindungsanspruchs, gleich ob nach der Substanzwert- oder der Ertragswertmethode (Rn 10), ferner das Bestreben, von der Gesellschaft Kapitalabfluss fernzuhalten (eingehend *Heckelmann*, Abfindungsklauseln, 37ff; *Ulmer* FS Quack, 1991, 477ff; *Sigle* ZGR 1999, 659ff; *Mecklenbrauck* BB 2000, 2001). Hinzu kommt beim Ausscheiden aus einer Berufsausübungsgemeinschaft die Notwendigkeit, die Abfindung – und die mit ihr möglicherweise bezweckte Alterssicherung – mit den Regeln über die Fortsetzung der beruflichen Tätigkeit des Ausgeschiedenen und der verbleibenden Partner in Einklang zu bringen. Zudem bestehen in Bezug auf Abfindungsregeln Probleme des Bewertungs- und des **Erbschaftsteuerrechts** (*Wangler* DStR 2009, 1501; *Scherer* BB 2010, 323; *Crezelius* in Westermann/Wertenbruch Rn II 597ff). 15

Als klarer und problemlos zu ermittelnder Wert bietet sich häufig nur der **Buchwert** der Beteiligung an, der insb bei älteren Unternehmen des Personengesellschaftsrechts vom wahren Wert stark verschieden sein kann. Derartige Bewertungen, die angesichts der Anwachsung (§ 712 Rn 3) für die verbleibenden Gesellschafter vorteilhaft sein können, können auf der anderen Seite Gesellschafter (oder Gesellschafter-Erben) wider Willen zum Verbleiben im Gesellschafterkreis veranlassen. Bedenklich werden beschränkende Abfindungsvereinbarungen, wenn sie nicht nur für den Fall vorgesehen sind, dass ein Gesellschafter von sich aus kündigt – dann ist immerhin zw seinen Mobilitätsinteressen und den Erhaltungsinteressen der anderen abzuwägen –, sondern wenn eine derartige Regelung auch gelten soll, wenn ein Gesellschafter ohne wichtigen Grund aus der Gesellschaft „hinausgekün- 16 digt" werden kann (dazu § 727 Rn 11). Somit steht im Mittelpunkt die Frage, ob Abfindungsbeschränkungen für den Fall der Kündigung oder des sonstigen Ausscheidens gültig oder nichtig sind (**Inhaltskontrolle**) oder ob ihre Ergebnisse im Einzelfall auf ihre Übereinstimmung mit Treu und Glauben geprüft werden können (**Ausübungskontrolle**). Zu bedenken ist bei der Wertung auch, dass Vorschriften des **Schenkungsteuerrechts** eine Differenz zw dem Abfindungsbetrag und dem wahren Anteilswert uU als unentgeltliche Zuwendung an die verbleibenden Gesellschafter betrachten (verneinend allerdings *Casper/Altgen* DStR 2008, 2319), was sich praktisch als Grenze einer Anspruchskürzung des Ausscheidenden auswirken kann. Es kommt hinzu, dass zw der Errichtung der betr Vertragsklausel und ihrer Anwendung erhebliche Zeit verstrichen sein kann, sodass uU wirtschaftl Veränderungen zu berücksichtigen sind (näher zu diesem Problemkreis *Foerster* ZGR 2014, 396ff). Auch ist eine zunehmend kritische Einstellung zu Abfindungsbeschränkungen zu beobachten (BGHZ 123, 281; BGH NJW 1989, 2685).

17 Die Inhaltskontrolle stellt gewöhnlich auf den Zeitpunkt des Vertragsschlusses ab. Dabei kann unter dem Gesichtspunkt der Übervorteilung eines Gesellschafters oder der Knebelung eines Partners von **Sittenwidrigkeit** iSd § 138 gesprochen werden (s etwa MüKo/*Schäfer* Rn 42; Staudinger/*Habermeier* § 738 Rn 23). Das gilt auch bei einer mit der Regelung bezweckten gezielten Gläubigerschädigung (BGH NJW 2000, 2819 für GmbH). Dieser Maßstab passt schon nicht mehr, wenn eine ursprüngl diese Gefahren nicht begründende Regelung durch ein bei günstiger Entwicklung weites Auseinanderklaffen des Buchwerts und des effektiven Werts der Beteiligung für den Ausscheidenden eine **unzumutbare Härte** bedeutet (zu Korrekturmöglichkeiten s Rn 22). Von Sittenwidrigkeit kann auch gesprochen werden, wenn eine Vertragsklausel (nur) dem Zweck dient, etwaigen **Gläubigern** eines ausscheidenden Gesellschafters, namentlich im Fall der Gläubigerkündigung nach § 726 und beim insolvenzbedingten Ausscheiden des Gesellschafters, den wahren Wert der Beteiligung vorzuenthalten (BGHZ 65, 22, 28; 144, 365; *Westermann* in Westermann/Wertenbruch Rn I 1158; gegen diese Argumentation unter Hinweis auf die Anfechtungsmöglichkeiten *Heckelmann*, Abfindungsklauseln in Gesellschaftsverträgen, 1975, 116ff; dagegen wieder MüKo/*Schäfer* Rn 46).

18 Mit der Gläubigerbenachteiligung kann sich die Besorgnis verbinden, eine Beschränkung der Abfindung, die ein Gesellschafter bei seinem Ausscheiden zu erwarten hat, könne ihn davon abhalten, eine an sich angestrebte Kündigung zu erklären, und sich somit als **Kündigungsbeschränkung** iSd § 725 VI auswirken (BGH WM 1989, 783, 785; NJW 1985, 192; BGHZ 116, 359, 368; 123, 281, 283; Bremen NZG 2013, 779; Staudinger/*Habermeier* Rn 25; aM *Volmer* DB 1998, 2507). Auch hier kann wie bei der Prüfung von Sittenwidrigkeit an die Stelle einer meist unergiebigen Untersuchung der Verhältnisse bei Vertragsschluss die Überlegung treten, ob eine nachträgl Veränderung der wirtschaftl Verhältnisse die Berufung auf eine vertragl Abfindungsbeschränkung – auch wegen der Gefahr der Kündigungsbeschränkung – als missbräuchlich erscheinen lässt, was dann zu einer ergänzenden Auslegung des durch die Unanwendbarkeit der vertragl Abfindungsbeschränkung lückenhaft gewordenen Vertrags Anlass gibt (BGHZ 123, 281, 284; BGH NJW 1994, 2536, 2540; *Dauner-Lieb* ZHR 158, 271, 280; *Ulmer/Schäfer* ZGR 1995, 134, 139; *Schulze-Osterloh* JZ 1993, 45; *Westermann* ZGR 1996, 272, 279ff).

19 Auf der Grundlage des **MoPeG** ist in diesem Zusammenhang allerdings zu berücksichtigen, dass sich die Schranke einer unzulässigen Kündigungsbeschränkung nach § 725 VI nur noch auf **Kündigungen aus wichtigem Grund** bezieht, nicht länger auch auf ordentliche Kündigungen (§ 725 Rn 25). Das führt allerdings nur dann zu einer vom bisherigen Recht abweichenden Beurteilung, soweit sich die Abfindungsvereinbarung lediglich auf die ordentliche Kündigung bezieht. Bezieht sie sich hingegen zumindest auch auf außerordentliche Kündigungen, ist die Kündigungsbeschränkung des § 725 VI berührt und im Rahmen der Gestaltbarkeit wie bisher zu berücksichtigen (vgl Begr RegE, BT-Drs 19/27635, 176; MüKo/*Schäfer* Rn 48; abweichend offenbar *Servatius* Rn 61: § 138 I). Davon abgesehen haben sich durch die Reform und die Modifikationen des § 728 **keine Änderungen** im Bereich der vertragl Abfindungsvereinbarungen ergeben (vgl Begr RegE, BT-Drs 19/27635, 176; MüKo/*Schäfer* Rn 41; Schäfer/*Schäfer* § 6 Rn 27; zurückhaltend BeckOK/*Schöne* Rn 9). Insb betonen die Materialien, dass Modalitäten und Höhe des Abfindungsanspruchs grds gestaltbar sind und vor allem § 138 I eine Grenze zieht (Begr RegE, BT-Drs 19/27635, 175).

20 **2. Abfindungsausschluss.** Ein **gänzlicher Abfindungsausschluss** bedarf einer besonderen Rechtfertigung, die in der Gleichbehandlung aller Gesellschafter bzw ihrer Erben im **Todesfall** bestehen kann (Soergel/*Hadding/Kießling* § 738 Rn 53; Hamm NZG 2003, 440; zu Pflichtteilsansprüchen als Folge einer Abfindungsbeschränkung *Bratke* ZEV 2000, 16; *Hölscher* ZEV 2010, 609; *Westermann* in Bayer/Koch, Die Vermeidung von Pflichtteilsansprüchen, 69, 74ff; zu den Bewertungsfragen *Iversen* NJW 2010, 183). Hierher gehört auch der Ausschluss einer Abfindung bei bloß **ideellem Gesellschaftszweck** (BGHZ 135, 387 = JZ 1997, 1064 m Anm *Grunewald* = LM Nr 21 zu § 738 BGB m Anm *Wilhelm*); der BGH sah aber andere Lösungsmöglichkeiten als einen vollständigen Abfindungsausschluss (dazu *Goette* DStR 1997, 1378f; *Sigle* ZGR 1999, 659, 678; ähnl Staudinger/*Habermeier* § 738 Rn 26). Zulässig ist ein Abfindungsausschluss zudem beim Mitarbeiter- und Managermodell (BGHZ 164, 98; 164, 107; MüKo/*Schäfer* Rn 37, 56). Demggü ist entgegen einer verbreiteten Auffassung im Schrifttum (MüKo/*Schäfer* Rn 58; *Ulmer* ZIP 2010, 805, 813ff; *Holler* DStR 2019, 931, 940f; *Krämer*, Das Sonderrecht der Familiengesellschaften, 2019, S 345ff) eine Sonderbehandlung von **Familienunternehmen** im Hinblick auf Abfindungsbeschränkungen im Grundsatz abzulehnen (näher MHdB-GesR IX/*Lieder* § 3 Rn 129f; tendenziell auch *Wolf* MittBayNot 2013, 9, 14f). Stattdessen sind im Rahmen der gebotenen Interessenabwägung die individuellen Gesellschafterinteressen mit dem Interesse der GbR an der Vermeidung eines Liquiditätsabflusses zu einem angemessenen Ausgleich zu bringen. In diesem Kontext kann der besondere Verbandszweck der generations-

übergreifenden Familiengesellschaft durchaus in Ansatz gebracht werden. Allerdings erweisen sich die Rechtsverhältnisse innerhalb von Familienunternehmen als zu vielgestaltig und heterogen, als dass sich hier ein verallgemeinerungsfähiges Prinzip formulieren ließe.

Soweit iÜ Abfindungsbeschränkungen auch bei **freiwilliger Kündigung** des Gesellschafters eingreifen, fragt 21
sich, ob die Freiheit des Gesellschafters, von seinem außerordentlichen Kündigungsrecht Gebrauch zu machen, nicht entgegen § 725 VI eingeschränkt ist (dazu § 725 Rn 13). Dies ist bei erheblichem Missverhältnis zw vertragl festgesetztem und wirklichem Wert wegen der Umgehung des mit § 725 VI gewollten Schutzes anzunehmen (BGH NJW 1973, 651f; WM 1979, 1064f; NJW 1985, 192f; BGHZ 123, 281, 293 = BGH NJW 1993, 3193; Naumburg NZG 2000, 698; im Schrifttum *Heckelmann* Abfindungsklauseln in Gesellschaftsverträgen, 1975, 128). Für ausschließlich das ordentliche Kündigungsrecht betreffende Abfindungsvereinbarungen ist an § 138 I Maß zu nehmen (§ 725 Rn 25). Soweit die Wertung des § 725 VI herangezogen werden kann, wirkt sich der Umstand aus (Rn 18f), dass unter dem Aspekt der Ausübungsbeschränkung nicht mehr auf den **Zeitpunkt** des Vertragsschlusses abgestellt werden muss, sondern auf den **der Kündigung**, ebenso wie die Prüfung einer Knebelung oder einer Gläubigergefährdung (BGH NJW 1989, 2685; 1979, 104; zu § 723 III aF ebenso *Sigle* ZGR 1999, 659, 667). Nichtigkeit kann danach nur vorliegen, wenn die mit einer Abfindungsbeschränkung verbundene Behinderung eines ausscheidungswilligen Gesellschafters vollkommen außer Verhältnis zum Interesse der verbleibenden Gesellschafter an der weiteren Verfolgung des Gesellschaftszwecks steht (BGHZ 116, 359), was aber in einzelnen Fällen die Nichtigkeitsschwelle noch zu niedrig ansetzen kann (Bsp bei *Sigle* ZGR 1999, 659, 664ff). Das begründet auch die verbreitete Zurückhaltung bei der Nennung einer prozentualen Mindesthöhe der Abfindung (Rn 24). Maßgeblich für die danach **notwendige Einzelfallbetrachtung** sind die wirtschaftl Lage der Gesellschaft und des Ausscheidenden, die Dauer seiner Beteiligung und der Wert seiner während dieser Zeit erbrachten Leistung, seine Versorgungsbedürfnisse, bis zu einem gewissen Grad der Anlass seines Eintritts (Rn 25), ferner auch die zeitl Dimension zu leistender Auszahlungen (Rn 33). Dass in die Berechnung auch personenbezogene Faktoren eingehen, ist anerkannt (Schleswig MedR 2004, 215). Zu „Shoot-out-Klauseln" § 708 Rn 5.

Bei Gesellschaften, deren vertragl Regelung schon lange zurückliegt, kann eine ursprüngl als angemessen ange- 22
sehene Abfindungsbeschränkung, besonders eine solche zum Buchwert, auch im Fall eines **unfreiwilligen Ausscheidens, unangemessen** erscheinen, wenn die bei Vertragsabschluss angenommenen und die beim Ausscheiden bestehenden Werte **weit auseinanderklaffen.** Nach der Rspr (BGH ZIP 1993, 2101 m Kurzkomm *Westermann* EWiR § 738 BGB 1/93; BGHZ 123, 281, 285; BGH NJW 1994, 2536; zust *Schulze-Osterloh* JZ 1993, 45f; *Dauner-Lieb* ZHR 158, 271, 283ff; Vorbehalte bei *Sigle* ZGR 1999, 659, 670f) kann im Zuge **ergänzender Vertragsauslegung** die entstandene Vertragslücke durch eine alle Umstände des Einzelfalls berücksichtigende Interessenabwägung geschlossen werden, wobei es auf den Zeitpunkt des tatsächlichen Wirksamwerdens der Regelung ankommt (idS München BB 2004, 2207 mit dem weiteren Hinweis, dass eine ergänzende Vertragsauslegung nicht daran scheitert, dass die ursprüngl Abfindungsregelung einmal vertragl geändert wurde, anders insoweit *Sigle* ZGR 1999, 659, 670f). Wenn sich der Buchwert eines vererbten Anteils und der Ertragswert im Zeitpunkt des Todes des Gesellschafters stark auseinanderentwickelt haben, muss ein Kind des Erblassers die Abfindung nach Maßgabe des hälftigen Buchwerts nicht gegen sich gelten lassen, sondern kann Anpassung verlangen (Bremen ZIP 2013, 779; zu Gesellschaften mit ausschließlich landwirtschaftl genutztem Immobilienvermögen *Skusa/Thürauf* NJW 2015, 3478ff).

Diesen Gesichtspunkt haben auch die Materialien zum **MoPeG** (BegR RegE, BT-Drs 19/27635, 176) aufgenom- 23
men: Unter Berücksichtigung sämtlicher Umstände des konkreten Einzelfalls sind die Interessen der GbR und des Ausscheidenden gegeneinander abzuwägen und der Inhalt an die neuen Verhältnisse angemessen anzupassen. Soweit mangels Vertragslücke eine ergänzende Vertragsauslegung nicht in Betracht kommt, erfolgt eine **Kontrolle** nach § 242 **wegen unzulässiger Rechtsausübung** (Begr RegE, BT-Drs 19/27635, 176 unter Hinweis auf *Fleischer/Bong* WM 2017, 1957, 1965). Als Faustformel kann die Hälfte des obj Anteilswerts als angemessen betrachtet werden (vgl BGHZ 123, 281, 284ff; BGH NJW 1993, 2101, 2103; NZG 2011, 1420, 1421; Frankfurt ZIP 2013, 975, 976).

3. Spezielle Klauseln und Richtwerte. Richtwerte zum Verhältnis von vertragl und wirklichem Wert, etwa 24
die 50 %-Grenze (*Erman* FS H. Westermann, 1974, 75, 78f; *Heym* FS Schiedermair, 1976, 271f; *Kellermann* StBJb 1986/87, 409, 411; *Mecklenbrauck* BB 2000, 2001, 2006), sind kritisch zu betrachten (vgl BGH NJW 1989, 2685) und werden im Einzelfall die relevanten Gesamtumstände nicht immer erfassen, sodass sie auch keine Rechtssicherheit vermitteln. Das gilt auch für die Zumutung, auf ein Drittel des wirklichen Anteilswerts zu verzichten (so schon *Ulmer/Schäfer* ZGR 1995, 153, die für den Regelfall eine Beschränkung der Abfindung um mehr als ein Drittel als nicht mehr hinnehmbar hinstellen, während Hamm NZG 2003, 440 eine Beschränkung der Abfindung auf ein Drittel des Zeitwerts schon für sittenwidrig erachtet). Die Grenze ist aber nicht überschritten, wenn der Buchwert 83 % des effektiven Werts ausmacht (Naumburg NZG 2000, 698). Wenn die Abfindung nach dem Ertragswert nur 45 % des Liquidationswerts oder (bei Vergleich zw Buch- und Verkehrswert) nur 45 % ausmacht, ist die Regelung unwirksam (BGHZ 123, 281; BGH NZG 2006, 425).

Bei der insg unumgänglichen **Einzelfallbetrachtung** sind auch Gesichtspunkte wie die Dauer der Mitgliedschaft 25
des Ausgeschiedenen, sein Anteil am Aufbau des Unternehmens sowie Grund und Anlass seines Ausscheidens zu berücksichtigen (BGH NJW 1993, 2101), ferner, ob er für die Beteiligung überhaupt eigene Aufwendungen an Arbeit oder Kapital gehabt hat. Besonderheiten für kapitalistisch strukturierte Personengesellschaften sind

nicht anzuerkennen (BGH NJW 1985, 192f). Bei insolvenzbedingtem Ausscheiden kommt eine Berücksichtigung dieser Situation hingegen in Betracht (BGH ZIP 1991, 1220).

26 Demggü können **Gesellschafter ohne Kapitalanteil**, etwa ein angestellter Geschäftsführer-Gesellschafter oder Abkömmlinge eines Gesellschafters, die durch Schenkung oder Erbfolge unentgeltlich in die Gesellschaft eingetreten sind, nicht als „Gesellschafter minderen Rechts" stärkeren Abfindungsbeschränkungen unterworfen werden (so aber *Flume* NJW 1979, 902; *Heckelmann* Abfindungsklauseln in Gesellschaftsverträgen, 1975, 113f; *U. Huber* ZGR 1980, 177, 193; wie hier aber MüKo/*Schäfer* Rn 56f). Die schenkweise Aufnahme des Abzufindenden in die Gesellschaft vermag eine Abfindungsbeschränkung nicht zu rechtfertigen (BGH NJW 1989, 2685 m Kurzkomm *Priester* EWiR § 738 BGB 1/89; i Erg ebenso *Ulmer* NJW 1979, 81, 84; *Huber* ZGR 1980, 177, 205), was schon deswegen zutrifft, weil hiermit häufig erhebliche Benachteiligungen verbunden sind. Damit wird die Aufnahme von Mitarbeitern unter unentgeltlicher Zuwendung eines Kapitalanteils erschwert (*May/Jeschke/Kirchdörfer* BB 1989, 1829, 1835), sodass die Praxis bei derartigen Aufnahmeverträgen einen Ausweg über einen geringen Kapitalanteil und möglicherweise ein hohes Stimmrecht und spätere Erwerbsmöglichkeiten suchen muss (*Priester* EWiR § 738 BGB 1/89). Unbedenklich ist es aber, dem Ausscheidenden vertragl eine Beteiligung am Geschäftswert vorzuenthalten (BGH ZIP 1990, 1200).

27 Eine **Buchwertklausel** ist nicht generell als sittenwidrig oder als unzulässige Kündigungsbeschränkung zu qualifizieren, weil sie, solange Buchwert und wirklicher Wert einander (noch) in etwa entsprechen, ein anerkennenswertes Bedürfnis nach vorhersehbarer, von den Problemen der Unternehmensbewertung (Rn 8) entlasteter Berechenbarkeit des Anspruchs befriedigt (eingehend *Sigle* ZGR 1999, 671ff; s auch Naumburg NZG 2001, 658). Das gilt auch noch bei Abschlägen vom Buchwert. Ein steuerlich bedingter Verlustvortrag muss nicht aufgelöst werden (BGH WM 1978, 1152). Für Privatgläubiger des Ausgeschiedenen ist eine nicht nur mit Blick auf sie vereinbarte Buchwertklausel nicht angreifbar (Hamburg GmbHR 1983, 126; Frankfurt NJW 1978, 328; MüKo/*Schäfer* Rn 63; zur Tilgungsstreckung s Rn 33). Ein Ausschluss des kündigenden Gesellschafters vom **immateriellen Wert** des Gesellschaftsvermögens wird idR wegen der schwierigen Berechenbarkeit hinzunehmen sein (s BGH ZIP 1990, 1200 für Anwaltssozietät), kann jedoch bei Gesellschaften, die kein erhebliches Vermögen ansammeln und Gewinne voll ausschütten, im Einzelfall eine Kündigungsbeschränkung und daher bedenklich sein, soweit nicht dem Ausscheidenden doch ein Wert zugewendet wird (Rn 27). Eine Vereinbarung über die Nichtansetzung der immateriellen Werte in der Abfindungsbilanz ist restriktiv zu interpretieren (BGH ZIP 1986, 301 m Anm *Crezelius* WuB II G § 740 BGB 1.86). Wirksam sind in aller Regel Vereinbarungen über die **Bewertungsmethode** (BGH NJW 1985, 192f). Wegen der hohen Belastung für die verbleibenden Gesellschafter können **Rentenversprechen** zugunsten eines Ausgeschiedenen angreifbar sein, die – zum Nachteil der verbleibenden Gesellschafter – die fiktive Abfindung übersteigen (München NZG 1999, 812f), sollten dann aber unter dem Aspekt der nachwirkenden Treupflicht uU modifiziert werden. Bei einer **Bau-ARGE** bestehen keine Einwände gegen eine pauschalierte Berücksichtigung der Gewährleistungsansprüche (München OLGRp 2000, 269). Zulässig ist auch, dass ein Gesellschafter im Rahmen der Abfindung wie ein Subunternehmer für seine Werkleistung vergütet wird (Schleswig NZG 2001, 796).

28 **4. Besonderheiten bei Freiberufler-Sozietäten.** Besonderheiten bei der Regelung der Rechtsfolgen des Ausscheidens aus **Freiberufler-Sozietäten** folgen schon daraus, dass zum Gesellschaftsvermögen als Wert hauptsächlich die wirtschaftl Chancen der Mandantenbeziehungen gehören, was die Rspr zu der Grundeinstellung gebracht hat, eine **Teilung** der Sachwerte und die unbeschränkte Möglichkeit aller bisherigen Partner, in einen Wettbewerb um die Mandanten der Sozietät einzutreten, als angemessene Art der Auseinandersetzung zu betrachten (BGH ZIP 1990, 1200; DStR 2000, 1273 m Anm *Goette* BGH DStR 2010, 1897; zum Ganzen eingehend *Goette* ZGR 2017, 426, 432). Um zu einer solchen abgewogenen Lösung zu gelangen, sind allerdings verbreitete Einzelfragen sowohl zur Abschichtung als auch zum **Wettbewerbsverhalten der bisherigen Partner** aufgetreten. Da durchweg die Sozietät Vertragspartnerin der Mandanten ist und nur in seltenen Fällen ein einzelner Sozius (zu den Einzelheiten *Bunk* Vermögenszuordnung, 30ff), würde sich aus § 728 für einen einzelnen aus der Sozietät ausscheidenden Partner ein Ausgleich in Geld für die ihm entgehenden Erwerbschancen ergeben, obwohl Mandantenbeziehungen nicht immer stabil sind (*Ahrens* FS Geiß, 2000, 219, 223). Der Wert kann nicht gut nach der für sonstige Gesellschaftsbeteiligungen entwickelten Formel einer Maßgeblichkeit eines sonst möglichen Kaufpreises (Rn 10) berechnet werden, weil für Beteiligungen an einer Praxis ein genügend großer Markt für Käufer und Verkäufer nicht besteht (*Westermann* AnwBl 2007, 103, 106). Man kann aber, da es gewöhnlich eine Beteiligungsquote gibt, eine Abfindung unter Zugrundelegung der Umsätze und Erträge der letzten Jahre berechnen (LG Düsseldorf StW 2001, 415; *Hülsmann* ZIP 2001, 625, 627), wobei auch der Goodwill berücksichtigt wird. Das kann praktisch bedeuten, dass das Ansehen und die Erfolgsaussichten des ausscheidenden Partners neben denjenigen der Verbleibenden gewissermaßen als Teil des Substanzwerts behandelt werden (MüKo/*Schäfer* Rn 67), was weiter dazu führt, im Rahmen der Mischung von Substanz- und Ertragswertmethode den Ertragswert wie ein Substanzstück zu betrachten. Diese Schritte des Bewertungsverfahrens sind aber durch eine Bewertung der für beide Seiten wichtigen Absprachen über die „Mitnahme" von Mandaten (und Mandanten) im Rahmen von Mandantenschutzklauseln zu ergänzen (dazu Rn 29). Sodann sind in diesem Zusammenhang Empfehlungen berufsständischer Organisationen wie der BRAK (BRAK-Mitt 2009, 268; dazu *Streck* in Henssler/Streck, Hdb Sozietätsrecht, Kap B Rn 1026; *Henssler/Michel* NZG 2012, 401, 404f) bedeutsam, obwohl derartige Regelwerke in erster Linie die ebenfalls schwierigen Probleme der Bewertung beim Praxisverkauf (dazu *Römermann* NJW 2012, 1694ff) betreffen. Schließlich ist nicht selten vereinbart, dass ein Partner, der

bei seinem Eintreten keine Einlage geleistet hat, bei seinem Ausscheiden ohne jegliche Abfindung bleibt, was aber der Inhaltskontrolle nach der Rspr nicht ohne weiteres standhält (Rn 20), sodass zumindest nach einigen Jahren partnerschaftlicher Zusammenarbeit eine Abfindung in Geld unvermeidbar ist (s näher *Römermann* NJW 2007, 2209, 2213; *Goette* AnwBl 2007, 637, 641; *Bunk* Vermögenszuordnung, 148ff). Bei einer Anwaltssozietät kann ein Gewinnanteil des Ausgeschiedenen für das letzte Quartal vor seinem Ausscheiden wegen der Durchsetzungssperre nicht mehr neben dem Abfindungsanspruch geltend gemacht werden (Frankfurt ZIP 2018, 967).

Wenn der Ausscheidende in die Lage versetzt werden soll, an dem von ihm selbst mit erarbeiteten Goodwill zu partizipieren, kann ihm die **„Mitnahme"** von Mandanten gestattet, ein vorgesehenes Wettbewerbsverbot demgemäß eingeschränkt werden. Dabei kann das Ergebnis der in § 32 I 1 BORA vorgeschriebenen **Mandantenbefragung** Aufschlüsse geben, bindet allerdings die Beteiligten nicht (*Michalski/Römermann* ZIP 1994, 433, 436; *Westermann* AnwBl 2007, 103, 107), zumal es einerseits erhebliche Abweichungen zw der Mandatsverteilung und den hierdurch vermittelten Erwerbschancen für die Zukunft und andererseits der Beteiligung des Ausgeschiedenen an dem den verbleibenden Partnern zufallenden Wert geben kann (so auch BGH ZIP 1995, 1085; NJW 1994, 796 m Kurzkomm *Ziegenhain* EWiR § 730 BGB 1/94; eingehend *Bunk* Vermögenszuordnung, 249ff). Im Hinblick auf die häufiger vereinbarten **Mandantenschutzklauseln**, die wie Wettbewerbsverbote nur zeitl begrenzt gelten können, ist zu unterscheiden, ob es dem Ausgeschiedenen nur verboten ist, um Mandanten seiner bisherigen Sozietät zu werben (zur Zulässigkeit BGHZ 91, 1; *Goette* AnwBl 2007, 637, 643), gewöhnlich ohne dass ihm eine Entschädigung zusteht, oder ob ihm sogar die Arbeit für solche Mandanten untersagt werden soll, die ihn nach seinem Ausscheiden beauftragen (für Zulässigkeit BGH NJW 2000, 2584; *Bunk* Vermögenszuordnung, 170ff; *Michalski/Römermann* ZIP 1994, 433, 442; abl *Henssler/Michel* NZG 2012, 401, 412 mwN; krit für den Fall, dass der Ausgeschiedene die „Mitnahme" nicht veranlasst hat, *Westermann* AnwBl 2007, 103, 109). 29

Demggü ist aber bei Vereinbarung und Durchführung eines **„Mitnahmerechts"** ein Abfindungsausschluss oder eine Kürzung angebracht (*Römermann* NJW 2007, 2214; *Freund* ZIP 2009, 942; MüKo/*Schäfer* Rn 66) und wird als gerechte Werteteilung, die eine Abfindung für den Geschäftswert ausschließt oder den Wert der „mitgenommenen" Mandate auf die Abfindung anrechnet, vom BGH nahegelegt (BGH ZIP 1994, 378; NJW 1995, 1551; NJW 2000, 2584; NJW 2008, 2987; NZG 2010, 982; zum Ausgleich ungleicher Chancen Saarbrücken DStR 2010, 1759). Ob die verbleibenden Gesellschafter mit der Übernahme von Mandanten einverstanden sind, ist unerheblich; findet kein solcher Übergang statt, bleibt es bei dem vollen Abfindungsanspruch (BGH NZG 2011, 858; *Wertenbruch* NZG 2011, 1134). Das **Wettbewerbsverbot** gilt aber auch in diesen Fällen nur in den in Rn 12 genannten Grenzen. Der Abfindungsausschluss setzt aber dann immer noch voraus, dass der Ausscheidende die effektive Möglichkeit hat, die in der „Mitnahme" liegenden Chancen zu realisieren (Schleswig MedR 2004, 215 gegen Celle NZG 2002, 864; *Henssler/Michel* NZG 2012, 401, 408). Umgekehrt soll der aus einer **Gemeinschaftspraxis** ausgeschiedene Arzt, der in unmittelbarer Nähe der bisherigen Praxisräume eine neue Praxis aufgemacht hat, in ergänzender Auslegung des Gesellschaftsvertrags einen Abfindungsausschluss hinnehmen müssen (LG Kiel MedR 2005, 419). Abfindung in Geld ist schließlich geschuldet, wenn der ausscheidende Partner, der aus Versorgungsgründen eine Abfindung gegen seine frühere Sozietät erhalten sollte, diesen Anspruch nicht durchsetzen kann, weil die Verbleibenden die Praxis veräußert haben (BGH ZIP 2004, 1264). 30

Ein Sonderproblem ergibt sich im Hinblick auf solche Mandate wie Insolvenzverwaltungen oder Testamentsvollstreckungen, die an die Person des Bestellten gebunden sind, also von den verbliebenen Partnern nicht genutzt werden können, sodass diese Werte auch nicht zugunsten des Ausscheidenden in einen Kanzleiwert einzustellen sind. Da aber besonders bei Insolvenzverwaltungen regelmäßig namhafte Kosten anfallen, die dann während der Mitgliedschaft des Ausgeschiedenen die Sozietät getragen hat, was nach dem Ausscheiden dem ehemaligen Partner obliegt, ist hier an weitere Lösungen zu denken, die darin bestehen können, dass der später Ausscheidende schon während seiner Mitgliedschaft die ihm allein zustehenden und auch meist erst nach Ende (des Insolvenzverfahrens) fällig werdenden Vergütungsforderungen an die Gesellschaft abtritt, was auch in Gestalt einer Vorauszession geschehen kann. Hier bietet sich als Lösung eine nach Dauer des nach dem Ausscheiden fortgesetzten Verfahrens abgestufte Abtretung von Forderungen an die Sozietät an, wie sie auch sonst angesichts „mitgenommener" Mandate bisweilen vereinbart wird (KG NZG 2015, 597 hält 25 % für zwei Jahre weder für sittenwidrig noch für eine Wettbewerbsbeschränkung; s auch *Freund* ZIP 2009, 541ff), die dann zu den Bestimmungen über eine Abfindung wegen eines von allen gemeinsam geschaffenen Kanzleiwerts in Beziehung gesetzt werden muss. Es kann schließlich sein, dass dann eine Beteiligung des Ausgeschiedenen an „schwebenden Geschäften" nicht mehr dem Parteiwillen entspricht (zum Ganzen *Westermann* FS E. Vetter, 2019, 875ff). 31

5. Rechtslage nach Ausschließung eines Partners. Bei der **Ausschließung** eines Gesellschafters aus wichtigem Grund (§ 727 Rn 3) ist eine Abfindungsbeschränkung grds zuzulassen, weil die Kapitalsicherungsinteressen ggü den Belangen des Auszuschließenden regelmäßig besonderes Gewicht haben (BGH NJW 1975, 1835f; Frankfurt BB 1978, 170; *Hennerkes/Binz* DB 1983, 2669; zur Buchwertabfindung näher *Grunewald*, Die Ausschließung aus Gesellschaft und Verein, 1987, 171ff). Nicht zu billigen ist aber ein vollständiger Ausschluss (*Ulmer* NJW 1979, 84) oder eine Abfindung zum halben Buchwert (BGH NJW 1989, 2685). Stärkere Vorbehalte sind bei einer unverschuldeten Ausschließung angebracht, insb wird hier eine Buchwertklausel nicht zu akzeptieren sein (i Erg ähnl *Engel* NJW 1986, 345, 348; für Sittenwidrigkeit Naumburg NZG 2001, 658). 32

6. Tilgungsstreckung. Vielfach begegnen Vereinbarungen über die **zeitliche Streckung** von Abfindungszahlungen. Sie sind im Allg unbedenklich, müssen aber ebenfalls unter dem Gesichtspunkt der unzulässigen Abfin- 33 dungsbeschränkung (§ 725 VI) daraufhin überprüft werden, ob angesichts der Zeitdauer, der Verzinsung und des Inflationsrisikos die Tilgungsstreckung im Einzelfall für die Gesellschaft notwendig und für den Ausscheidenden zumutbar ist. Ein aus wirtschaftl Gründen nicht notwendiges Hinausschieben der Zahlung braucht der Ausscheidende, da es eine Kündigungsbeschränkung darstellt, nicht hinzunehmen (BeckOGK/*Koch* § 738 Rn 76). Wenn der Gesellschafter allein von der Abfindung leben muss, kann eine starke zeitl Ausdehnung treupflichtwidrig sein (*Engel* NJW 1986, 345, 349f). Die Gerichte akzeptieren Tilgungsstreckungen über lange Zeiträume nicht (BGH NJW 1989, 2685 – 15 Jahre; Hamm NZG 2003, 440 – fünf Jahre; Dresden DB 2000, 1221 – Staffelung nach fünf, acht und zehn Jahren; s auch Dresden NZG 2000, 1042). Eine Tilgungsstreckung ist als Element der Sittenwidrigkeitsprüfung neben anderen Umständen zu beachten (zur geltungserhaltenden Reduktion in solchen Fällen s § 705 Rn 98 sowie hier Rn 34). Auch eine besonders ungünstige **Zinsregelung** kann zur Unwirksamkeit führen (BGH NJW 1989, 2686; *Mayer* DB 1990, 1320). Der Zinssatz ist an der Rendite auszurichten, die am Kapitalmarkt erzielbar ist (*Rasner* NJW 1983, 2906). Pauschalierungen in der Art, dass auf den durchschnittlichen Jahresumsatz der betroffenen Jahre abgestellt wird, sind aber unter dem Gesichtspunkt der übermäßigen Belastung bedenklich (BGH NJW-RR 1996, 741; *Bunk* Vermögenszuordnung, 172; *Freund*, ZIP 2009, 944; zu den berufsrechtl Aspekten *Henssler/Michel* NZG 2012, 401, 414).

34 **7. Aufrechterhaltung des Gesellschaftervertrages.** Wenn eine die Abfindung beschränkende Klausel der Nichtigkeit oder der Inhaltskontrolle verfällt, muss dies nicht die **Nichtigkeit des gesamten Gesellschaftsvertrags** zur Folge haben, weshalb auch das Ausscheiden durch die Ungültigkeit der Abfindungsregelung nicht berührt werden muss (BGHZ 105, 213, 220; BGH NJW 1973, 651f; 1973, 1606; Staudinger/*Habermeier* § 738 Rn 35; für eine Einschränkung des § 139 aber MüKo/*Schäfer* Rn 72ff). Weiter ist entgegen grds Bedenken ggü einem richterlichen Moderationsrecht die **Reduktion** einer Abfindungsbeschränkung dahin möglich, dass nicht die gesetzl Regelung, sondern eine die Grenzen der Vertragsfreiheit noch nicht überschreitende, angemessene Regelung eingreift (BGH NJW 1985, 192f; *Westermann* FS Stimpel, 1985, 69, 81ff; *Engel* NJW 1986, 345, 348f; Bedenken bei *Hennerkes/Binz* DB 1983, 2672; anders auch MüKo/*Schäfer* Rn 76 für den Fall der Nichtigkeit einer Klausel nach § 138, die nach dispositivem Recht zu ersetzen sei). Im Bereich der Ausübungskontrolle (§ 705 Rn 97) ist die Reduzierung von Beschränkungen auf ein angemessenes Maß möglich (zu rigoros daher Stuttgart NJW 2002, 1431: Reduzierung eines siebenjährigen Wettbewerbsverbots für ausscheidendes Sozietätsmitglied auf zwei Jahre nicht möglich).

35 **IV. Weitere Ansprüche. 1. Befreiungsanspruch.** Neben der Zahlung des Abfindungsguthabens kann der Ausgeschiedene nach § 728 I 1 Schuldbefreiung verlangen, was sich auf die im **Außenverhältnis** einen ausgeschiedenen Gesellschafter weiter belastenden Gesellschaftsverbindlichkeiten (BGH ZIP 2010, 515) einschl einer von ihm übernommenen Bürgschaft (BGH NJW 1974, 899) bezieht, **nicht** auf in der Auseinandersetzungsbilanz passivierte **Sozialansprüche** einzelner Gesellschafter, für die auch keine Haftung nach § 721 besteht (BGH ZIP 2009, 1008; NZG 2010, 383). Das gilt auch für betagte Forderungen, für die eine sofortige Freistellungspflicht besteht; die GbR hat allerdings eine Ersetzungsbefugnis und kann daher stattdessen Sicherheit leisten (*Servatius* Rn 19). Der Freistellungsanspruch ist auf den Zeitraum der Nachhaftung gem § 728b beschränkt und erfasst grds alle innerhalb der Fünfjahresfrist fällig werdenden Verbindlichkeiten (*Servatius* Rn 20).

36 **Schuldner** der auch zum Gegenstand eines Zurückbehaltungsrechts zu machenden Verbindlichkeiten ist die Gesellschaft. Sie kann daher ihrerseits die Erklärung über die Schuldbefreiung **zurückhalten**, solange der Ausgeschiedene gem § 728a zum Ausgleich verpflichtet ist (BGH NJW 1974, 899). Sie schuldet aber Ausgleich, wenn sie die Befreiungspflicht unerfüllt lässt, obwohl der Ausgeschiedene weder hinsichtl dieses Anspruchs noch des Abfindungsanspruchs nach § 323 vorgehen kann, da insoweit keine Gegenseitigkeit besteht (Köln NZG 2001, 467). Der Gesellschafter, der Schuldbefreiung verlangt, trägt für das Vorhandensein einer ihn auch persönlich treffenden Gesellschaftsschuld die **Behauptungs- und Beweislast** (BGH NZG 2009, 581), wozu auch die Fälligkeit der Gesellschaftsverbindlichkeit gehört (RGZ 132, 29), während die Erfüllung der Pflicht der Befreiungsschuldner zu beweisen hat (BGH NJW 2001, 1641 m Kurzkomm *Pfeiffer* EWiR 2001, 267).

37 Die Schuldbefreiung **bewirkt** die Gesellschaft entweder durch Erfüllung der bestehenden Verbindlichkeit ggü dem Dritten oder dadurch, dass sie mit dem Gläubiger die Entlassung des früheren Gesellschafters aus der Verbindlichkeit vereinbart (RGZ 132, 29, 31; BGH NJW 1999, 2438; MüKo/*Schäfer* Rn 78). Ist der Ausgeschiedene nach § 721 in Anspruch genommen worden, ist der Regressanspruch im Rahmen der Berechnung des Abfindungsguthabens zu berücksichtigen. Reicht das Gesellschaftsvermögen zur Befriedigung nicht aus, kann eine Inanspruchnahme der Mitgesellschafter nach § 426 I, II in Betracht kommen (BGH WM 1978, 114, 115; *Servatius* Rn 23).

38 Dieser Anspruch steht nach allgM (BGH NJW 1981, 1095; MüKo/*Schäfer* Rn 79; Soergel/*Hadding/Kießling* § 728 Rn 19) einem Gesellschafter **nicht** zu, der seinen Anteil wirksam an einen anderen **übertragen** hat, weil nach der nur mit Zustimmung der Mitgesellschafter möglichen Anteilsübertragung der Erwerber voll in die Stellung und damit auch in die Haftung des Veräußerers eintreten und dieser gerade nicht von den gemeinschaftl Verbindlichkeiten befreit werden sollte; einen Befreiungsanspruch hat er aber womöglich gegen den Erwerber (BGH NJW 1975, 166f). Wird die Abfindung des Ausscheidenden unter Berücksichtigung des zukünftigen Ertrags der Gesellschaft berechnet, spricht dies für einen **Ausschluss** des Befreiungsanspruchs (*Bunk* Vermögenszuordnung, 101; zust *Henssler/Michel* NZG 2012, 401, 403). Umgekehrt ist ein erfüllter Freistellungsanspruch wertmindernd bei der Ermittlung des Anteilswerts zu berücksichtigen (*Servatius* Rn 24).

2. Sicherheitsleistung. Soweit Verbindlichkeiten, für die der Ausgeschiedene dem Grunde nach haftet, noch nicht fällig sind, so etwa auch die möglichen Ansprüche aus noch schwebenden Geschäften, können die verbleibenden Gesellschafter dem Ausgeschiedenen statt der Schuldbefreiung **Sicherheitsleistung nach §§ 232ff** anbieten (§ 728 I 2). Der Anspruch auf Schuldbefreiung besteht an sich und kann in der angegebenen Weise (Rn 35) erfüllt werden, die verbleibenden Gesellschafter können aber die eigentliche Schuldbefreiung auf diese Weise hinausschieben (Soergel/*Hadding/Kießling* § 728 Rn 17). 39

3. Herausgabeanspruch. Dem Ausgeschiedenen sind die von ihm der Gesellschaft zum Gebrauch überlassenen Gegenstände nach der zugrundeliegenden Vereinbarung zurückzugeben (vgl Begr RegE, BT-Drs 19/27635, 175; abweichend *Servatius* Rn 25: analoge Anwendung von § 732 aF), möglicherweise ist auch **Wertersatz** zu leisten (Karlsruhe NZG 2000, 1123). Der Anspruch ist mit dem Ausscheiden **fällig**, was sich in Ermangelung einer ausdrückl Regelung regelmäßig im Wege ergänzender Vertragsauslegung ergeben wird, doch kann eine Treupflicht zur vorübergehenden Belassung bestehen. Davon abgesehen kann die GbR ein **Zurückbehaltungsrecht** im Hinblick auf die Fehlbetragshaftung nach § 728a geltend machen (BGH WM 1981, 1126; MüKo/*Schäfer* Rn 4). Die Gesellschaft kann das Zurückbehaltungsrecht freilich nicht beliebig als Druckmittel einsetzen, etwa nicht bis zur Klärung des Abfindungsguthabens, wenn der Gegenstand nicht mehr benötigt wird (Karlsruhe NJW 1961, 2017). 40

Wenn eine Sache **dem Wert nach** eingebracht ist (§ 709 Rn 9), soll sie nach verbreiteter Meinung (BGH WM 1965, 744; *Piltz* DStR 1991, 251f; Grü/*Sprau* § 732 Rn 1) einer zu Eigentum eingebrachten gleichstehen, was bedeutet, dass der Einleger nur den Wert der Sache zur Zeit der Einbringung erhält. Nach vorzugswürdiger Ansicht erhält der Gesellschafter die Sache zurück, deren Wert im Zeitpunkt der Rückgabe aber von seinem Kapitalkonto abgezogen wird (FG Schl-Holst BB 1988, 1217, 1221; *Blaurock/Berninger* JZ 1992, 614, 621; Staudinger/*Habermeier* § 732 Rn 2; *Servatius* Rn 31). Bei **zu Eigentum der Gesellschaft** eingebrachten Sachen, die nicht in Geld bestanden haben, erfolgt analog § 736 V 2 eine Rückerstattung in Geld. Bei Überlassung von Sachen aufgrund eines nicht gesellschaftsrechtl Vertrags, etwa Miete oder Pacht, bestehen das Benutzungsrecht und Vergütungsansprüche in der Liquidation fort, doch kann dies uU einen Kündigungsgrund darstellen (Staudinger/*Habermeier* § 732 Rn 3), soweit nicht der Gesellschafter im Hinblick auf seine Treupflicht gehalten ist, die Gegenstände bis zum Abschluss der schwebenden Geschäfte der Gesellschaft zu belassen (BGH NJW 1981, 2802). Gleiches gilt, wenn Sachen, die zu **Eigentum** der Gesellschaft eingebracht waren, den Einlegern vereinbarungsgemäß zurückgegeben werden sollen. Der Unterschied, der in der Notwendigkeit einer Rückübereignung derartiger Sachen liegt, ist ohne Belang. Auch soweit als Einlage ein **dingliches Recht bestellt** ist, kann der Gesellschaftsvertrag eine Rückübertragungspflicht vorsehen. 41

Der Gesellschafter als Gläubiger des Herausgabeanspruchs trägt in Ermangelung besonderer Vereinbarungen die Gefahr für einen **zufälligen**, dh einen nicht von der Gesellschaft oder ihren Erfüllungsgehilfen verschuldeten Untergang und eine entspr Verschlechterung der Sache (*Servatius* Rn 29). Er kann keinen Schadensersatz verlangen (aber zumindest nach § 285 vorgehen), insb nicht für die durch bestimmungsgemäßen Gebrauch eingetretene Abnutzung der Sache (Staudinger/*Habermeier* § 732 Rn 5). Bei schuldhaftem Verhalten von Geschäftsführern oder Organen haftet die Gesellschaft nach § 31. Sie hat ihrerseits die Nachteile des Entfallens der Benutzungsmöglichkeit zu tragen, wenn die Sache zufällig untergegangen oder verschlechtert worden ist. 42

V. Schätzung des Anteilswerts. Geschätzt (Abs II) wird zur Ermittlung des Substanzwerts idR zuerst der Wert des Gesellschaftsvermögens als Ganzes und dann der des Anteils des Ausscheidenden durch Umlage im Verhältnis seiner Kapitalbeteiligung zu dem der verbleibenden Gesellschafter (§ 709 III). Hierbei, häufiger aber noch bei der Ermittlung des Goodwill und des Ertragswerts, wird nicht selten ein Sachverständiger hinzugezogen (*Englert* BB 1997, 142, 148; BGH NJW 1985, 192; PWW/*v Ditfurth* § 738 Rn 11). Anders als § 287 II ZPO zielt § 728 II darauf ab, im Rahmen der Angemessenheitsprüfung die Kontrolldichte zu reduzieren, was sich sowohl auf Schwierigkeiten der Sachverhaltsermittlung als auch auf die Unternehmensbewertung als solche bezieht (vgl Begr RegE, BT-Drs 19/27635, 176; *Servatius* Rn 4). IÜ gibt § 728 II keine konkrete Methode der Schätzung vor (Begr RegE, BT-Drs 19/27635, 176). 43

§ 728a Haftung des ausgeschiedenen Gesellschafters für Fehlbetrag

Reicht der Wert des Gesellschaftsvermögens zur Deckung der Verbindlichkeiten der Gesellschaft nicht aus, hat der ausgeschiedene Gesellschafter der Gesellschaft für den Fehlbetrag nach dem Verhältnis seines Anteils am Gewinn und Verlust aufzukommen.

I. Normzweck. Der ausscheidende Gesellschafter der GbR haftet entspr seiner Verlustquote nach § 728a – ebenso wie früher nach § 739 aF und in Parallele zur Auflösung nach § 737 – auf einen **Fehlbetrag**, der sich aus einem Vergleich des gesamten Gesellschaftsvermögens mit allen Verbindlichkeiten der GbR ergibt. Die Vorschrift ist eine Konsequenz aus dem Mehrbelastungsverbot nach § 710, das mit dem Ausscheiden des Gesellschafters seinen Zweck verliert. Ebenso wie bei der Auflösung nach § 737 darf sich der ausscheidende Gesellschafter seiner **wirtschaftlichen Verantwortung** durch Ausscheiden nicht entziehen und muss für einen Fehlbetrag einstehen (BeckOK/*Schöne* Rn 2). Die Verlusttragungspflicht nach § 728a gilt nach § 740c II auch für die **Innen-GbR** und steht als Innenhaftungsanspruch zur Disposition der Gesellschafter, die den Anspruch vollständig ausschließen können (*Servatius* Rn 36; vgl noch BeckOK/*Schöne* Rn 8f). 1

2 **II. Anwendungsbereich.** Bei einer **Übertragung** der Mitgliedschaft, die für den Ausscheidenden einen Abfindungsanspruch nicht entstehen lässt (§ 728 Rn 2), ist § 728a nicht anwendbar (Hamm Rpfleger 1985, 289; MüKo/*Schäfer* Rn 1), wohl aber nach dem Ausscheiden des **vorletzten** Partners (§ 712a II); der Anspruch steht in diesem Fall dem letztverbleibenden Gesellschafter zu. Die Fehlbetragshaftung des ausgeschiedenen Gesellschafters hat bei **quotaler Gesellschafterhaftung** die für die Bestimmung der Haftung ggü den Gesellschaftsgläubigern relevanten Umstände (dazu § 721 Rn 20ff) zu berücksichtigen (zur Behandlung der quotalen Haftung bei Veränderungen der Gesellschafts- und der Gesellschafterschuld § 721 Rn 20). Eine mit dem Gläubiger im Außenverhältnis vereinbarte quotale Haftung kann dem Anspruch der Gesellschaft auf Ausgleich eines negativen Liquidationsguthabens nicht entgegengehalten werden (BGH NZG 2009, 581; KG NZG 2009, 1222).

3 **III. Inhalt und Modalitäten.** Maßgeblich ist der **Verlustverteilungsschlüssel** nach § 709 III (§ 709 Rn 15). Ein negatives Kapitalkonto begründet per se keinen Anspruch der GbR gegen den Ausscheidenden, ist aber im Rahmen der Fehlbetragsrechnung in Ansatz zu bringen (BGH NJW 1999, 2438f; ZIP 2011, 1362 Rn 13). Der Zahlungsanspruch besteht nur dann, wenn der auf den Ausscheidenden entfallende Fehlbetrag und anderweitige rückständige Beträge höher sind als die im Rahmen der Abfindung zurück zu gewährende Einlage sowie anderweitige Ansprüche des Ausscheidenden (MüKo/*Schäfer* Rn 1). Der Anspruch wird mit dem Ausscheiden **fällig** (BGH NJW-RR 2010, 1401). Die hier anzustellenden, zT schwierigen Berechnungen werden sich nicht ohne weiteres aus einer Abfindungsbilanz ergeben, die vielmehr zumeist die Ansicht der Geschäftsführung und auch der maßgeblichen Gläubiger zugrunde gelegt haben wird. Für die Fälligkeit des Verlustausgleichsanspruchs kommt es nicht auf die Erstellung einer Abfindungsbilanz an (BGH NZG 2010, 1020).

4 Der Anspruch kann, ohne schon beziffert werden zu können, durch **Feststellungsklage** geltend gemacht werden (BGHZ 181, 310). Das ist wichtig wegen der **Verjährung** nach §§ 195, 199 I, die beginnt, wenn die Gesellschaft wusste oder wissen musste, dass das Gesellschaftsvermögen zur Deckung der gemeinschaftl Schulden und der Einlagen nicht reicht (BGH NZG 2010, 1020; NJW 2011, 2292; abweichend *Servatius* Rn 32: fünfjährige Verjährungsfrist analog § 728b). In diesen Fällen kann die Geltendmachung von **Gegenrechten** des Ausgeschiedenen, etwa des Freistellungsanspruchs aus § 728 I, gem § 273, zu einem Zurückbehaltungsrecht des Gesellschafters führen (BGH NJW 1974, 899), dem namentlich auf Grundlage einer einwandfreien Abfindungsbilanz begegnet werden kann. Das kann unübersichtlich werden, wenn der Ausgeschiedene an einen Gläubiger der Gesellschaft Zahlungen erbracht hat, die sich auf seine Haftung auswirken (§ 721 Rn 7), was für den Ausgeschiedenen aber nicht die Gefahr beseitigt, dass andere ebenfalls für diese Gesellschaftsschuld haftende Gesellschafter im Innenverhältnis gegen ihn Ausgleichsansprüche erheben. Dies sollte durch das Einverständnis des Gläubigers geregelt werden können, seine Ansprüche gegen die Mitgesellschafter des Ausgeschiedenen um den Anteil zu ermäßigen, der im Innenverhältnis von ihm zu tragen wäre (näher *Westermann* FS Reuter, 2010, 1219, 1231f).

5 Der von einem ausgeschiedenen Gesellschafter **nicht zu erlangende Fehlbetrag** ist nicht analog § 737 S 2 auf die Mitgesellschafter zu verteilen, weil dem in der fortgesetzten werbenden Gesellschaft der Einwand aus § 710 entgegensteht (Brandenburg BeckRS 2021, 2120 Rn 68; MüKo/*Schäfer* Rn 5; Staudinger/*Habermeier* § 739 Rn 3; Soergel/*Hadding*/*Kießling* § 739 Rn 6; BeckOGK/*Koch* § 739 Rn 13). Wohl haften der ausgeschiedene Gesellschafter bzw seine Erben für nicht in die Abfindungsbilanz eingegangene Sozialansprüche (BGH WM 1974, 834; MüKo/*Schäfer* Rn 5).

§ 728b Nachhaftung des ausgeschiedenen Gesellschafters

(1) Scheidet ein Gesellschafter aus der Gesellschaft aus, so haftet er für deren bis dahin begründete Verbindlichkeiten, wenn sie vor Ablauf von fünf Jahren nach seinem Ausscheiden fällig sind und

1. **daraus Ansprüche gegen ihn in einer in § 197 Absatz 1 Nummer 3 bis 5 bezeichneten Art festgestellt sind oder**
2. **eine gerichtliche oder behördliche Vollstreckungshandlung vorgenommen oder beantragt wird; bei öffentlich-rechtlichen Verbindlichkeiten genügt der Erlass eines Verwaltungsakts.**

Ist die Verbindlichkeit auf Schadensersatz gerichtet, haftet der ausgeschiedene Gesellschafter nach Satz 1 nur, wenn auch die zum Schadensersatz führende Verletzung vertraglicher oder gesetzlicher Pflichten vor dem Ausscheiden des Gesellschafters eingetreten ist. Die Frist beginnt, sobald der Gläubiger von dem Ausscheiden des Gesellschafters Kenntnis erlangt hat oder das Ausscheiden des Gesellschafters im Gesellschaftsregister eingetragen worden ist. Die §§ 204, 206, 210, 211 und 212 Absatz 2 und 3 sind entsprechend anzuwenden.

(2) Einer Feststellung in einer in § 197 Absatz 1 Nummer 3 bis 5 bezeichneten Art bedarf es nicht, soweit der Gesellschafter den Anspruch schriftlich anerkannt hat.

1 **I. Normzweck.** Da das Ausscheiden des Gesellschafters seine Haftung für Altverbindlichkeiten mit Blick auf Erwägungen des Gläubigerschutzes im Grundsatz unberührt lässt, können noch Jahre nach dem Ausscheiden unverjährte Gesellschaftsverbindlichkeiten entstehen oder fällig werden. Im Interesse der Rechtssicherheit und des Rechtsfriedens soll sich der Ausgeschiedene – wie bisher nach § 736 II BGB iVm § 160 HGB aF – nach Ablauf einer Frist von fünf Jahren keiner Nachhaftung mehr ausgesetzt sehen. Damit wird der **Gefahr einer Endloshaftung** entgegengewirkt (BeckOK/*Schöne* Rn 2).

Die Vorschrift greift nach § 712a II auch für die **zweigliedrige GbR**, nicht aber für die Innen-GbR. Für die Auflösung enthält § 739 eine Parallelvorschrift. Die Vorschrift ist im Verhältnis zu den Gläubigern dispositiv; die Nachhaftungsfrist kann verkürzt und verlängert werden (MüKo/*Schäfer* Rn 4; *Servatius* Rn 25). **Keine Anwendung** findet die Vorschrift auf Forderungen gegen Scheingesellschafter sowie Ansprüche aufgrund mangelnder Eintragung des Ausscheidens nach § 707a III 1 iVm § 15 I HGB (MüKo/*Schäfer* Rn 4). 2

II. Begrenzung der Nachhaftung. 1. Altschulden. Der Ausgeschiedene haftet für Altschulden aus der Zeit seiner Beteiligung an der Gesellschaft weiter, wenn die Schuld bei seinem Ausscheiden schon bestand (BGH NZG 2002, 467). Der in Anspruch Genommene muss im Zeitpunkt der Begründung der Schuld **Gesellschafter** der Gesellschaft gewesen sein (BAG AP 8 § 705 für Sozialkassenbeiträge, wobei für Arbeitsverhältnisse die Regelung in § 613a vorrangig ist, BAG AP Nr 5 zu § 128 HGB). Maßgeblich ist der **Zeitpunkt**, in dem der Rechtsgrund für den Anspruch gegen die GbR gelegt worden ist. Bei vertragl Primäransprüche muss der Vertragsschluss erfolgt sein (BGHZ 150, 373, 374ff; 70, 132, 135), wobei eine spätere Verlängerung unerheblich ist; bei gesetzl Ansprüchen muss der Entstehungstatbestand vollständig verwirklicht worden sein (BGHZ 228, 28 Rn 43; BGH NZG 2020, 1145 Rn 14; MüKo/*Schäfer* Rn 7). 3

Die zur Haftung führende **Pflichtverletzung** muss **vor dem Ausscheiden** des Gesellschafters eingetreten sein (§ 728b I 2). Der Rechtsgedanke, dass sich der Gläubiger darauf verlasse, auf das Privatvermögen der Gesellschafter zugreifen zu können, passt nicht, wenn die Gesellschaftsverbindlichkeit auf einer vor dem Ausscheiden des Gesellschafters erbrachten ungerechtfertigten Doppelzahlung beruht, da dies nicht im Schuldverhältnis angelegt ist (BGH ZIP 2012, 360; dazu *Lüneborg* ZIP 2012, 2229ff; zust auch *Ruppert* EWiR 2012, 279). Nach diesem Zeitpunkt ist etwa bei einer Freiberufler-Sozietät ein Vertrauen des Mandanten auf Ausbleiben künftiger Fehler der verbleibenden Partner nicht einsehbar, zumal der Ausgeschiedene hierauf keinen Einfluss mehr nehmen kann (*Schlinker/Hammerschmidt* NJW 2012, 657; zweifelnd *Grunewald* NJW 2010, 3551; aM Saarbrücken DStR 2008, 527). Dem trägt nun § 728b I 2 Rechnung. Dessen Grundgedanke vermag aber dann nicht zu tragen, wenn sich der Schadensersatzanspruch als Fortsetzung des schon zuvor entstandenen Primäranspruchs darstellt, namentlich bei **Schadensersatz statt der Leistung**, sodass in teleologischer Reduktion des § 728b I 2 der Zeitpunkt des Vertragsabschlusses maßgeblich ist (MüKo/*Schäfer* Rn 9; Schäfer/*Habersack* § 4 Rn 25). 4

2. Feststellung oder Vollstreckungshandlungen. Der Ausgeschiedene haftet für alle bis zu seinem Ausscheiden begründeten Altverbindlichkeiten, auch solche aus Dauerschuldverhältnissen, nur, wenn sie vor Ablauf von fünf Jahren nach seinem Ausscheiden fällig und daraus Ansprüche gegen ihn in einer in § 197 I Nr 3–5 bezeichneten Art **festgestellt sind oder** eine **gerichtliche** oder **behördliche Vollstreckungshandlung** vorgenommen oder beantragt wird, wobei bei öffentlich-rechtl Verbindlichkeiten der Erlass eines Verwaltungsakts genügt; für die Gewerbesteuer kommt es auf die positive Kenntnis der Gemeinde an (VGH München NZG 2013, 1028). Es kommt hierfür nicht darauf an, ob der Anspruch bereits beziffert werden kann (BGH ZIP 2017, 1152; dazu *Simon* EWiR 2017, 519). Eine Enthaftung scheidet nach Abs II aus, wenn der Ausgeschiedene den Anspruch **schriftlich anerkennt**. Das entspricht der Anerkennung iSd § 212 I Nr 1, das nur die gerichtliche Geltendmachung, nicht aber die fristgerechte Fälligkeit zu ersetzen vermag (MüKo/*Schäfer* Rn 5). 5

3. Fristlauf. Die **Frist beginnt** nach § 728b I 3 zu laufen, sobald der jew Gläubiger von dem Ausscheiden des Gesellschafters Kenntnis erlangt hat oder dasselbe – im Fall einer eGbR – im Gesellschaftsregister eingetragen worden ist. Die **Eintragung** erfolgt nach § 707 III 2 und setzt am darauffolgenden Tag nach § 187 I den Fristlauf in Gang; sie endet nach § 188 II am Tag, der dem Eintragungsdatum entspricht (vgl *Servatius* Rn 16; MüKo/*Schäfer* Rn 10). Vor der Eintragung sowie bei nicht eingetragenen GbR schadet **positive Kenntnis** des Gläubigers. Der Gesellschafter muss also dafür sorgen, dass die Gläubiger Kenntnis nehmen können, etwa durch Rundschreiben (Begr RegE, BT-Drs 19/27635, 177), und trägt hierfür auch die Darlegungs- und Beweislast (BGH NJW 2022, 57 Rn 18; NZG 2020, 1145 Rn 27). Eine Bekanntmachung nach § 25 III HGB, Erklärung nach § 171 oder Kennenmüssen reicht nicht aus (*Servatius* Rn 18). 6

Bei Vorliegen der Voraussetzungen der §§ 204, 206, 210, 211, 212 II, III tritt eine **Ablaufhemmung** ein (näher dazu *Maier-Reimer* DB 2002, 1818ff). Daraus folgt nach OLG Hamm (ZIP 2018, 837), dass – entgegen dem insoweit missverständlichen Wortlaut des § 160 I 3 HGB – nur die Frage einer Geltendmachung der Forderung innerhalb der Ausschlussfrist entschieden ist, nicht aber von dem Erfordernis der Fälligkeit des Anspruchs binnen fünf Jahren nach dem Ausscheiden abgerückt wird. Praktisch muss der Gläubiger also durch Klage (auch vor einem Schiedsgericht), Zustellung eines Mahnbescheids oder Geltendmachung im Insolvenzverfahren tätig werden, wobei er das Problem noch nicht bestehender Fälligkeit durch Klage auf künftige Leistung lösen kann, wenn die Fälligkeit noch vor dem Zeitpunkt der Enthaftung eintritt (*K. Schmidt* ZIP 1994, 243, 244). 7

4. Rechtsfolgen. Bei der Nachhaftungsbeschränkung handelt es sich um eine materielle Ausschlussfrist, die dem Gesellschafter keine Einrede, sondern eine **Einwendung** gibt (Begr RegE, BT-Drs 19/27635, 177). Nach Fristablauf oder Anerkennung scheidet eine persönliche Haftung des ausgeschiedenen Gesellschafters nach §§ 721 f aus. Auf eine früher eingetretene Verjährung kann sich der Gesellschafter nach § 721b I berufen. Zugleich sind **Regressansprüche** anderer Gesellschafter nach § 426 I, II ausgeschlossen, soweit der Ausgeschiedene nicht bereits von einem Mitgesellschafter in Anspruch genommen worden ist (MüKo/*Schäfer* Rn 15). Der Ausgeschiedene haftet allerdings auch in diesem Fall nur dann, wenn der einen Gläubiger befriedigende Gesellschafter von der GbR keinen Regress erlangen kann (BGHZ 103, 72, 76f; BGH NJW 1981, 1095). 8

Kapitel 5
Auflösung der Gesellschaft (§§ 729–734)

§ 729 Auflösungsgründe

(1) Die Gesellschaft wird aufgelöst durch:
1. Ablauf der Zeit, für welche sie eingegangen wurde;
2. Eröffnung des Insolvenzverfahrens über das Vermögen der Gesellschaft;
3. Kündigung der Gesellschaft;
4. Auflösungsbeschluss.

(2) Die Gesellschaft wird ferner aufgelöst, wenn der Zweck, zu dem sie errichtet wurde, erreicht oder seine Erreichung unmöglich geworden ist.

(3) Eine Gesellschaft, bei der kein persönlich haftender Gesellschafter eine natürliche Person ist, wird ferner aufgelöst:
1. mit der Rechtskraft des Beschlusses, durch den die Eröffnung des Insolvenzverfahrens mangels Masse abgelehnt worden ist;
2. durch die Löschung wegen Vermögenslosigkeit nach § 394 des Gesetzes über das Verfahren in Familiensachen und in den Angelegenheiten der freiwilligen Gerichtsbarkeit.
Dies gilt nicht, wenn zu den persönlich haftenden Gesellschaftern eine andere rechtsfähige Personengesellschaft gehört, bei der mindestens ein persönlich haftender Gesellschafter eine natürliche Person ist.

(4) Im Gesellschaftsvertrag können weitere Auflösungsgründe vereinbart werden.

1 **I. Normzweck.** Die durch das MoPeG neu eingefügte Vorschrift regelt – in Anlehnung an § 131 I, II HGB aF – **Auflösungsgründe**, die zur Liquidation der GbR führen. Die in **Abs I** normierten Gründe sind nicht abschließender Natur (Begr RegE, BT-Drs 19/27635, 178). Sie werden ergänzt durch die Auflösung durch Erreichung oder Unmöglichwerden des mit der GbR verfolgten Zwecks (**Abs II**). Diese Auflösungsgründe sind Ausfluss der Privatautonomie und Vereinigungsfreiheit der Gesellschafter (*Servatius* Rn 5) – mit Ausnahme der Insolvenzeröffnung nach § 729 I Nr 2, der auf den Schutz von Gläubigerinteressen gerichtet ist (Rn 10). Ebenso soll **Abs III** – in Parallele zu § 131 II HGB aF – die Gesellschaftsgläubiger vor masse- und vermögenslosen GbR schützen, für deren Verbindlichkeiten, wie zB bei einer GmbH & Co GbR, keine natürliche Person haftet (Begr RegE, BT-Drs 19/27635, 178). Nach Maßgabe von **Abs IV** können noch weitere Auflösungsgründe im Gesellschaftsvertrag normiert werden. Vereinbaren die Gesellschafter die Auflösung für den Fall des Todes eines Gesellschafters oder die Eröffnung des Insolvenzverfahrens über das Vermögen des Gesellschafters, ist **§ 730** zu beachten.

2 **II. Auflösung und Beendigung. 1. Änderung des Gesellschaftszwecks.** Die Auflösung der Gesellschaft bedeutet eine Zweckänderung, indem anstelle des im Vertrag vereinbarten Zwecks nunmehr nur noch die **Abwicklung der Gesellschaft** verfolgt wird (zum Abwicklungszweck vgl BGH NZG 2016, 107 Rn 12), die sich nach §§ 735ff richtet. Erst wenn das Gesellschaftsvermögen vollständig verteilt und die Verbindlichkeiten ggü Dritten beglichen sind, wenn also die Liquidation abgeschlossen ist, sind mit der **Vollbeendigung** der Gesellschaft die gesellschaftsrechtl Rechte und Pflichten erledigt (vgl § 738); verbleiben können freilich noch Ausgleichsansprüche der früheren Partner untereinander (näher § 735 Rn 13ff). **Streitigkeiten** über die Auflösung sind zw den Gesellschaftern – zumeist mittels Feststellungsklage – auszutragen (BGHZ 91, 132, 133; BGH NJW 2008, 2987 Rn 12). Allerdings kann der Gesellschaftsvertrag abweichende Regelungen treffen, wie zB dem Anfechtungsmodell für die Überprüfung des Auflösungsbeschlusses folgen (MüKo/*Schäfer* Rn 51).

3 Ist die GbR einmal nach § 719 wirksam geworden, scheidet eine rückwirkende Vernichtung aus. Stattdessen findet eine Liquidation statt. Das gilt auch für die **fehlerhafte Gesellschaft** (§ 705 Rn 164ff). Ist die gesellschaftsrechtl Bindung unter eine **auflösende Bedingung** gestellt, führt der Bedingungseintritt zur Auflösung der Gesellschaft ex nunc und der Notwendigkeit einer Abwicklung (MüKo/*Schäfer* Rn 6). Ein vertragl oder gesetzl **Rücktrittsrecht** führt nicht zur Rückwicklung nach §§ 346ff, sondern entfaltet die Wirkungen einer außerordentlichen Kündigung (BGH WM 1967, 419).

4 **2. Sofortige Vollbeendigung. Keine Liquidation** ist notwendig in den (wenigen) Fällen sofortiger Vollbeendigung der Gesellschaft. Dies geschieht bei Beendigung der bestehenden Personenmehrheit, die eintreten kann durch **Ausscheiden** oder Ausschließung **des vorletzten von zwei Partnern** einer Zweipersonengesellschaft, die zum liquidationslosen Erlöschen der GbR führt (§ 712a I 1), ebenso – bei Übertragbarkeit der Mitgliedschaft – durch **Vereinigung aller Anteile in einer Hand** (vgl RGZ 163, 142, 149 zur Fusion der an einer GbR beteiligten Kapitalgesellschaften) oder bei testamentarischer Verfügung, dass zu einem bestimmten Zeitpunkt einer der Erben des Gesellschafters unter Ausscheiden der Miterben Alleininhaber des Unternehmens werden soll (vgl BGH WM 2002, 293 m Anm *Reimann* ZEV 2002, 113).

5 Hat die Gesellschaft, was bei der **Innengesellschaft** zwingend ist (§ 740 I), **kein Gesellschaftsvermögen**, so besteht mit dem Eintritt eines Auflösungsgrundes die gesellschaftliche Bindung allenfalls noch in Ausgleichsansprüchen, etwa bei einer der Unterbeteiligung oder der stillen Gesellschaft nachgebildeten Gesellschaft gegen den Hauptbeteiligten (BGH NJW 1982, 99f; MüKo/*Schäfer* Rn 9). Für die Innengesellschaft ist die Beendigung der Gesellschaft nach § 740a I angeordnet, zugleich wird allerdings für die Auflösung nach § 740a III und die

Auseinandersetzung unter den Gesellschaftern nach § 740b II auf zahlreiche Vorschriften der Außen-GbR Bezug genommen.

3. **Rückverwandlung.** Eine aufgelöste, aber noch nicht voll beendigte Gesellschaft kann durch Gesellschafterbeschluss in eine werbende Gesellschaft **zurückverwandelt** werden (vgl § 734). Dies ist gelegentlich sogar in **Gesellschaftsverträgen** vereinbart, insb für die Fälle automatischer Auflösung der Gesellschaft durch Ereignisse, auf die die Partner keinen Einfluss haben, etwa Insolvenz (§ 729 I Nr 2). Da nach dem Eintreten eines Auflösungsgrundes alle Gesellschafter Anspruch auf Durchführung der Liquidation haben, setzt ein **Fortsetzungsbeschluss** in diesem Stadium vorbehaltlich abweichender Vertragsregelungen, die aber den Anforderungen gem § 714 Rn 35ff sowie § 734 II genügen müssen, Einstimmigkeit voraus (BGH NJW 1995, 2843f; MüKo/*Schäfer* Rn 10). Dementspr muss im Fall der gesellschaftsvertragl vorgesehenen Auflösung wegen Kündigung des Privatgläubigers (vgl § 726; § 726 Rn 6) der betreibende **Gläubiger zustimmen** (Soergel/*Hadding*/*Kießling* Vor § 723 Rn 17). Die bloße unveränderte Fortführung des Geschäftsbetriebs, verbunden mit Verhandlungen über den Abschluss eines neuen Gesellschaftsvertrags, stellt noch keinen konkludenten Fortsetzungsbeschluss dar, sondern ist regelmäßig nicht mehr als ein Aufschub der Abwicklung bis zum Ende der Verhandlungen (BGH NJW 1995, 2843). Wird die Gesellschaft wegen **Zweckerreichung** nach § 729 II aufgelöst, muss ein neuer Zweck vereinbart, die Gesellschaft somit neu gegründet werden (Rn 16). 6

III. Auflösungsgründe nach Abs I. 1. Zeitablauf. Nach § 729 I Nr 1 kann eine Gesellschaft auch durch Ablauf der Zeit enden, für die sie eingegangen ist. Bei einer vertragl Zeitbestimmung ist vor dem Ablauf der vereinbarten Zeit keine ordentliche, sondern nur eine außerordentliche Kündigung möglich (§ 725 Rn 2). Dabei werden an die Präzision der Vereinbarung über die Zeitdauer in der Praxis **keine hohen Anforderungen** gestellt, insb ist keine kalendermäßige Bestimmung nötig (BGHZ 10, 91, 97; s auch BGH NJW 1994, 2886; 1992, 2696). Es genügt auch, wenn aus dem **Gesellschaftszweck** eine zeitl Begrenzung der Zusammenarbeit ersichtlich ist (s BGHZ 50, 316, 321; wN bei Staudinger/*Habermeier* § 723 Rn 7), wie es bei Gelegenheitsgesellschaften, aber auch bei Dauergesellschaften vorkommen kann, deren Zweckerfüllung vom Fortbestand einer bestimmten tatsächlichen oder rechtl Situation abhängt, wie zB, wenn die Gesellschaft zur Realisierung eines bestimmten Projekts gegründet war (Köln NZG 2001, 1982). Notwendig ist nur, dass die Zeitdauer **nach objektiven Maßstäben ermittelbar** ist. 7

Wenn die Parteien eine **Mindestdauer** vereinbaren, ist dies lediglich dahin zu verstehen, dass die Gesellschaft mit Ablauf der Zeit iSd § 725 I als auf **unbestimmte Zeit** fortbestehend geschlossen gilt, während vorher eine ordentliche Kündigung ausgeschlossen ist (Staudinger/*Habermeier* § 723 Rn 6; MüKo/*Schäfer* Rn 12). Dasselbe gilt, wenn die Gesellschaft für einen bestimmten Zeitraum fortbestehen soll, wenn sie nicht auf den Ablauf dieser Periode gekündigt wird (RGZ 136, 236, 241). Die Gesellschaft endigt dann mit dem Eintreten des Termins nicht (BGHZ 10, 91, 98). Kommt es indes zur Kündigung, dann wird sich durch Auslegung der Vorschrift nicht selten ergeben, dass deren Rechtsfolge abweichend von § 725 I nicht das Ausscheiden eines Gesellschafters, sondern die Auflösung der GbR (vgl § 723 I) ist (MüKo/*Schäfer* Rn 12 aE). Bei der – seltenen – Vereinbarung einer **Höchstdauer** (zu den zeitl Grenzen s § 725 Rn 28) bedarf es, um die automatische Auflösung mit dem Erreichen des Termins zu verhindern, eines Fortsetzungsbeschlusses, der sich an § 734 zu orientieren hat; auch kann regelmäßig vor Ablauf der Zeit ordentlich gekündigt werden. 8

2. Insolvenz der Gesellschaft. Das Insolvenzverfahren über die nach § 11 II Nr 1 InsO insolvenzfähige **Außen-GbR** wird auf Antrag eines Gläubigers oder jedes der Gesellschafter **eröffnet** (§ 15 I InsO). Als Eröffnungsgründe kommen Zahlungsunfähigkeit (§ 17 InsO) und drohende Zahlungsunfähigkeit (§ 18 InsO), bei GbR ohne natürliche Person auch Überschuldung (§ 19 InsO) in Betracht. Mit der Insolvenzantragstellung kann der Gesellschafter gegen die gesellschaftsrechtl **Treuepflicht** verstoßen, wenn hierdurch etwa aussichtsreiche Sanierungsmaßnahmen erschwert oder vereitelt werden oder die GbR nur in geringem Maße zahlungsunfähig ist (vgl München ZIP 2015, 826, 827f; MüKo/*Schäfer* Rn 21). Zudem bedarf es im Innenverhältnis der **Zustimmung** aller Gesellschafter nach § 715 II 2, weil es sich um eine außergewöhnliche Maßnahme handelt. Eine Beschlussfassung mit vertragsändernder Mehrheit ist zudem erforderlich, wenn es um die Eröffnung eines Insolvenzplan- oder Restrukturierungsverfahrens nach StaRUG geht, in dessen Rahmen gesellschaftsrechtl Maßnahmen iSd § 225a III InsO, § 2 III StaRUG erfolgen sollen (MüKo/*Schäfer* Rn 21; vgl noch *Lieder* FS Smid, 2022, 543, 546ff). Eine **Insolvenzantragspflicht** der Organe gibt es außerhalb des § 15a I 2 InsO allenfalls aus der allg Sorgfaltspflicht. Sie richtet sich in der Sache aber auf die Herbeiführung der Beschlussfassung über die Zustimmung zur Insolvenzeröffnung (MüKo/*Schäfer* Rn 22). 9

Der Eröffnungsbeschluss hat mit Wirksamwerden nach § 27 I InsO **zwingend** die Auflösung der Gesellschaft zur Folge (§ 729 I Nr 2). Abweichende Regelungen sind mit Blick auf den Regelungszweck der Vorschrift ausgeschlossen, die auf einen effektiven Schutz der Gesellschaftsgläubiger abzielt und dem Insolvenzverwalter im Gläubigerinteresse den Zugriff auf das Gesellschaftsvermögen sichert (MüKo/*Schäfer* Rn 15). Mangels Gesellschaftsvermögens ist die **Innengesellschaft** nicht insolvenzfähig, wohl aber eine in Vollzug gesetzte **fehlerhafte** Gesellschaft (MüKo/*Schäfer* Rn 16). Auch eine **aufgelöste** GbR ist bis zur Vollbeendigung nach § 11 III InsO insolvenzfähig. Bei Ablehnung mangels Masse kommt nur § 729 III (Rn 21) in Betracht. Mit der Aufhebung des Insolvenzverfahrens tritt die GbR rückwirkend in ein werbendes Stadium ein (MüKo/*Schäfer* Rn 18). Bei einer späteren Verfahrenseinstellung mangels Masse nach § 207 InsO bleibt es bei der Auflösung; die Gesellschafter können aber nach § 734 die Fortsetzung beschließen (MüKo/*Schäfer* Rn 19). 10

11 Wie sich aus § 735 I 1 ausdrückl ergibt, tritt die **Durchführung des Insolvenzverfahrens** an die Stelle einer Auseinandersetzung. Insolvenzschuldnerin ist die **GbR**, welcher der Eröffnungsbeschluss nach § 30 II InsO zuzustellen ist und die sich gegen den Beschluss mittels Beschwerde nach § 34 InsO zur Wehr setzen kann (MüKo/*Schäfer* Rn 23). Im Grundbuch ist für die der GbR gehörenden Grundstücke der **Insolvenzvermerk** nach § 32 InsO einzutragen. In das Gesellschaftsregister ist die insolvenzbedingte Auflösung nach § 733 I 2 einzutragen.

12 In der Insolvenz kann (nur) der Verwalter die persönliche **Haftung der Gesellschafter** für Gesellschaftsschulden geltend machen (§ 93 InsO; auch die Haftung Ausgeschiedener, *Gerhardt* ZIP 2000, 2181). Schreibt der Gesellschaftsvertrag eine Auseinandersetzungsbilanz zum Stichtag des Ausscheidens vor, muss sich der Insolvenzverwalter an das Liquidationsguthaben halten (BGH DZWIR 2008, 65). Auch schulden die Gesellschafter der Insolvenzschuldnerin nur die zur Befriedigung der Gläubiger nötigen Leistungen (vgl BGHZ 217, 327 Rn 39; 228, 28 Rn 20, 55, 79). Nach der Eröffnung eingegangene Verbindlichkeiten betreffen ihr Privatvermögen nicht mehr (*Prütting* ZIP 1997, 725, 732; s auch BT-Drs 12/2442, 140). Auch ausstehende **Sozialansprüche** kann der Insolvenzverwalter in diesem Rahmen geltend machen. Das gilt nicht für **Drittforderungen**, wie zB den Anspruch aus der Bürgschaft eines Gesellschafters für Gesellschaftsverbindlichkeiten (Jena NZG 2001, 172). Der Insolvenzverwalter kann sich über Gesellschafterverbindlichkeiten **vergleichen**, was auch nach Aufhebung des Insolvenzverfahrens Bestand hat (BGH NJW 2016, 1592).

13 Für im Verfahren aufgrund eines **Insolvenzplans** befriedigte Gläubigerforderungen entfällt gem § 227 II InsO auch die persönliche Haftung der Gesellschafter (Staudinger/*Habermeier* § 728 Rn 15). Ein bei Insolvenzeröffnung schwebender Prozess eines Gläubigers mit einem Gesellschafter wegen einer Gesellschafterschuld wird **unterbrochen**, der Insolvenzverwalter kann ihn aber nach § 85 InsO aufnehmen (BGH NJW 2003, 590 m zust Anm *Pape* WuB VI C § 93 InsO 1.03). Anderes gilt für Rechtsstreitigkeiten mit der noch nicht voll beendigten Liquidationsgesellschaft, in deren Rahmen es Umstände geben kann, die den Fortbestand der Gesellschaft anzeigen (im Einz *Beurskens/Rottmann* JZ 2018, 272, 274f). Nach der **Aufhebung des Insolvenzverfahrens** kann die persönliche Haftung der Gesellschafter wieder geltend gemacht werden, auch aus Verbindlichkeiten, die während des Insolvenzverfahrens begründet werden, da diese auch im Insolvenzplan berücksichtigt sein müssen.

14 **3. Kündigung.** Nach § 729 I Nr 3 führt die Kündigung der Gesellschaft zu deren Auflösung. Sie ist von der Kündigung der Mitgliedschaft nach § 725 **abzugrenzen** (dazu § 725 Rn 10). Die Einzelheiten zur **außerordentlichen** Auflösungskündigung sind bei § 731 erläutert. Eine **ordentliche** Auflösungskündigung ist gesetzl nicht mehr vorgesehen, was im Interesse der Unternehmenskontinuität zu begrüßen ist. Im Rahmen des § 729 IV können sich die Gesellschafter, namentlich bei Gelegenheitsgesellschaften, aber auch konkludent auf eine ordentliche Auflösungskündigung verständigen, woran indes keine geringen Anforderungen gestellt werden sollten (vgl *Servatius* Rn 14).

15 **4. Auflösungsbeschluss.** Der Auflösungsbeschluss der Gesellschafter bewirkt nach § 729 I Nr 4 die Auflösung der GbR. In rechtsdogmatischer Hinsicht wird der **Gesellschaftszweck** der werbenden Gesellschaft hin zu einer Liquidationsgesellschaft **geändert** (Rn 2). Die Einzelheiten zum Auflösungsbeschluss sind bei § 732 erläutert.

16 **IV. Zweckerreichung und Unmöglichkeit.** Die Bedeutung des § 729 II liegt im Wesentlichen darin, dass die Zweckerreichung oder ihre Unmöglichkeit – im Unterschied zu § 139 HGB – von sich aus und **ohne Kündigung**, für die diese Geschehnisse möglicherweise einen Grund abgeben könnten, zur Auflösung der Gesellschaft führen, nicht schon zur Vollbeendigung. Die Gesellschaft muss also nach allg Grundsätzen liquidiert werden, wenn sie nicht, was durch stillschweigende Verständigung über eine andere Zweckbestimmung möglich ist, fortgesetzt wird (BGH ZIP 2004, 397 zur Fortführung einer aufgelösten Anwaltssozietät mit Steuerberater). IÜ ist § 729 II **zwingend** (BGH WM 1963, 728, 730). Das schließt aber nicht aus, anstelle der aufgelösten eine andere Art der Beteiligung vorzusehen (Hamm NJW-RR 1994, 999 für die Ersetzung einer durch Veräußerung des Gesellschafteranteils erledigten Unterbeteiligung durch eine direkte Beteiligung an der Gesellschaft).

17 **1. Zweckerreichung.** Dabei ist Zweckerreichung besonders bei der Gelegenheitsgesellschaft ein einleuchtender Grund für die automatische Auflösung, wenn der Gesellschaftsvertrag – auch ein konkludent geschlossener – den Zweck und die Begrenzung der gesellschaftlichen Bindung auf seine Erreichung hinlänglich deutlich erkennen lässt. Zweckerreichung liegt in der **Erfüllung des gemeinsam gesetzten Ziels** innerhalb des Gegenstandes der gesellschaftlichen Tätigkeit, sodass bei Dauergesellschaften idR eine Zweckerreichung idS nicht vorkommen wird. Bei Bauherrengemeinschaften genügt die Fertigstellung des Gebäudes nicht, wenn noch Finanzierungsbeiträge offenstehen (BGH WM 1988, 661); überdies wird nicht selten der Übergang in eine Dauergesellschaft vereinbart sein. Bei der **Vorgründungsgesellschaft** tritt Zweckerreichung mit dem Abschluss des Gesellschaftsvertrags für die zu errichtende (Kapital-)Gesellschaft ein (*Bayer/Lieder* Rn 505).

18 **2. Unmöglichwerden der Zweckerreichung.** Aufgelöst ist die GbR auch bei Unmöglichwerden der Erreichung des Gesellschaftszwecks, worunter nachträgl Unmöglichkeit zu verstehen ist. Vorübergehende Unmöglichkeit genügt nicht (BGHZ 24, 279, 296; RGZ 164, 129, 142); sie kann aber Kündigungsgrund sein. Allerdings sind Krisen und Schwierigkeiten bei der Zweckverfolgung keine Seltenheit, sodass an das Vorliegen von Unmöglichkeit idS **hohe Anforderungen** zu stellen sind. Die Unmöglichkeit muss **für jedermann offenbar** sein (BGHZ 24, 279, 293; 84, 379; Köln BB 2002, 1167; MüKo/*Schäfer* Rn 37; Staudinger/*Habermeier* § 726 Rn 5). Unrentabilität eines von der Gesellschaft betriebenen Geschäfts oder Finanzierungsschwierigkeiten genügen nicht (RG JW

1938, 1522). Gleiches gilt, wenn aus tatsächlichen Gründen die Gesellschafter das Interesse an der Erreichung des Gesellschaftszwecks verlieren (BGH WM 1970, 962).

Beispiele für eine Unmöglichkeit der Zweckerreichung sind aber der Verlust der Qualität als steuerliche Mitunternehmerschaft, technische Unmöglichkeit der als gemeinsam geplanten Produktion oder Entwicklung (RG JW 1930, 1730; RGZ 123, 23, 25), Verlust der Anwaltszulassung eines Partners einer zweigliedrigen Sozietät (BGH ZIP 2004, 397; für Zahnärztin LSG Berlin-Brandenburg BeckRS 2019, 25094 Rn 22), Veräußerung des Grundstücks vor der beabsichtigten Bebauung bzw Beplanung (BGH NJW 2019, 161 Rn 13), Aufgabe des einzigen Ladenlokals (München BeckRS 2016, 6501 Rn 14), Zusammenbruch des Unternehmens, dessen Sanierung die gemeinsame Tätigkeit dienen sollte (RG LZ 1930, 1451; hier können sich jedoch im Rahmen der Liquidation wegen nutzloser Beiträge oder erlittener Schäden eines Gesellschafters noch Ansprüche unter den Partnern ergeben), ähnl bei definitiver Ablehnung zum Überleben erforderlicher Kapitalzufuhr (Köln BB 2002, 116), Enteignung (BGH WM 1973, 858; 1986, 1149), Abtretung eines Gesellschaftsanteils, an dem eine Unterbeteiligung besteht (Hamm NJW-RR 1994, 999), bei einer **Wohngemeinschaft** (dazu näher Vor § 705 Rn 97) auch Kündigung der gemeinsamen Wohnung durch den Vermieter (*Schüren* JZ 1989, 263). Bei einem **Gesellschafterkonsortium** mit Bevollmächtigung eines Konsortialführers zur einheitlichen Stimmabgabe bei der Emittentin führt die Unmöglichkeit, sich auf einen Konsortialführer zu einigen, zur Unmöglichkeit der Zweckerreichung, wenn nicht durch ergänzende Auslegung eine Stimmrechtsbindung an den Mehrheitswillen anzunehmen ist. 19

V. Atypische GbR. Die im Interesse eines effektiven Gläubigerschutzes (Rn 1) bestehenden Auflösungsgründe für atypische GbR nach § 729 III erfassen – in Parallele zu § 15a I 3 InsO – Gesellschaften, bei denen **kein persönlich haftender Gesellschafter eine natürliche Person** ist (S 1), es sei denn, ein persönlich haftender Gesellschafter ist eine (andere) rechtsfähige Personengesellschaft, bei welcher zumindest ein persönlich haftender Gesellschafter eine natürliche Person ist (S 2). Diese Ausnahme gilt etwa, wenn der GbR eine KG angehört, bei welcher der Komplementär eine natürliche Person ist. Die Gesellschafter-Gesellschaft muss wegen § 707a I 2 nur dann eingetragen sein, wenn auch die Hauptgesellschaft **eingetragen** ist (Begr RegE, BT-Drs 19/27635, 178). 20

1. Ablehnung der Insolvenzeröffnung mangels Masse. Die Ablehnung der Eröffnung des Insolvenzverfahrens mangels Masse nach § 26 InsO führt nicht zur Auflösung nach § 729 I Nr 2, sondern stellt nach § 729 III 1 Nr 1 nur dann einen Auflösungsgrund dar, wenn der GbR keine natürliche Person als persönlich haftender Gesellschafter angehört. Damit wird ein Gleichlauf mit der Komplementärgesellschaft hergestellt (MüKo/*Schäfer* Rn 45 aE). **Unzureichend** ist die Einstellung des Insolvenzverfahrens nach § 207 InsO, die Anzeige der Masseunzulänglichkeit nach § 208 InsO und die Ablehnung eines Restrukturierungsplans nach § 63 StaRUG (*Servatius* Rn 23). In den ersten beiden Fällen ist die GbR freilich schon nach § 729 I Nr 2 aufgelöst. Unschädlich ist zudem die Ablehnung der Verfahrenseröffnung über das Vermögen eines BGB-Gesellschafters (*Servatius* Rn 24). 21

2. Löschung wegen Vermögenslosigkeit. Aufgelöst wird die atypische GbR nach § 729 III 1 Nr 2 weiterhin, wenn sie nach § 394 FamFG wegen Vermögenslosigkeit gelöscht wird. Die Eintragung einer solchen Löschung kommt allerdings nur bei der **eGbR** in Betracht. Die Auflösung dient dem **Schutz des Rechtsverkehrs**, weil es an der notwendigen Publizität der Gesellschafter nach der Löschung fehlt (vgl Begr RegE, BT-Drs 19/27635, 178; MüKo/*Schäfer* Rn 46). Die Auflösung führt hier grds zur **Beendigung** der GbR, es sei denn, dass auch nach der Löschung noch verteilungsfähiges Vermögen vorhanden ist (Nachtragsliquidation, § 735 I 2). 22

VI. Vertragliche Auflösungsgründe. Die gesetzl Auflösungsgründe sind nicht abschließend, sondern können durch gesellschaftsvertragl Regelungen ergänzt werden. Das betrifft namentlich die **auflösende Bedingung** des Gesellschaftsvertrags nach § 158 II, deren Eintritt zur Auflösung und Liquidation der GbR führt (Rn 3). Zudem stellt § 723 I klar, dass die dort genannten Ausscheidensgründe auch zu Auflösungsgründen erhoben werden können. 23

§ 730 Auflösung bei Tod oder Insolvenz eines Gesellschafters

(1) Ist im Gesellschaftsvertrag vereinbart, dass die Gesellschaft durch den Tod eines Gesellschafters aufgelöst wird, hat der Erbe des verstorbenen Gesellschafters den anderen Gesellschaftern dessen Tod unverzüglich anzuzeigen. Wenn mit dem Aufschub Gefahr für die Gesellschaft oder das Gesellschaftsvermögen verbunden ist, hat der Erbe außerdem die laufenden Geschäfte fortzuführen, bis die anderen Gesellschafter in Gemeinschaft mit ihm anderweitig Fürsorge treffen können. Abweichend von § 736b Absatz 1 gilt für die einstweilige Fortführung der laufenden Geschäfte die dem Erblasser durch den Gesellschaftsvertrag übertragene Geschäftsführungs- und Vertretungsbefugnis als fortbestehend. Die anderen Gesellschafter sind in gleicher Weise zur einstweiligen Fortführung der laufenden Geschäfte berechtigt und verpflichtet.

(2) Absatz 1 Satz 4 gilt entsprechend, wenn im Gesellschaftsvertrag vereinbart ist, dass die Gesellschaft durch die Eröffnung des Insolvenzverfahrens über das Vermögen eines Gesellschafters aufgelöst wird.

I. Normzweck. Die Vorschrift regelt die – abweichend von § 723 I Nr 1 und 3 gesellschaftsvertragl vereinbarte – Auflösung der GbR bei **Tod** oder **Insolvenz** eines Gesellschafters, um in diesen Fällen den Wandel von der werbenden zur abzuwickelnden Gesellschaft rechtsförmig zu ordnen (Begr RegE, BT-Drs 19/27635, 178). Hintergrund ist der Umstand, dass nach Tod und Insolvenz eines Gesellschafters ein gesellschaftsfremder Dritter in das verbandsrechtl Organisationsgefüge eingebunden werden und die **Handlungsfähigkeit der aufgelösten** 1

GbR sichergestellt werden muss (*Servatius* Rn 3). Die Anzeigepflicht nach Abs I S 1 soll es den Mitgesellschaftern ermöglichen, rasch auf die Auflösung zu reagieren. Fortbestehende Befugnisse der Erben und der Mitgesellschafter stehen gleichermaßen im Interesse der Funktionsfähigkeit der Gesellschaft. Die Vorschrift gilt für die **Außen-GbR** sowie über die Verweisung des § 740a III für die **Innen-GbR** und die Verweisungen nach § 105 III, § 161 II HGB für **OHG** und **KG** sowie nach § 10 I PartGG für die **PartG** (*Servatius* Rn 4 aE; aA BeckOK/*Schöne* Rn 1: § 1 IV PartGG).

2 **II. Tod eines Gesellschafters. 1. Rechtsstellung des Erben in der Abwicklungsgesellschaft.** Mit dem Tod (dazu § 723 Rn 5) des ersten von der Auflösungsklausel erfassten Gesellschafters verwandelt sich die GbR in eine **Abwicklungsgesellschaft**, an welcher die **Erben** des Verstorbenen beteiligt sind, soweit die Gesellschafter nicht die Fortsetzung nach § 734 beschließen. Nach allg Meinung bedeutet dies ein Nachrücken in die Vermögens- wie in die Mitverwaltungsrechte des Erblassers (BGH NJW 1982, 170; 1995, 3314; NZG 2011, 697; MüKo/*Schäfer* Rn 8; Staudinger/*Habermeier* § 727 Rn 7). Anders als bei der Mitgliedschaft an einer werbenden GbR (vgl § 711 II) bestehen im Rahmen der Abwicklungsgesellschaft keine Bedenken, die Gesellschafterstellung des Verstorbenen **mehreren Erben** in ungeteilter Miterbengemeinschaft zuzuweisen (BGHZ 98, 48, 58; BGH NJW 1995, 3314; s auch schon BGH NJW 1982, 170; Soergel/*Hadding/Kießling* § 727 Rn 4; MüKo/*Schäfer* Rn 8; Staudinger/*Habermeier* § 727 Rn 10). Sie nehmen ihre Befugnisse als Liquidator durch einen gemeinsamen Vertreter wahr (§ 736 III). Das bedeutet auch, dass der vererbte **Anteil** einen **Teil des Nachlasses** bildet (BGHZ 98, 48, 52; 108, 187, 192). Allerdings sind die Tätigkeitspflichten und Befugnisse aller Gesellschafter, nicht nur der Erben, an die Situation der Liquidationsgesellschaft angepasst. Ferner muss in einer unter Mitwirkung der Erben vereinbarten Rückumwandlung der Gesellschaft in eine werbende zugleich eine – auf die Mitgliedschaft beschränkte – **Nachlassteilung** gesehen werden, sodass in der fortgesetzten Gesellschaft die einzelnen Miterben mit ihrer Quote oder der sonst von ihnen vereinbarten Beteiligung Gesellschafter sind (BGH NJW 1982, 170).

3 **2. Anzeigepflicht der Erben.** Die Pflicht, den Tod des Erblassers **allen Mitgesellschaftern** (abweichend *Servatius* Rn 9: § 720 V analog) unverzüglich iSd § 121 I 1 anzuzeigen (§ 730 I 1), kann durch die Handlung jedes einzelnen Miterben erfüllt werden. Es handelt sich um eine geschäftsähnliche Handlung, die den Mitgesellschaftern analog § 130 **zugehen** muss (*Servatius* Rn 9; aA MüKo/*Schäfer* Rn 9). Die Verpflichtung **entfällt**, wenn die Mitgesellschafter bereits auf andere Weise Kenntnis erlangt haben (MüKo/*Schäfer* Rn 9; i Erg auch *Servatius* Rn 9).

4 **3. Rechtsausübung durch die Erben.** Für die Ausübung der den Erben zugefallenen Rechte gilt das **Statut der Miterbengemeinschaft**, also gilt im Grundsatz gemeinsame Vornahme (§ 2038) mit der Maßgabe, dass Entscheidungen, die zu einer ordnungsmäßigen Verwaltung des Nachlasses nötig sind, mehrheitlich (§ 745 I iVm § 2038 II 1) getroffen werden können. Ein Nachlassverwalter, der wie der Testamentsvollstrecker in der Liquidationsgesellschaft die Verwaltungsrechte geltend machen kann (BGHZ 98, 48, 58), ist nicht zur Geltendmachung der persönlichen Mitgliedschaftsrechte der Gesellschafter-Erben befugt, auch nicht zu Verfügungen über Gegenstände des Gesellschaftsvermögens; das gilt in der Liquidationsgesellschaft wie in einer mit den Erben fortgesetzten Gesellschaft (BayObLG WM 1991, 131) und ist somit auch nicht durch die Frage der Nachlasszugehörigkeit der Beteiligungen beeinflusst. Damit bedarf insb ein **Fortsetzungsbeschluss** der Zustimmung aller Miterben (BGHZ 1, 324, 328; BGH NJW 1982, 170; Soergel/*Hadding/Kießling* § 727 Rn 6; Staudinger/*Habermeier* § 727 Rn 11); er kann auch durch gemeinsames Außenverhalten der Gesellschafter schlüssig zustande kommen, was besonders für die Fortführung von Prozessen Bedeutung haben kann (näher *Beurskens/Rottmann* JZ 2018, 272, 275).

5 Die Schwierigkeit der Abgrenzung zw Maßnahmen der ordnungsmäßigen Verwaltung und solchen Entscheidungen, für die Einstimmigkeit der Erben gefordert werden muss, erleichtert **§ 730 I 2–4** insofern, als der Erbe, wenn mit dem Aufschub **Gefahr für die GbR** oder das Gesellschaftsvermögen verbunden ist (zur Gefahrenabwehr s § 680 Rn 3ff), die laufenden Geschäfte fortzuführen hat, bis die anderen Gesellschafter in Gemeinschaft mit ihm anderweitig Fürsorge treffen können. Zu diesem Zweck gilt – abweichend von § 736b I – für die einstweilige Fortführung der laufenden Geschäfte die dem Erblasser gesellschaftsvertragl übertragene **Geschäftsführungs- und Vertretungsbefugnis** als **fortbestehend.** Das betrifft namentlich die **Übergangszeit** bis zur Umstellung der GbR auf die Liquidation (Begr RegE, BT-Drs 19/27635, 179), die mit dem Anfall der Erbschaft nach § 1942 beginnt; die Verpflichtung des Gesellschafters entfällt mit Ausschlagung nach § 1953 rückwirkend (MüKo/*Schäfer* Rn 11).

6 Die Erben **haften** im **Innenverhältnis** für Pflichtverletzungen (§ 723 Rn 9). Da der Anteil an der Abwicklungsgesellschaft zum Nachlass gehört (§ 723 Rn 7) und die Erben in ungeteilter Gemeinschaft Gesellschafter sind, sind die bei der Verwaltung der Mitgliedschaftsrechte entstehenden Haftpflichten Nachlassverbindlichkeiten, sodass die Erben gem §§ 1975ff, 2059 die Haftung auf das Ererbte beschränken können (RGZ 92, 341; Soergel/*Hadding/Kießling* § 727 Rn 7). Dasselbe gilt i Erg für die Haftung für **Gesellschaftsschulden** ggü den Gläubigern der Gesellschaft. Soweit die Schuld vor dem Erbfall entstanden war, folgt dies aus der persönlichen Verpflichtung des Erblassers (§ 721a Rn 4). Bei Verpflichtungen, die im Zuge ordnungsmäßiger Verwaltung des Nachlasses eingegangen werden mussten, liegt eine Nachlasserbenschuld vor (zur Art der Beschränkung der hieraus erwachsenden Haftung auf den Nachlass § 1967 Rn 9).

4. Rechtsausübung durch andere Gesellschafter. Zugleich sind die anderen Gesellschafter jew einzeln in gleicher Weise zur **einstweiligen Fortführung der laufenden Geschäfte** berechtigt und verpflichtet. Für die Übergangszeit bestehen sowohl ausdrückl übertragene Geschäftsführungsbefugnisse als auch der Ausschluss einzelner Gesellschafter fort (abweichend *Servatius* Rn 14: Unbeachtlichkeit der bisherigen Befugnisse), während sich bei der Gesamtgeschäftsführung im Vergleich zu § 736 I, § 736b I keine Besonderheiten ergeben (MüKo/*Schäfer* Rn 5). Während der Übergangszeit bestehen diese Befugnisse und Pflichten neben den Befugnissen aus § 736b II (näher MüKo/*Schäfer* Rn 6). 7

III. Insolvenz eines Gesellschafters. 1. Insolvenzeröffnung. Vorausgesetzt ist ein **wirksamer Insolvenzeröffnungsbeschluss** (näher § 729 Rn 10). Wird der Beschluss wieder aufgehoben, wird die Gesellschaft rückwirkend als werbende angesehen (für Auseinandersetzung unter den Gesellschaftern aber Soergel/*Hadding/Kießling* § 728 Rn 5). Wird die Eröffnung mangels Masse abgelehnt, ist ein Grund für eine Versilberung der Beteiligung im Rahmen der Abwicklung einer Liquidationsgesellschaft nicht gegeben (BGHZ 75, 178), aber die Privatgläubiger können bei Vorliegen der Voraussetzungen nach § 726 vorgehen. Wird das Verfahren später **mangels Masse eingestellt**, bleibt es vorbehaltlich eines Fortsetzungsbeschlusses bei der Auflösung. Auch während eines Nachlassinsolvenzverfahrens kann der Verwalter, da die Mitgliedschaft in den Nachlass fällt, wegen der Auseinandersetzungsansprüche gegen die Gesellschafter-Erben (§ 723 Rn 12) vorgehen und ggf über § 726 die Mitgliedschaft verwerten. 8

2. Rechtsfolgen. Die **Auflösung** der Gesellschaft bei Insolvenz auch nur eines Gesellschafters bewirkt, dass die Beteiligung des Insolvenzschuldners dem Zugriff des Insolvenzverwalters offensteht, der auch in der Liquidationsgesellschaft die Rechte des Insolvenzschuldners wahrnehmen, sie folglich auch kündigen kann, ohne Beschränkungen wie diejenige nach § 726 beachten zu müssen (*Heerma* ZIP 2011, 984, 987; *Uhlenbruck* § 35 InsO Rn 103). Das ist sinnvoll (zum Grundgedanken Staudinger/*Habermeier* § 728 Rn 4; PWW/*v Ditfurth* § 728 Rn 7), da sonst § 726 nur dem einzelnen Privatgläubiger des Gesellschafters erlaubt, auf die Substanz der Beteiligung zuzugreifen, wenn er einen rechtskräftigen Schuldtitel hat (§ 726 Rn 6). Es kommt hinzu, dass während des Insolvenzverfahrens über das Vermögen eines Insolvenzschuldners Einzelzwangsvollstreckung von Seiten der Gläubiger nicht möglich ist (§ 89 I InsO). Im Rahmen der Liquidation wirkt der **Insolvenzverwalter** für den Gesellschafter nach § 736 II mit. Bei Gesamtgeschäftsführungsbefugnis nimmt der Insolvenzverwalter nach § 736b I die Befugnisse des Insolvenzschuldners wahr. Die **Unterbrechung** gem § 240 ZPO (§ 729 Rn 13) tritt nicht ein, wenn nur ein einzelner verklagter Gesellschafter insolvent wird (Frankfurt BB 2001, 2392; Jena IBR 2002, 520). 9

In die **Masse** fällt wie bei der Pfändung (§ 726 Rn 1) der Anteil des Gesellschafters, soweit die Rechte nicht bereits anderweitig abgetreten sind (§ 711 Rn 3). Die Gegenstände des Gesellschaftsvermögens erfasst der Beschlag nicht (so zum früheren Recht BGHZ 23, 307, 314). **Gläubiger** sind die Privatgläubiger des Gesellschafters, daneben können aber auch Gesellschaftsgläubiger, die wegen einer Gesellschaftsforderung gegen den Gesellschafter persönlich vorgehen können (§ 721 Rn 1), ihre Forderungen anmelden (Soergel/*Hadding/Kießling* § 728 Rn 16; aM *K. Schmidt* ZIP 2000, 1085). Sie müssen sich allerdings eine Leistung der Gesellschaft oder der Mitgesellschafter des Insolvenzschuldners auf ihre Forderung anrechnen lassen (*Oehlerking* KTS 1980, 14ff; s auch BGH WM 1958, 1105 für OHG). Auch eine Vollstreckung ins Gesellschaftsvermögen wegen einer Gesellschaftsschuld (§ 722 Rn 2) bleibt möglich; ein Ausgleichsanspruch aus § 737 ist eine Insolvenzforderung. Demggü können Forderungen eines Mitgesellschafters, etwa auf Ausgleich, oder Sozialansprüche der Gesellschaft nicht im Verfahren geltend gemacht werden, sondern beeinflussen die Berechnung des Liquidationsguthabens, das letztlich den Gläubigern zugutekommt (MüKo/*Schäfer* Rn 19). 10

Die **Liquidation** im Fall der Gesellschafterinsolvenz vollzieht sich außerhalb des Insolvenzverfahrens, wenn auch unter Beteiligung des Insolvenzverwalters anstelle des Insolvenzschuldners (KG ZIP 2011, 370; Staudinger/*Habermeier* § 728 Rn 22; MüKo/*Schäfer* Rn 17), sodass davon auszugehen ist, dass der Anteil in die Masse fällt. Die Eintragung eines **Insolvenzvermerks** kommt nicht in Betracht, solange nicht auch über das Vermögen der Gesellschaft das Insolvenzverfahren eröffnet wurde (Dresden ZIP 2003, 130; LG Leipzig Rpfleger 2000, 111). Nach § 84 I 2 InsO kann aus dem Anteil des Insolvenzschuldners abgesonderte Befriedigung verlangt werden. Nach § 730 II iVm I 4 sind die **übrigen Gesellschafter** bei Gefahr in Verzug zur **einstweiligen Fortführung** der laufenden Geschäfte berechtigt und verpflichtet, während der Insolvenzverwalter an der Fortführung insofern ausgeschlossen ist (Begr RegE, BT-Drs 19/27635, 179). Dieses Pflichtrecht besteht für die Übergangszeit bis zur Umstellung auf die Liquidation (Rn 5) und wird ergänzt durch die Befugnis aus § 736b II. 11

3. Gestaltbarkeit. Anstelle der **für sich zwingenden Regelung** kann auch vorgesehen sein, dass der insolvente Gesellschafter erst ausgeschlossen werden muss, wobei es vom Vertrag abhängt, mithin Auslegungsfrage ist, ob ohne eine solche Ausschließung die Gesellschaft aufgelöst sein oder ohne den Insolvenzschuldner fortgesetzt werden soll. Beim Ausscheiden fällt der Abfindungsanspruch in die Masse (§ 728 Rn 3). Eine Regelung, nach der der Insolvenzschuldner auszuscheiden hat und sein Anteil zunächst – und unter Ausschluss der Abfindung – treuhänderisch auf den geschäftsführenden Mitgesellschafter übergehen soll, ist nicht sittenwidrig (Köln EWiR § 738 BGB/90 m Kurzkomm *Heinemann*), solange gesichert ist, dass der Abfindungsanspruch zur Gläubigerbefriedigung herangezogen werden kann. Deshalb können die verbleibenden Gesellschafter nach der Auflösung auch die **Fortsetzung** ohne den Insolvenzschuldner beschließen, wenn das Insolvenzverfahren nach Bestätigung eines Insolvenzplans aufgehoben wurde (Staudinger/*Habermeier* § 728 Rn 3), andernfalls bedarf es zu einer 12

Fortsetzung ohne den Insolvenzschuldner der Zustimmung des Insolvenzverwalters (Hamm BauR 1986, 462). Umstritten ist die **Fortsetzung der Gesellschaft** mit der Maßgabe, dass der Insolvenzschuldner nicht automatisch ausscheidet, aber ausgeschlossen werden kann. Wenn dies von der Freigabe der Mitgliedschaft durch den Insolvenzverwalter abhängig gemacht wird (MüKo/*Schäfer* Rn 22; Soergel/*Hadding*/*Kießling* § 728 Rn 17), bleibt unberücksichtigt, dass ein Verbleib des Insolvenzschuldners in der Gesellschaft zur Erfüllung des Gesetzeszwecks, nämlich der Sicherung der Zugriffsrechte der Massegläubiger auf die mitgliedschaftlichen Rechte (auch durch Kündigung), erreicht werden kann. Die Entscheidung des Insolvenzverwalters zur Fortsetzung mit dem Insolvenzschuldner ist freilich nur wirksam, wenn die für eine Freigabe vorgesehenen insolvenzrechtl Voraussetzungen vorliegen. Daraus lässt sich weiter ableiten, dass eine gesellschaftsvertragl Regelung, die sich für den Fall der Insolvenz eines Gesellschafters auf ein **Ausschließungsrecht** der Mitgesellschafter beschränkt, keinen gesellschaftsrechtl Bedenken unterliegt, wenn davon nicht ein Gebrauch gemacht wird, der es dem Insolvenzverwalter unmöglich macht, auf diese Weise den Wert der Beteiligung zu nutzen. Zudem steht es den Gesellschaftern frei, gesellschaftsvertragl **ergänzende Geschäftsführungs- und Vertretungsbefugnisse** für den Fall der Auflösung zu vereinbaren (*Servatius* Rn 3, 17).

§ 731 Kündigung der Gesellschaft

(1) Ein Gesellschafter kann die Gesellschaft jederzeit aus wichtigem Grund ohne Einhaltung einer Kündigungsfrist kündigen, wenn ihm die Fortsetzung der Gesellschaft nicht zuzumuten ist. Ein wichtiger Grund liegt insbesondere vor, wenn ein anderer Gesellschafter eine ihm nach dem Gesellschaftsvertrag obliegende wesentliche Verpflichtung vorsätzlich oder grob fahrlässig verletzt hat oder wenn die Erfüllung einer solchen Verpflichtung unmöglich wird.

(2) Eine Vereinbarung im Gesellschaftsvertrag, welche das Kündigungsrecht ausschließt oder dieser Vorschrift zuwider beschränkt, ist unwirksam.

1 **I. Normzweck.** Die Vorschrift regelt die **außerordentliche Kündigung** der Gesellschaft durch einen Gesellschafter. Anders als die Kündigung nach § 725 führt die Kündigung nach § 731 nicht zum Ausscheiden des Kündigenden, sondern zur **Auflösung der GbR**. Dem Gesellschafter stehen die beiden Kündigungsrechte gleichermaßen zu, auch wenn § 731 höhere Anforderungen formuliert, sodass sich die Kündigung nach § 725 prinzipiell als milderes Mittel erweist (zur Abgrenzung s § 725 Rn 10; *Servatius* Rn 14; *Fleischer* DStR 2021, 430, 437). **Abs I** regelt die **Kündigungsvoraussetzungen** und verlangt namentlich das Vorliegen eines wichtigen Grundes. **Abs II** erklärt das Recht zur außerordentlichen Auflösungskündigung für grds **änderungsfest**. Das schützt die persönliche Dispositionsfreiheit eines Gesellschafters, sich von den verbandsrechtl Bindungen wieder zu lösen und die damit verbundene Freiheit zur Desinvestition sowie negative Vereinigungsfreiheit (vgl MüKo/*Schäfer* Rn 28; BeckOK/*Schöne* Rn 2). Freilich sind diese schutzwürdigen Gesellschafterinteressen mit dem überindividuellen **Interesse an der Unternehmenskontinuität** (*Servatius* Rn 3) im Rahmen der Feststellung des wichtigen Grundes abzuwägen. Der Anwendungsbereich beschränkt sich auf die **Außen-GbR**, während bei der Innen-GbR mit § 740a I Nr 4, III Sonderregeln bestehen; für OHG und KG gilt § 139 HGB, der über § 10 I PartGG auch für die PartG gilt.

2 **II. Kündigung. 1. Ausübung des Kündigungsrechts.** Das Kündigungsrecht nach § 731 kann von **jedem Gesellschafter** in Form einer empfangsbedürftigen Kündigungserklärung ausgeübt werden. Adressat ist die **GbR**, die durch einen vertretungsberechtigten Gesellschafter nach § 720 V vertreten wird (vgl Begr RegE, BT-Drs 19/27635, 180; BeckOK/*Schöne* Rn 13; *Servatius* Rn 11; aA MüKo/*Schäfer* Rn 7: Zugang bei allen anderen Gesellschaftern erforderlich). Für weitere **Einzelheiten** der Kündigungserklärung wird auf § 725 Rn 5 Bezug genommen.

3 Der **Inhalt** der Kündigungserklärung muss klar und eindeutig darauf gerichtet sein, die Gesellschaft in einer Weise zu kündigen, die deren Auflösung zur Folge hat, und gerade nicht nur die Mitgliedschaft zu kündigen, was stattdessen zum Ausscheiden des Gesellschafters führt. Im Zweifel handelt es sich um eine Austrittskündigung, die weniger weitreichende Folgen hat und an weniger hohe Hürden geknüpft ist (MüKo/*Schäfer* Rn 9). Ist die Erklärung auf Auflösung der GbR gerichtet, aber sind die Anforderungen an den wichtigen Grund nicht erfüllt, kommt eine Umdeutung nach § 140 in eine Austrittskündigung in Betracht.

4 **2. Wichtiger Grund.** In Übereinstimmung mit § 725 II 2 (§ 725 Rn 11) liegt ein wichtiger Grund namentlich vor, wenn ein anderer Gesellschafter eine **grobe Pflichtverletzung** begangen hat oder die Erfüllung einer gesellschaftsvertragl **Pflicht unmöglich** geworden ist (dazu § 725 Rn 12). Geeignet sind etwa hartnäckige Weigerungen der Beitragsleistung oder schwerwiegende Sorgfalts- und Treuepflichtverstöße, auch wenn die **Ausschließung** des betr Gesellschafters nach § 727 regelmäßig das **mildere Mittel** darstellt (zur Abgrenzung s § 727 Rn 6). Als weitere mildere Mittel sind die Entziehung von Geschäftsführungs- und Vertretungsbefugnissen oder die Zustimmung zur Anpassung des Gesellschaftsvertrags in Betracht zu ziehen (Begr RegE, BT-Drs 19/27635, 179).

5 Darüber hinaus liegt ein wichtiger Grund im Allg vor, wenn dem Kündigenden unter Berücksichtigung sämtlicher Umstände des konkreten Einzelfalls und unter Abwägung der beiderseitigen Interessen eine **Fortsetzung der GbR** bis zum vereinbarten Endtermin oder bis zum Ablauf einer vereinbarten Kündigungsfrist **nicht zumutbar** ist, da die Förderung des Gesellschaftszwecks aus wirtschaftl oder persönlichen – einen anderen Gesellschafter betreffenden – Gründen dauerhaft schwer beeinträchtigt ist (Begr RegE, BT-Drs 19/27635, 179). Dem-

entspr muss das Vertrauensverhältnis der Gesellschafter untereinander derart gestört oder ein gedeihliches Zusammenwirken aus anderen Gründen derart beeinträchtigt sein, dass das Auflösungsinteresse des kündigenden Gesellschafters das Bestandsinteresse der übrigen Gesellschafter überragt (MüKo/*Schäfer* Rn 13).

Im Unterschied zu § 725 II 2 muss der wichtige Grund so **schwerwiegend** sein, dass er gerade eine Auflösung der GbR zu tragen vermag (vgl Begr RegE, BT-Drs 19/27635, 179; MüKo/*Schäfer* Rn 14). Im Vergleich dazu erscheint die Austrittskündigung grds als **milderes Mittel**, sodass die Auflösungskündigung nach § 731 nur in Betracht kommt, wenn die Austrittskündigung zur Wahrung der berechtigten Interessen des kündigenden Gesellschafters nicht ausreicht (*Servatius* Rn 3; relativierend BeckOK/*Schöne* Rn 4ff). Im Rahmen der stets notwendigen **Gesamtabwägung** sind Zweck und Dauer der Gesellschaft (BGH DB 1977, 87, 88), der Zeitraum bis zur (möglichen) Auflösung (BGH WM 1975, 329, 331), die Zusammensetzung des Gesellschafterkreises sowie deren persönliche Zusammenarbeit und die Stellung des Kündigenden innerhalb der Gesellschaft zu berücksichtigen (BGHZ 84, 379, 382f; BGH NJW 1996, 2573; ZIP 2012, 1500 Rn 28; MüKo/*Schäfer* Rn 15). 6

Personenbezogene Umstände können die Auflösungskündigung nur rechtfertigten, wenn sie bei einem anderen Gesellschafter vorliegen, nicht jedoch in Bezug auf den Kündigenden selbst (MüKo/*Schäfer* Rn 16; *Schäfer* FS Henssler, 2023 im Erscheinen). Ein **schuldhaftes** Verhalten ist nicht erforderlich; umgekehrt schließt ein vorwerfbares Verhalten des Kündigenden die Kündigung nicht aus (näher § 725 Rn 14). Praktisch wird die Auflösungskündigung, wenn sich das pflichtwidrige Verhalten nicht auf einzelne Gesellschafter beschränkt oder das gesamte Vertrauensverhältnis derart nachhaltig gestört ist, dass die Fortführung der GbR gerade auch im Verhältnis zu Vertragspartnern oder ArbN wesentlich beeinträchtigt ist (MüKo/*Schäfer* Rn 17). 7

Bei **objektiven Umständen**, namentlich der Unmöglichkeit der Pflichterfüllung, hat eine Abgrenzung zu § 729 II zu erfolgen, wonach die Unmöglichkeit der Erreichung des Gesellschaftszwecks automatisch zur Auflösung der GbR führt. Die Kündigung nach § 731 setzt unterhalb dieser Schwelle an und kommt in Betracht, wenn wirtschaftl Schwierigkeiten die dauerhafte Rentabilität schwerwiegend in Frage stellen und eine Wende zum Besseren nicht absehbar ist (RG JW 1913, 265; vgl weiter BGH NJW 1992, 2696, 2697f) oder der Fortbestand der GbR die bisher intakten finanziellen Grundlagen der GbR zu vernichten droht (vgl BGH NJW 1960, 434; MüKo/*Schäfer* Rn 20). 8

Bei der **fehlerhaften Gesellschaft** ist ein zur Nichtigkeit führender Vertragsmangel wichtiger Grund iSd § 731; eine darauf gerichtete Anfechtungserklärung wirkt als Kündigung (BGHZ 63, 338, 344f; BGH NJW 2003, 1252, 1254; 2016, 2492 Rn 22). Bei der **zweigliedrigen Gesellschaft** laufen die Kündigungen nach § 725 und § 731 jew auf eine Beendigung der GbR unter Gesamtnachfolge auf den verbleibenden Gesellschafter hinaus, sodass sich eine Abgrenzung erübrigt (*Servatius* Rn 4). 9

3. Rechtsfolgen. Sind die tatbestandlichen Voraussetzungen erfüllt, ist die GbR **mit Zugang** der Kündigung bei der GbR **aufgelöst**. Für weitere Einzelheiten, namentlich zum Verzicht, Verwirkung und Schadensersatz, wird auf § 725 Rn 2, 16, 18 Bezug genommen. Für das Vorliegen des wichtigen Grundes ist der Kläger darlegungs- und beweispflichtig, während der Beklagte für ein etwaiges milderes Mittel eine sekundäre Darlegungslast trägt (Begr RegE, BT-Drs 19/27635, 180). 10

III. Kündigungsschranken. Das Kündigungsrecht kann – wie andere Gestaltungsrechte auch – durch den Erklärenden **missbraucht** werden, etwa bei einer in Schädigungsabsicht oder zur Verfolgung eigennütziger Interessen erklärten Kündigung (§ 725 Rn 24). In Betracht kommt analog § 725 V (§ 725 Rn 22) auch eine Kündigung **zur Unzeit** (MüKo/*Schäfer* Rn 26). 11

IV. Abweichende Vereinbarungen. Das Recht zur außerordentlichen Kündigung des Gesellschaftsverhältnisses kann nach § 731 II weder ausgeschlossen noch erschwert werden. Eine das Kündigungsrecht beschränkende gesellschaftsvertragl Abrede ist **nichtig**. Der Gesellschaftsvertrag wird – entgegen § 139 – hiervon regelmäßig nicht tangiert (MüKo/*Schäfer* Rn 28). Stattdessen können die Gesellschafter ungehindert nach § 731 vorgehen. Während leicht umsetzbare verfahrensmäßige Anforderungen, wie zB Formerfordernisse, regelmäßig unschädlich sind, verstoßen Kündigungsfristen, Termine oder erschwerte Anforderungen an den wichtigen Grund gegen § 731 II (vgl RGZ 162, 388, 393; 136, 236, 243; MüKo/*Schäfer* Rn 29). Für weitere Einzelheiten ist auf § 725 Rn 25ff Bezug zu nehmen. 12

§ 732 Auflösungsbeschluss

Hat nach dem Gesellschaftsvertrag die Mehrheit der Stimmen zu entscheiden, muss ein Beschluss, der die Auflösung der Gesellschaft zum Gegenstand hat, mit einer Mehrheit von mindestens drei Viertel der abgegebenen Stimmen gefasst werden.

I. Normzweck. Die durch das MoPeG eingefügte Vorschrift bestimmt, dass für den Fall einer gesellschaftsvertragl Mehrheitsklausel – in Parallele zu § 39c II UmwG und § 217 I 3 UmwG – ein Auflösungsbeschluss von einer **Mehrheit von wenigstens drei Viertel** der abgegebenen Stimmen getragen sein muss. Das qualifizierte Mehrheitserfordernis dient dem Schutz der (Minderheits-)Gesellschafter (vgl Begr RegE, BT-Drs 19/27635, 180) und erhöht die Unternehmenskontinuität (*Servatius* Rn 3). Dementspr hat die Vorschrift **zwingenden** Charakter (MüKo/*Schäfer* Rn 2; *Heckschen* NZG 2020, 761, 766; aA *Servatius* Rn 3, 13; *Martens* AcP 221 (2021), 68, 80). Sie gilt für die Außen-GbR und nach § 740a III auch für die **Innen-GbR**. Eine **fehlerhafte** Gesellschaft wird re- 1 gelmäßig nach § 731 aufgelöst (§ 731 Rn 9); es scheint indes nicht ausgeschlossen, dass die Gesellschafter einen Auflösungsbeschluss nach § 732 fassen (*Servatius* Rn 4).

2 **II. Beschlussfassung.** Die Beschlussfassung kann ausdrückl oder **konkludent** erfolgen, wie zB in Form einer Entscheidung der Gesellschafter, den Geschäftsbetrieb oder (nahezu) das gesamte Gesellschaftsvermögen zu veräußern und den Erlös unter den Gesellschaftern zu verteilen (BGHZ 26, 126, 130; KG NJW-RR 1996, 103, 104). Einer **familiengerichtlichen Genehmigung** bedarf der Auflösungsbeschluss nicht (*Eble* RNotZ 2021, 117, 138). Allerdings ist eine damit zusammenhängende Veräußerung des Erwerbsbetriebs nach § 1852 Nr 1 genehmigungspflichtig. Der Zustimmung des anderen **Ehegatten** bedarf es nach § 1365, wenn es sich bei der Beteiligung um das wesentliche Vermögen des Ehegatten handelt (MüKo/*Schäfer* Rn 3; aA *Servatius* Rn 9).

3 **III. Mehrheitserfordernis.** Der Auflösungsbeschluss ist nach allg Grundsätzen **einstimmig** zu fassen, es sei denn, der Gesellschaftsvertrag enthält eine **Mehrheitsklausel.** An Letztere sind keine besonderen Anforderungen zu stellen; es genügt eine einfache Mehrheitsklausel, deren Auslegung nach §§ 133, 157 ergibt, dass auch der Auflösungsbeschluss erfasst sein soll (§ 714 Rn 40). Ohne dass der Gesellschaftsvertrag dies ausdrückl zu regeln braucht (MüKo/*Schäfer* Rn 6), muss der Auflösungsbeschluss allerdings mit **mindestens drei Viertel der abgegebenen Stimmen** gefasst werden (zur Berechnung § 714 Rn 56).

4 Eine darüber hinausgehende materielle Beschlusskontrolle (§ 714 Rn 41) findet nicht statt, insb müssen nicht sämtliche Gesellschafter ihre individuelle Zustimmung erteilen. Zudem trägt der Auflösungsbeschluss seine **sachliche Rechtfertigung** in sich (vgl BGHZ 76, 352, 353; 103, 184, 190). Allerdings kann der Beschluss **treuwidrig** sein, wenn der Mehrheitsgesellschafter darauf abzielt, den Minderheitsgesellschaftern die Möglichkeit zur Fortführung des Unternehmens zu nehmen und stattdessen das Unternehmen selbst fortzuführen und sich dadurch Sondervorteile zulasten der Minderheit zu verschaffen (vgl BGHZ 103, 184, 191ff).

5 **IV. Rechtsfolgen.** Mit Beschlussfassung **ändert** sich unmittelbar der **Gesellschaftszweck** von einer werbenden zu einer Liquidationsgesellschaft. Zulässig ist es, den Wirksamkeitszeitpunkt im Auflösungsbeschluss nach hinten zu verschieben oder im Beschluss ein vertragl Rücktrittsrecht einzuräumen (RG JW 1936, 1953; MüKo/*Schäfer* Rn 4; *Servatius* Rn 12). Zum **fehlerhaften** Auflösungsbeschluss s § 705 Rn 184.

§ 733 Anmeldung der Auflösung

(1) Ist die Gesellschaft im Gesellschaftsregister eingetragen, ist ihre Auflösung von sämtlichen Gesellschaftern zur Eintragung in das Gesellschaftsregister anzumelden. Dies gilt nicht in den Fällen der Eröffnung oder der Ablehnung der Eröffnung des Insolvenzverfahrens über das Vermögen der Gesellschaft (§ 729 Absatz 1 Nummer 2 und Absatz 3 Satz 1 Nummer 1); dann hat das Gericht die Auflösung und ihren Grund von Amts wegen einzutragen. Im Fall der Löschung der Gesellschaft (§ 729 Absatz 3 Satz 1 Nummer 2) entfällt die Eintragung der Auflösung.

(2) Ist aufgrund einer Vereinbarung im Gesellschaftsvertrag die Gesellschaft durch den Tod eines Gesellschafters aufgelöst, kann die Anmeldung der Auflösung der Gesellschaft ohne Mitwirkung der Erben erfolgen, sofern einer solchen Mitwirkung besondere Hindernisse entgegenstehen.

1 **I. Normzweck.** Die durch das MoPeG neu eingefügte Vorschrift verpflichtet – in Parallele zu § 143 HGB aF – die Gesellschafter, die Auflösung der **eGbR** zur Eintragung in das Gesellschaftsregister anzumelden. Dies zielt darauf ab, den Rechtsverkehr über die Änderung des Gesellschaftszwecks und den Übergang der Geschäftsführungs- und Vertretungsbefugnisse von den Gesellschaftern auf die Liquidatoren nach § 736 zu **informieren.** Das dient nicht nur der Sicherheit und Leichtigkeit des Rechts- und Handelsverkehrs, sondern mit Blick auf die Publizität des Gesellschaftsregisters nach § 707a III 1 iVm § 15 HGB auch dem Interesse der Gesellschafter (Begr RegE, BT-Drs 19/27635, 180). Die Anmeldepflicht für die Liquidatoren ergibt sich aus § 736c, für die Beendigung der GbR aus § 738.

2 **II. Auflösung der eGbR.** Die Auflösung ist grds für alle **Auflösungsgründe nach § 729** vorgesehen. Eine **Ausnahme** gilt nach § 733 I 2 allerdings für die Eröffnung des **Insolvenzverfahrens** oder deren Ablehnung mangels Masse (§ 729 I Nr 2, III 1 Nr 1), weil das Registergericht nach § 707b Nr 2 BGB iVm § 32 HGB die Eintragung der Auflösung gem § 31 InsO von Amts wegen zu bewirken hat. Gleiches gilt, wenn die GbR wegen **Vermögenslosigkeit** nach § 729 III 1 Nr 2 gelöscht wird (§ 733 I 3). Beim Ausscheiden des vorletzten Gesellschafters ist sogleich das liquidationslose Erlöschen der GbR nach § 712a I iVm § 738 einzutragen (vgl auch MüKo/*Schäfer* Rn 2). Wird nach der Auflösung ein Fortsetzungsbeschluss gefasst, erfolgt eine weitere Eintragung nach § 734 III (doppelte Anmeldepflicht; vgl *Servatius* Rn 4).

3 **III. Anmeldepflicht.** Mit der Auflösung der GbR entsteht die Anmeldepflicht. Die Pflicht **entfällt**, wenn vor der Anmeldung die Fortsetzung der Gesellschaft beschlossen wird (MüKo/*Schäfer* Rn 3). Zu bewirken ist die Anmeldung grds von allen Gesellschaftern (§ 707 IV 1; § 707 Rn 40; krit *Servatius* Rn 5). Führt indes der Tod eines Gesellschafters zur Auflösung der GbR unter Beteiligung der Erben an der Auseinandersetzung, dann kann nach § 733 II – in Parallele zu § 707 IV 2 (§ 707 Rn 42) – auf die Mitwirkung der Erben verzichtet werden, wenn dieser Mitwirkung besondere Hindernisse entgegenstehen. Es handelt sich um eine öffentlich-rechtl Anmeldepflicht, die auch zivilrechtl durchgesetzt werden kann (näher § 707 Rn 38f).

IV. Eintragung. Die Eintragung hat lediglich **deklaratorische** Bedeutung. Vor der Eintragung **prüft** das Registergericht das Vorliegen des Auflösungsgrundes auf Plausibilität (*Servatius* Rn 8). Die Eintragung ist nach § 10 HGB bekanntzumachen. **Fehlt** es an einer **Eintragung**, dann kann dem redlichen Rechtsverkehr nicht entgegengehalten werden, dass die GbR nach § 707a III 1 iVm § 15 I HGB nicht aufgelöst ist mit der Folge, dass die Gesellschafter die GbR auch weiterhin im Rechtsverkehr entspr der bisherigen Bestimmungen vertreten und Gesellschaftsverbindlichkeiten begründen können, für welche die Gesellschafter nach § 721 persönlich haften. Die Kenntnis des Vertragspartners muss sich auf die Auflösung selbst beziehen; dem steht die Kenntnis der zur Auflösung führenden Umstände nicht gleich, wenn der Auflösungsgrund dispositiv ist. Ausreichend ist indes die Kenntnis von der Auflösungskündigung oder vom Auflösungsbeschluss (MüKo/*Schäfer* Rn 6). 4

§ 734 Fortsetzung der Gesellschaft

(1) Die Gesellschafter können nach Auflösung der Gesellschaft deren Fortsetzung beschließen, sobald der Auflösungsgrund beseitigt ist.

(2) Hat nach dem Gesellschaftsvertrag die Mehrheit der Stimmen zu entscheiden, muss der Beschluss über die Fortsetzung der Gesellschaft mit einer Mehrheit von mindestens drei Viertel der abgegebenen Stimmen gefasst werden.

(3) War die Gesellschaft vor ihrer Auflösung im Gesellschaftsregister eingetragen, ist die Fortsetzung von sämtlichen Gesellschaftern zur Eintragung in das Gesellschaftsregister anzumelden.

I. Normzweck. Die durch das MoPeG neu geschaffene Vorschrift ermöglicht es den Gesellschaftern, eine aufgelöste Gesellschaft nach Beseitigung des Auflösungsgrundes (Abs I) durch Fassung eines nach Abs III anmelde- und eintragungspflichtigen Fortsetzungsbeschlusses (Abs II) in ein werbendes Stadium zurückzuversetzen. Die Fortsetzungsoption dient der **Dispositions- und Vereinigungsfreiheit** der Gesellschafter (*Servatius* Rn 3) ebenso wie es hilft, in der GbR gebundene Werte zu erhalten (Begr RegE, BT-Drs 19/27635, 181). Das **qualifizierte Mehrheitserfordernis** von mindestens drei Viertel der abgegebenen Stimmen trägt dem Umstand Rechnung, dass der Anspruch auf den Liquidationserlös durch die Fortsetzung entfällt und die Gefahr einer weitergehenden persönlichen Haftung besteht (*Servatius* Rn 14; *Drescher* ZGR-Sonderheft 23, 116, 120f). Abs I und II gelten für die **Außen-GbR** und nach § 740a III auch für die **Innen-GbR**; Abs III gilt nur für **eGbR**. Die Vorschrift ist **zwingend**, insb kann keine Fortsetzung beschlossen werden, ohne zuvor den Auflösungsgrund zu beseitigen (BeckOK/*Schöne* Rn 6); auch das Stimmquorum kann nicht herabgesetzt werden (*Servatius* Rn 26; aA *Drescher* ZGR-Sonderheft 23, 116, 121). 1

II. Beseitigung des Auflösungsgrundes. Eine aufgelöste Gesellschaft kann nur im **Liquidationsstadium** nach § 734 fortgesetzt werden, und zwar auch dann, wenn schon mit der Liquidation oder Vermögensverteilung begonnen worden ist (*Servatius* Rn 7; zweifelnd und eine teleologische Reduktion erwägend BeckOK/*Schöne* Rn 7). Mit **Vollbeendigung** kommt eine Fortsetzung **nicht** mehr in Betracht, wie zB im Fall des liquidationslosen Erlöschens nach § 712a I (Begr RegE, BT-Drs 19/27635, 181; vgl noch BGHZ 84, 379, 381; BGH NJW 1995, 196). Gleiches gilt bei Löschung wegen **Vermögenslosigkeit** nach § 729 III 1 Nr 2 (MüKo/*Schäfer* Rn 12; *Servatius* Rn 11). 2

Bei den Auflösungsgründen nach § 729 I Nr 1 (**Zeitablauf**) und Nr 4 (**Auflösungsbeschluss**) existieren keine der Fortsetzung der GbR entgegenstehende Umstände, sodass solche Gesellschaften durch den Fortsetzungsbeschluss wieder in das werbende Stadium eintreten können (Begr RegE, BT-Drs 19/27635, 181). Demggü ist bei **Erreichen** oder **Unmöglichwerden** des Gesellschaftszwecks ein neuer Zweck zu vereinbaren (Begr RegE, BT-Drs 19/27635, 181). Im Fall der **Auflösungskündigung** muss der zugrundeliegende wichtige Grund behoben werden, um den kündigenden Gesellschafter nicht (wieder) in die Gesellschaft zu zwingen, deren Fortsetzung sich für ihn als unzumutbar erwiesen hat (Begr RegE, BT-Drs 19/27635, 181). Davon abgesehen können sich die übrigen Gesellschafter ohne den Kündigenden auf eine Fortführung verständigen, soweit der Kündigende den obj Wert seiner Beteiligung erhält, und zwar ungeachtet etwaiger Abfindungsklauseln (MüKo/*Schäfer* Rn 4). 3

War die Auflösung Folge der **Insolvenz der GbR**, muss das Insolvenzverfahren vor der Beschlussfassung eingestellt (§§ 207, 211, 212, 213 InsO) oder ein Insolvenzplanverfahren aufgehoben (§ 258 InsO) werden (näher MüKo/*Schäfer* Rn 5ff). Dabei ist zu berücksichtigen, dass die bezeichneten insolvenzrechtl Maßnahmen ihrerseits von weiteren Voraussetzungen abhängen, die erfüllt sein müssen, bevor die Einstellung oder Aufhebung erfolgen kann. Gleiches gilt für die Auflösung der **atypischen GbR** nach Ablehnung der Insolvenzeröffnung mangels Masse (§ 729 III 1 Nr 1), soweit die Verbindlichkeiten der GbR in einer Weise beglichen werden, die sowohl Zahlungsunfähigkeit als auch Überschuldung ausschließt (MüKo/*Schäfer* Rn 12; *Servatius* Rn 11). 4

Führt die Pfändung durch einen **Privatgläubiger** – entgegen § 726 – zur Auflösung der GbR, muss der Gläubiger der Fortsetzung zustimmen, solange die Pfändung wirksam ist (BGHZ 51, 84, 87f, BGH NJW 1969, 505, 506f; MüKo/*Schäfer* Rn 3; aA *Servatius* Rn 19). Ist die Auflösung gesellschaftsvertragl Folge des **Todes** eines Gesellschafters, bedarf es zur Fortsetzung einer Zustimmung der in die fortgesetzte GbR als persönlich haftende Gesellschafter eintretenden Erben (BGHZ 1, 324, 328; BGH NJW 1951, 650f). Bei anderen gesellschaftsvertragl vereinbarten Auflösungsgründen nach § 729 IV kommt eine Fortsetzung gleichermaßen in Betracht, soweit sie obj möglich ist und insofern die Änderung des Gesellschaftszwecks in ein werbendes Stadium in Betracht kommt (*Servatius* Rn 9). 5

6 **III. Fortsetzungsbeschluss.** Der Gesellschafterbeschluss zur Fortsetzung der GbR kann ausdrückl oder **konkludent** durch einvernehmliche Fortführung des Geschäftsbetriebs erfolgen (Begr RegE, BT-Drs 19/27635, 181; BGH NJW 1995, 2843, 2844) und kann auf einen späteren Zeitpunkt bezogen werden (*Servatius* Rn 25). Nach allg Grundsätzen bedarf der Beschluss im Grundsatz der Zustimmung aller Gesellschaft. Sieht der Gesellschaftsvertrag allerdings eine Mehrheitsklausel vor, die sich nicht ausdrückl auf die Fortsetzung der GbR zu beziehen braucht (§ 714 Rn 37), dann bedarf der Beschluss nach § 734 II – ungeachtet des im Gesellschaftsvertrag bestimmten Quorums und etwaiger Abfindungsbeschränkungen – einer Mehrheit von **drei Viertel der abgegebenen Stimmen.** Gleiches gilt für eine Verlängerung der Ablauffrist iSd § 729 I Nr 1 (§ 729 Rn 7). Im konkreten Einzelfall kann aus der verbandsrechtl Treuebindung eine **Zustimmungspflicht** resultieren (§ 705 Rn 124; vgl noch *Servatius* Rn 17). Umgekehrt darf der Fortsetzungsbeschluss seinerseits nicht **missbräuchlich** gefasst werden, was vor allem dann in Betracht kommt, wenn nach einer begonnenen Liquidation den Gesellschaftern durch eine Fortsetzung der GbR der Liquidationserlös vorenthalten werden soll (*Servatius* 18).

7 Für die gegen den Fortsetzungsbeschluss stimmenden Gesellschafter kann sich die **Fortsetzung** des Gesellschaftsverhältnisses im konkreten Einzelfall als **unzumutbar** erweisen, namentlich bei Verlängerung der befristeten Gesellschaft oder Erreichen des ursprüngl Gesellschaftszwecks. Daher kann ihnen nach § 725 II ein außerordentliches Kündigungsrecht zustehen. Sind zudem Abfindungsbeschränkungen vereinbart, kann die gesellschaftsrechtl Treuepflicht eine **Anpassung der zu zahlenden Abfindung** auf ein angemessenes Niveau erforderlich machen, weil der Gesellschafter im Fall der Abwicklung den wahren Anteilswert hätte realisieren können (vgl Begr RegE, BT-Drs 19/27635, 181; strenger MüKo/*Schäfer* Rn 14; BeckOK/*Schöne* Rn 13: stets Abfindung zum wahren Verkehrswert).

8 **IV. Anmeldepflicht. Sämtliche Mitglieder** einer eGbR haben nach § 734 III – in Parallele zu § 707 IV 1 (§ 707 Rn 37; krit *Servatius* Rn 21) – die Fortsetzung zur Eintragung in das Gesellschaftsregister anzumelden. Das dient der Information des redlichen Rechtsverkehrs über die Rückkehr ins werbende Stadium unter Löschung des Auflösungsvermerks und die damit verbundene Änderung der Geschäftsführungs- und Vertretungsbefugnisse der Gesellschafter. Analog § 733 II kann bei besonderen Hindernissen auf die Mitwirkung der Erben verzichtet werden (*Servatius* Rn 22). Es handelt sich um eine öffentlich-rechtl Anmeldepflicht, die auch zivilrechtl durchgesetzt werden kann (näher § 707 Rn 38f). Die **Eintragung** hat deklaratorische Bedeutung (Begr RegE, BT-Drs 19/27635, 182; näher § 733 Rn 4).

Kapitel 6
Liquidation der Gesellschaft (§§ 735–739)

§ 735 Notwendigkeit der Liquidation; anwendbare Vorschriften

(1) Nach Auflösung der Gesellschaft findet die Liquidation statt, sofern nicht über das Vermögen der Gesellschaft das Insolvenzverfahren eröffnet ist. Ist die Gesellschaft durch Löschung wegen Vermögenslosigkeit aufgelöst, findet eine Liquidation nur statt, wenn sich nach der Löschung herausstellt, dass noch Vermögen vorhanden ist, das der Verteilung unterliegt.

(2) Die Gesellschafter können anstelle der Liquidation eine andere Art der Abwicklung vereinbaren. Ist aufgrund einer Vereinbarung im Gesellschaftsvertrag die Gesellschaft durch die Kündigung eines Privatgläubigers eines Gesellschafters oder durch die Eröffnung des Insolvenzverfahrens über das Vermögen eines Gesellschafters aufgelöst, bedarf eine Vereinbarung über eine andere Art der Abwicklung der Zustimmung des Privatgläubigers oder des Insolvenzverwalters. Ist im Insolvenzverfahren Eigenverwaltung angeordnet, tritt an die Stelle der Zustimmung des Insolvenzverwalters die Zustimmung des Schuldners.

(3) Die Liquidation erfolgt nach den folgenden Vorschriften dieses Kapitels, sofern sich nicht aus dem Gesellschaftsvertrag etwas anderes ergibt.

1 **I. Normzweck.** Die durch das MoPeG neu eingefügte Vorschrift erklärt die Abwicklung der aufgelösten Gesellschaft durch **Liquidation** zur regelhaften Notwendigkeit (**Abs I**), die sich nach §§ 736ff richtet, sofern sich aus dem Gesellschaftsvertrag nichts anderes ergibt (**Abs II, III**). Die gesetzl Liquidationsvorschriften sorgen für eine stabile Ausgestaltung der verbandsrechtl **Organisations- und Vermögensstruktur der Liquidationsgesellschaft** und eine gesteigerte Unternehmenskontinuität, die sowohl dem Interesse der Gesellschafter als auch des Rechtsverkehrs zu dienen bestimmt ist (vgl *Servatius* Rn 5). Umgekehrt trägt die **Gestaltbarkeit** der Abwicklung dem Umstand Rechnung, dass gerade bei Gelegenheitsgesellschaften und anderen Gesellschaftern mit überschaubaren Vermögensverhältnissen eine aufwändige Auseinandersetzung zum Nutzen außer Verhältnis steht (vgl *Servatius* Rn 6).

2 **II. Liquidation der Gesellschaft. 1. Grundsätze.** Die Vorschrift beruht auf dem Prinzip, dass die Auflösung der Gesellschaft nicht zum Wegfall eines **Zurechnungssubjekts** für das Gesellschaftsvermögen (§ 713) und eines für die Gläubiger ansprechbaren Schuldners führen soll. Stattdessen bleibt die aufgelöste GbR mit auf Abwicklung geänderter Zwecksetzung (BGH WM 1966, 639) sowohl im Verhältnis der Gesellschafter untereinander als auch ggü Dritten (Naumburg NZG 2002, 813) bis **zur Vollbeendigung** (Rn 19) bestehen. Sie ist personen- und vermögensrechtl identisch mit der zuvor werbenden Gesellschaft, nur hat sich der Gesellschaftszweck durch die Auflösung dahingehend geändert, dass er nun auf Abwicklung gerichtet ist (BeckOK/*Schöne* Rn 2).

Die **Pflichten** der **Liquidatoren** erschöpfen sich nicht darin, lediglich das Gesellschaftsvermögen zur Begleichung der Schulden einzusetzen und es ggf unter die Gesellschafter zu verteilen, sondern es müssen auch die gegenseitigen Ansprüche der Gesellschafter unter Einbeziehung von Sozialansprüchen berechnet werden. Schwebende Geschäfte sind zu beenden, Schulden zu begleichen und für streitige oder nicht fällige Schulden Rücklagen zu bilden; dies alles hat in eine **Gesamtabrechnung** einzugehen und auf dieser Grundlage ist das auf jeden Gesellschafter entfallende Guthaben zu berechnen (MüKo/*Schäfer* Rn 4). Dafür bedarf es der in § 735 angeordneten Notwendigkeit der Liquidation, deren **einzelne Schritte** dann in den §§ 735–739 genannt werden, wobei Überschussverteilung (§ 736d VI) oder Nachschusspflicht bei Verlust (§ 737) das regelmäßige Ende des Verfahrens bilden. Eingetragene GbR sind noch aus dem Gesellschaftsregister zu löschen (§ 738). 3

2. Anwendungsbereich. Die Vorschrift geht vom Regelfall einer **Außen-GbR** aus, auch einer solchen auf fehlerhafter Vertragsgrundlage (§ 705 Rn 165). Keine Anwendung findet sie allerdings, wenn Gesellschaften kein Gesellschaftsvermögen haben (MüKo/*Schäfer* Rn 3; Staudinger/*Habermeier* § 730 Rn 5; *Bachmann* NJW 2021, 3073, 3075 f; zT abweichend *Servatius* Rn 11) oder deren Vermögen anderweitig veräußert worden ist, ebenso dann, wenn die Gesellschaft vermögensmäßig nicht vollzogen worden ist (Frankfurt NJW-RR 1996, 101), sowie bei **Innengesellschaften** (BAG ZIP 1987, 1588, 1592; BGH NJW 1990, 573; Staudinger/*Habermeier* § 730 Rn 6; PWW/*v Ditfurth* § 730 Rn 2) und der stillen Gesellschaft (§ 235 HGB). Bei der Innengesellschaft findet stattdessen eine Auseinandersetzung unter den Gesellschaftern statt (§ 740b I). Einen Sonderfall bildet die **nichteheliche Lebensgemeinschaft**, bei der die Beteiligten nur selten in Form einer GbR organisiert sind (Vor § 705 Rn 94). 4

In diesem Zusammenhang liegt die Bedeutung des § 735 I 1 Hs 2 darin, dass bei der Auflösung der Gesellschaft durch ein ihr Vermögen betreffendes **Insolvenzverfahren** (§ 729 I Nr 2) dieses an die Stelle der Liquidation tritt. Anstelle der Liquidatoren übernimmt der Insolvenzverwalter die Abwicklung aufgrund seiner Verwaltungs- und Verfügungsbefugnisse nach §§ 80, 148 I InsO, liquidiert das Gesellschaftsvermögen und macht nach § 93 InsO die Ansprüche gegen die Gesellschafter geltend. Anderes gilt nur, wenn nach Abschluss des Insolvenzverfahrens ein Überschuss verbleibt (BGHZ 93, 159, 164; vgl weiter KG BeckRS 2021, 40304 Rn 10). In Betracht kommt in diesem Fall auch eine Fortsetzung der Gesellschaft (§ 734 Rn 4). Davon zu unterscheiden ist die Konstellation, in der die **Insolvenz des Gesellschafters** gesellschaftsvertragl zur Auflösung führt, für welche § 735 II 2, 3 Sondervorschriften bereithält (Rn 23f). 5

Ist eine atypische GbR wegen **Vermögenslosigkeit** gelöscht worden und damit zugleich nach § 729 III 1 Nr 2 aufgelöst, dann verfügt sie regelmäßig über kein Gesellschaftsvermögen mehr, sodass eine Liquidation entbehrlich ist (§ 735 I 2). Eine Ausnahme in Form einer **Nachtragsliquidation** ist nur dann anzunehmen, wenn sich nach der Löschung herausstellen sollte, dass gleichwohl noch verteilungsfähiges Gesellschaftsvermögen vorhanden ist (dazu im Einz *Servatius* Rn 24ff). Die zu Unrecht gelöschte GbR ist, soweit sie zuvor bereits nach § 707 registriert war, als **Liquidationsgesellschaft** wieder in das Gesellschaftsregister einzutragen (BeckOK/*Schöne* Rn 4). In Betracht kommt noch die Realisierung der **Gesellschafterhaftung** iRd § 739, auch wenn die beschränkt haftenden Gesellschafter-Gesellschaften in den Fällen des § 729 III 1 regelmäßig ebenfalls insolvent sein werden (MüKo/*Schäfer* Rn 5). 6

Eine Liquidation kommt auch dann nicht in Betracht, wenn die Gesellschaft vollbeendet und damit iSd § 738 **erloschen** ist. Das ist namentlich der Fall beim Ausscheiden des vorletzten Gesellschafters, das die **zweigliedrige GbR** liquidationslos erlöschen lässt (§ 712a I). Findet hingegen in der zweigliedrigen Gesellschaft eine Liquidation statt, haben beide Partner namentlich an der Erstellung der Liquidationsbilanz mitzuwirken (Brandenburg BeckRS 2020, 5437). Gleiches gilt für **gesellschaftsähnliche Rechtsverhältnisse** (Vor § 705 Rn 8ff), denen es an einem Gesellschaftsvermögen fehlt (BGH NJW 1983, 1188, 1189). 7

III. Gesellschaft im Liquidationsstadium. Der Wandel von der werbenden zur Abwicklungsgesellschaft ändert nichts an der **Identität der Gesellschaft** und an der Inhaberschaft am Gesellschaftsvermögen der Außen-GbR (RGZ 65, 227, 233). Im Verhältnis zu Dritten ergeben sich – mit Ausnahme der Geschäftsführungs- und Vertretungsbefugnisse nach § 736 I (§ 736 Rn 5 – keine Änderungen. Das gilt auch für die Schuldenhaftung. Betagte Forderungen werden durch die Abwicklung nicht früher fällig (§ 736d IV 2). UU führt aber eine vorzeitige Verteilung von Gesellschaftsvermögen zu einer aus dem Vertrag sonst nicht folgenden persönlichen **Haftung** eines Gesellschafters wegen vorzeitiger Liquidation ggü nicht befriedigten Gläubigern (*Hoffmann* NJW 1969, 724, 726; für unbeschränkte persönliche Haftung sogar *Thielmann* ZHR 136, 397, 413, 423). 8

Abgesehen vom Insolvenzfall nach § 735 II (Rn 23) und der Weisungsbindung nach § 736d I (§ 736d Rn 2) bleiben die **Gesellschafter** das **Machtzentrum** der (Liquidations-)Gesellschaft. Sie können den Gesellschaftsvertrag ändern, einen Fortsetzungsbeschluss nach § 734 fassen, können an – auch im Abwicklungsstadium zulässigen – Gesellschafterwechseln mitwirken (MüKo/*Schäfer* Rn 17). Demggü ist die **Ausschließung** eines Gesellschafters an hohe Anforderungen geknüpft; gerade die Mitwirkung des betr Gesellschafters an der Liquidation muss für die Mitgesellschafter unzumutbar sein (§ 727 Rn 7). Gleichermaßen scheidet eine **Austrittskündigung** regelmäßig aus, weil das sofortige Ausscheiden zur Liquidation des Anteilswerts regelmäßig nicht erforderlich ist und das Interesse an einer reibungslosen Liquidation der GbR den tendenziellen Vorrang verdient (BGHZ 217, 237 Rn 55; BGH NZG 2018, 539, 543; BGHZ 226, 329 Rn 19; BGH NZG 2020, 1264f). 9

Die Gesellschafter sind einander **verpflichtet**, an der Auseinandersetzung nach Gesetz und Vertrag mitzuwirken (BGH WM 1969, 591f). Das bedeutet ua Auskunftspflichten und Mitwirkung an der Schlussabrechnung (BGH 10

NJW 1981, 749), wobei Verzögerungen Schadensersatzansprüche der Mitgesellschafter auslösen können (BGH NJW 1968, 2005f), die in die zu erstellende Schlussrechnung einzustellen sind (BGH DStR 2002, 2234). Die Treuepflicht besteht grds weiter (BGHZ 68, 81; BGH ZIP 2003, 73), ist aber gelockert unter dem Gesichtspunkt, dass die Gesellschaftsgeschäfte nur noch abgewickelt werden und der Gesellschafter sich hinsichtl seiner eigenen außergesellschaftlichen Tätigkeit anderweitig orientieren muss, solange er dadurch die Abwicklung der schwebenden Geschäfte nicht behindert oder der Gesellschaft Verluste zufügt (s etwa BGH NJW 1971, 802; 1980, 1628).

11 Die hierin ersichtliche **Beschränkung auf den Abwicklungszweck** erfasst auch die **Beitragspflicht**, indem die Gesellschafter Beiträge nur noch schulden, soweit sie für die Durchführung der Abwicklungszwecke benötigt werden (BGH NJW 1978, 424; WM 1978, 898; NJW 1980, 1522; Köln ZIP 1983, 310; Staudinger/*Habermeier* § 730 Rn 17; MüKo/*Schäfer* Rn 22; vgl weiter BGHZ 217, 237 Rn 48; NZG 2018, 539, 543; BGHZ 226, 329 Rn 45; NZG 2020, 1267); dann aber haben die Liquidatoren die Forderung durchzusetzen (*Grunewald* VGR 2011, 36), iÜ gehen die Pflichten in die Schlussabrechnung ein (Rn 19ff). Für das Fehlen des Erforderlichkeitskriteriums trägt der in Anspruch genommene Gesellschafter die **Beweislast** (BGHZ 217, 237 Rn 59; BGH ZIP 2018, 781 Rn 42), während die Liquidatoren die zugehörige Darlehenslast haben (BGH WM 1980, 332f). Dem ist mit Blick auf die Neuregelung des Liquidationsrechts zu folgen, weil vollständige Gläubigerbefriedigung angestrebt wird, das gesamte Gesellschaftsvermögen zu verwerten und den Gesellschaftern ein etwaiger Überschuss auszukehren ist, sodass sie selbst bei einer Zuvielzahlung keinen Nachteil erleiden (MüKo/*Schäfer* Rn 23). Beschränkt ist auch das Verlangen von **Schadensersatz** wegen Pflichtverletzung des Gesellschafters (Staudinger/*Habermeier* § 730 Rn 18 gegen LG Bielefeld MDR 1981, 845). Das betrifft allerdings nur die Zahlungspflicht ggü der GbR, während etwaige Ersatzansprüche aber zumindest in der Schlussabrechnung zu berücksichtigen sind (MüKo/*Schäfer* Rn 24).

12 Im noch geschuldeten Rahmen (Rn 11) haben die Abwickler auch offene **Beiträge** einzuziehen. Die Rspr (BGH NJW 1960, 433f; RGZ 100, 165) will die Entscheidung, ob ein Beitrag für den Abwicklungszweck noch benötigt wird, allein den Liquidatoren überlassen und demgemäß die **actio pro socio** (§ 715b) einschränken (anders für Schadensersatzansprüche BGHZ 10, 91, 101; BGH NJW 1960, 433f; WM 1977, 617; im Einz *Grunewald* FS Hommelhoff, 2012, 275, 279ff). Der Gesichtspunkt der nur eingeschränkten Einziehbarkeit von Forderungen im Liquidationsstadium trägt ein Verbot der actio pro socio nicht, da der klagende Nichtliquidator diesem Einwand ebenso ausgesetzt ist (*U. Huber*, Vermögensanteil, 23; *Hadding*, Actio pro socio, 1966, 87ff; zust Staudinger/*Habermeier* § 730 Rn 19). In solchen Fällen kann daher eine Klage unbegründet sein, nicht aber schon unzulässig, wenn die Liquidatoren den Anspruch nicht verfolgen wollen. Dessen ungeachtet ist es jedenfalls zulässig, dass ein Mitgesellschafter, dessen Liquidationsguthaben ohne Einforderung eines bestimmten, den letzten Vermögensgegenstand der Gesamthand bildenden Sozialanspruchs nicht gedeckt wäre, den Anspruch mit dem Antrag auf Leistung an sich selbst einklagt (BGH NZG 2016, 218 Rn 25; WM 1971, 722, 725; zust BeckOGK/*Koch* § 730 Rn 43), soweit Klarheit über die Schlussabrechnung besteht (näher *Grunewald* FS Hommelhoff, 2012, 275, 278f, dort auch zur Durchsetzung von Ansprüchen gegen den Liquidator).

13 **IV. Abrechnung unter den Gesellschaftern. 1. Rechnungsposten und Durchsetzungssperre.** Während der Abwicklung können Ansprüche der Gesellschafter gegen die GbR oder gegen Mitgesellschafter, auch solche der Gesellschaft gegen die Gesellschafter (BGH ZIP 2011, 1359), nicht selbständig geltend gemacht werden, sondern bilden **unselbständige Rechnungsposten** in der **Schlussabrechnung** (zum Grundsatz BGHZ 37, 299, 304f; BGH NJW 1968, 2005f; für die GbR BGH NJW 1984, 1455; 1985, 1898; 1998, 376; NZG 2013, 216, 220; Hamm NZG 2004, 765; näher *Messer* FS Stimpel, 1985, 205ff; *Stüber*, Der Grundsatz der Durchsetzungssperre bei Liquidation von Personengesellschaften, 2013; bestätigt durch Begr RegE, BT-Drs 19/27635, 188). Allerdings bedarf es keiner formellen Bilanz iSd § 154 HGB, und die Auseinandersetzungsbilanz ist ganz entbehrlich, wenn die Verhältnisse leicht überschaubar sind, namentlich wenn das Aktivvermögen, etwa einer Grundstücksgesellschaft (BGH ZIP 1993, 1307), unter die Gesellschafter verteilt ist (BGH NZG 2007, 19). Demgemäß ist bei einer zweigliedrigen Gesellschaft eine **klageweise Geltendmachung von Ausgleichsansprüchen** zulässig, wenn kein Gesellschaftsvermögen mehr vorhanden ist, und zwar selbst dann, wenn noch Verbindlichkeiten offen sind (BGH ZIP 2006, 232; 2016, 216 und dazu *Wertenbruch* EWiR 2016, 229).

14 Die gewöhnlich greifende **Durchsetzungssperre** entspricht der Reduktion zahlreicher Rechte und Pflichten auf den Abwicklungszweck. Zunächst gilt sie für die **Ausschüttung eines Überschusses** (§ 736d VI) und die **Rückerstattung der Beiträge** (§ 736d V), weil diese idR nicht ohne Abwicklung des Gesellschaftsvermögens berechnet werden können (BGHZ 37, 299, 304; BGH WM 1964, 740; 1970, 90f; Düsseldorf NZG 1999, 878; BGH NJW 2000, 2586; Zweibrücken OLGRp 2006, 200). Gleiches gilt für **Gewinn-**, aber auch für **Aufwendungsersatzansprüche**, es sei denn, sie beruhen auf einem anderen Rechtsverhältnis als der Gesellschaft, wie zB einem Darlehen an einen Mitgesellschafter, um seinen Beitrag zu finanzieren (BGH WM 1986, 68 m Anm *Deuchler* WuB II J § 730 BGB 1/86). Der Durchsetzungssperre unterliegen ferner **unzulässige Entnahmen** (LG Braunschweig DB 2001, 1663; s auch Koblenz DB 1987, 2514; Köln ZIP 2003, 1648), die allerdings uU durch actio pro socio geltend gemacht werden müssen (*Grunewald* FS Hommelhoff, 2012, 279) und ein Anspruch auf Erstattung von Goodwill (Karlsruhe NZG 2001, 654).

15 In Bezug auf gesellschaftsrechtl **Schadensersatzansprüche** ist danach zu differenzieren, ob es sich um Ansprüche eines Gesellschafters gegen die Gesellschaft handelt – sie unterliegen der Sperre (BGH WM 1957, 1027, 1029; WM 1976, 789) – oder ob ein Mitgesellschafter von einem seiner Vertragspartner geschädigt worden ist – dann

ist eine selbständige Geltendmachung statthaft (BGH NJW 1962, 859; WM 1967, 275). Die Durchsetzungssperre greift allerdings für Schadensersatzansprüche der GbR gegen Gesellschafter, deren Erfüllung zur Befriedigung der Gläubiger nicht nötig ist (BGH ZIP 1992, 245). Die Sperre gilt aber nicht für Ansprüche der Gesellschaft wegen treupflichtwidriger Ausnutzung einer Geschäftschance durch Gesellschafter (§ 705 Rn 137), die auf Herausgabe in Natur gerichtet sind (BGH NZG 2013, 216, 220), wohl aber für einen Wertersatzanspruch in Geld (BGH ZIP 1992, 245).

Für **Ansprüche unter Mitgesellschaftern** passt die Durchsetzungssperre nur, soweit sie aus dem Gesellschaftsverhältnis folgen. Sie ist also auch bei Rückabwicklung einer bankfinanzierten Einlage in einen Immobilienfonds zw der Bank und dem Kreditnehmer zu beachten, wenn der Anleger seine in den verbundenen Geschäften abgegebenen Erklärungen widerrufen oder angefochten hat (LG Stuttgart WM 2001, 140; zum Themenkreis § 705 Rn 150. Nach Hamm (Nachw bei *Czaplinski* EWiR 2016, 363) steht die Durchsetzungssperre der Abtretung eines (in ein Darlehen umgewandelten) Kapitalkontos entgegen. Für eine für die Rückzahlung unzulässiger Ausschüttungen gegebene Bürgschaft (Partnerschaftsausschüttungsbürgschaft, *Vogel* EWiR 2004, 329) greift die Durchsetzungssperre nicht, wenn der fortbestehende Zweck der Gesellschaft weiterhin die Einforderung von Mitteln verlangt (LG Osnabrück ZIP 2004, 307). 16

Weitere **Ausnahmen** gelten auf Grundlage **abweichender Abreden** (KG NZG 2001, 556), für die Durchsetzung einer von einem Ausscheidenden erworbenen Abfindung (KG NZG 2008, 70) sowie für Ansprüche eines Gesellschafters gegen die Gesellschaft, die ihre Grundlage nicht im Gesellschaftsverhältnis haben, etwa begründet aus Delikt, Geschäftsführung ohne Auftrag oder Darlehen (RGZ 118, 295, 297; 158, 314; BGH ZIP 2006, 994, 996; NZG 2008, 68; *Grunewald* VGR 2011, 31, 32). Im Unterschied zu den **Drittgläubigerforderungen** wegen Verletzung gesellschaftsvertragl Pflichten ist hier nicht einzusehen, weshalb der Gesellschafter anders als ein dritter Gläubiger auf die Erfüllung seiner Forderung soll warten müssen, bis die Schlussabrechnung feststeht. Der Gedanke, dem Anspruchsberechtigten kein unnötiges Warten zuzumuten, trägt auch andere Ausnahmen von der Durchsetzungssperre, so die Möglichkeit, gegen einen Mitgesellschafter wegen eines **Aufwendungsersatzanspruchs** unmittelbar vorzugehen, wenn bereits feststeht, dass in dieser Höhe Ausgleich gefordert werden kann (BGHZ 37, 299, 305; BGH WM 1974, 749, 751; NJW 1989, 376; KG NZG 2001, 565; Karlsruhe NZG 2001, 654; Hamm NZG 2004, 265), oder wenn die Gesellschaft als primäre Schuldnerin kein Vermögen mehr hat (BGH ZIP 2006, 232) oder der andere Gesellschafter sich den wesentlichen Teil der Vermögensgüter der Gesellschaft ohne Gegenleistung nutzbar macht (BGH ZIP 1980, 374; ZIP 1995, 1085; zu Drittgläubigerforderungen ebenso BGH ZIP 2006, 994). Der Durchsetzungssperre bedarf es nicht, wenn das Gesellschaftsvermögen nur noch im Miteigentum an einer praktisch wertlosen Wegeparzelle besteht und der klagende Gesellschafter die Überführung in Bruchteilseigentum begehrt; der Mitgesellschafter ist dann wegen eines Aufwendungsersatzanspruchs durch ein Zurückbehaltungsrecht geschützt (Hamm NZG 2004, 1106). Gleiches gilt für den Anspruch auf eine **Mindestausgleichszahlung**, die der Kläger durch eine substantiierte vorläufige Schlussabrechnung belegen konnte (BGH NJW-RR 1991, 549; vgl noch Hamm DB 2003, 937) sowie für Ansprüche aus einem schwebenden Rechtsstreit mit einem Dritten. Hat ein Gesellschaftsgläubiger einen Gesellschafter erfolgreich in Anspruch genommen, scheitert ein Rückgriff gegen die Mitgesellschafter nach § 426 I, II in der Liquidation an der Durchsetzungssperre (§ 716 Rn 20). 17

Die Durchsetzungssperre lässt sich nicht ohne weiteres durch **prozessrechtliche Sicherungsmaßnahmen** ausräumen (s aber RGZ 98, 301; JW 1937, 2156 zur Klärung einer besonders unübersichtlichen Vermögenslage). Zulässig ist zumindest die Umdeutung einer Leistungsklage in eine **Feststellungsklage**, sodass der betr Anspruch als Posten in die Auseinandersetzungsrechnung einbezogen wird (BGH NJW 2000, 2586; DStR 2002, 228; Karlsruhe NZG 2001, 654; Hamm NZG 2004, 765; BeckOGK/*Koch* § 730 Rn 38), was auch für eine **Stufenklage** gilt (BGH NJW 1995, 188). Sind die Forderungen und Ansprüche gegen die Gesellschaft zwar allen Gesellschaftern bekannt, im Prozess aber nicht gehörig vorgetragen, so kann ohne umfassende Auseinandersetzungsrechnung nur der Betrag zugesprochen werden, von dem schon vor der Auseinandersetzungsrechnung feststeht, dass er dem Anspruchsteller endgültig zukommt (BGH ZIP 1993, 919). Schließlich muss der Kläger für eine Auseinandersetzungsbilanz selbst einen bestimmten **Stichtag** wählen und kann dies nicht im Rahmen einer Feststellungsklage dem Gericht überlassen (München NJW-RR 1995, 485). Dieses ist auch nicht befugt, im Rahmen einer zur Auseinandersetzung erhobenen Zahlungsklage selbst eine Auseinandersetzungsbilanz zu erstellen, die beklagten Gesellschafter zur Zustimmung hierzu zu verurteilen und dann die Feststellung zu treffen, dass den Klägern ein bestimmter Überschussanteil zustehe (Zweibrücken NZG 2005, 358). Zur Beweisbelastung des ausgeschiedenen Gesellschafters BGH ZIP 1999, 1210. 18

2. Schlussabrechnung. Die Gesellschaft ist **beendigt**, wenn das Gesamthandsvermögen abgewickelt ist, dh nicht mehr existiert (BGHZ 24, 91, 93f). Stellt sich nach der Schlussabrechnung heraus, dass noch ein Aktivum vorhanden war, besteht die Liquidationsgesellschaft noch fort, die Liquidatoren haben (nach § 736d VI) tätig zu werden (BGH WM 1967, 682f; MüKo/*Schäfer* Rn 40ff). Demgemäß ist eine Gesellschaft erst voll beendet, wenn das Rechtsverhältnis zw ihr und der Finanzverwaltung abgewickelt ist, sodass im Stadium nach der Vermögensverteilung noch Steuerverwaltungsakte erlassen werden können (BFH DB 1987, 2503). Gleiches gilt für einen noch nicht erledigten Flächenaustauschvertrag (Naumburg NZG 2002, 813). In diesen Fällen ist auch eine vollbeendete Gesellschaft noch klagebefugt (BFH GmbHR 2005, 124). 19

20 Das Ende der Auseinandersetzung markiert die Erstellung der **Schlussabrechnung**, durch die festgestellt wird, welcher von den Gesellschaftern ein Liquidationsguthaben fordern kann (§ 736d VI), oder nachschießen muss (§ 737; zur Geltendmachung § 737 Rn 4) oder aus Ausgleichsansprüchen gegen Mitgesellschafter haftet. Auf die Erstellung durch die Liquidatoren (§ 736b Rn 2) hat jeder Gesellschafter Anspruch, den er durch Klage gegen die Gesellschaft oder ggf gegen die Liquidatoren geltend machen kann, denen diese Aufgabe übertragen ist. Die Klage ist auf Mitwirkung an den erforderlichen Handlungen oder auf ihre Vornahme zu richten (näher Hamm BB 1983, 1304). Die Vollstreckung erfolgt nach § 887 ZPO (BGH NJW 1993, 1394, 1395).

21 Wenn alle Gesellschafter die Schlussabrechnung festgestellt haben, sind die Ansprüche auf das Liquidationsguthaben und etwaige Nachschüsse **fällig** (BGH NJW 1995, 188), können aber schon vorher als künftiger Anspruch abgetreten werden (BGH NJW-RR 2000, 1295). Sie richten sich gegen die Gesellschaft oder einen ausgleichspflichtigen Gesellschafter (BGH ZIP 1993, 1307; zur Geltendmachung des Gewinnanspruchs gegen einzelne Mitgesellschafter Saarbrücken NJW-RR 2000, 876; Oldenburg NZG 2000, 542; BGH NJW-RR 1990, 1180). Zu den in diese Berechnung von Gewinn und Verlust aufzunehmenden Einzelposten § 736d Rn 19. Wenn die Liquidatoren die Schlussabrechnung verzögern, ergibt sich aus einem bestehenden Vertrag zw ihnen und der Gesellschaft, der insoweit Schutzwirkung auch für die Gesellschafter hat, bei gesellschaftsangehörigen Liquidatoren aus dem Gesellschaftsverhältnis ein Schadensersatzanspruch (*Grunewald* VGR 2011, 31, 41f).

22 **V. Abweichende Vereinbarungen. 1. Andere Arten der Abwicklung.** Die Gesellschafter können – schon im Gesellschaftsvertrag – für alle oder einzelne Fälle der Auflösung der Gesellschaft eine andere Art der Abwicklung als die Liquidation vereinbaren (§ 735 II 1), die neben die mögliche Fortsetzung der werbenden Gesellschaft unter den nicht von einem Auflösungsgrund betroffenen Gesellschaftern tritt (vgl § 734). Auch können Vereinbarungen getroffen werden, die eine Abwicklung entbehrlich machen (PWW/*v Ditfurth* § 730 Rn 10). Zu denken ist hierbei an Lösungen, die die wirtschaftl oft ungünstige Abwicklung des Gesellschaftsvermögens vermeiden, so etwa an eine **Realteilung** (RG HRR 1930 Nr 608). Auch kann die Vereinbarung einer „Abfindung" für einen Gesellschafter an die Stelle des Verfahrens nach §§ 730ff treten (BGH ZIP 1989, 956f). Zu Vereinbarungen über die künftige Zuständigkeit der ehemaligen Partner für Mandanten oder Patienten einer gemeinsamen Praxis und zur Auswirkung solcher Vorgänge auf Abfindungsansprüche näher § 728 Rn 28ff.

23 **2. Zustimmungserfordernisse.** Eine andere Art der Abwicklung darf nach § 735 II 2 allerdings nicht ohne Zustimmung eines **Insolvenzverwalters** des insolventen Gesellschafters (§ 730 Rn 8) oder eines auf der Grundlage des § 726 tätigen **Pfandgläubigers** (§ 726 Rn 1ff) geschehen. Das gilt auch dann, wenn die Auflösung nicht auf einer Kündigung des Pfandgläubigers oder der Insolvenz beruht, sondern die Pfändung der Mitgliedschaft oder die Eröffnung des Insolvenzverfahrens über das Vermögen des Gesellschafters vor einer Auflösung aus anderem Grund erfolgt war (*Servatius* Rn 17, 22). Die Zustimmungserfordernisse greifen allerdings nur dann ein, wenn die andere Abwicklungsart **nach der Auflösung** vereinbart worden ist oder aber die vorherige Vereinbarung im Gesellschaftsvertrag auf eine sittenwidrige Gläubigerbenachteiligung abzielte. Andernfalls müssen die Privatgläubiger und der Insolvenzverwalter die Mitgliedschaft in ihrer Ausformung durch den Gesellschaftsvertrag akzeptieren (MüKo/*Schäfer* Rn 53; *Servatius* Rn 18, 23).

24 **Fehlt** die **Zustimmung** des Gläubigers, ist die anderweitige Abwicklungsmaßnahme nicht nichtig, sondern sie begründet nur einen Zuzahlungsanspruch, der sich auf den im Rahmen eines regulären Liquidationsverfahrens erzielbaren Differenzbetrag beläuft (*Servatius* Rn 19). Ein Nießbrauch oder Pfandrecht am Gesellschaftsanteil erfährt keinen vergleichbaren Schutz. Gleiches gilt im Fall der Abtretung oder Verpfändung des Liquidationserlöses (*Servatius* Rn 21). An die Stelle des Insolvenzverwalters tritt nach § 735 II 3 der Gesellschafter, wenn **Eigenverwaltung** angeordnet ist. Der Anwendungsbereich dieser Vorschrift ist allerdings nur dann eröffnet, wenn die Gesellschaft nach der Auflösung auch **fortbesteht** und tatsächlich abgewickelt wird, nicht aber wenn die GbR liquidationslos erlischt, wie bei der Vereinigung sämtlicher Gesellschaftsanteile in einer Hand (Rn 7).

25 **3. Übernahme durch einen Gesellschafter.** Eine andere Art der Abwicklung ist auch die Übernahme der aufgelösten GbR durch einen oder mehrere Gesellschafter. Die **Vereinbarung** kann im Zusammenhang mit der Auflösung, aber auch im Gesellschaftsvertrag zustande gekommen sein, wobei die Übernahme – auf Grundlage einer Mehrheitsklausel (§ 714 Rn 37ff) – auch mehrheitlich, dh ohne die ad hoc erteilte Zustimmung aller Gesellschafter geschehen kann. Aufgrund der Abweichung von § 736d und des Interessenkonflikts der Mitgesellschafter und des übernehmenden Gesellschafters bedarf es für die Übernahme bzw das Übernahmerecht grds der Mitwirkung sämtlicher Gesellschafter – nicht nur der Liquidatoren – sowie der Einhaltung der **Zustimmungserfordernisse** nach § 723 II 2, 3 (Begr RegE, BT-Drs 19/27635, 182f). Die Vereinbarung des Übernahmerechts kommt für **alle Auflösungsgründe** nach § 729 in Betracht (MüKo/*Schäfer* Rn 51).

26 Die Übernahme kann an das Vorliegen **objektiver Umstände** geknüpft werden, erfolgt im Zweifel aber durch **Gestaltungserklärung** (MüKo/*Schäfer* Rn 52). Sie ist allen Mitgesellschaftern und Zustimmungsberechtigten ggü abzugeben und kann nur einheitlich ausgeübt werden (Braunschweig MDR 1999, 1352). Einer solchen (empfangsbedürftigen) Erklärung bedarf es schon mit Blick auf die mit der Übernahme verbundenen Haftungsfolgen (Soergel/*Hadding/Kießling* Vor § 730 Rn 27). Unterbleibt die Erklärung, greifen die gesetzl Auflösungsfolgen ein. IÜ kann die Ausübung des Übernahmerechts missbräuchlich sein, wie zB, wenn damit darauf abgezielt wird, den übrigen Gesellschaftern ihren Anteil am Erlös vorzuenthalten (BGH NJW 1958, 1633; BeckRS 1958, 31391293). Die Übernahme **vollzieht** sich im Wege der **Einzelnachfolge**, weil es sich gerade nicht um den gesetzl Fall des § 712a I handelt, für welchen die Gesamtnachfolge vorgesehen ist. Mit Blick auf die Typenlimitie-

rung der Gesamtnachfolgetatbestände scheidet die Schaffung eines neuen Tatbestands der Universalsukzession auf privatautonomer Grundlage aus (ausf *Lieder*, Die rechtsgeschäftliche Sukzession, 2015, 782ff). Die anschließende **Abwicklung** wird von den Liquidatoren besorgt, die nach § 736d I den Weisungen der Gesellschafter Folge zu leisten haben. Ist kein Übernahmepreis als Gegenwert für die Vermögensübernahme bestimmt, schuldet der Übernehmer den Verkehrswert (MüKo/*Schäfer* Rn 57). Das übrige Verfahren richtet sich nach § 736d IV–VI.

4. Keine andere Abwicklungsart. Eine **Übertragung** aller Gesellschaftsanteile der GbR auf einen Gesellschaf- 27
ter oder einen Dritten, namentlich eine bereits bestehende **Kapitalgesellschaft** (BGHZ 71, 296, 299f – übertragende Umwandlung), führt zur Gesamtnachfolge der Kapitalgesellschaft unter Vollbeendigung der Personengesellschaft (§ 712a Rn 3). Dabei handelt es sich allerdings um keine andere Art der Abwicklung iSd § 735 II (Begr RegE, BT-Drs 19/27635, 182), sodass auch die Zustimmungserfordernisse nach § 735 II 2, 3 nicht eingreifen.

Auch bei der Veräußerung des **Gesellschaftsvermögens als Ganzes** an einen **Dritten** handelt es sich um keine 28
andere Art der Abwicklung, weil den Liquidatoren nach § 736d II die vollständige Verwertung des Gesellschaftsvermögens obliegt. Die Gesamtvermögensübertragung erscheint dementspr als besondere Form der Verwertung, nicht aber der Abwicklung iSd § 735 II und erfolgt daher durch die Liquidatoren; sie unterliegt dementspr auch keinen Zustimmungserfordernissen nach § 735 II 2, 3 (MüKo/*Schäfer* Rn 48, 58; Schäfer/*Noack* § 9 Rn 26).

Hinzu kommen Umwandlungsvorgänge nach dem UmwG. Seit dem MoPeG sind aufgelöste eGbR **umwand-** 29
lungsfähige Rechtsträger iSd § 3 I Nr 1, III, § 124 I, § 191 I Nr 1, II Nr 1, III UmwG und können daher an einer Verschmelzung, Spaltung oder einem Formwechsel beteiligt sein. Voraussetzung ist dafür allerdings, dass der Auflösungsgrund analog § 734 I beseitigt wird (MüKo/*Schäfer* Rn 61).

5. Abweichende Ausgestaltung der Liquidation. § 735 III stellt klar, dass die gesetzl Regeln über die Liquida- 30
tion erst und nur insoweit anzuwenden sind, als Bestimmungen des Gesellschaftsvertrags oder ein ad hoc gefasster Gesellschafterbeschluss nichts anderes festlegen. Das kann namentlich die Auswahl der Liquidatoren (vgl noch § 736 IV, V), ihre Geschäftsführungs- und Vertretungsbefugnis (vgl § 736 I, § 736d) sowie die Haftung auf den Fehlbetrag nach § 737 betreffen (Begr RegE, BT-Drs 19/27635, 183). Allerdings ist das Recht der §§ 735ff nicht durchweg völlig abdingbar, sondern insoweit zwingend, als die Rangfolge der im Abwicklungsstadium anfallenden Maßnahmen zu beachten ist und dabei die Rechte eines nach § 726 kündigenden Gläubigers, des Insolvenzverwalters in den Fällen des § 723 I Nr 3, § 729 I Nr 2, III 1 Nr 1, § 730 II und bis zu einem gewissen Grade der Nachlassbeteiligten im Rahmen des § 730 I zu berücksichtigen sind. Ebenso änderungsfest ist die Gesellschafterhaftung iRd § 739 sowie die vorrangige Gläubigerbefriedigung nach § 736d IV (MüKo/*Schäfer* Rn 65; offenlassend Begr RegE, BT-Drs 19/27635, 183; relativierend *Servatius* Rn 13, § 736d Rn 23).

§ 736 Liquidatoren

(1) Zur Liquidation sind alle Gesellschafter berufen.

(2) Ist über das Vermögen eines Gesellschafters das Insolvenzverfahren eröffnet und ein Insolvenzverwalter bestellt worden, tritt dieser an die Stelle des Gesellschafters.

(3) Mehrere Erben eines Gesellschafters haben einen gemeinsamen Vertreter zu bestellen.

(4) Durch Vereinbarung im Gesellschaftsvertrag oder durch Beschluss der Gesellschafter können auch einzelne Gesellschafter oder andere Personen zu Liquidatoren berufen werden. Das Recht, einen solchen Liquidator nach § 736a Absatz 1 Satz 1 zu berufen, bleibt unberührt.

(5) Hat nach dem Gesellschaftsvertrag die Mehrheit der Stimmen zu entscheiden, gilt dies im Zweifel nicht für die Berufung und Abberufung eines Liquidators.

I. Normzweck. Die durch das MoPeG neu eingefügte Vorschrift befasst sich mit den Liquidatoren, denen die 1
Durchführung der Liquidation obliegt. Insg zielt die Vorschrift darauf ab, eine **professionelle Abwicklung sicherzustellen** und damit die Unternehmenskontinuität zu steigern. Das ist bei unternehmenstragenden GbR von besonderer Bedeutung, während die **Gestaltungsspielräume** der Vorschrift gerade Gelegenheitsgesellschaften genügend Raum für abweichende Praxisgestaltungen geben (*Servatius* Rn 1). Die Vorschrift gilt für die Außen-GbR, während bei der Innen-GbR § 740b zur Anwendung gelangt.

Nach **Abs I** fungieren alle Gesellschafter als geborene Liquidatoren. Das entspricht dem mutmaßlichen Willen 2
der Gesellschafter, die Liquidation aufgrund des Gleichklangs der mitgliedschaftlichen Interessen im Zweifel gemeinsam durchzuführen und sich hierbei gegenseitig zu kontrollieren (Begr RegE, BT-Drs 19/27635, 183). Darin mag man zugleich den Ausdruck des Grundsatzes der **Selbstorganschaft** sehen (MüKo/*Schäfer* Rn 1). Im Fall der Insolvenzeröffnung über das Vermögen eines Gesellschafters, nimmt der Insolvenzverwalter nach **Abs II** die Liquidationsbefugnisse des insolventen Gesellschafters wahr. Die in die Liquidationsgesellschaft einrückende (ungeteilte) Erbengemeinschaft handelt gem **Abs III** durch einen gemeinsamen Vertreter, um eine zügige Abwicklung zu gewährleisten (Begr RegE, BT-Drs 19/27635, 184). Das erhöht zugleich die Handlungsfähigkeit der Liquidationsgesellschaft (*Servatius* Rn 2).

Abs IV sieht eine **Ausnahme** vom Grundsatz der Selbstorganschaft (§ 715 Rn 12) vor, wenn er zulässt, dass – 3
neben einzelnen Gesellschaftern – auch andere Personen zu Liquidatoren berufen werden können. Das dient der Professionalität der Liquidationsdurchführung (*Servatius* Rn 3). Die Regelung ist im Zusammenhang mit § 736a

I 1 zu lesen, wonach bei einer eGbR aus wichtigem Grund die gerichtliche Bestellung eines Liquidators in Betracht kommt. Diese Befugnis ist änderungsfest (Abs IV S 2).

4 Schließlich enthält **Abs V** eine **Auslegungsregelung** dahingehend, dass eine gesellschaftsvertragl – weit gefasste – Mehrheitsklausel im Zweifel auf die Bestellung und Abberufung von Liquidatoren keine Anwendung findet. Diese Regelung zielt darauf ab, die rasche Durchführung der Liquidation nicht mit Auseinandersetzungen zw Mehrheits- und Minderheitsgesellschaftern zu belasten (Begr RegE, BT-Drs 19/27635, 184).

5 **II. Gesellschafter als geborene Liquidatoren. Sämtliche Gesellschafter** fungieren nach § 736 I gemeinschaftl als Liquidatoren, und zwar unabhängig davon, wie die Geschäftsführungs- und Vertretungsbefugnisse bisher verteilt waren. Stattdessen ordnet § 736b I 1 das Entfallen sämtlicher gesellschaftsvertragl übertragenen Geschäftsführungs- und Vertretungsbefugnisse an. Alle Gesellschafter sind zur ordnungsgemäßen Durchführung der Liquidation gleichermaßen **berechtigt** wie **verpflichtet** (Begr RegE, BT-Drs 19/27635, 183). Diese Bestimmung ist mit Blick auf § 735 III (§ 735 Rn 30) und § 736 IV 1 (§ 736 Rn 12) freilich nicht zwingend. Eine **Vergütung** der Liquidatoren ist nicht geschuldet, wenn sie nicht ausdrückl vereinbart ist (BGH WM 1967, 682, 683). Dafür reicht eine Vereinbarung für das werbende Stadium grds nicht aus; die Mitgesellschafter können aber aus der Treuepflicht zur Zustimmung der Gewährung einer Vergütung verpflichtet sein (MüKo/*Schäfer* Rn 6).

6 Die Rechtsstellung der Gesellschafter als **geborene** Liquidatoren folgt unmittelbar aus § 736 I, ohne dass es eines besonderen Bestellungsaktes oder der Annahme des Amtes bedarf. Sie **beginnt** mit der Auflösung und **endet** mit der Vollbeendigung der GbR (MüKo/*Schäfer* Rn 3). Wird der Gesellschaftsanteil übertragen, tritt der Erwerber an die Stelle des bisherigen Gesellschafters (MüKo/*Schäfer* Rn 3). Eine Gesellschafter-Gesellschaft wird durch ihren organschaftlichen Vertreter bei der Ausübung des Liquidatorenamtes vertreten.

7 Auch für **Publikumsgesellschaften** ist keine Ausnahme zu machen (BGH WM 2011, 1806 Rn 19ff; *Servatius* Rn 11; aA KG NZG 2010, 1102; LG Nürnberg-Fürth NZG 2010, 1101; MüKo/*Schäfer* Rn 4 Geschäftsführer sind Liquidatoren). In rechtsmethodischer Hinsicht fehlt es für eine analoge Anwendung des § 265 I AktG an einer planwidrigen Regelungslücke, weil die Gesellschafter eine abweichende Regelung kraft Gesellschaftsvertrags oder Gesellschafterbeschlusses treffen können und zudem eine gerichtliche Bestellung nach § 736a I 1 in Betracht kommt.

8 **III. Insolvenzverwalter, Privatgläubiger.** Ist über das Vermögen eines Gesellschafters das Insolvenzverfahren eröffnet worden, dann nimmt der Insolvenzverwalter nach § 736 II zwingend (*Servatius* Rn 12) die **Befugnisse des Gesellschafter-Schuldners** als Liquidator wahr, ohne selbst Liquidator zu sein (Begr RegE, BT-Drs 19/27635, 183). Das gilt nicht nur für den Fall, dass die Insolvenz des Gesellschafters kraft gesellschaftsvertragl Regelung zur Auflösung der GbR geführt hat (vgl § 730 II), sondern auch, wenn das Insolvenzverfahren **nach der Auflösung** eröffnet worden ist (vgl Begr RegE, BT-Drs 19/27635, 183; MüKo/*Schäfer* Rn 7). Dem **Privatgläubiger** ist keine vergleichbare Stellung zugewiesen. Stattdessen fungiert er nur im Rahmen eines gerichtlichen Be- und Abberufungsverfahrens nach § 736a II Nr 4 als Beteiligter (näher *Servatius* Rn 13, 18).

9 **IV. Erbengemeinschaft.** Die Liquidationsbefugnisse der in die Liquidationsgesellschaft eingerückten Erbengemeinschaft werden nach § 736 III von einem **gemeinsamen Vertreter wahrgenommen**, während die Miterben Liquidatoren im Rechtssinne bleiben (MüKo/*Schäfer* Rn 8). Das gilt sowohl, wenn der Tod eines Gesellschafters nach § 730 I zur Auflösung der Gesellschaft führt, als auch in dem Fall, dass der Gesellschafter **nach Auflösung** der GbR aus einem anderen Grund verstirbt (Begr RegE, BT-Drs 19/27635, 184). Erfasst ist von § 736 III nur die Ausübung der **Liquidationsrechte und -pflichten**, während die Miterben auch weiterhin über die Änderung des Gesellschaftsvertrags und die Ausübung des Antragsrechts nach § 736a I entscheiden (MüKo/*Schäfer* Rn 9). Diese Kompetenzverteilung ist freilich in den allg Grenzen dispositiv.

10 Über die **Bestellung** des gemeinsamen Vertreters entscheiden die Miterben nach § 2038 II 1, § 745 kraft Mehrheitsbeschlusses (dazu und zum Folgenden MüKo/*Schäfer* Rn 10). Die Miterben sind zur Mitwirkung an der Beschlussfassung verpflichtet. Sie können sich für einen Miterben, Dritten oder Liquidator entscheiden, was im letzten Fall wegen § 181 die Zustimmung der Mitgesellschafter und Miterben voraussetzt. Eine Abberufung kommt ebenfalls kraft Mehrheitsbeschlusses in Betracht (MüKo/*Schäfer* Rn 10 verlangt zusätzl einen wichtigen Grund); zudem kommt eine gerichtliche Abberufung nach § 736 IV 2 iVm § 736a I in Betracht.

11 Die Vorschrift findet **keine Anwendung**, wenn die Erbenrechte durch Testamentsvollstrecker (zur Zulässigkeit vgl BGHZ 98, 48, 58; BGH NJW 1981, 749, 750), Nachlass- oder Nachlassinsolvenzverwalter ausgeübt werden (MüKo/*Schäfer* Rn 8). Allerdings können die Miterben **nicht** auf Grundlage des § 735 III entscheiden, auf die Bestellung eines gemeinsamen Vertreters zu **verzichten** und nach § 2038 I 1 gemeinschaftl an der Liquidation mitzuwirken (so aber MüKo/*Schäfer* Rn 8). Stattdessen steht § 736 III insofern im überindividuellen Interesse der Handlungsfähigkeit der Liquidationsgesellschaft, dass die Bestellung eines gemeinsamen Vertreters gerichtlich durch die GbR durchgesetzt werden kann (*Servatius* Rn 15). Ohne Bestellung droht eine Schadensersatzhaftung nach § 280 I. Zumindest wird man eine Gestaltung analog § 18 GmbHG zulassen können (*Servatius* Rn 15).

12 **V. Abweichende Gestaltungen.** In Parallele zu § 735 III (§ 735 Rn 30) ermöglicht § 736 IV 1 eine von § 736 I–III abweichende Zusammensetzung des Liquidatorenkreises. Dabei können nicht nur einzelne Gesellschafter als **gekorene Liquidatoren** bestätigt und andere von der Mitwirkung ausgeschlossen werden. In Durchbrechung des Grundsatzes der Selbstorganschaft ermöglicht die Vorschrift auch die Berufung von **außenstehenden Dritten** zu Liquidatoren, und zwar auch dergestalt, dass daneben kein Gesellschafter als Liquidator fungiert. Wie

auch sonst (§ 705 Rn 41ff) kommen als Liquidatoren natürliche und jur Personen sowie rechtsfähige Personengesellschaftern in Betracht, die dann durch ihre organschaftlichen Vertreter handeln (BGH NZG 2014, 302 Rn 38; MüKo/*Schäfer* Rn 11).

Abweichende Gestaltungen können bereits im **Gesellschaftsvertrag** vorgesehen sein oder zu einem späteren Zeitpunkt, auch nach Auflösung der Gesellschafter während der Liquidation ad hoc kraft **Gesellschafterbeschlusses** geschaffen werden, für welchen die Vermutungsregelung des § 736 V gilt. Der Bestellungsakt setzt den Zugang einer entspr Willenserklärung beim zu Bestellenden und eine entspr Annahmeerklärung voraus (*Servatius* Rn 21). 13

Die **Abberufung** erfolgt einstimmig, kann aber auch auf einer Mehrheitsklausel beruhen (Rn 4). Die **Amtsniederlegung** kommt nur in Form der Kündigung des Liquidatorenamtes analog § 715 VI in Betracht (*Servatius* Rn 27; MüKo/*Schäfer* § 736a Rn 10). Für Dritte gelten die Regeln des zugrundeliegenden Rechtsverhältnisses, namentlich § 671 II (*Servatius* Rn 27; *Scholz* NZG 2020, 1044, 1050). Der Erbe rückt in das Amt eines Gesellschafter-Liquidators ein, nicht aber nach § 673 in dasselbe eines Dritten (MüKo/*Schäfer* § 736a Rn 10; *Servatius* Rn 27). Wird der Liquidator insolvent, erlischt das Amt eines Dritten gleichermaßen, während der Insolvenzverwalter die Befugnisse eines Gesellschafters nach § 736 II übernimmt. 14

Eine **Gestaltungsgrenze** ist indes erreicht, wenn schlicht sämtliche Gesellschafter von der Liquidation ausgeschlossen werden, ohne andere Personen zu bestellen; dann bleibt es bei der Regel des § 736 I (MüKo/*Schäfer* Rn 5). Zudem ist § 736 insofern änderungsfest, als es stets Liquidatoren geben muss, denen die Abwicklung obliegt (*Servatius* Rn 7). Der **deklaratorische § 736 IV 2** stellt klar, dass sowohl ein korporativer als auch ein gerichtlicher Bestellungs- bzw Abberufungsakt nach § 736a I zu Änderungen in der Zusammensetzung des Liquidatorenkreises führen kann. 15

VI. Mehrheitsentscheidungen. Die **Auslegungsregel** des § 736 V beschränkt den Anwendungsbereich einer im Gesellschaftsvertrag enthaltenen **Mehrheitsklausel** dahingehend, dass diese im Zweifel auf die Bestellung und Abberufung von Liquidatoren keine Anwendung findet. Eine darauf bezogene Mehrheitsentscheidung kommt demnach nur dann in Betracht, wenn die gesellschaftsvertragl Klausel ausdrückl oder nach Auslegung gem §§ 133, 157 gerade auch im Liquidationsstadium zur Anwendung gelangen soll (vgl *Servatius* Rn 28; MüKo/*Schäfer* Rn 14; Schäfer/*Noack* § 9 Rn 21f). Eine solche **liquidationsspezifische Mehrheitsklausel** ist ausnahmsweise aber entbehrlich, wenn es sich um eine **Publikumsgesellschaft** handelt (BGH NZG 2014, 302 Rn 35f; MüKo/*Schäfer* Rn 14). Zudem setzt die **Abberufung** eines zum Liquidator berufenen Gesellschafters aufgrund der damit verbundenen Entziehung der Liquidationsbefugnisse eine individuelle Zustimmung des Betroffenen (§ 714 Rn 50) oder das Vorliegen eines wichtigen Grundes voraus (vgl § 715 V, § 720 IV). Anderes gilt, wenn es um die Abberufung oder Auswechselung eines Dritten geht (MüKo/*Schäfer* Rn 14; *Servatius* Rn 24). 16

§ 736a Gerichtliche Berufung und Abberufung von Liquidatoren

(1) Ist die Gesellschaft im Gesellschaftsregister eingetragen, kann auf Antrag eines Beteiligten ein Liquidator aus wichtigem Grund durch das Gericht, in dessen Bezirk die Gesellschaft ihren Sitz hat, berufen und abberufen werden. Eine Vereinbarung im Gesellschaftsvertrag, welche dieses Recht ausschließt, ist unwirksam.

(2) Beteiligte sind:

1. **jeder Gesellschafter (§ 736 Absatz 1),**
2. **der Insolvenzverwalter über das Vermögen des Gesellschafters (§ 736 Absatz 2),**
3. **der gemeinsame Vertreter (§ 736 Absatz 3) und**
4. **der Privatgläubiger des Gesellschafters, durch den die zur Auflösung der Gesellschaft führende Kündigung erfolgt ist (§ 735 Absatz 2 Satz 2).**

(3) Gehört der Liquidator nicht zu den Gesellschaftern, hat er Anspruch auf Ersatz der erforderlichen Aufwendungen und auf Vergütung für seine Tätigkeit. Einigen sich der Liquidator und die Gesellschaft hierüber nicht, setzt das Gericht die Aufwendungen und die Vergütung fest. Gegen die Entscheidung ist die Beschwerde zulässig; die Rechtsbeschwerde ist ausgeschlossen. Aus der rechtskräftigen Entscheidung findet die Zwangsvollstreckung nach der Zivilprozessordnung statt.

I. Normzweck. Die durch das MoPeG neu eingefügte Vorschrift regelt die Bestellung und Abberufung von Liquidatoren durch das zuständige Gericht. Die Vorschrift zielt darauf ab, eine **effektive Durchführung der Liquidation** auch für den Fall zu gewährleisten, dass diese durch die Gesellschafter oder andere zu Liquidatoren berufene Personen nicht zu erwarten ist (Begr RegE, BT-Drs 19/27635, 184). Zugleich dient sie der Erhaltung der Funktions- und **Handlungsfähigkeit der Liquidationsgesellschaft** sowie einer gesteigerten Unternehmenskontinuität (vgl *Servatius* Rn 1, 3). 1

Nach ihrem – insofern klaren – Wortlaut findet die Vorschrift nur auf **eGbR** Anwendung. Die Materialien bringen allerdings eine analoge Anwendung der Vorschrift für nicht eingetragene Gesellschaften, namentlich **unternehmenstragende** und **Publikumsgesellschaften**, ins Spiel (Begr RegE, BT-Drs 19/27635, 184 unter Hinweis auf BGH WM 2011, 1865 Rn 19; MüKo-HGB/*K. Schmidt* § 146 Rn 3). An der für eine analoge Anwendung erforderlichen Vergleichbarkeit der Interessenlage fehlt es allerdings bei **Gelegenheitsgesellschaften** (*Servatius* Rn 4). Auch auf die **Innen-GbR** findet § 736a e contrario § 740b II keine Anwendung. IÜ hat § 736a nach Abs I 2

S 2 **zwingenden** Charakter; die gerichtliche Bestellung oder Abberufung kann folglich weder beschränkt noch ausgeschlossen werden (Begr RegE, BT-Drs 19/27635, 185).

3 **II. Materielle Voraussetzungen. 1. Antragstellung, Verfahren, Entscheidung.** Die Antragstellung kann nur während der Durchführung des **Liquidationsverfahrens** erfolgen, also nach Auflösung und vor Vollbeendigung der GbR. Nach Eintragung des Erlöschens nach § 738 kommt die gerichtliche Bestellung zur Durchführung einer **Nachtragsliquidation** in Betracht, soweit noch verteilungsfähiges Vermögen existiert (MüKo/*Schäfer* Rn 3; *Servatius* Rn 5).

4 Der Antrag selbst kann bereits vor der Auflösung **gestellt** werden; die gerichtliche Anordnung erfolgt erst danach (MüKo/*Schäfer* Rn 4). Neben der Bestellung und Abberufung von Liquidatoren kommt auch eine Beschränkung oder Erweiterung der Geschäftsführungs- und Vertretungsbefugnisse vorhandener Liquidatoren in Betracht (Begr RegE, BT-Drs 19/27635, 184f). Zuständig ist nach § 23a I GVG iVm § 376 I, § 375 Nr 17 FamFG das Amtsgericht, in dessen Bezirk die Gesellschaft ihren Sitz nach § 706 hat (dazu und zum Folgenden MüKo/*Schäfer* Rn 4; *Servatius* Rn 5). Es handelt sich um ein Verfahren der **freiwilligen Gerichtsbarkeit**. Dementspr gilt der Amtsermittlungsgrundsatz (§ 26 FamFG), der Antrag bedarf der Form des § 25 FamFG und kann noch bis zur Unanfechtbarkeit der Verfügung zurückgenommen werden (§ 22 FamFG).

5 Das Gericht kann im Rahmen seiner als Beschluss ergehenden **Entscheidung nach pflichtgemäßem Ermessen** einen oder mehrere Liquidatoren bestellen, seien es Gesellschafter oder Dritte, oder abberufen und deren Befugnisse ändern, wie zB Einzel- oder Gesamtgeschäftsführungsbefugnis, ist dabei allerdings an den Antrag gebunden, der hinreichend bestimmt sein muss (*Servatius* Rn 5), indes keine konkreten Vorgaben zu machen braucht (MüKo/*Schäfer* Rn 4). Anstelle einer Abberufung können auch Geschäftsführungs- und Vertretungsbefugnisse beschränkt werden. Die Bestellung eines Gesellschafters geht der Bestellung eines Dritten im Grundsatz vor, kann aber bei Streitigkeiten unter den Gesellschaftern geboten sein (*Servatius* Rn 9). Ausgeschlossen ist indes die Erteilung von Weisungen an die Liquidatoren (RGZ 12, 32, 34). Gegen die Entscheidung findet nach § 402 I iVm §§ 58ff FamFG die Beschwerde statt.

6 **2. Wichtiger Grund.** Materielle Voraussetzung für eine gerichtliche Anordnung ist das Vorliegen eines wichtigen Grundes. Er liegt nach **Gesamtabwägung** aller Umstände des konkreten Einzelfalls (dazu KG NZG 1999, 437f) vor, wenn eine **gedeihliche Durchführung** der Liquidation durch die Gesellschafter oder von ihnen bestellte Liquidatoren nicht zu erwarten ist und für GbR oder Beteiligte erhebliche Nachteile zu besorgen sind (Begr RegE, BT-Drs 29/27635, 184). Das betrifft den Fall, dass die **Handlungsfähigkeit der Liquidationsgesellschaft beeinträchtigt** oder zumindest bedroht ist und von den Gesellschaftern keine Abhilfe zu erwarten ist (MüKo/*Schäfer* Rn 5). Das kommt etwa bei erheblichen Verzögerungen in Betracht (KGJ 32, A 129, 134).

7 **Personenbezogene Gründe** können darin liegen, dass die vorhandenen Gesellschafter schon bisher ihre Geschäftsführungs- bzw Liquidationsaufgaben nicht ordnungsgemäß erfüllt haben (RGZ 162, 370, 375ff; Hamm BB 1960, 918). Hinzu kommt ein durch Tatsachen erhärteter Vertrauensverlust, der sich auf die Redlichkeit, Integrität, Unparteilichkeit und Fähigkeit des Liquidators beziehen kann (vgl RG JW 1897, 290, 291; BayObLG BB 1997, 2397; NJW-RR 1998, 470f; Köln BB 1989, 1432). Hinzu kommen substanzielle Streitigkeiten unter den Gesellschaftern und anderen Beteiligten (MüKo/*Schäfer* Rn 6).

8 Speziell mit Blick auf die **Abberufung** eines amtierenden Liquidators muss die weitere Amtsausübung aufgrund der damit verbundenen Gefahr für die zügige und ordnungsgemäße Durchführung der Liquidation für die GbR oder einen Beteiligten **unzumutbar** sein (BayObLG BB 1997, 2397; Hamm BB 1960, 1355; MüKo/*Schäfer* Rn 7). Das ist nicht der Fall, wenn ein milderes Mittel in Betracht kommt, wie zB die Entziehung oder Beschränkung von Geschäftsführungs- und Vertretungsbefugnissen oder eine Abmahnung (*Servatius* Rn 8). Ein wichtiger Grund iSd § 715 V, § 720 begründet nicht notwendig auch einen solchen iSd § 736a (vgl Hamm BB 1960, 918; MüKo/*Schäfer* Rn 7). Davon abgesehen hat eine Abberufung nach § 736 V ggü § 736a Vorrang, sodass eine gerichtliche Abberufung nur in Betracht kommt, wenn eine Abberufung durch die Gesellschafter scheitert (MüKo/*Schäfer* Rn 7 aE).

9 **III. Beteiligte.** Die in § 736a II aufgeführten Beteiligten sind **antragsberechtigt**. Dazu zählt zunächst jeder **Gesellschafter**, und zwar unabhängig davon, ob er als Liquidator fungiert (Begr RegE, BT-Drs 29/27635, 185). Das gilt auch für jeden einzelnen Miterben (*Servatius* Rn 6). Weitere Beteiligte sind der **Insolvenzverwalter** über das Vermögen eines Gesellschafters (§ 736 Rn 8), der **gemeinsame Vertreter** der Miterben (§ 736 Rn 9) und der **Privatgläubiger**, durch den die zur Auflösung führende Kündigung erfolgt ist. Der Insolvenzverwalter tritt nach § 80 I InsO an die Stelle des insolventen Gesellschafters (BGH NJW 1981, 822f). Demggü ist der Privatgläubiger neben dem Schuldner-Gesellschafter zur Antragstellung berechtigt (MüKo/*Schäfer* Rn 8). Das gilt auch dann, wenn die Mitgliedschaft vor Auflösung gepfändet worden ist, die spätere Auflösung aber nicht auf eine Kündigung des Pfandgläubigers zurückgeht (*Servatius* Rn 7). Antragsberechtigt sind ferner Testamentsvollstrecker und Nachlassverwalter (*Servatius* Rn 6). Soweit ein Beteiligter iSd § 736a II selbst keinen Antrag stellt, ist ihm zumindest nach § 34 FamFG rechtl Gehör zu gewähren (MüKo/*Schäfer* Rn 8). **Kein** Antragsrecht steht Gesellschaftsgläubigern sowie zu Liquidatoren bestellten Dritten zu (*Servatius* Rn 7 aE). **Antragsgegner** ist die GbR (*Servatius* Rn 5).

IV. Rechte und Pflichten des Bestellten. Die Bestellung eines Gesellschafters oder Dritten wird nach der ge- 10
richtlichen Entscheidung mit der **Übernahme** des Liquidatorenamtes durch den Bestellten wirksam (MüKo/*Schäfer* Rn 9). Dritte haben nach § 736a III einen Anspruch auf Ersatz der erforderlichen **Aufwendungen** (§ 716 Rn 8) und eine **Tätigkeitsvergütung.** Die Materialien gehen davon aus, dass kein zusätzl Dienstverhältnis entsteht, sondern eine rein verbandsrechtl Beziehung besteht (Begr RegE, BT-Drs 29/27635, 185). Auch nach einer gerichtlichen Bestellung können sich die Gesellschafter dafür entscheiden, den Bestellten gegen eine andere Person auszuwechseln (MüKo/*Schäfer* Rn 9).

§ 736b Geschäftsführungs- und Vertretungsbefugnis der Liquidatoren

(1) Mit der Auflösung der Gesellschaft erlischt die einem Gesellschafter im Gesellschaftsvertrag übertragene Befugnis zur Geschäftsführung und Vertretung. Diese Befugnis steht von der Auflösung an allen Liquidatoren gemeinsam zu.

(2) Die bisherige Befugnis eines Gesellschafters zur Geschäftsführung und, sofern die Gesellschaft nicht im Gesellschaftsregister eingetragen ist, zur Vertretung gilt gleichwohl zu seinen Gunsten als fortbestehend, bis er von der Auflösung der Gesellschaft Kenntnis erlangt hat oder die Auflösung kennen muss.

I. Normzweck. Die durch das MoPeG neu geschaffene Vorschrift regelt die Geschäftsführungs- und Vertre- 1
tungsbefugnis der Liquidatoren. **Abs I** ordnet das Erlöschen der vor Auflösung bestehenden Befugnisse der Gesellschafter an und weist sie mit Auflösung – in Übereinstimmung mit § 735 I (§ 735 Rn 3) – den Liquidatoren zu. Zugunsten eines redlichen Gesellschafters gelten die bisherigen Befugnisse nach **Abs II** allerdings als fortbestehend. Das dient dem Schutz des Gesellschafters, der weder wegen Überschreitung seiner Geschäftsführungsbefugnisse noch als Vertreter ohne Vertretungsmacht Sanktionen zu befürchten hat (MüKo/*Schäfer* Rn 2). Nach Maßgabe der § 736 IV und § 735 III kann von § 736b grds **abgewichen** werden (MüKo/*Schäfer* Rn 1 aE, 2 aE). Mit Blick auf die klare legislatorische Entscheidung zur Streichung des § 729 S 2 aF und die abweichenden Regelungen des Auftrags- und Stellvertretungsrecht scheidet eine analoge Anwendung des § 736b II auf **andere Fälle des Verlusts** der Gesellschafterbefugnisse aus (aA *Servatius* Rn 8).

II. Geschäftsführung und Vertretung in der Liquidationsgesellschaft. Die **Geschäftsführung** in der Liqui- 2
dationsgesellschaft steht allen Gesellschaftern gemeinschaftl zu (§ 736b I 2). Von der Gesamtgeschäftsführung abweichende Gestaltungen der werbenden Gesellschaften sind in der Liquidationsgesellschaft ohne Bedeutung (§ 736b I 1). Es gilt das zu § 736 I–III (§ 736 Rn 12) Gesagte entspr. Im Rahmen der **Vertretung** gebietet es der Liquidationszweck aber nicht, dass auf einen abwesenden oder verhinderten Gesellschafter gewartet werden muss, die Übrigen sind allein handlungsberechtigt (BGH WM 1964, 740f für die Handelsgesellschaft). Der **Aufgabenkreis** der Liquidatoren ist in § 736d näher geregelt, auf dessen Erl verwiesen wird (vgl noch § 735 Rn 3). Besagter Aufgabenkreis beschränkt nach der Wertung des § 720 III indes nicht den Umfang der Vertretungsmacht, die auch in der Liquidationsgesellschaft unbeschränkt und unbeschränkbar ist (MüKo/*Schäfer* Rn 5). **Abweichende Vereinbarungen** können im Rahmen des § 735 III (§ 735 Rn 30) getroffen werden, wobei die Rechte Dritter nach § 735 II (§ 735 Rn 23) zu wahren sind und die Liquidation nicht vollends vereitelt werden darf (vgl BGHZ 1, 324, 329; MüKo/*Schäfer* Rn 7). Weitere Gestaltungsoptionen eröffnet § 736 IV (§ 736 Rn 12), wobei mit Blick auf Mehrheitsentscheidungen § 736 V (§ 736 Rn 16) zu beachten ist. Schließlich kommt nach § 734 eine Fortsetzung der GbR in Betracht.

III. Fortbestehende Befugnisse. Zugunsten des Handelnden gilt die ihm durch den Gesellschaftsvertrag ein- 3
geräumte Befugnis, also auch zur Einzelgeschäftsführung, trotz des durch die Auflösung an sich verursachten Übergangs zur Gesamtgeschäftsführung (§ 736 I, § 736b I) **als fortbestehend,** soweit er die Auflösung nicht kannte oder kennen musste. Im genannten Umfang bleibt er im Fall einer nicht eingetragenen GbR auch vertretungsbefugt (PWW/*v Ditfurth* § 729 Rn 1; anders – allenfalls Rechtsscheinvollmacht – Soergel/*Hadding/Kießling* § 729 Rn 6). Bei der **eGbR** geht die aus dem Gesellschaftsregister folgende Publizitätswirkung nach § 707a III 1 iVm § 15 HGB vor (Begr RegE, BT-Drs 19/27635, 185). Neben § 736b II kommt vorrangig die einstweilige Fortführung der Geschäfte nach § 730 I 4, II (§ 730 Rn 5) zur Anwendung.

Aus tatbestandlicher Perspektive muss es **durch die Auflösung** zum Wegfall einer **gesellschaftsvertraglichen** 4
Befugnis gekommen sein. Keine Bedeutung hat § 736b II hingegen für den gesetzl Regelfall der Gesamtgeschäftsführungs- und Gesamtvertretungsbefugnis, da dann alle an der Geschäftsführung und Vertretung beteiligt sind und bleiben (MüKo/Schäfer Rn 11; Staudinger/*Habermeier* § 729 Rn 4). Dagegen ist § 674 anwendbar, wenn ein von der Geschäftsführung ausgeschlossener Gesellschafter zur Vornahme einzelner Geschäfte bestellt ist (MüKo/*Schäfer* Rn 11; Soergel/*Hadding/Kießling* § 729 Rn 4).

Die Rechtsfolgen hängen von der **Gutgläubigkeit** des Geschäftsführers ab, die ihm nicht mehr bescheinigt wer- 5
den kann, wenn er von der Auflösung oder den sie nach Gesetz oder Vertrag herbeiführenden Tatsachen wissen musste; einfache Fahrlässigkeit nach § 122 II, § 276 II schadet (*Servatius* Rn 19; MüKo/*Schäfer* Rn 14). Wer sich auf die Bösgläubigkeit beruft, trägt dafür die Darlegungs- und Beweislast (MüKo/*Schäfer* Rn 15). An der Kenntnis der Auflösung kann es namentlich fehlen bei **Zweckerreichung** und deren Unmöglichkeit, bei Auflösung infolge **Tod** oder **Insolvenz** eines Gesellschafters, aber auch im Fall der **Auflösungskündigung,** weil Letztere nach zutr Auffassung ggü der GbR zu erklären ist (§ 731 Rn 2; aA MüKo/*Schäfer* Rn 12). Keine Anwendung findet

§ 736b II hingegen auf den Auflösungsgrund der **Gesellschaftsinsolvenz**, weil die Befugnisse des Insolvenzverwalters nach § 80 I, § 148 I InsO im Interesse der Gläubigergesamtheit vorgehen (MüKo/*Schäfer* Rn 13).

6 Konsequenz der **fortbestehenden Geschäftsführungsbefugnis** ist, dass der Gesellschafter im Innenverhältnis keine Kompetenzüberschreitung begeht, sondern zum Handeln berechtigt ist. Folgerichtig ist die Fortgeltung des Anspruchs auf Geschäftsführervergütung und auf Aufwendungsersatz nach § 716, die im Rahmen der Schlussabrechnung in Ansatz zu bringen sind (*Servatius* Rn 21). Gem § 118 S 1 InsO ist der geschäftsführende Gesellschafter mit den Ansprüchen, die ihm aus der einstweiligen Fortführung eilbedürftiger Geschäfte zustehen, Massegläubiger, nach S 2 ist er mit den Ansprüchen aus der Fortführung der Geschäfte während der Zeit, in der er um die Verfahrenseröffnung ohne Verschulden nicht wusste, Insolvenzgläubiger. Demggü besteht **keine Tätigkeitspflicht**, da § 736b II nur zugunsten des Gesellschafters wirkt (MüKo/*Schäfer* Rn 17; Soergel/*Hadding/Kießling* § 729 Rn 6).

7 Aufgrund der **fortbestehenden Vertretungsbefugnis** kann der Gesellschafter die Liquidationsgesellschaft nach außen wirksam vertreten, es sei denn, der Vertragspartner hat von deren Erlöschen Kenntnis oder musste sie kennen (§ 169). Ist der Handelnde bösgläubig, so greifen zwar nicht § 736b II, § 720 zu seinen Gunsten ein, dennoch kommt auch hier eine Haftung der Gesellschaft aus Rechtsscheingrundsätzen in Betracht (MüKo/*Schäfer* Rn 18). Bei der **eGbR** können sich redliche Dritte nach § 707a III 1 iVm § 15 I HGB solange auf die fortbestehende Vertretungsmacht berufen, wie die Änderungen der Vertretungsmacht nicht ordnungsgemäß in das Gesellschaftsregister eingetragen und bekanntgemacht sind.

§ 736c Anmeldung der Liquidatoren

(1) Ist die Gesellschaft im Gesellschaftsregister eingetragen, sind die Liquidatoren und ihre Vertretungsbefugnis von sämtlichen Gesellschaftern zur Eintragung in das Gesellschaftsregister anzumelden. Das Gleiche gilt für jede Änderung in der Person des Liquidators oder seiner Vertretungsbefugnis. Wenn im Fall des Todes eines Gesellschafters anzunehmen ist, dass die Anmeldung den Tatsachen entspricht, kann die Eintragung erfolgen, auch ohne dass die Erben bei der Anmeldung mitwirken, sofern einer solchen Mitwirkung besondere Hindernisse entgegenstehen.

(2) Die Eintragung gerichtlich berufener Liquidatoren sowie die Eintragung der gerichtlichen Abberufung von Liquidatoren geschieht von Amts wegen.

1 **I. Normzweck.** Die durch das MoPeG neu eingefügte Vorschrift regelt – in Anlehnung an § 148 HGB aF – die **Anmeldung und Eintragung der Liquidatoren** und deren Vertretungsbefugnis sowie die zugehörigen Änderungen (**Abs I**). Von Amts wegen vollzieht sich die Eintragung der gerichtlich bestellten oder gerichtlich abberufenen Liquidatoren (**Abs II**). Sie gilt ausschließlich für die nach § 707 in das Gesellschaftsregister **eingetragene GbR**. Aufgrund ihres auf den Schutz des Rechtsverkehrs (Rn 3) gerichteten Zwecks ist die Vorschrift **zwingend** (MüKo/*Schäfer* Rn 1); § 707 IV 1 verdrängt insofern § 735 II (BeckOK/*Schöne* Rn 2). Die Vorschrift steht im Zusammenhang mit der **Publizität eingetragener GbR** und soll dem Rechtsverkehr die wesentlichen **Informationen über die Vertretungsbefugnisse** in der Liquidationsgesellschaft vermitteln (*Servatius* Rn 1, 3). Die Anmeldepflicht nach Abs I wird durch die Publizitätswirkung des Gesellschaftsregisters nach Maßgabe des § 707a III 1 iVm § 15 HGB flankierend abgesichert.

2 **II. Anmeldung durch Gesellschafter.** Die Anmeldepflicht bezieht sich auf eine aufgelöste, also **im Liquidationsstadium befindliche eGbR**, die nicht bereits vollbeendet sein darf. Daher scheidet die Anwendung etwa beim Verbleiben eines einzigen Gesellschafters nach § 712a I aus. Auch im Fall der Gesellschaftsinsolvenz findet die Vorschrift wegen § 80 InsO keine Anwendung (*Servatius* Rn 4). Für die Anmeldepflicht ist ohne Belang, ob die Liquidation nach §§ 735ff oder auf andere Weise (§ 735 II) erfolgt (MüKo/*Schäfer* Rn 2). Die Anmeldung kann mit derjenigen nach § 733 erfolgen. Zudem sind diese Anmeldungen nachzuholen, wenn das Erlöschen nach § 738 angemeldet werden soll (BayObLG WM 1982, 1288f; MüKo/*Schäfer* Rn 2). Es handelt sich um eine öffentlich-rechtl Anmeldepflicht, die auch zivilrechtl durchgesetzt werden kann (näher § 707 Rn 38f). Zu den **Modalitäten** im Einz s § 707 Rn 37ff (vgl weiter die Formulierungsvorschläge bei *Böhringer/Melchior* NotBZ 2022, 361, 371).

3 Die Liquidatoren iSd § 736 und ihre Vertretungsbefugnis sind nach § 736c I 1 von **allen Gesellschaftern** zur Eintragung in das Gesellschaftsregister anzumelden (abweichend *Servatius* Rn 8: Abweichung zulässig, wie zB Anmeldung durch die zustimmende Mehrheit). Das gilt selbst für den Fall, dass alle oder alle vertretungsberechtigten Gesellschafter Liquidatoren werden. Diese erhöhten Anforderungen dienen dem **Schutz des Rechtsverkehrs**, da die Eintragung nur deklaratorisch wirkt, sich die Auflösung und – damit verbunden – die Änderungen der Geschäftsführungs- und Vertretungsbefugnisse (§ 736 I, § 736b I) kraft Gesetzes und daher unabhängig von der Eintragung nach §§ 733, 736c vollziehen (Begr RegE, BT-Drs 19/27635, 186). Demggü sind zu Liquidatoren berufene **Dritte** analog § 707 IV 1 (§ 707 Rn 40) selbst dann nicht zur Anmeldung berechtigt oder verpflichtet, wenn sich auf sie bezogene Änderungen ergeben haben (BeckOK/*Schöne* Rn 2; MüKo/*Schäfer* Rn 6). Im Fall der Löschung von Liquidatoren ist aber zumindest die **GbR** selbst zu beteiligen (BayObLG ZIP 1994, 1767, 1768; MüKo/*Schäfer* Rn 5). Stirbt ein Gesellschafter, brauchen seine **Erben** nach § 736c I 3 an der Anmeldung – in Parallele zu § 707 IV 2 (§ 707 Rn 42) und § 733 II (§ 733 Rn 3) – nicht mitzuwirken, wenn einer solchen Mitwirkung besondere Hindernisse entgegenstehen.

Der sachliche Anwendungsbereich bezieht sich zunächst auf die originäre Bestellung der **Liquidatoren**, seien es Gesellschafter, seien es Dritte. Die Liquidatoren sind analog § 707 II Nr 2 (§ 707 Rn 18ff) zu bezeichnen. Zur Eintragung anzumelden sind im Interesse des Verkehrsschutzes auch beteiligte Insolvenzverwalter von Gesellschaftern (§ 736 II), gemeinsame Vertreter von Miterben (§ 736 III) sowie Testamentsvollstrecker und Nachlassverwalter (MüKo/*Schäfer* Rn 3; *Servatius* Rn 5). 4

Hinzu kommen deren **Vertretungsbefugnisse**, namentlich Gesamtvertretungsbefugnis nach § 736 I oder Einzelvertretungsbefugnis sowie Ausschluss oder Beschränkung einzelner Befugnisse nach § 736 IV, die analog § 707 II Nr 3 (§ 707 Rn 22) zur Eintragung anzumelden sind. 5

Nach § 736c I 2 sind auch sämtliche **Änderungen** in der Person der Liquidatoren, namentlich Abberufung, personelle Auswechselung, Tod, Kündigung oder Amtsniederlegung, sowie in Bezug auf deren Vertretungsbefugnisse, wie zB Anordnung von Einzel- oder Gesamtvertretungsbefugnis oder deren Entzug, analog § 707 III (§ 707 Rn 27ff) zur Eintragung anzumelden. Die Anmeldepflicht gilt auch dann, wenn die ursprüngl Eintragung versäumt wurde (vgl Brandenburg NZG 2002, 909, 910; MüKo/*Schäfer* Rn 5; *Servatius* Rn 3). 6

III. Eintragung gerichtlich bestellter Liquidatoren. Die Eintragung gerichtlich bestellter sowie gerichtlich abberufender **Liquidatoren** erfolgt nach § 736c II von Amts wegen. Gleiches gilt für die damit verbundene Eintragung der Änderung der **Vertretungsbefugnisse** (Begr RegE, BT-Drs 19/27635, 186). Das Registergericht wird auf Ersuchen des nach § 736a I zuständigen Gerichts tätig (MüKo/*Schäfer* Rn 7). 7

§ 736d Rechtstellung der Liquidatoren

(1) Die Liquidatoren haben, auch wenn sie vom Gericht berufen sind, den Weisungen Folge zu leisten, welche die Beteiligten in Bezug auf die Geschäftsführung beschließen. Hat nach dem Gesellschaftsvertrag die Mehrheit der Stimmen zu entscheiden, bedarf der Beschluss der Zustimmung der Beteiligten nach § 736a Absatz 2 Nummer 2 und 4.

(2) Die Liquidatoren haben die laufenden Geschäfte zu beendigen, die Forderungen der Gesellschaft einzuziehen und das übrige Vermögen in Geld umzusetzen. Zur Beendigung der laufenden Geschäfte können die Liquidatoren auch neue Geschäfte eingehen.

(3) Ist die Gesellschaft im Gesellschaftsregister eingetragen, haben die Liquidatoren bei Abgabe ihrer Unterschrift dem Namen der Gesellschaft einen Liquidationszusatz beizufügen.

(4) Aus dem Vermögen der Gesellschaft sind zunächst die Gläubiger der Gesellschaft zu befriedigen. Ist eine Verbindlichkeit noch nicht fällig oder ist sie streitig, ist das zur Berichtigung der Verbindlichkeit Erforderliche zurückzubehalten.

(5) Aus dem nach der Berichtigung der Verbindlichkeiten verbleibenden Gesellschaftsvermögen sind die geleisteten Beiträge zurückzuerstatten. Für Beiträge, die nicht in Geld bestanden haben, ist der Wert zu ersetzen, den sie zur Zeit der Einbringung gehabt haben. Für Beiträge, die in der Leistung von Diensten oder in der Überlassung der Benutzung eines Gegenstands bestanden haben, kann im Zweifel kein Ersatz verlangt werden.

(6) Das nach Berichtigung der Verbindlichkeiten und Rückerstattung der Beiträge verbleibende Vermögen der Gesellschaft ist unter den Gesellschaftern nach dem Verhältnis ihrer Anteile am Gewinn und Verlust zu verteilen.

I. Normzweck. Die durch das MoPeG neu eingeführte Vorschrift formt die **Rechte und Pflichten der Liquidatoren** aus, die für die Durchführung der Abwicklung der Liquidationsgesellschaft verantwortlich zeichnen, und gibt damit zugleich den inhaltl Gang des Liquidationsverfahrens vor. **Abs I** bindet die Liquidatoren an die Weisungen der Beteiligten iSd § 736a II, denen im Rahmen einer Mehrheitsbeschlussfassung individuelle Zustimmungsrechte zukommen. Nach **Abs II** ist das gesamte Gesellschaftsvermögen zu verwerten, etwa durch die Veräußerung der einzelnen Gegenstände an verschiedene Erwerber oder die Veräußerung des gesamten Geschäftsbetriebs an einen Erwerber (MüKo/*Schäfer* Rn 1; Schäfer/*Noack* § 9 Rn 25). Für eGbR bestimmt **Abs III**, dass dem Namen der Gesellschaft ein Liquidationszusatz beizufügen ist. **Abs IV** schreibt den Grundsatz der vorrangigen Gläubigerbefriedigung fest. Geleistete Beiträge der Gesellschafter sind nach **Abs V** zurückzuerstatten. Nach **Abs VI** ist ein etwaiger Liquidationsüberschuss unter den Gesellschaftern zu verteilen, während ein Fehlbetrag gleichermaßen von den Gesellschaftern nach § 737 auszugleichen ist. Wie sich bereits aus § 735 ergibt, gehört der **Saldenausgleich zwischen den Gesellschaftern** zum Liquidationsverfahren und ist von den Liquidatoren zu besorgen (Begr RegE, BT-Drs 19/27635, 188 zu Abs VI; MüKo/*Schäfer* Rn 2). Die Vorschrift ist für die aufgelöste, aber noch nicht vollbeendete **Außen-GbR** konzipiert; § 736d II, IV, V, VI findet aber über die Verweisung des § 740b II auch auf die **Innen-GbR** entspr Anwendung. Für die **stille Gesellschaft** gilt § 235 HGB. 1

II. Weisungsbindung der Liquidatoren. 1. Inhalt und Reichweite. Die Weisungsbindung vermittelt namentlich den Gesellschaftern, aber auch anderen Beteiligten nach § 736a II Nr 2, 4 den notwendigen **Einfluss auf die Liquidatoren** und damit die Durchführung des Liquidationsverfahrens, da auch Dritte zum Kreis der Liquidatoren zählen können und nicht sämtliche Gesellschafter zwingend beteiligt sein müssen (Begr RegE, BT-Drs 19/27635, 186). Sachlich erfasst werden sämtliche Geschäftsführungsmaßnahmen, aber keine Grundlagenentscheidungen, wie zB die Beschlussfassung über die Fortsetzung nach § 734 (*Servatius* Rn 10). Eine **Schranke** fin- 2 det das Weisungsrecht im zwingenden Gesetzesrecht, wie zB steuerrechtl Verpflichtungen, sowie im Zweck des Liquidationsverfahrens. Ausgeschlossen ist namentlich die Fortführung der Liquidationsgesellschaft als werbende GbR ohne Fortsetzungsbeschluss nach § 734 (MüKo/*Schäfer* Rn 6). Eine insofern rechtswidrige Weisung ist nichtig und darf dementspr von den Liquidatoren nicht befolgt werden. Andernfalls machen sie sich bei schuldhafter Befolgung der rechtswidrigen Weisung ersatzpflichtig (MüKo/*Schäfer* Rn 6).

3 Bei **außergewöhnlichen Maßnahmen** sind die Liquidatoren analog § 715 II 2 (§ 715 Rn 19) verpflichtet, die Gesellschafter im Vorfeld zu informieren und in die Entscheidungsfindung einzubinden, sodass sie noch rechtzeitig vor Durchführung der Maßnahmen den Liquidatoren eine Weisung erteilen können (*Servatius* Rn 11 aE). Das gilt bspw für die Frage, ob das Vermögen als Ganzes oder in Teilen veräußert werden oder von einem Dritten oder einem Gesellschafter übernommen werden soll (MüKo/*Schäfer* Rn 7). Um die Mitwirkung der Gesellschafter durch Weisungserteilung zu konkretisieren, können die Gesellschafter einen **Katalog zustimmungspflichtiger Geschäfte** formulieren, bei welchen die Liquidatoren zuvor die Entscheidung der Gesellschafter einzuholen haben. Der **Inhalt** der Weisung kann sich auf die Vornahme oder das Unterlassen einer bestimmten Maßnahme, auf konkrete Modalitäten einschl der Formulierung von Leitlinien erstrecken (MüKo/*Schäfer* Rn 10).

4 **2. Ausübung.** Die Gesellschafter entscheiden über die **Ausübung** des Weisungsrechts durch **Beschluss**, der – in Ermangelung abweichender Regelungen – einstimmig zu fassen ist, und zwar auch dann, wenn andere Beteiligte mitwirken (Begr RegE, BT-Druck 19/27635, 186). Die Gesellschafter können sich nach § 736d I 2 aber auch auf eine **Mehrheitsentscheidung** verständigen. Dafür reicht eine allg Mehrheitsklausel aus (MüKo/*Schäfer* Rn 8; aA *Servatius* Rn 12: § 736 V analog). Allerdings bedarf es jedenfalls der **Zustimmung der Beteiligten** iSd § 736a II Nr 2 und 4, also des Insolvenzverwalters – in der Eigenverwaltung analog § 735 II 3 des Schuldner-Gesellschafters (*Servatius* Rn 20) – und des Privatgläubigers eines Gesellschafters, nicht hingegen des Nießbrauchers oder Pfandgläubigers (*Servatius* Rn 18). Im Rahmen der Entscheidung über die Zustimmungserteilung sind die Beteiligten zwar nicht an die verbandsrechtl Treuepflicht gebunden (BeckOK/*Schöne* Rn 1; Schäfer/*Noack* § 9 Rn 22); sie dürfen aber jedenfalls nicht rechtsmissbräuchlich iSd § 242 handeln (Begr RegE, BT-Druck 19/27635, 187).

5 Bei der Zustimmung der sonstigen Beteiligten handelt es sich um ein **selbständiges Rechtsgeschäft iSd § 182**. Die von der Gegenauffassung befürwortete Einordnung als besonderes Stimmrecht, dessen Nichtausübung unbeachtlich sei, soweit der Beteiligte trotz ordnungsgemäßer Ladung nicht erschienen sei (MüKo/*Schäfer* Rn 9), lässt sich mit dem besonderen Schutzzweck des § 736d I 2, der auf eine zwingende Beteiligung von Insolvenzverwalter und Privatgläubiger abzielt, schwerlich in Einklang bringen. Davon abgesehen begründet eine **fehlende Zustimmung des Privatgläubigers** nur einen Zuzahlungsanspruch des Gläubigers iHd Differenz zum verstrickten Liquidationserlös (*Servatius* Rn 17).

6 **3. Rechtsfolge.** Rechtmäßige Weisungen **binden** alle Beteiligten, dh Liquidatoren, Gesellschafter und andere Beteiligte, und schließen eine Schadensersatzpflicht infolge der Weisungsbefolgung aus (*Servatius* Rn 11). Die **Folgepflicht** kann mittels Leistungsklage und einstweiliger Verfügung durchgesetzt werden (*Servatius* Rn 11) und entfällt analog § 665 nicht bereits durch die Änderung tatsächlicher Umstände (MüKo/*Schäfer* Rn 12). Stattdessen ist die Maßnahme von den Liquidatoren den Gesellschaftern nochmals zur Entscheidung vorzulegen. Auf die **Vertretungsmacht** haben Weisungen aufgrund ihres internen Charakters nach § 720 III, § 736b grds keine Auswirkungen (zu Ausnahmen s § 720 Rn 18).

7 **III. Aufgaben der Liquidatoren.** Das Liquidationsverfahren ist geprägt durch die **vollständige Verwertung des Gesellschaftsvermögens**. Zu diesem Zweck sind nach § 736d II 1 die laufenden Geschäfte zu beenden, die Forderungen der GbR einzuziehen und das übrige Gesellschaftsvermögen in Geld umzusetzen. Allerdings können die Liquidatoren iRd Liquidationszwecks (Begr RegE, BT-Drs 19/27635, 187) – zur schnelleren und effektiveren Beendigung laufender Geschäfte – auch neue Geschäfte eingehen (§ 736d II 2). Mit Blick auf die Grundwertung des Liquidationsrechts sind an die Zulässigkeit neuer Geschäfte **strenge Anforderungen** zu stellen (vgl Karlsruhe GmbHR 1960, 24, 25; *Servatius* Rn 37).

8 Der Liquidatoren haben aktiv die **Beendigung der bisherigen Tätigkeit** zu betreiben (*Servatius* Rn 23). Zu diesem Zweck haben sie die bisherigen Geschäftsbeziehungen durch Gestaltungsrecht, namentlich Kündigung oder Rücktritt, sowie durch einvernehmliche Auflösung zu beenden. Dabei sind sie freilich nicht verpflichtet, voreilig vollendete Tatsachen zu schaffen, sondern müssen etwaige Maßnahmen zunächst prüfen und Alternativen erwägen. Die Liquidatoren partizipieren in diesem Zusammenhang von der **Business Judgment Rule** analog § 93 I 2 AktG (*Servatius* Rn 24).

9 Zum Zweck der **Forderungseinziehung** sind noch nicht fällige Forderungen nach Möglichkeit fällig zu stellen und ihre Erfüllung herbeizuführen, etwa auch in Form der Aufrechnung (Begr RegE, BT-Drs 19/27635, 187). Erfasst werden sämtliche Forderungen aus Dritt- und Gesellschaftsgeschäften, soweit ihre Einziehung zu Liquidationszwecken geboten ist (MüKo/*Schäfer* Rn 13). Der Gesellschafter kann gegen seine Inanspruchnahme einwenden, dass die Einziehung zur Abwicklung nicht mehr erforderlich ist (§ 736d V; Rn 16), ist dafür allerdings darlegungs- und beweisbelastet (BGHZ 217, 237 Rn 59; 226, 329 Rn 45). Bei Inanspruchnahme der Gesellschafter sind der Gleichbehandlungsgrundsatz und der Verteilungsschlüssel nach § 709 III zu beachten (*Servatius* Rn 30). Auch die Ansprüche auf den Fehlbetrag nach § 737 gehören zum Gesellschaftsvermögen. Zudem ist der **Ausgleich unter den Gesellschaftern** durch die Liquidatoren zu bewerkstelligen (Begr RegE, BT-Drs 19/27635,

187). Für die Geltendmachung von Sozialansprüchen kommt auch im Liquidationsstadium die Gestaltungsklage (**actio pro socio**) in Betracht (Begr RegE, BT-Drs 19/27635, 187).

Die **Umsetzung des übrigen Gesellschaftsvermögens in Geld** zielt darauf ab, die für die Befriedigung der Gläubiger erforderlichen Mittel und ggf einen Überschuss zur Verteilung unter den Gesellschaftern zu generieren (Begr RegE, BT-Drs 19/27635, 187). Sie ist auf Vollständigkeit angelegt und kann durch entgeltliche Veräußerung des Geschäftsbetriebs im Ganzen oder in Teilen erfolgen. Beide Fälle sind unmittelbar von § 736d II gedeckt und bedürfen keiner besonderen Anordnung nach § 735 II (MüKo/*Schäfer* Rn 14). Es besteht weder ein Vorrang der Naturalteilung (Begr RegE, BT-Drs 19/27635, 187) noch ein Vorrang der Zerschlagung (*Servatius* Rn 36). Stattdessen gilt der **Grundsatz der Wirtschaftlichkeit** (MüKo/*Schäfer* Rn 14), wonach diejenige Art der Veräußerung zu wählen ist, die den höchsten Liquidationserlös verspricht (*Servatius* Rn 36). Dabei kommt den Liquidatoren wiederum die **Business Judgment Rule** zugute, deren Anwendung aber regelmäßig einen marktüblichen Preis voraussetzen wird (*Servatius* Rn 36). Vor der Versilberung sind die nicht zum Gesellschaftsvermögen zählenden Gegenstände **auszusondern** (BeckOK/*Schöne* Rn 2; Schäfer/*Noack* § 9 Rn 24). 10

IV. Liquidationszusatz. Nach § 736d III haben Liquidatoren einer **eGbR** im Interesse eines effektiven Verkehrsschutzes bei Abgabe ihrer Unterschrift im Namen der Gesellschaft einen Liquidationszusatz beizufügen. Damit soll dem Vertragspartner deutlich vor Augen geführt werden, dass sich die Gesellschaft am Ende ihres Lebenszyklus befindet, was mit rechtl und wirtschaftl Risiken verbunden sein kann (Begr RegE, BT-Drs 19/27635, 187). Der Zusatz ist bei Leistung der Unterschrift beizufügen, wird hierdurch aber **nicht Namensbestandteil** der GbR und ist daher auch nicht zur Eintragung in das Gesellschaftsregister anzumelden (vgl RGZ 15, 102, 105; MüKo/*Schäfer* Rn 15). Wird der Zusatz dem Vertragspartner zur **Kenntnis** gebracht, kann er sich nicht auf den Fortbestand der GbR als werbende Gesellschaft berufen, auch wenn deren Auflösung – entgegen § 733 – noch nicht im Gesellschaftsregister eingetragen ist (Begr RegE, BT-Drs 19/27635, 187). 11

Bei Zeichnungspflicht nach § 736d III handelt es sich um eine **Ordnungsvorschrift**, deren Nichtbeachtung die Vertretungsmacht der Liquidatoren sowie die Wirksamkeit des ohne Zusatz geschlossenen Vertrags unberührt lässt (vgl FG Hamburg BeckRS 2012, 95072; *Servatius* Rn 39). Allerdings kann der redliche Vertragspartner das abgeschlossene Rechtsgeschäft nach Maßgabe des § 123 oder § 119 II – Auflösung als verkehrswesentliche Eigenschaft des Vertragspartners – **anfechten** (MüKo/*Schäfer* 16; aA *Servatius* Rn 39). Zudem handelt es sich bei der Vorschrift um ein Schutzgesetz iSd § 823 II zugunsten des redlichen Vertragspartners (vgl Frankfurt NZG 1998, 550; MüKo/*Schäfer* 16 aE). 12

V. Vorrang der Gläubigerbefriedigung. Vor einer Rückerstattung der Beiträge (Abs V) und der Auskehrung eines Überschusses (Abs VI) sind zunächst vorrangig die **Gesellschaftsgläubiger zu befriedigen.** Das betrifft die **Gesellschaftsschulden** (§ 721 Rn 3) ggü Dritten, aber auch ggü einem Gesellschafter aufgrund eines nicht aus dem Gesellschaftsverhältnis erwachsenden Anspruchs (MüKo/*Schäfer* Rn 17; Staudinger/*Habermeier* § 733 Rn 6), schließlich solche Verbindlichkeiten, die Gesellschafter im eigenen Namen, aber für Rechnung der GbR eingegangen sind (BGH NJW 1999, 2438). Vorab zu berichtigen sind die **Sozialverbindlichkeiten** (§ 705 Rn 148) der Gesellschaft ggü einzelnen Gesellschaftern, soweit sie nicht der Durchsetzungssperre (§ 735 Rn 13) unterliegen. Nur wenn ausnahmsweise die Durchsetzungssperre durchbrochen werden kann, haben die Sozialverbindlichkeiten also Vorrang vor dem Anspruch auf Einlagenrückgewähr (Soergel/*Hadding/Kießling* § 733 Rn 7; MüKo/*Schäfer* Rn 17). **Nicht** unter § 736d IV fallen **Forderungen von Gesellschaftern gegen Mitgesellschafter**, mögen sie auch im Gesellschaftsvertrag bzw seiner Verletzung ihre Grundlage haben (Schadensersatzansprüche, Rückzahlung eines Einlagenvorschusses, vgl RG JW 1928, 2368). Dass diese Ansprüche in die Schlussabrechnung eingehen (§ 735 Rn 19), ändert daran nichts; zu ihrer Durchsetzung im Liquidationsstadium s § 735 Rn 13. 13

Nach § 736d IV 2 ist für **nicht fällige oder streitige Verbindlichkeiten** ein Betrag zurückzuhalten, bilanziell also eine Rückstellung zu bilden, bevor Einlagen oder ein Überschuss an die Gesellschafter ausgekehrt werden dürfen. Wenn die Gesellschafter nichts anderes vereinbaren, ist der Betrag zu hinterlegen (§ 372), sodass die Gesellschaft, solange die Forderung nicht fällig wird, nicht abgewickelt ist (BeckOGK/*Koch* § 733 Rn 10). Anderes gilt freilich, wenn die Rücknahme gem § 376 ausgeschlossen ist (BayObLG WM 1979, 655). 14

Die von der bisher hM für möglich gehaltene **Beendigung der Gesellschaft vor Bereinigung der Schulden**, die verbreitet mit der dann eingreifenden persönlichen Haftung der Gesellschafter begründet wird (Soergel/*Hadding/Kießling* § 733 Rn 1, 3; Staudinger/*Habermeier* § 733 Rn 4; BeckOK/*Schöne* § 733 Rn 2; ebenso offenbar *Servatius* Rn 41), birgt die Gefahr, dass nach der Einlagenerstattung die Gesellschaft als Schuldnerin nicht mehr zur Verfügung steht. Das ist nicht nur bei den Gesellschaften misslich, bei denen – wie bei manchen Publikumsgesellschaften – eine unbeschränkte Gesellschafterhaftung nicht besteht (MüKo/*Schäfer* Rn 21), sondern kann auch dazu führen, dass die Liquidatoren sich um die Aufklärung des Bestandes an Verbindlichkeiten – auch: potentiellen – nicht bemühen (*Beurskens/Rottmann* JZ 2018, 272, 275f). Zudem sollte die Bedrohung der Gesellschafter durch das nach einem Wegfall der Gesellschaft ihnen zufallende Haftungsrisiko tunlichst vermieden werden (angedeutet bei BGHZ 191, 293, 303), und auch den Gläubigern dürfen nicht ohne Weiteres Schwierigkeiten bei der Durchsetzung ihrer Forderungen zugemutet werden. Das wird generell gegen die Beendigung der Gesellschaft vor Schuldentilgung angeführt (*Beurskens/Rottmann* JZ 2018, 272, 276 mit weiteren Ausführungen zum Verfahren in laufenden Passivprozessen der Gesellschaft) und spricht insg **gegen die uneingeschränkte Abdingbarkeit.** Aus der bloßen Einlagenrückgewähr vor Schuldentilgung folgt allerdings noch kein besonderer Ersatz- oder Ausgleichsanspruch der Gläubiger, da es weder bei der werbenden noch bei der Liquidationsgesell- 15 schaft einen Gläubigerschutz gegen Einlagenrückgewähr gibt. Die Gläubiger von Gesellschaftsschulden sind vor einer Beendigung der Gesellschaft geschützt durch die Möglichkeit, gegen diese vorzugehen. Dagegen haben die Gesellschafter einen Anspruch auf Einhaltung der in § 736d bestimmten Reihenfolge, womit sie ihr Risiko vermindern können, wegen Auskehrung von Beträgen aus dem Gesellschaftsvermögen persönlich in Anspruch genommen zu werden (MüKo/*Schäfer* Rn 22).

16 **VI. Rückerstattung von Einlagen.** Nach der Berichtigung der Gesellschaftsverbindlichkeiten sind die Einlagen zurückzuerstatten, und zwar **in Geld**, da lediglich zum Gebrauch überlassene Sachen zurückzugeben sind (§ 728 Rn 40). Es handelt sich um einen Anspruch des Gesellschafters gegen die GbR (Begr RegE, BT-Drs 19/27635, 188), der allerdings der Durchsetzungssperre unterliegt (MüKo/*Schäfer* Rn 23). Die Regelung betrifft auch die zu Eigentum und die quoad sortem eingebrachte Einlage (§ 709 Rn 8f). Die als Einlage am Eigentum des Gesellschafters bestellten beschränkten dinglichen Rechte sind gleichermaßen zurückzugewähren bzw zu löschen (MüKo/*Schäfer* Rn 24). Die Einlagen sind, um die in Rn 15 dargestellten Probleme zu vermeiden, aus dem nach Berichtigung der Schulden verbliebenen Vermögen zurückzuerstatten, unabhängig davon, ob sie in Natur noch vorhanden sind. Die Bilanzierungsfähigkeit der Gegenstände ist ohne Belang (*Servatius* Rn 45; aA Schäfer/*Noack* § 9 Rn 27). Für Sacheinlagen ist der **Wert im Einbringungszeitpunkt** zu erstatten, sodass die Gesellschaft die Gefahr der Verschlechterung oder des Untergangs trägt (PWW/*v Ditfurth* § 733 Rn 7). Haben die Gesellschafter der Einlage einen Wert beigemessen, etwa um ihn dem Kapitalanteil des Gesellschafters gutzubringen, ist dieser Wert grds auch für die Erstattung maßgebend, nicht dagegen ein nur steuerrechtl relevanter Buchwert (BGH WM 1967, 682f; MüKo/*Schäfer* Rn 25; anders BGH WM 1972, 213). Ein Mangel der Sache mindert den Einbringungswert (BGH WM 1985, 1263f; WM 1986, 51). Anders als bei Dienstleistungen (Rn 17) besteht bei Werkleistungen eine Wertersatzpflicht (BGH NJW 1980, 1744 für Architektenleistung; zust MüKo/*Schäfer* Rn 27; BeckOGK/*Koch* § 733 Rn 21; BeckOK/*Schöne* § 733 Rn 14).

17 Dienstleistungen und die **Gebrauchsüberlassung** von Gegenständen nimmt § 736d V 3 im Zweifel von der Erstattungsfähigkeit in Geld aus, weil die Bewertung schwierig ist oder ein messbarer Vermögenswert im Vermögen der Gesellschaft im Rahmen der Liquidation oft nicht mehr vorhanden sein wird. Davon kann angesichts der tatsächlichen Entwicklung der Bezahlung von Arbeitskraft und der Vergütungen für Sachnutzung durch Vereinbarungen der Gesellschafter abgewichen werden, soweit sie sich nicht in einer Geschäftsführervergütung oder einer erhöhten Gewinnbeteiligung des tätigen Gesellschafters niederschlagen. Bisweilen wird sogar eine stillschweigende Regelung des Inhalts anzunehmen sein, dass für geleistete und nicht eigens bezahlte Dienste in der Abwicklung ein Ausgleich zu erfolgen hat, wenn ein messbarer Wert im Vermögen verblieben ist (BGH WM 1962, 1086; NJW 1986, 51).

18 **VII. Verteilung des Liquidationsüberschusses. 1. Gegenstände der Verteilung.** Die Verteilung von Überschuss geschieht regelmäßig nach der **Schlussabrechnung** (§ 735 Rn 19; zu den Ausnahmen § 735 Rn 15ff). Von einem **Überschuss** ist auszugehen, soweit das Aktivvermögen, das der GbR nach Berichtigung ihrer Verbindlichkeiten ggü Dritten und Hinterlegung der auf betagte oder streitige Forderungen entfallenden Beträge (Rn 13f) verbleibt, die noch offenen Forderungen der Gesellschafter einschl der Ansprüche auf Rückerstattung des geleisteten Beitragswerts (Rn 16) übersteigt (Begr RegE, BT-Drs 19/27635, 188). Verteilt wird der Überschuss des Aktivvermögens über die Verbindlichkeiten und den Wert der Einlagen, aber auch ein **Gewinn** aus den durchgeführten Geschäften, wenn dieser vorher – etwa wegen der Durchsetzungssperre (§ 735 Rn 13) – noch nicht verteilt worden sein sollte. Als Passivposten sind auch Gesellschafterforderungen zu berücksichtigen, auf der Aktivseite Sozialansprüche gegen Gesellschafter sowie ausstehende, mit Rücksicht auf die Abwicklungssituation (§ 735 Rn 13) nicht eingeforderte, aber dennoch geschuldete Beiträge. Noch vorhandene, nicht versilberte Gegenstände des Gesellschaftsvermögens werden unter Auflösung von Reserven mit ihrem effektiven Wert angesetzt (BGH WM 1972, 213).

19 **2. Maßstäbe und Posten der Schlussbilanz.** Für die Verteilung maßgeblich ist der **Gewinnverteilungsschlüssel nach § 709 III** (vgl RGZ 114, 131, 135). Für die Verteilung muss eine **Schlussbilanz** aufgestellt werden, wenn alle Gegenstände des Gesellschaftsvermögens in Geld umgesetzt sind. Es ist auch möglich, das Liquidationsguthaben rechnerisch zu ermitteln und sich darüber zu verständigen, einzelnen Gesellschaftern Gegenstände des Gesellschaftsvermögens unter Anrechnung auf ihre Überschussbeteiligung zuzuweisen. Das **Liquidationsguthaben** jedes Gesellschafters setzt sich zusammen aus dem Wert der ihm zu erstattenden Einlage (Rn 16), dem anteiligen Überschuss sowie weiteren Forderungen gegen die Gesellschaft, die als unselbständige Rechnungsposten hier einzubringen sind, weil sie wegen der Durchsetzungssperre vorher nicht selbständig durchsetzbar waren (zur Berechnung *Sudhoff* ZGR 1972, 157ff). Zu berücksichtigen sind auch Ausgleichsansprüche gegen Mitgesellschafter, die sich aus ungerechtfertigter Nutzung von Vermögenswerten ergeben, die anderen Gesellschaftern versagt geblieben ist (BGH NJW 1980, 1628; s auch BGH NJW 1971, 802).

20 Das **Rangverhältnis** der verschiedenen Ansprüche des Gesellschafters im Rahmen der Schlussabrechnung ergibt sich daraus, dass zuerst die Sozialverbindlichkeiten zu begleichen, sodann die Einlagen zu erstatten sind und schließlich der Überschuss auszuzahlen ist (MüKo/*Schäfer* Rn 10). Soweit gleichrangige Ansprüche nicht befriedigt werden können, gilt Gleichbehandlung. Bei Streit unter den Gesellschaftern kann hinterlegt werden, § 372 (Soergel/*Hadding*/*Kießling* § 734 Rn 2). Fälligkeit tritt grds mit der Feststellung der Schlussabrechnung ein (BGH NZG 2021, 63 Rn 37; *Servatius* Rn 63 aE).

VIII. Abweichende Vereinbarungen. Abweichende Vereinbarungen kommen nur in Bezug auf die das **Innenverhältnis** der Liquidationsgesellschaft betreffenden Regelungen in Betracht. Das gilt – auf Grundlage des § 735 III – namentlich für andere **Arten der Abwicklung**, wie zB die Übernahme des Gesellschaftsvermögens (§ 735 Rn 22), die vollständige **Verwertung** des Gesellschaftsvermögens und die **Einlagenrückgewähr.** Insofern können über die Vergütung für geleistete Dienste, die Gebrauchsüberlassung von Gegenständen und den Wertersatz zu Eigentum eingebrachter Sachen Abreden getroffen werden. Die Änderung des **Verteilungsschlüssels** oder die **Kürzung** des Liquidationsüberschusses setzt die Zustimmung des Gesellschafters voraus (§ 714 Rn 50). Änderungen können bereits im Gesellschaftsvertrag geregelt werden oder aber in Form eines Gesellschafterbeschlusses auch noch im Liquidationsstadium. 21

In Bezug auf das **Weisungsrecht** kann bestimmt werden, dass es nur bei außergewöhnlichen Geschäften eingreift oder von einem Beirat der GbR ausgeübt wird (MüKo/*Schäfer* Rn 11). Aufgrund des besonderen Schutzzwecks des § 736d I 2 können abweichende Vereinbarungen nur dann wirksam getroffen werden, wenn Insolvenzverwalter und Privatgläubiger dem zustimmen. Auch nachträgl Beschränkungen des Weisungsrechts bedürfen der Zustimmung der Gesellschafter (MüKo/*Schäfer* Rn 11). In letzter Konsequenz sollte auch ein **vollständiger Ausschluss** des Weisungsrechts zulässig sein, zumal die Gesellschafter kraft Änderung des Gesellschaftsvertrags das Weisungsrecht jederzeit wieder an sich ziehen können (aA MüKo/*Schäfer* Rn 11; *Servatius* Rn 68). 22

Demggü ist die verkehrsschützende Regelung des § 736d III **zwingend** (Begr RegE, BT-Drs 19/27635, 187; MüKo/*Schäfer* Rn 4; *Servatius* Rn 39). Gleiches gilt für den Grundsatz der vorrangigen Gläubigerbefriedigung nach § 736d IV, dem gläubigerschützende Wirkung zukommt (Begr RegE, BT-Drs 19/27635, 183) und der daher der Disposition der Gesellschafter weitgehend entzogen ist (Rn 15). 23

§ 737 Haftung der Gesellschafter für Fehlbetrag

Reicht das Gesellschaftsvermögen zur Berichtigung der Verbindlichkeiten und zur Rückerstattung der Beiträge nicht aus, haben die Gesellschafter der Gesellschaft für den Fehlbetrag nach dem Verhältnis ihrer Anteile am Gewinn und Verlust aufzukommen. Kann von einem Gesellschafter der auf ihn entfallende Betrag nicht erlangt werden, haben die anderen Gesellschafter den Ausfall nach dem gleichen Verhältnis zu tragen.

I. Normzweck. Die Vorschrift regelt – als Gegenstück zur Überschussverteilung nach § 736d VI (§ 736d Rn 18) – den Anspruch der Gesellschaft gegen die Gesellschafter auf **Ausgleich des** im Zuge der Schlussabrechnung verbleibenden **Fehlbetrags** (rechtspolitische Kritik bei *Servatius* Rn 6ff). Der Anspruch nach § 737 gehört zum Gesellschaftsvermögen iSd § 736d II (BGHZ 227, 242 Rn 23; MüKo/*Schäfer* Rn 1). Er bedeutet zugleich eine Ausnahme vom Verbot der Mehrbelastung nach § 710, das nur für die werbende Gesellschaft gilt (§ 710 Rn 3). Als Anspruch des Innenausgleichs ist die Vorschrift **dispositiver** Natur, und zwar bis zum vollständigen Ausschluss der Fehlbetragshaftung (BGH NZG 2021, 230 Rn 34; MüKo/*Schäfer* Rn 2; BeckOK/*Schöne* Rn 6; *Servatius* Rn 28; Soergel/*Hadding*/*Kießling* § 735 Rn 2; aM *Aderhold*, Das Schuldmodell der BGB-Gesellschaft, 1981, 284ff). Gesellschaftsgläubiger können gleichwohl im Wege der Vollstreckung auf den Anspruch zugreifen; zudem haften die Gesellschafter im Außenverhältnis nach §§ 721ff. Der Anspruch **verjährt** regelhaft nach §§ 195, 199 I (BGH NJW 2011, 2292 Rn 16; MüKo/*Schäfer* Rn 8; aA *Servatius* Rn 23). Die Vorschrift ist auf die **Außen-GbR** zugeschnitten, findet über die Verweisung des § 740b II aber auch Anwendung auf die **Innen-GbR.** 1

II. Verlustausgleichspflicht und Fehlbetragshaftung. Für die Ermittlung des Fehlbetrags gilt das zu § 736d VI (§ 736d Rn 18) Gesagte entspr. Das ist im Allg anzunehmen, wenn die **Gesellschaftsverbindlichkeiten das Aktivvermögen der GbR übersteigen.** Soweit ein Aufwendungsersatzanspruch des Gesellschafters nach § 716 im Rahmen der Schlussabrechnung keine Berücksichtigung gefunden hat, kann er der Inanspruchnahme wegen des Fehlbetrags entgegengehalten werden (BGH ZIP 2012, 520 Rn 20; 2011, 2299 Rn 42). 2

Die Nachschusspflicht setzt voraus, dass es sich um einen der Liquidationsgesellschaft angehörenden **Gesellschafter** handelt. Er nimmt nach Maßgabe des **Verteilungsschlüssels** gem § 709 III an der Fehlbetragshaftung teil, soweit der Gesellschaftsvertrag für diesen Fall keine Sonderregeln enthält (BGH WM 1967, 346, 347). Eine abweichende Regelung kann in einem vollständigen **Ausschluss** bestehen (BGH WM 1967, 346, 347; BAG NJW 1993, 2458, 2460). Berechtigte Gläubigerinteressen werden durch die fortbestehende Gesellschafterhaftung gewahrt. Die Gesellschafter können in einem solchen Fall keinen Innenausgleich beanspruchen, aber gleichwohl nach § 426 I, II ihre Mitgesellschafter in Anspruch nehmen (MüKo/*Schäfer* Rn 4). 3

Der Verlustausgleichsanspruch steht als Sozialanspruch der GbR zu, unterliegt der **Durchsetzungssperre** und wird erst mit der Feststellung der Schlussbilanz **fällig** (BGHZ 191, 293 Rn 20f; BGH NZG 2021, 63 Rn 37). Darüber hinaus gehört auch der Ausgleich der Gesellschafter untereinander zum Liquidationsverfahren und ist daher von den Liquidatoren durchzusetzen (MüKo/*Schäfer* Rn 5). In diesem Zusammenhang kann Raum für eine **actio pro socio** sein. Der Ausgleich obliegt auch in der Insolvenz den Liquidatoren und gerade nicht dem Insolvenzverwalter (BGH NZG 2021, 505 Rn 72ff; MüKo/*Schäfer* Rn 5 aE). Sofern nur der Ausgleich von **Ansprüchen zwischen den Gesellschaftern** in Rede steht, bedarf es keiner Aufstellung einer Schlussabrechnung, stattdessen können sich die Gesellschafter unmittelbar persönlich aufgrund einer vereinfachten Liquidationsrechnung in Anspruch nehmen (§ 735 Rn 16). 4

5 **III. Ausfallhaftung.** Hinsichtl aller gegen einen Gesellschafter gerichteten Ansprüche, auch Sozialansprüche oder den Ausgleich eines negativen Kapitalkontos (BGH WM 1975, 268), trifft alle Gesellschafter eine Ausfallhaftung, wenn Beträge vom Ausgleichspflichtigen nicht zu erlangen sind. Allerdings kann auch insofern ein interner Ausgleich durch Individualansprüche der Gesellschafter untereinander erreicht werden (Rn 4). Voraussetzungen und Umfang richten sich nach § 426 I 2 (§ 426 Rn 8). Für die Verteilung ist wiederum der Schluss nach § 709 III maßgeblich (*Servatius* Rn 27). Im Rahmen der Geltendmachung ist der Schluss der mündlichen Verhandlung der maßgebliche Zeitpunkt (BGH ZIP 2018, 781 Rn 43).

§ 738 Anmeldung des Erlöschens

Ist die Gesellschaft im Gesellschaftsregister eingetragen, ist das Erlöschen der Gesellschaft von sämtlichen Liquidatoren zur Eintragung in das Gesellschaftsregister anzumelden, sobald die Liquidation beendigt ist.

1 **I. Normzweck.** Die durch das MoPeG neu eingefügte Vorschrift verpflichtet alle Gesellschafter – in Anlehnung an § 157 I HGB aF – einer **eGbR** nach vollständiger Beendigung der Liquidation das **Erlöschen** der GbR zur Eintragung in das Gesellschaftsregister **anzumelden**. Das dient der **Publizität eingetragener GbR** sowie den **Informationsbedürfnissen des Rechtsverkehrs**, dem das Ende der Gesellschaft als Rechtsträger deutlich zur Kenntnis gebracht werden soll (Begr RegE, BT-Drs 19/27635, 188; *Servatius* Rn 1). Aufgrund ihres verkehrsschützenden Charakters ist die Vorschrift **zwingend** (MüKo/*Schäfer* Rn 1 aE; *Servatius* Rn 1). Davon abgesehen kommt eine **Amtslöschung** nach § 393 VI FamFG in Betracht. Wegen Vermögenslosigkeit erfolgt die Löschung allein nach § 394 FamFG, im Insolvenzfall nach § 707b Nr 2 iVm § 32 I 2 Nr 4 HGB.

2 **II. Anmeldung durch Liquidatoren.** Anknüpfungspunkt der Anmeldepflicht ist die **vollständige Beendigung des Liquidationsverfahrens**, wenn also das gesamte Gesellschaftsvermögen verwertet (§ 736d II), vorrangig die Gläubiger befriedigt (§ 736d IV) und ein etwaiger Überschuss an die Gesellschafter verteilt (§ 736d V, VI) worden ist (MüKo/*Schäfer* Rn 2; großzügiger *Servatius* Rn 4: kein Aktivvermögen ausreichend). Zuvor müssen gleichermaßen Sozialansprüche, Fehlbeträge (§ 737) und Gesellschafterkonten ausgeglichen worden sein (MüKo/*Schäfer* Rn 2; aA *Servatius* Rn 4). Der Anmeldepflicht unterliegt im Wege der Analogiebildung auch das **liquidationslose Erlöschen** der GbR nach § 712a I (MüKo/*Schäfer* Rn 2; *Servatius* Rn 1), die von den zuvor an der GbR beteiligten Gesellschaftern zu erfüllen ist. **Inhalt** der Anmeldung ist das Erlöschen der eingetragenen GbR, nicht etwa die Beendigung der Liquidation (MüKo/*Schäfer* Rn 4). IÜ richten sich die Anmeldung nach §§ 707, 707b (§ 707 Rn 37ff; § 707b Rn 5).

3 Die Anmeldung erfolgt durch **sämtliche Liquidatoren**, und zwar auch für den Fall, dass Einzelvertretungsbefugnis erteilt worden ist. Alternativ kann das Erlöschen auch für **sämtliche Gesellschafter** zur Eintragung in das Gesellschaftsregister angemeldet werden (BayObLG NJW-RR 2001, 1482; MüKo/*Schäfer* Rn 5; zT abweichend *Servatius* Rn 7: dispositiver Charakter). Es handelt sich um eine öffentlich-rechtl Anmeldepflicht, die auch zivilrechtl durchgesetzt werden kann (näher § 707 Rn 38f). Eine Pflichtverletzung kann einen Schadensersatzanspruch begründen, da die Gesellschaftergesamtheit aber auch zur Anmeldung imstande ist, kann sich dies schadensmindernd auswirken (MüKo/*Schäfer* Rn 7). Zu den **Modalitäten** im Einz s § 707 Rn 37ff (vgl weiter die Formulierungsvorschläge bei *Böhringer/Melchior* NotBZ 2022, 361, 371).

4 **III. Eintragung.** Die Eintragung des Erlöschens der GbR hat lediglich **deklaratorische Wirkung** (BGH NJW 1979, 1987; MüKo/*Schäfer* Rn 6; *Servatius* Rn 11), weil die Gesellschaft schon dann vollbeendet ist, wenn die Liquidation beendet ist (Rn 2). Fehlt es an der Eintragung, ist der redliche Rechtsverkehr nach § 707a III 1 iVm § 15 I HGB geschützt. Zwar gelangt die erloschene GbR nicht wieder zur Entstehung und ist auch nicht als fortbestehend anzusehen (so aber RGZ 127, 98, 99; 157, 369, 376f). Gläubiger können aber jedenfalls auf die Gesellschafter der erloschenen GbR zugreifen. Einen gegen die erloschene GbR initiierten Rechtsstreit können sie für erledigt erklären, sodass sie mit keinen Kosten belastet werden (MüKo/*Schäfer* Rn 8).

5 Stellt sich nach der Löschungseintragung heraus, dass noch **Aktivvermögen** der GbR vorhanden ist, dann ist die GbR in Wahrheit nicht erloschen, zumal die Eintragung nur deklaratorischen Charakter hat. Stattdessen ist im Rahmen einer **Nachtragsliquidation** die Abwicklung zu Ende zu führen (MüKo/*Schäfer* Rn 3). Die unzutr Eintragung des Erlöschens ist nach § 395 FamFG zu korrigieren (BayObLG NZG 2000, 833; KG NZG 2020, 198, 199; MüKo/*Schäfer* Rn 6; aA *Servatius* Rn 15). Die Gesellschaft ist weiterhin rechts- und parteifähig, namentlich in einem Rechtsstreit, der dies in Zweifel zieht (BGH NJW-RR 1988, 477f). Nach Beendigung der Nachtragsliquidation ist das Erlöschen erneut nach § 738 anzumelden (*Servatius* Rn 15 aE). **Keine Nachtragsliquidation** findet indes statt, wenn (weitere) **Gesellschaftsschulden** offenbar werden. Vielmehr können sich die Gesellschaftsgläubiger an die Gesellschafter halten (MüKo/*Schäfer* Rn 3). Auch wenn ein Ausgleich lediglich zw den Gesellschaftern erfolgen kann, ist eine Nachtragsliquidation entbehrlich (MüKo/*Schäfer* Rn 6).

§ 739 Verjährung von Ansprüchen aus der Gesellschafterhaftung

(1) Ist die Gesellschaft durch Liquidation oder auf andere Weise erloschen, verjähren Ansprüche gegen einen Gesellschafter aus Verbindlichkeiten der Gesellschaft in fünf Jahren, sofern nicht der Anspruch gegen die Gesellschaft einer kürzeren Verjährung unterliegt.

(2) Die Verjährung beginnt abweichend von § 199 Absatz 1, sobald der Gläubiger von dem Erlöschen der Gesellschaft Kenntnis erlangt hat oder das Erlöschen der Gesellschaft im Gesellschaftsregister eingetragen worden ist.

(3) Beginnt die Verjährung des Anspruchs gegen die Gesellschaft neu oder wird die Verjährung des Anspruchs gegenüber der Gesellschaft nach den §§ 203, 204, 205 oder 206 gehemmt, wirkt dies auch gegenüber den Gesellschaftern, die der Gesellschaft zur Zeit des Erlöschens angehört haben.

I. Normzweck. Die durch das MoPeG neu eingeführte Vorschrift regelt eine **Sonderverjährung** der bis zum 1 Erlöschen der GbR fortbestehenden persönlichen Haftung für Gesellschaftsverbindlichkeiten nach §§ 721ff. Die an § 159 HGB aF angelehnte Haftungsbegrenzung bei Vollbeendigung dient dem **Interesse an Rechtssicherheit und Rechtsfrieden** und soll namentlich die Gesellschafter vor der Gefahr einer unbegrenzten Nachhaftung schützen. Umgekehrt hat die Vorschrift mit der fünfjährigen Verjährungsfrist aber auch die Interessen der Gesellschaftsgläubiger im Blick. § 739 ist ein angemessener Ausgleich der Gesellschafter- und Gläubigerinteressen zu attestieren (ebenso *Servatius* Rn 5).

Dementspr sieht **Abs I** eine Sonderverjährungsfrist von fünf Jahren vor. Sie beginnt nach **Abs II** mit Kenntnis 2 vom Erlöschen der GbR oder dessen Eintragung in das Gesellschaftsregister. **Abs III** erklärt eine Reihe von allg Regeln über die Verjährungsunterbrechung für entspr anwendbar. Von praktischer Bedeutung ist die Regelung freilich nur, wenn die Gesellschaftsschuld nicht schon zuvor verjährt ist, worauf sich Gesellschafter nach § 721b I berufen können. Mit Blick auf den **gläubigerschützenden Ansatz** kann die Verjährung nicht ohne Zustimmung der betroffenen Gläubiger erleichtert werden. Demggü wirken selbst nur zw den Gesellschaftern vereinbarte Erschwerungen zugunsten der Gläubiger (MüKo/*Schäfer* Rn 2). Der sachliche Anwendungsbereich bezieht sich nur auf **Außen-GbR**.

II. Gesellschafterhaftung nach Beendigung. Die persönliche Haftung der Gesellschafter für sämtliche For- 3 men von Gesellschaftsverbindlichkeiten wird durch die Beendigung der GbR im Grundsatz **nicht berührt**. Das gilt auch für Verbindlichkeiten, die während der Liquidation begründet worden sind (Begr RegE, BT-Drs 19/27635, 189; MüKo/*Schäfer* Rn 1, 3). Sachlich sind sämtliche Haftungstatbestände erfasst, die eine Inanspruchnahme auf Grundlage des § 721 ermöglichen (näher § 721 Rn 3ff). Die grds Forthaftung der Gesellschafter besteht im Interesse effektiven Gläubigerschutzes, ergänzt insofern § 736d IV (§ 736d Rn 13) und greift, falls eine bestehende Gesellschaftsschuld im Liquidationsverfahren übersehen worden ist (zur Nachtragsliquidation s § 738 Rn 5). Die betr Gesellschaftsschuld muss bis zum Erlöschen dem Grunde nach entstanden, aber noch nicht fällig sein (*Servatius* Rn 8).

Demggü partizipieren zuvor auch während der Liquidation **ausgeschiedene Gesellschafter** von der Nachhaf- 4 tungsbegrenzung des § 728b; § 739 findet daher keine Anwendung. Gleiches gilt beim liquidationslosen Erlöschen nach § 712a I für den vorletzten Gesellschafter, während sich der **Übernehmer** einer Nachhaftung analog § 27 II HGB durch Einstellung des Geschäftsbetriebs innerhalb von drei Monaten entziehen kann (vgl BGHZ 113, 132, 135; MüKo/*Schäfer* Rn 4).

III. Sonderverjährung. Die Sonderverjährungsfrist beträgt nach § 739 I **fünf Jahre**, ist aber nur von Bedeu- 5 tung, wenn nicht schon zuvor nach §§ 195, 199 I iVm § 721b I Verjährung eingetreten ist. Zudem findet § 739 auch dann keine Anwendung, wenn ein **Titel gegen den Gesellschafter** vorliegt, weil dann § 197 I Nr 3 zur Anwendung gelangt (Begr RegE, BT-Drs 19/27635, 189).

Den **Fristbeginn** markiert – abweichend von § 199 I – die Kenntniserlangung des Gläubigers vom Erlöschen der 6 GbR sowie – bei eGbR – die Eintragung des Erlöschens in das Gesellschaftsregister. Der Fristlauf wird im Fall der **Eintragung** nach § 187 I am Tag darauf in Gang gesetzt und endet nach § 188 II am Tag, der dem Eintragungsdatum entspricht (näher § 728b Rn 6). Sowohl bei eGbR als auch bei nicht eingetragenen Gesellschaftern läuft die Frist jedenfalls auch ab **Kenntniserlangung** vom Erlöschen durch den Gläubiger. Darlegungs- und beweispflichtig für die Kenntnis des Gläubigers ist der in Anspruch genommene Gesellschafter (vgl BGH BeckRS 2021, 15682 Rn 18; NZG 2020, 1145 Rn 32; *Servatius* Rn 13). Jedenfalls beginnt die Frist aber nicht zu laufen, bevor der Anspruch iSd § 199 I **fällig** geworden ist (MüKo/*Schäfer* Rn 9). IÜ gilt das zu § 728b Gesagte entspr.

Hat der Gläubiger verjährungsunterbrechende Maßnahmen iSd §§ **203, 204, 205, 206** ggü der GbR ergriffen, 7 wirken diese nach § 739 III auch **gegenüber dem Gesellschafter**, sodass der Gläubiger nicht zugleich auch gegen den Gesellschafter vorzugehen braucht, um sich seine Rechte in Bezug auf die nachlaufende Gesellschafterhaftung zu sichern. Gleiches gilt für den Neubeginn der Verjährung nach **§ 212** (Begr RegE, BT-Drs 19/27635, 190). Diese Maßnahmen müssen zu einer **Zeit** ergriffen werden, zu welcher die Gesellschaftsschuld noch nicht verjährt ist (BGH NJW 1982, 2443; MüKo/*Schäfer* Rn 11). Dieser Zeitpunkt muss vor dem Erlöschen und kann auch vor der Auflösung liegen, weil § 739 insofern keine einschränkenden Vorgaben macht (ebenso MüKo/*Schäfer* Rn 11). Ist die Verjährungsfrist ohne Unterbrechung abgelaufen, hat der Gesellschafter nach § 214 eine persönliche Einrede in Form eines dauerhaften Leistungsverweigerungsrechts (BGH NJW 2010, 2422; Düsseldorf NJW 1991, 2089; *Servatius* Rn 17).

Untertitel 3
Nicht rechtsfähige Gesellschaft (§§ 740–740c)

§ 740 Fehlende Vermögensfähigkeit; anwendbare Vorschriften

(1) Eine nicht rechtsfähige Gesellschaft hat kein Vermögen.

(2) Auf das Rechtsverhältnis der Gesellschafter untereinander sind die §§ 708, 709, 710, 711, 711a, 712, die §§ 714, 715, 715a, 716, 717 Absatz 1 sowie § 718 entsprechend anzuwenden.

1 **I. Normzweck.** Die durch das MoPeG neu eingefügte Vorschrift bildet die Spitzennorm im Regelungsbereich der nicht rechtsfähigen GbR iSd § 705 II Alt 2 (zur Abgrenzung s § 705 Rn 152) und ordnet in **Abs I** an, dass diese **kein Vermögen** hat (rechtspolitische Kritik bei *Martens* AcP 221, 68, 76f; *Hippeli* DZWIR 2020, 386, 391; aA *Armbrüster* ZGR-Sonderheft 23, 143, 152ff; *Habersack* ZGR 2020, 539, 547). Das ist eine schlichte Konsequenz aus der legislatorischen Entscheidung, dass die Innen-GbR mangels Rechtsfähigkeit auch nicht Trägerin eines Gesellschaftsvermögens sein kann. Die Vorschrift ist dementspr **zwingend** (*Servatius* Rn 8).

2 **Abs II** ordnet die **entsprechende Anwendbarkeit** zahlreicher Vorschriften der rechtsfähigen (Außen-)GbR an, die sich allesamt auf das Innenverhältnis, also das Verhältnis der Gesellschafter untereinander beziehen. Das korrespondiert mit der dogmatischen Einordnung der Innen-GbR als rein schuldrechtl Zusammenschluss der Gesellschafter (*Servatius* Rn 2). Regelungen der rechtsfähigen GbR, die sich auf das Außenverhältnis beziehen, namentlich über die Vertretungsmacht oder das Gesellschaftsregister, erlangen für die Innen-GbR keine Geltung. Die (nur) entspr Anwendung der §§ 708ff trägt namentlich dem Umstand Rechnung, dass sich Ansprüche nicht gegen die (nicht rechtsfähige) Innen-GbR richten können, sondern nur gegen andere Gesellschafter, was etwa beim Aufwendungsersatz und den Informationsrechten von Bedeutung ist (Rn 9).

3 **Weitere Sonderregelungen** für die Innen-GbR enthalten § 740a für die Beendigung, § 740b für die Auseinandersetzung und § 740c für das Ausscheiden eines Gesellschafters. Auch diese Vorschriften verweisen in erheblichem Maße auf Vorschriften aus dem Recht der Außen-GbR. In ihrer Gesamtheit zielt der Regelungskomplex des dritten Untertitels auf die Gewährleistung einer **gewissen organisationsrechtlichen Stabilität** und Rechtssicherheit für die praktische Handhabung ab (*Servatius* Rn 6). Insg sind diese Regelungen aber als **nicht abschließend** anzusehen, sodass namentlich auf die stille GbR eine entspr Anwendung der §§ 231ff HGB in Betracht zu ziehen ist (Begr RegE, BT-Drs 19/27635, 190). Zu den **Erscheinungsformen** der Innengesellschaft s Vor § 705 Rn 51.

4 Die Innengesellschaft ist in **kollisionsrechtlicher Hinsicht** vertragl zu qualifizieren. Das anwendbare Recht bestimmt sich nach Maßgabe der Art 3, 4 Rom I-VO (*Paefgen* FS Aderhold, 2021, 305, 317f). Innengesellschaften wird demnach grds Rechtswahlfreiheit gewährleistet.

5 **II. Fehlende Vermögensfähigkeit.** Da es der nicht rechtsfähigen Innen-GbR an der Fähigkeit fehlt, Trägerin von Rechten und Pflichten zu sein, kann ihr auch kein Gesellschaftsvermögen zugeordnet werden (MüKo/*Schäfer* Rn 8; *Servatius* Rn 8; aA *Altmeppen* NZG 2020, 822). Ein auf die Innen-GbR gerichteter Übertragungsakt geht ins Leere, soweit die Gesellschafter nicht zugleich eine Außen-GbR entstehen lassen wollen (*Servatius* Rn 8). Mit Blick auf die **Abgrenzung der beiden Rechtsformvarianten** nach § 705 II (§ 705 Rn 152) bedeutet § 740 I weiter, dass eine Gesellschaft, der ein Vermögensgegenstand zugeordnet wird, notwendig eine rechtsfähige Außen-GbR sein muss und gerade keine nicht rechtsfähige Innen-GbR sein kann (MüKo/*Schäfer* Rn 7). Darüber hinaus handelt es sich bei der eGbR notwendig um eine Außen-GbR, weil die Gesellschafter mit der Ausübung der Eintragungsoption nach § 707 I ihren gemeinsamen Willen erkennen lassen, mit der eGbR am Rechtsverkehr teilzunehmen (§ 705 Rn 152, § 707 Rn 7). Ein **Wechsel** von der eGbR in eine Innen-GbR scheitert an § 707a IV (§ 707a Rn 22). Der Übergang auch einer nicht eingetragenen GbR setzt die vollständige Durchführung des Liquidationsverfahrens voraus (MüKo/*Schäfer* Rn 7).

6 Nach den insoweit klaren Ausführungen der Materialien (Begr RegE, BT-Drs 19/27635, 190f) kann auch **kein gesamthänderisches Vermögen der Gesellschafter** begründet werden (so auch *Servatius* Rn 8; Schäfer/*Armbrüster* § 3 Rn 48; *Bachmann* NJW 2021, 3073 Rn 23). Der ablehnende gesetzgeberische Wille lässt die Planwidrigkeit einer etwaigen Regelungslücke entfallen, sodass eine analoge Anwendung der §§ 1419, 2032 auf die Innen-GbR von vornherein ausscheidet (MüKo/*Schäfer* Rn 9; Schäfer/*Armbrüster* § 3 Rn 52ff). Es bleibt den Gesellschaftern freilich unbenommen, **auf schuldrechtlicher Grundlage** gebundene Bruchteilsrechte zu begründen. Zudem können Gesellschafter Vermögensgegenstände für andere Gesellschafter treuhänderisch halten und verwalten (Begr RegE, BT-Drs 19/276535, 190 unter Hinweis auf *Armbrüster* ZGR-Sonderheft 23, 143, 152; zust *Fleischer* DStR 2021, 430, 437f; *K. Schmidt* ZHR 185, 16, 22f). Auf diese Weise kann ein gemeinsames Vermögen der Gesellschafter durch schuldrechtl wirkende Abreden geschaffen werden, das einem Gesellschafter dinglich zugeordnet ist. Einlagepflichten können etwa allen übrigen Gesellschaftern als Gesamtgläubiger zugewiesen werden, sodass die Leistung an einen Gesellschafter oder empfangsberechtigten Dritten erfolgen kann, der die Beiträge treuhänderisch für die übrigen Gesellschafter hält und verwaltet (MüKo/*Schäfer* Rn 10). Eine weitere Gestaltungsoption ist die Begründung von **Miteigentum der Gesellschafter** (MüKo/*Schäfer* Rn 10; *Servatius* Rn 9; *Fleischer* DStR 2021, 430, 437f; *Kruse* DStR 2021, 2412, 2414; *K. Schmidt* ZHR 185, 16, 22f).

7 **III. Anwendbares Recht. 1. Innenverhältnis.** Soweit Vorschriften über die rechtsfähige Außen-GbR das Innenverhältnis betreffen und daher weder das Vorhandensein eines Gesellschaftsvermögens noch die Rechtsfähig-

keit der Gesellschaft voraussetzen, können sie auch auf die nicht rechtsfähige Innen-GbR zur Anwendung gelangen. Das gilt nach § 740 II zunächst für die Gestaltungsfreiheit nach **§ 708** und ihre Grenzen. Dabei bezieht sich die Gestaltbarkeit im Grundsatz auch auf die §§ 740a ff (Begr RegE, BT-Drs 19/27635, 191). Anwendbar ist weiter **§ 709** in Bezug auf Beiträge, Stimmkraft sowie den Anteil der Gesellschafter an Gewinn und Verlust. Freilich steht der Einlageanspruch nicht der GbR zu, sondern ist auf schuldrechtl Grundlage einem oder mehreren Gesellschaftern oder Dritten zuzuweisen (Rn 5f). Es steht den Gesellschaftern frei, Teil- oder Gesamtschuld, Teil- oder Gesamtgläubigerschaft zu vereinbaren (*Servatius* Rn 12). Als allg verbandsrechtl Grundsätze sind das Mehrbelastungsverbot nach **§ 710** und das Abspaltungsverbot nach **§ 711a** entspr anwendbar. Auch eine Übertragung von Gesellschaftsanteilen unter Lebenden sowie im Erbfall nach **§ 711** findet bei der Innen-GbR statt. Zudem gilt das Anwachsungsprinzip nach **§ 712**, das nicht länger vermögens-, sondern inzwischen anteilsbezogen ausgestaltet ist (§ 712 Rn 3). Für die interne Willensbildung der Innengesellschafter ist an **§ 714** Maß zu nehmen.

Die Geschäftsführungsbefugnis der Innengesellschafter besteht nach **§ 715** ebenso wie sich die Notgeschäftsführungsbefugnis aus **§ 715a** ergibt. Besonderheiten gelten für den Fall, dass das Vermögen einem **Hauptgesellschafter** zugeordnet ist. Ihm steht dann jedenfalls Geschäftsführungsbefugnis zu, die ihm nicht nach § 715 V entzogen werden kann, weil dies mit einer grundstürzenden Änderung der Organisationsstruktur verbunden wäre (BGH DB 2008, 806 Rn 16; MüKo/*Schäfer* Rn 16). Stattdessen bleibt den Mitgesellschaftern lediglich die Kündigung der Gesellschaft nach § 740a I Nr 4. IÜ handelt der nach außen die Geschäfte der Innen-GbR führende Hauptgesellschafter **auf Rechnung der Gesellschaft** (BGH NZG 2018, 1387 Rn 11). In Ermangelung abweichender Regelungen und abgesehen von der stillen GbR, für welche § 233 HGB analoge Anwendung findet (Rn 11), liegt Gesamtgeschäftsführungsbefugnis nach § 715 III vor (BGH NZG 2018, 1387 Rn 20). Der Hauptgesellschafter wird im eigenen Namen tätig, sodass eine interne Bindung aus dem Gesellschaftsverhältnis auf die von ihm mit Dritten abgeschlossenen Rechtsgeschäfte keine Wirkung entfaltet. In Betracht kommt allenfalls ein Ersatzanspruch ggü den Mitgesellschaftern (BGH NZG 2018, 1387 Rn 26). Auch ohne ausdrückl Bezugnahme in § 740 II sollte die Gesellschafterklage nach **§ 715b** auch bei der Innen-GbR eröffnet werden, und zwar mit der Modifikation, dass den Gesellschaftern nach §§ 428, 432 gemeinschaftl zustehende Forderungen entspr durchgesetzt werden können (*Servatius* Rn 24). 8

Entspr Anwendung findet weiterhin der Aufwendungsersatzanspruch nach **§ 716**, der sich allerdings nicht gegen die Innen-GbR, sondern gegen die Mitgesellschafter richtet. Informationsansprüche nach **§ 717** richten sich gegen diejenigen Gesellschafter, die über die relevanten Informationen verfügen (Begr RegE, BT-Drs 19/27635, 191). Mit Blick auf die klare Bezugnahme auf § 717 I wird man die Aussparung des § 717 II schwerlich als bloßes Redaktionsversehen einstufen und die Mitgesellschafter zur Informationserteilung verpflichten können (so aber *Servatius* Rn 22). Der Rechnungsabschluss und die Gewinnverteilung der Innen-GbR haben nach **§ 718** ebenfalls im Zweifel zum Schluss jedes Kalenderjahres zu erfolgen, soweit es sich um keine stille GbR oder Unterbeteiligung handelt, für die § 231 I HGB gilt (Rn 11). 9

2. Außenverhältnis. Demggü finden Vorschriften der rechtsfähigen GbR auf die Innen-GbR **keine Anwendung**, soweit sie sich auf das Außenverhältnis erstrecken. Das gilt namentlich für den Sitz (§ 706), das Gesellschaftsregister (§§ 707ff), das Gesellschaftsvermögen (§ 713), die Entstehung der GbR im Außenverhältnis (§ 719), Vertretungsbefugnis (§ 720), Gesellschafterhaftung (§§ 721ff), Zwangsvollstreckung (§ 722) und das Liquidationsrecht, soweit es um die Verwertung des Gesellschaftsvermögens geht (vgl auch MüKo/*Schäfer* Rn 12). Die **Vertretung** der Gesellschafter richtet sich dementspr nach allg Grundsätzen des Bürgerlichen Rechts. Ein wirksames Handeln setzt eine rechtsgeschäftliche Vertretungsmacht voraus; andernfalls haftet der Handelnde nach § 179. Zudem kommt eine Haftung als Schein-(Außen-)Gesellschafter in Betracht (§ 705 Rn 201f). Die Zurechnung von Organverschulden analog § 31 scheidet aus, auch wenn die Innen-GbR über Geschäftsführer verfügt. Schließlich findet auch die Gesellschafterklage (§ 715b) keine Anwendung. In Bezug auf die **fehlerhafte Innengesellschaft** ist zu differenzieren (§ 705 Rn 194ff). 10

3. Stille GbR. Bei der stillen GbR verspricht der Stille gegen eine Gewinnbeteiligung die Leistung einer Einlage in das Vermögen eines Geschäftsinhabers, der – entgegen § 230 HGB – kein Handelsgewerbe, sondern ein **freiberufliches oder kleingewerbliches Unternehmen** betreibt. Die schuldrechtl Beziehung zw dem Stillen und dem Inhaber ist durch die Abwesenheit eines Gesellschaftsvermögens, die alleinige **Geschäftsführungsbefugnis** des Inhabers und die fehlende Außenhaftung des Stillen gekennzeichnet (MüKo/*Schäfer* Rn 19). Aufgrund der vergleichbaren Interessenlage zw stiller GbR und stiller HGB-Gesellschaft findet § 233 HGB analoge Anwendung und verdrängt insofern §§ 715 f (MüKo/*Schäfer* Rn 19 aE; Schäfer/*Armbrüster* § 3 Rn 58). Vorzugswürdig ist ferner die Bestimmung der **Gewinn- und Verlustverteilung** analog § 231 I, § 232 II HGB (MüKo/*Schäfer* Rn 20). 11

In Bezug auf die **Auflösungsgründe** bleibt es bei der grds Geltung des § 740a. Allein für den **Tod des Stillen** ist analog § 234 II HGB anzunehmen, dass die stille GbR – anders als die reguläre Innengesellschaft nach § 740a I Nr 3 – nicht aufgelöst bzw beendet wird (MüKo/*Schäfer* Rn 21 aE). Im Interesse des Fortbestands des Inhaberunternehmens findet bei der stillen GbR keine **Auseinandersetzung** nach § 740b statt, sondern analog § 235 HGB, sodass sich der Inhaber mit dem Stillen auseinandersetzt und dessen Guthaben in Geld berichtigt (BGH WM 1968, 278; NZG 2016, 422 Rn 9). Schließlich finden auch die Regelungen zur Insolvenz nach § 236 HGB entspr Anwendung (MüKo/*Schäfer* Rn 22). 12

§ 740a Beendigung der Gesellschaft

(1) Die nicht rechtsfähige Gesellschaft endet durch:
1. Ablauf der Zeit, für welche sie eingegangen wurde;
2. Auflösungsbeschluss;
3. Tod eines Gesellschafters;
4. Kündigung der Gesellschaft durch einen Gesellschafter;
5. Eröffnung des Insolvenzverfahrens über das Vermögen eines Gesellschafters;
6. Kündigung der Gesellschaft durch einen Privatgläubiger eines Gesellschafters.

(2) Die Gesellschaft endet ferner, wenn der vereinbarte Zweck erreicht oder seine Erreichung unmöglich geworden ist.

(3) Auf die Beendigung der Gesellschaft sind die §§ 725, 726, 730, 732 und 734 Absatz 1 und 2 entsprechend anzuwenden.

1 **I. Normzweck.** Die durch das MoPeG neu eingeführte Vorschrift regelt die Beendigung der Innengesellschaft, die an die Stelle der Liquidation tritt, weil die Innen-GbR mangels eigenen Vermögens (§ 740 I; § 740 Rn 5) liquidationslos erlischt (Begr RegE, BT-Drs 19/27635, 191). In rechtsdogmatischer Hinsicht fallen die Auflösung und die Vollbeendigung der Innen-GbR zusammen (MüKo/*Schäfer* Rn 1; *Servatius* Rn 1). Das vermag indes nicht darüber hinwegzutäuschen, dass während der Auseinandersetzung nach § 740b der verbandrechtl Zusammenschluss zw den Gesellschaftern bis zu deren Abschluss fortbesteht (*Servatius* Rn 1). **Abs I** und **Abs II** beinhalten **Beendigungsgründe**. Ergänzend gelten für die Beendigung der Innen-GbR nach **Abs III** eine Reihe von auf die Außen-GbR zugeschnittenen Vorschriften über die Voraussetzungen der Ausscheidens- und Auflösungsgründe entspr. Das stellt zugleich klar, dass die Rechtsfolge der Auflösung oder des Ausscheidens stets die Beendigung ist (Begr RegE, BT-Drs 19/27635, 192). Zudem können sich die Gesellschafter analog § 729 IV auf **weitere Beendigungsgründe** verständigen (*Servatius* Rn 28).

2 **II. Beendigungsgründe.** Zu den einzelnen Beendigungsgründen gehören zunächst der **Zeitablauf** nach § 740a I Nr 1, der auf § 729 I Nr 1 (§ 729 Rn 7f) Bezug nimmt, der **Auflösungsbeschluss** nach § 740a I Nr 2, III, der an § 729 I Nr 4, § 732 anknüpft und besser als Beendigungsbeschluss bezeichnet worden wäre, sowie nach § 740a II die **Erreichung** oder das **Unmöglichwerden** der Erreichung des Gesellschaftszwecks (dazu § 729 Rn 16ff).

3 Der **Tod** eines Gesellschafters führt nach § 740a I Nr 3, III, der auf § 723 I Nr 1, § 730 I Bezug nimmt, grds zur Beendigung der Innen-GbR, sofern die Gesellschafter keine Fortsetzungsklausel vereinbart haben; für diesen Fall scheidet der verstorbene Gesellschafter nach § 740c I aus der Innen-GbR aus. In Abwesenheit einer Fortsetzungsklausel sind die anderen Gesellschafter nach § 730 I 1 über die Beendigung der Gesellschaft zu informieren. Ungeachtet der von § 740a postulierten Beendigung finden im Rahmen der anschließenden Abwicklung auch die einstweilen fortbestehenden Geschäftsführungsbefugnisse der Erben und der anderen Gesellschafter nach § 731 I 2–4 entspr Anwendung (MüKo/*Schäfer* Rn 7).

4 Die ordentliche sowie die außerordentliche **Kündigung** eines Gesellschafters führt nach § 740a I Nr 4 – in Ermangelung einer Fortsetzungsklausel (§ 740c I; § 740c Rn 2) – zur Beendigung der Innen-GbR. Die tatbestandlichen Voraussetzungen der Kündigung richten sich nach § 725 (§ 725 Rn 5ff). Das gilt mit Blick auf die Fehlbetragshaftung, die nach § 740b II iVm § 737 auch bei der Innen-GbR droht, auch für das Kündigungsrecht bei Eintritt der **Volljährigkeit** nach § 725 IV (MüKo/*Schäfer* Rn 9; krit *Servatius* Rn 14: Vorrang des Ausscheidens), zumal es auch von der Verweisung in § 740a III konsequent nicht ausgespart wird. Bei der häufig als Gelegenheitsgesellschaft daherkommenden Innen-GbR ist genau zu prüfen, ob die Gesellschafter im Rahmen des § 138 I die Frist für die ordentliche Kündigung haben **abbedingen** wollen (§ 725 Rn 25f). Die **Kündigungserklärung** ist – anders als bei der Außen-GbR (§ 725 Rn 5) – ggü allen Gesellschaftern abzugeben (näher *Servatius* Rn 15).

5 Weiterer Beendigungsgrund ist – vorbehaltlich einer Fortsetzungsklausel nach § 740c I (§ 740c Rn 2) – die Eröffnung des **Insolvenzverfahrens** über das Vermögen eines **Gesellschafters** nach § 740a I Nr 5, der über Abs III auf § 730 II Bezug nimmt (zu den Voraussetzungen s § 723 Rn 11ff). Gleiches gilt im Insolvenzfall des Geschäftsinhabers einer stillen GbR (BGHZ 51, 350, 352; BGH NJW 1983, 1855, 1856). Der Anteil des Gesellschafters gehört zur **Insolvenzmasse** (MüKo/*Schäfer* Rn 12). In die Masse fällt gleichermaßen der Auseinandersetzungsanspruch nach § 740b II iVm § 736d VI (Begr RegE, BT-Drs 19/27635, 192). Die Fehlbetragshaftung begründet eine einfache Insolvenzforderung (MüKo/*Schäfer* Rn 12). Die Verweisung nach § 740a III auf § 730 II ist von Bedeutung, um die **Geschäftsführungsbefugnisse** der Mitgesellschafter, etwa eines Hauptgesellschafters, auch im Rahmen der Auseinandersetzung abzusichern. Bezieht sich das Insolvenzverfahren hingegen auf das Vermögen des Hauptgesellschafters, erscheint eine analoge Anwendung des § 236 HGB, wie bei der stillen GbR (§ 740 Rn 12), zielführender (MüKo/*Schäfer* Rn 13).

6 Die Innen-GbR kann nach § 740a I Nr 6 weiterhin im Wege der Kündigung der Gesellschaft durch einen **Privatgläubiger** des Gesellschafters beendet werden, was sich aufgrund der Verweisung des § 740a III nach den Voraussetzungen des § 726 (§ 726 Rn 1ff) richtet. Die Pfändung bezieht sich nach allg Grundsätzen auch bei der Innen-GbR auf den Gesellschaftsanteil (missverständlich Begr RegE, BT-Drs 19/27635, 192: verteilungsfähiges Vermögen fordernd). Sie bewirkt die Verstrickung des aus der Mitgliedschaft folgenden Vermögensrechts, namentlich des Anspruchs auf das Auseinandersetzungsguthaben (MüKo/*Schäfer* Rn 15). Umgekehrt erweist sich

die Kündigung als **rechtsmissbräuchlich** iSd § 242, wenn von vornherein keine Aussicht darauf besteht, dass der Gläubiger auf einen Auseinandersetzungsanspruch zugreifen kann, weil die Innen-GbR keinerlei Vermögensbezug aufweist (*Servatius* Rn 20; Schäfer/*Armbrüster* § 3 Rn 66). Die Kündigung muss – anders als bei der Außen-GbR (§ 725 Rn 5) – ggü allen Gesellschaftern **erklärt** werden (*Servatius* Rn 21).

III. Fortsetzung. Aus dogmatischer Perspektive scheidet die Fortsetzung einer vollständig beendeten Gesellschaft aus, und zwar gleichgültig, ob es sich um eine rechtsfähige oder eine nicht rechtsfähige Gesellschaft handelt. Da § 740a nun allerdings auch § 734 I, II für entspr anwendbar erklärt, ist davon auszugehen, dass die beendete Innen-GbR nach ihrer Beendigung unter erleichterten Voraussetzungen wiederhergestellt werden kann. In dogmatischer Hinsicht handelt es sich um die **Neubegründung eines Innengesellschaftsvertrags** mit dem früheren Inhalt, der im Zweifel rückwirkend in Kraft gesetzt wird (MüKo/*Schäfer* Rn 17; *Servatius* Rn 32). Voraussetzung ist die Beseitigung des Beendigungsgrundes (§ 734 I; § 734 Rn 2ff) und ein mit einer Mehrheit von mindestens drei Viertel der abgegebenen Stimmen gefasster Gesellschafterbeschluss (§ 734 II; § 734 Rn 6). Im Fall der **Gesellschafterinsolvenz** kommt eine Fortsetzung ohne den insolventen Gesellschafter nur mit Zustimmung des Insolvenzverwalters in Betracht (Hamm BauR 1986, 462), während die Fortsetzung mit diesem die Freigabe des Gesellschaftsanteils durch den Insolvenzverwalter voraussetzt (MüKo/*Schäfer* Rn 18). 7

§ 740b Auseinandersetzung

(1) Nach der Beendigung der nicht rechtsfähigen Gesellschaft findet die Auseinandersetzung unter den Gesellschaftern statt.

(2) Auf die Auseinandersetzung sind § 736d Absatz 2, 4, 5 und 6 und § 737 entsprechend anzuwenden.

I. Normzweck. Die durch das MoPeG neu eingefügte Vorschrift regelt die Auseinandersetzung zw den Gesellschaftern nach Beendigung der Innen-GbR. **Abs I** ordnet die Verpflichtung der Gesellschafter untereinander zur Auseinandersetzung an (Begr RegE, BT-Drs 19/27635, 192). **Abs II** erklärt wesentliche Vorschriften des Liquidationsrechts der Außen-GbR für entspr anwendbar. Während die Vorschriften über die Geschäftsführung der Liquidationsgesellschaft bewusst ausgespart werden, finden die Regelungen über Ziel und Ablauf des Liquidationsverfahrens sowie Überschussverteilung und Fehlbetragshaftung analoge Anwendung. Aus dogmatischer Perspektive ist zu gewärtigen, dass das zw den Gesellschaftern bestehende **Gesellschaftsverhältnis bis zur Vollbeendigung** der Auseinandersetzung **fortbesteht** (*Servatius* Rn 1; *Hadding* FS Grunewald, 2021, 285, 293; abweichend *Kruse* DStR 2021, 2412, 2414). Für die **stille GbR** gelten §§ 235, 236 HGB analog (§ 740 Rn 12), während für die **atypische stille Gesellschaft**, bei welcher der Stille an Wertänderungen des Gesellschaftsvermögens partizipiert, die nachfolgenden Grundsätze gelten (MüKo/*Schäfer* Rn 7). 1

II. Auseinandersetzung. Nach § 740b I ist zum einen das **gesamte Gesellschaftsverhältnis** unter den Gesellschaftern abzuwickeln; zum anderen sind sämtliche Gesellschafter zur Mitwirkung an der Auseinandersetzung verpflichtet. Auch bei der Innen-GbR bedarf es einer einheitlichen Schlussabrechnung, bei der es sich aber um keine festgestellte Liquidationsbilanz handeln muss; es genügt eine **vereinfachte Auseinandersetzungsrechnung** (BGH NZG 2018, 1387 Rn 14; MüKo/*Schäfer* Rn 8). Dort sind alle zw den Gesellschaftern bestehenden, noch offenen Ansprüche zu berücksichtigen, die aufgrund der auch hier geltenden **Durchsetzungssperre** nicht mehr selbständig durchgesetzt werden können (Begr RegE, BT-Drs 19/27635, 192). Besteht ein **Hauptgesellschafter**, so obliegt ihm die Aufstellung des Auseinandersetzungsrechts. Im Fall eines Überschusses richtet sich der schuldrechtl Auseinandersetzungsanspruch gegen den Hauptgesellschafter; die Fehlbetragshaftung richtet sich gegen die übrigen Mitgesellschafter. Stichtag ist die Vollbeendigung der Innen-GbR (MüKo/*Schäfer* Rn 8). Davon abgesehen kann ein Gesellschafter aber auch gegen einen ausgleichspflichtigen Gesellschafter einen **Direktanspruch** geltend machen (BGH NZG 2018, 1387 Rn 14, 16). 2

III. Ablauf des Auseinandersetzungsverfahrens. Aufgrund der **Verweisung des § 740b II** sind vorrangig die Gläubiger zu befriedigen (§ 736d IV; § 736d Rn 13), sodann die Einlagen zurückzuerstatten (§ 736d V; § 736d Rn 16) und daraufhin entweder der Überschuss unter den Gesellschaftern zu verteilen (§ 736d VI; § 736d Rn 18) oder der Fehlbetrag einzufordern (§ 737). Das Auseinandersetzungsverfahren bezieht sich auf kein Gesellschaftsvermögen (vgl § 740 I), sondern auf das **wirtschaftlich vergemeinschaftete**, den Gesellschafter oder Dritten rechtl zugeordnete **Vermögen** (vgl *Servatius* Rn 2, 11: „virtuelles Gesellschaftsvermögen“). Auf dieses Vermögen bezieht sich auch die Verpflichtung nach § 736d II, die laufenden Geschäfte zu beenden, die vergemeinschafteten Forderungen einzuziehen und das übrige (vergemeinschaftete) Vermögen in Geld umzusetzen (MüKo/*Schäfer* Rn 10f). Die letztgenannte Pflicht zur vollständigen Versilberung des Vermögens bezieht sich bei Vorhandensein eines **Hauptgesellschafters** nicht auf das gesamte dem Hauptgesellschafter zugewiesene Vermögen, sondern lediglich auf das von ihm treuhänderisch für die Mitgesellschafter verwaltete Vermögen (BGHZ 142, 137, 155f; MüKo/*Schäfer* Rn 11). Die Mitgesellschafter erhalten daraufhin einen gegen den Hauptgesellschafter gerichteten Auseinandersetzungsanspruch analog § 728 I 1 bzw sehen sich einem Anspruch auf anteilige Leistung des Fehlbetrags ausgesetzt (MüKo/*Schäfer* Rn 12). Bei der **verbandsrechtlich überformten Bruchteilsgemeinschaft** finden § 736d II, IV–VI, § 737 ohne Einschränkungen entspr Anwendung (MüKo/*Schäfer* Rn 13). 3

§ 740c Ausscheiden eines Gesellschafters

(1) Ist im Gesellschaftsvertrag vereinbart, dass abweichend von den in § 740a Absatz 1 Nummer 3 bis 6 genannten Beendigungsgründen die Gesellschaft fortbestehen soll, so tritt mangels abweichender Vereinbarung an die Stelle der Beendigung der Gesellschaft das Ausscheiden des Gesellschafters, in dessen Person der Ausscheidensgrund eintritt.

(2) Auf das Ausscheiden eines Gesellschafters sind die §§ 727, 728 und 728a entsprechend anzuwenden.

1 **I. Normzweck.** Die durch das MoPeG neu eingefügte Vorschrift regelt das Ausscheiden eines Gesellschafters aus der Innen-GbR. Durch Vereinbarung einer Fortsetzungsklausel kann nach **Abs I** anstelle der Beendigung das Ausscheiden eines Gesellschafters angeordnet werden, und zwar für den Tod, die Kündigung, die Eröffnung des Insolvenzverfahrens und die Kündigung durch einen Privatgläubiger des Gesellschafters (§ 740a I Nr 3–6). In diesen Fällen sind Vorschriften über das Ausscheiden eines Gesellschafters aus der Außen-GbR nach **Abs II** entspr anwendbar. Das gilt namentlich für die Ausschließung analog § 727. Die Vorschrift findet grds auch auf die **zweigliedrige Innengesellschaft** Anwendung. Das gilt freilich nicht für die Universalsukzession nach § 712a I, wohl aber für die Haftungsfolgen nach § 712a II iVm §§ 728ff (MüKo/*Schäfer* Rn 3). In der **stillen GbR** ist vorrangig an § 234 HGB Maß zu nehmen (*Servatius* Rn 3 aE).

2 **II. Fortsetzungsklausel.** Grundvoraussetzung für das Ausscheiden eines Innengesellschafters nach § 740c I ist die Vereinbarung einer Fortsetzungsklausel im Gesellschaftsvertrag. Ob der jew Beendigungsgrund erfasst ist, hängt von der **konkreten Formulierung** der Klausel ab, die sämtliche Gründe erfassen oder auch eine differenzierte Regelung treffen kann. Tritt der betr Umstand ein, scheidet der Gesellschafter **automatisch** aus der fortbestehenden Innengesellschaft aus, ohne dass es weiterer Gestaltungserklärungen oder Gesellschafterbeschlüsse bedarf (MüKo/*Schäfer* Rn 4). Neben den in § 740c I ausdrückl genannten Umständen können die Gesellschafter für weitere Umstände analog § 723 II (§ 723 Rn 18) das Ausscheiden eines Gesellschafters anordnen (MüKo/*Schäfer* Rn 11).

3 **III. Ausscheidensgründe.** Zu den möglichen Ausscheidensgründen zählt nach § 740c I iVm § 740a I Nr 3 zunächst der **Tod** eines Gesellschafters. IÜ kommen – anstelle der Vereinbarung einer Fortsetzungsklausel – auch die Anordnung einer einfachen oder qualifizierten Nachfolgeklausel (§ 711 Rn 18ff) oder eines Eintrittsrechts (§ 711 Rn 28f) in Betracht.

4 Eine Fortsetzungsklausel wegen der **Kündigung** eines Gesellschafters nach § 740c I iVm § 740a I Nr 4 kann sowohl die ordentliche als auch die außerordentliche Kündigung (§ 725 Rn 8, 10) betreffen. Es ist durch Auslegung nach §§ 133, 157 aber stets zu ermitteln, ob tatsächlich auch die außerordentliche Kündigung erfasst sein soll (vgl RGZ 162, 388, 392), wovon mit Blick auf das Bestandsinteresse der übrigen Gesellschafter im Zweifel auszugehen ist (MüKo/*Schäfer* Rn 8; *Grunewald* ZIP 1999, 597, 598). Die Gesellschaft wird abweichend von § 740c I beendet, wenn sich innerhalb der Kündigungsfrist alle übrigen Gesellschafter der Kündigung anschließen (vgl BGH DStR 1999, 171). Die Kündigung eines Gesellschafters kann im Einzelfall auch die Zweckerreichung nach § 740a II unmöglich machen (vgl Stuttgart JZ 1982, 766, 767).

5 Auch die **Eröffnung eines Insolvenzverfahrens** über das Vermögen des Gesellschafters kann nach § 740c I iVm § 740a I Nr 5 mittels Fortsetzungsklausel als Ausscheidensgrund fixiert werden. Der Insolvenzverwalter tritt daraufhin an die Stelle des insolventen Gesellschafters und der Abfindungsanspruch fällt in die Insolvenzmasse. Der Anspruch auf den Ausgleich des Fehlbetrags nach § 728a ist als einfache Insolvenzforderung zu qualifizieren (MüKo/*Schäfer* Rn 9).

6 Schließlich kommt die Kündigung durch einen **Privatgläubiger** des Gesellschafters auf Grundlage einer Fortsetzungsklausel als Ausscheidensgrund in Betracht. Eine Pfändung des Gesellschaftsanteils erstreckt sich auch auf den Abfindungsanspruch. Soweit sich die Fortsetzungsklausel allg auf die „Kündigung" bezieht, ist neben der Kündigung durch einen Gesellschafter auch die Kündigung durch einen Privatgläubiger erfasst (MüKo/*Schäfer* Rn 10). Ist der Anteil schon vor Vereinbarung der Fortsetzungsklausel gepfändet worden, wird der Pfandgläubiger hiervon nur berührt, wenn er dem seine Zustimmung erteilt (MüKo/*Schäfer* Rn 10).

7 **IV. Ausschließung.** Nach § 740c II iVm § 727 kann bei Vorliegen einer **Fortsetzungsklausel** ein Gesellschafter aus wichtigem Grund aus der Innen-GbR ausgeschlossen werden. Besagte Fortsetzungsklausel muss sich aber nicht konkret auf die Ausschließung beziehen. Es genügt vielmehr, dass die Fortsetzung sich auf einen anderen Ausscheidensgrund bezieht und daraus der Wille der Gesellschafter hervorgeht, das Bestandsinteresse in den Vordergrund zu stellen (vgl Begr RegE, BT-Drs 19/27635, 193; MüKo/*Schäfer* Rn 13).

8 **V. Rechtsfolgen.** Mit dem Eintritt des Ausscheidensgrundes oder der Ausschließung verliert der Gesellschafter **automatisch** seine Rechtsstellung. Sein Gesellschaftsanteil wächst den übrigen Gesellschaftern nach § 712 I an. Zugleich ist der Ausgeschiedene nach § 740c II iVm § 728 berechtigt, eine angemessene Abfindung einzufordern. Umgekehrt haftet er nach § 740c II iVm § 728a für einen etwaigen Fehlbetrag. In Ermangelung einer nachlaufenden persönlichen Gesellschafterhaftung findet der Befreiungsanspruch nach § 728 I 1 (§ 728 Rn 3) ebenso wenig Anwendung wie die Nachhaftungsbegrenzung nach § 728b (MüKo/*Schäfer* Rn 14). Es gelten die Grundsätze der vereinfachten Auseinandersetzungsrechnung (§ 740b Rn 2). **Anspruchsgegner** des ausgeschiedenen Gesellschafters sind – in Abhängigkeit von der konkreten Struktur der Innen-GbR – entweder der Hauptgesellschafter oder alle übrigen Gesellschafter (MüKo/*Schäfer* Rn 15).

Titel 17
Gemeinschaft (§§ 741–758)

§ 741 Gemeinschaft nach Bruchteilen

Steht ein Recht mehreren gemeinschaftlich zu, so finden, sofern sich nicht aus dem Gesetz ein anderes ergibt, die Vorschriften der §§ 742 bis 758 Anwendung (Gemeinschaft nach Bruchteilen).

I. Einführung. Die Bruchteilsgemeinschaft ist Grundform und Auffangtatbestand, wenn ein Rechtsobjekt mehreren Personen gemeinschaftl zusteht. Die **Begriffsbestimmung** und **dogmatische Struktur** der Bruchteilsgemeinschaft ist nicht unstr (vgl grundlegend *Schnorr*, Die Gemeinschaft nach Bruchteilen, 2004; *Beuthien* ZGR 2019, 664, 666ff). Orientiert an den gesetzl Wirkungen lassen sich mit der ganz hM folgende Grundsätze festhalten: Der gemeinschaftl Gegenstand ist als solcher ungeteilt. Über ihn im Ganzen können die Teilhaber nur gemeinschaftl verfügen (§ 747 S 2). Geteilt ist dagegen die Rechtszuständigkeit. Jeder Teilhaber hat ein durch die Mitberechtigung der anderen beschränktes Recht an dem ganzen ungeteilten Gegenstand. Dieses Teilrecht ist dem Vollrecht wesensgleich, so ist etwa der Miteigentumsbruchteil Eigentum (MüKo/*Schmidt* Rn 2). Das Teilrecht ist durch einen ideellen, also nur rechnerischen, nicht realen, ziffernmäßig beschreibbaren Bruchteil am gemeinschaftl, ungeteilten Gegenstand ausgedrückt. Soweit die Interessen der anderen Teilhaber nicht verletzt werden, kann jeder Gemeinschafter sein Teilrecht frei ausüben, zB seinen Anteil veräußern oder belasten (§ 747 S 1). 1

II. Dogmatische Struktur. Die **dogmatische Struktur** der **Bruchteilsgemeinschaft** wird vor allem deutlich in ihrer Abgrenzung zur **Gesamthand.** Bei der Gesamthand ist die Rechtszuständigkeit ungeteilt. Es gibt ein Sondervermögen, das jedenfalls bei der BGB-Außengesellschaft, aber nicht unbedingt bei allen Gesamthandsgemeinschaften (zB nicht bei der Erbengemeinschaft und der Gütergemeinschaft, vgl BGH NJW 2002, 3389; BayObLG ZIP 2003, 480), in der Rechtszuständigkeit der als Träger von Rechten und Pflichten verselbständigten Gesamthand steht. Die Gesamthand führt zur Verselbständigung auf Seiten des Rechtssubjekts, die Bruchteilsgemeinschaft beschränkt sich auf die Bruchteilszuständigkeit am gemeinsamen Rechtsobjekt. Es gibt bei der Bruchteilsgemeinschaft keine irgendwie geartete personenrechtl Verselbständigung, sie ist kein Verband, und es gibt bei ihr auch kein Sondervermögen oder dgl. Der gemeinschaftl Gegenstand gehört als solcher weder den einzelnen Teilhabern noch einer Gemeinschaft. Der Unterschied zw Gesamthand und Bruchteilsgemeinschaft besteht daher in der Rechtszuordnung. Das Gesamthandsvermögen steht der Gesamthand als Einheit zu. Der gemeinschaftl Gegenstand bei der Bruchteilsgemeinschaft steht den Teilhabern bruchteilmäßig in ihrer individuellen Vielheit zu. Die Bruchteilsberechtigung im Innenverhältnis ist also ideell und nicht real quotenmäßig zu verstehen (Grü/*Sprau* Rn 7). Daher ist auch rechtsgeschäftliche Übertragung notwendig, wenn Gesamthandsvermögen in Bruchteilszuständigkeit überführt werden soll, selbst bei absoluter Personenidentität zw Gesamthändern und Bruchteilsgemeinschaftern. Gesamthand und Bruchteilsgemeinschaft sind daher unvereinbare Gegensätze (hM, vgl MüKo/*Schmidt* Rn 6 mwN). Davon zu unterscheiden ist die Abgrenzung Bruchteilsgemeinschaft und **Gesellschaft**. Hier liegt kein unüberbrückbarer dogmatischer Gegensatz vor. Der Unterschied besteht darin, dass bei der Gesellschaft ein über die bloße gemeinschaftl Innehabung eines Rechts (so bei der Bruchteilsgemeinschaft) hinausgehender Zweck besteht. Es kann daher auch eine Gesellschaft geben, bei der gleichzeitig die Gesellschafter Bruchteilsberechtigte an einem gemeinschaftl Gegenstand sind. Es kommt entscheidend darauf an, ob die Gesellschafter Gesellschaftsvermögen in Form des Gesamthandsvermögens bilden wollen, oder ob Rechtszuständigkeiten an einzelnen Gegenständen in Form der Bruchteilsgemeinschaft bestehen sollen. Entscheidend sind die Absprache der Gesellschafter und die entspr Form des Rechtserwerbs. Selbst das **„Halten und Verwalten"** eines einzigen Gegenstands – etwa eines Grundstücks – kann Gesellschaftszweck sein und damit in Form des Gesamthandsvermögens gehalten werden, so dass auch in diesem Fall nicht immer zwingend lediglich Bruchteilsgemeinschaft vorliegen muss (anders Düsseldorf BB 1973, 133 m krit Anm *Petzoldt* BB 1973, 1332). Es entscheidet allein der Parteiwille, ob eine Gesamthand oder eine Bruchteilsgemeinschaft vorliegt (Staudinger/*v Proff* Vorbem §§ 741–758 Rn 21). Der eigentliche Gegensatz lautet daher nicht Bruchteilsgemeinschaft oder Gesellschaft, sondern Gesamthandsvermögen oder Bruchteilsgemeinschaft. Die nicht rechtsfähige Bruchteilsgemeinschaft ist weder im Zivilprozess parteifähig (§ 50 ZPO) noch insolvenzfähig (§ 11 InsO), indes hat der BFH unter Aufgabe seiner früheren Rspr die Beteiligtenfähigkeit und Klagebefugnis einer als Vermieterin auftretenden Bruchteilsgemeinschaft im Verfahren der einheitlichen und gesonderten Feststellung von Einkünften aus Vermietung und Verpachtung anerkannt (NJW 2004, 2774, bestätigt in BFH 10.11.2010 – IX B 31/10). 2

III. Rechtliche Wirkungen. Die **rechtl Wirkungen** der Bruchteilsgemeinschaft sind geregelt in §§ 742–758, für das Miteigentum in §§ 1008–1011, ferner gibt es Sonderregelungen vor allem in §§ 432, 921–923, 946–951, 963, 984 und für Rechte aus Miteigentum nach dem ZGB-DDR in Art 232 § 9 EGBGB. Aufgrund der gesetzl Regelung sind weiterhin folgende allg Rechtsgrundsätze festzustellen: Die Bruchteilsgemeinschaft selbst ist als Bruchteilsberechtigung nach zutr Ansicht **kein Schuldverhältnis** (BGHZ 62, 243; Staudinger/*v Proff* Rn 260; aA *Schnorr* Die Gemeinschaft nach Bruchteilen, 2004, 70). Die Gemeinschaft ist aber als vorgegebene Tatsache Quelle gesetzl Schuldverhältnisse zw den Teilhabern; diese schulden die ordentliche Erfüllung der sich aus §§ 743ff ergebenden Pflichten; insofern kann unter den Voraussetzungen der §§ 276, 278 eine Schadensersatzpflicht entstehen (*Schubert* JR 1975, 363). Das darf aber nicht dahin verallgemeinert werden, dass jede Schädigung eines Teilhabers durch einen anderen Teilhaber, vor allem jede Unterlassung schadensabwendender Maßnahmen, eine 3

Forderungsverletzung wäre (*Schnorr* aaO, 185; Köln VersR 1997, 709). Die Bruchteilsgemeinschaft als solche begründet keine allg Pflicht zum Schutz oder zur Förderung der wechselseitigen wirtschaftl Interessen (Düsseldorf ZMR 1999, 21). Der Haftungsmaßstab des § 708 gilt zw den Bruchteilsgemeinschaftern nicht (BGHZ 62, 243). Es gilt der **Spezialitätsgrundsatz**: Für jeden einzelnen Rechtsgegenstand besteht eine einzelne Bruchteilsgemeinschaft (MüKo/*Schmidt* Rn 33 mwN), allerdings kann die Einbindung in eine Sachgesamtheit aus wirtschaftl Gründen zu beachten sein, wenn und solange Personenidentität der Teilhaber aller Gegenstände besteht (BGH ZIP 1999, 29). Bei mehreren Rechtsgegenständen in bruchteilsgemeinschaftl Zuordnung bestehen also gleichzeitig mehrere Bruchteilsgemeinschaften. Der Spezialitätsgrundsatz gilt jedoch nur für die dingliche Rechtszuordnung; in schuldrechtl Hinsicht können sich die Wirkungen durchaus auf gleichzeitig mehrere Rechtsgegenstände erstrecken, etwa für die Verwaltung und den gemeinschaftl Gebrauch bei einem Sammelbestand an Waren oder Wertpapieren (vgl weiter MüKo/*Schmidt* Rn 33 und BGH ZIP 1999, 29). Da die Bruchteilsgemeinschaft **individualistisch ausgestaltet** ist (jeder Teilhaber hat einen rechnerischen Anteil, jeder kann grds Aufhebung verlangen, jeder kann seine Berechtigung während bestehender Gemeinschaft ausüben), gilt der **Gleichbehandlungsgrundsatz** als Maßstab des Nebeneinanders: nach § 742 gibt es im Zweifel gleiche Anteile, vgl auch § 743 I und II, nach § 744 I steht die Verwaltung allen Teilhabern gemeinschaftl zu, nach §§ 743, 745, 748 verteilen sich Früchte, Verwaltung und Benutzung, Lasten- und Kostentragung entspr den Anteilen. Ein **Minderheitenschutz** ist gesetzl nicht ausdrückl vorgesehen. Mehrheitsbeschlüsse können jedoch nach § 745 II iSd Gleichbehandlungsgrundsatzes kontrolliert werden (BGH NJW-RR 2008, 984; MüKo/*Schmidt* Rn 36). Weiterhin gilt der Grundsatz der **Surrogation**: Die Bruchteilsgemeinschaft setzt sich an dem Gegenstand fort, der kraft Gesetzes an die Stelle des gemeinschaftl Gegenstands getreten ist; etwa eine Schadensersatzforderung anstelle des vorangegangenen gemeinschaftl Gegenstands (BGH NJW 1984, 795; Frankfurt NJW-RR 1996, 101) oder an dem Versteigerungserlös nach Zuschlag im Teilungsversteigerungsverfahren (BGH NZM 2014, 284). Den Grundsatz der **Anwachsung oder Abwachsung** gibt es bei der Bruchteilsgemeinschaft **nicht**: diese Prinzipien gelten nur bei rechtssubjektiv verselbständigten Sondervermögen, also der Gesamthand. Auch nur dort gibt es die Fragen von Eintritt und Austritt aus der Gemeinschaft. Lediglich bei gesamthandsähnlichen Bruchteilsgemeinschaften kann von Anwachsungswirkungen gesprochen werden (so etwa gem § 8 IV 3 UrhG, vgl auch weiter MüKo/*Schmidt* Rn 37). § 741 ist insofern **zwingendes Recht**, als in dinglicher Hinsicht keine andere Art der bruchteilsmäßigen Rechtszuständigkeit vereinbart werden kann; dann besteht schon keine Gemeinschaft. Wenn die Beteiligten die bruchteilsmäßige Berechtigung ausschließen wollen, müssen sie sich vielmehr für eine andere Form im Gesetz abschließend aufgezählter Zuordnungsmöglichkeiten entscheiden, also entweder für Gesamthandzuständigkeit oder für ungeteilte, individuelle Einzelzuständigkeit zugunsten einer natürlichen oder juristischen Person. Die Einschränkungen des § 747 betreffend die Verfügungsbefugnis können nur mit schuldrechtl Wirkung abbedungen werden. Die obligatorischen Beziehungen der Teilhaber untereinander sind abdingbar (MüKo/*Schmidt* Rn 39 mwN).

4 **IV. Gegenstand der Bruchteilsgemeinschaft.** Als **Gegenstand der Bruchteilsgemeinschaft** kommen alle Rechte in Betracht, bei denen mehrheitliche Berechtigung zugelassen ist. Eine bloße tatsächliche, also nicht rechtl, Gemeinschaft an einem Gegenstand (Interessengemeinschaft) begründet keine Bruchteilsgemeinschaft. Ein einheitliches, grundstücksgrenzüberschreitendes Leitungssystem begründet nicht allg eine Bruchteilsgemeinschaft zw den Grundstückseigentümern (vgl BGH NJW-RR 2019, 78), wohl aber eine Hauptstromleitung für mehrere gleichzeitig erbaute Reihenhäuser (Hamburg BeckRS 2020, 7985). Mehrere Mieter einer Wohnung bilden keine Bruchteilsgemeinschaft, sondern eine „Innen-GbR" (LG Frankfurt/M WuM 2021, 164).

5 **Hauptanwendungsfall** der Bruchteilsgemeinschaft ist das **Miteigentum** (s dazu §§ 1008–1011), aber auch **beschränkt dingliche Rechte**, wie etwa Hypothek, Grundschuld (Bsp BGH ZIP 1986, 89), Nießbrauch, Vorkaufsrecht, Pfandrecht, Dienstbarkeit (zur Eintragung eines Altenteils – Wohnungsrechts und Reallast – vgl BGH DNotZ 1979, 499), Erbbaurecht (Schleswig 21.9.2009 – 15 U 1/09). Wenn ein **Nießbrauch** in Form der Gesamtberechtigung gem § 428 bestellt ist, besteht keine Bruchteilsgemeinschaft, sondern jedem Berechtigten steht ein eigener Anspruch auf die ganze Leistung zu; teilw gelten im Innenverhältnis dann die §§ 741ff analog (BGH MittBayNot 2021, 356). Beim gleichberechtigten Zusammentreffen mehrerer dinglicher Berechtigungen, zB von Eigentum und Dienstbarkeit, ist entspr Anwendung möglich (BGH NJW-RR 2010, 1585, 1586; NJW 2008, 3703; 2007, 149). Im **Grundbuch** muss die Bruchteilsberechtigung gem § 47 GBO bestimmt werden bzw beim Altenteil zumindest aus der in Bezug genommenen Eintragungsbewilligung ersichtlich sein (§ 49 GBO, BGH DNotZ 1979, 499).

6 Am **Wohnungseigentum** kann bruchteilsmäßige Berechtigung bestehen (BGHZ 49, 250; Frankfurt NZM 2007, 490, 491; auch zB an Stapelparkern, München FGPrax 2016, 203). Das Wohnungseigentum ist eine Mischung von Alleineigentum an einer Wohnung oder Raumeinheit (Sondereigentum) und Bruchteilsmiteigentum am Grundstücksrest (BGH NJW 2012, 2434). Mit Anerkennung der Wohnungseigentümergemeinschaft als teilrechtsfähigem Verband sui generis ist diese als Trägerin des **Verwaltungsvermögens** zu beurteilen (vgl BGH NJW 2005, 2061). Das Wohnungseigentum ist ein sachenrechtl besonders ausgestaltetes Bruchteilseigentum (aA *Dreyer* DNotZ 2007, 594, 599), daher gibt es kein Wohnungseigentum am Wohnungseigentum – ebenso wenig wie eine Bruchteilsgemeinschaft am Bruchteil (Köln Rpfleger 1984, 268). Eine Wohnungseigentümergemeinschaft kann aber Miteigentümerin sein (München Rpfleger 2016, 718). Auch ein dingliches **Wohnrecht** kann mehreren Personen in Bruchteilsgemeinschaft zustehen; entspr Grundbucheintragung ist zulässig (Staudinger/*v Proff* Rn 128; MüKo/*Schmidt* Rn 12; aA Köln DNotZ 1965, 686).

Timesharing-Modelle, also Verträge, aufgrund derer jemand ein auf bestimmte Zeit im Jahr beschränktes Nutzungsrecht an einer Ferienimmobilie erwirbt, kommen in verschiedenen Gestaltungsformen vor, ua in der Form der Bruchteilsberechtigung an einem Dauerwohnrecht nach § 31 WEG (vgl zu den unterschiedlichen Gestaltungsformen *Hildenbrand* NJW 1994, 1992f; *Tonner/Tonner* WM 1998, 313ff). Während die Bestellung mehrerer – meist 52 auf eine Woche befristeter – gleichrangiger Dauerwohnrechte an einer Teileigentumseinheit iSd § 31 WEG wohl nach hM zu Recht als unzulässig angesehen wird (so Stuttgart NJW 1987, 2023; aA *Gralka* NJW 1987, 1997), ist die Begründung und Eintragung von Bruchteilen an einem Dauerwohnrecht iSd § 31 WEG möglich (BGH NJW 1995, 2637, 2639 mwN), so dass das gewünschte Ergebnis mit einer Bruchteilsgemeinschaft an einem Dauerwohnrecht mit zeitl gestaffelter Gebrauchsregelung erreicht werden kann. Die Aufteilung des Wohnrechts in zB 52 Anteile und die Nutzungszuweisung an die einzelnen Berechtigten für jew eine Woche im Jahr ändert nichts an dem Charakter des Rechts als Dauerwohnrecht. Die zeitl Ausübung des Dauerwohnrechts für die einzelnen Berechtigten kann durch eine Verwaltungsanordnung gem § 746 mit Wirkung für und gegen den Sondernachfolger geregelt werden. Andere dingliche Timesharing-Konstellationen, wie zB Miteigentum gem § 1008 an Ferienhäusern, sind – obwohl möglich – nicht gebräuchlich (MüKo/*Schmidt* § 1008 Rn 36). Befristetes Wohnungseigentum „auf Zeit" kann es wegen § 4 II 1, § 11 WEG rechtl nicht geben. Das in der Praxis der Timesharing-Verträge vorkommende sog „Treuhand-Modell" vermittelt dem Erwerber keine Bruchteilsberechtigung. Hier wird dem Kunden vom Verkäufer lediglich ein rechtl begrenztes, jedoch regelmäßig jährlich wiederkehrendes Recht zur Nutzung einer Ferienimmobilie verschafft, die nicht im Eigentum des Verkäufers steht, sondern in der Rechtsinhaberschaft einer Drittfirma, die treuhänderisch das Eigentum an der gesamten Ferienimmobilie im Innenverhältnis für die einzelnen Berechtigten hält. Der Kunde muss mit der Treuhänderin einen „Grundbuchtreuhandvertrag" abschließen, wonach sich die Treuhänderin schuldrechtl ggü dem Kunden verpflichtet, die Berechtigung an der Ferienimmobilie treuhänderisch und anteilig auch für den jew Kunden zu halten. Sofern dem Kunden durch die Vertragsgestaltung vorgespiegelt wird, er erwerbe eine dem § 31 WEG entspr Rechtsposition, kann die Vertragsgestaltung gem § 307 unwirksam sein (BGH NJW 1995, 2637). Der Verbraucherschutz im Timesharing-Geschäft ist in den §§ 481–487 geregelt. 6a

Forderungen bilden ebenfalls einen Anwendungsfall bruchteilsmäßiger Berechtigung, wenn eine ungeteilte Forderung mehreren zu ideellen Bruchteilen zusteht (zB bei einem Bankguthaben, BGH NJW 2000, 2347; Brandenburg GWR 2010, 528). Wenn das Bankkonto eines Ehegatten überwiegend von den Einkünften des anderen gespeist worden ist, besteht idR an der Forderung des Kontoinhabers gegen die Bank im Innenverhältnis eine Bruchteilsgemeinschaft der Ehegatten (BGH NJW 2002, 3702; zur stillschw Teilabtretung von Sparguthaben Bremen NJW-RR 2005, 1667; krit *Barnert* EWiR 2003, 109, der § 430 analog anwendet). Das gemeinschaftl **Bankkonto** von mehreren Mitberechtigten (zB Ehegatten) sowohl in der Form des „Oder-Kontos" als auch „Und-Kontos" ist ein Fall der Gesamtgläubigerschaft gem § 428. Die Regelungen der §§ 741ff sind nicht generalisierend anzuwenden. Entscheidend ist, ob zwischen den Mitberechtigten eine Ausgleichspflicht nach § 430 besteht. Im Verhältnis der Mitberechtigten untereinander dürften die Verwaltungsregelung der §§ 744f und die Kostenregelung des § 748 anwendbar sein (vgl zum Bank-Gemeinschaftskonto und zur Anwendbarkeit und zum Verhältnis zwischen §§ 741ff und §§ 428, 432 Staudinger/*v Proff* Rn 83ff; MüKo/*Schmidt* Rn 54ff; *Kohlenberg* NZFam 2018, 773). Wenn eine Forderung mehreren Personen aufgrund einheitlicher Zweckverfolgung zusteht, bilden die Berechtigten eine Gesamthand, so dass eine Gesamthandsforderung und keine Bruchteilsberechtigung besteht. Letztere entsteht häufig durch Surrogation, etwa wenn die Forderung an die Stelle des früheren Gegenstands der Bruchteilsberechtigung tritt (BGH NJW 1984, 795; nicht nur bei schadensersatzrechtl Surrogation oder Gewährleistung, BGH NJW 1985, 1829, sondern vor allem auch bei bereicherungsrechtl Wertersatz). Bruchteilsberechtigung entsteht im Zweifel aber auch bei Forderungen aus **Vermietung, Verpachtung und Verkauf** des gemeinschaftl Gegenstands durch die Teilhaber (MüKo/*Schmidt* Rn 21 mwN); auch bei dem Verkauf des gemeinschaftl Gegenstands lässt sich die Bruchteilsberechtigung im Zweifel aus dem Parteiwillen herleiten: Wenn die Miteigentümer vermieten, verpachten oder verkaufen, wollen sie im Zweifel auch hinsichtl der dadurch entstehenden Forderung eine Bruchteilsberechtigung begründen (MüKo/*Schmidt* Rn 46; vgl generell *Litzenburger* NotBZ 2003, 296ff). Der über eine Wohnung und eine Garage geschlossene einheitliche Mietvertrag wird im Falle der Veräußerung von Wohnung und Garage an verschiedene Erwerber nicht aufgespalten, sondern die Erwerber treten als Bruchteilsgemeinschaft in diesen ein (BGH NJW 2005, 3781; bzgl der Teilung von vermietetem oder verpachtetem Grundeigentum und Veräußerung an verschiedene Erwerber auch Hamm 21.2.2013 – 10 U 109/12). Auch der Rückgabeanspruch hinsichtl der vermieteten bzw verpachteten Sache ist gemeinschaftl iS bruchteilsmäßiger Berechtigung. Die **Geltendmachung von Forderungen** in Bruchteilszuständigkeit richtet sich nach § 432 (hM: BGH NJW 1984, 795; 2005, 3781; MüKo/*Heinemeyer* § 432 Rn 5; MüKo/*Schmidt* Rn 47). § 432 gilt jedoch nur für die Geltendmachung der Forderung, nicht für die Ausübung von **Gestaltungsrechten**, diese können nur gemeinschaftl ausgeübt werden (Grü/*Sprau* Rn 10), wenn nichts anderes zw den Teilhabern vereinbart worden ist oder sich aus den Umständen ergibt. 7

An **Gesellschaftsanteilen** von Kapitalgesellschaften kann Bruchteilsberechtigung bestehen (s § 69 AktG, § 18 GmbHG), nicht jedoch bei **Personengesellschaften** (Staudinger/*v Proff* Rn 141; MüKo/*Schäfer* § 705 Rn 83 mwN). Bei der stillen Gesellschaft erscheint eine Differenzierung notwendig: auf die typische stille Einlage als Forderung können die §§ 741ff angewendet werden, nicht aber auf die mitgliedschaftlich ausgestaltete atypische stille Beteiligung (MüKo/*Schmidt* Rn 14; ganz abl Staudinger/*v Proff* Rn 141). Teilnahme an einem (Kronkorken)-Gewinnspiel kann mangels Gesellschaftszweck Bruchteilsgemeinschaft vermitteln (LG Arnsberg NJW 2017, 2421). 8

9 Ein subj-**öffentliches Recht** kann Gegenstand einer Bruchteilsgemeinschaft sein, wenn es Vermögenswert hat (MüKo/*Schmidt* Rn 13 mwN).

10 Wenn ein **Erbteil** geteilt wird, etwa bei anteilsweiser Veräußerung, besteht ebenfalls eine Bruchteilsgemeinschaft am Erbteil. Es tritt keine Vermehrung der Erbteile ein, sondern Bruchteilszuständigkeit hinsichtl des ungeteilten Erbteils (hM; *Haegele* Rpfleger 1968, 173; MüKo/*Schmidt* Rn 15, jew mwN). Davon zu unterscheiden ist die Bruchteilsgemeinschaft an den einzelnen Gegenständen des Nachlasses. Die Erbeserbengemeinschaft stellt demggü eine Gesamthandsgemeinschaft dar, es sei denn, die Erbeserben teilen den Erbteil des verstorbenen Miterben zu Bruchteilen untereinander auf, wodurch die Erbeserbengemeinschaft aufgehoben wird und eine Bruchteilsgemeinschaft am Erbteil entsteht (BGH NJW 1963, 1610, 1611; MüKo/*Schmidt* Rn 15 mwN).

11 Prinzipiell gibt es **keine Bruchteilsgemeinschaft** an einem Bruchteil (BGHZ 13, 133; LG Berlin NJW 1956, 471; aA *Schnorr*, Die Gemeinschaft nach Bruchteilen, 2004, 150ff). Allerdings ist die Aufteilung eines Bruchteils auf einen bzw mehrere Dritte im Rahmen einer Übertragung gem § 747 S 1 möglich, nur entsteht dadurch keine Unter-Bruchteilsgemeinschaft, sondern die Zahl der Bruchteile in der Gemeinschaft wird größer, die durch Aufspaltung entstandenen Bruchteile selbst werden kleiner. Eine Untergemeinschaft ist lediglich in Sonderfällen des WE, des Anteils am Sondervermögen einer Kapitalverwaltungsgesellschaft und beim Wertpapiersammeldepot möglich (Staudinger/*v Proff* Rn 146; MüKo/*Schmidt* Rn 16). Schuldrechtl sind Bruchteilsgemeinschaften als sog Untergemeinschaften, zB bzgl der schuldrechtl Ausübung der mit einem dinglichen Bruchteil verbundenen Nutzungsrechte, durchaus möglich (Staudinger/*v Proff* Rn 147).

12 Da der **Besitz** ein tatsächliches Verhältnis – allenfalls ein Rechtsverhältnis –, jedenfalls kein Recht ist, gibt es nach richtiger Ansicht keine Bruchteilsgemeinschaft hinsichtl des Besitzes, sondern nur Mitbesitz gem § 866 (MüKo/*Schmidt* Rn 17). Anders die hM (BGHZ 62, 243; Staudinger/*v Proff* Rn 133; Celle ZMR 2022, 646), die allerdings nicht genügend zw dem Besitz als tatsächlichem Verhältnis und dem Recht zum Besitz unterscheidet.

13 Generell gilt, dass ein **Rechtsverhältnis** nicht als Solches Gegenstand einer Bruchteilsgemeinschaft sein kann (wie hier *Hadding* FS Canaris, 2007, 379, 401; PWW/*v Ditfurth* Rn 7; aA MüKo/*Schmidt* Rn 18ff mwN). Daher gibt es auch keine Bruchteilsgemeinschaft an einem Miet- oder Vermietverhältnis als solchem, sondern allenfalls hinsichtl der daraus resultierenden Rechte (zur Bruchteilsberechtigung bei Vermieterforderungen s Rn 7). Mehrere Mieter bilden im Zweifel eine GbR (Hamm BB 1976, 529) und damit idR eine Gesamthand, der dann der Mietbesitz zusteht. Wenn eine Bruchteilsgemeinschaft Vermieter ist, reicht schon der Eigenbedarf eines Miteigentümers für entsprechende Kündigung (BGH NJW 2017, 547). Mehrere **Auftraggeber** bilden idR eine Bruchteilsgemeinschaft an den aus dem Auftragsverhältis resultierenden Rechten; das Weisungsrecht können sie gem § 744 I nur gemeinschaftl ausüben, ebenso den Widerruf des Auftrags (BGH NZG 2015, 364).

14 Auch an **Verbindlichkeiten** kann schon nach dem Wortlaut des § 741 keine Bruchteilsberechtigung bestehen. Eine Schuld oder Haftung der Teilhaber nach §§ 741ff kommt nicht in Betracht. Je nach Auftreten und Vertretungsmacht begründet das Handeln eines Teilhabers nach außen entweder eine alleinige Verbindlichkeit ggü sich selbst oder ggü allen Teilhabern als Gesamtschuld gem § 427. Wenn Miteigentümer zur Finanzierung eines im Bruchteilseigentum gehaltenen Gegenstandes Verbindlichkeiten eingegangen sind, haften sie grds im Innenverhältnis nach ihren Miteigentümeranteilen (Brandenburg BeckRS 2020, 17094).

15 **V. Entstehung der Bruchteilsberechtigung.** Die **Entstehung** der Bruchteilsberechtigung ergibt sich entweder aus **Gesetz** oder **Vertrag**. Voraussetzungen sind: **a)** mindestens zwei Personen (aber Ausnahmen bei geteilter Rechtszuordnung eines Gegenstands zu nur einer Person, vgl BGH NJW-RR 2004, 1513 mwN; auch nach LG Gießen 13.5.2009 – 7 T 89/09 wird die Bruchteilsgemeinschaft als fortbestehend fingiert), natürliche, juristische Personen oder Gesamthandsgemeinschaften, keine Bruchteilsgemeinschaften, **b)** ein Recht, an dem Bruchteilsberechtigung möglich ist (s Rn 4ff), **c)** Bruchteilsberechtigung zu ideellen Anteilen (Voraussetzung, nicht Rechtsfolge der §§ 741ff); liegt eben gerade nicht vor etwa bei Gesamthandsberechtigung, auch nicht bei bloßer Realteilung eines Gegenstands oder nur tatsächlichem Nebeneinander mehrerer Rechtspositionen, auch nicht beim nachbarschaftlichen Gemeinschaftsverhältnis (BGHZ 42, 374). Die Entstehung der Gemeinschaft kann nicht dadurch erzwungen werden, dass der Gläubiger eines Übereignungsanspruchs seinen Anspruch auf einen ideellen Bruchteil beschränkt und dem Schuldner damit eine Bruchteilsgemeinschaft aufzwingt (Celle OLGRp 2003, 112).

16 **Gesetzl Entstehungsgründe:** Verbindung, Vermischung (§§ 947, 948), Verarbeitung durch mehrere (§ 950), Vereinigung von Bienenschwärmen (§ 963), Schatzfund (§ 984), durch Sammelladung im (See-)Frachtrecht (MüKo/*Schmidt* § 1008 Rn 35 mwN); durch Sammelverwahrung von Wertpapieren im Depot (§ 6 I DepotG); durch Sammellagerung beim handelsrechtl Lagergeschäft (§ 469 HGB, MüKo/*Schmidt* § 1008 Rn 33); uU am Sondervermögen einer Kapitalanlagegesellschaft gem § 92 I 1 KAGB; Gemeinschaftserfindung bzw Gemeinschaftsgebrauchsmuster nach § 6 S 2 PatG, § 13 III GebrMG (vgl BGH NJW-RR 2001, 477; *Villinger* CR 1996, 393; *Sefzig* GRUR 1995, 302).

17 **Vertragl Entstehung:** durch gemeinschaftl Begründung oder durch gemeinschaftl Erwerb, etwa wenn Bruchteilsforderung durch Verkauf der gemeinschaftl Sache begründet wird oder wenn mehrere Personen ein Recht zum Miteigentum erwerben. Ob Einzeleigentum, Bruchteilsberechtigung oder Gesamthandsberechtigung beim Erwerb gewollt sind, ist nach den Erklärungen der Parteien und nach den Umständen des Einzelfalles (vgl BGH NJW 2002, 3702) zu entscheiden. Der Erwerb von Haushaltsgegenständen bei **Ehegatten** und bei **eheähnl Lebensgemeinschaften** sowie die Einzahlung sämtlicher Einkünfte der Eheleute auf das Konto nur eines Ehegatten

sollen im Zweifel – stillschw – Bruchteilseigentum entstehen lassen (BGHZ 114, 74; BGH NJW 2002, 3702; Brandenburg 7.9.2010 – 10 UF 15/10; Bremen NJW-RR 2005, 1667; Naumburg OLGRp 2007, 313; Bremen NJW 2008, 3648f); s auch Rn 7. Maßgeblich ist aber letztlich der beim Eigentumserwerb erklärte oder erkennbare Wille, der insb bei nichtehelichen Lebens- und Wohngemeinschaften nicht automatisch unterstellt werden kann und sollte (vgl Staudinger/*v Proff* Rn 41; MüKo/*Schmidt* § 1008 Rn 12). Wenn Eheleute zur gemeinsamen Nutzung Gegenstände oberhalb der Wertgrenzen von Haushaltsgegenständen erwerben, zB Kunst, kann ohne besondere Anhaltspunkte nicht unterstellt werden, dass der erwerbende Ehegatte seinem Ehepartner stillschweigend Miteigentum verschaffen will. Ein Zugewinnausgleichsverfahren steht dem Anspruch nach §§ 741ff nicht entgegen (Bremen aaO). Auch an Forderungen, die im Außenverhältnis nur einem Ehegatten allein zustehen, kann durch die Ehegatten im Innenverhältnis stillschw eine Bruchteilsgemeinschaft begründet worden sein (vgl Zweibrücken 31.1.2011 – 7 U 37/10).

Eine große Bedeutung kommt dem Recht der Bruchteilsgemeinschaft durch seine **entspr Anwendung** zu. Das 18
Gesetz erklärt die §§ 741ff oft ganz oder teilw für entspr anwendbar, vgl § 731 S 2; § 922 S 4; § 1477 I, § 2038 II, § 2042 II, 2044 I (zur Frage der analogen Anwendung bei sog Interessengemeinschaften, Risikogemeinschaften, Zweckverbänden und Nutzungsgemeinschaften vgl MüKo/*Schmidt* Rn 71ff; Soergel/*Hadding* Vor § 741 Rn 14; zur Nutzungsgemeinschaft: KG ZMR 2017, 78). Bspw entsteht zw dem Nießbrauchberechtigten und den Miteigentümern gleichfalls ein den §§ 742ff ähnl Innenverhältnis, ist ein Miteigentumsbruchteil mit einem Nießbrauch belastet (vgl BGH NJW 2007, 149 Rn 10); ebenso bei Mitbenutzung aufgrund von Dienstbarkeit oder Notweg (BGH NJW – RR 2017, 210; DNotZ 2019, 753).

§ 742 Gleiche Anteile

Im Zweifel ist anzunehmen, dass den Teilhabern gleiche Anteile zustehen.

Die Vorschrift ist eine aus Zweckmäßigkeitsgründen für den Fall rechtsgeschäftlich begründeter Bruchteils- 1
gemeinschaft aufgestellte **Auslegungsregel** bzw für die gesetzl begründete Bruchteilsgemeinschaft eine **gesetzl Vermutung**. Diese Regelung gilt, sofern sich nicht aus einer spezielleren gesetzl Regelung, einem abw Parteiwillen oder besonderen Umständen des Einzelfalls eine abw Regelung ergibt. Bei einem Oder-Depot wird dies grds bzgl des Eigentums an den verwahrten Wertpapieren der Fall sein (BGH NJW 1997, 1434; Köln WM 2000, 2485; *Kohlenberg* NZFam 2018, 773). Ehegatten sind am Kontostand eines Gemeinschaftskontos bzw -depots idR zu gleichen Teilen berechtigt (Bremen MDR 2004, 1004; Saarbrücken OLGRp 2003, 5).

Spezielle gesetzl Regelungen finden sich etwa für die Vermischung und Vermengung in §§ 947, 948, für das 2
Miteigentum am Sammelbestand von Wertpapieren, § 6 I 2 DepotG, vgl ferner § 1172 II, § 1109 I.

Wenn die Bruchteilsgemeinschaft durch Rechtsgeschäft begründet wird, entscheidet der **Parteiwille** über die 3
Anteilsquoten. Daneben können aber auch die besonderen Umstände des Einzelfalls die Regelung des § 742 verdrängen (vgl RGZ 169, 232). So wird etwa bei der halbscheidigen Giebelmauer der Anbauende nicht schematisch gem § 742 hälftiger Miteigentümer, sondern zu demjenigen Bruchteil, der dem Verhältnis der von ihm zugebauten Fläche zur Gesamtfläche der Mauer entspricht (BGHZ 36, 46; BGH NJW 2008, 2032), wobei jeder Miteigentümer zur alleinigen Nutzung der seinem Grundstück zugewandten Außenflächen berechtigt ist (Köln OLGRp 2006, 785). Allein aus einer ungleichen Verteilung von Nutzen und Lasten kann jedoch noch nicht auf eine von § 742 abw Anteilsquotelung gefolgert werden (hM, MüKo/*Schmidt* Rn 3).

Nach hM darf der **Grundbuchrichter** seine Eintragung im Hinblick auf § 47 GBO nicht allein auf § 742 stützen 4
(vgl MüKo/*Schmidt* Rn 6 mwN; Staudinger/*v Proff* Rn 5). „Übertragung zu Miteigentum zu gleichen Teilen" ist eindeutig (München NJW-RR 2017, 470). Fehlt die Bruchteilsangabe in der Auflassung oder ist sie unklar, darf das Grundbuchamt nicht eintragen, sondern muss durch Zwischenverfügung gem § 18 I GBO Gelegenheit zur Klärung der Anteilsquote geben. Die Eintragung ohne oder mit falscher Quotenangabe ist nicht unwirksam, aber unrichtig und kann dann jederzeit durch Eintragung der richtigen Quote berichtigt werden. Die Mitberechtigten sind wechselseitig zu den erforderlichen Mitwirkungshandlungen verpflichtet.

Die Vorschrift ist keine eigentliche **Beweislastregel**, insb ist der gute Glaube an gleiche Bruchteile nicht ge- 5
schützt (BGHZ 13, 133; Grü/*Sprau* Rn 1). Eine Abweichung von § 742 in tatsächlicher Hinsicht hat derjenige zu beweisen, der sich darauf beruft (vgl Bremen MDR 2004, 1004), es sei denn, es steht unstr fest, dass § 742 wegen abw Parteivereinbarung oder gesetzl Regelung oder aufgrund besonderer Umstände zurücktritt. Im letzteren Fall liegt die Beweislast für die Anteilsquote bei demjenigen, der auch das Bestehen der Bruchteilsgemeinschaft selbst zu beweisen hat. Bei Beweisfälligkeit ist nach Beweislastgrundsätzen zu entscheiden (BGH NJW 1958, 1534 m zust Anm *Hoche*). Die Konsequenzen einer Beweisfälligkeit sind str: nach einer Meinung sei dem Beweisfälligen keine Quote zuzubilligen (RGZ 112, 103; *Leiß* JZ 1959, 25). Nach aA sei § 742 generell anzuwenden (*Flume* NJW 1959, 922; *H. Westermann* SachenR, § 52 IIIa; *Baur/Stürner* SachenR, § 53 A III Rn 10). Richtigerweise ist zu differenzieren: wenn nur die Quoten, nicht die Bruchteilsgemeinschaft als solche umstr sind, kann die Quotenverteilung mit Hilfe von § 287 ZPO geschätzt werden, so dass damit die Beweisführung erleichtert ist (NK/*Radlmayr* Rn 3). Nur wenn dem Beweispflichtigen auch dieser erleichterte Beweis nicht gelingt, erscheint es angemessen, zu seinem Nachteil so zu entscheiden, als wenn er auch den Bestand der Bruchteilsgemeinschaft nicht bewiesen hätte; es sei denn, zu seinen Gunsten wäre schon unstr von einem Mindestbruchteil auszugehen (MüKo/*Schmidt* Rn 8ff mwN und weiteren Differenzierungen).

§ 743 Früchteanteil; Gebrauchsbefugnis

(1) Jedem Teilhaber gebührt ein seinem Anteil entsprechender Bruchteil der Früchte.

(2) Jeder Teilhaber ist zum Gebrauch des gemeinschaftlichen Gegenstands insoweit befugt, als nicht der Mitgebrauch der übrigen Teilhaber beeinträchtigt wird.

1 **I. Anwendungsbereich.** Die Bestimmung regelt nur das **Innenverhältnis der Teilhaber** untereinander. Sie garantiert nur die Beteiligung an vorhandenen Nutzungen und schließt die Begründung von Sondernutzungsrechten gem § 745 nicht aus (BGH NJW 2009, 1270, 1271; Nürnberg NJOZ 2011, 2083). Es entspricht dem Wesen jeder Gemeinschaft, dass die erlangten Vorteile dem Einzelnen in dem Verhältnis zugutekommen, in dem er an der Gemeinschaft beteiligt ist. Der Anteil an den Nutzungen kann daher gem § 745 III 2 auch nicht ohne Zustimmung des Teilhabers beeinträchtigt werden (vgl dazu BGH NJW-RR 2008, 984); Bsp: Die Mitglieder eines Verkaufssyndikats haben bei Preiserhöhungen Anspruch auf den Mehrgewinn nach Maßgabe ihres Produktionskontingents, RG 70, 167. Der Anwendungsbereich der Vorschrift ist auf die Bruchteilsgemeinschaft und die Erbengemeinschaft beschränkt; entspr gilt sie für das Verhältnis des Eigentümers zum dinglichen Mitnutzungsberechtigten (vgl BGH NJW-RR 2010, 1585, 1586). Sondervorschriften wie § 923 I bzgl der Früchte eines Grenzbaumes und § 1361a bzgl der Haushaltsaufteilung bei getrenntlebenden Ehegatten (vgl Hamm NJW-RR 2011, 583) gehen vor.

2 **II. Leistungsanspruch. Abs I** gibt jedem Teilhaber einen **Leistungsanspruch** gegen die anderen auf einen Bruchteil der Früchte: natürliche Früchte und Rechtsfrüchte (vgl § 99), aber auch Gebrauchsvorteile (BGH NJW 1966, 1707). Die Vorschrift regelt jedoch nur die Beteiligung am Ertrag, sie gibt kein eigenes, anteiliges Fruchtziehungsrecht, dieses wird nach §§ 744, 745 durch die gemeinschaftl Verwaltung geregelt (BGH NJW 1958, 1723). Der Anspruch eines Teilhabers gegen die anderen Teilhaber auf Auszahlung seines Anteils an den Früchten ist jedoch nur im Wege der vorweggenommenen Auseinandersetzung (§§ 752ff) möglich. Der einzelne Teilhaber kann den für sich beanspruchten Bruchteil von einem anderen Teilhaber nur fordern, wenn die Übrigen der geltend gemachten Art der Teilung zustimmen (BGH NJW 1985, 1159, 1161). Hat ein Teilhaber zB die Mieteinnahmen für den gemeinschaftl Gegenstand eingezogen, so können von diesem die anderen Teilhaber die Auskehrung bestimmter auf sie entfallener Bruchteile der Mieteinnahmen nur verlangen, wenn die anderen Teilhaber damit einverstanden sind; anderenfalls kann gem § 432 nur verlangt werden, dass die eingezogenen Mieteinnahmen ggü der Gemeinschaft herausgegeben werden (BGH aaO).

3 Da die Vorschrift nur das Verhältnis der Teilhaber untereinander betrifft, folgt daraus keine anteilige Berechtigung im Außenverhältnis ggü Dritten; bei Vermietung des gemeinschaftl Gegenstands bspw kann also kein Teilhaber von dem Mieter teilw Mietzahlung verlangen (BGH NJW 1969, 839; hM). Die Geltendmachung gemeinschaftl Forderungen richtet sich nach § 432, wenn nicht ausnahmsw § 428 anwendbar ist. Ob überhaupt eine gemeinschaftl Forderung der Teilhaber besteht oder etwa ein Teilhaber allein im eigenen Namen den gemeinschaftl Gegenstand bspw vermietet hat und somit alleiniger Inhaber der Mietforderung wäre, richtet sich nach dem Außenverhältnis. Die Vorschrift regelt auch nicht den dinglichen Rechtserwerb, für natürliche Früchte gelten die §§ 953ff.

4 Als Gegenstück zu § 748 gibt § 743 nur einen Anspruch auf den **Bruchteil am Reinertrag**, also nach Abzug der anteiligen Verwaltungskosten, Lasten und Abgaben (vgl §§ 748, 756; BGHZ 40, 326, 330). Nur dieser Nettoanspruch ist **abtretbar** und **pfändbar** (Grü/*Sprau* Rn 3). **Beweislast** bei Anspruch auf Nutzungsherausgabe: Kläger muss Bruttoeinnahmen des anderen Teilhabers beweisen, Beklagter muss Verbleib der Einnahmen darlegen und beweisen (BGH BB 1972, 1245). Der Anspruch auf periodische Beteiligung an den Früchten unterliegt der **Regelverjährung** (Celle OLGRp 2002, 88).

5 **III. Abweichende Vereinbarungen.** Der Anspruch gem Abs I ist mehrheitsfest (§ 745 III 2), er kann nicht ohne Zustimmung des Betroffenen beeinträchtigt werden (BGH NJW-RR 2008, 966; MüKo/*Schmidt* Rn 8). **Abw Vereinbarungen** aller Teilhaber sind ebenso zulässig, etwa dass der gemeinschaftl Gegenstand einem Teilhaber gegen Zahlung einer Abfindung zur alleinigen Benutzung überlassen wird (BGH NJW 1953, 1427); die Zuweisung von Parzellen eines Gartengrundstücks an die Miteigentümer zum jew ausschließlichen Gebrauch (BGH NJW 2007, 3636f); abw Regelung uU auch bei Eheleuten (Düsseldorf WM 1982, 1265): Von Ehegatten wechselseitig erteilte unbeschränkte Verfügungsbefugnis über ein Hauskonto, auf das Mieteinnahmen eines gemeinsamen Hausgrundstücks fließen, beinhaltet zugleich beiderseitige Zustimmung zur unbeschränkten Entnahmemöglichkeit jedes Teilhabers und Verzicht auf Ausgleichung gem den beiderseitigen Anteilen; aA für den Fall von Verfügungen über ein gemeinschaftl „Oder-Konto" ab Getrenntleben Köln FamRZ 1982, 944.

6 **IV. Ausmaß des Gebrauchs. Abs II** regelt nur das **Ausmaß des Gebrauchs**, nicht die Art der Benutzung, die durch Vereinbarung, Beschluss oder gerichtliche Entscheidung gem § 745 bestimmt wird. In diesem Rahmen steht jedem Teilhaber das Recht zum Gebrauch zu mit der Einschränkung, dass dadurch nicht der Mitgebrauch der Übrigen beeinträchtigt werden darf. Vorübergehende oder in der Natur der Benutzung liegende Gebrauchsbeeinträchtigungen sind zulässig (KG NJW 1968, 160, 161; zB wenn die Benutzung eines gemeinsamen Ganges durch Abladen sperriger Güter vorübergehend beeinträchtigt ist, Celle SeuffA 62 Nr 207). Grenzen der Befugnisse ergeben sich aus dem Gebot wechselseitiger Rücksichtnahme sowie Treu und Glauben. Bei Bruchteilsberechtigung an vormaliger Ehewohnung muss die Ehefrau nach ihrem Auszug schon während des Scheidungsverfahrens die Nutzung der Wohnung durch ihren Ehemann samt seiner neuen Freundin dulden (AG Duisburg FamRZ 2014,

1297). Ein Ehepartner, der das Grundstück endgültig verlässt, hat kein Recht auf Gewährung des Zutritts für sich oder einen Dritten ohne besonderen Grund (OLG Bremen NJW 2017, 3245). Ein Miteigentümer einer Sammelgarage kann Dritte an seinem Gebrauchsrecht nur im Rahmen der bestehenden Nutzungsregelung teilnehmen lassen (Stuttgart NJW-RR 1987, 1098). Aus der Miteigentümergemeinschaft an einer Wegeparzelle kann sich ein Anspruch der Miteigentümer untereinander auf Bewilligung einer öffentlich-rechtl Zufahrtsbaulast ergeben (BGH WM 1991, 821; NJW-RR 2004, 809; NJOZ 2012, 1397, 1398). Zu dem Ausmaß des Gebrauchs bei gemeinsamer Grundstücksentwässerung eines Doppelhauses vgl Hamm OLG 1994, 62 = OLGRp 1994, 35. Zu den Rechten eines Gläubigers nach Pfändung des Nießbrauchs an einem Grundstücks-Miteigentumsanteil vgl BGH NJW 2007, 149. Vgl zu Gebrauchsrechten bei Immaterialgütern MüKo/*Schmidt* Rn 17ff: Beim Miturheberrecht ist die Anwendung des Abs II ausgeschlossen, bei Gemeinschaftserfindung und Gemeinschaftsmarke ist die Anwendung mit Einschränkungen möglich.

Konkurrenz der Gebrauchsrechte zw Teilhabern richtet sich nicht schon nach bloßer theoretischer Möglichkeit des Mitgebrauchs, sondern nach tatsächlicher Handhabung. Solange andere Teilhaber den tatsächlichen Gebrauch nicht beanspruchen, kann ein Teilhaber ggf auch den alleinigen Gebrauch ausüben (BGH NJW 1966, 1707, 1708), allerdings nicht bei lediglich vorübergehender oder in der Natur der Sache liegender Unterbrechung (BGH NJW 1968, 160, 161). Der Anspruch auf Mitbenutzung ist aber schon bei eindeutiger Erklärung zu respektieren (BGH NJW-RR 2005, 1200; MüKo/*Schmidt* Rn 11), nicht erst bei gerichtlicher Geltendmachung (so BGH NJW 1966, 1707, 1708 als Voraussetzung für Bereicherungsanspruch) oder nicht erst nach Klage gegen den Widerspruch anderer Teilhaber (BGH NJW 1978, 2157). Haben Miteigentümer den Gebrauch einer Grundstücksfläche bspw gegenständlich aufgeteilt, so kann in ihrem Innenverhältnis Nachbarrecht gelten (BGH NJW 2007, 3636, 3637; nach BGH NJW 2012, 2343, 2344 kommt dagegen eine entspr Anwendung des nachbarrechtl Ausgleichsanspruchs gem § 906 II unter Verweis auf die st Rspr, dass ein solcher Anspruch eine Einwirkung von einem Grundstück auf ein anderes Grundstück, also einen Eingriff von außen, voraussetzt, nicht in Betracht. Für eine Analogie fehle es bei dem Verhältnis von Bruchteilseigentümern eines Grundstücks an der strukturellen Vergleichbarkeit. Bei Zuweisung von Teilflächen zur alleinigen Nutzung liege nur eine schuldrechtl Nutzungsvereinbarung vor, es bestehe aber Identität zw dem Eigentum, von dem die Störung ausgeht, und dem, das beeinträchtigt ist). Gegen **Beeinträchtigungen** des tatsächlich ausgeübten Gebrauchs steht jedem Teilhaber ein Unterlassungsanspruch zu; es besteht **Besitzschutz** gem § 866; bei schuldhafter Gebrauchsbeeinträchtigung oder -verweigerung räumt BGH NJW 1966, 1707, 1709 einen Schadensersatzanspruch ein. Nach BGHZ 62, 243 wird für Schäden am gemeinschaftl Gegenstand durch Ausübung des Gebrauchs nur nach §§ 823ff gehaftet; eine Haftung aus positiver Vertragsverletzung besteht grds nicht (s § 741 Rn 3; NK/*Radlmayr* Rn 11; BaRo/*Gehrlein* Rn 6; aA MüKo/*Schmidt* Rn 13). Eine Überschreitung der Gebrauchsrechte oder die Verweigerung des Mitgebrauchs kann aber eine Verletzung der sich aus § 743 II ergebenden Sonderverbindung sein mit entspr Haftungsfolgen aus §§ 280, 276, 278 (MüKo/*Schmidt* Rn 13; NK/*Radlmayr* Rn 11). Die unabgestimmte Verwertung verpflichtet den betreffenden Miteigentümer zu Schadensersatz (LG Arnsberg NJW 2017, 2421). 7

Zahlungsausgleich für ungleich ausgeübten Gebrauch erfolgt nur, wenn: a) entspr Benutzungsvereinbarung besteht oder b) Anspruch gem § 745 II gerichtlich geltend gemacht oder c) Mitgebrauch hartnäckig verweigert worden ist (BGH NJW 1966, 1707; NJW-RR 2005, 1200; Hamm NZG 2000, 642; LG Münster FamRZ 2015, 1932). Nur dann bestehen Bereicherungs- und ggf sogar Schadensersatzansprüche (KG OLG 1969, 311; Koblenz NJW 1994, 463). Ansonsten ist Abs II **Rechtsgrund** auch für etwa ungleich ausgeübten Gebrauch in der Vergangenheit (BGH NJW 1982, 1753). Gebrauchsfrüchte, die im Rahmen des Gebrauchsrechts nach Abs II gezogen worden sind, müssen nicht herausgegeben werden (BGHZ 43, 127, 133). 8

V. Abweichende Gebrauchsregelungen. Abw Regelungen des Gebrauchs sind zulässig, Abs II ist nicht zwingend. Durch **Vertrag** können einzelne oder alle Teilhaber vom Gebrauch ausgeschlossen werden (BGH NJW 1953, 1427), einem Teilhaber unentgeltlicher Gebrauch gestattet (BFH NJW 1979, 2168) oder finanzieller Ausgleich für ungleichen Gebrauch vereinbart werden (BGH NJW 1997, 731). Einmal vereinbarte Nutzungsregelungen haben alle Teilhaber zu respektieren; sie schulden untereinander den entspr Leistungserfolg, ohne dass es noch auf ein besonderes Verschulden ankommt (BGHZ 40, 326; diese Entscheidung soll aber nach MüKo/*Schmidt* Rn 14 nicht verallgemeinert werden dürfen). Wenn daher zB Ehegatten vereinbart haben, dass die Ehefrau kostenfrei im gemeinsamen Haus wohnen kann, hat sie einen Freistellungsanspruch gegen den Ehemann, wenn dieser seinen Miteigentumsanteil veräußert hat und die Ehefrau dann an den neuen Erwerber eine Nutzungsentschädigung zahlen muss (BGH NJW 1997, 731). IdR dürfte es angemessen sein, die Lastentragung des eine Immobilie allein nutzenden Miteigentümers in der Form zu berücksichtigen, dass der auf den anderen Ehegatten entfallende Anteil der Lasten dem festzusetzenden Nutzungsentgelt gegengerechnet wird. Die Festsetzung eines Nutzungsentgelts entfällt jedenfalls dann, wenn Lasten und zuzurechnender Nutzungswert sich in etwa entsprechen (BGH NZG 2016, 547). Wenn der Gegenstand einem Teilhaber gegen Vergütung zum Gebrauch überlassen wird, kommt nach hM idR ein **Mietvertrag** zustande (BGH NJW 2018, 2472; MDR 1969, 658; diff: Staudinger/*v Proff* Rn 41; MüKo/*Schmidt* Rn 15 mwN). Wenn die Miete nicht durch Vereinbarung oder Mehrheitsbeschluss festgelegt ist, kann ein Teilhaber nach § 745 II eine nach billigem Ermessen festzusetzende Miete verlangen und unmittelbar auf Zahlung klagen (BGH NJW 1974, 364). Dies gilt bspw auch, wenn eine Erbengemeinschaft einer aus den Miterben bestehenden OHG den Gebrauch eines Nachlassgrundstücks unentgeltlich überlässt und einer der Miterben später aus der OHG ausscheidet (BGH NJW 1984, 45). Auch eine Anpassung der Miete kann grds verlangt werden, dabei dürfen mieterschützende Vorschriften jedenfalls nicht zum Schaden 9 der anderen Teilhaber und nicht im Widerspruch zur Verpflichtung aus dem Gemeinschaftsverhältnis ausgeübt werden (KG NJW 1953, 1592). Da mietrechtl Schutzvorschriften sehr leicht generell die §§ 743ff überlagern können, muss es Teilhabern unbenommen bleiben, die Anwendung mietrechtl Normen bei ihrer Gebrauchsregelung ausdrückl auszuschließen. Bei einem Mietvertrag richtet sich der Eintritt des Rechtsnachfolgers nach § 566 I, weshalb keine Eintragung ins Grundbuch nach § 1010 I nötig ist (BGH NJW 2018, 2472). Kommt keine Vereinbarung zustande, kann der Gebrauch durch **Mehrheitsbeschluss** (§ 745 I) oder **gerichtliche Entscheidung** (§ 745 II) bestimmt werden. Das Gebrauchsrecht nach Abs II ist im Gegensatz zum Anspruch auf die Nutzungsquote gem Abs I (s Rn 5) nicht mehrheitsfest, so dass auch Gebrauchsregelungen gegen den Willen eines Teilhabers möglich sind, solange der teilw oder völlige Entzug des Mitgebrauchs durch Ausgleichsregelungen kompensiert wird. So ist zB auch ein Mehrheitsbeschluss zulässig, wonach der Gegenstand nicht von einzelnen Teilhabern, sondern nur von Dritten gegen Entgelt genutzt werden kann (BGH DNotZ 1995, 604, 606); dabei ist jedoch der Grundsatz der Gleichbehandlung der Teilhaber zu respektieren. Wenn ein Teilhaber allein das Recht zum Gebrauch hat, ist im Zweifel auch anzunehmen, dass er allein Kosten und Lasten trägt, da der Anspruch aus § 748 die Kehrseite des § 743 ist (Frankfurt 29.5.2009 – 19 U 28/06; Hamm 8.11.2012 – I-5 U 100/12; Schleswig NJW-RR 2007, 892).

§ 744 Gemeinschaftliche Verwaltung

(1) Die Verwaltung des gemeinschaftlichen Gegenstands steht den Teilhabern gemeinschaftlich zu.

(2) Jeder Teilhaber ist berechtigt, die zur Erhaltung des Gegenstands notwendigen Maßregeln ohne Zustimmung der anderen Teilhaber zu treffen; er kann verlangen, dass diese ihre Einwilligung zu einer solchen Maßregel im Voraus erteilen.

1 **I. Gemeinschaftliche Verwaltung.** Die **Verwaltung** des gemeinschaftl Gegenstands bei bestehender Gemeinschaft wird durch die §§ 744–746 geregelt. **Grundsatz** ist **gemeinschaftl Verwaltung** durch alle Teilhaber zusammen; ansonsten Entscheidung durch Mehrheitsbeschluss, § 745 I, oder letztlich durch Urteil, § 745 II, bzw Einzelentscheidung im Fall des Abs II (notwendige Erhaltungsmaßnahme). Damit sind alle Möglichkeiten zur Mitwirkung und Durchsetzung von Verwaltungsmaßnahmen erfasst; wenn keine praktikablere Regelung erreicht werden kann, bleibt als letztes Mittel nur die Aufhebung der Gemeinschaft nach § 749. Dem Prinzip gemeinschaftl Verwaltung entspricht es, dass auch öffentlich-rechtl Zwangsmaßnahmen betr den gemeinschaftl Gegenstand gegen einen Teilhaber grds nur berechtigt sind, wenn auch gegen andere Teilhaber Duldungsverfügungen ergehen (OVG Münster NJW 1985, 2491; NVwZ-RR 1997, 8; VGH Kassel NJW 1985, 2492; bzgl des Anschluss- und Benutzungszwangs OVG Magdeburg 19.6.2006 – 4 L 347/05).

2 **Begriff der Verwaltung:** Alle Maßnahmen, die rechtl oder tatsächlich eine Änderung der bisherigen Lage des gemeinschaftl Gegenstands zur Folge haben (Schleswig NZG 2010, 103). Die Verwaltungsmaßnahme dient nicht schon begriffsnotwendig dem obj Interesse aller Teilhaber, sonst könnte es von vornherein keine schädlichen Maßnahmen geben (Staudinger/*v Proff* Rn 7). Verwaltung entscheidet über Gebrauch und Benutzung; darin liegt die begriffliche Abgrenzung, zB ist das zeitanteilige, periodisch wiederkehrende Benutzen des gemeinschaftl Gegenstands (Timesharing) entspr Verwaltungsregelung (BGH NJW 1995, 2637; Hamm DB 1985, 2400). Verfügungen können Gegenstand einer Verwaltungsentscheidung sein und sind daher ebenfalls begrifflich von dieser zu trennen.

3 **Bsp:** Reparatur, Umbau eines Hauses (Düsseldorf MDR 1970, 416), Vermietung (München 12.1.2011 – 20 U 2913/10; Schleswig NZG 2010, 103), Verpachtung, Errichtung eines Behelfsheims (BGH NJW 1953, 1427), Forderungseinziehung (BGH NJW 1958, 1723), Kündigung eines Mietverhältnisses (vgl dazu BGH DStR 2010, 1750, 1751; ZEV 2010, 639); Erwerb von Immobiliareigentum durch Wohnungseigentümer – Prüfung obliegt nur den Wohnungseigentumsgerichten im Rahmen eines Beschlussanfechtungsverfahrens gem § 44 I WEG (vgl Celle NJW 2008, 1537; Hamm NZM 2009, 914, 916; zum Erwerb von Sondereigentum vgl Hamm IBR 2010, 479); Ausübung grundbuchrechtl Beschwerdebefugnis bei Miteigentum (Zweibrücken FGPrax 2016, 74); Lizensierung eines Schutzrechtes (Düsseldorf GRUR 2018, 1037); **keine Verwaltungsmaßnahmen** sind: Aufhebung der Gemeinschaft, Verkauf und Verfügung über den gemeinschaftl Gegenstand (Schleswig NZG 2010, 103).

4 **II. Beschluss oder Vereinbarung. Gemeinschaftl Verwaltung** erfolgt durch Vereinbarung oder einstimmigen Beschluss (vgl zur Unterscheidung zw Vereinbarung und Beschluss MüKo/*Schmidt* Rn 15) in den Grenzen der §§ 134, 138; § 745 II (billiges Ermessen) gilt nicht; ebenfalls nicht Schranke des § 745 III. Die **Bindungswirkung** einer gemeinschaftl Entscheidung ist idR nicht schon durch Mehrheitsbeschluss aufzuheben (Staudinger/*v Proff* Rn 15); bei Änderung der tatsächlichen Verhältnisse hat jeder Teilhaber Anspruch auf Anpassungsregelungen, durchzusetzen gem § 745 I oder ggf gem § 745 II (BGHZ 34, 367, 370). Große Bedeutung haben sog Miteigentümervereinbarungen bei Mehrfamilienhäusern (zB Dresden 1.3.2022 – 4 O 580/12), und zwar entweder für die Verwaltung und Benutzung von Gemeinschaftsflächen oder sogar bzgl der Wohnungen selbst, wenn Wohnungseigentum nicht gewünscht oder nicht möglich ist (vgl dazu *Tschon* RNotZ 2006, 205ff; LG Frankfurt/M ZWE 2017, 337).

5 Durch gemeinschaftl Entscheidung kann die Verwaltung einem einzelnen Teilhaber oder einem Dritten **übertragen** werden (BGH NJW 1983, 450), etwa auch im Zusammenhang mit der Einräumung eines Nutzungsverhältnisses (Pachtvertrag: BGH WM 1963, 697); es liegt dann Auftrag oder Geschäftsbesorgungsverhältnis vor (RGZ

160, 122; BGHZ 34, 367). Die Verwaltungsübertragung enthält im Zweifel eine **Bevollmächtigung** zum Handeln für die Teilhaber im Rahmen der übertragenen Verwaltungsbefugnisse und entspr den Weisungen (RGRK/*v Gamm* Rn 2). Aus **wichtigem Grund** kann die Übertragung gekündigt werden (BGHZ 34, 367); der zu kündigende Teilhaber ist nicht stimmberechtigt (Staudinger/*v Proff* Rn 17).

III. Recht auf Werterhaltung. Abs II sichert das Recht jedes Teilhabers auf Werterhaltung unabhängig vom jew Willen und Interesse der anderen Teilhaber, selbst wenn die Verwaltung einem einzelnen Dritten übertragen ist (Staudinger/*v Proff* Rn 28). Abs II ist generell **unabdingbar**, nur im Einzelfall kann auf eine Erhaltungsmaßnahme gemeinschaftl verzichtet werden. Der Anspruch auf Einwilligung zu einer Erhaltungsmaßnahme kann gerichtlich durchgesetzt und gem § 894 ZPO vollstreckt werden (NK/*Radlmayr* Rn 11); wenn bereits aus § 744 II ein Anspruch auf Zustimmung zu Erhaltungsmaßnahmen begründet ist, kommt es nicht mehr darauf an, ob auch die Voraussetzungen des § 745 II gegeben sind (Dresden ZMR 2021, 533). Da der einzelne Teilhaber bei notwendigen Verwaltungsmaßnahmen zugleich für die Anderen handelt, kann er Ersatz **notwendiger Auslagen** fordern, § 748, auch vorschussweise. **Haftung** des handelnden Teilhabers für Pflichtverletzungen und Überschreiten seiner Befugnisse nach §§ 276, 278; allerdings keine Verpflichtung der einzelnen Teilhaber zum Tätigwerden gem Abs II, wenn sich dies nicht aus besonderem Vertragsverhältnis zw den Teilhabern ergibt oder sich eine Notwendigkeit zu Schutzmaßnahmen zugunsten des gemeinschaftl Gegenstandes für den Betreffenden Miteigentümer aufdrängt. Abgesehen von derartigen besonderen Voraussetzungen begründet das allg Schuldverhältnis zw den Teilhabern keine anhaltende Fürsorge- oder Schadensabwendungspflicht der Miteigentümer untereinander (aA etwa Staudinger/*v Proff* Rn 32 mwN). Bei mehreren geplanten widerstreitenden notwendigen Erhaltungsmaßnahmen gilt das Prioritätsprinzip (vgl Staudinger/*v Proff* Rn 45). 6

IV. Notwendige Erhaltungsmaßnahmen. Notwendige Erhaltungsmaßregeln sind solche, die im Interesse der Gemeinschaft, also nicht allein im Interesse eines Teilhabers, zur Erhaltung der Substanz oder des wirtschaftl Wertes im Rahmen ordnungsgemäßer Verwaltung aus der Sicht eines vernünftigen Teilhabers erforderlich – nicht nur nützlich – sind. Entscheidend ist ein wirtschaftl Maßstab unter Berücksichtigung der Zumutbarkeit für die Teilhaber (Dresden ZMR 2021, 533). Der Begriff des Notwendigen ist im gleichen Sinne wie in § 536a II Nr 2 oder § 994 zu verstehen: nicht ausreichend sind lediglich nützliche Maßnahmen, sondern nur solche, durch die Substanz oder Wert des Gegenstands erhalten bleiben; dies beurteilt sich vom Standpunkt eines vernünftig und wirtschaftl denkenden Berechtigten (BGHZ 6, 76; LG Essen MDR 1966, 420; BGH DStR 2010, 1750, 1752; VG Gelsenkirchen 15.12.2010 – 6 L 994/10), wobei auch die (finanzielle) Zumutbarkeit für andere Teilhaber zu berücksichtigen ist (Hamm 30.5.2012 – I-30 U 157/11). Notwendige Erhaltungsmaßnahmen werden idR kaum Aufschub dulden, dies ist jedoch nicht begriffsnotwendig, so dass Abs II nicht auf Eilmaßnahmen beschränkt ist (Staudinger/*v Proff* Rn 23). **Bsp:** dringende Reparaturen; Abriss eines Gebäudes zur Abwehr von Gefahren aus drohendem Einsturz (Dresden ZMR 2021, 533); Verkauf verderblicher Sachen, Schuldtilgung zur Abwendung der Zwangsvollstreckung (BGH WM 1987, 984); Beschaffung der Löschungsbewilligung eines Gläubigers (RGZ 60, 270); uU auch Anfechtungs-, Rücktritts- oder Kündigungserklärungen (vgl *Breetzke* NJW 1961, 1408); Stimmrechtsausübung in Gesellschafterversammlungen oder prozessuale Maßnahmen; auch Modernisierungen, mit denen eine gemeinschaftl Sache dem technischen Standard angepasst wird (BGH NJW 2008, 2032, 2033); auch Verfahrenshandlungen wie die Klage eines einzelnen Mitberechtigten können notwendig sein (bereits BGH NJW 1985, 1826, 1827), etwa Feststellungsklage zur Erhaltung der gemeinsam begründeten Mitgliedschaft an einem Immobilienfonds (BGH NJW 2011, 1667, 1668f). Jeder Miteigentümer eines Markenrechts kann selbständig Unterlassungsansprüche geltend machen (BGH GRUR 2019, 535M) oder Markenwiderspruch erheben (BPatG GRUR-RS 2020, 15240); **nicht** zB Wiederaufbau eines zerstörten Gebäudes (BGH LM Nr 14 zu § 1004); Neuinstallation einer unbrauchbar gewordenen Gemeinschaftsantenne (LG Bochum NJW 1982, 1789); Abschluss von längerfristigen Dauerschuldverhältnissen (Düsseldorf VersR 1963, 56); erstmaliger Einbau einer Zentralheizung (München WuM 2002, 519); Anmeldung zum Patent durch Miterfinder, wenn der Anmelder die Anmeldung nur in eigenem Namen vornimmt (BGH GRUR-Prax 2016, 533). 7

V. Berechtigung des Einzelnen. Nach dem Wortlaut zweifelhaft ist es, ob und inwieweit Abs II im **Außenverhältnis** wirkt, insb **Vertretungsmacht** und **Verfügungsbefugnis** einräumt; nach zutr hM gilt Folgendes: keine Vertretungsmacht für Verpflichtungsgeschäfte; der Handelnde wird selbst Vertragspartner und hat Rückgriffsansprüche nach § 748. Auch wenn keine Vertretungsmacht zum Abschluss von Verpflichtungsgeschäften zu Lasten aller Teilhaber besteht, berechtigt § 744 II zur Kündigung von Miet- oder Pachtverhältnissen oder zur Ausübung des Stimmrechtes aus einem gemeinschaftl Gesellschaftsanteil. Soweit zur notwendigen Erhaltungsmaßnahme erforderlich, sind Verfügungen von Abs II gedeckt (zB Verkauf des leicht verderblichen Gegenstands), das Erhaltungsinteresse am Wert des gemeinschaftl Gegenstands hat hier Vorrang vor dem Prinzip der gemeinschaftl Verfügung (§ 747 S 2; Staudinger/*v Proff* Rn 42; MüKo/*Schmidt* Rn 41), der gute Glaube an solche Verfügungsmacht wird jedoch nicht geschützt. Zur Finanzierung eines gemeinsam geschuldeten Kaufpreises kann ein Miteigentümer uU berechtigt sein, auch den künftigen Miteigentumsanteil des anderen Teilhabers zu belasten (BGH NJW-RR 1987, 1294). Auch notwendige **prozessuale Maßnahmen** sind durch Abs II gedeckt (BGH DB 1985, 1631, 1632 mwN); Geltendmachung gemeinschaftl Forderungen gem § 432. Antragsbefugnis eines Miteigentümers beschränkt sich auf die Leistung an alle; Leistung an ihn selbst kann er nur verlangen, wenn dies die einzige Möglichkeit der Auseinandersetzung der Gemeinschaft darstellt (BGH NJW-RR 2009, 687, 688 Rn 11). Überschreitet der nach § 744 II vorgehende Teilhaber seine ihm damit eingeräumte Handlungsbefugnis bzw verletzt er Sorgfaltspflichten, haftet er gem § 280 I. 8

9 Nach zutr Ansicht ist neben Abs II kein Raum für die Anwendung der Vorschriften über **Geschäftsführung ohne Auftrag**, auch nicht bei lediglich nützlichen Maßnahmen, da ansonsten Regelungen des Gemeinschaftsrechts, insb die grds kollektive Verwaltungszuständigkeit und die abgestuften Ausnahmen zu leicht überlagert werden könnten (Staudinger/*v Proff* Rn 30; Soergel/*Hadding* Rn 5; aA die hM: BGHZ 16, 12, 17; NK/*Radlmayr* Rn 10; RGRK/*v Gamm* Rn 15 mwN; begrenzt auf Ausnahmen: MüKo/*Schmidt* Rn 41). Möglich aber Herausgabepflicht wegen eigenmächtiger Vermietung gem § 687 II, § 667 (vgl München 12.1.2011 – 20 U 2913/10). Entgegen der hM (*Hadding* JZ 1975, 159; MüKo/*Schäfer* § 709 Rn 21 mwN erscheint **analoge Anwendung** von Abs II im Personengesellschaftsrecht (sog Notgeschäftsführung) zweifelhaft, da dort im Gegensatz zur Bruchteilsgemeinschaft Geschäftsführungsregelungen vorliegen (dafür aber nunmehr BGH NJW 2018, 3014; vgl auch *Bergmann* WM 2019, 189).

§ 745 Verwaltung und Benutzung durch Beschluss

(1) Durch Stimmenmehrheit kann eine der Beschaffenheit des gemeinschaftlichen Gegenstands entsprechende ordnungsmäßige Verwaltung und Benutzung beschlossen werden. Die Stimmenmehrheit ist nach der Größe der Anteile zu berechnen.

(2) Jeder Teilhaber kann, sofern nicht die Verwaltung und Benutzung durch Vereinbarung oder durch Mehrheitsbeschluss geregelt ist, eine dem Interesse aller Teilhaber nach billigem Ermessen entsprechende Verwaltung und Benutzung verlangen.

(3) Eine wesentliche Veränderung des Gegenstands kann nicht beschlossen oder verlangt werden. Das Recht des einzelnen Teilhabers auf einen seinem Anteil entsprechenden Bruchteil der Nutzungen kann nicht ohne seine Zustimmung beeinträchtigt werden.

1 **I. Stimmenmehrheit.** Die **Stimmenmehrheit** richtet sich nicht nach der Kopfzahl, sondern nach der **Größe der Anteile**. Bei Stimmengleichheit muss die beabsichtigte Verwaltungsmaßnahme grds unterbleiben (RGZ 160, 128). Bei zwei Teilhabern mit verschieden großen Anteilen hat der Mehrheitsteilhaber vor jedem Beschluss wenigstens den anderen anzuhören. Bei zwei Teilhabern mit gleichen Anteilen ist eine Mehrheitsentscheidung nicht möglich; es bleibt dann nur Einigung, Vorgehen nach § 744 II, § 745 II oder Auflösung gem § 749.

2 **II. Mehrheitsbeschlüsse. Formvorschriften** existieren nicht, so dass Beschlüsse zB nicht nur schriftlich, sondern auch mündlich oder fernmündlich etc gefasst werden können. Auch Vertretung bei Stimmabgabe ist zulässig (PWW/*v Ditfurth* Rn 3). Jedenfalls muss aber **rechtl Gehör** gewährt werden (Celle JR 1963, 221). Nach hM führt die Verletzung des rechtl Gehörs nicht zur Unwirksamkeit des Beschl, sondern uU zur Schadensersatzpflicht der Mehrheit (BGHZ 56, 47, 56 mwN; Rostock ZEV 2018, 517; aA Düsseldorf GRUR 2018, 1037; krit MüKo/*Schmidt* Rn 19) oder zum wichtigen Aufhebungsgrund gem § 749 II. **Stimmrechtsausschluss** wegen Interessenkollision greift nach hM entspr dem Rechtsgedanken des § 34 ein (BGHZ 56, 47; 34, 367). Beschlüsse können nicht angefochten werden; es kann jedoch **Klage auf Feststellung der Nichtigkeit** gegen mehrere Miteigentümer als notwendige Streitgenossen erhoben werden (BGH NJW-RR 2010, 1312, 1313; NJW-RR 1995, 267, 268; Brandenburg ZMR 2009, 595, 596; BayObLG NJW-RR 1995, 588). Jeder Miteigentümer kann die nach seiner Ansicht bestehende Unwirksamkeit (Nichtigkeit) eines Beschlusses einwenden. Eine Beschlussfassung über die Benutzung des gemeinschaftl Gegenstands kann auch **konkludent** durch langjähriges stillschw Handeln entstehen (vgl Celle NZG 1999, 649). Eine Änderung dieser Nutzungsregelung sowie auch die Regelung einer Lücke innerhalb dieser Nutzungsübung muss nach billigem Ermessen die Interessen jedes einzelnen Teilhabers gem Abs II berücksichtigen (Stuttgart NJW-RR 1987, 1056), dabei ist die Inhaltskontrolle nicht dieselbe wie bei einem Mehrheitsbeschluss (vgl dazu MüKo/*Schmidt* Rn 37).

3 **III. Beschlussinhalte. Inhaltlich** besteht Entscheidungsspielraum der Mehrheit zur Bestimmung der ordnungsmäßigen Verwaltung und Benutzung. Die Beschaffenheit des Gegenstands, bisherige Nutzungsart und Verwaltung sowie die Regeln ordnungsmäßiger Wirtschaft sind zu berücksichtigen, ebenfalls die berechtigten Interessen der Minderheit (RG JW 1912, 193), die Gebote von Treu und Glauben (Brandenburg ZMR 2009, 595, 596; LG Frankfurt/O 12.6.2007 – 6a S 167/06) und der **Grundsatz der Gleichbehandlung**. Bei gemeinsamer Wohnung der Teilhaber kann die Minderheit nicht verlangen, dass ein Angehöriger aufgenommen wird (vgl VGH Baden-Württemberg FamRZ 2004, 912). Auch die Einbindung mehrerer Bruchteilsgemeinschaften (zB an Grundstücken) in eine Sachgesamtheit (Rittergut) kann aus wirtschaftl Gründen zu beachten sein (BGH ZIP 1999, 29 m Anm *Weber/Tamm* EWiR § 745 BGB 1/99), zumindest wenn Personenidentität zw den Miteigentümern besteht (aA *Schnorr*, Die Gemeinschaft nach Bruchteilen, 11ff). Insb bei Mehrfamilienhäusern kann Gegenstand eines Mehrheitsbeschlusses auch der Erlass einer Hausordnung sein, die im Einz Art und Umfang der Benutzung der Gemeinschaftsflächen (Treppenhaus, Hausflur, Gemeinschaftskeller etc) regelt (LG München II BeckRS 2021, 39624). **Grenzen:** Unzulässig sind Mehrheitsbeschlüsse, die den Teilhabern über § 748 hinausgehende Kosten auferlegen, insb bei wertsteigernden, nützlichen Verwendungen, die nicht aus Erträgen des Gegenstands oder aus freiwilligen Zahlungen einzelner Teilnehmer erwirtschaftet werden können (Staudinger/*Eickelberg* Rn 9); unzulässig sind ebenfalls wesentliche Veränderungen des Gegenstands (Abs III S 1) und Beeinträchtigungen des Nutzungsanteils, im Gegensatz zur Nutzungsart. Unzulässig ist auch die Beschlussfassung einer nicht ordnungsmäßigen Verwaltung (München 13.3.2013 – 3U 4353/12; Düsseldorf MDR 1987, 759). Erhaltungsmaßnahme ohne Rücksicht auf wirtschaftl Verhältnisse anderer Teilhaber kann ordnungsmäßiger Verwaltung widersprechen (Rostock NJW-RR 2003, 797). Werden die inhaltlichen Grenzen nicht eingehalten, ist

der Beschluss unwirksam. Dies gilt ebenfalls, wenn der Mehrheitsbeschluss durch § 745 I nicht gedeckt ist sowie bei gravierenden Inhaltsverstößen gem §§ 134, 138 (Schleswig NZG 2010, 103 mwN), was durch Feststellungsklage ggü den Teilhabern geklärt werden kann, die sich auf die Wirksamkeit berufen (vgl bereits Rn 2); hilfsweise durch zulässige Klage auf Genehmigung des Geschäfts (MüKo/*Schmidt* Rn 32). Zum Abschluss eines Mietvertrags mit einem Teilhaber vgl BGH NJW 1998, 372. Haben Bruchteilseigentümer für eine auf ihrem Grundstück lastende Grundschuld gemeinsam eine Sicherungsvereinbarung mit dem Grundschuldgläubiger getroffen, können sie diese nur gemeinsam ändern (BGH WM 2010, 210). Zu den Besonderheiten der gemeinschaftl Ausübung von Rechten aus einem **GmbH-Geschäftsanteil** aufgrund der komplexen Gemengelage zwischen GmbH-Recht und Gemeinschaftsrecht vgl *J. Schmidt* NZG 2015, 1049.

IV. Beschlusswirkungen. Im **Innenverhältnis** bewirkt der Mehrheitsbeschluss, dass alle Teilhaber zur Mitwirkung bei der Ausführung verpflichtet sind (Hamm DNotZ 1973, 549) und die Mehrheit zur Ausführung berechtigt ist, solange keine einstweilige Verfügung oder sonstige vollstreckbare gerichtliche Entscheidung wegen festgestellter Rechtswidrigkeit des Beschlusses vorliegt (Staudinger/*Eickelberg* Rn 28; so auch LG Aachen ZMR 2011, 819). Bei wesentlicher Änderung der Sachlage kann ggf der Mehrheitsbeschluss durch inhaltlich anderen Mehrheitsbeschluss abgeändert werden (BGHZ 34, 370; str, vgl MüKo/*Schmidt* Rn 17 mwN), da nur durch eine solche Bindungswirkung die Kontinuität einmal gefasster Entscheidungen gewahrt bleibt und nicht durch ständig wechselnde Mehrheiten in der einen oder anderen Richtung wieder geändert wird. Eine solche Bindungswirkung eines Mehrheitsbeschlusses tritt jedoch auch ohne zwischenzeitl Änderung der Sachlage dann nicht ein, wenn der Beschluss noch nicht vollzogen worden ist (LG Dortmund NJW-RR 1987, 9). Die Änderung einer bisherigen Verwaltungsregelung der Miteigentümergemeinschaft kann wegen grober Unbilligkeit anerkanntermaßen bereits mit Wirkung ab dem Zugang eines ernsthaften Änderungsverlangens ggü den anderen Teilhabern begehrt werden; anders bei Wohnungseigentümern: dort erst ab Rechtskraft der gerichtlichen Entscheidung (Brandenburg ZMR 2009, 595, 598; MüKo/*Schmidt* Rn 36, 38). 4

Ob der Mehrheitsbeschluss im **Außenverhältnis Vertretungsmacht** und **Verfügungsbefugnis** verleiht, ist umstr; so wie hier bejahend BGH NZG 2011, 546, 547; Schleswig NZG 2010, 103; insg ist die Rspr uneinheitlich: BGHZ 56, 47 grds für Erbengemeinschaft für Verwaltungsmaßnahmen, nicht Verfügungen, bejahend; BGHZ 49, 183, 192 grds für bedenklich erklärend, aber für Not- und Eilfälle bejahend; erwägenswert Staudinger/*Eickelberg* Rn 45, der Außenwirkung nur in Fällen des § 744 II, also bei durch Mehrheit beschlossenen notwendigen Erhaltungsmaßnahmen befürwortet. Aus Praktikabilitätsgründen erscheint aber auch darüber hinaus mit der hM die Annahme von Vertretungsmacht und Verfügungsbefugnis aufgrund eines dem Bestimmtheitserfordernis entspr Mehrheitsbeschlusses begründet, sofern dadurch nicht die Teilhaber primär zu Geldleistungen – etwa bei Ankauf oder Darlehensaufnahme – verpflichtet werden (MüKo/*Schmidt* Rn 31 mwN; Hk/*Saenger* Rn 5; aA NK/*Radlmayr* Rn 6), so dass zB Miet- und Pachtverträge abgeschlossen und gekündigt (BGH NZM 2010, 741) und Stimmrechte aus gemeinschaftl Gesellschaftsanteilen ausgeübt werden können (Stuttgart ZEV 2015, 288). Ansonsten – etwa bei Reparaturaufträgen uÄ – verpflichten sich die handelnden Teilhaber im eigenen Namen und sind auf Rückgriffsansprüche in den Grenzen des § 748 angewiesen. 5

V. Anspruch auf ordnungsgemäße Verwaltung. Abs II greift ein, wenn keine Verwaltungsregelung durch Vereinbarung oder Mehrheitsbeschluss vorliegt, eine vorliegende lückenhaft oder eine Änderung der Sachlage eingetreten ist und keine Vereinbarung oder Mehrheitsentscheidung zustande kommt. Ein Neuregelungsverlangen liegt vor, wenn ein Miteigentümer deutlich macht, dass die bisherige Nutzung zukünftig nicht mehr hingenommen wird (AG Mönchengladbach, BeckRS 2019, 34748). Dies wird hauptsächlich dann praktisch, wenn die Teilhaber sich nicht einigen können, aber auch eine Auseinandersetzung bspw durch Verkauf der Sache nicht im wirtschaftl Interesse der Teilhaber liegt. Nur eine Maßnahme, die bestmöglich die Interessen aller Teilhaber wahrt, kann verlangt werden. Welche Maßnahmen im Einzelfall als solche der ordnungsgemäßen Verwaltung anzusehen sind, ist vom Standpunkt eines vernünftig und wirtschaftl denkenden Beurteilers zu entscheiden. Unter mehreren zur Auswahl stehenden Maßnahmen darf nur diejenige durchgeführt werden, die das Interesse aller Teilhaber bestmöglich wahrt; nur eine solche Maßnahme entspricht dem Interesse aller Teilhaber nach billigem Ermessen. Im Vergleich zu dem, was durch Mehrheit beschlossen werden kann, ist der Kreis der Maßnahmen, die nach Abs II gefordert werden können, damit enger gefasst. Im Falle eines Mehrheitsbeschlusses kann ein Gericht – solange die Maßnahme nur, vom Standpunkt eines vernünftigen Eigentümers aus, ordnungsmäßig ist – nicht nachprüfen, ob die beschlossene Maßnahme die beste ist; darüber soll gerade die Mehrheit befinden; nach Abs II dagegen darf unter mehreren zur Auswahl stehenden Maßnahmen nur diejenige durchgeführt werden, die das Interesse aller Teilhaber bestmöglich wahrt; nur eine solche Maßnahme entspricht dem Interesse aller Teilhaber nach beliebigem Ermessen (Dresden 1.3.2022 – 4 O 580/12). **Bsp:** Bei zerstrittenen Miteigentümern einer Immobilie kann die Zustimmung zur Übertragung der technischen und kaufmännischen Hausverwaltung auf eine externe Verwalterfirma verlangt werden, wobei sich das Verlangen konkret auf den Abschluss eines inhaltlich bestimmten Hausverwaltervertrages beziehen muss (Dresden aaO); Vermietung oder Verpachtung der Sache anstelle nutzlosen Leerstehenlassens, nicht hingegen die Vermietung des Daches zur Errichtung einer Mobilfunksendestation (Karlsruhe MDR 2007, 206); uU auch Wiederaufbau einer beschädigten Sache, wenn bei zwei Teilhabern der Wiederaufbaufordernde die Kosten aufbringt und keine Ersatzansprüche gegen den anderen erheben will (BGH NJW 1953, 143); insb kann der Teilhaber eines Mietvertrags vom anderen Teilhaber die Mitwirkung an der Einziehung des Mietzinses verlangen (BGH NJW 2005, 3781); auch Verfügungen über Miteigentumsrechte durch Widmung – zB eines gemeinschaftl Grundstücks als Privatstraße zum Nutzen sämtlicher Teil- 6 haber – kann ordnungsmäßige Verwaltung iSd Abs II sein (BGH NJW 1987, 3177); ebenso die Begründung eines Sondernutzungsrechts zugunsten eines Teilhabers (BGH NJW 2009, 1270, 1271; Nürnberg MDR 2011, 1227). Bei **Erbengemeinschaft** kann über § 2038 II iVm § 745 II zB gefordert werden, dass anstelle bisher unentgeltlicher Nutzung durch einen Miterben künftig entgeltliche Nutzung tritt (Stuttgart ZEV 2019, 144; *Roth* NJW-Spezial 2017, 359). Absolute Grenze der Gestaltungen des Gemeinschaftsverhältnisses stellt Abs III S 2 dar (LG Berlin NJW-RR 1995, 463). Besondere Probleme im Spannungsfeld zw § 745 und familienrechtl Vorschriften ergeben sich bei der **Trennung von Ehegatten.** Dabei ist zw geschiedenen und getrenntlebenden Ehegatten bzw Lebenspartnern zu differenzieren. **Getrenntlebende** haben bei gerichtlich angeordneter Überlassung der Ehewohnung die Spezialität des § 1361b zu beachten (BGH NJW 2017, 2544 Rn 36; OLG Düsseldorf NJW-RR 2019, 68), der – auch bei freiwilligem Auszug, – eine abschließende Sonderregelung darstellt (Rostock FamRZ 2017, 433). Der Getrenntlebende kann gem § 1361b III 2 nach Zahlungsaufforderung eine angemessene Nutzungsvergütung verlangen; vorrangige Unterhaltsregelungen sind zu berücksichtigen (vgl dazu sogleich). Gem § 200 I Nr 1 FamFG handelt es sich um ein Verfahren in Ehewohnungssachen, so dass das FamG zuständig ist. Auch **geschiedene Ehegatten** oder Lebenspartner, deren Lebenspartnerschaft aufgehoben wurde, müssen – zwecks Verfahrenskonzentration – Ansprüche aus § 745 II als Verfahren in sonstigen Familiensachen (§ 266 I Nr 3 FamFG) vor dem FamG geltend machen, § 111 Nr 10 FamFG, § 23a I Nr 1, § 23b I GVG (MüKo/*Weber-Monecke* § 1361b Rn 17). Bei endgültigem Auszug aus dem gemeinschaftl Miteigentum können sie also wegen grundlegender Änderung der Verhältnisse eine Neuregelung der Verwaltung und Benutzung verlangen (BGH NJW 1997, 731, 732; LG Frankfurt/O 12.6.2007 – 6a S 167/06), jedoch erst ab dem Zeitpunkt, zu dem das Verlangen auf Neuregelung gestellt worden ist (Celle FamRZ 1993, 71). Ab diesem Zeitpunkt kann der nicht in der Wohnung verbleibende Ehegatte – wenn Einigkeit über die alleinige Nutzung besteht – auch ein angemessenes Nutzungsentgelt verlangen (BGH NZM 2010, 678; NJW 1997, 731, 732; Hamm NJW 2014, 1022). Verrechnung mit Unterhaltsansprüchen bzw -zahlungen ist möglich (vgl BGH NJW 1986, 1340; Brandenburg NotBZ 2008, 122f). Nach Rostock FamRZ 2017, 433 fehlt aber bereits das gemeinschaftl Nutzungsrecht an der Wohnung, wenn dem eine mit den Schwiegereltern vereinbarte Leihe zugrunde lag, die mit Auszug des Ehegatten wegen Zweckentfalls beendet sei. Bei preisgebundenem Wohnraum ist die Nutzungsentschädigung an der Kostenmiete zu orientieren (BGH NJW 1994, 1721). Eine angemessene Neuregelung kann auch darin liegen, dass als Ausgleich für die alleinige Nutzung die gesamten Hauskosten einschl Bedienung der Hausfinanzierung übernommen werden (BGH NJW 1983, 1845; Düsseldorf NJW-RR 1989, 1483; Köln NJW-RR 1992, 1348). Einem Anspruch auf Erstattung der hälftigen Kosten gem § 426 I, § 748 kann auch mit Wirkung ex tunc die entspr Einwendung der Neuregelung von Verwaltung und Benutzung entgegengehalten werden (Schleswig NJW-RR 1993, 1029; Brandenburg FamRZ 2003, 378) iS einer Beschränkung dieses Anspruchs (Saarbrücken NJW 2010, 3102, 3103; KG FamRZ 2008, 2034). Der Ausgleichsanspruch (§ 748 IV) ist bereits ab Auszug auf das angemessene Nutzungsentgelt beschränkt (BGH NJW-RR 2018, 1217: § 242) Auch die verbindliche Bestimmung des Unterhalts unter Berücksichtigung der alleinigen Nutzung, zB als Minderung des Unterhalts, kann eine Leistungsbestimmung iSv Abs II, aber auch iSv § 426 I 1 sein (vgl BGH NJW-RR 1993, 386), so dass jew alternativ zu entscheiden ist, ob ein Ehegatte zB die hälftige Erstattung der von ihm bedienten gemeinschaftl Finanzierung verlangt und ein angemessenes Nutzungsentgelt, oder ob er der Unterhaltsberechnung seine durch die volle Finanzierungsaufwendung verminderte Leistungsfähigkeit und einen durch unentgeltliche Benutzung verminderten Unterhaltsbedarf des anderen Ehegatten zugrunde legt. In letzterem Fall steht dem Unterhaltsberechtigten ein Freistellungsanspruch zu, wenn er infolge der Veräußerung des Miteigentumsanteils durch den Unterhaltsschuldner an den Erwerber eine Nutzungsentschädigung zahlen muss (BGH NJW 1997, 731). Entspr anwendbar sind diese Grundsätze auch bei lediglich dinglichem Mitbenutzungsrecht des ausziehenden Ehegatten, bezogen auf das Recht, die Sache zu nutzen sind Eigentümer und Mitbenutzungsberechtigter gleichberechtigt (vgl BGH NJW-RR 2010, 1585, 1586); auf die Mitberechtigung von Ehegatten gem § 428 an einem dinglichen Wohnrecht ist Abs II nach dem Auszug eines Partners jedoch auch nicht entspr anwendbar (BGH NJW 1996, 2153). Nach Koblenz NJW-RR 2010, 653f kann auch bei einer nichtehelichen Lebensgemeinschaft der ausziehende Partner ein Entgelt verlangen, wenn er es zuvor ausdrückl gefordert hat. **Wesentliche Veränderungen** iSv Abs III S 1 können nach Abs II nicht verlangt werden (BGH NJW 1983, 932). Bei Mitberechtigung an einem **Schutzrecht** kann ein Anspruch auf Ausgleichszahlung für die Benutzung des gemeinsamen Schutzrechtes erst nach Geltendmachung eines solchen Anspruchs verlangt werden (BGH GRUR 2017, 890).

7 Der Anspruch nach Abs II wird durch Leistungsklage, gerichtet auf Einwilligung zu einer bestimmten, konkreten Maßnahme, durchgesetzt und ggf nach § 894 ZPO vollstreckt. Im Einzelfall ist der Klageantrag auf ein Unterlassen zu richten (vgl Hamm NJW-RR 1992, 329: Förderung der Prostitution). Wenn nur die Festsetzung eines Entgelts für Gebrauchsüberlassung an einen Teilhaber aussteht, kann gleich auf Zahlung geklagt werden (BGH NJW 1982, 1753; Koblenz NJW-RR 2010, 653f). Entspricht die begehrte Regelung nicht den Maßstäben des Abs II, erfolgt Klageabweisung, ohne dass nach richterlichem Ermessen auf eine interessengerechte Maßnahme erkannt werden könnte (BGH NJW 1993, 3326). Der vom Gericht lediglich festzulegende Neuregelungsanspruch nach § 745 II besteht unabhängig von einer Parteivereinbarung. Kann das Gericht den gesetzl Neuregelungsanspruch feststellen, bedarf es keines Beweises einer entspr streitigen Parteivereinbarung (Schleswig NJW-RR 1993, 1029). Passivlegitimiert sind die widersprechenden Teilhaber, mehrere sind notwendige Streitgenossen. Widerklage mit anderweitigen Vorschlägen ist möglich. Keine Rechtskraftwirkung des Urteils bei Änderung der Verhältnisse.

VI. Wesentliche Veränderungen. Abs III: Eine Veränderung ist grds wesentlich, wenn Zweckbestimmung oder Gestalt des gemeinschaftl Gegenstands einschneidend und die wirtschaftl Grundlagen tangierend (Schleswig GWR 2009, 397) geändert werden. Dies ist zB bei dem Auszug des Mehrheitseigentümers aus dem gemeinsamen Haus nicht der Fall (Celle NJW-RR 1996, 1221). Grds ist der Abs III auf den gemeinschaftl Gegenstand beschränkt; bei der Anwendung auf die Erbengemeinschaft (§ 2038 II 1) geht es um den Nachlass insg (BGH NJW 2006, 439, 440f; Jena GmbHR 2013, 149). Wesentliche Veränderungen sind nicht nur Verschlechterungen, sondern auch unverhältnismäßig teure Anlagen (BayObLG Recht 1908, 2662). Zur ordnungsmäßigen Verwaltung gehört aber uU ein Hinausgehen über bloße Erhaltungsmaßnahmen trotz höherer Kosten, KG OLG 30, 184 (Ausbau einer Dachwohnung). Umgestaltung einer großen Wohnung in drei kleine Wohnungen im Rahmen eines größeren Mietshauses braucht keine wesentliche Veränderung zu sein (BGH NJW 1983, 932; vgl auch Düsseldorf MDR 1970, 416). Die Errichtung eines Behelfsbaues auf gemeinsamem Ruinengrundstück ist keine wesentliche Veränderung, wenn der Behelfsbau für späteren Ausbau geeignet und völliger gemeinsamer Wiederaufbau finanziell schwierig ist (BGH NJW 1953, 1427). Da die Frage der „wesentlichen Veränderung des Gegenstands" stets an der generellen Zweckbestimmung auszurichten ist, können die Miteigentümer eines Appartement-Hotels durch Mehrheitsbeschluss entscheiden, das Hotel künftig insg zu verpachten, und dabei gleichzeitig einem Miteigentümer das ihm zunächst zugestandene Recht zur realen Eigennutzung des Gegenstands oder eines Teils desselben entziehen (vgl BGH DB 1995, 317). Nach Abs III S 2 kann durch eine Verwaltungsentscheidung das Recht des einzelnen Teilhabers auf einen seinem Anteil entspr Bruchteil der Nutzungen nicht ohne seine Zustimmung beeinträchtigt werden. Damit unvereinbar ist ein Mehrheitsbeschluss, der die aus dem gemeinschaftl Gegenstand gezogenen Gebrauchsvorteile, etwa das Entgelt für die Nutzung eines Patents, zu Lasten der Minderheit verteilt (BGH GRUR 2020, 986). Die Mehrheit kann das Recht auf Nutzung des einzelnen Teilhabers ohne Zustimmung auch nicht auf dessen Rechtsnachfolger beschränken, Abs III S 2 (BGH NJW-RR 2008, 984; Grü/*Sprau* Rn 3). 8

VII. Entsprechende Anwendung. Zur entspr Anwendung des § 745 bei anderen als Bruchteilsgemeinschaften vgl KG OLG 20, 186 (Verpachtung eines bei der Gemeinheitsteilung ungeteilt gebliebenen Sees). Entspr Anwendung von § 745 II bei gleichberechtigter Mitbenutzung durch Eigentümer und Grunddienstbarkeitsberechtigtem vgl BGH NJW 2019, 2615. 9

§ 746 Wirkung gegen Sondernachfolger

Haben die Teilhaber die Verwaltung und Benutzung des gemeinschaftlichen Gegenstands geregelt, so wirkt die getroffene Bestimmung auch für und gegen die Sondernachfolger.

Gesetzgeberischer Grund der Vorschrift: Der einzelne Teilhaber soll Abmachungen über Verwaltung und Nutzung des gemeinschaftl Gegenstands nicht durch Veräußerung seines Anteils vereiteln können. Das gilt ebenso für **einstimmige Regelungen** nach § 744 wie für solche durch **Mehrheitsbeschluss** nach § 745. Obwohl es der Wortlaut des Gesetzes nicht einschließt, werden auch **Urteile** gem § 745 II hierher zu zählen sein, Soergel/*Hadding* Rn 1. Ein Mehrheitsbeschluss über die ordnungsmäßige Verwaltung und Benutzung bindet aber auch den Sonderrechtsnachfolger nur solange, wie eine unveränderte Sachlage fortbesteht; im Einzelfall kann auch die Veräußerung eines Miteigentumsanteils an einen Dritten als eine wesentliche Veränderung der tatsächlichen Verhältnisse angesehen werden, die ein Festhalten an den bisherigen Verwaltungsregelungen unerträglich erscheinen lassen, sodass der Dritte berechtigt ist, eine neue Regelung der bisherigen Vereinbarung von den anderen Teilhabern zu verlangen (Dresden 1.3.2022 – 4 O 580/12). 1

Sondernachfolger ist jeder Rechtserwerb, der durch eine rechtsgeschäftliche Verfügung über den Anteil nach § 747 S 2 eingeleitet ist (Düsseldorf 28.5.2021 – 7 U 31/20), zB der Anteilserwerber, der Nießbraucher, der Gläubiger, dem der Teilhaber seinen Anteil verpfändet hat (§ 1258 I), wie auch der Gläubiger, der einen Anteil gepfändet hat. Vgl aber § 751 S 2. Für den **Gesamtnachfolger** gilt das Gleiche per argumentum a maiore ad minus. Auf die Kenntnis des Sondernachfolgers von den bestehenden Regelungen kommt es nicht an. Bei **Grundstücken** sind Regelungen der Teilhaber gegen den Rechtsnachfolger nur verbindlich, wenn sie als Belastung des Anteils aus dem Grundbuch ersichtlich sind, vgl § 1010 I, § 1009 I; zugunsten des Sonderrechtsnachfolgers bei Grundstücken wirkt auch eine nicht eingetragene Regelung (München NJW 1955, 637; Staudinger/*Eickelberg* Rn 3; zu Einschränkungen s § 1010 Rn 2). Auch nur eine konkludent getroffene Vereinbarung für den Ausschluss des Aufhebungsanspruchs gem § 749 II bzgl von Bruchteilen an einer Hauptstromleitung für mehrere Grundstücke wirkt ggü Sonderrechtsnachfolgern (Hamburg BeckRS 2020, 7985). § 746 ist auch auf die gemeinschaftl Benutzung von Grenzeinrichtungen anwendbar, § 922. § 746 gilt aber nicht für die GbR (BGH NJW-RR 2009, 515 Rn 9). 2

§ 747 Verfügung über Anteil und gemeinschaftliche Gegenstände

Jeder Teilhaber kann über seinen Anteil verfügen. Über den gemeinschaftlichen Gegenstand im Ganzen können die Teilhaber nur gemeinschaftlich verfügen.

Der **Anteil des Teilhabers** ist im Gegensatz zur Rechtsstellung des Gesamthänders bei der Gesamthandsgemeinschaft ein der freien Verfügung unterliegendes Recht (RG 57, 435). Dem liegt das gesetzl Leitbild der eher zufälligen Rechtsgemeinschaft im Gegensatz zur bewusst eingegangenen, personenrechtl Verbindung bei der Gesamthand zugrunde. Zum Begriff der Verfügung vgl generell Einl § 104 Rn 1. Es ist stets zu unterscheiden, ob sich ein ein- oder zweiseitiges Rechtsgeschäft unmittelbar auf die Rechtslage des gemeinschaftl Gegenstands auswirkt 1

(**Verfügung**), zB durch Dienstbarkeit, oder nur ein daneben und in Bezug dazu stehendes Rechtsverhältnis betrifft; zB ist Einziehung oder Aufrechnung der gemeinschaftl Forderung Verfügung iSv S 2, dagegen sind Verpachtung oder Vermietung der gemeinschaftl Sache keine Verfügungen (RGZ 58, 37); lediglich die an einem solchen Schuldverhältnis Beteiligten haben zB bei der Ausübung von Gestaltungsrechten mitzuwirken. Verfügungsrecht schließt das Recht zur **Teilung** des Anteils ein. Eine **Quotenänderung** zw den Teilhabern ist ohne Zustimmung der nicht betroffenen Teilhaber möglich. Die **Form** der Verfügung richtet sich nach den entspr Vorschriften für das ungeteilte Recht (BGH ZIP 2007, 1952). Der **Besitz** wird durch Einräumung von Mitbesitz verschafft. Auch Anteilserwerb durch Miteigentümer ist Verkehrsgeschäft, § 892 findet Anwendung (BGH ZIP 2007, 1952).

2 S 1 ist **zwingendes Recht**. Die anderen Teilhaber haben kein Widerspruchsrecht und wegen § 137 keine Möglichkeit, die Anteilsverfügung mit dinglicher Wirkung zu unterbinden. Verstoß gegen vereinbartes Veräußerungsverbot löst daher ggf eine vereinbarte Vertragsstrafe aus oder lediglich uU Schadensersatzpflichten des Veräußerers ggü den anderen Teilhabern. Es besteht **kein Vorkaufsrecht** der anderen Teilhaber (anders bei Erbengemeinschaft, § 2034). Ein solches kann aber vertragl bestellt und bei gemeinschaftl Grundstücken auch dinglich gesichert werden, §§ 1094ff. Es ist Auslegungsfrage, ob Vorkaufsrechte für den Fall der Anteilsveräußerung auch dann eingreifen, wenn der gemeinschaftl Gegenstand im Ganzen verkauft wird (vgl BGH WM 1964, 913; MüKo/*Schmidt* Rn 28). IÜ kann die Übertragbarkeit des Anteils durch Regelungen über die Verwaltung und Auseinandersetzung bzw durch Belastung der Anteile zugunsten der jew anderen Teilhaber praktisch erschwert werden.

3 Eine **Belastung des Anteils** mit einem Nießbrauch, Pfandrechten, Grundpfandrechten, Reallasten, Vorkaufsrechten – auch zugunsten eines anderen Teilhabers (§ 1009) – ist möglich, wegen der Beziehung auf den gemeinschaftl Gegenstand im Ganzen jedoch nicht die Belastung mit einer Grunddienstbarkeit, beschränkten persönlichen Dienstbarkeiten oder einem Erbbaurecht, §§ 1066, 1095, 1106, 1114, 1258 (vgl zum Nießbrauch: Zweibrücken 17.5.2010 – 3 W 11/10). Für das gesetzl Pfandrecht gilt S 1 entspr (zB Vermieterpfandrecht am Miteigentumsanteil des Mieters an eingebrachter Sache, RGZ 146, 334). Bei einer Grundschuld gelten die Bestimmungen über die Gesamtgrundschuld (Frankfurt FamRZ 2007, 1667, 1668; vgl BGH WM 2010, 210, 211 mwN).

4 Aus der Möglichkeit freier Verfügung über den Anteil folgt andererseits die **Zugriffsmöglichkeit für den Gläubiger,** § 751 S 2. Vgl auch §§ 857, 828ff, 864 II ZPO, §§ 181ff ZVG und RGZ 59, 186. Der Anteil gehört zur Insolvenzmasse des Teilhabers, § 84 InsO. Gegen die Pfändung des gemeinschaftl Gegenstands selbst haben dagegen die übrigen Teilhaber die Drittwiderspruchsklage des § 771 ZPO.

5 Verfügungen über den **ganzen Gegenstand** sind immer dann gegeben, wenn das Rechtsgeschäft sich nicht auf die Rechtslage eines ideellen Bruchteils beschränken lässt, also zB auch bei realer Teilung des Gegenstands oder bei gemeinschaftl Forderungen durch Erfüllungsannahme, Verzicht, Erlass, Aufrechnung (BGH NJW 1985, 1159, 1161; oder zB die Kündigung eines Erbbaurechtsvertrags durch Mitberechtigte, BGH NJW 1987, 2674, 2676; s auch Rn 3 und zur Differenzierung zw Verfügungs- und Verpflichtungsgeschäft Rn 1). Als einheitliche (dingliche) Verfügung der Miteigentümer ist auch die gemeinsame Belastung des Grundstücks mit einer Grundschuld mit entspr Sicherungsabrede anzusehen, die Miteigentümer treten dem Sicherungsnehmer nicht als einzelne Bruchteilseigentümer ggü; daher kann auch die (spätere) Erweiterung der Sicherungsabrede nur gemeinsam erfolgen (BGH NJW 2010, 935, 936). Auch bei der Wohnungseigentümergemeinschaft nach dem WEG besteht gemeinschaftl Eigentum nach Bruchteilen; zwar ist es Aufgabe der rechtl selbständigen Wohnungseigentümergemeinschaft, das gemeinschaftl Eigentum zu verwalten. Dies gilt aber nicht für Verfügungen über das jew Bruchteilseigentum der einzelnen Wohnungseigentümer. Daher kann ein Verwalter der Wohnungseigentümergemeinschaft keine Grunddienstbarkeit an dem gemeinschaftl Eigentum bewilligen, dies bleibt der Mitwirkung aller Bruchteilseigentümer vorbehalten (München NZM 2022, 980). Auch die Geltendmachung eines Anspruchs auf Rückübertragung der Grundschuld nach Tilgung der persönlichen Verbindlichkeit steht den Parteien nur gemeinschaftl zu. Erst bei Erfüllung dieses Anspruchs entsteht Bruchteilsgemeinschaft der Ehegatten an der ihnen gemeinsam übertragenen Grundschuld (vgl BGH NJW-RR 2011, 164f). Bei Geltendmachung gemeinschaftl Forderungen gilt § 432 nur für das Außenverhältnis; das Innenverhältnis bestimmt sich nach §§ 744, 745. Die Verfügung ist nur bei wirksamer Mitwirkung aller Teilhaber wirksam (str, wie hier BGH NJW 1994, 1470, 1471; Grü/*Sprau* Rn 3f; aA MüKo/*Schmidt* Rn 25 mwN); Verfügungen lediglich eines Teilhabers sind Verfügungen eines Nichtberechtigten gem § 185. Die Teilhaber können sich gegenseitig ermächtigen, einzeln über den gemeinschaftl Gegenstand zu verfügen. Eine solche Ermächtigung liegt zB bei der Einrichtung eines sog Oder-Kontos vor. Diese Ermächtigung kann von jedem Teilhaber durch Erklärung ggü der Bank widerrufen werden mit der Folge, dass die Guthabenforderung nunmehr der gemeinschaftl Verfügungsmacht der Teilhaber unterliegt (Karlsruhe NJW 1986, 63). Wenn die **Mitwirkung** eines Teilhabers **fehlerhaft** ist, stellt sich die Frage, ob die Erklärungen der anderen Teilhaber gem § 140 in Verfügung über deren einzelnen Anteile umgedeutet werden kann, was idR dem hypothetischen Willen aller Beteiligten nicht entsprechen dürfte (so ausdrückl BGH NJW 1994, 1470; Staudinger/*Eickelberg* Rn 74). Zur Verfügungsbefugnis lediglich einzelner Teilhaber in **Ausnahmefällen** s § 744 Rn 7 und § 745 Rn 5. Zur **Zwangsvollstreckung** in den gemeinsamen Gegenstand ist ein Titel gegen alle Teilhaber erforderlich; ein Grundpfandrechtsgläubiger kann den Anteil jedes Miteigentümers wegen seiner vollen Forderung versteigern lassen. Wenn ein Miteigentümer den Gläubiger befriedigt, erhält er an seinem eigenen Anteil ein Eigentümergrundpfandrecht. Das Grundpfandrecht hinsichtlich der anderen Anteile erlischt, es sei denn, dem leistenden Miteigentümer stehen gegen die anderen Miteigentümer Rückgriffsansprüche zu. Dann gehen die Grundpfandrechte an den übrigen Anteilen auf ihn über, § 1173 II (Staudinger/*Eickelberg* Rn 73 mwN).

Die **gerichtliche Geltendmachung** des gemeinschaftl Rechts erfordert auch grds Mitwirkung aller Teilhaber (zur Ausnahme des § 744 II s § 744 Rn 6); das Urteil für oder gegen einzelne Teilhaber erwächst grds nicht in Rechtskraft für die übrigen, so dass auch keine notwendige Streitgenossenschaft vorliegt, selbst bei gemeinschaftl Prozessführung nicht (str, BGH NJW 1985, 385 mwN; Staudinger/*v Proff* § 744 Rn 49). Die Rechtskrafterstreckung soll jedoch für denjenigen Miteigentümer gelten, der einer Klageerhebung zugestimmt hat (BGH NJW 1985, 2825). Zur gesetzl Prozessstandschaft des Miteigentümers gem § 1011 s § 1011 Rn 3. Prozessstandschaft auch bei notwendigen Erhaltungsmaßnahmen (§ 744) und bei Anspruch auf unteilbare Leistung (Grü/*Sprau* Rn 6 mwN). Notwendige Streitgenossenschaft liegt aber vor, wenn bei **Passivprozessen** die Teilhaber auf eine Verfügung über den gemeinschaftl Gegenstand in Anspruch genommen werden (BGHZ 36, 187; Düsseldorf OLGRp 2004, 353). 6

§ 748 Lasten- und Kostentragung

Jeder Teilhaber ist den anderen Teilhabern gegenüber verpflichtet, die Lasten des gemeinschaftlichen Gegenstands sowie die Kosten der Erhaltung, der Verwaltung und einer gemeinschaftlichen Benutzung nach dem Verhältnis seines Anteils zu tragen.

Aus dem Wesen der Gemeinschaft folgt die Pflicht, die **Lasten** und **Kosten** gemeinschaftl zu tragen, jedoch nur für Maßnahmen, die durch §§ 744, 745 gedeckt sind. Die Vorschrift regelt nur das **Innenverhältnis** zw den Teilhabern; das Außenverhältnis richtet sich nach der Entstehung des Schuldverhältnisses, etwa gem § 427. Zur gesetzl Haftung aus gemeinschaftl Verkehrssicherungspflicht von Miteigentümern eines Hausgrundstücks vgl BGH NJW 1985, 484. Bei Gesamtschuld im Außenverhältnis bewirkt § 748 eine Abweichung von § 426 I 1. Die Vorschrift kann **analog** auf das Verhältnis zw Grundstückseigentümer und Grunddienstbarkeitsberechtigten zur gemeinsamen Unterhaltung eines **Zugangsweges** angewendet werden (BGH NJW 2019, 2615; MittBayNot 2006, 495). 1

Die **Kosten** des gemeinschaftl Gegenstands umfassen sämtliche vermögensmindernden Maßnahmen, dh Aufwendungen zur Erhaltung, Verwaltung und gemeinschaftl Benutzung des Gegenstands, zB Reparatur- oder Umbaumaßnahmen (Brandenburg 15.12.2015 – 9 UF 29/15 mwN). Gerechtfertigt sind die Kosten, wenn die Teilhaber ihre Zustimmung erklärt haben oder die Maßnahme gem § 744 II notwendig war. Die Darlegungs- und Beweislast für sämtliche anspruchsbegründenden Voraussetzungen hat derjenige Miteigentümer, der sich auf diese Voraussetzungen zu seinen Gunsten beruft. Kosten der Verwaltung und Benutzung fallen nur insoweit unter § 748, als sie durch zulässige Verwaltungsmaßnahmen verursacht sind. **Lasten** sind die sich aus dem gemeinschaftl Gegenstand oder Recht ergebenden privatrechtl oder öffentlich-rechtl Leistungsverpflichtungen, zB Grundsteuer, Erschließungsbeiträge, Hypotheken- und Grundschuldzinsen, nicht aber Tilgungsverpflichtungen. Auch bei unverständlicher Überschreitung des Notverwaltungsrechts können Ansprüche wegen nützlicher Verwendungen bestehen (BGH NJW 1992, 114; 1987, 3001). Aufwendungen, durch die die Gemeinschaft erst begründet worden ist, fallen ebenso wenig unter § 748 wie solche, die zB eine wertsteigernde Veränderung zum Gegenstand haben (BGH WM 2010, 1866, 1867; Hamm RNotZ 2013, 234, 235; MüKo/*Schmidt* Rn 8). Keine Kosten sind Zeit- und Arbeitsaufwand; eine Vergütung ist insoweit nur aufgrund besonderer Vereinbarung geschuldet. Kein Kostenersatz für Aufwendungen, die zwar während des Bestehens der Gemeinschaft erforderlich geworden, aber nicht ausgeführt worden sind (RG JW 1927, 1854). 2

Inhalt des Anspruchs: Er ist sofort fällig (BGHZ 75, 196), nicht erst bei Aufhebung der Gemeinschaft; wenn erforderlich, ist Vorschuss zu leisten; hat ein Teilhaber vorgelegt, besteht Aufwendungsersatz, ggf als Befreiungsanspruch gem § 257 (Bsp: Aufnahme von Darlehensverbindlichkeiten für Durchführung wertsteigernder Aufwendungen, BGH NJW 1992, 114; Celle NJW 2010, 1612, 1613f) und verzinslich gem § 256. Die Kostenverteilung hat grds nach Miteigentumsquoten zu erfolgen. Wenn die Nutzung des gemeinschaftl Gegenstands durch alle Teilhaber im gleichen Umfang erfolgt und unabhängig von der Beteiligungsquote, ist es angemessen iSv § 745 II, wenn die Kostentragung nicht nach § 748, sondern nach gleichen Anteilen erfolgt. Die Kostentragungspflicht schafft kein gegenseitiges Schuldverhältnis, aber Nichterfüllung der Pflicht aus § 748 macht schadensersatzpflichtig und gibt uU einen Auflösungsgrund gem § 749 II. Bei Aufhebung der Gemeinschaft werden Forderungen aus § 748 nach den §§ 755, 756 berichtigt. Ansprüche aus §§ 677ff, 812 und § 313 kommen nur in Betracht, soweit § 748 nicht eingreift (Grü/*Sprau* Rn 1, 3). 3

Abweichende Regelungen sind möglich (Schleswig 21.9.2009 – 15 U 1/09; Brandenburg ZMR 2009, 595, 598), etwa wenn Benutzung des gemeinschaftl Gegenstands durch Teilhaber auf einem besonderen Rechtsverhältnis (zB Mietvertrag) beruht. Im Zweifel sind Kosten/Lasten einem Teilhaber soweit auferlegt, wie er allein zu Fruchtziehung und -verbrauch ermächtigt ist (Schleswig OLGRp 2007, 380 = NJW-RR 2007, 892, 893; Hamm 8.11.2012 – 5 U 100/12). Nach Staudinger/*Eickelberg* Rn 11a; ebenso MüKo/*Schmidt* Rn 18 besteht zutr eine Anspruchskonkurrenz zw Ansprüchen aus § 536a und § 748, so dass die **Verjährung** nach § 548 nicht für § 748 gilt (anders BGH NJW 1974, 743: Auslegungsfrage im Einzelfall). Die Teilhaber können über § 748 hinausgehende Aufwendungen vereinbaren (vgl BGH ZIP 2016, 860). Fehlt eine solche Vereinbarung, ist es aber sehr zweifelhaft, wenn BGH WM 1975, 196 einem Teilhaber, der solche Aufwendungen einseitig vornimmt, aufgrund konkludenter Einigung einen anteiligen Erstattungsanspruch zubilligt (zu Recht krit Staudinger/*Eickelberg* Rn 14). Wenn ein Ehegatte evtl aus steuerlichen Gründen alleine Zins- und Tilgungsleistungen zur Finanzierung eines im Miteigentum der Eheleute stehenden Hausgrundstücks erbringt, muss stets geprüft werden, ob aus den Gesamtumständen eine konkludente Vereinbarung – evtl erst nach Trennung der Eheleute – zu entnehmen ist, wo- 4 nach der Vorleistende einen anteiligen Erstattungsanspruch gegen den übrigen Teilhaber hat (BGH NJW-RR 2015, 1473; ebenso Brandenburg RNotZ 2015, 437; AG Weilburg FamRZ 2015, 1965). Nach vertragl Zuweisung der Erhaltungsaufwendungen an den allein nutzenden Miteigentümer liegt ein Wegfall der Geschäftsgrundlage vor, wenn der aufwendungsbedingt höhere Erlös aus einer Versteigerung der Sache dem anderen Miteigentümer zufließt (BGH NJW 1992, 2282).

§ 749 Aufhebungsanspruch

(1) Jeder Teilhaber kann jederzeit die Aufhebung der Gemeinschaft verlangen.

(2) Wird das Recht, die Aufhebung zu verlangen, durch Vereinbarung für immer oder auf Zeit ausgeschlossen, so kann die Aufhebung gleichwohl verlangt werden, wenn ein wichtiger Grund vorliegt. Unter der gleichen Voraussetzung kann, wenn eine Kündigungsfrist bestimmt wird, die Aufhebung ohne Einhaltung der Frist verlangt werden.

(3) Eine Vereinbarung, durch welche das Recht, die Aufhebung zu verlangen, diesen Vorschriften zuwider ausgeschlossen oder beschränkt wird, ist nichtig.

1 **I. Beendigung der Gemeinschaft.** Das **Prinzip jederzeitiger Aufhebbarkeit** der Bruchteilsgemeinschaft kommt durch Abs I zum Ausdruck. Eine besondere **Liquidation**, wie insb bei den Personengesellschaften, findet nicht statt. §§ 749–751 regeln die Voraussetzungen, §§ 752–754 den Inhalt des Aufhebungsanspruchs, die Schuldenberichtigung im Rahmen der Aufhebung wird durch §§ 755, 756 erfasst, § 757 regelt die Gewährleistung und § 758 schließt die Verjährung des Aufhebungsanspruchs aus. Nach hM kann ein Miteigentümer sein Miteigentum an einem Grundstück nicht durch Verzicht gem § 928 I aufgeben, sondern muss sich auf die Aufhebung der Gemeinschaft verweisen lassen (BGH NJW 2007, 2254; *Hilbrandt* AcP 202, 631, 660; aA *Schnorr* Die Gemeinschaft nach Bruchteilen, 284; *Reichard* FS G. Otte, 2005, 284). Gleiches gilt für Wohnungs- und Teileigentum (BGH NZM 2007, 600, 601).

2 **II. Anspruch auf Aufhebung.** Nach zutr Ansicht ist der **Aufhebungsanspruch** seiner **Rechtsnatur** nach ein einheitlicher, ungeteilter Anspruch, gerichtet auf die konkrete, entweder durch Vereinbarung oder Gesetz (§§ 752ff) geregelte Aufhebungsmaßnahme, also etwa auf Mitwirkung bei der Teilung gem § 752 oder auf Vornahme der zur Verwertung gem § 753 erforderlichen Handlungen (vgl Hamburg NJW-RR 2002, 1165, 1166; Hamm NJW-RR 1992, 665). Der auf die konkret bezeichnete Aufhebungsmaßnahme gerichtete Aufhebungsanspruch wird durch **Leistungsklage** geltend gemacht. Der Antrag muss die Erklärungen und Handlungen der anderen Teilhaber angeben, die zur Durchführung der Aufhebung erforderlich sind. Da die Teilhaber nur gemeinschaftl verfügen können (§ 747 S 2), ergibt sich aus der Mitwirkungspflicht gem § 749 I unmittelbar die Pflicht der übrigen Teilhaber, an den zur Aufhebung erforderlichen Handlungen teilzunehmen. Die rechtskräftige Verurteilung der Teilhaber ersetzt nach § 894 I 1 ZPO die Abgabe der Zustimmungserklärung. Die auf Mitwirkung gerichtete Klage braucht dann nicht gegen alle Teilhaber gerichtet zu werden, wenn die übrigen von vornherein leistungsbereit sind (Saarbrücken Rpfleger 2015, 488). Bei Miteigentum an Grundstücken ist wegen § 181 ZVG an sich kein Titel zur Durchführung der Aufhebung notwendig, dennoch erscheint ein Rechtsschutzbedürfnis für Duldungsklage zur Klärung der Rechtmäßigkeit des Verfahrens idR gegeben (Staudinger/*Eickelberg* Rn 14; aA LG Münster FamRZ 1960, 117), sofern nicht die Teilung unstr ist. Wenn ohne eine Löschung zB nicht valutierte Grundschulden eine Teilungsversteigerung wesentlich erschweren oder gar vereiteln, kann jeder Miteigentümer die Zustimmung zur Löschung derartiger Grundschulden verlangen (Karlsruhe NJOZ 2018, 606).

3 Die Aufhebung kann jederzeit, anders als nach § 723 II grds auch **ohne wichtigen Grund** zur Unzeit verlangt werden. Ein Zurückbehaltungsrecht anderer Teilhaber ggü dem Aufhebungsanspruch besteht nicht (BGHZ 63, 348; BGH NJW-RR 1990, 133). Die grds jederzeitige Aufhebbarkeit unterliegt allerdings erheblichen Einschränkungen:

4 **III. Einschränkungen.** Vielfach ist der Aufhebungsanspruch bereits **gesetzlich** ausgeschlossen, vgl § 922, § 1066 II, § 1258 II, §§ 2043–2045, 2047 II BGB; § 8 V AktG; Art 119, 131, 182 EGBGB. Das Begehren auf Aufhebung der Gemeinschaft kann aber auch bei Vorliegen der sonstigen rechtl Voraussetzungen uU eine unzulässige Rechtsausübung darstellen, sollte die Aufhebung der Gemeinschaft für den ihr widersprechenden Teilhaber eine **„besondere Härte"** bedeuten (BGH NJW-RR 2008, 612 mwN; Frankfurt DStR 2007, 868). In diesem Fall kann es geboten sein, auf die Zwangsversteigerung des gemeinschaftl Grundbesitzes zu verzichten und sich mit einem zumutbaren Realteilungsvorschlag des anderen Teilhabers abzufinden (Frankfurt aaO) oder seinen Bruchteil den widerstrebenden Teilhabern zum Kauf anzubieten (in dieser Richtung BGH NJW-RR 2005, 308, 309). So kann auch nach dem **Tod eines Ehegatten** die Teilungsversteigerung des ehelichen Wohnhauses wegen **großer Härte** für den Überlebenden ausgeschlossen sein (vgl Frankfurt FamRZ 1998, 641); zu weitgehend Schleswig (NJW-RR 1995, 900): Übertragung Bruchteil auf Dritte zwecks Ermöglichung der Teilungsversteigerung sei gem § 138 nichtig. Teilungsversteigerung ist jedenfalls nach Scheidung nur ausnahmsw rechtsmissbräuchlich (Frankfurt FamRZ 1998, 641). Bei **Ehegatten-Miteigentum** kann die Aufhebung außerdem durch §§ 1365, 1369 ausgeschlossen sein (vgl etwa Köln NJW 1971, 2312; BayObLG NJW-RR 1996, 962); auch gem § 180 ZVG. Die Teilungsversteigerung des die Ehewohnung enthaltenden Hausgrundstücks kann bei noch bestehender Ehe zum Schutz des räumlich-gegenständlichen Ehebereichs gem § 1353 I 2 ausgeschlossen sein (BGHZ 37, 38; LG Köln MDR 1970, 418; Frankfurt NJW 1978, 545; *Lenz* NJW-Spezial 2018, 452). Der Verlust der Vorteile aus einer

schuldrechtl Nutzungsvereinbarung führt nicht dazu, dass die Teilungsversteigerung aus Treu und Glauben unzumutbar ist (Stuttgart 11.9.2013 – 11 UF 173/13). Zur generellen Vermögensauseinandersetzung von Ehegatten-Miteigentümern vgl *Wever* FamRZ 2019, 504. Ist für mehrere Personen als Gesamtberechtigte nach § 428 ein Nießbrauch an einem Grundstück bestellt, kann die Aufhebung der Gesamtberechtigung entspr § 749 I nicht verlangt werden (BGH DNotZ 2021, 275). **§ 11 WEG** betrifft nur das Verhältnis der Wohnungseigentümer untereinander und schließt die Aufhebung einer Bruchteilsgemeinschaft am Wohnungseigentum gerade nicht aus.

Durch **Rechtsgeschäft** – auch konkludent –, jedoch nicht schon durch Mehrheitsbeschluss, kann die Aufhebung ganz ausgeschlossen oder beschränkt werden (auch aufgrund der Zweckbestimmung des gemeinschaftl Gegenstandes, Hamburg BeckRS 2020, 7985), und zwar in zeitl, subj (ggü einzelnen Teilhabern) oder gegenständlicher Hinsicht (auch durch Verfügung des Erblassers gem § 2044). Wer den Ausschluss behauptet, trägt dafür die Beweislast, BGH NJW-RR 1991, 946. Zeitlich begrenzte Vereinbarungen über die Ausstellung eines in Miteigentum stehenden Kunstwerkes führen idR noch nicht zum konkludenten Ausschluss des Aufhebungsanspruches (Düsseldorf 28.5.2021 – 7 U 31/20). Die Aufhebung kann zB auch von der Zustimmung eines Dritten abhängig gemacht werden oder von der Erzielung eines bestimmten Verwertungserlöses. Auch bei Grundstücken unterliegt der rechtsgeschäftliche Aufhebungsausschluss keiner Form (vgl BGH NJW-RR 2008, 612). Davon zu unterscheiden sind aber Vereinbarungen über Art und Weise der Aufhebung (s Rn 10). Der Ausschluss der Aufhebung ist kein lediglich rechtlich vorteilhaftes Geschäft iSv § 107 (München FGPrax 2021, 249). Der Aufhebungsausschluss wirkt gem § 751 ggü Dritten, bei Grundstücksmiteigentum nur durch Grundbucheintragung, § 1010 I. 5

IV. Wichtiger Grund. Nach **Abs II und III** ist allerdings rechtsgeschäftlicher Aufhebungsausschluss oder -beschränkung bei **wichtigem Grund** unwirksam. Vereinbarungen über Art und Weise der Aufhebung (Teilungsvereinbarungen) fallen nicht darunter, solange ein die Aufhebung verlangender Teilhaber dadurch nicht finanziell unangemessen benachteiligt wird (vgl im Einz Staudinger/*Eickelberg* Rn 82ff). Die bei § 723 maßgeblichen Gesichtspunkte lassen sich wegen der Wesensverschiedenheit zw Gesamthand und Gemeinschaft nicht ohne weiteres übertragen. Entscheidend ist vielmehr, dass eine ordnungsmäßige gemeinschaftl Nutzung und Verwaltung unter Abwägung der Einzelfallumstände unmöglich ist und der die Aufhebung begehrende Gemeinschafter diese Umstände nicht allein oder überwiegend schuldhaft herbeigeführt hat (BGH ZIP 1995, 113 m Anm *Aderhold* EWiR 1995 § 749 1/95; Hamburg BeckRS 2020, 7985); dabei gilt ein strenger Maßstab. **Wichtige Gründe** sind zB Schikane, wesentliche Veränderung der Umstände, keine Sicherstellung ordnungsmäßiger Verwaltung (Verschulden nicht erforderlich, BGH WM 1984, 873), auch nicht durch Zwischenschalten eines neutralen Dritten (Bamberg MDR 2004, 24); Verletzung rechtl Gehörs; Widerstand eines Teilhabers gegen notwendige Verwaltungsmaßnahmen; dauerhafter und nachhaltiger Verstoß gegen Teilhaberpflichten; Zerrüttung einer nichtehelichen Lebensgemeinschaft (LG Karlsruhe FamRZ 1995, 94); **nicht:** bloße Uneinigkeit oder Zerwürfnis zw Teilhabern (BGH BB 1962, 427), solange die Verwaltung dadurch nicht beeinträchtigt wird; Beschränkung des Eigengebrauchs durch wirksam beschlossene Nutzungsregelungen, § 745 I 1 (BGH DB 1995, 317). Zum Austritt aus einer Antennengemeinschaft wegen Unmöglichkeit einwandfreien Empfangs als wichtigem Grund vgl *Leppin* NJW 1974, 1471. Wer Aufhebung begehrt, muss die Wichtigkeit des Grundes beweisen. Zwar berechtigt ein wichtiger Grund zur sofortigen Aufhebung, dennoch kann mit Rücksicht auf die Interessen anderer Teilhaber die sofortige Geltendmachung der Aufhebung zur Unzeit entspr § 723 II unwirksam sein und zum Schadensersatz verpflichten (RGRK/*v Gamm* Rn 6). 6

Ausschluss, Beschränkung oder sogar inhaltliche Gestaltung der Aufhebung können sich schließlich aus **§ 242** ergeben; dies muss allerdings wegen der gesetzl Wertung des Abs I auf absolute Ausnahmefälle beschränkt bleiben (vgl etwa BGH ZIP 1995, 113: Unzumutbarkeit bei drohendem Verlust der wirtschaftl Existenzgrundlage; BGH ZIP 2005, 27: bei wechselseitigem Vorkaufsrecht zur Vermeidung des Eindringens Dritter; hier hat der die Aufhebung betreibende Teilhaber seinen Anteil zum Marktwert an andere Teilhaber zu übertragen, falls Miteigentum der gemeinschaftl Berufsausübung dient; BGHZ 58, 146: aus Billigkeitsgesichtspunkten Realteilung statt Zwangsversteigerung; LG München II ZMR 1990, 301: bei schikanösen Motiven; Frankfurt DStR 2007, 864: Unzumutbarkeit der Versteigerung eines Privatwegs als einzige Zufahrt zu Grundstücken der Teilhaber; BGHZ 63, 348: **keine** Unzumutbarkeit der Versteigerung eines Grundstücks wegen fortschreitender Inflation; BGHZ 68, 299: statt Zwangsversteigerung des Ehegattengrundstückes Verurteilung der Ehefrau, ihren Anteil auf Ehemann zu übertragen; Hamburg MDR 1950, 422; AG Walsrode NJW-RR 2004, 365: Zuweisung eines Haustiers gegen Entschädigung). 7

Eine **teilw Aufhebung** kann nur bei entspr Einverständnis aller Teilhaber verlangt werden (RGZ 91, 418). Es kann auch nicht lediglich der **Ausschluss** eines Teilhabers verlangt werden. 8

V. Abtretungs- und Pfändungsverbot. Der Aufhebungsanspruch ist **nicht abtretbar** und nach zutr Ansicht wegen § 851 I ZPO auch **nicht pfändbar** (Staudinger/*Eickelberg* Rn 54ff; MüKo/*Schmidt* Rn 22; *Ruhwinkel* MittBayNot 2006, 413). Die hM nimmt Pfändbarkeit gem § 857 III ZPO an (vgl BGH NJW 2006, 849; Düsseldorf 4.7.2016 – 2 UF 27/16); wegen der abzulehnenden Anspruchsdifferenzierung zw Aufhebung und Durchführung der Aufhebung (s Rn 2) nimmt diese Ansicht an, bei Grundstücken verleihe die Zwangsvollstreckung in den Anteil nur die Verwertungsmöglichkeit, während die Aufhebung der Gemeinschaft nach § 181 II ZVG erst nach erg Pfändung des Aufhebungsanspruchs erfolgen könne (Köln OLG 1969, 340); wegen § 751 S 2 ist diese Hilfskonstruktion aber nicht notwendig: die Pfändung des Anteils verschafft gleichzeitig in untrennbarer Verbundenheit den Aufhebungsanspruch ohne Notwendigkeit einer zusätzl Pfändung. In der Insolvenz eines Teilhabers erfolgt Aufhebung außerhalb des Insolvenzverfahrens, vgl § 84 InsO. Eine von der hM für zulässig erachtete Pfändung 9 der Rechte auf Aufhebung der Gemeinschaft behindert nach zutr Ansicht nicht die von dem Pfändungsschuldner beantragte Teilungsversteigerung (BGH NJW 2017, 2768; aA *Kogel* Teilungs- oder Forderungsversteigerung – Das ist hier die Frage, NJW 2016, 2294 mwN; vgl auch *Becker* Das Recht des Gläubigers auf Aufhebung einer Bruchteilsgemeinschaft am Grundstück, ZfIR 2016, 521).

10 **VI. Durchführungsvereinbarung.** Neben der Aufhebung als solcher kann auch das „Wie" der Aufhebung, also deren **inhaltliche Durchführung**, vereinbart werden; oft geschieht beides in einer Vereinbarung. Die Durchführungsvereinbarung (Teilungsvereinbarung) bindet die Teilhaber nur schuldrechtl und wirkt nicht gem §§ 746, 751 gegen Rechtsnachfolger; zur Abgrenzung ggü Aufhebungsbeschränkungen nach Abs II s Rn 6. Bspw kann freihändiger Verkauf vereinbart werden oder Teilung in Natur, unabhängig von § 752 mit entspr Wertausgleich; Übertragung auf einen Teilhaber oder die Umwandlung in eine Gesellschaft. Die Erfüllung der Durchführungsvereinbarung unterliegt den allg Vorschriften, dies gilt auch hinsichtl der Form, etwa § 311b I (BGH DNotZ 1973, 471), sofern nicht etwa nur der gesetzl Teilungsanspruch – zB auf Teilung in Natur – festgestellt wird (OGH NJW 1949, 64; aA MüKo/*Schmidt* Rn 33); jede Abweichung von §§ 752–754 und ohnehin die Auflassung selbst erfordern jedoch bei Grundstücken die Beurkundung.

§ 750 Ausschluss der Aufhebung im Todesfall

Haben die Teilhaber das Recht, die Aufhebung der Gemeinschaft zu verlangen, auf Zeit ausgeschlossen, so tritt die Vereinbarung im Zweifel mit dem Tod eines Teilhabers außer Kraft.

1 Auslegungsregel: Die Beteiligten können die Fortwirkung eines vereinbarten Ausschlusses der Aufhebung ausdrückl über den Tod eines Teilhabers hinaus erstrecken. Gleichwohl kann in solchem Fall der Tod eines Teilhabers einen wichtigen Grund zur Kündigung iSd § 749 II bilden.

§ 751 Ausschluss der Aufhebung und Sondernachfolger

Haben die Teilhaber das Recht, die Aufhebung der Gemeinschaft zu verlangen, für immer oder auf Zeit ausgeschlossen oder eine Kündigungsfrist bestimmt, so wirkt die Vereinbarung auch für und gegen die Sondernachfolger. Hat ein Gläubiger die Pfändung des Anteils eines Teilhabers erwirkt, so kann er ohne Rücksicht auf die Vereinbarung die Aufhebung der Gemeinschaft verlangen, sofern der Schuldtitel nicht bloß vorläufig vollstreckbar ist.

1 **I. Wirkung für Sondernachfolger.** Der **gesetzgeberische Grund** ist der gleiche wie bei § 746: Der einzelne Teilhaber soll den vereinbarten Ausschluss der Teilung nicht durch Veräußerung seines Anteils vereiteln können. Kein Schutz des redlichen Erwerbers. Auf guten Glauben kommt es nicht an.

2 **II. Gesetzliche Ausnahmen.** Eine gesetzliche Ausnahme besteht nach S 2 zugunsten eines **Gläubigers**, der die Pfändung des Anteils eines Teilhabers erwirkt hat. Der Gläubiger kann jedoch ähnl wie bei der Gesellschaft (§ 725) die Aufhebung nicht verlangen, wenn er nur einen vorläufig vollstreckbaren Schuldtitel hat. Die **Zwangsvollstreckung** bestimmt sich nach § 857 ZPO, die Vollstreckung in den Bruchteil eines Grundstücks nach den § 864 II, § 866 ZPO. Der Pfändung steht die Verpfändung gleich. Bei **beweglichen Sachen** kann der Pfandgläubiger die Aufhebung der Gemeinschaft ohne vollstreckbaren Titel verlangen, § 1258. Die anderen Teilhaber haben ein Ablöserecht gem § 268.

3 Der Ausschluss der Kündigung für immer oder auf Zeit wirkt gegen den Sondernachfolger des Miteigentümers eines Grundstücks nur, wenn er als Belastung des Anteils im **Grundbuch eingetragen** ist, § 1010. Für die Wohnungseigentümergemeinschaft ist die Aufhebung ohnehin gem § 11 WEG ausgeschlossen; für die Erbengemeinschaft gilt § 751 entspr, ohne dass es einer Grundbucheintragung bedarf, auch wenn der Nachlass nur aus dem Grundstück besteht.

4 Eine Ausschlussvereinbarung wirkt nicht gegen die Insolvenzmasse, § 84 II InsO. Das Recht auf Aufhebung der Gemeinschaft wird, im Gegensatz zur Anteilsveräußerung, durch den Insolvenzverwalter ausgeübt (MüKo/*Schmidt* Rn 7).

5 Vereinbarungen über Art und Weise der Durchführung der Aufhebung fallen nicht unter § 751 (s § 749 Rn 10).

§ 752 Teilung in Natur

Die Aufhebung der Gemeinschaft erfolgt durch Teilung in Natur, wenn der gemeinschaftliche Gegenstand oder, falls mehrere Gegenstände gemeinschaftlich sind, diese sich ohne Verminderung des Wertes in gleichartige, den Anteilen der Teilhaber entsprechende Teile zerlegen lassen. Die Verteilung gleicher Teile unter die Teilhaber geschieht durch das Los.

1 Die Vorschrift regelt den Inhalt des Aufhebungsanspruchs in Form der Zuweisung realer Anteile anstelle der ideellen Bruchteile. Es gilt der sachenrechtl Spezialitätsgrundsatz: Die Teilung ist für jeden gemeinschaftl Vermögensgegenstand gesondert durchzuführen (BGH NJW-RR 2001, 369). Es besteht kein Vorrang vor Aufhebung der Gemeinschaft durch Verkauf und Teilung des Erlöses gem § 753. In der Praxis dürfte die Aufhebung gem § 753 überwiegen. Vorrang hat stets die Teilungsvereinbarung der Teilhaber; s § 749 Rn 10. § 752 regelt nur den schuldrechtl Anspruchsinhalt; der dingliche Vollzug der Realteilung bestimmt sich nach den allg Verfügungsregelungen

einschl § 747 S 2. Nach BGH NJW 2007, 3204, 3205 ist bei der Beendigung einer Miteigentümer-Bruchteilsgemeinschaft gutgläubiger Erwerb des Miteigentums des Veräußerers im Wege der Bruchteilsübertragung durch den erwerbenden Bruchteilsberechtigten möglich. Hingegen ist er bei Forderungsbruchteilen prinzipiell ausgeschlossen, wenn es an einem echten Vermögenstransfer fehlt (BGH aaO; MüKo/*Schmidt* Rn 4, 19). Die Zuteilung der realen Teile erfolgt entspr den Anteilen der Teilhaber, nur bei gleich großen Anteilen entscheidet das Los, was allerdings nur bei zwar gleichartigen, aber nicht ganz gleichwertigen Teilen (etwa Grundstücksparzellen) sinnvoll erscheint; ansonsten ist das Losverfahren überflüssig, und es kann direkt die Zuweisung eines realen Bruchteils ohne Verlosung beansprucht werden (MüKo/*Schmidt* Rn 34).

Teilung in Natur setzt voraus, dass eine Zerlegung in **gleichartige**, aber nicht unbedingt **gleichwertige** Teile (BGH WM 1973, 82), die den Anteilen der Teilhaber entsprechen, möglich ist. Die Verkehrsanschauung entscheidet. In bäuerlichen Verhältnissen ist zB Naturalteilung mehrerer nach Größe, Kulturart und Lage verschiedener Grundstücke möglich (Colmar OLG 12, 92). IdR wird jedoch die Teilung eines Grundstücks in Natur daran scheitern, dass die erforderliche Gleichartigkeit nicht zu gewährleisten ist (Hamm NJW-RR 1992, 665); dies wird insb bei bebauten Grundstücken die Regel sein (vgl LSG Rheinland-Pfalz 30.1.2003 – L 1 AL 155/10). Die einzelnen Teile müssen bei Zusammenrechnung ihres Wertes obj den Gesamtwert des ungeteilten Gegenstands erreichen; Tatfrage, ansonsten liegt Unteilbarkeit vor, auch wenn finanzieller Wertausgleich in Betracht käme. 2

Teilbar: Geld, Holz, Kohlen, Wein, Getreide, generell vertretbare Sachen, teilbare Forderungen, Forderung auf Erlösauskehrung gegen Hinterlegungsstelle nach durchgeführter Zwangsversteigerung (BGH NZM 2014, 284), mehrere gleichartige Wertpapiere (RGZ 91, 418), Hypothek durch Bildung und Aushändigung eines Teilhypothekenbriefes (RGZ 59, 318; 69, 42); keine Aufhebung einer Gemeinschaft an Grundschuld dergestalt, dass Grundstücksalleineigentümer als Teilhaber den Grundschuldanteil des früheren Miteigentümers gegen Zahlung des Wertes übernehmen muss (BGH ZIP 1986, 89); Grundstücke, sofern nicht Höferecht, GrdstVG oder BauGB entgegenstehen, idR dürften aber Grundstücksteile ungleichartig sein oder Wertminderung aufweisen, so dass § 753 eingreift (Hamm NJW-RR 1992, 665); Aufteilung in Wohnungseigentum kann nicht verlangt werden (BGH DB 1952, 986; München JZ 1953, 148). 3

Nicht teilbar: Gemeinschaftl Sachen, die selbst nur Bestandteile einer anderen Sache sind, wenn die Fortdauer der Gemeinschaft für die Teilhaber der Hauptsache unentbehrlich ist, zB gemeinschaftl Einfahrten oder Hofräume, wenn sie bei Teilung nicht mehr in der bisherigen Weise benutzbar bleiben; Unternehmen, Kunstwerke, Seen, Patente, Miturheberrechte; ferner kraft gesetzl Vorschrift Familienpapiere (§ 2047 II) und Aktien (§ 8 V AktG). 4

Erhebliche Kosten der Naturalteilung stehen ihrer Durchführung nicht entgegen. Überhaupt schließen die Unzweckmäßigkeit der Teilung oder der Verstoß gegen Interessen eines Teilhabers die Teilung nicht aus. Die Realteilung ist aber ausgeschlossen, wenn die Sache wegen Befriedigung gemeinschaftl Schulden verkauft werden muss (§ 755 III, § 756). 5

Der Anspruch wird **im Klageweg durchgesetzt.** Der Klageantrag muss die Art der Naturalteilung bestimmt angeben. Der Kläger muss die Zerlegbarkeit ohne Wertminderung beweisen. Gelingt der Beweis nicht, greift § 753 ein. Wer den Verkauf des gemeinschaftl Gegenstands verlangt, braucht dann nicht mehr zu beweisen, dass Teilung in Natur ausgeschlossen ist. Eingehender zur Beweislast *Krönig* MDR 1951, 602. Anders als im römischen Recht ist das Teilungsurteil kein Gestaltungs-, sondern ein Leistungsurteil, gerichtet auf die zur Vornahme der Teilung notwendigen Handlungen und Erklärungen, vollstreckbar gem §§ 887, 883, 885, 894 ZPO (BGH WM 2014, 127). Klage auch auf Vornahme der Verlosung gem S 2 möglich. Vollstreckung dann nach § 887 ZPO. 6

Bei **Insolvenz** eines Teilhabers wird außerhalb des Insolvenzverfahrens geteilt, § 84 I InsO. Nur der auf den Gemeinschuldner entfallende Teil gehört zur Masse. Nach § 84 I 2 InsO besteht ein Recht auf abgesonderte Befriedigung wegen der Ansprüche aus dem Gemeinschaftsverhältnis an dem bei der Teilung bzw Auseinandersetzung ermittelten Anteil des Schuldners. 7

§ 753 Teilung durch Verkauf

(1) Ist die Teilung in Natur ausgeschlossen, so erfolgt die Aufhebung der Gemeinschaft durch Verkauf des gemeinschaftlichen Gegenstands nach den Vorschriften über den Pfandverkauf, bei Grundstücken durch Zwangsversteigerung und durch Teilung des Erlöses. Ist die Veräußerung an einen Dritten unstatthaft, so ist der Gegenstand unter den Teilhabern zu versteigern.

(2) Hat der Versuch, den Gegenstand zu verkaufen, keinen Erfolg, so kann jeder Teilhaber die Wiederholung verlangen; er hat jedoch die Kosten zu tragen, wenn der wiederholte Versuch misslingt.

I. Anspruch auf Verkauf. Dispositive Vorschrift. Durch **Verkauf** (Zwangsversteigerung) und **Teilung des Erlöses** wird die Gemeinschaft aufgehoben, wenn die Teilhaber nichts anderes vereinbart haben und Teilung in Natur ausgeschlossen ist. § 753 stellt den Regelfall der Aufhebung dar. Zweifel, ob Teilung in Natur möglich ist, muss ein Prozess klären. Zur Beweislast s § 752 Rn 6. § 753 greift gerade dann ein, wenn sich die Teilhaber darüber nicht einigen. Der Widersprechende ist im Wege der Leistungsklage auf Duldung der Verwertung gem § 753 I, ggf verbunden mit der Klage auf Mitwirkung bei der Teilung des Erlöses, unter Angabe der Quote zu verklagen. Der Klageantrag muss die zu duldende Verwertungsmaßnahme genau bezeichnen. Nach Verwertung der Sache durch Verkauf oder Zwangsversteigerung setzt sich die Gemeinschaft im Wege der **dinglichen Surrogation am** 1

Erlös zunächst fort (BGH WM 1966, 577; BGHZ 52, 99) bzw an der Forderung gegen die Hinterlegungsstelle auf Auszahlung des hinterlegten Erlöses (BGH NZM 2014, 284). Daraus sind anteilig die Kosten der Verwertung (§ 748) und gem §§ 755, 756 die gemeinschaftl Verbindlichkeiten zu berichtigen, bevor durch Teilung des Erlöses entspr den Anteilen die Gemeinschaft aufgehoben ist. Der Erlös bzw die nach § 118 ZVG auf die Teilhaber übergehende Geldforderung ist also nicht automatisch geteilt, sondern steht den Teilhabern weiter gemeinschaftl zu gem § 432, sofern der Teilhaber, der den Zuschlag erhält, sein Bargebot nicht berichtigt (BGH NJW 2008, 1807, 1808). Daher kann der Ersteher auch nicht mit einer nur gegen einen Teilhaber gerichteten Forderung aufrechnen (BGH aaO; MüKo/*Schmidt* Rn 31). Kein Teilhaber hat ein Zurückbehaltungsrecht ggü dem Anspruch auf Auskehrung des Erlöses aufgrund von Gegenrechten, die nicht in der Gemeinschaft wurzeln (BGH NJW 2017, 2544; *Kogel* NJW 2017, 2520). Die Forderungen gegen die Hinterlegungsstelle auf Herausgabe des Erlöses stehen – wenn aus dem Erlös keine Verbindlichkeiten mehr zu berichtigen sind – jedem Teilhaber anteilig gem seiner Beteiligungsquote an der Gemeinschaft zu (BGHZ 90, 194; vgl BGH aaO). Jeder Teilhaber kann von den anderen Teilhabern die erforderliche Einwilligung in die Herausgabe des auf ihn entfallenden Teils des hinterlegten Erlöses verlangen, wenn aus dem hinterlegten Betrag keine Verbindlichkeiten mehr zu berichtigen sind (BGH NZM 2014, 284; unztr aA Düsseldorf ZfIR 2017, 73).

2 **II. Durchführung der Verwertung.** Der **Verkauf beweglicher Sachen** richtet sich nach den Vorschriften über den Pfandverkauf, §§ 1234ff. Das Urteil auf Duldung der Verwertung im Wege des Pfandverkaufs ist Titel iSv § 1233 II. Die dispositive Natur des § 753 kann hier bedeutsam sein. Die Beteiligten können sich zB darüber einigen, dass ein Teilhaber, der den gemeinschaftl Gegenstand ersteigert, im Gegensatz zu § 1238 nicht bar zu bezahlen braucht. § 1246 iVm § 410 Nr 4 FamFG sind anwendbar.

3 Die Verwertung von **gemeinschaftl Rechten** ist durch § 754 beschränkt. Soweit sie nicht nach § 752 real teilbar sind oder Sondervorschriften eingreifen, gilt Verwertung gem § 1277.

4 **Grundstücke** und grundstücksgleiche Rechte, wie etwa Erbbaurecht, WE, Schiffe, Schiffsbauwerke, Luftfahrzeuge werden durch Zwangsversteigerung verkauft, näher geregelt in den §§ 180–184 ZVG. Eine Besonderheit ist, dass die Verpflichtung der Mitinhaber, die Aufhebung zu dulden, nicht zuvor durch Urteil festgestellt zu werden braucht, § 181 I ZVG, sofern die Teilhaber im Grundbuch eingetragen sind (§ 17 ZVG). Der widersprechende Teilhaber muss nach § 771 ZPO klagen (hM); anders, wenn sich der Ausschluss der Teilung aus dem Grundbuch ergibt (§ 28 ZVG). § 765a ZPO ist anwendbar (KG NJW-RR 1999, 434). Bei Aufstellung des geringsten Gebotes sind abw von der gewöhnlichen Zwangsversteigerung die auf dem Anteil des einzelnen Gemeinschafters ruhenden Lasten zu berücksichtigen, § 182 ZVG. Kein Kündigungsrecht des Erstehers bei Vermietung oder Verpachtung, § 183 ZVG. Ein dingliches Vorkaufsrecht, das nur den Miteigentumsbruchteil eines Grundstücks belastet, kann bei einer Teilungszwangsversteigerung, obwohl es als Teil des geringsten Gebotes bestehen bleibt, nicht ausgeübt werden, wenn ein Gemeinschafter das gesamte Grundstück ersteigert, dessen Anteil nicht dem Vorkaufsrecht unterliegt (BGHZ 48, 1). Nach Pfändung des Miterbenanteils am Grundstück bleibt Teilungsversteigerung zulässig, wenn trotz Bestehenbleibens einer Grundschuld ein Mehrerlös zu erwarten ist (BGH ZIP 1999, 123 m Anm *Hintzen* EWiR § 753 1/99). Ersteigert einer der Miteigentümer das gemeinschaftl Grundstück, so gehört eine in das geringste Gebot aufgenommene, nur den Mitanteil des Ersteigerers belastende Eigentümergrundschuld zu dem nach § 753 I 1 zu teilenden Erlös. Sie ist bei der Teilung auf den Erlösanteil des Ersteigerers anzurechnen (BGH NJW 1984, 2527). Die Verteilung des Reinerlöses geschieht außerhalb des Versteigerungsverfahrens (BGHZ 4, 84); das Vollstreckungsgericht soll aber den Beteiligten bei der Erlösverteilung behilflich sein (Hamm OLG 1970, 491, 496). Wird unter den Teilhabern gestritten und der Erlös hinterlegt und sind daraus keine Verbindlichkeiten zu berichtigen, steht die Forderung gegen die Hinterlegungsstelle jedem Teilhaber anteilig zu (BGH NJW-RR 2010, 520); alle Teilhaber müssen wechselseitig in entspr Auszahlung der Erlösanteile einwilligen (BGHZ 90, 194; BGH NZM 2014, 284); der Anspruch richtet sich nach § 812 (BGH NJW-RR 2010, 520, 521). Ein Grundstückseigentümer kann nicht durch Aufgabeerklärung gem § 928 aus der Gemeinschaft ausscheiden. Die Verzichterklärung wäre unwirksam, s § 749 Rn 1.

5 Die **Veräußerung** des gemeinsamen Gegenstands **an einen Dritten** kann durch Teilungsvereinbarung zw den Teilhabern ausgeschlossen sein (s dazu § 749 Rn 10), ferner durch gesetzl (zB § 1059) oder letztwilliges Veräußerungsverbot (§ 2048; Bsp: Nachlassgrundstück soll der Meistbietende unter den Abkömmlingen erhalten, RGZ 52, 177), schließlich aufgrund des Rechtsinhalts (zB entspr vinkulierter GmbH-Anteil) oder einer Abtretungsvereinbarung (§ 399) mit dem Schuldner. In diesen Fällen ist der Gegenstand unter den Teilhabern zu versteigern. S 2 ist Ausnahme von S 1. Daher muss einen Ausschluss der Veräußerung an einen Dritten beweisen, wer Versteigerung unter den Teilhabern verlangt (*Krönig* MDR 1951, 602). Die **Versteigerung** kann in der Weise erfolgen, dass sich die Teilhaber auf einen Versteigerer, zB bei einem Grundstück einen Notar, einigen oder die gesetzl Teilungsversteigerung findet nur unter den Teilhabern statt.

6 **III. Kosten.** Die **Kosten der Aufhebung** tragen die Teilhaber grds gemeinschaftl; wenn erforderlich, ist untereinander Vorschuss zu leisten; § 788 ZPO gilt nicht (LG Passau IBRRS 2016, 2815). Wird der Verkauf wiederholt versucht, was jeder Teilhaber verlangen kann, muss der Verlangende die Kosten tragen. Abs II gilt auch bei dem Verfahren nach den §§ 180ff ZVG, aber nur, wenn der erste Versuch nach gesetzl Vorschrift, nicht wenn er aufgrund einer Sondervereinbarung durchgeführt wurde.

7 **IV. Verwertungshindernisse.** Wenn der Gegenstand aus **rechtl** Gründen **unveräußerlich** ist, können die Teilhaber gem §§ 749, 242 verpflichtet sein, dem aufhebungswilligen Teilhaber ein Ausscheiden durch wirtschaftl

angemessene Teilungsvereinbarung zu ermöglichen (Staudinger/*Eickelberg* Rn 19). Ist der Gegenstand nur aus tatsächlichen Gründen unveräußerlich, bleibt den Teilhabern nur die Alternative zw Fortsetzung der Gemeinschaft oder Abschluss einer von den gesetzl Vorschriften abw Teilungsvereinbarung. Ein richterliches Gestaltungsrecht nach Billigkeitsgesichtspunkten besteht weder, wenn die Verwertung nach § 753 Härten und Unbilligkeiten bewirkt (BGHZ 58, 147), noch umgekehrt, wenn die Fortsetzung der Gemeinschaft derartige Konsequenzen hätte (Staudinger/*Eickelberg* Rn 48; Oldenburg NJW-RR 1996, 136; wegen Ausnahmefällen nach § 242 s § 749 Rn 7). Wenn der Gegenstand aus **immateriellen** Gründen **unveräußerlich** ist – zB bei einem Haustier –, kommt Zuweisung an einen Miteigentümer gegen angemessene Entschädigung in Betracht (AG Walsrode NJW-RR 2004, 365).

Der **Testamentsvollstrecker** ist nicht an § 753 gebunden, sondern kann freihändig veräußern, §§ 2204, 2205, 2042 II (RGZ 108, 290). 8

§ 754 Verkauf gemeinschaftlicher Forderungen

Der Verkauf einer gemeinschaftlichen Forderung ist nur zulässig, wenn sie noch nicht eingezogen werden kann. Ist die Einziehung möglich, so kann jeder Teilhaber gemeinschaftliche Einziehung verlangen.

Gemeinschaften hinsichtl einer **Forderung** sind selten. Denn Forderungen sind idR teilbar und gelten dann nach § 420 im Zweifel von Anfang an als geteilt. **Anwendungsbereich** der Vorschrift daher vor allem bei Forderungen aufgrund Verwaltung des gemeinschaftl Gegenstands (zB Mietforderungen, Rückgewähransprüche auf Grundschuldübertragung nach Tilgung der gesicherten Forderung, BGH NJW 1982, 928) und im Rahmen der Liquidation von Gesamthandsgemeinschaften (§ 731 S 2, § 1477 I, § 2042 II). Sofern die gemeinschaftl Forderung eine Rechtsfrucht des gemeinschaftl Gegenstands ist, gilt während des Fortbestandes der Gemeinschaft an der Muttersache nur § 743 und nicht §§ 752, 753 (Staudinger/*Eickelberg* Rn 4). Ist eine Teilung der Forderung möglich, geht sie nach § 752 der Einziehung und dem Verkauf vor (BGH WM 2014, 127). Aber auch für die Auseinandersetzung über eine gemeinschaftl Forderung sind zunächst die Vereinbarungen der Beteiligten maßgeblich. 1

§ 754 bezieht sich nicht nur auf noch ungeteilte Forderungen, sondern erfasst auch **unteilbare Forderungen**. Jeder Teilhaber einer unteilbaren Forderung kann gem § 432 nur Leistung an alle Teilhaber fordern. Er kann dafür aber auch Mitwirkung bei der gemeinschaftl Einziehung der Forderung verlangen, wenn ausnahmsw eine an sich teilbare und gegen die Regel des § 420 nicht ipso iure geteilte Forderung nur von den Gläubigern gemeinschaftl eingezogen werden kann, zB bei Vermietung durch mehrere. Grenzfall. Meist liegt bereits eine Gesellschaft vor. Aus der Pflicht zur gemeinschaftl Einziehung folgt die Pflicht, die Kosten anteilmäßig zu tragen. Der Teilhaber, der nach Mahnung seine Mitwirkung verweigert, macht sich schadensersatzpflichtig. **Einziehung ist möglich**, wenn Forderung fällig oder kurzfristig (nach Staudinger/*Eickelberg* Rn 5 etwa bis zu sechs Monaten) ggf durch Kündigung fällig gestellt werden kann. 2

Der eingezogene **Gegenstand der Forderung** wird wieder **gemeinschaftl**. Seine Teilung bestimmt sich nach den §§ 752 und 753. 3

Beweislast: Wer Teilung der Forderung in Natur verlangt, muss die Teilbarkeit beweisen. Misslingt der Beweis, kann nach S 1 Verkauf der Forderung verlangt werden. Wer den Verkauf der Forderung verlangt, muss aufgrund der Formulierung „nur zulässig, wenn" beweisen, dass keine Einziehung der Forderung möglich ist (Staudinger/*Eickelberg* Rn 7; MüKo/*Schmidt* Rn 7). 4

§ 755 Berichtigung einer Gesamtschuld

(1) Haften die Teilhaber als Gesamtschuldner für eine Verbindlichkeit, die sie in Gemäßheit des § 748 nach dem Verhältnis ihrer Anteile zu erfüllen haben oder die sie zum Zwecke der Erfüllung einer solchen Verbindlichkeit eingegangen sind, so kann jeder Teilhaber bei der Aufhebung der Gemeinschaft verlangen, dass die Schuld aus dem gemeinschaftlichen Gegenstand berichtigt wird.

(2) Der Anspruch kann auch gegen die Sondernachfolger geltend gemacht werden.

(3) Soweit zur Berichtigung der Schuld der Verkauf des gemeinschaftlichen Gegenstands erforderlich ist, hat der Verkauf nach § 753 zu erfolgen.

Die §§ 755 und 756 regeln die **Berichtigung von Gemeinschaftsschulden** bei Aufhebung der Gemeinschaft. Im Gegensatz zur Gesellschaft (§§ 730ff) gibt es hier keine vollständige Vermögensauseinandersetzung. Der Grundsatz, dass jeder Teilhaber zugleich mit der Aufhebung der Gemeinschaft auch die Berichtigung von Gesamtschulden der Teilhaber aus dem gemeinschaftl Gegenstand verlangen kann, gilt nicht uneingeschränkt, sondern nur, (a) wenn die Verbindlichkeiten als Gesamtschulden der Teilhaber entstanden oder später Gesamtschulden geworden sind, (b) wenn es sich um Verbindlichkeiten des § 748, also um Lasten des gemeinschaftl Gegenstands sowie Kosten der Erhaltung, Verwaltung und gemeinsamen Benutzung handelt. Dazu gehören nicht die mit dem Erwerb des gemeinschaftl Gegenstandes verbundenen Lasten/Kosten, zB der Kaufpreis und damit auch nicht die Belastung mit einer Hypothek und dem damit verbundenen Darlehen (Brandenburg BeckRS 2020, 6301 mwN). 1

2 Abs I gilt auch, wenn nicht alle, sondern nur einer oder einige Teilhaber eine Verbindlichkeit iSv § 748 eingegangen sind. **Abw Vereinbarungen** der Teilhaber haben wiederum Vorrang.

3 Über die **Art der Berichtigung** der Schulden aus dem gemeinschaftl Gegenstand sagt das Gesetz nichts. Nach **Abs III** muss der gemeinschaftl Gegenstand ggf auch abw von § 752 soweit durch Verkauf versilbert werden, wie es zur Schuldenberichtigung erforderlich ist; ggf kann ein Restbestand gem § 752 real geteilt werden (RG SeuffA 74, Nr 173). Übersteigen die Schulden den Erlös des gemeinschaftl Gegenstands, muss jeder Teilhaber nach dem Verhältnis seines Anteils für den Rest aufkommen, § 748, ebenso wenn sein Anteil gem § 748 seinen Erlösanteil übersteigt. Ist die Verbindlichkeit noch nicht fällig, ändert sich sinngemäß der Berichtigungsanspruch des Teilhabers in einen Anspruch auf Zurückbehaltung des zur Deckung erforderlichen Betrages; insoweit wird dann die Gemeinschaft fortgesetzt; Hinterlegung des Betrages als einzig denkbare Verwaltungsmaßnahme zur Verwendung des zurückgehaltenen Betrages kann allerdings nicht verlangt werden. Bei dem Verkauf des Familienwohnheims kann jeder Ehegatte als Miteigentümer gem § 755 die Berichtigung der Schulden verlangen und anschließend die Verteilung des Erlöses (vgl auch zur Auswirkung des Zugewinnausgleichs *Hachenberg* NZFam 2014, 731).

4 Der **Sondernachfolger** tritt an die Stelle des bisherigen Teilhabers und setzt die bestehende Gemeinschaft in ihrer bisherigen Gestalt fort. Deshalb erstreckt sich der Anspruch des § 755 auch auf die Sondernachfolger. Kein Schutz des redlichen Erwerbers (RGZ 78, 275). Ausnahme: Miteigentum an gemeinschaftl Grundstücken. Ansprüche aus § 755 können hier gegen den Sondernachfolger nur geltend gemacht werden, wenn sie eingetragen sind, § 1010.

5 Wird ein Teilhaber insolvent, berechtigt der Anspruch aus § 755 gegen diesen Gemeinschuldner zur abgesonderten Befriedigung (§ 84 I 2 InsO).

§ 756 Berichtigung einer Teilhaberschuld

Hat ein Teilhaber gegen einen anderen Teilhaber eine Forderung, die sich auf die Gemeinschaft gründet, so kann er bei der Aufhebung der Gemeinschaft die Berichtigung seiner Forderung aus dem auf den Schuldner entfallenden Teil des gemeinschaftlichen Gegenstands verlangen. Die Vorschriften des § 755 Abs. 2, 3 finden Anwendung.

1 Eine **Forderung** gründet sich auf die Gemeinschaft, wenn sie dem Teilhaber aufgrund seiner Zugehörigkeit zur Gemeinschaft, nicht unabhängig von ihr, zusteht. Anwendungsfälle sind vor allem Erstattungsansprüche für Aufwendungen iSv § 748, aber zB auch Erstattung von Teilungskosten und Anspruch auf Nutzungsanteil gem § 743. Erfasst ist auch ein Anspruch auf Ersatz von Aufwendungen auf den gemeinschaftl Gegenstand, die ein Teilhaber einvernehmlich getätigt hat sowie Tilgungsraten auf ein zur Finanzierung des Gegenstands oder der Aufwendungen durch den Teilhaber aufgenommenes Darlehen, auch wenn es sich nur um einen Befreiungsanspruch handelt (BGH NJW 1992, 2282; Grü/*Sprau* Rn 2 mwN). Dass die Gemeinschaft die alleinige Grundlage der Forderung bildet, wird nicht verlangt (RGZ 78, 274). Es entspricht der Billigkeit, dass bei Aufhebung der Gemeinschaft solche Forderungen aus dem Anteil des schuldenden Teilhabers beglichen werden, so schon im römischen und früheren dt Privatrecht. Auch Ansprüche aufgrund besonderer Abreden über Nutzen- und Lastenverteilung im Innenverhältnis zw den Teilhabern fallen unter § 756 (BGH WM 1966, 577), ebenso Befreiungsansprüche wegen der Eingehung von Darlehensverbindlichkeiten für Aufwendungen (BGH NJW 1992, 114). Die Forderung braucht auch nicht unmittelbar auf eine Geldleistung gerichtet zu sein. Vertragl Ansprüche, die die Teilhaber für den Fall der Auseinandersetzung begründet haben, gehören aber nicht hierher, weil sie sich nicht aus der Gemeinschaft unmittelbar ergeben (MüKo/*Schmidt* Rn 14; Staudinger/*Eickelberg* Rn 5). Ebenso wenig werden zB güterrechtl Ansprüche als von der Gemeinschaft unabhängige, auf einem anderen Rechtsgrund beruhende Forderungen nach § 756 berücksichtigt (BGH WM 2014, 127).

2 Der Gläubiger hat keinen Anspruch auf Zuweisung eines Teils des gemeinschaftl Gegenstands, sofern dieser nicht in Geld besteht (und jedenfalls auch dann nur im Rahmen der Aufhebung, BGH WM 1983, 1085). Ein derartiger Anspruch lässt sich auch aus § 755 III nicht ableiten, auf den § 756 verweist. Zur **Art der Berichtigung** s § 755 Rn 2. Das Recht auf vorzugsweise Befriedigung aus dem auf den Schuldner entfallenden Teil des gemeinschaftl Gegenstands oder dem Erlös daraus (§ 753 I, Hamm RNotZ 2013, 234, 235) schließt die Geltendmachung des Zurückbehaltungsrechts wegen einer Gemeinschaftsforderung während bestehender Gemeinschaften nicht aus (RGZ 109, 171); ggü dem Anspruch auf Aufhebung der Gemeinschaft besteht allerdings wegen Unvereinbarkeit mit § 749 kein Zurückbehaltungsrecht (BGHZ 63, 348).

3 Infolge der Verweisung auf § 755 II besteht der Anspruch auch ggü dem **Sondernachfolger** eines Teilhabers. Dadurch wird verhindert, dass sich ein Teilhaber der auf die Gemeinschaft gegründeten Forderung durch Veräußerung seines Anteils entzieht. § 84 I 2 InsO gewährt für den Anspruch des § 756 sogar ein Absonderungsrecht. Dagegen können Ansprüche gegen den Sondernachfolger des Miteigentümers eines Grundstücks auch aus § 756 nur geltend gemacht werden, wenn sie im Grundbuch eingetragen sind, § 1010.

4 § 2042 II ordnet ausdrückl die Anwendung des § 756 auf die Miterbengemeinschaft an.

§ 757 Gewährleistung bei Zuteilung an einen Teilhaber

Wird bei der Aufhebung der Gemeinschaft ein gemeinschaftlicher Gegenstand einem der Teilhaber zugeteilt, so hat wegen eines Mangels im Recht oder wegen eines Mangels der Sache jeder der übrigen Teilhaber zu seinem Anteil in gleicher Weise wie ein Verkäufer Gewähr zu leisten.

Die **Zuteilung** eines gemeinschaftl **Gegenstands** an einen der Teilhaber wird in jedem Fall als **Veräußerungsgeschäft** behandelt, auch wenn die Aufhebung der Gemeinschaft erzwungen ist. § 757 gilt sowohl bei Naturalteilung nach § 752 als auch bei Verwertung gem § 753 oder aufgrund Teilungsvereinbarung der Teilhaber. Dagegen kommt § 757 **nicht** zur Anwendung, wenn ein Teilhaber seinen **Anteil** an einen anderen veräußert. Ist eine gemeinschaftl Sache geteilt worden, deren Teile sämtlich den gleichen Mangel aufweisen, wäre die Anwendung des § 757 sinnwidrig. 1

Willensmängel bei der Durchführung der Teilung werden nach allg Grundsätzen beurteilt. Die im gemeinen Recht für den Fall der Teilung zugelassene Anfechtung bei laesio enormis (zB sich nachträgl herausstellende Bewertungsfehler der Teilhaber) kennt das bürgerliche Recht nicht. Mit MüKo/*Schmidt* Rn 3 sind gravierende Äquivalenzstörungen *vor* Gefahrübergang (zB Aufteilung in Grundstücke und Wertpapiere, letztere werden entwertet, RG JR 1927 Nr 1637) über die Grundsätze des Wegfalls der Geschäftsgrundlage zu berücksichtigen (s § 313; aA Staudinger/*Eickelberg* Rn 7). 2

Jeder Teilhaber haftet aus § 757 nur im Verhältnis seines Anteils. Für die Zahlungsunfähigkeit eines Teilhabers brauchen also die Übrigen nicht einzustehen. 3

§ 758 Unverjährbarkeit des Aufhebungsanspruchs

Der Anspruch auf Aufhebung der Gemeinschaft unterliegt nicht der Verjährung.

Der Aufhebungsanspruch erneuert sich ständig. Eine **Verjährung** ist daher mit seinem Wesen nicht vereinbar. Die Vorschrift erfasst den Aufhebungsanspruch nach § 749 iVm §§ 752–754 (s zur Rechtsnatur § 749 Rn 2), auch den Anspruch auf Teilung gemeinschaftl Früchte gem § 743. § 758 gilt auch für den Anspruch des Miterben auf Auseinandersetzung, § 2042 II. Ähnl die nachbarrechtl Regelung des § 924. Alle übrigen Ansprüche, die in dem Gemeinschaftsverhältnis wurzeln, etwa aus den §§ 744, 748, 757, verjähren nach den allg Vorschriften. 1

Titel 18
Leibrente (§§ 759–761)

§ 759 Dauer und Betrag der Rente

(1) **Wer zur Gewährung einer Leibrente verpflichtet ist, hat die Rente im Zweifel für die Lebensdauer des Gläubigers zu entrichten.**

(2) **Der für die Rente bestimmte Betrag ist im Zweifel der Jahresbetrag der Rente.**

I. Allgemeines. Der **Begriff** der Leibrente wird im Gesetz nicht bestimmt. Nach der Rspr des RG sowie des BGH ist eine dem Formerfordernis des § 761 unterliegende **Leibrente** ein einheitliches nutzbares Recht, das unabhängig und losgelöst von sonstigen Beziehungen und Verhältnissen der Beteiligten dem Berechtigten für die Lebenszeit eines Menschen eingeräumt ist und dessen Erträge aus fortlaufend wiederkehrenden gleichmäßigen Leistungen in Geld oder vertretbaren Sachen bestehen (RGZ 67, 204, 212; 111, 286, 287; 137, 259, 261; BGH WM 1966, 248; WM 1980, 593; NJW-RR 1991, 1035). Für Auslegung und Anwendung dieser Begriffsdefinition sind nach allgA die §§ 759ff, der Sprachgebrauch, die Verkehrsauffassung sowie der Vertragszweck heranzuziehen (RGZ 80, 208, 211; 89, 259, 262; 94, 157, 159; BGH WM 1989, 1021, 1022). Im dogmatischen Ansatz ist vieles str (Rn 7ff; vgl auch die abw Definition des BFH NJW 1992, 710 zu § 22 Nr 1 S 3 lit a, § 10 I Nr 1a 2 EStG; zur steuerrechtl Behandlung s *Förster* DStR 2010, 137ff; MüKo/*Raude* Rn 17ff). 1

II. Einzelne Begriffsmerkmale. 1. Dauer. Abs I betrifft die **Dauer** der Leibrente: **a)** Schon aus dem Begriff „Leib" (= lip oder lif = Leben)-rente folgt, dass sie auf **Lebenszeit** versprochen sein muss. Es kann die Lebenszeit des Gläubigers, Schuldners oder eines Dritten bestimmt sein (allgM, vgl Staudinger/*Liebrecht* Vor § 759 Rn 21). Fehlt eine Bestimmung, endet das Leistungsversprechen nach der Auslegungsregel des Abs I („im Zweifel") mit dem Tod des Gläubigers. Zeitl Verkürzungen in Form von aufschiebender Bedingung, Anfangstermin (als Bedingung, Befristung) sind jedoch möglich, soweit dabei noch der **Zweck** der **Lebensversorgung** gewahrt bleibt, sonst liegt Zeitrente vor (RGZ 67, 204, 210; 106, 93, 96; BGH WM 1980, 595). Bsp: Unterhaltsleistungen des Mannes nach Scheidung bis zur Wiederverheiratung der Frau (RGZ 117, 247), für Dauer von 10 Jahren bei 80-jährigem, nicht aber bei Kind; keine Leibrente bei Verpflichtung für Dauer einer Anstellung (RGZ 91, 8). 2

b) Nach der Auslegungsregel des Abs I **erlischt** die Verpflichtung entspr ihrem Zweck mit dem Tod des Leibrentengläubigers. Bei dessen vorsätzlicher Tötung durch den Rentenschuldner besteht ggf ein Ersatzanspruch der Erben bis zum Ende der mutmaßlichen Lebensdauer (§ 162 II analog; Soergel/*Welter* Rn 5). Vereinbarung des 3

Übergangs auf Erben des Gläubigers möglich (RGZ 67, 209); nicht notwendig Form der Verfügungen von Todes wegen (RG Recht 1917 Nr 1254). Übergang auf Erben des Verpflichteten nach § 1967 I.

4 **2. Gleichmäßig wiederkehrende Leistungen.** Erforderlich ist **Bestimmtheit** oder **Bestimmbarkeit** hinsichtl des Zeitabstands („fortlaufend wiederkehrend"; s RGZ 67, 208; BGH WM 1966, 248), Inhalt und Höhe („gleichmäßig") der Einzelleistungen (RGZ 137, 261; BGH NJW 1995, 2790). **Unterhaltsverträge** sind daher keine Leibrente bei Abhängigkeit des Leistungsumfangs von Leistungsfähigkeit des Schuldners und Bedürftigkeit des Gläubigers (BGHZ 207, 135; BFH BB 1975, 1423; Schleswig FamRZ 1991, 1203), wohl aber bei Verzicht auf Recht aus § 323 ZPO (RGZ 150, 391; BFHE 109, 446; WM 1974, 329) oder bei Regelung im Ehevertrag bei Scheidung ohne Rücksicht auf Bedürftigkeit oder Leistungsfähigkeit (Schleswig FamRZ 1991, 1203, 1204; Nürnberg FamRZ 1996, 296). Keine Leibrenten sind ferner Vereinbarungen über **Schadensersatzrenten** und für andere Rentenverpflichtungen mit variablen Tatbestandsmerkmalen, es sei denn, Inhalt und Höhe ergeben sich aus einem Index (BFH NJW 1986, 2456f; BGH NJW 1995, 2790; Hamm DB 1975, 542: Lebenshaltungsindex), aus Besoldungstabellen (BFHE 86, 2457: Beamtenbesoldungstabelle), aus Tarifverträgen (LG Marburg BB 1959, 207) oÄ. Leibrente ist mangels Gleichmäßigkeit idR zu verneinen, wenn der Verzicht auf Abänderbarkeit nach § 323 ZPO fehlt (vgl BFH DB 1974, 1365; FG Nürnberg DNotZ 1974, 684) oder sie unter dem Vorbehalt gleichbleibender Verhältnisse steht. – Weitere Bsp für wiederkehrende Leistungen, die nicht als Leibrenten beurteilt worden sind, in RG Warn Rspr 1914 Nr 243 (Unterhaltsvertrag von Geschwistern zugunsten der Mutter), BGHZ 5, 302; 207, 135 (Unterhaltszahlungen), RG JW 1928, 1287 (allg Versorgungsversprechen); vgl ferner RGZ 111, 286; LZ 1921, 567 (Ausstattung der Tochter), RGZ 137, 262 (Leistungshöhe entspr Ergiebigkeit des Landguts), BFH BB 1975, 1001 (Leistungen von Beachtung eines Wettbewerbsverbots abhängig), BFH DB 1976, 175; 1975, 1423 (lebenslänglich wiederkehrende Leistungen als Vermächtnis oder kraft Vereinbarung an weichenden Erben), BFH NJW 1986, 2456 (abgekürzte Leibrente), BGH NJW-RR 1991, 1035; (Hauskauf gegen lebenslange monatliche Zahlung; aber abzulehnen für Leibrente, KG NJW-RR 2020, 964; Köln ZMR 1995, 546, 547).

5 **3. Gegenstand. Inhalt** der Leibrentenleistungen kann nur in Geld oder anderen vertretbaren Sachen bestehen, nicht in Dienst- oder Werkleistungen. Daher ist Altenteilsrecht (Wohnung, Beköstigung, vgl Definition in RGZ 162, 57) keine Leibrente (RGZ 104, 273; 111, 287; i Erg auch BFH DB 1990, 1373, 1376); jedoch kann Teil eines Altenteilsrechts eine Leibrente sein (vgl LG Kleve 12.9.2003 – 1 O 174/02).

6 **4. Weitere Anforderungen.** Nach Definition und st Rspr von RG und BGH (Rn 1) setzt die Leibrente ferner ein **einheitliches selbständiges Rentenrecht** als von den Parteien gewollt voraus (daher **Einheitstheorie**; vgl auch PWW/*Brödermann* Rn 2). Dieses Stammrecht (daher **Stammrechtstheorie**) besteht unabhängig von den sonstigen Beziehungen und Verhältnissen der Beteiligten (daher **Isolierungstheorie**) und ist außerdem von den einzelnen Rentenleistungen zu unterscheiden.

7 **III. Dogmatische Einordnung. 1. Allgemeines.** Das dogmatische Verständnis der Leibrente ist umstr. Im Anschluss an die vom RG entwickelte Auffassung (Rn 1) werden von der bisher hM drei Ebenen unterschieden: **(1)** Das **Grundgeschäft**, das die Verpflichtung zur Abgabe eines Leibrentenversprechens enthält; **(2)** das in Erfüllung der Verpflichtung abgegebene **Leibrentenversprechen (Stammrecht)**, das häufig mit dem Grundgeschäft zusammenfällt; **(3) die einzelnen Rentenleistungen.** Sinn der Konstruktion soll ua die vernünftige Begrenzung des Formzwangs (§ 761) sein, so dass also etwa formlose Zusagen von Ruhegehältern oder Witwenpensionen wirksam sind (vgl nur Staudinger/*Liebrecht* Vor § 759 Rn 34; Einzelheiten zum Theorienstreit ferner bei *Reinhart* FS Wahl, 1973, 261ff; *Henssler* Risiko als Vertragsgegenstand, 1994, 393ff).

8 **2. Folgerungen.** Nach der Rspr sowie einigen Stimmen in der Lit (Grü/*Sprau* Rn 1, 4; PWW/*Brödermann* Rn 9) können bei Nichtleistung einzelner Rentenzahlungen nur **§§ 280 I, 286ff,** nicht §§ 323ff eingreifen, da mit der Bestellung des Rentenstammrechts das Leibrentenversprechen bereits erfüllt ist (RGZ 67, 204; 106, 93; BGH WM 1966, 248; WM 1980, 593; NJW-RR 1991, 1035; nach RGZ 106, 93, 96ff uU Gegenleistung nach Bereicherungsrecht forderbar); krit dazu mit Recht Staudinger/*Liebrecht* Vor § 759 Rn 36f; MüKo/*Raude* Rn 27f. Bei vorbehaltenem Rücktrittsrecht kann Ausübung nach 20-jähriger Durchführung missbräuchlich sein (Köln ZMR 1995, 546, 547f). Bei Unwirksamkeit des Grundgeschäfts kann Verpflichteter Leibrentenversprechen nach § 812, einzelne Rentenleistungen nach § 813 kondizieren, § 821 geltend machen. – Nach altem Schuldrecht folgte die unterschiedliche **Verjährung** von Stammrecht (§§ 195, 198 aF; RGZ 136, 427, 430) und einzelnen Rentenansprüchen (§§ 197, 201 aF). Nunmehr einheitliche Verjährung nach §§ 195, 199 (Grü/*Sprau* Rn 3), auch das Stammrecht würde in drei Jahren verjähren.

9 **3. Stellungnahme.** Die in der Rspr und Teilen der Lit noch immer vorherrschenden Theorien – Einheitstheorie und Isolierungstheorie – werden seit längerem und verstärkt im neueren Schrifttum mit Recht als verfehlt und überflüssig kritisiert (vgl ua Staudinger/*Liebrecht* Vor § 759 Rn 39; MüKo/*Raude* Rn 4ff; Soergel/*Welter* Vor § 759 Rn 9f; umfassend *Reinhart* FS Wahl, 1973, 261, 274ff). Insb die pauschale Ablehnung der §§ 323ff (Rn 8) überzeugt nicht; anzuwenden sind die bei Dauerschuldverhältnissen für den Verzug mit Teilleistungen entwickelten Grundsätze (dazu § 323 Rn 25f; i Erg ebenso Celle NJW-RR 1990, 1490 mit eingehender Begr; Staudinger/*Liebrecht* Vor § 759 Rn 36; Soergel/*Welter* Vor §§ 759 Rn 8, 15). Die Anwendung des § 761 ist flexibel über Sprachgebrauch, Verkehrsanschauung und vor allem über die Schutzbedürftigkeit des Schuldners zu begrenzen. Die Verjährung der §§ 195, 199 beschränkt sich auf fällige Einzelansprüche; zukünftige Einzelansprüche bleiben bestehen. Gleiches gilt für den Einwand der Verwirkung. Hat das Leibrentenversprechen Versorgungs-

charakter, so sind Forderungen, die länger als ein Jahr vor der Zahlungsaufforderung fällig wurden, verwirkt (Zweibrücken FamRZ 2008, 513).

4. Einzelheiten. Leibrentenverpflichtung möglich: **a)** im Rahmen eines **gegenseitigen Vertrags**, der dem Typ nach sein kann: Vertrag eigener Art (§ 311 I), zB bei Entgelt in Form von Grundstück, Geldleistungen; Kaufvertrag (BFH DB 1974, 948; Hamm DB 1975, 542); **anders**, wenn die einzelnen Rentenleistungen „in ihrer Gesamtheit" – und nicht nur das Rentenversprechen – den Kaufpreis bilden (BGH NJW-RR 1991, 1035; aA Köln ZMR 1995, 546, 547); Versicherungsvertrag (Geltung des VVG; RGZ 28, 316); nach hM Vergleich (zB über Schadensersatz-, Erbanspruch, RGZ 89, 261; 91, 6; Hamburg OLG 34, 140; aA *Henssler* Risiko als Vertragsgegenstand, 1994, 398; BFH BB 1973, 1014 bei Prozessvergleich), da keine Losgelöstheit von ursprünglichem Schuldgrund; ebenso nicht bei im Gesellschaftsvertrag (nach Art einer Betriebsrente) vorgesehener laufender Zahlung eines „Vorweggewinns" (BGH WM 1989, 1021, 1022); **b)** als **einseitig verpflichtender Vertrag**, zB Schenkung (RG JR 1926 Nr 2221), nicht aber Ruhegehaltsvereinbarungen und Witwenpension aufgrund Verkehrsauffassung (RGRK/*v Gamm* Rn 6: teleologische Reduktion des § 761; RGZ 94, 159; JW 1936, 3453; 1938, 370, 2431; RAG JW 1923, 239: mangels Selbständigkeit infolge engen Zusammenhangs mit Dienstvertrag, BGH NJW-RR 1994, 357; anders *Henssler* Risiko als Vertragsgegenstand, 1994, 398); **c)** als **einseitiges Rechtsgeschäft** wie Auslobung, letztwillige Verfügung (RG SeuffA 75 Nr 73; BFH DB 1976, 176); als Vertrag zugunsten Dritter (RGZ 150, 133; 111, 286). 10

IV. Vermutung Jahresbetrag. Abs II enthält eine Auslegungsregel bei Nennung des Rentenbetrags ohne Angabe des Zeitabschnitts, für den er gelten soll. 11

V. Verfügungen. Für Abtretung, Pfändung, Verpfändung, Belastung (Nießbrauch, § 1073) gelten die allg Regeln (Staudinger/*Liebrecht* Rn 15ff; MüKo/*Raude* Rn 37ff), und zwar hinsichtl sowohl des Leibrentenstammrechts als auch der einzelnen Leibrentenleistungen. 12

VI. Anpassung der Leibrentenverpflichtung möglich bei Wegfall der Geschäftsgrundlage. Bsp bei § 313 Rn 71 und in RG DR 1940, 2167; JW 1938, 2135; 1935, 2619 m Anm *H. Lehmann*; OGH NJW 1948, 521; Hamm DB 1975, 542; Schleswig FamRZ 1991, 1203, 1204f. Bei Prüfung, ob Wegfall der Geschäftsgrundlage vorliegt, ist der Entstehungsgrund als Basis des Äquivalenzverhältnisses, nicht der Leistungszweck maßgebend; wegen Währungsverfalls Erhöhung nicht möglich, solange die vereinbarte Leistung noch Versorgungscharakter trägt (Düsseldorf NJW 1972, 1137). Bei Leibrente aufgrund Schenkung vgl § 519. Ein Leibrentenversprechen kann bei späterer Eheschließung der Parteien entfallen (LG Berlin FamRZ 2005, 364f). – Zu Wertsicherungsklauseln vgl § 3 PrKG (§ 313 Rn 64). 13

§ 760 Vorauszahlung

(1) Die Leibrente ist im Voraus zu entrichten.

(2) Eine Geldrente ist für drei Monate vorauszuzahlen; bei einer anderen Rente bestimmt sich der Zeitabschnitt, für den sie im Voraus zu entrichten ist, nach der Beschaffenheit und dem Zweck der Rente.

(3) Hat der Gläubiger den Beginn des Zeitabschnitts erlebt, für den die Rente im Voraus zu entrichten ist, so gebührt ihm der volle auf den Zeitabschnitt entfallende Betrag.

1. Bedeutung. Die (dispositive) Vorschrift regelt **Zahlungsweise, Fälligkeit** (Abs I, II) und **ergänzt § 759 I** (Abs III). 1

2. Leistungsmodalitäten. Abs I bestimmt entspr dem regelmäßigen Zweck der Leibrente (Unterhalt) die Vorauszahlungspflicht, **Abs II** den Zeitabschnitt, auf den sich die Einzelleistung beziehen soll, und zwar unterschiedlich nach Inhalt der Leistungspflicht. Aus beiden Vorschriften ergibt sich als Fälligkeitszeitpunkt der Rentenansprüche der Beginn der einzelnen Zeitabschnitte. 2

3. Höhe der letzten Einzelrente. Abs III ergänzt § 759 I (Erlöschenszeitpunkt) hinsichtl der Höhe der letzten Einzelrente bei Tod des Berechtigten innerhalb des maßgeblichen Zeitabschnitts. Entspr anzuwenden bei Erlöschen aus anderen Gründen als Tod (Colmar Recht 1910 Nr 681). 3

§ 761 Form des Leibrentenversprechens

Zur Gültigkeit eines Vertrags, durch den eine Leibrente versprochen wird, ist, soweit nicht eine andere Form vorgeschrieben ist, schriftliche Erteilung des Versprechens erforderlich. Die Erteilung des Leibrentenversprechens in elektronischer Form ist ausgeschlossen, soweit das Versprechen der Gewährung familienrechtlichen Unterhalts dient.

1. Zweck. Die Vorschrift bezweckt den Schutz des Schuldners vor Übereilung, weil Leibrentenversprechen wegen ihrer unabsehbaren Dauer als besonders riskant gelten. Formbedürftig ist daher nur die Erklärung des Schuldners, nicht auch die des anderen Teils. Im Fall einseitigen Rechtsgeschäfts (Auslobung) wird die Nichtgeltung von § 761 angenommen (Grü/*Sprau* Rn 1); nach dem Sinn der Vorschrift ist aber eine Analogie sachgerecht (ebenso Staudinger/*Liebrecht* Rn 5; Soergel/*Welter* Rn 5). – Die Bestimmung ist sowohl auf das Leibrentenversprechen selbst als auch auf das von der hM (vgl § 759 Rn 6f) verlangte, dem Leibrentenversprechen zugrundeliegende Verpflichtungsgeschäft anzuwenden (RGZ 67, 204, 211; MüKo/*Raude* Rn 3; RGRK/*v Gamm* Rn 1). 1

2 **2. Formerfordernis.** Zur Wahrung der **äußeren Schriftform** ist nach § 126 die eigenhändige Namensunterschrift oder das notariell beglaubigte Handzeichen des Versprechenden erforderlich; die notarielle Beurkundung ersetzt die schriftliche Form. Dem gleichgestellt ist die gem § 126a zugelassene elektronische Form, es sei denn (**S 2**), das Leibrentenversprechen diente der Gewährung familienrechtl Unterhalts, dh Familienunterhalt (§§ 1360ff), Ehegattenunterhalt nach Scheidung (§§ 1570ff), Verwandtenunterhalt (§§ 1601ff). Über die **Erteilung** der schriftlichen Erklärung vgl § 766 Rn 8. **Inhaltlich** muss das Schriftstück die vollständige Verpflichtungserklärung enthalten (RGZ 67, 204, 214). Bei Zweifeln über Dauer und Zeitabschnitt, auf den sich genannter Rentenbetrag beziehen soll, gelten die Auslegungsregeln des § 759; bei fehlenden Angaben über Zahlungsweise, Fälligkeit, Höhe der Einzelrente bei Tod während maßgeblichen Zeitabschnitts gilt § 760. – **Änderungen** bedürfen der Form nur bei Verpflichtungserweiterungen, nicht bei Einschränkungen oder bloßen Erläuterungen (BFH DStR 2010, 2502, 2504).

3 Bestehen **andere Formerfordernisse**, treten diese an die Stelle des § 761; Bsp: § 311b I 1, § 311b III, § 311b V 2; § 518 I 1, § 1410, § 2301 I, § 2371, § 2385, Formvorschriften der Verfügungen von Todes wegen. Die Verweisung bezieht sich nur auf die Formart anderer Rechtsgeschäfte, nicht auf die dort teilw vorgesehene Heilung durch Erfüllung (aA BeckOK/*Litzenburger* Rn 2; PWW/*Brödermann* Rn 6; diff MüKo/*Raude* Rn 9f; Soergel/*Welter* Rn 12; vgl Rn 4).

4 **3. Folgen von Formmängeln.** Das Leibrentenversprechen ist gem § 125 nichtig. Eine Heilung des Formmangels durch Erfüllung ist nicht möglich (RGZ 67, 204, 208; 91, 6, 8). Denn § 761 sieht eine solche Möglichkeit nicht vor und aus § 311b I 2, § 518 II, § 766 S 2 lässt sich ein allg Prinzip nicht ableiten (vgl dazu BGH NJW 1967, 1128, 1131; *Neuner* AT § 44 Rn 60 mwN). Auch bei vollumfänglicher Erfüllung des Leibrentenversprechens kommt eine Analogie nicht in Betracht (BeckOK/*Litzenburger* Rn 5; Grü/*Sprau* Rn 1; aA MüKo/*Raude* Rn 8; PWW/*Brödermann* Rn 6; Soergel/*Welter* Rn 10). Wird bei **Grundstücksveräußerung** Leibrente als Gegenleistung formlos versprochen, bewirkt Übereignung des Grundstücks (§ 311b I 2) keine Heilung des Verstoßes gegen § 761 (MüKo/*Raude* Rn 10; Soergel/*Welter* Rn 12; RGRK/*v Gamm* Rn 4; aA BGH NJW 1978, 1577; Grü/*Sprau* Rn 1; Staudinger/*Liebrecht* Rn 14). Das Leibrentenversprechen ist daher nichtig und mit ihm gem § 139 das gesamte Grundstücksgeschäft. Ebenso keine Heilung gem § 518 II, wenn Leibrente formlos **schenkweise** versprochen ist (abw MüKo/*Raude* Rn 9; Soergel/*Welter* Rn 12).

Titel 19
Unvollkommene Verbindlichkeiten (§§ 762–764)

§ 762 Spiel, Wette

(1) Durch Spiel oder durch Wette wird eine Verbindlichkeit nicht begründet. Das aufgrund des Spieles oder der Wette Geleistete kann nicht deshalb zurückgefordert werden, weil eine Verbindlichkeit nicht bestanden hat.

(2) Diese Vorschriften gelten auch für eine Vereinbarung, durch die der verlierende Teil zum Zwecke der Erfüllung einer Spiel- oder einer Wettschuld dem gewinnenden Teil gegenüber eine Verbindlichkeit eingeht, insbesondere für ein Schuldanerkenntnis.

1 **1. Überblick. a) Dogmatische Einordnung.** Der 19. Titel des 3. Buches des BGB enthält die gesetzl Regelungen zu einigen sog aleatorischen Verträgen (hierzu zählen zB auch Leibrente, Versicherungsverträge). Danach sind, wie in vielen ausl Rechtsordnungen ebenfalls (*Henssler*, Risiko als Vertragsgegenstand, 1994, 424ff; zur rechtsgeschichtlichen Entwicklung HKK/*Dorn* Rn 24ff), Forderungen aus Spiel und Wette nicht einklagbar; insoweit will das Gesetz die Vertragspartner vor der eigenen Spielleidenschaft und vor den wirtschaftl Gefahren derartiger Verträge **schützen** (Staudinger/*Schönenberg-Wessel* Vor § 762 Rn 4ff; MüKo/*Habersack* Rn 1; *Henssler* aaO, 430ff), da solchen Verträgen kein sozialpolitisch wünschenswerter Zweck zugrunde liegt (*Henssler* aaO, 432; ähnl Hamm ZIP 2001, 291, 293). **Dogmatisch** stellt sich die Spiel- oder Wettschuld nicht als „unvollkommene Verbindlichkeit" oder „Naturalobligation" (so aber RGRK/*Seibert* Rn 6; Staudinger/*Schönenberg-Wessel* Vor § 762 Rn 3a), als Erwerbsgrund (*Larenz* Schuldrecht I § 2 III; Grü/*Grüneberg* Einl § 241 Rn 12) oder als „typisierter Rechtsfolgenirrtum" (*Servatius* WM 2004, 1804, 1808) dar, sondern der Vertrag ist schlechthin unwirksam (*Henssler* aaO, 435ff; MüKo/*Habersack* Rn 3; so schon Enneccerus/*Lehmann* § 189 II 2); der Ausschluss der Rückforderung ist ein Spezialfall des § 814 bzw des Verbotes widersprüchlichen Verhaltens (*Henssler* aaO, 435ff).

1a **b) Verhältnis zu anderen Regelungen. Strafrechtl** besteht parallel das Verbot des unerlaubten Glücksspiels gem §§ 284ff StGB, in deren Anwendungsbereich das Glücksspiel gem § 134 zivilrechtl nichtig ist (ausf Rn 14). Soweit hingegen eine **öffentlich-rechtl Rechtsgrundlage** für erlaubtes Glücksspiel besteht, insb aufgrund des Glücksspielstaatsvertrags der Länder, kommen unter deren Voraussetzungen zivilrechtl wirksame und durchsetzbare Verträge zustande; hierzu auch das Oddset-Urteil des BVerfG (NJW 2006, 1261ff). Der sog Spiel- und Wetteinwand stellt sich als wirksame Beschränkung der Dienstleistungsfreiheit nach Art 56 AEUV dar (PWW/

Brödermann Rn 10) und soll sogar zum dt ordre public (Art 21 Rom I-VO) gehören (Hamm NJW-RR 1997, 1007, 1008; Staudinger/*Schönenberg-Wessel* Rn 49; krit Erman/*Terlau*[12] Rn 1).

2. Begriffe. Spiel und Wette sind Verträge, durch die sich die Parteien gegenseitig Leistungen unter entgegengesetzten Bedingungen versprechen, wobei mindestens eine Hauptleistungspflicht von (einer möglicherweise nur unter den Parteien bestehenden) Ungewissheit oder Zufall abhängig gemacht wird, und welche die Parteien zum Zwecke (subjektiver Tatbestand) der Unterhaltung und/oder der Gewinnerzielung (Spiel) oder zur Bekräftigung widerstreitender Behauptungen (Wette) abschließen (Grü/*Sprau* Rn 2f; MüKo/*Habersack* Rn 4ff; Staudinger/*Schönenberg-Wessel* Rn 3f). Subj ist nach hM weiterhin (negativ) erforderlich, dass dem Spiel und der Wette ein ernstliches, namentlich wirtschaftl Ziel fehlt (BGHZ 69, 295, 301 – DDR-Fluchthilfevertrag; Dresden BeckRS 2011, 29016; *Spindler* ZIP 2001, 809, 813; *Kessler/Heda* WM 2004, 1812, 1815; *Salewski* BKR 2012, 100, 104ff; krit *Servatius* WM 2004, 1804, 1806; MüKo/*Habersack* Rn 4). Der Schutz der beteiligten Parteien macht es notwendig, den Spieleinwand auszuschließen, wenn nur eine Partei einen berechtigten Zweck verfolgt (s *Mülbert/Böhmer* WM 2006, 937, 949). Zwar führt dies dazu, dass für den Ausschluss des Spieleinwands bei Finanztermingeschäften gem § 99 S 1 WpHG (§ 37e S 1 WpHG aF) nur ein enger Anwendungsbereich verbleibt (dazu Rn 5). Ein vollständiger Verzicht auf das Merkmal würde hingegen zu Schutzlücken und zu Ungereimtheiten in der Rechtsordnung führen (zB Versicherungsvertrag). Ein wirtschaftl berechtigter Zweck liegt anerkanntermaßen beim Hedging gegen Wechselkursschwankungen (dazu Rn 7) vor; des Weiteren bei Optionen und Derivaten (dort aber idR § 99 WpHG), wenn eine der Parteien jedenfalls effektive Lieferung statt Barausgleich verlangt (*Rössner/Weber* BB 1979, 1048, 1054). Es ist darüber hinaus zu vermuten, dass Kapitalmarktprodukte von einem (mindestens einseitigen) berechtigten wirtschaftl Ziel getragen sind, wenn eine Finanzinstitution diese im Rahmen ihrer üblichen Geschäftstätigkeit anbietet (*Kessler/Heda* WM 2004, 1812, 1816 zu Kapitalmarktprodukten mit Sportkomponente; s auch Rn 5); hierfür spricht schon die Mannigfaltigkeit der Finanzmarktinnovationen, die ansonsten aufgrund langsamer Reaktionsgeschwindigkeit des Gesetzgebers ggf dem Verdikt des zivilrechtl Spieleinwands (und dem strafrechtl Glücksspieltatbestand) unterfielen. Hat im Einzelfall der spekulative Teil der Leistungspflichten, die Gewinnchance, wirtschaftl nur einen äußerst geringfügigen Wert (Wohltätigkeitstombola mit symbolischen Preisen), scheitert hieran der Spielcharakter. 2

a) Spiel. Unter den **Spielen** unterscheidet man die Geschicklichkeitsspiele, bei denen es auf das Verhalten oder die Fähigkeiten eines oder beider Beteiligten ankommt (Celle NJW 1996, 2661), und Glücksspiele, bei denen Gewinn oder Verlust ganz oder teilw vom Zufall abhängen (BGHSt 2, 274, 276; 36, 74; Hamm ZIP 2001, 291, 296); diese im Rahmen der §§ 284ff StGB zum verbotenen Glücksspiel grundlegende Unterscheidung ist jedoch für die Einordnung im Rahmen des Abs I S 1 irrelevant. Weitere Unterarten des Spiels sind Lotterie und Ausspielung gem § 763 (MüKo/*Habersack* Rn 8; PWW/*Brödermann* Rn 6; Staudinger/*Schönenberg-Wessel* Vor § 762 Rn 6a). Als Geschicklichkeitsspiele, und somit als Spiel, sind auch sportliche Wettkampfspiele anzusehen, bei denen nur der Veranstalter einen Preis aussetzt, sofern der Teilnehmer – neben dem Eintrittsgeld – ebenfalls einen Einsatz erbringt (MüKo/*Habersack* Rn 8). 3

b) Wette. Von der Wette sind tatbestandlich zu unterscheiden die sog Sportwette (BGHZ 5, 111 – Spielwette; offengelassen in BGH NJW 1999, 54, 55 – Fußballwette) sowie Pferdewetten (RGSt 47, 363; *Bahr*, Gewinn- und Glückspielrecht, 2005, Rn 26); letztere sind Spiel, da sie nicht zum Zwecke der Bekräftigung eines ernst gemeinten Meinungsstreits, sondern zu Unterhaltungs- und Gewinnerzielungszwecken erfolgen (MüKo/*Habersack* Rn 7). Diese Unterscheidung ist insb im Rahmen von § 763 – Spiel kann öffentlich-rechtl genehmigt sein (mit den Folgen unten Rn 9), Wette nicht – und im Rahmen von § 284 StGB wesentlich, da Wette nicht strafbar ist, wenn es sich nicht um unerlaubtes Glücksspiel handelt. Eine Wette mit einseitiger Leistungsverpflichtung kann es dagegen nicht geben, da es sich insofern um (bedingte) Schenkung gem § 516 handelt (KG WM 1989, 669, 672; MüKo/*Habersack* Rn 5; Grü/*Sprau* Rn 3; Staudinger/*Schönenberg-Wessel* Rn 4; *Henssler* aaO, 440; aA RGZ 61, 153, 156; Erman/*Seiler*[10] Rn 2, 6). 4

3. Abgrenzung. Aufgrund spezialgesetzl Regelung ist zu beachten, dass § 99 S 1 WpHG den Spieleinwand ausschließt, soweit ein **Finanztermingeschäft** iSd § 99 S 2 WpHG vorliegt, bei dem mindestens ein Vertragsteil ein mit Finanztermingeschäften befasstes Unternehmen ist. Diese Regelung hatte der Gesetzgeber für erforderlich gehalten, weil solche Finanztermingeschäfte bisweilen den äußeren Tatbestand des Spiels iSd § 762 erfüllen können (BT-Drs 10/8017, 96). So wollte das 4. FinMarktFördG durch § 37e WpHG, ähnl wie schon zuvor § 58 BörsG aF bzgl des Differenzeinwandes, die Rechtssicherheit im Rahmen von Finanztermingeschäften gewährleisten. § 762 hat deshalb im Bereich der Börsengeschäfte seinen Anwendungsbereich vor allem bei individuellen Geschäften, bei denen die Voraussetzungen von § 99 S 2 WpHG hinsichtl eines Finanztermingeschäfts nicht vorliegen, insb ein hinausgeschobener Erfüllungszeitpunkt nicht vorhanden ist, oder nicht mindestens eine Vertragspartei ein Unternehmen iSd § 99 WpHG ist. Bedeutsam ist diese Unterscheidung vor allem auch bei den jüngst in die Diskussion geratenen Finanzprodukten mit Sportkomponente. Nach richtiger Ansicht ist bereits die Spielabsicht ausgeschlossen (s Rn 2). Andere (*Mülbert/Böhmer* WM 2006, 985, 987; dagegen BankR-HdB/*H.F. Müller* § 59 Rn 41) unternehmen den Versuch, bestimmte solcher Produkte (zB Fußballbundesliga-Optionsscheine) unter den Begriff des Finanztermingeschäfts, genauer des „Optionsscheins", iSd § 99 S 2 WpHG zu subsumieren. Der Spieleinwand ist auch für Termingeschäfte eingeschränkt, die an einer ausl Börse oder außerbörslich abgewickelt werden. 5

Spiel- und Wettverträge sind von anderen vertragl Absprachen vor allem durch die Zwecksetzung abzugrenzen. 6
Die in der aufgehobenen (BGBl I 2002, 2010ff) Regelung des § 764 erfassten **Differenzgeschäfte** können teilw

unter § 762 fallen. In Betracht kommen aber nur **zweiseitige** Differenzgeschäfte; aus einem Umkehrschluss zu dem gestrichenen § 764 S 2 aF folgt nämlich, dass für § 762 nicht das Spielmotiv nur eines Teils ausreicht (Grü/*Sprau* Rn 4); der Gesetzgeber des 4. FinMarktFördG wollte diese Dogmatik des § 762 nicht ändern (vgl BT-Drs 14/8017, 96). Deshalb fallen auch Spekulationsgeschäfte, die äußerlich auf Lieferung von Waren oder Wertpapieren gerichtet sind, jedoch nach der Absicht der Vertragspartner in Wahrheit keinen Güterumsatz zum Inhalt haben sollen (BGH WM 1988, 323, 325 – zum einseitig beabsichtigten Differenzgeschäft), unter § 762. Der Vertragstyp ist dabei gleichgültig: Auftrag, Kauf-, Geschäftsbesorgungs-, Kommissions-, Gesellschaftsvertrag (RGZ 147, 117). Allerdings waren und sind zweiseitige Differenzgeschäfte selten; die insb zum Differenzeinwand beim Daytrading oder sonst bei Kassageschäften ergangenen Entscheidungen (BGHZ 58, 1; 149, 294 = BGHRp 2002, 232 m Anm *Terlau*; KG NZG 2002, 928) können auf § 762 nicht gestützt werden, weil mindestens ein Teil, das Wertpapierdienstleistungsunternehmen, keine Spielabsicht hat. Die Spielabsicht muss im Vertrag selbst nicht zum Ausdruck kommen (zur Abgrenzung **offenes und verdecktes** Differenzgeschäft *Lüer* JZ 1979, 171, 173). Die beiderseitige verdeckte Differenzabsicht kann anhand folgender Indizien ermittelt werden (s BGHZ 149, 294, 299 = BGHRp 2002, 232 m Anm *Terlau*; KG NZG 2002, 928, 929): Abschluss über Waren ohne Beziehung zu Beruf, Art der Waren (typische Spekulationsobjekte wie Wertpapiere oder Devisen, auffälliges Missverhältnis zw Vermögen des Vertragspartners und Geschäftsumfang), Unterbleiben der Erfüllung bisheriger Verträge, Verbuchung lediglich der entstandenen Differenz, Abschluss entspr Gegen-(deckungs-)Geschäfts (Verkauf, wenn erst das Geschäft Kauf und umgekehrt), fortdauernde Unterlassung bzw kein vernünftiger Zweck wirklicher Lieferung.

7 Sog **Hedgegeschäfte**, bei denen nicht die Erzielung von Spekulationsgewinnen, sondern die Absicherung von Lieferungsgeschäften gegen nicht voraussehbare Preis- oder Wechselkursschwankungen bezweckt werden soll, können – soweit es sich nicht ohnehin um Finanztermingeschäfte iSd § 99 WpHG handelt – wie nach bisheriger Rspr zu § 764 aF nicht den Rechtsfolgen des § 762 unterfallen (RGZ 107, 22, 24ff; 146, 190, 191; BGHZ 58, 1, 5; BGH NJW 1989, 300; *Hopt* FS Werner, 1984, 339ff; *Kümpel* WM 1987, 1321, 1326), da es sich um wirtschaftl berechtigte Differenzgeschäfte, mithin nicht um Spiel oder Wette, handelt. Es besteht eine Vermutung, dass jedenfalls eine Partei einen Sicherungszweck verfolgt, wenn das Geschäft zu dem kaufmännischen Betätigungsfeld dieser Partei gehört (RGZ 117, 267, 269; 146, 190, 193). **Kassageschäfte** sind auf wirkliche Lieferung zu sofortigem oder alsbaldigem, nicht späterem Zeitpunkt gerichtet; allerdings können Anleger zu Spekulationszwecken die Tatsache ausnützen, dass eine Verfügung über Wertpapiere bereits vor Lieferung möglich ist, so dass im Einzelfall der Spieleinwand – bei beiderseitiger Spielabsicht – möglich erscheint (BGHZ 149, 294, 299 = BGH BGHRp 2002, 232 m Anm *Terlau*; KG NZG 2002, 928, 929; i Erg ähnl *Henssler* aaO, 575: hinausgeschobener Erfüllungszeitpunkt [bei § 764 aF] nicht notwendig; vgl auch BGH NJW 1988, 1592; NJW 1991, 1956; KG WM 1989, 669, 671f).

8 **Andere Geschäfte mit spekulativem Element:** Bei Versicherungsverträgen (Soergel/*Häuser/Welter* Vor § 762 Rn 11f; Staudinger/*Schönenberg-Wessel* Vor § 762 Rn 7; MüKo/*Habersack* Rn 9), Garantieverträgen (RGZ 66, 222), sog Tontinen-Verträgen (RGZ 129, 134, 142), Vereinbarung eines Kautionsverfalls, spekulativen Geschäften wie Handel mit Grundstücken (RG Warn Rspr 1915, 207) liegt der Zweck der Wagnisübernahme nicht in der Unterhaltung oder der Bekräftigung einer Behauptung und nicht vorrangig in der Gewinnerzielung, sondern es wird ein darüber hinausgehender wirtschaftl oder sonstiger Zweck verfolgt. Ist dagegen bei einem spekulativen Umsatzgeschäft die Absicht beider Vertragsteile nur auf die Erzielung eines später festzustellenden Preisunterschiedes, nämlich auf ein Differenzgeschäft (Rn 6), gerichtet, so kann ein Spiel iSv § 762 vorliegen. Da es an der Spielabsicht wenigstens eines Teils mangelt, ist § 762 auch auf die sog Fluchthelferverträge nicht anzuwenden (BGHZ 69, 295; BGH NJW 1980, 1574; KG NJW 1976, 197 und 1211). Bei der Auslobung (§§ 657ff) hat der Auslobende ein Interesse an der Leistung (MüKo/*Habersack* Rn 9; Grü/*Sprau* § 657 Rn 5). Auch Prämienversprechungen für Leistungen im Sport (Tennis-, Golfturniere) sind nicht Spiel, da es dem Veranstalter auf die Erlangung einer sportlichen Höchstleistung ankommt (MüKo/*Habersack* Rn 8; Staudinger/*Schönenberg-Wessel* Vor § 762 Rn 7b; *Henssler* aaO, 463f; auch LG Marburg NJW 1955, 346). Das gilt auch dann, wenn - etwa bei dem von einem Idealverein organisierten Sportfest - die ausgelobten Preise durch die Teilnahmebeiträge finanziert werden (*Henssler* aaO, 464f; *Castendiek* SpuRt 2023, 10ff); anders aber, wenn bei der Veranstaltung das Risikoelement im Vordergrund steht und die Mitspieler über ihren Teilnahmebeitrag praktisch auf sich selbst wetten (*Henssler* aaO, 465). Zu Preisausschreiben vgl § 661; kein Spiel ist der Vertrieb von Waren mit Gewinnverlosung, falls Umsatzgeschäft vorrangig (MüKo/*Habersack* Rn 11; ähnl *Katzenstein* MDR 2004, 1275, 1277f); kein Spiel ist Verlosung zu wohltätigen Zwecken, falls Gewinnanreiz nicht ins Gewicht fällt, sonst Lotterie (Rn 2). Sog **Hydra-, Gella- oder Schneeballsysteme** oder auch sog **Schenkkreise** erfüllen idR nicht den Tatbestand des Spiels (s zu § 284 StGB BGHSt 34, 171, 177; ferner Köln NJW 2006, 3288, 3289; MüKo/*Habersack* Rn 12; *Henssler* aaO, 516ff; *Willingmann* NJW 1997, 2932; anders aber BGH NJW 2006, 45f für Schenkkreis). Es kommen jedoch idR Nichtigkeit des Geschäfts nach § 138, Schadensersatz gegen die Initiatoren nach § 826 (Bamberg NJW-RR 2002, 1393, 1394, auch zum Mitverschulden) sowie lauterkeitsrechtl Ansprüche nach UWG in Betracht; der Anspruch auf Rückforderung des Geleisteten wird durch § 817 S 2 nicht ausgeschlossen (BGH NJW 2006, 45f; NJW 2008, 1942f). Als Spiel sind einzuordnen: Pokern (dazu *Schmidt/Wittig* JR 2009, 45ff), das unabhängig vom Warenvertrieb durchgeführte Life-Spiel (Celle NJW 1996, 2660, 2662), das amerikanische Roulette (Karlsruhe NJW 1972, 1963) sowie das thailändische Share (LG Karlsruhe NJW-RR 2007, 200). Eine Internet-Auktion ist nicht Spiel, da ihre Ergebnisse nicht allein vom Zufall abhängen (BGHZ 149, 129; Hamm ZIP 2001, 291, 296; *Spindler* ZIP

2001, 809, 813; *Rüfner* JZ 2000, 715, 719; anders *Sester* CR 2001, 98, 103f). Spiel ist auch nicht der Handel mit Gegenständen aus Online-Computerspielen, da der zuvor an den Veranstalter zu erbringende Beitrag ein Eintrittsentgelt ist und kein Einsatz (*Trump/Wedemeyer* K&R 2006, 397, 398). Auch bei den Telefongebühren für eine telefonische TV-Quiz-Teilnahme dürfte es sich idR um Eintrittsentgelt und nicht um Einsatz handeln (*Ernst* NJW 2006, 186, 188). Nicht als Spiel oder Wette, sondern als Auslobung zu qualifizieren ist ein Fernsehquiz, bei dem die Gewinnchance maßgeblich von Allgemeinbildung und Kombinationsfähigkeit der Kandidaten abhängt (Köln NJW-RR 2014, 1138 zu „Wer wird Millionär?").

4. Rechtsfolgen. a) Abs I S 1. Der Spiel- oder Wettvertrag ist unwirksam; der Spieleinwand ist von Amts wegen zu berücksichtigen (MüKo/*Habersack* Rn 18). Der Gewinner hat weder einen Erfüllungsanspruch noch bestehen irgendwelche Sekundäransprüche (MüKo/*Habersack* Rn 18; PWW/*Brödermann* Rn 18). Zur vorvertragl Aufklärungspflicht Rn 15. Die Möglichkeit der Aufrechnung (BGH NJW 1981, 1897; RGZ 61, 153, 155) oder ein Zurückbehaltungsrecht (RG JW 1897, 311) ggü dem Verlierer bestehen nicht. Sicherheitsleistungen wie Wechsel (RGZ 52, 39), Pfand (RGZ 52, 362, 364), Bürgschaft (RGZ 52, 39), sonstige Sicherheitsleistungen (vgl BGHZ 86, 115, 118; zur Schuldübernahme vgl RG Warn Rspr 1916, Nr 68) sind unverbindlich. Die Versagung des Spieleinwands (= Berufung auf die Unwirksamkeit des Geschäfts) wegen unzulässiger Rechtsausübung kommt nur in besonders gelagerten Ausnahmefällen in Betracht (BGHZ 58, 1, 6f; Frankfurt WM 1981, 499, 501; LG Hamburg WM 1986, 1052; Staudinger/*Schönenberg-Wessel* Rn 15; gänzlich abl *Henssler* aaO, 486; MüKo/*Habersack* 18); allein die von vornherein bestehende Absicht, sich etwaigen Verlusten durch den Spieleinwand zu entziehen, genügt für sich genommen nicht. Zu Nebenabreden und anderen Verträgen vgl Rn 12f. – **Staatlich genehmigte Lotterie** oder **Ausspielung** (Unterarten des Spiels) sind dagegen wirksam (§ 763 Rn 1f). Dies gilt über Lotterie und Ausspielung hinaus auch für **sonstige staatlich genehmigte Spiele** (BGH NJW 1974, 1821; 1999, 54, 55; 2008, 2025, 2026; RGZ 93, 348, 349f; MüKo/*Habersack* § 763 Rn 7). Wirksam sind dann auch die mit dem Spiel verbundenen anderen Rechtsgeschäfte (RGZ 93, 348, 349f), so zB ein Schuldanerkenntnis (§ 781) zu Zwecken des Spiels an staatlich konzessionierter Spielbank (BGH NJW 1974, 1821); ein Widerruf eines (über das Internet oÄ) wirksam zustande gekommenen Vertrags über Wett- und Lotteriedienstleistungen nach den Regeln über Fernabsatzverträge kommt gem § 312g II Nr 12 dagegen nicht in Betracht, wobei diese Vorschrift sehr eng ausgelegt wird (Karlsruhe GRUR 2002, 730, 731 zu § 312d IV Nr 4 aF). Eine Vereinbarung über (freiwillige) Spielsperre zw Spielbank und Spieler hindert ggf das spätere Zustandekommen eines Spielvertrags (KG NJW-RR 2003, 1359; Hamm NJW-RR 2002, 1634, 1635; NJW 2003, 971; *Peters* NJW 2010, 2250, 2251; aA BGHZ 165, 276, 281). 9

b) Abs I S 2. Abs I S 2 schließt als Spezialfall des § 814 (Rn 1) die Rückforderung des aufgrund des Spiels oder der Wette Geleisteten (condictio indebiti) aus. Dagegen ist Abs I S 2 unanwendbar bei allg Unwirksamkeits- und Nichtigkeitsgründen (Rn 14). Die Rückforderung ist jedoch nur dann ausgeschlossen, wenn eine Leistung aufgrund des Spiels oder der Wette erfolgte und das Spiel überhaupt durchgeführt wurde. Die Kenntnis des Leistenden von der Unverbindlichkeit der Spiel- oder Wettschulden oder auch sonstige Sachverhaltsunkenntnis ist grds unerheblich (Hamm WM 1996, 2274, 2277; Staudinger/*Schönenberg-Wessel* Rn 17; MüKo/*Habersack* Rn 21). **aa)** Eine **Leistung** ist dabei nur für solche Erfüllungshandlungen anzunehmen, die das Schuldverhältnis – seine Wirksamkeit unterstellt – unbedingt und endgültig zum Erlöschen bringen können. Die Zahlung muss nicht notwendigerweise durch den Verlierer selbst, sondern kann auch durch einen Dritten erbracht werden (MüKo/*Habersack* Rn 22). Immer ist erforderlich, dass sich die Leistung auf ein bestimmtes Geschäft bezieht, soweit mehrere Forderungen des Vertragspartners in Betracht kommen (BGH NJW 1987, 3181; NJW 1989, 2120; NJW 1991, 2705; WM 1998, 545, 547). Die Leistung muss vorbehaltlos erfolgen (Saarbrücken WM 1997, 1759). Unter denselben Voraussetzungen tritt Erfüllung durch Aufrechnung des Schuldners gem § 389 ein (Staudinger/*Schönenberg-Wessel* Rn 19; MüKo/*Habersack* Rn 22). Bei antizipierter Aufrechnungsvereinbarung – idR im Rahmen eines **Kontokorrents** – liegt Erfüllung iSv Abs I S 2 nur vor, wenn diese sich von vornherein auf ein bestimmtes Geschäft bezieht (BGH NJW 1987, 3181; NJW 1989, 2120; NJW 1991, 2705; WM 1998, 545, 547 und 1281, 1284). So liegt es bei einem ausdrückl Saldoanerkenntnis, bei dem der Anerkennende sich über das Vorhandensein von Spielschulden bewusst ist (BGH NJW 1989, 2120; WM 1992, 479; 1998, 547). – Vorausleistungen („Einsatz", „Einschuss", „Prämie" oder „deposit/margin") sind nach Durchführung des Spiels nur dann als Erfüllung zu betrachten, wenn sie vorbehaltlos erfolgten (Saarbrücken WM 1997, 1750), sich auf ein bestimmtes Geschäft bezogen und nach dem Sinn und Zweck der Vorausleistung nicht lediglich zur Sicherung erbracht wurden (Rn 12). **bb)** Unterbleibt das Spiel, so können selbst im Voraus geleistete Einsätze zurückgefordert werden (MüKo/*Habersack* Rn 23). 10

c) Abs II. Nach Abs II sind auch die zwecks Erfüllung, dh **an Erfüllungs statt** (MüKo/*Habersack* Rn 25), eingegangenen **Verbindlichkeiten** unwirksam; dies trifft insb ein Schuldanerkenntnis, Schuldversprechen, nachträgl Darlehen (BGH NJW 1980, 390, 391; NJW 1985, 1956, 1957). Rediskont eines von einer Spielbank auf Privatpersonen gezogenen Wechsels kann grob fahrlässig (Art 16 II WG) sein (BGH NJW 1992, 316). Wirksam ist auch ein vom Vertragspartner des verlierenden Teils eingegangenes Schuldanerkenntnis (BGH NJW 1988, 1086); der erfüllungshalber gegebene Wechsel oder Scheck lässt Erfüllung erst mit Einlösung eintreten (RGZ 51, 357, 361; BGH NJW 1981, 1898f); muss der Schuldner an gutgläubige Nachmänner (Art 17 WG, Art 22 ScheckG; RGZ 77, 281; 96, 190) zahlen, hat er gegen den Spiel-(Wett-)Gläubiger einen Kondiktions- (RGZ 51, 357, 361; 77, 277, 279), bei ungerechtfertigter Indossierung uU nach § 826 einen Schadensersatzanspruch (RGZ 51, 357, 360; 56, 317, 321; *Schultz* JuS 1979, 503ff). Die Indossierung eines Wechsels oder Schecks bewirkt erst mit Zah- 11 lung durch den Bezogenen Erfüllung (MüKo/*Habersack* Rn 26; Baumbach/Hefermehl/Casper/*Casper* Art 17 WG Rn 48; *Henssler* aaO, 497; aA Staudinger/*Schönenberg-Wessel* Rn 20). – Ein Vergleich ist nur wirksam, wenn er die Ungewissheit über die Vertragsnatur (Verbindlichkeit) beseitigen soll (RGZ 49, 192; RG Warn Rspr 1914 Nr 309; HansRZ 29 B 359f; SeuffA 83 Nr 186; JW 1901, 621). – Bei Abtretung einer Forderung an Erfüllungs statt gilt nicht Abs II, da die Leistung gem Abs I S 2 bewirkt ist (RGZ 147, 149, 153; LG Trier NJW 1984, 181). – Verpflichtet sich der Verlierer ggü dem Gewinner zur Leistung an einen Dritten oder übernimmt er ggü einem Dritten eine Verbindlichkeit, so gilt § 334.

12 **5. Nebenabreden und andere Verträge. a) Vertragliche Nebenabreden.** ZB Vertragsstrafeversprechen (RGZ 52, 39, 40; 52, 362, 364; 140, 132, 136; Hamburg EWiR § 59 BörsG 1/97, 73) und Sicherungsverträge (Rn 10) teilen die Unwirksamkeit der Hauptschuld.

13 **b) Andere Verträge.** Auch **andere Verträge**, die mit Spiel- und Wettschulden in so engem Zusammenhang stehen (Ermöglichung, Erleichterung), dass die Vorschrift nach ihrem Grundgedanken auf sie anzuwenden ist, sind unwirksam (BGH NJW 1974, 1821; Hamm NJW-RR 1997, 1007f). Lässt jemand einen anderen aufgrund Auftrags-, Geschäftsbesorgungs-, Dienst- oder Werkvertrags für sich spielen, bestehen keine Ansprüche auf Ausführung, Schadensersatz wegen Nichtausführung (Hamburg OLG 14, 30; Hamm NJW-RR 1997, 1007, 1008), Vergütung und Aufwendungsersatz (BGH WM 1985, 563; BAGE 86, 2663; RGZ 51, 156), wohl aber auf Herausgabe des Erlangten, falls Spieleinsatz vom Auftraggeber (MüKo/*Habersack* Rn 33; *Henssler* aaO, 506f; aA, stets Herausgabe: Frankfurt WM 1979, 1251; Differenzgeschäft: RGRK/*Seibert* Rn 9; keine Herausgabe: LG Paderborn WM 1979, 1110; Kommissionsgeschäft RGZ 138, 124). Bei Nichtausführung des Auftrags kann der Auftraggeber Herausgabe des zur Ausführung Erhaltenen gem § 812 verlangen (Düsseldorf NJW 1980, 1966; Hamm NJW-RR 1997, 1007, 1008: § 667; LG Paderborn WM 1979, 1110). – Aus **Gesellschaftsverträgen**, die eine Beteiligung an einem unwirksamen Spiel oder einer Wette (zu genehmigtem Spiel § 763 Rn 1) zum Gegenstand haben, entstehen weder Ansprüche auf Mitwirkung, Beitragsleistungen, Mittragung von Verlusten oder Zahlung von Gewinnen, die der mit der Durchführung des Spiels von der Spielgemeinschaft Beauftragte pflichtwidrig nicht erzielt hat (RGZ 147, 117; Hamm NJW-RR 1988, 870), jedoch Anspruch auf Gewinnverteilung unter Abzug von Aufwendungen (Düsseldorf NJW-RR 1987, 483). Anders kann es sein, dh Wirksamkeit des Gesellschaftsvertrags, bei Beteiligung an einem ausl Spielklub (Düsseldorf aaO). – Ein vom Mitspieler oder Veranstalter zu Spielzwecken gegebenes **Darlehen** ist unwirksam gem Abs I S 1 (Düsseldorf MDR 1984, 757; Celle NdsRpfl 1961, 172; LG Mönchengladbach WM 1994, 1374, 1376; LG Leipzig MDR 2012, 452; AG Rendsburg NJW 1990, 916; *Henssler* aaO, 503f; aA Marienwerder OLG 5, 103; bei Spielgewinn ist es jedoch zurückzuzahlen, MüKo/*Habersack* Rn 36). Die Darlehensgewährung kann darüber hinaus sittenwidrig sein, wenn der Darlehensgeber gerade den Spieltrieb des anderen ausnützt (BGH NJW 1961, 1204; NJW 1974, 1821; NJW 1992, 316; NJW 1995, 1152; AG Passau MDR 1997, 1109), bei verbundenen Verträgen (§ 358) kommt auch ein Einwendungsdurchgriff nach § 359 in Betracht (MüKo/*Habersack* Rn 37). Zu Darlehen, die nach Abschluss des Spiels gewährt werden, vgl Rn 11. Eine **Schiedsabrede** ist unwirksam, wenn von vorneherein beabsichtigt ist, die Anerkennung des Spieleinwands zu verhindern (MüKo/*Habersack* Rn 39; Grü/*Sprau* Rn 8). Zu Rechtswahlklauseln s schon Rn 1.

14 **6. Verbots- und sittenwidriges Spiel. Abs I S 2** kommt nicht zur Anwendung bei gem §§ 134, 138 nichtigen Spiel- und Wettverträgen, so dass sich die Rückgewähr der Leistungen nach §§ 812ff richtet (BGH NJW 1962, 1671; NJW 2006, 45, 46; NJW 2008, 1942; Braunschweig BeckRS 2023, 2622). Verboten sind insb das nicht genehmigte öffentliche oder gewohnheitsmäßige Glücksspiel und die nicht genehmigte öffentliche Lotterie oder Ausspielung (§§ 284ff StGB) sowie das Falschspiel (§ 263 StGB); darüber hinaus können sich nach Landesrecht einzelne Spielverbote bei behördlich genehmigten Spielbanken ergeben (BGH NJW 1962, 1671, 1672; LG Baden-Baden WM 1998, 1685, 1688). Nicht zur Unwirksamkeit führt jedoch der Verstoß gegen eine mit der Spielerlaubnis verknüpfte Auflage (BGH NJW 2008, 2026). Aufgrund des beiderseitigen Sittenverstoßes sind bei Glücksspielen gem §§ 284ff StGB Bereicherungsansprüche idR gem § 817 S 2 ausgeschlossen (BGH MDR 1968, 938; anders für den Fall der Schenkkreise: BGH NJW 2006, 45, 46; NJW 2008, 1942; Köln NJW 2006, 3288, 3289; zu einem Verstoß gegen § 4 IV GlüStV s Braunschweig BeckRS 2023, 2622). Bei Betrug oder Falschspiel können jedoch deliktische Ansprüche (§ 826, § 823 II iVm § 263 StGB) gegeben sein (Celle NJW 1996, 2660, 2661; vgl auch *Kutzner* JZ 2006, 712ff zum Fußball-Wettskandal). Sittenwidrig können Spielverträge iÜ sein, wenn sie unter Ausnutzung der Unerfahrenheit, des Leichtsinns oder einer Zwangslage eines Beteiligten zustande kommen (RGZ 70, 1, 3; BGH NJW 2008, 2026, 2027). Zu Spiel und Wette bei Überschuldung oder Zahlungsunfähigkeit (§ 283 StGB) vgl RGZ 115, 319, 325; MüKo/*Habersack* Rn 14.

15 **7. Aufklärungspflichten.** Grds können sich auch im Rahmen des § 762 Pflichten aus einem vorvertragl Schuldverhältnis (cic; jetzt § 311 II, III) ergeben (BGH NJW 1980, 1266, 1267; 1981, 1440; 2008, 2026, 2028). Aufklärungspflichten können im Einzelfall aufgrund überlegenen Wissens bestehen, sind jedoch bei Spiel nur in seltenen Ausnahmefällen zu bejahen (vgl Celle NJW 1996, 2660, 2661 zu § 826). Auch besteht keine Pflicht, auf die Unverbindlichkeit des Vertrags oder die Nachteile aus Abs I S 2 hinzuweisen (für § 55 BörsG aF Hamm WM 1996, 2274). Grds besteht auch keine Pflicht des Spielgegners, sein Gegenüber vom Spiel abzubringen und somit seine Vermögensinteressen zu schützen. Eine schadensersatzbewehrte (§ 280) Schutzpflicht besteht jedoch, wenn eine Spielbank antragsgemäß eine Spielsperre verhängt (BGHZ 165, 276; 174, 255; anders noch BGHZ 131, 136; zu Ansprüchen nach dem GlüStV iVm § 823 II *Peters* NJW 2010, 2250f). Eine Aufklärungspflicht besteht ggf, wenn der andere Vertragsteil zB bereits den Ausgang des Spiels kennt (MüKo/*Habersack* Rn 20; Soergel/*Häuser*/*Welter* Rn 21; *Henssler* aaO, 470ff; aA BGH NJW 1961, 1934: Spätwette); auch haftet der Spielgegner uU für

fahrlässig falsche Informationen über das Spiel (LG Berlin NJW 1992, 2706, 2707); zu Aufklärungspflichten bei komplexen Zinsswap-Verträgen BGHZ 189, 13, 26ff; 205, 117; BGH WM 2016, 821, 823; 2016, 827, 828; *Lehmann* NJW 2016, 2913ff.

§ 763 Lotterie- und Ausspielvertrag

Ein Lotterievertrag oder ein Ausspielvertrag ist verbindlich, wenn die Lotterie oder die Ausspielung staatlich genehmigt ist. Anderenfalls finden die Vorschriften des § 762 Anwendung.

1. Allgemeines. Lotterie und Ausspielung sind Unterarten des Spiels. Zweck der Regelung ist heute die staatliche Kontrolle (MüKo/*Habersack* Rn 2; *Henssler* Risiko als Vertragsgegenstand, 1994, 514f). Ohne Genehmigung ist öffentliche Lotterie oder Ausspielung strafrechtl verboten (§ 287 StGB; Rn 7). 1

2. Begriffe. Begriffsbestimmungen sind praktisch wenig bedeutsam, da anerkannt ist, dass auch andere Spielverträge als Lotterie- und Ausspielverträge wirksam sind, sofern die Spiele staatlich genehmigt sind (BGH NJW 1974, 1821; 1999, 54, 55; RGZ 93, 348, 349f; s auch § 762 Rn 9). Bei einer **Lotterie** erhält eine Vielzahl von Personen die Möglichkeit, Verträge abzuschließen, wonach der Einzelne gegen Leistung eines bestimmten Einsatzes einen – nicht notwendig schon vorher feststehenden – Geldbetrag erhalten kann, der unter Einhaltung eines bestimmten Spielplans ermittelt und ausgezahlt wird (RGZ 60, 379, 381; 77, 341, 344; BGHSt 2, 140; 3, 99). Die Ermittlung des Ergebnisses hängt idR vom Zufall ab; dies ist jedoch anders als im Rahmen von §§ 284ff StGB nicht notwendig (MüKo/*Habersack* Rn 5; *Henssler* aaO, 511f; aA Staudinger/*Schönenberg-Wessel* Rn 6; RGRK/*Seibert* Rn 3). Die Ermittlung der Gewinne folgt aus dem Kreis der Einsatzleistenden durch Losziehung oder auf sonstige Weise (zB Ausgang eines Spiels oder Verlosung, MüKo/*Habersack* Rn 4). Die Anzahl der ausgegebenen Lose und Gewinne braucht nicht festzustehen (RG HRR 1935 Nr 474). Einsatz möglich in Form von Los oder (versteckt) in Form von Kaufpreis (RGZ 115, 326; JW 1931, 1926; BGHSt 2, 83), Eintrittsgeld (RG Warn Rspr 1915 Nr 216), Vereinsbeitrag, Inseratenpreis (RG HRR 1935 Nr 474), sofern dies auf Spielplan beruht (BGHSt 3, 104); Feststellbarkeit der Einsatzhöhe nicht erforderlich (RG Warn Rspr 1915 Nr 216). 2

Ausspielung unterscheidet sich von Lotterie lediglich dadurch, dass der Gewinn statt in Geld in Waren besteht (RGZ 60, 379, 381; BGHSt 9, 40). 3

3. Beispiele. Lotterie bzw Ausspielung sind: Rennwette bei Pferderennen am Totalisator (Höhe des Gewinns von der Summe der Einsätze abhängig, § 4 Rennwett- und LotterieG, Rn 6); beim Buchmacher (RGSt 7, 21; RGZ 93, 348, 349f; JW 1926, 2283; BGH LM Nr 17 zu § 278; *Krienitz* JW 1929, 237); sog Ablegewette zw Buchmachern (RG Warn Rspr 1926 Nr 157; 28 Nr 168); Sportwetten (BGH NJW 1999, 54, 55; aA Hamm NJW-RR 1997, 1007, 1008; zu Fußballtoto Koblenz NJW 1950, 703); Prämiensparen (BVerwG MDR 1957, 314); Skatturnier (Dresden OLG 9, 12); Preisschießen (LG Marburg NJW 1955, 346); Preisausschreiben (§ 661) zu Werbezwecken mit ganz leichten Lösungen (RGSt 25, 256; BFHE 60, 409; LG Münster MDR 1980, 53; *Tetzner* NJW 1953, 1171); Tombola (Köln NJW-RR 1989, 177); nicht jedoch als Ausspielung anzusehen sind Geschäfte mit progressiver Kundenwerbung (Hydra-, Gella- oder Schneeballsystem, BGHZ 97, 351; Hamburg NJW 1954, 394; Frankfurt wistra 1986, 34; München NJW 1986, 1880; *Henssler* aaO, 516ff; aA RGZ 60, 379, 381; 115, 319; BGH NJW 1952, 34; 392; s auch § 762 Rn 8), jedoch verstoßen solche Verträge idR gegen § 3 III Anh Nr 14, 16 II UWG (nicht dagegen Kettenbriefaktion oder Life-Spiele, vgl BGHSt 34, 178; Celle NJW 1996, 2660, 266) und können gem § 138 nichtig sein (BGH NJW 1997, 2314f; *Willingmann* NJW 1997, 2932ff mwN; s auch § 762 Rn 8). 4

4. Einzelheiten. Loserwerb ist Kauf einer Gewinnaussicht (emptio spei). Angebot kann nur bis zur Ziehung angenommen werden (RGZ 48, 175; 50, 191; 59, 296); anderes kann sich aus ständiger Übung bei längerer Geschäftsverbindung ergeben (Grü/*Sprau* Rn 2). Ist Preis ein Grundstück, so ist der Vertragsschluss nicht nach § 311b I formbedürftig (Nürnberg OLG 1966, 278). Zur Erneuerung eines Loses vgl RG JW 1927, 2411; SeuffA 94 Nr 34; zum Ersatzlos BGH NJW 1957, 1105. Die auf die nicht abgesetzten Lose entfallenden Gewinne verbleiben beim Lotterieunternehmer. Los ist regelmäßig Inhaberschuldverschreibung nach §§ 793ff (RG JW 1912, 86; SeuffA 94 Nr 34). Zum Verlust von Lottoscheinen vgl BGH NJW 1965, 1583. Zum Wettschein vgl *Kohlhaas* JZ 1951, 135. Über stille Beteiligung an Spielbank vgl BGH MDR 1963, 988; Düsseldorf NJW-RR 1987, 483. Bei Zahlenlotto, Fußballtoto häufig vorkommende Gewinngemeinschaften sind meist Gesellschaften des bürgerlichen Rechts (BGH NJW 1974, 1705, 1706; Braunschweig MDR 1954, 354; zu Pflichtverletzungen vgl BGH aaO; MüKo/*Habersack* Rn 32). – Teilnahmebedingungen und Spielpläne sind AGB, für die jedoch bei im Inland genehmigten Lotterien und Ausspielungen eine eingeschränkte Kontrolle im Hinblick auf Haftungsbeschränkungen gilt (§ 309 Nr 7 lit b). 5

5. Genehmigungserfordernis. Die nach § 763 notwendige **Genehmigung** erteilt die nach Landesrecht zuständige Landesbehörde (s zB § 1 I, § 2 I Rennwett- und Lotteriegesetz 2022). Genehmigungen durch Behörden der früheren DDR gelten nach Art 19 EinigungsV weiter (BGH NJW-RR 2002, 395, 396; hierzu auch *Lörler* LKV 2009, 442ff; *Rixen* NVwZ 2004, 1410ff). Ausl Genehmigungen sind jedoch nicht gleichgestellt (BGH NJW 2002, 2175, 2176; NJW 2004, 2158, 2159; Hamburg MMR 2005, 471; Köln ZUM 2006, 230; EuGH NVwZ 2010, 1409 Rn 108ff; aA Erman/*Terlau*[12] Rn 8; LG München I NJW 2004, 171ff; HessVGH DÖV 2004, 445; *Nelle/Beckmann* ZIP 2005, 887). Bei europarechtswidriger Verweigerung der Genehmigung durch eine dt Behörde kommt ein Staatshaftungsanspruch in Betracht (BGH NJW 2013, 168ff – für den zu entscheidenden Fall aber abgelehnt). Staatliche Wettmonopole sind vor dem Hintergrund von Art 12 GG, Art 56 AEUV nur dann zulässig, wenn sie 6 konsequent am Ziel der Bekämpfung von Suchtgefahren ausgerichtet werden (BVerfG NJW 2006, 1261, 1264f; NJW 2007, 1521, 1523; EuGH NVwZ 2010, 1419ff; MMR 2013, 324ff; EuZW 2014, 628; BVerwGE 160, 193ff).

7 **6. Rechtsfolgen. a) Staatliche Genehmigung.** Spielverträge aufgrund **staatlich genehmigter** Lotterien und Ausspielungen sind wirksam (S 1). Es bestehen Ansprüche gegen den Spielunternehmer auf Einsatzleistung, auf rechtzeitige, planmäßige Vornahme der Ziehung und ggf Leistung des Gewinns. Wirksam sind auch sonstige mit solchen Spielverträgen im Zusammenhang stehende Vereinbarungen wie zB über Sicherheiten, Nebenbestimmungen (vgl § 762 Rn 9), Nebenverträge. Die Lotto- oder Totospielgemeinschaft ist wirksame GbR (*Fleischer/Hahn* NZG 2017, 1ff; Vor § 705 Rn 56), jedoch hängt es von den Umständen des Einzelfalls ab, ob der mit Ausfüllung und Einreichung beauftragte Mitspieler im Rahmen des § 708 für Pflichtverletzungen haftet (BGH NJW 1974, 1705; krit *Plander* AcP 176, 425ff; Staudinger/*Schönenberg-Wessel* Rn 25; MüKo/*Habersack* § 762 Rn 32; vgl Hamm NJW-RR 1997, 1006, 1007, bejahend zur Haftung des Auftragnehmers). Die Veranstaltung einer nicht genehmigten, gewerblichen „Spielgemeinschaft" auf der Grundlage des Zahlenlottos ist gem § 287 I StGB verboten (München NStZ-RR 1997, 327; *Fruhmann* MDR 1993, 822; aA *Otto* Jura 1997, 385). – Die vorstehenden Grundsätze gelten ebenfalls für **staatliche Lotterien** (Bsp: Nordwestdt Klassenlotterie für Berlin, Brandenburg, Bremen, Hamburg, Mecklenburg-Vorpommern, Nds, NRW, Saarland, Sachsen-Anhalt und Schl-Holst; Süddt Klassenlotterie für Baden-Württemberg, Bayern, Hessen, Rh-Pf, Sachsen und Thüringen). Die Verträge sind allerdings privatrechtl Natur (BayVerfGH BB 1964, 326), die amtl Spielbedingungen sind AGB (Rn 5). – Bei staatlich genehmigten **Renn- oder Sportwetten** ergibt sich gem § 4 II des Rennwett- und LotterieG v 8.4.1922 (RGBl I 393) die privatrechtl Besonderheit, dass der Vertrag nur für den Unternehmer bzw Buchmacher verbindlich wird, der Teilnehmer jedoch den Einsatz nicht schuldet (KG JW 1927, 2062; Hamm NJW-RR 1997, 1007, 1008).

8 **b) Fehlende staatliche Genehmigung.** Für **staatlich nicht genehmigte** oder **nicht genehmigungsfähige** (da Genehmigung nicht vorgesehen) Lotterien und Ausspielungen gelten nach S 2 die Rechtsfolgen des § 762 (Unverbindlichkeit, nicht wie sonst schwebende Unwirksamkeit). Darüber hinaus kann vorliegen: Verstoß gegen § 3 UWG (RGZ 115, 330; BGHZ 15, 356); Nichtigkeit nach § 134: im Falle des § 287 StGB trotz strafbaren Verhaltens nur eines Vertragsteils (RGZ 115, 325; Köln OLG 1971, 392), bei Verstoß gegen Strafbestimmungen des Rennwett- und LotterieG v 8.4.1922 (RGBl I 393), der landesrechtl Sportwettgesetze (KG NJW 1955, 345), nicht bei Verstoß gegen ausl Verbotsgesetze (uU § 138 gegeben, BGHZ 34, 169; 55, 85), daher Ansprüche gegen ausl Veranstalter (RGZ 58, 277; RG GruchB 46, 1179), falls der Vertrag nicht ausl Recht untersteht.

§ 764 (weggefallen)

Titel 20
Bürgschaft (§§ 765–778)

§ 765 Vertragstypische Pflichten bei der Bürgschaft

(1) Durch den Bürgschaftsvertrag verpflichtet sich der Bürge gegenüber dem Gläubiger eines Dritten, für die Erfüllung der Verbindlichkeit des Dritten einzustehen.

(2) Die Bürgschaft kann auch für eine künftige oder eine bedingte Verbindlichkeit übernommen werden.

1 **I. Allgemeines. 1. Zweck. a)** Mit der Bürgschaft sichert der Gläubiger seine Forderung gegen einen Dritten (Hauptschuldner), der Bürge haftet dem Gläubiger als zusätzl Schuldner (**Interzession** – weitere Bsp Schuldübernahme [§§ 414ff], Kreditauftrag [§ 778] sowie der durch die Kautelarpraxis geschaffene Garantievertrag und der Schuldbeitritt). Die Bürgschaft ist **Personalsicherheit**; den Gegenbegriff stellen dingliche Sicherungsrechte (Hypothek, Grundschuld, Pfandrecht) dar, bei denen der Zugriff auf den zur Sicherung bereitgestellten Gegenstand beschränkt ist. **b)** Die Bürgschaft ist grds ein **einseitiger, nur den Bürgen verpflichtender Vertrag.** Der Bürge übernimmt neben der schon bestehenden Verpflichtung des Hauptschuldners die **eigene Verpflichtung**, im Sicherungsfall die Verbindlichkeit dem Gläubiger ggü zu begleichen (BGHZ 113, 287, 288; 147, 99, 101; BGH NJW 2018, 458) zur Abgrenzung zum Schuldbeitritt, wo eine fremde Schuld auch als eigene übernommen wird, vgl Rn 20). Die Aufnahme der Bürgschaft in einen iÜ zweiseitigen Vertragstext ändert an der Einseitigkeit der Bürgschaftspflichten grds nichts. Zweiseitigkeit kann sich ausnahmsw daraus ergeben, dass die Übernahme der Bürgschaft als Gegenleistung für eine Verpflichtung des Gläubigers getätigt wird; dann gelten die §§ 320ff. Bsp: Gläubiger verpflichtet sich ggü dem Bürgen, dem Hauptschuldner weiteren Kredit zu gewähren (BGH NJW 1996, 930, 931). **c)** Bis zur Erfüllung durch den Hauptschuldner ist der Bürgschaftsvertrag der **Rechtsgrund iSv § 812 I** für die Leistung des Bürgen an den Gläubiger; es ist keine gesonderte Sicherungsabrede zw Bürge und Gläubiger erforderlich, weil die Bürgschaft den Sicherungszweck in sich trägt (hM, MüKo/*Habersack* Rn 3). Leistet der Bürge auf die Schuld, befreit er mit Erfüllung (§ 362 I) seiner eigenen Verpflichtung den Hauptschuldner von dessen Leistungspflicht ggü dem Gläubiger. Jedoch bleibt die Schuld bestehen, die Forderung geht mit Ausnahme des Gläubigerwechsels unverändert auf den Bürgen über (§ 774 I 1). Näher § 774 Rn 2ff. **d)** Der **Schutz des Bürgen** ist gewährleistet über die Formbedürftigkeit (§ 766 Rn 4ff), Akzessorietät (§ 767 Rn 1ff) und Subsidiarität (§ 771 Rn 1ff) und findet seinen Niederschlag in der Frage, in welchem Umfang diese

Vorschriften ggf sogar formularvertragl abdingbar sind. Dies ist nicht allg, sondern mit Blick auf die konkrete Vorschrift und Gestaltung zu beurteilen. An die Abdingbarkeit einzelner Vorschriften sind qualitative Anforderungen zu stellen, andernfalls das Gesamtgefüge kaum noch als Bürgschaft iSv §§ 765ff erkennbar ist. Insofern geht von gesetzl Erleichterungen zB im kaufmännischen Kontext (§§ 349, 350 HGB) Signalwirkung aus, wonach gem Ansicht des Gesetzgebers die geschäftsunkundige Partei sich ihres Schutzes nur in gewissen Grenzen begeben kann.

2. Akzessorietät. a) **Entstehung, Fortbestand, Umfang und Durchsetzbarkeit der Bürgschaft** sind von dem Bestand der (gesicherten) Hauptschuld abhängig. Entfällt die gesicherte Forderung, gleich ob durch Erfüllung, Anfechtung oder Verzicht, erlischt die Bürgschaft. Lebt die scheinbar erfüllte Forderung infolge (zB Insolvenz-)Anfechtung wieder auf, muss der Bürge einstehen, wie wenn die Forderung nie erloschen gewesen wäre (BGH NJW 2017, 298); Beweislast für Anfechtungsgrund trägt der Gläubiger, BGH WM 2022, 630). Die Akzessorietät verbindet die Bürgschaft zB mit der Hypothek und dem Pfandrecht gem §§ 1204ff und unterscheidet diese von Grundschuld und Garantievertrag. Aus Sicht des Bürgen bietet die Akzessorietät gewisse Vorteile: Leistung (§§ 765, 767), Einrede (§ 768) oder Anfechtung durch den Hauptschuldner, sogar das noch nicht ausgeübte Anfechtungs- und Aufrechnungsrecht des Hauptschuldners kommen dem Bürgen zugute (§ 770). 2

b) **Grenzen der Akzessorietät** ergeben sich aus (1) § 768 I 2: beim Tod des Hauptschuldners ist die Berufung auf die beschränkte Erbenhaftung untersagt; ohne eine solche Regelung wäre die Sicherungsfunktion der Bürgschaft auf den Tod des Hauptschuldners bedingt. (2) Der Sicherungszweck erfüllt sich insb in der ggf masselosen Insolvenz. Deshalb bleibt die Bürgschaft ihrem Umfang nach unberührt von einer Änderung der Hauptschuld als Folge eines Insolvenzplans (§ 254 II InsO) oder vom Wegfall der Hauptschuld wegen Löschung des Hauptschuldners infolge masseloser Insolvenz (§ 26 InsO). Näher § 767 Rn 5f. (3) Erweiterungen der Hauptschuld lassen die Bürgschaft in ihrem Bestand unverändert (§ 767 I 3, § 768 II). Während die zuerst genannten Fälle die Sicherungsfunktion aufrechterhalten, geht es in diesem letzten Fall um den Schutz des Bürgen. Beide Motive prägen die Rspr zu Grenzfällen. Grundlegend: *Kopp*, Bürgschaft auf erstes Anfordern – Grenzen vertragl Beschränkungen der bürgschaftsrechtl Akzessorietät, 2008, 60ff, 106ff; Staudinger/*Stürner* Rn 16ff. 2a

c) Der **Grundsatz der Akzessorietät** als solcher ist **nicht disponibel**, kann also nicht völlig abbedungen werden (BGHZ 95, 350, 356f). Als Kardinalprinzip iSv § 307 II Nr 1 ist er auch einer formularvertragl Modifikation nur eingeschränkt zugänglich. Der Akzessorietätsgrundsatz steht einer Modifikation im Einzelfall – insb einer Einschränkung von Einreden (§§ 768, 770, 771) oder Sicherungsrechten (§ 776) – nicht per se entgegen (hL, aA *Kopp*, 139ff, 168ff), erzwingt jedoch bei formularmäßigen Verbraucherverträgen eine besondere Rechtfertigung und führt i Erg vielfach zu einer Differenzierung zwischen Formular- und Individualvertrag. Vgl die Erl zu den einzelnen Vorschriften. d) Modifikationen erfährt der Bürgschaftsvertrag durch das **Verbraucherschutzrecht.** Rn 48f. 3

e) **Gläubigeridentität.** Ohne Gläubigeridentität lässt sich die Legalzession gem § 774 I 1 nicht sinnvoll durchführen. Der Gläubiger der Hauptschuld muss daher zugleich Gläubiger des Bürgen sein (hL, BGHZ 95, 88, 93; 115, 177, 182f; 163, 59, 63; BGH NJW 2001, 3327; 2003, 2231, 2232f; Karlsruhe WM 2012, 1762, 1763; *Horn* ZIP 2001, 93, 96; Staudinger/*Stürner* Rn 31). Der Gläubiger darf Hauptschuld und Bürgschaft nur zusammen abtreten. Tritt er nur die Hauptschuld ab, erlischt (obwohl § 401 I grds abdingbar ist) die Bürgschaft entspr § 1250 II. Der Abtretende kann die Bürgschaft nicht isoliert geltend machen (BGHZ 115, 177, 183f; BGH NJW 2003, 2231, 2232). Ein Bürgschaftsvertrag zugunsten Dritter (§ 328) muss zugunsten des Gläubigers der Hauptforderung geschlossen werden (BGH NJW 2001, 3327; Karlsruhe WM 2012, 1762, 1764). Zu Ausnahmen vom Grundsatz der Gläubigeridentität kann es bei der Prozessbürgschaft kommen. Dazu Rn 12. 4

f) **Bürgschaft für künftige oder bedingte Verbindlichkeit (§ 765 II).** Mit dem Grundsatz der Akzessorietät vereinbar ist es, die Bürgschaft für eine künftige oder bedingte Verbindlichkeit zu bestellen. Die Bürgschaftsschuld entsteht aber erst, wenn die Verbindlichkeit entstanden ist. So ist die für eine gem § 158 I bedingte Verbindlichkeit gestellte Bürgschaft bis zum Bedingungseintritt schwebend unwirksam (§ 158 I). Bei auflösend bedingter Verbindlichkeit (§ 158 II) entfällt die Bürgschaft mit Bedingungseintritt. Bei künftiger Verbindlichkeit entsteht die Haftung erst, wenn die Verbindlichkeit existiert und der Bürgschaftsvertrag hinreichend bestimmt ist (dazu Rn 32ff). 5

3. Arten der Bürgschaft. Zur selbstschuldnerischen Bürgschaft vgl § 773, zur Mitbürgschaft §§ 769, 774 II, zur Bürgschaft auf Zeit § 777, zur Höchstbetragsbürgschaft § 767 sowie Rn 9, 34, 40. IÜ wurden durch Vertragspraxis herausgebildet die Vertragserfüllungs-/Vorauszahlungs- und Gewährleistungsbürgschaft (Rn 7f), Kreditbürgschaft (Rn 9), Teilbürgschaft (Rn 10), Rückbürgschaft (Rn 10), Nachbürgschaft (Rn 11), Prozessbürgschaft (Rn 12), Ausfallbürgschaft (Rn 12), die Bürgschaft auf erstes Anfordern (Rn 13f) sowie die Höchstbetragsbürgschaft (Rn 32, 34). 6

a) **Vorauszahlungsbürgschaft/Vertragserfüllungsbürgschaft.** Der Bürge sichert die Rückzahlung von Anzahlungen eines Auftraggebers an einen Auftragnehmer, falls die geschuldete Leistung nicht vertragsgemäß ausgeführt wird (BGHZ 72, 267, 272; BGH NJW 2011, 1347, 1349). Häufig erfasst der Sicherungsgegenstand den Anspruch auf Werkherstellung und weitere werkvertragl Ansprüche vor Abnahme, dann Vertragserfüllungsbürgschaft (BGHZ 139, 325, 328ff; 200, 326; BGH NJW 2016, 1945; 2016, 2802). Typischerweise ist die geschuldete Leistung eine zeitl unsichere Werkleistung (Bauwerk, BGHZ 200, 326; BGH NJW 2016, 2802), der Bürge eine Bank oder Versicherung (§ 349 HGB) und die Bürgschaft selbstschuldnerisch ausgestaltet (§ 773 Nr 1). S auch 7

KG NJW-RR 2019, 593 (keine Sonderzuständigkeit gem § 72a I Nr 2 GVG für Vertragserfüllungsbürgschaft, die ein an dem zugrunde liegenden Bauvertrag unbeteiligter Dritter gegenüber dem Auftraggeber des Bauvorhabens übernommen hat). Eine **Vertragserfüllungsbürgschaft auf erstes Anfordern** ist idR unzulässig, weil die gesetzl Beweislastverteilung umgekehrt wird (BGHZ 150, 299; 151, 229; BGH NJW-RR 2008, 830). Eine **Sicherheitsleistung gem § 17 I VOB/B** erfasst die vertragsgemäße Leistung und die Mängelgewährleistung, daher Vorauszahlungs- und Gewährleistungsbürgschaft. Die Freigabepflicht in Bezug auf eine Erfüllungsbürgschaft aus § 17 VIII Nr 1 VOB/B vermeidet Übersicherung, strengere Vertragsregelungen (zB längerer Zeitraum, Pauschalregelung für Erfüllung und Gewährleistung) sind ggf mit § 307 I unvereinbar (BGHZ 200, 326). Näher MüKo/*Habersack* Rn 138ff; *Schulze-Hagen* BauR 2007, 170ff; *Hilgers* BauR 2016, 315ff; speziell zur Bürgschaft im Bauwesen *Tiedtke* DB 2006, 2162.

8 **b) Gewährleistungsbürgschaft.** Der Bürge sichert Gewährleistungsansprüche des Gläubigers gegen den Hauptschuldner, meist aus Werkvertrag (BGHZ 147, 99; 204, 346; BGH NJW 2015, 2961). Bei komplexen Werken bewirkt die Stellung einer Gewährleistungsbürgschaft idR die Freigabe des Sicherungseinbehalts des Bestellers (BGHZ 148, 151; Karlsruhe BauR 2015, 876). – Eine Gestaltung auf erstes Anfordern ist wegen Umkehr der werkvertragstypischen Beweislastverteilung grds unzulässig (Hamburg NJW 2011, 2663, 2669f). **Befristung in § 17 VIII Nr 2 VOB/B:** mangels abw Vereinbarung und Geltendmachung von Mängeln ist die Bürgschaft zwei Jahre nach Abnahme zurückzugewähren; näher *Hildebrandt/Buchon* BauR 2016, 1223ff; *Gartz* NZBau 2016, 346ff. Die **Sicherheitsleistung gem § 2 II, V MaBV** beschränkt sich auf die Sicherung des Rückgewähranspruchs für dem Gewerbetreibenden überlassenes Eigentum des Auftraggebers, sie erfolgt durch qualifizierte Bürgen und auf Zeit; die Bürgschaft ist ausgeschlossen für Bauträger (§ 3 I MaBV).

9 **c) Höchstbetragsbürgschaft.** Der Bürge steht für einen Höchstbetrag ein. Dazu Rn 34. – **d) Kreditbürgschaft.** Der Bürge sichert einen laufenden, seinem Gesamtumfang nach wechselnden Kredit des Hauptschuldners, der sich aus vielen, dem Bestand nach wechselnden Einzelforderungen zusammensetzen kann (vgl § 765 II, dazu Rn 5). Bsp: Kontokorrentbürgschaft für Saldo (vgl §§ 355ff HGB; zur Wirkung des Rechnungsabschlusses Köln BKR 2022, 315). Als Regelbürgschaft erfasst sie alle während der Vertragsdauer begründeten Verbindlichkeiten, sie wird aber idR als Höchstbetragsbürgschaft (näher bei § 767) und Bürgschaft auf Zeit (§ 777) ausgestaltet. Näher zur Höchstbetrags- und Kreditbürgschaft MüKo/*Habersack* Rn 121ff; *Derleder/Beining* ZBB 2001, 1ff.

10 **e) Teilbürgschaft.** Bei der **Teilbürgschaft** haftet der Bürge für einen individualisierbaren Teil der zugrundeliegenden Gesamtforderung. Dieser muss nicht summenmäßig, jedenfalls aber anteilsmäßig fixiert sein. (Bsp: Teil eines Bauvolumens, BGH WM 1976, 108, 110; Soergel/*Gröschler* Rn 50 mwN). – **f) Rückbürgschaft.** Der Bürge besichert ggü anderem Bürgen dessen künftige (§ 765 II) Rückgriffsansprüche gegen den Hauptschuldner aus § 774 oder dem zugrundeliegenden Innenverhältnis (BGHZ 73, 94, 96ff; 95, 375, 379f). Die Einstandspflicht entsteht mit Befriedigung des Gläubigers durch den Regelbürgen. Bei Befriedigung des Regelbürgen (der zuvor leisten musste) erhält der Rückbürge über cessio legis gem § 774 I 1 dessen Ansprüche gegen den Hauptschuldner. Näher MüKo/*Habersack* Rn 132; *Gamerith* ÖBA 36, 1998, 759; *Schwartze* ÖBA 37, 2009, 657; *Zeitlmann* ZgKW 1957, 655.

11 **g) Nachbürgschaft.** Der Bürge sichert dem Gläubiger die Einstandspflicht des Vor-/Haupt- oder Regelbürgen (vgl RGZ 146, 67, 70; BGHZ 73, 94, 96). Die Einstandspflicht des Nachbürgen entsteht, wenn der Gläubiger vom Vorbürgen keine Befriedigung erlangen kann (RG JW 1912, 746; BGHZ 73, 94). Es besteht Akzessorietät zw der Schuld des Haupt- und der des Nachbürgen. Weil erstere ihrerseits zur Hauptschuld akzessorisch ist, kommt es zur mehrstufigen Akzessorietät. Im Ergebnis kann der Nachbürge **Einwendungen und Einreden** des Hauptschuldners als solche „seines" Hauptschuldners über §§ 768, 770 geltend machen (Mot II S 672; Soergel/*Gröschler* Rn 48), ebenso aber Einreden des Hauptbürgen, zB Einrede der Vorausklage (§ 771). Die Einrede nach § 771 steht dem Nachbürgen trotz dessen subsidiärer Haftung ebenfalls zu, ist aber nur sinnvoll, wenn der Vorbürge, der sich auf Anfordern oder selbstschuldnerisch verbürgt hat, vor der Leistung ausfällt. Mit Befriedigung des Gläubigers durch den Hauptschuldner oder den Vorbürgen erlischt die Nachbürgschaft. Leistet der Nachbürge, erhält er über § 774 I 1, § 412, § 401 sowohl die Forderung des Gläubigers gegen den Hauptschuldner (BGHZ 73, 94, 96f; Köln WM 1995, 1224, 1227) als auch die Einstandspflicht des Vorbürgen (RGZ 146, 70; BGHZ 73, 94, 97; Köln WM 1995, 1224, 1227). Der Hauptschuldner kann Einwendungen gegen den Hauptbürgen analog § 774 I 3 dem Nachbürgen entgegenhalten (Hamm MDR 1961, 503; Staudinger/*Stürner* Vor § 765 Rn 61; aA Köln MDR 1975, 932; Soergel/*Gröschler* Vor § 765 Rn 48; MüKo/*Habersack* Rn 127).

12 **h) Prozessbürgschaft.** Dies ist eine spezielle Form prozessualer Sicherheitsleistung kraft einer gerichtlichen Anordnung gem §§ 108ff ZPO. Näher Zöller/*Herget* § 108 ZPO Rn 7ff; *C. Mayer*, Sicherheitsleistung durch Bankbürgschaft im Zivilprozess, 2009; *Strasser* RIW 2009, 531; *Häsemeyer* FS Leipold, 2009, 1067ff. – **i) Ausfallbürgschaft.** Der Bürge haftet erst, wenn der Gläubiger nach Verwertung des Vermögens des Hauptschuldners und aller Sicherheiten bzw fruchtlosen Vollstreckungsversuchen einen Verlust erlitten hat (BGH WM 1978, 1267; 1998, 976). Man kann die Ausfallbürgschaft daher als Gegenteil zur selbstschuldnerischen Bürgschaft (WM 1998, 976) oder sogar der Bürgschaft auf erstes Anfordern verstehen, bei denen die Stellung des Bürgen ggü dem Gläubiger geschwächt ist.

13 **j) Bürgschaft auf erstes Anfordern.** Der Bürge verpflichtet sich, auf einfaches Verlangen des Gläubigers hin zu leisten. Einwendungen und Einreden (§§ 768, 770) hat der Bürge später durch Rückforderung ggf prozessual geltend zu machen („Erst zahlen – dann prozessieren"). IÜ bleibt es bei den allg Grundsätzen des Bürgschafts-

vertrags; insb gilt der Grundsatz der **Gläubigeridentität** auch für die Bürgschaft auf erstes Anfordern (BGH NJW 2003, 2231, 2232f). Die mit dem Anforderungsrecht des Gläubigers verbundene Umkehr der Prozesslast ist **für geschäftsunerfahrene Bürgen besonders gefährlich**. Deshalb war die Zulässigkeit lange umstr. Näher *Arnold* Bürgschaft auf erstes Anfordern im dt und engl Recht, 2008, 88ff; *Bydlinski* WM 1991, 257; *Bydlinski* AcP 190, 165; *Förster* Fusion von Bürgschaft und Garantie, 2010, 294ff; *Mertins* NJ 2012, 493; *Reinicke/Tiedtke*, Rn 323ff. Für ausschließlich Kreditinstitute als taugliche Bürgen (andernfalls § 138 I) noch BGH NJW-RR 1990, 1265; explizit gegen eine Einordnung als Bürgschaft mangels Akzessorietät zB *Kopp*, 172ff, 220ff; Erman/*Herrmann*[14] Vor § 765 Rn 12b; *Hadding/Welter* WM 2015, 1545, 1548ff; generell für Unzulässigkeit zB *Weth* AcP 189, 303, 324ff. Die **grds Zulässigkeit** muss seit BGHZ 74, 244; BGH NJW 1992, 1446; 1997, 1435; 1998, 2280 für praktische Zwecke als geklärt gelten. Dies überzeugt: Zwar löst das Anforderungsrecht die Pflichten des Bürgen von der Hauptschuld, jedoch kommt es i Erg zu einer am Bestand der Hauptforderung ausgerichteten („akzessorischen") Rückforderung des Bürgen bei letztlich unberechtigter Inanspruchnahme und dem für die Bürgschaft charakteristischen Rechtsübergang aus § 774 I 1. Für eine Behandlung als Recht sui generis ist daher kein Raum, zumal man auf dieses Recht eigener Art vielfach wiederum die §§ 765ff entspr anwenden müsste. Weiterhin umstr sind Einzelfragen.

aa) Für die **Begründung** der Bürgschaft auf erstes Anfordern gelten zum Schutz des Bürgen grds **strenge Maßstäbe**. Fehlt dem Bürgen das Verständnis für die Rechtsfolgen des unterzeichneten Textes, ist der Vertrag als Regelbürgschaft auszulegen (BGH NJW 1998, 2280, 2281; 1997, 1435, 1437). **Jeder textliche Zweifel geht** bei Bürgschaftsübernahmen **durch Verbraucher zu Lasten des Gläubigers**. Die hM erkennt heute die Fähigkeit von jedermann an, die Bürgschaft auf erstes Anfordern durch **Individualvertrag** zu übernehmen. Dessen ungeachtet ist der Urkundenprozess für den Rückforderungsprozess in der Regel unstatthaft (BGHZ 148, 283). Strenge Maßstäbe gelten im Recht der allg Geschäftsbedingungen, insb im Bauvertragsrecht. Grds kann die **formularvertragl Vereinbarung** des Anforderungsrechts die Unwirksamkeit gem § 307 I 2 hervorrufen. Unwirksamkeit tritt einerseits ein bei Vereinbarung einer Anforderungsklausel **mit Verbraucher-Bürgen** (Köln MDR 2004, 1308; Zweibrücken NJW-RR 2005, 1652; *Arnold* aaO, 94ff). Zur Rechtsfolge sogleich. Unwirksamkeit des Anforderungsrechts soll aber auch **im unternehmerischen Verkehr bei einer Bankbürgschaft** möglich sein, jedoch unter umgekehrten Vorzeichen: Die Anforderungsklausel benachteilige den Hauptschuldner-Auftragnehmer und verbessere die Stellung der Bank als Sicherungsgeber (!), da sie von einer Prüfung der Fälligkeitsvoraussetzungen entlastet werde (BGHZ 150, 299, 303f; 151, 229, 233f; 152, 246, 250; BGH NJW-RR 2008, 830, 831; *Förster* WM 2010, 1677, 1681f). – Ob eine gem § 307 I nichtige Bürgschaft auf erstes Anfordern **als Regelbürgschaft oder selbstschuldnerische Bürgschaft aufrechtzuerhalten** ist, richtet sich nach der Interessenlage beider Parteien (BGHZ 151, 229, 234; 165, 12). Im Zweifel entspricht es dem Parteiwillen, die wirksame Vereinbarung einer Bürgschaft auf erstes Anfordern in dem Sinne auszulegen, dass zugleich eine einfache Bürgschaft als Verpflichtung enthalten sein soll (BGHZ 150, 299; BGH NJW 1999, 2361, 2363). Das Gesetzesrecht für **Werkverträge** kennt eine Sicherungspflicht des Bestellers (zB gem § 632a II). Jedenfalls insoweit ist eine Aufrechterhaltung als Regelbürgschaft geboten. Rspr, die vor Einführung des § 632a die Nichtigkeit des Bürgschaftsvertrags annahm, wenn eine von der höchstrichterlichen Rspr für nichtig erklärte Klausel weiterverwendet wird (BGHZ 151, 229; 191, 159: Anforderungsklausel bei von Auftragnehmer beigebrachter Bürgschaft für Werkverträge nach dem 31.12.2002 soll vom Verwender bewusst abschließend gewählt sein), bedarf der Einschränkung. Des Weiteren ist immer sorgsam zu schauen, wer durch die Nichtigkeit bevorzugt wird; dies wird im Prozess des Gläubigers gegen den Bürgen der Bürge, im Regress des Bürgen gegen den Hauptschuldner indes der Hauptschuldner sein. Nichtigkeit des ganzen Bürgschaftsvertrags kann nur aus besonderen Umständen folgen, etwa wenn Bürge bestimmte formale Voraussetzungen für seine Inanspruchnahme vereinbart hat, die in der Regelbürgschaft nicht realisierbar sind (BGH NJW 2001, 3616, 3617f), oder wenn die der Bürgschaftserteilung zugrundeliegende und vom Bürgen dem Gläubiger oder Hauptschuldner entgegenzuhaltende Sicherungsabrede unwirksam ist (BGHZ 147, 99, 108). – Von der Frage der Unwirksamkeit der Bürgschaft auf erstes Anfordern zu unterscheiden ist die nach der Unwirksamkeit des **Ausschlusses einzelner Gegenrechte** des Bürgen bei der ohnedies strengen Bürgschaft auf erstes Anfordern. Soweit es Verbraucher betrifft, muss ein solcher Ausschluss erst recht unwirksam sein. Unwirksam ist darüber hinaus der generelle Verzicht auf Einreden gem § 768, der auch den Rückforderungsanspruch des Bürgen umfasst (BGHZ 147, 99, 104; 179, 374). 14

Bei **Diskrepanz zw den Abreden von Gläubiger und Hauptschuldner mit dem Inhalt der Bürgschaftserklärung** dringt i Erg die Regelbürgschaft durch: Ist der Hauptschuldner nach der Sicherungsabrede mit dem Gläubiger nur zur Stellung einer gewöhnlichen Bürgschaft verpflichtet, geht der Bürge aber eine Bürgschaft auf erstes Anfordern ein, steht dem Bürgen der Einwand des Hauptschuldners aus der Sicherungsabrede gem § 768 I 1 zu, wonach der Gläubiger das Anforderungsrecht ohne Rechtsgrund erlangt hat (BGHZ 143, 381, 384; 147, 99, 102); zwar gewährt § 768 dem Bürgen Einreden (nur) in Bezug auf die Hauptschuld, jedoch zeigt sich in der ergebnisorientierten Auslegung das Bemühen der Rspr, dem Gläubiger Zufallsgewinne abzusprechen, wenn es um das scharfe Schwert des Anforderungsrechts geht. Zu demselben Ergebnis kommt es im umgekehrten Fall, wenn der Bürge trotz weitergehender Verpflichtung des Hauptschuldners nur eine Regelbürgschaft stellt. Der Gläubiger mag gegen den Hauptschuldner Rechte aus der Sicherungsabrede geltend machen können; den Bürgen kann er daraus nicht auf erstes Anfordern in Anspruch nehmen. 15

bb) Der Umfang der **Anforderung** durch den Gläubiger richtet sich nach der **vertragl Regelung**, also bei Schriftform nach dem Inhalt der Bürgschaftsurkunde (BGH NJW 1998, 2280, 2281). Es gilt der **Grundsatz der** 16

formellen Dokumentenstrenge: Nicht die materielle Lage, sondern der Urkundeninhalt ist maßgeblich (BGH NJW 1997, 1435). Bsp: keine Leistungspflicht des Bürgen, wenn Vorlage bestimmter Urkunden vereinbart, aber wegen Auflösung des Hauptschuldners (GmbH) unmöglich wurde (BGH NJW 2001, 3616).

17 cc) **Rechtsmissbrauch des Gläubigers bei Inanspruchnahme des Bürgen.** Einwände des Bürgen gegen den Anspruch sind auch bei der Bürgschaft auf erstes Anfordern ausnahmsw schon im Erstprozess beachtlich, wenn sich die **Berechtigung der Einwände für jedermann eindeutig erkennbar** aus dem unstr Sachverhalt oder dem Inhalt der Vertragsurkunden ergibt. Der Gläubiger, der sich dennoch auf die ihm durch die Bürgschaft auf erstes Anfordern eingeräumte formale Stellung beruft, missbraucht seine Stellung (Arglisteinwand, § 242), wenn er etwas verlangt, das er im Rückforderungsprozess sofort erstatten müsste. Hohe Anforderungen sind an den Bürgenvortrag zu stellen: Offensichtlichkeit/Evidenz (nach Rspr „liquide Beweisbarkeit", vgl BGHZ 143, 381, 383; 147, 99, 103; BGH NJW-RR 2007, 1392f; *Förster*, 374ff, 401ff; *Kopp* WM 2010, 640ff). Bsp: (1) Hauptforderung unstr nicht fällig (BGH NJW-RR 2003, 14); (2) fehlende Prüfbarkeit einer Werklohnforderung begründet ein Recht des Bürgen zur Zahlungsverweigerung nur dann, wenn sich die fehlende Prüfbarkeit aus dem Sachverhalt ohne Weiteres ergibt und die Rechtslage eindeutig ist (BGH NJW-RR 2007, 1392); (3) Sicherungsabrede unwirksam (München WM 2005, 931, 932). Ein Bürge ist nicht verpflichtet, darauf hinzuwirken, dass der Anspruch des Gläubigers fällig gestellt wird, um seine Inanspruchnahme zu rechtfertigen (BGH NJW-RR 2007, 1392).

18 Die Inanspruchnahme des Bürgen ist auch dann rechtmäßig, wenn die **Durchsetzbarkeit des Rückforderungsrechts** (Rn 19) zB wegen des Vermögensverfalls des Gläubigers (BGHZ 151, 236, 241) aussichtslos erscheint; andernfalls würde das Anforderungsrecht mit Imponderabilien belastet, die dem Beschleunigungszweck zuwiderliefen. Anders soll es sich verhalten, wenn das Insolvenzverfahren mangels Masse nicht durchgeführt wird (BGHZ 151, 236, 242f; BGH ZIP 2003, 1033, 1035); letzteres führt zu Wertungswidersprüchen: Der weniger bedürftige Gläubiger wird ggü dem Bedürftigen bevorzugt. Ob ein Insolvenzverfahren durchgeführt wird, hängt zudem häufiger von der Durchsetzbarkeit der Bürgschaft auf erstes Anfordern ab – gelingt der Zugriff, ist ausreichend Masse für die Verfahrenskosten vorhanden. Schon dies spricht dafür, dem Bürgen den Einwand der Masselosigkeit zu versagen. Leistet der Bürge auf eine rechtsmissbräuchliche Inanspruchnahme hin, verliert er seinen auftragsrechtl Ersatzanspruch, weil er den Aufwand nicht für erforderlich halten durfte (§ 670, so Düsseldorf ZIP 1999, 1520; *Förster*, 406ff). Daher entfällt im Regelfall das Bedürfnis für einstweiligen Rechtsschutz (dazu *Förster*, 412ff). – BGH (NJW-RR 2021, 367) hat sich zu Recht gegen Ausdehnung der Rspr zur masselosen Insolvenz auf Befugnis des Insolvenzverwalters gem § 171 Hs 2 HGB positioniert.

19 dd) **Rückforderungsanspruch des Bürgen gegen den Gläubiger.** Der Rückforderungsanspruch ist **vertragl Art** und folgt unmittelbar aus der Bürgschaftsurkunde. Der Verzicht auf Einwendungen und Einreden ist, wie aus dem Inhalt des „ersten" Anforderns folgt, nur vorläufig, wobei als vereinbart gilt, dass der Bürge materiell nicht geschuldete Überzahlungen zurückfordern kann (hL, vgl MüKo/*Habersack* Rn 112 mN; *Hadding/Welter* WM 2015, 1545, 1549f). Nach Ansicht der Rspr folgt der Rückforderungsanspruch dagegen aus § 812 I 1 Alt 1 (vgl BGHZ 74, 244, 248; BGH WM 2007, 1609, 1610; zust Soergel/*Gröschler* Vor § 765 Rn 28). Letzteres ist jedoch aufgrund des Entreicherungseinwands aus § 818 III, IV regelmäßig nicht gewollt. Die **Beweislastverteilung** bleibt vom Anforderungsrecht unberührt. Der Gläubiger muss das Entstehen und die Fälligkeit der Hauptschuld, der Bürge etwaige Gegenrechte beweisen (BGHZ 148, 283, 288; BGH NJW-RR 2007, 1392). Zur Fälligkeit der Bürgschaftsschuld vgl Rn 38. Der **Urkundenprozess** gem §§ 592ff ZPO ist unstatthaft; Grund: materielle Fragen sollen geklärt werden (BGHZ 148, 283, 288; MüKo/*Habersack* Rn 112).

20 **4. Abgrenzung.** Vgl zum **Kreditauftrag** § 778, zur **Kredit-/Girokarte** § 780 Rn 2ff. **a)** Der **Schuldbeitritt** ist ein nichtakzessorisches Sicherungsmittel, ggf kommt Umdeutung (§ 140) einer nichtigen „Mithaftungserklärung" in eine selbstschuldnerische Bürgschaft in Betracht (BGHZ 174, 39, 47; BGH WM 2009, 1180, 1182 betr Sicherung öffentlich-rechtl Subventionsrückforderung). Näher Vor § 414 Rn 14ff. **b)** Beim **Delkredere** steht ein Handelsvertreter (§ 86b HGB) oder Kommissionär (§ 394 HGB) für die Verbindlichkeit eines Dritten gegen Entgelt (Delkredereprovision) ein. Die Delkrederehaftung nach § 86b HGB setzt einen BGB-Verpflichtungstatbestand voraus. Nach hL ist dies beim Handelsvertreter im Zweifel die Regelbürgschaft (MüKo/*Habersack* Vor § 765 Rn 49; Soergel/*Gröschler* Vor § 765 Rn 90), aber in Abhängigkeit von der Vertragsgestaltung sind auch Schuldbeitritt oder Garantievertrag möglich (*Hopt*[42] § 86b HGB Rn 6). Die Delkrederehaftung des Kommissionärs folgt bereits aus § 394 HGB, dort als besondere Form der selbstschuldnerischen Bürgschaft geregelt, weshalb ggf §§ 765ff analog anzuwenden sind (*Hopt*[42] § 394 HGB Rn 2; für eigenständige Haftungsform MüKo/*Habersack* Vor § 765 Rn 50). Übernimmt der Kommissionär weitere Pflichten, kann insoweit ein Schuldbeitritt oder Garantievertrag gegeben sein.

21 c) Die **Wechsel- und Scheckbürgschaft** gem Art 30–32 WG und Art 25ff ScheckG ist **keine Bürgschaft** iSv §§ 765ff, sondern Verpflichtung eigener Art. Insb fehlt die Akzessorietät, weil die Einstandspflicht bei Nichtigkeit der Verbindlichkeit aus anderen Gründen als einem Formfehler fortbesteht (Art 27 II ScheckG, Art 32 II WG). Ferner haftet der Bürge gesamtschuldnerisch zu den aus Scheck und Wechsel Verpflichteten (Art 27 I ScheckG, Art 32 I WG), so dass auch die Subsidiarität der Einstandspflicht fehlt. Der Rückgriff ist auf die in Art 27 III ScheckG, Art 32 III WG genannten Hauptschuldner und wechsel-/scheckmäßig Haftenden begrenzt. §§ 765ff sind daher weder direkt noch entspr anwendbar. Jedoch kann eine Bürgschaft gem §§ 765ff für eine Verpflichtung aus Wechsel oder Scheck bestellt werden. Vorbehaltlich abw Regelung steht der Bürge dann nicht für die dem Wechsel oder Scheck zugrundeliegende Kausalverpflichtung ein (BGH WM 1984, 1423). Für den Rückgriff des BGB-Bürgen bei Zahlung für den Akzeptanten-Hauptschuldner bleibt es bei §§ 774, 412, 401 (str, wie hier

MüKo/*Habersack* Rn 141; Soergel/*Gröschler* Vor § 765 Rn 61; aA BGHZ 35, 19, 21; Staudinger/*Stürner* Vor § 765 Rn 487: entspr Geltung von Art 32 III WG/Art 27 III ScheckG, aber systemwidrig). **d)** Ebenfalls keine Bürgschaft ist die irreführend sog **Sachbürgschaft**. Es handelt sich um einen Vertrag zur Bestellung einer dinglichen Sicherheit (Pfandrecht, Sicherungsübereignung). Die §§ 765ff sind weder direkt noch analog anwendbar (*Reinicke/Tiedtke* Rn 49).

e) Die **Patronatserklärung** gibt eine Muttergesellschaft (Patron) oder ein am Kredit iwS Interessierter (Rostock MDR 2005, 1277: Vater/Sohn) ggü einem Kreditinstitut (Bank) ab, um dem Dritten (insb Tochtergesellschaft) einen größeren oder günstigeren Kredit zu sichern. Die Erklärung ist auszulegen (§§ 133, 157). Bei der sog **weichen Patronatserklärung** fehlt der Muttergesellschaft der rechtsgeschäftliche Bindungswille. Eine **harte** Patronatserklärung statuiert eine **eigene rechtsgeschäftliche Einstandspflicht** des Patrons an dessen Sitz (BGH NZG 2021, 1654) ggü dem Adressaten der Erklärung (BGHZ 117, 127, 132; BGH WM 2011, 1085; *Haußer/Heeg* ZIP 2010, 1427, 1430). Anspruchsgrundlage ist dann ein vertragl Erfüllungsanspruch aus der Patronatserklärung (hM, MüKo/*Habersack* Vor § 765 Rn 52). Hierbei sind verschiedene Inhalte möglich: (1) nach Empfänger interne Pflicht ggü Tochtergesellschaft (BGHZ 187, 69), externe Pflicht ggü Gläubiger oder beiden (BGH WM 2011, 1085) und (2) nach Inhalt der Vereinbarung Pflicht zur Verlustdeckung bei Zahlungsunfähigkeit (Garantie), subsidiär als Ausfallzusage (§§ 765ff analog) oder indirekt als Ausstattungszusage (Geschäftsbesorgungsvertrag). Ist Adressat die Tochtergesellschaft, kann deren Insolvenzverwalter den Ausstattungsanspruch gegen die Muttergesellschaft geltend machen (BGH WM 2011, 1085). Die von der Muttergesellschaft dem Gläubiger ihrer Tochtergesellschaft erteilte externe Patronatserklärung ist akzessorisch zur Schuld der Tochtergesellschaft. Sie wandelt sich in der Insolvenz in eine Direktzahlungspflicht an den Gläubiger, daneben besteht kein eigener Anspruch der Tochtergesellschaft (BGH WM 2003, 1178, 1179; 2011, 1085). Die Muttergesellschaft ist auch dann dem Gläubiger zur Schadensersatzleistung verpflichtet, wenn ihn die Tochtergesellschaft befriedigt, er diese Zahlung jedoch im Wege der Insolvenzanfechtung erstatten muss (BGH NJW 2017, 298 LS 1). Daher kann der Gläubiger schon bei Anfechtbarkeit der Befriedigung die Rechte aus der harten Patronatserklärung geltend machen (BGH NJW 2017, 298 LS 2). Für Kündigungsrechte besteht Privatautonomie; eine Patronatserklärung ist, wenn dies im Vertrag so vorgesehen ist, **jederzeit kündbar mit Wirkung ex nunc** (hM, BGHZ 187, 69 Rn 37; *Ziemons* GWR 2009, 411), also auch bei Vermögensverschlechterung oder in der Insolvenz (BGHZ 187, 69). – Näher *Koch* Patronatserklärung, 2005; *Haußer/Heeg* ZIP 2010, 1427, 1430; *Maier-Reimer/Etzbach* NJW 2011, 1110; *Tetzlaff* WM 2011, 1016; *Kaiser* ZIP 2011, 2136; *Raeschke-Kessler/Christopeit* NZG 2010, 1361; *Hölzle/Klopp* KTS 2016, 335. 22

f) Die **Garantie** ist eine im BGB nicht geregelte (Mot II S 658) Form der Personalsicherheit, bei der der Garant ggü dem Garantienehmer/Gläubiger die **Einstandspflicht für einen bestimmten wirtschaftl Erfolg** oder die Abwendung eines Schadens übernimmt, so dass der Gläubiger von einem Risiko befreit ist (BGH NJW 1996, 2569, 2570; NJW-RR 2001, 1611, 1612). Die Garantie beinhaltet aufgrund der Unsicherheit der künftigen Entwicklung ein aleatorisches Element. Hat sich das Risiko bereits realisiert, lässt sich dieses also beziffern, hat der Sicherungsgeber ein **abstraktes Schuldversprechen** abgegeben. Näher *Schütze/Edelmann* Bankgarantien, 2011. – Der Garantiegeber kann **Risiken im eigenen oder fremden Leistungsbereich** (zB Herstellergarantie) absichern. Bei der Eigengarantie stellt nur die selbständige Garantie einen eigenständigen Vertrag mit über den Leistungsgegenstand hinausgehender Verpflichtung dar (BGH BB 1964, 1360; NJW 1999, 1542, 1543). Die unselbständige Garantie (insb § 443) beschränkt sich auf eine Modifikation der gesetzl oder vereinbarten Leistungspflichten. Der **Garantievertrag ist nicht-akzessorisch**, die Einstandspflicht tritt neben die Hauptschuld und ist von deren Bestand unabhängig. Einreden und Einwendungen gegen die Hauptschuld kommen dem Garanten nur zu Gute, wenn der Garantievertrag dies vorsieht (BGHZ 140, 49, 52) oder wenn eine rechtsmissbräuchliche (§ 242) Inanspruchnahme der Garantie offensichtlich oder liquide beweisbar ist (BGHZ 90, 287, 292; 145, 286). 23

Ob eine **unbedingte Einstandspflicht (Garantie) beabsichtigt** ist, ergibt sich durch **Auslegung** aller maßgeblichen Umstände gem §§ 133, 157 (abgelehnt in BGH NJW-RR 2013, 1448). Der Wortlaut (vgl „persönliche Garantieerklärung", Brandenburg ZInsO 2022, 891) ist wichtiges Indiz, aber nicht allein maßgeblich. Eine Garantieübernahme kann ebensogut den Umständen nach als Bürgschaft auszulegen sein (ebenso für Abgrenzung der Bürgschaft zum Schuldbeitritt BGH WM 1985, 1417; WM 1977, 1120), umgekehrt (Bürgschaft als Garantie) wird man dies idR nicht annehmen dürfen (BGH WM 1975, 348, 349). Ein **unmittelbares Eigeninteresse des Sicherungsgebers** an der Gegenleistung des Gläubigers spricht für Garantie, dessen Fehlen für Bürgschaft, die Gesamtumstände können aber für ein gegenteiliges Ergebnis sprechen (BGH NJW 1986, 580; Soergel/*Gröschler* Vor § 765 Rn 75 mN). So fehlt der garantierenden Bank regelmäßig ein eigenes Interesse an der Gegenleistung des Gläubigers, sie handelt aufgrund der vom Hauptschuldner/Kunden versprochenen Provision (BGH WM 1982, 1324). Wegen der strengen Rechtsfolgen und dem Fehlen eines Schriftformgebots gem § 766, das andererseits entwertet werden könnte, gehen jegliche Zweifel zu Lasten des Gläubigers, der sich auf die Garantie beruft (BGHZ 6, 385, 397). Bsp: (1) RGZ 90, 415: Mutter einer Kassiererin „garantiert" Defizitausgleich ggü Filialleiterin, meint aber Bürgschaft, die mangels Einhaltung des Schriftformgebots nichtig ist; (2) BGH WM 1987, 616: subsidiäre Einstandspflicht als Bürgschaft auszulegen. 24

Zw Garantie und Bürgschaft ist eine **Formenvermischung** auszumachen. Für einen einheitlichen Tatbestand der Personalsicherheiten daher *Förster*, 512ff. So hat die Kautelarpraxis sowohl Bürgschaften als auch Garantien „auf erstes Anfordern" (BGHZ 140, 49, 52; 145, 286, 291; dazu *Schulz/Mettke* WM 2014, 54ff) entwickelt. Derart ausgestaltete Garantien sind angesichts der besonders schwachen Stellung des Garantiegebers ggf dem Einwand des 25

Rechtsmissbrauchs (§ 242) ausgesetzt, jedenfalls beinhaltet eine formularvertragl Vereinbarung zumal mit Verbrauchern eine unangemessene Benachteiligung des Sicherungsgebers.

26 **Rechtsfolge** der Garantie ist in den im Garantievertrag gesetzten Grenzen Risikotragung durch Sicherungsgeber und Schadloshaltung des Gläubigers bei Nichteintritt des garantierten Erfolgs nach den Regeln des **Schadensrechts gem §§ 249ff** (BGHZ 165, 12, 26; BGH NJW 1985, 2941, 2942; NJW-RR 2003, 732, 733), insb nach § 254 und den Grundsätzen der Vorteilsausgleichung (dazu *Zetzsche* ZHR 179, 490, 509). Die Forderung verjährt gem § 195. – **Bürgschaftsrecht gilt weder unmittelbar noch entspr** (hM, BGH NJW 1967, 1020, 1021; MüKo/*Habersack* Vor § 765 Rn 21 mwN). Daher gibt es kein Schriftformgebot (§ 766 S 1), keine Einrede der Vorausklage (§ 771), keine cessio legis gem § 774. Eine entspr Anwendung der §§ 775-777 ist, da die Garantie nicht gesetzl ausgestaltet ist, einen entspr Willen der Vertragsparteien vorausgesetzt, im Wege der ergänzenden Vertragsauslegung möglich (großzügiger MüKo/*Habersack* Vor § 765 Rn 21; BeckOGK/*Madaus* Rn 610; *Henssler*, Risiko als Vertragsgegenstand, 1994, 385ff; gegen Anwendung von § 776 S 2 RGZ 72, 138; Staudinger/*Stürner* Vor § 765 Rn 214; generell abl aufgrund Einordnung der Garantie als Vertrag sui generis Soergel/*Gröschler* Vor § 765 Rn 24). Mangels Akzessorietät geht die Garantie nicht mit Abtretung der Hauptschuld gem § 401 über (BGH WM 1964, 61; NJW 1987, 2075). Ob der Gläubiger diese selbständig abzutreten hat oder er die Garantie behalten darf, ist Frage des Abtretungsvertrags.

27 **g)** Beim **Bürgschaftsauftrag** beauftragt der Hauptschuldner den Bürgen, dem Gläubiger ggü die Bürgschaft zu übernehmen, insb die formgerechte (§ 766) Bürgschaftserklärung zu übergeben. Der entgeltliche (§ 765 I) oder unentgeltliche Bürgschaftsauftrag bildet somit nur das Innenverhältnis zw Bürge und Hauptschuldner. Dieser ist abzugrenzen insb vom Bürgschaftsvertrag zugunsten des Gläubigers, der (ggf zusätzl zum Bürgschaftsauftrag) zugleich das Verhältnis zum Gläubiger begründen kann (Rn 29). Vgl MüKo/*Habersack* Rn 7, 12; Soergel/*Gröschler* Rn 4. – **h)** Bürgschaft unterscheidet sich von **Versicherung** durch Person des Berechtigten (Hauptschuldner vs Versicherungsnehmer), Akzessorietät vom Bestand der Hauptschuld sowie Laufzeit: Versicherungsvertrag wird idR, Bürgschaft ausnahmsw auf Zeit geschlossen. Versicherung ist Aliud, selbst wenn sie Mietkaution als Bürgschaftsersatz sichern soll (Hamm BeckRS 2022, 14585).

28 **II. Merkmale des § 765 I. § 765 I** bestimmt den **Gegenstand** sowie die **Parteien** des Bürgschaftsvertrags, während § 765 II das für die Bürgschaft wesentliche Akzessorietätsprinzip einschränkt (bereits Rn 5). – Der **Bestand des Bürgschaftsvertrags** ist von dem Innenverhältnis zw Bürge und Hauptschuldner unabhängig. Insb kann der Bürge Einwendungen, die ihm gegen den Hauptschuldner zustehen, dem Gläubiger nicht entgegenhalten. Zu Störungen des Bürgschaftsvertrags Rn 47ff.

29 **1. Bürgschaftsvertrag zwischen Gläubiger und Bürge. a)** Der Bürgschaftsvertrag ist zw Gläubiger und Bürge oder als echter (berechtigender) Vertrag zw Hauptschuldner und Bürge zugunsten des Gläubiger (§ 328, vgl BGHZ 26, 142, 148; 163, 59, 66; BGH NJW 2003, 2231, 2233; Alternative: Bürgschaftsauftrag, vgl Rn 27) zu schließen. Bürge und Gläubiger müssen einig sein, dass der Bürge für die Schuld eines Dritten dem Gläubiger einzustehen hat. Zulässig ist auch die Bestellung einer Bürgschaft für mehrere Gläubiger, wenn der Gläubiger zumindest bestimmbar ist. **Ohne Abschluss eines Bürgschaftsvertrags** kommt es zu den Rechtsfolgen der §§ 765ff aufgrund der gesetzl Vorschriften, wonach eine Partei wie ein (selbstschuldnerischer) Bürge haften soll, vgl zB § 566 II, § 578 I, § 1251 II 2 BGB, § 14 S 1 AEntG (ggf iVm § 13 MiLoG), § 36 II 2 VerlG, § 54 IV 4 BRAO.

30 **b)** Für den Abschluss des Bürgschaftsvertrags gilt grds **allg Vertragsrecht**, jedoch ist für die Frage, ob Einigkeit besteht, im Zweifel die schriftlich (§ 766 S 1) abzugebende Erklärung des Bürgen maßgeblich; dies ist Rechtsfolge der gesetzl Charakterisierung der Bürgschaft als einseitig verpflichtender Vertrag (Rn 1). Auch ein Vertragsschluss ohne Zugang der Annahmeerklärung (§ 151 S 1) ist zulässig. Bsp: Bürge sendet die Bürgschaftserklärung dem abwesenden Gläubiger zu, der sie behält (BGH NJW 1997, 2233; 1999, 3046, 3047). Auch **Stellvertretung** (§§ 164ff) beim Vertragsschluss ist zulässig, und zwar sowohl auf Seiten des Gläubigers als auch des Bürgen (BGHZ 132, 119, 123). Stellvertreter beider Parteien kann auch der Hauptschuldner sein; damit wird nicht gegen § 181 verstoßen, weil der Hauptschuldner keine Partei des Bürgschaftsvertrags ist (RGZ 71, 219, 220; BGHZ 132, 119, 123). Die Vollmacht bedarf aber Form des § 766; § 167 II gilt nicht (näher § 766 Rn 2).

31 **2. Sicherbare Forderung. a) Rechtsgrund, Inhalt, Parteien.** Aufgrund der Akzessorietät (Rn 2) besteht die Bürgschaft nur bei Existenz einer sicherbaren Forderung des Gläubigers gegen den vom Bürgen verschiedenen Hauptschuldner (vgl den Bezug zur Verbindlichkeit eines Dritten in § 765 I). Der **Rechtsgrund der zu sichernden Hauptschuld** ist unerheblich. In Betracht kommen jegliche vertragl und außervertragl Forderungen, insb aus Darlehen (§ 488), Kauf (§ 433 II) und Werkvertrag (§ 631 I). Bsp: (1) Naturalobligationen aus Spiel, Wette (§ 762) und Ehemaklervertrag (§ 656); dann teilt die Bürgschaft die Unverbindlichkeit des Hauptanspruchs (RGZ 52, 39, 40; Düsseldorf ZIP 1983, 1188). Es besteht kein Rückforderungsanspruch des Bürgen bei Leistung, vgl § 762 I 2, § 656 I 2 (hM, Staudinger/*Stürner* Rn 104; aA Soergel/*Gröschler* Rn 7 mwN); (2) Verbindlichkeiten aus Kontokorrentverhältnis (ausf Staudinger/*Stürner* Rn 105ff; zum Saldoanerkenntnis BGH NJW-RR 2002, 986); (3) (bereits bei Übernahme) verjährte Forderungen; dann besteht kein Rückforderungsrecht des Bürgen (§ 214 II, § 813 I; Soergel/*Gröschler* § 768 Rn 12 mwN; näher § 768 Rn 2); (4) öffentlich-rechtl Ansprüche (BGHZ 90, 187, 190; 174, 39, 46; WM 2009, 1180 – Subventionsrückzahlungsforderung; Brandenburg NJW 2020, 55: Zivilrechtsweg eröffnet); (5) Ansprüche aus § 812 I 1 Alt 1 bei nichtigem Darlehensvertrag (grds befürwortend, aber nach Einzelfall diff BGH NJW 1987, 2076, 2077). Auch der **Inhalt der Hauptschuld** ist grds beliebig. Zulässig sind zB vertretbare und unvertretbare Sachen und Handlungen oder höchstpersönliche Leistungen. Unzuläs-

sig ist die Sicherung einer dinglichen Haftung zB aufgrund einer Hypothek gem § 1147 (RGZ 93, 234, 236); die Auslegung kann aber ergeben, dass sich die Bürgschaft auf die durch Hypothek gesicherte Forderung beziehen sollte, wenn Personenidentität des schuldrechtl und dinglich Haftendem gegeben ist. Auch die **Person des Gläubigers oder Hauptschuldners** kann beliebig gewählt werden, solange die Person des Schuldners eindeutig ist. Bsp: Verbindlichkeit für nur einen oder mehrere Gläubiger (BGH NJW 2001, 3327) oder Gesamtschuldner (BGHZ 46, 14). Ggf ist § 139 anzuwenden, wenn sich nur einer der Gläubiger bestimmen lässt (BGH NJW 2001, 3327, 3328f). Zum Einfluss des Untergangs des Hauptschuldners auf die Existenz von Haupt- und Bürgschaftsforderung vgl § 767 Rn 5f.

b) **Bestimmtheitsgrundsatz.** Die zu sichernde Verbindlichkeit muss im Bürgschaftsvertrag **ausreichend bestimmt** bezeichnet sein. Dazu muss die Forderung Gläubiger, Schuldner, Schuldgrund und -höhe bezeichnen, wenigstens aber müssen diese bestimmbar sein. Die Rspr hatte zunächst aus diesem sog **Bestimmtheits-** oder **Bestimmbarkeitserfordernis einen** weitergehenden Bürgenschutz vor unbegrenzten und unüberschaubaren Belastungen abgeleitet. Eine Verbürgung für sämtliche zukünftigen Verbindlichkeiten eines Hauptschuldners sollte danach nur zulässig sein, wenn sich aus anderen Angaben eine **sachlich-gegenständliche Begrenzung ergibt**, etwa durch Angabe eines Höchstbetrags (dazu Rn 9), bestimmter Gläubiger, Länder oder Zeiträume. Unzulässig war dagegen eine Bürgschaft „für alle nur irgendwie denkbaren Verbindlichkeiten des Hauptschuldners ohne jede sachliche Begrenzung" (BGHZ 25, 318, 320f; 125, 206, 208; BGH NJW 1990, 1909, 1910; NJW 1992, 896, 897). Freilich war die dogmatische Verortung des Schutzanliegens im Bestimmtheitsgrundsatz deplatziert, weil die **allumfassende (Global-)Klausel durchaus bestimmt** war (so auch BGHZ 130, 19, 21f; 143, 95, 99). An die Stelle des Bestimmtheitsgrundsatzes ist daher heute eine Differenzierung zwischen formularvertragl und individueller Abrede getreten. 32

Bei in **Formularverträgen vereinbarten Globalbürgschaften** sieht die Rspr unter Orientierung an § 767 I 3, wonach die Eingehung künftiger Verbindlichkeiten Inhalt und Umfang der Bürgschaft unberührt lässt, einen Verstoß gegen §§ 305c, 307, weil der Bürge unkalkulierbaren Risiken ausgesetzt werde (BGHZ 130, 19, 24ff; 132, 6, 8; 137, 153, 155; näher *Kuntz* AcP 209, 242, 247ff). Wird dennoch eine Globalklausel vereinbart, begrenzt sich die Bürgenhaftung auf **diejenige Hauptschuld, die Anlass der Bürgschaft war** (BGHZ 130, 19, 34; 137, 153, 160; 143, 95, 97f). Bsp: 1) bei Kontokorrentkredit in dem zur Zeit der Verbürgung geltenden Kreditlimit (BGHZ 130, 19, 34; BGH NJW 1999, 3708, 3709); 2) bei einem unlimitierten Kontokorrentkredit in der Höhe des Kreditsaldos am Tage der Bürgschaftserklärung (BGHZ 137, 153, 160). – Die Rspr-**Grundsätze gelten allg auch für Kaufleute und juristische Personen (Stiftungen, öffentlich-rechtl Körperschaften)**; so ist auch die vom Vorstand einer börsennotierten AG für diese erklärte Globalbürgschaft nichtig. Eine Ausnahme ist nur für den Fall anerkannt, dass die Bürgschaft entgeltlich ist und zum typischen Geschäftsbetrieb des Kaufmanns gehört (BGH NJW 1998, 3708; NJW-RR 2002, 343, 344). Bsp: Kreditinstitut übernimmt Avalbürgschaft. Umstr ist der Fall, dass der Bürge zB als Geschäftsführer, Allein- oder Mehrheitsgesellschafter die Entstehung und Erweiterung der Verbindlichkeiten der Hauptschuldnerin beeinflussen kann; für Wirksamkeit einer solchen Globalbürgschaft zB BGHZ 126, 174, 177; 130, 19, 30; 143, 95, 101; 153, 293, 298; BGH NJW 2009, 437, 438; MüKo/*Habersack* Rn 79 mwN; aA *Koch* NJW 2000, 1996ff; Staudinger/*Stürner* Rn 58: Begrenzung durch Höchstbetrag erforderlich. 33

Nach Ansicht des BGH ist eine **(Höchstbetrags-)Bürgschaft**, die eine schon bei Abschluss des Bürgschaftsvertrags bestehende Kreditschuld erfasst, **sofern diese nicht näher bezeichnet ist**, wegen Verstoßes gegen das Transparenzgebot unwirksam gem §§ 305c, 307 und als Bürgschaft nur für den Anlasskredit auszulegen (BGHZ 143, 95, 97f; MüKo/*Habersack* Rn 77; aA *Kuntz* AcP 209, 242, 265ff, 270). Eine Global-Höchstbetragsbürgschaft eines **ArbN** für Forderungen gegen den ArbGeb, die den ArbN überfordern, verstößt gegen § 138 I (BGHZ 156, 302, aber unter Bezugnahme auf die AGB-Klauselkontrolle) und die Bürgschaft einer Privatperson für Forderungen des ArbGeb gegen den ArbN aus dem **Arbeitsverhältnis** verstößt gegen § 307 I 2 (BAGE 94, 300). Näher *Schlosser/Simon* WM 2020, 2262. 34

Auf der Grundlage der Privatautonomie soll sich der Bürge aber **durch Individualvertrag** auch für allumfassende zukünftige Forderungen („global") verbürgen dürfen. Für Extremfälle wird ein Sittenverstoß gem § 138 I erwogen (BGHZ 130, 19, 22; Soergel/*Gröschler* Rn 10; *Bydlinski* WM 1992, 1301, 1304; *Nobbe* BKR 2002, 747, 748f). Zu § 138 I noch Rn 50. Auch wenn der Ausgangspunkt überzeugt, sollte man **jedenfalls bei Verbrauchern** das Verbot der Fremddisposition gem § 767 I 3 streng handhaben und bei individuell ausgehandelten ebenso wie bei formularmäßigen Globalbürgschaften insofern einen Verstoß annehmen (i Erg auch Staudinger/*Stürner* Rn 54, jedoch für alle Parteien, nicht nur Verbraucher). 35

c) Eine Bürgschaft trägt den Sicherungszweck in sich (Rn 1), so dass eine **Sicherungsabrede grds entbehrlich** ist. Insb bei der Gewährleistungsbürgschaft (Rn 8) ist aber eine Sicherungsabrede gebräuchlich, wonach der Hauptschuldner dem Gläubiger einen Bürgen stellen muss. Die Sicherungsabrede gewährt dem Hauptschuldner **Ansprüche gegen den Gläubiger**, die der Bürge gem §§ 768, 770 einwenden kann (s Erl dort). Dennoch sind Bürgschaft und Sicherungsabrede zw Hauptschuldner und Gläubiger rechtl voneinander unabhängig, insb ist der Bestand der Bürgschaft nicht akzessorisch zur Sicherungsabrede; ist die Sicherungsabrede nichtig, kann die Bürgschaft dennoch wirksam sein. S noch § 768 Rn 3. 36

3. Pflichten des Bürgen. Der Bürge übernimmt eine eigene, von der Hauptschuld zu unterscheidende Leistungspflicht (vgl § 765 I). Zur Akzessorietät Rn 2. a) **Identitätsgrundsatz.** Der Bürge hat die gleiche Leistung wie der Hauptschuldner zu erbringen, wenn die Bürgschaft Ansprüche auf **Leistung von Geld, Wertpapieren** 37

oder anderen vertretbaren Sachen sichert (Regelfall). Bei Bürgschaft für unvertretbare Sachen oder höchstpersönliche Leistungen (zB Handlungspflichten) schuldet der Bürge dem Gläubiger das Interesse in Geld (MüKo/*Habersack* Rn 84; Soergel/*Gröschler* Vor § 765 Rn 7 mwN). Dies gilt im Zweifel auch bei gegenständlichen Leistungen (BGHZ 148, 151, 154; BGH NJW 2013, 1228, 1229). Die Sicherung eines Warenkredits ist idR ebenfalls Bürgschaft (vgl BGH NJW 2000, 362; Dresden WM 2001, 2167).

38 b) Für die **Fälligkeit** gilt § 271 I Alt 2: mit Eintritt der Zahlungspflicht des Bürgen (sog Bürgschaftsfall), und zwar selbst bei Unkenntnis des Bürgen (str, vgl *Gay* NJW 2005, 2585ff; MüKo/*Habersack* Rn 86; Soergel/*Gröschler* Rn 59ff mN). Bei einer **selbstschuldnerischen Bürgschaft** entsteht der Anspruch gegen den Bürgen zugleich mit der gesicherten Forderung; für den Beginn der Verjährungsfrist ist keine Leistungsaufforderung vonnöten (BGHZ 175, 161; BGH NJW 2013, 1228, 1229). Bei einer **Gewährleistungsbürgschaft**, die idR nur für das Erfüllungsinteresse und nicht für die gegenständliche Nachbesserung der Werkleistung haften soll, tritt der Bürgschaftsfall ein, wenn der Auftraggeber einen auf Geld gerichteten Gewährleistungsanspruch erworben hat (BGH NJW 2013, 1228, 1229). – Auf die **Geltendmachung** der Forderung durch den Gläubiger kommt es selbst bei Unkenntnis des Bürgen nicht an (vgl für selbstschuldnerische Bürgschaft BGHZ 175, 161, 168; BGH NJW 2013, 1228, 1229; *Schmolke* WM 2013, 148, 150f; MüKo/*Habersack* Rn 86; Soergel/*Gröschler* Rn 59f mwN; aA *Gay* NJW 2005, 2585ff m ausf Begr). Jedoch tritt bei Unkenntnis des Bürgen mangels Verschulden kein Verzug ein (§ 286 IV). Gleichzustellen ist Ungewissheit über Bestand und Umfang der Hauptforderung trotz Kenntnis des Bürgschaftsfalls (BGH NJW 2011, 2120, 2121f; dazu *Vogel/Schmitz* NJW 2011, 2096f). Bei Angehörigenbürgschaften kann es zur Fälligkeitsverschiebung kommen, dazu Rn 50. – Als selbständige Forderung hat die Bürgschaft (Rn 1) einen eigenen Leistungsort gem §§ 269 I, 270 IV (Wohnsitz des Bürgen), vgl RGZ 137, 1, 11; 73, 262; BGH NJW 1995, 1546, 1547. – **Durchsetzbarkeit.** Die Forderung gegen den Bürgen unterliegt der Regelverjährung von drei Jahren gem § 195. Fristbeginn gem § 199 I Nr 1, 2 tritt mit **Fälligkeit der Zahlungspflicht des Bürgen** ein, weil dies der Zeitpunkt ist, an dem der Anspruch erstmalig ggf durch Klage geltend gemacht und durchgesetzt werden kann (BGH NJW 2009, 587).

39 c) **Umfang der Einstandspflicht.** Im Regelfall haftet der Bürge für die Hauptforderung im gesamten Umfang. Abw kann vertragl vereinbart werden (zur Teil- und Höchstbetragsbürgschaft Rn 9, 34) oder folgt aus dem Gesetz (zB § 551 I zur Mietbürgschaft, s Erl dort). Der **Gläubiger trägt das Risiko von Unklarheiten betreffend den Umfang** (BGHZ 76, 187). Die Bürgschaftserklärung bezieht sich auf die dem Bürgen bekannte(n) Verbindlichkeit(en), die Reichweite der Erklärung ist der Auslegung (§§ 133, 157) zugänglich. – **Erweiterungen der Hauptschuld vor Abgabe der Erklärung** können danach zur Erweiterung der Bürgschaft führen, wenn die Erweiterung dem Bürgen bekannt ist und seine Erklärung diese Erweiterung ausdrückl oder den Umständen nach einbezieht (Zweifel gehen zu Lasten des Gläubigers). **Änderungen nach Abgabe der Erklärung** lassen die Einstandspflicht grds unverändert (§ 767 I); der Grundsatz unterliegt aber wichtigen Ausnahmen, insb § 767 II für Kosten der Kündigung und Rechtsverfolgung ggü Hauptschuldner (s § 767 Rn 11). Die **Abgrenzung** zw Erweiterungen der Hauptschuld und nachträgl Änderung ist im Einzelfall schwierig. Die Prüfung muss in zwei Schritten erfolgen: Zunächst ist der Umfang der Einstandspflicht durch Auslegung zu ermitteln. § 767 ist aber von Belang, wenn die Vertragsauslegung nicht eine Einbeziehung von Anfang an ergibt; dies kommt insb bei unerwarteten und deshalb nicht geregelten Vertragsänderungen in Betracht (Extremfall Störung der Geschäftsgrundlage, § 313).

40 **Bsp für Erweiterung der Hauptschuld** im Wege der Auslegung: (1) **Bezugnahme auf § 650f, § 650k II, § 650m, ggf iVm § 650q, oder Auftragserweiterungen** nach § 1 III, IV VOB/B sind für Erweiterung des Haftungsumfangs zu unbestimmt (BGH NJW 2010, 1668, 1669); (2) Einbeziehung von **Zinsen** ist regelmäßig vereinbart. Kennt der Bürge die Verzinslichkeit der Hauptschuld bei Abgabe der Bürgschaftserklärung, erstreckt sich Bürgschaft idR auch auf die Zinsen und Zinsrückstände. Sind Zinsen einbezogen, erfasst die Bürgschaft im Zweifel auch die Hauptschuld betreffende zulässige **Zinserhöhungen**, da ein Bürge ebenso wie der Schuldner mit einer Abänderung der Zinshöhe rechnen muss. Zulässig ist eine Klausel, wonach die Bürgschaft auch Zinsänderungen umfasst, welche den Zinssatz den wechselnden und bei Vertragsschluss meist nicht überschaubaren künftigen Refinanzierungsmöglichkeiten in Abhängigkeit vom Diskontsatz der Zentralbank in marktkonformer Weise anpassen (BGH NJW 2000, 2580). Zur Zulässigkeit einer formularvertragl Zinsänderungsklausel (betr die Hauptschuld) hinsichtl § 307 I 2, § 308 Nr 4 vgl BGHZ 185, 166; 180, 257 Rn 30ff sowie allg zu Preisänderungsklauseln § 307 Rn 48f. – Von der Regelbürgschaft abw gilt für die **Höchstbetragsbürgschaft.** Die frühere Rspr, die Nebenforderungen aus Zinsen, Rechtsverfolgung, Verschulden und Verzug auf den Höchstbetrag aufschlug (BGHZ 77, 256, 258; BGH WM 1978, 10; 1994, 1064, 1068) ist jedenfalls für **Formularverträge** überwunden (BGHZ 151, 374, 380f; BGH NJW 2004, 161, 163). In der Tat dient die Vereinbarung des Höchstbetrags dem Zweck, das Haftungsrisiko des Bürgen summenmäßig endgültig festzulegen. Der Widerspruch zw einer Erweiterungsklausel, die eine Inanspruchnahme weit über den Höchstbetrag ermöglicht, und der Bezeichnung als Höchstbetragsbürgschaft ist nach allg Regeln **zulasten des Verwenders aufzulösen.** Dies kann der Gläubiger, aber auch Bürge oder Hauptschuldner sein. Bei Individualverträgen ist die Bürgschaftserklärung nach §§ 133, 157 auszulegen, ob die Erweiterungsklausel oder Bezeichnung als Höchstbetrag durchdringen soll. (3) **Bankprovisionen** sind im kaufmännischen Verkehr erfasst (RG JW 1912, 343; Staudinger/*Stürner* Rn 39); (4) Die Vertragserfüllungsbürgschaft sichert vorbehaltlich abw Vereinbarung auch den Anspruch des Gläubigers auf Zahlung einer **Vertragsstrafe** (BGH NJW 1982, 2305; NJW-RR 1990, 811); (5) eine Vertragserfüllungsbürgschaft sichert **Schadensersatz statt der Leistung** (BGH NJW 1988, 907; BGHZ 151, 236 Rn 10), s dazu § 767 Rn 8; (6)

wegen Akzessorietät nur im Ausnahmefall umfasst sind **Bereicherungsansprüche wegen Nichtigkeit des Hauptschuldvertrags**, aber Auslegungsfrage (str, vgl BGH NJW 1987, 2076, 2077; 2001, 1859, 1860; Staudingr/*Stürner* Rn 94ff; MüKo/*Habersack* Rn 66, 83 mwN; aA *Fielenbach* WM 2011, 2349, 2350ff); (7) Ansprüche auf **Vertragsänderung** sind von der Bürgschaft nur mitumfasst, wenn sich die Stellung des Bürgen nicht verschlechtert (Gegenbsp: Die Umwandlung eines laufend zu tilgenden in ein endfälliges Darlehen hält die zu sichernde Hauptschuld länger hoch, BGH NJW 2000, 2580); eine umfassende Klausel ist ggf formularvertragl angreifbar; (8) Einsatzpflicht für den Bürgschaftsbetrag weit übersteigende **Kosten einer Ersatzvornahme** in Höhe des vereinbarten Höchstbetrags bei Einstandspflicht für „alle Forderungen aus Hauptbetriebsplanzulassung" für Sandtagebau Brandenburg 16.10.2019 – 4 U 107/18. – Zur Bürgschaft nach § 7 MaBV aF vgl BGHZ 160, 277; 175, 161; BGH NJW 2009, 673; 2010, 1284, 1285; WM 2011, 215; *Tiedke* NJW 2005, 2498, 2504; Erman/*Herrmann*[14] Rn 7.

d) Beendigung. Die Einstandspflicht des Bürgen ggü dem Gläubiger endet mit **Erlöschen der Hauptschuld**, gleich auf welche Form und gleich ob Hauptschuldner oder Bürge geleistet haben (näher § 767); die Person des Leistenden ist daher nur für die Frage des Forderungsübergangs (§ 774 I 1) und etwaiger Aufwendungsersatzansprüche im Innenverhältnis bedeutsam. Des Weiteren endet die Einstandspflicht mit ggf separater **Beendigung der Bürgschaft durch Erfüllung und Erfüllungssurrogate.** Bsp: (1) Hinterlegung (BGH NJW 1986, 1038, 1039); (2) Erlass (vgl Hamburg NJW 1986, 1691f); (3) Aufhebung (zur Vortragslast BGH NJW-RR 2004, 405, 407); (4) Hauptschuld-Übernahme eines Dritten (§ 418 I) oder Wechsel des Hauptschuldners infolge Vertragsübernahme (§ 418 I analog, vgl Hamm WM 1990, 1152, 1154); Fortbestehen und Übergang der Bürgschaft analog § 401 I jedoch bei Gläubigerwechsel (BGHZ 95, 88, 92); (5) sonstiger Bedingungseintritt, etwa Urkundsrückgabe, Zeitablauf, anderer Tatsacheneintritt (Staudinger/*Stürner* Rn 262); (6) Verwirkung, zB wenn der Gläubiger den wirtschaftl Zusammenbruch des Hauptschuldners schuldhaft verursacht und jeden Rückgriff des Bürgen vereitelt (BGH NJW 2004, 3779). 41

Die vorgenannten Beendigungsgründe können jew auch vor einem evtl bestimmten Zeitpunkt (Bürgschaft auf Zeit) eintreten. Darüber hinaus steht dem **zeitl unbegrenzten Bürgen** ein **ordentliches Kündigungsrecht** auch ohne wichtigen Grund zu (BGH NJW 1993, 1917, 1918). Dieses Kündigungsrecht beruht auf einer konkludenten Vertragsregelung, wonach niemand unbegrenzt ohne jegliche Kündigungsmöglichkeit eine Darlehensschuld eingehen und die andere Vertragsseite ein solches Recht nicht ohne interessengerechte Begrenzung gewähren könnte; diese Annahme kommt in § 488 III zum Ausdruck und muss erst Recht für die *Besicherung* einer Darlehensschuld gelten. Daher muss eine angemessene Kündigungsfrist eingehalten werden (nach Celle NJW-RR 1989, 548 idR drei Monate entspr § 488 III 2; Ausnahmen möglich). – Des Weiteren besteht gem § 314 ein **Recht zur außerordentlichen Kündigung** bei wichtigem Grund. Bsp: (1) Gesellschafterbürge, der sich für die Gesellschaftsschuld verbürgt hat, scheidet aus Gesellschaft aus (BGH NJW 1986, 252, 253; ZIP 1999, 877, 878; NJW 2003, 61, 62); (2) Verschlechterung der Vermögenslage des Hauptschuldners (BGH NJW-RR 1993, 944; NJW 1985, 3007, 3008); ebenso noch vor Auszahlung des Darlehens analog § 490 I (vgl BGH WM 1959, 1072, 1074; ebenso MüKo/*Habersack* Rn 61; Soergel/*Gröschler* Rn 54). Der letzte Fall ist zweifelhaft, da sich lediglich der Sicherungszweck der Bürgschaft erfüllt; jedenfalls ist dieses außerordentliche Kündigungsrecht – trotz der grds bestehenden Hürden für eine Abdingbarkeit (zB BGH WM 1973, 694) – bei Angabe der genauen Ausschlusskonditionen vertragl abdingbar. 42

e) Nebenpflichten. Bei der Regelbürgschaft hat der Bürge allein die Bürgschaftsschuld im Zeitpunkt ihrer Fälligkeit zu erfüllen. Die §§ 765ff statuieren **keine Nebenpflichten des Bürgen.** Es gelten die allg Regeln (§ 241 II, § 242). Die Rspr tendiert zu einer strengen Handhabung zulasten des Gläubigers (vgl BGH NJW 1987, 1631). Dieser Linie ist beizutreten, da die Bürgenstellung über Nebenpflichten entscheidend verändert werden könnte; es macht für den Bürgen wenig Unterschied, ob er dem Gläubiger aus Bürgschaft oder Nebenpflichtverletzung bei Verstoß gegen Hinweis- und Warnpflichten einstehen muss (großzügiger MüKo/*Habersack* Rn 91, der Schutzpflichten annimmt, wenn sich Leistungshindernisse abzeichnen oder die Erfüllung der Bürgschaftsverpflichtung für den Gläubiger Risiken birgt). Der Bürge schuldet dem Gläubiger im Grundsatz weder Schutz noch Treue. Allenfalls abw (auch konkludente) Vertragsregelungen sind individualvertragl zulässig, bei Formularverträgen aber an §§ 305ff zu messen. So darf zB eine Hinweispflicht vereinbart werden, wenn dem Bürgen Einwendungen (§§ 768, 770) bekannt werden oder sich seine Vermögenslage verschlechtert. Eine Hinweispflicht für den Fall, dass der Bürge von einer Vermögensverschlechterung des Hauptschuldners erfährt, dürfte indes unzulässig sein, da sie das Informationsrisiko vom Gläubiger, der sich vertragl alle Rechte ggü dem Hauptschuldner sichern kann, auf den Bürgen verlagert (Benachteiligungsverbot). Selbstverständlich können aber Schutzpflichten des Bürgen aus anderem (etwa gesellschafts-)rechtl Zusammenhang in das Bürgschaftsverhältnis hineinwirken (auch MüKo/*Habersack* Rn 91). – **Im Einzelfall** lässt die Rspr aber auch den Bürgen für ein **Verschulden bei Vertragsschluss** einstehen. Bsp: (1) BGHZ 142, 51: trotz mangels Genehmigung der Aufsichtsbehörde schwebend unwirksamer Bürgschaft einer kommunalen Selbstverwaltungskörperschaft haftete diese wegen Verstoßes gegen eine Hinweispflicht in Bezug auf die Genehmigungsbedürftigkeit aus Verschulden bei Vertragsschluss für den Vertrauensschaden, der dem Erfüllungsinteresse entsprach. (2) BGH NJW-RR 1989, 1393, 1395f: bestimmender (gesellschaftsrechtl) Einfluss des Bürgen auf den Hauptschuldner. 43

4. Neben- und Schutzpflichten des Gläubigers. Die Bürgschaft belastet den Bürgen allein mit Hauptpflichten; den Gläubiger treffen Pflichten nur bei Geltendmachung der Forderung gegen den Bürgen (§§ 771ff). Das Gesetz knüpft Konsequenzen des Weiteren an die Aufgabe von Sicherheiten (§ 776). Aus dem Einwirkungs- 44 potential des Gläubigers auf das Bürgenvermögen resultieren jedoch nach heute hM (BGHZ 166, 84, 99; 165, 363, 370f; BGH WM 2004, 724, 725; NJW 1996, 1274, 1275; WM 1992, 1016, 1017; MüKo/*Habersack* Rn 92; *Reinicke/Tiedtke* Rn 242; diff Staudinger/*Stürner* Rn 133ff) Neben- und Schutzpflichten (§ 241 II, § 242). Der Umstand, dass die Bürgschaft nur dem Bürgen Hauptpflichten auferlegt, bedeutet nicht, dass der Gläubiger keine Nebenpflichten beachten müsste. – Als **Rechtsfolge** ist der Gläubiger gem § 280 I, § 241 II (ggf iVm § 311 II) bzw § 280 I, III, § 282, §§ 249ff ersatzpflichtig. Nach Abgabe der Bürgschaftserklärung wird der Bürge idR von seiner Leistungspflicht befreit, der Gläubiger verliert seinen Anspruch gegen den Bürgen aus § 765 (zB BGH NJW 1999, 3195, 3197; 1995, 1886, 1888; MüKo/*Habersack* Rn 104). – Obwohl die Rspr Nebenpflichten und Obliegenheiten des Gläubigers lange Zeit in Abrede gestellt hatte (RGZ 65, 136, 139; BGH WM 1963, 24; 1974, 1129; *Knütel* FS Flume I, 1978, 559, wonach § 776 die Rücksichtnahmepflichten des Gläubigers abschließend regeln sollte), schloss diese **Erweiterungen der Gläubigerpflichten über den Grundsatz von Treu und Glauben** (§ 242) nicht grds aus, was häufig zu identischen Ergebnissen mit der Schutzlehre führte.

45 **Fallgruppen: (1) Herbeiführung der Zahlungspflicht** des Bürgen: Hält zB der Gläubiger den Hauptschuldner zur Zahlungsverweigerung an, gewährt § 242 dem Bürgen ein Leistungsverweigerungsrecht (BGH WM 1966, 317). Es kann einen Treuepflichtverstoß darstellen, wenn sich der Gläubiger durch eine Abtretung von Forderungen, die durch Bürgschaft zugunsten Dritter besichert waren, Vorteile zu sichern sucht (BGH WM 1958, 722; NJW 1975, 122, 123). Der Gläubiger darf die vermögenslose Ehefrau, die sich einzig zur Verhinderung von Vermögensverschiebungen vom Hauptschuldner auf sie selbst verbürgt hat, gem § 242 nur in Anspruch nehmen, wenn sie vom Hauptschuldner tatsächlich Vermögen erhalten hat (sonst Abweisung der Zahlungsklage als zurzeit unbegründet, vgl BGH NJW 2000, 362, 363). Näher zur Angehörigenbürgschaft Rn 50. – **(2) Einwirkung auf die Regressansprüche des Bürgen**: Der Gläubiger verwirkt gem § 242 seinen Anspruch, wenn er den Zusammenbruch des Hauptschuldners bewirkt und so dem Bürgen den Rückgriff vereitelt hat (BGH WM 1984, 586; NJW 2004, 3779, 3780; 2004, 3782, 3783). Dem Gläubiger fällt zur Last, wenn er dem Hauptschuldner wider vorherigen Kreditzusagen überraschend die Konten sperrt (BGH WM 1984, 586). – **(3) Irreführung des Bürgen:** Angaben des Gläubiger, etwa auch auf Fragen des Bürgen, müssen vollständig und wahr sein (zB BGH NJW-RR 2002, 1130; RGZ 91, 80, 82). Hat der Gläubiger einen Irrtum des Bürgen über das erhöhte Bürgschaftsrisiko erkennbar etwa durch beschwichtigende Aussagen („Unterschrift aus formalen Gründen"; „Geschäft ist risikolos") veranlasst oder (ggf auch durch Schweigen auf Nachfragen des Bürgen) gefördert, entstehen daraus Aufklärungs- und Hinweispflichten (st Rspr, BGHZ 106, 269, 272; 184, 35 Rn 33; BGH NJW 1995, 1886, 1888f; 1999, 2814f; NJW-RR 2002, 1130; *Reinicke/Tiedtke*, Rn 248, 251; weitergehend MüKo/*Habersack* Rn 96ff). Erkundigt sich etwa der finanziell überforderte Gesellschafter beim Kreditinstitut nach dem Haftungsrisiko und erhält er eine fehlerhafte Auskunft, so ist der Bürgschaftsvertrag in der Regel gem § 138 I nichtig (BGH NJW-RR 2002, 1130). Zu Konsequenzen für die **Angehörigenbürgschaft** Rn 50. – **(4) Unterlagen und Dokumente**: Der Gläubiger hat die Bürgschaftsurkunde bei Erfüllung durch den Bürgen gem § 371 S 1 zurückzugewähren; die Vorschrift ist auf Erfüllungssurrogate und das Erlöschen der Hauptforderung analog anzuwenden (aA *Kopp* JR 2022, 213: § 812 I 2 Alt 1). Gem § 412 iVm §§ 402, 403 sind auch die für die Hauptschuld erforderlichen Dokumente und Urkunden auszuhändigen. Reichweite, Zeitpunkt und weitere Details sind mit Blick auf § 241 II, § 242 zu bestimmen: Der Gläubiger muss dem Bürgen auf Verlangen grds über die Höhe der Hauptschuld Auskunft geben und ihm die zu ihrer Prüfung (Bestehen, Umfang) erforderlichen Unterlagen und Informationen zur Verfügung stellen (BGH NJW 2011, 2120, 2121f).

46 **Grenzen der Neben- oder Treuepflichtlehre** folgen aus der Funktion der Bürgschaft, das Gläubigerrisiko der Zahlungsunfähigkeit des Hauptschuldners zu reduzieren. So muss der Gläubiger den Bürgen nicht ohne weiteren Anlass über die rechtl und wirtschaftl Risiken der Bürgschaft und die Vermögensverhältnisse des Hauptschuldners aufklären (BGHZ 106, 269, 272; BGH NJW 1994, 1278, 1281; 1994, 2146, 2148; 1996, 1274f; 1997, 3230, 3231f; MüKo/*Habersack* Rn 95). – **Nach Abgabe der Bürgschaftserklärung** muss der Gläubiger das Interesse des Bürgen am Rückgriff auf den Hauptschuldner nur in gewissen Grenzen wahren. So schuldet der Gläubiger unabhängig von Verschwiegenheitspflichten grds keine Auskunft über die wirtschaftl Situation des Hauptschuldners (aA MüKo/*Habersack* Rn 99), er darf diese freilich auch nicht verharmlosen (Rn 45). Ebenso muss der Gläubiger seine **Rechtsverfolgung** ggü dem Hauptschuldner nicht an den Interessen des Bürgen ausrichten. Er muss den Bürgen zB nicht über Vollstreckungsmaßnahmen oder Stundungsabreden informieren.

47 **III. Störungen des Bürgschaftsvertrags.** Über den Wegfall der Bürgschaft als Folge des Wegfalls der Hauptverbindlichkeit hinaus (Akzessorietät, Rn 2) sind fünf Fallgruppen der Störung des Bürgschaftsvertrags auszumachen: Verstöße gegen gesetzl Schranken, Sittenverstoß (Rn 50), Anfechtung (Rn 56), Störung der Geschäftsgrundlage (Rn 59) und Rechtsmissbrauch (Rn 60).

48 **1. Gesetzliche Beschränkungen. a) Genehmigung.** Die Bürgschaft ist bei **fehlender behördlicher Genehmigung** schwebend unwirksam (BGHZ 142, 51 für Genehmigung einer Bürgschaft einer kommunalen Selbstverwaltungskörperschaft, dort aber wegen Verstoßes gegen eine Hinweispflicht Haftung des Bürgen aus Verschulden bei Vertragsschluss für den Vertrauensschaden, der dem Erfüllungsinteresse entsprach; vgl Rn 43). **b) Mietkautionsbürgschaften.** Aus der **Mietkautionsbürgschaft, deren Höchstbetrag das Dreifache der auf einen Monat entfallenden Miete ohne Betriebskosten übersteigt**, kann der Vermieter den Bürgen in Höhe des Betrags, der die Summe von drei Monatsmieten übersteigt, nicht in Anspruch nehmen; insoweit kann der Bürge das Recht des Hauptschuldners einredeweise geltend machen, der Bürgschaftsinhalt wird auf den zulässigen Inhalt zurückgeführt (BGHZ 107, 210; BGH NJW 2004, 3045, 3046). Näher § 551 Rn 29ff. § 551 soll Erschwerungen

für den Abschluss eines Mietvertrages entgegenwirken, die in mobilitätshemmender Weise von hohen Kautionsforderungen ausgehen können (BT-Drs 9/2079, 10). Daher kann **eine die Höchstsumme des § 551 I übersteigende Mietkautionsbürgschaft** wirksam bleiben, wenn der Mietvertrag auch ohne die Abgabe der Bürgschaft abgeschlossen worden wäre (sog freiwillige Bürgschaftserklärung). Der Zeitpunkt der Abgabe der Bürgschaftserklärung ist dafür ein wesentliches Indiz. Bsp: (1) Zeitpunkt der Bürgschaftserklärung liegt nach Abschluss des Mietvertrags und Schlüsselübergabe; (2) Bürgschaft eines nahen Angehörigen zur Abwendung einer drohenden Wohnungskündigung (BGH NJW 2013, 1876). Auch kann eine Bürgschaft wirksam sein, durch welche Eltern den Nachteil ihrer einkommenslosen Kinder bei der Wohnungssuche ausgleichen möchten, indem sie sich für eine höhere als in § 551 I genannte Summe verbürgen (näher BGHZ 111, 361). **c) Verbraucherdarlehensrecht.** Ein Bürgschaftsvertrag, der zur Sicherung der Rückzahlung eines Kredits geschlossen wird, fällt auch dann nicht in den Geltungsbereich der Bestimmungen über **Verbraucherdarlehensverträge** (insb §§ 491ff) und **Finanzierungshilfen** (§§ 506ff), wenn weder der Bürge noch der Kreditnehmer im Rahmen ihrer Erwerbstätigkeit gehandelt haben (EuGH, Slg 2000, I-1741 – Berliner Kindl). **Eine analoge Anwendung ist gleichfalls nicht geboten,** da der Bürge über die Akzessorietät (§ 766) und die Möglichkeit, Einreden und Einwendungen des Hauptschuldners geltend zu machen (§§ 768, 770), geschützt ist. Extremfällen ist mit der von der Rspr auf § 138 I gestützten Argumentation zu begegnen (Rn 50), eines Rückgriffs auf §§ 491ff analog bedarf es dafür nicht (ebenso MüKo/*Habersack* Vor § 765 Rn 8, Staudinger/*Stürner* Vor § 765 Rn 83ff; Soergel/*Gröschler* Vor § 765 Rn 17; diff *Canaris* AcP 200, 273, 355ff; *Zöllner* WM 2000, 1, 3). Anders für den Schuldbeitritt jetzt BGHZ 231, 132.

d) Vertragsschluss außerhalb von Geschäftsräumen, Fernabsatz. Der Bürge kann Einreden und Einwendun- 49
gen des Hauptschuldners aus den **§§ 312ff, 355ff** selbständig geltend machen und bedarf insoweit keines zusätzl Schutzes. Eine davon zu unterscheidende Frage ist, ob **die Bürgschaftserklärung gem §§ 312g, 355 widerruflich** ist, wenn sie außerhalb von Geschäftsräumen oder im Wege des Fernabsatzes (§§ 312b, 312c) abgegeben wurde. Zur Formwirksamkeit der Widerrufsbelehrung s Köln WM 2019, 1635. – **Außerhalb von Geschäftsräumen geschlossene Verträge.** Nach Ansicht des EuGH (Slg 1998, I-1199) zu Art 2 1. Spiegelstr RL 85/577/EWG (jetzt Art 2 1. Spiegelstr RL 2011/83/EU) fällt ein Bürgschaftsvertrag, der von einer nicht im Rahmen einer Erwerbstätigkeit handelnden natürlichen Person geschlossen wird, nicht in den Geltungsbereich der Richtlinie, wenn er die Rückzahlung einer Schuld absichert, die der Hauptschuldner im Rahmen seiner Erwerbstätigkeit eingegangen ist. Der im Jahr 1998 für Bürgschaften zuständige IX. Senat des BGH befürwortete auf dieser Grundlage ein Recht des Bürgen zum Widerruf (nur) seiner Bürgschaftserklärung, wenn **sowohl die Bürgschaft als auch der Vertrag, dessen Verbindlichkeit gesichert werden soll, ein (damals) Verbraucher- und Haustürgeschäft waren** (BGHZ 139, 21). Von dieser Entscheidung abw entschied der dann für Bürgschaften zuständige XI. Senat des BGH im Jahr 2006 (BGHZ 165, 363 Rn 16 zum Pfandrecht; BGHZ 171, 180 Rn 40 zur Bürgschaft), dass bei akzessorischen Sicherheiten das Widerrufsrecht des Sicherungsgebers **nicht von der Verbrauchereigenschaft des persönlichen Schuldners oder einer auf diesen bezogenen Haustürsituation** abhängt. Die für Handlungen außerhalb der Geschäftsräume bestehende Überrumpelungsgefahr, die zu einem unüberlegten Geschäftsabschluss verleiten könne, drohe einem Bürgen immer, wenn er sich selbst in einer so genannten Haustürsituation befindet, und bestehe unabhängig davon, ob die Hauptschuld ein Verbraucherdarlehen oder ein gewerblicher Kredit sei und ob der Hauptschuldner ebenfalls durch eine Haustürsituation zum Vertragsschluss bestimmt worden ist (BGHZ 165, 363 Rn 17 mit Verweis auf *Reinicke/Tiedtke* DB 1998, 2001, 2003; *Drexl* JZ 1998, 1046, 1056). Aus der Akzessorietät der Bürgschaft folge nichts anderes, weil sie dem Bürgen zwar die Möglichkeit eröffne, sich analog § 770 I auf ein etwaiges Widerrufsrecht des Hauptschuldners zu berufen, aber dem Bürgen für die aus dem Bürgschaftsvertrag resultierenden Gefahren nur unzureichend Schutz gewähre. – Seit Ausdehnung des Anwendungsbereichs der §§ 312ff auf nunmehr grds sämtliche Verbrauchersituationen (Erl Vor § 312 Rn 17) ist eine „situative Überrumpelung", welche Korrekturmöglichkeiten erforderlich macht (BT-Drs 10/2876, 6), nicht mehr zwingend. Folge ist ein **schleichender Entzug der Normalpersonen verfügbaren Kreditsicherheiten:** Realsicherheiten sind im niedrigen und mittleren Einkommensbereich jenseits des gerade zu finanzierenden Eigenheims nicht verfügbar, es entsteht ein Zwang zur Miete. Damit kehrt sich der Schutz des Bürgen aus Sicht der Betroffenen nicht selten in ihr Gegenteil um. Für eine solche Bevormundung besteht spätestens seit Anpassung der Kreditvergabepraxis an das verfügbare Einkommen mit Umsetzung der WohnimmobilienKrRL in den §§ 491ff kein Anlass mehr. Extremsituationen kann bereits mit §§ 242, 138 I sachgerecht begegnet werden. Dies zeigt auch der XI. Senat in BGHZ 165, 363 Rn 25ff, weil er nach Gewährung des Widerrufsrechts dessen Voraussetzungen in Abrede stellt und der in die Geschäftsräume des Hauptschuldners gerufenen Ehefrau nach den aus § 242 abgeleiteten Grundsätzen zur Verharmlosung der Bürgschaftsverpflichtung (Rn 45) resp der erkennbaren Aufklärungsbedürftigkeit (in casu konnte sie die Erklärung mangels Brille nicht lesen) zur Seite steht. – Die **hier vertretene Ansicht** wurde vom **XI. Senat (BGHZ 227, 72)** zu § 312 I aF schließlich (gegen die wohl hL, vgl *Kehl* BKR 2021, 44; Staudinger/*Stürner* Vor § 765 Rn 81ff) **geteilt:** nach den Gesetzesmaterialien sollten Fälle, in denen der Verbraucher (hier: Bürge) die für den Vertragstypus charakteristische Leistung schuldet (BT-Drs 17/12637, 45), sowie unentgeltliche Verbraucherverträge (BT-Drs 17/13951, 71f) nicht von §§ 312ff erfasst sein; zudem spreche gegen die Anwendung der §§ 312ff auf die Bürgschaft, dass die vertragscharakteristische Leistung an einen Dritten, den Hauptschuldner, erbracht werde. Weiterhin ist jedoch Schutz in Extremfällen über die §§ 242, 138 I zu gewähren. Unter der seit 1.1.2022 geltenden Gesetzesfassung der §§ 312ff wird die Frage erneut kontrovers diskutiert, vgl *Kehl* WM 2022, 507; s auch § 312 Rn 14ff. I Erg sind auch jetzt die §§ 312ff nicht auf die Bürgschaft zu erstrecken; eine Auslegung, wonach die Einstandspflicht des Bürgen ein „Preis" iSv § 312 I sein soll, überdehnt die Grenze des Wortsinns. – **Fernabsatz.** Der BGH (ZIP 2016, 1640 Rn 30ff betr die im Jahr

2010 geltende Rechtslage; vgl MüKo/*Habersack* Vor § 765 Rn 11 mwN) lehnt zu Recht die Voraussetzungen eines Fernabsatzvertrags (§ 312c) für den Fall ab, dass ein Sicherungsgeber unter ausschließlicher Verwendung von Fernkommunikationsmitteln einen Beitritt zu einer fremden Schuld erklärt, weil der Schuldbeitretende keinen Anspruch auf die Lieferung einer Ware oder die Erbringung einer Dienstleistung erwerbe, sondern **einseitig die Haftung für die Erfüllung einer durch einen Vertrag Dritter begründeten Verbindlichkeit** übernimmt. Dieselbe Situation liegt bei der Bürgschaft vor. Eine von einem Verbraucher bestellte Bürgschaft ist weder Finanzdienstleistung gem § 312 II Nr 1 lit a noch Fernabsatzvertrag. Insb erfolgt der auf Abschluss der Bürgschaft gerichtete Vertragsschluss nicht im Rahmen eines für den Fernabsatz organisierten Vertriebs- oder Dienstleistungssystems, weil die „Dienstleistung" vom Bürgen ausgeht, der als Verbraucher über keinerlei Organisation für derartige Abschlüsse verfügt. Näher § 312c Rn 6ff.

50 **2. Sittenverstoß, insb Angehörigenbürgschaft.** a) Eine **Anwendung von § 138 II** ist ausgeschlossen. Die Bürgschaft ist kein Austauschverhältnis, sondern einseitig verpflichtender Vertrag (BGHZ 106, 269, 271; BGH NJW 2001, 2466, 2467). **b)** Relevante Fallgruppe der **Sittenwidrigkeit gem § 138 I ist die Angehörigenbürgschaft** mittelloser, geschäftlich unerfahrener Personen mit persönlicher oder enger familiärer Beziehung zum Hauptschuldner (Kinder, Ehegatten, Geschwister, nichteheliche Lebenspartner), die sich zum Einstand für angesichts ihrer Verhältnisse sehr hohe Summen verbürgen. Freilich bedarf es nicht in allen Fällen eines Rückgriffs auf § 138 I. Mit Blick auf die dem Gläubiger obliegenden Nebenpflichten aus § 241 II, § 242 respektive dem von der Rspr präferierten Grundsatz von Treu und Glauben (§ 242) (Rn 44f) wird **vielfach zugleich ein Verstoß gegen Aufklärungspflichten oder eine treuwidrige Bagatellisierung** gegeben sein; Rechtsfolge ist dann ein Anspruch aus § 280 I, § 311 II gerichtet auf Freistellung von der Einstandspflicht oder Geldersatz, welcher Zurückbehaltung (§ 273) oder Aufrechnung (§ 387) eröffnet. Vgl zur Diskussion *Medicus* ZIP 1989, 817, 821; *Köndgen* NJW 1991, 2018f; *Zöllner* WM 2000, 1, 5f; *Wagner* NJW 2005, 2956, 2958f; *Meder* GS Wolf, 2011, 253; *H. F. Müller* GS Wolf, 2011, 269; Staudinger/*Stürner* Rn 221ff. – Der **Kern des Nichtigkeitsverdikts** ist indes angesprochen, wenn der mittellose Angehörige hinreichend und umfassend aufgeklärt wurde, er sich aber **ohne anerkennungswertes Eigeninteresse** ausschließlich aufgrund seiner persönlichen Beziehung zum Hauptschuldner zur Eingehung der Bürgschaft gezwungen sieht. – Auf die Bezeichnung als Bürgschaft, Schuldbeitritt oder Mithaftender kommt es nicht primär an, da von erheblicher Verhandlungsstärke des Kreditgebers und der Verwendung vorformulierter Vertragswerke auszugehen ist (BGH ZIP 2005, 607, 608; NJW 2009, 2671, 2672; ZIP 2017, 167 Rn 19). Im Zweifel liegt bei fehlendem Eigeninteresse des Angehörigen die Vermutung nahe, dass Bürgschaft gewollt ist (bereits Rn 24).

51 **c) Handels- und Gesellschaftsrecht. Im Handels- und Gesellschaftsrecht** greift § 138 I grds nicht ein, da der Gläubiger grds davon ausgehen darf, dem Gesellschafterbürgen sei es persönlich wichtig, dass die Gesellschaft ihre Aufgaben erfüllen kann und nicht insolvent wird, und deshalb ein eigenes wirtschaftl Interesse des Gesellschafters besteht (BGHZ 137, 329; BGH WM 2001, 2156, 2157; NJW 2002, 956; 2003, 59; NJW-RR 2013, 1258). Auf eine Absicht, Gewinn zu erzielen, kommt es nicht an; die für Gesellschafterbürgschaften geltenden Grundsätze kommen auch bei Krediten an eine gemeinnützige GmbH zur Anwendung (BGH NJW-RR 2002, 1130, in casu ein Mönch, der ein Armutsgelübde abgelegt hat). – Das eigene wirtschaftl Interesse kann fehlen, wenn (1) der GmbH-Gesellschafter ausschließlich eine **Strohmannfunktion** innehat, die Mithaftung oder Bürgschaft nur aus emotionaler Verbundenheit mit der hinter ihm stehenden Person übernimmt und beides für die kreditgebende Bank evident ist (BGHZ 137, 329, 337; BGH NJW 2002, 956; 2002, 1337, 1338f), (2) der Bürge nur eine **unbedeutende Bagatell- und Splitterbeteiligung** hält (BGH NJW 2003, 967) oder der Bürge die Gesellschaftsanteile nur **treuhänderisch** hält (BGHZ 137, 329, 337; zur Vortragslast NJW-RR 2013, 1258). Vgl allg zu Gesellschafterbürgschaften Soergel/*Gröschler* Rn 30; Staudinger/*Stürner* Rn 209. – **d) Bürgschaft durch Arbeitnehmer.** Eine der engen persönlichen Beziehung vergleichbare Zwangssituation kann im Einzelfall bei der **ArbN-Bürgschaft** bestehen, die aus Angst um den Verlust des Arbeitsplatzes übernommen wird. Auch insoweit kann die Anwendung von § 138 I geboten sein (BGHZ 156, 302, 305; BGH NJW 2009, 2671; *Tiedtke* NJW 2005, 2498; Staudinger/*Stürner* Rn 208). Allerdings ist die Situation mit der Angehörigenbürgschaft nicht vergleichbar. Sowohl für die krasse finanzielle Überforderung als auch weitere belastende Umstände besteht keine Vermutung (BGH NJW 2018, 3637 Rn 16f). Beides ist ggf durch den Bürgen zu beweisen; in Betracht kommen als weitere belastende Umstände zB Bagatellisierung vor Übernahme, fehlendes Eigeninteresse des Bürgen oder emotionale Verbundenheit, die zu unzumutbarem Druck führt. Allein die fehlende Vergütung der Bürgschaftsübernahme ist kein derart belastender Umstand, da der ArbN grds Interesse am Fortbestand seines Arbeitsverhältnisses hat, was die Insolvenz des ArbGeb gefährdet (BGH NJW 2018, 3637). Indiz für die Sittenwidrigkeit kann ein im Verhältnis zum Bürgschaftsbetrag niedriges Einkommen (BGHZ 156, 302, 307), eine Übernahme im Zeitpunkt hoher Arbeitslosigkeit (BGHZ 156, 302, 309) und eine völlig untergeordnete Stellung des Bürgen im Betrieb des ArbGeb sein. Auf Verpflichtungen des Bürgen aus dem Bürgschaftsvertrag haben Mängel des arbeitsvertragl Innenverhältnisses zwischen Hauptschuldner und Bürge keine Auswirkungen (BGH NJW 2018, 3637 Rn 20).

52 **e) Rechtsprechungsentwicklung bei der Angehörigenbürgschaft.** Die Rspr hob früher die Privatautonomie hervor und sah für Annahme der Sittenwidrigkeit keinen Anlass (BGHZ 106, 269; 107, 92; BGH NJW 1989, 1605; 1991, 2015; 1992, 896). Der Wechsel wurde durch **BVerfGE 89, 214** eingeleitet: Danach sind die Zivilgerichte zur Inhaltskontrolle bei Angehörigenbürgschaften verpflichtet, wenn es als „Ergebnis strukturell ungleicher Verhandlungsstärke" zu einer „ungewöhnlich starken Belastung" eines Vertragspartners kommen konnte. Vgl dazu *Canaris* AcP 200, 273, 296ff; *Dietrich* WM 2000, 11; *Müller-Feldhammer* WM 2001, 65, 66; *Kühling*

WM 2002, 625; *Medicus* JuS 1999, 833; *Schröter* WM 2000, 16, 18f; *G. Fischer* WM 2001, 1049, 1056; *Horn* ZIP 2001, 93, 98ff; *Tiedtke* NJW 2001, 1015, 1022ff; *Schimansky* WM 2002, 2437; aus rechtsvergleichender und europarechtl Sicht *Habersack/Giglio* WM 2001, 1100; *Kollrus* MDR 2014, 1357ff; Staudinger/*Stürner* Rn 178ff. Seit Alleinzuständigkeit des XI. Senats für Bürgschaftsfragen (seit dem 1.1.2001) kam es zu einer **Konsolidierung der zunächst uneinheitlichen** (BGH NJW 1999, 2584; 1999, 58) **Rspr.** Zur Entwicklung näher Erman/*Herrmann*[12] Rn 12; *Reinicke/Tiedtke* Rn 172ff.

f) Grundsatz. Eine Bürgschaft oder Mithaftung naher Angehöriger des Hauptschuldners ist sittenwidrig, wenn der Bürge kein erkennbares **eigenes persönliches oder wirtschaftl Interesse** an der Kreditaufnahme hat, aber im Fall der Inanspruchnahme **krass finanziell überfordert** ist. Bei krasser finanzieller Überforderung ist nach der allg Lebenserfahrung ohne Hinzutreten weiterer Umstände **widerleglich zu vermuten**, dass der Bürge die ruinöse und ihn ggf bis ans Lebensende belastende Bürgschaft oder Mithaftung allein aus emotionaler Verbundenheit mit dem Hauptschuldner übernommen und der Kreditgeber dies in sittlich anstößiger Weise ausgenutzt hat (st Rspr, zB BGH NJW 2002, 744; 2002, 746). Diese Vermutung kann der insoweit beweispflichtige Gläubiger widerlegen (BGH WM 2010, 32; ZIP 2017, 167 Rn 25), wobei sowohl für das Eigeninteresse als auch die finanzielle Überforderung Beweis angetreten werden kann, aber auch die Vermutung des Einstands kraft emotionaler Verbundenheit angegriffen werden kann. – Das **Eigeninteresse des Bürgen** wird **restriktiv** ausgelegt: Der Sittenwidrigkeit der Verpflichtung steht es nicht entgegen, dass der – nicht geschäftsungewandte – Bürge Vertragsverhandlungen im Namen der Hauptschuldnerin geführt hat, noch, dass die Hauptschuld dazu dient, den Bau eines gemeinsam zu bewohnenden Hauses auf einem Grundstück der Hauptschuldnerin zu finanzieren, noch, dass der Bürge zusätzl Sicherheiten aus eigenem Vermögen stellt (BGH NJW 2000, 1182). Hat der andere Ehegatte etwa die Verfügungsmacht behalten und alle Entscheidungen zur Mittelverwendung im Wesentlichen allein getroffen, spricht dies für ein fehlendes Eigeninteresse des Sicherungsgebers (ZIP 2017, 167 Rn 21). Verbürgt sich der finanziell krass überforderte Ehepartner für ein staatlich gefördertes Existenzgründungsdarlehen des Ehegatten, genügt es zur Widerlegung der Vermutung eines Handelns aus emotionaler Verbundenheit nicht, dass der Bürge in dem künftigen Gewerbebetrieb an verantwortlicher Stelle mitarbeiten soll (BGH NJW 2005, 971). Ebenso spricht die Aufnahme einer Selbständigkeit des Bürgen – auch im selben Geschäftsfeld – nicht gegen die Sittenwidrigkeit einer Ehegattenbürgschaft wegen krasser finanzieller Überforderung (BGH ZIP 2003, 796). 53

g) Beurteilung der krassen finanziellen Überforderung. aa) Ob eine krasse Überforderung gegeben ist, hängt entscheidend vom **Grad des Missverhältnisses** zw dem Verpflichtungsumfang und der finanziellen Leistungsfähigkeit des dem Hauptschuldner persönlich nahestehenden Bürgen oder Mitverpflichteten ab (BGHZ 125, 206, 211; 136, 347, 351; 137, 329, 333; 146, 37, 42; 156, 302). Ob der Bürge durch eine Bürgschaft finanziell krass überfordert wird, ist **allein aufgrund seiner eigenen Vermögensverhältnisse**, nicht auch derjenigen des Hauptschuldners zu beurteilen (st Rspr seit BGH NJW 2000, 1182; aA noch BGH NJW 1996, 1274). Eine solche Überforderung liegt jedenfalls vor, wenn der Bürge voraussichtlich **nicht einmal die laufenden Zinsen der Hauptschuld aus dem pfändbaren Teil seines Einkommens oder Vermögens** bei Eintritt des Sicherungsfalles dauerhaft aufzubringen vermag (BGHZ 156, 302, 306; BGH NJW 2000, 1182; 2009, 2671, 2672). Ein einkommensschwacher Bürge ist aber nicht krass überfordert, wenn er die gesamte Bürgschaftsschuld voraussichtlich durch Verwertung des von ihm bewohnten Eigenheims zu tilgen vermag (BGH NJW 2001, 2466). Andererseits schließt die Möglichkeit einer Restschuldbefreiung gemäß § 286ff InsO eine Anwendung des § 138 I auf ruinöse Bürgschaften oder Schuldbeitritte finanzschwacher Ehepartner bzw Lebenspartner nicht aus (BGH NJW 2009, 2671, 2672; dazu *Nitzel/Grädler* VuR 2012, 91ff). – **bb) Anderweitige Sicherheiten** des Gläubigers sind (nur, aber immerhin) zu berücksichtigen, soweit sie das Haftungsrisiko des Bürgen verringern (BGH NJW 2000, 1182). Eine anderweitige Sicherheit schließt die Sittenwidrigkeit nur dann aus, wenn sie das Haftungsrisiko des Betroffenen in rechtl gesicherter Weise auf ein vertretbares Maß beschränkt (BGH ZIP 2017, 167 Rn 28), etwa, weil rechtl verbindlich gewährleistet ist, dass den Betroffenen allenfalls eine seine Finanzkraft nicht übersteigende „**Ausfallhaftung**“ trifft (BGHZ 146, 37; BGH NJW 2009, 2671, 2672; ZIP 2017, 167 Rn 28). Die Bürgenhaftung muss somit ggü der anderweitigen Haftung subsidiär bzw es muss gewährleistet sein, dass der Kreditgeber ihn erst nach ordnungsgemäßer Verwertung der anderen Sicherheit in Anspruch nimmt. Dabei kommt es auf den Teil der Sicherheit an, die für die Tilgung der durch Bürgschaft gesicherten Schuld zur Verfügung steht. Sind die dinglichen Sicherheiten auch noch für andere Forderungen verpfändet (häufig: „alle gegenwärtigen und künftigen Ansprüche“ des Gläubigers), steht dies einer Vollanrechnung zur Reduktion der Belastung des Bürgen entgegen (BGH ZIP 2017, 167 Rn 29; NJW 2009, 2671). – Bei Beurteilung der wirtschaftl Leistungsfähigkeit des Bürgen ist eine zum Zeitpunkt des Vertragsschlusses auf seinem Grundbesitz ruhende valutierende dingliche Belastung grds wertmindernd zu berücksichtigen (BGHZ 151, 34; WM 2010, 32). Forderungen, die sowohl durch die dingliche Belastung als auch durch die Bürgschaft gesichert werden, sind nur zu berücksichtigen, soweit sie aufgrund der dinglichen Belastung nicht getilgt werden können (BGH WM 2010, 32). – **cc)** Bei der Frage, ob die Grundschuld nach dem Inhalt der vorformulierten Bankbedingungen auch künftige Forderungen gegen den Darlehensnehmer sichert, darf eine **Unklarheit (iSv § 305c II) nicht zu Lasten des finanziell krass überforderten Bürgen** oder Mithaftenden gehen (NJW 2009, 2671, 2672). 54

h) Rechtfertigungsgründe des Gläubigers. Das Interesse des Gläubigers, sich mit Hilfe von Bürgschaften oder Mithaftungsabreden möglichst wirksam vor etwaigen Vermögensverschiebungen zw Eheleuten zu schützen, stellt allein keinen die Sittenwidrigkeit ausschließenden Umstand dar (BGH ZIP 2003, 796), insb dann nicht, 55 wenn die Höhe der Bürgschaft das berechtigte Sicherungsinteresse des Gläubigers offenkundig weit übersteigt (BGH NJW 2000, 1182). Die Vermeidung von Vermögensverschiebungen zw Eheleuten vermag das Sittenwidrigkeitsverdikt grds nur bei einer **ausdrückl Haftungsbeschränkung** zu vermeiden (BGHZ 151, 34; NJW 2002, 2230). Das gilt auch für eine vor dem 1.1.1999 übernommene Bürgschaft (BGHZ 151, 34; BGH NJW 2002, 2230; aA noch BGH WM 1998, 2327, 2329f). Daraus können Besonderheiten in Bezug auf die **Fälligkeit** folgen: Ein Bürgschaftsvertrag, der zulässigerweise und wirksam vor der Vermögensverlagerung vom Hauptschuldner auf den (leistungsunfähigen) Bürgen schützt, kann als Hinausschiebung der Fälligkeit der Bürgschaftsforderung bis zur Gefahrverwirklichung ausgelegt werden (BGH NJW 2000, 362, 364f). – **i) Prozessuales.** Zur Anwendbarkeit der Rspr zur Angehörigenbürgschaft als ordre public bei Vollstreckung ausländischer Zahlungsurteile BGHZ 140, 395, 398. Der Bürge kann gegen einen Titel, dem eine nach heutiger Rspr sittenwidrige Bürgschaft zugrunde liegt, nicht die **Vollstreckungsabwehrklage** gem § 767 ZPO erheben (§ 79 II 1 BVerfGG, BGHZ 151, 316).

56 **3. Anfechtung. a) Irrtum (§ 119).** Der Bürge kann **gem § 119 I wegen Inhaltsirrtums** anfechten, wenn er in Kenntnis der Bürgschaftsurkunde über die Reichweite seiner Erklärung irrt (nicht aber, wenn er sich keinerlei Vorstellungen über den Inhalt seiner Erklärungen gemacht hat, zB weil er die Urkunde nicht gelesen hat, so BGH NJW 2002, 956, 957). Bsp: (1) Nach- statt Regelbürgschaft; (2) Allein- statt Mitbürgschaft (BGH WM 1974, 8, 10); (3) Bürgschaftsversprechen statt Sparguthaben (BGH NJW 1995, 190, 191); (4) bei Irrtum über Art und Umfang der zu sichernden Hauptschuld, zB Höhe der Restkaufsumme (BGH WM 1957, 736f; für Inhaltsirrtum Staudinger/*Stürner* Rn 165; aA Soergel/*Gröschler* Rn 19: Eigenschaftsirrtum). – Eine Anfechtung **gem § 119 II wegen Eigenschaftsirrtums** ist in Bezug auf die Vermögenslage und Leistungsfähigkeit des Hauptschuldners ausgeschlossen, weil dies das vom Bürgen zu tragende Risiko darstellt (BGH NJW 1988, 3205, 3206; WM 1965, 80; MüKo/*Habersack* Rn 39; Staudinger/*Stürner* Rn 168); eine Ausprägung dieses Grundsatzes ist der Anfechtungsausschluss wegen Irrtums über die Höhe des beim Hauptschuldner zu erwartenden Ausfalls (RGZ 85, 322). Ausnahmsw kann aber die Vorstellung des Bürgen zum Vertragsinhalt gemacht oder ein Irrtum über sonstige wesentliche Eigenschaften des Hauptschuldners gegeben sein (vgl zB RGZ 158, 166, 172: Parteien legen Bilanzen mit unzutr Wertansätzen zugrunde).

57 **b) Täuschung** (§ 123 I Alt 1, II). Anfechtung ist vonnöten, wenn trotz anderer an die Täuschung knüpfender Rechtsfolgen die Bürgschaftsforderung geltend gemacht werden kann. Daran fehlt es häufig wegen der von der Rspr regelmäßig auf § 242 gestützten Verwirkung bei treuwidrigem Verhalten; nach zutr Ansicht ist dieselbe Rechtsfolge aus § 280 I, § 311 II, § 241 II abzuleiten (Rn 44). Die gleichwohl mögliche Anfechtung hat demggü den Nachteil der Anfechtungsfrist (§ 124 I) und Erklärungslast. – Die praktische Bedeutung der Täuschungsanfechtung beschränkt sich daher auf Fälle gem § 123 II. Bsp nach MüKo/*Habersack* Rn 42: Hauptschuldner täuscht, Gläubiger kannte die Täuschung oder hätte sie kennen müssen. Dann steht die Täuschung des Dritten der Täuschung durch den Gläubiger gleich. S aber BGH NJW 2002, 956, 957: keine Zurechnung der Täuschung des früheren Ehemanns der Bürgin zum Gläubiger. Allein das Verschweigen der schlechten Vermögenslage des Hauptschuldners durch den Gläubiger ist noch keine Täuschung, wohl aber, wenn Hauptschuldner und Gläubiger zu Lasten des Bürgen zusammengewirkt haben, damit der Gläubiger die Forderung gegen den Bürgen erlangt (vgl BGH NJW-RR 1992, 1005, 1006; RGZ 104, 191, 194).

58 **c) Drohung** (§ 123 I Alt 2). Das Übel muss hinreichend gravierend und es darf **kein sozialadäquates Verhalten** gegeben sein. Bsp: Androhung von Klage, Zwangsvollstreckung, Straf- oder Insolvenzanträgen gegen den mit dem Bürgen verwandten oder in enger Beziehung stehenden Hauptschuldner (BGHZ 25, 217ff; BGH ZIP 1997, 446, 447; NJW 1996, 1274, 1275; MüKo/*Habersack* Rn 41). Widerrechtlichkeit verneint in BGHZ 25, 217 (Drohung mit Strafanzeige wegen dem Gläubiger drohenden Schäden ggü Hauptschuldner, um Ehefrau zum Abschluss der Bürgschaft zu bewegen); NJW 2002, 956, 957 (auch Anfechtungsfrist abgelaufen). Eine Drohung kann ausnahmsw zu bejahen sein im Fall der ArbN-Bürgschaft (BGHZ 156, 302 löst dies aber über § 138 I). Zu allem § 123 Rn 41ff.

59 **4. Störung der Geschäftsgrundlage.** Keine Geschäftsgrundlage des Bürgschaftsvertrags sind die Erwartung des Bürgen, er werde nicht in Anspruch genommen, sowie die Vermögensverhältnisse und Leistungsfähigkeit des Hauptschuldners (vor Inkrafttreten von § 313 zB RGZ 163, 91, 99; BGHZ 128, 230, 236; 107, 92, 103). Den Hauptschuldner betreffende Umstände jenseits der Zahlungsunfähigkeit werden von der Rspr regelmäßig erwogen (zB BGHZ 88, 185, 191; BGH NJW 1994, 2146), aber nur in ganz wenigen Ausnahmefällen als Störung anerkannt (vgl *Henssler* Risiko als Vertragsgegenstand, 1994, 330; MüKo/*Habersack* Rn 45f; *Reinicke/Tiedtke* Rn 218f). Anerkannte Fälle: (1) **Motivstörungen im Privatbereich**: Scheidung der Ehe bei Ehegattenbürgschaft, Beendigung der Partnerschaft bei Lebenspartnerschaft (BGHZ 132, 328, 331; 128, 230, 239; MüKo/*Habersack* Rn 47). (2) **Gesellschafterbürgschaften**: Übernahme der Bürgschaft im Hinblick auf eine letztlich gescheiterte Geschäftsübernahme (BGH WM 1974, 1127, 1128), besondere Umstände nach Ausscheiden aus der Gesellschaft (BGH ZIP 1999, 877, 878). – Bei dieser strengen Handhabung darf nicht übersehen werden, dass der Rückgriff auf **ausdrückl oder konkludente Bedingungen (§ 158), Kündigungsrechte** (zB BGH ZIP 1997, 257, 259; WM 2004, 1648 Rn 51) oder die **Auslegung sonstiger Vereinbarungen** häufig zu demselben Ergebnis wie die Anwendung der Regeln zur Störung der Geschäftsgrundlage führt.

60 **5. Rechtsmissbrauch.** Jenseits der Angehörigenbürgschaft (Rn 50) greift die Rspr für viele Nebenpflichtverletzungen auf § 242 zurück (Rn 44f). Weitere Fälle: (1) Unwirksamkeit der zw Gläubiger und Hauptschuldner be-

stehenden Sicherungsabrede (BGH NJW 2015, 856, 857ff; 2014, 3642, 3643ff; München WM 2005, 931, 932); (2) Bürgschaft im Rahmen eines Carnet-TIR-Verfahrens (abgelehnt von BGH WM 2004, 1648, 1652).

§ 766 Schriftform der Bürgschaftserklärung

Zur Gültigkeit des Bürgschaftsvertrags ist schriftliche Erteilung der Bürgschaftserklärung erforderlich. Die Erteilung der Bürgschaftserklärung in elektronischer Form ist ausgeschlossen. Soweit der Bürge die Hauptverbindlichkeit erfüllt, wird der Mangel der Form geheilt.

I. Zweck und Anwendungsbereich des § 766. 1. Zweck. Der Zweck besteht in der **Warnfunktion** zum Schutz 1
des Bürgen, dem die Risiken der Einstandspflicht bewusst sein sollen (MüKo/*Habersack* Rn 1). Daher muss auch nur **die Erklärung des Bürgen** der Schriftform entsprechen. Dies gilt unabhängig davon, ob der Gläubiger eine Gegenleistung übernimmt. – Die **Erklärung des Gläubigers** (Annahme des Angebots zum Abschluss des Bürgschaftsvertrags, ggf gem § 151, dazu § 765 Rn 30) unterliegt nicht dem Formzwang. – **Prüfungsfolge.** In einem ersten Schritt ist der durch die Bürgschaftserklärung bestimmte Inhalt des Bürgschaftsvertrags festzustellen. Danach ist zu prüfen, ob und in welchem Umfang der so ermittelte Inhalt dem Formgebot des S 1 entspricht, also in der Bürgschaftsurkunde enthalten ist (vgl BGH NJW 1995, 43, 44; 1995, 1886, 1887; 2001, 3327f; MüKo/*Habersack* Rn 6).

2. Anwendungsbereich. a) Bürgenerklärung iSv § 766. **b)** Zur Vermeidung von Umgehungen **gilt § 766** 2
entspr für: (1) die Verpflichtungserklärung des (künftigen) Bürgen als Teil eines **Bürgschaftsvorvertrags** (BGH WM 1966, 139; RGZ 76, 303, 304; Soergel/*Gröschler* Rn 3; MüKo/*Habersack* Rn 2); (2) die Verpflichtungserklärung innerhalb eines **Auftrags-/Geschäftsbesorgungsverhältnisses** (§§ 662, 675 I) mit dem Hauptschuldner, welcher die Bürgschaftsübernahme zum Gegenstand hat (MüKo/*Habersack* Rn 2; Soergel/*Gröschler* Rn 3; aA RGZ 59, 10, 14; Staudinger/*Stürner* Rn 3); (3) entgegen § 167 II für die (ggf widerrufliche) **Vollmacht** zur Abgabe einer formbedürftigen Bürgschaftserklärung (hM, vgl BGHZ 132, 119, 122; BGH NJW 2000, 1179, 1180; NJW-RR 2005, 1141f; BGHZ 167, 239 Rn 28 [teils zu § 4 VerbrKrG aF]; MüKo/*Habersack* Rn 21; einschränkend Soergel/*Gröschler* Rn 23); (4) entgegen § 182 II auch für die durch Bürgen erteilte **Genehmigung (§ 177 I)** der von einem Vertreter ohne Vertretungsmacht im Namen des Bürgen erklärten Bürgschaft (MüKo/*Habersack* Rn 21 mwN; restriktiv Soergel/*Gröschler* Rn 26; aA RG WarnR 1927 Nr. 42; BGHZ 125, 218, 220ff [zu § 313 aF]); (5) die vom Bürgen erteilte **Ermächtigung zur Vervollständigung einer Blanketturkunde** (hM, BGHZ 132, 119, 128; BGH NJW 2000, 1179, 1180f; MüKo/*Habersack* Rn 23; restriktiv Soergel/*Gröschler* Rn 28f, dazu Rn 3). – **§ 766 gilt nicht entspr für andere schuldrechtl Sicherungsgeschäfte.** Dies gilt insb für: (1) Erfüllungsübernahme (BGH NJW 1972, 576f), (2) Schuldbeitritt (hM, BGHZ 138, 321, 327; BGH NJW 1986, 580; Staudinger/*Stürner* Vor § 765 Rn 399f; aA MüKo/*Habersack* Vor § 765 Rn 17; Soergel/*Gröschler* Vor § 765 Rn 83 mN), (3) Garantievertrag (hM, BGH NJW 1967, 1020, 1021; MüKo/*Habersack* Vor § 765 Rn 21 mwN; aA Soergel/*Gröschler* Vor § 765 Rn 77 mwN), (4) die harte Patronatserklärung (§ 765 Rn 22), soweit nicht ohnedies die Abgabe gem § 350 HGB formfrei ist (Rostock MDR 2005, 1277; *Maier-Reimer/Etzbach* NJW 2011, 1110, 1112 mN), (5) Verpflichtung zur Bestellung einer dinglichen Sicherheit (BGH WM 1956, 667f). In diesen Fällen kann jedoch das Schriftformgebot für **Verbraucherdarlehensverträge und Finanzierungshilfen** gem § 492 I, IV iVm § 506 greifen. Dazu § 492 Rn 3ff.

c) Einschränkungen des Schriftformgebots. – Blankett-/Blankobürgschaft: Bei der Blankettbürgschaft unter- 3
zeichnet der Bürge eine Blanketturkunde (ohne Angabe von Gläubiger, Schuldner, Schuld) und ermächtigt den Empfänger, das jew Fehlende nachzutragen. Zwar entspricht die Bürgschaftserklärung selbst nicht der Form mangels Mindestangaben (Rn 4), eine solche Ermächtigung ist dennoch wirksam, wenn die Ermächtigung, soweit sie fehlenden Inhalt der Bürgschaftserklärung ersetzen soll, der Schriftform entspricht (hM, BGHZ 132, 119, 128; BGH NJW 2000, 1179, 1180; NJW-RR 2004, 337f; MüKo/*Habersack* Rn 24). Die ermächtigungsgetreue Ergänzung lässt die Bürgenhaftung aus § 765 entstehen. Bei Blankettmissbrauch (zB formgerecht ermächtigter Gläubiger, Dritter oder Hauptschuldner setzt höheren als vom Bürgen erklärten Betrag ein) entsteht zunächst ein Anspruch des Gläubigers in der höheren eingetragenen, nicht der vom Bürgen erklärten Höhe (*Reinicke/Tiedtke* Rn 110ff; MüKo/*Habersack* Rn 25). Soweit es um den erklärten Betrag geht, ist die Entstehung der Einstandspflicht Konsequenz der Anerkennung von Vollmachten zur Ausstellung einer Bürgschaftsurkunde (arg § 164 I, vgl Rn 2). In Höhe des Differenzbetrags zw erklärter und ausgewiesener Höhe leitet die Rspr Ersatzansprüche des gutgläubigen Gläubigers, der den Blankettmissbrauch weder kannte, noch kennen musste, gegen den Bürgen aus der **entspr Anwendung von § 172 II** ab (BGHZ 40, 65, 68; 132, 119, 127f; Staudinger/*Stürner* Rn 46; MüKo/*Habersack* Rn 25 mN). Der Bürge trägt das Risiko des Fehlgebrauchs. Inkonsequent erscheint es zunächst, Ansprüche aus § 172 II analog auch dann zuzubilligen, wenn der Bürge die Ermächtigung nicht wirksam abgegeben hat (so aber BGHZ 132, 119, 127f; MüKo/*Habersack* Rn 25; Staudinger/*Stürner* Rn 46; aA *Binder* AcP 207, 155, 191ff; *Bülow* ZIP 1996, 1694, 1695; *Keim* NJW 1996, 2774, 2775). Jedoch geht es um eine Risikozuweisung, nämlich die Frage, ob der Schutzzweck des § 766 (Bürgenhaftung) ggü dem des § 172 II (Schutz des Rechtsverkehrs vor fahrlässigem Erklärungsverhalten) durchdringt. Zutr ist eine Trennlinie entlang der Erkennbarkeit des Blanketttatbestands: Ist dieser offenbar, kann sich der Gläubiger unschwer auch die Ermächtigung vorlegen lassen. Ist dieser nicht erkennbar, muss der Bürge die Risiken tragen, zumal er das Risiko gänzlich vermeiden kann, indem er keine Blankettbürgschaften ausstellt. Dem Bürgen stehen ggf Ansprüche aus § 812 I 1 Alt 2, § 823 II iVm § 263 StGB, § 826 gegen den missbräuchlich Handelnden zu. – § 766 gilt nicht für die Bürg-

schaftserklärung eines **Kaufmanns**, sofern die Bürgschaft für ihn ein Handelsgeschäft ist (**§ 350 HGB**). Geschäftsführer/Vorstandsmitglieder, Prokuristen und Handlungsbevollmächtige einer GmbH, AG oder sonstiger Kaufleute kraft Rechtsform handeln bei Abgabe ihrer Bürgschaftserklärung, mit der sie sich für Gesellschaftsschulden persönlich verbürgen, grds nicht als Kaufleute (BGHZ 121, 224, 228; 132, 119, 122; BGH NJW 2000, 1179, 1180; Staudinger/*Stürner* Rn 6). Auch die Bürgschaft durch beschränkt haftende Gesellschafter (GmbH-Gesellschafter, Kommanditisten) ist für diese kein Handelsgeschäft (vgl BGHZ 45, 282, 285; 121, 224, 228; diff MüKo/*Habersack* Rn 3; Staudinger/*Stürner* Rn 6). Für persönlich haftende Gesellschafter von Personengesellschaften hat die Frage idR keine Bedeutung, da eine Einstandspflicht gem § 128 HGB (ggf analog) besteht.

4 **II. Merkmale des S 1. 1. Mindestinhalt der Bürgschaftserklärung.** Die Bürgschaftserklärung muss den **Verbürgungswillen** zum Ausdruck bringen und die **Person von Gläubiger und Hauptschuldner** sowie die fremde **Verbindlichkeit**, für die sich der Bürge verbürgen soll (Hauptschuld), in einer wenigstens individuell bestimmbaren Weise bezeichnen (BGHZ 76, 187, 189; BGH NJW 1995, 43, 44; 1995, 1886; 2000, 1569, 1570; NJW-RR 2004, 337). **a) Verbürgungswille. Rechtsbindungswille.** Der Wille zur rechtsverbindlichen Begründung einer Bürgschaft muss in der Erklärung zum Ausdruck gebracht werden. Abgrenzung: generelle Bereitschaft zur Bürgschaftsübernahme in der Zukunft, Aussagen zur Bonität des Schuldners, Mitteilung über eine (angeblich bereits bestehende) Bürgschaft, Bezugnahme auf ein anderes Schriftstück (BGHZ 26, 142, 146). – **Übernahme einer Bürgschaft.** Der Bürge muss die Übernahme der Pflichten eines Bürgen erklären. Gegensatz: Übernahme eines sonstigen Sicherungsgeschäfts (vgl zur Abgrenzung § 765 Rn 20ff). Die **Terminologie** („Bürgschaft", „bürgen" pp) ist **Indiz für Bürgschaft**, aber einer Bürgschaft entgegenstehende Zusatzvereinbarungen können gegen Bürgschaft sprechen (Bsp RGZ 153, 338, 344: kumulativer Verzicht auf §§ 770, 776 und in gewissem Umfang § 767, aber letztlich vom RG als Bürgschaft statt selbständiges Schuldversprechen behandelt). Bürgschaft ist im Zweifel aber auch mit Blick auf den Bürgenschutz anzunehmen, wenn die Einstandspflicht für eine fremde Schuld nicht konkretisiert wurde oder sogar eine andere, für den Gläubiger vorteilhafte Terminologie verwandt wurde, wenn der Bürge kein Eigeninteresse an der Hauptschuld hat und der Gläubiger über eine starke Verhandlungsposition verfügt (näher § 765 Rn 24). **b) Hauptschuld, Gläubiger, Schuldner.** Die Rspr ist mit Blick auf die in § 765 II (§ 765 Rn 5) geregelte Zulässigkeit der Verbürgung für künftige Ansprüche in Bezug auf die Konkretisierung der Hauptschuld großzügig, soweit eine Konkretisierung auszumachen ist (BGHZ 25, 318, 321). „Verbindlichkeiten" meint neben den bestehenden idR auch künftige Verbindlichkeiten, wenn eine Begrenzung auf die „gegenwärtig bestehende" nicht erklärt worden ist (BGH NJW 1993, 724, 725; WM 1984, 924, 925; bedenklich). Grenzen setzt das **Bestimmtheitsgebot** (§ 765 Rn 32ff), das einer Bürgschaft „für alle nur irgendwie denkbaren Verbindlichkeiten des Hauptschuldners" entgegensteht. Ebenfalls unzulässig ist die Angabe allein einer Bürgschaftssumme (BGH NJW 1989, 1484, 1485).

5 **c) Auslegung.** Die **Bürgschaftsurkunde** muss diese wesentlichen Bestandteile einer Bürgschaftserklärung enthalten; erforderlich sind also alle Elemente, die (außer der Gläubigererklärung) zur Entstehung der Bürgschaftsverbindlichkeit notwendig sind (BGHZ 26, 142, 146; BGH NJW 1995, 43, 44; NJW-RR 2004, 337; RGZ 145, 229, 231). – **Unklarheiten** können gem den allg Regeln (§§ 133, 157) **durch Auslegung behoben** werden (RGZ 71, 113, 115; BGHZ 25, 318, 319; BGH NJW-RR 1998, 259; NJW-RR 1993, 945; NJW 2001, 3327, 3328). Daher müssen die wesentlichen Bestandteile nicht vollständig im Wortlaut der Urkunde enthalten sein, sie können sich auch aus außerhalb der Urkunde liegenden Umständen ergeben, sofern gem der **Andeutungslehre** des BGH (BGHZ 26, 142, 146; 76, 187, 189; BGH NJW 2000, 1569; 1989, 1484; BGHReport 2003, 1075; Staudinger/*Stürner* Rn 19ff; abl Soergel/*Gröschler* Rn 9) der Urkunde zumindest „zureichende Anhaltspunkte" dafür zu entnehmen sind. Es reicht nicht aus, wenn ein Bestandteil sich nur aus Umständen außerhalb der Urkunde ermitteln lässt (BGH NJW 1992, 1448, 1449). Teleologische Trennlinie muss die Warnfunktion der Schriftform sein. Die Judikatur praktiziert eine teils strengere, teils großzügigere Handhabung (vgl MüKo/*Habersack* Rn 8), was – dogmatisch nur wenig überzeugend – dem Bemühen um Einzelfallgerechtigkeit geschuldet sein dürfte.

6 **Bsp:** (1) Bei **Falschbezeichnung** gilt gem falsa demonstratio-Grundsatz das von den Parteien übereinstimmend Gewollte, etwa eine Rück- statt der erklärten Ausfallbürgschaft (BGH NJW 1989, 1484) oder die Verbürgung für zwei Forderungen, die eine wirtschaftl Einheit bilden, bei Verbürgung für „den oben bezeichneten Leasingvertrag" (BGH NJW 1995, 1886, 1887). (2) Bei **mehreren in Betracht kommenden Schulden** (BGHZ 76, 187; BGH NJW-RR 1987, 1138, 1139; Dresden OLGRp 1998, 295) **oder Hauptschuldnern** (BGH NJW 1995, 959) muss sich die verbürgte Schuld zweifelsfrei aus der Urkunde herleiten lassen. Zweifel, auf welche Hauptschuld die Bürgschaft sich bezieht, gehen zulasten des Gläubigers (BGH NJW 1995, 959; 1886, 1887). Durch Auslegung folgt aber häufig aus der Bezeichnung von Gläubiger oder Hauptschuldner die Hauptschuld (BGH NJW 1993, 724, 725; RGZ 76, 195, 196f) oder umgekehrt aus der Bezeichnung der Hauptschuld die Person des in der Urkunde nicht erwähnten Gläubigers oder Hauptschuldners (BGH NJW 1993, 724, 725; 1962, 1102; RGZ 145, 229, 232). (3) Bloße **Mitunterzeichnung** eines Vertragstextes begründet mangels Verbürgungswillens keine Bürgschaft. Bürgschaft ist aber gegeben, wenn die Worte „als Bürge" (RGZ 71, 113, 115f; 77, 378, 379; 78, 37, 39), „selbstschuldnerische Bürgschaft" oder „Bürgschaft" (BGH NJW 1995, 43, 44f) neben der Unterschrift stehen. (4) Wenn der Gläubiger dem Bürgen dessen mündliche Bürgschaftserklärung **brieflich bestätigt**, der Bürge die Bestätigung unterschreibt und zurücksendet, ist die Bürgschaft formwirksam abgegeben, selbst wenn durch Auslegung behebbare Unklarheiten zum Umfang der Bürgschaft verbleiben (BGH WM 1984, 924). (5) Bei der **Bürgschaft zugunsten Dritter** (§ 328, § 765 Rn 29) muss wenigstens ein Gläubiger bestimmt sein (BGH NJW 2001, 3327, 3328). (6) Das **Anforderungsrecht** bei der Bürgschaft auf erstes Anfordern (§ 765 Rn 13ff, 16) muss

aus dem Inhalt der Bürgschaftsurkunde, ggf unter Beiziehung sonstiger Urkunden und unstr Tatsachen, erkennbar hervorgehen (BGH NJW 2003, 2231, 2232f; näher § 765 Rn 13ff, 16).

2. Nebenabreden, Abänderungen. Neben der Erklärung zur Übernahme der Bürgschaft („Verbürgung") erstreckt sich nach dem Schutzzweck das Formgebot des § 766 auf **alle den Bürgen wirtschaftl belastenden** (haftungserweiternden) **Nebenabreden**. Dies gilt **unabhängig vom Zeitpunkt der Nebenabrede** (vor, bei, nach Abgabe der Bürgschaftserklärung, vgl BGH NJW 1968, 2332 LS 2). – Bsp: (1) Verzicht auf die **Einrede der Vorausklage** (§ 773 I Nr 1, BGH NJW 1968, 2332); (2) Einschränkungen und Modifikationen der **cessio legis** gem § 774 I 1; (3) Zum **Anforderungsrecht** bei Bürgschaft auf erstes Anfordern vgl auch vorherige Rn 6. – Formfrei sind ggü den gesetzl Vorschriften den Bürgen **wirtschaftl entlastende (haftungseinschränkende)** Abreden (BGH NJW 1994, 1656), und zwar selbst dann, wenn der Vertrag eine Schriftformklausel vorsieht (BGHZ 171, 180 Rn 53). Wegen der dem Bürgen obliegenden Beweislast für ihm günstige Tatsachen empfiehlt sich aus dessen Sicht dennoch mit Blick auf § 416 ZPO ggf Schriftlichkeit insb für Erklärungen des Gläubigers. – Bsp: (1) Erklärung des Bürgen, nur für einen **bestimmten Kredit** einzustehen, trotz formularmäßiger Erstreckung der Bürgschaft auf die gesamte Geschäftsverbindung (BGH NJW 1994, 1656). (2) **Entlassung aus der Bürgschaftspflicht** mit Eingang einer Steuerrückerstattung (BGHZ 171, 180 Rn 5). (3) **Umwandlung einer Regelbürgschaft** in Ausfallbürgschaft (BGH NJW 1986, 3131, 3133) oder Höchstbetragsbürgschaft (RGZ 95, 9, 12). (4) Die Einstandspflicht des Bürgen reduzierende **Änderung der Hauptschuld**, zB Austausch von Forderungen (RGZ 95, 9, 11f; MüKo/*Habersack* Rn 14; aA Staudinger/*Stürner* Rn 12: Vorteile müssen Nachteile eindeutig überwiegen; ähnl Soergel/*Gröschler*, sofern wesentliche Elemente des Bürgschaftsrisikos betroffen). 7

3. Schriftform. Der Bürge muss den Text der Bürgschaftsurkunde **eigenhändig unterzeichnen** (§ 126 I). Weil die Bürgschaftserklärung nur einseitig verpflichtet, gilt § 126 II nicht. Bei Bürgschaft durch wirksam bevollmächtigten (Rn 2) Vertreter ist § 309 Nr 11 zu beachten (vgl BGHZ 148, 302; § 309 Rn 140ff). Aus dem Wortlaut („Erteilung") ist das Erfordernis der **Übergabe der Originalurkunde** an den Gl oder in dessen Empfangsbereich abzuleiten. Übermittlung durch Telegramm, selbst wenn der Bürge das Aufgabeformular eigenhändig unterzeichnet hat (BGHZ 24, 297, 302), Übermittlung einer Abschrift (hM, BGHZ 121, 224, 231ff; MüKo/*Habersack* Rn 26; aA BGH NJW 1968, 1131, 1132; RGZ 126, 121, 123; Köln NJW-RR 1992, 555, 556; Staudinger/*Stürner* Rn 33) oder Telefax/Fernkopie (BGHZ 132, 119, 127; 121, 224, 228ff) genügen nicht, gleiches gilt i Erg für die elektronische Form gem § 126 III, § 126a (vgl zu § 766 S 2 Rn 9). Erst recht nicht genügt die Übermittlung eines Scans oder eines Fotos (nur Varianten der Abschrift). Die Schriftform kann aber durch notarielle Beurkundung (§ 126 IV) oder im Rahmen eines gerichtlich protokollierten Vergleichs (§ 127a) ersetzt werden. Erforderlich sind **Abgabe** (willentliche Entäußerung) **und Zugang** (Erlangung der Verfügungsmacht) **der Erklärung beim Gläubiger**, näher § 130 Rn 3ff. Ein Verbleib beim Gläubiger ist nicht erforderlich (BGH WM 1976, 422; WM 1978, 266; Soergel/*Gröschler* Rn 31 mwN; zur Verwahrung beim Notar gem § 7 I 2, § 2 IV 3 MaBV aF BGH NJW 2007, 1360). Eigentümer der **Bürgschaftsurkunde** ist aber der Gläubiger (§ 952 I 1), so dass dieser mangels abw Abrede Herausgabe verlangen kann. – **Nach Beendigung des Bürgschaftsvertrags** ist der Gläubiger zur **Herausgabe der Bürgschaftsurkunde** verpflichtet (§ 371 S 1 bzw Nebenpflicht gem § 242; vgl § 765 Rn 45). Die (vorzeitige) Rückgabe der Bürgschaftsurkunde ist per se noch kein (konkludenter) Verzicht auf die Inanspruchnahme des Bürgen bzw kein Antrag auf Abschluss eines Erlassvertrags (§ 397 I) (Bamberg NJW-RR 2004, 817, 818; Brandenburg NJ 2004, 519, 520; Düsseldorf 19.9.2008 – I-11 W 23/07 Rn 46). Eine Bürgschaftsurkunde, die einen von der Sicherungsabrede abw Hauptschuldner ausweist, steht dem in der Urkunde als Hauptschuldner Bezeichneten zu und ist diesem vom Gläubiger gem § 812 I 1 Alt 1 herauszugeben, weil eine Bürgschaftserklärung zur Erfüllung der durch Sicherungsabrede übernommenen Verpflichtungen untauglich ist (BGH BauR 2005, 873 Rn 23). 8

III. Elektronische Form (S 2). Gem S 2 ist die Erteilung der Bürgschaftserklärung in elektronischer Form gem § 126 III, § 126a ausgeschlossen. Dies setzt die rigide Rspr fort (Rn 8), steht aber auch Innovationen entgegen und sollte de lege ferenda überprüft werden. 9

IV. Nichtigkeit und Heilung. 1. Rechtsfolge. Bei Verstoß gegen § 766 ist die Bürgschaftserklärung nichtig (§ 125 S 1). Als zentrale Erklärung zieht dies grds die Nichtigkeit des Bürgschaftsvertrags nach sich (§ 139 Hs 1). Über § 242 mag eine Aufrechterhaltung von Nebenabreden möglich sein, vgl § 125 Rn 30ff. 10

2. Heilung des Formmangels (S 3). Erfüllt der Bürge seine Einstandspflicht, bedurfte er des Schutzes der Schriftform offensichtlich nicht. Daher tritt mit Erfüllung oder Erfüllungssurrogat (MüKo/*Habersack* Rn 30; Staudinger/*Stürner* Rn 53) durch den Bürgen Heilung ein. Die Heilung tritt auch ein, wenn der Bürge die Unwirksamkeit seiner Erklärung nicht kennt. Infolge der Leistung wird der Bürgschaftsvertrag (ex nunc) wirksam. Eine Kondiktion des Bürgen (§ 812 I 1) ist nach diesem Zeitpunkt ausgeschlossen. 11

§ 767 Umfang der Bürgschaftsschuld

(1) Für die Verpflichtung des Bürgen ist der jeweilige Bestand der Hauptverbindlichkeit maßgebend. Dies gilt insbesondere auch, wenn die Hauptverbindlichkeit durch Verschulden oder Verzug des Hauptschuldners geändert wird. Durch ein Rechtsgeschäft, das der Hauptschuldner nach der Übernahme der Bürgschaft vornimmt, wird die Verpflichtung des Bürgen nicht erweitert.

(2) Der Bürge haftet für die dem Gläubiger von dem Hauptschuldner zu ersetzenden Kosten der Kündigung und der Rechtsverfolgung.

1 **I. Bestand der Hauptverbindlichkeit. 1. Akzessorietät.** Aus § 767 folgt der die Bürgschaft bestimmende, den Bürgen schützende Grundsatz der Akzessorietät (§ 765 Rn 2). S 1 statuiert dafür in allg Form ausdrückl die ständige („jeweilige") Abhängigkeit der Bürgschaft von der Hauptschuld, was in den weiteren Vorschriften konkretisiert wird. Zur Kollision von Akzessorietät und Sicherungszweck vgl § 768 Rn 3. Infolge der Akzessorietät ist die Bürgschaft in ihrem Bestand von der Hauptschuld abhängig. Entsteht die Hauptverbindlichkeit nicht, entsteht auch kein Bürgschaftsvertrag (Rn 2); entfällt die Hauptverbindlichkeit später, teilt die Bürgschaft grds das gleiche Schicksal (Rn 3f). Wegen § 765 II kann die Hauptverbindlichkeit aber später als die Bürgschaft begründet werden oder gem § 177 I wirksam werden. Bsp: Bürgschaft für Forderung aus nach § 311b I formnichtigem, aber später geheiltem Vertrag (RGZ 134, 243, 246f). Näher § 765 Rn 5.

2 **2. Entstehungshindernisse.** Für die **anfängliche Unwirksamkeit** der Hauptverbindlichkeit gelten die allg Regeln (zB §§ 105, 116 S 2, §§ 117, 118, 125, 134, 138). – Vgl zu kapitalersetzenden Gesellschafterdarlehen § 768 Rn 6.

3 **3. (Teilweise) Entfallene Hauptschuld. a) Beweislast:** Als ihm günstige Tatsache hat der Bürge den (teilw) Untergang der Hauptschuld zu beweisen (BGH NJW 1995, 2161, für anerkannten Saldo aus einem Kontokorrent auch BGH NJW 1985, 3007, ebenso für nicht anerkannten Saldo BGH NJW 1996, 719). – **b) Gründe. aa) Erfüllung** (§ 362 I, auch durch Dritte, § 267, BGH WM 1975, 1235; zur Verrechnung des Gläubigers von Leistungen auf die Hauptschuld entspr § 366 II BGH NJW 2001, 2466, 2468). Die unwirksame Erfüllung (zB fehlende Empfangszuständigkeit) lässt den Bestand der Hauptschuld unberührt. Jedoch darf der Gläubiger, solange er im Genuss der Leistung ist, den Bürgen nicht in Anspruch nehmen (vgl RGZ 78, 347, 354: dem Bürgen kam der nichtige Erfüllungsversuch über § 242 zugute). – **bb) Erfüllungssurrogate**: Leistung an Erfüllungs statt (§ 364 I, BGH WM 1970, 12), Hinterlegung (§§ 372ff), Aufrechnung (§ 389, BGH NJW 2002, 2867, 2869). – **cc) Wegfall mit ex-tunc-Wirkung**: erklärte Anfechtung (§§ 119ff, BGHZ 95, 350, 356; zur Erstreckung der Bürgschaft auf Bereicherungsansprüche vgl § 765 Rn 40). – **dd) Wegfall mit ex-nunc-Wirkung**: Kündigung (BGH NJW 1989, 27), Erlass (§ 397 I; BGH NJW 2001, 2327, 2329), ggf auch in Vergleich enthalten (§§ 779, 397 I; BGH WM 1970, 12; NJW 2003, 59; RGZ 153, 338, 345); Betragsminderungen anderer Art, negatives Schuldanerkenntnis (§ 397 II), Novation (RGZ 134, 153, 155f); Aufhebungsvertrag (ggf auch der Geschäftsverbindung, BGH NJW 1989, 27). – **ee) Minderungen** gleich welchen Rechtsgrunds, zB als Rechtfolge von Mängeln (§§ 441, 638), mitwirkendes Verschulden des Gläubigers nach § 254 (RG JW 1937, 3104), wegen ersparter Aufwendungen (BGH NJW 1994, 1790: nicht verbrauchte Kreditkosten) und nach zutr Ansicht auch infolge des Einwands unzulässiger Rechtsausübung (§ 242), soweit dieser als Rechtsfolge die dauerhafte Minderung der Hauptforderung nach sich zieht (hM, RGZ 163, 91, 98; Köln ZIP 1998, 150, 151; MüKo/*Habersack* Rn 3; PWW/*Brödermann* Rn 5). – **ff)** Zum **Rücktritt** Rn 8. – **gg)** Zur **eingeschränkten Leistungsfähigkeit des Hauptschuldners** (Insolvenz, Liquidation) Rn 5f.

4 **4. Urteil.** Ein rechtskräftiges Urteil in einem Prozess zw Gläubiger und Hauptschuldner wirkt aufgrund des Akzessorietätsprinzips ggü dem Bürgen, wenn es **für diesen günstig** ist (BGH NJW 1970, 279; WM 1965, 579, 580; MüKo/*Habersack* § 768 Rn 18). Ist es für den Bürgen ungünstig, wirkt es gegen diesen grds nicht (BGHZ 139, 214, 218; 107, 92, 96; 76, 222, 229f; BGH ZIP 2007, 2206, 2208). Dabei handelt es sich um einen Fall der Rechtskrafterstreckung infolge materiell-rechtl Abhängigkeit (BGH NJW 1970, 279; aA MüKo/*Habersack* § 768 Rn 18: Fall des § 768 I 1). Anderes gilt bei der Prozessbürgschaft: Der Prozessbürge erkennt regelmäßig den Ausgang des Rechtsstreits als für sich verbindlich an (BGH NJW 1975, 1119).

5 **5. Eingeschränkte Leistungsfähigkeit des Hauptschuldners. a)** Im Grundsatz wird die Bürgschaft bestellt, um das Risiko einer zukünftig reduzierten Leistungsfähigkeit des Hauptschuldners durch Einstandspflicht des Bürgen zu reduzieren. Realisiert sich lediglich das vom Bürgen dem Gläubiger abgenommene Ausfallrisiko, darf dies trotz Akzessorietät iÜ grds nicht zur Befreiung des Bürgen führen, und zwar selbst dann nicht, wenn der Hauptschuldner von seiner Leistungspflicht frei wird. – Bsp: (1) Verliert eine juristische Person als Hauptschuldner infolge **masseloser Auflösung** (§ 26 InsO) ihre Rechtspersönlichkeit (sog Untergang), hat sich das Risiko auf extremste Form realisiert, der Sicherungszweck muss sich durchsetzen. Trotz rechtstechnischem Untergang der Hauptschuld bleibt der Bürge zum Einstand verpflichtet, die Bürgschaft besteht als selbständige Forderung fort (vgl BGHZ 82, 323, 326f; 153, 337, 340ff; BGH NJW 2003, 59, 60; 2012, 1645; *Lettl* WM 2000, 1316, 1320; *Siegmann/Polt* WM 2004, 766, 768, 771; *Klose* WM 2009, 300ff). – (2) Wird der Hauptschuldner im Rahmen eines bestätigten **Insolvenzplans** (§ 254 II InsO, vgl RGZ 113, 320; BGHZ 69, 369) oder durch **Restschuldbefreiung** (§ 301 II 1 InsO) von seiner Leistungspflicht befreit, besteht die Einstandspflicht des Bürgen dennoch fort (vgl Dresden ZIP 2013, 1341, 1342f; *Küpper* NJW 2015, 3057, 3059; MüKo/*Habersack* Rn 7 mN). – (3) Der Bürge bleibt auch einstandspflichtig im Fall eines **außergerichtlichen Vergleichs** des Insolvenzverwalters mit dem Gläubiger im Insolvenzverfahren des Hauptschuldners (BGH NJW 2003, 59, 60 für das alte Gesamtvollstreckungsverfahren). (4) Dasselbe gilt **bei Beschlagnahme bzw Enteignung** der Hauptschuld durch einen fremden Staat (vgl BGHZ 31, 168, 171ff; 32, 97; aA Staudinger/*Stürner* Rn 53). (5) Bei Herabsetzung der Hauptforderung **wegen persönlicher Unzumutbarkeit** (§ 242) über § 275 III hinaus bleibt der Bürge in vollem Umfang einstandspflichtig (*Medicus* JuS 1971, 497, 500; aA BGHZ 6, 385; offengelassen von BGH NJW 1963, 1617f; vgl ferner RGZ 163, 91, 97f [in casu verneint]).

b) Anders verhält es sich, wenn der Bürge in Kenntnis des konkreten Ausfallrisikos seine Einstandspflicht **von Anfang an beschränkt**, ggf sogar an die Leistungsfähigkeit des Hauptschuldners geknüpft hat. Bsp: Hauptschuld ist (einkommensabhängige) Unterhaltspflicht nach §§ 1360, 1603 (hM, MüKo/*Habersack* Rn 7; Staudinger/*Stürner* Rn 35; aA für vertragl Ansprüche RGZ 163, 91, 98f). – c) **Die Eröffnung des Insolvenzverfahrens** führt noch nicht zum Untergang der Hauptschuld, sondern hindert lediglich deren Durchsetzbarkeit (vgl die Vollstreckungssperre in §§ 88, 89 InsO). Ebenso führt der **ordentliche Liquidationsbeschluss** nicht unmittelbar zum Untergang des Hauptschuldners; es kommt erst dann zum Untergang der Hauptschuld, wenn alle Forderungen beglichen sind. Der Liquidationsbeschluss ändert lediglich den Unternehmenszweck von Fortführung zur Abwicklung, lässt aber den Schuldner zunächst fortbestehen, bis sämtliche Forderungen beglichen oder sonstwie erloschen sind. Nur mit dieser Einschränkung lässt sich sagen, dass der ordentliche Untergang des Hauptschuldners letztlich zum Wegfall der Hauptschuld und zum Erlöschen der Bürgschaft führt (so aber RGZ 148, 65, 68; 153, 338, 340ff). 6

6. Störung der Geschäftsgrundlage. Gegen die Unterstellung von **Störungen der Geschäftsgrundlage** (§ 313) unter § 767 I 2 spricht, dass die dortigen Regelbeispiele Verschulden voraussetzen. Der Einredebegriff des § 767 I 1 iÜ setzt aber kein Verschulden voraus, weshalb die Störung der Geschäftsgrundlage dort anzusiedeln ist (vgl BGHZ 6, 385, 393f; BGH NJW 1963, 1617; MüKo/*Habersack* Rn 3). Bei einer infolge der Störung **verminderten Hauptschuld** sichert die Bürgschaft künftig nur den Minderbetrag. Str ist die gegenteilige Situation, nämlich, ob die Bürgschaft auch eine ggf aufgrund von Störungen **erhöhte Hauptverbindlichkeit** vollumfänglich oder nur in der ursprünglich bezeichneten Höhe sichert. Dies richtet sich zunächst nach dem Ergebnis der Auslegung des Bürgschaftsvertrags, iÜ soll der Bürgenschutz das Gläubigerinteresse überwiegen (vgl BGHZ 183, 341 Rn 27 unter Hinweis auf § 767 I 3; Düsseldorf WM 2001, 2382, 2384f; Soergel/*Gröschler* Rn 10, 12; PWW/*Brödermann* Rn 12). Das überzeugt nicht: Die Störung der Geschäftsgrundlage erfordert eine gänzliche Neubewertung der Vertragsbeziehungen, welche ohne Neubewertung der Bürgschaft nicht gelingen mag. Bsp: Wenn eine Hyperinflation die Erhöhung einer Gewährleistungsbürgschaft um das 1000-fache bedingt, ist eine zuvor gestellte Bürgschaft in Höhe des einfachen Betrags nichts mehr wert, so dass das Vertragsgleichgewicht insg im Verhältnis zu vorher weiterhin gestört ist. Richtigerweise muss es in solchen Fällen bei der Akzessorietät bleiben. Dem Bürgen geschieht im Fall der Anpassung an die gegenwärtigen Verhältnisse kein Nachteil, ihm werden lediglich Zufallsgewinne versagt. 7

II. Vom Hauptschuldner verursachte Leistungsstörungen. § 767 1 S 2 erweitert die Hauptschuld und damit die Einstandspflicht des Bürgen um Forderungen aus vom Hauptschuldner schuldhaft verursachten Leistungsstörungen. Insoweit sichert die Bürgschaft auch die Sekundäransprüche des Gläubigers. **1. Schadensersatzansprüche.** Gem § 767 I 2 sichert die Bürgschaft Ersatzansprüche zB aus Verzug (insb §§ 286f, 288), Unmöglichkeit (§ 280 I, III, § 283, § 311a II), Pflichtverletzung bei der Durchführung des Vertrags (§ 280 I, § 282, § 241 II), mangelhafter Lieferung einer Kaufsache (§ 437 Nr 3) oder Herstellung (§ 634 Nr 4). § 767 I 2 erfasst nicht Ansprüche vor Entstehung der Hauptschuld (insb cic/§ 311 II), weil insofern die Hauptschuld nicht nach Entstehung geändert wird (diff Staudinger/*Stürner* Rn 28 mN). **2. Aufwendungsersatzansprüche.** § 767 I 2 setzt Verschulden voraus. Dies ist bei einigen, aber nicht allen Aufwendungsersatzansprüchen Voraussetzung, so etwa gem § 284 (vgl § 284 Rn 4) iVm § 437 Nr 3, § 634 Nr 4, nicht aber bei § 637 iVm Ansprüchen aus § 634 Nr 2. **3. Rückgewähransprüche. Rückgewähransprüche** des Gläubigers insb aus Rücktritt (§ 346) sind durch Bürgschaft gesichert, soweit sie aus vom Hauptschuldner schuldhaft verursachten Leistungsstörungen entstehen, also **§ 323, § 326 V, § 324** (MüKo/*Habersack* Rn 9; Staudinger/*Stürner* Rn 29; aA Soergel/*Gröschler* Rn 10: Vertretenmüssen irrelevant). Dies gilt ungeachtet des Umstands, dass der Rücktritt „nach Übernahme der Bürgschaft" iSv § 767 I 3 zu erklären ist. – Dagegen werden **vertragl gewährte Rücktrittsrechte** nur erfasst, wenn die zugrundeliegende Vereinbarung von Gläubiger und Hauptschuldner Verschulden des Hauptschuldners voraussetzt und bereits vor Abschluss des Bürgschaftsvertrags geschlossen wurde; ist dies nicht der Fall, hat die Einräumung des Rücktrittsrechts ggü dem Bürgen keinen Bestand (§ 767 I 3, vgl MüKo/*Habersack* Rn 9; Staudinger/*Stürner* Rn 29; Soergel/*Gröschler* Rn 10). Zu Rückgewähransprüchen aus § 812 I 1 bei Nichtigkeit des Hauptvertrags vgl § 765 Rn 40; § 767 I 2 regelt nicht Veränderungen des weiterexistierenden Schuldverhältnisses zwischen Gläubiger und Hauptschuldner, zudem ist Verschulden keine Voraussetzung des Anspruchs aus § 812 I 1. 8

III. Keine Erweiterung nach Bürgschaftsübernahme. 1. Grundsatz. Nach Übernahme der Bürgschaft sind die Stellung des Bürgen verschlechternde einseitige oder zw Gläubiger und Hauptschuldner vereinbarte Änderungen ausgeschlossen (§ 767 I 3). Unwesentliche, zumutbare Erweiterungen sind von der Bürgschaft mitumfasst (BGH WM 1962, 700, 701). – Zur Störung der Geschäftsgrundlage Rn 7. – Zu nach Abschluss des Bürgschaftsvertrags eingeräumten **Rückgewähransprüchen** aufgrund Rücktritts Rn 8. – 9

2. Beispiele. (1) **Hinausschieben der Fälligkeit** der Hauptforderung, zB durch Verlängerung der Bauausführungsfrist (BGH WM 2004, 724, 726); (2) nachträgl Vereinbarung einer konkludenten statt der vereinbarten förmlichen Abnahme bei Gewährleistungsbürgschaft (Köln BauR 2005, 1199, 1200); (3) **Verlängerung des Mietvertrags** bei Mietausfallbürgschaft (Düsseldorf ZMR 2005, 784); (4) eine **Verwertungsvereinbarung zw Gläubiger und Insolvenzverwalter** des Hauptschuldners nach § 168 III InsO, die den Bürgen uU beeinträchtigt, weil sie die Höhe der Hauptforderung beeinflusst (BGHZ 165, 28 Rn 17ff); (5) **Auftragserweiterung** nach § 1 III, IV VOB/B (BGHZ 183, 341 Rn 15ff); (6) **Ausdehnung der Bürgschaft auf weitere Forderungen des Gläubigers** gegen den Hauptschuldner oder Dritte, gleich aus welchem Rechtsgrund, zB weitere Kreditgewährungen durch den Erwerber von Geschäftsverbindungen oder Handelsgeschäft (§ 25 HGB, vgl BGHZ 26, 142, 147ff; BGH 10

WM 1960, 371) oder auf eine verjährte Hauptschuld, wenn die Verjährung durch Anerkenntnis des Hauptschuldners unterbrochen ist (BGH WM 2007, 2230 Rn 18; Düsseldorf MDR 1975, 1019; MüKo/*Habersack* Rn 16; aA München WM 2006, 684, 687; s zum Verzicht des Hauptschuldners noch § 768 Rn 8). – Die Unwirksamkeit **formularmäßiger Globalbürgschaften** gem § 307 I 1, II stützt der BGH auch auf § 767 I 3 (BGHZ 130, 19, 23f; 143, 95, 97; vgl § 765 Rn 33).

11 **IV. Kosten der Kündigung und Rechtsverfolgung. § 767 II** stellt klar, dass der Bürge dem Gläubiger für von dem Hauptschuldner zu ersetzende Kosten der Kündigung und Rechtsverfolgung haftet. Dieser Aufwand muss nach Übernahme der Bürgschaft entstanden sein (MüKo/*Habersack* Rn 12). Kosten umfassen neben Zinsen (vgl § 765 Rn 40) insb vom Hauptschuldner zu tragende Prozesskosten (§§ 91ff, 788 ZPO) für die Beitreibung der Hauptforderung und die Kosten des Gläubigers für die Forderungsanmeldung in der Insolvenz des Hauptschuldners. – **Keine Kosten** iSv § 767 II sind Kosten einer Drittwiderspruchsklage (§ 771 ZPO) oder einer Anfechtungsklage des Insolvenzverwalters nach AnfG oder InsO (BGH NJW 2009, 1879, 1880; Staudinger/*Stürner* Rn 34).

§ 768 Einreden des Bürgen

(1) Der Bürge kann die dem Hauptschuldner zustehenden Einreden geltend machen. Stirbt der Hauptschuldner, so kann sich der Bürge nicht darauf berufen, dass der Erbe für die Verbindlichkeit nur beschränkt haftet.

(2) Der Bürge verliert eine Einrede nicht dadurch, dass der Hauptschuldner auf sie verzichtet.

1 **I. Einredebegriff. 1. Akzessorietät.** § 768 **erweitert (§ 768 I 1) und begrenzt (§ 768 II) die Akzessorietät** der Bürgschaft zur Forderung. Nach § 768 I 1 kann der (ggf auch selbstschuldnerische, BGHZ 76, 222) Bürge die Einreden des Hauptschuldners wie eigene geltend machen (BGHZ 76, 222, 226; 107, 210, 214). Einreden sind die Gegenrechte des Hauptschuldners gegen die verbürgte Forderung, andererseits sämtliche übrigen Einreden des Hauptschuldners, die **Bestand, Umfang oder Fälligkeit der Hauptschuld** berühren (Bsp BGHZ 107, 210, 214: Widerspruchsrecht des Mieters). Der Begriff geht somit über die Einrede im technischen Sinn hinaus (vgl Staudinger/*Stürner* Rn 1). Für eine Begrenzung auf Einreden im technischen Sinn und Verlass auf die Akzessorietät gem §§ 765, 767 bzw § 770 iÜ Erman/*Herrmann*[14], § 768 Rn 1. Diese Gegenansicht konnte den Schwebezustand vor Geltendmachung der Einrede schwer fassen, musste für eine weite Auslegung von § 770 II eintreten und trotzdem zufällige Ergebnisse davon abhängig hinnehmen, ob Gläubiger und Hauptschuldner eine Begrenzung im Bürgschaftsvertrag vereinbart haben. Nach Ausübung des Gestaltungsrechts mit ex tunc-Wirkung stellt sich die Frage nicht mehr, da die Hauptforderung von Anfang an entfallen ist. - **2. Einrede und Hauptschuld.** Die Einrede muss aber **Bezug zur Hauptschuld** aufweisen. Ist zB die Aufrechnung des Hauptschuldners mit einer Verbindlichkeit des Gläubigers ggü dem Hauptschuldner kraft Vertrags oder Gesetzes ausgeschlossen, hindert dies eine Einrede gem § 768 (s aber § 770 Rn 6). – **3. Einreden aus der Bürgschaft selbst. Einreden des Bürgen aus dem Bürgschaftsverhältnis** (iwS) sind gleichfalls kein Fall des § 768. Sie sind bereits im Kontext von §§ 765, 767 ohne Weiteres zu berücksichtigen (zB RGZ 53, 403 zu §§ 387ff; BGH WM 1965, 578, 579 zu §§ 387ff; WM 1984, 586 zur Verwirkung gem § 242). Zum Verzicht des Bürgen auf Einreden Rn 9f. – **Prozessrecht:** Weil Bürge nur subsidiär haftet, ist er grds nicht Partei im Prozess zw Hauptschuldner und Gläubiger (hM, aA *Stamm* FS Gehrlein, 2022, 531); dem Bürgen steht aus Einreden, die im Prozess nicht geltend gemacht wurden, aber **Vollstreckungsgegenklage** gegen tenorierten Anspruch zu (näher Rn 2).

2 **II. Einzelne Einreden (§ 768 I 1). 1. Verjährung.** Der Bürge kann sich auf die **Verjährung der Hauptforderung** berufen (BGHZ 76, 222, 224; 95, 375, 383f; 139, 214, 216; BGH NJW 2012, 1946; ausf *Einsiedler* MDR 2010, 603ff; *Herrmann*, Verjährung, Verjährungsbeginn und Regress bei Bürgschaft und Gesamtschuld, 2012, 101ff; s auch BGHZ 169, 308 – Prozessbürgschaft), und dies selbst dann, wenn die Verjährung erst **nach Erhebung der Bürgschaftsklage** eintritt (BGHZ 76, 222, 225; 139, 214, 216f; BGH NJW 1990, 2754, 2755; anders im Fall des Untergangs des Hauptschuldners sogleich Rn 6). Der Gläubiger muss daher zur Unterbrechung der Verjährung auch gegen den Hauptschuldner Klage erheben (§ 204 I Nr 1). Tritt Verjährung erst **nach rechtskräftiger Verurteilung** des Bürgen ein, kann dieser noch Vollstreckungsgegenklage gem § 767 ZPO erheben (BGHZ 139, 214, 220ff; BGH NJW 1999, 278, 279). Dem Bürgen steht die Verjährungseinrede jedoch **nicht** zu, wenn die Bürgschaft (auch) verjährte Ansprüche sichern soll (BGHZ 121, 173, 177f; 143, 381, 385). Ebenso wenig dann, wenn der Hauptschuldner in seinem Prozess zuvor diese Einrede erfolglos erhoben hatte und rechtskräftig verurteilt wurde (*Leitmeier* NJW 2017, 1273). Allerdings wirkt die Hemmung der Verjährung während laufender Verhandlungen (§ 203 S 1) auch ggü dem Bürgen (BGHZ 182, 76 Rn 19ff). – Geht infolge Liquidation ggf nach (masseloser) Insolvenz (näher § 767 Rn 5f) **die juristische Person des Hauptschuldners** unter und entfällt infolgedessen die Hauptschuld, kann sich der Bürge (weiterhin) auf die Verjährung der untergegangenen Hauptschuld berufen (BGHZ 153, 337, 340f; 182, 76; BGH NJW 2012, 1645; Soergel/*Gröschler* Rn 9 mwN; aA *Tiedtke* NJW 2005, 2498, 2500). Die Verjährung der Hauptforderung kann in diesem Fall aber durch Erhebung der Bürgschaftsklage gem § 204 I Nr 1 gehemmt werden (BGHZ 153, 337, 342f; BGH WM 2012, 688).

3 **2. Zurückbehaltungsrechte.** Der Bürge kann sich berufen auf: die Einrede des nichterfüllten Hauptvertrags (§ 320; vgl RGZ 84, 228, 230); Stundung (RGZ 153, 123, 125; 56, 310, 312; BGH NJW 2001, 2327, 2329), sofern nicht nur ganz kurzfristig (Bsp BGHZ 72, 198, 203); Zug-um-Zug-Einreden infolge Rücktritts (§§ 348, 320) (BGH NJW 2010, 1284, 1288f); das Zurückbehaltungsrecht gem § 273 (BGHZ 24, 97, 99; 153, 293, 301; BGH WM 1965, 578, 579).

3. Sicherungsabrede. Der Bürge kann sich gem § 768 I 1 ggü dem Leistungsverlangen des Gläubigers auf die **Unwirksamkeit der Sicherungsabrede** (§ 765 Rn 60) zw Gläubiger und Hauptschuldner und die Einrede des Hauptschuldners (§ 821, vgl BGHZ 179, 374 Rn 9; 181, 278 Rn 13) berufen, so dass der Gläubiger die Inanspruchnahme des Bürgen zu unterlassen hat. Das folgt aus Sinn und Zweck des Akzessorietätsgedankens, wonach der Bürge nicht mehr leisten soll als der Hauptschuldner schuldet (hM, vgl BGHZ 181, 278 Rn 13; 179, 374 Rn 9; 153, 311, 316; 143, 381, 384; BGH NJW 2016, 2802, 2803ff; MüKo/*Habersack* Rn 9; *Nossek* NJW 2015, 1985, 1989). Nach der Gegenansicht, die § 768 auf Einreden gegen die Hauptschuld ieS begrenzt, soll der Bürge dem Gläubiger zunächst voll leisten, anschließend den Hauptschuldner in voller Höhe in Regress nehmen (§ 774 I 1) und dann der Hauptschuldner sich wiederum an den Gläubiger halten müssen (vgl Erman/*Herrmann*[14] Rn 2). Dieser Kreisverkehr überzeugt schon vom Ergebnis, aber auch von der Begründung her nicht. Das von der Gegenansicht für § 768 I 1 berufene strenge Akzessorietätsprinzip ist zweifelhaft (Rn 1), steht der hM aber nicht entgegen. Denn für den Abschluss der Bürgschaft bedürfte es an sich keinerlei Sicherungsabrede zwischen Gläubiger und Hauptschuldner. Wird sie doch geschlossen, ist darin eine Begrenzung des Sicherungsstatus der Hauptschuld, mangels Beteiligung des Bürgen jedoch keine Modifikation des Bürgschaftsvertrags zu sehen. Auf diesen begrenzten Sicherungsstatus kann sich der Bürge berufen (§ 242, bereits § 765 Rn 1). – Der Bürge kann gegen die Inanspruchnahme aus Bürgschaft auf erstes Anfordern (§ 765 Rn 15ff) einwenden, in der Sicherungsabrede zw Gläubiger und Hauptschuldner sei nur die Stellung einer gewöhnlichen Bürgschaft vereinbart (BGHZ 143, 381, 385f; 147, 99, 102f; 151, 236 Rn 26; Staudinger/*Stürner* Rn 16; Soergel/*Gröschler* Rn 13). – Ein Bürge, dem wegen der Unwirksamkeit der Sicherungsabrede nach § 768 I 1 eine **dauerhafte Einrede** gegen den Gläubiger zustand, kann das von ihm dennoch **Geleistete nach § 813 I 1** vom Gläubiger **zurückverlangen** (BGH NJW 2018, 458). 4

4. Sonstige. Der Bürge kann sich auf die **allg Sachmängeleinrede** gem § 438 IV 2, V, § 634a IV 2, V – alternativ der dieselbe Rechtsfolge hervorrufende § 242 – sogar nach Verjährung der Mängelansprüche berufen (BGH NJW 1991, 1048; Staudinger/*Stürner* Rn 10). – Er kann sich auf einen Einforderungsverzicht (**pactum de non petendo**) berufen, der im Rahmen eines privaten Sanierungsvergleichs zwischen Gläubiger und Hauptschuldner vereinbart wurde (MüKo/*Habersack* Rn 13; Soergel/*Gröschler* Rn 7; strenger Hamm WM 1995, 153, 154f). – Die Notbedarfseinrede des **Schenkers** (§ 519) steht dem Bürgen nicht zu (*Jauernig* NJW 1953, 1207; MüKo/*Habersack* Rn 11). – Der **Mietkautionsbürge** kann die Leistung verweigern, wenn er auf über drei Monatsmieten in Anspruch genommen wird (§ 551); entgegen BGHZ 107, 210, 214 dürfte dafür § 768 I 1 nicht erforderlich sein, weil § 551 die Höhe der Bürgschaft unmittelbar begrenzt, so dass bereits kein Anspruch gegen den Bürgen gegeben ist (§ 765 Rn 48). Die Rechtsfolge von § 551 greift aber zB nicht bei freiwilliger Bürgschaft (vgl BGHZ 111, 361 zu § 550b aF; § 765 Rn 48). – Der Bürge kann über § 768 I 1 die **Einrede der Bereicherung** des Gläubigers gem § 821 geltend machen (vgl BGH NJW 2015, 856). – Der Bürge kann sich auf die **Arglisteinrede** gem § 853 berufen. 5

III. Ausschluss von Einreden. 1. Vertragliche Schranken. Allg Grundsatz: Wenn ein Sicherungsfall durch einen Umstand ausgelöst wird, der zugleich zur eingeschränkten Durchsetzbarkeit der gesicherten Forderung oder gar zu deren Wegfall führt, kann sich der Bürge darauf nicht berufen. Denn aus dem ausdrückl oder schlüssig vereinbarten Sicherungszweck folgt, dass der Bürge in solchen Fällen einstehen soll (BGH NZG 2008, 595 Rn 28). Es handelt sich somit um eine **vertragl Begrenzung** der Reichweite von § 768 I 1. Zum ausdrückl Verzicht Rn 8ff. – Anwendungsfälle: (1) **Untergang der Hauptschuldnerin** als Rechtsperson (BGHZ 82, 323, 327; 153, 337, 340; BGH NJW 2003, 59, 60; 2012, 1645); (2) **Durchsetzungssperre** bei kapitalersetzenden Gesellschafterdarlehen gem § 30 I GmbHG (BGHZ 90, 370ff; 76, 326, 335; BGH NJW 1995, 1962; 1996, 1341); (3) **Mithaftungserklärung eines GmbH-Gesellschafters** für ein der GmbH gewährtes Eigenkapitalergänzungsdarlehen (BGH NJW-RR 2004, 1683, 1684). – Im Einzelfall entscheidet die Auslegung der namentlich bei komplexen Transaktionen keineswegs trivialen Abreden über die Reichweite der Einstandspflicht des Bürgen: Erfasst der Sicherungszweck einer Bürgschaft für ein Gesellschafterdarlehen auch den Fall, dass die schuldende GmbH in eine Krise gerät, kann sich der Bürge nicht auf eine das Eigenkapital der Gesellschaft sichernde Rückzahlungssperre berufen (BGH WM 1996, 588, 590; NZG 2008, 595 LS 2). Fehlende Kenntnis von der Stellung des Darlehensgebers als Gesellschafter der darlehensnehmenden GmbH kann den Bürgen nur von dem spezifischen Risiko eines Nachrangs als Gesellschafterdarlehen in der Insolvenz gem § 39 I Nr 5 InsO entlasten, mit der Rechtsfolge einer dahingehenden Einrede, nicht jedoch von dem Risiko der Vermögenslosigkeit des Hauptschuldners (BGH NZG 2008, 595 LS 2; MüKo/*Habersack* Rn 12). 6

2. Gesetzliche Schranken (§ 768 I 2). Stirbt der Hauptschuldner, kann der Bürge sich auf die Haftungsbeschränkung des Erben gem §§ 1973f, 1989-1992, 2014f nicht berufen. Der Gläubiger soll sich bei unzureichendem Vermögen des Hauptschuldners weiterhin an den Bürgen halten können. Das Gesetz behandelt die nachträgl Haftungsbeschränkung somit als **Sicherungsfall** und ist damit Ausprägung des dargelegten Grundsatzes (Rn 6), wonach dem Sicherungszweck immanente Risiken dem Bürgen zur Last fallen. 7

IV. Verzicht. 1. Hauptschuldner. § 768 II ordnet zum Schutz des Bürgen an, dass der Bürge eine Einrede nicht dadurch verliert, dass der Hauptschuldner auf sie verzichtet (§ 768 II). Würde der Verzicht zu Lasten des Bürgen gehen, wäre dies eine haftungserweiternde und deshalb der Zustimmung des Bürgen und Form des § 766 bedürftige Änderung der Bürgschaft. Daher kann sich der Bürge nach § 768 I 1 auf ein Leistungsverweigerungsrecht des Hauptschuldners aus einem zwischen diesem und dem Gläubiger geschlossenen Stillhalteabkommen auch dann berufen, wenn sich der Gläubiger im Stillhalteabkommen die Geltendmachung der Ansprüche aus 8 der Bürgschaft ausdrückl vorbehalten hat (BGH NJW 2018, 701). – Auf den **Zeitpunkt** des Verzichts kommt es ebenso wenig an wie darauf, ob die Einrede schon oder erst künftig besteht (BGH WM 2007, 2230 Rn 18; NJW 2016, 3158 Rn 35: Verzicht auf Einrede der Verjährung vor Verjährungseintritt). Die Vorschrift des § 202 ist vor diesem Hintergrund nur im Verhältnis zw Gläubiger und Hauptschuldner von Belang (vgl BGH WM 2007, 2230 Rn 14). Kein Verzicht sind das Anerkenntnis des Hauptschuldners und dessen Unterlassung des Vorbehalts gem § 341 III (RGZ 53, 356, 357f). Abzugrenzen ist der Verzicht von der **Nichtgeltendmachung** der Einrede, etwa durch Nichterhebung der Einrede der Verjährung. Für die Nichtgeltendmachung wurde § 768 I 1 geschaffen, der BGH fasst aber **jedes Prozessverhalten des Hauptschuldners, das einem rechtsgeschäftlichen Verzicht gleichkommt**, unter § 768 II (vgl BGH WM 2007, 2230: Einrede der **Verjährung** unabhängig davon, dass bereits Verjährung eingetreten war; BGHZ 76, 222: **Säumnis** des Hauptschuldners; BGH WM 2007, 2230 Rn 18: **Anerkenntnis**; BGH NJW 2018, 701: Stillhalteabkommen) und intensiviert so den Bürgenschutz, weil die Bedeutung der Erhebungsformalien für den Bestand der Einreden des Bürgen reduziert ist. Jedoch kann sich der Bürge nicht ggü dem Gläubiger auf den Ablauf der ursprünglichen Regelverjährung berufen, wenn aufgrund eines gegen den Hauptschuldner ergangenen rechtskräftigen Urteils gegen diesen eine neue 30-jährige Verjährungsfrist in Lauf gesetzt wird, und sich der Hauptschuldner erfolglos auf die Einrede der Verjährung berufen hatte (BGH NJW 2016, 3158, teilw abw von BGHZ 76, 222). In der Tat ist die Einrede der Verjährung grds nach § 768 I 1 zu behandeln; für die Heranziehung von § 768 II muss ein besonderes Verhalten des Hauptschuldners hinzutreten. Für andere Rechtsgeschäfte des Hauptschuldners als Verzicht vgl § 767 I 3.

9 **2. Bürge.** Dem Bürgen steht es frei, auf ihm nach § 768 I 1 oder II zustehende Rechte bei oder jederzeit nach Abgabe der Bürgschaftserklärung in der Form des § 766 zu verzichten (BGHZ 181, 278 Rn 29; BGH NJW 1980, 445, 446; MüKo/*Habersack* Rn 5; Soergel/*Gröschler* Rn 16; Staudinger/*Stürner* Rn 29f; aA *Kopp*, 167, 169, jedoch i Erg nicht überzeugend, weil der Bürge jederzeit auf die Geltendmachung der Einrede durch Untätigkeit verzichten kann). Anerkannter Fall des Einredeverzichts ist insb die Bürgschaft auf erstes Anfordern (§ 765 Rn 13ff). – Im Fall des Verzichts auf die Erhebung der Einrede besteht die Hauptforderung fort, so dass der Bestand der Bürgschaft gesichert ist. Eine Umqualifikation in Garantie oder Schuldbeitritt ist daher entbehrlich und Bürgschaft weiterhin gegeben (dazu § 765 Rn 13). Allerdings muss sich der Bürge den freiwilligen Verzicht vom Hauptschuldner entgegenhalten lassen, weil er die Leistung auf eine einredebehaftete Forderung nicht für erforderlich (§ 670) halten durfte (RGZ 59, 207, 209f; 146, 67, 71); Ausnahme: Der Hauptschuldner hat ebenfalls auf die Einrede verzichtet oder schuldet einredefreie Bürgschaft. Zudem kann der Hauptschuldner den Bürgen auf Schadensersatz in Anspruch nehmen, wenn sich der Bürge zur Berufung auf Einreden verpflichtet hatte (näher § 774 Rn 11f).

10 Allerdings muss der **Verzicht wirksam** sein. Zu beachten ist: (1) Formvorschrift des § 766, (2) Einwand des Bürgen aus § 242, (3) bei formularmäßigem Verzicht § 307 I 1 und II. – Verschiedentlich hat die Rspr die Berufung des Gläubigers auf einen Einredeverzicht des Bürgen für **rechtsmissbräuchlich** gehalten. Bsp: (1) Der Gläubiger einer Bürgschaft auf erstes Anfordern missbraucht seine formale Stellung, weil der Bürgschaftsfall offensichtlich nicht eingetreten ist (BGHZ 143, 381 Rn 16f); (2) Der Gläubiger einer Bürgschaft auf erstes Anfordern befindet sich in masseloser Insolvenz, was Rückforderungsansprüche bei Einreden praktisch ausschließt (BGH NJW 2002, 3170, 3171f); der Bürge kann sich ohne Rückgriff auf § 768 I 1 auf die Rechtsmissbräuchlichkeit berufen (näher § 765 Rn 60). – Weitergehend sind die aus § 307 I 1, II folgenden Einschränkungen der Privatautonomie **bei formularvertragl Verzicht**. Bsp: (1) Die Sicherungsabrede ist unwirksam, wenn die Einreden aus § 768 in einer formularvertragl Bürgschaft auf erstes Anfordern pauschal ausgeschlossen werden; als Rechtsfolge der unwirksamen Sicherungsabrede entfällt neben dem Einrede-Ausschluss aus § 768 I 1 das Anforderungsrecht. Der Bürge darf vom Gläubiger die Herausgabe der Bürgschaftsurkunde verlangen; Gegenrechte aus der Hauptschuld darf der Gläubiger nicht einwenden (BGHZ 147, 99); (2) die formularmäßige Vereinbarung zur Beibringung einer Gewährleistungsbürgschaft ist wegen unangemessener Benachteiligung (§ 307 I 1) des Werkunternehmers nichtig, wenn die Bürgschaft zwingend unter Verzicht auf die Einrede aus § 768 auszustellen ist. Weil die Formularvereinbarung zur Sicherung und die Ablösungsmöglichkeit durch Gewährleistungsbürgschaft eine untrennbare Einheit bilden, ist die Klausel als Ganzes nichtig. Eine ergänzende Auslegung, dass eine Bürgschaft ohne Einredeverzicht zu stellen ist, kommt nicht in Betracht (vgl BGHZ 181, 278 Rn 22ff; BGH NJW-RR 2011, 1526, 1527); (3) eine Übersicherung des Auftraggebers führt grds zur Nichtigkeit der Sicherungsabrede; (4) Nichtigkeit der Sicherungsabrede bei Möglichkeit der Inanspruchnahme des Bürgen für Erfüllungsansprüche auch noch längere Zeit nach Abnahme (BGH NJW 2014, 3642); (5) Nichtigkeit bei Kombination von Vertragserfüllungs- und Mängelbürgschaft (BGH NJW 2015, 896; Celle BeckRS 2017, 111363: bei Überschreiten der vereinbarten 5 %-Grenze durch Kombination); (6) keine Übersicherung allein wegen Vertragserfüllungsbürgschaft iHv 10 % (BGH NJW 2016, 1945); (7) bei Ausschluss von § 770 nur Teilunwirksamkeit (BGH NJW 2016, 2802); (8) Unwirksam ist auch der formularvertragl Verzicht des Bürgen, sich auf eine vom Hauptschuldner erklärte Anfechtung zu berufen (BGHZ 95, 350 LS 2). Näher zum formularvertragl Verzicht *Förster* WM 2010, 1677, 1680; *Peters* JR 2010, 346.

§ 769 Mitbürgschaft

Verbürgen sich mehrere für dieselbe Verbindlichkeit, so haften sie als Gesamtschuldner, auch wenn sie die Bürgschaft nicht gemeinschaftlich übernehmen.

I. Inhalt. Mitbürgen sichern **dieselbe Schuld.** Als Rechtsfolge haften Mitbürgen **dem Gläubiger gesamtschuldnerisch** (**§§ 421ff**). Die Haftung tritt unabhängig von einer gemeinschaftl Haftungsübernahme oder Kenntnis weiterer (Mit-)Bürgen ein. § 769 regelt das Außenverhältnis, vgl zum Innenverhältnis § 774 II, § 426 (§ 774 Rn 14ff). Einwendungen aus dem Innenverhältnis zu anderen Mitbürgen können im Außenverhältnis dem Gläubiger ggü nicht geltend gemacht werden (BGH NJW 2002, 1491f). 1

§ 769 ist **dispositiv.** Bei abw Vereinbarung ist durch Auslegung zu ermitteln, ob nur das Außen- oder auch das Innenverhältnis betroffen sein soll (str, vgl dazu RGZ 81, 414; BGHZ 88, 185; BGH NJW 1986, 3131f; 1987, 374f; 1987, 3126f; WM 1990, 1956, 1958; Hamm NJW 1991, 297; MüKo/*Habersack* Rn 6f; Soergel/*Gröschler* Rn 6f; *Reinicke/Tiedtke* JZ 1983, 896; *Weitzel* JZ 1985, 424). Teils wird dem einzelnen Mitbürgen das Recht abgesprochen, das Innenverhältnis zu Mitbürgen mit dem Gläubiger einseitig abzuändern (*Knütel* JR 1985, 6, 7ff; Erman/*Herrmann*[14] Rn 1). Der Einwand könnte sich allenfalls auf einen Vertrag zu Lasten Dritter stützen. Jedoch bedeutet das nachträgl Hinzutreten eines (Mit)Bürgen für die übrigen einen Zufallsgewinn; bei entspr zeitl Abfolge ist gegen abw Vereinbarungen nichts einzuwenden. Ein Vertrag zu Lasten Dritter liegt nicht vor, weil kein Mitbürge ggü dem Zustand vor der Vereinbarung schlechter gestellt wird. So kann zB die Nichthaftung des neuen Mitbürgen im Innenverhältnis vereinbart werden. Zudem entsteht aus der Übernahme eines größeren Haftanteils eines Mitbürgens den übrigen Mitbürgen kein Nachteil, so dass von mutmaßlicher Einwilligung auszugehen ist. Einer Vertragsregelung unzugänglich ist aber der Fall, dass einer von mehreren zuvor gleichrangigen Mitbürgen nachträgl durch Vereinbarung mit dem Gläubiger den übrigen Mitbürgen größere Haftanteile zuschiebt oder ein Mitbürge den übrigen ihren gesetzl Ausgleich nimmt. 2

II. Abgrenzung. Mitbürgen sichern gleichrangig dieselbe Forderung. Unterschiedliche Forderungen sichern **Teilbürgen**, die jeder allein für einen anderen Teil der Hauptschuld einstehen; Mitbürgen sind aber die Teilbürgen, die für denselben Forderungsteil einstehen. Verbürgen sich mehrere Bürgen in unterschiedlicher Höhe für sich überschneidende Teile der Schuld, ist im Bereich der Überschneidung Mitbürgschaft gegeben (RGZ 81, 414, 419). Bei Wasserfall-Strukturen kann es infolgedessen zu mehreren im Personen- und Summenbestand abw Mitbürgschaften kommen. Dem **Vor- und Nachbürgen** fehlt im Verhältnis zum Bürgen die Gleichrangigkeit (näher § 765 Rn 11). Gleiches gilt im Regelfall für den **Ausfallbürgen** im Verhältnis zum Bürgen (BGHZ 88, 185, 188; BGH NJW 2012, 1946, 1947); befriedigt der Ausfallbürge den Gläubiger, erwirbt er die Bürgschaft (§ 774 I 1, § 401 I, § 412, vgl BGH NJW 2012, 1946, 1947) und erhält einen Ausgleichsanspruch analog § 774 II, § 426 I (BGH NJW 2012, 1946), dagegen wird die Ausfallbürgschaft gegenstandslos, wenn der Bürge den Gläubiger befriedigt (vgl BGH NJW 2012, 1946, 1948; MüKo/*Habersack* Rn 3). Die spätere Beschränkung einer Mitbürgschaft auf eine Ausfallbürgschaft bedarf wegen der Umstellung des Ausgleichs von § 774 II auf § 774 I der Zustimmung der übrigen Bürgen, andernfalls entfällt die (Mit-)Haftung analog § 776 (MüKo/*Habersack* Rn 3). Mitbürgschaft kann aber gegeben sein, wenn der Ausfallbürge und der Bürge den Ausfall beim Hauptschuldner **nach dessen Eintritt gemeinsam** sichern sollen; dann Rechtsfolge der § 774 II, § 426, wobei schon zweifelhaft ist, ob in diesem Fall noch von Ausfallbürgschaft zu sprechen ist. 3

III. Unwirksamkeit einer Mitbürgschaft. Wurden die Mitbürgschaften gemeinschaftl (§ 427) begründet, kann sich die Nichtigkeit einer Mitbürgschaft ausnahmsw (RGZ 88, 412, 415ff; 138, 270, 271f; KG OLGE 22, 144; MüKo/*Habersack* Rn 4; Soergel/*Gröschler* Rn 4) gem § 139 auf die übrigen Mitbürgschaften auswirken mit der Folge, dass alle Mitbürgschaften nichtig sind. Wurden die Bürgschaften unabhängig voneinander, ggf kraft gesetzl Tatbestände, begründet, ist § 139 nicht anwendbar, das Sicherungsinteresse des Gläubigers dringt durch. Zu den str Einzelheiten vgl MüKo/*Habersack* Rn 4; Staudinger/*Stürner* Rn 5. 4

§ 770 Einreden der Anfechtbarkeit und der Aufrechenbarkeit

(1) Der Bürge kann die Befriedigung des Gläubigers verweigern, solange dem Hauptschuldner das Recht zusteht, das seiner Verbindlichkeit zugrunde liegende Rechtsgeschäft anzufechten.

(2) Die gleiche Befugnis hat der Bürge, solange sich der Gläubiger durch Aufrechnung gegen eine fällige Forderung des Hauptschuldners befriedigen kann.

I. Einreden des Bürgen aus § 770. Der Bürge kann Einreden des Hauptschuldners gem § 768 geltend machen. Gestaltungsrechte sind nicht von § 768 erfasst; über deren Ausübung und Bestand entscheidet allein der Hauptschuldner. Übt dieser die Gestaltungsrechte aus, modifizieren diese zumeist den Umfang der Bürgschaftsschuld (Fall des § 767 I 1). Vereinbaren Gläubiger und Hauptschuldner einen Verzicht, kann auch der Bürge sich nicht auf den Bestand von Gestaltungsrechten berufen (anders bei Einreden, vgl § 768 II). Bis dahin gewährt § 770 dem Bürgen **zwei dilatorische Einreden.** Zu deren Sicherung muss der Hauptschuldner dem Bürgen Auskunft erteilen (§ 241 II, § 242, vgl Staudinger/*Stürner* Rn 19). Dessen ungeachtet sollen die zwei Einreden **unterschiedliche Zwecke** erfüllen: Abs I ist Ausdruck der Akzessorietät, Abs II soll sicherstellen, dass der Gläubiger zunächst andere Befriedigungsmöglichkeiten ausnutzt, bevor er den Bürgen in Anspruch nimmt (sehr str, vgl Rn 6). 1

Die Einreden sind nicht nur Option, sondern **Obliegenheit des Bürgen.** Befriedigt der Bürge den Gläubiger trotz Aufrechenbarkeit, besteht kein Rückforderungsrecht, weil die Forderung, auf welche geleistet wurde, bestand. Leistet der Bürge trotz Anfechtbarkeit, besteht kein Rückforderungsrecht gem § 813 I 1. Wohl aber kann der Bürge vom Gläubiger nach erklärter Anfechtung zurückfordern, falls er die das Anfechtungsrecht begrün- 2 denden Tatsachen nicht kannte (§ 812 I 1 Alt 1, § 814; MüKo/*Habersack* Rn 11); gleiches gilt nach erfolgter Aufrechnung (Leistung auf Nichtschuld, § 812 I 1 Alt 1).

3 § 770 ist **dispositiv**. Der Bürge kann auf die Einreden aus § 770 II verzichten, aber nach zutr hM nicht in einer AGB-Klausel (vgl BGHZ 153, 293, 298; 156, 302, 310; BGH NJW 1993, 3264, 3265; KG NJW-Spezial 2013, 653; MüKo/*Habersack* Rn 3 mwN), soweit auch liquide oder rechtskräftig festgestellte Gegenforderungen erfasst werden. Die Frage ist zu § 770 I umstritten: Nach BGH (VII. Senat) NJW 1993, 3264 und BGH NJW 2001, 2466, 2468 (IX. Senat, obiter) ist der Verzicht, da er auch die Anfechtung wegen arglistiger Täuschung erfasst, unzulässig, nach BGHZ 95, 350, 357 (III. Senat) soll der Ausschluss grds zulässig sein. Der ersten Ansicht ist zuzustimmen, da die Grenze freiwilliger Vertragsgestaltung überschritten wird, wenn selbst doloses Handeln der Vertragsgegenseite rechtsfolgenfrei gestellt wird.

4 **II. Anfechtbarkeit (§ 770 I).** Anfechtungsgründe gem §§ 119, 120, 123. Die Einrede besteht **vor Erklärung** der Anfechtung (§ 143) – danach gilt § 142 I – und solange, wie der Hauptschuldner sein Anfechtungsrecht ausüben könnte, also bis zum Ablauf der in §§ 121, 124 genannten Anfechtungsfristen (RGZ 66, 332, 333; BGHZ 95, 350, 357; MüKo/*Habersack* Rn 4f). – Ist bei einem Anfechtungsrecht wegen arglistiger Täuschung zugleich eine unerlaubte Handlung gegeben, verfügt der Bürge wegen der **Arglisteinrede** aus § 853 zugleich über eine eigene Einrede gem § 768. Diese überdauert den Verzicht des Hauptschuldners auf das Anfechtungsrecht (§ 768 II; BGHZ 95, 350, 357; MüKo/*Habersack* Rn 5; *Förster* WM 2010, 1677, 1680), muss aber als solche geltend gemacht werden. Selbst der Fristablauf nach § 124 schadet nicht, § 853 gilt entspr (vgl BGH NJW 1979, 1983f; NJW-RR 2002, 308).

5 **III. Einrede der Aufrechenbarkeit (§ 770). 1. Aufrechnungslage. Einrede der Aufrechenbarkeit (§ 770 II)** setzt Aufrechnungslage zw Gläubiger und Hauptschuldner gem §§ 387ff voraus und besteht bis zu der Aufrechnungserklärung (§ 388) und einem sonstigen Erlöschen der Schuld (etwa Aufrechnung mit einer anderen als der durch Bürgschaft gesicherten Forderung, BGH NJW 1984, 2455).

6 **2. Aufrechnungsbefugnis. Fehlt dem Gläubiger die Aufrechnungsbefugnis** mangels Fälligkeit seiner Forderung, steht dem Bürgen die Einrede der Aufrechenbarkeit dennoch zu, wenn der Gläubiger gem §§ 257ff ZPO auf künftige Leistung klagen kann (BGHZ 38, 122, 128f). Der Wortlaut beschränkt die Einrede auf das Aufrechnungsrecht des Gläubigers; hat nur dieser, nicht aber der – rechtskräftig verurteilte – Hauptschuldner die Aufrechnungsbefugnis, kann dem Bürgen gleichwohl die Einrede der Aufrechenbarkeit zustehen (BGHZ 153, 293). Die Frage, ob § 770 II auf eine **Aufrechnungsbefugnis nur des Hauptschuldners** entspr anwendbar ist (mit §§ 393, 394 als wesentliche Fallgruppe), wurde vom BGH bislang offengelassen (vgl BGHZ 24, 97, 99; 42, 396, 398; restriktiv aber RGZ 137, 34, 36). Eine Notwendigkeit bestand wohl auch deshalb nicht, weil der Hauptschuldner in solchen Fällen häufig über ein Zurückbehaltungsrecht gem § 273 I verfügt, woraus die verzichtsfeste (§ 768 II!) Einrede des Bürgen aus § 768 I 1 folgt (RGZ 134, 34, 37f; BGHZ 24, 97, 99f; MüKo/*Habersack* Rn 10; Soergel/*Gröschler* Rn 5; Staudinger/*Stürner* Rn 10; aA *Kiehnle* AcP 208, 635, 668ff). Die Frage wird in der Lit mit Blick auf die umstr Zwecke der Einreden uneinheitlich beantwortet. Grds werden vier Linien vertreten: Eine Ansicht lehnt mit Blick auf eine mögliche Einrede aus § 768 und den Wortlaut von § 770 II eine Einrede aus § 770 ab, wenn die Aufrechnungsbefugnis nur dem Hauptschuldner zusteht (*Kiehnle* AcP 208, 635, 651ff; Grü/*Sprau* Rn 3; Staudinger/*Stürner* Rn 9; Soergel/*Gröschler* Rn 9; BaRo/*Rohe* Rn 7). Eine zweite Ansicht, die den Zweck von Abs II auch darin sieht, den Bürgen bei Befreiungsmöglichkeit des Hauptschuldners vor unbilliger Inanspruchnahme durch den Gläubiger zu schützen, bejaht die entspr Anwendung von Abs II (*Zimmermann* JR 1979, 495, 496ff; Jauernig/*Stadler* Rn 7 [alternativ analog Abs I]; diff PWW/*Brödermann* Rn 11). Eine dritte Lehre sieht den Grund von Abs II allein darin, den Gläubiger auf seine anderweitige Befriedigungsmöglichkeit zu verweisen, während für die Befreiungsmöglichkeit des Hauptschuldners unter dem Blickwinkel der Akzessorietät Abs I entspr anwendbar sein soll (MüKo/*Habersack* Rn 10; HK/*Staudinger* Rn 5; *Tiedtke* JZ 2006, 940, 947, großzügig auch Jauernig/*Stadler* Rn 7). – **Stellungnahme**: dem Bürgen muss bei nur einseitiger Aufrechnungsbefugnis des Hauptschuldners erst Recht die Einrede aus § 770 II zustehen. Es besteht auch ein Bedarf dafür, da § 768 I iVm §§ 273, 274 zur Verurteilung Zug-um-Zug, die Erhebung der Einrede aus § 770 I, II indes zur Abweisung als derzeit unbegründet führt. Ob man das Recht zur Geltendmachung auf eine Analogie zu § 770 I oder II stützt, ist demggü zweitrangig, da die Schutzzwecke beider Abs zum Tragen kommen und es bei der Analogie nicht um Wortgenauigkeit gehen kann (i Erg ebenso Jauernig/*Stadler* Rn 7).

7 **IV. Andere Gestaltungsrechte.** § 770 I ist auf **andere Gestaltungsrechte** entspr anzuwenden (hM, vgl BGHZ 165, 363, 368; Staudinger/*Stürner* Rn 20; MüKo/*Habersack* Rn 6 mwN; aA Soergel/*Gröschler* Rn 5 mit Ausnahme für das Widerrufsrecht). Dies gilt für vertragl oder gesetzl Rücktrittsrechte und die Minderung beim Kauf- oder Werkvertrag (§ 437 Nr 2; § 634 Nr 3) binnen der dafür gesetzten zeitl Grenzen (zB § 218 iVm § 438 IV, V bzw § 634a IV, V) und das **Widerrufsrecht**. – Bei der **Wahlschuld** steht dem Bürgen das Wahlrecht zu (§ 262), wenn der Gläubiger eine der zulässigen Leistungen verlangt; anders, wenn bereits ein Zwangsvollstreckungsversuch gegen den Hauptschuldner erfolgt ist (§ 264 I).

§ 771 Einrede der Vorausklage

Der Bürge kann die Befriedigung des Gläubigers verweigern, solange nicht der Gläubiger eine Zwangsvollstreckung gegen den Hauptschuldner ohne Erfolg versucht hat (Einrede der Vorausklage). Erhebt der Bürge

die Einrede der Vorausklage, ist die Verjährung des Anspruchs des Gläubigers gegen den Bürgen gehemmt, bis der Gläubiger eine Zwangsvollstreckung gegen den Hauptschuldner ohne Erfolg versucht hat.

I. Inhalt (S 1). Die aufschiebend wirkende **Einrede** des Bürgen gem S 1 ist Ausprägung der **Subsidiarität** der Bürgenpflicht zur Hauptschuld. Zu Ausnahmen vgl Rn 2. Der Gläubiger muss gegen den Schuldner einen Vollstreckungsversuch unternommen haben, bevor er sich an den Bürgen wendet. Entgegen der gesetzl Überschrift und Klammerdefinition geht es nicht nur um Klageerhebung und Urteil (§ 704), auch die Vollstreckung aus anderen Titeln gem § 794 ZPO, § 257 InsO genügt (zur Terminologie *Duckstein/Pfeiffer* JR 2010, 231ff). Vgl zum **Umfang** der erforderlichen Befriedigungsversuche bei § 772. Eine **entspr Anwendung von § 771** kommt allenfalls bei akzessorischen, subsidiären Sicherungsmitteln in Betracht; § 771 gilt nicht **entspr** für den Schuldner einer zum Zwecke der Forderungssicherung eines Dritten begründeten Wechselverpflichtung (keine Bürgschaft, vgl BGHZ 45, 210, 212); für Garantie PWW/*Brödermann* Rn 4; generell zurückhaltend MüKo/*Habersack* Rn 2. 1

II. Abdingbarkeit. Die Einrede der Vorausklage kann durch Verzicht, Vertrag oder kraft Ges ausgeschlossen sein. Nach einhelliger Auffassung gilt dies auch für den Verzicht in AGB (vgl BGHZ 157, 29; *Förster* WM 2010, 1677, 1681). Bsp: (1) Fälle des § 773 (§ 773 Rn 1ff), insb selbstschuldnerische Bürgschaft gem § 773 I Nr 1; (2) Ausfallbürgschaft (vgl § 765 Rn 12); (3) Sicherheit durch tauglichen Bürgen gem § 232 II, § 239 II; (4) im Handelsverkehr und bei Kreditauftrag (§ 349 HGB) sowie (5) bei Zwangsvollstreckung gegen einen Dritten aus dem Insolvenzplan gem § 257 II InsO. **Wie ein Bürge, der auf die Einrede verzichtet hat**, gestellt ist zB der Vermieter nach Veräußerung des Mietobjekts gem § 566 II, § 578 I; der bisherige Pfandgläubiger bei Besitzübertragung an den neuen Pfandgläubiger gem § 1251 II; die Insolvenzmasse, wenn der Insolvenzverwalter Verlegerrechte überträgt gem § 36 II 2 VerlG; der Auftraggeber nach § 14 S 1 AEntG, § 13 MiLoG. 2

III. Verjährung (S 2). Die Einrede der Vorausklage **hemmt die Verjährung** der Forderung des Gläubigers gegen den Bürgen bis zur Vornahme eines erfolgreichen Vollstreckungsversuchs gegen den Hauptschuldner; Rechtsfolge vgl § 209. Auf eine Verjährungsabrede kann daher verzichtet werden. Die Ausnahme zu § 205 wurde durch Art 1 Nr 55 SchuldRModG eingefügt (vgl BT-Drs 14/7052, 206). Sie ist eine Reaktion auf die kurze Verjährung gem §§ 195, 199 I. Muss der Gläubiger zunächst gegen den Hauptschuldner klagen, droht ohne S 2 bei mehreren Instanzen eine Verjährung der Bürgschaftsforderung (vgl MüKo/*Habersack* Rn 7; Staudinger/*Stürner* Rn 2). 3

Die **Hemmung beginnt** mit dem Zugang der Einredeerklärung (§ 130 I), ebenso obiter Koblenz 12.7.2012 – 8 U 1470/11, Rn 20; Staudinger/*Stürner* Rn 2 mwN; *Schlößer* NJW 2006, 645, 646; aA mit Hinweis auf § 771 S 2, wonach die Einrede vom Bürgen tatsächlich erhoben werden muss, so dass nach Gegenansicht dem Gläubiger die Gefahr des Verjährungslaufs obliegt, MüKo/*Habersack* Rn 7f; Soergel/*Gröschler* Rn 5; *Schmolke* WM 2013, 148, 150 (arg es könne zum Fortlaufen der Verjährung kommen, wenn sich der Bürge niemals auf die Einrede beruft, weil sich Gläubiger zunächst an den Hauptschuldner hält – diese Gefahr ist freilich durch Inanspruchnahme des Bürgen abwendbar, wenn die Voraussetzungen einer Inanspruchnahme vorliegen). Sie **endet** mit einer **erfolglosen Zwangsvollstreckung**; § 204 II ist nicht anzuwenden. Zu Verjährungsproblemen der Bürgschaft *Lieb* GS Lüderitz, 2000, 455ff. 4

IV. Prozessuales. Der Gläubiger kann gleichzeitig gegen den Hauptschuldner auf Leistung und gegen den Bürgen auf Feststellung einer ggf subsidiären Haftung klagen und so die Verjährung gem § 204 I Nr 1 Alt 2 hemmen (str, wie hier RG LZ 1908, 942; Staudinger/*Stürner* Rn 10; RGRK/*Mormann* Rn 3; aA RG Recht 1905 Nr 988; MüKo/*Habersack* Rn 6). Nach der von § 771 angeordneten Reihenfolge muss der Vollstreckungsversuch gegen den Hauptschuldner der Inanspruchnahme des Bürgen vorausgehen. 5

§ 772 Vollstreckungs- und Verwertungspflicht des Gläubigers

(1) Besteht die Bürgschaft für eine Geldforderung, so muss die Zwangsvollstreckung in die beweglichen Sachen des Hauptschuldners an seinem Wohnsitz und, wenn der Hauptschuldner an einem anderen Orte eine gewerbliche Niederlassung hat, auch an diesem Orte, in Ermangelung eines Wohnsitzes und einer gewerblichen Niederlassung an seinem Aufenthaltsort versucht werden.

(2) Steht dem Gläubiger ein Pfandrecht oder ein Zurückbehaltungsrecht an einer beweglichen Sache des Hauptschuldners zu, so muss er auch aus dieser Sache Befriedigung suchen. Steht dem Gläubiger ein solches Recht an der Sache auch für eine andere Forderung zu, so gilt dies nur, wenn beide Forderungen durch den Wert der Sache gedeckt werden.

I. Inhalt. § 772 regelt erg zu § 771 für drei wichtige Fälle (Geldforderung, Pfandrecht, Zurückbehaltungsrecht), dass und in welchem Umfang der Gläubiger Befriedigung beim Hauptschuldner gesucht haben muss. Die Vorschrift ermöglicht Rückschlüsse auf den Umfang der Befriedigungsversuche in anderen Fällen (Rn 5). Abs II statuiert den wichtigen **Vorrang der Sach- vor der Bürgenhaftung**. Dieser Grundsatz findet seine Berechtigung im historischen Produktionszusammenhang, wo bewegliche Sachen erhebliche Werte repräsentierten, hat jedoch mit Durchsetzung des bargeldlosen Zahlungsverkehrs, der Depotverwahrung von Wertpapieren, die nicht an den in Abs I genannten Orten stattfindet, und der Zunahme werthaltiger Rechte im Bestand kommerzieller Schuldner an Durchschlagskraft verloren. Meint man es mit der Subsidiarität der Bürgenhaftung ernst, ist heute kaum erklärlich, dass ein Gläubiger vor Inanspruchnahme des Bürgen nicht zuerst Giro- und Depotkonten und gewerbliche Schutzrechte des Hauptschuldners verwerten muss. Die nahezu einhellige Ablehnung einer **extensiven Interpretation der Norm iS aller liquiden Vermögenswerte**, ggf im Wege der Analogie (Staudinger/*Stürner* 1

Rn 2; PWW/*Brödermann* Rn 2), steht im Widerspruch zur Großzügigkeit bei § 772 II 1, wo ebenso einhellig eine Analogie für das Sicherungs- und Vorbehaltseigentum befürwortet wird. Viel eher als dort käme dem Bürgen eine großzügige Auslegung von § 772 I zugute: der engere Wortlaut steht bei § 772 II 1 nicht entgegen, sollte bei § 772 I also auch kein Hindernis sein.

2 **II. Geldforderung (§ 772 I).** Verbürgt sich der Bürge für eine Geldforderung, definiert Abs I **Ort** und **Umfang** des Vollstreckungsversuchs, aufgrund dessen die Einrede der Vorausklage (§ 771) ausgeschlossen ist. Erforderlich ist eine Vollstreckung in die beweglichen Sachen (§ 90f) im Eigentum des Hauptschuldners gem §§ 803ff ZPO. In das unbewegliche Vermögen, in Forderungen und sonstige immateriellen Rechte des Hauptschuldners muss nach dem Wortlaut von § 772 I (s aber Rn 1) nicht vollstreckt werden. Zu vollstrecken ist am **Wohnsitz** (§§ 7ff), ggf am Ort der **gewerblichen Niederlassung** (s auch § 269 II), notfalls am tatsächlichen **Aufenthaltsort** (ähnl § 132 II 2; s dazu Art 5 EGBGB Rn 58ff). An diesen Orten wird man Wertpapiere aufgrund der gängigen Depotverwahrung nicht vorfinden. Bei abweichendem Registersitz ist für die gewerbliche Niederlassung auf den Verwaltungssitz abzustellen (RGZ 137, 1, 13); die in § 772 I allein in Bezug genommenen beweglichen Sachen dürften am Verwaltungssitz in der Tat am ehesten anzutreffen sein, so dass dem Zweck der Vorschrift, das Haftungssubstrat des Hauptschuldners vor Inanspruchnahme des Bürgen heranzuziehen, im gesetzl anerkannten Umfang (Rn 1) am deutlichsten Rechnung getragen ist.

3 Besteht die Bürgschaft für eine **Schuld einer OHG oder GbR**, muss die Vollstreckung gegen die Gesellschaft und die einzelnen Gesellschafter versucht sein (§ 128 HGB, bei Außen-GbR analog). Dazu Staudinger/*Stürner* § 771 Rn 8; MüKo/*Habersack* § 771 Rn 4; aA Soergel/*Gröschler* § 771 Rn 4; Grü/*Sprau* § 771 Rn 1.

4 § 772 I ist **dispositiv.** Das bedeutet zunächst vertragl Abdingbarkeit. Dies gibt sich aus einem Erst-recht-Schluss zu § 771: kann die Einrede der Vorausklage als Ganzes abbedungen werden (s § 771 Rn 2), gibt es keinen Grund, einzelne Aspekte der Regelung für zwingend zu erklären (vgl PWW/*Brödermann* Rn 3). Aufgrund der unzureichenden sachlichen Reichweite von § 772 I (Rn 1) hat zudem die **vertragl Erweiterbarkeit** große Bedeutung. Insb können die Parteien vereinbaren, dass der Vollstreckungsversuch auch in das unbewegliche Vermögen, im Depot verwahrte Wertpapiere und Finanzinstrumente, Forderungen und Immaterialgüterrechte zu erfolgen hat.

5 **III. In § 772 I nicht geregelte Fälle.** Bei Bürgschaft für **andere Forderungen als Geldforderungen** ist ein (einziger) ordnungsgemäßer Vollstreckungsversuch nach Übernahme der Bürgschaft **gegen den Hauptschuldner** erforderlich (KG KGR 1995, 43; MüKo/*Habersack* Rn 1). Das Gesetz schweigt zu Ort und Objekt der Vollstreckung. Unerheblich ist, dass der Hauptschuldner nach dem Vollstreckungsversuch wieder zu Vermögen gelangt sein kann (arg e § 773). Ein Vollstreckungsversuch gegen den **Schuldmitübernehmer** zählt nicht (RG Warn Rspr 1911 Nr 75).

6 **IV. Vorrang der Sachhaftung (§ 772 II).** Steht dem Gläubiger auch ein **Pfand- oder Zurückbehaltungsrecht** zu, hat er dort vorrangig Befriedigung zu suchen. Soweit der Gläubiger derart befriedigt werden könnte, steht dem Bürgen die Einrede der Vorausklage gem § 773 II, § 771 S 2 zu. Bei **Teilbefriedigung** des Gläubigers entfällt insoweit die Schuld und somit auch die (akzessorische) Einstandspflicht des Bürgen.

7 Ob das Recht kraft Vereinbarung oder Ges entsteht, ist unerheblich (vgl Staudinger/*Stürner* Rn 3f; MüKo/*Habersack* Rn 5). Erfasst sind die Fälle gem §§ 1204ff, 1257, 1293; § 804 ZPO (Pfändungspfandrecht); §§ 273, 1000; § 369 HGB sowie die gesetzl Pfandrechte (§§ 562, 583, 647, 704; §§ 397, 440, 464, 475b HGB). Das derart statuierte Prinzip rechtfertigt die entspr Anwendung von § 771 II auf sonstige pfandrechtsähnl Gestaltungen mit Bezug zu beweglichen Sachen, insb die **Sicherungsübereignung** und den **Eigentumsvorbehalt** (heute ganz hM, vgl MüKo/*Habersack* Rn 5; Staudinger/*Stürner* Rn 4; Soergel/*Gröschler* Rn 4; aA RG SeuffA 75 Nr 93). Entspr § 772 I nicht erfasst sind Pfandrechte an Rechten (§§ 1273ff).

§ 773 Ausschluss der Einrede der Vorausklage

(1) Die Einrede der Vorausklage ist ausgeschlossen:

1. wenn der Bürge auf die Einrede verzichtet, insbesondere wenn er sich als Selbstschuldner verbürgt hat,

2. wenn die Rechtsverfolgung gegen den Hauptschuldner infolge einer nach der Übernahme der Bürgschaft eingetretenen Änderung des Wohnsitzes, der gewerblichen Niederlassung oder des Aufenthaltsorts des Hauptschuldners wesentlich erschwert ist,

3. wenn über das Vermögen des Hauptschuldners das Insolvenzverfahren eröffnet ist,

4. wenn anzunehmen ist, dass die Zwangsvollstreckung in das Vermögen des Hauptschuldners nicht zur Befriedigung des Gläubigers führen wird.

(2) In den Fällen der Nummern 3, 4 ist die Einrede insoweit zulässig, als sich der Gläubiger aus einer beweglichen Sache des Hauptschuldners befriedigen kann, an der er ein Pfandrecht oder ein Zurückbehaltungsrecht hat; die Vorschrift des § 772 Abs. 2 Satz 2 findet Anwendung.

1 **I. Inhalt.** Die nach der gesetzl Ausgangslage bestehende Einrede der Vorausklage (§§ 771, 772) wird durch § 773 I für wichtige Fälle (mit Rückausnahme in Abs II) eingeschränkt. In diesem Fall steht es dem Gläubiger frei, ob er den Schuldner oder den Bürgen in Anspruch nimmt (vgl BGHZ 104, 240, 242; BGH WM 1974, 1129, 1130f), an die Stelle der Subsidiarität tritt eine gleichrangige Bürgenhaftung (BGH NJW 2010, 1284, 1285; MüKo/*Habersack* Rn 1; aA RGRK/*Mormann* § 765 Rn 20). Dennoch sind Bürge und Hauptschuldner wegen fortbestehender Rechtsfolge aus § 774 I 1 und vollumfänglichem Regressanspruch des Bürgen keine Gesamt-

schuldner (hM, aA *Stamm* FS Gehrlein, 2022, 531). – § 773 ist dispositiv, kann also abbedungen und vertragl modifiziert werden (zB Wegfall der Einrede erst nach Mahnung und Fristablauf [Nr 1], vertragl Definition, welche Wohnsitze nicht als Erschwerung gelten [Nr 2], Wegfall bereits bei Einleitung eines Mahnverfahrens gegen den Hauptschuldner [Nr 3]).

Unter Berücksichtigung sonstiger Vorschriften lassen sich für den Wegfall der Einrede der Vorausklage folgende Fallgruppen bilden: (1) selbstschuldnerische Bürgschaft (s Nr 1); (2) erschwerte Rechtsverfolgung gegen den Hauptschuldner (s Nr 2); (3) voraussichtliche Erfolglosigkeit der Rechtsverfolgung (s Nr 3, 4); (4) Ausfallbürgschaft (näher § 765 Rn 12); (5) Sicherheitsleistung eines tauglichen Bürgen gem § 232 II, § 239 II; (6) Insolvenzplan-Bürgschaft (§ 257 InsO); (7) Bürgschaft des Kaufmanns (§ 349 HGB); (8) bürgschaftsgleiche Haftung ohne Bürgenstellung. 2

II. Ausschlussgründe (§ 773 I). 1. Verzicht auf die Einrede. Der anfängliche oder später vertragl vereinbarte **Verzicht auf die Einrede (Nr 1)** bewirkt die **selbstschuldnerische Verbürgung.** Der Verzicht, gleich ob als anfängliche oder später abgegebene Zusatzerklärung, ist stets formbedürftig iSv § 766, da durch sie die Haftung erweitert wird (Warnfunktion, vgl BGH NJW 1968, 2332). Die Erklärung muss zwar eindeutig, nicht aber in der Terminologie der Nr 1 verfasst sein; der Sinn kann auch erst Ergebnis einer Auslegung sein (RG Recht 1911 Nr 2135). Bsp: (1) Bürge verspricht sofortige Erfüllung zu einem bestimmten Zeitpunkt (RG JW 1921, 335); (2) Bürge unterwirft sich in einer Urkunde der sofortigen Zwangsvollstreckung (§ 794 I Nr 5 ZPO, vgl KG JW 1934, 1292, 1293). 3

Ein **formularmäßiger Verzicht** ist idR wirksam (vgl BGH NJW 2001, 2466, 2468; *Förster* WM 2010, 1677, 1681; Staudinger/*Stürner* Rn 3 mwN). Das AGB-rechtl Transparenzgebot (§ 307 I 2) gebietet aber abw von dem zuvor Genannten eine eindeutige Klarstellung in der in den Verkehrskreisen üblichen Sprache. Technische Begriffe wie der „selbstschuldnerische Charakter" oder der Satz „§ 771 ist abbedungen" allein sollen dieser Anforderung nicht genügen (Soergel/*Gröschler* Rn 3; MüKo/*Habersack* Rn 3 mwN; aA wohl Grü/*Sprau* Rn 2; Staudinger/*Stürner* Rn 3). Diese Ansicht trifft für das Verhältnis Unternehmer-Verbraucher zu; im unternehmerischen Verkehr, auf welchen die Rspr vielfach die im Verbraucherkontext entwickelten Wertungen überträgt, kann der anderen Partei zugemutet werden, den Vertragsinhalt vor Unterzeichnung zu erforschen oder auf Formulierungen zu drängen, die sie versteht. Dies entspricht den Gepflogenheiten des Geschäftsverkehrs (insb mit Banken, vgl Schleswig WM 2010, 2260, 2261). 4

2. Erschwerter Zugriff auf Hauptschuldner. Ratio der Nr 2 ist, dass der **Zugriff** auf das Vermögen des Hauptschuldners durch Änderung von dessen Sitz bzw Aufenthaltsort **unzumutbar erschwert sein** kann. Vgl zu **Wohnsitz** §§ 7ff, **gewerbliche Niederlassung** § 269 II, **Aufenthaltsort** § 132 II 2 und Art 5 EGBGB. Die Änderung des Zugriffsorts muss die wesentliche Erschwerung der Rechtsverfolgung hervorgerufen haben (Kausalität). War der Hauptschuldner von Anfang an (bei Vertragsschluss) in schwer erreichbarer Lokation ansässig, ist Nr 2 nicht erfüllt, und zwar selbst dann nicht, wenn dieser sodann seinen Sitz in eine ebenso schwer rechtl greifbare Umgebung verlegt. Trüben sich die Verfolgungsaussichten aus einem anderen Grund ein (zB Arbeitsplatzverlust, Restrukturierung oder Kapitalausschüttung des Hauptschuldners), sind die Voraussetzungen von Nr 2 nicht erfüllt, insoweit bleibt das Einrederecht aus § 771 unberührt (vgl aber Nr 3, 4). Eine analoge Anwendung von Nr 2 für andere erschwerende Gründe, die nicht auf einem Ortswechsel beruhen und nicht von Nr 1 bis 4 erfasst sind, wird aber vertreten (Staudiger/*Stürner* Rn 6; speziell für Vollbeendigung der juristischen Person MüKo/*Habersack* Rn 7; bereits im Liquidationsstadium: Soergel/*Gröschler* Rn 5; restriktiv PWW/*Brödermann* Rn 12). 5

Nr 2 nimmt die in §§ 771, 772 vorausgesetzten Durchsetzungsversuche in Bezug. Deren Aussichten müssen durch die Sitzverlegung wesentlich eingetrübt, die Vollstreckung also aus Rechtsgründen (keine Vollstreckungshilfe) oder aus tatsächlichen Gründen (Vollstreckungsorgane bleiben inaktiv, handeln ineffizient oder sind korrupt) aussichtslos sein. Bei **Sitzverlegung** innerhalb Deutschlands sowie aller Staaten, in denen die Durchsetzung durch die Brüssel Ia-VO Nr 1215/2012 (nebst Assoziierungsabkommen mit Dänemark) und das Lugano-Übereinkommen (LugÜ) über die gerichtliche Zuständigkeit und die Anerkennung und Vollstreckung von Entscheidungen in Zivil- und Handelssachen (Norwegen, Island, Schweiz) geregelt ist, führt möglicherweise zu einer Erschwerung, aber eben keiner wesentlichen Erschwerung. Zudem ist die europäisch gewährleistete Niederlassungsfreiheit im Rahmen der Auslegung nationalen Rechts zu berücksichtigen, so dass auch eine Sitzverlegung nach Liechtenstein, das dem LugÜ nicht beigetreten ist, grds nicht als wesentliche Erschwerung zu gelten hat. Ausnahmen, die sich aus der Nichtanerkennung bestimmter Rechtsansprüche ergeben können, hat der Gläubiger vorzutragen. Jenseits des so gezogenen Kreises an Staaten ist auf die Kooperationspraxis bei der Urkundeneröffnung im Einzelfall abzustellen, wobei eine Vermutung für die wesentliche Erschwerung spricht (zu widerlegen durch den Bürgen). Vgl auch die leicht anders nuancierte Differenzierung von MüKo/*Habersack* Rn 7; PWW/*Brödermann* Rn 9ff; Jauernig/*Stadler* Rn 4 unter Verweis auf § 917 II ZPO; HK/*Staudinger* Rn 3. – Immer zu einer wesentlichen Erschwerung führt ein **unbekannter oder dauernd wechselnder Aufenthaltsort** des Hauptschuldners. **Entfällt** der Erschwerungsgrund (zB weil der Aufenthaltsort wieder bekannt oder der Sitz wieder in einen Staat des EWR verlegt wird), lebt das Einrederecht wieder auf; die Vortrags- und Beweislast liegt beim Bürgen (MüKo/*Habersack* Rn 11; Soergel/*Gröschler* Rn 10; s Rn 10). 6

3. Erfolglose Rechtsverfolgung. Nr 3 und 4 lassen die Einrede der Vorausklage entfallen, wenn die **Rechtsverfolgung** gegen den Hauptschuldner voraussichtlich aus wirtschaftl Gründen **nicht erfolgreich** ist. Dadurch 7 sollen sinnlose Vollstreckungsversuche vermieden werden (Mot II S 671). Für Nr 3 muss das Insolvenzverfahren gem §§ 11, 27 InsO eröffnet sein. Ratio ist, dass die Eröffnung die Vollstreckung in das Schuldnervermögen hindert (§ 89 InsO). Danach muss Nr 3 aber bereits dann gelten, wenn das Gericht die Zwangsvollstreckung im vorläufigen Insolvenzverfahren gem § 21 II Nr 3 InsO untersagt bzw einstellt. Dagegen genügt der Zugang eines Antrags auf Eröffnung eines Insolvenzverfahren (§§ 13f InsO) allein noch nicht. Wird der Eröffnungsbeschluss wieder aufgehoben (§ 34 III InsO), das Insolvenzverfahren wieder aufgehoben oder eingestellt (§§ 207, 213 bzw 200, 258 InsO), lebt die Einrede in Bezug auf Nr 3 wieder auf (vgl MüKo/*Habersack* Rn 8; Soergel/*Gröschler* Rn 6; aA Köln DB 1983, 104, 105; RG Recht 1907 Nr 3493; Staudinger/*Stürner* Rn 7; Grü/*Sprau* Rn 2), es kann aber zu einem Wegfall der Einrede nach Nr 4 kommen. – Zur Rückausnahme nach § 773 II s Rn 9.

8 Nr 4 knüpft an die absehbare Erfolglosigkeit der Zwangsvollstreckung. Die Ursache ist unerheblich. Bsp: (1) Erfolglosigkeit wegen anderer Forderung (RG Recht 1910 Nr 1558); (2) (drohende) Abweisung des Antrags auf Eröffnung bzw Einstellung des Insolvenzverfahrens mangels Masse gem §§ 26, 207 InsO (RG Recht 1920 Nr 387; Staudinger/*Stürner* Rn 8). Die Möglichkeit, die Abweisung durch Vorschuss gem § 26 I 2 InsO abzuwenden, hindert Nr 4 nicht, weil dies vom Gläubiger weitere Vermögensopfer erfordern würde. – Der Wortlaut von Nr 4 beschränkt sich auf die „Zwangsvollstreckung", erfasst aber, wie aus § 773 II iVm § 772 II folgt, auch die von § 772 II genannten Formen der Befriedigung (vgl RGZ 92, 219ff; MüKo/*Habersack* Rn 9). § 773 I Nr 4 ist nicht anzuwenden, wenn der Gläubiger nur teilw Befriedigung durch den Hauptschuldner erwartet. In diesem Fall steht dem Bürgen gem § 771 vollumfänglich die Einrede der Vorausklage zu (RGZ 22, 44, 48; MüKo/*Habersack* Rn 9 mwN; aA Staudinger/*Stürner* Rn 8).

9 **III. Ausnahmen (§ 773 II).** § 773 I Nr 3 und 4 werden durch § 773 II eingeschränkt. Danach ist die Einrede nach § 771 zulässig, soweit sich der Gläubiger aus einer beweglichen Sache des Hauptschuldners befriedigen kann, an der er ein Pfandrecht oder ein Zurückbehaltungsrecht hat. Die auf § 772 II rekurrierende Vorschrift sichert den Vorrang der Sach- vor der Personalpfändung durch Gewährung einer **Einrede der Vorausbefriedigung**; die Gründe für den Wegfall der Einrede nach Nr 1 und 2 bleiben davon unberührt, so dass der Bürge zB bei Sitzänderung (Nr 2) trotz Erfüllung von § 773 II mit dem Gläubigerzugriff rechnen muss. Bei einer Mehrheit von Forderungen kann der Bürge die Einrede gem § 773 II Hs 2 iVm § 772 II 2 nur erheben, wenn entweder sämtliche Forderungen durch den Wert der beweglichen Sache gedeckt sind oder das für die verbürgte Forderung bestehende Sicherungsrecht vorrangig ist. Bei Teilbefriedigung entfällt die Einrede hinsichtl des ungesicherten Teils; iÜ haftet der Bürge subsidiär zur Sachpfändung. – Im Insolvenzfall (Abs I Nr 3) setzt die Rückausnahme Absonderungsrechte nach §§ 50, 51 InsO voraus. § 773 II hat für die absehbar erfolglose Vollstreckung (Abs I Nr 4) keinen Einschränkungseffekt, da der Gläubiger ohnedies aus allen in § 772 genannten Objekten Befriedigung suchen muss.

10 **IV. Prozessuales.** Nach allg Grundsätzen hat jede Partei die für sie günstigen Tatsachen zu beweisen. Daher trägt der Gläubiger die Beweislast für die die Ausschlussgründe stützenden Tatsachen, während der Bürge Tatsachen beweisen muss, welche die Einrede wiederaufleben lassen.

§ 774 Gesetzlicher Forderungsübergang

(1) Soweit der Bürge den Gläubiger befriedigt, geht die Forderung des Gläubigers gegen den Hauptschuldner auf ihn über. Der Übergang kann nicht zum Nachteil des Gläubigers geltend gemacht werden. Einwendungen des Hauptschuldners aus einem zwischen ihm und dem Bürgen bestehenden Rechtsverhältnis bleiben unberührt.

(2) Mitbürgen haften einander nur nach § 426.

1 **I. Forderungsübergang (§ 774 I).** Der in § 774 I geregelte Forderungsübergang kraft Gesetzes (**cessio legis**) bei Befriedigung des Gläubigers gewährt dem Bürgen einen gesetzl Anspruch (näher Rn 2ff) und ermöglicht diesem die Inanspruchnahme des Hauptschuldners. Ohne diese Regelung würde die Forderung erlöschen, der Bürge wäre allein auf vertragl Regressansprüche angewiesen, die aufgrund anderer Voraussetzungen möglicherweise schwerer durchsetzbar sind. Grundgedanke des § 774 I ist, die bis dato dem Gläubiger gebührende Stellung (samt Gegenrechten und Insolvenzrisiko des Hauptschuldners) auf den Bürgen zu übertragen, weil dieser zur Befriedigung des Gläubigers ein Vermögensopfer erbringen musste, für das er künftig beim Hauptschuldner Befriedigung suchen kann. § 774 I bestätigt, dass der Bürge seine eigene Verbindlichkeit (aus der Bürgschaft) tilgt, Bürge und Hauptschuldner somit keine Gesamtschuldner sind (hM; aA *Stamm* FS Gehrlein, 2022, 531). **§ 774 gilt entspr** gem § 1143 I 2, § 1225 S 2 für Dritteigentümer bei der Hypothek und Drittverpfänder. Die entspr Geltung iÜ ist str; abgelehnt von der Rspr für sonstige schuldrechtl Sicherungsverträge, insb für den Garantievertrag (Koblenz NJW-RR 2005, 1491f; vgl auch RGZ 96, 136, 139f; aA *Castellvi* WM 1995, 868ff) und die Wechselverpflichtung zur Sicherung der Schuld eines Dritten (RGZ 48, 152, 156f; 94, 85, 90; 96, 136, 139f). Vgl zur Diskussion MüKo/*Habersack* Rn 3; Staudinger/*Stürner* Rn 61; Soergel/*Gröschler* Vor § 765 Rn 74.

2 **1. Voraussetzungen (§ 774 I 1).** Der Bürge muss den Gläubiger befriedigen. Regelfall: **Erfüllung** (§ 362, insb seit BGH NJW-RR 2004, 1281 auch Überweisung auf von Gläubiger angegebenes Konto) und **Erfüllungssurrogate** (BGH WM 1969, 1103, 1104), insb Leistung an Erfüllungs statt (§ 364 I), Hinterlegung unter Verzicht auf die Rücknahme (§ 372ff, § 376 II Nr 1), Aufrechnung (§§ 387ff). Die Aufrechnung kann der Bürge schon vor seiner Inanspruchnahme durch den Gläubiger (RGZ 53, 403, 404f; BGH WM 1965, 578, 579) und in der Insol-

venz des Gläubigers (RGZ 53, 403, 405; MüKo/*Habersack* Rn 6; Staudinger/*Stürner* Rn 29 mwN, der dem Insolvenzverwalter ein Widerspruchsrecht zubilligen möchte) erklären. Eine Teilerfüllung bewirkt grds einen anteiligen Forderungsübergang („soweit").

Nicht zur Befriedigung des Gläubigers führt der **Erlass** der Bürgschaftsschuld (§ 397 I, vgl BGH NJW 1990, 3
1301; MüKo/*Habersack* Rn 5) oder der dauerhafte Verzicht auf die Durchsetzung (pactum de non petendo) ohne weitere freiwillige Zahlung des Bürgen (bis hin zur Verjährung), da der Gläubiger dann nicht „befriedigt" ist. Jedoch muss jeder Fall für sich betrachtet werden (s RGZ 102, 51, 52), da ein Erlass anderweitig kompensiert sein kann (Bsp: Verzicht auf vermögenswerte Position des Bürgen ggf ohne Aufrechnung, zumal bei fehlendem Synallagma, etwa, weil der Verzicht einer juristischen Person unter Beteiligung des Gläubiger zu Gute kommt). Befriedigung ist daher nicht formell, sondern **materiell auszulegen**; bei anderem (formellen) Verständnis ist zugunsten des Bürgen, der ein Vermögensopfer erbracht hat, ein Anspruch auf Abtretung zu erwägen, um etwaige Unbilligkeiten zu korrigieren. Keine Erfüllung sind des Weiteren **alle vorläufigen oder nur zur Sicherung des Gläubigers geleisteten Zahlungen**, insb (1) Zahlung des Bürgen unter Vorbehalt; (2) Sicherstellung (RGZ 106, 311f; auch mittels befugter Hinterlegung durch den Bürgen, Frankfurt MDR 1977, 139); (3) Zwangsvollstreckung (zu Sicherungszwecken) aufgrund eines vorläufig vollstreckbaren Urteils (RGZ 98, 328, 329f); (4) Zahlung des Bürgen aufgrund eines rechtskräftigen Vorbehaltsurteils (BGHZ 86, 267, 270; Forderungsübergang erst mit Urteil im Nachverfahren); (5) Teilerfüllung bei Vereinbarung, dass Forderung erst bei voller Erfüllung übergeht (BGHZ 92, 374, 378ff).

Nicht zur Befriedigung des Gläubigers führt auch die **Leistung als Dritter** gem § 267. Ob der Bürge auf seine ei- 4
gene oder eine fremde Schuld leisten möchte, ist mangels eindeutiger Zweckbestimmung durch obj Auslegung vom Empfängerhorizont aus zu beurteilen (BGH NJW 1986, 251; WM 1998, 443). Verbleiben Zweifel, ist anzunehmen, dass der Bürge seine eigene Verbindlichkeit erfüllt und es zur cessio legis aus § 774 I kommt. Indizien für Leistung als Dritter sind: (1) Leistung auf eine einredebehaftete Forderung (insb § 771 I); (2) Überzahlung bei Teilverbürgung hinsichtl des nicht verbürgten Teils (RGZ 96, 136, 139; LZ 1918, 909f); (3) Zahlung mit Mitteln des Schuldners (RG Recht 1911 Nr 697; JW 1914, 78).

2. Rechtsfolge. Der Forderungsübergang bewirkt einen Gläubigerwechsel kraft Gesetzes (§ 412), lässt die For- 5
derung **ihrem Inhalt nach aber grds unberührt**. Die §§ 399ff sind anwendbar (vgl RGZ 135, 25, 31; diff Staudinger/*Stürner* Rn 16; MüKo/*Habersack* Rn 7). Forderungsart und -höhe, Erfüllungsort, Fälligkeit und Verjährung, Rechtsnatur einschließlich Einwendungen und Einreden des Hauptschuldners sowie Nebenrechte von Gläubiger und Dritten im Zeitpunkt der Befriedigung des Gläubigers bestehen fort (RGZ 113, 318, 320). Bsp: (1) verwirkte Vertragsstrafen (§ 339); (2) fällige oder künftige (gesetzl oder vertragl) Zinsansprüche (BGHZ 35, 172ff; 110, 41 Rn 23; BGH DB 1973, 1543f; Staudinger/*Stürner* Rn 15 mwN); (3) Schiedsvereinbarung (BGH NJW 2000, 2346); (4) Ansprüche Dritter gem § 328 I (BGH NJW 2000, 575); (5) Der Bürge für eine Gesamtschuld im Ganzen erwirbt die Forderungen gegen alle Gesamtschuldner, der Bürge für nur einen Gesamtschuldner erwirbt die Forderung nur gegen diesen. – Die nach § 412 I, § 402, § 403 geschuldeten **Auskünfte und Urkunden** sind Zug-um-Zug gegen Erfüllung der Bürgschaftsverpflichtung durch den Bürgen diesem zu erteilen bzw auszuhändigen. Dem Bürgen steht ein Zurückbehaltungsrecht zu (§ 273 I), Verurteilung des Bürgen daher nur Zug-um-Zug (§ 274 I, RGZ 82, 25, 27; Staudinger/*Stürner* Rn 23).

Vom Grundsatz, dass die cessio legis den Inhalt der Forderung unberührt lässt, **ausgenommen** sind gem §§ 412, 6
399ff und nach allg Erwägungen (1) Rechte, die an die besondere Qualifikation des Gläubigers anknüpfen (Bsp: Rechte des Fiskus aus §§ 34, 69 AO, BGHZ 75, 23); Aspekte der Forderung, die zwingend eine öffentlich-rechtl Zulassung des Gläubigers voraussetzen, die beim Bürgen nicht gegeben ist); (2) unpfändbare Forderungen (arg § 400). Nicht anzuwenden ist bei der cessio legis aus § 774 I 1 § 399 Alt 2 (vertragl Abtretungsverbot), Soergel/*Gröschler* Rn 7; MüKo/*Habersack* Rn 7; Staudinger/*Stürner* Rn 16.

Akzessorische Sicherungsrechte gehen gem §§ 412, 401 I – unabhängig vom Entstehungszeitpunkt (arg e § 776 7
S 3) – grds auf den Bürgen über (vgl aber zu Mitbürgen § 774 II, sogleich Rn 14ff). Bsp: Der leistende Nachbürge erwirbt neben der Forderung gegen den Hauptschuldner (§ 774 I) gem §§ 412, 401 I die Bürgschaft des Vorbürgen (BGHZ 73, 94); der Ausfallbürge erwirbt bei Befriedigung des Gläubigers neben der Forderung des Gläubigers gegen den Hauptschuldner als Nebenrecht die Bürgschaftsforderung des Gläubigers gegen den Regelbürgen (BGH NJW 2012, 1946; Staudinger/*Stürner* § 771 Rn 17). Dies gilt grds auch dann, wenn Sicherungsgeber ein Dritter ist. Näher Rn 17. – **Selbständige Sicherungsrechte** (Sicherungsübereignung, -grundschuld, -abtretung, Eigentumsvorbehalt) müssen gesondert übertragen werden, wozu der Gläubiger nach der Rspr im Zweifel verpflichtet ist (BGHZ 42, 53, 56f; 78, 137, 143; 80, 228, 233; 92, 374, 378; 110, 41, 43; 136, 347, 352; BGH NJW 2001, 2327, 2330; 2009, 2671, 2672f; zur Auswirkung auf die Kreditpraxis *Schröter* WM 2000, 16, 17). Bis zur Übertragung der Sicherheiten kann sich der Bürge gegenüber dem Gläubiger auf ein Zurückbehaltungsrecht gem § 273 berufen (BGH NJW 2001, 2327, 2330; 2009, 2671, 2672f).

II. Innenverhältnis zwischen Bürge und Hauptschuldner. Ansprüche richten sich nach dem Rechtsverhält- 8
nis zw Bürge und Hauptschuldner, idR Auftrag, Geschäftsbesorgung, Geschäftsführung ohne Auftrag, seltener Schenkung. § 774 I 1 ist gesetzl Anspruchsgrundlage (BGHZ 95, 375, 380), daneben kann ein Anspruch aus § 670 (ggf iVm § 683 S 1 oder § 675 I) gegeben sein (hM, Bsp: BGH NJW-RR 2000, 1717); der Bürge hat bei Geltendmachung ein Wahlrecht (RGZ 59, 207, 209). Der Anspruch aus § 670 hat Bedeutung insb, wenn die strengeren Voraussetzungen des Anspruchs aus § 774 I 1 (Rn 2) nicht erfüllt sind. Bsp: (1) Bürge leistet irrtüm-

lich, obwohl die Hauptschuld bereits erloschen ist, aber der Bürge die Leistung für erforderlich gem § 670 halten durfte; (2) Zahlung aufgrund Vorbehaltsurteils (§ 302 ZPO), dazu *Knütel* JR 1985, 6f.

9 **III. Keine Gläubigerbenachteiligung (§ 774 I 2).** S 2 ist gesetzl Ausprägung des Grundsatzes ***nemo subrogat contra se***. Der Schutz der Vorschrift erstreckt sich grds auch auf die Sicherungs- und Nebenrechte gem §§ 412, 401 (BGHZ 110, 41, 45f; *Zeising* WM 2010, 2204ff; *Zeising* Jura 2011, 161ff). Soweit der Bürge Mitinhaber eines Nebenrechts wird, wird das durch diese Mitinhaberschaft des Bürgen entstandene Konkurrenzverhältnis zw ihm und dem Gläubiger in § 774 I 2 zugunsten des Gläubigers aufgelöst. Dabei ist es unerheblich, ob das Nebenrecht nur die verbürgte Forderung oder daneben auch eine andere Forderung des Gläubigers sichert (BGHZ 110, 41, 45f; MüKo/*Habersack* Rn 14 mwN; aA RGZ 76, 195, 198; Staudinger/*Stürner* Rn 26 mwN: § 774 I 2 gilt nur bei teilw Befriedigung). Sind durch Rechte gem § 401 auch Forderungen oder Forderungsteile mitgesichert, für die sich der leistende Bürge nicht verbürgt hat, geht das Sicherungsrecht insoweit nicht auf den Bürgen über, sondern verbleibt beim Gläubiger (BGHZ 110, 41, 45f; MüKo/*Habersack* Rn 14).

10 Die hL beschränkt die Reichweite dieser Rspr, in dem sie den Übergang des Sicherungsrechts auf den Bürgen für den Fall befürwortet, dass die unverbürgten Forderungen durch andere, eigenständige Sicherheiten abgesichert sind (vgl *Zeising* WM 2010, 2204, 2207; MüKo/*Habersack* Rn 14 mwN). Diese Ansicht geht fehl, weil der rechtl Bestand einer Sicherheit nichts über deren wirtschaftl Wert besagt. Nach der Lebenserfahrung lassen sich Bürgen insb für anderweitig gut gesicherte Forderungen finden. Es kann dem Gläubiger nicht zugemutet werden, die ggf beste Sicherheit dem Bürgen zu übertragen und auf weniger aussichtsreichen Sicherungsmitteln sitzen zu bleiben. Der Bürge hat aber Anspruch auf Übertragung der beim Gläubiger verbleibenden Sicherheit, wenn er ihn vom Ausfallrisiko freistellt, etwa durch Leistung auf die von ihm nicht durch Bürgschaft gesicherte Forderung (§ 268 I analog iVm § 268 III, § 401 I). § 774 I 2 schützt den Gläubiger ausschließlich vor **rechtl Nachteilen** durch Übertragung der Forderung auf den Bürgen; die Vorschrift schützt nicht vor allg wirtschaftl Nachteilen (Bsp: Forderung des Bürgen wird neben Forderung des Gläubigers zur Insolvenztabelle geltend gemacht und mindert so die Quote des Gläubigers, vgl BGHZ 92, 374, 379; 110, 41, 45f; RGZ 136, 40, 43; diff m weiteren Details zur Insolvenz *Zeising* WM 2010, 2204, 2207f).

11 **IV. Gegenrechte des Hauptschuldners (§ 774 I 3).** Beschränkt sich der Bürge auf die Geltendmachung von Ansprüchen aus dem Innenverhältnis (insb § 670, s Rn 8), kann der Hauptschuldner nur Gegenrechte aus dem Innenverhältnis einwenden. Nimmt der Bürge den Hauptschuldner aus § 774 I 1 in Anspruch, kann der Hauptschuldner gem §§ 404ff, 412 Einreden und Einwendungen **aus dem Hauptschuldverhältnis** und gem § 774 I 3 **aus dem Innenverhältnis** zw Bürge und Hauptschuldner entgegenhalten (BGH WM 1970, 751, 752; MDR 1976, 837; WM 1992, 908); der Wortlaut („Einwendungen") ist weit auszulegen.

12 **Bsp: (1) Erfüllung**; hat der Hauptschuldner in Unkenntnis der Leistung des Bürgen an den Gläubiger zwecks Erfüllung geleistet, muss dies der Bürge gegen sich gelten lassen (§ 407) und seinerseits vom Gläubiger Rückforderung verlangen (§ 816 II). (2) Eine **Aufrechnungslage** zw Hauptschuldner und Gläubiger gilt unter den Voraussetzungen der §§ 406, 412 als im Verhältnis von Bürge und Hauptschuldner fortbestehend (RGZ 59, 207, 209; Staudinger/*Stürner* Rn 36; aA *Tiedtke* DB 70, 1721ff). Bei Kenntnis der Aufrechnungslage ist der Bürge nicht schutzwürdig, weil er sich grds bei Inanspruchnahme durch den Gläubiger auf § 770 II hätte berufen können (vgl § 770 Rn 5f); gegenüber einem Ersatzanspruch aus § 670 (Rn 8) kann der Hauptschuldner einwenden, der Bürge habe seine Aufwendungen nicht für erforderlich halten dürfen (vgl BGH NJW-RR 1992, 811f; Stuttgart NJW-RR 1994, 876f); dieses Argument greift bei Unkenntnis des Bürgen indes nicht, so dass der Hauptschuldner dem Bürgen die Aufrechnungslage anzeigen sollte. (3) Haben der Bürge und **alle Gesamtschuldner** einen Ausgleich untereinander vertragl vereinbart, ist der Rückgriffsanspruch des Bürgen durch das zw den Gesamtschuldnern bestehende Innenverhältnis begrenzt. (4) Wenn der Bürge die Forderung nur eines Gesamtschuldners sichert, gilt die Zahlung des Bürgen als Leistung des einen Gesamtschuldners, für den der Bürge bürgt und leistet. Die Forderungen gegen die anderen Gesamtschuldner gehen auf den Bürgen über, wenn diese Forderungen bei Befriedigung durch den gesicherten Gesamtschuldner auf den einen Gesamtschuldner übergegangen wären, der Leistende also gem § 426 II von den übrigen hätte Ausgleichung verlangen können; soweit dies nicht der Fall war, sind gem § 422 durch Leistung des einen Gesamtschuldners die Forderungen gegen die anderen erloschen.

13 **V. Dispositiver Charakter.** Der Forderungsübergang nach § 774 I 1 kann durch **Vereinbarung zw Gläubiger und Bürge** abbedungen oder abgeändert werden (hM, vgl RGZ 148, 65, 66; BGHZ 179, 249, 253f; 92, 374, 382f; Köln NJW-RR 1989, 1266; Staudinger/*Stürner* Rn 25; *Förster* WM 2010, 1677, 1681; unklar MüKo/*Habersack* Rn 16). Bsp: (1) Ausschluss des Rückgriffs des Gesellschafterbürgen gegen seine GmbH, BGHZ 179, 249, 253f. (2) Formularmäßige Hinausschiebung des Rechtsübergangs; auch bei Sicherung des Gläubigers durch mehrere Bürgschaften mit § 307 I 1, II vereinbar (BGH NJW 2001, 2327, 2330 mwN). Vereinbarungen zw Bürge und Hauptschuldner begründen zwar lediglich Gegenrechte im Innenverhältnis, diese können aber über § 774 I 3 dem Anspruch aus § 774 I 1 entgegengehalten werden.

14 **VI. Mitbürgenhaftung (§ 774 II).** Wäre § 774 I 1 für die Mitbürgschaft (§ 769) einschlägig, würde der leistende Bürge gem § 401 alle sichernden Nebenrechte, also auch alle weiteren für die Forderung bestellten Bürgschaften in vollem Umfang erwerben und so besser als die übrigen Bürgen gestellt. § 774 II erklärt demggü § 426 für maßgeblich. Danach stehen Ausgleichsansprüche dem Mitbürgen nur zu, soweit er den Gläubiger über seinen Anteil hinaus befriedigt hat. Soweit nichts anderes bestimmt ist, hat jeder Mitbürge zu gleichen Teilen ein-

zustehen. IÜ richtet sich der Ausgleich nach dem **Verhältnis der Höchstbeträge** zueinander (sog **Quotenmodell**, vgl BGHZ 137, 292, 294ff; BGH NJW 2000, 1034, 1037; 2017, 557; MüKo/*Habersack* Rn 28; Staudinger/*Looschelders* § 426 Rn 263). – Die gesetzl Regelung des § 774 II, § 426 I 1 ist dispositiv. Mitbürgen können durch Vertrag abweichen (BGH WM 1982, 186; NJW 1987, 374). Die Beweislast für die abw Abrede liegt bei dem Mitbürgen, der sich darauf beruft (BGH NJW 1984, 482).

Besonderes gilt für **Gesellschafterbürgen**: GmbH-Gesellschafter, die für eine Verbindlichkeit der GmbH Bürgschaften in Höhe der ganzen Forderung übernommen haben, haften im Innenverhältnis im Zweifel anteilig in Höhe ihrer jew Anteile am Gesellschaftsvermögen (st Rspr, BGH WM 1986, 363, 364; 1989, 406, 407; 1992, 1893, 1894; BGHZ 137, 292; BGH WM 2011, 1232 Rn 13; NJW 2017, 557 Rn 3; Staudinger/*Looschelders* § 426 Rn 254). Dagegen bestimmt sich der Ausgleichsanspruch, wenn die GmbH-Gesellschafter für eine Verbindlichkeit der GmbH Bürgschaften **bis zu unterschiedlichen Höchstbeträgen** übernommen haben, nach dem Verhältnis der mit den Bürgschaften jew übernommenen Höchstbeträge (Bsp BGH NJW 2017, 557). Für andere Gesellschaftsformen ist diese Rspr entspr heranzuziehen. 15

Bei **Teilbefriedigung** des Gläubigers kann der Mitbürge von den übrigen Mitbürgen den Quotenausgleich verlangen, und zwar selbst dann, wenn der geleistete Betrag geringer ist als der auf ihn endgültig entfallende Anteil (BGHZ 23, 361, 363ff; 83, 206, 208ff; BGH NJW 2000, 1034, 1035; Staudinger/*Stürner* Rn 47 mwN; ausf *Kopp* JR 2016, 347ff). Das gilt nicht (1) bei Zahlungsunfähigkeit des Hauptschuldners (BGH NJW 1986, 1097f; Köln NJW 1995, 1685f; aA Frankfurt ZIP 2015, 920 Rn 26ff; *Kopp* JR 2016, 347, 352f); (2) bei Zahlungsunfähigkeit des einzig in Anspruch genommenen Mitbürgen (BGHZ 83, 206, 210); (3) wenn die Inanspruchnahme des regressverpflichteten Gesamtschuldners durch den Gläubiger droht (§ 242, dolo agit; vgl *Kopp* JR 2016, 347, 354). In diesen Fällen besteht ein Anspruch des Mitbürgen nur, sofern die Teilleistung die interne Quote übersteigt. Die vom Gläubiger vorgenommene **Entlassung eines Mitbürgen** aus dem gesamtschuldnerischen Haftungsverband berührt die Ausgleichspflicht ggü den übrigen Mitbürgen grds nicht, da das Ausgleichsverhältnis bereits mit Begründung des Gesamtschuldverhältnisses entsteht (BGH WM 1991, 339, 400; 1992, 1312, 1313; 2000, 408, 409; NZG 2017, 25, 26). 16

Entspr Geltung. § 774 II gilt entspr für den Ausgleich zw dem Bürgen und einem weiteren Gesamtschuldner, der sich nur sicherungshalber mitverpflichtet hat (Celle OLGZ 1986, 348; Hamm OLGZ 1990, 336). Obwohl **Regel- und Ausfallbürge** keine Mitbürgen und auch nicht Gesamtschuldner sind (BGHZ 88, 185, 188, 190), gesteht der BGH dem leistenden Ausfallbürgen einen eigenständigen Rückgriffsanspruch gegen den Regelbürgen entspr § 774 II, § 426 I zu, der mit dem Ausgleich entsteht und dessen Verjährung mit der Befriedigung des Gläubigers zu laufen beginnt (BGH NJW 2012, 1946, 1947f); dadurch wird der mit der Ausfallbürgschaft beabsichtigten Privilegierung im Verhältnis zum Regelbürgen zur Durchsetzung verholfen und eine Schlechterstellung im Verhältnis zum Mitbürgen vermieden. 17

VII. Ausgleich bei Konkurrenz von Bürgschaft und dinglichen Sicherungsrechten. § 774 II ist weder direkt noch entspr auf den Ausgleich des Bürgen mit dinglichen Sicherungsgebern anzuwenden. Diese Sicherungsrechte gehen grds nach § 401 I auf den zuerst leistenden Bürgen über bzw müssen auf den Bürgen grds übertragen werden (Rn 7). Allerdings besteht unabhängig von § 774 II nach der hM (BGHZ 108, 179, 186; BGH NJW 1992, 3228, 3229; 2009, 437f; MüKo/*Habersack* Rn 33, 34; Soergel/*Gröschler* Rn 29) zw mehreren **auf gleicher Stufe stehenden Sicherungsgebern** im Falle der Inanspruchnahme eines von ihnen bei Fehlen einer zw ihnen getroffenen besonderen Vereinbarung eine Ausgleichspflicht entspr § 426 I. Ob die Sicherungsgeber auf einer Stufe stehen, ist durch Auslegung der Erklärungen der Sicherungsgeber zu ermitteln; ein dinglicher Sicherungsgeber, der der Übertragung der Sicherheit bei Inanspruchnahme des Bürgen auf diesen zugestimmt hat, soll jedoch mit dem Bürgen nicht auf einer Stufe stehen (Auslegungsergebnis nach BGH WM 1990, 1956). 18

Ggü dieser Rechtsprechungslinie fordern manche mit Blick auf die gesetzl Ausgangslage (§ 401 I), den Zweck von § 776 und den Grundsatz des Vorrangs der Sach- vor der Personalschuld (§ 772 Rn 1) eine **Privilegierung des Bürgen**, der das dingliche Sicherungsrecht in vollem Umfang erhalten soll, während der dingliche Sicherungsgeber leer ausgehen soll (vgl Staudinger/*Stürner* Rn 68; RGRK/*Mormann* Rn 8; *Tiedtke* DNotZ 1993, 291, 293ff). Andere wollen den **zuerst Leistenden** grds besserstellen (*Bülow* WM 1989, 1877, 1880), was in einem von Zufälligkeiten bestimmten Schuldnerrennen enden würde. Gegenüber beiden Ansätzen überzeugt die in der Rspr (Rn 18) zum Ausdruck kommende Ratio der Haftungs- und Ausgleichsgemeinschaft, die in § 426 I 1 ihre gesetzl Basis findet. Für sie sprechen nicht zuletzt die Vermeidung von Zufallsergebnissen und das auf Gleichbehandlung dringende rechtsethisch akzeptable Ergebnis. 19

§ 775 Anspruch des Bürgen auf Befreiung

(1) Hat sich der Bürge im Auftrag des Hauptschuldners verbürgt oder stehen ihm nach den Vorschriften über die Geschäftsführung ohne Auftrag wegen der Übernahme der Bürgschaft die Rechte eines Beauftragten gegen den Hauptschuldner zu, so kann er von diesem Befreiung von der Bürgschaft verlangen:

1. **wenn sich die Vermögensverhältnisse des Hauptschuldners wesentlich verschlechtert haben,**
2. **wenn die Rechtsverfolgung gegen den Hauptschuldner infolge einer nach der Übernahme der Bürgschaft eingetretenen Änderung des Wohnsitzes, der gewerblichen Niederlassung oder des Aufenthaltsorts des Hauptschuldners wesentlich erschwert ist,**

3. wenn der Hauptschuldner mit der Erfüllung seiner Verbindlichkeit im Verzug ist,
4. wenn der Gläubiger gegen den Bürgen ein vollstreckbares Urteil auf Erfüllung erwirkt hat.

(2) Ist die Hauptverbindlichkeit noch nicht fällig, so kann der Hauptschuldner dem Bürgen, statt ihn zu befreien, Sicherheit leisten.

1 **I. Inhalt.** § 775 **modifiziert** das im Innenverhältnis zw Bürge und Hauptschuldner geltende **Auftragsrecht**, indem es den Befreiungsanspruch aus §§ 257, 260 auf Fälle eingrenzt, in denen er die Inanspruchnahme durch den Gläubiger befürchten muss. Zugleich ist das jederzeitige Kündigungsrecht des beauftragten Bürgen aus § 671 ausgeschlossen (RGZ 59, 10, 12), weil die Bürgschaft gerade zu dem Zweck übernommen wird, den Gläubiger gegen im Bereich des Hauptschuldners auftretende Risikoerhöhungen abzusichern. Auch hat der Bürge keinen Anspruch auf Vorschuss (§ 669, vgl BGHZ 140, 270, 274; MüKo/*Habersack* Rn 1). Der Bürgschaftskontext modifiziert zudem die Nebenpflichten aus § 241 II, § 242: Der Hauptschuldner hat dem Bürgen Tatsachen, die den Rückgriffsanspruch des Bürgen gefährden, mitzuteilen (*Riezler* BankA 1941, 106).

2 § 775 ist **dispositiv**. Zulässig sind ein vertragl Ausschluss und eine Beschränkung, welche als haftungserweiternde Nebenabreden (s § 766 Rn 7) dem Formgebot des § 766 unterliegen (MüKo/*Habersack* Rn 4f; aA die hM, vgl RGZ 59, 10, 13; Staudinger/*Stürner* Rn 13 mwN, weil das Innenverhältnis zw Bürge und Hauptschuldner betroffen sei). Zulässig ist aber auch eine Erweiterung (Mot II S 677), zB durch Gewährung einer Befreiung unter erleichterten Bedingungen. Eine **formularmäßige** Einschränkung des § 775 ist grds unangemessen iSv § 307 (MüKo/*Habersack* Rn 5; Soergel/*Gröschler* Rn 23; vorsichtiger Staudinger/*Stürner* Rn 13f; diff PWW/*Brödermann* Rn 4). – **Jenseits von § 775** besteht eine Befreiungspflicht des Hauptschuldners (1) nach Ablauf einer Zeitbestimmung iSv § 777 (Karlsruhe WM 1970, 647); (2) wenn sich der Gesellschafter zur Förderung des Gesellschaftszwecks verbürgt hatte, bei Ausscheiden aus der Gesellschaft (BGH WM 1974, 214) oder Kaduzierung des Gesellschaftsanteils (Hamburg ZIP 1984, 707); (3) bei unbefristeter Bürgschaftspflicht wird eine Befreiung nach Ablauf angemessener Zeit oder Eintritt besonders wichtiger Umstände unter angemessener Fristwahrung vertreten (Breslau HRR 1936 Nr 1212; Köln OLGE 28, 227); während sich der zweite Fall auf §§ 626, 314 stützen lässt, kennt das BGB keine *rule against perpetuities*; dessen ungeachtet sollte nach Ablauf der max im Gesetz anerkannten (§ 197) Verjährungsfrist von 30 Jahren ein außerordentliches Kündigungsrecht kraft Zeitablaufs unter angemessener Fristwahrung anerkannt werden, weil sich das Risiko für alle an der Bürgschaft Beteiligten nach 30 Jahren wenn auch nicht in einem Schritt, so doch in der Summe grundlegend verschoben haben dürfte.

3 **II. Voraussetzungen.** Die Beauftragtenstellung des Bürgen kann sich aus Auftrag, Geschäftsführung ohne Auftrag und Geschäftsbesorgung ergeben (vgl MüKo/*Habersack* Rn 1; Soergel/*Gröschler* Rn 2ff).

4 **III. Fallgruppen der Befreiung. 1. Vermögensverschlechterung.** Zur wesentlichen **Vermögensverschlechterung (Nr 1)** vgl § 321 I 1, § 490 I, näher § 490 Rn 4. Dazu muss es nach Übernahme der Bürgschaft gekommen sein, etwa durch hinzutretende Schulden (RGZ 150, 77, 78f). Dagegen bewirkt die Kündigung des Kredits alleine keine Vermögens-, sondern nur eine Liquiditätsbeeinträchtigung, die nur nach Nr 3 zur Befreiung führt (aA Hamburg BB 1959, 506; MüKo/*Habersack* Rn 6). Die Insolvenz eines OHG-Gesellschafters führt nicht zur Vermögensverschlechterung der OHG (RG JW 1927, 1689f). Zugunsten des Bürgen bestehende Sicherheiten sind zu berücksichtigen (vgl Soergel/*Gröschler* Rn 8 mwN). **2. Erschwerte Rechtsverfolgung.** Zur **Erschwerung der Rechtsverfolgung (Nr 2)** vgl § 773 Rn 5f. **3. Verzug. Verzug (§ 286) des Hauptschuldners (Nr 3)** und damit der Befreiungsanspruch entfällt grds, wenn der Hauptschuldner den Gläubiger nach Verzugseintritt befriedigt. Dennoch kann ein Fall des I Nr 1 gegeben sein (BGH BB 1968, 231). Eine Stundungsvereinbarung nach Verzugseintritt ohne Zustimmung des Bürgen soll den Befreiungsanspruch unberührt lassen (RGZ 59, 10, 13; BGH WM 1974, 214, 215; Nürnberg WM 1962, 799). Dies überzeugt mit Blick auf Nr 3 nicht, jedoch genügt die Stundungsabrede ggf nicht, um eine Vermögensverschlechterung (Nr 1) abzuwenden, weil diese nur die Liquidität betrifft (Staudinger/*Stürner* Rn 10 mwN). **Teilverzug** berechtigt zur Teilbefreiung (BGH BB 1968, 231). **4. Urteil. Vollstreckbares Urteil** des Gläubigers gegen den Bürgen (Nr 4) meint vollstreckbares (§ 704 I ZPO) und vorläufig vollstreckbares (§ 704 I, §§ 708ff ZPO) Urteil, Vollstreckungsbescheid (§ 794 I Nr 4 ZPO) und Titel nach § 794 I Nr 4a ZPO. Kein Fall der Nr 4 sind der Prozessvergleich und die vollstreckbare Urkunde (§ 794 I Nr 1, 5 ZPO), die auf die rechtsgeschäftliche Mitwirkung des Bürgen zurückgehen, so dass der Bürge nicht schutzbedürftig ist (MüKo/*Habersack* Rn 9). Befriedigt der Hauptschuldner den Gläubiger, hat die Vollstreckung zu unterbleiben; dann sind die Rechtsmittel des Bürgen in der Zwangsvollstreckung (insb § 767 II ZPO) ggü Nr 4 vorrangig (RG JW 1935, 3529; Staudinger/*Stürner* Rn 11; diff Soergel/*Gröschler* Rn 12).

5 **IV. Befreiungsanspruch. 1. Bedeutung. Befreiung meint** (1) Erfüllung oder sonstige Beseitigung der Hauptschuld (Surrogate) oder (2) Bewirkung der Entlassung des Bürgen aus seiner Verpflichtung (Bsp: Verzicht des Gläubigers, § 397), ggf durch Bestellung anderer Sicherheiten. – **Vollstreckung** erfolgt gem § 887 ZPO (RGZ 150, 77, 80; BGHZ 25, 1, 7; MüKo/*Habersack* Rn 12).

6 **2. Kein Zahlungsanspruch. Ein Zahlungsanspruch** des Bürgen an sich selbst oder den Gläubiger besteht nicht (BGH NJW 2000, 1643f), und zwar selbst dann nicht, wenn der Bürge wegen Zahlungsunfähigkeit des Hauptschuldners in Anspruch genommen wird (BGHZ 140, 270, 273ff; MüKo/*Habersack* Rn 11 mwN; aA RGZ 78, 26, 34; 143, 192, 194), weil dadurch die Regressregelungen aus § 774 I 1 und dem Innenverhältnis zw Hauptschuldner und Bürge umgangen würden. Freilich kann der Hauptschuldner den Bürgen mit dessen Zustimmung auch durch Geldzahlung „befreien", weil § 775 grds dispositiv ist; die widerspruchslose Entgegennahme der Zahlung ist als Zustimmung zur Änderung des Inhalts des Befreiungsanspruchs auszulegen.

3. Ausschluss gem § 775. Der Befreiungsanspruch ist jenseits vertragl Modifikation von § 775 (Rn 2) **ausgeschlossen** (1) wenn der Bürge mit Befriedigung des Gläubigers zugleich eine Verbindlichkeit ggü dem Hauptschuldner erfüllt; (2) bei Verzicht des Bürgen zugunsten des Hauptschuldners (§§ 328ff; BGH WM 1963, 559). 7

4. Erlöschen. Der Befreiungsanspruch **erlischt**, wenn der Gläubiger wegen eines Forderungsrests befriedigt wird, gleich, ob vom Hauptschuldner selbst oder aus dessen Insolvenzmasse. Ohne von beiderseitiger Zustimmung abhängiger vertragl Abänderung des Anspruchsinhalts kommt eine Aufrechnung gegen einen Zahlungsanspruch des Hauptschuldners nicht in Betracht (BGHZ 140, 270, 273ff; Celle InsO-RR 2004, 1211). 8

V. Sicherheitsleistung vor Fälligkeit (§ 775 II). Vor Fälligkeit (§ 271) der Hauptverbindlichkeit kann der Hauptschuldner dem Bürgen statt Befreiung Sicherheit stellen (§ 775 II, §§ 232ff; ausf *Görmer* NJW 2012, 263ff). Dies betrifft die Fälle, in denen der Bürge nach § 775 I Nr 1 und 2 Befreiung verlangen könnte. Die Entgegennahme der Sicherheit beinhaltet keinen Verzicht des Bürgen auf Befreiung; die Entscheidung über Sicherheit oder Befreiung vor Fälligkeit trifft allein der Hauptschuldner (MüKo/*Habersack* Rn 13 mwN; aA Soergel/*Gröschler* Rn 15 mwN). **Nach Fälligkeit** soll der Bürge trotz gestellter Sicherheit Befreiung verlangen können (RGZ 59, 10, 13; Staudinger/*Stürner* Rn 15; MüKo/*Habersack* Rn 8, 13). Dies überzeugt freilich bei **werthaltiger Sicherheit** nicht, weil es den Hauptschuldner aus wirtschaftl Sicht doppelt belastet. 9

§ 776 Aufgabe einer Sicherheit

Gibt der Gläubiger ein mit der Forderung verbundenes Vorzugsrecht, eine für sie bestehende Hypothek oder Schiffshypothek, ein für sie bestehendes Pfandrecht oder das Recht gegen einen Mitbürgen auf, so wird der Bürge insoweit frei, als er aus dem aufgegebenen Recht nach § 774 hätte Ersatz erlangen können. Dies gilt auch dann, wenn das aufgegebene Recht erst nach der Übernahme der Bürgschaft entstanden ist.

I. Inhalt. § 776 konkretisiert die **Nebenpflichten des Gläubigers** und an deren Verletzung anknüpfende Rechtsfolgen abw von § 280 I, § 282, § 241 II dahingehend, dass die Aufgabe werthaltiger Sicherheiten nicht nur eine Schadensersatzforderung des Bürgen (ggf mit der Rechtsfolge des Zurückbehaltungsrechts nach § 273 I, ggf Aufrechnungslage gem §§ 387ff), sondern unmittelbar die Befreiung des Bürgen begründet. Dadurch soll einem Verlust der für den Rückgriff wesentlichen Rechte vorgebeugt werden. 1

§ 776 ist **dispositiv.** Die Rechtsfolgen können abgeändert werden, auch ein **Verzicht** ist grds möglich (BGHZ 144, 52, 55ff). Ein **formularmäßiger genereller Verzicht** auf die Rechtsfolgenanordnung ohne gewichtige Gründe benachteiligt den Bürgen jedoch unangemessen (§ 307 I 1, II Nr 1) (heute hM, BGHZ 144, 52, 55ff; 156, 302, 310; MüKo/*Habersack* Rn 3; Staudinger/*Stürner* Rn 21; *Förster* WM 2010, 1677, 1681). Daran trifft zu, dass das Willkürverbot (§ 242) zum Schutz des Bürgen nicht genügt, zumal dessen Voraussetzungen seitens des Bürgen kaum je beweisbar sind. Einer Auslegungsregel, wonach sich ein Verzicht im Zweifel auf alle unter die Vorschrift fallenden Sicherheits- und Vorzugsrechte beziehe (BGH WM 1960, 371), es sei denn, der Gläubiger habe das Recht willkürlich aufgegeben (BGH NJW-RR 1986, 518), ist vor diesem Hintergrund nicht mehr zuzustimmen. Vielmehr gilt die **allg Beweislastverteilung:** Dem Gläubiger günstige Tatsachen (hier: Verzicht) hat dieser zu beweisen. 2

II. Aufgabe einer Sicherheit. 1. Erfasste Rechte. § 776 nennt ausdrückl mit der Forderung verbundene Vorzugsrechte, für sie bestehende (Schiffs-)Hypotheken, Pfandrechte oder das Recht gegen einen Mitbürgen. Dieser Katalog ruft die Frage hervor, in welchem Umfang er auf sonstige Sicherheiten **entspr anzuwenden** ist, zB Eigentumsvorbehalt, Sicherungsübereignung. Aus dem Zweck des § 776, die Werthaltigkeit der nach § 774 I 1 übergehenden Forderung zu sichern, folgt, dass § 776 alle Rechte erfasst, die im Fall ihres Bestehens nach § 774 I 1 iVm §§ 412, 401 I übergehen. Dies sind neben den akzessorischen auch **die selbständigen Sicherungsrechte** (§ 774 Rn 7), so dass § 776 insofern entspr gilt, sofern der Gläubiger diese auf den Bürgen übertragen muss (§ 774 Rn 7; vgl BGHZ 144, 52, 57; BGH NJW 2001, 2327, 2330; MüKo/*Habersack* Rn 6; Staudinger/*Stürner* Rn 10), insb (1) vor Bürgschaft entstandene Garantie; (2) Sicherungseigentum (BGHZ 144, 52, 54f; 165, 28, 32); (3) Sicherungsabtretung (BGHZ 78, 137, 143; BGH NJW-RR 1986, 1182; Dresden WM 2003, 2137); (4) Vorbehaltseigentum (§ 449; BGHZ 42, 53, 57), (5) Sicherungsgrundschuld (BGHZ 110, 41, 43; BGH NJW 2001, 2327, 2330; Bamberg ZIP 2012, 613, 614), (6) Rentenschuld (Köln NJW 1990, 3214, 3215). 3

Umstr, aber i Erg zu befürworten ist die Anwendung von § 776 auf die **Sicherungshypothek** nach § 650e (str, MüKo/*Habersack* Rn 7; aA Staudinger/*Stürner* Rn 8; PWW/*Brödermann* Rn 7) und **zahlungshalber (§ 364 II) gegebenen Wechseln.** – 776 ist **nicht anzuwenden** auf das Verhältnis des Pfandgläubigers zum Verpfänder (BGH NJW-RR 1991, 499, 500) und die Aufrechnung des Gläubigers mit einer nicht verbürgten Forderung gegen einen Anspruch des Hauptschuldners (BGH NJW 1984, 2455f). – Für **Mitbürgen** greift § 776 nicht, weil die Vorschrift Ausdruck der Akzessorietät ist, während das Verhältnis der Mitbürgen untereinander nach den Regeln der **Gesamtschuld** auseinanderzusetzen ist (§ 774 II, § 426; RG JW 1937, 1410; KG OLGE 25, 20, 22; PWW/*Brödermann* Rn 7; Staudinger/*Stürner* Rn 8; MüKo/*Habersack* Rn 7). Gleichrangige **Drittsicherungsgeber** sind schon deshalb ausgeklammert, weil ein Gesamtschuldverhältnis zum Bürgen gegeben ist (§ 774 Rn 18), es gilt das zur Mitbürgenschaft Gesagte. § 776 greift nur, soweit das vom Dritten sicherungshalber gestellte Recht zusammen mit der Forderung des Gläubigers nach §§ 412, 401 übergeht. Dazu § 774 Rn 7. 4

2. Zeitpunkt der Entstehung des Rechts. Nach § 776 S 2 kommt es zur Befreiung von der Bürgschaftspflicht auch dann, wenn das aufgegebene Recht erst nach der Übernahme der Bürgschaft entstanden ist. Diese Regelung 5 begünstigt Zufallsergebnisse, zB wenn nach der Bürgschaft eine Personalsicherheit bestellt wird, und ist in solchen Fällen teleologisch zu reduzieren (vgl zur Garantie RGZ 72, 138, 142).

6 **3. Aufgabe. Aufgabe** meint zunächst **autonomes vorsätzliches Handeln des Gläubigers.** Fahrlässige Verschlechterung oder Vernichtung genügen grds nicht (BGHZ 197, 335 Rn 14; BGH BB 1960, 70; NJW 1966, 2009f; str, vgl die Nachw bei MüKo/*Habersack* Rn 8), weil der Gläubiger zur Erhaltung oder Förderung der Werthaltigkeit einer Sicherheit nicht verpflichtet ist; gleichwohl obliegen ihm **Vertragstreuepflichten** aus § 241 II, § 242, aufgrund dessen er ihm leicht mögliche Sicherungsmaßnahmen zu ergreifen hat. Soweit diese Pflichten reichen, kann es keinen Unterschied machen, ob der Gläubiger das Recht vorsätzlich durch Tun oder Unterlassen (insb Nichtausübung der Rechte aus §§ 1133, 1218 in Kenntnis der Tatsachen) schädigt (wie hier Staudinger/*Stürner* Rn 12f; MüKo/*Habersack* Rn 10 im Einklang mit der früheren Rspr des RG; aA aber BGH NJW 1999, 3195, 3197; RGZ 65, 396, 397; Soergel/*Gröschler* Rn 7; PWW/*Brödermann* Rn 9).

7 Aufgabe ist auch die **teilw Preisgabe/Verschlechterung** des Rechts (zB Rangrücktritt, §§ 879f). Eine Verrechnung mit dem Erlös aus der Einziehung der sicherungshalber bestellten Forderung oder dem Verwertungserlös der zur Sicherheit übereigneten Sache mit anderen als der durch Bürgschaft gesicherten Forderungen führt ebenfalls zum (teilw) Untergang des Rechts (München BB 1957, 594; BGH WM 1960, 371). Die Rechtsfolge des § 776 entfällt nicht dadurch, dass der Gläubiger die zunächst aufgegebene Sicherungsgrundschuld später zurückerwirbt oder neu begründet (BGHZ 197, 335). Verzichtet der von der Freigabe profitierende Sicherungsgeber im Nachhinein auf die Freigabe, muss die Bürgschaft formgerecht (§ 766!) neu begründet werden. Ein Wiederaufleben der alten Bürgschaft kommt nicht in Betracht (BGHZ 197, 335 Rn 30). – Soweit ein Recht nicht erfasst ist (Rn 4), ist dessen Preisgabe keine Aufgabe.

8 **III. Rechtsfolge.** Unter den Voraussetzungen des § 776 wird der Bürge frei, **soweit** er aus dem aufgegebenen Recht nach § 774 hätte Ersatz erlangen können (zur Kreditpraxis *Schröter* WM 2000, 16, 18). Bei den **vom Hauptschuldner bestellten Sicherheiten** ist dies uneingeschränkt der Fall, so dass der Wert dieser Sicherheiten grds **in voller Höhe** anzurechnen ist. – § 776 greift nach hier vertretener Ansicht nicht für Fälle der Gesamtschuldnerschaft (Rn 4). Soweit sie Rechte betrifft, die zusammen mit der Forderung des Gläubigers nach §§ 412, 401 auf den Bürgen übergehen, wirft die **von Dritten gestellte Sicherheit** keine neue Schwierigkeit auf. Soweit diese werthaltig ist, wird der Bürge frei. Kernfrage ist also, ob i Erg das Verhältnis der Sicherungsgeber nach den Regeln der Gesamtschuld zu behandeln ist. Dazu § 774 Rn 18.

§ 777 Bürgschaft auf Zeit

(1) Hat sich der Bürge für eine bestehende Verbindlichkeit auf bestimmte Zeit verbürgt, so wird er nach dem Ablauf der bestimmten Zeit frei, wenn nicht der Gläubiger die Einziehung der Forderung unverzüglich nach Maßgabe des § 772 betreibt, das Verfahren ohne wesentliche Verzögerung fortsetzt und unverzüglich nach der Beendigung des Verfahrens dem Bürgen anzeigt, dass er ihn in Anspruch nehme. Steht dem Bürgen die Einrede der Vorausklage nicht zu, so wird er nach dem Ablauf der bestimmten Zeit frei, wenn nicht der Gläubiger ihm unverzüglich diese Anzeige macht.

(2) Erfolgt die Anzeige rechtzeitig, so beschränkt sich die Haftung des Bürgen im Falle des Absatzes 1 Satz 1 auf den Umfang, den die Hauptverbindlichkeit zur Zeit der Beendigung des Verfahrens hat, im Falle des Absatzes 1 Satz 2 auf den Umfang, den die Hauptverbindlichkeit bei dem Ablauf der bestimmten Zeit hat.

1 **I. Inhalt.** Die Vorschrift regelt den Fall, dass einer Bürgschaft eine Zeitbestimmung (Rn 3) zugefügt ist. Daran kann der Bürge ein Interesse haben, um sicher zu wissen, ab welchem Termin er von seiner Verbindlichkeit frei wird. Die Avalbürgschaft stellt einen wichtigen Anwendungsfall dar, bei der die Avalprovision zeitraumbezogen abgerechnet wird. – § 777 I 1 erfasst nur die Bürgschaft für eine bereits **bestehende Verbindlichkeit**; bei dieser steht der Umfang der Verbindlichkeit fest. Die Vorschrift gilt demnach nicht für **künftige Verbindlichkeiten.** Es mag sein, dass in dem zuletzt genannten Fall neben dem Beginn der Bürgschaftsverpflichtung auch deren Umfang unsicher ist oder anwachsen kann (vgl BGH BB 1974, 858), sicher ist beides nicht. So kann der Bürge für noch nicht begründete Verbindlichkeiten Endtermine oder Maxlaufzeiten bestimmt haben. In solchen Fällen **gilt § 777 entspr** (RGZ 82, 382, 384f; MüKo/*Habersack* Rn 5; PWW/*Brödermann* Rn 2).

2 § 777 ist **dispositiv** (BGHZ 99, 288, 290; BGH NJW 2004, 2232, 2234; MüKo/*Habersack* Rn 2). Eine abw Regelung ist namentlich geboten, weil die Beitreibung nach § 777 I vor dem Hintergrund der Bonität des Hauptschuldners und der übrigen Sicherheiten unangemessen sein kann. Häufig anzutreffen ist zudem eine von § 777 I 2 abw Regelung, wonach der Gläubiger die Erklärung, den Bürgen in Anspruch nehmen zu wollen, bis zu einem bestimmten Termin abgegeben haben muss, da andernfalls die Bürgschaft erlischt (BGHZ 91, 349, 351; 99, 288, 290; BGH NJW 1982, 172; Karlsruhe WM 1985, 770); für die Bestimmung des Endtermins gilt dann § 193 (BGHZ 99, 288, 291). – Der **formularmäßige Verzicht** auf die Anzeige gem § 777 I 2 ist nicht gem § 305c I, § 307 II Nr 1 unwirksam (str, wie hier Hamm NJW 1990, 54, 55; aA die wohl hM, vgl BGH NJW 2004, 2232, 2234 (überraschende Klausel iSd § 305c I); Köln NJW 1985, 2722f; Staudinger/*Stürner* Rn 21; MüKo/*Habersack* Rn 2 mwN). – Die **Beweislast** für die Einhaltung des in § 777 bestimmten Verfahrens trifft den Gläubiger („wenn nicht"), den Umfang der Bürgenhaftung hat der Bürge zu beweisen.

3 **II. Zeitbestimmung. Zeitbestimmung** meint jede zeitl Beschränkung der Bürgschaft. Diese kann sich aus Befristung (§ 163) oder anderen Umständen ergeben, die darauf schließen lassen, dass die Bürgschaftspflicht ihr

Ende unabhängig vom Bestand der Hauptschuld finden soll. Bsp: **(1) Endtermin** (BGH NJW 2000, 3137); stimmt der Bürge jedoch der Stundung der Hauptschuld zu, ändert sich im Zweifel damit zugleich die für die Bürgschaftsverpflichtung geltende Zeitbestimmung (RG JW 1903 Beil Nr 252); **(2) Bedingung** gem § 158 II; der Bedingungseintritt muss jedoch für den Gläubiger erkennbar sein. Fälle: RGZ 107, 194, 195: Bürgschaftsübernahme bis zur Kaufpreiszahlung bei ordnungsgemäßer Abwicklung der Geschäfte; BGHZ 139, 325, 329: bis zur Abnahme der vereinbarten Werkleistung; RG HRR 1935 Nr 581: für die Dauer der Gesellschafterstellung des Hauptschuldners). Auch die Bürgschaftsverpflichtung bis zur Absicherung des Kredits durch eine Hypothek oder andere Sicherheit ggü dem Gläubiger genügt als Bedingung (aA BGH WM 1969, 35 mit dem Argument, es fehle für Beendigung „bestimmte" Zeit; ähnl MüKo/*Habersack* Rn 7; Soergel/*Gröschler* Rn 2, die auf die Zweckerledigung rekurrieren).

Keine Zeitbestimmung ist gegeben: (1) für die Hauptschuld ist ein Fälligkeitstermin bestimmt, die Bürgschaft ist iÜ ohne Sonderabrede bestellt (München WM 1984, 469); bei befristeter Hauptschuld entfällt die akzessorische Bürgenhaftung mit deren Rückzahlung; (2) bei Kündigungsrecht des Bürgen (BGH NJW 1985, 3007); (3) bei Bürgschaft eines Ehegatten für künftige Schulden des Ehepartners bis zur Scheidung (BGH NJW 1987, 1629); (4) bzgl anlässlich der einstw Einstellung der Zwangsvollstreckung geleisteter Bürgschaft bis zum Wegfall der Einstellung (BGH NJW 1979, 417). 4

III. Anzeige der Inanspruchnahme (§ 777 I). Der Gläubiger muss zur Erhaltung der Bürgschaftssicherung trotz Zeitablauf oder Bedingungseintritt selbständig und autonom das Verfahren nach Abs I betreiben. Eine Nebenpflicht des Bürgen zur Nachfrage, ob er mit einer Inanspruchnahme rechnen muss, besteht nicht (BGH WM 1979, 833f). – S 1 erfasst die Regelbürgschaft, S 2 die Bürgschaft ohne Einrede der Vorausklage (s § 773 Rn 3ff). 5

1. „Unverzüglich". Nach § 777 I 1 muss der Gläubiger **„unverzüglich"** (§ 121) die Einziehung der Forderung nach § 772 betreiben, sodann ohne wesentliche Verzögerung (nicht: unverzüglich gem § 121 I; großzügige obj Auslegung geboten, vgl MüKo/*Habersack* Rn 10) das Verfahren nach § 772 fortsetzen und dann wieder „unverzüglich" nach der Beendigung des Verfahrens dem Bürgen anzeigen, dass er ihn in Anspruch nehmen möchte. – Nach rechtzeitiger Anzeige hat der Gläubiger alles getan, er muss nicht unverzüglich Klage erheben (BGH NJW 1983, 750f; NJW 1985, 3007f). – § 772 beschränkt sich auf bestehende Geldforderungen; bei Zeitbürgschaften in Bezug auf andere Forderungen ist analog § 772 eine statthafte Zwangsvollstreckung zu betreiben (Staudinger/*Stürner* Rn 14). – Steht dem Bürgen **keine Einrede der Vorausklage** zu, genügt die Anzeige unverzüglich nach Ablauf der bestimmten Zeit. Weil das Verfahren nach § 777 I 1 Zeit in Anspruch nimmt, muss der Regelbürge ggf länger als der selbstschuldnerische Zeitbürge bangen, ob er in Anspruch genommen wird. Zugleich kommt ihm aber zugute, dass er dem Umfang nach geringer haftet, wenn die Vollstreckung beim Hauptschuldner zumindest zu einer Teilbefriedigung geführt hat. 6

2. Anzeige. Das Gesetz kennt für die **Anzeige** keine Formvorschrift; die Angabe von Höhe und Datum der beabsichtigten Inanspruchnahme sind kein Wirksamkeitsbestandteil (Karlsruhe MDR 1985, 585; Koblenz ZIP 2005, 1822). Es handelt sich um eine **empfangsbedürftige Willenserklärung** (MüKo/*Habersack* Rn 11). Die Anzeige soll bereits vor Zeitablauf abgegeben werden können (BGHZ 76, 81, 83f; BGH NJW 1983, 750; aA RGZ 96, 133, 134), wenn die Hauptschuld innerhalb der Bürgschaftszeit fällig wird (BGHZ 76, 81, 83f; BGH NJW 1983, 750; MüKo/*Habersack* Rn 5, 12; Staudinger/*Stürner* Rn 17). Bei selbstschuldnerischer Bürgschaft wird dies damit begründet, dass der Bürge ab Fälligkeit mit Inanspruchnahme zu rechnen hat (vgl § 777 I 2). Dies ist zwar zutr, hat mit dem Anzeigeerfordernis aber nichts zu tun und geht bei Regelbürgschaft erst recht fehl. Es muss zw der zu sichernden Hauptschuld (spätestens Fälligkeit bei Zeitablauf) und der wirksamen Anzeige getrennt werden. Für letztere genügt, dass dem Bürgen die Inanspruchnahme zeitnah vor Augen geführt wird (ähnl Soergel/*Gröschler* Rn 14). 7

IV. Rechtsfolge. Eine Bürgschaft auf Zeit endet gem §§ 163, 158 II mit Zeitablauf (BGH WM 1966, 275). Der Gläubiger kann die Haftungsbefreiung durch das Verfahren gem § 777 I verhindern. Nach den dort genannten Schritten (Rn 7) haftet der Bürge in dem Umfang, den die Hauptschuld zuletzt hatte (§ 777 II). Erweiterungen der Hauptschuld belasten den Bürgen nicht, Reduktionen oder eine Ablösung kommen ihm aber zugute, so dass die Bürgschaft nach Abs II immer **Höchstbetragsbürgschaft** ist. 8

§ 778 Kreditauftrag

Wer einen anderen beauftragt, im eigenen Namen und auf eigene Rechnung einem Dritten ein Darlehen oder eine Finanzierungshilfe zu gewähren, haftet dem Beauftragten für die aus dem Darlehen oder der Finanzierungshilfe entstehende Verbindlichkeit des Dritten als Bürge.

I. Inhalt des Kreditauftrags. Der Auftrag – häufig auch als provisionspflichtige Geschäftsbesorgung, RGZ 56, 130, 133 – an einen Dritten zur Gewährung eines Darlehens oder einer Finanzierungshilfe unterscheidet sich, obschon echter Auftrag, durch seinen Auftragsinhalt und die Rechtsfolgenanordnung (Haftung des Auftraggebers als Bürge) vom Auftragsrecht gem §§ 662ff. **Darlehen** meint Gelddarlehen (§ 488), nicht Sachdarlehen (§ 607), so dass § 778 auf Sachdarlehen nicht anzuwenden wäre (Staudinger/*Stürner* Rn 2; Jauernig/*Stadler* Rn 1; *Meincke*/*Hingst* WM 2011, 633, 635f); aber der Terminologiewechsel vom Kredit zum Darlehen im Rahmen der Schuldrechtsreform sollte nur redaktioneller Art sein (BT-Drs 14/6040, 270), so dass eine analoge Anwendung von § 778 auf Sachdarlehen geboten ist (str; für direkte Anwendung MüKo/*Habersack* Rn 6, Soergel/ 1

Gröschler Rn 8). Zur **Finanzierungshilfe** ausf § 506 Rn 3f. Bsp: Zahlungsaufschub, Warenkredit, Teilzahlungsgeschäft. § 778 verzichtet auf das in § 506 enthaltene Merkmal der Entgeltlichkeit.

2 **II. Abgrenzung.** Die Abgrenzung **zur Bürgschaft** ist wegen des Formgebots nach § 766 wichtig, welches mangels Schutzbedürfnis des Kreditvermittlers beim Kreditauftrag nicht gilt (RGZ 50, 160; 87, 144, 146; Staudinger/*Stürner* Rn 6). Auf drei Merkmale ist zu achten: (1) Der Bürge verpflichtet sich zum Einstand für eine fremde, bereits be- oder gerade entstehende Schuld. Diese Einstandspflicht tritt beim Kreditauftrag nur als Rechtsfolge kraft Gesetzes ein, primär schuldet der Auftraggeber jedoch die aus dem Auftragsverhältnis resultierenden Pflichten (Weisung, Aufwendungsersatz nach § 670, zur Modifikation durch § 778 Rn 4), während der Auftragnehmer die potenzielle Verbindlichkeit erst nach Erhalt des Auftrags begründet. (2) Dem Kreditauftrag fehlt die Akzessorietät: zum Schuldverhältnis zw Auftraggeber und -nehmer kann es auch ohne Bestand des nachfolgenden Kreditgeschäfts kommen (zB wenn der Dritte die Annahmeerklärung verweigert). Ist es aber zum Kreditgeschäft gekommen, ergänzt § 778 die Rechtsfolgen des Auftragsrechts (vgl RGZ 151, 100; BGH WM 1960, 880; 1984, 422f). (3) Bei der Bürgschaft fokussiert das Gläubigerinteresse auf die Sicherung, beim Kreditauftrag auf die Gewährung der (zukünftigen) Finanzierung an den Dritten (BGH DB 1956, 890; Frankfurt NJW 1967, 2360; Jauernig/*Stadler* Rn 2f; MüKo/*Habersack* Rn 4f; Staudinger/*Stürner* Rn 4f mwN).

3 Eine **bestehende Finanzierungsbeziehung** schließt einen Kreditauftrag aus (RGZ 56, 130, 132). **Kreditanweisung und Kreditbrief** (Akkreditiv) sind kein Kreditauftrag, sondern Anweisung (§§ 783ff); für den Regress gelten § 783 HS 2, § 787 I. Der Auftrag muss auf die Kreditgewährung durch den Beauftragten ausgerichtet sein. Gewährt der Beauftragte im Namen des Auftraggebers Kredit, gilt Auftragsrecht, nicht aber § 778.

4 **III. Rechtsfolge. 1. Dauer. Auftragsrecht gilt** für die gesamte Vertragsdauer, insb gibt es die Pflicht des Auftragnehmers zur Wahrung der Interessen des Auftraggebers (RG Warn Rspr 1912 Nr 374), Weisungsbefolgung, Anzeige (§ 665), Mitteilung (§ 666). Es besteht kein Anspruch auf Vorschuss gem § 669 (BGHZ 140, 270, 274). Nur, soweit es Belastungen infolge von Verbindlichkeiten (insb Zahlungsausfall, Zinsschaden) angeht, ist § 670 von § 778 verdrängt; iÜ bleibt die Regelung anwendbar (Bsp: Reisekosten für fruchtlose Verhandlungen mit dem Dritten). Jederzeitig kündbar (§ 671) ist der Kreditauftrag nur **bis zur Eingehung der Finanzierungsbeziehung mit dem Dritten**, danach verdrängt die Zeitbestimmung für die Finanzierungsbeziehung insoweit das Auftragsrecht; häufig ist § 671 jedoch schon wegen Entgeltlichkeit des Kreditauftrags nicht anwendbar (vgl § 675 I).

5 **2. Rechtsfolgen aus § 778.** Der Auftraggeber haftet dem Beauftragten wie ein Bürge für die durch Ausführung des Kreditauftrags entstehende Verbindlichkeit mit dem Dritten. Ab diesem Zeitpunkt tritt die Haftung wie ein Bürge hinzu. Die Rechtsfolgenverweisung gilt für Inhalt und Umfang der Haftung (§ 767), Befreiungsrechte (§§ 775, 776; vgl RGZ 151, 93, 100) und Gegenrechte (§§ 771–773, §§ 768, 770) sowie die cessio legis nach § 774 I 1.

6 **IV. Kündigung.** Eine **Kündigung aus wichtigem Grund** (§ 626) steht dem Beauftragten zu, wenn sich die Vermögenslage des Auftraggebers wesentlich verschlechtert oder die Zugriffsmöglichkeit auf dessen Vermögen wesentlich erschwert wird (Orientierung an § 773 Nr 2–4). Bei denselben Gründen in der Person des Dritten steht dem Beauftragten als Darlehensgeber ein Kündigungsrecht für das Darlehensverhältnis zum Dritten nach § 490 zu; aus denselben Gründen muss er das Verhältnis zum Auftraggeber kündigen können, wobei ein Kündigungsrecht nach § 314 besteht, soweit im Verhältnis zum Dritten die Gründe gem § 490 erfüllt sind. Der Auftraggeber kann aber die Inanspruchnahme aus § 778 durch (weitere) Sicherheitsleistung abwenden. Der Auftraggeber hat ein Kündigungsrecht gegenüber dem Beauftragten gem § 314, doch ist ihm aufgrund der Nachwirkungen gem § 778 mit der Kündigung des Kreditauftrags wenig geholfen, wenn die Finanzierung bereits gewährt wurde (näher MüKo/*Habersack* Rn 7).

Titel 21
Vergleich (§ 779)

§ 779 Begriff des Vergleichs, Irrtum über die Vergleichsgrundlage

(1) Ein Vertrag, durch den der Streit oder die Ungewissheit der Parteien über ein Rechtsverhältnis im Wege gegenseitigen Nachgebens beseitigt wird (Vergleich), ist unwirksam, wenn der nach dem Inhalt des Vertrags als feststehend zugrunde gelegte Sachverhalt der Wirklichkeit nicht entspricht und der Streit oder die Ungewissheit bei Kenntnis der Sachlage nicht entstanden sein würde.

(2) Der Ungewissheit über ein Rechtsverhältnis steht es gleich, wenn die Verwirklichung eines Anspruchs unsicher ist.

1 **I. Bedeutung der Vorschrift.** Nach dem Vorbild älterer Zivilgesetze enthält das BGB eine **Begriffsbestimmung** des Vergleichs, darüber hinaus einen – im gemeinen Recht stark umstr – **Unwirksamkeitsgrund.** Existenz und Fassung der Vorschrift hängen demnach eng mit den historischen Gegebenheiten zusammen.

Nach moderner Auffassung besteht die allg dogmatische Bedeutung der Vorschrift neben der Definition des Vergleichs in der Regelung eines Sonderfalls des gemeinsamen Irrtums über die Geschäftsgrundlage (BGH NJW-RR 1994, 434, 435; NJW 2000, 2497, 2498; MüKo/*Habersack* Rn 62). 2

II. Merkmale des Vergleichs. 1. Vergleichsgegenstand. In Betracht kommen **Rechtsverhältnisse jeder Art**, also nicht nur schuldrechtl, sondern auch sachenrechtl, familienrechtl, erbrechtl, arbeitsrechtl, gesellschaftsrechtl und öffentlich-rechtl Verhältnisse, ferner Gestaltungsrechte und Anwartschaften und darüber hinaus sogar **moralische „Verpflichtungen"** (RG HRR 1941, 1003; JW 1928, 3036; Staudinger/*Hau* Rn 12f). 3

Die Grenze vergleichsweiser Regelungsmöglichkeit fällt mit der der Privatautonomie zusammen: Das Rechtsverhältnis muss der **Parteidisposition** unterliegen (vgl § 106 VwGO; § 101 SGG), also zw den Vergleichsparteien bestehen; deshalb kein Vergleich zulasten Dritter (BAG BB 1972, 1372), wohl aber zugunsten Dritter (RGZ 127, 126; zur Vollstreckungsbefugnis eines aus Prozessvergleich Drittbegünstigten vgl KG NJW 1973, 2032); ferner dürfen zwingende Vorschriften nicht entgegenstehen. **Einzelheiten:** 4

a) Familienrecht. Vergleich **unzulässig:** über gesetzl Unterhaltsanspruch zw Verwandten (§ 1614), Ehegatten (§ 1360a III) und Lebenspartnern (§ 5 S 2 LPartG) für die Zukunft, über Bestehen einer Ehe (BGHZ 15, 190, 193), über Abstammung (BGH NJW 1995, 2921, 2922); **zulässig:** über Unterhaltsanspruch des geschiedenen Ehegatten (§ 1585c; Frankfurt FamRZ 1994, 1131), des Ex-Lebenspartners (§ 16 S 2 LPartG), über den Teil des zukünftigen Kindesunterhalts, der das gesetzl Mindestmaß überschreitet, sowie über eine Erfüllungsübernahme des Kindesunterhalts für die Zukunft durch einen Elternteil ggü dem anderen (vgl § 1606 Rn 31 sowie Hamm NJW-RR 2006, 1442, 1443f). Ein Vergleich der Eltern über den Umgang mit dem ehelichen Kind (§§ 1684ff) vor dem FamG beendet das Verfahren nur dann unmittelbar, wenn das Gericht die Vereinbarung im Interesse des Kindeswohls ausdrückl billigt (BGH NJW-RR 1989, 195). 5

b) Erbrecht. Vergleich unzulässig über Nachlass eines noch lebenden Dritten (§ 311b IV); im Falle des § 2205 S 3 (BGH NJW 1991, 842); zulässig über Gültigkeit und Auslegung eines Testaments (BGH NJW 1986, 1812f; einschränkend MüKo/*Habersack* Rn 7; näher dazu *Fischer* ZfPW 2023, 62ff). 5a

c) Arbeitsrecht. Im Arbeitsrecht ist die Dispositionsfreiheit durch verschiedene gesetzl Sonderregelungen eingeschränkt. So kann der einzelne ArbN auf Ansprüche aus Tarifverträgen (§ 4 IV TVG) oder Betriebsvereinbarungen nicht ohne Zustimmung der Tarifvertragsparteien bzw des Betriebsrats verzichten (§ 4 IV TVG, § 77 IV 2 BetrVG). Zwingend ausgestaltet ist der Anspruch auf Lohnfortzahlung im Krankheitsfall (§ 12 EFZG, aber nachträgl Verzicht nach BAG NJW 1981, 1061 zulässig), auf den gesetzl Mindesturlaub und dessen Abgeltung (§ 13 I 3 BUrlG), auf Verringerung der Arbeitszeit (§ 22 I TzBfG) und auf betriebliche Altersvorsorge (§ 17 III 3 BetrAVG). Zulässig ist aber ohne Rücksicht auf die genannten Vorschriften der Vergleich über die tatsächlichen Voraussetzungen eines Anspruchs, etwa der Zahl der geleisteten Überstunden oder der hergestellten Stücke (BAG ZIP 1996, 1995, 1996; NZA 1998, 434, 435f; ZIP 2000, 1781, 1785f). 6

d) Wettbewerbsrecht. Wettbewerbsbeschränkende Abreden in einem Vergleich verstoßen grds gegen § 1 GWB und sind somit unwirksam. Etwas anderes gilt aber, wenn ein obj begründeter Anlass zur Bejahung des geltend gemachten Anspruchs besteht und die wettbewerbsbeschränkenden Wirkungen des Vergleichs sich im Rahmen dessen halten, was bei obj Beurteilung ernstlich zweifelhaft sein kann (BGHZ 65, 147, 150ff). Eine Sonderregelung des Vergleichs im wettbewerbsrechtl Einigungsstellenverfahren enthält iÜ § 15 VII 1 UWG. Danach ist ein Vergleich jede Einigung, ohne dass ein gegenseitiges Nachgeben erforderlich wäre (*Ottofülling* WRP 2006, 410, 422f), dh auch die Rücknahme des Antrags unter Verzicht auf den geltend gemachten Anspruch oder die bedingungslose Unterwerfung (Köhler/Bornkamm/Feddersen/*Köhler/Feddersen* § 15 UWG Rn 26). Der Vergleich vor der Einigungsstelle ist vollstreckbar (§ 15 VII 2 UWG). 7

e) Gesellschaftsrecht. Zu beachten sind bei der AG die Einschränkungen der Vergleichsbefugnis über bestimmte Ersatzansprüche durch die § 50, § 53, § 93 IV, § 302 III, § 309 III, § 310 IV, § 317 IV, § 318 IV AktG. Andere Vorschriften versagen einem Vergleich die Wirkung im Verhältnis zu den Gläubigern (§ 93 V, § 117 V, § 309 IV, § 310 IV, § 317 IV, § 318 IV AktG, § 9b I, § 43 III 2 GmbHG, § 34 V 2 GenG, § 15b IV 4 InsO). Trotz des Erlassverbots nach § 66 I AktG, § 19 II GmbHG ist ein Vergleich über die Erbringung von Einlagen zulässig, wenn er der Beseitigung einer begründeten Rechtsunsicherheit dient (RGZ 79, 271, 274; BGHZ 160, 127, 133, ebenso für den Differenzhaftungsanspruch BGH NZG 2012, 69). Ein Vergleich im Rahmen einer Anfechtungs- oder Nichtigkeitsklage über die Aufhebung oder Änderung eines Gesellschafterbeschlusses ist mangels Dispositionsbefugnis der Parteien unzulässig (BGHZ 132, 278, 283f). Grds erlaubt sind aber Vereinbarungen im Zusammenhang mit der Rücknahme der Klage, zu den Veröffentlichungspflichten bei börsennotierten Gesellschaften s §§ 248a, 149 AktG. 8

f) Öffentliches Recht. Zur Zulässigkeit eines Vergleichs im **Verwaltungsverfahren** vgl § 55 VwVfG (= § 54 SGB X), eines gerichtlichen Vergleichs vgl § 106 VwGO. Bestandteil eines Vergleichs kann auch die Verpflichtung einer Behörde sein, einen Verwaltungsakt zu erlassen (BVerwG NVwZ 2013, 209, 212). – Unzulässig ist ein Vergleich über weitergehende als im Gesetz vorgesehene Besoldung, Versorgung, Versicherungen; in bestimmten Grenzen aber zulässig über Bestehen eines Beamtenverhältnisses oder sich daraus ergebender Ansprüche (BGHZ 17, 61). – Vergleich über rechtl Beurteilung einzelner Voraussetzungen eines Entschädigungsanspruchs nach BEG nicht möglich (BGH MDR 1970, 231). Auch das **Steuerrecht** lässt Vergleiche nicht zu (s aber zur Bindungswirkung einer „tatsächlichen Verständigung" BFH NJW 2009, 1230). 9

10 Das **Enteignungsverfahren** unterliegt der Parteidisposition, weil in jedem Verfahrensstadium gütliche Einigungen mit der Folge der Verfahrensbeendigung möglich sind (BGH NJW 1972, 157; BayObLG NVwZ-RR 1992, 281, 282; Frankfurt NJW 1972, 166; LG Lüneburg AnwBl 1972, 131). Darüber hinaus braucht nach gefestigter Rspr des BGH (BGHZ 59, 69; BGH NJW 1972, 2264; MDR 1973, 128) das Enteignungsverfahren noch nicht eingeleitet zu sein; der Abschluss des Planfeststellungsverfahrens ist ausreichend, aber auch erforderlich, weil dadurch die Rechtsbeziehungen zw Baulastträger und Grundeigentümer derart konkretisiert sind, dass ein Rechtsverhältnis nach § 779 vorliegt. Noch weiter gehend BGH NJW 1980, 889f (fest beabsichtigte Sanierung); ferner LG München AnwBl 1970, 360; AG Neumünster AnwBl 1972, 59; *H. Schmidt* NJW 1970, 229; MDR 1972, 1025: Androhung der Enteignung reicht aus; krit dazu *Reinhardt* NJW 1970, 697. Für die gütliche Beilegung eines baulandgerichtlichen Verfahrens, das eine Enteignung betrifft, kommt sowohl eine Einigung in der Form des § 110 II BauGB als auch ein Vergleich nach den Formvorschriften der ZPO in Betracht (BGH NJW 2003, 757, 758).

11 **g) Prozessrecht.** Zum Prozessvergleich s Rn 37ff. – Vergleiche über **rechtskräftige Urteile** sind möglich, soweit über Auslegung oder Durchsetzung des Urteilsspruchs Streit oder Ungewissheit besteht; die Parteidisposition hat jedoch nicht urteilsbeseitigende Kraft, sondern begründet nur eine Einrede nach § 767 ZPO (RG JW 1907, 392). Die Parteien können aber auch ein durch eindeutigen rechtskräftigen Urteilsspruch festgestelltes Rechtsverhältnis, soweit es dispositiv ist, anderweitig regeln; dabei handelt es sich mangels Streites oder Ungewissheit nicht um einen Vergleich, sondern um die Begründung eines neuen Rechtsverhältnisses, das ebenfalls eine Einrede nach § 767 ZPO schafft (Näheres bei Staudinger/*Hau* Rn 45). Zulässig ist es, dass die Parteien in eine vergleichsweise Regelung bereits rechtskräftig zuerkannte Kostenerstattungsansprüche einbeziehen (BGH NJW 2017, 1887). Auch im Verfahren der freiwilligen Gerichtsbarkeit können Vergleiche geschlossen werden (Stuttgart MDR 1984, 403); zum Schiedsverfahren vgl Rn 41.

12 **h) Unverbindliche Rechtsverhältnisse.** Zulässig ist vergleichsweise Vereinbarung der Wirksamkeit oder Unwirksamkeit eines **möglicherweise nichtigen** oder **unverbindlichen Rechtsverhältnisses** (vgl *Breetzke* NJW 1969, 1408). Bsp: Streit oder Ungewissheit über Nichtigkeit nach § 138 I (RGZ 157, 267; JW 1935, 1009; BGH NJW 1963, 1197; NJW-RR 1989, 1143; BeckRS 2009, 16280), über Unverbindlichkeit nach § 762 (vgl RGZ 49, 192; SeuffA 83 Nr 186).

13 **i) Abfindungsvergleich.** Ob der Vergleich, insb ein sog **Abfindungsvergleich**, sich auf **alle Ansprüche** aus dem Rechtsverhältnis erstreckt, ist Auslegungsfrage (hierzu *Knütel* MDR 1995, 437ff). IdR werden nur die Ansprüche erfasst, deren Abgeltung sich eindeutig aus der Vergleichsregelung ergibt (BAG DB 1974, 487 zum betrieblichen Ruhegeld, DB 1975, 155 zum Verzicht auf qualifiziertes Arbeitszeugnis, NJW 1989, 1302 zu den Folgen für die Lohnfortzahlung bei Vergleich des ArbN mit Unfallversicherer). Zur Auslegung von Abgeltungsklauseln: Frankfurt DAR 1993, 147, 148; Hamm NJW 1995, 790, 791; KG NZV 2016, 189: Spätfolgen Verkehrsunfall; München ZMR 1998, 93, 94; Hamm r+s 1998, 193, 194; Celle MDR 1995, 252, 253: Räumungsvergleich. – Das gilt auch für Ansprüche wegen unvorhergesehener, nach Vergleichsabschluss eintretender **Spätschäden.** Doch ist eine Nachforderung auch bei eindeutigem Verzicht ausnahmsw möglich, wenn sich nach Auftreten der unvorhergesehenen Spätfolgen ein so krasses und unzumutbares Missverhältnis zw Schaden einerseits und Abfindungssumme andererseits ergibt, dass die Berufung des Schädigers auf den Vergleich eine **unzulässige Rechtsausübung** bedeuten würde (BGH VersR 1961, 382f; NJW 1986, 1348; NJW 1991, 1535; NJW-RR 2008, 649, 650; 1716). In diesen Rahmen fällt auch die Thematik Kapitalabfindung statt Rente gem § 843 III (BGH NJW 1984, 115); ob allerdings ein Vergleich über eine Kapitalabfindung ohne wichtigen Grund iSv § 843 III nichtig ist (so *Nehls* DAR 2007, 444, 450), erscheint fraglich.

14 **j) Strafantrag.** Im Vergleichswege erklärter Verzicht auf Privatklagerecht und auf **Strafantrag** ist wirksam; ebenso die Verpflichtung zur Rücknahme eines Strafantrags, die nach BGH (NJW 1974, 900 m Anm *D. Meyer* 1325) im Zivilrechtsweg einklagbar ist.

15 **2. Streit oder Ungewissheit über die zu vergleichende Rechtslage.** Im Gegensatz zu einer noch im gemeinen Recht vertretenen Lehre genügt nach der Regelung des BGB **Ungewissheit.** Sie ist subj, dh vom Standpunkt der Parteien zur Zeit des Vergleichsabschlusses aufzufassen; ungewiss ist danach, was (nur) die Parteien oder eine von ihnen nicht wissen (RG JW 1901, 138; SeuffA 95 Nr 52); dass ein besser Informierter die Lage richtig beurteilen kann, ist unbeachtlich.

16 Der Ungewissheit steht gem **Abs II** die Unsicherheit der Rechtsverwirklichung gleich, dh vor allem Zweifel an der Erbringung von im Prozess erforderlichen Beweisen, an der Leistungsfähigkeit des Schuldners oder sonst am Erfolg der Vollstreckung (RG DR 1941, 1997; BGHZ 116, 319, 330; RGRK/*Steffen* Rn 6).

17 **Streit** besteht, wenn bewusst und ernsthaft gegensätzliche (Rechts-)Standpunkte behauptet werden (RG JW 1935, 1009). Auch hier ist eine subj Betrachtungsweise geboten. Maßgeblich ist allein die Beurteilung der Sach- und Rechtslage durch die Parteien; es ist unerheblich, ob ein Richter in der Lage wäre, den Streit sofort zu entscheiden (RG JW 1901, 138; RGZ 149, 142).

18 **Umfang** oder Bedeutung des Streits oder der Ungewissheit können beliebig groß oder geringfügig sein. Streit wie auch Ungewissheit können sich auf die Existenz des Rechtsverhältnisses, auf seinen Inhalt, auf die künftige Rechtsentwicklung, auf Leistungsort und -zeit, Fälligkeit, Verzinsung, Bestehen einer Einrede, Beweislage, tatsächliche Umstände oder auf sonstige Modalitäten beziehen (RGZ 117, 306; Gruch B 47, 936; BGH WM 1963, 289; BGHZ 61, 157; Staudinger/*Hau* Rn 51).

3. Gegenseitiges Nachgeben. Beide Parteien müssen nachgeben; jede Partei muss der anderen von ihrem Standpunkt aus ein Opfer bringen und ihr in irgendeiner Weise ein Entgegenkommen zeigen; Zugeständnisse nur einer Partei reichen nicht aus (RGZ 116, 143; 146, 355). Allerdings wird dieses Merkmal weit ausgelegt; es genügt ganz geringfügiges Nachgeben (BGHZ 39, 60, 63; BGH NJW-RR 2006, 644, 645), wobei weder wirtschaftl noch rechtl Gleichwertigkeit des beiderseitigen Einlenkens (BGH NJW 1964, 1787) noch auch langwierige, der Einigung vorausgehende Auseinandersetzungen verlangt werden. Ausreichend ist auch, dass eine Seite in Bezug auf das streitige Rechtsverhältnis ihre Position zwar ohne Einschränkung durchsetzt, dafür aber eine Gegenleistung verspricht (BAG NZA 2016, 716, 717). Wenn beide Seiten nachgeben, liegen idR keine unentgeltlichen Leistungen iSv § 134 InsO vor (BGH NJW-RR 2007, 263). 19

Einzelheiten: Mit dem **Anerkenntnis** der Forderung gibt der unsicher erscheinende Schuldner nach, weil die Rechtsverwirklichung gesichert wird; das Nachgeben wird gegenseitig, wenn auch die Gläubigerseite durch Stundung oder Bewilligung von Teilzahlungen entgegenkommt (RGZ 78, 168; JW 1910, 280; BGHZ 39, 63). Unter ähnl Voraussetzungen kann auch die **Rücknahme** der Klage oder die Erledigungserklärung ein Entgegenkommen sein (RG JW 1928, 3036; Frankfurt VersR 1978, 1173; abw BAG NJW 1958, 2085); im Verwaltungsprozess die Aufhebung eines Widerspruchsbescheids (BGH NJW-RR 2006, 644, 645). Anerkenntnis, Verzicht, Klagerücknahme, Bewilligung von Ratenzahlungen oder Erklärung von Unterlassungsverpflichtungen allein reichen dagegen wegen nur einseitigen Entgegenkommens nicht aus (Frankfurt MDR 1971, 936; Köln NJW 1976, 375; Hamburg MDR 1977, 502; LG Frankfurt NJW 1976, 1411; Nürnberg MDR 1984, 1036). – Kein Vergleich, sondern lediglich eine Beschränkung des beiderseitigen Tatsachenvorbringens liegt vor, wenn die Parteien sich zwar über die Höhe des Gesamtschadens einigen, über die Haftungsquote aber weiter streiten (Köln MDR 1974, 1026). Ebenso handelt es sich bei einem Schadensfeststellungsvertrag nicht um einen Vergleich (LG Karlsruhe VersR 1977, 269f). 20

III. Abschluss des Vergleichs. 1. Zustandekommen. Der Abschluss des Vergleichs richtet sich nach allg Regeln. Insb gilt auch § 151. Übersendet der Schuldner dem Gläubiger einen Verrechnungsscheck über einen Betrag, der die Forderung des Gläubigers mehr oder minder unterschreitet, gemeinsam mit einem schriftlichen Vergleichsangebot, und löst der Gläubiger den Scheck daraufhin ein, so kann darin daher eine Annahme des Vertragsangebots liegen (BGHZ 111, 97, 101ff; NJW-RR 1986, 415; NJW 2001, 2324; ausf zur Problematik der **„Vergleichsfalle"** *Eckardt* BB 1996, 1945ff; *Frings* BB 1996, 809ff; *Lange* WM 1999, 1301ff jew mwN). Es ist darauf abzustellen, ob der den Vergleich Anbietende redlicherweise mit einer Annahme rechnen durfte; in diesem Zusammenhang sind begleitender Schriftverkehr, ein unmittelbarer Widerspruch (BGHZ 111, 97, 102f) oder Vorbehalt der Überprüfung bzw Nachforderung (Düsseldorf MDR 2015, 1222, 1223) oder aber bereits die hohe Differenz zw Vergleichsangebot und Forderung (vgl BGH NJW 2001, 2324; Dresden WM 1999, 487 und 488, 489f; 1999, 949, 951; Karlsruhe WM 1999, 490, 491) sowie auch unmissverständliche und deutliche Hinweise auf ein Angebot zu einem Vergleich (Köln NJW-RR 2000, 1073f) zu berücksichtigen. 21

2. Form. Der Vergleich ist grds nicht formbedürftig (vgl BGH NJW 2003, 589, 590). Sofern er aber Verpflichtungen oder Verfügungen enthält, die Formvorschriften unterliegen (zB §§ 311b, 492, 623, 766, 925, 2033, 2371, 2385), besteht – abgesehen von der Ausnahme des § 782 – Formzwang (RGZ 89, 259; BGH NJW-RR 2008, 643, 645), der je nach Inhalt des Vergleichs und Zweck der Formvorschrift – vgl zB § 311b I einerseits, § 766 andererseits – den gesamten Vergleich oder nur einen Teil umfasst. Ist nur ein Teil des Vergleichs formnichtig, ist die Unwirksamkeit des gesamten Vergleichs nach § 139 zu beurteilen. – Der nach der ZPO formgerecht beurkundete Prozessvergleich ersetzt jede nach dem BGB erforderliche Form (vgl §§ 127a, 925 I 3); zum Schiedsspruch s § 1053 III ZPO. Ist bei einem außergerichtlich vorbereiteten Vergleich die Protokollierung vereinbart, so soll diese im Zweifel konstitutive Wirkung haben (BAG DB 1997, 882; Schleswig MDR 1984, 51; Karlsruhe NJW 1995, 1561; LG Leipzig JurBüro 2022, 98). 22

3. Die Legitimation zum Vergleichsabschluss. Teilw ergeben sich Einschränkungen aus dem allg beschränkten Umfang der Vertretungsmacht: vgl für Prokuristen und Handlungsbevollmächtigte §§ 49, 54 HGB (Betrieb eines Handelsgewerbes, eines derartigen Handelsgewerbes), für Handelsvertreter § 55 II, § 91 HGB (keine Befugnis, abgeschlossene Verträge zu ändern; für Versicherungsvertreter gilt diese Beschränkung nicht, § 71 VVG). Teilw ist die Vergleichsbefugnis ausdrückl beschränkt oder anderweitig besonders geregelt: vgl für Vormund, Pfleger, Betreuer, § 1799, § 1813 I, § 1854 Nr 6 (anders bei elterlicher Vermögenssorge, § 1643 V), für Insolvenzverwalter § 160 II Nr 3 InsO; für Prozessbevollmächtigte §§ 81, 83 ZPO. 23

IV. Wirkung und Rechtsnatur. 1. Inhaltliche Ausgestaltung. Durch den Vergleich wird der Streit oder die Ungewissheit über ein Rechtsverhältnis für die Zukunft beseitigt. Um dieses Ziel zu erreichen, wirken die Parteien auf das dem Vergleich zugrunde liegende Rechtsverhältnis ein, indem sie etwa dieses Rechtsverhältnis ändern, Forderungen ganz oder teilw erlassen, Rechte übertragen oder sogar das bisherige Rechtsverhältnis aufheben und durch ein anderes ersetzen (sog **novatorischer Vergleich**). Im Hinblick auf den beschränkten Zweck des Vergleichs ist jedoch eine Novation idR auszuschließen (BGHZ 52, 39, 46; BGH NJW-RR 1987, 1426f; NJW 2002, 1503f; 2003, 3345, 3346; 2010, 2652, 2653; BAG NJW 2015, 1198, 1200; *Bork* Der Vergleich, 1988, 121ff, 144f; Staudinger/*Hau* Rn 80). – **Rechtsfolgen:** Ein (im Vergleichswege häufig) abgegebenes Anerkenntnis tritt nicht an die Stelle oder neben das bisherige Rechtsverhältnis, sondern wirkt nur kausal; die Rechtsnatur der bisherigen Schuld, zB Kauf, bleibt die gleiche. Die bestehenden Einwendungen wie insb die Verjährung (BGH NJW 2010, 2652, 2653), die nicht durch den Vergleich erledigt werden sollten, bleiben daher erhalten, ebenso ein Insolvenzvorrecht (RGZ 164, 217) und Sicherungsrechte (RGZ 89, 262; JW 1911, 648; LZ 1926, 229). Die akzessorische 24

Bürgschaftsforderung verändert (ermäßigt) sich bei einem Vergleich über eine Hauptschuld regelmäßig entspr (BGH NJW 2003, 59, 60); etwas anderes gilt kraft gesetzl Anordnung im Rahmen der Vorschriften der § 254 II 1 InsO (Insolvenzplan) und § 301 II 1 InsO (Restschuldbefreiung) im Insolvenzverfahren. Es ist Frage der Auslegung eines Vergleichs, ob auch die Haftung eines nicht am Vergleich beteiligten Gesamtschuldners hiervon berührt wird (BGH ZIP 2000, 1000, 1001; NJW 2003, 1036, 1037 zu § 423). Die Verpflichtungen aus dem Schuldverhältnis und die in einem Vergleich vereinbarten Verpflichtungen sind idR als verschiedene prozessuale Lebenssachverhalte anzusehen (BGH NJW 2014, 3314, 3315). – Wird ausnahmsw das umstr Rechtsverhältnis noviert (s soeben), erlöschen die Sicherungsrechte, der Lauf der Verjährungsfristen beginnt neu (RG LZ 1916, 688). Die **Beweislast** für die Tatsachen einer solchen umfassenden Novationsabsicht trägt folgerichtig derjenige, der sich auf sie beruft. – Zu den steuerlichen Folgen des Vergleichs s *Krüger* NJW 2015, 203ff.

25 **2. Verpflichtungs- oder Verfügungscharakter des Vergleichs?** Umstr ist, ob der Vergleich die Umgestaltung des Ausgangsrechtsverhältnisses selbst herbeiführt – also Verfügungswirkung haben kann – oder ob es hierzu weiterer Rechtsgeschäfte (zB Änderungsvertrag, Erlass) bedarf. Die früher hM (*Pikart* WM 1967, 590; Grü/*Sprau* Rn 2; PWW/*Brödermann* Rn 2; RGRK/*Steffen* Rn 20, 35) versteht den Vergleich als rein obligatorischen Vertrag, der von den zu seinem Vollzug durchgeführten Geschäften zu trennen ist. Sie beruft sich auf die Gesetzesmaterialien, die allerdings keineswegs eindeutig sind (Mot II S 650 = Mugdan II S 363; Prot II S 2624f = Mugdan II S 1017), die Stellung des § 779 im bes Schuldrecht sowie das Abstraktionsprinzip, das konsequent zu befolgen sei (vgl *A. Schäfer* Das Abstraktionsprinzip beim Vergleich, 1992, 96ff). Doch wird diese pauschale Betrachtung den unterschiedlichen Gestaltungsformen nicht gerecht. In der neueren Lit wird daher überwiegend nach dem vereinbarten Vergleichsinhalt differenziert (vgl mit Unterschieden im Einz *Bork* aaO, 140ff; BeckOK/*Fischer* Rn 20; BeckOGK/*J. F. Hoffmann* Rn 23ff; MüKo/*Habersack* Rn 35; Soergel/*Gröschler* Rn 3; Staudinger/*Hau* Rn 84ff). Der Vergleich ist danach ein Verfügungsgeschäft, wenn er sich darauf beschränkt, das Ausgangsrechtsverhältnis neu zu regeln. Der Rechtsgrund liegt nicht in einem besonderen Verpflichtungsgeschäft, sondern in dem auf die Beseitigung von Streit oder Unsicherheit gerichteten, dem Vergleich immanenten Feststellungszweck. Eine etwaige Nichtigkeit nach § 779 oder aus anderen Gründen erfasst die in diesem enthaltenen Verfügungen unmittelbar, einer Kondizierung nach § 812 bedarf es nicht. Der Vergleich kann sich aber als kombiniertes Verpflichtungs- und Verfügungsgeschäft darstellen, wenn durch ihn etwa neben einem Erlass eine Verpflichtung zu einer erst später vorzunehmenden Verfügung geschaffen wird. Eine rein obligatorische Wirkung hat der Vergleich dann, wenn er ausschließlich bislang nicht bestehende, zusätzliche Leistungspflichten zum Inhalt hat.

26 **3. Vergleich als gegenseitiger Vertrag?** Nach teilw vertretener Auffassung handelt es sich beim Vergleich stets um einen gegenseitigen Vertrag, da der Abschluss eines Vergleichsvertrags nach § 779 I ein beiderseitiges Nachgeben erfordert (MüKo/*Koch* § 516 Rn 27; RGRK/*Steffen* Rn 20; PWW/*Brödermann* Rn 2; *E. Ehmann* Schuldanerkenntnis und Vergleich, 2005, 112ff; *A. Schäfer* aaO, 204ff; offengelassen in BGHZ 116, 119, 330). Auch insoweit ist aber auf den konkreten Vergleichsinhalt abzustellen (BAG NJW 2015, 1198; NZA 2016, 716, 718; BeckOK/*Fischer* Rn 21; BeckOGK/*J. F. Hoffmann* Rn 10ff; Soergel/*Gröschler* Rn 2; Staudinger/*Hau* Rn 95, 98; MüKo/*Habersack* Rn 36f; Grü/*Sprau* Rn 2; ähnl, aber restriktiv *Bork* aaO, 180). Beschränkt der Vergleich sich auf Abänderungen des str Rechtsverhältnisses, sind die §§ 320ff unanwendbar. Ein gegenseitiger Vertrag ist dagegen anzunehmen, wenn der Vergleich beiderseitige Verpflichtungen enthält, die in einem gegenseitigen Abhängigkeitsverhältnis stehen. Gleiches gilt auch, wenn nur eine Seite als Gegenleistung für das Nachgeben der anderen eine zusätzliche Leistungspflicht übernimmt (Staudinger/*Hau* Rn 99).

27 **V. Der Unwirksamkeitsgrund des § 779. 1. Voraussetzungen.** Der in § 779 als Sonderfall des Fehlens der Geschäftsgrundlage iSv § 313 II (Rn 2) geregelte Nichtigkeitsgrund setzt zweierlei voraus: **a) Der nach dem Inhalt des Vergleichs als feststehend zugrunde gelegte Sachverhalt** entspricht nicht der Wirklichkeit. **Feststehend** sind diejenigen Umstände des ursprünglichen Rechtsverhältnisses, die die Parteien **übereinstimmend** (vgl dazu BGH WM 1964, 545) als **unstr** oder **gewiss** ansehen. Welche Umstände dazu gehören, ergibt sich aus dem Inhalt des Vergleichs. Das bedeutet: Einerseits ist der nur innere, nicht in der Vergleichsregelung irgendwie zum Ausdruck gekommene Wille unbeachtlich, andererseits brauchen sich die Parteien nicht durch ausdrückl Erklärung Gewissheit darüber verschafft zu haben, dass auch die Gegenseite denselben Sachverhalt als feststehend zugrunde gelegt hat (BayObLG NZM 1998, 773, 774; RG HRR 1934, 858); ausreichend, aber auch erforderlich ist, dass sich aus dem Sinn der Parteierklärung und/oder dem erkennbar erstrebten Zweck des Vergleichs das Vorhanden- oder Nichtvorhandensein bestimmter Umstände als **Vergleichsgrundlage** entnehmen lässt (Näheres bei Staudinger/*Hau* Rn 139; dort werden zur Grundlage auch solche Umstände gerechnet, über die die Parteien sich keine Vorstellungen gemacht haben, deren Kenntnis sie aber vom konkreten Vergleichsabschluss abgehalten hätte).

28 Vom feststehenden Sachverhalt sind, auch im Hinblick auf andere Unwirksamkeits- und Anfechtungsgründe (vgl Rn 33ff), **zu unterscheiden**: (**1**) zum einen der str oder ungewisse Sachverhalt, der durch den Vergleich einer endgültigen Regelung zugeführt werden soll (BGH NJW-RR 1989, 1143; 2008, 643, 644; BAG NZA 2013, 1206, 1210), dh alle in die Vergleichsregelung einbezogenen Positionen (BGH NJW 2007, 838; Saarbrücken FamRZ 2008, 995); weichen solche Umstände, deren Bedeutung und Folgen die Parteien zur Streitbeilegung im Vergleich regeln, in Wahrheit von den angenommenen Größen ab, so übernehmen die Parteien selbst das Risiko (Hamm NJW-RR 2006, 65f; Schleswig OLGRp 2006, 285); (**2**) zum anderen die Vergleichsregelung selbst, also die Neuordnung des Rechtsverhältnisses (vgl Soergel/*Gröschler* Rn 39; LAG Frankfurt NJW 1970, 1703).

Das Tatbestandsmerkmal **Sachverhalt** ist weit auszulegen. Darunter fällt alles, was die Parteien als geschehen und bestehend angenommen haben (BGH JZ 1963, 129). Es umfasst nicht nur reine Tatsachen, sondern auch Rechtsfragen. Die noch vielfach übliche Differenzierung, wonach ein Irrtum über eine reine Rechtsfrage nicht zur Unwirksamkeit nach § 779 führen könne, wohl aber ein Rechtsirrtum, der den Irrtum über Tatsachen mit umschließt (RGZ 112, 218; Warn Rspr 1919 Nr 189; JW 1929, 586; RGZ 157, 266; BGH LM Nr 3, 10a, 24; WM 1963, 597; NJW-RR 2008, 643, 644; 2021, 84, 87; BAG NZA 2013, 1206, 1210; Hamm NJW-RR 1997, 1429; anders LG Tübingen NJW-RR 1997, 472, 473), ist als Abgrenzungskriterium ungeeignet (zur Kritik RGRK/*Steffen* Rn 42; MüKo/*Habersack* Rn 64; Soergel/*Gröschler* Rn 41; Staudinger/*Hau* Rn 145; vgl auch BGHZ 25, 394) und ist auch von der Rspr selbst nicht streng eingehalten worden; zB **beachtlicher Rechtsirrtum:** irrtümliche Annahme des Bestehens eines wirksamen Versicherungsverhältnisses (RGZ 112, 218), eines Mietverhältnisses (RG LZ 1923, 316) – dagegen unbeachtlicher reiner Rechtsirrtum: irrtümliche Annahme des wirksamen Bestehens eines Kaufvertrags (BGH LM Nr 3; wN bei MüKo/*Habersack* Rn 64). – Zudem verbietet sich die genannte Unterscheidung nach Sinn und Zweck des § 779: Ein Vergleich kann auch zur Regelung eines allein aus rechtl Gründen str Rechtsverhältnisses geschlossen werden (BGH WM 1985, 32f; RGRK/*Steffen* Rn 8, 42; Grü/*Sprau* Rn 4, 14), so dass auch die Möglichkeit bestehen muss, die damit zusammenhängenden, aber nach Ansicht der Parteien vom Streit unberührten Rechtsfragen als feststehend vorauszusetzen (offengelassen Brandenburg OLGRp 2001, 2). Demnach kann **jede Rechtsfrage** unter den Sachverhalt gem § 779 fallen, sofern sie nur von den Parteien als feststehend vorausgesetzt worden ist (ähnl *Rittner* FS v Hippel, 1967, 404, 406). Letzteres ist dann nicht der Fall, wenn die Parteien aus einem feststehenden Sachverhalt falsche Rechtsfolgen herleiten oder auf ihn Rechtsnormen unrichtig anwenden und sich darüber gar keine Vorstellungen gemacht haben (*Rittner* aaO). Nehmen die Parteien zB zur Zeit des Vergleichsschlusses bei einer unstr geschehenen Vertragsverletzung lediglich einen zugleich vorliegenden Schadensersatzanspruch aus unerlaubter Handlung an, ohne überhaupt an einen vertragl Schadensersatzanspruch zu denken, so ist mangels jeglicher Vorstellung das Nichtbestehen eines Vertragsanspruchs nach dem Inhalt des Vergleichs nicht als feststehend, also nicht als Vergleichsgrundlage, vorausgesetzt worden, Unwirksamkeit nach § 779 somit nicht gegeben (i Erg ebenso BGH NJW 1960, 1460). 29

Nahezu unstr ist aber, dass **bloße Zukunftserwartungen**, wie zB über die wirtschaftl Entwicklung (BAG NJW 2001, 1297, 1300; Staudinger/*Hau* Rn 141), die künftige Rechtslage (RGZ 127, 296), den Gang der Gesetzgebung (RGZ 117, 306, 310), den Fortbestand einer bestimmten Rspr (BGHZ 58, 362; BGH NJW 2013, 1530, 1531), nicht unter den Sachverhalt gem § 779 fallen (vgl nur BGH WM 1961, 975; 1985, 32f; NJW 1984, 1746; 1985, 1835f; NJW-RR 1986, 945f; aA *Herzog* ZHR 95, 157; BeckOGK/*J. F. Hoffmann* Rn 103). Da diese nie sicher voraussehbaren Umstände dem Vergleichsabschluss erst nachfolgen, können sie schon deshalb nicht als feststehend zugrunde gelegt werden. Insoweit kommen nur die allg Grundsätze des Wegfalls der Geschäftsgrundlage in Betracht (vgl Rn 35). 30

b) Der Streit oder die Ungewissheit wäre **bei Kenntnis der Sachlage nicht entstanden**. Dem außer Streit stehenden – wahren – Sachverhalt muss streitausschließende Bedeutung zukommen. Das ist dann der Fall, wenn bei Kenntnis der Sachlage dieser Streit oder diese Ungewissheit, die Anlass zum Abschluss des Vergleichs waren, nicht oder nur über unbedeutende Punkte (dazu RG Warn Rspr 1936 Nr 104) entstanden wäre (RG JW 1928, 2321, 2814; RGZ 149, 142; BGH LM Nr 2; BSG NJW 1990, 1135). Nicht erforderlich ist also, dass ohne den Irrtum überhaupt kein bedeutsamer Streit, also auch kein anderer als der verglichene, entstanden wäre (RGZ 122, 203). Nicht ausreichend ist dagegen, wenn die Kenntnis der Sachlage lediglich zu einem Vergleich anderen Inhalts, nicht aber zum Ausschluss des ursprünglichen Streits geführt hätte (RGZ 149, 142; Zweibrücken FamRZ 2008, 995). ZB ist ein unter Zugrundelegung einer falschen Nachlasshöhe abgeschlossener Vergleich über eine rechtl umstr Vermächtnisanordnung nicht nach § 779 unwirksam, wenn bei Kenntnis des richtigen Nachlasswertes ein anderer Vermächtnisbetrag vereinbart worden wäre; bei Kenntnis der Sachlage wäre nämlich der Streit über die Wirksamkeit der Vermächtnisanordnung auch entstanden (BGH LM Nr 2). – Wäre der Streit bei Kenntnis der Sachlage teilw nicht entstanden, so ist der Vergleich insoweit unwirksam (RGZ 114, 121); für den übrigen Teil gilt § 139. 31

2. Rechtsfolge. Rechtsfolge ist (abw von der allg Regelung des § 313) die **Unwirksamkeit** des Vergleichs, unter Einschluss der in ihm enthaltenen Verfügungen (vgl Rn 25). Eine Anpassung des Vergleichs an die gegebenen Umstände ist nach § 779 nicht möglich. Ebenso wie beim Fehlen der Geschäftsgrundlage ist aber für eine Berufung auf das Fehlen der Vergleichsgrundlage kein Raum, wenn die Rechtsfolgen eines derartigen Fehlens im Vergleich selbst geregelt sind; ist zB in einem Vergleich die Haftung für den als feststehend zugrunde gelegten Bestand einer Forderung gleichzeitig wirksam ausgeschlossen, so ist der Vergleich nicht unwirksam, wenn die Forderung tatsächlich nicht besteht (BGH NJW 1971, 1120). Neben § 779 findet allerdings § 313 ebenfalls Anwendung (Rn 35), so dass auch Vertragsanpassung oder Rücktritt in Betracht kommen. 32

VI. Verhältnis zu allgemeinen Regelungen. 1. Anfechtung. Die Anfechtbarkeit des Vergleichs unterliegt nur einer wichtigen **Einschränkung:** Eine **Irrtumsanfechtung** nach § 119 ist ausgeschlossen, wenn eine Partei über Punkte geirrt hat, die Gegenstand des durch den Vergleich beseitigten Streits oder der Ungewissheit, also des str Sachverhalts, waren; denn dieser Streit sollte gerade unter Verzicht auf weitere Aufklärung aus der Welt geschafft werden (st Rspr, vgl nur RGZ 162, 201; BGHZ 1, 57, 61). Dies gilt erst recht bei beiderseitigem Irrtum über den als ungewiss angesehenen Umstand (Hamm NJW-RR 2006, 65f). – IÜ aber greifen die allg Anfechtungsregeln uneingeschränkt ein: Das gilt sowohl für die Irrtumsfälle des § 119 I als auch für den Eigenschaftsirrtum nach § 119 II. § 119 II hat insb Bedeutung bei einem Irrtum nur einer Partei über die Vergleichsgrundlage (BGH LM 33

Nr 2, wo allerdings die Verkehrswesentlichkeit der Eigenschaft fehlte; abw RGRK/*Steffen* Rn 50, der hinsichtl der Vergleichsgrundlage immer unbeachtlichen Motivirrtum annimmt, allerdings soll dieser den Einwand der unzulässigen Rechtsausübung begründen können). – Eine Anfechtung des Vergleichs wegen **arglistiger Täuschung** nach § 123 wird durch die zu § 119 bestehende Einschränkung der Anfechtbarkeit nicht ausgeschlossen, ist also auch bei einer Täuschung über Punkte des str Sachverhalts möglich (RG JW 1927, 1993; BGH NJW 1999, 2804; NJW-RR 1986, 1258f; 2002, 1355, 1356). Es fehlt jedoch der nach § 123 erforderliche Kausalzusammenhang zw Täuschung und Vergleichsabschluss, wenn der Vergleich gerade zur Bereinigung der durch die Täuschung entstandenen zweifelhaften Lage geschlossen wurde (BGH NJW-RR 1989, 1143; Hamburg MDR 1953, 422), nicht aber, wenn zwar mit einer Täuschung gerechnet wurde, diese aber umfangreicher als ursprünglich angenommen war (BGH WM 1972, 1443; OVG Hamburg NJW 2004, 2111, 2112). Täuschung durch Unterlassen möglich, aber nicht gegeben bei Kenntnisvorsprung in Bezug auf höchstrichterliche Rspr (Karlsruhe ZIP 2006, 557, 558f). – Auch für die Anfechtung wegen Drohung gelten keine Besonderheiten (vgl RGZ 112, 226). Die Drohung kann auch von einem Dritten ausgehen, nicht ausreichend ist jedoch entgegen BGH NJW 1966, 2399 die Ankündigung des Gerichts, ein bereits beschlossenes und für die Partei ungünstiges Urt zu verkünden (Soergel/*Gröschler* Rn 48; Staudinger/*Hau* Rn 171 mN); Drohungsanfechtung ist aber zulässig, wenn unfaire Prozessführung in Aussicht gestellt wird (BAG NZA 2010, 1250). Die Widerrechtlichkeit ist ausgeschlossen, wenn die verglichene Forderung bestand oder zumindest gutgläubig als bestehend angenommen wurde (RGZ 112, 226, 228).

34 **2. Sittenwidrigkeit.** Diese kann gegeben sein, wenn zw Leistung und Gegenleistung ein grobes Missverhältnis besteht (§ 138 II). Hierbei ist allerdings nicht auf das Verhältnis des Wertes der beiderseitig übernommenen Leistungen, sondern auf das Verhältnis des beiderseitigen Nachgebens abzustellen (RGZ 156, 265; BAG NJW 1985, 2661; BGH NJW 1964, 1787; 1999, 3113); dabei muss auch das Prozessrisiko berücksichtigt werden (Hamm VersR 2009, 532, 533). Sittenwidrigkeit scheidet idR aus, wenn der Vergleich seinem Inhalt nach aus der Sicht der beiden Vertragsparteien bei Vertragsabschluss als sachgerechte Bereinigung des Streitfalles erschien (BGHZ 51, 141, 143; 79, 131, 139; BGH NJW 1999, 3113; Hamm VersR 2009, 532, 533). Gleiches gilt bei einem Verstoß gegen Verbotsgesetze (§ 134). Trotz Widerspruchs zu zwingendem Recht ist die Vereinbarung wirksam, wenn sie den Bereich nicht verlässt, der bei obj Beurteilung ernsthaft zweifelhaft ist (BGH NJW 2012, 61, 62). Der Vergleich kann jedoch insb nichtig sein wegen Umgehungsabsicht (BGH NJW-RR 1989, 1143), Verleitung zur Vertragsuntreue gegen Dritten (BGH VersR 1969, 733) oder Ausnutzen einer Zwangslage (s BGH NJW 1991, 1046 zur Rücknahme eines Strafantrags).

35 **3. Wegfall der Geschäftsgrundlage (§ 313).** Liegen die Unwirksamkeitsvoraussetzungen des § 779 nicht vor und sind die Parteien bei Vergleichsabschluss irrigerweise vom Vorhandensein oder dem Eintritt bestimmter Umstände ausgegangen, so können einem Festhalten des Gegners am Vergleich die Grundsätze des Wegfalls der Geschäftsgrundlage entgegenstehen (BGH NJW 1984, 1746f; 2000, 2497, 2498; NJW-RR 1994, 434, 435; BAG NJW 2001, 1297, 1300; 2013, 1530, 1532; Hamm NJOZ 2016, 95; *Bork* aaO, 376ff). Das ist insb von Bedeutung, wenn sich der gemeinsame Irrtum nicht auf einen streitausschließenden Umstand bezogen hat (BGH LM Nr 2; Hamburg VersR 1974, 595) oder wenn nach der gemeinsamen Vorstellung die Regelung von dem Eintritt oder Nichteintritt bestimmter zukünftiger Ereignisse abhängen sollte (BGH NJW-RR 1986, 945f; NJW 2013, 1530, 1532; BAG NJW 2001, 1297, 1300). – Nicht anwendbar sind die Grundsätze des Wegfalls der Geschäftsgrundlage auf Vergleiche, die einen klaren und eindeutigen Verzicht auch auf Ansprüche wegen **unvorhergesehener Spätschäden** enthalten (BGH LM Nr 16; Staudinger/*Hau* Rn 59). Hier sind nämlich die Rechtsfolgen eines derartigen Wegfalls im Vergleich selbst geregelt (BGH aaO); vgl aber auch Rn 13. Ebenso trägt der Geschädigte idR das Risiko des Wegfalls von Sozialleistungen nach Abschluss des Vergleichs (s zum Blindengeld BGH NJW-RR 2008, 649, 651). Eine vertragl Risikoübernahme kann sich auch aus der Aufnahme eines umfassenden Anpassungsausschlusses ergeben (Staudinger/*Hau* Rn 182; zum Unterhaltsvergleich BGH NJW 2015, 1242).

36 **VII. Besondere Vergleichsarten. 1. Insolvenzrecht.** Im **Insolvenzverfahren** treten der Insolvenzplan (§§ 217ff InsO) und der Schuldenbereinigungsplan (§§ 305ff InsO) an die Stelle des bürgerlich-rechtl Vergleichs, so dass § 779 nicht anzuwenden ist (RG HRR 1936, 905). Gleiches gilt für den Restrukturierungsplan nach §§ 2ff StaRUG.

37 **2. ZPO.** Der **Prozessvergleich** gem § 794 I Nr 1 ZPO hat nach heute hM **Doppelnatur:** Er ist der Form nach eine Prozesshandlung, deren Wirksamkeit sich nach Verfahrensrecht bestimmt, dem Inhalt nach ein materiell-rechtl Vertrag gem § 779, auf den die Privatrechtsvorschriften anzuwenden sind (BGHZ 16, 388; 28, 171; 41, 310; 79, 71, 74; 142, 84, 88; 164, 190, 193f; 206, 219, 223; BAG NJW 1983, 2212; 2012, 3390, 3391; BSG NJW 1989, 2565; MüKo/*Habersack* Rn 71ff). – Der prozessuale und der materiell-rechtl Bereich haben folgende **Wechselwirkung**: Die Voraussetzung des gegenseitigen Nachgebens ist schon dann erfüllt, wenn eine Partei wenigstens prozessual nachgibt, zB durch Verzicht auf eine der Rechtskraft fähige Entscheidung (Staudinger/*Hau* Rn 98); die gerichtliche Protokollierung des Prozessvergleichs ersetzt jede materiell-rechtl erforderliche Form (vgl Rn 22); ein aus prozessrechtl Gründen unwirksamer Vergleich hat zwar keine prozessbeendende Wirkung, kann aber als außergerichtlicher Vergleich materiell-rechtl Gültigkeit behalten (BAG NJW 1960, 1364; BGH NJW 1985, 1962; BVerwG NJW 1994, 2306, 2307; Oldenburg BauR 2008, 1347); demggü erfasst die materiell-rechtl Unwirksamkeit den gesamten Prozessvergleich und beseitigt seine prozessbeendende Wirkung (BGHZ 164, 190, 194; 206, 219, 223f; BVerwG NJW 1994, 2306, 2307; BAG ZIP 1985, 1510f). Im Einzelfall kann die Berufung auf die Formunwirksamkeit eines Prozessvergleichs rechtsmissbräuchlich sein, so dass der Rechtsstreit beendet ist (BGHZ 206, 219, 226ff). Auch nach dem Abschluss eines Prozessvergleichs können die Parteien des-

sen materiell-rechtl Wirkungen einvernehmlich ändern oder aufheben, aber nicht die verfahrensrechtl Wirkung beseitigen und die Sache von Neuem rechtshängig machen (BGH NJW-RR 2018, 1023, 1024). Sonderregelung des Prozessvergleichs im Musterfeststellungsverfahren in § 611 ZPO, im Kapitalanleger-Musterverfahren in §§ 17–19 KapMuG.

Daher ist ein aus verfahrens- oder materiell-rechtl Gründen bestehender **Streit über die Unwirksamkeit** des 38
Prozessvergleichs durch Fortsetzung des **alten Verfahrens** auszutragen (BGHZ 87, 227, 230); zB bei Streit über anfängliche materiell-rechtl Nichtigkeit, etwa nach §§ 134, 138 oder gem § 779 (BGH NJW 1971, 467) oder aufgrund erfolgter Anfechtung (BGHZ 28, 171; 41, 311), über den Nichteintritt einer aufschiebenden Bedingung (BGHZ 46, 278; 88, 364; BGH NJW 1984, 312; BAG NZA 1998, 1126f: Widerrufsvorbehalt ist idR aufschiebende Bedingung; die Widerrufserklärung kann sowohl ggü dem Gericht als auch ggü der Vergleichspartei erklärt werden, BGHZ 164, 190), über den Eintritt einer auflösenden Bedingung (da die endgültige Beendigung der Rechtshängigkeit von vornherein in der Schwebe gelassen war, BGH NJW 1972, 159; München NJW-RR 1998, 1663, 1664: Verfallklausel), ferner nach BGH (MDR 1974, 567) selbst dann, wenn der Vergleich über den – noch nicht völlig erledigten – Streitgegenstand des ursprünglichen Verfahrens hinausgehende Regelungen enthält (vgl aber BGHZ 87, 227). Erweist sich die behauptete Unwirksamkeit als unzutreffend, so ergeht ein Feststellungsurteil, das die Erledigung des Rechtsstreits durch den Vergleich ausspricht (BGH DB 1971, 2406; nach Rechtskraft des Urt ist die im Vergleich enthaltene materiell-rechtl Regelung unangreifbar, BGHZ 79, 71, 75; aA *Habersack* ZZP 84, 139). Erweist sie sich als zutr, so ist die Unwirksamkeit durch Zwischenurteil (aA Köln NJW-RR 1996, 122: Teilurteil) oder in den Gründen des Endurteils auszusprechen (zum Rechtsschutzbedürfnis bei Erledigung der Hauptsache BGH MDR 1974, 567). Für eine allein auf Unwirksamkeit des Vergleichs gestützte Vollstreckungsgegenklage besteht kein Rechtsschutzbedürfnis (BGH NJW 1971, 467). Eine Klage nach § 826 nach den Grundsätzen über die sittenwidrige Erschleichung von rechtskräftigen Titeln (§ 826 Rn 45) kommt ebenso wenig in Betracht (*Zessing* WM 2011, 774, 781). Auch die Rückerstattung von Leistungen aufgrund eines unwirksamen Vergleichs ist im Ursprungsverfahren geltend zu machen; für eine neue Klage besteht in diesem Fall kein Rechtsschutzinteresse (BGHZ 142, 253; aA wegen des unterschiedlichen Streitgegenstands Stein/Jonas/*Münzberg* § 794 ZPO Rn 61; Staudinger/*Hau* Rn 116), es sei denn, das zunächst fortgeführte Verfahren ist zwischenzeitl rechtskräftig beendet worden (BGH NJW 2011, 2141). Der Einwand, auf Grund der Unwirksamkeit eines Prozessvergleichs müsse das Ursprungsverfahren fortgesetzt werden, ist eine verzichtbare prozessuale Rüge, die grds vor Beginn der Verhandlung zur Hauptsache bzw im Rahmen einer vom Gericht gesetzten Klageerwiderungsfrist vorzubringen ist (BGH NJW 2014, 394, 395).

Dagegen ist der Streit dann in einem **neuen Verfahren** auszutragen, wenn der rechtl Bestand des Vergleichs 39
nicht in Frage gestellt wird, vielmehr nur gegen seinen Fortbestand Einwendungen aus nachträgl eingetretenen Ereignissen hergeleitet werden, zB im Falle des Rücktritts nach § 323 (BGHZ 16, 388; München MDR 2015, 609; aA BAGE 3, 43; 4, 84; BAG NZA 2016, 716, 718; diff *Henckel* FS Wahl, 1973, 465), des Fehlens oder Wegfalls der Geschäftsgrundlage (BGH NJW 1966, 1658; 1986, 1348; WM 1972, 1443; BAG AP § 794 ZPO Nr 16; Saarbrücken OLGRp 2008, 253; abw LG Braunschweig NJW 1976, 1748), der einverständlichen Aufhebung (BGHZ 41, 310; aA BAG NJW 1983, 2212; ebenso für den Fall, dass das neue Verfahren bereits in der Rechtsmittelinstanz anhängig ist, BAG NJW 1974, 2151). Ferner kann der Streit dann in einem neuen Verfahren ausgetragen werden, wenn in dem Vergleich eine über den Streitgegenstand hinausgehende Regelung getroffen ist und ausschließlich deren Unwirksamkeit geltend gemacht wird (BGHZ 87, 227, 231). Auch der Streit um die Auslegung (nicht um die Existenz) eines Vergleichs kann mittels Klage gem § 767 ZPO ausgetragen werden (BGH NJW 1977, 583), eine Berichtigung nach § 319 ZPO ist ausgeschlossen (BGH JZ 2009, 421). Zum Verfahren bei Anfechtung eines Gesamtvergleichs (Erledigung mehrerer anhängiger Verfahren) vgl BAG MDR 1982, 526. Ein **außergerichtlicher Vergleich** über einen rechtshängigen Streitgegenstand beendet den Rechtsstreit dagegen nicht unmittelbar. Er gewährt allerdings aufgrund seines sachlich-rechtl Gehalts dem Beklagten gegen den durch die Vereinbarung erledigten Anspruch eine Einrede, was nach hM i Erg dazu führt, dass der Kläger den laufenden Rechtsstreit nicht fortführen darf (RGZ 142, 1, 3ff; 161, 350, 353; BAG NJW 1973, 918, 919; BGH MDR 1964, 313; NJW 2019, 2479); nach aA hat der Vergleich nur dann prozessuale Bedeutung, wenn er nach seinem Inhalt auch zur Klagerücknahme verpflichtet (Stein/Jonas/*Münzberg* § 794 ZPO Rn 89ff, 94; BVerwG NJW 1994, 2306, 2307; offen gelassen in BGH NJW 2002, 1503, 1504).

3. Anwaltsvergleich. Der **Anwaltsvergleich** (§§ 796a–796c ZPO) ist ein Vergleich iSd § 779, bei dessen 40
Abschluss alle Parteien anwaltlich vertreten sind und der Schuldner sich der sofortigen Zwangsvollstreckung unterwirft. Er bedarf der Schriftform (arg § 796a ZPO). Diese ersetzt kein nach materiellem Recht gegebenes Formerfordernis (MüKo/*Habersack* Rn 99). Der Anwaltsvergleich kann vom Gericht oder einem Notar für vollstreckbar erklärt werden und ist dann gem § 794 I Nr 4b ZPO Vollstreckungstitel. Nicht für vollstreckbar erklärt werden dürfen Vergleiche, die sich auf die Abgabe einer Willenserklärung richten oder den Bestand eines Mietverhältnisses über Wohnraum betreffen (796a II ZPO). Eine Vollstreckbarkeit ist gem 796a III ZPO ferner abzulehnen, wenn der Vergleich unwirksam ist oder seine Anerkennung gegen den ordre public verstoßen würde.

4. Schiedsrichterlicher Vergleich (§ 1053 ZPO). Auch das Schiedsverfahren kann durch Vergleich beendet 41
werden. Auf Antrag der Parteien hält das Schiedsgericht den Vergleich in Form eines Schiedsspruchs mit dem vereinbarten Wortlaut fest, sofern der Vergleich nicht gegen den ordre public verstößt. Der Schiedsspruch mit vereinbartem Wortlaut hat nach § 1053 II 2 ZPO dieselbe Wirkung wie jeder andere Schiedsspruch zur Sache. Er steht damit einem rechtskräftigen Urt gleich (§ 1055 ZPO). Nach § 1053 III ZPO ersetzt die Aufnahme der

Erklärung in den Schiedsspruch mit vereinbartem Wortlaut eine notarielle Beurkundung, anders bei offenkundigem Missbrauch (München GmbHR 2005, 1568; *Schröter* SchiedsVZ 2006, 298ff). § 1053 IV ZPO ermöglicht eine Vollstreckbarerklärung durch den Notar, für die Vollstreckbarerklärung durch das Gericht gelten die allg Regeln.

Titel 22
Schuldversprechen, Schuldanerkenntnis (§§ 780–782)

Vorbemerkung vor § 780

Schrifttum: *Baumann*, Das Schuldanerkenntnis, 1992; *Coester*, Probleme des abstrakten und kausalen Schuldanerkenntnisses, JA 1982, 579; *Ehmann*, Schuldanerkenntnis und Vergleich, 2005; *Kübler*, Feststellung und Garantie, 1967; *Michalski*, Das Schuldanerkenntnis in der Praxis, insbesondere als Mittel der Kreditsicherung, ZBB 1995, 260. Weitere Hinweise bei § 781.

1 **1. Grundlagen. Schuldversprechen und Schuldanerkenntnis** werden durch Vertrag begründet. Ihre Besonderheit liegt darin, dass es sich um **abstrakte Rechtsgeschäfte** handelt, da die Leistungspflicht des Schuldners von dem eigentlichen Grund- oder Kausalverhältnis und damit von den sonstigen wirtschaftlichen Beziehungen zw den Beteiligten losgelöst (abstrahiert) und selbständig versprochen oder anerkannt wird, dh als neue Verpflichtung verselbständigt wird. Als **Verträge** unterliegen Schuldversprechen und Schuldanerkenntnis den allg Bestimmungen der §§ 116ff und insb der §§ 145ff. Die Willenserklärungen beider Vertragsteile müssen sich aber gerade auf die Verselbständigung beziehen (sog Abstraktionswille), sonst bleibt die neue Vereinbarung mit dem Grundgeschäft als Bestätigungs- oder Gewährvertrag, Schuldübernahme oder dgl verbunden und ist keine abstrakte Verpflichtung. Über abstrakte Rechtsgeschäfte s noch Einl § 104 Rn 27; zu kausalen Anerkenntnissen § 781 Rn 8ff; zum Anerkenntnis im Prozess vgl § 781 Rn 14.

1a Der Unterschied zw Schuldversprechen und Schuldanerkenntnis liegt nur in der **Wortfassung**. Beide können für eine schon bestehende oder eine zu begründende Schuld abgegeben werden (Staudinger/*Hau* Rn 6). In § 781 ist aus § 780 zu ergänzen „in der Weise, dass das Anerkenntnis die Verpflichtung selbständig begründen soll", denn auch § 781 regelt allein den abstrakten Schuldvertrag (RGRK/*Steffen* § 781 Rn 1).
Die **Kritik** der rechtl Anerkennung abstrakter Schuldverträge, insb dass die §§ 780, 781 lediglich eine besondere Schuldscheinwirkung normieren würden (so *Kübler*, 90ff), ist mit Wortlaut, Inhalt und Entstehungsgeschichte der Vorschriften nicht vereinbar und hat sich nicht durchzusetzen vermocht (MüKo/*Habersack* § 780 Rn 8; Staudinger/*Hau* Rn 8f).

2 **2. Schuldversprechen und Schuldanerkenntnis als abstrakte Rechtsgeschäfte.** Die **Verselbständigung** bedeutet im Zweifel keine Umwandlung (Novation oder Umschaffung) des Grundgeschäfts (München NJW-RR 1988, 951), sondern eine zusätzl Verpflichtung des Schuldners (erfüllungshalber). Das alte Schuldverhältnis bleibt mithin bestehen, das neue tritt schuldverstärkend hinzu. Eine Umwandlung ist nur dann anzunehmen, wenn dieses ausdrückl vereinbart wird oder es sich aus den Umständen (Art der Vereinbarung) zweifelsfrei ergibt. Die abstrakte Verpflichtung kann auch, ähnl einem Vergleich, darauf gerichtet sein, das Grundverhältnis festzustellen oder gegen Einwendungen zu sichern, (vgl RGZ 71, 187; BGH WM 1962, 1138, 1139). In diesem Fall wird jedoch regelmäßig ein kausaler Feststellungsvertrag anzunehmen sein (MüKo/*Habersack* § 781 Rn 3; Staudinger/*Hau* § 780 Rn 22), möglich ist aber Kumulation (*Coester* JA 1982, 581). Wird die Forderung aus dem Grundverhältnis abgetreten, geht nicht ohne weiteres auch die Forderung aus dem Schuldanerkenntnis über, da es sich bei diesem im Zweifel nicht um ein Nebenrecht iSd § 401 handelt.

3 **Verbindlichkeiten** aus einem gegenseitigen Vertrag können Gegenstand des Schuldversprechens oder -anerkenntnisses sein, aber das abstrakte Versprechen oder Anerkenntnis selbst kann nicht synallagmatisch ausgestaltet werden, also von einer Zug um Zug zu erbringenden Gegenleistung des Gläubigers abhängig gemacht werden (RGZ 108, 105, 107); wohl aber kann ein Vertragsteil sein Schuldversprechen von der Bedingung, dass die Gegenleistung erbracht wird, abhängig machen (RG WarnRsp 1912 Nr 251; BGHZ 124, 263, 269; MüKo/*Habersack* § 780 Rn 14), oder befristen (Staudinger/*Hau*, § 780 Rn 5). Ob dann, wenn bei mehreren Schuldnern der eine aus Schuldversprechen oder Schuldanerkenntnis, der andere aber nur aus dem Grundgeschäft verpflichtet ist, ein (unechtes) Gesamtschuldverhältnis besteht, ist zweifelhaft (RGZ 67, 128; 70, 410), doch ist zw ihnen uU Ausgleich nach § 426 möglich (RGZ 77, 323; *Enneccerus/Lehmann* § 90 II 2; abl jedoch wieder RGZ 96, 136 bei Zusammentreffen zw Darlehensschuld und Wechselverpflichtung).

4 Die **Loslösung** der Verpflichtung vom Grundgeschäft entspricht allg Verkehrsbedürfnis, da sie den Anspruch beweglich macht (Klageerleichterung), Zweifel beseitigt (Abschneiden von Einreden aus dem Grundgeschäft) und dadurch einen klaren und festen Rechtsgrund schafft, zB bei Abrechnung im Bankverkehr, Schadensersatzanspruch, kaufmännischem Verpflichtungsschein usw. Der Gläubiger braucht sich zur Begründung seines Anspruchs nur auf das Versprechen zu berufen (BGHZ 98, 256, 259; 114, 9, 12).

5 **3. Bedeutung des Schuldgrunds bei Schuldversprechen und Schuldanerkenntnis.** Die selbständige Verpflichtung ist aber nicht wie etwa die Anweisung von allen Umständen losgelöst, unter denen sie gegeben wurde, sondern der Schuldgrund (Kausalverhältnis) kann nach wie vor bedeutsam bleiben (RGZ 116, 336; 144, 133).

Fehlt der Schuldgrund bei der Erteilung eines Schuldversprechens oder Schuldanerkenntnisses oder fällt er nachträgl weg (vgl Saarbrücken MDR 1998, 828), ist **Kondiktion** nach §§ 812ff in der Form des Anspruchs und der Einrede möglich, nicht aber Anfechtung aus diesem Grunde nach § 119 (RGZ 61, 321; MüKo/*Habersack* § 780 Rn 50 – unbeachtlicher Motivirrtum). Bei gerichtlichem Anerkenntnis ist Rückforderung ausgeschlossen, § 812 II – „durch Vertrag" (RGZ 156, 74); zum Anerkenntnis im Prozess § 781 Rn 14. Näheres zur **Kondiktion** s § 812 Rn 58ff. Ein Schuldversprechen, das aus Anlass und zur Ausführung eines Anspruchs aus einem Arbeitsverhältnis gegeben wird, bleibt ein Anspruch aus dem Arbeitsverhältnis, daher Zuständigkeit des ArbG (*Nägele* BB 1991, 1411 mwN zum Streitstand). Für das Schuldanerkenntnis eines Beamten, das an die Stelle einer sonst möglichen Regelung durch Verwaltungsakt getreten ist, gilt der Verwaltungsrechtsweg (BGHZ 102, 343).

In welchem Umfang trotz des Anspruchs des Gläubigers aus dem Schuldversprechen oder -anerkenntnis noch **Bereicherungsansprüche oder sonstige Einreden des Schuldners aus dem Grundgeschäft** geltend gemacht werden können, hängt vom Einzelfall ab. Der abstrakte Charakter der neuen Schuld besagt zunächst nur, dass diese nicht zwangsläufig von Mängeln des Grundgeschäfts erfasst wird (*Coester* JA 1982, 580). Entscheidend ist der Zweck des Schuldversprechens oder Schuldanerkenntnisses, dazu näher § 780 Rn 9. Es lassen sich keine allg gültigen Grundsätze für das Verhältnis zw selbständiger Verpflichtung und Kausalgeschäft aufstellen, da jew für den Einzelfall zu ermitteln ist, was die Beteiligten gewollt haben. Ergibt die Auslegung, dass die neue Verpflichtung ohne Rücksicht auf das Bestehen oder Nichtbestehen einer Schuld begründet werden sollte, so soll sich der Schuldner auf das Fehlen des Kausalverhältnisses nicht berufen können (BGH WM 1974, 280; NJW 1963, 2316, 2317; ebenso Grü/*Sprau* § 780 Rn 11). Zum Gesetz- oder Sittenverstoß vgl § 780 Rn 14. Ein notarielles Schuldanerkenntnis, das den Versprechenden krass überfordert und nur gegen den Ehepartner bestehende Bankansprüche sichert, ist sittenwidrig (Koblenz NJW-RR 2003, 1559). 6

§ 780 Schuldversprechen

Zur Gültigkeit eines Vertrags, durch den eine Leistung in der Weise versprochen wird, dass das Versprechen die Verpflichtung selbständig begründen soll (Schuldversprechen), ist, soweit nicht eine andere Form vorgeschrieben ist, schriftliche Erteilung des Versprechens erforderlich. Die Erteilung des Versprechens in elektronischer Form ist ausgeschlossen.

1. Inhalt abstrakter Schuldversprechen. Das vertragl vereinbarte Schuldversprechen begründet selbständig die **Leistungspflicht** (Vor § 780 Rn 1). Inhalt des Vertrags über ein Schuldversprechen kann jede Leistung sein, auch unvertretbare, § 241, zB Verpflichtungserklärung des Straßenanliegers zur Übernahme von Straßenbaukosten (RGZ 154, 389; BGHZ 28, 129); Unterlassungs-, Unterwerfungserklärung bei UWG-Verstoß (BGH NJW 1998, 2439); Zahlungsversprechen für fremde Steuerschuld (RGZ 123, 228); bestätigtes Akkreditiv (RGZ 144, 133); persönliche Verpflichtung für den Eingang eines Grundschuldbetrags (unten Rn 3a), auch dem Zessionar der Grundschuld ggü (BGH DNotZ 1958, 579); ferner eine unvollkommene Verbindlichkeit wie eine im Vergleichsverfahren erlassene Restschuld (RGZ 160, 138); ebenso wie eine im Kausalverhältnis formnichtige (RG HRR 1935 Nr 729) oder bereits verjährte Forderung (RGZ 78, 132; BGH FamRZ 1973, 542). Das Schuldversprechen kann bedingt oder befristet sein, es kann auch an die Bedingung gebunden werden, dass das Grundgeschäft gültig ist oder zustande kommt (RG JR 1925, 1748) oder es kann von einer Gegenleistung als einschränkende Bedingung abhängig gemacht werden, näher Vor § 780 Rn 3. Auch öffentlich-rechtl Ansprüche können Gegenstand eines abstrakten privatrechtl Schuldvertrags sein, jedoch ist bei der Ermittlung des Parteiwillens die Bindung der Behörde an Recht und Gesetz, Art 20 III GG, zu beachten (vgl Staudinger/*Hau* Rn 7). Auch im fiskalischen Tätigkeitsbereich unterliegt die Behörde haushaltsrechtl Bindungen, was im Zweifel gegen die Annahme eines abstrakten Schuldversprechens spricht (BGH NJW 1979, 1306; Celle BauR 2017, 1686; grds zweifelnd im Hinblick auf die Regelungen des VwVfG BGHZ 102, 343). Das Schuldversprechen ist auch möglich zugunsten eines Dritten (RGZ 123, 228; BGH NJW 2000, 2984). Über Verpflichtungserklärung im Anschluss an einen Unfall s § 781 Rn 14. 1

Ob eine **selbständige Verpflichtung** begründet werden sollte, ist durch **Auslegung** zu ermitteln. Erforderlich ist **Abstraktionswille** der Parteien (vgl BGH WM 1973, 840, 841; NJW-RR 1995, 1391; Staudinger/*Hau* Vor § 780 Rn 10). Er muss darauf gerichtet sein, die mit dem selbständigen Schuldversprechen übernommene Verpflichtung von ihrem Rechtsgrund, also ihren wirtschaftlichen und rechtl Zusammenhängen, zu lösen und allein auf den sich aus dem Versprechen ergebenden Leistungswillen des Schuldners abzustellen (BGH NJW 2008, 1589 Rn 15). Der Text der Urkunde kann Indiz für oder gegen den Abstraktionswillen sein (für nur untergeordnete Bedeutung aber MüKo/*Habersack* Rn 19; Staudinger/*Hau* Vor § 780 Rn 17f): Nennt er keinen Schuldgrund oder gibt er ihn nur ganz allg an, so kann dies für eine abstrakte Verpflichtung sprechen (RGZ 142, 306; BGH WM 1962, 1138, 1139; Brandenburg WM 2003, 132; Saarbrücken MDR 1998, 828), ebenso bei nur fingiertem Kausalverhältnis (BGH NJW 1980, 1158; BB 1962, 1222; Schleswig WM 1980, 966) oder wahrheitswidrigen Angaben (RGZ 152, 165; abl Staudinger/*Hau* Rn 56 und § 781 Rn 61). Die Angabe des Schuldgrundes spricht gegen das Vorliegen eines abstrakten Schuldverhältnisses (BGH WM 2016, 1748 Rn 13). Entscheidend sind jedoch immer die Umstände des Einzelfalls, die auch außerhalb der Urkunde liegen können (RG WarnRsp 1912 Nr 20; BGH WM 1973, 840, 841). Auch bei ausf Darstellung des kausalen Geschäfts kann daher Abstraktionswille vorhanden sein (RGZ 74, 340; 108, 411; BGH VersR 1977, 178; BAG DB 1976, 1532; abl für die Annahme, die Vereinbarung einer Morgengabe sei als abstrakt aufzufassen BGH NJW 1999, 574), so bei Saldenbestätigung trotz 2 bekannt unsicherer Sachlage (Brandenburg WM 2003, 132). Umgekehrt kann trotz völlig abstrakt gefasster Urkunde nur kausales Geschäft anzunehmen sein (RG LZ 1921, 57; BGH WM 1976, 909), wenn sich dies aus Vorverhandlungen oder der Interessenlage der Parteien ergibt (BGH WM 1973, 840, 841; zweifelhaft daher LG Mannheim WM 1992, 913). Letztlich kommt es auf den **Zweck des Versprechens** an, also auf den mit der Vereinbarung erstrebten Erfolg (MüKo/*Habersack* Rn 16; Staudinger/*Hau* Vor § 780 Rn 11). Behauptungs- und Beweislast obliegt demjenigen, der die sich aus dem Wortlaut der Urkunde ergebende Auslegung entkräften will (ebenso Staudinger/*Hau* Vor Rn 22f).

3 **2. Abgrenzung.** Keine abstrakten Schuldversprechen sind **benachbarte unselbständige Verpflichtungen**, ua Schuldübernahme, Garantievertrag (§ 765 Rn 20ff), Vereinbarungsdarlehen (vgl § 488 Rn 23, BAG NZA 1995, 305, s aber RGZ 152, 165), Bürgschaft, Pfandversprechen. Eine Schuldbestätigung im Kreditwesen, zB nach Abtretung einer Forderung an eine Bank, ist nicht als selbständige neue Verpflichtung anzusehen, sondern höchstens als bestätigendes Schuldanerkenntnis (§ 781 Rn 8). Die Bankgarantie „auf erstes Anfordern“ (dazu näher Vor § 783 Rn 7a) ist zwar selbständiges abstraktes Versprechen, beinhaltet aber wie die Garantie nur die Pflicht zum Einstehen für den von einem anderen versprochenen Erfolg (Staudinger/*Hau* Vor § 780 Rn 30); ähnl wohl Parallelverbindlichkeiten (parallel debts) zur Bündelung von Sicherheiten (vgl *Hoffmann* WM 2009, 1452; *Willer* AcP 209, 807).

3a Der **Kreditkarte** liegt ein abstraktes Schuldversprechen des Kreditkartenunternehmens an das Vertragsunternehmen zugrunde, kein Forderungskauf (BGHZ 150, 286; 157, 256); auf einem abstrakten Schuldanerkenntnis basiert auch das electronic cash-System zur bargeldlosen Bezahlung am „Point of Sale“ (POS) mittels Debitkarte (Staudinger/*Hau* Rn 68); zu den Zahlungskarten auch Vor § 783 Rn 6d. Die **Übernahme der persönlichen Haftung für eine Grundschuld** in der Bestellungsurkunde ist abstraktes Schuldversprechen (BGHZ 98, 256, 259; 114, 9, 12). Ebenso spanische sog Pagare-Papiere (Zahlungsversprechen), wenn sie der Kreditverschaffung durch Diskontierung oder Verpfändung dienen (BGH NJW 1988, 1468).

3b Im Rahmen vorformulierter, gedruckter Darlehensbedingungen ist das Schuldversprechen Teil der **allg Geschäftsbedingungen** iSd § 305. Es verstößt nicht gegen §§ 307, 309 Nr 12 (BGHZ 99, 274, 282; 114, 9, 12; Grü/*Grüneberg* § 309 Rn 107; aA *Hahn* ZIP 1996, 1233) und ist jedenfalls dann nicht überraschend iSd § 305c, wenn der Schuldner gleichzeitig persönlicher Kreditnehmer ist und Geschäftserfahrung hat (BGH WM 1990, 1927, 1928; WM 1992, 133). Unwirksam gem § 307 I, II Nr 1 ist formularmäßiger Verzicht auf Einwendungen jeder Art zu Forderungsgrund und -höhe (BAG NJW 2005, 3164; zweifelnd *Leitmeier* NZA 2017, 227, 228). Fallen Sicherungsgeber und Kreditnehmer auseinander, soll Überraschungseffekt gegeben sein (Oldenburg NJW-RR 1990, 1523) und Verstoß gegen § 307 vorliegen (BGHZ 114, 9, 13). Der Rahmenvertrag zw Kreditkartenunternehmen und Vertragsunternehmen verstößt gegen § 307, soweit er das Vertragsunternehmen trotz des abstrakten Schuldversprechens verschuldensunabhängig mit dem vollen Risiko einer missbräuchlichen Verwendung der Karte belastet (BGHZ 150, 286; 157, 256). Zum Anerkenntnis an der Unfallstelle durch AGB vgl § 781 Rn 14.

4 Durch **Umdeutung** kann eine wegen Formmangels nichtige selbständige Verpflichtung anderer Art als Schuldversprechen wirksam bleiben. So ist im **Wechselrecht** eine Umdeutung eines unwirksamen gezogenen Wechsels in ein Schuldversprechen aufgrund des in der Unterschrift zum Ausdruck kommenden rechtsgeschäftlichen Verpflichtungswillens möglich (BGHZ 124, 263, 268ff; MüKo/*Habersack* Rn 27; Staudinger/*Hau* Rn 61). Zur Umdeutung in kaufmännische oder bürgerlich-rechtl Anweisung Vor § 783 Rn 6 aE. Der Annahmevermerk auf einem Scheck kann nicht als abstraktes Schuldversprechen angesehen werden, da er nach Art 4 ScheckG als nicht geschrieben gilt (BGH BB 1951, 376; *Baumbach/Hefermehl/Casper* Art 4 ScheckG Rn 1); ebenso wenig kann der nach Art 2 ScheckG unvollständige Scheck wegen der damit verbundenen strengeren Rechtsfolgen in ein Schuldversprechen umgedeutet werden (Düsseldorf WM 1973, 403). Auch ein präjudizierter Scheck ist nicht als Schuldversprechen zu halten (BGHZ 3, 238, 239).

5 **3. Formerfordernis abstrakter Schuldversprechen.** Zum **Wirksamwerden** des Schuldversprechens ist im Allg gem § 780 S 1, § 126 I **Schriftform** der **Erklärung des Schuldners** erforderlich. Die Schriftform kann nicht durch elektronische Form ersetzt werden, § 126 III iVm § 780 S 2. Das Formerfordernis der §§ 780f dient nicht nur der Rechtssicherheit durch Schaffung klarer Beweisverhältnisse (so aber BGHZ 121, 1, 4; MüKo/*Habersack* Rn 21; ähnlich Staudinger/*Hau* Rn 11; auch noch Erman/*Heckelmann*[10]), sondern auch dem Schutz des Schuldners vor Übereilung (Larenz/*Canaris* SchuldR II/2 § 61 I 1b; *Baumann* ZBB 1993, 174; *Dehn* WM 1993, 2115; *Fischer* JuS 1998, 205), wie sich aus der Gesetzesbegründung zu S 2 und auch aus den Ausnahmen des § 782 ergibt. Wesentlich ist die Bezeichnung der Leistung und des Gläubigers. Mündliche Nebenabreden sind zulässig und gültig, wenn sie eine Einschränkung enthalten und der Vertragswille sich auf Formfreiheit erstreckt (RG WarnRsp 1910, 277). Soweit sie das Schuldversprechen erschweren, sind sie ungültig, da die Entstehung der Verbindlichkeit im Gesetz zwingend geregelt ist. Gleiches trifft für nachträgl mündliche Abänderungen zu. Eine besondere Urkunde für das Schuldversprechen muss nicht ausgestellt werden, Brief oder Postkarte genügen (RGZ 57, 258). Die Form ist auch gewahrt, wenn die Verpflichtungserklärung Bestandteil einer Verhandlung ist (RGZ 142, 303).

5a Mindestens schlüssige **Annahme durch Gläubiger** ist notwendig (RGZ 114, 6; BGH NJW 1976, 567), sonst liegt nur einseitige Erklärung vor, die keine rechtsbegründende Wirkung hat, jedoch uU Beweiswert für das Grundgeschäft. Der Zugang der Annahme kann nach § 151 entbehrlich sein (BGH NJW 2000, 2984). Bei Gutschrift der Bank auf das Konto des Begünstigten ist keine Annahme durch diesen erforderlich (BGH NJW 1951, 437; BGHZ 103, 143 und § 781 Rn 3).

Notarielle Form ist notwendig bei Übertragung des Vermögens oder eines Grundstücks, § 311b I und III, und bei Schenkungsversprechen, §§ 518, 2301 (BGH WM 1976, 1053; 1980, 195). Wenn für das Grundgeschäft die Form gewahrt ist, ist für Schuldversprechen einfache Schriftform ausreichend (RG 71, 289, 292f; MüKo/*Habersack* § 782 Rn 5; RGRK/*Steffen* Rn 31; offengelassen von BGH NJW 1988, 130; aA Staudinger/*Hau* Rn 16); die Annahme der unzulässigen Rechtsausübung des Schuldners bei lediglich fehlender Beurkundung der Annahmeerklärung des Gläubigers (so BGH NJW 1988, 130) ist daher weder rechtl geboten noch dogmatisch begründbar (*Hüffer* JR 1988, 239; ähnl Staudinger/*Hau* Rn 15). Einfache Schriftform ist aber nur dann ausreichend, wenn es sich um mehrere selbständige Geschäfte handelt. Bilden die verschiedenen Verträge ein einheitliches Rechtsgeschäft, ist die strengere Form einzuhalten (BGH NJW 1988, 130). Entsteht Verpflichtung erst mit dem Tode des Erblassers, ist Testamentsform zu wahren (Düsseldorf HRR 1941, 183). Heilung des Formmangels nach § 311b I 2, § 518 II oder § 2301 II. Ein formnichtiges schenkweise erteiltes Schuldversprechen kann als eigenhändiges Testament aufrechterhalten werden (RG JW 1910, 467). 6

Schuldversprechen nach § 782 BGB und § 350 HGB können **formlos** abgegeben werden. 7

4. Einreden und Einwendungen bei abstrakten Schuldversprechen. a) Gültigkeit des Vertrags. Sie bestehen wie bei jedem Rechtsgeschäft, soweit sie sich gegen die Gültigkeit des abstrakten Vertrags selbst richten, §§ 116ff (Vor § 780 Rn 1); wenn „nur der Form halber" abgegeben, s § 118 Rn 1. Zum Gesetz- und Sittenverstoß Rn 14. 8

b) Aus dem Grundgeschäft. Einreden und Einwendungen aus dem Grundgeschäft bestehen je nach **Zweck des Schuldversprechens**. Diente es der *Beweissicherung* (Umkehr der Beweislast), so kann der Schuldner auf das Grundgeschäft zurückgreifen (vgl dazu BGH WM 1970, 1459; WM 1963, 664, 666; Grü/*Sprau* Rn 12; Staudinger/*Hau* Rn 43). Lag Umwandlung vor, scheidet jede Beziehung zum Grundgeschäft aus, es sei denn, dass das Grundgeschäft unwirksam oder aus einem sonstigen Grunde weggefallen ist, denn ein nicht vorhandenes Grundgeschäft kann nicht umgewandelt werden. Sollten durch Bestätigung nur Zweifel über Leistungspflicht, Höhe der Schuld, Verjährung oder dgl ausgeräumt werden, kann der Schuldner insoweit wieder auf das Grundgeschäft zurückgreifen, als nicht gerade diese Zweifel beseitigt werden sollten. Im Normalfall ist es der Sinn eines Schuldversprechens oder -anerkenntnisses, durch Verselbständigung der Leistungspflicht etwa bestehende Einwendungen gegen die ursprüngliche Schuld schlechthin auszuschließen. Dann können etwaige Einwendungen auch nicht wieder über § 812 II eingeführt und wirksam werden. Das Schuldversprechen bleibt bestandskräftig (BGH WM 1976, 907; WM 2000, 2501f; Grü/*Sprau* Rn 11; RGRK/*Steffen* Rn 46; Staudinger/*Hau* Rn 44; abl MüKo/*Habersack* Rn 47). Zum Gesetz- und Sittenverstoß Rn 14. 9

IÜ sind jedoch alle Einwendungen zulässig, die dem Schuldner unmittelbar gegen den Inhaber der Forderung zustehen, wie zB auch bei § 784 I, § 796 BGB, § 364 HGB, es sei denn, dass es sich nicht mit Sinn und Zweck des Schuldversprechens vereinbaren ließe. Der Verzicht auf alle Einreden und Einwendungen aus dem Grundgeschäft ist einzelvertragl möglich (BGH BB 1962, 1222), verstößt in AGB aber gegen § 307 (BAG NJW 2005, 3164, 3165f). Einwendungen gegen bestätigtes Akkreditiv aus dem Valutaverhältnis sind auch dann nicht zulässig, wenn Ansprüche gegen Akkreditierten abgetreten (BGHZ 28, 129). Übernimmt der Darlehensnehmer im Rahmen einer Grundschuldbestellung für die gleiche Summe noch die persönliche Haftung durch abstraktes Schuldanerkenntnis (s auch Rn 3a), so kann der Darlehensgeber im Zweifel nur einmal die gesicherte (Grundschuld-)Summe verlangen, auch wenn die persönliche Forderung höher ist (BGH WM 1988, 109; WM 1992, 132, 133; anders nur bei entspr weiter Zweckvereinbarung, BGHZ 99, 274, 282). Die Grundschuldbestellung ist dabei nicht Rechtsgrund für das abstrakte Schuldversprechen. Geht der Gläubiger in der Zwangsvollstreckung leer aus, so kann er daher den Betrag noch aufgrund des Anerkenntnisses eintreiben (BGH WM 1990, 1927, 1928; WM 1992, 132, 133). Das Gleiche gilt, wenn die Grundschuld mangels Eintragung gar nicht entstanden ist (BGH WM 1992, 132, 133). 9a

c) Allgemeine Rechtsgrundsätze. Die Einreden aus **§§ 226 und 826** als das gesamte Rechtsleben beherrschende Grundsätze bestehen, desgleichen diejenigen aus **§§ 157 und 242** wegen unzulässiger oder unrichtiger Rechtsausübung (RGZ 106, 307; 114, 133), zumal Schuldversprechen nicht von allen Umständen losgelöst ist, unter denen es gegeben wurde, ebenso **§§ 134 und 138 I** (vgl BGH WM 1987, 692; Rostock WM 1995, 1681). Zur Kondiktion s Rn 13. 10

d) Abtretung. Dem **Zessionar** können die gleichen Einwendungen entgegengesetzt werden wie dem Zedenten, § 404 (RGZ 86, 304), jedoch ist der Gläubigerschutz des § 405 zu beachten. 11

e) Unvollkommene Verbindlichkeit. Bei **Ehemaklerlohn**, § 656 II, **Spiel- und Wettschulden**, § 762 II, ist kraft ausdrückl Vorschrift auch im Schuldversprechen der Charakter als unvollkommene Verbindlichkeit bewahrt. Die Unverbindlichkeit des Anerkenntnisses von Börsentermingeschäften in § 764 aF ist mit dem 4. FinanzmarktförderungsG v 21.6.2002 entfallen und durch Informations- und Transparenzpflichten nach §§ 63ff WpHG (§§ 31ff aF WpHG) ersetzt worden. 12

5. Kondiktion abstrakter Schuldversprechen. Kondiktion des Schuldversprechens ist möglich als Anspruch und Einrede, §§ 812 II, 821, wenn kein Grundgeschäft vorliegt oder es später ganz oder teilw erloschen oder hinfällig geworden ist (RGZ 116, 336; BGH NJW 1991, 2140, 2141; NJW-RR 1999, 573). Dann keine Anfechtung nach § 119, Vor § 780 Rn 5. Ist das formbedürftige Grundgeschäft formlos abgeschlossen, so ist deswegen allein das schriftliche Schuldversprechen noch nicht unwirksam (RG HRR 1935, 729); es kommt auf das Ver- 13 hältnis zw beiden und den Zweck des Schuldversprechens an, Rn 9. § 814 ist anwendbar. Der Schuldner kann also nicht mit der Bereicherungseinrede aus der condictio indebiti gehört werden, wenn er bei Abgabe des Schuldversprechens die dem Grundgeschäft anhaftenden Einreden gekannt hat (BGH WM 1958, 1158), daher trotz nichtigen Vaterschaftsanerkenntnisses keine Kondiktion der Unterhaltsverpflichtung. Hiervon zu unterscheiden ist aber die Zweckverfehlungskondiktion, wenn das Schuldversprechen in Erwartung vollständiger Erfüllung des Grundgeschäfts gegeben wurde (RGZ 71, 316; 98, 239). Ist der mit dem Schuldanerkenntnis verfolgte Zweck nicht eingetreten, so besteht Bereicherungsanspruch nach § 812 I 2 Alt 2 (BGH WM 1990, 819; LG Bonn NJW-RR 1999, 50 – Abwendung einer Strafanzeige). Ein abstraktes Schuldversprechen (mit Vollstreckungsunterwerfung in Grundschuldbestellungsurkunde) zur Sicherung eines Anspruchs wird durch Verjährung des gesicherten Anspruchs nicht nach § 812 II kondizierbar, § 216 II 1 analog (BGHZ 183, 169 Rn 24ff). Näheres zur Kondiktion in § 812 Rn 58ff.

14 Bei **beiderseitigem Verstoß** im Schuldversprechen gegen **Gesetz oder gute Sitten** ist Rückforderung nach § 817 S 2 gleichwohl möglich. Ist die versprochene Leistung selbst gesetzes- oder sittenwidrig oder handelt es sich bei dem Schuldversprechen um ein unzulässiges Umgehungsgeschäft, so ist der abstrakte Vertrag selbst nach §§ 134, 138 nichtig (BGH WM 1976, 909; Hamm NJW-RR 1987, 1332; Staudinger/*Hau* Rn 38; RGRK/*Steffen* Rn 38). Sittenwidrigkeit besteht etwa wegen Höhe des anerkannten Betrags und dem daraus resultierenden Nachteil aus der Beweislastumkehr bzgl Bestehens des Kausalgeschäfts (BGH NJW 1987, 2014), auch wenn Schuldner dadurch finanziell krass überfordert wird (Köln NJW-RR 1995, 1197; Koblenz NJW-RR 2003, 1559) oder in Zwangslage war (Düsseldorf VersR 2001, 590). § 496 II ist auf das abstrakte Schuldanerkenntnis nicht analog anwendbar (BGH NJW 2005, 1576, 1578; NJW 2006, 2099; anders etwa Staudinger/*Kessal-Wulf* § 496 Rn 28). Verstößt nur das Kausalgeschäft gegen das Gesetz oder die guten Sitten, so bleibt das abstrakte Versprechen hiervon unberührt (RGZ 63, 185; BGH WM 1976, 907, 909; Grü/*Sprau* Rn 9; s auch BGHZ 104, 102). Die durch §§ 134, 138 zwingend gezogenen Grenzen der Privatautonomie gebieten nicht, dass die Nichtigkeit des Kausalgeschäfts auf das abstrakte Schuldversprechen durchschlägt (so aber Koblenz ZIP 1984, 569; MüKo/*Habersack* Rn 53f; Staudinger/*Hau* Rn 39), da die Möglichkeit der Kondiktion nach § 817 besteht (vgl Staudinger/*Hau* Rn 39).

15 **6. Beweisfragen. Behauptungs- und Beweislast** in den unter Rn 8–14 genannten Fällen: **a**) Der Gläubiger kann sich auf Schuldversprechen berufen. **b**) Der Schuldner hat darzutun und zu beweisen, welche Einreden ihm aus dem Grundgeschäft zustehen bzw dass das Grundgeschäft nicht wirksam besteht. **c**) Der Gläubiger hat demggü evtl zu beweisen, dass gerade die vom Schuldner erhobenen Einreden mit dem selbständigen Schuldversprechen ausgeräumt werden sollten. Nebenabreden muss derjenige beweisen, der sich darauf beruft.

16 **7. Verjährung.** Für die **Verjährung** gilt die regelmäßige Frist des § 195, jedoch kann bei enger Bindung des Schuldversprechens an das Grundgeschäft als Vertragswille die Verjährungsfrist des Grundgeschäfts anzunehmen sein, wenn zB mit dem Schuldversprechen nur bestimmte Zweifel über die Leistungspflicht beseitigt werden sollten (RG 75, 4). § 216 I 1 ist entspr anwendbar (BGH ZIP 2010, 319; aA Brandenburg OLGRp 2009, 629). S auch § 781 Rn 5.

§ 781 Schuldanerkenntnis

Zur Gültigkeit eines Vertrags, durch den das Bestehen eines Schuldverhältnisses anerkannt wird (Schuldanerkenntnis), ist schriftliche Erteilung der Anerkennungserklärung erforderlich. Die Erteilung der Anerkennungserklärung in elektronischer Form ist ausgeschlossen. Ist für die Begründung des Schuldverhältnisses, dessen Bestehen anerkannt wird, eine andere Form vorgeschrieben, so bedarf der Anerkennungsvertrag dieser Form.

Schrifttum: *Bergmann*, Schuldanerkenntnis und Schuldbekenntnis bei Verkehrsunfällen, MDR 1974, 989; *Dastis*, Examenswissen zum Schuldanerkenntnis, JuS 2018, 330; *Ehmann*, Das Schuldanerkenntnis, WM 2007, 329; *Lindacher*, Das Schuldanerkenntnis an der Unfallstelle, JuS 1973, 79; *Pawlowski*, Feststellung und Garantie, JZ 1968, 401; *D. Reinicke*, Das deklaratorische Schuldanerkenntnis, NJW 1970, 885; *Sellert*, Der Verzicht auf Einwendungen beim deklaratorischen Schuldanerkenntnis – ein Prozessvertrag?, NJW 1968, 230; *Wellenhofer-Klein*, Das Schuldanerkenntnis – Erscheinungsformen und Abgrenzungskriterien, Jura 2002, 505. Weitere Hinweise Vor § 780.

1 **1. Arten des Schuldanerkenntnisses.** Bei einem **Schuldanerkenntnis** im sprachlichen Sinne sind drei unterschiedlich zu bewertende Formen im rechtl Sinne auseinander zu halten: (1) das **konstitutive** (schuldbegründende oder abstrakte), das allein Schuldanerkenntnis iSv § 781 ist (krit zu dieser Begriffswahl Staudinger/*Hau* Rn 2; MüKo/*Habersack* Rn 1 – Unterscheidung in abstraktes und kausales Anerkenntnis); (2) das **deklaratorische** (schuldbestätigende oder kausale), das voraussetzt, dass die Parteien mit der Regelung das Schuldverhältnis insg oder in einzelnen Bestimmungen dem Streit oder der Ungewissheit entziehen wollen (BGHZ 66, 250, 253f; BGH NJW-RR 2005, 246, 247) und das nicht aus § 781 folgt (so aber LG Darmstadt NJW 1989, 2067); und (3) das **tatsächliche**, nicht rechtsgeschäftliche, bei dem ein rechtsgeschäftlicher Verpflichtungswille des Schuldners fehlt und das lediglich der Mitteilung der Erfüllungsbereitschaft dient, um den Gläubiger von sofortigen Maßnahmen abzuhalten, oder diesem als „Zeugnis des Anerkennenden gegen sich selbst“ den Beweis erleichtern soll, indem der Anerkennende dadurch die Beweislast trägt, dass keine oder nur geringere Ansprüche bestehen (vgl BGHZ 66, 250, 254f; BGH NJW-RR 2003, 1196, 1197). Kein Schuldanerkenntnis ist die vorbehaltlose Zahlung einer Rechnung als solche (BGH NJW 2009, 580 Rn 12; BGH ZIP 2017, 1957 Rn 20); ebenso die Wissenserklärung ohne rechtl Bindung (BAG NJW 1999, 2059; Staudinger/*Hau* Rn 54), die lediglich Zeugnis des An-

erkennenden gegen sich selbst ist und bereits durch die Führung des Gegenbeweises, nicht erst durch den Beweis des Gegenteils entkräftet werden kann (BGH WM 1978, 849; NJW 1986, 2571, 2572 – Schuldschein über Darlehen). Vgl auch § 212 Rn 5ff.

Was im Einzelfall gewollt ist, muss durch Auslegung ermittelt werden, es sind stets alle drei Möglichkeiten in Betracht zu ziehen. Ein Schuldanerkenntnis kann auch in einer notariellen vollstreckbaren Urkunde nach § 794 I Nr 5 ZPO begründet werden (Koblenz WM 2003, 405). Der **Unterschied** zw Schuldanerkenntnis und Schuldversprechen ist nur formeller Art (Vor § 780 Rn 1a). Die Abgrenzung zu Gewähr- oder Garantievertrag und einseitigen Anerkenntnissen ist flüssiger als bei Schuldversprechen, da „Anerkenntnis" und „anerkennen" gebräuchliche Worte im Rechtsverkehr sind. Außerdem ergibt sich hier von selbst, dass idR der Schuldgrund in der Urkunde erwähnt wird. Es muss daher unabhängig vom Wortlaut der eigentliche Parteiwille ermittelt werden, wie er sich aus Wortlaut, Anlass und Zweck der Erklärung, Interessenlage und aus dem Inhalt von Vorverhandlungen ergibt (Koblenz WM 2003, 405). Für ein konstitutives Schuldanerkenntnis muss dieser darauf gerichtet sein, unabhängig vom bestehenden Schuldverhältnis eine neue selbständige Verpflichtung zu schaffen (BGH WM 2016, 1748 Rn 13). Es muss deutlich werden, dass die übernommene Verpflichtung von ihrem Rechtsgrund, also ihren wirtschaftlichen und rechtl Zusammenhängen gelöst wird und allein auf dem im Schuldversprechen zum Ausdruck kommenden Leistungswillen des Versprechenden beruht (BGH NJW 2008, 1589 Rn 15). Oft ergibt er sich aus dem **Zweck** des Anerkenntnisses (Anerkennung eines Saldos, Anerkennung der Schuld auf Anfrage des Zessionars, Regelung bestrittener Fragen oder Schaffung eines festen Ausgangspunktes für weitere Verhandlungen). Bei zweifelhaftem Wortlaut der schriftlichen Erklärung sind Zweck des Schuldanerkenntnisses und Parteiwille auch aus Umständen, die außerhalb der Urkunde liegen, und aus der Interessenlage festzustellen (vgl § 780 Rn 2), wobei aufgrund der weitgehenden rechtl Wirkung Zurückhaltung geboten ist (Brandenburg 3.5.2018 – 5 U 75/17 = BeckRS 2018, 17140). Ist der Zweck des Schuldanerkenntnisses zweifelsfrei auf Verselbständigung gerichtet, entsteht die Forderung konstitutiv aus ihm (BGH NJW 2000, 2501), und falls vorher keine Forderung bestand, wird sie hierdurch „fingiert" (vgl RGZ 152, 165; *Freitag* NJW 1977, 116 mwN), s auch § 780 Rn 9. 1a

2. Gegenstand des Schuldanerkenntnisses. Ein Schuldanerkenntnis kann nur Schuldverhältnisse zum Gegenstand haben, nicht aber Familienverhältnisse oder dingliche Rechte. Auf die Richtigkeit des etwa angegebenen Schuldgrundes kommt es nicht an, da überhaupt kein Verpflichtungsgrund genannt zu werden braucht. Bei wahrheitswidrigen Angaben liegt selbständiges Schuldanerkenntnis nahe, § 780 Rn 2. Das Schuldanerkenntnis kann bedingt oder befristet sein und zugunsten eines Dritten abgegeben werden. Nebenabreden hierüber sind nicht formbedürftig (RG WarnRsp 1925, 168, vgl § 780 Rn 1 und 5). 2

Ein **Saldoanerkenntnis** bei Kontokorrentverkehr ist als Schuldanerkenntnis zu werten (BGHZ 26, 142, 150; 80, 172, 176; BGH WM 1985, 971; Hamm NJW-RR 1994, 1133; MüKo/*Habersack* Rn 10; Staudinger/*Hau* Rn 60; aA *Kübler*, 157ff; *Blaurock* NJW 1971, 2208). Die Einzelposten werden rechtl bedeutungslos, und nur das Guthaben besteht fortan als einzige Forderung. Ob darin eine Novation liegt, wie dies die Rspr annimmt (vgl BGHZ 26, 142, 150; 141, 116, 120; RGRK/*Steffen* § 782 Rn 8), ist zweifelhaft. Die Frage ist bedeutsam für das Weiterbestehen von Sicherungsrechten an Einzelforderungen. § 356 HGB ist nicht direkt anwendbar; die Novation ist daher zu verneinen, so die mittlerweile hA in der Lit (*Schlegelberger/Hefermehl* § 355 HGB Rn 59; MüKo/*Habersack* Rn 12); die Rspr. wendet § 356 HGB entsprechend an (RGZ 162, 247; BGHZ 29, 280, 283; 141, 116, 120ff; zu dieser Inkonsequenz abl MüKo/*Habersack* Rn 12). Das dem Saldo zugrunde liegende Anerkenntnis kann jedoch unter den Voraussetzungen des § 812 als sachlich unrichtig und rechtl grundlos widerrufen werden (RGZ 101, 125; 117, 39; BGHZ 51, 346, 348; BGH NJW 1968, 591; dazu näher *Blaurock* NJW 1984, 2), wobei der Schuldner darzulegen und zu beweisen hat, dass der Saldo falsch berechnet wurde oder die Einzelforderungen nicht bestanden (BGH WM 1991, 1630, 1631). Wird das Anerkenntnis auf neue Rechnung vorgetragen, wird es selbst wieder zu unselbständigem Rechnungsposten und unterliegt der regelmäßigen Verjährungsfrist des § 195, anders als etwa in das Kontokorrent einbezogene Forderungen (BGH NJW 1968, 33, 34). Die **Gutschrift auf Girokonto** bedeutet Schuldanerkenntnis, genauer die Konkretisierung eines im Girovertrag aufschiebend bedingt und global abgegebenen, abstrakten Schuldversprechens (BGHZ 103, 143, 164; 161, 273, 278f), was sich auf Kontoauszüge außerhalb von Giroverhältnissen nicht übertragen lässt, da es dort am Girovertrag fehlt und kein Bedürfnis erhöhter Rechtssicherheit im bargeldlosen Zahlungsverkehr besteht (BGHZ 161, 273, 279). Die Anzeige an den Empfänger hat hingegen nur deklaratorische Bedeutung (BGH NJW 1951, 437; 1991, 2140 mwN; zur Gutschrift im beleglosen Datenträgeraustauschverfahren s Nürnberg WM 1997, 1524). Erfolgt die Buchung nur als vorübergehende „Gutschrift", so liegt mangels Rechtsbindungswillen kein Schuldanerkenntnis vor (Hamm WM 1990, 1491 mwN). Der Kontoinhaber kann die auf rechtsgrundloser Fehlüberweisung beruhende Gutschrift und damit das Schuldversprechen der Bank zurückweisen (BGH NJW 1990, 323); kein Zurückweisungsrecht besteht, wenn sich der Kontoinhaber mit der Überweisung einverstanden erklärt hat und die Summe dem angegebenen Konto vorbehaltlos gutgeschrieben worden ist (Oldenburg ZIP 1991, 924; s dazu auch BGH ZIP 1991, 862, 863; zum Differenzeinwand im Kontokorrent vgl BGH NJW 1980, 390; BGH 93, 307 m zust Besprechung *Pieper* ZIP 1985, 725; abl *Canaris* ZIP 1985, 592); zum Girovertrag s auch Komm zu §§ 675c ff und Vor § 783 Rn 8. Die vorbehaltlose Zahlung einer Rechnung ist für sich genommen kein Schuldanerkenntnis (BGH NJW 2009, 580 Rn 12). Die Auskunft des Versicherers über zu erwartende Auszahlungsbeträge soll weder ein konstitutives noch ein deklaratorisches Schuldanerkenntnis begründen (Köln NJW-RR 2003, 818, 819). 3

3. Umdeutung. Zur **Umdeutung** nichtiger selbständiger Verpflichtungen anderer Art s § 780 Rn 4. 4

5 **4. Einreden, Einwendungen und Verjährung.** S hierzu § 780 Rn 8ff, 16. Bei abstrakter Anerkennung der Schuld beginnt die Verjährung des Anspruchs aus dem Grundverhältnis neu – § 212 I (vgl Grü/*Sprau* Rn 6; Staudinger/*Hau* § 780 Rn 27); das vertragl Anerkenntnis zum Neubeginn der Verjährung nach § 214 II 2 gehört unter § 781. Der Anspruch aus dem abstrakten Anerkenntnis verjährt nach § 195, und zwar auch dann, wenn das Grundgeschäft einer kürzeren Verjährung unterliegt (BGH WM 1984, 668; Grü/*Sprau* § 780 Rn 8; Staudinger/*Hau* § 780 Rn 26), ohne dass dies dem Anerkennenden bewusst gewesen sein muss (BGH WM 1986, 430; krit zur unterschiedlichen Handhabung der Verjährung *Baumann*, 220ff).

6 **5. Verneinender Schuldanerkenntnis-Vertrag.** Diesen regelt § 397 II. Er ist nicht formbedürftig.

7 **6. Schriftform.** Für die **Schriftform** usw s § 780 Rn 5, auch hier ist die elektronische Form ausgeschlossen (S 2). Es kommt nicht darauf an, dass ausdrückl das Wort „Anerkenntnis" gebraucht wird, die Erklärung, eine bestehende Verpflichtung erfüllen zu wollen, genügt.

7a Ist für das Grundgeschäft eine Form vorgeschrieben, sieht der Wortlaut des § 781 diese auch für das Schuldanerkenntnis vor. Jedoch kann für das Schuldanerkenntnis nichts anderes als für das Schuldversprechen gelten, da zw beiden lediglich ein Unterschied in der Wortfassung liegt (Staudinger/*Hau* Rn 8). Ein Schuldanerkenntnis, das nur schriftlich abgegeben ist, ist daher auch dann wirksam, wenn für das Grundgeschäft notarielle Form vorgeschrieben und eingehalten worden ist, s § 780 Rn 6.

8 **7. Deklaratorisches Schuldanerkenntnis.** Das **deklaratorische** (bestätigende oder kausale) Schuldanerkenntnis ist in der Rspr entwickelt und als Vertragstypus im BGB nicht geregelt worden. Es soll ein Schuldverhältnis insg oder in einzelnen Bestimmungen dem Streit oder der Ungewissheit entziehen (so BGHZ 66, 250, 253f; BGH NJW 1995, 960; NJW-RR 2005, 246, 247), indem es die Berufung auf das Fehlen anspruchsbegründender Tatsachen und das Bestehen rechtshindernder wie -vernichtender Einwendungen und Einreden ausschließt (BGHZ 66, 250, 254f; BGH WM 2016, 819 Rn 13; Staudinger/*Hau* Rn 13; grds abl zur Konstruktion des deklaratorischen Schuldanerkenntnisses *Baumann*, 179ff), soweit sie bei Abgabe des Anerkenntnisses bestanden und dem Anerkennenden bekannt waren oder er mit ihnen rechnete (BGH NJW 1995, 960, 961; 2000, 2501, 2502; BAG NJW 1999, 2059). Insoweit kommt ihm eine Feststellungswirkung zu, und zwar auch dann, wenn sich der bestätigte Anspruch aus dem zugrunde liegenden Sachverhalt obj nicht ergeben kann (*Gernhuber* Das Schuldverhältnis, 1989, § 18 II 3c; Staudinger/*Hau* Rn 22f; anders Erman/*Heckelmann*[10]; BGH VersR 1970, 945, 947; WM 1981, 1075f; RGRK/*Steffen* Rn 13), entscheidend ist, ob er aus Sicht der Parteien subj besteht oder bestehen kann (so wohl auch BGHZ 66, 250, 254; MüKo/*Habersack*, § 781 Rn 3) und die Parteien dies für möglich hielten. Daraus ergeben sich verschiedene Zweifelsfragen:

9 **a) Abgrenzung.** Das deklaratorische Schuldanerkenntnis kann als formloser Vertrag nach § 311 I selbständiger Schuldgrund werden, da es das Kausalverhältnis tatsächlich erst schafft (*Möschel* DB 1970, 913ff; für Formfreiheit auch MüKo/*Habersack* Rn 3, 6; Grü/*Sprau* Rn 3; Staudinger/*Hau* Rn 44f; für analoge Anwendung des Formerfordernisses gem § 781 *Baumann*, 243ff). Unklar und schwierig wird hierbei die Abgrenzung zum abstrakten Schuldanerkenntnis. Letztlich wird nur aus dem Willen der Vertragsparteien, den Umständen des Einzelfalles und dem Zweck der Vereinbarung zu entnehmen sein, ob ein abstraktes oder nur ein in ein anderes Kausalverhältnis eingebettetes Schuldanerkenntnis vorliegt (BGH WM 1967, 825). Die Angabe des Schuldgrundes spricht für das Vorliegen eines deklaratorischen Schuldanerkenntnisses (BGH WM 2016, 1748 Rn 13; BB 2016, 2427 Rn 26). Im Zweifel ist derjenige beweispflichtig, der sich auf die stärkere Haftungsform beruft.

9a Eine (formularmäßige) **Schuldbestätigung im Kreditwesen**, zB nach Abtretung einer Forderung an eine Bank, ist nicht als abstrakte Verpflichtung des Schuldners anzusehen, sondern höchstens je nach der Interessenlage als bestätigendes Schuldanerkenntnis (BGH NJW 1970, 321; DB 1973, 1646; MüKo/*Habersack* Rn 20), es kann aber auch bloße Wissenserklärung sein (vgl BGH WM 1985, 1178). Hierbei lässt sich leichter die Frage lösen, welche Rechte dem Schuldner verbleiben, wenn die Gegenleistung noch nicht erbracht ist. Grds ist kein Verzicht auf Rechte aus einer Leistungsstörung anzunehmen, die erst nach dem Anerkenntnis eintritt (BGH NJW 1973, 39; DB 1973, 1646). Bei Teilabtretung bezieht sich die Erklärung des Schuldners nur auf die der abgetretenen Forderung zugrundeliegende Teillieferung (BGH NJW 1983, 1903). Das Anerkenntnis kann sich auf den Grund des Anspruchs beschränken (BGH NJW 1973, 620; WM 1974, 836; BAG ZIP 1989, 1207) oder auf die Höhe, in diesem Fall ist es unwirksam, wenn der übereinstimmend vorausgesetzte Anspruch dem Grunde nach nicht besteht (Frankfurt WM 1987, 189). Feststellung und Mitteilung der Bilanz einer Personengesellschaft ist nach hM abstraktes Schuldanerkenntnis (BGH BB 1960, 188; RGRK/*Steffen* § 780 Rn 21; kausales nach Frankfurt BB 1982, 143; distanziert auch Düsseldorf NJW-RR 1994, 1455; diff MüKo/*Habersack* Rn 22ff – kein Anerkenntnis im Verhältnis zw Gesellschaft und Gesellschaftern, kausales Anerkenntnis im Verhältnis zw Gesellschaft und beteiligten Dritten; abl Staudinger/*Hau* Rn 94f – Vertrag sui generis).

10 Das bestätigende Schuldanerkenntnis ist im Rahmen des gesamten Schuldverhältnisses zu sehen. Nicht jedes sich auf eine Schuld beziehendes und sie als bestehend voraussetzendes Schreiben ist bereits ein bestätigendes Schuldanerkenntnis (zB Bitte um Stundung), sondern es muss schon seinem Zweck und Inhalt nach darauf gerichtet sein, Zweifel oder Unklarheiten zu beseitigen und dem Gläubiger eine bessere Rechtsstellung zu geben (BGH NJW 1999, 2889; 2013, 2885 Rn 15; BAG DB 1970, 1230 – Verzicht auf mitwirkendes Verschulden). Für den Abschluss des Vertrags muss ein besonderer Anlass erkennbar sein, er kann nicht gleichzeitig im Abschluss des zu bestätigenden Vertrags liegen (BGH WM 1984, 63). Widerspruchslose Hinnahme von Rechnungen und Kontoauszügen ist regelmäßig kein Anerkenntnis, kann aber Beweisindiz sein (Frankfurt WM 1987, 355), und

bezieht sich nicht auf zukünftige gleichartige Forderungen (BGH NJW 1995, 3311). **Vorbehaltloses Zahlen einer Rechnung** ist für sich genommen kein Schuldanerkenntnis (BGH NJW 2009, 580 Rn 12). Die Bezahlung einer Verbindlichkeit ist nur dann konkludent erklärtes, bestätigendes Schuldanerkenntnis der beglichenen Forderung, wenn der Schuldner aufgrund besonderer Umstände im Einzelfall aus Sicht des Empfängers den Eindruck erweckt, er handele mit entspr Rechtsfolgewillen, etwa bei nachvollziehbarem Anlass für ein Schuldanerkenntnis, insb bei Streit oder zumindest Ungewissheit über das Bestehen der Schuld oder einzelne Einwendungen (BGH ZIP 2008, 2405 Rn 16). Bloße Ablösung eines Darlehens ist grds ebenfalls kein kausales Anerkenntnis der Darlehensschuld durch den Darlehensnehmer (BGH NJW 2008, 3425, 3426); ebenso wenig die Erteilung einer Betriebskostenabrechnung oder die Zahlung darauf (BGH NJW 2014, 2780 Rn 25ff); auch nicht die Zahlung eines Teilbetrags des geforderten Schadens durch Versicherer (Hamm VersR 2017, 372). Wünscht der Besteller die Stundung der Werklohnforderung verbunden mit Ratenzahlungen, so liegt in der vorbehaltlosen Hinnahme dieses entspr kaufmännischen Bestätigungsschreibens ein deklaratorisches Anerkenntnis, wenn der Besteller Sachmängel kannte oder kennen musste (Köln NJW-RR 1998, 1133). Sollen in einer Gesellschafterversammlung Forderungen und Schulden abgestimmt werden, so ist eine darauf bestätigte Forderung als bestätigendes Anerkenntnis zu sehen, das alle tatsächlichen und rechtl Einwendungen im Umfang der Bestätigung ausschließt, die der Erklärende kannte oder kennen musste (BGH NJW 1998, 1492). Die Einstandserklärung eines Organmitglieds für durch seine Pflichtwidrigkeit entstehende Kosten ist deklaratorisches Schuldanerkenntnis causa societatis bzw zur Abwendung naheliegender Schadensersatzansprüche (BGH NJW 2008, 1589 Rn 15ff – für den eV). Eine **Drittschuldnererklärung** gem § 840 I Nr 1 ZPO ist eine rein tatsächliche Auskunft (Wissenserklärung) und kein deklaratorisches Schuldanerkenntnis (BGHZ 69, 328; LAG Berlin DB 1991, 1336). **Schuldanerkenntnis eines Ladendiebes** kann deklaratorisches Anerkenntnis sein (*Musielak* NJW 1977, 561; ähnl Braunschweig NJW 1976, 1640; vgl auch BAG NJW 1999, 2059), aber auch konstitutives, wenn auf § 780 Bezug genommen oder eine Bearbeitungsgebühr vereinbart wird (BAG NJW 2005, 1364, 1365); dasselbe gilt für **Arbeitnehmerdiebstähle**. Es kommt auf den Einzelfall an, da etwaige **unter Druck abgegebene Erklärungen** vorsichtig zu bewerten sind; ein Schuldanerkenntnis, das eine Kassiererin wegen nicht abgerechneter Einkäufe abgibt, um der sonst angedrohten Strafanzeige zu entgehen, ist weder wegen Drohung anfechtbar noch sittenwidrig, wenn der ArbGeb den geforderten Schadensersatz aufgrund der Angaben der Arbeitnehmerin für berechtigt halten durfte (BAG NJW 1999, 2059; 2011, 630). Kein Schuldanerkenntnis ist die Gehalts- oder Lohnabrechnung (BAG DB 1987, 1695). Die Haftungsbestätigung des Versicherers ggü der Reparaturwerkstatt ist kein Anerkenntnis ggü dem Geschädigten (KG VersR 1989, 713). Eine von der örtlichen Reiseleitung „zur Kenntnis genommen(e)" **Reisemängelliste** ist ein deklaratorisches Anerkenntnis (LG Frankfurt NJW 1988, 1219; NJW-RR 1989, 309; anders LG Hannover NJW-RR 1988, 1454). Prüfvermerk des Architekten auf der Schlussrechnung über Bauleistungen ist bloße Wissenserklärung und kein Anerkenntnis (BGH NJW-RR 2002, 661; 2005, 246, 247). Dem Rückzahlungsanspruch wegen nicht bestehendem Unterhalt kann der Entsicherungseinwand nicht mehr bei einem deklaratorischen Schuldanerkenntnis entgegengesetzt werden, das in der Vereinbarung und langjährig praktizierten Ratenabrede mit Minimalabreden zu sehen ist (Düsseldorf FamRZ 1999, 1059). Ein vorgedrucktes Anerkenntnis eines säumigen Schuldners, das nicht näher konkretisierte Stundungs- und Verzugskosten enthält, ist gem §§ 307, 309 Nr 5 unwirksam (AG Dortmund NJW-RR 1998, 1358).

b) Verhältnis zum Kausalverhältnis. Bestand keine Schuld und kein Schuldverhältnis, wird grds durch die Bestätigung auch keines begründet, so dass sich der Schuldner auch später noch trotz seines Anerkenntnisses darauf berufen kann (BGH NJW 1963, 2316; 1984, 799), es sei denn, dass mit dem Anerkenntnis gerade etwaige Zweifel über den Bestand selbst beseitigt werden sollten. Einwendungen und Einreden, soweit sie nicht ausdrückl ausgeschlossen sind, Fristen usw richten sich nach dem zugrundeliegenden Kausalverhältnis (BGHZ 83, 76; BGH NJW 1984, 795), so etwa der Abzeichnung von Stundenzetteln (KG KGRp 2002, 361; Bamberg OLGRp 2004, 169) oder beim gemeinsamen Aufmaß von Bauleistungen (BGH NJW-RR 1992, 727), während einseitiges Aufmaß allenfalls Bedeutung für die Beweislast haben kann (BGH NJW-RR 2004, 92, 95). Die Verjährungsfrist beginnt durch das deklaratorische Anerkenntnis gem § 212 erneut (so für § 208 aF BGH NJW 1992, 2228). Der Schuldner kann noch die Rechtsbehelfe geltend machen, von denen er bei der Abgabe seines bestätigenden Anerkenntnisses nichts wusste und mit denen er auch nicht rechnete. Verzicht auf unbekannte oder zukünftige Einwendungen ist regelmäßig nur dann anzunehmen, wenn dies in der Erklärung des Schuldners klar zum Ausdruck kommt (Gesamtbereinigung; BGH NJW 1971, 320; 1983, 1903; Hamm NJW-RR 1987, 1332; Staudinger/*Hau* Rn 27). Ein Rechtsirrtum des Anerkennenden ist bedeutsam (BGH WM 1968, 472; NJW 1963, 2316). Bei beiderseitigem Irrtum über die obj Anspruchsgrundlage kommt Wegfall oder Verschiebung der Geschäftsgrundlage in Betracht (vgl BGH NJW 1963, 2316, 2317; für § 779 analog BAG NJW 2011, 630; aA Staudinger/*Hau* Rn 38f). Die **Kondiktion** des bestätigenden Schuldanerkenntnisses, das im Widerspruch zur wahren Rechtslage abgegeben worden ist, ist jedoch ausgeschlossen, da es sonst seinen Sinn und Zweck verlieren würde (BGHZ 66, 250, 254 mwN; Grü/*Sprau* Rn 4; Staudinger/*Hau* Rn 36; and *Albers* JZ 2020, 776). Verstößt das Kausalgeschäft gegen Gesetz oder die guten Sitten, so erfasst die Nichtigkeit auch das deklaratorische Anerkenntnis, denn das Schuldverhältnis ist insoweit der Disposition der Parteien entzogen (BGHZ 104, 18). Bestehen die Nichtigkeitsgründe zum Zeitpunkt des Anerkenntnisses nicht mehr, so kommt Bestätigung nach § 141 in Betracht (vgl BGH NJW 1982, 1981). 11

Mit der umfassenden Bedeutung des bestätigenden Schuldanerkenntnisses lässt sich nicht mehr vereinbaren, es nur als Beweismittel oder als Prozessvertrag (*Sellert* NJW 1968, 230ff) zu sehen oder es dem abstrakten Schuld- 12 verhältnis anzunähern bzw umgekehrt (*Pawlowski* JZ 1968, 401ff; für eine einheitliche Subsumtion aller vertragl Schuldanerkenntnisse *Baumann*, 242ff, 284).

13 c) **Schadensrecht.** Das deklaratorische Schuldanerkenntnis findet sich mehr und mehr im **Schadensrecht.** Es braucht sich nicht auf einen ziffernmäßigen Betrag zu beziehen, es genügt, wenn die Ersatzpflicht dem Grunde (idR im Wege eines Vergleichs nach § 779) oder dem Verschulden nach anerkannt wird. Es muss hierbei aber der vertragl bestätigte Anspruch aus dem zugrundeliegenden Sachverhalt auf irgendeine Weise hergeleitet werden können, da sonst ein abstraktes Schuldanerkenntnis vorläge (vgl dazu krit Staudinger/*Hau* Rn 21). Abschlagszahlungen zur Beseitigung von Härten (Krankenhauskosten) können noch nicht schlechthin als Anerkennung der Ersatzpflicht dem Grunde nach gewertet werden (BGH VersR 1963, 1025; 1964, 1199; Köln VersR 1983, 979). Auch der Versicherer kann namens des Schädigers auf Einwendungen verzichten und ein Schuldanerkenntnis abgeben (München VersR 1966, 667). Die Regulierungszusage des Unfallversicherers ist gem § 11 GUB 95 kein deklaratorisches Anerkenntnis, sondern nur eine tatsächliche Auskunft über die Zahlungsbereitschaft (Oldenburg VersR 2009, 247). Bei der Haftpflichtversicherung ist die Regulierungszusage ggü dem Geschädigten hingegen ein deklaratorisches Anerkenntnis für das Haftpflichtverhältnis zw Versicherungsnehmer und Geschädigtem und für das Deckungsverhältnis zw dem Versicherer und dem Versicherungsnehmer (BGH NJW-RR 2009, 382 Rn 9), die Zahlung von Schmerzensgeld ist hingegen kein deklaratorisches Anerkenntnis, wenn der Betrag erheblich von den geltend gemachten Ansprüchen abweicht (KG NJW-Spezial 2011, 395). Die Rechtsschutz-Deckungszusage stellt regelmäßig ein deklaratorisches Anerkenntnis dar (BGHZ 202, 122, 129; zur Auslegung bei subj Sachverhaltsschilderung durch den Schädiger Düsseldorf NJW 1990, 2560). Eine Erklärung, die lediglich eine Absicht für künftiges Verhalten ankündigt, reicht nicht aus (Koblenz NJW-RR 2001, 1109). Akzeptiert der Schuldner bzw seine Haftpflichtversicherung in der Abfindungserklärung des Gläubigers einen auf den materiellen Zukunftsschaden gerichteten Vorbehalt, so liegt darin regelmäßig kein konstitutives Anerkenntnis; der Gläubiger kann aber durch ein solches deklaratorisches Anerkenntnis von der Verjährungseinrede „konstitutiv" befreit werden, so dass sich die Verjährung der Ersatzansprüche für den Zukunftsschaden nach § 201 richtet (BGH NJW 1985, 791f; 1992, 2228).

14 Im Zweifel ist aus Erklärungen und Bekenntnissen **an der Unfallstelle** oder aus rechtl Beurteilungen eines Unfallhergangs aus der Sicht des Verursachers noch kein Anerkenntnis zu entnehmen (*Füchsel* NJW 1967, 1216; Düsseldorf VersR 1973, 718, 867). Grds sind alle spontanen Äußerungen über die Schuldfrage nach einem Verkehrsunfall zurückhaltend zu beurteilen. Sie werden oft abgegeben, um weiteren Auseinandersetzungen an Ort und Stelle aus dem Wege zu gehen oder polizeilichen Maßnahmen auszuweichen. Eine gewisse Bedeutung kann solchen Äußerungen gleichwohl zukommen, zB Verbesserung der Beweislage des anderen Teiles, Indizwirkung (BGH NJW 1984, 799). Es wird jew auf eine konkrete Würdigung von Inhalt und Beweggrund solch einer Erklärung ankommen, vor allem müssen ausreichende Umstände aus dem Unfallhergang für die Ernsthaftigkeit des „Anerkenntnisses" sprechen (BGH NJW 1982, 996, *Lindacher* JuS 1973, 79 – kein Vortäuschen für unlautere Zwecke). Insg ist die Rspr zurückhaltend mit der Annahme eines vertragl Anerkenntnisses. Ein abstraktes wird nur ganz vereinzelt angenommen (München VersR 1970, 262; vgl auch *Lindacher* JuS 1973, 82 bei schriftlicher Erklärung), häufiger dagegen ein deklaratorisches (KG NJW 1971, 1219; Düsseldorf VersR 1973, 719; VersR 1979, 626; Hamm MDR 1974, 313), eine Vermutung hierfür besteht jedoch nicht (BGH NJW 1982, 996, 998; 1984, 799). IdR liegt keine rechtsgeschäftliche Willenserklärung vor, sondern nur eine Beweiserleichterung (BGH NJW 1982, 996, 998; 1984, 799), was aber nicht allg für das Vertragsrecht gilt (BGH NJW 2002, 1340). Ein Anerkenntnis an der Unfallstelle durch AGB ist wegen Verstoßes gegen § 307 unwirksam (Karlsruhe NJW 1991, 112).

15 **8. Anerkenntnis im Prozess.** Dies ist eine reine (einseitige) Prozesshandlung (BGHZ 80, 389, 391; MüKo/*Habersack* Rn 8; Staudinger/*Hau* Vor § 780 Rn 34; Zöller/*Feskorn* Vor §§ 306f ZPO Rn 6; für Doppelnatur *Thomas* ZZP 89, 1976, 80). Es bezieht sich ausschließlich auf den prozessualen Anspruch, dem es die Urteilsgrundlage verschafft, jedoch keine neue materiell-rechtl Grundlage. Seine Beurteilung richtet sich allein nach Prozessrecht.

§ 782 Formfreiheit bei Vergleich

Wird ein Schuldversprechen oder ein Schuldanerkenntnis aufgrund einer Abrechnung oder im Wege des Vergleichs erteilt, so ist die Beobachtung der in den §§ 780, 781 vorgeschriebenen schriftlichen Form nicht erforderlich.

1 **1. Ratio.** Die Vorschrift enthält zwei **Ausnahmen von der Schriftform** der §§ 780, 781, nicht jedoch von einer aus anderen Vorschriften begründeten strengeren Form, zB § 311b I 1, § 518 I 2. Sie beruht nicht nur darauf, dass sich der Verpflichtungswille des Schuldners bereits aus dem Zweck der Abrechnung oder des Vergleichs ergibt (so BGHZ 121, 1, 5); sondern auch darauf, dass es keiner Warnfunktion bedarf, weil sich auch die Tragweite der Erklärung aus ihrem Zweck ergibt.

2 **2. Begriff der Abrechnung.** Die hier gemeinte **Abrechnung als Rechtsbegriff** und die Anerkennung des Saldos sind von der **rechnerischen Ermittlung der Schlusssumme**, dh der Abrechnung als mathematischem Vorgang, zu unterscheiden. Sie beinhaltet die Feststellung der Schlusssumme aus einer Reihe von Rechnungsposten, die aus Einzelvorgängen rechtsgeschäftlicher Art herrühren, und zwar unter Mitwirkung von Schuldner und Gläubiger (vgl RGZ 49, 41; 71, 103; 95, 20). In der gemeinsamen Feststellung liegt gewöhnlich dann auch die Anerkennung des Saldos und damit auch das Schuldversprechen oder Schuldanerkenntnis, da sie nur den Sinn haben kann, den Endbetrag als geschuldete Leistung festzustellen und die Einzelforderungen nicht mehr geltend

zu machen. Abrechnung kann auch stillschw oder durch schlüssige Handlungen erfolgen, wenn zB der Schuldner widerspruchslos Abzahlungen auf die Endsumme vornimmt (vgl RGZ 95, 18). Dafür, ob in ihr zugleich schon ein Schuldanerkenntnis liegt, kommt es jew auf die Vereinbarungen in dem Grundvertrag an, aus dem sich die einzelnen Posten der Abrechnung ergeben.

3. Art der Abrechnung. Es sind **zwei Arten der Abrechnung** denkbar. Zum einen kann bei sämtlichen Einzelvorgängen der eine Vertragsteil Schuldner und der andere Gläubiger sein, zum anderen kann die Feststellung eines Saldos bei wechselseitigen Leistungen in Betracht kommen; beide Fälle gehören hierher (Staudinger/*Hau* Rn 3; RGRK/*Steffen* Rn 2). Der wichtigste Fall ist die im Bankverkehr aufgrund von Überweisungen erfolgende Feststellung des Endbetrags auf einem Konto, besonders im Kontokorrent- und Giroverkehr, da Buchungen und Umbuchungen rechtsbegründende Wirkung haben. Allerdings behalten sich die Banken ein Stornorecht vor (näher *Blaurock* NJW 1984, 1). Zum Girovertrag s Komm zu §§ 675c ff und § 781 Rn 3. 3

Dem in § 355 HGB geregelten **Kontokorrent** liegt eine vertragl Vereinbarung zw zwei in dauernder Geschäftsverbindung stehenden Parteien zugrunde, die gegenseitigen Forderungen durch Verrechnung und Feststellung des für den einen oder anderen Teil sich ergebenden Überschusses auszugleichen. Es tritt also Aufrechnungswirkung ein, ohne dass es hierzu einer besonderen Erklärung bedarf. Zur Tilgungswirkung der Verrechnung vgl *Canaris* ZIP 1985, 592. Von der Addition der Einzelposten und der Feststellung des Endbetrags ist die Anerkennung des Saldos zu unterscheiden. Sie braucht nicht schriftlich zu geschehen. Sie bewirkt, dass die Einzelforderungen erlöschen und ein Schuldanerkenntnis iSd § 781 entsteht (hierzu noch *Canaris* DB 1972, 421; *Blaurock* JA 1980, 691; *Maier* JuS 1988, 196; zur Anerkennung des Saldos durch Schweigen unter Kaufleuten AG Lüdinghausen NJW-RR 1992, 885; zur Ablösung eines Kontokorrentkredits durch Ratenkredit Hamm NJW-RR 1994, 1133). 4

Von einem **uneigentlichen Kontokorrentverkehr** spricht man, wenn zw den Geschäftspartnern eine dauernde Geschäftsverbindung besteht, die gegenseitigen Ansprüche kontokorrentmäßig behandelt werden, jedoch nicht alle der in § 355 HGB genannten Merkmale des (eigentlichen) Kontokorrents vorliegen (näher dazu *Schlegelberger/Hefermehl* § 355 HGB Rn 118ff). Auch ein in diesem Rahmen geschlossener Anerkenntnisvertrag ist nach § 782 formlos wirksam; ob er vorliegt, ist durch Auslegung zu ermitteln (§ 780 Rn 2), regelmäßig aber anzunehmen (MüKo/*Habersack* § 781 Rn 15; Staudinger/*Hau* Rn 20). 5

4. Verpflichtungswille. Bei dem Anerkennen der Abrechnung muss **selbständiger Verpflichtungswille** vorliegen in dem Sinne, dass die festgestellte Endsumme als neue Verpflichtung anerkannt wird. Das ist anzunehmen, wenn die Parteien das Ergebnis einer gemeinsamen Abrechnung in Form einer Vereinbarung festlegen, damit der Gläubiger sich zur Rechtfertigung seiner Ansprüche in Zukunft nur noch auf diese Verrechnung zu berufen braucht (BGH WM 1986, 51). Zu der bestehenden schuldrechtl Beziehung tritt ein selbständiger neuer Verpflichtungsgrund hinzu. Der Zweck der neuen Verpflichtung kann darin liegen, dass umstr oder zweifelhafte Posten bereinigt werden. Im Zweifel ist anzunehmen, dass die neue Verpflichtung alle gegenseitigen Forderungen einschließt, jedoch kann aus ihr nicht ein Verzicht auf unberücksichtigt gebliebene Einzelposten und die zugrundeliegenden Forderungen entnommen werden. In der Abrechnung liegt, jedenfalls beim uneigentlichen Kontokorrent, keine Novation (hierzu § 364 Rn 7ff und MüKo/*Habersack* § 781 Rn 15). Mangels Einigung zw Gläubiger und Schuldner ist der Beschluss einer Jahresabrechnung durch WEG noch keine Abrechnung (BGH NJW 2012, 2797). 6

5. Sicherheiten. Zur Novationswirkung und zum Wirksambleiben der **Sicherheiten für die Einzelforderungen** s § 781 Rn 3. 7

6. Kondiktion. Das neue, dem Saldo zugrundeliegende Anerkenntnis kann unter den Voraussetzungen des **§ 812** als sachlich unrichtig und rechtl grundlos ganz oder teilw **widerrufen** werden, wenn Schuldposten in die Abrechnung einbezogen worden sind, die nicht bestanden (RGZ 101, 125). Dem Schuldner sind aber die Grenzen des **§ 814** gesetzt, dh in der Abrechnung berücksichtigte zweifelhafte oder str Forderungen sind nicht kondizierbar. **Beweislast** obliegt dem Schuldner (BGH WM 1991, 1630, 1631). 8

7. Handelsrecht. Für die Abrechnung mit einem **Kaufmann** gilt §§ 355ff HGB. 9

8. Vergleich. Ob und wann ein **Vergleich** (§ 779) iSd § 782 vorliegt, richtet sich nach den Umständen des Einzelfalls. Ein selbständiges konstitutives Schuldanerkenntnis wird nur selten anzunehmen sind. IdR wird nur ein deklaratorisches oder gar kein Anerkenntnis gewollt sein (BGH VersR 1963, 1025; 1964, 1199; MüKo/*Habersack* Rn 3). 10

Titel 23

Anweisung (§§ 783–792)

Vorbemerkung vor § 783

Schrifttum: *Baumbach/Hefermehl/Casper*, Wechselgesetz, Scheckgesetz, Recht des Zahlungsverkehrs, 24. Aufl 2020; *Bülow*, Kommentar zum Wechselgesetz, Scheckgesetz, AGB, 5. Aufl 2013; *Grundmann*, Bankvertragsrecht, Bd 1, 2020, Bd 2 2021; *Hueck/Canaris*, Recht der Wertpapiere, 12. Aufl 1986; *Schnauder*, Die Rechtsnatur der Anweisung, JZ 2009, 1092; Staub/*Cana-*

ris, Handelsgesetzbuch, Bankvertragsrecht, Bd 5, Teil 1 (Rn 1–1162), 4. Aufl 2005, Teil 2, 3. Aufl 1988; *Weber*, Recht des Zahlungsverkehrs, 4. Aufl 2004; *Zöllner*, WertpapierR, 14. Aufl 1987.

1 **1. Begriff der Anweisung.** Die **Anweisung** iSd BGB hat wirtschaftlich nur eingeschränkte Bedeutung, da sich eine Anzahl von Unterarten oder verwandten Rechtsgeschäften herausgebildet hat (Wechsel, Scheck, Anweisung des § 363 HGB), die jew gesondert geregelt sind. Die Bestimmungen des BGB erhalten aber dadurch ein besonderes Gewicht, dass sie für alle Unter- und Abarten zT noch unmittelbar anzuwenden sind, zT als RL für die Auslegung in Betracht kommen, zT auch bei Nichtigkeit der besonderen Rechtsformen aushilfsweise Platz greifen können und schließlich nicht zuletzt noch aus ihnen allg Grundsätze des Wertpapierrechts abgeleitet werden können.

2 **2. Beteiligte.** Die Anweisung setzt **drei Beteiligte** voraus: den Anweisenden, den Anweisungsempfänger und den Angewiesenen. Für den Charakter **der Rechtsbeziehungen** zw diesen Beteiligten sind zwei Stadien zu unterscheiden: **a) Bis zur Annahme** durch den Angewiesenen: Mit der Aushändigung der Urkunde wird der Anweisungsempfänger ermächtigt, die Leistungen bei dem Angewiesenen in eigenem Namen zu erheben, und der Angewiesene wird ermächtigt, für Rechnung des Anweisenden an den Anweisungsempfänger zu leisten, § 783. **Ein Rechtsvorgang** erzeugt mithin eine **doppelte Ermächtigung. b) Nach der Annahme** durch den Angewiesenen ist dieser dem Anweisungsempfänger ggü verpflichtet zu leisten, § 784. Im Verhältnis des Anweisenden zum Angewiesenen bleibt die Ermächtigung bestehen.

3 **3. Ermächtigung.** Die **Ermächtigung** gibt die rechtl Macht (Befugnis), in eigenem Namen über fremdes Recht zu verfügen. Sie erzeugt aber keine Verpflichtung hierzu. Der Anweisungsempfänger ist daher nicht verpflichtet, von der Anweisung Gebrauch zu machen, und der Angewiesene ist vor der Annahme nicht verpflichtet zu leisten. RGZ 146, 400 spricht deswegen davon, dass die Anweisung ohne Hinzutritt der Annahme durch den Angewiesenen rechtl wirkungslos sei.

3a Als Ermächtigung unterscheidet sich die Anweisung (1) von der **Bevollmächtigung und Stellvertretung**, weil der Bevollmächtigte oder Stellvertreter in fremdem Namen handelt; (2) vom **Auftrag** (Inkassomandat), weil weder für den Anweisungsempfänger noch für den Angewiesenen eine Verpflichtung zur Leistung aus dem Grundverhältnis besteht; (3) von der **Zession**, weil nicht die Forderung abgetreten, sondern nur die Befugnis zu ihrer Einziehung übertragen wird.

4 **4. Zugrundliegende Verhältnisse.** Die Anweisung selbst ist in ihrem Bestand nicht unmittelbar ein Teil der Grundverhältnisse zw den Beteiligten. Sie überlagert vielmehr selbständig und in sich abgeschlossen diese Grundverhältnisse. Hier unterscheidet man (1) das **Valuta-(oder Gegenwert-)Verhältnis** zw Anweisendem und Anweisungsempfänger und (2) das **Deckungsverhältnis** zw Anweisendem und Angewiesenem (krit zu dieser Terminologie unter bereicherungsrechtl Aspekten MüKo/*Habersack* § 783 Rn 5).

4a Die Grundverhältnisse können beliebiger schuldrechtl Art sein, müssen allerdings die gleichen Leistungsverpflichtungen zum Gegenstand haben, über die eine Anweisung erteilt werden kann (Geld, Wertpapiere oder andere vertretbare Sachen). Mit der Leistung aufgrund der Anweisung wird insofern eine Verbindung mit den Grundgeschäften hergestellt, als auch zugleich die Leistung aus ihnen bewirkt wird, §§ 787, 788 („Simultanleistung"); dabei ist der Angewiesene bei der Anweisung auf Schuld Schuldner des Anweisenden und tilgt diese Schuld durch die Leistung an den Anweisungsempfänger, bei der Anweisung auf Kredit leistet er ohne entspr Verpflichtung ggü dem Anweisenden an den Anweisungsempfänger und wird zum Gläubiger des Anweisenden (BGH ZIP 2008, 2182 Rn 9). Bei fehlerhaftem Grundverhältnis kann ein Bereicherungsanspruch bestehen (dazu BGHZ 111, 382, 385ff mwN; näher § 812 Rn 21; zum Bereicherungsausgleich bei Fälschung § 783 Rn 10, zum Bereicherungsausgleich bei Doppelmangel § 784 Rn 9).

5 Im Geschäftsverkehr ist man über die einengenden Bestimmungen des § 783 hinweggegangen und hat Anweisungen auch auf **andere Gegenstände** als Geld, Wertpapiere und vertretbare Sachen sowie auch in **mündlicher Form** oder unmittelbar an den Angewiesenen gerichtet zugelassen. Da nach allg Meinung die Anweisung des BGB nur einen Sonderfall eines weitergehenden allg Anweisungsrechts bildet (BGHZ 6, 378, 383; BGH NJW 1971, 1608, 1609; RGRK/*Steffen* Rn 1; MüKo/*Habersack* § 783 Rn 8), sind sie für wirksam zu erachten. Welche rechtl Bedeutung sie haben, richtet sich nach den Umständen des Einzelfalles. Gewöhnlich werden die Beteiligten denselben Erfolg gewollt haben wie bei der Anweisung iSd § 783, also die Legitimation des Anweisungsempfängers zur Entgegennahme der Leistung und die Ermächtigung des Angewiesenen zur Leistung an den Anweisungsempfänger. Die Bestimmungen des BGB sind entspr anzuwenden, jedoch nicht diejenigen, die in der Schriftform zur Verkehrserleichterung ihren besonderen Grund haben, insb die §§ 784, 792 (BGHZ 3, 238, 240; Staudinger/*Marburger* § 783 Rn 35). Gleichzustellen ist der Kassalieferschein (BGHZ 6, 378, 383), in dem eine besondere Form der Anweisung liegt (*Sieg* BB 1992, 299).

6 **5. Unterarten der Anweisung. a) Kaufmännische Anweisung.** Die kaufmännische Anweisung findet sich in §§ 363–365 HGB, und ist auf einen Kaufmann als Angewiesenen ausgestellt. Anders als die Anweisung des BGB kann sie an Order lauten und ist in diesem Fall indossabel, darf dann allerdings nicht von einer Gegenleistung abhängig gemacht werden. Wird auf einen Nichtkaufmann angewiesen, handelt es sich um eine Anweisung nach BGB, gleichgültig, ob Anweisender oder Anweisungsempfänger Kaufleute sind.

6a **b) Kreditbrief.** Der vornehmlich als Reise- oder Rundkreditbrief ausgestaltete Kreditbrief enthält eine Anweisung auf Zahlung bis zum angegebenen Höchstbetrag bei Vorzeigung des Briefes (RGZ 64, 108). Er hat sehr an Bedeutung verloren durch die neuen Formen zur Beschaffung von Zahlungsmitteln auf Reisen und im geschäftlichen Verkehr, besonders durch Reiseschecks sowie Kredit- und andere Zahlungskarten. Reiseschecks zählen im Grunde zu den üblichen Schecks und sind durch ihre praktische Ausgestaltung im Verkehr beweglicher gehalten (vgl näher *Heinichen*, Die Rechtsgrundlagen des Reisescheckverkehrs, 1964).

c) Scheck. Soweit die Bestimmungen des ScheckG es zulassen, sind auf den Scheck des ScheckG die Vorschriften des BGB anwendbar, so zB § 788, nicht jedoch § 787 I (BGH NJW 1951, 598, 599). Anders als bei der Anweisung ist nach Art 4 ScheckG keine Annahme möglich. Zum Scheck mit faksimilierter Unterschrift als mündliche Anweisung s *Sprengel* MDR 1958, 553. Zu Problemen der Scheckeinlösung s *Häuser* WM 1988, 1505; *Pleyer/Wallach* ZHR 153, 539. Die eurocheque-Garantie mittels Vorlage der ec-Karte ist seit dem 1.1.2002 abgeschafft. 6b

d) Gezogener Wechsel. Der gezogene Wechsel des WG stimmt in der Grundform mit der bürgerlich-rechtl Anweisung überein und knüpft ähnl der anweisungsrechtl Annahme nach § 784 die Haftung des Bezogenen an die Annahme des Wechsels, Art 25, 28 WG. Erhebliche Unterschiede bestehen in den Formerfordernissen und den Rechtsfolgen, die an den Charakter des Wechsels als Orderpapier anknüpfen. Möglich ist die Umdeutung nichtiger Wechsel in bürgerlich-rechtl oder kaufmännische Anweisung (BGHZ 124, 263, 268f; MüKo/*Habersack* § 783 Rn 28; Staudinger/*Marburger* § 780 Rn 38; *Baumbach/Hefermehl/Casper* Art 2 WG Rn 9). S auch § 780 Rn 4. 6c

e) Zahlungskarten. Zahlungskarten sind Kreditkarte, Debitkarte und Geldkarte: **aa)** Bei **Kreditkarten** besteht zw dem Kreditkarteninhaber und Kreditkartenaussteller ein Geschäftsbesorgungsvertrag iSd § 675 (BGHZ 91, 221, 224; BGH NJW 1987, 2014, 2015), aus dem der Aussteller verpflichtet ist, die jew im Einzelfalle beim Vertragspartner des Ausstellers entstandene Schuld des Inhabers zu bezahlen. Die Unterschrift des Inhabers auf dem Bon, den er dem Vertragspartner überreicht, enthält mit dem Text die unwiderrufliche Weisung iSd §§ 665, 675 I an den Aussteller, den vermerkten Betrag zu zahlen (BGHZ 152 = NJW 2002, 3698, 3699). Die Zahlungszusage zw einem Kreditkartenaussteller und seinen Vertragsunternehmen ist abstraktes Schuldversprechen (BGHZ 150, 286, 294f; 157, 256, 261). Bei den Ausstellern von Kreditkarten handelt es sich idR um Gesellschaften, die ihren Mitgliedern die bargeldlose Bezahlung von Dienstleistungen und Waren bei Vertragsunternehmen ermöglichen. Näher zu Kreditkarten § 675f Rn 99ff. 6d

bb) Die **Debitkarte**, früher **ec-Karte**, jetzt auch **Girocard**, dient der Bargeldabhebung an Geldautomaten und der bargeldlosen Zahlung in Point of Sale-Systemen mit Zahlungsgarantie (POS) oder ohne Zahlungsgarantie (POZ), die auf entspr Bedingungen der Kreditinstitute als AGB beruhen. Im Einz zu Fragen der Girocard § 675f Rn 124ff. 6e

cc) Die **Geldkarte**, die zunächst zulasten des Girokontos des Inhabers mit einem Geldbetrag aufgeladen und von der beim Bezahlen der entspr Betrag abgebucht wird, beinhaltet ein abstraktes Zahlungsversprechen (*Pfeiffer* NJW 1997, 1036, 1938; anders *Kümpel*, WM 1997, 1037, 1039ff – subsidiäre Garantie) und fällt unter § 807 (*Schinkels* WM 2005, 450; anders *Pfeiffer* NJW 1997, 1036 – Zahlungskarte nach § 676h aF). Näher zu Geldkarten § 675f Rn 134ff. 6f

6. Akkreditiv. Von der Anweisung zu unterscheiden ist das **Akkreditiv**. Es hat sich herausgebildet, um Zahlungen auf den vorzuleistenden Kaufpreis mit Hilfe von Banken zu ermöglichen. Man unterscheidet das einfache oder glatte Akkreditiv (Barakkreditiv), wenn der Käufer dem Verkäufer bei einer Bank einen Geldbetrag ohne Gegenleistung zur Verfügung stellt, und das Dokumentenakkreditiv, wenn unter gleichen Voraussetzungen die Auszahlung des Geldes von der Aushändigung der Dokumente über Versendung oder Einlagerung der gekauften Waren abhängig gemacht wird. IdR verläuft die Akkreditiv-Stellung so, dass der Käufer seiner Bank einen Akkreditivauftrag (Geschäftsbesorgungsvertrag mit Werkvertragscharakter) dahingehend erteilt, den Kaufpreis gegen Aushändigung der Dokumente an den Verkäufer zu zahlen. Der von der Bank angenommene Akkreditivauftrag verpflichtet diese, das Akkreditiv zu eröffnen, die Einhaltung der Akkreditivbedingungen durch den Begünstigten zu überwachen (zur Sorgfaltspflicht vgl BGHZ 108, 348, 351ff; BGH WM 1988, 1298; zum möglichen Aufwendungsersatzanspruch Frankfurt WM 1981, 445; zu den Anforderungen an akkreditivgerechte Rechnungen BGH NJW-RR 1987, 924; zur vorbehaltlosen Annahme der Dokumente BGHZ 101, 84, 90) und unter den Bedingungen des Akkreditivs Zahlung zu leisten (vgl MüKo/*Habersack* § 783 Rn 47). Die Akkreditiveröffnung erfolgt durch Erklärung (Bestätigung) ggü dem Begünstigten und begründet ein abstraktes Schuldversprechen nach § 780 (RGZ 106, 307; 144, 136; BGHZ 28, 129, 130; 132, 313, 316) s § 780 Rn 1. Nicht selten behält sich die Bank bei der Anzeige an den Akkreditierten vor, zur Auszahlung nicht verpflichtet zu sein. Das geschieht ua zur Sicherung des Akkreditivstellers, um diesem bei Entstehung von Streitigkeiten einen Widerruf zu ermöglichen (RGZ 105, 400). Das Akkreditiv ähnelt der Anweisung insoweit, als auch hier durch die Zahlung der Bank Simultanerfüllung im Deckungs- und Valutaverhältnis eintritt, analoge Anwendung der Anweisungsvorschriften ist daher grds möglich (Staudinger/*Marburger* § 783 Rn 54; MüKo/*Habersack* § 783 Rn 46). 7

Das **Dokumentenakkreditiv** ist geregelt in den Einheitlichen RL und Gebräuchen für Dokumentenakkreditive (ERA) idF 1993 (Abdruck und Erläuterung der dt Übersetzung bei *Hopt* HGB[42], 2023, ERA; zum Dokumentenakkreditiv näher Grundmann/*Grundmann* BankvertragsR, Bd 1, 3. Rn 551ff; *Schütze/Vorpeil* Das Dokumentenakkreditiv im internationalen Handelsverkehr[7] 2016).

7. Bankgarantie. Zunehmende Bedeutung hat im internationalen Handel die **Bankgarantie** gewonnen. Auch wenn sie vorwiegend der Sicherstellung dient, so besteht doch eine gewisse „Zweckverwandtschaft" mit dem Akkreditiv (*Schlegelberger/Hefermehl* Anh § 365 HGB Rn 274). Aufgrund einer zw zwei Geschäftspartnern verein- 7a barten Garantieklausel zur Absicherung von Leistungsstörungen erteilt der Garantiepflichtige seiner Bank einen Garantieauftrag (Geschäftsbesorgungsvertrag mit Werkvertragscharakter). Mit diesem Geschäftsbesorgungsvertrag verpflichtet sich die Bank, mit dem Begünstigten einen Garantievertrag abzuschließen. In diesem Garantievertrag wiederum verpflichtet sich die Bank, bei Eintritt des Garantiefalles dem Begünstigten die Garantiesumme auszuzahlen. Von der einfachen Garantie unterscheidet sich die Garantie „auf erstes Anfordern" dadurch, dass die Bank den Eintritt des Garantiefalles nicht prüfen, der Begünstigte ihn nicht nachweisen muss (zur Bankgarantie auf erstes Anfordern s BGHZ 90, 287, 292; 94, 167, 170f; 140, 49; zum Entfallen der Zahlungspflicht der Bank bei rechtsmissbräuchlicher Inanspruchnahme, vgl BGHZ 145, 186; BGH NJW-RR 2012, 178).

8 **8. Girovertrag.** Als weitere anweisungsähnl Form der Zahlungsübermittlung ist der Überweisungsauftrag im Rahmen eines **Girovertrags** zu nennen. Der Überweisungsauftrag ist keine echte Anweisung; er richtet sich nicht auf die Leistung von Geld, Wertpapieren oder vertretbaren Sachen, sondern auf die Begründung einer Forderung. Außerdem wird der Überweisungsauftrag, anders als die Anweisung, nicht dem Anweisungsempfänger ausgehändigt, sondern der angewiesenen Bank erteilt (Staudinger/*Marburger* § 783 Rn 54). Gleichwohl stimmen Anweisung und Überweisungsauftrag in wesentlichen Punkten überein (zum Girovertrag s Kommentierung zu §§ 675c ff sowie Grundmann/*Grundmann*, BankvertragsR, Bd 1, 2. Rn 161ff. Zum Lastschriftverfahren BGH DB 1989, 875; *Hadding* WM 2014, 97; *Schnauder* WM 2014, 1701).

9 **9. Postscheck.** Der **Postscheck** hat aufgrund der Poststrukturreformen seine frühere Sonderstellung weitgehend verloren (s Erman/*Hantl-Unthan*[9] Rn 9 und Staudinger/*Marburger* § 783 Rn 44).

10 **10. Wertpapiere.** Man rechnet die Anweisung mit ihren Unter- und Abarten zu den **Wertpapieren**, und zwar die Anweisung des BGB zu den **Rektapapieren** und die Anweisung des HGB zu den **Orderpapieren**, denn das Innehaben der Urkunde ist zur Geltendmachung des Rechts notwendig, § 785 (vgl *Baumbach/Hefermehl/Casper* WPR Rn 16, 59, 73). IÜ s Vor § 793 Rn 2ff.

§ 783 Rechte aus der Anweisung

Händigt jemand eine Urkunde, in der er einen anderen anweist, Geld, Wertpapiere oder andere vertretbare Sachen an einen Dritten zu leisten, dem Dritten aus, so ist dieser ermächtigt, die Leistung bei dem Angewiesenen im eigenen Namen zu erheben; der Angewiesene ist ermächtigt, für Rechnung des Anweisenden an den Anweisungsempfänger zu leisten.

1 **1. Verhältnis zum Grundgeschäft.** Über den allg **rechtl Charakter** der Anweisung s Vor § 783 Rn 1ff. Die Anweisung ist ein Rechtsgeschäft eigener Art, das ein wirtschaftliches Grundgeschäft voraussetzt. Sie begründet nicht Forderungen, sondern eröffnet einen Weg, auf dem bestehende Verbindlichkeiten erfüllt werden können. Zum Anweisungsgeschäft gehören **drei Beteiligte: der Anweisende, der Anweisungsempfänger und der Angewiesene.** Der **Anweisungsgrund** kann beliebiger Art sein. Er ergibt sich aus dem Grundgeschäft. Ein Grundgeschäft wird vorausgesetzt zw dem Anweisenden und dem Anweisungsempfänger (Valuta- oder Gegenwert-Verhältnis), sowie dem Anweisenden und dem Angewiesenen (Deckungsverhältnis). Der Normalfall liegt vor, wenn aus den Grundgeschäften der Anweisende dem Anweisungsempfänger ggü zu einer Leistung verpflichtet und dem Angewiesenen ggü eine Leistung zu fordern berechtigt ist.

2 **2. Doppelermächtigung.** Die Anweisung enthält eine **Doppelermächtigung**, durch sie wird (1) der Anweisungsempfänger ermächtigt, bei dem Angewiesenen über eine Forderung des Anweisenden gegen den Angewiesenen zu verfügen und (2) gleichzeitig der Angewiesene ermächtigt, für Rechnung des Anweisenden an den Anweisungsempfänger zu leisten. Beide werden ermächtigt, nicht aber verpflichtet, denn die Ermächtigung verleiht eine Befugnis oder Rechtsausübungsgewalt, zwingt aber nicht dazu, sie wahrzunehmen. Der Anweisende kann weiterhin noch selbst seinen Anspruch aus dem Grundgeschäft gegen den Angewiesenen geltend machen, und der Angewiesene kann nach wie vor mit befreiender Wirkung an den Anweisenden leisten. Ferner kann der Anweisungsempfänger auf sein Grundverhältnis zum Anweisenden zurückgreifen, ohne von der Anweisung Gebrauch zu machen. Jedoch kann der Anweisungsempfänger aus dem Grundverhältnis verpflichtet sein, zunächst die Anweisung zu realisieren, § 788 Rn 1.

3 **3. Inhalt des Grundverhältnisses.** Welcher Art die **schuldrechtl Grundverhältnisse** sind, ist gleichgültig. Da die Anweisung eine Möglichkeit zur Begleichung der aus diesen entspringenden Verpflichtung sein soll, müssen jedoch die Verbindlichkeiten auf Geld, Wertpapiere oder andere vertretbare Sachen lauten, da sie sonst nicht Gegenstand der Anweisung sein können. Allerdings werden im rechtsgeschäftlichen Verkehr auch Anweisungen auf andere Leistungen zugelassen. Darüber Vor § 783 Rn 5.

4 **4. Annahme durch den Angewiesenen.** Ihre eigentliche Bedeutung erhält die Anweisung erst mit der **Annahme** durch den Angewiesenen, denn hierdurch wird eine neue, von den wirtschaftlichen Grundbeziehungen losgelöste abstrakte Verpflichtung des Angewiesenen ggü dem Anweisungsempfänger erzeugt. Deshalb gehört zum Wesen der Anweisung, dass sich der Angewiesene abstrakt verpflichten soll (RGZ 133, 255; RGRK/*Steffen* Rn 2), zumindest, dass beide in tätiger Mitwirkung den Erfolg herbeiführen sollen. Wenn hieran nicht gedacht ist, kann nur von einseitigen Weisungen, Aufträgen oder dgl gesprochen werden (RGZ 43, 167; 45, 235; aA Staudinger/*Marburger* Rn 1 – Die Absicht des Anweisenden, eine abstrakte Verpflichtung des Angewiesenen zu begründen, gehört nicht zum Wesen der Anweisung).

5. Abgrenzung von ähnlichen Rechtsinstituten. Die Anweisung ist zu unterscheiden von Bevollmächtigung, Vertrag zugunsten Dritter, Auftrag und Zession, s darüber Vor § 783 Rn 3. Der Anweisungsempfänger erhebt beim Angewiesenen die Leistung in eigenem Namen und nicht als Vertreter des Anweisenden. Er wird daher auch Eigentümer der an ihn geleisteten Sachen. Sein guter Glaube entscheidet und nicht der des Anweisenden. Er hat jedoch, wenn vor der Annahme geleistet wird, keine Gewährleistungsansprüche gegen den Angewiesenen, da kein Vertragsverhältnis besteht. 5

6. Inhalt der Urkunde. Es ist nicht wesentlich, dass im **Wortlaut der Urkunde** ausdrückl das Wort „Anweisung" gebraucht wird. Es muss aber aus ihm zweifelsfrei hervorgehen, dass ein selbständiges Anweisungsgeschäft gewollt ist. Daraus ergibt sich, dass die Urkunde die Namen des Anweisungsempfängers und des Angewiesenen sowie die Erklärung enthalten muss, dass der Angewiesene eine bestimmte Leistung an den Anweisungsempfänger zu leisten berechtigt ist. Der Anweisende kann nicht sich selbst als Anweisungsempfänger bezeichnen, auch nicht die Anweisung an Order stellen, da sie nur durch Vertrag übertragen und nicht indossiert werden kann, § 792. Die Orderklausel ist jedoch grds unschädlich, sie wird idR als Abtretungserklärung iSv § 792 zu werten sein (Staudinger/*Marburger* Rn 15; MüKo/*Habersack* Rn 20). Sie kann auch nicht auf den Inhaber gestellt werden (Staudinger/*Marburger* Rn 15; zur auf den Inhaber gestellten Anweisung als Vorstadium der Inhaberschuldverschreibung, insb im Falle der Umdeutung formnichtiger Überbringerschecks, vgl *Baumbach/Hefermehl/Casper* Art 2 ScheckG Rn 5; MüKo/*Habersack* Rn 20). Eine Ausnahme macht die Anweisung des § 363 HGB. Sie kann, wenn die Leistung nicht von einer Gegenleistung abhängig gemacht wird, an Order gestellt und durch Indossament übertragen werden, Vor § 783 Rn 6. 6

7. Bedingung, Befristung. Die Leistungspflicht des Angewiesenen kann **bedingt oder befristet**, auf Sicht, auf den Ablauf einer Frist und auf einen bestimmten Termin gestellt werden, sie kann auch in der Form einer Bedingung von einer Gegenleistung abhängig gemacht werden (RGZ 76, 239; BGHZ 6, 378, 383), nicht jedoch die an Order gestellte kaufmännische Anweisung. Da die Anweisung verselbständigt ist, verträgt sie nicht die Angabe des Schuldgrundes aus dem Deckungsverhältnis in der Urkunde. Geschieht es, so ist im Zweifel anzunehmen, dass es sich nicht um eine Anweisung, sondern um eine Einziehungsvollmacht oder dgl handelt (RG WarnRsp 1915, 201; aA MüKo/*Habersack* Rn 17; Staudinger/*Marburger* Rn 14 – nur Indiz). 7

8. Aushändigung. Die Anweisung wird **wirksam mit Aushändigung** der Urkunde vom Anweisenden an den Anweisungsempfänger. Die Aushändigung ist nicht bloß als einseitiges Rechtsgeschäft aufzufassen (so aber *Larenz/Canaris* SchuldR II/2 § 62 I 2d; Soergel/*Häuser* Vor § 783 Rn 3), sondern entspr der Einordnung der Anweisung als Rektapapier und damit Wertpapier iwS (Vor § 783 Rn 10; zum Wertpapierbegriff näher Vor § 793 Rn 2) als Vertrag, da die Entstehung des verbrieften Rechts, auch wenn es sich hierbei nur um eine Ermächtigung handelt, die Ausstellung der Urkunde und die vertragl Begebung des Papiers erfordert (Grü/*Sprau* Rn 10; Staudinger/*Marburger* Rn 16). Die praktische Bedeutung dieses Streits dürfte im Hinblick auf § 131 gering sein. Näheres zum Theorienstreit über den wertpapierrechtl Entstehungstatbestand Vor § 793 Rn 7ff. 8

Bei unwirksamem Begebungsvertrag kommt eine Rechtsscheinwirkung der Anweisungsurkunde ggü gutgläubigen Dritten nicht in Betracht, denn übertragen wird die Forderung, woran sich der Eigentumserwerb der Urkunde kraft Gesetzes anschließt, § 952 I, vgl § 952 Rn 1 (ebenso MüKo/*Habersack* Rn 21; Staudinger/*Marburger* Rn 16; *Baumbach/Hefermehl/Casper* WPR Rn 79). 9

9. Gefälschte Anweisung. Ist die Anweisung **gefälscht**, kann der Angewiesene seine Leistung dem Anweisenden nicht in Rechnung stellen. Kannte der Anweisungsempfänger die Fälschung, so ist er nach den §§ 812ff zur Rückgabe der Leistung verpflichtet. Ebenso besteht die deliktische Haftung des Fälschers und eines bösgläubigen Anweisungsempfängers (BeckOGK/*Körber* Rn 91; Staudinger/*Marburger* Rn 31). Die hM gewährt dem Angewiesenen einen bereicherungsrechtl Anspruch im Wege der Direktkondiktion gegen den Empfänger (vgl zur fehlenden Anweisung BGHZ 66, 362, 364; 66, 372, 375; 176, 234 Rn 11; BeckOGK/*Körber* Rn 91; *Larenz/Canaris* SchuldR II/2, § 70 IV 2a und auch *Köndgen* NJW 1992, 2269; krit *Lorenz* JZ 1984, 190; *Flume* NJW 1984, 464; NJW 1991, 2521). Näher § 812 Rn 21f. 10

§ 784 Annahme der Anweisung

(1) Nimmt der Angewiesene die Anweisung an, so ist er dem Anweisungsempfänger gegenüber zur Leistung verpflichtet; er kann ihm nur solche Einwendungen entgegensetzen, welche die Gültigkeit der Annahme betreffen oder sich aus dem Inhalt der Anweisung oder dem Inhalt der Annahme ergeben oder dem Angewiesenen unmittelbar gegen den Anweisungsempfänger zustehen.

(2) Die Annahme erfolgt durch einen schriftlichen Vermerk auf der Anweisung. Ist der Vermerk auf die Anweisung vor der Aushändigung an den Anweisungsempfänger gesetzt worden, so wird die Annahme diesem gegenüber erst mit der Aushändigung wirksam.

1. Grundlagen. Zum **Wesen der Anweisung** gehört die Absicht, dass sich der Angewiesene durch besondere abstrakte Erklärung ggü dem Anweisungsempfänger verpflichten soll, § 783 Rn 4, denn nur durch die Annahme erhält sie ihren typischen Charakter, während ihr sonstiger Zweck auch durch Vollmacht, Auftrag, Zession oder dgl zu erreichen ist. Die Annahmeerklärung durch den Angewiesenen schafft eine neue selbständige Verbindlichkeit ggü dem Anweisungsempfänger und steht insoweit einem Schuldversprechen oder Schuldanerkenntnis gleich. Sie geht aber noch darüber hinaus, weil die erzeugte Verpflichtung vollständig losgelöst ist vom Grund- 1 geschäft zw Anweisendem und Angewiesenem. Sie ist daher dem Wechselakzept noch näher verwandt (vgl Kassel NJW 1949, 112 und Vor § 783 Rn 6c, dort auch zur Frage der Umdeutung nichtiger Wechsel in eine Anweisung).

2 Die Frage, ob die Annahme ihrerseits einen **Vertrag** und damit ein Schuldverhältnis begründet, wird nach überwiegender Meinung bejaht (*Larenz/Canaris* SchuldR II/2 § 62 II 1; BeckOGK/*Körber* Rn 4; MüKo/*Habersack* Rn 2; Soergel/*Häuser* Rn 1; Staudinger/*Marburger* Rn 7; in der Tendenz wohl auch BGHZ 90, 86; für die Annahme als einseitige Verpflichtungserklärung RGRK/*Steffen* Rn 3). Das Vertragsverhältnis ergibt sich daraus, dass durch die Annahme ein abstraktes Schuldverhältnis zw Anweisungsempfänger und Angewiesenem entsteht, § 311 I, vgl auch § 780; iÜ erfordert die wertpapierrechtl Verbriefung auch hier einen Begebungsvertrag (Staudinger/*Marburger* Rn 7; *Hueck/Canaris* § 4 V 2; *Baumbach/Hefermehl/Casper* WPR Rn 75). Zu den wertpapierrechtl Theorien Vor § 793 Rn 7ff, zum Verhältnis von Anweisendem und Anweisungsempfänger § 783 Rn 8. Mängel des Begebungsvertrags sind auch hier nicht nach Rechtsscheingrundsätzen zu behandeln, vgl § 783 Rn 9; zur Rechtsscheinhaftung näher § 793 Rn 7.

3 **2. Annahme.** Hierzu s § 787 Rn 5. Die Annahme kann unter einer Bedingung oder Befristung erfolgen, ferner auf die gesamte Leistung oder auch Teilleistungen oder unter sonstigen Bedingungen, die eine Einschränkung enthalten. Zu beachten ist, dass hierzu die „Annahme" durch den Anweisungsempfänger erforderlich ist, denn es handelt sich nach hier vertretener Auffassung um die Begründung eines Vertragsverhältnisses, Rn 2.

4 Mit der Annahme und der hieraus erwachsenden neuen Schuld werden die Grundverhältnisse zw Anweisendem und Angewiesenem sowie Anweisungsempfänger nicht berührt. Die Rechtshängigkeit des einen Anspruchs betrifft infolgedessen nicht auch den anderen. Eine Verbindung findet erst mit der Leistung statt, §§ 787, 788.

5 Ist die Anweisung **gefälscht** oder der Anweisende geschäftsunfähig oder die Anweisung aus einem sonstigen Grunde **unwirksam**, wirkt die Annahme trotzdem rechtserzeugend, da sie rein aus sich heraus selbständig die Verbindlichkeit entstehen lässt.

6 Für den **Wortlaut der Annahme** genügt eine Erklärung, die den Willen zur Annahme bekundet. Indifferente Erklärungen wie „gesehen" oder „Kenntnis genommen" lassen eine derartige Auslegung aber nicht zu, ebenso wenig die bloße Finanzierungsbestätigung der Bank (Schleswig WM 1980, 48). Eigenhändige Unterschrift ist immer notwendig. Setzt der Angewiesene nur seinen Namen auf die Anweisung, so kann das ausreichend sein, ist aber nicht zwingend wie nach Art 25 WG. Die Annahme muss auf der Anweisung selbst vermerkt werden. Erfolgt sie getrennt von dieser in einer besonderen Urkunde, so wird eine Verpflichtung aus § 784 nicht erreicht, durch außerhalb der Urkunde liegende Umstände ist die schriftliche Annahmeerklärung nicht ersetzbar (BGH WM 1982, 155, 156; Koblenz NJW-RR 1989, 506). Ob dann etwa ein selbständiges Schuldversprechen vorliegt, kann nur aus den Umständen des Einzelfalles beurteilt werden. Die Verpflichtung zur Annahme kann mündlich übernommen werden, § 787 II. Eine Umdeutung der Verpflichtungserklärung des Angewiesenen in einen Vertrag zugunsten Dritter setzt voraus, dass zusätzl Umstände einen unmittelbaren Verpflichtungswillen des Angewiesenen ggü dem Anweisungsempfänger belegen (vgl BGH WM 1982, 155; Koblenz NJW-RR 1989, 506).

7 Dem Anweisenden ggü kann die Anweisung nicht angenommen werden. Sie wird dann erst wirksam mit der Aushändigung der Urkunde an den Anweisungsempfänger (BGH WM 1982, 155, 156). Wegen des Vertragscharakters fungiert der Anweisende in diesem Fall als Bote des Angewiesenen (MüKo/*Habersack* Rn 5; *Larenz/Canaris*, SchuldR II/2 § 62 II 1; *Hueck/Canaris* § 4 V 2; *Zöllner* § 8 V 2b). Soweit sie nicht auf der Urkunde erklärt wird, ist die Umdeutung in eine Verpflichtung zur formgültigen Annahme möglich (Staudinger/*Marburger* Rn 6).

8 **3. Einwendungen und Einreden.** Sie sind wegen der abstrakten Natur der Anweisung nach Abs I Hs 2 nur in beschränktem Umfang gegeben, und zwar kommen in Betracht solche, **a)** die sich gegen die Gültigkeit der Annahme als Rechtsgeschäft richten, zB Geschäftsunfähigkeit, Fälschung der Unterschrift des Angewiesenen, Anfechtung wegen Willensmängel, **b)** aus dem Inhalt der Anweisung oder der Annahmeerklärung, zB Bedingung, Befristung, sofern sie aus der Urkunde selbst hervorgehen, **c)** die sich aus dem Verhältnis des Angewiesenen zum Anweisungsempfänger unmittelbar ergeben, zB Aufrechnung, Stundung, Tilgung, Einwand der unzulässigen oder unrichtigen Rechtsausübung (§ 242) und der unerlaubten Rechtsausnützung, wenn die Anweisung gefälscht ist und der Anweisungsempfänger dies gewusst hat (§ 826), da auch die Verpflichtung aus der Annahme unter den allg anerkannten Grundsätzen des BGB steht; über Bereicherungsansprüche bei fehlerhaftem Grundverhältnis s § 812 Rn 26.

9 **d) Kondiktion** der Verpflichtung aus der **Annahme** wie bei Schuldversprechen oder Schuldanerkenntnis ist wegen der völligen Loslösung der Annahme vom Grundgeschäft an sich nicht denkbar. Bei Mängeln im Deckungs- oder im Valutaverhältnis vollzieht sich die Kondiktion grds im jew Verhältnis. Nach früher überwiegend vertretener Auffassung sollte im Falle des Doppelmangels, dh Fehlerhaftigkeit beider Verhältnisse, die Durchgriffskondiktion im Verhältnis Angewiesener – Anweisungsempfänger gegeben sein (BGHZ 36, 30, 32; ebenso bei fehlerhaftem Deckungsverhältnis und Schenkung im Valutaverhältnis RGRK/*Steffen* Rn 10; ähnl BGHZ 88, 232, 237). Die Lehre von der Durchgriffskondiktion ist heute überwunden und durch den Grundsatz der Kondiktion in den jew Kausalbeziehungen ersetzt worden (vgl *Larenz/Canaris* SchuldR, § 70 VI 3a; zu den Einzelheiten § 812 Rn 37ff. Bei gefälschter Anweisung, die nicht als Fall des Doppelmangels zu verstehen ist, wird der Durchgriff allg gewährt, § 783 Rn 10. Ebenso vollzieht sich der Bereicherungsausgleich zw Angewiesenem und Zahlungs-

empfänger, wenn dem Anweisenden die Zahlung des Angewiesenen wegen fehlender Geschäftsfähigkeit nicht zugerechnet werden kann (BGHZ 111, 382, 386).

Sonstige Einwendungen aus dem Verhältnis des Angewiesenen zum Anweisenden oder des Anweisenden zum Anweisungsempfänger können nur geltend gemacht werden, wenn sie sich aus der Urkunde ergeben. Bei vorbehaltlos erklärter Annahme kann sich der Angewiesene nicht auf mangelnde Deckung berufen, auch nicht auf Verstoß gegen Treu und Glauben, wenn Angewiesenem und Anweisungsempfänger die Ungewissheit der Deckung bekannt sein musste, der Anweisungsempfänger auf Leistung beharrt. 10

§ 785 Aushändigung der Anweisung

Der Angewiesene ist nur gegen Aushändigung der Anweisung zur Leistung verpflichtet.

Die **Bestimmung** schützt den **Angewiesenen**, kennzeichnet die Anweisung als echtes Wertpapier und verschafft dem Angewiesenen den urkundlichen Nachw über die Ermächtigung zur Leistung. Sie gilt auch, wenn die Anweisung nicht angenommen wurde. Die Aushändigung der Urkunde erfolgt Zug um Zug gegen Leistung. Der Angewiesene ist berechtigt, auch ohne Aushändigung der Urkunde zu leisten. Sein Rückgriff gegen den Anweisenden wird ihm deswegen nicht genommen, in der Rechtsverfolgung aber erschwert. Nach der Leistung verbleibt dem Angewiesenen das Recht auf Herausgabe der Urkunde. Daneben besteht Recht auf **Quittung,** § 368. Entspr Bestimmung in Art 34 I ScheckG, Art 39 I WG. Teilzahlungen können auf der Anweisung vermerkt werden, bei Zirkular- oder Rundkreditbrief kann die Aushändigung erst mit der letzten Teilleistung verlangt werden (Staudinger/*Marburger* Rn 4). Zum **Verlust** der Anweisungsurkunde § 790 Rn 5. 1

§ 786 (weggefallen)

§ 787 Anweisung auf Schuld

(1) Im Falle einer Anweisung auf Schuld wird der Angewiesene durch die Leistung in deren Höhe von der Schuld befreit.

(2) Zur Annahme der Anweisung oder zur Leistung an den Anweisungsempfänger ist der Angewiesene dem Anweisenden gegenüber nicht schon deshalb verpflichtet, weil er Schuldner des Anweisenden ist.

1. Funktion der Norm. § 787 befasst sich mit dem Deckungsverhältnis und § 788 mit dem Valutaverhältnis; s Vor § 783 Rn 4. 1

2. Begriff der Anweisung auf Schuld. Diese liegt vor, wenn der Angewiesene dem Anweisenden aus einem Rechtsgeschäft zur Leistung verpflichtet ist, wobei es gleichgültig ist, ob mit der Leistung eine Schuld abgetragen (Rückzahlung eines Darlehens, Anweisung auf Schuld ieS) oder ein neues Gläubigerverhältnis des Angewiesenen zum Anweisenden begründet (Hingabe eines Darlehens, Anweisung auf Kredit) wird (ebenso Grü/*Sprau* § 783 Rn 5; gegen Erfassung der Anweisung auf Kredit durch § 787 BeckOGK/*Körber* Rn 6; MüKo/*Habersack* Rn 2; RGRK/*Steffen* Rn 2; Staudinger/*Marburger* Rn 1). 2

3. Tilgungsbestimmung. Nach hM setzt die Anweisung auf Schuld nach Abs I eine Tilgungsbestimmung voraus, dh die Anweisung muss obj wie subj darauf gerichtet sein, durch die Leistung aus der Anweisung die geschuldete Leistung an den Anweisenden iSv § 362 unmittelbar zu bewirken (BeckOGK/*Körber* Rn 7; RGRK/*Steffen* Rn 3; Staudinger/*Marburger* Rn 2; Soergel/*Häuser* Rn 1; aA MüKo/*Habersack* Rn 3). Dies wird angenommen, wenn das Grundverhältnis unmittelbar die Verpflichtung des Angewiesenen enthält, für Rechnung des Anweisenden an Dritte zu leisten, zB laufende Geschäftsverbindungen. In allen anderen Fällen bewirkt die Leistung des Angewiesenen an den Anweisungsempfänger nicht unmittelbar die Erfüllung der Schuld im Deckungsverhältnis. Er erwirbt jedoch einen Ersatzanspruch aus Geschäftsbesorgung gegen den Anweisenden, mit dem er aufrechnen kann (RGRK/*Steffen* Rn 4; Staudinger/*Marburger* Rn 3). Im Kontokorrentverhältnis (Scheckeinlösung, Überweisungsauftrag) ist Abs I nach hM nicht anwendbar (BGHZ 4, 244, 248; BGH NJW 1951, 598; *Baumbach/Hefermehl/Casper* Art 3 ScheckG Rn 7; Staub/*Canaris* BankvertragsR[4] Rn 344, 696; MüKo/*Habersack* Rn 4). 3

4. Leistung. Unter **Leistung** iSv Abs I ist alles das zu verstehen, was die Verpflichtung aus der Annahme zum Erlöschen bringt, mithin alle Erfüllungshandlungen und -surrogate, zB unmittelbare Leistung, Gutschrift auf Konto, Hinterlegung, Aufrechnung des Angewiesenen ggü Anweisungsempfänger mit einer Schuld aus einem anderen Schuldverhältnis, Erlass, Schenkung. 4

5. Verpflichtung des Angewiesenen. Liegt ein einfaches Schuldverhältnis zw Anweisendem und Angewiesenem vor, so ist der Angewiesene nicht schon deswegen dem Anweisenden ggü **zur Annahme der Anweisung verpflichtet**, weil er Schuldner ist, denn es können Gründe für ihn vorliegen, aus denen heraus er nichts mit dem Anweisungsempfänger zu tun haben will. Er kann sich jedoch im Grundverhältnis zur Annahme verpflichten. Ebenso kann sich aus laufender Geschäftsverbindung die Verpflichtung ergeben. Kommt der Angewiesene dieser Verpflichtung nicht nach, macht er sich schadensersatzpflichtig. 5

6. Befreiung von der Schuld. Die Befreiung von der Schuld im Deckungsverhältnis tritt nicht bereits mit Annahme der Anweisung ein, sondern erst mit Leistung an den Empfänger. Da der Angewiesene mit der Annahme 6 eine selbständige Verbindlichkeit übernimmt, muss er vom Augenblick der Annahme an berechtigt sein, die **Leistung** aus dem Grundverhältnis an den Anweisenden zu **verweigern**. Sonst läuft er Gefahr, doppelt leisten zu müssen. Das Verweigerungsrecht ergibt sich aus § 242 (Grü/*Sprau* Rn 1; RGRK/*Steffen* Rn 6; anders BeckOGK/*Körber* Rn 16.1 – erg Vertragsauslegung; Staudinger/*Marburger* Rn 4 – § 790 S 1).

7 **7. Widerruf.** Die **Einziehung der Forderung durch den Anweisenden** ist als Widerruf der Anweisung anzusehen (Staudinger/*Marburger* Rn 4). Solch ein Widerruf ist nach der Annahme nicht mehr zulässig, § 790.

8 **8. Insolvenz des Anweisenden.** Bei der Insolvenzanfechtung wegen **Insolvenz des Anweisenden** stellt die Zahlung des Angewiesenen an einen Dritten bei der Anweisung auf Schuld ieS eine Gläubigerbenachteiligung dar, weil sie zum Erlöschen der Forderung des Anweisenden gegen den Angewiesenen führt, anders bei der Anweisung auf Kredit, da es dort nur durch einen Gläubigerwechsel in der Person des Angewiesenen kommt (BGH NZG 2009, 102 Rn 9; NJW-RR 2012, 1193 Rn 12).

§ 788 Valutaverhältnis

Erteilt der Anweisende die Anweisung zu dem Zwecke, um seinerseits eine Leistung an den Anweisungsempfänger zu bewirken, so wird die Leistung, auch wenn der Angewiesene die Anweisung annimmt, erst mit der Leistung des Angewiesenen an den Anweisungsempfänger bewirkt.

1 **1. Funktion der Norm.** Während sich § 787 mit dem Deckungsverhältnis befasst, bezieht sich § 788 auf das **Valutaverhältnis**, s Vor § 783 Rn 4. Der Anweisungsempfänger ist aus dem Anweisungsverhältnis heraus nicht verpflichtet, von der ihm gegebenen Ermächtigung Gebrauch zu machen, und der Anweisende ist nicht gehindert, über seine Forderung gegen den Angewiesenen bis zur Annahme anderweitig zu verfügen, s § 783 Rn 2. Es muss aber im Allg als Parteiwille angenommen werden, dass der Anweisungsempfänger sich aus der Anweisung befriedigen soll und dass der Anweisende zu diesem Zwecke die Forderung zur Verfügung hält (RGZ 76, 239; 78, 142). Eine ausdrückl Verpflichtung hierzu kann sich aus dem Grundverhältnis ergeben. Die Abrede im Grundverhältnis, die Leistung erfolge erfüllungshalber, führt im Zweifel zu der Verpflichtung des Gläubigers, sich zunächst hieraus Befriedigung zu suchen (RGZ 65, 81; BGHZ 96, 182, 193; MüKo/*Habersack* Rn 4; zur Verpflichtung aus Treu und Glauben RGZ 78, 142). Unterlässt es der Anweisungsempfänger, die Anweisung zu realisieren, kann er sich uU schadensersatzpflichtig machen, zB bei späterer Insolvenz des Angewiesenen. Zudem hat er unverzüglich anzuzeigen, wenn er von der Anweisung keinen Gebrauch machen will oder kann, § 789.

2 **2. Leistung und Erfüllung. Anweisung ist keine Zahlung**, auch Annahme der Anweisung nicht. Entscheidend für eine Erfüllungswirkung ist erst die tatsächliche Leistung des Angewiesenen. Die Leistung kann durch Zahlung, Gutschrift auf einem Konto, Hinterlegung, Aufrechnung, Lieferung vertretbarer Sachen oder dgl erfolgen, s § 787 Rn 4. Welchen Rechtsgrund die Verbindlichkeit des Anweisenden ggü dem Anweisungsempfänger hat, die hiermit erfüllt wird, ist unerheblich. Es kann sich um die Erfüllung einer bestehenden Schuld oder die Begründung eines neuen Schuldverhältnisses handeln, zB Tilgung einer Forderung, Hingabe eines Darlehens, Schenkung, Lieferung vertretbarer Sachen usw. § 788 gilt auch für Anweisung durch Scheck (LG Braunschweig WM 1979, 735) und bei der Banküberweisung für den Überweisungsauftrag oder -vertrag gem § 675f I, nicht aber für die Gutschrift auf dem Empfängerkonto (MüKo/*Habersack* Rn 3; abl Staub/*Canaris* BankvertragsR[4] Rn 322, 475).

3 **3. Gewährleistung.** Einen **Gewährleistungsanspruch** oder sonstigen Rückgriffsanspruch hat der Anweisungsempfänger aus der Anweisung nicht gegen den Anweisenden. Leistet der Angewiesene nicht oder schlecht, so muss der Anweisungsempfänger auf das Valutaverhältnis zurückgreifen. Etwas anderes gilt nur, wenn der Anweisende eine ausdrückl oder aus den Verhältnissen sich ergebende Garantie für die Zahlung übernimmt. Hiervon kann man ausgehen, wenn die Anweisung gegen Entgelt erteilt wird.

§ 789 Anzeigepflicht des Anweisungsempfängers

Verweigert der Angewiesene vor dem Eintritt der Leistungszeit die Annahme der Anweisung oder verweigert er die Leistung, so hat der Anweisungsempfänger dem Anweisenden unverzüglich Anzeige zu machen. Das Gleiche gilt, wenn der Anweisungsempfänger die Anweisung nicht geltend machen kann oder will.

1 Der Angewiesene kann bereits **vor Fälligkeit** der Leistung aus dem Deckungsverhältnis die Anweisung annehmen, sofern nicht in der Urkunde selbst eine andere Einschränkung gemacht ist. Eine Pflicht des Anweisungsempfängers, die Anweisung auch schon vor Fälligkeit der Leistung dem Angewiesenen zur Annahme vorzulegen, wird hierdurch nicht begründet. Legt der Anweisungsempfänger die Anweisung aber vor, entsteht bei Verweigerung der Annahme die **Pflicht zur Benachrichtigung des Anweisenden.** Ebenso wenn der Angewiesene die Leistung verweigert oder der Anweisungsempfänger unabhängig von Fälligkeit die Anweisung nicht geltend machen kann oder will. Die Anzeigepflicht besteht auch, wenn der Angewiesene unter Einschränkungen annimmt (Staudinger/*Marburger* Rn 2). Versäumt er die Anzeige, macht er sich uU gem § 280 I schadensersatzpflichtig. Schaden kann dem Anweisenden dadurch entstehen, dass er es im Vertrauen auf die Anweisung unterlässt, seine Forderung aus dem Grundverhältnis gegen den Angewiesenen geltend zu machen. Unverzüglich bedeutet ohne schuldhaftes Zögern, vgl § 121. Damit erschöpfen sich die Pflichten des Empfängers aus der Anweisung. Weitere Pflichten können sich aus dem Grundverhältnis ergeben.

2 Zur **Verpflichtung zur Annahme oder Leistung** s § 787 Rn 5 und § 788 Rn 1.

§ 790 Widerruf der Anweisung

Der Anweisende kann die Anweisung dem Angewiesenen gegenüber widerrufen, solange nicht der Angewiesene sie dem Anweisungsempfänger gegenüber angenommen oder die Leistung bewirkt hat. Dies gilt auch dann, wenn der Anweisende durch den Widerruf einer ihm gegen den Anweisungsempfänger obliegenden Verpflichtung zuwiderhandelt.

1. Widerrufsrecht. Die Anweisung ist zwar ein selbständiges Rechtsgeschäft, erzeugt aber noch keine Verpflichtung; sie ist deswegen bis zur Annahme oder Leistung durch den Angewiesenen widerruflich. Der dem Anweisungsempfänger ggü erklärte **Verzicht auf den Widerruf** ist unwirksam. Eine Verpflichtung des Anweisenden, die Anweisung nicht zu widerrufen und die Forderung gegen den Angewiesenen bestehen zu lassen, kann sich aus den Grundverhältnissen ergeben, zB Kreditbrief (RGZ 64, 108). Trotzdem wird hierdurch der Widerruf nicht ausgeschlossen, jedoch steht dem Anweisungsempfänger eventuell ein **Schadensersatzanspruch** zu. Eine unwiderrufliche Ermächtigung zur Einziehung einer Forderung kann nur in der Form des unwiderruflichen Inkassomandats oder einer Zession erteilt werden. Str ist die Anwendbarkeit des § 790 auf Akkreditive (dagegen RGRK/*Steffen* Rn 6; Grü/*Sprau* Rn 1; dafür BeckOGK/*Körber* Rn 27; MüKo/*Habersack* Rn 7; Staudinger/*Marburger* Rn 11; Staub/*Canaris* BankvertragsR[4] Rn 967, 921). Da das Akkreditiv große Ähnlichkeit mit der Anweisung besitzt, vgl Vor § 783 Rn 7, sind Gründe für die Unanwendbarkeit des § 790 nicht ersichtlich. Dem Angewiesenen ggü kann wirksam auf Widerruf verzichtet werden, allg Meinung. Für den Scheck gilt Art 32 ScheckG: Widerruf erst nach Ablauf der Vorlegungsfrist (über Schecksperre und Handelsbrauch Pflug ZHR 135, 1). Auf den Wechsel findet die Vorschrift keine Anwendung. Der Widerruf eines Überweisungsauftrags ist nach der gesetzl Regelung des § 675p nur noch eingeschränkt möglich. Die Zahlungsanweisung des Kreditkarteninhabers war nach altem Recht aufgrund der Funktion als Barzahlungsersatz grds nach § 790 S 1 unwiderruflich (BGHZ 152, 75, 80) und richtet sich nunmehr nach § 675p, wobei die Vereinbarung einer späteren Widerruflichkeit in AGB mit der Funktion als Barzahlungsersatz unvereinbar ist und gegen § 307 II Nr 2 verstößt, vgl auch § 675f Rn 11. Zur rechtl Einordnung des Kreditkartenverhältnisses als Anweisung iSv §§ 783ff s Vor § 783 Rn 6d. 1

2. Erklärung des Widerrufs. Der Widerruf ist eine **empfangsbedürftige Willenserklärung** und dem Angewiesenen ggü zu erklären, Erklärung kann formlos abgegeben werden. Der dem Anweisungsempfänger ggü erklärte Widerruf ist wirkungslos; er muss von dem Widerruf auch nicht benachrichtigt werden, ist aber analog §§ 170ff in seinem Vertrauen auf den Fortbestand der ihm erteilten Ermächtigung zu schützen (*Canaris* WM 1980, 354, 356; Staudinger/*Marburger* Rn 3). 2

3. Erlöschen des Widerrufsrechts. Das **Recht zum Widerruf** erlischt mit der Annahme der Anweisung oder der Zahlung, die auch vor der Fälligkeit der Leistung erfolgen können, § 789. Ist in der Anweisung ein Zeitpunkt bestimmt, vor dem Annahme bzw Leistung nicht erfolgen dürfen, bleibt der Widerruf bis zu diesem Zeitpunkt möglich (MüKo/*Habersack* Rn 5). 3

4. Verhältnis zur Annahme. Die **trotz Widerrufs erklärte Annahme** bleibt wirksam, da die hierdurch begründete abstrakte Verpflichtung eine gültige Anweisung nicht voraussetzt, s § 784 Rn 5. Nimmt der Angewiesene trotz Widerrufs die Anweisung noch an oder leistet er an den Anweisungsempfänger, so wird er von seiner Verpflichtung aus dem Grundverhältnis nicht frei. UU hat er jedoch einen Ersatzanspruch aus Geschäftsführung oder ungerechtfertigter Bereicherung, wobei str ist, ob dem Angewiesenen die Kondiktion gegen den Anweisenden oder den Anweisungsempfänger zusteht. Die noch hM gewährt die Direktkondiktion nur bei Kenntnis des Anweisungsempfängers vom Widerruf (BGHZ 87, 393, 397f; 176, 234 Rn 9ff; BeckOGK/*Körber* Rn 16; Staudinger/*Marburger* Rn 4; krit MüKo/*Habersack* Rn 4); jedenfalls bei Zahlungsdiensten begründet ein nicht autorisierter Zahlungsvorgang eine Nichtleistungskondiktion des angewiesenen Zahlungsdienstleisters gegen den Zahlungsempfänger (BGH NJW 2015, 3093 Rn 22ff). Näher § 812 Rn 22d. 4

5. Weitere Erlöschensgründe. Weitere Erlöschungsgründe der Anweisung außer durch Leistung oder Widerruf sind Unmöglichkeit der Leistung und Rückgabe der Anweisungsurkunde (krit hierzu MüKo/*Habersack* Rn 10). Ob auch der Untergang der Anweisungsurkunde zum Erlöschen führt, ist zweifelhaft. Überzeugender erscheint es, nicht die Unzulässigkeit des Aufgebotsverfahrens anzunehmen und § 371 S 2 anzuwenden (so aber Grü/*Sprau* Rn 7; RGRK/*Steffen* Rn 9), sondern das Aufgebotsverfahren in Analogie zu §§ 808 II BGB, 365 HGB für zulässig zu halten (*Zöllner* § 7 II 1; *Hueck/Canaris* § 1 I 5a; *Baumbach/Hefermehl/Casper* WPR Rn 20; MüKo/*Habersack* § 785 Rn 5; Staudinger/*Marburger* § 785 Rn 5), da nur dies dem wertpapierrechtl Charakter der Anweisung mit seiner spezifischen Verknüpfung von Recht und Papier gerecht wird, nicht aber der Verweis auf die lediglich eine Beweisurkunde erfassende Vorschrift des § 371 S 2. Sowohl die Konstruktion eines mit dem Papierverlust einhergehenden Rechtsverlustes als auch die andernfalls erforderliche Anwendung von § 407 stellen ein der wertpapierrechtl Konzeption zuwiderlaufendes Ergebnis dar (*Hueck/Canaris* § 1 I 5a, dort auch zu den problematischen praktischen Konsequenzen der alten Lehre). Eine Kraftloserklärung der Urkunde nach § 466 FamFG findet durch ausdrückl gesetzl Anordnung statt bei der an Order gestellten kaufmännischen Anweisung, beim Wechsel und beim Scheck. 5

§ 791 Tod oder Geschäftsunfähigkeit eines Beteiligten

Die Anweisung erlischt nicht durch den Tod oder den Eintritt der Geschäftsunfähigkeit eines der Beteiligten.

1 § 791 ist **keine zwingende Vorschrift**. Anders lautende Vereinbarungen müssen aus der Urkunde hervorgehen (BeckOGK/*Körber* Rn 5; aA MüKo/*Habersack* Rn 1; Staudinger/*Marburger* Rn 2). Gilt auch für die noch nicht angenommene Anweisung. Beim Tode des Anweisenden können seine Erben die Anweisung im Rahmen des § 790 widerrufen.

2 In der Insolvenz eines Beteiligten erlischt die Anweisung nicht. § 115 InsO gilt nicht.

§ 792 Übertragung der Anweisung

(1) Der Anweisungsempfänger kann die Anweisung durch Vertrag mit einem Dritten auf diesen übertragen, auch wenn sie noch nicht angenommen worden ist. Die Übertragungserklärung bedarf der schriftlichen Form. Zur Übertragung ist die Aushändigung der Anweisung an den Dritten erforderlich.

(2) Der Anweisende kann die Übertragung ausschließen. Die Ausschließung ist dem Angewiesenen gegenüber nur wirksam, wenn sie aus der Anweisung zu entnehmen ist oder wenn sie von dem Anweisenden dem Angewiesenen mitgeteilt wird, bevor dieser die Anweisung annimmt oder die Leistung bewirkt.

(3) Nimmt der Angewiesene die Anweisung dem Erwerber gegenüber an, so kann er aus einem zwischen ihm und dem Anweisungsempfänger bestehenden Rechtsverhältnis Einwendungen nicht herleiten. Im Übrigen finden auf die Übertragung der Anweisung die für die Abtretung einer Forderung geltenden Vorschriften entsprechende Anwendung.

1 **1. Übertragbarkeit der Anweisung.** § 792 stellt klar, dass die Übertragung einer Anweisung grds zulässig ist, und zwar auch dann, wenn die Anweisung noch nicht angenommen wurde und es daher an einer Forderung des Anweisungsempfängers gegen den Angewiesenen fehlt. Voraussetzungen sind ein Übertragungsvertrag zw Anweisungsempfänger und Erwerber der Anweisung sowie die Aushändigung der Anweisung an den Erwerber. Durch die gesetzl Regelung wird die Anweisung somit, rechnet man sie zu den Wertpapieren iwS, als **Rektapapier** charakterisiert. Sie kann im Gegensatz zur kaufmännischen Anweisung, § 363 HGB, nicht durch Indossament übertragen und nicht auf den Inhaber gestellt werden.

2 **2. Abtretung angenommener Anweisungen.** Die angenommene Anweisung stellt eine echte Forderung dar. Auf sie können daher die §§ 398ff unmittelbar angewendet werden. Einwendungen des Angewiesenen aus einem etwa zw ihm und dem Anweisungsempfänger bestehenden Vertragsverhältnis kann er dem Erwerber nur entgegenhalten, wenn die Abtretung nach Annahme der Anweisung erfolgt ist, § 404. Rechtsbeziehungen zw dem Erwerber und dem Anweisenden werden durch die Übertragung nicht begründet.

3 **3. Übertragung.** Die **Übertragungserklärung** kann, muss aber nicht auf der Anweisungsurkunde vermerkt werden; erforderlich ist Schriftform. Zu dem Abtretungsvertrag muss die Übergabe der Urkunde hinzutreten, und zwar nur durch Übertragung des unmittelbaren Besitzes, nicht durch sog Übergabesurrogate (Frankfurt MDR 1956, 616).

4 **4. Verbot der Übertragung.** Das mit dem Anweisungsempfänger vereinbarte **Verbot der Übertragung** oder die ihm ggü abgegebene Erklärung binden den Angewiesenen nur, wenn es aus der Urkunde ersichtlich ist oder wenn der Anweisende ihm eine entspr Mitteilung gemacht hat. Wenn die Urkunde nichts enthält und der Anweisungsempfänger abredewidrig abgetreten hat, kann der Angewiesene daher so lange noch an den Zessionar leisten oder wirksam die Annahme der Anweisung erklären, wie der Anweisende nicht unmittelbar dem Angewiesenen ggü den Ausschluss der Abtretbarkeit mitgeteilt hat.

5 **5. Rückgriffsrecht.** Bei mehrmaligen Übertragungen hat der Berechtigte ein Rückgriffsrecht bei Nichteinlösung der Anweisung nur gegen seinen unmittelbaren Vormann nach Maßgabe des zugrundeliegenden Übertragungsgeschäfts; kein springender Regress.

Titel 24
Schuldverschreibung auf den Inhaber (§§ 793–808)

Vorbemerkung vor § 793

Schrifttum: *Assmann/Schütze/Buck-Heeb*, Handbuch des Kapitalanlagerechts, 5. Aufl 2020; *Baumbach/Hefermehl/Casper*, Wechselgesetz und Scheckgesetz, 24. Aufl 2020; *Bülow*, Kommentar zum Wechselgesetz, Scheckgesetz, AGB, 5. Aufl 2013; Staub/*Canaris*, Handelsgesetzbuch, Bd 5, BankvertragsR, Teil 1 (Rn 1–1162), 4. Aufl 2005, Teil 2, 3. Aufl 1988; *Einsele*, Wertpapierrecht als Schuldrecht – Funktionsverlust von Effektenurkunden im internationalen Rechtsverkehrs, 1995; *Grüneberg*, Zwischen Tango und Sirtaki – aktuelle Rechtsprechung des Bundesgerichtshofs zum Recht der Inhaberschuldverschreibungen, WM 2016, 1621; *Habersack/Mülbert/Schlitt*, Unternehmensfinanzierung am Kapitalmarkt, 4. Aufl 2019; *Hueck/Canaris*, Recht der Wertpapiere, 12. Aufl 1986; *Lehmann*, Finanzinstrumente, 2009; *Richardi*, WertpapierR, 1987; *Schwark*, 100 Bände BGHZ: Bank- und WertpapierR, ZHR 151 (1987), 325; *Ellenberger/Bunte*, Bankrechts-Handbuch, 6. Aufl 2022; *Sedatis*, Einführung ins Wertpapierrecht, 1988; *Zöllner*, WertpapierR, 14. Aufl 1987. Weitere Hinweise Vor § 808.

1. Einleitung. In den §§ 793–806 werden Schuldverschreibungen auf den Inhaber behandelt und anschließend in § 807 die unvollkommenen bzw kleinen und in § 808 die hinkenden Inhaberpapiere. Diese Bestimmungen enthalten keine vollständige und abschließende Regelung der Materie, sondern betreffen nur die **schuldrechtl Beziehungen** zw Aussteller und Inhaber mit deutlichem Schwerpunkt auf präziser Umschreibung der Stellung des Schuldners (Ausstellers). Die **sachenrechtl Ergänzung** ist aus §§ 929ff zu entnehmen, wie sich aus der eigenständigen Natur der Schuldverschreibungen auf den Inhaber als **Wertpapiere** ergibt (darüber Rn 2). Weitere Bestimmungen sind im BGB verstreut jew im Zusammenhang mit den entspr Rechtsgebieten zu finden, zB Eigentumsvermutung §§ 1006, 1007; Nießbrauch §§ 1081–1084; Hypothek §§ 1187–1189; Pfandrecht §§ 1293–1296. Außerdem werden Schuldverschreibungen auf den Inhaber besonders erwähnt im Familienrecht in §§ 1362, 1646, 1854, als Wertpapiere auch in §§ 1843, 1845, 1846, 1849 und im Erbrecht in §§ 2116, 2117. Aus dem HGB sind die §§ 366, 367 zu nennen. Zur Weitergeltung landesrechtl Vorschriften vgl noch die Art 98–102 EGBGB. 1

2. Einordnung als Wertpapier. Die Schuldverschreibungen auf den Inhaber werden zu den **Wertpapieren** gerechnet, deren Eigenart darin liegt, dass die Forderungsinhaberschaft mit dem Eigentum an dem sie verbriefenden Papier verknüpft ist (Versachlichung des Rechts). Unter einem Wertpapier versteht man eine Urkunde, in der ein privates Recht in der Weise verbrieft ist, dass zur Ausübung des Rechts die Innehabung der Urkunde erforderlich ist, weiter Wertpapierbegriff; dagegen liegt nach dem in der älteren Lehre vertretenen engen Wertpapierbegriff ein Wertpapier nur dann vor, wenn die Verfügung über das verbriefte Recht durch Verfügung über das Papier erfolgt, Rekta- und qualifizierte Legitimationspapiere werden nicht erfasst (ausf zu den Wertpapierbegriffen *Baumbach/Hefermehl/Casper* WPR Rn 15ff). Nach aA sind nicht die Innehabung des Papiers und das Vorlegungserfordernis, sondern die skripturale Haftung und der wertpapierrechtl Einwendungsausschluss maßgeblich (*Kümpel* WM 1983 Beil 6 S 12f; krit hierzu *Baumbach/Hefermehl/Casper* WPR Rn 17; MüKo/*Habersack* Rn 14). 2

Es gibt verschiedene Arten der **Einteilung von Wertpapieren**, je nachdem, ob auf die Art der verbrieften Rechte, die wirtschaftliche Funktion, die rechtserzeugende oder -beweisende Bedeutung des Ausstellungsakts oder auf die Person des Leistungsberechtigten abgestellt wird (ausf *Hueck/Canaris* § 2). Am geläufigsten und wichtigsten ist die Unterteilung nach der Person des Leistungsberechtigten. Hierbei fasst man in Gruppen zusammen: 3

a) Rektapapiere (Namenspapiere). Diese sind dadurch gekennzeichnet, dass der Berechtigte namentlich genannt wird und nur dieser oder sein Rechtsnachfolger die Leistung fordern können, zB Hypothekenbrief, Rektawechsel und Rektascheck, qualifiziertes Legitimationspapier des § 808, Namensschuldverschreibungen wie Sparkassenbriefe (dazu BGHZ 99, 44;). Die Abtretung der Rechte aus solch einem Papier erfolgt nach den Vorschriften über die Abtretung von Forderungen und Rechten. Das Recht am Papier folgt dem Recht aus dem Papier. Eigentumsübergang: § 952. Übergabe der Urkunde ist zum Rechtsübergang dort erforderlich, wo es ausdrückl vorgeschrieben ist, so § 1154. 4

b) Orderpapiere. Ihre Eigenart liegt darin, dass die Leistung nicht nur dem namentlich bezeichneten Berechtigten, sondern auch demjenigen versprochen wird, an den das Papier durch Order des Berechtigten weitergegeben wird, zB geborene Orderpapiere: Wechsel, Scheck, Namensaktie; gekorene Orderpapiere: die sechs handelsrechtl Papiere des § 363 HGB (dazu *Schnauder* NJW 1991, 1642), wenn sie auf Order gestellt sind. Die Weiterbegebung solcher Papiere und damit die Übertragung der Forderung geschieht durch formellen Begebungsvermerk auf der Urkunde (Indossament) sowie Übereignung und Übergabe der Urkunde nach §§ 929ff. Der so Ausgewiesene hat den Rechtsschein für sich, Inhaber der Forderung zu sein. Materiell Berechtigter ist der Eigentümer des Papiers. Zugunsten Gutgläubiger wirkt der Rechtsschein. 5

c) Inhaberpapiere. Sie sind dadurch charakterisiert, dass verbriefte Leistungen (oder Rechte) dem jew Inhaber zustehen und von ihm geltend gemacht werden können. Die formelle Legitimationskraft ergibt sich aus der Innehabung (§ 793 Rn 6) des Papiers, materiell Berechtigter ist der wahre Eigentümer des Papiers. Sie können Forderungen oder sonstige Rechte, insb Mitgliedschaftsrechte, verbriefen. Die Bestimmungen des BGB beziehen sich nur auf Schuldverschreibungen auf den Inhaber über Forderungen, nicht aber über Mitgliedschaftsrechte, zB § 10 AktG. Zw beiden Arten bestehen keine wesentlichen Unterschiede, so dass die Bestimmungen des BGB auch auf Inhaberschuldverschreibungen über Mitgliedschaftsrechte entspr anzuwenden sind, soweit sich nicht aus deren Eigenart etwas anderes ergibt (RG WarnRsp 1914, 16; *Zöllner* § 29 II 1; vgl auch BeckOGK/*Vogel* § 793 Rn 85.2). Die Übertragung der Inhaberpapier-Forderungen erfolgt nach sachenrechtl Grundsätzen. Einzelheiten hierzu in den Bemerkungen zu §§ 793, 794. 6

d) Qualifizierte Legitimationspapiere. S dazu die Bemerkungen zu § 808. 6a

e) Einfache Legitimationspapiere. Keine Wertpapiere sind einfache Legitimationspapiere, zB Gepäckschein, Garderobenmarke, bei denen der Schuldner zwar an den Inhaber der Urkunde mit befreiender Wirkung leisten kann, die Rechtsausübung jedoch nicht an die Vorlage der Urkunde geknüpft ist, und Beweisurkunden, zB Schuldschein, bei denen selbst die Liberationswirkung fehlt. 6b

3. Wertpapiertheorien. Im Wertpapierrecht nehmen einen breiten Raum die teilw noch in das gemeine Privatrecht zurückgehenden Theorien über die Frage ein, wann und wodurch die durch das Papier verbriefte Verpflichtung des Ausstellers ggü dem Inhaber oder Gläubiger entsteht (vgl Staudinger/*Marburger* Rn 15ff). Man unterscheidet hier: 7

8 **a) Vertragstheorie.** Sie geht davon aus, dass zw dem Aussteller und dem ersten Gläubiger ein **Begebungsvertrag** abgeschlossen wird, und nur ein solcher Begebungsvertrag eine wertpapierrechtl Verpflichtung entstehen lässt.

9 **b) Emissionstheorie.** Sie setzt keinen Vertrag voraus, sondern stellt auf das **gewollte Inverkehrbringen** des Wertpapiers als Verpflichtungspapier ab.

10 **c) Kreationstheorie.** Nach der Kreationstheorie (oder auch Ausfertigungstheorie) kommt es ausschließlich auf den einseitigen **Akt der Ausstellung** (Kreation) des Papiers an, weil die Verpflichtung des Ausstellers aus dem Papier als einseitiges, nicht der Annahme bedürftiges Schuldversprechen anzusehen sei. Die Verpflichtung wird nach der alten, strengen Theorie bindend, sobald ein Dritter, und sei es auch unredlich, Besitz an der Urkunde erlangt. Dieses Ergebnis vermeidet die Redlichkeitstheorie, die die Haftung erst eintreten lässt, wenn das Papier ordnungsgemäß in den Verkehr gelangt oder, wenn es ohne bzw gegen den Willen des Ausstellers in den Verkehr gelangt, sobald ein anderer nach den sachenrechtl Bestimmungen Eigentum am Papier erlangt.

10a Eine Verbindung zw Kreations- und Vertragstheorie schafft die **Lehre vom mehrgliedrigen Rechtsgeschäft** (auch modifizierte Kreationstheorie), nach der der Skripturakt gemeinsam mit einem nachfolgenden Begebungsvertrag die Verpflichtung zur Entstehung bringt (Ausstellung als Erklärungsakt, dessen Wirksamwerden durch die Begebung bedingt ist, vgl *Ulmer* Das Recht der Wertpapiere, 36ff). Fehlt ein wirksamer Begebungsvertrag, so erfolgt eine Ergänzung nach Rechtsscheingrundsätzen (MüKo/*Habersack* Rn 26).

11 **d) Rechtsscheintheorie.** Heute herrschend ist die von *Jacobi* (Hdb des Handelsrechts Bd IV Abt 1, 282ff) entwickelte **Rechtsscheintheorie**, die von der Vertragstheorie ausgeht, aber bei mangelndem oder fehlerhaftem Vertrag zw Aussteller und Ersterwerber zugunsten der redlichen späteren Erwerber darauf abstellt, dass der Besitz der Urkunde den Rechtsschein erzeuge, der Besitzer sei aufgrund eines Begebungsvertrags Inhaber des Papiers geworden (so ua MüKo/*Habersack* Rn 24ff; Staudinger/*Marburger* Rn 18f jew mwN). Der spätere Erwerber muss deswegen in seinem Vertrauen auf das äußere Erscheinungsbild (Rechtsschein) geschützt werden. Folglich haftet der Aussteller zwar nicht dem unredlichen Erstbesitzer ggü, wohl aber den gutgläubigen späteren Erwerbern, soweit er in zurechenbarer Weise den Rechtsschein einer gültigen Verpflichtung geschaffen hat (krit zur Rechtsscheintheorie *Zöllner* § 6 V). Ist die Unterschrift des Ausstellers gefälscht oder war er bei Ausstellung und Begebung nicht geschäftsfähig, so wird eine Verpflichtung nicht begründet (BGH NJW 1973, 283; *Baumbach/Hefermehl/Casper* WPR Rn 32).

12 Da nach allg Grundsätzen für den Verpflichtungstatbestand ein Vertragsschluss erforderlich ist, sind alle Theorien, die keinen Vertrag bzw seine Ersetzung durch Rechtsschein erfordern, heute überwunden. IÜ hat der Theorienstreit an praktischer Bedeutung verloren. Die durch die Redlichkeitstheorie eingeschränkte Kreationstheorie kommt häufig zu den gleichen Ergebnissen wie die durch Rechtsscheingrundsätze modifizierte Vertragstheorie, ebenso wie die gleichermaßen modifizierte Lehre vom mehrgliedrigen Rechtsgeschäft (vgl dazu *Baumbach/Hefermehl/Casper* WPR Rn 33; MüKo/*Habersack* Rn 27f und § 793 Rn 7f).

13 **4. Wertpapierbereinigungsverfahren.** Zum **Wertpapierbereinigungsverfahren** bei kriegsbedingt verloren gegangenen Wertpapieren s Erman/*Hense*[7] Rn 13ff und ausf Staudinger/*Müller*[11] Rn 18f; dazu noch Düsseldorf WM 1990, 2105.

14 **5. Besondere Schuldverschreibungen.** Erg gesetzl Vorschriften für **besondere Schuldverschreibungen** fanden sich für Schuldverschreibungen der Bundesrepublik in den reichsrechtl Vorschriften, die über § 1 AnleiheG v 29.3.1951 sinngemäß fortgalten. Alle diese Regelungen wurden durch das BundeswertpapierverwaltungsG v 11.12.2001 (BGBl I 2001, 3519) mWv 1.1.2002 ersetzt, an dessen Stelle seit 1.8.2006 das Gesetz zur Regelung des Schuldenwesens des Bundes v 12.7.2006 (BGBl I 2006, 1466) gilt. Für Schuldverschreibungen der privaten Hypothekenbanken galt das HypBankG idF v 9.9.1998 (BGBl I 1998, 2674), für Schuldverschreibungen öffentlichrechtl Kreditanstalten das Gesetz über die Pfandbriefe und verwandte Schuldverschreibungen öffentlich-rechtl Kreditanstalten idF v 9.9.1998 (BGBl I 1998, 2772), für Schiffspfandbriefe das SchiffsbankG idF v 8.5.1963 (BGBl I 1963, 301), an deren Stelle seit dem 19.7.2005 das PfandBG gilt (dazu *Frank/Glatzl* WM 2005, 1681); für Inhaberschuldverschreibungen der Bausparkassen gilt das BauSparkG; für Investmentanteile galt das Gesetz über Kapitalanlagegesellschaften idF v 9.9.1998 (BGBl I 1998, 2726), an dessen Stelle seit dem 1.1.2004 das Investmentgesetz v 15.12.2003 (BGBl I 2003, 2676) galt und seit dem 22.7.2013 das KAGB gilt (dazu auch *Wollenhaupt/Beck* DB 2013, 1950; auch § 793 Rn 12).

15 **6. Kapitalmarktrecht.** Neben die §§ 793ff, die vor allem das durch die Begebung von Inhaberschuldverschreibungen begründete Schuldverhältnis regeln, tritt das **Kapitalmarktrecht**, das sowohl die Emittenten von Wertpapieren als auch die Wertpapiere vertreibenden Wertpapierdienstleistungsunternehmen betrifft und insb auch dem **Anlegerschutz** dienen soll: Durch das Gesetz zur Vereinfachung der Ausgabe von Schuldverschreibungen v 17.12.1990 (BGBl I 1990, 2839) wurden die §§ 795 und 808a aufgehoben. Die Ausgabe von im Inland ausgestellten Inhaber- oder Orderschuldverschreibungen erfordert seither keine staatliche Genehmigung mehr. Das WpHG erfasst insb auch Inhaberschuldverschreibungen, § 2 I 1 Nr 3 lit a WpHG, schließt den Einwand des § 762 aus, § 99 WpHG, und enthält etwa Mitteilungs- und Veröffentlichungspflichten, §§ 33ff WpHG, sowie Verhaltens-, Organisations- und Transparenzpflichten, §§ 63ff WpHG (zum Ganzen etwa *Ellenberger/Bunte*, Bankrechts-Handbuch[6] 2022, §§ 107ff). Seine Regelungen werden zT durch diejenigen der seit 3.7.3016 geltenden MarktmissbrauchsVO ergänzt, so Insiderhandelsverbot, Art 14, Veröffentlichungspflicht für Insiderinformationen, Art 17, und Verbot der Marktmanipulation, Art 15. Die seit 21.7.2019 geltende ProspektVO mit dem WpPG

und dem VermAnlG legen für im Inland öffentlich angebotene Wertpapiere grds eine Prospektpflicht mit Haftungs- und Bußgeldregelungen fest, die die Informationen des Anlegerpublikums über die angebotenen Wertpapiere und deren Emittenten verbessern und durch weitere Angleichung der Wettbewerbsbedingungen zur Schaffung eines einheitlichen europäischen Kapitalmarktes beitragen soll; allerdings bestehen umfangreiche Ausnahmen von der Prospektpflicht in Art 1 IV, V ProspektVO sowie Art 3 II ProspektVO iVm § 3 WpPG, ua für Verkaufsangebote, die sich bereits durch die Gestaltung des Angebotes nicht an breite Anlegerkreise richten oder einem Gesamtgegenwert von weniger als 8 Mio € haben (dazu *Geyer/Schelm* BB 2019, 1731). Ähnl Regelungen enthält das WpÜG. Daneben besteht eine Haftung für Kurzinformationsblätter, § 306 II KAGB, § 22 VermAnlG, §§ 11, 15 WpPG und Art 11 PRIIP-VO (dazu *Müchler* WM 2012, 974; *Schäfer/Schäfer* ZBB 2013, 23; *Wilhelmi/Kuschnereit* ZBB 2018, 288). Weiter besteht eine zivilrechtl Haftung für Kapitalmarktinformationen, die aus einem Anlageberatungsvertrag hergeleitet wird, insb eine Pflicht zur anlage- und objektgerechten Beratung umfasst und neben dem Anlageberater/-vermittler uU auch den Emittenten treffen kann (BGHZ 123, 126; Überblick bei *Buck-Heeb* WM 2012, 626; allg zur Kapitalmarktinformationshaftung *Mülbert/Steup* in Habersack ua, § 33; *Bayer* WM 2013, 961; *Hellgardt* DB 2012, 673–678; *Hopt* WM 2013, 101).

7. Entwicklung. In der Praxis ist ein weitgehender **Funktionsverlust des Inhaberpapiers** festzustellen. Dies rührt daher, dass sich die Verkörperung der jew Rechte in einer Urkunde im Verkehr mit Kapitalmarktpapieren bald als hinderlich darstellte. Druck, Ausgabe und Verwahrung einzelner Stücke von Urkunden lassen sich bei dem zunehmenden Effektenverkehr nicht mehr mit vertretbarem wirtschaftlichem Aufwand bewältigen. Die Praxis behilft sich mit **Sammelverwahrung**, also die ungetrennte Aufbewahrung von Wertpapieren für eine Vielzahl von Hinterlegern in einem einheitlichen Sammelbestand, sowie mit der Ausgabe von **Sammelurkunden**, in welchen die Einzelurkunden zusammengefasst sind. Im Bereich der öffentlichen Anleihen wurden die Schuldverschreibungen nach §§ 793ff aus solchen Gründen bereits seit langer Zeit von **Schuldbuchforderungen** verdrängt, bei welchen die Verbriefung durch eine Registereintragung ersetzt wird. Rechtsgrundlage hierfür ist inzwischen das Gesetz zur Regelung des Schuldenwesens des Bundes, s Rn 14. Diese Schuldbuchforderungen vermitteln „Wertrechte", und zwar an der Sammelschuldbuchforderung von Wertpapiersammelbanken. Zu den beschriebenen Problemen der Massenemission, Schuldbuchforderungen, Globalurkunden und Sammelverwahrung und den hierzu angestellten Reformüberlegungen vgl näher *Einsele* Wertpapier als Schuldrecht, 1995, 12ff; *Koller* WertpapierR, Gutachten und Vorschläge zur Überarbeitung des Schuldrechts II, 1981, 1427ff; *Kreuzer* (Hrsg), Abschied vom Wertpapier?, 1988; *Kümpel* WM 1982, 730; *Pleyer* FS Werner, 1984, 639; *Than* FS Heinsius, 1991, 809; zur privatautonomen Einführung eines Verkehrsschutzes bei der Übertragung unverbriefter Rechte *Kreße* ZHR 179, 821, 825ff. Seit 10.06.2021 gilt das Gesetz über elektronische Wertpapiere (eWpG), dazu *Lehmann* NJW 2021, 2318; *Casper* AG 2022, 714; näher § 793 Rn 13. 16

§ 793 Rechte aus der Schuldverschreibung auf den Inhaber

(1) Hat jemand eine Urkunde ausgestellt, in der er dem Inhaber der Urkunde eine Leistung verspricht (Schuldverschreibung auf den Inhaber), so kann der Inhaber von ihm die Leistung nach Maßgabe des Versprechens verlangen, es sei denn, dass er zur Verfügung über die Urkunde nicht berechtigt ist. Der Aussteller wird jedoch auch durch die Leistung an einen nicht zur Verfügung berechtigten Inhaber befreit.

(2) Die Gültigkeit der Unterzeichnung kann durch eine in die Urkunde aufgenommene Bestimmung von der Beobachtung einer besonderen Form abhängig gemacht werden. Zur Unterzeichnung genügt eine im Wege der mechanischen Vervielfältigung hergestellte Namensunterschrift.

1. Begriff der Inhaberschuldverschreibung. Eine **Schuldverschreibung auf den Inhaber** liegt nach dem Wortlaut des Abs I vor, wenn jemand eine Urkunde ausstellt, in der er dem Inhaber der Urkunde eine Leistung verspricht. Diese Legaldefinition lässt verschiedene Fragen offen. Da sich die Wertpapierrechtstheorien zwischenzeitl weitgehend angeglichen haben (Vor § 793 Rn 12), sind die Meinungsverschiedenheiten praktisch bedeutungslos, und es werden heute nur noch in einzelnen Grenzfällen unterschiedliche Lösungen vertreten, s Rn 7. Eine Inhaberschuldverschreibung kann auch in der Form eines elektronischen Wertpapiers vorliegen, vgl Rn 14. 1

2. Ausstellen einer Urkunde. Zum **Wirksamwerden der Verpflichtung** des Schuldners ist wesentlich, dass er eine Urkunde ausstellt. Das bedeutet, dass ein Leistungsversprechen mit der Absicht der Verpflichtung schriftlich abgegeben werden muss. Nach der älteren Kreationstheorie sollte die Verpflichtung mit dem tatsächlichen Vorgang der Ausstellung einer Urkunde begründet werden, nach der heute herrschenden modifizierten Vertragstheorie muss die vertragl Begebung der Urkunde hinzukommen (Begebungsvertrag, Vor § 793 Rn 12), zumindest muss für den späteren Erwerber der Anschein bestehen, die Urkunde sei ordnungsmäßig durch Vertrag zw Aussteller und Erstinhaber begeben worden. Nach überwiegender Ansicht umfasst der Begebungsvertrag einen schuldrechtl Teil, nämlich die Begründung der Verpflichtung des Ausstellers, und ein dingliches Verfügungsgeschäft, das auf die Verschaffung des Verfügungsrechts durch Übereignung der Urkunde gerichtet ist (*Baumbach/Hefermehl/Casper* WPR Rn 31; Staudinger/*Marburger* Rn 14); wobei der Begebungsvertrag auch als ein auf die Skriptur verweisendes Rechtsgeschäft, das die Übereignung nicht notwendig zum Inhalt haben muss, gesehen wird (*Zöllner* § 6 V 4), nach der Lehre vom mehrgliedrigen Rechtsgeschäft (modifizierte Kreationstheorie) ist der Begebungsvertrag ausschließlich auf die Verschaffung des Eigentums gerichtet, während die schuldrechtl Verpflichtung bereits durch den Skripturakt entsteht (vgl MüKo/*Habersack* Vor Rn 26). Beim elektronischen 2

Wertpapier wird die Ausstellung der Urkunde durch die Eintragung in ein elektronisches Wertpapierregister nach § 4 I eWpG ersetzt (§ 2 I eWpG).

3 Die Ausstellung von Inhaberschuldverschreibungen ist grds frei und kann von jeder geschäftsfähigen Person des privaten und öffentlichen Rechts vorgenommen werden. Zum Erfordernis der Genehmigung durch das Betreuungs- oder Familiengericht s § 1643 I, § 1854 Nr 3.

4 **3. Inhalt der Urkunde.** Der **Inhalt der Urkunde**, bei dem aus Verkehrsschutzbedürfnis der typische Erklärungsgehalt (RGZ 19, 422) zugrunde zu legen ist, § 133 Rn 35, braucht nicht in einem schematischen Wortlaut zu bestehen. Es muss aus ihm nur unzweideutig hervorgehen, dass der Aussteller sich dem jew Inhaber und nicht einer bestimmten Person ggü zur Leistung verpflichten will. Die namentliche Benennung eines Gläubigers schadet nicht, wenn gleichzeitig ausgedrückt ist, dass sich der Aussteller jedem Inhaber ggü verpflichten will, zB „zahlbar an X oder Überbringer". Die Verpflichtung kann auf **Zahlung einer Geldsumme** oder auf **eine sonstige Leistung** (zB Lagerschein auf den Inhaber) lauten. Eine Begrenzung der Höhe nach ist nicht erforderlich, wenn die Leistung bestimmbar ist. Es ist im Einzelfall Auslegungsfrage, ob eine Verpflichtung oder nur eine Berechtigung des Ausstellers besteht; im letzteren Falle handelt es sich nur um ein Legitimationspapier iSd § 808 (MüKo/*Habersack* Rn 9). Erheblich ist ferner, dass eine Leistung versprochen und nicht nur eine Beweis- oder Ausweisurkunde geschaffen wird. Die Angabe des Schuldgrundes schadet nicht. § 793 verlangt nicht, dass ein abstraktes Schuldversprechen vorliegen muss. Der Schuldgrund kann erwähnt werden, damit der Aussteller etwaige hieraus sich ergebene Einwendungen nicht verliert, dazu § 796 Rn 4. IdR wird der Schuldgrund nicht erwähnt, so dass eine inhaltlich abstrakte Inhaberschuldverschreibung vorliegt, der ein abstraktes Schuldversprechen zugrunde liegt (BGH NJW 2014, 3362 Rn 32). Auf sie ist § 490 I nicht anwendbar, wohl aber die Störung der Geschäftsgrundlage nach § 313 und die Kündigung aus wichtigem Grund aus § 314 (BGH NJW 2014, 3362 Rn 32ff; BKR 2016, 337 Rn 30ff). Der Anspruch kann an die Entwicklung eines Basiswerts geknüpft oder bedingt abgegeben werden (vgl BGH NJW 2014, 3360 Rn 14). Die Anleihebedingungen können ein Kündigungsrecht des Gläubigers vorsehen, dieses kann das außerordentliche Kündigungsrecht aus § 314 konkretisieren, aber nicht vollständig verdrängen (BGH BKR 2016, 337 Rn 33; MüKo/*Habersack* Rn 13). Ein Anspruch auf Zahlung eines Negativzinses kann nicht verbrieft werden (*Mülbert* ZHR 179, 395, 396ff). Bei der Auslegung dürfen außerhalb der Urkunde liegende Umstände herangezogen werden, soweit sie für die allg Verkehrsauffassung unmittelbar bedeutsam sind, also jedem Inhaber bekannt sind oder sein können (MüKo/*Habersack* Rn 8).

4a Die Verpflichtung kann durch **Anleihebedingungen** konkretisiert werden, für deren Einbeziehung eine zumindest konkludente Einbeziehungsvereinbarung genügt; Anleihebedingungen fallen grds unter § 305 I, jedoch gilt § 305 II bei Inhaberschuldverschreibungen nicht, um die Fungibilität nicht zu gefährden (vgl BGHZ 163, 311, 314ff; MüKo/*Habersack* Rn 53; aA *Assmann* WM 2005, 1053ff). Das Schuldverschreibungsgesetz (SchVG) ermöglicht es, in den Anleihebedingungen die Möglichkeit vorzusehen, sie durch (qualifizierten) Mehrheitsbeschluss der Gläubiger zu ändern (§§ 5ff SchVG); im Insolvenzverfahren können die Gläubiger durch Mehrheitsbeschluss einen gemeinsamen Vertreter bestellen (§ 19 SchVG); gegen diese Mehrheitsbeschlüsse ist die Anfechtungsklage eröffnet (§ 20 SchVG).

4b Aus dem Kapitalmarktrecht kann sich die Pflicht des Emittenten zur Erstellung von Prospekten ergeben, so § 3 WpPG für öffentlich angebotene Wertpapiere. Diese **Prospekte** ändern den Inhalt der Verpflichtung nicht, können aber eine Prospekthaftung begründen, die grds auf Übernahme des Finanzinstruments gegen Erstattung des Erwerbspreises oder auf Erstattung des Unterschieds zw Erwerbs- und Veräußerungspreis gerichtet ist, 9ff WpPG, §§ 20ff VermAnlG, Vor § 793 Rn 15. Zudem sind Angaben in Prospekten und öffentlichen Ankündigungen zur Auslegung der Verpflichtung des Ausstellers heranzuziehen, weil der Inhalt solcher Prospekte die Anschauungen der beteiligten Verkehrskreise beeinflusst (Staudinger/*Marburger* Rn 9). Ohne das Hinzutreten weiterer Umstände besteht keine vorvertragl Haftung eines Emittenten wegen einer entgegen den Verlautbarungen im Prospekt unzureichenden Überprüfung des Basiswerts, wenn die Ansprüche aus Prospekthaftung verjährt sind (BGH NJW 2014, 3362 Rn 24ff).

5 Die **Gültigkeit der Unterzeichnung** kann von der Beobachtung einer besonderen Form abhängig gemacht werden, jedoch muss dieses in der Urkunde selbst zum Ausdruck gebracht werden. Ein Hinw in den Ausgabebedingungen ist unbeachtlich (RGZ 14, 96). Zur Unterzeichnung genügt sonst eine im Wege der mechanischen Vervielfältigung hergestellte Unterschrift (Faksimile), nicht jedoch eine dergestalt hergestellte Bezeichnung des Ausstellers. Fehlt die Unterschrift, liegt keine Urkunde iSv § 793 vor, möglicherweise jedoch ein Legitimationspapier nach § 807.

6 **4. Inhaber der Schuldverschreibung.** Die Geltendmachung des verbrieften Anspruchs erfordert die Legitimation des Gläubigers durch die Urkunde, § 793 I 1. Das **Recht aus dem Papier** ist an das Recht am Papier geknüpft. **Gläubiger** ist daher nicht der bloße Besitzer des Papiers, sondern nur der **berechtigte Inhaber**. Inhaber ist, wer zeitweilig oder dauernd die rein tatsächliche Gewalt über das Papier besitzt, und zwar so, dass er es vorlegen kann (MüKo/*Habersack* Rn 29). Der Inhaber ist daher nicht mit dem Besitzer identisch, da sowohl der Besitzdiener Inhaber als auch der Besitzer, der zeitweilig nicht die unmittelbare Verfügungsgewalt hat, uU nicht Inhaber sein kann. Das Gesetz strebt an, Inhaberstellung, Gläubiger- und Eigentümerrecht zusammenzuhalten, §§ 797, 952. Es bindet die Forderung gegen den Aussteller dergestalt an das Papier, dass die Übertragung nach sachenrechtl Grundsätzen und nicht nach den Regeln der Forderungsübertragung stattfindet. Der wahre Gläubiger ist dann sowohl berechtigter Inhaber als auch Besitzer und Eigentümer der Urkunde. **Gutgläubiger Erwerb**

vom Nichtberechtigten nach §§ 932ff ist möglich. **§ 1006** spricht dafür, dass der Besitzer auch Gläubiger ist. Zugunsten des Nichteigentümers zeugt der Schein (formelle Berechtigung im Gegensatz zur materiellen). Die **Übertragung** der Forderung aus der Schuldverschreibung soll nicht nur im Wege der sachenrechtl Übereignung möglich sein, sondern auch durch eine einfache Abtretung der Forderung nach § 398 und Eigentumserwerb nach § 952, ohne dass es der Übergabe der Urkunde bedarf (BGH ZIP 2013, 1270 Rn 17ff; Staudinger/*Marburger* Vor § 793 Rn 7; MüKo/*Habersack* Rn 36; krit *Müller* WM 2017, 69ff). Bei Sammelverwahrung erfolgt sie nach § 18 I, III, § 24 DepotG durch Verschaffung von Miteigentum an der Sammelurkunde. Die Ausübung der Gläubigerrechte und die tatsächliche Innehabung der Urkunde kann vom Eigentümer auf einen anderen Berechtigten übergehen, zB beim Vormund, Pfleger, Pfandgläubiger, Testamentsvollstrecker, Insolvenzverwalter usw, nicht aber auf den bloßen Besitzer wie Verwahrer. Eigentum ohne Besitz genügt nicht. Hingegen ist der Eigentümer nicht gehindert, seinen Anspruch durch Vertreter geltend zu machen. Der Eigentümer hat gegen den unredlichen Erwerber die Herausgabeklage nach § 985. Bei Vermengung, Fund und dgl wird der sich anschließende gutgläubige Erwerb anerkannt (Staudinger/*Marburger* Rn 18).

Bei **elektronischen Wertpapieren** erfolgt die Legitimation statt durch die Vorlage der Urkunde durch den Nachweis der Inhaberschaft (§ 28 I eWpG) im Wege der Einsicht in das elektronische Wertpapierregister nach § 10 I eWpG und bei Sammelverwahrung zudem durch einen Depotauszug der Wertpapiersammelbank bzw des Verwahrers nach § 6 II DepotG nF (vgl RegE BT-Drs 19/26925, 68). Bei der Übereignung tritt an die Stelle der Übergabe der Urkunde die Umtragung im elektronischen Wertpapierregister (§ 25 eWpG). Der gutgläubige Erwerb knüpft nicht an den Besitz oder ein Besitzkonstitut an, sondern an die Eintragung im elektronischen Wertpapierregister (§ 26 eWpG). § 1006 entspricht die Eigentumsvermutung für den Inhaber des § 27 eWpG. Verfügungen, die nicht im elektronischen Wertpapierregister eingetragen wurden, sind unwirksam (§ 24 eWpG); dies gilt nicht nur dort, wo die Umtragung an die Stelle der sachenrechtl Übergabe der Urkunde tritt, sondern auch dort, wo die Verfügung keine Übergabe der Urkunde voraussetzt, etwa bei der Abtretung nach § 398 (RegE BT-Drs 19/26925, 68). 6a

5. Aussteller der Schuldverschreibung. Der **Aussteller** ist der **Schuldner**. Ist er bei der Ausstellung geschäftsunfähig, kann keine Verpflichtung entstehen, möglich ist jedoch Heilung (nach *Jacobi* Wechsel- und Scheckrecht unter Berücksichtigung des ausländischen Rechts, 208; *Ulmer* Das Recht der Wertpapiere, 1938, 50 – Genehmigung oder Bestätigung) durch anschließenden rechtsgültigen Begebungsvertrag. Nach der Kreationstheorie wäre erneute Ausstellung erforderlich, die aber nicht konsequent gefordert wurde (vgl *Enneccerus/Lehmann* § 209 I 2a). Die Lehre vom mehrgliedrigen Rechtsgeschäft behilft sich mit einer Reduktion des Anwendungsbereichs der §§ 108, 111, 180 (vgl MüKo/*Hüffer*[4] Vor Rn 27f). Liegt keine Heilung durch rechtsgültigen Begebungsvertrag vor, so wird auch bei gutgläubigem Zweiterwerb kein Forderungsrecht begründet, denn der Aussteller muss den Rechtsschein einer gültigen Verpflichtung zurechenbar gesetzt haben, dh er muss die Ausstellung bei voller Geschäftsfähigkeit (oder entspr Zustimmung) bewusst und willentlich vorgenommen haben (Staudinger/*Marburger* Rn 16). Zurechenbarkeit fehlt daher außer bei fehlender Geschäftsfähigkeit im Falle von Fälschung, Vertretung ohne Vertretungsmacht und bei unmittelbarer Zwangsanwendung. Zurechenbarkeit liegt jedoch vor, wenn der Aussteller später die Möglichkeit der Vernichtung der zunächst nicht zurechenbaren Urkunde hat und diese unterlässt (RGRK/*Steffen* Rn 20; Staudinger/*Marburger* Rn 17). Wird der Aussteller nach Abschluss des Begebungsvertrags geschäftsunfähig, hat es auf die Wirksamkeit der Verpflichtung keinen Einfluss mehr, § 794 II. 7

Bei **Anfechtung** des Ausstellungsakts nach §§ 119, 123 ist nach der Rechtsscheintheorie der redliche spätere Erwerber im Interesse des Verkehrswertes des Papiers geschützt, und eine etwaige Anfechtung greift ihm ggü nicht durch, während nach der strengen Kreationstheorie die Anfechtung grds auch jedem späteren Erwerber ggü wirksam ist (zu den Einschränkungen s *Enneccerus/Lehmann* § 209 I 2a–c). Bei Existenzgründern besteht die Möglichkeit des Widerrufs nach §§ 495, 511 (Braunschweig BKR 2016, 18, 21). Treffen Gläubiger und Schuldner aus Schuldverschreibungen zusammen, geht die Forderung nicht unter (RGZ 147, 243; diff Staudinger/*Marburger* Rn 19). 8

6. Liberationswirkung. Der Aussteller ist dem berechtigten Inhaber **zur Leistung verpflichtet**, er wird jedoch darüber hinaus auch durch Leistung an einen nichtberechtigten Inhaber befreit. Die Legitimationskraft des Papiers wirkt mithin auch zugunsten des Schuldners (**Liberationswirkung**). Aus der Formulierung ergibt sich aber, dass der Schuldner berechtigt ist, die Legitimation des Inhabers zu prüfen und dem nichtberechtigten Inhaber die Leistung zu verweigern. Wird das Verfügungsrecht str, hat der Aussteller die mangelnde Legitimation des Inhabers zu beweisen. Meinungsverschiedenheiten bestanden darüber, ob der Aussteller auch dann mit befreiender Wirkung an den Nichtberechtigten leisten kann, wenn er den Mangel des Rechts kennt und den Beweis unschwer führen kann. Nach der jetzt hL verdient offenbare Unredlichkeit keinen Rechtsschutz, so dass der Aussteller in diesem Falle nicht befreit wird. Treu und Glauben ist auch hier anzuwenden, wie bspw auch positiv in Art 40 III WG bestimmt ist; nach überwiegender Ansicht genügt daher grobe Fahrlässigkeit, um die Liberationswirkung auszuschalten (*Hueck/Canaris* § 24 III 3; Grü/*Sprau* Rn 12; MüKo/*Habersack* Rn 42f; Staudinger/*Marburger* Rn 27f; anders noch BGHZ 28, 368, 369 – zu § 808; RGRK/*Steffen* Rn 23; für grobe Fahrlässigkeit nur bei besonders leichtfertigem Verhalten BeckOGK/*Vogel* Rn 158; Staudinger/*Marburger* Rn 27f). Jedoch darf dem Aussteller keine im Ausgang zweifelhafte Prozessführung zugemutet werden, s auch noch § 362 Rn 14. Bei elektronischen Wertpapieren erfolgt die Liberationswirkung nach § 28 I 2 eWpG durch die Inhaberschaft (RegE BT-Drs 19/26925, 68). 9

10 Die gleichen Gesichtspunkte gelten, wenn der Inhaber **geschäftsunfähig** oder **in der Geschäftsfähigkeit beschränkt** ist. Der Schuldner ist von der Nachprüfung nicht nur des Verfügungsrechts, sondern auch der **Verfügungsfähigkeit** des Inhabers befreit (aA *Hueck/Canaris* § 24 III 3). Er wird jedoch dann nicht befreit, wenn er wider besseres Wissen an einen in der Geschäftsfähigkeit beschränkten Inhaber leistet (*Enneccerus/Lehmann* § 210 III 2 aE; MüKo/*Habersack* Rn 42).

11 **7. Inhaberschuldverschreibungen.** Dies sind ua Aktienanleihen, Bank-, Industrie- und öffentliche Anleihen, wobei letztere allerdings regelmäßig nicht mehr verbrieft werden, Optionsscheine, Pfandbriefe, Wandelschuldverschreibungen oder Zertifikate; soweit sie auf den Inhaber gestellt sind, auch Dividenden- und Genussscheine, Gewinnschuldverschreibungen, Grund- und Rentenschuldbriefe, Kassenobligationen, Konossement, Ladeschein, Lagerschein, Options- oder Wandelschuldverschreibungen; **keine Inhaberschuldverschreibungen** sind Aktien, Anteilsscheine an Investmentfonds und geschlossenen Immobilienfonds, Erneuerungsscheine oder Talons, Spar(kassen)briefe und Sparkassenobligationen sowie Versicherungsscheine mit Inhaberklausel (vgl MüKo/*Habersack* Rn 10f; Staudinger/*Marburger* Vor § 793 Rn 45ff; zu Wandel- und Optionsanleihen *Schanz* BKR 2011, 410; zu Zertifikaten *Buck-Heeb*, DB 2011, 2825; *Salewski* BKR 2012, 100), ebensowenig **Banknoten**, da keine Einlösungspflicht des Noteninstituts besteht (vgl § 14 BBankG). **Lotterielose** besitzen jedoch die Eigenschaft von Inhaberschuldverschreibungen (RG JW 1912, 681; Staudinger/*Marburger* Vor § 793 Rn 66; enger MüKo/*Habersack* Rn 10: nur bei Gewinn). **Wechsel** können nicht auf den Inhaber gestellt werden, Art 1 Nr 6 WG, jedoch durch Blankoindossament die gleiche Beweglichkeit erhalten, ohne Inhaberpapier zu sein, RGZ 168, 5. Der **Scheck** kann auf den Inhaber gestellt werden und damit Inhaberpapier werden, Art 5 ScheckG. Zu Token s Rn 14. Zu **Zins-, Renten-, Gewinnanteil- und Erneuerungsscheine** vgl Bemerkungen zu §§ 803–805.

12 **Investmentanteilscheine** verbriefen den Anteil an einem Investmentfonds. Rechtsgrundlage ist das KAGB. Nach § 95 I 2 KAGB können die Anteilscheine am Sondervermögen entweder auf den Inhaber oder auf den Namen lauten. Investmentanteilscheine verbriefen nicht nur die obligatorischen Ansprüche gegen die Kapitalanlagegesellschaft, sondern die gesamte Rechtsstellung des Anteilsinhabers; sie sind daher keine Schuldverschreibungen, sondern Wertpapiere eigener Art (vgl Staudinger/*Marburger* Vor § 793 Rn 62). S dazu schon Vor § 793 Rn 6.

13 **8. Token und elektronische Wertpapiere.** Unter **Token** werden im technischen Sinne Einträge in einer Datenbank verstanden, die ausschließlich, einzigartig und nicht vervielfältigbar sind, wobei die Datenbank häufig, aber nicht notwendig auf der Blockchain- oder Distributed-Ledger-Technologie basiert; dabei werden Token mit unterschiedlicher Funktion unterschieden: **Currency Token**, etwa Bitcoins, die als Zahlungsmittel bzw Geldersatz verwendet werden und damit eine Wertaufbewahrungs- und Bezahlfunktion haben, **Utility Token**, die einen Anspruch auf Zugang zu einem Produkt oder einer Dienstleistung enthalten, und **Security** bzw **Investment Token**, die einen künftigen Kapitalfluss versprechen und der Kapitalanlage dienen (vgl *Kaulartz/Mazke* NJW 2018, 3278, 3279f; *Weitnauer* BKR 2018, 231, 232f). Unterschieden werden auch intrinsische Token, die bereits für sich genommen werthaltig sind, insb klassische Currency Token, und extrinsische Token, deren Wert sich erst aus der Verbindung mit einer Sache oder einem Anspruch ergibt, insb Utility Token und Security bzw. Investment Token (*Möllenkamp* in Hoeren/Sieber/Holznagel, Handbuch Multimedia-Recht, 58. EL März 2022, Teil 13.6 Rn 39ff). Extrinsische Token ähneln in ihrer Funktion einem Wertpapier, sodass zT die analoge Anwendung der §§ 794ff befürwortet wurde (*Kaulartz/Matzke* NJW 2018, 3278, 3281f). Jedoch können Token, insb Security bzw Investment Token, aufsichtsrechtl Finanzinstrumente und Wertpapiere sein, sind jedoch zivilrechtl keine Inhaberschuldverschreibungen (vgl BeckOGK/*Wilhelmi* § 453 Rn 212), da es an der Verbriefung fehlt, auch wenn der Datenbankeintrag eine ähnl Funktion wie die Urkunde übernimmt (vgl *Hanten/Sacarcelik* RdF 2019, 124, 130f). Diskutiert wurde die Einführung einer elektronischen Schuldverschreibung nach dem Vorbild des Bundesschuldenwesengesetzes (dazu *Casper* BKR 2019, 209).

14 Mit dem seit 10.6.2021 geltenden Gesetz über elektronische Wertpapiere (eWpG) wurde kein Wertpapier eigener Art geschaffen, insb nicht eine elektronische Schuldverschreibung nach dem Vorbild des Bundesschuldenwesengesetzes (dazu *Casper* BKR 2019, 209), sondern mit dem elektronischen Wertpapier nur die Nutzbarkeit der bestehenden Formen erweitert, indem bei der Inhaberschuldverschreibung auf den Zwischenschritt der Begebung einer Papierurkunde verzichtet werden kann (RegE BT-Drs 19/26925, 39). Danach ersetzt die Eintragung in einem elektronischen Wertpapierregister bei elektronisch begebenen Wertpapieren die Urkunde und gilt als Sache iSd § 90 (§ 2 eWpG). Ein elektronisches Wertpapier iSd eWpG ist damit eine Inhaberschuldverschreibung iSd §§ 793ff (vgl §§ 1, 2 eWpG; RegE BT-Drs 19/26925, 68). Dabei gelten die §§ 28ff eWpG als Sonderregelungen zu den iÜ anwendbaren §§ 793ff, soweit diese nicht auf elektronische Wertpapiere passen (RegE BT-Drs 19/26925, 68). Elektronische Wertpapiere in Sammeleintragung sind einem Wertpapiersammelbestand gleichgestellt (§ 9 eWpG), während für elektronische Wertpapiere in Einzeleintragung die Sonderregelungen für Verfügungen der §§ 24ff eWpG gelten. Näher dazu bei den jew Einzelvorschriften.

§ 794 Haftung des Ausstellers

(1) Der Aussteller wird aus einer Schuldverschreibung auf den Inhaber auch dann verpflichtet, wenn sie ihm gestohlen worden oder verloren gegangen oder wenn sie sonst ohne seinen Willen in den Verkehr gelangt ist.

(2) Auf die Wirksamkeit einer Schuldverschreibung auf den Inhaber ist es ohne Einfluss, wenn die Urkunde ausgegeben wird, nachdem der Aussteller gestorben oder geschäftsunfähig geworden ist.

1. Geltung sachenrechtlicher Grundsätze. Die durch das Inhaberpapier verbrieften Forderungen und Rechte können nur nach **sachenrechtl Grundsätzen** übertragen werden, §§ 929ff; zur neueren Lehre, die auch eine Übertragung im Wege der Abtretung, §§ 398, 952, zulässt, s § 793 Rn 6. Für die sachenrechtl Übertragung ist jew Einigung der Beteiligten und Übergabe des Papiers erforderlich, dabei kann die Übergabe durch die im Rechtsverkehr allg anerkannten Surrogate ersetzt werden. Nach § 935 II ist **gutgläubiger Erwerb** auch dann möglich, wenn das Papier dem Eigentümer gestohlen worden, verloren gegangen oder sonst abhandengekommen ist. Handelt es sich bei dem Erwerber um einen Kaufmann, der Bankier- oder Geldwechslergeschäfte betreibt, ist jedoch § 367 HGB zu beachten (zum Gutglaubensschutz beim Erwerb gestohlener Dividendenscheine s noch *Franke* WM 1973, 982; zur Anwendbarkeit des § 794 auf Inhaberaktien *Hueck/Canaris* § 25 I 2a; zur Anwendbarkeit auf Banknoten *Mann* JZ 1970, 212, 409). Guter Glaube an die **Geschäftsfähigkeit** oder das Fehlen sonstiger **Verfügungsbeschränkungen** des Ausstellers oder Veräußerers wird nicht geschützt, es sei denn, dass es sich um einen Kaufmann handelt, § 366 HGB. 1

2. Schutz gutgläubiger Dritterwerber. § 794 führt praktisch den Streit zw den verschiedenen Theorien über das gesetzl geregelte Wirksamwerden der Verpflichtung aus der Inhaberschuldverschreibung auf eine Frage der Formulierung zurück. Sinn und Zweck dieser Bestimmung bestehen darin, den gutgläubigen Dritterwerber zu schützen. Darüber besteht Einigkeit (Staudinger/*Marburger* Rn 1; MüKo/*Habersack* Rn 4). Der unredliche Ersterwerber kann schon gem §§ 932, 935 nicht das Eigentum und damit auch nicht die Forderung erwerben. Nach heute allg Auffassung ist § 794 Ausfluss der Rechtsscheinhaftung. Mangels wirksamen Begebungsvertrags ist eine verbriefte Forderung nicht entstanden, sie kann auch nicht durch gutgläubigen Eigentumserwerb der Urkunde zur Entstehung gelangen. Die Forderung entsteht gem Abs I kraft Gesetzes, die Verpflichtung des Ausstellers beruht auf dem von ihm durch die Skriptur veranlassten Rechtsschein (MüKo/*Habersack* Rn 3). Auch bei redlichem Dritterwerb ist daher zurechenbar gesetzter Rechtsschein erforderlich (Staudinger/*Marburger* Rn 4), näher oben § 793 Rn 7f. IÜ gilt dem unredlichen Dritterwerber ggü das in § 793 Rn 9 Gesagte. Über Wertpapiertheorien s Vor § 793 Rn 7ff. 2

Aus den §§ 932, 935 ist unmittelbar nichts dafür zu entnehmen, ob die Verpflichtung aus einer Inhaberschuldverschreibung auch wirksam wird, wenn das Papier ohne oder gegen den Willen des Ausstellers in den Verkehr gelangt. Hiermit befassen sich im Allg die in Vor § 793 Rn 7ff erwähnten Theorien. § 794 bringt eine positive Regelung für die Inhaberschuldverschreibungen des § 793. 3

§ 795 (weggefallen)

§ 796 Einwendungen des Ausstellers

Der Aussteller kann dem Inhaber der Schuldverschreibung nur solche Einwendungen entgegensetzen, welche die Gültigkeit der Ausstellung betreffen oder sich aus der Urkunde ergeben oder dem Aussteller unmittelbar gegen den Inhaber zustehen.

1. Ratio. Der Aussteller einer Inhaberschuldverschreibung verspricht, an jeden berechtigten Inhaber, die im Papier verbriefte Leistung zu bewirken. Folglich erlangt jeder, der das Papier erwirbt, damit auch einen unmittelbaren Leistungsanspruch gegen den Aussteller, unabhängig von dem Recht seines Vormannes. Erg hierzu bestimmt § 796, welche Einwendungen der Aussteller dem Inhaber entgegensetzen kann, Abschlussfunktion des Wertpapiers. Die **Beschränkung der Einwendungen** ist das wesentliche Kennzeichen der verkehrsgängigen Wertpapiere. Dem § 796 entspricht § 364 II HGB. Art 17 WG und Art 22 ScheckG grenzen nicht mehr positiv die möglichen Einwendungen ab, sondern bestimmen negativ, welche Einwendungen nicht dem Inhaber entgegengesetzt werden können. Bei elektronischen Wertpapieren entspricht dem § 796 der § 28 II eWpG. 1

2. Arten der Einwendungen. Einwendungen können in **zwei Gruppen** unterteilt werden, und zwar a) die **obj** oder absoluten gegen alle Gläubiger und b) die **persönlichen** oder relativen gegen einzelne Gläubiger. Zu den obj gehören die, die sich gegen die Gültigkeit der Ausstellung richten oder sich aus der Urkunde ergeben, während die relativen sich aus sonstigen Kausalverhältnissen ergeben. 2

a) Objektive Einreden. aa) Die **Gültigkeit der Ausstellung** betreffende Einreden: Fälschung der Urkunde, Geschäftsunfähigkeit des Ausstellers, Fehlen der Unterschrift oder sonstiger wesentlicher Erfordernisse. Da der Begebungsvertrag nach heute allg Ansicht jedenfalls Teil des Verpflichtungstatbestandes ist (zu den Wertpapierrechtstheorien Vor § 793 Rn 7ff), fallen hierunter auch Mängel des Begebungsvertrags (Staudinger/*Marburger* Rn 2; MüKo/*Habersack* Rn 9; Grü/*Sprau* Rn 2; aA RGRK/*Steffen* Rn 2, 6 – unmittelbare Einwendungen). Inwieweit sie dem Inhaber entgegengehalten werden können, hängt von der Zurechenbarkeit des gesetzten Rechtsscheins ab, dazu § 793 Rn 7. Zur Zulässigkeit der Anfechtung ggü dem späteren gutgläubigen Erwerber § 793 Rn 8. Einwendungen gegen die Gültigkeit der Ausstellung können durch einen rechtswirksamen Begebungsvertrag beseitigt sein, § 793 Rn 7. 3

bb) Mit **Einwendungen aus der Urkunde** sind diejenigen gemeint, die sich aus dem Inhalt selbst ergeben: Bedingungen, Zeitbestimmungen, Fehlen von Formerfordernissen und insb solche aus der Erwähnung des Schuldgrundes (§ 793 Rn 4). Hier wird es auf die Auslegung im Einzelfall ankommen, inwieweit der Aussteller seine Leistung hat beschränken wollen. IdR kommen nur gesetzl, nicht vertragl vereinbarte Einwendungen in Betracht 4

(BeckOGK/*Vogel* Rn 15; Staudinger/*Marburger* Rn 7; *Hopt* FS Steindorff, 1990, 355; anders MüKo/*Habersack* Rn 6); vertragl Abreden sollen eingewandt werden können, wenn sie in solchen Verträgen üblich sind (BGHZ 29, 120, 123 für Schiedsgerichtsklausel), was jedoch vielmehr eine Frage der Auslegung nach §§ 133, 157 sein dürfte (vgl § 793 Rn 4; *Hopt* FS Steindorff, 1990, 362). Mündlich gegebene Zusätze sind dem redlichen Erwerber ggü unwirksam. Nach BGHZ 28, 259 dürfen außerhalb der Urkunde liegende Umstände zur Auslegung herangezogen werden (ebenso *Hopt* FS Steindorff, 1990, 363; abl für den Bereich der Einwendungen BeckOGK/*Vogel* Rn 17; Staudinger/*Marburger* Rn 7). Einwendungen aus der Urkunde können jedem Inhaber entgegengehalten werden.

5 **b) Persönliche Einreden.** Diese richten sich gegen den einzelnen Gläubiger und sind durch den Papierinhalt nicht beschränkt. Sie können sich aus sonstigen Rechtsbeziehungen ergeben: Zahlung, Stundung, Aufrechnung, Erlass, mangelnde Berechtigung. Bei einem Kaufmann, der Bankier- oder Geldwechslergeschäfte betreibt, ist die Einschränkung des gutgläubigen Erwerbs durch § 367 HGB zu beachten. Bei unentgeltlichem Erwerb kommt die Einrede der ungerechtfertigten Bereicherung analog § 816 I 2 in Betracht (Staudinger/*Marburger* Rn 9). Zu den **unmittelbaren Einwendungen** zählen neben den persönlichen auch diejenigen, die sich gegen den Bestand der Schuldverschreibung richten, §§ 799, 802, 801, 793 I 2.

6 **3. Späterer Erwerb.** Der **unredliche spätere Erwerber** muss auch die gegen seine Vorleute begründeten Einwendungen gegen sich gelten lassen. Unredlich ist der Erwerber bzgl Gültigkeitseinwendungen, wenn er beim Erwerb die Einwendungen kennt oder unbedingt mit ihrem Bestehen rechnen musste (grobfahrlässige Unkenntnis), so die hL (Staudinger/*Marburger* Rn 6; MüKo/*Habersack* Rn 4). Persönliche Einwendungen gegen seine Vorleute können dem Inhaber analog Art 17 WG, Art 22 ScheckG dagegen nur entgegengesetzt werden, wenn er beim Erwerb des Papiers bewusst zum Nachteil des Ausstellers gehandelt hat (Staudinger/*Marburger* Rn 6; MüKo/*Habersack* Rn 14); die ältere Lehre gab dem Schuldner die Einrede der Arglist, § 242 (RGZ 142, 153; 96, 191; RGRK/*Steffen* Rn 9; *Enneccerus/Lehmann* § 210 IV).

7 Wenn ein Vormann das Recht aus dem Papier erworben hatte und Einwendungen gegen ihn nicht begründet waren, spielt es für den späteren Erwerber keine Rolle, ob gegen frühere Vorleute Einwendungen bestanden und er diese gekannt hat, es sei denn, dass der Zwischenerwerber nur als Strohmann eingeschaltet war. Anders jedoch beim Rückerwerb durch einen früheren bösgläubigen nichtberechtigten Inhaber. Hier kommt dem Erwerber die Gutgläubigkeit seiner Nachleute nicht zugute (BGH NJW 1971, 806; 1974, 1513).

§ 797 Leistungspflicht nur gegen Aushändigung

Der Aussteller ist nur gegen Aushändigung der Schuldverschreibung zur Leistung verpflichtet. Mit der Aushändigung erwirbt er das Eigentum an der Urkunde, auch wenn der Inhaber zur Verfügung über sie nicht berechtigt ist.

1 **1. Leistungspflicht.** Inhaberschuldverschreibungen sind **Präsentationspapiere**, dh der Schuldner ist nur gegen Vorlegung und Aushändigung des Papiers zur Leistung verpflichtet (insoweit diff *Müller* WM 2017, 69, 72f). Die Herausgabe des Papiers ist kein selbständiger Gegenanspruch, der unter §§ 756, 765 ZPO fiele, sondern eine besondere Ausgestaltung des Rechts auf Quittung, weshalb zu tenorieren ist, dass der Schuldner gegen Aushändigung des Papiers zur Leistung verpflichtet ist (BGHZ 177, 178 Rn 12; anders Staudinger/*Marburger* Rn 3); dies gilt auch bei Sammelverwahrung (BGH NZG 2016, 588 Rn 8ff), bei Globalurkunden, einer nach § 9a III 2 DepotG ausgeschlossenen Herausgabe oder nur in der Schuldverschreibung selbst verbrieften Zinsansprüchen „gegen Mitteilung der Zahlung an die Depotbank zwecks Ausbuchung der Inhaberschuldverschreibung aus dem Depot in Höhe der Zahlung“ (BGH 22.9.2009 – XI ZR 356/08). Entspr § 364 III HGB; Art 38, 39, 50 WG; Art 34, 47 ScheckG. Hieraus ergibt sich, dass es sich bei der Forderung um eine **Holschuld** nach §§ 269, 270 handelt. Bei elektronischen Wertpapieren entspricht der Aushändigung die Umtragung auf den Schuldner im elektronischen Wertpapierregister (§ 29 I eWpG); dabei genügt es im Vollstreckungsverfahren, wenn die unwiderrufliche Weisung an die registerführende Stelle zur Umtragung gegen Zahlungsnachweis nachgewiesen wird (RegE BT-Drs 19/26925, 68).

1a Nach Art 39 WG und Art 34 ScheckG darf der Gläubiger **Teilzahlungen** nicht zurückweisen, und der Aussteller kann verlangen, geleistete Zahlungen auf der Urkunde zu vermerken. Die Möglichkeit von Teilzahlungen ist kein allg Grundsatz (so aber Erman/*Heckelmann*[10]), sondern dient dem Interesse der Rückgriffschuldner und ist daher bei Inhaberschuldverschreibungen nur mit Einverständnis des Inhabers gegeben, § 266 (MüKo/*Habersack* Rn 5; Staudinger/*Marburger* Rn 4). Wenn Teilzahlungen auf Urkunden nicht vermerkt sind, braucht sie ein späterer Erwerber der Urkunde nicht gegen sich gelten zu lassen, hierzu jedoch § 796 Rn 6.

2 **2. Folgen der Aushändigung.** Mit der **Aushändigung** wird der Aussteller **kraft Gesetzes Eigentümer** der Urkunde. Willenseinigung über den Eigentumsübergang ist nicht erforderlich, wenn die Leistung bewirkt wird. S 2 lässt die Frage offen, ob der Aussteller auch Eigentum erwirbt, wenn er die Nichtberechtigung des Inhabers kennt. Nach Sinn und Zweck der Vorschrift wird der Aussteller nur Eigentümer, wenn er durch die Leistung frei wird (vgl dazu § 793 Rn 9). Mehr kann aus § 797 auch nicht herausgelesen werden, da nur der zur Leistung „verpflichtete“ Aussteller geschützt werden soll (so Staudinger/*Marburger* Rn 7; i Erg auch MüKo/*Habersack* Rn 7; aA noch *Enneccerus/Lehmann* § 210 V; Planck/*Landois* Anm 4). Lässt sich der mit schuldbefreiender Wir-

kung leistende Aussteller die Urkunde nicht aushändigen, so geht das Eigentum analog § 952 auf ihn über (Staudinger/*Marburger* Rn 8; ähnl MüKo/*Habersack* Rn 9; aA RGRK/*Steffen*, Rn 8; vgl auch § 952 Rn 6).

Wenn der Aussteller die Urkunde aus anderen Gründen als Erfüllung erwirbt, ruht das Schuldverhältnis und lebt bei weiterer Begebung der Urkunde wieder auf (RGZ 147, 243). 3

§ 798 Ersatzurkunde

Ist eine Schuldverschreibung auf den Inhaber infolge einer Beschädigung oder einer Verunstaltung zum Umlauf nicht mehr geeignet, so kann der Inhaber, sofern ihr wesentlicher Inhalt und ihre Unterscheidungsmerkmale noch mit Sicherheit erkennbar sind, von dem Aussteller die Erteilung einer neuen Schuldverschreibung auf den Inhaber gegen Aushändigung der beschädigten oder verunstalteten verlangen. Die Kosten hat er zu tragen und vorzuschießen.

Die Vorschrift ist nur dann anwendbar, wenn die wesentlichen Merkmale der Urkunde (Substanz und Erklärungsinhalt; Serie und Nr) noch erkennbar sind. Ist die Urkunde stärker beschädigt, kann nur ein Aufgebotsverfahren stattfinden, §§ 799, 804. Die Kosten der Zweitschrift fallen dem Inhaber zur Last. Der Austausch der Urkunden ist ein rein tatsächlicher Akt, die alte Urkunde verliert ihre Wertpapiereigenschaft, die bisherigen Rechte setzen sich an der Ersatzurkunde fort. Möglich ist jedoch gutgläubiger Erwerb der alten Urkunde, solange sie nicht vernichtet ist (Staudinger/*Marburger* Rn 4). 1

Bei Grundschuldbriefen ist § 67 GBO maßgebend, bei Anteilscheinen von Kapitalanlagegesellschaften (§ 793 Rn 12) nur § 97 III KAGB. § 74 AktG enthält für Aktien eine dem § 798 entspr Regelung. Keine Anwendung auf kleine Inhaberpapiere (München NJW-RR 2011, 1359). Zum Verlust von Urkunden durch Kriegsereignisse vgl Erman/*Hense*[7] und Vor § 793 Rn 13. 2

Bei elektronischen Wertpapieren, die in ein Kryptowertpapierregister eingetragen sind, hat der Emittent die Funktionstüchtigkeit des Registers zu gewährleisten (RegE BT-Drs 19/26925, 69). Ist diese nicht mehr sichergestellt, kann der Inhaber dem Emittenten eine angemessene Frist zur Wiederherstellung der Funktionstüchtigkeit des Registers setzen und hat bei erfolglosem Fristablauf das Recht zur außerordentlichen Kündigung (§ 30 eWpG). Bei der Eintragung in ein zentrales Register bleiben dem Inhaber die Rechte der §§ 798ff. 3

§ 799 Kraftloserklärung

(1) Eine abhanden gekommene oder vernichtete Schuldverschreibung auf den Inhaber kann, wenn nicht in der Urkunde das Gegenteil bestimmt ist, im Wege des Aufgebotsverfahrens für kraftlos erklärt werden. Ausgenommen sind Zins-, Renten- und Gewinnanteilscheine sowie die auf Sicht zahlbaren unverzinslichen Schuldverschreibungen.

(2) Der Aussteller ist verpflichtet, dem bisherigen Inhaber auf Verlangen die zur Erwirkung des Aufgebots oder der Zahlungssperre erforderliche Auskunft zu erteilen und die erforderlichen Zeugnisse auszustellen. Die Kosten der Zeugnisse hat der bisherige Inhaber zu tragen und vorzuschießen.

1. Anwendungsbereich. Trotz des Papierverlustes und des dadurch bedingten Forderungsverlustes behält der **Berechtigte** als Inhaber der Forderung aus dem Papier einen **Anspruch auf Rekonstruktion** der alten Forderung, ähnl Art 90 WG, Art 59 ScheckG, § 72 AktG. Im Papier kann allerdings mit Ausnahme von Wechsel und Scheck etwas anderes bestimmt sein. Gilt außerdem nicht bei den Scheinen des § 804 wegen der dort getroffenen Sonderregelung sowie bei den auf Sicht zahlbaren unverzinslichen Schuldverschreibungen, weil diese geldähnl Charakter haben, des Weiteren nicht für Banknoten und nicht für die in § 807 genannten kleinen Inhaberpapiere, die Norm ist jedoch anwendbar auf die hinkenden Inhaberpapiere des § 808. Auch echte Lotterielose sind aufgebotsfähig. Der Begriff des **„Abhandenkommens"** ist eigenständig aus dem Zweck des Aufgebotsverfahrens zu entwickeln und orientiert sich nicht an den zu § 935 herausgearbeiteten Grundsätzen (MüKo/*Habersack* Rn 5; Staudinger/*Marburger* Rn 3; aA RGZ 101, 224f; RGRK/*Steffen* Rn 5). Es kommt daher auf die Unauffindbarkeit an; so ist das Aufgebotsverfahren eröffnet, wenn die Schuldverschreibung nicht mehr erreicht und nicht durch Vollstreckung erlangt werden kann (Stuttgart NJW 1955, 1155). 1

Vernichtet ist eine Schuldverschreibung, wenn sie gänzlich zerstört oder so stark in ihrer Substanz beschädigt ist, dass wesentliche Teile ihres ursprünglichen Inhalts aus ihr nicht mehr zu erkennen sind und deswegen eine Ersatzurkunde nach § 798 nicht mehr ausgestellt werden kann. 1a

2. Aufgebotsverfahren. Das **Aufgebotsverfahren** (Amortisation) richtet sich nach §§ 466ff FamFG. Es setzt die einwandfreie Identifizierung des Papiers voraus (München NZG 2012, 181). Bekanntmachungen haben im BAnz zu erfolgen, § 1 des Gesetzes über Bekanntmachungen v 17.5.1950 (BGBl I 1950, 183). Wichtig ist die Möglichkeit der Zahlungssperre nach §§ 480ff FamFG. Vorläufigen Schutz ggü Kaufleuten, die Bankier- oder Geldwechslergeschäfte betreiben, ermöglicht § 367 HGB. 2

3. Kraftloserklärung. Mit der **Kraftloserklärung** (§ 479 FamFG) verliert das Papier seine Legitimationskraft und wird damit wirkungslos. Der Berechtigte aus dem Ausschließungsbeschluss kann die Leistung aus der Urkunde verlangen. Der Beschluss begründet nicht eine Ersatzforderung, sondern stellt die alte Forderung aus dem Papier wieder her und tritt idS an die Stelle des Papiers, besitzt jedoch nicht dessen Beweglichkeit. Dafür kann 3

Ausstellung einer neuen Urkunde verlangt werden, § 800. Der Beschluss bewirkt die formelle Legitimation des Aufbieters, umstr ist jedoch, ob er auch das Gläubigerrecht verschafft, wenn der Aufbieter nicht materiell berechtigt war. Die Rspr stellt darauf ab, ob es sich um das Verhältnis des Aufbieters zum Schuldner handelt; dann soll der Beschluss ein sachliches Recht begründen (BGH JZ 1958, 746; KG WM 1956, 1440; ebenso *Baumbach/ Hefermehl/Casper* Art 90 WG Rn 7; *Richardi* § 20 VI). Im Verhältnis zum wahren Gläubiger soll der Beschluss wegen § 479 FamFG nicht wirken, vielmehr soll der wahre Gläubiger einen Anspruch auf Abtretung der Rechte aus dem Beschluss nach § 812 I 1 Fall 2 haben (RGZ 168, 9). Die überwiegende Ansicht in der Lit beschränkt die Entscheidungswirkungen auf die formelle Seite, dem Aussteller bleibt der Einwand der fehlenden materiellen Berechtigung, der wahre Gläubiger erlangt Eigentum nach § 952 kraft Gesetzes und kann Herausgabe des Beschlusses nach § 985 verlangen (BeckOGK/*Vogel* Rn 15; MüKo/*Habersack* Rn 8f; Grü/*Sprau* Rn 5; Staudinger/ *Marburger* Rn 8; vgl noch zum (inhaltsgleichen) alten Recht Hamm WM 1976, 198).

§ 800 Wirkung der Kraftloserklärung

Ist eine Schuldverschreibung auf den Inhaber für kraftlos erklärt, so kann derjenige, welcher den Ausschließungsbeschluss erwirkt hat, von dem Aussteller, unbeschadet der Befugnis, den Anspruch aus der Urkunde geltend zu machen, die Erteilung einer neuen Schuldverschreibung auf den Inhaber anstelle der für kraftlos erklärten verlangen. Die Kosten hat er zu tragen und vorzuschießen.

1 **1. Berechtigung.** Der Ausschließungsbeschluss berechtigt den Inhaber zur Einziehung der fälligen Forderung, ebenso Art 90 WG, Art 59 ScheckG. Vor Erlangung des Beschl kann der eigentlich Berechtigte keine Ansprüche auf etwaige fällige Leistungen erheben, anders im Wechsel- und Scheckrecht nach Art 90 WG und Art 59 ScheckG, wenn Sicherheit geleistet wird. Für Aktien verweist § 72 AktG dagegen auf § 799 II, § 800; ebenso § 97 II 2 KAGB für Investmentanteilsscheine.

2 **2. Zweitschrift.** Die **Zweitschrift** der Urkunde muss als solche gekennzeichnet sein. Sie erlangt dieselbe Verkehrsfähigkeit wie das verloren gegangene Papier. Analog § 798 Aushändigung der neuen Urkunde nur Zug um Zug gegen Aushändigung des Ausschließungsbeschlusses (RGRK/*Steffen* Rn 4).

§ 801 Erlöschen; Verjährung

(1) Der Anspruch aus einer Schuldverschreibung auf den Inhaber erlischt mit dem Ablauf von 30 Jahren nach dem Eintritt der für die Leistung bestimmten Zeit, wenn nicht die Urkunde vor dem Ablauf der 30 Jahre dem Aussteller zur Einlösung vorgelegt wird. Erfolgt die Vorlegung, so verjährt der Anspruch in zwei Jahren von dem Ende der Vorlegungsfrist an. Der Vorlegung steht die gerichtliche Geltendmachung des Anspruchs aus der Urkunde gleich.

(2) Bei Zins-, Renten- und Gewinnanteilscheinen beträgt die Vorlegungsfrist vier Jahre. Die Frist beginnt mit dem Schluss des Jahres, in welchem die für die Leistung bestimmte Zeit eintritt.

(3) Die Dauer und der Beginn der Vorlegungsfrist können von dem Aussteller in der Urkunde anders bestimmt werden.

1 **1. Vorlegungsfrist.** Abs I gilt für die in der Schuldverschreibung verbriefte Hauptforderung, Abs II für Zins-, Renten- und Gewinnanteilsscheine; daher gilt für Zinsansprüche, die entweder in der Globalurkunde oder gar nicht verbrieft sind, die regelmäßige Verjährungsfrist der §§ 195, 199 (BGH NJW 2016, 2806 Rn 9ff). Im Rahmen des § 801 ist die Vorlegungsfrist eine Ausschlussfrist und von der Verjährungsfrist zu unterscheiden. Sie beginnt und dauert: **a)** entweder nach den Bedingungen, die der Aussteller in der Urkunde festgesetzt hat, wobei der Aussteller nicht berechtigt ist, die Frist ganz auszuschließen oder auf die Vorlegung zu verzichten (RGRK/ *Steffen* Rn 6; MüKo/*Habersack* Rn 2), oder **b)** mangels besonderer Bestimmung vom Eintritt der für die Leistung bestimmten Zeit ab 30 Jahre. Bei Nebenforderungen verkürzt sich die Frist auf vier Jahre und beginnt mit dem Schluss des Jahres, in dem sie fällig werden. Bei elektronischen Wertpapieren tritt an die Stelle der Vorlegung nach § 29 II eWpG die ausdrückliche Leistungsaufforderung mit Glaubhaftmachung der Berechtigung.

2 **2. Verjährungsfrist.** Ist keine Leistungszeit in der Urkunde bestimmt, gilt nach heute herrschender Auffassung gar keine Vorlegungsfrist, sondern nur die dreijährige Verjährungsfrist, deren Lauf erst in dem Zeitpunkt beginnt, in dem der letzte Inhaber die Urkunde erworben hat (RGRK/*Steffen* Rn 7, 14; Soergel/*Welter* Rn 5; Staudinger/*Marburger* Rn 4, 8; aA noch MüKo/*Hüffer*[4] Rn 3 – Beginn der Vorlegungsfrist entspr § 187 I an dem der Ausstellung oder Begebung folgenden Tag). Der überwiegenden Auffassung ist zuzustimmen, da der Anspruch aus dem Papier in der Hand des letzten Erwerbers unmittelbar gegen den Aussteller entsteht. Ihm kann eine Verjährungsfrist gegen den Vorbesitzer nicht zugerechnet werden, da das auf eine Abtretung der Forderung hinausliefe. Ewige Anleihen verjähren mangels Fristbeginns aufgrund fehlender Endfälligkeit nicht (vgl *Müller-Eising/Bode* BKR 2006, 480, 484; *Thomas* ZHR 171, 684). Bei Lotterielosen ergibt sich die Leistungszeit aus der kalendermäßig festliegenden Ziehung und der Bekanntgabe der Gewinnliste. Die Frist zur Einlösung stellt die Vorlegungsfrist dar (RG JW 1912, 861).

3 **3. Versäumung der Vorlegungsfrist.** Die **Versäumung der Vorlegungsfrist** führt in allen Fällen zum **Untergang** der Forderungen, § 214 II gilt nicht. Keine Hemmung und Neubeginn der Frist analog der Verjährung (BGHZ 164, 361; BeckOK/*Gehrlein* Rn 2), mit Ausnahme von Anträgen auf Zahlungssperre nach § 480 FamFG,

§ 802. Wird die Urkunde einmal rechtzeitig vorgelegt, erlöschen die darin verbrieften Ansprüche nicht, sondern unterliegen der Verjährung (BGHZ 179, 146, 155; Staudinger/*Marburger* Rn 7).

Die Verjährung setzt die rechtzeitige Vorlegung oder gerichtliche Geltendmachung voraus. Die nach Abs I S 2 zweijährige Verjährungsfrist beginnt mit Ende der Vorlegungsfrist, nicht bereits mit dem Tag der Vorlegung (MüKo/*Habersack* Rn 7; Staudinger/*Marburger* Rn 7). 4

§ 802 Zahlungssperre

Der Beginn und der Lauf der Vorlegungsfrist sowie der Verjährung werden durch die Zahlungssperre zugunsten des Antragstellers gehemmt. Die Hemmung beginnt mit der Stellung des Antrags auf Zahlungssperre; sie endigt mit der Erledigung des Aufgebotsverfahrens und, falls die Zahlungssperre vor der Einleitung des Verfahrens verfügt worden ist, auch dann, wenn seit der Beseitigung des der Einleitung entgegenstehenden Hindernisses sechs Monate verstrichen sind und nicht vorher die Einleitung beantragt worden ist. Auf diese Frist finden die Vorschriften der §§ 206, 210, 211 entsprechende Anwendung.

Die **Zahlungssperre** (Verfahren nach § 480 FamFG) enthält ein gerichtliches Veräußerungsverbot zugunsten des Antragstellers, §§ 135, 136. Die Hemmung tritt mithin auch nur mit Wirkung ihm ggü ein. Unterbrechung der Frist erfolgt nicht. Das Verbot muss dem Aussteller und den Zahlstellen mitgeteilt werden. Da die Zahlungssperre schon vor der Einleitung des Aufgebotsverfahrens ausgesprochen werden kann (§ 482 I 2 FamFG), ist eine Frist für das Ende der Hemmung vorgesehen, falls es nicht zur Einleitung des Hauptverfahrens kommt. 1

§ 803 Zinsscheine

(1) Werden für eine Schuldverschreibung auf den Inhaber Zinsscheine ausgegeben, so bleiben die Scheine, sofern sie nicht eine gegenteilige Bestimmung enthalten, in Kraft, auch wenn die Hauptforderung erlischt oder die Verpflichtung zur Verzinsung aufgehoben oder geändert wird.

(2) Werden solche Zinsscheine bei der Einlösung der Hauptschuldverschreibung nicht zurückgegeben, so ist der Aussteller berechtigt, den Betrag zurückzubehalten, den er nach Absatz 1 für die Scheine zu zahlen verpflichtet ist.

1. Nebenpapiere. Zins-, Renten-, Gewinnanteil- und Erneuerungsscheine sind **Nebenpapiere** zur Haupturkunde. Sie verbriefen Teilansprüche. **Zinsscheine (Kupons)** verbriefen die Zinsforderung zur Hauptschuld (BGH NZG 2009, 474, 477). Sie haben eine Doppelnatur, indem sie einmal Bezugsmittel der in der Haupturkunde versprochenen Zinsen, zum anderen aber auch zum selbständigen Umlauf bestimmt sind (*Hueck/Canaris* § 24 VI 1). Sie entstehen mit der Hauptschuld und setzen zum Wirksamwerden auch die rechtmäßige Begründung der Hauptschuld voraus. Es dürfen von ihnen keine Zinsen gefordert werden, §§ 248, 289 (hM: RGZ 5, 254; BeckOGK/*Vogel* Rn 9; MüKo/*Habersack* Rn 2; RGRK/*Steffen* Rn 3; aA Staudinger/*Marburger* Rn 4; Soergel/*Welter* Rn 4 Fn. 12; *K. Schmidt* JZ 1982, 833). Sind die Zinsscheine in den Verkehr gelangt, verselbständigen sie sich und bilden vom Fortbestand der Haupturkunde unabhängige selbständige Inhaberpapiere (RGZ 74, 339), sofern sie nicht eine gegenteilige Bestimmung enthalten. Zur Einziehung bedarf es weder der Haupturkunde noch genügt diese. Sie verpflichten den Aussteller ggü dem redlichen Zweiterwerber auch dann noch, wenn die Hauptforderung nicht wirksam geworden oder das Hauptpapier für kraftlos erklärt oder die Zinsverpflichtung nachträgl geändert worden ist. Es gibt für sie kein Aufgebotsverfahren, § 804. Trotzdem darf man nicht übersehen, dass im Verkehr nur selten Zinsscheine ohne Stammurkunden veräußert werden, daher sind strengere Anforderungen zu stellen, wenn Redlichkeit beim Erwerb ohne Stammurkunde in Frage steht. Keine vorsorgliche Prüfungsverpflichtung der Bank, ob die Hauptforderung schon gekündigt ist (Köln WM 1985, 1414; LG Ellwangen MDR 1992, 54; LG Saarbrücken WM 1992, 1273). 1

2. Zurückbehaltungsrecht. Ob das **Zurückbehaltungsrecht** des Abs II durch Sicherheitsleistung abgewendet werden kann (§ 273 III), wird im Allg bejaht (MüKo/*Habersack* Rn 6; Grü/*Sprau* Rn 2; Staudinger/*Marburger* Rn 8). Abs II gilt nicht nur für nach Zahlung des Kapitals fällig werdende Zinsscheine, sondern auch für solche, die nach Kündigung des Stammpapieres fällig und eingelöst werden; bei späterer Einlösung der Schuldverschreibung dann Abzug der nach Verzinsungspflicht eingelösten Zinsscheine (LG Lübeck NJW 1982, 1106; *Baumbach/Hefermehl/Casper* WPR Rn 52; diff MüKo/*Habersack* Rn 7; s dazu auch AG Hannover WM 1988, 528). Ggf Rückforderungsanspruch nach § 812 (LG Saarbrücken WM 1992, 1273). Wenn die Zinsscheine bereits zu Unrecht eingelöst wurden, soll Abs II analog gelten (LG Ellwangen MDR 1992, 54; LG Saarbrücken WM 1992, 1273; AG München WM 1993, 1036; Staudinger/*Marburger* Rn 9). 2

3. Renten- und Gewinnanteilscheine; Erneuerungsscheine. Für **Renten- und Gewinnanteilscheine** gilt diese Bestimmung ihrem Wortlaut nach nicht. Jedoch wird man die **Rentenscheine** ihrem Charakter nach wie Zinsscheine zu behandeln haben (Staudinger/*Marburger* Rn 11). **Gewinnanteilscheine** haben eine stärkere akzessorische Natur. Sie sind vornehmlich mit der Aktie verbunden, § 75 AktG. Mit Kraftloserklärung der Aktie werden auch Dividendenscheine kraftlos, § 72 II AktG. 3

Über die Rechtsnatur der **Erneuerungsscheine** vgl § 805. 4

§ 804 Verlust von Zins- oder ähnlichen Scheinen

(1) Ist ein Zins-, Renten- oder Gewinnanteilschein abhanden gekommen oder vernichtet und hat der bisherige Inhaber den Verlust dem Aussteller vor dem Ablauf der Vorlegungsfrist angezeigt, so kann der bisherige Inhaber nach dem Ablauf der Frist die Leistung von dem Aussteller verlangen. Der Anspruch ist ausgeschlossen, wenn der abhanden gekommene Schein dem Aussteller zur Einlösung vorgelegt oder der Anspruch aus dem Schein gerichtlich geltend gemacht worden ist, es sei denn, dass die Vorlegung oder die gerichtliche Geltendmachung nach dem Ablauf der Frist erfolgt ist. Der Anspruch verjährt in vier Jahren.

(2) In dem Zins-, Renten- oder Gewinnanteilschein kann der in Absatz 1 bestimmte Anspruch ausgeschlossen werden.

1 An die Stelle des Aufgebotsverfahrens tritt vor Ablauf der Vorlegungsfrist die **Verlustanzeige** an den Aussteller (§ 801 II). Bis zum Ablauf der Vorlegungsfrist bleibt ein Schwebezustand. Wird der Schein vorgelegt, kann der Aussteller an den Inhaber leisten, es sei denn, dass der Inhaber nicht berechtigt ist und der Aussteller dieses weiß (§ 793 Rn 9). Zweckmäßig, aber nicht vorgeschrieben, ist eine Mitteilung an den Verlierer, der sich mit den üblichen prozessualen Mitteln (einstw Verfügung) schützen kann. Nach Ablauf der Vorlegungsfrist kann nur der Verlierer noch die Leistung beanspruchen. Bei der Verlustanzeige braucht der Verlierer den Verlust nicht nachzuweisen. Wenn er jedoch nach Ablauf der Vorlegungsfrist seinen Anspruch aus dem Schein geltend macht, hat er im Streitfalle seinen Verlust als anspruchsbegründende Tatsache zu beweisen (MüKo/*Habersack* Rn 7; Planck/*Landois* Anm 2; *Enneccerus/Lehmann* § 214 Fn 5; aA BeckOK/*Gehrlein* Rn 3; RGRK/*Steffen* Rn 12; PWW/*Buck-Heeb* Rn 4; Staudinger/*Marburger* Rn 11).

2 Etwaige **Ansprüche** des Verlierers gegen den Aussteller aus Verzug sind nach §§ 286ff zu beurteilen, werden jedoch nur in Ausnahmefällen dargetan werden können. Hierbei ist der Beweis des Verlustes und der Anzeige notwendig und vom Verlierer zu führen.

3 Die **Verjährungsfrist** beginnt mit dem Ablauf der Vorlegungsfrist (hM, Staudinger/*Marburger* Rn 10; RGRK/*Steffen* Rn 10; aA Planck/*Landois* Anm 3).

4 Der Anspruch kann aufgrund von Art 100 Nr 2 EGBGB für Schuldverschreibungen eines Landes oder ihm angehörenden Körperschaften, Anstalten oder Stiftungen ausgeschlossen werden.

§ 805 Neue Zins- und Rentenscheine

Neue Zins- oder Rentenscheine für eine Schuldverschreibung auf den Inhaber dürfen an den Inhaber der zum Empfang der Scheine ermächtigenden Urkunde (Erneuerungsschein) nicht ausgegeben werden, wenn der Inhaber der Schuldverschreibung der Ausgabe widersprochen hat. Die Scheine sind in diesem Fall dem Inhaber der Schuldverschreibung auszuhändigen, wenn er die Schuldverschreibung vorlegt.

1 **Erneuerungsscheine** (Talons) dienen als Legitimation zum Bezug neuer Zins- und Rentenscheine. Sie haben genau wie der Zinsschein den Zweck, die Vorlage der Haupturkunde zu ersparen. Nach ganz hM sind sie Legitimationspapiere (RGZ 77, 333; 74, 341; 31, 147; *Baumbach/Hefermehl/Casper* WPR Rn 54; RGRK/*Steffen* Rn 9; Staudinger/*Marburger* § 803 Rn 14; MüKo/*Habersack* Rn 2; aA Planck/*Landois* Anm 1 – Inhaberpapiere). Wie bei einem Inhaberpapier ist aber der Inhaber des Erneuerungsscheins berechtigt, die Aushändigung der neuen Zinsscheine zu verlangen, und der Aussteller berechtigt, sie dem Inhaber zu geben. Anders als bei einem sonstigen Inhaberpapier kann bei einem Erneuerungsschein jedoch der Inhaber der Haupturkunde der Aushändigung der Zinsscheine an den Inhaber des Erneuerungsscheins aus beliebigen Gründen widersprechen und die Aushändigung an sich selbst verlangen. Der Erneuerungsschein wird mit Erlöschen der Forderung aus dem Stammpapier bedeutungslos, er kann auch nur mit ihm zusammen übertragen werden. Zusammengefasst ergibt sich daraus, dass das Recht auf die neuen Zinsscheine stärker mit der Haupturkunde als mit dem Erneuerungsschein verbunden ist, so dass die Bedeutung des Erneuerungsscheins sich hauptsächlich darin erschöpft, Legitimationspapier zu sein.

§ 805 ist dispositiver Natur, der Erneuerungsschein kann daher durch besondere Erklärung in der Urkunde den Charakter eines echten Inhaberpapiers erhalten.

2 Die Kraftloserklärung von Erneuerungsscheinen ist nicht möglich. Für Gewinnanteilscheine gilt § 805 nicht, jedoch ist in § 75 AktG die gleiche Bestimmung getroffen.

§ 806 Umschreibung auf den Namen

Die Umschreibung einer auf den Inhaber lautenden Schuldverschreibung auf den Namen eines bestimmten Berechtigten kann nur durch den Aussteller erfolgen. Der Aussteller ist zur Umschreibung nicht verpflichtet.

1 Wegen der Verkehrsfähigkeit von Inhaberschuldverschreibungen – insb die Möglichkeit gutgläubigen Erwerbs sowie die befreiende Leistung an jeden Inhaber – bergen diese für den Gläubiger spezifische Risiken, welche sich besonders dann auswirken, wenn dieser die Schuldverschreibung nicht wieder in den Verkehr bringen, sondern bspw als langfristige Kapitalanlage halten will. Diesem denkbaren Gläubigerinteresse trägt § 806 Rechnung. Die

Umschreibung kann nur der Aussteller vornehmen. Mit der Umschreibung wird das Papier zu einem Rektapapier (Vor § 793 Rn 4), die Übertragung richtet sich nach §§ 398ff, nicht mehr nach §§ 929ff, 932, 935 II; die §§ 793ff sind nicht mehr anwendbar.

§ 807 Inhaberkarten und -marken

Werden Karten, Marken oder ähnliche Urkunden, in denen ein Gläubiger nicht bezeichnet ist, von dem Aussteller unter Umständen ausgegeben, aus welchen sich ergibt, dass er dem Inhaber zu einer Leistung verpflichtet sein will, so finden die Vorschriften des § 793 Abs. 1 und der §§ 794, 796, 797 entsprechende Anwendung.

1. Rechtliche Bedeutung von Inhaberkarten und -marken. Zur Erleichterung des täglichen Verkehrs werden häufig **Karten, Marken, Gutscheine** oder dgl ausgegeben, bei denen die Leistung nicht oder nur unvollständig bezeichnet, der Aussteller nicht genannt ist und durchweg die Unterschrift fehlt. Die rechtl Bedeutung solcher Urkunden kann unterschiedlich sein. Sie lassen sich in **drei Gruppen** zusammenfassen: 1

a) Beweismittel. Sie können sich darauf beschränken, nur **Beweismittel** zu sein, um dem Gläubiger zu erleichtern, seine Forderung aus dem Schuldverhältnis zu beweisen. Der Besitz oder die Vorlage des Ausweiszeichens ist zur Ausübung des Rechts nicht erforderlich. Dies wird bspw anzunehmen sein, wenn der Gläubiger seinen Schuldner kennt oder die Person des Berechtigten nach der Natur der geschuldeten Leistung unschwer festgestellt werden kann. 2

b) Legitimationszeichen. Sie können darüber hinaus insoweit **Legitimationskraft zugunsten des Ausstellers** schaffen, als er berechtigt ist, die Leistung an den Inhaber zu bewirken, ohne verpflichtet zu sein, dessen Berechtigung nachzuprüfen (Legitimationszeichen). Auch hier ist die Urkunde nicht Trägerin des Rechts, da der Berechtigte aus dem Schuldverhältnis die Leistung verlangen kann, ohne im Besitz der Urkunde zu sein, wenn er sein Recht nachweist. Zu den Legitimationszeichen zählen Garderobenmarken, Reparatur- und Gepäckscheine. 3

c) Inhaberpapier. Sie können schließlich den Charakter eines **Inhaberpapiers** annehmen, indem der Besitz der Urkunde zur Geltendmachung des Rechts erforderlich ist. Aber auch hier ist noch eine **Unterteilung** vorzunehmen, die sich danach richtet, ob der Aussteller sich durch Leistung an den Inhaber befreien kann, ohne dazu verpflichtet zu sein (qualifizierte Legitimationszeichen des § 808), oder ob der Inhaber auch die Leistung zu fordern berechtigt ist (**Inhabermarken; unvollkommene Inhaberpapiere oder kleine Inhaberpapiere**). Nur die letzte Gruppe wird in § 807 behandelt. 4

2. Auslegung. Ausschlaggebend für die Einordnung ist die Zwecksetzung, welche die Parteien mit der jew Urkunde verfolgen. Ausgangspunkt ist dabei der Wortlaut der Urkunde; darüber hinaus sind die Umstände des Einzelfalles sowie die allg Verkehrsanschauung maßgeblich. Eintritts-, Theater- und Konzertkarten, Bier- und Speisemarken werden zu den kleinen Wertpapieren gerechnet (Hamburg NJW 2005, 3003); ebenso verkörperte Gutscheine (*Knöfel* AcP 210, 655, 671f; *Zwickel* NJW 2011, 2753, 2754), elektronisch aufladbare Geschenkkarten (*Knöfel* WM 2017, 833, 836); Briefmarken (BGHZ 164, 286) sowie Straßen- und Eisenbahnfahrkarten (vgl zum Ganzen Staudinger/*Marburger* Rn 5; MüKo/*Habersack* Rn 10ff; *Hueck/Canaris* § 28 I; aA Planck/*Landois* Anm 1 – Straßenbahnfahrschein als Quittung). Der Vermerk „nicht übertragbar" soll nur die Übertragbarkeit der teilw schon benutzten Fahrkarte ausschließen. Häufig liegt durch besonderen Vermerk auf der Karte nur eine Quittung vor. Bei Theater- und Konzertkarten besteht zwar kein Abschlusszwang, mithin sind Einwendungen aus § 796 möglich (RG JW 1932, 862), gleichwohl sind sie als Inhaberkarten anzusehen. Das Verbot der Weiterveräußerung insb durch AGB ist möglich (BGHZ 178, 63 – dort auch zum wettbewerbswidrigen Handeln des Erwerbers; Hamburg NJW 2005, 3003, 3004ff; *Ensthaler/Zech* NJW 2005, 3389, 3390; für Beschränkung auf berechtigtes Interesse Gutzeit BB 2007, 113, 118). Zu den kleinen Inhaberpapieren gezählt werden auch die kontoungebundene Geldkarte (*Schinkels* WM 2005, 450), vgl auch Vor § 783 Rn 6d und die Telefonkarte (MüKo/*Habersack* Rn 12), nicht aber die prepaid-Karte für Mobiltelefone (LG Kiel MMR 2011, 526, 527). Keine Inhaberzeichen iSv § 807 sind demggü nicht übertragbare Wochen-, Monats- und Netzkarten von Verkehrsunternehmen, weil die Leistung nur dem bezeichneten Gläubiger erbracht werden soll. 5

3. Anwendbare Vorschriften. Durch die Einzelaufzählung der für entspr anwendbar erklärten Vorschriften ist die Anwendung der übrigen Bestimmungen ausgeschlossen. Es gelten insb keine Formvorschriften, keine Vorlegungs- und Verjährungsfristen, auch das Aufgebotsverfahren ist ausgeschlossen. 6

§ 808 Namenspapiere mit Inhaberklausel

(1) Wird eine Urkunde, in welcher der Gläubiger benannt ist, mit der Bestimmung ausgegeben, dass die in der Urkunde versprochene Leistung an jeden Inhaber bewirkt werden kann, so wird der Schuldner durch die Leistung an den Inhaber der Urkunde befreit. Der Inhaber ist nicht berechtigt, die Leistung zu verlangen.

(2) Der Schuldner ist nur gegen Aushändigung der Urkunde zur Leistung verpflichtet. Ist die Urkunde abhanden gekommen oder vernichtet, so kann sie, wenn nicht ein anderes bestimmt ist, im Wege des Aufgebotsverfahrens für kraftlos erklärt werden. Die in § 802 für die Verjährung gegebenen Vorschriften finden Anwendung.

Schrifttum: *Arendts/Teuber*, Uralt-Sparbücher – Verjährung von Auszahlungsansprüchen und Beweiswert, MDR 2001, 546; *Canaris*, Inhaberschaft und Verfügungsbefugnis bei Bankkonten, NJW 1973, 825; *Herbst*, Rechtsfragen beim Sparkassenbuch, 20. Aufl 1994; *Hüffer/van Look*, Aktuelle Rechtsfragen zum Bankkonto, 4. Aufl 2000; *Kaiser*, Anforderungen der Rechnungslegungsverordnung an die Spareinlage, WM 1996, 141; *Kolbenschlag*, Die irrtümliche Gutschrift auf ein Sparkonto, WM 1962, 386; *Kümpel/Mülbert/Früh/Seyfried*, Bank- und Kapitalmarktrecht, 6. Aufl 2022; *Lange*, Neue Bedingungen für den Sparverkehr: Sparbuch – Quo vadis?, BB 1993, 1677; *Lehnhoff*, KWG-Novelle verabschiedet – Grundgesetz der Banken neu gefasst, WM 1993, 277; *Oswald*, Sparbuch auf den Namen eines Angehörigen, WM 1971, 578; *Pflug*, Zur Legitimationswirkung des Sparbuchs, ZHR 140 (1976), 175; *Ellenberger/Bunte*, Bankrechts-Handbuch, 6. Aufl 2022; *Schraepler*, Bankrisiko bei Auszahlung ohne Sparbuch, NJW 1973, 1864; *Wagner*, Abtretung eines Postsparguthabens, NJW 1987, 928; *Welter*, Aktuelle Fragen zum Sparbuch, WM 1987, 1117.

1 **1. Liberationswirkung.** Die **hinkenden Inhaberpapiere oder qualifizierten Legitimationspapiere** des § 808 legitimieren nur den Aussteller, indem sie den Inhaber als Gläubiger benennen und den Aussteller berechtigen, schuldbefreiend an den diesen zu leisten, ohne dessen Berechtigung nachprüfen zu müssen (**Liberationswirkung zugunsten des Ausstellers**). Sie enthalten **keine Legitimation zugunsten des Inhabers** (RGZ 145, 324) und begründen auch keine Vermutung seiner Verfügungsberechtigung (Staudinger/*Marburger* Rn 32). Dies unterscheidet sie von den echten Inhaberpapieren, die doppelt legitimieren: den Aussteller zur Leistung an den Inhaber und den Inhaber zur Forderung der Leistung vom Aussteller. Das Vorlegungserfordernis und die Anordnung des Aufgebotsverfahrens kennzeichnen das qualifizierte Legitimationspapier als Wertpapier iwS, nach heute allg Meinung wird es den Rektapapieren zugeordnet (*Hueck/Canaris* § 27 I 2b), unterscheidet sich von diesen aber durch die schuldbefreiende Wirkung bei Leistung an den Inhaber (Grü/*Sprau* Rn 1), die insoweit besondere Ausgestaltung ist (MüKo/*Habersack* Rn 3). Wichtiger Fall des qualifizierten Legitimationspapiers ist das **Sparbuch**, dazu näher Rn 5f.

2 Aus der Tatsache, dass in der Urkunde der Gläubiger benannt ist, ergibt sich, dass vordergründig ein gewisser Schutz für den Aussteller und für den Gläubiger geschaffen wird. Der Aussteller (Schuldner) ist **berechtigt**, die Gläubigerstellung des Inhabers zu prüfen, ist aber **nicht** dazu **verpflichtet**. Jedoch wird er durch seine Leistung aus dem Schuldverhältnis dem Gläubiger ggü nicht frei, wenn er die Nichtberechtigung des Inhabers kennt oder seine Leistung sonst wie gegen Treu und Glauben verstößt. Während nach früher hM die Bösgläubigkeit hierauf beschränkt war (RGZ 89, 401, 403; BGHZ 28, 368, 371; BGH NJW 2000, 2103, 2105; RGRK/*Steffen* Rn 45), wird heute überwiegend grobe Fahrlässigkeit als ausreichend angesehen (Düsseldorf NJW 1987, 654; LG Hamburg NJW 1983, 1860f; AG Viechtach FamRZ 2003, 451; BeckOGK/*Vogel* Rn 37; MüKo/*Habersack* Rn 15; Staudinger/*Marburger* Rn 24f; *Hueck/Canaris* § 27 III 3; *Zöllner* § 28 III 2a). Zutr wird darauf verwiesen, dass die Liberationswirkung hier nicht weiter gehen kann als bei den Inhaberpapieren, zumal es dort dem Schuldner obliegt, die fehlende Berechtigung nachzuweisen, § 793 Rn 9 (zur dogmatischen Begründung s *Welter* WM 1987, 1123).

3 **2. Person des Gläubigers. Gläubiger der Forderung** ist nicht unbedingt die im Papier benannte Person, entscheidend ist das der Urkunde zugrundeliegende Vertragsverhältnis (BGHZ 21, 148, 150; BGH ZIP 1990, 303; KG MDR 1956, 105; *Hüffer/van Look* Rn 37). Möglich ist Begünstigung eines Dritten, §§ 328, 331 (BGHZ 46, 198, 201; Nürnberg WM 1990, 928; Frankfurt NJW 1986, 64; AG Syke NJW 2003, 1054; *Oswald* WM 1971, 578; wN bei Staudinger/*Marburger* Rn 14) oder späterer Erwerb der verbrieften Forderung. Bei der Anlegung eines Sparbuchs auf den Namen eines Dritten kommt es darauf an, wer nach dem für die Bank erkennbaren Willen des Einzahlenden Gläubiger werden sollte (Koblenz WM 1989, 565; Zweibrücken WM 1990, 755; Köln NJW-RR 1996, 236; Celle OLGRp 2004, 274). Einzahlung eines Dritten auf in seiner Anwesenheit eröffnetes Sparkonto erfolgt zugunsten des Kontoinhabers (BGH NJW 2005, 2222). Sind mehrere Gläubiger berechtigt, über das Guthaben zu verfügen (Gemeinschaftssparkonto), so kann dies in der Form des Oder-Kontos mit Einzelverfügungsbefugnis ausgestaltet sein oder in der Form des Und-Kontos, bei dem nur alle Gläubiger gemeinsam verfügen dürfen (zu den dogmatischen Grundlagen *Wagner* NJW 1991, 1790). Die Umwandlung eines Oder-Kontos in ein Und-Konto kann, wenn nichts anderes vereinbart ist, nur durch Einigung aller Kontoinhaber mit der Bank erfolgen (BGH WM 1990, 2067; aA Köln OLG 1990, 489). Übertragung, Verpfändung und Pfändung erfolgen nach den für die Forderung maßgebenden Vorschriften, nicht nach sachenrechtl Grundsätzen. Eigentumsübergang der Urkunde nach § 952, das Recht am Papier folgt dem Recht aus dem Papier (RGZ 83, 402; 156, 333). Übergabe der Urkunde ist zur Rechtsübertragung weder notwendig noch ausreichend (RGZ 89, 402; *Hueck/Canaris* § 27 I 2b), kann aber Beweisanzeichen für eine vollzogene Abtretung sein (BGH WM 1972, 383; Düsseldorf WM 1971, 152; Staudinger/*Marburger* Rn 17). Gleiches gilt für die Abtretungsanzeige und die Umschreibung. Die durch ein Sparbuch ausgewiesene Forderung kann folglich mündlich abgetreten werden, der Zessionar hat dann ein Recht auf Auskunft gegen die Bank über die Höhe des Guthabens (BGH WM 1982, 706). Der vom Erblasser zu Lebzeiten beschenkte Besitzer des Sparbuchs kann gegen einen von mehreren Miterben Feststellungsklage auf berechtigte Inhaberschaft erheben (BGH WM 1992, 1296). Wird das Buch mit Willen des Gläubigers auf einen anderen Namen ausgestellt, liegt darin noch nicht die Abtretung der Forderung. Es ist aus den Umständen zu ermitteln, ob der Dritte ein eigenes Leistungsrecht haben soll (BGHZ 21, 148, 150; 28, 368, 370; 46, 198, 201). Dies gilt selbst dann, wenn der Dritte auch als Gläubiger bezeichnet wird, der Anleger aber bspw im Besitz der Urkunde bleibt (Bremen OLGRp 2007, 693; Düsseldorf NJW-RR 1992, 625; zur indiziellen Bedeutung des Buchbesitzes auch *Köndgen* NJW 1992, 2265). Verpfändung erfordert gem § 1280 Anzeige an den Schuldner. Gutglaubensschutz findet bei der Forderungsabtretung grds nicht statt, jedoch gewährt ein Teil der Lit dem gutgläubigen Zessionar über § 405 (analog) einen gewissen Schutz, wenn der Aussteller durch Ausgabe der Urkunde den Rechtsschein einer bestehenden Forderung gesetzt hat (Staudinger/*Marburger* Rn 19;

Hueck/Canaris § 27 III 1; wohl auch BeckOGK/*Vogel* Rn 27); anders die Rspr: allenfalls Schadensersatz (RGZ 131, 239; JW 1931, 3097; ebenso RGRK/*Steffen* Rn 22). Ebenso ist § 407 nicht anwendbar, so dass der Schuldner, wenn er an den Zedenten ohne Vorlage des Papiers geleistet hat, hierdurch ggü dem Zessionar nicht frei geworden ist (MüKo/*Habersack* Rn 17; Staudinger/*Marburger* Rn 20); bestr zum Sparbuch, dazu Rn 5.

3. Spareinlagen. Die **aufsichtsrechtl Grundlagen** für **Spareinlagen** (insb §§ 21, 22 KWG aF) wurden durch die Novellierung des KWG im Jahre 1993 aufgehoben (4. KWG-Novelle v 21.12.1992, BGBl I 1992, 2211). Diese Regelungen beherrschten zwar lediglich das öffentlich-rechtl Verhältnis von Aufsichtsbehörde und Bank, beeinflussten aber auch mittelbar die privatrechtl Rechtsverhältnisse zw den Kreditinstituten und ihren Kunden, weil die Banken gehalten waren, entspr den aufsichtsrechtl Vorschriften zu verfahren. Wesentliche Änderungen ggü der bisherigen Rechtslage sind jedoch nicht zu verzeichnen. Spareinlagen sollen nach dem Willen des Gesetzgebers in bisheriger oder ähnl Form erhalten bleiben und werden nunmehr in § 21 VO über die Rechnungslegung der Kreditinstitute idF v 11.12.1998 (BGBl I 1998, 3658, zuletzt geändert 7.8.2021, BGBl I 2021, 3311) definiert als unbefristet angelegte Gelder, welche durch Ausfertigung einer Urkunde als Spareinlage gekennzeichnet, nicht für den Zahlungsverkehr bestimmt und mit einer Mindestkündigungsfrist von drei Monaten versehen sind; dabei gilt eine Freigrenze von 2.000 €, bei welcher das Kreditinstitut Auszahlungen auf das Bankguthaben vornehmen darf, ohne dass das Guthaben den Charakter als Spareinlage verliert (zu weiteren Einzelheiten vgl *Kaiser* WM 1996, 141; Kümpel/Mülbert/Früh/Seyfried/*Peterek* Rn 9.79ff). Gläubiger dürfen nur inländische nat Personen oder GbR sein, es sei denn, sie verfolgen gemeinnützige, kirchliche oder mildtätige Zwecke. In Anlehnung an diese Vorschriften wurden die AGB der Kreditinstitute mittlerweile ausgestaltet (vgl Staudinger/*Marburger* Rn 50). 4

4. Sparbuch. a) Sparbuch als Wertpapier. Die **wertpapierrechtl Behandlung** des **Sparbuchs** ist in jüngerer Zeit nicht mehr unumstritten. Nach der überwiegenden Auffassung soll es sich wegen des Vorlegungszwangs des § 21 IV 3 KWG aF um ein Wertpapier in Form eines Rektapapiers handeln, so dass § 407 nicht gilt und die Bank nicht schuldbefreiend an den nicht vorlegenden Zedenten zahlen kann (BGHZ 28, 368, 370; BGH NJW-RR 1998, 1661, 1662; BeckOGK/*Vogel* Rn 66ff; MüKo/*Habersack* Rn 23f, 34; *Hueck/Canaris* § 27 I 2a; *Zöllner* § 28 II). Nach aA soll der Vorlegungszwang nur öffentlich-rechtl Charakter haben und auf die privatrechtl Beziehungen von Sparer und Bank ohne Einfluss sein, nach den Bedingungen für Spareinlagen sei ein Vorlegungszwang gerade nicht vorgesehen (*Welter* WM 1987, 1119; *Kümpel* WM 1984, 802; *Schraepler* NJW 1973, 1864; diff nach den jew Sparbedingungen Hamm WM 1984, 801; LG Augsburg WM 1983, 717; *Baumbach/Hefermehl/Casper* WPR Rn 86f und im Einz auch Düsseldorf NJW-RR 1991, 1337). Eine Auslegung der Sparbedingungen der Banken als bloßer Hinw auf die aufsichtsrechtl Lage kann allerdings grds nicht überzeugen (ebenso im Einz MüKo/*Habersack* Rn 24, 34; *Zöllner* § 28 II; *Hüffer/van Look* Rn 56). Dies gilt gleichermaßen auch nach der Aufhebung von §§ 21, 22 KWG (s Rn 4). 5

Weicht das im Sparbuch ausgewiesene Guthaben von dem der bankinternen Geschäftsbücher ab, so obliegt es der Bank zu beweisen, dass der Sparbuchstand unrichtig ist (Celle VersR 2008, 1702; KG WM 1992, 979; AG Frankfurt NJW-RR 1988, 1007; AG Hamburg WM 1993, 1086; AG Halle/Westf WM 1994, 978). Banken-AGB, die für diese Fälle die Beweislast dem Kunden auferlegen, verstoßen gegen § 309 Nr 12 (AG Hamburg WM 1993, 1086; im Einz ebenso für die Zeit vor Geltung des AGBG AG Köln WM 1986, 672). Der Gegenbeweis kann nicht allein durch bankinterne Vorgänge erbracht werden, da solche nicht nach außen in Erscheinung treten und daher von dem Spareinleger nicht beanstandet werden können, und da es für die Bank möglich ist, sich durch entspr Entwertung des Sparkassenbuches zu schützen (Frankfurt WM 1990, 496; Köln NJW-RR 2001, 188; WM 2004, 1475; im Einz auch KG WM 1992, 979; aA Hamburg WM 1989, 1681). Der der Bank obliegende Beweis soll auch bei Vorliegen gewichtiger Indizien erbracht sein, die jedenfalls bei Prämiensparbüchern in der Auszahlung alsbald nach Ablauf der jew Festlegungsfristen zu sehen seien (KG WM 1992, 979; Staudinger/*Marburger* Rn 53), was aber angesichts der genannten Grundsätze zweifelhaft ist. Die Beweislast soll sich nicht dadurch ändern, dass nur noch eine Empfangsbescheinigung über die Aushändigung des Sparbuchs zur Verwahrung vorgelegt wird und die handelsrechtl Aufbewahrungsfrist für die Kontounterlagen abgelaufen ist (Frankfurt OLGRp 2005, 310 gegen Vorinstanz LG Frankfurt BKR 2004, 39). 5a

b) Liberationswirkung des Sparbuchs. Problematisch ist die **Liberationswirkung** einer Leistung des Schuldners des Sparguthabens nach Abs I S 1, wenn die Bank unter Außerachtlassung der Kündigungsfrist Auszahlungen an einen nicht berechtigten Inhaber des Sparbuchs vornimmt. Dies wurde unter der Geltung von § 22 I KWG aF mit dem Arg abgelehnt, dass sich die Liberationswirkung des Abs I S 1 auf die in der Urkunde versprochene Leistung und damit nicht auf eine Zahlung ohne vorherige Kündigung bezieht (BGHZ 28, 368; 42, 302; 64, 278; bestätigt in BGH WM 1986, 609 und NJW 1988, 2101; Hamm NJW 1961, 1311; BayObLG MDR 1968, 412; LG Hildesheim WM 1967, 431; LG Hamburg NJW 1983, 1860; LG Essen WM 1987, 1452; zust *Pflug* ZHR 140, 175; RGRK/*Steffen* Rn 55; im Einz auch MüKo/*Habersack* Rn 32; krit *Flume* JZ 1959, 538 und DB 1961, 337; *Rötelmann* NJW 1961, 1311; *Sprengel* MDR 1961, 988; *Dunz* JuS 1962, 139; *Thierfelder* NJW 1959, 1071; abl ebenfalls Düsseldorf NJW 1987, 654 – aufgehoben durch BGH NJW 1988, 2101; *Hueck/Canaris* § 27 III 3; *Flume* JZ 1965, 181; *Sprengel* MDR 1965, 261; Staudinger/*Marburger* Rn 51; Grundmann/*Renner* BankvertragsR, Bd 1, 4. Rn 73). Die Problematik wird entschärft, wenn man bedenkt, dass schuldbefreiende Wirkung dann nicht eintritt, wenn der Aussteller bei der Auszahlung an den Nichtberechtigten grob fahrlässig handelt, Rn 2 (ebenso Grundmann/*Renner* BankvertragsR, Bd 1, 4. Rn 73 aE; MüKo/*Habersack* Rn 32; dazu auch LG München WM 1985, 600; LG Hamburg WM 1987, 9; *Welter* WM 1987, 1124). Für die verbleibenden Fälle verdient die Linie der Rspr grds Zustimmung. Der Verweis auf den Wortlaut von Abs I S 1 sowie die aufsichtsrechtl Regelung der 6

§§ 21, 22 KWG aF ist freilich nicht überzeugend. Vorzugswürdig erscheint die Erwägung, dass der Gläubiger eines Sparguthabens darauf vertraut, das Kreditinstitut werde die Berechtigung des nicht legitimierten Buchinhabers jedenfalls dann nachprüfen, wenn der Auszahlung eine Kündigung vorauszugehen hat. Damit dürfte eine befreiende Leistung des Auszahlungsbetrags jenseits des Sockelbetrags von 2000 € entspr § 21 IV RechKredV durch die Bank ausscheiden (im Einz ebenso MüKo/*Habersack* Rn 32f; i Erg auch BeckOGK/*Vogel* Rn 88; unter § 21 KWG aF auch Hamm WM 1989, 565; BayObLG MDR 1968, 412; LG Hildesheim WM 1967, 432; LG München WM 1985, 599; LG Hamburg WM 1987, 9; AG Köln ZIP 1982, 1197; *Welter* WM 1987, 1124; *Hüffer/van Look* Rn 63; für gesamten Auszahlungsbetrag Hamm NJW 1961, 1311; LG Essen WM 1987, 1452 und LG Hamburg NJW 1983, 1860 – Rechtsgedanke der §§ 266, 139). Im Zweifelsfall ist es dem Geldinstitut zumutbar, die Berechtigung des Buchinhabers dann nachzuprüfen, wenn deutliche Anzeichen gegen sie sprechen. Überdies obliegen dem Institut Sorgfaltspflichten aus dem der Forderung zugrunde liegenden Schuldvertrag (ähnl Celle NJW 1954, 1809; LG Hamburg NJW 1983, 1861; *Welter* WM 1987, 1123; enger wohl Staudinger/*Marburger* Rn 31). Zur Legitimationswirkung des Sparbuchs zugunsten Minderjähriger s *H. Westermann* FamRZ 1967, 651, 652. Zur Erfüllungswirkung der Gutschrift auf ein Sparkonto s Hamm NJW 1987, 70 und § 362 Rn 8.

6a Die Liberationswirkung gilt nur zugunsten des Schuldners. Dieser kann sich wie bei § 407 auf die Befreiungswirkung berufen, muss es aber nicht; eine an den Inhaber erbrachte Leistung kann er aber nur aus § 812 kondizieren, wenn er erst nachträgl von dessen fehlender materieller Legitimation erfährt oder Zweifel daran bekommt (Düsseldorf NJW-RR 2006, 1470; vgl auch Hamm NJW-RR 1995, 1434).

7 Ein vom Gläubiger veranlasster **Sperrvermerk** zugunsten eines Dritten im Sparbuch begründet im Zweifel keinen Anspruch für den Begünstigten und hat nur obligatorische Wirkung im Verhältnis des Gläubigers zum Geldinstitut. Es kann nicht ohne Zustimmung des Begünstigten mit befreiender Wirkung an den Gläubiger leisten. IdR wird ein Rechtsverhältnis zw Gläubiger und Drittem hinzukommen (zB Einziehungsermächtigung). Es können uU auch die Voraussetzungen eines irregulären Pfandrechts gegeben sein (RGZ 124, 218ff, BGH WM 1984, 799 – Gläubiger in der Verfügungsbefugnis iHd Sperrvermerks beschränkt und damit Sicherung zugunsten des Begünstigten; zum Sperrvermerk zugunsten eines Dritten noch BGH NJW 1976, 2211; *Hüffer/van Look* Rn 96).

7a Das „**Kennwort**" kann zur Einschränkung der Legitimationswirkung des Sparbuchs dienen, wenn es von jemandem vorgelegt wird, der nicht namentlich als Gläubiger ausgewiesen ist (Kolbenschlag Spark 1967, 39). Das beruht auf einer besonderen Schutzvereinbarung des Berechtigten mit dem Geldinstitut, ist aber kein unüberwindbares Hindernis, da das Institut nach sorgfältiger Prüfung an den wahren Gläubiger leisten darf (Soergel/*Welter* Rn 30). Gleiches gilt für andere Sperrvermerke, zB Auszahlung nur nach einem bestimmten Termin oder bis zu einer bestimmten Höhe (vgl MüKo/*Habersack* Rn 30). Davon zu unterscheiden ist die „Sperre" nach einer Diebstahlsmeldung (dazu BGH NJW 1988, 2100; Düsseldorf NJW 1987, 654; LG Osnabrück NJW 1988, 212; *Welter* WM 1987, 1124; *Hüffer/van Look* Rn 97). Zur **Übertragung** von Sparbuch-Forderungen s Rn 3.

8 **5. Erfasste Urkunden.** Zu den Urkunden iSd Vorschrift gehören neben den Sparbüchern ua **Leihhausscheine** (BGH NJW 1977, 1352), **Versicherungsscheine** auf den Inhaber (RGZ 145, 322; BGHZ 123, 224, 228; BGH VersR 1999, 70; NJW 2000, 2103; NJW-RR 2009, 1327), wobei sich die Legitimationswirkung auf alle vertragl versprochenen Leistungen erstreckt, also auch auf die Leistung des Rückkaufswerts einschl der dafür notwendigen Kündigung (BGH ZIP 2010, 890; WM 2009, 1458 Rn 9). **Hinterlegungsscheine**, Gepäckscheine (BGH NJW-RR 2011, 787, 789); Flugtickets (BGHZ 62, 71; AG Düsseldorf NJW-RR 2000, 1442; AG Frankfurt/M NJW-RR 2004, 1699), Gutscheine für eine Heißluftballonfahrt mit Benennung des Berechtigten (AG Syke NJW 2003, 1054), personalisierte Eintrittskarten (AG Frankfurt/M ZGS 2006, 197; LG München SpuRT 2017, 258). Es ist durch Auslegung zu ermitteln, ob ein qualifiziertes Legitimationspapier vorliegt. Besteht bspw Leistungsberechtigung ohne Vorlegungserfordernis, so handelt es sich um ein einfaches Legitimationspapier (*Baumbach/Hefermehl/Casper* WPR Rn 84). Übertragungsverbote von Eintrittskarten sind dabei nur zulässig, soweit sie als Zustimmungsvorbehalt ausgestaltet sind, der nicht unbillig verweigert werden darf (*Weller* NJW 2005, 934; *Gutzeit* BB 2007, 113; *Linsenbarth* WRP 2012, 1203). Ein Verstoß gegen das Transparenzgebot, § 307 I 2, und das Verbot überraschender Klauseln, § 305c, liegt nicht vor, eine unangemessene Benachteiligung, § 307 I 1, ist im Einzelfall zu prüfen (LG München SpuRT 2017, 258).

9 **6. Kraftloserklärung.** Kraftloserklärung der Urkunde bedeutet, dass der Gläubiger von der Vorlegung der Urkunde bei der Geltendmachung seines Rechts befreit ist (BGH NJW 2005, 1774f). Der Beschluss ist aber nicht ein Beweis für sein Gläubigerrecht. Dieses muss er selbständig beweisen.

Titel 25

Vorlegung von Sachen (§§ 809–811)

Vorbemerkung vor § 809

Schrifttum: *Ahrens*, Ärztliche Aufzeichnungen und Patienteninformation – Wegmarken des BGH, NJW 1983, 2609; *Grimme*, Der Anspruch auf Einsichtnahme in (Vertrags-)Urkunden nach § 810 BGB, JA 1985, 320; *Hohloch*, Ärztliche Dokumentation und Patientenvertrauen, NJW 1982, 2577; *Peter*, Das Recht auf Einsicht in Krankenunterlagen, 1989; *Saß*, die Beschaffung von Informationen und Beweisen, 2002; *Schreiber*, Das Recht auf Besichtigung von Sachen, JR 2008, 1; *Stürner*, Die Aufklärungspflicht der Parteien des Zivilprozesses, 1976; *Tilmann/Schreibauer*, Urkundenvorlegung im Streit um technische Schutzrecht, GRUR 2006, 967; *Wilhelmi*, Zugang zu Beweismitteln und Auskunftsanspruch, in Möschel/Bien, Kartellrechtsdurchsetzung durch private Schadensersatzklagen?, 2010, 99.

Das BGB kennt eine Vielzahl von Vorschriften, in denen ein Anspruch auf Vorlegung, Herausgabe, Besichtigung oder dgl von Urkunden oder sonstigen Sachen gewährt wird. Hierbei handelt es sich durchweg um Verpflichtungen innerhalb eines bestehenden Rechtsverhältnisses (zB §§ 79, 259, 260, 371, 402, 410, 716, 867, 896, 1005, 1145); auch ein Auskunftsanspruch aus § 242 setzt Sonderverbindung voraus (BGH NJW 1990, 3151, 3152). Unabhängig hiervon und auch von sonstigen Rechtsbeziehungen enthalten die §§ 809–811 allg Bestimmungen, aus denen heraus die Pflicht zur Vorlegung von Sachen oder Urkunden begründet werden kann. Sie normieren einen bürgerlich-rechtl Anspruch, ihrer praktischen Bedeutung nach gehören sie jedoch überwiegend in das Prozessrecht, denn ihr Zweck liegt darin, die Durchsetzung oder Feststellung von Ansprüchen zu erleichtern. Nach §§ 422, 429 ZPO ist der Gegner des Beweisführers oder ein Dritter zur Vorlegung von Urkunden verpflichtet, wenn der Beweisführer nach den Vorschriften des bürgerlichen Rechts die Herausgabe oder Vorlegung der Urkunden verlangen kann. Daneben kann das Gericht auch nach §§ 142, 144 ZPO die Vorlegung von Urkunden und sonstigen Gegenständen anordnen. Diese Bestimmungen dienen der Abhilfe eines Beweisnotstands (BGHZ 169, 30 Rn 41), geben jedoch keinen Auskunftsanspruch. 1

Weitergehende Ansprüche zur Vorlage von Beweismitteln hat das Gesetz zur Verbesserung der Durchsetzung von Rechten des geistigen Eigentums v 20.4.2007 (BT-Drs 16/5048) zur Umsetzung der RL 2004/48/EG v 29.4.2004 (ABl 2004 L 157/45) normiert: Einen Anspruch des Verletzten gegen den potentiellen Verletzer auf Vorlage von Urkunden oder Besichtigung von Sachen, die sich in dessen Verfügungsgewalt befinden, wenn dies zur Begründung von Ansprüchen des Verletzten und derartige Ansprüche hinreichend wahrscheinlich sind, enthalten § 140c I 1 PatG, § 24c I 1 GebrMG, § 9 II HalblSchG, § 19a I 1 MarkenG, § 101a I 1 UrhG, § 46a I DesignG und § 37c I 1 SortSchG. Einen Anspruch des Verletzten gegen den potentiellen Verletzer auf Vorlage von Bank-, Finanz- oder Handelsunterlagen in dessen Verfügungsgewalt geben § 140c I 2 PatG, § 24c I 2 GebrMG, § 9 II HalblSchG, § 19a I 2 MarkenG, § 101a I 2 UrhG, § 46a I 2 DesignG und § 37c I 2 SortSchG, wenn hinreichend wahrscheinlich ist, dass eine Rechtsverletzung in gewerblichem Ausmaß begangen wurde, und die Vorlage zur Anspruchsbegründung erforderlich ist. Vorlageansprüche zur Sicherung der Durchsetzung von Schadensersatzansprüchen enthalten § 140d I PatG, § 24d I GebrMG, § 9 II HalblSchG, § 19b I MarkenG, § 101b I UrhG, § 46b I DesignG und § 37d I SortSchG. Diese Ansprüche gelten explizit nur für die Verletzung von Rechten des geistigen Eigentums, eine analoge Anwendung auf sonstige Schadensersatzansprüche kommt nicht Betracht. Im Datenschutzrecht gibt Art 15 DSGVO den betroffenen Personen ggü den Verantwortlichen ein Recht auf Auskunft, ob, welche und in welchem Rahmen sie betreffende personenbezogene Daten verarbeitet werden. 2

Die Besichtigung oder Vorlegung der Sache kann nur im Wege der Klage durchgesetzt werden. Ist ein Rechtsstreit über die Hauptsache bereits anhängig, kann der Gegner des Beweisführers gem § 424 ZPO zur Vorlegung angehalten werden, ein Dritter aber nur im Wege der Klage (Frankfurt WM 1980, 1246). Der Vorlegungsanspruch der §§ 809, 810 hat mit dem Anspruch auf Herausgabe aus Eigentum oder einem sonstigen materiellrechtl Anspruch auf Besitz oder dgl nichts zu tun, da er nur provisorischen Charakter hat und iÜ die Rechtsbeziehungen zw den Beteiligten unberührt lässt. 3

§ 809 Besichtigung einer Sache

Wer gegen den Besitzer einer Sache einen Anspruch in Ansehung der Sache hat oder sich Gewissheit verschaffen will, ob ihm ein solcher Anspruch zusteht, kann, wenn die Besichtigung der Sache aus diesem Grunde für ihn von Interesse ist, verlangen, dass der Besitzer ihm die Sache zur Besichtigung vorlegt oder die Besichtigung gestattet.

1. Ratio. Der Anspruch aus § 809 ist **vorbereitender Natur** für einen etwaigen wesentlich darüber hinausgehenden Hauptanspruch; er bezweckt nur, die Besichtigung der Sache zu erreichen, um dadurch die notwendigen Unterlagen für den Hauptanspruch zu gewinnen. Er ist ein nicht isoliert abtretbarer Hilfsanspruch (BeckOGK/*Hoffmann* Rn 3f). 1

2. Zugrundeliegender Hauptanspruch. Welcher Art der Hauptanspruch sein muss, kann offen bleiben. § 809 sieht **zwei Möglichkeiten** vor. **a) ‚Wie' des Anspruchs.** Entweder besteht ein Anspruch „in Ansehung der Sache" gegen den Besitzer, und mit der Vorlegung wird angestrebt, den Umfang des Anspruchs zu klären, oder **b) ‚Ob' des Anspruchs** Der Vorlegungssucher will sich überhaupt erst Gewissheit darüber verschaffen, ob ihm ein Anspruch gegen den Besitzer zusteht. Der hiermit gegebene Anspruchsrahmen ist sehr weit gespannt und muss gegen uferlose Ausweitung nach Treu und Glauben begrenzt werden (BGH WM 1971, 567; 1977, 782; Staudinger/*Marburger* Vor §§ 809ff Rn 5). 1a

Anspruch „in Ansehung der Sache" bedeutet, dass er in rechtl Beziehung zur Sache stehen muss (Grü/*Sprau* Rn 4). Er braucht nicht auf deren Herausgabe gerichtet sein, muss aber durch den Bestand oder die die Beschaffenheit der Sache selbst bestimmt werden (BGHZ 93, 191, 198). Das gilt auch dann, wenn sich der Vorlegungssucher Gewissheit über seinen Anspruch verschaffen will. Es kann sich um **bewegliche** und **unbewegliche Sachen** handeln. Dazu gehört auch der Quellcode als erstes und für Menschen lesbares Vervielfältigungsstück eines Computerprogramms (BGHZ 150, 377, 384f); ebenso die für Bonitätsauskünfte verwendete Score-Formel. Die Rspr hatte einen entspr Anspruch aus § 34 IV 1 Nr 4 BDSG aF, jetzt § 57 BDSG, wegen schutzwürdigem Geschäfts- 2 geheimnis abgelehnt (vgl BGH NJW 2014, 1235); zweifelhaft, da es dem Betroffenen einen effektiven Rechtsschutz verwehrt. Seit 25.5.2018 besteht eine Informationspflicht aus Art 13 II lit f und 14 II lit g DSGVO und ein Auskunftsrecht aus Art 15 I h DSGVO einschl aussagekräftiger Informationen über die involvierte Logik; auch hier ist zweifelhaft, ob der Algorithmus schutzwürdiges Geschäftsgeheimnis ist (vgl *Bräutigam/Schmidt-Wudy* CR 2015, 57, 62). Der Anspruch kann **persönlicher** oder **dinglicher Art, befristet** oder **bedingt** sein, ua Eigentum, Besitz, obligatorischer Vertrag, unerlaubte Handlung, Immissionen; ebenso Anspruch aus Urheberrecht und gewerblichem Rechtsschutz einschl Patentrecht (BGHZ 93, 191, 198ff; BGH GRUR 2004, 420) sowie aus Verletzung des allg Persönlichkeitsrechts (offengelassen in BGH NJW 2019, 771 Rn 17). Er kann auf der Herausgabe der ganzen Sache gerichtet sein, auch wenn nur ein Teil der Sache relevant ist (BGH GRUR 2013, 510f – Quellcode, der nur zT Urheberrecht verletzt). Der Anspruch erfordert ein Besichtigungsinteresse, für das kein rechtl Interesse erforderlich ist, sondern ein besonderes und ernstliches Interesse genügt (*Schreiber* JR 2008, 1, 2; Staudinger/*Marburger* Rn 8; aA MüKo/*Habersack* Rn 7). Die Besichtigung der Sache muss für den Vorlegungssucher hinsichtl seines Hauptanspruchs von Bedeutung sein, ua Feststellung der Identität, Mängelrüge, Rücktritts- oder Anfechtungsrecht, Ursache der Immission, nicht notwendig ist ein vermögensrechtl Interesse. Die von der Besichtigung der Sache unabhängigen Voraussetzungen des Anspruchs müssen geklärt sein (BGH NJW 2019, 771 Rn 16). Für die Existenz des Anspruchs muss eine gewisse Wahrscheinlichkeit bestehen (BGHZ 93, 191, 206; BGH NJW 2019, 771 Rn 16).

2a **3. Interessenwiderspruch; Geheimhaltungsinteresse.** Bei **Widerspruch zw Interessen** des Vorlegungssuchers und denen des Besitzers (Gefahr strafrechtl Verfolgung, Offenlegung von Betriebsgeheimnissen, Vertrauensbruch ggü Dritten) ist nach § 242 zu entscheiden, eventuell sind Teile von der Besichtigung auszunehmen (BGH WM 1963, 991) oder der Anspruch ganz zu versagen (RGZ 69, 406). Entspr gilt, wenn das Persönlichkeitsrecht des Besitzers berührt wird, bspw bei der Vorlage von Tagebüchern oder Briefen (Staudinger/*Marburger* Vor §§ 809ff Rn 6); näher § 810 Rn 4. Ein besonderes **Geheimhaltungsinteresse** wollte BGHZ 93, 191, 207 durch das Erfordernis eines erheblichen Wahrscheinlichkeitsgrades wahren; dies dürfte jedoch nicht allg gelten, da es nach BGHZ 150, 377, 386 auf einer Interessenabwägung beruht und daher jedenfalls auf andere Schutzrechte nicht ohne Weiteres übertragbar ist. Weiter ist erwogen worden, Geheimhaltungsinteressen dadurch zu wahren, dass die Offenlegung nur ggü einem neutralen, zur Verschwiegenheit verpflichteten Sachverständigen als Beauftragter oder Treuhänder erfolgt (BGHZ 93, 191, 208; 150, 377, 389). Jedoch ist die damit verbundene mittelbare Beweisführung nicht mit den verfassungsrechtl geschützten Geboten des rechtl Gehörs und des effektiven Rechtsschutzes vereinbar (vgl BVerfGE 1995, 205 Rn 108f, 112; auch BGHZ 169, 30 Rn 42; näher *Wilhelmi*, 120ff).

3 **4. Anspruchsgegner.** Der Anspruch richtet sich **gegen den unmittelbaren Besitzer**, gegen den **mittelbaren** dann, wenn er jederzeit die Sache vom unmittelbaren Besitzer herausverlangen kann, oder wenn er seinerseits Anspruch auf Vorlage hat (Grü/*Sprau* Rn 8; MüKo/*Habersack* Rn 8). Gegen den mittelbaren Besitzer kann sich auch der Anspruch auf Abtretung seiner Ansprüche gegen den unmittelbaren Besitzer richten, soweit dies zur Vorlegung erforderlich ist (MüKo/*Habersack* Rn 10; Staudinger/*Marburger* Rn 10). Nach heute allg Meinung ist **§ 76 ZPO** anwendbar (MüKo/*Habersack* Rn 16; Staudinger/*Marburger* Rn 11). Bei **juristischen Personen** ist der Anspruch gegen diese zu richten, nicht gegen Vorstand oder besondere Vertreter, die tatsächlich den Besitz ausüben (RGZ 83, 250). Bei **Mitbesitz** ist jeder Mitbesitzer zur Vorlegung verpflichtet. Ggü **Pfandgläubigern** besteht der Anspruch nicht, auch nicht zur Vorbereitung einer Klage aus § 771 ZPO.

4 **5. Besichtigung.** „**Besichtigen**" ist nur auf eine konkrete Sache oder Sachgesamtheit gerichtet, da Besitz vorausgesetzt wird; es umfasst keinen Nachforschungs- oder Durchsuchungsanspruch, allg Besichtigungs- und Kontrollrechte auszuüben (BGH GRUR 2004, 420, 421). „**Vorlegen**" bedeutet nach allg Sprachgebrauch und dem auch vom Gesetz regelmäßig damit verknüpften Sinne die Handlung, durch die dem anderen der Gegenstand tatsächlich zur Hand oder doch vor Augen gestellt, seiner sinnlichen Wahrnehmung unmittelbar zugänglich gemacht wird (RGZ 56, 66). Der Vorlegungssucher kann sich eines **Bevollmächtigten** bedienen, jedoch ist im Einzelfall über dessen Vertrauenswürdigkeit zu entscheiden; ein Prozessbevollmächtigter ist im Allg zuzulassen, ebenso ein **Sachverständiger**, denn oft kann sich der Vorlegungssucher gerade erst durch die Sachkenntnis der Hilfspersonen ein Urteil bilden (München NJW 2001, 1806; Staudinger/*Marburger* Rn 9; vgl auch BGHZ 93, 191, 208). Die Sache darf auch abgemessen, abgewogen, angefasst, untersucht (Mikroskop, Quarzlampe) werden. Substanzeingriffe, wie der Ein- und Ausbau von Teilen oder die In- oder Außerbetriebnahme, sind erlaubt, soweit das Integritätsinteresse des Schuldners nicht unzumutbar beeinträchtigt wird, etwa weil die ernsthafte Gefahr einer Beschädigung droht (so für das Urheber- und Wettbewerbsrecht auch BGHZ 150, 377, 388; anders Erman/*Heckelmann*[10]; nur für bleibende, nicht restituierbare Beschädigung BeckOGK/*Hoffmann* Rn 24); sie sind auch im Patentrecht nur bei besonderem Geheimhaltungsinteresse verboten (für generelles Verbot aber BGHZ 93, 191, 209; offengelassen in BGHZ 150, 377, 388; im Einz wie hier MüKo/*Habersack* Rn 12f). Der **Körper** eines **lebenden Menschen** ist keine Sache in diesem Sinne (Staudinger/*Marburger* Rn 1; MüKo/*Habersack* Rn 3). Aus § 809 kann daher kein Anspruch auf ärztliche oder erbbiologische Untersuchung oder **Entnahme einer Blutprobe** hergeleitet werden. Keine Partei ist verpflichtet, sich als Beweisobjekt benutzen zu lassen, um der Gegenpartei einen Beweis zu erleichtern (RGZ 63, 410). Über Verpflichtung zur Duldung der Entnahme von Blutproben § 372a ZPO, §§ 81a, c StPO. **Leichname** können in begrenztem Umfange uU als Sache angesehen werden (RGZ 71, 20), vgl § 90 Rn 6, § 1922 Rn 34ff.

5 **6. Anspruchsdurchsetzung.** Der Anspruch auf Vorlegung ist im Wege der Klage durchzusetzen, eventuell durch einstw Verfügung. Die Besichtigung ist dann jedoch durch einen unabhängigen Sachverständigen durchzuführen, die Ergebnisse sind nicht vor Abschluss des Verfügungsverfahrens an den Antragsteller herauszugeben (KG NJW 2001, 233), auch nicht nach §§ 485ff ZPO. Zweifelhaft ist, welche Anforderungen an die **Beweispflicht** zu stellen sind. Die heute allg Meinung fordert vollen Beweis für Anspruch und Interesse auf Vorlegung (MüKo/*Habersack* Rn 16; Grü/*Sprau* Rn 13; RGRK/*Steffen* Rn 10; Staudinger/*Marburger* Rn 12; anders noch Staudinger/*Müller*[11] Rn 7).

6 Die **Vollstreckung** des Urteils auf Vorlegung erfolgt entgegen der überwiegenden Ansicht nach §§ 887, 888 ZPO, nicht nach § 883, da nicht auf Herausgabe erkannt ist (BeckOGK/*Hoffmann* Rn 26; MüKo/*Habersack* Rn 17; Soergel/*Mühl* Rn 8; anders Köln NJW-RR 1996, 382, Grü/*Sprau* Rn 13; PWW/*Buck-Heeb* Rn 14; RGRK/*Steffen* Vor § 809 Rn 8; Staudinger/*Marburger* Vor §§ 809ff Rn 10; diff Hamm DB 1973, 2443). Kommt der Pflichtige dem Anspruch nicht nach, gelten die allg Vorschriften über **Verzug, Unmöglichkeit, Schadensersatz** nach § 286 usw.

7 **7. Verjährung.** Der Anspruch auf Vorlegung verjährt nicht, ist jedoch nach Verjährung des Hauptanspruchs nicht mehr begründet (Karlsruhe NJW-RR 2002, 951; Staudinger/*Marburger* Vor §§ 809ff Rn 4; aA MüKo/*Habersack* Rn 15; Grü/*Sprau* Rn 12).

§ 810 Einsicht in Urkunden

Wer ein rechtliches Interesse daran hat, eine in fremdem Besitz befindliche Urkunde einzusehen, kann von dem Besitzer die Gestattung der Einsicht verlangen, wenn die Urkunde in seinem Interesse errichtet oder in der Urkunde ein zwischen ihm und einem anderen bestehendes Rechtsverhältnis beurkundet ist oder wenn die Urkunde Verhandlungen über ein Rechtsgeschäft enthält, die zwischen ihm und einem anderen oder zwischen einem von beiden und einem gemeinschaftlichen Vermittler gepflogen worden sind.

1 **1. Ratio.** § 810 ist ein Sonderfall und eine **Erweiterung von § 809**, begründet einen allg bürgerlich-rechtl Anspruch, unter den normierten Voraussetzungen eine in fremdem Besitz befindliche Urkunde einzusehen. BGB, HGB und Nebengesetze kennen zahlreiche Einzelvorschriften, durch die bei bestimmten Rechtsverhältnissen der gleiche Anspruch gewährleistet ist, zB §§ 716, 1799, 1953, 2010, 2081, 2146, 2228, 2264, 2384 BGB; §§ 101f, §§ 258ff HGB; ferner gehört hierher das Recht auf Einsichtnahme in Register §§ 79, 1563 BGB; § 9 HGB; in das Grundbuch § 12 GBO usw.

1a Der Anspruch geht auf **Gestattung der Einsicht**, kann im Prozesswege geltend gemacht werden und nach §§ 887, 888 ZPO (s jedoch § 809 Rn 5) vollstreckt werden bzw im Rahmen eines Rechtsstreites nach § 425 ZPO (Vor § 809). Zur Einsichtnahme durch Vertreter oder Sachverständige gilt dasselbe wie bei § 809 (§ 809 Rn 4).

2 **2. Begriff der Urkunde.** Es muss sich um eine **Urkunde** handeln. Wegen des Zusammenhangs von § 810 mit §§ 422, 429 ZPO ist auf den Urkundsbegriff des Zivilprozessrechts zurückzugreifen. Urkunden sind danach durch Niederschrift verkörperte Gedankenerklärungen, die Aussagen über Rechtsgeschäfte oder Rechtsverhältnisse zum Inhalt haben, egal, in welcher Weise die Niederschrift erfolgt (BGHZ 65, 300; BGH NJW 2014, 3312 Rn 22). Ein Anspruch auf Vorlegung von Abschriften besteht nur, wenn die Originalurkunde nicht mehr vorhanden ist oder sonst im Einzelfall gerade hierfür ein besonderes Interesse besteht, zB Original nicht erreichbar ist. Auf das Eigentum an der Urkunde kommt es nicht an. Analoge Anwendung auf technisch aufgezeichnete Erklärungen, nicht aber auf sonstige technische Aufzeichnungen (Staudinger/*Marburger* Rn 8; *Saß*, 110ff; dagegen MüKo/*Habersack* Rn 3; RGRK/*Steffen* Rn 3; offengelassen von BGHZ 127, 107, 110; für unmittelbare Anwendung Karlsruhe NZG 2001, 654, 655), da es auf die Verkörperung der Erklärung ankommt. UU kann sich der Anspruch auf Einsicht in Teile der Urkunde beschränken, wenn hierdurch der Zweck erreicht wird. Ob Auszüge oder Abschriften angefertigt werden können, ist nach den Umständen des Einzelfalles zu beurteilen, im Allg zu bejahen (Staudinger/*Marburger* Rn 5); anders uU bei Geschäftsbüchern (Hamburg OLG 20, 228). Die Herstellung einer Urkunde, etwa einer Bilanz, kann nicht verlangt werden (Hamburg ZIP 2004, 1099).

3 **3. Interesse des Anspruchstellers.** Der darlegungs- und beweispflichtige Anspruchsteller muss nicht nur die Urkunde und ihren angeblichen Inhalt genau bezeichnen, sondern **sein rechtl Interesse** und den **obj Zusammenhang** des konkreten Rechtsverhältnisses mit der Urkunde (BGH NJW 2014, 3312 Rn 25; Soergel/*Hadding* Rn 18) Das Interesse muss nicht notwendig ein vermögensrechtl, es kann auch ein familienrechtl oder ein im öffentlichen Recht wurzelndes sein. Es muss sich auf Stärkung, Förderung oder Verteidigung der Rechtsposition des Vorlegungssuchers erstrecken (BGH NJW 1981, 1733; Staudinger/*Marburger* Rn 10). Ein rechtl Interesse besteht nur, wenn die Einsichtnahme für die beabsichtigte Rechtsverfolgung erforderlich ist (BGH LM Nr 5; Köln NJW-RR 1996, 422; MüKo/*Habersack* Rn 11). Der Anspruchsteller darf nicht nur aufgrund vager Vermutungen Urkundeneinsicht verlangen, um erst durch die Einsichtnahme Anhaltspunkte für eine spätere Rechtsverfolgung gegen den Urkundenbesitzer der Urkunde oder Dritte zu erlangen, worin eine unzulässige Ausforschung läge (BGH NJW 2014, 3312 Rn 24; MüKo/*Habersack* Rn 11; Staudinger/*Marburger* Rn 10). Der Antrag auf Einsicht in komplette Akten, andere Urkundensammlungen oder in sämtliche, einen bestimmten Vertrag betreffende Schriftstücke genügt nicht (BGH NJW 2014, 3312 Rn 25). Keine unzulässige Ausforschung soll vorliegen, wenn ein Vorlegungssucher nur die Erinnerung an ihm bereits bekannte Informationen auffrischen und sich hierüber Gewissheit verschaffen will, etwa bei Einsichtsverlangen des Darlehensnehmers in eine ihm abhanden gekom-

mene Vertragsurkunde über Ratenkredit zwecks Überprüfung der Sittenwidrigkeit (Schleswig NJW-RR 1991, 1338; LG Frankfurt ZIP 1988, 965; ebenfalls für weite Auslegung *Derleder/Wosnitza* ZIP 1990, 905f; enger Hamm WM 1987, 1298; ihm folgend AG Nürnberg WM 1992, 594 – es muss ein gewisser Grad von Wahrscheinlichkeit der Existenz des Anspruchs vorliegen). Es kommt nur Information über bestimmte näher zu bezeichnende Anhaltspunkte in Betracht, zB Unechtheit, Unstimmigkeit über Höhe des Anspruchs, familienrechtl Beziehungen. Will sich der Vorlegungssucher, der seine eigenen Vertragsunterlagen verloren hat, durch Einsichtnahme wieder in den Kenntnisstand versetzen, in dem er sich nach Vertragsschluss im Einverständnis mit der Vertragspartei bereits einmal befunden hat, so kommt es auf ein Verschulden des Berechtigten beim Verlust der Urkunde nicht an; der Vertragspartner hat die Einsichtnahme zu gewähren, wenn er damit nicht unnötig belastet wird und das Einsichtsverlangen des Berechtigten nicht mutwillig oder missbräuchlich erscheint (BGH WM 1992, 977). Der Anspruch auf Einsichtnahme ist durch § 242 begrenzt. So müssen die Interessen des anderen Teils an Geheimhaltung berücksichtigt werden, zB bei persönlichen Briefen oder vertraulichen Geschäftsunterlagen.

4 **4. Kranken- und Pflegeunterlagen.** Patienten steht ein Anspruch auf **Einsicht in eigene Krankenunterlagen** (Aufzeichnungen, Krankenblätter, Karteiunterlagen, Röntgenaufnahmen usw) zu. Dieser folgt aus dem Behandlungsvertrag (BGHZ 85, 327f; 85, 339f; BGH NJW 2014, 298 Rn 15) oder ggf Geschäftsführung ohne Auftrag (GoA) (MüKo/*Habersack* Rn 15) und aus dem Grundrecht auf Selbstbestimmung und personale Würde gem Art 2 I iVm Art 1 I GG (BVerfG NJW 2006, 1116; 2014, 298 Rn 15), aber auch aus § 810 und § 630g, zwischen denen Anspruchskonkurrenz besteht (MüKo/*Habersack* Rn 14f). Der Anspruch bezieht sich insb auf Aufzeichnungen, die obj physische Befunde und Berichte über Anamnese, Diagnose und Behandlungsmaßnahmen (Medikation, Operationen usw) betreffen (BGHZ 85, 327, 334; 89, 339, 342; BGH NJW 2014, 298 Rn 17). Dies gilt auch für ärztliche Gutachten, etwa für die Krankenkasse oder Behörden (vgl BVerfG NJW 2006, 1116 Rn 26ff; MüKo/*Habersack* Rn 16; aA Köln NJW 1983, 2641). Dem Anspruch auf Einsicht können therapeutische Gründe entgegengehalten werden, vor allem bei der Gefahr negativer Konsequenzen für die Gesundheit des Patienten etwa bei psychiatrischen Behandlungen; diese Gründe müssen auf einer pflichtgemäßen Abwägung des Arztes zwischen dem schutzbedürftigen Interesse des Patienten an der Einsicht und dem therapeutischen Schutz beruhen, wobei der Arzt ggü dem Gericht nur die maßgeblichen Bedenken nach Art und Richtung kennzeichnen, nicht aber ins Detail gehen müssen soll (BGHZ 106, 146, 149ff; vgl auch BVerfG NJW 2006, 1116 Rn 25f). Interessen des Arztes oder Dritter fallen demggü idR nicht ins Gewicht (*Hinne* NJW 2005, 2270ff; vgl auch BVerfG NJW 2006, 1116 Rn 31ff; anders BGHZ 106, 146, 148). Der Gefahr negativer Konsequenzen für die Gesundheit des Patienten kann dabei durch die Herausgabe nur an einen anderen Fachbehandler begegnet werden (LG Münster NJW-RR 2008, 441). Auch kann dem Einsichtsrecht ggf durch die Vorlage geschwärzter Kopien genügt werden. Das BVerwG hat demggü das Akteneinsichtsrecht für eine auf öffentlichem Landesrecht beruhende psychiatrische Unterbringung bejaht, weil die Verweigerung unter Hinweis auf eine angebliche Selbstgefährdung das Recht des ehemals Untergebrachten auf Selbstbestimmung aus Art 2 I GG verletze (NJW 1989, 2960). Kein Anspruch besteht auf Mitteilung der Personalien des medizinischen und pflegerischen Personals, das sich nicht aus den Behandlungsunterlagen ergibt (Düsseldorf NJW-RR 2003, 1604). Nach dem Tod des Patienten steht der Anspruch entspr § 630g III den Erben zur Wahrung vermögensrechtl Interessen und den Angehörigen zur Wahrung immaterieller Interessen zu, bedarf aber aufgrund der nachwirkenden ärztlichen Schweigepflicht stets eines besonderen Interesses (vgl auch BGH NJW 1983, 2627). Ein Anspruch auf Einsicht in fremde Krankenunterlagen besteht nach § 810 grds nicht. Er kann sich aber etwa aus § 142 ZPO ergeben (LG Wiesbaden NJW 2018, 1980 Rn 14). Ein durch eine heterologe Insemination gezeugtes Kind hat einen Anspruch gegen das Bundesinstitut für Arzneimittel und Medizinprodukte auf Auskunft aus dem Samenspenderregister hinsichtl der Identität des Samenspenders, § 10 1 SaRegG; Spender und Empfängerin dürfen nur ihre eigenen Daten einsehen, § 11 SaRegG. Für das Einsichtsrecht von Heimbewohnern in die **Pflegeunterlagen** und Pflegedokumentation gelten die vorstehenden Ausführungen entspr (BGH VersR 2013, 649 Rn 6; NJW 2014, 298 Rn 17); ebenso bei tierärztlichen Behandlungsunterlagen, bei denen der therapeutische Schutzgedanke jedoch idR fehlen wird (LG Hildesheim NJW-RR 1992, 415; *Bemmann* VersR 2005, 760).

5 **5. Erfasste Urkunden.** Die durch ein rechtl Interesse begründete Vorlegungspflicht wird dadurch eingeschränkt, dass sie nur für drei Gruppen von Urkunden gilt. Der BGH neigt zu einer weiten Auslegung bzw entspr Anwendung (BGHZ 55, 201, 203; BGH WM 1963, 990; 1966, 255; ebenso Staudinger/*Marburger* Rn 12; RGRK/*Steffen* Rn 1; Soergel/*Hadding* Rn 1; einschränkend MüKo/*Habersack* Rn 4), lehnt aber eine erweiternde Anwendung auf alle Fälle eines berechtigten Interesses an der Kenntnis ab (BGH NJW 2017, 2044 Rn 29 für RAK-Vorstands-Protokoll). Es muss sich aber in jedem Falle der Inhalt der Urkunde auf ein Rechtsverhältnis beziehen, an dem der Vorlegungssucher beteiligt ist oder das ihn angeht (*Enneccerus/Lehmann* § 219 I 1a). Die drei im Gesetz genannten Einschränkungen betreffen folgende Fälle:

6 **a) Errichtung im Interesse des Anspruchsstellers.** Die Urkunde muss im **eigenen Interesse des Vorlegungssuchers** errichtet sein, dh der Zweck der Urkunde muss darin liegen, Rechtsverhältnisse des Vorlegungssuchers zu sichern, zu klären oder sonst wie auf ihren Bestand einzuwirken (BGH LM Nr 2 und Nr 5; Düsseldorf NJW-RR 1996, 1466; Staudinger/*Marburger* Rn 13). Dieses braucht nicht notwendig der ausschließliche Zweck der Urkunde zu sein (BGH LM Nr 5) doch muss er zZt der Errichtung der Urkunde bestanden haben, zB Vollmachtsurkunden, Quittungen (RGZ 50, 334; 69, 401; 89, 1; BGH WM 1987, 324 – Einsichtsrecht in Baubuch). Andererseits dienen etwa Wortprotokolle, welche auf Veranlassung der Verwaltung von der Hauptversammlung einer Aktiengesellschaft angefertigt wurden, nicht den eigenen Interessen des Aktionärs (BGHZ 127, 107). Ein

Schadensgutachten der Versicherung dient nicht dem Interesse des Versicherungsnehmers (LG Berlin VersR 2003, 94).

b) Beurkundung eines Rechtsverhältnisses mit Anspruchsteller. In der Urkunde muss ein **Rechtsverhältnis zw dem Vorlegungssucher und einem anderen** (nicht nur Besitzer) beurkundet sein, es kommt hier mithin allein auf den Inhalt und nicht auf den Zweck der Urkunde an (RGZ 89, 1; BGHZ 55, 201, 203). Die Beurkundung von Teilen des Rechtsverhältnisses rechtfertigt den Anspruch (RGZ 56, 112; 117, 332; BGH LM Nr 3), unerheblich, ob es noch besteht (RGRK/*Steffen* Rn 10). Hierher gehören Vertragsurkunden, Geschäftsbücher (nicht innerbetriebliche Aufzeichnungen), Handakten der Rechtsanwälte (BGHZ 109, 260; Staudinger/*Marburger* Rn 21; RGRK/*Steffen* Rn 16; aA Soergel/*Hadding* Rn 9). Es genügt eine unmittelbare und obj Beziehung zu dem Rechtsverhältnis, an welchem der die Vorlegung Begehrende beteiligt ist (BGHZ 55, 201, 203; BGH WM 1966, 255 – Steuererklärungen, Steuerbescheide und Prüfberichte). Ein ausgeschiedener Gesellschafter hat kein Einsichtsrecht in Geschäftsvorgänge für einen späteren Zeitraum als das Jahr seines Ausscheidens (BGH LM Nr 6; dazu noch BGHZ 50, 316, 324; BGH WM 1989, 878; 1988, 1448 mwN; Hamm NJW-RR 2000, 1701; Frankfurt BB 1982, 143). Die Erbin des Gesellschafters einer OHG, die nach dem Gesellschaftsvertrag abzufinden ist, hat das Recht auf Bucheinsicht (OGH 4, 12). In Steuererklärungen, Steuerbescheide und Prüfberichte kann Einsicht verlangt werden, wenn der Begehrende am Gewinn des Verpflichteten beteiligt ist (BGH WM 1966, 255). Einsichtsrecht in das vom Baugeldempfänger nach § 2 GSB zu führende Baubuch (LG Hamburg BauR 2004, 962). Kein Einsichtsrecht hat der Makler in den von seinem Auftraggeber abgeschlossenen Hauptvertrag (LG Köln NJW-RR 1988, 1200). Bei Akten von Behörden ist darauf abzustellen, ob sie nur den inneren Dienst der Behörde betreffen oder auch Urkundenzwecke für private Rechtsverhältnisse verfolgen (RG SeuffA 1949, 214; im Einz hierzu *Jung* Akteneinsichts- und Informationsrechte des Bürgers, 1970; Staudinger/*Marburger* Rn 17; *v Köhler* NJW 1956, 1462; *Wiethaupt* NJW 1958, 474 und *Leinen* NJW 1949, 609); bei Prozessakten gilt § 299 ZPO. 7

c) Verhandlungen über Rechtsgeschäft. Die Urkunde muss **Verhandlungen über ein Rechtsgeschäft**, die zw dem Vorlegungssucher und einem anderen oder zw einem von beiden und einem gemeinschaftl Vermittler gepflogen worden sind, enthalten. Hierher gehört insb die den Vertragsverhandlungen vorausgehende und nachfolgende Korrespondenz (Celle BB 1973, 1192), nicht jedoch die, welche zw dem anderen Teil und dessen eigenem (nicht gemeinschaftl) Bevollmächtigten geführt worden ist, ferner nicht private Notizen des anderen Vertragsteils (RGZ 152, 213; KG NJW 1989, 533). 8

6. Anspruchsdurchsetzung. Falls der andere Teil der Vorlegungspflicht nicht nachkommt, sind die gleichen Ansprüche wie bei § 809 gegeben (§ 809 Rn 5). § 260 II und § 810 können gleichberechtigt nebeneinander stehen (BGHZ 55, 201, 203ff), jedoch kann für § 260 das Rechtsschutzinteresse fehlen (BGHZ 55, 201, 206). 9

§ 811 Vorlegungsort, Gefahr und Kosten

(1) Die Vorlegung hat in den Fällen der §§ 809, 810 an dem Orte zu erfolgen, an welchem sich die vorzulegende Sache befindet. Jeder Teil kann die Vorlegung an einem anderen Orte verlangen, wenn ein wichtiger Grund vorliegt.

(2) Die Gefahr und die Kosten hat derjenige zu tragen, welcher die Vorlegung verlangt. Der Besitzer kann die Vorlegung verweigern, bis ihm der andere Teil die Kosten vorschießt und wegen der Gefahr Sicherheit leistet.

Mit **„Ort“** ist der geographische Ort gemeint, die politische Gemeinde (BGHZ 87, 104, 110), nicht die Wohnung oder das Geschäftslokal des Vorlegungspflichtigen. An welcher Stelle und unter welchen Verhältnissen innerhalb des Ortes Einsicht genommen werden kann, bestimmt unter Beachtung von Treu und Glauben der Pflichtige. Die Besichtigung darf nicht beeinträchtigt oder praktisch unmöglich gemacht werden. Im Prozess ist die Sache oder Urkunde dem Prozessgericht vorzulegen. Wichtiger Grund zur Bestimmung eines anderen Ortes kann sich aus Verkehrsverhältnissen, Krankheit, Vorlegungszweck usw ergeben (RG JW 1920, 1041; Köln NJW-RR 1996, 382). 1

Gefahr- und Kostentragung bezieht sich nur auf die durch die Vorlegung entstehenden. Verschulden bei Beschädigung usw nicht erforderlich. Auf andere Kosten (Gebrauchsentziehung während der Vorlegung) ist § 811 nicht anwendbar, aber auf andere Vorlegungspflichten, etwa im Rahmen einer Wohnungseigentümergemeinschaft (BayObLG NJW-RR 2004, 1090, 1010) oder Nebenkostenabrechnung des Vermieters (LG Leipzig NZM 2005, 944). Vorschusspflicht erfordert, dass Schaden oder Kosten zu befürchten sind (Staudinger/*Marburger* Rn 5; zu den Kosten s München GRUR 1987, 33). 2

Titel 26
Ungerechtfertigte Bereicherung (§§ 812–822)

Vorbemerkung vor § 812

Schrifttum: *Bartels*, Zur bereicherungsrechtlichen Rückabwicklung von Überweisungen nach Umsetzung der Zahlungsdiensterichtlinie, WM 2010, 1828; *Bockholdt*, Die Übertragbarkeit rücktrittsrechtlicher Wertungen auf die bereicherungsrechtliche Rückabwicklung gegenseitiger Verträge, AcP 206, 769; *Bruns*, Schadensersatz für Dieselkunden nach Ablauf der Regelverjährung, NJW 2021, 1121; *Canaris*, Der Bereicherungsausgleich im Dreipersonenverhältnis, FS Larenz, 1973, 799; *Canaris*, Der Bereicherungsausgleich im bargeldlosen Zahlungsverkehr, WM 1980, 354; *Canaris*, Der Bereicherungsausgleich bei sittenwidrigen Teilzahlungskrediten, WM 1981, 978; *Canaris*, Die Gegenleistungskondiktion, FS Lorenz, 1992, 19; *Canaris*, Der Vorrang außerbereicherungsrechtlicher, insbesondere dinglicher Wertungen gegenüber der Saldotheorie und dem Subsidiaritätsdogma, JZ 1992, 1114; *Canaris*, Gewinnabschöpfung bei Verletzung des allgemeinen Persönlichkeitsrechts, FS Deutsch, 1999, 85; *Dieckmann*, Die SEPA-Überweisung: eine unterschätzte Gefahr für Banken, WM 2015, 14; *Dieckmann*, Die Echtzeit-Überweisung – Paradigmenwechsel im Recht des Zahlungsverkehrs, BKR 2018, 276; *Dölle*, Konsequent (aber falsch?): Der BGH und die Schwarzarbeit, BauR 2015, 393; *Dörner*, Kondiktion gegen den Zedenten oder den Zessionar, NJW 1990, 473; *Ehmann*, Zur causa-Lehre, JZ 2003, 702; *Ettig*, Lizenzansprüche bei Persönlichkeitsrechtsverletzungen, NJW 2021, 1274; *Fervers/Gsell*, Bereicherungsrechtliche Verpflichtung zur Herausgabe von Nutzungen, NJW 2013, 3607; *Flessner*, Wegfall der Bereicherung, 1970; *Flume*, Die Entreicherungsgefahr und die Gefahrtragung bei Rücktritt und Wandlung, NJW 1970, 1161; *Flume*, Die Zahlungszuwendung im Anweisungs-Dreiecksverhältnis und die Problematik der ungerechtfertigten Bereicherung, NJW 1984, 464; *Flume*, Zum Bereicherungsausgleich bei Zahlungen in Drei-Personen-Verhältnissen, NJW 1991, 2521; *Flume*, Die Saldotheorie und die Rechtsfigur der ungerechtfertigten Bereicherung, AcP 194, 427; *Flume*, Der Bereicherungsausgleich im Mehrpersonenverhältnis, AcP 199, 1; *Flume*, Aufwendungen und Erträge bei der Rückabwicklung nichtiger gegenseitiger Verträge als Problematik der Rechtsfigur der ungerechtfertigten Bereicherung, GS Knobbe-Keuk, 1997, 111; *Gerlach*, Ungerechtfertigte Zwangsvollstreckung und ungerechtfertigte Bereicherung, 1986; *Gödicke*, Bereicherungsrecht und Dogmatik, 2002; *Götting*, Persönlichkeitsrechte als Vermögensrechte, 1995; *Grunewald*, Saldotheorie und neues Rücktrittsrecht, FS Hadding, 2004, 33; *Gursky*, Zur Mitherausgabe von Gebrauchsvorteilen bei der Sachkondiktion, JR 1992, 7; *Hadding*, Der Bereicherungsausgleich beim Vertrag zu Rechten Dritter, 1970; *Hadding*, Bereicherungsausgleich bei Scheckzahlung, FS Kümpel, 2003, 167; *Hadding*, Erfüllung der Geldschuld im SEPA-Basislastschriftverfahren, WM 2014, 97; *Halfmeier*, Zur Beweislast für den Mangel des Rechtsgrunds, FS Erich Schmidt, 2005, 109; *Harder*, Minderjährige Schwarzfahrer, NJW 1990, 857; *Hassold*, Zur Leistung im Dreipersonenverhältnis, 1981; *Höltig*, Die Kenntnis von der Nichtschuld einer Zahlung bei qualifiziertem Rangrücktritt, DZWiR 2018, 260; *Jahn*, Der Bereicherungsausgleich im Mehrpersonenverhältnis, 2015; *Jakobs*, Eingriffserwerb und Vermögensverschiebung in der Lehre von der ungerechtfertigten Bereicherung, 1964; *Joerges*, Bereicherungsrecht als Wirtschaftsrecht, 1977; *Kaehler*, Bereicherungsrecht und Vindikation – Allgemeine Prinzipien der Restitution, 1972; *Klinke*, Causa und genetisches Synallagma, 1983; *Klöhn*, Die Kondiktionssperre gem § 817 S 2 BGB beim beiderseitigen Gesetzes- und Sittenverstoß, AcP 210, 804; *Knütel*, § 822 BGB und die Schwächen unentgeltlichen Erwerbs, NJW 1989, 2504; *Koch/Wallimann*, Die Gebrauchsüberlassung an Dritte aus bereicherungsrechtlicher Sicht, JZ 2016, 342; *Kohler*, Bereicherungshaftung in Zessionsfällen, WM 1989, 1629; *Kohler*, Die gestörte Abwicklung gescheiterter Austauschverträge 1989; *Kohler*, Rücktrittsrechtliche Bereicherungshaftung, JZ 2002, 682; *Kohler*, Bereicherungshaftung nach Rücktritt – eine verdrängte Verdrängung und ihre Folgen, AcP 208, 417; *Kohler*, Rücktritt und Bereicherungsrecht – Studien zur Umkehrung einer herrschenden Meinung, ZfPW 2017, 404; *Kohler*, Wertersatzhaftung und Entreicherungseinwand bei verschärfter Bereicherungshaftung, JZ 2018, 591; *Kohler*, Wertersatz als Haftungsinhalt in: FS Greifswald, 2019, 237; *Koller*, Rechtsgrund und Nichtleistungskondiktion bei Werk- und Dienstleistungen in Mehrpersonenverhältnissen, in Einheit und Folgerichtigkeit im juristischen Denken, in: Koller/Hagen u.a., Einheit und Folgerichtigkeit im juristischen Denken, 1998, 151; *Köndgen*, Wandlungen im Bereicherungsrecht in Dogmatik und Methode, FS J. Esser, 1965, 55; *Koppensteiner/Kramer*, Ungerechtfertigte Bereicherung, 2. Aufl 1988; *Kötter*, Zur Rechtsnatur der Leistungskondiktion, AcP 153, 193; *Kropf*, Abkehr vom Veranlasserprinzip seitens des BGH beim bereicherungsrechtlichen Ausgleich im Überweisungsverkehr, WM 2016, 67; *Kupisch*, Gesetzespositivismus im Bereicherungsrecht, 1978; *Kupisch*, Leistungskondiktion bei Zweckverfehlung, JZ 1985, 101, 163; *Kupisch*, Leistungsbereicherung „auf Kosten" des Bereicherungsgläubigers? Anmerkungen zur Gesetzgebungsgeschichte des § 812 Abs 1 Satz 1 BGB, FS Heldrich, 2005, 275; *Langenbucher*, Zum Bereicherungsausgleich im Überweisungsrecht, FS Andreas Heldrich, 2005, 285; *Loewenheim*, Bereicherungsrecht, 1988; *W. Lorenz*, Gläubiger, Schuldner, Dritte und Bereicherungsausgleich, AcP 168, 286; *St. Lorenz*, Bereicherungsrechtliche Drittbeziehungen, JuS 2003, 729; *Martinek*, Der Bereicherungsausgleich bei veranlasster Drittleistung auf fremde, nicht bestehende Schuld, JZ 1991, 395; *Martinek*, Zur Kenntnis des Bereicherungsschuldners vom Rechtsgrundmangel als Voraussetzung seiner verschärften Haftung, JZ 1996, 1099; *Merle*, Risiko und Schutz des Eigentümers bei Genehmigung der Verfügung eines Nichtberechtigten, AcP 183, 81; *Meyer*, Der Bereicherungsausgleich in Dreiecksverhältnissen, 1979; *Moes*, Der Vermögensausgleich bei aufgelöster Lebensgemeinschaft, FamRZ 2016, 757; *Müller*, Der Bereicherungsausgleich bei Fehlleistungen des Kreditinstituts im bargeldlosen Überweisungsverkehr, WM 2010, 1293; *Müller*, Zur Wende in der höchstrichterlichen Rechtsprechung zum Bereicherungsausgleich bei fehlerhaften Banküberweisungen, WM 2016, 809; *Nobbe*, Bereicherungsausgleich bei Zahlungen mittels Universalkreditkarte, FS Hadding, 2004, 1007; *Peters*, Die Erstattung rechtgrundloser Zuwendungen, AcP 205, 159; *Peters*, Die Entbehrlichkeit der Figur der Leistungskondiktion, JR 2014, 319; *Pinger*, Was leistet der Leistungsbegriff im Bereicherungsrecht?, AcP 179, 301; *Reimer*, Die aufgedrängte Bereicherung, 1990; *Rengier*, Wegfall der Bereicherung, AcP 177, 418; *Reuter*, Die Belastung des Bereicherungsgegenstandes mit Sicherungsrechten, FS Gernhuber, 1993, 369; *Reuter/Martinek*, Handbuch des Schuldrechts, Bd 4, Ungerechtfertigte Bereicherung, 1983; *Rümker*, Das Tatbestandsmerkmal „ohne rechtlichen Grund" im Bereich der Eingriffskondiktion, 1972; *Schall*, Leistungskondiktion und „Sonstige Kondiktion" auf der Grundlage des einheitlichen gesetzlichen Kondiktionsprinzips, 2003; *Schlüter*, Der Bereicherungsanspruch bei Persönlichkeitsrechtsverletzungen, ZUM 2021, 416; *Schnauder*, Grundfragen der Leistungskondiktion bei Drittbeziehungen, 1981; *Schnauder*, 50 Jahre Lastschriftverfahren, WM 2014, 1701; *Siemes*, Gewinnabschöpfung bei Zwangskommerzialisierung der Persönlichkeit durch die Presse, AcP 201, 202; *Singer*, Formnichtigkeit und Treu und Glauben, WM 1983, 254; *Söllner*, Der Bereicherungsanspruch wegen Nichteintritts des mit der Leistung bezweckten Erfolgs, AcP 163, 20; *Stang*, Zur Haftung von YouTube nach § 816 Abs. 1 Satz 2 BGB, ZUM 2017, 380; *Stolte*, Der Leistungsbegriff: Ein Gespenst des Bereicherungsrechts, JZ 1990, 220; *Thielmann*, Gegen das Subsidiaritätsdogma im Bereicherungsrecht, AcP 187, 23; *Thier*, Rücktrittsrecht und Bereicherungshaftung: Zur Reichweite von § 346 Abs 3 S 1 Nr 3 BGB und seinen Wirkungen für die bereicherungsrechtliche Rückabwicklung gegenseitiger Verträge, FS Heldrich, 2005, 439; *Thomale/Zimmermann*, Der Vorrang der Leistungsbeziehung – eine rechtsrealistische und rechtsdogmatische Kritik, AcP 217 (2017), 246; *Weber*, Bereicherungsansprüche wegen enttäuschter Erwartung?, JZ 1989, 25; *Weitnauer*, Die Leistung, FS v Caemmerer, 1978, 255; *Welker*, Bereicherungsausgleich wegen Zweckverfehlung?, 1974; *Werner*, Der Weg zu SEPA und die Auswirkungen auf die Zahlungsdienste – ein Überblick, WM 2014, 243; *H.P. Westermann*, Die Bewährung des § 817 S 2 BGB, in Rechtsgeschichte und Privatrechtsdogmatik, 2000, 285; *H.P. Westermann*, Bereicherungsrechtliche Rückabwicklung von Börsentermingeschäften, FS Medicus, 1999, 675; *H.P. Westermann*, Geldentschädigung bei Persönlichkeitsverletzung, in: Einheit und Folgerichtigkeit des juristischen Denkens, 1998, 125; *Weyer*, Leistungskondiktion und Normzweck des Verbundgesetzes, WM 2002, 627; *Wieling*, Empfängerhorizont: Auslegung der Zweckbestimmung und Eigentumserwerb, JZ 1977, 291;

Wilburg, Die Lehre von der ungerechtfertigten Bereicherung, 1934; *Wilhelm*, Rechtsverletzung und Vermögensentscheidung als Grundlagen und Grenzen des Anspruchs aus ungerechtfertigter Bereicherung, 1973; *Wilhelm*, Ersitzung als Rechtsgrund?, NJW 2017, 193; *Winkelhaus*, Der Bereicherungsausgleich im Lichte des neuen Zahlungsdiensterechts, BKR 2010, 441; *J. Wolf*, Der Stand der Bereicherungslehre und ihre Neubegründung, 1980.

1. Grundgedanken. a) Ausgleichsordnung. Das Bereicherungsrecht gehört neben dem Deliktsrecht zu den Ausgleichsordnungen. Geprägt ist es von einer Fülle an kaum mehr zu überschauenden Theorien. Nicht zuletzt deshalb wird auch von einer „Krise des Bereicherungsrechts" gesprochen (BeckOK/*Wendehorst* § 812 Rn 6), was aber für eine Lösung der anstehenden Probleme wenig weiterhilft. 1

b) Herleitung. Abzulehnen ist die Zurückführung des Bereicherungsrechts auf den Unterschied zw einem formalen und einem materiellen, höherrangigen Recht (*Wilburg*, 21; *v Caemmerer* FS Rabel, 1954, 335, 339; *Esser/Weyers* § 47, 3). Ebenso wenig überzeugend ist eine Zurückführung auf allg **Billigkeitserwägungen**, wie dies die Rspr teilw versucht hat (BGHZ 36, 232, 234f; 55, 128, 134; 111, 308, 312; 132, 198, 215; BGH NJW 2003, 3193, 3196; zu Recht krit BeckOK/*Wendehorst* § 812 Rn 3; Staudinger/*Lorenz* Rn 32). Das beruht letztlich auf der abzulehnenden Vorstellung, dass unbillige Entscheidungen des „gewöhnlichen" Rechts durch das Bereicherungsrecht korrigiert würden. Richtig ist nur, dass ein Teil der Bereicherungsansprüche dazu dient, vorläufige vom Gesetz begründete Rechtspositionen im schuldrechtl Verhältnis zw zwei Personen unter eigenständigen Risikowertungen rückgängig zu machen. Sofern die Rechtsordnung eine Vermögensverschiebung billigt, findet jedenfalls, wie schon das Tatbestandsmerkmal „ohne rechtl Grund" sagt, kein bereicherungsrechtl Ausgleich statt (s PWW/*Prütting* § 812 Rn 5). Ob sich die Bereicherungsansprüche eher als **Vorteilsabschöpfung**, bei der die Interessen des Gläubigers lediglich als Reflex geschützt werden, oder als **Restitution**, bei der Kondiktionen als Rückabwicklungsansprüche gesehen werden, darstellt, ist unklar (BeckOK/*Wendehorst* § 812 Rn 4f). Teilw werden beide nebeneinander genannt (NK/*v Sachsen Gessaphe* Rn 6ff; PWW/*Prütting* § 812 Rn 3ff). 2

c) Wechselwirkungen. Zwar liegen die Gründe für die Herausgabepflicht nicht im Bereicherungsrecht selbst, sondern in anderen vertrags- oder sachenrechtl Positionen (*Reuter/Martinek*, 52), doch sind die §§ 812ff nicht auf den bloßen Vollzug von in anderen Bestimmungen niedergelegten Wertungen beschränkt. Sie enthalten vielmehr eigenständige, normative Entscheidungen zum **Rückabwicklungsrisiko**, etwa im Hinblick auf Insolvenzen und Einwendungen bzw zum Umfang kondiktionenrechtl Herausgabeansprüche. Das schließt jedoch nicht aus, dass die bereicherungsrechtl Abwicklung Einflüssen sachenrechtl (zB des § 935) oder schuldrechtl Wertungen unterliegen kann (*H.P. Westermann* JuS 1972, 18). Insg steht das System der Kondiktionen in untrennbarem Zusammenhang mit den schuldrechtl Wertbewegungen und dem Rechtsgüterschutz. 3

2. Kondiktionstypen. a) Allgemeines. Die Lehre von der ungerechtfertigten Bereicherung gehört zu den am stärksten umstr Teilen des Gesetzes. Wenig geglückt ist insb das gesetzl System. Das betrifft sowohl die Gründe der Ansprüche als auch ihren Umfang. 4

b) Einheits- und Trennungstheorie. Es haben sich die Typen der Leistungs- und der Nichtleistungskondiktion herausgebildet (hM, s § 812 Rn 1; *Wilburg*, 19; *v Caemmerer* FS Rabel, 1954, 335; *Gödicke*, 261; *Larenz/Canaris* § 67 I 2; *Lorenz/Cziupka* JuS 2012, 777ff). Die hM geht von der sog **Trennungstheorie** aus, wonach Leistungs- und Nichtleistungskondiktion bei § 812 voneinander zu unterscheiden sind. Dagegen will die **Einheitstheorie** den Bereicherungsanspruch einheitlich betrachten (*Kaehler*, 154; *Kellmann*, 97; *Kupisch*, 14; *Wilhelm*, 173; *Reuter/Martinek*, 22). Letztere vermochte sich in unterschiedlichen Ausgestaltungen nicht durchzusetzen. Ob sich aus den Theorien für die Rechtsanwendung praktischer Nutzen ableiten lässt, wird im Schrifttum zu Recht bezweifelt (MüKo/*Schwab* § 812 Rn 44; PWW/*Prütting* § 812 Rn 16). Jedenfalls darf die begriffliche Verfestigung insb der Leistungskondiktion nicht dahin führen, eine systemimmanente Kontrolle der Ergebnisse durch Vergleich mit anderen Methoden der Rückabwicklung von zweckverfehlten Vermögenszuwendungen zu betreiben. Zudem ist die Nichtleistungskondiktion – insb auch unter wirtschaftsrechtl Gesichtspunkten (*Joerges*, 71; *Reuter/Martinek*, 39) – schlüssig in den privatrechtl Rechtsgüterschutz einzuordnen. 5

c) Leistungs- und Nichtleistungskondiktion. Nach hM enthält § 812 eine Zusammenfassung der grundlegend verschiedenen Tatbestände der Leistungs- und der Nichtleistungskondiktion (*Lorenz/Cziupka* JuS 2012, 777ff; s auch § 812 Rn 1). Die Unterscheidung ist schon deshalb wichtig, weil etwa die Ausschlusstatbestände der §§ 814, 815 allein auf die Leistungskondiktion bezogen sind. Bzgl der Leistungskondiktion werden die Leistung auf nicht (§ 812 I 1 Alt 1, condictio indebiti) bzw nicht mehr (§ 812 I 2 Alt 1, condictio ob causam finitam) bestehenden Rechtsgrund und die Leistung nach verfehltem Leistungszweck (§ 812 I 2 Alt 2, condictio ob rem) in den Folgen gleichgestellt. Hierhin gehört systematisch auch die Leistung auf eine einredebehaftete Forderung (§ 813) und die Kondiktion wegen verbotswidriger Annahme einer Leistung (§ 817). Teilw wird eine andere Kategorisierung vorgeschlagen, die insb die condictio ob rem ausschließen und die Fälle durch Vertragsrecht lösen will (BeckOK/*Wendehorst* § 812 Rn 22, 85; s auch *Peters* JR 2014, 319ff zur Frage der Entbehrlichkeit der Leistungskondiktion). Die im Merkmal der Bereicherung „in sonstiger Weise" in § 812 I 1 Alt 2 enthaltene sog Eingriffskondiktion findet eine besondere Ausprägung in der gegen den wahren Berechtigten wirksamen Verfügung eines Nichtberechtigten über eine Sache (§ 816 I) oder eine Forderung (§ 816 II). In diesen Zusammenhang gehört auch § 822, der die in §§ 818–821 für alle Kondiktionsansprüche allg geregelte Bereicherungshaftung auf den unentgeltlichen Erwerber eines Bereicherungsgegenstands ausdehnt (*Koppensteiner/Kramer*, 3, 190; *Larenz/Canaris* § 67 II, III). Bei der Nichtleistungskondiktion sind die Versuche einer „dogmatisch abgesicherte(n) Ausgestaltung" (PWW/*Prütting* § 812 Rn 11) noch nicht abgeschlossen. Die Aufteilung in Eingriffs-, Zuwendungs- und Aufwendungskondiktion erfolgt teilw (noch) uneinheitlich (BeckOK/*Wendehorst* § 812 6

Rn 23). Das Verhältnis der einzelnen Konditionstypen zueinander bestimmt sich durch das sog Subsidiaritätsprinzip (§ 812 Rn 83).

7 **d) Streitpunkte.** Der für die Zweiteilung in Leistungs- und Nichtleistungskondiktion konstitutive Leistungsbegriff hat sich besonders bei den Dreipersonenverhältnissen (§ 812 Rn 16ff) als problematisch erwiesen. Str ist auch die Bestimmung von **Gegenstand und Umfang** des Bereicherungsanspruchs, die zu Unstimmigkeiten zw der Feststellung der Bereicherung und den Gründen des Entreicherungseinwands (§ 818 III) geführt hat (Erman/*Buck-Heeb*[12] Rn 4). Die Fragen haben praktisches Gewicht vor allem bei der Kondiktion von Nutzungen und Gebrauchsvorteilen, aber auch im Streit um die Rückabwicklung mangelhafter gegenseitiger Verträge nach der sog **Saldotheorie**, die heute ihrerseits zunehmend angegriffen wird (*Canaris* FS Lorenz, 1992, 19; *Flume* JZ 2002, 321; *Büdenbender* AcP 200, 627; *Peters* AcP 205, 159, 164: Ausweichmanöver; s § 818 Rn 41ff). Schließlich ergeben sich nicht selten Zweifel bzgl des Verhältnisses der Bereicherungsansprüche zu anderen Rechten wie zB denen aus dem Eigentümer-Besitzer-Verhältnis (s Rn 11ff). In ständiger Entwicklung befindet sich ferner das normative Vorstellungsbild dessen, was unter dem Zuweisungsgehalt absoluter Rechte zu verstehen ist (§ 812 Rn 65).

8 **3. Anwendbarkeit. a) Verweisungen auf §§ 812ff.** Ein Bereicherungsanspruch ist entweder als Folge eines Kondiktionstatbestands, oder in den Fällen gesetzl Verweisung gegeben, so zB nach §§ 346 S 2, 516 II 3, 527 I, 528 I, 531 II, 547 I 2, 628 I 3, 682, 684 S 1, 951, 977, 988, 993, 1301 S 1, 1390 I 2, 1973 II 1, 1989, 2021, 2196 I, 2287 I (BGHZ 59, 132, 343), § 2329 I 1 (RGZ 81, 204), § 717 III ZPO, Art 89 WG (*Canaris* WM 1977, 34), Art 58 ScheckG, §§ 81, 143 II, 144 II, 183 II InsO, § 50 ZVG. Dabei wird es sich zumeist um eine **Rechtsfolgenverweisung** handeln (BeckOK/*Wendehorst* § 812 Rn 34: „Vermutung"), dh auf die Erfüllung der Voraussetzungen des § 812 kommt es nicht an und dessen Rechtsfolgen treten unmittelbar ein. Das ist dann der Fall, wenn sich aus der entspr Regelung, die verweist, die Anordnung des Bereicherungsausgleichs unmittelbar entnehmen lässt (PWW/*Prütting* § 812 Rn 17). Daher wird eine **Rechtsgrundverweisung** nur **ausnahmsweise** vorliegen, wie etwa bei § 531 II (BGHZ 140, 275, 277), § 951 I 1 (BGHZ 40, 272, 276; 55, 176, 177) und § 1301 S 1 (BGHZ 45, 258, 262ff). In einigen Fällen ist umstr, ob eine Rechtsfolgen- oder eine Rechtsgrundverweisung vorliegt, so für § 682 (Rechtsfolgenverweisung bejahend, aber diff Staudinger/*Bergmann* § 680 Rn 3; zutr abl *Hassold* JR 1989, 358, 361f; Grü/*Retzlaff* § 682 Rn 2; BeckOK/*Gehrlein* § 682 Rn 1), § 684 S 1 (Rechtsfolgenverweisung zutr bejahend BGH WM 1976, 1056, 1060; verneinend MüKo/*Schäfer* § 684 Rn 6) und § 852 (Rechtsfolgenverweisung zutr bejahend BGHZ 71, 86, 97; 98, 77, 83; BeckOK/*Wendehorst* § 812 Rn 34; PWW/*Prütting* § 812 Rn 17; verneinend *v Caemmerer* FS Rabel, 1954, 333, 394; *Ebert* NJW 2003, 3035, 3036).

9 **b) Konkurrenzen. aa) Vertragl Ansprüche.** Vertragl Ansprüche gehen regelmäßig bereicherungsrechtl Ansprüchen vor, denn hier besteht ein Rechtsgrund (BGHZ 44, 321, 323; BGH WM 1972, 888, 889; NJW 2003, 2451, 2453: Rückgewähr vertragl geschuldeter Leistung; NJW-RR 2008, 328: Überzahlung geleisteter Vorauszahlungen). Das spielt insb im Zusammenhang mit der Zweckverfehlungskondiktion nach § 812 I 2 Alt 2 (condictio ob rem) eine Rolle, deren Anwendungsbereich durch den Vorrang der Vertragsauslegung nach §§ 133, 157 sowie eine Vertragsanpassung nach § 313 II sehr eingeschränkt wird (näher § 812 Rn 50ff). Auch § 591 geht Ansprüchen aus ungerechtfertigter Bereicherung vor (Schleswig SchlHA 2016, 65 Rn 51). § 17 I EEG 2012 geht ebenfalls vor (BGH WM 2016, 656, Rn 27).

10 **bb) Geschäftsführung ohne Auftrag (GoA).** Ob Ansprüche aus Bereicherungsrecht durch die Regeln der Geschäftsführung ohne Auftrag ausgeschlossen sind, bestimmt sich nach hM nach der Art der GoA und der Person des Anspruchstellers als Geschäftsherr oder -führer (aM Soergel/*Schmidt-Kessel*/*Hadding* Rn 25: genereller Vorrang der GoA vor den §§ 812ff). Bei der **berechtigten GoA** entsteht ein Schuldverhältnis zw Geschäftsherr und Geschäftsführer, dh sie stellt einen Rechtsgrund für Vermögensverschiebungen dar (BGH NJW 1993, 3196; Staudinger/*Lorenz* Rn 45; MüKo/*Schäfer* § 677 Rn 98; Grü/*Sprau* Rn 7; *Esser*/*Weyers* § 46 I 1d). Damit bestehen keine bereicherungsrechtl Ansprüche (s auch BGH NJW 2012, 523 Rn 41: Zuwendungen der Schwiegereltern). Die **unberechtigte GoA** schafft keinen Rechtsgrund, sodass Ansprüche zw Geschäftsherr und Geschäftsführer nach den §§ 812ff in Betracht kommen. Für Ansprüche des Geschäftsführers gegen den Geschäftsherrn verweist § 684 S 1 auf das Bereicherungsrecht (nach hM Rechtsfolgenverweisung; BGH WM 1976, 1056, 1060; Hamm NJW-RR 1991, 1303, 1304; Staudinger/*Bergmann* § 684 Rn 5; Soergel/*Beuthien* § 684 Rn 4; Grü/*Retzlaff* § 684 Rn 1; aA Staudinger/*Lorenz* Rn 46). Nach einer Auffassung im Schrifttum soll der Anspruch des Geschäftsführers auf die Höhe seiner Aufwendungen beschränkt sein, deren Erstattung er bei einer berechtigten GoA nach § 683 S 1, § 670 verlangen könnte. Der unberechtigte Geschäftsführer dürfe nicht bessergestellt sein als der berechtigte (Staudinger/*Bergmann* § 684 Rn 3; MüKo/*Schäfer* § 684 Rn 8). Dem ist jedoch nicht zu folgen (so auch Staudinger/*Lorenz* Rn 45). Ein Wertungswiderspruch besteht insofern nicht, als der Anspruch des Geschäftsführers auf Aufwendungsersatz erfolgsunabhängig ist, wohingegen der Geschäftsführer bei der unberechtigten GoA nur eine beim Geschäftsherrn vorhandene Bereicherung abschöpfen kann und damit das Risiko trägt, dass seine Aufwendungen überhaupt zu einer Vermögensmehrung beim Geschäftsherrn geführt haben (Staudinger/*Lorenz* Rn 45). Für Ansprüche des Geschäftsherrn gegen den Geschäftsführer im Fall einer unberechtigten GoA ist die Anwendbarkeit der §§ 812ff str. Die hM bejaht einen Anspruch aus § 681 S 2, § 667 auf Herausgabe des Erlangten (MüKo/*Schäfer* § 681 Rn 17f; Grü/*Retzlaff* Vor § 677 Rn 5; BeckOK/*Gehrlein* § 681 Rn 1; Staudinger/*Bergmann* § 681 Rn 2; Soergel/*Beuthien* § 681 Rn 3). Die Gegenauffassung lehnt eine Anwendung des § 681 auf die unberechtigte GoA ab und befürwortet stattdessen einen unmittelbaren Anspruch aus den §§ 812ff (*Larenz* Schuldrecht II 1, § 57 II a; s auch die Tendenz in BGHZ 128, 210, 213).

Bei der unechten GoA ist zw der vermeintlichen (irrtümlichen) und der angemaßten Eigengeschäftsführung zu unterscheiden. Bei der **vermeintlichen Eigengeschäftsführung** (§ 687 I) fehlt es an einer GoA und damit an einem Rechtsgrund iSd §§ 812ff. Dementspr bestehen zw Geschäftsherr und Geschäftsführer gegenseitige Bereicherungsansprüche (BeckOK/*Gehrlein* § 687 Rn 2; Staudinger/*Bergmann* § 687 Rn 9; MüKo/*Schäfer* § 687 Rn 4). Bei der **angemaßten Eigengeschäftsführung** (§ 687 II) kommt es für die Anwendbarkeit des Bereicherungsrechts auf die Geltendmachung der in § 687 II genannten Ansprüche durch den Geschäftsherrn an. Bei Ausübung des Wahlrechts hat der Geschäftsherr einen Anspruch nach § 687 II 1, § 681 S 2, § 667 auf Herausgabe des Erlangten und ist seinerseits zum Aufwendungsersatz nach Bereicherungsgrundsätzen gem § 687 II 2, § 684 S 1, § 818 verpflichtet (MüKo/*Schäfer* § 687 Rn 30). Beruft sich der Geschäftsherr nicht auf die in § 687 II 1 genannten Ansprüche, kann er nach den §§ 812ff Herausgabe der beim Geschäftsführer vorhandenen Bereicherung verlangen. Der Geschäftsführer hat in diesem Fall keinen Anspruch auf Aufwendungsersatz (Umkehrschluss aus § 687 II 2; BGHZ 39, 186, 188f; Grü/*Sprau* Rn 7; PWW/*Fehrenbacher* § 687 Rn 6). Er kann also weder aus § 684 S 1, § 818 noch aus §§ 812ff direkt Bereicherungsansprüche geltend machen (MüKo/*Schäfer* § 687 Rn 36). Teilw wird im Schrifttum die Unterstellung der wissentlichen Eigengeschäftsführer unter das Geschäftsführungsrecht als historische Fehlentwicklung gesehen und eine Unterstellung unter das Bereicherungsrecht favorisiert, zumal § 687 II mit § 819 deckungsgleich sei. Aufgrund der Gesetzeslage hilft diese Kritik jedoch wenig weiter. § 816 ist auch neben § 687 II anwendbar (RGZ 138, 45, 46ff). 10a

Wenn eine rechtl ungültige Geschäftsbeziehung durchgeführt wurde, die bei Gültigkeit zu Leistungen mit Geschäftsbesorgungscharakter (insb Dienst- oder Werkleistungen) verpflichtet hätte, hat die Rspr immer wieder die Rückabwicklung nach den Regeln der GoA unterstellt. Teilw erfolgte dies unter Anwendung der Figur des „auch-fremden-Geschäfts“ (BGHZ 37, 258, 262ff; BGH NJW 1993, 3196; BGHZ 101, 393, 399 zu Treuhandvertrag; BGH NJW-RR 1993, 200; BGHZ 111, 308, 311 zu Schwarzarbeitsvertrag; BGH NJW 1997, 47, 48). Die GoA-Regeln werden deshalb für anwendbar gehalten, weil derjenige, der aufgrund eines **nichtigen Vertrags** tätig werde, nicht schlechter gestellt sein dürfe als jemand, der ohne jegliche Vereinbarung für einen anderen tätig geworden ist. Der Rspr ist aber mit der hL nicht zu folgen (*Canaris* NJW 1985, 2404f; *Lorenz* NJW 1996, 883, 885; MüKo/*Schäfer* § 677 Rn 87f; Staudinger/*Lorenz* Rn 45; BeckOK/*Gehrlein* § 677 Rn 18; *Medicus/Petersen* BürgR Rn 412; diff nach Kenntnis des Geschäftsführers Grü/*Retzlaff* § 677 Rn 11). Gegen die Rspr spricht insb, in solchen Fällen Aufwendungsersatzansprüche ohne verbleibende Bereicherung des Geschäftsherrn zuzusprechen, zumal auch bei Ungültigkeit des Vertrags der Handelnde nicht fremd-, sondern eigennützig handeln will. Die Anwendung der GoA führt zudem zu einem Wertungswiderspruch, da die § 814, § 817 S 2, § 818f bei der Rückabwicklung rechtsgrundloser Verträge umgangen würden, sodass der aufgrund eines nichtigen Vertrags eine Leistung Erbringende ungerechtfertigt bevorzugt ist. Fehlt es an einer Leistung iSd § 812 des Bauhandwerkers an den Bauherrn, weil der die tatsächliche Zuwendung veranlassende Dritte vollmachtlos handelte, kann das Fehlen eines Bereicherungsanspruchs nicht durch einen Anspruch aus GoA aufgefangen werden (Oldenburg MDR 2000, 1373). Auch der gewerbliche „Erbensucher“, der ohne zugrundeliegende Vereinbarung unbekannte Erben ermittelt, hat gegen diese weder Ansprüche aus GoA noch – weil er nicht „geleistet“ hat – solche aus ungerechtfertigter Bereicherung (BGH NJW 2000, 72; dazu *Schulze* JZ 2000, 523, 525; bestätigt durch BGH NJW-RR 2006, 656). Es muss vermieden werden, dass eine Leistung, die gegen ein gesetzl Verbot verstößt, doch noch zu vergüten ist (BGH NJW-RR 1997, 564; Hamm NJW-RR 1998, 811, 813; BGHZ 118, 142 für verbotswidrig am Jahresabschluss mitwirkenden Abschlussprüfer; Köln OLGRp 2002, 104, 106 für unerlaubte Geschäftsbesorgung durch einen Buchführungshelfer/Steuerberater; einen Bereicherungsanspruch aber bejahend BGH NJW 2000, 1560, wenn der Steuerberater den Verstoß gegen ein gesetzl Verbot nicht kannte). 10b

Die Rspr ist teilw widersprüchlich. So wird etwa bei Rückabwicklung eines nichtigen Börsentermingeschäfts die GoA nicht erwähnt, sodass Bereicherungsrecht anzuwenden war (BGH NJW 1995, 727). Dagegen wird bei einem sittenwidrigen Adoptionsvermittlungsvertrag vom zurückzugewährenden Aufwendungsvorschuss ein Abzug der auftragsgemäß verwendeten Mittel nach den Regeln der berechtigten GoA zugelassen und die unwirksame Vereinbarung über die Verwendung der Mittel respektiert. Ein Anspruch des Handelnden auf Vergütung seiner Tätigkeit (insb Aufwendungsersatz nach §§ 683 S 1, 670) schied allerdings aus, da der Handelnde ein von der Rechtsordnung missbilligtes Geschäft vorgenommen hatte und seine Aufwendungen nicht „den Umständen nach für erforderlich“ halten durfte (BGH NJW 1997, 47, 49; s aber *Einsele* JuS 1998, 401ff). Bei Rückabwicklung nach Bereicherungsrecht ist in solchen Fällen § 817 S 2 zu beachten, mit der Maßgabe, dass die Kondiktionssperre solche Leistungen nicht umfasst, die nicht im Vermögen des Empfängers verbleiben sollten. 10c

Zum Verhältnis der Kondiktion zu den **Rücktrittsvorschriften** s *Büdenbender* AcP 200, 627ff; *Kohler* JZ 2002, 682ff. Danach kann der Rücktritt auch eine Bereicherungshaftung begründen (s auch *Kohler* AcP 208, 417). IÜ sind die Ergebnisse der früheren Vergleiche zw Rücktritts- und Bereicherungsrecht nicht ungeprüft zu übernehmen (§ 818 Rn 44f; s auch BeckOK/*Wendehorst* § 818 Rn 117). Jedenfalls sollen Rückabwicklungsansprüche aufgrund eines Widerrufsrechts vorrangig sein (BGHZ 183, 235: Fernabsatzgeschäft). 10d

cc) Eigentümer-Besitzer-Verhältnis. Das Verhältnis zw dem Bereicherungsrecht und den Regeln des Eigentümer-Besitzer-Verhältnisses ist umstritten. Zu unterscheiden ist zw Ansprüchen des Eigentümers gegen den unrechtmäßigen Besitzer und solchen des unrechtmäßigen Besitzers gegen den Eigentümer. Ansprüche des Eigentümers gegen den unrechtmäßigen Besitzer auf Nutzungsersatz sind nach § 993 I aE ausgeschlossen. § 993 entfaltet aber keine Sperrwirkung ggü Ansprüchen des Eigentümers auf Wertersatz (§ 818 II) und Erlösherausgabe (§ 816 I). Bei Veräußerung der Sache durch den unrechtmäßigen Besitzer hat der Eigentümer daher einen An- 11 spruch aus § 816 I auf Herausgabe des erzielten Erlöses (BGH NJW 1953, 58; 1960, 860; WM 1970, 1297; Staudinger/*Thole* Vor § 987 Rn 115; Soergel/*Stadler* Vor § 987 Rn 26; BGHZ 56, 131: Möglichkeit durch Genehmigung nach Verarbeitung die Voraussetzungen für § 816 I zu schaffen). Bei Verbrauch der Sache kann der Eigentümer Wertersatz (§ 812 I 1 Alt 2, § 818 II) verlangen (BGHZ 14, 7; Staudinger/*Thole* Vor § 987 Rn 115; Soergel/*Stadler* Vor § 987 Rn 26); es handelt sich nicht um Nutzungen, da solche nur vorliegen (§§ 100, 99), wenn die Sache selbst erhalten bleibt und aus deren Gebrauch zusätzl Vorteile gezogen werden (Soergel/*Stadler* Vor § 987 Rn 26). Bei Verbindung, Vermischung oder Verarbeitung kann der Eigentümer nach §§ 951, 812 ebenfalls Wertersatz verlangen (BGH NJW 1971, 612, 615; Staudinger/*Thole* Vor § 987 Rn 117).

12 Nach dem eindeutigen Wortlaut des § 993 I aE hat der Eigentümer an sich nur unter den Voraussetzungen der §§ 987ff einen Anspruch gegen den unrechtmäßigen Besitzer auf **Nutzungsersatz.** Bereicherungsrechtl Ansprüche sind danach ausgeschlossen. Für die Nichtleistungskondiktion wird die Sperrwirkung des § 993 I aE fast allg anerkannt (MüKo/*Raff* § 988 Rn 10; Staudinger/*Thole* Vor § 987 Rn 129ff; Soergel/*Stadler* Vor § 987 Rn 29). Das Verhältnis zw Leistungskondiktion und Eigentümer-Besitzer-Verhältnis ist demggü umstr. Der Streit entzündet sich an folgender Überlegung: Der Veräußerer will an den Erwerber Eigentum und Besitz leisten. Sind sowohl Verpflichtungs- als auch Erfüllungsgeschäft nichtig, entsteht ein Eigentümer-Besitzer-Verhältnis zw Veräußerer und Erwerber. Ist der Erwerber redlicher Besitzer, scheidet ein Anspruch des Veräußerers auf Nutzungsersatz angesichts der Sperrwirkung des § 993 I aE aus. Leidet demggü ausschließlich das Verpflichtungsgeschäft an einem Wirksamkeitsmangel und erlangt der Erwerber daher Eigentum, kann der Veräußerer, da ein Eigentümer-Besitzer-Verhältnis nicht entsteht, gem § 812 I 1 Alt 1, § 818 I auch die Nutzungen herausverlangen. Der Veräußerer hat demnach in einer schwächeren Rechtsposition (als Nichteigentümer) einen Anspruch auf Nutzungsersatz, in der stärkeren Rechtsstellung (als Eigentümer) aber nicht. Diesen Wertungswiderspruch behebt die Rspr, indem sie zwar von einem Vorrang der §§ 987ff vor der Leistungskondiktion ausgeht, zugleich aber § 988 analog auf den **rechtsgrundlosen, entgeltlichen Besitzerwerb** anwendet und durch die Rechtsfolgenverweisung in § 988 zur Anwendung des § 818 kommt (BGH NJW 1983, 164, 165; 1995, 454, 455; 1995, 2627, 2628). Das wird auf den Fall übertragen, dass der „nicht-so-berechtigte" Besitzer Nutzungen unter Überschreitung eines ihm gesetzl zugewiesenen Besitzrechts gezogen hat (BGH NJW 2002, 60). Die hL lehnt eine Gleichstellung des rechtsgrundlosen, entgeltlichen Besitzerwerbs mit dem unentgeltlichen Besitzerwerb ab. Eine analoge Anwendung des § 988 scheidet hiernach aus. Stattdessen soll die Leistungskondiktion neben den §§ 987ff anwendbar sein (Soergel/*Stadler* Vor § 987 Rn 27f; Staudinger/*Thole* Vor § 987 Rn 129ff; BeckOK/*Fritzsche* § 988 Rn 11f). Eine andere Ansicht im Schrifttum geht sogar von einem Vorrang der Leistungskondiktion vor den §§ 987ff aus (*Waltjen* AcP 175, 109, 120; *Wilhelm* JZ 2004, 650, 652; *Michalski* FS Gitter, 1995, 577, 589ff, 595ff). Nach allen Auffassungen ist der unrechtmäßige Besitzer, der die Sache durch Leistung des Eigentümers erlangt hat, zur Herausgabe der Nutzungen verpflichtet.

12a Sind **mehr als zwei Personen** beteiligt, kommen Rspr und Literatur zu unterschiedlichen Ergebnissen. Hat der Besitzer die Sache rechtsgrundlos durch Leistung eines Dritten erlangt, kann der Eigentümer nach der Rspr gem § 988 analog die gezogenen Nutzungen direkt vom unrechtmäßigen Besitzer herausverlangen. Ein Vorrang der Leistungskondiktion des Dritten gegen den Besitzer scheidet wegen der Rechtsfolgenverweisung in § 988 aus. Eine an den Dritten bereits erbrachte Gegenleistung kann der Besitzer nicht über § 818 III in Abzug bringen. Die Bereicherung des Besitzers durch die Nutzungen und die Entreicherung durch das Erbringen der Gegenleistung an den Dritten stehen in keinem Kausalzusammenhang (Soergel/*Stadler* Vor § 987 Rn 28; BeckOK/*Fritzsche* § 988 Rn 11; s aber RGZ 163, 348, 360). Nach der Literatur ist der Besitzer nicht dem Eigentümer, sondern allein dem Dritten ggü aus Leistungskondiktion (§ 812 I 1 Alt 1, § 818 I) zur Nutzungsherausgabe verpflichtet (Soergel/*Stadler* Vor § 987 Rn 28; Grü/*Herrler* § 988 Rn 8). Eine Leistungsbeziehung zw Eigentümer und Besitzer besteht nicht, sodass eine Leistungskondiktion ausgeschlossen ist. Eine Eingriffskondiktion des Eigentümers gegen den Besitzer scheitert an der Sperrwirkung des § 993. Der Eigentümer muss sich daher an den Dritten halten (§ 823, § 687 II, §§ 812ff). Der Besitzer kann seine Gegenrechte (zB Anspruch auf Rückgewähr der rechtsgrundlos erbrachten Gegenleistung) dem Dritten ggü geltend machen (Soergel/*Stadler* Vor § 987 Rn 28; BeckOK/*Fritzsche* § 988 Rn 12). Letztlich kommt es zu einer Rückabwicklung „über das Dreieck" (PWW/*Prütting* § 812 Rn 39). Die analoge Anwendung des § 988 widerspricht somit der sonstigen Behandlung von fehlgeschlagenen Leistungsbeziehungen in Mehrpersonenverhältnissen durch die Rspr. Die Ansicht der hL erscheint daher vorzugswürdig.

13 Bei Ansprüchen des unrechtmäßigen Besitzers gegen den Eigentümer auf Ersatz von Verwendungen ist gleichfalls umstritten, ob eine **Verwendungskondiktion** (§ 812 I 1 Alt 2, auch: Aufwendungskondiktion) neben einem Verwendungsersatzanspruch nach §§ 994ff in Betracht kommt. Nach der Rspr und einem Teil der Literatur sind die §§ 994ff eine abschließende Sonderregelung und verdrängen daher bereicherungsrechtl Ansprüche (BGHZ 41, 151, 162; BGH NJW 1996, 52; Grü/*Herrler* Vor § 994 Rn 15; Staudinger/*Thole* Vor §§ 994 Rn 83 mwN). Dies soll auch dann gelten, wenn die Aufwendungen des Besitzers keine „Verwendung" iSd §§ 994ff sind. Allein das Vorliegen eines Eigentümer-Besitzer-Verhältnisses reicht demnach für die abschließende Sonderregelung der §§ 994ff aus. Beschränkt man gleichzeitig den Verwendungsbegriff auf erhaltende Verwendungen (zust *Huber* JuS 1970, 515, 519; abl *Klauser* NJW 1965, 513, 514; *Jakobs* AcP 167, 350, 351; Staudinger/*Thole* Vor § 994 Rn 39ff; MüKo/*Raff* § 994 Rn 10f), wirkt sich das für den Besitzer ungünstig aus. Die Frage ist relevant beim Bau auf fremdem Grundstück sowie bei Verbesserungen eines Mietobjekts durch den zu Unrecht besitzenden Mieter, die der Vermieter nach Rückgabe des Grundstücks durch Verkauf realisiert. Deshalb wird das Wegnahmerecht (§ 997)

dem Besitzer oft nicht helfen (BGH NJW 1970, 754f). Die aM befürwortet eine Anwendung der §§ 812ff neben den §§ 994ff (*Canaris* JZ 1996, 344, 346ff; *Schildt* JuS 1995, 953, 956). Zu Recht verweist diese Ansicht auf den Wertungswiderspruch, der bei einem Vorrang der §§ 994ff vor den §§ 812ff darin bestünde, dass der nicht besitzende Verwender durch die Anwendbarkeit des Bereicherungsrechts bessergestellt wäre als der besitzende Verwender (PWW/*Prütting* § 812 Rn 71; Staudinger/*Lorenz* Rn 43; *Canaris* JZ 1996, 344, 347). Zieht man allerdings aus dieser Konstellation den Schluss (*Canaris* JZ 1996, 344ff; *Medicus/Petersen* BürgR Rn 897), dass eine Aufwendungskondiktion gegen den Eigentümer immer dann bestehe, wenn dieser die Vermögensmehrung (etwa durch Verkauf der wiedererlangten Sache) realisiert hat, muss § 996 dahin verstanden werden, dass der Eigentümer, der nach §§ 989ff vor einer Verschlechterung der Sache durch den gutgläubigen Besitzer nicht geschützt ist, im Zuge der Verwendungskondiktion gezwungen werden kann, die Werterhöhung zu realisieren, um den Verwendungsersatzanspruch erfüllen zu können (so *Canaris* JZ 1996, 344, 346). Der bösgläubige Besitzer bleibt dann auf die §§ 994ff beschränkt (*Medicus/Petersen* BürgR Rn 897). Bremen OLGRp 2000, 285 hat eine Verwendungskondiktion auch wegen Verwendung auf eine eigene Sache bejaht. Die in diesem Rahmen stets nötige Abwägung gegen die Interessen des Eigentümers, der bei einer Ersatzpflicht uU die Sache mit für ihn unzumutbaren Opfern auslösen muss oder sie verliert (*Jakobs* AcP 167, 350, 356ff), könnte auch mit dem Gedanken der Abwehr einer **„aufgedrängten Bereicherung"** erfolgen (PWW/*Prütting* § 812 Rn 73; *Haas* AcP 176, 1ff), was insb bei Bösgläubigkeit des Verwenders naheliegt. Das scheidet aber wiederum aus, wenn der Eigentümer die ihm zugeflossenen Vorteile für sich nutzbar macht (*Canaris* JZ 1996, 344, 345f). Angesichts der Wertverhältnisse sollte der Urheber von Umgestaltungsaufwendungen bessergestellt sein als derjenige, der nur erhaltende Aufwendungen macht und hierfür nach der Interessenwertung der §§ 994ff keinen Ersatz erhält.

Vorkaufs- und Vormerkungsberechtigte sind in entspr Anwendung der §§ 994ff verpflichtet, dem als Eigentü- 14
mer eingetragenen Grundstückskäufer seine Verwendungen zu ersetzen (BGHZ 75, 288, 291; 144, 323, 326, 328; Staudinger/*Schermaier* § 1100 Rn 11; Soergel/*Stürner* § 1100 Rn 3; Grü/*Herrler* § 1098 Rn 6; dagegen MüKo/*H.P. Westermann* § 1100 Rn 5 für einen Anspruch aus § 812 I 1 Alt 2). Zugleich haben Vorkaufs- und Vormerkungsberechtigte einen Anspruch entspr §§ 987ff gegen den besitzenden Grundstückskäufer auf Nutzungsersatz (BGHZ 87, 296, 301; Staudinger/*Schermaier* § 1100 Rn 11; Grü/*Herrler* § 1098 Rn 6). Für die Gut- oder Bösgläubigkeit des Grundstückskäufers ist auf den Zeitpunkt, in dem er vom Vorkaufsrecht bzw der Vormerkung Kenntnis erlangt, abzustellen (BGHZ 87, 296, 298ff; 144, 323, 328; Soergel/*Stürner* § 1100 Rn 3; aM BGHZ 75, 288, 294ff; MüKo/*H.P. Westermann* § 1100 Rn 7; Staudinger/*Schermaier* § 1100 Rn 11: Ausübung des Vorkaufsrechts und Kenntnis des Grundstückkäufers davon). Die Frage, ob die §§ 994ff Ansprüche des Besitzers aus Leistungskondiktion ausschließen, stellt sich idR nur für den Fremdbesitzer, zB den Mieter, der in Erfüllung einer Pflicht aus unwirksamem Mietvertrag die Mietsache renovieren lässt. Beim Eigenbesitzer scheidet die Leistungskondiktion schon wegen der fehlenden Leistungsbeziehung zw Besitzer und Eigentümer weitgehend aus (PWW/*Prütting* § 812 Rn 40; *Wolf* AcP 166, 188, 206ff; ebenso Ansprüche aus Geschäftsführung, *Willoweit* FS Wahl, 1973, 285ff). Während nach der Rspr Ansprüche aus Leistungskondiktion ebenfalls durch die §§ 994ff ausgeschlossen sind (BGHZ 41, 157, 160; BGH WM 1973, 560, 563; JZ 1996, 366), befürwortet die Gegenauffassung in der Literatur eine parallele Anwendbarkeit (*Medicus/Petersen* BürgR Rn 894; PWW/*Prütting* § 812 Rn 40). Auch bei der Leistungskondiktion ist der besitzende Verwender dem nicht besitzenden gleichzustellen und daher ein Vorrang der §§ 994ff vor den §§ 812ff abzulehnen. Der Eigentümer ist auch hier durch die Regeln der „aufgedrängten Bereicherung" ausreichend geschützt.

c) **Andere bürgerlich-rechtliche Teilgebiete.** Zur Anwendbarkeit des Bereicherungsrechts in anderen bürger- 15
lich-rechtl Teilgebieten (Ersitzung, Verjährung, Ausschlussfristen) vgl § 812 Rn 80. In privatrechtl Sondergebieten ist das Bereicherungsrecht idR anwendbar, so im Urheberrecht gem § 102a UrhG (BGHZ 56, 317, 320 noch zu § 97 III UrhG aF; Soergel/*Schmidt-Kessel/Hadding* § 812 Rn 48). Auch die früheren Bedenken der Rspr (RGZ 108, 1, 6; 121, 258, 260) gegen die Bereicherungshaftung dessen, der schuldlos ein Gebrauchsmuster oder Warenzeichen verletzt, hat der BGH für das Gebrauchsmusterrecht (BGHZ 68, 90) und das Markenrecht (früher: Warenzeichenrecht; BGHZ 99, 244) fallen gelassen (Soergel/*Schmidt-Kessel/Hadding* § 812 Rn 49ff; *Ebert* Bereicherungsausgleich im Wettbewerbs- und Immaterialgüterrecht, 2001, 58ff). Ansprüche gegen einen **falsus procurator** richten sich allein nach § 179 (Hamburg VersR 1979, 834; offenlassend Köln WM 1983, 1322). Das schließt jedoch einen Bereicherungsanspruch gegen den Vertretenen nicht aus (BGHZ 36, 30, 35; Grü/*Ellenberger* § 179 Rn 9; Soergel/*Schmidt-Kessel/Hadding* § 812 Rn 237). Wenn aus dem **gesellschaftsrechtl** gebundenen Vermögen einer GmbH verbotswidrige Auszahlungen erfolgt sind, richten sich die Rechtsfolgen nach § 31 GmbHG. Daneben kommt aber eine Rückforderung nach Bereicherungsrecht in Betracht (*Servatius* in Noack/Servatius/Haas § 31 GmbHG Rn 4; *Altmeppen* in Altmeppen § 31 GmbHG Rn 45). § 591 ist dagegen spezieller und schließt einen Anspruch aus § 812 aus (Schleswig SchlHA 2016, 65 Rn 51).

Im **Arbeitsrecht** kommt eine Kondiktion bei irrtümlicher Überzahlung von Arbeitsvergütungen in Betracht 16
(BAG AP Nr 1 zu § 195 BGB; BAG AP Nr 1 zu § 819 BGB; BAG AP Nr 5 zu § 812 BGB; BGH NJW-RR 2008, 484, 485: Geschäftsführervergütung), was in der gewöhnlichen Verjährungsfrist geltend gemacht werden kann (BAG AP Nr 5 zu § 195 BGB), wenn nicht tarifvertragl Ausschlussfristen bestehen (*Reinicke* FS Schaub, 1998, 593ff). Allerdings kann eine längere Zahlung nicht geschuldeter Beiträge einen Vertrauenstatbestand setzen, kraft dessen der ArbN die Leistung behalten darf, praktisch bei Gratifikationen. Besonderheiten gelten bei geringfügiger Gehaltsüberzahlung (BAG ZIP 1994, 726; ZIP 1995, 941ff). In Bezug auf die Arbeitsvergütung eines ArbN, der aufgrund seines gerichtlich durchgesetzten **Weiterbeschäftigungsanspruchs** nach Kündigung des Arbeitgebers

tätig war, ohne dass es eine Absprache über die Höhe der Vergütung gab, hat das BAG eine bereicherungsrechtl Rückabwicklung vorgesehen (BAG NJW 1987, 2251, 2252; 1993, 484), wobei die Vergütung entweder dem § 612 II oder (in Ermangelung einer „üblichen" Vergütung) doch dem streitbefangenen Arbeitsverhältnis zu entnehmen ist (BAG NJW 1993, 484; *Hanau/Rolfs* JZ 1993, 321, 323; s bereits *Walker* DB 1988, 1596ff). Bedenklich ist aber, dass das BAG dem Arbeitgeber einseitig die Beweislast dafür aufbürdet, dass der Wert der Arbeitsleistung hinter der Höhe der vertragsmäßigen Vergütung zurückbleibt.

17 Bei Rückforderung zu Unrecht gezahlter **Vergütungen** wird häufig ein Entreicherungseinwand berechtigt sein, etwa bei Luxusaufwendungen, nicht aber bei einfachem Verbrauch im Haushalt (LAG Hamm BB 1975, 230; s auch § 818 Rn 38). Gutgläubig iSd § 819 wird der ArbN schon sein, wenn bei Zahlung wechselnder Bezüge längere Zeit keine Abrechnung erteilt wurde (BAG AP Nr 1 zu § 819 BGB). Anders aber, wenn die Fehlerhaftigkeit der Bezüge aus der Lohnabrechnung eindeutig hervorgeht (LAG Nürnberg 4.6.2009 – 7 Sa 266/08). Ein Wegfall der Bereicherung wird angenommen, wenn die Überzahlung geringfügig ist, und der ArbN in eine untere oder mittlere Einkommensgruppe fällt (BAG AP Nr 5 zu § 812 BGB). Eine diesbzgl Vermutung ist nicht gerechtfertigt, wohl aber dann, wenn der ArbN nur – wenn auch zu Unrecht – seine normalen Bezüge erhalten hat. Eine Rückforderung kommt insb auch im Fall des § 820 I in Betracht. In vertragl – auch tarifvertragl – Regeln kann vereinbart werden, dass der ArbN bei Überzahlung ohne Möglichkeit der Prüfung auf den Entreicherungseinwand zur Rückzahlung verpflichtet ist (BAG AP Nr 2 zu § 611 BGB), oder dass von der Rückforderung zu viel gezahlter Bezüge aus Billigkeitsgründen abgesehen werden kann (dann allerdings Pflicht des Arbeitgebers, entspr Erwägungen anzustellen). Zu beachten ist stets, ob der Arbeitgeber nicht wegen Verletzung der Pflicht zur ordnungsgemäßen Lohnberechnung auf Schadensersatz haftet (BAG AP Nr 2 zu § 611 BGB Lohnrückzahlung).

18 Sind die ArbN-Anteile zur gesetzl Sozialversicherung vom Arbeitgeber nicht richtig berechnet worden, kann zur Erstattung der festgestellten Rückstände nur das Lohnabzugsverfahren nach § 28g SGB IV betrieben, nicht aber gegen den ArbN ein Bereicherungsanspruch erhoben werden, und zwar selbst dann nicht, wenn das Arbeitsverhältnis beendet und der Lohnabzug nicht mehr möglich ist (BAG NJW 1958, 1319).

19 **d) Öffentliches Recht.** Im öffentlichen Recht können die §§ 812–822 unmittelbar nur kraft gesetzl Verweisung (zB § 12 II BBesG, § 52 II BeamtVG: Rechtsfolgenverweisung, s BVerwGE 116, 74; s auch Hess VGH NVwZ-RR 2012, 936), sonst lediglich unter sehr engen Voraussetzungen entspr angewandt werden. Teilw wird stets von einer entspr Anwendung des zivilrechtl Bereicherungsanspruchs ausgegangen, sofern nicht eine andere Bewertung wegen Spezialregelungen oder des öffentlichen Interesses erforderlich ist (OVG Sachsen 3.9.2014 – 5 A 616/12, juris Rn 28). Bei Geld- oder Sachleistungen, die aufgrund eines rechtswidrigen Verwaltungsakts erbracht wurden, regelt § 48 II VwVfG die Rückforderung, subsidiär hinter bundes- oder landesrechtl Spezialnormen. Darüber hinaus haben Rspr und Lehre einen **öffentlich-rechtl Erstattungsanspruch** aus dem Grundsatz entwickelt, dass eine mit der Rechtslage nicht übereinstimmende Vermögenslage auszugleichen, insb eine rechtsgrundlose Leistung zurückzugewähren ist (BVerwGE 4, 215; 18, 308, 314; 25, 72, 81; BSGE 29, 6; BAG NJW 1977, 862; näher MüKo/*Schwab* § 818 Rn 201). Auch dieser Anspruch ist ggü Sonderregelungen im öffentlichen Recht subsidiär (OVG Münster DVBl 68, 849), er verdrängt aber die Vorschriften des BGB (BVerwGE 25, 72, 81). Er kann durch Leistungsklage (BVerwGE 24, 225, 227) oder durch Verwaltungsakt (Leistungsbescheid) geltend gemacht werden (BVerwGE 28, 153; 29, 310; str). Der Bereicherungsanspruch kommt nach der Rspr (BVerwGE 15, 234) vor allem in Betracht, wenn nach dem Tod eines Berechtigten Bezüge versehentlich weitergezahlt werden. Solche Ansprüche unterliegen dem Privatrecht und sind nicht durch Leistungsbescheid (BVerwG JZ 1990, 862), sondern durch Klage vor den Zivilgerichten geltend zu machen (VG München NJW 1990, 933; Koblenz OLG 1989, 128 für Zahlung von Bezügen an nicht bevollmächtigten Dritten). Einer solchen Klage steht nicht entgegen, wenn die Behörde im Rahmen einer Anfechtungsklage des Bereicherungsschuldners wegen seiner eigenen Versorgungsbezüge schon die Aufrechnung mit dem Bereicherungsanspruch erklärt hat (Frankfurt NVwZ 1989, 797). In Einzelfällen ist auf spezielle zivilrechtl Regelungen zurückzugreifen, wenn die **Interessenlage vergleichbar** ist. Auch wenn ein Anspruch mit Bereicherungsrecht begründet wird, kann es sich um einen Anspruch aus öffentlich-rechtl Beziehungen handeln (BGHZ 103, 255: Erstattung von Krankenversicherungsbeiträgen; näher Grü/*Grüneberg* § 252 Rn 10). Zur Anwendung des **§ 818 III**, die früher befürwortet wurde (BVerwG NJW 1958, 154), hat die hM anders entschieden (BVerwG NJW 1985, 2436; BSGE 3, 59; Hamm NJW 1973, 574; Frankfurt NJW 1975, 705f). Dabei wird auf den Grundsatz des Vertrauensschutzes im öffentlichen Recht zurückgegriffen (s auch BVerwGE 20, 299). Die Einzelheiten haben § 48 II 6, 7 VwVfG ausgeformt. Vielfach gehen die Gesetze auch davon aus, dass der Beamte iSd § 818 IV, § 820 I 2 verschärft haftet (s BVerwGE 2 B 29/08, *Buchholz* 240 § 12 BBesG Nr 33), was sogar die Zustimmung des BVerfG gefunden hat (NJW 1978, 535). Vor allem die Verwaltung selbst kann sich nicht auf den Wegfall der Bereicherung berufen (OVG Hamburg MDR 1968, 1038; BVerwGE 36, 108; *Schön* NJW 1993, 3289). Der Erstattungsanspruch gegen den Pensionssicherungsverein wegen zu Unrecht gezahlter Beiträge zur Insolvenzsicherung schließt entspr § 818 I die Erstattung bezogener Nutzungen ein (BVerwG NJW 1999, 1201; zur aufgedrängten Bereicherung beim Erstattungsanspruch OVG Münster NJW 1971, 297; zur entspr Anwendung des § 819 s OVG Berlin JR 1971, 173). Eine Anwendung der §§ 812ff kommt auch bei verfehlten Subventionsleistungen in Betracht (VGH Mannheim NJW 1978, 2050) sowie bei – aus europarechtl Gründen – zu Unrecht gewährten **Beihilfen** (BGH WM 2006, 2274; näher *Ehricke* WM 2001, Sonderbeil Nr 3, 3ff). Die Anwendbarkeit des § 814 ist jedoch ausgeschlossen, da die entspr öffentlich-rechtl Vorschriften lediglich eine Rechtsfolgenverweisung vorsehen und § 814 den Bereiche-

rungsanspruch dem Grunde nach ausschließt (Hessischer VGH WM 1991, 993; BayVGH 29.9.2009 – 14 ZB 08.2431; BayVGH 13.10.2009 – 14 ZB 09.1679).

Als **Erstattungsanspruch** wird eine Vielzahl von Anspruchsgrundlagen bezeichnet, die bei bürgerlich-rechtl Betrachtungsweise nicht als echte Bereicherungsansprüche angesehen werden können. So wird als Erstattung die Rückgewähr von Leistungen bezeichnet, die kraft Gesetzes oder als Vorschüsse kraft Vorbehaltserklärung (häufig im Recht der Leistungsverwaltung, vgl BSGE 7, 226) von vornherein mit einer Rückgabepflicht belastet sind oder die durch schuldhafte Pflichtverletzung oder unlautere Mittel erwirkt waren (zB BVerwGE 19, 188, 190; 32, 6; BSGE 10, 72, 74). Zur Rückforderung bei zu Unrecht erbrachten Sozialleistungen nach § 118 III SGB VI BSG WM 2007, 2232; *Habl* BKR 2012, 328; bei Überzahlungen einer Krankenversicherung BSG DVBl 1971, 921; zur Ausbildungsförderung BVerwGE 49, 286. Als Erstattungsanspruch wird ferner angesehen, wenn eine Körperschaft oder ein anderer Rechtsträger, der aufgrund einer öffentlich-rechtl Pflicht Leistungen bewirkt hat, nicht vom Empfänger, sondern von einem Dritten Ausgleich seiner Aufwendungen verlangt (sog Abwälzungsanspruch, vor allem im Sozialrecht, BSGE 16, 151, 156; BVerwGE 41, 219; die Anwendung in anderen Gebieten des öffentlichen Rechts ist str, vgl BVerwGE 32, 279, 281). 20

Aufgrund dieser Mannigfaltigkeit der als Erstattung bezeichneten Ansprüche ist eine Differenzierung dahingehend notwendig, auf welche Erstattungsansprüche die allg Grundsätze, die auch in §§ 812ff Ausdruck gefunden haben, entspr angewandt werden, und ob dabei zivilrechtl Erkenntnisse auch auf das öffentliche Recht übertragen werden können. Das ist möglich für Ansprüche nach den Vorschriften, die auf das Bereicherungsrecht verweisen (zB § 71 II BBG; § 84a BBG sowie die entspr Vorschriften der LBesG), weiterhin bei jener Unterart der Erstattungsansprüche, die im Gesetz mit „Rückforderung" oder „Rückforderungsansprüchen" bezeichnet werden, soweit die Interessenlage dem bürgerlichen Recht kongruent ist und eine ausdrückl Regelung fehlt. 21

4. Folgen. a) Grundlagen. Das Recht, das sich aus dem Bereicherungstatbestand ergibt, ist ein **obligatorischer Anspruch** des Benachteiligten gegen den Bereicherten. Er soll nicht eine Vermögensminderung auf Seiten des Benachteiligten ausgleichen, sondern einen grundlosen Vermögenszuwachs auf Seiten des Bereicherten abschöpfen (BGHZ 20, 345, 355; MüKo/*Schwab* § 818 Rn 129) und geht daher auf Herausgabe des **Erlangten** (§ 818). Trotzdem berührt die Eingriffsbereicherung sich hinsichtl des **Schutzes privater Vermögensrechte des Verletzten** mit dem Deliktsrecht und kann daher wie die Zubilligung eines Schadensersatzanspruchs nicht ohne Blick auf die Handlungsfreiheit des Anspruchsgegners und die Funktionsfähigkeit des Marktes in den betroffenen Gütern gehandhabt werden (*H.P. Westermann* AcP 178, 150, 184ff; zu den Zusammenhängen zw Schadens- und Bereicherungsrecht s ferner *v Caemmerer* FS Rabel, 1954, 376ff; *Hagen* FS Larenz, 1973, 867ff). Der Bereicherungsanspruch kann abgetreten, durch einstw Verfügung gesichert (RGZ 120, 118) oder sonst als Einrede geltend gemacht werden (vgl § 821) und ein Zurückbehaltungsrecht nach § 273 begründen (OGH 1, 204). Mit der Bereicherungseinrede kann also die Leistung verweigern, wer ohne rechtl Grund eine Verbindlichkeit eingegangen ist, auch wer eine Sache rechtsgrundlos übereignet, ihren Besitz jedoch behalten hat und mit der Eigentumsklage auf Herausgabe verklagt wird (RGRK/*Heimann-Trosien* § 821 Rn 2). 22

b) Verjährung. Verjährung der Kondiktion tritt in der Regelzeit von drei Jahren ein (§ 195, MüKo/*Grothe* § 195 Rn 7; Grü/*Ellenberger* § 195 Rn 5; BGHZ 171, 1, 6). Das gilt auch in den in §§ 977, 2287, 1301, 1302 geregelten Sonderfällen. Die Verjährung **beginnt** mit der Entstehung des Anspruchs, bei Kondiktion wegen Rechtsgrundwegfalls und Nichterfolgs, also nicht mit der Vermögensbewegung, sondern erst mit dem die Rechtsgrundlosigkeit herbeiführenden Ereignis (BGHZ 170, 260; BGH NJW-RR 2008, 1237). Hinzukommen müssen die sonstigen Voraussetzungen des Verjährungsbeginns (§ 199 I). Insb hat der Bereicherungsgläubiger dann Kenntnis von den anspruchsbegründenden Umständen, wenn er von der Leistung und den Tatsachen weiß, aus denen sich das Fehlen des Rechtsgrunds ergibt (Grü/*Ellenberger* § 199 Rn 33). Zur Kenntniszurechnung bei einem Insolvenzverwalter BGH WM 2022, 1023 Rn 27f; NJW-RR 2022, 844 Rn 26f. Zur **Zumutbarkeit der Klageerhebung** bei zweifelhafter Rechtslage BGHZ 204, 30 Rn 37ff (Darlehen); 203, 115 Rn 38 (Bearbeitungsentgelt); BGH NJW 2009, 984f; NJW 2022, 389 (Beitragserhöhung). Für Bereicherungsansprüche gilt auch die Regelung des § 199 IV über die zehnjährige Höchstfrist (MüKo/*Grothe* § 199 Rn 55; Grü/*Ellenberger* § 199 Rn 43; BeckOK/*Henrich* § 199 Rn 60). Wenn mit dem Bereicherungsanspruch Ausgleich für die Tilgung einer Schuld verlangt wird, ergreift die für den getilgten Anspruch geltende Verjährungsfrist auch die Kondiktion. Das kann insb bei den ausnahmsw längeren Fristen gem § 196 Bedeutung erlangen (BGH NJW-RR 2009, 824; s auch NJW 2010, 297, wo der Fall aber anders lag; Grü/*Ellenberger* § 195 Rn 5). Anders ist die Verjährung des vertragl Anspruchs des Kreditgebers auf die Zahlung von Kreditraten und die in ihnen enthaltenen Tilgungsanteile zu beurteilen, für den die Regelverjährung gilt (Grü/*Ellenberger* § 195 Rn 5). Sa § 852 BGB. 23

c) Verwirkung, Verzicht. Verwirkung und Verzicht sind möglich, aber nur unter besonderen Umständen anzunehmen (BGH WM 1982, 101: Verwirkung; RGZ 71, 317: Verzicht). Der Berechtigte darf sein Recht längere Zeit nicht geltend gemacht haben, obwohl er hierzu in der Lage war, gleichzeitig muss sich der Verpflichtete im Hinblick auf das Verhalten des Berechtigten darauf eingerichtet haben dürfen und sich auch darauf eingerichtet haben, dass das Recht nicht mehr geltend gemacht wird (Naumburg 17.2.2022 – 10 U 19/21, juris Rn 46f). Denkbar ist eine Verwirkung etwa bei langer Verzögerung einer Rückforderung durch die öffentliche Hand (zurückhaltend BGH WM 1980, 135) oder auch längerer Duldung von Verletzungshandlungen (BGHZ 146, 218: Patentverletzung). Unzulässige Rechtsausübung kann auch gegen die Kondiktion eingewandt werden. Bsp: Der angeblich Benachteiligte hat eine Gegenleistung erhalten, die er nicht mehr zurückgeben kann (BGH NJW 1962, 1675); er beruft sich treuwidrig auf den Formmangel eines Rechtsgeschäfts (OGH 1, 218); er hat durch arglistige 24

Täuschung die Anfechtung eines Dienstvertrags veranlasst und fordert für seine geleisteten Dienste mehr, als ihm nach dem Vertrag zustand (BGH JZ 1960, 603); er hat im eigenen Interesse bei dem verschärft haftenden Empfänger den Wegfall der Bereicherung veranlasst (BGH JZ 1961, 699); er beruft sich, nachdem er selbst die ihm aufgrund nichtigen Vertrags erbrachten (Dienst)leistungen angenommen hat, für die Vergangenheit auf Nichtigkeit (BGHZ 53, 152); er hat die nicht formgerecht vereinbarte Vertragsleistung nach Prüfung der Honorarrechnung vorbehaltlos bezahlt (LG Berlin VersR 2001, 1546). Zu den Rückforderungsansprüchen des arglistig getäuschten Käufers, der die Kaufsache nicht mehr zurückgeben kann, § 818 Rn 46.

25 **d) Konkurrenz.** Zur Konkurrenz der Kondiktionen mit anderen Ansprüchen s Rn 8ff. Bei zweckverfehlenden oder von beiderseitigem Irrtum beeinflussten Leistungen kommt neben § 812 I 2 Alt 2 der § 313 in Betracht. Oft ergeben sich in Bereicherungsfällen auch Schadensersatzansprüche auf das positive (§§ 823, 826) oder negative Interesse (§ 122), bei Unwirksamkeit von Grund- und Verfügungsgeschäften auch dingliche Ansprüche (BGH WM 1997, 1155), uU auch aus § 1007. Zum Verhältnis zu den §§ 987ff s Rn 11ff. Grds sind die Bereicherungsansprüche **subsidiär** ggü vertragl Erfüllungsansprüchen, da hier ein Rechtsgrund besteht (BGHZ 44, 321; 48, 70; BGH NJW 1972, 210; aM BGHZ 19, 205), ggü vertragl Ersatzansprüchen (BGH NJW 1963, 1869; WM 1968, 776; NJW 2003, 2451, 2453; nach Koblenz NJW-RR 2002, 800 auch ggü Ansprüchen eines Mieters wegen überhöhter Betriebskostenvorauszahlungen; anders BGH NJW 1972, 1003) oder Gewährleistungsansprüchen (BGH NJW 1963, 806). Zu den als vorrangig behandelten vertragl Ansprüchen zählt BGH NJW 1982, 2184, 2186 (ähnl BGHZ 84, 1, 10f; *Reuter/Martinek*, 158) auch Ansprüche aus erg Vertragsauslegung und wegen Wegfalls der Geschäftsgrundlage (so auch BAG NJW 1987, 918; BGH VersR 1992, 479). Das ist jedoch als generelle Lösung abzulehnen. Zum Rückforderungsrecht, das für den Fall des Scheiterns eines Vertrags durch Vertragsauslegung ermittelt wird, besonders bei Zahlung von Vorschüssen, BGHZ 48, 70. Bedenklich ist daher auch die Annahme, nach vorzeitiger Beendigung eines Bauvertrags habe der Auftraggeber, der eine Überzahlung durch Abschlagszahlungen geltend machen will, keinen Bereicherungsanspruch, sondern könne nur Abrechnung und Auszahlung des Überschusses verlangen (BGHZ 140, 365; BGH NJW 2002, 1567; NJW-RR 2002, 1097). Bereicherungsansprüche kommen auch in Betracht, wenn auf einen rechtskräftig zuerkannten, nach der mündlichen Verhandlung durch Erfüllung erloschenen Anspruch im Wege der Zwangsvollstreckung geleistet wurde (BGH NJW 1982, 1147, 1148; 1984, 126; Köln WM 1983, 548). Hat ein Drittschuldner nach Pfändung und Überweisung zur Einziehung auf die Forderung an den Vollstreckungsgläubiger in der irrigen Annahme gezahlt, die gepfändete Forderung bestehe, kann er vom Vollstreckungsgläubiger kondizieren (BGHZ 151, 127).

26 **5. Sonstiges.** Materiellrechtl Unvereinbarkeit schließt nicht aus, **prozessual** die Kondiktion und einen anderen Anspruch als Haupt- und Hilfsantrag im Eventual- oder Alternativverhältnis geltend zu machen. Ist ein Anspruch, für den zwei verschiedene Klagegründe in Betracht kommen, nur aus einem Grund berechtigt, wird (für den Fall eines Bereicherungs- oder Schadensersatzanspruchs aus Urheberrechtsverletzung) Klarstellung in der Urteilsformel verlangt (BGH NJW 1963, 654). Ein Grundurteil über Bereicherungsansprüche ist möglich.

27 Bei der Behandlung von Bereicherungsansprüchen im **IPR** muss zeitl differenziert werden. Für die Rückabwicklung nichtiger Schuldverträge, die nach dem 16.12.2009 geschlossen worden sind, ist Art 12 I lit e Rom I-VO ggü Art 38 EGBGB vorrangig und verweist auf das Vertragsstatut. Neben diesem wichtigsten Anwendungsfall der Leistungskondiktion wird Art 38 EGBGB weitgehend durch Art 10 Rom II-VO verdrängt (Art 2 I Rom II-VO). Hiernach gilt Art 38 EGBGB grds nur noch für Bereicherungsansprüche, die vor dem 11.1.2009 entstanden sind (Art 32 Rom II-VO), oder vom sachlichen Anwendungsbereich der Rom II-VO nicht erfasst werden (vgl Art 1 II Rom II-VO). Inhaltlich ergeben sich hierdurch aber kaum Unterschiede (*v Hein* VersR 2007, 440, 450; *Wagner* IPRax 2008, 1, 11). So entspricht Art 10 Rom II-VO überwiegend Art 38 EGBGB (Leistungskondiktion) bzw Art 41 II Nr 2 EGBGB (Nichtleistungskondiktion). Danach ist vorrangig auf ein bestehendes Rechtsverhältnis zw Bereicherungsgläubiger und Bereicherungsschuldner abzustellen. Fehlt ein solches, ist der gemeinsame gewöhnliche Aufenthaltsort der Parteien maßgeblich (Art 10 I Rom II-VO). Kommt auch diese Anknüpfung nicht in Betracht, ist das Recht des Staates anzuwenden, in dem die ungerechtfertigte Bereicherung eingetreten ist (Art 10 III Rom II-VO). Nach Art 10 IV Rom II-VO gilt in Ausnahmefällen abw von Art 10 I–III Rom II-VO das Recht des Staates, mit dem die ungerechtfertigte Bereicherung die offensichtlich engere Verbindung aufweist (zB Tilgung fremder Verbindlichkeiten; MüKo/*Junker* Art 10 Rom II-VO Rn 22). Für sog Altfälle oder solche, die nicht dem Anwendungsbereich der Rom I- und Rom II-VO unterfallen, hat Art 38 EGBGB weiterhin Bedeutung. Soweit Bereicherungsansprüche als Annex zu fehlgeschlagenen Leistungsbeziehungen anzusehen sind, gilt das hypothetische Schuldstatut, Art 38 EGBGB (BGH WM 1967, 1042; 1977, 399) und bei fehlgeleiteten Leistungen Art 38 III EGBGB. Beim Ausgleich dinglicher Verschiebungen ist grds das Recht anwendbar, das den Bereicherungsvorgang beherrscht (BGH NJW 1960, 774), es sei denn, auch diese Ereignisse stünden in engem sachlichen Zusammenhang mit einer das Verhältnis der Beteiligten ergreifenden schuldrechtl Regelung (BGHZ 35, 267; zur Sondersituation bei Beteiligung Dritter *Einsele* JZ 1993, 1025ff). Das gilt auch bei der Eingriffskondiktion (Recht des Eingriffsorts, Jauernig/*Stadler* Rn 20).

§ 812 Herausgabeanspruch

(1) Wer durch die Leistung eines anderen oder in sonstiger Weise auf dessen Kosten etwas ohne rechtlichen Grund erlangt, ist ihm zur Herausgabe verpflichtet. Diese Verpflichtung besteht auch dann, wenn der recht-

liche Grund später wegfällt oder der mit einer Leistung nach dem Inhalt des Rechtsgeschäfts bezweckte Erfolg nicht eintritt.

(2) Als Leistung gilt auch die durch Vertrag erfolgte Anerkennung des Bestehens oder des Nichtbestehens eines Schuldverhältnisses.

I. Leistungs- und Eingriffskondiktion: Grundsätzliche Voraussetzungen. Zu unterscheiden ist zw **Leistungs- und Nichtleistungskondiktion**. Mit dem letzteren Anspruch bezeichnet man den Ausgleich der „in sonstiger Weise" erlangten Bereicherungsgegenstände. Die Versuche, ein beide Typen überspannendes Prinzip zu finden, haben sich nicht durchgesetzt (Vor § 812 Rn 1f), ebenso wenig die Kritik an der Vorstellung, den Gedanken der Zweckverfehlung und den Aufbau des Leistungsbegriffs auf der Zweckverfolgung zur Bestimmung des Anwendungsbereichs der Leistungskondiktion zu verwenden (*Kupisch* FS v Lübtow, 1980, 501ff; *Harder* JuS 1979, 76ff; dagegen *Reuter/Martinek*, 113ff). Darin steckt keine begriffsjuristische Übersteigerung der Funktionen des Leistungsbegriffs (*Kupisch*, 63ff; *Picker* NJW 1974, 1790, 1797; *Kellmann*, 121f), sondern eine mit der allg schuldrechtl causa-Lehre (*Kötter* AcP 153, 196; *H.P. Westermann* Die causa, 181; *Weitnauer* NJW 1974, 1729; *Scheyhing* AcP 157, 371ff; *Reuter/Martinek*, 84ff; *Weitnauer* JZ 1985, 556; *Ehmann* JZ 2003, 702ff) abgestimmte und auch in die Vorstellung von der Erfüllung passende Ableitung der Kondiktion aus einem notwendig vorhandenen Grundelement vertragl Beziehungen. Leistungs- und Nichtleistungskondiktion unterscheiden sich hauptsächlich in der Art der Bestimmung der Parteien des Kondiktionsverhältnisses und in den zum Behalten einer Bereicherung berechtigenden Gründen (*Medicus/Petersen* BürgR Rn 664 f). Der erste **Unterschied** schlägt sich darin nieder, dass das Merkmal „auf Kosten" in § 812 I und das daraus abgeleitete Erfordernis der Unmittelbarkeit der Vermögensverschiebung nach hM nur im Rahmen der Nichtleistungskondiktion eine Rolle spielt (*Kötter* AcP 153, 196, 198ff; *Berg* AcP 160, 505ff; *Weitnauer* JZ 1985, 555; *Larenz/Canaris* § 67 II; BeckOK/*Wendehorst* Rn 110; *Schall*, 1f, 9ff, 15 usw: die Gesetzgebungsgeschichte müsse neu gelesen werden; dagegen überzeugend *Kupisch* FS Heldrich, 2005, 275, 277ff; anders PWW/*Prütting* Rn 15, wonach das Tatbestandsmerkmal „auf Kosten" auch für die Leistungskondiktion erfüllt sein müsse, dort allerdings stets vorliege). Auch der BGH unterscheidet weiterhin zw Leistungs- und Nichtleistungskondiktion (zB BGHZ 82, 299). Hinsichtl des Rechtsgrunds steht bei der Leistungskondiktion die Erreichung des mit der Leistung verfolgten Zwecks im Vordergrund, die Kondiktion ist Regulierung einer Zweckverfehlung (*v Caemmerer* FS Rabel, 1954, 342f; *Weitnauer* JZ 1985, 556; *Zeiß* AcP 164, 50ff; *Reuter/Martinek*, 88f; Jauernig/*Stadler* Rn 4). Dagegen wird bei der Nichtleistungskondiktion geprüft, ob das obj Recht, hauptsächlich durch die Zuwendung von Rechtsgütern, eine Entscheidung darüber getroffen hat, ob dem Bereicherten der Gegenstand im Verhältnis zum Entreicherten gebührt. Bzgl des Umfangs des Bereicherungsanspruchs verweist § 812 für beide Typen einheitlich auf § 818, andere Vorschriften (etwa §§ 814, 817) sind allein auf die Leistungskondiktion gemünzt. **Überschneidungen** zw Leistungs- und Nichtleistungskondiktion sind denkbar, so etwa bei der Beförderung eines „blinden Passagiers" (BGHZ 55, 128; dazu *Canaris* JZ 1971, 557; *Lieb* NJW 1971, 1289), die ebenso gut Leistung an ihn wie Eingriff seinerseits sein kann, dgl bei der irrtümlichen Zahlung einer Bank (BGHZ 66, 362; 67, 75; 87, 393). 1

2 Die Leistungskondiktion ist zwar ein notwendiges Korrelat zu den durch das Abstraktionsprinzip verursachten Risiken ungerechtfertigter Güterverschiebung, aber nicht nur Ersatz für die Vindikation, sondern Korrektur einer **Zweckverfehlung**. Der Begriff der Leistung als bewusste und zweckgerichtete Vermögenszuwendung bestimmt die Parteien der Kondiktion und erhält infolgedessen seine eigentliche Bedeutung bei den sog Dreiecksverhältnissen. Er steht aber über das in ihm enthaltene Element der Zweckverfehlung auch iVm der Bestimmung des Rechtsgrunds, ohne dass hierdurch ein unbedingter Vorrang der Leistungskondiktion vor der Rückforderung „in sonstiger Weise" erfolgter Güterbewegungen begründet wäre, wenn ihre Rückabwicklung nicht durch die bestehenden Leistungsbeziehungen überlagert wird (*H.P. Westermann* JuS 1972, 18, 21; *Reuter/Martinek*, 79).

3 **II. Etwas erlangt. 1. Problem der Vermögensverschiebung.** Der Bereicherte muss „etwas erlangt" haben. Der Entreicherte braucht keinen **Schaden** erlitten zu haben, auch nicht im Zusammenhang mit dem Merkmal „auf Kosten" (BGHZ 36, 233; BGH NJW 1968, 197; Staudinger/*Lorenz* Rn 24, 65; MüKo/*Schwab* Rn 5). Beim unbefugten Namensgebrauch kann etwa ein Bereicherungsanspruch in Betracht kommen, wenn die Nutzung des fremden Namens zu Werbezwecken keine Beeinträchtigung der Wertschätzung des Berechtigten zur Folge hatte (BGHZ 81, 75). Damit kann auch bei der Bestimmung des rechtl Grundes iSd § 812 nicht auf eine Widerrechtlichkeit des Eingriffs abzustellen und demgemäß der Herausgabeanspruch nicht als Wiederherstellung des früheren Zustands des Vermögens des Bereicherten aufzufassen sein (*Schulz* AcP 105, 15, 445, 479f; krit *Jakobs*, 155ff). Es ist **keine Vermögensverschiebung** vom Ent- auf den Bereicherten erforderlich (s aber RGRK/*Heimann-Trosien* Rn 1). Trotz allem werden immer wieder Parallelen zw Schadensersatz und Bereicherungsherausgabe gezogen. Das ist berechtigt in der Frage der Anerkennung von Positionen als schadensersatzfähiges bzw iSd § 818 II wertersatzfähiges Rechtsgut, weil es sich insoweit allg um die rechtl Sanktion sozialer Wertvorstellungen handelt. Zu einer bedenklichen Vermischung der Fragen nach dem Entstehen einer Bereicherung und nach dem Umfang und späteren Schicksal des Bereicherungsanspruchs führt es, die herauszugebende Bereicherung durch Gesamtvermögensvergleich festzustellen (dagegen auch BeckOK/*Wendehorst* Rn 55). Das ist schon mit dem Wortlaut des § 812 kaum zu vereinbaren und berücksichtigt nicht, dass das Bereicherungsrecht Leistungen rückabwickeln oder – im Bereich der Nichtleistungskondiktion – die Rechtszuweisung hinsichtl eines konkreten Gutes durch einen Herausgabeanspruch sanktionieren will. Hinzu kommt, dass bei der Leistung die Bestimmung dessen, was Bereicherungsgegenstand sein kann, vom **Parteiwillen** und nicht von der Entwicklung des Empfängervermögens abhängt. Richtig ist es, bei der Bestimmung des Eintritts einer Bereicherung zunächst nur darauf abzustellen, ob sich durch den ins Auge gefassten Vorgang – Leistung oder Bereicherung „in sonstiger Weise" – eine **gegenständliche Vermögensvermehrung** ergeben hat (s auch MüKo/*Schwab* Rn 1). Erst bei der Frage des Wertersatzes gem § 818 II, spätestens aber bei § 818 III kommt es auf den Wert des Bereicherungsgegenstands im Empfängervermögen bzw auf dessen per saldo noch bestehende Vermehrung an (so im Ansatz auch BGHZ 55, 128; *Lieb* NJW 1971, 1289f; *Schlechtriem* JZ 1984, 557; *Rengier* AcP 177, 418, 431; aM *Flume* NJW 1970, 1161; *Wilhelm*, 62ff). Das Problem wird erheblich bei der rechtsgrundlosen Erlangung von Nutzungen und Gebrauchsvorteilen sowie generell bei der Ersparnisbereicherung (Rn 9).

4 **2. Positive Vermögenswerte.** Als Bereicherungsgegenstand genügt **jeder Vermögensvorteil** (vgl nur BGHZ 192, 204, 214), der Gegenstand schuldrechtl Verpflichtungen sein kann. Zum Vermögen des Bereicherten gehört auch das, was an seinen unmittelbaren Vertreter geleistet ist (RGZ 79, 285: Prokurist; 68, 269: Pfleger). Dazu zählt aber noch nicht, was nur an seinen mittelbaren Vertreter (Kommissionär) gelangt ist, wenn es von diesem noch durch einen besonderen Rechtsakt auf den Empfänger übertragen werden müsste (über Leistung an Vormund oder Pfleger bei Fehlen vormundschaftsgerichtlicher Genehmigung RGZ 81, 261; Hamburg NJW 1952, 938).

5 **Erwerb positiver Vermögenswerte.** Dazu gehört: Dingliches Recht, Schuldanerkenntnis und -versprechen (s Abs II und Rn 58); Forderung, zB Anspruch aus Bürgschaft (BGHZ 147, 99, 105f; 154, 378, 386); Vertragsgenehmigung (RGZ 110, 214); Anwartschaftsrecht (Staudinger/*Lorenz* Rn 66, 75; Grü/*Sprau* Rn 9), Verbesserung einer Sache, einer Sachverwertungsmöglichkeit (RG Gruch 51, 976: Schankkonzessionsmöglichkeit für Grundstück), eines Rechts (RGZ 61, 42; 73, 175; 146, 355, 360: Rangverbesserung einer Hypothek), Erfüllung und Hingabe an Erfüllungs statt, Stellplatzbaulast (BGH NJW 1995, 53, 54: Herausgabe durch Einwilligung in die Löschung). Eine vollzogene Rechtsänderung ist nicht erforderlich. **Vorteilhafte Rechtsstellungen** genügen (Staudinger/*Lorenz* Rn 66). **Bsp**: eine Grundbucheintragung ohne Rechtsänderung (RGZ 168, 303: Hypothek; 51, 417: Reallast; BGH NJW 1973, 613: Buchposition als Eigentümer, auch neben Berichtigungsanspruch des wahren Eigentümers), die Tatsache, dass eine Bank ohne Zustimmung des Bereicherten die Verfügung über ein Konto nicht zulassen will (Düsseldorf NJW-RR 1996, 1329), die Vorzugsstellung bis zum Widerruf eines Patents (BGH DB 2002, 2376), eine Auflassungserklärung (RGZ 108, 329; 111, 101; 119, 167), auch wenn sie in ein unwirksames Rechtsgeschäft aufgenommen ist (RGZ 104, 296), eine bindende Einigung nach § 873 II (BGH NJW 1970, 1543), eine notwendige Zustimmung zu einer Verfügung, zB verschiedener Rangstellung von Pfandberechtigten (BGH NJW 1970, 463) oder von Hinterlegungsberechtigten (BGHZ 35, 165, 170; BGH NJW 1972, 1045), die Stellung eines Forderungsprätendenten bzgl eines hinterlegten Geldbetrags (BGHZ 192, 204), das Versehen einer Domain mit einem Dispute-Eintrag (Braunschweig MMR 2021, 641 Rn 25; s auch Düsseldorf MMR 2016, 339), die Befreiung von einer Verbindlichkeit (aber nicht von schon verjährter Forderung, Frankfurt NJW-RR 1987, 1072), wobei zu beachten ist, dass in den Fällen der Simultanleistung (Rn 19) keine Schuldbefreiung geleistet wird, die Erteilung eines Erbscheins (Staudinger/*Lorenz* Rn 74), die Stellung als Testamentsvollstrecker (BGHZ 12, 100, 105), die Zuteilung, die im Zwangsversteigerungsverfahren nach Aufstellung des

Teilungsplans „verfahrensrechtl bedenklich", aber unangefochten beschlossen ist (BGHZ 39, 212). Ferner gehören hierher Früchte und Gebrauchsvorteile fremder Sachen, soweit sie nicht lediglich zur Ersparnis eigener Aufwendungen führen (Rn 9). Ein vermögensrechtl nutzbarer Vorteil liegt auch dann vor, wenn eine Leistung an den materiell Berechtigten von der Zustimmung eines weiteren **Forderungsprätendenten** abhängig ist, dh der wahre Berechtigte nicht ohne die Zustimmung des anderen über sein Recht verfügen kann (BGH WM 2022, 91 Rn 17). Es kann auch sein, dass ein Gegenstand sich seiner Natur nach nicht allein mit dem Willen des Bereicherten zurückübertragen lässt (zB ein in das Unternehmen des Kondiktionsschuldners eingegliederter Kundenstamm, BGH NJW 2002, 53; 2006, 2847). Die Rückabwicklung läuft dann auf Wertersatz gem § 818 II hinaus, wenn der Kondiktionsgläubiger sein Geschäft nicht wieder aufnehmen kann.

Die Kondiktion einer **nicht vermögenswerten Position** ist zwar selten, aber möglich. Die Frage, ob der Berei- 6
cherungsgegenstand einen Vermögenswert hat, spielt erst im Rahmen des Wertersatzanspruchs bei Unmöglichkeit der Herausgabe eine Rolle (MüKo/*Schwab* Rn 3; s auch *Canaris* JZ 1971, 561; aM BGH NJW 1952, 417; zweifelnd RGRK/*Heimann-Trosien* Rn 1). Damit ist auch eine schriftliche Ehrenerklärung herauszugeben (MüKo/*Schwab* Rn 3; aM BGH NJW 1952, 417; Grü/*Sprau* Rn 15), nicht aber eine bloße Wissenserklärung, die die Erteilung einer Baugenehmigung fördern kann (Koblenz NJW-RR 2002, 1171f). Trägt ein Wechsel eine gefälschte Unterschrift, die ihrem Rechtsschein nach eine wechselmäßige Haftung ihres Namensträgers begründen würde, kann dieser von dem Inhaber des Wechsels nach § 812 I 1 grds die Streichung der Unterschrift verlangen (KG MDR 1968, 495).

Str ist die Kondizierbarkeit des **Besitzes**. Da es sich um eine rechtl anerkannte, manchmal sogar vermögenswerte 7
Rechtsposition handelt, ist eine Kondiktionsmöglichkeit grds zu bejahen (BGH NJW 1953, 58; zust RGRK/*Heimann-Trosien* Rn 3; BeckOK/*Wendehorst* Rn 58). Der Einwand, dem Besitz weise das Recht keine Zuordnungsfunktion zu (Kurz, Der Besitz als möglicher Gegenstand der Eingriffskondiktion, 1969, 21), stellt allein auf die Verhältnisse der Nichtleistungskondiktion ab (krit auch Staudinger/*Lorenz* Rn 73). Bedenklich ist die Besitzkondiktion, wenn in Wahrheit nicht nur um den Besitz, sondern um zukünftige Nutzungen gestritten und der Herausgabeanspruch mit vertragl Besitz- und Nutzungsrecht unterstützt wird. Die Besitzdienerschaft ist nicht kondizierbar, weil alle Rechte aus der tatsächlichen Sachherrschaft dem Besitzherrn zustehen (MüKo/*Schwab* Rn 6; Grü/*Sprau* Rn 99; RGRK/*Heimann-Trosien* Rn 3).

3. Befreiung von Pflichten und Lasten. Bereicherungsgegenstand kann auch die Befreiung von Pflichten und 8
Lasten sein, zB Schulderlass (RG JW 1911, 488), Verzicht auf dingliches Recht (RG JW 1912, 459) oder auf Anwartschaftsrecht (Königsberg DRZ 33 Nr 6), Entlastungserklärungen, negative Schuldanerkenntnisse (s Abs II und Rn 58). Hat der Gläubiger ihm geschuldete Leistungen (Arbeiten) selbst vornehmen lassen, so ist, falls eine GoA nicht vorliegt (Vor § 812 Rn 10), der Schuldner zwar ungerechtfertigt bereichert (BGH JZ 2004, 627: Beseitigung vom Nachbargrundstück herübergewachsener Baumwurzeln; BGHZ 28, 117: Beseitigung von Grenzüberschreitungen im nachbarschaftlichen Gemeinschaftsverhältnis, Grenzmauer; BGH NJW 1964, 1365: Absicherung einer Gefahrenstelle im Flussschifffahrtsverkehr; BGH MDR 1958, 686: Wiederherstellung des früheren Zustands eines Mietraums nicht durch den verpflichteten Mieter, sondern durch den Vermieter), doch kann die Selbsterfüllung durch den Gläubiger zur Unmöglichkeit der Erfüllung der Schuldnerpflichten führen, sodass vertragl Ersatzansprüche vorgehen. IÜ ist ein Bereicherungsanspruch möglich (abl *Gursky* NJW 1971, 782). Muss eine Reisekostenausfallversicherung keine Inanspruchnahme (mehr) befürchten, weil die Fluggesellschaft den Transport, dessen Ausfall den Versicherungsfall ausgelöst hätte, trotz Insolvenz des Veranstalters durchgeführt hat, so ist der Versicherer bereichert (Köln NVersZ 2002, 235ff).

4. Ersparnis von Aufwendungen. Str ist, ob auch die Ersparnis von Aufwendungen Bereicherungsgegenstand 9
sein kann (zB Benutzung fremder Gegenstände und Räume, Inanspruchnahme von Leistungen wie Beförderung, Ausnutzung fremder Arbeit). Teilw wird bei **Nutzungen** direkt die Ausgabenersparnis als Bereicherungsgegenstand anerkannt (RGZ 97, 310: Benutzung von Räumen; RGZ 151, 123: Nutzung fremder Kapitalbeträge; BGH NJW-RR 1986, 155: Ausgleich geleisteter Arbeit; BGHZ 14, 7, 9: Verwendung fremden Benzins für eigene Zwecke; BGHZ 20, 270, 275: ständige Benutzung eines nicht im Gemeingebrauch stehenden Platzes als Halte- oder Abstellplatz; s auch BGHZ 36, 171; 38, 356; *Kellmann* NJW 1971, 862, 865; *Jakobs*, 54). Das widerspricht dem Prinzip, dass nicht schon bei der Bestimmung des Bereicherungsgegenstands ein Gesamtvermögensvergleich stattfindet, weil nach § 812 „das Erlangte" herauszugeben ist. §§ 812 und 818 unterscheiden zw dem ursprünglich Erlangten und der „Bereicherung". Daher ist der Bereicherungsgegenstand in dem erlangten Vorteil (Gebrauch, Beförderung, Arbeitsleistung usw) zu erblicken und die Auswirkungen dieses Vorteils im Vermögen des Bereicherungsschuldners erst im Rahmen des § 818 zu berücksichtigen (*Canaris* JZ 1971, 561; *Koppensteiner* NJW 1971, 1774; *Koller*, 170f; Staudinger/*Lorenz* Rn 72; BeckOK/*Wendehorst* Rn 56; PWW/*Prütting* Rn 30; MüKo/*Schwab* Rn 18f; krit *Jakobs*, 37; *Kellmann* Grundsätze der Gewinnhaftung, 1969, 91). Dementspr ist nicht irgendeine Ersparnis, sondern der nach § 818 zu ermittelnde **Wert des Erlangten** herauszugeben (BGH NJW 2002, 1340; NJW 2006, 2847: Herausgabe eines Kundenstamms; BGH ZIP 1991, 402, 405f; s auch NK/*v Sachsen Gessaphe* Rn 12). Es müssen keine unrealistischen Anstrengungen zur Herausgabe des nicht-gegenständlichen ursprünglichen Bereicherungsgegenstands unternommen werden. Der Einwand, durch das Erlangte keine sonst erforderlichen Aufwendungen erspart zu haben, ändert an der Bereicherung zunächst nichts und ist erst bei § 818 III zu berücksichtigen. Diesem Standpunkt hat sich der BGH in der Flugreise-Entscheidung BGHZ 55, 128 insofern genähert, als er in Unterscheidung zw dem „Erlangten" und der „Bereicherung" einräumt, dass der durch das Empfangene von vornherein nicht Bereicherte nach §§ 818ff überhaupt nicht haftet. Diese Sichtweise

gilt für die Leistungs- wie für die Eingriffskondiktion (abl mit Differenzierung bzgl der verschiedenen Nichtleistungskondiktionen *Reuter/Martinek*², 2. TB, 239ff). Beim bösgläubigen und beim minderjährigen Bereicherungsschuldner (§ 819 Rn 4, 6) ist weiter zu differenzieren.

10 **III. Die Leistung.** Der **Leistungsbegriff** soll die bereicherungsrechtl Rückgewähransprüche gegen die Ansprüche auf Herausgabe einer „in sonstiger Weise" erfolgten Bereicherung abgrenzen. ZT wird auch für die Leistungskondiktion die Tragfähigkeit des Leistungsbegriffs verneint (*Picker* NJW 1974, 1797; *Kupisch*, 14ff, 63ff; *Kupisch* JZ 1997, 213, 215ff; *Welker*, 21ff). Die Zweifel (*Larenz/Canaris* § 70 VI 3), dass mit dem Leistungsbegriff die kondiktionsauslösenden Momente erfasst werden können, zwingen nicht zu einem Abschied vom Leistungsbegriff. Auch die von der hL gewollte Ableitung des kondiktionsauslösenden Mangels aus der Zweckverfehlung beruht auf **wertenden Überlegungen**, die nicht hinter den Prinzipien der Erhaltung obligatorischer Einreden, des Schutzes vor Einreden aus fremdem Recht und der gerechten Verteilung des Insolvenzrisikos zurückstehen (*Canaris* WM 1980, 354, 368; *Medicus/Petersen* BürgR Rn 667; Staudinger/*Lorenz* Rn 6; NK/*v Sachsen Gessaphe* Rn 13; *Koppensteiner/Kramer*, 13; krit *Reuter/Martinek*², 2. TB, 65). Insb kann nicht verkannt werden, dass die hL nicht aus dem Leistungsbegriff direkte normative Folgerungen ziehen will, sondern nur versucht, den Zweck, in einer für die Rechtsanwendung brauchbaren Weise zu beschreiben. Der Leistungsbegriff taugt keineswegs für die Bewältigung aller mit der Bereicherung zusammenhängenden Probleme. Er dient in erster Linie dazu, für die Kondiktionen die Frage nach den Parteien des Rechtsverhältnisses einsichtig zu machen (*Peters* AcP 205, 159, 203: „mystische Überhöhung des Leistungsbegriffs"; insoweit sei auf § 241 II, § 311 II abzustellen). Der Begriff ermöglicht es, in den Fällen der Rückabwicklung von Zuwendungen in Dreipersonenverhältnissen die Verschaffung eines Gegenstands rechtl einer anderen Beziehung zuzuordnen als derjenigen, in der sie real vorgenommen wurde (*Pinger* AcP 179, 301ff). Diese Zuordnung entspricht dem Parteiwillen und den wirtschaftl Vorgängen (*Canaris* WM 1980, 354, 370; dagegen *Kupisch* JZ 1997, 213, 218). Im Wesentlichen ist der Leistungsbegriff mit seinen Folgen für die „Dreiecksverhältnisse" auch in der **Erfüllungslehre** vorgeprägt und anwendbar (*Stolte* JZ 1990, 220; s aber Rn 11). Dagegen können die **sachenrechtl** Abwicklungsgeschäfte, mögen sie auch gewisse Rückschlüsse auf die Verfolgung bestimmter Erfüllungs- und Leistungszwecke zulassen, durchaus zw anderen Personen als den Parteien des Leistungsgeschäfts stattfinden (in der Tendenz anders *Kohler* WM 1989, 1629, 1632ff).

11 **1. Definition.** Unter einer „Leistung" ist die **bewusste und zweckgerichtete Mehrung fremden Vermögens** zu verstehen. Auch die Rspr hat nach anfänglichem Zögern und „doppelgleisigen" Begründungen (etwa BGHZ 40, 272) diese Begriffsbestimmung übernommen und bezeichnet sie jetzt als gefestigt (s nur etwa BGHZ 111, 382; BGH WM 2013, 1271 Rn 11; BB 2015, 973 Rn 28; im Schrifttum *Schnauder* AcP 187, 142; *Reuter/Martinek*, 81ff; Staudinger/*Lorenz* Rn 4; BeckOK/*Wendehorst* Rn 38; Jauernig/*Stadler* Rn 3). Der Leistungsbegriff beruht auf mehreren Säulen: Erforderlich ist zunächst eine **bewusste Mehrung** fremden Vermögens. Hierin unterscheidet sich die Leistung iSd § 812, durch die „etwas" ins Vermögen des Bereicherungsschuldners verbracht worden ist, von dem auf ein schuldgemäßes Verhalten (bzw einen entspr Erfolg) ausgerichteten Begriff der Leistung iSd § 241 und der Erfüllungslehre (*Kötter* AcP 153, 195; aM *Jakobs*, 161; für eine Identität der Leistungsbegriffe *Weitnauer* FS v Caemmerer, 1978, 255ff; *Stolte* JZ 1990, 220, 222; gegen das Merkmal der „Bewusstheit" *Beuthien* JuS 1987, 841). Oft, aber nicht notwendig wird diese Vermögenszuwendung rechtsgeschäftlicher Natur sein. Im Rahmen rechtsgeschäftlicher Zuwendungen stehen zweiseitige (Übereignung, Belastung) und einseitige Rechtsgeschäfte (Genehmigung des Selbstkontrahierens, RGZ 110, 214) gleich. Auch Tathandlungen, an die das Gesetz eine zwingende Rechtsfolge knüpft (Einbau, Verbindung oder Vermischung) können Leistung sein (*Berg* AcP 160, 508). Immer muss aber das Bewusstsein vorliegen, einen Gegenstand in ein fremdes Vermögen zu verbringen. Deshalb leistet der Hausmeister, der versehentlich eigene Kohlen für die Zentralheizung verwendet, nicht (*v Caemmerer* FS Rabel, 1954, 352). Zur Kondiktion des gem § 307 ZPO abgegebenen Anerkenntnisses verneinend RG 156, 70; bei entspr Willen der Parteien wäre die Qualifikation als Leistung aber zuzulassen. Im Bewusstsein des Entreicherten, fremdes Vermögen zu mehren, liegt die Sonderproblematik der Erschleichung einer Beförderung (BGHZ 55, 128), von Gebrauchs- oder Nutzungsmöglichkeiten. Manchmal wird auf Seiten desjenigen, dessen Beförderungsleistung oder Darbietung erschlichen wird, ein genereller Leistungswille in Bezug auf alle vorliegen, die die gebotene tatsächliche Möglichkeit wahrnehmen. Meist dürfte es sich insoweit aber um eine Fiktion handeln, sodass für die Bewertung der Eingriff des Bereicherten in das Rechtsgut des Entreicherten den Ausschlag geben sollte (*Kellmann* NJW 1971, 862, 863; *Canaris* JZ 1971, 561; aM *Reeb* JuS 1972, 582). Bei Ersitzung (**§ 937**) trägt der Erwerb seinen Rechtsgrund in sich, sodass kein Raum für bereicherungsrechtl Ansprüche besteht (BGHZ 208, 316; dazu *Wilhelm* NJW 2017, 193ff).

12 **2. Zweckbestimmtheit.** Als wichtigstes Element, das eine bewusste Vermögenszuwendung zur Leistung macht, wird ihre Zweckbestimmtheit gesehen (zB BGHZ 40, 272; BGH WM 2013, 1271 Rn 11; Frankfurt NZM 2020, 842 Rn 24; Düsseldorf NJW-RR 2009, 1491: Zweckbestimmung, hilfsweise Empfängerhorizont; *Kötter* AcP 153, 196; *Scheyhing* AcP 157, 376; *H.P. Westermann* Die causa, 181; *Weitnauer* NJW 1974, 1729; *Reuter/Martinek*, 84f; Jauernig/*Stadler* Rn 4). Der Zweck setzt die Zuwendung zu den gesetzl oder vertragl, bereits vorhandenen oder (bei der Handschenkung oder der GoA) gewollten Rechtsgrundverhältnissen in Beziehung. Mit der Feststellung des mit der Zuwendung verfolgten Zwecks wird deutlich, zw welchen Personen „im Rechtssinn" (BGHZ 48, 73) ein Leistungsverhältnis besteht. In sog Dreiecksverhältnissen können Zuwendungen und Leistungen dabei in der Weise auseinanderfallen, dass eine Zuwendung nicht zw den an ihr beteiligten, sondern zw anderen Personen als Leistung wirkt. Es muss also nicht jeder Leistung im Verhältnis zw den Partnern des Leis-

tungsverhältnisses eine Zuwendung zugrundeliegen. Angesichts der Komplexität der wirtschaftl Beziehungen zw mehreren Personen kann eine Zuwendung evtl auch zu **mehreren Rechtsgrundverhältnissen** in Beziehung gesetzt werden. Das ist bei der abgekürzten Lieferung und der Banküberweisung regelmäßig der Fall. Die besonderen Bedingungen bei der angenommenen Anweisung (*Beuthien* JuS 1987, 841; *Medicus/Petersen* BürgR Rn 679) oder beim Vertrag zugunsten Dritter (Rn 33) können die Zahl der möglichen Kondiktionen vergrößern. So ist anerkannt, dass bei der Anweisung der Angewiesene mit seiner Zuwendung an den Anweisungsempfänger eine eigene Leistung an den Anweisenden erbringt und zugleich eine Leistung des Anweisenden an den Anweisungsempfänger bewirkt (**Simultanleistung**; s nur etwa BGH NJW 1990, 3194; 1999, 2890; 2001, 1855). Dazu gehört auch, dass eine Zuwendung auf eine eigene und eine gleichgerichtete fremde Verpflichtung bezogen sein kann (BGHZ 70, 389; *Weitnauer* NJW 1979, 2010). Ab Eröffnung des Insolvenzverfahrens ist der Schuldner nicht mehr berechtigt (§ 81 I 1 InsO), eine wirksame Erfüllungszweckbestimmung vorzunehmen (BGH NJW-RR 2014, 873 Rn 20).

Die **Rechtsnatur** der Zweckbestimmung, insb ihr rechtsgeschäftlicher Charakter, ist str. Die Frage ist wie die 13
nach der Rechtsnatur der Erfüllung (§ 362 Rn 2ff) zu entscheiden (*Weitnauer* FS v Caemmerer, 1978, 255ff; *Stolte* JZ 1990, 220ff). Wie ein obj erkennbarer Bezug der tatsächlichen Zuwendung auf das Grundgeschäft ihr Erfüllungseignung geben kann, reicht allg für eine gültige Zweckbestimmung ein nicht-rechtsgeschäftlicher tatsächlicher Akt aus, der sich auch aus der typischen Bedeutung einer tatsächlichen Zuwendung ergibt (*Zeiß* JZ 1963, 9; *H.P. Westermann* Die causa, 187ff; *Beuthien* Zweckerreichung, 280ff; RGRK/*Heimann-Trosien* Rn 16; aM *Lorenz* JuS 2003, 729, 730). Auch der BGH nimmt einen **rechtsgeschäftsähnl** Charakter der **Zweckbestimmung** an (BGHZ 106, 163, 166; 111, 382) mit der Folge, dass ein Geschäftsunfähiger nicht „leisten" kann. Folgt man dem nicht, so können auch Geschäftsunfähige oder Minderjährige wirksam leisten, während ihnen zur Entgegennahme einer Leistung mit Erfüllungswirkung die Empfangszuständigkeit fehlt (BGH WM 2010, 473ff zum Ausschluss der Vertretungsmacht). Im Bereicherungsrecht geht es insoweit nur um die Frage der Anwendung von Leistungs- oder Eingriffskondiktion, was für den Minderjährigenschutz im Wesentlichen irrelevant ist. Soweit eine rechtsgeschäftliche Zweckbestimmung für erforderlich gehalten wird (*Weitnauer* FS v Caemmerer, 1978, 270ff; *Ehmann* NJW 1969, 1833; *Schnauder*, 64ff), kann diese nicht zweiseitig-vertragl geschehen, sondern ist – entspr dem Modell des § 366 – als einseitige empfangsbedürftige Willenserklärung zu sehen (*Lorenz* JuS 2003, 730; Jauernig/*Stadler* Rn 6; *Reuter/Martinek*, 96ff; *Larenz/Canaris* § 67 II 1c). Dann muss auch eine Anfechtung wegen Irrtums in Betracht kommen. In der Praxis wird allerdings vielfach eine – dann vorrangige – **Zweckvereinbarung** vorliegen, insb im Rahmen von Mehrpersonenverhältnissen, da hier eine Zuwendung zu mehreren Rechtsgrundverhältnissen in Beziehung gesetzt werden muss. Das erfordert regelmäßig Berücksichtigung verschiedener Interessen und nicht nur der Erklärung des Zuwendenden. Der BGH hat sich dem Erfordernis einer Zweckvereinbarung zunächst genähert (NJW 1985, 2700) und bejaht dieses inzw (BGH WM 2010, 473ff). Ähnl gilt, wenn, etwa in Fällen der abgekürzten Lieferung (Rn 25), im allseitigen Einverständnis durch eine Leistung die Verpflichtung des Anweisenden ggü einem dritten Gläubiger erfüllt werden soll (s BGH WM 1983, 792; *Schlechtriem* JZ 1984, 509, 512). Eine einverständliche Zuordnung von Zuwendungen zu Parteibeziehungen ergibt sich manchmal schon aus der Wahl bestimmter Zahlungswege und Instrumente. Teilw wird auch eine **Nachholbarkeit** der Zweckbestimmung aus der Sicht des Leistungsempfängers zugelassen (Stuttgart ZIP 1988, 1379; s auch BGHZ 51, 157).

3. Zurechnung vom Empfängerhorizont. Da die Parteien der Leistungskondiktion durch die Leistungsbezie- 14
hungen und nicht durch die Unmittelbarkeit der Vermögensverschiebung oder die Lage der Rechtsgrundverhältnisse bestimmt werden (Rn 16), kommt es bei Beteiligung mehrerer Personen darauf an, aus wessen Sicht über das Vorliegen von Leistungsbeziehungen zu entscheiden ist. Das ist wichtig etwa beim Einbau von Baumaterialien in ein fremdes Grundstück (BGHZ 36, 30; 40, 272), bei der Einschaltung von Mittelspersonen, die für eigene oder fremde Rechnung handeln (BGH NJW 1974, 1132), bei Erfüllung von Lieferverträgen (Rn 25) sowie bei bargeldlosem Zahlungsverkehr (*Kümpel* WM 2001, 2273ff; BGHZ 106, 163, 166; BGH NJW 2005, 1356, 1357; NJW-RR 2009, 345; 2009, 705, 706). Es handelt sich um ein Problem des Bereicherungsausgleichs in **„Dreiecksfällen"**. Die Rspr lässt sich von der Vorstellung leiten, dass der Empfänger einer Zuwendung in der Frage, wem er das Empfangene bei Rechtsgrundlosigkeit zurückgeben muss, Berücksichtigung seiner Interessen und seiner Einsichtsmöglichkeiten bei Entgegennahme der Zuwendung erwarten kann. Obwohl das finale Moment im Leistungsbegriff nicht für die Maßgeblichkeit der Sicht des Zuwendungsempfängers zu sprechen scheint, hält der BGH (s nur etwa BGH JZ 1975, 27; BGHZ 40, 72; 72, 246, 249; 88, 232, 236; BGH NJW 1986, 251; 1999, 1393; s auch KG Berlin NJW-RR 2012, 713) grds den Empfängerhorizont für maßgeblich. Entscheidend soll es darauf ankommen, wie eine vernünftige Person in der Lage des Empfängers die Zuwendung nach Treu und Glauben mit Rücksicht auf die Verkehrssitte verstehen musste und durfte (BGH NJW 2005, 60f zu „Dirnenlohn"; BGH NJW 2005, 1356f: Haftung der einen Bauträger finanzierenden Bank; zur bereicherungsrechtl Rückabwicklung bei widerrufener Auszahlungsanweisung *Knops* BKR 2006, 59ff). Bei einer solchen obj Betrachtungsweise aus der Sicht des Zuwendungsempfängers sollen auch Gesichtspunkte des Vertrauensschutzes und der Risikoverteilung zu berücksichtigen sein (BGH NJW-RR 2011, 211 Rn 21).

Bsp: Stellt man auf den Empfängerhorizont ab, kann etwa der Bauhandwerker, der aufgrund eines vom Architekten oder Unternehmer im Namen des Bauherrn, aber vollmachtlos geschlossenen Vertrags diesen für seinen Vertragspartner hält, beim Bauherrn nicht kondizieren, wenn er annehmen durfte, der Architekt oder Unternehmer habe vereinbarungsgemäß im eigenen Namen gehandelt und leiste nun an ihn mit Hilfe des Handwerkers als Leistungsmittler (BGHZ 36, 30: Idealheim-Fall; BGH WM 1959, 926; BGHZ 40, 272). Ähnl scheitert die Kondiktion eines Großhändlers, der die vom Einzelhändler bei ihm im Namen des Kunden bestellte Ware direkt an diesen ausliefert, wobei der Kunde meint, er erhalte durch den Grossisten als Leistungsmittler die Leistung seines Vertragspartners (abgekürzte Lieferung; s BGHZ 58, 184; 72, 246; BGH NJW 1974, 1132; Staudinger/*Lorenz* Rn 61; RGRK/*Heimann-Trosien* Rn 170). Der Gläubiger einer Leistung, der das ihm geschuldete Geld durch Banküberweisung erhält, wobei aber die Bank den an sich rechtzeitigen Widerruf der Überweisung übersehen hatte, und der auch von den Zahlungsschwierigkeiten seines Schuldners keine Kenntnis hatte, durfte die Zahlung als Leistung seines Schuldners ansehen (BGHZ 61, 289; 87, 246; ähnl bei Einlösung eines gesperrten Schecks BGHZ 87, 393). Bei bargeldloser Zahlung auf eine zur Sicherheit an eine Bank abgetretene Forderung ist aus der Sicht der Bank nicht sie, sondern der Zedent Leistungsempfänger und damit ggf Bereicherungsschuldner (Hamm WM 2001, 1064), auch wenn Leistender eine Bank ist, die vom Zedenten aus einer Bürgschaft in Anspruch genommen wurde. Der BGH hält an der Maßgeblichkeit des Empfängerhorizonts trotz der Angriffe im Schrifttum fest (WM 1984, 423 beim Dauerauftrag; BGHZ 98, 601 bei Unklarheit, ob der eine fremde Schuld Begleichende dies als Dritter gem § 267 oder als Bürge tat; BGHZ 105, 365, 369; 122, 46, 50; BGH NJW 1993, 1578, 1999, 1393f, NJW-RR 2002, 1176f; zur Zahlung auf sicherungszedierten Anspruch als solche an den Zedenten zust *Flume* NJW 1991, 2523; *Flume* AcP 199, 21; Jauernig/*Stadler* Rn 46; krit *Kohler* WM 1989, 1629; *Tiedtke* WM 1999, 518). Die Rspr betont aber in diesem Zusammenhang immer wieder, es verbiete sich jede schematische Lösung (BGHZ 50, 227, 229; s auch BGHZ 122, 46, 51; BGH NJW 2004, 1169; krit *Omlor/Spies* JR 2011, 139; *Lieb* ZIP 1982, 1153; *Dörner* NJW 1990, 473, 474 „Bazillus der Rechtsunsicherheit"; *Jakobs* ZIP 1994, 10; anders *Wilhelm* JZ 1994, 585, 590). Aufgegeben scheint diese Formulierung aber für die Zahlungsverkehrs- bzw Anweisungsfälle zu sein, da gerade diese klarer Grundsätze und Regeln bedürfen (Celle OLGRp 2008, 616ff). ZT sind einzelfallbezogene Wertungen notwendig geworden, so zur entgeltlichen Zuwendung aus dem Vermögen eines anderen (BGH NJW 1999, 1393).

15 Die **Lehre** ist der Rspr überwiegend gefolgt (BeckOK/*Wendehorst* Rn 50; Jauernig/*Stadler* Rn 7; NK/*v Sachsen Gessaphe* Rn 19; abl *Picker* NJW 1974, 1709; *Canaris* FS Larenz, 1973, 26f; *Schnauder* NJW 1999, 2841; *Hassold*, 165ff). Teilw wird betont, ein Wechsel der grds theoretischen Ansätze sei um der Praktikabilität willen nicht angebracht (*Medicus/Petersen* BürgR Rn 688). Es geht dabei nicht um eine Präzisierung des Leistungsbegriffs, sondern hauptsächlich um die richtige **Verteilung von Risiken**, die die Insolvenz des zur Herausgabe Verpflichteten betreffen (jeder soll das Risiko der Insolvenz dessen tragen, mit dem er sich als Vertragspartner eingelassen hat, Celle WM 1982, 779), zum anderen um die richtige Abstimmung von Fragen des dinglichen Rechtsübergangs zur Lage der Leistungsbeziehungen, sowie um die Relevanz von Einwendungen des Bereicherungsschuldners aus den mit ihm bestehenden schuldrechtl Grundverhältnissen. Es kann auch erheblich sein, dass mit einem von mehreren mit der Zuwendung verfolgten Zwecken für den Empfänger erkennbar ein besonderes Interesse verbunden war (so zur Verfolgung mehrerer Zwecke bei Zahlung des Drittschuldners an den vermeintlich vorrangigen Pfändungspfandgläubiger BGH NJW 1982, 174; dazu *Seibert* JuS 1983, 591, 593).

15a Die **Maßgeblichkeit des Empfängerhorizonts** gilt **nicht**, wenn die betreffende Erklärung gefälscht war oder von einem Geschäftsunfähigen ausging. Auch wenn der störende Umstand, wie etwa das Auftreten eines Mittlers mit Anscheinsvollmacht des Empfängers, dem letzteren zuzurechnen ist, gilt die Erklärung so, wie sie gemeint war (*Wieling* JZ 1967, 292). Geht man darüber hinaus und überlässt den Schutz des Empfängers allein dem § 818 III, müsste generell gefolgert werden, dass der Empfänger eine an den Mittler erbrachte Gegenleistung abziehen kann, obwohl es sich um eine Einwendung aus den Rechtsbeziehungen zu einem anderen als dem Partner des Leistungsverhältnisses handelt. Das geht ggü bewusst flexibel gehaltenen und umfassenden, die Zwecke aller Beteiligten bedenkenden Lösungen, wie sie die Rspr anstrebt (BGH WM 1978, 1054), zu weit. § 818 III hilft dem Empfänger nur, wenn er an seinen Vertragspartner schon geleistet hat. Dagegen lässt sich kaum zweifelsfrei begründen, ob eine Bezahlung ggü dem tatsächlich Zuwendenden dem Vertragspartner des Empfängers entgegengehalten werden kann (*Baur/Wolf* JuS 1966, 396). Ein weiterer Einwand geht dahin, die auf der Ebene des Schuldrechts gefundene Lösung zwinge im Bereich der dinglichen Vollzugsgeschäfte zu fragwürdigen Konstruktionen (so im Fall BGH NJW 1974, 1132) bzw zu einer gewagten Ausdehnung des Gutglaubenserwerbs bei Verfügung durch eine Geheißperson (*Weitnauer* NJW 1974, 1733). Das lässt sich durch eine Trennung des Verfügungsgeschäfts und des in ihm enthaltenen Minimalkonsenses von der Bestimmung des Zwecks der Übereignung bewältigen (s aber *Wieling* JZ 1967, 292). Die Maßgeblichkeit des Empfängerhorizonts wirft die Frage nach dem Verhältnis zur Nichtleistungskondiktion auf (LG Hamburg NJW 1983, 287). Das schließt nicht aus, dass besondere, atypische Zwecksetzungen berücksichtigt werden können. So ist bei der Leistung auf fremde Schuld der vom Leistenden erklärte Zweck, Zwangsvollstreckung gegen den Schuldner zu verhindern, iSd § 812 I 2 Alt 2 erheblich (Hamm NJW 1971, 1810). Auch muss die Verwahrung des Leistungsempfängers gegen eine Zweckbestimmung des Zuwendenden berücksichtigt werden (BGHZ 72, 246; insoweit zust *Canaris* WM 1980, 370; abl *Weitnauer* NJW 1979, 2008). Zur Verfehlung mehrerer möglicherweise kollidierender Zwecke Rn 26, 51.

16 **IV. Bereicherungsausgleich im Dreipersonenverhältnis. 1. Grundsätze.** Bei der Leistungskondiktion werden die Beteiligten durch die Lage der **Zweckbeziehungen** bestimmt. Dieses Merkmal tritt insb beim Bereicherungsausgleich im Dreipersonenverhältnis an die Stelle der Unmöglichkeit der Vermögensverschiebung. Eine Kondiktion findet, ohne Rücksicht auf den Ablauf der tatsächlichen Zuwendung, grds nur in dem Verhältnis statt, in dem geleistet worden ist (*Jahn* Bereicherungsausgleich, 2015, 67ff). Das gilt insb dann, wenn die Vermögensverfügung eines Leistungsmittlers (Übereignung der Ware bei der „abgekürzten" Lieferung, Auszahlung der Valuta

beim Scheck, Ausführung eines Überweisungsauftrags, Einbau von Baumaterial durch den Bauhandwerker aufgrund Vertrags mit dem zur schlüsselfertigen Herstellung verpflichteten Unternehmer) auf mehrere Rechtsgrundverhältnisse bezogen ist und somit in mehrfacher Hinsicht Leistung ist: Bei der Honorierung eines Schecks, ähnl bei der Banküberweisung, leistet die Bank an den Aussteller und erhält den Gegenwert durch eine Lastschrift auf seinem Konto. Der Aussteller bzw Auftraggeber leistet an den Begünstigten. Beim Einbau von Baumaterial ohne direkte Beziehungen des Einbauenden zum Bauherrn leistet der erstere an den Unternehmer, dieser an den Bauherrn. Der Grund für die **Zurechnung der Handlung des Leistungsmittlers** liegt in der Einigung über den mit der Anweisung verfolgten Zweck (PWW/*Prütting* Rn 26; Karlsruhe 9.4.2015 – 12 U 17/14, juris Rn 54), nicht in der – als allg Erfordernis heute aufgegebenen – Unmittelbarkeit der Vermögensverschiebung. Kondiziert wird dann nur in dem Verhältnis, in dem eine Leistung ihren Zweck verfehlt hat und infolgedessen rechtsgrundlos iSd § 812 I ist (für die Anweisung im weitesten Sinne *Pinger* AcP 179, 301, 309f; *Lorenz* JuS 2003, 729, 730f). I Erg führen Mängel im **Deckungsverhältnis** zw dem anweisenden Schuldner und dem zuwendenden Leistungsmittler zu einer Kondiktion zw diesen Parteien. Fehler des **Valutaverhältnisses** zw dem anweisenden Schuldner und dem drittbegünstigten Zuwendungsempfänger werden allein hier abgewickelt. Kein Bereicherungsanspruch kann mangels Leistungsbeziehungen dem zuwendenden Leistungsmittler gegen den Drittbegünstigten zustehen, auch nicht wegen einer Bereicherung „in sonstiger Weise" (BGHZ 87, 393, 395; 88, 332, 234; 89, 376, 378; *St. Lorenz* JuS 2003, 729, 731; *Kümpel* WM 2001, 2273ff).

Die **Wertungsgrundlagen** der hM lassen sich wie folgt umschreiben (*Wilburg*, 112ff; *v Caemmerer* FS Rabel, 1954, 350; *Baur/Wolf* JuS 1966, 394; BeckOK/*Wendehorst* Rn 7; mit teilw anderer Zielrichtung *Canaris* FS Larenz, 1973, 802): Die Kondiktion ausschließlich im Leistungsverhältnis soll den Parteien die Einwendungen aus dem Rechtsgrundverhältnis erhalten, sie aber auch darauf beschränken. Denn die Leistungskondiktion ist grds Rückabwicklung fehlgeschlagener Rechtsgrundbeziehungen. Das bedeutet auch, jeden Partner vor den Einwendungen zu schützen, die sich aus den Beziehungen seines Kontrahenten zu Dritten ergeben. Insofern betont der BGH zu Recht, dass sich jede schematische Lösung verbietet (zB BGH NJW 1990, 3194, 3195; 2012, 2034; NJW-RR 2011, 211). Insb spielen die Gesichtspunkte des **Vertrauensschutzes** und der **Risikoverteilung** eine Rolle (BGH NJW 2015, 229, 231; 2018, 1079 Rn 18; Hamm NJW-RR 2018, 1048 Rn 36). Eine der Gefahren, die auf diese Weise richtig verteilt werden soll, ist die Insolvenz des Empfängers rechtsgrundloser Leistungen (Rn 15). Die genannten Zurechnungsgedanken sind aber wertender und abwägender Diskussion zugänglich und können nicht zur regelbildenden Systemgrundlage erhoben werden. Eine ähnl Kombination von Argumentation aus dem Leistungsbegriff und aus Erwägungen zur Risikoverteilung und zum Vertrauensschutz verfolgt auch die Rspr (BGHZ 122, 46). Diese Erwägungen gelten aber auch in Bezug auf eine Nichtleistungskondiktion (BGH NJW 2015, 229 Rn 22). Die Rückabwicklung **„im Dreieck"** ist daher der Regelfall, wobei ein **„Durchgriff"** insb unter Berücksichtigung des Vertrauensschutzes und der Risikoverteilung in Betracht kommen kann (BGH ZEV 2015, 231 Rn 4; NJW 2012, 2034 Rn 46). Dabei kommt es auch darauf an, ob dem Bereicherungsschuldner bei einem „Durchgriff" Gegenrechte genommen würden. 17

Die genannten Regeln zur Rückabwicklung von Leistungen im Dreipersonenverhältnis gelten nicht, wenn auf Seiten des Leistenden oder des Leistungsempfängers wirksame **Stellvertretung** stattfindet. Hier handelt es sich nicht um ein Dreiecksverhältnis (BGH NJW 2012, 3366ff Rn 23: Schenkkreis). Insoweit hat schon die ältere Rspr eine Kondiktion nur zw dem Vertretenen und dem Erklärungsempfänger zugelassen (RGZ 60, 287; Hamburg MDR 1982, 670). Nach neuerem Verständnis bleibt das Ergebnis dasselbe, weil der bevollmächtigte Vertreter Zweck- und damit Leistungsbeziehungen nur zw dem Vertretenen und dem Gegner schafft (BeckOK/*Wendehorst* Rn 166f). Anders demgemäß beim Boten, der eine Sache dem falschen Empfänger überbracht hat sowie auch bei Zwischenschaltung eines Kommissionärs, Treuhänders (BGH NJW 1961, 1461; LG Hamburg WE 2000, 277) oder Strohmanns (BGH WM 1962, 1174). Hat der Vertreter keine Vertretungsmacht, schließt dies eine Leistung ausschließlich an den Vertretenen nicht aus, sodass die Leistungskondiktion gegen den Empfänger neben dem **Anspruch aus § 179** gegen den falsus procurator steht (RG JW 1919, 715; *v Caemmerer* FS Rabel, 1954, 373). Voraussetzung ist allerdings, dass trotz der unbefugten Vertretung die Zuwendung des Dritten als Leistung an den Vertretenen angesehen werden kann, was nur zutrifft, wenn mit der Rspr auf den Empfängerhorizont abgestellt wird. Richtig ist jedenfalls, dass die bloße Existenz des Anspruchs aus § 179 oder seine nachträgl Geltendmachung die Zuwendung nicht automatisch zu der eines Leistungsmittlers oder zur Erfüllung einer Drittschuld macht (*Berg* JuS 1964, 140). Wird mit der hL eine Kondiktion gegen den unbefugt Vertretenen angenommen, stellt sich die Frage, ob der Empfänger die an den „Vertreter" erbrachten Leistungen gem § 818 III in Anrechnung bringen kann (s § 818 Rn 40). Bei der mittelbaren Stellvertretung bzw der Übereignung an den, den es angeht, liegt idR eine Leistung nur an den Mittelsmann vor, sodass eine Rückabwicklung allein in diesem Verhältnis stattfindet (Soergel/*Schmidt-Kessel/Hadding* Rn 238; RGRK/*Heimann-Trosien* Rn 24). Damit stellt sich aber das Problem, ob nicht wegen der regelmäßigen Weitergabe des Bereicherungsgegenstands an den mittelbar Vertretenen ein Anspruch gegen diesen nötig ist. Er liefe auf die Zulassung der Versionsklage hinaus (*Reuter/Martinek*, 180f) und ist allenfalls über eine Analogie zu § 822 zu begründen. Ist ein zur Erfüllung einer Forderung vom Schuldner auf das Konto eines Dritten ausgestellter Scheck eingelöst worden, so hat der Kontoinhaber keinen Bereicherungsanspruch gegen den Empfänger, wenn dieser glauben konnte, der Schuldner sei berechtigt, die Leistung durch den Kontoinhaber zu erbringen (Koblenz MDR 1989, 979). 18

2. Anweisungsfälle. a) Allgemeines. In den sog Anweisungsfällen übermittelt der Angewiesene auf Veranlassung des Anweisenden einen körperlichen (zB Geldbetrag, Sache) oder einen unkörperlichen Gegenstand (zB 19 im bargeldlosen Zahlungsverkehr) an den Anweisungsempfänger. Die Anweisungsfälle sind damit dadurch gekennzeichnet, „dass bei ordnungsgemäßem Verlauf der Dinge infolge einer Anweisung durch eine einzige Zuwendung zwei Verpflichtungen erfüllt werden sollen, einmal die Verpflichtung des Zuwendenden ggü dem Anweisenden im Deckungsverhältnis, zum anderen die Verpflichtung des Anweisenden ggü dem Zuwendungsempfänger im Valutaverhältnis" (BGH BKR 2021, 516 Rn 26). Es müssen also zwei Leistungsbeziehungen vorliegen (BGH BKR 2021, 516 Rn 26, wo nur eine Leistungsbeziehung festgestellt werden konnte). Erfasst ist die Anweisung iSd § 783 sowie jede Lieferungs- und Zahlungsanweisung an einen Dritten (PWW/*Prütting* Rn 86; PWW/*Buck-Heeb* § 783 Rn 1). Der Angewiesene überbringt als Erklärungsbote mit der Zuwendung eine **Zweckbestimmung** des Anweisenden, auf das Kausalverhältnis zw ihm und dem Anweisungsempfänger (Valutaverhältnis) leisten zu wollen (MüKo/*Schwab* Rn 78) oder gibt als dessen Stellvertreter eine entspr eigene Zweckbestimmung im Namen des Anweisenden ggü dem Anweisungsempfänger ab (BGH WM 2014, 21 Rn 21; *Dieckmann* WM 2015, 14, 19f). Der häufig verwendete Begriff der Tilgungsbestimmung ist zu eng, da die Anweisung nicht nur zur Erfüllung einer Verbindlichkeit dienen kann, sondern mit ihr auch andere Leistungszwecke verfolgt werden können (*Schnauder* JZ 2009, 1092). Der Ausdruck „Zweckbestimmung" steht daher im Bereicherungsrecht für die übereinstimmende Vorstellung des Zuwendenden und des Zuwendungsempfängers über die Zweckrichtung der Vermögensverschiebung (BGHZ 58, 184, 188; *Schnauder* JZ 2009, 1092, 1098ff: „Zweckvereinbarung"). Die tatsächliche Zuwendung des Angewiesenen an den Anweisungsempfänger ist bereicherungsrechtl eine Leistung des Angewiesenen an den Anweisenden (Deckungsverhältnis) und eine Leistung des Anweisenden an den Anweisungsempfänger (Valutaverhältnis; st Rspr BGHZ 111, 382, 385; 147, 269, 273; 176, 234, 236f; s auch Soergel/*Schmidt-Kessel/Hadding* Rn 161: „Simultanleistung"; *Winkelhaus* Der Bereicherungsausgleich bei fehlerhafter Überweisung nach Umsetzung des neuen Zahlungsdiensterechts, 2012, 103). Für eine bereicherungsrechtl Rückabwicklung ist entscheidend, dass der Anweisende gedanklich den Leistungsgegenstand zunächst selbst vom Angewiesenen erlangt und ihn an den Anweisungsempfänger weitergeleitet hat (MüKo/*Schwab* Rn 70ff).

20 **b) Wirksame Anweisung.** Bei der bereicherungsrechtl Rückabwicklung ist zw einer wirksamen und einer unwirksamen bzw fehlenden Anweisung zu unterscheiden (s Celle OLGRp 2008, 616ff). Liegt eine wirksame Anweisung vor, erfolgt bei Mängeln im Deckungs- und/oder Valutaverhältnis ein Bereicherungsausgleich innerhalb des jeweiligen fehlerhaften Leistungsverhältnisses. Eine Direktkondiktion des Angewiesenen gegen den Anweisungsempfänger scheidet wegen des Vorrangs der Leistungsbeziehungen aus (BGHZ 152, 307, 311; 176, 234, 236f; Rostock ZIP 2006, 1812). Kein Beteiligter soll dem Insolvenzrisiko und Einwendungen aus einem fremden Schuldverhältnis ausgesetzt sein, zugleich muss es jedem möglich sein, Einwendungen seinem Vertragspartner ggü geltend zu machen (BGHZ 176, 234, 237; MüKo/*Schwab* Rn 79; Soergel/*Schmidt-Kessel/Hadding* Rn 144; PWW/*Prütting* Rn 90). Daher kann der Angewiesene bei Fehlerhaftigkeit von Deckungs- und Valutaverhältnis (sog **Doppelmangel**) auch nicht die Abtretung des Bereicherungsanspruchs des Anweisenden gegen den Anweisungsempfänger verlangen. Eine sog **Kondiktion der Kondiktion** findet nicht statt (MüKo/*Schwab* Rn 64ff, 73ff; Staudinger/*Lorenz* Rn 55; aM Grü/*Sprau* Rn 67; s auch Rn 37ff ua zur Begründung). Aus bereicherungsrechtl Sicht hat der Anweisende den Leistungsgegenstand selbst und nicht nur Schuldbefreiung im Valutaverhältnis zum Anweisungsempfänger erlangt. Er ist deshalb bei Mängeln im Deckungs- und/oder Valutaverhältnis zur Herausgabe des Leistungsgegenstands bzw zum Wertersatz nach § 818 II verpflichtet (MüKo/*Schwab* Rn 77; PWW/*Prütting* Rn 90).

20a Diese Grundsätze gelten auch in der **Insolvenz.** So besteht ein Bereicherungsanspruch der Masse gegen den Überweisungsempfänger, wenn der Schuldner einen ggü der Bank wirksamen Überweisungsauftrag erteilt hat (BGH WM 2014, 21 Rn 11). Die im Überweisungsauftrag liegende Anweisung ist aber nur ggü der Bank im Deckungsverhältnis wirksam, wenn die Verwaltungsbefugnis noch nicht auf den (vorläufigen) Insolvenzverwalter übergegangen ist. Bedarf der Schuldner lediglich dessen Zustimmung zu Verfügungen, ist er nicht in der Fähigkeit beschränkt, seiner Bank einen wirksamen Überweisungsauftrag zu erteilen (BGH WM 2014, 21, Rn 8). Die Überweisung hat keine Erfüllungswirkung (§ 81 InsO) im Valutaverhältnis zum Zahlungsempfänger, sodass die Leistung ohne Rechtsgrund erfolgt ist.

21 **c) Fehlende oder fehlerhafte Anweisung.** Fehlt eine wirksame Anweisung oder ist die Anweisung fehlerhaft, hat der Angewiesene erfolglos versucht, eine Leistung an den Anweisenden zu erbringen (BGH NJW 2018, 1079 Rn 32). Im Hinblick auf den bankrechtl Zahlungsverkehr kam es für die bereicherungsrechtl Rückabwicklung lange darauf an, ob dem „Anweisenden" die scheinbare Anweisung zuzurechnen ist (zur Rechtslage nach Umsetzung der ZdRL Rn 22e ff). Der Anweisende musste eine Anweisung und damit auch die Zuwendung des Angewiesenen an den Anweisungsempfänger als eigene Leistung gegen sich gelten lassen, wenn aus der Sicht des Anweisungsempfängers der Rechtsschein einer wirksamen Anweisung bestand, der Anweisende diesen Rechtsschein zurechenbar veranlasst hat und der Anweisungsempfänger gutgläubig war (BGHZ 176, 234, 237ff; BGH NJW 2001, 1855, 1856; 2003, 582, 583; s auch *Reuter/Martinek*, 101; MüKo/*Schwab* Rn 133). Maßstab für die Gutgläubigkeit des Anweisungsempfängers ist § 276, sodass bereits fahrlässige Unkenntnis schadet (MüKo/*Schwab* Rn 137; Staudinger/*Lorenz* Rn 51; PWW/*Prütting* Rn 96; *Hadding* FS Kümpel, 2003, 167, 181f; i Erg auch BGHZ 176, 234, 242 Rn 25). Hat der Anweisende den Rechtsschein einer wirksamen Anweisung nicht zurechenbar veranlasst, ist die Frage der Gutgläubigkeit des Anweisungsempfängers ohne Bedeutung (st Rspr BGHZ 147, 145, 151; 152, 307, 311f; 158, 1, 5).

21a Mit der Rspr und dem Schrifttum ist zw der fehlenden und der fehlerhaften Anweisung zu differenzieren. Während bei einer **fehlenden Anweisung** idR ein Rechtsschein oder zumindest eine zurechenbare Veranlassung durch den Anweisenden zu verneinen ist (BGH NJW-RR 2010, 858; Stuttgart 15.6.2021 – 6 U 656/20, juris [Doppelmangel wegen Anfechtung]), hat der Anweisende im Fall einer fehlerhaften Anweisung zumeist den Rechtsschein einer Anweisung zurechenbar gesetzt. In die Fallgruppe der fehlenden Anweisung gehören die Einlösung eines vom Aussteller **nicht unterschriebenen Schecks** (BGHZ 66, 362; 147, 145: nicht allein Vertretungsberechtigter unterschreibt), die versehentliche **Doppelüberweisung** (BGHZ 72, 9; BGH NJW 2011, 66; Hamburg NJW 1983, 1499; Frankfurt MDR 2003, 641; Hamm ZIP 2003, 662; Frankfurt 9.9.2009 – 9 U 20/08; für eine Online-Überweisung AG Ratzeburg WM 2008, 2375; aA *Müller* WM 2010, 1293, 1304, wonach der Anweisende analog § 120 das Übermittlungsrisiko trägt) sowie die **gefälschte Anweisung** (BGH NJW 1994, 2357; BGHZ 152, 307; *Schnauder* ZIP 1994, 1069; *Langenbucher* FS Heldrich, 2005, 285, 291f; *Würdinger* JuS 2007, 418, 420). Auch eine **betrügerisch** vorgetäuschte Anweisungslage erlaubt es nicht, die Leistung des scheinbar Angewiesenen dem scheinbar Anweisenden zuzurechnen (Köln BKR 2002, 474; LG Frankfurt (Oder) KKZ 2001, 108; LG Detmold KKZ 2001, 283; Karlsruhe KKZ 2002, 13). Ebenso zählt hierzu der Fall, dass ein Vertreter ohne Vertretungsmacht die Anweisung erteilt hat (BGHZ 147, 145; BGH NJW 2015, 1948; Düsseldorf WM 1993, 1327; Düsseldorf ZIP 2003, 897; MüKo/*Schwab* Rn 100; aM Nürnberg WM 1999, 2357). Ein Fall des Vertreters ohne Vertretungsmacht und nicht der einer widerrufenen Anweisung liegt selbst dann vor, wenn der Kontoinhaber die Kontovollmacht des Vertreters widerrufen hat, bevor der Vertreter die Anweisung erteilt hat (BGHZ 205, 334 Rn 20). War der Anweisende bei Erteilung der Anweisung **geschäftsunfähig**, fehlt es nicht nur an einer wirksamen Anweisung (BGHZ 111, 382; *Hadding* FS Kümpel, 2003, 167, 178f; Staudinger/*Lorenz* Rn 51), dem Geschäftsunfähigen ist selbst der Rechtsschein einer Anweisung nicht zuzurechnen (BGHZ 111, 382, 386; s aber Stuttgart NJW-RR 2002, 1580). Nicht hierher gehört der Fall, dass über das Vermögen des Schuldners das Insolvenzverfahren eröffnet ist und er einem Zustimmungsvorbehalt durch den (vorläufigen) Insolvenzverwalter unterliegt. Auch wenn der Schuldner dadurch seine Verfügungsbefugnis verliert (§ 81 InsO), kann er seine Bank wirksam anweisen, einen Geldbetrag an einen Dritten zu überweisen. Eine Leistung des Schuldners an den Dritten iSd § 812 I 1 Alt 1 liegt dann vor; es fehlt lediglich der Rechtsgrund (BGH NJW 2014, 547 Rn 21). Eine Direktkondiktion der Bank scheidet also aus.

Der scheinbar Anweisende ist in diesen Fällen aus dem Bereicherungsausgleich herauszuhalten, sodass eine Direktkondiktion zw dem „Angewiesenen" und dem Dritten erfolgt, es sei denn, der Anweisende hat auch hier zurechenbar den Rechtsschein einer Anweisung gesetzt und der Anweisungsempfänger auf diesen gutgläubig vertraut (BGH BKR 2021, 516 Rn 23; WM 2020, 2287 Rn 25f). Eine Direktkondiktion nach § 812 I 1 Alt 2 besteht unabhängig davon, ob der Zuwendungsempfänger das Fehlen der wirksamen Anweisung bei der Zuwendung kannte oder nicht (BGH BKR 2021, 516 Rn 23; BGHZ 205, 377 Rn 18). Die Verjährung eines solchen Direktanspruchs beginnt dabei erst, wenn der „Angewiesene" nicht nur von der rechtsgrundlosen Zuwendung weiß oder ihn insoweit der Vorwurf der grob fahrlässigen Unkenntnis trifft (§ 199 I Nr 2), sondern auch die Umstände kennt oder kennen musste, aus denen sich ergibt, dass seine Zahlung an den Dritten nicht kraft Rechtsscheins dem „Anweisenden" als Leistung zuzurechnen ist (BGH NJW 2015, 1948 Rn 19).

Bei einer Überweisung an den **falschen Empfänger** ist wiederum zu unterscheiden: Hat der Kunde im beleg- 22
gebundenen Zahlungsverkehr auf dem Überweisungsträger den richtigen Empfänger samt Kontonummer bestimmt und übermittelt die Bank dennoch den Betrag auf das falsche Konto, liegt keine Anweisung vor. Die Bank kann direkt vom Dritten kondizieren (BGHZ 66, 372, 375; BGH NJW 2005, 3212, 3214). Anders, wenn der Kunde den falschen Empfänger bezeichnet. Dem Kunden ist die Fehlüberweisung zuzurechnen, sodass dieser den Betrag vom Dritten zurückfordern muss (MüKo/*Schwab* Rn 107). Ist auf der Überweisung zwar der richtige Empfänger eingetragen, aber die Kontonummer falsch, war die Bank jedenfalls bis zur Umsetzung der ZdRL (Rn 22b) grds verpflichtet, das Auseinanderfallen von Empfängername und Kontonummer aufzuklären oder den Überweisungsauftrag nicht auszuführen (*Pauli* NJW 2008, 2229, 2230; BGH NJW 2003, 1389; Düsseldorf NJOZ 2004, 2937). Im Zweifel hat die Empfängerbezeichnung Vorrang vor der Kontonummer (BGHZ 68, 266, 268; BGH WM 1968, 1368; 1972, 308; NJW 1987, 1825, 1826; WM 2003, 430, 432). Unterlässt die Bank einen Kontonummer-Namensvergleich und überweist sie daher an den falschen Empfänger, ist dem Kunden die Leistung nicht zuzurechnen. Die Bank muss den Betrag direkt vom Empfänger zurückfordern.

Im **beleglosen Zahlungsverkehr** erfolgt die Identifizierung des Empfängers ausschließlich über Kontonummer 22a
und Bankleitzahl, ein Kontonummer-Namensvergleich findet nicht statt. Bei der Angabe einer falschen Kontonummer oder Bankleitzahl durch den Kunden hat dieser die Fehlüberweisung zu verantworten, sodass eine Leistung des Kunden an den Dritten vorliegt. Dies gilt jedenfalls, wenn der Überweisende Unternehmer ist (BGH WM 2006, 28, 29; Dresden WM 2007, 1023). Bei der Überweisung am Selbstbedienungsterminal oder im Online-Banking ist die Bank ebenso zu einem Kontonummer-Namensvergleich verpflichtet wie im beleggebundenen Verfahren (anders AG München NJW 2008, 2275).

Nach **Umsetzung der ZdRL** ist die Bank gem § 675r seit 31.10.2009 berechtigt, Überweisungen nur noch an- 22b
hand einer Kundenkennung vorzunehmen. Nach § 675r II handelt es sich bei der Kundenkennung um eine Abfolge aus Buchstaben, Zahlen oder Symbolen, die der Zahlungsdienstleister (Bank) dem Zahlungsdienstnutzer (Kunde) mitgeteilt hat. Als Kundenkennung kommen insb die IBAN (International Bank Account Number) oder eine Kombination aus Kontonummer und Bankleitzahl in Betracht (*Rühl* DStR 2009, 2256, 2258; *Pauli* NJW 2008, 2229, 2231; krit zur Kombination aus Kontonummer und Bankleitzahl Grü/*Grüneberg* § 675r Rn 2). Die Bank ist danach nicht mehr zum Abgleich von Kontonummer bzw Kundenkennung und Empfängername verpflichtet (BT-Drs 16/11643, 110; *Derleder* NJW 2009, 3195, 3196f; Dresden 4.1.2021 – 4 U 2054/20, juris Rn 4

[weder verpflichtet noch berechtigt]; anders bei erkannter Divergenz Schleswig 27.1.2012 – 5 U 4/12). Selbst wenn der Kunde noch weitere Angaben gemacht haben sollte (zB Bezeichnung des Empfängers im Überweisungsauftrag), aus denen die Bank hätte erkennen können, dass der Kunde einen Fehler in der Angabe der Kundenkennung gemacht hat, darf sich die Bank vollständig auf die Ausführung nach der angegebenen Kundenkennung beschränken (Art 74 III ZdRL). Diese Regelung gilt für Unternehmen und Verbraucher (*Derleder* NJW 2009, 3195, 3196f). Gibt der Kunde eine falsche Kundenkennung an, hat er die Fehlüberweisung zurechenbar veranlasst. Er kann ausschließlich vom Dritten den Überweisungsbetrag kondizieren (vgl Dresden 4.1.2021 – 4 U 2054/20, juris Rn 5). Gem § 675y V 2 ist die Bank des Kunden verpflichtet, sich im Rahmen ihrer Möglichkeiten um die Wiedererlangung des Zahlungsbetrags zu bemühen, zB die Empfängerbank zwecks Stornierung unverzüglich über die Fehlüberweisung zu benachrichtigen, ggf den tatsächlichen Empfänger zu ermitteln und diesen um Rücküberweisung zu ersuchen (BT-Drs 16/11643, 117). Der Kunde kann hierüber Auskunft von seiner Bank verlangen (*Meckel* jurisPR-BKR 1/2010 Anm 1: §§ 675c I, 666; Grü/*Grüneberg* § 675y Rn 16: § 675y V). Eine wirksame Anweisung ist allerdings auch bei Verwendung einer Kundenkennung zu verneinen, wenn die Bank positiv weiß, dass die angegebene Kundenkennung fehlerhaft ist oder Empfängername und Kundenkennung auseinanderfallen (Grü/*Grüneberg* § 675r Rn 8; s auch Schleswig 27.1.2012 – 5 U 4/12). Führt die Bank den Überweisungsauftrag dennoch aus, muss sie den Zahlungsbetrag unmittelbar vom Empfänger herausverlangen.

22c Bei **versehentlicher Zuvielüberweisung** durch die Bank ist str, ob dem Anweisenden der Fehler der Bank zuzurechnen ist. Nach hA reichte es lange Zeit für die Zurechenbarkeit des Scheins einer wirksamen Anweisung aus, dass der Anweisende den Zahlungsvorgang lediglich veranlasst hat (BGHZ 176, 234; Köln OLGRp 2001, 387; vgl *Buck-Heeb* BGHRp 2008, 802; aA *Langenbucher* FS Heldrich, 2005, 285, 294f; krit auch *Lieb* FS 50 Jahre BGH, 2000, 547, 552ff; *v Olshausen* JR 2009, 280ff; s auch *Müller* WM 2010, 1293, 1302ff, wonach der Anweisende analog § 120 das Übermittlungsrisiko trägt). Der Fehler der Bank fällt damit in den Verantwortungsbereich des Anweisenden. Eine Direktkondiktion der Bank gegen den Anweisungsempfänger scheidet aus. Der Anweisende hat den zu viel gezahlten Betrag vom Anweisungsempfänger zurückzufordern. Etwas anderes gilt nur, wenn der Empfänger nicht gutgläubig war und bei Anwendung der im Verkehr erforderlichen Sorgfalt den Fehler der Bank hätte erkennen können (so i Erg BGH WM 1986, 1381 für die Überweisung des zehnfachen Betrags der angewiesenen Summe). Nach aA fehlt es für den Mehrbetrag von vornherein an einer wirksamen Anweisung. Die Bank kann das zu viel Überwiesene direkt vom Empfänger aus Nichtleistungskondiktion herausverlangen (MüKo/*Schwab* Rn 103; Staudinger/*Lorenz* Rn 51; *Canaris* WM 1980, 354; *Canaris* JZ 1987, 201, 202f; *Langenbucher* FS Heldrich, 2005, 285, 294; *Schnauder* JZ 2009, 1092, 1101f). Wenn der Kunde selbst einen zu hohen Betrag auf dem Überweisungsträger eingetragen und dadurch die Zuvielüberweisung allein veranlasst hat, liegt eine wirksame Anweisung vor (MüKo/*Schwab* Rn 104). Da es für den überzahlten Betrag im Valutaverhältnis zum Anweisungsempfänger an einem Rechtsgrund mangelt, ist dieser dem Anweisenden ggü zur Rückzahlung verpflichtet. Eine Direktkondiktion der Bank scheidet damit an sich aus. Nach **Umsetzung der ZdRL** muss sich der Zahler („Anweisende") zumindest im Zahlungsverkehrsrecht eine Zuvielüberweisung durch die Bank („Angewiesene") an den Zahlungsempfänger nicht mehr als Leistung zurechnen lassen, sodass jetzt die Bank **direkt gegen den Zahlungsempfänger** vorgehen muss (*Kropf* WM 2016, 67, 72; vgl BGHZ 205, 378 Rn 24; s Rn 22f). Nach einer aA (*Looschelders* Schuldrecht BT, § 40 Rn 10, § 57 Rn 14f) hat die Bank zwar wegen § 675u keinen Aufwendungsersatzanspruch gegen den Kunden, darf das Konto des Kunden also nicht um den zuviel gezahlten Betrag belasten, das soll aber einen Bereicherungsanspruch der Bank gegen den Kunden nicht ausschließen. Der Kunde müsse sich in Übereinstimmung mit der bisherigen Rspr die Zuvielzahlung als eigene zurechnen lassen und sei daher durch die Zuwendung der Bank an den Empfänger bereichert, sodass der Kunde einen Anspruch gegen den Empfänger auf Herausgabe des zuviel Gezahlten habe (§ 812 I 1 Alt 1). Diesen Bereicherungsanspruch könne die Bank ihrerseits vom Kunden kondizieren (§ 812 I 1 Alt 2) und auf diesem Weg gegen den Empfänger vorgehen. Der Vorteil dieser Lösung ggü einer Direktkondiktion der Bank gegen den Empfänger besteht darin, dass der Empfänger seine Einwendungen aus dem Verhältnis zum Kunden gegen die Bank geltend machen kann, was ihm bei einer Direktkondiktion verwehrt wäre. Diese Lösung dient damit dem Schutz des gutgläubigen Empfängers.

22d Die **nachträgl Unwirksamkeit** einer Anweisung, insb der **Widerruf**, gehört in die Fallgruppe der fehlerhaften Anweisung. Hat der Kunde rechtzeitig vor Ausführung der Überweisung diese widerrufen oder den Dauerauftrag gekündigt und führt die Bank dennoch die nicht mehr bestehende Anweisung aus, ist zu überlegen, ob dem scheinbar Anweisenden die Zuwendung der Bank an den Dritten zuzurechnen ist. Der **BGH** und ein Teil des Schrifttums nehmen in diesen Fällen an, dass der „Anweisende" zurechenbar den Rechtsschein einer Anweisung gesetzt hat (BGHZ 87, 246, 249f; 89, 376, 380f; 176, 234, 238ff; BGH NJW 2018, 1079 Rn 33; MüKo/*Schwab* Rn 131ff; Soergel/*Schmidt-Kessel*/*Hadding* Rn 202; *Hadding* FS Kümpel, 2003, 167, 180ff). Die Bank hat sich an den „Anweisenden" zu halten, da der Fehler im Deckungsverhältnis wurzelt (BGHZ 176, 234, 238ff auch zur Kritik an seiner Ansicht). Ist der Empfänger gutgläubig, kann der „Anweisende" lediglich bei einem Mangel im Valutaverhältnis den von der Bank gezahlten Betrag zurückfordern (MüKo/*Schwab* Rn 137). Ist dem Empfänger dagegen der Widerruf bekannt, kommt ein unmittelbarer Bereicherungsanspruch der Bank gegen ihn in Betracht (BGHZ 88, 232, 236; BGH WM 1986, 1381, 1382; BGHZ 176, 234ff). Die **aA** bejaht eine Direktkondiktion der Bank gegen den Empfänger (Staudinger/*Lorenz* Rn 51; PWW/*Prütting* Rn 96; BeckOK/*Wendehorst* Rn 206; *v Olshausen* FS Eisenhardt, 2007, 277, 291ff; *Lieb* FS 50 Jahre BGH, 2000, 547, 551ff; *Flume* AcP 199, 1,

6f). Die bloße Veranlassung der Zuwendung durch die ursprünglich erteilte Anweisung reiche nicht aus, um dem scheinbar Anweisenden die Zuwendung des „Angewiesenen" an den „Anweisungsempfänger" zuzurechnen. Hat der „Anweisende" alle zumutbaren Schritte unternommen, um den Rechtsschein einer Anweisung zu beseitigen, soll eine Zurechnung ausscheiden (Staudinger/*Lorenz* Rn 51). Wusste der Empfänger weder von der Anweisung noch von deren Widerruf, soll es gleichfalls an einem Rechtsschein fehlen (PWW/*Prütting* Rn 96; *v Olshausen* FS Eisenhardt, 2007, 277, 291ff; s auch *Flume* AcP 199, 1, 6ff).

Nach Umsetzung der **ZdRL** ist str, ob aufgrund des § 675u bei einer **fehlerhaften, aber zugerechneten Anweisung** (insb widerrufene oder angefochtene Anweisung sowie Zuvielüberweisung) seit dem 31.10.2009 eine Rückabwicklung im Verhältnis zw Angewiesenem (Zahlungsdienstleister) und Anweisendem (Zahlungsdienstnutzer/Zahler) ausscheidet. Nach § 675u S 1 hat der Zahlungsdienstleister bei nicht autorisierter Zahlung keinen Anspruch auf Erstattung seiner Aufwendungen, was nach einer Ansicht auch inhaltsgleiche bereicherungsrechtl Ansprüche des Zahlungsdienstleisters gegen den Zahler einschließen soll (LG Hannover ZIP 2011, 1406; *Belling/Belling* JZ 2010, 708, 710; *Bartels* WM 2010, 1828, 1833; *Winkelhaus* BKR 2010, 441, 448; *Linardatos* BKR 2013, 375, 376; Grü/*Grüneberg* § 675u Rn 3; PWW/*Prütting* Rn 93; Soergel/*Schmidt-Kessel/Hadding* Rn 200; MüKo/*Zetzsche* § 675u Rn 25ff). Die Gegenansicht (AG Hamburg-Harburg BKR 2013, 393, 395; *Looschelders* Schuldrecht BT, § 57 Rn 15; Staudinger/*Omlor* § 675z Rn 6; *Fornasier* AcP 212, 410; *Kiehnle* Jura 2012, 895, 900f; *Rademacher* NJW 2011, 2165; *Köndgen* JuS 2011, 481; *Dieckmann* WM 2015, 14, 16f; *Piekenbrock* WM 2015, 797f) sieht von der ZdRL nur die vertragl Rechte und Pflichten zw Kunde (Zahlungsdienstnutzer/Zahler) und seiner Bank (Zahlungsdienstleister) erfasst, sodass bereicherungsrechtl Ansprüche der Bank gegen ihren Kunden nicht durch § 675u ausgeschlossen seien. Der BGH folgt nunmehr ausdrückl der zuerst genannten Ansicht (BGHZ 205, 378 Rn 24; noch offengelassen in BGHZ 205, 334 Rn 18), sodass bereicherungsrechtl Ansprüche der Bank gegen den vermeintlichen Zahler stets wegen § 675u ausscheiden, wenn der „Zahler" den Zahlungsvorgang nicht autorisiert hat (§ 675j). Die Bank muss stattdessen den Zahlungsbetrag direkt vom Zahlungsempfänger kondizieren (§ 812 I 1 Alt 2). Nicht angeschlossen hat sich der BGH zu Recht einer neueren Ansicht (*Foerster* AcP 213, 405), wonach im Fall einer **nicht autorisierten Zahlung** der Zahler („Anweisender") sowohl einen Anspruch gegen die Bank („Angewiesenen") auf Rückerstattung des überwiesenen Betrags hat (§ 675u S 2) als auch einen Anspruch gegen den Zahlungsempfänger aus **Nichtleistungskondiktion** (§ 812 I 1 Alt 2). Beide sollen demgemäß als Gesamtschuldner ggü dem Zahler haften. Wenn die Bank im Fall einer nicht autorisierten Zahlung an den Zahlungsempfänger zahlt, greift sie aber gerade nicht in das Zahlungskonto des Zahlers ein und bereichert anschließend damit den Zahlungsempfänger (so aber *Foerster* AcP 213, 405, 419f). Rechtl betrachtet zahlt die Bank zunächst aus ihrem Vermögen den Geldbetrag an den Zahlungsempfänger und holt sich erst anschließend als (vermeintlichen) Aufwendungsersatz iSd § 675c I, § 670 das gezahlte Geld vom Zahler zurück (*Dieckmann* WM 2015, 14, 20). Der Zahlungsempfänger ist deshalb im Rechtssinne allein auf Kosten der Bank und nicht des Zahlers bereichert, sodass ein Anspruch des Zahlers gegen den Zahlungsempfänger aus § 812 I 1 Alt 2 ausscheidet (so auch *Langenbucher* in Langenbucher/Bliesener/Spindler, Bankrechts-Kommentar[3] 2020, Kap 4, § 675u Rn 20). Auch wenn die Bank rein tatsächlich den Überweisungsbetrag vorher vom Zahlungskonto abbucht und erst dann an den Zahlungsempfänger überweist, handelt es sich hierbei lediglich um einen vorläufigen Vorgang, da die Kontobelastung bloß ein Vorschuss auf den Erstattungsanspruch der Bank ist, der seinerseits aber erst entsteht, wenn die Bank die Zahlung an den Zahlungsempfänger ausgeführt hat (*Dieckmann* WM 2015, 14, 20). Es bleibt deshalb in diesem Fall dabei, dass die Bank im Rechtssinne auf ihre eigenen Kosten und nicht auf die des Zahlers den Zahlungsempfänger bereichert. 22e

Bei einer **Überweisung** (§§ 675c ff) ist die Bank nach § 675u S 1 nicht berechtigt, das Konto des Kunden mit dem Überweisungsbetrag zu belasten, wenn dieser die Überweisung **nicht autorisiert** hat. Ein Zahlungsvorgang ist nach § 675j I 1 autorisiert, wenn der Zahler dem Zahlungsvorgang zugestimmt hat (Grü/*Grüneberg* § 675j Rn 3: sinngemäße Anwendung der §§ 182, 184; *Belling/Belling* JZ 2010, 708, 710: §§ 104ff, 119ff, 130ff, 164ff anwendbar, da Willenserklärung). Nach § 675j II 1 ist die Zustimmung grds jederzeit frei widerruflich (Grü/*Grüneberg* § 675j Rn 8). Gem § 675p I kann der Kunde (Zahler) seinen Überweisungsauftrag (Zahlungsauftrag) nach dessen Zugang (§ 675n I 1) bei der Bank (Zahlungsdienstleister) grds nicht mehr widerrufen, da mit diesem Zeitpunkt die Ausführungspflicht einsetzt und die kurzen Ausführungsfristen beginnen (§ 675s; *Grundmann* WM 2009, 1109, 1115). Bei einem einzelnen Überweisungsauftrag ist die Zahlung der Bank an den Empfänger daher in der Praxis nahezu stets autorisiert, sodass § 675u S 1 einem Bereicherungsausgleich zw Bank und Kunde nicht entgegenstehen kann. Zur Lage beim Instant Payment (**Echtzeit-Überweisung**) *Dieckmann* BKR 2018, 276ff. Bei Überweisungsaufträgen auf künftige Termine (§ 675p III), insb **Daueraufträgen**, ist dagegen ein Widerruf zumeist unproblematisch fristgerecht vor Ausführung der Überweisung möglich. Wenn der Kunde seinen Überweisungsauftrag noch rechtzeitig vor Ausführung widerrufen oder seinen Dauerauftrag gekündigt hat, die Bank aber trotzdem die nicht mehr bestehende Anweisung ausführt, rechneten der BGH und ein Teil des Schrifttums bislang dem Kunden die Zahlung der Bank an den Empfänger zu (s Rn 22d). Der Bereicherungsausgleich zw Bank, Kunde und Empfänger hatte hiernach innerhalb der jew Leistungsverhältnisse „übers Dreieck" zu erfolgen. Während ein Teil der Rspr und des Schrifttums davon ausgeht, dass das auch nach **Umsetzung der ZdRL** gelten soll (AG Hamburg-Harburg BKR 2013, 393; Staudinger/*Omlor* § 675z Rn 6; *Dieckmann* WM 2015, 14, 17; *Fornasier* AcP 212, 410; *Kiehnle* Jura 2012, 895; *Rademacher* NJW 2011, 2165; *Köndgen* JuS 2011, 481; *Grundmann* WM 2009, 1109, 1117; jedenfalls nicht ausschließend *Looschelders*, Schuldrecht BT, § 57 Rn 14f), sind der BGH und ein anderer Teil des Schrifttums der Ansicht, einer solchen Rückabwicklung 22f stehe nun § 675u S 1 entgegen, sodass die Bank bei rechtzeitigem Widerruf des Überweisungsauftrags oder Kündigung des Dauerauftrags **keinen Erstattungsanspruch** hat, was auch bereicherungsrechtl Ansprüche umfassen soll (BGHZ 205, 378 Rn 24; LG Hannover ZIP 2011, 1406; Soergel/*Schmidt-Kessel/Hadding* Rn 200; PWW/*Prütting* Rn 93; *Belling/Belling* JZ 2010, 708, 710f; *Bartels* WM 2010, 1828, 1833; *Winkelhaus* BKR 2010, 441, 448; Grü/*Grüneberg* § 675u Rn 3; Grü/*Sprau* Rn 107; noch offengelassen in BGHZ 205, 334 Rn 18). Andernfalls werde der Erstattungsanspruch des Zahlers im Fall einer Belastungsbuchung (§ 675u S 2) durch einen gegenläufigen Bereicherungsanspruch der Bank entwertet (*Belling/Belling* JZ 2010, 708, 711). Soweit eine Anweisung den §§ 675c ff unterfällt, kann demnach dem „Anweisenden" (Kunden) der Rechtsschein einer nachträgl unwirksamen Anweisung nicht mehr zugerechnet werden. Mangels Leistung des „Angewiesenen" (Bank) an den scheinbar Anweisenden fehlt es an einer vorrangigen Leistungsbeziehung, sodass der „Angewiesene" die tatsächliche Zuwendung vom Empfänger direkt kondizieren kann (§ 812 I 1 Alt 2; BGH NZG 2021, 239 Rn 23; BGHZ 205, 377 Rn 24). Fehlt eine Anweisung, hat der Angewiesene für die Zuwendung letztendlich eigenes Vermögen eingesetzt (Naumburg 25.3.2020 – 4 U 91/19, juris Rn 38). Da sich der scheinbar Anweisende (Kunde) die tatsächliche Zuwendung der Bank („Angewiesenen") an den „Anweisungsempfänger" nicht zurechnen lassen muss, jener also ausschließlich „in sonstiger Weise" auf Kosten der Bank bereichert ist, hat der Kunde auch nicht die Befreiung von seiner Verbindlichkeit im Valutaverhältnis ggü seinem Gläubiger („Anweisungsempfänger") als etwas iSd § 812 erlangt. Ein Bereicherungsanspruch des „Angewiesenen" (Bank) gegen den scheinbar Anweisenden (Kunde) scheidet auch insoweit aus. Weil auch bei einer (versehentlichen) **Zuvielüberweisung** (s Rn 22c) und nicht nur bei einer widerrufenen Anweisung die erforderliche Autorisierung iSd § 675j fehlt (*Langenbucher* in Langenbucher/Bliesener/Spindler, Bankrechts-Kommentar[3] 2020, Kap 4, § 675j Rn 10), muss sich der Zahler („Anweisende") in Konsequenz aus der neuen Rspr des BGH (BGHZ 205, 378 Rn 24) auch bei einer Zuvielüberweisung nicht mehr die Zahlung der Bank („Angewiesenen") als seine Leistung zurechnen lassen. Die Bank muss sich demnach wie im Fall einer widerrufenen Anweisung nunmehr den Überweisungsbetrag direkt vom Zahlungsempfänger aus Nichtleistungskondiktion (§ 812 I 1 Alt 2) zurückholen (so auch *Kropf* WM 2016, 67, 72; vgl auch Brandenburg NJW-RR 2018, 733 Rn 36).

22g Sofern ein Bereicherungsausgleich weiterhin „übers Dreieck" erfolgen soll (*Grundmann* WM 2009, 1109, 1117; *Fornasier* AcP 212, 410; *Kiehnle* Jura 2012, 895; s auch *Rademacher* NJW 2011, 2169), trägt der „Anweisende" (Zahlungsdienstnutzer/Zahler, Kunde) das Entreicherungs- und Insolvenzrisiko des Empfängers, während bei Ablehnung eines Bereicherungsanspruchs (BGHZ 205, 378, Rn 24; *Belling/Belling* JZ 2010, 708, 710f; PWW/*Prütting* Rn 93; Soergel/*Schmidt-Kessel/Hadding* Rn 200) der Zahlungsdienstleister („Angewiesener") das Risiko trägt. Für Letzteres spricht, dass der Zahlungsdienstleister durch das Ausführen eines nicht autorisierten Zahlungsvorgangs seine Pflichten ggü dem Zahler verletzt hat (*Belling/Belling* JZ 2010, 708, 711) und es für ihn idR technisch einfacher ist, die Zahlung vom Empfänger zurückzufordern. Auch wenn der gutgläubige Empfänger außerhalb des Vertragsverhältnisses zw Kunde und Bank steht, ist jener ausreichend durch § 818 III geschützt (so auch PWW/*Prütting* Rn 93). Selbst nach Ansicht des BGH war die Änderung seiner Rspr nicht aufgrund richtlinienkonformer Auslegung des § 675u geboten (vgl *Looschelders* Schuldrecht BT, § 57 Rn 15; anders *Bartels* WM 2010, 1828, 1833). Auch wenn die ZdRL auf die Schaffung eines harmonisierten Rechtsrahmens für bargeldlose Zahlungen (Art 86 I EGV, BT-Drs 16/11643, 66) zielt, bedeutet das nicht zwingend, dass ein Bereicherungsausgleich „übers Dreieck" bei nachträgl unwirksamen Anweisungen ausgeschlossen ist. Der BGH stützt sich vielmehr auf die Wertungen, die in § 675j und § 675u zum Ausdruck kommen, wonach der vermeintliche Zahler aus der Rückabwicklung herauszuhalten ist, wenn er den Zahlungsvorgang nicht autorisiert hat. Der BGH hat demgemäß seine Rspr-Änderung auf das Zahlungsdienstrecht beschränkt (BGHZ 205, 378 Rn 22: „jedenfalls im Zahlungsverkehrsrecht"). Es bleibt deshalb abzuwarten, ob der BGH in Zukunft einem „Angewiesenen" auch **außerhalb des Anwendungsbereichs der §§ 675c ff** bei einer nachträgl unwirksamen Anweisung (auch Zuvielüberweisung) einen Direktanspruch gegen den „Anweisungsempfänger" zugesteht, dh dem „Anweisenden" also selbst dann der Rechtsschein einer Anweisung nicht zugerechnet wird, wenn der Empfänger gutgläubig ist (vgl auch *Müller* WM 2016, 809, 813). Das wäre angesichts der erheblichen dogmatischen Kritik, auf die die Rspr zu den Anweisungsfällen gestoßen ist (so selbst BGHZ 205, 378 Rn 22), zu befürworten.

22h Bei einer **fehlenden Anweisung**, die dem „Anweisenden" nicht zugerechnet werden kann, ergibt sich durch § 675u keine Änderung (*Grundmann* WM 2009, 1109, 1116f; *Belling/Belling* JZ 2010, 708, 711). Denn schon nach alter Rechtslage konnte die „angewiesene" Bank die Zahlung direkt vom Empfänger gem § 812 I 1 Alt 1 kondizieren (s Rn 21).

23 **d) Factoring.** Die bereicherungsrechtl Rückabwicklung von Factoring-Verträgen als Finanzierungsmittel erfolgt nach den gleichen Grundsätzen wie die sog Anweisungsfälle (Karlsruhe 9.4.2015 – 12 U 17/14, juris Rn 55). Denn durch einen Factoring-Vertrag tritt der Gläubiger wie bei einer Anweisung nicht in die Vertragsbeziehung zw Schuldner und Empfänger ein. Der Bereicherungsausgleich erfolgt daher grds innerhalb der jeweiligen Leistungsbeziehungen.

23a **e) Stornorecht.** Keine wesentliche Verschiebung der kondiktionsrechtl Risikoverteilung bewirkt das in den AGB-Banken und Sparkassen vorgesehene Stornorecht bei Gutschriften, die infolge eines Irrtums, eines Schreibfehlers oder aus anderen Gründen fehlerhaft vorgenommen werden. Bei der gewöhnlichen Form der Überweisung hilft das Stornorecht der Überweisungsbank nicht, da sie zum Empfänger keine Vertragsbeziehungen hat (*v Caemmerer* JZ 1962, 387; *Möschel* JuS 1972, 304). Aber auch bei Überweisung unter Kunden derselben Bank erleichtert das Stornorecht lediglich die Geltendmachung bestehender Ansprüche und schafft keine eigenständigen Rückforderungsrechte (BGH WM 1983, 907). Jedenfalls können Irrtümer iSd Klausel nicht bloße Motivirrtümer sein (BGH WM 1972, 285), also auch nicht die irrige Meinung, der Überweisende habe ein entspr Guthaben oder könne darüber verfügen. Die Bank kann somit stornieren, wenn Doppel- oder Zuvielüberweisung oder Gutschrift beim falschen Empfänger ihr die Kondiktion gestatten, desgl bei gefälschter Überweisung (zum Anspruch der Bank ggü dem Empfänger aus § 812 I 1 Alt 2 beim **Phishing** Hamburg ZIP 2006, 1981; Karlsruhe WM 2008, 632; s auch *Löhnig/Würdinger* WM 2007, 961ff). Kein Grund für die Ausübung des Stornorechts ist dagegen die Anfechtung oder der Widerruf der Anweisung vor Ausführung (*Kümpel* WM 1979, 381). Das Stornorecht gilt auch ggü Belastungsbuchungen (BGH ZIP 1988, 1105). Zweifelhaft ist, ob ggü der Ausübung des Stornorechts der Entreicherungseinwand greift (dagegen Düsseldorf NJW 1985, 2723, allerdings im Zusammenhang einer Stornierung zur Wiederherstellung einer Schuld nach Saldenabschluss; ähnl i Erg *Blaurock* NJW 1984, 1, 7).

f) Lastschrift. Dieselben Regeln gelten im Lastschriftverkehr. Rechtl und wirtschaftl soll es sich auch hier um eine Leistung des Schuldners handeln, obwohl die Initiative zum Lastschrifteinzug nicht vom Schuldner, sondern vom Gläubiger ausgeht (BGHZ 69, 186, 188; 167, 171; BGH NJW 2011, 2130; krit *Schnauder* WM 2011, 1685; s auch *Schinkels* JR 2007, 376). Ein Durchgriff der Zahlstelle gegen den Lastschriftgläubiger findet nicht aufgrund eines Mangels der Kausalverhältnisse, sondern nur wegen des Fehlens eines wirksamen Abbuchungsauftrags statt. Weder die Zahlstelle noch die erste Inkassostelle haben bei Mängeln ihrer Beziehungen zum Schuldner einen Anspruch gegen den Zahlungsempfänger (*Kupisch* WM 1979, 17f; *Canaris* WM 1980, 359). Fehlt eine wirksame Einziehungsermächtigung, braucht der zu Unrecht Belastete die Lastschrift nicht gegen sich gelten zu lassen, sodass es für eine Kondiktion gegen die Inkassostelle an einer Entreicherung fehlt (BGHZ 69, 186). Die Bank hat dann einen unmittelbaren Anspruch gegen den Gläubiger (BGHZ 167, 171; BGH NJW 2011, 1434), ebenso wenn die Einziehungsermächtigung – für den Gläubiger erkennbar – den Zahlungsvorgang nicht erfasste (Hamm WM 1991, 670). Abweichungen können sich aus dem Lastschriftabkommen ergeben. Im Fall der angenommenen Anweisung (§ 784) leistet der Annehmende bei Zahlung auch auf seine Schuld (Staudinger/*Lorenz* Rn 56). Nimmt man dagegen eine Leistung nur auf fremde Schuld an, kann der Angewiesene trotzdem wegen des Einwendungsausschlusses, der auf die denkbaren Kondiktionen zu übertragen ist (*Canaris* FS Larenz, 1973, 806f), nicht kondizieren, sondern muss sich mit dem Anweisenden auseinandersetzen (*Pinger* AcP 179, 301, 320f). Eine Ausnahme gilt auch, wenn der Empfänger der Zuwendung nicht nur in Rechtsbeziehungen zum Anweisenden steht, sondern aus selbständigem Rechtsgrund wie Schuldbeitritt oder Erfüllungsübernahme dem Zahlenden auf Rückzahlung haftet (BGHZ 50, 227; *Rothoeft* AcP 163, 215, 233). Die Zahlung an einen Dritten kann deshalb auch Leistung an den zur Erfüllungsübernahme Verpflichteten sein, obwohl auch der Zahlende selber sich dem Dritten ggü verpflichtet hatte. 24

g) Abgekürzte Lieferung. Bei der abgekürzten Lieferung sind ebenfalls diejenigen Rechtsverhältnisse abzuwickeln, auf die geleistet worden ist. So hat der BGH i Erg zu Recht bei einem Weiterverkauf und Aufhebung des ersten Kaufvertrags nach direkter Lieferung der Kaufsache vom Erstverkäufer an den Zweitkäufer eine direkte Kondiktion des Lieferanten gegen den Zweitkäufer abgelehnt (BGHZ 5, 281). Entspr gilt für die direkte Auflassung eines Grundstücks durch den Erstverkäufer an den Zweitkäufer (RG HRR 1932 Nr 511), ebenso bei Zahlung des Kaufpreises an einen Dritten (RG JW 1914, 643; *Flume* AcP 199, 1, 16). Bei der abgekürzten Lieferung ist häufig unklar, ob der Lieferant einen durch den Einzelhändler in seinem Namen abgeschlossenen Vertrag erfüllen oder als Leistungsmittler auftreten will. Insoweit kommt es nach allg Regeln auf die Sicht des Käufers an. Ähnl verhält es sich im Grundsatz bei Zahlungen, die verschiedene Rechtsgrundverhältnisse berühren: Zahlung einer Maklerprovision an einen Dritten, die im Vertrag mit einer Bauträgergesellschaft vereinbart worden war (BGHZ 58, 184; dazu *Schlechtriem* JZ 1984, 512), schließlich bei Unklarheit, ob eine tatsächlich erfolgte Lieferung dem Produzenten der Ware (der diese annahm) oder einem Mittler als Leistung zugerechnet werden musste (BGH NJW 1974, 1132). Der BGH, der hier höchst problematisch (*Weitnauer* NJW 1974, 1729, 1732; *Picker* NJW 1974, 1790, 1794) von einem **Gutglaubenserwerb** des Empfängers ausgegangen war, weil der Produzent der Ware **„auf Geheiß"** des Mittlers tätig geworden sei und diesem somit den Schein einer besitzrechtl Position verschafft habe (s auch BGH NJW 1986, 1166; *Hager* ZIP 1993, 1446), musste dann folgerichtig einen Anspruch aus § 816 I ablehnen und konnte aufgrund der sachenrechtl Lage eine Leistung des Mittlers nicht leugnen. 25

3. Leistung auf fremde Schuld. Bei der Begleichung fremder Schulden ist eine Kondiktion beim Zahlungsempfänger zu erörtern, wenn die Schuld nicht bestand, beim Schuldner, wenn ohne gültige Rechtsgrundbeziehung zum Schuldner dessen Verbindlichkeit getilgt wurde (Rückgriffskondiktion, s Hamm OLG 1989, 207; *Medicus/Petersen* BürgR Rn 950). **a) Zahlung ohne Ablösungsrecht.** Bereits der Ausgangspunkt für die als **Leistung eines Dritten** zusammenzufassende Gruppe ist unklar: Zahlt jemand ohne Ablösungsrecht gem **§ 267** mit tilgender Wirkung die Schuld eines Dritten, verfolgt er idR mindestens einseitig bestimmte Zwecke im Verhältnis zum Schuldner, indem er diesen als Geschäftsführer ohne Auftrag oder als Schenker von seiner Schuld befreien will (*Esser/Weyers* § 48 III 4; *Reeb* JuS 1972, 586; BeckOK/*Wendehorst* Rn 228). Seine Ansprüche gegen den Schuldner richten sich bei Zweckerreichung nach dem vorhandenen oder angestrebten Grundverhältnis. Besteht die Schuld, auf die gezahlt wurde, nicht, kann der gem § 267 Leistende beim Zuwendungsempfänger kondizieren (BGHZ 113, 62, 68; BGH WM 1967, 483; Staudinger/*Lorenz* Rn 43; MüKo/*Schwab* Rn 190; *Larenz/Canaris* § 70 V 3b). Nicht selten (§ 268 III, § 426 III, § 774 I, § 1607 II, § 1709 II BGB, 86 I VVG) ordnet das Gesetz auch einen Forderungsübergang auf den Zahlenden an. Wird der Zweck insoweit nicht erreicht, etwa weil es an den Voraussetzungen des § 683 fehlt oder die Bürgschaft, auf die gezwungenermaßen gezahlt wurde, nicht 26 bestand, kann der Zahlende nicht vom Gläubiger kondizieren, der die ihm geschuldete Leistung erhalten hat, wohl aber nach § 684 vom Schuldner (BGHZ 43, 1; 46, 319; BGH NJW 1976, 144; RGRK/*Heimann-Trosien* Rn 30). Dabei genügt es, wenn der Dritte die Leistung mindestens für den wahren Schuldner erbringen wollte (BGHZ 70, 389; 72, 246). Will der Zahlende die Schuld eines anderen erfüllen und daneben noch weitere Zwecke erreichen, kann die Verfehlung des weiteren Zwecks eine Kondiktion rechtfertigen (BGH WM 1987, 663). Erlischt durch die Zahlung des Dritten auch eine Bürgschaft, hat der Dritte gegen den Bürgen keinen Bereicherungsanspruch (BGH NJW 1976, 144). Der Kondiktion entgegenstehen kann aber § 814 oder der Gesichtspunkt der aufgedrängten Bereicherung (§ 818 Rn 20a). Es handelt sich hier lediglich um **Mängel** des **Deckungsverhältnisses.** Ein Bsp ist die Leistung des Grundstückskäufers, der einer grundpfandrechtl gesicherten Schuld des Verkäufers beitreten wollte, aber nach Ablehnung der Schuldübernahme durch den Gläubiger vom Vertrag zurücktrat (BGHZ 72, 246; krit *Weitnauer* NJW 1979, 2008).

27 Die bei Fehlerhaftigkeit des Deckungsverhältnisses scheinbar klare Lösung wird aber zweifelhaft, wenn dem Schuldner der **Rückgriffsanspruch** des Zahlenden **lästiger** ist als die nahezu verjährte oder aufrechenbare Schuld ggü dem Gläubiger. BGH NJW 1964, 1898 deutet die Anwendung des § 814 an (weitergehend *Wilburg*, 66f). AM *v Caemmerer* FS Rabel, 1954, 361, weil die in § 814 vorausgesetzte Situation der bewussten Zahlung einer Nichtschuld gerade die Fälle ohne Ausgleich lasse, die mangels anderweitiger Befriedigungsmöglichkeiten des Zahlenden die Rückgriffskondiktion erforderten. Auch hat der Schuldner grds keinen Anspruch darauf, den ursprünglichen Gläubiger zu behalten, sondern muss sich etwa eine Abtretung gefallen lassen. Deshalb ist von einer entspr Anwendung der §§ 404, 406ff auf die Rückgriffskondiktion des Zahlenden auszugehen (*Canaris*, FS Larenz, 1973, 845; *Meyer*, 143).

28 Str ist die Lage bei **Mängeln des Valutaverhältnisses.** Da bei Zahlung ohne Ablösungsrecht der Zahlende offenlegen muss, dass er für den Schuldner eintritt, bestehen Unterschiede zum Fall der Leistung mittels eines Dritten. Daher ist nach hM bei Nichtbestehen der Schuld der gem § 267 Zahlende als Leistender anzusehen und ihm die Kondiktion zuzubilligen (BGH WM 1967, 483; ZIP 1991, 596f; Staudinger/*Lorenz* Rn 43; *Esser/Weyers* § 48 III 4; *Larenz/Canaris* § 70 V 3b). Hierfür spricht, dass der Zuwendende und der vermeintliche Gläubiger eine Tilgungsabrede gem § 267 getroffen und die Leistung dem Valutaverhältnis zugeordnet haben, während der Scheinschuldner nicht geleistet hat (i Erg ebenso *Canaris* FS Larenz, 1973, 846, der jedoch in NJW 1992, 868, 869 das Kriterium einer eigenen Tilgungsbestimmung des Zahlenden zur Unterscheidung von der Drittleistung für unzulänglich erklärt; *Meyer*, 150; *Kupisch*, 85f).
Im Fall der Zahlung des **Haftpflichtversicherers** an einen **vermeintlichen Gläubiger** des Versicherungsnehmers liegen die Fälle der Leistung eines Dritten (§ 267) und mittels eines Dritten nahe beieinander, weil einerseits der Versicherer seine Zahlung den Ansprüchen des Geschädigten gegen den Versicherungsnehmer (idR ausdr) zuordnet, andererseits der vermeintliche Schadensersatzgläubiger sich darüber klar ist, dass ihm der Versicherungsnehmer und an diesen der Versicherer leistet, was der Lage der Rechtsgrundverhältnisse entspricht. Daher lässt die Rspr eine Direktkondiktion zu (BGHZ 113, 62; BGH NJW 2000, 1718f; 2002, 3772f), weil es an einer Anweisung des Versicherten gefehlt habe, die in einer Zahlungsaufforderung des Versicherungsnehmers an den Versicherer nicht gelegen habe, und infolgedessen die Regeln über die Leistung eines Dritten anzuwenden seien. Das trifft i Erg zu (so auch *Flume* NJW 1991, 2521, 2523; AcP 199, 1, 26f). Der Gegenansicht (*Canaris* NJW 1992, 868, 868f) ist jedoch darin zu folgen, dass ein Weisungsrecht dem Versicherungsnehmer so wenig wie sonst dem Schuldner zuzustehen braucht, für dessen Rechnung der Versicherer gezahlt hat (anders *Martinek* JZ 1991, 395ff). Im Fall der Zahlung des Versicherers genügt wohl schon das Einverständnis des Versicherungsnehmers, der einen Schadensfall meldet, um die Leistung an den vermeintlich Geschädigten allein dem Versicherer zuzuordnen. Eine dem Fehlen einer Anweisungslage vergleichbare Situation ist demggü gegeben, wenn der Versicherer ohne Einverständnis des Versicherungsnehmers aufgrund arglistiger Täuschung durch den vermeintlich Geschädigten oder in der Annahme an den Geschädigten leistet, dieser habe einen Direktanspruch gem § 115 VVG. Dann ist eine Direktkondiktion angebracht (*Canaris* NJW 1992, 868, 871ff). Die Besonderheiten ergeben sich aus der Tatsache, dass angesichts der selbständigen Prüfung des Anspruchs durch den Versicherer zw einer Drittleistung nach § 267 und einer Simultanleistung auf Deckungs- und Valutaverhältnis kaum zu unterscheiden ist. Gewöhnlich entspricht der Situation des nach § 267 Leistenden die Direktkondiktion, während bei einer „veranlassten Drittleistung" wiederum der vermeintliche Schuldner die Kondiktion hat (*Larenz/Canaris* § 70 V 3; dagegen *Martinek* JZ 1991, 395; *Wilhelm* JZ 1994, 585, 592). Nach aM (*E. Schmidt* JZ 1971, 606f; *Wieling* JuS 1978, 801) kann nur der **Putativschuldner** vom vermeintlichen Gläubiger kondizieren, weil der Dritte ihn zum Leistenden gemacht habe und der Putativgläubiger alle gegen den Putativschuldner bestehenden Einwendungen behalten müsse. Allerdings soll der Ausgleich für den zahlenden Dritten nur durch einen Anspruch auf Abtretung der Kondiktion des Putativschuldners erfolgen, was zu einer Kumulation der Insolvenzrisiken führen kann (*Reeb* JuS 1972, 586). Dies wiegt schwerer als der Nachteil für den Putativgläubiger, dessen Beziehungen zum Schuldner durch die Rückgabepflicht ggü dem Zahlenden nicht berührt werden. Der Durchgriff ist also zuzulassen (i Erg ebenso *Medicus/Petersen* BürgR Rn 685; *Reuter/Martinek*, 125ff).

29 **b) Zahlung ohne Ablösungsrecht mit vermeintlicher Pflicht ggü Schuldner.** Handelte der Zahlende ohne Ablösungsrecht (bei Handlung aufgrund eines Ablösungsrechts – etwa nach § 268 – findet der Zahlende seinen Ausgleich entweder durch cessio legis oder bei Nichtbestehen der Schuld durch einen direkten Bereicherungsanspruch gegen den vermeintlichen Gläubiger) und hielt er sich irrig ggü dem Schuldner für verpflichtet, kommt bei Nichtbestehen der Forderung im Valutaverhältnis ein Ausgleich für die Zweckverfehlung nicht durch

einen Anspruch gegen den nicht bereicherten vermeintlichen Schuldner in Betracht. Eine auf Abtretung eines Bereicherungsanspruchs gegen den Empfänger hinauslaufende Kondiktion „übers Dreieck" passt nicht, weil der Zahlende auch hier seine Zuwendung offen dem Valutaverhältnis zuordnen wollte (aM RGRK/*Heimann-Trosien* Rn 32). Nach einer unwirksamen **Schuldübernahme** kann der Drittzahler, da er auf seine vermeintliche Schuld leistete, beim Empfänger kondizieren (MüKo/*Schwab* Rn 211), ebenso, wenn eine bestehende Schuld übernommen wurde, weil der Übernehmer sich dazu ggü dem Gläubiger für verpflichtet hielt. War die Schuld nicht wirksam übernommen, kann die trotzdem erbrachte Leistung beim Gläubiger kondiziert werden (*v Caemmerer* FS Dölle, 1963, 143; Staudinger/*Lorenz* Rn 46, 47; MüKo/*Schwab* Rn 211). Anders ist das nur, wenn der Übernehmer durch Übernahme (und Zahlung) eine Pflicht ggü dem Altschuldner erfüllen wollte. Bei der **Erfüllungsübernahme** wird vor der Genehmigung eine Leistung des Übernehmers nur an den Schuldner angenommen (BGHZ 72, 246).

Handelt der Zahlende als **Bürge**, besteht aber die Bürgenschuld nicht, ist die Bürgschaft zeitl abgelaufen oder 30
der Höhe nach überschritten, kann die trotzdem erbrachte Leistung (vorbehaltlich § 814) vom Bürgen beim Gläubiger kondiziert werden (*Koziol* ZBB 1989, 16ff; MüKo/*Schwab* Rn 200; Hamm WM 2001, 1064; *Wilhelm* NJW 1999, 3519). Dasselbe gilt mit Rücksicht auf die Akzessorietät der Bürgschaft, wenn die gesicherte Forderung nicht bestand (*Larenz/Canaris* § 70 V 4b; Staudinger/*Lorenz* Rn 48; zur Herausgabe der Bürgschaftsurkunde Brandenburg ZIP 1999, 116). Bei einer dauernden Einrede des Bürgen besteht ein Kondiktionsanspruch nach § 813 I 1 (BGH WM 2017, 2382; s auch § 813 Rn 2). Auch bei der Bürgschaft „auf erstes Anfordern" ist eine Direktkondiktion des Bürgen beim Gläubiger anzunehmen, besonders aber bei der (abstrakten) **„Garantie auf erstes Anfordern"**. Hier kann die Bank, die das Fehlen des „materiellen Garantiefalls" ggü der Inanspruchnahme aus der Garantie nicht einwenden konnte, dies auch nicht im Wege einer Kondiktion gegen den Garantiegläubiger geltend machen. Die Rückabwicklung hat im Valutaverhältnis zw dem Garantieauftraggeber und dem Begünstigten stattzufinden (BGH NJW 1999, 570; *Canaris* ZIP 1998, 148; *Heemann* ZBB 1998, 239; MüKo/*Schwab* Rn 205; krit *Hahn* NJW 1999, 2793; s auch *Gröscher* JZ 1999, 822). Anders ist das, wenn schon die Inanspruchnahme aus der Garantie für jedermann erkennbar missbräuchlich war (KG WM 1997, 1377; *Canaris* ZIP 1998, 148). Str ist die Person des Kondiktionsschuldners, wenn nach einem **Pfändungs- und Überweisungsbeschluss** der Drittschuldner an den Vollstreckungsgläubiger zahlt. War der Pfändungsbeschluss unwirksam, wird angenommen (LG Bremen NJW 1971, 1366; Staudinger/*Lorenz* Rn 41; aM *Kupisch*, 84), dass der Drittschuldner auf eine vermeintlich eigene Pflicht leistete und deshalb beim Gläubiger kondizieren kann. Ebenso entscheidet die hM, wenn die gepfändete Forderung, die der Drittschuldner durch Zahlung an den Einziehungsberechtigten erfüllen wollte, nicht oder nicht in dieser Höhe (Düsseldorf WM 2002, 74) bestand (BGH NJW 2002, 2871; *Larenz/Canaris* § 70 V 1d; krit BeckOK/*Wendehorst* Rn 251). Entscheidet man hier im Sinne einer Kondiktion lediglich beim (vermeintlichen) Schuldner, so erhält der Gläubiger eine durch nichts begründete Besserstellung, während dem vermeintlichen Drittschuldner der Rückgriff gegen den möglicherweise insolventen Schuldner aufgezwungen wird (*Canaris* FS Larenz, 1973, 799, 836; *Lieb* ZIP 1982, 1153, 1156; BGHZ 82, 28 für den Fall, dass der Drittschuldner irrig an einen nachrangigen Pfändungsgläubiger gezahlt hat; zust *Seibert* JuS 1983, 591, 593; krit *Buciek* ZIP 1986, 890).

c) Irrtümliche Zahlung fremder Schulden. Ein Fall kann sein, dass der tatsächlich Zuwendende glaubt, auf- 31
grund des für ihn wirkenden Vertragsabschlusses durch einen Mittler auf seine eigene Verpflichtung zu leisten, während der Empfänger den Mittler für seinen Vertragspartner hält, der ihm durch den tatsächlich Zuwendenden eine Leistung erbringt (BGHZ 36, 30; 40, 272; 58, 184, 188; BGH WM 1978, 1053). Denkbar sind auch Irrtümer über den Schuldner gesetzl Pflichten (BGHZ 43, 1) und nach erfolgreicher Irrtumsanfechtung einer Tilgungsbestimmung des leistenden Dritten (Hamm OLG 1989, 207). Durch die Handlung eines Nichtschuldners kann die Schuld nur erfüllt werden, wenn entweder die Voraussetzungen des § 267 vorliegen oder der Nichtschuldner als Leistungsmittler tätig wird. Ersteres kommt nur in Betracht, wenn eine entspr Tilgungsbestimmung des Dritten vorliegt (RG Recht 1922, Nr 24; *Lorenz* AcP 168, 298). Beherrscht der Irrtum, der Zahlende sei Schuldner, den Leistungsempfänger ebenso wie den Zahlenden, kann es sich nur um eine Leistung auf vermeintlich eigene Schuld handeln, die kondiziert werden kann. Der wirkliche Schuldner hat damit nichts zu tun (*Flume* AcP 199, 1, 31). Im Fall des Missverständnisses, in dem aufgrund der Umstände des Falls der Zuwendungsempfänger den Eindruck einer Drittleistung für seinen Vertragspartner haben konnte oder mindestens nicht erkennen konnte, ob ihm durch einen Dritten geleistet wurde, ist aber gem den allg Regeln nach Maßgabe der vom Empfängerhorizont zu beurteilenden Leistungsverhältnisse rückabzuwickeln. Dabei spielt vor allem wieder das Fehlen einer dem wahren Schuldner zurechenbaren Anweisung eine Rolle, sodass, besonders bei Erkennbarkeit des Mangels für den Empfänger, direkt gegen diesen ein Bereicherungsanspruch besteht (Hamburg NJW 1983, 1499). Das alles gilt insb beim **Einbau** von Sachen in ein fremdes Grundstück, den der Eigentümer für eine Leistung seines Vertragspartners hielt, während der Zuwendende glaubte, aufgrund eines Vertrags mit dem Eigentümer zur Leistung verpflichtet zu sein. Soweit nicht auf die Sicht des Zuwendungsempfängers abgestellt wird, kann der Putativschuldner beim Empfänger kondizieren (*Wilhelm*, 50ff; *Canaris* FS Larenz, 1973, 827).

Eine weitere Möglichkeit, bei der irrtümlichen Zahlung fremder Schulden den Interessen des Zuwendenden 32
Rechnung zu tragen, besteht im **Wahlrecht des Putativschuldners**, auf eine mögliche Kondiktion gegen den Empfänger zu verzichten und durch nachträgl Erklärung die Situation gem § 267 herzustellen, sodass ein Rückgriffsanspruch gegen den Schuldner besteht. Es kommt an sich nur in Betracht, wenn Zuwendender und Zu-

wendungsempfänger den ersteren für den Schuldner hielten, nach verbreiteter Ansicht aber in allen Fällen irrtümlicher Zahlung fremder Schuld (*Flume* JZ 1962, 281; *v Caemmerer* FS Dölle, 1963, 147ff; *Ehmann* NJW 1969, 1833, 1835; *Zeiß* AcP 165, 337; *Schlechtriem* NJW 1966, 1795f; *Reuter/Martinek*, 133f; *Larenz/Canaris* § 69 III 2c; ähnl i Erg *Canaris* FS Larenz, 1973, 844). ZT wird das nachträgl Wahlrecht auf eine Wirkung ex nunc beschränkt (*Wilhelm*, 175ff; *Koppensteiner/Kramer*, 41f; *Schnauder*, 183ff). Wenn der BGH einem Träger der gesetzl Unfallversicherung gestattete, irrtümlich für ein verunglücktes Kind erbrachte Versicherungsleistungen unter Verzicht auf den Rückzahlungsanspruch gegen das Kind vom unterhaltspflichtigen Vater zurückzufordern (BGH NJW 1986, 2700), so war das ausschließlich aus § 242 begründet und lässt nicht erkennen, ob die Streitfrage generell entschieden werden sollte (für ein Wahlrecht unter Aufarbeitung der sozialrechtl Grundlagen *Denck* JZ 1987, 127). Indessen ist ein Wahlrecht abzulehnen (*Esser/Weyers* § 48 III 6; Staudinger/*Lorenz* Rn 60; *Meyer*, 100ff; *Hassold*, 124ff; *Medicus/Petersen* BürgR Rn 951; PWW/*Prütting* Rn 104; *Larenz/Canaris* § 69 III 2c: nur für Verfolgung legitimer Interessen). Eine solche Ausweichmöglichkeit ist, da jeder mindestens das Insolvenzrisiko seines Partners in der Leistungsbeziehung zu tragen hat, kaum gerechtfertigt, zumal sich der Gläubiger und der wirkliche Schuldner nicht ohne Rücksicht auf ihre Einwendungen einem Bereicherungsanspruch gegenübersehen sollen.

33 **4. Bereicherungsausgleich beim Vertrag zugunsten Dritter.** Eine ggü den sonstigen Dreipersonenverhältnissen besondere Struktur weist der **echte Vertrag zugunsten Dritter** iSd § 328 auf. Die Besonderheit liegt darin, dass nicht nur zw dem tatsächlich zuwendenden Versprechenden und dem Versprechensempfänger (Deckungsverhältnis) sowie zw dem Letzteren und dem Dritten (Valutaverhältnis) Leistungen im bereicherungsrechtl Sinne stattfinden (*Larenz/Canaris* § 70 V 2a), sondern auch eine Verpflichtung des Versprechenden ggü dem Dritten besteht. Die heute hM nimmt außer den Leistungen im Deckungs- bzw Valutaverhältnis auch eine bereicherungsrechtl erhebliche Leistung des Versprechenden an den Dritten an (BGHZ 58, 184; *Lorenz* AcP 168, 286, 291; *Hadding*, 19ff, 98ff; NK/*v Sachsen Gessaphe* Rn 169; PWW/*Prütting* Rn 98; weitergehend *Wilhelm* JuS 1973, 1, 7; abl *E. Schmidt* JZ 1971, 603). Für eine Rückabwicklung entscheidend ist, ob die Leistung des Versprechenden an den Dritten an den Mängeln des Deckungs- oder Valutaverhältnisses leidet.

34 **a) Streitstand.** Teilw wird angenommen, der Anspruch des Dritten sei dem Deckungsverhältnis untergeordnet (*Lorenz* AcP 168, 286ff). Daher sollen gem § 334 Einreden des Versprechenden gegen den Versprechensempfänger dem Dritten entgegengehalten werden können (gilt auch für die Bereicherungseinrede gem § 821). Darüber hinaus sollen Mängel des Deckungsverhältnisses den Wegfall des „inneren Rechtsgrundes" und damit zugleich den Wegfall des äußeren Rechtsgrunds im Verhältnis zum Dritten nach sich ziehen, sodass der Versprechende vom Dritten kondizieren könne. Dies passt aber nur für die zwei wichtigen Fälle unentgeltlicher oder Versorgungszwecken dienender Valutaverhältnisse (hierfür *Lorenz* AcP 168, 286, 296; i Erg ähnl *v Caemmerer* JZ 1962, 387; *E. Schmidt* JZ 1971, 607; krit *Hadding*, 56ff). Es müsste dann danach unterschieden werden, ob der Versprechende eine Leistung erbringt, die nach dem Innenverhältnis zum Versprechensempfänger nur er dem Dritten schuldete (dann – so in den Fällen des § 330 – steht ihm bei Mängeln des Deckungsverhältnisses die Kondiktion gegen den Dritten zu), oder ob ähnl den Anweisungsfällen der Versprechende die Leistung des Versprechensempfängers an den Dritten vermittelt und damit zugleich seiner Pflicht ggü dem Versprechensempfänger nachkommt (*Lorenz* AcP 168, 286, 296; *E. Schmidt* JZ 1971, 607; noch stärker diff *Reuter/Martinek*, 145f, gegen *Hadding*, 108f; krit *Peters* AcP 173, 71, 78f). Zwar ist hier mit Abgrenzungsschwierigkeiten zu rechnen (*Peters* AcP 173, 71, 86), doch kann dem mit der Abstellung auf den wirtschaftl Schwerpunkt der Leistungsbeziehungen zu begegnen sein (BGHZ 58, 184; noch weiter gehend für eine Kondiktion des Versprechenden gegen den Dritten, zT unter Hinw auf § 813, *Lange* NJW 1965, 659; *Weitnauer*, FS v Caemmerer, 1978, 288f; *Kupisch*, 100f). BGHZ 58, 184 (NJW 1972, 864; zust *E. Schmidt* JZ 1972, 406) hat entgegen der Vorinstanz (Hamburg JZ 1971, 424) bei fehlendem Interesse des Versprechensempfängers an der zugesagten Leistung den Dritten als möglichen Schuldner eines Bereicherungsanspruchs angesehen. Nur für derartige Fälle alleiniger Forderungsberechtigung des Dritten und völligen Rückzugs des Versprechensempfängers aus dem Rechtsverhältnis sowie für das unentgeltliche Valutaverhältnis (Analogie zu § 822, insoweit ähnl *Canaris* FS Larenz, 1973, 832f) bejaht *Peters* AcP 173, 71 eine Kondiktion des Versprechenden gegen den Dritten.

35 Ein **„Durchgriff"** des Versprechenden auf den Dritten ist nur **ausnahmsw zuzulassen**, weil trotz des Forderungsrechts des Dritten idR nicht er es ist, dem der Versprechende eine Gegenleistung abverlangt oder Kredit gewährt (*Peters* AcP 173, 71, 88f; *Pinger* AcP 179, 301, 322ff). Daher wird bei wirksamem Valutaverhältnis im Fall der abgekürzten Lieferung die Rückforderung des Versprechenden beim Dritten abgelehnt (BGHZ 5, 281; BGH NJW 1962, 1051; zust i Erg *v Caemmerer* JZ 1962, 387; *Lorenz* AcP 168, 287; für Abwicklung innerhalb der Kausalverhältnisse auch *Hassold*, 286ff). Der Gesichtspunkt, im Dreipersonenverhältnis jedem die Einwendungen zu erhalten und die Risiken aufzubürden, die ihn mit seinem Partner im Leistungsgeschäft verbinden, scheidet nur aus, wenn eine unmissverständliche Unterwerfung eines Leistungsempfängers unter ein ihm fremdes Deckungsverhältnis vorliegt. Das ist nach der **Wertung der §§ 822, 816 I 2** dort der Fall, wo der Dritte im Valutaverhältnis eine unentgeltliche Leistung erlangt (BGHZ 88, 232). In dem vom BGH entschiedenen Fall bestand allerdings keine wirksame Anweisung, sodass ohnehin die Direktkondiktion gegeben war (*Lorenz* JZ 1984, 190; *Mühl* WM 1984, 1441, 1443). Liegen aber die genannten Voraussetzungen vor, steht dem Versprechenden nicht nur ein subsidiärer Durchgriff gegen den Dritten zu (*Peters* AcP 173, 71, 82; aA *Larenz/Canaris* § 70 V 2b; MüKo/*Schwab* Rn 232ff; NK/*v Sachsen Gessaphe* Rn 170). Wenn der Dritte allein oder anstelle des Versprechensempfängers forderungsberechtigt ist, ist eine direkte Kondiktion beim Dritten ebenfalls unschädlich, da der Versprechensempfänger einen Schutz seiner Gegenansprüche bei mangelhaftem Deckungsverhältnis offenbar nicht

benötigt und dem Versprechenden die Auseinandersetzung mit dem Dritten zuzumuten ist (*Peters* AcP 173, 71, 84). Bei Mängeln allein im Valutaverhältnis findet nur dort ein Bereicherungsausgleich statt (*Hadding*, 126ff).

b) **Abtretung einer (vermeintlichen) Forderung.** Umstr ist, ob der Schuldner, der nach Abtretung einer (vermeintlichen) Forderung an den Zessionar (neuer Gläubiger) geleistet hat, von ihm oder vom Zedenten (alter Gläubiger) Herausgabe verlangen kann. Der BGH sieht in der tatsächlichen Zuwendung des Schuldners an den Zessionar rechtl eine Leistung des Schuldners an den Zedenten und zugleich eine Leistung des Zedenten an den Zessionar (Simultanleistung). Der Schuldner kann hiernach nur vom Zedenten die Herausgabe des Erlangten verlangen (BGHZ 105, 365, 368; 122, 46, 50; 154, 88, 91; BGH NJW 2005, 1369; 2012, 3373 Rn 7; Hamm NJW-RR 2018, 1048 Rn 41; Staudinger/*Lorenz* Rn 41; NK/*v Sachsen Gessaphe* Rn 172; PWW/*Prütting* Rn 99). Für eine Rückabwicklung über das Dreieck führt der **BGH** an, dass der Schuldner allein das Insolvenzrisiko seines ursprünglichen Gläubigers, nicht aber das des Zessionars tragen soll, da dem Schuldner ohne oder gegen seinen Willen der Zessionar gleichsam aufgezwungen wird (BGH NJW 2005, 1369; 2012, 3373 Rn 7). Das soll selbst bei einer (vermeintlichen) Forderung des Zedenten gegen den Schuldner aus einem gesetzl Schuldverhältnis gelten (BGH NJW 2012, 3373 Rn 7), sodass auch hier der Schuldner ausschließlich gegen den Zedenten vorgehen kann. Nach der (überzeugenden) **Gegenansicht** (MüKo/*Schwab* Rn 246ff; *Peters* AcP 173, 71; *Schnauder*, 208; *Flume* AcP 199, 1, 20ff; *Bayer* JuS 1990, 833; *Reuter/Martinek*, 154ff) kann der Schuldner ausschließlich gegen den Zessionar vorgehen. Denn es fehlt bereits ein Dreipersonenverhältnis. Der Zessionar tritt als neuer Gläubiger an die Stelle des alten Gläubigers, sodass lediglich ein **Zweipersonenverhältnis** zw Schuldner und Zessionar besteht und somit auch keine Simultanleistung vorliegt (*Dörner* NJW 1990, 473; *Medicus/Petersen* BürgR Rn 685a). Die Verlagerung des Insolvenzrisikos vom Zedenten auf den Zessionar ist im Gesetz angelegt, wonach alter und neuer Gläubiger die Forderung ohne Mitwirkung und auch ohne Benachrichtigung des Schuldners übertragen können. Das belegen auch die Schuldnerschutzvorschriften. Hiernach kann der Schuldner dem Zessionar seine bisherigen Einwendungen entgegensetzen (§ 404). Der Gesetzgeber hat demnach durchaus das Problem gesehen, dass dem Schuldner ohne oder sogar gegen seinen Willen ein neuer Gläubiger aufgezwungen wird, dh dass sich das Insolvenzrisiko verlagert und dass der Schuldner an sich seine bisherigen Einwendungen gegen die Forderung verliert. Wenn der Gesetzgeber daher dem Schuldner lediglich zugesteht, seine bisherigen Einwendungen auch gegenüber dem neuen Gläubiger geltend zu machen, bringt er damit zum Ausdruck, dass die Verlagerung des Insolvenzrisikos eine Folge ist, die der Schuldner auch gegen seinen Willen zu dulden hat. Der Gegenansicht ist daher zuzustimmen. Für eine Direktkondiktion des Schuldners gegen den Zessionar spricht auch der pragmatische Gesichtspunkt, dass der Zessionar die Leistung effektiv erhalten hat (*Medicus/Petersen* BürgR Rn 685a) und sich der Schuldner daher zunächst an diesen halten wird, um die rechtsgrundlose Zuwendung zurückzuerhalten. Das findet wiederum eine Stütze im Gesetz, wonach der Schuldner mit schuldbefreiender Wirkung nur noch an den neuen Gläubiger leisten kann, sobald er von der Abtretung weiß (Umkehrschluss aus §§ 406, 407). Der Schuldner will daher mit seiner Zuwendung die Verbindlichkeit gegenüber dem neuen Gläubiger erfüllen, was für den Zessionar auch obj erkennbar ist, sodass sowohl aus Sicht des Leistenden als auch aus Sicht des Leistungsempfängers eine Leistung des Schuldners an den Zessionar vorliegt. 36

5. **Doppelmangel.** Bei Fehlerhaftigkeit von Deckungs- und Valutaverhältnis (Doppelmangel) erfolgt die Rückabwicklung der Leistungsbeziehungen „übers Dreieck", um jedem Beteiligten die Einwendungen aus dem Rechtsverhältnis zu erhalten, auf das er geleistet hat, und ihm umgekehrt auch das Risiko der Gegenrechte des jeweiligen Leistungsempfängers zuzuweisen (BGHZ 147, 269, 276f; 176, 234, 237; MüKo/*Schwab* Rn 61ff, 85ff; PWW/*Prütting* Rn 90; *Lorenz* JuS 2003, 729, 731f). Das Grundmodell für die bereicherungsrechtl Behandlung des Doppelmangels ist die Leistungskette bzw die abgekürzte Lieferung (BeckOK/*Wendehorst* Rn 176), bei der A auf Weisung des B den Leistungsgegenstand direkt C zuwendet. In Parallelwertung zur Leistungskette wird die tatsächliche Zuwendung von A an C rechtl so behandelt, als habe A die Zuwendung zunächst an B und B diese sodann an C geleistet. B hat daher gedanklich die Zuwendung selbst erlangt und nicht nur Befreiung von seiner Verbindlichkeit ggü C (MüKo/*Schwab* Rn 86). A hat demnach einen Anspruch auf Herausgabe des Leistungsgegenstands. Solange B den Leistungsgegenstand noch nicht von C kondiziert hat, ist der Anspruch des A auf Wertersatz gem § 818 II gerichtet. A ist weder berechtigt noch verpflichtet, von B Abtretung seines Bereicherungsanspruchs gegen C zu verlangen, es findet keine sog **Kondiktion der Kondiktion** statt (MüKo/*Schwab* Rn 64, 86; Staudinger/*Lorenz* Rn 55; aA Grü/*Sprau* Rn 67 m unzutr Verweis auf BGH NJW 1989, 2879). Andernfalls müsste sich A nicht nur die Einwendungen seines Vertragspartners B entgegenhalten lassen, sondern auch die des C (§ 404). Zudem hätte A das Insolvenzrisiko des C zu tragen (MüKo/*Schwab* Rn 64; s auch Karlsruhe 9.4.2015 – 12 U 17/14, juris Rn 60). 37

Eine **Durchbrechung** des Grundsatzes ist nur gerechtfertigt, wenn B besonders schutzwürdig ist, sodass er aus der Rückabwicklung „übers Dreieck" herauszuhalten ist (BeckOK/*Wendehorst* Rn 179; aA MüKo/*Schwab* Rn 88). So kann B sich ausnahmsw nach § 818 III auf den Wegfall der Bereicherung berufen, der darin besteht, dass er gedanklich den von A erhaltenen Leistungsgegenstand an C weitergeleitet hat. Wurde B arglistig von A getäuscht und musste C von dieser Täuschung wissen, ist B daher ggü A lediglich verpflichtet, seinen Bereicherungsanspruch gegen C abzutreten (BGH NJW 1989, 2879, 2881; NJW-RR 1990, 750; für eine Direktkondiktion A gegen C MüKo/*Schwab* Rn 114). Ist B minderjährig oder sonst nicht voll geschäftsfähig, kann A von B nur die Abtretung des Bereicherungsanspruchs gegen C verlangen (BeckOK/*Wendehorst* Rn 178ff, 192). Erlangt C im Valutaverhältnis zu B die Zuwendung unentgeltlich, kann A unter den Voraussetzungen des § 822 direkt gegen C vorgehen (BGHZ 88, 232, 237; 147, 269, 274). Hierfür muss B sich gerade angesichts der gedanklichen Weiter- 38 gabe des Leistungsgegenstands an C auf den Wegfall der Bereicherung berufen können. Eine Direktkondiktion des A gegen C scheidet daher aus, wenn B nach § 818 IV, § 819 verschärft haftet (BGHZ 147, 269, 274). Aufgrund des § 822 bedarf es keines Anspruchs des A gegen B auf Abtretung seines Bereicherungsanspruchs gegen C. Die Anwendung des § 822 setzt keinen Doppelmangel voraus. A kann daher auch dann direkt von C Herausgabe der Zuwendung verlangen, wenn ausschließlich das Deckungsverhältnis fehlerhaft ist (Soergel/*Schmidt-Kessel/Hadding* Rn 169).

39 Eine Kondiktion der Kondiktion erfolgt ausnahmsw bei der **entgeltlichen, aber rechtsgrundlosen Verfügung** eines Nichtberechtigten. Die hM lehnt eine Direktkondiktion des Berechtigten gegen den Erwerber nach § 816 I 2 analog ab (Grü/*Sprau* § 816 Rn 15; MüKo/*Schwab* § 816 Rn 61). Stattdessen muss der Berechtigte über § 816 I 1 gegen den Nichtberechtigten vorgehen. Da das „Erlangte" iSd § 816 I 1 im Bereicherungsanspruch des Nichtberechtigten gegen den Erwerber besteht, kann der Berechtigte vom Nichtberechtigten Abtretung dieses Anspruchs verlangen (Grü/*Sprau* § 816 Rn 15; MüKo/*Schwab* § 816 Rn 61).

40 **6. Wichtige Einzelfälle.** Auch die **Bebauung eines fremden Grundstücks** kann Leistung sein. Errichtet jemand auf fremdem Boden ein Haus, nachdem er sich mit dem Eigentümer über eine spätere Übereignung formlos geeinigt hatte, soll nach der Rspr bei ausbleibender Übereignung ein Bereicherungsanspruch wegen Zweckverfehlung (§ 812 I 2 Alt 2) möglich sein (BGH WM 1961, 700; 1965, 795; 1966, 277; NJW 2013, 3364 Rn 7). Im Schrifttum wird eine Nichtleistungskondiktion angenommen (*Söllner* AcP 163, 30; unentschieden BGH NJW 1970, 136). Bei **Werk- und Dienstleistungen**, insb beim Einbau von Sachen durch einen Subunternehmer, kann dieser die Tilgungsbestimmung des ihn anweisenden Hauptunternehmers überbracht haben, und es kann auch sonst eine Tilgungsbestimmung des Hauptunternehmers dem Empfänger zugegangen sein, was dann die Direktkondiktion des Subunternehmers wegen Rechtsverlusts (§ 951) ausschließen kann (zu weiteren Parallelen zur Rechtslage bei den Dreiecksverhältnissen *Koller*, 151ff).

41 Sonstige **Einzelfälle,** die zT in Anwendung des früher herangezogenen Merkmals der Unmittelbarkeit der Vermögensverschiebung entschieden wurden: Wenn eine Leistung, die in einer Verwendung auf eine Sache besteht, i Erg nicht dem Partner der Leistungsbeziehung, sondern dem Eigentümer der Sache wirtschaftl zugutekommt, kann der Leistende nicht vom Eigentümer kondizieren (Versionsklage; RGRK/*Heimann-Trosien* Rn 36; BGH NJW 1954, 793; BGHZ 27, 317; Saarbrücken MDR 2001, 1231).

42 Im **Gesamtschuldverhältnis** richtet sich das Verhältnis der Gesamtschuldner untereinander idR nach der vertragl oder gesetzl Bestimmung, notfalls nach § 426 (BGH NJW 1963, 2067; BGHZ 43, 227). Bei den zahlreichen Fällen sog unechter Gesamtschuld kommt dagegen die Rückgriffskondiktion als Regressmethode in Betracht, zT über die Verweisung in § 684 S 1. Soweit es sich dabei um Tilgung fremder Schuld handelt, wird ein Rückgriff hauptsächlich dann in Betracht kommen, wenn die Grundsätze der GoA nicht passen (RGZ 82, 206) oder der leistende Gesamtschuldner durch eine seine Verpflichtung ggü dem Gläubiger übersteigende Zahlung die insoweit haftenden Mitschuldner befreit (BGH NJW 1964, 1898; NJW 1966, 1262 für den Ausgleich zw mehreren Beteiligten eines Kfz-Unfalls; vgl auch *Dunz* NJW 1966, 1810). Demggü steht bei Verschiedenstufigkeit mehrerer demselben wirtschaftl Interesse dienender Schulden dem Zahlenden keine Leistungskondiktion gegen die anderen, der Schuld näherstehenden Verpflichteten zu. Häufig passen spezielle Interessenwertungen wie §§ 830, 840, 255 besser. Wo es daran und an der analogen Anwendbarkeit des § 426 fehlt, greift die Rückgriffskondiktion ein, die hier, da der Zahlende idR nicht an die Mitverpflichteten geleistet hat, Nichtleistungskondiktion sein wird (*v Caemmerer* FS Rabel, 1954, 362f; NJW 1963, 1403). Ein Bsp ist der Rückgriff auf den deliktisch Verantwortlichen, wenn der Unterhaltspflichtige (RGZ 138, 2) oder der Baulastpflichtige (RGZ 82, 214) Aufwendungen zur Schadensbehebung gemacht hat (vgl auch Düsseldorf MDR 1959, 37). Zum Rückgriff des persönlichen Schuldners einer durch Grundschuld gesicherten Forderung gegen den Ersteher wegen dessen Befreiung von der dinglichen Haftung BGHZ 56, 22.

43 Auch bei **Unterhaltszahlungen** durch einen Nichtverpflichteten richtet sich der Ausgleich nicht in erster Linie nach Bereicherungsrecht. Bei entspr Willensrichtung des Leistenden ist Geschäftsführung ohne Auftrag denkbar. Vielfach findet eine cessio legis statt (s § 1607 II 2, § 1608 S 3, § 1615b). Daneben erfolgt ein Bereicherungsausgleich nur, wenn einzelne ihrer Voraussetzungen nicht vorliegen (*Gernhuber/Coester-Waltjen*, Familienrecht, § 44 VI 2c). Gewährt ein außenstehender Dritter dem Kind Unterhalt, ohne schenken oder ein Darlehen geben zu wollen, kann Geschäftsführung für den ihm unbekannten Unterhaltspflichtigen vorliegen. Hält der Zahlende sich irrig selbst für verpflichtet, gilt das in Rn 26ff Gesagte. Bereicherungsrecht wurde angewendet, wenn der **„Scheinvater"** (§§ 1591, 1593) nach erfolgreicher Ehelichkeitsanfechtung vom Kind seine Zahlungen zurückverlangte (BGHZ 42, 1; 78, 201, 203; allerdings meist aussichtslos wegen § 818 III, BGH NJW 1984, 2188). Ein solcher Anspruch scheidet auch nach der gesetzl Regelung in § 1607 III aus, wenn der Leistende um seine Nichtvaterschaft wusste (AG Wipperfürth FamRZ 2001, 783). Hatte der Scheinvater aufgrund einer Überleitung des Unterhaltsanspruchs auf den Träger der Sozialhilfe bezahlt, bevor die Ehelichkeit angefochten wurde, richtet sich sein Bereicherungsanspruch nicht gegen das Kind, das erhalten hat, was ihm zustand, sondern gegen den Träger der Sozialhilfe, dessen Vermögen durch die Zahlung des Scheinvaters vergrößert worden war. Ein „bereicherungsrechtl Dreiecksverhältnis" liegt nicht vor, auch § 818 III behindert den Anspruch nicht (BGHZ 78, 201). Einer „Scheinehefrau", die ihren „Scheinehemann" unterhalten hatte, ist der Rückgriff auf die Kinder des Mannes versagt (BGHZ 43, 1). Soweit wegen Unterhaltszahlungen für die Vergangenheit ein Rückgriff nach Bereicherungsrecht stattfindet, ist § 1613 entspr anzuwenden (BGHZ 31, 329; BGH NJW 1984, 2158; *Hegmann* FamRZ 1973, 435; zur Verjährung anders BGHZ 32, 13).

V. Ohne rechtlichen Grund. Die Frage nach dem rechtl Grund ist für Leistungs- und Nichtleistungskondiktion nicht ohne Weiteres nach denselben Kriterien zu entscheiden. Bei der Leistungskondiktion kommt es auf die Erreichung bzw Verfehlung des Leistungszwecks an. Dabei genügt jeder gesetzl erlaubte und nicht sittenwidrige (§ 817) Zweck, der nach dem Parteiwillen maßgeblich sein sollte. Das ist die Erfüllung gesetzl (zB GoA) und vertragl Pflichten, aber auch von Pflichten aus gesellschaftlicher Konvention (RG JW 1917, 104). Ein vereinbarter Zweck kann auch verfehlt werden, wenn eine zu erfüllende Schuld tatsächlich bestand (BGH NJW 1985, 2700; zust *Schnauder* JZ 1987, 68, 71f; abl *Kupisch* NJW 1987, 2494). Dem Rechtsgrundbegriff liegt also eine von der schuldrechtl Erfüllungspflicht gelöste subj Zweckbestimmung mit der Maßgabe zugrunde, dass Zweckerreichung Rechtsgrund, Zweckverfehlung dagegen Grund für eine Kondiktion ist (**subjektiver Rechtsgrund**: s auch *Schnauder*, 35ff; *Ehmann* JZ 2003, 702, 707; *Reuter/Martinek*, 107ff, 110). Nach aA liegt ein Mangel des Rechtsgrunds dann vor, wenn der Empfänger zum Leistungszeitpunkt kein Recht auf die Leistung hatte (obj Rechtsgrund: BeckOK/*Wendehorst* Rn 60; *Larenz/Canaris* § 67 III 1; PWW/*Prütting* Rn 32; NK/*v Sachsen Gessaphe* Rn 34). Begründet wird das damit, dass die Verfehlung des bezweckten Erfolgs keine eigenständige Voraussetzung für die Rechtsgrundlosigkeit sei, sondern ihre notwendige Folge (BeckOK/*Wendehorst* Rn 61; PWW/*Prütting* Rn 32; NK/*v Sachsen Gessaphe* Rn 34). 44

Die **Systematik** der Bereicherungsansprüche ergibt sich sodann daraus, dass die §§ 812–815, 817 zw verschiedenen Kondiktionen danach unterscheiden, worin die Ursache der Rechtsgrundlosigkeit liegt. Daneben legt das Gesetz für diese Fallgruppen unterschiedliche Tatbestände eines Kondiktionsausschlusses fest. Solche Differenzierungen bleiben auch dann relevant, wenn man den Rechtsgrund als Behaltensgrund für ein sonst rechtsverletzendes Haben definiert (*Wilhelm*, 98ff; *Welker*, 32ff). Nicht kondizierbar ist ein in einem Darlehensvertrag nicht aufgeführtes vollstreckbares Schuldversprechen über den Grundschuldbetrag, da es mit Rechtsgrund eine wirksame Darlehensverbindlichkeit sichert; § 6 II 6 VerbrKrG aF stand dem nicht entgegen (BGHZ 177, 345 mwN). 44a

1. Condictio indebiti (§ 812 I 1 Alt 1). Mit der condictio indebiti wird eine Leistung zurückgefordert, die auf eine **in Wahrheit nicht bestehende Schuld** erbracht wurde. Unerheblich ist, worauf das Nichtvorhandensein der Schuld beruht. Auch die Leistung auf eine schon vor der Leistung weggefallene Schuld oder eine Verbindlichkeit, über die Dissens bestand (RGZ 87, 42), gehört hierher. Ein Irrtum des Leistenden liegt zwar regelmäßig vor, ist aber nicht notwendig (BGHZ 37, 371). Der Rechtsgrund muss endgültig fehlen und darf bereits im Zeitpunkt der Leistungserbringung nicht bestanden haben (PWW/*Prütting* Rn 34). Bisweilen wird aus der condictio indebiti die sog condictio sine causa ausgesondert, die eingreifen soll, wenn eine Leistung auf ein hierdurch zu begründendes Rechtsgrundverhältnis erbracht wird, das aber nicht entsteht, teils auch bei Dissens über das Kausalverhältnis (RGRK/*Heimann-Trosien* Rn 76). Besser ist es, die hierher gerechneten Fälle der condictio indebiti zuzuordnen (Staudinger/*Lorenz* Rn 78), wobei jedoch anerkannt werden muss, dass bei Dissens über den Leistungszweck eine begrifflich nicht zwingend gebotene Leistungskondiktion zw den Parteien erfolgt, die untereinander die Zweckabrede treffen wollten (RGZ 87, 41). Diese Kondiktion kann neben den dinglichen Ansprüchen auf Ausgleich eines wegen des Dissenses gescheiterten Rechtsübergangs stehen. Die Leistung muss an den richtigen Gläubiger erbracht worden sein, sodass der Vertragspartner einer GbR, der auf die Forderung der Gesellschaft an einen der Gesellschafter geleistet hat, diese Zahlung kondizieren kann. 45

Bsp: Erfüllung aufschiebend bedingter oder auflösend bedingter Forderung vor oder nach Bedingungseintritt sowie sonstige Leistungen auf einen schwebend unwirksamen Vertrag (BGH NJW 1976, 104; zur auflösenden Bedingung Brandenburg ZIP 1998, 1049); Leistung auf eine formungültig eingegangene Verpflichtung (RGZ 137, 177; 170, 207) oder als – unzulässige – Gegenleistung für den Erlass eines Verwaltungsakts (RGZ 135, 374); Vornahme von Schönheitsreparaturen aufgrund unerkannt unwirksamer Endrenovierungsklausel (BGHZ 181, 188; *Lorenz* NJW 2009, 2576; *Lange* ZGS 2009, 442; s auch *Thole* NJW 2010, 1243, 1246); Leistung nicht geschuldeter Umsatzsteuer (Braunschweig MDR 2018, 1303 Rn 23); Leistung auf einen nicht bestehenden Darlehensvertrag (BGH NJW 1979, 1597), auf eine Garantie, deren materielle Voraussetzungen fehlten (Frankfurt ZIP 1998, 148), auf einen gem § 779 ungültigen Vergleich (BGH WM 1973, 383), auf einen Energieliefervertrag mit **unwirksamer Preisanpassungsklausel** (so *Bayer* RdE 2010, 1ff; s auch *Olschewski/Häger* RdE 2009, 276ff; s auch BGH RdE 2021, 310 Rn 17ff; ZMR 2022, 89 Rn 16ff) oder auf ein Rechtsgeschäft, das wegen Geschäftsunfähigkeit eines Partners oder wegen Sittenwidrigkeit nichtig ist (LG Berlin FamRZ 2001, 419; BGH NJW 1967, 2260: Vereinbarung einer der Höhe nach unzulässigen Miete; LG Hamburg ZMR 1979, 208; BGH NJW 2004, 1730; 2005, 751: Vorfälligkeitsentschädigung). Eine als Mängelbeseitigung verlangte Bauleistung ist rechtsgrundlos, wenn kein Mangel vorlag (Düsseldorf BauR 2001, 1608). Kondizierbar ist auch die Überlassung von Nachlassgegenständen durch Testamentsvollstrecker an Erben in der Annahme, die Voraussetzungen des § 2217 lägen vor (BGHZ 12, 100). Ein Grundbuchberechtigter bewilligt eine Löschung oder räumt einen Vorrang ein, weil er sich dazu verpflichtet glaubt (RGZ 146, 360; RG HRR 30, 1316). Eine als Austauschsicherheit begründete **Bürgschaft** wird als durch die Bezahlung des einbehaltenen Betrags bedingt betrachtet, ist also rechtsgrundlos, wenn der Auftraggeber den Betrag weiter einbehalten hat. Die Bürgschaft ist somit zurückzugeben (Celle NZBau 2001, 93). Bei nichtiger Handschenkung kommt der Rechtsgrund nicht zustande (RGZ 111, 151), ebenso beim Darlehen (Hamm NJW 1981, 995: Valutierung ggü dem vollmachtlos vertretenen Darlehensnehmer; zur Rückabwicklung nichtiger Darlehensverträge § 817 Rn 20). Hat jemand eine Forderung bei Vorliegen von Insolvenzreife entgegen einer Rangrücktrittsvereinbarung berichtigt, so hat er aufgrund der Schuldänderung auf eine Nichtschuld geleistet, sodass ein Rechtsgrund fehlt (BGH BB 2015, 973 Rn 33f). Auch im Widerspruch zum Gesellschaftsvertrag 46 oder den gesetzl Bestimmungen über Gewinnermittlung, -verteilung und -auszahlung stehende Zahlungen sind an **Kommanditisten** ohne Rechtsgrund geleistet (Düsseldorf NZG 2020, 899 Rn 23).

46a **Kein Fehlen des Rechtsgrunds** liegt dagegen vor, wenn Ehegatten eine Gesamtgrundschuld dadurch ablösen, dass sie aufgrund unwirksamer weiterer Zweckerklärung eine Schuld nur eines von ihnen tilgen (BGH ZIP 1999, 876). Unter diese Kondiktionsform fallen nicht nur Leistungen in der Annahme, vertragl verpflichtet zu sein, sondern auch die vermeintliche Erfüllung andersartiger, etwa gesetzl Pflichten, zB Unterhaltspflichten (Zweibrücken FamRZ 1998, 834; zu den Ansprüchen eines Scheinvaters Rn 43). Hierbei gehört Überzahlung auf ein vorläufig vollstreckbares Abänderungsurteil (Schleswig SchlHA 98, 185) oder auf eine einstw Anordnung (Hamm FamRZ 1998, 1166). Von dem Grundsatz, dass auch Zuviellieferungen und **Überzahlungen** kondiziert werden können, weicht die st Rspr auch dann ab, wenn zusätzl Leistungen eines Krankenhausträgers auf der Grundlage von formunwirksamen Wahlleistungsvereinbarungen erbracht werden. Sie sind vielmehr mit Rechtsgrund im Rahmen des Krankenhausvertrags erbracht (PWW/*Prütting* Rn 33; BGHZ 138, 91, 99; 157, 87, 97; BGH NJW 2005, 3633, 3635: Zusatzleistungen eines Heimträgers; vgl auch BGH NJW-RR 2007, 710).

46b § 812 I 1 Alt 1 greift schließlich ein, wenn auf eine Schuld ein **Gegenstand geleistet wurde, dem die Erfüllungseignung fehlt** (BGHZ 7, 123), etwa bei nicht ausreichenden Gattungssachen (§ 243 I; zur Aliudleistung, die durch § 434 III, § 633 II 3 erfasst sein soll, PWW/*Prütting* Rn 33). Das gilt allerdings nicht für den vom Käufer trotz einer Falschlieferung gezahlten Kaufpreis, für den der Kaufvertrag, solange der Käufer nicht zurückgetreten ist, den Rechtsgrund bildet (BGH NJW 1997, 1914). Auch die Frage, ob eine Leistungskondiktion nach der **Ersitzung** möglich ist, wenn die Besitzerlangung auf einem unwirksamen Vertrag beruht, verneinte der BGH; der Ersitzungserwerb trage seinen Rechtsgrund in sich (BGHZ 208, 316 Rn 36ff). Ein Bereicherungsanspruch entfällt iÜ, wenn anstelle des von den Parteien ins Auge gefassten Rechtsgrundverhältnisses ein anderer Rechtsgrund dem Leistungsempfänger erlaubt, die Leistung zu behalten (Verjährung, Verwirkung, Versäumung einer Ausschlussfrist, rechtskräftiges Urteil). Manchmal ergibt sich umgekehrt ein Bereicherungsanspruch gerade daraus, dass der Entreicherte Einwendungen gegen eine Forderung aus Rechtsgründen nicht geltend machen konnte, nun aber Rückgewähr verlangt (Jena OLGRp 1998, 98 für den Einwendungsausschluss des Bürgen bei Bürgschaft auf erstes Anfordern).

47 **2. Condictio ob causam finitam (§ 812 I 2 Alt 1).** Besteht im Augenblick der Leistung ein **Rechtsgrund, fällt** er jedoch **später weg**, so ist, falls nicht eine spezielle Regelung der Folgen des Wegfalls besteht (zB §§ 371, 528, 533, 628, 1144), der allg Tatbestand der condictio ob causam finitam gegeben. Er unterscheidet sich von der condictio indebiti (§ 812 I 1 Alt 1) nicht, sodass gewisse Abgrenzungsschwierigkeiten vernachlässigt werden dürfen, ebenso die str Frage, ob der Wegfall ex nunc oder ex tunc wirken muss (für condictio indebiti bei Vernichtung des Rechtsgrunds ex tunc BeckOK/*Wendehorst* Rn 63). Somit ist es auch hier gleichgültig, ob auf einen vertragl oder gesetzl Rechtsgrund geleistet wurde, ob der Wegfall aufgrund einer Gestaltungserklärung oder automatisch geschah. Schwierig ist dagegen manchmal die Abgrenzung zur Kondiktion wegen Nichteintritts des mit der Leistung bezweckten Erfolgs (Rn 50).

48 **Einzelfälle:** Eintritt einer auflösenden Bedingung oder eines Endtermins (BGH MDR 1959, 658; zur auflösend bedingten Schenkung *Jülicher* ZEV 1998, 201); Vorschusszahlungen nach Erlöschen der Erfüllungsansprüche durch Rücktritt (BGH NJW 1979, 2389); Wiedererlangung der gestohlenen Sache nach Auszahlung der Versicherungssumme (LG Kiel NJW 1950, 350). Verweigert der Insolvenzverwalter nach § 103 InsO die Erfüllung eines Vertrags, auf den der Gemeinschuldner bereits eine den Schadensersatzanspruch des Gegners übersteigende Leistung bewirkt hat, richtet sich die Rückforderung nach Bereicherungsrecht (BGHZ 15, 335; 68, 379), dgl der Anspruch auf Rückgabe dessen, was aufgrund eines rechtskräftigen, aber im Wiederaufnahmeverfahren beseitigten Urteil geleistet wurde (BGH NJW 1990, 2579). Wird auf eine Forderung geleistet, obwohl eine Arrestpfändung vorlag, gibt die gepfändete Forderung dennoch einen Rechtsgrund (München NJW 1978, 1438). Bei Dauerschuldverhältnissen, die aus wichtigem Grund gekündigt werden, kann bei Fehlen besonderer Abmachungen oder Gesetzesvorschriften (§ 547) die Rückabwicklung durch Kondiktion erfolgen, soweit Vorleistungen auf die wegen der Kündigung nicht mehr bestehenden Forderungen erbracht wurden (BGH NJW 1967, 2255; 1972, 827). Bei Auflösung eines Vertrags wegen Fortfalls der Geschäftsgrundlage (§ 313) kann nur wegen der Leistungen kondiziert werden, die den nicht mehr durchgeführten Vertragsteil betreffen (RGZ 147, 208), wenn dies trennbar ist. Wenn ein Leasingvertrag nach der Rspr wegen wirksamen Rücktritts vom Kaufvertrag am Fehlen der Geschäftsgrundlage leidet und rückabgewickelt werden muss, auch wenn der Leasingnehmer die Sache eine Zeit lang benutzt hat (BGHZ 94, 180, 185; 97, 135; BGH NJW 1985, 796; krit *Schröder* JZ 1989, 717; *Lieb* DB 1988, 2495f), richtet sich die Rückabwicklung nach Bereicherungsrecht (BGH NJW 1985, 796; 1990, 314f). Der Leasinggeber hat auf dieser Grundlage an den Lieferanten eine Nutzungsentschädigung zu zahlen, der Leasingnehmer kann gezahlte Leasingraten zurückfordern (zum Wegfall der Bereicherung § 818 Rn 31ff). Wenn nach § 139 bei einem verbundenen Geschäft ein Teil nachträgl wegfällt, wird eine erbrachte Erfüllungshandlung rechtsgrundlos (BGH NJW 1991, 105, 106). Ein Baukostenzuschuss kann nach vorzeitiger Beendigung des Mietvertrags auch nach Ablauf der mietrechtl Verjährung (§ 548) kondiziert werden (Düsseldorf NZM 2001, 1093; BGH NJW-RR 2001, 727: werterhaltende Investitionen des Mieters).

49 Einstweilen frei.

50 **VI. Kondiktion wegen Nichteintretens eines bezweckten Erfolgs (§ 812 I 2 Alt 2). 1. Allgemeines.** Die Kondiktion wegen des Nichteintretens eines mit der Leistung nach dem Inhalt des Rechtsgeschäfts bezweckten Er-

folgs (condictio causa data causa non secuta oder condictio ob rem; s NK/*v Sachsen Gessaphe* Rn 48) hat der Rechtsanwendung sowohl in der Bestimmung der Voraussetzungen als auch in der Abgrenzung zu anderen Ansprüchen Schwierigkeiten bereitet. Das betrifft hauptsächlich den Zweckbegriff sowie die Abgrenzung zu den Grundsätzen über die Störung bzw den Wegfall der Geschäftsgrundlage, die nach der gesetzl Regelung in § 313 vorrangig ist (unklar BGH NJW 1999, 1623, 1626; BGHZ 177, 193; dafür BeckOK/*Wendehorst* Rn 103 mwN; s auch unten Rn 51). Die condictio ob rem passt sich in das System der Bereicherungsansprüche schlecht ein, weil beim normalen Austauschvertrag die Verfehlung der typischen Zwecke durch Leistungsstörungsrecht sanktioniert wird. Beim gegenseitigen Vertrag kann, wenn der eine Teil nicht leistet, der andere nicht statt des Erfüllungs- einen Bereicherungsanspruch geltend machen (BGH NJW 1992, 2690; 2004, 512: Rückerstattung von Ausbildungskosten wegen Zweckverfehlung), und zwar auch dann nicht, wenn sich aus dem Vertrag durch erg Auslegung oder durch Anpassung an veränderte Umstände Ansprüche ergeben (BGH DB 1972, 1621; *Larenz/Canaris* § 68 I 3). Abreden, die einen Austausch beiderseitiger Leistungen betreffen, werden somit nach **§ 313** abgewickelt (BGH NJW 1992, 2690). Die condictio kann auch nicht die Zweckverfehlung wegen Ungültigkeit der schuldrechtl Leistungsgrundlage betreffen, weil insoweit die § 812 I 1 Alt 1 und § 812 I 2 Alt 1 allg Regeln enthalten. Vorrangig anzuwenden sind auch Regelungen wie §§ 527, 1301, während die §§ 994ff zum Verwendungsersatz die condictio nicht ausschließen (BGH NJW 2001, 3118: Bebauung eines Grundstücks durch den Mieter in der später gescheiterten Erwartung eines Eigentumserwerbs). Die Stellung des § 812 I 2 Alt 2 ist selbst dann unklar, wenn man dies als gesetzl geregelten Fall der ergänzenden Vertragsauslegung versteht (*Gursky* JR 2000, 45, 50; BeckOK/*Wendehorst* Rn 85). Es handelt sich um ein Überbleibsel einer historisch überholten Betrachtung des Rechtsgeschäfts (*v Caemmerer* FS Rabel, 1954, 346; *Söllner* AcP 163, 23; *Simshäuser* AcP 172, 19; s auch *Weber* JZ 1989, 25, 26f; krit *Liebs* JZ 1978, 697f). Dennoch kann die condictio ob rem nicht auf bestimmte Fälle der Zweckverfehlung beschränkt werden, auch wenn einzelne Fallgruppen (Fehlschlagen eines Verwendungszwecks, fehlgeschlagene Erwartung und Vorleistung auf eine erwartete Gegenleistung) im Vordergrund der Anwendung stehen. Es gibt immer wieder Umstände, die die Praxis nach einer gesetzesnahen Form der Rückabwicklung fehlgeschlagener Leistungen suchen lassen. Auf diese **„Ventilfunktion"** des § 812 I 2 Alt 2 kann trotz § 313 nicht verzichtet werden. Der Zeitpunkt des **Entstehens** eines solchen Bereicherungsanspruchs hängt vom gewollten Zweck ab. Der Anspruch entsteht erst, wenn feststeht, dass dieser nicht mehr eintreten kann. Dann ist die berechtigte Erwartung enttäuscht (BGHZ 197, 110 Rn 23f; Brandenburg 28.11.2018 – 6 U 37/13, juris Rn 69; Köln 29.6.2017 – 16 U 106/16, juris Rn 28). Der Anspruch entsteht nicht schon etwa mit der Vornahme von Verwendungen auf eine fremde Sache.

2. Zweckbestimmung. Bei der Kondiktion nach § 812 I 2 Alt 2 kommt es entscheidend auf die Art der 51
Zweckbestimmung an. Die Zweckabrede ist mehr als bloßes Motiv, auch wenn die einseitige Erwartung des Leistenden vom Empfänger erkannt worden ist (BGH NJW 1973, 612) und er die Abhängigkeit der Leistung von der Zweckerfüllung akzeptiert haben muss (BGHZ 44, 321, 324; BGH NJW 1984, 233; BGHZ 108, 256, 265; BGH NJW 1999, 1623). Andererseits ist sie weniger als die einverständliche Bindung der gewollten Rechtsfolgen an einen ungewissen Umstand. Bedenklich ist allerdings, eine dem Empfänger bekannte Zweckbestimmung des Leistenden nur deshalb für unerheblich zu halten, weil der Empfänger erklärtermaßen seine eigenen Zwecke verfolgte (*Ehmann* NJW 1973, 1035 gegen BGH NJW 1973, 612). Da für § 812 I 2 Alt 2 die Verfolgung geschäftstypischer Zwecke ausscheidet – hier greift der Erfüllungsanspruch bzw das Recht der Leistungsstörungen oder das Gewährleistungsrecht (BGH NJW 1963, 806; 1992, 2690) ein – kommen nur solche Zwecke in Betracht, die über die nach den Vertragsvereinbarungen **geschuldete Zweckerfüllung** hinaus nach beiderseitigem Parteiwillen ein zusätzl Erfordernis für das Behalten einer Leistung durch ihren Empfänger bilden sollen (BGH NJW 2013, 3364 Rn 7; Düsseldorf MDR 2017, 699 Rn 36; Stuttgart 15.6.2021 – 6 U 656/20, juris Rn 35). Dagegen besteht bei Verfehlung des Zwecks, durch eine Leistung die Erfüllung zu bewirken, ein Anspruch aus § 812 I 1 Alt 1. Wenn sich die Zweckbestimmung auf ein dauerhaftes Wohnnutzungsrecht ohne Mietzahlung bezieht, nicht auf die Erwartung eines künftigen Eigentumserwerbs, scheidet ein Anspruch aus § 812 I 2 Alt 2 aus (BGH NJW 2015, 1523ff). Auch wenn einer der typischen Fälle des Rechtsverkehrs verfolgt wird (Erfüllung, Schenkung, Sicherung), kann mit einer hiervon getragenen Zuwendung ein weiterer Zweck verfolgt werden (**Zweckstaffelung**). Bei der Verfehlung des Zwecks wurde lange Zeit § 812 I 2 Alt 2 bejaht (so noch BGH NJW 1973, 612; *Ehmann* JZ 2003, 702, 706; s auch *Larenz/Canaris* § 68 I 3d). Das wird angesichts der gesetzl Regelung der Grundsätze über die Störung bzw des Wegfalls der Geschäftsgrundlage in § 313 von der ganz hM abgelehnt (PWW/*Prütting* Rn 49; Staudinger/*Lorenz* Rn 106; MüKo/*Schwab* Rn 474f; BeckOK/*Wendehorst* Rn 92; NK/*v Sachsen Gessaphe* Rn 58; *Langenbucher* FS Huber, 2006, 861, 867; s auch oben Rn 50). Für die Anwendung der condictio ob rem sei kein Raum, da entweder Leistungsstörungsrecht oder § 313 (Anpassung des Vertrags) anzuwenden sind. Ein genereller Vorrang der gesetzl Regeln über die Störung bzw den Wegfall der Geschäftsgrundlage ist jedoch abzulehnen (s Rn 52).

Das Schwergewicht der condictio ob rem liegt auf der einverständlichen (BGH NJW 1979, 646) Verfolgung von 52
Zwecken (**schlüssige Vereinbarung** genügt, BGHZ 44, 321; Koblenz FamRZ 2022, 143 Rn 32), die auf ein Verhalten des Leistungsempfängers zielen, auf das der Leistende keinen Anspruch hatte (*Söllner* AcP 163, 23, 33; Düsseldorf MDR 1998, 843: Zahlung an eine Prostituierte zwecks Freikaufs; Karlsruhe FamRZ 2002, 918: Leistung an Eltern in der – fehlgeschlagenen – Erwartung, Schlusserbe zu werden). Solange nicht feststeht, dass der Leistungsempfänger diese nach dem „Inhalt des Rechtsgeschäfts" in Aussicht gestellte Leistung nicht erbringen wird, hat er für die ihm erbrachte Leistung einen Rechtsgrund (*Welker*, 37ff). Eine nur auf Druck des Empfän-

gers zustande gekommene Leistung gehört nicht hierher (Saarbrücken OLGRp 1998, 449). Im Zuge der Privatautonomie können die Parteien den Leistungsaustausch und auch die einseitige Gewährung von Vorteilen durch Schenkung oder zinsloses Darlehen von anderen Erwartungen außerhalb der Handlungen des Leistungsempfängers abhängig machen (so beim Verkauf eines Grundstücks zur Vermeidung der Enteignung; später wird wegen einer Planänderung das Grundstück nicht benötigt). Hier bietet sich die Anwendung der condictio ob rem unter dem Gesichtspunkt an, dass ein über den ersten Zweck hinausgehender **weiterer Zweck** zum **Vertragsinhalt** gemacht worden ist (Staudinger/*Lorenz* Rn 106; *Rothoeft* AcP 163, 225). Neben der Zweckvereinbarung liegt daher ein wirksamer Vertrag vor, sodass auch die Regeln einer Störung der Geschäftsgrundlage in Betracht kommen (BGH NJW-RR 1991, 1269). Nach hM sollen in solchen Fällen diese Regeln die Anwendung der Leistungskondiktion wegen Zweckverfehlung ausschließen (Staudinger/*Lorenz* Rn 106; MüKo/*Schwab* Rn 474; PWW/*Prütting* Rn 49; s auch BGH NJW 1975, 776; 1992, 2690; krit *Liebs* JZ 1978, 697, 702; *Battes* AcP 178, 337, 372f). Setzen die Parteien einverständlich (oder der Leistende ohne zumutbaren Widerspruch des Leistungsempfängers) die Leistung außer mit der Erfüllung von Vertragspflichten mit weiteren Zwecken in Bezug, so ist nicht einzusehen, weshalb bei Verfehlung dieses Zwecks eine Umgestaltung des Vertrags nach den Grundsätzen obj Risikoverteilung an die Stelle einseitiger Rückforderung treten soll. Der Leistungszweck iSd Kondiktion nach § 812 I 2 Alt 2 ist eben Geschäftsinhalt, die Geschäftsgrundlage nicht. Deshalb ist ein Vorrang von § 313 nicht ohne Weiteres zu bejahen (so auch *Looschelders* Schuldrecht BT § 54 Rn 30).

53 **3. Einzelfälle im Allgemeinen.** Die Rückforderbarkeit von Leistungen in **Erwartung eines Vertragsschlusses** oder einer Gegenleistung, die der Leistende nicht durch Klage erzwingen kann, ist in folgenden Fällen bejaht worden: bei Leistung einer Anzahlung auf einen später nicht zustande gekommenen Vertrag (BGH JZ 1961, 699); Kenntnis von der Unwirksamkeit, wenn gezahlt wird in der Annahme, auch der Gegner werde erfüllen (BGH NJW 1976, 237; s aber BGH WM 1971, 276: Wegfall der Geschäftsgrundlage); wenn auf einen (wegen Beurkundung eines anderen als des wirklich gewollten Kaufpreises) formnichtigen Grundstückskaufvertrag Leistungen erbracht worden sind, um den Verkäufer in der Erwartung der Heilung der Formnichtigkeit zur Erfüllung zu veranlassen (BGH NJW 1976, 237; WM 1980, 104f; *Singer* WM 1983, 254, 255; Staudinger/*Lorenz* Rn 110), wobei dann aber § 815 zu beachten ist; Vorrangeinräumung für eine Baugeldhypothek, die später nicht valutiert wird (RGZ 61, 37); der Anspruch auf Verzicht oder Aufhebung der Grundschuld gegen den Partner des Sicherungsgeschäfts, wenn die zur Bestellung einer Grundschuld verpflichtende Sicherungsabrede unwirksam ist (BGH NJW 1985, 800); Rückforderung einer Bürgschaft, wenn das Disziplinarverfahren gegen den Schuldner, das verhindert werden sollte, doch eingeleitet wird (BGH NJW 1966, 448; ZIP 1990, 721); Zahlungen an einen ArbN, um ihn an der an sich unbeschränkten Kündigung zu hindern; Schuldversprechen in der Absicht, einem Dritten Kredit zu verschaffen (BGH WM 1963, 666); im Falle eines Ehemäklervertrags, bei dem vorgeleistet worden ist, die Bemühungen des Maklers aber erfolglos sind (Karlsruhe OLG 1982, 233; zur Abdingbarkeit *Loddenkemper* NJW 1984, 160); Zuwendungen in der später enttäuschten Erwartung, vom Empfänger erbrechtl bedacht zu werden (*Liebs* JZ 1978, 697, 703 gegen BGH NJW 1977, 950, s auch BGHZ 108, 256, 265; BGH NJW 2013, 2025; Karlsruhe FamRZ 2002, 918); Leistungen, die der Empfänger eines nach § 2302 unwirksamen Versprechens einer Erbeinsetzung gemacht hat (*Battes* AcP 178, 337, 372ff); Leistung auf einen künftigen, aber nicht abgeschlossenen Gesellschaftsvertrag (Stuttgart BauR 2014, 1964 Rn 57). Eine **Rückforderbarkeit** ist zu **verneinen**: Wenn der Leistungszweck durch Erfüllungsklage durchgesetzt werden kann (bedenklich daher RGZ 106, 93); bei vermögenswirksamen Leistungen des Arbeitgebers bei vorzeitiger Auflösung des Sparvertrags durch den ArbN (BAG NJW 1975, 2040 mit Ausnahme bei tarifvertragl Sonderregelung); wenn ein Erbensucher den Erben in der Erwartung eines Honorars ermittelt, der Erbe diese einseitige Honorarerwartung aber nicht billigt (BGH NJW 2000, 72; NJW-RR 2006, 656; MüKo/*Schwab* Rn 496). Nicht selten sollen Schenkungen, vor allem solche im Zuge vorweggenommener Erbfolge, wegen Verfehlung der damit vom Erblasser verfolgten Absichten rückgängig gemacht werden, ohne dass die Voraussetzungen des groben Undanks vorliegen. Hier kommt unter allerdings engen Voraussetzungen eine Kondiktion in Betracht (BGH NJW 1984, 233; Karlsruhe NJW 1988, 323; *H.P. Westermann* FS Kellermann, 1990, 505, 524ff). Nach dem Erbfall einen Erbverzicht zu kondizieren, stößt aus dem Gesichtspunkt der Rechtssicherheit auf Bedenken, wobei auch zweifelhaft ist, was der Erblasser erhalten hat (nicht erörtert in BGH NJW 1999, 789; vgl *Skibbe* ZEV 1999, 106).

54 **4. Nachträgliche Sinnlosigkeit, Bau auf fremdem Boden.** Stärker in der Nähe der Störung bzw des Wegfalls der Geschäftsgrundlage (§ 313) stehen die Fälle einer **nachträgl Sinnlosigkeit** ursprünglich zweckmäßiger Leistungen: Die Straße, zu deren Bau der Anlieger beitragen musste, wird nicht gebaut (RGZ 75, 145); ein Grundstück, bei dessen Verkauf neben der Kaufsumme eine bestimmte Verwendung vereinbart war, wird vom Käufer anders verwertet (RGZ 132, 238); Anspruch auf Rückgabe eines enteigneten, dann aber nicht bestimmungsgemäß verwendeten Grundstücks (s aber BVerfG NJW 1975, 37: Ableitung direkt aus Art 14 GG); Verkauf eines Hauses in der Annahme, dass der Käufer Mitglied der verkaufenden Genossenschaft ist (RGZ 147, 201; hier könnte allerdings ein bloßer Motivirrtum vorliegen); Gewinnauszahlungen durch eine Gesellschaft, die später mit Verlust abschließt (RGZ 85, 43; 92, 82; aM RGRK/*Heimann-Trosien* Rn 91 unter Hinw auf BGHZ 48, 70: § 812 I 1 Alt 1). Zweifelhaft sind die Entscheidungen, die **Bauten auf fremdem Boden** in der später fehlgeschlagenen Hoffnung, das Grundstück erwerben oder erben (Köln 29.6.2017 – 16 U 106/16 Rn 28) zu können, durch Bereicherungsansprüche ausgleichen (BGHZ 35, 356; 44, 321; 108, 256, 263; BGH NJW 2013, 3364; BGH 29.10.2020 – III ZR 142/19, juris Rn 11). Unklar ist, ob die auch für die Kondiktion nach § 812 I 2 Alt 2 erforderliche (*Söllner* AcP 163, 30) Leistung an den Bereicherten vorliegt (*Medicus/Petersen* BürgR Rn 693; abl auch NK/*v Sachsen*

Gessaphe Rn 62; aM *Lieb*, 114f, weil der Zuwendende zumindest bewusst fremdes Vermögen mehrt; PWW/*Prütting* Rn 47f). Allerdings leuchtet mangels Eingreifens des § 313 das Bedürfnis nach einem Ausgleich ein (s daher BGH NJW 1970, 136 und BGHZ 108, 256: auch Nichtleistungskondiktion; aM *Larenz/Canaris* § 68 I 3c: nur Nichtleistungskondiktion). Als unerheblich wird es angesehen, wenn sich die Erwartung nur auf eine ungesicherte Rechtsposition bezieht (Brandenburg 28.11.2017 – 6 U 37/13, juris Rn 40), sofern eine tatsächliche Willensübereinstimmung zw Bauendem und Grundstückseigentümer vorliegt.

5. Dienst- und Arbeitsleistungen. Im Schnittpunkt zw Arbeitsrecht, Familienrecht und bürgerlich-rechtl Bereicherungsausgleich liegen die **zweckverfehlten Dienst- und Arbeitsleistungen.** Es handelt sich hierbei um Dienste, die eine dem Leistungsempfänger verwandte oder sonst nahestehende Person in der Annahme erbringt, dadurch zur Bestandserhaltung der Lebensgemeinschaft beizutragen oder dafür durch spätere Zuwendungen, namentlich durch Erbeinsetzung, entschädigt zu werden. Mit Rücksicht auf die Verschiedenartigkeit der durch § 812 I 2 Alt 2 erfassten Zwecke ist zu differenzieren: Manchmal handelt der die Dienste Leistende in der Erwartung einer Vergütung, die ihm zwar nicht rechtswirksam versprochen ist, auf die er sich aber verlässt. Das BAG nimmt hier einen vertragl Nachzahlungsanspruch nach § 612 an (BAGE 14, 291; BAG NJW 1963, 2188; ähnl BGH NJW 1965, 1224; 1972, 429; zust RGRK/*Heimann-Trosien* Rn 93). Dagegen spricht jedoch, dass jedenfalls nicht die ursprünglich geschuldete oder erwartete, sondern eine Ersatzleistung erbracht werden muss. Deshalb geht die Lösung nur auf, wenn der Dienstleistende in einer durch § 612 II auszufüllenden nur allg Vergütungserwartung handelte. IdR ist das jedoch nicht der Fall, da der Handelnde an bestimmte Zuwendungen wie Adoption oder Erbeinsetzung denkt (etwa BGHZ 44, 321). Dann passt die Vorstellung eines unentgeltlichen, aber am Wegfall der Geschäftsgrundlage leidenden Dienstvertrags (*Canaris* BB 1967, 156) weniger als die Kondiktion nach § 812 I 2 Alt 2 (condictio ob rem; *Lieb*, 112f; *Welker*, 113f; *Larenz/Canaris* § 68 III 2c: faktisches Arbeitsverhältnis; BeckOK/*Wendehorst* Rn 91; NK/*v Sachsen Gessaphe* Rn 59; diff MüKo/*Schwab* Rn 474ff). 55

6. Familienmitarbeit. Auch bei Familienmitarbeit kann die Annahme einer Leistung für künftiges Entgelt gelegentlich zutreffen (weiter BGH NJW 1965, 1224 und NJW 1972, 429). Im Vordergrund steht jedoch die Arbeit in Erwartung von Vorteilen, die sich aus der gemeinsamen Nutzung der geschaffenen Werte ergeben, etwa durch Bewohnen eines gemeinsam errichteten Hauses, Gewinn aus einem gemeinschaftl aufgebauten Unternehmen. Scheitern diese Erwartungen, etwa durch Ehescheidung oder Einsetzen eines anderen Erben, wird zT ebenfalls mit der Annahme eines stillschw vereinbarten Ausgleichs aufgrund von Dienst- oder Gesellschaftsverträgen geholfen. Daneben würde die Kondiktion nach § 812 I 2 Alt 2 wegen der unbestimmten Fassung des Zweckbegriffs zwar tatbestandsmäßig anwendbar sein, ist aber wertungsmäßig nicht das richtige Korrektiv, das vielmehr im Familienrecht zu suchen ist (*Lieb*, 116f). Ähnl sind Arbeitsleistungen zu beurteilen, die in das Grundstück eines Verlobten eingegangen sind und nach Auflösung des Verlöbnisses zurückgefordert werden, wobei jedoch eine geringfügige Erhöhung des Verkehrswerts nicht genügt (Schleswig SchlHA 1998, 24; ähnl für dingliches Wohnrecht Hamm OLGRp 1998, 248). Früher wurde zT auch ein Anspruch aus § 812 I 2 Alt 2 angenommen (Stuttgart NJW 1977, 1779), doch die Wandlung der Rspr zu den ehebedingten Zuwendungen sprach dafür, diese Fragen mit der Geschäftsgrundlagenlehre zu entscheiden. Nach neuer Rspr stellen **schwiegerelterliche Zuwendungen** keine unbenannten Zuwendungen mehr dar, sondern eine Schenkung. Es soll einerseits bei einer Rückabwicklung nach § 313 bleiben (Koblenz FamRZ 2022, 143 Rn 34), andererseits sollen auch Ansprüche wegen Zweckverfehlung iSd § 812 I 2 Alt 2 möglich sein (BGHZ 184, 190: kein Vorrang der Grundsätze des Wegfalls der Geschäftsgrundlage; BGH NJW 2012, 523; s auch Oldenburg NJW-RR 2008, 1440: unentgeltliche Arbeitsleistungen an einer für die Ehegatten bestimmten Wohnung im Haus der Schwiegereltern; s aber BGH NJW 2012, 523 Rn 41: kein Bereicherungsanspruch; NJW 2015, 1523 Rn 22ff). Voraussetzung für einen Anspruch aus § 812 I 2 Alt 2 ist jedoch, dass eine Zweckvereinbarung vorliegt. Diese liegt nicht schon dann vor, wenn die Ehe eine gewisse Zeit Bestand hatte und das eigene Kind der Schwiegereltern von der Schenkung profitierte (BGH WM 2010, 1136ff; anders BGHZ 84, 361, 363; 115, 261, 264 zum Zweck der Schaffung eines Familienheims). Für Arbeitsleistungen des Schwiegersohns gilt Entspr, sodass bei Arbeitsleistungen erheblichen Umfangs neben einem Anspruch aus § 313 ein solcher aus § 812 I 2 Alt 2 denkbar ist. 56

7. Nichteheliche Lebensgemeinschaft; Lebenspartnerschaft. Unter Aufgabe seiner bisherigen Rspr (BGH NJW-RR 1996, 1473f; FamRZ 2004, 94) sieht der BGH inzw dann, wenn Vermögenswerte von erheblicher wirtschaftl Bedeutung geschaffen wurden, die nun im Eigentum des einen Partners stehen, sowohl gesellschaftsrechtl Ausgleichsansprüche als auch Ansprüche aus ungerechtfertigter Bereicherung und § 313 vor (BGHZ 177, 193ff; 183, 242; NJW 2008, 3282, 3283; NJW-RR 2009, 1142; NJW 2013, 2187, s auch *Grädler/Nitze* ZGS 2009, 37, 39f). Als nicht mehr überzeugend wird das Argument angesehen, dass der leistende Partner das Scheitern der Lebensgemeinschaft bewusst in Kauf genommen hat und damit auf deren Bestand nicht vertrauen dürfe. Schließlich liege der Zuwendung die Erwartung zugrunde, dass die Gemeinschaft von Bestand ist. Soweit der Zuwendende darauf vertraut habe, dass dies für den Empfänger der Leistung erkennbar war, er aber dennoch widerspruchslos die Leistung hinnahm, wird der Zuwendende als schutzwürdig angesehen. Im Hinblick auf Leistungen, die nur das betreffen, was das **tägliche Zusammenleben** erst ermöglicht (laufende Unterhaltsbedürfnisse, Miete für gemeinsame Wohnung usw), ist ein bereicherungsrechtl Ausgleich ausgeschlossen (BGHZ 177, 193, 206; BGH NJW 2008, 3282, 3283). Werden aber deutlich über das täglich Benötigte hinausgehende Leistungen erbracht, liegt die nach § 812 I 2 Alt 2 erforderliche finale Ausrichtung der Leistung auf einen nicht erzwingbaren Erfolg vor (BGHZ 177, 193, 206f; 183, 242; BGH NJW-RR 2009, 1142, 1143f; krit *Moes* FamRZ 2016, 757ff). Erforderlich ist eine **konkrete Zweckabrede** (BGH NJW-RR 2021, 718 Rn 13; Brandenburg NJW-RR 2015, 516 Rn 12), 57 wie etwa, dass der eine das Vermögen des anderen vermehrt in der Erwartung, an dem erworbenen Gegenstand langfristig partizipieren zu können (BGH NJW 2011, 2880). Aber auch wenn Aufwendungen wegen Zweckverfehlung kondiziert werden können, wird es häufig an der für die Anwendung der Kondiktion nach § 812 I 2 Alt 2 nötigen Verknüpfung zw Leistung und Zweckerreichung fehlen (Hamm NJW 1978, 224; *Steinert* NJW 1986, 683, 686). Die Leistungen müssen zu Vermögenswerten geführt haben, die die Beendigung der Lebensgemeinschaft überdauern (BGH NJW-RR 2021, 718 Rn 13). Erfasst werden nur solche Zuwendungen, die deutlich über das hinausgehen, was im täglichen Leben benötigt wird (s etwa Frankfurt 17.2.2020 – 16 U 84/19, juris Rn 25). Teilw werden die von einem Partner ins Vermögen des anderen erbrachten Leistungen als ersatzlose gedacht sein. Darüber hinaus werden Bereicherungsansprüche häufig an **§ 814** scheitern (BGH NJW-RR 2009, 1142, 1143f; krit *Grziwotz* FamRZ 2009, 852f; s auch Saarbrücken FamRZ 1979, 796, 798). Für eingetragene Lebenspartnerschaften iSd § 1 LPartG können diese Überlegungen ebenfalls gelten (Grü/*Sprau* Rn 89; PWW/*Prütting* Rn 37).

57a **8. Leistungen unter Ehegatten.** Die Kondiktion von Leistungen unter Ehegatten nach Scheidung der Ehe wurde früher in Anwendung von § 812 I 2 Alt 1 für möglich gehalten (BGH NJW 1968, 245; WM 1974, 947; Düsseldorf FamRZ 1981, 770). Dies war abzulehnen, da die Ehe nicht als Rechtsgrund für nicht als Schenkung deklarierte, unbenannte Zuwendungen angesehen werden kann (*Deubner* FamRZ 1968, 351; *Lieb*, 118ff; MüKo/*Schwab* Rn 508; BGH NJW 1983, 2933; NJW-RR 1994, 258). Auch § 812 I 2 Alt 2 wurde im Schrifttum zumeist abgelehnt (*Lieb*, 116ff). Vielmehr wurden Ausgleichsansprüche wegen ehebedingter unbenannter Zuwendungen sowohl nach Scheidung (BGHZ 65, 320) als auch nach Tod (BGH NJW 1976, 2131) im Rahmen einer Abwicklung nach güterrechtl Regeln vorgenommen. Eine Kondiktion wurde auch abgelehnt, wenn die Eheleute in Gütertrennung lebten (BGHZ 82, 227; 84, 361, 363). Obwohl der familienrechtl Ausgleichsanspruch etwa als Grundlage für Aufwendungsersatzansprüche nicht aufgegeben ist, und, soweit er bejaht wird, Ansprüche aus GoA und aus ungerechtfertigter Bereicherung verdrängt (BGHZ 116, 167; 129, 259; s bereits BGH FamRZ 1984, 775), bleibt doch die grds Schwäche, dass das Güterrecht die neben der Ehe einhergehenden Abreden der Ehegatten nicht angemessen bewerten kann. Das zeigt sich auch, wenn Dritte ehebezogene Zuwendungen erbracht haben (Köln OLGRp 2001, 400 unter Hinw auf BGH NJW 1995, 1889: keine Kondiktion der Schwiegermutter nach Scheitern der Ehe ggü Schwiegersohn, dem eine Zuwendung zum Erwerb einer Ehewohnung gemacht wurde). Die vom Gesetz vorgesehene Abwicklung allein im Rahmen des Zugewinnausgleichs lässt die Interessen der Zuwendenden außer Acht (anders Oldenburg NJW 1991, 1461). Obwohl die Abwicklung nach Bereicherungsrecht ggü der Anpassung wegen **Fehlens der Geschäftsgrundlage** (§ 313) vorzuziehen wäre (*Joost* JZ 1985, 7f), ist Letztere nach hM (BGH WM 1990, 1585; NJW-RR 1994, 258; Staudinger/*Lorenz* Rn 100; MüKo/*Schwab* Rn 474; *Medicus/Petersen* BürgR Rn 690a) an die Stelle der Kondiktion getreten. Eine Kondiktion würde ganz ausscheiden, wenn eine ehebezogene Zuwendung als Schenkung anzusehen wäre. Obwohl diese Zuwendungen obj unentgeltlich sind (BGHZ 116, 167; BGH NJW 1994, 2545; NJW 2000, 134; aM Hamm OLGRp 2000, 376), fehlt es nach hM am subj Tatbestand einer Schenkung. Er soll aber gegeben sein, wenn die Zuwendung nicht mit der Erwartung des Fortbestands der Ehe verbunden ist (BGHZ 116, 167; BGH NJW 1999, 2962; Bamberg NJW-RR 1996, 1347; München NJW-RR 2002, 3). Im letzteren Fall liegt dann im Scheitern der Ehe der Wegfall der Geschäftsgrundlage (BGHZ 116, 167, 170; BGH NJW 1999, 2962; Köln FamRZ 2001, 1608). Dennoch wird auch hier eine Ausgleichszahlung nur zugelassen, wenn der güterrechtl Ausgleich zu untragbaren Ergebnissen führen würde (BGHZ 115, 132; 119, 392; 129, 266). Insb wird ein Ausgleich abgelehnt, wenn die Zuwendung nicht über eine Maßnahme zur Verwirklichung der ehelichen Lebensgemeinschaft hinausgeht (Düsseldorf FamRZ 1995, 1146 für Schuldübernahme durch den „Hauptverdiener"). Ein Ausgleich wurde etwa zugebilligt in Bezug auf Zuwendungen für die Bebauung eines Grundstücks, die schon während der Verlobungszeit gemacht wurden (Celle NJW-RR 2001, 1675), ebenso bei Überschreibung eines Wertpapierdepots unter Versorgungsgesichtspunkten und Scheitern der Ehe nach kurzer Zeit (BGH FamRZ 1994, 503). Ob sich diese Rspr so aufrechterhalten lässt oder ob die Fälle künftig über § 812 I 2 Alt 2 abgewickelt werden müssen, ist angesichts der Rspr zu den nichtehelichen Lebensgemeinschaften fraglich (Rn 57). Schließlich geht es hier wie dort um die Erwartung, dass der Leistende an einer bestimmten Investition langfristig teilhaben wird. Es fragt sich, ob die bereicherungsrechtl Lösung beim gesetzl Güterstand nicht hinter den §§ 1372ff zurücktreten muss (s auch MüKo/*Schwab* Rn 509). Das Gesagte soll auch für Zuwendungen unter **Lebenspartnern** iSd § 1 LPartG gelten (NK/*v Sachsen Gessaphe* Rn 46; PWW/*Prütting* Rn 37).

57b Leben die Ehegatten in **Gütertrennung**, werden im Wesentlichen dieselben Maßstäbe angewendet. Für einen Wegfall der Geschäftsgrundlage (§ 313) kommt es darauf an, ob dem zuwendenden Ehegatten die Bindung an die Folgen der Gütertrennung nicht zuzumuten ist, wobei Dauer der Ehe, Alter der Eheleute bei der Scheidung, Art und Umfang der während der Ehe erbrachten Leistungen und die sonstigen Einkünfte zu berücksichtigen sind (BGH NJW 1989, 1986; 1997, 2747; Düsseldorf NJW-RR 1996, 467). Soweit unbenannte Zuwendungen als Schenkung verstanden werden können, was zT von der Formulierung im notariellen Vertrag abhängt, kommt auch Widerruf wegen groben Undanks in Betracht (BGH WM 1992, 71; NJW 1993, 1762; Bamberg NJW-RR 1996, 1347), wofür Trennung und Betreiben der Scheidung allerdings nicht genügen. Soweit keine Schenkung vorliegt und die Grundlage einer Vereinbarung nicht im Familienrecht gefunden werden kann, kommt bei Tatbeständen, die als Undank qualifiziert werden könnten, statt der Kondiktion wiederum die Korrektur nach § 313 in Betracht (BGH WM 1994, 2166; zur Auflagenschenkung BGH JZ 1998, 906; zur Behandlung von Schenkung oder unbenannten Zuwendungen im Zugewinnausgleich *Kleinle* FamRZ 1997, 1383f). Die Kondiktion wegen Wegfalls des Rechtsgrunds bleibt danach als Lösung für Zuwendungen (hauptsächlich Umbau- oder Ausbauleistungen), die ein Ehegatte mit Rücksicht auf die bestehende Ehe an einem nicht seinem Ehegatten gehörenden Grundstück hat vornehmen lassen. Wenn der Ehegatte in das Haus der Schwiegereltern investiert, um dort vereinbarungsgemäß eine unentgeltliche Ehewohnung zu schaffen, kann das als Leihvertrag angesehen werden, der den Rechtsgrund für die Aufwendungen abgibt (BGH NJW 1985, 313). Dessen Beendigung (nach Scheitern der Ehe) löst Bereicherungsansprüche aus § 812 Abs I S 2 aus (BGH NJW 1990, 1789). Das ist zu beachten bei Überlegungen des in der Wohnung verbliebenen Ehegatten, Verpflichtungen aus dem an die Stelle des Leihvertrags getretenen Mietvertrag mit den Eltern in die Unterhaltsbemessung ggü dem geschiedenen Ehegatten einzubringen. Im umgekehrten Fall der Zuwendungen der Eltern an Tochter und Schwiegersohn wird das Scheitern der Ehe für den Fortfall der Geschäftsgrundlage gehalten (Oldenburg NJW 1991, 1461; s aber Rn 56). Das Problem der durch Scheidung ausgelösten Vergütungsansprüche für die nach § 1356 II geschuldete **Ehegattenmitarbeit** ist nicht mit § 812 I 2 Alt 1 zu lösen, weil die Scheidung eine gem § 1356 II gegebene Pflicht nur für die Zukunft entfallen lässt (*Lieb*, 121). Ob diese Fälle künftig nicht vorrangig unter Anwendung der Zweckverfehlungskondiktion gelöst werden sollten, ist angesichts der gewandelten Rspr zu den nichtehelichen Lebensgemeinschaften fraglich. Insb stellt sich hier nicht die Frage, ob das Bereicherungsrecht nicht durch die §§ 1372ff verdrängt wird.

VII. Abs II: Kondiktion eines Schuldversprechens. Nach Abs II gilt als Leistung auch die vertragl Anerkennung des Bestehens oder Nichtbestehens eines Schuldverhältnisses. Damit wird der Leistungscharakter bestimmter Erklärungen bzw ihre Kondizierbarkeit bei fehlendem Rechtsgrund klargestellt. Es wird keine neue Kondiktionsform geschaffen (RGZ 108, 332). Daher kann eine Bank Bereicherungsansprüche wegen einer erteilten Gutschrift durch Umbuchung geltend machen (BGH NJW 1991, 2140). Nicht einleuchtend ist darum, wenn allg nur das sog abstrakte Schuldversprechen oder -anerkenntnis als Kondiktionsgegenstand iSd § 812 II anerkannt wird (BGH NJW 1998, 2439; NJW-RR 1999, 573; Staudinger/*Lorenz* Rn 10; etwas anders BGHZ 66, 250, 254: Kondiktion trotz Anerkenntnisses). Da die Leistungskondiktion Rückabwicklung fehlgeschlagener privatautonomer Zuwendungen ist, kommt es allein darauf an, welchem Zweck die durch ein Versprechen oder Anerkenntnis begründete Position dienen sollte und ob diese Bestimmung erreicht worden ist (*Zeiß* AcP 164, 50, 72). Daher muss ein Anerkenntnis, das eine selbständige Verbindlichkeit schaffen will, anders behandelt werden als die gewollte Bereinigung möglicher Einreden oder die bloße Beweiserleichterung. Die hM lehnt das mit der Begründung ab, das deklaratorische Schuldanerkenntnis sei Bestandteil des Kausalgeschäfts und begründe keine neue Verbindlichkeit (BGH NJW 2000, 2501; PWW/*Prütting* Rn 52; Staudinger/*Lorenz* Rn 11; Grü/*Sprau* Rn 18; NK/*v Sachsen Gessaphe* Rn 67; diff MüKo/*Schwab* Rn 32). Die hM kommt dem Gesagten aber i Erg nahe, wenn sie für nicht abstrakte Anerkenntnisse in gewissen Ausnahmefällen Kondizierbarkeit bejaht (RGRK/*Heimann-Trosien* Rn 102; BGH NJW 1985, 3010; 1995, 321 zum fiktiven Saldoanerkenntnis nach den AGB-Banken). 58

Ein Anerkenntnis kann dem Zweck dienen, dem Erklärungsempfänger eine **selbständige**, von der bisherigen Schuld losgelöste **Forderung** iSd § 781 zu verschaffen. Der Erklärende kann für eine solche Zuwendung, deren Eignung als Leistung § 812 II bestätigt, verschiedene Gründe haben, deren Fehlen dann den Rechtsgrund entfallen lässt, so etwa die Annahme des Leistenden, zur Erfüllung der von ihm anerkannten Pflicht herangezogen werden zu können (so RGZ 154, 389 für die Erstattung von Anliegerkosten; RGZ 67, 243 für das Versprechen einer Grundstücksübereignung in der Annahme gültiger öffentlich-rechtl Pflicht; RG LZ 1915, 23 für das Anerkenntnis aufgrund irrig für wirksam gehaltener Bürgschaft). Geht die Annahme fehl, kann der Anerkennende das Anerkenntnis nach § 812 I 1 Alt 1 kondizieren (vgl auch § 821). Häufig dienen abstrakte Anerkenntnisse der Sicherung des Erklärungsempfängers gegen einen Dritten. Bei den nicht akzessorischen Sicherheiten erfolgt hier eine Sicherungsvereinbarung, die die causa des Sicherungsgeschäfts darstellt und bei deren Zweckverfehlung (etwa wegen Nichtbestehens der zu sichernden Schuld) die Sicherheit als rechtsgrundlos gewährt zurückgefordert werden kann (aM *Zeiß* AcP 164, 68ff). Im Fall der schenkweisen Anerkennung einer Schuld oder eines entspr negativen Schuldanerkenntnisses ist § 518 I 2 zu beachten. Das **negative Schuldanerkenntnis** ist gleich zu behandeln, wenn es einen selbständigen Zweck verfolgt und nicht lediglich die Rechtslage verbindlich ändern will (BGH WM 1982, 671). Auch die Entlastungserklärung des Pfleglings nach Aufhebung der Pflegschaft kann mit der Begründung kondiziert werden, dass entgegen dem Anerkenntnis eine Forderung tatsächlich bestanden hat (Köln FamRZ 1996, 249). 59

Str ist, ob ein Anerkenntnis mit der Begründung kondiziert werden kann, das **Anerkannte** sei **unrichtig**. Das wird im Allg zugelassen (RG JW 1908, 31) und ist insb der Grund dafür, dass ein Saldoanerkenntnis im Kontokorrentverkehr kondiziert werden kann, wenn ein in die Abrechnung einbezogener Schuldposten nicht bestand (BGHZ 72, 9, 12; BGH WM 1967, 726; 1975, 556; 1992, 1522: Gutschrift einer Forderung aus Sparkassenbrief, über die der Begünstigte nicht verfügen durfte; Staudinger/*Lorenz* Rn 18; *Kümpel* WM 1979, 378; RGRK/*Heimann-Trosien* Rn 108). Hierbei reicht allerdings die Kondizierbarkeit stets nur bis zu dem nach Treu und Glauben unanfechtbar gewordenen Saldo zurück (RGZ 117, 34). Kondizierbar soll auch das Anerkenntnis eines Gläubigers sein, dass weitere als die in das Kontokorrent aufgenommenen Forderungen zu seinen Gunsten nicht zu berücksichtigen seien (BGHZ 51, 348). Des Weiteren: Gläubiger stellt eine „Ausgleichsquittung" aus mit dem Anerkenntnis, keine Ansprüche mehr zu haben (RGZ 83, 110); Schuldner einer abgetretenen Forderung stellt einem neuen Zessionar, der die Forderung nicht erworben hat, ein Anerkenntnis aus (RGZ 83, 184); der Erbe er- 60 kennt ein ihn enterbendes Testament an (BGH WM 1991, 1152; 2005, 1907: Kondizierbarkeit der Nachtragsvereinbarung).

61 Nicht immer dient dabei das Anerkenntnis der Begründung einer selbständigen Forderung iSd § 781. Wollten die Parteien nur eine bisher unübersichtliche und str Rechtslage bereinigen, erreichen sie diesen (Feststellungs-)Zweck auch und gerade dann, wenn das Anerkenntnis materiell von der bisherigen Rechtslage abweicht. Hier kommt zwar die Kondiktion wegen Irrtums über eine Pflicht zum Anerkennen in Betracht, nicht aber wegen materieller Unrichtigkeit des Anerkannten (BGH NJW 1963, 2316; JZ 1968, 633; RGRK/*Heimann-Trosien* Rn 102). Diese Zielrichtung ist auch beim schuldbegründenden Anerkenntnis denkbar (BGH WM 1957, 213; WM 1973, 840). Dient das Anerkenntnis der Beilegung eines Streits oder einer Unsicherheit über ein Rechtsverhältnis, indem eine klare Rechtslage geschaffen werden soll, kann der Anerkennende von dieser (wie ein Vergleich wirkenden) Regelung nicht durch einen Bereicherungsanspruch loskommen (BGH NJW 2000, 2501; Koblenz OLGRp 2001, 431; *Gehrlein* DZWIR 2000, 332). Aus ähnl Gründen ist das Anerkenntnis gem § 307 ZPO nicht kondizierbar (RG 156, 74). Das in einer wettbewerbsrechtl Unterwerfungserklärung liegende Schuldanerkenntnis ist nicht wegen des späteren Wegfalls der Sachbefugnis des Gläubigers kondizierbar (BGH NJW 1998, 2439). Auch das **prozessuale** Geständnis ist nicht kondizierbar, sondern nach § 290 ZPO zu widerrufen (BGHZ 37, 154). Schließlich kann ein Anerkenntnis nicht kondiziert werden, wenn es Bestandteil eines gegenseitigen Vertrags war und hieraus nicht ohne Störung des Gleichgewichts herausgelöst werden kann (RGZ 154, 385; RGRK/*Heimann-Trosien* Rn 107; Staudinger/*Lorenz* Rn 12; krit *Zeiß* AcP 164, 72). Darin liegt dogmatisch keine Besonderheit, weil das Anerkenntnis bei gültigem gegenseitigem Vertrag nicht rechtsgrundlos ist. Wird dagegen über eine der Forderungen aus einem gegenseitigen Vertrag noch ein besonderes Anerkenntnis abgegeben, kommt bei Zweckverfehlung eine Kondiktion in Betracht, ebenso dann, wenn der ganze gegenseitige Vertrag auf einer irrig angenommenen Pflicht zum Abschluss beruht (Erbe verkauft Nachlassgegenstand, weil er sich durch Auflage dazu verpflichtet glaubt).

62 Der Bereicherungsanspruch wird hauptsächlich über § 821 **realisiert**, aber auch durch einen Herausgabeanspruch bzgl der Unterlagen. Beim rechtsgrundlosen negativen Schuldanerkenntnis richtet sich der Anspruch auf Wiederbegründung der Schuld und Herausgabe der Quittung. Nach einer Abtretung der abstrakten Forderung richtet sich die Bereicherungseinrede gem § 404 gegen den Zessionar. Erkennt der Schuldner die Abtretung an, kann hierin ein Verzicht auf die Bereicherungseinrede liegen (vgl aber *Marburger* DB 1973, 2125).

63 **VIII. Die Nichtleistungskondiktion (§ 812 I 1 Alt 2). 1. Allgemeines.** Auf der Grundlage einer Einteilung des Bereicherungsanspruchs nach den Ursachen der Bereicherung des Schuldners (Rn 1) bildet die auf Vermögensverschiebungen **in sonstiger Weise** zurückgehende Nichtleistungskondiktion neben der Leistungskondiktion die zweite große Fallgruppe. Die §§ 813–815, 817 gelten aber nur für die Leistungskondiktion. Die Rspr hat die Formulierung als „Nichtleistungskondiktion" akzeptiert (BGH NJW 1994, 2357f; BGHZ 147, 145, 149), womit auch die Fälle erfasst werden können, in denen eine Zuwendung im Dreipersonenverhältnis kondiziert wird, die Nichtleistung iSd Leistungskondiktion ist. Allerdings kann hier nicht ohne Weiteres bei Nichtvorliegen einer Leistung auf § 812 I 1 Alt 2 zurückgegriffen werden (BGH NJW 2015, 229 Rn 22). IÜ ist die theoretische Diskussion zu den Voraussetzungen der Nichtleistungskondiktion und zum Umfang des damit zu erreichenden Rechtsgüterschutzes so vielschichtig, dass unbestrittene Positionen fast nicht auszumachen sind.

64 **2. Dogmatik.** Da es im Bereicherungsrecht nicht darum geht, einen Schaden des Entreicherten auszugleichen (BGHZ 17, 236; 36, 332), sondern festzustellen, welche nach Berührung mit einem fremden Vermögen (Prot 2, 685) zustande gekommenen Vorteile dem hierdurch Bereicherten und welche dem Inhaber dieses Vermögens gebühren (BGHZ 20, 355), kann es auch nicht auf eine unmittelbare Vermögensverschiebung zw dem Ent- und dem Bereicherten ankommen (*Wilburg*, 111; *Kleinheyer* JZ 1970, 437; *Larenz/Canaris* § 67 II 2). Das nach hM (Rn 1) für die Nichtleistungskondiktion erhebliche Merkmal **„auf Kosten"** kann daher auch nicht iSd Rechtswidrigkeit eines Eingriffs in fremdes Vermögen (so aber *F. Schulz* AcP 105, 478; *Jakobs*, 64; *Kellmann*, 90ff; anders *Wilburg*, 25ff; *Medicus/Petersen* BürgR Rn 711f; *Reuter/Martinek*, 245ff; *Larenz/Canaris* § 69 I 1) oder einer besonderen Modalität des Bereicherungsvorgangs ausgelegt werden – etwa Unmittelbarkeit der Vermögensverschiebung (so noch BGHZ 15, 338; 17, 236; 46, 260; neuerdings wieder Schall, 71), Einheitlichkeit des gewinn- und verlustbegründenden Ereignisses (*v Caemmerer* FS Rabel, 1954, 371f; dagegen *Wilburg*, 108ff) oder Ursächlichkeit des Vermögensnachteils für den Vorteil (BGHZ 36, 332). Das Merkmal enthält lediglich die **Bestimmung der Parteien** der Nichtleistungskondiktion nach Maßgabe der Beteiligung am bereichernden Geschehen (BGH NJW 1985, 1952; *Larenz/Canaris* § 67 II 2b; Grü/*Sprau* Rn 43; MüKo/*Schwab* Rn 290f). In enger Verbindung hiermit steht das Verständnis der **Rechtsgrundlosigkeit** eines derartigen Erwerbs, die zu bejahen ist, wenn die Rechtsordnung für das schuldrechtl Verhältnis zw dem Bereicherten und dem Inhaber des beim Bereicherungsvorgang im weitesten Sinne berührten Vermögens (Parteien der Nichtleistungskondiktion) dem ersteren keinen Grund liefert, den Vorteil zu behalten (Rostock ZIP 2006, 1812, 1814; s auch BeckOK/*Wendehorst* Rn 112). Dahinstehen kann, ob nach der Gesamtheit der eine Güterbewegung beherrschenden Normen diese Bestand haben kann oder muss (*Larenz/Canaris* § 67 III 2a; *Koller*, 153).

65 **3. Zuweisungsgehalt des verletzten Rechts.** Das Nichtvorliegen einer Leistung führt nicht stets zum Vorliegen einer Nichtleistungskondiktion (BGH NJW 2015, 229 Rn 22). Für die Bestimmung des Anwendungsbereichs der Nichtleistungskondiktion ist die Feststellung vorrangig, wann beim Erwerb von Vorteilen durch den Bereicherten das Vermögen eines anderen so betroffen worden ist, dass von einem rechtsgrundlosen Haben auf Kosten dieses anderen gesprochen werden kann. Bei der Nichtleistungskondiktion wird das Merkmal der Leis-

tung des Bereicherungsgläubigers durch die Prüfung ersetzt, ob der Erwerb gegen den Zuweisungsgehalt des verletzten Rechts verstößt (hM, BGHZ 87, 299; 99, 385; 107, 117; *Wilburg*, 28ff; *v Caemmerer* FS Rabel, 1954, 353ff; *Reuter/Martinek*, 245ff; *Larenz/Canaris* § 69 I 1; NK/*v Sachsen Gessaphe* Rn 82). Die Nichtleistungskondiktion, insb die Eingriffskondiktion (zB § 816 I), wird damit in die Nähe der Ansprüche gerückt, die den Schutz des subj Rechts durch Sanktionen bei seiner Verletzung bewirken. Die Besonderheit ist, dass hier die im subj Recht liegende Zuweisung von Substanz und Nutzungsmöglichkeiten für den Fall obj zweckwidriger Erwerbsvorgänge verlängert wird (**Rechtsfortwirkungsanspruch**; *Wilburg* AcP 163, 438; *Kleinheyer* JZ 1970, 473; *Reuter/Martinek*, 236f).

Auch wenn, anders als beim Delikt, ein Urteil über den **Unwert** von **Handlungen** des Bereicherten unerheblich bleibt, muss die Bestimmung des Zuweisungsgehalts von Gütern unter Berücksichtigung des im Deliktsrecht anerkannten Stands des Güterschutzes getroffen werden (*Reuter/Martinek*, 245; *Larenz/Canaris* § 69 I 1c). Gefahren für die Wettbewerbsordnung (*Mestmäcker* JZ 1958, 524) bestehen nicht, wenn die Zuweisungslehre von vornherein als Appell zur offenen Wertung der rechtl Zuweisungsfunktion von Gütern aufgefasst wird, die durch die Rechtsordnung anerkannt oder gesellschaftlich entstanden sind und als wertvoll empfunden werden. Nicht alle Positionen müssen Zuweisungsgehalt iSd Rechtsfortwirkungsanspruchs haben (dies übersehen *Kleinheyer* JZ 1970, 473; *Jakobs*, 24; *Kellmann*, 90ff). Es trifft auch nicht zu, dass erst der Bereicherungsanspruch aus dem Gesichtspunkt der Rechtsfortwirkung die Zuweisung schafft (*Kleinheyer*, 473). Vielmehr darf ohne Anhaltspunkte für eine Substanz- und Ertragszuweisung, wie sie aus dem Gesetz zu entnehmen sind, eine Eingriffskondiktion nicht bejaht werden. Daher haben lediglich schuldrechtl begründete Ansprüche keinen bereicherungsrechtl relevanten Zuweisungsgehalt (BGH NJW 2013, 781 Rn 24). Wichtige Hinw auf den absoluten Zuweisungsgehalt eines Rechtsguts gibt die Möglichkeit des Inhabers, über die Substanz und die Nutzung entgeltlich zu verfügen. Häufig wird auch das Bestehen eines Unterlassungsanspruchs des Rechtsinhabers gegen Zugriffe Dritter die Zuweisung auch des Nutzungs- und Verwertungsrechts anzeigen (*Kleinheyer*, 475; *Reeb* JuS 1973, 93). Doch erstens ist die Einräumung eines Unterlassungsanspruchs bei den Gütern mit zweifelhaftem Zuweisungsgehalt meist nicht eindeutig festgelegt und zweitens ist eine Parallelität zw Unterlassungsanspruch und Güterzuweisung wegen der prozessualen Struktur der Unterlassungsklage nicht durchweg gegeben. 66

4. Entstehung einer Bereicherung „in sonstiger Weise". a) Eigene Handlungen des Bereicherten. Am wichtigsten sind die eigenen Handlungen des Bereicherten. Eingriffe in fremdes Vermögen verpflichten zur Herausgabe des Erlangten (**Eingriffskondiktion**), wenn das betreffende Rechtsgut dem Inhaber die ausschließliche Nutzung zuweist. Das trifft beim Eigentum zu, ebenso bei beschränkten dinglichen Rechten, bei einer Auflassungsvormerkung (BGHZ 99, 385) und einem Anwartschaftsrecht (Celle MDR 1959, 930). Außer den die Verfügung über fremde Sachen oder Forderungen betreffenden Tatbeständen des § 816 und dem durch §§ 946–951 geregelten Fall des Eigentumsverlusts bzw -erwerbs durch Verbindung, Vermischung und Verarbeitung gehören hierher: Verbrauch fremder Sachen (BGHZ 14, 7; 32, 130: Verbrauch von eingebrachtem Gut der Ehefrau durch den Mann), Nutzung fremder Gegenstände (BGH NJW 1968, 197; BGHZ 44, 241), unberechtigte Wasserentnahme (München 16.7.2014 – 3 U 4285/13, juris Rn 30f), gewinnbringende Überlassung der Nutzung an Dritte durch Verpflichtungsgeschäft (etwa durch Verpachtung oder Vermietung, Celle RdL 2001, 51; zur unberechtigten Untervermietung Rn 71), Belastung eines Kundenkontos durch die Bank ohne Verfügung des Kunden (LG Regensburg WM 1993, 62), unberechtigte Nutzung einer Architektenleistung (Celle BauR 2019, 994 Rn 4ff) Nutzung gemeindlicher Grundstücke durch ein Energieversorgungsunternehmen ohne Konzessionsvertrag (BGHZ 132, 198; Brandenburg OLGRp 1998, 319; Rostock RdE 2001, 115; zu Besonderheiten des Energiewirtschaftsrechts *Kühne* JZ 1996, 1132); Hin- und Herüberweisung eines Verwalters (Zweibrücken ZMR 2012, 716 Rn 35; ZMR 2015, 471 Rn 19 „Umbuchungskarussell"; BGH NJW 2014,1294 Rn 9). IÜ kann bei Eingriffen in ein fremdes Rechtsgut die Herausgabepflicht Wertersatz oder Abführung des Gewinns umfassen (§ 818 Rn 29). Nicht erforderlich ist ein Eingriff in die **Substanz** der fremden Sache oder ein Schaden des Sacheigentümers. Dennoch ist bei Vertauschung der **Stromzähler** zweier Mieter die Annahme, der Begünstigte habe seinen Strom „über den Zähler" des Benachteiligten erhalten und somit in den Zuweisungsgehalt fremden Rechts eingegriffen (LG Aachen NJW 1984, 2421), nicht richtig, da der Zähler meist dem Lieferanten gehört, der seinerseits dem Benachteiligten, mit dem er unkorrekt abgerechnet hat, den übererhobenen Betrag erstatten muss. Ein direkter Bereicherungsausgleich zw den Mietern ist daher zu verneinen (KG NJW 1985, 1714; *Martinek* JuS 1985, 596). Ein Bereicherungsanspruch besteht auch bei Verwendung einer Wand zu Reklamezwecken (BGHZ 22, 395; zur Benutzung von Fernsehsendungen als „**Schleichwerbung**" und damit ungerechtfertigte Bereicherung der werbenden Firmen *Pilger/Preusche* NJW 1974, 2308, 2310 (bejahend); s auch MüKo/*Schwab* Rn 332), bei Anbau an eine fremde Giebelmauer (BGHZ 27, 203; 35, 46; BGH NJW 1963, 1868), bei Nutzung halbscheidiger Giebelmauer (BGHZ 43, 127), bei zeitweiligem Einsatz fremden Kapitals (RGZ 151, 123), evtl auch bei Zweitanmeldung eines Patents wegen ersparter Entwicklungskosten (LG Köln NJW 1985, 2652; vgl auch BGHZ 107, 117, 118f: nicht, wenn Zweitanmeldung auf Erkenntnissen der Erstanmeldung beruht), bei ständigem Parken oder Automatenaufstellung auf einem nicht im Gemeingebrauch stehenden Platz (BGHZ 20, 270; BGH NJW 1973, 1281; aM BGHZ 21, 319, 336). Soweit die Anbringung und der Betrieb von Warenautomaten, die in den Luftraum hineinragen, nicht Anliegergebrauch, sondern Sondernutzung sind, steht der Stadt ein Entgelt zu (BGH NJW 1973, 1281). Da eine mit einem Dispute-Eintrag versehene **Domain** vom Domaininhaber nicht auf Dritte übertragen werden kann, kann mit diesem ein Eingriff auf Kosten des Inhabers in die durch die Domainregistrierung erlangte Rechtsposition vorliegen (Braunschweig MMR 2021, 641 Rn 28). 67

68 In allen diesen Fällen kann der Eingreifende nicht einwenden, der Inhaber des Rechtsguts habe aus tatsächlichen oder rechtl Gründen die Vorteile nicht ziehen können (BGH NJW 1968, 197; München NJW-RR 1996, 539; Hamburg NJW-RR 1999, 1204) oder er, der Bereicherte, hätte die Nutzung gegen Entgelt nicht in Anspruch nehmen wollen (BGHZ 20, 345). Letzteres ist aber möglicherweise im Rahmen des § 818 III beachtlich (BGHZ 55, 128). Der herauszugebende Vorteil kann höher, aber auch niedriger sein als die Einbuße des Betroffenen (BGHZ 17, 236; 36, 332), auf die es im Gegensatz zum Schadensersatzrecht nicht ankommt (Staudinger/*Lorenz* Rn 24).

69 Str ist der Zuweisungsgehalt von **Persönlichkeits- und Immaterialgüterrechten.** Die Furcht vor einer übermäßigen Kommerzialisierung dieser Rechte darf nicht dazu führen, eine dem Inhaber mögliche entgeltliche Nutzung einem dritten Eingreifer unentgeltlich zu gestatten. Man kann daher den Persönlichkeitsgütern einen Zuweisungsgehalt hinsichtl ihrer wirtschaftl Nutzung nicht absprechen (*Kleinheyer* JZ 1970, 475; *Wilburg*, 40ff; *Jakobs*, 103ff; *Götting*, 54ff; *Siemes* AcP 201, 202ff; *Schlechtriem*, FS Hefermehl, 1971, 445ff). Daher stellt die unbefugte kommerzielle Nutzung eines Bildnisses für Werbezwecke einen Eingriff in den vermögensrechtl Zuweisungsgehalt des Rechts am eigenen Bild dar (BGH NJW 2021, 1303 Rn 27 [Clickbaiting]). Ein solcher Eingriff liegt aber nicht vor, wenn die Presse über ein Ereignis berichtet, das die Öffentlichkeit interessiert, und es nicht ersichtlich ist, dass kommerzielle Interessen bestehen könnten. Hier steht das Berichterstattungsinteresse im Vordergrund (BGH NJW 2021, 1303 Rn 28 [Clickbaiting]). Entscheidend ist, ob der Verletzer den Vermögenswert ohne Zustimmung des Inhabers einer geschützten Rechtsposition nicht hätte erlangen können (BGHZ 99, 244; 107, 117; BGH WM 1981, 129, 131). Der Ausgleich erfolgt im Wege der sog **Lizenzanalogie**, die auch eingreift, wenn ein Lizenzvertrag formunwirksam ist. Auszugleichen ist dann der obj Wert des tatsächlich Erlangten, nicht das im Lizenzvertrag Vereinbarte (BGH NJW-RR 2000, 1332), da es um die Fiktion eines Vertrags der im Verkehr üblichen Art geht. Wenn das Bildnis eines Dritten unerlaubt für kommerzielle Zwecke eingesetzt wird, wird damit die Beimessung eines wirtschaftl Werts zum Ausdruck gebracht. Darauf, ob der Abgebildete je zugestimmt hätte, kommt es nicht an (BGHZ 169, 340 Rn 12). Steht aber ein Berichterstattungsinteresse im Vordergrund, ist die Bildveröffentlichung nicht kommerziell, sodass eine Lizenzanalogie ausscheidet (BGH NJW 2012, 1728 Rn 28ff). Ein **Patent** hat Ausschlusscharakter (BGHZ 41, 84; 68, 99; BGH NJW 1979, 101). Ihm kommt auch ein absoluter Zuweisungsgehalt hinsichtl vermögensmäßiger Nutzung zu (*v Caemmerer* FS Rabel, 1954, 356; RGRK/*Heimann-Trosien* Rn 32). Dagegen soll bei Weiterverwendung der Unterlagen eines Erstanmelders durch einen Zweitanmelder eine Eingriffskondiktion gegen den Letzteren selbst dann ausscheiden, wenn die Behörde den Zweitanmelder aufgrund der vom Erstantragsteller vorgelegten Ergebnisse zugelassen hat (BGHZ 107, 117). Ebenso ist bei unbefugtem Absatz von Schriftwerken unter Verletzung fremden **Urheberrechts** eine Bereicherungshaftung zu bejahen (BGHZ 129, 66; *Ullmann* GRUR 1978, 615; MüKo/*Schwab* Rn 314). Zur Nutzung von Architektenplänen Hamm BauR 2012, 1433; s auch *Schwab* NJW 2013, 1135. Auch im Hinblick auf eine Verletzung von Markenrechten ist ein Bereicherungsanspruch zu bejahen, da das MarkenG dem Markeninhaber eine ausschließliche Benutzungsbefugnis gibt (BGHZ 99, 244; *Reeb* Grundprobleme des Bereicherungsrechts, 1975, 41; Staudinger/*Lorenz* Vor § 812 Rn 68).

69a Reine Persönlichkeitsrechte haben unter bestimmten Umständen Vermögenswert, dessen Nutzung durch den Inhaber auch weithin anerkannt wird (MüKo/*Schwab* Rn 325; Soergel/*Schmidt-Kessel/Hadding* Rn 52; Grü/*Sprau* Rn 94; *Balthasar* NJW 2007, 664). Insoweit ist nicht nur auf eine Konkretisierung des Persönlichkeitsrechts durch gesetzl Vorschrift abzustellen. Daher ist auch bei schuldloser Verletzung des **Rechts am eigenen Bild** ein Bereicherungsanspruch iHd üblichen Vergütung der Nutzung des Bilds zu gewähren (BGHZ 20, 345; krit *Mestmäcker* JZ 1958, 521, 525; aM *Kleinheyer* JZ 1970, 476). Persönlichkeitsverletzungen durch unbefugten Gebrauch des Bildes oder **Namens** eines anderen führen zu einem Bereicherungsausgleich ohne Rücksicht auf eine Schädigung oder Ansehensminderung des Rechtsinhabers oder Verschulden des Handelnden (BeckOK/*Wendehorst* Rn 131; MüKo/*Schwab* Rn 324f). Dieser wird, soweit das Bild Prominenter in der Werbung eingesetzt wird, zT davon abhängig gemacht, dass ein Zusammenhang zw dem beworbenen Produkt und der dargestellten Person besteht (*Beuthien/Hiecke* AfP 2001, 353ff). Der Ausgleich geschieht iHd Kosten, die der Verletzer erspart hat, also idR des Betrags, den der Berechtigte für die Erlaubnis hätte angemessenerweise fordern können (BGHZ 81, 75; BGH NJW 1992, 2084; 2009, 3032: „übliche Lizenzgebühr"; s auch BGH NJW 2021, 1303 Rn 58ff [Clickbaiting]; näher § 818 Rn 19; einschr bzgl des Deliktsschutzes LG München ZUM 2002, 238; dazu *Canaris* JZ 1992, 1114, 1118f; Übersicht bei *Müller* VersR 2000, 797ff). Dieselben Ansprüche werden auch dem Inhaber des ausschließlichen Verwertungsrechts am Bild einer berühmten Persönlichkeit zuerkannt (BGH NJW-RR 1987, 231). Für das **postmortale Persönlichkeitsrecht** gilt, dass Dritte durch eine unbefugte Verwendung des Bildnisses, des Namens oder anderer kennzeichnender Persönlichkeitsmerkmale des Verstorbenen in den Zuweisungsgehalt des postmortalen Persönlichkeitsrechts eingreifen (BGHZ 143, 214, Marlene Dietrich; 165, 203, 209f, kinski-klaus.de; *Götting*, FS Ullmann, 2006, 65, 75f). Da die vermögenswerten Bestandteile des Persönlichkeitsrechts des Verstorbenen auf die Erben übergehen, können sie Ansprüche aus Eingriffskondiktion geltend machen (MüKo/*Schwab* Rn 330; *Helle* JZ 2007, 444, 452f). Die vermögenswerten Bestandteile des postmortalen Persönlichkeitsrechts enden jedoch ebenso wie das Recht am eigenen Bild (§ 22 S 3 KUG) zehn Jahre nach dem Tod des Erblassers (BGHZ 169, 193), sodass Bereicherungsansprüche der Erben ab diesem Zeitpunkt ausscheiden. Bei der Bemessung der Vergütung kann eine Rolle spielen, dass dem Bild auch Werbewirkung für ein vom Verletzer unabhängiges Unternehmen zukommt, dem der Abgebildete unentgeltliche Werbung gestattet hat (BGH NJW 1992, 2084). Die Linie der Rspr wurde fortgesetzt, als BGH NJW 1995, 861; 1996, 984 (Caroline v Monaco) in die Berechnung des Schmerzensgeldes wegen Persönlichkeitsverletzung die Vorstellung einbezog, den Verletzergewinn abschöpfen zu dürfen (*Canaris* Karlsruher Forum 1996, 58ff; *Taupitz* Karlsruher Forum 1996, 75ff; *Canaris* FS Deutsch, 1999, 85, 88; *Vollkommer* FS Leisner, 1999, 599ff; *Siemes* AcP 201, 202ff; rechtsvergleichend *Wagner* ZEuP 2000, 200ff; skeptisch *Steffen* NJW 1997, 10, 13ff; *Gounalakis* AfP 1998, 19). Der Bereicherungsanspruch hängt auch nicht davon ab, ob der Entreicherte bereit (Koblenz NJW-RR 1995, 1112; München NJW-RR 1996, 539; MüKo/*Schwab* Rn 329; *Helle* JZ 2007, 444, 451) oder rechtl in der Lage gewesen wäre, sein Persönlichkeitsrecht entgeltlich zu vermarkten (BGHZ 169, 340, 344; *Balthasar* NJW 2007, 664, 666; *Ehmann* AfP 2005, 237, 246; *Ehmann* AfP 2007, 81, 83; *Siemes* AcP 201, 202, 222; *Götting* FS Ullmann, 2006, 65, 68; Grü/*Sprau* Rn 94; aA MüKo/*Schwab* Rn 329: Ausschluss bei Verstoß gegen gesetzl Verbot oder gute Sitten).

I Erg im Wesentlichen unstr ist, dass weder Eingriffe in das Recht am eingerichteten und ausgeübten **Gewerbebetrieb** noch in sonstige das Unternehmen schützende Rechtspositionen eine Bereicherungshaftung auslösen (BGHZ 71, 86, 97f; 107, 117, 121; BeckOK/*Wendehorst* Rn 129; aA *Kleinheyer* JZ 1970, 471, 476; Staudinger/*Lorenz* Vor § 812 Rn 72). 70

Auch bei Rechtsgütern, deren Zuweisungsgehalt von der Rechtsordnung klar umrissen scheint, ist die Bereicherungshaftung nicht selten zweifelhaft. Str ist der Fall der **unberechtigten Untervermietung.** Die Rspr lehnt Ansprüche aus allen Grundlagen ab (BGHZ 131, 297, 305ff; 167, 312, 320f; eine Eingriffskondiktion bejahend BeckOK/*Wendehorst* Rn 128, PWW/*Prütting* Rn 62; aM MüKo/*Schwab* Rn 302; *Diederichsen* NJW 1964, 2296: § 816 I analog; krit *Larenz*/*Canaris* § 69 I 2a; MüKo/*Schwab* § 816 Rn 13; *R. Koch*/*Wallimann* JZ 2016, 342ff). Ein Eingriff ist aber anzunehmen, wenn der Vermieter sich vertragl bei Zustimmung zur Untervermietung einen Ausgleich ausbedungen hatte (*Theuffel* JuS 1997, 886). Soweit nach Mietrecht die Befugnis zur Untervermietung oder ein Anspruch auf Erlaubnis gegeben ist, besteht ein Rechtsgrund für die gezogenen Vorteile (aM *Mutter* MDR 1993, 303). Die Rspr hat eine Eingriffskondiktion dann bejaht, wenn das Besitzrecht nicht von einem Mietvertrag, sondern einer gesetzl Anordnung abgeleitet wird (BGH NJW 2002, 60, 61). Allerdings handelt es sich in diesem Fall nicht eigentlich um eine Untervermietung. Dagegen ist bei **unberechtigter Hauptvermietung** eine Eingriffskondiktion zu bejahen (KG KGRp 2004, 380, 381; Rostock OLGRp 2005, 653). Allerdings wird die Eingriffskondiktion regelmäßig durch die §§ 987ff verdrängt, da der Vermieter mit Abschluss des Mietvertrags unberechtigt mittelbaren Besitz erlangt (MüKo/*Schwab* Rn 304). 71

Andere Bsp aus der Praxis ergeben sich im Zusammenhang mit dem Verlust nur schuldrechtl gesicherter Positionen ohne absoluten Zuweisungsgehalt. Schuldrechtl Positionen kann daher die Zuordnungsfunktion zu ihrem Inhaber nicht abgesprochen werden, auch wenn dem Gläubiger erst mit Erfüllung die beanspruchten Rechtsgüter zugewiesen sind (BGHZ 192, 204, 216: Domainname). Hat ein Grundstückseigentümer seinem Nachbarn die Bestellung einer **Grunddienstbarkeit** versprochen und sodann das Grundstück unbelastet veräußert, soll es für einen Bereicherungsanspruch des Nachbarn gegen seinen Vertragspartner wegen des bei der Veräußerung erzielten Mehrerlöses an der Unmittelbarkeit der Vermögensverschiebung fehlen (BGHZ 46, 260; LG Bonn NJW 1977, 1823). Ein Bereicherungsanspruch aus § 951 besteht nur gegen denjenigen, der in das Recht des Verlierenden „eingegriffen" hat, nicht gegen seinen Rechtsnachfolger (BGH WM 1972, 389). 72

b) Handlungen des Entreicherten. Die Bereicherung kann auch durch Handlungen des Entreicherten zustande kommen (Staudinger/*Lorenz* Rn 29). Sie werden allerdings, wie die Zahlung fremder Schulden, meist Leistungen sein. Fehlen einer tatsächlichen Zuwendung die Voraussetzungen der Leistung, kommt eine Nichtleistungskondiktion in Betracht. Es kommt vor, dass Leistungen im Verhältnis des Leistenden zu einem durch die Leistung wirtschaftl Begünstigten mittels eines Rückgriffs ausgeglichen werden, der bei Fehlen einer Leistung auch in diesem Verhältnis als Nichtleistungskondiktion zu qualifizieren ist (s Rn 42 zum Regress unter Gesamtschuldnern). Hier tritt das Problem des Verhältnisses von Leistungs- und Nichtleistungskondiktion auf (Rn 83). Hierher gehören auch **Verwendungen** auf fremde Sachen. Sie können Leistungen sein, zB im Rahmen der Erfüllung eines Werkvertrags. Eine Nichtleistungskondiktion kommt dagegen in Betracht, wenn die Verwendung ohne Kenntnis der Person des Eigentümers der verbesserten Sache geschah (Koblenz NJW 1990, 127). Soweit der Entreicherte Besitzer der Sache war, konkurriert die Verwendungskondiktion mit den Verwendungsersatzansprüchen aus §§ 994ff (s Vor § 812 Rn 13). Bei fehlendem Besitz ist eine Nichtleistungskondiktion denkbar. Verlangt man für die Zweckbestimmung einer Leistung Geschäftsfähigkeit des Leistenden (Rn 13), gehören hierher auch Zuwendungen (zB Arbeit) eines nicht voll Geschäftsfähigen. 73

c) Handlungen eines Dritten. Die Bereicherung durch Handlungen eines Dritten (Verbindung, Vermischung und Verarbeitung) gewinnt eine zusätzl Problematik, wenn der Vermögenserwerb des Bereicherten auf **staatlichen Hoheitsakt** zurückgeht (Düsseldorf NJW-RR 1996, 1329f). Hier ist die Grenze zur häufig getrennt behandelten Fallgruppe der Bereicherung durch gesetzl Vorschrift (Rn 80) nicht immer genau erkennbar, was aufgrund gleicher Maßstäbe und Rechtsfolgen unerheblich ist. Die Pfändung und **Versteigerung schuldnerfremder Sachen** ist nicht privatrechtl Verfügung des Gläubigers oder seines Vertreters iSd § 816 (so aber RGZ 88, 356), weil das Eigentum an der dem Ersteher übergebenen Sache und das Recht am Erlös auf den betreibenden Gläubiger durch staatlichen Hoheitsakt übergehen (BGHZ 55, 20). Der Dritte verliert also zunächst das Sacheigentum und sodann sein Recht an dem durch Surrogation (§ 1247) ihm zugefallenen Erlös. Die hM wendet hierauf zu Recht die Regeln über die allg Eingriffskondiktion an und kommt zu einem Bereicherungsanspruch des Dritten gegen den Gläubiger, weil diesem der Erlös schuldrechtl nicht gebührt (BGHZ 66, 150; 100, 95, 99; *Gerlach*, 24ff; MüKo/*Schwab* Rn 338; RGRK/*Heimann-Trosien* Rn 43). Auf den guten Glauben des Gläubigers kommt es nicht an. Ähnl haftet bei der Ersteigerung des Vollstreckungsgegenstands durch den Gläubiger und Verrechnung gem 74

§ 817 IV 1 ZPO der von der Barzahlungspflicht befreite Gläubiger auf Wertersatz bzgl der Zahlungsbefreiung (BGHZ 100, 95; *Krüger* JuS 1989, 182; *Lüke* AcP 153, 533; *Gerlach*, 20ff). Die hM wendet ihre Grundsätze auch an, wenn der Dritte nicht nach § 771 ZPO, sondern nach § 805 ZPO hätte vorgehen können (RGZ 119, 269). Dieselben Regeln gelten schließlich bei Verwertung eines Gegenstands durch einen Werkunternehmer, der von der Sicherungsübereignung der Sache keine Kenntnis hatte (LG Berlin NJW 1973, 630). Bei Verrechnung des Versteigerungserlöses mit der Forderung des betreibenden Gläubigers wie auch bei der Versteigerung einer bestellerfremden Sache durch den Werkunternehmer ist zu prüfen, ob dem Bereicherungsanspruch Verwendungsersatzansprüche entgegengehalten werden können (Zweibrücken JZ 1986, 341; aA *Böhm* Ungerechtfertigte Zwangsvollstreckung und materiellrechtl Ausgleichsansprüche, 1971; dazu *Kaehler* JR 1972, 445; *Gaul* AcP 173, 323, *Gerlach*, 15ff: Schutz des materiellen Rechts durch Prüfung in der Zwangsvollstreckung ausreichend; aA auch *Günther* AcP 178, 456ff).

75 Der Bereicherungsanspruch geht auf den vollen **Erlös**, nicht nur auf den Wert der verlorenen Sache, da der Erlös an die Stelle der Sache getreten war. Das gilt auch bei Zuweisung des Pfandgegenstands an den betreibenden Gläubiger nach § 817 IV ZPO oder im Verfahren gem § 825 ZPO. Anders ist das nur, wenn gem § 835 II ZPO eine Forderung dem betreibenden Gläubiger an Zahlungs statt überwiesen wurde (*Gerlach*, 59). Der Verlust der Forderung des Gläubigers gegen den Vollstreckungsschuldner tritt nicht ein, wenn der Erlös an den Dritten herausgegeben werden muss (*Lüke* AcP 153, 540). Die **Vollstreckungskosten** sind abzugsfähig, weil es sich um notwendige Aufwendungen im Vertrauen auf die Gültigkeit des Vollstreckungsvorgangs und nicht um Gegenleistungen an Dritte handelt (BGHZ 32, 240, 244; 66, 150, 155ff; Grü/*Sprau* Rn 113; aA s München WM 1975, 281, 283; diff *Gerlach*, 60ff). Bei Bösgläubigkeit des Gläubigers kommt ein Anspruch gem § 687 II in Betracht. Vom Ersteher kann der Dritte nicht kondizieren, da insoweit öffentlich-rechtl Verstrickung der Sache und Zuschlag einen Rechtsgrund darstellen (RGRK/*Heimann-Trosien* Rn 43; *Kaehler* JR 1972, 445).

76 Bereicherungsansprüche kommen auch in Betracht, wenn im Vollstreckungsverfahren die **Erlösverteilung mangelhaft** ist. Ein zu Unrecht übergangener Gläubiger kann vom rangletzten Erlösempfänger kondizieren, auch wenn er am Verteilungsverfahren der §§ 872ff ZPO nicht teilgenommen oder dem Teilungsplan nicht widersprochen hat (BGHZ 4, 84; 39, 242; RGRK/*Heimann-Trosien* Rn 44). Ein trotz Anmeldung seiner Forderung im Verteilungsverfahren unberücksichtigt gebliebener Insolvenzgläubiger kann sich auch nach Beendigung des Insolvenzverfahrens mit dem Bereicherungsanspruch an die Gläubiger halten, die zu viel erhalten haben (RGZ 23, 54; *Gruch* 34, 1201). Aus Gründen der Rechtssicherheit gilt das nicht, wenn das Recht im Verzeichnis nicht eingetragen war (BGH NJW 1984, 2154; zweifelnd MüKo/*Schwab* Rn 340), während bei einer vom Schlussverzeichnis abw Erlösverteilung gewöhnlich ein direkter Anspruch des benachteiligten Gläubigers angenommen wurde. Dem Schuldner wurde ein Bereicherungsanspruch zugestanden, wenn vor einem Liquidationsvergleich ein einzelner Gläubiger durch Auszahlung einer die Quote der anderen Gläubiger übersteigenden Leistung bereichert wurde (BGH NJW 1978, 1578). Die Außerachtlassung der Rechtsbehelfe aus §§ 771, 805 ZPO begründet keinen Arglisteinwand (RG JW 1906, 15). Zu Auszahlungen des Gerichtsvollziehers an den falschen Gläubiger ohne Verteilungsverfahren s RGZ 134, 143. Kein Bereicherungsanspruch des Schuldners besteht, wenn § 811 ZPO verletzt oder wenn § 817a ZPO infolge falscher Werteinschätzung nicht zutr angewandt ist (München NJW 1959, 1832). Zur Zwangsvollstreckung wegen öffentlich-rechtl Geldforderungen BGHZ 32, 240; zur Rückforderung von Zwangsgeldern (§ 888 ZPO) Köln NJW 1968, 259. Zweifelhaft, ob für Gesetzesverstöße bei der **Liquidation** juristischer Personen etwas anderes gilt. RGZ 92, 77; 109, 387 hat im Fall der gesetzeswidrigen Benachteiligung eines Gläubigers durch Auskehrung von Überschüssen an Gesellschafter die Unmittelbarkeit verneint, was nur zu halten ist, wenn man davon ausgeht, dass die Liquidation der Haftungsmasse keinen Eingriff in den Zuweisungsgehalt der Forderung darstellt. Dagegen meint RGZ 124, 201, die formal ordnungsmäßige Liquidation stabilisiere die Rechtslage. Seit BGHZ 88, 147 (s *Grunsky* JZ 1983, 898; *Hanisch* ZIP 1983, 1289; *Canaris* ZIP 1983, 647) ist anerkannt, dass ein inl Gläubiger eines hier anhängigen Insolvenzverfahrens, der **im Ausland** eine (aufgrund des Territorialitätsprinzips gültige) **Einzelzwangsvollstreckung** in das Schuldnervermögen durchgesetzt hat, im Inland der Insolvenzmasse aus Eingriffskondiktion haftet. Das gilt nicht, wenn die Erlöse in einem ausländischen Insolvenzverfahren erlangt sind (Köln ZIP 1989, 321).

77 Ähnl Probleme stellen sich in der **Zwangsversteigerung**. Wegen der stabilisierenden Wirkung des Zuschlags kann der Inhaber entgegenstehender, durch den Zuschlag untergegangener Rechte nicht vom Ersteher, sondern nur vom rangletzten Erlösempfänger kondizieren (RGZ 76, 212; 88, 360; RGZ 59, 266; 153, 256 für den Inhaber von Grundpfandrechten oder Dienstbarkeiten, die nicht ins geringste Gebot aufgenommen wurden). Die in § 110 ZVG angeordneten Folgen sollen aber endgültig sein und nicht durch Kondiktion ausgeglichen werden können (BGHZ 21, 30; BGHZ 35, 267). Ein Teilungsplan soll zwar die Änderung des in ihm festgestellten Rangverhältnisses, nicht aber die Kondiktion gegen den rangletzten Erlösempfänger verhindern (RGZ 58, 156; 64, 196; 153, 256). Die Position, die ein Beteiligter nach Aufstellung des Teilungsplans durch einen „verfahrensrechtl bedenklichen“ Zuteilungsbeschluss erlangt hat, wird für kondizierbar gehalten (BGHZ 39, 242). Hat aber aufgrund einer falschen Berechnung des Bargebots der Ersteher zu viel gezahlt, hat er keine Kondiktion gegen den letztrangig befriedigten Grundpfandgläubiger, weil dieser aus dem Vermögen des Schuldners befriedigt worden ist, sondern nur gegen den Schuldner (BGHZ 68, 276; MüKo/*Schwab* Rn 345). Hat bei einer durch Sicherungsgrundschuld gesicherten Forderung der persönliche Schuldner die Anmeldung der gegen ihn gerichteten Forderung des Grundschuldgläubigers unterlassen und kann er infolgedessen vom Ersteher nicht mehr Befreiung von seiner Verbindlichkeit verlangen, so hat er, wenn er nunmehr aus der persönlichen Schuld in Anspruch genom-

men wird, gegen den Ersteher einen Bereicherungsanspruch (BGHZ 56, 22). War die Grundschuld aber nicht voll valutiert, hat der frühere Eigentümer gegen den Ersteher nicht schon deshalb einen Bereicherungsanspruch, weil er nach Nichtanmeldung seiner Ansprüche und Erlöschen der Grundschuld sein Recht auf Rückgewähr des nicht valutierten Grundschuldteils nicht realisieren kann (BGH NJW 1974, 2279; 1993, 1919). Verliert der Ersteher eines Grundstücks bei der Erlösverteilung Befriedigungsmöglichkeiten aus einer voll valutierten Darlehenshypothek, obwohl er gem § 91 II ZVG erklärt hatte, das Recht solle bestehen bleiben, wird ihm in der Höhe, in der die Darlehensforderung durch Erlöszuteilung nicht befriedigt ist, gegen den Darlehensschuldner ein Bereicherungsanspruch zugebilligt (BGH NJW 1981, 1601).

Sonstige **Amtshandlungen**, mit denen die Behörde nicht einen Verwaltungsakt erlässt, sondern eine Vermögens- 78
bewegung unter Privatpersonen veranlasst, werden nicht ohne Weiteres mit §§ 816, 822 gewertet (RGZ 156, 399). Ist der Rechtsweg gegeben und liegt die Normsituation des Bereicherungsrechts vor (von RGZ 117, 43 für das Enteignungsrecht abgelehnt, s Vor § 812 Rn 19f), kann eine Kondiktion erfolgen, wenn der Amtsakt nichtig (RGZ 56, 70 für Zwangsvergleich) oder auf Anfechtung aufgehoben ist (BGHZ 10, 45). Ob mangels materiellen Rechtsgrunds das Ergebnis wirksamer Amtsakte kondiziert werden kann, hängt davon ab, ob sie obligatorische oder dingliche Rechte (konstitutiv) begründen oder nur (deklaratorisch) feststellen, und ob und inwieweit sie eine die Rechtslage stabilisierende Wirkung haben.

Urteile haben idR keine rechtsbegründende, sondern nur deklaratorische Bedeutung (RGZ 46, 66; 129, 248; an- 79
ders Gestaltungsurteile, *Gaul* JuS 1962, 7). Sie tragen daher nicht schon einen Rechtsgrund in sich, verhindern aber durch die Rechtskraft eine abw Beurteilung und stabilisieren so die Rechtslage (BGHZ 83, 278, 280). Das wird eingeschränkt durch die Grundsätze des § 826 (Urteilsmissbrauch) und § 767 ZPO (nachträgl Tatsachen). Sind deren Voraussetzungen erfüllt, kann das aufgrund des Urteils Erlangte kondiziert werden (hM; s aber Düsseldorf NJW 1985, 153: bei sittenwidriger Titelverschaffung nur Deliktsanspruch). Soweit dagegen eine Änderung des Sachverhalts nach dem ersten Urteil geltend gemacht werden darf, kann das aufgrund des Urteils Geleistete nach § 812 zurückgefordert werden, auch ohne dass im Urteil besonders zum Ausdruck gebracht wurde, der Anspruch sei in den derzeitigen Verhältnissen begründet (BGH NJW 1984, 126, 127). Eine einstw Anordnung über **Ehegattenunterhalt** trifft aufgrund summarischer Prüfung nur eine vorläufige Regelung und steht deshalb einer Bereicherungsklage nicht entgegen, ohne dass vorab die Anordnung aufgehoben werden muss (BGH NJW 1984, 2095f; Köln NJW-RR 1989, 324). Die Wirkung eines rechtskräftigen Urteils, bereicherungsrechtl Ausgleichsansprüche auszuschließen, geht auch dem Vollstreckungsbescheid ab (Frankfurt NJW 1961, 1479).

d) Bereicherung kraft gesetzl Vorschrift. Eine Fallgruppe der Bereicherung kraft gesetzl Vorschrift zu bilden, 80
wirft Abgrenzungsschwierigkeiten zur Bereicherung durch Handlungen eines Dritten auf. Dies gilt besonders bei **Gutglaubenserwerb** nach sachenrechtl Vorschriften, der nach hM einen Ausgleich auf der schuldrechtl Ebene nicht ausschließt. Steht der Rang eines eingetragenen Grundstücksrechts (§ 879) mit dessen vertragl Grundlage in Widerspruch, hat bspw das eingetragene Recht einen besseren Rang als es nach den vertragl Abreden zw Eigentümer und Erwerber des Grundstücksrechts haben sollte, hat der Eigentümer einen Bereicherungsanspruch auf Herausgabe der nicht geschuldeten Rangposition (MüKo/*Schwab* Rn 349). Ein Rechtsgrund ergibt sich hier nicht aus § 879 (so aber BGHZ 21, 98; Staudinger/*S Heinze* § 879 Rn 47). Denn auch der Zweck des § 879 gebietet nicht eine Unveränderlichkeit des eingetragenen Rangs, sodass allein die schuldrechtl Vereinbarungen zw den Parteien den erforderlichen Rechtsgrund bilden können. Dagegen wird bei Gutglaubenserwerb gem § 932 dem Erwerber das Eigentum endgültig zugeordnet. Aus § 816 I folgt, dass ein Ausgleich nur zw dem früheren Berechtigten und dem nichtberechtigt Verfügenden erfolgen soll. Man könnte diese Kondiktionsfestigkeit des Erwerbs vom Nichtberechtigten, über die i Erg Einigkeit besteht (BGHZ 55, 176; BGH NJW 1974, 1132; RGRK/*Heimann-Trosien* Vor § 812 Rn 30), mit dem Hinweis zu begründen suchen, dass nur der Nichtberechtigte in das Eigentum eingegriffen habe (*Reeb* JuS 1973, 95). Doch da zum Eigentumsübergang auf den Gutgläubigen auch dessen Mitwirkung erforderlich war, sollte besser die gesetzl und als abschließend erkannte Regelung als Rechtsgrund angesehen werden (*H.P. Westermann* JuS 1972, 23; *Esser/Weyers* § 50 IV), jedenfalls nicht der Vertrag mit dem Nichtberechtigten (missverständlich insoweit BGHZ 55, 176). Einen Rechtsgrund des Behaltendürfens geben auch § 1056 (BGHZ 53, 174) und § 868 ZPO (BGH NJW 1977, 48 mit der Unterscheidung zw formalem Rechtserwerb und „innerem Rechtfertigungsgrund"). Anders die Vorschriften der §§ 946ff, die, wie aus § 951 ersichtlich, nur eine vorläufige dingliche Zuordnung bewirken. Verjährung und Ablauf von Ausschlussfristen schließen idR die Kondiktion aus (BGHZ 33, 247; BGH NJW 1963, 806).

Das Problem der Wertung gesetzl Erwerbsvorgänge als Rechtsgrund iSd § 812 steht in engem Zusammenhang 81
mit der Frage nach der Konkurrenz zw Leistungs- und Nichtleistungskondiktion beim Bereicherungsausgleich im Dreipersonenverhältnis (Rn 83). Zum dinglich wirksamen, aber rechtsgrundlosen Erwerb vom Nichtberechtigten § 816 Rn 10.

e) Bereicherung durch Naturvorgang. Die Bereicherung durch Naturvorgang (Anschwemmen von Land, Zu- 82
fliegen eines Bienenschwarms) wird idR zufällig sein und selten auf Kosten eines Zuweisungsgehalts des Rechts anderer gehen. Ein Rechtsgrund fehlt dann (Staudinger/*Lorenz* Rn 30; RGRK/*Heimann-Trosien* Rn 49).

IX. Das Verhältnis von Leistungs- und Eingriffskondiktion. 1. Subsidiaritätsgrundsatz. Beim Bereiche- 83
rungsausgleich im Dreipersonenverhältnis und beim gutgläubigen Erwerb kann sich die Frage stellen, ob der Bereicherungsgegenstand mit der Leistungs- oder mit der Nichtleistungskondiktion, möglicherweise auch von verschiedenen Gläubigern, herausverlangt werden kann. Verbreitet wird hier der sog Subsidiaritätsgrundsatz he-

rangezogen, wonach eine Bereicherung „in sonstiger Weise" nur in Betracht kommt, wenn der Bereicherungsgegenstand nicht schon durch Leistung zugewendet worden ist (s nur etwa BGH NJW 1999, 1393f; 2005, 60f; 2012, 3366 – Schenkkreis; Grü/*Sprau* Rn 39; s aber BGHZ 40, 272, 278; 56, 228, 240; BGH NJW 2013, 2519 Rn 11, die darauf abstellen, dass von niemandem geleistet worden ist). Das bedeutet, dass Geleistetes nicht mit der Eingriffskondiktion herausverlangt werden kann (krit bzgl des Vorrangs der Leistungskondiktion *Thomale/Zimmermann* AcP 217 (2017), 246ff). Der Grundsatz ist praktisch geworden in den **„Einbaufällen"**, etwa wenn der Unternehmer die ihm vom Baustoffhändler unter Eigentumsvorbehalt gelieferten Baumaterialien mit der Folge eines Eigentumserwerbs durch den Bauherrn (§ 946) einbaut, indem die nach § 951 an sich gegebene Nichtleistungskondiktion des sein Eigentum verlierenden Händlers durch seine Leistung an den Unternehmer als verdrängt betrachtet wird (*Huber* JuS 1970, 345; *Thielmann* AcP 187, 23, 33ff). Auch wenn der Käufer Aufwendungen auf ein rechtsgrundlos erlangtes Grundstück gemacht hat, steht der Kondiktion der Wertsteigerung im Rahmen der Rückabwicklung nicht die Subsidiarität der Eingriffskondiktion entgegen (BGH NJW 1999, 2890). Dasselbe kann in Betracht kommen, wenn der Vorbehaltskäufer die Sache unberechtigt an einen Bösgläubigen weitergibt, der später gem § 950 Eigentum erwirbt (*Berg* AcP 150, 514; *Huber* NJW 1968, 1909; *Ehmann* NJW 1971, 612; ähnl BGH NJW 1971, 1452), bei einem durch Gesetz (§§ 946ff) angeordneten Erwerb von Sachen, die wegen Abhandenkommens rechtsgeschäftlich nicht erworben werden konnten (BGHZ 55, 176: „Jungbullen-Fall"; *Medicus/Petersen* BürgR Rn 727; *Larenz/Canaris* § 70 III 2b); schließlich beim rechtsgrundlosen, aber dinglich wirksamen Erwerb vom Nichtberechtigten. Nahezu unstr tritt die Nichtleistungskondiktion dort zurück, wo eine Vermögenszuwendung, etwa die Errichtung von Bauten auf fremdem Boden, im Hinblick auf Leistungsbeziehungen zu einem anderen als dem Grundstückseigentümer, meist einem Generalunternehmer oder Architekten, erfolgt (*Berg* AcP 160, 510; *Huber* JuS 1970, 343; s auch Stuttgart NJW-RR 1998, 1171; einschränkend *Stürner/Heggen* JuS 2000, 328ff: es habe an einer Leistungsbeziehung gefehlt; BGH BauR 1998, 1113). Eine durch Eingriff in ein fremdes Rechtsgut begründete Nichtleistungskondiktion wird nicht dadurch verhindert, dass ein Dritter versuchte, mit dem Eingreifenden bzgl des Werts Leistungsbeziehungen zu begründen. Mit dem Subsidiaritätsgrundsatz hat das nichts zu tun (BGH NJW 1992, 2084, 2085; bedenkl LS 2 des Urt).

84 Der Subsidiaritätsgrundsatz ist aus dem Gesetz direkt **nicht zu entnehmen**. Gestützt werden kann er auf § 816 I 1 iVm I 2, der dem entgeltlichen gutgläubigen Erwerber den Bereicherungsanspruch dessen, der sein Eigentum unmittelbar zugunsten des Gutgläubigen verloren hat, erspart und nur einen Anspruch auf Herausgabe des Erlöses gegen den nichtberechtigt Verfügenden zulässt (MüKo/*Schwab* Rn 66f; vgl auch *Reuter/Martinek*[2], 2. TB, 33f; krit *Thielmann* AcP 187, 2328ff). Außerhalb des Anwendungsbereichs des § 816 I, etwa in den „Einbaufällen", ist weniger ein begrifflich einheitliches Verhältnis von Leistungs- und Eingriffskondiktion als ein **wertender Vergleich** der den Gewinn und Verlust auslösenden Vorgänge angezeigt. Auch der Umstand der freiwilligen, zweckbezogenen Weggabe eines Gegenstands und nicht nur das Vorliegen eines gesetzl Tatbestands des Erwerberschutzes ist von Bedeutung (auch PWW/*Prütting* Rn 24, 80). Vielfach wird sich das Zusammentreffen der Kondiktionstypen dadurch erledigen, dass für die ohne Leistung geschehene Ent- und Bereicherung ein Rechtsgrund im Gesamtzusammenhang der den Vorgang regelnden Normen gefunden wird, was zur allg Dogmatik der Nichtleistungskondiktion passt. Zu einer solchen Annahme genügt in manchen Fällen die Notwendigkeit eines Vertrauensschutzes, wie er auch durch die Bestimmung der Lage der Leistungsbeziehungen aus der Sicht des Zuwendungsempfängers (Rn 14) bewirkt werden soll (BGHZ 40, 272, 278 „Elektrogeräte-Fall"; zust *Berg* NJW 1964, 720; ähnl *Kötter* AcP 153, 208; s auch LG Bonn NJW 1991, 1360). Wenn man mit der im Schrifttum hM eine Leistung nur insoweit annimmt, als der Zuwendende leisten wollte, wird der Subsidiaritätsgrundsatz dahin formuliert, dass eine vom Berechtigten ausgehende Leistung seine mögliche Nichtleistungskondiktion wegen derselben Vermögensbewegung verhindere, weil er den Rechtsverlust willentlich erlitten hat (*Huber* JuS 1970, 343; *Reeb* JuS 1973, 229; LG Hamburg NJW 1983, 287; Koblenz NJW 1990, 127). Beide Prinzipien sind jedoch nicht lückenlos durchführbar. Zunächst ist eine begriffliche Ausschließlichkeit der jeweils einschlägigen Kondiktionsform mit der typologischen Fassung der Kondiktionen nicht vereinbar (*H.P. Westermann* JuS 1972, 17, 21). Sie ließe sich auch bei Konkurrenz der Bereicherungsansprüche mehrerer Personen nicht durchhalten. Eine ausschließliche Maßgeblichkeit des Willens des das Recht verlierenden Eigentümers müsste die Leistungskondiktion etwa des Baumaterialienhändlers gegen den Unternehmer auch dann der aus § 951 folgenden Eingriffskondiktion gegen den bereicherten Bauherrn vorgehen lassen, wenn der Bauherr wegen Bösgläubigkeit hinsichtl des Eigentums an den Baumaterialien nicht erwerben konnte (anders i Erg *H.P. Westermann* JuS 1972, 17, 23; *Huber* JuS 1970, 346; Staudinger/*Lorenz* Rn 63). Eine Betrachtung ausschließlich aus der Sicht des Bereicherten (BGHZ 40, 272, 278) könnte ein etwaiges Abhandenkommen der Sache für den Bereicherungsausgleich nicht berücksichtigen (anders auch BGHZ 55, 176).

85 Erfolgsaussichten hat daher der Versuch, auf der Grundlage der **Verwandtschaft der Eingriffskondiktion mit der Vindikation** (Rn 65) jeweils zu prüfen, ob eine tatbestandsmäßig gegebene Eingriffskondiktion wegen der willentlichen Zuordnung des Rechtsverlusts zu den Leistungsbeziehungen, an denen der Berechtigte teilhatte, oder aufgrund der Ausstrahlung der in §§ 932ff gegebenen Wertungen ausgeschlossen wird (*H.P. Westermann* JuS 1972, 18; *Thielmann* AcP 187, 34ff; *Larenz/Canaris* § 70 III 2; Staudinger/*Lorenz* Rn 62; aM *Reuter/Martinek*[2], 2. TB, 30ff). Die Eingriffskondiktion versagt danach nur, wenn dem früheren Berechtigten der Rechtsverlust entweder wegen seiner Beteiligung am Leistungsgeschäft oder aus Gründen des Verkehrsschutzes zugerechnet werden kann.

2. Einzelfälle. Hat in den **Einbaufällen** der Eigentümer die Materialien an den Unternehmer geliefert, kommt eine Eingriffskondiktion gegen den Bauherrn nicht in Betracht, gleichgültig, ob vor dem Einbau ein Besitzerwerb des Bauherrn stattgefunden hat oder direkt eingebaut worden ist (BGHZ 40, 272; 56, 228, 240; Nürnberg NJW-RR 1998, 1171; *Berg* AcP 160, 509; *Rothoeft* AcP 163, 237; *Zeiß* AcP 165, 339; *Medicus/Petersen* BürgR Rn 729). Demgemäß hat der Unternehmer, der ein vom Eigentümer an den Bauherrn verkauftes, aber noch nicht aufgelassenes Grundstück bebaut hat, gegen den Eigentümer keine Ansprüche, weil er an den Bauherrn geleistet hat (Stuttgart NJW-RR 1998, 1171, krit *Stürner/Heggen* JuS 2000, 328ff). Ist der Bauherr hinsichtl der Verfügungsbefugnis des Einbauenden bösgläubig, entfällt der Schutz des § 932, und auch auf schuldrechtl Ebene kann er sich nicht darauf einrichten, ihm leiste der Mittelsmann. Deshalb greift die Eingriffskondiktion des früheren Berechtigten, die an die Stelle der vor dem Einbau möglichen Vindikation tritt, ungehindert durch (*Huber* JuS 1970, 346; *H.P. Westermann* JuS 1972, 23; *Hager* JuS 1987, 877, 879; *Sundermann* WM 1989, 1197, 1202; *Larenz/Canaris* § 70 III 2b). Eine andere Frage ist, ob der Bauherr, wenn er die Abtretung der Werklohnforderung gem § 399 ausgeschlossen und damit einem verlängerten Eigentumsvorbehalt entgegengewirkt hat, als gutgläubig angesehen werden kann (bejahend noch BGHZ 56, 239; verneinend BGHZ 77, 274; *Jakobs* JuS 1973, 155). BGH ZIP 1991, 178 entscheidet die Frage nicht, da er jedenfalls eine Erkundigungspflicht des Bauherrn verneint (zu möglichen Wertungswidersprüchen *E. Wagner* JZ 1994, 232f). Wenn der Erwerber die Sache wirksam weiterveräußert, greift § 816 I ein (BGH NJW 1971, 1452). Der **Erwerber gestohlener Sachen** ist, ohne dass der Gedanke der Subsidiarität der Eingriffskondiktion entgegenstünde, der an die Stelle der Vindikation tretenden Eingriffskondiktion des früheren Eigentümers wegen Verarbeitung (§ 951) ausgesetzt (BGHZ 55, 176, zust i Erg *Ehmann* NJW 1971, 612; *H.P. Westermann* JuS 1972, 18; *Medicus/Petersen* BürgR Rn 729). Lieferte der Eigentümer selbst in der Annahme, er sei Schuldner der Leistung, Waren an einen Käufer, der den vom Eigentümer eingeschalteten Mittelsmann nicht nur für den Verkäufer, sondern auch im sachenrechtl Sinne für den Veräußerer hielt, führt der Gutglaubenserwerb des Käufers aufgrund der Einschaltung des Eigentümers als **„Geheißperson“** des Mittelsmanns auf der bereicherungsrechtl Ebene zu einer Rückabwicklung übers Dreieck, was aber ebenfalls umstr ist (*Medicus/Petersen* BürgR Rn 687ff). Lehnt man dagegen eine derartige Ausdehnung des Gutglaubenserwerbs ab (*Weitnauer* NJW 1974, 1729; *Picker* NJW 1974, 1790), findet neben der Vindikation eine Leistungskondiktion hinsichtl des Besitzes statt, und zwar je nach Einschätzung der Lage der Leistungsbeziehungen (abl aufgrund des Subsidiaritätsgrundsatzes für die „Zuwendungskondiktion“ BeckOK/*Wendehorst* Rn 117). 86

X. Bereicherungsausgleich bei Verstoß gegen Schutzgesetze. Im Vergleich zum Schadensrecht hat das Bereicherungsrecht die Entwicklung zum umfassenden Rechtsgüterschutz nicht nachvollzogen. Das hängt mit der Unerheblichkeit einer Vermögenseinbuße beim Bereicherungskläger und mit der Ablehnung der Rechtswidrigkeit in der Dogmatik der ungerechtfertigten Bereicherung (Rn 64) zusammen. Andererseits bestehen hinsichtl der Anerkennung von Positionen als schadens- bzw wertersatzfähiges Gut unverkennbare Parallelen (Rn 3). Es fragt sich daher, ob auch im Bereicherungsrecht der Verstoß gegen Schutzgesetze Ansprüche der durch die verletzte Norm Geschützten auslösen kann. 87

Für den Bereich des **Wettbewerbsrechts** wird zT durch die Gleichsetzung von Rechtsgrundlosigkeit und Rechtswidrigkeit und die weitere Ausdehnung dieser Qualifikation auf die wettbewerbsrechtl Unlauterkeit die Möglichkeit eines Bereicherungsanspruchs des durch unerlaubten Wettbewerb Behinderten bejaht (*Jakobs*, 116f; ähnl vom Begriff des „rechtsverletzenden Habens“ her *Wilhelm*, 86f). Meist wird eine solche Gleichstellung, außer an den grds Bedenken gegen die Heranziehung der Rechtswidrigkeit, daran scheitern, dass durch wettbewerbswidrige Handlungen eine unbestimmte Zahl von Rechtsgutträgern betroffen ist, die durch Verhaltensnormen, aber nicht durch Zuweisung von Rechtsgütern geschützt sind (*Rümker*, 64ff; Staudinger/*Lorenz* Vor § 812 Rn 70; abl auch MüKo/*Schwab* Rn 316). Immerhin sind bei Wettbewerbsverstößen, die in Ausbeutungstatbeständen bestehen, Ansprüche aus Eingriffskondiktion denkbar, die inhaltlich auf die Zahlung einer angemessenen Lizenzgebühr hinauslaufen (*Loewenheim* WRP 1997, 913ff). Dabei ergeben sich Ähnlichkeiten mit der Schadensberechnung nach den Grundsätzen der Lizenzanalogie (Fournier, Bereicherungsausgleich bei Verstößen gegen das UWG, 1998, 123ff). Auch sind Verletzungen von Normen denkbar, die speziell die Vermögensinteressen bestimmter Mitbewerber schützen. Wenn die Rspr etwa beim sklavischen **Nachbau** den Schaden nach der **entgangenen Lizenzgebühr** bemisst (BGHZ 57, 116; BGH NJW 1977, 1062), mag das für eine schadensersatzrechtl Betrachtung zutreffen, löst aber nicht die Frage, in welche Rechtsposition mit Zuweisungsgehalt für den Entreicherten der Bereicherte eingegriffen hat, was mit der Rechtswidrigkeit des Handelns nicht begründet ist (*Reuter/Martinek*, 279f gegen *Haines*, Bereicherungsansprüche bei Warenzeichenverletzungen und unlauterem Wettbewerb, 1970, 93ff; *Kleinheyer* JZ 1970, 476; RGRK/*Heimann-Trosien* Vor § 812 Rn 33). Es ist daher vorzugswürdig, darauf abzustellen, ob der beeinträchtigte Wettbewerber das Vorgehen hätte untersagen oder entgeltlich gestatten können. 88

XI. Rechtsfolge. Rechtsfolge der ungerechtfertigten Bereicherung ist ein Herausgabeanspruch des Benachteiligten gegen den Bereicherten. Bei einer Absicherung nicht bestehender Verpflichtungen hat der Sicherungsgeber daneben auch einen Anspruch auf **Unterlassung** der Inanspruchnahme der Sicherheit (BGH WM 1984, 1245, 1247 für Bankgarantie eines nicht Börsentermingeschäftsfähigen). Zum Umfang, zur Wandlung des Inhalts des Anspruchs durch das Schicksal des Bereicherungsgegenstands im Vermögen des Bereicherten sowie zum Entreicherungseinwand s § 818. Zum Einwand der aufgedrängten Bereicherung s § 818 Rn 20a. Zum Verhältnis des Bereicherungsanspruchs zu anderen Ansprüchen Vor § 812 Rn 9ff. Zum Beginn des Anspruchs s BGH NJW 89

1970, 136. Bereicherungsansprüche können auch im Urkundenprozess geltend gemacht werden (Dresden WM 1997, 1983).

90 **XII. Beweislast.** Nach den allg Regeln trifft grds den Kondizierenden die Beweislast für alle Voraussetzungen des Bereicherungsanspruchs (s nur etwa BGH NJW 1995, 727; 1999, 2887; NJW-RR 2007, 488, 489). Der Kondizierende muss auch die **Rechtsgrundlosigkeit** der Zuwendung darlegen und beweisen (BGH NJW-RR 2009, 1142, 1144; ZIP 2008, 2255, 2259; *Halfmeier* FS E. Schmidt, 2005, 109), also zB dafür, dass er zur Erfüllung einer Verbindlichkeit geleistet hat, die nicht besteht (BGH NJW-RR 1991, 574; BGHZ 128, 167, 171; BGH NJW-RR 1992, 1214, 1216), oder dass eine Vertretungsmacht oder eine Rechtsscheinsvollmacht fehlt (BGH NJW-RR 2009, 547 Rn 21). Zunächst muss aber der Bereicherungsschuldner den konkreten Rechtsgrund, auf den er sich bezieht, dartun (Hamm VersR 2012, 228). Er hat diejenigen Umstände darzulegen, aus denen er ableitet, das Erlangte behalten zu dürfen (Dresden 13.8.2021 – 8 U 840/21; LG Hamburg VuR 2021, 62 Rn 22). Der Bereichungsgläubiger hat dann die Tatsachen, die zur Begründung eines Behaltendürfens vorgetragen sind, zu widerlegen (BGH NJW 2003, 1449, 1450; NJW-RR 2004, 556; 2009, 1142, 1144; s aber MüKo/*Schwab* Rn 465: bei Eingriffskondiktion hat Empfänger den Rechtsgrund zu beweisen). Der Bereicherungsgläubiger muss daher nicht alle theoretisch in Betracht kommenden Rechtsgründe ausschließen, vielmehr darf er sich auf die Ausräumung der vom Leistungsempfänger substantiiert geltend gemachten Rechtsgründe beschränken (BGH NJW-RR 2009, 1142; Naumburg, 17.2.2022 – 10 U 19/21, juris Rn 27). Anders ist es, wenn lediglich in Erwartung der Feststellung der Forderung geleistet wurde, da dann der Empfänger beweisen muss, dass die Feststellung zu seinen Gunsten erfolgt ist oder erfolgen muss (BGH NJW 1989, 161, 162; 1989, 1606, 1607; einschränkend bei unklaren Formulierungen des Zahlenden LG Köln ZIP 1991, 1602). Wird ein Vorschuss auf eine etwaige Leistungspflicht zurückgefordert, hat der Empfänger zu beweisen, dass ihm ein entspr Anspruch zustand (BGH NJW 2000, 1718; anders Hamburg OLGRp 2000, 462 bzgl der vom Empfänger behaupteten Abrede, dass die Zahlung nicht als Vorschuss, sondern als Kostenpauschale beim Empfänger verbleiben sollte). Ausnahmsw kann auf eine besondere Darlegung des Fehlens eines rechtl Grunds verzichtet werden, wenn schon die unstr Tatumstände den Schluss eines Erlangens ohne rechtl Grund nahelegen (Brandenburg 10.4.2008 – 12 U 173/07 unter Verweis auf BGH NJW 1999, 2887 und NJOZ 2003, 141, 142) oder die Rechtsgrundlosigkeit indizieren (Koblenz NJW-RR 2014, 1049 Rn 18). Der Empfänger, dem ein als Vertreter Auftretender geleistet hat, muss nach einer Ansicht beweisen, dass ein auf dem Vertreterhandeln beruhender Rechtsgrund besteht (*Harke* JZ 2002, 179). Der Kondizierende muss beweisen, dass ein positives oder negatives Schuldanerkenntnis ohne Rechtsgrund erteilt ist (RG Recht 1915, Nr 1527; RGRK/*Heimann-Trosien* Rn 116: auch Beweis seines Irrtums). Der Bestand der durch eine seitens der Bank erfüllte Garantie gesicherten Hauptforderung ist vom Garantiebegünstigten zu beweisen (Frankfurt ZIP 1998, 148). Wenn eine Bank eine angeblich rechtsgrundlose Scheckzahlung zurückverlangt, muss nicht sie das Fehlen eines Rechtsgrunds im Valutaverhältnis beweisen (Oldenburg WM 1995, 1403). Wer gegen seine Inanspruchnahme aus einer Sicherungsgrundschuld mangels Sicherungsabrede vorgehen will, hat zu beweisen, dass keine die Grundschuld betreffende Sicherungsabrede vorlag, und muss dann auch die vom Gläubiger behaupteten Rechtsgründe widerlegen (BGH NJW 1990, 392). Wer aus § 812 I 1 Alt 1 kondiziert, braucht nicht zu beweisen, dass er sich geirrt hat (RGZ 146, 260). Der die Bereicherungseinrede erhebende Wechselschuldner hat die Ungültigkeit oder den Wegfall der Grundforderung zu beweisen (Saarbrücken OLGRp 1998, 310). Den Beklagten trifft eine **sekundäre Darlegungslast**, wenn der Bereicherungsgläubiger ausreichend ausgeführt hat, dass kein Behaltensgrund besteht (Grü/*Sprau* Rn 76; Hamburg WM 2015, 775 Rn 42).

91 Eine nicht unbedenkliche **Beweiserleichterung** gewährt Saarbrücken NJW-RR 1989, 1679 (anders BGHZ 123, 217) dem Versicherer, der eine wegen Fahrzeugdiebstahls gezahlte Kaskoentschädigung zurückverlangt, weil es am äußeren Bild eines versicherten Diebstahls fehlte oder Wahrscheinlichkeit für einen fingierten Versicherungsfall besteht (*Knoche* MDR 1990, 965ff; s auch LG Rottweil, NJW-RR 2005, 537, 538, wenn lediglich der Umfang nicht feststellbar ist). Im Fall der **Nichtleistungskondiktion** muss der Kondizierende beweisen, dass der Anspruchsgegner die betr Vermögensposition durch die Handlung eines Dritten erlangt hat und hierfür ein Rechtsgrund fehlt (Düsseldorf NJW-RR 1988, 1536; anders MüKo/*Schwab* Rn 465: Empfänger muss Rechtsgrund beweisen). Das soll auch gelten, wenn der Empfänger eine Leistung ohne Wissen und Wollen des Entreicherten erhalten hat (Köln NJW 1993, 939). Dem Kondiktionsschuldner obliegt der Beweis dafür, dass er eine Bankgutschrift zurückgewiesen hat oder sonst der Betrag nicht in seine Verfügungsmacht gelangt ist (BGH NJW 1983, 626), auch dafür, dass er von dem inzw verstorbenen Erblasser schenkweise zu Abhebungen über das Konto ermächtigt worden war (BGH JZ 2000, 568; abl *Schiemann* JZ 2000, 570). Schwierig sind die Beweislastfragen bei der **Rückabwicklung von Dreiecksfällen**, vor allem bei bargeldloser Zahlung. Beim Abbuchungsauftrag trägt die Gläubigerbank, die wegen unberechtigter Rückbelastung von der Schuldnerbank kondizieren will, die Beweislast dafür, dass die Lastschrift bereits vor ihrer Rückgabe eingelöst war und nicht mehr hätte zurückgegeben werden dürfen (BGH NJW 1983, 220). Wenn eine Bank irrtümlich auf eine widerrufene Anweisung gezahlt hat und nun von ihrem Kunden kondizieren will, hat dieser zu beweisen, dass der Dritte den Widerruf der Anweisung kannte und infolgedessen direkt in Anspruch genommen werden konnte (BGHZ 87, 393; MüKo/*Schwab* Rn 138).

§ 813 Erfüllung trotz Einrede

(1) Das zum Zwecke der Erfüllung einer Verbindlichkeit Geleistete kann auch dann zurückgefordert werden, wenn dem Anspruch eine Einrede entgegenstand, durch welche die Geltendmachung des Anspruchs dauernd ausgeschlossen wurde. Die Vorschrift des § 214 Abs. 2 bleibt unberührt.

(2) Wird eine betagte Verbindlichkeit vorzeitig erfüllt, so ist die Rückforderung ausgeschlossen; die Erstattung von Zwischenzinsen kann nicht verlangt werden.

1. Allgemeines. Wer zur Erfüllung einer Verbindlichkeit leistet, kann nach § 812 I 1 Alt 1 kondizieren, wenn 1
die Verbindlichkeit nicht bestand. Für den Fall, dass die Verbindlichkeit zwar bestand, aber einer Einrede ausgesetzt war, erweitert § 813 als **eigenständiger Tatbestand** den § 812 I 1 Alt 1 für eine Reihe von dauernden Einreden (Düsseldorf WM 2014, 2218 Rn 40). Bei aufschiebenden Einreden verliert die Verbindlichkeit die Eigenschaft als Rechtsgrund iSd § 812 nicht, sodass eine Kondiktion ausgeschlossen ist. Bei dauernden Einreden ist die Verbindlichkeit einer nicht bestehenden gleichzustellen, die Leistung ohne rechtl Grund und ihre Kondiktion möglich. Das gilt für schuldrechtl und dingliche Ansprüche (RG HRR 1934, Nr 861), für Erfüllung eigener und fremder Verbindlichkeiten, für Erfüllung und Leistung an Erfüllungs statt, bei schuldhaftem und unverschuldetem, tatsächlichem und rechtl Irrtum (RGZ 60, 420; vgl § 814). Die Einrede muss schon **zur Zeit der Leistung begründet** sein (BGH NJW 1982, 1587, 1588; BGHZ 174, 334ff: bei Verbundgeschäft rechtshindernde Einwendungen aus dem finanzierten Vertragsverhältnis; WM 2009, 2366ff; Staudinger/*Lorenz* Rn 5). Später verwirklichte Einredetatbestände rechtfertigen die Kondiktion nicht. **Unanwendbar** ist § 813, wenn Bereicherungsrecht kraft Verweisung gilt (RGZ 139, 22 für § 717 III ZPO). Unanwendbar auch, wenn ein nachrangiger Grundpfandgläubiger im Zwangsversteigerungsverfahren sein gesetzl Ablösungsrecht durch Zahlung an den vorrangigen Grundpfandrechtsinhaber ausübt und lediglich dem Anspruch auf Duldung der Zwangsvollstreckung, nicht aber dem Ablöserecht eine Einrede entgegensteht (BGH NJW 2005, 2398).

2. Dauernde Einreden. Dauernde Einreden, für die nicht der Begriff des Prozessrechts, sondern der des BGB 2
maßgebend ist, sind zB die aus ungerechtfertigter Bereicherung (§ 821), aus unerlaubter Handlung (§ 853), aus anfechtbarer letztwilliger Verfügung nach Ablauf der Anfechtungsfrist (§§ 2083, 2345), aus Verletzung der Pflicht des Hypothekengläubigers zur Benachrichtigung eines persönlichen Schuldners bei der Zwangsversteigerung (§ 1166), aus beschränkter Erbenhaftung bei unzulänglichem Nachlass oder ggü ausgeschlossenen Gläubigern (§§ 1990, 1973; zum letzteren abw *H. Roth*, Die Einrede des bürgerlichen Rechts, 1988, 84ff; wie hier *Krampe* AcP 191, 163, 169f; BeckOK/*Wendehorst* Rn 5; zum Meinungsstand *Konz* Die Möglichkeit der Haftungsbeschränkung volljährig Gewordener gem § 1629a iVm §§ 1990, 1991 BGB, 2006, 153ff), auch die Einrede der Arglist (unzulässige Rechtsausübung; RGZ 72, 192), sowie sonst aus § 242, soweit sie dauernd wirkt (Brandenburg NJW-RR 1999, 1144). Hierher gehört ferner die Einrede des Nichtbestehens der Hauptforderung seitens eines Bürgen, der auf erstes Anfordern zahlen musste (BGH NJW 1989, 1606); auch die dauerhafte Einrede des Bürgen gegen den Gläubiger wegen Unwirksamkeit der Sicherungsvereinbarung (BGH WM 2017, 2382); zum Anspruch eines Rückbürgen gegen den Bürgen aus § 813 Karlsruhe WM 1995, 445. Ein Anspruch des Bürgen aus § 813 I 1 gegen den Gläubiger besteht auch, wenn er trotz der dauerhaften Einrede nach § 768 I 1, § 821 aus der Bürgschaft geleistet hat (so auch BGHZ 216, 274 Rn 14ff).

Keine dauernde Einrede ist die des nichterfüllten Vertrags (§ 320; BGH NJW 1963, 1869; 1982, 1587f), insb 3
wenn sich diese auf die Verkäuferpflichten zur mangelfreien Erfüllung stützt; hierfür muss der Käufer nach § 437 zurücktreten (hM; Staudinger/*Lorenz* Rn 13; Stuttgart ZIP 2001, 692, 699; ZIP 2002, 1885, 1890; Frankfurt WM 2002, 1275; anders Dresden, NZM 2000, 207f). Ebenso sind keine dauernden Einreden die der Stundung, des zeitweiligen Zurückbehaltungsrechts (RGZ 139, 19) sowie aus § 770 (RGZ 62, 54; 68, 304). Die Zahlung in Unkenntnis einer bestehenden **Aufrechnungslage** wird gleichfalls nicht von § 813 erfasst. Der Zahlende kann seine Forderung, mit der er an sich hätte aufrechnen können, weiter geltend machen, und zwar auch nach ihrer Verjährung (§ 215; früher § 390 S 2). Hätte er die Möglichkeit, über § 813 die Aufrechnungslage wiederherzustellen, würde ihn das unangemessen begünstigen (RGZ 120, 280; 144, 94; Staudinger/*Lorenz* Rn 11; MüKo/*Schwab* Rn 10; offenlassend BGH WM 1963, 964). Nicht hierher gehört ferner das Anfechtungsrecht (MüKo/*Schwab* Rn 10; PWW/*Prütting* Rn 3). Leistet der Anfechtungsberechtigte vor Kenntnis des Anfechtungsrechts, kann er nach Anfechtung schon gem § 812 I 1 Alt 1 kondizieren, da das Geschäft „als von Anfang an nichtig anzusehen" ist (§ 142; Staudinger/*Lorenz* Rn 14). Leistet er nach Kenntnis, so liegt darin ein Verzicht auf das Anfechtungsrecht, sodass kein Rückforderungsrecht entsteht. Der nicht anfechtungsberechtigte Gegner ist dagegen bis zur Anfechtung ohne Einrederecht zur Leistung verpflichtet (RGZ 151, 376). Bewirkt er sie, kann er sie nach der Anfechtung kondizieren (vgl aber § 142 II). § 814 steht nicht entgegen (BGH NJW 2008, 1878ff).

Bei der Geltendmachung von Einreden aus einem **verbundenen Geschäft** gegen die Darlehensforderung gem 3a
§§ 358, 359 wird zu Recht bei anfänglicher Nichtigkeit des finanzierten Geschäfts ein Rückforderungsdurchgriff aufgrund von § 813 für möglich gehalten (so der XI. ZS, BGHZ 174, 334ff für § 9 III 1 VerbrKrG; s auch BGHZ 230, 161 Rn 38, 41; auch Brandenburg 1.2.2013 – 10 U 29/12; s auch PWW/*Prütting* Rn 4; aA der II. ZS, BGHZ 156, 46, 54ff: Ausschluss von § 813 durch Verbraucherkreditrecht, Rückforderungsdurchgriff analog § 9 II 4 VerbrKrG; s aber BGH NJW-RR 2011, 406: Ausschluss eines solchen Anspruchs; anders auch BeckOK/*Wendehorst* Rn 9: Abwicklung wie bei Doppelmangel). Bejaht wird eine dauernde Einrede auch im Verhältnis des Verbrauchers zum Kreditgeber (BGHZ 183, 112 Rn 49; BGH NJW-RR 2011, 406). Auch bei Anfechtung des finanzierten Vertrags wegen arglistiger Täuschung besteht ein Anspruch des Verbrauchers gegen den Darlehensgeber

aus § 813 I 1 (BGHZ 230, 161 Rn 37ff; Grü/*Grüneberg* § 359 Rn 7). Handelt es sich beim finanzierten Geschäft um den Beitritt zu einer Personengesellschaft, der von Anfang an, zB wegen arglistiger Täuschung, nichtig ist, soll ein Rückforderungsdurchgriff ausscheiden und der Darlehensnehmer sich nach den Grundsätzen über die fehlerhafte Gesellschaft nur für die Zukunft von seiner Gesellschafterstellung durch Kündigung lösen können (BGHZ 183, 112, 129; BGH NJW-RR 2011, 406).

4 **3. Abs I S 2.** Die **Einrede der Verjährung** ist zwar eine dauernde, sie begründet aber nach § 813 I 2, § 214 II keine Kondiktion einer Zahlung, Sicherheitsleistung oder vertragl Anerkennung (vgl § 656 I 2, § 762 I 2), sofern eine freiwillige Zahlung erfolgte (BGH NJW 2006, 903: Unanwendbarkeit des § 241 II auf den Ausschlussgrund des § 556 III 2, 3). Dies gilt nicht, wenn aus der verjährten Forderung vollstreckt worden war (BGH NJW 1993, 3318, 3320) oder der Schuldner zahlt, um einer drohenden Zwangsvollstreckung zuvorzukommen (BGH NJW 2013, 3243).

5 **4. Abs II.** Eine **betagte Verbindlichkeit** ist eine schon einredefrei bestehende, jedoch noch nicht fällige Verbindlichkeit. § 813 II schließt eine Kondiktion der vorzeitigen Leistung aus, um ein überflüssiges Hin-und-Herschieben der an sich geschuldeten Leistung zu vermeiden (BGH NJW 2012, 2659). Dabei ist volle Geschäftsfähigkeit des Leistenden vorauszusetzen. Leistet ein nicht voll Geschäftsfähiger, gilt der Rückforderungsausschluss des § 813 II nicht (Staudinger/*Lorenz* Rn 17; MüKo/*Schwab* Rn 17). Ist der Fälligkeitstermin ganz unbestimmt, kann er als Bedingung angesehen und bereits Geleistetes kondiziert werden (Soergel/*Schmidt-Kessel/Hadding* Rn 14). Ist nicht die Fälligkeit, sondern die Entstehung der Verbindlichkeit befristet, ist § 813 II nicht anzuwenden, eine Kondiktion also möglich (RGRK/*Heimann-Trosien* Rn 14; Staudinger/*Lorenz* Rn 16). Für die Zwischenzinsen dehnt § 813 II den Grundsatz des § 272 für wissentlich vorzeitige Leistungen auf irrtümlich vorzeitige Leistungen aus. § 813 II ist abdingbar (RG Recht 1909, Nr 260).

6 Auch eine aufschiebend bedingte Verbindlichkeit ist keine fällige Schuld, sodass, wer irrtümlich vorzeitig geleistet hat, nach § 812 I 1 Alt 1 kondizieren kann. Gem § 812 I 2 Alt 2 kann dagegen kondiziert werden, wenn der Eintritt der Bedingung bei der vorzeitigen Leistung erwartet worden, aber später ausgeblieben ist (vgl § 812 Rn 53, § 814 Rn 1). § 813 gilt nur, wenn der fehlende Rechtsgrund daraus hergeleitet wird, dass die Fälligkeit fehlt (BGHZ 6.6.2012 – VIII ZR 198/11, juris Rn 25; Düsseldorf 13.4.2018 – 21 U 39/18, juris Rn 2). § 813 II (analog) gilt nicht bei einem Schadensersatzanspruch, der auf Rückerstattung einer vor Fälligkeit geleisteten Zahlung gerichtet ist (KG Berlin 12.3.2019 – 21 U 72/18, juris Rn 49; Düsseldorf 13.4.2018 – 21 U 39/18, juris Rn 2).

7 **5. Beweislast.** Es gelten die allg Regeln (§ 812 Rn 90). Wer kondiziert, hat zu beweisen, dass er zwecks Erfüllung einer Verbindlichkeit geleistet hat und diese einer dauernden Einrede ausgesetzt war, nicht dagegen, dass er sich geirrt hat. Die ggü einem Bankkunden begründete Bereicherungseinrede kann die kontoführende Bank auch einem Sequester und dem **Insolvenzverwalter** entgegenhalten (BGH NJW 1995, 1484).

§ 814 Kenntnis der Nichtschuld

Das zum Zwecke der Erfüllung einer Verbindlichkeit Geleistete kann nicht zurückgefordert werden, wenn der Leistende gewusst hat, dass er zur Leistung nicht verpflichtet war, oder wenn die Leistung einer sittlichen Pflicht oder einer auf den Anstand zu nehmenden Rücksicht entsprach.

1 **1. Anwendungsbereich von § 814 Fall 1.** § 814 Fall 1 (Kenntnis) behandelt den Irrtum im Rahmen der **Leistungskondiktion** als „negative Anspruchsvoraussetzung", dh als rechtshindernde Einwendung. Es handelt sich somit um einen gesetzl Fall des Verbots widersprüchlichen Verhaltens (BGH NJW 1979, 763; 2008, 1878; BGHZ 179, 137 Rn 15; *Larenz/Canaris* § 68 III 1a; MüKo/*Schwab* Rn 2; BAG NZA 2011, 219; anders Koch, Bereicherung und Irrtum, 1973, 157ff; Singer, Das Verbot widersprüchlichen Verhaltens, 1993, 65ff) bzw eine Ausprägung des Grundsatzes von **Treu und Glauben** (Braunschweig NdsRpfl 2015, 126 Rn 64; München 6.8.2014 – 20 U 1107/14, juris Rn 8). Daher ist § 814 **nicht anwendbar**, wenn eine Leistung in der Erwartung erbracht wird, dass eine wirksame Verpflichtung zu einem späteren Zeitpunkt entsteht (Hamm VersR 2019, 1545 Rn 16). Die Norm ist auch nicht anwendbar, wenn der gutgläubige Leistungsempfänger durch den Ausschluss der Kondiktion schlechter gestellt würde (Nürnberg NJW-RR 1991, 109). Umgekehrt scheidet eine Berufung auf § 814 aus, wenn sich der Berufende selbst nicht vertragstreu verhalten hat (Köln VersR 2009, 1251). § 814 ist unanwendbar, wenn der Empfänger nicht darauf vertrauen durfte, dass er die Leistung behalten darf (BGH NJW 2017, 3516 Rn 20). Das gilt auch bzgl eines Treuhandverhältnisses, da die Mittel nicht endgültig im Vermögen des Treuhänders verbleiben sollen (BGH WM 1972, 382, 383). Unanwendbar ist § 814 Fall 1 daher auch im **öffentlichen Recht** und zwar sowohl zugunsten der öffentlichen Verwaltung als auch zugunsten des Beamten, der eine staatliche Leistung erhalten hat. Hier ist eine ohne Rechtsgrund eingetretene Vermögensverschiebung zu beseitigen und nicht eine Interessenwertung vorzunehmen (BayVGH 15.7.2020 – 3 ZB 19.553, juris Rn 20).

2 **Voraussetzung** ist, dass der Leistende zum Leistungszeitpunkt nicht zur Leistung verpflichtet war. Daran fehlt es, wenn lediglich der Empfänger anfechten kann (allg M; BGH NJW 2008, 1878; BeckOK/*Wendehorst* Rn 8; Grü/*Sprau* Rn 4; PWW/*Prütting* Rn 4; Staudinger/*Lorenz* Rn 3). Auf die Art des Irrtums des Leistenden kommt es nicht an. § 814 dient auch dazu, die schwierige Unterscheidung zw Tatsachen- und Rechtsirrtum entbehrlich zu machen (*Mayer-Maly* FS H. Lange, 1970, 293; München ZMR 1996, 657). § 814 gilt nur für die in § 812 I 1 Alt 1 geregelten Fälle. Da Gegenstand von Irrtum und Kenntnis nur vorhandene Rechtsgrundlosigkeit sein kann,

ist § 814 nicht anzuwenden, wenn die Rechtsgrundlosigkeit erst nach der Leistung eintritt. § 814 gilt also nicht bei Kondiktionen nach § 812 I 2 Alt 1 (BGHZ 111, 125, 130; BGH WM 1972, 283, 286) und § 812 I 2 Alt 2 (aufschiebende Bedingung, deren Eintritt bei vorzeitiger Erfüllung einer bedingten Verbindlichkeit erwartet wurde, fällt aus; s RGZ 129, 308; Düsseldorf 13.4.2018 – 21 U 39/18, juris Rn 1). Diese Kondiktionen sind in § 815 besonders geregelt. Die verbreitet angenommene generelle Unanwendbarkeit des § 814 auf die Kondiktion nach § 812 I 2 Alt 2 (BGH NJW 1999, 2892; Köln NJW-RR 1994, 1026; relativierend BeckOK/*Wendehorst* Rn 5) und die Annahme, § 814 gelte nur für § 812 I 1 Alt 1 (RGZ 71, 316), trifft so nicht zu. Hofft der Leistende, dass der Vertragspartner seine Gegenleistung trotz Ungültigkeit bewirken oder die Ungültigkeit später behoben wird, erfüllt sich die Hoffnung aber nicht, kann er nach § 812 I 2 Alt 2 kondizieren (BGH NJW 1980, 451; 1983, 1905, 1907; Köln OLGRp 1998, 100). § 814 kann nicht entgegenstehen, auch nicht einer Kondiktion wegen verwerflichen Empfangs (§ 817; BGH NJW 1983, 783). § 814 verhindert eine Kondiktion also auch nicht, wenn in der Hoffnung auf beiderseitige Vertragstreue auf eine formungültige Verpflichtung geleistet wird. Anders, wenn der Leistende weiß, dass die Schuld nicht entstehen wird (*Singer* WM 1983, 254, 256). Der Grundsatz sollte aber auch auf Leistungen angewendet werden, die auf eine natürliche Verbindlichkeit oder aus Anstandsrücksicht bewirkt werden.

Ungeachtet des § 814 lässt die Rspr eine Rückforderung nach Treu und Glauben (**§ 242**) ausgeschlossen sein, wenn dem Empfänger erkennbar gemacht wird, der Leistende wolle auch dann leisten, wenn keine Verpflichtung dazu besteht (BGH NJW 2016, 661 Rn 11; WM 2014, 1325 Rn 112). Nicht anwendbar ist § 814 auch dann, wenn der Empfänger kein **schutzwürdiges Vertrauen** bzgl des Behaltens der Leistung haben kann (s Rn 7 aE). Das ist etwa der Fall, wenn bei unangemessen hohen Bezügen des Vorstands evident ist, dass der Aufsichtsrat bei deren Gewährung missbräuchlich gehandelt hat (MüKo/*Schwab* § 814 Rn 8). 3

§ 814 ist bei **öffentlich-rechtl Erstattungsanspruch** nicht anwendbar (BSGE 115, 247 Rn 27), da die §§ 12 II BBesG und 52 II BeamtVG lediglich eine Rechtsfolgenverweisung enthalten (BVerwGE 116, 74) und § 814 nicht nur den Umfang der Bereicherung regelt, sondern den Bereicherungsanspruch dem Grunde nach ausschließt (Hessischer VGH WM 1991, 993; BayVGH 29.9.2009 – 14 ZB 08.2431, juris; 13.10.2009 – 14 ZB 09.1679, juris). Zudem liegt § 814 eine Interessenwertung zugrunde, die sich nicht in das öffentliche Recht übertragen lässt (Hamburg 10.5.2019 – 13 U 142/18, juris Rn 41f). Eine entspr Anwendung des § 814 auf das anfechtungsrechtl Rückgewährverhältnis nach § 143 InsO ist ebenfalls ausgeschlossen, da der Insolvenzverwalter dem § 814 nur bei Verfolgung von Bereicherungsansprüchen unterliegt (BGH NZI 2010, 320; anders noch BGHZ 113, 98, 105f; s auch BGHZ 179, 137; München WM 2011, 172). 4

Einstweilen frei. 5–6

2. Kenntnis. Positive Kenntnis liegt vor, wenn der Leistende gewusst hat, dass er zur Leistung nicht verpflichtet war. Es genügt nicht, dass dem Leistenden die tatsächlichen Umstände, aus denen sich seine Nichtschuld ergibt, bekannt sind (BGH NJW 2002, 3772, 3773; BGHZ 113, 62, 70; BGH NJW 2009, 580 Rn 17; 2016, 1391 Rn 9; s aber zum qualifizierten Rangrücktritt *Höltig* DZWiR 2018, 260ff). Voraussetzung für eine Kenntnis ist, dass der Bereicherungsgläubiger überhaupt auch Kenntnis von der Leistung als solcher hat (Koblenz FamRZ 2020, 235 Rn 20; *Kiehnle*, jurisPR-BKR 6/2021 Anm 5). Zudem muss er subj die rechtl Wertung eines Nichtleistenmüssens vornehmen, wobei eine sog **Parallelwertung in der Laiensphäre** als ausreichend angesehen wird (Staudinger/*Lorenz* Rn 4; BGH NJW 2003, 2601, 2603; NJW-RR 2014, 1133 Rn 109; 2018, 1483 Rn 21; WM 2021, 1646 Rn 22; AG 2021, 844ff; ZInsO 2021, 2104 Rn 15f; Frankfurt NJW-RR 2012, 1200). **„Kennenmüssen"** oder Fahrlässigkeit genügt nicht (BGH WM 1973, 294), auch nicht Kenntnis der Tatsachen, aus denen sich das Fehlen einer rechtl Pflicht ergibt (BGH NJW 1981, 279; MDR 1998, 1411), auch nicht bloße Zweifel am Bestehen der Verbindlichkeit (Hamm 13.9.2017 – 30 U 34/16, juris Rn 76; Hamm 9.12.2021 – 18 U 68/20, juris Rn 51). Der Kenntnis kann auch nicht solches Wissen gleichgestellt werden, das in zumutbarer Weise ohne Mühe erlangt werden konnte (aM LG Frankfurt NJW-RR 1986, 1085). Die Kenntnis muss zur Zeit der Leistung vorgelegen haben, was auch der Fall ist, wenn die Leistung von Anfang an bewusst zu anderen Zwecken erbracht worden ist (München OLGRp 1997, 166). Beruht das Nichtverpflichtetsein auf einer Einwendung, muss sich die Kenntnis auf diese beziehen. Liegen mehrere Einwendungen vor und kennt der Leistende nicht alle, hat er keine volle Kenntnis und kann kondizieren (RGRK/*Heimann-Trosien* Rn 6). Unerheblich ist, ob und inwieweit der Irrtum schuldhaft ist. Liegt positive Kenntnis vor, ist bedeutungslos, welche Beweggründe der Leistende hat, ob er schenken, sich vergleichen oder im Kulanzweg auf mögliche Einwände verzichten will (RGRK/*Heimann-Trosien* Rn 4: lediglich Anwendung des Grundsatzes von Treu und Glauben). § 814 greift aber auch bei Kenntnis vom Fehlen des Rechtsgrunds nicht ein, wenn der Leistende nicht berechtigt war zu zahlen (BGH NJW 1979, 763 für Rentenzahlungen nach Tod des Berechtigten). Hat der Leistende nachgegeben, weil er glaubte, seine Einwände nicht beweisen zu können, und konnte der Empfänger das erkennen, greift § 814 nicht ein (Staudinger/*Lorenz* Rn 6; MüKo/*Schwab* Rn 10; PWW/*Prütting* Rn 6). Auch hier handelt es sich nicht mehr um eine freiwillige Leistung, sodass eine Rückforderung nicht ausgeschlossen sein kann (Rn 9). Ebenso ist § 814 ausgeschlossen, wenn eine Leistung „ohne Anerkennung einer Rechtspflicht" erbracht wird. Begründet wird das damit, dass der Empfänger nicht darauf vertrauen durfte, das Empfangene behalten zu dürfen (Hamm 9.12.2021 – 18 U 68/20, juris Rn 52f; zum mangelnden Vertrauensschutz auch grds Dresden 7.4.2020 – 4 U 123/20, juris Rn 6; zur Beweislast s unten Rn 13). 7

Bei Handeln eines rechtsgeschäftlichen **Vertreters** ist § 166 (analog) anwendbar (Schleswig BauR 2011, 1661). 8
Bei Handeln auf Weisung kommt es auch auf das Wissen des Anweisenden an (BGH NJW 1999, 1024). Bei Wis-

sen des Vollmachtgebers nach § 166 II 1 auf dessen Wissen (Karlsruhe WM 2015, 1712 Rn 29; s auch *Buck*, Wissen und juristische Person, 2001, 183ff). Die **Zurechnung der Kenntnis** von **Organen** und **Mitarbeitern** muss im Licht der Entwicklungen der Verantwortlichkeit für die Organisation bei unternehmerischen Einheiten gesehen werden. Die Zurechnung des Wissens nur desjenigen Organs, das die konkrete Leistung bewirkt (RG 79, 285, 287; Staudinger/*Lorenz* Rn 5), ist inzw mit § 166 nicht mehr zu vereinbaren. Die Kondiktionssperre greift bereits bei Kenntnis eines Organwalters ein (*Kothe* BB 1988, 633, 636; MüKo/*Schwab* Rn 21). Wenn mehrere gehandelt haben, genügt die Kenntnis eines von ihnen. Bei rechtsgeschäftlichen Vertretern ist die Zurechnung von Wissen grds auf den jeweils Handelnden zu beschränken (BGH WM 1964, 87; BGHZ 73, 202, 204; Köln OLGRp 2000, 481; VersR 2009, 1251: wer die Leistung tatsächlich bewirkt oder zumindest angeordnet hat), weil sonst ein nach Abteilungen organisiertes Unternehmen kaum noch Rückforderungsansprüche erheben könnte (Hamm BB 1995, 2083 für das Verhältnis des die Zahlung veranlassenden Mitarbeiters zu Mitarbeitern der Vertragsabteilung; Braunschweig NdsRpfl 2015, 126 Rn 64). Da § 814 eine Ausprägung des allg Grundsatzes von Treu und Glauben darstellt, soll der Gesichtspunkt des Organisationsverschuldens hier nicht greifen können (Stuttgart OLGRp 2006, 711ff). Hat der Vertreter außerhalb des ihm zugewiesenen Organisationsbereichs gehandelt, ist eine Kondiktion des von ihm wissentlich zu Unrecht Geleisteten möglich. Eine Kondiktion scheidet aus, wenn einer von mehreren Gesamtvertretern in Kenntnis der Nichtschuld geleistet hat (*Kohte*, 636). Bei Zahlungen des Staates soll das Wissen der anordnenden Stelle maßgeblich sein (Stuttgart OLGRp 2006, 711). Das Wissen der Beschäftigungsbehörde soll der Bezügestelle nicht zugerechnet werden (BAG NZA 2011, 219). Über § 814 hinaus ist bei Vorhandensein einer hoch technisierten Organisation mit ausgeprägter Aufspaltung von Kenntnissen und Informationen wie etwa einer EDV, automatisierter Systeme oder KI-Systeme die Kondiktionssperre schon dann anzuwenden, wenn die Organisation die Aufnahme von Informationen oder deren Verarbeitung und Weiterleitung zur Kenntnis an die handelnden Personen geradezu verhindert hat (noch weiter gehend *Kohte*, 636). Ein Kondiktionsausschluss gem § 814 wirkt auch gegen den (späteren) Insolvenzverwalter des Leistenden (BGH NJW 1991, 560; *Henckel* ZIP 1990, 137f).

9 **3. Leistung.** Leistung iSd Vorschrift ist – wie bei § 812 – die „bewusste und zweckgerichtete Vermehrung fremden Vermögens" (§ 812 Rn 11). Sie muss den Zweck gehabt haben, eine Verbindlichkeit zu erfüllen. Eine **unfreiwillige** Leistung genügt nicht (RG JW 1938, 1047), zB wenn der Leistende einer drohenden Zwangsvollstreckung entgehen (RGZ 104, 250; 147, 21) oder diese bei Zug-um-Zug-Leistung ermöglichen will (RG JW 1935, 3093; zur Leistung unter Druck BGH NJW 1995, 3052; Düsseldorf NJW-RR 2001, 1028; Koblenz NJW-RR 2002, 784, 785). Der Leistende (Bereicherungsgläubiger) muss damit überhaupt Kenntnis von der Leistung als solcher haben, wobei bloßes Kennenmüssen selbst bei grob fahrlässiger Unkenntnis nicht genügt (Koblenz FamRZ 2020, 235 Rn 20; Grü/*Sprau* Rn 4). Hat der Leistende, der auf die Gegenleistung dringend angewiesen war, die überraschende Erhebung eines Zurückbehaltungsrechts nur durch die Erbringung seiner eigenen Leistung abwenden können, wird ein schlüssig erklärter **Vorbehalt** angenommen. Auch sonst werden an die Erklärung eines Vorbehalts des Leistenden oft keine hohen Anforderungen gestellt (Karlsruhe WM 1997, 1049; s aber Koblenz NJW 1984, 134). Leistet der Schuldner unter Vorbehalt, soll hiermit idR dem Verständnis der Leistung als Anerkenntnis vorgebeugt und die Anwendung des § 814 ausgeschlossen werden (BGH WM 1973, 146; NJW 1984, 2826; WM 1988, 1494; Düsseldorf 25.7.2014 – 22 U 217/12, juris Rn 105), da der Empfänger nicht darauf vertrauen darf, das Empfangene behalten zu dürfen (Düsseldorf CuR 2018, 108 Rn 65 nach juris). Ob das gewollt ist, ist aus der Sicht des Empfängers unter Heranziehung der Gesamtumstände (§§ 133, 157) zu ermitteln (Saarbrücken MDR 2004, 329, 330; Karlsruhe WM 1997, 1049, 1050; näher § 362 Rn 13). Trotz Vorbehalts tritt **Erfüllung** nach § 362 ein, wenn der Schuldner mit seinem Vorbehalt lediglich die Wirkungen des § 814 ausschließen und dem Gläubiger im Hinblick auf eine spätere Rückforderung die volle Beweislast für das Bestehen der Forderung aufbürden wollte (Saarbrücken MDR 2004, 329f). Die unter Vorbehalt der Rückforderung stehende Leistung ist keine Erfüllung (BGH NJW 1999, 494; einschränkend Frankfurt FamRZ 1993, 436: auf Überzahlung beschränkter Vorbehalt). Der Vorbehalt verliert seine Bedeutung nicht, wenn er erkennbar „unter einem starken Zwang" fallen gelassen wurde (RGZ 112, 358). Bringt der Leistende bei Zweifeln an der Verbindlichkeit zum Ausdruck, dass die Leistung dem Empfänger auch bei Nichtbestehen der Schuld verbleiben soll, kann ein Verzicht oder ein Erlass des Bereicherungsanspruchs vorliegen (RGZ 56, 354; 72, 199; Staudinger/*Lorenz* Rn 6). Die Auslegung richtet sich nicht nach dem inneren Willen des Leistenden, sondern danach, wie sich sein Verhalten bei gutgläubig unbefangener Beurteilung darstellt (RGZ 97, 140; LG Köln ZIP 1991, 1602). Im kaufmännischen Verkehr spricht das Bedürfnis nach klaren Verhältnissen dafür, dass die Leistung als eine endgültige, die Rechtslage stabilisierende Entschließung des Leistenden aufzufassen ist (RGZ 97, 140). Nach diesen Maßstäben ist auch die Leistung **„ohne Anerkennung einer Rechtspflicht"** zu würdigen. Die Formulierung ist undeutlich. Jedenfalls einem gewerblich Handelnden ist regelmäßig zuzumuten, klarer auszudrücken, ob nur eine Bindung bzgl künftiger Nachforderungen des Empfängers verhindert werden soll (Koblenz NJW 1984, 134 für die Leistungen eines Versicherten; s auch LG Krefeld VersR 1964, 1263; Karlsruhe WM 1997, 1049), ob nur die Verrechnung auf mehrere Ersatzforderungen vorbehalten bleibt oder ob wirklich eine Rückforderung offen gehalten werden soll. Auch die nachträgl Minderung einer bereits erbrachten Leistung unterliegt diesen Regeln (Hamm NJW 1964, 407). Bei einer Leistung trotz bestehender Zweifel kann ausnahmsw ein **Verzicht** auf Bereicherungsansprüche vorliegen, wenn der Empfänger nach Treu und Glauben aus dem Verhalten des Leistenden davon ausgehen konnte, dass dieser die Leistung unabhängig vom Bestehen der Schuld gegen sich gelten lassen will (Hamm RuS 2016, 532 Rn 35: Versicherung).

Auch der Kondiktion eines **Schuldanerkenntnisses** kann § 814 entgegengehalten werden (BGHZ 1, 181, wo nach einem bewusst wahrheitswidrigen Vaterschaftsanerkenntnis nicht die Kondiktion der Verpflichtungsurkunde, wohl aber gegen die Vollstreckung aus der Urkunde der Arglisteinwand zugelassen wird; s auch § 812 Rn 61). 10

4. Sitten- oder Anstandspflicht, § 814 Fall 2. § 814 Fall 2 setzt ebenso wie Fall 1 voraus, dass der Leistende zur Erfüllung einer Rechtspflicht leistet, die in Wirklichkeit nicht besteht. Während er aber im Fall 1 das Nichtbestehen der Rechtspflicht kennt, glaubt er im Fall 2 irrig an das Bestehen der Rechtspflicht, doch wird er durch eine **Sittenpflicht oder Anstandsrücksicht** gehalten, dem Empfänger die Leistung zu belassen. Fall 2 liegt also nicht vor, wenn die Leistung von vornherein zur Erfüllung der bestehenden Anstandsrücksicht oder Sittenpflicht bestimmt war, da dann eine Kondiktion schon mangels Rechtsgrundlosigkeit ausgeschlossen ist und es an einem Irrtum fehlt (§ 812 Rn 44). 11

Unerheblich ist, ob der Leistende sich der obj bestehenden Sittenpflicht oder Anstandsrücksicht subj bewusst war oder nicht (RGZ 78, 78; KG FamRZ 2002, 1359). Eine solche **Pflicht** ist zu bejahen, wenn bedürftige nahe Verwandte, die keinen gesetzl Unterhaltsanspruch haben, unterstützt werden. Die Kondiktion kann aus diesem Gesichtspunkt auch dann ausscheiden, wenn ein Erbe formwidrige letztwillige Anordnungen des Erblassers ausführt (RG WarnRsp 1912, 189). Weiteres Beispiel ist die Gewährung des üblichen Trinkgelds (Grü/*Sprau* Rn 9; jurisPK/*Martinek*/*Heine* Rn 33). Dagegen ist keine Sittenpflicht oder Anstandsrücksicht anzunehmen, wenn ein nichteheliches Kind von einem Mann unterhalten wird, der sich irrtümlich für den Erzeuger hält (RG JW 1910, 752). Ebenso, wenn auf ein Rechtsgeschäft geleistet wird, das wegen Formverstoßes ganz oder teilw nichtig ist. Der Leistende kann dann kondizieren, es sei denn, er handelt arglistig, indem er zB den Formmangel selbst veranlasst hat (hM; RGZ 107, 357; 105, 155). 12

5. Beweislast. An die Beweislastgrundsätze des § 812 (§ 812 Rn 90) schließen folgende Regeln an: Die Darlegungs- und Beweislast für die Kenntnis des Leistenden trägt derjenige, der sich auf den Ausschlusstatbestand beruft. Das ist idR der Leistungsempfänger. Der Leistungsempfänger (Bereicherte) hat den Einwendungstatbestand des § 814 zu beweisen (BGH NJW 2002, 3772, 3773; BGHZ 204, 231 Rn 45; BGH NJW 2018, 1483 Rn 9), insb dass der Leistende das Nichtbestehen der Verbindlichkeit gekannt, also sich nicht geirrt (RGZ 146, 360), die Leistung freiwillig bewirkt hat, dass diese einer Sittenpflicht oder Anstandsrücksicht entsprochen (RGZ 60, 420; 90, 316) oder der Leistende bei bloßen Zweifeln mit der Leistung auf Rückforderung verzichtet hat (RGZ 154, 397). Dabei soll die übliche Rechtskenntnis in einschlägigen Kreisen zu einem Anscheinsbeweis führen können (Naumburg 10.9.2019 – 3 U 73/18, juris Rn 53; Grü/*Sprau* Rn 11). Nicht ausreichend für die Annahme eines Anscheinsbeweises soll sein, dass eine Rechtsabteilung unterhalten wird bzw eine anwaltliche Begleitung vorlag (Rostock 17.7.2019 – 4 U 66/19, juris Rn 27ff). Es muss mit dem gem § 286 ZPO erforderlichen Grad an Gewissheit die positive Kenntnis festzustellen sein (Naumburg 17.2.2022 – 10 U 19/21, juris Rn 41). Ein **Vorbehalt** verschiebt die Beweislast des Zurückfordernden nicht (BGH MDR 1992, 803; Köln r+s 1995, 265: anders für unter Vorbehalt erbrachte Leistungen einer Versicherung; BGH NJW 1984, 2826: anders, wenn sich aus dem Schuldverhältnis, dem der Anspruch entstammt, etwas anderes ergibt; vgl BGH NJW 1989, 1606 für die Leistung eines Bürgen auf erstes „Anfordern"; näher § 362 Rn 13). Leistet der Schuldner unter Druck ausdrückl unter Vorbehalt, soll seine Leistung gerade keinen Erfüllungscharakter haben, sodass nach st Rspr der Empfänger die Beweislast für das Vorliegen der Verbindlichkeit trägt (BGH NJW 2003, 2014; NJW-RR 1992, 1214, 1216; Staudinger/*Lorenz* Rn 7). Ist ein Vorbehalt str, soll der Leistende verpflichtet sein, den Vorbehalt zu beweisen (RGZ 138, 124; RGRK/*Heimann-Trosien* Rn 12), was wegen des Ausnahmecharakters des Vorbehalts zu billigen ist. 13

§ 815 Nichteintritt des Erfolgs

Die Rückforderung wegen Nichteintritts des mit einer Leistung bezweckten Erfolgs ist ausgeschlossen, wenn der Eintritt des Erfolgs von Anfang an unmöglich war und der Leistende dies gewusst hat oder wenn der Leistende den Eintritt des Erfolgs wider Treu und Glauben verhindert hat.

1. Allgemeines. § 815 leitet ebenso wie § 814 gegen Leistungskondiktionen aus subj Merkmalen auf Seiten des Leistenden **Einwendungen** ab. Während aber § 814 Erfüllungsleistungen voraussetzt, denen schon zur Zeit ihrer Bewirkung der Rechtsgrund gefehlt hat, behandelt § 815 die einen Erfolg bezweckenden Leistungen, die durch den Nichteintritt des Erfolgs **nachträgl rechtsgrundlos** werden (**§ 812 I 2 Alt 2**, § 812 Rn 50). Zwei Fälle werden geregelt: (1) der Leistende kennt die Unmöglichkeit des Erfolgseintritts; (2) er verhindert ihn wider Treu und Glauben. In beiden Fällen ist die Kondiktion ausgeschlossen. Umstr ist, ob diese Regelung auch auf die Kondiktion wegen Rechtsgrundwegfalls (§ 812 I 2 Alt 1; § 812 Rn 47) angewandt werden kann mit der Folge, dass allg der als unvermeidlich erkannte oder wider Treu und Glauben herbeigeführte Rechtsgrundwegfall die Kondiktion ausschließt. Die Rspr (BGHZ 29, 171; JZ 1968, 381) verneint das wegen des Ausnahmecharakters der Vorschrift, die Straffunktionen erfülle. Die hM ist dem gefolgt (BeckOK/*Wendehorst* Rn 2; mit Einschränkungen Staudinger/*Lorenz* Rn 3; RGRK/*Heimann-Trosien* Rn 1; aM Soergel/*Schmidt-Kessel*/*Hadding* Rn 1). Daraus ergibt sich die Notwendigkeit, die von anderen Formen der Zweckverfehlung schwer unterscheidbare Kondiktion nach § 812 I 2 Alt 2 von anderen Ansprüchen abzugrenzen, was den BGH im Verhältnis zur Kondiktion nach § 812 I 2 Alt 1 in Schwierigkeiten gebracht hat (§ 812 Rn 57f). Eine entspr Anwendung der ersten Alternative (vorausgesehener späterer Rechtsgrundwegfall) bei § 812 I 2 Alt 1 kommt nicht in Betracht, weil hier auf eine noch bestehende Verbindlichkeit geleistet wurde. In Bezug auf § 815 Alt 2 ist aber eine Anwendung auf die Kondiktion 1 wegen Rechtsgrundwegfalls nicht ausgeschlossen, wenn nicht § 313 besser passt (MüKo/*Schwab* Rn 4; abl PWW/*Prütting* Rn 2).

2 **2. Fall 1, Unmöglichkeit der Zweckerreichung.** Schon zur Zeit der Leistung muss die Zweckerreichung obj unmöglich, der Rechtsgrundwegfall obj unvermeidlich gewesen sein, mag das auf rechtl oder tatsächlichen Gründen beruhen. Eine nur vorübergehende Unmöglichkeit genügt nicht. Der Leistende muss die Unmöglichkeit (Unvermeidlichkeit) schon zur Zeit der Leistung gekannt haben (zum Erfordernis der positiven Kenntnis § 814 Rn 7f). Bloße Zweifel genügen nicht, doch kann dann in der Leistung ein Verzicht auf die Kondiktion liegen (RGZ 71, 317).

3 **3. Fall 2, Vereitelung des Erfolgs.** Die Vorschrift, dass bei einer treuwidrigen Verhinderung des Erfolgseintritts (Herbeiführung der Rechtsgrundlosigkeit) die Kondiktion ausgeschlossen ist, ist eine „Einzelanwendung des das BGB beherrschenden Grundsatzes von Treu und Glauben" (RGZ 58, 409). Sie führt ebenso wie § 162 I zu der Rechtslage, die bei vertragstreuem Verhalten der Beteiligten gegeben gewesen wäre. Ein „Strafcharakter" (BGHZ 29, 171; RGRK/*Heimann-Trosien* Rn 1) kann ihr deshalb kaum zugesprochen werden (so auch MüKo/*Schwab* Rn 4). Nicht erforderlich ist eine auf Erfolgsverhinderung oder Rechtsgrundwegfall gerichtete Absicht des Leistenden oder ein unlauteres Verhalten. Es genügt, wenn er ohne stichhaltigen Grund Handlungen vornimmt, die, wie er weiß, geeignet sind, den Erfolg zu verhindern. Ist der Sinneswandel aber verständlich (Celle MDR 1961, 687; anders bei BGH NJW 1980, 451; s auch NJW 1999, 2892: Irrtum über die Beschaffenheit des Grundstücks), kommt ein Ausschluss der Rückforderung nicht in Betracht (*Liebs* JZ 1978, 699, 701). Auch bei Leistungen unter **Familienangehörigen** in Kenntnis fehlender rechtl Verpflichtung hat es praktische Bedeutung, dass die Rückforderung durch § 815 nur bei treuwidrigem Verhalten verhindert wird (*Battes* AcP 178, 337, 373). Eine treuwidrige Erfolgsvereitelung liegt zB vor, wenn der Verlobte Geschenke zurückfordert, nachdem er die Verlobung ohne wichtigen Grund aufgelöst, die Eheschließung verhindert oder den Rücktritt des anderen schuldhaft veranlasst hat (BGHZ 45, 258 für analoge Anwendung des § 815 auf § 1301). Eine treuwidrige Erfolgsvereitelung ist **nicht** anzunehmen, wenn der angestrebte Erfolg ohnehin unsittlich war (RGZ 78, 48 Bordellkauf), auch nicht, wenn nach einem **formnichtigen Vertrag** der Leistende den nachträgl Abschluss eines gültigen Vertrags verweigert (RGZ 72, 342; JW 1910, 17). Ausnahmsw kann aber doch § 815 (BGH JZ 1971, 556) oder § 826 in Betracht kommen. Wollten die Parteien einen formnichtigen Vertrag an sich erfüllen, kann demjenigen, der die Formnichtigkeit nutzt, um sich wegen eines Sinneswandels vom Vertrag zu lösen, § 815 entgegengehalten werden (BGH NJW 1980, 451). Das darf nicht dahin verstanden werden, dass über den Kondiktionsausschluss allg formnichtige Verträge aufrechterhalten werden, sofern nicht aus sonstigen Gründen der Formmangel unbeachtlich ist (*Singer* WM 1983, 254, 260f; Stuttgart RdL 1995, 152; einschränkend für das Verhältnis von Auftraggeber und Makler Düsseldorf OLGRp 1993, 317).

4 **4. Beweislast.** Ebenso wie § 814 gibt § 815 einen Einwendungstatbestand, dessen Voraussetzungen der Bereicherte, der sich auf ihn beruft, zu beweisen hat (RG JW 1925, 2110; Staudinger/*Lorenz* Rn 4). Das gilt auch, wenn ein abstraktes Schuldversprechen geleistet ist, sodass der Empfänger darzulegen und zu beweisen hat, dass der Leistende (Versprechende) die Unmöglichkeit des angestrebten Erfolgs gekannt hat (RGZ 116, 340).

§ 816 Verfügung eines Nichtberechtigten

(1) Trifft ein Nichtberechtigter über einen Gegenstand eine Verfügung, die dem Berechtigten gegenüber wirksam ist, so ist er dem Berechtigten zur Herausgabe des durch die Verfügung Erlangten verpflichtet. Erfolgt die Verfügung unentgeltlich, so trifft die gleiche Verpflichtung denjenigen, welcher aufgrund der Verfügung unmittelbar einen rechtlichen Vorteil erlangt.

(2) Wird an einen Nichtberechtigten eine Leistung bewirkt, die dem Berechtigten gegenüber wirksam ist, so ist der Nichtberechtigte dem Berechtigten zur Herausgabe des Geleisteten verpflichtet.

1 **1. Systematische Bedeutung.** Die drei Kondiktionstatbestände des § 816 (Abs I S 1, Abs I S 2 und Abs II) sind nach hM **Sonderfälle** der **Eingriffskondiktion** (BGH NJW 1970, 2059; *Reuter/Martinek*, 282, *Thielmann* AcP 187, 23, 30; *Larenz/Canaris* § 69 II 1a). Bei wirksamer entgeltlicher Verfügung eines Nichtberechtigten über einen Gegenstand kondiziert der frühere Berechtigte vom Verfügenden das durch die Verfügung Erlangte (Abs I S 1). Ist die Verfügung unentgeltlich, hat der frühere dinglich Berechtigte einen Bereicherungsanspruch gegen den Erwerber (Abs I S 2). Verfügt ein Nichtberechtigter über die Forderung eines anderen, indem er eine Leistung des Schuldners als Erfüllung annimmt, kann der wahre Inhaber der getilgten Forderung vom Nichtberechtigten die Leistung herausverlangen (Abs II). Der **„Eingriff"** liegt im **Gutglaubenserwerb**, der dem Eingreifenden zur Realisierung des Werts der Sache verhilft (*Larenz/Canaris* § 69 II 1) und durch schuldrechtl Ausgleichsansprüche abgegolten werden soll. Der dingliche Erwerbsvorgang als solcher soll – abgesehen vom Fall der Unentgeltlichkeit im Verhältnis zw Nichtberechtigtem und Erwerber – auch bereicherungsrechtl nicht rückgängig gemacht werden. Der Ausgleich vollzieht sich zw dem früheren Berechtigten und dem nichtberechtigt Verfügenden. Wenn man im Gegensatz zur Deutung als Fall des Eingriffserwerbs den Anspruch aus Abs I als Ersatz für den Zugriff auf den Erwerber als den eigentlichen Bereicherungsschuldner ansieht (MüKo/*Schwab* Rn 2; dagegen *Reuter/Martinek*, 287ff), ändert das nichts daran, dass sich gerade aus § 816 die Unmöglichkeit ergibt, in Fällen des Gutglaubenserwerbs den Erwerber aus ungerechtfertigter Bereicherung in Anspruch zu nehmen. Daher bedarf es gerechtigkeitshalber der in der Eingriffskondiktion anerkannten Rechtsfortwirkung.

Einstweilen frei. 2

2. Konkurrenzen. § 816 ist die speziellere Regelung ggü der allg Eingriffskondiktion (näher Erman/*Buck-Heeb*[12] Rn 2), sodass ihr Prinzip wie bei jener auch als Sanktion für rechtswidrige Eingriffshandlungen dargestellt wird (*Blaschczok* JuS 1985, 88, 90; näher § 812 Rn 64ff). Was die übrigen Konkurrenzen betrifft, kommt hauptsächlich das **Eigentümer-Besitzer-Verhältnis** in Betracht. Es enthält aber keine Regelung über die Zuordnung des Substanzwerts der Sache bei Veräußerung. Insoweit kommt § 816 I ungehindert zum Zuge (s Vor § 812 Rn 11; BGH NJW 1953, 58; BGHZ 55, 176; *Reuter/Martinek*, 524; BeckOK/*Wendehorst* Rn 3). Ob damit der Eigentümer trotz Genehmigung der Verfügung mit der Folge ihrer Wirksamkeit iSd § 816 einen über den Bereicherungsanspruch hinausgehenden Schaden gem §§ 989, 990 ersetzt verlangen kann (BGHZ 32, 53; zust Soergel/*Hadding* Rn 3; Staudinger/*Lorenz* Rn 3), erscheint zweifelhaft. Zu bejahen ist das, weil Schadensersatz von der Bösgläubigkeit des Verfügenden abhängt und folglich bei Zweifeln an der Beweisbarkeit der Bösgläubigkeit die Genehmigung als praktikable Lösung übrigbleiben muss (s auch *Reuter/Martinek*, 525). Nur ausnahmsw wird die Genehmigung als Verzicht auf weitergehende Schadensersatzansprüche auszulegen sein. IÜ wird durch die Anwendbarkeit des § 816 I, die von der Gut- oder Bösgläubigkeit des Verfügenden nicht abhängt (RG JW 1910, 810), weder ein deliktischer Ersatzanspruch (auch nicht bei Genehmigung der Verfügung des Nichtberechtigten, BGH DB 1976, 814; NJW 1991, 695) noch ein Anspruch aus § 687 II ausgeschlossen (RGZ 138, 45). Auch ob der Berechtigte die Möglichkeit einer Verfügung des Nichtberechtigten schuldhaft herbeigeführt hat, ist bedeutungslos (BGHZ 37, 363). 3

3. Voraussetzungen des § 816 I 1. a) Verfügung. Es muss über einen Gegenstand eine Verfügung getroffen worden sein, die dem Berechtigten ggü wirksam ist. Verfügungen sind Rechtsgeschäfte mit unmittelbarer Einwirkung auf den Verfügungsgegenstand (zum Begriff *Haedicke* JuS 2001, 966ff). Daran fehlt es, wenn jemand als Nichtberechtigter nicht selbst verfügt, sondern nur einer fremden Verfügung zustimmt. Das RG hat hier Unterschiede zw Einwilligung und Genehmigung gemacht (abl RGZ 137, 356 einerseits, für Anwendung des § 816 I RGZ 152, 380 andererseits). Es entspricht aber dem Eingriffsgedanken am besten, nur denjenigen als Verfügenden und folglich Bereicherungsschuldner anzusehen, der im eigenen Namen das Veräußerungsgeschäft getätigt hat (BGH NJW 1999, 1026; *Reuter/Martinek*, 294); so bspw einen Gesellschafter, der einen seiner Gesellschaft übergebenen Scheck, der jemandem anderen zustand, auf seinem Privatkonto einlöst (Düsseldorf NJW-RR 1999, 928). Auch durch mittelbare Stellvertretung kann eine wirksame Verfügung eines Nichtberechtigten erfolgen (BeckOK/*Wendehorst* Rn 6; *Larenz/Canaris* § 69 II 1e). Eine analoge Anwendung des § 816 wird erwogen bei unberechtigtem **Einbau** von Sachen in das Grundstück eines Dritten bzw bei der Vermischung oder Verarbeitung durch einen (dinglich) Nichtberechtigten, die zugleich Erfüllungsleistungen sind (*Larenz/Canaris* § 70 III 2a; Staudinger/*Lorenz* § 812 Rn 62). Str ist die Anwendbarkeit des § 816 I auf **Verpflichtungsgeschäfte**, die auf eine Gebrauchs- oder Nutzungsüberlassung hinauslaufen, speziell die Vermietung. Sie verpflichten nach der Rspr (RGZ 106, 109; 105, 408; zust RGRK/*Heimann-Trosien* Rn 4; MüKo/*Schwab* Rn 12; ebenso i Erg *Reuter/Martinek*, 312) zwar nicht nach § 816 I, wohl aber nach der allg Eingriffskondiktion zur Herausgabe (*Larenz/Canaris* § 69 II 1d). Ein Teil des Schrifttums tritt dagegen für eine Analogie zu § 816 I ein (*Esser/Weyers* § 50 II 2; *Medicus/Petersen* BürgR Rn 716: für Anwendung der §§ 987ff, hauptsächlich des § 993, was aber nur passt, wenn der unberechtigt Nutzende Besitzer geworden ist; zur unberechtigten Untervermietung § 812 Rn 71). Bei den Verfügungen macht es auch idR keine Schwierigkeiten festzustellen, wer nach der sachenrechtl Lage, auf die allein es ankommt (RGZ 119, 337), **„Berechtigter"** ist. Ein anderer ist stets Nichtberechtigter, es sei denn, er verfügt kraft einer Ermächtigung des Eigentümers (*Reeb* JuS 1973, 496; *Reuter/Martinek*, 294) oder als Treuhänder (BGH NJW 1999, 1026). Die Nichtberechtigung kann auch nachträgl hergestellt werden, etwa durch Anfechtung eines Veräußerungsgeschäfts (§ 142), die die Wirksamkeit einer vom Erwerber vorgenommenen weiteren Verfügung jedoch nicht antasten muss (RGZ 138, 45). Im Element der fehlenden Berechtigung steckt gleichzeitig die Rechtsgrundlosigkeit des Eingriffs in den Zuweisungsgehalt des durch die Verfügung verletzten Rechts. Nicht rechtsgeschäftliche Handlungen, zB die Vermengung von Sachen mit anderen, sind keine Verfügung (BGH WM 1987, 189, 190). 4

Hoheitsakte sind in § 816 I nicht erfasst. Das entspricht verbreiteter Meinung (RGRK/*Heimann-Trosien* Rn 3), ist aber nicht leicht zu begründen und tragbar nur im Hinblick darauf, dass hoheitliche Eingriffe in ein fremdes Gut (zB Zwangsvollstreckung in schuldnerfremde Sachen) unter den Tatbestand der allg Eingriffskondiktion fallen (Staudinger/*Lorenz* Rn 12). 5

b) Wirksamkeit. Die Verfügung des Nichtberechtigten muss in allen Fällen des § 816 gegen den Berechtigten wirksam gewesen sein. **aa) Gutgläubiger Erwerb.** Das trifft zu in den gesetzl bestimmten Fällen des gutgläubigen Erwerbs: Bei beweglichen Sachen und Forderungen §§ 932ff, 1032, 1207f, 1262, 1272, Art 16 WG, 19 SchG; im Liegenschaftsrecht §§ 892ff, 1138, 1155ff, 1192; beim Rechtsschein des Erbscheins sowie sonstiger Urkunden und Registereintragungen §§ 2366, 2368, 2370, 1507 BGB; §§ 366ff HGB; §§ 325 II, 898 ZPO; § 81 InsO; entspr § 135 II, § 136, § 161 III, § 163 BGB. Es macht dabei keinen Unterschied, ob die Verfügung des Nichtberechtigten zum Erwerb eines ihm nicht zustehenden Rechts oder zum Untergang einer bisher bestehenden Belastung führt (RGZ 119, 269 zu § 936; BGH NJW 1964, 496 zum Untergang eines vorrangigen Pfandrechts infolge Veräußerung der Pfandsache durch einen nachstehenden Pfandgläubiger). Die Art des zw Verfügendem und Erwerber bestehenden Rechtsgrundverhältnisses ist, abgesehen von § 816 I 2, unerheblich, ebenso die Einbringlichkeit der Ausgleichsforderung gegen den Nichtberechtigten. § 816 enthält somit eine folgerichtige Absicherung der Vorschriften über den Gutglaubenserwerb. Zweifelhaft freilich, ob alle Ausdehnungen des Erwerbs vom Nicht- 6 berechtigten auch bei direkter Zuwendung durch den Eigentümer an den Dritten, der sich auf schuldrechtl Beziehungen zu einem Mittelsmann verließ, über § 816 I interessengerecht ausgeglichen werden, wenn der auf eine vermeintlich eigene Schuld leistende Eigentümer unversehens auf einen Herausgabeanspruch gegen den Mittelsmann verwiesen wird (BGH NJW 1974, 1132: Annahme eines „Geheißerwerbs"; krit *Weitnauer* NJW 1974, 1729; *Picker* NJW 1974, 1790; *v Olshausen* JZ 1975, 29). Doch ist vom Zweck des § 816 her die Maßgeblichkeit der Fortentwicklungen des Sachenrechts zu bejahen.

7 **bb) Genehmigung gem § 185.** Bei Unwirksamkeit der Verfügung, gleichgültig aus welchem Grund (fehlender guter Glaube, Abhandenkommen, Mängel des Rechtsscheins) besteht der Vindikationsanspruch des Berechtigten gegen den Erwerber. Die ganz hM gibt dem Berechtigten aber die Möglichkeit, durch Genehmigung gem § 185 die Verfügung wirksam zu machen und dann nach § 816 I gegen den Verfügenden vorzugehen (BGH NJW 1959, 668; JZ 1961, 24; NJW 1972, 1197; BGHZ 56, 131; *Reuter/Martinek*, 304ff; zur Lage bei § 816 II Rn 17). Wird Klage auf Herausgabe des Geleisteten (gem § 816 II) erhoben, kann darin eine konkludente Genehmigung liegen (BGH NJW 1986, 2106). Das gilt auch dann, wenn dem eine falsche Rechtsansicht zugrundelag (Koblenz NJW-RR 2015, 1010 Rn 25ff). Der Berechtigte hat die Wahl zw der Vindikation gegen den Besitzer (an deren Stelle bei originärem Rechtserwerb durch Vermischung oder Verarbeitung der Anspruch aus §§ 951, 812 tritt) und dem Herausgabeanspruch gegen den Verfügenden, den er durch Genehmigung der Veräußerung ins Leben rufen kann (bei Veräußerungsketten nach seiner Wahl an der Stelle, wo er den solventesten Schuldner trifft). Auch bestehen uU Schadensersatzansprüche gegen den Verfügenden (BGH NJW 1991, 695). Unter Hinw auf dieses Wahlrecht des Berechtigten, das allein dem Schutzgedanken des § 816 I entspreche (BGHZ 56, 131), hat sich die Rspr der Frage entzogen, ob nicht durch die Genehmigung der Veräußerung der Nichtberechtigte nachträgl zum Berechtigten werde. Das ist zu verneinen, da die Genehmigung trotz ihrer Rückwirkung (§ 184 I) nur das dingliche Rechtsgeschäft und nicht das die „Rechtsgrundlosigkeit" zw Berechtigtem und Verfügendem bestimmende Recht des Veräußerers zu der Verfügung betrifft (BGH JZ 1961, 24).

8 Auf diesen Grundlagen hat es die hM ausreichen lassen, wenn die Genehmigung zu einem **Zeitpunkt** erteilt wird, in dem die Vindikation wegen zwischenzeitl Rechtserwerbs durch den Besitzer (gem § 950) nicht mehr möglich war (BGHZ 56, 131; BeckOK/*Wendehorst* Rn 14). Auch das wird mit dem Argument begründet, dem früheren Berechtigten müsse die Wahl zw einem Vorgehen gegen den Veräußerer oder gegen den letzten Besitzer bleiben.

9 Praktische Schwierigkeiten macht die Frage, ob der frühere Berechtigte die endgültige **Genehmigung** so lange **aufschieben** kann, bis die Einbringlichkeit des Herausgabeanspruchs gegen den Verfügenden gesichert ist. Man kann sogar noch darüber hinaus nach einer Möglichkeit suchen, den Eigentümer, dessen Sache nach der unwirksamen Veräußerung verschwunden ist und der sich deshalb notgedrungen mit dem Erlös zufriedengeben will, für den Fall des Wiederauftauchens der Sache auf seinen Herausgabeanspruch zurückgreifen zu lassen (*Merle* AcP 183, 81, 84). Da die Genehmigung schlüssig erklärt werden kann, sieht die Rspr (BGH NJW-RR 1990, 1200; 2009, 705; 2012, 1129 Rn 8) sie idR in der Klageerhebung gegen den Nichtberechtigten. Das bedeutet aber, dass der Kläger das Risiko des Verlusts seiner Ansprüche gegen den letzten Besitzer übernehmen muss und nicht mehr auf die Vindikation zurückgreifen kann, wenn die zunächst unauffindbare Sache wiederauftaucht. Somit ist eine (schlüssige) Genehmigung nur anzunehmen, wenn der Anspruch aus Abs I oder II gewisse Realisierungschancen hat. Daher kann der Eigentümer die Genehmigung auch (nur) Zug um Zug gegen die Herausgabe des Erlöses erteilen (Staudinger/*Lorenz* Rn 9; Grü/*Sprau* Rn 7; jurisPK/*Martinek*/*Heine* Rn 19; offengelassen in BGH NJW 2005, 2698, 2699). Die Genehmigung kann auch nach Untergang oder Verarbeitung der Sache erfolgen (BGHZ 56, 131). Das bloße Schadensersatzverlangen gegen den Dieb oder Hehler enthält keine Genehmigung (BGH NJW 1968, 1326).

10 **c) Rechtsgrundlose, wirksame Verfügung.** Hat der Nichtberechtigte über einen Gegenstand wirksam verfügt, fehlt es aber im Verhältnis zum Erwerber an einem Rechtsgrund, ist umstr, ob der ursprüngliche Eigentümer (Berechtigte) oder der Veräußerer (Nichtberechtigte) vom Erwerber die Herausgabe des rechtsgrundlos erlangten Gegenstands verlangen kann. Nach einer älteren Ansicht kann der Berechtigte über § 816 I 2 analog direkt vom Erwerber die Herausgabe verlangen, sog **Eingriffs- oder Durchgriffs-Kondiktion** (*Grunsky* JZ 1962, 207; BGHZ 37, 363; anders aber BGHZ 47, 393). Hiernach ist der rechtsgrundlose Erwerb dem unentgeltlichen gleichzustellen. Da dem Erwerber aber auf diese Weise die Möglichkeit genommen wird, seine bereicherungsrechtl und sonstigen Einwendungen gegen den Veräußerer als seinen Vertragspartner geltend zu machen, er vor allem den Gegenstand an den ursprünglichen Eigentümer herausgeben müsste, ohne im Gegenzug seine idR bereits erbrachte Gegenleistung zurückzuerhalten, ist eine Gleichstellung von Unentgeltlichkeit und Rechtsgrundlosigkeit in § 816 I 2 abzulehnen (Staudinger/*Lorenz* Rn 28; MüKo/*Schwab* Rn 61; PWW/*Prütting* Rn 16). Stattdessen erfolgt wie auch sonst eine Rückabwicklung in Mehrpersonenverhältnissen „übers Dreieck" (**Doppelkondiktion**). Der ursprüngliche Eigentümer kann daher vom Veräußerer verlangen, dass jener ihm seinen Bereicherungsanspruch gegen den Erwerber abtritt (Kondiktion der Kondiktion), sodass der ursprüngliche Eigentümer direkt gegen den Erwerber vorgehen kann, dieser aber seine Einwendungen aus dem Verhältnis zum Veräußerer nunmehr gegen den ursprünglichen Eigentümer geltend machen kann (§ 404). Ein bereicherungsrechtl Durchgriff des früheren Berechtigten gegen den Erwerber kommt nur in Betracht, wenn der dingliche Erwerbsakt fehlerhaft war, der Besitzer aber später originär, zB nach § 950, das Eigentum erwirbt (*Canaris* FS Larenz, 1973, 852 mit der Maßgabe, dass der Erwerber sich entspr § 986 I 2 auf ein Besitzrecht des Verfügenden berufen kann).

Schwierigkeiten macht für diesen Fall die Bestimmung des **Inhalts der Bereicherungsansprüche.** Diskutiert wird hierbei hauptsächlich die Leistungskondiktion des Verfügenden gegen den Erwerber, die das Eigentum betrifft, das der Bereicherungsgläubiger selbst nicht hatte. Da es angemessen erscheint, dass das Eigentum direkt an den früheren Berechtigten zurückfällt, soll hier ein Anwendungsfall des sog Rückerwerbs vom Nichtberechtigten liegen (*v Caemmerer* FS Boehmer, 1954, 145, 154ff; zur Kritik von *Wiegand* JuS 1971, 62 s *Lopau* JuS 1971, 233). Wenn diese Kondiktion durchgeführt ist, dürfte gleichzeitig auch der aus § 816 I hergeleitete Anspruch des früheren Berechtigten gegen den Verfügenden erfüllt sein. Der Nichtberechtigte muss die ihm erbrachte Gegenleistung an den Erwerber zurückgeben, was dieser durch Zurückbehaltungsrechte erzwingen kann. Diesen Vermögenswert kann der frühere Berechtigte trotz § 816 I nicht für sich beanspruchen, denn damit durchbräche er das nach der Doppelkondiktionslehre gerade aufrechtzuerhaltende Gleichgewicht von Bereicherungsanspruch und Einwendungen jedes Partners aus den Rechtsverhältnissen, an denen er teilhat (*Rothoeft* AcP 163, 246ff; *H.P. Westermann* Die causa, 228f; zust *Reuter/Martinek*, 348). Hat der Erwerber noch nicht geleistet, kann der frühere Berechtigte vom Verfügenden gem § 816 I die Abtretung des Bereicherungsanspruchs auf die Sache verlangen. Um i Erg zu derselben umfassenden Wiederherstellung der früheren Rechtslage zu gelangen, muss man aber wohl mit der hM (*v Caemmerer* FS Boehmer, 1954, 145, 161f; i Erg ebenso *H.P. Westermann*, Die causa, 227f) dahin entscheiden, dass der frühere Berechtigte allg nach § 816 I vom Verfügenden nur die Abtretung der ihm gegen den Erwerber zustehenden Rechte verlangen kann. Das bedeutet insb, dass Einwände des Erwerbers aus §§ 814, 817 voll den früheren Berechtigten treffen (RGRK/*Heimann-Trosien* Rn 19; aM *Canaris* FS Larenz, 1973, 852f, der einen einwendungsunabhängigen Bereicherungsanspruch des früheren Berechtigten gegen den Verfügenden bejaht, damit aber den Gutglaubensschutz in Gefahr bringt). 11

4. Anspruch aus § 816 I 2. Dieser Anspruch beruht auf dem Gedanken, dass die Unentgeltlichkeitscausa nicht stark genug ist, um den dinglich vollzogenen Erwerb im Verhältnis zum früher Berechtigten zu rechtfertigen. Somit wird hier ausnahmsw (*Reuter/Martinek*, 329) eine direkte Kondiktion gegen den Erwerber eröffnet. Da der erweiterte Begriff der **Unentgeltlichkeit** (s auch *Jülch* JA 2012, 326ff), wie ihn etwa auch die Rspr zu § 988 geprägt hat, abzulehnen ist (Rn 10), kommt es allein darauf an, dass der Erwerber für den Gegenstand keine Gegenleistung erbringen sollte und erbracht hat (*Reuter/Martinek*, 334). Das Vermögensopfer des Empfängers muss weder gleichwertig noch durch einen gegenseitigen Vertrag geboten gewesen sein (BeckOK/*Wendehorst* Rn 9). Das ist aus der Sicht der Parteien (BGH JZ 1954, 360 stellt allein auf den Empfänger ab) unter Berücksichtigung der gesamten wirtschaftl Verhältnisse zu entscheiden (zu einem Anspruch ggü einer **Hosting-Plattform** *Stang* ZUM 2017, 380ff). Ein Vermögensopfer, das Unentgeltlichkeit ausschließt, liegt also auch dann vor, wenn es nicht ausdrückl festgesetzt ist, so wenn es in der Rechtswirkung der Verfügung selbst liegt (RGZ 62, 45; 50, 137 für Zahlung und Anerkenntnis bei rechtsbeständiger Schuld). Unentgeltliche Verfügung ist die Schenkung. Ein Hofübergabevertrag ist das nur, wenn der unentgeltliche Charakter die Bedeutung etwaiger Pflichten des Übernehmers überwiegt (BGH WM 1964, 614; für eine Teilung *Reuter/Martinek*, 336 und *Larenz/Canaris* § 69 II 2). Ehebedingte Zuwendungen sind in diesem Sinne als unentgeltlich zu behandeln (*Sandweg* NJW 1989, 965, 973f; BGHZ 116, 167, 174; BGH NJW 2000, 134, 137). Eine Zuwendung erfüllungshalber in der Hoffnung, der Gläubiger werde dadurch vom Vorgehen gegen den Schuldner vorläufig Abstand nehmen, ist nicht als unentgeltlich anzusehen (BGH JZ 1954, 360). Umstr ist der Fall der Gewährung dinglicher Sicherheiten ohne besondere Gegenleistung (gegen die Anwendung des § 816 I 2 RG WarnRsp 1933 Nr 158; Staudinger/*Lorenz* Rn 29; RGRK/*Heimann-Trosien* Rn 16). Eine Gegenleistung liegt auch dann vor, wenn sie an einen Dritten bewirkt wird (RGZ 112, 368). Wenn der Nichtberechtigte eine vom Dritten empfangene Gegenleistung unentgeltlich an einen Vierten weitergegeben hat, kann der frühere Berechtigte sich an ihn nach § 816 I halten, muss aber uU mit dem Wegfall der Bereicherung rechnen, sodass er hilfsweise den Anspruch aus § 822 gegen den Vierten geltend machen kann (RG Recht 1913 Nr 342 und 344). 12

§ 816 I 2 verlangt ausdr, dass der Dritte den rechtl Vorteil **unmittelbar** erlangt. Der Erwerb muss ohne weiteres Rechtsgeschäft und ohne Einschaltung eines weiteren Vermögens dem Dritten zugewendet worden sein. Zu eng lehnt BGH NJW 1969, 605 aus diesem Grund die Anwendung des § 816 I 2 ab, wenn ein ungetreuer Angestellter den Vermögensgegenstand zunächst in sein eigenes Vermögen überführt und ihn erst dann dem Dritten zugewendet hat (zust aber *Reuter/Martinek*, 322; MüKo/*Schwab* Rn 72). Jedenfalls dann, wenn der Verfügende an dem unterschlagenen Geld nicht Eigentum erworben hat (so Frankfurt WM 1987, 189), möglicherweise wegen des Wertverhältnisses unterschlagenen und eigenen Geldes, kann ein Gutgläubiger wegen § 935 II Eigentümer geworden sein und haftet dann bei Unentgeltlichkeit nach § 816 I 2 (zur Abgrenzung zu § 822 Frankfurt WM 1987, 189). Eine direkte Kondiktion kommt auch dann in Betracht, wenn der unentgeltliche Erwerb zusätzl rechtsgrundlos ist (*v Caemmerer* FS Boehmer, 1954, 154, 161; *Wiethölter* JZ 1963, 288). Ein Fall des unmittelbaren unentgeltlichen Erwerbs kann auch im gutgläubig lastenfreien Erwerb eines Grundstücks vom Eigentümer liegen mit der Folge, dass das erloschene Recht wiederhergestellt werden muss (BGHZ 81, 395). Auch der Gutglaubensschutz aus § 1412 ist bei Vorliegen einer unentgeltlichen Verfügung überwindbar (BGHZ 91, 288). 13

5. Anspruch aus § 816 II. a) Befreiende Zahlung. Die Kondiktion wegen **wirksamer Leistungsannahme durch einen Nichtberechtigten** (Abs II) ist dem Fall der Verfügung Nichtberechtigter im Wesentlichen parallel konstruiert (*Roth* JZ 1972, 150 zu dogmatischen Unterschieden). Die Leistungsannahme durch einen Nichtberechtigten muss aufgrund eines Tatbestands des Gutglaubensschutzes, in diesem Fall des Schuldnerschutzes, oder durch Genehmigung des Rechtsinhabers diesem ggü Erfüllungswirkung haben. Es handelt sich somit wieder um eine aus dem Schutz des gutgläubig Leistenden hervorgegangene Rechtsfortwirkung in Gestalt der Ein- 14 griffskondiktion des Inhabers der erloschenen Forderung gegen den Empfänger der Leistung. Das wirkt sich vor allem in Fällen der stillen Zession an eine Bank des Bereicherungsgläubigers aus. War die Abtretung dem zahlenden Schuldner bekannt oder war sie offenkundig, zahlt er an die Bank (BGHZ 53, 139, 142; BGH NJW 1972, 1197; 1974, 544; *Reuter/Martinek*, 356f). Das ist nicht der Fall, wenn an die Bank lediglich als Zahlstelle des Gläubigers gezahlt wird. Zu bejahen ist das aber, wenn sich die Bank nicht auf ihre Rolle als bloße Zahlstelle beschränkt (BGH NJW 2019, 2608 Rn 17). Die Folgen zeigen sich bei der Inanspruchnahme einer Bank, die aufgrund einer ihr erteilten nichtigen **Globalzession** Forderungen eingezogen hat, durch den Inhaber kollidierender Sicherungsrechte, dem die Unwirksamkeit der Globalzession zugutekommt. Sie wird auf § 816 II gestützt, wenn an die Bank mit Wirkung gegen den wahren Gläubiger, den konkurrierenden Sicherungsnehmer, geleistet wurde und die Bank sich nicht auf ihre Rolle als Zahlstelle beschränkt (BGH WM 2019, 777 Rn 17). Stimmen die Vorstellungen der Beteiligten darüber, an wen die Leistung iSd § 816 II bewirkt wurde, nicht überein, ist eine obj Betrachtungsweise aus der Sicht des Zuwendungsempfängers entscheidend (**Empfängerhorizont**; BGH WM 2019, 777 Rn 19). Wird dieselbe Forderung mehrfach abgetreten, findet ein Bereicherungsausgleich zw dem Erst- und dem Zweitzessionar statt, sofern letzterer trotz unwirksamer Zweitabtretung die Forderung mit schuldbefreiender Wirkung (§ 408 I, § 407) beim Schuldner einzieht (BGH NJW-RR 2003, 1490; BKR 2021, 516 Rn 32). Zieht die Bank aufgrund unwirksamer Globalzession Forderungen ein, die zu einer Insolvenzmasse gehören, so gestattet ihr Düsseldorf ZIP 1994, 1974, ggü dem Anspruch des Insolvenzverwalters aus Abs II mit der Forderung gegen den Gemeinschuldner aufzurechnen, allerdings vorbehaltlich der Insolvenzanfechtung. Der Insolvenzverwalter eines Bankkunden, über den ein allg Veräußerungsverbot zur Sicherung der Masse verhängt worden war, kann von der Bank Zahlung verlangen, wenn diese einen Dritten zur Zahlung auf das bei ihr geführte Kundenkonto angewiesen hatte (München WM 1994, 1561). Der Anfechtungsanspruch des Verwalters gem §§ 143 I, 129ff InsO und der Anspruch des Sicherungszessionars aus § 816 II bestehen unabhängig voneinander (BGH NJW-RR 2016, 51 Rn 16).

15 Die Leistung an den Nichtberechtigten **wirkt befreiend** in einer Reihe gesetzl angeordneter Fälle: Gläubigerwechsel §§ 407, 408 (BGHZ 26, 193; *Blaschczok* JuS 1985, 88), unrichtige Anzeige eines Gläubigerwechsels §§ 409, 576f, 579, Unkenntnis der Beteiligung mehrerer Gläubiger § 720, § 1473 II, § 1497 II, Zahlung an den Zedenten trotz Wirksamkeit des Abtretungsverbots § 354a HGB, Legitimationswirkung echter und hinkender Inhaberpapiere §§ 793, 808, öffentlicher Glaube von Erbschein und Testamentsvollstreckerzeugnis §§ 2367f, Rechtsscheinswirkung des Besitzes § 851, Verfügungen des Versicherungsnehmers über Rechte des Versicherten, insb Annahme der Versicherungssumme nach § 45 VVG (BGHZ 32, 44, 52 zum damaligen § 76 VVG). Zu § 407 nach Zwangsversteigerung KG OLG 34, 99. Gegen Anwendung des § 816 II, weil eine Versicherungssumme an einen Insolvenzverwalter entweder als Nichtberechtigten für Grundstücksbestandteile unwirksam oder als Berechtigten für Grundstückszubehör wirksam gezahlt worden sei, RG JW 1906, 557.

16 **b) Kollision von Sicherungsrechten.** Hinsichtl der Kollision von Sicherungsrechten an abgetretenen Forderungen ist zunächst davon auszugehen, dass eine durch verlängerten Eigentumsvorbehalt vorausabgetretene Forderung kein zweites Mal abgetreten werden kann. Daher kann der Lieferant die Zahlung des Drittschuldners an die Bank von dieser nach § 816 II kondizieren. Das setzt voraus, dass die Zahlung an die Bank dem Vorbehaltslieferanten ggü wirksam ist (*Lieb* JR 1971, 507, 509) und an die Bank geleistet wurde. Das Problem tritt häufiger auf, wenn zwar die Globalzession zugunsten des Vorbehaltslieferanten zeitl später erfolgte als die zugunsten der Bank, aber aufgrund der Unwirksamkeit der Übertragung an die Bank diese als Nichtberechtigte einzieht. Eine Einziehungsermächtigung des Vorbehaltskäufers wird an dieser Lage idR nichts ändern, da sie nur solche Verfügungen deckt, die den Gegenwert der abgetretenen Forderungen i Erg einem konkurrierenden Gläubiger zuwenden (BGHZ 32, 361 gegen *Flume* NJW 1959, 913, 921; *Dempewolf* NJW 1960, 2035). Eine Leistung an die Bank liegt vor, wenn diese die ihr erteilte Abtretung offengelegt hat. Anders wurde das gesehen, wenn der Schuldner glaubte, an die Bank lediglich als Zahlstelle seines Gläubigers zu leisten, damit rechtl an den Gläubiger, sodass ein Bereicherungsausgleich zw dem Lieferanten als Berechtigtem und dem Käufer stattfindet (so noch BGHZ 53, 193). Die neuere Rspr weicht hiervon ab, wenn hinter der Angabe der Bank als Zahlstelle eine (unwirksame) Globalzession verborgen ist, was der Bank das Argument nimmt, dass der Käufer Leistungsempfänger gewesen sei (BGHZ 72, 316; Brandenburg 1.2.2012 – 4 U 93/10; s auch Brandenburg WM 1999, 267: Zuordenbarkeit der Forderung vorausgesetzt). Das ist unbefriedigend, weil es auf das Vorliegen einer Abtretung an die Bank nicht mehr ankommt, sondern es schon genügt, wenn die Bank ihrem Vertragspartner zur Pflicht gemacht hatte, seine Außenstände auf einem bei ihr geführten Konto einzuziehen. Man muss daher diese Lösung auf den Fall beschränken, dass die Bank im eigenen Interesse in den Zahlungsvorgang eingegriffen und nicht nur als Zahlungsmittlerin fungiert hat (*Canaris* NJW 1981, 249, 258). Letztere Rolle macht sie noch nicht zum Leistungsempfänger. Anders auch, wenn die Bank neben einer dinglichen Teilverzichtsklausel die Zahlungen an den Zedenten entgegennimmt, bevor der Vorbehaltslieferant die Abtretung offengelegt hat, da dann die Zahlstellenfunktion der Bank nicht dazu dienen kann, die Rechte des Vorbehaltslieferanten zu untergraben (näher *Peters/Lwowski* WM 1999, 258, 262f). Weitergehend für Bereicherungsanspruch gegen eine Bank, die die Zahlstellenfunktion ausnutzt, um sich vertragswidrige Vorteile ggü anderen Gläubigern des Kunden zu verschaffen, Brandenburg ZIP 1998, 952. Widerspruchslose Hinnahme einer Lastschrift durch eine Bank ist Leistung an sie (BGH JR 1974, 425). IÜ ist wie bei Abs I der Berechtigte durch Prüfung der Inhaberschaft an der getilgten Forderung festzustellen. Soweit das Zusammentreffen von **Factoring** und **verlängertem Eigentumsvorbehalt** die Factoring-Zession unwirksam macht, wird kaum anzunehmen sein, dass das Factoring-Unternehmen als bloße

Zahlstelle fungieren kann (*Messer* NJW 1976, 926). In einem Sonderfall hat BGH NJW 1972, 1197 dem Lieferanten, der unter verlängertem Eigentumsvorbehalt lieferte, einen Anspruch auf das zur Tilgung der Kaufpreisforderung gewährte, aber an einen falschen Lieferanten ausgezahlte Darlehen gegeben. Fraglich ist schließlich, ob die Bank außerhalb der Rolle als Leistungsempfänger iSd § 816 II steht, wenn der Drittschuldner ihr ggü die Schuld mit übernommen hat und/oder die Bank noch durch eine Grundschuld gesichert ist, auf die dann die Zahlungen des Schuldners erfolgt sein können (so BGH NJW 1983, 2502); bedenklich wegen Übersicherung der Bank (*Coester* NJW 1984, 2548).

c) Genehmigung. Folgt die befreiende Wirkung der Zahlung nicht aus einer gesetzl Vorschrift, kann nach hM der Berechtigte diese Wirkung durch Genehmigung herbeiführen (BGH NJW 1989, 2622, 2624; NJW-RR 1990, 1200, 1201; WM 2010, 2275; s auch BeckOK/*Wendehorst* Rn 31; RGRK/*Heimann-Trosien* Rn 26; aM *Reuter/Martinek*, 354f; Staudinger/*Lorenz* Rn 32; *Larenz/Canaris* § 69 II 3d). Das gibt ihm ein Wahlrecht, entweder den durch die Zahlung nicht befreiten Schuldner erneut zu belangen oder sich – etwa nach Insolvenz des Schuldners – an den nichtberechtigten Empfänger zu halten, wobei wiederum in der Klageerhebung die Genehmigung erblickt wird (BGH NJW 1972, 1197; 1988, 495; 1989, 2624). Gegen das **Wahlrecht** des Berechtigten wird eingewandt (*Esser/Weyers* § 50 II 4; *Reeb* JuS 1973, 498), auf diese Weise sei der Berechtigte in der Insolvenz des Schuldners vor den übrigen Gläubigern bevorzugt, da er sich durch Genehmigung der Leistung volle Deckung verschaffen könne. Indessen ist nicht recht einzusehen, dass die Masse außerhalb der Anfechtungstatbestände durch Rückgewähr einer auf eine einwandfreie Forderung erbrachten Zahlung, der dann nur die Insolvenzforderung des Berechtigten gegenüberstünde, vergrößert werden soll. *Roth* (JZ 1972, 150) lässt die Genehmigungsmöglichkeit des berechtigten Gläubigers daran scheitern, dass die Genehmigung die für die Erfüllungswirkung unverzichtbare Tilgungsbestimmung des Schuldners in Richtung auf die dem Berechtigten zustehende Forderung nicht herbeiführen könne. Das ist zu begrifflich gedacht. Richtig ist aber, dass eine Genehmigung des Gläubigers nur unter dem Vorbehalt einer Erklärung des leistenden Schuldners steht, die Zahlung an den Nichtberechtigten kondizieren und dem wahren Gläubiger verpflichtet bleiben zu wollen. Diese Wahlmöglichkeit des Schuldners ergibt sich aus dem Schutzcharakter der meisten Schuldnerschutzvorschriften (*Koppensteiner/Kramer*, 100; *Larenz/Canaris* § 69 II 3d). 17

6. Rechtsfolge. Rechtsfolge ist ein **Herausgabeanspruch**, in den Fällen des § 816 I 1 und II auf das vom Nichtberechtigten Erlangte, im Fall des § 816 I 2 auf den gutgläubig erworbenen Gegenstand. Wurde an den Zedenten einer Forderung mit befreiender Wirkung durch Scheck geleistet und ist nach Eröffnung des Insolvenzverfahrens über das Vermögen des Zedenten die Schecksumme an den Insolvenzverwalter gezahlt worden, hat der Zessionar der Forderung nicht das Recht zur Ersatzaussonderung (BGH BB 1990, 2364). 18

a) Beteiligte. Gläubiger des Anspruchs ist der frühere Berechtigte, **Schuldner** im Fall des Abs I S 1 und Abs II der verfügende oder die Leistung annehmende Nichtberechtigte, ein Drittempfänger auch dann nicht, wenn er oder ein sonstiger Begünstigter der Verfügung zustimmt (RGZ 137, 356), im Fall des Abs I S 2 der Drittempfänger, bei Stellvertretung der Vertretene, jeweils ohne Rücksicht auf Verschulden (BGHZ 37, 363), doch sind hier die Vorschriften über den Wegfall der Bereicherung (§ 818 III) und die verschärfte Haftung (§ 819) zu beachten. 18a

b) Umfang des Anspruchs. Der Anspruch geht **inhaltlich** auf das „durch die Verfügung **Erlangte**" (Rostock 16.3.2017 – 3 U 81/15, juris Rn 49: tritt an die Stelle des Eigentumsherausgabeanspruchs nach § 985). Die Formulierung ist ungenau, da der Nichtberechtigte direkt durch seine Verfügung allenfalls die Befreiung von seiner Pflicht zu eben dieser Verfügung erlangt, nicht aber, was nach der hM in erster Linie gemeint ist, die vom Erwerber erbrachte Gegenleistung (BGHZ 29, 157; *Larenz/Canaris* § 72 I 2; RGRK/*Heimann-Trosien* Rn 12; Soergel/*Hadding* Rn 17). Der hM ist auf der Grundlage des die Auslegung des § 816 bestimmenden Gedankens der Rechtsfortwirkung im Ausgangspunkt beizupflichten. Dementspr ist im Fall des Abs II die als Erfüllung angenommene Leistung herauszugeben. IÜ können die Gegenleistungen des Erwerbers verschiedener Art sein, so bei Veräußerung einer Sache das Geld oder das Tauschobjekt, bei Bestellung dinglicher Nutzungsrechte eine etwa gezahlte Entschädigung. Bei Belastung eines Grundstücks gegen Auszahlung von Bargeld kann man nicht ohne Weiteres die Valuta einer durch das dingliche Recht gesicherten Forderung als Gegenleistung ansehen (so aber RGZ 158, 47; aM *v Caemmerer* FS Lewald, 1953, 449; *Schuler* NJW 1962, 2332; offenlassend BGH NJW 1997, 190, weil sich die Haftung durch Zwangsversteigerung erledigt hatte), da durch die Verfügung nur die Sicherung der persönlichen Forderung erlangt ist. Da dieser Gegenstand nicht herausgabefähig ist und andererseits der Verfügende mit der persönlichen Schuld belastet bleibt, trifft ihn eine notfalls zu schätzende Wertersatzpflicht. Sie kann, wenn er das Darlehen ohne die Sicherheit keinesfalls erhalten hätte, betragsmäßig die Darlehensvaluta erreichen. Mit der Begründung, erlangt sei nur die Befugnis zur „Benutzung" des besicherten Darlehens, gelangt *Canaris* NJW 1991, 2513, 2520 zu einem Anspruch des Bereicherungsgläubigers auf Zahlung einer „Haftungsvergütung" nach § 818 II. Eine Beseitigungspflicht des Bucheigentümers scheitert daran, dass der Bereicherte nicht die Substanz seines Vermögens angreifen muss (anders *Schuler* NJW 1962, 2332). 19

Probleme ergeben sich, wenn im Fall des § 816 I 1 der für die Sache erlangte **Gegenwert vom Verkehrswert abweicht.** Da der Herausgabeanspruch echter Bereicherungsanspruch ist, bestimmt sich sein Umfang nach § 818 (BGHZ 9, 333), wobei insb keine Wertungswidersprüche zur inhaltlichen Ausgestaltung der allg Eingriffskondiktion wegen Ge- oder Verbrauchs fremder Sachen auftreten dürfen (*Reeb* JuS 1973, 498; *v Caemmerer* FS Rabel, 1954, 356ff). Hierbei ist nahezu unstr, dass eine unter dem Verkehrswert des Gegenstands liegende Gegenleistung ohne weitergehende Wertersatzpflicht herausgegeben werden muss, weil sonst der Bereicherte über den Umfang seiner Bereicherung hinaus in Anspruch genommen würde (BGH NJW 1953, 58f; Staudinger/*Lorenz* 20

Rn 23; MüKo/*Schwab* Rn 40; abw *Reuter/Martinek*, 325ff, die mit der Vorstellung, der Verfügende hafte mindestens auf den obj Verkehrswert – bei Veräußerung über Wert auch darüber hinaus – in die Kondiktion Elemente der Geschäftsanmaßung und des Schadensersatzes einbringen). Nach der Rspr schuldet der Nichtberechtigte aber Herausgabe des gesamten erlangten Betrags auch dann, wenn dieser den Wert der Sache übersteigt, insb also einen von ihm erzielten **Veräußerungsgewinn** (BGH NJW 1953, 58; BGHZ 29, 157; zust *Esser/Weyers* § 50 II 2; RGRK/*Heimann-Trosien* Rn 12; MüKo/*Schwab* Rn 39; BeckOK/*Wendehorst* Rn 17). Hierfür spricht insb die Überlegung, dass die Gewinnerzielung dem Inhaber des verletzten Rechtsguts gebührt. Gegen eine Gewinnhaftung sprechen aber auch erhebliche Bedenken. Sie gelten zwar nur zT dem Fall des § 816 I, iÜ der allg Eingriffskondiktion, insb wegen der bereicherungsrechtl Gewinnhaftung nach Verletzung gewerblicher Schutzrechte (*v Caemmerer* FS Rabel, 1954, 316f; *v Caemmerer* JR 1959, 462). Die Gewinnherausgabe soll danach insb mit § 687 II unvereinbar sein und i Erg den gutgläubigen Nichtberechtigten, dessen Aufwendungen, Arbeiten und Fähigkeiten im Gewinn zum Ausdruck kommen, zu scharf haften lassen (zur Berücksichtigung der auf den Verfügenden zurückgehenden Beitragswerte Kellmann, 40). Da die Pflicht zur Herausgabe des „Erlangten" nicht als Sonderfall aufgefasst werden kann, ist das Problem in Zusammenhang mit der allg Regelung des Bereicherungsumfangs in § 818 zu diskutieren. Im Grundsatz ist danach von der umfassenden Herausgabepflicht auszugehen, die aber nach Maßgabe eines subj **Wertbegriffs** (§ 818 Rn 17) und der Anwendung des § 818 III auf die Beiträge des Nichtberechtigten zum Gewinn interessengemäß zu korrigieren ist. BGHZ 29, 157 will demggü die Gewinnherausgabepflicht von Fall zu Fall gem § 242 begrenzen (s auch Staudinger/*Lorenz* Rn 25). Bei gemeinsamer, aber teilw unberechtigter Verfügung über mehrere Gegenstände ist die Gegenleistung wertmäßig aufzuteilen (RGZ 88, 351). Findet die gegen den Berechtigten wirksame Verfügung im Rahmen eines anderen Geschäfts statt, kann der Erlösanteil, der auf den vom Entreicherten stammenden Gegenstand entfällt, auch geschätzt werden, wobei der obj Verkehrswert weitgehend entscheidend ist (LG Köln WM 1988, 425).

21 Der Begriff der abzusetzenden **Aufwendungen** kann weit gefasst werden (zB auch erhöhte Einkommensteuer, s BGH NJW 1970, 2059; *Schön* ZHR 155, 247ff). Der Schuldner kann erhöhte Kosten aller Art absetzen, deren Betrag nötigenfalls durch eine Schätzung zu ermitteln ist. Ferner sind absetzungsfähig die Kosten der Bearbeitung oder Erhaltung des Kondiktionsgegenstands (BGH WM 1959, 374 im vollständigen Abdruck des Urteils BGHZ 29, 157; dazu *Gursky* JR 1971, 361 mit der berechtigten Einschränkung, es müsse sich um solche Verwendungen handeln, die im Augenblick der Veräußerung nach §§ 994ff noch ersatzfähig gewesen wären). Eine Anrechnung des Erwerbspreises, soweit er an den Kondiktionsgläubiger gezahlt wurde, ist, anders als bei der allg Leistungskondiktion (§ 818 Rn 41), hier unbedenklich (BGH WM 1959, 374; RGRK/*Heimann-Trosien* Rn 13). Zur Anrechnung des an Dritte gezahlten **Erwerbspreises**, die allg abgelehnt wird (BGHZ 9, 333; BGH NJW 1970, 2059; BGHZ 55, 150; näher § 818 Rn 40). Wenn der Verfügende als Kommissionär eine dem Kommittenten nicht gehörende Sache veräußert hat, ist er wegen § 392 II HGB nicht selber Schuldner des Kondiktionsanspruchs, der vielmehr gegen den Kommittenten besteht (*Larenz/Canaris* § 69 II 1e; offenlassend BGHZ 47, 128). Wäre die Sache bei ihm angetroffen worden, hätte sich seine Haftung auf die Herausgabe und den Verlust der Gewinne aus der Kommission beschränkt.

22 **7. Beweislast.** Nach allg Regel (§ 812 Rn 90) hat der Kondiktionsgläubiger alle Voraussetzungen seines Anspruchs zu beweisen, insb die Verfügung, Wirksamkeit, Nichtberechtigung, Gegenleistung oder Unentgeltlichkeit. War die Sache abhandengekommen, muss der auf Erlösherausgabe Verklagte beweisen, dass der Kläger sein Eigentum trotzdem verloren hat (BGH NJW 1995, 1292). In der Frage der Berechtigung kann allerdings die Vermutung gem § 1006 eine Rolle spielen.

§ 817 Verstoß gegen Gesetz oder gute Sitten

War der Zweck einer Leistung in der Art bestimmt, dass der Empfänger durch die Annahme gegen ein gesetzliches Verbot oder gegen die guten Sitten verstoßen hat, so ist der Empfänger zur Herausgabe verpflichtet. Die Rückforderung ist ausgeschlossen, wenn dem Leistenden gleichfalls ein solcher Verstoß zur Last fällt, es sei denn, dass die Leistung in der Eingehung einer Verbindlichkeit bestand; das zur Erfüllung einer solchen Verbindlichkeit Geleistete kann nicht zurückgefordert werden.

1 **I. Allgemeines.** **Zweck** und **Anwendungsbereich** beider Sätze des § 817 sind umstr (*Klöhn* AcP 210, 804, 815ff). Das soll daran liegen, dass in dem (dem heutigen Kondiktionensystem in mancher Hinsicht nicht entspr) Zusammenspiel der römisch-rechtl Regeln die (als Vorläufer des § 817 zu verstehende) condictio ob turpem causam nur einen Unterfall der Kondiktion nach § 812 I 2 Alt 2 bildete (*Honsell*, 65ff). Daher führte die – an sich verständliche – Ausdehnung des § 817 S 2 auf alle Typen der Leistungskondiktion ua dazu, dass die Vorschrift weit außerhalb ihrer eigentlichen Bestimmung angewendet wurde (Erman/*Buck-Heeb*[12] Rn 1). Die Judikatur zu § 817 ist krit darauf zu prüfen, ob sie dem heutigen Verständnis von Privatrechtsnormen und vom Sinn staatlicher Rechtsgewährung entspricht. Mit Einsichten wie der, dass bei der Auslegung des § 817 S 2 „Gesichtspunkte der Gerechtigkeit bewusst außer Betracht bleiben" (BGHZ 8, 373; BGH WM 1993, 1765; anders Oldenburg OLGRp 1995, 23, das die Anwendung des § 817 S 2 aus Billigkeitsgründen verwirft), kann man sich nicht zufriedengeben, vielmehr ist die Rechtsfindung am Zweck des Verbotsgesetzes auszurichten, auch wenn das mit dem Gesetzeswortlaut nicht immer zu vereinbaren ist (*Weyer* WM 2002, 627, 629).

2 **1. Systematische Stellung des § 817.** Die systematische Stellung des § 817 im Bereicherungsrecht ist zunächst dadurch bestimmt, dass das Gesetz in anderem Zusammenhang ganz andersartige **Nichtigkeitsfolgen** anordnet,

zu denen die Vorenthaltung einer Rückabwicklung nicht durchweg passt. Für die Entscheidung über die Aufrechterhaltung des bestehenden Zustands mit Hilfe des § 817 S 2 sollte aber beachtet werden, welchen **Zwecken gesetzl Verbote** dienen und inwieweit sie die Rückabwicklung eines verbotswidrigen Zustands fordern bzw ihr sogar entgegenstehen (BAG NJW 1983, 783 zum Lehrstellenkauf; NJW 1990, 2542: Vorleistungen eines Schwarzarbeiters; zum Ganzen *Weyer* WM 2002, 627, 629). Das ist insb bei der Ausdehnung des Kondiktionsausschlusses nach S 2 auf die allg Leistungskondiktion (Rn 11) und bei Erweiterungen der Rückforderungssperre über die Kondiktion hinaus zu beachten. Lassen Verbotsverletzungen die Gültigkeit des Grundgeschäfts unangetastet und beeinflussen auch die Vermögenszuwendung nicht, kann trotzdem § 817 S 1 einen eigenständigen Rückforderungsanspruch geben. Ist das Grundgeschäft dagegen nichtig, ist auch § 812 I 1 Alt 1 gegeben (RGZ 111, 153), der aber § 814 entgegenstehen kann, was für den Anspruch aus § 817 S 1 nicht gilt (BGH WM 1961, 530). Erfasst die Nichtigkeit Grund- und Erfüllungsgeschäft, kann der Leistende vindizieren und ggf den übertragenen Besitz kondizieren, wobei die Frage nach der Übertragbarkeit des § 817 S 2 auf die Vindikation auftritt (Rn 11). Wie die Verbotsverletzung auf die Gültigkeit des Grund- und Leistungsgeschäfts einwirkt, ist danach stets als Vorfrage erheblich (OGH 1, 75). Sie sollte auch, da es an einem abgestuften System der Nichtigkeitsfolgen fehlt, immer wieder die Frage nach einer Korrektur der aus S 2 folgenden Ergebnisse aufwerfen (Erman/*Buck-Heeb*[12] Rn 2).

§ 817 regelt **nur** besondere Aspekte von **Leistungsverhältnissen.** Es muss daher eine zweckgetragene Vermögenszuwendung vorliegen (BGH NJW-RR 1998, 1284), bei der den Beteiligten der zur Anwendung des § 817 führende Gesetzes- oder Sittenverstoß einzeln oder gemeinsam zur Last fällt (RG JW 1925, 1392; RGRK/*Heimann-Trosien* Rn 1). Gerade die Annahme oder das Bewirken der Leistung, nicht der Abschluss des Grundgeschäfts, muss vom gesetzl Verbot oder vom Sittenwidrigkeitsurteil erfasst sein (BGH NJW 2021, 234 Rn 34). Nach heute hM kommt § 817 für die Nichtleistungskondiktion nicht in Betracht (BGH WM 1967, 1217, 1218; NJW 2003, 582, 584; MüKo/*Schwab* Rn 11; RGRK/*Heimann-Trosien* Rn 1; aM BGH NJW 1956, 338 für § 816 I). Das schließt nicht aus, in der Ausführung eines als nichtig erkannten Werkvertrags einen Fall des S 2 zu sehen (anders *Eidenmüller* JZ 1996, 890; zur Schwarzarbeit Rn 15). § 817 S 2 wird häufig auf solche Leistungen beschränkt, die endgültig ins Vermögen des Leistungsempfängers übergehen sollen (BGHZ 19, 205; BGH NJW-RR 1994, 291; Soergel/*Hadding* Rn 26; RGRK/*Heimann-Trosien* Rn 25). Das ist in so allg Formulierung bedenklich, erklärt sich aber teilw durch das berechtigte Bemühen, den Kondiktionsausschluss durch Aufspaltung der Leistungen in einen beanstandbaren und einen unbeanstandbaren Teil interessengemäß zu begrenzen. 3

2. Zweck des § 817. Verschiedene Einzelfragen bei der Auslegung des § 817 werden von der grds Einstellung zum **Zweck der Vorschrift** beeinflusst. Dabei wurde für § 817 S 2 in Anlehnung an Mot II 849 häufig, für § 817 S 1 seltener, ein **Strafcharakter** angenommen (Soergel/*Hadding* Rn 1, 9). Durch die Pflicht zur Herausgabe des Empfangenen bzw den Ausschluss eines Rückforderungsrechts solle der Sinn für gute Sitten und für die öffentliche Ordnung gestärkt werden (zu § 817 S 2 BGHZ 39, 91; BGH JZ 1951, 716; WM 1967, 1217; offengelassen in BGHZ 8, 371; 19, 205; 28, 16. Zu § 817 S 1 *Heck* AcP 124, 17; *Koppensteiner/Kramer*, 60). Dagegen spricht vieles. Abgesehen von den grds Zweifeln, ob eine Strafe ins Zivilrecht gehört (*Canaris* FS Steindorff, 1990, 519, 523; *Reuter/Martinek*, 178; MüKo/*Schwab* Rn 10), legt § 817 S 2 von zwei vorwerfbar Handelnden dem einen die Nachteile auf und begünstigt den anderen, wobei der Nachteil überdies in keine erkennbare Beziehung zum Maß der Schuld gesetzt ist (*Honsell*, 58ff; *Medicus*, GS Dietz, 1973, 61, 67). Dem Strafgedanken bei der Deutung des § 817 S 1 wird mit Recht entgegengehalten, der Empfänger dürfe nicht behalten, was er nicht habe annehmen dürfen. Auf der anderen Seite ist nicht zu übersehen, dass angesichts des bedeutenden Wachstums der Zahl von Verbotsnormen und der Verschärfungen der Sittenwidrigkeitskontrolle (s etwa LG Bonn DAR 1998, 355; Hamm OLGRp 1984, 141; zur Sittenwidrigkeit des Handelns eines über das Risiko seiner Teilnahme an einem Spiel aufgeklärten Teilnehmers Celle NJW 1996, 2662) das Erfordernis der Strafwürdigkeit des Leistenden eine flexiblere Handhabung des S 2 gestatten würde (*Seiler* FS Felgentraeger, 1969, 379). Auch der Hinw auf die durch Verbotsnormen und ihre Sanktion gem § 817 S 2 verfolgte Generalprävention (*Larenz/Canaris* § 68 III 3a; BeckOK/*Wendehorst* Rn 2) vermag eine unterschiedslose Fortsetzung des Nichtigkeitsurteils in der Kondiktionssperre angesichts der Fülle der hier verfolgten spezialpräventiven Zwecke nicht zu rechtfertigen (*Weyer* WM 2002, 627, 620f für Ausschluss des § 817 S 2 allein in Ansehung des Zwecks der verletzten Norm). 4

§ 817 S 2 wird häufig mit dem Gedanken der **Rechtsschutzverweigerung** für verbotene Geschäfte begründet (BGHZ 35, 103, 107; 36, 395, 399; 44, 1, 6; *Esser/Weyers* § 49 IV 1; *Dauner* JZ 1980, 495, 499; zurückhaltend *Medicus* GS Dietz 1973, 61, 68; Staudinger/*Lorenz* Rn 5; krit *Honsell*, 60ff). Der Gedanke steht nicht selten neben der Betonung des Strafcharakters (RGZ 151, 72), wird aber iÜ zusammengebracht mit Denkfiguren wie dem Verbot der Berufung auf eigenes Unrecht (*Raiser* JZ 1951, 719), zT in der modernen Formulierung des Einwandes der „unclean hands" (*Prölss* ZHR 132, 35ff), oder der **Empfängerbegünstigung bei rechts- oder sittenwidrigem Handeln beider Partner** (*Honsell*, 63f). Teilw wird auch auf den Gedanken der Generalprävention abgehoben (*Larenz/Canaris* § 68 III 32a; *Canaris* FS Steindorff, 1990, 519, 524; *Armgardt* NJW 2006, 2070, 2073; *Langenbucher* FS Huber, 2006, 861, 868; BeckOK/*Wendehorst* Rn 2; MüKo/*Schwab* Rn 10: adverser ökonomischer Anreiz; Staudinger/*Lorenz* Rn 5; *Klöhn* AcP 210, 804, 830ff) bzw darauf, dass hier eine Norm zur Verhaltenssteuerung vorliege (*Klöhn* AcP 210, 804, 847f). 5

II. Der Fall des § 817 S 1. § 817 S 1 (condictio ob causam turpem vel iniustam) regelt die **verbots- oder sittenwidrige Annahme einer Leistung durch den Empfänger.** Die Vorschrift wird wegen der in solchen Fällen eintretenden Nichtigkeit (§§ 134, 138) für überflüssig gehalten, weil damit immer ein Bereicherungsanspruch nach § 812 I gegeben sei (*Honsell*, 35). In der Tat ist ein Gesetzes- oder Sittenverstoß des Annehmenden bei gül- 6 tigem Kausalgeschäft nicht leicht vorstellbar, zumal auch die Vindikation eingreifen kann. Genannt werden die einfache Beamtenbestechung (§ 331 StGB; RGZ 96, 343, 345; RGRK/*Heimann-Trosien* Rn 5; krit MüKo/*Schwab* Rn 6), ferner Erpressung und Hehlerei (*Medicus/Petersen* BürgR Rn 695), doch bestehen jeweils Zweifel bzgl der Gültigkeit des Versprechens. Dasselbe gilt für den Fall der Entgegennahme von Geld für die Unterlassung einer Strafanzeige gegen eine dem Geber nahestehende Person (RGZ 58, 204). Eine gewisse Bedeutung mag die Vorschrift bei Kenntnis des Leistenden vom Gesetzes- oder Sittenverstoß haben, weil sie einem Kondiktionsausschluss gem § 814 entgegensteht (*Koppensteiner/Kramer*, 73; RGRK/*Heimann-Trosien* Rn 5), doch wäre dem auch mit einer Restriktion des § 814 zu begegnen gewesen (MüKo/*Schwab* Rn 7). Ein Anwendungsbereich des § 817 S 1 ergibt sich, wenn ein „weiterer" Zweck, dessen Verfehlung zur Kondiktion nach § 812 I 2 Alt 2 führen würde, an sich erreicht wird, sodass die Kondiktion aus § 812 I 2 Alt 2 entfiele, aber wegen Sittenwidrigkeit dieses Zwecks die Leistung keinen Bestand haben kann (MüKo/*Schwab* Rn 5; *Reuter/Martinek*, 181; s auch BeckOK/*Wendehorst* Rn 7: ausschließlicher Anwendungsbereich des S 1).

7 **1. Zweck der Leistung.** Der **unmittelbare Zweck**, dem die Annahme der Leistung dienen soll, muss gegen Gesetz oder gute Sitten verstoßen (RGZ 144, 24). Nicht hierher gehören also Verbote, die lediglich den Gegenstand einer Leistung betreffen, zB die Verfügung über diesen ohne Rücksicht auf den Leistungszweck untersagen. Daher ist eine Forderungsabtretung, die zwar § 400 verletzt, aber einem erlaubten Zweck dient, keine Verbotsverletzung iSd § 817 (RG JW 1917, 35). Ist ein Grundstückskaufvertrag nur wegen Formmangels (unrichtige Angabe des Kaufpreises) nichtig, liegt deshalb in Leistung oder Annahme des Kaufpreises noch keine Verletzung von Gesetz oder guter Sitte (Celle MDR 1962, 821). Es genügt auch nicht, dass gesetz- oder sittenwidrige Motive mitspielen (RGZ 144, 24), die etwa den Verwendungszweck des Käufers einer an sich neutralen Sache bestimmen. Das Erfordernis der Verbotswidrigkeit des Annahmezwecks wird häufig doch zu einer Nichtigkeit des Grundgeschäfts führen, etwa bei der Annahme von Vermögensvorteilen für die Eingehung einer Ehe (RG Warn 1909, 19) – allerdings vorbehaltlich eines engeren Verständnisses der subj Voraussetzungen (Rn 8). Dasselbe gilt für die Annahme von Schweige- und Schmiergeldern, Titel- und Ordensschacher, Geldzuwendungen für ehebrecherischen Geschlechtsverkehr, für die Zustimmung zur Ehescheidung oder zum Getrenntleben, für Religionswechsel, Abkaufen von Erziehungsrechten, verbotene Adoptionsvermittlung (Oldenburg NJW 1991, 2216), Nichtbeteiligung oder Schiebung bei sportlichen Wettkämpfen. Freilich ist stets § 817 S 2 zu beachten. „Verdeckte" Parteispenden können wegen gezielt vermiedener Publizität gegen das ParteienG verstoßen und eine Rückforderung gem § 817 S 1 begründen (*Salje* NJW 1985, 998, 1001f; MüKo/*Schwab* Rn 34). Zweifelhaft RGZ 67, 321 und BGHZ 19, 205, nach denen die Annahme einer Sicherheit für Forderungen aus einem sittenwidrigen Vertrag nicht ihrerseits unter § 817 S 1 fällt. Jedenfalls wird man ein sittenwidriges Handeln des Pfandgläubigers bzw Sicherungsnehmers mit der Folge der Anwendbarkeit des § 817 S 1 (also ohne Eingreifen des § 814) nicht ausschließen können.

8 **2. Keine subjektiven Voraussetzungen.** Über den Gesetzesverstoß bzw über die Sittenwidrigkeit des Handelns hinausgehende subj Voraussetzungen stellt § 817 S 1 nicht auf. Da die Vorschrift keinen Strafcharakter hat (Rn 4), sondern lediglich die obj richtige Güterzuordnung wiederherstellen soll, soll nach einer Ansicht im Schrifttum ein obj Verstoß genügen. Dagegen verlangt die Rspr außer der Deliktsfähigkeit (RGZ 105, 270), dass sich der Empfänger des Gesetzes- oder Sittenverstoßes bewusst gewesen sein müsse (BGHZ 50, 91; BGH NJW 1989, 3217; WM 1992, 151; Celle NJW 1996, 2660; Koblenz MDR 1999, 537f; *Larenz/Canaris* § 68 III 3b). Es genügt, wenn er sich der Erkenntnis des Gesetzes- oder Sittenverstoßes leichthin verschlossen hat. Bisweilen wird das **Bewusstsein** verlangt, unsittlich zu handeln (RG JW 1936, 2532). Da bei § 817 im Gegensatz zu § 812 I 1 Alt 1 die obj Rechtsgrundlosigkeit nicht reicht, muss beim Gesetzesverstoß Kenntnis oder Kennenmüssen (sofern vom Gesetzeszweck erfasst) vorliegen. Auf einen unwissentlichen Verstoß ist § 817 nicht anzuwenden (RGZ 104, 50). Handelt es sich jedoch um Verbotsgesetze, die als allg bekannt anzusehen sind, ist davon auszugehen, dass der Empfänger hiervon Kenntnis hatte oder sich zumindest der Einsicht in den Gesetzesverstoß leichtfertig verschlossen hat, was ihn gleichfalls nicht entlasten kann (MüKo/*Schwab* Rn 87; s auch RGZ 95, 395; *Hammes* JR 1950, 14; zum Rechtsirrtum *Mayer-Maly* FS Lange, 1970, 293, 302f).

9 **3. Vertretung, Rechtsnachfolge.** Hat der Empfänger selbst gegen ein Verbot verstoßen, kann das auch seinem Vertreter oder Rechtsnachfolger entgegengehalten werden, weil sie in seine Rechtsstellung einrücken (RGZ 99, 161 für Erben; vgl auch RGZ 111, 155). Hat umgekehrt ein Vertreter des Empfängers verbotswidrig gehandelt, gilt § 166 entspr (RGZ 100, 250; LG Dortmund NVwZ 2013, 1362 für Abschluss eines Swapgeschäfts durch Landrat/Kreisdirektor). Sind aufgrund einheitlichen Vertrags mehrere selbständige Leistungen erbracht, sind diese nach ihrer Zweckrichtung gesondert zu beurteilen (BGH NJW 1962, 1148).

10 **III. Der Fall des § 817 S 2.** § 817 S 2 schließt für den Fall, dass zu der **Verbotsverletzung** des Empfängers eine solche **des Leistenden hinzutritt**, die Kondiktion aus (**Rückforderungsverbot**). Vielfach, auch in der Rspr, wird die rechtspolitisch verfehlte Vorschrift eng ausgelegt (BGHZ 8, 370; JZ 1964, 511 und 558; BGHZ 75, 299, 305; Oldenburg OLGRp 1995, 23), ohne dass hierin und in den verschiedenen wissenschaftlichen Restriktionsversuchen (Übersicht bei *Honsell*, 32ff; *Reuter/Martinek*, 207ff) eine für die Praxis verlässlich einheitliche Linie auszumachen wäre. Immerhin scheint die Restriktion des Rückforderungsverbots auf die Werte, die allein aus dem vom Gesetz missbilligten Vorgang geflossen sind (BGHZ 50, 90; BGH NJW 1980, 452), eine gewisse Praxisrelevanz erlangen zu können. Unerlässlich ist die Prüfung, ob die Beibehaltung des verbotswidrig geschaffenen Zustands dem Zweck des verletzten Gesetzes entspricht (*Weyer* WM 2002, 627ff). Weitgehend bejaht wird bei Verbots- oder Sittenwidrigkeit eines Vertrags ein Anspruch aus GoA (für eine Anwendung von § 817 S 2 auf die

GoA *Koppensteiner/Kramer*, 63; MüKo/*Schwab* Rn 15; dagegen BGHZ 39, 87, 90f; BGH WM 1967, 1217, 1218; Stuttgart ZIP 1994, 200, 202; s auch Vor § 812 Rn 10).

1. Anwendungsbereich. Dem Wortlaut nach ist § 817 S 2 auf § 817 S 1 bezogen. Sein Anwendungsbereich wäre dann aber ausgehöhlt, da bei verbotenem oder sittenwidrigem Handeln der Parteien immer das Grundgeschäft nichtig und die condictio indebiti (§ 812 I 1 Alt 1) anwendbar wäre. Deshalb umfasst der Kondiktionsausschluss gem § 817 S 2 alle Typen der **Leistungskondiktion** (heute ganz hM; BGHZ 36, 399; 44, 1, 6; 50, 90, 91; BGH WM 1971, 857; BeckOK/*Wendehorst* Rn 11; Staudinger/*Lorenz* Rn 10; MüKo/*Schwab* Rn 11; *Larenz/Canaris* § 68 III 3b, S 163f; *Medicus/Petersen* BürgR Rn 696; gegen die wenigen abw Stimmen *Honsell*, 32ff) und gilt auch bei einseitigem Gesetzes- oder Sittenverstoß des Leistungsempfängers. Die Rspr lässt den Einwand nicht gegen die Bereicherungseinrede zu (BGH JR 1958, 299), auch nicht außerhalb des Bereicherungsrechts (RG JW 1917, 35), insb nicht gegen Ansprüche aus Rücktritt vom Kaufvertrag (RGZ 105, 67), GoA (BGHZ 39, 91), unerlaubter Handlung (RG 85, 293) sowie den Anspruch auf Nutzungsersatz (BGHZ 63, 365). Str ist die Anwendbarkeit des § 817 S 2 ggü dem **Vindikationsanspruch** und seinen Nebenfolgen. Die Rspr lehnt sie ab (BGHZ 39, 87, 91; 63, 365, 369; BGH NJW 1992, 310; s aber BAG NJW 1968, 1648 zu § 823). Wiegt indessen der Gesetzes- oder Sittenverstoß so schwer, dass er auch das dingliche Geschäft vernichtet, wirkt es ungereimt, jetzt einen Herausgabeanspruch zuzulassen, der auf der Ebene rein schuldrechtl Rückabwicklung wegen § 817 S 2 unterbleiben müsste. Außerdem würde die Zulassung der Vindikation zusammen mit dem Verbot der Kondiktion den Lieferanten noch identifizierbarer Waren vor dem Gläubiger eines Rückzahlungsanspruchs begünstigen. Daher spricht mehr für den Ausschluss auch der Vindikation (*v Caemmerer* JZ 1950, 650; *Prölss* ZHR 132, 54; *Honsell*, 52ff; *Larenz/Canaris* § 68 III 3e; ähnl Staudinger/*Lorenz* Rn 14). BGHZ 63, 365 gibt Nutzungsersatzansprüche des Verpächters iHd obj Ertragswerts, vermindert um einen Abschlag für Sittenwidrigkeit (dazu *Honsell* JZ 1975, 439, 441; *Reuter/Martinek*, 213ff; krit *Canaris* FS Steindorff, 1990, 528). IÜ aber ist die Unterscheidung zw mehr oder weniger schweren und demzufolge die Gültigkeit des dinglichen Geschäfts berührenden Mängeln kaum realistisch (*Dauner* JZ 1980, 498). Ggü einem Schadensersatzanspruch aus § 826 kann der Schädiger nicht § 817 S 2 einwenden, weil der Geschädigte mit einer die Sittenwidrigkeit des Geschäfts begründenden Leichtfertigkeit gehandelt habe. Dies folgt schon daraus, dass der vorsätzlich sittenwidrig Schädigende nicht geltend machen kann, der Geschädigte habe sich nicht genügend gesichert. Die Behauptung einer auf das Bereicherungsrecht beschränkten Wirkung des § 817 S 2 (BGH NJW 1992, 310, 311) greift zu weit (ebenso Staudinger/*Lorenz* Rn 14). 11

Eine Besonderheit gilt bei verbotener **Arbeitnehmerüberlassung.** BGHZ 75, 452 (s auch BGH NJW-RR 1986, 732) folgert aus der Tatsache, dass hier ein fiktives Arbeitsverhältnis zw ArbN und Entleiher zustande kommt, was dem Schutz des Ersteren diene, dass die Zahlung einer Vergütung durch den Verleiher an den ArbN vom Gesetz nicht missbilligt werde. Deshalb stehe dem Entleiher gegen den Verleiher nach § 817 S 2 zwar kein Wertersatz für die vom ArbN geleisteten Dienste zu, wohl aber ein Rückgriff wegen der durch seine Zahlung bewirkten Schuldtilgung. Dieser Bereicherungsanspruch unterliegt nach BGH NJW 2000, 3492 der für die Schuld geltenden Verjährungsfrist, und zw dem Verleiher und dem Entleiher besteht kein Gesamtschuldverhältnis. Die Rechtslage ist ohne generelle Restriktion des § 817 S 2 „dunkel" (krit daher *Medicus/Petersen* BürgR Rn 700) und sollte durch eine Prüfung ersetzt werden, ob das Verbotsgesetz die Bezahlung der ArbN missbilligt (jurisPK/*Martinek/Heine*, 1.2.2020, Rn 38). Zur Abgrenzung zw unerlaubter Arbeitsvermittlung und Personalberatung Düsseldorf DB 1987, 1937. Zur Schwarzarbeit s Rn 15. 12

Nicht anwendbar ist § 817 S 2 außerhalb des Bereicherungsrechts. Die Regelung stellt eine solche mit Ausnahmecharakter dar, sodass ihr kein entsprechender über das Bereicherungsrecht hinausgehender allg Rechtsgedanke eines Rückforderungsverbots entnommen werden kann (BGHZ 225, 316 Rn 71; BGH NJW 1992, 311). 12a

2. Voraussetzungen. Die Voraussetzungen des § 817 S 2 sind besonders im subj Bereich mit Rücksicht auf die rechtspolitische Bedenklichkeit der Ergebnisse hoch. Erforderlich ist jedenfalls **Kenntnis** vom Gesetzes- oder Sittenverstoß (BGHZ 50, 90, 92; BGH NJW 1983, 1420; *Larenz/Canaris* § 68 III 3; aM *Reuter/Martinek*, 211ff), wobei es genügen soll, wenn der Handelnde den Verstoß zumindest leichtfertig billigend in Kauf genommen hat (KG KGRp 2001, 289) oder sich dieser Erkenntnis verschlossen hat (BGHZ 36, 395, 399; BGH NJW 2011, 373 Rn 20). Teilw wird verlangt, dass der Leistende in „verwerflicher Gesinnung" gehandelt habe, entspr auch im Bewusstsein der Sittenwidrigkeit (BGHZ 93, 310; BGH NJW 1993, 2108: bewusster und leichtfertiger Verstoß; ähnl BGH NJW 1994, 187; vgl auch Hamm NJW 1986, 781: „Leihmutter"; gegen Abwägung der beiderseitigen Verstöße Köln ZMR 1977, 148). Da der Strafcharakter der Vorschrift heute meist abgelehnt wird (Rn 4), fragt sich, ob für die zivilrechtl Betrachtung die Rechtsschutzverweigerung von vorsätzlichem oder bewusst gegen das Recht verstoßendem Handeln abhängen kann (*Kollhosser* JZ 1986, 446 gegen Erfordernis des Bewusstseins der Sittenwidrigkeit; s auch *Coester-Waltjen* JuS 1987, 193). Die Abwägung, wann ein Kondiktionsausschluss mit der Schwere des gegen den Bereicherten zu erhebenden Vorwurfs vereinbar ist und wann eher die Rückgewährungspflicht passt, wird sich über die Maßgeblichkeit von Verschuldensgraden kaum bewerkstelligen lassen. Überlegungen zum Zweck des Verbotsgesetzes verdienen den Vorzug (Celle WRP 1995, 954 zu wettbewerbswidrigen Verträgen; s auch Rn 15). 13

Erforderlich ist stets, dass der Gesetzes- oder Sittenverstoß **gerade im Bewirken der Leistung** liegt (BGH NJW 2021, 234 Rn 34), was mit einer Mangelhaftigkeit des Grundgeschäfts nicht unbedingt gesagt ist. Aus diesem Grund lassen sich Rechtsgeschäfte, die nur in mittelbarem Zusammenhang mit einem gesetz- oder sittenwidrigen Geschehen stehen, aus dem Anwendungsbereich des § 817 S 2 ausschließen (jurisPK/*Martinek/Heine*, 14

1.2.2020, Rn 21). Das ist anerkannt für die Bestellung von Sicherheiten (BGHZ 19, 205; BGH WM 1968, 1083), Kautionen (BGH WM 1969, 1083), für die gläubigerbenachteiligende Sicherungsübereignung (RG Recht 1914 Nr 2349) und andere Treuhandgeschäfte (BGH WM 1972, 383; *Larenz/Canaris* § 68 III 3d). Mit dem Hinweis auf die nur lose Verbindung zum sittenwidrigen Grundgeschäft soll ein zur Sicherung begebener Wechsel oder Scheck kondiziert werden können (*Larenz/Canaris* § 68 III 3d). Hier ist aber, soweit nicht die Ausnahme wegen Eingehung einer Verbindlichkeit greift (Rn 25), die Umgehung des Schutzzwecks des S 2 zu beachten, sodass der Titelkäufer auch die Wechselforderung nicht durchsetzen kann (BGH NJW 1994, 187). § 817 wird abgelehnt schließlich für den Auftrag zur Durchführung verbotener Devisengeschäfte (BGHZ 28, 255). Zur Nichtanwendung des S 2 auf eine als solche vom Gesetz nicht beanstandete Durchführungsmaßnahme BGH WM 1990, 1324, ebenso für durchlaufende Posten BGH ZIP 1994, 129. S auch BGH WM 1983, 1340: Zahlung des Kaufpreises auf der Grundlage einer Falschbeurkundung verstößt nicht gegen gesetzl Verbot oder gute Sitten, sowie BGH WM 1990, 1324 zur Sittenwidrigkeit der Weiterleitung einer betrügerisch erlangten Darlehensvaluta, die nur angenommen wird, wenn hierdurch der Taterfolg abgesichert werden sollte. Die Einkleidung dieser Praxis in eine Beschränkung des Leistungsbegriffs auf solche **Leistungen**, die der Empfänger **endgültig behalten** soll (Soergel/*Hadding* Rn 26; ähnl BeckOK/*Wendehorst* Rn 20), überzeugt weniger als die Überlegung, dass durch die Nichtanwendung des § 817 S 2 auf die Vorbereitungshandlung gesetz- oder sittenwidriger Geschäfte dazu beigetragen werden kann, dass die inkriminierten Handlungen unterbleiben.

15 Eine weitergehende Beschränkung des Anwendungsbereichs des § 817 S 2 ergibt die Prüfung, ob der **Schutzzweck der verletzten Norm** eine Rückabwicklung verbietet oder geradezu verlangt (*Reuter/Martinek*, 209; *Koppensteiner/Kramer*, 64; MüKo/*Schwab* Rn 22ff; Grü/*Sprau* Rn 18). Dieser Gesichtspunkt wurde eine Zeit lang von der Rspr herangezogen, um bei **Schwarzarbeit** zumindest im Einzelfall die Kondiktion der zu Unrecht gezahlten Vergütung zu ermöglichen. Die Rspr hatte in Anwendung des § 242 die Berufung des Bestellers auf § 817 S 2 zurückgewiesen (BGHZ 111, 308). Der BGH meinte, dem ordnungspolitischen Zweck des Verbots geschehe bereits durch die Versagung von Vertragsansprüchen Genüge, verbunden mit der Gefahr einer Strafverfolgung sowie der Nachzahlung von Steuern und Sozialabgaben bei Bekanntwerden des Verstoßes. Vor allem sollte dem durch eine Vorleistung des Unternehmers begünstigten Besteller der Vorteil nicht unentgeltlich belassen werden. Bei der Wertberechnung wurden erhebliche Abschläge gemacht, weil der Besteller eine Leistung ohne Gewährleistungsansprüche erhalten hat. Der BGH lehnte es aber ab, die im Schwarzarbeiter-Fall (BGHZ 111, 308) herangezogenen Kriterien als allg, auch auf andere Fälle anzuwendenden Grundsatz zu sehen (BGHZ 118, 142, 150: Abschlussprüfervertrag; 118, 182, 192f: Auftrag für Kontaktanzeige; BGH NJW-RR 1993, 1457, 1459: überhöhte Gewinnausschüttungen, die zurückgefordert werden; Koblenz NJW 1991, 430, 431; Düsseldorf OLGRp 2005, 291, 292: Steuerberater; vgl auch BGH ZIP 2006, 1101, 1103f).
Inzwischen lehnt der BGH eine einschränkende Auslegung von § 817 S 2 Hs 1 ab, da der Gesetzgeber bei bewusster Missachtung des Gesetzes Schutzlosigkeit des Betreffenden in Kauf nimmt (BGHZ 206, 69 Rn 17; 201, 1 Rn 20ff; krit *Stamm* NJW 2014, 2145ff; *Dölle* BauR 2015, 393ff). Da danach keine der Parteien als schutzwürdig anzusehen ist, führt ein Verstoß gegen § 1 II Nr 2 SchwarzArbG zu einer umfassenden **Versagung bereicherungsrechtlicher Rückabwicklungsansprüche**. Damit hat der Vorleistende keinen bereicherungsrechtl Anspruch auf Wertersatz für seine geleistete Arbeit und der Auftraggeber kann nicht bereicherungsrechtl Rückforderung einer bereits gezahlten Vergütung verlangen. Dem liegt die Erwägung zugrunde, dass durch das SchwarzArbG nicht nur eine Steuerhinterziehung vermieden, sondern auch eine Wettbewerbsverzerrung auf dem Markt verhindert werden soll. Das Gesagte gilt auch für andere Fallgestaltungen, in denen etwa durch einen Scheinvertrag Private betrogen werden sollen (Düsseldorf 12.12.2019 – 5 U 47/19, juris Rn 37).
Das führt aber auch dazu, dass für Fälle, in denen die oben angestellten Erwägungen des BGH nicht umfänglich gelten können, eine solche umfassende Versagung nicht in Betracht kommt. Vielmehr bezieht sich dann der Rückforderungsausschluss des § 817 S 2 nur auf die Teile der Leistung, die als Gegenleistung zufließen sollten. Bereicherungsansprüche können danach für diejenigen Teile bestehen, die sich aus **nicht zu beanstandenden Leistungen** ergeben (so dezidiert BGH WM 2017, 1573 Rn 44ff).

16 Der BGH verneint die Anwendbarkeit des § 817 S 2, wenn der Grund und der Schutzzweck der Nichtigkeitssanktion des § 138 I dagegensprechen (BGH NJW 2006, 45: **Schneeballsystem**; s auch NJW 2008, 1942; München WM 2011, 172). Der Zweck der Verbotsnorm würde konterkariert, wenn die Initiatoren solcher **Spiele** die mit sittenwidrigen Methoden erlangten Gelder behalten dürften (BGH NJW 2006, 45, 46; zust *Armgardt* NJW 2006, 2070; *K. Schmidt* JuS 2006, 265; anders Köln NJW 2005, 3290 und LG Bonn NJW-RR 2005, 490: Rückforderung der Einsätze nach § 817 S 2 ausgeschlossen; auch bei späterem Einstieg BGH NJW 2008, 1942; Köln NJW 2008, 3288, 3289). Sie würden dann zum Weitermachen geradezu eingeladen (*Goerth* VuR 2006, 76, 77; *Schmidt-Recla* JZ 2008, 60, 67). Der Ausschluss von § 817 S 2 gilt aus generalpräventiven Gründen nicht nur für die Initiatoren, sondern auch für die Mitspieler auf sämtlichen Stufen des Schenkkreises, da für diese sonst die Teilnahme am Schenkkreis höchst profitabel sei (BGH NJW 2008, 1942; NJW-RR 2009, 345; München NJW-RR 2009, 1648; Brandenburg NJW-RR 2013, 173; zur Verjährung BGH NJW 2009, 984f; s auch *Armgardt* JR 2009, 177; *Martinek* JZ 2009, 364ff; BeckOK/*Wendehorst* Rn 24; PWW/*Prütting* Rn 13). Dabei soll es zu Recht nicht auf eine einzelfallbezogene Prüfung der Geschäftsgewandtheit und Erfahrenheit des betroffenen Gebers oder Empfängers ankommen (BGH NJW 2008, 1943; NJW-RR 2009, 345; anders *Schmidt-Recla* JZ 2008, 60, 67).

17 Festzuhalten bleibt danach die Anwendbarkeit des § 817 S 2 auch beim **beiderseits erfüllten Vertrag** (weiter *Bufe* AcP 157, 215: nur hier; abl *Prölss* ZHR 132, 43f; *Flume* AT, § 18, 10). Die rechtspolitische Kritik am Kon-

diktionsausschluss richtet sich hauptsächlich gegen die Benachteiligung des Vorleistenden, der seine Leistung nicht zurückverlangen und die Gegenleistung nicht durchsetzen kann (*Honsell*, 139). Durch die Kondizierbarkeit solcher Leistungen, die nicht im unmittelbaren Zusammenhang mit dem verbotenen Zweck stehen (Rn 10) oder nur vorübergehend ins Vermögen des Leistungsempfängers eingefügt werden sollen (Rn 14), kann eine Vertiefung und Perpetuierung des rechtswidrigen Zustands verhindert werden.

3. Einzelne Modalitäten. Wenn die Norm nicht schon mit der Leistung, sondern **erst später verletzt** wird, kann § 817 S 2 nicht angewandt werden. Er ist auch nicht anwendbar auf die Anzahlung für einen noch nicht abgeschlossenen Kaufvertrag, dessen verbotswidriges Zustandekommen möglich, aber nicht sicher war (BGH NJW 1965, 1432). Str ist, ob auch der **Insolvenzverwalter** als Vertreter des Gemeinschuldners unter § 817 S 2 fällt oder ob er eine verbotswidrige Leistung des Gemeinschuldners zurückfordern kann (BGHZ 19, 338: bejaht, wenn auch Empfänger gegen Gesetz oder Sitte verstoßen hat; s auch BGH NJW 1962, 483; abl *Honsell*, 50; *Medicus/Petersen* BürgR Rn 701; *Reuter/Martinek*, 226). § 817 S 2 kann aber nicht verallgemeinernd oder entspr in dem Sinne angewandt werden, dass sich der Leistungsempfänger ggü dem Insolvenzverwalter auf ein gesetz- oder sittenwidriges Verhalten des Gemeinschuldners nicht berufen könne (BGH JZ 1965, 574). Darüber hinaus muss sich der Verwalter generell wie andere **Rechtsnachfolger** des verbots- oder sittenwidrig Handelnden (BGH WM 1960, 767 für den Zessionar des Konkursverwalters; BGH NJW 1993, 1457 für Gläubigerwechsel) und wie der durch den vorwerfbar Handelnden **Vertretene** (BGHZ 36, 399; anders zu Unrecht für das Handeln eines Gemeindeorgans Rostock DtZ 1997, 398) den Einwand aus § 817 S 2 entgegenhalten lassen (BGHZ 106, 169, 174). Der Hinw, dass die Kondiktion hier der Masse und nicht dem vorwerfbar Leistenden zugutekomme, begründet nicht, warum der Insolvenzverwalter Rechte haben soll, die dem Gemeinschuldner nicht zustanden. Eine entspr Anwendung des § 817 auf das anfechtungsrechtl Rückgewährverhältnis gem § 143 InsO wird daher abgelehnt, da die Schutzbedürftigkeit des Leistungsempfängers bei beiderseitigem Gesetzes- oder Sittenverstoß gering anzusetzen sein und nicht zulasten der Gesamtheit der Insolvenzgläubiger des Leistenden gehen können soll (BGH NZI 2010, 320; anders noch BGHZ 113, 98, 105f; s auch München WM 2011, 172: Schneeballsystem). Anders war dies möglicherweise in einem Sonderfall zu sehen, der die unter den damaligen politischen Machtverhältnissen nützliche, nunmehr aber als sittenwidrig beurteilte Schenkung einer Gemeinde betraf (BGHZ 36, 394). Der BGH lehnte die Anwendung des § 817 S 2 mit dem Argument ab, der Gemeinde stehe jetzt der Rechtsschutz zu, den sie seinerzeit nicht habe erlangen können. Dies dürfte am Vorliegen der Voraussetzungen des Kondiktionsausschlusses nichts ändern (*Honsell*, 51, gegen die Anwendung des § 817 S 2 auf Schenkungen). 18

IV. Einzelfälle. 1. Allgemeines. Anwendbar ist § 817 S 2 für den Verstoß gegen Devisenbestimmungen (BGH NJW 1956, 338; WM 1962, 263; 1966, 246). Bei Verstoß gegen preisrechtl Bestimmungen soll die Sanktion des § 817 S 2 durch eine Anpassung des Entgelts an das Zulässige ersetzt werden (Frankfurt OLGRp 1997, 133). Die Entscheidung über die Anwendbarkeit des § 817 S 2 fällt häufig bereits bei der Bewertung eines Verhaltens oder einer Vereinbarung als sittenwidrig. Diskutiert wurde dies etwa bzgl Insertionsverträgen über Anzeigen, die Gelegenheiten zum „Telefonsex" anzeigen (LG Bonn NJW 1989, 2544; BGHZ 118, 182), zu Kaufverträgen über Radarwarngeräte (BGH NJW 2005, 1490; anders liegt der Fall aber bei BGH NJW 2010, 610f) oder zu Brautgeldabreden (Hamm NJW-RR 2011, 1197). Das gilt auch für Schweigegeld- oder Schmiergeldzahlungen (*Grü/Sprau* Rn 23). Die Anwendung des § 817 S 2 wird zudem in Bezug auf standesrechtl verbotene Entgelte (Kickbacks) und für die Zuweisung eines Patienten durch einen **Arzt** an einen anderen oder an ein Labor diskutiert (s *Wittmann* MedR 2008, 716ff mwN). Sittenwidrig ist auch ein Darlehensvertrag, der geschlossen wurde, um einem Dritten unmittelbar die wirtschaftl Grundlage für einen sittenwidrigen Betrieb zu verschaffen, mit der weiteren Folge, dass sich die Kondiktion auf den Anspruch des Darlehensnehmers gegen den Dritten auf Rückzahlung richtet (BGH WM 1990, 799). 19

Einige vom BGH entschiedene Sonderfälle wecken indessen Zweifel: Nach BGHZ 37, 258; 50, 91 (ebenso Karlsruhe BB 1965, 202) kann derjenige, der unter Verstoß gegen das RDG **Rechtsberatung** betrieben hat, den Wert seiner Tätigkeit nicht kondizieren, vgl auch BGHZ 46, 28 zur Vergütung der Dienste eines im Widerspruch zum – damals noch in Kraft gewesenen – AVAVG tätigen Arbeitsvermittlers (Bedenken bei *Honsell*, 145). Der Ausschluss des Anspruchs hängt allerdings davon ab, ob der Beauftragte bewusst gegen das Gesetz verstoßen hat (BGHZ 36, 321; BGH NJW 2019, 1147 Rn 28ff). BGH NJW 1978, 323 ließ bei einem Verstoß gegen das RDG auch fehlendes Unrechtsbewusstsein des Zahlenden zum Ausschluss des § 817 S 2 genügen (auf das Bewusstsein eines Gesetzesverstoßes stellt bei einem Rechtsrat erteilenden Steuerberater richtigerweise BGH NJW 2000, 1560 ab; s auch BGH WM 1978, 951 zur verbotenen Arbeitsvermittlung). In den zunehmend häufigeren Fällen von Verstößen von Angehörigen der steuerberatenden Berufe gegen Vorschriften des StBerG und des RDG unterstellt die Rspr nicht selten Kenntnis vom Gesetzesverstoß (auch bei einem Ausländer, Köln OLGRp 2002, 104), fordert jedenfalls nicht mehr ein leichtfertiges Sich-Verschließen vor der Kenntnis (Düsseldorf OLGRp 2002, 210). Bedenklich ist es, Zahlungen eines Arbeitgebers, die eine **verbotene Urlaubsabgeltung** bewirken sollen, in Anwendung des § 817 S 2 dem ArbN zu belassen (so BAG AP Nr 1 zu § 817 BGB; vgl auch BAG AP Nr 28 zu Art 12 GG). Hiermit wird der Schutzzweck der jeweils verletzten Bestimmungen überdehnt, obwohl im Arbeitsrecht auch sonst verbotswidrige Leistungen oft dem ArbN verbleiben (s zu der gegen § 3 I BetrAVG verstoßenden Abfindung zur Abgeltung von Ansprüchen auf betriebliche Altersversorgung *Braun* NJW 1983, 1590, 1591). Zum Problemkreis des gegen wettbewerbs- und warenzeichenrechtl Vorschriften verstoßenden Rechtserwerbs und der entspr Geltendmachung von Rechten *Prölss* ZHR 132, 35, 69ff. 19a

20 **2. Darlehensverträge.** Bei der Rückabwicklung von Darlehensverträgen, die wegen überhöhter Zinsen oder unangemessenen Konditionen **sittenwidrig** und daher nach § 138 nichtig sind (*Lass* WM 1997, 145ff), führt die Anwendung des § 817 S 2 zu Ergebnissen, die vielfach als korrekturbedürftig empfunden werden. Im Ausgangspunkt ist nicht zweifelhaft, dass das Kreditinstitut, wenn die Vertragskonditionen wucherisch sind, durch seine eigene Leistung und auch durch die Annahme der Gegenleistung des Darlehensnehmers sittenwidrig handelt (RGZ 151, 71; 161, 55). Dagegen fällt dem Darlehensnehmer ein Verstoß nicht zur Last, sodass er nach §§ 812, 817 kondizieren kann, was er geleistet hat (*Reuter/Martinek*, 216). Nachdem die Rspr ursprünglich auch die Darlehensvaluta zur sittenwidrigen Leistung des Darlehensgebers gerechnet und dementspr die Rückforderung versagt hatte (RGZ 151, 70, 71), hat sich seither die Ansicht durchgesetzt, dass das Darlehenskapital von vornherein mit der Pflicht zur Rückgewähr belastet ist, während die eigentliche Leistung des Darlehensgebers in der Überlassung der Valuta zur zeitweiligen Nutzung gegen Vergütung besteht. Daher muss das Kapital nach Ablauf der (rechtsunwirksam) vereinbarten Darlehensfrist oder nach dem Ablauf des nächsten ordentlichen Kündigungstermins (§ 609), ggf unter Beachtung eines vereinbarten Tilgungsplans (BGH NJW 1989, 3217) zurückgegeben werden, Zinsen werden jedoch nicht geschuldet (BGHZ 99, 333, 338; BGH WM 1982, 1021; NJW 1983, 1420; 1983, 2692, 2695; 1995, 1152f) bzw sind zurückzugeben (RGZ 135, 378). Eine Ausnahme soll für den Fall bestehen, dass mit dem Darlehen sittenwidrige Geschäfte bezweckt waren (Celle OLGRp 2001, 122). Dann ist auch die Rückforderung der Valuta ausgeschlossen. Die Einhaltung des Tilgungsplans bei der Rückgewähr der rechtsgrundlos erlangten Valuta trägt dem Umstand Rechnung, dass der Darlehensnehmer, soweit er nicht bösgläubig iSd § 819 ist, Vertrauensschutz dahin genießen sollte, dass er die Valuta erst zum vereinbarten Fälligkeitstermin zurückzahlen sollte (*Lass* WM 1997, 145, 150ff; krit *Bodenbrenner* JuS 2001, 1172ff bei Auseinandersetzung mit den allg Rechtsfolgen sittenwidriger Ratenkreditverträge). Demggü will Düsseldorf NJW-RR 1989, 1390 dem Kreditinstitut im Rahmen des gesetzl Rückgewährschuldverhältnisses die Kündigung und die Rückzahlung der Restschuld in einem Betrag gestatten. Nach Fälligkeit einzelner Raten hat der säumige Darlehensnehmer unter den Voraussetzungen des § 819 Verzugszinsen zu zahlen (BGH NJW 1989, 3217; krit *Lass* WM 1997, 145, 152ff). Darüber hinaus kann der Darlehensnehmer von der bei den Teilzahlungskrediten üblichen Restschuldversicherungsprämie die Hälfte vom Darlehensgeber zurückfordern, iHd anderen Hälfte hat er Versicherungsschutz genossen (BGH NJW 1983, 1420; 1983, 2693; Düsseldorf WM 1985, 349, 351). Schließlich wird dem Darlehensnehmer wegen der dem Darlehensgeber zu unterstellenden Nutzung der bereits gezahlten Zinsen und Kosten ein Herausgabeanspruch aus § 818 II zugebilligt (*Derleder* JZ 1987, 679, 681). Nach verstrichener Fälligkeit der einzelnen Raten kann der Kreditgeber eine vierprozentige Verzinsung nach § 819 I, § 818 IV, § 291, § 246 verlangen (BGH NJW 1989, 3217; s auch § 358 III). Die Rückforderbarkeit von Raten, die die Bank durch **Vollstreckung** aus einem wegen Nichtigkeit des Kreditvertrags unrichtigen Vollstreckungstitel erhalten hat, richtet sich nach § 826 (*Funke* NJW 1991, 2001). Dieselbe Rechtslage nimmt Schleswig WiB 1997, 939 bei einem Darlehen an, das wegen Verstoßes des eingeschalteten Kreditvermittlers gegen das RBerG aF (jetzt: RDG) nichtig war. Wenn allerdings das Darlehen wegen des damit verfolgten Zwecks sittenwidrig ist, ist ein Anspruch auf Rückgabe abzulehnen, wenn die Zweckverfolgung von vornherein mit einem dem Darlehensgeber bekannten und inzw realisierten Risiko behaftet war (Düsseldorf OLGRp 1995, 153; ähnl BGH NJW 1995, 1152).

20a Die Behandlung von Darlehen mit überhöhtem Zinssatz verschafft dem Darlehensnehmer in Gestalt der zinslosen Nutzung des Kapitals für die vereinbarte Zeit einen Vorteil, auf den er keinen Anspruch hatte noch zu erlangen glaubte (*Reuter/Martinek*, 216). Daher werden verschiedene **Korrekturen** erwogen (*Roth* ZHR 89, 423, 428). ZT wird Teilnichtigkeit des Darlehensvertrags in der Art angenommen, dass die Abrede nur insoweit ungültig ist, als eine den üblichen Zinssatz überschreitende Gegenleistung bedungen ist (*Bunte* NJW 1983, 2674, 2676; *Reuter/Martinek*, 219; krit *Tiedtke* ZIP 1987, 1093). Verwandt mit diesem Gedanken ist die Restriktion des § 817 S 2 dahin, dass der Darlehensgeber dem Darlehensnehmer die von ihm benötigte Valuta nicht vor der Zeit wegnehmen und dadurch die sittenwidrig ausgenutzte Notlage nicht wiederherstellen, wohl aber eine angemessene Vergütung für die Nutzung in Form einer Wertkondiktion verlangen dürfe (*Medicus* GS Dietz 1973, 61ff; Staudinger/*Lorenz* Rn 12; *Reuter/Martinek*, 218ff; abl *Larenz/Canaris* § 68 III 3c). Dieser Gedanke wird mit der Vorstellung in Verbindung gebracht, § 817 S 2 solle dem vorwerfbar Handelnden Rechtsschutz verweigern. Die Praktikabilität beider Lösungen ist gewährleistet, weil die Rspr die Sittenwidrigkeit von Darlehenszinsen hauptsächlich durch die Abweichung vom „Schwerpunktzins" feststellt und infolgedessen den üblichen, vom Darlehensnehmer geschuldeten Zins angeben kann, ohne allzu starke Bedenken wegen der Umgestaltung des Parteiwillens haben zu müssen (*Dauner* JZ 1980, 505; *Canaris* WM 1981, 978; krit *Derleder* NJW 1982, 2401).

21 Jede dieser Lösungen hat Schwächen, da der Wortlaut des § 817 S 2 Anhaltspunkte für eine Einschränkung nicht hergibt (zur Kritik *Keßler* DB 1984, 655; *Reifner* JZ 1984, 637). Dass die Wissenschaft dennoch derartige Wege geht, hängt mit der unbefriedigenden Begründung der Sittenwidrigkeit des Darlehensvertrags aus zweifelhaften Marktvergleichen zusammen. Der BGH (BGHZ 99, 333, 338; BGH NJW 1983, 1420, 1423; 1993, 2108; 1995, 1152) argwöhnt auch, der Kreditgeber könne risikolos überhöhte Zinsen fordern, weil er den üblichen Zins allemal bekomme (zust *Tiedtke* JZ 1987, 853, 855). Am besten begründbar ist der Ansatz bei einer nur teilw Nichtigkeit des Vertrags, den der BGH auch bei anderen Gelegenheiten benutzt hat.

21a **3. Mietwucher.** Beim Mietwucher besteht zunächst die Besonderheit, dass die Anwendbarkeit des § 817 S 2 auf die Vindikation zu erörtern ist (Rn 11). Bei verbotenen Mietpreiserhöhungen wird nur eine Teilnichtigkeit des Mietvertrags angenommen, der Mieter ist in der Rückforderung zu viel gezahlter Miete nicht durch § 817 S 2 gehindert (*Kohte* NJW 1982, 2803, 2807). IÜ wird dem Vermieter, solange nur gegen § 5 WiStG und nicht gegen § 138 verstoßen worden ist, ein Anspruch auf Miete, reduziert auf das gesetzl zulässige Maß, zugebilligt (BGHZ 89, 316, 320; krit *Hager* JuS 1985, 264; *Canaris* FS Steindorff, 1990, 528).

4. Bordellveräußerung, -verpachtung. Bei Bordellveräußerung bzw -verpachtung und den damit zusammenhängenden Sicherungsgeschäften wie der Bestellung einer **Restkaufpreishypothek** liegt Sittenwidrigkeit des Pachtvertrags nur vor, wenn der Pächter die Dirnen durch überhöhte Zahlungspflichten ausbeutet (BGHZ 63, 365; BGH WM 1990, 799). Das ist trotz der durch das ProstG eingeführten Durchsetzbarkeit von Ansprüchen auf Dirnenlohn noch so zu sehen. Beim Pachtvertrag ist das nur zur vorübergehenden Nutzung überlassene Grundstück sofort herauszugeben. Hier würde die Anwendung des § 817 S 2 dazu beitragen, das sittenwidrige Geschäft absprachegemäß durchzuführen (BGHZ 41, 341; Staudinger/*Lorenz* Rn 14). BGHZ 63, 365 ließ darüber hinaus einen – aus §§ 987, 990 abgeleiteten – Anspruch auf den obj Ertragswert des Pachtobjekts, vermindert um den Zuschlag für Sittenwidrigkeit, nicht an § 817 S 2 scheitern, was zu seiner Behandlung des wucherischen Darlehens (Rn 20) nicht passt, aber einen angemessenen Ausgleich unter zwei sittenwidrig Handelnden ermöglicht (im Kern zust *Reuter/Martinek*, 221f; krit *Canaris* FS Steindorff, 1990, 528). Diese Sichtweise ist auf die Fälle des Verkaufs noch nicht übertragen worden, da der BGH auf die Vindikation, wenn auch die Übereignung sittenwidrig sein sollte, § 817 S 2 nicht anwendet (Rn 11). Daher steht die Kondiktionssperre auch einem Verwendungsersatzanspruch des Käufers aus §§ 994ff nicht entgegen (BGHZ 41, 341, 344, 348ff; s aber BGH WM 1983, 393). Eine Rückforderung des Kaufpreises oder einer Anzahlung entfällt, sodass der Verkäufer, wenn er vorleistend gültig übereignet hat, Gefahr läuft, Eigentum und Kaufpreisforderung zu verlieren. Für eine Kaution hat BGH WM 1969, 1083 § 817 S 2 nicht angewendet, weil nur dem Erwerber endgültig zugedachte Leistungen unter die Kondiktionssperre fallen. Wird eine Restkaufgeldhypothek bestellt, so ist sie danach Eigentümergrundschuld gem § 1163 (RGZ 68, 97), wobei die Klage auf Löschungsbewilligung zwar abgewiesen wurde (RGZ 71, 432), ohne dass daraus jedoch die Möglichkeit des Vorgehens aus der Hypothek eröffnet worden wäre. 22

5. Spiel, dazugehöriges Darlehen, sonstige unsittliche Zwecke. Zur Nichtigkeit von **Spielverträgen** s § 762 Rn 6. Liegt Nichtigkeit vor, kann die Kondiktion, mit der die Spielbank den Gewinn vom Spieler zurückfordert, an § 817 S 2 scheitern (BGHZ 37, 363); ähnl die Rückforderung eines zum Spiel gegebenen Darlehens (Nürnberg MDR 1978, 669; jurisPK/*Martinek*/*Heine*, 1.2.2020, Rn 29). Bei anderen zu unsittlichen Zwecken gewährten Darlehen sind wiederum die Grundsätze der Rspr (Rn 20) anzuwenden. Danach steht § 817 S 2 nur der Kondiktion der Nutzung entgegen. Jedoch sollte auch die Rückforderung des Kapitals ausgeschlossen sein, wenn sein Wert infolge eines dem Darlehensgeber bekannten Risikos verloren ist (Beschlagnahme der Schwarzmarktware, Spielverlust). Wenn bei sittenwidrigen, weil praktisch für die Teilnehmer chancenlosen **Gewinnspielen** die Einsätze zurückverlangt werden, soll die Kondiktionssperre nicht gelten (BGH NJW 1997, 2314; NJW 2006, 45; zust *Möller* NJW 2006, 268; *Armgardt* NJW 2006, 2070; *K. Schmidt* JuS 2006, 265; diff *Schmidt-Recla* JZ 2008, 60; s auch BGH NJW 2008, 1942; NJW-RR 2009, 345; Brandenburg NJW-RR 2013, 173: „Schenkkreis"; zur Verjährung NJW 2009, 984f; München NJW-RR 2009, 1648; PWW/*Prütting* Rn 16; s auch Rn 16). Das gilt nicht allein für die Initiatoren, sondern für die Mitspieler auf sämtlichen Stufen des **Schenkkreises** (BGH NJW 2008, 1942; NJW-RR 2009, 345; München NJW-RR 2009, 1648). Anders soll das nur sein, wenn sich die Teilnehmer bei der Zahlung **der Sittenwidrigkeit bewusst** waren (jurisPK/*Martinek*/*Heine*, 1.2.2020, Rn 31). Nach Hamm, 19.1.2011 – I-18 U 88/10, verstoßen das Bewirken und die Annahme eines „Brautgelds", das die Familie des Bräutigams an den Vater der Braut als Voraussetzung für die Eheschließung zahlt, gegen die guten Sitten. Eine bereicherungsrechtl Rückforderung ist danach ausgeschlossen. § 817 S 2 soll auch auf die Rückforderung eines **preisrechtlich überhöhten Betrags** anwendbar sein. Auch wenn das damit erreichte Ergebnis dem Grundgedanken des Höchstpreisgebots (sparsame und wirtschaftl Mittelverwendung des öffentlichen Auftraggebers) zuwider läuft, soll dies nichts an der eindeutigen gesetzl Regelung des § 817 S 2 ändern (Hamm 28.5.2020 – 18 U 119/17, juris Rn 117f, anhängig beim BGH unter Az XII ZR 64/20). 23

6. Sonstiges. Ist für eine Dienstleistung eine Vergütung gezahlt, die die Sätze einer **Gebührenordnung** überschreitet, so ist darauf abzustellen, ob und inwieweit die Gebührenordnung bindend ist. Bei Regelverstoß kann § 817 S 1 verwirklicht sein (Annahme der Vergütung durch den Dienstleistenden, s Rn 19). Zur Schwarzarbeit s Rn 15. Zu Fällen der **Gläubigerbenachteiligung** RGZ 72, 47; 169, 249; JW 1936, 3190. 24

7. Nichteintritt der Rechtsfolge. Die Rechtsfolge tritt nicht ein, wenn die **Leistung** in einer unvollkommenen Vermögensverschiebung oder in der Eingehung einer **noch nicht erfüllten Verbindlichkeit** besteht. Diese ist nur eine unfertige Leistung, deren Vollendung wegen der Verwerflichkeit nicht erzwingbar sein soll (RGZ 73, 144). Sie kann daher mit der Bereicherungseinrede abgewehrt, aber auch kondiziert werden. Solche Verbindlichkeiten sind abstrakte Schuldversprechen und -anerkenntnisse, auch Hypothek (RGZ 71, 434) und sicherungshalber begebene Wechsel (BGH NJW 1994, 187), nicht aber in Zahlung gegebene Schecks, Wechsel (RG JW 1921, 461, s aber Rn 14), Grundschulden (RGZ 73, 144; s aber Rn 14), weil sie einer Erfüllung gleichstehen, ferner nicht Erlass und Verzicht (RGZ 100, 162), auch nicht kausale Verpflichtungen, weil sie wegen der verwerflichen Verbotsverletzung ohnehin nichtig sind (RGZ 64, 148). Der Ausnahmeregelung bedarf es freilich nicht, wenn man die Nichtigkeit des schuldrechtl Geschäfts auf das abstrakte Verpflichtungsgeschäft ausdehnt (dafür *Honsell*, 55; Staudinger/*Lorenz* Rn 24). 25

V. Gesetzes- oder Sittenverstoß des Leistenden. Der Fall, dass nur der Leistende ein Gesetz oder Sittengebot verletzt, ist in § 817 nicht ausdrückl geregelt. Gilt das Grundgeschäft trotz der Verbotswidrigkeit, so ist für eine Kondiktion weder eine gesetzl Grundlage noch ein anzuerkennendes Interesse gegeben. Ist das Grundgeschäft nichtig, liegen zwar die Voraussetzungen des § 812 vor, aber der Kondiktion kann § 817 S 2 entgegengehalten 26 werden, der über § 817 hinaus auf alle Arten von Bereicherungsansprüchen anzuwenden ist (Rn 11). Hinsichtl der Anwendung des § 817 S 2 gelten die gewöhnlichen Voraussetzungen. Bsp finden sich etwa bei der verbotenen Rechtsberatung (Rn 19; s aber BGH NJW-RR 1993, 1457). Über Leistungen, die bewusst gegen den Willen des Empfängers ohne Rechtsgrund bewirkt werden, s § 818 Rn 20a ff; zum Wucher Rn 20.

27 **VI. Beweislast.** Für die Beweislast gelten die allg Regeln. Der Kondizierende hat alle Voraussetzungen des S 1 einschl der Verbotsverletzung und des subj Tatbestands zu beweisen, der Gegner die Einwendungstatsachen des S 2 (RG JW 1925, 1393; Koblenz 20.11.2012 – 5 U 991/12).

§ 818 Umfang des Bereicherungsanspruchs

(1) Die Verpflichtung zur Herausgabe erstreckt sich auf die gezogenen Nutzungen sowie auf dasjenige, was der Empfänger aufgrund eines erlangten Rechts oder als Ersatz für die Zerstörung, Beschädigung oder Entziehung des erlangten Gegenstands erwirbt.

(2) Ist die Herausgabe wegen der Beschaffenheit des Erlangten nicht möglich oder ist der Empfänger aus einem anderen Grunde zur Herausgabe außerstande, so hat er den Wert zu ersetzen.

(3) Die Verpflichtung zur Herausgabe oder zum Ersatz des Wertes ist ausgeschlossen, soweit der Empfänger nicht mehr bereichert ist.

(4) Von dem Eintritt der Rechtshängigkeit an haftet der Empfänger nach den allgemeinen Vorschriften.

1 **I. Systematische Bedeutung.** Die systematische Bedeutung des § 818 und das Verhältnis der in ihm enthaltenen Einzelvorschriften zueinander werden nur in der Gegenüberstellung zu den sehr allg Rechtsfolgenanordnungen in § 812 I, §§ 816, 817, 822 deutlich, wonach **„das Erlangte" herauszugeben** ist. Damit ist die Schwierigkeit vorgegeben, Regeln für Leistungs- und Nichtleistungskondiktion, innerhalb der letzteren für die allg Eingriffskondiktion und den Sonderfall des § 816 I, zu entwickeln. Das erweist sich als verhältnismäßig unproblematisch für die in Abs I zum ursprünglichen Bereicherungsgegenstand gehörenden Nutzungen und Surrogate. Für die in Abs II geregelte Frage des Wertersatzes bei Unmöglichkeit der Herausgabe und für die dem gutgläubigen, nicht verklagten Kondiktionsschuldner vorbehaltene Beschränkung des Anspruchs auf die noch vorhandene Bereicherung (Abs III, IV) lässt sich aber ein geschlossenes dogmatisches System, aus dem plausible Lösungen abzuleiten wären, kaum entwickeln (zur Dogmenkritik *Goetzke* AcP 173, 299). Umso wichtiger ist es, die erreichten Übereinstimmungen und die Fixpunkte der Diskussion zu bestimmen.

2 **1. Erlangtes und Bereicherung.** Weitgehend durchgesetzt hat sich die Überzeugung, dass zw dem erlangten **„Etwas"** iSd § 812 I (§ 812 Rn 3ff) und **„der Bereicherung"** zu unterscheiden ist (*Wilburg*, 124; *v Caemmerer* FS Rabel, 1954, 368, 376f; *Larenz/Canaris* § 71 I 1; MüKo/*Schwab* Rn 1; *Rengier* AcP 177, 418, 431; zweifelnd bzgl einer Gleichsetzung des Erlangten iSd § 812 I 1 und § 818 auch *Bruns* NJW 2021, 1121, 1123). Herauszugeben ist zunächst der konkrete Bereicherungsgegenstand. Auf „die Bereicherung", dh das Ergebnis eines (hypothetischen) Gesamtvermögensvergleichs beim Kondiktionsschuldner kommt es erst an, wenn der ursprüngliche Bereicherungsgegenstand nicht (Abs II) oder jedenfalls nicht ohne Minderung des Schuldnervermögens herausgegeben werden kann (Abs III). Die Flugreise-Entscheidung (BGHZ 55, 128), die an sich diesen Ausgangspunkt billigt, will zur Korrektur möglicher Ungereimtheiten den Begriff der „Bereicherung" als Maßstab für die Begrenzung der Haftung nach den vorhergehenden Vorschriften heranziehen (das kann auch als bloße Konkretisierung des Gesamtvermögensvergleichs für den Fall der sog Ersparnisbereicherung gedeutet werden, *Lieb* NJW 1971, 1289; *Batsch* NJW 1972, 611; aM *Goetzke* AcP 173, 314f). Aber mit Rücksicht darauf, dass „die Bereicherung" als Veränderung des Gesamtvermögens nach § 818 III, IV offensichtlich für den gutgläubigen Bereicherungsschuldner anders als für den bösgläubigen den Haftungsmaßstab bestimmt, fungiert immer zunächst das zu Unrecht „Erlangte" als Haftungsgrund für alle Fälle eines Bereicherungsanspruchs (*Pinger* MDR 1972, 101; *Gursky* JR 1972, 279; *Reuter* JZ 1991, 873). In den Systementwürfen, die einen abstrakt vermögensorientierten Anspruch des Gläubigers auf Wiederherstellung seines Vermögens anerkennen wollen (*Flume* NJW 1970, 1161; *Wilhelm*, 193), könnte besonders die abstrakte Orientierung des Anspruchs am Vermögen des Bereicherungsschuldners den Vorstellungen des Gemeinen Rechts und auch der Gesetzesverfasser entsprechen (*Flume* FS Niedermeyer, 1953, 103, 148ff; aM *Dießelhorst* Die Natur der Sache als außergesetzl Rechtsquelle, 1968, 57), für das infolgedessen § 818 III im Mittelpunkt der Regelungen zum Anspruchsinhalt stand. Das kann angesichts der engen, auf wenige Falltypen beschränkten Betrachtungsweise nicht allein den Ausschlag geben (aM *Flume*, GS Knobbe-Keuk, 1997, 111f). Das System der §§ 818ff beruht danach auch nicht auf dem Unterschied zw Leistungs- und Nichtleistungskondiktion, obwohl vor allem im Hinblick auf die Rolle des Gegenseitigkeitsverhältnisses für den Entreicherungseinwand gewisse Differenzierungen erforderlich sind.

3 Nicht ganz klar ist, wie in dieses Verhältnis von Haftungsgrund und Haftungsmaßstab die Wertersatzpflicht bei **Unmöglichkeit** der **Herausgabe** des ursprünglich Erlangten einzuordnen ist. Die Frage hat praktische Bedeutung für die bei der Wertfeststellung anzulegenden Maßstäbe (Rn 16) sowie für den entscheidenden Zeitpunkt (Rn 21). Die hM sieht den Wertersatzanspruch als Regelung eines rechtstechnischen Problems an, nämlich die Fortsetzung der Rechtsfortwirkung. Wertersatz- und Herausgabeanspruch sind dann nur Entwicklungsstadien ein und desselben Rechts (*Koppensteiner* NJW 1971, 591; *Goetzke* AcP 173, 321; *Pinger* MDR 1972, 101, 102). Zu ersetzen ist danach im Regelfall der obj Wert des Kondiktionsgegenstands, den er für den Leistenden bzw den Inhaber des in seinem Zuweisungsgehalt verletzten Rechtsguts gehabt hätte (RGRK/*Heimann-Trosien* Rn 18;

Goetzke AcP 173, 313; m Einschränkungen auch *Canaris* JZ 1971, 561; *Esser/Weyers* § 51 I 3 für die Maßgeblichkeit des Werts gerade für das Empfängervermögen; *Reeb* JuS 1974, 173). Der Streit geht darum, ob eine Orientierung des Bereicherungsanspruchs am Gesamtvermögen des Bereicherungsschuldners schon im Stadium der Wertermittlung gem Abs II (*Flume* NJW 1970, 1162) oder – mit Beschränkung auf den gutgläubigen Kondiktionsschuldner – erst im Rahmen des Entreicherungseinwands zum Tragen kommt. Insb das Problem der „aufgedrängten Bereicherung" (Rn 20a ff), das eine von der Gut- oder Bösgläubigkeit des Empfängers unabhängige Lösung fordert, spricht dafür, schon bei der Wertermittlung die Rücksichtnahme auf die Vermögenssituation des Kondiktionsschuldners nicht auszuschließen. Besonderes gilt für § 951, da insoweit stets und von vornherein nur auf Wertersatz gehaftet wird. Eine Entschädigung des Bereicherungsgläubigers wird nicht geschuldet.

2. Modalitäten der Herausgabepflicht, insb bei Gesellschaftsverhältnissen. Ein **Wahlrecht** zw den verschiedenen Ansprüchen aus § 818 besteht nicht (BGH NJW 2006, 2847 m Anm *Buck-Heeb* BGHRp 2006, 1213f), es sei denn aufgrund von allg Vorschriften, die kraft Verweisung zur Anwendung kommen. Der **Leistungsort** liegt dort, wo sich die herauszugebende Sache befindet (RGZ 96, 347). Bei Gläubigermehrheit gelten die Grundsätze der §§ 420ff. **Schuldnermehrheit** ist in Form einer Gesamtschuld nur denkbar, wenn das tatsächlich Erlangte mehreren Personen bereits in tatsächlicher oder rechtl Einheit zugutegekommen ist. Da nicht jeder von mehreren Leistungsempfängern so behandelt werden kann, als habe er das Ganze erhalten (RGZ 154, 70), ist das nur ausnahmsw der Fall. IdR hat jeder Empfänger das selbst Erhaltene zurückzugewähren (BGH WM 1973, 71; NJW 1979, 2206; MüKo/*Schwab* Rn 6). An den Voraussetzungen einer gesamtschuldnerischen Bereicherung fehlt es etwa, wenn unter mehreren Empfängern von Geld weder eine Gesellschaft noch eine Erbengemeinschaft noch sonst eine Rechtsgemeinschaft besteht (RG LZ 1922, 685), auch wenn an einem formgültigen Kaufvertrag zwar mehrere Verkäufer beteiligt sind, aber nur einer den Kaufpreis erhalten hat (RG JW 1909, 274; Hamburg NJW 1952, 938). Besteht allerdings eine Erbengemeinschaft, ändert die Teilung des Nachlasses nichts an der gesamtschuldnerischen Bereicherungshaftung. Eine Haftungsbeschränkung tritt erst unter den Voraussetzungen des § 2060 ein (BGH WM 1982, 101). Auch wenn eine Gesamtschuld nichtig vereinbart ist, haftet jeder nur auf das von ihm Erlangte (Hamm NJW 1981, 877, 878). Bei Leistung auf ein Gemeinschaftskonto soll nur derjenige Mitinhaber bereichert sein, dem der Leistende etwas zukommen lassen wollte (BGH ZIP 1993, 825; krit *Selb* EWiR 1993, 657). Zum Bereicherungsanspruch nach Liquidation juristischer Personen § 812 Rn 76. Zur Rechtslage bei Berechtigung mehrerer am Gegenstand eines zur Eingriffskondiktion führenden Eingriffs *Habermeier* AcP 193, 364. 4

Bei der **GbR** hat inzw ein Wandel im Verständnis ihrer Rechtssubjektivität und Haftungsverfassung stattgefunden. Mit diesem Umschwung der Rspr (BGHZ 146, 341), wonach die Akzessorietätstheorie gelten soll, werden die genannten Fälle argumentativ anders zu lösen sein als früher (Erman/*Buck-Heeb*[12] Rn 5). Für eine unbeschränkte Haftung neben der Gesellschaft sind nun nicht mehr Einzelfallüberlegungen anzustellen, sondern die Gesellschafter haften aus §§ 812ff nach § 128 HGB analog akzessorisch (BGHZ 154, 370, 372ff: Leistungskondiktion; einschränkend BGH ZIP 2008, 1317, 1319). Das private Vermögen der Gesellschafter unterliegt damit der unbeschränkten und persönlichen Haftung, ohne dass bei den Gesellschaftern eine tatsächliche Bereicherung vorliegen müsste. 5

II. Das ursprünglich Erlangte. Das ursprünglich Erlangte ist herauszugeben (*Röthel* Jura 2012, 844ff). Was erlangt und wie es herauszugeben ist (Gegenstand und Handlungen), ergibt sich aus der Art der Vermögensbewegung (§§ 812, 816, 817, 822). Erlangtes Eigentum ist zurückzuübertragen, ggf durch Abtretung des Herausgabeanspruchs nach § 931. Eine analoge Anwendung soll zu einem Anspruch auf Vornahme der Löschung eines Eintrags in einen Sportlerpass führen (München 13.2.2013 – 3 U 3331/12). Überschneidungen zw Herausgabe- und Wertersatzanspruch ergeben sich bei Rückabwicklung eines ungültigen Unternehmenskaufvertrags (s Rn 15). Str ist, ob der zur Herausgabe eines Grundstücks verpflichtete Bereicherungsschuldner, der das Grundstück **mit einem Grundpfandrecht belastet** hat, zur Beseitigung dieser Belastung verpflichtet ist (OGH 1, 79; *Reuter* JZ 1991, 872) oder nicht (BGHZ 112, 376; zust *Canaris* NJW 1991, 2513; *Kohler* NJW 1991, 1999; BeckOK/*Wendehorst* Rn 24). Der BGH geht davon aus, der Herausgabeanspruch (Rückgabe der Sache in Natur) begründe keine Verpflichtung, Veränderungen der Sache zu beseitigen (aM *Flume* GS Knobbe-Keuk, 111, 130f). Der Schuldner habe lediglich die Vorteile zu erstatten, die er für die Belastungen erhalten hat, wobei an die Verminderung des Verkehrswerts des Grundstücks um den Nominalbetrag des Pfandrechts angeknüpft wird. Ein gutgläubiger Bereicherungsschuldner sei allerdings nach Abs III zum Wertersatz nur gegen Befreiung von der durch das Grundpfandrecht gesicherten Forderung verpflichtet. Dies führt zu einem „Anspruchskarussell" (*Canaris* NJW 1991, 2513), da entweder zuerst der Gläubiger die Schuldbefreiung zu versuchen hat, was ohne Mitwirkung des Gläubigers des Grundpfandrechts nicht möglich ist (*Canaris* NJW 1991, 2513, 2514; *Kohler* NJW 1991, 1999) und den Gläubiger zu einer ungesicherten Vorleistung zwingt, oder dem Schuldner das Risiko aufbürdet, dass der Bereicherungsgläubiger mit der Wertersatzzahlung die persönliche Schuld nicht ablöst oder ablösen kann. Daher wird der Bereicherte Wertersatz oft nicht leisten können, da er das Grundstück als Haftobjekt nicht mehr zur Verfügung hat. Deshalb ist bei Sicherung langfristiger Darlehen auch der von *Canaris* (NJW 1991, 2513, 2515ff; ähnl *Gursky* JR 1992, 95, 96f) vorgeschlagene Wertersatz in Gestalt eines Haftungsvergütungsanspruchs iHd Werts der Verbilligung des besicherten ggü einem unbesicherten Kredit keine befriedigende Lösung (dem zust aber bei Unmöglichkeit der Enthaftung *Reuter* FS Gernhuber, 1993, 381). Sie setzt jedenfalls voraus, dass eine Ablösung des Kredits nicht möglich ist. Vielfach wird dem bereits der Entreicherungseinwand entgegenstehen (*Kohler* NJW 1991, 1999, 2001). Erlangt hat der Bereicherte nicht das Grundpfandrecht, sondern 6 allenfalls die wirtschaftl Besserstellung, die darin liegt, durch Besicherung eines Kredits **günstigere Konditionen** zu erhalten. Dieser Vorteil wird aber nicht nur in den Fällen der unentgeltlichen Verpfändung des Grundstücks für Schulden eines anderen, sondern auch bei wertbewahrendem Verbauen der Darlehensvaluta auf dem Grundstück eingreifen. Der Schuldner ist jedenfalls zur Abtretung des Rückübertragungsanspruchs in Bezug auf eine nicht-akzessorische Sicherheit verpflichtet, um hierdurch die über die Rückgabe hinausgehende Inanspruchnahme des Grundstücks als Kreditgrundlage zu ersetzen (durch Ansatz der Kosten für anderweitige Sicherheit; s *Kohler* NJW 1991, 1999, 2001). Dies gilt auch bei Gutgläubigkeit. Die Annahme (*Reuter* FS Gernhuber, 1993, 381) eines Leistungsverweigerungsrechts des Kondiktionsschuldners bis zu einer für ihn ohne Opfer möglichen Enthaftung des Grundstücks löst nicht die Frage, ob in einer solchen Situation bereits Unmöglichkeit der (lastenfreien) Herausgabe und Wertersatzpflicht anzunehmen ist (zweifelnd *Canaris* NJW 1991, 2513, 2514; *Reuter* JZ 1991, 814).

6a In Abgrenzung zu BGHZ 112, 376 stellt BGHZ 150, 187 klar, dass wenn das Grundstück, während es noch im Eigentum des Bereicherungsgläubigers ist, zugunsten des Bereicherungsschuldners mit einer Grundschuld (zB zur Kreditsicherung) belastet wurde, der Bereicherungsschuldner im Rahmen der Rückabwicklung das Recht abzulösen hat, sofern der Pfandgläubiger hierzu bereit ist oder eine Übertragung auf den Bereicherungsgläubiger vorzunehmen hat. Erlangt ist hier die Kreditsicherung durch die vor Eigentumsübergang bestellte Grundschuld (BGHZ 145, 44, 50f; 150, 187, 194), die, anders als bei der Belastung eines nach Bereicherungsrecht herauszugebenden Grundstücks, noch unverändert vorhanden ist. Da nach Bedienung des gesicherten Kredits die Grundschuld wieder in die Verfügungsgewalt des Bereicherungsschuldners gelange und damit ein nur vorübergehendes Restitutionshindernis vorliege, liege eine zu § 818 II führende Unmöglichkeit nicht vor (zust *Armbrüster* EWiR 2002, 869f; krit *Fritsche* NJ 2002, 479f). Der nach § 818 IV, § 819 nach den allg Vorschriften haftende bösgläubige Bereicherungsschuldner ist – als Schadensersatz – zur Beseitigung der Belastung verpflichtet (*Canaris* NJW 1991, 2513, 2517; ebenso bei Sittenwidrigkeit des Kausalvertrags, Hamm OLG 1994, 55; s auch § 819 Rn 8). Das Ganze steht freilich unter dem Vorbehalt anderweitiger **Entreicherung**. Der bösgläubige Bereicherungsschuldner hat den Gläubiger zu entschädigen, und zwar durch Beseitigung der Belastung, wenn dies unmöglich ist, durch Einräumung einer Sicherheit für Nichtinanspruchnahme (*v Caemmerer* FS Lewald, 1973, 443, 451f) und bei Notwendigkeit des Gläubigers, das Grundstück selbst als Kreditgrundlage zu nutzen, auch durch Einräumung eines Bardepots in entspr Höhe (*Canaris* NJW 1991, 2513, 2517).

7 Bei Grundstücken ist die **Rückauflassung** zu erklären und der Umschreibung, oder wenn das Eigentum nicht wirksam übertragen war, der Berichtigung zuzustimmen, uU zwecks Umwandlung von Alleineigentum in Gesamthandseigentum (Hamburg MDR 1959, 759). Die Zuschreibung eines Grundstücks zu einem anderen ist unter Ausschöpfung der baurechtl Möglichkeiten rückgängig zu machen (BGH NJW 1981, 2689). Unmittelbarer Besitz ist wiedereinzuräumen. Ist nur mittelbarer Besitz erlangt, ist der Anspruch gegen den unmittelbaren Besitzer abzutreten (RG Recht 1920, Nr 2388). Ist eine (abstrakte) **Forderung** oder ein sonstiges Recht begründet, ist ein Erlass oder Verzicht zu erklären, eine etwa ausgestellte Urkunde zurückzugeben und eine entspr Eintragung im Grundbuch zu bewilligen (*Rüttger* NJW 1959, 2147 zu Grundschulden). Ist umgekehrt ein Recht (durch Erlass oder Verzicht) aufgehoben, ist es durch entspr Willenserklärungen ggf mit Urkundenerrichtung wiederherzustellen (RG HRR 1934, Nr 379: Wiedereintragung einer Hypothek). Der benachteiligte Gläubiger kann auch das Recht selbst geltend machen und dem Einwand des Erlasses mit der Replik der ungerechtfertigten Bereicherung begegnen (RG Recht 1915, Nr 1527). Ist eine Rechtsstellung erlangt, ist diese zurückzugewähren. Wird zB eine Auflassung kondiziert, ist auf Abgabe einer Erklärung zu klagen, durch welche die Auflassung rückgängig gemacht wird, also auf Einwilligung in die Aufhebung der Auflassung oder auf Verzicht auf die Rechte aus der Auflassung (RGZ 111, 101; 108, 336). Ist für den Bereicherten grundlos ein Geldbetrag hinterlegt, hat er in die Auszahlung an den Benachteiligten einzuwilligen (KG HRR 1938, Nr 1528). Ersatz von Kosten kann der Kondizierende nicht verlangen (BGH JZ 1962, 671). Ist ein **Unternehmenskauf** rückabzuwickeln, so ist die schuldrechtl Einheit des Unternehmens auch bei der Rückgewähr zu berücksichtigen. Hat der Erwerber das Unternehmen durch seine Tätigkeit in seiner Identität verändert, kann dies ein Fall der Unmöglichkeit der Herausgabe iSd § 818 II sein, sodass Wertersatz zu leisten ist (str, offengelassen in BGH NJW 2006, 2847 m Anm *Buck-Heeb* BGHRp 2006, 1213f; aA MüKo/*Schwab* Rn 63ff). Die Herausgabepflicht bzgl des Unternehmens umfasst auch den good will (Karlsruhe WM 1989, 1229) und den Kundenstamm, soweit die Möglichkeit besteht, dass die Kunden vom Bereicherungsschuldner zum -gläubiger zurückwechseln. Hierbei besteht allerdings die Schwierigkeit, dass die Entscheidung von Kunden nicht unmittelbar beeinflusst werden kann, sodass für den Teil des Kundenstamms, der dem herausgegebenen Unternehmen nicht verbleibt, Wertersatz geschuldet wird (BGH NJW 2006, 2847 m Anm *Buck-Heeb* BGHRp 2006, 1213f; BGH NJW 2002, 1340). Dasselbe gilt, wenn der Erwerber die Kundenbeziehungen seinem Unternehmen eingegliedert hat, da er dies nicht herauszugeben braucht (BGH ZIP 1991, 402, 406; weiter Karlsruhe DB 1998, 717: Wertersatz für das ganze Unternehmen, auch wenn einzelne Bestandteile herausgegeben werden könnten). Gewinne sind im Rahmen der Rückabwicklung nach Abs I nicht herauszugeben (*Larenz/Canaris* § 72 II 3c; zu den Nutzungen s Rn 10). Bei der Unternehmenspacht bleibt es dagegen bei der Herausgabepflicht wie nach Vertragsende (*Schwintowski* JZ 1987, 558, 592).

8 Der **Zeitpunkt**, nach dem sich das Erlangen bestimmt, fällt mit dem der Vermögensbewegung zusammen, wenn bereits diese rechtsgrundlos war oder eine später eintretende Rechtsgrundlosigkeit ex tunc wirkt (zB Anfechtung § 142). Wirkt ein Rechtsgrundwegfall ex nunc (rechtloses Behalten), entscheidet der Eintritt der Rechtsgrundlosigkeit. Sind jahrelang Dienste in Erwartung einer späteren Versorgung geleistet, muss die Zeit des Leistungs-

empfangs entscheiden (RG Warn 1911, 207; Hamm NJW 1962, 2108; *Zeiß* NJW 1963, 210). Liegt Zweckverfehlung vor, hängt die Entscheidung von der Art der Leistung und des Zwecks ab. Ist durch die Leistung ein bleibender Wert zugewendet, kann auf den Zeitpunkt abgestellt werden, in dem die Zweckverfehlung feststeht (BGHZ 35, 356: Bau eines Hauses).

III. Herausgabe der Nutzungen. Hinsichtl der Herausgabe von Nutzungen ist zu unterscheiden, ob sie primärer Bereicherungsgegenstand sind (dann Herausgabepflicht aus § 812, s Rn 10; ein besonderer Anspruch auf Nutzungsherausgabe kommt nicht in Betracht, wenn für einen nicht mehr herausgabefähigen Gegenstand der Wert unter Zugrundelegung der erwirtschafteten Nutzungen berechnet wird, BGH ZIP 1991, 402, 405), oder ob eine bereicherungsrechtl Haftung auf Herausgabe der aus einem anderen herauszugebenden Gegenstand tatsächlich gezogenen Nutzungen gem § 818 I besteht (s Rn 12f). Im letzteren Fall konkurriert der Anspruch mit §§ 987ff (Vor § 812 Rn 12) und beschränkt sich auf die tatsächlich gezogenen Nutzungen (etwa BGH VersR 2015, 1101 Rn 46: fondsgebundene Lebensversicherung; 30.7.2012 – IV ZR 134/11 Rn 5; Köln VersR 2015, 179 Rn 29; MüKo/*Schwab* Rn 8) ohne Berücksichtigung derjenigen, die hätten gezogen werden können, mag dies auch schuldhaft unterlassen worden sein (RGZ 72, 153; MüKo/*Schwab* Rn 8; s auch Abs IV und §§ 819, 820). Unerheblich ist weiter, ob die Nutzungen auch vom Benachteiligten hätten gezogen werden können (RGZ 121, 163 für Urheberrecht; BGH NJW 1985, 706 zur Nutzungsherausgabe bei Rückabwicklung eines Leasing-Vertrags durch den Leasinggeber; BGH NJW 1990, 314, 316; Köln CR 1996, 603). Ein Wegfall der Bereicherung ist auch in Bezug auf gezogene Nutzungen möglich. Nutzungen sind die „aus" dem Gegenstand erlangten Vorteile, nicht die durch Veräußerung erzielten. Die Herausgabepflicht erstreckt sich auf diejenigen Nutzungen, die aus herauszugebenden Surrogaten gezogen worden sind (*Reuter/Martinek*, 283; Staudinger/*Lorenz* Rn 15, näher Rn 12). Zur Herausgabe von Gebrauchsvorteilen eines rechtsgrundlos erlangten Unternehmens BGH ZIP 1991, 402, 405. 9

1. Nutzungen als primärer Bereicherungsgegenstand. Soweit Nutzungen primärer Bereicherungsgegenstand sind (zB bei fehlerhafter Gebrauchsüberlassung), ist der Bereicherte zur Erstattung des obj Werts der Nutzung bzw Nutzungsmöglichkeit verpflichtet (§ 818 II). Das gilt unabhängig von der Höhe der tatsächlich erlangten Werte. Während nach dem Wortlaut des § 818 I dort nur die tatsächlich gezogenen Nutzungen maßgeblich sind, reicht bei § 812 I die bloße **Nutzungsmöglichkeit** aus (Staudinger/*Lorenz* Rn 13; diff *Fervers/Gsell* NJW 2013, 3607; aA BGH NJW 2013, 2021, 2023, Rn 27; PWW/*Prütting* Rn 5, 7; MüKo/*Schwab* Rn 34). Der Bereicherungsschuldner hat auch dann etwas iSd § 812 I erlangt, wenn er tatsächlich keine Nutzungen gezogen hat. Die Nutzungsmöglichkeit selbst hat einen Vermögenswert (obj Marktwert), da von der Nutzungsmöglichkeit idR auch Gebrauch gemacht wird (zB angelegtes Geld wird verzinst, für eine Mietsache ist ein Mietzins zu entrichten). Erlangt der Bereicherungsschuldner die Nutzungsmöglichkeit als vermögenswerten Vorteil, mehrt dies deshalb sein Vermögen (aA BGH NJW 2013, 2021, 2023, Rn 27; MüKo/*Schwab* Rn 34; Grü/*Sprau* Rn 10). Macht der Bereicherte von seiner Nutzungsmöglichkeit **keinen Gebrauch**, führt seine Herausgabepflicht gleichwohl nicht zu einer Verminderung seines Vermögens über den wirklichen Betrag der Bereicherung hinaus (aA BGH NJW 2013, 2021, 2023, Rn 27). Hat der Bereicherte tatsächlich keine Nutzungen gezogen, dh, hat er den Vermögenswert, der in der Nutzungsmöglichkeit liegt, nicht realisiert, ist er insoweit entreichert (§ 818 III) und daher nicht zur Herausgabe verpflichtet (RGZ 151, 123, 127; MüKo/*Schwab* Rn 32). Er trägt zu Recht die **Darlegungs- und Beweislast** dafür, dass er von seiner Nutzungsmöglichkeit tatsächlich keinen Gebrauch gemacht hat. Denn grds ist wegen des Vermögenswerts der Nutzungsmöglichkeit davon auszugehen, dass der Bereicherte diese auch realisiert (zur Berücksichtigung von gezahlten Prämien beim Nutzungsersatz BGH NJW 2017, 2406 Rn 21ff; NJW-RR 2017, 1061 Rn 12ff). Aus der Regelung in § 818 IV, § 819 I, § 292 II, § 987 II, wonach ausschließlich der verklagte oder bösgläubige Bereicherungsschuldner für nicht gezogene Nutzungen Ersatz leisten muss und dies auch nur, soweit ihm ein Verschulden zur Last fällt, folgt nicht, dass nur die tatsächlich gezogenen Nutzungen Bereicherungsgegenstand iSd § 812 I sein könnten (aA BGH NJW 2013, 2021, 2023 Rn 27). Diese Regelung bezieht sich allein auf § 818 I und trifft schon deshalb keine Aussage über Nutzungen als primären Bereicherungsgegenstand iSd § 812 I. Zum Nutzungsersatzanspruch des Vermieters auf Herausgabe der tatsächlich gezogenen Nutzungen BGH NJW 2017, 2997 Rn 29f. 10

Wurde eine Darlehensvaluta rechtsgrundlos erlangt, betrifft dies die Nutzungsmöglichkeit, die für die Zukunft durch Rückgabe der Valuta, für die Vergangenheit durch Wertersatz auszugleichen ist (ähnl *Lass* WM 1997, 145, 149). Der Kondiktionsschuldner hat den üblichen **Zinssatz** zu vergüten (BGH NJW 1961, 452; 1962, 1148; *Canaris* WM 1981, 978, 986f). Das ist allerdings eher als Pauschalierung der tatsächlich gezogenen Nutzungen (Staudinger/*Lorenz* Rn 11) denn als Kondiktion der Nutzungen als ursprünglicher Bereicherungsgegenstand zu sehen. Die Unterscheidungen werden auch erheblich bei Nutzungen eines **Unternehmens**, die nach einem fehlgeschlagenen Kauf- oder Pachtvertrag herauszugeben sind (s bei Rn 11f). Im Grundsatz besteht eine Pflicht zur Gewinnherausgabe (BGHZ 7, 208, 218; RGRK/*Heimann-Trosien* Rn 8; s auch BGH NJW 2006, 2847 m Anm *Buck-Heeb* BGHRp 2006, 1213f; Staudinger/*Lorenz* Rn 12: nur obj Ertragswert). Sind nur Räume mit gewerblichen Einrichtungen erlangt, beschränkt die Rspr (BGHZ 7, 208, 217; BGH NJW-RR 2000, 382) die Erstattungspflicht auf den obj Gebrauchswert. Ein Abzug für die durch persönliche Tüchtigkeit des Bereicherten erzielten Erträge (s BGH LM Nr 3 zu § 987; *Ballerstedt* FS Schilling, 1973, 289, 298f; *Schwintowski* JZ 1987, 588, 593) ist idR abzulehnen, weil die Gewinnträchtigkeit in dem übertragenen Unternehmen enthalten war (*Larenz/Canaris* § 73 II 3c). Die Rspr, wonach die aus § 987 begründete Nutzungsherausgabepflicht nach dem obj Pachtwert zu bemessen ist (BGHZ 63, 365), ist auf die Anwendung des § 817 S 2 in Nichtigkeitsfällen ausgerichtet, passt aber nicht zur Praxis der Behandlung des rechtsgrundlosen Gebrauchs fremden Guts (Rn 26). 10a

11 **2. Nutzungen eines Unternehmens und von Geld.** Der Bereicherungsschuldner ist auch zur Herausgabe der gezogenen Nutzungen verpflichtet, was bei Geld vor allem die tatsächlich erwirtschafteten **Zinserträge** umfasst (BGHZ 115, 268, 270; BGH NJW 2006, 2847, 2853; Staudinger/*Lorenz* Rn 11; MüKo/*Schwab* Rn 30). Unerheblich ist, ob der Bereicherungsschuldner höhere Zinserträge hätte erzielen können. Für die Höhe der tatsächlich erlangten Zinsen ist der Bereicherungsgläubiger nach allg Grundsätzen beweispflichtig. Es gilt jedoch zu seinen Gunsten die tatsächliche Vermutung, dass der Bereicherungsschuldner das Geld zu den marktüblichen Zinsen angelegt hat (BGH NJW 1997, 933, 935). Handelt es sich beim Bereicherungsschuldner um eine Bank, geht die Vermutung dahin, dass sie Zinsen in Höhe der gesetzl Verzugszinsen (§ 288 I 2), dh in Höhe von 5 % über dem Basiszinssatz (§ 247), erzielt hat (BGH NJW 2007, 2401, 2304); bei Immobiliardarlehen wird der „übliche" Verzugszins bei 2,5 % über dem Basiszinssatz angesetzt (Köln 20.9.2017 – 13 U 52/16, juris Rn 28; Schleswig BKR 2017, 22 Rn 91). Das soll nicht auf Versicherungsunternehmen übertragbar sein (Köln VersR 2015, 179 Rn 30). Zwar wird ein zivilrechtl Bereicherungsanspruch gegen den Steuerfiskus grds nicht nach § 818 I verzinst (BGH 30.3.2004 – XI ZR 145/03; s auch Bamberg ErbR 2016, 344 Rn 30ff), anders aber, wenn er als Erbschaftsbesitzer in Anspruch genommen wird (BGH NJW 2016, 156 Rn 6). In Bezug auf einen öffentlich-rechtl Erstattungsanspruch gegen die öffentliche Hand wird ein Nutzungsertrag mit dem Argument abgelehnt, sie lege die ihr zur Verfügung stehenden Mittel regelmäßig nicht gewinnbringend an, sondern verwende sie im Interesse der Allgemeinheit (BGH NJW 2004, 1315, 1317 unter Berufung auf die st Rspr des BVerwG; Hamm NJW 2001, 1287f; Bamberg 29.2.2016 – 4 U 78/14, juris Rn 31: zutr auch bei Rechtsfolgenverweisung). Verwendet der Bereicherungsschuldner das rechtsgrundlos erhaltene Geld, um eine verzinsliche Verbindlichkeit zu tilgen, führt dies zu einer **Ersparnis von Zinsaufwendungen.** Der Bereicherungsschuldner zieht auf diese Weise gleichfalls Nutzungen (Abs I), die er an den Bereicherungsgläubiger herausgeben muss (BGH NJW 1999, 2890, 1891; BGHZ 138, 160, 164). Die gezogene Nutzung besteht hier in der Befreiung des Bereicherungsschuldners von den sonst weiterlaufenden Zinsverbindlichkeiten (MüKo/*Schwab* Rn 16). Auch hier ist die tatsächliche Zinsersparnis herauszugeben. Da bei einer verzinslichen Verbindlichkeit die Verpflichtung zur Zahlung von Zinsen aber nur in wiederkehrenden Abständen fällig wird, ist der Bereicherungsschuldner, der mit dem rechtsgrundlos erhaltenen Geld die verzinsliche Verbindlichkeit getilgt hat, seinerseits gegenüber dem Bereicherungsgläubiger nur in den entspr Zeitintervallen zur Herausgabe der ersparten Zinsaufwendungen verpflichtet, dh der Bereicherungsgläubiger hat hier lediglich einen Anspruch auf wiederkehrende Leistungen (BGH NJW 2000, 1637, 1638). Besteht ein Anspruch auf Nutzungsersatz aus einem rechtsgrundlos überlassenen Geldbetrag, kann nicht kumulativ ein Anspruch auf Prozesszinsen für den überlassenen Geldbetrag geltend gemacht werden (BGH 12.4.2019 – V ZR 341/17, juris Rn 6ff, auch zur Situation bei verschärfter Haftung nach § 819). Wenn das Geld in einem **Unternehmen** gearbeitet hat, ist ohne Nachw konkreter Vorteile ein Zins zu zahlen (BGHZ 64, 322; BGH NJW 1988, 258; s auch zum Verhältnis zu den Prozesszinsen *Büttner* BB 1970, 233). Das gilt auch bei Rückabwicklung eines langjährig durchgeführten Darlehensvertrags nach wirksamem Widerruf (BGH NJW 1997, 933, 935; s auch Rn 11a), ebenso bei Beträgen, die der Pensionssicherungsverein rechtsgrundlos vereinnahmt hat (BVerwG NJW 1999, 1201). Allerdings wird bei Investitionen erlangten Geldes in einen Betrieb der Nachw verlangt, dass der Betrieb dem Empfänger laufend Vorteile gewährt hat (BGH NJW 1975, 1510; Hamburg BB 1984, 14). Stets kann der Empfänger einwenden, dass er nicht mehr bereichert ist (RGZ 151, 127). Manchmal werden die Nutzungen als Wertmesser bei der Berechnung des Wertersatzes für nicht herausgabefähige Gebrauchsvorteile im Rahmen des Abs II herangezogen (s Rn 27).

11a Besonderheiten gelten für die Rückabwicklung **nichtiger Darlehensverträge**, speziell Ratenkreditverträge, wobei die Forderungen des Kreditinstituts durch § 817 S 2 beschränkt sind (§ 817 Rn 20). Die Ansprüche des Darlehensnehmers gehen zunächst auf Rückzahlung der Zinsen zuzüglich Nutzungsersatz (Rn 11). Im Hinblick auf das **Disagio**, das eine laufzeitabhängige Vergütung darstellt (BGHZ 111, 287; 133, 355; BGH NJW 2000, 2186; MüKo/*Berger* § 488 Rn 204), ist bei Rückabwicklung des Darlehensvertrags wie bei vorzeitiger Beendigung ein Bereicherungsanspruch auf anteilige Rückzahlung gegeben (zur Berechnung BGH NJW 1993, 3257; NJW 1995, 2778; Düsseldorf MDR 1993, 138; krit *Jaeger* VersR 1993, 1024). Dieser Anspruch erstreckt sich auf die von der Bank gezogenen Nutzungen, wobei mangels spezieller Angaben der Bank der marktübliche Zins zugrundezulegen ist (Düsseldorf WM 1995, 569), und zwar ohne Zinseszins (BGH NJW 1989, 1062; anders *Reifner* VuR 1996, 81 zu LG Frankfurt VuR 1996, 81). Dabei ist das Disagio nicht laufzeitanteilig, entspr dem Verhältnis von nicht mehr absolvierter zu planmäßiger Laufzeit zu erstatten (BGH NJW 1989, 1062), sondern es ist zu berücksichtigen, dass sich die planmäßige Darlehenszinslast während der Restlaufzeit reduziert haben würde, weshalb es statthaft ist, den Anteil des verbrauchten Disagios entspr dem Verhältnis bis zur Rückabwicklung gezahlter Zinsen zu den bei planmäßigem Verlauf insg zu zahlenden Zinsen zu ermitteln. Die genannten Ansprüche unterliegen einheitlich der **Regelverjährung** des § 195. Fristbeginn ist nach § 199 I am Schluss des Jahres, in dem der Anspruch entstanden ist und der Gläubiger von den anspruchsbegründenden Umständen sowie der Person des Schuldners Kenntnis erlangt oder ohne grobe Fahrlässigkeit erlangen müsste (zur Kenntnis BGH WM 2008, 1077; NJW 2015, 1948). Die Ansprüche verjähren nach § 199 IV spätestens zehn Jahre nach ihrer Entstehung.

11b Bei Rückabwicklung eines **nichtigen Versicherungsvertrags** findet bei der Bestimmung der gezogenen Nutzungen der Prämienanteil keine Berücksichtigung. Dem Versicherungsnehmer stehen aus dem Risikoanteil, der dem Versicherer als Wertersatz für den faktisch genossenen Versicherungsschutz des Versicherungsnehmers verbleibt, keine Nutzungen zu (st Rspr, s etwa BGH VersR 2020, 836 Rn 14; VersR 2018, 1367 Rn 31; VersR 2017, 275 Rn 30). Allerdings kann der zur Bestreitung von Verwaltungskosten aufgewandte Prämienanteil zur Berechnung von Nutzungszinsen dann herangezogen werden, wenn der Versicherer dadurch sonstige Finanzmittel erspart hat, welche er zur Nutzungsziehung verwenden konnte (BGH VersR 2018, 1367 Rn 31; VersR 2016, 33 Rn 42). Der Prämienanteil, der auf die Abschlusskosten entfällt, bleibt idR für einen Nutzungsersatzanspruch außer Betracht, wenn der Versicherer diesen nicht zur Kapitalanlage nutzen konnte (BGH VersR 2020, 836 Rn 14). Im Hinblick auf die **Darlegungs- und Beweislast** kann der Tatsachenvortrag nicht ohne Bezug zur Ertragslage des Versicherers auf eine tatsächliche Vermutung einer bestimmten Gewinnerzielung sein (BGHZ 220, 297 Rn 20). Daher muss die bei der Darlegung des Nutzungsherausgabeanspruchs zugrundegelegte Ertragslage die Verwendung der rechtsgrundlos erbrachten Beitragszahlungen abbilden (BGH VersR 2020, 836 Rn 16).

3. Nutzungen von Surrogaten. Da § 818 I die Herausgabepflicht auf Surrogate des Bereicherungsgegenstands ausdehnt, fragt sich, ob auch die aus einem solchen Gegenstand gezogenen Nutzungen herauszugeben sind. Das ist grds zu bejahen (Staudinger/*Lorenz* Rn 15; Grü/*Sprau* Rn 12; MüKo/*Schwab* Rn 46), hängt aber davon ab, ob sich die Pflicht zur Herausgabe von Surrogaten auf rechtsgeschäftlich erlangte Gegenwerte erstreckt. So ist es zu verstehen, wenn RGZ 133, 283 (anders Braunschweig OLG 18, 53) die Nutzungen aus einem mit dem rechtsgrundlos Erlangten angeschafften Wert dem Kondiktionsgläubiger vorenthält. Dagegen wird der Einwand erhoben, es müsse die ganze Bereicherung abgeschöpft werden (*Koppensteiner* NJW 1971, 593f). Da sich die Pflicht zum Nutzungsersatz vorbehaltlich des Abs IV auf konkret gezogene Nutzungen beschränkt, ist diese Lösung, die sich mit einer Analogie zu Abs I begründen lässt, der sonst unausweichlichen Einbeziehung der aus dem Surrogat gezogenen Vorteile in die Wertersatzberechnung gem Abs II vorzuziehen. 12

Ein Sonderproblem stellt sich im Zusammenhang mit den Nutzungen, die der wegen eines Baus auf fremden Grund gem **§§ 951, 812** in Anspruch genommene **Grundeigentümer** aus dem wertmäßig zu vergütenden Gebäude zieht. Hier hat BGH NJW 1961, 452 dem Grundstückseigentümer die von ihm gezogenen Nutzungen zugesprochen, da dieser als Grundstückseigentümer auch Eigentümer des Gebäudes geworden sei und daher jenes als sein eigenes nutze. Demggü billigte BGHZ 35, 356 dem Entreicherten zu, der Eigentümer sei um die Nutzung des Ergebnisses von Leistungen des Bauenden bereichert. Zu folgen ist der von *Koppensteiner* (NJW 1971, 593) begründeten These, dass mit dem Wertersatz auch die Nutzungen aus dem Gegenstand geltend gemacht werden können, dessen Veränderung den Wertersatzanspruch auslöst. Denn bis der Grundstückseigentümer seine Wertersatzpflicht erfüllt hat, fehlt es an einer Rechtfertigung dafür, dass er die von ihm gezogenen Nutzungen auch behalten darf (so auch MüKo/*Schwab* Rn 125; aM RGRK/*Heimann-Trosien* Rn 6; s auch BeckOK/*Wendehorst* Rn 10). BGH WM 1973, 71 weist dem Eigentümer nur den Teil der Nutzungen zu, der auf Grund und Boden entfällt. 13

IV. Herausgabe von Surrogaten. Surrogate, die nach § 818 I herauszugeben sind, können (anders als Nutzungen) nicht durch einen allg Begriff bestimmt werden. Wo Surrogate sonst behandelt werden, gibt das Gesetz besondere Merkmale (zB §§ 1370, 1473, 1638, 1646, 2019). Ein Vergleich zeigt, dass § 818 die Grenzen enger ziehen will. Keine Surrogate sind danach solche Werte, die mit dem erlangten Gegenstand erst durch ein Rechtsgeschäft erworben worden sind (hM; BGH NJW 1983, 868, 870; 2004, 1314; BGHZ 194, 136: Lizenzgebühr; Grü/*Sprau* Rn 15; krit MüKo/*Schwab* Rn 37). Überlegungen, ob nicht der Bereicherungsanspruch entspr § 285 auf das sog commodum ex negotiatione auszudehnen ist, scheitern daran, dass hier nicht wie in § 285 ein Wahlrecht des Gläubigers zw Gegenstandskondiktion und Wertersatz besteht (*Koppensteiner* NJW 1971, 1772; gegen Herausgabe des Veräußerungserlöses im Rahmen des § 818 I daher BGH NJW 1983, 868; 1984, 229; 1980, 178; Staudinger/*Lorenz* Rn 17; i Erg auch *Reuter/Martinek*, 276ff; anders MüKo/*Schwab* Rn 39). Surrogat eines Rechts ist deshalb nur, was in Ausübung des Rechts selbst erworben ist, wie Erfüllung einer Forderung, Tilgung einer dinglichen Last, Erlös eines Pfands, nicht dagegen der Gegenwert für ein veräußertes Recht. Surrogate einer Sache sind die Versicherungssumme, der Schadensersatzanspruch (auch der aus § 823 I) bei Verlust, Unterschlagung oder Beschädigung, die Entschädigung bei Enteignung, die bei Umwandlung einer Kapitalgesellschaft in eine Personengesellschaft beim früheren Aktionär angefallenen Anteile (BGHZ 24, 106). Hat der Bereicherte Geld erlangt und mit ihm einen Wert gekauft, ist dieser kein Surrogat, sondern für das Geld Wertersatz zu leisten. In Bezug auf einen Losgewinn ist dann, wenn das Los selbst der erlangte Gegenstand ist, der Gewinn herauszugebendes Surrogat. Hatte der Bereicherte Geld erlangt und mit ihm das Los gekauft, ist der Wert des Geldes zu ersetzen. 14

V. Abs II: Unmöglichkeit der Herausgabe und Wertersatz. 1. Unmöglichkeit. „Unmöglichkeit" und „Außerstandesein" iSd § 818 II umfasst zunächst die obj Unmöglichkeit. Sie liegt vor, wenn das Erlangte in nicht gegenständlichen Vorteilen besteht, etwa geleisteten Diensten, Nießbrauch und Pflege (Koblenz NJW-RR 2002, 512), Gebrauchsvorteilen (RG HRR 1933, 1311), Schuldbefreiung ggü Dritten, Errichtung fester Gebäude (RGZ 97, 251; 147, 396), baulichen Verbesserungen eines Gebäudes (RG HRR 1933, 1008), auch wenn das Erlangte untergegangen oder abhandengekommen ist (BGH WM 2012, 1786: Umlegung von Grundstücken) oder seine Selbständigkeit durch untrennbare Verbindung etc verloren ist (§§ 946ff; vgl RG HRR 1933, Nr 1180). Eingriffe in ein Grundstück durch Nutzung, auch im Zuge baulicher Veränderungen, führen ebenfalls zu einem bloßen Vergütungsanspruch (BGH WM 1981, 129). Stark einzelfallabhängig ist, ob die Veränderung von Sachen oder Sachgesamtheiten Unmöglichkeit verursacht. Während RGZ 117, 113 Umbau oder Vergrößerung eines Gebäudes ohne Zweckänderung nicht ausreichen ließ, sah RGZ 169, 76 (s auch RGZ 133, 293f) in der Bebauung eines Grundstücks eine Veränderung (ebenso BGH NJW 1981, 268f bei bedeutender Verschiebung des Wertverhältnisses von Grundstück und Gebäuden). Dies wird auch bei fehlgeschlagenem **Unternehmenskauf** zumindest nach längerer geschäftsführender Tätigkeit des Erwerbers häufig der Fall sein (*Schwintowski* JZ 1987, 588, 590; 15

Schöne ZGR 2000, 86; bzgl Steuerberaterpraxis BGHZ 168, 220 Rn 17ff). Wer hier eine engere Lösung befürwortet, muss die Herausgabepflicht durch einen Anspruch auf Aufwendungsersatz abschwächen, was kaum interessengerecht ist. Allg ist Unmöglichkeit nicht nur bei obj Hindernissen anzunehmen, sondern auch bei subj Unmöglichkeit, etwa nach Veräußerung des erlangten Gegenstands. Das Gleiche wird auch bei Erfüllung eines der in § 275 II oder III als Einrede ausgestalteten Tatbeständen gelten müssen, die vor der Schuldrechtsreform teilw schon vom Begriff der Unmöglichkeit erfasst waren. Außerdem darf ein Bereicherungsschuldner, der gutgläubig und unverklagt ist, nicht strenger haften müssen als ein sonstiger Schuldner nach allg Regeln. Der Schuldner ist nicht zum Rückerwerb verpflichtet (RGZ 56, 383; Staudinger/*Lorenz* Rn 21), wohl aber zur Beseitigung einer Belastung. Das gilt auch, wenn der Schuldner sonst zugunsten eines Dritten verfügt hat (RG LZ 1933, 439) oder wenn er eine Verbindung etc zwar wieder aufheben könnte, aber dabei mehr als den Wert des Erlangten einbüßen würde. Denn die Herausgabepflicht ist stets durch den Umfang der Bereicherung begrenzt (Abs III, s BGH NJW 1981, 2688). Bei **teilw Unmöglichkeit** ist herauszugeben, was herausgegeben werden kann. Wird das Geschenk eines nicht teilbaren Gegenstands wegen Notbedarfs zurückverlangt, ohne dass das ganze Geschenk zur Bestreitung des Unterhalts des Schenkers nötig ist, wird ebenfalls eine Wertersatzpflicht angenommen (BGHZ 125, 283). Str ist, ob der verarmte Schenker Wertersatz aus dem gesamten Vermögen des Beschenkten verlangen kann (BGH NJW 2001, 1063) oder ob sich der Anspruch grds nur auf den geschenkten Gegenstand erstreckt (Siegburg WuB IV A § 528 BGB 1.01). Unerheblich ist, ob der herauszugebende Gegenstand beschädigt, belastet, ohne Wesensveränderung verbessert oder im Wert geändert ist (RGZ 117, 113; BeckOK/*Wendehorst* Rn 23), ferner ob die Unmöglichkeit auf Verschulden beruht (RG WarnRsp 1917, Nr 140; vgl aber Abs IV, §§ 819, 820), auch ob es sich um vertretbare oder unvertretbare Sachen handelt. Wertersatz wird aber nicht geschuldet, wenn eine Reparaturwerkstatt im Rahmen der Gewährleistung Reparaturarbeiten kostenlos durchführen muss und dabei Wertsteigerung verursacht (aM AG Bad Hersfeld NJW-RR 1999, 1211). Ist die Herausgabe von vertretbaren Sachen unmöglich, so ist nicht Gleichartiges zu liefern, sondern der Wert zu ersetzen. Das gilt auch für ausländisches Geld (RG JW 1927, 980; Staudinger/*Lorenz* Rn 25). Zu Geldkondiktionen *Rother* AcP 166, 137.

16 **2. Bestimmung des zu ersetzenden Werts.** Bei Unmöglichkeit der Herausgabe ist Wertersatz zu leisten. Es handelt sich hier um den ursprünglichen Bereicherungsanspruch, der bei später eingetretener Unmöglichkeit einen Inhaltswandel durchmacht (*Pinger* MDR 1972, 101, 102), bei nicht-gegenständlichen Vorteilen aber von vornherein die Verpflichtung des Kondiktionsschuldners bestimmt. Abs II enthält daher keinen eigenständigen Gedanken zur Ausgleichsproblematik (*Koppensteiner* NJW 1971, 591) und zur Risikoverteilung zw Kondiktionsschuldner und -gläubiger. Die Norm entscheidet insb nicht die Zweifelsfrage nach der Bemessung des „Werts" allein nach **obj Kriterien** oder auch nach subj-konkreten, auf das Empfängervermögen abstellenden Maßstäben (näher *Kohler* FS Greifswald, 2019, 237, 245ff). Dabei kann angesichts der Vielfalt der Kondiktionsgegenstände, der notwendigen Differenzierung zw gut- und bösgläubigem Erwerb sowie der unumgänglichen Rücksichtnahme auf schadensrechtl Wertungen kein geschlossenes System geschaffen werden (*Jakobs*, 125; *Kellmann*, 137). Insb ergeben sich Auslegungsspielräume bei den **nicht-gegenständlichen Vorteilen**, da das System der §§ 812, 818 I, II auf die rechtsgrundlose Erlangung von grds herausgabefähigen Sachen zugeschnitten ist. Immerhin erlaubt die systematische Stellung des § 818 nach den Anspruchsgrundlagen den Schluss, dass die Vorschrift für alle Kondiktionstypen gelten soll. Für Leistungs- und Nichtleistungskondiktion, deren Abgrenzung nicht selten schwierig ist, sind keine verschiedenen Maßstäbe anzulegen (*Kellmann*, 97f, 106ff; aM *Reeb* JuS 1974, 172), mag auch bei der Wertermittlung im Einzelfall die Einschätzung, die in einem rückabzuwickelnden Vertrag zum Ausdruck kommt, besonders bedeutsam sein.

17 Den Ausgangspunkt für die Behandlung der Problemfälle bildet die Erkenntnis, dass der Bereicherungsanspruch auf Herausgabe eines **konkreten Gegenstands** bzw seines Surrogats oder Werts gerichtet ist, und „die Bereicherung", verstanden als **Differenz** des Vermögens des Kondiktionsschuldners vor und nach dem bereichernden Vorgang, erst bei der Frage nach der Beschränkung des Anspruchsumfangs erheblich wird (§ 812 Rn 3, 9; Rn 2). Da aber bei der Ermittlung der verbleibenden Bereicherung bei nachträgl Bereicherungswegfall (allein darauf bezieht sich Abs III seinem Wortlaut nach) die Auswirkungen des be- und entreichernden Vorgangs im konkreten Empfängervermögen entscheidend sind, ist dieser subj Aspekt nicht auf den nachträgl Bereicherungsfortfall zu beschränken (anders *Ehlke* WM 1979, 1022: Berücksichtigung der Verhältnisse des Bereicherungsschuldners auf Abs III beschränkt; *Goetzke* AcP 173, 289). Wenn das Verschwinden eines nicht oder nicht mehr herausgabefähigen Gegenstands aus dem Empfängervermögen den Bereicherungsanspruch auf das zusammenschrumpfen lässt, was an positiver Wertsteigerung noch vorhanden ist, würde eine Entscheidung, die nach bestimmungsgemäßem Gebrauch eines kondizierbaren, aber von vornherein nicht herausgabefähigen Vorteils (Arbeit, Nutzungsmöglichkeit etc) den Bereicherten auf einen höheren als den ihm konkret zugeflossenen Wert haften ließe, mehr tun als nur eine Bereicherung abzuschöpfen (*Koppensteiner* NJW 1971, 1769). Hält man an dem Satz, dass der Bereicherungsausgleich i Erg nicht zu einer Schädigung des Herausgabepflichtigen führen darf, als einem „obersten bereicherungsrechtl Prinzip" fest (BGHZ 55, 128; *Kellmann* NJW 1971, 862, 864; dagegen *Koppensteiner* NJW 1971, 1770 Fn 23), muss der **Wert** iSd Abs II im Ausgangspunkt subj **im Empfängervermögen** bestimmt werden (*Koppensteiner* NJW 1971, 1769, 1770; *Hagen* FS Larenz, 1973, 867, 883f; *Esser/Weyers* 51 I 4c; aM MüKo/*Schwab* Rn 83; *Larenz/Canaris* § 72 III 2d). Wenn dieses Verständnis als denkgesetzl unmöglich bezeichnet wird, weil in einer subj Wertbestimmung schon die Gesamtvermögensplanung des Bereicherten als Kriterium eingeht, wird übersehen, dass Abs III mit der Berücksichtigung wertmindernder Ereignisse einschl persönlicher, im Vertrauen auf die Beständigkeit des Erwerbs getroffener Verfügungen weiter geht als eine Wert-

ermittlung aus der Bedeutung des Bereicherungsgegenstands für das Empfängervermögen, und infolgedessen auch auf den gutgläubigen Bereicherungsschuldner beschränkt werden kann (s auch Rn 18 aE). Richtig ist (*Reuter/Martinek*[2], 2. TB, 324f), dass der Gläubiger den subj Wert des Gegenstands im Empfängervermögen oft nicht wird darlegen können. Bei Bejahung einer Gewinnhaftung des Bereicherten hat der Gläubiger ebenfalls Schwierigkeiten mit der Ermittlung und Darlegung der Tatsachen.

Das führt nicht zu einer unvertretbaren Abschwächung der Bereicherungshaftung. Denn die Abkehr von dem (Rn 19) obj Wert hat grds eine **Gewinnhaftung** des Bereicherten zur Folge. Das Bedürfnis nach einer solchen Lösung führt diejenigen, die von einer obj Wertbestimmung ausgehen, zu einem Ansatz des Gewinns im Rahmen der Herausgabe von Nutzungen (MüKo/*Schwab* Rn 84ff) oder (*Larenz/Canaris* § 72 III 3c) zu einer Berücksichtigung der Gewinnmöglichkeiten bei der Berechnung des Nutzungswerts. Bei subj Wertbemessung kann der Kondiktionsgläubiger, der sich entgegenhalten lassen muss, dass der Bereicherungsgegenstand im Empfängervermögen nur eine unter dem Verkehrswert liegende Wertsteigerung hinterlassen hat, seinerseits eine über dem gemeinen Wert liegende Bereicherung für sich beanspruchen. Hierzu passt auch die nach hM (§ 816 Rn 20) dem § 816 I zu entnehmende Pflicht des Bereicherten, den ganzen Veräußerungserlös herauszugeben, auch wenn er den obj Wert übersteigt. Sieht man § 816 I als Spezialfall der Eingriffskondiktion, ist kaum einzusehen, dass bei Verbrauch oder Nutzung fremder Güter der Ausgleich anderen Regeln folgen soll als bei Veräußerung. Folgerichtig erwägt die Gegenmeinung (*Larenz* FS v Caemmerer, 1978, 209, 228; weitergehend *Ehlke* WM 1979, 1022, 1033) eine Korrektur der Gewinnhaftung in § 816 I. Schließlich ebnet die subj Betrachtungsweise des Werts die Unterschiede zw dem gut- und dem bösgläubigen Kondiktionsschuldner nicht zu sehr ein (so aber *Goetzke* AcP 173, 289). Allerdings beschränkt sich auch für den Bösgläubigen die Bereicherungshaftung als solche auf den subj Wert (so im Ausgangspunkt auch *Koppensteiner* NJW 1971, 1775, mit Ansätzen einer Korrektur; krit *Goetzke* AcP 173, 289, 292). Doch ist eine Deliktshaftung an der Vermögenseinbuße des Inhabers des verletzten Rechtsguts orientiert. Ferner legen § 818 IV, § 819, § 820 seine Verpflichtung auf den Wert des ursprünglich Erlangten fest (*Canaris* JZ 1971, 562) und schneiden ihm die Berufung auf spätere entreichernde Vorgänge ab. 18

Die **Rspr** stellt demggü auf den **obj Wert des Bereicherungsgegenstands** ab (krit zur Wertermittlung anhand eines Marktpreises *Mankowski/Schreier* AcP 208, 725ff). Als „besten Anhaltspunkt" für den Wert sieht der BGH den Verkehrswert (BGHZ 218, 227 Rn 13; Brandenburg 28.11.2017 – 6 U 37/13). Mangelt es an einer marktbzw ortsüblichen Vergütung (Koblenz 23.9.2020 – 5 U 2208/19, juris Rn 44: Jagdrevier), soll nach st Rspr der Wert in der angemessenen Vergütung bei ordnungsgemäßer Inanspruchnahme des Rechtsguts liegen (BGH 6.4.2016 – VIII ZR 79/15, juris Rn 37; Hamm 17.5.2017 – 30 U 117/16, juris Rn 49). Damit erkennt die Rspr Erleichterungen aus subj Gesichtspunkten gem Abs III nur dem gutgläubigen Kondiktionsschuldner zu und **verwirft insb eine Gewinnhaftung** des Gutgläubigen bei der allg Eingriffskondiktion (BGHZ 36, 321, 323; 55, 128, 135; 82, 299; 99, 244; s auch BGH NJW 2006, 2847 m Anm *Buck-Heeb* BGHRp 2006, 1213f; *Goetzke* AcP 173, 289, 308ff; *Reuter/Martinek*, 321f; MüKo/*Schwab* Rn 82; Staudinger/*Lorenz* Rn 27; BeckOK/*Wendehorst* Rn 27; PWW/*Prütting* Rn 13; zur Ablehnung der Gewinnhaftung BGHZ 82, 299; BGH NJW 1987, 2869). Bei Dienstleistungen orientiert sich die Bemessung des Wertersatzes an der ersparten Vergütung (Rn 24). Bei einem von Anfang an unwirksamen **Versicherungsvertrag** gilt der genossene Versicherungsschutz als Vermögensvorteil (BGHZ 201, 101 Rn 45), den sich der Versicherungsnehmer anrechnen lassen muss (BGH RuS 2015, 539 Rn 16; s auch BGH 7.1.2015 – IV ZR 334/14, juris Rn 18; 19.11.2014 – IV ZR 329/14, juris Rn 16; Köln 8.10.2021 – 20 U 35/21, juris Rn 25). Bei der allg Eingriffskondiktion schuldet der Bereicherte das, was üblicherweise für Vorteile der von ihm gezogenen Art zu zahlen ist, bei Verletzung von Immaterialgüterrechten oder Patenten also die **übliche Lizenzgebühr** (BGHZ 38, 360; 44, 380; Soergel/*Hadding* Rn 31; zur Anwendbarkeit der Lizenzanalogie auch bei der Leistungskondiktion BGH NJW-RR 2001, 1332; *Jestaedt* WRP 2000, 899; s auch BGH NJW 2021, 1303: Clickbaiting). Dabei erfolgt gem § 287 ZPO eine tatrichterliche Schätzung (BGH NJW 2021, 1303 Rn 59; s auch *Schlüter* ZUM 2021, 416ff; *Ettig* NJW 2021, 1274ff). Bei unbefugter Stromentnahme sind die üblichen Tarife heranzuziehen (BGHZ 117, 29; BB 1992, 1302: Lizenzanalogie). Die **Maßgeblichkeit des Verkehrswerts** wird ua begründet mit der Erwägung, der Zuweisungsgehalt des verletzten Rechts begrenze den Inhalt des Bereicherungsanspruchs (*Wilburg*, 106, 122; dagegen *Koppensteiner* NJW 1971, 1769 und in Bezug auf die Tragweite des Zuweisungsgedankens auch *Larenz* FS v Caemmerer, 1978, 209, 220). Doch wäre es bei einer derartigen Entfaltung des Gedankens der Rechtsfortwirkung folgerichtiger, sogar auf das Vermögen des Entreicherten abzustellen (*Pinger* MDR 1972, 101, 103). Damit würde dann der grds nicht mehr maßgebende Vermögensverlust des Kondiktionsgläubigers zum entscheidenden Kriterium. Weiter spielt die Vorstellung eine Rolle, dass zumindest bei nichtgegenständlichen Vorteilen die Bereicherung in der Ersparnis sonst notwendiger eigener Aufwendungen liege (BGHZ 20, 355; BGH NJW 1973, 1283; 1979, 2034). Doch trifft dies im Ausgangspunkt nicht zu (§ 812 Rn 9), mag auch der Ersparnisgedanke bei der Wertberechnung seinen Platz haben (Rn 24ff). 19

Auch auf der Grundlage einer subj Wertbestimmung sind **Typisierungen** unvermeidlich, die i Erg dem obj Wertbegriff nahekommen. Auch der gutgläubige Bereicherte lässt bei der Leistungsannahme und beim Eingriff in fremdes Rechtsgut oftmals erkennen, welchen Wert er dem Beitrag des ihm bis dahin nicht zustehenden Guts im Rahmen seines Vermögens beimisst. Insb die Gewinnhaftung bei Eingriffserwerb wird so aus dem Gesichtspunkt einer Verteilung nach Beitragswerten begrenzt (*Wilburg*, 128ff; *Jakobs*, 123ff; *Kellmann*, 139ff; *Haines*, Bereicherungsansprüche bei Warenzeichenverletzungen und unlauterem Wettbewerb, 1970, 110). Auf derselben Linie liegen hinsichtl der Kondiktion rechtsgrundloser Arbeitsleistungen die Überlegungen, dass ein ertragreicher oder verfehlter Einsatz von Arbeitskräften Sache des Arbeitgebers sei und seine Haftung weder verschärfen noch 20 begrenzen könne (*Beuthien* RdA 1969, 161; nicht deutlich LAG Düsseldorf DB 1990, 222). Da auch auf der Grundlage einer obj Wertbemessung der konkreten Berechnung nach der Vermehrung des Empfängervermögens gewisse Zugeständnisse gemacht werden (*Goetzke* AcP 173, 289, 314; *Ehlke* WM 1979, 1022, 1026: „individueller Verkehrswertbegriff"), ist in vielen Einzelpunkten weitgehende Übereinstimmung erzielbar.

20a **3. Aufgedrängte Bereicherung. a) Allgemeines.** Erlangt der Empfänger „etwas" ohne sein Zutun und kann er das Zugewendete nicht in Natur herausgeben, müsste er an sich gem § 818 II selbst dann Wertersatz leisten, wenn er am Erlangten kein Interesse hat (BeckOK/*Wendehorst* Rn 141; MüKo/*Schwab* Rn 220). Das Problem einer solchen aufgedrängten Bereicherung stellt sich vor allem bei der Rückgriffs- und Verwendungskondiktion, kommt aber grds auch bei der Leistungskondiktion in Betracht. Eine Ansicht sieht die Lösung der Fälle einer aufgedrängten Bereicherung in einer direkten oder analogen Anwendung des **§ 814** (Koblenz NJW 2008, 1679, 1681). Eine andere Auffassung greift auf § 818 II zurück und ermittelt die Höhe des Wertersatzes danach, ob der Empfänger aus der obj Bereicherung für sich einen subj Nutzen ziehen kann (Staudinger/*Lorenz* Vor § 812 Rn 46; BeckOK/*Wendehorst* Rn 145; PWW/*Prütting* § 812 Rn 73; Grü/*Herrler* § 951 Rn 21; *Loewenheim*, 121f; *Koller* DB 1974, 2385, 2389). Nach der Gegenansicht ist die Höhe des Wertersatzes in § 818 II ausschließlich obj zu bestimmen (MüKo/*Schwab* Rn 228; *Larenz* FS v Caemmerer, 1978, 209, 227f; *Goetzke* AcP 173, 289, 319ff). Erst im Rahmen des § 818 III sei zu berücksichtigen, inwieweit sich das Erlangte gerade auch im Vermögen des Empfängers positiv ausgewirkt habe. Während die beiden zuletzt genannten Ansichten das Problem der aufgedrängten Bereicherung aus der Sicht des Empfängers zu lösen versuchen und den Wert der Bereicherung daher nach den subj Maßstäben des Bereicherungsschuldners ermitteln, stellt die erste Auffassung auf die Kenntnis und Willensrichtung des Bereicherungsgläubigers ab (Grü/*Sprau* § 812 Rn 52).

20b In allen Fällen der aufgedrängten Bereicherung ist zunächst zu prüfen, ob **Wertungen** aus anderen gesetzl Vorschriften einem Bereicherungsanspruch **entgegenstehen.** Das ist zu bejahen, wenn der Schutzzweck der Regelung, welche die Unwirksamkeit des Rechtsgrunds begründet, einen Ausgleich der Vermögensverschiebung verbietet (Grü/*Sprau* Einf v § 812 Rn 8). Ebenso dürfen die Wertungen vorrangiger Bestimmungen nicht überspielt werden (Grü/*Sprau* § 812 Rn 52: § 637 durch eigenmächtige Mängelbeseitigung; ähnl Koblenz NJW 2008, 1679, 1681: bzgl § 613).

20c **b) Rückgriffskondiktion.** Bei der Rückgriffskondiktion begleicht ein Dritter die Schuld eines anderen (§ 267), welcher dadurch Befreiung von seiner Verbindlichkeit ggü dem Gläubiger erlangt. Der Schuldner kann das Erlangte in diesem Fall nicht in Natur herausgeben und ist an sich gem § 818 II zum Wertersatz verpflichtet. Problematisch ist die Zahlung auf die fremde Schuld, wenn der Schuldner gegen den Anspruch des Gläubigers Einreden hätte erheben können (MüKo/*Schwab* Rn 221). Der Schuldner hat zwar obj die Befreiung von seiner Verbindlichkeit erlangt, da er aber aufgrund der Einreden nicht zur Zahlung verpflichtet war, hat die Zahlung des Dritten für ihn regelmäßig keinen subj Nutzen. ZT wird ein Anspruch des Dritten gegen den Schuldner durch einen Rückgriff auf **§ 814** abgelehnt, da es an einer eigenen Verbindlichkeit des Dritten fehle und er deshalb in Kenntnis seiner Nichtschuld geleistet habe (*Reeb* Grundprobleme des Bereicherungsrechts, 1975, S 84). Sinn und Zweck des § 814 ist es jedoch, ein widersprüchliches Verhalten des Leistenden zu verhindern. Wer weiß, dass er nicht zur Leistung verpflichtet ist und dennoch leistet, handelt widersprüchlich, wenn er später die Leistung zurückfordert. Bei der Zahlung auf die fremde Schuld besteht eine Verbindlichkeit zw Gläubiger und Schuldner, sodass es insoweit an einer Nichtschuld mangelt (MüKo/*Schwab* Rn 222; BGH NJW 1976, 144; *Schlechtriem* JZ 1984, 555, 556). Im Verhältnis zw Drittem und Schuldner fehlt es dagegen an einer Verbindlichkeit. Wendet man hierauf die Regelung des § 814 an, könnte der Dritte selbst dann nicht Erstattung vom Schuldner verlangen, wenn dieser keine Einreden gegen den Anspruch des Gläubigers gehabt hat, der Schuldner also obj und subj bereichert ist. Andere stellen auf § 818 II ab und ermitteln die Bereicherung allein nach den subj Maßstäben des Empfängers (Staudinger/*Lorenz* § 812 Rn 72). Da er aufgrund seiner Einreden keinen Nutzen aus der Zahlung des Dritten zieht, schieden hiernach eine Bereicherung und damit eine Verpflichtung zum Wertersatz aus. Eine weitere Möglichkeit ist es, auf **§ 818 III** zurückzugreifen, und einen Wegfall der Bereicherung des Schuldners zu bejahen, da sich nach seinen subj Maßstäben kein Mehrwert im Vermögen befindet (*Wilhelm*, 176). Die hL wendet dagegen die **§§ 404ff analog** an (BeckOK/*Wendehorst* Rn 142; MüKo/*Schwab* Rn 224; *Wendehorst* Jura 2004, 505, 511; *Canaris*, FS Larenz, 1973, 799, 845; *Reuter/Martinek*^{2}, 2. TB 237ff). Der Schuldner kann danach dem Dritten die Einreden entgegenhalten, die er auch ggü seinem ursprünglichen Gläubiger hätte erheben können. Denn es macht keinen Unterschied, ob der Dritte durch Abtretung, gesetzl Forderungsübergang oder durch Zahlung auf fremde Schuld einen Anspruch auf Begleichung der Verbindlichkeit hat. Der Schuldner ist in beiden Fällen gleichermaßen schutzwürdig. Besteht ein Ablösungsrecht des Dritten nach § 268 III 1, geht die Forderung kraft Gesetzes auf ihn über, sodass der Schuldner keine Schuldbefreiung erlangt (MüKo/*Schwab* Rn 225).

20d **c) Verwendungskondiktion.** Bei der Verwendungskondiktion (Aufwendungskondiktion) geht es um Aufwendungen auf eine Sache, die derjenige, der die Aufwendungen erbracht hat (Verwender), später mitsamt den Aufwendungen an einen Dritten (Empfänger) herausgeben muss. Der Empfänger erhält ohne sein Zutun nicht nur die Sache, sondern auch die Aufwendungen, die er nicht in Natur herausgeben kann, weshalb er an sich wiederum Wertersatz nach § 818 II schuldet. Hierbei sind zwei Konstellationen der Veränderung einer Sache zu unterscheiden. Hatte der Verwender Eigentum und Besitz an der Sache, so hat er Aufwendungen auf seine eigene Sache gemacht. Eine Konkurrenz zw Ansprüchen aus Verwendungskondiktion (§§ 812ff) und aus einem Eigentümer-Besitzer-Verhältnis (§§ 994ff) besteht in diesem Fall nicht. Hatte der Verwender nur Besitz an der Sache, so handelt es sich um Aufwendungen auf eine fremde Sache. Ob die §§ 812ff bei einem Eigentümer-Besitzer-Verhältnis neben den §§ 994ff anwendbar sind, ist umstr, allerdings, entgegen der Rspr, mit der hL zu bejahen (s Vor § 812 Rn 13).

Eine Auffassung versucht bei der Verwendungskondiktion über **§ 814 analog** (da § 814 direkt nur für die Leistungskondiktion gilt) den Empfänger vor einem Bereicherungsanspruch des Verwenders auf Wertersatz für die obj Wertsteigerung in Form der Aufwendungen zu schützen (*Klauser* NJW 1965, 513, 515f; Staudinger/*Lorenz* Vor § 812 Rn 46). Gegen eine Anwendung des § 814 spricht bereits, dass ein Anspruch des Verwenders selbst dann gem § 814 ausgeschlossen sein müsste, wenn eine Herausgabe der Verwendung in Natur möglich wäre (MüKo/*Schwab* Rn 227). Eine andere Ansicht stellt auf den subj Ertragswert der Verwendung für den Empfänger ab und ermittelt auf dieser Grundlage die Höhe des nach § 818 II zu leistenden Wertersatzes (*Koppensteiner*/*Kramer*, 168; *Koppensteiner* NJW 1971, 1771; *Koller* DB 1974, 2385, 2389; *Pinger* MDR 1972, 187, 189). Die Gegenauffassung bemisst die Bereicherung des Empfängers nach dem obj Verkehrswert und fragt erst im Rahmen des **§ 818 III**, ob der Empfänger von der Verwendung auf die Sache profitiert (*Larenz* FS v Caemmerer, 1978, 209, 222f; MüKo/*Schwab* Rn 228; s auch zu beiden Ansichten *Medicus*/*Petersen* BürgR Rn 899). Bei Verwendungen nach Rechtshängigkeit und bei Bösgläubigkeit des Empfängers haftet dieser an sich gem § 818 IV, § 819 I verschärft mit der Folge, dass er sich nicht auf den Wegfall der Bereicherung berufen kann. Dennoch verneinen die Vertreter dieser Auffassung eine verschärfte Haftung bereits dann, wenn der Empfänger den Zufluss des Vermögensvorteils trotz seiner Kenntnis nicht verhindern konnte (näher MüKo/*Schwab* Rn 229). 20e

Umstr ist, ob den Empfänger der Verwendung eine Obliegenheit trifft, die Wertsteigerung in Form der Verwendung zu realisieren. Veräußert der Empfänger die Sache nicht, soll er nicht die Einrede der Bereicherung gem Abs III erheben können. In diesem Fall habe der Verwender einen Anspruch auf Wertersatz iHd obj Verkehrswerts (*Larenz*/*Canaris* § 72 IV; *Canaris* JZ 1996, 344ff). Eine Obliegenheit des Empfängers, die Wertsteigerung durch Veräußerung der Sache zu realisieren, ist jedoch nur ausnahmsw anzunehmen (MüKo/*Schwab* Rn 234; BeckOK/*Wendehorst* Rn 150f mwN). 20f

d) **Abwehr über Eigentumsschutzvorschriften.** Der Empfänger kann eine aufgedrängte Bereicherung bei Veränderung einer Sache im Grundsatz auch über die Eigentumsschutzvorschriften der § 1001 S 2 und § 1004 abwehren (krit BeckOK/*Wendehorst* Rn 143f). Analog § 1001 S 2 kann der Empfänger zunächst dem Verwender die Sache wieder aushändigen, damit dieser die Verwendung beseitigt (BGHZ 23, 61, 64f; Grü/*Herrler* § 951 Rn 20; MüKo/*Schwab* Rn 230; *Horst* MDR 2007, 1117, 1120; aA Staudinger/*Heinze* § 951 Rn 48; Soergel/*Hensssler* § 951 Rn 23; BeckOK/*Kindl* § 951 Rn 19). Sofern der Verwender durch die Veränderung der Sache das Eigentum des Empfängers beeinträchtigt hat, ist Letzterer gem § 1004 berechtigt, die Beseitigung der Eigentumsstörung zu verlangen. Hat der Verwender allerdings das Eigentum an der Sache rechtsgrundlos erlangt, scheidet eine Beeinträchtigung des Eigentums des Empfängers aus, da der Verwender auf seine eigene Sache Aufwendungen gemacht hat, die er dem Empfänger erst nach der Verwendung gem §§ 812ff übergeben und übereignen musste (MüKo/*Schwab* Rn 230; *Wernecke* Abwehr und Ausgleich „aufgedrängter Bereicherungen" im Bürgerlichen Recht, 2004, 577). War der Verwender dagegen lediglich Besitzer und der Empfänger stets Eigentümer der Sache, ist zu überlegen, ob die Verwendung überhaupt eine Eigentumsstörung sein kann. Eine Ansicht lehnt zumindest bei Verwendungen, die der Erhaltung der Sachsubstanz dienen, eine Eigentumsstörung und daher einen Anspruch aus § 1004 ab (*Medicus*/*Petersen* BürgR Rn 899). Die Gegenauffassung bejaht auch in diesen Fällen eine Beeinträchtigung des Eigentums, da der Eigentümer nach § 903 grds jede Einwirkung verbieten kann (MüKo/*Schwab* Rn 230; *Wernecke* Abwehr und Ausgleich „aufgedrängter Bereicherung" im Bürgerlichen Recht, 2004, 200). Der redliche unverklagte Besitzer ist nach der Wertung des § 993 I aE jedoch nicht zur Beseitigung der von ihm gemachten Aufwendungen verpflichtet (*Haas* AcP 176, 1, 22f). Der Eigentümer ist demnach ausreichend über die Grundsätze der aufgedrängten Bereicherung geschützt, solange die Veränderung der Sache ihn nicht negativ beeinträchtigt. Hat die obj Wertsteigerung für den Eigentümer keinen Nutzen, ist er nicht zum Wertersatz verpflichtet. Stellt jedoch die Veränderung der Sache eine zusätzl Eigentumsstörung dar, kann er gem § 1004 vom Verwender Beseitigung verlangen. 20g

e) **Leistungsstörungen.** Die Frage der aufgedrängten Bereicherung kann sich im Fall einer Andersleistung auch bei einer Leistungsstörung stellen (MüKo/*Schwab* Rn 235). Erbringt der Schuldner eine andere als die vertragl Leistung, kann er diese nach §§ 812ff zurückverlangen. Bei Arbeits- und Dienstleistungen ist es dem Empfänger der Leistung nicht möglich, die Leistung in Natur herauszugeben, sodass er an sich gem § 818 II zum Wertersatz verpflichtet ist. Das ist bspw bei einem **Chefarzt** der Fall, der aufgrund eines Dienstvertrags mit dem Patienten verpflichtet ist, diesen persönlich zu operieren, und die Operation dennoch von einem Assistenzarzt durchführen lässt. In diesem Fall soll der Patient nicht die geschuldete Leistung erhalten haben (Koblenz NJW 2008, 1679; MüKo/*Schwab* Rn 235; krit *M. Wolf* JZ 1966, 467, 471). Das soll auch dann gelten, wenn der Patient bis auf die Person des Leistenden eine einwandfreie Leistung (Operation) erhalten hat. Versucht man die aufgedrängte Bereicherung über § 818 II oder § 818 III zu lösen, besteht das Problem, dass der Empfänger einen Nutzen aus der Leistung gezogen hat. Hiernach wäre der Empfänger also zur Herausgabe der aufgedrängten Bereicherung im Wege des Wertersatzes verpflichtet. Das widerspricht aber der gesetzl Wertung des § 613, wonach eine persönliche Dienstleistung nicht übertragbar ist. Über das Bereicherungsrecht darf der Chefarzt daher keine „Vergütung" erhalten (Koblenz NJW 2008, 1679, 1681). Zudem scheidet eine Kondiktion nach § 814 aus, denn der Chefarzt wusste, dass er die Operation hätte persönlich durchführen müssen. Demnach hat er in Kenntnis der Nichtschuld die Andersleistung (Operation durch den Assistenzarzt) erbracht. Diese Überlegung lässt sich mit 20h

Koblenz NJW 2008, 1679 auch auf die Nichtleistungskondiktion übertragen. Wenn der Zuwendende weiß, dass er die Zuwendung unberechtigt erbringt, kann er selbst dann keinen Wertersatz verlangen, wenn die Zuwendung für den Empfänger einen subj Ertragswert hat.

20i **f) Zusammenfassung.** Soweit keine vorrangigen Vorschriften oder gesetzl Wertungen einschlägig sind, ist bei der aufgedrängten Bereicherung auf das System der §§ 812ff zurückzugreifen. Sinn und Zweck des Bereicherungsrechts ist die Abschöpfung einer ungerechtfertigten Vermögensmehrung auf Seiten des Empfängers (s Vor § 812 Rn 1f). Gleichzeitig soll der Empfänger aber auch nur die vorhandene Bereicherung herausgeben, sodass zunächst die Sicht des Empfängers maßgeblich ist (s § 812 Rn 14). Aus diesem Grund ist der Wert des „Erlangten" nach den subj Maßstäben des Empfängers zu bestimmen, wobei dogmatisch gleichermaßen auf § 818 II oder § 818 III abgestellt werden kann. Der Empfänger ist nur insoweit zum Wertersatz nach § 818 II verpflichtet, wie er aus dem „Erlangten" einen Nutzen zieht, was nicht ausschließt, dass subj Ertragswert und obj Verkehrswert im Einzelfall übereinstimmen können. Hätte der Empfänger allerdings den Zufluss des Vermögensvorteils verhindern können, hat er den obj Wert selbst dann zu ersetzen, wenn er von dem „Erlangten" nicht profitiert (Rechtsgedanke der § 818 IV, § 819 I). Unabhängig vom Nutzen der Bereicherung aus Sicht des Empfängers ist dieser nicht zum Wertersatz verpflichtet, wenn der Zuwendende positiv von der Rechtsgrundlosigkeit seiner Zuwendung wusste (Rechtsgedanke des § 814). Zur Herausgabe der Bereicherung in Natur ist der Empfänger indes stets verpflichtet. Folglich sind die subj Wertbemessung des Empfängers (Bereicherungsschuldners) und die Kenntnis und Willensrichtung des Zuwendenden (Bereicherungsgläubigers) entscheidend dafür, ob und in welchem Umfang der Empfänger Wertersatz im Fall einer aufgedrängten Bereicherung zu leisten hat.

21 **4. Maßgeblicher Zeitpunkt.** Die Wertberechnung erfolgt nach einer Ansicht zum Zeitpunkt des Eintretens der Bereicherung durch rechtsgrundlosen Empfang (BGHZ 5, 197; BGH NJW 1963, 1299; RGRK/*Heimann-Trosien* Rn 19; diff Staudinger/*Lorenz* Rn 31; MüKo/*Schwab* Rn 118ff; *Ehlke* WM 1979, 1022, 1030) bzw Nichteintritt des mit einer Leistung bezweckten Erfolgs (zB BGH NJW 1995, 33; Brandenburg 28.11.2018 – 6 U 37/13, juris Rn 69). Damit trägt der Kondiktionsgläubiger das Risiko einer (teilw) Entreicherung des Schuldners, ohne von der Wertsteigerung des an sich ihm gebührenden Gegenstands zu profitieren. Realisiert der dinglich Nichtberechtigte einen solchen Wertzuwachs durch Veräußerung, muss er nach hM gem § 816 I den gesamten Veräußerungserlös herausgeben (§ 816 Rn 20; insoweit zust *Reuter/Martinek*², 2. TB, 312ff). Will man die allg Eingriffskondiktion nicht anders behandeln als den Sonderfall des § 816, kann bei Verkauf einer rechtsgrundlos erlangten Sache nicht anders zu entscheiden sein. Deshalb ist der Gegenmeinung (*Koppensteiner* NJW 1971, 588; *Pinger* MDR 1972, 187; *Larenz/Canaris* § 72 III 5a; *Schöne* ZGR 2000, 86, 108f; BeckOK/*Wendehorst* Rn 33; s auch BGH NJW 2006, 2847 m Anm *Buck-Heeb* BGHRp 2006, 1213f) zu folgen, die auf den Zeitpunkt der Umwandlung der Herausgabepflicht in einen Wertersatzanspruch abstellt (*Larenz/Canaris* § 72 III 5d: für Maßgeblichkeit des Zeitpunkts der Wiedererlangung; diff MüKo/*Schwab* Rn 118ff). Der vorgeschlagene Zeitpunkt der letzten mündlichen Verhandlung (*Koppensteiner/Kramer*, 178) scheidet aus, weil vorher Rechtshängigkeit gem Abs IV eintritt und sich die Haftung nun nach den allg Vorschriften richtet. Auf den Zeitpunkt einer außergerichtlichen Inanspruchnahme kommt es nicht an (BGH NJW 1962, 580; aM *Koppensteiner* NJW 1971, 588).

22 **5. Art des Wertersatzes.** Wertersatz ist in **Geld** zu leisten, nicht durch Naturalrestitution, auch nicht bei vertretbaren Sachen (Rn 15). Es handelt sich daher um eine Gattungsschuld. Ist das Erlangte mit anderen Gegenständen veräußert, sind die Einzelwerte zu berechnen (RGZ 75, 361). Die Wertersatzpflicht kann gem Abs III insb durch Aufwendungen des Kondiktionsschuldners begrenzt werden (Rn 39). Zum Wertausgleich bei Rückforderung des „entgeltlichen Teils" nach Widerruf einer gemischten Schenkung BGH ZIP 1989, 996.

23 **6. Einzelfälle.** Im Einzelfall ergeben sich Probleme bei der Bestimmung des ursprünglichen Kondiktionsgegenstands, der Wertbemessung bei nachträgl oder von vornherein bestehender Unmöglichkeit gegenständlicher Herausgabe sowie bei der Berücksichtigung entreichernder Umstände (zur Wertbemessung *Köhler* FS Greifswald, 2019, 237, 245ff).

a) Bauwerke. Der Wert eines Bauwerks ist nicht nach den Kosten der einzelnen Arbeiten oder nach den gesamten Baukosten zu bestimmen, sondern nach der Erhöhung des Grundstückswerts (BGHZ 17, 236, 241; Koblenz NJW 1990, 126; anders BGH NJW 2001, 3184, 3186: dasjenige als Wertersatz, was bei eigener Auftragsvergabe für die Arbeiten hätte aufgewendet werden müssen). Das Abstellen auf den Grundstückswert ist angesichts der heute verbreiteten Ertragswertberechnung (BGHZ 10, 171, 180; 111, 125, 131; s auch MüKo/*Schwab* Rn 113) ein subj Maßstab, wobei nach der Rspr die Bereicherung auch höher sein kann als der Verlust des Kondiktionsgläubigers (BGHZ 17, 236; BGH NJW 1962, 2293; *Müller* JA 1981, 21). Nach *Eidenmüller* JZ 1996, 890 soll die Änderung des Marktwerts des Grundstücks nur maßgeblich sein, wenn die Kondiktion auf einer Unwirksamkeit wegen Gesetzes- oder Sittenverstoßes beruht, ansonsten sei die übliche Vergütung geschuldet. Diese Verbindung zw den Nichtigkeitsgründen und dem Inhalt des Anspruchs ist aber nicht systemgerecht. Das Schrifttum hält zT eine Begrenzung des Anspruchs iHd Aufwendungen für notwendig, was im Zusammenhang mit der Abwehr „aufgedrängter Bereicherung" steht (*Klauser* NJW 1965, 516; *Wolf* JZ 1966, 467). Das entspricht nicht den Grundsätzen bereicherungsrechtl Rückabwicklung (so auch *Koppensteiner* NJW 1971, 592), und der Gesichtspunkt der aufgedrängten Bereicherung lässt sich auch bei Anwendung eines subj-konkreten Maßstabs richtig bewerten (Rn 20a ff; anders *Larenz* FS v Caemmerer, 1978, 225). Zur Wertveränderung infolge Anbaus an eine Giebelmauer Köln NJW 1961, 1820; 1965, 2109; Düsseldorf NJW 1962, 155; 1963, 161 (Raumverlust); zu sonstigem Anbau Düsseldorf NJW 1966, 2312. Ein Bereicherungsanspruch wegen geleisteter Bauarbeiten kann auch bei Rücktritt eines Bauherrn vom Werkvertrag dem hieran schuldlosen Unternehmer zustehen (zum Anspruchsumfang BGH BauR 1971, 53). Entspr gilt bei vorzeitiger Beendigung eines langfristigen Mietvertrags, wenn der Wert vom Mieter erbrachter Leistungen für das Mietobjekt nach Bereicherungsrecht zurückzugeben ist. Gegenstand der Bereicherung sind nicht die aufgewendeten Kosten, sondern das Maß der gewinnbringenden Nutzung der fraglichen Leistungen bei anderweitiger Vermietung (BGH NJW 1985, 313; WM 1996, 1265; NJW-RR 2001, 727). Das Gleiche gilt für ein auf Dauer angelegtes Leihverhältnis (BGH NJW 2002, 436). Zum Anspruch auf Herausgabe bei einer Grundstücksschenkung s BGH 17.12.2009 – Xa ZR 6/09 mit Verweis insb auf BGHZ 125, 283, 284f.

b) Schönheitsreparaturen. Nimmt der Mieter aufgrund einer unerkannt unwirksamen Endrenovierungsklausel Schönheitsreparaturen vor, kann der Vermieter die rechtsgrundlos erbrachte Leistung nicht in Natur herausgeben und ist daher nach § 818 III zum Wertersatz verpflichtet. Obwohl die Renovierungsmaßnahmen des Mieters körperliche Werkleistungen sind, berechnet sich der Wertersatz nicht nach den Grundsätzen für den Ausgleich von Grundstücksaufwendungen. Hiernach müsste der Vermieter an sich Wertersatz für die Vorteile leisten, die er aus der Wertsteigerung der Mietwohnung aufgrund der Schönheitsreparaturen tatsächlich erzielt hat oder hätte erzielen können, insb einen höheren Mietzins im Vergleich zur nicht renovierten Wohnung (*Emmerich* NZM 2006, 761; *Flatow* WuM 2009, 208). Der BGH (BGHZ 181, 188, 197) ordnet die Renovierungsmaßnahmen des Mieters dagegen als Teil der „Mietzahlung" ein. Durch die vertragl Überwälzung der Pflicht zur Schönheitsreparatur vom Vermieter auf den Mieter verringert sich die Höhe der Mietzahlung. Durch Vornahme der Schönheitsreparaturen (Werkleistung) erbringt der Mieter den „fehlenden" Teil der Mietzahlung (*Lorenz* NJW 2009, 2576, 2577). Daher berechnet sich der vom Vermieter zu leistende Wertersatz entspr den Grundsätzen für Arbeits- und Dienstleistungen. Der Mieter hat demnach im Grundsatz einen Anspruch auf die übliche, hilfsweise angemessene Vergütung, unabhängig davon, ob die Renovierungsmaßnahmen zu einer Wertsteigerung der Wohnung geführt haben (BGHZ 181, 188, 198). Beauftragt der Mieter einen Handwerker mit der Durchführung der Schönheitsreparaturen, kann er die dadurch anfallenden Kosten ersetzt verlangen, soweit sich diese im Rahmen des Üblichen bewegen (AG Hannover WuM 2010, 146; *Blank* NZM 2010, 97, 98; *Lorenz* NJW 2009, 2576, 2577), den das Gericht im Zweifel nach § 287 ZPO zu schätzen hat (BGHZ 92, 363, 373; 181, 188, 198; AG Weimar 25.9.2009 – 10 C 452/08). Der Vermieter hat daher gewöhnlich lediglich den Einsatz des Mieters an freier Zeit, die Kosten für das notwendige Material zur Renovierung sowie die Arbeitsleistung der Helfer aus dem Verwandten- und Bekanntenkreis des Mieters zu ersetzen (BGHZ 92, 363, 373; 181, 188, 198; *Blank* NZM 2010, 97, 98). Gehört die Ausführung von Schönheitsreparaturen zum Gewerbe des Mieters, das er in selbständiger beruflicher Tätigkeit ausübt, ist ein höherer Wert anzusetzen (offenbar BGHZ 181, 188, 198; *Blank* NZM 2010, 97, 98; krit zur Differenzierung zw Laie und Fachmann *Lorenz* NJW 2009, 2576, 2577). Kommt der Mieter mit der Renovierung zT auch seiner eigenen Schadensersatzverpflichtung nach, bspw Entfernung von Feuchtigkeitsschäden, die auf seinem mangelhaften Lüftungsverhalten beruhen, reduziert sich der vom Vermieter zu leistende Wertersatz verhältnismäßig (AG Hannover WuM 2010, 146). 23a

c) Dienst- und Arbeitsleistungen. Bei rechtsgrundloser Inanspruchnahme von Dienst- und Arbeitsleistungen besteht als Wertersatzanspruch ein Recht auf die übliche oder (mangels einer solchen) angemessene Vergütung (BGH ZIP 1987, 657; ZIP 2006, 1101, 1103; NJW 2007, 1130, 1131; BGHZ 181, 188 für Schönheitsreparaturen; Rn 23a; Staudinger/*Lorenz* Rn 26; Soergel/*Hadding* Rn 12). Bei selbständigen Tätigkeiten, etwa Vermittlung, kann der übliche Maklerlohn gefordert werden (RG 122, 232). Rücksicht auf soziale Notwendigkeiten und Besonderheiten des Einzelfalls haben bisweilen bei der Leistungskondiktion zur Gewährung eines Bereicherungsanspruchs iHd vereinbarten Entgelts geführt (BGHZ 41, 282 für „Dienste höherer Art"; BGHZ 53, 157; BAG NJW 1987, 2251). Ob im (nichtigen) Vertrag vereinbarte Vergütungen eine Obergrenze für den Wertersatz darstellt, ist umstr. Die im Ausgangspunkt obj Bemessung des Wertersatzes (Rn 19) muss dazu führen, ggf mehr als die unwirksam vereinbarte Gegenleistung zuzusprechen (vgl auch Staudinger/*Lorenz* Rn 26; BeckOK/*Wendehorst* Rn 30; MüKo/*Schwab* Rn 95: festgelegte Vergütung sei allenfalls Indiz für die Angemessenheit; aM Grü/*Sprau* Rn 22; BGH JZ 1960, 603; BGHZ 111, 308, 314 für Schwarzarbeit). Dieses Ergebnis kann aber ggf mit § 242 zu korrigieren sein (BGH JZ 1960, 603; *Ehlke* WM 1979, 1024). In anderen Fällen wird eine Gebührenordnung zugrundegelegt (BGHZ 36, 321 bei Rechtsberatung; BGH NJW 2000, 1560 bei unwirksamem Geschäftsbesorgungsvertrag eines Steuerberaters). 24

Kondiktionsgegenstand ist die geleistete Arbeit, auch wenn insoweit eine Herausgabe in Natur nicht möglich ist (*Beuthien* RdA 1969, 164; *Reeb* JuS 1974, 174). Dieselben Regeln gelten beim ungültigen **Arbeitnehmerüberlassungsvertrag.** Der Entleiher haftet auch auf den Gewinn (BGH NJW 1984, 1456; MüKo/*Schwab* Rn 97). Der eingetretene oder ausgebliebene Erfolg der geleisteten Arbeit hat für die Wertfeststellung keine Bedeutung (MüKo/*Schwab* Rn 94; *Beuthien* RdA 1969, 161). Dies entspricht dem Umstand, dass Nutzen oder Fehleinsatz von Arbeitskräften in den Risikobereich des Arbeitgebers fallen. Danach wäre grds auf die vertragl vereinbarte Gegenleistung abzustellen, auch soweit sie die übliche übersteigt (BGHZ 41, 282; *Kleinheyer* JZ 1961, 473; anders wohl *Beuthien* RdA 1969, 161, 165; *Reeb* JuS 1974, 174: obj Wert). Allerdings liefe diese Überlegung darauf hinaus, die Ungültigkeit der Vertragsgrundlage zu negieren. Auf das Vertragsentgelt ist deshalb nur dann abzustellen, wenn darin der subj Wert der Dienstleistung für den Kondiktionsschuldner zum Ausdruck kommt. Der Kondiktionsschuldner kann einwenden, er habe durch den Ansatz eines erhöhten Lohns mehr tun wollen als Arbeit vergüten. Auch ist ihm der Entreicherungseinwand nicht verwehrt, wenn die Arbeit aus risikounabhängigen Gründen (also nicht bei einer Unverwendbarkeit der Arbeit) nachträgl entwertet wird. 25

26 **d) Gebrauch oder Verbrauch fremder Güter.** Nach ähnl Grundsätzen ist bei der rechtsgrundlosen Einräumung bzw bei der „in sonstiger Weise" erfolgten Bereicherung durch Gebrauch oder Verbrauch fremden Guts zu entscheiden. Das kommt auch bei Rückabwicklung eines erfüllten, aber unwirksamen Kaufvertrags in Betracht, wenn der Käufer auf Herausgabe der Gebrauchsvorteile in Anspruch genommen wird (zur Vergleichbarkeit *Gursky* JZ 1998, 7, 13). Ursprünglich legte die Rspr der Wertberechnung die übliche bzw **obj angemessene Vergütung** zugrunde (BGHZ 36, 186; 38, 356 für Urheberrechtsverletzung; BGHZ 20, 345 für Verletzung des Rechts am eigenen Bild; RGZ 97, 252 für Nutzung von Fabrikräumen; RGZ 97, 310 für Nutzung einer Gleisanlage; BGH NJW-RR 2002, 180 für Nutzung von Wege- und Straßengrundstücken; BGH NJW 1968, 197 für Nutzung eines Pachtobjekts; BayObLG NJW 1965, 973 für Entziehung fremden Grundwassers; BGHZ 44, 380; BGH NJW 1982, 1155 für Warenzeichenverletzungen; BGH NJW 1992, 1383 für unbefugte Stromentnahme). Inzw hat der BGH eine ursprünglich auf die Rückabwicklung nach §§ 347 S 2 aF, 987 I gemünzte Betrachtungsweise der Berechnung der durch Eigengebrauch erzielten Gebrauchsvorteile eingenommen und einen Rückgriff etwa auf einen fiktiven Mietzins abgelehnt. Danach wird der Wert von Gebrauchsvorteilen nach der zeitanteiligen linearen Wertminderung berechnet, dh es werden der tatsächliche Gebrauch und die voraussichtliche Gesamtnutzungsdauer unter Berücksichtigung des Werts der Sache bzw des vereinbarten Kaufpreises verglichen (BGHZ 115, 47, 54f; BGH NJW-RR 1995, 364; NJW 1995, 2159, 2161; 1996, 250, 252; BGHRp 2006, 832 für Grundstückskaufvertrag). Als fragwürdig wird das deshalb angesehen, weil der Gebrauchsvorteil als solcher den Bereicherungsgegenstand bildet und seine Wertbestimmung im Vermögen des Bereicherten unabhängig von dessen weiterer Gesamtentwicklung betrachtet werden muss, was sich erst im Rahmen des Entreicherungseinwands ändert (Erman/*Buck-Heeb*[12] Rn 26). Die Lösung des BGH ebne die Unterschiede zw dem gut- und dem bösgläubigen Kondiktionsschuldner zu sehr ein (*Gursky* JR 1998, 6, 12f). Auch in dem zw den Fallgruppen stehenden Bsp der Ausnutzung fremder Vorarbeiten bei der Ausbeutung einer Kiesgrube hat BGH NJW 1979, 2036 auf die angemessene Vergütung für derartige Leistungen abgestellt. Hierher ist auch die rechtsgrundlose Inanspruchnahme von Beförderungsleistungen oder Darbietungen zu rechnen (BGHZ 55, 128: Flugreise), bei der sich allerdings die Würdigung des Entreicherungseinwands des Kondiktionsschuldners als schwierig erwiesen hat (vgl die Kontroverse zw *Kellmann* NJW 1971, 862; *Gursky* NJW 1969, 2183; *Goetzke* AcP 173, 289, 314 einerseits; *Lieb* NJW 1971, 1289; *Batsch* NJW 1972, 611 andererseits). Die übliche Gebühr hat nach BGHZ 20, 270 auch derjenige zu zahlen, der rechtsgrundlos auf fremdem Gelände einen Standplatz für sein Fahrzeug in Anspruch genommen hat.

27 Auch hier besteht das gem § 812 I herauszugebende **„Erlangte"** nicht in den Auswirkungen der Nutzung, Beförderung oder dgl im Vermögen des Kondiktionsschuldners, sondern im **Gebrauchsvorteil** selbst, der durch bestimmungsgemäße Ausnutzung iSd Abs I „erlangt" wird (s auch BGHZ 55, 128; *Canaris* JZ 1971, 561; *Medicus* FamRZ 1971, 250; *Batsch* NJW 1969, 1743; *Koppensteiner* NJW 1971, 1774; *Pinger* MDR 1972, 101, 102; *Harder* NJW 1990, 857, 862; anders *Lieb* NJW 1971, 1290, der auf die Gebrauchsmöglichkeit abstellt, ohne dass diese Abweichung bzgl der Wertberechnung Entscheidendes besagt). Übereinstimmung besteht heute meist darin, dass nicht direkt die Ausgabenersparnis den Bereicherungsgegenstand bildet. Bei konkret-gegenständlicher Erfassung des ursprünglich Erlangten und subj Berechnungsweise des Werts spielt sie aber als Berechnungsfaktor der Bereicherung des Kondiktionsschuldners eine wichtige (BGHZ 20, 275; 55, 128; *Gursky* NJW 1969, 2184; *Kellmann* NJW 1971, 862, 865; *Koppensteiner* NJW 1971, 1774; anders *Lieb* NJW 1971, 1290), wenn auch nicht die allein ausschlaggebende Rolle. Der Kondiktionsschuldner kann dartun, dass er aus in seiner Person liegenden Gründen den Vorteil günstiger hätte beziehen können (*Canaris* JZ 1971, 561) und dass für ihn die konkrete Ersparnis unter dem Verkehrswert liegt. Das ist, da es sich um die Wertermittlung nach Abs II handelt, von Gut- und Bösgläubigkeit des Bereicherten unabhängig. Trotz allem wird nicht selten der Wert der Nutzung oder der Gebrauchsvorteile für den Schuldner der für die Leistung obj zu zahlenden Vergütung entsprechen. Allerdings kann auch hier in Fällen der Leistungsbereicherung wie bei der Überlassung eines Kraftfahrzeugs aufgrund unwirksamen Mietvertrags (Hamm NJW 1966, 2357; München VersR 1966, 1082; *Batsch* NJW 1969, 1743; *Gursky* NJW 1969, 2183) das vertragl vereinbarte Entgelt Aufschlüsse über die Wertschätzung des Gebrauchs durch den Bereicherten geben.

28 Das Flugreise-Urteil (BGHZ 55, 128) hat weiter die Frage aufgeworfen, ob der Kondiktionsschuldner sich darauf berufen kann, dass für ihn die in Anspruch genommene Leistung keinerlei Ersparnis bedeutet habe, da er sie sich gegen Entgelt nicht habe verschaffen können. Nicht selten wird bei **nicht gegenständlichen Vorteilen** der **Wegfall der Bereicherung** als undenkbar geleugnet (*Mestmäcker* JZ 1958, 524; *Kleinheyer* JZ 1961, 475; *Batsch* NJW 1969, 1745; ähnl *Harder* NJW 1990, 857, 862; aM *Gursky* NJW 1969, 2184; JR 1972, 282; *Kellmann* NJW 1971, 862, 865; *Canaris* JZ 1971, 561; *Lieb* NJW 1971, 1292). Wie aber ein gegenständlicher Vorteil, etwa Geld, durch Aufwendungen entfallen kann, ohne dabei gleichzeitig eine Ausgabenersparnis zu verursachen (sog Luxusaufwendungen), kann eine zwar bestimmungsgemäße, aber für den Empfänger dennoch nicht vermögensverbessernde Ausnutzung fremder Rechtsgüter und ihm nicht gebührender Vorteile i Erg nicht anders beurteilt werden. Das nimmt offenbar auch BGHZ 55, 128 an (ebenso *Gursky* NJW 1969, 2184; *Canaris* JZ 1971, 561; *Kellmann* NJW 1971, 862, 865; ähnl *Lieb* NJW 1971, 1292; aM *Batsch* NJW 1972, 612). *Gursky* (JR 1972, 279, 283) will weitergehend Abs III auch entspr anwenden, wenn der Kondiktionsschuldner sich die Vermögensvermehrung auch ohne den bereichernden Vorgang beschafft hätte. Dies ist bedenklich, weil ein hypothetischer Geschehensablauf dem am konkreten Bereicherungsgegenstand ausgerichteten Anspruch entgegengesetzt wird.

e) **Gewinnhaftung.** Bei Eingriffen in den Zuweisungsgehalt fremder Rechtsgüter wie **Patente, Urheberrechte, Persönlichkeitsrechte**, aber auch beim sonstigen Ge- und Verbrauch von Sachen beschränkt sich die Praxis auf die Verpflichtung zur Zahlung einer angemessenen Lizenzgebühr, allerdings mit der Ergänzung, dass wie bei einer im Lizenzvertrag üblichen Fälligkeitsregelung für die Lizenzgebühr auch der Schutzrechtsverletzer abgelaufene Zinsen zahlen muss (Grundsatz der Lizenzanalogie, BGH NJW 1982, 1151, 1153; BGHZ 82, 299; *Bartels* UFITA 2004, 357ff). Nach der im Schrifttum überwiegenden Ansicht kommt daneben eine Gewinnhaftung in Betracht (Rn 18, 19). Die praktische Bedeutung dieser Ansprüche ist durch die Ausdehnung des Schutzes auf weitere Güter (Vor § 812 Rn 15) gestiegen. Gewinnhaftung bedeutet aber nicht, dass stets der gesamte vom Kondiktionsschuldner erwirtschaftete Gewinn als Wert des rechtsgrundlos erlangten Vorteils herauszugeben wäre. Vielmehr ist eine anteilmäßige Verteilung des Gewinns danach vorzunehmen, welcher Teil gerade mit dem rechtsgrundlos in Anspruch genommenen Gut erzielt wurde (Nachw Rn 20). Soweit eine Leistungsbereicherung zugrundeliegt, wird wiederum die vertragl vereinbarte Vergütung Hinw auf den Wert geben, der der Rechtsgüternutzung im Vermögen des Bereicherten beigelegt wurde, ohne dass dieser Berechnungsfaktor einen anderen, etwa niedrigeren Ansatz ausschließt. Bei der Nichtleistungskondiktion wird nicht selten davon ausgegangen werden, dass die nach der Rspr maßgebende übliche Lizenzgebühr in etwa den Gewinnbeitrag der jeweiligen Nutzungsmöglichkeit wiedergibt, obgleich auch das nur einen Richtwert darstellt. 29

f) **Besitz.** Der Wert eines nicht mehr herausgabefähigen Besitzes ist nicht nach dem Substanzwert der Sache zu bemessen, sondern nach den Gebrauchsvorteilen (BGH NJW 1953, 58; RGRK/*Heimann-Trosien* Rn 20). Zu ihrer Berechnung s Rn 26. 30

VI. Abs III: Entreicherungseinwand. 1. Begriff der Bereicherung. Abs III schließt die Pflicht zur Herausgabe des Erlangten und die Wertersatzpflicht gem Abs II aus, wenn der Empfänger nicht mehr bereichert ist. Bei entspr Vortrag ist der Entreicherungseinwand als rechtsvernichtende Einrede von Amts wegen zu berücksichtigen (Karlsruhe 12.10.2021 – 24 U 7/21, juris Rn 32). Mit Abs III wird der Bereicherungsschuldner ggü anderen Schuldnern privilegiert (Schleswig 28.4.2016 – 5 U 36/15, juris Rn 35). Das Gesetz gibt hier dem gutgläubigen und nicht verklagten Bereicherungsschuldner das Privileg, seine Herausgabe- oder Wertersatzpflicht dahin beschränken zu können, dass er sein Vermögen nicht über den Bestand hinaus in Anspruch nehmen muss, den es ohne den die Kondiktion begründenden Vorgang hätte. Dem Anspruch entgegengehalten werden kann daher nur eine Entreicherung, die bis zum Moment einer verschärften Haftung nach § 819 I eingetreten ist (Karlsruhe 12.10.2021 – 24 U 7/21, juris Rn 31). Entscheidend ist der **zugeflossene Vermögensvorteil** beim Kondiktionsschuldner, nicht die Vermögenseinbuße des Bereicherungsgläubigers. Der gutgläubige unverklagte Bereicherungsschuldner muss nur das herausgeben, was noch vorhanden ist (MüKo/*Schwab* Rn 185; BeckOK/*Wendehorst* Rn 34; Staudinger/*Lorenz* Rn 34). Maßgebend ist, einen **Schaden** vom Bereicherungsschuldner **abzuwenden** (Mugdan II 1183f; BGHZ 1, 81; 55, 131, 134; BGH WM 1978, 711; NJW 1979, 1598), auch wenn dadurch dem Kondiktionsgläubiger eine Einbuße zugemutet wird (dies der Ansatzpunkt der Kritik von *Flessner*, 99ff; *Schnitzler* JZ 1972, 272; dagegen aber *Koppensteiner/Kramer*, 122). Abs III enthält somit eine gewisse Benachteiligung des Gläubigers. Da das Gesetz aber nicht entscheidet, was es unter einer Entreicherung versteht, ist die Risikoaufteilung auf Kondiktionsgläubiger und -schuldner nach allg Maßstäben des Rechtsgüterschutzes vorzunehmen. Eine Differenzierung nach Leistungs- und Nichtleistungskondiktion (*Schnitzler* JZ 1972, 272) ist nur soweit gerechtfertigt, als das Leistungsverhältnis oder die das Rechtsgut schützende Norm Hinw auf die Verteilung der Vor- und Nachteile geben. Die Besserstellung des gutgläubigen Bereicherungsschuldners wird verschiedenen **Einschränkungen** unterworfen. Im Zuge einer Orientierung des Bereicherungsanspruchs am Vermögen des Bereicherten sollen willentliche vermögensmäßige Entscheidungen des Bereicherten bei der Rückabwicklung eines gegenseitigen Vertrags nicht auf den Entreicherten abgewälzt (*Flume* FS Niedermeyer, 1953, 103, 104f; *Niedermeyer* AcP 194, 427ff; *Wilhelm*, 185) oder ganz allg Abs III auf den Wegfall des erlangten Bereicherungsgegenstands beschränkt werden (*Rengier* AcP 177, 418, 438ff). Demggü bleiben die hM und die Rspr im Wesentlichen dabei, dass sie die Haftung des bösgläubigen Bereicherungsschuldners am Bereicherungsgegenstand, die des Gutgläubigen an seinem Vermögen orientieren (*Reuter/Martinek*[2], 2. TB, 348). Allerdings muss auch nach der Rspr die Vermögensorientierung durch Risikoabwägungen ergänzt werden. 31

Eine **Risikoverteilung** erfolgt auch unter Anwendung eines **„wirtschaftlichen Begriffs“** der Bereicherung (gegen rechtsformale Betrachtungsweise Stuttgart 26.1.2017 – 13 U 128/16, juris Rn 32). Vermögensnachteile des Bereicherungsschuldners können also nur dann berücksichtigt werden, wenn sie bei wirtschaftl Betrachtung adäquat kausal auf der Bereicherung beruhen (BGH NJW-RR 2015, 677 Rn 14; BGHZ 1, 81; 9, 335; 14, 79; BGH WM 1972, 564; NJW 1981, 278; RGRK/*Heimann-Trosien* § 812 Rn 57; Staudinger/*Lorenz* Rn 33). So sind etwa **Fondsverluste** adäquat-kausal durch die Prämienzahlung entstanden, wenn die Sparanteile der Prämien in den Fonds angelegt werden (BGH NJW 2018, 1817 Rn 14). Nicht berücksichtigungsfähig sollen daher **Verwaltungskosten** sein, da sie vom (Versicherungs-)Vertrag unabhängig und damit nicht kausal entstanden sind (BGH VersR 2017, 275 Rn 26; VersR 2015, 1101 Rn 41ff; Karlsruhe 19.1.2016 – 12 U 116/15, juris Rn 40; München 31.8.2018 – 25 U 607/18, juris Rn 34). Angenommen wird, der Bereicherungsausgleich gegen den Gutgläubigen sei „von Anfang“ an auf die per saldo beim Schuldner bestehende Vermögensmehrung beschränkt (RGZ 163, 360; Soergel/*Hadding* Rn 36). Das ist insofern missverständlich, als der Entreicherungseinwand bei bestehender Herausgabepflicht bzgl des erlangten Gegenstands auch durch Erstattungsansprüche (Rn 47) berücksichtigt werden kann. Mit dem wirtschaftl Begriff der Bereicherung soll auch die Konstellation erfasst werden, dass der Bereicherte durch den entreichernden Vorgang sonst notwendige Aufwendungen erspart hat. Entgegen verbreiteter 32

Kritik (*Wilburg*, 142f; *Flessner*, 99) ist mit der Beschränkung des Bereicherungsanspruchs auf die Vermögensdifferenz noch nicht entschieden, welche „entreichernden" Vorgänge in diese Rechnung eingehen. Insoweit bedürfen einige Kriterien der Einschränkung.

32a Das gilt vor allem für die Formel, die auf den **Ursachenzusammenhang** der entreichernden Vermögensveränderung mit dem die Grundlage des Bereicherungsanspruchs bildenden Tatbestand abstellt (BGHZ 1, 75, 81; BGH WM 1961, 275; VersR 2015, 1101 Rn 42; VersR 2015, 1104 Rn 47: Verwaltungskosten sind nicht adäquat kausal). Der bloße Ursachenzusammenhang, auch wenn er durch das Adäquanzurteil präzisiert wird, mag eine Strecke weit tragen (München NJW-RR 1993, 1240: keine Bereicherung eines rechtsgrundlos in einem Krankenhaus Untergebrachten, wenn er anderweitig hätte kostenlos untergebracht werden können), eignet sich aber nicht, um in wertender Weise Risiken den Parteien des Kondiktionsverhältnisses zuzuweisen. Das wird aber als das entscheidende Kriterium für die Abzugsfähigkeit von Nachteilen bezeichnet (BGHZ 109, 139, 145; BGH NJW 1995, 3317; Düsseldorf MDR 1998, 843 für den Fall einer Zweckschenkung). Deshalb wird inzw verbreitet eine **Abzugsfähigkeit von Nachteilen** nur soweit bejaht, als sie notwendig ist, das berechtigte Vertrauen des Bereicherungsschuldners auf die Rechtsbeständigkeit seines Erwerbs zu schützen (*Wilburg*, 152; *Dießelhorst* Die Natur der Sache als außergesetzl Rechtsquelle, 1968, 58f, 106f; *Canaris* FS Lorenz, 1992, 20; BGH NJW 1976, 1091; Vorbehalte bei MüKo/*Schwab* Rn 140, 150; PWW/*Prütting* Rn 18; Staudinger/*Lorenz* Rn 38; krit *Rengier* AcP 177, 418, 430; *Kohler*, 133ff; *Koppensteiner*/*Kramer*, 128f). Das ist aber nicht iS eines allein maßgeblichen Kriteriums zu verstehen, da bei der gegenständlichen Orientierung des Bereicherungsanspruchs der Untergang des ursprünglich Erlangten stets als Entreicherung angesehen werden muss. Der Gedanke des **Vertrauensschutzes** dient vielmehr nur zur richtigen Verteilung des Risikos für entreichernde Handlungen. Ein Zufallsrisiko trägt auch der Bösgläubige nicht. Den Zweck des Abs III in der Unbilligkeit zu sehen, die darin läge, im Zuge der Rückabwicklung der Bereicherung auf das ursprüngliche Schuldvermögen zurückzugreifen (*Kohler*, 124ff), beschreibt die normative Anordnung, gibt aber ihren Grund nicht an. Läuft die Ursächlichkeitsformel Gefahr, dem Kondiktionsgläubiger zu viel an Verlustrisiken aufzubürden, so dürfen doch umgekehrt mit dem Abstellen auf den Vertrauensschutz auch nicht alle die Nachteile auf den Bereicherten überwälzt werden, die ihn auch bei Erwerb mit gültigem Rechtsgrund getroffen hätten (*Lieb* NJW 1971, 1293). Auch die Rspr stellt zunehmend auf die Zuweisung des Entreicherungsrisikos ab (BGH 29.7.2015 – IV ZR 384/14, juris Rn 43; Karlsruhe 19.1.2016 – 12 U 116/15, juris Rn 41). Das gilt insb bei der Rückabwicklung nicht zustande gekommener oder **unwirksamer Verträge**. Zu prüfen soll laut BGH hier sein, inwiefern das Entreicherungsrisiko gem § 818 III nach den Regelungen zum fehlgeschlagenen Geschäft oder nach dem Willen der Vertragschließenden der einen oder anderen Partei zugewiesen sein soll (BGH NJW 2018, 1817 Rn 15 [IV. Zivilsenat]; NJW-RR 2015, 677 Rn 15 [XI. Zivilsenat]; NJW 2010, 2873 Rn 21 [V. Zivilsenat]; auch schon BGHZ 109, 139, 145f [VIII. Zivilsenat]).

33 Der Umstand, dass der Bereicherungsanspruch ohne Verschulden des Bereicherten entstehen kann und der schuldhaft Handelnde schärfer haftet, genügt nicht, um die Verantwortungssphären der Beteiligten für zufällige Ereignisse nach der **willentlichen Einordnung** des betroffenen Gegenstands in das Vermögen des Bereicherungsschuldners zu bestimmen (so aber *Flume* FS Niedermeyer, 1953, 103, 154ff; NJW 1970, 1161, 1163; AcP 194, 427, 440; s auch *Wilhelm*, 62ff; dagegen *Reuter*/*Martinek*[2], 2. TB, 349f; *Canaris* FS Lorenz, 1992, 28; *Kohler*, 216ff; MüKo/*Schwab* Rn 144, 271). Die Verbindung zw der Vermögensentscheidung des Bereicherten und Nachteilen oder Verlusten in seinem sonstigen Vermögen lässt sich nicht durchweg herstellen und wird auch häufig durch den unwirksamen Vertrag gerade fehlgesteuert sein. Zur Unterscheidung müssen normative Kriterien dienen. Bisweilen ist aus gesetzl Vorschriften zu entnehmen, dass bestimmte Verluste den Kondiktionsgläubiger oder -schuldner treffen müssen. So kann bei Verarbeitung gestohlener Sachen durch einen gutgläubigen Abnehmer des Diebs dem Bereicherungsanspruch aus § 951 nicht der an den Dieb gezahlte Kaufpreis entgegengehalten werden, weil § 935 das Risiko insoweit dem Erwerber aufbürdet (BGHZ 55, 176; *H.P. Westermann* JuS 1972, 18, 24; aA *Schnitzler* JZ 1972, 270). Beim Barankauf eines Inhaberverrechnungsschecks kann die diskontierende Bank der Leistungskondiktion des Scheckausstellers nicht den an einen Dritten gezahlten Kaufpreis entgegenhalten, sondern hat die mit derartigen Geschäften verbundene Gefahr zu tragen (BGH NJW 1995, 3317). Gelegentlich wird eine Risikoverteilung nach **§ 254** vorgeschlagen (*Mestmäcker* JZ 1958, 521; *Schnitzler* JZ 1972, 270), was in der Rspr bisher abgelehnt wurde (BGHZ 14, 7; 37, 363), aber zT im Gewand des § 242 wiederkehrt (BGHZ 57, 137: Unfall des betrogenen Gebrauchtwagenkäufers).

34 **2. Einzelne Modalitäten.** Im Rahmen des wirtschaftl Bereicherungsbegriffs und der **Nachteilsanrechnung** nach Maßgabe der **Verursachung** haben sich in der Praxis weitere Modalitäten herausgebildet. Es sind alle Vor- und Nachteile zu veranschlagen, aus denen ein Saldo gezogen wird. Dabei kommt es auf die besonderen Voraussetzungen der Aufrechnung oder des Zurückbehaltungsrechts nicht an (RGZ 86, 346; 140, 161; HRR 1933, Nr 1008), ebenso wenig darauf, ob der Bereicherte die Nachteile ausdrückl geltend macht. Sie sind vielmehr von Amts wegen zu berücksichtigen (Karlsruhe 12.10.2021 – 24 U 7/21, juris Rn 32). Das gilt auch dann, wenn das Erlangte noch in Natur herausgegeben werden kann. Bei der Qualifizierung eines Nachteils als abzugsfähig kommt es auf das Verschulden nicht an (Rn 33). Doch wird gelegentlich eine im eigenen Interesse veranlasste Vermögensminderung nicht angerechnet, wenn das der Billigkeit widerspräche (RGZ 170, 65). Das lässt sich dahin verallgemeinern, dass Folgen des Gebrauchs der Sache oder ihres anderweitigen wirtschaftl Einsatzes in der Risikosphäre des Schuldners als Entreicherung nicht geltend gemacht werden können, ebenso wenig der Verschleiß von Gegenständen, die mit den rechtsgrundlos erlangten Mitteln erworben und wirtschaftl eingesetzt wurden (BGH NJW 1975, 1510). Ferner kann berücksichtigt werden, wenn der Bereicherte nach dem Vertrag

die Gefahr für einen Verlust zu tragen hatte (BGH NJW-RR 2015, 677 Rn 15; BGHZ 116, 251, 256; BGH NJW 1962, 1909). Das ist eine der auch sonst zu beobachtenden Fortwirkungen rechtsgeschäftlicher Regelungen trotz des Eingreifens von **Nichtigkeitstatbeständen**. Auch sonst können abw Umstände des Einzelfalls berücksichtigt werden, zB in Arbeitsverträgen eine uneingeschränkte Rückzahlungspflicht bei Lohnüberzahlungen, die eine Haftungsminderung wegen Bereicherungswegfalls ausschließt (BAG NJW 1964, 1242). Bei der Rückabwicklung eines nichtigen Darlehensvertrags stellt sich die Frage, wer das Verwendungsrisiko trägt, wenn der Darlehensnehmer mit der rechtsgrundlos erlangten Valuta Anschaffungen macht. Dem Darlehensvertrag entspricht die Einstellung, dass die Verwendung der geliehenen Mittel Sache des Darlehensnehmers ist. Daher ist die Annahme (BGHZ 83, 293; Hamm NJW 1981, 993; Düsseldorf NJW 1985, 2733), der Darlehensnehmer sei durch die von seiner Ehefrau ohne sein Wissen durchgeführte Abhebung und Ausgabe des Geldes für einen (dann untergegangenen) Pkw entreichert, abzulehnen. Die Verantwortlichkeit für einen Verstoß gegen gewerberechtl Regeln mag eine andere Risikoverteilung nahelegen (BGH NJW 1979, 1597, 1599). Eine Steuerbelastung wirkt entreichernd, wenn sie endgültig beim Bereicherungsschuldner bleibt (Düsseldorf 4.12.2015 – 7 U 99/14, juris Rn 34).

3. Anrechnung von Verlusten. Die Anrechnung von Verlusten ist grds unabhängig von ihrer Art und dem Zeitpunkt ihres Eintretens, soweit die allg Voraussetzungen vorliegen. Entreicherung kann eintreten durch Untergang, Abhandenkommen (RGZ 56, 297; HRR 1933, Nr 1843 bei Unterschlagung durch Vertreter) oder Weggabe des erlangten Gegenstands (OGH 1, 289: Bank schreibt den ihr gutgebrachten Betrag einem Dritten gut; BGHZ 72, 13), Kosten der Abmeldung und private Gutachterkosten für ein Fahrzeug, dessen Käufer den Kaufvertrag mit Erfolg angefochten hat (Oldenburg DAR 1993, 467). Ist an die Stelle des Gegenstands ein Surrogat getreten, gilt Abs I (Rn 14). Mit Rücksicht auf Abs II bewirkt der Verlust des erlangten Gegenstands einen Wegfall der Bereicherung nur, soweit kein Vorteil im Vermögen des Kondiktionsschuldners bleibt. So schlägt das commodum ex negotiatione bei der Saldierung zugunsten des Kondiktionsgläubigers zu Buche, sodass er einen Wertersatzanspruch iHd noch verbliebenen Bereicherung hat. Deswegen ist der Schuldner entreichert, wenn er den Gegenstand verschenkt hat (MüKo/*Schwab* Rn 172 mwN; zweifelhaft Hamm MDR 1990, 1011: Verlust im Glücksspiel reiche nicht aus). 35

Keine Entreicherung liegt vor, wenn der Kondiktionsschuldner durch den Wegfall des ursprünglichen Bereicherungsgegenstands **Aufwendungen erspart**, die er sonst hätte machen müssen (RG LZ 1924, 96; RGRK/*Heimann-Trosien* Rn 33), es sei denn, er hätte den herauszugebenden Gegenstand zu Ausgaben verwendet, die er sich sonst nicht geleistet hätte (sog Luxusausgaben; RGZ 68, 27; RGRK/*Heimann-Trosien* Rn 33; Hamm NJW 1977, 824; *Flessner*, 18; *Kohler*, 155f). Ein Bsp ist die Gehaltsüberzahlung an Beamte (BGH MDR 1959, 109; s aber Rn 38). In diesen Fällen ist nicht die Ersparnis Bereicherungsgegenstand, sondern sie verhindert lediglich ein Entfallen der Bereicherung durch Untergang des ursprünglichen Bereicherungsgegenstands. Bedenklich ist demggü der Entreicherungseinwand wegen eines Absinkens des gesamten Vermögens auf einen Stand, der den Betrag des Erlangten nicht mehr erreicht (BGH MDR 1957, 598; NJW 1958, 1725; abl daher auch MüKo/*Schwab* Rn 184 mwN). Dies ist allenfalls aus dem Schädigungsverbot zu rechtfertigen (krit auch Staudinger/*Lorenz* Rn 34). Tritt der Verlust – etwa bei einer Bank – dadurch ein, dass der Empfänger es im Vertrauen auf die Rechtsbeständigkeit des Erwerbs unterlässt, sich rechtzeitig Sicherheit oder anderweitige Befriedigung zu verschaffen, wird der Entreicherungseinwand zugelassen (BGHZ 26, 189; BGH NJW 1976, 1091; 1982, 175; München NJW-RR 1988, 1391 zum Verzicht auf Realisierung von Gegenansprüchen). Erheblich ist auch der Einwand des rechtsgrundlosen Empfängers, er habe sich bei Kenntnis der Rechtsgrundlosigkeit das Erlangte anderweitig – auch durch eigenen Arbeitseinsatz – billiger oder kostenlos beschaffen können (*Gursky* JR 1972, 279, 283; *Kohler*, 148ff; MüKo/*Schwab* Rn 172).

Str sind die Folgen einer **Weggabe des Bereicherungsgegenstands**, die nicht rechtsbeständig ist, ohne dass der Rückgewähranspruch durchgesetzt werden kann. BGHZ 9, 333 hat eine Uneinbringlichkeit wegen § 817 S 2 nicht berücksichtigt (anders mit Recht BGH WM 1961, 947; Frankfurt NJW-RR 1995, 1348; Koblenz BauR 1995, 252). Kann der Bereicherungsschuldner allerdings seine Forderung durch Aufrechnung realisieren, so ist ihm der Einwand versagt (anders OGH 1, 75). Abs III greift nicht ein, wenn der Bereicherte das Erlangte zur Tilgung eigener Schulden verwendet hat (BGH DB 1971, 1348; vgl auch MüKo/*Schwab* Rn 194), sodass auch bei rechtsgrundloser Tilgung fremder Schulden der Entreicherungseinwand nicht in Betracht kommt (BGH NJW 1996, 926; BGHZ 56, 317; BGH NJW 1985, 2700). Eine Realisierung der Rückgewährforderung im obigen Sinne ist auch anzunehmen, wenn eine Gutschrift, die die Weggabe des Betrags enthält, rückgängig gemacht werden kann (BGHZ 26, 194). Abzugsfähig, weil rechtl an die Inhaberschaft am Kondiktionsgegenstand gebunden, sind **verursachte Ausgaben** wie erhöhte Einkommensteuer (BGH NJW 1970, 2059; *Schön* ZHR 155, 247, 266ff; WM 2008, 1132: Umsatzsteuer; Düsseldorf 4.12.2015 – 7 U 99/14, juris Rn 34, wenn Steuerbelastung beim Bereicherungsschuldner verbleibt; Hamm NJW-RR 2014, 1393 Rn 44) oder zweckentsprechende Verwertung zweckgebundener Gehaltszulagen (RGZ 83, 159). In der Anrechenbarkeit von Aufwendungen schlägt sich die Zuweisung bestimmter Entreicherungsrisiken nieder (BGH NJW 1992, 1037). 36

Im Fall der aus § 816 II folgenden Bereicherungshaftung der Bank, die trotz kollidierender Sicherungsrechte Forderungen ihres Kunden eingezogen hat (§ 816 Rn 16), kommt als Entreicherungstatbestand eine **neue Kreditgewährung** an den Kunden in Betracht (BGHZ 26, 194; BGH WM 1959, 373f; zust *Reuter/Martinek*, 358), es sei denn, die Gutschrift für den Kunden konnte noch storniert werden. Beruht die Einziehung der Forderung – und die Verbindlichkeiten des Kunden vermindernde Gutschrift – auf einer sittenwidrigen Zession, soll der Ent- 36a reicherungseinwand nicht greifen (BGHZ 56, 173, 179f; aM *Olschewski* NJW 1971, 2307; RGRK/*Heimann-Trosien* Rn 27; MüKo/*Schwab* Rn 209; weitergehend *Canaris* NJW 1971, 249, 257).

37 Ist das ursprünglich Erlangte noch vorhanden, ist die im Schrifttum (RGRK/*Heimann-Trosien* Rn 34) anerkannte Abzugsfähigkeit von **Nachteilen**, die mit dem Erwerb in ursächlichem Zusammenhang stehen, nur so vorstellbar, dass Zug um Zug gegen Herausgabe des Bereicherungsgegenstands die Nachteile ausgeglichen werden müssen (RGRK/*Heimann-Trosien* § 812 Rn 58). Bei **Schäden** ist besonders darauf zu achten, ob ihr Ersatz einen notwendigen Vertrauensschutz für den Kondiktionsschuldner verwirklicht oder ob die Nachteile nur zufällige Folge der Einfügung des Bereicherungsgegenstands ins Vermögen des Schuldners sind (s auch Staudinger/*Lorenz* Rn 40). Somit sind nicht abzugsfähig die Schäden, die der Bereicherungsgegenstand im sonstigen Vermögen des Schuldners anrichtet. Vertrauensschutz gebührt dagegen dem Bereicherungsschuldner, der nach Empfang der Leistung des falschen Schuldners die Forderung gegen den richtigen hat verjähren lassen (BGHZ 66, 150, 155; MüKo/*Schwab* Rn 171; BeckOK/*Wendehorst* Rn 74), der eine sonstige Frist verstreichen lässt (RG Warn 1920, 151), den Verfall einer Vertragsstrafe hinnimmt (*Flessner*, 19; RG JW 1928, 2444) oder so lange wartet, bis sein Rückgriffsanspruch gegen den wahren Schuldner uneinbringlich geworden ist (BGH WM 1961, 273; BGHZ 66, 150, 155). Der Ausfall normaler Einkünfte wird häufig nicht auf das Vertrauen des Kondiktionsschuldners in den Bestand seines Erwerbs zurückzuführen sein (s aber RG JW 1911, 40 bei Miete, RG HRR 1933, 1008 bei Pacht). Wird nach Eröffnung des Insolvenzverfahrens irrtümlich ein Geldbetrag auf ein Konto des (Insolvenz-)Schuldners überwiesen, erlangt der Schuldner einen Auszahlungsanspruch gegen seine Bank, sodass sich die Insolvenzmasse und damit die Berechnungsgrundlage für die Kosten des Insolvenzverfahrens adäquat kausal erhöhen (BGH WM 2015, 733 Rn 14). Der Bereicherungsanspruch des irrtümlich Zahlenden mindert sich dann in Höhe der durch die Überweisung zum Nachteil der Masse zusätzl verursachten Kosten, sodass der Insolvenzverwalter insofern den Einwand der Entreicherung (§ 818 III) geltend machen kann (BGH WM 2015, 733).

38 Insb bei **Überzahlung** von Lohn und Gehalt sowie bei rechtsgrundlos geleistetem Unterhalt (*Niebling* NJ 2009, 452ff zur Doppelzahlung) stellt sich die Frage, inwieweit **erhöhter Lebensaufwand** zu berücksichtigen ist (zur Anwendung des § 818 III im öffentlichen Recht Vor § 812 Rn 19). Die Rspr (RGZ 83, 159; BGH MDR 1959, 109) berücksichtigt mindestens bei Beamten unterer Besoldungsstufen (BVerwGE 8, 267; 13, 107; BVerwG MDR 1969, 956; LAG München DB 1989, 332) den Umstand, dass sich der Lebensstandard nach den konkret empfangenen Bezügen richtet. Dies gilt auch für Anschaffungen, selbst für Luxusaufwendungen (BVerwGE 13, 107) wie – ggü einer Krankenversicherung – für den „Luxus eines Einzelzimmers" im Krankenhaus (Hamm RuS 1996, 113). Auch Provisionszahlungen an einen Handelsvertreter, die dessen Lebensgrundlage darstellen und verbraucht wurden, sollen nicht zurückzugewähren sein (München WM 2011, 164 Rn 27f). **Schuldtilgungen** bedeuten idR keinen Wegfall der Bereicherung (BVerwGE 28, 75; anders noch BVerwGE 15, 19), jedenfalls dann nicht, wenn der Bereicherte nachweist, dass er auf die Schulden auch bei geringeren Unterhaltsbezügen gleich hohe Zahlungen geleistet hat (BGHZ 118, 383). Bei **Beamten** werden teilw die Voraussetzungen verschärfter Haftung nach §§ 818 IV iVm § 819 I vorliegen. Das soll auch dann anzunehmen sein, wenn die fehlerhafte Gehaltszahlung eindeutig aus der Lohnabrechnung hervorging (LAG Nürnberg 4.6.2009 – 7 Sa 266/08). Sonderregeln gelten bei der Ausbildungsförderung (OVG Berlin FamRZ 1976, 564; BVerfG NJW 1978, 535).
Der Entreicherungseinwand steht insb der Rückabwicklung nicht geschuldeter **Unterhaltszahlungen** häufig entgegen. Die Rspr lässt es hier für ein Entfallen des Bereicherungsanspruchs genügen, wenn der Empfänger die Beträge restlos für seine Lebensbedürfnisse ausgegeben hat, ohne bleibende Vermögenswerte zu schaffen (BGH NJW 1984, 20, 95; BGHZ 143, 65). Bei kleinen und mittleren Einkommen wird vermutet, dass gezahlte Unterhaltsbeträge zur Verbesserung des Lebensstandards verbraucht wurden (Koblenz 4.5.2020 – 13 UF 81/20, juris Rn 187). Es gilt zudem eine Vermutung für eine ersatzlose Verbesserung des Lebensstandards aufgrund der Überzahlungen, wenn der Unterhaltsberechtigte aus der Überzahlung eine Rücklage gebildet hat (BGHZ 118, 383; BAG ZIP 1994, 726; Hamm FamRZ 1996, 1406; Zweibrücken FamRZ 1998, 834). Auch bei laufender Überzahlung von Lohn spricht nach der Rspr die Lebenserfahrung zugunsten des Empfängers dafür, dass diese zur Verbesserung des Lebensstandards ausgegeben wurde und insoweit aufgrund mangelnder bleibender Vermögensveränderungen keine Bereicherung bleibt (BGHZ 118, 383; BGH NJW 2001, 2907). Dies soll vor allem gelten, wenn die Überzahlung verhältnismäßig geringfügig war. Regelmäßig wird das bei einer Überzahlung von bis zu 10 % der regulären Bezüge angenommen (BAGE 79, 115, 121; BAG MDR 2001, 1356, 1357), wobei eine absolute Obergrenze nicht existiert (BAG MDR 2001, 1302). Zum Vertrauensschutz ggü Unterhaltsrückforderung allg *Mertens* FamRZ 1994, 601. Keine Entreicherung liegt daher vor, wenn der Bereicherte infolge der Unterhaltszahlung anderweitige sonst anzugreifende Mittel erspart hat (LG Bielefeld WM 1984, 330), während namentlich Unterhaltszahlungen an ein vermögensloses Kind dem Entreicherungseinwand ausgesetzt sind (BGHZ 78, 201; BGH NJW 1981, 2184). Kürzungen durch das Sozialamt können eine Entreicherung darstellen (Schleswig FamRZ 1998, 1166). Für Überzahlungen seitens einer Zusatzversorgungskasse kann Abweichendes vereinbart werden (BGH VersR 1998, 477).

39 **4. Anrechnung von Aufwendungen, insb Leistungen an Dritte.** Abzugsfähig sind grds **Erwerbsaufwendungen** (*Kohler*, 139ff), doch ergibt sich aus den kondiktionsbegründenden normativen Erwägungen auch insoweit manchmal eine Einschränkung des Entreicherungseinwands, so etwa bei den Aufwendungen eines gewerblichen Sammlers gemeinnütziger Spenden (Hamm NJW-RR 1995, 1010). Nach dem Risikogrundsatz (Rn 32) sind als Entreicherung nicht anzusehen Zahlungen, die der Vertragspartner an Dritte erbringt, um die im fehlgeschlagenen Vertrag versprochene Leistung zu ermöglichen (Hamm MDR 1992, 1151 für Vermessungskosten und Kos-

ten einer Auflassungsvormerkung). Abzugsfähig sind somit die **Vertragskosten**, wenn sie sich wegen der Rechtsgrundlosigkeit des Erwerbs als nutzlos erweisen (*Larenz/Canaris* § 73 I 2). Dies erfährt allerdings verschiedene Einschränkungen. Zum einen ist hinsichtl der Frage, wer die Kosten letztlich zu tragen haben sollte, der Wille der Parteien des fehlgeschlagenen Vertrags zu berücksichtigen (BGHZ 116, 251), daneben sind ggf die Wertungen der §§ 122, 994ff heranzuziehen (*Canaris* JZ 1992, 1114ff; dagegen *Flume* GS Knobbe-Keuk, 1997, 111, 115ff, der die Kosten des nichtigen Vertrags demjenigen aufbürdet, der sie bezahlt hat). Refinanzierungskosten des Käufers sollen nicht als Entreicherung gelten, wenn der Käufer gleichzeitig Verzinsung des gezahlten und des zurückzugebenden Kaufpreises verlangt (BGHZ 116, 251; zust *Canaris* JZ 1992, 1114, 1118; *Flume*, 116f; MüKo/*Schwab* Rn 145ff; s auch BGH NJW-RR 1992, 589, 590). Im Ganzen spielt die Vorstellung von der Anerkennung des „faktischen" Synallagmas bei der Rückabwicklung gegenseitiger Verträge (Rn 41) eine Rolle.

Die Frage nach der Berücksichtigung von Verwendungen stellt sich häufig beim nichtberechtigten Besitzer einer Sache, der vor der nach § 816 I kondiktionsbegründenden Veräußerung einer Sache Kosten hatte. Unter § 818 III fallen Vergütung für Maklertätigkeit (RGZ 72, 1), Vertragsbeurkundung und die Zahlung von Mehrwertsteuer (BGH NJW 1970, 2059). Zu den im Rahmen des Herausgabeanspruchs abzusetzenden Posten gehören auch **Verwendungen** (Vor § 812 Rn 13, § 816 Rn 21). Auch der ungerechtfertigt um eine Sache Bereicherte, der Verwendungen macht, tut dies im Vertrauen auf die Gültigkeit seines Erwerbs. Für den Fall eines Anspruchs aus § 988, mit dem der rechtsgrundlose gutgläubige Besitzer in Anspruch genommen wird, wird angenommen, dass die Aufwendungen des Besitzers iSd § 818 III einen Abzugsposten auch dann darstellen, wenn es sich nicht um Verwendungen iSd § 994ff handelt (BGHZ 137, 314), was wegen des vom BGH angenommenen engen Verwendungsbegriffs praktische Bedeutung hat. Allerdings müssen die Aufwendungen im inneren Zusammenhang mit den durch die Nutzung der Sache gezogenen Vorteilen stehen, was der BGH etwas zu pauschal bejaht (einschränkend *Gursky* JZ 1998, 687). Das Urteil ist aber auch im Grundsatz nicht unumstr (*Reischl* JR 1999, 25). Zur Rechtslage bei Rückabwicklung gegenseitiger Verträge Rn 41. Für Reparatur- und Transportkosten RG JW 1918, 132; für Kosten der Nutzung und Fruchtziehung RG Warn 1919, 196; weitere Nachw bei Staudinger/*Lorenz* Rn 37. Eine Einschränkung gilt, wenn und soweit Aufwendungen dadurch gerechtfertigt erscheinen, dass dem Bereicherten Nutzungen verbleiben (Staudinger/*Lorenz* Rn 37). Zum Gesichtspunkt der aufgedrängten Bereicherung Rn 20a ff. Anzurechnen sind schließlich auch Kosten der Herausgabe des Erlangten (RGZ 96, 347) sowie bei Nutzungsherausgabe die Kosten der Fruchtziehung (BGH NJW 1983, 1905, 1907). Wird eine Schenkung nach § 531 II rückabgewickelt, kann der Beschenkte wegen seiner Aufwendungen auf die Sachen neben dem Entreicherungseinwand gem Abs III auch eine Verwendungskondiktion wegen solcher Aufwendungen haben, durch die eine fortbestehende Wertsteigerung der Sache begründet wurde (BGH NJW 1999, 1626). 39a

Beim Bereicherungsanspruch gem § 816 I, aber auch bei der Eingriffskondiktion nach § 951 oder im Fall des § 816 II (*Messer* NJW 1976, 926), stellt sich häufig die allg Frage der Abzugsfähigkeit der an einen **Dritten** erbrachten **vertragl Gegenleistung.** Sie wird in der Rspr (BGHZ 55, 176; BGH NJW 1970, 2099; DB 1974, 1009), und nach der hM meist verneint (*v Caemmerer* FS Rabel, 1954, 384; *Esser/Weyers* § 51 II 1; Soergel/*Hadding* Rn 67; zweifelnd *H.P. Westermann* JuS 1972, 18, 24; i Erg auch *Larenz/Canaris* § 73 I 5a). Von den Argument der hM überzeugt der Hinweis auf den dem Herausgabepflichtigen verbleibenden Rückgriff gegen den Mittelsmann (häufig einen Dieb) nicht, eher schon der Vergleich des Rechtsfortwirkungsanspruchs mit der Vindikation, der der Herausgabepflichtige eine an einen Dritten erbrachte Leistung auch nicht hätte entgegenhalten können (*Reuter/Martinek*², 2. TB, 416f; aM hinsichtl der Vergleichbarkeit der Fälle *Schnitzler* JZ 1972, 270). Da es um eine Risikoverteilung geht, können auch Gesichtspunkte herangezogen werden, die sich nicht direkt aus Abs III ergeben, etwa die Frage, wer den Vertrauenstatbestand gesetzt hat, auf dessen Grundlage der Bereicherte sich zur Kaufpreiszahlung entschloss, oder wer auf eine Fälschung vertraut hat (Köln ZIP 1996, 1376: Auszahlung an den Fälscher eines Überweisungsauftrags). Das wird, da in diesen Fällen die Voraussetzungen des § 932 nicht vorliegen werden, idR der Verkäufer und nicht der Kondizierende sein (*Rengier*, 435). Berücksichtigt man generell bei der Risikoverteilung den Inhalt des Leistungsverhältnisses bzw den Zweck der das verletzte Rechtsgut schützenden Norm, ist es denkbar, dass der Gläubiger einer Eingriffskondiktion, seltener der aus dem Gesichtspunkt der Leistungskondiktion Berechtigte (aM *Strutz* NJW 1968, 141; ganz abl *Rengier* S 436), in zurechenbarer Weise Anlass zu gutgläubigen Erwerbsaufwendungen an einen Dritten gegeben (RGZ 163, 360; BGHZ 1, 75), etwa durch Genehmigung die Voraussetzungen des § 816 I herbeigeführt hat (*Schnitzler* JZ 1972, 270). Bei Abhandenkommen einer Sache ist freilich der Wertung des **§ 935** die Nichtabzugsfähigkeit der Aufwendungen zu entnehmen (*H.P. Westermann* JuS 1972, 18; *Esser/Weyers* § 51 II 1). Dagegen ist die Abzugsfähigkeit nach den angegebenen Zurechnungskriterien zu bejahen, wenn der Dritte zum Personal des Kondiktionsgläubigers gehört, für ihn die Vertragsverhandlungen geführt und die Gegenleistung unterschlagen hat (anders BGHZ 14, 7; 36, 56). Beim Scheckerwerb vom vollmachtlosen Vertreter soll der an diesen gezahlte Betrag abzugsfähig sein, weil sonst die Umlauffähigkeit des Schecks gefährdet würde (Hamm WM 1982, 833). In Dreiecksverhältnissen (§ 812 Rn 16ff) wirkt ggü einer Direktkondiktion des Angewiesenen ein im Valutaverhältnis eingetretener Verlust nicht entreichernd (Celle NJW 1992, 3178). Eine zu Unrecht vereinnahmte Provisionszahlung muss ohne Kürzung um den an einen Untervermittler gezahlten Betrag zurückgegeben werden (München MDR 1998, 1345). 40

Sind bei **finanzierten Kaufverträgen** der Darlehensvertrag (etwa wegen Verstoßes gegen § 56 I Nr 6 GewO) und der Kaufvertrag (etwa nach Anfechtung wegen Täuschung) nichtig, hat die Rspr (BGH NJW 1978, 2144; BGHZ 71, 358, 365f; BGH NJW 1979, 1597, 1598f) dem Darlehensnehmer in Anwendung des § 818 III den Einwand 40a gestattet, durch Auszahlung der Valuta an den Verkäufer entreichert zu sein. An der Befreiung von einer Verbindlichkeit fehle es damit.

40b Bei wegen Widerrufs unwirksamen (Lebens-)**Versicherungsverträgen** kann sich die Versicherung bzgl der Abschluss- und Verwaltungskosten nicht auf Entreicherung berufen (BGH VersR 2015, 1101 Rn 41ff; VersR 2015, 1104 Rn 46ff; s auch *Heyers* NJW 2016, 1357, 1359f). Dagegen muss sich der Versicherungsnehmer bereicherungsmindernd anrechnen lassen, wenn die Fonds, in welche die Sparanteile der von ihm gezahlten Prämien angelegt worden sind, Verluste erwirtschaftet haben (BGH NJW 2016, 1388 Rn 35ff). Ob und wie abgeführte Steuerbeträge als Abzugspositionen anzuerkennen sind, war lange umstr. Der BGH sieht darin einen anrechnungsfähigen Vermögensvorteil des Versicherungsnehmers (BGH VersR 2015, 1104 Rn 40ff mN zur aA). Zur Rückabwicklung von fehlerhaften, zumeist wegen fehlender Termingeschäftsfähigkeit des Kunden unwirksamen **Börsen- bzw Finanztermingeschäften** BGH ZIP 1994, 693; 1995, 812; 1997, 1961; 1998, 1202; NJW 1999, 920 sowie Erman/*Buck-Heeb*[12] Rn 40b. Str war die Berechnung der an den Kunden herauszugebenden Nutzungen, worunter jedenfalls der Bank gutgeschriebene Provisionen fallen (BGH NJW 1998, 529). IÜ ist zu berücksichtigen, dass der Bank die vom Kunden angeschafften Beträge nicht zur weiteren wirtschaftl Disposition zur Verfügung standen, weil sie im Auftrag des Kunden weitergegeben wurden. Der BGH lässt dies nicht als Wegfall der Bereicherung gelten, will aber trotzdem Nutzungen nur von effektiv erhöhten Anlagemitteln zusprechen (Frankfurt ZIP 1997, 1740; anders Saarbrücken ZIP 1997, 1961).

41 **5. Saldotheorie. a) Grundsatz.** Hat bei Rückabwicklung gegenseitiger Verträge jeder Teil einen selbständigen Bereicherungsanspruch auf Rückgabe der von ihm erbrachten Leistung (Ausgangspunkt der **Zweikondiktionentheorie**, *Oertmann* DJZ 1915, 1063ff; *v Tuhr* DJZ 1916, 582), kann zwar jeder Partner die Rückabwicklung Zug um Zug durchsetzen und bei Vorliegen der Voraussetzungen aufrechnen, er trägt aber gem Abs III das Risiko, dass seine Leistung im Vermögen des Gegners ersatzlos untergegangen ist. Das widerspricht den allg Regeln über die Gefahrtragung (§ 446), da es danach nicht darauf ankäme, ob der Entreicherte seine Entreicherung eigenverantwortlich verwirtschaftet hat, und da er dabei annehmen durfte, seinerseits wirksam erworben zu haben (abl zur Übertragung der Wertung des § 446 auf das Bereicherungsrecht MüKo/*Schwab* Rn 263 mit Überlegungen zu einer bereicherungsrechtl Gefahrtragungsregel, Rn 234ff). Hier knüpft die **Saldotheorie** an, der es darum geht, die Zweckverbindung der beiderseitigen Leistungen auch bei Rechtsgrundlosigkeit (sog **faktisches Synallagma**, *v Caemmerer* FS Rabel, 1954, 386; BGHZ 53, 147; 57, 136; krit *Flume* AcP 194, 427) in der Weise zu berücksichtigen, dass bei der Rückforderung einer Leistung das Schicksal der ebenfalls herauszugebenden Gegenleistung direkt auf den Bereicherungsanspruch einwirkt (BGHZ 78, 216; BGH NJW 1999, 1181; NJW 1998, 1951; zur Anrechnung des Werts einer verdeckten Sacheinlage bei der GmbH *Sernetz* ZIP 2010, 2173). Das ist bereits eine Fortentwicklung der „klassischen" Saldotheorie, dazu bestimmt, deren Schwächen zu korrigieren und die bereicherungsrechtl Rückabwicklung an andere Institute, vor allem das Anfechtungs- und das Rücktrittsrecht, anzupassen (*Reuter/Martinek*[2], 2. TB, 381f; krit *Büdenbender* AcP 200, 627). Bei gleichartigen Leistungen besteht nach dem ursprünglichen Verständnis von vornherein nur ein Anspruch auf den Saldo gegen den Partner, der i Erg bereichert ist. Der Forderung auf diesen Saldo, der freilich unter Ansatz aller nach Abs III erheblichen Nachteile jedes Kondiktionsschuldners berechnet wird, steht der Entreicherungseinwand nicht mehr entgegen. Bei ungleichartigen Rückgabepflichten ist eine Saldierung nicht möglich. Hier wird der Verknüpfung der Leistungspflichten dadurch Rechnung getragen, dass jeder die Bereicherung seines Partners nur Zug um Zug gegen Herausgabe der seinerseits empfangenen Leistung herausverlangen kann, ohne dass es einer Geltendmachung durch Zurückbehaltungsrecht bedarf (BGH NJW 1963, 1870; 1973, 613; 2001, 1863, 1864; BGHZ 150, 138).

42 Die Saldotheorie passt zum Verständnis der Bereicherungsforderung als eines von vornherein auf die vermögensmäßige Differenz gerichteten Anspruchs (Rn 2; krit *Canaris* WM 1981, 878, 879; *Canaris* FS Larenz, 1973, 19ff; *Kohler*, 158ff). Sie wird hauptsächlich mit der Erwägung begründet, dass auch ein **unwirksamer gegenseitiger Vertrag** gewisse **Rechtswirkungen** entfalte und kraft der in ihm zum Ausdruck kommenden Zweckverknüpfung jedenfalls der Partner, der die ihm erbrachte Leistung nicht oder nicht mehr unversehrt zurückgeben kann, seine eigene Leistung in eben diesem Umfang nicht zurückfordern könne (BGH NJW 2001, 1863: auch für lediglich unverbindliche Verträge). Somit muss sich jeder bei seinem Bereicherungsanspruch den Wert der ihm erbrachten Leistung iHd nicht mehr herausgabefähigen Teils anrechnen lassen. Das ist eigentlich eine Argumentation zu § 818 I. Die Saldotheorie korrigiert aber zugleich die für den Fall des Untergangs einer Leistung als problematisch empfundene Risikoverteilung des Abs III, die dem Bereicherungsgläubiger entgegen § 446 die Gefahr für den von ihm geleisteten Gegenstand auferlegt und ihn gleichzeitig verpflichtet, die ihm erbrachte Leistung herauszugeben. Jeder Partner soll also das Risiko für die ihm erbrachte und in seinem Vermögen befindliche Leistung tragen. In dieser Form hat sich die Saldotheorie in der Praxis durchgesetzt (BGHZ 1, 75, 81; 53, 144, 146; 57, 137, 146ff; nach Korrekturen bei BGHZ 72, 252, 254f sowie 78, 216 wieder auf der Linie der Saldotheorie BGHZ 126, 105, 107ff; BGH NJW 1995, 454; 1998, 1951; 2001, 1127; BGHZ 147, 152, 157; BGH NJW 2002, 1050; zu den Auswirkungen der Abweichungen MüKo/*Schwab* Rn 242; vgl auch Stuttgart 13.12.2018 – 7 U 108/18, juris Rn 56: Saldierung entspr § 818 III). Eine Saldierung kommt auch in Bezug auf das nach § 183 II 1 AktG unwirksame Austauschgeschäft in Betracht (BGH WM 2007, 1739, 1742).

Die von der Rspr entwickelte Saldotheorie wird zwar auch heute noch vielfach im Schrifttum vertreten, doch spricht sich mittlerweile eine verbreitete Ansicht für eine Rückkehr zur Zweikondiktionentheorie aus. Der Einwand der Entreicherung des § 818 III soll durch Wertungskriterien, insb des Rücktrittsrechts, eingeschränkt werden (**„modifizierte Zweikondiktionentheorie"**; MüKo/*Schwab* Rn 283ff; *Larenz/Canaris* § 73 III; *Canaris*

FS Lorenz, 1992, 33ff; *Kohler*, 261ff; *Kohler* ZfPW 2017, 404ff). Letztendlich wendet auch die Rspr die Saldotheorie mit Verweis auf übergeordnete Wertungen in zahlreichen Fallgruppen nicht an und kehrt damit zur Zweikondiktionentheorie zurück (so die Kritik von *Flume* AcP 194, 427, 444ff; *Flume* JZ 2002, 321).

b) Nichtanwendbarkeit der Saldotheorie. Die Saldotheorie hat ihren ursprünglichen **Anwendungsbereich** beim beiderseits erfüllten Kaufvertrag, wenn der Kaufpreis den Wert des Kaufgegenstands übersteigt. Ist der Wert der Kaufsache höher, besteht ein Saldo zugunsten des Verkäufers, der dann bei Untergang der Kaufsache wegen Entreicherung des Käufers nicht kondizieren kann. **Nicht möglich** ist die Saldierung, wenn der Verkäufer **vorgeleistet** hat. In diesem Fall mangelt es an einer gegenseitigen Leistungserbringung, sodass eine Saldierung von vornherein nicht möglich ist (Grü/*Sprau* Rn 46). Er trägt daher gem Abs III die Gefahr des Untergangs. Zu bezweifeln ist aber, ob wirklich die Lockerung des Synallagma, die in der Vorleistung liegt, es rechtfertigen kann, dem Verkäufer das Risiko auch dann aufzubürden, wenn der Käufer den Verlust oder die Verschlechterung zu vertreten hat (*Honsell* JuS 1982, 814). Bei Verschlechterung nach Rechtshängigkeit der Ansprüche des Käufers soll der Verkäufer mit dieser Gefahr belastet werden (BGHZ 72, 252; zust *Berg* NJW 1981, 2337f), desgl sollen Wertminderungen zulasten des Verkäufers gehen, die auf bei Übergabe der Sache vorhandenen Mängeln beruhen (BGHZ 78, 216). 43

IÜ wendet die Rspr die Saldotheorie in etlichen Konstellationen nicht an, denn sie stellt eine „von der Rechtsprechung aus Billigkeitsgründen vorgenommene Gesetzeskorrektur" dar (BGHZ 146, 298, 307). Eine solche kann „keine Geltung beanspruchen, wenn die mit ihr verbundene Bevorzugung des Bereicherungsschuldners im Einzelfall der Billigkeit widerspricht" (BGHZ 146, 298, 307). Anerkannt ist die **Nichtanwendung** der Saldotheorie bei Beteiligung **Minderjähriger** am abzuwickelnden Vertrag (RGRK/*Heimann-Trosien* Rn 64). Keine Anwendung findet sie auch zum Nachteil eines **geschäftsunfähigen** Vertragspartners, der sich auf die Rückforderung der von ihm erbrachten Leistung nicht den Wert der nicht mehr vorhandenen Gegenleistung anrechnen lassen muss, selbst wenn er deren Untergang bewirkt hat (BGHZ 126, 105; BGH NJW 2000, 3562; 2003, 3271). Die Saldotheorie sollte sogar auf die Rückabwicklung eines wegen Geschäftsunfähigkeit unwirksamen Leistungsaustauschs angewendet werden (BGH NJW 1988, 3011), allerdings wurde diese Ansicht inzw aufgegeben (BGH NJW 2000, 3562). Zutr wird darauf hingewiesen, dass die die Saldierung rechtfertigende Verknüpfung der beiderseitigen Leistungen durch den Austauschzweck bei fehlender Geschäftsfähigkeit von vornherein nicht eintreten konnte und deshalb auch nicht die Rückabwicklung bestimmen kann. Dass ohne Saldierung noch vorhandene Bereicherungen abgeschöpft werden müssen, rechtfertigt sich daraus, dass ein nicht voll Geschäftsfähiger das Risiko für den Untergang des ihm rechtsgrundlos geleisteten Gegenstands im eigenen Vermögen nicht wirksam übernimmt. Zudem wurde die Anwendung der Saldotheorie bei einem wucherähnl und nach § 138 I **sittenwidrigen** Geschäft abgelehnt (BGHZ 146, 298; zust *Bork* JZ 2001, 1138; abl *Bodenbenner* JZ 2002, 186; krit auch *Flume* ZIP 2001, 1621; *Flume* JZ 2002, 321, 324). Dagegen soll fehlende Börsentermingeschäftsfähigkeit für eine Nichtanwendung der Saldotheorie nicht genügen (BGH NJW 2001, 1863; krit *Flume* JZ 2002, 321, 323). 43a

Bei **Insolvenz** des Verkäufers soll die Saldotheorie nur in abgewandelter Form gelten (BGHZ 149, 326, 333ff). Ein nichtiger Vertrag soll in der Insolvenz eines Vertragspartners keine stärkeren Wirkungen haben als ein rechtsgültiger Vertrag (BGH NJW 2005, 884 m Anm *Buck-Heeb* DZWIR 2005, 289). Dem Anspruch des Insolvenzverwalters auf Herausgabe gezogener Nutzungen nach Insolvenzeröffnung und Rechtshängigkeit soll der Käufer vor Insolvenzeröffnung erbrachte Leistungen nicht entgegenhalten können. Auch kann der Käufer bei formnichtigem Kaufvertrag vor Insolvenzeröffnung erbrachte Kaufpreiszahlungen dem Anspruch des Insolvenzverwalters auf Löschung einer Auflassungsvormerkung nicht entgegenhalten (BGHZ 150, 138, 144). Ferner hat der BGH dem **arglistig getäuschten Käufer**, bei dem die Kaufsache untergegangen war, den Bereicherungsanspruch gegen den Verkäufer belassen (BGHZ 53, 154 unter Hinweis auf die Stellung des Rücktrittsschuldners; allg Köln VersR 1996, 631; anders, allerdings verfehlt BGHZ 145, 52; s auch Rn 46). Dies soll sogar dann gelten, wenn den Käufer am Untergang der Sache ein Verschulden traf (BGHZ 57, 137), wobei die Risikoverlagerung auf den Verkäufer sich hier mit einer Analogie zur Schlechterstellung des bösgläubigen Bereicherungsschuldners gem §§ 818 IV, 819 begründen ließe (BGHZ 53, 144; 57, 149). Ebenso soll das im Grundsatz für die arglistige Täuschung bzgl Untermietvertrag gelten (Köln NZM 1999, 417). Insoweit, desgl nach Eintritt der **verschärften Haftung** (Rn 50), will die Rspr die Zweikondiktionenlehre gelten lassen. Indessen ist ein Zusammenhang zw den die verschärfte Haftung herbeiführenden Umständen und dem Risiko für die von der Leistung abzuziehende Gegenleistung, wie es die Saldotheorie behandelt, im Grunde nicht ersichtlich. Vielmehr wirken sich die haftungsverschärfenden Umstände auf die Verantwortlichkeit des Bereicherungsschuldners bzgl der von ihm herauszugebenden Sache aus (*Tiedtke* DB 1979, 1263). Schließlich ist das Abrücken von der Saldotheorie bei verschärfter Haftung auch insofern bedenklich, als sie ursprünglich gerade auch für derartige Fälle entwickelt worden war (RGZ 139, 213; *Honsell* MDR 1970, 720; *v Caemmerer* FS Larenz, 1973, 621, 636; s auch Rn 46). 43b

Die Saldotheorie führt in ihrer allg Fassung zu weit und hat sich, ungeachtet mancher richtiger Ergebnisse, eher als Hindernis denn als Begründung für eine gerechte Risikoverteilung bei Abwicklung gegenseitiger Verträge erwiesen. Den Ausgangspunkt sollte daher die dem Gesetz entspr Zweikondiktionenlehre bilden, die aber ihrerseits nach der neueren Auslegung des Abs III nicht ohne Rücksicht auf die Wirkungen des Bereicherungsausgleichs auf die Risikoverteilung angewendet werden kann (s auch Rn 42 aE). Bislang überzeugend, wenn auch nicht ohne Differenzierungen durchführbar, war der Weg, die bereicherungsrechtl Rückabwicklung an die in den **Rücktrittsvorschriften** (§§ 346ff) gegebenen Vorbilder anzupassen (krit *Flume* AcP 194, 427, 444; *Büdenbender* AcP 200, 627; dazu *Fest* Der Einfluss der rücktrittsrechtl Wertungen auf die bereicherungsrechtl Rück- 44 abwicklung nichtiger Verträge, 2006; *Thier* FS Heldrich, 2005, 439ff), wobei einerseits eine Entlastung des Bereicherungsschuldners vom Risiko zufälliger Wertverluste und andererseits eine Zurechnung verantwortlich getroffener rechtsgeschäftlicher Verfügungen über den Kondiktionsgegenstand systemgerecht ist. Allerdings ist aufgrund der Änderungen des Rücktrittsrechts mit der Schuldrechtsreform dieser Ansatz dahingehend zu überdenken, ob der Wertungsvergleich mit §§ 346ff nun zu anderen Ergebnissen führt (für ein einheitliches Regelungsmodell für die Rückabwicklung gegenseitiger Verträge *Hellwege* JZ 2005, 337; *Hellwege*, Die Rückabwicklung gegenseitiger Verträge als einheitliches Problem, 2004; s auch *Bockholdt* AcP 206, 769ff, wonach die § 346 II, III, § 347, § 348 grds auf die bereicherungsrechtl Rückabwicklung entspr anwendbar sein sollen).

45 Inhaltlich finden die obj Tatbestände der §§ 350ff aF zwar im Wesentlichen in § 346 ihre Entsprechung. Mit der Neuregelung ist nun aber auch im Rücktrittsrecht die Frage der Gefahrtragung nicht mehr mit dem Ausschluss des Rücktrittsrechts verbunden, sondern auf die Ebene des Wertersatzes verlagert. Es geht bei (unverschuldetem) Untergang oder bei **Verschlechterung** der zurückzugebenden Sache nicht mehr darum, ob ein Rücktritt ausgeschlossen ist, sondern es wird in solchen Fällen entweder nach § 346 II 1 Nr 3 Wertersatz geschuldet oder ein solcher entfällt nach § 346 III 1 Nr 2 oder 3 (s auch *Bockholdt* AcP 206, 769, 779f, 784ff). Ob mit dieser Neuerung wirklich die Begründung der Saldotheorie erleichtert wird (so Diskussionsentwurf BMJ, 2000, 423), soll hier dahinstehen. Das Problem der **zufallsbedingten Entreicherung** bei der Rückabwicklung lässt sich aber auch nach neuem Recht mit einer Anpassung an die Rücktrittsvorschriften – nun an § 346 – lösen (differenzierend *Lorenz* in Schulze/Schulte-Nölke, Die Schuldrechtsreform vor dem Hintergrund des Gemeinschaftsrechts, 2001, 329, 346f; s auch *Hager* in Ernst/Zimmermann, Zivilrechtswissenschaft und Schuldrechtsreform, 2001, 429, 441ff; *Kohler* JZ 2002, 682, 694; *Grunewald* FS Hadding, 2004, 33; *Thier* FS Heldrich, 2005, 439). Ziel des Bereicherungsausgleichs muss bei der von Fall zu Fall anzustellenden Wertung die Anwendung des § 818 III im Sinne eines Vertrauensschutzes für den Empfänger sein. Ist also der Untergang der Sache Folge eines vom Verkäufer zu vertretenden Sachmangels, steht dem Rückforderungsanspruch des Käufers nichts im Wege (s auch MüKo/*Schwab* Rn 283ff). Zu weit geht es dagegen, generell dem Kondiktionsschuldner die Gefahr für alle Folgen der „vermögensmäßigen Entscheidung" aufzubürden, die in der Übernahme des Bereicherungsgegenstands in sein Vermögen liegen (*Flume* NJW 1970, 1161; AcP 194, 427, 444ff). Denn die Vertragspartner auch bei Unwirksamkeit des Vertrags an der vertragl Risikoverteilung festzuhalten (so auch *Honsell* MDR 1970, 718, weil § 446 keinen gültigen Kauf erfordere; abw *Weitnauer* NJW 1970, 637), leuchtet nicht ein, wenn der Mangel der Geschäftsfähigkeit und gewisse Willensmängel die Zurechenbarkeit der Entscheidung für den Empfänger doch verhindern sollen. Unterschiede zw Sachwert und zurückzugebendem Kaufpreis wirken sich dahin aus, dass der Käufer den Preis zurückfordern kann, soweit er den Sachwert übersteigt (*Honsell* MDR 1970, 718), während der Rückforderung eines den Preis übersteigenden Sachwerts idR der Entreicherungseinwand entgegensteht (*Flume* NJW 1970, 1164).

46 Die Nichtanwendung der Saldotheorie zum Nachteil eines **arglistig getäuschten** Käufers (Rn 43b) soll nach § 242 eingeschränkt werden, wenn der Käufer den Untergang verschuldet hat und dieses Verschulden im Verhältnis zur Täuschungshandlung des Verkäufers schwer genug wiegt. Immerhin hat die Überlegung des BGH, dass der arglistig täuschende Verkäufer sich entspr § 819 I nicht auf die Vorteile der Saldierung berufen und den Kaufpreis behalten dürfe (BGHZ 53, 149), auch im System der Saldotheorie einiges für sich (i Erg zust *Weitnauer* NJW 1970, 637; *Dießelhorst* JZ 1970, 418). Wenn das aber zutrifft, so ist der Grund für die Abwicklung nach der Zweikondiktionenlehre die Bösgläubigkeit des Verkäufers, und für eine Anrechnung des dem Käufer vorzuwerfenden **Verschuldens am Unfall** (bejahend BGHZ 57, 137) besteht allenfalls dann Raum, wenn man auf das allg Verbot eines venire contra factum proprium zurückgreift (*Huber* JuS 1972, 439, 444; ähnl *Flessner* NJW 1972, 1781; dem BGH stimmen auch *Kühne* JR 1972, 112, *Herr* NJW 1972, 250 und *Kohler*, 561f zu). Den Vorzug verdient aber die Ansicht, die den Zusammenhang zw der Arglist des Verkäufers und der Unfallschuld des Käufers für zu lose und zufallsbedingt hält, um daraus eine gegenseitige Beschränkung der Ansprüche, die letztlich doch immer wieder § 254 zum Vorbild nimmt, abzuleiten (*Lieb* JZ 1972, 442, 444; *Honsell* NJW 1973, 350, 352; Staudinger/*Lorenz* Rn 43; bes gegen die Tragfähigkeit des § 254 *Huber* JuS 1972, 439, 442; *Koppensteiner*/*Kramer*, 189; anders *Canaris* FS Lorenz, 1992, 33f, der es ablehnt, den Käufer auf Kosten des Verkäufers Auto fahren zu lassen, obwohl der Unfall mit der arglistigen Täuschung nichts zu tun hatte; krit MüKo/*Schwab* Rn 258). Hält man mit der abw Ansicht die Rückforderung des gezahlten Kaufpreises für möglich, muss sich der Verkäufer Gebrauchsvorteile anrechnen lassen (zu ihrer Berechnung Hamm NJW 1970, 2297).

47 **6. Durchführung des Ausgleichs im Einzelnen.** Zur Durchführung des Ausgleichs werden die nach Abs III anrechnungsfähigen Verluste mit den herauszugebenden Vorteilen verrechnet und der Überschuss (Saldo) festgestellt (BGH 12.1.2006 – III ZR 138/05, juris Rn 13). Bei Rückabwicklung gegenseitiger Verträge (Rn 41ff) ist auch auf der Grundlage der Zweikondiktionenlehre der Gedanke der Saldotheorie sinnvoll, dass gleichartige Bereicherungsansprüche ohne besondere Aufrechnungserklärung miteinander saldiert werden (*Reeb* JuS 1974, 519). Aufrechnung ist nur gegen die Saldoforderung möglich. Gegenstand einer Aufrechnung kann daher nicht die einzelne Position, die in den Saldo eingeht, sein (BGHZ 145, 52). Bei ungleichartigen Bereicherungsansprüchen ist Zug um Zug abzuwickeln, der Bereicherungsgläubiger muss dies bereits im Klageantrag berücksichtigen (BGH NJW 1990, 316; anders Karlsruhe NJW-RR 1992, 1144; s auch BGH NJW 1999, 1181; BGHZ 146, 298, 307). Kann die Gegenleistung nicht mehr herausgegeben werden, erfolgt Verrechnung des zugeflossenen Gegenwerts (BGH NJW 2001, 1863). Mit dem Anspruch des Eigentümers auf Herausgabe der Nutzungen ist der Anspruch des Besitzers auf Rückzahlung des Kaufpreises iHd gezogenen Nutzungen zu saldieren (BGH NJW 1995, 454;

krit *Finkenauer* JuS 1998, 986). Ähnl verhält sich dies, wenn der Bereicherte eine Sache herauszugeben und dagegen geldliche Aufwendungen zu verrechnen hat (RGZ 117, 112) oder wenn ein Grundstückseigentum oder eine Grundbucheintragung als Gewinn erlangt sind und ein Verlust durch Übernahme einer Hypothek mit persönlicher Haftung oder durch Anzahlung oder deren Hinterlegung erlitten wurde. Hier ist auszugleichen, indem der Bereicherte zur Herausgabe verurteilt wird, Zug um Zug gegen Zahlung des Aufwendungsbetrags, Befreiung von der Hypothek und ihrer Verbindlichkeit, Rückgabe der Anzahlung, Einwilligung in die Auszahlung der Hinterlegungssumme (BGH NJW 1973, 613, 615; s auch BGHZ 146, 298, 307; Staudinger/*Lorenz* Rn 47). Der rechtsgrundlose Besitzer, der Nutzungen herauszugeben hat, kann diese mit dem Anspruch auf Rückzahlung des Kaufpreises verrechnen (BGH NJW 1995, 454). Nach erfolgter Anfechtung eines Gebrauchtwagenkaufs muss sich der Käufer, der den Wagen inzw weiterveräußert hat, bei der Rückabwicklung den gesamten gezahlten Erlös und nicht nur den Wert der Sache anrechnen lassen (Köln VersR 1994, 1434). Bei Rückabwicklung eines Grundstückskaufs kann der Käufer die Kosten einer Auflassungsvormerkung oder der Kaufpreisfinanzierung nicht in Anrechnung bringen (Rn 39). Nach Beendigung eines vertragl begründeten Besitzrechts sind Nutzungen und Verwendungen zu verrechnen, dem rechtsgrundlosen Besitzer steht ggü dem Herausgabeanspruch des Eigentümers ein **Zurückbehaltungsrecht** in Höhe eines zu seinen Gunsten verbleibenden Saldos zu (BGH NJW 1995, 1627). Der Bereicherte, der aufgrund nichtigen Vertrags eine Darlehenssumme erhalten und einen Wechsel gegeben hat, braucht das Geld nur Zug um Zug gegen Rückgabe der Wechsel zurückzuzahlen (BGH NJW 1963, 1870).

Beim **Wertersatz** können die Gewinnposten, die in Geld zu ersetzen sind, manchmal **nicht in Geld bemessen** 48 werden. Wenn der Bereicherte erlangtes Geld (zB darlehensweise) weitergegeben hat, besteht seine Bereicherung im Rückzahlungsanspruch gegen den Empfänger. Der Wert dieses Anspruchs ist der Maßstab für die Wertersatzpflicht des Bereicherten. Ist die Zahlungsfähigkeit des Drittempfängers zweifelhaft, kann der Wert des Rückzahlungsanspruchs nicht zuverlässig ermittelt und daher der Bereicherte nur zur Abtretung des Rückzahlungsanspruchs verurteilt werden (RGZ 86, 348). Wenn nach der Zwangsvollstreckung der Vollstreckungsgläubiger den Erlös als Bereicherung einem nach §§ 771, 805 ZPO berechtigten Dritten herausgeben soll, aber seinen Anspruch gegen den Vollstreckungsschuldner wegen dessen inzw eingetretenen Vermögensverfalls nicht mehr realisieren kann, ist er wegen dieses Verlusts nur verpflichtet, dem Dritten den zweifelhaften Anspruch gegen den Schuldner abzutreten (*Stettin* HRR 1933, Nr 811; s auch Rn 36ff). Wenn der Bereicherte erlangtes Geld bestimmungsgemäß zur Herstellung eines Werks verwandt hat, dieses aber unverwertbar geworden ist, kann der Geldgeber nicht einen Geldbetrag, sondern nur das Werk kondizieren (RGZ 118, 185).

VII. Abs IV: Verschärfte Haftung bei Rechtshängigkeit. 1. Allgemeines. Von den Gründen, die im normalen 49 Schuldverhältnis unter verschiedenen Voraussetzungen und Wirkungen die Schuldnerhaftung verschärfen, tritt praktisch idR zunächst der Schuldnerverzug (§§ 286ff; s Rn 51) und sodann die Rechtshängigkeit (§§ 291, 292) ein. Für Kondiktionen wird das durch § 818 IV dahin geändert, dass die Haftung sich stets erst bei der Rechtshängigkeit verschärft (Ausnahmen §§ 819, 820). Das besagt nicht, dass der Verzug als Verschärfungsgrund ausscheidet, sondern nach Art einer Zeitbestimmung nur, dass die Verschärfungsgründe erst bei Rechtshängigkeit wirksam werden, also auch die Verzugsfolgen nicht vorher eintreten können (RGZ 93, 272; 110, 435; *Lange* JZ 1964, 640; Staudinger/*Lorenz* Rn 51). **Rechtshängigkeit** liegt regelmäßig mit Zustellung der Klageschrift vor (§ 261 I, § 253 I ZPO), wobei für das Mahnverfahren § 696 III ZPO zu berücksichtigen ist. Rechtshängigkeit betrifft die (Leistungs-)Klage auf Herausgabe des Erlangten oder Wertersatz (BGH NJW 2008, 3213, 3220 Rn 71 für überzahlten Unterhalt; s auch Zweibrücken FamRZ 1998, 834; BeckOK/*Wendehorst* Rn 81). Es genügt, wenn durch einen Hilfsantrag kondiziert (RGZ 117, 114), nicht aber, wenn nur außergerichtlich gemahnt wird (RGZ 93, 271, 272; s aber § 819). Nicht ausreichend ist eine den Rechtsgrund der Bereicherung leugnende negative Feststellungsklage (BGHZ 93, 183, 186f; Brandenburg OLGRp 2007, 237, 239; Staudinger/*Lorenz* Rn 49; BeckOK/*Wendehorst* Rn 81; PWW/*Prütting* Rn 37; aA MüKo/*Schwab* Rn 311 mwN), oder die Rechtshängigkeit einer Abänderungsklage (BGHZ 93, 183; 118, 383; BGH NJW 1986, 205; 1998, 2433; Düsseldorf OLGRp 1993, 199; Köln NJW-RR 1998, 1701; Brandenburg OLGRp 2007, 237, 239; PWW/*Prütting* Rn 37). Eine einstw Anordnung auf Unterhalt kann jederzeit, auch für die Vergangenheit, durch Urteil abgeändert werden, sodass der Unterhaltsschuldner eine den „ausgeurteilten" Betrag übersteigende Zahlung zurückverlangen kann. Beträge, die der Unterhaltsgläubiger nach Rechtshängigkeit der Bereicherungsklage ausgegeben hat, bewirken keine Entreicherung (Hamm FamRZ 1998, 1166). Eine Vorverlegung des für die verschärfte Haftung maßgeblichen Zeitpunkts auf den Empfang der Unterhaltsleistung eines geschiedenen Ehegatten an das volljährige Kind (Hamm NJW-RR 1997, 705 für Leistung unter Vorbehalt) ist angesichts der Maßstäbe des § 819 zweifelhaft.

2. Folgen der Rechtshängigkeit. Nach Rechtshängigwerden muss der Bereicherte damit rechnen, dass er ohne 50 Rechtsgrund besitzt (Schleswig 31.8.2021 – 7 U 187/20, juris Rn 60; Hamm 3.5.2021 – 17 U 196/20, juris Rn 63). Damit entfällt der Anlass besonderer Haftungsminderungen und ein Wegfall der Bereicherung scheidet grds aus (BGHZ 57, 150; 72, 252; Staudinger/*Lorenz* Rn 52). Die Haftung richtet sich nach den allg Bestimmungen, dh nach §§ 291, 292 und den dort bezogenen Vorschriften (RG JW 1938, 1025). Der Kondiktionsgläubiger kann ggf auch gem § 285 (Ersatzherausgabe) vorgehen (BGH NJW 1975, 203; WM 1985, 89 noch zu § 281 aF; Grü/*Sprau* Rn 52; BeckOK/*Wendehorst* Rn 84 mwN). Zur Unanwendbarkeit ohne die besonderen Voraussetzungen des Abs IV s Rn 14. So gilt für Unmöglichkeit und **Verschlechterung** § 292 I, § 989, für **Nutzungsunterlassung** § 292 II, § 987 (PWW/*Prütting* Rn 39), für **Verwendungsersatz** § 292 II, § 994 II, §§ 995f (RGZ 117, 114; PWW/*Prütting* Rn 39). Letztere Paragraphen sollten entspr angewandt werden auch auf Aufwendungen, die nicht Sachverwendungen sind (RG DR 1939, 634, wo auf Einverständnis des Bereicherungsgläubigers, aber unklar auch auf Nützlichkeit abgestellt wird). Danach sind Verluste des Bereicherungsschuldners, die sonst bei der Saldoberechnung zu veranschlagen sind, nur noch zu berücksichtigen, wenn es den allg Vorschriften entspricht (RG JW 1918, 133; HRR 1938, Nr 511), zB wenn erlangtes (unvermischtes) Geld dem Bereicherten entwendet wird, ohne dass er dafür „verantwortlich gemacht" werden kann (RG HRR 1933, Nr 1843). Das kann aus den Rechtshängigkeitsvorschriften oder, wenn diese nicht entgegenstehen, aus dem insoweit fortwirkenden § 818 III abgeleitet werden. In letzterem Fall muss aber auch die besondere Voraussetzung erfüllt sein, dass der Verlust durch Handlungen ermöglicht wurde, die auf dem Vertrauen des Entreicherten in die Rechtsbeständigkeit seines Erwerbs beruhten (Rn 32). War allerdings die Ursache der **Entreicherung** bereits vor der Rechtshängigkeit gesetzt worden und ist diese erst nach Rechtshängigkeit eingetreten, soll der Entreicherungseinwand erhalten bleiben (BGHZ 132, 198, 213; zum Entreicherungseinwand auch *Kohler* JZ 2018, 591ff).

51 **3. Verzug.** Verzug kann als Haftungsverschärfung von der Rechtshängigkeit an wirksam werden (Rn 49; s MüKo/*Schwab* Rn 329 auch zur aA). Von seinen Voraussetzungen sind Fälligkeit und Mahnung bei der Rechtshängigkeit stets gegeben (vgl § 286 I 2). Am Verschulden kann es aber trotz der Rechtshängigkeit fehlen, zB wenn der Bereicherungsschuldner die Kondiktion in unverschuldetem Irrtum für unbegründet hält (PWW/*Prütting* Rn 39), was er zu beweisen hat (RG JW 1925, 465). Dann verschärft sich die Haftung nur nach Maßgabe der Rechtshängigkeit, nicht der des Verzugs (RGZ 110, 435; 92, 378). Oft liegt aber bei der Rechtshängigkeit auch Verschulden vor (RG HRR 1931, 1519). Dann tritt neben die Haftungsverschärfung der §§ 291, 292 die der §§ 286ff. Der Bereicherte haftet nun auch bei zufälligem Untergang und sonstigem Wegfall der Bereicherung, es sei denn, dass dieser auch ohne den Verzug eingetreten wäre, zB dass die Ursache schon vor dem Verzug gesetzt war (§ 287 S 2; RG JW 1932, 1724 zu § 819). Bei Geldschulden hat er auch über die Verzugszinsen hinaus Schaden zu ersetzen, was namentlich bei einem Geldentwertungsschaden bedeutsam wird. Für Verwendungsersatz, der durch Verzugsvorschriften nicht besonders geregelt wird, bleibt es bei den Regeln der Rechtshängigkeit (RGZ 117, 112ff). In krit Gegenüberstellung der Verzugshaftung des Bereicherungsschuldners und der des Besitzers wird empfohlen, keine strengen Anforderungen an die Entschuldbarkeit eines Rechtsirrtums des Bereicherungsschuldners zu stellen, da für ihn die Haftungsgrundsätze teilw ungünstig sind (*Lange* JZ 1964, 640). Jedoch sind auch die Unterschiede zw Leistungs- und Eingriffskondiktion zu beachten, die eine einheitliche rechtspolitische Beurteilung problematisch machen.

52 **4. Zinsen.** Der Bereicherungsschuldner hat für geschuldetes Geld vor Eintritt der Verschärfungsgründe gem § 818 I dann Zinsen zu zahlen, wenn er Geld „erlangt" und Zinserträge erzielt hat (Rn 11). Bei Rechtshängigkeit sind gem §§ 291, 288 I Zinsen iHv 5 % über dem nach § 247 zu ermittelnden Basiszinssatz zu zahlen (s BGHZ 171, 38, 42f). Die §§ 352, 353 HGB sind nicht anwendbar, auch wenn das rückabgewickelte Geschäft ein Handelsgeschäft war (RGZ 96, 53, 57). Daran ändert sich auch nach der Schuldrechtsreform nichts (anders MüKo/*Schwab* Rn 314). Bei Verzug ohne Rechtshängigkeit und ohne Rechtsmangelkenntnis hat Zahlung nur gem § 818 I, bei Verzug mit Rechtshängigkeit oder mit Rechtsmangelkenntnis Zahlung von Verzugs- und Prozesszinsen zu erfolgen (zum Verhältnis *Büttner* BB 1970, 233). Dies gilt auch meistens bei Rechtsmangelkenntnis (§ 819 Rn 9). Prozess- und Verzugszinsen dürfen idR nicht nebeneinander gefordert werden (RGZ 92, 285). Entspr wird für herauszugebende Nutzungen und Verzugsschäden gelten müssen (Zweibrücken ZIP 2002, 1680: nicht Verzugszinsen und Herausgabe von Kapitalnutzungen für denselben Zeitraum). § 288 II, der von einem Zinssatz iHv 9 % über dem Basiszinssatz ausgeht, kann für Bereicherungsansprüche auch dann grds keine Anwendung finden, wenn am Rechtsgeschäft kein Verbraucher beteiligt ist. Denn bei Bereicherungsansprüchen handelt es sich nicht um „Entgeltforderungen" iSd § 288 II. Zwar wird dieser Begriff weder in dem für die Umsetzung in deutsches Recht maßgeblichen Art 1 ZahlungsverzugsRL noch in der Begründung des Rechtsausschusses definiert. Man wird hierunter aber nur solche Forderungen fassen können, die auf Zahlung eines Entgelts für die Lieferung von Sachen oder die Erbringung von Dienstleistungen gerichtet sind (Grü/*Grüneberg* § 286 Rn 27; BeckOK/*Wendehorst* Rn 101; anders MüKo/*Schwab* Rn 314). Fraglich ist die analoge Anwendung von § 288 II, wenn ein Bereicherungsanspruch ein Äquivalent für die erbrachte Leistung darstellt. Allerdings wäre § 288 II dann stets im Fall einer Leistungskondiktion anwendbar, wenn die Leistung nicht (mehr) herausgegeben werden kann. Diese Fälle würden dann anders zu behandeln sein als diejenigen, bei denen die Leistung noch herausgegeben werden kann. Da eine solche Ungleichbehandlung nicht sachgerecht ist, ist eine analoge Anwendung von § 288 II hier abzulehnen. Hinzu kommt, dass es bei § 812 um die Rückabwicklung von Rechtsgeschäften geht und nicht um den „üblichen" Geschäftsverkehr. Normzweck des § 288 II ist nämlich, im „üblichen" Geschäftsverkehr die Zahlungsmoral zu heben.

53 **VIII. Beweislast.** Der Bereicherungsgläubiger hat zu beweisen, was der Bereicherte erlangt und als Gewinn (auch als Surrogat, Nutzung, Aufwandsersparnis, vgl BGHZ 109, 139, 148) erworben hat, ggf welchen Wert das Herauszugebende hatte (hM; Grü/*Sprau* Rn 55). Der Bereicherte muss beweisen, dass er zur Herausgabe außerstande ist (BGH NJW 1988, 2597, 2599) und ggf, dass und inwieweit die Bereicherung iSd § 818 III weggefallen (Karlsruhe 12.10.2021 – 24 U 7/21, juris Rn 32; Dresden 13.8.2021 – 8 U 840/21, juris Rn 15) oder durch Verwendungen oder sonstige Verluste eingeschränkt ist, da es sich hier um eine „rechtsvernichtende Einwendung" handelt (BGH NJW 1985, 1905, 1907; 1999, 1181; 2007, 3425, 3428; Staudinger/*Lorenz* Rn 48). Die Rspr wendet diese Grundsätze auch für den Geschäftsunfähigen (BGH NJW 2003, 3271, 3272), nicht aber für den Minderjährigen an (KG NJW 1998, 2911f). Wenn das Erlangte zur Erzielung anderweitiger Vorteile ausgegeben wurde, hat der Bereicherte zu beweisen, dass solche Vorteile nicht eingetreten sind (BGH MDR 1990, 34). Im Rahmen der

Abwicklung nach der Saldotheorie (Rn 47) hat der Kondiktionsschuldner die Beweislast für die Verminderung des Saldos (BGH NJW 1999, 1181). Eine Sonderregel gibt es bei Beziehern kleinerer und mittlerer Einkommen. Soweit hier der Verbrauch im Zuge der Lebenshaltung den Entreicherungseinwand begründet (Rn 38), bedarf es keiner näheren Darlegung des Wegfalls der Bereicherung (LAG München DB 1989, 332; LAG Frankfurt DB 1989, 826; BAG MDR 2001, 1356 m Grenzziehung bzgl der Geringfügigkeit der Überzahlung bei 10 % der Bezüge; München WM 2011, 164). Der ersatzlose Verbrauch wird im Wege des **Anscheinsbeweises** vermutet (s etwa BGHZ 118, 383, 388; BGH NJW 2000, 740, 741). Die Beweislast erstreckt sich nicht auf die Ernsthaftigkeit der Weggabe (BGH JZ 1989, 41). Wenn der Wegfall ganz oder teilw infolge Haftungsverschärfung nicht zu berücksichtigen ist, hat der Bereicherungsgläubiger zu beweisen, dass und wann die Haftung sich verschärft hat und welche Bereicherungskürzung erst später eingetreten ist (BGH NJW 1958, 1725; Staudinger/*Lorenz* Rn 48; aA RG JW 1917, 465; RGRK/*Heimann-Trosien* Rn 51). Diese Regeln gelten auch, wenn an einen Geschäftsbeschränkten geleistet ist (Dresden JW 1921, 175; RGRK/*Heimann-Trosien* Rn 51). IÜ gelten bei Haftungsverschärfung die allg Regeln.

IX. Sonstiges. Konnte der Bereicherte nach der älteren Rspr nicht ohne Weiteres Auskunftserteilung verlangen, sondern nur, wenn der Bereicherungsanspruch auf einen „Inbegriff" gerichtet ist (§ 260), etwa wenn Nutzungen herauszugeben sind (RGZ 137, 211; 90, 137), ist der Bereicherungsschuldner bereits dann zur Auskunftserteilung verpflichtet, wenn der Bereicherungsanspruch dem Grunde nach feststeht und der Gläubiger nur auf diese Weise zur Bezifferung seines Anspruchs in der Lage ist (MüKo/*Krüger* § 260 Rn 28). Auch nach BGHZ 5, 124 hat bei einem Eingriff in fremde Rechte der Bereicherungsgläubiger einen Anspruch auf Rechnungslegung. 54

§ 819 Verschärfte Haftung bei Kenntnis und bei Gesetzes- oder Sittenverstoß

(1) Kennt der Empfänger den Mangel des rechtlichen Grundes bei dem Empfang oder erfährt er ihn später, so ist er von dem Empfang oder der Erlangung der Kenntnis an zur Herausgabe verpflichtet, wie wenn der Anspruch auf Herausgabe zu dieser Zeit rechtshängig geworden wäre.

(2) Verstößt der Empfänger durch die Annahme der Leistung gegen ein gesetzliches Verbot oder gegen die guten Sitten, so ist er von dem Empfang der Leistung an in der gleichen Weise verpflichtet.

1. Allgemeines und Voraussetzungen. Vom Grundsatz des § 818 IV, dass die allg Haftungsverschärfungen erst bei der Rechtshängigkeit einsetzen, macht § 819 zwei Ausnahmen (§ 820 zwei weitere), nämlich bei Kenntnis des Empfängers (Abs I) und bei Verwerflichkeit des Empfangs (Abs II). Allerdings kann man das Regel-Ausnahme-Verhältnis auch umgekehrt sehen (BGHZ 55, 135; dagegen allg Staudinger/*Lorenz* Rn 3). 1

2. § 819 I. Kenntnis hat der Empfänger, wenn er weiß, dass ein Rechtsgrund beim Empfang gefehlt hat oder später weggefallen ist. Dabei ist nicht nur Kenntnis der Tatsachen, sondern auch der Rechtslage erforderlich (RGZ 93, 230; Koblenz 4.5.2020 – 13 UF 81/20, juris Rn 190). Entscheidend ist, dass der Bereicherungsempfänger den mangelnden Rechtsgrund und die sich daraus ergebenden Rechtsfolgen kennt. Es genügt, wenn sich der Empfänger der wahren Rechtslage **bewusst verschließt** (BGHZ 133, 246, 251; BGH NJW 2014, 2790 Rn 27; MüKo/*Schwab* Rn 2; s auch *Buck* Wissen und juristische Person, 2001, 66, 69ff; krit *Martinek* JZ 1996, 1099, 1100). Kenntnis der Tatsachen, aufgrund derer sich die Rechtsgrundlosigkeit des Geschäfts aufdrängt, genügt bei einem sittenwidrig Handelnden (BGH NJW 2014, 2790 Rn 27 „Schwarzkasse"). Denn wer die Tatsachen kennt, aufgrund derer sich die Rechtsgrundlosigkeit aufdrängt, verdient keinen Schutz (Dresden 7.4.2020 – 4 U 123/20, juris Rn 7). Kennenmüssen und Zweifel reichen nicht (RGZ 72, 152, 155; Zweibrücken FamRZ 1995, 175, 176f). Der Beurteilungsmaßstab soll nicht strenger sein als der für die Leichtfertigkeit in § 261 V StGB (LG Frankfurt 28.12.2018 – 2-25 O 267/17, juris Rn 47). Der Empfänger muss auch wissen, dass er das Empfangene nicht behalten darf (Hamburg OLGRp 1998, 430, 431; Karlsruhe WM 2005, 645, 646). Ihm muss die richtige Wertung zumutbar und möglich gewesen sein (*Mayer-Maly*, FS H. Lange, 1970, 301f; ähnl *Probst* AcP 196, 225, 250ff). Es genügt die Kenntnis, dass gezahlte Vorschüsse nicht verdient sind (BAG DB 1989, 2385f). Die bloße Kenntnis allein der die Rechtsfolgen begründenden Tatsachen reicht nicht aus (BGHZ 118, 383, 392; BGH NJW 1998, 2433, 2434; Karlsruhe ZIP 1995, 1748ff; Hamm FamRZ 1997, 431, 432f). Anders allerdings § 12 II 2 BBesG und die Beamtengesetze der Länder für die Rückforderung überhöhter Bezüge (s dazu auch Vor § 812 Rn 19). Ggü lebensfremden Annahmen des Empfängers bzgl seiner Berechtigung ist Kenntnis anzunehmen; so etwa bzgl der Aufforderung einer unbekannten, nicht näher identifizierbaren Person über ein soziales Netzwerk zur internationalen Transaktion über ein pseudonymisiertes Zahlungssystem (Stuttgart ZIP 2023, 74 Rn 31ff: Bitcoins). Hat der Leistende selbst bei der Leistung den Mangel des Rechtsgrunds gekannt und weiß der Empfänger dies, braucht er nicht mit der Herausgabepflicht zu rechnen (vgl § 814) und ist daher nicht bösgläubig (BGH NJW 2014, 2790 Rn 44; RGZ 137, 171, 179; 151, 361, 374; RGRK/*Heimann-Trosien* Rn 11). Beruft sich der Empfänger auf diese Annahme, hat er sie zu beweisen. Ausreichend ist, dass der Empfänger beim Leistenden eine solche Kenntnis annimmt (BGH NJW 2014, 2790 Rn 44; MüKo/*Schwab* Rn 5; aA BeckOK/*Wendehorst* Rn 4). 1a

Eine Besonderheit gilt für **anfechtbare Rechtsgeschäfte.** Weiß der Empfänger, dass er selbst oder der Leistende anfechtungsberechtigt ist, haftet er nach der Anfechtung infolge ihrer Rückwirkung (§ 142) schon vom Empfang, spätestens von der Kenntniserlangung ab verschärft. Die Ungewissheit, ob das Anfechtungsrecht ausgeübt wird, ist bedeutungslos (BGH WM 1973, 562; Staudinger/*Lorenz* Rn 7; RGRK/*Heimann-Trosien* Rn 9; aA RG 101, 389, 390: Kenntnis vom Rechtsgrundmangel zu verneinen, solange die Anfechtung nicht als begründet fest- 2 gestellt ist). Kennt der Leistende bei der Leistung sein eigenes Anfechtungsrecht, so verliert er es durch die Leistung (vgl § 813 Rn 3). Hat er bei der Leistung Kenntnis vom Anfechtungsrecht des Empfängers, kommt § 814 nicht in Betracht, weil er zur Leistung verpflichtet bleibt (RGZ 151, 361, 376). Allerdings kann der Leistende die verschärfte Haftung des Empfängers jetzt nicht mehr geltend machen. Bedenklich ist es aber, auch dann § 819 abzulehnen, wenn der Empfänger bei eigener Kenntnis des Mangels auch beim Leistenden entspr Wissen annimmt (RGZ 151, 361, 376; *Reuter/Martinek*, 447f; aA MüKo/*Schwab* Rn 5; BeckOK/*Wendehorst* Rn 4). Ähnl wie den Empfänger einer aufgrund anfechtbaren Geschäfts erbrachten Leistung behandelt die Rspr denjenigen, der ein **Darlehen** erhalten hat (BGH WM 1969, 857f; BGHZ 83, 293, 295ff; Hamm NJW 1981, 877f; BGH NJW 1985, 1828, 1829; 1999, 1636f; Jena OLGRp 2001, 328, 330). Auch ohne Kenntnis von der Unwirksamkeit des Vertrags habe er gewusst, dass er die Valuta jedenfalls nicht behalten dürfe. Dies überzeugt nicht. Das Risiko für die Verwendung des Darlehens liegt auch bei Ungültigkeit des Darlehensvertrags beim Kreditnehmer, und bei Nutzungen des Darlehens würde der Satz nicht gelten (für eine Reduktion des § 818 III in solchen Fällen MüKo/*Schwab* Rn 13; PWW/*Prütting* Rn 4; *Canaris* WM 1981, 978, 981). Bei einem wegen Verstoßes gegen die GewO nichtigen Darlehensvertrag gestattet die Rspr dem Darlehensnehmer die Berufung auf § 818 III (BGHZ 71, 358, 365; BGH WM 1979, 550, 552). Beim Darlehensnehmer, der über sein verbraucherrechtl Widerrufsrecht nicht belehrt wurde, müsste ähnl zu entscheiden sein (*Canaris* FS Lorenz, 1992, 37ff). Bei widerrufener **Schenkung** beginnt die verschärfte Haftung des Beschenkten mangels Anwendbarkeit des § 142 II nicht mit Kenntnis der den Widerruf begründenden Umstände, sondern erst mit Zugang der Widerrufserklärung (BGHZ 140, 275, 281).

3 Handelt für den Empfänger beim Empfang ein **Vertreter**, entscheidet **entspr § 166** dessen Kenntnis (st Rspr, BGH NJW 2014, 1294 Rn 11; 1982, 1585, 1586; BVerwG NJW 2018, 568 Rn 22ff; dazu *Vollkommer* NJW 2018, 510ff; krit *Siegmann* NJW 1999, 1163, 1664; Dresden MDR 2022, 45 Rn 36; NJW-RR 2022, 334 Rn 18; 13.8.2021 – 8 U 840/21, juris (Kontovollmacht); Hamm 15.5.2018 – 27 U 62/17, juris Rn 15ff (Lebenspartner); Nürnberg WM 1990, 307, 308 (gesetzl Vertreter); Köln NJW 2000, 1045f; Schleswig OLGRp 2000, 276, 278; Hamm VersR 2009, 1416f; Zweibrücken MDR 2014, 1135 Rn 22 (Verwaltung eines BGB-Gesellschaftskontos)). Voraussetzung ist, dass die Interessenlage so sehr derjenigen eines rechtsgeschäftlichen Vertretungsverhältnisses entspricht, dass eine Zurechnung des Wissens des im übertragenen Wirkungskreis Tätigen sachgerecht ist (Celle ZInsO 2014, 2495 Rn 9). Die Rspr geht allerdings in der Kenntniszurechnung zu weit, wenn sie Personen, denen die Vertretungsmacht für den späteren Bereicherungsschuldner fehlte, hinsichtl der Begründung des Grundgeschäfts wie auch der Bösgläubigkeit bei Entgegennahme der Leistung behandelt, als wäre der Kondiktionsschuldner tätig geworden (BGHZ 83, 293, 295; dazu ebenso krit Staudinger/*Lorenz* Rn 9; BGH NJW-RR 2001, 127, 128). Hier werden Schranken der Vertretungsmacht, die sich auch der Leistende entgegenhalten lassen muss, überspielt. Derjenige, der ohne sein Zutun zum Leistungsempfänger gemacht worden ist, kann in solchen Fällen nicht als bösgläubig behandelt werden (*Canaris* JuS 1980, 332, 335; s auch *Buck* Wissen und juristische Person, 2001, 188f; anders PWW/*Prütting* Rn 5). Dagegen erfolgt Kenntniszurechnung des Vertreters auch dann, wenn er dem bereicherten Vertretenen den Bereicherungsgegenstand alsbald vorsätzlich entzieht (BGH NJW 2014, 1294 Rn 11ff), dh, der Vertretene nur „Durchgangsstation" war.

4 Besonderes gilt bei rechtsgrundloser Erlangung **nichtgegenständlicher Vorteile** (Arbeitsleistungen, Gebrauch und Nutzung fremder Rechtsgüter oder Dienstleistungen usw). Hier liegt der Wertberechnung gem § 818 II ua die Vorstellung zugrunde, dass der Bereicherte Aufwendungen erspart hat. Bejaht man die umstr Frage, ob auch bei bestimmungsgemäßer Verwendung des Vorteils, die als solche nicht als Entreicherung iSd § 818 III angesehen werden kann, aus dem Gesichtspunkt der Nutzlosigkeit der Vorteilsverwendung für das Vermögen des Empfängers der Entreicherungseinwand abgeleitet werden kann (§ 818 Rn 28), so ist weiter zu prüfen, ob dies auch gilt, wenn der Empfänger den Mangel des Rechtsgrunds kannte. Die Rechtslage ist angesichts der Diskussion um das Flugreise-Urteil (BGHZ 55, 128) unübersichtlich. BGH aaO hat mit der Begründung, Wegfall und Nichtentstehung der Bereicherung seien gleich zu behandeln, die „Vorverlegung" des Schutzes auf die von vornherein nutzlose Erlangung nur dem gutgläubigen Kondiktionsschuldner zugutegehalten und will den Bösgläubigen so behandeln, als ob er etwas erspart und dadurch i Erg sein Vermögen vermehrt hätte (zu diesem Argument *Jakobs*, 150f, 160; *Gursky* NJW 1969, 2183, 2184; *Kellmann* NJW 1971, 862, 865; *Canaris* JZ 1971, 560, 562; *Teichmann* JuS 1972, 247, 251). Ähnl ist auch bei der Miete von Kraftfahrzeugen durch Minderjährige entschieden worden (Nachw § 818 Rn 27; s *Gursky* NJW 1969, 2183, 2184).

5 Allerdings wird hier durch den Hinw auf die Bösgläubigkeit des Empfängers eine in Wahrheit nicht bestehende Bereicherung fingiert (*Batsch* NJW 1972, 611, 613; *Lieb* NJW 1971, 1289, 1292; *Koppensteiner* NJW 1971, 1769, 1775). Für eine derartige Bereicherungshaftung ohne Vermögensvermehrung reicht es nicht aus, wenn man die verschärfte Haftung als Fixierung eines danach nicht mehr verminderbaren Anspruchs auf den Wert betrachtet, denn einen Wert hatte das Erlangte bei subj Betrachtung nicht. Da § 819 nicht zu einer allg Schadensersatzhaftung führt, sondern zu einer Aufteilung nach Geldschulden (hier genügt die Fixierung auf den Wertersatz) und Ansprüchen auf Herausgabe einer Sache (hier gelten §§ 987ff mit Ansprüchen auf Schadensersatz und Nutzungsherausgabe), kann der „verschärften Haftung" bei von vornherein nicht herausgabefähigen Gegenständen eine Haftung ohne Vermögensmehrung nicht ohne Weiteres entnommen werden. Liegen aber auch die Voraussetzungen einer unerlaubten Handlung vor, ist dem Bereicherten sowohl die Berufung auf den zufälligen Untergang zu versagen (die ihm nach den „allg Vorschriften" der § 819 I, § 292, §§ 987ff an sich bleibt) als auch seine Haftung nunmehr auf den beim Kondiktionsgläubiger eingetretenen Schaden auszurichten (*Teichmann*

JuS 1972, 250f). Allerdings wird in Fällen unbefugten Gebrauchens fremder Rechtsgüter ein Schaden des Rechtsgutinhabers oft nicht festgestellt werden können, sodass i Erg eine Haftung entfällt.

In Bezug auf die Erheblichkeit der **Kenntnis eines Minderjährigen** (und damit dessen Bösgläubigkeit) wird teilw auf die Kenntnis des gesetzl Vertreters abgestellt (NK/*Linke* Rn 5; BeckOK/*Wendehorst* Rn 8; PWW/*Prütting* Rn 6; *Canaris* JZ 1971, 560, 562f; vgl auch *Reuter/Martinek*², 2. TB, 461ff; anders *Harder* NJW 1990, 857, 863: gänzliche Haftungsfreistellung). Andere wollen die §§ 828f entspr anwenden (*Dießelhorst*, Die Natur der Sache als außergesetzl Rechtsquelle, 1968, 193ff; abl Staudinger/*Lorenz* Rn 10). Eine aA unterscheidet zw den Typen der Bereicherung, indem die Eingriffskondiktion als deliktsähnl den §§ 827ff unterstellt und bei der Leistungskondiktion die Kenntnis des gesetzl Vertreters verlangt wird (MüKo/*Schwab* Rn 9; RGRK/*Heimann-Trosien* Rn 7; *Pawlowski* JuS 1967, 302, 305; *Gursky* NJW 1969, 2183, 2184). Ähnl will auch BGHZ 55, 128 §§ 827ff dann anwenden, wenn im bereicherungsrechtl erheblichen Eingriff zugleich eine unerlaubte Handlung liegt. Gegen die Unterscheidung nach Leistungs- und Eingriffskondiktion wird angeführt, dass die Grenzen gelegentlich fließend sind und zw der Geltendmachung von Schadensersatz und der Kondiktion zu unterscheiden sei. Zu einer Haftung, die den Minderjährigen wie einen Leistungsempfänger stellt, sollte es nicht über den Kopf des gesetzl Vertreters hinwegkommen, auf dessen Einsicht daher abzustellen ist. Beim **Geschäftsunfähigen** dagegen ist nach § 166 I immer auf die Kenntnis des gesetzl Vertreters abzustellen (BGHZ 83, 293, 295; PWW/*Prütting* Rn 6; NK/*Linke* Rn 5). 6

3. § 819 II: Verbotswidriger Empfang. Die Voraussetzungen entsprechen denen des § 817 S 1. Sind sie einschl der subj Voraussetzungen (Bewusstsein des Empfängers von der Verbotswidrigkeit, grobe Fahrlässigkeit) schon beim Empfang erfüllt, tritt die verschärfte Haftung bereits dann ein. Das gilt grds auch bei beiderseitiger Verbots- oder Sittenverletzung, sofern nicht schon § 817 S 2 zum Kondiktionsausschluss führt (BGH NJW 1958, 1725, s auch München NJW 2000, 2592, 2595: § 819 II analog; PWW/*Prütting* Rn 8; NK/*Linke* Rn 12; MüKo/*Schwab* Rn 25). Teilw wird verlangt, dass der Hauptzweck der Leistung verboten oder sittenwidrig war (Bremen WM 1991, 1252, 1255). Werden die subj Voraussetzungen erst später erfüllt, kann die verschärfte Haftung nicht nachträgl einsetzen. Allerdings wird hier meist Abs I eingreifen (Staudinger/*Lorenz* Rn 13; MüKo/*Schwab* Rn 26). Bei Rückabwicklung eines Darlehensvertrags aufgrund eines Widerrufsrechts bei Haustürgeschäften kann das Vorliegen eines Verstoßes gegen das Vermittlungsverbot nach § 56 I Nr 6 GewO dem Entreicherungseinwand entspr § 819 entgegengesetzt werden (BGH NJW 1999, 1636, 1637, noch zum HausTWG). 7

4. Rechtsfolgen. Diese gleichen denen des § 818 IV; der Anspruch auf Herausgabe wird wie ein rechtshängiger Anspruch behandelt. Die Regelungen über die Zahlung von Prozesszinsen finden Anwendung (§ 291; BGH NJW 2019, 2851 Rn 8). Allerdings können nicht kumulativ Prozesszinsen und Nutzungsersatz verlangt werden (BGH NJW 2019, 2851 Rn 8). Beim sittenwidrigen Grundstückskauf ist der Käufer auch zur Freistellung von während seiner Besitzzeit bestellten Grundpfandrechten verpflichtet (§ 818 Rn 6). Besonderes gilt für den **Beginn.** Während er bei § 818 IV stets mit dem Rechtshängigwerden zusammenfällt, setzen bei § 819 I die Rechtsfolgen mit der Kenntnis, frühestens mit dem Leistungsempfang ein. Der Zeitpunkt der Kenntniserlangung ist daher genau festzustellen (RG JW 1928, 2444, 2445). Naturgemäß kann bei Wegfall des Rechtsgrunds und bei Zweckverfehlung die Kenntnis erst nach dem Leistungsempfang gewonnen werden. 8

Während die **Verzugshaftung** im Fall des § 818 IV nicht vor der Rechtshängigkeit und nicht notwendig zugleich mit ihr einsetzt (§ 818 Rn 49, 51), tritt sie bei § 819 praktisch fast immer ein, sobald dessen Voraussetzungen erfüllt sind (NK/*Linke* Rn 17). Denn den bösgläubigen oder iSd § 817 verbotswidrig handelnden Empfänger trifft meistens ein Verschulden (§ 286 IV), und eine Mahnung gilt als erfolgt, da die Lage so angesehen werden soll, wie wenn der Anspruch auf Herausgabe zu dieser Zeit rechtshängig geworden wäre. Kein Verschulden liegt aber vor, wenn der Empfänger ein Zurückbehaltungsrecht hat (RG HRR 1931, Nr 1519) oder wenn er den Vermögenszuwachs ohne sein Zutun erlangt hat und daher nicht schuldhaft gehandelt haben kann (OGH 4, 81 für Banküberweisung). Hier kann der Verzug erst bei schuldhafter Säumnis in der Herausgabe einsetzen. Trotz des Verzugs ist ein Wegfall der Bereicherung oder ihre Minderung unter den besonderen, in § 818 Rn 51 angegebenen Voraussetzungen zu berücksichtigen. 9

5. Beweislast. Macht der Bereicherungsgläubiger die verschärfte Haftung nach § 819 geltend, hat er zu beweisen, dass und wann die obj und subj Voraussetzungen eingetreten sind (RGZ 72, 152, 155; MüKo/*Schwab* Rn 24). Beruft sich dagegen der Schuldner darauf, dass nach seiner Annahme der Leistende selbst den Mangel des Rechtsgrunds gekannt hat, hat er das zu beweisen (BeckOK/*Wendehorst* Rn 12; jurisPK/*Martinek/Heine* Rn 17). IÜ gelten die Regeln des § 818, s § 818 Rn 53. 10

§ 820 Verschärfte Haftung bei ungewissem Erfolgseintritt

(1) War mit der Leistung ein Erfolg bezweckt, dessen Eintritt nach dem Inhalt des Rechtsgeschäfts als ungewiss angesehen wurde, so ist der Empfänger, falls der Erfolg nicht eintritt, zur Herausgabe so verpflichtet, wie wenn der Anspruch auf Herausgabe zur Zeit des Empfangs rechtshängig geworden wäre. Das Gleiche gilt, wenn die Leistung aus einem Rechtsgrund, dessen Wegfall nach dem Inhalt des Rechtsgeschäfts als möglich angesehen wurde, erfolgt ist und der Rechtsgrund wegfällt.

(2) Zinsen hat der Empfänger erst von dem Zeitpunkt an zu entrichten, in welchem er erfährt, dass der Erfolg nicht eingetreten oder dass der Rechtsgrund weggefallen ist; zur Herausgabe von Nutzungen ist er insoweit nicht verpflichtet, als er zu dieser Zeit nicht mehr bereichert ist.

1 **1. Allgemeines.** Von dem Grundsatz des § 818 IV, dass die allg Haftungsverschärfungen erst bei der Rechtshängigkeit einsetzen, macht § 820 neben § 819 zwei weitere Ausnahmen (anders MüKo/*Schwab* Rn 1; PWW/*Prütting* Rn 1; Staudinger/*Lorenz* Rn 1: Haftungserweiterung). Sie betreffen die Kondiktionen wegen Nichterfolgs und wegen Wegfalls des Rechtsgrunds (ob causam finitam; § 812 I 2 Alt 1), also diejenigen Kondiktionen, die auf einem nach der Vermögensbewegung eintretenden Ereignis beruhen. Erhält der Empfänger von dem Ereignis nach dessen Eintritt Kenntnis, haftet er nach § 819 verschärft. Aber auch für den Fall der bloßen Ungewissheit hat § 820 eine verschärfte Haftung vorgesehen, wenn die Ungewissheit aus dem Inhalt des Rechtsgeschäfts hervorging und beide Beteiligte sich ihrer bewusst waren. Bsp sind Abschlagszahlungen in Erwartung der noch festzustellenden Gesamtforderung (Hamm OLGRp 1992, 190), eine Vereinbarung, mit der der Interessent für ein Grundstück ein Entgelt für Maßnahmen verspricht, die ihm nur bei Ankauf des Grundstücks Vorteile bringen (Hamm DNotZ 1992, 423, 424). Bisweilen wird auch § 820 für die Lösung von Problemen bei der Rückabwicklung von Besitzübertragungen herangezogen, die in der Erwartung des künftigen Entstehens eines vertragl Rechtsgrunds stattgefunden haben. Das setzt aber eine Durchbrechung des allg angenommenen Vorrangs der §§ 987ff voraus (Vor § 812 Rn 11ff; näher *Kohler* NJW 1988, 1054, 1055). War eine Rücktrittsmöglichkeit vorauszusehen, wird im Rahmen der §§ 346ff die analoge Heranziehung von § 820 I 2 bejaht (*Kohler* JZ 2002, 682, 694).

2 **2. Voraussetzungen.** Obj muss der Erfolg unsicher sowie der Wegfall des Rechtsgrunds möglich gewesen sein. Subj müssen die Beteiligten beim Abschluss des Rechtsgeschäfts den Erfolg als unsicher sowie den Wegfall des Rechtsgrunds als möglich angesehen haben. Daran fehlt es, wenn sie den Erfolgseintritt und den Fortbestand des Rechtsgrunds für sicher gehalten (BGH JZ 1961, 699), aber auch, wenn sie die Zweckverfehlung oder den Rechtsgrundwegfall nur als eine entfernte Möglichkeit angesehen haben (RG HRR 1938, Nr 511). Das Bewusstsein, dass eine andere Entwicklung nie ganz ausgeschlossen werden kann, genügt nicht. Erforderlich ist vielmehr, dass die Parteien sich die Möglichkeit des Rechtsgrundwegfalls nicht nur beiläufig, sondern besonders vergegenwärtigt haben (BGHZ 118, 383, 393). Da der Inhalt des Rechtsgeschäfts entscheidet, genügt es nicht, wenn sich die Ungewissheit aus Umständen außerhalb des Vertrags ergibt (RG HRR 1931, Nr 407).

3 Die hM will § 820 entspr anwenden auf Leistungen mit **Vorbehalt**, dh wenn sich bei einer als geschuldet angesehenen Leistung beide Teile die Nachprüfung der Schuld vorbehalten, also deren Nichtbestehen nach dem Inhalt des Rechtsgeschäfts als möglich angesehen haben (BGH NJW 2006, 286, 287f; RGRK/*Heimann-Trosien* Rn 4). Hierzu gehören die Abschlagszahlungen und Vorschüsse auf Lohn-, Gehalts-, Dienst- und Versorgungsbezüge (BVerwG NJW 1983, 2042; BVerwGE 2 B 29/08 Buchholz 240 § 12 BBesG Nr 33; MüKo/*Schwab* Rn 3), aber auch Zahlungen eines Kreditkartenunternehmens für den Ankauf von nicht genehmigten Belastungen (Düsseldorf NJW 1984, 2475). Die Annahme, dass die Leistung von Kindesunterhalt durch einen geschiedenen Elternteil wegen des dabei gemachten Vorbehalts nicht dem Entreicherungseinwand unterliege (Hamm NJW-RR 1997, 705f), ist wegen der Gleichstellung mit der Haftung eines Bösgläubigen bedenklich. Die Figur eines stillschw Vorbehalts, der dann den Entreicherungseinwand ausschließt, ist im Beamtenrecht, etwa bei Zusammentreffen verschiedener Versorgungsbezüge, mit Billigung durch das BVerfG (NJW 1978, 533, 535) angewandt worden. Wurde der Vorbehalt nur vom Leistenden gemacht, schließt er jedenfalls die Einwendungen aus § 814 aus. Dagegen wendet München (WM 1993, 411, 413) die Vorschrift in Abs I S 1 analog an, weil der Empfänger nicht widersprochen hatte.

4 § 820 ist mangels der subj Voraussetzungen nicht anzuwenden, wenn auf einen Vertrag Leistungen bewirkt werden in der Erwartung der erforderlichen behördlichen Genehmigung, die mündlich zugesagt, aber später versagt wird (RG HRR 1933, Nr 1843). Zur Vertretung § 819 Rn 3. Zum Rechtsgeschäft eines die vormundschaftsgerichtliche Genehmigung erwartenden Vormunds RGZ 81, 261, 265ff.

5 **3. Einzelfälle.** Auf eine Maklerprovision wird Vorschuss gezahlt (RG SeuffA 74, 174). An einen Kommunalbeamten wird Gehalt gezahlt unter der ausdrückl Voraussetzung, dass sich die städtische Körperschaft einverstanden erklären wird (Königsberg JW 1919, 517, 518: § 819 entspr), Leistung auf eine auflösend bedingte Verpflichtung (Staudinger/*Lorenz* Rn 6). Ungewissheit kann uU angenommen werden, wenn die Parteien sich einen Rücktritt vorbehalten haben (Frankfurt NJW 1967, 984f). Auf **Unterhaltsvereinbarungen**, die den gesetzl Anspruch nur modifizieren, ist § 820 nicht anwendbar (BGH NJW 1998, 2433, 2435; 2000, 740, 741; offen noch in BGHZ 118, 383, 385ff). § 820 entfällt auch bei Unterhaltszahlung auf eine einstw Anordnung (BGH NJW 1984, 2095, 2096; 1985, 1074, 1075; BGHZ 143, 65, 69) oder einen gerichtlichen Unterhaltsvergleich (Hamm FamRZ 1996, 1406, 1407), dgl bei Rechtshängigkeit einer Abänderungsklage (Zweibrücken FamRZ 1995, 1075).

6 **4. Rechtsfolgen.** Die Haftung wird vom Leistungsempfang ab verschärft wie nach § 818 IV. Auch hier kann unter besonderen Voraussetzungen die Bereicherung mit befreiender Wirkung wegfallen, wenn die allg Vorschriften der §§ 291ff nicht entgegenstehen. Die **Haftungsverschärfung** ist in zweifacher Hinsicht schwächer: Für **Verzugsschaden** wird **nicht** gehaftet, da der Leistende selbst die Ungewissheit kennt und deshalb der Empfänger mit der Annahme der Leistung nicht schuldhaft handelt (§ 286 IV). § 287 ist also nicht anwendbar, sodass auch eine Haftung für Zufall (§ 287 S 2) ausscheidet. Das gilt jedoch nur für die Schwebezeit. Ist sie abge-

schlossen, der Rechtsgrund weggefallen, der Geschäftszweck verfehlt und hat der Schuldner dies erfahren, haftet er nach § 819 verschärft.

7 **Abs II** schränkt die verschärfte Haftung für **Zinsen** und **Nutzungen** ein. Die Pflicht zur Verzinsung (4 %, § 246) setzt erst ein, wenn der Rechtsgrundwegfall oder Nichterfolg tatsächlich eingetreten ist und der Bereicherte das erfahren hat (BGH NJW 1975, 1510, 1511). Nutzungen sind nur herauszugeben, soweit sie als Bereicherung vorhanden sind (§ 818 III). Daher haftet der Bereicherte für nicht gezogene Nutzungen selbst dann nicht, wenn er sie hätte ziehen können (RG Recht 1911, Nr 3310; PWW/*Prütting* Rn 5; MüKo/*Schwab* Rn 20). Die verschärfte Haftung erfasst also nur das Kapital, zu dessen ordnungsmäßiger Erhaltung der Bereicherte verpflichtet sein soll. Zum Rechtsmissbrauch s BGH WM 1961, 947.

8 **5. Beweislast.** Der Bereicherungsgläubiger, der sich auf die Haftungsverschärfung des § 820 beruft, hat die gekennzeichneten obj und subj Voraussetzungen zu beweisen. IÜ gelten die Regeln des § 818 (s § 818 Rn 53).

§ 821 Einrede der Bereicherung

Wer ohne rechtlichen Grund eine Verbindlichkeit eingeht, kann die Erfüllung auch dann verweigern, wenn der Anspruch auf Befreiung von der Verbindlichkeit verjährt ist.

1 **1. Allgemeines.** Die Rechte des Benachteiligten aus einer ungerechtfertigten Bereicherung werden meist durch einen Herausgabeanspruch verfolgt. Sie können aber auch durch Einrede geltend gemacht werden. Das geschieht namentlich dann, wenn die Bereicherung in der Eingehung einer Verbindlichkeit besteht (§ 812 Rn 58ff), so auch bei Verteidigung gegen einen Anspruch aus konstitutivem Schuldanerkenntnis (Saarbrücken MDR 1998, 828).

2 **2. Voraussetzungen.** Die Einrede ist an dieselben Voraussetzungen und Grenzen gebunden wie der Bereicherungsanspruch, aus dem sie abgeleitet ist. Sie verjährt daher regelmäßig wie dieser nach § 195 in drei Jahren, wobei sich aber aufgrund Parteivereinbarung für den Anspruch aus der abstrakten Verpflichtung eine längere Verjährung ergeben kann. Ist die Einrede verjährt, so ist das fast immer auch der Anspruch des Bereicherten aus der Verbindlichkeit, sodass die ungerechtfertigte Bewegung realer Vermögenswerte unterbunden ist. Daran fehlt es aber, wenn etwa die Verjährung aus der Verbindlichkeit gehemmt oder unterbrochen (PWW/*Prütting* Rn 1; Staudinger/*Lorenz* Rn 3) oder eine Hypothek oder ein Pfandrecht (BeckOK/*Wendehorst* Rn 2; MüKo/*Schwab* Rn 2) bestellt waren (§ 216 I). Um in diesen praktisch seltenen Fällen die ungerechtfertigte Vermögensbewegung zu verhüten, bestimmt § 821, dass die Einrede auch noch nach der Verjährung des Bereicherungsanspruchs geltend gemacht werden kann (vgl §§ 853, 2083, 2345; zur Einrede gem § 768 I 1, § 821 s Celle NZBau 2018, 106 Rn 60ff; BGHZ 216, 274ff). Die in § 821 vorausgesetzte Einrede kehrt bei Abwehr von Ansprüchen aus Verträgen vor Eintritt der Verjährung oft in Gestalt des allg Arglisteinwands (§ 242) wieder (RGRK/*Heimann-Trosien* Rn 2). Jedenfalls wird der allg Arglisteinwand durch die Bereicherungseinrede des § 821 nicht ausgeschlossen (ohne Abstellen auf Verjährung BGH WM 1991, 1152, 1153; 1992, 1522, 1523; NJW 2005, 2991, 2993; s aber Staudinger/*Lorenz* Rn 3; MüKo/*Schwab* Rn 4: § 242 vorrangig; krit BeckOK/*Wendehorst* Rn 3; PWW/*Prütting* Rn 2). Die Vorschrift hat ferner eine gewisse Bedeutung als Begründung für das Vorgehen des aus einer gültigen, aber rechtsgrundlosen Wechsel- oder Scheckbegebung in Anspruch Genommenen (BGHZ 57, 292, 300; BGH NJW 1975, 214f; München NJW 1983, 759f). Ein Wechselschuldner kann (im Nachverfahren) seiner Inanspruchnahme mit der Bereicherungseinrede begegnen, trägt aber die Beweislast für die Rechtsgrundlosigkeit (Saarbrücken OLGRp 1998, 310f). Dies gilt auch für abstrakte Schuldversprechen bzw -anerkenntnisse (MüKo/*Schwab* Rn 6; BGH NJW 1991, 2140, 2141 dazu krit *Schlechtriem* JZ 1993, 185, 186; Staudinger/*Lorenz* Rn 4; s auch Köln OLGRp 2003, 157, 158; Brandenburg OLGRp 2005, 76; Köln OLGRp 2005, 17, 18). Dasselbe gilt ggü einem aus anderen Forderungen hervorgegangenen Vereinbarungsdarlehen, wenn nicht gleichzeitig ein anderer, möglicherweise auch nur ein künftiger Rechtsgrund vereinbart wurde (BGH ZIP 1981, 1071, 1073).

3 **3. Rechtsfolgen.** Die Einrede ist nicht von Amts wegen, sondern nur auf Vorbringen des Benachteiligten zu beachten (BGH WM 1992, 1522, 1523; NJW-RR 1999, 573, 574; NJW 2005, 2991, 2993). Sie gibt ihm das Recht, die Leistung zu verweigern sowie zu verlangen, dass der Bereicherte auf eine etwa bestellte Hypothek verzichtet (§ 1169) und ein Pfand herausgibt (§ 1254). Bei einer Sicherungsübereignung entscheidet die Auslegung des Vertrags (RGZ 143, 113, 116). Die Einrede wirkt nicht nur für den Benachteiligten, sondern auch für Schuldübernehmer, Bürgen, Hypothekengläubiger, Drittverpfänder, und Besitzer (§§ 417, 768, 1137, 1211, 986 I; RG JW 1936, 917, 918). Außerdem wirkt sie nicht nur gegen den Bereicherten, sondern auch nach §§ 404, 405 gegen den Rechtsnachfolger (RGZ 86, 301, 304)wi sowie gegen den Sequester und den Insolvenzverwalter des Gläubigers (BGH NJW 1995, 1484, 1485; Brandenburg WM 1999, 1083, 1085; MüKo/*Schwab* Rn 9 mwN). Die Bereicherungseinrede kann uU auch gegen eine Grundschuld geltend gemacht werden (Köln OLG 1969, 419), doch ist bei Abtretung einer Sicherungsschuld an einen Zessionar, der vom Sicherungscharakter keine Kenntnis hat, der Gutglaubensschutz zu beachten (BGH NJW 1972, 1463, 1464). Im Umfang ist die Einrede an die Grenzen des § 818 III gebunden (NK/*Linke* Rn 4; PWW/*Prütting* Rn 3). Der Bereicherte kann also den **Wegfall der Bereicherung** geltend machen, namentlich, wenn er Aufwendungen gemacht, Gegenleistungen bewirkt oder Schäden erlitten hat (§ 818 Rn 35ff). Insoweit wirkt die Einrede dann nicht (RGRK/*Heimann-Trosien* Rn 5; Staudinger/*Lorenz* Rn 10). Trotz des Bereicherungswegfalls ist sie aber entspr §§ 818 IV, 819 wirksam, wenn sie im Prozess erhoben wird oder der Bereicherte verwerflich gehandelt hat (RGRK/*Heimann-Trosien* Rn 5). Die Rechtsgrundlosigkeit beweisen muss, wer die Verbindlichkeit (rechtsgrundlos) eingegangen ist (Köln OLGRp 2005, 17, 18).

§ 822 Herausgabepflicht Dritter

Wendet der Empfänger das Erlangte unentgeltlich einem Dritten zu, so ist, soweit infolgedessen die Verpflichtung des Empfängers zur Herausgabe der Bereicherung ausgeschlossen ist, der Dritte zur Herausgabe verpflichtet, wie wenn er die Zuwendung von dem Gläubiger ohne rechtlichen Grund erhalten hätte.

1 **1. Allgemeines.** § 822 ist dem § 816 I 2 verwandt. Auch er setzt eine benachteiligende unentgeltliche Verfügung eines anderen zugunsten eines Dritten voraus. Während aber dort der Verfügende ein Nichtberechtigter ist, ist er hier ein Berechtigter, der lediglich durch eine Kondiktionsschuld dem Gläubiger verpflichtet war. Während ferner dort der Bereicherungsanspruch gegen den Dritten primär begründet ist, ist er hier nur subsidiär gegeben, dh nur dann, wenn die Kondiktion gegen den Verfügenden erloschen ist. § 822 erstreckt also den gegen den ursprünglich Bereicherten gerichteten Anspruch auf dessen unentgeltlichen Rechtsnachfolger (*Knütel* NJW 1989, 2504, 2505; BeckOK/*Wendehorst* Rn 1; für eine eigenständige **Anspruchsgrundlage** PWW/*Prütting* Rn 1; NK/*v Sachsen Gessaphe* Rn 2; Staudinger/*Lorenz* Rn 2; aA MüKo/*Schwab* Rn 7; *Tonikidis* NJW 2019, 118ff (auch zu den Auswirkungen); offengelassen in BGH NJW 2004, 1314f; sowie BGHZ 199, 123 Rn 17). § 822 ist **nicht anwendbar** auf die Auskehrung des Zwangsversteigerungserlöses, da weder eine rechtsgeschäftliche Handlung noch Unentgeltlichkeit vorliegen (KG WM 2002, 688, 689). Gemeinsam ist beiden Vorschriften, dass sie das Merkmal „auf Kosten" in § 812 I, das an sich eine Bereicherungshaftung des Beschenkten ausschließen würde, wegen der geringeren Schutzwürdigkeit unentgeltlicher Verfügungen fallen lassen. Die Wertung des § 822 einschl der „Weitergabe" der bereicherungsrechtl Vergünstigung trifft auch auf Fälle der (Rechtsfolgen-)Verweisung auf Bereicherungsrecht zu (so für den Rückforderungsanspruch aus § 528 BGHZ 106, 354; 142, 300, 302; BGH NJW-RR 2001, 6f; NJW 2004, 1314f; für den Anspruch aus § 2329 Hamm 8.6.2010 – 10 U 10/10; aus § 2287 analog BGHZ 199, 123 Rn 16; zum Streitstand *Bockholdt* Die Haftung des unentgeltlichen Erwerbers gem § 822 BGB, 2004, 93f; *Kopp* JR 2012, 491). Als unentgeltlich sind auch sog unbenannte Zuwendungen unter Ehegatten anzusehen (BGH NJW 2000, 134, 137; NJW-RR 2001, 6, 7). Überlegungen, ob § 822 auf die Weitergabe eines erworbenen Gegenstands durch den Beauftragten an den von ihm mittelbar Vertretenen entspr anzuwenden ist, werden wegen des engen Verständnisses der Unentgeltlichkeit allg verworfen (*Reuter/Martinek*, 180f). Neben einer Anfechtung ggü dem Rechtsnachfolger gem § 145 II Nr 3 InsO kommt § 822 nicht in Betracht (BGH WM 2012, 1553).

2 **2. Voraussetzungen. a) Bereicherungsanspruch auf Herausgabe.** Der Benachteiligte („Gläubiger") muss gegen den ersten Empfänger einen **Bereicherungsanspruch auf Herausgabe des Erlangten** haben. Auf welcher Vorschrift des Bereicherungsrechts dieser Anspruch beruht, ist ohne Bedeutung. Es genügt § 816 I 1 (RGZ 98, 131, 136), ebenso S 2 und Abs II (Staudinger/*Lorenz* Rn 5; RGRK/*Heimann-Trosien* Rn 2), §§ 946, 951 (BGH WM 1972, 389, 390), auch § 822 selbst. Wendet also der Dritte das Erlangte einem Vierten unentgeltlich zu, so ist auch dieser herausgabepflichtig, wenn die sonstigen Voraussetzungen (Erlöschen der Kondiktion gegen den Vormann) erfüllt sind (hM).

3 **b) Unentgeltliche Zuwendung an Dritten.** Der erste Empfänger muss das herauszugebende **Erlangte unentgeltlich dem Dritten zugewendet** haben. Zum Erlangten iSd § 822 gehören nach der hM auch die Nutzungen und Surrogate ieS des § 818 (s § 818 Rn 14), nach einer vielfach vertretenen Ansicht aber auch die Surrogate iwS der §§ 1370, 1473 usw, dh auch solche, die der erste Empfänger bei einer Veräußerung rechtsgeschäftlich erworben und dem Dritten unentgeltlich zugewendet hat, die jedoch nur bis zum Wert des ursprünglich Erlangten herauszugeben sind (BGH NJW 1999, 1027; 2004, 1314; Staudinger/*Lorenz* Rn 6; MüKo/*Schwab* Rn 12; anders BeckOK/*Wendehorst* Rn 8: § 822 analog; s auch *Falk* FS Nehlsen, 2008, 610ff). Damit ist der Dritte zur Herausgabe verpflichtet, als ob er das Surrogat bzw diesen Wert vom Bereicherungsgläubiger selbst erlangt hätte, wenn ihm unentgeltlich das Surrogat oder der Wert eines Vermögensgegenstands zugewendet wird, zu dessen Herausgabe der Erstempfänger bereits im Rahmen der Primärkondiktion verpflichtet war. Eine Zuwendung an einen Dritten liegt vor, wenn das Erlangte vom Vermögen des Erstempfängers rechtsgeschäftlich in das des Dritten übergeht, nicht also, wenn der Erstempfänger schon beim Empfang als Vertreter des Dritten gehandelt hat (RG LZ 1917, Sp 1342, 1343; Staudinger/*Lorenz* Rn 7). Unentgeltlich (Begriff § 516) sind Schenkungen, Vermächtnisse, die entgeltlose Gebrauchsüberlassung (jurisPK/*Martinek/Heine* Rn 4), Verwendungen des Ehemanns für das Vermögen seiner Frau (RG JW 1929, 2594, 2595) bzw unbenannte Zuwendungen unter Ehegatten (BGHZ 142, 300, 301f; NK/*v Sachsen Gessaphe* Rn 4). Mangels Rechtsgeschäfts gehören nicht hierher Fund, Ersitzung und der Rechtsübergang vom Vorerben auf den Nacherben (hM; Staudinger/*Lorenz* Rn 10; MüKo/*Schwab* Rn 11; *Reuter/Martinek*, 368).

4 **c) Erlöschen des Anspruchs gegen Erstempfänger.** Infolge der Zuwendung muss der **Bereicherungsanspruch des Benachteiligten gegen den Erstempfänger erloschen** sein. Das geschieht namentlich, wenn der Bereicherte das Erlangte selbst ohne Gewinn an den Dritten weitergegeben hat und deshalb nicht mehr bereichert ist (§ 818 III; vgl BGH NJW 2003, 1445, 1446). Bsp: Versicherungsnehmer gibt die ihm nach § 45 VVG gezahlte Versicherungssumme nicht an den Versicherten, sondern an einen Dritten weiter (OGH VersR 1950, 81f). Das geschieht aber nicht, wenn der Bereicherungsanspruch schon vor der Zuwendung verjährt oder infolge Aufwendungen nach § 818 III aufgezehrt ist, weil der ursächliche Zusammenhang zw der Zuwendung und dem Verlust des Anspruchs fehlt (hM), auch nicht, wenn die verschärfte Haftung des Erstempfängers nach § 818 IV, §§ 819, 820 schon vor der Zuwendung eingesetzt hat und infolgedessen die Herausgabepflicht des Erstempfängers „fortdauert" (BGH NJW 1999, 1026, 1028). Die hM wendet § 822 auch dann nicht an, wenn der Bereicherungsanspruch gegen den Erstempfänger aus tatsächlichen Gründen (Zahlungsunfähigkeit, Auslandsaufenthalt) nicht

verwirklicht werden kann, weil ein rechtl Erlöschen erforderlich sei (BGH NJW 1969, 605, 606; 1999, 1026, 1028). UU kann jedoch mit der Insolvenzanfechtung geholfen werden (*Kornblum* JuS 1970, 437, 440; *Reuter/Martinek*, 366f; aA *Schilken* JR 1989, 363; *Knütel* NJW 1989, 2504, 2508; NK/*v Sachsen Gessaphe* Rn 7; MüKo/*Schwab* Rn 17: § 822 analog).

3. Rechtsfolgen. Der Dritte ist herausgabepflichtig, wie wenn er die Zuwendung vom Gläubiger selbst ohne Rechtsgrund erhalten hätte, also nach § 818 (jurisPK/*Martinek/Heine* Rn 8). Außerdem kann er sich auf solche Haftungsbeschränkungen berufen, die schon vor der Zuwendung in der Person seines Vormannes eingetreten waren (zB durch Aufwendungen, PWW/*Prütting* Rn 5). 5

4. Beweislast. Nach allg Grundsätzen hat der Gläubiger alle Voraussetzungen seines Anspruchs zu beweisen, also nicht nur die Unentgeltlichkeit der Zuwendung (hM), sondern auch das Erlöschen seines Anspruchs gegen den Erstempfänger (Staudinger/*Lorenz* Rn 15; RGRK/*Heimann-Trosien* Rn 8). Soweit der Dritte sich auf den Wegfall der Bereicherung beruft, hat er ihn zu beweisen (BeckOK/*Wendehorst* Rn 13). 6

5. Verjährung. Die Erstreckung der Kondiktion auf den Dritten soll den Gläubiger iÜ nicht besserstellen, als er ohne die Weitergabe der Sache stünde. Deshalb ist die während des Verbleibs der Sache beim Erstbereicherten verstrichene Zeit anzurechnen (*Reuter/Martinek*, 366; *Knütel* NJW 1989, 2504, 2505; aM Staudinger/*Lorenz* Rn 14; s auch PWW/*Prütting* Rn 6, der aufgrund der Annahme eines selbständigen Bereicherungsanspruchs von einer regelmäßigen Verjährungsfrist von drei Jahren ausgeht). 7

Titel 27
Unerlaubte Handlungen (§§ 823–853)

Vorbemerkung vor § 823

Schrifttum: *Ahrens/Spickhoff*, Deliktsrecht, 2022; *v Bar*, Verkehrspflichten, 1980; *Brüggemeier*, Prinzipien des Haftungsrechts, 1999; *Brüggemeier*, Deliktsrecht, 1986; *Canaris*, Schutzgesetze – Verkehrspflichten – Schutzpflichten, FS Larenz, 1983, 27; *Deutsch*, Allgemeines Haftungsrecht, 2. Aufl 1996; *Deutsch/Ahrens*, Deliktsrecht, 6. Aufl 2014; *Foerste/v Westphalen*, Produkthaftungshandbuch, 3. Aufl 2012; *Geigel*, Der Haftpflichtprozess, 28. Aufl 2020; *Jansen*, Die Struktur des Haftungsrechts, 2003; *Kleindiek*, Deliktshaftung und juristische Person, 1997; *Küppersbusch/Höher*, Ersatzansprüche bei Personenschaden, 13. Aufl 2020; *Lange/Schiemann*, Schadensersatz, 3. Aufl 2003; *Möllers*, Rechtsgüterschutz im Umwelt- und Haftungsrecht, 1996; *Rolland*, Produkthaftungsrecht, 1990; *Spickhoff*, Gesetzesverstoß und Haftung, 1998; *Wilhelmi*, Risikoschutz durch Privatrecht, 2009. Vgl auch Erman/*Schiemann*[13] Vor § 823 vor Rn 1 sowie die Angaben in HKK/*Schiemann* §§ 823–830, 840, 842–853 Vor Rn 1.

I. Gesetzliches System des Deliktsrechts. Das Recht der unerlaubten Handlungen (Deliktsrecht) enthält **keine umfassende Generalklausel**, sondern drei „kleine" Generalklauseln als Grundtatbestände und einige Spezialtatbestände. „Kleine" Generalklauseln sind die Verletzung von Persönlichkeitsgütern und Rechten nach § 823 I, der Verstoß gegen ein Schutzgesetz nach § 823 II und die vorsätzliche sittenwidrige Schädigung nach § 826. Die Sondertatbestände folgen sehr unterschiedlichen Prinzipien: Teils erweitern sie die in § 823 I aufgezählten Rechtsgüter (§§ 824, 825), teils gewähren sie schlichten Billigkeitsausgleich (§ 829), begründen Aufsichts- oder Auswahlpflichten (§§ 831, 832, 833 S 2, § 834), schützen den Bürger vor Amtspflichtverletzungen (§ 839) oder gewähren Schadensersatz bei Verletzung von Verkehrssicherungspflichten (§§ 836, 837); in § 833 S 1 ist zulasten des Halters eines Luxustieres eine Haftung ohne Verschulden vorgesehen. 1

Unter den drei Grundtatbeständen hat **§ 823 I eine herausgehobene Stellung**: Die dort aufgezählten Güter Leben, Körper und Gesundheit sind die Grundlage der Rechtsträgerschaft überhaupt, und das Eigentum ist das wichtigste materielle subj Recht; zugleich ist diesen Rechten und Rechtsgütern eine soziale Evidenz eigen. Demggü knüpfen § 823 II und § 826 an bestimmte vom obj Recht missbilligte Verhaltensweisen an (zB Verstoß gegen Strafgesetze, bei § 826 die Kumulation von Sittenverstoß und Schädigungsvorsatz). Der Grundgedanke dieses im Kern auch heute noch überzeugenden Systems, dazu genauer *Canaris* FS Larenz, 1983, 27, 35ff mN, ist ein Kompromiss zw dem Interesse des Geschädigten am Ausgleich für möglichst alle ihn betreffenden Nachteile und dem Interesse des Schädigers an der Möglichkeit, sich frei zu bewegen, ohne durch die ständige Gefahr von Schadensersatzpflichten gehemmt zu werden. Deshalb ist insb die allg **Vermögenssphäre** idR nicht gegen (primäre) **fahrlässige** Verletzungen geschützt (krit dazu MüKo/*Wagner* Rn 16; § 826 Rn 1ff). Ist ein deliktischer Tatbestand rechtswidrig und schuldhaft erfüllt, hat der Geschädigte allerdings nach §§ 249ff Anspruch auf Ersatz allen daraus entstandenen Schadens einschl aller Vermögensschäden bis zur Grenze der Adäquanz oder des Schutzzwecks der Norm. Diskutiert wird allerdings eine ungeschriebene Reduktionsklausel nach § 242 für solche Fälle, in denen die Haftung den Schädiger persönlich unverhältnismäßig schwer trifft, vgl BVerfG NJW 1998, 3557; grundlegend *Canaris*, Grundrechte und Privatrecht, 1999, 51ff. 2

Durch die **Rechtsfortbildung** der Gerichte, insb des RG und des BGH, wird der Geschädigte umfassender geschützt, und zwar sowohl durch die Erweiterung des Katalogs von Schutzgütern nach § 823 I als auch durch eine Verschärfung der Pflichten zur Vermeidung deliktischer Schädigungen. Die wichtigsten Ergebnisse des ersten Weges sind die heute gewährten Ansprüche wegen Verletzung des **Allgemeinen Persönlichkeitsrechts** und des **Rechts am eingerichteten und ausgeübten Gewerbebetrieb**. Der zweite Weg ist durch die Entwicklung zahlrei- 3 cher **Verkehrspflichten** gekennzeichnet (vgl HKK/*Schiemann* Rn 157). Der Gesetzgeber hat darüber hinaus die Gefährdungshaftung erweitert. Zudem hat das Versicherungsrecht an Bedeutung gewonnen.

3a **II. Haftungsgrund des Deliktsrechts.** Haftungsgrund ist mit der Lehre vom Verhaltensunrecht grds eine **schuldhafte Pflichtverletzung.** Dies gilt auch für § 823 I, der nach hier vertretener Auffassung stets die **Verletzung von Verhaltenspflichten** in Gestalt der Verkehrspflichten voraussetzt (§ 823 Rn 75). Bei § 823 II folgen die Verhaltenspflichten aus dem Schutzgesetz, bei § 826 aus den guten Sitten (MüKo/*Wagner* § 823 Rn 4; *Wilhelmi* 117f). Auch die § 823 ergänzenden §§ 824, 825 und die Aufsichts- oder Auswahlpflichten begründenden §§ 831, 832, 833 S 2, § 834 sowie die auf Amtspflichtverletzungen beruhenden §§ 839, 839a und die auf der Verletzung von Verkehrssicherungspflichten beruhenden §§ 836, 837 haben eine schuldhafte Pflichtverletzung zum Gegenstand. Demggü setzt die Haftung bei § 829 zwar auch eine Pflichtverletzung voraus, nicht aber ein Verschulden, an dessen Stelle jedoch Billigkeitsgründe treten; § 833 S 1 sieht eine Haftung ohne Verschulden aus Gefährdung vor.

3b Die **Verhaltenspflichten** sind dabei erfolgsbezogen, indem sie auf die Vermeidung eines Erfolgs gerichtet sind, bei § 823 I der Verletzung eines geschützten Rechtsguts oder Rechts, bei § 823 II des Schadens an dem durch das Schutzgesetz geschützten Interesse und bei § 826 des durch vorsätzlich sittenwidriges Verhalten verursachten Schadens (*Wilhelmi* 132f). Sie sind zudem risikobezogen, indem sie das Risiko des Erfolgseintritts steuern und verteilen (*Wilhelmi* 136f). Entscheidend für die Haftungsbegründung ist mithin die **pflichtwidrige Setzung oder Aufrechterhaltung eines Risikos** (*Wilhelmi* 151ff): Die Verhaltenspflichten weisen dem Verantwortlichen das Risiko des Erfolgseintritts zu, indem sie ihm eine auf die Vermeidung oder zumindest Verminderung des Risikos gerichtete Verhaltenspflicht auferlegen. Deren Verletzung kann zu (quasi-)negatorischen Unterlassungs- und Beseitigungsansprüchen führen, wenn sich das Risiko noch nicht verwirklicht hat, und führt zu deliktischen Schadensersatzansprüchen, wenn sich das Risiko in einem Schaden verwirklicht hat.

3c **III. Das Deliktsrecht im System der außervertraglichen Haftung.** Im System der außervertragl Haftung wird das Deliktsrecht als Verschuldenshaftung von der Gefährdungshaftung unterschieden. Daneben treten die negatorische Haftung und die Aufopferungshaftung. Die Bereicherungshaftung (§§ 812ff) und die Haftung aus Geschäftsführung ohne Auftrag (§§ 677ff) folgen demggü anderen Prinzipien.

4 **1. Verschuldenshaftung.** Grundlage des Deliktsrechts ist das **Prinzip der Verschuldenshaftung**, also die Gewährung von Schadensersatz nur bei vorsätzlicher oder fahrlässiger Verwirklichung des haftungsbegründenden Tatbestandes. Dieser Gedanke der individuellen Verantwortung ist in §§ 823ff sogar strenger durchgeführt als im Recht der Sonderverbindungen; denn anders als § 278 kennt das Deliktsrecht grds keine Haftung für fremdes Verschulden; vielmehr setzen §§ 831ff ein eigenes (Aufsichts- oder Überwachungs-)Verschulden des Geschäftsherrn oder Aufsichtspflichtigen voraus. Im BGB selbst ist das Verschuldensprinzip nur in § 829 (Billigkeitshaftung) und in § 833 S 1 (Tierhalterhaftung beim Luxustier) durchbrochen. Diese praktisch weniger bedeutsamen Fälle zeigen, dass nach der Vorstellung des BGB-Gesetzgebers das Verschulden die Regelvoraussetzung außervertragl Schadensersatzhaftung schlechthin bilden sollte. Auch insofern hat sich die Entwicklung – hier freilich durch den Gesetzgeber und nicht durch richterliche Rechtsfortbildung – weit vom Ausgangspunkt entfernt. Bereits vor 70 Jahren hat *Esser* (JZ 1953, 129) zutr von der „Zweispurigkeit" des Haftungsrechts gesprochen; zur „Vielspurigkeit" in der Gesetzgebung zur Gentechnik, Produkthaftung und Umwelthaftung *Deutsch* NJW 1992, 73ff.

5 **2. Gefährdungshaftung.** Im Gegensatz zur Verschuldenshaftung knüpft die **Gefährdungshaftung** als „zweite Spur" an ein grds erlaubtes, rechtmäßiges Verhalten des Ersatzpflichtigen an, soweit sie nicht Fallgestaltungen erfasst, in denen auch eine deliktische Haftung besteht. Haftungsgrund ist insoweit weder ein besonderer Risikobezug (so aber etwa BeckOGK/*Spindler* § 823 Rn 6; *Larenz/Canaris* II 2 § 84 I 2 b), noch eine größere Verteilungsgerechtigkeit (so aber etwa *Esser*, Grundlagen und Entwicklung der Gefährdungshaftung[2] 1969, 69ff; ähnl *Larenz/Canaris* II 2 § 84 I 2 c), oder eine bessere Präventionswirkung (so aber etwa *Medicus* UTR 11, 5, 12; MüKo/*Wagner* Rn 19f), sondern dass der Gesetzgeber es trotz des fehlenden Verstoßes gegen eine Verhaltens- und insb Verkehrspflicht für recht und billig gehalten hat, wenn derjenige, der eine bestimmte Risikoquelle schafft oder unterhält, auch für die daraus resultierenden Risiken einstehen muss (näher *Wilhelmi* 377f). Dieser Grundgedanke ist außer für § 833 S 1 hinsichtl des Luxustieres insb für die spezialgesetzl geregelten Gefährdungshaftungen nach §§ 1ff HaftpflG, § 7 StVG, § 33 LuftVG, § 22 WHG, § 84 AMG, § 25f AtomG, §§ 114ff BBergG, § 83 I 1 BDSG, §§ 11, 32 GenTG, § 1 ProdHaftG, §§ 1, 2 UmweltHG maßgeblich. Eine Sonderrolle nimmt allerdings § 22 WHG ein, der eine reine Handlungshaftung vorsieht, aber insoweit eingeschränkt wird, als ein auf das Wasser ausgerichtetes Verhalten mit typischer Gefährlichkeit gerade in Bezug auf das Wasser verlangt wird, vgl BGHZ 124, 394, 396ff (näher *Wilhelmi* 377f).

6 Die gesetzl Ausgestaltung dieser Gefährdungshaftungen ist sehr unterschiedlich. Meist sind für die Haftung **Höchstbeträge** vorgesehen. Ua deshalb hat die Rspr stets eine analoge Anwendung der Gefährdungshaftung auf gesetzl nicht geregelte Fälle abgelehnt. I Erg kommen der Gefährdungshaftung aber einige Entwicklungen der Rspr zur Verschuldenshaftung nahe, so der obj Fahrlässigkeitsmaßstab (dazu § 276 Rn 10), die Entwicklung umfassender Verkehrspflichten (§ 823 Rn 74ff) und die Beweislastumkehr bei der Produzentenhaftung (§ 823 Rn 113). Die Unterscheidung zw Gefährdungs- und Verschuldenshaftung hat iÜ durch die Verallgemeinerung des Schmerzensgeldes nach § 253 II an Bedeutung verloren. Soweit die Voraussetzungen einer unerlaubten Handlung und einer Gefährdungshaftung nebeneinander vorliegen, besteht zw beiden Anspruchsgrundlagen Anspruchskonkurrenz (Ausnahme: § 26 AtomG für die „kanalisierte" Atomhaftung). Der Vorteil der Gefährdungshaftung

liegt hier vor allem in der leichteren Nachweisbarkeit ihrer Voraussetzungen. Ihre spezifische Bedeutung hat die Gefährdungshaftung jedoch in dem relativ kleinen Bereich, in dem mangels Verletzung einer Verhaltenspflicht keine deliktische Haftung besteht (näher *Wilhelmi* 378ff).

6a **3. Negatorische Haftung.** Die **negatorische Haftung** findet sich in den §§ 12, 862, 1004 und in zahlreichen anderen Gesetzen (zB §§ 3, 7, 8 UWG, § 97 UrhG) und ist darüber hinaus als **quasi-negatorische Haftung** zu verallgemeinern, so dass sie auch alle anderen deliktisch geschützten Rechtsgüter und Rechte schützt: Wer durch einen anderen einen Schaden zu erleiden droht, der zu einem deliktischen Schadensersatzanspruch führen würde, braucht nicht zu warten, bis es zu dem Schaden gekommen ist, sondern kann Unterlassungs- und Beseitigungsansprüche geltend machen, wenn Erstbegehungs- oder Wiederholungsgefahr vorliegt. Im Unterschied zum Ersatzanspruch setzt der quasi-negatorische Rechtsschutz **kein Verschulden** des Störers voraus.

6b Dabei ist negatorische Haftung nicht iSd **Usurpationstheorie** auf die Usurpation der Rechtsposition des Eigentümers beschränkt, so dass sie rein tatsächliche Beeinträchtigungen nicht erfasst (so aber *Picker* FS Gernhuber, 1993, 315, 332ff). Umgekehrt greift die negatorische Haftung nicht mit der **Kausalitätstheorie** bereits bei bloßer Verursachung der Beeinträchtigung (so aber BGHZ 110, 313, 316f), oder mit der **Risikotheorie** bereits bei der Setzung oder Aufrechterhaltung einer Risikoquelle (so aber *Larenz/Canaris* II 2 § 86 V 3 b), selbst wenn sie mit der **actus-contrarius-Theorie** darauf beschränkt wird, die Beeinträchtigung rückgängig oder wirkungslos zu machen (so aber *Baur/Stürner* § 12 Rn 20). Vielmehr bezieht sich die negatorische Haftung auf Beeinträchtigungen in der Zukunft, wie sich aus dem Verhältnis zwischen Unterlassungs- und Beseitigungsanspruch ergibt, während die deliktische Haftung Beeinträchtigungen in der Vergangenheit zum Gegenstand hat, so dass zwischen ihnen ein funktionelles Ergänzungsverhältnis besteht; die negatorische Haftung ist demgemäß nur gegen zukünftig drohende Beeinträchtigungen gerichtet und dient damit der Prävention durch die **Abwehr von Risiken** (*Wilhelmi* 56ff, 102f).

6c Die negatorische Haftung hat damit nicht nur den **gleichen Schutzbereich** wie die deliktische Haftung, so dass sie die gleichen Rechtsgüter und Rechte schützt (*Wilhelmi* 42ff). Vielmehr hat sie auch den **gleichen Haftungsgrund**, indem sie ebenfalls ein pflichtwidriges Verhalten voraussetzt, also den Verstoß gegen eine Verhaltens- und insb Verkehrspflicht als Risikoschutzpflicht, die auch wie im Deliktsrecht bestimmt wird (*Wilhelmi* 118ff, 130ff). Die Verletzung einer Verhaltenspflicht fungiert dabei als system- oder einheitsstiftendes Element sowohl der deliktischen als auch der negatorischen Haftung; beide haben ein Verhaltensunrecht zum Gegenstand.

6d Demggü unterscheidet sich die negatorische Haftung von der deliktischen Haftung zunächst dadurch, dass sich das Risiko noch nicht verwirklicht haben muss, sondern die Verwirklichung des Risikos nur drohen muss, wobei der dafür notwendige Grad der **Erstbegehungs- oder Wiederholungsgefahr** anhand einer Interessenabwägung zu bestimmen ist (*Wilhelmi* 292ff). Sie unterscheidet sich weiter dadurch, dass **Rechtsfolge** nicht ein Schadensersatzanspruch ist, sondern ein Anspruch auf Verhinderung oder Vermeidung des drohenden Risikos, der auf Unterlassung oder Beseitigung gehen kann. Dabei kann der Unterlassungsanspruch auch auf ein positives Tun iS eines Unterlassens des Unterlassens gerichtet sein (*Wilhelmi* 71f; i Erg ähnl MüKo/*Wagner* Rn 42). Der Beseitigungsanspruch ist nicht auf die Herstellung des Zustands ohne Beeinträchtigung gerichtet, sondern nur auf die Beseitigung der Beeinträchtigung, soweit sie eine Risikoquelle darstellt, also notwendig ist, um eine drohende weitere Beeinträchtigung in der Zukunft zu verhindern oder vermeiden (BGH NJW 2004, 1035, 1036; näher *Wilhelmi* 77ff). Er kann daher nicht als verschuldensunabhängiger Schadensersatzanspruch aufgefasst werden (so aber *Esser/Weyers* § 62 IV; *Larenz/Canaris* II 2 § 86 VII), da er nicht der Kompensation, sondern der Prävention dient und nicht auf Schadensersatz gerichtet ist, sondern auf die Beseitigung einer Risikoquelle und damit Schadensersatz nur faktisch gewährt, soweit dieser Nebenfolge der Beseitigung ist (*Wilhelmi* 79f).

6e **4. Aufopferung.** Eine Haftung auf Schadensersatz ohne Verschulden tritt ferner beim zivilrechtl **Aufopferungsanspruch** ein. Er ist gegeben, wenn der Inhaber eines Rechts mit Rücksicht auf das überwiegende Interesse eines anderen oder der Allgemeinheit einen Eingriff in sein Recht dulden muss. Der wichtigste Fall einer solchen Ausgleichshaftung ist in § 14 BImSchG geregelt. Hiernach kann von dem Inhaber einer störenden behördlich genehmigten Anlage anstelle der Abwehr gem § 1004 nur verlangt werden, dass er Vorkehrungen trifft, um die nachteiligen Wirkungen zu beseitigen; und wenn solche Vorkehrungen technisch nicht möglich oder wirtschaftl nicht vertretbar sind, besteht lediglich ein Anspruch auf Schadensersatz in Geld. Dazu und zu anderen Aufopferungsfällen, insb nach § 906 II 2 und dessen analoger Anwendung („Nachbarrechtl Ausgleichsanspruch") genauer § 906 Rn 43ff; vgl auch unten zum aufgehobenen § 835. Eine ähnl Struktur haben die Ansprüche aus materiell unberechtigter Verfahrenseinleitung, insb nach § 717 II, § 945 ZPO.

7 **5. Wertungsebene.** Auf der Wertungsebene ergibt sich aus dem Verhältnis der deliktischen Haftung zur Gefährdungshaftung und zur negatorischen Haftung samt Aufopferungshaftung die Unterscheidung zwischen verbotenem, geduldetem und erlaubtem Risiko, näher *Wilhelmi* 354ff: Bei der **Haftung aus verbotenem Risiko** kann die Verletzung von Verhaltenspflichten nicht nur Schadensersatzansprüche aus der deliktischen Verschuldenshaftung und unter Umständen auch der Gefährdungshaftung zu Folge haben, sondern führt auch zu Unterlassungs- und Beseitigungsansprüchen aus negatorischer Haftung; gegen eine Verhaltenspflicht verstoßendes Verhalten kann hier verboten werden. Bei der **Haftung aus geduldetem Risiko** kann die Verletzung von Verhaltenspflichten zwar Schadensersatzansprüche aus Delikt und unter Umständen auch aus Gefährdungshaftung zur Folge haben, führt aber nicht zu Unterlassungs- und Beseitigungsansprüchen aus negatorischer Haftung, etwa weil die Voraussetzungen für eine hinreichende Erstbegehungs- oder Wiederholungsgefahr strenger als für

das Bestehen einer Verkehrspflicht sind oder weil Duldungspflichten bestehen, die durch eine spezifische Haftung auf Schadensersatz (insb § 14 S 2 BImSchG) oder Ausgleich (insb § 906 II 2) kompensiert werden; gegen eine Verhaltenspflicht verstoßendes Verhalten kann hier nicht verboten werden. Bei der **Haftung aus erlaubtem Risiko** liegt hingegen kein Verstoß gegen eine Verhaltenspflicht vor; hier besteht nur eine Schadensersatzhaftung, soweit das Gesetz dies aus Billigkeitsgründen ausdrückl anordnet. Dies geschieht im Rahmen der Gefährdungshaftung, soweit sie Fallgestaltungen umfasst, in denen keine deliktische Haftung besteht (*Wilhelmi* 374ff).

8 **IV. Überlagerungen des Deliktsrechts im Unfallrecht.** Einen Schwerpunkt der praktischen Anwendung des Rechts der unerlaubten Handlung bilden Unfälle. Sie prägen teilw den besonderen Stellenwert dieses Rechtsgebietes. Gerade hier steht es freilich vielfach neben der Gefährdungshaftung. Vor allem aber wird das Deliktsrecht bei Unfällen durch das **Bestehen von Versicherungen oder anderen sozialen Leistungen** beeinflusst (hierzu *Wagner* Deliktsrecht[14] 2021, 3. Kap passim; NK/*Katzenmeier* Rn 31ff).

9 Bis zur **Haftungsersetzung** durch Versicherungsschutz geht dieser Einfluss bei Körperschäden in der gesetzl Unfallversicherung: Ggü dem ArbGeb und den Arbeitskollegen ist der Anspruch aus fahrlässiger unerlaubter Handlung nach §§ 104f SGB VII ausgeschlossen, wenn es zu einem Arbeitsunfall gekommen ist. Entspr gilt seit der Einbeziehung von Kindergartenkindern, Schülern, Berufsschülern und Studenten in die gesetzl Unfallversicherung für diesen Personenkreis, § 106 SGB VII; vgl auch BGH NJW 2006, 1592 für Nothelfer. Bei grob fahrlässigem Verhalten des Schädigers kann die gesetzl Unfallversicherung aber nach § 110 SGB VII aufgrund eines selbständigen (nicht übergegangenen) Anspruchs **Regress** nehmen. Vor allem bei schweren Schäden steht der Geschädigte durch diese Regelung oft schlechter als nach allg Deliktsrecht, weil im SGB VII kein Schmerzensgeld vorgesehen ist (von BVerfGE 34, 118 noch gebilligt, unter Geltung des § 253 II aber kaum zu halten). Ein Anspruch gegen ArbGeb, Kollegen, Kommilitonen usw nach §§ 823ff neben dem Anspruch aus der gesetzl Unfallversicherung ist gegeben, wenn sich der Unfall bei einem nach § 8 II Nr 1–4 SGB VII ebenfalls versicherten Weg (früher: „Teilnahme am allg Verkehr") ereignet hat (zu deren Abgrenzung *Hartung*, 25 Jahre Karlsruher Forum, 1983, 105ff mwN, insb 115). Dem SGB VII entsprechen Regelungen im Beamtenrecht (§ 46 BeamtVG) und im Soldatenrecht (§ 91a SVG), ferner nach §§ 81ff BVersG.

10 Andere Versicherungs- und Versorgungsleistungen lassen den Anspruch aus unerlaubter Handlung grds unberührt. Dies gilt für die gesetzl und private Krankenversicherung ebenso wie für die gesetzl Rentenversicherung und die Lohn- und Gehaltsfortzahlung bei Unfällen. Regelmäßig **geht der Anspruch** des Geschädigten aber auf den Versicherer, ArbGeb oder Sozialversicherungsträger **über**, soweit dieser den Geschädigten versorgt (zB §§ 116 SGB X, 86 VVG, 6 EFZG). Dies hat zu einer „Überlagerung" (MüKo/*Wagner* Rn 44) des Deliktsrechts geführt: Da regelmäßig auf der Seite des Schädigers eine **Haftpflichtversicherung**, bei Kfz-Unfällen sogar eine Pflichtversicherung, den Anspruch zu erfüllen hat, werden viele Schadensposten gar nicht mehr zw den unmittelbar am Unfall Beteiligten abgewickelt, sondern zw den auf beiden Seiten mittelbar beteiligten Schadenskollektiven. Hier bestehen meistens Schadensteilungs- oder Regressverzichtsabkommen. Wenigstens teilw individuellen Charakter behält jedoch auch im Unfallbereich der Anspruch des Geschädigten auf Schmerzensgeld und auf Ersatz von Sachschäden, für den aber wiederum in aller Regel nicht der Schädiger selbst, sondern seine Haftpflichtversicherung aufkommt.

11 Die Entwicklung der Haftpflichtversicherung, zumal für Schäden durch Kraftfahrzeuge, bildet eine wesentliche wirtschaftl und wenigstens indirekt auch rechtspolitische **Voraussetzung für die Wandlungen des Deliktsrechts** seit 1900, vgl dazu *Fuchs* AcP 191, 318ff mN; *Brüggemeier*, 4ff; NK/*Katzenmeier* Rn 38ff. Die außerordentliche Erweiterung der Haftpflichtansprüche (vgl auch Rn 3) wäre kaum denkbar gewesen, wenn die Ersatzpflicht nicht durch die Haftpflichtversicherung für den Schädiger wirtschaftl tragbar geworden wäre. Andererseits hat der Gesetzgeber selbst die Haftpflichtversicherung institutionell auf vielfältige Weise gefördert: so durch die Einführung der Pflichtversicherung (Rn 10) und der Pflicht zur Deckungsvorsorge, letztere in der Arzneimittel-, Atom-, Gentechnik- und Umwelthaftung. Effektivität und Umfang des Haftpflichtversicherungsschutzes haben zugleich den Fortbestand des privaten Deliktsrechts ggü der sonst sozial unumgänglich gewordenen Forderung nach allg Haftungsersetzung durch Versicherungsschutz gewährleistet, zu solchen Reformplänen zusammenfassend *Weyers*, Unfallschäden, 1971. Die Änderungen des Deliktsrechts sind jedoch fast durchweg nicht ausdrückl mit Versicherungserwägungen, sondern mit innerdogmatischen Kategorien (wie insb Verkehrspflichten) begründet worden. Nur ausnahmsw räumt die Rspr dem **bestehenden Versicherungsschutz** explizit Bedeutung für den deliktischen Anspruch ein, so bei der Billigkeitshaftung (dazu § 829 Rn 5) und der Höhe des Schmerzensgeldes (vgl § 253 Rn 27). Darin liegt eine Durchbrechung der grds akzessorischen Funktion der Versicherung.

12 **V. Funktion des Deliktsrechts. 1. Abgrenzung der Freiheitssphären.** Das Deliktsrecht dient der **Abgrenzung der Freiheitssphären** der Beteiligten (*Esser/Weyers* § 53, 2; *Larenz/Canaris* II 2 § 75 I 1; RGRK/*Steffen* § 823 Rn 6; krit Erman/*Schiemann*[14] Rn 12), indem die Grenze dort verläuft, wo ein Schädiger dem Geschädigten haftet, weil er dessen Freiheitssphäre verletzt hat (*Wilhelmi* 65ff). Diese Abgrenzung ist nicht nur die tatsächliche Wirkung der deliktischen Haftung. Vielmehr ist sie auch die ihr durch den Gesetzesverfasser beigelegte Funktion (Prot *Mugdan* II, S 1073). Sie entspricht zudem der verfassungsrechtl Notwendigkeit, die kollidierenden Grundrechtspositionen zwischen dem Schädiger und dem Geschädigten voneinander abzugrenzen (*Larenz/Canaris*, Schuldrecht II 2 § 75 I 1). Die Abgrenzung der Freiheitssphären ist auf die Handlungsfreiheit und den Integritätsschutz bezogen und mittels einer Interessenabwägung auf der Grundlage der gesetzl Wertungen vorzunehmen.

2. Kompensation. Dabei dient das Deliktsrecht zunächst der **Kompensation** erlittener Schäden, indem es auf Schadensersatz iSd § 249 I gerichtet ist, also auf Ausgleich der Verletzung auf Seite des Schädigers (Soergel/*Spickhoff* Rn 30; Staudinger/*Hager* Rn 9). Der Einwand, dass sich aus dieser Ausgleichsfunktion nicht ableiten ließe, wann eine Kompensation geboten sei (so BeckOGK/*Spindler* § 823 Rn 10; MüKo/*Wagner* Rn 43), übersieht, dass sich dies aus der Abgrenzung der Freiheitssphären und vor allem aus der dafür notwendigen Interessenabwägung ergibt. 12a

Dies liegt bereits dem auf drei kleinen Generalklauseln beruhenden System der deliktischen Haftung (Rn 1) zugrunde. Es zeigt sich aber auch an den modernen Entwicklungen, wie dem **Schutz des persönlichen Ansehens** und der Privatsphäre durch die Rspr. Die Kompensation durch die Anwendung der §§ 824, 823 II und durch die Entwicklung des Allgemeinen Persönlichkeitsrechts (dazu eingehend Anh § 12) sowie des Ersatzes immaterieller Schäden trotz § 253 I steht in einem Spannungsverhältnis zur Meinungs- und Medienfreiheit des Art 5 GG, vgl dazu umfassend Anh § 12. 13

Ähnl gilt für die **Abwehr von Angriffen auf die berufliche oder gewerbliche Existenz** durch die Kompensation eines neu entwickelten Rechts am eingerichteten und ausgeübten Gewerbebetrieb und die dort notwendige Interessenabwägung, dazu § 823 Rn 49. 14

3. Prävention. Demggü wird zT die **Prävention** als maßgebliche Funktion des Deliktsrechts aufgefasst, so MüKo/*Wagner* Rn 45ff mN. Allerdings ist sie ggü der Kompensation nur sekundär, vgl BGHZ 190, 145 Rn 62; BGHZ 225, 316 Rn 67: nützliche Folge; denn das Deliktsrecht wirkt nur indirekt präventiv, soweit eine Ausgleichspflicht droht (*Wilhelmi* 64). Zudem bleibt auch hier offen, wann eine Prävention geboten ist (Staudinger/*Hager* Rn 10). Ein Kriterium dafür wird jedoch von Vertretern einer **ökonomischen Analyse** des Haftungsrechts in der Effizienz der Ressourcenallokation iSd Maximierung des Saldos der Nutzen und Kosten der Aktivitäten der Rechtssubjekte gesehen (MüKo/*Wagner* Rn 48, 53ff mN). Jedoch sind die ökonomischen Folgen des Haftungsrechts und der daraus resultierenden Haftung zwar nicht irrelevant, werden aber in ihrer Bedeutung dadurch begrenzt, dass ihre Prämissen idR nicht gegeben sind und ihre Konsequenzen mit den Wertungen der Rechtsordnung kollidieren können; die Effizienz des Rechts ist kein Ziel an sich, so dass ökonomische Zielvorgaben nur dort greifen, wo dem Recht keine abw Zielvorgaben und Richtungsentscheidungen zu entnehmen sind (näher *Wilhelmi* 23ff; vgl auch Soergel/*Spickhoff* Rn 33). 15

4. Sanktion und Genugtuung. Soweit die Rspr vereinzelt auch auf die Gesichtspunkte der **Sanktion** und der **Genugtuung** abgestellt hat (vgl BGHZ 18, 149, 155; 128, 1, 15), fehlt es an einer überzeugenden Begründung (krit auch MüKo/*Wagner* Rn 50f; Staudinger/*Hager* Rn 11). Zuzugeben ist allerdings, dass der Geschädigte bei der Verletzung des Allgemeinen Persönlichkeitsrechts oder einem Boykott zur Verfolgung ideeller oder politischer Interessen zuweilen beabsichtigt, ein „Zeichen“ durch die gerichtliche Zuerkennung eines Schadensersatzanspruchs „zu setzen“. Der Grenzbereich zw Schadensausgleich und Kriminalverfolgung ist jedoch bei der Sanktionierung des Ladendiebstahls erreicht, wo die „Strafe“ durch die Belastung mit einer Fangprämie schneller und effizienter verhängt wird als auf dem Wege der „offiziellen“ Strafverfolgung, dazu § 823 Rn 34. 15a

5. Umweltschutz. Spezifische Probleme bei der Grenzziehung ergeben sich im Zusammenhang mit dem **Umweltschutz** einschl des Klimaschutzes. Bereits vor dem Inkrafttreten des **UmweltHG** am 1.1.1991 (dazu Staudinger/*Kohler*, 2017, Umwelthaftungsrecht, m umfass Lit) hat die Rspr zu erkennen gegeben, dass sie den Besonderheiten einer Schädigung über den „Umweltpfad“ auch im Deliktsrecht Rechnung zu tragen bereit ist. Die Schwierigkeit der Anspruchsbegründung liegt hier vor allem im Beweis der **Kausalität** eines Verhaltens für den eingetretenen Schaden (Achillesferse der Umwelthaftung, MüKo/*Wagner* § 823 Rn 1053) und in der Pflichtwidrigkeit eines solchen Verhaltens (§ 823 Rn 133ff). Für den Kausalitätsbeweis hat der BGH mit Recht Erleichterungen bis hin zur Beweislastumkehr erwogen (BGHZ 92, 143, 146f). Für den Beweis der Pflichtverletzung durch eine Industrieemission hat er eine Beweislastumkehr nach dem Muster der Produzentenhaftung (§ 823 Rn 120ff) vorgenommen, BGHZ 92, 143, 150f. Diese Rspr ist nach wie vor relevant, da nach § 18 I UmweltHG eine weiterreichende Haftung nach anderen Vorschriften unberührt bleibt. Infolgedessen kann etwa ein höherer Schaden als 85 Mio € aus einer einheitlichen Umwelteinwirkung (§ 15 UmweltHG) geltend gemacht werden. IÜ gilt die Haftung nach dem UmweltHG nur für bestimmte, in einer Liste aufgeführte Anlagen (§ 3 UmweltHG). Dafür ist in § 6 I UmweltHG eine Vermutung der Kausalität, wie sie der BGH nur erwogen hatte, nunmehr Gesetz geworden. Sie gilt, wenn die Anlage geeignet ist, den entstandenen Schaden herbeizuführen, greift aber (§ 6 II UmweltHG) nicht ein, wenn der Betreiber der Anlage nachweist, dass die Anlage unter Einhaltung aller Bestimmungen störungsfrei betrieben worden war. Nicht bewältigt wird auch im UmweltHG das Problem der summierten Immissionen. Die sehr unklare Vorschrift des § 7 UmweltHG führt in solchen Fällen vielmehr dazu, dass die Kausalitätsvermutung überhaupt nicht mehr gilt. Wie das allg Deliktsrecht schützt auch das UmweltHG nur individuelle Güter, während die Umwelt selbst in erster Linie ein kollektives Gut ist. Versuche, die Umwelt durch extensive Auslegung in die Rechtsgüter Eigentum und Gesundheit, ins Allgemeine Persönlichkeitsrecht oder in den Kreis der sonstigen Rechte einzubeziehen, müssen als gescheitert angesehen werden. Die deliktsrechtl Anspruchsbegründung knüpft an die üblichen Merkmale einer Verkehrspflichtverletzung oder des Verstoßes gegen ein Schutzgesetz an. In der Verletzung von Standards zur Erhaltung oder Verbesserung der Umwelt kann zugleich der Verstoß gegen eine individualschützende Verkehrspflicht liegen (§ 823 Rn 133). Bei Verstößen gegen öffentlich-rechtl Umweltschutzvorschriften ist Anspruchsvoraussetzung vielfach, dass die Norm auch durch Verwaltungsakt ggü dem Verursacher konkretisiert worden ist (*Medicus* JZ 1986, 778, 783 str); außerdem erfüllen nicht alle Maßstäbe die Voraussetzungen einer Rechtsnorm iSd Art 2 EGBGB, bejahend für die Technischen An- 16 leitungen zB *Medicus* JZ 1986, 778, 783; schließlich ist der individualschützende Charakter solcher Vorschriften nicht immer offensichtlich, weitgehend bejahend zB *Diederichsen* BB 1988, 917ff. Zur Problematik insb Gutachten von *Marburger* und Referat von *Diederichsen* zum 56. DJT 1986; *v Bar*, Karlsruher Forum, 1987; *Gerlach*, Privatrecht und Umweltschutz im System des Umweltrechts, 1989; MüKo/*Wagner* § 823 Rn 553, 558f, 1045f; zum UmweltschadensG aufgrund der RL 2004/35/EG v 21.4.2004, die beide rein öffentlich-rechtl Regelungen und keinen individuellen Schadensersatzanspruch enthalten, *Petersen*, Die Umsetzung der UmwelthaftungsRL im UmweltschadensG, 2008.

17 **VI. Rechtsfolgen des Deliktsanspruchs. 1. Schadensersatz.** Die im Gesetz vorgesehene Rechtsfolge des Deliktsanspruchs ist die Gewährung von **Schadensersatz.** Dessen Inhalt richtet sich nach §§ 249ff. Außerdem enthalten §§ 842ff einige Sondervorschriften für den Deliktsanspruch.

18 Über diese Vorschriften hinaus wird bei deliktischen Verletzungen ua **für folgende Schäden** Ersatz geschuldet: Zu den Heilungskosten gehören nach der Rspr die Kosten für Besuche naher Angehöriger (BGH NJW 1979, 598; 1991, 2340; genauer *Lange/Schiemann* Schadensersatz § 6 IX 2); jedoch nicht die mit (sogar erheblichem) Zeitaufwand verbundene vermehrte elterliche Zuwendung wegen der Verletzung eines Kindes (BGHZ 106, 28). Bei der Eigentumsverletzung durch Ladendiebstahl kann Ersatz für eine vorher ausgesetzte „Fangprämie" verlangt werden (BGHZ 75, 230). Bei Äußerungsdelikten kann der Verletzte uU eine Anzeigenaktion zur Richtigstellung unternehmen und die erforderlichen Kosten als Naturalrestitution nach § 249 II 1 in gewissen Grenzen vom Schädiger verlangen (BGHZ 66, 182).

19 Andererseits wird der deliktische Schadensersatzanspruch im Rahmen der Zurechnung durch den **Schutzzweck der Norm** eingeschränkt. Für den Anspruch aus § 823 II ergibt sich dies bereits daraus, dass Ersatz nur wegen der Verletzung von Schutzgesetzen gewährt wird, der Charakter als Schutzgesetz aber nur dadurch festgestellt werden kann, dass gerade der eingetretene Schaden als Schutzobjekt der verletzten Norm verstanden wird. Bei § 823 I dient der Rechtswidrigkeitszusammenhang demselben Zweck wie die Lehre von der adäquaten Kausalität, bietet im Vergleich hierzu aber einen flexibleren Maßstab, so in BGHZ 27, 137 (dazu Vor § 249 Rn 36f und *Lange/Schiemann* Schadensersatz § 3 IX–XI mN).

20 **2. Unterlassung und Beseitigung. a) Unterlassungs- und Beseitigungsansprüche** sind strenggenommen keine Rechtsfolgen der deliktischen Haftung. Vielmehr ergeben sie sich dadurch, dass die negatorische bzw quasi-negatorische Haftung den gleichen Haftungsgrund und Schutzbereich wie die deliktische Haftung hat, also die gleichen Rechtsgüter und Rechte schützt (Rn 16). Als negatorische bzw quasi-negatorische Ansprüche sind die Unterlassungs- und Beseitigungsansprüche anders als die deliktischen Schadensersatzansprüche verschuldensunabhängig.

20a **b) Voraussetzung** der negatorischen bzw quasi-negatorischen Haftung ist zunächst, dass ein Schaden droht, der zu einem deliktischen Schadensersatzanspruch führen würde. Insoweit müssen alle Voraussetzungen der entspr deliktischen Haftungsnorm bis auf den Schadenseintritt, ggf die Rechtsguts- bzw Rechtsverletzung, die Kausalität und das Verschulden vorliegen. Insb muss eine Verhaltenspflicht bestehen und ihre Verletzung zumindest drohen. Hinzukommen muss das Bestehen einer Erstbegehungs- oder Wiederholungsgefahr, also eine hinreichende Wahrscheinlichkeit der Verwirklichung des Risikos des Schadenseintritts (*Wilhelmi* 292ff). Diese ist anhand einer Interessenabwägung zu bestimmen, die zwar grds aufgrund derselben Gesichtspunkte erfolgt, die auch bei der Feststellung einer Verkehrspflicht zu berücksichtigen sind, die aber tendenziell eine höhere Eintrittswahrscheinlichkeit erfordert als bei der Feststellung einer Verkehrspflicht (*Wilhelmi* 296ff).

21 Insb bedarf der negatorische Schutz einer Einschränkung, um eine Art Popularklage gegen Pflichtverletzungen zu vermeiden. Er setzt die drohende Verwirklichung des Risikos durch das Bestehen einer Erstbegehungs- oder Wiederholungsgefahr voraus (*Wilhelmi* 292ff; vgl auch *v Bar*, 25 Jahre Karlsruher Forum, 1983, 84ff).

22 So müssen bei einem Anspruch nach § 1004 I (analog) iVm § 823 I insb eine Verkehrspflichtverletzung vorliegen und eine Verletzung eines geschützten Rechtsguts oder Rechts und ein Schaden drohen. Bei einem Anspruch aus § 1004 I analog iVm § 823 II muss die Verletzung eines Schutzgesetzes und ein Schaden drohen, bei § 1004 I analog iVm § 826 ein sittenwidriges, auf Schädigung gerichtetes Verhalten vorliegen und ein Schaden drohen. Für die anderen deliktischen Haftungstatbestände gilt Entspr. Zu weiteren Einzelheiten des negatorischen Anspruchs § 1004 Rn 9ff, 63ff; Anh § 12 Rn 279ff.

23 c) Der quasi-negatorische Beseitigungs- und Unterlassungsanspruch hat besondere Bedeutung bei den **Äußerungsdelikten** (Verletzungen des Allgemeinen Persönlichkeitsrechts und der geschäftlichen Ehre nach § 824 oder als Eingriff in den Gewerbebetrieb nach § 823 I). Der Unterlassungsanspruch ist in solchen Fällen bei Schmähkritik auch gegen Meinungsäußerungen gegeben (Anh § 12 Rn 280 mwN). Der Beseitigungsanspruch in Gestalt eines **Widerrufs** ist hingegen nur ggü **Tatsachenbehauptungen** möglich, BGHZ 10, 104. Dieser Widerruf ist wegen seines weitergehenden Inhalts auch dann notwendig, wenn bereits eine presserechtl Gegendarstellung erfolgt ist. Der Verletzte trägt für die Unwahrheit der behaupteten Tatsache die volle Beweislast, während für Schadensersatz- und Unterlassungsansprüche nach § 823 II iVm § 186 StGB und nach § 14 UWG das Gegenteil gilt. Denn niemand soll gezwungen werden, etwas als unrichtig zu bezeichnen, was möglicherweise wahr ist (so BGHZ 37, 190) zweifelhaft; weitere Einzelheiten zum Widerruf und zu eingeschränkten Formen davon Anh § 12 Rn 292ff.

24 Ausgeschlossen ist die Klage auf Widerruf und Unterlassung ehrverletzender Äußerungen **während der Dauer eines Prozesses** ggü dem Vorbringen in diesem Prozess (BGH NJW 1971, 284; *Klein* NJW 2018, 3143), weil

sonst der Erstprozess hypothetisch im Widerrufsstreit mit entschieden werden müsste. Die Vollstreckung des Widerrufsurteils erfolgt nach § 888 I ZPO, nicht nach § 894 ZPO, hM. Ein Ausspruch der vorläufigen Vollstreckbarkeit ist nicht vorzunehmen, da ein „Widerruf des Widerrufs" unangebracht ist (*Ritter* ZZP 84, 163ff). Dieselbe Erwägung spricht auch gegen die Durchsetzung eines Widerrufs im Wege einstw Rechtsschutzes (MüKo/*Rixecker* § 12 Anh Rn 298).

3. Anspruchskonkurrenz. Trifft die Haftung aus Delikt mit einem Schadensersatzanspruch aus Vertrag oder einer anderen **Sonderverbindung**, etwa aus § 241 II, § 280 I, zusammen, besteht zw beiden Ansprüchen regelmäßig **Anspruchskonkurrenz** (BGHZ 9, 301; 66, 319, allg M). Die Voraussetzungen beider Anspruchskomplexe unterscheiden sich jedoch: Ersatz fahrlässig verursachter primärer Vermögensschäden kann nur aus Sonderverbindung verlangt werden; und §§ 278, 280 I 2 erleichtern dem Gläubiger von Ansprüchen aus Sonderverbindung die Anspruchsbegründung erheblich ggü §§ 823, 831. IÜ sind die Unterschiede weitgehend eingeebnet worden: Ersatz des immateriellen Schadens kann nach § 253 II auch bei vertragl und vertragsähnl Beziehungen verlangt werden. Die Verjährungsfrist nach §§ 195, 199 wie ihre Hemmung nach § 203 gelten für beide Anspruchsarten. 25

Im Konflikt zw vertrags- und deliktsrechtl Anspruchsvoraussetzungen besteht regelmäßig ein **Vorrang der vertragl Voraussetzungen.** So gilt eine vertragl Haftungserleichterung aufgrund ausdrückl Vereinbarung oder einer Vorschrift des dispositiven Gesetzesrechts auch für den Deliktsanspruch. Daher hat die Rspr die Beschränkung der Haftung auf schweres Verschulden nach §§ 521, 599, 690, 708 auf den Anspruch aus §§ 823ff angewendet (BGHZ 43, 192; 93, 23; aA für § 599 Jauernig/*Mansel* § 599 Rn 2; gegen die – analoge – Anwendung des § 599 auf die „Leihe" aus reiner Gefälligkeit ohne Vertrag auch BGH NJW 1992, 2474; aA für § 521 MüKo/*Wagner* Rn 89). Dasselbe muss für § 300 I gelten. Anders wird für die Haftung von Gesellschaftern (§ 708) und Ehegatten (§ 1359) im Straßenverkehr entschieden. Hier steht der BGH auf dem Standpunkt, es gebe keinen Raum für die Sorgfalt „in eigenen Angelegenheiten"; Verkehrsverhalten betreffe stets auch fremde Rechtsgüter (BGHZ 46, 313; BGH NJW 1992, 1227, krit zB *Medicus/Petersen* Rn 930). Ohne diese Einschränkung ergreift die Haftungsmilderung des ArbN bei betrieblicher Tätigkeit den deliktischen Anspruch, st Rspr des BAG. Ausdr auf die deliktische Haftung erstreckt sich die Regelung des Frachtvertrags nach § 434 HGB (mit Einschränkungen bei Ansprüchen Dritter, Abs II und dazu BGH NJW 2007, 58; anders zum früheren § 430 HGB BGHZ 46, 140). Zur Privilegierung des Luftfrachtführers nach § 48 I 2 LuftVG BGHZ 76, 32, zur Konkurrenz des Gewährleistungsrechts aus Kauf- und Werkvertrag mit der Eigentumsverletzung nach § 823 I genauer § 823 Rn 28, 124f. 26

4. Ausschluss der Haftung. Die Haftung aus unerlaubter Handlung kann auch **durch besondere Vereinbarung** von vornherein ausgeschlossen werden. Grenzen ergeben sich aus § 138, § 276 I, III, § 307, § 309 Nr 7 (BGHZ 67, 359; BGH NJW 1979, 2148), für die Gefährdungshaftungen ferner aus § 7 HaftpflG, § 8a StVG, § 49 LuftVG, § 92 AMG, § 14 ProdHaftG. Vom vertragl Haftungsausschluss ist die Rechtfertigung einer Rechtsverletzung durch **Einwilligung** zu unterscheiden, dazu § 823 Rn 147. Liegt ein wirksamer Ausschlussvertrag vor, kann dieser auch die Haftung anderer Haftpflichtiger für denselben Schadensfall beeinflussen, dazu § 840 Rn 8. Die Möglichkeit, den Ausschlussvertrag konkludent („stillschw") abzuschließen, darf nicht zur Fiktion eines Haftungsausschlusses durch den Richter führen, dazu BGHZ 41, 79; BGH NJW 1980, 1680; bedenklich Dresden VersR 1998, 1027. Praktisch wichtig ist dies vor allem für Gefälligkeitsfahrten und für die Mitwirkung am Mannschaftskampfsport. 27

Erwägenswert ist bei **Gefälligkeiten** jedoch die analoge Anwendung der §§ 521, 599, 690, wonach der unentgeltlich Tätige nur für grobe Fahrlässigkeit haftet oder allenfalls für die Sorgfalt in eigenen Angelegenheiten einzustehen hat: Wenn schon unentgeltliche Verträge eine haftungsbeschränkende Wirkung haben, muss dies erst recht für solche Verhältnisse gelten, die so sehr in der Sphäre der Gefälligkeit bleiben, dass nicht einmal eine vertragl Bindung herbeigeführt wird (*Medicus/Petersen* Rn 369; *Flume* AT II § 7, 6). Der entgegenstehenden Rspr (etwa RGZ 145, 390; BGHZ 21, 102; BGH NJW 1992, 2474) ist daher grds nicht zu folgen. Im praktisch wichtigsten Fall der **Gefälligkeitsfahrt** mit einem Kraftfahrzeug besteht jedoch kein Grund für eine Haftungsbeschränkung: Wer schon gefällig ist, will dem Begünstigten dadurch nicht dessen Direktanspruch gegen die Versicherung (§ 115 VVG) nehmen (ähnl MüKo/*Wagner* Rn 93f). Keine Gefälligkeit liegt bei einer Probefahrt mit einem Vorführwagen oder einem Gebrauchtwagen vor. In der entspr Situation würde nicht einmal ein Entleiher beschränkt haften. Dennoch hat der BGH in solchen Fällen unter Berufung auf § 242 einen „stillschw Ausschluss" der Haftung angenommen, wenn der eingetretene Schaden nicht durch eine Versicherung gedeckt war (BGH NJW 1979, 643; 1980, 1681). Einige Entscheidungen hierzu beruhten auf dem geradezu anstößigen, inzwischen geänderten Deckungsausschluss nach § 11 Nr 3 AKB aF. Der richtigere Ansatz wäre daher die Verwerfung dieser Bestimmung gewesen. Im Allg sollte man auch hier die Haftungsausschlussfiktion vermeiden. Im Fehlen eines Versicherungsschutzes kann jedoch ein **Mitverschulden** des Halters nach § 254 liegen. Bei einem gewerblichen Kfz-Verkäufer wird dieser Gesichtspunkt meist so schwer wiegen, dass keine Haftung des leicht fahrlässigen Fahrers mehr übrig bleibt. 28

Gleichfalls nach § 254 zu beurteilen ist das **Handeln auf eigene Gefahr.** Es liegt auf Seiten des Verletzten bei einer Gefälligkeitsfahrt vor, wenn dieser sich an der Fahrt trotz Kenntnis gefahrerhöhender Umstände beteiligt hat (grundlegend BGHZ 34, 355). Das Handeln auf eigene Gefahr spielt auch bei Sportverletzungen eine Rolle, dazu § 823 Rn 104. Allg zum Handeln auf eigene Gefahr auch § 254 Rn 49ff. 29

30 **5. Ersatzberechtigte Personen.** Sinn des Systems beschränkter Generalklauseln, insb des Numerus clausus geschützter Rechtsgüter in § 823 I ist es ua, den **Kreis ersatzberechtigter Personen** einzugrenzen: Vor allem aus der Notwendigkeit einer Rechtsgutverletzung als Voraussetzung der Haftung nach § 823 I, aber auch aus der Zugehörigkeit zum Schutzbereich eines Gesetzes nach § 823 II oder der Betroffenheit durch das sittenwidrige und vorsätzliche Verhalten nach § 826 ergibt sich eine Unterscheidung von unmittelbaren und mittelbaren Schäden. Wer nur einen mittelbaren Schaden erlitten hat, ist deliktsrechtl „Dritter" und grds nicht zum Schadensersatz berechtigt. Dies gilt etwa für den ArbGeb, dessen ArbN verletzt worden ist: Zwar hat er nach § 6 EFZG einen übergegangenen Anspruch des ArbN selbst wegen der Lohn- oder Gehaltsfortzahlung. Ein Ersatz des „Mehrwerts", den der ArbGeb aus der Beschäftigung des ArbN zieht, ist hingegen nicht vorgesehen. Nur ausnahmsw können Dritte nach §§ 844f Ansprüche geltend machen, wenn der unmittelbar Verletzte getötet worden ist. Genauer zu den gesetzl Ausnahmen einer Schadensverlagerung sowie zur Drittschadensliquidation Vor § 249 Rn 118ff. Kein Drittschaden liegt vor, wenn auf dem „Umweg" über einen unmittelbar Verletzten ein Dritter wiederum eine Rechtsgutverletzung erlitten hat, so beim Schockschaden der Mutter durch den Unfall ihres Kindes, dazu § 823 Rn 20.

31 **VII. Prozessuales. 1. Gerichtsstand.** Dies ist für Klagen aus unerlaubter Handlung nach § 32 ZPO (nicht ausschließlich) der Begehungsort, dh jeder Ort, wo auch nur ein einzelnes Tatbestandsmerkmal der Handlung verwirklicht worden ist (Stein/Jonas/*Roth*[23] § 32 ZPO Rn 26ff). Der Ort des Schadenseintritts ist nicht maßgeblich. Ausschlaggebend für die Zulässigkeit ist – wie auch sonst – der Vortrag des Klägers, nicht dessen Beweisbarkeit. Bei Anspruchskonkurrenz mit Vertragsrecht gilt § 32 ZPO für alle Anspruchsbegründungen (BGHZ 153, 173; krit dazu aber Soergel/*Spickhoff* Rn 125). Die besondere Zuständigkeit nach § 14 UWG schließt § 32 ZPO nicht aus (BGHZ 41, 314), sofern zugleich die Voraussetzungen einer unerlaubten Handlung in Anspruchskonkurrenz erfüllt sind. Sondervorschriften für die Zuständigkeit: § 20 StVG, für die Haftung wegen einer umweltschädigenden Anlage nach UmweltHG § 32a ZPO; s auch Art 5 Nr 3 EuGVVO als vorrangige Vorschrift ggü § 32 ZPO. – Eine Restschuldbefreiung nach §§ 286ff InsO ist auch für Ansprüche aus unerlaubter Handlung möglich, BGH NJW 2007, 2854.

32 **2. Beweislastverteilung.** Der Verletzte trägt nach allg Regeln die **Beweislast** für alle anspruchsbegründenden Tatsachen einer unerlaubten Handlung, also hinsichtl des Verhaltens des Schädigers, der Kausalität, des Verletzungserfolges, des Schadens, ferner regelmäßig der Pflichtverletzung und des Verschuldens. Nur soweit die Rechtswidrigkeit indiziert wird (dazu § 823 Rn 146), hat der Schädiger das Vorliegen eines Rechtfertigungsgrundes darzulegen und zu beweisen. Das Gesetz hilft dem Geschädigten in den Fällen der § 831 I 2, § 832 I 2, § 833 S 2, § 834 S 2, § 836 I 2 und § 838 durch eine **Umkehr der Beweislast**: Dort hat der Schädiger zu beweisen, dass ihn kein Auswahl- und/oder Überwachungsverschulden trifft. Zur Entwicklung weiterer Fälle einer Beweislastumkehr durch die Rspr vgl § 823 Rn 121 (Produzentenhaftung) und § 823 Rn 127ff (allg Berufshaftung); s auch schon Rn 16 (Umweltschäden). Der Gedanke, im Deliktsrecht allg die Beweislast umzukehren, wenn das normwidrige Verhalten das Risiko des Schadenseintritts erhöht hat (so *Deutsch*, Haftungsrecht, Rn 324), hat bisher zu Recht wenig Anhänger gefunden (ausdr abl *Stoll* AcP 176, 175f; einschr Soergel/*Spickhoff* § 823 Rn 163). Hiermit verwandt ist jedoch der Gedanke der Ingerenz nach § 848. Auch kann den Schädiger eine letztlich zum Schutz eines Rechtsguts begründete berufliche Pflicht treffen, für die Beweissicherung zu sorgen (vgl zu den Informationserhebungspflichten ausf *Möllers* 86ff, 217ff).

33 Große Bedeutung für das Recht der unerlaubten Handlung haben der **Beweis des ersten Anscheins** (Prima-facie-Beweis) und die freie Beweiswürdigung nach § 287 ZPO, zu beidem ausf Vor § 249 Rn 182ff; zu Einzelfällen bei der Produzentenhaftung § 823 Rn 122.

34 **3. IPR.** Zum **Internationalen Privatrecht** des Deliktsstatuts vgl Erl zu Art 40ff EGBGB und zur Rom II-VO.

35 **VIII. Deliktsrecht außerhalb des BGB.** Materielles Deliktsrecht mit der Folge der Anwendbarkeit allg Vorschriften wie §§ 195, 199 für die Verjährung und § 253 II findet sich in weitem Umfang außerhalb des BGB, zB im Recht des gewerblichen Rechtsschutzes und des Urheberrechts. Zum Recht der unerlaubten Handlungen iwS gehören auch die Gefährdungshaftungen, insb seitdem nach § 253 II ein Schmerzensgeld verlangt werden kann.

35a **IX. Deliktsrecht und Verfassungsrecht.** Das Deliktsrecht ist an der **Verfassung** zu messen und muss daher iSd Untermaßverbotes einen Mindestschutz der durch die Verfassung geschützten Rechtsgüter und Rechte auch ggü Eingriffen durch Private beinhalten (vgl MüKo/*Wagner* Rn 79; *Wilhelmi* 30ff); etwa ggü grob fahrlässigem Verhalten von Sachverständigen (BVerfGE 49, 304, 316ff). Dabei stehen sich sowohl auf der Seite des Geschädigten als auch des Schädigers verfassungsrechtl geschützte Interessen ggü, die nach den Grundsätzen der praktischen Konkordanz gegeneinander abzuwägen sind (Staudinger/*Hager* Rn 72). Die Grundrechte, aber auch die Staatsziele fließen in die Bestimmung der Verhaltenspflichten, insb der Verkehrspflichten, ein (vgl Soergel/*Spickhoff* Rn 21), aber etwa auch der Sittenwidrigkeit im Rahmen des § 826. Darüber hinaus spielt das Verfassungsrecht etwa auch bei der Erweiterung des deliktischen Schutzes auf das Allgemeine Persönlichkeitsrecht und den eingerichteten und ausgeübten Gewerbebetrieb sowie bei der Modifizierung der Beweislastverteilung eine Rolle (näher Staudinger/*Hager* Rn 73).

36 **X. Europäisierung des Deliktsrechts.** Noch weitgehend in der Zukunft liegt der Einfluss des europäischen Gemeinschaftsrechts auf das dt Deliktsrecht. Unmittelbar relevant war die ProdukthaftungsRL, die als ProdHaftG ins innerstaatliche dt Recht umgesetzt worden ist, freilich richtiger Ansicht nach in der „Spur" der Gefährdungshaftung (Rn 4). Mittelbaren Einfluss auf das Deliktsrecht hat der europarechtl Konsumentenschutz durch den

Ausschluss von vertragl Haftungsprivilegien, vgl insb oben Rn 27 zu §§ 307ff. Die vor allem von zwei Forschergruppen betriebene Vorarbeit für eine Angleichung der nationalen Deliktsrechte in Europa ist inzwischen bis zu Gesetzentwürfen fortgeschritten, insb in Gestalt der Principles of European Tort Law, ZEuP 2004, 427ff und dazu *Koziol* ZEuP 2004, 234ff; *Magnus* ZEuP 2004, 526ff. Zu den parallelen Bemühungen der Study Group on a European Civil Code *v Bar* ZEuP 2001, 515ff und als Grundlagenwerk *v Bar*, Gemeineuropäisches Deliktsrecht, 1996/99; zum Deliktsrecht im gemeinsamen Referenzrahmen (DCFR) *Eidenmüller* ua JZ 2008, 529, 539ff.

§ 823 Schadensersatzpflicht

(1) Wer vorsätzlich oder fahrlässig das Leben, den Körper, die Gesundheit, die Freiheit, das Eigentum oder ein sonstiges Recht eines anderen widerrechtlich verletzt, ist dem anderen zum Ersatz des daraus entstehenden Schadens verpflichtet.

(2) Die gleiche Verpflichtung trifft denjenigen, welcher gegen ein den Schutz eines anderen bezweckendes Gesetz verstößt. Ist nach dem Inhalt des Gesetzes ein Verstoß gegen dieses auch ohne Verschulden möglich, so tritt die Ersatzpflicht nur im Falle des Verschuldens ein.

I. Allgemeines. 1. Wortlaut der gesetzlichen Regelung. Der **Wortlaut** der gesetzl Regelung des § 823 enthält prima facie **zwei verschiedene Konzeptionen: § 823 I** hebt aus der Fülle der Güter und Rechte einen Katalog besonders schutzbedürftiger oder schützenswerter Positionen heraus und sanktioniert deren schuldhafte Verletzung, wenn diese nicht aus besonderen Gründen gerechtfertigt ist, durch Schadensersatzansprüche. Diese Vorschrift ist also zunächst **rechtsgutsorientiert**. Demggü begründet **§ 823 II** Ersatzpflichten, wenn jemand schuldhaft gegen ein in einer Rechtsnorm enthaltenes Verhaltensgebot verstoßen hat und durch den Verstoß ein Schaden entstanden ist, dessen Verhinderung im Schutzzweck der verletzten Norm liegt. Diese Vorschrift ist also **verhaltensorientiert**. Die Regelung des BGB unterscheidet sich hiermit grundlegend von den naturrechtl geprägten Rechtsordnungen, die das allg Verhaltensgebot des neminem laedere (= schädige niemanden) in Form einer deliktischen Generalklausel gesetzl niedergelegt haben (zB Art 1382 Code Civil). § 823 II folgt vielmehr nur dem einfachen Gedanken, dass in anderen Bereichen des Rechts geltende Verbote aufgrund der Einheit der Rechtsordnung auch für das Recht der unerlaubten Handlungen maßgeblich sein sollen, und § 823 I schließt die von der lex Aquilia (vermutlich 286 v Chr) begründete römischrechtl Tradition größtmöglicher tatbestandlicher Fixierung der Ersatzpflichten ab (dazu genauer HKK/*Schiemann* §§ 823ff Rn 20ff, 31ff). Die rechtspolitische Tendenz dieser Gesetzgebungstechnik lässt sich als das Streben nach weitgehender **Bewegungsfreiheit für die Bürger** beschreiben. Sie fand zur Zeit der Entstehung des BGB unter dem beherrschenden Einfluss des Liberalismus besonders großes Verständnis; gegen die Relevanz dieses Gedankens im Umfeld des heutigen Haftungs- und Versicherungssystems *Jansen* 66ff; für Relevanz hingegen *Canaris* FS Larenz, 1983, 35ff. 1

2. Rechtsfortbildung bei § 823 I. Die **Entwicklung der Rspr** und ihr folgend die der hL hat sich inzwischen von dieser Konzeption weit entfernt. Auch die Haftungsbegründung nach **§ 823 I** ist heute **verhaltensorientiert**. Gelegentlich gibt sich die Rspr bei § 823 I nicht mehr damit zufrieden, die Kausalität zw einem Verhalten und der eingetretenen Verletzung eines Rechtsguts festzustellen, sondern verlangt, dass die Verletzung und der Schaden dem **Schutzzweck** des Gesetzes entsprechen oder – was dasselbe sagt – im Schutzbereich der verletzten Norm (auch: Rechtswidrigkeitszusammenhang) liegt. Hiermit wird ein Element des verhaltensorientierten Abs II in die Auslegung des Abs I hineingetragen. Die Abwägung zw der Handlungsfreiheit des Schädigers und dem Integri- 2 tätsinteresse des Geschädigten ist in solchen Fällen nicht schon durch die Betroffenheit des Rechtsguts gesetzl vorgezeichnet. Die in der Aufnahme des Rechtsguts in den Katalog des § 823 I enthaltene Verhaltensnorm zur Rücksichtnahme auf das Rechtsgut ist vielmehr von Fall zu Fall mit unterschiedlicher Intensität zu entwickeln. Praktische Bedeutung hat dies insb bei psychisch vermittelten und mittelbaren, weiter entfernt liegenden Verletzungsfolgen gewonnen (dazu im Einz Vor § 249 Rn 45, 55ff). Teilw wird der Bewertungsvorgang freilich durch die Verwendung empirisch-psychischer Kategorien verdeckt („Herausforderung", BGH JZ 1967, 639; BGHZ 58, 162; 63, 189; 132, 164; zu den Grenzen BGH NJW 1990, 2885; zur Einordnung in die Zurechnungslehre *Jansen* 576ff).

3 Eine ähnl Verfahrensweise zeichnet sich beim **Eigentumsschutz** ab, wenn weder das Recht noch die Sachsubstanz verletzt worden ist, sondern allein der Gebrauch der Sache. Um die Grenze zum gesetzl nicht vorgesehenen Schutz des Vermögens als solchem einzuhalten, differenziert etwa BGHZ 63, 203, 206 nach der Verhaltensweise des Schädigers (Objektbezogenheit des Eingriffs). Wiederum genügt die Feststellung einer Betroffenheit des Rechts nicht zur Begründung der Ersatzpflicht, dazu genauer Rn 31ff.

4 Während bei den zuletzt genannten beiden Bsp die Entwicklung zu einer verhaltensorientierten **Einengung** des Rechtsgüterschutzes verläuft, enthält die Anerkennung des Allgemeinen Persönlichkeitsrechts und des Rechts am eingerichteten und ausgeübten Gewerbebetrieb als „sonstiges Recht" eine wesentliche **Ausweitung** des Schutzbereichs von § 823 I. Gerade deshalb genügt bei diesen Rechten die Betroffenheit, also der Verletzungserfolg, idR nicht zur Haftungsbegründung. Für den Gewerbebetrieb wird sie – der „Herausforderung" oder der „Objektbezogenheit" vergleichbar – vielfach jew durch die „Betriebsbezogenheit" des Eingriffs begründet (Rn 63). Auch darin steckt eine Orientierung am Verhaltensunwert, der bei beiden „Rahmenrechten" (*Fikentscher/Heinemann* Schuldrecht[12] Rn 1571) oft überhaupt erst durch eine **Güter- und Interessenabwägung** begründet werden kann.

5 Weder eindeutig haftungserweiternde noch eindeutig haftungsverengende Wirkung haben bei genauer Betrachtung die **Verkehrspflichten**, die den letzten hier zu erwähnenden Bereich von Verhaltensnormen im Rahmen des § 823 I ausfüllen: Am historischen Ausgangspunkt, bei der Zurechnung eines Unterlassens, dienten die Verkehrspflichten zwar der Begründung des Tatbestandes einer unerlaubten Handlung überhaupt. Bei den in einem positiven Tun enthaltenen Verkehrspflichtverletzungen zeigt das Stichwort der Verkehrspflicht demggü aber an, dass die fragliche Verhaltensweise **„an sich"** gerade **erlaubt** ist, obwohl sie zu einer (mittelbaren) Beeinträchtigung von Rechtsgütern geführt hat. Verhalten und kausaler Verletzungserfolg sollen entgegen dem ursprüngl Modell des § 823 I (dazu aber Rn 11) nicht zur Haftungsbegründung genügen, eingehend Rn 75f.

6 **3. Einordnung der Verkehrspflichten und der Rahmenrechte.** Die Verkehrspflichten und der Schutz des Rechts am Gewerbebetrieb und des Allgemeinen Persönlichkeitsrechts als Rahmenrechte werden zum Teil neben dem traditionell erfolgsorientierten **§ 823 I** und dem verhaltensorientierten **§ 823 II** als ein **„Mittelbereich"** aufgefasst, der zwar bei § 823 I angesiedelt sei, bei dem der Verletzungserfolg und dessen Verursachung durch ein Verhalten des Schädigers jedoch nicht zur Begründung einer tatbestandlich rechtswidrigen unerlaubten Handlung genüge, so dass das Modell des „Erfolgsunrechts" nicht passe (Erman/*Schiemann*[14] Rn 6). Die Verkehrspflichten sind jedoch nicht bei § 823 II zu verankern (so aber *Deutsch* Haftungsrecht, Rn 106; *v Bar* Verkehrspflichten, S 157ff), sondern bei § 823 I, was nicht nur der gesetzl Grundentscheidung gegen die „große Generalklausel" entspricht (vgl MüKo/*Wagner* Rn 442, Staudinger/*Hager* Rn E 5), sondern auch ihrer haftungsbegründenden Funktion im Rahmen des § 823 I. Die Zuordnung des Rechts am Gewerbebetrieb und des Allgemeinen Persönlichkeitsrechts zum „sonstigen Recht" unterstreicht die Notwendigkeit, eine **besondere Begründung für den gleichen Rang** von Beeinträchtigungen dieser Rechte mit der Verletzung „klassischer" Rechte und Rechtsgüter zu geben. Bleiben die Rahmenrechte und die Verkehrspflichten mit § 823 I verknüpft, tritt die Verbindung mit den anderen Problemzonen dieses Absatzes deutlicher hervor, zB die Verwandtschaft zw der Güter- und Interessenabwägung bei den Rahmenrechten und der Überlagerung der Kausalität durch den Schutzzweck der Norm oder die Ähnlichkeit der Betriebsbezogenheit des Eingriffs in den Gewerbebetrieb mit der Objektbezogenheit der Eigentumsverletzung.

7 **4. Verhaltensunrecht in Abs I und II.** Die Frage nach den **richtigen Wertungen** zur Begründung von Verkehrspflichten, Schutzzwecken und Güterabwägungen wird in Lit und Rspr durch die Auseinandersetzung um **Verhaltens- und Erfolgsunrecht** (finale und kausale Handlungslehre) belastet (Überblick über den Streitstand MüKo/*Wagner* Rn 5ff mN). Nach hier vertretener Ansicht gilt **die Lehre vom Verhaltensunrecht** nicht nur für § 823 II, sondern trotz seiner Rechtsgutsorientierung auch für § 823 I (*Wilhelmi* 117f). Entgegen der **Lehre vom Erfolgsunrecht** (BGHZ 118, 201, 207; BeckOK/*Förster* Rn 20; Jauernig/*Teichmann* Rn 48ff) und der wohl herrschenden **Kombinationslehre** (BeckOGK/*Spindler* Rn 79; Grü/*Sprau* Rn 24; PWW/*Schaub* Rn 13; Staudinger/*Hager* Rn H 16; *Larenz/Canaris* II 2 § 75 II 3) setzt er neben der Verletzung eines geschützten Rechtsguts oder Rechts stets einen Verstoß gegen Verhaltenspflichten voraus. Nicht nur Verletzungen durch Unterlassen und mittelbare Verletzungen setzen im Tatbestand den Verstoß gegen eine Verkehrspflicht voraus, sondern auch unmittelbare und vorsätzliche Verletzungen. Denn bei unmittelbaren Verletzungen werden damit nicht nur die Abgrenzungsprobleme zwischen Begehungs- und Unterlassungsdelikten sowie unmittelbaren und mittelbaren Verletzungen vermieden, sondern es stellt sich wie bei mittelbaren Verletzungen auch die Frage, ob und unter welchen Bedingungen eine unmittelbare Verletzung der geschützten Rechtsgüter und Rechte zumutbar vermeidbar ist, wie bereits § 906 I und II 1 zeigen, wo auch für unmittelbare Beeinträchtigungen nicht gehaftet wird, wenn kein Verstoß gegen einen Verhaltensstandard vorliegt (*Wilhelmi* 112ff, ähnl MüKo/*Wagner* Rn 21f). Auch

wird unter den Bedingungen des modernen Zusammenlebens relativ häufig bedingter Vorsatz vorliegen, ohne dass die Verletzung zumutbar vermeidbar ist, so dass auch hier die Notwendigkeit besteht, die Haftung auf unerlaubte Risiken zu beschränken (MüKo/*Wagner* Rn 24; *Wilhelmi* 115f).

Demggü ist der vom GrS des BGH eingeführte **Rechtfertigungsgrund des** „sozialadäquaten" oder **„verkehrsrichtigen" Verhaltens** (BGHZ 24, 21, 25ff) abzulehnen. Er läuft auf eine falsche Verteilung der Darlegungs- und Beweislast hinaus; denn wenn ein Verhalten wirklich sozialadäquat ist, dann ist es im wörtlichen Sinne normal, also der Regel gem und auch regelrecht (vgl MüKo/*Wagner* Rn 25; *Larenz/Canaris* II 2 § 79 III 2c). Wer sich so verhält, braucht dies sonst gerade nicht zu beweisen. Der BGH selbst hat denn auch den Rechtfertigungsgrund des verkehrsrichtigen Verhaltens seit geraumer Zeit nicht mehr herangezogen. 8

Indem die Verletzung einer Verhaltenspflicht die Haftung begründet, gehört sie nicht erst zur Rechtswidrigkeit (so *Esser/Weyers* § 55 II 3 b; *v Bar* 174f) oder zum Verschulden (so RGRK/*Steffen* Rn 140), sondern sowohl bei Fahrlässigkeits- als auch bei Vorsatzdelikten bereits zum **Unrechtstatbestand** (MüKo/*Wagner* Rn 26; *Wilhelmi* 116f; vgl auch BGH NJW 1987, 2671, 2672; Soergel/*Krause* § 823 Anh II Rn 15). Allerdings bedeutet dies noch nicht, dass Fahrlässigkeit und Vorsatz nur obj zu verstehen und allein dem Unrecht zuzuordnen sind (so aber MüKo/*Wagner* Rn 38ff, 61ff). Vielmehr kommt dem Verschulden ggü dem Unrecht eine eigenständige Bedeutung zu, deren Konsequenz die Subjektivierung des Verschuldens ist (*Wilhelmi* 314ff). Dafür spricht nicht nur der überkommene dreistufige Deliktsaufbau, sondern auch die den §§ 827f zugrundeliegenden Wertungen, denen sich entnehmen lässt, dass die Verantwortlichkeit entfällt oder gemindert wird, wenn dem Schädiger die Einhaltung der obj Sorgfaltsstandards nicht möglich ist, weil es ihm aus in seiner Person liegenden Gründen an der dazu notwendigen Einsichts- oder Steuerungsfähigkeit mangelt (*Wilhelmi* 327ff; s auch § 827 Rn 2; anders MüKo/*Grundmann* § 276 Rn 55). Zudem folgt aus der Funktion des Deliktsrechts, Handlungs- und Freiheitssphären zu gewährleisten und gegeneinander abzugrenzen, dass die Handlungsfreiheit und die freie Entfaltung der Persönlichkeit auch für solche Menschen nicht unzumutbar eingeschränkt werden dürfen, die die obj Sorgfaltsstandards aus in ihrer Person liegenden Gründen nicht einhalten können, so dass sich das Problem der existenzbedrohenden Haftung für subj Schwächen stellt (*Wilhelmi* 339ff). 9

Die Verhaltenspflichten folgen für § 823 II aus dem jeweiligen **Schutzgesetz**, für § 823 I aus den **Verkehrspflichten**. Sie sind auf die Vermeidung eines Erfolgs gerichtet und beziehen sich auf das Risiko des Erfolgseintritts, so dass sie der Verteilung und Steuerung von Risiken dienen (*Wilhelmi* 132ff). Dabei können die Verkehrspflichten nicht direkt aus dem Gesetz entnommen werden, sondern sind auf der Grundlage der gesetzl Wertungen zu entwickeln und setzen insb die Zurechenbarkeit des Risikos und eine Abwägung der Interessen des Schädigers, des Geschädigten und der Allgemeinheit voraus (*Wilhelmi* 177ff; näher Rn 80). 10

Die Verkehrspflichten sind dabei **nicht „contra legem"** entwickelt worden (so aber *v Bar* 25). Sie führen auch nicht zu einem allg Erfolgsverursachungsverbot (so aber *Fraenkel* Tatbestand und Zurechnung bei § 823 Abs 1 BGB, 1979, 53, 242). Vielmehr war die Haftung für mittelbare Verletzungen und für Unterlassen bereits im gemeinen Recht als Weiterentwicklung der lex Aquilia anerkannt, woran der Gesetzgeber des BGB nichts ändern wollte (MüKo/*Wagner* Rn 435f; Soergel/*Krause* § 823 Anh II Rn 7; *Kleindiek* 96ff). Zudem führen die Verkehrspflichten gerade dazu, dass nicht bereits für die Verursachung eines Erfolgs gehaftet wird, sondern erst für die Verletzung einer Verhaltenspflicht (vgl *Wilhelmi* 133f). 11

II. Voraussetzungen des § 823 I im Allgemeinen. Die Haftung aus § 823 I setzt zunächst eine **Verletzung der dort aufgeführten Rechtsgüter** und **Rechte** voraus (Rn 15). Dabei muss beim Recht am eingerichteten und ausgeübten Gewerbebetrieb und beim Allgemeinen Persönlichkeitsrecht zu der Verletzung die Feststellung der Rechtswidrigkeit anhand einer Güter- und Interessenabwägung hinzukommen. 12

Sodann muss ein **menschliches Verhalten** vorliegen, das eine Verkehrspflicht verletzt (Rn 74). Dabei setzen die Verkehrspflichten die Zurechenbarkeit eines Risikos und eine Interessenabwägung voraus. Besondere Verkehrspflichten sind im Rahmen der Produzentenhaftung (Rn 108ff) und der deliktischen Berufshaftung (Rn 126ff) entwickelt worden. 13

Weitere Voraussetzungen sind der **Eintritt eines Schadens** (Rn 144) sowie die haftungsbegründende Kausalität und Zurechnung zwischen Verkehrspflichtverletzung und Rechtsguts- bzw Rechtsverletzung sowie die haftungsausfüllende Kausalität und Zurechnung zwischen Rechtsguts- bzw Rechtsverletzung und Schaden (Rn 145). Schließlich müssen Rechtswidrigkeit (Rn 146) und Verschulden (Rn 152) vorliegen. 14

III. Verletzung eines geschützten Rechtsguts oder Rechts. Der Schadensersatzanspruch aus § 823 I setzt zunächst die Verletzung eines geschützten Rechtsguts oder Rechts voraus. Dies hat zur Konsequenz, dass die Verletzung einer Verhaltenspflicht nicht genügt und reine Vermögensschäden nicht erfasst werden. Neben den in der Vorschrift genannten Rechtsgütern und Rechten werden auch das Recht am eingerichteten und ausgeübten Gewerbebetrieb und das Allgemeine Persönlichkeitsrecht geschützt. 15

1. Verletzung des Lebens, des Körpers und der Gesundheit. a) Das **Leben** ist das wichtigste Rechtsgut des § 823 I. Verletzung des Lebens, also Tötung bedeutet aber auch Beseitigung des Rechtsträgers. Tote haben keine Ansprüche. Ersatzberechtigt aus der Verletzung des Lebens sind die Angehörigen des Verletzten. Für deren Ansprüche enthalten §§ 844ff Spezialregelungen. Rechtspolitisch wird immer häufiger darüber hinaus ein Schmerzensgeld für Angehörige gefordert (vgl *Wagner* 66. DJT A 62ff; BT-Drs 18/11397). Soweit der Getötete zuvor noch Ansprüche aus Gesundheitsverletzung erworben hatte, können diese als Teil des Nachlasses auf die Erben übergehen, seit 1.7.1990 (Abschaffung des § 847 I 2 aF) auch der Anspruch auf Schmerzensgeld. Bedeutsam ist 16 dies vor allem bei Geschädigten, die durch die Schwere der Verletzung die **Wahrnehmungsfähigkeit** für ihr Leiden überhaupt **verloren** haben. Auch dies ist eine schwerste Beeinträchtigung, für die ein Schmerzensgeld mit Ausgleichsfunktion angemessen ist (und nicht mehr nur eine Leistung symbolischen Charakters, wie noch nach BGH NJW 1982, 2123), nicht nur in Fällen langdauernder Wirkung einer Persönlichkeitszerstörung (BGHZ 120, 1; BGH NJW 1993, 1531), sondern inzwischen auch beim alsbaldigen Tod des Verletzten (BGHZ 138, 388). Wacht der Verletzte gar nicht mehr aus dem Koma auf und stirbt kurze Zeit nach der Verletzung, soll ein Schmerzensgeldanspruch zu verneinen sein (BGHZ 138, 388). Zu den sehr unterschiedlichen Beträgen (5 000–70 000 €), die von der Rspr gewährt worden sind, *Lange/Schiemann* Schadensersatz § 7 V 3 mN.

17 **b)** Der **Schutz des menschlichen Körpers** hat kaum eigene Bedeutung neben dem Gesundheitsschutz. Oft werden Körper und Gesundheit undifferenziert in einem Atemzug genannt. Dies ist auch verständlich, weil sich die Rechtsfolgen der Verletzung beider Rechtsgüter vollständig entsprechen. Im Vordergrund des Begriffsfeldes „Körper" steht die Unantastbarkeit der persönlich-leiblichen Sphäre (RGRK/*Steffen* Rn 8; Grü/*Sprau* Rn 4, vgl auch BGH NJW 1980, 1453; BGHZ 114, 284: HIV-Infektion schon vor Ausbruch von Aids); als Gesundheitsverletzung ist eher die Störung der körperlichen Funktionen anzusehen. Als Verletzung des Körpers hat BGHZ 124, 52 die Vernichtung eingefrorenen Spermas bewertet. Die Bewahrung der Übertragungsmöglichkeit für die genetische Information ist aber ein typisches Persönlichkeitsmerkmal und hat die Verbindung zu körperlichen Funktionen des Samenspenders gerade verloren. Durch eine Einordnung beim Allgemeinen Persönlichkeitsrecht setzt die Ersatzfähigkeit für den immateriellen Schaden freilich einen schweren Eingriff voraus, der aber bei einer Samenspende zur Erhaltung des Erbgutes wegen drohender Unfruchtbarkeit wie im BGH-Fall vorliegen dürfte. Für die Einordnung beim Allgemeinen Persönlichkeitsrecht auch MüKo/*Wagner* Rn 196; Soergel/*Spickhoff* Rn 34. – Ein tatbestandlicher Eingriff in die körperliche Integrität ist nach überwiegender Ansicht die ärztliche Behandlung ohne Einwilligung, vgl § 630d und Erl dazu. Eine Körperverletzung ist auch eine durch ärztlichen Kunstfehler „herausgeforderte" freiwillige Nierenspende, so BGHZ 101, 215.

18 Eher eine Verletzung der körperlichen Integrität als eine Gesundheitsverletzung stellt ferner die **ungewollte Schwangerschaft** dar, wenn man sie überhaupt in den Bereich der Körper- und Gesundheitsverletzung einordnen will (BGH NJW 1980, 1452, 1453; 1995, 2407). Näher liegt regelmäßig die Annahme einer Verletzung des Allgemeinen Persönlichkeitsrechts, weil im Vordergrund die Enttäuschung über das Missglücken der Geburtenregelung steht. Ist die Frau hingegen – etwa aus psychischen Gründen – infolge der ungewollten Schwangerschaft geradezu als krank anzusehen, liegt eine Gesundheitsverletzung vor. Bedeutung hat die Einordnung als Verletzung des Allgemeinen Persönlichkeitsrechts statt als Körperverletzung auch hier vor allem wegen der strengeren Voraussetzungen für das Schmerzensgeld (dazu genauer *Schiemann* JuS 1980, 709). Der historische Gesetzgeber hat die unerwünschte Schwangerschaft noch nicht als Körper- oder Gesundheitsverletzung betrachtet, wie die Regelung des § 825 aF zeigte (so auch noch RGZ 96, 224). Zum Unterhaltsersatz bei unerwünschter Schwangerschaft und Geburt § 249 Rn 58ff.

19 **c)** Der Begriff der **Gesundheitsverletzung** (dazu ausf *Möllers* 29ff) ist vor allem vom gesellschaftlichen Verständnis der Krankheit abhängig: Wird eine Krankheit oder auch schon die Infektion mit Krankheitserregern (BGHZ 114, 284) in diesem Sinne durch einen anderen verursacht, liegt regelmäßig eine Gesundheitsverletzung vor. Hiermit ist insb auch eine **psychische Störung** grds als Gesundheitsverletzung einzuordnen (so schon RGZ 85, 335), und zwar auch ohne dass sie erst die Folge einer organischen Verletzung sein muss (BGH NJW 1991, 2347). Bei seelischen Beeinträchtigungen stellt sich jedoch eher als bei organischen Störungen die Frage nach den Grenzen des Schutzbereichs des Rechtsguts Gesundheit. Aber auch der Übergang von psychischen zu somatischen Verletzungen ist fließend; man denke nur an krankmachenden Lärm (dazu BGH VersR 1970, 1107). Keine Gesundheitsverletzung liegt vor, wenn bei dem Betroffenen Kummer, Trauer oder sonstige negative Gemütsstimmungen hervorgerufen worden sind, wie sie bei dem Verlust naher Angehöriger oder bei eigenen schweren somatischen Störungen „normal" sind (BGHZ 56, 163). Andernfalls käme man insb zu einem Schmerzensgeld Dritter wegen einer Verletzung des Lebens. Dies ist jedoch in § 253 II nicht vorgesehen und wegen § 253 I auch nicht im Wege der Analogie zu begründen.

20 Einen Ansatz zur Eingrenzung der Gesundheitsverletzung bei psychischen Schäden bietet die Art der Verursachung. Problematisch sind gerade solche psychischen Störungen, die vom Schädiger **mittelbar herbeigeführt** worden sind, sei es, dass zunächst ein anderes Rechtsgut des Verletzten selbst betroffen ist (zB die Ehre), sei es, dass ein Dritter, insb ein naher Angehöriger, getötet oder gesundheitlich geschädigt und der psychische **Schock** erst hierdurch verursacht worden ist. Davon zu unterscheiden sind die **psychischen Folgeschäden** einer Gesundheitsverletzung des Geschädigten selbst. Sie stehen im Rechtswidrigkeitszusammenhang mit der ersten Verletzung. Besondere Schadensdispositionen oder mangelnde psychische „Verarbeitung" durch den Verletzten sollten allenfalls nach § 254 berücksichtigt werden. Die Rspr hat auch hier lange Zeit nach „allg" und „besonderem" Lebensrisiko differenziert (zuletzt BGH NJW 1991, 747). Richtiger formuliert BGHZ 132, 341, der Schädiger habe für Folgeschäden aufgrund einer psychischen Anfälligkeit des Verletzten oder dessen neurotischer Fehlverarbeitung grds einzustehen (ebenso zB BGH NJW 2000, 862 mN). Nur wenn der Anlass als Bagatelle erscheint, so dass die psychische Reaktion schlechterdings nicht mehr verständlich ist, liege eine unangemessene Erlebnisverarbeitung vor, so dass der Folgeschaden nicht mehr zugerechnet werden könne. Aber selbst bei einem Bagatellanlass soll die Neurose zugerechnet werden, wenn der Geschädigte eine entspr Schadensanlage hatte (BGHZ 137, 142). Die durch Verletzung anderer Rechtsgüter oder gar anderer Personen vermittelten Schadensfälle gehören demggü zum Mittelbereich des § 823, in dem der Schadensersatzanspruch erst durch eine Abwägung und

fallbezogene Konkretisierung der Schutzgüter begründet werden kann (Rn 2, 6). Angesichts der Nähe der psychischen Gesundheit zum Persönlichkeitsrecht (*Deutsch*, 25 Jahre Karlsruher Forum, 1983, 96) ist diese Einordnung geradezu vorgezeichnet. Der Rückgriff auf eine „Verkehrsauffassung" (BGHZ 56, 163, 165f; BGH NJW 1989, 2317) verdeckt dabei die Wertungsaufgabe mehr als er sie fördert. Man kann ihr auch nicht dadurch entgehen, dass man „mittelbare" Verletzungen außerhalb von §§ 844f überhaupt nicht für ersatzfähig hält (in diese Richtung aber BGH NJW 1984, 1405). Je schwerer die Störung ist, umso geringer ist die Bedeutung der nur „mittelbaren" Verursachung (vgl BGHZ 93, 351: schwerer Hirnschaden eines Neugeborenen infolge eines Schocks der Mutter während der Schwangerschaft). Erschöpft sich die Wirkung auf den Dritten aber darin, dass die psychischen Gegenkräfte gegen eine schon vorhandene Labilität gemindert worden sind, liegt die Zuordnung der Folgen zum **allg Lebensrisiko** des Dritten besonders nahe (daher i Erg richtig BGH NJW 1984, 1405). Genauer zu den Schockschäden Vor § 249 Rn 51ff und BGH NJW 2015, 2246.

Schädliche Folgen für die Gesundheit sind eher zuzurechnen, wenn ein **anderes Rechtsgut des Geschädigten** 21
selbst verletzt ist (Persönlichkeitsrecht, RGZ 148, 154; Ehre, BGH NJW 1976, 1143 – dort im Rahmen des „haftungsausfüllenden" Rechtswidrigkeitszusammenhangs). Denn die tatbestandliche Eingrenzung des § 823 I hat ua gerade den Sinn, die Annahme von Verletzungen solcher Personen zu erschweren, gegen die sich das Verhalten des Schädigers nicht richtet. Wer hingegen einen anderen jedenfalls in irgendeinem seiner Rechtsgüter verletzt, muss den Geschädigten idR so nehmen, wie er ist, einschl seiner besonderen Empfindlichkeit. Ein wesentliches Element der Abwägung zur Begründung einer Verletzung überhaupt ist somit die **Personengerichtetheit des Eingriffs.** An einem Eingriff in die Gesundheit fehlt es, wenn der Unfallverursacher „nur" seine eigene Schuld auf einen anderen Unfallbeteiligten abwälzt, der sich dadurch so sehr erregt, dass er einen Schlaganfall erleidet (BGHZ 107, 359); in Betracht kommt jedoch ein Folgeschaden aus und im Schutzbereich von Schutzgesetzverletzungen wie §§ 164, 185 StGB iVm § 823 II. Eine zurechenbare Gesundheitsverletzung grds zu verneinen, wenn die Erkrankung auf eine Störung der Ehe durch Ehebruch mit dem Ehegatten des Erkrankten zurückgeht (BGHZ 23, 279; vgl zu entspr Wirkungen der Psychotherapie *Deutsch*, 25 Jahre Karlsruher Forum, 1983, 96), ist auch dann, wenn man die Ehe selbst nicht als „sonstiges Recht" anerkennt (dazu Rn 45), nicht geboten (in dieselbe Richtung Soergel/*Spickhoff* Rn 44 und dazu Fn 173).

d) Eine Gesundheitsschädigung ist auch zu bejahen, wenn ein Kind infolge von **Verletzungen vor der Geburt** 22
oder sogar vor der Zeugung geschädigt zur Welt kommt (BGHZ 8, 243; 106, 153). § 1 steht dem nicht entgegen, weil der Verletzungserfolg erst im Zeitpunkt der Rechtsfähigkeit eintritt; und die Überlegung, dass das Kind nur entweder geschädigt oder überhaupt nicht existieren könne, geht fehl, weil es durchaus den Maßstab eines „normalen" gesunden Lebens zur Feststellung des Schadens gibt. Insb maßt sich der Richter durch Zuerkennung von Ersatzansprüchen an das Kind entgegen der neueren Meinung des BGH (BGHZ 86, 240) kein Urteil über den Wert an, den das Leben eines Geschädigten überhaupt hat. Der Vorwurf gegen den Schädiger beruht nicht darauf, dass er für ein „unwertes Leben" verantwortlich sei, sondern dass das Kind nach seiner Geburt nicht ebenso gut wie andere leben kann: Gerade wenn man vom Wert auch solchen Lebens überzeugt ist, sollte man dessen Beschwerlichkeit durch Ersatzansprüche möglichst mildern, soweit die Schädigung einem anderen zugerechnet werden kann, ebenso insb *Deutsch* NJW 2003, 26; ähnl MüKo/*Wagner* Rn 236; krit dazu aber insb *Picker*, Schadensersatz für das unerwünschte eigene Leben – „Wrongful life", 1995, 20f mit Fn 51. Der BGH bleibt auf halbem Wege stehen, wenn er den Eltern einen vertragl und der Mutter zudem uU einen deliktischen Anspruch sogar auf den vollen Unterhalt des Kindes gewährt (BGHZ 89, 95; zur hieran anknüpfenden spektakulären Kontroverse zw BVerfGE 88, 203, 296 einerseits, dem BGH und BVerfGE 96, 375 andererseits Staudinger/*Höpfner* § 249 Rn 209f), bei einem späteren Tod der Eltern das Kind aber ganz unversorgt lässt. Der Mehrbedarf, der durch seine Behinderung entsteht, ist vielmehr als Folge einer **Gesundheitsverletzung des Kindes selbst** anzusehen (ebenso Soergel/*Spickhoff* § 823 Anh I Rn 192ff, 202; abl dazu aber BGHZ 86, 240; G. *Müller* NJW 2003, 699f). Die Eltern sind für einen Schaden des Kindes nicht schon deshalb verantwortlich, weil sie die Gefahr der Übertragung von Erbkrankheiten erkennen konnten oder weil sie in ihrer Lebensweise größere Rücksicht auf den etwaigen Nachwuchs hätten nehmen müssen. In den Grenzen des Haftungsmaßstabes von § 1664 I kommt aber durchaus auch eine Einstandspflicht der Eltern in Betracht, die mit der Erfüllung der Unterhaltspflicht allein nicht schon abgegolten ist (MüKo/*Wagner* Rn 234; Soergel/*Spickhoff* § 823 Anh I Rn 199).

2. Freiheitsverletzung. Die nach § 823 I geschützte Freiheit wird nach hM eng als **körperliche Bewegungs-** 23
freiheit verstanden. Die allg Entfaltungsmöglichkeit, insb der wirtschaftl Entscheidungsspielraum, fällt nicht darunter, da sonst die Freiheitsverletzung zum Auffangtatbestand iS einer deliktischen Generalklausel würde (aA *Leinemann*, Der Begriff Freiheit nach § 823 Abs 1 BGB, 1969). Ein Schutz der wirtschaftl Freiheit wird aber teilw über Wettbewerbsvorschriften sowie den Tatbestand des Eingriffs in den Gewerbebetrieb erreicht; ein Ersatz wegen Verletzung der allg Handlungsfreiheit kann sich aus der Verletzung des Allgemeinen Persönlichkeitsrechts ergeben (vgl genauer *Deutsch* FS Hauß, 1978, 43ff).

Hauptanwendungsfall der Freiheitsverletzung ist die unberechtigte Verhaftung oder behördliche Einsperrung 24
(vgl BGH NJW 1964, 650). Der Anspruch richtet sich dann aber nach § 839, Art 34 GG. Die bisher ua auf § 823 I gestützte besonders wichtige Haftung des gerichtlich bestellten **Sachverständigen** für ein grob fahrlässig falsches Gutachten, das zur Freiheitsentziehung (zB Unterbringung in psychiatrischer Klinik) geführt hat, ist nunmehr in § 839a geregelt. Eine Haftung aus **leicht fahrlässiger** Verursachung der Freiheitsentziehung nach § 823 I kommt daneben nicht mehr in Betracht, durchaus aber, wenn ein Strafverteidiger mit einer Pflichtverletzung die Begründung oder Fortdauer der Haft seines Mandanten verursacht, BGH NJW 2009, 3025.

25 **3. Eigentumsverletzung. a) Überblick.** Als Eigentumsverletzung nach § 823 I kommen unberechtigte Verfügungen über das **Eigentumsrecht** ebenso in Frage wie Einwirkungen auf die **Sachsubstanz** (Beschädigung, Zerstörung) und auch bloße Beeinträchtigungen der **Nutzungsmöglichkeit**. Hinsichtl der Substanz- und Nutzungsschäden ist § 823 I freilich nach hM in weitem Umfang durch §§ 987ff und 2018ff ausgeschlossen, dazu Vor § 987 Rn 78ff. Beruht die Besitzerlangung auf einer strafbaren Handlung oder verbotenen Eigenmacht, stellen §§ 992, 2025 die Anspruchskonkurrenz ausdrückl wieder her. Ohne Einschränkungen sind §§ 823ff ferner auf den (rechtmäßigen wie unrechtmäßigen) Fremdbesitzer anwendbar. Nicht ausgeschlossen sind auch die Ansprüche auf Herausgabe der Sache selbst nach §§ 823, 249 I neben §§ 812, 985. Hat ein Dritter leicht fahrlässig nach § 932 oder sogar grob fahrlässig nach §§ 892f Eigentum oder ein anderes dingliches Recht erworben, schließt die neue sachenrechtl Zuordnung den Herausgabeanspruch nach §§ 823, 249 I und überhaupt jeden deliktischen Ersatzanspruch aus (BGH WM 1967, 564; vgl auch BGH NJW-RR 1991, 343 zum Eigentumserwerb nach § 946).

26 **b) Unberechtigte Verfügungen; Pfändung.** Eine Ersatzpflicht wegen schuldhaft unberechtigter **Verfügungen** neben der Pflicht zur Herausgabe des Erlöses nach § 816 I 1 trifft den Verfügenden selbst (BGH JZ 1984, 230). Wer hingegen als Eigentümer einen Einbau nach § 946 duldet, macht sich hierdurch allein noch nicht ggü dem bisherigen Materialeigentümer schadensersatzpflichtig (BGHZ 56, 228, 237; vgl aber BGHZ 109, 297 und dazu Staudinger/*Hager* Rn B 68). Ein Schadensersatzanspruch des (früheren) Eigentümers (auch des Sicherungseigentümers, BGHZ 100, 95, 107) kommt aber gegen einen **Pfändungsgläubiger** in Frage, der selbst oder durch einen Anwalt (BGHZ 58, 207, 216) eine schuldnerfremde Sache hat pfänden und versteigern oder sich einen Herausgabeanspruch hat überweisen lassen (BGHZ 67, 378, 382f). Fraglich ist hierbei nur, wieweit der Vollstreckungsgläubiger den Eigentümer auf §§ 769, 771 ZPO verweisen kann. Unterlässt der Eigentümer solche Schritte, liegt darin regelmäßig ein Mitverschulden nach § 254. Dies setzt aber voraus, dass der Vollstreckungsgläubiger überhaupt haftet. Aus der bloßen Rechtsbehauptung des Eigentümers wird man noch keine Pflicht des Pfändungsgläubigers zur Rücksichtnahme ableiten können. Unabhängig davon, welcher Vollstreckungstheorie man folgt, sollte der Pfändungsgläubiger nicht schlechter stehen als der unrechtmäßige Besitzer nach § 990 I 1 und 2, da das Vertrauen in die Ordnungsmäßigkeit des Vollstreckungsverfahrens nicht weniger schutzbedürftig ist als das Vertrauen in den Besitz. Dies muss erst recht gelten, wenn man den Pfändungsgläubiger auch ohne Bestehen eines Pfandrechts als mittelbaren Besitzer ansieht, vgl § 868 Rn 10 zur Pfändung. Hiernach haftet der Vollstreckungsgläubiger wegen der Pfändung schuldnerfremder Sachen nur, wenn ihm das Eigentum des Dritten von Anfang an infolge grober Fahrlässigkeit unbekannt war oder später bekanntgeworden ist (bedenklich daher BGHZ 67, 378, 382f; 118, 201, 205ff – Haftung schon **bei leichter Fahrlässigkeit**; wie hier hingegen Staudinger/*Hager* Rn B 72 mN).

27 **c) Substanzschäden.** Am sichersten scheint eine Eigentumsverletzung vorzuliegen, wenn eine Sache zerstört oder beschädigt wird, zB ein Kfz bei einem schuldhaft herbeigeführten Verkehrsunfall schrottreif wird. Auch hier kann jedoch der **Schutzbereich** des Eigentums zweifelhaft sein: Wird der Schaden von einem vertragl Gewährleistungsrecht erfasst, kann ggü dem Vertragspartner das Gewährleistungsrecht eine abschließende Regelung enthalten, und bei mittelbaren, auf den Verstoß gegen Verkehrspflichten zurückgehenden Verletzungen stellt sich die Frage, ob die Zurechnung solcher Schäden angemessen ist; grundlegend zu alledem *Picker* JZ 2010, 541.

28 Das Problem der Konkurrenz zw Eigentumsverletzung und Kaufrecht tritt bei der Produzentenhaftung auf und wird in deren Rahmen behandelt, Rn 124f. Für die **Konkurrenz mit § 634a** ist auch nach der Schuldrechtsmodernisierung wegen des unterschiedlichen Verjährungsbeginns nach § 634a II einerseits, § 199 andererseits zu unterscheiden (aA *Mansel* NJW 2002, 89, 95f): Ist das neu hergestellte Werk selbst untauglich oder mangelhaft, lag schon nach hM zum früheren Recht keine Eigentumsverletzung vor, weil der Unternehmer die schadhafte Sache durch seine Werkleistung erst hergestellt hat. Insb ist ein mangelhaftes Bauwerk keine Beschädigung des Grundstücks (BGHZ 39, 366; ebenso zum alten Recht noch BGH NJW 2005, 1423; krit dazu ua *Derleder/Meyer* AcP 195, 137, 149ff). Werden jedoch andere Sachen, die selbst nicht Gegenstand der Bearbeitung durch den Unternehmer waren, von dem Mangel in Mitleidenschaft gezogen, liegt eine Eigentumsverletzung vor (BGHZ 55, 392 – Beschädigung eines Lkw durch fehlerhafte Herstellung eines Achsaggregates, ähnl BGH NJW 1985, 194 und NJW 1991, 562 zur Haftung des Architekten für Schäden an eingebrachten Sachen eines Mieters). Praktisch bedeutsam ist dies ua, wenn die mangelhafte Werkleistung gerade der Vermeidung „weiterfressender" Schäden dienen sollte (zB undichtes Dach lässt auch nach der „Reparatur" Feuchtigkeit durch, so dass die Möbel beschädigt werden). Wenn die fehlerhafte „Reparatur" den zu beseitigenden Schaden noch vergrößert, liegt auch hierin eine Eigentumsverletzung.

29 Die **mittelbare Eigentumsverletzung** ist vor allem im Zusammenhang mit Unterbrechung der Energieversorgung in den **„Stromkabelfällen"** diskutiert worden: Für einen Produktionsstillstand als Gebrauchsausfallschaden wurde eine Eigentumsverletzung (und ein Eingriff in den Gewerbebetrieb) abgelehnt (vgl BGHZ 29, 65), für das Verderben auszubrütender Eier als Substanzschaden hingegen bejaht (vgl BGHZ 41, 123). In der Lit ist demggü auch die Ersatzpflicht für den Substanzschaden gelegentlich mangels unmittelbaren Schadens verneint worden (*Picker* JZ 2010, 541, 545). Dafür spricht zwar, dass der Unterschied der Ergebnisse trotz der möglichen Differenzierung nach Schadensarten letztlich kaum überzeugt, jedoch leuchtet die Ablehnung einer Ersatzpflicht, nur weil die Betroffenheit des Rechtsguts mittelbar herbeigeführt worden ist, nicht ein: Fährt ein Kfz-Fahrer auf eine vor einer Ampel haltende Kolonne auf, ist schlechthin nicht einzusehen, weshalb die Betroffen-

heit des hintersten Pkw grds anders zugerechnet werden soll als diejenige des vordersten. Es geht auch nicht an, die Verderbschäden durch den Ausfall einer lebenswichtigen Versorgung generell der Risikosphäre des Anschlussberechtigten zuzuordnen. Wer im Bereich von Versorgungseinrichtungen arbeitet, dem obliegt wegen der ja allg bekannten Gefahren eine besondere Vorsicht zur Vermeidung einer Haftung. Soweit der Träger der Versorgungseinrichtung sich von der (vertragl) Ersatzpflicht ggü seinem Abnehmer wirksam freigezeichnet hat, darf dies dem Schädiger nicht zugute kommen; denn die Ersatzpflicht des unmittelbar Geschädigten ggü dem Dritten wäre als Vermögensfolgeschaden aus der Eigentumsverletzung an der unmittelbar geschädigten Einrichtung nach hM vom Schädiger zu übernehmen. – Eine Verantwortlichkeit für die mittelbare Verursachung kommt selbst dann in Betracht, wenn die letzte Ursache vom Geschädigten selbst gesetzt worden ist (Staudinger/*Hager* Rn B 87), zB weil das (fehlerhafte) Gewindeschneidemittel, das der Geschädigte zur Bearbeitung eigener Wasserrohre benutzt, zu nur mit erheblichem Aufwand beseitigbaren Rückständen an den Rohren führt (BGH NJW 1994, 517).

Eine **Einschränkung** des Ersatzes für solche Folgeschäden durch eine funktionelle Differenzierung des Eigentums nach konsumptiver und gewerblicher Nutzung ist dem geltenden Recht fremd. Das rechtspolitische Anliegen einer Haftungsbegrenzung ist nicht beim Schutzumfang des Eigentums, sondern bei den Obliegenheiten des Eigentümers nach § 254 zu berücksichtigen (ähnl MüKo/*Wagner* Rn 300). 30

d) Nutzungsschäden. Nach §§ 903, 1004 ist gerade auch die Nutzung ein wesentlicher Teil des Eigentumsrechts. Allerdings wird überwiegend ein spezifischer Bezug des schädigenden Verhaltens zum Eigentum verlangt. So setzt die Eigentumsverletzung, die nicht durch Eingriff in die Sachsubstanz erfolgt, sondern durch eine nicht unerhebliche Beeinträchtigung der bestimmungsgemäßen Verwendung der betreffenden Sache, nach der Rspr voraus, dass diese Beeinträchtigung ihren Grund in einer unmittelbaren Einwirkung tatsächlicher oder rechtl Natur auf die Sache selbst hat, so bei der zeitweiligen Bewegungsunfähigkeit eines Schiffes (BGHZ 55, 153; BGH VersR 2016, 1194), der Verursachung eines Verkaufsverbots (BGHZ 105, 346), der Blockade von Baumaschinen (BGHZ 137, 89) oder der Verbindung von mangelhaften mit unversehrten Teilen (BGHZ 138, 230), nicht aber bei unberechtigtem Führerscheinentzug bzgl des Kfz des Betroffenen (BGHZ 63, 203) oder der Störung der Zufahrt zu einer Raststätte, die nur den Durchgangsverkehr wegfallen lässt und damit nur zu einer Einengung der wirtschaftl Nutzung führt (BGH NJW 2015, 1174 Rn 18f). Verneint wird sie auch bei einer Sperrung zu einem Grundstück (BGHZ 86, 152, 154f für die unmittelbare wasserseitige Zufahrt zu einem Umschlags- und Lagereiunternehmen), was aber spätestens zweifelhaft wird, wenn die Zufahrt zu einem Grundstück vollständig gesperrt wird. Weitergehend wird davon ausgegangen, dass grds in jeder Beeinträchtigung der funktionsgemäßen Nutzung eine Minderung der Sachsubstanz liege; demgemäß betreffe die **Unterbrechung der Stromzufuhr** (und ähnl die Störung anderer Versorgungseinrichtungen) nicht nur das vertragl Leistungsverhältnis zw dem Versorgungsunternehmen und dem Abnehmer, sondern das Recht des Abnehmers an der funktionsgerechten Nutzung seines Gerätes selbst (Erman/*Schiemann*[14] Rn 31; ebenso weitgehend *Boecken*, Deliktsrechtlicher Eigentumsschutz gegen reine Nutzungsbeeinträchtigungen, 1995, 247ff; mangels unmittelbaren Eingriffs gegen den Gewerbebetrieb gegen Haftung jedoch BGHZ 29, 65). In der Vereitelung einer Grundstücksveräußerung liegt jedoch keine Eigentumsverletzung am Grundstück des Düpierten (aA *Willoweit* NJW 1975, 1190). 31

Bei Eigentumsverletzungen durch Nutzungsstörungen ist jedoch besonders zu beachten, dass ein Ersatzanspruch nur besteht, wenn die Verletzung zu einem nach §§ 249ff **ersatzfähigen Schaden** geführt hat. Nach richtiger Ansicht zur Abgrenzung zw Vermögens- und Nichtvermögensschäden (vgl Vorlagebeschluss BGH NJW 1986, 2037; teilw anders aber BGH [GS] 98, 212, 219ff) kommt ein Anspruch wegen der Nutzungsstörungen deshalb nur bei kommerzieller Verwertung oder bei der Inanspruchnahme eines Ersatzgegenstandes in Betracht. Gerade kommerzielle Nutzungsträger trifft vielfach die Obliegenheit, für Unterbrechungen des Versorgungsnetzes Vorsorge zu treffen (zB durch Notstromaggregat, Staudinger/*Hager* Rn B 99; ähnl MüKo/*Wagner* Rn 272). Schließlich können sich Einschränkungen aus dem **Rechtswidrigkeitszusammenhang** ergeben: Wer aufgrund eines schuldhaft verursachten Unfalls oder einer nicht genehmigten Demonstration in eine Verkehrsstockung gerät und dadurch einen geschäftlichen Termin versäumt, ist nicht in seiner rechtl geschützten „Nutzungsmöglichkeit" beeinträchtigt, die nur darin besteht, sich am Straßenverkehr zu beteiligen, so wie er gerade ist. Auch die bloße Kostenerhöhung bei der Wartung und Reparatur einer Versorgungsleitung infolge der Verlegung einer weiteren Versorgung ist kein rechtswidriger Eingriff in das Eigentum an der zuerst vorhandenen Leitung (BGH NJW-RR 1990, 1172). 32

Da eine Eigentumsverletzung nicht nur bei einem Eingriff in die Substanz einer Sache oder einer Beeinträchtigung des Eigentumsrechts vorliegt, können insb **Immissionen** auf Grundstücke den Tatbestand des § 823 I erfüllen. Die Begrenzung des Eigentumsrechts an Grundstücken durch das Nachbarrecht und durch § 14 BImSchG gilt aber auch für § 823 I. Jedoch schließen die Duldungspflichten nach § 906 I und II 1 die deliktische Rechtswidrigkeit nicht aus, dazu § 906 Rn 6 mN auch zur Gegenauffassung. Die Art der Nutzungsbeeinträchtigung kann keine entscheidende Bedeutung haben. Deshalb kommt eine Eigentumsverletzung auch bei wesentlichen ideellen Belästigungen oder Beeinträchtigungen durch Lärm vom Nachbargrundstück in Betracht (ähnl Soergel/*Spickhoff* Rn 67 gegen BGHZ 51, 396; BGH NJW 1985, 2823). 33

Vielfach wird auch der **versuchte Diebstahl** als Eigentumsverletzung angesehen (Soergel/*Spickhoff* Rn 69 mN). Im Allg liegt bei dem Versuch einer unerlaubten Handlung jedoch noch keine Rechtsverletzung vor. Zur Begründung der Ersatzfähigkeit von **Abwehrmaßnahmen** (Fangprämien, jedoch nicht allg Überwachungskosten, BGHZ 75, 230) ist die Annahme einer Eigentumsverletzung auch nicht erforderlich. Vielmehr hat die Schadens- 34 ersatzbegründung durch die Verletzung eines Schutzgesetzes nach § 823 II ua gerade die Funktion, den Rechtsgüterschutz ggü § 823 I zu erweitern und vorzuverlegen. Die versuchte Straftat kann deshalb nach § 823 II iVm §§ 242, 22f StGB auch zum Ersatz primärer Vermögensschäden wie der Abwehrkosten ggü Ladendiebstählen führen. Keine Eigentumsverletzung liegt ferner in der Herstellung und Verbreitung von **Fotografien** fremder Gebäude von öffentlichen Straßen aus (BGH NJW 2011, 749 Rn 12); entspr für andere Gegenstände in fremdem Eigentum. Denn die Aufnahme der äußeren Erscheinung eines Eigentumsobjekts beeinträchtigt nicht die Nutzungsbefugnisse des Eigentümers daran (ebenso MüKo/*Wagner* Rn 266f; Soergel/*Spickhoff* Rn 65). Eine Eigentumsverletzung ist hingegen zu bejahen, wenn der Gebrauch eines Gegenstandes durch Störungen der Ordnung in einem komplexen Gegenstand, einer Sachgesamtheit oder einer Sammlung beeinträchtigt wird, zB durch Löschung einzelner Daten in einer EDV-Anlage (zur Eigentumsverletzung am Datenträger durch Veränderung oder Vernichtung der Software Staudinger/*Hager* Rn B 60) oder Verräumen von Büchern in einer Bibliothek (vgl BGHZ 76, 216; zum deliktischen Schutz von Computer-Programmen auch Rn 40).

35 **4. Verletzung eines sonstigen Rechts. a)** Trotz der Entscheidung gegen eine „große Generalklausel" hat der Gesetzgeber das Deliktsrecht durch den Schutz „sonstiger Rechte" wenigstens teilw für eine Erweiterung seines Anwendungsbereichs offen gehalten. Historisch sind mit dieser Formulierung auch Rechtspositionen gemeint, die mit der Freiheit und anderen Persönlichkeitsgütern vergleichbar sind (*Zeuner*, 25 Jahre Karlsruher Forum, 1983, 196). Die heute hM verlangt jedoch **Eigentumsähnlkeit des Rechts** (grundlegend RGZ 57, 353, 356) oder in Anknüpfung an die Zuweisungsgehaltslehre bei der Eingriffskondiktion (§ 812 Rn 65f) eine Ausschließungsfunktion und sozialtypische Offenkundigkeit (daran anknüpfend mit einer „teleologisch-funktionalen" Betrachtungsweise MüKo/*Wagner* Rn 303ff, krit zum Merkmal der Offenkundigkeit aber *Habersack* Die Mitgliedschaft – subj und sonstiges Recht, 1996, 129ff; *Hüffer* ZHR 161, 869).

36 Sicher ist hiernach jedenfalls, dass dem **Vermögen** als solchem **kein Schutz** als „sonstiges Recht" zukommt (Soergel/*Spickhoff* Rn 87 mN). Nur so lässt sich die Grundentscheidung gegen eine deliktische Generalklausel durchhalten. Zum Problem, das Vermögen zum Schutzobjekt besonderer Verkehrspflichten zu erheben, Rn 76. Zum primären Vermögensbereich und deshalb nicht zu den sonstigen Rechten gehören insb **Forderungsrechte**. Ein Eingriff in den Leistungsgegenstand oder eine Verletzung des Schuldners betrifft den Gläubiger in keinem „absoluten Recht" (vgl zum Wertguthaben bei Altersteilzeit BAG ZIP 2007, 692). Freilich kann der Gläubiger vielfach aus abgetretenem oder übergegangenem Recht des Schuldners dessen Ansprüche geltend machen (vgl zur Drittschadensliquidation Vor § 249 Rn 124ff). Etwa bei der Gesundheitsverletzung eines ArbN beschränkt sich der Anspruch des ArbGeb hiernach aber auf die von ihm zu leistende Lohnfortzahlung. Eine Möglichkeit zum Ersatz des durch den ArbN erzielbaren „Mehrwerts" besteht nicht. Vorschläge zu einem weiterreichenden deliktischen Forderungsschutz (so etwa *Becker* AcP 196, 439) können nicht überzeugen, weil sie der Grundentscheidung des Gesetzes gegen den primären Vermögensschutz widersprechen und zur Ausfüllung anerkennenswerter Schutzlücken nicht erforderlich sind. Dies gilt auch für die vor allem von *Larenz/Canaris* II 2 § 76 II 4 g befürwortete Einbeziehung der Forderungszuständigkeit in den Schutz des § 823 I; wie hier *Medicus* FS Steffen, 1995, 333ff.

37 **b)** Unter den Schutz der sonstigen Rechte fallen hingegen insb **beschränkte dingliche Rechte**. Soweit das zugrundeliegende Vollrecht nicht deliktisch geschützt wird, kann aber auch das beschränkte dingliche Recht nicht unter § 823 I fallen. Kein sonstiges Recht ist daher das Pfandrecht an einer Forderung (MüKo/*Wagner* Rn 307; Soergel/*Spickhoff* Rn 93 gegen RGZ 138, 252). Ein rechtswidriger Angriff gegen das Pfändungspfandrecht liegt auch nicht in der Erhebung einer unbegründeten Klage nach § 771 ZPO (so aber RG HRR 1925 Nr 141), da die Ansprüche aus der fahrlässig unberechtigten Einleitung eines Verfahrens nach der ZPO dort (§ 717 II, § 945 ZPO) abschließend geregelt sind; zudem indiziert die Rechtsgutbeeinträchtigung die Rechtswidrigkeit noch nicht (vgl Soergel/*Spickhoff* Rn 92; Staudinger/*Hager* Rn B 133, i Erg auch BGHZ 95, 10), vielmehr fehlt es bei der Einleitung eines gesetzl geregelten Verfahrens an der Verletzung einer Verhaltenspflicht.

38 Bei den beschränkt dinglichen Rechten ist zu beachten, dass nicht jede Verletzung des Eigentums zugleich das beschränkte Recht am selben Gegenstand verletzt. So sind Grundpfandrechte erst verletzt, wenn das **Sicherungsinteresse** der dinglichen Gläubiger infolge der Beschädigung des Bauwerks beeinträchtigt wird, nicht aber, wenn das Sicherungsinteresse – etwa durch den Grundstückswert – gedeckt ist (vgl BGHZ 65, 211; *Medicus/Lorenz* II § 76 Rn 3). In Frage kommt auch ein Rückschaffungsanspruch des Pfandgläubigers (dazu genauer Staudinger/*Hager* Rn B 130). Weitere beschränkt dingliche Rechte, die unter § 823 I fallen: Vermieter- und Verpächterpfandrecht (BGH WM 1965, 701); Grunddienstbarkeit (BGH VersR 1964, 1201); Eigentümergrundschuld (RG ZBlFG 1912, 642). Werden gleichzeitig das Eigentum und ein beschränkt dingliches Recht verletzt, steht der Ersatzanspruch dem Eigentümer und dem Inhaber des beschränkten Rechts analog § 1281 gemeinsam zu (so für den ähnl Fall der Schädigung einer unter Eigentumsvorbehalt verkauften Sache *L. Raiser* Dingliche Anwartschaften, 1961, 79ff; Meinungsüberblick dazu bei *Brox* JuS 1984, 660; aA zB BGHZ 55, 20, 31; unentschieden MüKo/*Heinemeyer* § 432 Rn 12).

39 **c)** Als **eigentumsähnl Rechte** sind ferner die **Aneignungsrechte** anerkannt, vgl zum Jagdrecht BGH JZ 1982, 647, zum Fischereirecht BGHZ 49, 231; 50, 73; BGH NJW-RR 2007, 1319, zum Wasserentnahmerecht BGHZ 69, 1; BGH NJW 1976, 46, zum sonstigen Wassergebrauchsrecht Staudinger/*Hager* Rn B 136 mN, zum Bergwerkseigentum RGZ 161, 203. Weitere geschützte Rechte sind zB das Ablösungsgeld nach § 1249 (RGZ 83, 390, 393) und das Recht des Eigentümers nach § 907, das aber ohnehin Bestandteil des Eigentums ist (RGZ 145, 107, 115).

d) Sicher zu den sonstigen Rechten gehören auch die **Immaterialgüterrechte**, wie Urheberrecht, Patentrecht und gewerbliche Schutzrechte, die freilich weithin spezialgesetzl geregelt sind, wie auch die bekannte Marke nach §§ 14f MarkenG (vgl zur erg Anwendung des § 823 I BGHZ 26, 52, 59, zur Behandlung der berühmten Marke nach früherem Recht BGHZ 91, 117), ebenso Namens- und Firmenrecht, s § 12 Rn 36f. Zu den urheberrechtl geschützten Werken kann nach § 2 I Nr 1 UrhG auch ein Computerprogramm gehören (vgl BGH GRUR 1985, 1041). Ein beschränktes Erfinderrecht besteht schon vor der Anmeldung, erschöpft sich jedoch im Recht zur Patenterteilung; ein ausschließliches Nutzungsrecht umfasst es nicht (BGHZ 16, 172, 175; dazu Soergel/*Spickhoff* Rn 101). Betriebsgeheimnisse sind demggü nur nach §§ 823 II iVm den Vorschriften des UWG und 826 sowie allenfalls als Teil des Gewerbebetriebes geschützt (MüKo/*Wagner* Rn 320; Soergel/*Beater* § 823 Anh V Rn 43). Auch Daten sollen unter die sonstigen Rechte fallen (MüKo/*Wagner* Rn 332ff); ebenso Kryptowährungen (*Shmatenko*/*Möllenkamp* MMR 2018, 495), zweifelhaft, da Vermögen. 40

Sonstige Rechte sind ferner **Mitgliedschaftsrechte** an einer Kapitalgesellschaft (Geschäftsanteile an einer GmbH, vgl RGZ 100, 274, 278, Aktien) und an einem Verein (BGHZ 110, 323, sogar im Verhältnis zu den Organen des Vereins selbst). Zu beachten ist jedoch die rechtl Trennung zw Gesellschaft und Gesellschaftern, so dass Schäden des Gesellschaftsvermögens nicht bereits zugleich Verletzungen des Mitgliedschaftsrechts sind (RGZ 158, 248, 255). Von grundlegender Bedeutung ist ferner die Parallele der „ausgeübten" laufenden Mitgliedschaft zum eingerichteten und ausgeübten Gewerbebetrieb. Deshalb bedarf es vielfach einer genauen Analyse des Schutzbereichs, ehe ein rechtswidriger Eingriff angenommen werden kann. Die wohl hM behilft sich mit dem Erfordernis des „mitgliedschaftsbezogenen Eingriffs". Diese Kategorie ist jedoch ebenso zweifelhaft wie der betriebsbezogene Eingriff ins Unternehmen (Rn 65). Zu weit gehen dürfte die Annahme von BGHZ 110, 323, 334, die Auskunft über die Zugehörigkeit des Bootes eines Mitglieds zu einer bestimmten Klasse beeinträchtige den Kern der Mitgliedschaft (Soergel/*Spickhoff* Rn 100; *Habersack*, Die Mitgliedschaft – subjektives und sonstiges Recht, 1996, 273). Genauer zum Deliktsschutz der Mitgliedschaft Staudinger/*Hager* B 141ff mN. 41

e) Als Vorstufe des Eigentums ist das **Anwartschaftsrecht** gegen Schädigungen durch Dritte und durch den Eigentümer selbst geschützt. Dies gilt für den Vorbehaltskäufer, selbst wenn er nicht Besitzer der Sache ist (BGHZ 55, 20, 25), ferner für den Vormerkungsberechtigten ggü dem vormerkungswidrigen Erwerber (dazu umfassend und überzeugend *Canaris* FS Flume I, 1978, 384ff) und für den besitzenden Sicherungs- und Treugeber (BGH WM 1959, 1004). Dem Vormerkungsberechtigten ggü Dritten und dem nichtbesitzenden Treugeber sind mit *Canaris* (aaO 387, 424f) die Rechte aus § 869 zu gewähren. Dem Auflassungsempfänger, der den Umschreibungsantrag gestellt hat, spricht der BGH (BGHZ 49, 197; BGH NJW 1982, 1639) ein Anwartschaftsrecht zu, das gleichfalls wie volles Eigentum geschützt sein soll (BGHZ 114, 161 zum Anspruch aus §§ 909, 823 II). Schon die Prämisse ist jedoch verfehlt: Der Antrag des Auflassungsempfängers verliert mit einer schlichten Zurückweisung durch das Grundbuchamt seine Kraft; daher kann er nicht schon ein Anwartschaftsrecht begründen (*Medicus*/*Petersen* Rn 469; wN zum Streitstand bei Soergel/*Spickhoff* Rn 96, abl zu dieser Argumentation aber Staudinger/*Hager* Rn B 153). Zum Verhältnis des Ersatzanspruchs des Anwartschaftsberechtigten zu demjenigen des Eigentümers Rn 38 aE sowie ausf Staudinger/*Hager* Rn B 155 mN. 42

f) Der **Besitz** ist ein tatsächliches Herrschaftsverhältnis über eine Sache und daher kein Recht. Wird der Besitz hingegen aufgrund eines obligatorischen Rechts ausgeübt, hat er jedenfalls die für § 823 I genügende Ähnlichkeit mit dem Eigentum (zB BGHZ 62, 243; BGH NJW 1981, 750; für das Nutzungsinteresse etwa BGH NJW 1998, 377, 380). Ein Nutzungsrecht ist immer stärker als der schlichte Besitz. Deshalb hat der nichtberechtigte Besitzer gegen den Nutzungsberechtigten auch dann keinen Anspruch aus § 823 wegen der entgangenen Nutzung, wenn ihm dieser den Besitz durch verbotene Eigenmacht entzogen hat (BGHZ 73, 355, 362; 79, 232, 237f; vgl zur Frage des § 858 als Schutzgesetz Rn 161). Wird die Nutzungsbefugnis hingegen durch einen Dritten gestört, erscheint ein Schutz des redlichen unverklagten Besitzers angemessen, da er die Nutzungen nach §§ 987ff behalten darf. Auch die Befugnisse des Besitzers nach §§ 994f sind schutzwürdig (vgl Soergel/*Spickhoff* Rn 98; Staudinger/*Hager* Rn B 167ff). Sowohl der berechtigte Besitzer als auch der nur mit einzelnen Befugnissen versehene redliche Besitzer kann aber nur den Schaden ersetzt verlangen, der sich aus der Störung seiner Befugnisse ergibt, idR also nicht den Substanzschaden. Dies ist anders beim Werkunternehmer, der zur Herstellung der in seiner Obhut stehenden Sache auf eigene Kosten verpflichtet ist (BGH NJW 1984, 2569). Denn gerade wegen dieser Pflicht des Unternehmers hat der Eigentümer keinen Schaden. Auf denselben Gedanken wäre auch die Gewährung des Schadensersatzes wegen Produktionsausfalls und Auspumpens der Baustelle an eine Bauunternehmergruppe im „Baustromverteiler"-Fall (BGH NJW 1992, 41 zum Innenregress mehrerer Hersteller) zu stützen gewesen. Der BGH hat jedoch einen Eingriff in den Gewerbebetrieb angenommen. Der Deliktsschutz steht auch Mitbesitzern untereinander zu (BGHZ 62, 243, 248), jedoch nicht dem mittelbaren Besitzer ggü dem Besitzmittler (BGHZ 32, 194, 205; *Medicus*/*Petersen* Rn 608; Staudinger/*Hager* Rn B 171). 43

Die Teilhabe am **Gemeingebrauch** begründet noch geringere rechtl Befugnisse als der Besitz. Sie erschöpft sich im Genuss öffentlicher Einrichtungen. Dieser ist ebenso wie bei kollektiven Gütern (Luft, Wasser) privatrechtl nur fassbar, wenn er mit einem absoluten Recht verbunden ist, wie der Anliegergebrauch des Grundstückseigentümers (BGHZ 86, 152, 156 für den Wasserstraßenanlieger); zur Diskussion über eine Erweiterung des Deliktsschutzes auf soziale Teilhaberechte und Umweltgüter MüKo/*Wagner* Rn 354f, 1045ff; Staudinger/*Hager* Rn B 185–189, beide mwN; vgl auch bereits Vor § 823 Rn 16. 44

g) Besonders umstr ist der Schutz von Rechten auf **familienrechtl Grundlage**. Die Rspr gewährt bei Störungen des „räumlich-gegenständlichen Bereichs" der Ehe Beseitigungs- und Unterlassungsansprüche (BGHZ 6, 360; 45

34, 80; BGH FamRZ 1963, 553). Dieser Bereich umfasst neben der Ehewohnung zB das Geschäft, in dem beide Ehegatten arbeiten (Pal/*Brudermüller*[79], 2020, Vor § 1353 Rn 5). Schadensersatz wegen **Ehestörungen** lehnt der BGH hingegen in st Rspr ab (BGHZ 23, 215; 23, 279; 26, 217; BGH NJW 1990, 706 und hierzu *Schwenzer* JZ 1990, 441): Zw den Ehegatten stelle das Familienrecht eine abschließende Regelung dar; zudem falle die eheliche Treue generell nicht unter den Schutzbereich des Deliktsrechts. Etwas anderes komme nur bei einem Betrug des Ehegatten in Frage (BGHZ 80, 235). In der Lit ist diese Rspr überwiegend auf Ablehnung gestoßen (Nachw bei Soergel/*Spickhoff* Rn 106). Zwar begründet die Ehe kein eigentumsähnl Recht. Zur Begründung eines „sonstigen Rechts" ist dies aber auch nicht notwendig (Rn 35). Die eheliche Bindung gehört vielmehr in unserer Kultur zu den elementaren Lebensgütern wie Gesundheit und Freiheit. Ihr Schutzbereich umfasst jedoch nicht die Ehe als „Versorgungseinrichtung"; insofern sind Unterhaltsrecht und Versorgungsausgleich in der Tat abschließende Regelungen. Dies hindert freilich nicht die deliktsrechtl Liquidierung des „Abwicklungsinteresses" (*Gernhuber/Coester-Waltjen*, Familienrecht[6], § 17 Rn 28), wie der Kosten des Scheidungsverfahrens oder einer Ehelichkeitsanfechtung. Der Anspruch richtet sich sowohl gegen den Drittstörer als auch gegen den untreuen Ehegatten. Hier so wenig wie zB bei Körper- und Gesundheitsverletzungen durch einen Ehegatten steht die Ehe der Anwendung des allg Deliktsrechts entgegen (aA zB MüKo/*Wagner* Rn 342ff). Faktische Hinderungsgründe werden in § 207 I 1 berücksichtigt. Gerade diese Regelung setzt jedoch voraus, dass die Ehe regelmäßig die Entstehung von allg schuldrechtl Ansprüchen unter Ehegatten nicht hindert (zur Gegenansicht, die eine Ersatzpflicht erst nach der Scheidung zulassen will, und zu Differenzierungen hinsichtl der Anspruchsgrundlage unter Ehegatten Nachw bei Soergel/*Spickhoff* Rn 107).

46 Allg anerkannt ist die Schutzfähigkeit des **Rechts der elterlichen Sorge**, zB ggü der Vorenthaltung des Kindes selbst (so schon RG JW 1913, 202; HRR 1928 Nr 1413). Daher haben die Eltern einen Anspruch auf Erstattung der Kosten für die Rückführung des Kindes, einschl der Detektivkosten zur Ermittlung seines Aufenthaltsortes (BGHZ 111, 168). Eine Verletzung des Kindes ist hingegen nicht zugleich ein Eingriff in das Sorgerecht. Dem verletzten Kind steht freilich ein Anspruch auf Erstattung der Besuchskosten seiner Eltern (einschl des besuchsbedingten Verdienstausfalls) als Teil der Heilungskosten zu (BGHZ 106, 28; BGH NJW 1991, 2340).

47 Als weitere Fälle des sonstigen Rechts werden – außer dem Allgemeinen Persönlichkeitsrecht (Rn 48) und dem Recht am eingerichteten und ausgeübten Gewerbebetrieb (Rn 49ff) – insb diskutiert: das Recht der **Angehörigen eines Verstorbenen** auf Totensorge, wobei freilich das Recht auf Einwilligung in eine Transplantation im TransplantationsG v 5.11.1997 abschließend geregelt ist (dazu Staudinger/*Hager* Rn C 44), und das Recht am Arbeitsplatz (vgl Rn 60). Mit dem Transplantationsproblem verwandt ist der Fall, dass der Leichnam einer Verstorbenen medizinisch noch als „Brutkasten" für ein vorher empfangenes Kind gebraucht werden kann. Dies kann man angesichts der Schwierigkeiten zeitl Abgrenzung – zwei Stunden, zwei Tage, zwei Monate? – kaum generell als unzulässig ansehen. In diesem Fall steht das Einwilligungsrecht zur Fortsetzung der Schwangerschaft nicht nur den Angehörigen, sondern zusätzl auch dem Erzeuger zu. Es handelt sich jedoch um ein reines Persönlichkeitsrecht, in dessen Schutzbereich nicht die etwaige Belastung mit Unterhalt fällt.

48 **5. Allgemeines Persönlichkeitsrecht.** Sonstiges Recht iSd § 823 I ist auch das Allgemeine Persönlichkeitsrecht (BGHZ 13, 334; 139, 99). Anspruchsgrundlage ist § 823 I iVm Art 2 I, Art 1 I GG (BGH NJW 2014, 3154). Einzelheiten s Anh § 12. Ansprüche wegen Verletzung des Allgemeinen Persönlichkeitsrechts sollen nicht vererblich sein (BGHZ 201, 45; 215, 117), was im Hinblick darauf, dass die Ansprüche bereits entstanden sind, systemwidrig erscheint (vgl *Hermann* AfP 2018, 469 mwN). Im Gegensatz zu den anderen nach § 823 I geschützten Rechten und Rechtsgütern folgt die Rechtswidrigkeit einer Beeinträchtigung des Allgemeinen Persönlichkeitsrechts erst aus einer von Fall zu Fall vorzunehmenden Güter- und Interessenabwägung. Es wird daher wie das Recht am eingerichteten und ausgeübten Gewerbebetrieb auch plastisch als **„Rahmenrecht"** bezeichnet (*Fikentscher/Heinemann* Rn 1571, vgl auch schon Rn 4). Wegen dieser zusätzl Voraussetzungen für die Rechtswidrigkeit bleibt der deliktische Schutz des Allgemeinen Persönlichkeitsrechts hinter demjenigen der anderen Rechte zurück. Andererseits ist das Allgemeine Persönlichkeitsrecht als „Quellrecht" aller übrigen subj Rechte auch viel umfassender als diese anderen Rechte. Insofern ist es allein mit dem Recht auf Leben vergleichbar. Dieser Rang des Allgemeinen Persönlichkeitsrechts geht über ein „sonstiges Recht", das gewissermaßen im Anhang zu den grundlegenden Schutzpositionen des Individuums zu behandeln ist, weit hinaus. Dem wird in diesem Kommentar durch die selbständige Behandlung im Anh § 12 Rechnung getragen; zu allen Einzelheiten s daher die Erl dort. Betreiber eines Bewertungsportals haften für dort eingestellte Äußerungen von Dritten nur, wenn sie sich diese zu eigen machen (BGH NJW 2017, 2029). Suchmaschinenbetreiber haften grds erst ab Kenntnis von der Verletzung (BGH NJW 2018, 2324). Zur Bedeutung des Rechts auf freie Entfaltung der Persönlichkeit aus Art 2 I GG für den Umwelt- und Klimaschutz Rn 132.

49 **6. Recht am eingerichteten und ausgeübten Gewerbebetrieb. a) Allgemeine Voraussetzungen.** Traditionell wird auch das Recht am eingerichteten und ausgeübten Gewerbebetrieb als sonstiges Recht iSd § 823 I eingeordnet (so schon vor dem BGB RGZ 28, 238; grundlegend ferner RGZ 58, 23; zusammenfassend BVerfGE 66, 116; *K. Schmidt* JuS 1993, 985ff). Im Unterschied zu den in Rn 35ff behandelten Rechten fehlt dem Unternehmen als solchem aber sowohl die Eigentumsähnlichkeit als auch eine sozialtypische Offenkundigkeit. Vielmehr birgt gerade ein deliktsrechtl Unternehmensschutz jenseits der absoluten Rechte und der nach § 823 II verbotenen Verhaltensweisen in besonderem Maße die Gefahr, dass die zur Wahrung der Bewegungsfreiheit wesentliche Grenze zw Rechtsgüterschutz und allg Vermögensschutz überschritten wird. Zudem führt die Anerkennung des Gewerbebetriebes als allg Schutzobjekt des § 823 I zu einer nicht begründbaren und daher willkürlichen Privilegie-

rung der unternehmerischen Tätigkeit ggü anderen wirtschaftl Aktivitäten von der Ausübung eines freien Berufs über die Stellung als ArbN bis zum privaten Vermieter oder sogar Kreditnehmer (*Larenz/Canaris* II 2 § 81 IV 1b). Die Geschichte des zivilrechtl Unternehmensschutzes ist daher zugleich eine Geschichte der Eingrenzungsversuche ggü dem Recht am Unternehmen. Heute sind folgende Einschränkungen des Rechts am Gewerbebetrieb anerkannt: Der Schutz nach § 823 I ist **subsidiär** ggü allen Spezialvorschriften zum Unternehmensschutz (Rn 61f); der Eingriff muss unmittelbar oder **betriebsbezogen** gewesen sein (Rn 63); schließlich muss die Rechtswidrigkeit in jedem einzelnen Fall aufgrund einer **Güter- und Interessenabwägung** festgestellt werden (Rn 66). Durch alle diese zusätzl Schutzvoraussetzungen unterscheidet sich das Recht am Gewerbebetrieb von den „klassischen" sonstigen Rechten.

Ob es sinnvoll ist, den deliktischen Unternehmensschutz **beim sonstigen Recht** anzusiedeln, kann hiernach stark **bezweifelt** werden (grundlegend *v Caemmerer*, DJT-FS 1989, 96ff; Überblick über den Meinungsstand: Staudinger/*Hager* Rn D 3). Nach einer bis vor das BGB zurückreichenden Rechtsprechungskette (vgl auch *Zeuner*, 25 Jahre Karlsruher Forum, 1983, 196) ist es freilich kaum aussichtsreich, die Berechtigung des Rechts am eingerichteten und ausgeübten Gewerbebetrieb überhaupt in Frage zu stellen. Der Einordnung als Gewohnheitsrecht (Erman/*Schiemann*[9] Rn 50) steht die fortdauernde gewichtige Kritik (insb *Larenz/Canaris* II 2 § 81; *Sack* VersR 2006, 1001ff) entgegen. Die dogmatische Einordnung als sonstiges Recht oder als verhaltensorientierte Generalklausel (zB *v Caemmerer* aaO) dient unterdessen allerdings weniger der Legitimation des allg deliktischen Unternehmensschutzes überhaupt, als vor allem der verallgemeinerungsfähigen **Umschreibung seiner Grenzen**. 50

Die Handhabung des Rechts am Gewerbebetrieb als Auffangtatbestand lässt sich methodisch am ehesten erklären, wenn man in ihm eine Fortbildung auf dem Wege der **Analogie**, nicht der unmittelbaren Anwendung des § 823 I sieht. Denn es gehört zu den methodischen Grundlagen der Analogiebildung, dass sie nur zulässig ist, soweit das Gesetz Lücken lässt. Dies wird durch die Einordnung als sonstiges Recht verdeckt. Den Erfordernissen des Analogieschlusses steht auch das Merkmal der Güter- und Interessenabwägung nahe. Im Allg verweist die Analogiebildung freilich auf eine gattungsmäßige Interessenlage, während die hM bei der Abwägung für den deliktischen Unternehmensschutz ganz auf den Einzelfall abzustellen scheint. Gedanklich lassen sich jedoch **zwei Stufen der Interessenanalyse** unterscheiden: 51

Auf einer **ersten Stufe** ist festzustellen, ob ein Ausschnitt unternehmerischer Tätigkeit betroffen ist, für den im Wege der Analogie ein ähnl Schutzinteresse wie für das Eigentum und die sonstigen Rechte anerkannt werden kann. Ein solches Interesse ist zB für die Forderungen des Unternehmens zu verneinen, weil die Forderung generell kein sonstiges Recht ist (Rn 36) und Positionen, die bei anderen Rechtsträgern keinen Schutz genießen, in der Hand eines Unternehmers nicht zur deliktisch sanktionierten Rechtsstellung erstarken können (ebenso i Erg BGH NJW 1983, 812). Auf einer **zweiten Stufe** bedarf sodann der Tatbestand der Rechtsverletzung einer **Verkehrspflichtverletzung**, setzt die rechtswidrige Beeinträchtigung eines Gewerbebetriebs also eine Interessenabwägung voraus. Denn Verkehrspflichten können unter dem geltenden System des Numerus clausus geschützter Rechtspositionen noch keine neuen Rechtsgüter schaffen (Rn 76), so dass zunächst einmal das **Angriffsobjekt** der Verhaltensnormen als **schutzfähige Position** ausgewiesen werden muss. Dies wird durch die hier vorgeschlagene Sicht des Rechts am Gewerbebetrieb als einer Analogiebildung zu den Schutzobjekten des § 823 I verdeutlicht. Zugleich findet der richterrechtl Schutz des Gewerbebetriebs hierdurch den Anschluss an die allg anerkannten Grundsätze der methodischen Rechtsfortbildung. Der Vorteil einer solchen Re-Dogmatisierung liegt nicht zuletzt im Begründungszwang für weitere Neubildungen unter einem sonst allzu fungiblen Oberbegriff des Gewerbebetriebs oder des Unternehmensschutzes. 52

Ein solches Vorgehen lässt die Möglichkeit offen, sich bei den **anerkannten Fallgruppen** des Unternehmensschutzes jedenfalls für das Schutzobjekt mit dem Hinw auf die st Rspr zu begnügen. Ob im jew Fall auch ein Verkehrspflichtverstoß vorliegt, bedarf hingegen selbst in diesem Bereich meist einer besonderen Begründung (zur Entbehrlichkeit der Betriebsbezogenheit vgl aber Rn 65). 53

b) Schutzumfang. Während das RG als Objekt des Unternehmensschutzes noch den **Bestand** des Betriebes angenommen hatte, also die Möglichkeit zur gewerblichen Tätigkeit überhaupt (etwa RGZ 73, 107, 112; 102, 223, 225), schützt der BGH den Gewerbebetrieb in „allen seinen Ausstrahlungen" (BGHZ 23, 163; BGH DB 1971, 571). Diese Umschreibung ist jedoch viel zu weit und gibt auch die eigene Spruchpraxis des BGH keineswegs zutr wieder. Denn nach wie vor hält der BGH am Subsidiaritätsgrundsatz fest, mit dem ein Schutz von „allem, was in seiner Gesamtheit den wirtschaftl Wert des konkreten Betriebes ausmacht" (BGHZ 23, 163), nicht zu vereinbaren ist. Richtig an der Überwindung der RG-Formel ist jedoch die Erkenntnis, dass es nicht erst zu einem Stillstand der Produktion oder der Dienstleistungstätigkeit des Unternehmens kommen muss, damit eine Beeinträchtigung des Gewerbebetriebes vorliegt. Gerade bei solchen Beeinträchtigungen ist auf der Grundlage eines funktionsbestimmten Verständnisses des **Eigentums** (Rn 31) vielmehr meistens bereits dieses Recht betroffen (ebenso Staudinger/*Hager* Rn D 9). So liegt es in den „Stromkabelfällen", selbst wenn die Versorgungsstörung nicht zu Verderbschäden, sondern zum Ausfall der Nutzung gewerblicher Anlagen geführt hat (Überblick bei Staudinger/*Hager* Rn D 13). Ist der Unternehmensträger nicht Eigentümer, sondern zB Mieter oder Werkunternehmer, gilt Entspr für dessen berechtigten Besitz (anders aber BGH NJW 1992, 41: Gewerbebetrieb; vgl dazu Rn 43 und die Kritik von *Larenz/Canaris* II 2 § 81 III 5c). 54

Schon in der frühesten Fallgruppe des Rechts am Gewerbebetrieb, bei den unberechtigten Schutzrechtsverwarnungen (RGZ 45, 59; BGHZ 164, 1), war das physische Substrat des Betriebes nur mittelbar betroffen. Entschei- 55 dendes Angriffsobjekt war die **Freiheit des Unternehmens**, von bestimmten Techniken und Verfahrensweisen ohne ein besonderes Schutzrecht Gebrauch zu machen. Unmittelbar beeinträchtigt waren deshalb nicht die sachlichen Investitionen, sondern das „Know-how" des Unternehmens. Das Know-how ist mangels eines Zuweisungsgehaltes kein sonstiges Recht (Rn 35). Eben deshalb kommt sein deliktsrechtl Schutz nur im Rahmen des allg Unternehmensschutzes in Frage. Für einen Schutz unternehmerischer Ziele und Planungen schlechthin fehlt jedoch die Analogiebasis. Die **Vergleichbarkeit mit sonstigen Rechten** wird vielmehr erst durch die organisatorischen Maßnahmen und Investitionen des Unternehmens geschaffen. Das Know-how kann also geschützt werden, wenn der Betrieb auf der Grundlage dieser Fähigkeit **„eingerichtet"** ist **und „ausgeübt"** wird. Dadurch haben Kenntnisse und Planungen des Unternehmens eine „Verdinglichung" erfahren, die zwar kein (Immaterialgüter-)Recht begründet, aber eine mit den nach § 823 I geschützten Rechten vergleichbare Position, die wegen der ähnl Interessenlage denselben Schutz verdient, dazu genauer Rn 68ff.

56 Besonders eng war diese Verwandtschaft beim **Verwässerungsschutz für die berühmte Marke** vor dem Inkrafttreten des MarkenG (Rn 40), so dass bereits unter dem alten Rechtszustand deren Einordnung als selbstständiges sonstiges Recht vorgeschlagen worden war (vgl MüKo/*Wagner* Rn 319 mN). Wegen der Unzulässigkeit und Überflüssigkeit einer Analogie (oder, in der Terminologie der hM, wegen der Subsidiarität des Rechts am Gewerbebetrieb) ist das Schutzgut Gewerbebetrieb heute für solche Fälle freilich überhaupt nicht mehr heranzuziehen (dahin tendierend Staudinger/*Hager* Rn D 66 und i Erg *Piper* GRUR 1996, 436). Für die gegen den Gewerbebetrieb gerichteten **Äußerungsdelikte** (Werturteile und wahre, aber schädigende Tatsachen) ist hinsichtl des betroffenen Objekts zu unterscheiden: Wird – wie in den Warentestfällen – ein Urteil über ein bestimmtes Produkt abgegeben, dann betrifft der Eingriff einen konkreten Ausschnitt des unternehmerischen Know-how, der sich in den Investitionen für das Produkt „verdinglicht" hat, so dass eine ähnl Behandlung wie bei der Verletzung einzelner Rechte angemessen sein kann.

57 Wird hingegen der **Ruf des Unternehmens im Allg** beeinträchtigt, fehlt diesem Eingriffsobjekt die in abgrenzbaren Investitionen verdinglichte Konkretisierung. Schon deshalb scheidet bei Beeinträchtigungen des Rufes eines Unternehmens als Ganzes ein Schadensersatz wegen Verletzung des Rechts am eingerichteten und ausgeübten Gewerbebetrieb entgegen der Rspr aus (vgl aber zB BGHZ 45, 296; BGH NJW 2006, 830, 839f). Die Geschäftsehre kann freilich einen Teil des Allgemeinen Persönlichkeitsrechts bilden und nimmt – auch wenn das Unternehmen von einer juristischen Person getragen wird – infolgedessen am Persönlichkeitsschutz teil (krit Anh § 12 Rn 65). Denn das Allgemeine Persönlichkeitsrecht bedarf als Parallelbildung zu den in § 823 I aufgezählten **Lebensgütern** anders als der einem geschützten **Recht** ähnl Gewerbebetrieb keiner gegenständlichen Verkörperung (abl ggü diesem Erfordernis des Gewerbebetriebs aber ausdrückl Soergel/*Beater* § 823 Anh V Rn 21; BeckOGK/*Spindler* Rn 231). Auf diesem Wege wird zugleich das in der gegenwärtigen Rspr prekäre Verhältnis zw Persönlichkeitsschutz und Unternehmensschutz bereinigt und für das Recht am Gewerbebetrieb der Subsidiaritätsgrundsatz auch ggü dem Persönlichkeitsschutz gewahrt (vgl auch *Larenz/Canaris* II 2 § 81 III 2c). Kein Eingriff liegt jedenfalls in Meinungsäußerungen wie **Bonitätsbeurteilungen**, die auf einer zutr Tatsachengrundlage beruhen, BGH NJW 2011, 2204. **Betriebsgeheimnisse** und sonstige **Geschäftsinterna** haben hingegen wiederum die erforderliche Konkretheit als abgrenzbare Folge von Erfahrungen, organisatorischen Maßnahmen, Arbeitsverträgen und Forschungsinvestitionen.

58 **Boykottaufrufe**, die den Gewerbebetrieb um seinen Kundenstamm oder einen Teil davon bringen sollen, betreffen nicht nur das Unternehmen im Ganzen, sondern einen wirtschaftl gesondert bewerteten Ausschnitt. Nicht zu den mit dem Recht am Gewerbebetrieb erfassten Fällen gehören entgegen der hM die **Streik- und Blockadefälle**. Als Objekt einer Blockade kommt in erster Linie das Eigentum in Frage: Ob ein Schiff durch eine eingestürzte Ufermauer (BGHZ 55, 153) oder ein Lkw mit einer Ladung Tageszeitungen durch eine Menschenkette oder eine Barrikade an der Ausfahrt gehindert wird (BGHZ 59, 30), darf keinen Unterschied des rechtl Ansatzes begründen. Differenzierungen sind vielmehr erst auf der Ebene der verletzten Verkehrspflichten angebracht, wenn es bei der Ufermauer unmittelbar um die Pflicht zur Unterhaltung und Überwachung geht, bei der Blockade hingegen um einen Verstoß gegen das Verhältnismäßigkeitsgebot bei der Wahrnehmung der Demonstrationsfreiheit. Die Behandlung rechtswidriger Streiks als Eingriffe in ein Recht am Gewerbebetrieb steht in Widerspruch zu der Behandlung von Forderungsrechten bei § 823 I: Wenn in der Einwirkung auf den Schuldner einer Leistung – zu Recht – kein Eingriff in ein absolutes Recht des Gläubigers auf Erfüllung gesehen wird (Rn 36), darf nicht allein deshalb etwas anderes gelten, weil der Schuldner ArbN ist. Richtigerweise ist heute davon auszugehen, dass die **Arbeitskampfregeln** des BAG gewohnheitsrechtl Bedeutung haben und wegen ihres Schutzzwecks zugunsten einzelner Unternehmer Schutzgesetze nach § 823 II sind (ähnl *Larenz/Canaris* II 2 § 81 III 6; aA aber das BAG, zB BAGE 58, 364; dem BAG zuneigend MüKo/*Wagner* Rn 403ff).

59 Führt der Streik zu Schäden bei Unternehmen, die **nicht Koalitionsgegner** sind, wie der Fluglotsenstreik bei Reiseunternehmen (BGHZ 69, 128), ist auch dies nach den besonderen Grundsätzen über die Gefahrverteilung im Arbeitskampfrecht zu beurteilen, also etwa danach, ob die privaten Reiseunternehmen in den Schutzbereich des Streikverbots für den öffentlichen Dienst fallen (aA BGHZ 69, 128 sowie zB *Zeuner* JZ 1979, 6ff). Speziell beim Streik von Trägern öffentlicher Gewalt ist ferner zu berücksichtigen, dass die Amtspflicht nach § 839, Art 34 GG nicht notwendigerweise auf die nach § 823 I geschützten Rechte und Rechtsgüter beschränkt ist, sondern auch den reinen Vermögensschutz zum Ziel haben kann. Dies wird besonders an der früheren Rspr zur Bankenaufsicht deutlich (BGHZ 74, 144; 75, 120; vgl § 4 IV FinDAG v 22.4.2002 mit der Orientierung allein am öffentlichen Interesse, BGHZ 162, 49 auf der Grundlage von EuGH NJW 2004, 3479). Die Drittbezogenheit der

Pflichten zur Luftüberwachung sollte nicht zweifelhaft sein, aber auch nicht, dass der sachliche Schutzbereich der Vorschriften über die öffentliche Gewährleistung einer heute so elementaren Einrichtung wie des Luftverkehrs die Vermögensinteressen der Teilnehmer daran umfasst. Eine Beschränkung des Vermögensschutzes auf die im Luftverkehr tätigen Unternehmen erscheint als eine willkürliche Privilegierung dieser Unternehmen.

Für die umstr Frage, ob der Schutz des Gewerbebetriebs auf den **Idealverein**, die **freiberufliche Praxis** oder das 60
Recht am **Arbeitsplatz** auszudehnen ist (vgl Staudinger/*Hager* Rn D 6ff mN), ist selbständig die Analogiefähigkeit zu den Rechten in § 823 I zu prüfen. Soweit das berufliche Ansehen im Allg betroffen ist, liegt auch hier (vgl Rn 57) die Verbindung mit dem Allgemeinen Persönlichkeitsrecht nahe. Hinsichtl Boykottaufrufen ist etwa die Klientel eines Anwalts oder der Patientenkreis eines Arztes als gleichartige Verfestigung und Konkretisierung des beruflichen Goodwills anzusehen wie der Kundenstamm beim gewerblichen Unternehmen. Für eine Gleichbehandlung mit dem Gewerbebetrieb spricht hier ua die traditionelle Einbeziehung der freiberuflichen Tätigkeit in den Schutzbereich des UWG (vgl auch BGHZ 81, 21; BGH NJW 1996, 2422 zum Schutz der freiberuflichen Praxis nach Art 14 GG). Da Anknüpfungspunkt des Schutzes jedoch nicht die Berufstätigkeit schlechthin ist, sondern deren „Verdinglichung" aufgrund Organisation, Erfahrung und Investition, fehlt jede Analogiegrundlage zu den geschützten Rechten bei einer **Arbeitstätigkeit ohne eine dem Tätigen gehörende organisatorische Einheit** (wie der eigene Gewerbebetrieb oder die selbständige freiberufliche Praxis). Für den deliktischen Schutz des Arbeitsplatzes bei Eingriffen Dritter aber zB Staudinger/*Hager* Rn B 191; vgl zu möglichen Konkurrentenansprüchen ggü einem „Doping-Sieger" *R. Schröder/Bedau* NJW 1999, 3365. Beeinträchtigungen eines abhängig Tätigen etwa durch negative Werturteile sind daher wieder nur über das Allgemeine Persönlichkeitsrecht zu erfassen (schon im Ansatz anders wegen des „personalistischen", an Art 12 GG anknüpfenden Verständnisses des Aktivitätsschutzes *Zeuner* FS Flume I, 1978, 775, 780f). Eine selbständige organisatorische Einheit als Analogiebasis zum sonstigen Recht kann hingegen auch bei einer ARGE in der Rechtsform der GbR vorliegen (vgl BGH NJW 1992, 41).

c) **Subsidiarität.** Die Subsidiarität des Rechts am Unternehmen (oder genauer: der analog zu den in § 823 I ge- 61
nannten Rechten geschützten wirtschaftl Positionen) wirkt in doppelter Richtung: Einerseits besteht keine Lücke, wenn ein ausreichender Schutz in anderen Vorschriften vorgesehen ist; andererseits ist eine Analogie ausgeschlossen, wenn die speziellen Vorschriften das Schutzproblem erkennbar abschließend regeln sollen (BGHZ 8, 387, 394f; 55, 153, 159f; 65, 325, 328; 105, 346, 350). Insb bei Beeinträchtigungen durch Wettbewerbshandeln sind die wettbewerbsrechtl Sondervorschriften abschließend, so dass für die Schutzfrage allein der Umkehrschluss maßgeblich ist (BGHZ 36, 252, 257; 43, 359, 361; gegen die Subsidiarität insoweit *Fikentscher* Wirtschaftsrecht II, 1983, § 21 III 3c). Zweifelhaft ist das Verhältnis zum Allgemeinen Persönlichkeitsrecht, da dieses seinerseits einen Auffangtatbestand bildet (RGRK/*Steffen* Rn 38; Soergel/*Beater* § 823 Anh V Rn 18 mN, auch zur Rspr und seitdem BGH NJW 2006, 830, 839ff). Richtigerweise sollte nach der Art der Betroffenheit unterschieden werden: Etwa beim Ruf eines Unternehmens im Ganzen oder auch des Angehörigen eines freien Berufs geht es typischerweise um das Allgemeine Persönlichkeitsrecht, bei Beeinträchtigungen unternehmerischer Werte, die durch Organisation, Fertigkeiten, Investitionen geschaffen worden sind, hingegen um den Gewerbebetrieb, vgl auch Rn 57.

BGHZ 69, 128, 139 betrachtet auch und gerade **vorsätzliche** Schädigungen eines Unternehmens als betriebs- 62
bezogene Eingriffe in den Gewerbebetrieb. Hierin kommt zum Ausdruck, dass das Recht am Gewerbebetrieb ggü § 826 **nicht** subsidiär ist (vgl auch BGHZ 59, 30, 35). Nimmt man die methodischen Anforderungen an die Analogiebildung ernst, bleibt die vorsätzliche Herbeiführung reiner Vermögensschäden ohne Sittenwidrigkeit (was eher selten vorkommt) mangels Lücke ohne Schadensersatz.

d) **Betriebsbezogenheit und Güter- und Interessenabwägung.** Statt der oben angedeuteten konkreten Analo- 63
giebildung wählt die st Rspr gleichsam den umgekehrten Weg: Das Schutzgut Gewerbebetrieb wird ganz allg gefasst, dann aber durch besondere Anforderungen an die Eingriffsart eingegrenzt. Das RG verwendete die Kausalitätskategorie der Unmittelbarkeit. An ihre Stelle ist beim BGH die **Betriebsbezogenheit** des Eingriffs getreten, ohne dass freilich die Unmittelbarkeit vollständig aufgegeben worden wäre (insb BGHZ 29, 65, 74 und seitdem st Rspr). Schon der Ausdruck „Betriebsbezogenheit" ist wenig glücklich. Vorsatz oder gar Finalität des Eingriffs, an die der Begriff denken lässt, sind gerade nicht Voraussetzung (BGHZ 69, 128, 139). Er soll vielmehr solche Eingriffe aus dem Schutzbereich des Rechts am Unternehmen ausgrenzen, die entweder einen anderen Rechtsträger oder ein anderes Rechtsgut betroffen haben. Daher fehlt die Betriebsbezogenheit, wenn das (regelmäßig dem Versorgungsunternehmen zustehende) Eigentum an einem Stromkabel (BGHZ 29, 65) oder die Gesundheit eines ArbN (BGHZ 7, 30) oder eines Berufssportpartners (BGH NJW 2003, 1040) beeinträchtigt oder das Leben eines Mitinhabers zerstört (BGH NJW 2001, 971) worden ist oder ein Produktmangel zu einem Haftungsschaden bei dem weiterverarbeitenden Werkunternehmer geführt hat (BGH NJW 1974, 1503, 1505, vgl aber zur Eigentumsverletzung durch Produktmängel BGHZ 117, 183; BGH NJW 1998, 1942 und dazu Rn 124f).

Nicht praktikabel ist der von der Rspr befürwortete Übergang von einem Eingriff in das Eigentum zu einem be- 64
triebsbezogenen Eingriff in das Unternehmen selbst, wenn **nicht nur einzelne Güter**, sondern zB alle Waren des Lagers vernichtet worden sind (BGH VersR 1961, 832). In diesem letzten Fall ist der Schaden durch den Untergang des Unternehmens als adäquate Folge der Eigentumsverletzung ohne weiteres nach § 823 I, §§ 249ff zu ersetzen.

65 Begrenzt man, wie oben (Rn 51ff) vorgeschlagen, die Haftung bereits durch die strengen Voraussetzungen einer Analogiebildung selbst, erscheint eine zusätzl **Betriebsbezogenheit** oder Unmittelbarkeit des Eingriffs **entbehrlich**. Besteht keine Schutzlücke, ist die Analogie ohnehin unzulässig. Besteht sie aber, wäre es geradezu ein Widerspruch, wollte man Positionen, deren Schutzfähigkeit in ähnl Ausmaß wie bei den Rechten des § 823 I festgestellt worden ist, dann anders als diese Rechte nur gegen eine ganz bestimmte Art von Eingriffen schützen (krit zur Betriebsbezogenheit ua auch *K. Schmidt* JuS 1993, 988).

66 Ähnl gilt für die von der hM generell geforderte **Güter- und Interessenabwägung** (Übersicht etwa bei RGRK/*Steffen* Rn 46ff, Soergel/*Beater* § 823 Anh V Rn 13f, 28ff, 39ff, Staudinger/*Hager* Rn D 4 mN): Die Rspr verzichtet in der besonders charakteristischen Fallgruppe der unberechtigten Schutzrechtsverwarnungen weitgehend auf eine Rechtswidrigkeitsprüfung und arbeitet hier mit der Indikation der Rechtswidrigkeit (BGHZ 38, 200; 164, 1; BGH NJW 1996, 397; aA insb *Sack* WRP 1976, 733, im Ansatz auch MüKo/*Wagner* Rn 375ff). Hieran zeigt sich, dass die Güter- und Interessenabwägung **kein notwendiges Element** der Haftungsbegründung mit dem Recht am eingerichteten und ausgeübten Gewerbebetrieb ist. Beim hier verfolgten Ansatz ist die Rechtswidrigkeit – wie bei anderen Verkehrspflichtverletzungen – immer dann besonders zu begründen, wenn die Beeinträchtigung auf ein Verhalten zurückgeht, das seinen Unwert nicht schon durch die Ursächlichkeit für den Erfolg in sich trägt, vielmehr im Allg gerade erlaubt ist und erst aufgrund zusätzl Umstände verkehrspflichtwidrig erscheint.

67 Besonders deutlich ist die **Parallele zu anderen Verkehrspflichtverletzungen** beim Boykottaufruf, weil die Beeinträchtigung des Kundenstammes als Teil des Gewerbebetriebes nicht unmittelbar vom Verrufer bewirkt wird, sondern erst mittelbar durch die Kunden, die dem Aufruf folgen. Im Bereich der Äußerungsdelikte handelt es sich um Beeinträchtigungen, die sich aus der Öffentlichkeit der Meinungen ergeben. Diese Öffentlichkeit steht in Parallele zu den anderen Formen des erlaubten Rechtsverkehrs, an welche die herkömmlichen Verkehrspflichten anknüpfen. Deshalb ist es gerechtfertigt, demjenigen, der durch seine Äußerung auf diesen Verkehr einwirkt, gewisse Pflichten zur Vermeidung eines Schadens aufzuerlegen. Der Wettbewerb kommt als solcher Verkehr praktisch nicht in Frage, weil die hierfür relevanten Verkehrspflichten im Wettbewerbsrecht abschließend geregelt sind. Spielt sich das Verhalten nicht auf dem „Markt" der Meinungen und Informationen in der Öffentlichkeit ab, fehlt der Ansatz für die Begründung von Verkehrspflichten und somit für eine besondere Güter- und Interessenabwägung. I Erg ist daher der Rspr darin zu folgen, dass **unberechtigte Schutzrechtsverwarnungen per se rechtswidrig** sind. Dasselbe gilt zB für den Verrat von Betriebsgeheimnissen (für deren Verselbständigung als sonstiges Recht *Larenz/Canaris* II 2 § 81 III 5b) außerhalb des Wettbewerbs und der Öffentlichkeit, etwa an eine Behörde. Beruft sich der Eingreifer hier auf die Wahrnehmung berechtigter Interessen, muss folglich er und nicht der Angegriffene die Voraussetzungen dieses Rechtfertigungsgrundes ieS darlegen und beweisen.

68 **e) Einzelne Fallgruppen.** Im Einz ergeben sich hieraus folgende Grundsätze: **aa)** Eine **unberechtigte Schutzrechtsverwarnung** liegt vor, wenn sich der Verwarner auf ein ihm in Wahrheit nicht zustehendes Immaterialgüterrecht, insb ein Patent, ein Gebrauchs- oder Geschmacksmuster oder eine Marke beruft und hierdurch der Verwarnte zur Einstellung seiner Gewerbetätigkeit auf dem angesprochenen Gebiet veranlasst werden soll. Eine vergleichbare Interessenlage besteht auch, wenn der Gewerbetreibende wegen eines Wettbewerbsverstoßes verwarnt wird (abl ggü einer Gleichsetzung mit den Schutzrechtsverwarnungen aber *Larenz/Canaris* II 2 § 81 III 4e; Staudinger/*Hager* Rn D 63). Das Bestehen einer Lücke für diese Fälle ist gelegentlich geleugnet worden, zB von *Häsemeyer*, Schadenshaftung im Zivilrechtsstreit, 1979, 68f und öfter; *Larenz/Canaris* II 2 § 81 III 4. Eine Abwehr durch einstw Rechtsschutz ist dem Verwarnten schon wegen der Schwierigkeiten, die negative Tatsache glaubhaft zu machen, dass dem Verwarner kein Schutzrecht zusteht, sowie wegen des Schadensersatzrisikos nicht zumutbar. Vor allem aber hat derjenige, der an die Berechtigung der Verwarnung glaubt, keinen Anlass, sogleich den gerichtlichen Rechtsschutz in Anspruch zu nehmen. Von § 3 UWG wird die Verwarnung nicht notwendigerweise erfasst, da sie mangels positiver Kenntnis des Verwarners über das Fehlen eines eigenen Schutzrechts nicht gegen die guten Sitten im Wettbewerb zu verstoßen braucht (aA *Larenz/Canaris* II 2 § 81 III 4a). Viel spricht allerdings dafür, die Verwarnung ggü den Kunden des angeblichen Schutzrechtsverletzers nach §§ 9, 4 Nr 8 UWG zu behandeln (dafür insb *Schrauder*, Wettbewerbsverstöße als Eingriffe in das Recht am Gewerbebetrieb, 1970; aA die st Rspr seit RGZ 88, 437 – dazu etwa BGH NJW 1979, 916; BGHZ 164, 1 – weil die Behauptung einer Rechtsverletzung stets Werturteil sei). Auch **Schutzschriften** und **presserechtliche Informationsschreiben** stellen einen unmittelbaren Eingriff in den gewerblichen Tätigkeitskreis dar, sind jedoch nur rechtswidrig, wenn sie von vorneherein ungeeignet sind, präventiven Rechtsschutz zu bewirken, etwa weil sie keine Informationen enthalten, die eine Beurteilung einer Verletzung erlauben (BGH NJW 2019, 781 Rn 18ff).

69 Die Schutzrechtsverwarnung gehört in den größeren Zusammenhang der Haftung **wegen unberechtigter Verfahrenseinleitung** (grundlegend *Hopt* Schadensersatz bei unberechtigter Verfahrenseinleitung, 1968). Die verfahrensrechtl Ersatzvorschriften, §§ 717 II, 945 ZPO, bei Schädigung durch die Anrufung eines Gerichts sind nicht abschließend. Es gehört zum festen Bestand der von der Rspr befolgten Grundsätze, dass die Immaterialgüterrechte durch besonders scharfe Schadensersatzsanktionen geschützt werden. Infolgedessen ist die Berufung auf ein solches Schutzrecht ein schweres Geschütz. Dadurch ist aber auch der „Einschüchterungseffekt" einer Verwarnung besonders groß. Deshalb ist derjenige, der aus berechtigter Sorge vor diesen Sanktionen eine gewerbliche Tätigkeit einstellt, schutzbedürftig, BGHZ 38, 200, 204f. Noch gefährlicher ist die Lage für den Hersteller bei einer Verwarnung seiner Abnehmer (Staudinger/*Hager* Rn D 55). Eben deshalb erscheint hier die strengere Haftung nach §§ 9, 4 Nr 8 UWG angemessen (*Larenz/Canaris* II 2 § 81 III 4b; Soergel/*Beater* § 823 Anh V Rn 73). Ob

der Angriff ggü dem Hersteller durch schriftliche Verwarnung oder ein Gerichtsverfahren vorgetragen wird, ändert dessen Schutzbedürftigkeit nicht entscheidend. Aus dieser Gleichartigkeit ist jedoch nicht der Schluss zu ziehen, dass wegen der prinzipiellen Legitimität der Inanspruchnahme staatlichen Gerichtsschutzes auch die außergerichtliche Geltendmachung (angeblicher) subj Rechte idR eher als Ausdruck für ein vertretbares Ringen um das Recht denn als rechtswidrige Verletzung anzusehen sei. Denn wo die „knappe Ressource" rechtl Verfahren und die Drohung mit ihrem Gebrauch zum Instrument der Geschäftemacherei zB durch Abmahnvereine wird, verliert der Hinw auf die Legitimität der Wahrung subj Rechte seine Durchschlagskraft (aA aber BGH NJW 2006, 1432). Auch ein unberechtigter Insolvenzantrag stellt einen Eingriff in den Gewerbebetrieb dar (aA BGHZ 36, 18; vgl dazu aber wie hier *K. Schmidt* JuS 1993, 985, 989f).

Anlass für eine **haftungsbegründende Rechtswidrigkeitsprüfung** besteht in den Fällen der Gewerbeschädigungen durch unberechtigte Verfahren nicht, da die Verletzung „unmittelbar" geschieht und nicht erst auf den Verstoß gegen eine Verkehrspflicht zurückgeht (s Rn 52). Daher ist eine Unterlassungsklage ggü der außergerichtlichen Schutzrechtsverwarnung stets bereits dann begründet, wenn dem Verwarner das Schutzrecht nicht zusteht. Besondere Anforderungen stellt die Rspr aber zu Recht an das Verschulden (BGHZ 62, 29, 39f; BGH NJW 1979, 916; NJW-RR 1998, 331): Die im Bereich des gewerblichen Rechtsschutzes und des Urheberrechts stets gegebene Möglichkeit, dass das beanspruchte Schutzrecht keinen Bestand haben könnte, genügt nicht. Die Sorgfaltspflicht des Verwarners ist bei ungeprüften Schutzrechten (Gebrauchsmustern) strenger als bei geprüften. Zum Mitverschulden des Verwarnten BGH NJW-RR 1998, 331. 70

bb) Äußerungen über fremde gewerbliche und berufliche Leistungen. Verwarnungen und Äußerungen über fremde gewerbliche und berufliche Leistungen **außerhalb des Wettbewerbs**, zB die Ankündigung medienwirksamer Aktionen oder die Abmahnung angeblich drohender Persönlichkeitsverletzungen, können als Eingriffe in den „Gewerbebetrieb" anzusehen sein. Nach der Rspr gilt dasselbe, wenn der Ruf des Gewerbebetriebes im Allg betroffen ist (BGH JZ 1966, 478; NJW 1967, 390; WM 1969, 173, dazu aber Rn 57). Da alle diese Schädigungen jedoch durch den Gebrauch der Meinungsfreiheit entstanden sind, begründen die Schadensfolgen allein noch nicht die Rechtswidrigkeit der Äußerung. Ein Unterlassungs- oder Schadensersatzanspruch besteht vielmehr nur, wenn die Äußerung **verkehrspflichtwidrig** ist. Dies ist im Wege einer Güter- und Interessenabwägung zu ermitteln. Hierbei ist von einer Vermutung für die Zulässigkeit der freien Rede im geistigen Meinungskampf auszugehen, BGHZ 45, 296, 308; 65, 325, 331; BGH NJW 2006, 830, 840. Regelmäßig rechtswidrig ist – wie beim Persönlichkeitsschutz – böswillige und gehässige Schmähkritik, die aber wegen der Meinungsfreiheit wiederum nur in engen Grenzen zu bejahen ist, BGH NJW 2015, 773. Je größer die Breitenwirkung des Mediums ist, in dem die Meinung geäußert wird, umso strenger sind die Anforderungen an die Fairness und an das Bemühen um sachliche Überprüfung. Insb bei **Warentests** hat die Rspr das Schwergewicht der rechtl Überprüfung auf das Verfahren zur Gewinnung des in der Öffentlichkeit verbreiteten Werturteils gelegt: Die Untersuchung muss neutral, obj, sachkundig und mit dem Bemühen um Richtigkeit vorgenommen worden sein (BGHZ 65, 325, 334, dazu Soergel/*Beater* § 823 Anh V Rn 88; Staudinger/*Hager* Rn D 32, beide mwN und seitdem BGH NJW 1987, 2222; 1997, 2593). Die Verbreitung wahrer rufschädigender Tatsachenbehauptungen ist nicht schon deshalb rechtswidrig, weil auch andere Anbieter schädliche Produkte herstellen (BGH NJW 1987, 2747). Die Rspr zieht aber eine Grenze, wenn die Verbreitung der wahren Tatsachen eine „Prangerwirkung" entfaltet. Die konkreten Entscheidungen dazu sind kaum nachvollziehbar: Die Prangerwirkung wurde (im Rahmen der Prüfung einer Persönlichkeitsverletzung) verneint für eine Plakataktion gegen die Klimazerstörung mit Name und Foto des Vorstandsvorsitzenden eines Chemiekonzerns (BGH NJW 1994, 124), hingegen bejaht für die öffentliche Analyse einer im BAnz abgedruckten Bilanz eines mittelständischen Unternehmens (BGH NJW 1994, 1784 und hiergegen die berechtigte Kritik von *J. Hager* ZHR 158, 677ff). 71

Die **satirische Verfälschung** einer Zigarettenwerbung zugunsten einer Antiraucher-Kampagne ist im Hinblick auf die Aggressivität der Zigarettenwerbung und die Gefahren des Rauchens keine verbotene Schmähkritik (BGHZ 91, 117; ähnl zB BGH NJW 2002, 1192). Wenn durch unwahre Tatsachenbehauptungen über Investitionsvorhaben nicht Geschäftspartner beeinflusst werden sollen, sondern **von der Planung Betroffene** (die auf diesem Wege zu rechtl und politischen Aktionen gegen das Vorhaben veranlasst werden sollen), liegt kein Fall von § 824 vor; nach BGHZ 90, 113 soll aber ein Eingriff in den Gewerbebetrieb in Betracht kommen. Gerade hinsichtl solcher Maßnahmen ist der Gewerbebetrieb freilich weder schon „eingerichtet" noch wird er „ausgeübt". Die **Zugangsmöglichkeit zu einem Markt** wird vielmehr auch sonst nach § 823 I mit Recht nicht geschützt. Hier fehlt die „Verdinglichung" von Goodwill oder Know-how, die erst eine Analogie zu den nach § 823 I geschützten Rechten ermöglicht (aA aber Soergel/*Beater* § 823 Anh V Rn 102; Staudinger/*Hager* Rn D 10). 72

Das ist anders beim Verrat oder der Aufdeckung von **betrieblichen Geheimnissen** (vgl insb BGHZ 107, 117). Mit BGHZ 80, 25; 138, 311 ist davon auszugehen, dass die unerlaubte Methode der Informationsbeschaffung allein nicht schon die Rechtswidrigkeit des Eingriffs begründet (aA insb *Bettermann* NJW 1981, 1065). Wenn freilich – wie im entschiedenen Fall – Praktiken einer Redaktionskonferenz aufgedeckt werden, steht die rechtl Beurteilung in einem schwer zu überwindenden Zwiespalt zw zwei Seiten desselben Grundrechts auf Meinungs- und Pressefreiheit. BVerfGE 66, 116f lässt die Veröffentlichung rechtswidrig erlangter Informationen nur ausnahmsw zu, wenn das Informationsinteresse der Öffentlichkeit eindeutig die Nachteile überwiegt, die das rechtswidrige Verhalten des Eingreifers für den Betroffenen und für die „Geltung der Rechtsordnung" nach sich zieht. 73

cc) Boykott. Als Eingriff in den Gewerbebetrieb ist von der Rspr mehrfach der **Boykott** zur Verfolgung nichtwirtschaftl Interessen beurteilt worden. Dient der Boykott wettbewerblichen Zielen, kommen allein Ansprüche 74 aus dem Wettbewerbsrecht in Betracht. Richtigerweise gilt dies auch dann, wenn das Ziel zwar außerwettbewerblich ist, zur Erreichung des Boykottzieles aber wettbewerbliche Mittel (zB Androhung einer Liefersperre) eingesetzt werden. Denn wer seine eigene Wettbewerbsposition als Kampfmittel einsetzt, handelt schon hierdurch zu Zwecken des Wettbewerbs, auch wenn damit letztlich ein über das wirtschaftl Ziel hinausgehender Zweck verfolgt wird (aA BVerfGE 25, 256, 264). Bei der rechtl Beurteilung sind freilich weitgehend dieselben Gesichtspunkte maßgeblich, die von der hM bei der Güter- und Interessenabwägung im Rahmen der Prüfung eines Eingriffs in den Gewerbebetrieb herangezogen werden. Jedenfalls liegt der Einsatz wirtschaftl Macht zur Einwirkung auf den Willen Dritter nicht im Schutzbereich des Art 5 I GG, der allein den geistigen Meinungskampf gewährleistet (Staudinger/*Hager* Rn D 42 mN). Auch bei einem Boykott genügt nach dem oben (Rn 72) entwickelten Ansatz die Beeinträchtigung von **Plänen und Investitionsvorhaben** nicht, um einen Anspruch wegen Verletzung des Gewerbebetriebes zu begründen (vgl aber BGHZ 90, 113: Aufruf zu Einsprüchen gegen eine geplante Schnellstrecke der Deutschen Bundesbahn). Zivilrechtl Rechtsschutz ist in solchen Fällen nur über § 823 II iVm §§ 240, 253 StGB und über § 826 zu erreichen. Zur Abwägung zw der Meinungsfreiheit und dem Interesse des Unternehmens an der Erhaltung seines Kundenstammes vgl die Bsp bei MüKo/*Wagner* Rn 400ff; Staudinger/*Hager* Rn D 40ff.

74a **IV. Menschliches Verhalten.** Das schädigende Verhalten kann sowohl ein **positives Tun** als auch ein **Unterlassen** sein. Dabei muss es sich um ein beherrschbares Verhalten handeln, das der Bewusstseinskontrolle und Willenslenkung unterliegt; keine Handlung stellen daher körperliche Bewegungen dar, die unter physischem Zwang ausgeführt oder als unwillkürlicher Reflex durch fremde Einwirkung ausgelöst werden (BGHZ 39, 103, 106) oder im Zustand der Bewusstlosigkeit oder des Schlafes erfolgen (BGHZ 23, 90, 98; 98, 135, 137). Entspr gilt für Unterlassen. Allerdings kann ein Verhalten darin liegen, dass sich jemand selbst in eine Lage bringt, die beherrschbares Verhalten ausschließt (vgl BGH NJW 1974, 948, 949; Düsseldorf NJW-RR 1997, 1313). Die Beweislast für das Fehlen eines menschlichen Verhaltens trägt nach den Wertungen des § 827 S 1 der Schädiger (BGHZ 98, 135, 137ff; MüKo/*Wagner* Rn 68; anders bei äußerer Ursache BGHZ 39, 103, 107ff; Staudinger/*Hager* Rn H 3). Beim Unterlassen wird zusätzl verlangt, dass dem Schädiger die Abwendung des Erfolgs möglich war und ihn eine Pflicht zum Handeln traf (BeckOGK/*Spindler* Rn 75; Staudinger/*Hager* Rn H 5; vgl mit Bezug auf Garantenstellung auch BGHZ 201, 344 Rn 16), die zT zu den Verkehrspflichten gezählt wird (Erman/*Schiemann*[14] Rn 14; abl Staudinger/*Hager* Rn H 7). Nach hier vertretener Auffassung setzt die Haftung stets, also nicht nur beim Unterlassen, sondern auch beim positiven Tun, eine Verhaltenspflicht voraus (Rn 7); allerdings bedarf es bei der Nichthandlungshaftung anders als bei der Handlungshaftung eines spezifischen Zurechnungsgrundes im Rahmen der Zurechenbarkeit als Voraussetzung der Verkehrspflichtverletzung (*Wilhelmi* 191f; näher Rn 79a). Zur Haftung bei autonomen Systemen, insb im Bereich der künstlichen Intelligenz und Robotik, vgl Rn 137ff.

74b **V. Verkehrspflichtverletzung.** Die Haftung für die Verletzung eines der Rechtsgüter und Rechte des § 823 I setzt stets die Verletzung einer Verkehrspflicht zum Schutz dieser Rechtsgüter und Rechte voraus. Dabei haben Rspr und Lit eine Vielzahl von Verkehrspflichten entwickelt (Rn 88ff). Besondere Bedeutung haben die Verkehrspflichten im Bereich der Produzentenhaftung (Rn 108ff) und der deliktischen Berufshaftungen (Rn 126ff). Auf den Verkehrspflichtgedanken ist zudem die Haftung wegen Verletzung von Organisationspflichten zurückzuführen (dazu Rn 83f und § 831 Rn 25f).

75 **1. Verkehrspflichten zum Schutz der Rechtsgüter und Rechte des § 823 I. a) Systematische Einordnung der Verkehrspflichten.** Wie in Rn 10 ausgeführt, genügt die Feststellung, dass ein nach § 823 I geschütztes Recht beeinträchtigt ist, nicht zur Begründung einer Rechtsverletzung (vgl *Wilhelmi* 112ff). Vielmehr bedarf es mit der Lehre vom Handlungsunrecht zusätzl des Verstoßes gegen eine **Verkehrspflicht**, um die Haftung zu begründen. Dies gilt auch für unmittelbare Beeinträchtigungen, bei denen sich das Problem der Existenz und Verletzung einer Verhaltenspflicht nur deshalb nicht stellt, weil von einer als selbstverständlich vorausgesetzten Verkehrspflicht ausgegangen wird, unmittelbare Beeinträchtigungen grundsätzlich zu vermeiden, die Verkehrspflichtverletzung hier also indiziert ist, aber ausnahmsw entfallen kann, dazu Rn 7, 102ff. Während die gesetzl Definition der Fahrlässigkeit nach § 276 II den Maßstab der Verkehrsgemäßheit der Verschuldensfrage zuweist, ist die Verkehrspflicht bei der Haftungsbegründung ein Bestandteil des Verletzungstatbestandes ieS (vgl auch BGH NJW 1987, 2671). Demgemäß kann die Verkehrspflichtwidrigkeit nicht als besondere Art der Rechtswidrigkeit aufgefasst werden, auch nicht als „offener", von Fall zu Fall jew ausfüllungsbedürftiger Tatbestand.

76 Die Verkehrspflichten sind daher nicht im Rahmen einer „judiziellen Konzeption" dem gesetzl Deliktsrecht als eine umfassende Generalklausel gegenüberzustellen (zu dem allen *v Bar*, Verkehrspflichten 1980, 145ff; zu den Grenzen etwa *Edenfeld* VersR 2002, 272ff), sondern dienen lediglich der **Konkretisierung der gesetzl niedergelegten Tatbestände**. Eine Verselbständigung der Verkehrspflichtverletzung als Haftungsgrund würde demggü das rechtspolitisch durchdachte abgestufte System der drei Grundtatbestände § 823 I, II und § 826 zerstören (grundlegend *Canaris* FS Larenz, 1983, 78f, 81ff). Insb sind **Verkehrspflichten zum Schutz fremden Vermögens** nur im Rahmen der auch sonst vermögensschützenden Normen § 823 II und § 826 anzuerkennen (aA insb *Mertens* AcP 178, 227ff; *v Bar* Verkehrspflichten, 233f; MüKo/*Wagner* Rn 426ff, 442ff). Die Verkehrspflichten zum Schutz des Gewerbebetriebes bilden nur scheinbar eine Ausnahme, vgl Rn 52.

77 **b) Risikoschutzpflichten.** Die **Verkehrspflichten** haben **als Risikoschutzpflichten** das Risiko der Verletzung eines geschützten Rechtsguts oder Rechts zum Gegenstand (*Wilhelmi* 151ff): Sie weisen dieses Risiko dem Schädiger zu, indem sie ihm eine Pflicht auferlegen, das Risiko zu vermeiden oder zumindest zu vermindern und so das Rechtsgut oder Recht vor dem Risiko zu schützen. Die Verkehrspflichten setzen also die Existenz eines Risi-

kos voraus (vgl auch BGH NJW 2007, 1683). Dieses Risiko ordnen sie der Risikosphäre des Schädigers zu: Soweit eine Verkehrspflicht besteht, trägt der Schädiger die Verantwortung für die Schaffung oder Aufrechterhaltung des Risikos und muss für das Risiko haften; soweit keine Verkehrspflicht besteht, ist das Risiko vom Betroffenen zu tragen (casum sentit dominus).

Bei den Maßnahmen zur Vermeidung oder Verringerung des Risikos können verschiedene **Arten des Risikoschutzes** unterschieden werden, die nicht nur hinsichtl ihrer Wirksamkeit differieren, sondern auch hinsichtl der mit ihnen verbundenen Belastung für den Schädiger und Geschädigten (*Wilhelmi* 157ff): Beim direkten Schutz wirkt der Schädiger selbst auf das Risiko ein, während er beim indirekten Schutz nur den Geschädigten informiert, so dass dieser auf das Risiko einwirken kann (Staudinger/*Hager* Rn E 26). Beim aktiven Schutz wirkt der Schädiger auf die Risikoquelle ein, beim passiven auf das bedrohte Rechtsgut oder Recht. Als allg Grundpflichten dienen die Verkehrspflichten dem Erkennen von bestehenden oder entstehenden Risiken und umfassen insb Beobachtungs-, Untersuchungs- und Dokumentationspflichten; demggü sind die besonderen Schutzpflichten auf die Einwirkung auf das Risiko gerichtet, sei es als direkter oder indirekter Schutz, sei es als aktiver oder passiver Schutz. Zu den Aufsichts-, Überwachungs- und Organisationspflichten Rn 83. Die verschiedenen Arten des Risikoschutzes sind bei der Bestimmung der Verkehrspflichten insoweit im Rahmen der Interessenabwägung zu berücksichtigen, als sie sich hinsichtl der Wirksamkeit des Schutzes und hinsichtl der mit ihnen verbundenen Belastung für Schädiger und Geschädigten unterscheiden. 77a

c) **Zurechenbarkeit eines Risikos.** Das Bestehen einer Verkehrspflicht setzt zunächst die Zurechenbarkeit eines Risikos zum Schädiger voraus, also dass diesem die Risikosteuerung möglich ist und ein Zurechnungsgrund vorliegt (näher *Wilhelmi* 182ff): Die faktische **Möglichkeit der Risikosteuerung** erfordert, dass der Schädiger Einfluss auf die Vermeidung oder Verringerung des Risikos hat (BGHZ 155, 99, 105f) und dass das Risiko für ihn obj erkennbar ist (BGHZ 104, 323, 328), während die Zumutbarkeit der Risikosteuerung erst im Rahmen der Interessenabwägung (dazu Rn 80) zu berücksichtigen ist. Der **Zurechnungsgrund** ergänzt die Möglichkeit der Risikosteuerung um eine normativ begründete Zuständigkeit für das Risiko, die die Möglichkeit der Geltung von Verkehrspflichten begründet (vgl auch MüKo/*Wagner* Rn 453). Bei dieser potentiellen Verantwortlichkeit ist zwischen der Handlungs- und der Nichthandlungshaftung zu unterscheiden, die die Unterscheidung zwischen Handlungs- und Zustandsstörer und diejenige zwischen Tätigkeits- und Untätigkeitsstörer überlagert. 78

Im Bereich der **Handlungshaftung** beruht die potentielle Verantwortlichkeit auf vorangegangenem Tun (*Wilhelmi* 186ff): Sie umfasst nicht nur Handlungen, die unmittelbar ein Risiko beinhalten, sondern auch Handlungen, die nur mittelbar die Zufügung eines Nachteils durch Dritte oder Sachen ermöglichen oder erleichtern, insb durch Mitarbeiter oder die Herstellung und das In-Verkehr-Bringen von Sachen (Soergel/*Krause* § 823 Anh II Rn 22f). Dazu gehört aber auch die Bereichshaftung desjenigen, der für den Bereich ein Risiko schafft oder andauern lässt, insb durch Eröffnung oder Duldung eines Verkehrs (vgl *Larenz/Canaris* II 2 § 76 III 3 a), sowie die Zustandshaftung desjenigen, der das aus dem Zustand resultierende Risiko geschaffen oder erhöht hat. Weiter ist dazu die Übernahmehaftung zu zählen, die mit der Übernahme einer Aufgabe durch ein Rechtsgeschäft oder rein tatsächliches Verhalten entsteht (vgl *Larenz/Canaris* II 2 § 76 III 3 b). Der Einwand, dass es sich bei den mit der Bereichs- und der Übernahmehaftung verbundenen Risiken um normale Risiken handele (so *Larenz/Canaris* II 2 § 76 III 3 e), geht im Rahmen der Zurechenbarkeit fehl, da es um die Ursache für die Risiken geht, während die Frage, ob es sich um ein tolerierbares Risiko handelt, erst Gegenstand der Interessenabwägung ist. 79

Im Bereich der **Nichthandlungshaftung** fehlt es an einem relevanten vorangegangenen Tun, so dass es eines anderen Zurechnungsgrundes bedarf (*Wilhelmi* 190ff): Die dafür maßgeblichen Wertungen sind den §§ 836–838 als gesetzl Regelung der Nichthandlungshaftung und der Verkehrspflichten zu entnehmen. Die Nichthandlungshaftung knüpft demgemäß nicht an die Risikobeherrschung (so aber zB BGHZ 121, 367, 375), die Bestimmungsgewalt oder Sachhalterschaft (so aber RGRK/*Steffen* Rn 153; Soergel/*Krause* § 823 Anh II Rn 20) sowie Besitz oder Eigentum (so aber *Herrmann* NJW 1997, 153, 155; *Kübler* AcP 159, 236, 277ff) an, sondern an den Eigenbesitz (vgl auch MüKo/*Wagner* Rn 518). Dafür spricht auch der Wertungsgesichtspunkt, dass die Möglichkeit der Risikobeherrschung und der Vorteilsziehung mit einer entspr Verantwortung korrespondiert (vgl *Larenz/Canaris* II 2 § 76 III 3 a). 79a

d) **Interessenabwägung.** Ob und mit welchem Inhalt Verkehrspflichten bestehen, hängt nicht nur davon ab, welche Maßnahmen das Risiko, das sich in der Verletzung der geschützten Rechtsgüter verwirklicht hat, hätten vermeiden oder verringern können (dazu Rn 77a), sondern auch wie diese Maßnahmen im Rahmen einer **Interessenabwägung** zu bewerten sind (*Wilhelmi* 157f, 278ff). Diese Interessenabwägung hat sich, ohne dass sie dadurch vollständig determiniert wird, an den gesetzl Wertungen zu orientieren (*Wilhelmi* 231ff): Diese ergeben sich vor allem aus den in §§ 904, 906, aber auch in § 228 enthaltenen Interessenabwägungen. Demggü sind übergreifende Wertungen wie Risikoveranlassung und -beherrschung, Gleichlauf von Vorteil und Risiko, Vertrauensschutz und Verkehrsauffassung sowie die gesamtwirtschaftl Vorteilhaftigkeit nur eingeschränkt zu berücksichtigen, weil sie nur einzelne bei der Abwägung zu berücksichtigende Aspekte betonen und durch andere Wertungen relativiert werden können. Die Interessenabwägung hat dabei ex ante und aufgrund der Umstände des jeweiligen Einzelfalls zu erfolgen, da auch die gesetzl Wertungen auf die konkrete Situation abstellen und die Freiheits- und Risikosphären konkret abzugrenzen sind. 80

Daraus ergeben sich zunächst **Gesichtspunkte zugunsten des Geschädigten** (*Wilhelmi* 247ff): Diese umfassen vor allem die Eintrittswahrscheinlichkeit des Risikos und Belastung des Geschädigten durch die Größe des dro- 81 henden Schadens (vgl BGH NJW 2006, 610, 611f) sowie den Rang des bedrohten Rechtsguts oder Rechts (vgl BGHZ 58, 149, 156ff), wobei höchstpersönliche Rechtsgüter höherwertiger als Vermögensgüter sind (vgl Hamm NJW-RR 2001, 237, 238). Dazu gehören aber auch die höhere Wirksamkeit der Schutzmaßnahme (vgl BGHZ 157, 33, 42) und die Rechtswidrigkeit des Vorverhaltens.

81a Zu berücksichtigen sind aber auch **Gesichtspunkte zugunsten des Schädigers** (*Wilhelmi* 252ff): Dabei geht es vor allem um seine unvermeidbare wirtschaftl Belastung, die häufig dazu führt, dass keine völlige Risikolosigkeit zu garantieren ist (vgl BGHZ 195, 30 Rn 7). Allerdings genügt insoweit nicht, dass die Belastung des Schädigers diejenige des Geschädigten überwiegt; vielmehr muss dieses Überwiegen zur Unverhältnismäßigkeit führen. Weitere Gesichtspunkte sind die Mitverantwortung des Geschädigten und die Möglichkeit des Selbstschutzes des Betroffenen (vgl BGHZ 135, 235, 240ff). Letztere setzt jedoch ebenfalls voraus, dass die Belastung des Schädigers unverhältnismäßig im Verhältnis zu derjenigen des Geschädigten wäre. Demgemäß bestehen grds keine Schutzpflichten zugunsten von Unbefugten (vgl BGH NJW 1987, 2671, 2672; anders Erman/*Schiemann*[14] Rn 80) und gelten weniger strenge Verkehrspflichten, wo sich die befugten Teilnehmer an einem Verkehr selbst schützen können (vgl BGH NJW 2002, 1263, 1264). Die Möglichkeit des Geschädigten, dem Risiko auszuweichen, ist nur zu berücksichtigen, wenn dies ohne Aufgabe berechtigter Interessen möglich ist. Nicht zu berücksichtigen ist ein möglicher Versicherungsschutz. Zudem können auch die mangelnde Erkennbarkeit des Risikos und das Hinzutreten weiterer Risikofaktoren relevant werden.

82 Berücksichtigung finden können auch **neutrale Gesichtspunkte**, die sich regelmäßig nur im konkreten Einzelfall zugunsten des Geschädigten oder des Schädigers auswirken (*Wilhelmi* 266ff): Diese umfassen insb Gesichtspunkte im Allgemeininteresse, etwa am Umweltschutz. Die ökonomische Effizienz stellt allenfalls einen Ausschnitt aus dem Allgemeininteresse dar. Weiter gehören dazu die Verkehrserwartungen und der Vertrauensschutz (vgl BGH NJW 2006, 2326) sowie die Wertungen des Verfassungsrechts und des Verwaltungsrechts einschl öffentlich-rechtl Genehmigungen und technischer Regelwerke.

83 e) **Organisationspflichten**. In der Form von **Aufsichts-, Überwachungs- und Organisationspflichten** können die Verkehrspflichten anstelle der als zu eng empfundenen Haftung für Verrichtungsgehilfen nach § 831 eine **Haftung des Geschäftsherrn** ohne die Entlastungsmöglichkeit des § 831 I 2 begründen. § 831 selbst enthält eine gesetzl konkretisierte Verkehrspflicht, die darauf beruht, dass der Geschäftsherr in dem Bereich, dessen Gefahrenpotential ihm zuzurechnen ist, andere für sich arbeiten lässt (vgl § 831 Rn 2). Zu den Verkehrspflichten in Konzernen *Habersack/Zickgraf* ZHR 2018, 252. Dies schließt jedoch nicht aus, dass den Geschäftsherrn schon deshalb Verkehrspflichten treffen, weil er eine **komplexe Organisation** geschaffen hat, die wegen ihrer eigenen Dynamik gefahrenträchtig ist. Für die Einhaltung dieser Verkehrspflichten ist der Organträger auch dann verantwortlich, wenn das Versagen nicht auf einen ganz bestimmten Gehilfen zurückgeführt werden kann. Anders als der Begriff „Organisationsverschulden" suggeriert, handelt es sich nicht allein um eine Frage des Verschuldens oder gar der Exkulpation nach § 831 I 2, sondern um die Verletzung einer Verkehrspflicht.

83a **Organisationspflichten** können **konkret** sein, indem sie gegen identifizierbare Organisationsmängel gerichtet sind und konkrete Anforderungen zur Vermeidung von Missmanagement beinhalten (*Wilhelmi* 162): Mitarbeiter sind nicht nur sorgfältig auszuwählen, sondern auch angemessen zu instruieren (BGHZ 24, 200, 213f) und zu überwachen (BGHZ 4, 1, 2f). Organisationmängel sind auch die fehlende Bestellung eines verfassungsmäßigen Vertreters und die mangelhafte Zuordnung von Mitarbeitern (vgl für faktische Organe BGH NJW-RR 1996, 867, 868) sowie ungenaue Kompetenzzuweisungen. Zur Haftung von Organen Rn 86a. In Lieferketten besteht keine allg Verkehrspflicht, diese so zu organisieren, dass Dritte nicht zu Schaden kommen, sondern nur spezifische Organisationspflichten, soweit das Unternehmen die Wertschöpfungskette beherrscht und die Zulieferer durch konkrete Vorgaben, Weisungen und entspr Monitoring kontrolliert, vgl *Beckers* ZfPW 2021, 220, 240ff; Entsprechendes gilt im Konzern, vgl *Habersack/Zickgraf* ZHR 2018, 252, 292f. Die Haftung aus § 823 I wird durch § 3 III LkSG nicht ausgeschlossen.

84 Mit zunehmender Automatisierung und Arbeitsteilung tritt an die Stelle einer Haftung für die Verletzung von Aufsichts- und Überwachungspflichten von Gehilfen nach § 831 die Haftung für die **Gefahren der Organisation und des Produkts selbst** durch den Geschäftsherrn (Rn 108ff). So muss der Arzt in der freiberuflichen Praxis nicht mehr nur dafür sorgen, dass seine Helfer sorgfältig ausgesucht und angeleitet worden sind, sondern er muss gewährleisten, dass die von seiner „Praxis" – gleichgültig von welcher Person – zu erbringende Dienstleistung dem Standard einer „ordentlichen" Arztpraxis entspricht. Für das Vertrauen des Publikums auf die Sicherheit vor vermeidbaren Gefahren wird es somit unerheblich, ob das Gefahrenpotential auf der mangelhaften Beherrschung von Sachen, Organisationen, technischen Abläufen, anderen Menschen oder von beruflicher Professionalität beruht.

84a Dabei können die **Organisationspflichten** auch in dem Sinne **abstrakt** sein, dass sie bereits an die Schaffung einer komplexen Organisation anknüpfen, die als solche risikoträchtig ist, und so eine Haftung für aus dieser Organisation resultierende Nachteile begründen (*Wilhelmi* 162f): Die Organisationspflichten sind darauf gerichtet, Drittschädigungen in dem jew gebotenen Umfang zu vermeiden, wobei sie umso intensiver sind, je größer die mit der Organisation verbundenen Risiken sind (vgl MüKo/*Wagner* Rn 108). Sie begründen jedoch keine Haftung für jede vermeidbare Drittschädigung, da sie nicht auf einer (ungeschriebenen) Unternehmens-Gefährdungshaftung beruhen (so aber *Brüggemeier* Prinzipien, 148ff), sondern auf entspr umfassenden Verkehrspflichten, für deren Umfang eine Interessenabwägung maßgeblich ist.

f) Übertragung von Verkehrspflichten. Übertragen werden eigentlich nicht die Verkehrspflichten, sondern ihre Erfüllung (vgl BGHZ 142, 227), also die daraus resultierenden Aufgaben (BGH NJW-RR 1988, 471). Der Übertragende erfüllt die ihn treffenden Verkehrspflichten, indem er daraus resultierende Verhaltenspflichten auf einen anderen überträgt und ihre Erfüllung durch den Übernehmer überwacht (*Wilhelmi* 214ff): Der Übertragende kann sich seiner Verkehrspflichten und der daraus resultierenden Haftung also nicht vollständig entledigen (BGH NJW 1985, 270), sondern haftet für Fehler bei der Übertragung und Überwachung. Die insoweit geltenden Verkehrspflichten sind nach den allg Regeln aufgrund einer Interessenabwägung im Einzelfall zu bestimmen (BGH NJW 1987, 2669, 2670). Der Übertragende darf allerdings im Allg darauf vertrauen, dass der Übernehmer seinen Verpflichtungen nachkommt, solange nicht konkrete Anhaltspunkte dafür bestehen, dass das Vertrauen unberechtigt sein könnte (BGHZ 142, 227). Der Übernehmer der Verkehrspflicht haftet seinerseits nach den Grundsätzen der Übernahmehaftung für eigene Verkehrspflichtverletzungen, wenn der Verkehr darauf vertrauen durfte, dass der Übernehmer die Sicherungspflicht erfüllen werde (zB BGH NJW 1982, 2187 zur Übertragung der Sicherung einer Baustelle auf einen Tiefbauunternehmer und zur Weiterübertragung auf den örtlichen Bauführer). Auf das Innenverhältnis zw dem ursprüngl Sicherungspflichtigen und dem Übernehmer, insb auf die Wirksamkeit eines Vertrags, kommt es hierfür nicht an (grundlegend dazu *Ulmer* JZ 1969, 163ff). Ist der Übernehmer insb als ArbN des Übertragenden ganz von dessen Weisungen abhängig, kann das Vertrauen Dritter auf die Einhaltung der Pflichten gerade durch den unmittelbar Handelnden dennoch schutzwürdig sein (*Larenz/Canaris* II 2 § 76 III 5d; aA aber BGHZ 48, 98, 103). Zur (Rück-)Übertragung der Streupflicht auf ein öffentlich-rechtl zugelassenes Unternehmen nach Landesrecht vgl Soergel/*Krause* § 823 Anh II Rn 93 mN; zur Übertragung auf den Grundstückskäufer erst mit dem Eigentumserwerb BGH NJW 1990, 111. 85

Eine Verwischung des systematischen **Unterschieds zw Vertrags- und Deliktshaftung** bedeutet es demggü, auf die Verletzung von Verkehrspflichten § 278 anzuwenden (aA ua *Mertens* VersR 1980, 397, 408); im Deliktsrecht geht es nicht nur bei § 831, sondern auch bei den Verkehrspflichten um eigenes Verschulden und nicht um die Zurechnung fremden Verschuldens (BGH NJW 2007, 2549). Auch wenn die Ausdehnung der (vor-)vertragl Haftung nicht zuletzt durch die Schwäche des § 831 veranlasst war, ist sie von der deliktischen Haftung zu trennen; zwischen ihnen besteht Anspruchskonkurrenz. In Betracht kommt aber die in Rn 83 erwähnte Haftung des Übertragenden für einen Organisationsmangel als eigener Verletzung einer Verkehrspflicht (Staudinger/*Hager* Rn E 62 mN). 86

Gesellschaften iwS haften nach § 31 (analog) für Verkehrspflichtverletzungen ihrer Organe und sonstigen Repräsentanten (näher § 31 Rn 1). § 31 wirkt aber nicht in umgekehrter Richtung. Die Organe bzw Organmitglieder haften daher entgegen verbreiteter Ansicht (vgl BGHZ 109, 289, 303f; Staudinger/*Hager* Rn E 68) nicht aus Garantenstellung für die Verletzung von Verkehrspflichten der Gesellschaft (vgl BGH NJW 2012, 3439). Vielmehr haften sie nach den in Rn 85 entwickelten Grundsätzen ggü der Gesellschaft auf Erfüllung der ihnen mit ihrer Bestellung übertragenen Verkehrspflichten und ggü Dritten für die daraus folgenden Verkehrspflichten im Rahmen der Übernahmehaftung (*Wilhelmi* 220ff). Diese Grundsätze zur Haftung für Verkehrspflichten bei Einschaltung Dritter gelten für Organe und Organmitglieder wie für ArbN (vgl MüKo/*Wagner* Rn 150ff; s für die Haftung für Produkte auch Rn 123; zu Verkehrspflichten im Konzern *Habersack/Zickgraf* ZHR 2018, 252) oder externe Dienstleister und sonstige außerhalb des Unternehmens stehende Personen (MüKo/*Wagner* Rn 141f). 86a

g) Kausalität, Schutzbereich und Verschulden. Aus der Funktion der Verkehrspflichten als Begründung eines Auffangtatbestandes für nicht manifeste (nicht „unmittelbare") Verletzungsformen ergeben sich Besonderheiten hinsichtl der Kausalität und des Schutzbereichs, des Verschuldens sowie der Beweislast. Nach allg beweisrechtl Grundsätzen hat der Geschädigte zunächst das Vorliegen einer obj Pflichtverletzung und die Kausalität gerade dieser Verletzung für den eingetretenen Schaden zu **beweisen**. Steht jedoch ein Verstoß gegen ein Verhaltensgebot zur Vermeidung von Gefahren fest und liegt ein für solche Verletzungen typischer Schaden vor, spricht der Anschein dafür, dass der Schaden auf der Pflichtverletzung beruht (vgl für den Verstoß gegen Unfallverhütungsvorschriften BGHZ 114, 273; BGH NJW 1994, 945). Im Bereich der Arzthaftung, der Produzentenhaftung und der Haftung für Emissionen kommt darüber hinaus eine Umkehr der Beweislast auch hinsichtl der haftungsbegründenden Kausalität in Betracht (BGHZ 92, 143, 150ff; vgl Rn 113, 123). Hinsichtl des **Schutzbereichs** behandelt der BGH (NJW 1987, 2671) die Verkehrspflichten wie Schutzgesetze nach Abs II, obwohl er ausdrückl die systematische Zuordnung der Pflichten zu diesem Absatz ablehnt. Zu prüfen ist hiernach, ob der Verletzte zu dem von der Verkehrspflicht geschützten Personenkreis gehört und ob gerade das verletzte Rechtsgut des Geschädigten unter das geschützte Interesse fällt. Die Frage des persönlichen Schutzbereichs betrifft insb das Problem der Verkehrspflichten ggü Unbefugten (vgl Rn 80) und ggü Kindern (dazu *Möllers* VersR 1996, 153). Letztere haben einen Sonderstatus (Soergel/*Krause* § 823 Anh II Rn 37ff, 45), vor allem bei den Verkehrssicherungspflichten aufgrund von Sachgefahren (Rn 89ff). So ist eine Gemeinde verpflichtet, Kinder am Zugang zu einem von ihr aufgegebenen Spielplatz zu hindern (BGH NJW 1978, 1628). Die Grenze des sachlichen Schutzbereichs zeigt sich andererseits in derselben Entscheidung darin, dass die Gemeinde nicht für verpflichtet gehalten wurde, gegen ein bewusstes Risiko-„Spiel" (Abschwingen von einem Hüttendach mit von den Kindern selbst angebrachten Seilen) Vorsorge zu treffen. Generell muss der Verkehrspflichtige damit rechnen, dass sich Kinder auch unbefugt aus Leichtsinn, Spieltrieb oder Unerfahrenheit Gefahren aussetzen (so etwa BGH NJW 1997, 582; 1999, 2364). Freilich braucht der Verkehrspflichtige nach der Rspr (BGH NJW 1995, 2631) keine Vorsorge gegen Gefahren zu treffen, die von den Kindern leicht erkannt werden können und denen sie ausweichen können (aA Staudinger/*Hager* Rn E 45). Auch darf er darauf vertrauen, dass die Eltern ein Mindestmaß an Aufsicht erfüllen (BGH NJW 87

1994, 3348). Hinsichtl des **Verschuldens** liegt die Parallele zu § 823 II darin, dass der Verkehrspflichtige nicht die Möglichkeit einer Rechtsgutsverletzung beim Geschädigten, sondern nur die Sicherungspflicht selbst erkennen muss (BGH NJW 1985, 620; aA *Larenz/Canaris* II 2 § 76 III 7a). Auch wenn das Verschulden als innere Sorglosigkeit zur obj Pflichtverletzung, die bereits die Rechtswidrigkeit begründet, hinzukommen muss, spricht der BGH (NJW 1986, 2757; 1994, 2232) davon, dass die Verletzung der äußeren Sorgfalt das Verschulden „indiziere" oder doch einen Anscheinsbeweis dafür begründe. Das Verschulden fehlt jedoch in den Fällen, in denen eine (neue) Verkehrspflicht erst durch die Rspr begründet wird, Rn 82. Andererseits kann der Verschuldensmaßstab durch besondere Kenntnisse und Fertigkeiten des Pflichtigen strenger als bei anderen sein (BGH NJW 1987, 1479; 1994, 2232).

88 **2. Einzelne Verkehrspflichten.** Die generalklauselhafte Weite des Verkehrspflichtgedankens hat dazu geführt, dass eine vollständige Systematik aller Verkehrspflichtfälle unmöglich ist, vgl zu wesentlichen Elementen eines beweglichen Systems der Zurechnungsgründe aber immerhin *Larenz/Canaris* II 2 § 76 III 3e. Eine lose **Struktur der wichtigsten Fallgruppen** ergibt sich am ehesten aus der Unterscheidung von (1) Verkehrssicherungspflichten ieS, also der Pflichten zur Vermeidung der Gefahren, die von bestimmten Sachen ausgehen, und der Pflichten durch die Teilnahme am Verkehr sowie durch die Veranstaltung oder Aufrechterhaltung eines Verkehrs, (2) Pflichten durch das Inverkehrbringen von Sachen im Rahmen der Produzentenhaftung und (3) Pflichten im Rahmen der deliktischen Berufshaftung, vgl schon Rn 126. Im Folgenden werden Einzelfälle auf der Grundlage dieser Struktur dargestellt (umfassende Übersicht bei Staudinger/*Hager* Rn E 73ff; Zusammenstellung für die Praxis: *Patzelt*, Verkehrssicherungspflicht[4] 2006).

89 **a) Beherrschung eines Gefahrenbereichs.** Historischer Ausgangspunkt der Entwicklung von Verkehrspflichtverletzungen überhaupt ist die Haftung des **Sachhalters**, unter der Geltung des BGB zuerst entwickelt in RGZ 52, 373 und 54, 53. Wesentlich an diesen Urteilen war ua die **Anknüpfung an §§ 836ff** (vgl zB noch BGH NJW 1985, 1076). Auch die Beweislastumkehr bei der Produzentenhaftung folgt dem Vorbild des § 836 I 2 (BGHZ 51, 91, 106f). Die Rspr hat sich freilich längst von der Begründung der Verkehrssicherungspflichten als Analogiefälle zu §§ 836ff gelöst. Dadurch sind diese Vorschriften weitgehend zu bloßen Anwendungsbeispielen des allg Verkehrspflichtgedankens geworden (vgl *v Bar*, Verkehrspflichten, 19f, mit rechtspolitischer Kritik an §§ 836–838). Über das Ziel des historischen Gesetzgebers hinaus, besondere Pflichten zur fehlerfreien Errichtung und mangelfreien Unterhaltung von Gebäuden und Werken gerade zulasten von Grundstücks- und Gebäudebesitzern sowie von Gebäudeunterhaltungspflichtigen zu begründen, zeigen die §§ 836ff aber einen allg wichtigen Anlass für die Entstehung von Verkehrssicherungspflichten: Ist ein Gefahrenraum zugänglich – zB die öffentliche Straße als Umfeld des Gebäudes –, dann ist derjenige, der die **Gefahrenquelle beherrscht** – zB der Eigentümer des bebauten Grundstücks – verpflichtet, so weit möglich und zumutbar der Gefahr zum Schutze der Straßenpassanten gegenzusteuern.

90 Bei solcher Betrachtung besteht kein Unterschied, ob sich wegen unzureichender Wartung des Daches ein Dachziegel löst und auf die Straße fällt (vgl § 836 Rn 4) oder ob eine Dachlawine niedergeht, weil das Dach nicht durch Schneefanggitter gegen den Lawinenabgang gesichert ist; im letzten Fall haftet der für das Dach Zuständige wegen Verletzung einer Verkehrssicherungspflicht (vgl BGH VersR 1955, 82 und Überblick bei Geigel/*Haag* Rn 14.106f). Nur ein kleiner Schritt ist es von derartigen Fällen zur Annahme einer Pflicht, den Gefahren für Verkehrsteilnehmer durch umfallende Bäume entgegenzuwirken, BGHZ 123, 102: Sogar **„natürliche" Vorgänge** können demnach eine Verkehrssicherungspflicht begründen, wenn nur jemand als „zuständig" angesehen werden kann, diese Vorgänge zum Schutz anderer zu beeinflussen (vgl BGH NJW 1989, 2947 zur (vermeidbaren) Ansteckung durch Bakterien). Die Gefahrabwendungspflicht ergibt sich aber wie bei der Abgrenzung zw Beeinträchtigungen aufgrund menschlichen Verhaltens und den Folgen bloßer Naturzustände für § 1004 nicht allein aus dem Eigentum oder der Beherrschung des Grundstücks (vgl Staudinger/*Thole* § 1004 Rn 125ff mN). Daher besteht zB im Allg keine Verkehrssicherungspflicht, den Felssturz von einem höher gelegenen Grundstück zu verhindern (BGH NJW 1985, 1773). BGHZ 90, 255, 264 hat dasselbe für den Abfluss von Niederschlagswasser von einem Ackergrundstück ausgesprochen. Soweit jedoch durch eine bestimmte Anbauart (zB Mais) wegen der erhöhten Bodenverdichtung ein verstärkter schädlicher Wasserabfluss nach Kenntnis eines „gewissenhaften Landwirts" vorherzusehen und durch den Anbau anderer Feldfrüchte zu vermeiden ist, verdient der Nutzer des höher gelegenen Grundstücks wohl kaum eine Privilegierung ggü dem „besonnenen und gewissenhaften Forstwirt" im Falle des umstürzenden Baumes (vgl auch BGH VersR 1983, 242 zur Gefährdung eines Neubaugebietes durch Niederschlagswasser; NJW 1998, 1307 zu den Anforderungen an die Anlegung einer gemeindlichen Kanalisation; VersR 2018, 178 – idR keine Pflicht des Baumeigentümers auf Überprüfung fremden Abwasserkanals auf mögl Verwurzelung). Ein Konflikt mit den Wertungen der §§ 906ff kann hierbei nicht entstehen: Die Möglichkeit und wirtschaftl Zumutbarkeit der Gefahrsteuerung, die in § 906 II 1 vorgesehen ist, gehört auch zu den Voraussetzungen der Verkehrspflicht, Rn 80f. In Fällen dieser Art hat der Verkehrssicherungspflichtige weder einen Verkehr eröffnet noch eine Sache in den Verkehr gebracht. Aber der Umstand, dass **von einer Sache Gefahren für andere ausgehen** können, genügt uU, um eine Sicherungspflicht desjenigen zu begründen, der die Gefahren beherrschen könnte oder müsste Verkehrssicherungspflichtig ist im selben Sinne nicht nur, wer eine Gefahrenlage schafft, sondern auch, wer sie nur andauern lässt (Soergel/*Krause* § 823 Anh II Rn 21; Staudinger/*Hager* Rn E 13, 16 mN), und zwar auch dann, wenn ihm die Gefahrenlage durch Änderungen des „Umfeldes" erst gleichsam zugewachsen ist. Daneben bleibt freilich gerade für Sachgefahren zu betonen, dass das geltende Recht kein Gebot zur Gefahrvermeidung schlechthin kennt (so richtig Staudinger/*Hager* Rn E 25 mN). Nicht jeder Verstoß gegen das

moralische Gebot zur mitmenschlichen Rücksichtnahme begründet eine deliktische Verantwortlichkeit (MüKo/*Mertens*[3] Rn 204).

Dem Muster dieser Haftungsbegründung aus einer obj Gefahrenlage entsprechen folgende **Einzelfälle:** Gefahren auf einem zugänglichen, aber nicht bestimmungsgemäß einem Verkehr überlassenen Grundstück kann regelmäßig schon durch eine **Warnung** oder ein Verbotsschild begegnet werden (vgl BGH NJW 1985, 1076; 1078). Ist zu erwarten, dass **Kinder** trotz des Verbots auf dem Grundstück spielen, oder sind die Gefahren auf dem Grundstück für Kinder besonders groß, muss der Eigentümer oder sonstige Bestimmungsberechtigte jedoch tatsächliche Sicherungen gegen die Benutzung des Grundstücks vornehmen (BGH FamRZ 1963, 243; NJW 1997, 582). Die Tatsache, dass auch die Kinder zum Betreten des Grundstücks nicht befugt sind, kann den Inhaber der Gefahrsteuerungsmacht nicht von der Verkehrspflicht befreien, weil Unerfahrenheit, Bewegungsdrang und geringere Bereitschaft zur Gebotsbefolgung einen Sonderstatus der Kinder als deliktisch geschützten Personenkreis begründen (MüKo/*Wagner* Rn 488; Soergel/*Krause* § 823 Anh II Rn 37f; vgl auch schon Rn 80, 87). 91

Eine ausgedehnte Kasuistik liegt ferner zu Abbruch- und **Baugrundstücken** vor (vgl Grü/*Sprau* Rn 221 „Bauarbeiten, Baustellen"; Geigel/*Haag* Rn 14.176f „Baustellen"). Der Bauherr ist jedoch idR entlastet, wenn er die Aufsicht über die Arbeiten einem fachkundigen und als zuverlässig bekannten Bauunternehmer oder Architekten übertragen hat (BGH VersR 1982, 595). Ist der Unternehmer nicht sachkundig genug oder erkennt der Bauherr eine besondere Gefahr durch die Arbeiten, kann daneben der Bauherr selbst haften (BGHZ 68, 169; 120, 124). Besondere Sicherungspflichten treffen den Grundstückseigentümer und/oder den (Abbruch-)Unternehmer ferner bei Trümmergrundstücken im Hinblick auf benachbarte Häuser und Straßen (BGH VersR 1953, 479; 1960, 1116). Zu Umweltgefahren von einem Müllplatz vgl Staudinger/*Hager* Rn E 278 mN und zB LG Mannheim VersR 1976, 374 (Rauchschwaden); zur Haftung des Benutzers auch BGHZ 63, 119. Groß ist das Gefahrenpotential von **Heizungs- und Tankanlagen** und demzufolge hoch sind die Sicherheitsanforderungen, vor allem an das mit der Bedienung betraute Personal (Rn 129). Verkehrssicherungspflichtig aufgrund der Gefahrbeherrschung kann daneben der Inhaber der tatsächlichen Verfügungsbefugnis sein (dazu *Appel/Schlarmann* VersR 1973, 993; zum ähnl Fall der Verkehrssicherungspflicht eines Wohnungsmieters beim Wasserrohrbruch BGH NJW 1972, 34). Die Pflicht, die von einem Grundstück ausgehenden Gefahren in Grenzen zu halten, kann es gebieten, für eine Umzäunung zu sorgen, vgl für Viehweiden MüKo/*Wagner* Rn 684 mit Fn 2824, zur Sicherung eines Stalles durch ein Schloss BGH NJW-RR 1990, 789 (Pferde auf der Autobahn). Die **Umzäunung** darf andererseits nicht selbst eine Gefahr für den vorbeiführenden Verkehr werden (zu Stacheldrahtzäunen Geigel/*Haag* Rn 14.98). 92

b) Eröffnung oder Andauernlassen eines Verkehrs. Im Gegensatz zu den unter Rn 89–92 erwähnten Fällen beruhen die besonders typischen und lange Zeit im Vordergrund der Rechtsentwicklung stehenden Verkehrssicherungspflichten nicht auf der bloßen Herrschaft über einen Gefahrenbereich, sondern auf einer engeren **Beziehung der beherrschten Sache selbst zu einem Verkehr:** Die Sache – zB eine öffentliche Straße – dient unmittelbar einem Verkehr. Dieser Verkehr kann durchaus eng begrenzt sein, zB beim Besuch in einem fremden Privathaus. Entscheidend ist, dass nicht schon die Sache selbst gleichsam passiv gefährlich ist, sondern zu einer Gefahrenquelle gerade durch dort stattfindenden Verkehr wird. 93

Den Übergang von den reinen Sachgefahren zu solchen eigentlichen Verkehrsfällen bilden bei Grundstücken die **Anliegerpflichten**. Zu ihnen gehören die Anlieger-**Streupflichten**: Sie treffen den Anlieger nicht erst kraft Übertragung durch die originär zuständigen Straßenverkehrssicherungspflichtigen, insb die Gemeinden, s § 839 Rn 148. Vielmehr stellt der notwendige Kontakt des Anliegergrundstücks nach außen ein selbstständiges Verkehrselement dar. Deshalb besteht die Streupflicht uU auch über die Zeit des in der Ortssatzung festgelegten Winterdienstes hinaus, so für **Gastwirte** ua BGH NJW 1985, 270, 482; 1987, 2671; NJW-RR 1993, 27. Der Geschädigte muss die Gastwirtschaft nicht aufsuchen wollen; vielmehr genügt, dass zur Unfallzeit ein Verkehr von und zur Gaststätte überhaupt noch stattfand (RG JW 1910, 65; BGH NJW 1987, 2671). Denn Passanten können berechtigt auf die Erfüllung der Streupflicht gerade vor einer Gaststätte vertrauen, solange der Allgemeinheit der Zugang zur Gaststätte offen steht. Auf öffentlichen Parkplätzen braucht im Bereich der Parkbuchten und zwischen den Fahrzeugen nicht gestreut werden (Schleswig SchlHA 2018, 223). Weithin ist die Streupflicht in Einzelgesetzen der Länder (Überblick bei Geigel/*Haag* Rn 14.134ff) und in Ortssatzungen geregelt. Dann ergibt sich die Haftung aus § 823 II, und der Rückgriff auf die allg Verkehrssicherungspflicht ist nicht erforderlich. Sind einzelne Verkehrsflächen von einer solchen Schutznorm nicht erfasst, kommt aber die allg Verkehrssicherungspflicht hierfür in Betracht (vgl BGH NJW 1966, 202 zu einem öffentlichen Parkplatz). Wer eine Feier in einer Festhalle veranstaltet, ist (auch als Mieter der Halle) dafür verantwortlich, dass der Zugang zu den Parkplätzen beleuchtet und auch für ältere Leute ausreichend gesichert ist (BGH NJW 1990, 905). 94

Der Gesichtspunkt, dass ein Verkehr **in einem Gebäude** oder **auf einem Grundstück** stattfindet, ist für folgende Lebensbereiche besonders wichtig: Bei **Gastbetrieben** sind die Pflichten des Inhabers oder Pächters (vgl BGH NJW 1985, 270) umfassend (ausf Staudinger/*Hager* Rn E 253ff mN). Neben der Streupflicht (Rn 94) ist auch die Pflicht zur Erhaltung der einzelnen Einrichtungen ggü den Pflichten von anderen Hausbesitzern oder -nutzern gesteigert, vgl BGH VersR 1964, 1245 betreffend den Weg zur Toilette (anders aber RGZ 87, 128 für einen Mann auf dem Zugang zur Damen-Toilette); BGH VersR 1961, 798 und NJW 1988, 1588 zu Kellertreppen hinter einer den Gästen zugänglichen Tür; BGH NJW 1991, 921 zu Gefahren für Gäste durch zu glatten Parkettfußboden in einem Festsaal. Erhöhte Aufmerksamkeit muss der Gastwirt Brandgefahren widmen, vgl BGH NJW-RR 1988, 659 zur Kontrolle und Reinigung einer Küchen- und Grillabzugsanlage. Aber auch wer privat Gäste 95 empfängt, ist ihnen ggü verkehrssicherungspflichtig (vgl BGH VersR 1961, 1119; einschränkend VersR 1978, 721 und RGRK/*Steffen* Rn 224). In entspr Weise können sowohl Eigentümer als auch Mieter von **Mietshäusern** wegen des im Hause stattfindenden besonderen Verkehrs zur Gefahrabwendung verpflichtet sein. Schwerpunkte der Sicherungspflicht sind neben der Beleuchtung die Treppen und deren Geländer (zB RGZ 74, 124; BGH VersR 1974, 263; NJW 1994, 945; vgl auch NJW 1980, 1745: Rutschen von Schülern auf dem Treppengeländer eines Internates). Die Objekte besonderer Gefahrenanfälligkeit innerhalb zugänglicher Gebäude lassen sich leicht ausmalen: Glastüren, Aufzüge, Rolltreppen, Türschwellen, Hotelbadezimmer uÄ (vgl nahezu umfassend Geigel/*Haag* Rn 14.102ff sowie Staudinger/*Hager* Rn E 191ff). Die Gefahrabwendungspflichten beginnen auch nicht erst im Gebäude selbst, vgl zur Entfernung eines Abdeckrostes auf einem Lichtschacht vor der Eingangstür BGH NJW 1990, 1236. Erhöhte Sorgfalt schuldet, wer einen Verkehr in **Geschäfts- oder Praxisräume** (BGH VersR 1964, 974: Zugang zum Antiquitätengeschäft; VersR 1974, 888: Kaufhaus; NJW 1986, 2757; 1994, 2617: Fußboden in einem Supermarkt bzw Kaufhaus) oder in Dienstgebäude (BGH VersR 1961, 799) leitet. Auf **Friedhöfen** müssen die Eigentümer und Grabstelleninhaber Grabsteine gegen Umfallen sichern (BGHZ 34, 206; BGH NJW 1971, 2308; 1977, 1392).

96 Ein weiterer praktisch wichtiger Bereich von Verkehrssicherungspflichten betrifft verschiedene **Sportanlagen**, vgl zu Schwimmbädern BGH NJW 1978, 1629; 2000, 1946; 2018, 301; zu Skipisten NJW 1982, 762; 1985, 620. Veranstalter haben auch die Zuschauer zu schützen, etwa vor Eishockeypucks BGH (NJW 1984, 801); vgl auch zu Fußballplätzen RGZ 138, 21, zu einem Flugtag BGH NJW 1980, 223, zum Segelflugbetrieb BGH NJW-RR 1991, 281, zum Autobergrennen (Haftung des Rennfahrers) BGH NJW-RR 1991, 472, zu einer Motorsportveranstaltung BGH NJW 1975, 533. Zu den Verkehrspflichten derer, die sich selbst am Sport beteiligen, Rn 102ff. – Ähnl wie für Sportanlagen gilt für **Kinderspielplätze** (dazu ausf Staudinger/*Hager* Rn E 285ff): Für sie ergeben sich noch gesteigerte Sicherungspflichten aus der Tatsache, dass in besonderem Maße mit gefahrerhöhendem Verhalten der Kinder gerechnet werden muss. Aus diesem Grund kann sogar die Sicherung gegen die Gefahren einer neben dem Sportplatz liegenden Straße durch ausreichende und deutliche Schutzvorrichtungen erforderlich sein (BGH NJW 1977, 1965). Auch ein aufgelassener Spielplatz bedarf – wenn er nur weiterhin zugänglich ist – noch gewisser Sicherungen (BGH NJW 1978, 1628). Bei Abenteuerspielplätzen kann freilich nach dem Charakter des Spielplatzes und wegen der berechtigten Erwartung, dass sie nur von älteren Kindern benutzt werden, eine geringere Sicherungspflicht angebracht sein (BGH NJW 1978, 1626). Maßstab für das Sicherheitsniveau sind die jüngsten Kinder, die als Benutzer in Frage kommen (BGHZ 103, 338). Auch mit missbräuchlichem Verhalten der Kinder muss gerechnet werden, wenn die Anlage eine vielleicht auch nur geringe Verführungskraft für sie ausübt (BGH NJW 1978, 1629; 1982, 1144). Nur gegen extrem unvernünftige Verhaltensweisen müssen keine Vorkehrungen getroffen werden (BGH NJW 1980, 1159). – Große Bedeutung in der Rspr der letzten Jahre haben Verkehrspflichten für **Schwimmbecken, Gartenteiche** und ähnl Einrichtungen (vgl zum Erfordernis der Einzäunung eines Löschteiches BGH NJW 1997, 582). Sind Gartenteiche für Kleinkinder erreichbar, muss mit besonders großen Gefährdungen gerechnet werden; freilich darf der Betreiber des Teiches idR gerade wegen dieser Gefahren eine sorgfältige Aufsicht durch die Eltern erwarten (BGH NJW 1994, 3348). Zur Verkehrssicherungspflicht für Spielgerät vgl BGH NJW 1988, 48; 1988, 2667.

97 **c) Verkehrswege.** Schon terminologisch zentrale Bedeutung innerhalb der Verkehrssicherungspflichten haben die **öffentlichen Verkehrswege**, nicht nur des Kfz-Verkehrs, sondern auch zB Wasserstraßen und Radwege. Fraglich ist jedoch schon die Einordnung dieser Haftung ins Privatrecht überhaupt. Der alte Streit über die Anwendung von § 823 oder § 839, Art 34 GG hat viel von seiner Schärfe dadurch verloren, dass der BGH (seit BGHZ 75, 134; für Teilnahme am Straßenverkehr zuvor schon BGHZ 68, 217) die Subsidiarität der Amtshaftung für Fälle der Verletzung von Verkehrssicherungspflichten in neuerer Zeit ständig verneint; s dazu eingehend § 839 Rn 74, 148. Freilich bleibt nach der Rspr systematisch der höchst unbefriedigende Zustand, dass die Verkehrssicherungspflichten der öffentlichen Hand je nach der zufälligen rechtl Ausgestaltung durch **landesrechtl Sondervorschriften** oder deren Fehlen verschiedenen Rechtsgebieten zuzuordnen sind. Eine Liste der Landesgesetze mit hoheitlicher Ausgestaltung der Verkehrssicherungspflichten findet sich bei MüKo/*Wagner* Rn 624 Fn 2480; zu Besonderheiten der Anforderungen in den neuen Bundesländern Staudinger/*Hager* Rn E 98ff. Für die **Bundesfernstraßen** trägt nach § 5 I BFernstrG der Bund, für die Ortsdurchfahrten durch Städte über 50 000 bzw 80 000 Einwohner nach § 5 II und IIa BFernstrG die jew Gemeinde die Straßenbaulast. Grds hat der Träger der Baulast auch die Verkehrssicherungspflicht zu erfüllen, anders bei abweichendem Verwaltungsträger, zB bei Bundesstraßen nach Art 90 III GG, dort ist das jeweilige Land verkehrssicherungspflichtig (vgl BGH VersR 1983, 639). Für **Wasserstraßen** (dazu Staudinger/*Hager* Rn E 184ff) gilt nach BGHZ 86, 152 weiterhin in erster Linie die privatrechtl Verkehrssicherungspflicht nach § 823 I. Aber auch die Verletzung der öffentlich-rechtl Gewässerunterhaltungspflicht begründet nach der Rspr (BGHZ 125, 186) deliktische Ansprüche.

98 Der Umfang der Straßenverkehrssicherungspflicht beschränkt sich nicht auf den eigentlichen Straßenkörper, sondern umfasst zB die Bürgersteige, Bankette und Straßenbäume (BGHZ 123, 102; BGH NJW 1965, 815, ausf Staudinger/*Hager* Rn E 145ff mN). Besondere Bedeutung hat auch für die Straßenverkehrssicherungspflicht die **Streupflicht** als Teil der allg Wegereinigungspflicht, vgl schon Rn 94 zur Streupflicht des Anliegers; ausf Übersicht bei Geigel/*Haag* Rn 14.132–175; Staudinger/*Hager* Rn E 122–144.

99 **d) Erhöhte Gefährlichkeit.** Als weitere Untergruppe der Verkehrssicherungspflichten wegen besonderer Sachgefahren lassen sich die Pflichten wegen der **erhöhten Gefährlichkeit bestimmter Gegenstände** herausheben. Grundlage dieser Pflichten ist nicht die Eröffnung oder das Andauernlassen eines Verkehrs, sondern gerade die

Untauglichkeit des Gegenstandes dafür, überhaupt oder doch ohne ausreichende Sachkunde des Benutzers in den „Verkehr" zu gelangen. An der Grenze zu den Pflichten im Straßenverkehr (vgl Rn 101) liegen bestimmte Pflichten hinsichtl von **Kraftfahrzeugen:** Der Halter und uU der Fahrer sind wegen der latenten Gefährlichkeit des Fahrzeuges dazu verpflichtet, Vorkehrungen gegen die Benutzung durch Unbefugte zu treffen, BGH VersR 1960, 1091; NJW 1971, 459 (dazu aber Staudinger/*Höpfner* § 249 Rn 64); vgl zu Schwarzfahrten auch § 831 Rn 12. Wer ein Kraftfahrzeug einem Jugendlichen ohne Führerschein überlässt, handelt verkehrspflichtwidrig, uU freilich nicht, wenn er selbst noch Jugendlicher ist (BGH NJW 1978, 421; 1991, 418). Die Überlassung des Fahrzeuges an einen Führerscheininhaber mit geringer Fahrpraxis ist noch nicht verkehrspflichtwidrig (BGH VersR 1961, 846); die Überlassung eines Mokicks durch einen 16-Jährigen an einen 15-Jährigen ohne Fahrerlaubnis ist – jedenfalls dem 15-Jährigen ggü – nicht ohne weiteres schon verkehrspflichtwidrig (BGH NJW 1991, 418). Andererseits hat der BGH (NJW 1979, 2309) einen Fahrzeugverkäufer für verpflichtet erklärt, sich darüber zu vergewissern, dass der Käufer eine Fahrerlaubnis hat und das Fahrzeug ordnungsgemäß anmeldet, ehe er ihm die Schlüssel übergibt. Unterschlägt derjenige, der die Probefahrt unternimmt, das Fahrzeug, wird der Überlassende aber nicht wegen Verkehrspflichtverletzung haftbar (BGH NJW 1997, 660). Ähnl Grundsätze gelten für den Eigentümer oder Besitzer von **Schusswaffen:** Eine geladene Pistole darf nicht für andere zugänglich liegen bleiben (RG JW 1930, 920; BGH NJW-RR 1991, 24 – Gebrauch einer Gaspistole durch Minderjährigen). Ein Jäger muss sein Gewehr entladen, wenn er es während einer Jagdpause auf seinen Knien hält (RG JW 1927, 891) oder wenn die Jagd beendet ist (BGH VersR 1958, 851). Eine besondere Sicherungspflicht besteht ferner zB beim Umgang mit ätzenden Flüssigkeiten (BGH NJW 1968, 1182 – Natronlauge). Zu allen diesen Fällen auch Rn 79.

Der Produzentenhaftung nahe stehen Fälle, in denen Sachen von einem Gewerbetreibenden jemandem überlassen werden, der erkennbar mit ihnen nicht umgehen kann. Dies können schon Streichhölzer in den Händen eines Fünfjährigen sein, zu vergleichbaren Anforderungen an die elterliche Aufsichtspflicht § 832 Rn 8. Auch der Drogist, der einem 15-Jährigen ein **Unkrautvernichtungsmittel** verkauft, das im Wesentlichen aus dem als „Granatenfüller" geeigneten Natriumchlorat besteht, verletzt eine besonders wichtige Verkehrspflicht und ist deshalb für den Schaden verantwortlich, der Dritten aus einer von dem 15-Jährigen herbeigeführten Explosion entsteht, BGH NJW 1973, 615; vgl andererseits BGH NJW 1986, 1865: keine Haftung eines Jugendlichen, der hochexplosiven Raketentreibstoff hergestellt hatte, ggü dem gleichaltrigen Spielgefährten, der das Gemisch durch Hammerschläge zur Explosion gebracht hat (dazu auch § 828 Rn 3). Zum Umgang mit **Feuerwerkskörpern** allg vgl BGH VersR 1965, 38; 1966, 524. In der Silvesternacht sind die Anforderungen an den Umgang mit Feuerwerkskörpern nach BGH NJW 1986, 52; 2009, 3787 jedoch herabgesetzt (zweifelhaft: Im Allg ist es eher ein Anlass zu gesteigerter Sorgfalt, wenn – wie die Feuerwerksbetrachter an Silvester – besonders viele Personen gefährdet sind). Gleich mehrfach musste sich der BGH mit der Überlassung von Feuerwerkskörpern an Kinder befassen (BGHZ 139, 43; 139, 79). Er verfolgt dabei eine wohl allzu „tolerante" Linie: Statt die Abgabe solch gefährlicher Produkte an Minderjährige generell als verkehrspflichtwidrig anzusehen, lässt er es grds zu, dass sich der Verkehrspflichtige bei „genereller Eignung" des Produkts für Kinder in der Altersgruppe des Erwerbers oder Benutzers auf die behördliche Zulassung und die Produktbeschreibung verlässt. Nur wenn der Abgebende Anhaltspunkte dafür hat, dass der Minderjährige mit der Gebrauchsanweisung oder überhaupt mit dem Risiko nicht umgehen kann, soll eine Haftung in Frage kommen (die Linie des BGH weitgehend billigend aber MüKo/*Wagner* Rn 484, 931). 100

e) Straßenverkehr; Berufspflichten. Die nächstliegende Fallgruppe von auf die Teilnahme an einer besonderen „Veranstaltung" bezogenen Verhaltenspflichten bilden die Pflichten im **öffentlichen Straßenverkehr**. Gerade für diesen Bereich enthalten jedoch die Sondervorschriften insb der StVO eine umfassende Verhaltensordnung, die den Rückgriff auf die allg Verkehrspflichten überflüssig erscheinen lässt. Im Unterschied zu den Fällen bestimmter Sachgefahren (Rn 89ff) liegt der entscheidende Grund für die Entstehung der Pflichten nicht in der Eröffnung oder dem Andauernlassen des Verkehrs, sondern in der Teilnahme daran. Diese Art von Verkehrspflichten ist also nicht sachbezogen, sondern rollenbezogen. Wichtigste Fälle dieser Art von Verkehrspflichten sind die **Berufspflichten** (krit zu dieser Einordnung aber Soergel/*Krause* § 823 Anh II Rn 26 mN), insb diejenigen der ärztlichen Berufe, dazu Rn 126ff. Zu den Verkehrspflichten für öffentliche Verkehrsmittel einschl Schiffen Staudinger/*Hager* Rn E 173–183. 101

f) Sportausübung. Die Pflichten im Straßenverkehr zeigen jedoch, dass die **rollenbezogenen Verkehrspflichten** keineswegs auf bestimmte Berufe beschränkt sind. Gerade auch typisches **Freizeitverhalten** kann verkehrspflichtrelevant sein. So ist der Veranstalter einer Adventsfeier für die Sicherheit der Teilnehmer verantwortlich (BGH NJW 1990, 905). Wichtigste Fallgruppe hierzu sind die Verkehrspflichten im **Sport**. Traditioneller Ansatz zur rechtl Bewältigung von Sportverletzungen ist die Annahme, die Körper- und Gesundheitsverletzung durch einen anderen bei der Sportausübung sei zwar rechtswidrig, bei Einhaltung der „im Sport erforderlichen Sorgfalt" aber nicht verschuldet (vgl noch *Deutsch*, Haftungsrecht, Rn 294; ähnl BGHZ 63, 140). Richtiger wird man die Teilnahme am Sport selbst dann als grds erlaubt ansehen müssen, wenn gelegentliche Verletzungen durch den Sport mit Sicherheit zu erwarten sind. Entscheidendes Zurechnungskriterium ist vielmehr auch hier der Verstoß gegen eine Verkehrspflicht. Zutr hat daher der BGH bereits in VersR 1957, 290 ausgesprochen, der schuldhafte Verstoß gegen eine dem Schutz des Sportlers dienende Spielregel begründe bei einer Verletzung des Sportlers die Schadensersatzpflicht. Im Einz ist mit *Wagner* (MüKo/*Wagner* Rn 795ff) zweckmäßigerweise zu unterscheiden zw Verkehrspflichten bei **„Parallelsportarten"** und bei Kampfsport. Ferner kommen Verkehrspflichten der Sport Treibenden ggü Außenstehenden und dieser Außenstehenden ggü den Sportlern in Betracht. 102

103 Hauptanwendungsfall der ersten Fallgruppe ist der **Skisport** (dazu und insb zu den FIS-Verhaltensregeln *Scheuer* DAR 1990, 121ff): Für ihn hat der Internationale Skiverband Regeln aufgestellt, die als Kanon verkehrspflichtgemäßen Verhaltens herangezogen werden können (Hamm NJW-RR 2001, 1537; MüKo/*Wagner* Rn 802 mN Fn 3392; Staudinger/*Hager* Vorbem zu §§ 823ff Rn 59). Ihr Gehalt lässt sich mit *Wagner* (aaO) in Anlehnung an § 1 StVO auch für andere Sportarten zusammenfassen: Alle Sportteilnehmer sind verpflichtet, ständig aufeinander Rücksicht zu nehmen und sich so zu verhalten, dass kein anderer geschädigt, gefährdet oder mehr als nach den Umständen unvermeidbar behindert oder belästigt wird, vgl im selben Sinne BGH NJW 1982, 2555 zur Eislaufordnung des Münchener Olympia-Stadions. In entspr Weise hat BGHZ 58, 40 die Verpflichtung der Skifahrer festgestellt, stets das vor ihnen liegende Gelände und die anderen Skiläufer zu beobachten, mögliche Hindernisse einzukalkulieren und ihre Geschwindigkeit so einzurichten, dass sie in den Grenzen ihres Könnens jederzeit richtig reagieren, ausweichen und notfalls anhalten können; zahlreiche weitere Bsp, ganz überwiegend aus dem Skisport, bei Staudinger/*Hager* Vorbem zu §§ 823ff Rn 61 mN.

104 Bei **Kampfsportarten**, zB Fußball, Handball, Basketball, Hockey, Boxen und Ringen, ist gleichfalls von den anerkannten und vom Richter überprüften Spielregeln auszugehen. Kommt es trotz regelgerechten Verhaltens zu einer Verletzung, ist diese im Allg nicht rechtswidrig. Handelt es sich nicht wie beim Boxen um eine Sportart, die Verletzungen des Gegners geradezu als Ziel hat, darf die Einhaltung des sportlichen Regelwerks allerdings nicht zum Freibrief für Verletzungen werden. Grobe Rücksichtslosigkeit ist stets rechtswidrig (MüKo/*Wagner* Rn 797). Hauptproblemfeld sind die Verletzungen, die zwar auf **regelwidrigem Verhalten** beruhen, aber im Eifer der sportlichen Auseinandersetzung schwer zu vermeiden sind. Es liegt nahe, den von BGHZ 63, 140 bei einer Verletzung trotz Einhaltung der Regeln verwendeten Gesichtspunkt des venire contra factum proprium auf einige Fälle regelwidrigen Verhaltens zu übertragen: für Haftungsfreistellung bei geringfügigem Regelverstoß BGH NJW 1976, 957 – „gefährliches Spiel"; BGH NJW 1976, 2161 – Foul beim Basketball. In der Tat erscheint es unangemessen, jemandem einen Schadensersatzanspruch zu gewähren, der in einer entspr Situation aller Voraussicht nach selbst die Verletzung eines Sportpartners nicht immer vermieden hätte. Dieser Gedanke liegt den **Milderungen des Haftungsmaßstabes** in §§ 708, 1359 zugrunde, und ein ähnl Verhältnis spezifischer Nähe zw Schädiger und Verletztem ist auch bei der Sportverletzung vorhanden (krit dazu aber MüKo/*Wagner* Rn 796 Fn 3345). Durch eine solche Analogie wird der Maßstab des venire contra factum proprium konkretisiert, während die Konstruktion einer Einwilligung hier wie auch in anderen Fällen des Handelns auf eigene Gefahr dem psychischen Sachverhalt nicht gerecht wird. Die **Beweislast** für den Regelverstoß und für das Verschulden trifft – wie sonst im Allg – den Geschädigten (BGHZ 63, 140, 147); zur Beweiswürdigung Staudinger/*Hager* Vorbem zu §§ 823ff Rn 56.

105 Zur Sicherungspflicht des Veranstalters **ggü Zuschauern** im Stadion und an Rennbahnen s Rn 96. Bei der **Jagdausübung** muss ein Jäger damit rechnen, dass sich Menschen im Revier aufhalten. Kann er nicht sicher erkennen, dass sich kein Mensch in Schussrichtung befindet, darf er daher nicht schießen (BGH VersR 1959, 206; 1963, 732). Zur Pflicht, den Straßenverkehr gegen aufgestörtes Wild zu sichern, BGH DB 1976, 720.

106 **g) Demonstrationen**. Ein anderer Bereich konkretisierungsbedürftiger Verhaltensanforderungen an die Teilnehmer ist das **Demonstrationsrecht**. Die Rechtmäßigkeit genehmigter Demonstrationen ergibt sich schon aus Art 5, 8 I GG. Daraus sind aber zugleich Grenzen der Demonstrationsfreiheit abzuleiten: Nicht mehr um typische und deshalb hinzunehmende Behinderungen handelt es sich bei Verhaltensweisen, die auch im allg Bewusstsein – nicht schon im Rahmen des rechtl umstr Gewaltbegriffs des § 240 StGB – als Gewalttätigkeiten verstanden werden. Dazu ist neben Körperverletzungen jede Art von substantieller Sachbeschädigung zu rechnen. Wer solche Ausschreitungen selbst aktiv begangen hat, haftet nach § 823 I. Die Frage eines besonderen Verkehrspflichtverstoßes stellt sich in diesen Fällen nicht. Die Verantwortlichkeit eines (Mit-)Demonstranten für die Ausschreitungen anderer Demonstrationsteilnehmer ergibt sich andererseits nicht schon aus § 830 I 1, vgl § 830 Rn 4 im Anschluss an BGHZ 89, 383: Die bloß geistige und willensmäßige Solidarität mit aktiven Schädigern genügt nicht zur Begründung der Haftung eines Teilnehmers; weitergehend in der Haftungsbegründung aber noch BGHZ 59, 30. Der aus dem Strafrecht kommende Ansatz zur Begründung der Haftung aus der Gesinnung des Demonstrationsteilnehmers erscheint vielmehr insg zur rechtl Beurteilung des zivilrechtl Haftungskomplexes wenig geeignet. Durch die bloße Möglichkeit oder sogar Wahrscheinlichkeit der Teilnahme gewalttätiger Gruppen braucht sich niemand von seiner friedlichen Demonstrationsabsicht abhalten zu lassen. Wann wegen Art und Ausmaß der Gewalttätigkeit auch der friedliche Demonstrant seine Mitwirkung an der Demonstration aufgeben oder abbrechen muss, lässt sich nur situationsbezogen feststellen. Gerade darin zeigt sich der Verkehrspflichtcharakter der hier zu entwickelnden Standards, vgl Rn 10, 79ff. Für Schäden aufgrund von durch eine rechtswidrige Demonstration verursachten Verkehrsbehinderungen wird mangels Rechtswidrigkeitszusammenhang nicht gehaftet, vgl Rn 32; anders im Falle einer Blockade für Schäden des Blockierten, vgl Rn 31.

107 **h) Arbeitskampf**. Als Verkehrspflichten für einen bestimmten charakteristischen Verhaltensbereich lassen sich schließlich auch die **Arbeitskampfregeln** deuten, wenn man sie nicht – was vorzuziehen ist (Rn 58) – wegen ihrer gewohnheits- und richterrechtl Verfestigung als Schutznormen zugunsten einzelner Unternehmer und ArbN iSd § 823 II ansieht. Nach dem hier (Rn 58f) verfolgten Ansatz läge die Relevanz der Verkehrspflichten im Arbeitskampf allerdings nicht bei Verletzungen des Rechts am Unternehmen. Auch den „sonstigen Rechten" entspr Positionen sind vom typischen Streik nicht betroffen. Gerade deshalb ist ein weitergehender Schutz der Kampfgegenseite, auch des ArbN wegen der Vereitelung des Einsatzes seiner Arbeitskraft, nach § 823 II iVm den anerkannten Kampfregeln sachgerecht. Sofern durch einen „wilden Streik" in das Eigentum einschl seiner funktio-

nalen Ausstrahlung (Rn 29ff) eingegriffen wird oder es zu Körperverletzungen kommt, müsste aber jedenfalls die „Verkehrspflichtwidrigkeit" des Arbeitskampfverhaltens den Maßstab für die Zurechnung des Schadens bilden (vgl – unter dem falschen Etikett des Eingriffs in den Gewerbebetrieb – BAG NZA 2009, 1347 und dazu MüKo/*Wagner* Rn 407; ferner Soergel/*Beater* § 823 Anh V Rn 49ff; Staudinger/*Hager* Rn D 46ff; ferner Rn 155).

3. Produzentenhaftung. a) Deliktische und außerdeliktische Haftung. Die durch die Rspr entwickelte Produzentenhaftung ist ein Anwendungsfall der **Haftung wegen Verkehrspflichtverletzungen**, wird aber allerdings ergänzt durch das ProdHaftG (dazu die Komm nach § 853). Nach **§ 15 II ProdHaftG** bleiben die Vorschriften, nach denen ein Ersatzpflichtiger in weiterem Umfang als nach dem ProdHaftG haftet oder nach denen ein anderer für den Schaden verantwortlich ist, unberührt. In weitem Umfang besteht zw dem ProdHaftG und den §§ 823ff **Anspruchskonkurrenz**, vgl Vor § 823 Rn 25; ein Einfluss des ProdHaftG auf die Deliktsdogmatik erscheint insb hinsichtl des Herstellerbegriffs möglich und erwünscht, vgl Rn 123. 108

Im Unterschied zur Haftung nach dem ProdHaftG ist die deliktische Produzentenhaftung kein Teilgebiet des Verbraucherschutzes, wenn sie auch weitgehend **zugunsten der Verbraucher** wirkt. Aber schon die Ausgangsentscheidung des BGH zur Rechtsfortbildung der §§ 823ff für fehlerhafte Produkte (BGHZ 51, 91) betraf einen gewerblichen Abnehmer, der vom ProdHaftG nicht geschützt würde (ebenso auch etwa BGH NJW 1998, 1942; 2282). Im Gegensatz zur Haftung nach § 1 ProdHaftG ist die deliktische Produzentenhaftung eine Verschuldenshaftung, jedoch wird das Verschulden bei den meisten Fallgruppen nach st Rspr vermutet, so dass sie sich kaum von einer Gefährdungshaftung unterscheidet, vgl auch Rn 82. Dafür bietet die Deliktshaftung erhebliche Vorteile ggü der Haftung nach dem ProdHaftG: kein Höchstbetrag, kein Selbstbehalt und kein Ausschluss bestimmter Produktgattungen. 109

Neben das ProdHaftG treten weitere **Spezialgesetze**, vor allem das Gesetz über den Verkehr mit Arzneimitteln (**AMG**; dazu *Deutsch/Spickhoff*, Medizinrecht[7] 2014, Teil B, insb Rn 1473ff mN), das mit § 84 AMG neben dem ProdHaftG die einzige Gefährdungshaftung im Produkthaftungsrecht enthält, unter dem Eindruck des Contergan-Falles eine über das ProdHaftG hinausgehende Haftung für Entwicklungsgefahren vorsieht und in § 84 I 2 Nr 2 AMG eine Instruktionspflicht normiert, die besonders streng ist, wenn das Arzneimittel dazu bestimmt ist, dass Patienten es in dramatischen Situationen selbst anwenden (BGHZ 106, 273 – Asthma-Spray). Weitere wichtige Spezialgesetze sind das **Produktsicherheitsgesetz (ProdSG)** (bis 2011: Geräte- und ProduktsicherheitsG) und das Lebensmittel- und Futtermittel-Gesetzbuch (früher § 8 Lebensmittel- und BedarfsgegenständeG), dazu MüKo/*Wagner* Rn 1024ff. 110

b) Produzentenhaftung aufgrund der Rechtsfortbildung durch den BGH. Seit dem „Hühnerpest-Fall" (BGHZ 51, 91) steht fest, dass die **allg Produzentenhaftung auf § 823 I** beruht. Damit sind andere Konstruktionen zur Haftungsbegründung ggü jedermann (zu ihnen BGHZ 51, 91ff) wohl endgültig überwunden, vgl zum Vertrag mit Schutzwirkung für Dritte aber *Schwenzer* JZ 1988, 525, 531. Bei vertragl Beziehungen zw dem Geschädigten und dem Produzenten bleibt die vertragl Haftung daneben anwendbar. Zur Abgrenzungsfrage hinsichtl (vertragl) Äquivalenz- und deliktischer Integritätsschäden auch Rn 124f. 111

Als deliktische Haftung ist die Produzentenhaftung trotz einiger Besonderheiten mit dem **Verkehrspflichtgedanken** verbunden geblieben: Materiell-rechtl beruht die Haftung des Produzenten auf der Verletzung von gerade ihn treffenden Verkehrspflichten. Sie schützt daher im Gegensatz zur Haftung nach dem ProdHaftG (Rn 109) nicht nur Verbraucher, sondern auch gewerbliche Abnehmer und Benutzer (vgl BGHZ 51, 91; BGH NJW 1999, 1028 zum Schutz anderer Produzenten; NJW 1975, 1827 zum Schutz eines ArbN beim gewerblichen Benutzer; zu automatisierten Fahrzeugen *Freise* VersR 2019, 65). Tragender Gedanke ist die Verantwortung des Produzenten dafür, dass er ein Produkt **in den Verkehr gebracht** hat, in dessen Unschädlichkeit die Abnehmer und Benutzer unabhängig davon, auf welcher Marktstufe sie mit dem Produkt in Berührung kommen, **vertrauen** dürfen. Allerdings lässt sich aus der Fehlerhaftigkeit des Produkts noch nicht zwingend auf die Verkehrspflichtwidrigkeit der Produktion oder Auslieferung schließen. Nach allg deliktsrechtl Grundsätzen müsste der Geschädigte vielmehr beweisen, dass sein Schaden gerade auf dem Produkt und auf der Tatsache beruht, dass der Hersteller das Produkt schuldhaft mit Mängeln in den Verkehr gebracht hat. Dies würde die Produzentenhaftung zu einer fast rein theoretischen Hilfe für den Geschädigten machen. Die entscheidende Neuerung der Rspr seit BGHZ 51, 91 liegt deshalb in den **Beweiserleichterungen**, insb der **Beweislastumkehr** hinsichtl des Verschuldens. Dieses Mittel zur praktischen Haftungsdurchsetzung findet seine Vorbilder zB in § 831 I 2, § 836 und außerhalb des Deliktsrechts in § 280 I 2. Die Beweislastumkehr beruht wohl auf einer besonderen, zur professionellen Produktion von Gütern gehörenden Verkehrspflicht, den **Produktionsprozess** selbst im Interesse der Allgemeinheit **transparent** zu gestalten; erfüllt der Hersteller diese Pflicht nicht, muss er die prozessualen Folgen tragen. Die zugrundliegende rechtspolitische Wertung war ursprüngl stark an der Größe und Komplexität des Herstellerbetriebes orientiert (BGHZ 51, 91), jedoch wurde die Beweislastumkehr später ausdrückl auch gegen den Inhaber einer Gaststätte, also eines Kleinbetriebes, angewendet (BGHZ 116, 104 für salmonellenverseuchte Nachspeise). Diese Haftungsbegründung hat eine Parallele in der Haftung des Arztes wegen Aufklärungs- und Dokumentationsmängeln. Die Rspr selbst begnügt sich idR mit dem eher topischen Hinw auf die größere **„Nähe" des Produzenten** zum str Geschehen. Seit BGHZ 104, 323 ist die Tendenz zu erkennen, für die Begründung der Beweislastumkehr auf die Grundsätze der Arzthaftung zurückzugreifen und folgerichtig auch über die Verschuldensfrage hinaus zu erweitern. Ausdr abgelehnt hat BGHZ 116, 60 aber die Übertragung der im Arzthaftungsrecht angewandten Beweiserleichterung bei schweren Behandlungsfehlern (§ 630h V) auf die Produzentenhaftung. 112

113 Die Beweislastumkehr hinsichtl des Verschuldens des Produzenten betrifft die subj **Vermeidbarkeit** der Verkehrspflichtverletzung, so noch BGHZ 51, 91. Die Begründung aus dem Transparenzgebot trägt jedoch auch hinsichtl der **obj Pflichtwidrigkeit**, so i Erg ausdrückl BGHZ 80, 186, 196. IÜ bleibt der Geschädigte beweispflichtig, jedoch besteht die Möglichkeit von Beweiserleichterungen, dazu Rn 121. Insg ist die deliktische Produzentenhaftung dadurch zwar ein im Wesentlichen wirksames, dogmatisch aber recht unübersichtliches Instrument der Schadensabwälzung geworden.

114 Der allg Verkehrspflichtgedanke im Recht der Produzentenhaftung kann nicht auf den Bereich der industriellen „hardware" beschränkt werden. Deshalb gehört zur deliktischen Produzentenhaftung zum einen auch die Haftung wegen unzureichender oder fehlender **Information über das Produkt**: Über die produktspezifischen Gefahren ist nicht nur aufzuklären; vor ihnen muss auch hinlänglich gewarnt werden (zB BGHZ 116, 60; BGH NJW 1998, 2905 mN). Zum andern können Informationen selbst die in den Verkehr gebrachten Waren sein, vgl BGH NJW 1970, 1963 zu einer falschen Mengenangabe in einem medizinischen Hdb; NJW 1973, 843 zu unzutreffenden Angaben in einer Nottestamentenmappe für Bürgermeister; umfassend *Foerste* NJW 1991, 1433; zur Produzentenhaftung von Software-Herstellern *Wehlau* CR 1990, 95, vgl zum Streitstand, insb zum Merkmal der „Verkörperung" in einem Informationsträger, Staudinger/*Hager* Rn F 7. Erleidet zB der Benutzer einer falschen Internet-Information Schäden an seinen nach § 823 I geschützten Rechtsgütern, kommt eine Haftung des Informations-„Lieferanten" wegen der „herausgeforderten" (Selbst-)Schädigung (Rn 2) in Frage. Eine Differenzierung danach, ob sich die Information auf ein vom Informanten mitgeliefertes Produkt oder ein dem Informationsempfänger gehörendes Gut auswirkt, wäre unter dem Gesichtspunkt der Einhaltung von Verkehrspflichten nicht sachgerecht, vgl im Überblick Soergel/*Krause* § 823 Anh II Rn 120 mN. Aus dem Ansatz bei der Verkehrspflicht folgt ferner, dass eine Fallgruppenbildung allein nach verschiedenen Pflichten, nicht nach Produktarten in Frage kommt. Zutr hat der BGH daher auch bei **Wirkungslosigkeit** des Produkts Schadensersatz für möglich erklärt, wenn der Benutzer durch die Verwendung des Produkts an wirksamen Schutzmaßnahmen gehindert worden ist (BGHZ 80, 186 – resistenzbegründendes Fungizid; NJW 1985, 194 – undichte Dachdeckfolie; VersR 1986, 1003 – mangelhaftes Dichtungsmaterial; vgl auch Staudinger/*Hager* Rn B 86 mN).

115 **c) Einzelne Produzentenpflichten.** Verkehrspflichten des Herstellers bestehen in allen Phasen des Produkt-„Schicksals": beginnend bei der Entwicklung (**Konstruktionsfehler**) über die Herstellung und Kontrolle (**Fabrikationsfehler**) bis zur Kunden- und Benutzerinformation (**Instruktions- und Produktbeobachtungsfehler**). Da die Haftung aber auf der Verletzung von Verkehrspflichten beruht und somit verschuldensabhängig ist, kann der Hersteller nicht für die Gefahrlosigkeit des Produkts schlechthin verantwortlich sein (BGH VersR 1964, 746; NJW 1970, 1963; MüKo/*Wagner* Rn 952ff mN). Entscheidend ist wie bei allen Verkehrspflichten (Rn 80), was der Verkehrskreis der Abnehmer und Benutzer bei obj Betrachtung für erforderlich hält und dem Produzenten zumutbar ist (BGHZ 181, 253 Rn 12, 18). Demgemäß sind auch selbstlernende autonome Systeme mit künstlicher Intelligenz nicht per se fehlerhaft (so aber *Zech* ZfPW 2019, 198, 213), sondern nach den allg Grundsätzen zu beurteilen, also unter Berücksichtigung sämtlicher Umstände des Einzelfalls (vgl Senat, BGHZ 104, 323, 329). Drohen von einem Produkt Gefahren für Leben oder Gesundheit, müssen wirtschaftl Gesichtspunkte jedoch weitgehend zurücktreten (BGHZ 51, 91, 108). Dem „beweglichen" Begriff der Zumutbarkeit entspr sind daher im Einz durchaus unterschiedliche Anforderungen möglich: bei einem fachmännischen Benutzerkreis weniger strenge als bei typischer Benutzung durch Laien (BGH NJW 1981, 2514; 1992, 2016), bei Gefährdung von Menschen strengere als bei Gefährdung von Tieren (vgl BGH VersR 1977, 546 und hierzu *Kullmann* VersR 1988, 655, 656). Eine Basissicherheit ist stets zu gewährleisten. Von einem teureren Produkt darf man aber auch die Einhaltung eines höheren Sicherheitsstandards erwarten (BGH NJW 1990, 906; 908; Staudinger/*Hager* Rn F 8 mN).

116 Im **Konstruktionsbereich** hat der Hersteller den Stand von Wissenschaft und Technik zu erforschen und anzuwenden (BGHZ 181, 253 Rn 16). In einer dynamischen Wirtschaft braucht er sich aber nicht ausschließlich am Hergebrachten und Etablierten zu orientieren. Daher wird er nach hM (BGHZ 181, 253 Rn 27; Soergel/*Krause* § 823 Anh III Rn 18; Staudinger/*Hager* Rn F 19 mN) für sog Entwicklungsfehler, die zum Zeitpunkt des Inverkehrbringens nicht erkennbar waren, nicht haftbar gemacht, vgl aber Rn 110 zum AMG. Gemildert wird dieser Grundsatz durch die Pflicht zur Produktbeobachtung, Rn 119. Zur Konstruktionsphase gehört ferner die sorgfältige Prüfung des Produkts, ehe es in Serie hergestellt werden kann (BGH VersR 1963, 860). Auch die von anderen Herstellern zu liefernden Teile des Produkts sind auf ihre Tauglichkeit zu prüfen (BGH VersR 1970, 469, vgl auch BGHZ 67, 359; 104, 323). Den Auftragsfertiger bei horizontaler Arbeitsteilung trifft nur eine eingeschränkte Konstruktionsverantwortung ggü dem Endabnehmer (nur bei eigener Möglichkeit, die Gefährlichkeit zu erkennen, und begründetem Anlass für die Annahme, dass der Hauptverantwortliche hierauf nicht genügend Rücksicht nimmt, BGH NJW-RR 1990, 406, vgl aber auch NJW 1998, 1942 mN zur Eigentumsverletzung beim Endhersteller und dazu Rn 124f). Allg ist der Hersteller zur Qualitätskontrolle der Produkte von Vorlieferanten verpflichtet (BGH NJW 1975, 1828; BGHZ 104, 323). Wie weit der (End-)Hersteller die Produktverantwortung durch Qualitätssicherungsvereinbarungen mit Zulieferern auf diese abwälzen kann, ist noch nicht abschließend geklärt (Soergel/*Krause* § 823 Anh III Rn 35 mN). Technische Normen zur „Basissicherheit" des Produkts (DIN, VDE-Normen, ISO-Standards uÄ) sind stets einzuhalten, stellen jedoch kein abschließendes Verhaltensprogramm dar (BGH NJW 1987, 372; 1998, 2905).

117 Im Bereich der **Fabrikation und Kontrolle** des Produkts besteht die (ggü der Pflicht zur fehlerfreien Herstellung selbst sekundäre) Verkehrspflicht, den gesamten Betriebsablauf vom Rohstoffeingang bis zur Warenausgangskontrolle so durchzuorganisieren, dass Fehler nach menschlichem Ermessen vermieden werden. Kontrollen des

Fertigprodukts sind – wenigstens stichprobenweise – regelmäßig erforderlich (BGH VersR 1960, 855; 1972, 559). Je eher Fehler im Produktionsablauf unvermeidbar erscheinen, desto wichtiger ist die abschließende Qualitätskontrolle. Zu den Einzelheiten des Kontrollmaßstabs insb *Kullmann* VersR 1988, 655, 657 mN Fn 27ff. Diese Pflichten greifen so lückenlos ein, dass die im Grundsatz immer betonte Möglichkeit des „Ausreißers" (vgl Staudinger/*Hager* Rn F 44 mN) praktisch nahezu ausgeschlossen ist (vgl aber immerhin BGHZ 129, 353, 357f).

Für den Bereich der Information von Kunden und Benutzern ist zw der anfänglichen **Instruktion** und der laufenden Beobachtung des Produkts zu unterscheiden: Der Hersteller muss über Gefahren und schädliche Nebenwirkungen eines Produkts durch „Waschzettel", Verarbeitungshinweise uÄ aufklären, wenn durch die – uU missbräuchliche – Anwendung oder Verwendung des Produkts nicht ganz fern liegende Schäden entstehen können (so bereits BGH VersR 1955, 765; vgl ferner etwa NJW 1972, 2217 für ein Arzneimittel vor dem Inkrafttreten der §§ 84ff AMG; BGHZ 99, 167, 180; 116, 60; BGH NJW 1998, 2905 mN). Die Grenzen der Instruktionspflicht sind aber überschritten, wenn von dem Produkt grob missbräuchlich oder höchst leichtsinnig Gebrauch gemacht wird (BGH NJW 1981, 2514 zum „Sniffing" eines 15-Jährigen mit einem Kältemittel; weitere Fälle offensichtlichen Missbrauchs bei Staudinger/*Hager* Rn F 36 mN). Auch über das, was jedem vernünftigen Abnehmer in dem relevanten Verkehrskreis bekannt ist, braucht nicht aufgeklärt zu werden (BGH NJW 1986, 1863; 1992, 2016; Staudinger/*Hager* Rn F 14 mN, vgl aber zur Diskussion über den Tabakkonsum Hamm NJW 2005, 295; MüKo/*Wagner* Rn 208, 986; Soergel/*Krause* § 823 Anh III Rn 23, beide mN). Warnt der Hersteller vor der Erwärmung des Wirkstoffes in einer Spraydose über 50 °C, braucht er jedenfalls einen Installateur nicht noch vor der offensichtlich gleichartigen Gefahr bei Erhitzung des mit dem Spraymittel bearbeiteten Metalls unmittelbar nach der Bearbeitung zu warnen (BGH NJW 1987, 372). Dieselbe Warnung genügt jedoch nicht als Aufklärung über die Gefahren durch ein bei der Bearbeitung entstandenes Gas-Luft-Gemisch (BGH NJW 1987, 372). Hier handelt es sich nicht mehr um eine gleichartige Wirkung, sondern um eine typische Nebenwirkung; auf Nebenwirkungen chemischer Erzeugnisse muss aber regelmäßig deutlich hingewiesen werden (BGHZ 64, 46, 49f – Allergie durch Haartonikum; 116, 60 – Zahnschäden durch „Dauernuckeln" von Kindertee; zu Alkohol und Schokoriegeln Soergel/*Krause* § 823 Anh III Rn 23 mN). 118

Die Pflicht zur Warnung und Aufklärung der Produktbenutzer oder Verbraucher endet nicht, wenn das Produkt nach dem Stande der Technik fehlerfrei hergestellt und mit ausreichender Instruktion in den Verkehr gebracht worden ist. Spätere Einsicht in mit dem Produkt verbundene Gefahren begründet zu diesem Zeitpunkt weitere Gefahrabwendungspflichten. Grundlage hierfür ist eine laufende **Produktbeobachtungspflicht** (BGHZ 80, 199 – „Apfelschorf II" – und seitdem etwa BGHZ 99, 167; 116, 60; BGH NJW 1990, 906; 1994, 3349). Für weiter produzierte Waren versteht sich diese Pflicht als Teil der Produzentenpflichten hinsichtl der neuen Produkte von selbst, Rn 116. Für schon ausgelieferte Waren wird der Gesichtspunkt wesentlich, dass auch das „Andauernlassen" eines „Verkehrs" Sicherungspflichten im Rahmen der Zumutbarkeit begründet, Rn 93ff: Eine unterschiedliche Wertung für die Duldung des Fußgängerverkehrs auf einem Grundstück einerseits (Rn 91, 94f), für die bewusst und gewollt auf den Markt gebrachte Ware andererseits ist nicht gerechtfertigt. Der Benutzer des Produkts darf vielmehr darauf vertrauen, dass der Hersteller, der kraft seiner inzwischen gewonnenen Sachkunde die Möglichkeit zur Gefahrabwendung hat, ihn im zumutbaren Rahmen ebenso schützt wie der Grundstückseigentümer, der die unmittelbare Herrschaft über die Gefahren dieses Grundstücks ausübt. Die Beobachtungspflicht und die Pflicht des Herstellers, sich selbst über die Verwendungsfolgen eines Produkts zu informieren, erstreckt sich auf solche Gefahren, die sich erst durch die Kombination mit anderen Produkten, zB anderen Medikamenten oder der Motorrad-Lenkerverkleidung eines anderen Herstellers (BGHZ 99, 167) ergeben (vgl auch BGH NJW 1994, 3349). Freilich wird man dieser Pflicht bei **fremden Produkten** engere Grenzen ziehen müssen als bei eigenen (strenger wohl BGH NJW 1990, 906: generelle Pflicht des Warenherstellers, die Produktentwicklung der wichtigsten Mitbewerber zu beobachten). Hinsichtl des notwendigen Zubehörs ist das Produkt auch ohne konkreten Anlass zu beobachten. Bei allg gebräuchlichem Zubehör eine Überprüfungspflicht anzunehmen, wenn zu befürchten ist, dass das Zubehör seiner Art nach gefährlich ist (zu alledem BGHZ 99, 173f), erscheint überzogen. Man unterscheidet passive und aktive Produktbeobachtung (Staudinger/*Hager* Rn F 21): Erstere geht von Reklamationen einzelner Kunden aus und trifft auch die Händler (BGH NJW 1994, 517; NJW-RR 1995, 342); letztere erfordert eine eigene laufende Überwachung durch Produkttests, Literaturrecherche, Unfallanalysen und dgl. 119

Die erforderlichen Gefahrsteuerungsmaßnahmen sind nach ihrer Art und der hM zufolge auch nach der Herkunft der Gefahr verschieden. Drohen dem Benutzer Gesundheitsschäden oder erhebliche materielle Einbußen, besteht jedenfalls eine **Warnpflicht** (BGHZ 80, 199). Sie ist eine Instruktionspflicht aus dem besonderen Anlass nachträgl Kenntnis von Gefahren des Produkts. Eine darüber hinausgehende Pflicht zum **Rückruf** und zur Reparatur des Produkts wird heute im Grundsatz einhellig anerkannt (Überblick bei Staudinger/*Hager* Rn F 25 mN; eingehend *Bodewig* Der Rückruf fehlerhafter Produkte, 1999). Eine entspr öffentlich-rechtl Pflicht bei der Gefahr von Personenschäden ergibt sich ggü Verbrauchern aus § 26 II ProdSG (dazu MüKo/*Wagner* Rn 1033). Von der Rückrufpflicht selbst zu unterscheiden ist die Frage der Kostentragung. Ihre Übernahme durch den Produzenten ergibt sich, auch wenn er wegen Einhaltung des Produktsicherheitsstandards und des Standes der Technik zunächst nicht für das Produkt haftete, in Anknüpfung an den quasi-negatorischen Rechtsschutz (MüKo/*Wagner* Rn 1006; *Herrmann* BB 1985, 1801). Vielfach wird die Rückrufpflicht auf Fälle beschränkt, in denen die Fehlerhaftigkeit des Produkts dem Hersteller nach den allg Grundsätzen der Produzentenhaftung anzulasten ist (*Schwenzer* JZ 1988, 1061 mN). Diese Rückrufpflicht ist jedoch nicht erst eine Folge der Produktbeobachtungspflicht, sondern Gegenstück zum – gegen Verkehrspflichtverletzungen grds möglichen – vorbeugenden 119a

Rechtsschutz, vgl *v Bar* in 25 Jahre Karlsruher Forum, 1983, 80ff und Vor § 823 Rn 21. Lässt sich eine schwere Gefahr für den Benutzer oder für Dritte nur durch den Rückruf wirksam abwenden, zB bei fehlerhaften Kfz oder Reifen, dann muss andererseits diese Gefahrabwendungsmöglichkeit unabhängig davon bestehen, ob das Inverkehrbringen des Produkts dem Hersteller schon anfänglich zuzurechnen war oder wegen eines Entwicklungsfehlers gerade noch nicht. Zur strafrechtl Sanktionierung der Rückrufpflicht BGHSt 37, 106: Wer ein schädliches Produkt auf den Markt gebracht hat, ist auch strafrechtl Garant ggü dem Abnehmer und ist zum Rückruf verpflichtet, wenn der schädliche Erfolg (zB Körperverletzung) anders nicht abzuwenden ist.

120 **d) Ausdehnung auf Umweltgefahren?**. Die Orientierung der besonderen Verkehrspflichten im Zusammenhang mit der (industriellen) Produktion am gesamten Herstellungs- und Vermarktungsprozess lässt die Möglichkeit zu, auch für **Industrieabfälle** als „Erzeugnisse mit negativem Wert" (BGH NJW 1976, 46) die Grundsätze der Produzentenhaftung heranzuziehen. Für die Pflicht zur Abwehr von Gefahren der industriellen Produktion ist die Bestimmung des Produkts zum Absatz nicht allein maßgeblich. Bringt der Hersteller Industrieabfälle ins Trinkwasser (BGH NJW 1976, 46) oder schädliche Staubemissionen in die Luft (BGHZ 92, 143), bringt er auch auf diese Weise etwas in den „Verkehr". Da dies im Rahmen der komplexen Organisation eines Betriebes geschieht, besteht hier genauso wie bei den auf den Markt gebrachten Produkten die Verkehrspflicht zur Kontrolle und Transparenz (vgl Rn 112). Infolgedessen ist eine **Beweislastumkehr** nach denselben Grundsätzen wie bei der „normalen" Produzentenhaftung gerechtfertigt (BGHZ 92, 143, 150f). Hierdurch wird das private Deliktsrecht freilich immer noch nur ein bescheidenes Hilfsmittel des privaten Umweltschutzes (vgl Vor § 823 Rn 16; allg zur Beziehung zw Umwelthaftung und Produkthaftung *G. Hager* JZ 1990, 397ff; *Möllers* passim). Die für das Umweltrecht typischen multikausalen Schäden, zB die „neuartigen Waldschäden" (vgl BGHZ 102, 350), lassen sich wegen ihrer Emittentenferne mit dem Recht der Produzentenhaftung nicht erfassen.

121 **e) Beweislast.** Bei der **Beweislastverteilung** ist zw eigentlichen Produktfehlern und Fehlern im Informationsbereich zu unterscheiden. Entwickelt worden ist die Beweislastumkehr für den Fall eines **Fabrikations- und Kontrollfehlers.** Im Bereich solcher Fehler muss der Hersteller beweisen, dass er die Produzentenverkehrspflichten nicht verletzt hat, vgl schon Rn 112. Soweit beweisbedürftige Punkte nicht in jedem Fall im ausschließlichen oder überwiegenden Kenntnisbereich des Herstellers liegen, bleibt es bei der allg Beweislastverteilung, also der Beweispflicht des Geschädigten (BGHZ 104, 323, 333f mN); dies gilt für: Schaden und Rechtsgutsverletzung, Verursachung der Verletzung durch einen Produktfehler und Herkunft des Fehlers aus dem Organisations- und Gefahrenbereich des Herstellers (vgl zB BGHZ 114, 284; BGH NJW 1993, 528). Handelt es sich beim Schaden um die typische Folge eines Produktmangels, kommt freilich zugunsten des Geschädigten zusätzl ein Anscheinsbeweis dafür in Betracht, dass ein Produktfehler vorliegt und den Schaden verursacht hat (BGHZ 51, 91, 104). Möglich ist auch ein Beweis der Kausalität und der Fehlerhaftigkeit des Produkts aus Beweisanzeichen (Indizienbeweis, BGH JZ 1971, 29). In einem Sonderbereich nimmt der BGH (BGHZ 104, 323; 129, 353; BGH NJW 1993, 528) eine Beweislastumkehr auch hinsichtl der **Herkunft des Fehlers aus dem Herstellerbereich** an: Bei Verwendung gebrauchter Flaschen durch einen Limonadenabfüller trifft diesen die Verkehrspflicht zur „Statussicherung" (Befundsicherungspflicht), dh zur positiven Vergewisserung über die Mängelfreiheit der Flaschen. Fehlt eine solche Statussicherung und wird gerade dadurch die Aufklärung des Ursachenzusammenhanges erschwert, dann ist die Beweislastumkehr wie bei bestimmten Dokumentationsmängeln des Arztes gerechtfertigt. Dasselbe muss auch für die Verwendung anderer gefahrenträchtiger Rohstoffe und Ausgangsprodukte durch den Hersteller gelten. Zur Ablehnung einer produkthaftungsrechtl Parallele zum schweren Behandlungsfehler in der Arzthaftung aber Rn 112 aE.

122 Bei der Behauptung eines **Instruktionsfehlers** muss der Geschädigte wiederum seinen Schaden und die Kausalität der Informationspflichtverletzung für den Schaden beweisen. Er muss zudem beweisen, dass der Schaden bei pflichtgemäßer Instruktion vermieden worden wäre (BGH NJW 1975, 1827, 1829; BGHZ 106, 273, 284; 116, 60, 73). Erleichtert wird ihm dies durch die Möglichkeit eines Anscheinsbeweises (BGH NJW 1972, 2217; BGHZ 116, 60, 73; BGH NJW 1994, 3349). Dies entspricht der Vermutung aufklärungsrichtigen Verhaltens des Verletzten für den Fall, dass er richtig instruiert worden wäre (Staudinger/*Höpfner* Vor § 249 Rn 98; weitergehend für Beweislastumkehr noch Erman/*Schiemann*[13] Rn 122 mN). Über die Beweislast bei Konstruktions- und Fabrikationsfehlern hinaus muss der Geschädigte nach BGHZ 80, 186, 197ff auch die obj Pflichtverletzung des Herstellers hinsichtl der **nachträgl** erforderlich gewordenen Instruktion, also das Bestehen einer **Warnpflicht** (überhaupt oder mit einem bestimmten Inhalt) beweisen. Nur hinsichtl des subj Pflichtverstoßes (Verschuldens) greift dann die Beweislastumkehr nach dem Muster von BGHZ 51, 91 ein. Diese Aufspaltung erscheint jedoch künstlich und i Erg für die obj Pflichtwidrigkeit zweifelhaft: Der **Hersteller** ist kraft der von ihm zu verlangenden **Professionalität** weit eher als der Geschädigte in der Lage, die aktuellen Erfordernisse zur Aufklärung der Produktbenutzer zu kennen und darzulegen. Das Verhältnis von Hersteller und Geschädigtem ist insofern mit der Beziehung zw Arzt und Patient vergleichbar; und bei der ärztlichen Aufklärungspflicht hat der Arzt zu beweisen, dass sie erfüllt worden ist (§ 630h II). Die unterschiedliche Einkleidung als Voraussetzung eines Rechtfertigungsgrundes bei der Arzthaftung, als Voraussetzung einer Verkehrspflichtverletzung bei der Instruktion durch den Hersteller vermag einen überzeugenden materiellen Unterschied nicht zu begründen (ähnl Jauernig/*Teichmann* Rn 144; Staudinger/*Hager* Rn F 44; diff *Brüggemeier* Deliktsrecht, Rn 582f). Hinsichtl der **anfänglichen** Instruktionspflicht hat der BGH (BGHZ 116, 60, 72) klargestellt, dass der Geschädigte nur zu beweisen hat, dass eine Instruktion nötig gewesen wäre oder die erteilte Instruktion falsch war. Es gilt also dasselbe wie bei Fabrikations- und Konstruktionsfehlern.

f) Herstellerbegriff. Schwierigkeiten bereitet noch immer die Frage, **wer als Hersteller** iSd Produzentenhaftung **anzusehen ist**, zu wessen Lasten also insb die Beweislastumkehr gelten soll. Ausgangspunkt ist die materielle Haftungsbegründung, nach der es entscheidend darauf ankommt, wer das Produkt „in den Verkehr bringt". Dies scheint für eine Haftung auch von Händlern oder **„Quasiherstellern"**, die bloß ihren Namen oder ihre Handelsmarke an dem Produkt anbringen, zu sprechen. Der BGH (VersR 1977, 839; NJW 1994, 517) bejaht die Herstellereigenschaft solcher Zwischenglieder in der Absatzkette aber nur ausnahmsw, da das Vertrauen idR der Professionalität des wirklichen Herstellers entgegengebracht werde und nur unter besonderen Umständen (zB bei besonderer Bekanntheit oder bei außergewöhnlichem Einfluss auf die Hersteller) einem Händler oder Namensgeber. Bei der Gefährdungshaftung nach dem ProdHaftG wird hingegen auch als Hersteller angesehen, wer ein Produkt nur unter seinem Namen, Warenzeichen oder anderen Erkennungszeichen vertreibt; dasselbe gilt dort für Importeure in den EWR-Raum, § 4 ProdHaftG. Auch eine deliktische Haftung bloßer Vertriebspersonen oder -institutionen kommt nach der Rspr aber in Frage, wenn eine Pflicht des Informationsbereichs (Instruktion oder Produktbeobachtung) verletzt worden ist (BGHZ 99, 167, 170), vgl zur Untersuchungspflicht eines Kfz-Händlers auch BGH NJW 1969, 1708, zu den Pflichten einer vom Hersteller kontrollierten Vertriebsgesellschaft BGH NJW 1981, 2250. Eine allg Ausdehnung der Deliktshaftung auf den Quasihersteller neben dem „eigentlichen" Hersteller (dazu BGH NJW 1987, 372) erscheint vor allem deshalb wünschenswert, weil dem Geschädigten die Suche nach dem wirklichen Hersteller hinter dem erkennbaren Hersteller kaum zuzumuten ist, vgl in dieser Richtung immerhin BGH NJW 1995, 1286. 123

In anderer Richtung hat der BGH hingegen die Herstellerhaftung überflüssigerweise erweitert: Die Beweislastumkehr soll auch **Kommanditisten und leitende Angestellte** mit herausgehobener und verantwortlicher Stellung im Produktionsbereich treffen (BGH NJW 1975, 1827; ZIP 2001, 379), jedoch wohl nicht für Instruktionsfehler (BGH NJW 1987, 372) und für leitende Mitarbeiter nur ganz ausnahmsw, wenn sie aufgrund ihrer besonderen Stellung im Betrieb und etwa einer eigenen Kapitalbeteiligung als „Repräsentant des Unternehmens" anzusehen sind (BGHZ 116, 104, 114), wozu die Überwälzung der allg Organisations-(Verkehrs-)pflicht auf einen GmbH-Geschäftsführer durch den II. ZS schlecht passt (BGHZ 109, 297 und hierzu Rn 83 aE). Der leitende Angestellte bringt das Produkt jedenfalls nicht für sich selbst in den Verkehr; er hat weder den persönlichen Nutzen von der Produktion noch das Unternehmerrisiko, dessen Bestandteil die Verkehrspflicht zur Beherrschung der Produktion ist (vgl MüKo/*Wagner* Rn 147, 1014; ferner zB *Medicus/Petersen*[28] Rn 650a; dem BGH zust aber Staudinger/*Hager* Rn F 34, 47). Besondere Probleme bereitet auch die Passivlegitimation **im arbeitsteiligen Produktionsprozess** unter Beteiligung mehrerer Herstellerbetriebe. Der Letzt-Hersteller (Assembler) muss dafür sorgen, dass die von ihm verwendeten Einzelteile sicher und geeignet sind (BGHZ 67, 359, 362; BGH NJW 1994, 3349). Dies gilt erst recht, wenn er das Halbfabrikat oder das Einzelteil nach seinen Plänen und Anweisungen hat herstellen lassen (BGHZ 67, 359, 362; BGH NJW 1975, 1827). Daneben haftet der Zulieferer, weil er das Einzelteil in den Verkehr gebracht hat (BGH NJW 1968, 247); vgl auch den treffenden Überblick zu den Problemen der arbeitsteiligen Produktion bei *Brüggemeier*, Deliktsrecht, Rn 589–596. 123a

g) Das Problem „weiterfressender Mängel". Liegt ein Schaden aufgrund der Verletzung von Produzentenpflichten vor, muss der Hersteller Ersatz für die beschädigten Rechtsgüter und die Folgeschäden einschl der immateriellen Schäden (§ 253 II) leisten. Der Umfang dieser Ansprüche ist auch jetzt noch weiter als nach dem ProdHaftG, Rn 109. Darüber hinaus gewährt der BGH in bestimmten Fällen **Ersatz für das unbrauchbar gewordene Produkt selbst** oder dessen Teile, so bei der Zerstörung einer ganzen Reinigungsanlage durch einen fehlerhaften Schwimmerschalter, da der Schalter ein funktionell begrenztes schadhaftes Einzelteil sei, das die iÜ einwandfreie Gesamtanlage zerstört habe, und sich die in der Mitlieferung des Schalters liegende Gefahrenursache erst nach Eigentumsübergang zu einem über den Mangel hinausgehenden Schaden realisiert habe (BGHZ 67, 359). Dies begegnet zwei dogmatischen Bedenken: Die Anwendung der Produzentenhaftung auf Schäden am gelieferten Produkt selbst unterläuft die Regelung des **Gewährleistungsrechts** in §§ 434ff, insb die Verjährung nach § 438; und die deliktische Eigentumsverletzung muss sich gegen Sachen richten, die nicht erst durch die verkehrspflichtwidrige Lieferung selbst Eigentum des Geschädigten werden. Hiervon wiegt das zweite Bedenken von vornherein nicht besonders schwer (vgl zur Auflockerung des Kausalitätsdogmas schon BGHZ 8, 243 und hierzu Rn 22). Das Problem der Abgrenzung zw vertragl Gewährleistungsrecht und Deliktsrecht hatte demggü jedenfalls bis zur Schuldrechtsmodernisierung umso größeres Gewicht (Erman/*Schiemann*[14] Rn 124 mN). Es ist aber auch mit der Annäherung der Verjährungsfristen in §§ 438 und 195 nicht beseitigt worden, und zwar insb wegen des unterschiedlichen Fristbeginns: nach § 438 II mit Ablieferung oder Übergabe, nach § 199 I Nr 2 regelmäßig mit Kenntnis von Schaden und Schädiger. 124

ISd herkömmlichen Unterscheidung handelt es sich beim im „Schwimmerschalterfall" eingetretenen Schaden um einen Mangelschaden. Daher musste es systemwidrig scheinen, gerade auf einen solchen Schaden statt des Gewährleistungsrechts die Deliktshaftung anzuwenden. Dennoch hat der BGH wenigstens am Ansatz seiner Doktrin festgehalten (BGHZ 86, 256; 101, 337; 117, 183; BGH NJW 1990, 908; 1999, 1028). Dabei stützte er sich auf das Kriterium der **„Stoffgleichheit"** zw dem Schaden und dem anfänglichen Mangelunwert der gekauften Sache. Nur soweit der Schaden nicht stoffgleich ist, sich also nicht mit Unwert deckt, der der Sache wegen ihrer Mangelhaftigkeit schon bei ihrem Erwerb anhaftete, liegt danach die Voraussetzung einer deliktischen Eigentumsverletzung vor (BGHZ 179, 157 Rn 25; krit Soergel/*Spickhoff* Rn 82f; zust Staudinger/*Hager* Rn B 119f). Besonders weit ist BGHZ 117, 183 gegangen: Entschließt sich der Abnehmer, einen zunächst „nur" funktionslosen, die übrige Sache nicht schädigenden Teil (Kondensator) einer Gesamtsache (Regler) auszubauen, und entstehen 124a hierdurch Schäden, sollen auch sie ersetzt werden, abl dazu mit Recht *Brüggemeier/Herbst* JZ 1992, 802ff; *Hinsch* VersR 1992, 1053ff. Wird eine neue Sache hergestellt, die wegen eines Teils insg fehlerhaft ist, und können andere, zunächst fehlerfreie Teile deshalb nicht mehr verwertet werden, soll auch die Entwertung dieser Teile eine Eigentumsverletzung beim Hersteller der Gesamtsache nach § 823 I sein (BGHZ 138, 230 m abl Anm *Foerste* NJW 1998, 2877; *Hinsch* VersR 1998, 1755; *Brüggemeier* JZ 1999, 99), obwohl es sich um einen Mangelfolgeschaden im Vermögen des Verarbeiters, nicht in seinem Eigentum handelt. Ähnl BGH NJW 2021, 1883 Rn 16ff: Stoffgleichheit, wenn der Fehler bei wirtschaftl Betrachtungsweise die Gesamtsache von Anfang an ergreift, etwa weil der Mangel von vornherein dazu führt, dass sie nicht oder nur in sehr eingeschränktem Maße zum vorgesehenen Zweck verwendbar ist, nicht aber bei einem Mangel, der zunächst nur auf einen Teil der Sache beschränkt und behebbar ist und der erst später dazu führt, dass die Sache zerstört oder andere Teile derselben beschädigt werden; keine Haftung, wenn Nutzungs- und Äquivalenzinteresse auf den Schutz der Gesamtsache gerichtet ist, wohl aber, wenn der Schutz der Gesamtsache nur Reflex der Mangelfreiheit ist. Zutr hingegen BGH NJW-RR 1992, 283: Ein anderer Hersteller erleidet einen Schaden dadurch, dass er für sein nunmehr schadhaftes früheres Eigentum aus Gewährleistung ggü Dritten haftet.

125 Ausgangspunkt für die **Lösung** des Problems „weiterfressender Mängel" sollte nicht der eingetretene Schaden, sondern der **Schutzzweck der verletzten Verkehrspflicht** sein: Verkehrspflichten dienen als prinzipiell jedermann schützende Pflichten dem Schutz des Integritätsinteresses, nicht des – gerade durch eine Vertragsverletzung berührten – Nutzungs- und Äquivalenzinteresses, also des Interesses, eine Ware ohne „Mangelunwert" geliefert zu bekommen (vgl auch MüKo/*Wagner* Rn 286; zu der Unterscheidung auch BGHZ 86, 256, 258ff; BGH NJW 2021, 1883 Rn 11). Die Frage nach dem Inhalt des Äquivalenzinteresses kann nur für den Zeitpunkt sinnvoll beantwortet werden, in dem die Ware auf den Markt der Abnehmer und Benutzer gebracht wird. Zu diesem Zeitpunkt kommt es allein auf die Gesamtsache an. Eine andere Handhabung führt zu absurden Ergebnissen: Gerade bei Fehlerhaftigkeit eines zugelieferten Teils kommt nebeneinander eine Haftung des Zulieferers wegen fehlerhafter Fabrikation oder Konstruktion des Teiles und des Gesamtherstellers wegen mangelhafter Kontrolle des Vorprodukts in Frage. Die zuletzt genannte Kontrollpflicht besteht nicht um des Einzelteils willen, sondern um der Fehlerfreiheit des Gesamtprodukts willen. Verletzt der Gesamthersteller seine Kontrollpflicht, kann Schutzobjekt demnach auch nur der Schaden an den sonstigen Gütern des Geschädigten sein, nicht dessen Äquivalenzinteresse. Der Teil-Lieferant müsste nach der Rspr des BGH hingegen für den Folgeschaden an den sonstigen Gütern und zusätzl für das Äquivalenzinteresse haften. Derjenige, der innerhalb der arbeitsteiligen Produktion den engeren Aufgabenbereich wahrnimmt, müsste also umfassender haften. Dies kann nicht richtig sein, vgl zu einem weiteren argumentum ad absurdum auch *Reinicke/Tiedtke* NJW 1986, 10, 13, hiergegen aber Staudinger/*Hager* Rn B 115 mN. Das Äquivalenzinteresse sollte daher nach dem Muster des § 1 I 2 ProdHaftG (zu dessen Interpretation *v Westphalen* NJW 1990, 83, 84; gegen das Arg aus § 1 I 2 ProdHaftG aber Staudinger/*Hager* Rn B 117; *Gsell* Substanzverletzung und Herstellung, 2003, 182) ganz aus der deliktischen Produzentenhaftung ausgeschlossen werden (für die Berücksichtigung der Wertung des § 1 I 2 ProdHaftG auch Soergel/*Spickhoff* Rn 82; für eine der Rspr zu den „Weiterfresserschäden" im Deliktsrecht nahe kommende Auslegung sogar des § 1 I 2 ProdHaftG hingegen Staudinger/*Oechsler* § 1 ProdHaftG Rn 19f).

126 **4. Deliktische Berufshaftungen. a) Die stilprägende Bedeutung der Arzthaftung.** Bis zum Inkrafttreten des Gesetzes zur Verbessrung der Rechte von Patientinnen und Patienten (PatientenrechteG, BGBl I 2013, 277) hatte sich in den letzten Jahrzehnten im Bereich der ärztlichen Verantwortung für Behandlungsschäden ein in mancher Hinsicht **selbständiges Haftungsrecht** entwickelt. Die Verbindung zum allg Deliktsrecht ergab sich vor allem aus dem dogmatischen Ansatz der Rspr, ärztliche Eingriffe als **tatbestandsmäßige Körperverletzung** einzuordnen, die der Rechtfertigung durch (mutmaßliche) Einwilligung des Patienten aufgrund angemessener Aufklärung bedarf (BGHZ 29, 46, 49; BGHZ 176, 342 Rn 19). Aber auch wenn man diesem Modell der Rechtswidrigkeitsindikation zur Begründung der ärztlichen Haftung nicht folgte, weil die Heilbehandlung individuell und gesellschaftlich in hohem Maße erwünscht ist (vgl Erman/*Schiemann*[13] Rn 135, 137), ließ sich deren Verbindung mit dem allg Haftungsrecht gut begründen: Die moderne Dogmatik des Deliktsrechts stellt hierfür mit der Kategorie der **Berufspflichten als Teil der Verkehrspflichten** (krit dazu aber *Larenz/Canaris* II 2 § 76 III 3b) eine brauchbare Argumentationsbasis zur Verfügung (ähnl Soergel/*Spickhoff* § 823 Anh I Rn 56).

127 **b) Berufspflichten als besondere Verkehrspflichten.** Schon bei den Verkehrssicherungspflichten (Rn 101ff) und den Pflichten der Warenhersteller (Rn 108ff) hat sich ergeben, dass ein weiter Bereich der Verkehrspflichten nicht nur oder überhaupt nicht auf zum Verkehr bestimmte Sachen bezogen ist, sondern auf die Rolle des Pflichtträgers in einem mehr oder weniger genau umschriebenen Verkehr. Die Erwartungen des Publikums in die Einhaltung von Verhaltensstandards sind vielfach besonders umfangreich und zugleich genauer beschreibbar, wenn sie eine **berufliche Rolle** betreffen; vgl etwa zu den Verkehrspflichten des Architekten BGH NJW-RR 2007, 1027. Demgemäß lassen sich die **beruflichen Standards als Verkehrspflichten** iSd geltenden Deliktsrechts einordnen (ähnl Gesetzgebungsvorschlag bei *v Bar,* in Gutachten und Vorschläge zur Überarbeitung des Schuldrechts I, 1761), vgl bereits Rn 78, 79 (einschr aber *Larenz/Canaris* II 2 § 76 III 3b: berufliche Rolle als pflichtverstärkendes, aber nicht als pflichtbegründendes Merkmal). Wie in Rn 76 dargelegt, bedeutet dies freilich eine Begrenzung auf den Schutz der deliktisch anerkannten Rechte und Positionen; ein primärer Vermögensschutz ist auch im Rahmen von Berufspflichtverletzungen deliktsrechtl nur über § 823 II, § 826 möglich. Nicht zuletzt aus diesem Grunde handelt es sich bei der Arzthaftung um den wichtigsten Unterfall der deliktischen Berufspflichten nach geltendem Recht; denn sie betrifft in aller Regel die Rechtsgüter Leben, Körper und Gesundheit.

Allg bilden die Berufspflichten die notwendige **Entsprechung zu den Pflichten der Warenhersteller für den Bereich der Dienstleistungen** (vgl für Kfz-Werkstätten BGH VersR 1978, 722). Als Berufspflichten lassen sich iÜ auch vielfach die Aufsichts- und Organisationspflichten der Träger und Organe komplexer Organisationen auffassen, Rn 83f. Die Verkehrspflichten der Angehörigen bestimmter Berufe sind ebenso wie die Produzentenpflichten ein Mittel, außerdeliktische Standards auf die Haftungsgrundlage des § 823 I zu übertragen. So wie bestimmte technische Normen oder allg die Regeln der Technik weithin als Verkehrspflichten der Produzenten anzusehen sind (Rn 116), begründen die anerkannten Standards bestimmter Berufe regelmäßig zugleich Verkehrspflichten iSd §§ 823ff. Daraus ergibt sich auch, dass die Angehörigen hochprofessionalisierter Berufe im besonderen Maße „anfällig" sind für die deliktische Verantwortlichkeit wegen einer Berufspflichtverletzung. Der Gedanke einer allg Berufshaftung nach Deliktsrecht ist jedoch keineswegs auf die **freien Berufe** beschränkt. Der Verleger einer Zeitung begründet durch seinen Betrieb zB eine besondere Gefahr, dass durch unwahre oder andere rechtsverletzende Veröffentlichungen das Allgemeine Persönlichkeitsrecht irgendwelcher Bürger verletzt wird; infolgedessen trifft ihn kraft seiner Berufsrolle eine Organisationspflicht, dafür zu sorgen, dass solche Rechtsverletzungen tunlichst vermieden werden (vgl BGH NJW 1980, 2810 und auch schon BGHZ 59, 76). Zum ähnl Fall der Haftung eines Redakteurs für die pflichtwidrige Unterlassung der Kontrolle eines Artikels BGH NJW 1977, 626. Im ähnl Sinne übernehmen Spediteur und Lagerhalter kraft ihres Berufs die Obhut über das ihnen anvertraute Gut auch ggü denen, mit denen sie keine Vertragsbeziehung haben (RGZ 102, 38, 42f; BGHZ 9, 301; vgl aber auch § 421 HGB). In diesen Zusammenhang gehört die Haftung des Reiseveranstalters für die Verkehrssicherheit im Hotel eines von ihm unter Vertrag genommenen Leistungsträgers (BGHZ 103, 298) oder auch des Konzertveranstalters für Gefahren durch die übermäßige Lautstärke von Musikdarbietungen (BGH NJW 2001, 2019). Besondere Berufspflichten des Gebrauchtwagenhändlers nimmt BGH NJW 2004, 1032 an. Hier lassen sich auch zwanglos einige schon in Rn 100 behandelte Fälle der Haftung von Drogisten einordnen. Zu einem alle Selbstständigen umfassenden Berufsrecht vgl insb *Hopt* AcP 183, 608, 670; *Hirte* Berufshaftung, 1996; vgl zur „Berufshaftung" für primäre Vermögensschäden auch § 826 Rn 38, 41. 128

Die Möglichkeit einer deliktischen Berufshaftung ist aber **nicht auf Selbstständige begrenzt**: Bei der Arzthaftung ist die Verantwortlichkeit angestellter oder beamteter Chirurgen und Anästhesisten wohl sogar der wichtigste Teilbereich, für den die Grundsätze der §§ 630a ff, da sie die deliktsrechtl Rspr kodifizieren, analog anzuwenden sind. Neben dem Arzt haftet dann regelmäßig der **Krankenhausträger** nach §§ 31, 89 iVm §§ 630a ff. Außerdem haftet der Krankenhausträger für die Verletzung allg Verkehrspflichten in seinem Organisationsbereich (BGH NJW 1991, 2960; 1991, 98; BGHZ 114, 284), ferner wenn zur Zeit der Verletzung kein ausreichendes Krankenpersonal da war (vgl BGH NJW 1991, 1540). Zur Pflicht, Medikamente vorzuhalten, BGH NJW 1991, 1543; zur Sicherungspflicht ggü Patienten in Selbstmordgefahr BGH NJW 1994, 794. Im Bereich weniger professionalisierter Dienstleistungen gilt durchaus Entspr: So muss sich ein Ölfahrer vergewissern, ob die Tanks, in die er Öl abfüllt, die bestellte Menge Öl fassen können (BGH NJW 1982, 1049). Er muss sich vom einwandfreien Funktionieren der Tankanlage während des Befüllens überzeugen (BGH NJW 1983, 1108). Diese und andere Pflichten des Ölanlieferers beruhen darauf, dass er idR eher als die Bezieher in der Lage ist, die Gefahren beim Befüllen der Tanks zu erkennen und zu beherrschen (BGH NJW 1984, 233; 1993, 2740; 1995, 1150). Genaue Standards für die Vorkehrungen zur Gefahrenvermeidung hat der BGH (NJW 2000, 1946) ferner zB bei Bademeistern entwickelt. Als wichtiger Unterfall der Berufshaftung lässt sich ferner die Haftung des **gerichtlichen Sachverständigen** auffassen, vgl § 839a und Erl dazu; zum Kunstfehler eines ärztlichen Sachverständigen BGHZ 59, 310. 129

Verkehrspflichten sind auch die Pflichten der **Architekten**. Sie treffen meist mit Verkehrspflichten von Bauunternehmern und anderen am Bau Beteiligten zusammen. Als verantwortlicher Bauleiter haftet der Architekt auch Dritten für die Sicherheit der Baustelle (BGH VersR 1964, 1250); vgl ferner zur Haftung wegen ungesicherter Glaswände BGH VersR 1968, 470, zur Haftung wegen einer fehlerhaft konstruierten Wendeltreppe BGH VersR 1971, 84, zur Haftung insb ggü Kindern BGH NJW 1997, 582. Eine mangelhafte Bauausführung kann auch eine Haftung ggü Mietern für beschädigte Waren oder Einrichtungsgegenstände begründen (BGH NJW 1987, 1013; 1991, 562). Grund dafür ist das Vertrauen in ihren beruflichen Sachverstand, das die Architekten ggü der Allgemeinheit in Anspruch nehmen (BGH aaO). Vgl zu weiteren Fällen der Haftung von Bauunternehmern und Architekten Rn 92. Zur Ablehnung einer Eigentumsverletzung ggü dem Bauherrn neben der Haftung des Architekten oder des Bauunternehmers aus Gewährleistungsrecht Rn 28. 130

c) **Behandlungsfehler.** Die **Arzthaftung aus Behandlungsfehlern** (dazu umfassend *Katzenmeier*, Arzthaftung, 2002, 273ff) war der bei weitem **umfangreichste Teilbereich** der Berufshaftung. Die dazu von der Rspr entwickelten Grundsätze sind vollständig in die für den Behandlungsvertrag nach §§ 630a–h geltenden Regeln eingegangen. Die deliktsrechtl Haftungsbegründung wird dadurch – nach dem Prinzip der Anspruchskonkurrenz (Vor § 823 Rn 25) – zum bloßen Zitat bei der Anspruchsbegründung, jedenfalls soweit und solange sie nicht zu einer weitergehenden Haftung führen. Deshalb kann hier auf die Erl zu §§ 630a–h verwiesen werden. Deliktsrechtl handelt es sich bei den ärztlichen Pflichten ggü den Patienten zugleich um **berufliche Verkehrspflichten**: Die Durchführung einer Heilbehandlung ist zwar rechtmäßig, wenn sie mit Einwilligung des Patienten erfolgt (Rn 126), aber wenn der Arzt eine berufliche Pflicht verletzt und es im Zusammenhang damit zu Beeinträchtigungen des Lebens, des Körpers oder der Gesundheit des Patienten kommt, dann begründet diese Berufspflichtverletzung eine Verletzung der genannten Rechtsgüter, vgl Soergel/*Spickhoff* § 823 Anh I Rn 55f. 131

132 **5. Umwelt- und Klimahaftung.** Umwelt und Klima werden durch das Deliktsrecht nur indirekt und nur insoweit geschützt, als Beeinträchtigungen der Umwelt mit **Beeinträchtigungen individueller Rechtsgüter** einhergehen (*Wilhelmi* 43f). Dies gilt insb für Eigentum und Gesundheit, nicht aber das Recht am eingerichteten und ausgeübten Gewerbebetrieb (BeckOGK/*Spindler* Rn 799). Auch das Recht auf freie Entfaltung der Persönlichkeit aus Art 2 I GG kann durch (zukünftige) CO2-Emissionen verletzt werden, schützt jedoch auch die Verhaltensweisen, die zu CO2-Emissionen führen; verfassungsrechtl besteht demgemäß eine unmittelbare Handlungspflicht nur für den Gesetzgeber als primärem Adressat des Klimaschutzgebots des Art 20a GG (vgl BVerfGE 157, 30 Rn 184ff; Jarass/Pieroth/*Jarass* Art 20a GG Rn 18).

133 Auch die Haftung für Umwelt- und Klimaschäden aus § 823 I setzt die **Verletzung einer Verkehrspflicht** voraus (*Chatzinerantzis/Appel* NJW 2019, 881, 884f). In der Verletzung von Standards zur Erhaltung oder Verbesserung der Umwelt kann zugleich der Verstoß gegen eine Verkehrspflicht liegen, die an sich individualschützend ist. Bei der Bestimmung des Inhalts der Verkehrspflichten gehört der Umwelt- und Klimaschutz zu den Allgemeininteressen, die neben den Interessen des Betroffenen und des potentiell Verantwortlichen zu berücksichtigen sind und diese verstärken oder schwächen können; er ist dabei allerdings nur ein Abwägungsgesichtspunkt unter mehreren und kann durch andere Gesichtspunkte relativiert werden (*Wilhelmi* 282ff). Dies gilt auch angesichts des auch für die Rechtsprechung geltenden Klimaschutzgebots des Art 20a GG.

134 Problematisch ist die **Pflichtwidrigkeit bei summierten Immissionen**, die nicht per se verboten sind, sondern bei denen das zulässige Maß relativ zu anderen Emittenten zu bestimmen ist, um die Grenze zwischen pflichtwidrigem und zulässigem oder zumindest sozialadäquatem Verhalten und gegenüber dem allg Lebensrisiko zu ziehen (vgl *Thöne* ZUR 2022, 323, 326, 331; bzgl Schutzzweck der Norm auch *Walden/Frischholz* ZIP 2022, 2473, 2480), und bei denen es letztendlich nicht um Schäden einzelner, sondern der Allgemeinheit geht. Insofern ist es nicht überzeugend, die Emissionen bei allen Emittenten um den gleichen Prozentsatz auf das Maß zu kürzen, bei dem die summierten Immissionen keine relevante Beeinträchtigung mehr darstellen (vgl *Schirmer* JZ 2021, 1099, 1105f; *Thöne* ZUR 2022, 323, 327), da dann effiziente wie ineffiziente Emittenten behandelt werden, ebenso unsubstituierbare wie substituierbare, und sich das Maß mit jeder Veränderung des Kreises der Emittenten verändern müsste. Hier stößt das auf Individualschutz gerichtete Haftungsrecht auf Schwierigkeiten.

135 Diese Problematik setzt sich bei **Kausalität und Zurechnung** fort. Die Beeinträchtigung des geschützten Rechtsguts muss auch hier der konkreten Verkehrspflichtverletzung zugerechnet werden können. Jedoch lassen sich auf emittentenferne und auf summierten Immissionen beruhende multikausale Beeinträchtigungen regelmäßig haftungsrechtl nicht zuordnen (vgl BGHZ 102, 350, 353f; *Wilhelmi* 312f), was auch für Klimaschäden gilt (vgl etwa *Chatzinerantzis/Appel* NJW 2019, 881, 882ff; anders etwa *Schirmer*, JZ 2021, 1099, 1102f). Dies gilt insb, wenn die einzelnen Verursacher nur ein minimales Risiko gesetzt haben, wie es bei Umwelt- und Klimaschäden typisch ist, so dass der Schaden nicht zurechenbar verursacht wurde und der Ausgleichmechanismus des § 830 I 2 versagt (vgl *Larenz/Canaris* II § 85 II 1 c; *Wilhelmi* 312;). Insoweit stellt sich wieder die Frage, ob derartige Emission überhaupt pflichtwidrig sind.

136 **6. Haftung im Rahmen der Digitalisierung.** Im Rahmen der Digitalisierung stellen sich insb Fragen nach der **Zurechnung und der Störerhaftung im Internet** sowie der Haftung bei autonomen Systemen. Bei Verletzungen über das Internet sind nicht nur die dogmatischen Grundlagen unklar, etwa hinsichtl der Störerhaftung, sondern auch, wie das Interesse an der Meinungsfreiheit im Internet und den Geschäftsmodellen der Internetunternehmen mit dem Integritätsschutz des Einzelnen in Einklang zu bringen ist. Dabei geht es insb um die Verletzung von Persönlichkeitsrechten und die Haftung der Access-, Host-, und Cache-Provider, für die aber die Haftungsprivilegierungen der §§ 7–10 TMG gelten. Näher zur Haftung im Internet Anh § 12 Rn 89a ff; MüKo/*Wagner* § 823 Rn 830ff.

137 Besondere Herausforderungen stellen sich bei **autonomen Systemen** im Bereich der **künstlichen Intelligenz** (KI) und **Robotik**, insb soweit diese auf maschinellem Lernen beruhen. Denn dort sind die Regeln, nach denen das System sich verhält, nicht von vornherein vollständig definiert, sondern nur die auf statistischen Verfahren beruhenden Lernregeln, nach denen das System seine Verhaltensregeln selbst entwickelt, so dass die Verhaltensregeln probabilistischer Natur sind und nach menschlichen Maßstäben nicht mehr oder nur noch sehr eingeschränkt nachvollziehbar bzw interpretierbar sind, das Verhalten des Systems also insofern nur sehr begrenzt nachvollziehbar und vorhersehbar ist und insoweit eine Black Box darstellt (vgl *Wilhelmi* in Aufderheide/Dabrowski, Digitalisierung und künstliche Intelligenz, 2020, 117, 118f). Allerdings kann trotzdem auf die Nachvollziehbarkeit, die Vorhersehbarkeit und das Verhalten Einfluss genommen werden. So kann die Vorhersehbarkeit durch kontrolliertes Training und Tests verbessert und das Verhalten durch das Einfrieren auf einem bestimmten Stand, die Kombination mit explizit programmierten Komponenten und die Einbettung in eine bestimmte (technische) Umwelt eingeschränkt werden; mit Methoden sog erklärbarer KI wird zudem versucht, die Operationen innerhalb der KI zumindest zu einem gewissen Grad nachvollziehbar zu machen (vgl *Wilhelmi* aaO, 119f).

138 Die damit verbundenen Haftungsprobleme sind zunächst nach den Grundsätzen der Herstellerhaftung (Rn 139) und der Betreiberhaftung (Rn 140) zu lösen (vgl *Grützmacher* CR 2016, 695; *Denga* CR 2018, 69). Die Einführung spezifischer Haftungsregimes, etwa Gefährdungshaftung, Versicherungslösung oder eigenständiges Haftungssubjekt (vgl *Zech*, 73. DJT, Gutachten A, 2020; *Borges* CR 2022, 553; *Spindler* JZ 2022, 793) erscheint nicht zwingend (*Wilhelmi* aaO, 134ff). Trotzdem hat die EU-Kommission 2020 nicht nur einen Vorschlag für ei-

ne neue Richtlinie über die Haftung für fehlerhafte Produkte (COM(2022) 495 final), sondern auch für eine Richtlinie über außervertragliche zivilrechtl Haftung für künstliche Intelligenz (COM(2022) 496 final) vorgelegt.

Hersteller autonomer Systeme, zu denen auch Lieferanten für Trainingsdaten gehören, haften nicht nur nach dem ProdHaftG (dazu § 2 ProdHaftG Rn 3), sondern auch nach den Grundsätzen der deliktischen Produzentenhaftung für **Fehler** bei der Konstruktion, Fabrikation und Instruktion sowie der Produktbeobachtung (dazu Rn 108ff). Fehler sind dabei nicht nur im Vergleich zu durch Menschen gesteuerte Systeme zu bestimmen (vgl aber *Zech* ZfPW 2019, 198, 213; *Wagner* AcP 217, 707, 733ff), sondern auch im Hinblick auf die konkreten technischen Möglichkeiten, insb ob der Schaden durch ein anderes oder verbessertes autonomes System auf dem Stand der Technik vermieden worden wäre (vgl *Wilhelmi* aaO, 123ff). Autonome Systeme sind dabei nicht in dem Sinne unbeherrschbar, dass ihre Herstellung per se einen Konstruktionsfehler darstellt (so aber *Zech* ZfPW 2019, 198, 213), da auch sonst keine absolute Risikolosigkeit geboten ist und die Risiken durch die geschilderten Einflussmöglichkeiten begrenzt werden können (vgl *Wilhelmi* aaO, 124). Angesichts der spezifischen Risiken autonomer Systeme kommt der Instruktionspflicht besondere Bedeutung zu (vgl *Wagner* AcP 217, 707, 748); ebenso der Produktbeobachtungspflicht angesichts eingeschränkter Voraussehbarkeit autonomer Systeme (*Wilhelmi* aaO, 128). Nach den Grundsätzen der **Beweislastverteilung** bei der Produzentenhaftung (Rn 121) gilt für die Herkunft des Fehlers aus dem Herstellerbereich eine Beweislastumkehr zu Lasten der Hersteller, die damit das Risiko der mangelnden Nachvollziehbarkeit autonomer Systeme tragen (*Wilhelmi* aaO, 129). 139

Betreiber haften nach den Grundsätzen der Sachwalterhaftung (Rn 80ff) für den Betrieb autonomer Systeme (vgl *Denga* CR 2018, 69, 70ff). Dabei ist wie auch sonst maßgeblich, ob das Halten oder Betreiben eines solchen Systems gegen eine Verkehrspflicht verstößt, weil darin eine nicht hinnehmbare Gefährdung Dritter liegt; hier ist auch ein Vergleich zu herkömmlichen, durch Menschen oder explizit Programmierung gesteuerte Systeme möglich (*Wilhelmi* aaO, 129f). Insoweit geht es insb um Organisationspflichten (vgl MüKo/*Wagner* § 831 Rn 26). Daneben kann eine Haftung aus gesetzl Gefährdungshaftung oder sonstiger spezialgesetzl Haftung bestehen, etwa bei autonomen Kfz des Halters aus § 7 StVG und des Fahrzeugführers aus § 18 StVG; dadurch werden viele autonome Systeme mit besonderem Schadenspotential abgedeckt (*Wilhelmi* aaO, 131). 140

d) Berufspflichten anderer Heilberufe. Nicht sachgerecht wäre eine Übertragung der Arzthaftungsgrundsätze auf den **Tierarzt** (BGH NJW 1980, 1904, ebenso zum Behandlungsvertrag Grü/*Weidenkaff* Vor § 630a Rn 2). Hingegen trifft der allg Berufspflichtgedanke bei spezialisierten und besonders sachkundigen Tätigkeiten (Rn 127ff) auch für Tierärzte zu (vgl bereits RGZ 102, 372, 375; ferner BGH NJW 1982, 1327 – dort auch zur Orientierung am Tierschutz als Analogon zur Orientierung des Humanmediziners am Gemeinschaftsgut der Gesundheit). 141

Einstweilen frei. 142–143

VI. Schaden. Der in § 823 I schon als Tatbestandsmerkmal vorausgesetzte **Schaden** ist identisch mit dem Schadensbegriff des allg Schadensrechts nach §§ 249ff. Regelmäßig liegt ein (erster oder unmittelbarer) Schaden schon in der Rechtsgutsverletzung selbst, bei der Gesundheitsverletzung also zB in der immateriellen Beeinträchtigung des Wohlbefindens. Gelegentlich kann jedoch eine Rechtsgutsverletzung ohne Schaden vorliegen, so beim Gebrauchsdiebstahl an einem konsumtiv verwendeten Luxusgut. Hat die Verletzung zu keinem ersatzfähigen Schaden geführt, ist der Anspruch aus § 823 I ausgeschlossen (vgl BGHZ 21, 319, 335; 55, 128, 129; 58, 48, 50). 144

VII. Kausalität und Zurechnung. Haftungsbegründende und haftungsausfüllende **Kausalität** ergeben sich grds aus der Anwendung der **conditio-sine-qua-non**-Formel. Sie ist jedoch im Rahmen der **Zurechnung** oft durch Erwägungen über die Adäquanz und/oder über den Rechtswidrigkeits- bzw Schutzzweckzusammenhang zu ergänzen, Rn 2 und ausf Vor § 249 Rn 31ff. Insb setzt die Haftung voraus, dass die verletzte Verkehrspflicht gerade den Geschädigten mit seinem betroffenen Rechtsgut oder Recht vor der konkreten Verletzung schützen soll (vgl BGH NJW 2003, 1929, 1930), was auch den Erfolg umfasst (*Wilhelmi* 303f; bzgl Erfolg abl Staudinger/*Höpfner* § 249 Rn 32ff). 145

VIII. Rechtswidrigkeit. 1. Reichweite der Rechtswidrigkeitsindikation. Nach der hier vertretenen Lehre vom Verhaltensunrecht (Rn 7) muss die Rechtswidrigkeit durch die Verkehrspflichtwidrigkeit eines Verhaltens nicht nur bei den tatbestandlich offenen Verletzungen positiv festgestellt werden (Rn 5, 75ff), so dass auch die **unmittelbare Verletzung** eines nach § 823 I geschützten Rechts oder Rechtsguts allenfalls die Verkehrspflichtverletzung indiziert (*Wilhelmi* 112f), die allerdings wiederum die Rechtswidrigkeit des Verhaltens indiziert (Rn 75). Die Rechtswidrigkeit ist aber ausgeschlossen, wenn das Verhalten des Verletzers ausnahmsw durch einen **Rechtfertigungsgrund** gerechtfertigt ist. Für diesen Ausnahmetatbestand ist der Verletzer nach der Normentheorie beweispflichtig. Nach hM ist der wichtigste Rechtfertigungsgrund die **Einwilligung**, insb in den ärztlichen Eingriff, § 630d. Demggü ist bei Schäden aus der Teilnahme an gefährlichen Sportarten (Rn 104) von der Rechtmäßigkeit der Teilnahme am Sport auszugehen, so dass die Rechtswidrigkeit erst durch die Verletzung von Verkehrspflichten begründet wird (entspr für ärztlichen Eingriff Erman/*Schiemann*[14] Rn 146). Für den Rechtfertigungsgrund der Einwilligung bleibt dann kein Raum. Noch mehr eingeschränkt wird der Anwendungsbereich der Einwilligung durch die Kategorie des **Handelns auf eigene Gefahr**. Sie schließt nicht die Rechtswidrigkeit aus, sondern führt zur Kürzung des Schadensersatzanspruchs nach dem flexiblen Maßstab des § 254 (grund- 146 legend BGHZ 34, 355 zur Gefälligkeitsfahrt). Nicht als Rechtfertigungsgrund anzuerkennen ist die Sozialadäquanz oder das verkehrsrichtige Verhalten, dafür aber BGHZ (GrS) 24, 21; vgl dazu Rn 8.

147 **2. Einwilligung.** Die Einwilligung ist als Willenserklärung einzuordnen. Sie entspricht aber nicht dem Muster der §§ 182f, da sie gerade kein Rechtsgeschäft, sondern den Realakt der Rechtsverletzung betrifft. Die Regeln über die Geschäftsfähigkeit sind nicht entspr anwendbar (BGHZ 29, 33, 36), vgl für die Einwilligung in Verletzungen von Persönlichkeitsrechten auch Anh § 12 Rn 234. Sind die gesetzl Vertreter nicht erreichbar und steht der Minderjährige nahe vor der Volljährigkeit, genügt hiernach die Einwilligung **des Minderjährigen selbst**. Umgekehrt reicht die Einwilligung der gesetzl Vertreter nicht in jedem Falle aus: Da es um das Selbstbestimmungsrecht des Verletzten geht, kann die Drittbestimmung durch die gesetzl Vertreter die Rechtswidrigkeit der Verletzung nicht beseitigen, soweit der Minderjährige die Einsichtsfähigkeit in die Bedeutung und Tragweite des Eingriffs hat. Dann wird man seine eigene Einwilligung verlangen müssen (als „Vetorecht" interpretiert von BGH NJW 2007, 217), zusätzl aber idR wegen des Rechts und der Pflicht der gesetzl Vertreter zur Personensorge auch deren Zustimmung (BGH NJW 1972, 335; 74, 1947; *Medicus* AT Rn 201; Soergel/*Spickhoff* § 823 Anh I Rn 107). Fehlt dem Betroffenen die Willensfähigkeit ganz, bleibt nur die Möglichkeit einer Einwilligung durch die gesetzl Vertreter oder einen Pfleger (BGH NJW 1966, 1855). Zu den Pflichten und Befugnissen des Betreuers für Volljährige s §§ 1904, 1905. Da die Vorschriften über Willenserklärungen nicht passen, ist die Einwilligung auch nicht anfechtbar. Die Einwilligung kann auch konkludent geschehen (BGH NJW 1980, 1903). Ferner sind Einwilligung und Aufklärung, falls nötig, auszulegen (vgl BGH NJW 1999, 863). Eine durch Drohung oder arglistige Täuschung herbeigeführte Einwilligung wird jedoch als nichtig angesehen (BGH NJW 1964, 1177). Die Rechtswidrigkeit bleibt ferner bestehen, wenn die Einwilligung sittenwidrig oder gesetzl verboten ist (BGHZ 67, 48, 50f).

148 **3. Gesetzliche Rechtfertigungsgründe, insb Wahrnehmung berechtigter Interessen.** Als weitere Rechtfertigungsgründe ohne nennenswerte praktische Bedeutung sind **Selbsthilfe** (§§ 229, 561, 859f, 910), **Notwehr** (§ 227) und **privatrechtl Notstand** (§§ 228, 904), ferner der rechtfertigende Notstand nach **§ 34 StGB** (zu dessen Abgrenzung ggü der mutmaßlichen Einwilligung Staudinger/*Hager* Rn I 115) zu erwähnen. Erhebliches praktisches Gewicht kommt hingegen dem Rechtfertigungsgrund des § 193 StGB (**Wahrnehmung berechtigter Interessen**) bei allen Äußerungsdelikten zu, außer bei Ehrverletzungen nach §§ 185ff StGB also insb bei Persönlichkeitsverletzungen und Behauptungen über Unternehmen und gewerbliche Leistungen. Soweit die Verletzung der „Rahmenrechte" an der eigenen Persönlichkeit und am Gewerbebetrieb erst aufgrund einer **Güter- und Interessenabwägung** festgestellt wird, ist der Gesichtspunkt des § 193 StGB jedoch bereits in diese Abwägung selbst hineinverlagert (Soergel/*Spickhoff* Rn 127). Teilw verdrängt wird § 193 StGB auch bei Äußerungen in gerichtlichen und ähnl Verfahren, vgl Vor § 823 Rn 24; ferner BVerfG NJW 1987, 1929 zur Verfassungswidrigkeit einer Schadensersatzsanktion für eine Anzeige, die sogar wahrscheinlich auf einer wahren, nur nicht beweisbaren Schilderung beruhte. Zu den im Rahmen des Rechtfertigungsgrundes maßgeblichen Kriterien vgl Rn 71f hinsichtl der Güterabwägung bei Äußerungen über gewerbliche und berufliche Leistungen und § 824 Rn 11 hinsichtl § 824 II.

149 Als berechtigt anerkannt werden heute nicht mehr nur mindestens mittelbar **eigene Interessen**, sondern auch **Interessen der Öffentlichkeit** (grds dazu BGHZ 31, 308, 312). Einer wie auch immer gearteten besonderen Legitimation zur Wahrnehmung des öffentlichen Interesses bedarf es richtiger Meinung nach nicht (Staudinger/*Hager* Rn C 101 mN; dort auch zur Grenze beim Recht des Betroffenen auf informationelle Selbstbestimmung). Hiermit ist § 193 StGB vor allem zu einem Rechtfertigungsgrund für die Medien geworden. Gerade für sie ist freilich die **Informationspflicht** („Pflicht zur Recherche", vgl *Hager* AcP 196, 189 mN) des Rechtsverletzers als Voraussetzung der Rechtfertigungsmöglichkeit von besonderer Bedeutung; auch zu dieser Pflicht und deren Grenzen § 824 Rn 11.

150 Im Hinblick auf den Widerrufsanspruch (Vor § 823 Rn 23) endet die rechtfertigende Wirkung der Wahrnehmung berechtigter Interessen, sobald die **Unwahrheit** der Behauptung **feststeht**, BGHZ 37, 187, 191: Dann hätte der Rechtsverletzer die Äußerung nicht mehr tun dürfen, da wissentlich unwahre Behauptungen niemals durch den Rechtfertigungsgrund gedeckt werden; infolgedessen darf er die Behauptung nach Kenntnis ihrer Unwahrheit auch nicht weiter aufrechterhalten.

151 **4. Öffentliche und private Befugnisse zum Eingriff.** Rechtfertigungsgründe können sich auch aus einem **öffentlichen Amt, öffentlich-rechtl Befugnissen** oder **privaten Rechten** ergeben. Ein **Züchtigungsrecht** der Sorgeberechtigten besteht jedoch spätestens mit der Neufassung des § 1631 II nicht mehr. Erst recht muss ein Züchtigungsrecht Dritter abgelehnt werden (vgl Soergel/*Spickhoff* Rn 136f); ebenso ein früher gewohnheitsrechtl angenommenes Züchtigungsrecht der Lehrer (aA noch BayObLG NJW 1979, 1371).

152 **IX. Verschulden bei § 823 I.** Die Regelung des § 823 ist Ausdruck des **Verschuldensprinzips**: Die Belastung mit einer Haftung erscheint nur begründet, wenn denjenigen, der ein Recht oder Rechtsgut rechtswidrig verletzt hat, deshalb ein subj Vorwurf trifft. Die Geltung des Verschuldensprinzips kann durch Vereinbarung oder besondere persönliche Nähe (vgl §§ 1359, 1664) eingeschränkt werden; vertragl Haftungsbeschränkungen erfassen idR auch den Deliktsanspruch, vgl Vor § 823 Rn 26. Umfassend zum Verschulden iÜ die Erl zu § 276. Speziell für das Deliktsrecht bedürfen nur wenige Punkte der Hervorhebung: Voraussetzung des Verschuldens ist Verschuldensfähigkeit, so dass es bei fehlender Deliktsfähigkeit entfällt (vgl §§ 827, 828 mit Erl). Gegenstand des Verschuldens nach § 823 I ist bei den unmittelbaren Verletzungen der Eingriff in das geschützte Rechtsgut (RGZ

142, 116, 122; BGH NJW 1976, 1143), bei Verletzungen von Verkehrs- und Berufspflichten das Unterlassen gefahrvermeidender Maßnahmen (vgl mit dem Ansatz, auf eine Unterscheidung zw Rechtswidrigkeit und Verschulden zu verzichten, MüKo/*Wagner* Rn 445f und oben Rn 87 aE). Auf die aus der Verletzung folgenden weiteren Schäden braucht sich das Verschulden nicht zu erstrecken. Für sie wird schon im Rahmen der Adäquanz oder des Schutzzwecks der Norm gehaftet. – Zum **Vorsatz** gehört zivilrechtl auch das **Unrechtsbewusstsein** (Vorsatztheorie, BGHZ 69, 128, 142f; BGH NJW 1985, 134). Durch den Irrtum über das Unrecht wird die verbleibende Fahrlässigkeitshaftung aber regelmäßig nicht ausgeschlossen (vgl immerhin BGHZ 17, 266, 295 zur Exkulpierung eines Urheberrechtsverletzers in zweifelhafter Rechtslage vor einer höchstrichterlichen Entscheidung). Für die **Fahrlässigkeitshaftung** wird gerade im Deliktsrecht überwiegend die **typisierende Betrachtungsweise** des Zivilrechts (moderne Übersicht: MüKo/*Grundmann* § 276 Rn 54ff) eingenommen: Der Haftende habe für die „Gewährleistung einer sozialen Rolle" (MüKo/*Mertens*[2] Rn 43a) oder für das, was man „von einer Person in der Stellung und Rolle des Handelnden allg erwarten kann und muss" (Soergel/*Spickhoff* Rn 142), einzustehen.

Demggü wird hier ein **subjektivierter Verschuldensbegriff** zugrunde gelegt, für den subj Verhaltensstandards maßgeblich sind, also der Verstoß gegen **innere Sorgfaltspflichten** (*Wilhelmi* 324ff). Die Verantwortlichkeit des Schädigers entfällt oder wird gemindert, wenn ihm die Einhaltung der obj Sorgfaltsstandards nicht möglich ist, weil es ihm aus in seiner Person liegenden Gründen an der dazu notwendigen **Einsichts- oder Steuerungsfähigkeit mangelt** (dazu Rn 9). Allerdings ist dieses subjektivierte Verschulden insoweit eingeschränkt, als es ggü den obj Verhaltensstandards des Unrechts die Ausnahme darstellt, in der obj Pflichtwidrigkeit ein Indiz für die subj Pflichtwidrigkeit liegt und der Schädiger die Darlegungs- und Beweislast für das Fehlen oder die Minderung des Verschuldens trägt; zudem kann der Schädiger aus Übernahmeverschulden haften, so dass dann, wenn der Schädiger Risiken setzt oder unterhält, obwohl er damit rechnen muss, dass er die damit verbundenen obj Verhaltensstandards nicht erfüllen kann, nur dann kein Verschulden vorliegt, wenn er diese Risiken nur durch Verzicht auf die Teilnahme am allg Verkehr vermeiden kann, der seine allg Handlungsfreiheit und sein allg Persönlichkeitsrecht übermäßig einschränken würde (*Wilhelmi* 324ff, 340ff), dies kann etwa für bestimmte Formen der Behinderung gelten. Zudem lässt sich das Fehlen des Verschuldens, weil ein **Verbotsirrtum** vorliegt (vgl MüKo/*Wagner* Rn 53), nur mit einem subjektivierten Verschuldensbegriff begründen; so bei einem Schleppliftunternehmer, der eine Pistensicherungspflicht verletzt hatte, die der BGH erst in dieser Entscheidung begründet hat (BGH NJW 1985, 620, 621), und bei der Bahn, die durch „Blitzpfeile" vor den Gefahren der elektrischen Oberleitung gewarnt hatte, obwohl der BGH dies für die Zukunft als nicht ausreichend ansieht (BGH NJW 1995, 2631). Auch unter dem objektivierten Verschuldensbegriff sollen jedoch an einen Jugendlichen uU geringere Anforderungen zu stellen sein als an einen Erwachsenen (vgl BGHZ 39, 281 und dazu auch § 829 Rn 1). Andererseits soll, wer besondere, über das typische Maß hinausgehende Kenntnisse hat, diese auch einsetzen müssen (BGH NJW 1987, 1479). Der Rollenbezug des Verhaltensstandards (zur „Gruppenfahrlässigkeit" insb *Deutsch* Haftungsrecht, Rn 403ff) erschöpft sich auch nicht in den unmittelbar rollenspezifischen Verrichtungen. So ist der Fahrer eines Kfz schon vor Antritt einer Fahrt verpflichtet, sich zu vergewissern, ob er nach seinen körperlichen und geistigen Fähigkeiten überhaupt (noch) imstande ist, den Erfordernissen des Straßenverkehrs zu genügen (vgl BGH NJW 1988, 909 mN). 152a

X. Verletzung eines Schutzgesetzes nach § 823 II. 1. Funktion des Abs II. § 823 II erfüllt ggü Abs I vor allem zwei Funktionen: Diese Vorschrift ermöglicht eine **Erweiterung der Schutzobjekte**, insb einen primären Vermögensschutz. Große Bedeutung als Schutzgesetze nach Abs II haben hier neben den Vermögensdelikten des StGB die Vorschriften im Zusammenhang mit einer Insolvenz gewonnen, wie etwa die Versäumung der Insolvenzantragspflicht durch den GmbH-Geschäftsführer nach § 15a InsO (§ 64 GmbHG aF, dazu BGHZ 29, 100; 138, 211; BGH NJW 1999, 2182) oder der Verstoß gegen die Pflicht des Empfängers von Baugeld zur Weitergabe an die Bauhandwerker nach dem Gesetz zur Sicherung von Bauforderungen (§ 2 GSB; BGH NJW 1982, 1037; WM 2002, 861; BGHZ 218, 377). Nicht zu den Funktionen der Schutzgesetze gehört es, die Erfüllung ohnehin gegebener Ansprüche zu gewährleisten (aA für § 22 UmwG ohne überzeugende Begründung Schmitt/Hörtnagl/*Winter* UmwG[9], § 22 Rn 22). Die zweite Hauptfunktion des Abs II besteht in der **Vorverlagerung des Schutzes der Rechtsgüter** des Abs I, indem die Schadensersatzsanktion nicht an die schuldhafte Herbeiführung des Verletzungserfolges anknüpft, sondern bereits an die schuldhafte Verletzung bestimmter Gebote gefahrvermeidenden Verhaltens. Die Schadensersatzpflicht selbst besteht freilich erst, wenn dieser Verstoß zu einem Schaden geführt hat (zu negatorischen Ansprüchen wegen Verletzung von Schutzgesetzen Vor § 823 Rn 21). Diese Funktion deckt sich jedoch weithin mit derjenigen von Verkehrspflichten zur Ausfüllung des Unrechtstatbestandes nach Abs I. Solcher Funktionsgleichheit entspr behandelt BGH NJW 1987, 2671 Verkehrspflichten und Schutzgesetze weitgehend gleich, vgl dazu bereits Rn 87. Hieraus wird vielfach der Vorschlag abgeleitet, § 823 II als die eigentliche Grundnorm des Deliktsrechts anzusehen (grundlegend *Rödig* Erfüllung des Tatbestandes des § 823 Abs 1 BGB durch Schutzgesetzverstoß, 1973), oder die Verkehrspflichten als „ungeschriebenen § 823 III" in einen möglichst engen Zusammenhang mit dem Verstoß gegen ein Schutzgesetz zu bringen (*Mertens* AcP 178, 227ff; vgl auch schon *Larenz* FS Dölle, 1963, 169, 189). Demggü entspricht es jedoch dem gesetzl System, wenn die Entwicklung richterrechtl Verhaltenspflichten weiterhin nur zum Schutze der Rechtsgüter des Abs I zulässig ist, während der **primäre Vermögensschutz** gegen fahrlässiges Verhalten **allein durch Schutzgesetze** erreicht werden kann (vgl zu dem allen insb *Canaris* FS Larenz, 1983, 27, 45–77, 81ff und umfassend *Spickhoff* 49ff). 153

154 **2. Schutzgesetze.** Als Gesetz iSd § 823 II ist nach **Art 2 EGBGB** jede Rechtsnorm anzusehen (RGZ 135, 242, 245). Dazu gehören nicht nur Gesetze im formellen Sinne, sondern auch zB Rechtsverordnungen wie die StVO, Gemeindesatzungen (zB über die Streupflicht) und Tarifverträge (vgl *Knöpfle* NJW 1967, 697, 700). Für § 823 II relevant wird eine solche Norm gerade dann, wenn sie nicht selbst eine Schadensersatzfolge enthält. Darin sieht *F. Peters* JZ 1983, 913ff einen rechtsstaatlich nicht hinnehmbaren Spielraum des Richters zur Feststellung oder Ablehnung einer Sanktion, jedoch kaum mit Recht: So schwierig es sein mag, sichere Kriterien zur Ermittlung des Schutzzwecks einzelner Normen anzugeben (vgl dazu insb *Schmiedel*, Deliktsobligationen nach dt Kartellrecht, 1974, 168ff, sowie *Spickhoff* 98ff), haben Rspr und Lehre durch einige Hauptlinien der Interpretation solcher Normen die in Frage kommenden Schutzgesetze auf ein „zwar nicht gänzlich überschaubares, aber doch abschätzbares Maß reduziert" (MüKo/*Mertens*[3] Rn 160).

155 **Richterrecht** kann, mindestens soweit es geradezu zum **Gewohnheitsrecht** erstarkt ist, nicht von vornherein aus dem Kreis für § 823 II tauglicher Normen ausgeschlossen werden (vgl nur Grü/*Grüneberg* Art 2 EGBGB Rn 1). Freilich kann der Richter die Norm, aus der die Schadensersatzsanktion folgen soll, nicht erst zu diesem Zweck schaffen. Sie muss vielmehr im Rahmen einer etablierten gesetzesvertretenden Ordnung bereits gleichsam bereitliegen. Dies lässt sich zumal unter Geltung des Art 9 III GG für die vom BAG entwickelte Arbeitskampfordnung sagen (vgl *Steindorff* JZ 1960, 582ff; *Seiter* Streikrecht und Aussperrung, 1975, 455ff; und bereits Rn 58; abl zB *Canaris* FS Larenz, 1983, 27, 69).

156 **Keine Schutzgesetzqualität** haben hingegen einige Normen unterhalb der genuin staatlichen Ebene von Gesetzgebung und Rspr. Dies gilt für **technische Normen** von privaten Normungsverbänden wie ESO oder DIN (BGHZ 139, 1, 16 und dazu ausf *Marburger*, Regeln der Technik im Recht, 1979); vgl aber zu deren Bedeutung als Mindeststandards im Recht der Verkehrspflichtverletzungen Rn 116. **Verwaltungsverordnungen** mögen zwar rechtsquellentheoretisch dem Modell des Art 2 EGBGB entsprechen, sind aber wegen ihrer Schutzrichtung (Rn 157) keine Gesetze nach § 823 II: Ihnen fehlt die Außenwirkung zugunsten der Bürger (teilw weiter jedoch *Köndgen* Umwelt- und Planungsrecht 1983, 345, 351; hiergegen MüKo/*Wagner* Rn 553 mN zur hM). Umstr ist ferner der Rechtsnormcharakter der **Unfallverhütungsvorschriften** der Berufsgenossenschaften. Sie sind interne Normen der Sozialverwaltung mit dem Ziel, deren Leistungspflicht im Schadensfall zu konkretisieren, nicht Vorschriften zum Schutz der Versicherten vor den Unfallgefahren (st Rspr bis BGH VersR 1969, 827; offengelassen in BGH VersR 1983, 1141; aA *Marburger* aaO, 477ff; Überblick über den Meinungsstand bei Staudinger/*Hager* Rn G 14 mit berechtigter Relativierung). Im Zusammenhang mit kartellbehördlichen **Verwaltungsakten** und im Anschluss an den „Wildtaubenfall" (BGHZ 62, 265 zu § 27 BJagdG) ist die Frage lebhaft diskutiert worden, inwieweit Vorschriften, die durch behördlichen Verwaltungsakt konkretisiert werden, Schutzgesetzeigenschaft haben können. Im jew Verwaltungsakt selbst kann nach der Regelung des Art 2 EGBGB die Schutznorm jedenfalls nicht gesehen werden (BGHZ 122, 1; BGH NJW 1995, 132; *Schmiedel* Deliktsobligationen nach dt Kartellrecht, 1974, 47ff und *K. Schmidt* Kartellverfahrensrecht – Kartellverwaltungsrecht – Bürgerliches Recht, 1977, 365ff). Entscheidend ist vielmehr die Schutzrichtung der materiellen Vorschriften des Gesetzes, in dem die Ermächtigungsgrundlage zum Erlass des Verwaltungsakts enthalten ist. Ergibt die Auslegung dieser Vorschriften, dass durch sie Individualschutz erreicht werden soll, kann freilich die konkrete Schutzrichtung der Vorschriften noch vom Vollzug durch Verwaltungsakt (zB von der Quantifizierung einer Abschussquote bei § 27 BJagdG) abhängen (BGHZ 122, 1; BGH NJW 2007, 2110; Soergel/*Spickhoff* Rn 189, auch zum Problem rechtswidriger und nichtiger Verwaltungsakte). Das Fehlen eines Verwaltungsakts schließt entgegen BGHZ 62, 265, 270 aber nicht die **Möglichkeit** eines Schadensersatzes etwa wegen einer **Verkehrspflichtverletzung aus** (*Canaris* FS Larenz, 1983, 55f; *v Bar* JuS 1988, 169, 172f). Ist der Verstoß gegen eine Untersagungsverfügung als Ordnungswidrigkeit sanktioniert, liegt der Schutzzweck dieser Sanktion in der Herstellung oder Aufrechterhaltung der von der Behörde angestrebten Ordnung, nicht in der Wahrung individueller Güter (vgl zum früheren § 22 V GWB idS *Canaris* FS Larenz, 1983, 27, 65f; allg zu den Zwecken von kartellrechtl Ermächtigungsgrundlagen Frankfurter Kommentar KartellR/*Roth*, 2022, § 33 GWB Rn 11ff).

157 **3. Schutzzweck und Schutzbereich.** Ein Schutzgesetz im beschriebenen Sinne liegt nur vor, wenn die Norm wenigstens auch **die Interessen des Einzelnen** gezielt **schützen** soll (BGHZ 66, 388, 390; 125, 366, 374 mN; BGH NJW 2005, 2923 mN). Weitergehend zum Erfordernis des Schutzes gerade durch Schadensersatz BGH NJW 1980, 1792; BGHZ 84, 312, 317 Subsidiarität des Schadensersatzes bei Bußgeldbewehrung; BGH NJW 1991, 418. Mit Recht verweist Staudinger/*Hager* Rn G 21 (ähnl *Spickhoff* 123f) jedoch auf die in diesem Erfordernis liegende Gefahr des Zirkelschlusses (aA noch Erman/*Schiemann*[9] Rn 157; aber auch MüKo/*Wagner* Rn 562). Insg überwiegen die Entscheidungen bei weitem, die einen individualschützenden Charakter der Gesetze bejahen, und dies selbst dann, wenn das jew Gesetz in erster Linie den Interessen der Allgemeinheit dient. Zusätzl müssen jedoch der Schaden und die Art der Schadensentstehung **im persönlichen und sachlichen Schutzbereich** der Norm liegen (Soergel/*Spickhoff* Rn 219ff mit Differenzierungen). Probleme der Einschränkung von Individualschutz und Schutzbereich ergeben sich vor allem bei Normen mit primär vermögensschützendem Inhalt, während bei Normen, die einen Schutz der Rechtsgüter des § 823 I bewirken können, offenbar eher das Ziel des Individualschutzes und die Zugehörigkeit des Schadens zum Schutzbereich bejaht werden. Dies steht im Einklang mit der allg Systematik der §§ 823ff, nach der die Rechtsgüter des § 823 I regelmäßig, das Vermögen als solches hingegen nur ausnahmsw geschützt werden sollen (vgl *Canaris* FS Larenz, 1983, 27, 30ff). So hat BGH NJW 1988, 1383 dem abstrakten Gefährdungsdelikt des § 227 StGB aF zugunsten des Verletzten den weitreichenden Schutzzweck entnommen, die (grds widerlegliche) Vermutung eines Zurechnungszu-

sammenhanges zw der Schlägerei und dem Tod des Opfers zu begründen, obwohl ein solcher Zusammenhang im Strafrecht selbst nicht zu bestehen braucht, weil der Tod obj Bedingung der Strafbarkeit ist. Aus Anlass der Fälschung von Personalausweisen zum Zweck der Vorlage verfälschter Sparbücher hat BGHZ 100, 13, 15ff hingegen verneint, dass die Urkundenfälschung nach § 267 StGB überhaupt eine individualschützende Norm sei.

Die **Auslegung der** für § 823 II in Betracht kommenden **Einzelnormen** kann weitgehend nur **im Rahmen ihres ursprünglichen Zusammenhangs** erfolgen. Dies gilt ohne weiteres für die historische Auslegung (vgl zu ihr BGHZ 66, 388, 390; *Schmiedel* Deliktsobligationen nach dt Kartellrecht, 1974, 153ff; im Ausgangspunkt auch *Karollus* Funktion und Dogmatik der Haftung aus Schutzgesetzverletzung, 1992, 361f). Auch die systematische Auslegung muss von der Stellung der potentiellen Schutznorm im Zusammenhang ihres Ursprungsgesetzes ausgehen. Nur der Gesichtspunkt, dass der individuelle Schadensersatzanspruch im Lichte des haftungsrechtl Gesamtsystems tragbar erscheinen müsse (BGHZ 66, 388, 390), führt von der individuellen Norm zur Stellung des § 823 II im Allg, wie sie in Rn 153, 157 vor allem für den primären Vermögensschutz dargelegt worden ist. Deshalb müssen allg Regeln zur Ermittlung des Schutzzwecks und Schutzbereichs entweder hoch abstrakt oder zu schematisch bleiben (vgl aber die Kriterienkataloge von *Schmiedel* aaO, 168ff und *Canaris* FS Larenz, 1983, 27, 175f). Eine Ausrichtung des Vermögensschutzes am Modell des Strafrechts, wie sie *Canaris* vorschlägt, scheitert mE schon daran, dass **aus der Sanktion nicht auf die Schutzrichtung des** ihr zugrundeliegenden **Verhaltensgebots** geschlossen werden kann (vgl zu dieser Unterscheidung *Dörner* JuS 1987, 522, 524f). Es leuchtet auch nicht ohne weiteres ein, dass die Schadensersatzsanktion gerade zusätzl zum materiellen Strafanspruch des Staates verhängt werden soll; die letztgenannte Sanktion unterliegt anderen rechtspolitischen Gründen und Tendenzen (i Erg ähnl wie hier Soergel/*Spickhoff* Rn 199 mN). Die Statuierung von **Anhörungspflichten** in einem Gesetz dürfte gleichfalls kein sicheres Indiz für den Schutzgesetzcharakter sein, da sie auch bloß der Publizität ggü einer politisch interessierten (Teil-)Öffentlichkeit dienen kann (vgl aber BGHZ 26, 42; 69, 1, 21). Die richtige Auslegung ist alles in allem jedoch vielfach weit weniger problematisch als es hiernach scheint; denn etwa die Diskussion um das Rechtsgut der Strafrechtsnormen oder um subj öffentliche Rechte im Verwaltungsrecht geben wichtige Fingerzeige auf das auch zivilrechtl maßgebliche Verständnis der jew Vorschrift; freilich werden nicht nur Interessen geschützt, die den Rang eines subj Rechts haben. 158

4. Verschulden nach § 823 II. Auch der Schadensersatzanspruch nach § 823 II setzt stets **Verschulden** voraus. Dies bestimmt ausdrückl Abs II S 2. Nicht geregelt ist hingegen die Frage, wie die Anforderungen an das Verschulden im Einz zu bestimmen sind: nach den Kriterien der Norm in ihrem Ursprungszusammenhang oder nach zivilrechtl Kriterien. HM (aA aber *Fikentscher/Heinemann* Rn 1635) ist zunächst, dass sich das Verschulden allein auf die **Normverletzung**, nicht auf die Verletzung des geschützten Individualinteresses zu beziehen braucht, wenn die Individualverletzung nicht selbst Tatbestandsvoraussetzung des Schutzgesetzes ist (BGHZ 7, 198, 207; 34, 375, 381; BGH VersR 1987, 1014; ausf *Spickhoff* 221ff mN). Eine weitere Einschränkung des Verschuldenserfordernisses ergibt sich daraus, dass bei Vorliegen einer obj Schutzgesetzverletzung regelmäßig das **Verschulden vermutet** wird (BGHZ 51, 91, 103; 116, 104; BGH NJW 1985, 1774; *Deutsch/Ahrens*, Deliktsrecht, Rn 294; *Spickhoff* 307ff mN). Dies gilt aber nur, wenn die Umschreibung des Verhaltens im obj Tatbestand bereits den Schluss auf das Verschulden nahelegt (BGHZ 116, 104; BGH VersR 1984, 270). Wird durch das Schutzgesetz bloß ein bestimmter Verletzungserfolg verboten, kann nicht schon von diesem Erfolg auf das Verschulden des Verursachers geschlossen werden (so BGHZ 116, 104 zu § 8 Lebensmittel- und BedarfsgegenständeG). – Die eigenen **Schuldvoraussetzungen des Schutzgesetzes** sind auch für die zivilrechtl Haftung maßgeblich (schon im Ansatz anders *Karollus* aaO, 220ff, 310ff), nach hM allerdings nicht schlechthin in der Auslegung des Ursprungsgesetzes. In vollem Umfang übernommen wird vielmehr nur der Vorsatz der Straf- und Ordnungswidrigkeitsnormen, obwohl im Zivilrecht sonst (vgl Rn 152) ein eigener, an der Vorsatztheorie orientierter Vorsatzbegriff zugrunde gelegt wird, bei unvermeidbarem Verbotsirrtum gem § 17 StGB fehlt daher Verschulden (BGH NJW 2012, 3177 Rn 22; NJW 2017, 2463 Rn 16; krit *Dörner* JuS 1987, 522ff). Der Fahrlässigkeitsmaßstab wird hingegen als das in § 823 II 2 geforderte Verschuldensminimum nach zivilrechtl Grundsätzen bestimmt (BGH VersR 1968, 378; LM § 823 (Bb) Nr 2). – Auch nach § 823 II sind verschuldensfähig nur natürliche Personen. Bei **juristischen Personen**, die vielfach Adressaten der schützenden Verhaltensnorm sind, tritt im Falle des Organverschuldens neben die Organhaftung nach § 31 idR die persönliche Haftung der Handelnden (BGHZ 133, 370; 134, 304; BGH NJW 1998, 1484; vgl dazu *Maier-Reimer* NJW 2007, 3157ff). Bei strafrechtl Schutzgesetzen soll hier problematisch sein, dass die juristische Person nach § 14 StGB keine Straftat begehen könne und die Zurechnung über § 31 nur für verfassungsmäßig berufene Vertreter gelte (so zum sog Abgasskandal Braunschweig ZIP 2019, 815, 824f). Allerdings ist hier die Erweiterung des Anwendungsbereichs der Zurechnungsnormen im BGB zu berücksichtigen (§ 831 Rn 3). Zudem könnte ein Rückgriff auf § 130 OWiG in Betracht kommen. 159

5. Anerkannte Schutzgesetze. Als **Schutzgesetze** sind **anerkannt: Aus dem StGB: § 123:** Hausfriedensbruch (BGHZ 63, 124); **§ 136 I:** Verstrickungsbruch (vgl RG Warn Rspr 1908, 46); **§ 142:** Unerlaubtes Entfernen vom Unfallort (vgl RGZ 172, 11; BGH NJW 1981, 750); **§ 153:** Falsche uneidliche Aussage (Celle FamRZ 1992, 556); ähnl **§§ 154, 161 (§ 163 aF):** Meineid und fahrlässiger Falscheid, obwohl diese Vorschriften in erster Linie höheren Interessen der Allgemeinheit dienen (vgl BGH NJW 1965, 298; BGHZ 42, 313, 318; 62, 54, 57); **§ 156:** Falsche Versicherung an Eides statt, wenn auch der eigentliche Zweck dieser Vorschrift der Schutz des Staates und der Rechtspflege ist (BGH MDR 1959, 118); **§ 164:** Falsche Verdächtigung; die Vorschrift soll nicht nur die Behörde vor Irreführung, sondern auch den einzelnen vor Missgriffen irregeleiteter Behörden schützen (BGH JR 160

1953, 181; vgl aber auch BVerfG NJW 1987, 1929); **§ 170b aF (jetzt § 170):** zugunsten der Unterhaltsberechtigten, aber auch der Körperschaft, die öffentliche Hilfe gewährt (BGHZ 30, 162, 172; vgl aber auch BGH NJW 1974, 1868); **§ 176 aF:** Sexueller Missbrauch von Kindern (BGH NJW 1978, 2027); **§ 182:** Verführung (RG Warn Rspr 1921, 14); **§§ 185–187:** Beleidigung, üble Nachrede, Verleumdung (vgl RGZ 156, 372, 374; BGHZ 95, 212; BGH MDR 1956, 734; NJW 1993, 930; 2006, 601); zur Beleidigungsfähigkeit einer Gruppe von Einzelpersonen (Kollektivbeleidigung) vgl BGH NJW 1980, 45 („die Juden"), vgl auch LG Hamburg NJW 1980, 56 („die Frauen"); **§ 189:** Verunglimpfung des Andenkens Verstorbener (RG 91, 350); **§ 202:** Verletzung des Briefgeheimnisses (RGZ 94, 1); **§ 218:** Abbruch der Schwangerschaft, auch zugunsten der Schwangeren (BGHZ 7, 198, 207); **§ 221:** Aussetzung (RG Recht 1911, 1129); **§ 222:** fahrlässige Tötung (Düsseldorf NJW 1958, 1920); **§§ 223, 223a aF (heute § 224):** Körperverletzung (RGZ 66, 251); **§ 227 aF (jetzt § 231):** Beteiligung an einer Schlägerei (BGHZ 103, 197; BGH NJW 1999, 2895); **§ 239:** Freiheitsberaubung (RG Warn Rspr 1917, 118); **§ 240:** Nötigung (BGH NJW 1962, 910); **§ 241:** Bedrohung (RG Gruch 67, 567); **§ 246:** Unterschlagung (BGH NJW 1996, 1535); **§ 248b:** Unbefugter Gebrauch eines Fahrzeugs (BGHZ 22, 293, 296); **§ 248c:** Entziehung elektrischer Energie (BGHZ 117, 29); **§ 253:** Erpressung (RGZ 166, 46); **§ 257:** Begünstigung, wenn nicht lediglich beabsichtigt ist, den Täter der Strafe zu entziehen, also nur bei vorteilssichernder, nicht bei lediglich strafentziehender Begünstigung (BGH NJW 1958, 1775; MDR 1968, 573); **§ 259:** Hehlerei (RGZ 94, 191); **§ 263:** Betrug (BGHZ 57, 137; 160, 134; BGH NJW-RR 2005, 751; zum Versuch BGH NJW 2007, 1458); **§ 264:** Subventionsbetrug (BGHZ 106, 204 zum Schutz des staatlichen Vermögens); **§ 264a:** Kapitalanlagebetrug (BGHZ 116, 7; BGH NJW 2000, 3346; BGHZ 160, 134; BGHZ 233, 279); **§ 266:** Untreue (RGZ 118, 312; BGHZ 8, 276; 100, 190; BGH NJW 1999, 2817; zu **§ 266a** vgl Rn 163 RVO § 529, ferner BGHZ 133, 370; 134, 304 und dazu *Heger* JuS 1998, 1090; BGH NJW 2000, 2993; 2001, 967; 2001, 969 zur Überwachungspflicht eines Organs; NJW 2002, 1122, 1123 auch zur Beweislast; 2007, 2118; eingehend *Schneider/Brouwer*, ZIP 2007, 1033); **§ 283 I Nr 3:** Waren- und Wertpapierverschleuderung (BGH NJW 1964, 1960 zu § 240 I Nr 2 KO aF); **§ 283c:** Gläubigerbegünstigung (RG JW 1935, 516); **§ 287:** Unerlaubte Veranstaltung einer Lotterie, zum Schutz des Publikums, nicht der Konkurrenten (RG Warn Rspr 1928, 63); **§ 288:** Vereitelung der Zwangsvollstreckung (RGZ 143, 267); geschützt ist jedoch nur ein materielles Recht zum Besitz, nicht die ungestörte Durchführung der Zwangsvollstreckung (BGHZ 114, 305); **§ 292:** Jagdwilderei (BGH VersR 1958, 233); **§ 291 I 1 Nr 2:** Kreditwucher (RGZ 159, 99, 101 zu § 302a aF); **§§ 306a, 306d (§§ 306, 309 aF):** Brandstiftung, zum Schutz des Eigentümers und sonstiger dinglicher Berechtigter sowie zum Schutz der Personen, die sich in dem Gebäude aufhalten (vgl BGHZ 40, 28; BGH NJW 1970, 38; 1977, 2264); **§ 315 (§§ 315, 316 aF):** Strafnormen zum Schutze des Verkehrs (BGHZ 19, 114, 125); **§ 317:** BGH NJW 1977, 1147; **§ 323 I aF (jetzt § 319):** Baugefährdung, diese Vorschrift will lediglich Leben und Gesundheit von Menschen schützen, kein Ersatz also für Vermögensschaden (BGHZ 39, 366); **§ 323c:** Unterlassene Hilfeleistung (vgl Soergel/*Spickhoff* Rn 237 mN; aA Frankfurt NJW-RR 1989, 794); **§ 340:** Körperverletzung im Amt (RG JW 1906, 745).

161 Aus dem **BGB: § 226:** Schutz gegen Schikane (vgl RGZ 58, 214); **§ 394:** Aufrechnungsverbot ggü unpfändbaren Forderungen (RGZ 85, 108); **§ 551 III 1 (§ 550b II 1 aF):** Sonderung der Mietkaution (LG Hannover NJW-RR 1991, 593); **§ 611a aF** (vgl jetzt **§ 15 AGG**): Verbot geschlechtsbezogener Diskriminierung (LAG Hamm BB 1997, 844); **§ 618:** Schutzmaßnahmen zugunsten Dienstverpflichteter (RG JW 1907, 829); **§§ 858f:** Verbotene Eigenmacht (BGHZ 20, 169; 114, 305; vgl aber *Medicus/Petersen* Rn 621 sowie ausf *Medicus* AcP 165, 118ff); **§§ 906–909, 1004:** Schutz des Eigentums gegen Immissionen, gefährliche Anlagen, Vertiefungen usw; vgl im Einz zu § 906 RGZ 63, 374, zu § 907 RGZ 145, 107, zu § 908 RG Recht 1904, 447, zu § 909 BGHZ 72, 289, 295; BGH NJW 1981, 50; 1991, 2019, geschützt sind durch § 909 aber nur das Nachbargrundstück, nicht weitere Grundstücke, vgl BGHZ 12, 75; BGH NJW 1979, 1166 und dazu ausf Staudinger/*Hager* Rn G 25; zu § 1004 RGZ 121, 185; BGHZ 104, 6, zweifelnd BGH JZ 1977, 178; **§ 1027:** Schutz der Grunddienstbarkeit (RG Warn Rspr 1911, 331; Recht 1919, 1430); **§§ 1134, 1135:** Schutz des Hypothekengläubigers (RG JW 1936, 3234; SeuffA 88, 55; BGHZ 65, 211; 92, 280; BGH NJW 1983, 746; 1991, 695); **§ 1249:** Ablösungsrechte (RGZ 83, 390); **§ 2356 II:** Kiel 11, 272; **EGBGB Art 81** (BGH NJW-RR 2004, 1185).

162 Aus anderen Gesetzen: **ZPO § 138:** Wahrheitspflicht im Prozess (vgl *Hopt*, Schadensersatz aus unberechtigter Verfahrenseinleitung, 1968, 269ff; offengelassen von BGH NJW 1984, 870); **§ 803 I 2:** Verbot der Überpfändung (RGZ 143, 118; BGH JR 1956, 185); **§ 817a:** Mindestgebot (München NJW 1959, 1832); **§ 829:** Verfügungsverbot bei Forderungspfändung, nur gegen Schuldner, nicht gegen andere Gläubiger; **§ 840:** Erklärungspflicht des Drittschuldners, zugunsten des Pfandgläubigers (RGZ 149, 251). – **StPO § 163:** Verfolgungszwang für Polizei (vgl BGH NJW 1974, 312). – **AktG §§ 399f:** Gründerpflichten (RGZ 157, 213; 159, 211; BGHZ 105, 121; BGH NJW 1973, 1547; 2005, 3721); **§ 400 I Nr 1:** Pflichtverletzung bei Verlust, Überschuldung oder Zahlungsunfähigkeit (BGHZ 149, 10; 160, 134; BGH NJW 2005, 2450). – **GenG § 69:** Pflicht zur Einreichung der Aufkündigungen (RGZ 59, 49); **§§ 147–148:** Falsche Angaben des Vorstands über den Vermögensstand der Genossen usw (vgl im Einz zu § 147 aF RGZ 81, 269, zu § 148 aF RG LZ 1914, 864). – **GmbHG § 35a:** Angaben auf Geschäftsbriefen (LG Detmold NJW-RR 1990, 995); **§ 41:** Buchführungspflicht des Geschäftsführers (BGHZ 125, 366, 377ff); **§ 68 II:** Zeichnung durch Liquidatoren (Frankfurt NJW 1991, 3286; NJW-RR 1998, 1246); **§ 82:** Gründungsschwindel (München NJW-RR 1988, 290; 2000, 1130). – **HGB §§ 130a, 177a:** BGHZ 110, 342; BGH WM 1995, 108; **§ 332 I:** nur bei Pflichtprüfung (BGH ZIP 2020, 1024 Rn 14ff). – **InsO § 15a I** = AktG § 92 II aF und GmbHG § 64 II aF: Pflicht zum rechtzeitigen Insolvenzantrag (RGZ 159, 211, 233; BGHZ 29, 100; 126, 181; BGH NJW 2012, 3510 Rn 9); während sich der Ersatzumfang bei Gläubigern, deren Forderungen schon zu dem

Zeitpunkt begründet waren, an dem der Insolvenzantrag bei pflichtgemäßem Verhalten gestellt worden wäre, wie auch der vom Insolvenzverwalter geltend zu machende Anspruch (BGH NJW 1994, 2149) auf die verzögerungsbedingte Minderung der Verteilungsquote beschränkt (Quotenschaden), umfasst der Anspruch der späteren Gläubiger gem der Differenzhypothese den gesamten Ausfall, den der Gläubiger durch die Eingehung der Geschäftsbeziehung erleidet (BGHZ 126, 181; 138, 211; BGH NJW 1995, 398; vgl zur ausufernden Diskussion hierüber Soergel/*Spickhoff* Rn 240 mN); – **GWB §§ 1, 81 I Nr 1** (früher §§ 1, 25 I, 38 I Nr 1 aF): gegen Wettbewerber und Marktgegenseite (BGHZ 64, 232, 237f); **§ 25 II aF:** BGHZ 44, 279, 283; **§ 26 II aF:** BGHZ 36, 91, 100; **§ 27:** BGHZ 29, 344, 351; hinsichtl GWB nF insg zweifelnd PWW/*Schaub* Rn 241; vgl auch oben Rn 156. – **UWG § 16:** strafbare Werbung (BGH GRUR 2008, 818 Rn 87); vgl auch unten Rn 164.

Ferner aus folgenden Gesetzen (in alphabetischer Reihenfolge): **AFG § 141b V** (jetzt **SGB III** §§ 183ff): LG Oldenburg NJW-RR 1986, 581; **§ 225** (jetzt **SGB III** § 404): BGH ZIP 1985, 997. – **ArbZG (früher ArbZO):** zugunsten jedes Betriebsinhabers ggü unlauterem Wettbewerb durch Offenhalten (RGZ 138, 219). – **AMG § 5:** BGHZ 51, 91, 103 zu § 6 AMG aF; BGH NJW 1991, 2351. – **ArzneimittelVO** (jetzt VO über apothekenpflichtige … Arzneimittel 1988): zugunsten der Apotheker gegen Drogisten (BGHZ 23, 184, 186). – **BauGB § 34:** BGHZ 122, 1. – Landesrechtl Bauvorschriften: bei nachbarschützendem Inhalt (BGH WM 1974, 572 – Geschosszahl; zu Einzelvorschriften Soergel/*Spickhoff* Rn 245). – **BetrVG §§ 78 S 2, 78a:** zugunsten des auszubildenden Amtsträgers (BAG DB 1975, 1226). – **BörsG § 89 aF** (jetzt § 26 I): BGH WM 1984, 127; vgl auch RG Warn Rspr 1918, 208 zu § 94 aF. – **BDSG aF:** BGH NJW 1981, 1738. – **BImSchG § 5 I Nr 1 und 2:** zugunsten der Nachbarn (OVG Münster DB 1976, 2199); für Schutz jedes Geschädigten *Baur* JZ 1974, 657, 660; **§ 22 I Nr 1 und 2:** BGHZ 122, 1; BGH NJW 1995, 132; 1997, 55. – **BJagdG § 20 I:** BGH DB 1976, 720; **§ 27:** vgl Rn 156 zu BGHZ 62, 265. – **BPersVG § 8:** BAG DB 1993, 1525; **§ 46 III 6:** BAG MDR 1991, 777. – **Eisenbahnbau- und -betriebsO §§ 11, 17:** BGH VersR 1956, 99 zu §§ 18, 46 aF; **§ 64:** BGH VersR 1957, 465 zu § 80 aF. – **EmbryonenSchG § 1:** *Deutsch* NJW 1991, 721, 723. – früheres **FuttermittelG § 3:** zum Schutz von Tierhaltern und Verbrauchern vor kranken Tieren (BGH NJW 1987, 1694) und des Futtermittelerwerbers vor Beschlagnahme (BGHZ 105, 346). – früheres **Geräte- und ProduktsicherheitsG § 4:** zugunsten von Leben und Gesundheit der Benutzer und Dritter (BGH NJW 1980, 1219; 2006, 1589; VersR 1988, 635; vgl auch Rn 110 aE). – **G zur Sicherung von Bauforderungen §§ 1, 2 II aF, 4** (§ 4 aufgehoben): zugunsten der Baugläubiger bei Vorsatz und fahrlässigem Verbotsirrtum (BGH NJW 1982, 1037; 1985, 134; 1986, 1104; NZBau 2002, 342); auch bei Verkauf eines schlüsselfertigen Hauses für jede einzelne Rate (BGH NJW 1986, 1105; vgl auch Rn 153 und *Dörner* JuS 1987, 522; ausf Staudinger/*Peters*[14] § 648 Rn 46–53). – **GewO § 12 aF** (aufgehoben): zugunsten der Gläubiger ausl juristischer Personen hinsichtl der Kapitalausstattung (BGH NJW 1973, 1547); **§ 56 I Nr 6:** BGHZ 71, 358, 362, jedoch nicht zugunsten von Darlehensnehmern wegen der Steuervorteile aus dem finanzierten Beteiligungserwerb (BGHZ 93, 264, 270); **§ 105b aF:** zugunsten der Konkurrenten (RG SeuffA 86, 79); **§ 120a aF:** RGZ 105, 336; **§ 144 I Nr 1 lit c iVm § 33a:** BGH VersR 1957, 669 zu § 147 Nr 1 aF iVm § 33 aF (vgl auch RG Recht 1912, 3467; zur GewO aF, **jetzt § 5 I JArbSchG**). – **InvG § 136 I, § 139 aF:** BGH NJW 2004, 3706. – **JugendschutzG § 4:** BGH VersR 1978, 921 zu § 3 aF; jedoch nicht für alkoholbedingte Selbstverletzungen eines Jugendlichen. – **KWG §§ 6, 13, 18, 32 iVm 54:** zugunsten der Bankkunden (nicht: deren Geschäftspartnern, BGH WM 1970, 633), BGH WM 1971, 1330; NJW 1973, 321; 1547; 2005, 2703 (dazu aber Rn 164 – KWG); BGHZ 74, 144, 148ff; vgl auch den Vorlagebeschluss an den EuGH BGH NJW 2002, 2464 zu § 6 IV. – **KUG § 22:** Recht am eigenen Bild (RG JW 1929, 2257; BGHZ 20, 345; 26, 349). – **LFGB § 5:** BGHZ 51, 91, 10 zu § 3 Lebensmittel- und BedarfsgegenständeG aF; BGHZ 116, 104, 114f; RG 170, 155 zu § 4 Nr 2 aF. – **Lebensmittelinformationsverordnung Art 6ff, 9ff:** Frankfurt NJW-RR 1999, 30 LebensmittelkennzeichnungsVO § 3 aF. – **MaBV §§ 3, 4:** Hamm NJW-RR 1999, 530. – **MarkenG § 144 (früher § 26 WZG):** BGH NJW 1974, 1708. – **Milch- und FettG § 1:** zugunsten von Molkereien mit Gebietsmonopol (BGH DB 1956, 547), vgl jetzt **Milch- und MargarineG** v 25.7.1990. – **MuSchG §§ 5, 9:** BAG NJW 1983, 1391; 1992, 2173. – **PersBefG §§ 1, 2, 4, 40 I:** zugunsten der Bundesbahn und privater Verkehrsunternehmen (BGHZ 26, 42, 43; Frankfurt MDR 1962, 571). – **PflSchG § 31 II iVm Anhang I der Verordnung (EU) Nr 547/2011:** gegen gefährliche Nebenwirkungen, nicht gegen Unwirksamkeit (BGH NJW 1981, 1606 zu **§ 12 I Nr 6 iVm § 8 IV 2 PflanzenschG aF**). – **PflVG §§ 5, 6:** zugunsten der Unfallopfer (BGH VersR 1962, 216; NJW 1974, 1086). – **RBerG § 1** (nunmehr **RDG**): zugunsten der Anwälte (BGHZ 15, 315) und der Klienten (BGHZ 37, 258). – **ReichsgaragenO § 45 III:** zugunsten von Nachbarn (BGHZ 40, 306); vgl **jetzt § 12 IIIa StVO.** – **RVO § 317 (jetzt §§ 198 SGB V, 28a SGB IV):** Frankfurt NJW-RR 1989, 225f; **§ 393 (jetzt §§ 23f SGB IV):** zugunsten des Sozialversicherungsträgers wegen der ArbN-Beiträge (nicht: der Arbeitgeberbeiträge), BGH NJW 1976, 2129; **§ 529 (jetzt § 266a StGB):** gleichfalls zugunsten des Versicherungsträgers (BGH VersR 1960, 748; 1963, 1034; 1964, 88; 1981, 529; 1985, 1038; meist noch zu § 533 aF); vgl auch zugunsten einer Ersatzkasse BGHZ 58, 199. **SGB IX § 81:** BAG NJW 2006, 1691; **§ 160** (früher: § 77, urspr SchwBG § 11): BAG DB 1981, 899. – **SGB:** vgl oben RVO und ausf Staudinger/*Hager* Rn G 55 mN. – **SprengstoffG § 40:** BGH LM (Bf) Nr 4 (zu § 9 aF). – **StBerG § 5:** BGH NJW-RR 2005, 1290. – **StVG §§ 1, 23:** RG Recht 1925, 691; **§§ 2, 21:** BGH VersR 1955, 186; 1959, 277 zu § 24 aF; NJW 1979, 2309; 1991, 418. – **StVO §§ 1, 2 I:** BGHZ 23, 90, 97; BGH VersR 1996, 1293; **§ 2 II:** Rechtsfahrgebot zugunsten des Überhol- und Gegenverkehrs (nicht des Abbiegers auf der Gegenfahrbahn), BGH NJW 1981, 2301; **§ 3 I:** BGH NJW 1972, 1804; 1974, 1378; 1985, 1950; **§ 5:** BGH NJW 1955, 1316 zu § 10 aF; VersR 1968, 578 (Schutz des verbotswidrig überholenden nachfolgenden Verkehrs); **§ 12 I Nr 6 lit a:** BGH NJW 1983, 1326; **§ 12 III Nr 3:** AG Frankfurt NJW-RR 1990, 730; **§ 14 II:** BGH NJW 1981, 113 (Sicherung gegen Schwarzfahrer auch zugunsten der festnehmenden Polizei); **§§ 15, 17:** BGH VersR 1969, 895 zu § 23 II aF; **§ 20 I:** BGH NJW 2006, 2110; **§ 25 I 3:** BGH NJW 1957, 1526 zu § 37 I 3 aF; **§ 32:** 163

BGHZ 62, 186 zu § 41 aF; **§ 37 II Nr 1 S 6:** zugunsten des Abbiegers auf der Gegenfahrbahn (BGH NJW 1981, 2301); **§ 41:** BGH VersR 1972, 558 (zum Schutz der Fußgänger in einem Abschnitt mit Geschwindigkeitsbegrenzung); NJW 2005, 2923. – **StVZO § 4 aF (heute § 4 FeV):** RG JW 1937, 158; **§ 27 III aF (heute § 13 IV FZV):** BGH NJW 1974, 1086; **§ 29d II aF (heute § 25 IV FZV):** BGH NJW 1982, 988; **§ 38a:** BGH NJW 1981, 113; **§ 41 IX–XI:** RG JW 1934, 2460; **§ 53a:** BGH VersR 1969, 895. – **TierSG § 9 I aF, § 10 aF, § 76 II Nr 3 aF:** RG 102, 223; BGH VersR 1964, 728; 1965, 814. – **TrinkwasserVO §§ 3, 8 (jetzt §§ 4, 10):** BGH NJW 1983, 2935. – **VAG § 140 iVm § 5 I** (geändert durch G v 28.6.1990, BGBl I 1990, 1253ff): RGZ 95, 156; RG JW 1933, 1836 zu §§ 85, 108 II aF; BGH NJW 1973, 1547. – **WaffG § 2:** Karlsruhe VersR 1989, 375 zu § 16 WaffG aF; RG 166, 61 zu § 367 StGB aF. – **WHG § 8:** BGH NJW 1977, 763 (iVm LandeswasserG, Fall der Rissbildung durch Grundwasserabsenkung); BGHZ 69, 1, 22; 88, 34 (Abs III und IV, unabhängig von einem Antrag auf wasserrechtl Gestattung); **§ 18a aF (heute § 55 I, § 56 WHG)** (iVm Landesabwasserrecht): BGH ZfIR 2002, 563.

163a Aus dem **Europarecht**: **AEUV Art 101:** Kartellverbot (BGHZ 190, 145), Gleiches muss für das Missbrauchsverbot des **Art 102** gelten; **Art 108 III:** beihilferechtl Durchführungsverbot, nicht aber das Beihilfeverbot des Art 107 (BGHZ 188, 326).

164 **6. Nicht als Schutzgesetze anerkannte Normen. Nicht als Schutzgesetze anerkannt** sind ua folgende Vorschriften: **Aus dem StGB: § 125:** BGHZ 89, 383, 400f; **§ 145d:** nicht zugunsten des Angezeigten (KG DAR 1975, 18); **§§ 222, 230:** nicht zugunsten von Vermögensinteressen (Düsseldorf NJW 1958, 1920); **§ 248b:** nicht zugunsten der Verkehrsteilnehmer (BGHZ 22, 293); **§ 265b:** LG Mönchengladbach NJW-RR 1991, 415; **§ 267:** BGHZ 100, 13, 15ff; **§ 278:** LG Darmstadt NJW 1991, 757; **§ 283b:** BGH ZIP 2019, 462 Rn 8; **§ 317:** nicht zugunsten des Netzkunden (BGH NJW 1977, 1147). – **Aus dem BGB: § 573:** nicht hinsichtl der Umzugskosten bei unberechtigter Kündigung (Hamm MDR 1984, 494 zu § 564b aF); **§ 733:** nicht zugunsten der Gesellschaftsgläubiger (KG JR 1951, 22); **§ 832:** RGZ 53, 312; **§ 839:** RGZ 131, 239, 250. **Aus sonstigen Gesetzen: AktG §§ 9, 27, 37 I 4, 92 I, 93:** nicht zugunsten der Gesellschaftsgläubiger (BGH NJW 1979, 1829); **§ 92 II:** nicht zugunsten von Ruhegeldempfängern (LAG Berlin ZIP 1982, 211); **§§ 93, 116:** BGHZ 110, 342, 359f. – **AdoptionsvermittlungsG §§ 5, 14:** nicht zugunsten von Adoptionswilligen (Düsseldorf NJW-RR 1994, 1349). – **AGG § 7 I, § 16 I, II, § 19 I, II** (PWW/*Schaub* Rn 241). – **AnfG § 3 I Nr 1 aF:** RGZ 74, 224, 226. – **AO § 370:** BFH NJW 1997, 1725. – **AVG § 151 (aufgehoben):** nicht hinsichtl der Arbeitgeberanteile zugunsten der Versicherung (BGHZ 84, 312). – **BSchG § 2** (vgl jetzt AGG): Frankfurt NJW-RR 2000, 976 für Ansprüche gegen Kollegen. – **BörsG § 84 (aufgehoben):** nicht außerhalb inländischer Börse (BGH WM 1984, 127); **§ 88 aF:** BGHZ 160, 135. – **BFernstrG §§ 9, 9a:** nicht zugunsten des Straßenbaulastträgers (BGH NJW 1975, 47). – **BMantelTarifO-Ärzte § 12 I:** nicht zugunsten der Patienten (LG Darmstadt NJW 1991, 757). – **GastG §§ 2, 28 I Nr 1:** RGZ 135, 243 zu § 33 GewO aF. – **GenG § 34:** nicht zugunsten der Genossen (RG Warn Rspr 1914, 130). – **GmbHG §§ 7, 9, 41–43, 83f (teilw aF):** RGZ 73, 30, 33ff; **§ 30:** BGHZ 110, 342; 148, 167; **§ 43 I:** BGHZ 125, 366; **§ 52:** RGZ 73, 392. – **GüKG:** nicht zugunsten der Auftraggeber von Spediteuren uÄ (BGH NJW 1964, 1224). – **HGB §§ 29, 31**, zur Anmeldepflicht RGZ 72, 408, 411; **§§ 238ff:** RGZ 73, 30. – **InsO § 15b I:** BGH ZIP 2020, 318 zu § 64 S 1 GmbHG aF, aber jetzt Haftung aus § 15b IV u V. – **KWG §§ 32, 54:** BGHZ 125, 366 (dadurch BGH NJW 1973, 1547 wohl überholt). – **LkSG § 3:** § 3 Abs 3 LkSG – **Montanunionsvertrag:** BGHZ 30, 74, 87f. – **OWiG § 130:** BGHZ 125, 366, 374ff. – **SGB I § 60:** BSG NZA 1990, 867. – **SGB IV § 7d:** BAG NJW 2007, 2573. – **StPO § 79:** BGH NJW 1968, 787; BGHZ 62, 54, 57; vgl aber unten zur gleichartigen Vorschrift § 410 ZPO. – **StVO § 12 I Nr 6 lit a:** nicht zugunsten eines Bauunternehmers (BGH NJW 2004, 356). – **StVZO §§ 20ff:** nicht zugunsten des Kreditgebers eines Kfz-Käufers (BGH WM 1979, 17); **§ 21 S 3:** nicht zugunsten des Kfz-Erwerbers (BGH BB 1955, 683); **§ 27 III, § 29d I:** nicht zugunsten der Unfallopfer (BGH NJW 1980, 1792); **§ 29c aF (heute § 25 I FZV):** nicht zugunsten von Versicherungsnehmern und versicherten Personen (BGH NJW 1956, 1715; MDR 1978, 1014; Köln NJW 1975, 1746). – Die Vorschriften des **UWG**, die den unlauteren Wettbewerb verhindern sollen, dienen zwar dem Schutz der Mitbewerber und Verbraucher, sind jedoch keine Schutzgesetze, da § 9 UWG insoweit eine Spezialregelung ist (BGH GRUR 2021, 497 Rn 65); anders § 16 UWG, vgl oben Rn 162. – **VerlG § 20 I 1:** *Foerste* NJW 1991, 1433, 1437 Fn 68. – **VermG § 3 III 1:** nicht für entgangenes Nutzungsentgelt (BGH NJW 1995, 442). – **WHG § 1a II:** BGH VersR 2006, 665. – **WpHG § 14 aF (heute Art 14 MAR):** BGH NJW 2007, 1876; **§ 15:** BGHZ 160, 134. – **WPO §§ 2, 43, 48:** LG Mönchengladbach NJW-RR 1991, 415. – **ZPO § 410:** BGHZ 42, 313; 62, 54 (kaum mit Recht, vgl *Zeuner* und *Franzki*, Karlsruher Forum, 1988, 3, 10f, 26f). **Aus dem Europarecht: MAR Art 14:** Insiderhandelsverbot; **Art 15:** Marktmanipulationsverbot; **Art 17:** Ad-hoc-Mitteilungspflicht (MüKo/*Wagner* Rn 600, str); **Art 19:** MüKo/*Wagner* Rn 600. – **Lebensmittel-Basis-VO 178/2002 Art 18:** MüKo/*Wagner* Rn 600.

§ 824 Kreditgefährdung

(1) Wer der Wahrheit zuwider eine Tatsache behauptet oder verbreitet, die geeignet ist, den Kredit eines anderen zu gefährden oder sonstige Nachteile für dessen Erwerb oder Fortkommen herbeizuführen, hat dem anderen den daraus entstehenden Schaden auch dann zu ersetzen, wenn er die Unwahrheit zwar nicht kennt, aber kennen muss.

(2) Durch eine Mitteilung, deren Unwahrheit dem Mitteilenden unbekannt ist, wird dieser nicht zum Schadensersatz verpflichtet, wenn er oder der Empfänger der Mitteilung an ihr ein berechtigtes Interesse hat.

1. Ratio. § 824 erweitert den Schutz durch deliktische Ansprüche auf reine **Vermögensschäden** wegen bestimmter Äußerungen. Vielfach steht § 824 bei vorsätzlicher Begehung in Konkurrenz mit § 823 II iVm §§ 186, 187 StGB und auch mit § 826. Anders als nach § 187 StGB genügt jedoch für § 824, dass die Tatsache obj unwahr ist; ein Bewusstsein des Täters von der Unwahrheit ist nicht erforderlich, ebenso wenig vom kredit- oder erwerbsschädigenden Charakter der Tatsache (RGZ 115, 74, 76). Umstr ist, ob der Täter hinsichtl der Eignung der Tatsache zur Kreditgefährdung wenigstens fahrlässig sein muss (dafür zB NK/*Katzenmeier* Rn 31; Soergel/*Beater* Rn 39). Die historische Auslegung (vgl Prot *Mugdan* II 1116) spricht dafür, wenigstens Erkennbarkeit der Schädigungseignung zu verlangen. Im Vergleich zu §§ 823 II iVm § 186 StGB ist § 824 hingegen enger, weil der Geschädigte die Unwahrheit der Tatsache nachweisen muss, während es dort Sache des Schädigers ist, sich durch den Nachw der Richtigkeit der Tatsache zu entlasten; Entspr gilt für §§ 3, 4 Nr 8, 8f UWG, die jedoch ein Handeln zu Zwecken des Wettbewerbs voraussetzen. Nach § 824 geschützt wird auch eine juristische Person (BGHZ 90, 113, 118f) und eine rechtsfähige Gesamthandsgemeinschaft wie die KG (RG HRR 1941, 1005). Ggü § 824 ist der Eingriff in den Gewerbebetrieb nach § 823 I subsidiär, vgl § 823 Rn 61. Die Rspr zitiert bei Persönlichkeitsverletzungen oft neben § 824 auch § 823 I (BGH NJW 1994, 2614) oder § 823 II iVm §§ 185ff StGB (BGH NJW 1994, 2614 sowie NJW 1997, 1148). 1

2. Behauptung unwahrer Tatsachen. a) Tatsachen. Voraussetzung für die Haftung ist die Äußerung von **Tatsachen**, also konkreter – auch innerer (BGH NJW 1998, 1223) – Vorgänge und Zustände aus Vergangenheit und Gegenwart, die sinnlich wahrgenommen werden können oder auf andere Weise beweisbar sind (zB BGH NJW 1982, 2248; 1987, 2225). Künftiges Verhalten ist (noch) keine Tatsache, wohl aber die Absicht dazu (BGH NJW 1998, 1223). Den Gegensatz hierzu bilden **Werturteile**. Die Abgrenzung zw beiden Äußerungsarten gehört zu den Hauptproblemen des Äußerungsrechts. Sie ist nicht definitorisch vorzunehmen, sondern aus dem Verständnishorizont vernünftiger Kommunikationspartner, vgl insb *Kübler* AcP 172, 177, 199; zusammenfassend Staudinger/*Hager* § 823 Rn C 73ff mN. Schwierigkeiten bereiten vor allem auf Tatsachen gestützte Werturteile. Das Schutzinteresse des Verletzten spricht wegen der Rechtsfolge des § 824 für eine weite Auslegung des Tatsachenbegriffs. Der grundrechtl Schutz der Meinungsfreiheit mit der Vermutung für das Recht der freien Rede (BVerfGE 7, 198, 212 und etwa 93, 266, 294f; BGHZ 45, 296, 308; BGH NJW 2006, 830, 840) verlangt jedoch im Zweifelsfall die Annahme eines Werturteils. Dies gilt jedenfalls dann, wenn der Tatsachengehalt der Äußerung die wertenden Elemente nicht eindeutig überwiegt. So sind Bonitätsbeurteilungen grds Werturteile, BGH NJW 2011, 2204. Dementspr hat BGHZ 65, 325, 329 Warentests idR als Werturteile angesehen (ein Ausnahmefall zu widerrufsfähigen Tatsachenaussagen innerhalb eines Warentests: BGH NJW 1989, 1923), ebenso zB BGH ZUM-RD 2020, 186 die Bewertungsdarstellung eines Unternehmens in einem Internet-Bewertungsportal und BGH NJW 1982, 2246 die Bezeichnung eines Verhaltens als illegal. Der Vorwurf des Betruges soll demggü auch eine Tatsachenbehauptung sein können (BGH NJW 1982, 2248, zweifelhaft; als Werturteil eingeordnet von BGH NJW 2002, 1192). Schon RGZ 88, 437; 94, 271 hat den Vorwurf einer Patentverletzung als reine Meinungsäußerung bewertet. Bei der Annahme sog „verdeckter", in der Wertung enthaltener Tatsachenbehauptungen ist jedenfalls hiernach besondere Zurückhaltung angebracht, BGHZ 78, 9; BGH NJW 1987, 1398. Zu alledem ausf Staudinger/*Hager* § 823 Rn C 77ff mN. 2

Ebenso wie die Meinungsfreiheit spricht auch die **Wissenschaftsfreiheit** gegen die Anwendung von § 824. Daraus folgert die wohl noch hM, dass wissenschaftliche Thesen regelmäßig keine Tatsachenbehauptungen sind, RGZ 84, 294; BGH NJW 1978, 751 (zum Sachverständigengutachten); offengelassen in BGH NJW 1989, 2941; zust MüKo/*Wagner* Rn 49; BeckOGK/*Spindler* Rn 19, 39 widerspricht dem, plädiert jedoch für ein besonderes Wissenschaftsprivileg aufgrund des Art 5 III GG (ebenso *Larenz*/*Canaris* II 2 § 88 I 3b, Staudinger/*Hager* § 823 Rn C 82). Daran trifft zu, dass wissenschaftliche Thesen gerade dadurch gekennzeichnet sind, dass sie bewiesen werden können. Das Kriterium der Beweisbarkeit zur Unterscheidung von Werturteilen und Tatsachenbehauptungen ist jedoch wissenschaftstheoretisch ohnehin überholt. Ein generelles Wissenschaftsprivileg, das dann auch für § 823 I gelten müsste, schießt hingegen über das Ziel hinaus, weil zB auch die wissenschaftlich scheinbar begründete, aber unzutreffende Empfehlung einer Einweisung in die psychiatrische Klinik eine rechtswidrige Freiheitsberaubung sein kann, vgl § 823 Rn 24. Äußerungen der Kritik an wissenschaftlichen, künstlerischen oder gewerblichen Leistungen sind idR Werturteile, zB RG JW 1921, 1530; BGHZ 45, 296; BGH GRUR 1968, 314. 3

b) Unwahrheit. Die Tatsachenbehauptung muss **unwahr** sein. Dafür genügt die unvollständige, entstellende oder übertreibende Darstellung wahrer Tatsachen, RGZ 75, 61, 63. Maßgeblich ist das Verständnis eines unbefangenen Empfängers der Tatsachenmitteilung, nicht der buchstäbliche Sinn, BGH NJW 1951, 352; 1957, 1149. Bei einer Mischung wahrer und unwahrer Behauptungen kommt es auf den Gesamtgehalt der Darstellung an, BGH NJW 1987, 1403. Auch hierfür ist der Verständnishorizont des jew angesprochenen Verkehrskreises maßgeblich, BGH NJW 1988, 1589. Eine Änderung der Tatsachen nach der Äußerung macht die Behauptung nicht nachträgl unwahr, RG 66, 227, 231. Eine Personenverwechslung durch die Schufa soll nach BGH NJW 1978, 2151 (m abl Anm *J. Simon* NJW 1979, 265) bei Namensgleichheit von zwei Kontoinhabern keine unwahre Meldung sein, weil die Schufa nicht die Aufgabe gehabt habe, die Identität der Person zu überprüfen. Wenn von zwei Angaben einer zusammengesetzten Mitteilung (Person und Konto) die eine nicht zur anderen passt, ist die Mitteilung insg unwahr, *v Bar*, 210. In der Zusammenfassung mehrerer Ladenketten, die unter demselben Namen auftreten, innerhalb eines Preisvergleichs hat BGH NJW 1986, 981 einen Verstoß gegen § 824 gesehen. – 4

Die Behauptung schädlicher wahrer Tatsachen kann nicht nach § 824, wohl aber nach § 823 I (Persönlichkeitsverletzung, „Eingriff in den Gewerbebetrieb", vgl § 823 Rn 71, 73) zu Schadensersatz verpflichten.

5 **c) Behaupten. Behauptung** ist die Mitteilung eigener oder als eigene übernommener Wahrnehmungen, Verbreitung die Mitteilung fremder Wahrnehmungen, auch ohne sie sich zu eigen zu machen, vgl BGH NJW 1970, 187. Wird die Behauptung nur dem Betroffenen ggü aufgestellt, liegt der Tatbestand des § 824 nicht vor, da dann die bezeichneten Nachteile idR nicht eintreten können, RGZ 101, 335, 338f; *Gieseke* GRUR 1950, 298, 304. Vertrauliche Mitteilung genügt, vgl BGH NJW 1973, 1460 (Haftung des Informanten für eine Presseberichterstattung). Es kann genügen, wenn nur von einer Möglichkeit, einem Verdacht, einer Wahrscheinlichkeit, uU sogar von einer Unwahrscheinlichkeit gesprochen wird, vgl BGH LM § 824 Nr 18 mN; NJW 1978, 2151, sofern beim unbefangenen Empfänger der Mitteilung der Eindruck entsteht, dass es sich um eine, wenn auch versteckte, Tatsachenbehauptung handelt, BGH NJW 1951, 352. Die Verbreitung einer Tatsache kann auch im Abdruck einer Anzeige in der Presse liegen, BGHZ 59, 76 (vgl Rn 7). Die Sendung kritischer Äußerungen verschiedener Wissenschaftler zu einem Produkt im Fernsehen ist kein Verbreiten dieser Äußerungen durch die Fernsehanstalt, BGH NJW 1970, 187.

6 **3. Eignung zur Herbeiführung von Nachteilen.** Die Tatsache muss geeignet sein, den **Kredit zu gefährden** oder andere **Nachteile für den Erwerb oder das Fortkommen** herbeizuführen. Erforderlich ist eine unmittelbare oder betriebsbezogene Beeinträchtigung, krit dazu aber Staudinger/*Hager* Rn 7. Daran fehlt es zB beim sog Systemvergleich ohne Nennung eines bestimmten Herstellers oder Produkts oder wenigstens leicht nachvollziehbaren Hinw darauf, BGH NJW 1963, 1871. Werden hingegen in einem Preisvergleich für ein bestimmtes Unternehmen Preise angegeben, die nicht repräsentativ ermittelt worden sind, liegt hierin ein Verstoß gegen § 824, BGH NJW 1986, 981. Nach BGHZ 90, 113, 119ff = BGH JZ 1984, 1099 m abl Anm *Schwerdtner* soll § 824 auch dann ausscheiden, wenn nicht gegenwärtige oder zukünftige Geschäftspartner des Betroffenen beeinflusst werden, sondern nur die Anlieger eines Investitionsgrundstücks zur Behinderung des geplanten Ausbaus veranlasst werden können. Dies ist jedoch zu eng: Unter dem Fortkommen sind ganz allg die wirtschaftl Zukunftsaussichten des Betroffenen zu verstehen, MüKo/*Wagner* Rn 37 mN. Dazu gehören die Chancen, Investitionen vorzunehmen. Auch Äußerungen der Art, jemand sei durch unverschuldete Verluste um sein gesamtes Vermögen gekommen (vgl BGH NJW 2006, 830), jemand sei krank, Ausländer, bestimmter Konfession oder Partei, gehören hierher. Demnach genügt es, dass der Absatz eines einzelnen Produkts beeinträchtigt werden kann, BGH NJW 1966, 2010 im Gegensatz zu RG JW 1930, 1732. Aktivlegitimiert ist dann nicht nur der Hersteller, sondern zB auch der Alleinvertriebsberechtigte für ein Produkt, BGH NJW-RR 1989, 924. Zur bildlichen Herausstellung eines Produkts durch eine Fernsehreportage über Schadstoffbelastungen, mit denen das Produkt nichts zu tun hat, BGH VersR 1988, 1181.

7 **4. Kenntnis oder Kennenmüssen.** Erforderlich ist, dass der Täter die Unrichtigkeit der Tatsache gekannt hat oder sie bei der Beachtung der im Verkehr erforderlichen Sorgfalt hätte kennen müssen. Es genügt also jede **Fahrlässigkeit**, allerdings nicht nur hinsichtl der Unwahrheit, sondern auch der Eignung zur Kreditgefährdung, Rn 1. Besondere Gewissenhaftigkeit ist bei der Mitteilung über Kredit- und Vermögensverhältnisse anderer zu verlangen, auch wenn sie nur zum vertraulichen Gebrauch bestimmt sind, RG JW 1927, 1994. Für die Schriftleitung einer größeren Zeitung ist es zumutbar, jede unter § 824 fallende Nachricht ihrer Berichterstatter auf Richtigkeit zu prüfen, vgl RG JW 1935, 2892; BGH NJW 1993, 930 und auch schon RGZ 148, 154; ausf zur Pflicht zur Recherche Staudinger/*Hager* § 823 Rn C 119ff mN. Entspr gilt für andere Massenmedien, vgl BGH NJW 1966, 2010; zur strengen Sorgfaltspflicht der Stiftung Warentest beim Preisvergleich BGH NJW 1986, 981. Die Sorgfaltspflicht ist jedoch zB nicht für alle Teile einer Zeitung gleich intensiv: Über den Wahrheitsgehalt von Anzeigen braucht sich das Presseunternehmen nur zu vergewissern, wenn die Anzeige offenbar rufgefährdenden Charakter hat oder erkennbar für den Betroffenen erhebliche Bedeutung hat, BGHZ 59, 76. Umfassend zu den Sorgfaltspflichten der Medien MüKo/*Wagner* Rn 34, 50ff; Soergel/*Beater* Rn 35ff, 41ff, 56.

8 **5. Schaden.** Der Täter hat den durch die Äußerung eingetretenen **Schaden** für Kredit und Erwerb des Betroffenen idR in Geld zu ersetzen. Zu dem Schaden, für den nach § 824 Ersatz zu leisten ist, können nach § 249 II 1 auch die Kosten einer Anzeige gehören, mit der der Geschädigte der Beeinträchtigung seines wirtschaftl Rufes entgegenwirken will, sofern diese Maßnahme zur Schadensverhütung oder -minderung nach den gegebenen Umständen erforderlich ist, sog berichtigende Werbung, BGHZ 66, 182, 192ff; 70, 39, 42; BGH NJW 1986, 981. Der durch Angriffe eines Massenmediums in seinen wirtschaftl Interessen Betroffene hat sich aber grds zunächst des presserechtl Mittels der Gegendarstellung zu bedienen, es sei denn, dass die konkreten Umstände es erfordern, dass der Geschädigte mit eigenen Erklärungen an die Öffentlichkeit tritt, BGHZ 70, 39, 42. Bei kommerziellen Leistungen und Waren ist regelmäßig eine Werbeanzeige anstelle einer besonderen Gegendarstellung im redaktionellen Teil die angemessene Präsentation des positiven Gegen-Images; zu Inhalt und Grenzen genauer Soergel/*Beater* Rn 58 sowie BGH NJW 1986, 981. Der Widerruf als Schadensersatz nach § 249 I ist heute bedeutungslos. Auch bei Verletzung des § 824 stehen jedoch dem Betroffenen die quasi-negatorischen Behelfe der **Unterlassungsklage** und des **Widerrufs** unabhängig vom Verschulden des Verletzers zur Verfügung, RGZ 148, 114, 122f; BGHZ 14, 163, 173. Möglich ist auch ein Teilwiderruf, wenn die Äußerung nur teilw unwahr ist, BGHZ 66, 182; BGH NJW 1982, 2246. Unwahre Tatsachenbehauptungen braucht der Betroffene auch dann nicht zu dulden, wenn sie zur Wahrnehmung berechtigter Interessen geäußert worden sind. Dies muss selbst dann gelten, wenn die Äußerung in Erfüllung öffentlich-rechtl Pflichten oder in Ausübung öffentlich-rechtl Befugnisse erfolgt ist, soweit hier überhaupt privatrechtl Rechtsschutz in Frage kommt.

6. Berechtigtes Interesse. Hat der Mitteilende oder der Empfänger ein **berechtigtes Interesse** an der Mitteilung, tritt die Ersatzpflicht nach Abs II nur ein, wenn die Unrichtigkeit der Tatsache dem Mitteilenden positiv bekannt war; bloße Fahrlässigkeit genügt dann nicht, RGZ 84, 294, 295. Wissentlich falsch ist die Mitteilung auch dann, wenn jemand etwas zu wissen behauptet, obwohl er sich der Unsicherheit seines Wissens bewusst ist. Bei Vorbringen im Prozess und bei Eingaben an Behörden ist aber an die Prüfungspflicht ein anderer Maßstab anzulegen: Wer sein Recht verfolgt, dem ist es nicht verwehrt, auch von ihm nicht nachgeprüfte oder nicht nachprüfbare Behauptungen aufzustellen, sofern ihre Unhaltbarkeit oder Bedenklichkeit nicht von vornherein auf der Hand liegen, RGZ 140, 392, 397; BGHZ 74, 9, 15. 9

Abs II entspricht im Wesentlichen der Regelung des § 193 StGB. Nach hM schließt er aber nicht die Rechtswidrigkeit aus, so dass die irrtümliche Annahme seiner Voraussetzungen die Haftung nicht ausschließt, RGZ 85, 440, 442. Das legitime Ziel dieser Auffassung, einen **Widerruf** unwahrer Behauptungen auch im Falle des § 824 II zu ermöglichen, kann jedoch schon dadurch erreicht werden, dass jede nachweislich unwahre Behauptung deshalb, weil sie in der Welt ist, eine Störung darstellt, die der Betroffene nicht zu dulden braucht und durch Widerruf bekämpfen kann. Voraussetzung für den Widerruf ist freilich nach BGH NJW 1987, 2225, dass konkret die Gefahr einer Wiederholung der Äußerung besteht. Die logische Zumutung, ein berechtigtes Verhalten für rechtswidrig zu erklären, ist demnach jedenfalls nicht erforderlich. Bei entschuldbarem Irrtum über den Rechtfertigungsgrund scheidet daher eine Schadensersatzpflicht aus. 10

Die Annahme eines berechtigten Interesses des Mitteilenden oder des Mitteilungsempfängers setzt stets eine umfassende **Güter- und Interessenabwägung** voraus. Dazu gehört eine Prüfungspflicht des Mitteilenden hinsichtl der Größe der für den Betroffenen drohenden Gefahr, der Dringlichkeit des Mitteilungsinteresses und der Zuverlässigkeit der Erkenntnisquellen, ohne dass die Erfüllung dieser Pflicht schon die Fahrlässigkeit ausschließt; denn dann scheidet § 824 überhaupt aus. Je höher der zu erwartende Verbreitungsgrad, umso intensiver ist die Prüfungspflicht, BGH NJW 1966, 2010. Ein wesentliches Element der Abwägung, das die Prüfungspflicht erheblich relativiert, ist das Grundrecht des Mitteilenden aus Art 5 GG, vgl BGH NJW 1977, 1288 und BVerfGE 54, 208 sowie zu der auch hier einschlägigen Vermutung für das Recht der freien Rede Rn 2 mN. Zur Abwägung gehört untrennbar die Prüfungspflicht des Erklärenden, Rn 7, 9. Wenn eine Beleidigungsabsicht aus Form oder Umständen hervorgeht, ist in entspr Anwendung des § 193 StGB eine Berufung auf Abs II ausgeschlossen, RG JW 1919, 993. 11

7. Beweislast. Der Kläger hat die Unrichtigkeit der Tatsache und das Verschulden des Beklagten zu beweisen, RGZ 115, 74, 79. Dem Beklagten obliegt dagegen der Nachw eines berechtigten Interesses. Handelt es sich um eine ehrverletzende Behauptung iSd § 186 StGB, ist der Anspruch nach § 823 II schon begründet, wenn die Tatsache nicht erweislich wahr ist. In diesem Fall hat der Beklagte die Wahrheit der Tatsache darzutun. Anders bei einer Widerrufsklage: Hier liegt die Beweislast für die Unrichtigkeit der Behauptung beim Kläger, BGHZ 37, 187; 69, 181, 182; s aber auch Vor § 823 Rn 23 zum eingeschränkten Widerruf. Abw ist auch die Beweislast bei Verstößen gegen §§ 3, 4 Nr 8 UWG geregelt. Hier hat der Kläger nur die geschäfts- oder kreditgefährdende Eigenschaft der behaupteten Tatsache und ferner zu beweisen, dass der Beklagte zum Zwecke des Wettbewerbs gehandelt hat, vgl dazu RGZ 118, 133. Den Beweis der Unwahrheit der behaupteten Tatsache hat hier der Kläger nicht zu führen; denn das UWG verbietet die Behauptung kreditschädigender Tatsachen schon dann, wenn die Tatsache nicht erweislich wahr ist. Daher obliegt dem Behauptenden der Beweis für die Richtigkeit der Tatsache. 12

§ 825 Bestimmung zu sexuellen Handlungen

Wer einen anderen durch Hinterlist, Drohung oder Missbrauch eines Abhängigkeitsverhältnisses zur Vornahme oder Duldung sexueller Handlungen bestimmt, ist ihm zum Ersatz des daraus entstehenden Schadens verpflichtet.

Die Vorschrift ist neu gefasst worden durch das 2. Schadensersatzrechtsänderungsgesetz (BGBl I 2002, 2674). In der aF hatte sie stets ein Schattendasein geführt und war seit der Rspr des BGH zur Gesundheitsverletzung durch eine **ungewollte Schwangerschaft** vollends überholt, BGHZ 76, 259; BGH NJW 1984, 2625 und hierzu § 823 Rn 17. Gerade wegen der Regelung in § 825 vermag der dogmatische Ansatz des BGH jedoch nicht zu überzeugen. Insofern zu Recht hatte vielmehr RGZ 96, 224 einen Anspruch wegen Gesundheitsverletzung bei ungewollter Schwangerschaft noch abgelehnt. Im System des historischen Gesetzgebers hatte jedoch bekanntlich das Allgemeine Persönlichkeitsrecht noch nicht den ihm gebührenden Platz gefunden. Die Zugehörigkeit des § 825 zum Persönlichkeitsschutz tritt durch die jetzige geschlechtsneutrale Formulierung besonders deutlich hervor. Ihre wichtigste Funktion ist die Begründung eines Schadensersatzes nach § 253 II wegen des verletzten immateriellen Interesses. Etwaige Vermögensfolgeschäden kommen daneben zwar ebenfalls in Betracht. Die Belastung mit Unterhaltspflichten für ein ungewolltes Kind dürfte jedoch auch künftig von der Rspr an den Tatbestand der Körper- und Gesundheitsverletzung angeknüpft werden. 1

Fraglich ist bei systematischer Betrachtung der Vorschrift, ob durch sie Ansprüche wegen Verletzung des Allgemeinen Persönlichkeitsrechts und wegen Sexualbeleidigung nach § 185 StGB, § 823 II ausgeschlossen sind. Der Gesetzgeber wollte ausweislich der Materialien (BT-Drs 14/7752, 26) bei der Neufassung des § 825 nicht hinter den erreichten Stand der Rechtsentwicklung zurückfallen. Es handelt sich daher um **keine abschließende Regelung**, ebenso zB *Cahn*, Einführung in das neue Schadensersatzrecht, 2003, Rn 142f. 2

§ 826 Sittenwidrige vorsätzliche Schädigung

Wer in einer gegen die guten Sitten verstoßenden Weise einem anderen vorsätzlich Schaden zufügt, ist dem anderen zum Ersatz des Schadens verpflichtet.

1 **1. Funktion der Vorschrift.** § 826 gewährt den **umfassendsten Schutz** gegen Schädigungen nach geltendem Deliktsrecht; denn die Vorschrift knüpft die Haftung weder an die Verletzung einzelner Rechte wie § 823 I noch an den Verstoß gegen gesetzl und untergesetzl normierte Verhaltensgebote wie § 823 II. Insb die Sphäre eigener Dispositionen des Geschädigten, in der typischerweise **reine Vermögensschäden** entstehen, ist nach § 826 geschützt. Aber auch zB immaterielle Schäden aus der vorsätzlichen und sittenwidrigen Verletzung von Persönlichkeitsgütern fallen unter § 826. Die Vorschrift ist hiermit die eigentliche Generalklausel des Deliktsrechts, vgl auch Vor § 823 Rn 1f. Wegen ihrer systematischen Stellung nach den spezieller ausgestalteten Delikten der § 823 I, II und § 824 und vor allem wegen der einschränkenden Merkmale des Vorsatzes und des Sittenverstoßes kann sie jedoch nur eine Ergänzungsfunktion als Auffangtatbestand erfüllen, krit zur Qualifizierung als Auffangtatbestand aber RGRK/*Steffen* Rn 1; *Larenz/Canaris* II 2 § 78 I 2a. Sie ist allerdings nicht ggü den speziellen Deliktstatbeständen subsidiär; regelmäßig besteht Anspruchskonkurrenz, Rn 23.

2 Die Verwendung der guten Sitten als Maßstab für die Beurteilung des schädigenden Verhaltens eröffnet die Möglichkeit, das Deliktsrecht in zwei Richtungen an veränderte Verhältnisse anzupassen: Zum einen vermag die gute Sitte formale Rechtspositionen zu überwinden. Dies ist zB bei der Abwehr von Vollstreckungen aus Titeln für sittenwidrige Ratenkredite besonders häufig relevant geworden, dazu genauer Rn 47, vgl aber auch die allg Kritik am Topos der formalen Rechtsposition bei Staudinger/*Oechsler* Rn 43. Zum andern verweist die Sittlichkeit auf **Verhaltensstandards**, die gesellschaftlich anerkannt, wenn auch **(noch) nicht zu Rechtsnormen verfestigt** sind und bei besonderer Verwerflichkeit unter § 826 fallen. Auch die Transformation der über den Zivilrechtsnormen stehenden Grundrechte in einfaches Recht hat in diesem Zusammenhang ihren legitimen Platz, vgl BVerfGE 7, 198ff. Darin zeigt sich die Entwicklungsfunktion des § 826, grundlegend *Deutsch* JZ 1963, 385, 390. Im Anschluss an *Teubner* Standards und Direktiven in Generalklauseln, 1971, lässt sich diese Funktion in Unterfunktionen aufspalten: Der Richter hat die Aufgabe, solche allg anerkannten Grundgebote des zwischenmenschlichen Zusammenlebens zu ermitteln und anzuwenden, die nicht Charakter und Rang von Rechtsnormen haben (**Rezeptionsfunktion**, vgl dazu aber Rn 6). Haben sich die veränderten faktischen Situationen oder soziale Umstände geändert, hat der Richter auch dies in seine Entscheidungsgrundlagen aufzunehmen, BVerfGE 2015, 3083 Rn 15, ebenso bei der Änderung gesellschaftlicher Wertvorstellungen (**Transformationsfunktion**). Das Verhalten des Richters bei der Entwicklung der konkreten Fallnormen ist jedoch keineswegs passiv: Zu Recht wird die Notwendigkeit eigener normativer Bewertung der gesellschaftlichen Maßstäbe durch den Richter betont, Jauernig/*Teichmann* Rn 4, dazu im Einz Soergel/*Hönn* Rn 37ff. Daraus ergibt sich unvermeidlich ein Anlass zur Rechtsfortbildung. Die Generalklausel wird so zum Rahmen für die Bildung von Richterrecht (**Legitimationsfunktion**). Die Tragweite der Legitimationsfunktion und die Kriterien der Rechtsfortbildung sind freilich umstr: Für eine Begrenzung der Entwicklungsfunktion unter Betonung der ethischen und gesetzgeberischen (insb grundgesetzl) Fundierung des Sittenmaßstabes insb Soergel/*Hönn* Rn 3, 16ff; zur Gute-Sitten-Klausel als „Normbildungsauftrag für die Gerichte" demggü *Brüggemeier*, Deliktsrecht, Rn 837f mN. Mit Recht betont BGH NJW 1970, 657 jedenfalls die Unabgeschlossenheit der anerkannten Fallgruppen: Gerade bei § 826 kommt es in besonderem Maße auf die Umstände des Einzelfalles an. Schon darin liegt eine spürbare Grenze aller Bemühungen um die Objektivierung der für § 826 relevanten Verhaltensstandards. Andererseits müssen die Forderungen nach Rechtssicherheit und nach Vorhersehbarkeit der Entscheidungen sowie nach dogmatischer Durchdringung der Generalklausel zu einem Mindestmaß an Objektivierung führen.

3 **2. Sittenverstoß. a) Allgemeine Grundsätze – sozialethisches Minimum.** Wegen des Tatbestandsmerkmals der Sittenwidrigkeit wird die Handlungsfreiheit durch § 826 weniger eng begrenzt als die Ausübung von Rechten und die Gestaltung von Rechtsverhältnissen durch das Gebot von Treu und Glauben nach §§ 157, 242. Nicht jede Rücksichtslosigkeit ist bereits sittenwidrig. Daher geht es zu weit, § 826 als Grundlage für die Beachtung der Forderungen wahrer Gerechtigkeit und für die Verwirklichung eines Rechts höherer Ordnung zu bezeichnen, vgl aber BGHZ 17, 327. Als **Auffangtatbestand** kann § 826 nicht mehr verwirklichen als ein **sozialethisches Minimum** (ähnl *Larenz/Canaris* II 2 § 78 II 1b; Soergel/*Hönn* Rn 23, 30: ethisch fundierte Mindestanforderungen). Als Formel hierfür verwendet die st Rspr das „Anstandsgefühl aller billig und gerecht Denkenden" (RGZ 48, 114, 124f; BGH NJW 2014, 383 Rn 9; vgl auch schon Prot I 967). Diese Umschreibung, die durch die Gleichsetzung mit dem „gesunden Volksempfinden" und der „nationalsozialistischen Weltanschauung" in RGZ 150, 1, 4 erheblich diskreditiert ist, führt jedoch mindestens teilw in die Irre: In einer pluralistischen Gesellschaft ist es vielfach kaum möglich, Konsens über ethische Standards festzustellen; abw Ansichten können gerade das Ergebnis eindringlicher moralischer Reflexion sein, so dass ihre Vertreter gewiss nicht aus dem Kreis der „billig und gerecht Denkenden" ausgeschlossen werden dürfen. Außerdem kann es für die rechtl Beurteilung eines Verhaltens auch nicht auf das Gefühl der Mitglieder einer Rechtsgemeinschaft ankommen; es ist viel zu unbestimmt, um rationaler Argumentation des Richters eine Grundlage geben zu können. Vgl zur Kritik an der Formel insb *Haberstumpf* Die Formel vom Anstandsgefühl aller billig und gerecht Denkenden in der Rspr des BGH, 1976; sowie Staudinger/*Oechsler* Rn 24, 27ff; MüKo/*Wagner* Rn 10.

4 In der Lit wird deshalb vielfach eine **Objektivierung und Funktionalisierung** des Sittenbegriffs vorgeschlagen. Als Vorbild dient etwa die Neufassung des ordre public im Internationalen Privatrecht nach Art 6 EGBGB, vgl

Deutsch/Ahrens Deliktsrecht, Rn 303; grundlegend dazu *K. Simitis* Gute Sitten und ordre public, 1960. Die wesentlichen Grundsätze des Rechts, insb die Grundrechte, geben zwar wichtige Anhaltspunkte für das nach § 826 relevante sittliche Minimum, erschöpfen es jedoch nicht. ZB bei der Bewertung des vom Schädiger an den Tag gelegten Verhaltens als Kollusion oder als grobe Rücksichtslosigkeit ist kaum ohne einen unmittelbaren Durchgriff auf die moralische Verwerflichkeit solcher Methoden auszukommen; denn der hohe Wert der Freiheit in unserer Rechtsordnung bringt es mit sich, dass Rücksicht auf andere und Fairness ihnen ggü nicht zu den schlechthin zu wahrenden Grundwerten gehören können, sondern dass ein Verstoß gegen sie erst dann zivilrechtl Sanktionen nach sich zieht, wenn das Maß an Unfairness und Illoyalität nach einer Reaktion der Rechtsordnung „schreit", vgl RGRK/*Steffen* Rn 14, 16 sowie BGHZ 67, 48, 51. Ein noch wichtigeres Vorbild für die Orientierung des § 826 an obj(er)en Maßstäben ist die herrschende Interpretation des **§ 3 UWG**, vgl Soergel/*Hönn* Rn 18, 21 mN. Da diese Vorschrift gleichfalls auf die „guten Sitten" verweist, liegt eine solche Parallele nahe. Der Schutzzweck des UWG ist jedoch enger, die Funktion des § 3 in diesem Rahmen weiter als Schutzzweck und Funktion des § 826: Ziel des UWG ist die Aufrechterhaltung des (fairen) Leistungswettbewerbs und des Verbraucherschutzes, Ziel des BGB hingegen die Herstellung und Wahrung angemessener Privatrechtsverhältnisse schlechthin. § 3 UWG ist die Grund- und Ausgangsnorm für die Regelung des Wettbewerbs, § 826 hingegen bloße Ergänzungsvorschrift, wenn die im BGB ausgeformten spezielleren Mittel des Rechtsschutzes versagen, wie hier insb Soergel/*Hönn* Rn 21.

Methodisch ergibt sich aus dieser Standortbestimmung die Forderung, Sittenwidrigkeit nicht allg und abstrakt zu definieren, sondern in der sachhaltigen Diskussion der **konkreten Konfliktfälle** zu ermitteln. Vor Beliebigkeit oder gar richterlicher Willkür schützt die in den Fallgruppen verdichtete Wertungserfahrung, wobei der sozialethische Bezug des Sittenwidrigkeitsurteils die Bewertungsmöglichkeit jenseits der anerkannten Fallgruppen offen hält: Die Rechtsordnung darf vor der unerschöpflichen eigensüchtigen oder neidischen Phantasie der Menschen zulasten ihrer Mitmenschen nicht kapitulieren, vgl schon Rn 2 aE. Beim gegenwärtigen Stand der Zivilrechtstheorie ist der erforderliche Bewertungsvorgang am besten durch das von *Wilburg*, Entwicklung eines beweglichen Systems im bürgerlichen Recht, 1951 geprägte Bild des **„Zusammenspiels beweglicher Elemente"** zu erfassen, vgl insb MüKo/*Armbrüster* § 138 Rn 46ff; krit hierzu aber Staudinger/*Oechsler* Rn 20. Als Elemente der Abwägung kommen in Betracht: die Absicherung anerkannter Ordnungen einschl der Grundrechte, die Abwehr von Freiheitsbeschränkungen, die Abwehr des Machtmissbrauchs, die Verhinderung groben Vertrauensbruchs, die Abwehr von Drittschädigungen, die Abwehr von schweren Äquivalenzstörungen, die Durchkreuzung verwerflicher Gesinnungen sowie die Abwehr missbilligter Kommerzialisierung und anderer sittenwidriger Zwecke, methodisch ähnl Soergel/*Hönn* Rn 32–37; vgl aber die Kritik an solchen Topoi der Abwägung bei Staudinger/*Oechsler*, 2018, Rn 47ff. 5

b) Normativer Gehalt. Die Formulierung des § 826 scheint mit dem Bezug auf die Sitten statt auf die allg Sittlichkeit eine wesentliche **empirische Aufgabe** des Richters zu begründen. Dies kommt auch in der RG-Formel (Rn 3) mit dem Maßstab des Gefühls aller billig und gerecht Denkenden zum Ausdruck. Tatsächlich spielt jedoch die empirisch ermittelte Sozialmoral bei § 826 – anders als teilw bei § 3 UWG – so gut wie keine Rolle, vgl RGRK/*Steffen* Rn 19: „kein Tatsachenbegriff". Innerhalb der in Rn 5 aufgezählten Elemente der Abwägung hat die empirische Seite der Ermittlung herrschender Sitten gleichfalls keine Bedeutung. Bei Anknüpfung des Sittenwidrigkeitsurteils an das Anstandsgefühl „aller" nach der RG-Formel erscheint die empirische Ermittlung des Maßstabes schon deshalb überflüssig, weil der Richter im Zweifel für sich beanspruchen darf, selbst diesem Kreis anzugehören. Daraus hat die Rspr auch seit langem die Konsequenz gezogen, dass die Konkretisierung des Sittenbegriffs der höchstrichterlichen Revision unterliegt, RGZ 48, 114, 129; 81, 86, 91; 145, 396, 401. Darin wird der **normative Gehalt** des Durchgriffs auf die scheinbar empirisch zu ermittelnden Sitten deutlich. In Wahrheit dürfte der Maßstab der guten Sitten sogar eher dazu geeignet sein, wirkliche Sitten zurückzuweisen und – wenn nötig – für sittenwidrig iSd § 826 zu erklären, vgl BGHZ 10, 228, 232. So ist es auch anerkannt, dass der Richter ein Verhalten nicht allein deshalb zu akzeptieren braucht, weil es üblich ist, Staudinger/*Fischinger* § 138 Rn 116 mN. In der vorgeblichen Orientierung am Gefühl aller rechtl und billig Denkenden liegt allerdings ferner die Zurückweisung übertriebener, den Durchschnitt überfordernder richterlicher Maßstäbe, BGHZ 10, 228, 232; Soergel/*Hönn* Rn 27. Dieser Riegel gegen den Rigorismus wirkt aber wiederum nicht durch die Anknüpfung an empirische Wertvorstellungen der Bevölkerung. 6

Ein empirisches Element der Feststellung der Sittenwidrigkeit scheint wenigstens bei der Anknüpfung an **berufsspezifische Verhaltensstandards**, insb an Maßstäbe der Standesethik, relevant zu sein, BGHZ 22, 347, 357; BGH NJW 1962, 1766; 1981, 2007. Hierfür spricht die funktionale Äquivalenz von Berufsrecht und Standesethik zur Marktverfassung im fairen gewerblichen Wettbewerb; und für deren Grundnorm § 3 UWG hat die Empirie des Verhaltens der Marktteilnehmer – Kaufleute wie Freiberufler – einen legitimen Platz, vgl BGH NJW 1969, 744 und hierzu *Medicus* AT Rn 681. Wegen der Anwendung des UWG auch auf freie Berufe erscheint freilich die Anwendung des § 826 auf diesen Bereich nicht dringlich. Vor allem aber passt § 826 als Norm des sozialethischen Minimums von vornherein nicht für solche Standesregeln, die allein die innere Verfassung des Berufsstandes betreffen und nicht der **Qualität der Leistungen** an die Mandanten, Patienten, Auftraggeber usw dienen, Soergel/*Hönn* Rn 26; RGRK/*Steffen* Rn 22 mN. Wann eine grobe Enttäuschung des berufsspezifischen Vertrauens in diesem Verhältnis vorliegt, ist aus bestimmten Berufspflichten zu entwickeln, die schon deshalb als Standesregeln nur unvollkommen erfasst werden können, weil sie auch für Berufsgruppen ohne Standesregeln aufzustellen sind (vgl § 823 Rn 128) und weil die vorhandenen Regeln nur einen kleinen Ausschnitt der wirklichen 7

Pflichten betreffen, dazu im Einz Rn 32ff, 38ff. Die hM sieht freilich in den Standesregeln von Rechtsanwälten, Ärzten, Architekten, Journalisten, Verlegern uÄ den wichtigsten Bereich empirisch feststellbarer Verhaltensmaßstäbe nach § 826, RGZ 83, 110; 113, 1; 144, 244; BGHZ 22, 347, 357; Soergel/*Hönn* Rn 26 mit Kritik (Fn 95) an bedenklicher „Verklammerung" von Standesregeln und Sittenwidrigkeitsurteil; vgl ferner RGRK/*Steffen* Rn 22. Aber auch von den Vertretern dieser Meinung wird der Bezug beruflicher Standards zur Qualität der geschuldeten Dienstleistungen betont, und jedenfalls werden solche Standesregeln aus dem Bereich der guten Sitten ausgeschlossen, die allein Vermögensinteressen oder der Unterbindung des Wettbewerbs zw den Angehörigen des Berufs dienen, Soergel/*Hönn* Rn 26 mN, vgl auch Rn 33 m Fn 112 zum Corporate-Governance-Kodex. Soweit hiernach Standesregeln als gute Sitten zu rezipieren sind, unterliegen sie in wohl höherem Maße als andere Regeln des sozialethischen Minimums dem **zeitl Wandel**, BGHZ 16, 71, 76; 43, 46, 49 zum Verkauf einer freiberuflichen Praxis. Dies dürfte ein Indiz dafür sein, dass es sich in Wahrheit nicht um Maßstäbe der guten Sitten handelt und sich nur diese Erkenntnis unter der eher irreführenden Bezeichnung des Wertewandels i Erg immer mehr durchsetzt.

8 **c) Abwägung.** Wesentliche Bedeutung für die **Abwägung** als Grundlage des Sittenwidrigkeitsurteils über ein bestimmtes Verhalten haben die Bewertungen des **Ziels**, des **Mittels** und der **Ziel-Mittel-Relation**, RGZ 130, 89, 91; BGH VersR 1965, 849, krit zur Begründungstauglichkeit dieser Relation Staudinger/*Oechsler*, 2018, Rn 52). Daneben sind auch die **Gesinnung** und die **Folgen** zu berücksichtigen, BGHZ 225, 316 Rn 15. Ausgangspunkt für die Beurteilung des verfolgten Ziels ist der schon von Gaius (D. 50, 17, 55) formulierte Grundsatz: nullus videtur dolo facere, qui suo iure utitur (keiner handelt dolos, der von seinem Recht Gebrauch macht), vgl BGHZ 13, 71; 19, 72, 75; BGH NJW 1978, 2031. Umgekehrt genügt jedoch im Allgemeinen auch eine Pflichtverletzung mit der Folge eines Vermögensschadens nicht, sondern es bedarf zudem einer besonderen Verwerflichkeit des Verhaltens, BGHZ 225, 316 Rn 15. Stets müssen besondere Umstände hinzutreten, damit § 826 eingreifen kann: Schädigungsabsicht von Anfang an, zB schon beim Erwerb des Rechts, RGZ 74, 224, 230; BGH WM 1992, 1184 (Erwerb von Aktien, nur um sich eine Anfechtungsklage „abkaufen" zu lassen); oder bewusstes Zusammenwirken zur Schädigung Dritter (Kollusion), RGZ 88, 361, 366; BGH NJW 1981, 2184, 2185; 2000, 2896; oder besondere Rücksichtslosigkeit, BGHZ 27, 172, 180; BGH NJW 1970, 657; vgl auch Rn 28 aE; oder billigende Inkaufnahme eines Rechtsverstoßes, BGH NJW 2021, 921 Rn 19. In den drei zuletzt genannten Bsp ergibt sich das Unwerturteil vor allem aus dem eingesetzten Mittel. Nicht weniger verwerfliche Mittel sind etwa Täuschungen und Erpressungen, Rn 35ff (aber nicht die Drohung mit Strafanzeige, um den schuldhaften Schädiger zur Wiedergutmachung zu veranlassen, BGHZ 25, 217, 221), Ausnutzen von Irrtümern oder von Unerfahrenheit und Willensschwäche (BGH NJW 1979, 162) sowie von Verzweiflung (Stuttgart NJW-RR 2018, 1257) und das „Trittbrettfahren" bei fremden Leistungen, vgl BGHZ 60, 168.

9 Typischerweise ist in den unter § 826 fallenden Sachverhalten weder das Ziel noch das Mittel „an sich" sittenwidrig, sondern erst die **Verknüpfung** von beidem. So darf ein Verband seine Mitglieder nicht um geringer materieller Vorteile willen zum Boykott aufrufen, wenn der Boykott zur Vernichtung des Boykottierten führen würde, vgl schon RGZ 130, 89 und dazu Rn 60f. Die Verhältnismäßigkeit des Mittels zum eingesetzten Zweck wird durch die **Stellung des Schädigers** beeinflusst: Wer Macht, eine besondere Qualifikation oder exklusive Informationen hat, muss diese Mittel behutsamer einsetzen, als dies etwa im Wettbewerb zw annähernd Gleichen oder bei Verwendung allg zugänglicher Informationen der Fall wäre, Soergel/*Hönn* Rn 49.

10 **d) Subjektive Momente.** Unabhängig vom Schädigungsvorsatz (Rn 14f) können für die Bewertung eines Verhaltens als sittenwidrig **subj Momente** beim Schädiger Bedeutung haben, insb seine Kenntnisse, Absichten und Beweggründe, BGHZ 225, 316 Rn 15. So kann sich die Sittenwidrigkeit aus dem aus Rachsucht oder Neid geborenen Wunsch, einen anderen zu schädigen, als einzigem Motiv für das an sich erlaubte Verhalten des Schädigers ergeben, vgl RGZ 74, 224, 230; BGH WM 1984, 906, aber auch schon aus einer bewussten Täuschung, vgl BGHZ 225, 316 Rn 15. Voraussetzung dafür ist jedoch immer, dass die Gesinnung des Schädigers in der äußeren Rücksichtslosigkeit oder Gefährlichkeit seines Verhaltens in Erscheinung tritt. Innerlich bleibende unsittliche Motive müssen schon deshalb unberücksichtigt bleiben, weil sie kaum je obj festzustellen sind, vgl RGZ 138, 373, 375f; RGRK/*Steffen* Rn 28 aE mN. Umgekehrt kann es den Schädiger vom Vorwurf der Sittenwidrigkeit entlasten, wenn er sich in einem entschuldbaren oder sogar leicht fahrlässigen **Verbotsirrtum** über die Bewertung seines Verhaltens befindet, etwa weil die Rspr den maßgeblichen Verhaltensstandard erst in der Entscheidung über sein Verhalten aufstellt, BGHZ 27, 264, 273; vgl auch BGH ZIP 1999, 2158 (redliche Annahme eines Rechts, die Weiterveräußerung zu verhindern und sich eine Lizenzgebühr zu sichern durch eine Software-Sperre). Auf die unrichtige Auskunft eines Rechtsanwalts kann er sich aber nicht in jedem Falle verlassen, BGHZ 74, 281. Leichtfertige oder gewissenlose Unkenntnis der Bewertungsmaßstäbe entlastet den Schädiger nicht, vgl BGHZ 10, 228, 233.

11 § 826 setzt beim Schädiger nicht das **Bewusstsein der Sittenwidrigkeit** voraus, weil sonst besonders Gewissen- und Rücksichtslose begünstigt würden, RGZ 79, 17, 23; BGHZ 8, 83, 87; Soergel/*Hönn* Rn 52; zur Vereinbarkeit mit der Relevanz des Verbotsirrtums MüKo/*Wagner* Rn 35; ausf zu den Problemen aufgrund der (sonst) im Zivilrecht geltenden Vorsatztheorie Staudinger/*Oechsler* Rn 63ff. Der Schädiger muss jedoch idR die Tatsachen kennen, aus denen sich die Unsittlichkeit ergibt, RGZ 136, 293, 298; BGHZ 8, 83, 87f; BGH NJW 2004, 3706, 3810. Verschließt er sich bewusst der Kenntnisnahme einer erheblichen Tatsache, steht dies der positiven Kenntnis gleich, BGH NJW 1967, 493; 1992, 3167, 3174; vgl auch Soergel/*Hönn* Rn 52 mN. Bei juristischen Personen muss ein verfassungsmäßig berufener Vertreter iSd § 31 den obj und subj Tatbestand verwirklicht haben; die

Grundsätze der Wissenszurechnung und -zusammenrechnung der „im Hause" der juristischen Person vorhandenen Kenntnisse finden im Rahmen des § 826 idR keine Anwendung (BGH NJW 2017, 250); erst recht keine Wissenszurechnung über die Grenzen rechtl selbständiger (Konzern-)Gesellschaften hinaus, BGH NJW 2021, 1669 Rn 23. War dem Schädiger eine Tatsache unbekannt, erfährt er sie aber später, kann das Unterlassen der Aufklärung oder die anderweitige Aufrechterhaltung des Zustandes nunmehr sittenwidrig sein, RGZ 143, 48, 56; BGH NJW 1965, 249; BGHZ 74, 281, 287.

e) **Berufspflichten.** Vor allem bei hoher beruflicher Position und bei durch Macht, Vertrauen oder besonderen Informationsstand herausgehobener Stellung des Handelnden genügt nach der Rspr die **grob leichtfertige oder rücksichtslose** Verletzung von Berufs-(Verkehrs-)Pflichten zur Begründung des Vorwurfs, sittenwidrig zu handeln, RGZ 72, 175, 176; Soergel/*Hönn* Rn 45, 53. Zusammen mit dem Erfordernis nur bedingten Vorsatzes hinsichtl der Schädigung (Rn 14) hat dies zu einer erheblichen Erweiterung der Haftung aus § 826 für die Verletzung von Verkehrspflichten zum Schutze fremden Vermögens geführt, vgl Soergel/*Hönn* Rn 4ff. Hierauf beruhen zB die Fallgruppen der Haftung für Rat und Auskunft (Rn 38ff), für Angaben „ins Blaue" (BGH NJW 1980, 2460 und Rn 35), für falsche Zeugnisse (BGHZ 74, 281 und Rn 42) oder Sachverständigengutachten (zu den Grenzen BGH NJW 1991, 3282; vgl auch Staudinger/*Oechsler* Rn 362 zur Konkurrenz mit § 839a), für grob leichtfertigen, gewissenlosen Umgang mit anvertrautem fremdem Eigentum (BGH NJW 1991, 634 zur Gefährdung eines Schiffs durch Verstoß des Charterers gegen ein Embargo) und für Gläubigerbenachteiligung, vor allem durch Banken (Rn 31ff). Im Rahmen der Entwicklungsfunktion des § 826 (Rn 2) sind diese Fortbildungen verständlich, weil sie gesellschaftlich besonders wichtige Verhaltensstandards in einem Bereich begründen, der teilw nicht genügend iS einer optimalen Versorgung des Publikums rechtl durchgeformt ist, dazu grundlegend *Hirte*, Berufshaftung, 1996, 406ff, 413ff. Gerade im Verhältnis zum Publikum hat auch die Zuordnung der besonderen Anforderungen an die **qualifizierten Berufe** zu den guten Sitten ihren Sinn (Rn 7). Eine Gleichsetzung des fahrlässigen Berufspflichtverstoßes mit der Sittenwidrigkeit ist jedoch weder mit dem Wortlaut des § 826 noch mit seiner Ergänzungsfunktion im System des Deliktsrechts vereinbar, *Mayer-Maly* Das Bewusstsein der Sittenwidrigkeit, 1971, 40f; vgl auch *Hopt* AcP 183, 608, 633: „Denaturierung"; weitere krit Stimmen bei Staudinger/*Oechsler* Rn 90. Dennoch sind die Ergebnisse der Rspr meist mit einer anderen Erwägung zu halten: Die Transparenzpflicht des Produzenten (§ 823 Rn 112) und des Arztes deutet auf einen verallgemeinerungsfähigen Ansatz für die praktische Bewältigung von Fällen deliktischer Berufshaftung hin. Oft kann nur der qualifiziert Berufstätige selbst beurteilen und prozessual Auskunft geben, ob er die Anforderungen an seinen Beruf erfüllt hat. Daraus ergibt sich auch die Verpflichtung, sich Kenntnis von den die Sittenwidrigkeit begründenden Tatsachen zu verschaffen, vgl für einen Rechtsanwalt BGH WM 1992, 1184. Infolgedessen ist es angemessen, dem Schädiger in solchen Fällen entgegen der allg Regel die Beweislast dafür aufzubürden, dass er die Kenntnis der relevanten Tatumstände nicht hatte; ähnl *H. Honsell* JuS 1976, 621, 628f; Staudinger/*Oechsler* Rn 98: Primafacie-Beweis. 12

f) **Unterlassen.** Sittenwidrig kann jedes Verhalten sein, also auch ein **Unterlassen**, vgl bereits Rn 11 aE. Voraussetzung dafür ist, dass die Pflicht zum Handeln sittlich geboten ist, RGZ 155, 257, 285; BGH NJW 1963, 148; 1963, 1606; vgl auch BGHZ 74, 281, 287 zur sittlich gebotenen Berichtigung eines Arbeitszeugnisses. Zu den ähnl Fällen sittenwidriger Täuschung beim Vertragsschluss Rn 35, 41. 13

3. Vorsätzliche Schädigung. a) Schädigung. Das sittenwidrige Verhalten muss zu einem haftungsbegründenden Schaden geführt haben. Dieser ist Tatbestandsmerkmal und vom haftungsausfüllenden Schaden als Rechtsfolge zu unterscheiden, BeckOGK/*Spindler* Rn 15. Ein Schaden liegt nicht nur in jeder nachteiligen Einwirkung auf die Vermögenslage, sondern auch in jeder Beeinträchtigung eines rechtl anerkannten Interesses und jeder Belastung mit einer ungewollten Verpflichtung, BGHZ 160, 149, 153 (Rn 35). 13a

b) Schädigungsvorsatz. Das sittenwidrige Verhalten muss mit dem Vorsatz der Schadenszufügung verbunden sein, damit es zu einer Schadensersatzpflicht führt. Das ist weniger als eine Schädigungsabsicht: Sie braucht weder als Ziel noch als Motiv gegeben zu sein, BGHZ 8, 387, 393; BGH NJW 1967, 493. Sogar bloß **bedingter Vorsatz** (dolus eventualis) genügt. Die Haftung greift daher ein, wenn der Schädiger die Schädigung gekannt bzw vorausgesehen oder für möglich gehalten und sie dennoch billigend in Kauf genommen hat, BGHZ 59, 1, 2; dafür genügt, dass er vorausgesehen hat, in welche Richtung sein Verhalten bei irgendwelchen anderen zu einem Schaden führen und welcher Art dieser sein könnte, und dies mindestens billigend in Kauf genommen hat, BGHZ 160, 149, 156; BGHZ 225, 316 Rn 61. Hat der Schädiger hingegen mit dem Schaden nicht ernsthaft gerechnet oder hatte er die begründete Überzeugung gewonnen, dass kein Schaden eintreten werde, liegt nicht einmal bedingter Vorsatz vor, BGH NJW 1951, 596; WM 2001, 1454, 1457. Theoretisch ist der Schädigungsvorsatz genau vom Bewusstsein der Sittenwidrigkeit (Rn 11) zu unterscheiden. Vielfach wird jedoch von der Sittenwidrigkeit auf den Vorsatz geschlossen, RGZ 90, 106, 109; BGHZ 10, 228, 233; 62, 54, 56; BGH VersR 1966, 1032. 14

Anders als das Verschulden bei § 823 muss der Vorsatz bei § 826 **den Schaden selbst umfassen.** Dazu gehören sämtliche Schadensfolgen, BGH NJW 1951, 596; 1963, 148; 579, freilich nicht der Verlauf des Schadens im Einz und sein genauer Umfang BGH NJW 2000, 2896; RGRK/*Steffen* Rn 34. Eine nur allg Voraussicht einer möglichen Schädigung genügt nicht. Die Meinung, eine bestimmte Folge werde nicht eintreten, schließt den Vorsatz aus, BGH NJW 1963, 579. Der Schädiger braucht nicht im Einz zu wissen, wer der durch sein Verhalten Geschädigte sein wird, BGH NJW 1956, 1595; 1963, 579; 1979, 1599. Er muss aber wenigstens die Richtung, in der sich sein Verhalten zum Schaden anderer auswirken könnte, und die Art des möglichen Schadens vorausgesehen und gewollt oder gebilligt haben, BGHZ 108, 134, 143f; BGH NJW 1991, 634; 2000, 2896. Wer ein schriftliches 15

Gutachten erstellt, wird dieses Bewusstsein regelmäßig auch hinsichtl Dritter haben, die von dem Gutachten Gebrauch machen und auf seine Ergebnisse vertrauen, BGH VersR 1966, 1032; 1034, vgl zu den Grenzen der Haftung für Drittschäden aus Rat und Auskunft aber MüKo/*Wagner* Rn 14, 51, 86ff; *Hopt* AcP 183, 608, 682f und Rn 16.

16 **b) Rechtswidrigkeitszusammenhang.** Die früher hM (zB RGZ 79, 55, 59) sah im Vorsatz das einzige Korrektiv des § 826 zur Schadensbegrenzung. Jedoch ist auch bei § 826 ein Schaden nur dann zu ersetzen, wenn er in den **Schutzbereich der verletzten (Sitten-)Pflicht** fällt, ebenso BGHZ 96, 231; BGH NJW 1979, 1599; BGH NJW 2019, 2164 Rn 8; RGRK/*Steffen* Rn 40; Soergel/*Hönn* Rn 67ff; MüKo/*Wagner* Rn 48ff; stark einschränkend aber Staudinger/*Oechsler* Rn 159ff. Das Gesetz ordnet nicht die Schadensersatzpflicht als Mittel zur Sanktionierung sittenwidrigen Verhaltens an, sondern der Geschädigte wird trotz des für §§ 823ff maßgeblichen Vorranges der Handlungsfreiheit gegen schädigendes Verhalten gerade dann und nur deshalb geschützt, weil und soweit dieses Verhalten sittenwidrig ist. Deshalb genügt es nicht, wenn der Schaden des Betroffenen – obwohl vom bedingten Vorsatz des Schädigers umfasst – bloßer Reflex der sittenwidrigen Schädigung eines andern ist, BGH NJW 1979, 1599; die Sittenwidrigkeit muss gerade auch in Bezug auf den geltend gemachten Schaden bestehen, BGHZ 225, 316 Rn 15. Einen solchen Drittbetroffenen als „mittelbar" Geschädigten zu bezeichnen, führt nicht weiter (als „heuristische Leitlinie" befürwortet aber von MüKo/*Wagner* Rn 51): Soweit ein Verhalten – zB wegen des Verstoßes gegen eine Berufspflicht – auch einem „Dritten" (zB einem Nicht-Vertragspartner) ggü sittenwidrig ist, besteht die Schadensersatzpflicht. Gibt aber jemand Kredit, nur weil ein anderer aufgrund falscher Auskunft demselben Schuldner Kredit eingeräumt hat, dann ist der weitere Kreditgeber vom Verbot sittenwidriger Falschauskünfte ggü dem anderen Gläubiger nicht mehr geschützt, BGHZ 225, 316 Rn 15. Auch gegenständlich haftet der Schädiger **nicht für jeden Schaden des Betroffenen**, nur weil die sittenwidrige Schädigung für den Schaden kausal geworden ist: Wer ein Kfz durch sittenwidrige Täuschung verkauft hat, haftet dem Käufer nicht für Schäden aus einem Unfall mit dem Kfz, der mit der Täuschung nichts zu tun hat, vgl BGHZ 57, 137, 143 und hierzu Rn 18. Wird hingegen eine Gesellschaft vorsätzlich sittenwidrig ruiniert, stehen auch den nur „mittelbar" betroffenen Ruhegehaltsempfängern der Gesellschaft Schadensersatzansprüche zu, RG LZ 1922, 403. Jedoch bestehen die Pflichten der GmbH-Geschäftsführung zu recht- und gesetzmäßigem Verhalten nur ggü der Gesellschaft und nicht ggü außenstehenden Dritten, BGHZ 194, 26 Rn 22f; BGHZ 201, 344 Rn 23; BGH NJW 2019, 2164 Rn 10. Erleidet der potentielle Dritterwerber in einer Lieferkette aus der Verleitung des Erstlieferanten zum Vertragsbruch einen Schaden, kann der Dritterwerber vom Schädiger Ersatz verlangen, wenn der (bedingte) Vorsatz des Schädigers auch den Schaden aus der Weiterlieferung umfasst hat; denn den Ausschlag für die Sittenwidrigkeit gibt hier nicht die Schädigung des ersten potentiellen Erwerbers, sondern die grobe Missachtung der Institution des Vertrags.

17 **4. Rechtsfolgen und prozessuale Durchsetzung. a) Haftung auch für Dritte.** Wie bei anderen Delikten haftet bei § 826 nicht notwendigerweise (nur) der Handelnde. Dem Geschäftsherrn wird **Organhandeln** nach § 31, Handeln des **Verrichtungsgehilfen** nach § 831 zugerechnet. Anders als sonst muss der Verrichtungsgehilfe hier jedoch den subj Tatbestand (Vorsatz) verwirklicht haben, RGZ 73, 434, 436. Der Geschäftsherr kann aber nach § 826 unmittelbar selbst haften, wenn er die sittenwidrige Schädigung durch einen unvorsätzlich handelnden Gehilfen als Werkzeug begangen hat. Zur Eigenhaftung des Organs oder des Gehilfen BGH NJW 1974, 1371; 1979, 2104; 1984, 2284; WM 1991, 1548. Zur Exkulpationsmöglichkeit eines Mandanten hinsichtl seines hinter seinem Rücken sittenwidrig handelnden Rechtsanwalts BGH NJW 1979, 1882. Bereits die Stellung des Anwalts als Verrichtungsgehilfe ist jedoch zweifelhaft, vgl § 831 Rn 6.

18 **b) Anspruch auf Schadensersatz.** Für den **Inhalt des Ersatzanspruchs** gelten §§ 249ff einschl § 254. Da jeder Schaden ersatzfähig ist, kann zB Befreiung von einem ungewollten Vertrag verlangt werden, BGHZ 161, 361, 366ff; BGHZ 225, 316 Rn 47: unzulässige Abschaltvorrichtung bei Diesel-Kfz; ebenso Ersatz für bloße Erwerbsaussichten, zB für die Aussicht auf eine Erbschaft, RGZ 111, 151, 156; weitere Bsp bei Soergel/*Hönn* Rn 80; Staudinger/*Oechsler* Rn 109ff.

18a Bei **arglistiger Täuschung** und **Drohung** kann der Geschädigte im Allg nur das negative Interesse verlangen, BGHZ 188, 78 Rn 11, und zwar unabhängig davon, ob er den Vertrag anficht oder nicht. Der große Schadensersatz geht hier auf Rückgewähr der Leistungen Zug um Zug, der kleine auf den Betrag, um den seine Leistung im Verhältnis zum obj Wert von Leistung und Gegenleistung zu hoch war, BGHZ 230, 224 Rn 15. Das positive Interesse (Schadensersatz statt der Leistung) kann nach RGZ 103, 154, 160 (ähnl BGH NJW 1998, 983) hingegen nach § 826 verlangt werden, wenn der Verkäufer den Käufer über die Mangelfreiheit der Kaufsache getäuscht hat. Durch § 325 hat sich das Problem praktisch weitgehend erledigt. Bei der Liquidation des negativen Interesses muss der Geschädigte im Rahmen der Vorteilsausgleichung auch seinerseits das Erhaltene einschl etwaiger Gebrauchsvorteile herausgeben, vgl BGHZ 225, 316 Rn 66. Dies kann den eigentlichen Schadensersatz vollständig aufzehren, BGHZ 226, 322 Rn 15. Wurde der Vertragsgegenstand weiterveräußert, ist an seiner Stelle der Erlös herauszugeben, BGH ZIP 2021, 1922 Rn 25. Der Schaden entfällt grds nicht durch nachträgl Veränderungen des Werts oder Zustands des Vertragsgegenstands nach Vertragsschluss, da dieser dadurch nicht rückwirkend von einem ungewollten zu einem gewollten wird, BGHZ 225, 316 Rn 58; beim kleinen Schadensersatz sind sie jedoch bei der Vorteilsausgleichung zu berücksichtigen, BGHZ 230, 224 Rn 24. Konstruktiv lässt sich der Anspruch auf Nutzungsausgleich kaum aus dem Ersatzanspruch herleiten, sondern nur aus Rücktritts- oder Bereicherungsrecht. Daraus ist dann auch die Frage zu entscheiden, welchen Einfluss der vom Geschädigten verschuldete oder der unverschuldete Untergang auf den Anspruch hat: Bis zur Höhe des Werts der erhaltenen Leistungen hat die Rückabwicklungsregelung für das (faktische) Synallagma den Vorrang. Der Schadensersatzanspruch hingegen ist nur auf die Differenz zw dem Wert und dem gezahlten Preis gerichtet, aA aber BGHZ 57, 137 mit dem Ansatz bei § 254; vgl ferner Staudinger/*Oechsler* Rn 267 mN zur ausgedehnten, vor allem bereicherungsrechtl Literatur und zum Einfluss der Schuldrechtsmodernisierung auf die Risikoverteilung.

Folgende **Besonderheiten** des Ersatzes **bei einzelnen Schädigungen** sind zu erwähnen: Für den Ersatzanspruch wegen vorenthaltenen Unterhalts gilt § 1613 nicht, RGZ 164, 65, 69. Bei Schmiergeldzahlungen an einen Angestellten liegt ein Schaden des Geschäftsherrn iHd Schmiergeldes nur vor, wenn sonst ein für den Geschäftsherrn mindestens um den Betrag des Schmiergeldes günstigerer Vertrag zustande gekommen wäre. Dafür spricht allerdings der Anschein, BGH NJW 1962, 1099. Bei Gläubigerbenachteiligung oder -gefährdung durch unangemessene Sicherheiten hat der Schädiger den vollen Vertrauensschaden zu ersetzen, RGZ 143, 48, 53. Bei Sanierungen und Insolvenzverschleppungen ist für die Berechnung des Schadens nur bei Neugläubigern nicht ohne Weiteres vom vollen Verlust des Geschädigten auszugehen, bei Altgläubigern hingegen vom Quotenschaden, der durch die Minderung der Insolvenzmasse entstanden ist. Bei Verleitung zum Vertragsbruch mit Doppelverkauf kann der Erstkäufer vom Zweitkäufer Herausgabe der Kaufsache nach § 249 I verlangen, RGZ 108, 58. Zur Diskussion um einen arbeitsrechtl Wiedereinstellungsanspruch nach § 826 Staudinger/*Oechsler* Rn 112 mN. 19

Bei der **Anwendung des § 254** im Rahmen des Ersatzanspruchs nach § 826 ist zu berücksichtigen, dass ggü vorsätzlichem Verhalten jedenfalls leicht fahrlässige Mitwirkung des Geschädigten bei der Abwägung unerheblich ist, BGH NJW 1984, 921 (zu einem Fall, in dem selbst grobe Fahrlässigkeit des Geschädigten nicht berücksichtigt wurde: BGH NJW 1992, 310; ebenso BAG NZA 1999, 457). Dies wird ggü nur bedingt vorsätzlicher Schädigung eingeschränkt, BGHZ 47, 110, 117; 57, 137, 145. Ggü der Haftung des Geschäftsherrn für vorsätzliches Verhalten eines Gehilfen wird § 254 angewendet, BGH NJW 1984, 921, nicht jedoch für die Haftung des Organträgers bei entspr Verhalten des Organs. Bei der Schadensabwendung oder -minderung kann ein strengerer Obliegenheitsmaßstab als bei der Schadensentstehung angemessen sein. 20

c) **Andere Rechtsfolgen.** Als Teil des Schadensersatzanspruchs oder zu dessen Vorbereitung kann ein **Auskunftsanspruch** des Geschädigten gegeben sein, RG JW 1928, 1210; BGH GRUR 1968, 272; 1974, 351, freilich nur, wenn die Auskunft unschwer erteilt werden kann und der Hauptanspruch so wahrscheinlich besteht, dass nicht die Gefahr einer reinen Ausforschung droht. Ein Anspruch auf Rechnungslegung wird hingegen bei Wettbewerbsverletzungen bisher von der Rspr abgelehnt, BGH GRUR 1969, 292; 1978, 52. Die **Veröffentlichung** des Schadensersatzurteils auf Anordnung des Gerichts kommt als Teil der Wiedergutmachung in Frage, BGH GRUR 1966, 92. Unterlassungs- und Beseitigungsansprüche sind bei sittenwidrigen Schädigungen – auch vorbeugend – wie bei anderen Delikten möglich, vgl Vor § 823 Rn 20ff und Staudinger/*Oechsler* Rn 110f. 21

d) **Arglisteinrede.** Traditionell auf § 826 neben § 242 wird die **exceptio doli** (Arglisteinrede) gestützt, die aber noch kein sittenwidriges Verhalten voraussetzt, also nicht notwendig einen Anspruch aus § 826 begründet. 22

e) **Beweislast.** Der Geschädigte trägt nach den allg Grundsätzen die volle Darlegungs- und Beweislast für die anspruchsbegründenden Tatsachen, also sowohl die Schädigung und deren Sittenwidrigkeit in obj Hinsicht, als auch für den darauf bezogenen zumindest bedingten Vorsatz des Schädigers, BGHZ 225, 316 Rn 35. Dies gilt auch für die Verwirklichung der obj und subj Tatbestandsvoraussetzungen durch ein Organ iSd § 31, wenn der Schädiger eine Gesellschaft ist; bei hinreichenden Anhaltpunkten für Kenntnis eines (ehemaligen) Organs trifft den Schädiger eine sekundäre Beweislast für das Fehlen der Kenntnis, BGHZ 225, 316 Rn 39. 22a

5. Konkurrenzen. a) Zu anderen Deliktsnormen. Die Regel der Anspruchskonkurrenz zw § 826 und anderen deliktischen Tatbeständen (Rn 1 aE) hat eine Ausnahme hinsichtl der Amtspflichtverletzung: § 839 verdrängt § 826, BGH VersR 1983, 639. Umgekehrt geht § 826 als ausschließende Vorschrift vor, soweit man ein Recht am Unternehmen als Schutzgut nach § 823 I anerkennt, aA aber BGHZ 59, 30, 34; 80, 25, 27f, doch unter Verstoß gegen die methodischen Voraussetzungen der Lückenfüllung durch Analogiebildung, vgl § 823 Rn 51ff. Staudinger/*Oechsler* Rn 208 spricht von „praktischer Subsidiarität" ggü anderen Normen des Vermögensschutzes generell. 23

b) Zu anderen Vorschriften des BGB. § 123 steht nach der Rspr selbstständig neben § 826 mit der praktischen Folge, dass nach Ablauf der Ausschlussfrist für die Anfechtung nach § 124 gem § 826 noch Aufhebung des Vertrags als Naturalrestitution verlangt werden kann, RGZ 79, 194, 197; BGH NJW 1962, 1196; 1969, 604. Dies ist – wie beim Anspruch aus § 311 II – bedenklich, weil damit der Zweck des § 124 missachtet wird, *Grunsky* ZIP 1990, 967f; Staudinger/*Oechsler* Rn 229. – Mit der Generalklausel des **§ 138** ist § 826 durch das gemeinsame Merkmal des Verstoßes gegen die guten Sitten eng verwandt. Ein Konkurrenzproblem taucht jedoch kaum auf, da von vornherein die Rechtsfolgen verschieden sind: Nach § 138 besteht keine rechtsgeschäftliche Bindung, nach § 826 wird Schadensersatz geschuldet, der freilich auch auf Aufhebung der Bindung gerichtet sein könnte: Insoweit besteht dann für § 826 neben § 138 kein Bedarf. Zur Möglichkeit, hinsichtl der Reichweite der Sittenwidrigkeit in beiden Vorschriften zu differenzieren, vgl MüKo/*Wagner* Rn 66. – **§ 226** hat ua wegen § 826 kaum Bedeutung. Denn der für § 226 erforderliche Nachw, dass der alleinige Zweck der Rechtsausübung in der Schädigung liege, ist kaum zu erbringen. – Hinsichtl des Verhältnisses zu § 242 vgl Rn 22. Regelmäßig ist nur ein grober Verstoß gegen Treu und Glauben sittenwidrig und führt dann zu Schadensersatz nach § 826. – Anspruchskonkurrenz besteht mit § 437 Nr 3, §§ 280ff, § 2138 II. – **§ 2287** ist nach BGHZ 108, 73, 78 lex specialis. Soweit der Erblasser selbst einen Anspruch aus § 826 gegen den Dritten hatte, kann dieser Anspruch aber auf den Vertragserben übergehen, BGHZ 108, 73, 78 und BGH NJW 1991, 1952. 24

25 **c) Zu Ansprüchen des Wettbewerbs- und Urheberrechts.** Zw den **Anspruchsgrundlagen des UWG** und § 826 besteht Anspruchskonkurrenz. Beide Ansprüche verjähren selbstständig nach § 11 UWG und § 195, BGHZ 36, 252, 256 (noch zu § 21 aF). Der Gerichtsstand nach § 32 ZPO für den Anspruch aus § 826 wird nicht durch § 14 (§ 24 aF) UWG verdrängt, BGHZ 41, 314, 316. – Auch **GWB** und § 826 sind nebeneinander anwendbar, BGHZ 41, 271, 278. Zum Problem der Sittenwidrigkeit, wenn die Kartellbehörden ein Verhalten (nur) verbieten können, *Hönn* FS Mühl, 1981, 309, 333 und Soergel/*Hönn* Rn 101. – Im Verhältnis zu den Anspruchsgrundlagen des **Urheber- und gewerblichen Rechtsschutzes** ist zu beachten, dass § 826 nicht anzuwenden ist, soweit die besonderen Vorschriften ausdrückl oder sinngemäß die Anwendung der Deliktsvorschriften und somit auch des § 826 ausschließen. Die Anwendung des § 826 darf nicht dazu führen, einen sonst nicht bestehenden Schutz der Immaterialgüterrechte zu ersetzen, BGHZ 26, 52, 59.

26 **d) Zu Anfechtungstatbeständen.** §§ 7ff AnfG, 133 InsO (früher 31 Nr 1 KO) erfüllen regelmäßig nicht den Tatbestand des § 826, vgl BGH WM 1958, 1278; 1996, 587; 1245. Treten besondere Umstände hinzu, kann neben diesen Vorschriften § 826 angewendet werden, BGHZ 56, 339, 355; BGH NJW 2000, 3138. – Die Aufzählung relativ eng umrissener Restitutionsgründe in den §§ 578ff ZPO hat die Rspr nicht daran gehindert, daneben eine Durchbrechung der Rechtskraft nach § 826 zuzulassen, s Rn 45ff. Die Rspr neigt aber dazu, für diejenigen Fälle, die von §§ 578ff ZPO oder deren entspr Anwendung erfasst werden, die prozessualen Rechtsbehelfe als leges speciales zu behandeln, vgl für § 582 ZPO BGH NJW 1989, 1285.

27 **6. Fallgruppen. a) Methode und Gliederung.** Von entscheidender praktischer Bedeutung für die Anwendung des § 826 ist die Anknüpfung an schon entschiedene Fallgruppen zu dieser Vorschrift. In ihnen ist die **Wertungserfahrung** der Rspr und der sie begleitenden Lit am ehesten konkret fassbar, vgl bereits Rn 5. Zwar wird mit Recht die **Offenheit der Bewertung** in jedem Einzelfall betont und vor einem Präjudizienkult gewarnt, vgl nur *Larenz/Canaris* II 2 § 78 II 1a. Die entschiedenen Fallgruppen ermöglichen dennoch eine Anknüpfung, die wesentlich zur Entlastung der Begründung beiträgt: Soweit ein Sachverhalt das typische Gepräge einer anerkannten Fallgruppe hat, bedarf es besonderer Arg, um die Sittenwidrigkeit zu verneinen. Umgekehrt darf freilich niemals die Prüfung des § 826 nur deshalb abgebrochen werden, weil der Sachverhalt keiner der anerkannten Fallgruppen entspricht. Eine sinnvolle **Gliederung des Fallmaterials** nach materialen Gesichtspunkten ist der Lit bisher nicht gelungen. Vielfach folgt die Lit der seinerzeit grundlegenden Übersicht über die Rspr des RG von *Coing* NJW 1947/48, 213. Die Schwerpunkte der Rspr haben sich aber seitdem deutlich verschoben. Probleme des Missbrauchs wirtschaftl Macht einschl des Kontrahierungszwanges haben sich zB von § 826 in das GWB verlagert. Dafür haben die Fallgruppen der Gläubigerbenachteiligung und der Fehlinformationen eine lebhafte Konjunktur; so etwa die Haftung von Vorstandsmitgliedern wegen fehlerhafter Ad-hoc-Mitteilungen (vgl BGHZ 160, 134; 160, 149; BGH NJW 2004, 2688; 2005, 2450), jüngst auch die Haftung für eine unzulässige Abschalteinrichtung bei Diesel-Kfz (grundlegend BGHZ 225, 316; Überblick bei *Buck-Heeb* WM 2022, 845, 893; vgl Rn 35). Daneben ist auch eine gelegentliche Renaissance alter Fallgruppen zu beobachten, zB die Durchbrechung der Rechtskraft seit Etablierung der Rspr zum wucherähnl Kredit. Wegen dieser Entwicklungen empfiehlt es sich, die Anwendungsfälle des § 826 um jene Bereiche herum zu gliedern, die zzt Rspr und Lit am meisten beschäftigen. Dies sind: die Desavouierung fremder Vertragsbeziehungen (Verleitung zum Vertragsbruch, „Ausspannen" uÄ), die Gläubigergefährdung und -benachteiligung, die Fehlinformationen, der Missbrauch rechtskräftiger Titel und der Missbrauch von Einrichtungen des Wertpapier- und Zahlungsverkehrs (sehr ähnl *Larenz/Canaris* II 2 § 78 IV). Ihrer Darstellung werden im Folgenden die ihnen jew ähnlichsten weiteren Fallgruppen an die Seite gestellt. Schließlich bedürfen die Bereiche von Person und Familie und des Machtmissbrauchs, die geringere inhaltliche Beziehungen zu den Hauptfallgruppen haben, noch gesonderter Behandlung (Rn 53ff).

28 **b) Vereitelung von Vertragsbeziehungen.** Hins der **Vereitelung von Vertragsbeziehungen** ist zunächst festzustellen, dass die vorsätzliche Nichterfüllung eines Vertrags idR nicht sittenwidrig ist und dass es hierfür eines Rückgriffs auf § 826 auch nicht bedarf, weil Schadensersatz aus dem Recht der Leistungsstörungen geschuldet wird. Erst recht verstößt es nicht gegen die guten Sitten, einen geplanten Vertrag gar nicht erst abzuschließen oder einen bestehenden Vertrag ordnungsgemäß, vor allem durch Kündigung, aufzulösen. Wenn schon das Verhalten des Vertragsschuldners oder potentiellen Vertragspartners nicht sittenwidrig ist, liegt es nahe, dem „Anstifter" oder dem sonst am Vertragsbruch beteiligten Dritten sowie demjenigen, der einen anderen daran hindert, einen Vertrag zu schließen, oder ihn dazu veranlasst, einen Vertrag aufzulösen, genauso wenig Sittenwidrigkeit vorzuwerfen, vgl BGH NJW 1960, 1853; 1992, 2152. Auf dieser Grundlage kann die Verleitung zum Vertragsbruch nur unter § 826 fallen, wenn das Vorgehen des Dritten **wegen zusätzl Umstände** als besonders anstößig erscheint, BGH NJW 1961, 1308; 1994, 128. Dies ist regelmäßig der Fall bei kollusivem Zusammenwirken mit dem Vertragsschuldner (BGHZ 14, 313, 317), auch mit Mitarbeitern des Geschädigten (BGH NJW 2000, 2896); aber nicht bei Ausübung des Vorkaufsrechts nach § 577 und vorweggenommener Abtretung des Auflassungsanspruchs durch den Mieter an einen Dritten (BGH ZIP 2000, 1152, krit dazu Staudinger/*Oechsler* Rn 326), der gezielten, absichtsvollen oder besonders rücksichtslosen Schädigung des Vertragsgläubigers (BGH JZ 1996, 416) und der Mitwirkung am Vertragsbruch zum Schaden eines Wettbewerbers (BGH NJW 1975, 1361; WM 1981, 624); dazu zusammenfassend MüKo/*Wagner* Rn 76. Auch ohne diese Merkmale kann Sittenwidrigkeit vorliegen, wenn der Dritte kraft seiner Stellung (im Fall von BGH NJW 1981, 2184: Vertrauensstellung der öffentlichen Hand) zu einer im Vergleich mit anderen Teilnehmern am Privatrechtsverkehr maßvolleren Interessenverfolgung verpflichtet ist und sich hierüber hinwegsetzt, BGH NJW 1981, 2184. Entspr Grundsätze wie beim „Vertragsbruch" gelten bei der Vereitelung der Erfüllung einseitiger Leistungspflichten, zB aus Vermächtnis (BGH NJW 1992, 2152). Zum

Vertragserben vgl hingegen Rn 24 aE. Noch eine Steigerung der „Verleitung zum Vertragsbruch" liegt vor, wenn sich eine Bank über die berechtigten Interessen von Treugebern hinwegsetzt und sich für Forderungen gegen den Treuhänder Sicherheiten an Treugut verschafft, BGH NJW 1991, 101 mN.

Wichtigster Anwendungsfall der Verleitung zum Vertragsbruch ist der **Doppelverkauf**: Er ist grds zulässig (BGHZ 12, 308 und Rn 28). Aber der Vorwurf der Sittenwidrigkeit ist in diesem Bereich regelmäßig begründet, wenn der Dritte den Verkäufer von allen Vertragsstrafe- oder Schadensersatzansprüchen freistellt, RG JW 1931, 2238. Dies gilt auch dann, wenn die Initiative zur Haftungsfreistellung vom Verkäufer ausgeht, BGH NJW 1981, 2184. Zum Fall eines Doppelverkaufs, der trotz Freistellung von Ersatzansprüchen nicht sittenwidrig ist, Hamm VersR 1987, 509. Der Übernahme von Regressverpflichtungen steht die Zahlung von Schmiergeldern zum Zwecke des Vertragsbruchs gleich, BGH NJW 1962, 1099; Soergel/*Hönn* Rn 135. Sittenwidrig kann der Doppelverkauf ferner dann sein, wenn der Vertragsbruch über den Kaufvertrag hinaus ein besonderes Vertrauensverhältnis, zB aus Gesellschaftsvertrag, bricht (BGHZ 12, 308, 318ff). Die Übernahme einer Vertragsstrafe ist auch bei der **Abwerbung von Arbeitskräften** unter Bruch bestehender Verträge ein Indiz für die Sittenwidrigkeit, RGZ 81, 86, 92. Wie beim Doppelverkauf kann Sittenwidrigkeit in diesem Fall selbst dann vorliegen, wenn die Anregung zum Vertragsbruch vom Verpflichteten, also vom ArbN, ausgeht, vgl Soergel/*Hönn* Rn 128 mN. Die Schadensersatzsonderregelung in §§ 125, 133e GewO aF ist aufgehoben durch G v 24.8.2002. – Verneint hat BGH NJW 2004, 2080 einen Verstoß gegen § 1 UWG aF (jetzt § 3 UWG) bei dem Telefonanruf eines Headhunters am Arbeitsplatz einer Führungskraft, vgl dazu Soergel/*Hönn* Rn 128 mit Fn 581. 29

Die **Abwerbung** von Arbeitskräften und das **„Ausspannen"** von Kunden **ohne Verleitung zum Vertragsbruch** sind für sich allein nicht sittenwidrig. Sittenwidrigkeit kann aber wiederum durch die Begleitumstände begründet werden, so durch ein planmäßiges (wiederholtes oder massiertes) Vorgehen, RGZ 149, 114, 121; 151, 87, oder durch Ausbeutung oder Behinderung des bisherigen ArbGeb oder Lieferanten, BGH DB 1968, 39 (Abwerbung von ArbN in einer Betriebsversammlung durch den ausgeschiedenen Gesellschafter). Sittenwidrig ist ferner das „Ausspannen" von Kunden durch Telefonwerbung oder Hausbesuche, BGHZ 54, 188, 193 (vgl auch § 7 II Nr 2 UWG nF), von ArbN durch Ausnutzung einer Vertrauensstellung beim ArbGeb, BGH NJW 1961, 1308. Die Naturalrestitution besteht in solchen Fällen im Verbot der Beschäftigung für den Zeitraum des unzulässigen Wettbewerbsvorsprungs, BGH aaO und dazu Staudinger/*Oechsler* Rn 379 mN. Ersatz für Stellenanzeigen kann der bisherige ArbGeb selbst bei Vertragsbruch nur verlangen, wenn er sie bei Einhaltung der Kündigungsfrist durch den ArbN hätte vermeiden können, BAG NJW 1981, 2430. 30

c) Gläubigergefährdung und -benachteiligung. Gläubigergefährdung und -benachteiligung gehören zu den undurchsichtigsten und umstrittensten Fallgruppen des § 826. Hierbei geht es insb um die „Drittwirkung" von Krediten, vor allem seitens der Banken. Wegen dieses Bezugs auf die Rolle der Kreditinstitute handelt es sich weitgehend um eine Spielart der Berufshaftung (zurückhaltend dazu Staudinger/*Oechsler* Rn 487): Die Anforderungen an die Banken hinsichtl der Sittenwidrigkeit sind bemerkenswert strenger als diejenigen an die Schädiger bei anderen Fallgruppen. Dies lässt sich nur aus einer – auch im Gesamtkonzept des KWG mitangelegten – Sonderstellung der gewerblichen Kreditgeber rechtfertigen, *Mertens* ZHR 143, 174ff; vgl auch *Koller* JZ 1985, 1013, 1016f unter Betonung des Informationsgesichtspunktes. Von Gläubigergefährdung (ieS, Soergel/*Hönn* Rn 147) ist meistens dann die Rede, wenn spätere Kreditgeber durch Umfang und Art der Einräumung von Sicherheiten durch den Schuldner gefährdet werden. Ein Unterfall hierzu ist die **Kredittäuschung**, bei der die Kreditwürdigkeit des Schuldners zB von einer Bank ggü anderen Kreditgebern vorgetäuscht wird, obwohl die Sicherheiten des Schuldners bereits erschöpft sind. Das bloße Stehenlassen von fälligen Krediten, um die Entwicklung abzuwarten (und nicht um eine Vorzugsstellung zu erreichen), stellt jedoch noch keine Kredittäuschung dar, BGH NJW 2001, 2632. Gläubigerbenachteiligung liegt aber auch vor, wenn durch die Gewährung von **Sanierungskrediten** oder auf andere Weise ein insolvenzreifes Unternehmen zum Schaden anderer Gläubiger am Leben erhalten wird, damit der Kreditgeber noch Vorteile aus dem Unternehmen ziehen kann. Ähnl liegt der Fall der Insolvenzverschleppung durch die Organe von Kapitalgesellschaften, BGHZ 108, 134; BGH NJW-RR 1992, 1061 (Geschäftsführer einer GmbH). Dabei ist weder die Terminologie einheitlich noch die Abgrenzung der Unterfälle innerhalb der Fallgruppe eindeutig. 31

Für die Gläubigergefährdung und -benachteiligung **durch Banken** wird in der Literatur eine Objektivierung des Sittenwidrigkeitsmaßstabes gefordert, vgl schon Rn 4. *Mertens* (ZHR 143, 174ff) hat ein besonderes bewegliches System der Haftungsbegründung vorgeschlagen, das wesentlich differenzierter ist als der oben (Rn 5, 8f) abgesteckte allg Rahmen zur Abwägung nach § 826. Gerade wegen seiner weit getriebenen Differenzierung führt dieses System jedoch kaum über die für § 826 stets im Auge zu behaltende Rücksicht auf alle Umstände des Einzelfalles hinaus. *Koller* (JZ 1985, 1013ff) möchte auf das Merkmal des eigensüchtigen Verhaltens der Bank verzichten und die Ersatzpflicht unter Anwendung von Erkenntnissen der ökonomischen Analyse des Rechts davon abhängig machen, ob der potentielle Schaden anderer Gläubiger höher ist als die – gesamtwirtschaftl gesehenen – Nachteile durch eine Kreditverweigerung oder durch eine Offenlegung der Kredit(un)würdigkeit. Diese Auffassung überspannt jedoch die Möglichkeit, mit § 826 eine „gute Ordnung" herzustellen: Wegen der Ergänzungsfunktion des § 826 (Rn 1) müssen – in der Terminologie der ökonomischen Analyse – mindestens solche leicht erkennbaren Fehlallokationen von Kreditmitteln von der Anwendung des § 826 ausgeschlossen bleiben, bei denen das Verhalten der Bank in der Abwägung der Handlungsalternativen bei obj Würdigung ex ante vertretbar erscheint. 32

Hiernach ergeben sich in Anknüpfung an die Rspr vor allem für das Verhalten von Banken bei der Kreditvergabe 33
folgende **Grundsätze:** Kredittäuschung (Rn 31) ist stets sittenwidrig, RGZ 136, 293, 295; BGHZ 10, 228, 233;

20, 43, 50. Wird der Schuldner durch die Sicherheiten – wie meist – praktisch vollständig und allein vom Gläubiger abhängig und wirkt dieser womöglich durch einen Repräsentanten bei der Geschäftsführung des Schuldners mit, kann man von einer faktischen Leitungsmacht des Gläubigers sprechen. Sie verpflichtet ihn, in ähnl Weise wie die Organe einer AG oder GmbH dafür zu sorgen, dass insolvenzreife Unternehmen nicht am Leben erhalten werden. Zur Täuschung tritt hier also das Element des Machtmissbrauchs, vgl BGHZ 75, 96, 114; 90, 381, 399; 96, 231, 235f (zurückhaltend dazu Staudinger/*Oechsler* Rn 346f). Freilich wird die Ersatzpflicht in solchen Fällen dadurch beschränkt, dass die Pflicht, die **Insolvenz nicht** zu **verschleppen**, allein den Gläubigern, nicht den Gesellschaftseignern (Aktionären) ggü besteht, BGHZ 96, 231, 238 mN; NJW 2021, 3330 Rn 20. Etwas anderes gilt für Aktien, die erst nach der Kreditgewährung emittiert worden sind, BGHZ 96, 231, 238, 243. In den Fällen faktischer Leitungsmacht wird – nicht nur bei Kreditgewährung durch Banken – auch von stiller Geschäftsinhaberschaft gesprochen, RGZ 136, 247, 253f, vgl auch noch BGH WM 1965, 475, ferner WM 1986, 237: Beihilfe zur Insolvenzverschleppung durch eine (Auffang-)Gesellschaft, die die Geschäfte einer insolvenzreifen GmbH fortführt. Zu den verwandten Fällen der Knebelung mit Täuschung ggü Dritten und der Aussaugung RGZ 136, 293, 295; BGH NJW 1979, 2104; vgl auch NJW 1984, 728: Erwerb des Sicherungseigentums am gesamten verbliebenen Aktivvermögen trotz der naheliegenden Möglichkeit, dass Dritte geschädigt werden; ferner NJW 2001, 2632: Veranlassung des Schuldners zum Widerruf von Lastschriftaufträgen, um vorrangig auf das Schuldnerkonto zugreifen zu können. Viele Sachverhalte aus diesem Zusammenhang werden seit dem MoMiG (2008) durch die Sonderentwicklung des Rechts der **kapitalersetzenden Gesellschafterdarlehen** nicht mehr von § 826 erfasst.

34 Kernproblem der Gläubigergefährdung sind die **„Sanierungskredite“** der Banken in Fällen, in denen bei obj Betrachtung die Kreditgewährung nicht schon von vornherein aussichtslos war und deshalb nicht das Ziel hatte, nur Wege zur Ausplünderung der Insolvenzmasse zu finden, vgl dazu *Gawaz*, Bankenhaftung für Sanierungskredite, 1997. Bei gesamtwirtschaftl Betrachtung muss es hier darum gehen, vielleicht doch aussichtsreiche Sanierungskredite nicht wegen des Risikos einer Schadensersatzpflicht nach § 826 unmöglich zu machen. Die Rspr (BGHZ 10, 228, 234; 96, 231, 235f; BGH WM 1985, 866) hat die Trennungslinie vor allem in den Beweggründen der Bank gesucht: Nur bei Eigennutz soll eine sittenwidrige Schädigung vorliegen. Der Einwand *Kollers* (vgl Rn 32) hiergegen, dass es zum Wesen des Kreditgewerbes wie jeder marktwirtschaftl Tätigkeit gehöre, den eigenen Nutzen zu verfolgen, trifft nicht den Kern, weil es der Rspr nicht um den „normalen“ Eigennutz, sondern um dessen Übersteigerung zur **„Eigensucht“** geht: Der Grundsatz der Gewinnmaximierung muss in den Hintergrund treten, wenn es für alle Beteiligten gar nicht mehr um Gewinnerzielung geht, sondern um die **Gleichbehandlung in der Insolvenz** nach dem Grundsatz der par conditio creditorum, so auch i Erg Staudinger/*Oechsler* Rn 498 mN. Vorteile durch Verfälschung des hierfür vorgesehenen Verfahrens sind auch gesamtwirtschaftl nicht erwünscht, und wenn ein Gläubiger geradezu auf sie zielt, sittenwidrig. Dabei ist die Anforderung an ein Kreditinstitut, sich an die Spielregeln zu halten, wegen der Einfluss- und Informationsmöglichkeiten beim Schuldner und wegen der Professionalität im Umgang mit Krediten besonders hoch. BGHZ 10, 228, 231ff hat hierfür folgendermaßen differenziert: Gewährt eine Bank Kredit, obwohl der Konkurs des Kreditnehmers ziemlich sicher und erkennbar ist, so sind ihr Schäden Dritter als sittenwidrig und vorsätzlich herbeigeführt zuzurechnen, schon wenn sich die Bank leichtfertig der Erkenntnis verschließt, dass die Vergabe des Sanierungskredits Dritte schädigen könnte. Erscheint die Insolvenz weniger sicher, dann soll die Bank haften, wenn sie nicht vom Sanierungserfolg überzeugt ist. Verlangt die Bank schließlich nachträgl Sicherheiten für den von ihr bereits gewährten Kredit, dann haftet die Bank, wenn sie bei sorgfältiger Prüfung nicht zur Überzeugung gelangt war, dass weder Neugläubiger getäuscht noch Altgläubiger geschädigt werden. Daraus ergibt sich jedenfalls, dass sich die Bank vor allem **über die Aussichten der Sanierung möglichst genau informieren** muss, vgl auch BGH WM 1964, 671. Hierbei ist freilich zu berücksichtigen, dass gerade wirtschaftl Krisenentscheidungen unter hohem Zeitdruck getroffen werden müssen, Soergel/*Hönn* Rn 152; Staudinger/*Oechsler* Rn 497; vgl auch *Wenzel* NZI 1999, 294. Erlangt die Bank durch ihre Kreditentscheidung einen spürbaren Vorteil, liegt darin ein Indiz für eine eigennützige Strategie; in einem solchen Fall ist besonders genau die Vertretbarkeit der Entscheidung im Hinblick auf wirkliche Sanierungschancen zu überprüfen.

35 **d) Täuschungen, insb bei bei Vertragsschluss, sowie Verfälschungen.** Der Gesichtspunkt der **Sittenwidrigkeit des Mittels** erfasst nicht nur die Fallgruppen der Verleitung zum Vertragsbruch (Rn 28) und der Gläubigergefährdung (Rn 31), vgl Soergel/*Hönn*/*Dönneweg*[12] Rn 109ff, sondern auch die **Täuschung,** insb bei Vertragsschluss. Möglich ist auch eine sittenwidrige Täuschung bei der Vertragsdurchführung, vgl BGH WM 1977, 410: Täuschung über die Entstehung eines Provisionsanspruchs.

35a Die **Täuschung bei Vertragsschluss** begründet nicht nur den Anfechtungsgrund des § 123, sondern idR auch den Vorwurf sittenwidrigen Verhaltens nach § 826, vgl BGH NJW 2004, 1590 (heimliche Installation eines Dialers in einem Computer); WM 1992, 1184 (Täuschung über das Bestehen einer Aktionärsgruppe, die zur Erhebung einer Anfechtungsklage bereit sei); NJW 1992, 310 (Hehlerverkauf); NJW-RR 1992, 253 (arglistige Täuschung durch Vertreter beim Vertragsschluss); BAG NZA 1995, 935 (Verschweigen eines zweiten Arbeitsverhältnisses trotz Nachfrage). Zur daraus folgenden Konkurrenzfrage Rn 24. Ebenso haften Vorstandsmitglieder, Geschäftsführer oder (faktische) Geschäftsleiter einer Gesellschaft bei Schwindelunternehmen, deren Geschäftsmodell von vornherein auf Täuschung und Schädigung der Kunden zielt, BGH ZIP 2015, 2169 Rn 24, oder bei Schneeballsystemen, BGH NJW 2021, 1759 Rn 16. Die Erhöhung des Gewinns ist an sich ein erlaubtes Ziel; sie wird erst dadurch sittenwidrig, dass sie aufgrund einer strategischen Unternehmensentscheidung durch arglistige Täuschung und mit einer Gesinnung erfolgt, die sich gleichgültig zeigt hinsichtl sowohl der Folgen und Schäden für den Vertragspartner, als auch der insoweit geltenden Rechtsvorschriften, deren Einhaltung der unwissende Vertragspartner in der Regel arglos voraussetzt, was durch die Täuschung gezielt ausgenutzt wird, BGHZ 225, 316 Rn 23, 25: Inverkehrbringen eines Diesel-Kfz mit unzulässiger Abschalteinrichtung nach Erschleichung der Typgenehmigung. Die Arglosigkeit des Vertragspartners und damit die Sittenwidrigkeit entfallen jedoch, wenn durch eine Verlautbarung des Schädigers und mediale Verbreitung zum Zeitpunkt des Vertragsschlusses typischerweise nicht mehr damit zu rechnen war, dass die Geschädigten die Einhaltung der Rechtsvorschriften noch als selbstverständlich voraussetzen, BGH NJW 2020, 2798 Rn 37f: unzulässige Abschalteinrichtung bei Diesel-Kfz. Der Verjährungsbeginn wegen grober Fahrlässigkeit nach § 199 I Nr 2 Alt 2 setzt hingegen auch wenigstens allg Kenntnis des Geschädigten voraus, BGHZ 231, 1 Rn 18f: unzulässige Abschalteinrichtung bei Diesel-Kfz.

Die arglistige Täuschung beim Vertragsschluss erfüllt jedoch nicht die Voraussetzungen eines Schadensersatzanspruchs nach § 826, wenn kein Schaden eingetreten ist oder der Täuschende keinen (wenigstens bedingten) Schädigungsvorsatz hat. Ein Vermögensschaden kann jedoch auch bei objektiver Werthaltigkeit von Leistung und Gegenleistung vorliegen, wenn die Leistung für die Zwecke des Geschädigten nicht voll brauchbar ist; dafür ist nicht die rein subj willkürliche Sicht des Schädigers maßgeblich, sondern ob sich der Vertragsschluss nach der Verkehrsanschauung unter Berücksichtigung der konkreten Umstände als nachteilig darstellt, weil er unvernünftig und den konkreten Vermögensinteressen nicht angemessen ist, BGHZ 225, 316 Rn 46: drohende Betriebsbeschränkung oder -untersagung wg unzulässiger Abschalteinrichtung eines Diesel-Kfz. 35b

Hauptproblemfeld der sittenwidrigen Täuschung sind die Fälle des Schweigens trotz Bestehens einer **Offenbarungspflicht**. Sie besteht, wenn eine Tatsache für den Entschluss des anderen Teils offensichtlich von Bedeutung ist, BGH NJW 1971, 1795. Dies ist zB bei besonderer Fachkunde des Schweigenden der Fall, dazu Rn 40ff. Ein wichtiger Fall ist die Eingehung einer Verpflichtung, obwohl der Schuldner weiß oder wissen muss, dass er – insb wegen drohender Zahlungsunfähigkeit oder Überschuldung – zur Erfüllung gar nicht in der Lage ist, BGH WM 1991, 1548. Ist Schuldner eine juristische Person, trifft die Offenbarungspflicht auch das handelnde Organ persönlich. Dieses haftet nicht nach § 311 III 2, sondern nach § 826, vgl BGH WM 1991, 1548. Denn es nimmt nicht ein besonderes persönliches Vertrauen für sich in Anspruch, sondern das „allg Verhandlungsvertrauen". Der Insolvenzverwalter braucht aber Vertragspartner nicht über die Unzulänglichkeit der Insolvenzmasse aufzuklären, BGHZ 100, 346, 352. Hat er jedoch von sich aus besondere Versprechungen hinsichtl der Leistungsfähigkeit der Masse gemacht, kann er wegen dieses vorsätzlich geweckten Vertrauens nach § 826 ersatzpflichtig sein, BGHZ 100, 346, 350ff. Zur Offenbarungspflicht eines Unterhaltsschuldners über eine unerwartete Verbesserung seiner Einkommens- und Vermögensverhältnisse BGH NJW 1988, 1965 (weitere Unterhaltsfälle Rn 54f). Einzelfälle zu den Grenzen der Offenbarungspflicht bei Soergel/*Hönn* Rn 119. Auch übertriebene Zusicherungen können sittenwidrige Täuschungen sein, ohne dass die Zusicherung Vertragsinhalt geworden sein muss, RG JW 10, 111. Hierher gehören die Zusicherungen ins Blaue, insb bei gebrauchten Kfz, BGHZ 63, 382, 388; BGH NJW 1980, 2460; 1991, 3282. Die Offenbarungspflicht trifft nicht nur den formalen Verkäufer, sondern auch den als Vermittler auftretenden Fachhändler, so hinsichtl eines Blechschadens BGH NJW 1977, 1914. Auch in anderen Fällen kommt eine sittenwidrige Täuschung **durch Dritte** in Betracht, zB über die Kreditgrundlage des Kreditnehmers, BGH WM 1959, 89, oder durch den Kommanditisten einer kaufenden KG über deren Zahlungsfähigkeit, BGH NJW 1984, 2284. Weitere Fälle zur Täuschung durch Dritte bei Soergel/*Hönn* Rn 121f. 35c

Sittenwidrig ist ferner die arglistige Täuschung von **Behörden und Gerichten** zum Schaden von Privatpersonen, so die Erschleichung eines Patents durch Täuschung des Patentamtes, RGZ 140, 184, 187; BGH GRUR 1956, 265 (dazu genauer Staudinger/*Oechsler* Rn 551ff mN), oder die Erschleichung der Genehmigung eines Gewerbebetriebes, RG Warn Rspr 1914, 251, oder die Anmeldung einer Domain in der Absicht, dadurch die Domain eines anderen zu behindern oder finanziellen Vorteil aus der Behinderungsmöglichkeit zu ziehen (Staudinger/*Oechsler* Rn 557 mN). Hierfür ist freilich Voraussetzung, dass der Schutz des Geschädigten vor der Täuschung im Schutzbereich der Anmeldungs- oder Genehmigungsvorschrift liegt, vgl für die Patentanmeldung MüKo/*Wagner* Rn 222. Die sittenwidrige Schädigung ist weder bei solchen behördlichen Verfahren noch bei einem Zivilprozess durch die eigene Entscheidungsbefugnis der Behörde oder des Gerichts ausgeschlossen. Wegen § 138 ZPO ist insb der **bewusst unwahre Tatsachenvortrag** im Zivilprozess sittenwidrig, BGHZ 57, 108, 111 (genauer zu den Voraussetzungen der Sittenwidrigkeit in solchen Fällen *Häsemeyer* Schadenshaftung im Zivilrechtsstreit, 1979, 130ff). Bewusst unwahre Behauptungen begründen die Sittenwidrigkeit auch hinsichtl einstw Verfügungen, BGH WM 1969, 474, und in der Zwangsversteigerung, BGHZ 53, 47, 50; BGH NJW 1979, 162. Ausgeschlossen ist der Ersatzanspruch des Geschädigten, wenn er gemeinsam mit dem Schädiger das Gericht getäuscht hat, RG JW 1938, 1262. Inhalt der Naturalrestitution nach § 826 ist in solchen Fällen Herausgabe des Titels und Einstellung oder Unterlassung der Zwangsvollstreckung, BGHZ 26, 391, 394; 42, 194, 204 (letztere Entscheidung zur Anerkennung eines ausl Urteils nach § 328 I Nr 4 ZPO). – Zum Verhältnis des Anspruchs aus § 826 zur Rechtskraft des erschlichenen Urteils und zu §§ 578ff ZPO s Rn 45. 36

Eng mit der Gläubigergefährdung berührt sich die Fallgruppe der **Versteigerungsverfälschung:** Wie bei der Insolvenz (Rn 34) handelt es sich bei der Zwangsversteigerung um ein förmliches Verfahren zur Wahrung gleicher Bedingungen für alle Teilnehmer. Deshalb verhält sich idR sittenwidrig, wer durch ein Bietungsabkommen höhere Gebote zulasten des Grundstückseigentümers (Vollstreckungsschuldners) verhindert, BGH NJW 1961, 1012; 1979, 162; vgl auch BGH NJW 2000, 2810: nach Gemeinderecht unzulässige Gemeindebürgschaft für einen Bieter als sittenwidrige Verfälschung der Versteigerung. Ebenso bei Abgabe eines Gebots in der Absicht, es nicht zu entrichten oder zu hinterlegen, BGHZ 221, 229 Rn 36. Geschädigt sein kann aber auch der Ersteigerer, 37 zB durch Einsatz eines Strohmannes oder anderer Scheingebotspraktiken zur Erzielung eines höheren Gebotes, RG HRR 1935, 664. Die Rechtskraft des Zuschlages steht der Geltendmachung des Anspruchs aus § 826 nicht entgegen, RGZ 69, 277, 280; BGH NJW 1979, 162.

38 **e) Treuwidrige Irreleitung durch Fehlinformationen.** Verwandt mit den Fällen sittenwidriger Täuschung ist die Fallgruppe der **„treuwidrigen Irreleitung durch Fehlinformationen"** (MüKo/*Mertens*[3] vor Rn 175). Im Gegensatz zu den Täuschungsfällen weiß der Ersatzpflichtige bei dieser Fallgruppe vielfach nicht positiv und nimmt auch nicht bewusst in Kauf, dass die Information falsch ist; zu einer bewussten Irreführung vgl aber BGH NJW 1984, 2284, Rn 35 aE. Vielmehr bejaht die Rspr Sittenwidrigkeit schon dann, wenn die Information leichtfertig und gewissenlos gegeben worden ist, grundlegend BGH WM 1976, 498, vgl auch BGH NJW 1979, 1599 und dazu Rn 12, außerdem BGH NJW 1991, 3282; 1992, 3167. Die Anwendung des § 826 in diesem Zusammenhang ist problematisch, da es in vielen Fällen nicht so sehr um den Schutz Betroffener vor Verstößen gegen das sozialethische Minimum geht als um die Sicherung der Funktion bestimmter für die moderne Gesellschaft wesentlicher Institutionen wie die Verlässlichkeit von Dienstzeugnissen oder Bilanztestaten. Die Anhänger der **Verkehrspflichten zum Schutze fremden Vermögens** sehen denn auch in diesem Bereich ein wesentliches Feld für die Bestätigung ihres Ansatzes, zB *Assmann* Prospekthaftung, 1985, dazu § 823 Rn 76, vgl auch die Würdigung durch Soergel/*Hönn* Rn 4 mit berechtigten Bedenken gegen die Rspr wegen des Schädigungsvorsatzes. Die Standards, aus denen der Vorwurf leichtfertigen und gewissenlosen Handelns abgeleitet werden kann, ergeben sich jedenfalls typischerweise aus besonderen **Anforderungen an bestimmte Berufe** (Wirtschaftsprüfer oder Rechtsanwälte bei Anlageprospekten, Testprüfer bei Warentests, Wertgutachter über Grundstücke usw) oder an bestimmte Stellungen im Wirtschafts- und Arbeitsleben (ArbGeb beim Dienstzeugnis). Es handelt sich bei den Informationsfällen im Rahmen des § 826 daher weitgehend um Verletzungen von Berufspflichten iwS. Grund der Haftung kann auch sein, dass sich zB ein Rechtsanwalt „dumm stellt" und die Sittenwidrigkeit des Ansinnens eines Mandanten nicht zur Kenntnis nimmt, vgl BGH WM 1992, 1184. Im Unterschied zu vertragsrechtl oder auf sie gegründeten Konstruktionen (vgl *Medicus/Lorenz* I § 40 Rn 28; solche Konstruktionen eher bevorzugend aber *Larenz/Canaris* II 2 § 78 IV 3; zur immer wichtiger werdenden vertragsrechtl Anspruchsbegründung auch MüKo/*Wagner* Rn 83ff) ermöglicht die Haftung aus sittenwidriger Berufspflichtverletzung auch Drittbetroffenen einen Ersatzanspruch; gerade bei ihnen stellt sich jedoch dann die Frage des Schutzzwecks sowohl der verletzten Berufspflicht als auch des Sittenverstoßes. Auch die Kausalität des Pflichtverstoßes bei einer Information für die Vermögensdisposition kann fehlen, BGH NJW 1973, 321. Der (bedingte) Vorsatz des Auskunftgebers zur Schädigung auch eines Dritten bedarf besonderer Begründung, BGH WM 1976, 498.

39 Ein erster wichtiger Teilbereich dieser Fallgruppe betrifft falsche **Kreditauskünfte.** Die Auskunftserteilung kann für den Auskunftgeber einer Gratwanderung gleichen: Teilt er wahre Tatsachen mit, ohne dass ein ausreichender Anlass dafür vorliegt, kann er dem von der Auskunft Betroffenen schadensersatzpflichtig werden, BGH BB 1954, 457 (vgl auch BGHZ 166, 84: Eingriff in den Gewerbebetrieb nach § 823 I); unterlässt er hingegen die Mitteilung relevanter Tatsachen, bejaht die Rspr schnell ein leichtfertiges und gewissenloses Verhalten ggü dem Auskunftsuchenden. Außer Banken bei Auskünften über ihre Kunden (BGH NJW 1970, 1737; 1979, 1599; WM 1976, 498) kommen auch ausnahmsw Bankkunden ggü ihrem Kreditinstitut (RG JW 1926, 2918) oder Rechtsanwälte bei Auskünften über einen Mandanten (BGH NJW 1972, 678) als Schuldner eines deliktischen Schadensersatzanspruchs in Frage. Besonders streng sind die Maßstäbe der Rspr für **Wirtschaftsprüfer** bei Gutachten oder Testaten, BGH NJW 1956, 1595; WM 1979, 326; ähnl für Steuerberater BGH NJW 1987, 1758. Unrichtigkeit des Bestätigungsvermerks genügt nicht, vielmehr muss Nachlässigkeit hinzutreten, etwa durch unzureichende Ermittlungen oder Angaben ins Blaue hinein, die sich die angesichts der Bedeutung für die Entscheidung Dritter als gewissenlose Rücksichtslosigkeit darstellt, BGH ZIP 2020, 1024 Rn 35. Entspr gilt bei Wertgutachten über Kreditsicherheiten, insb über Grundstücke, BGH BB 1960, 1301; WM 1970, 878. Ebenso für irreführende Äußerungen bei Vorträgen und Veranstaltungen, BGH NJW 2014, 383 Rn 10ff. Neben § 826 treten häufig (oft „stillschw") Auskunftsverträge mit Schutzwirkungen auch für Dritte, vgl *Honsell* FS Medicus, 1999, 211ff; *Picker*, ebendort 397ff, beide mN; PWW/*Schaub* Rn 20.

40 Gleiche Grundsätze gelten für **Sachverständige** bei Auskünften zu anderen Gelegenheiten, etwa bei einem Gutachten über die Geschäftsführung, BGH WM 1962, 933, oder bei der Unternehmensbilanz aus Anlass eines Verkaufs, BGH WM 1969, 470, oder bei einem Gutachten als Grundlage einer Anlageempfehlung, BGH WM 1986, 904, oder einer Grundstücksbeleihung, BGH NJW 1991, 3282, oder bei Angaben über Umsatz und Gewinn eines Unternehmens durch einen Steuerbevollmächtigten als Grundlage für einen Beteiligungserwerb, BGH NJW 1986, 180, oder bei der Expertise eines Kunstsachverständigen, BGH WM 1969, 36; BGHZ 63, 369. Zur Haftung gerichtlicher Sachverständiger vgl § 839a. Die Haftung wegen grob leichtfertiger, gewissenloser Gutachten durch den gerichtlichen Sachverständigen müsste konsequenterweise auch vom Tatbestand des § 826 umfasst sein, vgl Rn 12. § 826 kommt ferner für die Haftung eines Testinstituts für fehlerhafte **Warentests** in Frage, wenn die Testmethode bewusst unrichtig oder einseitig ist (BGHZ 65, 325, 334) oder auch nur leichtfertig und gewissenlos gewählt und angewendet wird. Die Haftung der Initiatoren und Garanten für falsche Angaben in **Prospekten** über Kapitalanlageobjekte war durch den BGH als eigene Haftungskategorie neben dem Deliktsrecht entwickelt worden; stattdessen gelten nun §§ 8ff WpPG, §§ 20, 21 VermAnlG und § 306 I KAGB, weitgehend mit dem Inhalt der früheren Rspr; vgl *Leuering* NJW 2012, 1905ff. Allerdings greift § 826, wenn ein Prospektverantwortlicher ihm bekannte Umstände bewusst verschweigt, um möglichst viele Anlegeinteressenten unter Ausnutzung ihrer Unkenntnis zur Beteiligung zu bewegen; noch nicht sittenwidrig ist jedoch das bloße Unterlassen einer für die

Anlageentscheidung erheblichen Information (BGH NJW 2017, 250). Sittenwidrig ist es auch, wenn Experten Vertriebsmitarbeitern irreführende Verkaufsargumente liefern (BGH NJW 2014, 383 Rn 11).

Im Bereich des Kapitalmarktrechts erlaubt es § 826 insb, auch die Hintermänner haften zu lassen, Staudinger/*Oechsler* Rn 508. Gewerbliche Vermittler von **Optionsgeschäften**, bei denen hohe Aufschläge auf die Börsenpreise eine realistische Gewinnchance des Anlegers von vornherein ausschließen, haften aus § 826, wenn sie die Aufschläge nicht offenlegen und nicht deutlich über das Verlustrisiko und die Verringerung der Gewinnchancen durch den Aufschlag aufklären; ebenso die geschäftsführenden Organe einer Vermittlungs-Gesellschaft, wenn sie derartige Optionsgeschäfte abschließen oder den Abschluss veranlassen oder bewusst nicht verhindern, BGHZ 124, 151, 154f, 162. Gehaftet wird auch für die Vermittlung von für Anleger **chancenlosen Geschäften** ausschließlich zum eigenen Vorteil, BGHZ 184, 365 Rn 26. Werden völlig wertlose Aktien verkauft, haften auch die Mitglieder der Organe der AG, wenn das Geschäftsmodell darauf angelegt ist, für den Anleger chancenlose Geschäfte zum ausschließlich eigenen Vorteil zu vermitteln BGH VersR 2015, 1531. Anlageberater haften für vorsätzliche **anleger- und objektwidrige Empfehlungen** unter zumindest billigender Inkaufnahme der Anlegerschädigung, BGHZ 175, 276; für die Transaktionskausalität geht die Rspr von einer Vermutung aufklärungsrichtigen Verhaltens aus, BGHZ 193, 159 Rn 35f; krit *Bassler* WM 2012, 544. Gehaftet wird zudem für die Vermittlung von vom Kundeninteresse nicht gedeckten Geschäften (**Provisionsschneiderei/Churning**); auch durch Broker mit Gehilfenvorsatz, der aus Rückvergütungsvereinbarungen geschlossen werden kann, BGH NJW 2004, 3423. 41

Eine weitreichende Aufklärungspflicht hat ferner der Aussteller von **Dienst- und Arbeitszeugnissen**. Wer die strafbaren Handlungen des ArbN, die zu dessen Entlassung geführt haben, verschweigt, handelt ggü einem späteren ArbGeb sittenwidrig, BGH NJW 1970, 2291. Werden die Untreuehandlungen des ArbN erst später offenbar, trifft den ArbGeb eine Berichtigungspflicht ggü dem neuen ArbGeb, BGHZ 74, 281, 286, vgl Rn 11. Der BGH selbst verweist für das Arbeitszeugnis auf den institutionellen Gesichtspunkt der Funktionsfähigkeit von Arbeitszeugnissen im Allg und übersteigt damit den Rahmen der Korrekturmöglichkeiten durch § 826. Gleichwohl trifft die Entscheidung für den vorliegenden Sachverhalt auch nach § 826 durchaus das richtige Ergebnis. Auch der Aussteller eines Arbeitszeugnisses muss freilich auf die Interessen des unmittelbar Betroffenen Rücksicht nehmen, vgl Rn 39 zur Kreditauskunft. Er darf zB keine Auskunft erteilen, die ohne Grund den Verdacht von Verfehlungen des ArbN erweckt, RAG JW 1934, 1259. 42

f) Andere Fälle von Vertrauensbruch und Informationsmissbrauch. Wie bei Schäden durch falsche Informationen steht in anderen Fällen der schwere **Missbrauch fremden Vertrauens** im Vordergrund. Dazu gehört der Missbrauch der Vertretungsmacht (RGZ 108, 405, 407f) und anderer treuhänderischer Berechtigungen, zB der Verfügungsermächtigung. Im Innenverhältnis zw Auftraggeber und Vertrauensperson ist freilich idR schon ein vertragl Schadensersatzanspruch gegeben. Praktisch bedeutsam ist der Ersatzanspruch nach § 826 wegen der Kollusion vor allem ggü Dritten, die sich am Vertrauensbruch beteiligt haben, vgl BGH NJW 1954, 1159; 1962, 1099; 2000, 2896; WM 1980, 953. Ausf zur Außenhaftung der Organe juristischer Personen Staudinger/*Oechsler* Rn 421ff, zur Innenhaftung ggü der Gesellschaft aaO Rn 306ff, jew mN; vgl auch Rn 58. Der Vertrauensbruch kann auch in der **Beschaffung und Verwertung von Informationen** liegen. Hinsichtl Geschäfts- und Betriebsgeheimnissen enthalten hierfür §§ 3ff GeschGehG Sondervorschriften. Die Verletzung dienst- und gesellschaftsrechtl Geheimhaltungspflichten allein genügt zur Begründung der Sittenwidrigkeit nicht. Sittenwidrigkeit kann sich aber aus der Art der Beschaffung von Geheimnissen oder der gezielten Schädigungsabsicht oder den Umständen der Beendigung des Arbeitsverhältnisses ergeben, vgl RGZ 166, 193, 199; BGHZ 38, 391; BGH NJW 1955, 463. Zum Fall des Einschleichens in eine Redaktionskonferenz zur Aufdeckung von Praktiken der groben Irreführung der Öffentlichkeit und der Verletzung von Persönlichkeitsrechten vgl BGHZ 80, 25, 30f und hierzu BVerfGE 66, 116f sowie § 823 Rn 73. 43

In den Problembereich des Missbrauchs von Informationen gehört auch die Verwertung von **Insiderwissen** an der Börse. Inzwischen ist dieser Sachverhalt in § 119 III WpHG iVm Art 14 MAR strafrechtl erfasst, der wohl Schutzgesetz iSd § 823 II ist, *Beneke/Thelen* BKR 2017, 12. Soweit individuelle Schäden überhaupt entstanden sind, ist § 823 II die sachnähere und praktikablere Grundlage als § 826. Jedoch ergibt sich aus § 826 eine Haftung von vorsätzlich handelnden AG-Vorstandsmitgliedern für fehlerhafte **ad-hoc-Mitteilungen**, allerdings ist der Nachweis der Transaktionskausalität schwierig, da die Rspr nicht auf die Anlagestimmung abstellt, BGHZ 160, 149; vgl auch Staudinger/*Oechsler* Rn 411ff. 44

g) Ausnutzung rechtskräftiger Titel. Das RG hat die Urteilserschleichung (Rn 36) seit RGZ 61, 359, 365 als Mittel verwendet, die **Rechtskraft** zivilprozessualer Titel zu **durchbrechen**. Zum Zwecke einer Durchbrechung der Rechtskraft jenseits der Restitutionsgründe in §§ 578ff ZPO (und neben ihnen, BGHZ 50, 115) ist § 826 seit der nationalsozialistischen Zeit (RGZ 155, 55) dann auch ggü nicht erschlichenen, aber vom Inhaber bewusst ausgenutzten materiell unrichtigen Titeln verwendet worden. Die Lit hat dem seit jeher fast einhellig widersprochen, Nachw bei Staudinger/*Oechsler* Rn 636. Mindestens die zivilrechtl Kommentarliteratur ist jedoch in neuerer Zeit auf die Linie der Rspr eingeschwenkt, MüKo/*Wagner* Rn 253; Soergel/*Hönn* Rn 219; ebenso *Braun* Rechtskraft und Restitution, 1979/1985, passim, jedoch nicht mehr (im Gegensatz zur 12. Aufl) Staudinger/*Oechsler* Rn 638ff. In dieser Rspr, vor allem in ihrer Erweiterung auf nicht erschlichene Titel, spiegelt sich naturrechtl Denken (vgl zur NS-Zeit grundlegend *Gernhuber* FS Kern, 1968, 167ff) und das Selbstbewusstsein der Zivilrichter wider, in solchem Maße Herr des Zivilverfahrens zu sein, dass sie „Gerechtigkeit statt Formalismus" (vgl die gleichnamige Monographie von *v Dickhuth-Harrach*, 1986, insb 340ff) verwirklichen können, ohne sich im unendlichen Regress der Diskussion über die Inhalte der Gerechtigkeit zu verlieren. Die Legion abgewiesener Kla- 45 gen aus § 826 im Vergleich mit den äußerst seltenen Fällen, in denen es wirklich zur Durchbrechung der Rechtskraft nach dieser Vorschrift kommt, spricht für die Vermutung, dass hier die gesellschaftlich knappe „Ressource Zivilprozess" mit hohen Kosten für einen vergleichsweise sehr geringen Ertrag eingesetzt wird. Das Vertrauen der Zivilgerichte in die entlastende „Legitimation durch Verfahren" (nach dem bekannten Buchtitel *Luhmanns*, 1969) ist offenbar nicht groß genug, um auf das „Danaergeschenk" (*Gaul* JZ 1964, 515) der Rechtskraftdurchbrechung nach § 826 verzichten zu können.

46 Eine sittenwidrige Ausnutzung rechtskräftiger Titel liegt außer im Falle der Urteilserschleichung (Rn 36) nach st Rspr vor, wenn der **Titel unrichtig** ist, der Gläubiger die Unrichtigkeit kennt und die Vollstreckung aufgrund **besonderer Umstände** sittenwidrig erscheint, BGHZ 26, 391, 398; 103, 44; BGH NJW 1998, 2818. Diese Voraussetzungen können idR nur berücksichtigt werden, wenn sie der Kläger nicht schon in den Vorprozess hätte einführen können, BGHZ 40, 130, 134; 50, 115, 123; BGH NJW-RR 1988, 957; vgl aber Rn 47 zur teilw großherzigeren Praxis bei Titeln aufgrund wucherähnl Rechtsgeschäfte. Die bloße Tatsache, dass der Titel dem Schuldner fortdauernde Verpflichtungen auferlegt, genügt als „besonderer Umstand" nicht, RGZ 165, 26, 28; BGHZ 26, 391; BGH NJW 1983, 2317. Die Durchbrechung der Rechtskraft nach einem Mahnverfahren soll iÜ auf solche Fälle beschränkt bleiben, die eine klar umrissene Typik aufweisen und in denen ein besonderes Schutzbedürfnis des Schuldners hervortritt, BGHZ 103, 44, 50; BGH NJW 1999, 1257, vgl auch Rn 47. Bejaht hat BGH NJW 1983, 2317 die Sittenwidrigkeit in einem Fall, in dem der Sozialhilfeträger gegen einen Unterhaltsschuldner vorging und dieser seine Leistungsunfähigkeit wegen seiner Haft in der DDR nicht im Wege einer Abänderungsklage geltend machen konnte. Als sittenwidrig hat BGH NJW 1986, 1751 ferner das Verhalten einer zunächst erwerbsunfähigen, getrennt lebenden Ehefrau bewertet, die ggü ihrem unterhaltspflichtigen Ehemann mit geringem Einkommen nicht offenbart hatte, dass sie unerwartet mit über 56 Jahren eine ganztägige Erwerbstätigkeit hatte aufnehmen können; vgl hierzu auch Rn 55.

47 Im Rahmen der Ausnutzung sittenwidriger Titel stellen die Entscheidungen zum **wucherähnl Darlehen** (durchweg zu Fällen vor Inkrafttreten des VerbrKrG 1991, mit der Schuldrechtsreform 2002 ins BGB übernommen) in mancher Beziehung einen besonderen Falltyp dar, so ausdrückl BGHZ 103, 44, vgl Erman/*Schiemann*[12] mN. Von Bedeutung war insb der Gesichtspunkt, dass bei diesen Geschäften die Sittenwidrigkeit in der Ausnutzung eines spezifischen Machtgefälles zw dem Kreditinstitut und dem Ratenkreditnehmer liegt. Dieses Machtgefälle kann sich auch in der Realisierung der Forderung schon im Mahnverfahren und dann vor allem in der Zwangsvollstreckung niederschlagen. Der BGH verlangt aber eine „klar umrissene sittenwidrige Typik" mit einem besonderen Schutzbedürfnis, das sich nicht nur in der Gestaltung der materiellen Rechtslage (also insb des wucherähnl Kreditvertrags), sondern auch in der prozessualen Durchsetzung der hieraus abgeleiteten Ansprüche ausprägt, BGH NJW 1999, 1257. Die Entwicklungen im **Bürgschaftsrecht** nach der Entscheidung BVerfGE 89, 214 haben trotz vergleichbarer Struktur im Gegensatz zur Rspr über wucherähnl Kredite offenbar nicht zu einer Welle von Klagen nach § 826 geführt. BGHZ 151, 316 hatte die Sittenwidrigkeit begründende krasse finanzielle Überforderung allein noch nicht für den Ausnahmefall der Rechtskraftdurchbrechung genügen lassen. BVerfGE 115, 51 hat dieses Urteil jedoch aufgehoben und die Rechtskraftdurchbrechung mit einer analogen Anwendung des § 79 II BVerfGG für geboten erklärt.

48 **h) Missbrauch von Wechseln oder Schecks.** Erhebliches praktisches Gewicht haben die Fälle des **Missbrauchs** von Wechseln und Schecks und des Widerspruchsrechts im Lastschriftverfahren. Die Probleme im Zusammenhang mit den beiden Wertpapieren ergeben sich freilich vor allem durch die unberechtigte Weitergabe oder Entgegennahme des Papiers mit der Folge, dass dem Schuldner eine Einrede gegen den Wertpapieranspruch eingeräumt oder erhalten werden muss. Wie bei der Einrede der Arglist im Allg können die Voraussetzungen für diese Einrede des Wertpapierrechts geringer sein als die Voraussetzungen des Anspruchs aus § 826; denn die Einrede ergibt sich aus § 242, nicht § 826, vgl Rn 22. Vielfach wird die einredeerhaltende Wirkung sowohl der Kenntnis der unmittelbaren Beziehungen zw den Vormännern beim Erwerb als auch des bewussten Handelns zum Nachteil des Schuldners ohne Erwähnung einer normativen Grundlage aus allg Grundsätzen des Wertpapierrechts entwickelt, zB BGH NJW 1988, 700. Relevant wird der sittenwidrige Charakter des Geschehens aber dann, wenn der vorwerfbar Handelnde seinerseits das Wertpapier weitergegeben und dem Schuldner dadurch die Einreden ggü dem neuen Erwerber abgeschnitten hat. Allein die Verletzung der Abrede über die (Nicht-)Weitergabe im Innenverhältnis zw Schuldner und erstem Nehmer genügt jedoch entgegen der Tendenz der älteren Rspr (vgl Soergel/*Hönn*/*Dönnewein*[12] Rn 207 mN) nicht zur Begründung der Sittenwidrigkeit. Sittenwidrig sind Wechsel- und Scheckreiterei uä betrügerische Verwendungen von Wertpapieren, BGHZ 27, 172; BGH WM 1969, 334 (auch zur Mitwirkung von Banken); NJW 1973, 1366. Täuscht der Schuldner arglistig über seine Fähigkeit zur Einlösung des Wertpapiers, kann auch dies sittenwidrig sein, RG JW 1927, 892; 1366 (vgl aber auch Rn 35c zu den Grenzen der Offenbarungspflicht hinsichtl eigenen Unvermögens). Die Diskontierung von Wechseln in der Hand des Vorbehaltskäufers, die im Innenverhältnis dessen Verkäufer gebühren, ist nicht per se sittenwidrig; anders, wenn die Bank den Käufer zur Diskontierung verleitet, BGH WM 1970, 245, oder weiß, dass der Käufer vor dem Zusammenbruch steht, BGH NJW 1979, 1704. Weiß die Bank, dass der Akzeptant keine Mittel zur Einlösung eines Wechsels hat, handelt sie bei der Diskontierung vom Aussteller nicht sittenwidrig, BGH NJW 1984, 728. Wer erkennt, dass unter seinem Namen Akzepte gefälscht werden, und dies dem Inhaber nicht mitteilt, handelt sittenwidrig, wenn er zB durch Erhalt mehrerer Erwerbsanzeigen vom Inhaber weiß, dass der Inhaber durch die Untätigkeit im Glauben an die Echtheit bestärkt wird, BGHZ 47, 110, 114. Zum Missbrauch von Scheckkarten vgl BGHZ 64, 79, 82; 83, 28, 33.

Beim **Lastschrifteinzugsverfahren** steht dem Schuldner, der zuvor dem Gläubiger die Einziehungsermächtigung gegeben hat, innerhalb von acht Wochen ein Erstattungsanspruch gegen seine Bank nach § 675x I, II zu. Die Schuldnerbank lässt dann die Lastschrift an die Gläubigerbank zurücklaufen, die ihrerseits zur Rückvergütung an die Schuldnerbank verpflichtet ist und infolgedessen geschädigt wird, wenn sie beim Gläubiger (ihrem Kunden) nicht Regress nehmen kann. Hierfür gewährt die Rspr der geschädigten Bank einen Schadensersatzanspruch gegen den Lastschriftschuldner, wenn dessen Erstattungsverlangen sittenwidrig erscheint, BGHZ 74, 300, 309; 101, 153. Das ist nur dann der Fall, wenn der Schuldner **keine anerkennenswerten Gründe** für das Erstattungsverlangen hat: Fehlen der Ermächtigung, Nichtbestehen der Schuld, Leistungsverweigerungsrechte, insb Zurückbehaltungsrechte, und Aufrechnungsmöglichkeit, BGHZ 74, 300, 305; 101, 153 (noch zum Widerspruchsrecht nach den früheren AGB). Unberechtigt und somit sittenwidrig handelt der Schuldner, wenn er das Erstattungsverlangen nur dazu ausübt, sein Ausfallrisiko auf die Gläubigerbank zu verlagern. So war es ggü der Gläubigerbank sittenwidrig, wenn der Schuldner dem Gläubiger die Einzugsermächtigung erteilte, um ihm Kredit einzuräumen, dann aber sein Widerspruchsrecht ausübte, BGHZ 74, 300. Sittenwidrig handelt auch der Insolvenzverwalter, der zur Vergrößerung der Masse widerspricht oder den Erstattungsanspruch erhebt, BGHZ 186, 242. Die **Schuldnerbank** haftet, wenn sie den Schuldner auffordert, den Erstattungsanspruch zu erheben oder das Widerspruchsrecht auszuüben, um sich selbst einen Vorteil zu verschaffen, zB das Debet des Schuldners auszugleichen, BGHZ 74, 309, 313f, oder den Kredit, den ein anderer Gläubiger bei ihr hat, abzulösen, BGHZ 101, 153; BGH NJW 2001, 2632. Sie haftet auch dann, wenn sie die Lastschriftreiterei kennt und dennoch nicht schon die Einreichung der Lastschrift zurückweist, BGHZ 74, 309, 315. 49

i) Andere Fälle des Rechts- und Institutionsmissbrauchs. Auch jenseits der in Rn 45–49 behandelten Fälle ist das Spektrum **sittenwidrig missbrauchter Rechte und Institutionen** sehr weit. In diesem Spektrum haben der Missbrauch fremder Arbeitsergebnisse außerhalb der besonderen gewerblichen Schutzrechte und der Missbrauch der Gestaltungsfreiheit im Gesellschaftsrecht am ehesten ein eigenes Profil, Rn 51f. Daneben kommt ein erg Rechtsschutz aus § 826 dort in Frage, wo etwa durch Vertragsrecht, Urheberrecht oder gewerblichen Rechtsschutz iVm § 823 bereits Schadensersatzsanktionen vorgesehen sind. So kann in Fällen der Verleitung zum Vertragsbruch (Rn 29) auch das Verhalten des Vertragsschuldners selbst sittenwidrig sein, wenn er den Anlass zur Freistellungsverpflichtung des Dritten gegeben hat, BGH NJW 1981, 2184. Sittenwidrig kann ferner die Vereitelung des Vertragszwecks durch den Schuldner sein, BGHZ 12, 308, 318. Zum sittenwidrigen Erwerb eines Patents vgl Rn 36, zum sittenwidrigen Erwerb einer Marke (eines Warenzeichens) RGRK/*Steffen* Rn 64 mN, zur Anmeldung von Zeichen zur Behinderung und Ausbeutung des Zeicheninhabers Soergel/*Hönn* Rn 197, zur Anmeldung einer Domain Rn 36. § 826 ist kein Mittel, Lücken im Immaterialgüterschutz institutionell auszufüllen. Daher ist zB der Nachdruck eines gemeinfreien Werks nicht sittenwidrig, BGHZ 51, 41, 43. Sittenwidrigkeit lässt sich auch hier nur mit zusätzl Umständen, zB Täuschung (Irreführung und Verwechslungsgefahr), begründen, BGHZ 26, 52, 59. 50

Außerhalb des Kreises gesetzl geregelter Schutzrechte ist von dem Grundsatz der Wettbewerbsfreiheit auszugehen. Ein **erg Leistungsschutz** nach § 826 kommt daher nur in krassen Fällen in Betracht. Meist sind diese freilich schon nach UWG unzulässig, vgl MüKo/*Wagner* Rn 221. Das „Schmarotzen an fremder Leistung" kann aber auch dann sittenwidrig sein, wenn kein Wettbewerbsverhältnis zw Schädiger und Geschädigtem vorliegt. So sind zB das Plagiat oder die Veröffentlichung fremder Forschungen als eigene sittenwidrig nach § 826, *Deutsch* NJW 1984, 2611ff. Zu einem vergleichbaren Wettbewerbsfall BGHZ 60, 168: Nachahmung von Stoff-Design. Historisch gesehen ist hier das Verdikt der Wettbewerbs- und Sittenwidrigkeit meist bloßes Durchgangsstadium zur Positivierung als gewerbliches oder persönliches Schutzrecht, vgl BGHZ 33, 20 zur Tonbandaufnahme einer Oper; BGHZ 39, 352 zur Rundfunkübertragung einer Kabarettvorführung und hierzu nunmehr §§ 70ff UrhG. 51

Die typischen Erscheinungen missbräuchlicher **gesellschaftsrechtl Gestaltungen**, insb im GmbH- und Personengesellschaftsrecht, haben sich so sehr verselbständigt, dass sie regelmäßig nach eigenen Kategorien zu diskutieren und unter institutionellen Gesichtspunkten der jew Gesellschaftsnormen zu lösen sind. Dies gilt etwa für Scheingründung, Unterkapitalisierung und Durchgriffshaftung, vgl Überblick bei Vor § 21 Rn 3ff. In besonders schwerwiegenden Fällen kann daneben § 826 gegeben sein, so bei offensichtlicher Unterkapitalisierung und dem hierbei regelmäßig vorliegenden dolus eventualis der Gläubigergefährdung auf Seiten der Gesellschafter, BGH NJW 1979, 2104; NJW-RR 1988, 1181; *H.P. Westermann* Jura 1980, 532; Staudinger/*Oechsler* Rn 436–465 mN. Als eigene Fallgruppe hat der BGH den „Durchgriff" auf einen Gesellschafter nach § 826 unter dem Gesichtspunkt des **existenzvernichtenden Eingriffs** entwickelt und ausgebaut, grundlegend BGHZ 151, 181, auch schon BGHZ 149, 10; 150, 61; nunmehr als bloße Innenhaftung ausgestaltet durch BGHZ 173, 246 und dazu BeckOK-GmbHG/*Wilhelmi* § 13 Rn 71ff; MüKo/*Wagner* Rn 182ff. Zum planmäßigen Entzug von Vermögen zugunsten einer Schwestergesellschaft BGH NJW 2005, 145. Zum Verschweigen der schlechten Vermögenslage einer GmbH auch BGH WM 1991, 1548. Vgl zur Einwirkung auf eine Publikums-KG zum Zweck der Schädigung von Gesellschaftern BGH WM 1984, 1640. Zum Missbrauch der Machtstellung innerhalb der Gesellschaft auch Rn 58; zum Aktienerwerb, um sich eine Anfechtungsklage „abkaufen" zu lassen, Rn 8 (zu BGH WM 1992, 1184). 52

j) Verletzung der Persönlichkeit und familiärer Beziehungen. Nicht wegen der eingesetzten Mittel oder wegen der Ausnutzung von Rechten oder Institutionen, sondern wegen der betroffenen Interessen selbst kommen Verletzungen der Persönlichkeit und familienrechtl Beziehungen als eigene Fallgruppen des § 826 in Betracht. **Persönlichkeitsverletzungen** haben im Rahmen des § 826 heute wegen der Anerkennung des Allgemeinen Per- 53 sönlichkeitsrechts jedoch nur noch geringe Bedeutung. Diese Entwicklung ist zu begrüßen, weil es einerseits dem hohen Wert der Persönlichkeit entspricht, dass im Zivilrecht durch § 823 I ein institutionalisierter Schutz zur Verfügung gestellt wird, und weil andererseits Überdehnungen des § 826 hierdurch vermieden werden, vgl RGRK/*Steffen* Rn 131 mN zur älteren Rspr vor Anerkennung des Allgemeinen Persönlichkeitsrechts. § 826 bleibt dann ein Mittel, unerträgliche, besonders anstößige Persönlichkeitsverletzungen auch deutlich als solche zu kennzeichnen, vgl den Fall von LG Limburg NJW-RR 1987, 81: symbolische Hinrichtung eines Nachbarn an einem Galgen; aus neuerer Zeit aber auch BGH NJW-RR 1998, 250 zu einem krass abwertenden Urteil in einem Restaurantführer.

54 Für den Schutz **familienrechtl Beziehungen** nach § 826 ist zunächst zu beachten, dass die Gründe für den Ausschluss des Deliktsschutzes nach § 823 I auch für § 826 gelten, vgl § 823 Rn 45 sowie BGHZ 23, 215, 221; 26, 217, 221. Die entgegenstehende ältere Auffassung des RG (vgl RGZ 152, 397) ist überholt. An der Ausschließlichkeit der familienrechtl Regelungen hat sich für den Kindesunterhalt auch mit der Aufhebung des § 1593 aF nichts geändert (vgl dazu Staudinger/*Oechsler* Rn 609f). Nicht recht mit diesem Grundsatz zu vereinbaren ist allerdings die Entscheidung BGHZ 80, 235, die einem Scheinvater gegen die Mutter und (inzwischen geschiedene) Ehefrau den Anspruch aus § 826 auf Ersatz für den gezahlten Kindesunterhalt zuspricht, weil die Mutter vor der Eheschließung dem Kläger vorgespiegelt hatte, nur er könne der Vater des zu erwartenden Kindes sein, ähnl BGH NJW 1990, 706. Regelmäßig schließen die Vorschriften über die Anfechtung der Vaterschaft mit der Folge des § 1607 III (früher §§ 1615b und d) die Anwendung des § 826 aus, BGHZ 14, 358, 359; 46, 58. Hat der wirkliche Vater den Scheinvater arglistig getäuscht und hierdurch an der Erhebung der Anfechtungsklage gehindert, soll dies allerdings einen Ersatzanspruch nach § 826 begründen, auch dazu BGH NJW 1990, 706. Nicht wegen des abschließenden Charakters bestehender Vorschriften, sondern wegen der Art der Beziehung ist § 826 aber dann nicht gegeben, wenn die Frau den Mann über die Einnahme empfängnisverhütender Mittel täuscht und der Mann infolgedessen unterhaltspflichtig wird. BGHZ 97, 372, 379f hat dies für eine nichteheliche Lebensgemeinschaft entschieden, dazu krit *Fehn* JuS 1988, 602. Dasselbe muss für die Ehe gelten. Hinsichtl der **Vermögensinteressen** der Ehegatten außerhalb des Unterhaltsrechts besteht keine familienrechtl Sperre. Für diesen Bereich kommt § 826 ohne weiteres in Frage, und zwar kann die Tatsache der familienrechtl Bindung hier sogar als pflichtverstärkendes Moment eine Rolle spielen, vgl BGH NJW 1977, 378 zur Pflicht des Ehegatten – auch nach Ehescheidung – zur Einwilligung in die einkommensteuerliche Zusammenveranlagung; Frankfurt OLGRp 2001, 66 zur unsachlichen Weigerung, am freihändigen Verkauf eines gemeinschaftl Grundstücks mitzuwirken. Wendet ein Ehegatte einem Ehestörer etwas zu, was sonst dem anderen Ehegatten zugutegekommen wäre, soll der zuwendende Ehegatte nach RGZ 111, 151, 155f schadensersatzpflichtig sein, vgl dazu auch BGH NJW 1962, 958.

55 Zur Gewährleistung von Unterhaltsansprüchen sind Vereinbarungen sittenwidrig, die den **Unterhaltsschuldner vermögens- oder einkommenslos** stellen. Dies gilt zB für die Übertragung des Geschäfts auf die Ehefrau (BGH WM 1958, 168) oder auf die Geliebte (BGH NJW 1973, 513). Wegen der Schwere des Sittenverstoßes verdrängen die Vorschriften über die Anfechtung nach AnfG und InsO § 826 insofern nicht, BGH NJW 2000, 3138. Dem Unterhaltsgläubiger schuldet auch Ersatz, wer sich den Anteil an einer Familiengesellschaft und die Geschäftsführerbezüge übertragen lässt, um dem Unterhaltsschuldner die Vereitelung der Unterhaltsansprüche zu ermöglichen, BGH WM 1970, 404. Eine sittenwidrige Schädigung liegt insb in der sog **Lohnschiebung**, die freilich heute wegen § 850h ZPO nur noch geringe Bedeutung hat (so richtig Staudinger/*Oechsler* Rn 620): Der ArbGeb verpflichtet sich zB, den pfändbaren Teil des Einkommens dem Ehegatten auszuzahlen, oder setzt von vornherein das („offizielle") Einkommen viel geringer als marktüblich an, BGH WM 1964, 613. Unterlassene Offenbarung von unerwartetem Verdienst kann bei Vorliegen weiterer Umstände den Anspruch des Unterhaltsschuldners gegen die Gläubigerin (geschiedene Ehefrau) aus § 826 begründen, BGH NJW 1986, 1751, Rn 46 aE. Allein in der weiteren Entgegennahme des Unterhalts trotz Aufnahme einer Erwerbstätigkeit liegt aber noch keine sittenwidrige Schädigung, BGH NJW 1986, 2047. Eine Offenbarungspflicht bei längerem eheähnl Zusammenleben mit einem neuen Partner nimmt Koblenz NJW-RR 1987, 1033 an.

56 **k) Missbrauch von Monopol- und Verbandsmacht.** Wesentliche Bereiche des **Machtmissbrauchs** im Privatrecht sind heute sondergesetzl geregelt, insb im GWB. ZB neben dem kartellrechtl Diskriminierungsverbot nach § 20 GWB kommt aber § 826 als konkurrierende Grundlage eines Schadensersatzanspruchs in Frage, vgl nur BGHZ 29, 344; 41, 271. Inhalt des Ersatzanspruchs kann insb der Vertragsabschluss selbst sein, also ein **Kontrahierungszwang**, vgl zur Entwicklung der Rspr *Kilian* AcP 180, 47, 56ff. § 826 hat heute eine Restbedeutung für individuelle Verbraucher, ArbN, politische Parteien und Bürgerinitiativen, *Kilian* aaO, 82. § 826 kann sich daneben als Regulativ von Preisen und Konditionen eines Monopols oder eines Unternehmens in monopolartiger Stellung auswirken, vgl Soergel/*Hönn* Rn 157 mN zu den Problemen bei Energieversorgungsunternehmen. Vgl auch BGH NJW 1963, 1872: Schadensersatzpflicht einer Bank, die eine Überweisung der Empfängerbank gutschreibt, obwohl sie von deren unmittelbar bevorstehendem Zusammenbruch weiß. Ob es zur Begründung all dieser Rechtsfolgen wirklich des Rückgriffs auf § 826 bedarf, ist dogmatisch durchaus zweifelhaft, vgl Staudinger/*Oechsler* Rn 583ff mN. Dies bezieht sich freilich nur auf den Begründungsweg, nicht auf die von der Rspr gefundenen Ergebnisse. Weiter beschränkt ist der Anwendungsbereich des § 826 durch die Vorschriften des **AGG.**

57 Dem Kontrahierungszwang verwandt (und dessen Anknüpfung an § 826 ähnl problematisch, Staudinger/*Oechsler* Rn 400ff mN) ist der **Aufnahmezwang von Verbänden.** Er kann als Naturalrestitution nach §§ 826, 249 I

gegeben sein, wenn der Verband eine erhebliche wirtschaftl oder soziale Macht hat und die Bewerber auf die Mitgliedschaft für wesentliche eigene Interessen angewiesen sind, BGHZ 63, 282, 284 für den Deutschen Sportbund, ähnl BVerfG NJW-RR 1989, 636; vgl auch BGH NJW 1980, 186, wo jedoch eine Pflicht zur Aufnahme in einen Anwaltsverein verneint worden ist, ähnl BGHZ 93, 151 zur Aufnahme in eine Gewerkschaft bei Zugehörigkeit zu einer gewerkschaftsfeindlichen Partei. Die Bsp zeigen, dass die Grundsätze für den Aufnahmezwang nicht auf Verbände zur Förderung wirtschaftl Interessen beschränkt sind. Die Pflicht zur Aufnahme gilt aber mit geringeren Einschränkungen als bei anderen Verbänden, wenn die Mitgliedschaft für die berufliche oder wirtschaftl Existenz wesentlich ist, vgl RGRK/*Steffen* Rn 121 mN. Auch die Subventionierung durch die öffentliche Hand kann eine Aufnahmeverweigerung als sittenwidrig erscheinen lassen, vgl LG Berlin NJW 1962, 206 zur Berliner Volksbühne.

Die Ausübung von **Mehrheitsmacht in Gesellschaften** ist weitgehend durch positive Vorschriften wie im AktG oder über die gesellschaftsrechtl Treupflicht auch für die GmbH (BGHZ 65, 15, 18) gebunden. Soweit es um das Verhältnis der Gesellschafter untereinander geht, genügen diese Ansprüche, so dass sich der Rekurs auf § 826 mit seinen strengeren Voraussetzungen erübrigt, vgl dazu den knappen Überblick bei Soergel/*Hönn* Rn 198–202; MüKo/*Wagner* Rn 206f; vgl zur Binnenhaftung des **Geschäftsführers** nach § 43 III GmbHG grundlegend BGHZ 149, 10. Wird die Mehrheitsmacht zum Schaden Außenstehender, insb von Gesellschaftsgläubigern, missbraucht, stellt sich die Durchgriffsfrage, Rn 52, insb zum „existenzvernichtenden Eingriff". Alle Einzelheiten gehören ins Gesellschaftsrecht; vgl zu § 826 in diesem Zusammenhang aber Staudinger/*Oechsler* Rn 411ff, 499ff. 58

l) Grobe Missachtung von Kampf- und Wettbewerbsregeln. Mit einigem Recht behandelt Soergel/*Hönn* Rn 165ff unter der Kategorie des Machtmissbrauchs auch den **Wirtschafts- und Arbeitskampf**; denn die hier zu würdigenden Aktionen werden gekennzeichnet durch die Einflussnahme auf andere oder die Erringung von Vorteilen durch den Einsatz von Druck. Vielfach sind freilich gerade die für § 826 relevanten Verhaltensweisen wie Boykottaufruf und Streik eher Mittel der Schwächeren in einer Auseinandersetzung. Früher ist im Zusammenhang mit der Verwendung von „Machtmitteln" zur Verfolgung eigener Interessen oft auch ein wesentlicher Teil des Rechts des **unlauteren Wettbewerbs** behandelt worden. Dieses Gebiet hat sich jedoch so sehr verselbständigt und ausgebreitet, dass seine Darstellung innerhalb einer Kommentierung des § 826 heute nicht mehr möglich ist, wegen der Spezialliteratur aber auch nicht erforderlich erscheint. Zu beachten bleibt jedoch, dass § 826 neben dem UWG anwendbar sein kann, wenn die Voraussetzungen des § 826, die nicht mit denen des § 3 UWG übereinzustimmen brauchen (Rn 4), zusätzl gegeben sind. In Frage kommen häufig zB die Fallgruppen der Vertragsvereitelung (Rn 28ff), des Leistungsschutzes (Rn 51) und der Diskriminierung (Rn 56). Ist die Sittenwidrigkeit nach § 826 gegeben, ist diese Anspruchsgrundlage ggü dem UWG nicht – wie nach hM § 823 I wegen Eingriffs in den Gewerbebetrieb – subsidiär. Praktisch bedeutsam ist die Anspruchskonkurrenz vor allem wegen der Verjährungsregelungen nach § 11 UWG, §§ 195, 199 I, III BGB. 59

Nach hM werden **Boykott** und **Abkehr** (zur Terminologie Soergel/*Hönn* Rn 165) regelmäßig als Eingriffe in den Gewerbebetrieb des Boykottierten erfasst, vgl nur Soergel/*Beater* § 823 Anh V Rn 107ff mN. Systematisch wird dies damit begründet, dass das Recht am eingerichteten und ausgeübten Gewerbebetrieb ggü § 826 nicht subsidiär ist. Mindestens soweit § 826 durch den Boykott erfüllt ist, ist der Rückgriff auf § 823 I jedoch wegen der methodischen Grenzen der Analogiebildung abzulehnen, § 823 Rn 51ff, 58, 74. Ob für § 823 I in Boykottfällen überhaupt Raum bleibt, wenn man diesen Ansatz ernst nimmt, ist zweifelhaft. Der Boykott zu Zwecken des Wettbewerbs verstößt gegen § 3 UWG, soweit nicht besondere Rechtfertigungsgründe vorliegen, und braucht daher hier nicht behandelt zu werden. Der Boykott zur Verfolgung nichtwirtschaftl Interessen außerhalb des Kreises der Konkurrenten wird dadurch gekennzeichnet, dass er ein Mittel im Meinungskampf ist und für ihn deshalb die Vermutung zugunsten der „freien Rede" eingreift, BVerfGE 7, 198. Ein solcher Boykottaufruf ist nicht sittenwidrig. Eine andere Beurteilung kann jedoch beim Einsatz (wirklicher) wirtschaftl Macht oder sozialer Abhängigkeit geboten sein, BVerfGE 25, 256, 264. Sittenwidrig kann auch ein Boykottaufruf oder eine Aktion zur massenhaften Einlegung von Rechtsmitteln auf der Grundlage unwahrer Behauptungen sein, vgl BGHZ 90, 113. Fahrlässige Unkenntnis genügt jedoch nicht, um den Vorwurf der Sittenwidrigkeit zu begründen, Bsp für zulässige Boykottmaßnahmen bei MüKo/*Wagner* § 823 Rn 400. 60

Grds zulässig ist der Boykott als Mittel des **Arbeitskampfes**, und zwar von beiden Gegnern, vgl Soergel/*Hönn* Rn 167f mN. Ist der Arbeitskampf selbst von den Regeln über die Auseinandersetzung der Tarifpartner einschl des Ultima-Ratio-Prinzips nicht gedeckt, kommt Sittenwidrigkeit der einzelnen Kampfmaßnahmen in Frage. Die bloße Tatsache, dass zB ein wilder Streik vorliegt, begründet noch nicht die Sittenwidrigkeit der Kampfmaßnahmen. Gewalttätigkeiten, Drohungen und Hetzparolen tragen das Urteil der Sittenwidrigkeit über den Streik nur, wenn solche Kampfpraktiken den Streik insg prägen, RGRK/*Steffen* Rn 126, 128; Soergel/*Hönn*/*Dönneweg*[12] Rn 181; überholt daher RGZ 105, 4, 7; 119, 291, 294. Als sittenwidrig angesehen hat BGHZ 70, 277 die streikähnl Aktionen der Fluglotsen, vor allem weil sie Dritte – also nicht nur den Kampfgegner Bundesrepublik Deutschland – in ungewöhnlichem Ausmaß in Gestalt von Millionenschäden für Reiseunternehmen und von Gefährdungen für Leib und Leben von Reisenden beeinträchtigt hatten. Das Urteil sittenwidrigen Verhaltens traf hierbei auch die Koalition, der die meisten der „Streikenden" angehörten, weil sie den Kampf unterstützt hatte, obwohl er nicht von ihr ausgegangen war. 61

§ 827 Ausschluss und Minderung der Verantwortlichkeit

Wer im Zustand der Bewusstlosigkeit oder in einem die freie Willensbestimmung ausschließenden Zustand krankhafter Störung der Geistestätigkeit einem anderen Schaden zufügt, ist für den Schaden nicht verantwortlich. Hat er sich durch geistige Getränke oder ähnliche Mittel in einen vorübergehenden Zustand dieser Art versetzt, so ist er für einen Schaden, den er in diesem Zustand widerrechtlich verursacht, in gleicher Weise verantwortlich, wie wenn ihm Fahrlässigkeit zur Last fiele; die Verantwortlichkeit tritt nicht ein, wenn er ohne Verschulden in den Zustand geraten ist.

1 **1. Delikts-, Verschuldens- und Zurechnungsfähigkeit.** Dem Verschuldensprinzip entspr haftet für eine unerlaubte Handlung (außer der reinen Gefährdungshaftung nach § 833 S 1) nur, wer **delikts-, verschuldens- und zurechnungsfähig** ist. §§ 827, 828 I, II S 1 schließen daher die Haftung aus, § 828 III schränkt sie ein. Die Vorschriften gelten nach § 276 I 2 für alle Schuldverhältnisse, in denen es auf das Verschulden ankommt, insb also für zu vertretende Leistungsstörungen in Verträgen und für die verschuldensähnl Obliegenheitsverletzung nach § 254, BGHZ 9, 316, 317; 24, 325, 327; 34, 355, 366 und § 254 Rn 25, 37b–e, ferner für die Feststellung der Erbunwürdigkeit nach § 2339 Nr 1, BGHZ 102, 227. Bei Haftung ohne Verschulden hat die meistens erforderliche Haltereigenschaft ähnl Bedeutung wie das Verschulden. Dies spricht für die Anwendung der §§ 827f auch auf die Gefährdungshaftung, insb nach § 833 S 1: Die Begründung der Haltereigenschaft ist kein Rechtsgeschäft; §§ 104f passen daher nicht (für analoge Anwendung aber *Larenz/Canaris* II 2 § 84 I 2g). Eine andere Ansicht (*Eberl-Borges* VersR 1996, 1070; Staudinger/*Oechsler* § 828 Rn 6) will ohne normative Grundlage auf den jew Reifegrad des „Halters“ abstellen. Daran ist richtig, dass die in § 828 III geforderte Erkenntnis der Verantwortlichkeit wörtlich nicht auf die Gefährdungshaftung passt. Dies schließt aber (entgegen *Eberl-Borges* VersR 1996, 1070, 1074) eine analoge Anwendung nicht aus (so auch Soergel/*Spickhoff* Vor § 827 Rn 7). Das Haftungsprivileg des § 828 II 1 passt aber auf die Gefährdungshaftung jedenfalls nicht. Nach BGHZ 55, 128 sind §§ 827f auf § 819 I anzuwenden, wenn sich ein Minderjähriger durch eine unerlaubte Handlung eine Bereicherung verschafft hat (zum Meinungsstreit darüber § 819 Rn 6). Der Haftungsausschluss nach §§ 827f wird durch die Billigkeitshaftung nach § 829 gemildert. Außerdem kommt anstelle der Haftung des Verschuldensunfähigen eine Haftung des Aufsichtspflichtigen nach § 832 in Betracht.

2 **2. Bewusstlosigkeit oder Ausschluss der freien Willensbestimmung.** Der Wortlaut setzt einen Zustand der **Bewusstlosigkeit** oder des **Ausschlusses der freien Willensbestimmung** durch eine krankhafte Störung der Geistestätigkeit voraus, vgl dazu allg § 105 Rn 5; § 104 Rn 3f. Trotz des abw Wortlauts wird damit wie in § 20 StGB nicht nur die mangelnde Steuerungsfähigkeit, sondern auch die mangelnde Einsichtsfähigkeit erfasst; dies ergibt sich insb aus den Gesetzesmaterialien, die ein Mindestmaß an vernunftorientiertem und willensgesteuertem Verhalten voraussetzen, und der Entwicklung der strafrechtl Parallelvorschrift, die nur eine genauere, aber keine andere Regelung anstrebte (näher *Wilhelmi* 328ff). Auch nicht krankhafte starke Störungen des Bewusstseins können die Einsichts- und Steuerungsfähigkeit ausschließen, etwa ein Unfallschock (vgl BGH VersR 1977, 430) oder äußerste Erregung (vgl BGH NJW 1958, 266); ebenso eine geistige Behinderung (ähnl für Geistesschwäche RGZ 162, 223, 228; anders wohl noch RGZ 74, 110; 108, 86, 90); letztlich ist die Ursache für den Mangel unerheblich (*Wilhelmi* 330; ähnl RGRK/*Steffen* Rn 5f). Entmündigung hatte für die deliktische Verantwortlichkeit keine unmittelbare Wirkung. Sie begründete allenfalls eine Vermutung für § 827 S 1, RGZ 108, 86, 90. Entspr wird man für die Anordnung einer Betreuung nach §§ 1814, 1825 annehmen können, Staudinger/*Oechsler* Rn 21. Für den Alkoholrausch gelten keine festen Grenzen der Zurechnungsfähigkeit, vgl MüKo/*Wagner* Rn 8 mN; Staudinger/*Oechsler* Rn 13f. Zu § 826 bei Vorspiegelung der Geschäftsunfähigkeit RG JW 1912, 24.

3 **3. Actio libera in causa.** Musste der Täter mindestens damit rechnen, dass er nach dem Genuss von Alkohol oder anderen Rauschmitteln einen Schaden verursachen würde, ist er nach den Regeln über die **actio libera in causa** (eine ihrem „Ursprung“ nach freie, dh mit einem vorverlegten Schuldvorwurf begangene Tat) für die im rauschbedingten Zustand der Unzurechnungsfähigkeit begangene Handlung verantwortlich, BGH NJW 1989, 1612. Darüber hinaus begründet § 827 S 2 schon dann eine Haftung, wenn sich der Täter in den Rausch versetzt hat: Ihn trifft gewissermaßen die Verkehrspflicht, sich nicht in einen solchen Zustand zu bringen. Nach S 2 aE wird das Verschulden an der Herbeiführung der Unzurechnungsfähigkeit widerlegbar vermutet. Da die Rauschtat vom Gesetz einer fahrlässigen Begehung gleichgestellt wird, muss das im Rausch begangene Delikt überhaupt fahrlässig begehbar sein, vgl BGH NJW 1968, 1132. – Schwierigkeiten bereitet die Anwendung des § 827 S 2 im Rahmen des § 81 VVG, da dort neben Vorsatz nur grobe Fahrlässigkeit des Versicherungsnehmers zur Leistungsfreiheit des Versicherers (bei grober Fahrlässigkeit meist teilw) führt. Der BGH (VersR 1967, 944; NJW 1985, 2648) knüpft an die grob fahrlässige Berauschung an, jedoch kaum mit Recht, da Grund der Leistungsfreiheit die Bedenkenlosigkeit des Versicherungsnehmers ggü der Gefahrerhöhung ist und nicht allg ggü dem Rausch, vgl MüKo/*Wagner* Rn 5; Staudinger/*Oechsler* Rn 27 und ausf *Knappmann* NVersZ 1998, 13.

4 **4. Beweislast.** Da Verschulden die Regel und Unzurechnungsfähigkeit die Ausnahme ist, obliegt deren **Nachw** dem Täter, vgl BGHZ 39, 103, 108; 98, 135; BGH NJW 1980, 2183. Dass der Täter sich selbst in diesen Zustand versetzt hat, hat der Verletzte zu beweisen. Ist dieser Beweis geführt, kann sich der Täter wiederum durch den Hinw, dass das ohne Verschulden geschehen sei, entlasten, vgl BGH NJW 1968, 1132.

§ 828 Minderjährige

(1) Wer nicht das siebente Lebensjahr vollendet hat, ist für einen Schaden, den er einem anderen zufügt, nicht verantwortlich.

(2) Wer das siebente, aber nicht das zehnte Lebensjahr vollendet hat, ist für den Schaden, den er bei einem Unfall mit einem Kraftfahrzeug, einer Schienenbahn oder einer Schwebebahn einem anderen zufügt, nicht verantwortlich. Dies gilt nicht, wenn er die Verletzung vorsätzlich herbeigeführt hat.

(3) Wer das 18. Lebensjahr noch nicht vollendet hat, ist, sofern seine Verantwortlichkeit nicht nach Absatz 1 oder 2 ausgeschlossen ist, für den Schaden, den er einem anderen zufügt, nicht verantwortlich, wenn er bei der Begehung der schädigenden Handlung nicht die zur Erkenntnis der Verantwortlichkeit erforderliche Einsicht hat.

1. Kinder bis sieben Jahre. Kinder, die das **7. Lebensjahr nicht vollendet** haben, sind für Schäden, die sie verursachen, schlechthin nicht verantwortlich. Maßgebend ist der Zeitpunkt der Vornahme der schädigenden Handlung, nicht der Eintritt des Schadens. 1

2. Kinder und Jugendliche von 7–18 Jahren. a) Grundsatz – mangelnde Einsichts- oder Steuerungsfähigkeit. Nach Abs III sind Kinder und Jugendliche vom **7. bis zum vollendeten 18. Lebensjahr** für Schäden, die sie verursachen, nicht verantwortlich, wenn sie zur Zeit der schädigenden Handlung die zur Erkenntnis ihrer Verantwortlichkeit erforderliche Einsicht nicht besaßen. Dies wird gemeinhin mit dem Wortlaut auf die mangelnde Einsichtsfähigkeit beschränkt (so BGHZ 161, 180, 187; BeckOGK/*Wellenhofer* Rn 30; MüKo/*Wagner* Rn 10), umfasst aber wie bei § 827 S 1 (§ 827 Rn 2) auch die mangelnde Steuerungsfähigkeit (näher *Wilhelmi* 329; ähnl etwa *Rolfs* JZ 1999, 233, 238). 2

b) Kinder von 7–10 Jahren bei Verkehrsunfällen. Abw von dieser Regel des Abs III sieht der mWv 1.8.2002 eingefügte **Abs II** für den Bereich des **Straßenverkehrs** für Kinder bis zur Vollendung des **10. Lebensjahres** generell den Ausschluss der fahrlässigen Verantwortlichkeit vor. Da Kinder kaum je als Fahrer oder Halter der in der Vorschrift genannten Fahrzeuge in Betracht kommen, liegt ihre eigentliche Bedeutung beim Ausschluss des Mitverschuldens, wenn die Kinder selbst Geschädigte sind. Systematisch gehört die Regelung des § 828 II daher vor allem zu § 9 StVG, § 4 HaftpflG, § 254. Sie greift aber auch dann ein, wenn zB ein Kind durch Spielen auf der Straße einen Kfz-Unfall verursacht. Als Zweck schwebte dem Gesetzgeber der Schutz vor solchen Haftungs- und Schadensrisiken des Kindes vor, die sich aus dessen mangelhafter Einschätzung der Geschwindigkeit im motorisierten Verkehr ergeben (BT-Drs 14/7752, 27). Daran hat der BGH angeknüpft: Die fahrlässige Beschädigung eines parkenden Pkw bei einem Wettrennen mit Kickboards (BGH NJW 2005, 354) oder beim Spiel mit Fahrrädern (BGH NJW 2005, 356) fällt daher nicht unter die Vorschrift, zweifelsfrei hingegen die Beschädigung eines haltenden Pkw durch ein zu schnell gefahrenes Fahrrad (BGH NJW 2007, 2113). 2a

Das Haftungsprivileg des Abs II greift nicht ein, wenn das Kind die Verletzung **vorsätzlich** (und mit der erforderlichen Einsichts- und Steuerungsfähigkeit, Abs III) herbeigeführt hat. Wie auch sonst genügt bedingter Vorsatz. Gerechtfertigt ist die Aufhebung des Privilegs nach deren Zweck aber nicht schon, wenn das Kind überhaupt mit Wissen und Wollen gehandelt hat. Unter der vorsätzlichen „Herbeiführung der Verletzung" ist vielmehr auch **der Schaden** zu verstehen, wie im Bsp des Steinewerfers von der Autobahnbrücke (BT-Drs 14/7752, 27). Ein solcher Schadensbezug des Vorsatzes wird bisher schon für die Aufhebung des Haftungsprivilegs in der Unfallversicherung bei Jugendlichen angenommen, Hamburg ZfS 1996, 371. Ebenso für § 828 II 2 Staudinger/*Oechsler* Rn 25 mN. 2b

c) Mitverschulden des Verletzten. Hat neben dem nach Abs III zurechenbaren Verhalten des Jugendlichen ein **Verschulden des Verletzten** mitgewirkt, kann bei Abwägung nach § 254 die geringere Überlegungsfähigkeit und Besonnenheit des jugendlichen Täters berücksichtigt werden. Entspr gilt, wenn ein Jugendlicher verletzt, eigenes Verschulden aber nach § 254 zur Anrechnung zu bringen ist, vgl BGHZ 34, 355, 366. Gemeinsames gefährliches Spielen oder Basteln kann aber auch dazu führen, dass sich die Verletzung eines Teilnehmers bei wertender Betrachtung als Verwirklichung einer Selbstgefährdung darstellt. Eine solche Verletzung fällt in das allg Lebensrisiko des Verletzten und nicht in den Schutzbereich der §§ 823ff, BGH NJW 1986, 1865. 3

3. Einsichts- und Steuerungsfähigkeit. Die nach **Abs III** erforderliche **Einsichtsfähigkeit** ist vorhanden, wenn der Schädiger im Zeitpunkt der schädigenden Handlung in der Lage war, die Gefährlichkeit der konkreten Handlung einzusehen; unerheblich ist, ob er die konkreten Schadensfolgen erkennen konnte (MüKo/*Wagner* Rn 11f; krit Staudinger/*Oechsler* Rn 28ff; unklar BGH NJW 1987, 1947, 1949). 4

Dabei ist die Einsichtsfähigkeit nicht abstrakt anhand der jew Altersgruppe zu beurteilen (in diese Richtung aber BGH NJW 1987, 1947, 1949). Vielmehr ist darauf abzustellen, ob der konkrete Schädiger darüber nach seiner individuellen Entwicklung verfügte, also anhand eines **subj Maßstabs** (vgl MüKo/*Wagner* Rn 13). Das schließt die Berücksichtigung allg Erfahrungssätze nicht aus. So ist zB die Erwägung zulässig, dass in einem bestimmten Alter erfahrungsgemäß die nötige Einsicht für bestimmte Handlungen idR vorhanden zu sein pflege und deshalb auch bei dem Täter, bei dem ein im Verhältnis zum Durchschnitt seiner Altersgenossen geringerer Entwicklungsgrad nicht feststellbar sei, angenommen werden könne, vgl RG Warn Rspr 1912, 13. Annäherung an die obere und untere Altersgrenze allein aber genügt nicht, das Vorhandensein bzw den Mangel der nötigen Einsicht zu begründen, vgl BGH VersR 1970, 374; NJW 1970, 1038; 1987, 1947 einerseits (Deliktsfähigkeit Sieben- bis Neunjähriger); VersR 1959, 732 andererseits (keine Deliktsfähigkeit eines 13-Jährigen). Entspr gilt für die Steuerungsfähigkeit. 5

6 **4. Beweislast.** Die negative Fassung des **Abs III** ergibt, dass es sich dabei um einen **Ausnahmetatbestand** handelt. Die Behauptung der erforderlichen Einsicht gehört daher nicht zur Klagebegründung; insoweit trifft vielmehr den Beklagten die Behauptungs- und Beweislast, vgl BGH NJW 1979, 864. Ist der Mangel der Einsicht nicht behauptet oder bewiesen, ist der jugendliche Täter haftbar wie ein Erwachsener; der Tatbestand der unerlaubten Handlung ist bei ihm obj derselbe wie bei Erwachsenen; wie dort trägt daher der **Geschädigte** Behauptungs- und Beweislast für das Verschulden und in diesem Rahmen auch für die Verletzung des altersbedingten typischen Sorgfaltsmaßstabes, BGH NJW 1970, 1038. Zu empirischen Untersuchungen über die Deliktsfähigkeit vgl *Wille/Bettge* VersR 1971, 878.

7 **5. Verfassungsrechtliche Grenzen.** Wie bei jeder Schadensersatzpflicht gilt auch bei der Verantwortlichkeit nach § 828 – abgesehen von der Anrechnung eines Mitverschuldens nach § 254 – das Alles-oder-nichts-Prinzip. Dies kann gerade bei Minderjährigen dazu führen, dass sie für den Rest ihres Lebens Zahlungspflichten aufgrund ihrer Verantwortung (zB wegen einer fahrlässigen Brandstiftung) ausgesetzt sind, die ihre Leistungsfähigkeit weit übersteigen. Bei Volljährigen erscheint eine derartige Belastung eher hinnehmbar, weil sie durch eine Haftpflichtversicherung vorsorgen können. Minderjährige sind dazu aus eigener Initiative nicht in der Lage, vgl Celle VersR 1989, 709; *Canaris* JZ 1990, 680. Deshalb wird verstärkt eine Ergänzung des § 828 um eine **Reduktionsklausel** gefordert, vgl hier nur *Scheffen*, FS Steffen, 1995, 387. Auch ohne eine Änderung des Gesetzes wird teilw eine „ungeschriebene" Reduktionsklausel aus § 242 (*Goecke* NJW 1999, 2305ff) und dem Gebot verfassungskonformer Auslegung (*Canaris* JZ 1990, 679ff) vorgeschlagen. Das BVerfG (NJW 1998, 3557) hat eine Vorlage des LG Dessau (NJW-RR 1997, 214) zur Prüfung der Verfassungsmäßigkeit von § 828 wegen dessen vorkonstitutionellen Charakters nicht zur Entscheidung angenommen, aber ebenfalls auf die erwähnten Möglichkeiten zur Milderung von Härten de lege lata hingewiesen, zusätzl auf die Restschuldbefreiung nach §§ 286ff InsO. Infolge der Novellierung des Gesetzestextes nach dem 2. SchadensersatzrechtsÄndG handelt es sich bei § 828 insg um nachkonstitutionelles Recht. Daher stellt sich nunmehr erneut die Frage einer verfassungsgerichtlichen Überprüfung. Vielfach ist die existenzvernichtende Wirkung der Haftpflicht allerdings durch eine korrekte Anwendung des § 76 II Nr 3 SGB IV beim Regress des Sozialversicherungsträgers gegen den Haftpflichtigen zu vermeiden, *Ahrens* VersR 1997, 1064. Diese Vorschrift sollte auf den Regress nach § 86 VVG analog angewandt werden, aA *Looschelders* VersR 1999, 147. Vgl zu all dem auch *Schiemann* Karlsruher Forum, 1999, 7ff und *Simon* AcP 204, 264ff.

§ 829 Ersatzpflicht aus Billigkeitsgründen

Wer in einem der in den §§ 823 bis 826 bezeichneten Fälle für einen von ihm verursachten Schaden aufgrund der §§ 827, 828 nicht verantwortlich ist, hat gleichwohl, sofern der Ersatz des Schadens nicht von einem aufsichtspflichtigen Dritten erlangt werden kann, den Schaden insoweit zu ersetzen, als die Billigkeit nach den Umständen, insbesondere nach den Verhältnissen der Beteiligten, eine Schadloshaltung erfordert und ihm nicht die Mittel entzogen werden, deren er zum angemessenen Unterhalt sowie zur Erfüllung seiner gesetzlichen Unterhaltspflichten bedarf.

1 **1. Anwendungsbereich.** Als **Ausnahme vom Verschuldensprinzip** sieht § 829 vor, dass der Schädiger auch dann haftet, wenn er in einem der Fälle der §§ 823–826 aufgrund der §§ 827f für den Schaden nicht verantwortlich ist. Dies setzt voraus, dass der Schädiger obj und subj einen der genannten Deliktstatbestände rechtswidrig erfüllt und nur aufgrund fehlender Deliktsfähigkeit nicht haftet (BGHZ 39, 281, 284). Für Tatbestände außerdeliktischer Haftung gilt die Vorschrift nicht, daher auch nicht beim Zusammentreffen deliktischer mit vertragl Haftung (Staudinger/*Oechsler* Rn 18, 23), jedoch für die §§ 830ff, die außer § 833 S 1 bei „Luxustieren" nur modifizierte Begehensweisen einer unerlaubten Handlung nach §§ 823–826 enthalten. Bei Anspruchskonkurrenz zw Gefährdungshaftung und unerlaubter Handlung ist § 829 gleichfalls anwendbar, BGHZ 23, 90. Wegen der entspr Anwendung der §§ 827f auf die Begründung der Haltereigenschaft für die Gefährdungshaftung (§ 827 Rn 1) ist auch § 829 in diesem Rahmen entspr heranzuziehen, Soergel/*Spickhoff* Rn 15. Die Vorschrift gilt auch, wenn es wegen völliger Bewusstlosigkeit schon an einer „Handlung" fehlt (BGHZ 23, 90, 98; dazu Staudinger/*Oechsler* Rn 28ff mN) und wenn die Verantwortlichkeit des Schädigers aufgrund der Subjektivierung des Verschuldens ausgeschlossen ist (*Wilhelmi* 343f), insb wenn der Schädiger zwar schuldfähig ist, aber wegen seiner alterstypischen Verhaltensweise nicht fahrlässig handelt (BGHZ 39, 281; dazu Soergel/*Spickhoff* Rn 11 mN). Sie gilt jedoch nicht, wenn es nur an Vorsatz oder Fahrlässigkeit fehlt (BGHZ 39, 281, 285). Schließlich gilt § 829 analog auch im Rahmen des § 254 (BGHZ 37, 102; BGH NJW 1973, 1795; dazu Staudinger/*Höpfner* § 254 Rn 42 mN).

2 **Ggü § 832** ist die Haftung aus § 829 **subsidiär.** Ob ein aufsichtspflichtiger Dritter nicht vorhanden ist, ob er sich nach § 832 I 2 entlastet hat oder ob der Anspruch gegen ihn nicht oder nur zT realisierbar ist, ist gleich. Im letztgenannten Fall haften der Aufsichtspflichtige und der Täter als Gesamtschuldner, im Innenverhältnis haftet der Aufsichtspflichtige allein, § 840 II.

3 **2. Billigkeit.** Voraussetzung des Ersatzes ist, dass die **Billigkeit** ihn nicht nur erlaubt, sondern geradezu **„erfordert"**, wofür eine Abwägung aller Umstände des Falles, nicht nur der ausdrückl erwähnten (Vermögens-)Verhältnisse der Beteiligten maßgeblich ist (BGHZ 127, 186, 192), allerdings ein wirtschaftl Gefälle vom Schädiger zum Geschädigten an erster Stelle steht (BGHZ 212, 48 Rn 37ff). Dazu gehören die Besonderheiten der Schadensverursachung, BGHZ 23, 90, 99f; BGH NJW 1980, 1623. Soweit die Verletzung eine billige Entschädigung nach § 253 II für den immateriellen Schaden erfordert, gilt dies genauso für § 829. Die Beschränkung des Schmer-

zensgeldes im Anwendungsbereich des § 829, wenn der Verletzte aus Gefährdungshaftung volle materielle Entschädigung erhält (vgl BGHZ 127, 186, 193), ist durch § 253 II mit der Erstreckung des Schmerzensgeldes auf die Gefährdungshaftung überholt. Der angemessene Unterhalt des Schädigers selbst und seiner unterhaltsberechtigten Angehörigen geht der Billigkeitshaftung vor, ebenso die Verpflichtung zum Versorgungsausgleich, MüKo/*Wagner* Rn 24. Die praktisch im Vordergrund stehende Abwägung der Vermögensverhältnisse führt nur dann zu dem Erfordernis eines Ersatzes, wenn ein wirtschaftl Gefälle zulasten des Geschädigten besteht, BGH NJW 1979, 2096.

Falls die Heranziehung des Schädigers mit Rücksicht auf seine derzeitigen Vermögens- und Einkommensverhältnisse nicht gerechtfertigt erscheint, wohl aber eine solche sich **im Laufe der Zeit** aus Billigkeitsgründen als berechtigt erweisen kann, ist Feststellungsklage möglich, BGH NJW 1979, 2096. Der Urteilsausspruch bedarf dann aber einer Einschränkung, die später eine Schadensabwägung im Rahmen des § 829 ermöglicht, vgl BGHZ 37, 102, 107. Wenn und soweit Billigkeit eine spätere Heranziehung des Schädigers gestattet, kann der Geschädigte nicht nur die nach Eintritt der Billigkeitsvoraussetzungen fälligen, sondern auch die bereits früher fällig gewordenen Beträge verlangen, RGZ 169, 394. 4

Umstritten ist die Frage, ob zulasten des Schädigers das **Bestehen einer Haftpflichtversicherung** zu berücksichtigen ist, dazu vor allem *Fuchs* AcP 191, 318ff; *E. Lorenz* FS Medicus, 1999, 353ff. Die Akzessorietät der Haftpflichtversicherung ggü dem materiellen Haftpflichtanspruch (sog Trennungsgrundsatz, dazu *v Bar* AcP 181, 289ff) spricht gegen eine Berücksichtigung überhaupt: Die Versicherung dient dazu, den Schädiger von seiner Haftung freizustellen. Es wird als Zirkelschluss angesehen, daraus zu folgern, dass sich die Haftung nach dem Bestehen einer Versicherung richte, *Sieg* VersR 1980, 1090; hiergegen aber mit Recht *Larenz/Canaris* II 2 § 84 VII 1b. Nachdem der Große Senat jedoch die Haftpflichtversicherung beim „billigen Ermessen" zur Bemessung eines Schmerzensgeldes berücksichtigt hatte (BGHZ 18, 149), war es ein Gebot der deliktsrechtl Konsequenz, auch für die Billigkeitshaftung nach § 829 die Haftpflichtversicherung des Schädigers zu beachten. Dies hat die Rspr zunächst bei der Höhe des Anspruchs berücksichtigt, (BGHZ 76, 279). Freilich ist der Trennungsgrundsatz heute jedenfalls für den Anwendungsbereich des PflVG, vielleicht für alle **Pflichtversicherungen**, nicht mehr rein durchgeführt. Die Pflichtversicherungen haben idR von vornherein die Funktion, neben dem Versicherten auch dessen „Opfer" zu schützen. Wegen dieses Funktionswandels der Haftpflichtversicherung zieht der BGH inzwischen eine bestehende Pflichthaftpflichtversicherung auch für den Grund des Anspruchs heran (BGHZ 76, 279, 283; 127, 186, 191). Trotz grds Bedenken ggü der Tauglichkeit einer Unterscheidung zw Grund und Höhe des Anspruchs (so dezidiert MüKo/*Wagner* Rn 20ff) hält der BGH jedoch daran fest, dass jedenfalls das Bestehen einer freiwilligen Haftpflichtversicherung allein nicht die Haftung aus § 829 begründen dürfe (BGHZ 127, 186, 191; BGH VersR 2017, 296). Dies ist kein Ausweg aus der rechtspolitisch unbefriedigenden Lage, da für die sozial besonders relevanten Spielunfälle durch Deliktsunfähige keine Pflichtversicherung besteht, *E. Lorenz* VersR 1980, 697ff. Die Lösung liegt deshalb eher in einer versicherungsrechtl Erweiterung des Deckungsschutzes auf die potentiellen Opfer (*Marschall v Bieberstein* BB 1983, 467, 469; *Fuchs* AcP 191, 318, 338f). 5

3. Beweislast. Der Geschädigte hat außer den allg Voraussetzungen des Schadensersatzanspruchs zu **beweisen**, dass der Ersatz von keinem aufsichtspflichtigen Dritten zu erlangen ist, sowie die Voraussetzungen für eine Schadloshaltung nach der Billigkeit. 6

4. Verjährung. Die **Verjährung** des Anspruchs aus § 829 beginnt nicht, bevor der Verletzte von der Unzurechnungsfähigkeit des Täters und davon Kenntnis erlangt hat, dass Ersatz von einem aufsichtspflichtigen Dritten nicht zu erhalten ist, RGZ 94, 220, 222, vgl dazu auch Rn 4. 7

§ 830 Mittäter und Beteiligte

(1) Haben mehrere durch eine gemeinschaftlich begangene unerlaubte Handlung einen Schaden verursacht, so ist jeder für den Schaden verantwortlich. Das Gleiche gilt, wenn sich nicht ermitteln lässt, wer von mehreren Beteiligten den Schaden durch seine Handlung verursacht hat.

(2) Anstifter und Gehilfen stehen Mittätern gleich.

1. Ratio. § 830 regelt **zwei grundlegend verschiedene Fallgruppen**, nach Abs I S 1 und Abs II das bewusste und gewollte Zusammenwirken mehrerer bei einer unerlaubten Handlung und nach Abs I 2 die Unaufgeklärtheit der Schadensentstehung, wenn mehrere unabhängig voneinander eine – insb auch: nur fahrlässige – unerlaubte Handlung begangen haben, die je für sich zur Schadensentstehung geeignet war, ohne dass hinsichtl irgendeiner dieser Handlungen die Ursächlichkeit für den ganzen Schaden feststeht. In § 830 nicht geregelt ist der Fall der Nebentäterschaft (dazu Rn 5). Eine wichtige Spezialvorschrift zu § 830 I 2 enthält § 84 II 4 AMG. 1

Gemeinsames **Ziel** aller Regelungen des § 830 ist eine **Besserstellung des Geschädigten**, der bei einem einheitlichen Schaden davor bewahrt werden soll, entweder mehrere Beteiligte nur jew zu einem ihrem Tatbeitrag entspr Teil des Schadens heranziehen zu können (Abs I S 1, Abs II) oder aufgrund mehrerer möglicher Risikobeiträge überhaupt keinen Schadensersatzanspruch zu haben (Abs 1 S 2). Zur Vermeidung dieser Ergebnisse begründet § 830 die Haftung aller Beteiligten als Gesamtschuldner (§ 840). Der **Zurechnungsgrund** ist nur für Abs I S 1 und Abs II eindeutig: Wegen der Willentlichkeit des Gesamtgeschehens und der Schwere des Schuldvorwurfs (*Bydlinski* AcP 158, 430) ist es dem Teilnehmer oder Mittäter zumutbar, auch für den Schaden Ersatz zu leisten, den er nicht selbst herbeigeführt hat. Der Grund für die Belastung mehrerer „Täter" mit dem Risiko der Unauf- 2 klärbarkeit nach Abs I S 2 wird überwiegend darin gesehen, dass jeder der mehreren Täter gerade für die Beweisnot des Geschädigten verantwortlich ist, die konkrete Verantwortlichkeit wenigstens eines Täters nicht beweisen zu können (vgl BGHZ 72, 355, 358; Erman/*Schiemann*[14] Rn 2). Demggü ist davon auszugehen, dass der allg Haftungsgrund des Deliktsrechts parallel zur negatorischen Haftung in der pflichtwidrigen Setzung oder Aufrechterhaltung eines Risikos liegt (*Wilhelmi* 151ff) und dieser Haftungsgrund auch Abs I S 2 zugrunde liegt, der demgemäß parallel zur negatorischen Haftung nur eine potentielle Kausalität voraussetzt, für die eine konkrete Gefährdung ausreicht (*Wilhelmi* 306ff; gegen MüKo/*Wagner* Rn 49).

3 **2. Gemeinschaftliche Begehungsformen. Mittäterschaft** (Abs I S 1), **Anstiftung und Beihilfe** (Abs II) sind iSd §§ 25–27 StGB zu verstehen (allg M etwa BGHZ 89, 383, 389). Deshalb genügt weder ein Zusammentreffen mehrerer fahrlässiger Handlungen (BGHZ 30, 203, 206) noch fahrlässige Anstiftung oder Beihilfe (BGHZ 42, 117, 122; 70, 277, 284), noch Teilnahme an einer fahrlässigen Haupttat (vgl RGZ 133, 326, 329). Die abw Ansicht (insb *Deutsch* Haftungsrecht, Rn 507) ist schon unter dem Blickwinkel der Einheit der Rechtsordnung abzulehnen. Zudem überzeugt der rechtspolitische Grund für die Privilegierung des Geschädigten ggü anderen Opfern einer unerlaubten Handlung gerade (nur), wenn entweder sein Schaden durch das bewusste und gewollte Zusammenwirken mehrerer Täter entstanden ist oder die mögliche Urheberschaft mehrerer zu einer Beweisnot des Geschädigten geführt hat. IdR genügt zur Teilnahme und sogar zur Mittäterschaft ein **psychischer oder intellektueller Beitrag** (BGHZ 63, 124, 126; 105, 121, 133f; 111, 282; BGH NJW 1972, 40, vgl aber Rn 4 aE). Anders als im Strafrecht kann hierbei nach der Rspr wegen der gleichartigen Rechtsfolge uU offen bleiben, ob das Verhalten als Täterschaft oder als Teilnahme zu bewerten ist. Die Tatherrschaft spielt deshalb im Zivilrecht keine entscheidende Rolle. Bei Beihilfe ist nicht einmal Kausalität für den Erfolg erforderlich (str, vgl MüKo/*Wagner* Rn 24f mN). Notwendig ist aber nach dem Schutzgedanken des § 830 I 1, II, dass die Mitwirkung wenigstens möglicherweise den Erfolg herbeigeführt hat (*Larenz/Canaris* II 2 § 82 I 2b; insg krit zur „subjektiven Theorie" der Rspr Staudinger/*Eberl-Borges* Rn 21ff, 42f). Aber eine Handlung, die eine Handlungspflicht eines anderen erst begründet, fördert regelmäßig nicht schon ihre Verletzung, BGHZ 230, 288 Rn 14ff. Ein Exzess des Haupttäters ist dem Teilnehmer nur zuzurechnen, wenn sich wenigstens dessen bedingter Vorsatz auch auf den Exzess bezog (Soergel/*Krause* Rn 18 mN). Keine Teilnehmer sind Begünstiger und Hehler. Zum Sonderfall der §§ 97, 98 WpHG (§§ 37b, 37c WpHG aF) MüKo/*Wagner* Rn 37 mN Fn 140.

4 Vom historischen Gesetzgeber ist § 830 I 1, II für Fälle wie die **Wirtshausschlägerei** aus dem gemeinen Recht übernommen worden. An **Großdemonstrationen** hat der Gesetzgeber nicht gedacht. Die Anwendung der Vorschrift auf solche Fälle ist freilich nicht schon durch Art 8 GG ausgeschlossen, da das Grundrecht nur friedliche Demonstrationen schützt (BVerfGE 69, 315). Hat sich der einzelne Demonstrant friedlich verhalten, genügt für seine Haftung jedoch nicht die Tatsache, dass es zu Ausschreitungen von **anderen** Teilnehmern gekommen ist (BGHZ 89, 383, 395). Auch wenn von vornherein mit der Möglichkeit von Gewaltanwendung gerechnet werden musste, braucht der friedliche Demonstrant auf die Teilnahme nicht zu verzichten, um der Haftung aus § 830 zu entgehen. Aus dieser grds vorgezeichneten Einschränkung der Haftung folgert der BGH (391ff), dass selbst die aktiv an Gewalttaten beteiligten Demonstranten nur für diejenigen Schäden haften, die in ihrem **unmittelbaren Aktionsfeld** eingetreten sind. Hinsichtl der übrigen Schäden gilt, dass von § 830 I 1, II die Exzesse anderer Tatbeteiligter nicht umfasst werden (so schon BGHZ 59, 30, 42; 63, 124, 128; vgl auch schon Rn 3). Diese Rspr, die weithin Zustimmung gefunden hat (MüKo/*Wagner* Rn 27; Soergel/*Krause* Rn 13), sollte zum Überdenken des vielleicht allzu subj Verständnisses der Teilnahme im Allg (Rn 3) Anlass geben, so auch Staudinger/*Eberl-Borges* Rn 54.

5 **3. Alternative und kumulative Kausalität.** § 830 I 2 greift in den Fällen der **alternativen** und der **kumulativen Kausalität** ein. In beiden Fällen ist jeder der Kausalbeiträge geeignet, den ganzen Schaden herbeizuführen; im ersten Fall bleibt jedoch ungeklärt, ob das Verhalten überhaupt zu dem Schaden geführt hat, und im zweiten Fall lässt sich nicht ermitteln, welcher Schadensanteil auf die einzelne unerlaubte Handlung zurückgeht. Anders als bei § 830 I 1, II liegt kein bewusstes und gewolltes Zusammenwirken mehrerer vor. Haben mehrere **Nebentäter** selbstständig den ganzen Schaden oder je einen abgrenzbaren Teilschaden herbeigeführt, ist § 830 I 2 **unanwendbar**. Vielmehr liegt dann schon nach allg Grundsätzen (Kausalität und § 840) bei mehrfacher Verursachung des ganzen Schadens Gesamtschuld, bei Verursachung eines Teilschadens Teilschuld vor (vgl BGHZ 30, 203). Zur ungeklärten Kausalität bei mehreren (potentiellen) Schädigern und mehreren Geschädigten *Hager* FS Canaris, 2007, 403.

6 Maßgebliche Voraussetzung des § 830 I 2 ist hiernach die **Unaufklärbarkeit der Schadensverursachung**. Alle übrigen Merkmale einer unerlaubten Handlung müssen jedoch vorliegen, also (abgesehen von der Kausalität) tatbestandsmäßiges, obj und subj vorwerfbares Verhalten, und zwar bei allen potentiellen Schädigern (BGH NJW 1994, 932; 1995, 1286). Auch Haftung für vermutetes Verschulden, Billigkeitshaftung und Gefährdungshaftung genügen (BGHZ 55, 96, 98; BGH NJW 2018, 3439); ebenso ist die Vorschrift auf eine Pflichtverletzung aus Vertrag (BGH NJW 2001, 2538) oder vorvertragl Verhältnis (§ 311 II) anwendbar; zum Zusammentreffen einer unerlaubten Handlung mit der Haftung nach § 906 II 2 BGHZ 101, 106; zu diff Auffassungen insb hinsichtl der Deliktsfähigkeit Staudinger/*Eberl-Borges* Rn 81; zum Vorrang der Kausalitätsfrage vor den anderen Haftungsmerkmalen *Hager* FS Canaris, 2007, 409f. Das Merkmal der Kausalität wird durch die **„Geeignetheit"** für die ungeklärte Herbeiführung des Erfolges ersetzt (BGHZ 89, 383, 399), da für potentielle Kausalität gehaftet wird. Nur wenn zweifelsfrei feststeht, dass der in Anspruch Genommene ein solches das Rechtsgut gefährdendes Verhalten an den Tag gelegt hat, kann § 830 I 2 zu seinen Lasten angewendet werden. Zusätzl ist erforderlich,

dass **keiner** der Tatbeteiligten **nachweislich** den Schaden verursacht hat; denn § 830 I 2 knüpft die Haftung daran, dass das gefährdende Verhalten mit einer Beweisnot des Geschädigten zusammenfällt (BGHZ 67, 14; 72, 355, 358f). Der Geschädigte soll keinen Nachteil dadurch erleiden, dass der Schaden, der ihm durch zurechenbares fremdes Verhalten zugefügt worden ist, nicht nur von einem, sondern von mehreren Schädigern verursacht sein kann. Der Geschädigte soll aber auch keinen Vorteil davon haben, dass zu dem gefährdenden Verhalten außer denjenigen, deren Haftung feststeht, andere Beteiligte beigetragen haben, vgl schon Rn 2.

Kann der Schaden auch durch **Naturereignisse** oder den **Geschädigten selbst** verursacht worden sein, wird gemeinhin angenommen, dass der Anspruch aus § 830 I 2 ausscheidet (BGHZ 60, 177, 182; nicht berücksichtigt von BGH NJW 2001, 2538 und dazu krit *Eberl-Borges* NJW 2002, 949; *Medicus/Lorenz* II § 87 Rn 7; Erman/*Schiemann*[14] Rn 7). Nur wenn die Quote für die Fremdverursachung feststehe und nur unaufklärbar bleibe, von wem dieser Anteil an der Gesamtverursachung tatsächlich herbeigeführt worden sei, könne für die Quote mit unaufgeklärter Verursachung § 830 I 2 angewendet werden, BGH NJW 1994, 932; 1995, 1286; ebenso, wenn neben einer selbstständigen feststehenden Verursachung eine zusätzl Verursachung durch mehrere Beteiligte vorliege, die Zuordnung dieser zusätzl Verursachung unter den Beteiligten aber unaufklärbar bleibe (BGHZ 67, 14, 20). Denn in diesen Fällen stehe fest, dass mindestens einer der Beteiligten die zusätzl Schadensursache gesetzt haben müsse; der Geschädigte dürfe dann aber nicht den Nachteil davon haben, dass für diesen Verursachungsbeitrag gleich mehrere Beteiligte in Betracht kommen (Erman/*Schiemann*[14] Rn 7). Demggü wurde in Rn 2 herausgearbeitet, dass § 830 I 2 eine Haftung für potentielle Kausalität statuiert. Demgemäß haftet ein Beteiligter, der pflichtwidrig ein Risiko verursacht, das für den eingetretenen Schaden potentiell kausal ist, auch dann, wenn nicht aufgeklärt werden kann, ob daneben auch der Geschädigte, ein nicht deliktisch haftender Dritter oder der Zufall den Schaden verursacht haben können; allerdings muss sich der Geschädigte bzgl dieser möglichen Verursachungsbeiträge wie ein Mitbeteiligter behandeln lassen, so dass § 830 I 2, § 840 Anwendung finden, der Anspruch des Geschädigten also nach den Grundsätzen der gestörten Gesamtschuld entspr dem auf diese Verursachungsbeiträge entfallenden Anteil am Gesamtrisiko gekürzt wird (*Wilhelmi* 309f; ähnl *Larenz/Canaris* II 2 § 82 II 3). 7

Eine Beweisnot gerade wegen der Beteiligung mehrerer kann **unabhängig davon** eintreten, **ob** die einzelnen Gefährdungsbeiträge **in räumlichem und zeitl Zusammenhang** stehen **oder gleichartig** sind (für beide Merkmale aber noch zB BGHZ 55, 86, 94; offengelassen in BGHZ 101, 106, 112f). Die notwendige Begrenzung des Anwendungsbereichs von § 830 I 2 ergibt sich bereits aus den oben (Rn 6) dargestellten engen Voraussetzungen (ebenso MüKo/*Wagner* Rn 77; *Hager* FS Canaris, 2007, 408f; ähnl Soergel/*Krause* Rn 27; RGRK/*Steffen* Rn 25; Staudinger/*Eberl-Borges* Rn 103ff). 8

§ 831 Haftung für den Verrichtungsgehilfen

(1) Wer einen anderen zu einer Verrichtung bestellt, ist zum Ersatz des Schadens verpflichtet, den der andere in Ausführung der Verrichtung einem Dritten widerrechtlich zufügt. Die Ersatzpflicht tritt nicht ein, wenn der Geschäftsherr bei der Auswahl der bestellten Person und, sofern er Vorrichtungen oder Gerätschaften zu beschaffen oder die Ausführung der Verrichtung zu leiten hat, bei der Beschaffung oder der Leitung die im Verkehr erforderliche Sorgfalt beobachtet oder wenn der Schaden auch bei Anwendung dieser Sorgfalt entstanden sein würde.

(2) Die gleiche Verantwortlichkeit trifft denjenigen, welcher für den Geschäftsherrn die Besorgung eines der im Absatz 1 Satz 2 bezeichneten Geschäfte durch Vertrag übernimmt.

1. Allgemeines. a) Grundgedanke der Vorschrift. § 831 begründet gem dem **Verschuldensprinzip** eine Haftung des Geschäftsherrn für eigenes Verschulden, wenn an seiner Stelle ein Verrichtungsgehilfe tätig geworden ist und den Schaden widerrechtl verursacht hat. Er folgt hiermit einer individualistischen Konzeption: Eine Einstandspflicht für das Verhalten anderer soll sich ggü jedermann nicht schon daraus ergeben, dass der Geschäftsherr die Vorteile der Arbeitsteilung nutzt. Darin liegt zugleich der wesentliche Unterschied zur Haftung für Erfüllungsgehilfen nach § 278, die auf der Wertung beruht, dass in einem bestehenden Schuldverhältnis der Schuldner selbst immer der Träger aller für dieses Verhältnis relevanten Pflichten ist. Eine Stellung zw § 278 und § 831 nehmen Vorschriften wie § 3 HaftpflG, § 3 BinSchG, §§ 485, 510 HGB ein: Sie begründen eine Haftung für fremdes Verschulden auch außerhalb von Sonderverbindungen; ähnl §§ 31, 89 (Haftung des Organträgers für das Handeln des Organs). Diese Vorschriften zeigen, wie wenig selbstverständlich das in § 831 kodifizierte rechtspolitische Prinzip schon im geltenden dt Recht ist. Grundzug der Entwicklung des § 831 seit dem Inkrafttreten des BGB ist weitgehend die Umgehung der Vorschrift, dazu Rn 3f. 1

Die in § 831 niedergelegten Pflichten des Geschäftsherrn lassen sich als **besondere Verkehrspflichten** begreifen, die sich daraus ergeben, dass der Geschäftsherr ein Gefahrenpotential gerade dadurch geschaffen hat, dass er andere für sich arbeiten lässt. Durch seine herausgehobene Stellung ggü dem Gehilfen hat er besondere Möglichkeiten der Gefahrbeherrschung und -vermeidung. § 831 verpflichtet ihn, diese Möglichkeiten auch zu gebrauchen. Deshalb ist er zu sorgfältiger Auswahl, Unterrichtung und Überwachung des Gehilfen angehalten, ferner dazu, dem Gehilfen für dessen Verrichtung keine „Vorrichtungen oder Gerätschaften“ zu überlassen, deren Gebrauch vermeidbare Gefahren für Dritte mit sich bringt. Da der Nachw eines Verstoßes gegen solche Pflichten ohne Einblick in die Organisation und die betriebliche Binnenstruktur des Geschäftsherrn nicht möglich ist, kehrt 2

§ 831 I 2 die **Beweislast hinsichtl des Pflichtverstoßes und seiner Kausalität** für den Schaden zugunsten des Geschädigten um.

3 **b) Praktische Bedeutung.** Die dem Geschäftsherrn hiernach eröffnete Möglichkeit zum Entlastungsbeweis (**Exkulpation**) ist **heute** auf vielfältige Weise **eingeschränkt**. Der erste Weg führt über eine Verschärfung der in § 831 selbst vorausgesetzten Pflichten (dazu Rn 11f, 18ff) und eine vom Schutzzweck der verletzten Pflicht unabhängige Haftung: Nach der Rspr des BGH (NJW 1978, 1681; 1986, 776) braucht sich im Schadensfall nicht derjenige Mangel des Gehilfen ausgewirkt zu haben, den der Geschäftsherr bei der Auswahl oder Überwachung hätte erkennen müssen. Der zweite, praktisch noch wichtigere Weg führt über die Erweiterung des Anwendungsbereichs derjenigen Zurechnungsnormen im BGB, die eine Haftung für fremdes Verhalten ohne Exkulpationsmöglichkeit begründen. **§§ 31, 89** werden über den Wortlaut hinaus auf solche Mitarbeiter der juristischen Person ausgedehnt, die ohne satzungsmäßige Verankerung tatsächlich wichtige Aufgabenbereiche selbstständig und eigenverantwortlich erfüllen, RGZ 157, 228, 236; BGH NJW 1984, 921, für angestellte Chefärzte insb BGHZ 77, 74. In dieselbe Richtung geht die Rspr zum **Organisationsmangel** der Körperschaft, wenn ein verantwortlicher Vertreter für den Bereich der in Frage kommenden deliktischen Verantwortung fehlt, vgl BGH NJW 1980, 2810. Noch bedeutsamer ist die teilw durch § 241 II, § 280 I, § 311 II gesetzl sanktionierte Zurückdrängung des § 831 durch den **§ 278** infolge der Ausdehnung der Schutzpflichten aus Sonderverbindung bei § 241 II, § 280 I, § 311 II und Vertrag mit Schutzwirkung für Dritte. Schließlich kommt § 831 vielfach wegen der Annahme einer Staatshaftung nach **§ 839, Art 34 GG** nicht zum Zuge, weil die Tatbestandsvoraussetzung der Ausübung eines öffentlichen Amtes immer weiter interpretiert wird. Der dritte Weg zur Vermeidung des § 831 beruht auf der Annahme weitgehender, in **§ 823 I** unmittelbar verankerter Verkehrspflichten des Geschäftsherrn. Hier ist vor allem die Haftung wegen Organisationsverschuldens und wegen der Verletzung von Produzentenpflichten bedeutsam, vgl § 823 Rn 87, 112. Für die Übertragung solcher und anderer Verkehrspflichten auf Dritte ist idR nicht § 831 I einschlägig, sondern ein aus § 823 I zu entwickelnder selbstständiger Haftungsgrund, vgl § 823 Rn 85f.

4 **c) Anwendungsbereich.** Für den **Anwendungsbereich** des § 831 ergibt sich hieraus im Einz: Neben §§ 31, 89 bleibt für § 831 kein Raum. Wegen der unterschiedlichen dogmatischen Voraussetzungen sind §§ 278 und 831 hingegen je für sich zu prüfen und ggf nebeneinander anzuwenden (vgl auch Vor § 823 Rn 25f). **§ 254** ist auf den Ersatzanspruch aus § 831 wie auf jeden anderen Schadensersatzanspruch anzuwenden. Innerhalb des § 254 selbst wird auf § 831 – anders als auf § 278 – nicht verwiesen. Da nach der Rspr die Verweisung auf § 278 in § 254 II 2 nicht für die Entstehung eines Schadens aus unerlaubter Handlung gilt, muss § 831 auf der Seite des Geschädigten wenigstens entspr angewendet werden, BGH NJW 1980, 2573. Die hM berücksichtigt jedoch bei der Abwägung zur Bestimmung der Rechtsfolgen von § 254 das bloß vermutete Verschulden nicht. Dies ist inkonsequent, da die Gründe des Gesetzgebers für die Verschuldensvermutung unabhängig von der „Rolle" als Schädiger oder Geschädigter gelten, Staudinger/*Bernau* Rn 57 mN. Ein Mitverschulden des gesetzl Vertreters bleibt hingegen regelmäßig außer Betracht; es kann sich allenfalls durch den hinkenden Gesamtschuldnerausgleich auf den Anspruch des Geschädigten gegen den außenstehenden Schädiger auswirken, vgl § 840 Rn 8. Hinsichtl des **Verhältnisses zu § 823** ist zu unterscheiden: Neben einer Haftung des Geschäftsherrn aus einer nachgewiesenen oder – soweit möglich (Produzentenhaftung) – vermuteten Verletzung des § 823 ist eine Haftungsbegründung nach § 831 sinnlos und überflüssig, vgl Rn 2. Meistens hat der Geschädigte jedoch neben dem Anspruch gegen den Geschäftsherrn aus § 831 einen selbständigen Anspruch gegen den Gehilfen aus § 823, vgl § 840 II und dazu § 840 Rn 12. IÜ ist **Anspruchskonkurrenz** zw § 831 und sachlich sich überschneidenden Vorschriften innerhalb und außerhalb des BGB möglich, so mit §§ 701f, ferner mit §§ 3 HaftpflG, § 7 StVG, §§ 428, 437, 451, 452, 462, 485f HGB, mit Ansprüchen aus Wettbewerbsrecht, Urheberrecht und gewerblichem Rechtsschutz.

5 **2. Bestellung zu einer Verrichtung. a) Art der Verrichtung.** Die Haftung des Geschäftsherrn setzt zunächst eine **Verrichtung des Gehilfen** voraus. Darunter ist jede Tätigkeit zu verstehen, die in Abhängigkeit vom Geschäftsherrn vorgenommen wird, also einfache ebenso wie „höhere" Tätigkeiten (vgl zu letzteren BGH NJW 1978, 1681), faktische Handlungen (BGHZ 80, 1, 3 für Kfz-Fahrten) wie Rechtsgeschäfte (zur Prozessvertretung BGH NJW 1962, 1390), entgeltliche wie unentgeltliche Leistungen, grundlegend zum Begriff RGZ 92, 345, 346. Verrichtungsgehilfen können nur natürliche Personen sein. Eine analoge Anwendung auf autonome Systeme im Bereich der künstlichen Intelligenz (KI) und Robotik überzeugt nicht, da diese zwar auch nicht vollständig determiniert sind (vgl *Denga* CR 2018, 69, 74ff; *Wagner* VersR 2020, 717, 730), aber auf einer anderen Autonomie beruhen als selbstbestimmt handelnde Menschen und § 831 voraussetzt, dass der Verrichtungsgehilfe selbst haften kann; zudem besteht eine Regelungslücke erst, wenn die Betreiberhaftung über § 823 I (§ 823 Rn 140) nicht genügt (*Wilhelmi* in Aufderheide/Dabrowski, Digitalisierung und künstliche Intelligenz, 2020, 117, 132).

6 **b) Abhängigkeit und Weisungsgebundenheit.** Das Merkmal der Bestellung zu einer Verrichtung weist auf die **Abhängigkeit und Weisungsgebundenheit des Gehilfen** vom Geschäftsherrn hin, BGH NJW 2014, 2797 Rn 18. Nach dem Grundgedanken der Vorschrift (Rn 1f) ist eine Haftung des Geschäftsherrn für eigenes Verschulden nur möglich, wenn der Gehilfe in die Herrschafts- und Organisationssphäre des Geschäftsherrn eingegliedert und seinen Weisungen unterworfen ist, vgl insb BGHZ 45, 311, 313. Dies bedeutet nicht, dass der Gehilfe fachlich dem Geschäftsherrn unterlegen oder gar in einem Arbeitsverhältnis von ihm sozial abhängig sein muss. Deshalb können Architekt und Bauunternehmer ausnahmsw Verrichtungsgehilfen des Bauherrn sein, wenn sie auf dessen Geheiß handeln, vgl auch BGH NJW 1956, 1715. Auch ein selbstständiges Unternehmen, zB eine GmbH, kann demnach Verrichtungsgehilfe sein, wenn es in einer gewissen Abhängigkeit zu einem „Geschäftsherrn" steht, so dass dieser im Prinzip alle Tätigkeiten des Unternehmens beschränken, unterbinden oder

nach Zeit, Art und Umfang näher bestimmen kann, BGH WM 1989, 1047; dies soll zwar nicht bei „Konzernschwestern" vorliegen (BGH NJW 2013, 1002), muss aber für die abhängige Gesellschaft ggü dem herrschenden Unternehmen gelten. In Lieferketten sind damit die Zulieferer nur Gehilfen des Unternehmens, soweit dieses die Wertschöpfungskette beherrscht bzw durch konkrete Vorgaben, Weisungen und entspr Monitoring kontrolliert, vgl *Beckers* ZfPW 2021, 220, 240f; entspr gilt im Konzern, vgl *Habersack/Zickgraf* ZHR 2018, 252, 292f. Die Haftung aus § 831 wird durch § 3 III LkSG nicht ausgeschlossen. Der BGH (BB 1957, 306) hat sogar den **Rechtsanwalt** im Rahmen einer Prozessvertretung als Verrichtungsgehilfen des Mandanten angesehen, jedoch kaum mit Recht, da der Anwalt als unabhängiges Organ der Rechtspflege seine Aufgabe selbstständig ggü dem Auftraggeber erfüllt (Soergel/*Krause* Rn 24 mN; Jauernig/*Teichmann* Rn 6). Zur Haftung für einen Anwalt vgl auch BGH NJW 1962, 1390 (Ehrverletzung in einem Schriftsatz), BGHZ 74, 281 (sittenwidrig unterlassene Berichtigung eines Dienstzeugnisses).

Die **Abgrenzung** zw Gehilfenstellung nach § 831 und selbstständiger Aufgabenerfüllung lässt sich demnach nicht formelhaft, sondern **nur typisierend** vornehmen. Am einen Ende der Skala fehlt eine Eingliederung in die Herrschafts- und Organisationssphäre des Geschäftsherrn jedenfalls dann, wenn ein selbstständiger Unternehmer oder Handwerker die geschuldete Werkleistung in eigener Verantwortung erbringt, BGHZ 26, 152, 159. Führt der Werkunternehmer nur eine Weisung des Bestellers aus, kann er hingegen im Bereich des angewiesenen Verhaltens bereits Verrichtungsgehilfe sein, vgl Rn 6. Das von der Rspr verwendete Kriterium für die Gehilfeneigenschaft, dass der Geschäftsherr die Tätigkeit des unmittelbar Handelnden **jederzeit beschränken oder** durch Widerruf der Bestellung **beenden** könne (BGHZ 45, 311, 313), erscheint wegen der Kündigungs- und Weisungsrechte des Gläubigers ggü selbstständigen Schuldnern von Dienstleistungen wenig tauglich, vgl §§ 648, 665, 671 I, 675. Am anderen Ende der Skala liegt Abhängigkeit nach § 831 jedenfalls vor, wenn der Gehilfe **ArbN** ist und keine leitende Funktion im Betrieb des Geschäftsherrn wahrnimmt, vgl für Krankenhausärzte BGH NJW 1978, 1681, anders (§ 31) für den Chefarzt BGH NJW 1980, 1901. Die angestellte Hebamme ist daher Verrichtungsgehilfin des Krankenhausträgers, hingegen des Arztes nur bei ärztlicher Tätigkeit auf dessen Weisung, BGH NJW 2000, 2737. Erfüllt der Gehilfe Leitungsaufgaben, gehört er zu den „faktischen" Organen in Erweiterung des § 31, vgl Rn 3. Den ArbN haftungsrechtl gleich stehen freie Mitarbeiter, wenn sie nach Weisungen tätig werden, zB Testesser für einen Restaurantführer, BGH WM 1998, 257; 862. – Eingehende Kasuistik zur Abgrenzung des Verrichtungsgehilfen von der selbstständigen Wahrnehmung bestimmter Aufgaben bei RGRK/*Steffen* Rn 21; Staudinger/*Bernau* Rn 102, beide mN. 7

c) Bestellungsakt. Die **Bestellung** zu der Verrichtung braucht nicht durch Rechtsgeschäft erfolgt zu sein. Eine rechtsgeschäftlich unwirksame Übertragung der Aufgabe genügt ebenso wie die tatsächliche Betrauung (RGRK/*Steffen* Rn 17, Soergel/*Krause* Rn 30). Immer ist jedoch ein Wille des Geschäftsherrn zur Übertragung der Verrichtung erforderlich. Eine Begründung der Gehilfeneigenschaft durch Gesetz genügt deshalb nicht, so beim gesetzl Vertreter (RGZ 132, 76, 80) sowie Insolvenzverwalter oder Testamentsvollstrecker (BGHZ 21, 285; BGH VersR 1957, 297); vgl auch BGH NJW 1979, 864 zur Erfüllung der Aufgaben von öffentlichen Körperschaften im übertragenen Wirkungskreis. 8

Die Bestellung kann **durch Zwischenpersonen** erfolgen, wenn die Bestellung in deren Geschäftskreis liegt, RG JW 1912, 296; vgl aber zum dezentralisierten Entlastungsbeweis Rn 21. Dass die Verrichtung einem Dritten zugutekommt, genügt jedoch nicht, um diesen auch zum Geschäftsherrn zu machen. Geschäftsherr bleibt vielmehr, wer die Aufsichts- und Weisungsbefugnisse hat, was auch bei gemeinschaftl Dienstanweisung durch den ArbGeb und den Dritten gelten soll (RGZ 170, 321), zweifelhaft (vgl MüKo/*Wagner* Rn 28). Kann der begünstigte Dritte weder auf die Auswahl des Gehilfen Einfluss nehmen noch ihm Weisungen erteilen, ist allein der ArbGeb Geschäftsherr, BGHZ 80, 1, 3. Liegt ein echtes oder unechtes Leiharbeitsverhältnis vor, wird der Entleiher Geschäftsherr, da ihm das Direktionsrecht zusteht (Soergel/*Krause* Rn 26; BGH VersR 1974, 243); anders BAG NZA 1989, 340 für den Fall, dass der Verleiher für den Bereich, in dem die Rechtsverletzung geschah, weisungsbefugt geblieben ist. Sind Ver- und Entleiher beide weisungsbefugt, können sie ausnahmsw beide Geschäftsherren sein, BGH NJW-RR 1995, 659. 9

d) Gesellschafter. Gleichordnung und nicht Unterordnung prägt das Verhältnis unter **Gesellschaftern** und **Gemeinschaftern**. Sie sind daher nicht wechselseitig Verrichtungsgehilfen, auch wenn sie ausnahmsw nach Weisungen anderer Gesellschafter oder Gemeinschafter handeln, BGHZ 45, 311, 313; für die Erbengemeinschaft ebenso Staudinger/*Bernau* Rn 108 „Personen-/Organgemeinschaften". Für alle Gesellschaften, die als solche im Geschäftsverkehr auftreten und ein Gesamthandsvermögen haben, kommt (nach der Anerkennung der Rechtsfähigkeit der GbR, BGHZ 142, 315) zur Begründung der Haftung des Gesamthandsvermögens nur noch eine Analogie zu § 31 in Frage, die dann bereits § 831 ausschließt (vgl Rn 4), während Grundlage der persönlichen Haftung der Gesellschafter § 128 HGB (analog) ist, vgl BGHZ 154, 88 sowie *Habersack* BB 2001, 477ff. Daraus darf jedoch nicht im Umkehrschluss gefolgert werden, dass bei anders organisierten Gesellschaften § 831 für das Verhältnis der Gesellschafter anwendbar wäre. 10

3. In Ausführung der Verrichtung. Verhalten **in Ausführung** der Verrichtung bedeutet nach der Rspr, dass die widerrechtl unerlaubte Handlung in einem „unmittelbaren inneren Zusammenhang" mit der Verrichtung steht, zu welcher der Gehilfe bestellt worden ist, zB BGH NJW 1971, 31. Gegenbegriff ist – wie bei § 278 – das Verhalten **bei Gelegenheit** der Verrichtung. Vorsätzliche unerlaubte Handlungen des Gehilfen sind deshalb idR dem Geschäftsherrn nicht zuzurechnen, vgl BGHZ 11, 151, 153; BGH NJW-RR 1989, 723. Gehört aber zB die Obhut über einen vom Gehilfen unterschlagenen oder gestohlenen Gegenstand gerade zu dessen Aufgaben, ist 11 der Geschäftsherr für das vorsätzliche Vergehen des Gehilfen verantwortlich, BGHZ 11, 151; 24, 188, 197. Wie hieran deutlich wird, kommt es zur Abgrenzung der Verantwortungssphäre des Geschäftsherrn hinsichtl der konkreten Tätigkeit des Gehilfen ebenso wie hinsichtl seiner allg Aufgabenbeschreibung (Rn 7) nicht auf eine begriffliche Zuordnung an, sondern auf die mögliche **Ableitung aus dem Pflichtprogramm des Geschäftsherrn:** Ist es dem Geschäftsherrn nach den für die Verkehrspflichten allg geltenden Gesichtspunkten (§ 823 Rn 80) zuzumuten, den Geschädigten vor widerrechtl Verhalten eines von ihm eingeschalteten Dritten zu bewahren, dann ist dieser Dritte Verrichtungsgehilfe und die Schädigung erfolgt „in Ausführung" der Verrichtung, grundlegend hierzu MüKo/*Wagner* Rn 30ff. Daher kann zB die vorsätzliche sittenwidrige Schädigung durch den Gehilfen dem Geschäftsherrn zugerechnet werden, wenn der Gehilfe die Auskunft, zu deren Erteilung er bestellt ist, gerade so erteilt oder unterlässt, dass dadurch die Schädigung bewirkt wird, BGH VersR 1968, 92: betrügerische Kreditauskunft durch den Angestellten einer Auskunftei. Entspr gilt, wenn zB ein Testesser vorsätzlich falsche Angaben für einen Restaurantführer macht, BGH WM 1998, 862; vgl auch BGH NJW 1979, 1882 – insoweit in BGHZ 74, 281 nicht abgedruckt – zum Unterlassen der Berichtigung eines falschen Dienstzeugnisses durch einen Rechtsanwalt, sowie hierzu Rn 6. Auch eine willkürliche oder irrtümliche **Überschreitung der Grenzen des Auftrags** an den Gehilfen braucht die Verantwortlichkeit des Geschäftsherrn nicht auszuschließen, soweit er entweder von vornherein den Auftrag genauer hätte fassen oder durch ausreichende Überwachung die Überschreitung hätte verhindern können, vgl BGHZ 11, 151, 153; 49, 19, 23; BGH NJW 1971, 31. Entscheidend ist also wiederum nicht die ontologische Zuordnung der Schädigung zum Aufgabenbereich des Gehilfen, sondern ein Urteil über die Einwirkungsmöglichkeiten des Geschäftsherrn. Für noch weitergehende Haftung des Geschäftsherrn bei Vorsatz des Gehilfen *Larenz/Canaris* II 2 § 79 III 2d; hiergegen aber Staudinger/*Bernau* Rn 127.

12 Die wichtigste Fallgruppe, für die ein Handeln „in Ausführung" der Verrichtung diskutiert wird, ist die Schädigung durch den **Fahrer eines Kfz**, der sich nicht weisungsgemäß verhalten hat. Die Rspr hat § 831 zB in folgenden Fällen bejaht: Schädigung anderer Verkehrsteilnehmer durch das Schleudern eines Anhängers, den der Fahrer für eine ihm übertragene Fahrt trotz Verbots durch den Geschäftsherrn benutzt hatte, BGH NJW 1971, 31; weisungswidrige Ausdehnung einer Probefahrt vom Werkshof auf die öffentliche Straße, OGH VRS 2, 374; Umweg auf einer erlaubten Fahrt, BGH VersR 1955, 345, vgl auch Rn 20 zu den Überwachungspflichten des ArbGeb. Abgelehnt wird hingegen im Allg die Haftung des Geschäftsherrn bei Schwarzfahrten, RGZ 119, 58, 60; BGHZ 1, 388, 390f; BGH NJW 1971, 31; krit hierzu MüKo/*Wagner* Rn 33 mN. BGH NJW 1965, 391 stellt der Schwarzfahrt die verbotswidrige Mitnahme eines Bekannten auf eine Dienstfahrt gleich (anders noch RG JW 1909, 358). Möglich bleibt hiernach allerdings eine Haftung des Geschäftsherrn, wenn er die **Schwarzfahrt** schuldhaft ermöglicht hat, als Halter nach § 7 III StVG sowie wegen Verletzung seiner allg Verkehrspflicht nach § 823 I (Soergel/*Krause* Rn 33 mN Fn 122).

13 **4. Andere Haftungsvoraussetzungen.** Das Merkmal der **Widerrechtlichkeit** der Schadenszufügung enthält zugleich die gesetzl Aussage, dass § 831 kein Verschulden des Gehilfen erfordert. Dies ist gerechtfertigt im Hinblick auf solche Fälle, in denen durch das Verschulden des Geschäftsherrn ein Gehilfe gehandelt hat, der nicht deliktsfähig ist oder dem infolge mangelnder Kenntnisse, Fertigkeiten oder Instruktionen aus seinem Fehlverhalten kein Vorwurf gemacht werden kann. Gerade wegen des mangelnden Verschuldens des Gehilfen erscheint hier der Geschäftsherr selbst in besonderem Maße verantwortlich. Wenn hingegen auch dem Geschäftsherrn kein Verschuldensvorwurf gemacht werden könnte, falls er selbst anstelle des Gehilfen und in derselben Weise wie dieser gehandelt hätte, fehlt ein sinnvoller **Verantwortungszusammenhang** zw der mangelnden Auswahl, Aufsicht oder Anleitung des Gehilfen und dessen rechtswidriger Verletzung eines Rechtsguts des Geschädigten, RG JW 1936, 2394. Zum selben Ergebnis ist BGHZ (GrS) 24, 21 dadurch gekommen, dass er wegen der Annahme eines Rechtfertigungsgrundes des verkehrsrichtigen Verhaltens schon die Widerrechtlichkeit der Verletzung durch den Gehilfen verneint hat. Diese Konstruktion ist jedoch abzulehnen (dazu § 823 Rn 8). Außerdem schießt sie über das Ziel hinaus, weil dann auch bei verkehrsgerechtem Verhalten des Gehilfen trotz fehlerhafter Vorrichtungen oder Gerätschaften des Geschäftsherrn die Haftung ausscheiden müsste (RGRK/*Steffen* Rn 31). Bei **schuldlosem Verhalten** des Gehilfen wird der Geschäftsherr regelmäßig nachweisen können, dass der Schaden auch bei sorgfältiger Auswahl des Gehilfen entstanden sein würde (Abs I S 2 aE), vgl BGHZ 12, 94, 96; BGH VersR 1975, 447 und *Medicus/Petersen* Rn 782; abl dazu *Larenz/Canaris* II 2 § 79 III 2c Fn 48. Dann trägt der Geschäftsherr allerdings die Beweislast für die Schuldlosigkeit des Gehilfen. Geht man davon aus, dass den Geschäftsherrn in der entspr Situation anstelle des Gehilfen kein Verschulden träfe, erscheint diese beweisrechtl Privilegierung aber nicht angemessen: Hätte es der Geschädigte allein mit dem Geschäftsherrn als unmittelbarem „Täter" zu tun, müsste er das Verschulden des Täters als Haftungsvoraussetzung des § 823 I beweisen. Vorzugswürdig ist daher die Auffassung, in **einschränkender Auslegung** des Wortlauts von § 831 I das Verschulden des Gehilfen als Regelvoraussetzung der Geschäftsherrnhaftung anzusehen, so dass der Geschädigte dieses Verschulden beweisen muss, vgl Soergel/*Krause* Rn 36; *Kupisch* JuS 1984, 250, 252f mN; anders aber BGH NJW-RR 1992, 533; NJW 1996, 3205.

14 Bei der Möglichkeit, dass **mehrere Verrichtungsgehilfen** für den Schaden verantwortlich sind, braucht der Verletzte nach dem Grundgedanken des § 831 (Rn 2) den genauen Nachw hinsichtl der Person des Schädigers nicht zu führen. Es genügt, dass er den Schadensfall so darlegt, dass daraus eine fehlerhafte Tätigkeit irgendeiner Hilfsperson hervorgeht. Der Geschäftsherr hat sich dann in vollem Umfange zu entlasten und einen spezifizier-

ten Entlastungsbeweis zu erbringen, vgl RGZ 159, 283, 290f; BGH NJW 1973, 1602; Staudinger/*Bernau* Rn 146 mN.

Geschädigter „Dritter“ iSd Vorschrift kann jeder sein außer dem Geschäftsherrn und dem Verrichtungsgehilfen selbst, insb ein anderer Angestellter desselben Geschäftsherrn, auch wenn er selbst auftragsgemäß an der Verrichtung beteiligt ist, RG JW 1912, 296. Für Personenschäden kommen solche Ansprüche schon wegen der Haftungsersetzung nach §§ 104f SGB VII nur ganz ausnahmsw in Betracht, vgl Vor § 823 Rn 9. 15

5. Entlastungsbeweis. Der charakteristischste Teil der Regelung des § 831 ist die Möglichkeit des Entlastungsbeweises nach Abs I S 2. Der Geschäftsherr kann ihn führen durch den Nachw gehöriger Auswahl, Anleitung und Überwachung des Gehilfen, sorgfältiger Beschaffung von Vorrichtungen und Gerätschaften oder fehlender Kausalität des Sorgfaltsverstoßes für den Schaden. Grundlage sind die besonderen materiellen Verkehrspflichten des Geschäftsherrn, der sich eines andern bedient. Da es um eine Verschuldenshaftung des Geschäftsherrn geht, kann er sich auch durch den Nachw seiner eigenen **Deliktsunfähigkeit** entlasten. 16

a) Auswahl des Gehilfen. Schon bei der **Auswahl** des Gehilfen gilt wie bei den Verkehrspflichten des Geschäftsherrn im Allg ein flexibler Pflichtmaßstab, BGH VersR 1983, 668 mN. Er ist umso strenger, je größer das Gefahrenpotential der Verrichtung ist. Für eine untergeordnete Tätigkeit ohne besondere Gefahren wird die Prüfung der körperlichen und der allg fachlichen Zuverlässigkeit der bestellten Person idR genügen. Bei gefahrträchtigen Tätigkeiten wie derjenigen als Kfz-Fahrer (BGH VersR 1958, 29; 1970, 327) oder als Arzt (BGH NJW 1978, 1681; vgl aber auch Rn 19, 26) muss sich der Geschäftsherr nicht nur von den Fachkenntnissen überzeugen, sondern auch von den persönlichen Eigenschaften des Gehilfen wie Charakterstärke und Besonnenheit. Für die **charakterliche Beurteilung** können auch solche Tatsachen relevant sein, die mit der technischen Seite der zu übernehmenden Verrichtung nichts zu tun haben, zB die Bestrafung wegen Meineids bei einem Kraftfahrer, RG JW 1931, 3340. Auf die positiven Aussagen in den vorgelegten **Zeugnissen** allein darf sich der ArbGeb nicht verlassen, RG JW 1935, 2043. Ob Rückfragen bei früheren ArbGeb verlangt werden können (RG Warn Rspr 1933, 97), ist angesichts des heutigen Standards des Persönlichkeitsschutzes von ArbN zweifelhaft, aA Köln NJW-RR 1997, 471; Grü/*Sprau* Rn 12. Fragen an den einzustellenden ArbN selbst müssen aber arbeitsrechtl in dem Maße zulässig sein, wie sie für die Pflichten des ArbGeb aus § 831 relevant sind. Genügt das vor der Einstellung gewonnene Bild nicht zur Beurteilung, kann eine Erprobung erforderlich sein. Je undeutlicher das Ergebnis der Überprüfung bei der Einstellung ist, umso höher sind die Anforderungen an die Überwachung (Rn 18). Entspr Anforderungen wie für Kfz-Fahrer sind an die Auswahl von Bahnbediensteten (BGH NJW 1955, 1314) oder Straßenbahnfahrern (BGH NJW 1964, 2401) zu stellen. 17

b) Aufsicht und Überwachung. Eine Pflicht des Geschäftsherrn zu laufender **Aufsicht und Überwachung** des Gehilfen sieht der Wortlaut des § 831 nicht vor. Die „Auswahl“ nach § 831 I 2 erschöpft sich jedoch nicht in dem einmaligen Vorgang der Einstellung. Vielmehr liegt sie auch in der jew Entscheidung des Geschäftsherrn, gerade in die fragliche Verrichtung den Gehilfen einzuschalten, vgl schon RGZ 87, 1, 4; 128, 149, 153 gegen die frühere Rspr. Die Pflicht zu sorgfältiger Auswahl ist somit auf den **Zeitpunkt der Schädigung** zu beziehen, BGHZ 8, 239, 243. Dies kann sich auch zugunsten des Geschäftsherrn auswirken, wenn ein vor langer Zeit ohne die erforderliche Sorgfalt ausgewählter Mitarbeiter durch lange Bewährung nunmehr als tauglicher Gehilfe erscheint, Staudinger/*Bernau* Rn 156. Die allg Überwachungspflicht ist zu unterscheiden von der besonderen in § 831 I 2 vorgesehenen Leitungspflicht, Rn 22. Diese bestimmt sich nach der Art der Arbeit, die Aufsichtspflicht dagegen nach der Person des Verrichtungsgehilfen. 18

Einen milderen Maßstab der Geschäftsherrnpflichten hat der BGH (insb BGHZ 1, 383) zunächst für die Einschaltung **angestellter leitender Ärzte** angenommen: Sorgfältige Auswahl genüge, laufende Überwachung sei dem nicht fachkundigen Geschäftsherrn danach nicht mehr zuzumuten. Dies ist jedoch durch die billigenswerte Behandlung leitender Ärzte als faktische Organe überholt, vgl Rn 3. Hinsichtl nachgeordneter Ärzte und ärztlichen Hilfspersonals gilt hingegen eine besonders strenge Pflicht zu laufender Aufsicht und Überwachung (vgl für Assistenzärzte BGH NJW 1978, 1681; für Krankenschwestern und Schwesternhelferinnen NJW 1959, 2302; 1979, 1935; für weisungsabhängige Hebammen VersR 1964, 948; NJW 2000, 2737; berechtigterweise weniger streng für Dienst habende Stations- und Ambulanzärzte NJW 1989, 769). Auch der Umgang der Gehilfen mit medizinischen Geräten bedarf der Kontrolle und Überwachung, BGH VersR 1960, 371; 1979, 844. Ein über das bloße Überwachungsverschulden hinausgehendes **Organisationsverschulden** nach § 823 liegt vor, wenn Ärzte unmittelbar im Anschluss an anstrengenden Nachtdienst zu schwierigen Operationen eingeteilt werden. BGH NJW 1986, 776 würdigt diesen Sachverhalt jedoch nach § 831 I 2. Dies steht in Widerspruch zum Ansatz des BGH im Fall einer Anfängeroperation, BGHZ 88, 248, 256f: Betrauung des unerfahrenen Operateurs als **Behandlungsfehler** des leitenden Arztes; Organisationsverschulden nach § 823 I auch bei personeller Unterversorgung der Anästhesiologie, BGHZ 95, 63. Die selbstständige Haftungsbegründung aus einem Organisationsverschulden oder einem organisatorischen Behandlungsfehler lässt keinen Raum für die Entlastung hinsichtl des Einsatzes des unterqualifizierten oder überbeschäftigten Arztes, wohl aber für den Gegenbeweis fehlender Kausalität des Behandlungsfehlers oder Organisationsmangels für den Schaden. 19

Besondere Bedeutung hat die Überwachungspflicht wiederum bei angestellten **Kraftfahrern.** Nach Möglichkeit ist der Fahrer in seiner Fahrweise durch Mitfahrten oder Kontrollfahrten zu überwachen, BGH VersR 1966, 364; 1970, 327; 1984, 67; 1997, 2756. Bei sorgfältiger Auswahl und langjähriger Bewährung mag auch das langfristige 20 unfallfreie und verkehrsrechtl unbeanstandete Fahren zusammen mit dem persönlichen Eindruck und der Auswertung des Fahrtenschreibers genügen, BGH VersR 1961, 330; 1984, 67.

21 **c) Großbetriebe.** Der Entlastungsbeweis passt im Grunde nur auf kleine, leicht überschaubare Verhältnisse, nicht aber bei **Großbetrieben**, in denen es den Unternehmern nicht möglich und nicht zumutbar ist, das ganze Personal selbst auszuwählen und zu beaufsichtigen, diese Aufgabe vielmehr höheren Angestellten übertragen ist. Der BGH ließ hier früher den sog **dezentralisierten Entlastungsbeweis** zu, wonach der Geschäftsherr sich entlasten kann durch den Nachw sorgfältiger Auswahl der mit Personalaufsicht betrauten höheren Angestellten, BGHZ 4, 1; BGH VersR 1964, 297, ist aber später davon abgerückt, BGH NJW 1968, 247; 1973, 1602. Rechtspolitisch ist der dezentralisierte Entlastungsbeweis bedenklich; denn er privilegiert das Großunternehmen (was freilich durch die Erweiterung des Kreises verfassungsmäßig berufener Vertreter iSd § 31 relativiert wird, vgl MüKo/*Wagner* Rn 50), während der Entschluss des Gesetzgebers gegen eine unbedingte Einstandspflicht ohne Entlastungsbeweis überhaupt gerade mit Rücksicht auf kleine und mittlere Betriebe gefasst worden ist, vgl Prot *Mugdan* II 1094. Im Bereich der **Produzentenhaftung** hat die Rspr inzwischen (seit BGHZ 51, 91) die Verkehrspflichten zur Vermeidung von Produktfehlern definitiv dem Unternehmer selbst auferlegt, der das Produkt in den Verkehr gebracht hat. Hiermit bleibt im Zusammenhang mit der Produzentenhaftung kein Anwendungsbereich mehr für § 831. Auch der Ausbau der Haftung nach § 823 I wegen eines betrieblichen **Organisationsmangels** (Rn 25f) betrifft vorzugsweise gerade Fehler, die innerhalb eines größeren Betriebes entstanden sind. Teilw wird denn auch der dezentralisierte Entlastungsbeweis davon abhängig gemacht, dass zuvor der Nachw ausreichender Organisation geführt worden ist (Jauernig/*Teichmann* Rn 13). Beim gegenwärtigen Stand der Rspr ist aber kaum ein Fall vorstellbar, in dem das Fehlverhalten eines Gehilfen in Ausführung einer Verrichtung nicht auf einen Organisationsmangel zurückgeführt werden kann (ähnl *Kleindiek* 311ff). Es scheint nach alledem nicht übertrieben, den dezentralisierten Entlastungsbeweis insg als überholt anzusehen (so i Erg auch MüKo/*Wagner* Rn 50). Nur in der dogmatischen Konstruktion, kaum in den praktischen Ergebnissen weichen diejenigen Stellungnahmen vom hier vertretenen Standpunkt ab, die das Organisationsverschulden des Geschäftsherrn als Teil der Verkehrspflicht des Geschäftsherrn in § 831 I zurückverlagern wollen, eine Exkulpationsmöglichkeit hierfür aber nicht zulassen, vgl Staudinger/*Bernau* Rn 176.

22 **d) Leitung.** Die **Leitungspflicht** nach § 831 I 2 ist nicht mit der allg Organisations- und Aufsichtspflicht des Geschäftsherrn zu verwechseln, steht ihr freilich nahe. Sie bezieht sich auf die konkrete Verrichtung, bei der es zum Schaden gekommen ist; zB die Abfüllung von Öl durch einen dazu beauftragten Kraftfahrer, BGH NJW 1972, 42; das Verhalten des Linienbuspersonals beim Ein- und Aussteigen von Fahrgästen, BGH VersR 1969, 518; die Verhütung einer Übermüdung eines Fernfahrers, BGH LM Nr 3 zu § 831 (Fc). Die erforderliche Leitung kann in mindestens zeitweiliger persönlicher Präsenz des Geschäftsherrn bestehen oder auch nur – wie meist – in genauen Dienstanweisungen und RL. Auch der Umfang der Leitungspflicht ist nach den Umständen des Einzelfalles zu bestimmen, RG Recht 1924, 27.

23 **e) Vorrichtungen und Gerätschaften.** Zu den **Vorrichtungen** gehört die Vorbereitung der Arbeitsstätte selbst, so beim Eisenbahnbetrieb der Gleisanlagen. Zu den **Gerätschaften** zählen zB Material für Baugerüst und Bauzaun, ferner Leitern, Laternen zur nächtlichen Beleuchtung von Baustellen; bei Verrichtungen von Fahrleuten und Kraftfahrern zunächst einmal Pferd und Fahrzeug selbst, vgl BGH VRS 5, 85; ferner zB Zaumzeug und Leine, vgl BGH VersR 1954, 531; Laternen zur Beleuchtung des Fahrzeugs, Schneeketten usw. Vor allem hat der Geschäftsherr für die Verkehrssicherheit des vom Gehilfen zu fahrenden Fahrzeugs zu sorgen, BGH VersR 1953, 117.

24 **f) Kausalität.** Der **Nachw** (keinesfalls: die Darlegung der bloßen Möglichkeit, RGZ 159, 312, 315) **fehlender Kausalität** des Sorgfaltsverstoßes für den Schaden hat nur geringe Bedeutung, wenn man entgegen der Rspr beim fehlenden Verschulden des Verrichtungsgehilfen schon die allg Voraussetzungen der Geschäftsherrnhaftung verneint, Rn 13. Insb der Nachw, dass die Schädigung nicht auf der mangelnden Eignung, sondern auf einem andersartigen Fehlverhalten des Gehilfen beruht, entlastet den Geschäftsherrn nach Abs I S 2 aE nicht (allgM). Als Anwendungsfall dieser Entlastungsmöglichkeit bleibt hiernach im Wesentlichen, dass der Geschäftsherr den Gehilfen **auch bei sorgfältiger Überprüfung ausgewählt** hätte, weil die Unterlagen, die der Geschäftsherr fahrlässigerweise nicht herangezogen hat, den Gehilfen als geeignet hätten erscheinen lassen; RG JW 1921, 526; jedoch genügt es nicht, dass für die Tätigkeit am Arbeitsmarkt kein geeigneterer Bewerber zu haben gewesen wäre (aA Erman/*Schiemann*[13] Rn 24).

25 **6. Von § 831 nicht erfasste Aufsichts- und Organisationspflichten.** Nicht nur die Leitungspflicht (Rn 22), sondern auch die Aufsichts- und Überwachungspflicht (insb Rn 19) steht den **Organisationspflichten** und verwandten Verkehrspflichten nahe, die den Geschäftsherrn unmittelbar aus § 823 I treffen. Primärer Haftungsgrund ist hier nicht, dass der Geschäftsherr ein Gefahrenpotential durch die Betrauung eines Dritten mit Aufgaben geschaffen hat. Vielmehr geht die Haftung darauf zurück, dass **der Geschäftsherr selbst** durch die Teilnahme am allg Verkehr oder die Schaffung einer gefahrträchtigen Organisation andere mit einer Gefahr in Berührung gebracht hat. Deshalb passt § 831 für diese Haftung nicht, vgl schon Rn 3 und grds hierzu *Kleindiek* 292ff; *Brüggemeier* Prinzipien, 117ff. Überträgt der Verkehrspflichtige die Wahrnehmung der Pflicht – soweit dies zulässig ist – auf Dritte, so ist auch die fortbestehende Verantwortlichkeit des Verkehrspflichtigen aus § 823 I zu entwickeln. Für § 831 bleibt bei der **Übertragung von Sicherungspflichten** Raum, wenn der Gehilfe in Ausführung seiner Verrichtung einen Schaden verursacht, der nicht gerade auf der ihm übertragenen, aber unterlassenen pri-

mären Sicherung beruht, zB wenn der Übernehmer der Streupflicht ein parkendes Fahrzeug beschädigt (Soergel/*Krause* Rn 13 mN).

IÜ sind § 831 und § 823 I wg Verletzung von Aufsichts- und Organisationspflichten nebeneinander anwendbar. Allerdings können die den Entlastungsbeweis des § 831 I 2 tragenden Tatsachen auch ein Organisationsverschulden ausschließen, vgl BGH NJW 1986, 776. 26

7. § 831 Abs II. Wer **durch Vertrag** für den Geschäftsherrn die Auswahl, Ausrüstung und Leitung eines Verrichtungsgehilfen **übernimmt**, haftet wie der Geschäftsherr selbst (Abs II). Diese Vorschrift soll Lücken im Schutz des Geschädigten schließen, die sich ergeben könnten, wenn der Geschäftsherr seine Verkehrspflichten dadurch ganz oder teilw abwälzt, dass er sie einfach vertragl auf Dritte überträgt. Dann soll wenigstens der Übernehmer voll in die Pflichtenstellung des ursprüngl Geschäftsherrn einrücken. Aus dieser Funktionsbeschreibung ergibt sich, dass Abs II kein Instrument dafür ist, die Eigenhaftung von **Organpersonen** für das Fehlverhalten von Verrichtungsgehilfen einer juristischen Person zu begründen: Die Geschäftsherrnpflichten einer juristischen Person kann von vornherein nur ein Organ erfüllen, für das der Organträger dann nach § 31 haftet. Daher ist der **Anstellungsvertrag** mit dem Organ **kein Übernahmevertrag** nach Abs II. In Konsequenz hierzu muss Abs II auch ausscheiden, wenn der „Übernehmer" ein „faktisches" Organ (leitender Angestellter oder faktischer Geschäftsleiter bei fehlerhafter rechtl Organisation) ist, BGH NJW 1974, 1371; anders noch BGH VersR 1960, 371. Der Anwendungsbereich des Abs II ist hiernach sehr beschränkt. Er passt am ehesten, wenn der (ursprüngl) Geschäftsherr ein anderes Unternehmen, etwa im Wege des Outsourcings oder der Überlassung von Leiharbeitskräften (Rn 9), mit der Wahrnehmung der Geschäftsherrnaufgaben betraut hat. Dadurch, dass der Übernehmer nunmehr die Geschäftsherrnaufgaben erfüllt, hat er idR eine **neue Gefahr** für den potentiell Geschädigten begründet, weil er jetzt seinerseits für Überwachung, Leitung und die Erfüllung der sonstigen Verkehrspflichten des Abs I zu sorgen hat. Daher ist seine Haftung nach Abs II gerechtfertigt. Die Haftung des ursprüngl Geschäftsherrn wird dadurch aber nicht in jedem Falle beendet: Mindestens zur Auswahl und Überwachung eines finanziell und in seinen Leitungsaufgaben leistungsfähigen Übernehmers bleibt der ursprüngl Geschäftsherr nach Abs I verpflichtet. I Erg wie hier MüKo/*Wagner* Rn 59; *Larenz/Canaris* II 2 § 79 III 7; Soergel/*Krause* Rn 61. 27

Die Haftung des aus Abs II zum Ersatz Verpflichteten kann nach dem in Rn 27 Ausgeführten **neben** die des **Geschäftsherrn** selbst treten; beide Personen sind, wenn sie den Entlastungsbeweis nach Rn 16-24 nicht führen, als Gesamtschuldner haftbar. Der Ausgleich zw ihnen richtet sich dann nach dem zugrundeliegenden Rechtsverhältnis; § 840 II findet hier keine Anwendung. 28

8. Beweislast. Der Verletzte trägt die **Beweislast** für die Voraussetzungen des Abs I S 1 einschl der Handlungsfähigkeit des Gehilfen (BGH VersR 1978, 1163) sowie seines Verschuldens nach der in Rn 13 begründeten Auffassung, ferner dafür, dass der Geschäftsherr nach Abs I S 2 die Ausführung der Verrichtung zu leiten oder für sie Vorrichtungen oder Geräte zu stellen hatte. Zur Frage der Benennung eines konkreten Verrichtungsgehilfen vgl Rn 14. Auch für die vertragl Übernahme der Pflichten nach Abs II trägt der Geschädigte die Beweislast. Der Geschäftsherr hat hingegen alle übrigen Merkmale des Abs I S 2 zu beweisen, ferner Gründe für den Ausschluss der Widerrechtlichkeit und seine eigene Deliktsunfähigkeit. 29

§ 832 Haftung des Aufsichtspflichtigen

(1) Wer kraft Gesetzes zur Führung der Aufsicht über eine Person verpflichtet ist, die wegen Minderjährigkeit oder wegen ihres geistigen oder körperlichen Zustands der Beaufsichtigung bedarf, ist zum Ersatz des Schadens verpflichtet, den diese Person einem Dritten widerrechtlich zufügt. Die Ersatzpflicht tritt nicht ein, wenn er seiner Aufsichtspflicht genügt oder wenn der Schaden auch bei gehöriger Aufsichtsführung entstanden sein würde.

(2) Die gleiche Verantwortlichkeit trifft denjenigen, welcher die Führung der Aufsicht durch Vertrag übernimmt.

1. Allgemeines. In derselben Regelungstechnik wie bei § 831 (vgl insb § 831 Rn 13, 24) begründet § 832 eine Haftung für **vermutetes Aufsichtsverschulden**: Hat der Aufsichtsbedürftige einem Dritten widerrechtl Schaden zugefügt, haftet derjenige, der kraft Gesetzes oder Vertrags zur Aufsicht verpflichtet ist, es sei denn, dem Aufsichtspflichtigen gelingt der Entlastungsbeweis hinsichtl der vollen Erfüllung seiner Pflicht oder hinsichtl fehlender Kausalität des Pflichtverstoßes für die Verletzung. Grund für die Haftung ist der Verkehrspflichtgedanke. Zwar passt die Regelung nicht unmittelbar zu einem der „klassischen" Gründe für Verkehrspflichten: vorangegangenes Tun, Bereichshaftung und Übernahmehaftung (nach *Larenz/Canaris* II 2 § 76 III 3c). Sie steht aber sowohl der Bereichshaftung als auch der Übernahmehaftung nahe: Durch Erziehungsrecht und elterliche Sorge haben die gesetzl Aufsichtspflichtigen die wirksamste Einwirkungsmöglichkeit auf die von den Aufsichtsbedürftigen ausgehende Gefahr, und das Gesetz selbst lastet den Pflichtigen die Aufsicht auf, was einer Übernahme der Aufsicht gleich zu bewerten ist. Die Beweislastumkehr zugunsten des Geschädigten ist sachgerecht, weil der Aufsichtspflichtige selbst am ehesten Einblick in die Sphäre hat, aus der die Schädigung stammt. Schäden des Aufsichtsbedürftigen selbst werden diesem Grundgedanken entspr von der Vorschrift nicht erfasst, BGH NJW 1996, 53, vgl dazu Rn 9. 1

2. Aufsichtsbedürftige. Aufsichtsbedürftig sind Minderjährige stets, Volljährige nur, wenn sie aufgrund ihres geistigen oder körperlichen Zustandes in der konkreten Situation des Schadensfalles nicht die notwendige 2

Selbstkontrolle haben, vgl BGH NJW 1958, 1775. Haftet der Minderjährige entgegen § 828 III selbst, sind Aufsichtspflichtiger und Minderjähriger Gesamtschuldner nach § 840 I. Die Haftung des Minderjährigen aus § 829 setzt hingegen gerade voraus, dass vom Aufsichtspflichtigen kein Schadensersatz erlangt werden kann.

3 **3. Aufsichtspflichtige.** Kraft Gesetzes **aufsichtspflichtig** über Minderjährige sind nach § 1631 I die Inhaber des Rechts zur Personensorge (leibliche Eltern, § 1626 I, § 1626a I; nichteheliche Mütter, § 1626a; Adoptiveltern, § 1754 III; Vormund, §§ 1789, 1795; Pfleger, §§ 1809, 1813), ferner Ausbilder (§ 6 BerufsbildungsG, regelmäßig aber nur während der Geschäftszeit und im geschäftlichen Wirkungsbereich, BGH VersR 1958, 549; noch enger wohl Soergel/*Krause* Rn 11), jedoch nicht Lehrer an öffentlichen Schulen (BGHZ 13, 25, 26: nur § 839, Art 34 GG), auch nicht Erziehungsbeistand und Bewährungshelfer. Die Haftung der Eltern für Kinder in Hilfe zur Erziehung nach §§ 27ff SGB VIII bleibt bestehen, soweit die Eltern – zB bei häuslichen Aufenthalten – die tatsächliche Aufsicht ausüben können, RGZ 98, 246. Eine gesetzl Aufsichtspflicht über Volljährige trifft nur den Betreuer und auch nur, soweit es der Zweck seiner Einsetzung erfordert. Eine entspr gesetzl Regelung wie beim Vormund fehlt zwar im Betreuungsrecht. Es spricht jedoch nichts dafür, dass die Ersetzung der Vormundschaft für Volljährige durch die Betreuung zulasten etwa geschädigter Dritter gehen sollte, vgl Staudinger/*Bernau* Rn 27. Eine Pflegschaft über Volljährige, die eine Aufsichtspflicht iSd § 832 begründen könnte, ist nicht mehr vorgesehen (anders wohl Staudinger/*Bernau* Rn 26), wäre auch mit der ans Vormundschaftsrecht angelehnten Regelung (§ 1813) nicht recht vereinbar. Keine Aufsichtspflicht haben auch die Eltern und der Ehegatte über volljährige Geisteskranke, RGZ 70, 48, 50; 92, 125, 126.

4 Umstr ist die **Analogiefähigkeit**: Rspr und hM neigen dazu, § 832 als abschließende Regelung zu betrachten, kommen aber trotzdem zu einer Haftung des Aufsichtsführenden nach § 823 I wegen Verkehrspflichtverletzung, RGZ 70, 48, 50; Staudinger/*Bernau* Rn 55, 198ff mN. Relevant ist dies für die Verteilung der Beweislast. Insofern spricht gegen eine Analogie entscheidend, dass die Ausdehnung der Beweislastumkehr nach Abs I auf weitere Fälle vom Gesetzgeber ausdrückl in Abs II geregelt, dort aber bewusst von der besonderen Voraussetzung eines Übernahmevertrags abhängig gemacht wird, dazu Rn 5.

5 Die Anforderungen an einen **Vertrag zur Übernahme** der Aufsicht (Abs II) sind sehr gering, vgl BGH NJW 1985, 677. In der Betreuung durch Kinder- oder Krankenpfleger, Pflege- oder Stiefeltern, Träger oder Leiter von Kindergärten, Privatschulen, Pensionaten, Waisenhäusern, Heil-, Erziehungs- oder offenen psychiatrischen Anstalten liegt regelmäßig die „stillschw" (konkludente) Übernahme der Aufsicht, ebenso in der nicht nur ganz vorübergehenden Aufnahme bei Verwandten. Spielen gelegentlich, wenn auch wiederholt, fremde und eigene Kinder gemeinsam, ergibt sich hieraus allein hingegen keine vertragl Übernahme der Aufsicht, sondern ein bloßes Gefälligkeitsverhältnis zw den Eltern, BGH NJW 1968, 1874. Solche bloß tatsächliche Aufsicht kann jedoch unter dem Gesichtspunkt der Verkehrspflichtverletzung nach § 823 I (dann ohne die Beweislastverteilung des § 832 I 2) haftungsrelevant sein, BGH NJW 1968, 1874.

6 **4. Entlastungsbeweis.** Kernproblem der Vorschrift ist der im Rahmen der **Entlastungsmöglichkeit** nach § 832 I 2 anzulegende Maßstab für die gehörige Erfüllung der Aufsichtspflicht. Die reichhaltige Kasuistik lässt sich nur in einem „beweglichen" System erfassen. Ausgangspunkt der Beurteilung sind die Umstände des Einzelfalles: Alter sowie geistige und körperliche Reife des Aufsichtsbedürftigen, Voraussehbarkeit eines gefährlichen Verhaltens, Möglichkeit und Zumutbarkeit der Überwachung im Rahmen eines verständigen Erziehungsziels, BGH NJW 1984, 2574; 1985, 677; 1993, 1003. Hiernach hat das Interesse des Geschädigten an der Schadensvermeidung keineswegs absoluten Vorrang vor dem **Entfaltungsspielraum des Aufsichtsbedürftigen** (anders in der rechtspolitischen Wertung *Scheffen* FS Steffen, 1995, 387, 392ff). Vielmehr gehört es zum anerkannten Zweck der Erziehung zur Selbstständigkeit, einem Minderjährigen die Möglichkeit zum eigenverantwortlichen Handeln zu lassen, BGH NJW 1980, 1044; 1984, 2574. Mit der Senkung der Anforderungen an die Aufsicht geht in der Regel eine Steigerung des Verantwortungsgrades des **Minderjährigen selbst** nach § 828 III einher (vgl aber auch Rn 2 zur gesamtschuldnerischen Haftung von Aufsichtspflichtigen und -bedürftigen). Außerdem bleibt es die Aufgabe des Aufsichtspflichtigen, sich davon zu überzeugen, dass der Aufsichtsbedürftige den ihm überlassenen Freiheitsraum verantwortlich und ohne vermeidbare Gefährdung anderer ausfüllt. Erziehung zur Freiheit ist kein Freibrief für Gleichgültigkeit: Auch in der Unkenntnis vom Tun des Aufsichtsbedürftigen kann eine Verletzung der Aufsichtspflicht liegen, BGH DB 1966, 700; NJW 1980, 1044; NJW-RR 1987, 13. Angesichts der pädagogischen Einsicht in die geringe Wirkung von Verboten ist es umso wichtiger, ein Kind über mögliche Gefahren zu **belehren**, BGHZ 111, 282. Je geringer der Erziehungserfolg in der Vergangenheit war, umso größer ist der Bedarf an Aufsicht in der Gegenwart, RGZ 98, 246; BGH NJW 1984, 2574; 1997, 2047. – Ähnl Abwägungen wie zw dem Erziehungsauftrag der Eltern und dem Freiheitsraum des Kindes sind bei psychisch Kranken oder Behinderten zw deren Persönlichkeitsrecht und dem Schutzinteresse anderer vorzunehmen, Staudinger/*Bernau* Rn 115; vgl auch BGH NJW 1985, 677; Hamm NJW-RR 1994, 863.

7 Besondere Anforderungen bestehen bei der Teilnahme von Kindern am **Straßenverkehr**: Spielen auf der Fahrbahn außer auf Spielstraßen müssen die Eltern verhindern, BGH VersR 1961, 998. Sie haben die Kinder zu verkehrsgerechtem Verhalten anzuleiten, uU einen „Probegang" in Begleitung der Kinder durchzuführen und auf die besonderen Gefahren aufmerksam zu machen, vgl BGH VersR 1962, 360. Die Benutzung eines Fahrrads ist nur von einer gewissen Reife des Kindes an (nicht unter acht Jahren, weniger streng aber BGH NJW-RR 1987, 1430; Hamm NZV 2001, 42) und nach ausreichender Belehrung über die Verkehrsvorschriften und über die Fahrtechnik mit der Aufsichtspflicht zu vereinbaren. Die Benutzung des Fahrrads zu Wettfahrten muss verhindert werden, BGH VersR 1961, 838. Auch schon bei der Benutzung eines Rollers oder eines Dreirades ist dafür

zu sorgen, dass sich das Kind der Gefahren bewusst wird, BGH VersR 1958, 85; 1964, 313. – Die Freistellung der 7–10-Jährigen selbst von der Haftung im Straßenverkehr nach § 828 II bedeutet einerseits nicht, dass deren Aufsichtspflichtige nunmehr verpflichtet sind, ihren Schützlingen jede selbstständige Berührung mit dem Straßenverkehr zu nehmen; aus der gesetzgeberischen Entscheidung gegen eine eigene Haftung des Kindes folgt keine Intensivierung der Aufsichtspflicht (Oldenburg VersR 2005, 807; MüKo/*Wagner* Rn 35; Geigel/*Bernau* Rn 16.30; anders Erman/*Schiemann*[14] Rn 9; *C. Huber* Das neue Schadensersatzrecht, 2003, § 3 Rn 71 mN). Im Internetverkehr ist die Annahme einer Pflicht, Kinder über die Rechtswidrigkeit einer Teilnahme an Internettauschbörsen zu belehren und ihnen eine Teilnahme daran zu verbieten, so BGH NJW 2016, 950, überzogen.

Eine besonders strenge Aufsichtspflicht besteht ferner bei der Benutzung von **gefährlichem Spielzeug**, Schuss- 8
waffen, Feuerzeugen, Streichhölzern uÄ. Sehr zahlreich sind die Fälle von Aufsichtspflichtverletzungen bei zündelnden Kindern mit teilw sehr hohen Schäden, vgl nur BGH NJW 1993, 1003; 1997, 2047. Zur Rechtsunsicherheit bei der Beurteilung solcher Fälle eindrucksvoll *Scheffen* FS Steffen, 1995, 393 Fn 17. Auch Pfeil und Bogen, Wurfpfeile und Luftgewehre gehören nicht in die Hände Minderjähriger. Der Aufsichtspflichtige darf ihnen solche Gegenstände daher nicht überlassen, vgl BGH FamRZ 1966, 229. Besteht auch nur der Verdacht, dass sich der Aufsichtsbefohlene heimlich den Zugang zu solchen ua gefährlichen Gegenständen verschafft, müssen die Aufsichtspflichtigen das Kind eindringlich über die Gefahr belehren, uU bei ihm nach diesen Gegenständen suchen und gefährliche Gegenstände selbst so verwahren, dass sich der Minderjährige keinen Zugang zu ihnen verschaffen kann, BGH NJW 1983, 2821; 1984, 2574; NJW-RR 1987, 13. Zu Recht hat BGHZ 111, 282 aber abgelehnt, von den Eltern eines noch nicht Siebenjährigen zu verlangen, dass sie ihr Kind von der Leistung „psychischer Beihilfe" beim Spiel anderer mit dem Feuer fernhalten. In Wahrheit passt diese ohnehin problematische Kategorie (§ 830 Rn 3f) auf kleine Kinder überhaupt nicht.

5. Haftung gegenüber dem Aufsichtsbedürftigen. Im **Verhältnis zum Aufsichtsbedürftigen selbst** haftet 9
der Aufsichtspflichtige aus der Verletzung des Sorgeverhältnisses (§ 1664) und aus § 823 I. Bei Schädigungen des Aufsichtsbefohlenen durch Dritte kommt eine gesamtschuldnerische Haftung des Aufsichtspflichtigen mit dem Dritten in Betracht, BGHZ 73, 190. Eine Zurechnung der Verletzung einer Aufsichtsobliegenheit zulasten des Aufsichtsbedürftigen nach § 254 widerspricht § 832, der gerade eine Verantwortlichkeit des Aufsichtspflichtigen selbst begründet. Denkbar ist jedoch eine Kürzung des Ersatzanspruchs gegen den Dritten, wenn der Gesamtschuldausgleich wegen der Haftungsmilderung zugunsten der Eltern nach § 1664 „hinkt", vgl § 840 Rn 8.

§ 833 Haftung des Tierhalters

Wird durch ein Tier ein Mensch getötet oder der Körper oder die Gesundheit eines Menschen verletzt oder eine Sache beschädigt, so ist derjenige, welcher das Tier hält, verpflichtet, dem Verletzten den daraus entstehenden Schaden zu ersetzen. Die Ersatzpflicht tritt nicht ein, wenn der Schaden durch ein Haustier verursacht wird, das dem Beruf, der Erwerbstätigkeit oder dem Unterhalt des Tierhalters zu dienen bestimmt ist, und entweder der Tierhalter bei der Beaufsichtigung des Tieres die im Verkehr erforderliche Sorgfalt beobachtet oder der Schaden auch bei Anwendung dieser Sorgfalt entstanden sein würde.

1. Allgemeines. Die Regelung der Tierhalterhaftung ist wohl neben § 831 unter allen gesetzl Haftungsgrund- 1
lagen des BGB rechtspolitisch am meisten umstr. S 1 begründet eine **Gefährdungshaftung** des Tierhalters, die jedoch entgegen dem Wortlaut des S 1 nach S 2 **nur für „Luxustiere"** gilt. Der Halter eines **Nutztieres** haftet nach S 2 hingegen für sein **Aufsichtsverschulden.** Die Beweislast dafür und für die Ursächlichkeit des Pflichtverstoßes für den Schaden ist freilich zulasten des Tierhalters – wie beim Geschäftsherrn nach § 831 und beim Aufsichtspflichtigen nach § 832 – umgekehrt. Wer verschuldensunfähig ist, haftet nach S 2 von vornherein nicht. Im Unterschied zu den meisten anderen Gefährdungshaftungen ist die Haftpflicht nach S 1 in der Höhe unbeschränkt. Die Folgen des § 833 wurden mindestens nach dem früheren Recht zuweilen als unangemessen hart empfunden. Schon unter dem alten Rechtszustand konnte die Haftung freilich weitgehend durch Versicherungen aufgefangen werden. Es ist jedoch nicht gerechtfertigt, aus versicherungstechnischen Erwägungen die Vorschrift einengend oder ausdehnend auszulegen. Keine unmittelbaren Auswirkungen auf § 833 haben die verwaltungs- und strafrechtl Regelungen zum Schutz vor Gefahren durch Kampfhunde (Überblick bei Staudinger/*Eberl-Borges* Rn 4). Die Gefährdungshaftung nach § 833 S 1 gilt für sie ohnehin.

2. Verwirklichung einer spezifischen Tiergefahr. Voraussetzung der Haftung nach beiden Sätzen ist die **Ver-** 2
wirklichung einer Tiergefahr. Dies setzt zunächst voraus, dass ein **Tier** den Schaden verursacht hat (für Bienen erstaunlicherweise ausdrückl festgestellt in RGZ 158, 388, vgl aber BGHZ 117, 110 und Rn 4). Die Tiereigenschaft von laborgezüchteten **Mikroorganismen** wird überwiegend verneint (Soergel/*Krause* Rn 3; Staudinger/*Eberl-Borges* Rn 11ff; Grü/*Sprau* Rn 4; *Larenz*/*Canaris* II 2 § 84 II 1a). Begründet wird dies vor allem mit einem abschließenden Charakter des BundesseuchenG. Die Haftung aus § 833 konkurriert jedoch auch sonst mit derjenigen aus § 823, insb wegen Verletzung von Verkehrspflichten; ob solche Pflichten richterrechtl entwickelt wurden oder in einem Schutzgesetz wie dem BundesseuchenG niedergelegt sind, kann im vorliegenden Zusammenhang keine Bedeutung haben. Die Gefahr unbeherrschbaren tierischen Verhaltens besteht bei Kleinlebewesen in besonderem Maße. Der Schutzzweck der verschärften Haftung nach § 833 passt daher gerade auch für die Gefahren durch diese Organismen, obwohl der historische Gesetzgeber noch nicht an sie gedacht hat. Auf die naturwissenschaftliche Einordnung als „Tier" in einem engeren Sinne kommt es dafür nicht an, grundlegend *Deutsch* NJW 1976, 1137; aA MüKo/*Wagner* Rn 10; vgl auch BGH NJW 1989, 2947: Verkehrspflichtverletzung bei Gefähr-

dung durch Bakterien, und hierzu *Deutsch* NJW 1990, 751. Eine analoge Anwendung auf autonome Systeme überzeugt nicht, da zwar bestimmte Formen der künstlichen Intelligenz ebenfalls unberechenbar sind (vgl *Zech* ZfPW 2019, 198, 215), eine Gefährdungshaftung nur für private Nutzer im Gegensatz zur Verschuldenshaftung gewerblicher Nutzer keine angemessene Rechtsfolge darstellt (*Wilhelmi* in Aufderheide/Dabrowski, Digitalisierung und künstliche Intelligenz, 2020,133; MüKo/*Wagner*, Rn 11) und sich zudem die Unberechenbarkeit von Tieren und selbstlernender künstlicher Intelligenz deutlich unterscheiden.

3 Die Tiergefahr muss sich in einem **Schaden** an Leben, Körper oder Gesundheit eines Menschen oder in einer Sachbeschädigung verwirklicht haben. Der Begriff der Sachbeschädigung ist bewusst enger als die Rechtsverletzung nach § 823 I (aA MüKo/*Wagner* Rn 9). Deshalb ist die Beweislastumkehr nach S 2 nicht (analog) auf die Verletzung des Unternehmens anzuwenden (vgl auch § 823 Rn 51ff).

4 Die schärfere Haftung des Tierhalters nach beiden Sätzen des § 833 ist nur gerechtfertigt, wenn sich in dem Schaden eine **spezifische Tiergefahr** („durch" das Tier) verwirklicht hat. Vielfach wird diese Gefahr als Ausdruck tierischer Unberechenbarkeit bezeichnet, BGHZ 67, 129, 130; BGH NJW 1999, 3119. Gemeint sind damit zB Schäden durch Ausschlagen, Beißen, Scheuen, Durchgehen von Pferden, durch Bellen, Beißen, Anspringen von Hunden, Stoßen von Stieren, Schnattern von Geflügel, Stechen von Bienen usw. Solches Verhalten ist jedoch durchaus instinktgemäß und daher auch nicht schlechthin unvorhersehbar. Im Lichte der Verhaltensforschung wie nach dem Schutzzweck des § 833 ist das **Kriterium der Unberechenbarkeit** daher **unbrauchbar**, ebenso die vielfach betonte Voraussetzung eines „willkürlichen" Verhaltens, so richtig Soergel/*Krause* Rn 6. Eine spezifische Tiergefahr ist erst dann nicht mehr anzunehmen, wenn **keinerlei eigene Energie** des Tieres an dem Geschehen beteiligt ist, etwa eine fremde Katze als Wurfgeschoss missbraucht wird. Ausfluss spezifischer Tiergefahr ist es hingegen, wenn ein Hund oder ein Pferd einen Artgenossen durch Beschnüffeln ansteckt (MüKo/*Wagner* Rn 24 gegen RGZ 80, 237); dasselbe gilt für den Deckakt eines Rüden (BGHZ 67, 129), richtigerweise auch für Ausscheidungen von Bienen (aA noch RGZ 141, 406) und für das Ausschlagen eines (nicht ausreichend) gefesselten Hengstes (aA RGZ 69, 399). Es genügt auch, wenn ein Pferd plötzlich losgaloppiert, der Reiter hierdurch verunsichert wird und deshalb dann beim Stehenbleiben des Tieres vom Pferd fällt, BGH NJW 1999, 3119; vgl auch Rn 6. Zu Unrecht wurde die Tiergefahr von der Rspr früher bei einem Reitpferd verneint, solange sich das Pferd der **Leitung durch den Reiter** fügt, BGH NJW 1952, 1329; VersR 1966, 1073; anders aber BGH NJW 1992, 2474 und als selbstverständlich vorausgesetzt in BGH NJW 1992, 907; 1999, 3119; vgl auch schon BGH NJW 1974, 234; diff danach, ob das Pferd dem Willen des Reiters folgt oder sich anders als beabsichtigt verhält, BGH NJW-RR 2006, 813. Ein solcher grds Unterschied etwa zur Kfz-Haftung, die nicht auf die seltenen Fälle herrenlos rollender Fahrzeuge beschränkt ist, wäre rechtspolitisch kaum nachvollziehbar (i Erg ebenso zB *Kreft* aaO 156, abl aber MüKo/*Wagner* Rn 29). Eine spezifische Tiergefahr ist ferner zB das Entlaufen, vgl zu Weidevieh auf Straßen BGH VersR 1966, 758; 1976, 1086; NJW-RR 1990, 789, zum Streunen eines Hütehundes BGH NJW 1965, 2397. Das Bestäuben von Blüten durch Bienen ist zwar spezifisch tiergemäß, führt aber nicht zur Haftung aus § 833, weil der Eigentümer der bestäubten Pflanzen solche Einwirkungen nach § 906 II 1 dulden muss, BGHZ 117, 110.

5 **3. Kausalität.** Die Haftung besteht in den Grenzen der (adäquaten) **Kausalität**, somit aber auch dann, wenn der Schaden durch das Tier nur mittelbar herbeigeführt worden ist, zB bei gemeinschaftl Durchgehen mehrerer Ponys, NJW 2015, 1824; infolge Herabspringens vom Wagen beim Durchgehen der Pferde, RG JW 1907, 307; infolge des Versuchs, einem bellenden Hund auszuweichen, RG JW 1906, 349 (dort zugunsten eines Unbefugten), oder durchgehende Pferde anzuhalten, RGZ 50, 219; zur Haftung des Halters eines Hundes, der ein Pferd anbellt, das scheut und durchgeht, vgl RG Gruch 50, 668. Vgl ferner Rn 4 zu BGH NJW 1999, 3119. Weitere Fälle mittelbarer Verursachung bei MüKo/*Wagner* Rn 12 mN.

6 Eine wichtige Rolle bei der Einschränkung der Haftung nach § 833 spielt seit jeher der Gedanke des **Schutzzwecks der Norm**, früher meist als stillschw Haftungsausschluss konstruiert, vgl Staudinger/*Eberl-Borges* Rn 205ff mN. Für einen **vertragl Ausschluss** genügt jedoch weder, dass der Halter das Tier zeitweise völlig der Gewalt des Verletzten unterstellt hat (Trainer, Tierarzt) oder dieser die Aufsicht übernommen hat (Hundepension), BGH NJW 2014, 2434, noch gar die bloße Tatsache, dass der Verletzte das Tier im eigenen Interesse verwendet hat. Ohne eindeutige ausdrückl Abrede ist ein Ausschluss der Gefährdungshaftung vielmehr abzulehnen, vgl BGH NJW-RR 1988, 655. Die Beschränkung der Haftung der Eltern aus § 1664 I schließt die Haftung aus § 833 S 1 aus, BGH NJW 2021, 778 Rn 7. Hinsichtl der Verschuldenshaftung können die Umstände dafür sprechen, dass den Halter selbst zur Zeit des Schadenseintritts keine Sorgfaltspflichten mehr trafen, so dass ihm die Entlastung gelingt, Soergel/*Krause* Rn 25. Maßgeblicher Gesichtspunkt für die Einschränkung der Gefährdungshaftung ist nach der neueren Rspr das **Handeln auf eigene Gefahr**, BGH NJW 1977, 2158; 1982, 765; 1986, 2883; 1992, 907; 2474; 1993, 2611, insb beim **Reitsport**, BGH NJW-RR 2006, 813. Ob daneben der Schutzzweck des § 833 S 1 noch selbständige Bedeutung hat, ist zweifelhaft (krit Jauernig/*Teichmann* Rn 5). Die Lit plädiert beim Reiten auf fremden Pferden teilw für eine haftungsausschließende Wirkung des Handelns auf eigene Gefahr. Die Rspr betrachtet diesen Gesichtspunkt hingegen zu Recht – wie auch sonst – als Grundlage einer Abwägung nach **§ 254**, vgl auch MüKo/*Wagner* Rn 72 mN. Insb eine Analogie zu dem rechtspolitisch verfehlten § 8a StVG aF oder zu § 8 Nr 3 StVG ist unangebracht (ebenso BGH NJW 1992, 2474), und bei entgeltlicher Überlassung ist das Entgelt gerade auch eine Haftungsvergütung. Eine Reduzierung der Haftung nach § 254 bis zum völligen Haftungsausschluss kommt hiernach erst in Frage, wenn der Reiter Risiken übernommen hat, die über einen gewöhnlichen Ritt hinausgehen, BGH NJW 1986, 2883; zB Zureiten eines merkbar schwierigen Pferdes

durch einen zu wenig erfahrenen Reiter, vgl auch den Fall von BGH NJW 1974, 234, sowie zur Teilnahme an einer Fuchsjagd BGH NJW 1992, 907 mit dem wichtigen Hinw, dass eine Haftungsminderung nur in Frage kommt, wenn sich im Schaden die spezifische Gefahr, die der Geschädigte „in Kauf genommen" hat, verwirklicht hat. Auch ggü einem Minderjährigen, der sich ohne ausreichende Reiterfahrung auf ein Pferd setzt, kann der Vorwurf des Mitverschuldens im Rahmen des § 828 III begründet sein, BGH NJW 1993, 2611. Reiten eines Pferdes ohne Einverständnis des Halters schließt die Haftung nicht aus, kann aber bei § 254 zu berücksichtigen sein, BGH NJW 2013, 2661.

4. Tierhalter. Haftpflichtig ist nach beiden Alternativen der Vorschrift der **Halter** des Tieres. Dies ist, wer das Tier nicht nur ganz vorübergehend im eigenen Interesse in seinem Hausstand oder Wirtschaftsbetrieb hat und verwendet. IdR ist Halter derjenige, der das Risiko des wirtschaftl Verlustes des Tieres trägt, BGH NJW 1977, 2158. Zur Haltereigenschaft Minderjähriger vgl § 827 Rn 1. Wesentlich ist – im Gegensatz zum Tierhüter (§ 834) – ein eigenes Interesse an der Haltung, RGZ 168, 331, 332; BGH NJW-RR 1988, 655, unwesentlich Eigentum oder Eigenbesitz sowie Sorge für Unterhalt und Obdach, BGH NJW-RR 1990, 789. Mehrere Personen können gleichzeitig Halter desselben Tieres sein, RG JW 1911, 279, vgl auch BGH VersR 1976, 1175 (juristische Person als Halter). Eine Reitbeteiligung genügt nicht, Nürnberg NJW-RR 2017-1173. 7

Danach sind Tierhalter **zB** Nießbraucher und Pächter eines Landgutes, Mieter und Entleiher; letztere aber nur, sofern ihnen das Tier, wenn auch kurzzeitig, zu eigenem selbstständigen Gebrauch überlassen und von ihnen während dieser Zeit in ihrem Wirtschaftsbetrieb oder Haushalt eingestellt wird, vgl RGZ 62, 79, 85; BGH NJW 1971, 509. Durch Aufgabe oder Verlust der Verfügungsgewalt auf kurze Zeit geht die Haltereigenschaft sonst nicht verloren. Tierhalter bleibt daher der Eigentümer des Pferdes auch während der Zeit, in der es sich zum Zureiten beim Trainer befindet; Reitstallbesitzer bzgl des im Einzelfall zum Reiten vermieteten Pferdes; Pferdebesitzer, der gewerbsmäßig seine Pferde einer Grubenverwaltung vermietet, aber Futter und Streu zu stellen hat und weitgehend die Aufsichtsbefugnis behält, RG Recht 15, 2671; Hundebesitzer während der Zeit, in der die Behörde den Hund in amtl Verwahrung genommen hat, RG JW 1913, 431; wem ein Tier entläuft, sofern nicht ein anderer es in Besitz nimmt, um es für sich zu behalten, RG SeuffA 75, 21, vgl auch BGH NJW 1965, 2397 und *Wilts* VersR 1965, 1019. Der Finder eines verlorenen Tieres ist nicht Halter, solange er Ermittlungen nach dem Eigentümer anstellt oder sonst zu erkennen gibt, dass er das Tier nicht im eigenen Interesse in Besitz hat, vgl Nürnberg MDR 1978, 757. Die Tierhaltereigenschaft geht verloren, wenn das Tier gestohlen worden ist. Ist das Tier verkauft, bleibt der Verkäufer Tierhalter bis zur endgültigen Aufgabe seiner tatsächlichen Verfügungsgewalt, also bis zur Übergabe an den Käufer; daher auch noch auf dem Wege dorthin, wenn der Verkäufer das Tier dem Käufer zuzuführen hat, RG JW 1930, 2421, nicht aber, wenn er nur aus Gefälligkeit das Tier wegschaffen hilft. Bei Rücktritt ist der Käufer Halter bis zur tatsächlichen Rücknahme durch den Verkäufer; gleiches gilt beim Kauf auf Probe, vgl RG SeuffA 59, 257. – Eingehende Kasuistik zur Haltereigenschaft bei Geigel/*Haag* Kap 18; Staudinger/*Eberl-Borges* Rn 103ff. 8

5. Nutzung für Beruf oder Erwerbstätigkeit. Keine Gefährdungshaftung, sondern die **Verschuldenshaftung nach S 2** gilt für Haustiere, die für den Beruf oder die Erwerbstätigkeit benutzt werden oder dem Unterhalt dienen. Haustiere sind nach allg Sprachgebrauch zahme Tiere wie Pferde, Rinder, Schweine, Hunde und Katzen, jedoch nur, wenn sie tatsächlich als Haustiere verwendet werden, hingegen nicht, wenn sie zu wissenschaftlichen Versuchszwecken gehalten werden. Gezähmte wilde Tiere (zB Rehe, Eichhörnchen) erlangen auch dann, wenn sie in der Hauswirtschaft gehalten werden, nicht die Eigenschaft als Haustiere. 9

Berufstiere sind die mindestens überwiegend zur Berufsausübung benutzten Tiere wie Dienstpferde berittener Polizeibeamter, Jagdhunde eines Försters oder angestellten Jägers, Polizeihunde und der Wachhund eines Schäfers, vgl RGZ 76, 225. 10

Der **Erwerbstätigkeit** dienen Tiere, die in gewerblichen oder landwirtschaftl Betrieben als Zug-, Last-, Zucht- (auch in Gestüten) oder Schlachtvieh gehalten werden. Dahin gehören insb vom Viehkaufmann lediglich zum Weiterverkauf, RG Warn Rspr 1937, 34, vom Metzger nur zum Schlachten gehaltene Tiere, RGZ 79, 246, auch Tiere, die lediglich zum Zwecke der Verwertung durch Veräußerung, sei es vom Händler, sei es vom Landwirt gehalten werden, RG Warn Rspr 1912, 389, mögen sie auch in der Hand des Erwerbers zu Luxustieren werden. Es genügt nicht, dass der Halter das Tier nur nebenbei zu einer Erwerbstätigkeit benutzt (zB gelegentliches Vermieten); es muss überwiegend dieser Tätigkeit dienen, BGH NJW 1971, 509. Gewinnerzielung muss zumindest möglich sein, BGH NJW-RR 2017, 725. Die **gewerbsmäßige Vermietung von Reitpferden** dient der Erwerbstätigkeit des Vermieters, auch wenn sich die Nutzung durch den jew Mieter sonst nicht vom Ausritt des Pferdehalters auf einem Luxuspferd unterscheidet, hM, BGH NJW 1986, 2501; *Th. Honsell* MDR 1982, 798ff. Daran dürfte es bei Reitsportvereinen idR fehlen, BGH NJW 2011, 1961. Der Einsatz von Pferden im Berufssport fällt unter § 833 S 2, Düsseldorf VersR 1993, 115; NJW-RR 2001, 890. Freilich begründet die Gefährlichkeit der Reitpferde für Reiter (nach § 823 I) und Halter (nach § 833 S 2) strenge Verkehrspflichten. Zu Erwerbszwecken bestimmt sind ferner Tiere, die dem Schutz gewerblicher oder landwirtschaftl Betriebe dienen, zB Wachhunde des Landwirts, Kaufmanns, Fabrikanten, nicht aber Hunde, die nur zum Schutz privater Häuser oder Wohnungen oder zur Beruhigung für besonders ängstliche Personen gehalten werden. Nicht dazu zählen auch zB Rennpferde, die Liebhaberzwecken dienen, BGH VersR 1955, 116, Reit- und Kutschenpferde, die nicht oder nur ausnahmsw zu gewerblichen oder landwirtschaftl Zwecken gebraucht werden, mögen sie auch Landwirten oder Gewerbetreibenden gehören oder von einem Verein seinen Mitgliedern gegen Entgelt zur Verfügung gestellt werden, BGH NJW 1982, 1589. 11

12 Dem **Unterhalt** dienen die für den eigenen Haushalt gehaltenen Milchkühe, Ziegen, Schweine, Hühner usw, auch der Blindenhund, den sein Halter zB für den Weg zum Einkauf benötigt, ohne dass der Schaden gerade bei einem solchen Gang eingetreten sein muss, Staudinger/*Eberl-Borges* Rn 140 mN.

13 Die **Verkehrspflichten des Tierhalters** umfassen die Sorge für Verwahrung, Unterhaltung und Leitung des Tieres. Das genaue Maß der Beaufsichtigung lässt sich – wie der Standard von Verkehrspflichten auch sonst – nur situationsbezogen ermitteln. Hierfür sind die dem Halter bekannten Eigenschaften und die Art der Verwendung des Tieres wesentlich, zB sind bei Pferden nach längerer Stallruhe besondere Vorsichtsmaßregeln zu treffen, vgl BGH JZ 1955, 87; VersR 1962, 808. Ist ein Hund bereits durch Aggressivität aufgefallen, muss er einen Maulkorb tragen, wenn die Möglichkeit besteht, dass er mit fremden Personen in Kontakt kommt, Karlsruhe VersR 2001, 724. Der Nachw des Halters, dass er seiner Aufsichtspflicht im Allg oder früher nachgekommen sei, genügt nicht (vgl BGH VersR 1966, 186 zur Sorgfaltspflicht bei Weidetieren: Der Halter darf sich nicht darauf verlassen, dass die Sicherung des Tores durch eine abhebbare Drahtschlinge bisher auch von Dritten stets wieder verschlossen worden ist). Lediglich das Verhalten des Aufsichtspflichtigen zu der betreffenden Zeit und bei der betreffenden Gelegenheit ist entscheidend. Andererseits braucht der Halter zB nicht dafür zu sorgen, dass sein bisher stets gutartiger, an der Kette laufender Hofhund einen auf dem Hof lebenden Angehörigen nicht vor Freude anspringt, BGH NJW 1983, 1311, oder dass kleine Kinder in einen gegen das Ausbrechen der Tiere genügend gesicherten Pferdekral hineinkriechen, BGH NJW-RR 1992, 981. Stets ist zu fragen, wie sich ein durchschnittlich gewissenhafter Tierhalter in der gleichen Lage normalerweise verhalten hätte. Ungeklärte Umstände bei der Beaufsichtigung und Verwahrung des Tieres gehen regelmäßig zulasten des Halters, vgl Celle NJW 1964, 1230. – Zu Einzelfällen von Pflichtverletzungen vgl insb die Übersicht bei Soergel/*Krause* Rn 39–46 und bei Geigel/*Haag* Rn 18.27–35.

14 **Überlässt** der Tierhalter die **Beaufsichtigung** des Tieres **einem Dritten** (Tierhüter, § 834), wird er nicht ohne weiteres durch den Nachw entlastet, dass er bei der Auswahl dieses Dritten die im Verkehr erforderliche Sorgfalt beobachtet habe. Der Entlastungsbeweis aus § 833 S 2 und der aus § 831 I 2 sind voneinander durchaus verschieden. Die Sorgfaltspflicht des Tierhalters kann außer der Bestellung eines tauglichen Tierhüters und dessen Beaufsichtigung weitergehende Maßregeln erfordern, zB die weitere regelmäßige eigene Beobachtung des Tieres oder die Vorhaltung tauglichen Zaumzeugs und tauglicher Leinen für die Pferde, vgl RGZ 76, 225, 230; BGH VersR 1954, 531. Tatsächlich wird aber der Tierhalter, der einen Hüter bestellt hat, häufig zugleich den Entlastungsbeweis des § 833 S 2 geführt haben, wenn er den Entlastungsbeweis nach § 831 I 2 erbringt. Insb bei ruhigen Tieren und gewöhnlichen Umständen genügt der Halter seiner Sorgfaltspflicht, wenn er einen zuverlässigen Tierhüter bestellt, von dessen Eignung noch im Zeitpunkt des Schadensfalles er sich durch regelmäßige Beaufsichtigung überzeugt hat.

15 **6. Mitverschulden.** Hat **der Verletzte** den Schaden schuldhaft mitverursacht oder hat er für eine mitwirkende Gefährdung einzustehen (zB als Halter eines anderen den Schaden mitverursachenden Tieres, für das Gerangel zwischen Hunden vgl BGH NJW 2016, 2737), findet § 254 Anwendung, vgl auch Rn 6 zum Handeln auf eigene Gefahr. Haftet der Halter nur aus Gefährdung, ist auf Seiten des Verletzten aber schuldhaftes Verhalten gegeben, wird häufig zuungunsten des Verletzten zu entscheiden sein. Liegt beiderseits Gefährdungshaftung oder beiderseits Verschulden vor, ist meist Teilung des Schadens angemessen, wenn nicht das Maß der Gefährlichkeit oder des Verschuldens auf der einen Seite erheblich schwerer wiegt, vgl RGZ 67, 120; 71, 7; BGH VersR 1976, 1090; NJW 1985, 2416 (wertvolle Stute gerät durch ein entlaufenes Rind in Panik). **Mitwirkendes Verschulden** des Verletzten ist insb anzunehmen, wenn er das Tier reizt oder sich leichtsinnig der Tiergefahr aussetzt, sich zB einem Bienenstand zu sehr nähert, RG JW 1939, 288, oder ohne zwingenden Grund nahe an einem Pferd vorbeigeht, BGH JZ 1955, 87. Vgl ferner RG JW 1906, 349: Betreten eines Hofes, auf dem ein bissiger Hund gehalten wird und ein Warnschild angebracht ist; RG Warn Rspr 1914, 161: ein Hundebesitzer will seinen Hund vor Angriffen eines anderen Hundes schützen, greift in den Kampf der Tiere ein und wird verletzt; RG JW 1908, 680: ein Radfahrer regt durch übermäßig schnelles Fahren Hunde auf, die daher das Rad anspringen und den Fahrer zu Fall bringen; BGH VersR 1982, 348: Teilnahme an Reitübungen trotz schlechter körperlicher Verfassung; BGH NJW 1992, 2474: Reiten eines fremden Pferdes unter Benutzung der Reitgerte; BGH NJW-RR 2006, 813: Mitfahren beim Trabrennen als Schiedsrichter (dort als haftungsausschließende Risikoübernahme). Kein eigenes Verschulden liegt zB vor, wenn beim Durchgehen eines Gespannes der Insasse des Wagens abspringt und sich dabei Verletzungen zuzieht, RG JW 1907, 307, oder wenn jemand – um größere Gefahr für die Allgemeinheit zu verhüten – ein durchgehendes Gespann anzuhalten sucht und dabei verletzt wird, sofern er nicht jede Vorsicht und Besonnenheit außer Acht gelassen hat, vgl RG Warn Rspr 1909, 99. Wer am Reitunterricht teilnimmt, darf sich auf die Einschätzung seiner Fähigkeiten durch den Reitlehrer verlassen (BGH NJW 1999, 3119), muss freilich den Reitlehrer über die Umstände aufklären, die dessen Entscheidung über die Teilnahme des Schülers am Reitunterricht beeinflussen können, BGH VersR 1982, 348.

16 **7. Gesamtschuld.** Mehrere Halter des Tieres (vgl Rn 7 aE), das den Schaden verursacht hat, haften als **Gesamtschuldner**. Gleiches gilt für den Tierhalter und den nach § 834 aufsichtspflichtigen Tierhüter, vgl § 834 Rn 5. Für die Ausgleichung zw diesen mehreren Ersatzpflichtigen ist das zw ihnen bestehende Rechtsverhältnis maßgebend. Auch die verschiedenen Halter mehrerer Tiere, die zusammen einen Schaden verursacht haben, trifft eine gesamtschuldnerische Haftung. Lässt sich nicht mehr feststellen, wessen Tier den Schaden herbeigeführt hat, ist § 830 I 2 anzuwenden, BGHZ 55, 96. Haftet neben dem Tierhalter ein Dritter, der den Schaden schuldhaft mitverursacht hat, ist die Haftung dem Verletzten ggü gleichfalls eine gesamtschuldnerische. In ihrem Verhältnis zueinander ist aber der Dritte allein verpflichtet, § 840 III. Entspr gilt, wenn der Dritte Unternehmer einer Ei-

senbahn ist, der nach § 1 HaftpflG haftet. Dieser Grundsatz ist auch anzuwenden, wenn der Halter selbst verletzt ist, so dass dann der Dritte ihm für den ganzen Schaden haftet. Anders aber, wenn den Halter Verschulden trifft, so dass er nach § 823 haftet. Als Gesamtschuldner haften auch Tierhalter und Kfz-Halter. Anstelle von § 840 III gilt dann § 17 IV StVG als Spezialvorschrift.

8. Beweislast. Bei der Gefährdungshaftung nach S 1 trägt der Geschädigte die **Beweislast** dafür, dass er infolge der spezifischen Tiergefahr eines Tieres geschädigt wurde und dass der in Anspruch Genommene dessen Halter ist. Bei der Verschuldenshaftung nach S 2 muss der Halter beweisen, dass es sich bei dem Tier um ein Haustier mit der Zweckbestimmung des S 2 handelt, und ferner, dass er die zur Aufsicht über das Tier erforderliche Sorgfalt gewahrt hat oder dass der Schaden auch bei Anwendung solcher Sorgfalt entstanden wäre, vgl auch Rn 13. Für das Vorliegen einer mitwirkenden Gefährdung oder eines Mitverschuldens des Verletzten trägt der in Anspruch genommene Halter die Beweislast. Dem Verletzten wird jedoch nach verbreiteter Ansicht der Beweis für die Erfüllung von **Nebenpflichten** auferlegt, wenn er zB als Trainer, Tierarzt oder Hufschmied mit dem Tier in Berührung gekommen ist (grundlegend RGZ 58, 410, 413). Gründe für eine solche Abweichung von der allg Beweisregel (zB erheblich erschwerte Aufklärbarkeit für den anderen Teil) liegen jedoch nicht vor, anders unter Hinw auf § 834 MüKo/*Wagner* Rn 77. Freilich sind die typischen Sorgfaltspflichten und somit auch die Obliegenheiten eines Trainers oder Tierarztes strenger als diejenigen eines schlichten Reiters. 17

§ 834 Haftung des Tieraufsehers

Wer für denjenigen, welcher ein Tier hält, die Führung der Aufsicht über das Tier durch Vertrag übernimmt, ist für den Schaden verantwortlich, den das Tier einem Dritten in der im § 833 bezeichneten Weise zufügt. Die Verantwortlichkeit tritt nicht ein, wenn er bei der Führung der Aufsicht die im Verkehr erforderliche Sorgfalt beobachtet oder wenn der Schaden auch bei Anwendung dieser Sorgfalt entstanden sein würde.

1. Allgemeines. Der **Tierhüter** haftet für Tierschäden im gleichen Umfange wie der Tierhalter nach § 833 S 2, wenn er sich nicht zu entlasten vermag. Seine Haftung beruht also auf vermutetem Verschulden, jedoch steht ihm der Entlastungsbeweis stets, also nicht nur bei Haustieren, offen. 1

2. Haftungsvoraussetzungen. Voraussetzung der Haftung ist die **Übernahme** der Haftung **durch Vertrag.** Die bloße Tatsache der Aufsichtsübernahme genügt nicht. Die Vorschrift ist ferner nicht anzuwenden, wenn die mangelhafte Aufsicht dem Tierhalter selbst nach §§ 31, 831 zuzurechnen ist, also auf dessen Organe und Bedienstete zurückgeht, MüKo/*Wagner* Rn 2 mN. Der Vertrag braucht nicht mit dem Tierhalter selbst geschlossen zu sein, RGZ 168, 331, 333. Die vertragl Übernahme der Haftung kann auch konkludent erfolgen; nach dem Zweck der Vorschrift genügt wohl sogar, dass der Übernehmer mit Rechtsbindungswillen die Aufsicht führt, ohne dass der Vertrag wirksam ist, Staudinger/*Eberl-Borges* Rn 12. Die Übernahme der Aufsicht wird insb häufig aus dem sonstigen Inhalt des Vertrags als Nebenpflicht herzuleiten sein, zB bei Übernahme des Tiertransportes, RGZ 168, 331, 333. Nach § 834 kann daher ersatzpflichtig sein, wer ein Pferd zum Zureiten, einen Hund zum Abrichten oder allg ein Tier zur Wartung und Pflege übernimmt, ohne selbst Tierhalter zu werden. Auch Verwahrer, Entleiher und Mieter haften nach § 834, wenn sich der Tierhalter seines eigenen Einflusses auf das Tier begeben hat und aus dem Verhalten des Vertragspartners berechtigterweise auf die Übernahme der Aufsichtspflicht schließen durfte, BGH NJW 1987, 949; vgl auch BGH NJW 1992, 2474 zur Anwendung des S 2 im Rahmen des § 254 bei Überlassung eines Reitpferdes aus Gefälligkeit. 2

Der Tierhüter haftet aus § 834 für den **Schaden**, den das Tier in der in § 833 bezeichneten Weise **einem Dritten** (nicht jedoch: dem Tierhalter selbst) zufügt, also im Falle der Tötung und körperlichen Verletzung eines Menschen und bei Beschädigung einer Sache, vgl § 833 Rn 3. Bei Verletzung des Tierhüters selbst kann der Halter aus § 833 haftbar sein, RG Warn Rspr 1937, 34. Durch Übernahme der Aufsicht über das Tier wird auf die Haftung des Tierhalters nicht verzichtet, vgl § 833 Rn 6. Auch die Anwendung der Beweislastregel des § 834 S 2 für das **Mitverschulden** des Tierhüters ist abzulehnen, da weder er selbst noch der Halter „Dritte" nach S 1 sind (aA MüKo/*Wagner* § 833 Rn 77 mN Fn 364). 3

3. Beweislast. Nach § 834 hat der Geschädigte zu beweisen, dass der in Anspruch Genommene Tierhüter war und dass der Schaden auf einer Tiergefahr beruht. Der Tierhüter muss sodann seine Sorgfalt oder den Schadenseintritt auch bei rechtmäßigem Alternativverhalten beweisen. 4

4. Gesamtschuld. Neben dem Tierhüter haftet dem Dritten der Tierhalter als **Gesamtschuldner**, RGZ 60, 313. 5

§ 835 (weggefallen)

Die Vorschrift über die Wildschadenshaftung ist bundeseinheitlich durch das Bundesjagdgesetz (**BJagdG**) v 29.11.1952 idF der Bek v 29.9.1976 (BGBl I 1976, 2849) ersetzt worden. In den einzelnen Ländern gelten Sonderbestimmungen zum Jagdrecht, dazu Übersicht bei Soergel/*Krause* Rn 1; Erl der §§ 29ff BJagdG bei Staudinger/*Bernau* Rn 3ff. Nach dem BJagdG ist zw der Wildschadenshaftung (§§ 29–32 BJagdG) und der Jagdschadenshaftung (§ 33 BJagdG) des Jagdberechtigten zu unterscheiden. Die **Wildschadenshaftung** gewährt einen verschuldensunabhängigen Ersatz für bestimmte Schäden durch bestimmtes jagbares Wild. Die verschuldens- 1 abhängige **Jagdschadenshaftung** erfasst Schäden aufgrund missbräuchlicher Jagdausübung. Der Schaden muss angemeldet werden. Eine weitergehende Haftung des Jagdberechtigten kann sich nach § 823 I aus der Verletzung von Verkehrspflichten ergeben.

§ 836 Haftung des Grundstücksbesitzers

(1) Wird durch den Einsturz eines Gebäudes oder eines anderen mit einem Grundstück verbundenen Werkes oder durch die Ablösung von Teilen des Gebäudes oder des Werkes ein Mensch getötet, der Körper oder die Gesundheit eines Menschen verletzt oder eine Sache beschädigt, so ist der Besitzer des Grundstücks, sofern der Einsturz oder die Ablösung die Folge fehlerhafter Errichtung oder mangelhafter Unterhaltung ist, verpflichtet, dem Verletzten den daraus entstehenden Schaden zu ersetzen. Die Ersatzpflicht tritt nicht ein, wenn der Besitzer zum Zwecke der Abwendung der Gefahr die im Verkehr erforderliche Sorgfalt beobachtet hat.

(2) Ein früherer Besitzer des Grundstücks ist für den Schaden verantwortlich, wenn der Einsturz oder die Ablösung innerhalb eines Jahres nach der Beendigung seines Besitzes eintritt, es sei denn, dass er während seines Besitzes die im Verkehr erforderliche Sorgfalt beobachtet hat oder ein späterer Besitzer durch Beobachtung dieser Sorgfalt die Gefahr hätte abwenden können.

(3) Besitzer im Sinne dieser Vorschriften ist der Eigenbesitzer.

1 **1. Allgemeines.** § 836 ist ein Anwendungsfall der allg **Verkehrs(sicherungs)pflicht**, vgl § 823 Rn 75. Anders als bei § 823, aber ähnl wie in §§ 831, 832, 833 S 2, 834 wird nach §§ 836–838 das Verschulden des Verpflichteten gesetzl vermutet. Der Besitzer oder Unterhaltspflichtige eines Grundstücks oder eines mit einem Grundstück verbundenen Gebäudes oder sonstigen Werks muss sich von dem Verschuldensvorwurf entlasten. Das gilt auch bei öffentlich-rechtl Ausgestaltung der Verkehrssicherungspflicht im Rahmen der § 839, Art 34 GG, BGH NJW-RR 1990, 1500. Da es sich nicht um eine Gefährdungshaftung handelt, scheidet ein Anspruch aus §§ 836–838 bei deliktsunfähigen Personen (§§ 827f) aus. § 829 ist aber anwendbar, vgl § 829 Rn 1. Einen besonderen präventiven Abwehranspruch gegen die Gefahren der §§ 836–838 gewährt dem Nachbarn § 908.

2 **2. Gebäude, Gebäudeteil. Gebäude** ist ein unbewegliches, fest mit dem Erdboden verbundenes und allseitig umschlossenes Bauwerk, das den Eintritt von Menschen gestattet, auch wenn es noch unvollendet (Rohbau) ist. Zu den Gebäuden gehören Balkons und Loggien, BGH NJW 1985, 1076. Gebäude sind auch Hausruinen, BGHZ 1, 103; BGH VersR 1952, 207 und 291. Analoge Anwendung der Haftung des Grundstücksbesitzers auf autonome Systeme überzeugt nicht, da sie zwar auf dem besonderen Gefahrenpotential von Gebäuden beruht und auch autonome Systeme mit besonderen Gefahren verbunden sind (vgl *Grützmacher* CR 2016, 695, 698), aber § 836 darüber hinaus fehlerhafte Errichtung und mangelhaften Unterhalt voraussetzt (*Wilhelmi* in Aufderheide/Dabrowski, Digitalisierung und künstliche Intelligenz, 2020, 133).

3 Mit dem Grundstück verbundene **Werke** sind alle übrigen einem bestimmten Zweck dienenden und iVm dem Erdboden nach bestimmten Regeln der Technik und der Erfahrung hergestellten Gegenstände, Einrichtungen und Anlagen, RGZ 76, 260. Ob das Werk zu dauerndem oder nur zu vorübergehendem Zweck hergestellt ist, ist gleich. Dahin gehören: Mauern, Zäune, gleich ob aus Eisen oder Holz, RG SeuffA 76, 116; Torpfeiler, Torflügel, BGH NJW-RR 1990, 1423; Grabsteine, BGH NJW 1971, 2308; 1977, 1392, vgl auch § 837 Rn 1; Turmgerüste, RG Recht 1920, 656; Baugerüste, RG JW 1910, 288; BGH VersR 1959, 694; NJW 1997, 1853; 1999, 2593; Tragegerüst und Fußbodenbretter für den Zuschauerraum eines Zirkuszeltes, Hamm NJW-RR 2002, 92; Signal- und Telegrafenmasten, RG JW 1913, 868; Starkstromanlagen, RGZ 147, 353; befestigte Bänke, durch Einlassen von Pfählen mit dem Grund und Boden verbundene Zelte, Schaubuden, Verkaufsstände, RG JW 1916, 1019; Bretterverschläge, RG HRR 1938, 436; Brücken, BGH LM Nr 12; NJW-RR 1988, 853; Straßenlaternen, RG SeuffA 75, 76; ferner Tiefbauanlagen, zB Kanäle, Gräben, Deiche, Schleusen, RG HRR 1930, 1104; Bahndämme nebst Gleis, RG JW 1908, 196; Staudämme, RGZ 97, 112, 114; Hafendämme, BGHZ 58, 149; Böschungen, Brunnen, Baugruben, mit Platten verdeckte Durchlässe zur Ableitung des Regenwassers, RGZ 76, 260; Kellerschächte, Licht- und Wasserleitungsschächte; unter dem Erdboden liegende Rohrleitungen, RGZ 133, 1, 6; BGHZ 55, 229, 235; Öltanks, BGH VersR 1976, 1084; uU auch Firmenschilder, RG JW 1916, 1019; nicht aber: bei Erdarbeiten aufgehäufte Erd- und Schlammmassen, RGZ 60, 138; Bäume und Pflanzen.

4 **Teile eines Gebäudes** oder eines anderen mit einem Grundstück verbundenen Werks sind nicht nur dessen wesentliche Bestandteile iSd § 93; auch feste Verbindung ist nicht erforderlich, vgl RGZ 60, 421. Notwendig ist aber, dass die Sache irgendwie aus baulichen Gründen oder zu baulichen Zwecken am Gebäude oder am sonstigen Werk angebracht oder darin eingefügt ist. Lediglich mechanische Verbindung mit dem Gebäude usw durch Klammern, Nägel und dgl genügt regelmäßig nicht, RGZ 107, 337. Teile sind hiernach Fußböden, Decken, Steinfliesen, RGZ 52, 236, 238; Erker, Balkon, Schornstein, RG JW 1936, 2913; Gesimsstücke, einzelne Steine, Teile des Verputzes, RG JW 1916, 190; Dachziegel, Dachplatten, BGH VersR 1960, 426; Stufen und Geländer einer Treppe, Ösen zum Einhängen einer Treppe, Balken und Dielen des Fußbodenbelages, RG HRR 1935, 1515; Galeriebrüstung eines Theatersaales, RG JW 1909, 275; Fahrstuhl, RG Warn Rspr 1914, 334; angeschraubte Duschkabine, BGH NJW 1985, 2588; Gardinenhaken, KG JW 1924, 1380; Torflügel, RG JW 31, 3446; Fensterläden, RGZ 60, 421; Roll-Läden, RG Warn Rspr 1909, 101; Riegel am Oberfenster, vgl RGZ 113, 286, 292; nicht aber zB Wand-

spiegel, der nicht in die Wand eingelassen, sondern nur an ihr aufgehängt, wenn auch am unteren Rand mit Klammern gestützt ist, RGZ 107, 337.

3. Einsturz. Einsturz ist Zusammenbruch des ganzen Gebäudes oder sonstigen Werks. **Ablösung von Teilen** ist jede Trennung oder Lockerung der Verbindung des Teils mit dem übrigen unversehrt gebliebenen Ganzen oder auch nur in seinem eigenen inneren Zusammenhang, RGZ 133, 1, 6; aber auch schon, wenn es sich teilw löst oder im Zusammenhalt lockert. Nicht erforderlich ist, dass das Werk oder auch nur ein Teil des Werks zerstört oder vernichtet wird. Ablösung ist hiernach zB gegeben bei heruntergewehten Dachziegeln, Stuttgart NJW-RR 2017, 793; Herausfallen eines Oberfensters, RGZ 113, 286, 292; Herunterklappen eines Klapp- oder Schiebefensters oder eines Roll-Ladens infolge schadhafter Befestigung, RG Warn Rspr 09, 101; RG HRR 1940, 154; Reißen eines Drahtes einer elektrischen Leitung, RG JW 1938, 1254; Undichtwerden einer Wasserleitung, RGZ 133, 1, 6; BGHZ 55, 229, 235; Einbrechen eines Fußbodenbrettes, RG JW 1912, 242, oder eines Gerüstbrettes, BGH NJW 1997, 1853. 5

4. Fehler- oder Mangelhaftigkeit. Der Einsturz oder die Ablösung von Teilen muss auf einer **fehlerhaften Errichtung** oder **mangelhaften Unterhaltung** beruhen. Diese Kausalitätsvoraussetzung ist von der weiteren Ursachenverknüpfung zw dem Einsturz oder der Ablösung und der Rechtsgutverletzung zu unterscheiden. Fehler- oder Mangelhaftigkeit müssen obj vorliegen, BGH LM Nr 4; VersR 1956, 627. Sie brauchen nicht die Folge eines nachweisbar verkehrspflichtwidrigen Verhaltens des Grundstücksbesitzers zu sein, sondern können tatbestandlich auch dann vorliegen, wenn eine bessere Errichtung oder Unterhaltung dem Besitzer nicht zumutbar war. Dies ist insb bei der Errichtung durch einen vom Besitzer beauftragten sachkundigen und zuverlässigen Handwerker der Fall, BGH NJW 1985, 2588. Für die Fehlerhaftigkeit genügt es, wenn die Maßstäbe, die unter Berücksichtigung von voraussehbaren Umständen und Einflüssen zur Herstellung oder Erhaltung der Sicherheit erforderlich sind, nicht eingehalten worden sind, BGH VersR 1962, 1106; 1976, 66. Die fehlerhafte Errichtung oder mangelhafte Unterhaltung muss nicht die einzige Ursache des Einsturzes oder der Ablösung sein, BGHZ 58, 149, 153. So können der Zustand der Einrichtung und Naturereignisse wie Sturm, Regen oder Böen zusammenwirken, BGH NJW 1993, 1782; 1999, 2593. Dann muss der Zustand der Einrichtung nicht einmal die vorwiegende Ursache sein. Geht der Einsturz oder die Ablösung von Teilen auf Naturkatastrophen, unmittelbare Kriegseinwirkungen oder Explosionen zurück, denen auch ein normal errichtetes und unterhaltenes Gebäude nicht widerstehen kann, scheidet eine Haftung nach § 836 aus, RGZ 76, 260; BGHZ 58, 149, 153. § 836 kommt auch nicht zur Anwendung, wenn Gebäude oder sonstige Werke auf einem Grundstück in anderer Weise als durch Einsturz oder Ablösung von Teilen das Nachbargrundstück in Mitleidenschaft ziehen, zB durch Grundwasserabsenkung, vgl RGZ 167, 14ff. Hier besteht evtl ein Anspruch aus § 823 I oder II iVm § 909 bei nachgewiesenem Verschulden. 6

5. Kausalität. Der Einsturz oder die Ablösung von Teilen muss außerdem **ursächlich** für eine Verletzung von Leben, Körper, Gesundheit oder Eigentum des Geschädigten gewesen sein. Mittelbare Verursachung genügt. Der Schaden muss nur eine bei gewöhnlichem Geschehensablauf eingetretene Folge des Einsturzes oder der Ablösung sein, BGHZ 61, 51; BGH NJW 1997, 1853. Die Rechtsgutverletzung muss ferner im **Schutzzweck der Norm** liegen. Dies ist zu verneinen bei einer Schädigung eines an Abbrucharbeiten Beteiligten durch die Abbrucharbeiten, BGH NJW 1979, 309. Zur Haftung ggü Dritten in solchen Fällen BGH VersR 1968, 972. ISd Schutzzwecks wird die Haftung von der hM auf solche Ursachenverläufe beschränkt, bei denen Einsturz oder Ablösung von Teilen die „bewegend wirkende Kraft" der Verletzung gewesen ist (RGZ 172, 156, 161 mN; BGH NJW 1961, 1670; Jauernig/*Teichmann* Rn 6; Grü/*Sprau* Rn 10f). Dies ist bejaht worden für Wasserschäden infolge eines Rohrbruchs, aber verneint worden für eine Gasexplosion ebenfalls nach einem Rohrbruch (RGZ 172, 156) und für eine Ölverseuchung durch einen undichten Tank (BGH VersR 1976, 1084). Diese Unterscheidungen sind nicht nachvollziehbar. Sie werden vom Schutzzweck der Verkehrspflicht des § 836 auch nicht gefordert (ebenso i Erg Soergel/*Krause* Rn 21; MüKo/*Wagner* Rn 18; Staudinger/*Bernau* Rn 11, 37ff). 7

6. Ersatzpflicht des Eigenbesitzers. Ersatzpflichtig ist nach § 836 nicht der Eigentümer, sondern der gegenwärtige (Abs I und III) oder frühere (Abs II) Eigenbesitzer des Grundstücks. Dies sind auch mittelbarer Besitzer und Erbschaftsbesitzer, BGH LM Nr 6. Soweit der Gebäudebesitzer nach § 837 haftet, ist § 836 ausgeschlossen, BGH NJW 1977, 1392. Mehrere Eigenbesitzer sind Gesamtschuldner (§ 840). Verpflichtet ist nach § 836 II ferner jeder, der im letzten Jahr (vgl §§ 187f) vor dem Einsturz oder dem Ablösen von Teilen Eigenbesitzer gewesen ist; er haftet neben dem jetzigen Besitzer als Gesamtschuldner. 8

7. Entlastungsbeweis. Der Besitzer kann die **Vermutung seines Verschuldens** durch den Beweis entkräften, dass er während seiner Besitzzeit die zur Abwendung der Gefahr des Einsturzes oder der Ablösung von Teilen erforderliche Sorgfalt beobachtet hat. Dies setzt voraus, dass er durch Überprüfung und Überwachung der Anlage – uU auch erst aufgrund fachmännischen Rates – deren Mängel erkennen konnte. Beruht schon die fehlerhafte Errichtung auf einem Sorgfaltsverstoß des Besitzers, bedarf es zur Haftungsbegründung nicht erst des Rückgriffs auf die Gefahrabwendungspflicht. Für die Beweislast hinsichtl der Errichtung gilt jedoch aufgrund des Sphärengedankens dasselbe wie hinsichtl der Überprüfung und Überwachung. Obwohl in § 836 I nicht ausdrückl erwähnt, kann sich der Besitzer nach dem allg Grundsatz der Berufung auf rechtmäßiges Alternativverhalten auch durch den Beweis entlasten, dass der Schaden bei Anwendung der erforderlichen Sorgfalt gleichfalls eingetreten wäre, Soergel/*Krause* Rn 25 mN Fn 117. 9

10 Bei der **Errichtung** des Gebäudes genügt der Besitzer im Allg seiner Sorgfaltspflicht, wenn er die Arbeit tüchtigen und zuverlässigen Fachkräften überträgt, BGH VersR 1976, 66; NJW 1985, 2588. UU muss aber der Besitzer trotz Einsatzes von Fachkräften auch selbst noch unmittelbar für bestimmte Sicherungsmaßnahmen sorgen, insb dann, wenn er von einer drohenden Gefahr Kenntnis erlangt (BGHZ 1, 103, 106), oder wenn ihm Gefahren durch die Handlungsweise des Beauftragten nicht verborgen bleiben durften (BGH VersR 1966, 145; 1976, 66). Dass bei der baupolizeilichen Abnahme keine Mängel festgestellt wurden, entlastet den Eigenbesitzer aber nicht, BGH VersR 1976, 66.

11 Entspr wie für die Errichtung gilt für die fortdauernde **Überwachung**, BGH VersR 1976, 66. Ordnungsgemäße Unterhaltung eines Gebäudes erfordert regelmäßige Überprüfung des baulichen Zustandes durch sachverständige Personen. In welchen zeitl Zwischenräumen diese Überprüfung zu wiederholen und in welcher Weise sie vorzunehmen ist, hängt von den Umständen des Einzelfalles, insb von Art, Lage und Beanspruchung des Gebäudes ab. Je älter das Gebäude, umso höher die Anforderungen an die Überprüfung, BGH NJW 1993, 1782. Bei besonders dem Wind und dem Wetter ausgesetzten, zur Straße hin gelegenen Teilen ist häufigere Kontrolle notwendig. Besonders dem Publikumsverkehr dienende Gebäude – namentlich Schulen – erfordern erhöhte Sorgfalt, BGH VersR 1955, 692; NJW 1985, 2588. Ein gefährlicher, ordnungswidriger Zustand rechtfertigt idR den Schluss, dass der Überwachungspflicht nicht genügt wurde. Zur Häufigkeit der Kontrollen vgl auch zB BGH NJW 1971, 2308: jährliche Überprüfung der Standfestigkeit von Grabsteinen. Es entlastet den Besitzer nicht, wenn seit Jahren trotz mangelhafter Beschaffenheit des Werks kein Schaden eingetreten ist. Maßnahmen zur Abwendung der Gefahr können sich sowohl auf den gefahrdrohenden Gegenstand als auch auf die gefährdeten Menschen richten. Etwa durch zuverlässige Maßnahmen zur Absperrung der Gefahrenzone. Es kann auch genügen, dass der Hersteller eines Baugerüstes wegen der durch Sturm verursachten Gefahr inhaltlich eindeutig und für etwaige Benutzer erkennbar zum Ausdruck gebracht hat, dass das Gerüst zzt nicht betreten werden darf; BGH NJW 1999, 2593. An der Kostenfrage dürfen notwendige Maßnahmen nicht scheitern, RG Recht 1921, 2381. Zu weiteren Einzelfällen und zu der nach dem Kriege wichtigen Verkehrssicherungspflicht für Ruinengrundstücke Soergel/*Krause* Rn 27f; Staudinger/*Bernau* Rn 123ff.

12 Ein **früherer Eigenbesitzer** kann sich in gleicher Weise – auf seine Besitzzeit bezogen – entlasten. Außerdem ist er von der Haftung frei, wenn er dartut, dass ein späterer Besitzer, auch der jetzige, für die Abwendung der Gefahr hätte Sorge tragen können.

13 Eine Vermutung für ein Mitverschulden des Besitzers nach § 254 bei **Beschädigungen des Gebäudes durch Dritte** wird durch § 836 nicht begründet, BGHZ 79, 259: Anders als die Gefährdungshaftungen beruht § 836 nicht auf dem allg erhöhten Risiko durch Bauwerke, sondern auf der Unzumutbarkeit der Aufklärung der Verschuldensfrage für den Geschädigten, weil er keinen Einblick in die Sphäre des Bauwerkbesitzers hat. Wer selbst schädigt, bedarf eines solchen beweisrechtl Schutzes nicht (aA aber *Stoll* 25 Jahre Karlsruher Forum, 1983, 189; vgl auch § 834 Rn 3).

14 Der **Geschädigte muss** demnach **beweisen**, dass der Anspruchsgegner zur Zeit des Schadensfalles oder innerhalb des vorhergehenden Jahres (Abs II) Eigenbesitzer war (BGH LM Nr 9). Ebenso, dass der Einsturz oder die Ablösung von Teilen die obj Folge der fehlerhaften Errichtung oder mangelhaften Unterhaltung war. Dazu genügt die Darlegung, dass der Einsturz usw unmittelbar durch normale Witterungseinflüsse herbeigeführt worden ist, RG JW 1936, 2913. Beruht der Schaden auf anderen Gründen, zB auf mangelhafter Handhabung, scheidet ein Anspruch aus § 836 aus, vgl RGZ 113, 286, 292. Schließlich trägt der Geschädigte die Beweislast für die Kausalität zw der Fehlerhaftigkeit und der Rechtsgutverletzung. Ist dem Geschädigten der Beweis für dies alles gelungen, muss der Eigenbesitzer das Fehlen eines Sorgfaltsverstoßes beweisen.

15 **8. Gesamtschuld.** Haftet neben dem jetzigen oder früheren Eigenbesitzer ein Dritter, zB ein Bauunternehmer, sind alle Ersatzpflichtigen dem Verletzten ggü **Gesamtschuldner**, § 840 I. Für den Ausgleich zw ihnen gilt § 840 III, dh im Innenverhältnis haftet der aus Verschulden (nicht: aus Gefährdungshaftung) verantwortliche Dritte allein. Anders aber, wenn dieser selbst zu dem in den §§ 833–838 bezeichneten Personenkreis gehört. Der Ausgleich zw dem früheren und jetzigen Besitzer sowie zw dem Besitzer und dem nach § 838 Unterhaltungspflichtigen richtet sich daher nach § 426. Der Normzweck des § 840 III scheidet ferner aus, wenn der Sorgfaltsverstoß des Grundstücksbesitzers nachgewiesen ist, so dass er keine Privilegierung mehr verdient.

§ 837 Haftung des Gebäudebesitzers

Besitzt jemand auf einem fremden Grundstück in Ausübung eines Rechts ein Gebäude oder ein anderes Werk, so trifft ihn anstelle des Besitzers des Grundstücks die im § 836 bestimmte Verantwortlichkeit.

1 § 837 ist eine **Ausnahme von § 836.** Wo der Eigenbesitzer des Grundstücks nach § 836 haften würde, soll an seine Stelle derjenige treten, der in Ausübung eines Rechts ein auf dem Grundstück errichtetes Gebäude oder sonstiges Werk besitzt und deshalb die vom Grundstück ausgehenden Gefahren eher beherrschen kann als der Eigenbesitzer des Grundstücks, RGZ 59, 8. Der Eigenbesitz an Grundstück und Gebäude muss also hier auseinanderfallen, BGH NJW-RR 1990, 1423.

2 Das **Recht**, aufgrund dessen das Gebäude oder Werk besessen wird, **muss nicht wirklich bestehen**, RG JW 1916, 39. Ob es sich um persönliche, dingliche oder öffentlich-rechtl Rechte handelt, bleibt gleich, vgl RG DR 1940,

2105. Jedoch muss das Recht so geartet sein, dass die Verantwortung für die fehlerhafte Errichtung oder die mangelhafte Unterhaltung anstelle des Eigenbesitzers des Grundstücks den Besitzer des Werks trifft.

Unter § 837 fallen **zB** Pächter bzgl des von ihnen für die Dauer der Pachtzeit errichteten Gebäudes; ein Gastwirt bzgl eines von ihm auf einem gemieteten Platz errichteten Restaurationszeltes, RG Recht 1908, 3265; ein Mieter bzgl eines von ihm angebrachten Firmenschildes, RG JW 1916, 1019. Nicht hierher gehören aber Mieter und Pächter eines Grundstücks mit Gebäuden, da sie nach §§ 536, 581 nicht zur Unterhaltung des gemieteten oder gepachteten Gebäudes verpflichtet sind, RGZ 59, 8. Unter § 837 fällt ferner der Bauunternehmer hinsichtl des von ihm auf fremdem Boden errichteten Baugerüstes, RG Warn Rspr 1910, 154; vgl auch BGH NJW 1997, 1853; der Maler, der ein Gerüst zum Anstreichen des Hauses errichtet hat, RG LZ 24, 239; der Zirkusbetreiber, der sein Zelt auf einem fremden Grundstück aufschlägt, Hamm NJW-RR 2002, 92; wer als Nießbraucher, Erbbauberechtigter, Inhaber einer Grunddienstbarkeit ein Gebäude oder sonstiges Werk mit dem Grundstück verbunden hat; der Besitzer einer elektrischen Leitungsanlage auf einem fremden Grundstück, RG SeuffA 79, 168; der Inhaber einer Grabstelle hinsichtl des Grabsteins, BGH NJW 1977, 1392. 3

§ 838 Haftung des Gebäudeunterhaltungspflichtigen

Wer die Unterhaltung eines Gebäudes oder eines mit einem Grundstück verbundenen Werkes für den Besitzer übernimmt oder das Gebäude oder das Werk vermöge eines ihm zustehenden Nutzungsrechts zu unterhalten hat, ist für den durch den Einsturz oder die Ablösung von Teilen verursachten Schaden in gleicher Weise verantwortlich wie der Besitzer.

Anders als § 837 stellt § 838 neben die Haftung des Eigenbesitzers des Grundstücks (§ 836) oder des Gebäudes oder sonstigen Werks auf dem Grundstück (§ 837) die Haftung dessen, der die **Unterhaltung** des Gebäudes oder sonstigen Werks für den Besitzer **übernimmt.** 1

§ 838 Hs 1 setzt eine (konkludente) vertragl Übernahme der Unterhaltungspflicht voraus. Dem kann eine behördliche Bestellung gleichstehen (BGHZ 21, 285 für den Insolvenzverwalter). Gerade die Verantwortlichkeit für Schäden des Gebäudes oder anderen Werks muss Inhalt der übernommenen Verpflichtungen sein. Eine eingeschränkte Vertragspflicht, die den Verpflichteten nicht für den Eintritt derartiger Schäden verantwortlich macht, reicht für die Begründung der Haftung aus § 838 nicht aus, vgl RG JW 1916, 1019; BGH LM Nr 2 zu § 836. Dass der Vertrag gerade mit dem Besitzer des Grundstücks oder des darauf errichteten Gebäudes geschlossen worden ist, ist nicht erforderlich. – Unter § 838 Hs 1 fallen namentlich Hausverwalter, vgl dazu BGHZ 6, 315, und Verwalter einer Wohnungseigentümergemeinschaft, BGH NJW 1993, 1782, sowie Mieter und Pächter, die entgegen den §§ 536, 581 die Unterhaltung des Gebäudes übernommen haben. 2

Nutzungsrechte iSd § 838 Hs 2 können an dem Gebäude allein oder zugleich an dem Grundstück bestehen. In Betracht kommen Nießbrauch (BGH NJW-RR 1990, 1423) und andere Dienstbarkeiten sowie das tatsächlich ausgeübte Nutzungsrecht der Eltern am Kindesvermögen nach § 1649 II. 3

§ 839 Haftung bei Amtspflichtverletzung

(1) Verletzt ein Beamter vorsätzlich oder fahrlässig die ihm einem Dritten gegenüber obliegende Amtspflicht, so hat er dem Dritten den daraus entstehenden Schaden zu ersetzen. Fällt dem Beamten nur Fahrlässigkeit zur Last, so kann er nur dann in Anspruch genommen werden, wenn der Verletzte nicht auf andere Weise Ersatz zu erlangen vermag.

(2) Verletzt ein Beamter bei dem Urteil in einer Rechtssache seine Amtspflicht, so ist er für den daraus entstehenden Schaden nur dann verantwortlich, wenn die Pflichtverletzung in einer Straftat besteht. Auf eine pflichtwidrige Verweigerung oder Verzögerung der Ausübung des Amts findet diese Vorschrift keine Anwendung.

(3) Die Ersatzpflicht tritt nicht ein, wenn der Verletzte vorsätzlich oder fahrlässig unterlassen hat, den Schaden durch Gebrauch eines Rechtsmittels abzuwenden.

Schrifttum: *Baldus/Grzeszick/Wienhues*, Staatshaftungsrecht, 5. Aufl 2018; *Detterbeck/Windthorst/Sproll*, Staatshaftungsrecht, 2000; *Manssen*, Verkehrssicherheit und Amtshaftung, 2003; *Ossenbühl/Cornils*, Staatshaftungsrecht, 6. Aufl 2013; *Tremml/Karger/Luber*, Der Amtshaftungsprozess, 4. Aufl 2013.

1 **I. Grundlagen. 1. Bedeutung und Zweck der Vorschrift.** § 839 ist ein **Sondertatbestand** der unerlaubten Handlungen für Amtspflichtverletzungen der Beamten (BGHZ 39, 99, 104; zur Begr des deliktischen Charakters der Amtshaftung BGHZ 34, 375, 380f; Staudinger/*Wöstmann* Rn 27). Anders als § 823 I gewährt § 839 Ersatz auch bei reinen Vermögensschäden. Andererseits gelten für § 839 spezielle Haftungsausschlüsse (Rn 73ff). § 839 geht – auch historisch – aus von der Eigenhaftung des Beamten, der persönlich für die Folgen pflichtwidriger Amtsführung haftbar gemacht wird (BGHZ 34, 99, 105). Dementspr kann die Haftung grds auch nur auf das gehen, was der Beamte selbst zu leisten vermag (Rn 91); dies gilt auch im Anwendungsbereich des Art 34 GG, so dass die Vorschrift auch dort nur eine auf den Staat übergeleitete persönliche Haftung des handelnden Amtswalters (**mittelbare Staatshaftung**) begründet (*Ossenbühl/Cornils*, 10f).

2 In ihrer ursprünglichen, auf die persönliche Eigenhaftung des Beamten beschränkten Fassung hatte die Vorschrift allein die Funktion, den Beamten vor übermäßigen Haftungsrisiken zu schützen und seine Entschlussfreudigkeit nicht zu lähmen (RGZ 163, 87, 89; 168, 143, 158). Heute bezweckt sie im Zusammenwirken mit Art 34 GG als überwiegend staatshaftungsrechtl Anspruchsgrundlage (Rn 27) vor allem den Schutz des Geschädigten (Dürig/Herzog/Scholz/*Papier* Art 34 GG Rn 12; zum Fortbestand der ursprünglichen Funktion aber Rn 73). Art 34 GG hat keinen primär grundrechtl Gehalt (BVerfGE 2, 336; 338f; aA *Stern*, Staatsrecht III/1, 378f), ist aber wesentliche Ausprägung des Rechtsstaatsprinzips (BGHZ 11, 197, 218; 22, 383, 388). Wegen des **Vorrangs des Primärrechtsschutzes** (allg für die Staatshaftung BVerfGE 58, 300, 322ff; vgl iÜ § 839 III) erweist sich die Staatshaftung im Allg und § 839 im Besonderen allerdings nur als **„ultima ratio des Rechtsstaates“** (so schon für Art 131 WRV *W. Jellinek*, VerwR³ 1931, 321).

3 **2. Verfassungsrechtliche Vorgaben.** Die rechtl Konstruktion der Amtshaftung als mittelbarer Staatshaftung wird vielfach kritisiert (*Ossenbühl/Cornils*, 7: „untragbar“). Den in § 839 verankerten haftungsbegründenden Maßstab (Amtspflichten im Innenverhältnis zum Dienstherrn), das Verschuldenserfordernis des Abs I S 1, den Ausschluss der Naturalrestitution (Rn 91) sowie vor allem die Subsidiarität der Haftung (Abs I S 2) (hierzu Dürig/Herzog/Scholz/*Papier* Art 34 GG Rn 12) mag man **rechtspolitisch** für unbefriedigend halten (einschränkend aber Staudinger/*Wöstmann* Rn 26). **Verfassungsrechtl** jedenfalls fordert das Grundgesetz nicht mehr als den Bestand einer in der persönlichen Haftung des Beamten gründenden, verschuldensunabhängigen mittelbaren Staatshaftung bei Amtspflichtverletzungen (BVerfGE 61, 149, 198; BVerfG NVwZ 1998, 271, 272). Andererseits ist es dem einfachen Gesetzgeber nicht verwehrt, eine darüber hinausgehende unmittelbare verschuldensunabhängige Staatshaftung einzuführen; Art 34 GG beinhaltet nur eine **rechtsstaatliche Mindestgarantie** (v Mangoldt/Klein/Starck/*v Danwitz* Art 34 GG Rn 44). Die noch für das **Staatshaftungsgesetz v 26.6.1981** (BGBl I 1981, 553; dazu eingehend *Bender*, Staatshaftungsrecht³ 1981) bestehenden verfassungsrechtl Kompetenzhürden (BVerfGE 61, 149, 174ff) wurden mit **Art 74 I Nr 25 GG** idF des Gesetzes v 27.10.1994 (BGBl I 1994, 3146) beseitigt.

4 **3. § 839 iVm Art 34 GG als Teil der öffentlich-rechtlichen Ersatzleistungen.** In seinem amtshaftungsrechtl Ausschnitt (Art 34 GG; zur Abgrenzung Rn 23ff) ist § 839 Teil der **öffentlich-rechtl Ersatzleistungen** (BVerfGE 61, 149, 176; BVerfG NJW 2013, 125; EuGRZ 2013, 563 Rn 61). Hierzu gehören:

5 **a)** Die gewohnheitsrechtl begründeten (BGHZ 9, 83, 85f; 13, 88, 91; 90, 17; 91, 20, 28) Ausgleichs- und Entschädigungsansprüche für **rechtmäßiges** Staatshandeln aus **Aufopferung** (näher dazu Staudinger/*Wöstmann* Rn 498ff) bzw **enteignendem Eingriff** (dazu Staudinger/*Wöstmann* Rn 465ff). Beide Haftungsinstitute wurzeln im Gedanken der Auferlegung eines **unzumutbaren Sonderopfers im Interesse der Allgemeinheit** (BGHZ 91, 20, 28; BGH NJW 2013, 1736 Rn 8; 2018, 2718 Rn 37). Während der Anspruch aus enteignendem Eingriff nur für **rechtmäßige Eingriffe in vermögenswerte Rechtsgüter** gilt, die zu Nachteilen führen, welche die Schwelle des enteignungsrechtl Zumutbaren überschreiten (BGHZ 100, 335, 337; 102, 350, 361; 158, 263, 267; BGH NJW 2005, 1363; 2013, 1736 Rn 7), erfasst der Aufopferungsanspruch **rechtmäßige Eingriffe in sonstige, vor allem immaterielle Rechtsgüter** (BGHZ 36, 379, 390; 45, 58, 76ff; 65, 196, 206). Inhaltlich richten sich beide Ansprüche nicht auf Schadensersatz, sondern auf Entschädigung in Geld (zum Unterschied *Ossenbühl/Cornils*, 146ff, 349). Deren Ausgestaltung folgt beim Anspruch aus enteignendem Eingriff den Grundsätzen für die Enteignungsentschädigung und ist darauf gerichtet, dem Eigentümer einen Ausgleich für die entzogene Vermögenssubstanz zu gewähren (Staudinger/*Wöstmann* Rn 478). Beim Aufopferungsanspruch sind für die Bemessung der Entschädigung die Beeinträchtigungen des Betroffenen abzuwägen mit den Belangen der Allgemeinheit (BGHZ 22, 43; 28, 297). Für den Aufopferungsanspruch erkennt der BGH unter Aufgabe seiner bisherigen Rspr (BGHZ 20, 61, 68ff) nunmehr an, dass er auch die Entschädigung für immaterielle Nachteile umfasst (BGHZ 215, 335 Rn 9).

6 **b)** Der ebenfalls auf den Sonderopfergedanken zurückgeführte (BGHZ 136, 182, 184; BGH NVwZ 1998, 1329; NJW 2013, 1736 Rn 8) verschuldensunabhängige (BGHZ 136, 182, 184; BGH NVwZ 2002, 124, 125) Anspruch

aus **enteignungsgleichem Eingriff** dient der Entschädigung für **rechtwidrige** Verletzungen einer durch Art 14 GG geschützten Position, die nicht Enteignung iSv Art 14 III GG sind (BGHZ 76, 375, 384; 81, 21, 32f; 136, 182, 184; 161, 305, 312; BGH NVwZ 2002, 124, 125; NVwZ-RR 2002, 744, 745). Hinsichtl der Entschädigung gelten die in Rn 5 beschriebenen Grundsätze. Zu § 39 I lit b OBG NRW als Sonderfall des enteignungsgleichen Eingriffs: BGHZ 72, 273, 276; 205, 63 Rn 34; die Vorschrift umfasst nicht die Haftung für legislatives Unrecht, soweit gesetzl nichts anderes bestimmt ist (BGHZ 205, 63 Rn 35).

c) Der **Folgenbeseitigungsanspruch** findet seine Grundlage im Rechtsstaatsprinzip (BVerwGE 94, 100, 103f; BVerwG NJW 1989, 2272, 2277) und greift bei der **rechtswidrigen Verletzung von Grundrechten** oder **vergleichbaren absoluten Rechten** (Dürig/Herzog/Scholz/*Papier* Art 34 GG Rn 66). Er ist ebenfalls verschuldensunabhängig und richtet sich grds auf die Beseitigung der tatsächlichen Folgen eines rechtswidrigen hoheitlichen Handelns, ausnahmsw auch auf Geldentschädigung (Folgenentschädigungsanspruch; dazu BVerwG NVwZ 1994, 275). Inhaltlich sind Folgenbeseitigung und Folgenentschädigung beschränkt auf die **Wiederherstellung des status quo ante** (BVerwG NVwZ-RR 2002, 620; NVwZ 2003, 1385, 1387; BVerwGE 125, 110, 116); anders als beim Anspruch nach § 839 kann nicht Ersatz der Vermögenslage verlangt werden, wie sie ohne das schädigende Ereignis bestehen würde. Abw gilt beim **sozialrechtl Herstellungsanspruch** (BSGE 49, 30; 74, 165, 175; auch BVerwG NVwZ-RR 1989, 252; BVerwGE 112, 98, 100), bei dem sich der ursprüngliche Leistungsanspruch in einen Anspruch auf **Erstattung der Kosten für die Selbstbeschaffung** umwandelt, wenn der zuständige Leistungsträger den Primäranspruch nicht erfüllt. 7

d) Der **öffentlich-rechtl Erstattungsanspruch** ist ein eigenständiges Rechtsinstitut des öffentlichen Rechts, dessen Anspruchsvoraussetzungen und Rechtsfolgen (soweit sie nicht spezialgesetzl geregelt sind; vgl etwa § 12 BBesG) denen des zivilrechtl Bereicherungsanspruchs entsprechen (BVerwGE 71, 85, 88; 87, 169, 172; 100, 56, 59; 112, 351, 353f; 131, 153 Rn 13). Abw gilt, wenn und soweit den §§ 812ff eine abw Interessenwertung zugrunde liegt, die in das öffentliche Recht nicht übertragbar ist; insoweit finden anders als im Zivilrecht die §§ 818 III und IV sowie 819 I keine Anwendung (BVerwGE 71, 85, 88). Funktion des öffentlich-rechtl Erstattungsanspruchs ist es, eine dem materiellen Recht nicht entspr Vermögensverschiebung zu korrigieren. Inhaltlich richtet er sich auf die Abschöpfung des ohne Rechtsgrund erlangten Vermögensvorteils. 8

e) **Öffentlich-rechtl Schuldverhältnis.** Hierzu gehören Ansprüche aus gesetzl (dazu BGHZ 21, 214, 218; 191, 173 Rn 20) und aus vertragl oder vertragsähnl Schuldverhältnis (BGHZ 54, 291, 303; 59, 303, 305; 61, 7, 11; 135, 341, 344; BGH NJW 2007, 1061 Rn 9; BGHZ 191, 173 Rn 20). Sekundäransprüche aus öffentlich-rechtl Verträgen oder vertragsähnl Schuldverhältnissen auf dem Gebiet des öffentlichen Rechts folgen aus § 62 VwVfG iVm den einschlägigen zivilrechtl Vorschriften (Verzug: BVerwG NVwZ 1989, 876; pFV: BGHZ 17, 191; 59, 303; cic: BGHZ 71, 386, 395; 76, 343, 348; BVerwG DÖV 1974, 133, 134). 9

f) **Art 104a V 1 Hs 2 GG** begründet – solange kein Ausführungsgesetz nach S 2 dieser Vorschrift ergangen ist – eine verfassungsunmittelbare (BVerfGE 116, 271, 312, 317ff; 127, 165, 205; 131, 153 Rn 17 mwN) Haftung zw Bund und Ländern für eine ordnungsgemäße Verwaltung. Nach der Rspr des BVerwG und ihm folgend des BSG soll sie in Ermangelung eines Ausführungsgesetzes auf Vorsatz und grobe Fahrlässigkeit beschränkt sein (sog Haftungskern; vgl BVerwGE 96, 45, 50; 129, 99 Rn 15; BSGE 105, 100 Rn 14; 114, 55 Rn 49; deutliche Zweifel ggü den Einschränkungen der Haftungskernrspr hingegen bei BVerfGE 116, 71, 318; 127, 165, 205). 10

g) Der **unionsrechtl Staatshaftungsanspruch** (dazu etwa *Dörr* DVBl 2006, 598; *ders* EuZW 2012, 86) begründet (in Abgrenzung zu Art 340 II AEUV; dazu *Ossenbühl/Cornils*, 595ff und unten Rn 21) eine **Haftung der Mitgliedstaaten** für Verstöße gegen Unionsrecht. Er wurde vom EuGH erstmals im Frankovic-Urt (Slg 1991, I-5357 Rn 41) entwickelt und ist heute auch in der Rspr des BGH fest verankert (BGHZ 134, 30; 146, 153; 156, 294; 161, 224, 236; 162, 49; BGH NJW 2006, 690; 2013, 168 Rn 15ff). Er findet seine Grundlage unmittelbar im Unionsrecht. Lediglich die Folgen des verursachten Schadens sind im Rahmen des nationalen Haftungsrechts zu beheben. Die dort festgelegten Voraussetzungen dürfen deshalb nicht ungünstiger sein als bei entspr innerstaatlichen Ansprüchen und nicht so ausgestaltet sein, dass die Erlangung der Entschädigung praktisch unmöglich oder übermäßig erschwert wird (EuGH Slg 1996, I-1029 Rn 67 – Brasserie du Pêcheur & Factortame). Das Unionsrecht steht deshalb **nationalen Vorschriften entgegen**, die – wie etwa § 839 II 1 – die **Haftung des Mitgliedstaates für judikatives Unrecht** ausschließen oder beschränken (EuGH Slg 2003, I-10239 Rn 52 – Köbler; Slg 2006, I-5177 Rn 30 – Traghetti des Mediterraneo; EWS 2011, 543 Rn 43 – Kommission/Italien). Zu § 839 I 2 vgl v Mangoldt/Klein/Starck/*v Danwitz* Art 34 GG Rn 145 (bei Fn 47); zu den Auswirkungen auf die Anwendung der **Verjährungsvorschriften** und zur Anwendbarkeit des **§ 839 III** auf den unionsrechtl Staatshaftungsanspruch vgl BGH NVwZ 2007, 362; Staudinger/*Wöstmann* Rn 547ff. Demggü bestehen keine unionsrechtl Hindernisse, die **Passivlegitimation** für den unionsrechtl Staatshaftungsanspruch nach Maßgabe des Art 34 GG zu beurteilen (BGHZ 146, 153; 156, 294); der Bund ist danach zwar verpflichtet, den gebotenen Schadensersatz sicherzustellen, nicht aber ist er selbst Schuldner des unionsrechtl Haftungsanspruchs, wenn ihn nicht die Verantwortlichkeit nach Art 34 S 1 GG trifft (BGHZ 161, 224, 234ff; BGH WM 2011, 1670 Rn 13). 11

Die **tatbestandlichen Voraussetzungen** des unionsrechtl Haftungsanspruchs werden vom EuGH in st Rspr (maßgeblich neben dem Francovich-Urteil namentlich Slg 1996, I-1029 – Brasserie du Pêcheur & Factortame; Slg 1996, I-1631 – British Telecommunications; Slg 1996, I-2553 – Hedley Lomas; Slg 1996, I-4845 – Dillenkofer; Slg 1999, I-3099 – Konle; Slg 2000, I-5123 – Haim II; Slg 2007, I-1053 Rn 69ff – Robins; Slg 2010, I-00635 – Transportes Urbanos y Servicios Generales) wie folgt formuliert: 12

13 Die verletzte Rechtsnorm des Unionsrechts muss bezwecken, dem Einzelnen Rechte zu verleihen. Bei Verstößen gegen RL müssen die dem Einzelnen verliehenen Rechte auf der Grundlage der RL bestimmt werden (EuGH Slg 1991, I-5357 Rn 11 – Francovich; Slg 1996, I-4845 Rn 21 – Dillenkofer; BGHZ 146, 153, 160ff). Abw hiervon soll auch dort, wo die RL selbst noch keine einklagbaren Rechte begründet, das Gebot der ordnungsgemäßen Umsetzung von RL zur Staatshaftung führen (EuGH Slg 1996, I-4845 Rn 22 – Dillenkofer; krit dazu *v Danwitz* DVBl 1997, 1, 7).

14 Der Verstoß gegen diese Schutznorm muss hinreichend qualifiziert, dh die Grenzen, die dem Ermessen der Mitgliedstaaten gesetzt sind, müssen offenkundig und erheblich überschritten sein (EuGH Slg 1996, I-1029 Rn 45, 55f – Brasserie du Pêcheur). Dies ist unter Berücksichtigung aller Gesichtspunkte des Einzelfalls zu bestimmen. Relevant sind namentlich das Maß an Klarheit und Genauigkeit der verletzten Vorschrift, ob der Verstoß vorsätzlich begangen wurde, ob ein etwaiger Rechtsirrtum entschuldbar ist und ob das Verhalten eines Unionsorgans dazu beigetragen hat, dass nationale Maßnahmen in unionsrechtswidriger Weise eingeführt oder aufrechterhalten wurden (EuGH Slg 1996, I-2553 Rn 28ff – Hedley Lomas; Slg 2007, I-1053 Rn 80f – AGM-COSMET; BGH VersR 2013, 324 Rn 12; NJW 2013, 168 Rn 17). Diese Prüfung obliegt den nationalen Gerichten (EuGH Slg 2007, I-257 Rn 116; Slg 2006, I-1184 Rn 210; NJW 2013, 168; BGH BeckRS 2020, 10548 Rn 2). Als Verletzungshandlung kommen Akte aller drei Staatsgewalten in Betracht. Die unionsrechtl Staatshaftung umfasst namentlich auch die Staatshaftung für **normatives Unrecht** durch nicht fristgemäße oder fehlerhafte Umsetzung von Unionsrecht (EuGH Slg 1996, I-5357 Rn 44 – Francovich; Slg 1996, I-4845 Rn 26 – Dillenkofer; Slg 1996, I-1631 Rn 37ff – British Telecommunications; Slg 2003, I-10290 Rn 31f – Köbler; BGH NJW 2013, 168 Rn 18) sowie den Erlass oder die Nichtaufhebung unionsrechtswidriger Normen (EuGH Slg 1996, I-1029 Rn 37ff – Brasserie du Pêcheur & Factortame).

15 Schließlich muss ein unmittelbarer Kausalzusammenhang bestehen zw der Verletzung der mitgliedstaatlichen Verpflichtung und dem individuell eingetretenen Schaden (EuGH Slg 1996, I-1029 Rn 65 – Brasserie du Pêcheur; Slg 2007, I-1053 Rn 83 – AGM-COSMET). Nach BGHZ 134, 30, 39f bedarf es hierzu einer wertenden Zurechnung der Haftungsfolgen nach dem Maßstab der Adäquanz; bislang offen ist, ob in diesem Rahmen auch eine engere, an Schutzzweckerwägungen orientierte Betrachtung zulässig ist (ebd; befürwortend etwa Staudinger/*Wöstmann* Rn 537).

16 **h) EMRK; Völkerrecht.** Zur Haftung der Vertragsstaaten bei Verletzungen der **Europäischen Menschenrechtskonvention** s BGHZ 198, 1; BGH NJW 2014, 67; MDR 2019, 1252; Staudinger/*Wöstmann* Rn 510ff. Zur Nichthaftung nach Art 3 des IV. Haager Abkommens und Art 91 des Protokolls I: BVerfG EuGRZ 2013, 563 Rn 45ff. Kein unmittelbarer völkerrechtl Individualanspruch auf Schadensersatz oder Entschädigung bei Verstößen gegen das humanitäre Völkerrecht (BGHZ 212, 173 Rn 15ff).

17 **II. Verhältnis zu anderen Haftungsnormen. 1. §§ 823ff.** § 839 ist **lex specialis** zu den allg **Deliktstatbeständen der §§ 823ff**; diese finden **keine Anwendung** auf Schädigungen, die den Sondertatbestand des § 839 erfüllen (BGHZ 3, 94, 101 [§ 826]; 34, 99, 104; BGH NJW 1971, 43, 44 [§ 823]; 1977, 238 [§ 831 I 2]; NJW-RR 2009, 658 Rn 14 [§ 831 I 2]). Eine persönliche Haftung des Beamten nach §§ 823ff scheidet deshalb neben seiner Eigenhaftung im privatrechtl Funktionenkreis nach § 839 I ebenso aus wie eine allg deliktische Haftung der Anstellungskörperschaft neben der auf sie nach Art 34 S 1 GG verlagerten Amtshaftung. Allerdings verdrängt die Eigenhaftung des Beamten nach § 839 **im privaten Funktionenkreis nicht** die **Haftung der Anstellungskörperschaft** aus § 823 iVm §§ 31, 89 bzw § 831 oder aus Forderungsverletzung (§§ 280, 286 iVm §§ 31, 89 – dazu BGH NJW 2626, 2629 – bzw § 278); der Beamte kann sich daher auf eine anderweitige Ersatzmöglichkeit (§ 839 I 2) berufen (BGHZ 85, 393; BGH NJW 2001, 2626, 2629; NVwZ 2005, 484, 487). Für den Fall, dass ein und dasselbe Verhalten zugleich einem privatrechtl und einem öffentlich-rechtl Funktionskreis zuzuordnen ist, tritt ausnahmsw die Amtshaftung der Anstellungskörperschaft neben ihre deliktische Haftung (BGH DVBl 1983, 1055, 1057; VersR 1983, 639, 640; NJW 1996, 3208, 3209). **Stets anwendbar** bleiben auch im Amtshaftungsprozess die allg Regelungen der §§ 827, 828, 830 und 840; gleiches gilt für die Beweislastregeln des § 833 S 2 (BGH VersR 1972, 1047, 1048), des § 836 I 2 (BGH VersR 1972, 1034; NJW-RR 1990, 1500; Hamm VersR 1998, 495) sowie des § 832 (BGH JZ 2013, 263 Rn 23 m Anm *Schneider*; anders noch BGHZ 13, 25). Zur Haftung des Beamten nach § 823 für Pflichtverletzungen im Rahmen einer privaten Nebentätigkeit BGHZ 120, 376, 381. Zum Verhältnis des § 839 zu § 839a vgl § 839a Rn 4. Zur Systematik s auch Vor § 823 Rn 1, 3a.

18 Sondergesetzl **Gefährdungshaftungstatbestände** können demggü aufgrund ihres strukturell abw Regelungsgehalts neben § 839 zur Anwendung kommen, so etwa § 7 StVG (BGHZ 105, 65, 66; 121, 161, 168; KG VersR 1992, 1129) oder § 22 WHG aF (= § 89 WHG nF) (BGHZ 55, 180, 182f; 62, 351, 355). Abw gilt für § 18 StVG, der eine Haftung für vermutetes Verschulden begründet (BGH NJW 1959, 985; BGHZ 121, 161, 168; Schleswig VersR 1998, 241). Ebenfalls nicht verdrängt werden **Ansprüche aus ungerechtfertigter Bereicherung** (BGH NJW 1992, 1310).

19 **2. Sonstiges Staatshaftungsrecht.** Aufgrund ihrer unterschiedlichen tatbestandlichen Voraussetzungen und Rechtsfolgen stehen die übrigen öffentlich-rechtl Ersatzansprüche in **Anspruchskonkurrenz** zum Amtshaftungsanspruch aus § 839 iVm Art 34 GG (so für Ansprüche wegen enteignungsgleichen Eingriffs BGHZ 136, 182, 184; BGH NVwZ 1992, 1119; ebenso für Ansprüche aus [rechtswidriger] Aufopferung BGHZ 13, 88, 95; 63, 161, 171; 146, 365, 371). Entspr gilt für spezialgesetzl Entschädigungsansprüche wie etwa §§ 1ff StrEG oder § 39 I lit b OBG NRW (BGHZ 109, 380, 393; 117, 83). Neben § 839 anwendbar sind auch Ersatzansprüche aus

verwaltungsrechtl Schuldverhältnissen und Sonderverbindungen (dazu Rn 9). Entschädigungsansprüche wegen überlanger gerichtlicher Verfahrensdauer nach **§ 198 I 1 GVG** (dazu näher BGH NJW 2014, 789; ausf Staudinger/*Wöstmann* Rn 334a ff; *Fuchs* VIA 2019, 50) treten als staatshaftungsrechtl Ansprüche sui generis und eigenständige Streitgegenstände neben § 839 (BGH 28.3.2012 – III ZR 177/11 Rn 2). Parallel gegebene Ansprüche aus anderen staatshaftungsrechtl Anspruchsgrundlagen fallen grds nicht unter die Subsidiaritätsklausel des Abs I S 2 (BGHZ 63, 167, 171f; BGH NJW 1981, 623, 624). Besondere Bedeutung erlangt haben die im 12. Abschnitt des IfSG enthaltenen Entschädigungsbestimmungen. Mit den Verdienstausfallentschädigungen nach § 56 I und § 56 Ia IfSG, dem Anspruch auf Impfschadenversorgung nach § 60 IfSG und der Entschädigung für Nichtstörer nach § 65 IfSG hat der Gesetzgeber jedenfalls für rechtmäßige infektionsschutzrechtl Maßnahmen eine abschließende spezialgesetzl Regelung mit Sperrwirkung geschaffen (BGHZ 233, 107 Rn 52), die sowohl eine analoge Anwendung der §§ 65ff IfSG ausschließt (BGHZ 233, 107 Rn 37ff) als auch den Rückgriff auf die Entschädigungsansprüche nach allg Polizei- und Ordnungsrecht (BGHZ 233, 107 Rn 23) und enteignendem Eingriff (BGHZ 233, 107 Rn 56ff) sperrt.

Zur Geltung des § 839 im **Beitrittsgebiet** vgl Staudinger/*Wöstmann* Rn 13ff. Zur Staatshaftung nach dem StHG Bbg BGH NVwZ-RR 2021, 876. 20

3. Europäisches Staatshaftungsrecht. Keine Konkurrenzprobleme ergeben sich wegen der verschiedenen Haftungsadressaten im Verhältnis von § 839 zu **Art 340 II AEUV**, der eine außervertragl Unrechtshaftung der **EU** für Schäden statuiert, die durch die **Organe der Union** oder ihre Bediensteten in Ausübung ihrer Amtstätigkeit verursacht wurden. § 839 findet daneben Anwendung, wenn etwa primärrechtswidriges Unionsrecht von dt Behörden mit eigenen weiteren Unrechtsbeiträgen vollzogen wird; fehlen solche weiteren Unrechtsbeiträge, so haftet die Bundesrepublik nicht nach § 839 für den bloßen **Vollzug rechtswidrigen Unionsrechts** durch dt Behörden (BGHZ 125, 27, 38; BGH NJW 1998, 1398). 21

Anspruchskonkurrenz besteht zw § 839 und dem **unionsrechtl Staatshaftungsanspruch**, der als unmittelbar im Unionsrecht wurzelnder eigener Anspruch neben die Staatshaftungsnormen der Mitgliedstaaten tritt (EuGH Slg 1996, I-1029 Rn 66 – Brasserie du Pêcheur & Factortame; BGHZ 134, 30; 146, 153; BGH NJW 2013, 168 Rn 40; Staudinger/*Wöstmann* Rn 525ff mwN). Sofern dt Behörden gegen Unionsrecht verstoßen, verletzen sie damit zugleich ihre Amtspflicht zu rechtmäßigem Verwaltungshandeln, so dass neben dem unionsrechtl Staatshaftungsanspruch die Voraussetzungen für eine Haftung nach rein **innerstaatlichem Amtshaftungsrecht** gegeben sein können (dazu *Detterbeck/Windthorst/Sproll*, 48ff). Der unionsrechtl Staatshaftungsanspruch setzt einen unmittelbaren Zusammenhang zw der Verletzung der Norm und dem geltend gemachten Schaden voraus (EuGH NJW 1996, 1267 Rn 51; BGHZ 134, 30, 37; BGH NVwZ 2022, 896 Rn 9). Die Prüfung dieses Zusammenhangs ist von den nationalen Gerichten vorzunehmen (vgl EuGH NJW 1996, 1267 Rn 65; IStR 2007, 249 Rn 122; NVwZ 2013, 565 Rn 47). Sie erfolgt unter Berücksichtigung der Natur der verletzten Norm (vgl EuGH NVwZ 2013, 565 Rn 45f; BGH NVwZ 2022, 896 Rn 9). Ein Schaden, der nicht in den Schutzbereich des verletzten Unionsrechts fällt, ist nicht ersatzfähig. Demggü bleiben für die Haftung nach § 839 die Haftungsbeschränkungen für normatives (Rn 62f) und judikatives (Rn 80ff) Unrecht maßgeblich, die für den unionsrechtl Haftungsanspruch nicht gelten (BGH NVwZ 1993, 601; NJW 2013, 168 Rn 41). 22

III. Eigenhaftung und Amtshaftung. § 839 ist auf alle Amtspflichtverletzungen eines Beamten anzuwenden, gleichgültig, ob sie dem öffentlich-rechtl oder dem privatrechtl Funktionskreis des Dienstherrn zuzurechnen sind (BGHZ 34, 99, 104). Die Haftung ist aber für beide Funktionskreise unterschiedlich ausgestaltet. 23

1. Privatrechtlicher Funktionskreis. Im privatrechtl Funktionskreis der Verwaltung statuiert § 839 eine persönliche Haftung des Beamten (BGH NJW 2001, 2626, 2629; VersR 2004, 785). Diese sog **Eigenhaftung** ist ausschließlich **privatrechtl Natur** (Staudinger/*Wöstmann* Rn 22). Art 34 GG („Ausübung eines [...] *öffentlichen* Amtes") ist hier nicht anwendbar (BGHZ 4, 138, 150; 16, 111, 116; 20, 102, 104; MüKo/*Papier/Shirvani* Rn 122 mwN), so dass weder eine Haftungsverlagerung auf den Staat erfolgt (BGHZ 85, 393, 395) noch eine Haftungserweiterung auf Beamte im haftungsrechtl Sinne. 24

Der Eigenhaftung unterliegen nur die Beamten **im staatsrechtl Sinne**, also Statusbeamte nach den Beamtengesetzen des Bundes und der Länder (BGHZ 42, 176, 178). Schädigungen eines **nichtbeamteten Bediensteten** beurteilen sich ausschließlich nach allg **Deliktsrecht**; die Möglichkeit der Verweisung auf den Dienstherrn besteht für diese Bediensteten nicht (BGHZ 42, 176, 178; RGRK/*Kreft* Rn 16). Die Voraussetzungen der persönlichen Eigenhaftung der Beamten folgen – mit Ausnahme des Merkmals „in Ausübung eines ihm anvertrauten öffentlichen Amtes" in Art 34 S 1 GG (dazu Rn 29ff) – den Anforderungen bei der Amtshaftung; die einschränkende Auslegung der Subsidiaritätsklausel des Abs I S 2 (vgl Rn 73ff) ist aber auf Schädigungen im öffentlich-rechtl Funktionskreis beschränkt (vgl BGHZ 85, 393, 396). 25

Praktisch kommt die Eigenhaftung **nur selten** zum Tragen. Bei Schädigungen des Beamten im privatrechtl Funktionskreis wird meist der **Dienstherr unmittelbar** über eine der zivilrechtl Zurechnungsnormen (§§ 31, 89 bzw § 831 bei deliktischen Schädigungen; §§ 31, 89 bzw § 278 bei Forderungsverletzungen) **haften** (BGH NJW 2001, 2626, 2629). Diese Haftung ist **anderweitige Ersatzmöglichkeit** iSv § 839 I 2, so dass der Beamte bei fahrlässigem Handeln den Geschädigten haftungsbefreiend an den Dienstherrn verweisen kann (BGH NJW 2001, 2626, 2629; Köln VersR 1990, 898). Der Dienstherr kann sich hierbei seinerseits nicht auf die besonderen Haftungsausschlüsse des § 839 II und III berufen (BGH MDR 1952, 674; VersR 1960, 752, 753; s auch RGRK/*Kreft* Rn 16). Andererseits haftet er nur, wenn das Verhalten des Beamten für sich genommen einen der von der jew 26

Zurechnungsnorm vorausgesetzten Grundtatbestände erfüllt, wobei § 839 als solcher selbst – auch als Schutzgesetz iSv § 823 II – ausscheidet (RGRK/*Kreft* Rn 16 mwN).

27 **2. Öffentlich-rechtlicher Funktionskreis.** Verletzt der Beamte Amtspflichten **in Ausübung eines öffentlichen Amtes**, verlagert **Art 34 GG** die Ersatzpflicht auf die öffentlich-rechtl Körperschaft, die ihm das Amt anvertraut hat. Diese haftet **anstelle** und **nicht neben** dem Beamten, der von seiner Haftung befreit wird (befreiende Schuldübernahme; BGHZ 34, 99, 104; 121, 161, 163; 146, 385, 388; 200, 188 Rn 7). Der Amtshaftungsanspruch gem § 839 iVm Art 34 GG ist öffentlich-rechtl Natur und damit Teil des Staatshaftungsrechts (BVerfGE 61, 149, 176ff). Konstruktiv ist Art 34 GG insofern an § 839 „angeseilt" (*W. Jellinek* JZ 1955, 147, 149), als er eine durch § 839 begründete Verantwortlichkeit voraussetzt (BVerfGE 61, 149, 174). Er ist aber dennoch als nur „bloße Passivlegitimationsnorm" oder „Zurechnungsnorm" (anders die hL; *Ossenbühl/Cornils*, 11; Dürig/Herzog/Scholz/*Papier* Art 34 GG Rn 11), weil er für den Bereich der Amtshaftung die Haftung auf **Beamte im haftungsrechtl Sinne** erweitert (BGH VersR 1996, 202).

28 Die Konstruktion der Haftungsverlagerung hat zur Folge, dass der Staat grds nur im gleichen Umfang haftet wie der Amtsträger selbst (ohne die Haftungsverlagerung) es müsste. Deshalb kommen die auf die persönliche Verantwortlichkeit des Amtsträgers zugeschnittenen gesetzl Haftungsbeschränkungen, -milderungen oder -privilegien mittelbar auch dem Staat zugute (BGHZ 146, 385, 388). Da die Haftungsübernahme nur „grds" angeordnet wird, besteht Raum für sondergesetzl Haftungsausschlüsse und -beschränkungen (näher Rn 73ff).

29 **IV. Voraussetzungen der Amtshaftung (§ 839 iVm Art 34 GG). 1. Ausübung eines öffentlichen Amtes.** Die Amtshaftung (§ 839 iVm Art 34 S 1 GG) wird in Abgrenzung zur Eigenhaftung als Funktions-, nicht Statushaftung beschrieben (*Ossenbühl/Cornils*, 14), weil sich die Amtshaftung nicht am Status des handelnden Amtswalters orientiert, sondern an der von ihm wahrgenommenen Funktion (v Mangoldt/Klein/Starck/*v Danwitz* Art 34 GG Rn 57). Allerdings verfolgt die Rspr keinen rein funktionsbezogenen Ansatz, wenn sie im Grundsatz auf die Rechtsform des Handelns der Verwaltung abstellt (Rn 35). Gerade in den problematischen Abgrenzungsfällen (Rn 32, 37) sollte die Wertungsfrage in den Vordergrund gestellt werden, ob es angemessen ist, die Amtshaftungsgrundsätze zur Geltung zu bringen (*Ossenbühl/Cornils*, 29).

30 **a) „Jemand".** Mit dem Merkmal „jemand" weicht Art 34 S 1 GG nicht nur im Wortlaut ab von § 839 I 1, der auf den „Beamten" abstellt, sondern auch in der Sache. Unbestritten gilt für Art 34 S 1 GG nicht der staatsrechtl, sondern ein **erweiterter haftungsrechtl Beamtenbegriff.** Danach kommt es ausschließlich auf die behördlich veranlasste Einschaltung in die Ausübung hoheitlicher Tätigkeiten an, mithin auf die von der Anstellungskörperschaft anvertraute **Funktion** (Rn 32). Der staatsrechtl Beamtenbegriff ist nur maßgeblich für die Eigenhaftung des Schädigers im privatrechtl Funktionskreis der Verwaltung (Rn 25) sowie im öffentlich-rechtl Funktionskreis dort, wo aufgrund sondergesetzl Haftungsausschlüsse (Rn 89) ausnahmsw die Haftungsübernahme gem Art 34 GG ausscheidet.

31 **aa)** Zu den Beamten im haftungsrechtl Sinne gehören neben den Beamten im staatsrechtl Sinn auch Personen, die in einem sonstigen **Dienstverhältnis öffentlich-rechtl Art** stehen, wie etwa Richter, Soldaten und Zivildienstleistende (BGHZ 87, 253, 256), oder in öffentlich-rechtl **Amtsverhältnissen**, wie etwa Mitglieder von Bundes- und Landesregierungen, Parlamentsabgeordnete (vgl BGHZ 14, 319, 321; 78, 72, 70, 74; s aber zur eingeschränkten Haftung für legislatives Unrecht Rn 62f) sowie Organträger bzw -mitglieder in Kommunen (BGHZ 84, 292, 299; 110, 1, 8; Hamm NVwZ 1995, 1142) und anderen Selbstverwaltungskörperschaften (BGHZ 81, 21, 25; für die Mitglieder des Börsenrats nach § 12 BörsG vgl Frankfurt ZIP 2001, 730; 14.5.2013 – 1 U 176/10 Rn 101), ferner **Angestellte und Arbeiter im öffentlichen Dienst**, die in einem privatrechtl Dienstverhältnis stehen (BGHZ 2, 350, 354).

32 **bb)** Die funktionelle Fassung des haftungsrechtl Beamtenbegriffs hat zur Konsequenz, dass die Amtshaftung gem § 839 iVm Art 34 GG auch für Schädigungen durch solche **Privatpersonen** gegeben sein kann, die von einem Verwaltungsträger in die Ausübung hoheitlicher Funktionen so maßgeblich eingeschaltet wurden, dass ihre Tätigkeit ein Bestandteil der hoheitlichen Tätigkeit der Behörde ist (BGHZ 181, 65 Rn 10; BGH NVwZ-RR 2011, 556 Rn 7; BGHZ 191, 71 Rn 13). Dazu gehören nach gefestigter Auffassung die **Beliehenen**, dh solche Personen, denen durch Gesetz oder aufgrund eines Gesetzes bestimmte einzelne Hoheitsaufgaben **zur eigenen Wahrnehmung** übertragen wurden (BGHZ 49, 108, 113; 39, 358, 360; 34, 20, 21; 122, 85, 87ff; 147, 169, 171; 191, 71 Rn 28). Sie werden durch die Beleihung in die Behördenorganisation eingegliedert und sind daher wie Amtswalter zu behandeln (eingehend *Frenz*, Die Staatshaftung in den Beleihungstatbeständen, 1991 mwN; Dürig/Herzog/Scholz/*Papier* Art 34 GG Rn 109). Unter bestimmten Voraussetzungen kann eine Amtshaftung auch für **Verwaltungshelfer** bestehen, dh solche Privatpersonen, denen im Unterschied zur Beleihung keine öffentliche Aufgabe zur eigenen Wahrnehmung übertragen wurde, sondern die auf andere Weise in die Ausübung hoheitlicher Funktionen eingeschaltet wurden. Nach allg Auffassung ist die Zurechnung jedenfalls bzgl solcher Personen zu bejahen, die lediglich eine unselbständige, strikt weisungsabhängige Hilfsfunktion ausüben, wie etwa Schülerlotsen (etwa Köln NJW 1968, 655; MüKo/*Papier/Shirvani* Rn 136 mwN) – Bei **selbständigen Werk- und Dienstunternehmern**, die aufgrund privatrechtl Verträge Leistungen für Verwaltungsträger erbringen, hat der BGH zunächst Amtshaftung nur bejaht, wenn die Behörde in solchem Maße Einfluss auf die Tätigkeit des privaten Unternehmers nimmt, dass dieser als ihr bloßes Werkzeug erscheint (sog **Werkzeugtheorie**, BGHZ 48, 98, 103; BGH VersR 2015, 323 Rn 17; NVwZ-RR 2019, 830 Rn 18; NJW 2020, 3106 Rn 33; krit dazu *Ehlers*, Verwaltung in Privatrechtsform, 1984, 505; *Ossenbühl* JuS 1973, 421; MüKo/*Papier/Shirvani* Rn 138). Die Kriterien

sind hingegen flexibler: Je stärker die hoheitliche Aufgabe im Vordergrund stehe, je enger die Verbindung zw den übertragenen Tätigkeiten und der von der Behörde zu erfüllenden hoheitlichen Aufgabe und je begrenzter der Entscheidungsspielraum des Unternehmers ist, desto näher liege es, ihn als Beamten im haftungsrechtl Sinne einzuordnen (BGHZ 121, 161, 165f; 125, 19, 24f; 161, 6, 10; 200, 188 Rn 5; BGH VersR 2015, 323 Rn 17; NVwZ-RR 2019, 830 Rn 18). Dies gilt nicht nur im Bereich der Eingriffsverwaltung (so etwa bei von der Polizei eingeschalteten Abschleppunternehmern, die gleichsam als Erfüllungsgehilfen der Polizei tätig werden; BGHZ 121, 161, 166; 200, 188 Rn 5), sondern auch der Leistungsverwaltung wie zB beim hoheitlich ausgestalteten Winterdienst (dazu BGH VersR 2015, 323 Rn 17), beim Bauunternehmer, der auf Anordnung der Behörde Verkehrsschilder aufstellt (BGH NVwZ-RR 2019, 830 Rn 20) und der Straßenreinigung durch Anlieger (BGH NJW-RR 2017, 858). Anders soll es sich etwa bei der Betrauung von Ingenieuren mit der Planung eines Pumpwerks verhalten (BGHZ 125, 19, 25), ferner beim Umzugsunternehmer, der nur aufgrund einer Genehmigung Halteverbotsschilder aufstellt (Karlsruhe NJW-RR 2017, 986 Rn 14). Unabhängig von der Frage der unmittelbaren Zurechenbarkeit des Verhaltens Privater kann eine Amtspflichtverletzung aber darin liegen, dass Maßnahmen des Privaten nicht ordnungsgemäß durch die Behörde **überwacht** wurden (BGHZ 125, 19, 25; BGH NJW 2006, 3628 Rn 11; 2017, 2905 Rn 9; Hamm NVwZ 1999, 223; München IBR 2018, 684; Köln BauR 2018, 1758).

cc) Über den haftungsrechtl Beamtenbegriff nicht zu lösen ist die Problematik der Schäden durch **Versagen technischer Einrichtungen**, derer sich die öffentliche Verwaltung bedient. Der Wortlaut von § 839 iVm Art 34 GG steht einer völlig entpersonalisierten Haftung unüberwindbar entgegen. Soweit das Versagen nicht auf Tätigkeiten von Amtsträgern zurückzuführen ist (zB fehlerhafte Programmierung), scheidet hier eine Haftung nach § 839 iVm Art 34 GG aus (BGHZ 169, 349; MüKo/*Papier/Shirvani* Rn 139). 33

b) „Öffentliches Amt". Ein öffentliches Amt übt aus, wer hoheitlich tätig wird; ggü der zivilrechtl Haftung des Staates und/oder der Amtswalter (Rn 23ff) ist danach abzugrenzen, ob eine Amtsausübung in den **privatrechtl** oder den **hoheitlichen Wirkungskreis** der öffentlichen Hand fällt (BGH NJW 2000, 2810, 2811). Damit stellt sich bei der Anwendung des Art 34 S 1 GG die schwierige Frage der Abgrenzung von öffentlichem und privatem Recht sowie von öffentlichen und privaten Aufgaben (*Ossenbühl/Cornils*, 29 bei Fn 124). 34

aa) Rspr und hL nehmen diese Abgrenzung im Ausgangspunkt nach der **Rechtsform** vor, in der die öffentliche Hand tätig wird. Entscheidend ist danach idR, ob sie eine Handlungsform des öffentlichen oder des privaten Rechts in Anspruch nimmt, nicht die Zielsetzung dieser Tätigkeit (vgl BGH NJW 2000, 2810, 2811; MüKo/*Papier/Shirvani* Rn 144f). Die Abgrenzung nach der Rechtsform der Tätigkeit führt zu eindeutigen Ergebnissen bei der **klassischen Hoheitsverwaltung** und der **Fiskalverwaltung:** Der Erlass von **Rechtsnormen** (Gesetze, Rechtsverordnungen, Satzungen; zur Haftungsproblematik beim normativen Unrecht Rn 62f) sowie die **klassisch-hoheitliche Eingriffsverwaltung** durch Verwaltungsakt oder öffentlich-rechtl Vertrag (zB Polizei, Finanzverwaltung, Wehrverwaltung, Bauaufsicht) sind unstr dem öffentlich-rechtl Funktionskreis zuzurechnen; dem zivilrechtl Haftungsregime zuzuordnen ist demggü der Bereich der **fiskalischen Hilfsgeschäfte** (zB Einkauf von Bedarfsgütern durch den Staat) und der **Teilnahme des Staates am wirtschaftl Wettbewerb** in den Formen privatwirtschaftl Betätigung (vgl nur MüKo/*Papier/Shirvani* Rn 149ff; *Ossenbühl/Cornils*, 29f). 35

bb) Das Kriterium der Rechtsform versagt, wenn sich die Tätigkeit der öffentlichen Hand einer rechtsförmlichen Einordnung entzieht, so namentlich bei **Realakten** (BGHZ 42, 176, 179; BGH NJW 2000, 2810, 2811; MüKo/*Papier/Shirvani* Rn 148). Hier erfolgt die Abgrenzung nach der **Zielsetzung der Tätigkeit** (**Funktion**). Entscheidend ist, ob die eigentliche Zielsetzung, in deren Sinn die Person tätig wurde, hoheitlicher Tätigkeit zuzurechnen ist und wenn ja, ob zw dieser Zielsetzung und der schädigenden Handlung ein so enger äußerer und innerer Zusammenhang besteht, dass die Handlung ebenfalls als noch dem Bereich hoheitlicher Betätigung angehörend angesehen werden muss. Dabei ist nicht auf die Person des Handelnden, sondern auf seine Funktion, dh auf die Aufgabe abzustellen, deren Wahrnehmung die im konkreten Fall ausgeübte Tätigkeit dient (BGHZ 118, 304, 305; 147, 169, 171; BGH MedR 2006, 652; VersR 2009, 401; NVwZ-RR 2010, 485 Rn 7; NJW 2017, 1745 Rn 9). Hierbei ist im Grundsatz eine **einheitliche Betrachtungsweise** anzulegen. Es sind nicht nur die typischen Kernakte einzubeziehen, die dem jew Bereich sein spezifisches Gepräge geben (etwa im Bereich der Eingriffsverwaltung: Einsatz der Schusswaffe, Räumung eines Gebäudes), sondern auch die **Vorbereitungs-, Hilfs- und Nebenverrichtungen**, bspw Dienstfahrten (vgl BGHZ 42, 176, 179). Die Einheitsbetrachtung darf jedoch nicht überzogen werden. So ist etwa die Veräußerung eines ausgemusterten Kraftfahrzeugs samt der hierfür getroffenen Vorbereitungs- und Hilfsverrichtungen nicht schon deshalb dem öffentlich-rechtl Funktionskreis zuzurechnen, weil sie durch die Polizei, mithin im hoheitlichen Aufgabenbereich erfolgte. Abgrenzungsprobleme tauchen ferner dort auf, wo öffentlich-rechtl und zivilrechtl geordnete Verwaltungsaufgaben beinahe **nahtlos ineinander übergehen** und die schädigende Maßnahme sich im Grenzbereich bewegt (etwa Verkehrsregelung – Verkehrssicherung, Rn 40). 36

cc) Zweifel hinsichtl der Tauglichkeit des Kriteriums der Rechtsform bestehen bei der **schlicht-hoheitlichen** Verwaltung, namentlich dem weiten und in sich heterogenen Bereich der Leistungsverwaltung. Zwar handelt hier die öffentliche Hand vielfach rechtsförmlich. Da sie aber grds **Wahlfreiheit** hat sowohl hinsichtl der Rechtsform ihrer Tätigkeit als auch der Organisationsform, in der sie tätig wird (Anstalt öffentlichen Rechts; GmbH; AG etc), würde eine Abgrenzung des maßgeblichen Haftungsregimes nach der Rechtsform der Tätigkeit zu zufälligen Ergebnissen führen. Die Verwaltung hätte es in der Hand, das für sie jew vorteilhafter erscheinende Haftungsregime zu wählen. Dennoch orientiert sich hier die Rspr i Erg an der Rechtsform. Namentlich dort, wo nach der sog Zwei-Stufen-Theorie die Entscheidung über das Ob der Leistungserbringung hoheitlich, der Voll- 37 zug dieser Entscheidung (durch Abschluss von Darlehens- oder Bürgschaftsverträgen) hingegen privatrechtl erfolgt, soll der Staat nach amtshaftungsrechtl Grundsätzen nur auf der hoheitlichen ersten Stufe, nicht auf der privatrechtl zweiten Stufe haften (BGHZ 65, 155, 157; BGH DVBl 1962, 612; Staudinger/*Wöstmann* Rn 99; s auch Vor § 145 Rn 16ff). Auch bei der Benutzung öffentlicher Einrichtungen soll entscheidend sein, wie die Einrichtung im Verhältnis zu den Benutzern geordnet ist, auf der Ebene der Gleichordnung oder im Über-/Unterordnungsverhältnis zu den Benutzern (BGHZ 4, 138; 17, 317, 320; 27, 278, 283; 35, 111; BGH JZ 1962, 217; NJW 1963, 40). Wird die betreffende Einrichtung in der Rechtsform einer jur Pers des Privatrechts geführt, besteht eine Vermutung für privates Handeln (BGH NVwZ-RR 2008, 79 Rn 10; Staudinger/*Wöstmann* Rn 106). Kann die Zuordnung nicht zweifelsfrei vorgenommen werden, streitet nach hL im verwaltungsrechtl Schrifttum (s nur MüKo/*Papier*/*Shirvani* Rn 148 mwN; s auch für die Anstaltsnutzung BGHZ 38, 49, 51f) die Vermutung dafür, dass der Verwaltungsträger nach Maßgabe des öffentlichen Rechts wirken wollte. Diese Vermutungsregeln müssen freilich nur selten aktiviert werden, denn Gesetzgeber und Rspr haben für die praktisch wichtigsten Verwaltungszweige schon seit längerem Festlegungen getroffen.

38 **c) „In Ausübung" eines öffentlichen Amtes.** Die schädigende Handlung muss in Ausübung und **nicht nur „bei Gelegenheit"** der Amtstätigkeit vorgenommen worden sein. Erforderlich ist ein innerer Zusammenhang mit der dienstlichen Tätigkeit (BGHZ 11, 181, 185; 42, 176, 179; 118, 304, 305; 147, 169, 171; 191, 71 Rn 13; 200, 253 Rn 31). Die Rspr lehnt grds eine Zerlegung der Funktionsausübung in Einzelakte ab (BGH NJW 2002, 3172ff). Der Zusammenhang zur dienstlichen Tätigkeit ist nicht schon deshalb zu verneinen, weil gesetzl Vorschriften, Dienstvorschriften oder Einzelweisungen zuwidergehandelt wird (BGHZ 1, 388, 394), etwa bei vorschriftswidrigem Schusswaffeneinsatz (vgl BGHZ 11, 181, 186). Persönliche Gründe, die der Beamte nebenher auf einer Dienstfahrt verfolgt und die ihn zu einem Umweg veranlassen, schließen nicht zwingend den dienstlichen Charakter der Fahrt aus (BGH NJW 1956, 1353). Der innere Zusammenhang zur Amtstätigkeit ist auch bei (rechtswidrigen) Beamtenstreiks oder streikähnl Maßnahmen gewahrt (BGHZ 69, 128, 132). „Bei Gelegenheit" erfolgt eine Handlung im Wesentlichen nur dann, wenn der Amtsträger sie zu **rein privaten Zwecken** oder aus **rein persönlichen Beweggründen** vornimmt. Dies ist etwa der Fall bei Benutzung von Behördenfahrzeugen ausschließlich zu privaten Zwecken (BGH NJW 1969, 421, 422; anders BGHZ 1, 388, 393 und 124, 15, 18, wenn der Amtsträger gerade die missbräuchliche Benutzung der Behördenfahrzeuge verhindern soll) oder bei Schusswaffengebrauch aus persönlicher Rache oder Eifersucht (BGHZ 11, 181, 186). Bei **Überschreitung der örtlichen oder sachlichen Zuständigkeit** entfällt der Zusammenhang zur Amtsausübung nur dann, wenn die zuständigkeitsüberschreitende Tätigkeit dem Aufgabengebiet des Amtsträgers völlig wesensfremd ist oder der Amtsträger sich überhaupt nicht mehr innerhalb des gesetzl Kompetenzbereichs des Dienstherrn bewegt (BGH LM Nr 64 zu Art 34 GG), so etwa wenn die schädigende Handlung in der dienstfreien Zeit oder während des Urlaubs des Amtsträgers verübt wird, es sei denn, er tritt hierbei nach außen in amtlicher Eigenschaft (zB als Sicherheitsbeamter) auf (AG Neustadt NJW 1959, 161).

39 **d) Fallgruppen. aa)** Schädigungen bei der **Teilnahme am öffentlichen Straßenverkehr** bilden mit die schwierigsten Anwendungsfälle für das unter Rn 38 genannte Kriterium des „inneren und äußeren Zusammenhangs" zw amtspflichtwidrigem Verhalten und hoheitlicher Aufgabe der Verwaltung. Eindeutig fällt die Zuordnung aus, wenn der (als öffentlich-rechtl zu qualifizierende) Aufgabentyp die Verkehrsteilnahme typischerweise mit sich bringt und sich dies gerade auch in der konkreten Fahrt abbildet (Streifenfahrten der Polizei, RGZ 140, 415, 417; Übungsfahrten der Bundeswehr, BGH NJW 1968, 696, 697; Einsatzfahrten der Feuerwehr, BGHZ 20, 290, 292; BGH VersR 2008, 410, 412), wobei die Amtshaftung auch beim sachlich gebotenen Einsatz privater Beförderungsmittel gegeben ist (BGH NJW 1992, 1227, 1228). Hingegen schwankt die Rspr dann, wenn die Verkehrsteilnahme für den Aufgabentyp allg nicht typisch ist (Ausübung eines öffentlichen Amts bei Fahrten eines Amtsarztes, BGHZ 29, 38, 41; nicht hingegen bei Fahrt einer Richterin zum Ortstermin, BGH VersR 1965, 1101, 1102), ferner dann, wenn die konkrete Fahrt von der für den Aufgabentyp allg-typischen Art der Verkehrsteilnahme abweicht (Fahrt eines Feuerwehrfahrzeugs zum TÜV hoheitliche Aufgabe, Oldenburg NJW 1973, 1199, 1200; Überführung eines Polizeifahrzeugs in Reparaturwerkstatt demggü privatrechtl-fiskalisches Hilfsgeschäft, OVG Saarland DVBl 1968, 434). Die Rspr ist im Einz wie auch prinzipiell vielfach kritisiert worden (vgl nur *Ossenbühl*/*Cornils*, 37f; Dürig/Herzog/Scholz/*Papier* Art 34 GG Rn 146f). Insb ist die Frage aufgeworfen worden, ob die Amtshaftung als Institut nicht auf Dienstfahrten beschränkt werden sollte, die unter Einsatz der Sonderrechte aus § 35 StVO erfolgen (*Bender*, Staatshaftungsrecht, Rn 460; *Ossenbühl*/*Cornils*, 38).

40 **bb) Verkehrssicherung, Verkehrsregelung.** Die Verwaltungsaufgabe, öffentliche Verkehrsflächen möglichst gefahrlos zu gestalten und zu halten (**Verkehrssicherung**), wird nach st Rspr grds **privatrechtl** wahrgenommen (BGHZ 9, 373, 389; BGH NJW 2000, 1256), s auch § 823 Rn 97. In den meisten Bundesländern hat der Gesetzgeber die Verkehrssicherung aber einem öffentlich-rechtl Regime unterworfen (Überblick bei MüKo/*Papier*/*Shirvani* Rn 182; aus der Rspr BGH NJW 2003, 3622; NVwZ-RR 2012, 831 Rn 7; DVBl 2020, 1272 Rn 23); zum Winterdienst BGH VersR 2015, 323 Rn 11. Soweit keine gesetzl Regelung entgegensteht, kann auch der Straßenverwaltungsträger die Verkehrssicherung durch Organisationsakt öffentlich-rechtl ausgestalten (Soergel/*Vinke* Rn 100 mwN). Hingegen ist die Aufgabe, Verkehrszeichen und -einrichtungen so einzurichten, dass der Verkehr auf öffentlichen Flächen gefahrlos und zügig fließt (**Verkehrsregelung**), stets **öffentlich-rechtl** (BGH NJW 1970, 1126; VersR 2001, 589; NVwZ-RR 2019, 830 Rn 13; *Itzel* MDR 2017, 1393, 1396). Einzelfälle: Programmierung von Ampelanlagen ist Verkehrsregelung, technische Wartung hingegen Verkehrssicherung, BGH NJW 1972, 1268; vgl auch BGH JZ 1971, 430 zum Fall unkenntlich gewordener Zebrastreifen.

cc) Verkehrssicherungspflicht und **Gewässerunterhaltungspflicht** können ineinander übergehen, sind aber nicht identisch. Die Gewässerunterhaltungspflicht umfasst die Einhaltung eines ordnungsgemäßen Zustands für den Wasserabfluss, Maßnahmen zur Verhinderung schädlicher Auswirkungen des Wasserabflusses (etwa bei Unwettern). Auch wenn die Gewässerunterhaltungspflicht öffentlich-rechtl Natur ist, wird nach gefestigter Rspr für den Fall ihrer Nicht- oder Schlechterfüllung nach allg Deliktsrecht (§ 823 iVm §§ 31, 89) gehaftet (BGHZ 121, 367, 374; 125, 186, 188ff; BGH DVBl 1983, 1055; VersR 1983, 639, 640; NJW 1996, 3208, 3209). 41

dd) Bei der Benutzung **öffentlicher Einrichtungen der Daseinsvorsorge** ist privatrechtl wie öffentlich-rechtl Ausgestaltung der Benutzungsverhältnisse denkbar. Soweit die Einrichtung als jur Pers des privaten Rechts (Eigengesellschaft) organisiert ist, wird privatrechtl Ausgestaltung des Benutzungsverhältnisses vermutet (BGH NVwZ-RR 2008, 179 Rn 10; Staudinger/*Wöstmann* Rn 106 – beide unter Berufung auf BVerwGE 61, 222, 225; strikter für die Rechtswegfrage BGH NJW 2000, 1042). Anders wenn die Einrichtung mit der Wahrnehmung hoheitlicher Aufgaben rechtssatzmäßig beliehen wurde (nach BGHZ 118, 204, 308; BGH NJW 1997, 2109 Amtshaftung auch für Handlungen eines Zivildienstleistenden, die dieser in Wahrnehmung privatrechtl Aufgaben jenseits der Beleihung verursacht). Bei öffentlich-rechtl organisierten Einrichtungen (Regie- oder Eigenbetriebe, Anstalten öffentlichen Rechts) kommt es auf die Ausgestaltung durch den Gesetzgeber oder, sofern dieser keine Regelung getroffen hat, durch den Einrichtungsträger an, der nach hM ein Wahlrecht hat, ob er das Benutzungsverhältnis zivilrechtl oder hoheitlich ausgestaltet (BGHZ 61, 7, 10; auch Rn 37). Soweit die Rechtsform danach nicht eindeutig bestimmbar ist, sind für die Beurteilung die äußeren Umstände heranzuziehen. Anhaltspunkte für öffentlich-rechtl Ausgestaltung sind etwa: Benutzungsregelung durch Satzung; Erhebung von „Gebühren" statt „Entgelten"; ausdrückl Verweis auf Regeln der Verwaltungsvollstreckung; Bestehen von Anschluss- und Benutzungszwang (vgl BGHZ 4, 138, 148; 25, 200, 207; Koblenz NJW-RR 2001, 318). In Zweifelsfällen ist die öffentlich-rechtl Ausgestaltung zu vermuten (BGHZ 38, 49, 51). Die rechtl Ausgestaltung des Benutzungsverhältnisses schlägt auch auf die Beurteilung von Schädigungen von Nicht-Benutzern der Einrichtung durch (BGHZ 48, 98; 54, 384, 387; s aber auch BGH NVwZ 1983, 763: Amtshaftungsanspruch des außenstehenden Dritten trotz privatrechtl Ausgestaltung des Benutzungsverhältnisses). Bei Verletzung der kommunalrechtl Ansprüche auf Benutzung öffentlicher Einrichtungen besteht ein Amtshaftungsanspruch gem § 839 iVm Art 34 GG gegen die Gemeinde auch bei privatrechtl Ausgestaltung des Benutzungsverhältnisses oder Organisation der Einrichtung als jur Pers des Privatrechts (näher MüKo/*Papier/Shirvani* Rn 157 mwN). 42

Die **ärztliche Heilbehandlung** in öffentlichen Krankenhäusern ist **keine Ausübung eines öffentlichen Amts**, auch wenn sie durch beamtete Ärzte erfolgt (BGHZ 77, 74, 75). Diese haften persönlich aus § 839 (Eigenhaftung), soweit der stationäre Behandlungsbereich betroffen ist (BGHZ 95, 63, 67; BGH VersR 2004, 785), ggf aber subsidiär (Rn 26) zur Haftung des Krankenhausträgers nach §§ 31, 89, 831 (BGHZ 85, 393; 89, 263). Im Fall der ambulanten Behandlung durch einen selbst liquidierenden Arzt haftet dieser hingegen, auch wenn er Beamter ist, aus § 823, da er insoweit nicht in Wahrnehmung seiner Dienstaufgaben, sondern in privater Nebentätigkeit handelt (BGHZ 120, 376, 382); Abw gilt nur dann, wenn der Arzt dem Krankenhausträger ggü zur Behandlung verpflichtet ist (BGH aaO, 383). – Ärztliche Maßnahmen, die sich als **Zwangsbehandlung** darstellen, erfolgen hingegen in Ausübung eines **öffentlichen Amts**, so dass bei amtspflichtwidrigen Schädigungen ein Amtshaftungsanspruch gem § 839 iVm Art 34 GG gegen den Verwaltungsträger besteht (Behandlung zwangseingewiesener psychisch Kranker: BGHZ 38, 49, 52; BGH NJW 2008, 677, 678; MDR 2013, 217 Rn 13; polizeilich angeordnete Blutentnahme: München NJW 1979, 608, 609; Behandlung von Strafgefangenen: BGHZ 21, 214; nach BGH VersR 2008, 778 ist die Behandlung in der geschlossenen Abteilung eines Landeskrankenhauses auch dann öffentlich-rechtl Natur, wenn sie im Einverständnis des Patienten erfolgt). Auch **Amtsärzte** üben bei den ihnen obliegenden Maßnahmen des öffentlichen Gesundheitsdienstes ein öffentliches Amt aus (BGH VersR 1959, 353; NJW 1994, 2415, 2416). Die ärztliche Behandlung eines Soldaten in einem Sanitätszentrum der Bundeswehr erfolgt ebenfalls in Ausübung eines öffentlichen Amts (BGHZ 108, 230, 233; 120, 176, 178; s auch BGH NJW 1996, 2431: Behandlung durch zivile Ärzte auf Veranlassung der Bundeswehr). Keine Ausübung eines öffentlichen Amts bei der ärztlichen Behandlung von Zivildienstleistenden durch Vertragsärzte und Krankenhäuser mit Kassenzulassung im Rahmen der gesetzl Heilfürsorge (BGHZ 187, 194); anders bei **Vertrags- und Vertrauensärzten von Sozialversicherungsträgern** und Arbeitsämtern (BGHZ 63, 265, 270; BGH MedR 2006, 652). 43

Das **Schulverhältnis** sowie der Lehr- und Forschungsbetrieb an **Hochschulen** sind dem öffentlich-rechtl Funktionskreis zuzuordnen (RGRK/*Kreft* Rn 96, 101 mwN). Auch die Erzieherinnen von Kindertagesstätten in öffentlicher Trägerschaft üben öffentliche Gewalt aus (BGH JZ 2013, 362 Rn 12). Geht es hingegen um die Gebäudesicherheit, gilt grds die privatrechtl Verkehrssicherungspflicht (MüKo/*Papier/Shirvani* Rn 168). 44

ee) Post und Telekommunikation. Die Tätigkeit der Deutschen Bundespost wurde früher als öffentlich-rechtl eingestuft (BGHZ 20, 102, 108; 98, 140, 143). Seit der Neuordnung des Postwesens und der Telekommunikation durch die **drei Postreformen** der Jahre 1989 bis 1996 müssen Leistungen in diesem Bereich **als privatwirtschaftliche Tätigkeiten** erbracht werden (Art 87f II 1 GG; dazu BKGG/*Mayen*, Art 87f Rn 183ff). Sie sind daher – auch ohne einfachgesetzl Konkretisierung wie in § 7 PostG aF (dazu BGHZ 111, 334, 336) – sowohl der Rechtsform als auch der Aufgabe nach private Betätigung, für die nicht nach § 839, sondern nach §§ 823ff gehaftet wird. Ausnahmen bestehen nur dort, wo die Deutsche Post AG sowie die Telekom Deutschland GmbH und andere private Anbieter als **Beliehene** tätig werden; dies gilt heute nur im Bereich der förmlichen Zustellung (§ 33 PostG), für den § 35 PostG ausdrückl eine Amtshaftung nach § 839 iVm Art 34 GG für Schäden anordnet (zum Ganzen auch MüKo/*Papier/Shirvani* Rn 163a). 45

46 **ff) Bahn und Flugverkehr.** Schon vor der Neuorganisation des Eisenbahnwesens und der Gründung der Deutsche Bahn AG (Eisenbahnneuordnungsgesetz von 1993, BGBl I 1993, 2378) waren die Rechtsbeziehungen im Benutzungsverhältnis privatrechtl Natur und auch Schädigungen Dritter nach Privatrecht zu beurteilen (BGHZ 2, 37, 41; 20, 102, 105). Die bahnpolizeilichen Funktionen, die der Bundespolizei obliegen (G v 23.1.1992, BGBl I 1992, 178), werden nach wie vor nach Maßgabe des öffentlichen Rechts ausgeübt. Die Sicherheitskontrolle an Flughäfen ist eine hoheitliche Aufgabe (§ 5 I LuftSiG); die hier tätigen Dienstleister agieren allerdings gem § 16a I Nr 1 LuftSiG als **Beliehene.**

47 **gg) Weitere Einzelfälle.** Hoheitliche Funktionen üben aus: Der **Rettungsdienst** in NRW (BGH NJW 1991, 2954 und dazu *Krohn/Schwager* DVBl 1992, 321), in Bayern (BGH NJW 2003, 1184; 2005, 429), in Hessen (BGH VersR 2011, 90), in Rheinland-Pfalz (Koblenz VersR 2018, 1326), in Thüringen (BGHZ 213, 270 Rn 10) und in Sachsen (BGH NVwZ-RR 2019, 245 Rn 24); soweit der Rettungsdienst privatrechtl organisiert ist (in Baden-Württemberg, Karlsruhe GesR 2017, 235 Rn 50), werden die dort eingesetzten Zivildienstleistenden dennoch als öffentliche Amtsträger tätig (BGHZ 118, 304, 306; einschränkend iS einer Vermutung: BGH NVwZ-RR 2008, 170 Rn 10; Zweibrücken OLGRp 2001, 288); berufliche und freiwillige **Feuerwehr** (BGHZ 63, 167, 170; BGH VersR 2008, 410, 412; *Singbartl/Zintl* NJW 2018, 2723, 2728). – **Soldaten** (BGH VersR 1961, 262; NJW 1969, 421, 422), auch Angehörige der in Deutschland stationierten NATO-Streitkräfte aufgrund des NATO-Truppenstatuts (Ansprüche sind insoweit gegen die Bundesrepublik Deutschland geltend zu machen, die in Prozessstandschaft für den Entsendestaat auftritt; näher MüKo/*Papier/Shirvani* Rn 368). – Organe öffentlich-rechtl **Religionsgemeinschaften**, soweit sie aufgrund einer entspr staatlichen Rechtsübertragung ein öffentliches Amt ausüben (BGHZ 22, 383, 388; näher Soergel/*Vinke* Rn 98; noch weitergehend BGH NJW 2003, 1308 und NVwZ 2003, 768). – **Öffentlich bestellte Sachverständige** (*Ebert* NZBau 2017, 707): Die **Prüfingenieure für Baustatik** üben hoheitliche Befugnisse aus, wenn sie durch die öffentliche Hand und nicht durch Bauherrn beauftragt werden (BGHZ 39, 358; BGH NJW 2016, 2656 Rn 14), ebenso die **Kfz-Sachverständigen** bei den ihnen durch die StVZO übertragenen Prüftätigkeiten (BGHZ 49, 108, 110; BGH NJW 1973, 458; VersR 2002, 96; BGHZ 147, 169, 171; BGH NJW 2004, 3484), die Sachverständigen nach § 24 GewO aF (BGHZ 122, 85, 87), der Sachverständige nach der **Prüfordnung für Luftfahrtgerät** (BGHZ 147, 169) und die gem **§ 9 II 4 TEHG** als Verifizierer tätigen Sachverständigen (BGHZ 191, 71 Rn 15ff). Anders hingegen für die Prüfer des **Zeichens „GS = geprüfte Sicherheit“** (dazu BGH NVwZ-RR 2011, 556 Rn 10ff). **Bezirksschornsteinfeger** nehmen bei Bauabnahme und Feuerstättenschau hoheitliche Aufgaben wahr (BGH NJW 1974, 1507, 1508; NVwZ 2018, 1333 Rn 15; Karlsruhe VersR 2007, 108), grds auch der **öffentlich bestellte Vermessungsingenieur** (BGHZ 121, 126, 129; BGH NJW 2013, 603 Rn 6; BGHZ 215, 344 Rn 9) und der **von der Staatsanwaltschaft beauftragte Sachverständige** (BGHZ 200, 253 Rn 32). Zur Einordnung der Prüfungstätigkeit vom Sachkundigen im Rahmen von **berufsgenossenschaftlichen** Vorschriften BGHZ 181, 65. – Sendungen und Programmgestaltungen des **öffentlich-rechtl Rundfunks** gehören nach Auffassung des BGH zum privatrechtl Funktionskreis (BGHZ 66, 182, 185; aA MüKo/*Papier/Shirvani* Rn 172). Der **Deutsche Wetterdienst** erbringt seine Leistungen in öffentlich-rechtl Form (BGH NJW 1995, 1828). Die Durchführung der den **Handwerkskammern** von Gesetzes wegen obliegenden Beratungsdienste ist Ausübung eines öffentlichen Amts (BGH VersR 2001, 1287). **Planung und Bau von Straßen** zählen zum hoheitlichen Tätigkeitskreis (BGH NVwZ-RR 2006, 758).

48 **2. Amtspflichtverletzung. a) Begriff.** Amtspflichten sind die persönlichen Verhaltenspflichten (Handlungs- wie Unterlassungspflichten) des Amtsträgers in Bezug auf seine Amtsführung (Dürig/Herzog/Scholz/*Papier* Art 34 GG Rn 156). Aus dem Erfordernis der Drittgerichtetheit (vgl Rn 58ff) folgt, dass Amtspflichten iSv § 839 I (ebenso wie iSv Art 34 S 1 GG) **außengerichtet** sind. Sie obliegen dem Beamten nicht nur intern ggü dem Dienstherrn, sondern im Außenverhältnis ggü dem Bürger. Ob dies einen „dogmatisch-konstruktiven Bruch“ darstellt (so *Ossenbühl/Cornils*, 45; ähnl Erman/*Hecker*[13] Rn 41), kann angesichts dieser gesetzl Vorgaben dahinstehen (ähnl Staudinger/*Wöstmann* Rn 168).

49 Die **allg Amtspflichten** stimmen inhaltlich mit den Rechtspflichten des Trägers öffentlicher Gewalt überein (so BGHZ 76, 16, 30; Dürig/Herzog/Scholz/*Papier* Art 34 GG Rn 160; Sachs/*Detterbeck* Art 34 GG Rn 26); die Kongruenz zw Innen- und Außenverhältnis wird dadurch hergestellt, dass den Beamten die Rechtspflichten des Trägers durch das ihm übertragene Amt als Amtspflicht treffen (Staudinger/*Wöstmann* Rn 117).

50 Nach der Rspr des BGH sollen sich darüber hinaus **besondere Amts(walter)pflichten** aus den Pflichten ergeben, die gerade nur dem Beamten im Innenverhältnis zu seinem Dienstherrn aufgrund seines Amtsverhältnisses auferlegt werden. Insb sollen außengerichtete Amtspflichten auch durch **allg Verwaltungsvorschriften** und **Einzelweisungen** begründet werden können (BGHZ 28, 297, 301; BGH NJW 2001, 3054, 3056), nicht allerdings durch allg Weisungen, die eine bestimmte Gesetzesauslegung vorschreiben (BGH NJW 1971, 1699, 1700; BGHZ 63, 319, 324; 205, 63 Rn 19). Die Bindung an (Einzel-)Weisungen kann einerseits zur Amtshaftung für gesetzmäßiges, aber erlasswidriges Verwaltungshandeln führen (BGH NJW 2001, 3054, 3056). Andererseits soll keine Amtspflichtverletzung vorliegen, wo außenrechtswidriges Verhalten auf einer bindenden innerdienstlichen Weisung beruht (BGHZ 28, 297, 301; BGH NJW 1977, 713, 714; BGHZ 205, 63 Rn 18; krit Sachs/*Detterbeck* Art 34 GG Rn 35); in diesen Fällen erfolgt Haftungsverlagerung von der nachgeordneten auf die übergeordnete Behörde (BGH VersR 2009, 930 Rn 5; BGHZ 205, 63 Rn 18). Dies ist auf berechtigte Kritik gestoßen (*Ossenbühl/Cornils*, 58f): Verwaltungsvorschriften sind keine Rechtsnormen. Ihnen kommt als Indiz für eine vermutete und von ihnen antizipierte Verwaltungspraxis über Art 3 I GG nur (mittelbare) Außenrechtswirkung ggü dem Bürger zu (sog Selbstbindung der Verwaltung); weicht die tatsächliche Verwaltungspraxis von den Verwaltungsvor-

schriften ab, dann kann sich der Bürger im Außenrechtsverhältnis nicht auf die Verwaltungsvorschriften, sondern nur auf die Verwaltungspraxis berufen (st Rspr; vgl BVerwGE 34, 278, 281; 36, 323, 327; 44, 1, 6; 44, 136, 138; 52, 193, 199; 58, 45, 51, 53; BVerwG NJW 1996, 1766, 1767; BVerwGE 118, 379, 383; BGH NVwZ 2006, 967, 968). Verwaltungsvorschriften können daher auch keine Amtspflichten im Außenrechtsverhältnis begründen. Soweit umgekehrt ein gesetzwidriges, aber erlasskonformes Verhalten bereits tatbestandlich keine Amtspflichtverletzung sein soll, verkennt dies, dass gesetzwidrige Verwaltungsvorschriften wegen Verstoßes gegen höherrangiges Recht unbeachtlich sind (BVerfG NVwZ 1994, 475, 476; BVerwGE 118, 379, 383). Der durch gesetzeswidrige Verwaltungsvorschriften erzeugte Konflikt für den handelnden Beamten lässt sich konstruktiv sachgerechter auf der Verschuldensebene lösen.

b) Verletzung von Amtspflichten. Ob eine Amtspflicht verletzt ist, richtet sich nach der **obj Differenz** zw dem durch die Amtspflicht gebotenen Soll und dem faktischen Handeln (Sachs/*Bonk*[6] Art 34 GG Rn 61). Der **Inhalt** der Amtspflichten wird in § 839 (und Art 34 GG) vorausgesetzt, nicht begründet (*Ossenbühl/Cornils*, 44). Als solche kommen aus der innerstaatlichen Rechtsordnung die Verfassungen von Bund und Ländern, Gesetze (namentlich die Beamtengesetze), Rechtsverordnungen, Satzungen, Gewohnheitsrecht, die allg Rechtsgrundsätze des Verwaltungsrechts, namentlich das Verhältnismäßigkeitsprinzip (vgl BGHZ 18, 366, 368) und das Willkürverbot in Betracht; nach der Rspr des BGH können auch Verwaltungsvorschriften außengerichtete Amtspflichten begründen (krit dazu Rn 50). Grds können Amtspflichten auch aus dem Unionsrecht und dem Völkerrecht folgen, soweit es innerstaatlich unmittelbar anwendbar ist (BGH VersR 2009, 396, 397). Im Falle privatrechtl angestellter oder eingeschalteter Amtswalter ergeben sich Amtspflichten auch aus den Anstellungs- bzw Dienst- oder Werkverträgen. 51

c) Ausgewählte Amtspflichten. aa) Der Amtswalter hat die **Pflicht zu rechtmäßigem Verhalten**, dh er muss die Aufgaben und Befugnisse des Verwaltungsträgers im Einklang mit dem obj Recht wahrnehmen (s nur BGHZ 76, 16, 30). Hierüber wird der Amtswalter auf die Beachtung sämtlicher den Verwaltungsträger bindenden Normen aus den in Rn 51 genannten Rechtsquellen verpflichtet, auch wenn diese Normen unmittelbar nicht an ihn, sondern an den Verwaltungsträger adressiert sind (Rn 48f). Das Amtshaftungsgericht prüft die Erfüllung der Amtspflicht grds uneingeschränkt nach; ein reduzierter Prüfungsmaßstab (Vertretbarkeit) gilt allerdings bzgl bestimmter staatsanwaltschaftlicher Verfahrenshandlungen (BGH NJW 1994, 3162; zur eingeschränkten Überprüfbarkeit von Entscheidungen, hinsichtl derer der Verwaltung ein Beurteilungsspielraum zusteht, s BGH BGHRp 2007, 110). Zur Priorität der Amtspflicht zu innenrechtmäßigem Verhalten vor der Amtspflicht zu außenrechtmäßigem Verhalten vgl Rn 50. Seine Amtspflichten verletzt der Beamte auch durch **unerlaubte Handlungen (§ 823)** (BGHZ 78, 274, 279; BGH NJW 1992, 1310; 1994, 1950, 1951; MDR 2003, 265; NJW-RR 2013, 1490 Rn 13; vgl aber BGH NVwZ-RR 1993, 450 zum Eingriff in den eingerichteten und ausgeübten Gewerbebetrieb) und durch **vorsätzliche sittenwidrige Schädigung (§ 826)** (dazu BGHZ 91, 243, 252; BGH VersR 2016, 1131 Rn 13). – **Ordnungsmäßig verkündete Gesetze** muss die Verwaltung grds ungeachtet ihrer möglichen Verfassungswidrigkeit anwenden (vgl *Ossenbühl/Cornils*, 46; *Ipsen* NJW 1978, 2569; s auch BayObLG NJW 1997, 1514, wonach bei Anwendung verfassungsrechtl umstr Normen jedenfalls das Verschulden entfalle); dies soll auch bei Anwendung von unionsrechtswidrigen Gesetzen gelten (BGHZ 205, 63 Rn 40 – zweifelhaft). Bei rechtswidrigen **untergesetzl Vorschriften(Rechtsverordnungen** und **Satzungen)** ist eine Pflichtverletzung erst dann gegeben, wenn die Bediensteten der Behörde diese Normen in Kenntnis der Nichtigkeit zur Grundlage ihrer Entscheidungen machen oder wenn sie deren Nichtigkeit bei sachgerechter Prüfung hätten feststellen müssen (BGHZ 84, 292, 302f; BGH NVwZ 1987, 168, 169; NJW 1994, 3158, 3159). Die Behörde hat zwar keine Verwerfungskompetenz, wohl aber eine Prüfkompetenz und muss daher den Satzungsgeber unterrichten, wenn sie die Nichtigkeit erkennt; dieser kann die Satzung dann aufheben oder ihre Nichtigkeit beseitigen (BGH NVwZ 2004, 1143, 1144; 2013, 167 Rn 19f). Demggü besteht für die Körperschaft, die solche Normen erlassen hat, die Amtspflicht, sie aufzuheben (BVerwGE 75, 142, 146; *Ossenbühl/Cornils*, 46). **Höchstrichterliche Rspr** ist vom Amtsträger bei seiner Entscheidung einzubeziehen (vgl BGHZ 84, 285, 288). Es besteht aber keine prinzipielle Bindung (*Ossenbühl* in Roellecke, Zur Problematik der höchstrichterlichen Entscheidung, 1982, 307), es sei denn, ein rechtskräftiges Urt ist unmittelbar gegen den Verwaltungsträger ergangen (BGH MDR 1962, 201; NJW 1994, 3158). Zur Prüfungs- und Verwerfungskompetenz bzgl rechtswidriger Unionsrechtsnormen s *Pietzcker*, FS Everling, Bd 2, 1995, 1095. Nach BGHZ 87, 9, 18 besteht **keine Amtspflicht** zur **Erfüllung von öffentlich-rechtl Verträgen**, da andernfalls das vertragl Haftungsregime und die für die Nichterfüllung geltenden speziellen materiellen und prozessualen Regelungen umgangen werden könnten (aA MüKo/*Papier/Shirvani* Rn 197); Amtspflichten aus öffentlich-rechtl Verträgen müssen aber zumindest bzgl Dritter angenommen werden, die in den vertragl Schutzbereich einbezogen sind, denen indes zur Durchsetzung ihrer Positionen kein eigener Rechtsbehelf zur Verfügung steht (offengelassen von BGHZ 120, 184, 188). 52

bb) Ein Unterfall der allg Amtspflicht zu rechtmäßigem Handeln ist die Amtspflicht zur **Beachtung der Zuständigkeits-, Verfahrens- und Formvorschriften** (BGHZ 65, 182, 188; 117, 240, 244; *Ossenbühl/Cornils*, 47ff). Auch hier müssen allerdings die verwaltungsrechtl Wertungen haftungsrechtl berücksichtigt werden. So muss die Heilung eines (nicht nichtigen) formell-rechtswidrigen Verwaltungsakts nach § 45 VwVfG auch auf den Amtshaftungsanspruch durchschlagen (MüKo/*Papier/Shirvani* Rn 204). Ob entspr auch für die Unbeachtlichkeit von Verfahrens- und Formfehlern nach § 46 VwVfG gilt, ist str (dagegen MüKo/*Papier/Shirvani* Rn 205; dafür Soergel/*Vinke* Rn 115; teilw auch *Ossenbühl/Cornils*, 47f). Besondere praktische Bedeutung hat die aus dem Untersuchungsgrundsatz abgeleitete Amtspflicht zur **Sachverhaltsermittlung** (BGH VersR 1965, 684, 686; 53

NVwZ 1988, 283, 284). Die Behörde hat die Entscheidungsgrundlagen vollständig und sachverständig aufzubereiten, nötigenfalls auch fachlichen Rat einzuholen (BGH NVwZ 1988, 283, 284). Bei Bebauungsplänen ist der kommunale Satzungsgeber verpflichtet, die Existenz von **Altlasten** im Planungsgebiet zu prüfen (BGH NJW 1989, 976, 977; s *Schink* DÖV 1988, 529; *Krohn*, FS Gelzer, 1991, 281; *Ossenbühl* DÖV 1992, 761); diese Prüfungspflicht besteht jedoch nur bei hinreichend konkretisiertem Verdacht, nicht „ins Blaue hinein" (BGH NJW 1994, 253, 255). Bei Sanierungsmöglichkeit oder wenn Gesundheitsgefahren durch Auflagen bei einzelnen Baugenehmigungen abgewehrt werden können, kann die Pflicht zur Planaufhebung entfallen (BGH UPR 1992, 438). Die vorstehenden Grundsätze werden von der Rspr auch auf die Erteilung von Baugenehmigungen übertragen (BGHZ 123, 191, 195).

54 **cc) Amtspflichten bei Ermessensentscheidungen.** Die Rspr sah früher Ermessensfehler nur im Fall von Willkür oder Fehlerevidenz als amtspflichtwidrig an (BGHZ 4, 302, 311; 45, 143, 146). Nunmehr erkennt sie auch Ermessensverstößen unterhalb dieser Schwelle haftungsrechtl Relevanz zu (BGHZ 74, 144, 156; 75, 120, 124; BGH NJW 2018, 2723 Rn 44). Entspr den auf Ebene des Primärrechtsschutzes geltenden Wertungen ist jede fehlerhafte Ermessensausübung (vgl § 114 VwGO) als amtspflichtwidrig anzusehen (*Ossenbühl/Cornils*, 48f). Zu Kausalitätsfragen bei Ermessensentscheidungen Rn 66.

55 **dd) Amtspflicht zu rascher Sachentscheidung.** Dazu *J. P. Schmidt*, Staatshaftung für verzögertes Amtshandeln, 2001; *Reimer* DVBl 2017, 333. Entscheidungen sind mit der gebotenen Beschleunigung zu treffen, Anträge sind ohne unbegründete Verzögerung zu bearbeiten und bei Entscheidungsreife umgehend zu bescheiden (vgl BGHZ 30, 19, 26; BGH NVwZ 1994, 405, 406; VersR 2007, 839; 2002, 714; MDR 2008, 1033). Die Drei-Monats-Frist des § 75 VwGO ist insofern keine Mindestfrist (BGH NVwZ 1993, 299). Bei komplexen oder umfangreichen Verfahren kann eine längere Bearbeitung gerechtfertigt sein (Dürig/Herzog/Scholz/*Papier* Art 34 GG Rn 170). Legt ein Bauherr gegen die auf § 15 BauGB gestützte Zurückstellung seines Baugesuchs Widerspruch ein, muss die Bauaufsichtsbehörde mit Rücksicht auf dessen aufschiebende Wirkung die Bearbeitung fortsetzen, solange kein Sofortvollzug angeordnet wird (BGH NVwZ 2002, 123). Bei Verletzung der Amtspflicht zu rascher Sachentscheidung durch einen Spruchrichter findet Abs II S 1 keine Anwendung (Abs II S 2; Rn 83); zum Sonderfall der Haftung für die Fälle unangemessener Dauer eines Gerichtsverfahrens nach § 198 I 1 GVG Rn 19.

56 **ee) Amtspflicht zur Erteilung richtiger Auskünfte und Zusagen; Hinweis- und Warnpflichten.** Auskünfte ggü dem Bürger sind richtig, unmissverständlich und vollständig zu erteilen, so dass der Empfänger der Auskunft entspr disponieren kann (vgl BGHZ 30, 19, 25; 155, 354, 357; BGH NVwZ 2002, 373; VersR 2005, 1584; BGHZ 195, 276 Rn 25; vgl aber die in BGH NJW 1993, 3204, 3205 aufgezeigten Grenzen). Dies gilt insb ggü rechtsunkundigen und sozial schwächeren Personen (Hamm NJW 1989, 462). Ist zu erkennen, dass ein Bürger für ihn nachteilige Maßnahmen beabsichtigt, kann die Verwaltung eine Hinw- und Warnpflicht treffen (BGHZ 45, 23, 29; 66, 302, 307), insb wenn der Betroffene in einer besonderen Nähebeziehung zu ihr steht (BGH NVwZ 1996, 512, 513) oder ein längerer Abstimmungsprozess zw Behörde und Betroffenem vorausgegangen ist (BGH EBE 2003, 363). Die Verwaltung darf nicht „sehenden Auges" zulassen, dass der Bürger einen ohne weiteres vermeidbaren Schaden erleidet (BGH NJW 2000, 427, 432; VersR 2006, 76). Eine Warnpflicht besteht aber nicht, wenn die Behörde die zutr Kenntnis der Sach- und Rechtslage durch den Betroffenen voraussetzen durfte (BGH UPR 1993, 145; EBE 2003, 358). Behörden und Stellen, die über Sozialleistungsansprüche zu befinden haben, unterliegen nach § 14 SGB I umfassenden Beratungspflichten. Diese Pflichten werden jedoch idR erst durch ein entspr Begehren ausgelöst. Abw kann bei Vorliegen eines konkreten Anlasses für klar zutage liegende Gestaltungsmöglichkeiten gelten, die sich offensichtlich als zweckmäßig aufdrängen und die von jedem verständigen Leistungsberechtigten mutmaßlich genutzt werden (vgl BGH NVwZ 1997, 1243; FamRZ 1999, 1342; NJW 2019, 68 Rn 21). Hinw auf die Unverbindlichkeit von Auskünften führen grds nicht zum Fortfall der Haftung (BGH NJW 2003, 3049). Zur Informationspflicht nach § 31 II 1 VermG: BGH NJW-RR 2013, 217.

57 **ff) Vertrauensschutzbezogene Amtspflichten.** Die Behörde darf sich nicht in Widerspruch zu früherem Verhalten setzen, wenn hierdurch schutzwürdiges Vertrauen von Bürgern verletzt wird; aufgrund der **Amtspflicht zu konsequentem Verhalten** muss sie eine in bestimmter Weise geplante und begonnene Maßnahme auch entspr weiter durchführen (BGHZ 76, 343, 348; 87, 9, 18; BGH VersR 1990, 422; NVwZ 2006, 1207; eingehend *Bömer* NVwZ 1996, 749; *Kellner* NVwZ 2013, 482). Entspr gilt für Zusagen künftigen Verhaltens (BGHZ 23, 36, 49 für die Nichteinstellung von Beamten entgegen vorheriger Zusicherung). Hiermit in Verbindung steht die **Amtspflicht, keine rechtl ungesicherten Vertrauenstatbestände** durch Erlass obj **rechtswidriger Genehmigungen** zu schaffen. Sie gilt im Baugenehmigungsverfahren (BGHZ 60, 112, 117; 122, 317, 320; BGH NVwZ 1995, 620, 622; NVwZ-RR 2017, 579 Rn 28; *Beutling/Johlen* DVBl 2002, 263; zum Bauvorbescheid *Stüer* BauR 2000, 1431; *Hennig* BauR 2003, 194), ebenso bei immissionsschutzrechtl (Dürig/Herzog/Scholz/*Papier* Art 34 GG Rn 193) oder atomrechtl Genehmigungen (BGHZ 134, 268, 277). Soweit im Vertrauen auf Genehmigungsakte Aufwendungen getätigt wurden, die sich später wegen der Rechtswidrigkeit der Genehmigung als nutzlos erweisen, kann ein Amtshaftungsanspruch gegeben sein. Der amtshaftungsrechtl Vertrauensschutz findet allg dort eine Grenze, wo das Vertrauen nach den Maßstäben des § 48 II 3 VwVfG nicht schutzwürdig ist (BGHZ 134, 268, 283); für die Anwendung des § 254 ist hier im Grundsatz kein Raum (BGH aaO, 296). Ferner kann sich der Geschädigte dann nicht auf Vertrauensschutz berufen, wenn das verwirklichte Vorhaben in wesentlichen Punkten von der Genehmigung abweicht (BGH NVwZ 1994, 821, 822; VersR 2003, 370). Hingegen schließt die Drittanfechtung einer sofort vollziehbaren Genehmigung den Vertrauensschutz nicht zwingend aus (BGHZ 134, 268,

285; diff BGHZ 149, 51, 55f; BGH VersR 2008, 1691). – Zu spezifischen Amtspflichten in verschiedenen Verwaltungsbereichen s Rn 110ff.

3. Drittgerichtetheit der Amtspflicht. Der Amtshaftungsanspruch ist nur gegeben, wenn die verletzte Amtspflicht dem Amtswalter gerade dem Geschädigten ggü obliegt. Diese Voraussetzung hat eine **dreifache Funktion:** Sie dient (1) der Abgrenzung ggü solchen Amtspflichten, die ausschließlich ggü der Allgemeinheit bestehen und insofern keine drittschützende Wirkung haben, sie soll (2) die Frage beantworten, ob gerade der Geschädigte zu dem Kreis der durch die jew Amtspflicht geschützten „Dritten" gehört (BGH VersR 1962, 952; NJW 1965, 200, 201; BGHZ 56, 40, 45; 106, 323, 331; 110, 1, 9) und sie grenzt (3) die Haftung auf solche Schäden ein, die in den Schutzbereich der verletzten Amtspflicht fallen (BGHZ 134, 268, 276;191, 187 Rn 13; BGH NJW 2014, 2642 Rn 14). 58

a) Kriterien. Nach st Rspr des BGH beantwortet sich die Frage nach der Drittgerichtetheit der Amtspflicht – in allen drei Funktionen (Rn 58) – nach dem **Schutzzweck der Amtspflicht** (BGHZ 106, 323, 331; 109, 163, 167f; 134, 268, 276; 140, 380, 382; 162, 49, 55; 182, 370 Rn 14; BGH NJW-RR 2002, 307; NVwZ-RR 2003, 714). Ob die verletzte Amtspflicht **überhaupt drittgerichtet** ist, beurteilt sich danach, ob sie ihrem Zweck nach nur ggü der Allgemeinheit besteht (BGHZ 10, 124; 18, 110, 113; 32, 145) oder ob in qualifizierter und zugleich individualisierbarer Weise auf schutzwürdige Interessen eines erkennbar abgegrenzten Kreises Dritter Rücksicht zu nehmen ist (vgl BGHZ 92, 34, 52; 106, 323, 332; 182, 370 Rn 14; 195, 276 Rn 15; BGH NJW 2013, 3370 Rn 14; 8.11.2012 – III ZR 293/11 Rn 10; NVwZ 2017, 251 Rn 16; NJW 2018, 2264 Rn 11). Für die **Einbeziehung des Geschädigten in den Kreis der Dritten** ist entscheidend, ob die verletzte Amtspflicht wenn auch nicht notwendig allein, so doch auch den Zweck hat, das Interesse gerade dieses Geschädigten zu schützen. Hierfür genügt nicht, dass sich die Verletzung der Amtspflicht für den Geschädigten nachteilig auswirkt; es muss sich aus den die Amtspflicht begründenden Bestimmungen (zu denen neben formellen Gesetzen auch Verwaltungsvorschriften zählen sollen: BGH NJW 1984, 2216, 2218; 2013, 3370 Rn 17; krit dazu oben Rn 50) sowie aus der Natur des Amtsgeschäfts ergeben, dass der Geschädigte zu dem Personenkreis gehört, dessen Belange nach dem Zweck und der rechtl Bestimmung des Amtsgeschäfts geschützt und gefördert werden sollen. Erforderlich ist mithin eine besondere Beziehung zw der verletzten Amtspflicht und dem Geschädigten (st Rspr; vgl etwa BGHZ 39, 358, 362f; 56, 40, 45; 63, 35, 39; 110, 1, 9; 137, 11, 15; 140, 380, 382; 162, 49, 55; 182, 370 Rn 14; 191, 173 Rn 14; 195, 276 Rn 15). Hierbei muss eine Person nicht in allen ihren Belangen immer als „Dritter" anzusehen sein; entscheidend ist, ob gerade das im Einzelfall berührte Interesse nach dem Zweck und der rechtl Bestimmung des Amtsgeschäfts geschützt werden soll (BGHZ 106, 323, 331; 109, 163, 167, 168; 110, 1, 8, 9; 129, 17, 19; 195, 276 Rn 15). Ersatzfähig sind schließlich nur solche **Schäden**, die vom Schutzbereich der jew Amtspflicht erfasst sind (BGHZ 129, 17; 140, 380, 382; 146, 365, 368; BGH VersR 2009, 1362; BGHZ 191, 187 Rn 13; BGH NJW-RR 2009, 335 Rn 15). So soll etwa die Pflicht der Baugenehmigungsbehörde, die statische Berechnung für ein Bauvorhaben ordnungsgemäß zu prüfen, nicht dem Schutz der Vermögensinteressen dienen, die bei Standunsicherheit des Gebäudes infolge einer Fehlberechnung beeinträchtigt werden können (BGHZ 39, 358, 364; BGH NJW 1993, 384, 385); die Kennzeichnungspflicht von Deponiegelände im Bebauungsplan hat nicht den Zweck, den Bauherrn vor finanziellen Aufwendungen durch den Abtransport des Deponieguts zu bewahren (BGHZ 113, 367, 373); ein durch Verengung der Wasserleitung verursachter Rückstauschaden liegt außerhalb des Schutzbereichs einer verletzten Pflicht, wenn er durch Einbau einer Rückstaueinrichtung hätte vermieden werden können und der Anlieger nach der maßgeblichen Satzung zum Einbau einer solchen Sicherung verpflichtet ist (BGH NVwZ-RR 2021, 317 Rn 15, 17). 59

b) Typische Fallgruppen. aa) Die Drittgerichtetheit fehlt, soweit die Amtspflicht ausschließlich dem **reibungslosen Ablauf des internen Dienstbetriebs** oder der **Wahrung allg Belange des Gemeinwesens** dient, selbst wenn sich hieraus eine Reflexwirkung zugunsten der Belange Einzelner ergibt (BGHZ 26, 232, 234; 32, 145, 147; 75, 120, 127f; 11, 272, 273ff; einschränkend aber BGHZ 170, 260, 268). Bei Ausrichtung auf interne oder allg Belange kann die Amtspflicht aber durchaus den zusätzl Zweck haben, Interessen Einzelner zu wahren (BGH NJW 1974, 1764, 1765). **bb)** Die Drittgerichtetheit ist demggü stets zu bejahen (dh selbst wenn der Geschädigte der Verwaltung nur im allg Staat-Bürger-Verhältnis gegenüberstand), wenn die Amtspflichtverletzung dem Geschädigten ggü eine **unerlaubte Handlung iSd §§ 823ff** darstellt (MüKo/*Papier/Shirvani* Rn 228f; BGHZ 69, 128, 138; 78, 274, 279); auch die Fälle der Verletzung des § 826 (BGHZ 91, 243, 252; BGH NVwZ 1983, 698, 699; NVwZ-RR 2003, 714) zählen hierzu; anders wenn die öffentliche Hand Geschädigte ist (BGH VersR 2016, 1131 Rn 14). **cc)** Eine Drittgerichtetheit ist auch dann zu bejahen, wenn der Amtspflicht ein subj **öffentliches Recht** des Geschädigten korrespondiert (Dürig/Herzog/Scholz/*Papier* Art 34 GG Rn 181; Staudinger/*Wöstmann* Rn 174). Amtspflichtverletzungen, die Eingriffe in Grundrechte des Dritten sind, erfüllen stets die Voraussetzungen des Drittbezugs; dies gilt nicht nur für unmittelbar-finale Eingriffe, sondern auch für mittelbar-faktische Eingriffe, sofern diese in Zielsetzung und Wirkungen finalen Eingriffen gleichkommen (BVerfGE 105, 279, 303; 110, 177, 191; 113, 63, 76; 116, 202, 222). Liegt die Amtspflichtverletzung im Erlass eines rechtswidrigen belastenden Verwaltungsakts oder in der rechtswidrigen Ablehnung oder Unterlassung eines begünstigenden Verwaltungsakts, deckt sich die Drittgerichtetheit mit der **Klagebefugnis** gem § 42 II VwGO. Dritter ist danach, wer durch den VA oder seine Ablehnung oder Unterlassung in seinen subj öffentlichen Rechten verletzt ist (BGHZ 125, 258, 268ff). Das Bestehen solcher subj-öffentlicher Rechte bestimmt sich nach der Schutznormlehre (st Rspr des BVerwG, zB BVerwGE 92, 313, 317; 117, 93, 99); hierbei muss nicht jedes Interesse des Dritten vom Schutzzweck der Amtspflicht erfasst sein (sog „aufgespaltene Amtspflicht"; BGHZ 129, 17, 19; BGH NJW 1994, 60

2415, 2416; Rn 59). **dd)** IÜ werden als **Indizien** für eine Drittgerichtetheit der Amtspflicht genannt: Dem Geschädigten ist gegen die Amtshandlung ein verwaltungsgerichtlicher Rechtsbehelf eröffnet (*Bender*, Staatshaftungsrecht, Rn 509); der Geschädigte war dem Verwaltungshandeln „ausgeliefert"; enger Kontakt zw Verwaltung und Geschädigtem, insb Sonderbeziehungen (vgl *Ossenbühl/Cornils*, 61 mwN, 62f). Bloß mittelbares Betroffensein schließt die Drittbezogenheit nicht schlechthin aus (BGHZ 20, 53, 56; 69, 128, 140), ebenso wenig der Umstand, dass sich der Eingriff erst später beim Geschädigten auswirkt (BayObLG 1966, 285, 295) oder der Geschädigte nicht unmittelbar am Amtsgeschäft beteiligt ist (BGHZ 137, 11, 15). In Fällen **arbeitsteilig gestalteter Verwaltungsverfahren** kommt es für die Bestimmung der Drittbezogenheit von Amtspflichten intern mitwirkender Verwaltungseinrichtungen darauf an, ob diese kraft ihres Fachwissens die Entscheidung im Außenverhältnis de facto determinieren (BGHZ 146, 365, 369). Zur Drittgerichtetheit der Remonstrationspflicht des Beamten Bremen 23.1.2019 – 1 U 25/18, juris Rn 58.

61 **c) Haftung unter Hoheitsträgern.** Auch (rechtsfähige) jur Pers des öffentlichen Rechts können „Dritte" iSd § 839 sein. Voraussetzung hierfür ist, dass diese jur Pers dem Amtsträger in einer Weise gegenübersteht, wie es für das Verhältnis zw diesem und seinem Dienstherrn auf der einen und einem Staatsbürger auf der anderen Seite charakteristisch ist (BGHZ 26, 232, 234; 116, 312, 315; 148, 139, 147; 153, 198, 201f; BGH VersR 2008, 252; BGHZ 177, 37 Rn 11; BGH VersR 2010, 346 Rn 21; BGHZ 191, 173 Rn 15). Daran fehlt es bei Erfüllung einer gemeinsamen Aufgabe (sog „gleichsinniges Zusammenwirken", etwa im Verhältnis Rentenversicherungsträger – Krankenkassen; BGHZ 116, 312, 316). Eine amtshaftungsrechtl relevante Interessensgegnerschaft wird man hingegen bei Schädigung von Selbstverwaltungskörperschaften im eigenen Wirkungskreis durch Amtsträger von Aufsichtsbehörden zu bejahen haben (BGHZ 153, 198, 201f; 170, 356 Rn 27; BGH NVwZ-RR 2013, 896 Rn 10). Soweit der Schaden nach den jew Regeln über die beamtenrechtl bzw dienstrechtl Innenhaftung ersetzt verlangt werden kann, scheidet ein Amtshaftungsanspruch aus (Dürig/Herzog/Scholz/*Papier* Art 34 GG Rn 208f mwN). Zur Drittgerichtetheit der Amtspflichten des Bundesversicherungsamtes bei der Genehmigung von Satzungen der Krankenkassen *Thüsing/Pötters/Traut* SGb 2012, 569, 570ff. Im Verhältnis Bund – Länder ist zusätzl die verfassungsunmittelbare Haftung nach Art 104a V 1 Hs 2 GG zu beachten (vgl Rn 10).

62 **d) Haftung für normatives Unrecht.** Dazu insb *Ossenbühl/Cornils*, 104ff mwN; *Boujong*, FS Geiger, 1989, 430ff; *Dohnold* DÖV 1991, 152ff; *Schenke/Guttenberg* DÖV 1991, 945ff; *Fetzer*, Die Haftung des Staates für legislatives Unrecht, 1994; *Mader* BayVBl 1999, 168; *Schmitt/Werner* NVwZ 2017, 21. Hier scheitert ein Amtshaftungsanspruch regelmäßig daran, dass die beteiligten Mitglieder des mit dem Normerlass befassten Organs ausschließlich Aufgaben der Allgemeinheit wahrnehmen (Staudinger/*Wöstmann* Rn 177ff). Dies gilt für **Gesetzgebungsorgane** (BT, Länderparlamente) ebenso wie für den **Verordnungsgeber** (BGHZ 56, 40, 46; 87, 321, 335; 102, 350, 367f; 134, 30, 32; BGH NJW 1989, 101; NVwZ-RR 1993, 450; VersR 2007, 839; NJW 2013, 168 Rn 41; NVwZ 2021, 1315 Rn 12). Zur damit nicht deckungsgleichen Frage der Haftung nach den Grundsätzen des enteignungsgleichen Eingriffs s BGHZ 111, 349, 353; BGH DVBl 1993, 718).

63 Ausnahmen sind bisher anerkannt für Maßnahme- oder Einzelfallgesetze bzw -verordnungen, die sich an eine Einzelperson oder einen individuell bestimmten Personenkreis richten (vgl BGHZ 56, 40, 46; BGH NJW 1989, 101; NVwZ 2021, 1315 Rn 14; BayObLG NJW 1997, 1514, 1515; zust *Ossenbühl/Cornils*, 106f; krit hingegen MüKo/*Papier/Shirvani* Rn 261 mwN). Auch der Erlass von **Verwaltungsvorschriften** wird vom BGH nach diesen Maßstäben behandelt (BGHZ 91, 233, 249; 102, 350, 368); hier wird aber häufiger eine individualisierte Beziehung zum Geschädigten vorkommen (vgl etwa BGHZ 63, 319, 324; Hamm VersR 1993, 1150). Ein Verstoß gegen das Grundrecht aus Art. 2 Abbs. 1 GG soll hingegen nicht reichen, obwohl dies die Klagebefugnis nach § 42 Abs. 2 VwGO eröffnet (NVwZ 2021, 1315 Rn 21). In den Fällen **unionsrechtswidriger Schädigungen** Einzelner durch legislatives Handeln oder Unterlassen greift der eigenständige unionsrechtl Staatshaftungsanspruch, der entspr Einschränkungen nicht kennt (Rn 14).

63a Bei **Satzungen**, insb bei **Bebauungsplänen**, kann hingegen das Merkmal der Drittgerichtetheit bei Verstößen gegen drittschützende Normen höherrangigen Rechts erfüllt sein (BGHZ 84, 292, 300; 92, 34, 51). So zB bei der Nichtberücksichtigung abwägungserheblicher Individualbelange im Rahmen der planerischen Abwägung nach § 1 VI BauGB (BGHZ 106, 323, 332; 123, 363; näher *Boujong* WiVerw 1991, 59; *Giesberts* DB 1996, 361), sofern der Plangeber hierbei das drittschützende Gebot der Rücksichtnahme verletzt (BGHZ 92, 34, 52; krit hierzu MüKo/*Papier/Shirvani* Rn 265); nicht hingegen bei Verstoß gegen § 8 II 1 BauGB (BGHZ 84, 292, 301). Bei Verletzung dieser Amtspflicht können auch fehlgeschlagene Vermögensaufwendungen (etwa für einen Haus- oder Grundstückskauf in kontaminiertem Gelände) ersetzbar sein (BGHZ 106, 323, 334; 117, 363, 366); sie müssen aber in einer unmittelbaren Beziehung zu der verletzten Amtspflicht stehen (von BGHZ 121, 65, 67 verneint für den Fall, dass aufgrund der Kontaminierung des Planungsgebiets ein weiterhin bewohnbares Haus einen geringeren Marktwert besitzt). Zum Rückgriff auf § 1 V BauGB in **anderen Fällen der Gefährdung von Leben und Gesundheit der künftigen Wohnbevölkerung** s BGHZ 140, 380, 382ff; 142, 259, 263ff. Zu den **Normsetzungsakten der Selbstverwaltungsorgane in der gesetzl Krankenversicherung** s BGH NJW 2002, 1793; zur als Satzung erlassenen Börsenordnung Frankfurt 14.5.2013 – 1 U 176/10 Rn 157ff.

64 **e) Einzelfälle.** Staatliche **Aufsicht über technische Betriebe und Anlagen** erfolgt auch zum Schutz von Leben, Gesundheit und Eigentum der durch den Betrieb bzw die Anlage gefährdeten Personengruppen, hingegen regelmäßig nicht zum Schutz der Vermögensinteressen des Unternehmers bzw Anlagenbetreibers (vgl BGH NJW 1965, 200, 201). – Die Amtspflicht zur Erteilung rechtmäßiger **Baugenehmigungen, Bauvorbescheide** und **Teilungsgenehmigungen** dient grds nur dem Schutz des Antragstellers vor Vermögensschäden (BGHZ 60, 112,

117; 122, 317, 320; BGH DVBl 1985, 109; NVwZ-RR 2017, 579 Rn 28), nicht hingegen Dritter (BGH NJW 1996, 724; vgl aber die Ausnahmekonstellation in BGH VersR 1985, 472), auch nicht des Grundstückeigentümers, selbst wenn dieser beigeladen wurde (BGH NJW 1994, 2091). Bei **rechtswidriger Versagung** der Baugenehmigung ist der Antragsteller in Bezug auf den ersatzfähigen Schaden so zu stellen, wie er bei rechtzeitiger und richtiger Bescheidung seines Antrags gestanden hätte (BGH BauR 2008, 494). Bei **rechtswidrig erteilten** Baugenehmigungen können neben dem Antragsteller auch Dritte (zB spätere Käufer) geschützt sein, sofern sie das Bauvorhaben verwirklichen wollen und im Vertrauen auf den Bestand der Genehmigung konkrete Vermögensaufwendungen tätigen (BGH NJW 1993, 2303; 1994, 2087; BGHZ 149, 50, 52ff; s aber auch BGHZ 134, 268); ggü Nachbarn werden Amtspflichten dann verletzt, wenn die Genehmigung gegen nachbarschützende Normen verstößt (BGHZ 86, 356, 362). Ersatzfähig sind beim Bauherrn nur die Aufwendungen, die er im Vertrauen auf die Genehmigung tätigt (zB Kosten für Abschluss und Rücktritt vom Bauvertrag, BGH NJW 2009, 1207; aber kein Schutz des Provisionsinteresses des Architekten, der vom Eigentümer mit der Antragstellung beauftragt war, BGHZ 125, 258, 269; BGH NJW 1993, 384, 385: Prüfung der Statik durch Behörde schützt Bauherren nicht gegen Vermögensschäden bei falscher Berechnung; BGHZ 144, 394: Amtspflicht, eine Baugenehmigung nur dann zu erteilen, wenn die Zuwegung zum Baugrundstück durch Baulast gesichert ist, nimmt Bauherrn nicht das Risiko der privatrechtl Verweigerung der Bewilligung durch Nachbarn). Bei rechtswidriger Versagung des Einvernehmens gem § 36 BauGB verletzt auch die Gemeinde Amtspflichten ggü dem Antragsteller (BGHZ 65, 182, 187; BGH DÖV 2003, 295); dies gilt aber nicht, wenn das rechtswidrig verweigerte Einvernehmen ersetzt werden kann durch die Bauaufsichtsbehörde (BGH NVwZ 2013, 167 Rn 17) oder die Kommunalaufsichtsbehörde (BGHZ 231, 291 Rn 20ff). – Zur **Bauleitplanung** Rn 63. – Zu den Pflichten des **Jugendamtes** Rn 125. – Die **Kommunalaufsicht** dient grds nur dem öffentlichen Interesse, sofern nicht die befasste Behörde der Aufsichtsbehörde eine konkrete Angelegenheit vorgelegt hat (vgl BGHZ 15, 305, 309; s aber auch BGH VersR 2002, 55 sowie Dresden DÖV 2002, 89). Die Tätigkeit im Zulassungsverfahren für **Kraftfahrzeuge** gem § 21 StVZO bezweckt nicht den allg Vermögensschutz des Autokäufers (BGH DÖV 1973, 243), ebenso wenig die Prüfung und Eintragung des Erstzulassungsdatums in den Kfz-Brief (BGH VersR 1982, 242, 243). Drittgerichtet hingegen die Pflichten der Zulassungsstelle, ein Fahrzeug bei fehlender Haftpflichtversicherung außer Betrieb zu setzen (BGH NJW 1982, 988; Düsseldorf VersR 1994, 859) und beim Anbringen der Stempelplakette zu prüfen, ob das Kennzeichenschild das korrekte Kennzeichen trägt oder ob dem Schildhersteller beim Aufdruck ein Fehler unterlaufen ist (BGH NJW 2018, 2264 Rn 11). – Grds kommt auch eine Drittbezogenheit der Amtspflichten im **Polizei- und Ordnungsrecht** in Betracht (BGHZ 45, 143, 145; BGH VersR 2009, 219, 220); bei Gefährdung wichtiger Individualbelange besteht eine polizeiliche Tätigkeitspflicht zum Schutz des Gefährdeten. Die Amtspflichten von **Staatsanwälten** zur Verfolgung von Straftaten hingegen bestehen grds nur im öffentlichen Interesse; Drittbezogenheit ggü dem Beschuldigten kann aber bei unberechtigten Ermittlungshandlungen und Anklageerhebungen gegeben sein (BGH VersR 2001, 586; NJW 1996, 2373; s *Vogel* NJW 1996, 3401), auch im Hinblick auf das Vermögen des Beschuldigten (BGH VersR 2001, 586), ausnahmsw auch ggü dem durch die Straftat Geschädigten, etwa hinsichtl der Pflicht zur Sicherstellung der Diebesbeute (BGH NJW 1996, 2373). – Bei der **dienstlichen Teilnahme am Straßenverkehr** sind geschützte Dritte iSv § 839 alle Straßenverkehrsteilnehmer, jedoch in sachlicher Hinsicht nur im Gewährleistungsumfang des § 823 (BGHZ 68, 217, 222). Entspr gilt für die Verletzung (öffentlich-rechtl ausgestalteter) **Verkehrssicherungspflichten** (BGH VersR 1983, 636). – Zur **Stifungsaufsicht** s Vor § 80 Rn 28. – **Wirtschaftsaufsicht**: Die staatliche Versicherungsaufsicht erfolgt nur noch im öffentlichen Interesse (§ 294 VIII VAG). Entspr gilt für die Bankenaufsicht (§ 4 IV FinDAG; einengend aber BGHZ 162, 49: Drittschutz ggü Adressaten der Aufsichtsmaßnahme) und die Börsenaufsicht (§ 3 III BörsG); zur Verfassungsmäßigkeit BGHZ 162, 49; aA *Schenke/Ruthig* NJW 1994, 2324; zur Vereinbarkeit mit Unionsrecht EuGH Slg 2004, I-09425 Rn 32ff. Auch sonstige Vorschriften zur staatlichen Wirtschaftsaufsicht schützen im Regelfall nicht die Interessen von Konkurrenten (vgl BVerwG DVBl 1965, 364, 365; BGH UPR 1994, 386); zur Wahrnehmung der Aufgaben der Börsenorgane vgl § 7 VI, § 12 VI, § 15 VIII BörsG; dazu Frankfurt ZIP 2001, 730; NJW-RR 2006, 416; 14.5.2013 – 1 U 176/10, Rn 152ff). Zur Drittgerichtetheit der Amtspflichten des BKartA ggü den (nicht notwendig klagebefugten iSv § 42 II VwGO) Beteiligten des Verwaltungsverfahrens iSv § 54 II Nr 4 GWB: LG Köln BB 2013, 781 (zweifelhaft; zust aber *Ehlers/Stadermann* WuW 2013, 495). – Amtspflichten zur Beachtung von **Zuständigkeitsregelungen** schützen grds jeden dadurch Geschädigten, wenn eine innere Beziehung zw der Amtshandlung und den durch die zuständige Stelle zu schützenden Belangen des Dritten besteht, dh dessen Interessen dadurch konkret berührt werden (BGHZ 117, 240, 244). – Zur Drittgerichtetheit von Mitteilungspflichten nach § 31 II 1 VermG BGH VersR 2011, 672 Rn 7.

4. Kausalität. Zur Beantwortung der Frage, ob die Amtspflichtverletzung den behaupteten Schaden verursacht hat, ist zu prüfen, welchen Verlauf das Geschehen bei pflichtgemäßem Verhalten des Amtsträgers genommen hätte und wie sich das Vermögen des Geschädigten dann darstellen würde (BGHZ 96, 157, 171; 129, 226, 232f; 146, 122, 128; BGH NJW 2005, 68; VersR 2010, 529, 531); Kausalität ist nur dann anzunehmen, wenn die Vermögenslage des Verletzten bei pflichtgemäßem Verhalten günstiger als die tatsächliche wäre (BGH VersR 1966, 286, 289). Maßgeblich ist der Zeitpunkt der letzten mündlichen Tatsachenverhandlung im Amtshaftungsprozess; die nachträgl rückwirkende Schaffung der satzungsrechtl Grundlage für einen bisher fehlerhaften Gebührenbescheid ist daher zu berücksichtigen (BGHZ 109, 380, 381; 127, 223, 228). Die Amtspflichtverletzung darf dabei nicht nur unter besonders eigenartigen, ganz unwahrscheinlichen oder nach dem regelmäßigen Verlauf der Dinge außer Betracht zu lassenden Umständen zum Herbeiführen des Schadens geeignet gewesen sein (BGHZ 3, 261, 267; 96, 157, 171; 137, 11, 19; BGH NJW 1992, 2086, 2087). Wenn der Geschädigte oder ein 65

Dritter in völlig unsachgemäßer oder ungewöhnlicher Weise in den Geschehensablauf eingegriffen und eine weitere Ursache gesetzt hat, die den Schaden erst endgültig herbeiführte, kann die Zurechnung für solche nicht adäquaten Folgen ausscheiden (BGH NJW 1986, 1329; 1988, 1143, 1145); schafft der Amtsträger hingegen eine Gefahrenlage, bei der Fehlleistungen des Geschädigten oder eines Dritten erfahrungsgemäß vorkommen oder sogar gerechtfertigt sind, ist dem Amtsträger im Regelfall der Schaden zuzurechnen (BGH NJW 1988, 1262, 1263; 1998, 138, 140).

66 Bei pflichtwidrigem **Unterlassen** einer gebotenen Amtshandlung ist die Kausalität dann zu bejahen, wenn der Schaden bei pflichtgemäßem Tätigwerden mit an Sicherheit grenzender Wahrscheinlichkeit nicht oder jedenfalls nicht in dieser Höhe eingetreten wäre; die bloße Möglichkeit oder Wahrscheinlichkeit eines Ausbleibens des Schadens reicht nicht (BGH NVwZ 1994, 823, 825; NJW 2005, 68; NVwZ-RR 2005, 149, 152; NJW 2005, 68, 71; NVwZ-RR 2021, 620 Rn 24); der Geschädigte hat insoweit darzulegen und zu beweisen, in welcher für ihn günstigen Weise das Geschehen bei Vornahme der gebotenen Amtshandlung verlaufen wäre (BGH NVwZ-RR 2021, 620 Rn 24). Bei **gebundenen Entscheidungen** ist darauf abzustellen, wie (und zu welchem Zeitpunkt, BGH NVwZ 1994, 405, 407) richtigerweise hätte entschieden werden müssen (BGH NJW 1986, 1925, 1925; NVwZ 1994, 409). Bei **Ermessensentscheidungen** besteht Kausalität zw Amtspflichtverletzung und Schaden nur, wenn fest steht, dass der Schaden bei fehlerfreier Ermessensausübung der Behörde unter Berücksichtigung ihrer tatsächlichen Verwaltungsübung in gleichen oder ähnl Fällen (BGH NVwZ 1985, 682, 684; NJW 2018, 2723 Rn 42; RGRK/*Kreft* Rn 306) nicht eingetreten wäre (BGH VersR 1985, 682); Kausalität scheidet hingegen aus, wenn nicht ausgeschlossen werden kann, dass die Behörde bei fehlerfreier Ausübung des ihr eingeräumten Ermessens – unter Berücksichtigung der tatsächlichen Verwaltungsübung – zu demselben Ergebnis gelangt wäre (BGH VersR 1985, 887; zur Maßgeblichkeit einer erkennbar hervorgetretenen früheren behördlichen Absicht s BGHZ 143, 362, 366). Beruht ein Schaden haftungsrechtl auf mehreren Ursachen, die von verschiedenen Personen gesetzt worden sind, so haften diese grds als Gesamtschuldner. Zivilrechtl wird in diesen Fällen nicht danach unterschieden, ob einzelne Ursachen wesentlicher sind als andere. Dies gilt idR auch dann, wenn eine Ursache für sich allein den Schaden nicht herbeigeführt hätte, es dazu vielmehr des Hinzutretens weiterer Umstände (**kumulativen Gesamtkausalität**) bedurfte. Demgemäß ist grds auch der Schaden zu ersetzen, der letztlich erst durch das Eingreifen eines Dritten eintritt (BGH NJW 2009, 987 Rn 20; NVwZ-RR 2021, 620 Rn 25). Die Zurechenbarkeit fehlt in derartigen Fällen erst dann, wenn das Eingreifen des Dritten den Kausalverlauf so verändert, dass der Schaden bei wertender Betrachtung in keinem inneren Zusammenhang mit dem von dem Anspruchsgegner zu vertretenden Fehler steht, dieser also ganz hinter die weitere Ursache zurücktritt und letztlich nur noch in einem äußeren rein zufälligen Zusammenhang mit der durch die erste Ursache geschaffenen Gefahrenlage steht (BGH NJW 2018, 944 Rn 21; BGHZ 211, 375 Rn 15; BGH NJW 2009, 987 Rn 21). Dies ist etwa bei einem völlig ungewöhnlichen und unsachgemäßen Eingreifen eines Dritten in den schadensträchtigen Geschehensablauf der Fall (vgl etwa BGH GRUR 2016, 961 Rn 34; NVwZ-RR 2021, 620 Rn 25). Einzelfälle: Stützt sich eine Baugenehmigungsbehörde bei rechtswidriger Versagung einer Baugenehmigung zusätzl zu eigenen Erwägungen auch auf das fehlende Einvernehmen der Gemeinde gem § 36 BauGB, so beseitigt dies nicht die Ursächlichkeit der eigenen Amtspflichtverletzung (BGHZ 118, 263, 267; s auch BGH VersR 2002, 712; dazu auch Rn 101).

67 Die Rspr unterscheidet von der Kausalität der Amtspflichtverletzung die insoweit nachfolgende Frage, ob der Schaden auch bei **rechtmäßigem Alternativverhalten** des Amtsträgers eingetreten wäre; hierfür ist maßgeblich, ob dem Schadensverursacher nach dem Schutzzweck der verletzten Amtspflicht (BGH DÖV 1993, 307, 308) die Folgen seines pflichtwidrigen Handelns bei wertender Betrachtung billigerweise zugerechnet werden können (Staudinger/*Wöstmann* Rn 231 mwN). Zugelassen wird der Einwand bei verfahrensfehlerhaften Entscheidungen, bei ordnungsgemäßem Verfahren hätte eine gleichlautende Entscheidung ergehen müssen (BGHZ 63, 319, 325; 96, 157, 171f; 143, 362, 365; BGH NJW 1995, 2778, 2780); hingegen keine Anerkennung, wenn das rechtmäßige Verhalten dem in Kenntnis der rechtl Problematik gebildeten Willen der Behörde widerspräche (BGHZ 143, 362, 365; 214, 360 Rn 53; BGH NJW 1998, 1307; WuM 2017, 18). Bei **Ermessensentscheidungen** ist die Frage der hypothetisch rechtmäßigen Ausübung des Ermessens hingegen eine solche der Kausalität (BGHZ 120, 281, 288; krit dazu Staudinger/*Wöstmann* Rn 233); dies hat ua Bedeutung für die Beweislastverteilung (Rn 68). Zur Unerheblichkeit des Einwands rechtswidrig-schuldlosen Alternativverhaltens Köln VersR 1996, 456.

68 Die **Darlegungs- und Beweislast** dafür, dass der Schadenseintritt bei pflichtgemäßem Handeln der Behörde mit an Sicherheit grenzender Wahrscheinlichkeit vermieden worden wäre, obliegt grds dem Anspruchsteller (BGHZ 129, 226, 234; BGH NJW 1986, 2829, 2831; 1989, 2945, 2946; WM 1995, 64, 66; zur Verfassungsmäßigkeit BVerfG NJW 2013, 3630 Rn 38); beruft sich hingegen die Behörde auf ein rechtmäßiges Alternativverhalten, ist sie dafür beweispflichtig (BGH NJW 1998, 1307, 1308). Für den Beweis der **haftungsausfüllenden Kausalität** kommen dem Geschädigten die Erleichterungen des § 287 ZPO zugute (BGHZ 135, 354, 365). Zu einer weitergehenden Beweislastumkehr kann es kommen, wenn die Amtspflichtverletzung und der zeitl nachfolgende Schaden feststehen; das gilt jedoch nur, wenn nach der Lebenserfahrung eine tatsächliche Vermutung oder eine tatsächliche Wahrscheinlichkeit für den ursächlichen Zusammenhang besteht (BGH VersR 1995; BGHZ 129, 226, 234; 168, 170; BGH NVwZ-RR 2005, 5, 6; NJW 2005, 68, 72). Ist die Beweislage des Geschädigten gerade durch die Amtspflichtverletzung entscheidend verschlechtert worden, können ihm Beweiserleichterungen bis hin zur Umkehr der Beweislast zugutekommen (BGH MDR 1978, 735, 736; NJW 1983, 2241, 2242; 1986, 2829, 2832; VersR 1995, 168, 170; BGHZ 129, 226, 234; BGH NJW 2005, 68, 72; NVwZ-RR 2013, 909; einschränkend BGH 14.7.2016 – III ZR 265/15, juris Rn 32: jedenfalls dann, wenn die Beweislage bei Hinwegdenken der Amts-

pflichtverletzung offen war). Zur Notwendigkeit einer sekundären Beweislast BGHZ 145, 170, 184f; BVerfG NJW 2013, 3630 Rn 40; EuGRZ 2013, 563 Rn 61ff. Diese Beweiserleichterungen sollten eng gehandhabt werden, da sie (zB bei Amtspflichtverletzungen durch Unterlassen im Ermessensbereich) zu unbefriedigenden Divergenzen zw Primär- und Sekundärrechtsschutz (vgl Rn 106) führen können.

5. Verschulden. Das Verschulden des Beamten muss sich nur auf die Amtspflichtverletzung, nicht auf den eingetretenen Schaden beziehen (BGH VersR 1984, 379, 380; BGHZ 135, 354, 362; vgl aber BGH VersR 1973, 417, 419 zur vorsätzlichen Schädigung unbeteiligter Dritter). Aufgrund der Ausgestaltung der Amtshaftung als übergeleiteter persönlicher Beamtenhaftung ist grds ein **persönlicher Schuldvorwurf** ggü individuellen Amtsträgern erforderlich. Ausnahmen bestehen bei Unmöglichkeit, die verantwortliche Einzelperson festzustellen; hier reicht die Feststellung, dass jedenfalls irgendein Amtsträger des beklagten Verwaltungsträgers seine ihm obliegende Amtspflicht verletzt hat (RGZ 100, 102; BGH WM 1960, 1304). Ein persönlicher Schuldvorwurf ist auch entbehrlich, soweit eine Amtspflichtwidrigkeit auf ein Organisationsverschulden der Behörde zurückzuführen ist (etwa Überlastung des Personals, fehlende Personalausstattung, fehlende Aufsicht, fehlende Instruktion; BGHZ 66, 302, 312; nach BGH VersR 2007, 839 gilt dies auch dann, wenn das Versäumnis bei der übergeordneten Behörde liegt. 69

Inhaltlich gilt der Maßstab des § 276; auch die §§ 827, 828 finden Anwendung, wobei im Falle des § 827 eine Billigkeitshaftung nach § 1 II RBHaftG bzw der inhaltlich übereinstimmenden Landesgesetze in Betracht kommt (s MüKo/*Papier*/*Shirvani* Rn 294). Zum **Vorsatz** gehört die Kenntnis der die Amtspflichtverletzung begründenden Tatsachen und das Bewusstsein der Pflichtwidrigkeit; zumindest muss der Beamte mit der Möglichkeit eines solchen Verstoßes rechnen und dies billigend in Kauf nehmen (BGHZ 120, 176, 181). Für den **objektivierten Fahrlässigkeitsmaßstab** des § 276 I 2 ist bei der Ermittlung der im Verkehr erforderlichen Sorgfalt auf die Kenntnisse und Fähigkeiten des „pflichtgetreuen Durchschnittsbeamten" (BGH VersR 1968, 371, 373) abzustellen, die für die Führung des übernommenen Amts im Durchschnitt erforderlich sind, nicht auf die in der betreffenden Behörde übliche oder die nach dem Leistungsniveau des konkreten Amtsträgers zu erwartende Sorgfalt (BGHZ 134, 268, 274; BGH VIZ 2001, 221; MüKo/*Papier*/*Shirvani* Rn 288) oder die Kenntnisse, die der Beamte tatsächlich hat (BGH NVwZ 1986, 2829). Die erforderlichen Kenntnisse muss sich der Beamte notfalls verschaffen (BGHZ 117, 240, 249; BGH NJW 2000, 3358; s auch BGHZ 106, 323, 330 zu Mitgliedern kommunaler Vertretungsorgane). Je bedeutsamer eine Verwaltungsaufgabe ist, desto höhere Sorgfaltsanforderungen bestehen (BGH WM 1997, 375, 378 für atomrechtl Genehmigungsverfahren). Bei **Richtern iSd Art 97 I GG** außerhalb von § 839 II 1 Schuldvorwurf nur bei besonders groben Pflichtverstößen, so dass i Erg keine Prüfung der Richtigkeit, sondern der Vertretbarkeit der Entscheidung (BGHZ 155, 306, 309f; 187, 286 Rn 14; 199, 190 Rn 45; BGH WM 2014, 2236 Rn 19); gleiches soll für Rechtspfleger bei Weisungsfreiheit gelten (BGH WM 2014, 2236 Rn 20 – zweifelhaft). 70

Nicht jeder obj Rechtsirrtum begründet einen Schuldvorwurf. Eine **obj rechtswidrige Gesetzesauslegung oder Rechtsanwendung** ist dem Amtsträger nur dann vorwerfbar, wenn sie gegen den klaren, bestimmten und eindeutigen Wortlaut der Vorschrift verstößt oder im Gegensatz zu einer gefestigten höchstrichterlichen Rspr steht (BGHZ 30, 19, 22; BGH NJW 1968, 2144, 2145); nach BGH NJW-RR 1992, 919 genügt es, wenn die Zweifelsfragen durch die höchstrichterliche Rspr geklärt sind, wobei Klärung schon durch eine Entscheidung herbeigeführt werden kann (BGH NJW 1963, 1453, 1454; VersR 1964, 195, 196; krit hierzu Dürig/Herzog/Scholz/*Papier* Art 34 GG Rn 229). Betrifft die obj unrichtige Rechtsanwendung hingegen eine Vorschrift, deren Inhalt – bezogen auf den zur Entscheidung stehenden Einzelfall – zweifelhaft sein kann und noch nicht durch eine höchstrichterliche Rspr klargestellt ist, ist dies nicht vorwerfbar, wenn die abweichende Auffassung des Beamten als rechtl vertretbar angesehen werden kann und aufgrund sorgfältiger rechtl und tatsächlicher Prüfung gewonnen wurde; dem Beamten ist auch die spätere Missbilligung seiner Rechtsauffassung durch die Rspr dann nicht rückschauend als Verschulden anzulasten (BGH NJW 1994, 3158; NVwZ-RR 1996, 65; BGHZ 117, 240, 250; 119, 365, 369f; 146, 153, 165; 150, 172, 181; 161, 305; BGH NZS 2012, 35 Rn 14; BGHZ 188, 302 Rn 13; NVwZ-RR 2021, 66 Rn 16), ebenso wenig, wenn er sich einer gegen seine Behörde ergangenen gerichtlichen Entscheidung nach gründlicher Prüfung und mit vertretbarer Begründung nicht beugt, sondern hiergegen Rechtsmittel einlegt (BGH NJW 1994, 3158, 3159). Nach BGHZ 188, 302 Rn 16 soll für fehlende Sorgfalt des Beamten bei der Gesetzesauslegung schon die unzureichende Begründung der Entscheidung genügen. 71

Das Verschulden entfällt im Grundsatz stets dann, wenn ein mit mehreren Berufsrichtern (BGHZ 152, 172, 184) besetztes **Kollegialgericht** die Amtshandlung für rechtmäßig gehalten hat; denn von einem Beamten kann regelmäßig eine bessere Rechtseinsicht als von einem mit mehreren Rechtskundigen besetzten Kollegialgericht nicht erwartet werden (BGHZ 17, 153, 158; BGH VersR 2001, 586; 2005, 1434; NJW 2009, 1374 Rn 20; BGHZ 187, 286 Rn 36; BGH NVwZ-RR 2000, 744 Rn 11ff; 2000, 746 Rn 20; 2003, 166 Rn 9; 2005, 149 Rn 24; 2005, 152 Rn 16; 2021, 66 Rn 18; 2021, 298 Rn 17; 2021, 671 Rn 20; krit *B. Schmidt* NJW 1993, 1630). Voraussetzung ist, dass der Beamte eine Rechtsfrage zu beantworten hat, die zweifelhaft und nicht einfach zu lösen ist (BGHZ 187, 286 Rn 37) und dass das Kollegialgericht das konkrete, dem geltend gemachten Amtshaftungsanspruch zugrunde liegende Verhalten des Amtsträgers als rechtmäßig (BGHZ 97, 97, 107) gebilligt hat (BGH NVwZ-RR 2003, 166); Billigung durch den Einzelrichter reicht nicht (BGH NJW 1996, 2422, 2424; NVwZ-RR 2013, 1490 Rn 19). Allerdings sind die in der Rspr entwickelten Ausnahmen von dieser sog KollegialgerichtsRL zahlreich: so wenn der Beamte (zB im Rahmen einer spezialisierten Fachbehörde) über die gleichen oder bessere Möglichkeiten der Rechtserkenntnis verfügt als das Kollegialgericht (BGH NJW 1984, 168, 169; BGHZ 73, 161, 164), wenn das Kol- 72 legialgericht nur summarisch entschieden hat (BGH NJW 1986, 2954, so bei Entscheidungen im vorläufigen Rechtsschutz; dazu BGHZ 117, 240, 250; 150, 172, 184; BGH NVwZ-RR 2021, 68), wenn seine Auffassung durch eine falsche Sachverhaltsfeststellung beeinflusst war (BGH NJW 1993, 3065, 3066; VersR 2005, 1582) bzw wenn es auf einer tatsächlich oder rechtl unzureichenden Beurteilungsgrundlage beruht (BGH NVwZ-RR, 2021, 298 Rn 17), wenn es wesentliche Gesichtspunkte unberücksichtigt gelassen hat (BGH NJW 1994, 3162, 3164; VersR 2006, 76), wenn es das Verhalten des Amtsträgers aus Gründen gebilligt hat, die dieser selbst nicht erwogen hatte (BGH NVwZ 1994, 405, 407), wenn für das Kollegialgericht ein reduzierter Prüfungsmaßstab galt (BGH NJW 1998, 751, 752), wenn es eine eindeutige Bestimmung übersehen hat (BGH NJW 1971, 1699, 1701; s auch BGHRp 2007, 962) oder es „sich bereits in seinem Ausgangspunkt von einer rechtl verfehlten Betrachtungsweise nicht … freimachen konnte" (BGH NVwZ-RR 2000, 746). Zu dieser zT fragwürdigen Kasuistik krit MüKo/*Papier*/*Shirvani* Rn 290.

73 **V. Haftungsausschlüsse und Haftungsbeschränkungen. 1. Subsidiaritätsklausel (Abs I S 2).** Das Fehlen anderweitiger Ersatzmöglichkeiten ist ein negatives Merkmal des Anspruchstatbestandes (BGH NJW 1996, 3208, 3209); existieren solche Möglichkeiten, besteht kein Amtshaftungsanspruch. Der private Mitschädiger kann daher keinen gesamtschuldnerischen Ausgleich gem § 840 I, § 426 verlangen (BGHZ 28, 297, 301; BGH VersR 1984, 759, 760. Abs I S 2 hat den **Zweck**, den Beamten vor übermäßigen, seine Entschlussfreude und Tatkraft lähmenden Risiken für sein Privatvermögen zu schützen (RG JW 1938, 2667). Im Schrifttum wird hieraus gefolgert, die Subsidiaritätsklausel sei nur für den Bereich der privaten Eigenhaftung des Beamten anzuwenden, nicht hingegen für die auf den Staat übergeleitete Amtshaftung nach Art 34 S 1 GG (Nachw bei *Ossenbühl*/*Cornils*, 88). Dies übersieht, dass der Beamte auch im Rahmen der Amtshaftung dem Rückgriff des Staates bei grob fahrlässigen Amtspflichtverletzungen ausgesetzt ist (*Ossenbühl*/*Cornils*, 89). Der BGH geht deshalb von der Fortgeltung der Subsidiaritätsklausel auch für die öffentlich-rechtl, auf den Staat übergeleitete Amtshaftung aus (BGHZ 28, 297, 302; 113, 164, 166), versucht indessen der grds Kritik dadurch Rechnung zu tragen, dass er die Anwendung der Subsidiaritätsklausel hier (für den Bereich der Eigenhaftung gelten diese Einschränkungen nicht: BGHZ 85, 393, 399; ferner Rn 25) durch fallweise teleologische Reduktion ihres Geltungsbereichs und des Merkmals der „anderweitigen Ersatzmöglichkeiten" (Staudinger/*Wöstmann* Rn 262) zurückführt. Krit dazu *Ossenbühl*/*Cornils*, 88 („Erosion der Subsidiaritätsklausel").

74 a) **Geltungsbereich.** Abs I S 2 gilt nur für Ansprüche wg Amtspflichtverletzungen. Er findet keine Anwendung, wenn die Anstellungskörperschaft selbst aus anderem Rechtsgrund zum Ersatz verpflichtet ist (BGHZ 13, 88), namentlich nicht für konkurrierende Staatshaftungsansprüche aus enteignungs- oder aufopferungsgleichem Eingriff, aus öffentlich-rechtl Schuldverhältnissen ua (Überblick bei BGHZ 79, 26, 27f). **Einschränkungen des Geltungsbereichs** von Abs I S 2 ergeben sich aus **Gesetz** (zB § 12 I 4 PflVG, § 3 III OEG; nicht hingegen § 117 IV VVG: BGHZ 85, 225, 229). Weitere Einschränkungen werden von der Rspr **im Wege teleologischer Reduktion** (vgl Rn 73) vorgenommen: so wegen des straßenverkehrsrechtl Grundsatzes der Gleichbehandlung aller Verkehrsteilnehmer im Bereich der **Teilnahme am allg Straßenverkehr** (BGHZ 68, 217, 220; 146, 385, 387; BGH VersR 2008, 410, 412; anders bei Inanspruchnahme von Sonderrechten aus § 35 StVO: BGHZ 113, 164, 168; BGH VersR 2008, 410, 412). Keine Anwendung findet Abs I S 2 auf die Verletzung allg Verkehrssicherungspflichten (BGHZ 123, 102, 104f; BGH NJW 2014, 3580 Rn 19; NJW 2020, 3106 Rn 29; DVBl 2020, 1272 Rn 30) und – wegen des insoweit bestehenden engen Zusammenhangs – auch bei Verletzungen der **öffentlichen Straßenverkehrssicherungspflicht** (BGHZ 75, 134, 138; BGH VersR 2001, 589, 590), s hierzu § 823 Rn 97; bei Verletzungen der Verkehrsregelungspflicht bleibt Abs I S 2 aber anwendbar (Hamm NVwZ 1995, 309).

75 b) **Anderweitige Ersatzmöglichkeit.** Es kommen alle Möglichkeiten der Schadloshaltung **tatsächlicher und rechtl** Art in Betracht (BGH NJW-RR 2005, 284). Die anderweitige Ersatzmöglichkeit muss ihre Grundlage in **demselben Tatsachenkreis** finden, aus dem der eingeklagte Amtshaftungsanspruch entstanden ist (BGHZ 31, 148, 150; aber unerheblich auf welcher Rechtsgrundlage: BGH WM 1997, 375, 390; NJW 2003, 168), und rechtl wie wirtschaftl begründete Aussicht auf alsbaldige Verwirklichung bieten (BGH NJW-RR 2005, 284). Auf künftige Ersatzmöglichkeiten muss sich der Geschädigte nicht verweisen lassen (BGH VersR 1966, 238). Maßgeblich ist der **Zeitpunkt der Erhebung der Amtshaftungsklage** (BGHZ 120, 124, 131); bei einer in diesem Zeitpunkt nicht mehr bestehenden früheren Ersatzmöglichkeit ist Abs I S 2 anzuwenden, wenn der Geschädigte diese Möglichkeit seinerzeit schuldhaft versäumt hat (BGH NVwZ 1993, 1228, 1229; NJW 2000, 664, 666; NJW-RR 2005, 284).

76 Abs I S 2 setzt nicht nur die rechtl Existenz, sondern auch die **Durchsetzbarkeit** eines anderweitigen Ersatzanspruchs in absehbarer und angemessener Zeit sowie die **Zumutbarkeit** seiner Durchsetzung voraus (BGHZ 120, 124, 126f; 215, 344 Rn 20; BGH NJW 1997, 2109, 2110). Daran kann es fehlen, wenn der Dritte nachweisbar vermögenslos ist (MüKo/*Papier*/*Shirvani* Rn 318), wenn eine Rechtsverfolgung oder Zwangsvollstreckung im Ausland erforderlich ist (vgl BGH DÖV 1977, 685) oder wenn nach den generellen Umständen die Ersatzmöglichkeit rechtl oder tatsächlich zweifelhaft ist oder ihre Realisierung zwingender familiärer Rücksichtnahme widerspräche (BGH NJW 1979, 1600; 1997, 2109, 2110). Nicht zumutbar für den Verletzten sind weitläufige, unsichere oder i Erg zweifelhafte Wege des Vorgehens gegen Dritte, so für die Durchsetzung von Ersatzansprüchen gegen die EU, da diesen erst stattgegeben wird, wenn innerstaatliche Gerichte Ersatzansprüche gegen den Mitgliedstaat abschließend verneint haben (EuGH Slg 1986, 753; BGH NJW 1972, 383, 384).

77 Anderweitige Ersatzmöglichkeiten müssen ggü einem anderen als dem Schädiger rsp seiner Anstellungskörperschaft bestehen, mithin ggü einem **Dritten.** Abs I S 2 gilt daher nicht für Ansprüche aus verschiedenen An-

spruchsgrundlagen gegen ein und denselben Verwaltungsträger (BGHZ 50, 271, 273). Auch bei **Ansprüchen gegen andere Verwaltungsträger**, die aus demselben Tatsachenkreis entspringen wie der Amtshaftungsanspruch, aber auf einem anderen Rechtsgrund beruhen, soll Abs I S 2 nicht greifen, da die verschiedenen jur Pers öffentlichen Rechts eine wirtschaftliche Einheit bilden (BGHZ 13, 88, 104f; 62, 394, 398; 111, 272, 276; 135, 354, 368). Der Anwendbarkeit der Subsidiaritätsklausel steht indes nicht entgegen, dass der Dritte, gegen den ein anderweitiger Ersatzanspruch gegeben ist, seinerseits bei der beklagten Körperschaft Ersatz verlangen kann (BGH NVwZ-RR 1997, 204). Zum Ausschluss der Subsidiaritätsklausel, wenn sich der anderweitig zu erlangende Ersatzanspruch gegen eine privatrechtl organisierte Beschäftigungsstelle für Zivildienstleistende richtet, s BGH NJW 2003, 348.

Ausgenommen von den anderweitigen Ersatzmöglichkeiten hat die Rspr schließlich im Wege teleologischer Reduktion (Rn 73) solche Leistungen Dritter, die dem **Schädiger ihrer Natur nach nicht zugutekommen** sollen. Hierzu zählen vor allem **privatrechtl Versicherungsansprüche** des Geschädigten, da es sich um vom Geschädigten unter Aufwendung eigener Mittel erkaufte Leistungen handelt, die zudem (arg § 86 VVG) den Schädiger nicht endgültig von seiner Verbindlichkeit befreien sollen (BGHZ 79, 35, 37; 85, 230, 233; 129, 23; BGH NJW 1987, 2664, 2666; NJW-RR 2000, 549; NJW 2018, 2264; anders für Kfz-Haftpflichtversicherung, BGHZ 91, 48, 54). Entspr gilt (wg des gesetzl Forderungsübergangs nach § 116 SGB X) für **Ansprüche gegen die gesetzl Krankenversicherung bei unfallbedingter Krankheit** (BGHZ 70, 7, 8; 79, 26, 31). Keine Anwendung findet Abs I S 2 ferner auf Ansprüche aus einer **Lebensversicherung**, die der privaten Kapitalbildung, nicht dem Schadensausgleich dienen (bereits RGZ 155, 186, 191), sowie auf **Entgeltfortzahlungsansprüche** des Geschädigten gegen seinen ArbG, die ihrer Natur nach primäre Erfüllungsansprüche sind, nicht Schadenskompensation (BGHZ 43, 115, 117; 62, 380, 383). 78

c) **Prozessuales.** Da Abs I S 2 negatives Tatbestandsmerkmal ist, trägt der Geschädigte die **Darlegungs- und Beweislast** für das Nichtvorliegen einer anderweitigen Ersatzmöglichkeit (BGHZ 113, 164, 167; 120, 124; BGH NJW 2002, 1266; *Rohlfing* MDR 2010, 237). Ihm kommt aber die Beweiserleichterung des § 287 ZPO zugute (BGH NJW-RR 1995, 248, 250). Hierzu kann sich der Geschädigte idR darauf beschränken, die sich aus dem Sachverhalt selbst ergebenden Ersatzmöglichkeiten auszuräumen; der Beweis, dass gegen einen Dritten nicht alle Anspruchsvoraussetzungen vorliegen, kann nicht verlangt werden (vgl BGH VersR 1978, 252). Es ist dann Sache des Beklagten, das Vorhandensein anderweitiger Ersatzmöglichkeiten aufzuzeigen (BGH VersR 1969, 423; NJW 1983, 1378). Hat der Kläger einen zumutbaren Versuch unterlassen, anderweitigen Ersatz zu erlangen, und besteht die Ersatzmöglichkeit noch oder ist zumindest nicht ausgeschlossen, ist die Klage nur als **„zur Zeit unbegründet"** abzuweisen (BGHZ 35, 338; 37, 375, 377ff; BGH VersR 1973, 443, 444; die Rechtskraft eines so tenorierten Urteils erstreckt sich darauf, dass die übrigen Voraussetzungen des Amtshaftungsanspruchs erfüllt sind, BGHZ 215, 344 Rn 21ff). 79

2. Richterspruchprivileg (Abs II). Hauptgrund für das Richterspruchprivileg ist die Sicherung der Rechtskraft richterlicher Entscheidungen: Es soll verhindert werden, dass rechtskräftig entschiedene Streitgegenstände im Gewand des Amtshaftungsprozesses wieder aufgerollt und hierdurch Rechtssicherheit und Rechtsfrieden beeinträchtigt werden (BGHZ 51, 326; 64, 347, 349; BVerfG NJW 2013, 3630 Rn 35). Als „Nebenwirkung" (Staudinger/*Wöstmann* Rn 314) dient § 839 II 1 aber auch dem Schutz richterlicher Unabhängigkeit (BGHZ 50, 14, 19f; 187, 286 Rn 14; aA MüKo/*Papier*/*Shirvani* Rn 322); dementspr besteht auch außerhalb des Anwendungsbereichs von Abs II S 1 zum Schutz der richterlichen Unabhängigkeit eine Haftung nur in Fällen besonders grober Verstöße, was praktisch auf eine Haftung für Vorsatz und grobe Fahrlässigkeit hinausläuft (BGHZ 155, 306; 187, 286 Rn 14ff). Zur Bedeutung für den unionsrechtl Staatshaftungsanspruch vgl Rn 11. 80

a) **Erfasster Personenkreis.** „Beamte" iSv Abs II S 1 sind nur **Richter der staatlichen Gerichte**, nicht hingegen Rechtspfleger (BGH WM 2014, 2236 Rn 20), Sachverständige, Staatsanwälte, auch nicht Mitglieder justizähnl verfahrender Organe der Verwaltung (zu letzteren BGH NJW 2003, 3693, 3695; Soergel/*Vinke* Rn 209 mwN). Neben den Berufsrichtern zählen hierzu auch ehrenamtliche Richter aller Gerichtszweige (RG JW 1924, 192; MüKo/*Papier*/*Shirvani* Rn 324). Mitglieder von Schiedsgerichten sind keine Richter iSv Abs II S 1; die Rspr geht aber von der stillschw schiedsvertragl Vereinbarung einer dem § 839 II vergleichbaren Haftungsbeschränkung aus (BGHZ 15, 12; 42, 313, 317; BGH MDR 1965, 569). Demggü Anwendung von Abs II S 1 auf den Notar, wenn er in rechtsprechender Funktion entscheidet (BGH WM 2021, 129 Rn 26 für notarielle Vollstreckbarerklärung eines Anwaltsvergleichs gem § 796c ZPO). 81

b) **„Urteil in einer Rechtssache"** ist jede Entscheidung, die ein Prozessrechtsverhältnis für die Instanz ganz oder teilw mit bindender Wirkung beendet und die in einem geordneten Verfahren mit den wesentlichen Merkmalen eines Urteilsverfahrens, insb der Gewährung rechtl Gehörs, zustande kommt (BGHZ 10, 55, 60; 36, 379, 383; 161, 298). Abs II S 1 erfasst auch **urteilsvertretende Erkenntnisse** wie Berichtigungsbeschl gem § 319 ZPO (RGZ 90, 228, 230), Kostenbeschl nach § 91a ZPO (BGHZ 13, 142, 143), Beschl nach § 383 I StPO (BGHZ 51, 326, 328), Beschl nach §§ 203, 209 StPO (Dresden StrV 2001, 581), Arrest und einstw Vfg (BGHZ 10, 55, 60; 161, 298), die einstw Anordnung gem § 123 VwGO (BGHZ 161, 298). Keine urteilsvertretenden Erkenntnisse sind Haftbefehle (BGHZ 27, 338, 346), Entscheidungen im PKH-Verfahren (BGH VersR 1984, 77, 79), nichtstreitige Entscheidungen der FG (BGH NJW 1956, 1716; anders hingegen, wenn es sich um ein „Erkenntnisverfahren" im Rahmen des FGG handelte: BGHZ 36, 379, 384f; 155, 306, 309), Anordnungen im strafprozessualen Ermittlungsverfahren (BGH NJW 2003, 3693), Unterbringungsanordnungen (BGHZ 155, 306) sowie Entscheidungen der Zwangsvollstreckung (BGH NJW 2000, 3358), der notarielle Beschluss über die Vollstreckbarerklärung eines 82

Anwaltsvergleichs gem § 796c ZPO (BGH WM 2021, 129 Rn 26). Zu offenen Zweifelsfragen vgl Staudinger/*Wöstmann* Rn 328. **„Bei dem Urteil"** heißt nicht „durch das Urteil" (Grü/*Sprau* Rn 66). Abs II S 1 erfasst deshalb nicht nur Fehler der Sachentscheidung, sondern alle Maßnahmen, die obj darauf gerichtet sind, die Rechtssache durch Urt zu entscheiden, also die Grundlagen für die Sachentscheidung zu gewinnen (BGHZ 187, 286 Rn 13; BVerfG NJW 2013, 3630 Rn 35). Entscheidend ist, ob sich ein Fehler erst im Zusammenhang mit der Sachentscheidung nachteilig für den Betroffenen auswirken kann (BGHZ 10, 55, 62). Erfasst sind daher etwa auch Beweisbeschl (BGH LM Nr 5 zu § 839), die Versagung rechtl Gehörs (BGHZ 10, 55, 62) oder die Verlesung einer Liste der Vorstrafen eines Zeugen (BGHZ 50, 14, 16), nicht hingegen Fehler im Kostenfestsetzungsverfahren (BGH JZ 1962, 59).

83 **c) Reichweite des Richterspruchprivilegs.** Abs II S 1 gilt sowohl für die Amtshaftung nach Art 34 GG (MüKo/*Papier*/*Shirvani* Rn 321) als auch für die Eigenhaftung des Richters; letztere kommt im Wesentlichen nur für Pflichtverletzungen „bei Gelegenheit" der Amtsausübung in Betracht, da die richterliche Tätigkeit Ausübung eines öffentlichen Amtes ist (BGHZ 187, 286 Rn 10). Durch § 839 II 1 wird die Haftung für Richterunrecht auf Pflichtverletzungen beschränkt, die eine **Straftat** darstellen, dh die im StGB mit Kriminalstrafe bedroht sind; praktisch kommen nur Vorteilsannahme, Bestechlichkeit oder Rechtsbeugung (§ 331 II, § 332 II, § 339 StGB) in Betracht (Staudinger/*Wöstmann* Rn 317). Auf die **Verweigerung oder Verzögerung** der Amtsausübung findet das Richterspruchprivileg keine Anwendung (Abs II S 2); zur Abgrenzung ggü Abs II S 1 s BGHZ 187, 286 Rn 17, zum staatshaftungsrechtl Ausgleichsanspruch sui generis nach § 198 GVG vgl BGH NJW 2014, 789; ausf Staudinger/*Wöstmann* Rn 334a ff.

84 **3. Schuldhafte Rechtsmittelversäumung (Abs III).** Abs III gilt für die Eigenhaftung des Beamten im privatrechtl Funktionskreis ebenso wie für die Haftung des Verwaltungsträgers nach § 839 iVm Art 34 GG. Die Vorschrift regelt einen Sonderfall des mitwirkenden Verschuldens; anders als bei § 254 führt Abs III ohne Abwägung des Grades von Verursachung und Verschulden zum völligen Anspruchsausschluss (BGH NJW 1997, 2327). § 254 bleibt nur insoweit anwendbar, als das Mitverschulden gerade nicht im schuldhaften Unterlassen der Einlegung eines schadensvermeidenden Rechtsmittels liegt (Rn 93). Abs III ist Ausdruck des für das Staatshaftungsrecht allg charakteristischen **Vorrangs des verwaltungsgerichtlichen Primärrechtsschutzes** (vgl BVerfGE 58, 300, 324): Es gilt nicht das Prinzip „dulde und liquidiere"; der Bürger soll vielmehr staatliches Unrecht prinzipiell mit den Rechtsbehelfen des voll ausgebildeten verwaltungsgerichtlichen Rechtsschutzes abwehren (BGHZ 113, 17, 22). Demggü hat Abs III nicht die Funktion, einen Vorrang anderer sekundärrechtl Haftungsinstitute vor der Amtshaftung zu begründen; bei Versäumung anderweitiger Sekundärrechtsbehelfe kann allenfalls ein nach § 254 zu berücksichtigendes Mitverschulden vorliegen (vgl RGZ 163, 121, 125).

85 **a) Rechtsmittel.** Der Begriff „Rechtsmittel" iSv § 839 III wird weit ausgelegt und erfasst alle Rechtsbehelfe, die sich unmittelbar gegen die schädigende Amtshandlung oder Unterlassung selbst richten und nach gesetzl Ordnung ihre Beseitigung oder Berichtigung bezwecken und ermöglichen (BGHZ 123, 1, 7; 137, 11, 23; 181, 199 Rn 25; 188, 302 Rn 31; 197, 375 Rn 18; BGH VersR 2004, 751; ebenso BVerwG NVwZ 2018, 1637 Rn 26). Neben den Klagen im prozessualen Sinne fallen darunter Widersprüche gegen Verwaltungsakte, Anträge in vorläufigen Rechtsschutzverfahren (BGH NJW 1986, 1107, 1108; BGHZ 130, 332; 156, 294, 298; 188, 302 Rn 31), Erinnerungen gem § 766 ZPO (RGZ 150, 323, 328), Anträge zur Vornahme einer Amtslöschung nach § 53 GBO (RGZ 163, 121, 125), Anträge eines Beamten auf Vornahme einer Beförderung (BGH NVwZ 2003, 502; Nürnberg NVwZ-RR 2018, 316: Antrag auf Aufnahme in die Auswahlliste für eine Beförderung und deren Verfolgung mit Widerspruch und Klage), ferner Einwendungen gegen die Richtigkeit von Auskünften im Rahmen eines familiengerichtlichen Verfahrens (BGH NJW 1998, 138, 141) sowie formlose Rechtsbehelfe wie Gegenvorstellungen (BGH NJW 1978, 1522, 1523), Dienst- und Fachaufsichtsbeschwerden (BGH NJW 1986, 1924), ferner auch bloße (uU mündliche) Erinnerungen an die Erledigung eines Antrags (BGH VersR 1965, 285), nicht jedoch mit Rücksicht auf ihren Ausnahmecharakter die Verfassungsbeschwerde (BGHZ 30, 19, 28). Rechtsbehelfe müssen sich **unmittelbar gegen das amtspflichtwidrige Verhalten** als solches richten (BGH VersR 2001, 1424; NJW 2009, 71, 73); zielt also der Rechtsbehelf lediglich auf die Beseitigung der Folgen einer abgeschlossenen Amtspflichtverletzung, tritt kein Ausschluss des Amtshaftungsanspruchs ein (BGHZ 63, 319, 327). Abs III gilt daher nicht für den sozialrechtl Herstellungsanspruch (BGH NJW 2013, 3237 Rn 20; noch offengelassen in BGH NJW-RR 1990, 408, 409; anders für Hemmung der Verjährung, dazu Rn 95).

86 **b) Gebrauchmachen.** Hierzu genügt grds die (ggf frist- und formgerechte) Einlegung des Rechtsmittels. Abweichendes gilt, wenn das Rechtsmittel rein „formell" eingelegt wird, ohne dass wirklich eine Änderung des Verwaltungsakts erstrebt wird (BGHZ 56, 57, 59). Abs III greift auch, wenn sich der Verletzte durch unzulänglichen Sachvortrag oder sonstige Nachlässigkeit selbst schuldhaft um den Erfolg seines Rechtsmittels bringt (Staudinger/*Wöstmann* Rn 344). Abs III verlangt hingegen nicht, dass der Bauherr über den von ihm eingelegten Widerspruch gegen eine Stilllegungsverfügung hinaus wegen dessen aufschiebender Wirkung die bereits begonnenen Bauarbeiten fortsetzt; sein Warten auf die Entscheidung über die Rechtmäßigkeit des Vorhabens kann aber ein Mitverschulden iSv § 254 begründen (BGH VersR 2002, 571).

87 **c) Verschulden des Geschädigten.** Ein Rechtsmittel muss möglich, zumutbar und erfolgversprechend sein, damit sein Nichtgebrauch zu einem Anspruchsverlust führt; liegen diese Voraussetzungen aus der begründeten Sicht des Geschädigten nicht vor, so stellt sich der Nichtgebrauch des Behelfs nicht als schuldhaft dar (BGH BeckRS 2009, 6398 Rn 2; NVwZ-RR 2016, 917 Rn 2; NVwZ 2020, 1592 Rn 25). Schuldhafte Nichteinlegung des Rechtsmittels bedeutet Vorwerfbarkeit iS eines Verschuldens gegen sich selbst (§ 254), so dass leichte Fahrlässig-

keit genügt; hierzu ist unter Berücksichtigung der Umstände des Einzelfalls auf die Verhältnisse des Verkehrskreises, dem der Verletzte angehört, abzustellen, mithin darauf, welches Maß an Umsicht und Sorgfalt von Angehörigen dieses Kreises verlangt werden muss (BGHZ 113, 17, 25; BGH VersR 1997, 238, 239). An einem solchen Verschulden fehlt es, wenn der Geschädigte davon ausgehen durfte, sämtliche konkret zumutbaren und erfolgversprechenden Behelfe gegen das Gutachten ergriffen zu haben (BGH NJW 2020, 1592 Rn 25). Ein Vergleichsschluss als solcher bewirkt deshalb noch nicht den Haftungsausschluss nach § 839 III; entscheidend ist, ob dem Geschädigten die Nichtfortsetzung des Rechtsstreits nach den Umständen des Einzelfalls als Verschulden gegen sich selbst vorgeworfen werden kann (BGHZ 226, 116 Rn 17). Fehlende Rechtskenntnisse sind nicht schlechthin entschuldigend; ggf ist Rechtsrat einzuholen (RGZ 166, 249, 256). Im Falle anwaltlicher oder sonstiger Vertretung muss sich der Verletzte das Verschulden dieser Personen nach § 278 zurechnen lassen (BGHZ 33, 136; BGH JZ 1984, 537; BGHZ 123, 1, 13). Grds darf der Geschädigte aber auf Erklärungen und Belehrungen eines Beamten vertrauen, da er nicht klüger sein muss als dieser (BGH NJW 1977, 1287, 1288; BGHZ 108, 224, 230; 113, 17, 25). Hat der Geschädigte zwar einen Rechtsbehelf in Anspruch genommen, nach dessen Erfolglosigkeit jedoch keine Rechtsmittel eingelegt, ist darauf abzustellen, ob ihm weitere Schritte – auch angesichts ihrer jew Erfolgsaussichten – zumutbar waren (Karlsruhe VersR 2006, 121). Kein Verschulden liegt vor, wenn die Erfolgsaussichten des Rechtsmittels so gering oder zweifelhaft sind, dass dem Verletzten dessen Gebrauch nicht zuzumuten ist (BGHZ 128, 346, 357; BGH NJW 2003, 1308, 1313; NVwZ-RR 2017, 579 Rn 36). Nimmt man den Normzweck von Abs III (Rn 84) ernst, wird man sich im Falle amtspflichtwidriger Schäden, die durch Inanspruchnahme gerichtlichen Primärrechtsschutzes hätten beseitigt werden können, regelmäßig nicht mit der Einlegung formloser Rechtsbehelfe (Dienstaufsichtsbeschwerde, Gegenvorstellung) begnügen dürfen.

d) Kausalität. Abs III greift nur ein, wenn die Rechtsmittelversäumung für den Schadenseintritt ganz oder teilweise ursächlich geworden ist. Folglich muss wie im Rahmen der allg Kausalitätsprüfung (Rn 65) der **hypothetische Geschehensablauf** ermittelt werden. Es muss feststehen, dass bei Einlegung des Rechtsmittels der Schaden nicht eingetreten wäre. Grds ist davon auszugehen, dass über das Rechtsmittel rechtmäßig entschieden worden wäre (nuancierend nunmehr BGHZ 156, 294, 300); bei formlosen Rechtsbehelfen wie Dienstaufsichtsbeschwerden oder Gegenvorstellungen kann es hingegen nur darauf ankommen, ob sie tatsächlich Erfolg gehabt hätten (BGH NJW 1986, 1924, 1925). Ist ein Rechtsmittel nur geeignet, einen **Teil des Schadens** abzuwenden, wendet die Rspr Abs III hinsichtl dieses Teils an (BGH NJW 1986, 1924; NVwZ-RR 2010, 1465 Rn 16). Da es sich bei Abs III um einen rechtsvernichtenden Tatbestand handelt, trifft die **Darlegungs- und Beweislast** hinsichtl der Kausalität der Rechtsmittelversäumung (wie auch hinsichtl des Verschuldens) den Beklagten (RGZ 168, 143, 172; BGH BGHRp 2007, 108). Zur Anwendbarkeit des Abs III auf den unionsrechtl Staatshaftungsanspruch vgl BGH NVwZ 2007, 362, 368 (Vorlagebeschluss). 88

4. Sondergesetzliche Haftungsausschlüsse. Da Art 34 GG die Verantwortlichkeit des Verwaltungsträgers nur „grds" anordnet, bleibt Raum für sondergesetzl Ausschlüsse der Staatshaftung (BVerfGE 61, 149, 199; Dürig/Herzog/Scholz/*Papier* Art 34 GG Rn 239 mwN); Satzung genügt nicht (vgl BGH BGHRp 2007, 1076; BGHZ 61, 7, 14; *Seibert* DÖV 1986, 957). Solche Haftungsausschlüsse dürfen nicht willkürlich sein, müssen auf sachgerechten Erwägungen beruhen und sich an den Grundentscheidungen der Verfassung ausrichten (BGHZ 99, 62, 64). Sie müssen zudem auf eng umrissene Ausnahmefälle begrenzt bleiben (MüKo/*Papier*/*Shirvani* Rn 338; ähnl BGHZ 99, 62, 64: eng auszulegen). Ein Ausschluss der Staatshaftung gem Art 34 GG lässt die **Eigenhaftung** des Beamten nach § 839 wieder aufleben. Der Beamte (im staatsrechtl Sinn) haftet dann dem Geschädigten persönlich (BGHZ 61, 7, 14). 89

Nach dem **Reichsbeamtenhaftungsgesetz** von 1910 (RGBl S 798) haftet der Staat nicht für sog **Gebührenbeamte** (§ 5 Nr 1 RBHaftG) und für Angehörige des **Auswärtigen Dienstes**, soweit deren Verhalten nach einer amtl Erklärung des zuständigen Bundesministers politischen oder internationalen Rücksichten entsprochen hat (§ 5 Nr 2 RBHaftG). Die Haftung der Bundesrepublik ggü nicht im Inland ansässigen **Ausländern** sowie ggü ausl Staaten (ausgenommen Mitgliedstaaten der EU sowie deren Angehörige) kann die BReg nach § 7 RBHaftG idF des Auslandsverwendungsgesetzes v 28.7.1993 (BGBl I 1993, 1394) durch Rechtsverordnung ausschließen, wenn in dem betreffenden ausl Staat Deutschen oder der Bundesrepublik für hoheitliche Schädigungen kein gleichwertiger Schadensersatz zusteht. Sondergesetzl Haftungsausschlüsse oder -beschränkungen für **Dienst- und Arbeitsunfälle** von Beamten und anderen öffentlichen Bediensteten ergeben sich aus § 46 BeamtVG, § 91a SVG sowie §§ 104, 105 SGB VII. Ausf hierzu Staudinger/*Wöstmann* Rn 354ff; zu § 104 I SGB VII: BGH NZS 2012, 546. – Zu weiteren Ausschlüssen in vorkonstitutionellen Ländergesetzen und deren Fortgeltung gem Art 77 EGBGB: RGRK/*Kreft* Rn 24ff; s ferner Brandenburg LKV 1999, 242: keine Geltung des Preußischen Beamtenhaftungsgesetzes in den neuen Ländern. Keine analoge Anwendung des **§ 680** bei (professionellen) **Nothelfern**, zu deren Amtspflichten gerade die Abwehr von Gefahren oder Gesundheitsschäden gehört (für Feuerwehr BGH NJW 2018, 2723 Rn 50; für Sportlehrer (zwar keine Kern- aber Nebenpflicht) BGH NJW 2019, 1809 Rn 27), s § 680 Rn 2. 90

VI. Inhalt und Umfang. Inhalt und Umfang des Schadensersatzanspruchs bemessen sich grds nach den §§ 249–255, 842–847 (BGHZ 12, 278, 282). Allerdings richtet sich der Amtshaftungsanspruch als auf den Staat übergeleitete Beamtenhaftung nur auf das, was der Amtsträger als Person zu leisten vermag, dh idR **nicht** auf **Naturalrestitution gem § 249 I** durch Vornahme oder Unterlassung einer Amtshandlung, sondern auf Geldersatz (BGHZ 34, 99, 105; 67, 92, 100; 121, 367, 374; 137, 11, 26; BGH NJW-RR 2003, 1004). Ein Widerruf amtl ehrkränkender oder rufschädigender Äußerungen ist daher grds nur über den Folgenbeseitigungsanspruch er- 91 reichbar (BGHZ 34, 99, 107; MüKo/*Papier*/*Shirvani* Rn 295 mwN; zu Ausnahmen Zweibrücken NVwZ 1982, 332; Staudinger/*Wöstmann* Rn 240); der Amtshaftungsanspruch gewährt hier nicht mehr als Schmerzensgeld gem § 847 (BGHZ 78, 274, 278; BGH NJW 1994, 1950, 1952). Bei Verletzung der Menschenwürde und des allg Persönlichkeitsrechts kann zum Zwecke der Genugtuung des Opfers Entschädigung verlangt werden, aber nur bei hinreichender Schwere des Eingriffs und Fehlen anderweitiger Genugtuungsmöglichkeit (BVerfG MDR 2016, 1084 Rn 13; NJW-RR 2017, 879 Rn 10; BGHZ 161, 33 Rn 10ff).

92 Der Ersatzanspruch ist auf den Ausgleich der gesamten unmittelbaren und mittelbaren Vermögensnachteile des Verletzten gerichtet. Für die Ermittlung des Umfangs ist die tatsächliche Lage infolge der Amtspflichtverletzung zu vergleichen mit der hypothetischen Lage, die vorhanden wäre, wenn der Beamte pflichtgemäß gehandelt hätte (Rn 65). Zu ersetzen ist nur derjenige Schaden, dessen Verhinderung die verletzte Amtspflicht dienen soll (Zurechnungszusammenhang); hierfür ist auf den schon für die Drittgerichtetheit zu ermittelnden Schutzzweck der verletzten Amtspflicht abzustellen (Rn 59). Der so zu ersetzende Schaden umfasst auch entgangenen Gewinn gem § 252 (BGHZ 79, 223, 229; zu damit verbundenen Ermittlungsproblemen Düsseldorf NJW-RR 1993, 1184), Verdienstausfall, wenn er vom Schutzbereich der verletzten Amtspflicht umfasst ist: BGHZ 212, 303 Rn 33, mittelbare Vermögensschäden, etwa die Kosten eines nur wegen § 839 III eingelegten erfolglosen Rechtsbehelfs gegen die Amtshandlung (BGHZ 178, 51, 55; BGH NJW 2007, 224, 226). Kein Ersatz des positiven Interesses (BGH NVwZ 1994, 91; BGHZ 147, 381, 392). Ersparte Aufwendungen sind grds anzurechnen (BGH NJW-RR 1995, 864, 865). Zur Nichtanwendung von § 945 ZPO auf kraft Gesetzes sofort vollziehbare unrichtige Steuerbescheide: BGHZ 39, 77; BGH NJW-RR 2012, 2143 Rn 6, 8. Das Handeln Dritter unterbricht den Zurechnungszusammenhang zw der Amtspflichtverletzung und dem entstandenen Schaden erst dann, wenn dieser bei wertender Betrachtung in keinem inneren Zusammenhang mehr mit der zuerst gesetzten Ursache steht; hierbei kommt es für die Zurechnung darauf an, inwieweit der Erstverursacher eine Gefahrerhöhung herbeigeführt hat, ob sein Verhalten quasi Aufforderungscharakter hatte, inwieweit dem Eingreifen des Dritten Dringlichkeit und Vernünftigkeit zuzusprechen sind oder ob sein Verhalten mit Blick auf das von ihm verfolgte Ziel der Verhältnismäßigkeit entspricht (BGH NVwZ-RR 2021, 620 Rn 25). Wirken in dem Schaden die besonderen Gefahren fort, die durch die erste Ursache gesetzt wurden, kann der haftungsrechtl Zurechnungszusammenhang nicht verneint werden (BGHZ 211, 375 Rn 15; NVwZ-RR 2021, 620 Rn 25).

93 **Mitverschulden des Geschädigten nach § 254** bei der Entstehung oder unterbliebenen Minderung des Schadens ist im Rahmen von § 839 zu berücksichtigen (BGH NJW 1987, 2664, 2666; NVwZ-RR 2013, 909 Rn 19). Die Mitverursachung darf aber nicht in der schuldhaften Rechtsmittelversäumung (Rn 84ff) liegen; andernfalls würden die besonderen Rechtsfolgen des Abs III umgangen. Maßstab ist auch im Rahmen von § 839 diejenige Sorgfalt, die ein ordentlicher und verständiger Mensch zur Vermeidung eigenen Schadens anzuwenden pflegt (BGH NJW 1987, 2664, 2666). Das Ausmaß der Anspruchsminderung hängt hier – anders als bei Abs III – vom Gewicht der jew Verursachungsbeiträge von Schädiger und Geschädigtem ab. Bei vorsätzlichen Amtspflichtverletzungen mindert Fahrlässigkeit des Geschädigten den Anspruch im Regelfall nicht (BGH VersR 1985, 281, 283). Grds ist es dem Bürger nicht vorwerfbar, wenn er sich auf die Richtigkeit der Rechtsauffassung der Behörde verlässt und diese nicht gegenprüft (BGH NJW 1994, 2087, 2089). Dies gilt auch dann, wenn der betroffene Bürger aufgrund seiner Ausbildung oder seiner beruflichen Stellung in der Lage wäre, sich über den der Behörde unterbreiteten Sachverhalt und deren Verhalten eine juristisch begründete Meinung zu bilden (BGH VIZ 2001, 221). Wird ein Genehmigungsbescheid von dritter Seite angefochten, so kann die Fortsetzung des genehmigungspflichtigen Vorhabens ein Mitverschulden des Adressaten nach § 254 begründen, wenn der Bescheid später aufgehoben wird (BGH NJW 2001, 3064, 3056). Soweit eine schuldhafte Mitverursachung bei der Schadensentstehung in Frage steht, kommt **§ 254 II 2 iVm § 278** nicht zur Anwendung, es sei denn, bei Schädigung bestand bereits die von § 278 vorausgesetzte schuldrechtl oder schuldrechtsähnl Sonderverbindung zw Geschädigtem und Schädiger bzw Verwaltungsträger, die über die allg Amtspflichten iSd § 839 hinausgeht (BGH NJW 1994, 2087, 2089; BGHZ 146, 365, 370f). Auch durch die Amtspflichtverletzung selbst entsteht eine solche Sonderverbindung, so dass ab diesem Zeitpunkt § 254 II 2 iVm § 278 bzgl der Schadensminderungsobliegenheit anwendbar ist (vgl BGH NJW 1980, 2573, 2575). Sofern § 254 II 2 iVm § 278 bzgl der Schadensentstehung ausscheidet, kommt eine Zurechnung des Verhaltens von Hilfspersonen über § 831 in Betracht (BGH NJW 1980, 2573, 2575).

94 Die Anwendung einer **Drittschadensliquidation** lehnt der BGH heute ausdrückl ab, da in aller Regel ein sachgerechter Schadensausgleich schon über eine entspr Bestimmung der Drittbezogenheit der Amtspflicht (Rn 58ff) erreicht werden kann (BGH NVwZ-RR 2008, 670 Rn 9; NVwZ 2018, 1333 Rn 44).

95 **VII. Verjährung.** Amtshaftungsansprüche unterliegen der **regelmäßigen Verjährungsfrist von drei Jahren** gem § 195. Der Fristbeginn richtet sich nach § 199 I; es gelten die absoluten Verjährungshöchstfristen des § 199 III. Bei Verletzung des Lebens, des Körpers, der Gesundheit oder der Freiheit gilt § 199 II; Begehungszeitpunkt ist der Zeitpunkt der Herbeiführung der Schadensursache, nicht des Schadenseintritts (BGHZ 98, 77, 82). **Kenntnis** iSv § 199 liegt vor, sobald der Verletzte die tatsächlichen Umstände kennt, die eine schuldhafte Amtspflichtverletzung als naheliegend, eine Amtshaftungsklage – sei es auch nur als Feststellungsklage – mithin als so aussichtsreich erscheinen lassen, dass dem Verletzten die Erhebung der Klage zugemutet werden kann (BGHZ 138, 247, 252; 170, 271; BGH NVwZ 2007, 362, 363f; zur Kenntnis bei Behörden und öffentlichen Körperschaften BGH MDR 2012, 151 Rn 18ff; MDR 2012, 769 Rn 9; zu Amtspflichtverletzungen durch für den Geschädigten günstige unrichtige Auskunft: BGHZ 122, 317; BGH NVwZ 2016, 708 Rn 16). Bei nur fahrlässigen Amts-

pflichtverletzungen erfordert der Verjährungsbeginn auch die Kenntnis des Geschädigten, dass andere Ersatzmöglichkeiten iSv Abs I S 2 fehlen (BGHZ 121, 65, 71). Analog § 204 I Nr 1 wird die Verjährung durch Rechtsbehelfe des verwaltungsgerichtlichen Primärrechtsschutzes gegen das amtspflichtwidrige Verhalten **gehemmt** (BGHZ 122, 317, 323 zu § 209 I aF; 181, 199 Rn 35; 188, 302 Rn 35; s aber auch BGH VersR 2001, 1424). Dies gilt nach der Senatsrspr auch im Fall der Anweisung der handelnden durch die übergeordnete Behörde für Amtshaftungsansprüche gegen die übergeordnete anweisende Behörde, wenn der Geschädigte Primärrechtsschutz gegen den ihn belastenden Bescheid in Anspruch nimmt (BGH NVwZ-RR 2009, 363 Rn 11; 23.4.2013 – III ZR 147/12, Rn 3). Nach BGHZ 103, 242, 246 führt sogar die klageweise Geltendmachung eines sozialrechtl Herstellungsanspruchs zur Verjährungshemmung (bestätigt durch BGH NVwZ-RR 2000, 746, 749; BGHZ 188, 302 Rn 36).

VIII. Haftende Körperschaft (Art 34 S 1 GG). 1. Körperschaft. Nach Art 34 S 1 GG trifft die Verantwortlichkeit für Amtspflichtverletzungen, die ein Amtsträger in Ausübung eines öffentlichen Amtes begangen hat, grds den Staat oder die „Körperschaft", in deren Dienst der Beamte steht. **„Körperschaften"** sind nur jur Pers des **öffentlichen Rechts**; jur Pers des Privatrechts kommen als Haftungssubjekte auch dann nicht in Betracht, wenn sie (zB als Beliehene) mit Hoheitsbefugnissen ausgestattet sind (BGHZ 49, 108, 115; BGH NVwZ 1990, 1103, 1104; MDR 2013, 217 Rn 14; v Mangoldt/Klein/Starck/*v Danwitz* Art 34 GG Rn 121). 96

2. „In deren Dienst er steht". Im Dienste welcher Körperschaft der Beamte steht, bestimmt der BGH in st Rspr nach der sog **Anvertrauenstheorie**. Danach kommt es darauf an, „welche Körperschaft dem Amtsträger das Amt, bei dessen Ausübung er fehlsam gehandelt hat, anvertraut hat, wer – mit anderen Worten – dem Amtsträger die Aufgaben, bei deren Wahrnehmung die Amtspflichtverletzung vorgekommen ist, übertragen hat" (BGHZ 99, 326, 330; 143, 18, 26; 160, 216, 228; 188, 302 Rn 19; 191, 71 Rn 30; 213, 270 Rn 13). **„Im Regelfall"** haftet danach die Körperschaft, die diesen Beamten angestellt und ihm damit die Möglichkeit zur Amtsausübung eröffnet hat; ob auch die konkrete Aufgabe, bei deren Erfüllung die Amtspflicht verletzt wurde, in den Aufgabenkreis der **Anstellungskörperschaft** fällt, bleibt insoweit unerheblich. Lediglich dann, wenn **kein Dienstherr oder mehrere Dienstherren** vorhanden sind (und deshalb die Anknüpfung an die Anstellungskörperschaft versagt), ist darauf abzustellen, wer dem Amtsträger die **konkrete Aufgabe** anvertraut hat, bei deren Erfüllung er gefehlt hat (BGHZ 99, 326, 330; 188, 302 Rn 19; 191, 71 Rn 30; BGH DVBl 2006, 1185; MDR 2013, 217 Rn 16, 25). In der Sache erweist sich dieser Ansatz somit als Kombination der früheren Anstellungs- und der Funktionstheorie (dazu *Ossenbühl/Cornils*, 113). 97

a) Die **Anstellungskörperschaft** haftet nach diesen Grundsätzen auch dann für ihre Amtsträger, wenn diese in Wahrnehmung staatlicher **Auftragsangelegenheiten** tätig werden, nicht hingegen die Körperschaft, deren Angelegenheiten wahrgenommen wurden (BGHZ 87, 202, 205). Entspr gilt in den Ländern, in denen der Kreis „untere staatliche Verwaltungsbehörde" ist (BGH NJW 1984, 228; s aber Rn 99). Landesrechtl Bestimmungen (zB Art 35 III, 37 V BayLkrO) können abw Regelungen treffen (vgl BGH VersR 2007, 497); zur Haftung von Gemeindeverbänden ggü ihren Mitgliedsgemeinden *Schaaf/Engel* DVP 2018, 127. Für Amtspflichtverletzungen von Hochschullehrern haftet nicht die Universität, sondern das Land, welches den Hochschullehrer in das Beamtenverhältnis berufen hat (BGHZ 77, 11, 15). Die Haftung kann allerdings auch durch Gesetz ausgeschlossen werden (so etwa § 1 IV ÖbVIG NRW zur Haftung der öffentlich bestellten Vermessungsingenieure). 98

b) Kein Dienstherr ist vorhanden in den Fällen der Beliehenen (BGHZ 99, 326, 330; 122, 85, 88; BGH VersR 2006, 698 Rn 9; BGHZ 160, 216, 228; 191, 71 Rn 30) sowie der Verwaltungshelfer (Köln NJW 1968, 655; Celle VersR 2009, 1508, 1509) und der als „Erfüllungsgehilfen" eingeschalteten selbständigen Unternehmer (MüKo/*Papier/Shirvani* Rn 366a; s Rn 32); ebenso im Falle der Organmitglieder einer Architektenkammer (BGH VersR 1991, 1135, 1136; 2010, 346, 348) oder der Mitglieder der Zulassungsausschüsse einer kassenärztlichen Vereinigung (BGHZ 188, 302 Rn 19); in Ermangelung einer Anstellungskörperschaft kann hier nur auf die Übertragung der konkret ausgeübten Funktion abgestellt werden. Gleiches gilt, wenn der Beamte **mehrere Dienstherren** hat, so in den Fällen der **Abordnung** (vgl BGHZ 34, 20, 23; München OLGRp 2002, 45) und der **Organleihe** (BGHZ 117, 240, 249; 161, 224; BGH VersR 2006, 863) sowie **bei Beamten mit Doppelstellung** (BGHZ 87, 202, 204; 99, 326, 330) wie etwa den Landräten (früher Oberkreisdirektoren) in NRW. 99

c) Zusammenwirken mehrerer Behörden. Ausf dazu Staudinger/*Wöstmann* Rn 66ff. Für rechtswidrige **Weisungen** haftet nicht die Körperschaft des weisungsgemäß Handelnden (sofern man hier überhaupt von einer Amtspflichtverletzung durch ihn ausgeht; offengelassen bei BGH NJW 1977, 713), sondern die Körperschaft des anweisenden Beamten (BGH NVwZ 1985, 682, 683). Entspr gilt für die rechtswidrige Verweigerung rechtl geforderter **Zustimmungsakte** zum Handeln anderer Verwaltungsträger (BGH NJW 1993, 3065: Gemeinde haftet bei Versagung eines Bauvorbescheids wegen rechtswidriger Verweigerung des Einvernehmens gem § 36 BauGB; hierzu auch Rn 64). Zur Haftung in Fällen, in denen keine strikte Bindung an den anderen Verwaltungsträger besteht, sich die Behörde über den Vorschlag der anderen Behörde aber auch nicht einfach hinwegsetzen kann s BGH NVwZ 1994, 825, 826. 100

Bei **gemeinschaftl Verantwortlichkeit** mehrerer Beamter verschiedener Körperschaften kommt es zur **gesamtschuldnerischen Haftung** der Verwaltungsträger gem §§ 840, 826 (rechtswidrige, sowohl auf eigene Erwägungen der Bauaufsichtsbehörde wie auf das fehlende Einvernehmen der Gemeinde gem § 36 BauGB gestützte Ablehnung eines Baugenehmigungsantrags: BGH NJW 1992, 2691; BGHZ 146, 365, 369; kassenärztliche Vereinigung und Landesverbände der Krankenkassen: BGH NJW-RR 2006, 966 Rn 4; BGHZ 150, 172, 180; 188, 302 Rn 19; Schädigung eines Restitutionsberechtigten sowohl durch verzögerte Weiterleitung eines Antrags durch das 101

ARoV an das LARoV als auch durch fehlerhafte Bescheide des LARoV: BGH NVwZ-RR 2021, 620 Rn 24f; Schädigung eines Verkehrsteilnehmers sowohl durch Beamte des verkehrssicherungspflichtigen Landkreises als auch des Landes als Träger der Verkehrsregelungspflicht: München NVwZ 1993, 505).

102 Eine andere Frage ist, unter welchen Voraussetzungen bei Behördenzusammenarbeit eine **Zurechnung des Fehlverhaltens anderer Behörden** erfolgen kann. Bei Schädigungen, die Amtsträger im Rahmen der **Amtshilfe** für andere Verwaltungsträger verursacht haben, haftet die Anstellungskörperschaft, in deren Dienst der die Amtshilfe leistende Beamte steht (vgl BGH MDR 1960, 827; MüKo/*Papier*/*Shirvani* Rn 362). Zu den Fällen rein **faktischer Zusammenarbeit** vgl BGHZ 129, 17, 21: Keine Haftung der Bundesanstalt für Flugsicherung für Informationsdefizite wegen nicht rechtzeitiger Hagelwarnung durch den Deutschen Wetterdienst; vgl auch BGH NVwZ 1996, 512, 514; 160, 216).

103 **IX. Rückgriff (Art 34 S 2 GG).** Art 34 S 1 GG befreit den Amtsträger nur von seiner Haftung im Außenverhältnis zum Geschädigten. Der Dienstherr kann jedoch bei ihm Rückgriff nehmen und so seinen Haftungsschaden liquidieren (Art 34 S 2 GG). Die Rechtsgrundlagen für diesen Regress variieren je nach Status des Amtsträgers und Dienstherrn (vgl etwa § 48 S 1 BeamtStG; § 75 I 1 BBG; § 24 I 1 SoldatenG; § 34 I 1 ZDG; § 71 DRiG). Nach Art 34 S 2 GG und den beamtenrechtl Rückgriffsnormen haftet der Beamte dem Dienstherrn nur bei **Vorsatz** oder **grober Fahrlässigkeit**. Dies gilt auch dann, wenn der Dienstherr über §§ 31, 89, über § 278 oder über § 831 für eine Schädigung des Beamten im privatrechtl Funktionskreis haftet, jedoch nicht für private Unternehmer, die als Verwaltungshelfer herangezogen wurden (BGHZ 161, 6). Die §§ 48 BeamtStG, 75 BBG regeln die Haftung des Beamten im Innenverhältnis abschließend und lassen einen Rückgriff auf die §§ 823ff nicht zu (BGH NVwZ 2009, 928 Rn 3). Vom Rückgriff des Dienstherrn nach Art 34 S 2 GG zu unterscheiden ist die – ebenfalls in § 48 I BeamtStG, § 75 I BBG geregelte – Haftung der Beamten für unmittelbare Schädigungen des Dienstherrn; hierfür sind die VGe zuständig (§ 126 II BRRG, § 54 I BeamtStG; dazu BGH NVwZ 2009, 928 Rn 3).

104 **X. Prozessuale Durchsetzung. 1. Rechtsweg.** Für Ansprüche aus § 839 sowie für den Rückgriffsanspruch des Dienstherrn gegen den Amtsträger ist der **ordentliche Rechtsweg** gegeben. Für die Eigenhaftung des Beamten folgt dies aus § 13 GVG, für die öffentlich-rechtl Amtshaftung gegen den Verwaltungsträger sowie den Rückgriffsanspruch unmittelbar aus **Art 34 S 3 GG** (BGHZ 43, 34, 39; BVerwGE 37, 231, 234; Staudinger/*Wöstmann* Rn 406; aA Dürig/Herzog/Scholz/*Papier* Art 34 GG Rn 305; Schoch/Schneider/Bier/*Ehlers*/*Schneider* § 40 VwGO Rn 517). Ausschließlich zuständig sind in erster Instanz die Landgerichte ohne Rücksicht auf den Wert des Streitgegenstands (§ 71 II Nr 2 GVG; zur Anwendung dieser Norm auch für Ansprüche gegen die nach Art 34 S 1 GG haftende Körperschaft vgl nur MüKo/*Papier*/*Shirvani* Rn 381). Die Zuständigkeit der ordentlichen Gerichte erfasst auch **Hilfs- und Vorbereitungsansprüche** zur Durchsetzung von Amtshaftungsforderungen (BGHZ 78, 274). Amtshaftungsansprüche können auch nicht im Wege der **Widerklage** vor die VGe gebracht werden (BGH VersR 1964, 348); im Wege der **Aufrechnung** dürfen sie von den VGen nur berücksichtigt werden, wenn sie rechtskräftig festgestellt oder unbestritten sind, andernfalls ist über die Hauptforderung durch Teilurteil zu entscheiden und das Nachverfahren über die vorbehaltene Aufrechnung gem § 94 VwGO (ggf unter Fristsetzung für die Erhebung der Amtshaftungsklage) auszusetzen (BVerwGE 77, 19, 24, 28; BVerwG DVBl 1993, 885). Zur Unzulässigkeit einer vorbeugenden amtshaftungsrechtl Feststellungsklage BGHZ 203, 312 Rn 15.

105 § 40 II 1 VwGO weist den ordentlichen Gerichten auch vermögensrechtl Ansprüche aus Aufopferung und öffentlich-rechtl Verwahrung zu; der Verwaltungsrechtsweg ist nur eröffnet für Schadensersatzansprüche aus der Verletzung öffentlich-rechtl Verträge (§§ 54ff VwVfG) und für die Fälle des sog Inhaltsausgleichs nach Art 14 I 2 GG (zur Abgrenzung zum enteignenden Eingriff Eyermann/*Rennert* § 40 VwGO Rn 111 mwN). Auch über diese Ansprüche ist indessen nach **§ 17 II 1 GVG** im ordentlichen Rechtsweg zu entscheiden, wenn aus ein- und demselben Lebenssachverhalt (anders für die Fälle obj Klagenhäufung; vgl BGHZ 114, 1, 2) sowohl ein Amtshaftungsanspruch als auch ein öffentlich-rechtl vertragl Schadensersatzanspruch hergeleitet werden kann (Staudinger/*Wöstmann* Rn 409). Umgekehrt sind die VGe aber daran gehindert, eine bei ihnen anhängige Klage über Schadensersatzansprüche aus öffentlich-rechtl Vertrag zugleich unter dem Aspekt des § 839 BGB zu entscheiden, da Art 34 S 3 GG nicht zur Disposition des einfachen Gesetzgebers steht und deshalb gem § 17 II 2 GVG „unberührt" bleiben muss (Eyermann/*Rennert* VwGO § 41 VwGO Rn 20); die VGe dürfen über die bei ihnen anhängige Klage daher nicht nach § 839 entscheiden und müssen sie abweisen, wenn die vertragl Anspruchsgrundlagen nicht greifen (zur Unzulässigkeit einer Teilverweisung BVerwGE 22, 45, 47; 29, 159, 162; 47, 7, 13; BGHZ 13, 145, 153; 90, 41, 51).

106 Art 34 S 3 GG ist nur historisch zu erklären, heute sachlich überholt (BonnKomm/*Dagtoglou* Art 34 GG Rn 365) und **rechtspolitisch** ebenso wie für die **Rechtspraxis** unbefriedigend. Er führt zu einer **Rechtswegspaltung** zw primärem und sekundärem Rechtsschutz, uU auch innerhalb des sekundären Rechtsschutzes (etwa bei Anspruchskonkurrenzen zw Amtshaftungsanspruch und Folgenbeseitigungsanspruch; s Rn 7), so dass ggf dieselben Fragen von den verschiedenen Gerichten i Erg abw beurteilt werden. Die Amtshaftungsgerichte sollten bemüht sein, solche Divergenzen zu vermeiden, etwa durch Aussetzung des Verfahrens gem § 148 ZPO (Rn 107) oder durch Zurückhaltung bei Beweiserleichterungen im Rahmen der haftungsausfüllenden Kausalität (vgl Rn 68).

107 **2. Prüfung der Verwaltungsmaßnahmen durch das Amtshaftungsgericht.** Grds prüft das Amtshaftungsgericht die Rechtmäßigkeit der als amtspflichtwidrig gerügten Verwaltungsmaßnahme in vollem Umfang eigenständig nach (BGHZ 113, 17, 18). Ist ein Verwaltungsprozess anhängig, kann das Zivilgericht den Rechtsstreit

nach § 148 ZPO im Interesse der Vermeidung divergierender Entscheidungen aussetzen. An eine verwaltungsgerichtliche Entscheidung ist der Amtshaftungsrichter nur bei **rechtskräftigen** Sachurteilen über die Rechtmäßigkeit der Maßnahme gebunden (BGHZ 113, 17, 20; BGH DÖV 2003, 295; VersR 2010, 529, 530); dies sind Anfechtungs- und Verpflichtungsurteile (Nachw bei Staudinger/*Wöstmann* Rn 420), je nach Streitgegenstand auch Feststellungsurteile (BGHZ 121, 131). Die Bindung an solche Entscheidungen besteht nur nach Maßgabe von § 121 VwGO (also keine Bindung an die Gründe der Entscheidung; BGHZ 20, 379; 134, 268, 273f; BGH NJW 1983, 2243). Verwaltungsgerichtliche Eilentscheidungen (§ 80 V, § 123 VwGO) entfalten keine Bindungswirkung im Amtshaftungsprozess, da sie nicht in materieller Rechtskraft erwachsen (BGH VersR 2002, 357). Zur Bindungswirkungen von Entscheidungen der Strafvollstreckungskammer über die Rechtmäßigkeit einer Strafvollzugsmaßnahme s Frankfurt OLGRp 2001, 103. Die Bindungswirkung nach § 121 VwGO ist nicht notwendig auf die Beteiligten des Verwaltungsprozesses beschränkt; sie erstreckt sich stets auf den Rechtsträger der am Verwaltungsprozess beteiligten Behörden (§ 61 I Nr 3 VwGO; dazu BVerwGE 80, 127, 128; 94, 94, 97; 117, 228 Rn 17), ferner im Verhältnis von Land und Bund, wenn der eine Rechtsträger beim Vollzug des Gesetzes die Interessen des anderen wahrnimmt (BVerwG NVwZ 1999, 296); andere Rechtsträger können zudem in die Bindungswirkung eines Gerichtsurteils eingezogen werden, wenn der betreffende Sachverhalt ggü beiden Rechtsträgern nur einheitlich beurteilt werden kann (BVerwG NVwZ 1993, 781; ebenso BGHZ 175, 221 Rn 14).

Den Anspruch auf umfassende Nachprüfung der Rechtmäßigkeit erhebt der BGH auch für bestandskräftige Verwaltungsakte (BGHZ 113, 17, 19; 127, 223, 225; BGH DVBl 2003, 460; VersR 2011, 348 Rn 12; ausf zum Ganzen *Rohlfing*, Die Nachprüfbarkeit bestandskräftiger Verwaltungsakte im Amtshaftungsprozess, 2000, S 182ff); anders nur bei abw spezialgesetzl Regelung (BGHZ 121, 131, 134), in Fällen besonderer verfahrensrechtl Ausgestaltung und umfassender rechtsgestaltender Wirkung wird eine abw Beurteilung erwogen (BGHZ 95, 28, 37; BGH NJW 1999, 1247, 1251; 1986, 2309, 2310). Diese Rspr wird zu Recht kritisiert (Stelkens/Bonk/Sachs/*Sachs* § 43 VwVfG Rn 130; *Berkemann* JR 1992, 18; *Broß* VerwArch 82, 1991, 593, 596ff). Die Bestandskraft soll im Interesse von Rechtssicherheit und Rechtsfrieden Behörden und Gerichte an den Verwaltungsakt binden; mit dem Eintritt der Bestandskraft hat die Amtspflichtverletzung deshalb ihre Erheblichkeit verloren. Die praktische Relevanz dieser Streitfrage wird nicht durch § 839 III in Frage gestellt, da eine unverschuldete Fristversäumnis für die Einlegung von Rechtsmitteln (Rn 87) sehr viel leichter angenommen wird als fehlendes Verschulden im Rahmen von § 51 II VwVfG, § 60 I, § 70 II VwGO (*Stuttmann* NJW 2003, 1432f). 108

3. Darlegungs- und Beweislast. Der **Geschädigte** hat nach allg zivilprozessualen Grundsätzen die anspruchsbegründenden Tatsachen zu beweisen (BGH NJW 1963, 1828; VersR 1975, 40, 541). Zu den anspruchsbegründenden Tatsachen zählt auch die Unmöglichkeit iSv Abs I S 2, anderweit Ersatz zu erlangen (BGH NJW 2002, 1266). Mit Rücksicht auf den besonderen Charakter des Amtshaftungsanspruchs gelten allerdings einige **Beweiserleichterungen.** So muss der schädigende Amtsträger nicht individualisiert werden (Rn 69). Zur **Umkehr der Darlegungs- und Beweislast** bei der haftenden Körperschaft BGHZ 188, 302 Rn 26; zur Anwendung der Beweisgrundsätze des Arzthaftungsrechts bei grober Verletzung von Berufs- und Organisationspflichten, die dem Schutz von Leben und Gesundheit dienen: BGHZ 215, 44 Rn 24; 217, 50 Rn 24; BGH NJW 2019, 1809 Rn 17; s auch *Koch/Rupp* NJW 2018, 267). Im Rahmen der **haftungsausfüllenden Kausalität** kommen neben § 287 ZPO diverse weitere Erleichterungen in Betracht (Rn 68). Hinsichtl des Verschuldens genügt im Allg der Beweis eines Sachverhalts, der nach dem regelmäßigen Verlauf der Dinge die Folgerung auf eine verschuldete Pflichtwidrigkeit rechtfertigt (BGH VersR 1963, 856, 857). Derjenige, der sich auf das Verschulden ausschließende besondere Umstände, wie einen entschuldbaren Rechtsirrtum, beruft, trägt hierfür die Darlegungs- und Beweislast (BGH VersR 2005, 1584). Der **Beklagte** muss demggü die schuldhafte und für den Schaden ursächliche Nichtausnutzung eines Rechtsbehelfs (Abs III) beweisen (RGZ 168, 143, 172). 109

XI. Bereichsspezifische Fallgruppen (alphabetisch)

- **Abwasserbeseitigung:** s BGHZ 125, 19; 140, 380; BGH MDR 2002, 759; NVwZ 2008, 238; NVwZ-RR 2021, 317 Rn 17 (Rückstauschäden); Hamm 14.12.2018 – 11 U 10/18. 110

- **Arbeitsverwaltung.** Die Vermittlungstätigkeit der Bundesagentur für Arbeit unterfällt Art 34 S 1 GG (vgl BGHZ 31, 126). Den Arbeitsagenturen steht ein weiter Ermessensspielraum zu (vgl BGH WM 1984, 348). ArbG, denen Arbeitslose vermittelt werden, können „Dritte" iSv Abs I S 1 sein (vgl BGHZ 31, 126). Zur Rücksichtnahme auf den Gesundheitszustand des Arbeitslosen BGH MDR 1960, 34. Zur Unterlassung einer Belehrung über die Möglichkeit, die Einstellung durch Gewährung einer Eingliederungshilfe an den Arbeitgeber zu fördern Karlsruhe VersR 1979, 944. 111

- **Auskünfte, Hinweis- und Warnpflichten.** S Rn 56. Zu Hinweis- und Beratungspflichten von Rentenversicherungsträgern: BGH NVwZ 1997, 1243; Düsseldorf NZA-RR 1997, 33. Zur Haftung für fehlerhafte Auskünfte von Rentenversicherungsträgern: BGHZ 137, 11; VersR 2019, 28; NVwZ-RR 2021, 671; Saarbrücken NVwZ 1995, 199, von gesetzl Krankenkassen Karlsruhe NZS 2013, 381; eines anwaltlichen Versorgungswerks: Schleswig NJW-RR 2018, 894; des Trägers der Sozialhilfe: BGH NJW 2019, 68 Rn 15. Auch im förmlichen Verwaltungsverfahren können fehlerhafte Auskünfte Amtshaftungsansprüche auslösen (Karlsruhe NJW 1997, 1992). Zur **Belehrungspflicht,** wenn der Beamte erkennt oder erkennen muss, dass der Betroffene seine Lage nicht richtig zu beurteilen vermag: BGHZ 214, 360 Rn 42; BGH NVwZ 2004, 638, 639; VersR 2006, 76; NJW 2014, 2642 Rn 25. Bei sog Begleitscheinen der Veterinärämter über durchgeführte BSE-Tests besteht Amtspflicht nur ggü Adressaten der Mitteilung, BGHZ 195, 276 Rn 55. Zur Amtshaftung wegen behördlicher Produktwarnungen *Ossenbühl* 112

ZHR 155, 329; *Nolte/Tremml* NJW 1997, 2265; *Tremml/Luber* NJW 2013, 262. Zum Sonderfall der Amtshaftung wegen unterlassener Auskünfte *Kümper* ZUR 2012, 395 (UIG). – Schaden: Der Geschädigte ist so zustellen, wie er bei richtiger Auskunftserteilung vermögensmäßig stünde (BGHZ 155, 354, 361; BGH NVwZ 2006, 245, 248; BGHZ 195, 276 Rn 28). Ersatzfähig sind nur solche Aufwendungen, die der Auskunft inhaltlich kongruent sind; hält sich der Empfänger nicht an die in der Auskunft enthaltenen Vorgaben und Hinw, so handelt er auf eigenes Risiko (BGH VersR 2003, 370).

113 • **Banken- und Versicherungsaufsicht; Börsen.** S Rn 64. Klagen wegen Amtspflichtverletzungen der im Zivilprozess nicht rechtsfähigen Börsen sind nicht gegen den (beliehenen) privaten Börsenträger, sondern gegen das Land zu richten (Frankfurt ZIP 2001, 730; 14.5.2013 – 1 U 176/10; seit der Neuregelung des § 5 VI BörsG, eingeführt durch Art 28 des G v 26.6.2013 (BGBl I 2013, 1809), muss der Börsenträger das Land intern freistellen. Zur Drittgerichtetheit der Amtspflichten der Börsenorgane nach dem BörsG Rn 64. Prospekthaftungsklage ist anderweitige Ersatzmöglichkeit iSv Abs I S 2: Frankfurt NJW-RR 2006, 416.

114 • **Bauleitplanung.** Zur Prüfungspflicht des Planungsgebers im Hinblick auf Altlasten s Rn 53; zur Drittbezogenheit der Amtspflichten des Planungsgebers s Rn 63; ferner zur Drittbezogenheit von Amtspflichten einer Gemeinde im Zusammenhang mit dem Beschl eines Vorhaben- und Erschließungsplans Dresden NVwZ 1998, 993.

115 • **Baurecht, öffentliches.** Ausf Staudinger/*Wöstmann* Rn 549ff mwN. – **Bauaufsicht, Baugenehmigung.** Zur Amtspflicht, keine ungesicherten Vertrauenstatbestände durch Erlass rechtswidriger Baugenehmigungen zu schaffen Rn 57; zur Amtshaftung wegen verzögerter Bearbeitung von Bauanträgen BGHZ 60, 112; BGH NVwZ 1993, 299; s auch BayObLG NVwZ 1995, 928 (Bauvorbescheid). Pflicht der Genehmigungsbehörde zur Fortsetzung der Antragsbearbeitung bei Widerspruch gegen Zurückstellung von Baugesuchen (s Rn 55). Zur Frage der Bindung der Bauaufsichtsbehörde an rechtswidrige Bauleitpläne s Rn 52, hierzu ferner BGH NVwZ 2006, 117; VersR 2011, 120. Amtshaftung bei unzulässiger „Koppelung" einer Baugenehmigung an eine vom Antragsteller zu erbringende Gegenleistung: BGH NJW 1983, 2823. Zu den Amtspflichten einer Stadt ggü einem gemeinnützigen Wohnungsbauunternehmen beim Vollzug des Wohnungsbindungsgesetzes BGH MDR 1983, 1001. Zur Haftung für Auskünfte im Baugenehmigungsverfahren BGH NJW 1994, 2087; ZMR 1984, 369. Zur Haftung für die rechtswidrige Versagung des gemeindlichen Einvernehmens: BGH ZfBR 2011, 39; BGHZ 231, 297. – **Drittgerichtetheit** der Amtspflichten der Baugenehmigungsbehörde s Rn 64. Zur Amtshaftung der Gemeinde bei rechtswidriger Verweigerung des gemeindlichen Einvernehmens nach § 36 BauGB s Rn 64. – **Verschulden:** Zum Verschuldensmaßstab bei der Ablehnung eines Bauantrags für den unbeplanten Innenbereich BGHZ 119, 365. – **Schaden:** Bei rechtswidriger Erteilung einer Baugenehmigung s Rn 64; bei rechtswidriger Versagung einer Baugenehmigung BGH VersR 2008, 254; bei amtspflichtwidriger Aufhebung einer Baugenehmigung BGH VersR 2009, 1362. Kein Schutz bei Grundstückserwerb nach Ablauf der Geltungsdauer eines Bauvorbescheids, BayObLG NVwZ 1995, 931. Kein Schaden bei unterlassenem Hinw auf erwarteten (rechtswidrigen) Erlass einer Nutzungsuntersagung: BGH LKRZ 2013, 70. – **§ 839 I 2:** BGH NVwZ 1992, 911: Bei rechtswidriger Baugenehmigung für ein fehlerhaft geplantes Bauvorhaben muss Bauherr dartun, dass er von dem planenden Architekten nicht anderweitig Ersatz erlangen kann.

116 • **Bundesprüfstelle für jugendgefährdende Medien.** Drittbezogenheit der Prüfungspflichten auch ggü antragstellender Filmvertriebsgesellschaft, BGHZ 128, 346.

117 • **Bundeswehr.** S Rn 31, 47. Amtspflicht zur Verhinderung vorschriftswidriger Benutzung von Dienstfahrzeugen im öffentlichen Straßenverkehr besteht auch ggü den gefährdeten Verkehrsteilnehmern (BGH VersR 1983, 638). Zu den Amtspflichten des militärischen Vorgesetzten ggü seinen Untergebenen BGH VersR 1984, 379. Zur Haftung der Bundesrepublik für Gesundheitsschäden durch militärische Tiefflüge auf Seiten der Nato-Streitkräfte BGHZ 122, 363. Auf **bewaffnete Auslandseinsätze** der Bundeswehr findet § 839 keine Anwendung (BGHZ 212, 173 Rn 27ff; noch offen lassend BGHZ 169, 348 Rn 20; ebenso BVerfG EuGRZ 2013, 563; anders Köln NJW 2005, 2860, 2863); s dazu *Raap* VR 2017, 198; *Schmahl* NJW 2017, 128; *Schmalenbach* JZ 2017, 425; *Starski/Beinlich* JöR 2018, 299). Zur Drittbezogenheit der Pflicht eines Soldaten zur Meldung einer Waffenstörung BGH DVBl 1996, 1129; zur Wehrdienstbeschädigung von Soldaten Rn 123.

118 • **Feuerschutz.** Als hoheitliche Tätigkeit Rn 39, Rn 47; gilt auch beim Bluttransport (BGH VersR 1971, 864). Anders private Werksfeuerwehr, auch im Bereich von § 35 StVO (BGHZ 113, 164, 169). Hydrant muss so bezeichnet sein, dass seine schnelle Auffindbarkeit gesichert ist (BGH VersR 1957, 267).

119 • **Finanz- und Zollverwaltung.** Allg zur **Finanzverwaltung** *Nissen* BB 1995, 649; *Marx/Simon* DB 2013, 477. § 33 FGO schließt den ordentlichen Rechtsweg zur Geltendmachung von Amtshaftungsansprüchen ggü Steuerbeamten nicht aus (BGH WM 1960, 721 zu § 242 AO aF). Veranlagung, Erhebung und Beitreibung sind Amtspflichten ggü dem Steuerschuldner Düsseldorf NVwZ 1995, 200. Amtspflichtverletzung: Unbegründete Steuerveranlagung BGHZ 39, 77; verzögerte Sachbehandlung BGH WM 1963, 345; Insolvenzantrag wegen rückständiger Steuerschulden ohne Vorliegen eines Insolvenzgrundes BGHZ 110, 253 (zur KO); unbefugte Preisgabe eines Steuergeheimnisses BGH NJW 1982, 1648; zu den Amtspflichten des Steuerprüfers BGH NJW 1987, 434; Durchsuchung und Beschlagnahme von Geschäftsunterlagen durch Steuerbeamte bei Anfangsverdacht einer Lohnsteuerverkürzung BGH VersR 1983, 37. Drittgerichtetheit: Rechtswidriger Gewerbesteuerbescheid verletzt keine Amtspflichten ggü der hebeberechtigten Gemeinde, Saarbrücken NVwZ 1995, 203; BGH DStR 2003, 1940. Amtsermittlung und Gewährung rechtl Gehörs sind Amtspflichten der Behörde ggü dem Steuerpflichtigen (München NJW 1996, 1971). Zu § 839 III, wenn der Verletzte keinen Antrag auf Aussetzung der Vollziehung ge-

stellt hat, BGH VersR 1984, 947. Schaden für kraft Gesetzes sofort vollziehbare unrichtige Steuerbescheide, BGH NJW-RR 2012, 1490. – **Zoll:** Zu Hinweis- und Warnpflicht ggü dem Importeur im Sammelzollanmeldungsverfahren BGH NVwZ 1996, 512. Drittgerichtetheit der Pflicht nach § 1 IV des G über die Haftpflichtversicherung für ausl Kraftfahrzeuge und Kraftfahrzeuganhänger v 24.7.1956 (BGBl I 1956, 667), ausl Fahrzeuge ohne erforderliche Versicherungsbescheinigung sind von der Einreise in die Bundesrepublik zurückzuweisen (BGH NJW 1971, 2222).

• **Forst- und Landwirtschaft, Jagdwesen.** Fehlerhafte Festsetzung von Abschussplänen kann Verletzung einer Amtspflicht ggü dem Waldeigentümer sein (BGHZ 91, 243). Ebenso Vergiftung von Weidetieren mit ungenügend gesicherten Holzimprägnierungsmitteln, BGH VersR 1964, 438; Tötung von umherstreifenden Jagdhunden durch Forstbeamte: BGH VersR 1957, 63, RGZ 155, 338. Keine Drittgerichtetheit der Amtspflichten des Bundesamts (nunmehr Bundesanstalt) für Ernährung und Forstwirtschaft (BGH NJW 1987, 585), ebenso keine Haftung für emittentenferne Waldschäden (BGH NJW 1988, 478). Zur Amtspflicht zur Angliederung einer jagdbezirksfreien Fläche an einen benachbarten Jagdbezirk BGH VersR 1999, 361. Zur Schutzrichtung der Prüfungs- und Überwachungspflichten der Zulassungsstelle bei der Anerkennung von Saatgut BGH NVwZ 1994, 1237. 120

• **Fürsorgepflicht, beamtenrechtl.** Ihre Verletzung kann Amtshaftungsansprüche und konkurrierende verwaltungsrechtl Schadensersatzansprüche (Zuständigkeit der VGe, BVerwG DVBl 2011, 233) auslösen. Besteht auch nach Beendigung des Beamtenverhältnisses (BGH MDR 1984, 647). – Inhalt: Beratung des Beamten in Angelegenheiten seines Dienstverhältnisses, insb zu Besoldung und Versorgung (BGH MDR 1984, 647); Anhörung des Beamten, bevor für ihn ungünstige Schlüsse aus einem Sachverhalt gezogen werden (BGHZ 22, 258). Zu den Amtspflichten bei disziplinarrechtl Ermittlungen BGH NVwZ 2000, 1451; Schleswig NVwZ-RR 2001, 494; Pflicht der Gemeinde, Mitglieder der freiwilligen Feuerwehr gegen Dienstunfälle zu versichern: BGH NJW-RR 1994, 213. Zu Inhalt und Drittbezogenheit der Amtspflichten ggü Lehramtsbewerbern bei Staatsprüfungen BGH NJW 1983, 2241; zur ärztlichen Vorprüfung: BGH VersR 1998, 1543. Amtspflichten der Beihilfestelle sind drittbezogen ggü Beihilfeberechtigten, BGHZ 191, 187 Rn 13. Zu Inhalt und Drittbezogenheit von Amtspflichten in Stellenbesetzungsverfahren BGHZ 129, 226 (öffentliche Stellenausschreibung); Hamm NVwZ-RR 1998, 535 (Besetzung einer Beförderungsstelle); BGH NVwZ 1994, 825 (Pflichten der Gemeinde als Schulträger im Rahmen der Mitwirkung bei staatlichen Personalentscheidungen); BGH DVBl 2005, 312 (Pflicht zur ermessens- und beurteilungsfehlerfreien Auswahl). Ist über Beförderung eines Beamten sachlich entschieden, muss der Dienstherr sicherstellen, dass die Ernennungsurkunde unverzüglich ausgehändigt werden kann; entstehen zw Beförderungsentscheidung und Übergabe der Ernennungsurkunde Zweifel an der gesundheitlichen Eignung des Beamten, ist die Übergabe bis zur Ausräumung dieser Zweifel zurückzustellen (BGH VersR 1983, 1031). Zu Beweiserleichterungen aus Billigkeitsgründen bei der Kausalität BGH MDR 1978, 736. Zur entspr Anwendung von § 839 III bei Klagen eines Beamten auf Schadensersatz aus verwaltungsrechtl Sonderverbindung BVerwG NVwZ 1999, 542; s auch *Roth* ZBR 2001, 14. 121

• **Geistliche und Kirchenbeamte:** s Rn 47. Für sie gilt mangels besonderer kirchenrechtl Vorschriften § 839 iVm Art 34 GG (vgl BGHZ 22, 283; 46, 96; *Kriele* NVwZ 2001, Sonderheft 28ff). Züchtigung eines Schülers durch Geistlichen: BGHZ 34, 20; Ausstellung unrichtiger Bescheinigungen durch einen Geistlichen: Düsseldorf NJW 1969, 1350. 122

• **Gesundheitswesen, öffentliches.** – **Heilbehandlung** in öffentlichen Krankenhäusern ist keine Ausübung eines öffentlichen Amtes; anders hingegen bei hoheitlicher Zwangsbehandlung und der Behandlung von Soldaten im Rahmen des Wehrdienstverhältnisses (Rn 43). Zu den Sorgfaltspflichten eines beamteten Narkosearztes im Rahmen der Eigenhaftung nach § 839 BGH NJW 1974, 1424. Zu den Betreuungs- und Überwachungspflichten ggü Patienten in Heil- und Pflegeanstalten s BGHZ 38, 49; ggü Untersuchungsgefangenen BGH NJW 1982, 1328 (auch zur Umkehr der Beweislast bei grobem schuldhaften Behandlungsfehler). Haftung des Krankenhausträgers auch für nachteilige Vermögensdispositionen aufgrund unrichtigen psychiatrischen Gutachtens im Unterbringungsverfahren (BGH NJW 1995, 2412). Für Amtspflichtverletzungen bei der Unterbringung psychisch Kranker durch Ärzte, die bei einem privatrechtl organisierten Krankenhaus beschäftigt sind, haftet in Bayern das Land (BGH MDR 2013, 217 Rn 18). Ein Behandlungsfehler bei der ärztlichen Betreuung eines Soldaten im Rahmen des Wehrdienstverhältnisses kann ein schädigendes Ereignis darstellen, das zu einer Wehrdienstbeschädigung führt, sofern zw der Behandlungsmaßnahme und dem soldatischen Sozialbereich eine „innere Beziehung" bestanden hat; aber subsidiär ggü Versorgungsansprüchen nach §§ 85ff SVG, BGH VersR 1991, 811. Amtshaftungsansprüche, die ausschließlich auf einen truppenärztlichen Behandlungsfehler gestützt werden, sind nach Maßgabe des § 91a SVG beschränkt (BGH NJW 1992, 744; BGHZ 120, 176). Zur Amtshaftung bei der Tätigkeit von Durchgangsärzten von Berufsgenossenschaften BGHZ 179, 115 Rn 17; 213, 120 Rn 9; BGH NVwZ-RR 2010, 485 Rn 9; NJW 2017, 1745 Rn 11; *Jorzig/Glaubitz* MedR 2018, 17; anders bei der Heilbehandlung: BGHZ 63, 265, 271f; 126, 297, 301; 179, 115 Rn 17; BGH VersR 2010, 768 Rn 8. – **Gesundheitsämter:** Amtsärzte und Impfärzte üben ein von den Gesundheitsämtern übertragenes öffentliches Amt aus (Rn 43). **Impfarzt** muss die Voraussetzungen einer Impfung prüfen (BGH NJW 1990, 2311). Bei Impfung mit Lebendviren Pflicht, den Geimpften auf das erhöhte Ansteckungsrisiko für Kontaktpersonen hinzuweisen (BGHZ 126, 386, hierzu *Kamps* MedR 1995, 268; s auch Düsseldorf NVwZ-RR 1999, 102); ggf auch Pflicht zur Belehrung darüber, dass es zur Anerkennung eines Impfschadens einer hierauf gerichteten Antragstellung bedarf (BGH NVwZ-RR 2000, 746). Zur Amtspflichtverletzung eines **Amtsarztes** bei fehlerhaftem Gutachten BGH NJW 1959, 2303; ferner Düsseldorf VersR 1970, 1058. Zur Drittbezogenheit von Amtspflichten eines Amtsarztes an- 123 lässlich der Eignungsuntersuchung für die Erlaubnis zur Fahrgastbeförderung BGH NJW 1994, 2415; aber keine Drittgerichtetheit der Amtspflicht ggü anderen Bundesländern (BGHZ 148, 139). Zur Haftung für Verschulden von Amtsärzten bei nebenamtlicher Tätigkeit für eine Landesversicherungsanstalt und von Privatärzten, die als Vertragsärzte für das Gesundheitsamt tätig geworden sind, Celle NJW 1958, 264. Zur Haftung des **Amtstierarztes** zur Kennzeichnung von für den Export bestimmten Tieren Hamm VersR 1992, 493. Zu den tierärztlichen Pflichten ggü dem einzelnen Tierhalter im Rahmen der Tuberkulosebekämpfung bei Rindern BGH VersR 1958, 150. Amtspflichten der Veterinärämter bei BSE-Untersuchung sind drittgerichtet ggü dem betroffenen Schlachthof (BGH VersR 2006, 698 Rn 12; 2007, 1372 Rn 6), nicht aber ggü Unternehmen in Abnehmer- und Verarbeitungskette (BGHZ 195, 276 Rn 22). – Zur Haftung für Fehler des im Rettungsdienst tätigen **Notarztes** BGHZ 153, 268; 213, 270; BGH NVwZ-RR-2019, 245; Schleswig SchlHA 2007, 186; zur Haftung von **Rettungssanitätern** BGH NJW 2017, 2108 Rn 24; Koblenz VersR 2018, 1326 Rn 15. – Zur Amtspflicht einer **Kassenärztlichen Vereinigung**, aufgrund ihres Sicherstellungsauftrags die zum Einsatz im Rahmen des Rettungsdienstes erforderlichen Notärzte zur Verfügung zu stellen, BGHZ 120, 184. – **Infektionsschutzmaßnahmen:** BGH NVwZ 2022, 814. – Zur Haftung der Kassenärztlichen Vereinigung bei der Zulassung von Beleg- und Vertrauensärzten BGH NZS 2012, 35; 2012, 477; BGHZ 188, 302. – **Pflegeheim:** Anordnung eines Aufnahmestopps durch Heimaufsicht (BGH NVwZ-RR 2021, 66).

124 • **Grundstücksverkehr.** Zur Drittgerichtetheit der Amtspflichten bei der Erteilung von Genehmigungen nach dem GrdstVG BGH NVwZ-RR 1995, 1. Zur Amtshaftung für verspäteten Zwischenbescheid unter Missachtung der Genehmigungsfiktion des § 6 II GrdStVG s BGHZ 123, 1. Zur Amtspflicht, das Genehmigungsverfahren auszusetzen, wenn vermögensrechtl Ansprüche Dritter angemeldet sind, s BGH VersR 2000, 183.

125 • **Jugendamt; Kindertagesstätten; Schulen.** Zur Verletzung der Aufsichts- und Kontrollpflichten über die Pflegeeltern ggü einem in der Pflegefamilie untergebrachten Kind BGH NJW 2005, 68. Zur drittgerichteten Aufsichtspflicht von beamteten Lehrern s BGHZ 13, 25, 26, von Erzieherinnen in einer kommunalen Kindertagesstätte BGH JZ 2013, 362 Rn 13. Zur Drittgerichtetheit der Amtspflichten der Kommune auf Schaffung von **Kita-Plätzen:** BGHZ 212, 303 Rn 24; *Rixen* NJW 2012, 2839, 2841ff; *Schwede* NZFam 2018, 193; *Brade* DVBl 2017, 621; zum öffentlich-rechtl Sekundäranspruch BVerwGE 148, 13 Rn 17ff; von **Sportlehrern** bei Schulunfällen BGH NJW 2019, 1809 Rn 27 (s Rn 70), aber keine Beweislastumkehr bei groben Behandlungsfehlern (BGH NJW 2019, 1809 Rn 17).

126 • **Katasterverwaltung.** Amtshaftung, wenn durch Fahrlässigkeit eines Katasterbeamten bei Fortschreibung der Gebäudesteuerrolle unrichtige Bestandsangaben in das Grundbuch gelangt sind (RGZ 148, 375). Zu den Pflichten eines Katasterbeamten bei Erteilung einer Abzeichnung der Flurkarte BGH NJW 1973, 1077.

127 • **Naturschutzbehörde.** Die Pflicht zur Erhaltung eines Naturdenkmals besteht grds nur ggü der Allgemeinheit; aber Drittgerichtetheit ggü Verkehrsteilnehmern, die durch mangelhafte oder fehlende Sicherungsmaßnahmen gefährdet sind (BGH VersR 1962, 262).

128 • **Polizei und Ordnungsbehörden.** Bei Gefährdung wichtiger Individualbelange kann die Pflicht zur Gefahrenabwehr ggü dem Gefährdeten bestehen (für Polizei: BGHZ 45, 143, 145; Hamm VersR 1994, 726; für Ordnungsbehörden: BGHZ 35, 27; 130, 332; BGH NVwZ 1993, 1218). Maßnahmen der Gefahrenabwehr dürfen nicht ohne Rücksicht auf deren erkennbare Folgen für unbeteiligte Dritte erfolgen (BGHZ 12, 206). Zu Inhalt und Drittbezogenheit der Amtspflicht zur Bekämpfung und Verhütung strafbarer Handlungen RGZ 154, 266; BGHZ 5, 144; BGH VersR 1958, 691. Zur Amtspflicht der Polizei zum Schutz privater Rechte Celle NZV 1997, 354 (mangelhafte Unfallaufnahme), zur Staatshaftung für Vandalismusschäden bei politischen Großveranstaltungen s *Armbrüster/Schreier* VersR 2017, 1173; *Berwanger* NVwZ 2017, 1348; *Hestermeyer* DÖV 2018, 260. Beim Umgang mit Schusswaffen ist erhöhte Sorgfalt geboten (BGH VersR 1980, 924). Die Zulässigkeit der Anwendung unmittelbaren Zwangs durch Polizeibeamte schließt die Annahme amtspflichtwidrigen Verhaltens bei Durchführung der Zwangsmaßnahmen nicht aus (BGH VersR 1984, 68). Keine Geltung des Abs I S 2 auch für die Polizei, wenn sie im Rahmen ihrer Eilzuständigkeit anstelle des verkehrssicherungspflichtigen Straßenbaulastträgers handelt (Celle NZV 1993, 192). Ausübung eines öffentlichen Amtes, wenn ein Polizeibeamter mit Billigung seines Dienstherrn nach Dienstschluss seine Dienstwaffe nach Hause nimmt und dort verwahrt (BGH NVwZ 2000, 467). Zur Abgrenzung der Amtshaftung ggü öffentlich-rechtl GoA BGH NVwZ 2008, 349; NJ 2011, 527; NVwZ-RR 2012, 707 Rn 16. Zur Haftung aus enteignendem Eingriff für rechtmäßiges Polizeihandeln BGH NJW 2013, 1736 Rn 7ff. Zur Abgrenzung ggü der Inanspruchnahme von Nichtstörern BGH NJW 2011, 3157 (Rammen eines Pkw bei Polizeieinsatz).

129 • **Rechtspflege. – Richter, allgemein.** Zur Beschränkung der Amtshaftung für fehlerhafte spruchrichterliche Tätigkeit (§ 839 II) Rn 80ff; zu gesteigerten Anforderungen an das Verschulden außerhalb der Spruchrichtertätigkeit Rn 80. Richter müssen die für die Führung ihres Amtes erforderlichen Rechts- und Gesetzeskenntnisse besitzen und sich auch über das einschlägige Schrifttum sowie die Rspr der Obergerichte unterrichten (BGHZ 36, 144). Eine unrichtige Gesetzesauslegung durch einen Richter ist jedenfalls dann schuldhaft, wenn sie gegen den klaren, bestimmten und eindeutigen Wortlaut verstößt (BGH NJW-RR 1992, 919; BGHZ 36, 144). Bei Auslegung unklarer Vorschriften und noch nicht geklärten rechtl Zweifelsfragen handelt der Richter dagegen nicht schuldhaft, wenn er seine Ansicht auf vernünftige Überlegungen stützt (vgl RGZ 133, 137), sie vertretbar erscheint und die Rechtsfragen unter Benutzung der zu Gebote stehenden Hilfsmittel gewissenhaft geprüft wurden (BGH NJW-RR 1992, 919), unabhängig davon, ob die Auffassung später von den höheren Gerichten missbilligt

wird (BGHZ 36, 144, 149). Zur Haftung wegen überlanger Verfahrensdauer BGHZ 187, 287 Rn 11; BVerfG NJW 2013, 3630 Rn 37. Zu § 198 I 1 GVG: Staudinger/*Wöstmann* Rn 334a ff; *Althammer/Schäuble* NJW 2012, 1ff; *Schenke* NVwZ 2012, 257, 263; *Remus* NJW 2012, 1403; *Ossenbühl* DVBl 2012, 857.

– **Zivilgericht.** Amtspflichten grds nur ggü den Parteien, nicht ggü wirtschaftl betroffenen Dritten (Frankfurt VersR 1967, 461); bei Beurkundung eines Vergleichs aber auch ggü Rechtsnachfolger oder Pfandgläubiger einer Partei (RGZ 129, 37; vgl auch BGH DRiZ 1963, 233); unrichtige Streitwertfestsetzung auch Amtspflichtverletzung ggü Prozessbevollmächtigtem (BGH VersR 1964, 146). Entscheidung in falscher Besetzung ist amtspflichtwidrig ggü Parteien (BGH NJW 1962, 583; VersR 1978, 460), ebenso verspätete Urteilsabsetzung (Frankfurt VersR 1967, 461). Aber: Nur im öffentlichen Interesse ist Amtspflicht, PKH nur bei Vorliegen der gesetzl Voraussetzungen zu gewähren (vgl RGZ 155, 218; BGH DRiZ 1984, 102) und überflüssige Beweisaufnahmen zu vermeiden (RGZ 155, 218). Keine gerichtliche Fürsorgepflicht ggü dem Prozessbevollmächtigten, auf die von der Geschäftsstelle erkannte Unvollständigkeit eines kurz vor Fristende per Telefax übermittelten Schriftsatzes hinzuweisen (BGH NJW-RR 2017, 689 Rn 13). 130

– **Strafgericht, Strafvollstreckung.** Amtspflichtverletzung ggü Beschuldigtem bei rechtswidrigem Erlass eines Haftbefehls (vgl RGZ 62, 367). Zur Verpflichtung des Haftrichters, vor Erlass des Haftbefehls die Ermittlungsakten durchzuarbeiten, BGHZ 27, 338. Zur Beschränkung der Rechtmäßigkeitsprüfung auf bloße Vertretbarkeitskontrolle BGHZ 122, 268, 271. Richterliche Anordnung nach G 10-Gesetz unterfällt nicht § 839 II, BGH NJW 2003, 3693. Zur Haftung für menschenunwürdige Bedingungen beim Vollzug der Strafhaft BGHZ 182, 301; BGH NJW 2006, 1289; NJW-RR 2010, 1465; NJW 2013, 3176. 131

– **Zwangsvollstreckungsgericht.** Die Amtspflicht zu gehöriger Führung des Schuldnerverzeichnisses besteht ggü allen, die darin seiner Bestimmung gem Einsicht nehmen (RGZ 140, 152). Amtspflichten: Pflicht des Richters, dem Gläubiger ein Hilfsmittel zur Durchführung der Zwangsvollstreckung in das Schuldnervermögen in die Hand zu geben (BGHZ 7, 287); richtige Bezeichnung des Schuldners im Pfändungs- und Überweisungsbeschluss (RG SeuffA 90 Nr 114). Im **Zwangsversteigerungsverfahren** besteht die Pflicht zur Einhaltung der gesetzl Vorschriften ggü den Beteiligten wie Schuldner, Gläubiger, Bieter (BGH NJW 1991, 2759; MDR 2000, 3358); grds keine Amtspflichten ggü dem Zedenten eines zur Sicherheit an den Vollstreckungsgläubiger abgetretenen Grundpfandrechts (BGH VersR 2002, 60); zur Drittgerichtetheit der Amtspflichten des mit der Wertermittlung beauftragten Gutachterausschusses BGH BauR 2003, 860. Amtspflichtverletzungen: Unterlassung vorgeschriebener Bekanntmachung (RGZ 129, 23), Fehler bei der Festsetzung des geringsten Gebots (BGH WM 1977, 592), ungerechtfertigte Vertagung eines Termins (vgl RGZ 125, 299), Entfernung aus dem Terminszimmer während der Bietungsstunde (RGZ 154, 397), keine Aufnahme eines Nacherbenvermerks in das geringste Gebot (BGH NJW 2000, 3358), Nichtzustellung des Wertfestsetzungsbeschlusses (BGH VersR 2009, 931). Zum Umfang des Amtshaftungsanspruchs des Meistbietenden bei Aufhebung des Zuschlagsbeschlusses wegen eines Zustellungsfehlers s BGH VersR 2002, 97 (hierzu *Littbarski* EWiR 2001, 1091). **Zwangsverwaltungsverfahren**: BGH WM 1964, 789. Zu Hinweispflichten Köln VersR 1997, 970. 132

– **Nachlassgericht.** Pflicht, sorgfältig die Echtheit eines Testaments zu prüfen (BGH NJW-RR 1991, 515) und nach in gerichtlicher Verwahrung befindlichen Testamenten zu forschen (RG HRR 1934, 1590). Zu den Benachrichtigungspflichten bei der Eröffnung eines Erbvertrags BGHZ 117, 287. Drittgerichtetheit: Amtspflicht zur Beaufsichtigung des Nachlassverwalters besteht ggü Nachlassgläubigern und Erben (RGZ 88, 264); zu Nacherben im Erbscheinserteilungsverfahren RGZ 139, 343; vgl auch BGH NJW 1992, 2758; Pflicht, bei Erteilung eines Zeugnisses über die Fortsetzung der ehelichen Gütergemeinschaft das Vorhandensein gemeinschaftl Abkömmlinge zu prüfen, besteht ggü einem einseitigen Abkömmling des verstorbenen Ehegatten (BGHZ 63, 35); Amtspflicht zur zügigen Ausstellung eines Erbscheins regelmäßig nur ggü den Erben, nicht mittelbar betroffenen Dritten (BGH WM 1957, 1165 für Gläubiger des Erben). 133

– **Insolvenzgericht.** Zu den Amtspflichten des Insolvenzgerichts bei Auswahl, Bestellung und Überwachung des Insolvenzverwalters BGH VersR 1965, 1194; 2008, 779. Zu den Amtspflichten bei Ablehnung der Insolvenzeröffnung BGH NJW-RR 1992, 919. Die Nichtentlassung eines Insolvenzverwalters, von dem sich der Rechtspfleger hat bestechen lassen, ist amtspflichtwidrig (München NJW-RR 1992, 1508). Zum Verschuldensmaßstab für den Rechtspfleger Rn 70. 134

– **Grundbuchamt.** Amtspflichten bestehen ggü allen, die im Vertrauen auf die richtige Handhabung der Grundbuchgeschäfte und auf die dadurch geschaffene Rechtslage im Verkehr tätig werden (BGHZ 124, 100); bei Eintragung des Nacherbenvermerks auch ggü dem, der später vom Nacherben ein Grundstück kauft (RGZ 151, 395). Amtspflichtwidrig sind: Erledigung und Eintragung verschiedener Anträge in einer von § 17 GBO abw Reihenfolge (RGZ 65, 98), Ausfertigung des Hypothekenbriefs abw von Entwurf und Grundbuch (RGZ 77, 423), Zurückweisung eines Antrags auf Eintragung einer Auflassungsvormerkung wegen Nichtzahlung eines Kostenvorschusses, ohne vorher auch dem Begünstigten als weiterem Kostenschuldner Gelegenheit zur Einzahlung zu geben (BGH WM 1981, 1357), Unterlassung der Prüfung einer Abgeschlossenheitsbescheinigung bei Anlegung von Wohnungsgrundbüchern (BGHZ 124, 100). Keine Pflicht zu umfassender Rechtsbelehrung (BGHZ 117, 287). Zur Haftung wg unzumutbarer Verzögerung bei der Eintragung BGHZ 170, 266; dazu *Terhechte* DVBl 2007, 1134. 135

– **Registergericht.** Bei Amtspflichtverletzungen des Registerführers sind „Dritte" neben dem unmittelbar Beteiligten alle Personen, deren Rechte und Interessen durch eine gesetzeswidrige Eintragung beeinflusst werden kön- 136 nen (BGH VersR 1982, 957; RGZ 140, 174 zum Genossenschaftsregister). Die Amtspflicht, eine unrichtig gewordene Firmenbezeichnung als unzulässig zu beanstanden oder zu löschen, wenn ihr kein die neue Rechtslage kennzeichnender Zusatz hinzugefügt wird (hier: GmbH & Co), besteht grds nur zum Schutz des Publikums vor irreführendem Firmengebrauch, nicht auch im Interesse des Firmeninhabers, um ihn vor einer persönlichen Haftung kraft Rechtsscheins zu bewahren (BGHZ 84, 285). Amtspflichtwidrig sind etwa: Eintragung unwirksamer Prokura (RGZ 127, 153), ungenügende Prüfung bei Eintragung einer neu zu gründenden AG (RGZ 154, 276). Zur Eintragung der Umwandlung vor Negativerklärung entgegen § 16 II 2 UmwG BGH NJW 2007, 224.

137 – **Vormundschaftsgericht.** Die Zuständigkeiten des früheren VormG sind durch das FGG-RG v 17.12.2008 (BGBl I 2008, 2586) dem FamG bzw dem BetrG übertragen worden. Pflichtverletzung ist jede Verletzung des Kindes- oder Pfleglingsinteresses innerhalb des dem (früheren) VormG übertragenen Aufgabenkreises, etwa Übertragung von Vormundschaften über die Kräfte des Vormunds hinaus (BGH MDR 1962, 641). Amtspflicht ggü Mündel zu sorgfältiger Aufklärung und Gesamtwürdigung des Sachverhalts bei Genehmigungsanträgen (BGH WM 1995, 64), dabei genaue Abwägung, ob ideelle Interessen des Mündels es rechtfertigen, einen wirtschaftl nicht vorteilhaften Vertrag zu genehmigen (BGH NJW 1986, 2829).

138 – **Staatsanwaltschaft.** Rn 64 zur Drittbezogenheit der staatsanwaltlichen Amtspflichten ggü Beschuldigtem und ggü dem durch die Straftat Geschädigten. Staatsanwaltschaftliche Maßnahmen im Ermittlungs- und Strafverfahren sind im Amtshaftungsprozess nur auf ihre Vertretbarkeit zu prüfen (BGHZ 27, 338, 346; 122, 268, 270f; 187, 286 Rn 14; 213, 200 Rn 14; BGH VersR 1997, 1363, 1364; NJW 1998, 751, 752; VersR 2001, 586; zur Anwendung im Bußgeldverfahren BGH NJW 1994, 3162; s allg *Ziehm* NJW 2017, 1276), so für unberechtigte Anklageerhebung und unberechtigte Einleitung eines Ermittlungsverfahrens (BGH NJW 1989, 96; *Thode* StV 2001, 581); anders bei Presseerklärungen der Staatsanwaltschaft (BGH NJW 1994, 1950). Nach Beendigung des Ermittlungsverfahrens besteht die Amtspflicht, alsbald Anklage zu erheben oder Verfahren einzustellen (BGHZ 20, 178). Zur Sorgfaltspflicht des Staatsanwalts beim Antrag auf Erlass eines Haftbefehls BGHZ 27, 338; BGH NJW 2003, 3693; München 28.6.2010 – 1 W 1548/09.

139 – **Sonstige Justizpersonen. Rechtspfleger, allg.** An ihre Sorgfaltspflicht bei der Erledigung ihrer Amtsgeschäfte sind die gleichen Anforderungen zu stellen wie bei Richtern (vgl RGZ 127, 153); BGH DB 2006, 2563: Abzustellen ist auf Vertretbarkeit der zugrunde liegenden Rechtsauffassung. Zur Sorgfaltspflicht des Rechtspflegers bei der Prüfung des Umfangs der ihm gesetzl übertragenen Aufgaben BGH MDR 1967, 909. Haftung des Zustellungsbeamten für fehlerhafte Zustellung (BGH VersR 1985, 358; NJW 2019, 1374 Rn 16).

140 – **Urkundsbeamter der Geschäftsstelle.** Er handelt – dem Kläger ggü – pflichtwidrig, wenn er die Klage im Wechselprozess verzögert zustellt (BGH MDR 1984, 124), Vollstreckungsbescheide fehlerhaft ausstellt (BGH NJW 1981, 2345), die wegen Verjährungsgefahr eilige Zustellung eines Schriftsatzes nicht überwacht (BGH WM 1983, 985), ein unrichtiges Rechtszeugnis erteilt (BGHZ 31, 388: nur ggü Parteien, nicht ggü Dritten), eine Terminsabladung verspätet mitteilt (Dresden NJW 2018, 2274).

141 – **Gerichtsvollzieher.** Amtspflichten idR nur ggü Gläubiger und Schuldner, nur ausnahmsw ggü Dritten (RGZ 151, 109; BGH BGHRp 2007, 962). Die Einlagerung gepfändeter oder zwangsgeräumter Sachen bei einem Dritten ist idR keine hoheitliche Tätigkeit, sondern geschieht aufgrund eines privatrechtl Verwahrungsvertrags (BGH NJW 1984, 1759; s auch Köln DGVZ 1994, 171: Lagerhalter kein Verwaltungshelfer). Amtspflichtwidrig ggü Gläubiger etwa die unterlassene Benachrichtigung vom Termin zur Abnahme der eidesstattlichen Versicherung (BGHZ 7, 287), der ungenügende Schutz gepfändeter Sachen vor beeinträchtigenden Maßnahmen des Schuldners (RGZ 118, 276; BGH MDR 1959, 282), die Nichtausführung oder Nichtbeachtung eines Vollstreckungsauftrags (RGZ 151, 109). Amtspflichtwidrig ggü Schuldner etwa die Unterlassung der Benachrichtigung vom Versteigerungstermin oder von bevorstehender Zwangsräumung eines Grundstücks (RGZ 147, 136). Als Zustellungsorgan handelt Gerichtsvollzieher amtspflichtwidrig bei Zustellung eiliger Fristsachen durch die Post ohne Überwachung der Erledigung und des Verbleibs der Zustellungsurkunde (RGZ 91, 179). Zur Abgrenzung von Amtshaftung und persönlicher Vertragshaftung bei Pflichtverletzungen eines Gerichtsvollziehers bei einer Sequestration s BGHZ 146, 17. Rechtsstellung nach § 754 ZPO beruht auf Stellung als hoheitliches Organ, nicht auf zivilrechtl Auftragsverhältnis BGHZ 179, 298 Rn 6. Gerichtsvollzieher sind keine Gebührenbeamten (BGHZ 146, 17).

142 – **Notar.** Dazu *Haug/Zimmermann*, Die Amtshaftung des Notars[3] 2011. Der Notar unterliegt als Träger eines öffentlichen Amtes (§ 1 BNotO) der Amtshaftung nach § 19 BNotO. Auf diese Haftung findet § 839 entspr Anwendung, § 19 I 3 BNotO; insb gilt auch § 839 III entspr (BGH NJW 1974, 639; 2009, 71). Nach § 19 I 2 BNotO haftet der Notar bei fahrlässigen Amtspflichtverletzungen nur, wenn für den Geschädigten keine andere Ersatzmöglichkeit besteht (zu Ausnahmen Rn 144); dies ist – wie bei § 839 I 2 – eine vom Geschädigten darzulegende und zu beweisende negative Anspruchsvoraussetzung (BGH NJW 1986, 1866). Im Verhältnis zw der Staatshaftung eines Beamten und der konkurrierenden Notarhaftung greift indes das Verweisungsprivileg des § 839 I 2 nicht ein; hier kommt es vielmehr zur gesamtschuldnerischen Haftung des Notars und des Beamten (BGH DNotZ 1984, 511, 513; BGHZ 123, 1 Rn 13). Zur Haftung bei Tätigkeit des Notarvertreters und Notarassessors vgl § 19, II, §§ 39, 46 BNotO. Zur Frage, ob der Justizverwaltung bei der allg Dienstaufsicht Amtspflichten ggü den Rechtsuchenden obliegen, BGHZ 35, 44; 135, 354. Zum Notariatsverwalter s § 61 BNotO.

143 Grds hat der Notar seine Amtspflichten persönlich zu erfüllen. Bedient er sich seines Büropersonals, muss er, soweit es sich nicht um rein mechanisch zu erledigende Angelegenheiten handelt, durch wirksame Einrichtungen

und Überwachung die richtige Ausführung sicherstellen (BGHZ 31, 5). Für Versehen des Büropersonals haftet er nicht nach §§ 278, 831, sondern gem § 19 BNotO nur insoweit, als ihm selbst ein Verschulden zur Last fällt (BGH NJW 1976, 847); Anwendbarkeit des § 278 jedoch dann, wenn die Hilfskräfte mit selbständigen Vorarbeiten betraut sind, insb mit der Einsicht ins Grundbuch oder in ähnl öffentliche Register (BGH NJW 1996, 464). Im Rahmen betreuender Tätigkeit auf dem Gebiet vorsorgender Rechtspflege (§ 24 BNotO) kann ein Notar Erfüllungsgehilfe eines Beteiligten sein (BGH NJW 1984, 1748).

Dem Notar obliegen Amtspflichten ggü allen Personen, deren Interessen durch das Amtsgeschäft berührt werden, auch ggü unbeteiligten Dritten, wenn durch die Amtstätigkeit nach Art und Zweckbestimmung des Geschäfts deren schutzwürdige Belange betroffen werden können, sei dies auch nur mittelbar durch Vertrauen auf die Zuverlässigkeit einer Urkunde. Wie allg im Beurkundungswesen tendiert auch hier die Rspr zu weiter Fassung des Kreises der geschützten Personen, vgl BGH NJW 1988, 63; BGHZ 31, 5; BGH WM 1969, 621. Amtspflichten des Notars regeln die §§ 10ff BeurkG. **Beurkundung:** Amtspflicht, für die rechtswirksame Errichtung der Urkunde zu sorgen (BGH NJW 1998, 2830). Die Urkunde muss den Willen der Beteiligten vollständig und unmissverständlich in der für das Rechtsgeschäft erforderlichen Form wiedergeben (BGH NJW-RR 1992, 772). Unerfahrene und ungewandte Beteiligte dürfen nicht benachteiligt werden (BGH NJW 1994, 2283). Der Notar muss den zur Erreichung des Ziels sichersten und gefahrlosesten Weg wählen (BGH NJW 1993, 2617). Ist eine notarielle Urkunde aus vom Notar zu vertretenden Gründen inhaltlich fehlerhaft, hat jener den Eintritt eines Schadens möglichst durch umgehende Nachbesserung (Berichtigung, Ergänzung, notfalls Neubeurkundung) zu vermeiden; zusätzl Gebühren stehen ihm dafür nicht zu (BGH NJW 2002, 1655). Zu **Belehrungs-, Hinweis- und Ermittlungspflichten** BGH NJW 1981, 451 (Belehrung über Bedeutung des Negativattests), NJW 1987, 1266 (möglichst umfassende Aufklärung des Sachverhalts), NJW 1989, 102 (Möglichkeit einer Sicherung durch Auflassungsvormerkung), WM 1993, 1189 (Belehrung über Sittenwidrigkeit einer Klausel), NJW 1994, 2283 (Ansprechen regelungsbedürftiger Fragen), NJW 1995, 330 (Belehrung über Gefahr einer ungesicherten Vorleistung). Zu speziellen Belehrungen im Rahmen der allg Betreuung (§ 24 BNotO) ist der Notar im Wesentlichen nur dann verpflichtet, wenn er befürchten muss, einem Beteiligten drohe wegen der Besonderheit des Geschäfts aus Unkenntnis ein Schaden (BGH NJW 1993, 729). Bei **Beglaubigung** von Unterschriften beschränkt sich die Prüfungspflicht des Notars darauf, ob er tätig werden darf (vgl aber BGH DNotZ 1997, 51). Für die **Verwahrung** und **Betreuung** gem §§ 23, 24 BNotO gilt Subsidiaritätsklausel nicht (19 I 2 Hs 2 BNotO); anders, wenn nur Hilfstätigkeit im Rahmen der Beurkundung (BGH NJW-RR 2003, 563). Amtspflichten richten sich nach dem übernommenen Auftrag, sie erstrecken sich auf die Erforschung des übereinstimmenden Vertragswillens der Beteiligten, auf die allg Belehrung über die rechtl Tragweite des Geschäfts sowie auf eine auftragsgerechte, zweckmäßige und rechtl zulässige Gestaltung des Rechtsgeschäfts (BGH VersR 1993, 1405). **Einzelpflichten**: Identitätsfeststellung (§§ 10, 40 BeurkG), Prüfung der Geschäftsfähigkeit (§ 11 BeurkG), Prüfung der Vertretungsmacht und Verfügungsbefugnis (BGH WM 1997, 1901), Prüfung der Genehmigungsbedürftigkeit eines Rechtsgeschäfts (BGH VersR NJW 1993, 648), Pflicht zur Grundbucheinsicht (§ 21 BeurkG; hierzu BGH NJW 1991, 1113), Vollzugspflicht (§ 53 BeurkG), Vollzugsüberwachung nur, wenn vereinbart oder aufgrund besonderer Umstände im Einzelfall erforderlich (BGH VersR 1969, 902), Pflicht zur Befolgung von Weisungen (etwa BGH NJW 1983, 1801: Einreichung einer Anmeldung zum Handelsregister bis zu bestimmtem Termin). 144

• **Regierungsakte.** Die politische Entscheidungstätigkeit der exekutiven Spitzen ist dem Anwendungsbereich des § 839 nicht entzogen. Politische Maßnahmen erfolgen jedoch regelmäßig nur im Allgemeininteresse. Amtspflichtverletzungen wird daher meist der für die Haftung erforderliche Drittbezug (Rn 58ff) fehlen (RGRK/*Kreft* Rn 224). 145

• Dem **Standesbeamten** obliegt ggü Verlobten die Amtspflicht, ihnen in Fällen unmittelbarer Todesgefahr eine unverzügliche Eheschließung zu ermöglichen; diese Amtspflicht soll auch dem Schutz der Verlobten an der Hinterbliebenenrente dienen (BGH FamRZ 1989, 1048). 146

• **Straßenverkehr.** Für die **Straßenverkehrsbehörden** besteht die Amtspflicht, die Regelungen und Einrichtungen für den schnellen Kraftverkehr so zu treffen und zu gestalten, dass sie für einen Verkehrsteilnehmer mit durchschnittlicher Aufmerksamkeit durch einen beiläufigen Blick deutlich erkennbar sind. Verkehrszeichen dürfen weder irreführend noch undeutlich aufgestellt sein (BGH MDR 1961, 752; 1963, 116; NJW 1973, 463). Maßnahmen der Verkehrsregelung sind auf denjenigen Verkehr auszurichten, der sich nach dem Umfang der Widmung, sonstigen wegerechtl Anordnungen und den die Benutzungsmöglichkeit etwa einschränkenden Straßenzustand bewegen darf (BGH NJW 1966, 1456). An gefährlichen Stellen sind Warnzeichen anzubringen (BGH NJW 1962, 791). Beim Anbringen künstlicher Hindernisse im Straßenraum (etwa Bodenschwellen) ist darauf zu achten, dass hierdurch keine Verkehrsgefährdungen hervorgerufen werden (BGH NJW 1991, 2824). Zur Haftung beim Versagen einer Verkehrsampel und einem dadurch hervorgerufenen Verkehrsunfall BGHZ 91, 48. Die **Verkehrsregelungspflichten** stehen selbständig neben den davon zu unterscheidenden (Rn 40) Verkehrssicherungspflichten (BGH NJW 1962, 791; VersR 2001, 589 für das Anbringen von Verkehrszeichen). **Typgenehmigung:** Zur unionsrechtl Staatshaftung BGH NVwZ 2022, 896. Zur Frage der Drittbezogenheit der Amtspflichten bei der **Zulassung von Kfz** Rn 64. 147

Verkehrssicherungspflichten. Zuordnung zum privatrechtl oder zum öffentlich-rechtl Funktionskreis Rn 40 und § 823 Rn 97. **Inhalt:** Derjenige, der eine Gefahrenlage schafft, ist grds verpflichtet, die notwendigen und zumutbaren Vorkehrungen zu treffen, um eine Schädigung anderer möglichst zu verhindern (BGH VersR 2006, 803 Rn 12; VersR 2010, 544 Rn 5; VersR 2011, 46 Rn 8; NJW 2020, 3106 Rn 24). Bei **öffentlichen Straßen** selbst 148 (ihrem Zustand und ihrer Beschaffenheit) ausgehende Gefahren für die in § 823 I bezeichneten Rechte und Rechtsgüter, die bei zweckgerichteter Benutzung drohen, müssen zum Schutz der Verkehrsteilnehmer ausgeräumt, ggf muss vor ihnen gewarnt werden (BGHZ 108, 273, 275; BGH NVwZ-RR 2012, 831 Rn 11). Dies gilt nur für diejenigen Gefahren, die für den Benutzer nicht oder nicht rechtzeitig erkennbar sind und auf die er sich nicht oder nicht rechtzeitig einrichten kann (BGH NJW 1980, 2194, 2195; BGHZ 108, 273, 275; BGH NVwZ-RR 2012, 831 Rn 11); maßgeblich ist der durchschnittlichen Verkehrsteilnehmer (BGH NJW 1970, 1126 zur Verkehrsregelung); dieser muss sich aber nicht entgegenhalten lassen, er habe gefährliche Stelle meiden müssen (BGH NVwZ-RR 2012, 831 Rn 14). Zur Frage, wann eine Gefahr „von der Straße" ausgeht BGH VersR 1967, 1196 (Gefahr des Herabstürzens von Teilen anliegender Bauwerke geht nicht von der Straße aus, wohl aber Gefahr durch auf der Straße liegende Fremdkörper); BGH DVBl 2020, 1272 Rn 21; NJW 2020, 3106 Rn 24ff (über einem Feldweg angebrachte Drahtabsperrung); BGHZ 123, 102 (Gefahr der Standunsicherheit von Bäumen am Straßenrand; s auch BGH NJW 2004, 1381; Naumburg NVwZ-RR 2014, 88; *Drasdo* NJW-Spezial 2017, 289); BGH NJW 2014, 1588 (Astbruch); Brandenburg NJW-RR 2019, 343 (Pilzbefall an Bäumen). Schlaglöcher von 4 oder 5 cm können für Radfahrer noch hinnehmbar sein, es kommt aber auf die Umstände des Einzelfalls an (Schleswig NVwZ-RR 2018, 255 Rn 8; dazu auch Stuttgart NVwZ-RR 2014, 254; Schlagloch auf Nebenstraßen: Köln DAR 2017, 582). Bestandteile der Straße sind auch Gehwege, Radwege, Trenn-, Seiten-, Mittel- und Sicherheitsstreifen (BGH NJW 1980, 2195; VersR 2013, 1191; 13.9.2012 – III ZR 5/12 Rn 2; *Spitzlei* NVZ 2016, 556), ferner Parkplätze (BGH VersR 1968, 399; 2014, 450). Sturz auf Wochenmarkt: Koblenz MDR 2018, 1312; Celle NJW-RR 2017, 1300. – **Umfang**: Begrenzung auf zumutbare Verkehrssicherungsmaßnahmen BGH VersR 1966, 583; 1967, 1196. Haushaltliche Engpässe können den Verkehrssicherungspflichtigen grds nicht entlasten (vgl BGH VersR 1983, 39; vgl aber auch BGHZ 112, 74; BGH NVwZ-RR 2012, 831 Rn 15). Erforderlich sind die Beseitigung gefährlicher Stellen, das Anbringen von Schutzvorrichtungen (bei Mäharbeiten am Grünstreifen einer Bundesstraße BGH VersR 2013, 1191) sowie die Vorsorge gegen die Entstehung gefährlicher Stellen mittels regelmäßiger Begehung und Besichtigung der Straßen (vgl Frankfurt DAR 1984, 19). Zur – zT gesetzl geregelten – Wegereinigungs- und Streupflicht BGHZ 31, 73; allg *Rinne* NJW 1996, 3303 und *Rebler* MDR 2019, 327. Keine generelle ständige Pflicht zur Beseitigung von herabgefallenem Herbstlaub (Bremen NJW-RR 2018, 923). Streupflicht setzt eine konkrete Gefahrenlage iS allg Glätte voraus und ist durch den Rahmen des Zumutbaren unter Beachtung der Leistungsfähigkeit des Sicherungspflichtigen begrenzt (BGH NJW 2009, 3302 Rn 4; 2012, 2727 Rn 10f). Innerhalb geschlossener Ortschaften besteht eine Streupflicht für Fahrbahnen nur an verkehrswichtigen und gefährlichen Stellen (BGHZ 40, 379; 112, 74; BGH VersR 1997, 311) sowie auf Fußgängerwegen (BGH VersR 1967, 226), außerhalb geschlossener Ortschaften nur an besonders gefährlichen Stellen (BGHZ 31, 73; BGH NJW 1987, 1831) und für Gehwege nur ganz ausnahmsw (BGH NZV 1995, 144; VersR 2016, 63). Regelmäßig beginnt die Streupflicht am frühen Morgen mit dem Einsetzen, sie endet am Abend mit dem Aufhören des allg Tagesverkehrs (BGHZ 40, 379). Bei einsetzender Glätte steht dem Pflichtigen ein angemessener Zeitraum zur Verfügung (vgl München VersR 1994, 983: 15 Minuten regelmäßig zu kurz; s auch Karlsruhe NJW-RR 2009, 386: Streupflicht erst bei konkreter Glatteisbildung). Bei Abwälzung auf die Anlieger verbleibt eine Kontrollpflicht (BGH NJW 1966, 2311). Zur Einschränkung der Subsidiaritätsklausel (Abs I S 2) für den Bereich der Verkehrssicherungspflichten Rn 74. Zur Verkehrssicherungspflicht eines privaten Waldbesitzers BGHZ 195, 30 sowie eines Eigentümers eines baumbestandenen Grundstücks BGH MDR 2018, 27.

149 • **Technisches Hilfswerk.** Tätigkeit im Rahmen des Katastrophenschutzes ist hoheitlicher Natur, KG VerkMitt 1982, 37.

150 • **TÜV.** S Rn 47. Für Amtspflichtverletzungen eines TÜV-Sachverständigen haftet das Land, das ihm die amtl Anerkennung erteilt hat (BGHZ 122, 85, 87; BGH VersR 2002, 96; MDR 2003, 930; Amtspflichten bezwecken idR nicht den Vermögensschutz, vgl BGH NJW 2004, 3484).

150a • **Vermögensfragen, offene.** BGH NVwZ-RR 2021, 876.

151 • **Zivildienst.** Amtshaftung für durch Zivildienstleistende bei Dienstausübung zugefügte Schäden auch dann, wenn die Beschäftigungsstelle (§ 4 ZDG) privatrechtl organisiert ist (BGHZ 118, 304; BGH NJW 1997, 2109; dort auch zur Frage des anderweitigen Ersatzes iSv Abs I S 2, wenn ein Zivildienstleistender als Fahrer schuldhaft einen Verkehrsunfall verursacht; NJW 2003, 348). Es haftet die Bundesrepublik Deutschland ohne Rücksicht darauf, ob Rechtsträger einer Beschäftigungsstelle ein Privatrechtssubjekt oder eine öffentlich-rechtl Körperschaft ist (BGH VersR 2001, 585; BGHZ 146, 385).

§ 839a Haftung des gerichtlichen Sachverständigen

(1) Erstattet ein vom Gericht ernannter Sachverständiger vorsätzlich oder grob fahrlässig ein unrichtiges Gutachten, so ist er zum Ersatz des Schadens verpflichtet, der einem Verfahrensbeteiligten durch eine gerichtliche Entscheidung entsteht, die auf diesem Gutachten beruht.

(2) § 839 Abs. 3 ist entsprechend anzuwenden.

1 **I. Allgemeines.** § 839a ist durch Art 2 Nr 5 des Zweiten Gesetzes zur Änderung schadensersatzrechtl Vorschriften v 19.7.2002 (BGBl I 2002, 2674) eingefügt worden. Zeitl Anwendbarkeit dann, wenn das schädigende Ereignis nach dem 31.7.2002 eingetreten ist (Art 229 § 8 I EGBGB); schädigendes Ereignis ist die gerichtliche Entscheidung, nicht das Sachverständigengutachten (LG Köln BauR 2004, 694; Celle IBR 2010, 63).

Mit der Regelung ist die Haftung des gerichtlichen Sachverständigen vereinheitlicht worden. Während nach früherer Rechtslage der vereidigte Sachverständige schon bei einfacher Fahrlässigkeit für jeden auf einer Falschbegutachtung beruhenden Vermögensschaden haftete, der nicht vereidigte Sachverständige hingegen nur für Vorsatz und grobe Fahrlässigkeit (vgl dazu die Nachw bei Staudinger/*Wöstmann* Rn 3ff), wird in § 839a I die Haftung der vom Gericht ernannten Sachverständigen generell auf Vorsatz und grobe Fahrlässigkeit beschränkt. Dies dient der „inneren Freiheit" des Sachverständigen, derer er bedarf, um sein Gutachten „unabhängig und ohne Druck eines möglichen Rückgriffs erstatten" zu können (BT-Drs 14/7752, 28; BGH MDR 2013, 1397 Rn 27). 2

Systematische Stellung. § 839a regelt **keinen Fall der Staatshaftung**. Der Gerichtssachverständige wird auch durch die gerichtliche Beauftragung nicht Beamter im haftungsrechtl Sinne; Art 34 S 1 GG findet keine Anwendung (BGHZ 200, 253 Rn 28). Abw gilt nur, wenn die Erstattung des Gutachtens auch unabhängig von der gerichtlichen Beauftragung im Rahmen seiner normalen Amtstätigkeit erfolgt (zB nach § 193 I 1 Nr 4 BauGB; dazu BGHZ 59, 310; BGH NVwZ-RR 2003, 401; NJW 2003, 2825, 2826). Ob die Vorschrift systematisch „im Umfeld der Staatshaftung angesiedelt" ist (so BGHZ 226, 116 Rn 10), mag dahinstehen, ist jedenfallls ohne normativen Gehalt. 3

Verhältnis zu anderen Vorschriften. Innerhalb seines Anwendungsbereichs enthält § 839a eine eigenständige **abschließende Regelung** der Haftung des gerichtlichen Sachverständigen und verdrängt dessen deliktsrechtl Haftung nach §§ 823ff (BGHZ 166, 313 Rn 5; 226, 116 Rn 11 [für § 826]; BGH MDR 2013, 1397 Rn 14). Soweit der gerichtliche Sachverständige (ausnahmsw) Beamter im haftungsrechtl Sinne ist, richtet sich die Haftung hingegen allein nach **§ 839** und erfasst auch einfache Fahrlässigkeit (BGHZ 200, 253 Rn 29). Der gerichtlich bestellte Sachverständige haftet den Parteien auch nicht aus Vertrag (*Karczewski* VersR 2001, 1076); das Rechtsverhältnis zw dem Träger der Gerichtsbarkeit und dem Sachverständigen entfaltet keine Schutzwirkung zugunsten Dritter (Düsseldorf NJW 1986, 2891; Brandenburg WM 2001, 1920; aA *Eickmeier*, Die Haftung des gerichtlichen Sachverständigen, 1993). Ist durch ein unrichtiges Gutachten ein Schaden verursacht worden, **ohne** dass eine **gerichtliche Entscheidung** ergangen ist (Vergleich; Klagerücknahme), ist Haftung nach den allg Normen möglich (so auch Staudinger/*Wöstmann* Rn 19; anders MüKo/*Wagner* Rn 20: Haftungsfreistellung); insoweit gelten die Grundsätze nach der Rechtslage vor Inkrafttreten des § 839a. Zu versicherungsrechtl Konsequenzen *Littbarski* VersR 2016, 154. 4

II. Anwendungsbereich. § 839a erfasst nur die **Sachverständigen**, die durch ein **staatliches Gericht** in einem gerichtlichen Verfahren nach Maßgabe einer Prozessordnung ernannt wurden (s § 404 ZPO; Geltung für die Verfahren anderer Gerichtszweige über § 98 VwGO, § 82 FGO, § 46 II ArbGG, § 118 SGG; s ferner § 73 I StPO). Dazu rechnen auch Verfahren vor dem Rechtspfleger (Staudinger/*Wöstmann* Rn 8), auch Wertgutachter im Zwangsversteigerungsverfahren (BGHZ 166, 313; BGH MDR 2013, 1397 Rn 14). **Keine Geltung** für: **Parteigutachter**; Vernehmung als **sachverständiger Zeuge**; den gem § 1049 I ZPO von einem **Schiedsgericht** bestellten Sachverständigen (Staudinger/*Wöstmann* Rn 34; MüKo/*Wagner* Rn 11; *Kilian* VersR 2003, 684); für **Zeugen** wird demggü **analoge** Anwendung vertreten (*Thole*, Die Haftung des gerichtlichen Sachverständigen nach § 839a BGB, 2004, 199ff; MüKo/*Wagner* Rn 12; Staudinger/*Wöstmann* Rn 33); soweit **Behörden** vom Gericht zu Sachverständigen ernannt werden, ist § 839a weder unmittelbar noch analog anzuwenden (Rn 1). – **Analoge Anwendung** findet § 839a, wenn gerichtliche Verfahren durch Prozessvergleich erledigt wurden, sofern der Vergleich durch das Gutachten des Sachverständigen beeinflusst worden ist (BGHZ 226, 116 Rn 13ff). Umstr ist die analoge Anwendung des § 839a auf **behördlich bestellte Sachverständige in Verwaltungsverfahren** (dafür: Staudinger/*Wöstmann* Rn 35; MüKo/*Wagner* Rn 14; *Thole* aaO, 233ff; abl Koblenz NVwZ-RR 2006, 262; *Kilian* VersR 2003, 684; Erman/*Hecker*[13] Rn 3). Aber analoge Anwendung des § 839a auf **staatsanwaltschaftlich** beauftragte Gutachten im strafprozessualen Ermittlungsverfahren (BGHZ 200, 253 Rn 22ff; BGH NJW 2020, 1592 Rn 14ff), und zwar auch dann, wenn es nicht zur Eröffnung des Hauptverfahrens kommt (BGH NJW 2020, 1592 Rn 18); die Analogie erstreckt sich das Richterspruchprivileg des § 839 II (BGH NJW 2020, 1592 Rn 19). Zum Verhältnis zu § 826 s § 826 Rn 40. 5

III. Haftungsvoraussetzungen. Die Haftung nach § 839a erfordert einen dreiaktigen (anders BGHZ 166, 313 Rn 5; 226, 16 Rn 10; BGH VersR 2019, 183 Rn 4: zweiaktigen) Geschehensablauf (wie hier *Berkemann* jM 2021, 65, 66): (1) ein vorsätzlich oder grob fahrlässig erstattetes unrichtiges Gutachten, (2) dessen Verwertung in einer dadurch fehlerhaften gerichtlichen Entscheidung und (3) die Verursachung eines Schadens durch diese Entscheidung. 6

1. Unrichtiges Gutachten. a) Unrichtig ist ein Sachverständigengutachten, wenn es nicht der obj Sachlage entspricht. Dies ist insb der Fall, wenn es von einem unzutreffenden Sachverhalt ausgeht oder aus dem festgestellten Sachverhalt falsche Schlüsse zieht (BGH MDR 2013, 1397 Rn 17; Saarbrücken 23.11.2017 – 4 U 26/15, juris Rn 80ff). Maßgeblich ist das Ziel des jew Gutachtens; für Verkehrswertgutachten nach § 74a V 1 ZVG ist zB zu berücksichtigen, dass es der Feststellung des Verkehrswerts des Versteigerungsobjekts dient und insoweit andere Maßstäbe gelten können als etwa für einen mit der Feststellung von Baumängeln beauftragten Gutachter (BGH MDR 2013, 1397 Rn 18f; Schleswig DS 2008, 32f; Rostock DS 2008, 386, 387). **Bsp:** Anlegen falscher oder überholter Bewertungsmaßstäbe, die Verwendung einer nicht fachgerechten Methodik, das Ausgehen von einer falschen oder unvollständigen Sachverhaltsgrundlage, die Vornahme unlogischer Ableitungen, gravierende Darstellungsmängel (vgl *Jessnitzer/Frieling*, Der gerichtliche Sachverständige[11], 2001, 336; *Müller*, Der Sachverständige im gerichtlichen Verfahren, 1988, 628f; *Häsemeyer*, Schadenshaftung im Zivilrechtsstreit, 1979, 167f; *Blomeyer*, Schadensersatzansprüche des im Prozess Unterlegenen wegen Fehlverhaltens Dritter, 1972, 117ff; Rostock 6a

BauR 2006, 1337). Kann die Beweisfrage vom Sachverständigen nicht exakt iS einer mathematischen Genauigkeit ermittelt werden, ist dem Sachverständigen ein **Bewertungsspielraum** zuzugestehen. So müssen bei der Verkehrswertermittlung von Grundstücken kleinere Diskrepanzen zw dem vom Regressgericht festgestellten und dem vom Sachverständigen ermittelten Verkehrswert jedenfalls nicht ohne Weiteres zu dessen Lasten gehen (BGH MDR 2013, 1397 Rn 20). Grenzen des Bewertungsspielraums: Der Sachverständige darf dem Richter keine Eindeutigkeit der wissenschaftlichen Erkenntnislage vorspiegeln, die in Wahrheit nicht vorhanden ist und die diesen möglicherweise eine abw Entscheidung von vornherein nicht in Erwägung ziehen lässt; begründete Zweifel oder mögliche – gleichfalls vertretbare – Gegenauffassungen oder -schlüsse sind daher kenntlich zu machen (ähnl *Wagner* NJW 2002, 2062; *Kilian* VersR 2003, 684; Staudinger/*Wöstmann* Rn 9). Zudem muss der Sachverständige alle tatsächlichen, rechtl und wirtschaftl Umstände in den Bewertungsvorgang einbeziehen, und solche Umstände unberücksichtigt lassen, die sich nicht auf rechtl gesicherte Positionen beziehen (Staudinger/*Wöstmann* Rn 10).

7 **b) Erstattet** ist das Gutachten, wenn der Sachverständige dem beauftragenden Gericht seine abschließende Beantwortung der ihm gestellten Fragen vorlegt. Unerheblich ist, ob es sich um ein schriftliches oder mündliches Gutachten handelt (diesbzgl Ermessen des Gerichts; Zöller/*Greger* § 411 ZPO Rn 1); nicht ausreichend ist hingegen die mündliche Erläuterung eines schriftlichen Gutachtens (s § 411 III ZPO).

8 **c) Vorsatz oder grobe Fahrlässigkeit.** Die Haftung tritt nur ein, wenn die Erstattung des unrichtigen Gutachtens **vorsätzlich oder grob fahrlässig** ist; einfache Fahrlässigkeit genügt nicht. Zum Vorsatz vgl § 839 Rn 70. **Grobe Fahrlässigkeit** erfordert einen in obj Hinsicht schweren und in subj Hinsicht nicht entschuldbaren Verstoß gegen die Anforderungen der im Verkehr erforderlichen Sorgfalt. Diese Sorgfalt muss in ungewöhnlich hohem Maße verletzt sein. Der Gutachter muss unbeachtet gelassen haben, was jedem Sachkundigen hätte einleuchten müssen (zur Perspektive des Sachkundigen: BGH NJW-RR 2014, 90 Rn 27), und seine Pflichtverletzung muss schlechthin unentschuldbar sein (BGH MDR 2013, 1397 Rn 26). Vorsatz oder Fahrlässigkeit müssen sich auf die Unrichtigkeit des Gutachtens, nicht auf den eingetretenen Schaden beziehen. Die Billigung des Gerichts ist Voraussetzung der Haftung nach § 839a und schließt das Verschulden nicht aus (BGH 24.7.2014 – III ZR 412/13, juris Rn 3).

9 **2. Gerichtliche Entscheidung.** § 839a fordert darüber hinaus, dass das unrichtige Gutachten Eingang in eine unrichtige gerichtliche Entscheidung gefunden hat, die auf diesem Gutachten beruht (BGH NJW 2006, 1733 Rn 5). **Schadenstiftende gerichtliche Entscheidungen** können alle gerichtlichen Akte mit Entscheidungscharakter sein; da es nicht um die Haftung des Richters geht, ist unerheblich, ob für sie das Spruchrichterprivileg des § 839 II (§ 839 Rn 80ff) gilt (BGH NJW 2020, 1592, Rn 19). Nicht erforderlich ist, dass die Entscheidung das Verfahren endgültig abschließt; Entscheidungen im Verfahren des vorläufigen Rechtsschutzes sind daher ebenso einbezogen (ebenso *Wagner* NJW 2002, 2062 Fn 151) wie bestimmte vorläufige Entscheidungen (zB vorläufige Unterbringung), Entscheidungen im Bereich der freiwilligen Gerichtsbarkeit, Teil- oder Vorbehaltsurteile (s BR-Drs 265/1/98, 14). Vollzieht sich (wie im Versteigerungsverfahren) die gerichtliche Entscheidungsfindung über mehrere Stufen, von denen die jew folgende auf der vorangegangenen aufbaut, so kann haftungsbegründende Entscheidung nicht nur diejenige auf der Stufe sein, auf der das Sachverständigengutachten eingeholt worden ist; dies gilt auch dann, wenn die Entscheidung auf der vorangegangenen Stufe einer selbständigen Anfechtbarkeit mit Rechtsmitteln unterlegen hatte (BGHZ 166, 313 Rn 10).

10 Die gerichtliche Entscheidung **beruht** auf dem unrichtigen Gutachten, wenn sie bei einem richtigen Gutachten anders ausgefallen wäre (**haftungsbegründende Kausalität**). Erforderlich ist eine Verwertung des Gutachtens im Wege des **Sachverständigenbeweises** (Staudinger/*Wöstmann* Rn 18). **Kein Beruhen** daher bei Anerkenntnis-, Verzichts- oder Versäumnisurteil, auch wenn die Partei diese Prozesshandlung mit Rücksicht auf das unrichtige Sachverständigengutachten abgegeben hat (Staudinger/*Wöstmann* Rn 21). An die Feststellung der Kausalität sind strenge Anforderungen zu stellen. Es darf kein vernünftiger Zweifel bestehen, dass die Entscheidung ohne die Unrichtigkeit des Gutachtens einen anderen Inhalt gefunden hätte; nicht ausreichend, wenn nach der insoweit maßgeblichen Entscheidungsbegründung (Grü/*Sprau* Rn 4) nur die Möglichkeit nicht auszuschließen ist, dass die Entscheidung bei Richtigkeit des Gutachtens weniger ungünstig für den Verfahrensbeteiligten ausgefallen wäre, etwa weil der Richter sie erkennbar auch auf weitere Gesichtspunkte gestützt hat (aA Grü/*Sprau* Rn 4). An der Kausalität fehlt es ferner, wenn das Gutachten zwar streckenweise falsch ist, die Entscheidung sich aber gerade nicht tragend auf die betreffenden Stellen stützt. Demggü entfällt nach allg Kausalitätsgrundsätzen die Haftung des Sachverständigen nicht schon dann, wenn die Gerichtsentscheidung **auch** auf der eigenen Sorgfaltswidrigkeit des Richters beruht (zB völlig unplausibles, auch für den Laien erkennbar unrichtiges Gutachten).

11 **3. Kausaler Schaden.** Schließlich muss die **gerichtliche Entscheidung**, die auf dem unrichtigen Gutachten beruht, **kausal** für einen **Schaden** bei einem **Verfahrensbeteiligten** sein (haftungsausfüllende Kausalität). Hierfür ist maßgebend, wie der Ausgangsprozess bei Vorlage eines richtigen Gutachtens des Sachverständigen richtigerweise hätte entschieden werden müssen (BGH NJW-RR 2018, 1364 Rn 6). Nicht ausreichend daher, wenn die betr Schäden allein durch den Sachverständigen verursacht sind (zB Schäden im Zusammenhang mit einer gesundheitlichen Untersuchung durch den Sachverständigen). Wer **geschädigter Verfahrensbeteiligter** ist, bestimmt sich im Ausgangspunkt nach der jew anwendbaren Prozessordnung. Der BGH erweitert den Beteiligtenbegriff auf Personen, die als „Dritte" iSd § 839 anzusehen wären (BGHZ 166, 313 Rn 6ff – Meistbietende im Zwangsversteigerungsverfahren).

IV. Haftungsausschluss (Abs II). Wie im Amtshaftungsrecht entfällt die Ersatzpflicht, wenn der Geschädigte es mindestens fahrlässig unterlassen hat, den **Schaden durch Gebrauch eines Rechtsmittels abzuwenden** (Abs II iVm § 839 III). Der Geschädigte muss also, will er seinen Anspruch nicht verlieren, zunächst gegen die gerichtliche Entscheidung, die auf dem unrichtigen Gutachten beruht, mit Rechtsmitteln vorgehen. Er muss sämtliche zur Korrektur des unrichtigen Sachverständigengutachtens zur Verfügung stehenden innerprozessualen Behelfe ausschöpfen, will er einen Ausschluss seines Anspruchs vermeiden (BGHZ 173, 98 Rn 8ff; BGH NJW-RR 2006, 1454, 1455 Rn 11; Beschl 27.7.2017 – III ZR 440/16, VersR 2017, 1285, 1286 Rn 6). Erforderlich sind auch **Rechtsbehelfe**, die sich **unmittelbar gegen das fehlerhafte Gutachten** selbst richten (zB Gegenvorstellungen, Hinweise auf die Unrichtigkeit des Gutachtens oder Anträge, den Sachverständigen zur mündlichen Erläuterung zu laden; BGHRp 2007, 1028; BGHZ 173, 98 Rn 8), und die bestimmt und geeignet sind, eine auf das Gutachten gestützte gerichtliche Entscheidung zu verhindern (BGH NJW 2020, 592 Rn 23). Nicht unter die Rechtsmittel iSv Abs II (und § 839 III) fällt indessen die Einholung eines Privatgutachtens, um Einwände gegen ein beanstandetes gerichtliches Sachverständigengutachten zu substanziieren (BGH NJW-RR 2017, 1105 Rn 7). Sonstige Fälle einer Anspruchsminderung wegen **Mitverschuldens (§ 254)** bleiben daneben möglich (zB Anspruchsteller stellt Gutachter falsches oder unvollständiges Material zur Verfügung). Vertragl kann die Haftung des gerichtlichen Sachverständigen nicht beschränkt werden (vgl *Linz* DS 2018, 86, 91ff). 12

V. Prozessuales. Die Darlegungs- und Beweislast für die Unrichtigkeit des Gutachtens trägt der Anspruchsteller, ebenso für den subj Tatbestand (dazu Hamm VersR 2010, 222); für § 839a II der Sachverständige. Beweiserleichterungen nach § 287 ZPO sind auch hier möglich (näher § 839 Rn 109). Die im Interesse des klagenden Patienten anerkannte Herabsetzung der Substantiierungslast kann nicht auf den Regressprozess gegen den medizinischen Sachverständigen nach § 839a übertragen werden (BGH DVBl 2020, 64 Rn 2). 13

§ 840 Haftung mehrerer

(1) Sind für den aus einer unerlaubten Handlung entstehenden Schaden mehrere nebeneinander verantwortlich, so haften sie als Gesamtschuldner.

(2) Ist neben demjenigen, welcher nach den §§ 831, 832 zum Ersatz des von einem anderen verursachten Schadens verpflichtet ist, auch der andere für den Schaden verantwortlich, so ist in ihrem Verhältnis zueinander der andere allein, im Falle des § 829 der Aufsichtspflichtige allein verpflichtet.

(3) Ist neben demjenigen, welcher nach den §§ 833 bis 838 zum Ersatz des Schadens verpflichtet ist, ein Dritter für den Schaden verantwortlich, so ist in ihrem Verhältnis zueinander der Dritte allein verpflichtet.

1. Allgemeines. Der Anspruch wegen einer unerlaubten Handlung ist trotz des Vorranges der Naturalrestitution nach § 249 I praktisch meist auf **Schadensersatz in Geld** gerichtet. § 253 II führt zudem von vornherein zu einem Geldersatz. Dies würde bei mehreren Schädigern nach § 420 zu Teilschulden der einzelnen Haftpflichtigen führen. Demggü gibt § 840 I dem Gläubiger das Recht, sich **an jeden** der mehreren Schuldner **nach Belieben** wegen des ganzen Schadensersatzes zu wenden (§ 421). Dadurch wird ihm das **Prozessrisiko** hinsichtl des Nachweises der einzelnen Tatbeiträge genommen und das **Insolvenzrisiko** hinsichtl eines Schuldners auf die übrigen Schuldner überwälzt. § 840 setzt stets voraus, dass die Haftung mehrerer nach anderen Vorschriften, zB § 830, begründet ist. Die Vorschrift enthält keine selbständige Anspruchsbegründung, auch nicht für Nebentäter, deren Haftung auf den ganzen Ersatz sich bereits aus Kausalitätserwägungen ergibt, vgl § 830 Rn 5; MüKo/*Wagner* Rn 1ff. 1

2. Unerlaubte Handlung. Der Begriff der **unerlaubten Handlung** ist bei § 840 im weitesten Sinne zu verstehen: Er umfasst nicht nur die im BGB unter diesem Titel geregelte Haftung aus tatsächlichem (§§ 823ff) und vermutetem Verschulden (§§ 830–832, § 833 S 2, §§ 834–838) sowie aus Billigkeits- (§ 829) und Gefährdungshaftung (§ 833 S 1), sondern auch die spezialgesetzl geregelten Gefährdungshaftungen, zB nach dem StVG und dem WHG. Sonderregelungen zur Gesamtschuld bei mehreren Haftpflichtigen aufgrund derselben Gefährdungshaftung treffen allerdings § 93 AMG, § 33 AtG, § 119 BBergG, § 32 II GenTG, § 13 HaftpflG, § 41 LuftVG, §§ 5, 6 ProdHaftG, §§ 17, 18 III StVG, § 89 I 2 WHG. Zur Sonderproblematik beim UmwHG, das keine ausdrückl Regelung enthält, Staudinger/*Kohler* Einl zum UmweltHR Rn 216ff. Soweit in Spezialgesetzen die Gefährdungshaftung sachlich und der Höhe nach beschränkt ist, reicht beim Zusammentreffen solcher Haftung mit der Ersatzpflicht nach BGB die Gesamtschuld nur so weit wie die Haftung aus dem Spezialgesetz (BGHZ 12, 213, 220; 18, 149, 164). Keine Ansprüche aus unerlaubter Handlung sind jedoch Aufopferungsansprüche, zB aus Nachbarrecht: Treffen mehrere solche Ausgleichsansprüche zusammen, besteht keine Gesamtschuld, vgl BGHZ 72, 289, 297. Haben jedoch die nachbarlichen Einwirkungen erst durch ihr Zusammenwirken den Schaden verursacht, haften auch die Nachbarn als Gesamtschuldner, vgl BGHZ 66, 70, 74ff. Schließlich nimmt der BGH (BGHZ 85, 375ff) ein Gesamtschuldverhältnis zw einem nachbarrechtl Anspruch (zB wegen einer Vertiefung nach § 909) und einem auf Ersatz des gleichen Schadens gerichteten Deliktsanspruch (zB gegen den Architekten, der die Vertiefung schuldhaft verursacht hat) an. 2

In all diesen Entscheidungen wirkt sich die den § 840 I tragende Idee der **nicht unterscheidbaren Verantwortlichkeit** mehrerer für denselben Schaden (MüKo/*Heinemeyer* § 421 Rn 50, 54) aus. Diese Idee kommt auch dann zum Zuge, wenn die Haftung systematisch nicht aus unerlaubter Handlung konstruiert werden kann, zB bei der Haftung mehrerer Schuldner aus § 311 II, BGHZ 71, 284. Deshalb kann es nicht darauf ankommen, ob 3 die Haftung eines der Schuldner aus unerlaubter Handlung **zugleich aus Vertrag** begründet ist, vgl RGZ 61, 56. Dies gilt entgegen der früher hM auch dann, wenn einer der Schuldner nur aus Vertrag, ein anderer nur aus Delikt haftet (Grü/*Sprau* Rn 1; anders RGZ 84, 415, 430), ebenso beim Zusammentreffen der Haftung des Vertragsschuldners aus § 278 und des Erfüllungsgehilfen selbst aus §§ 823ff; § 840 ist (analog) anzuwenden, ebenso Staudinger/*Vieweg* Rn 15; für „Erfüllungsgemeinschaft" RGZ 77, 317, 323f.

4 **3. Nebeneinander Verantwortliche. Nebeneinander verantwortlich** sind insb Mittäter, Anstifter und Gehilfen (§ 830 I 1 und II), die nach § 830 I 2 Beteiligten sowie fahrlässige Nebentäter hinsichtl des von ihnen mitbewirkten Schadens, ferner Fahrer, Halter und Pflichtversicherer (§ 3 Nr 2 PflVG) eines Kfz, jedoch nicht der Pflichtversicherer und ein Nebentäter oder dessen Versicherer, BGHZ 69, 153. Gesamtschuldner sind auch zB hinsichtl der Verletzung eines Kindes der schuldhaft für den Schaden ursächlich gewordene Dritte und der Elternteil, der zu der Schädigung durch die Verletzung seiner Obhutspflicht für das Kind beigetragen hat, BGHZ 73, 190. Weitere Einzelfälle aus der Rspr bei Soergel/*Krause* Rn 8; MüKo/*Wagner* Rn 5ff mN; Staudinger/*Vieweg* Rn 23.

5 **4. Mitverschulden.** Hat bei der Begründung des Schadens ein **eigener Beitrag des Geschädigten** mitgewirkt, ist die gesamtschuldnerische Haftung nach § 254 (vgl § 254 Rn 102ff) zu kürzen. Dies gilt auch dann, wenn § 254 nicht ggü allen Gesamtschuldnern einzeln eingreifen würde: Hat der Geschädigte einen gesamtschuldnerischen Anspruch gegen A aus Vertragsverletzung und gegen B aus Delikt (vgl Rn 3) und hat eine Obliegenheitsverletzung seines eigenen Gehilfen an der Entstehung des Schadens mitgewirkt, mindert das Gehilfenverschulden auch die Haftung ggü B, obwohl sich dieser bei Alleinhaftung nach überwiegender Ansicht nicht auf § 254 berufen könnte, vgl BGHZ 90, 86. Nur so lässt sich vermeiden, dass entweder B beim Innenausgleich der Gesamtschuldner zu kurz kommt oder A über den Gesamtschuldregress mehr leisten muss, als sich aus seiner Beziehung zum Geschädigten eigentlich ergibt, vgl Rn 7f. Die Verbindung mehrerer Ansprüche zu einer **Gesamtschuld** prägt die Beziehung des Geschädigten **zu jedem einzelnen Gesamtschuldner.**

6 Welche Folgerungen hieraus für die Haftung von Nebentätern zu ziehen sind, ist str. Denkbar ist, die Gesamtschuld auf den Betrag zu beschränken, der sich für den Schuldner ergibt, dem wegen § 254 der geringste Beitrag zuzurechnen ist. Ggü den anderen Schuldnern entstehen dann Teilschulden, die der Gläubiger alle einzeln verfolgen muss (so die frühere Rspr, vgl BGHZ 12, 213). Als entgegengesetzte Lösung bietet sich an, die Haftung aller Ersatzpflichtigen in ihrer Gesamtheit um den Beitrag zur Schadensentstehung zu kürzen, der dem Geschädigten zuzurechnen ist; in der verbleibenden Höhe haften dann die Schädiger als Gesamtschuldner, wobei freilich ein insolventer Schuldner als von vornherein nicht existent zu betrachten ist, so dass der Geschädigte am Insolvenzrisiko beteiligt ist, so Soergel/*Zeuner*[12] Rn 17 mN; ausf Staudinger/*Höpfner* § 254 Rn 144ff. Zur dazwischenliegenden, sehr komplizierten Lösung der neueren Rspr (seit BGHZ 30, 203, **kombinierte Einzel- und Gesamtabwägung**) unter Berücksichtigung sog **Haftungseinheiten**, zB aus Geschäftsherr und Gehilfen (seit BGHZ 54, 283) § 254 Rn 102ff mit Rechenbsp.

7 **5. Gestörte Gesamtschuld.** Die Prägung aller einzelner gesamtschuldnerisch verknüpfter Ansprüche durch das Gesamtschuldverhältnis selbst zeigt sich schließlich bei **Störungen des** (hypothetischen) **Innenregresses** unter den Gesamtschuldnern: Fällt einer der Gesamtschuldner aufgrund seiner besonderen Beziehung zum Geschädigten von vornherein aus, führt die Verkürzung der Regressmöglichkeit des nichtprivilegierten Schuldners zur Kürzung der Haftungsquote im Außenverhältnis zw diesem Schuldner und dem Geschädigten. Allg anerkannt ist dies inzwischen für die Haftungsprivilegien im innerbetrieblichen Schadensausgleich nach **§§ 104ff SGB VII** (vgl Vor § 823 Rn 9): Ist für einen Personenschaden durch einen Arbeitsunfall nebeneinander ein Arbeitskollege (Mitschüler, Kommilitone usw) des Verletzten und ein Außenstehender verantwortlich, nimmt zwar § 105 SGB VII zB dem Arbeitskollegen die Verantwortung ab, aber der Außenstehende muss deshalb nicht für den ganzen Schaden aufkommen. Denn das Haftungsprivileg beruht auf dem Verhältnis der Arbeitskollegen zueinander, das den Drittschädiger nicht berührt. Der Ausfall des Arbeitskollegen als Schuldner des Geschädigten und somit auch als Regressschuldner des Drittschädigers im Gesamtschuldausgleich führt daher dazu, dass der Anspruch des Geschädigten gegen den Drittschädiger von vornherein auf die Quote beschränkt wird, die sich bei einem funktionsfähigen Gesamtschuldverhältnis letztlich zu dessen Lasten ergeben würde, BGHZ 51, 37; 55, 11; 61, 51; 110, 114; BGH NJW 1996, 2023. Die Einbindung der deliktischen Verantwortung in eine Gesamtschuld enthält somit für den einzelnen Schädiger neben der Erhöhung des Risikos um die Last der Regressverwirklichung zugleich eine **Begrenzung des Risikos** ggü Störungen des Regresses durch die besondere Beziehung eines potentiell Mithaftenden zum Gläubiger. Nur durch diesen „guten Tropfen" ist die Belastung mit der gesamtschuldnerischen Haftung rechtstheoretisch tragbar.

8 Daraus folgt zugleich, dass die Kürzung des Außenanspruchs beim **„Hinken" des Gesamtschuldnerausgleichs** nicht auf die Fälle der §§ 104ff SGB VII beschränkt werden kann. Dieselbe Lösung muss für die gesetzl Haftungsmilderungen wie §§ 708, 1359, 1664 gelten (aA zu § 1664 aber BGHZ 103, 338; Staudinger/*Vieweg* Rn 68 mN; wie hier hingegen Soergel/*Krause* Rn 27; abl für das Schmerzensgeld zw Ehegatten BGH NJW 1983, 624). Freilich ist bei diesen milderen Haftungsmaßstäben zu beachten, dass sie im Straßenverkehr von vornherein nicht gelten, BGHZ 53, 352; 61, 101; krit dazu *Medicus/Petersen* Rn 930. Auch bei vertragl Haftungsbeschränkungen liegt die angemessene Lösung in der Kürzung des Außenanspruchs, Soergel/*Krause* Rn 29 mN Fn 85. Die Konstruktion eines fingierten Gesamtschuldverhältnisses zur Ermöglichung des Regresses (vgl BGHZ 58, 216, 219) ist abzulehnen. Hat der nach § 104 SGB VII privilegierte Unternehmer vertragl einen außerhalb des Betriebes stehenden Schädiger von der Haftung freigestellt, sollte der Anspruch des Geschädigten gegen diesen

Schädiger nach BGH NJW 1987, 2669 ganz entfallen, weil das Privileg des § 104 SGB VII auch die Haftung ergreife, die sich erst aus einer solchen Dreiecksbeziehung ergeben würde. Hiergegen spricht entscheidend, dass dann die Vereinbarung zw den Schädigern als Vertrag zulasten des geschädigten Dritten wirken würde. Zu Recht hat daher BGHZ 110, 114 – ohne die frühere Rspr ausdrückl aufzugeben – die vertragl Haftungsüberwälzung auf den privilegierten Schädiger unberücksichtigt gelassen, so dass der nicht privilegierte Schädiger (mindestens teilw) haftet.

Im Gegensatz zu den angeführten Störungen des Gesamtschuldverhältnisses führt die **Subsidiarität** der Haftung 9 eines Gesamtschuldners nach § 839 I 2 zu einer Erhöhung der Haftungsquote der übrigen Gesamtschuldner, BGHZ 61, 351, 357f. Denn dieses Haftungsprivileg beruht weder auf einer besonderen Beziehung zum Geschädigten noch gar auf dessen Einverständnis. Gleichwohl stehen ihm die Bedenken gegen den Subsidiaritätsgrundsatz im Allg entgegen. Es ist deshalb zu begrüßen, dass der BGH (BGHZ 68, 217ff) diesen Grundsatz bei der Teilnahme am Straßenverkehr nicht anwendet.

6. Ausgleich im Innenverhältnis. Der Ausgleich richtet sich Innenverhältnis im Allg nach § 426. Dem in Anspruch genommenen Schuldner steht somit der doppelte Regressweg nach den beiden Absätzen dieser Vorschrift offen. Die Höhe des Regresses richtet sich entgegen dem Wortlaut des § 426 I regelmäßig nach dem Rechtsgedanken des § 254, hängt also von den Umständen der Schadensentstehung, insb vom Gewicht der Verursachungsbeiträge ab, dazu genauer Komm zu § 426. Nach der Vereinheitlichung der Verjährungsfristen durch das SchuldRModG unterscheidet sich der Regressanspruch aus §§ 823ff, 426 II kaum noch von demjenigen aus § 426 I, vgl im Einz MüKo/*Heinemeyer* § 426 Rn 42f, 48. Unterliegt der Deliktsanspruch ausnahmsw nach § 199 II, III einer längeren Verjährungsfrist, kann die Legalzession vorteilhafter als der selbständige Anspruch aus § 426 I sein, vgl Staudinger/*Vieweg* Rn 86. 10

Die Bestimmungen des **§ 840 II und III** ändern den Grundsatz des § 426 teilw ab und sind anderweitige Bestimmungen iSd § 426 I 1. Abs II und III beruhen auf der Erwägung, dass im Verhältnis der Gesamtschuldner zueinander die Haftung aus tatsächlichem Verschulden der aus vermutetem Verschulden vorgehen soll, dass andererseits derjenige, der aus vermutetem Verschulden haftet, keinen Ausgleich bei dem suchen soll, den lediglich eine Gefährdungshaftung trifft. Doch ist das Prinzip in diesen Bestimmungen nicht rein durchgeführt, wie namentlich die Zusammenfassung und Gleichbehandlung von Gefährdungstatbeständen mit Haftungsnormen aus vermutetem Verschulden in Abs III zeigt. Die Rspr hat es daher abgelehnt, aus Abs II und III einen allg gültigen Grundsatz abzuleiten, BGHZ 6, 3, 28; 6, 319, 321f. 11

Nach Abs II können **Geschäftsherr** (§ 831) und **Aufsichtspflichtiger** (§ 832) bei den Verrichtungsgehilfen und Aufsichtsbedürftigen in vollem Umfange Regress nehmen. Voraussetzung dafür ist aber, dass diese Personen selbst für den Schaden verantwortlich sind, also nicht nur obj rechtswidrig, sondern auch schuldhaft gehandelt haben. Ist das nicht der Fall, haben Geschäftsherr und Aufsichtspflichtiger den Schaden im Innenverhältnis allein zu tragen. Haften Geschäftsherr oder Aufsichtspflichtiger aus nachgewiesenem Verschulden, passt die Regressregel nicht, Soergel/*Krause* Rn 14 mN. Wird der Aufsichtsbedürftige nach § 829 zur Haftung herangezogen, haftet im Innenverhältnis der Aufsichtspflichtige allein (Abs II letzter Hs), vgl dazu § 829 Rn 2. Die Haftung des Gehilfen ggü dem Geschäftsherrn wird überlagert durch die Grundsätze der **Haftungseinschränkung des ArbN bei betrieblicher Tätigkeit.** Sie führen bei leichtester Fahrlässigkeit regelmäßig zur Alleinhaftung des ArbGeb und somit des Geschäftsherrn, bei mittlerer Fahrlässigkeit zur Schadensteilung, bei grober Fahrlässigkeit schließlich zu einer Haftungseinschränkung auf die Größenordnung, die dem ArbN noch eine angemessene wirtschaftl Existenz ermöglicht, vgl § 611a Rn 293ff. Lässt man mit BGHZ 109, 289 das verantwortliche Organ wegen der internen Übernahme der Organisationspflicht neben dem Organträger wegen „Organisationsverschuldens“ aus § 823 (§ 823 Rn 83) haften, ist im Innenverhältnis wie nach dem Modell des Abs II allein das Organ zur Schadenstragung verpflichtet. 12

Ist neben dem **nach §§ 833–838 Ersatzpflichtigen** ein anderer verantwortlich, haftet nach Abs III dieser andere 13 allein. Ergibt sich die Haftung des Dritten jedoch aus Gefährdungshaftung, verliert die Privilegierung dessen, der aus vermutetem Verschulden oder aus der Gefährdungshaftung des § 833 S 1 haftet, ihren Sinn (hM, vgl Soergel/*Krause* Rn 17 mN). Ebenso wie bei Abs II ist die Regressregel ferner dann unangemessen, wenn der aus §§ 833–838 Verpflichtete zugleich aus nachgewiesenem Verschulden haftet.

§ 841 Ausgleichung bei Beamtenhaftung

Ist ein Beamter, der vermöge seiner Amtspflicht einen anderen zur Geschäftsführung für einen Dritten zu bestellen oder eine solche Geschäftsführung zu beaufsichtigen oder durch Genehmigung von Rechtsgeschäften bei ihr mitzuwirken hat, wegen Verletzung dieser Pflichten neben dem anderen für den von diesem verursachten Schaden verantwortlich, so ist in ihrem Verhältnis zueinander der andere allein verpflichtet.

§ 841 betrifft ebenso wie § 840 II und III das Verhältnis mehrerer nach § 840 I als Gesamtschuldner haftender 1 Personen zueinander und stellt eine **weitere Abweichung von** der Regel des **§ 426** dar, vgl Jauernig/*Teichmann* Rn 1. Da die Amtshaftung bei Haftung anderer wegen des Subsidiaritätsgrundsatzes des § 839 I 2 schon im Außenverhältnis meistens ausscheidet, ist der Anwendungsbereich der Vorschrift eng begrenzt.

Zu der in § 841 bezeichneten Beamtengruppe gehören der **Vormundschaftsrichter**, vgl BGH Warn Rspr 1965, 2 335, 339, der Familienrichter, soweit er die Zuständigkeit des Vormundschaftsrichters übernommen hat (insb

§§ 1628, 1643ff, 1666, 1671) und der Nachlass-, Insolvenz- und Vollstreckungsrichter. Eine ähnl Regelung wie § 841 trifft § 1833 II 2 für den Fall, dass neben dem Vormund der Gegenvormund oder ein Mitvormund nur wegen Verletzung der Aufsichtspflicht für den Schaden verantwortlich ist. Im Innenverhältnis verantwortlich ist hier der Vormund allein.

§ 842 Umfang der Ersatzpflicht bei Verletzung einer Person

Die Verpflichtung zum Schadensersatz wegen einer gegen die Person gerichteten unerlaubten Handlung erstreckt sich auf die Nachteile, welche die Handlung für den Erwerb oder das Fortkommen des Verletzten herbeiführt.

1 **1. Ratio.** Der nach §§ 823ff geschuldete Schadensersatz ist nach **§§ 249ff** zu bestimmen. Für deliktische Verletzungen der Person sind **§§ 842–846 Spezialregeln** hierzu, die das allg Schadensrecht teils erläutern und teils – wie insb beim Drittschaden – ergänzen. § 842 soll nach hM lediglich **klarstellen**, dass Nachteile für den Erwerb und das Fortkommen von der Verpflichtung zum Schadensersatz mit umfasst werden, BGHZ 26, 77; 54, 45, 52f; 67, 119, 128; Staudinger/*Vieweg* Rn 3 mN. Ein Ersatz aller konkreten Erwerbsschäden folgt schon aus § 252. Einer Wiederholung dieser Regelung im Deliktsrecht bedarf es nicht. Vor diesem Hintergrund ließe sich § 842 als ein Hinw werten, Beeinträchtigungen oder gar den Verlust der Erwerbsfähigkeit auch bei der Bemessung des Schmerzensgeldes zu berücksichtigen, vgl Prot *Mugdan* II 1116f. Insoweit ist die Vorschrift jedoch gleichfalls überflüssig, da der Ersatz für immaterielle Schäden ohnehin nach Billigkeit und somit unter Berücksichtigung aller Umstände zu erfolgen hat. Es dürfte daher angemessener sein, § 842 als Grundlage eines Schadensersatzes gerade dann heranzuziehen, wenn ein **konkreter Verdienstausfall nicht entstanden** ist. Hiergegen wird eingewandt, dass die Arbeitskraft nur eine Eigenschaft der Person sei und deren Ausfall folglich nicht Gegenstand eines Schadensersatzes sein könne, BGHZ 54, 45, 50ff; 69, 34, 37. Dieser Einwand trifft jedoch nicht zu, da Gegenstand des Ersatzes nach § 842 sinnvollerweise niemals die ohnehin brachliegende Arbeitskraft sein kann, andererseits die Betrachtung von wirklich geleisteten Tätigkeiten allein unter dem Blickwinkel des dafür erzielten Entgelts zu eng ist und auch vom BGH mindestens im Bereich der „Hausfrauenschäden" (vgl § 843 Rn 4ff) nicht geteilt wird. § 842 ist daher als Grundlage eines Ersatzes für die Verhinderung des Einsatzes der Arbeitskraft auch dann anzusehen, wenn die Arbeitskraft vor dem Schadensfall nicht gegen Lohn, Gehalt oÄ eingesetzt worden ist (ausf Staudinger/*Höpfner* § 251 Rn 87f; ebenso MüKo/*Wagner* Rn 17, 57; Staudinger/*Vieweg* Rn 16).

2 **2. Unerlaubte Handlung gegen die Person.** § 842 gilt für unerlaubte Handlungen, die **gegen die Person** des Verletzten gerichtet sind, also gegen Leben, Körper, Gesundheit und Freiheit, aber auch gegen die Ehre (RGZ 163, 40, 45) oder gegen ein anderes Persönlichkeitsrecht. Bei sonstigen Rechtsgutverletzungen, insb bei Eigentumsverletzungen, können sich ähnl Verdienstausfälle ergeben, die dann nach § 252 zu ersetzen sind (vgl vor allem *Marschall v Bieberstein* FS v Caemmerer, 1978, 411ff). Spezialregelungen zu § 842 enthalten §§ 86f AMG, §§ 28f AtG, § 32 IV GentTG, §§ 5f HaftpflG, §§ 35f LuftVG, §§ 7f ProdHG, §§ 10f StVG, §§ 12f UmweltHG. In § 618 III sowie in § 62 III HGB wird auf § 842 verwiesen.

3 **3. Erwerb und Fortkommen.** Eine genaue Unterscheidung zw den Begriffen **Erwerb und Fortkommen** ist weder möglich noch nötig. Durch den Hinw auf das Fortkommen soll lediglich deutlich gemacht werden, dass auch für solche Erwerbsaussichten Schadensersatz zu leisten ist, auf die der Verletzte noch keinen rechtl gesicherten Anspruch erworben hat, RGZ 163, 40, 44; BGH NJW 1985, 791; NJW-RR 1989, 606. Zum Verdienstausfall wegen einer unfallbedingten Verlängerung der Ausbildung BGH NJW-RR 1992, 791. Erwerbsschaden ist auch der Verlust des Anspruchs auf Arbeitslosengeld II aus § 19 SGB II wegen des verletzungsbedingten Wegfalls der Erwerbsfähigkeit, BGHZ 197, 316. Bei Dauerschäden muss die Unsicherheit der Prognose eines Berufsverlaufs durch ein weiteres Schätzungsermessen nach § 287 ZPO bewältigt werden, vgl BGH NJW 2000, 3287; NZV 2002, 268.

4 Demnach ist daran festzuhalten, dass ein Arbeitsloser allein aufgrund der Minderung seiner Erwerbsfähigkeit ebenso wenig schadensersatzberechtigt ist wie ein Versorgungsempfänger (vgl aber Rn 6), ein Kind ohne eigenes Erwerbseinkommen oder jemand, der ausschließlich von Vermögenseinkünften lebt. Ein Ersatzanspruch kommt jedoch in Frage, wenn der Verletzte seine Arbeitskraft in einer Beschäftigung eingesetzt hat, die **auf dem Arbeitsmarkt nur gegen Bezahlung** übernommen würde und für die auch eine **Ersatzkraft** vergütet werden müsste, so auch BGHZ 131, 220, 226. Wegen des Grundgedankens des § 843 IV ist es hierbei nicht erforderlich, dass eine Ersatzkraft wirklich eingestellt wird, vgl § 843 Rn 8, 20. Außer für Tätigkeiten im Haushalt kommt dies vor allem für die Schädigung von Selbständigen (aA BGHZ 54, 45ff; zum Gesellschafter-Geschäftsführer aber sogleich Rn 5), uU auch von ehrenamtlich oder karitativ Tätigen in Betracht, LG Karlsruhe NJW-RR 1996, 1239; Staudinger/*Vieweg* Rn 148; aA Celle NJW 1988, 2618, vgl hierzu *Pardey* NJW 1997, 2094 mN.

5 Einem verletzten Lohn- oder Gehaltsempfänger steht ein Ersatzanspruch in Höhe seines vor dem Schadensfall erhaltenen Entgelts zu. Dies gilt unabhängig von der Lohn- oder Gehaltsfortzahlung durch den ArbGeb (§ 6 EFZG, zu Einzelheiten und zu Parallelvorschriften Staudinger/*Höpfner* § 252 Rn 25ff). Aufgrund der formalen Anknüpfung an einen Anstellungsvertrag wird auch der Gesellschafter-Geschäftsführer einer GmbH vom BGH wie ein sonstiger Gehaltsempfänger behandelt (BGH NJW 1978, 40), und zwar selbst wenn er Alleingesellschafter ist, BGHZ 61, 380; BGH NJW 1977, 1283. Verliert der Verletzte wegen des haftungsbegründenden Unfalls seine Arbeitsstelle, ist der Verdienstausfall auch nach voller gesundheitlicher Wiederherstellung als Folgeschaden zu ersetzen, BGH NJW 1991, 2422, vgl auch NJW 1995, 1023 für den künftigen Schaden bei wenig strukturierter

bisheriger Erwerbstätigkeit; NJW 1998, 1633 zu den Verdienstmöglichkeiten aus vereitelter Nebentätigkeit. Zu Schädigungen vor Eintritt in das Berufsleben BGH NJW 2011, 1146, 1148; Staudinger/*Vieweg* Rn 146 und insb *Medicus* DAR 1994, 442. Die Bemessung des Ersatzes für verhinderte feste Arbeit muss mindestens für die Zeit der Fortzahlung des Entgelts durch den ArbGeb nach der **Bruttomethode** erfolgen, also grds unter Einschluss der ArbGeb-Anteile zur Sozialversicherung, BGHZ 42, 76; 43, 378, und des Teils von Sonderzuwendungen (Urlaubs-, Weihnachtsgeld), der auf die Ausfallzeit entfällt, BGH NJW 1996, 2296 mN. Auch für die Zeit nach der Entgeltfortzahlung oder bei einer Fortzahlung unter 100 % hat der Ersatzpflichtige praktisch nahezu den vollen Bruttobetrag der früheren Einkünfte des Verletzten zu ersetzen, weil er nach § 119 SGB X auf alle Fälle dem „normativen" Beitragsregress des Sozialversicherungsträgers ausgesetzt ist, selbst wenn der sozialrechtl Schuldner der Lohnersatzleistung gar keine entspr Beiträge an den Sozialversicherungsträger (zB Krankenkassen auf das Krankengeld an die Rentenversicherung für die Anwartschaft auf Altersrente) abführt. Beiträge zur Unfall- und Arbeitslosenversicherung fallen während der Arbeitsunfähigkeit nicht an und sind daher auch nicht vom Schädiger zu ersetzen. Insofern muss die Bruttolohnmethode **modifiziert** werden, Staudinger/*Höpfner* § 252 Rn 27, 29. Den entgegengesetzten Ausgangspunkt hat der BGH gewählt mit der **„modifizierten Nettolohnmethode"**. Hiernach ist vom Nettoentgelt auszugehen, dieser Betrag jedoch durch Addition bestimmter Steuer- und Abgabelasten zu berichtigen, BGHZ 87, 181. Diese Methode ist nicht nur überaus kompliziert, sondern hat auch den Nachteil, dass uU noch nach Jahren, wenn sich ein Versorgungsnachteil herausstellt, über dessen Ausgleich gestritten werden muss. BGHZ 127, 391 betont, dass beide Methoden bei richtiger Anwendung zum selben Ergebnis führen. Auch einen Unterschied hinsichtl der Behauptungs- und Beweislast sieht der BGH nicht (mehr) als relevant an, für Beibehaltung der Bruttomethode wegen der richtigeren Bewertung der Steuerbelastung aber Staudinger/*Höpfner* § 252 Rn 29; eingehend zu den steuerlichen Vor- und Nachteilen Staudinger/*Vieweg* Rn 57f. Reine Aufwandsentschädigungen (Spesen, Auslösen) sind nicht zu ersetzen, da ohne die entspr Arbeit auch der Aufwand nicht entstehen konnte, BGH MDR 1968, 38, anders aber bei Auslandsverwendungszuschlägen, BGH NJW 2016, 1386. Bei Selbständigen ist die hypothetische Entwicklung des Unternehmens ohne den Unfall maßgeblich, BGH NJW 2017, 864. Beim Erwerb aus **gesetz- oder sittenwidriger Tätigkeit** entscheidet der BGH widersprüchlich: Entgangenes Entgelt für Tätigkeiten, die nur unter Verstoß gegen Arbeitsschutzvorschriften (ArbZG) hätten geleistet werden können, wird nicht ersetzt, BGH NJW 1986, 1486; das vereitelte Entgelt für die Tätigkeit einer Prostituierten wird nach der Rspr vor dem ProstG v 20.12.2001 (BGBl I 2001, 3983) hingegen bis zur Höhe des Entgelts aus einfacher unanstößiger Erwerbstätigkeit entschädigt, BGHZ 67, 119 (auch nach neuer Rechtslage zweifelhaft).

Die Schäden, für die nach § 842 Ersatz zu leisten ist, brauchen sich **nicht auf den Wert der Arbeitsleistung selbst zu beschränken.** Kann der Geschädigte zB wegen seiner Einkommensminderung nicht mehr die Hypothekenzinsen zahlen und kommt es infolgedessen zur Zwangsversteigerung seines Grundstücks, ist auch der Verlust hieraus als Folge der Körperverletzung zu entschädigen, RGZ 141, 169. Ersatzfähig ist außer der Minderung der Arbeitseinkünfte ferner die Minderung von Versorgungseinkünften, wenn dies auf verletzungsbedingt geringere Leistungen zur Schaffung einer Versorgung zurückgeht. Auch die Differenz zw hypothetischem Arbeitseinkommen und vorzeitigen Versorgungseinkünften ist auszugleichen, BGH NJW 1982, 984. Für den hypothetischen Eintritt des Rentenalters ohne den Unfall geht der BGH (VersR 1988, 464; 1989, 855; NJW 1995, 3313) – wenig realistisch – vom 65. Lebensjahr aus; ein vorzeitiges Altersruhegeld selbst soll hingegen ab dem 63. Lebensjahr auf den Ersatzanspruch angerechnet werden, so dass kein Anspruch auf den Versorgungsträger übergehen kann, BGH NJW 2001, 1274. Der umgekehrte Fall eines verspäteten Eintritts in das Berufsleben gehört ebenso zu §§ 842, 252, BGH NJW 1985, 791. Haftet der Schädiger nach § 254 nur auf eine Quote, darf der mitschuldige Verletzte Einkünfte aus einer Ersatztätigkeit nicht zunächst voll auf seine eigene Schadensquote anrechnen (BGH NJW-RR 1992, 1050; anders beim Unterhaltsschaden, § 844 Rn 12). Die Verminderung der Heiratschancen einer Frau als Beeinträchtigung der Versorgungsmöglichkeiten und damit des Fortkommens nach § 842 zu bewerten (BGH JZ 1959, 365) ist mit dem heutigen Eheverständnis nicht mehr zu vereinbaren. 6

4. Prozessuale Geltendmachung. Da die Schäden für den Erwerb und für das Fortkommen ohnehin nicht genau voneinander zu trennen sind, können **prozessual** geltend gemachte Fortkommensschäden vom Gericht auch zuerkannt werden, wenn sie als Schäden aus dem unmittelbaren Entgeltbereich zu begründen sind. Für künftige Schäden ist die Feststellungsklage zulässig und notwendig, BGH VersR 1983, 688. Bei nachträgl Änderung der Verhältnisse kann Abänderungsklage nach § 323 ZPO notwendig sein, vgl BGHZ 34, 118. 7

§ 843 Geldrente oder Kapitalabfindung

(1) Wird infolge einer Verletzung des Körpers oder der Gesundheit die Erwerbsfähigkeit des Verletzten aufgehoben oder gemindert oder tritt eine Vermehrung seiner Bedürfnisse ein, so ist dem Verletzten durch Entrichtung einer Geldrente Schadensersatz zu leisten.

(2) Auf die Rente finden die Vorschriften des § 760 Anwendung. Ob, in welcher Art und für welchen Betrag der Ersatzpflichtige Sicherheit zu leisten hat, bestimmt sich nach den Umständen.

(3) Statt der Rente kann der Verletzte eine Abfindung in Kapital verlangen, wenn ein wichtiger Grund vorliegt.

(4) Der Anspruch wird nicht dadurch ausgeschlossen, dass ein anderer dem Verletzten Unterhalt zu gewähren hat.

1 **1. Ratio.** § 843 enthält wie § 842 eine **Sondervorschrift zu §§ 249, 252.** Für **Dauerschäden** aufgrund einer Körper- oder Gesundheitsverletzung (aber nicht aufgrund anderer Persönlichkeitsverletzungen, vgl § 842 Rn 2) ist dem Geschädigten eine Rente zu zahlen. Das Deliktsrecht übernimmt hiermit eine wichtige **soziale Versorgungsfunktion** für den Verletzten. Praktisch wird diese Funktion aber heute meistens von den kollektiven Trägern der sozialen Sicherung erfüllt. Gerade § 843 bestimmt daher weitgehend nur noch den Maßstab für Regresse kollektiver Schadensträger, vgl Vor § 823 Rn 25. Die Regelung erweitert den Ersatzumfang ggü den §§ 249ff, 842 nicht, sondern trifft vor allem eine Bestimmung über die Art und Weise der Ersatzleistung (Abs I–III) sowie über die Vorteilsausgleichung (Abs IV). Eine – in ihrer Tragweite umstr – Klarstellung betrifft den Ersatz von **Bedarfsschäden**, die als Dauerschäden ebenso wie die Erwerbsschäden idR durch eine Rente zu entschädigen sind. Nur ausnahmsw kann der Ersatz für Erwerbs- und Bedarfsschäden durch eine Kapitalabfindung reguliert werden (Abs III).

2 **2. Anwendungsbereich.** Eine **entspr Anwendung** des § 843 ist in § 618 III und in § 62 III HGB vorgesehen. Aber auch bei anderen Schäden aus Delikt oder Vertragsverletzung kann eine Geldrente iSd Totalreparation nach § 249 sinnvoll sein. Praktisch besonders wichtig ist die Schmerzensgeldrente. Sonderbestimmungen zu § 843 enthalten § 89 AMG, § 30 AtG, § 32 VI GenTG, § 8 HaftpflG, § 38 LuftVG, § 9 ProdHaftG, § 13 StVG, § 14 UmweltHG.

3 **3. Erwerbsunfähigkeitsrente. a) Entstehen des Rentenanspruchs.** Ein Rentenanspruch wegen **Aufhebung oder Minderung der Erwerbsfähigkeit** entsteht nicht schon – wie im Sozialversicherungsrecht – bei einer abstrakt bemessenen, medizinisch feststellbaren Beeinträchtigung, sondern nur bei einer konkreten Einbuße, vgl BGHZ 54, 45ff; BGH VersR 1978, 1170; *Stürner* JZ 1984, 412, 461 mN. Übt zB der Geschädigte seine bisherige Tätigkeit trotz der Beeinträchtigung aus, entsteht ihm zivilrechtl kein Erwerbsschaden. Auch wer vor der Verletzung von seinem Vermögen, von einer Sozialversicherungsrente oder von Arbeitslosenunterstützung gelebt hat, kann keine Schadensersatzrente verlangen (teilw anders für Arbeitslosigkeit aber BGHZ 90, 334, vgl dazu § 842 Rn 3). Erhält der Verletzte andererseits weiterhin sein Arbeitsentgelt, obwohl er nicht arbeitsfähig ist, bleibt es bei einem – mindestens fiktiven – Erwerbsschaden des Verletzten, dessen Ersatzanspruch dann regelmäßig auf den Entgeltschuldner (ArbGeb, Krankenversicherung usw) übergeht, vgl Rn 13.

4 Entspr den bei § 842 Rn 1, 4 entwickelten Grundsätzen ist die Schadensrente **nicht** in jedem Falle davon abhängig, dass der Geschädigte seine **Arbeitskraft** vor dem Schadensfall **gegen ein vertragl Entgelt** verwertet hat. Dies ist insb für die Tätigkeit im Haushalt anerkannt, BGHZ 38, 55; 50, 304 (GS); BGH NJW 1974, 1651. Eine Beschränkung solcher Ersatzleistungen auf Eheleute ist sachlich nicht zu rechtfertigen. Dasselbe muss für die Haushaltsführung in der eingetragenen Partnerschaft (Staudinger/*Vieweg* § 842 Rn 130 mN), in der nichtehelichen Lebensgemeinschaft (*C. Huber* FS Steffen, 1995, 193ff) oder in anderen Betreuungsverhältnissen (zB Schwester für behinderten Bruder, *Dunz* FS Steffen, 1995, 145) gelten. Maßstab der Entschädigung muss mangels konkreten Entgelts der Preis für eine (fiktive) Ersatzkraft sein, vgl genauer Rn 8. Eine solche Berechnung ist bei Selbständigen sogar noch eher möglich und – entgegen BGHZ 54, 45 – auch geboten, vgl Staudinger/*Vieweg* § 842 Rn 88 mN; aA MüKo/*Wagner* § 842 Rn 43.

5 Die Entschädigung für **Haushaltstätigkeit** ist vom Gesetz selbst in § 845 vorgesehen, dort jedoch entspr der patriarchalischen Auffassung der Gesetzesverfasser als Vermögensschaden des Familienvaters für entgangene „Dienste" ausgestaltet. Durch die Änderung des § 1356 iSd Gleichberechtigung der Ehefrau ist die Verpflichtung zur Leistung von Diensten entfallen. Das eigene Recht der Ehefrau – oder bei einer nach § 1356 I 1 vereinbarten atypischen Arbeitsteilung: des Ehemannes – auf die Führung des Haushaltes hat jedoch nicht dazu geführt, dass nunmehr der Ausfall der häuslichen Arbeitskraft entschädigungslos bleibt. Der Anspruch steht **dem im Haushalt Tätigen selbst** zu, geht aber – wie schon der Anspruch aus § 845 – nicht auf die Kosten einer tatsächlich eingestellten Ersatzkraft, sondern auf den Wert der ausgefallenen Arbeitskraft unmittelbar; insofern ist die Entschädigung „normativ" bestimmt, BGHZ (GrS) 50, 304, 306. Aus dem früheren Anspruch auf Entschädigung für entgangene Dienste hat der BGH (NJW 1974, 41) den Gesichtspunkt übernommen, dass der Verletzte nur für diejenige Arbeitsleistung Ersatz verlangen kann, die er für andere erbracht hätte, **nicht** für den Teil der Haushaltsführung, der **zur Erfüllung des eigenen Lebensbedarfs** dient. Hinsichtl dieses Eigenanteils kommt allerdings ein Anspruch wegen Bedarfsmehrung in Betracht, BGH NJW 1989, 2539; NJW-RR 1990, 34. Die Unterscheidung der beiden Entschädigungsgründe hat Bedeutung für die Kongruenz des zivilrechtl Schadensersatzes mit einer Sozialversicherungsrente und somit für die Aktivlegitimation des Verletzten selbst oder des Sozialversicherungsträgers nach § 116 SGB X (vgl BGH NJW 1985, 735 zum Übergang des Ersatzes für den Erwerbsunfähigkeitsschaden, aber nicht für den Bedarfsschaden auf die Berufsgenossenschaft; BGHZ 146, 108; BGH NJW 2002, 292 zur Verneinung der Kongruenz des Pflegegeldes nach §§ 36ff SGB XI mit dem Erwerbsschadensersatz). Zu den ersatzfähigen Tätigkeiten können auch Reparatur- und Gartenarbeiten sowie Eigenleistungen beim Hausbau gehören, BGH NJW 1989, 2539.

6 **b) Berechnung der Rente.** Obwohl die eigenverantwortliche Tätigkeit im Haushalt nach § 1360 S 2 regelmäßig zugleich Unterhaltsleistung ist, ergibt sich der Ersatzanspruch nicht nach dem Muster des § 844 II, sondern aus der vom Haushaltsführenden vor dem Schadensfall **tatsächlich erbrachten Arbeitsleistung**, vgl zum Maßstab des hypothetischen Stundensatzes einer Ersatzkraft BGH NJW-RR 1990, 34. Dies kann durchaus mehr als die unterhaltsrechtl Verpflichtung des Geschädigten sein, vgl BGH NJW 1974, 1651. Die Anknüpfung an die tatsächliche Arbeitsleistung statt an den geschuldeten Unterhalt hat zur Konsequenz, dass für die Verletzung des haushaltsführenden Partners einer nichtehelichen Lebensgemeinschaft gleichfalls Schadensersatz wegen der Er-

werbsbeeinträchtigung zu leisten ist, MüKo/*Wagner* § 842 Rn 52 mN; RGRK/*Boujong* § 842 Rn 38; *Röthel* NZV 2001, 329, 333 und Rn 4 mN. Da die Mitarbeit eines Ehegatten im Geschäft oder Beruf des anderen Ehegatten nach § 1353 heute genauso wenig einer Verpflichtung zu „Diensten" entspricht wie die Haushaltstätigkeit, ist auch eine solche Mitarbeit wie eine Erwerbstätigkeit des Verletzten zu behandeln, BGHZ 59, 172.

Bei der Berechnung der Rente für den Erwerbsschaden ist vom **Bruttoentgelt** des Geschädigten oder einer Ersatzkraft auszugehen, vgl dazu § 842 Rn 5. Hierbei sind die Aufstiegschancen des Verletzten zu berücksichtigen, ebenso Veränderungen der Lebensgestaltung, die sich auf die Arbeitsvergütung ausgewirkt hätten (BGHZ 74, 221: höheres Einkommensniveau in der BRD zugunsten eines verletzten Jugoslawen nach dessen Heirat mit einer Deutschen und dauerndem Wohnsitz in der BRD). Die hier vertretene Anwendung der Bruttomethode widerspricht diesem individualisierenden Vorgehen nicht. Denn sie bringt nur den jew **Marktwert der Arbeitsleistung** des Geschädigten am besten zum Ausdruck. Für die Herstellung eines möglichst gerechten, den Geschädigten nicht bereichernden Ausgleichs bedarf es zB der Anrechnung eines Steuervorteils nach § 22 Nr 1 S 3a EStG nicht: Es ist nicht Sinn der Steuervergünstigung für Renten, die durch eigene Beiträge des Verletzten und durch die Hilfe seiner Solidargemeinschaft erworben sind, dem Schädiger des Rentenempfängers einen Vorteil zu verschaffen (ähnl *Knobbe-Keuk* 25 Jahre Karlsruher Forum, 1983, 134, 139; aA aber die st Rspr, zB BGH NJW 1995, 389; MDR 1999, 1505, wie die Rspr auch Staudinger/*Vieweg* § 842 Rn 58 mN). Die Versagung der Vorteilsausgleichung ist für die Rentenleistung selbst durch die Legalzession (meist § 116 SGB X) ohnehin gesetzl entschieden. 7

Beim Erwerbsschaden durch Vereitelung oder Beeinträchtigung der **Haushaltsführung** ist die Bruttovergütung für eine **Ersatzkraft** der richtige Ansatzpunkt, weil gerade diese Vergütung den Marktwert der Arbeitsleistung am ehesten widerspiegelt. Deshalb passt der Standpunkt des BGH, jedenfalls dem Unterhaltsersatzanspruch nach § 844 II die Nettovergütung zugrunde zu legen (BGHZ 86, 372; 104, 113), für die Entschädigung an den selbst im Haushalt Tätigen von vornherein nicht; ähnl *Grunsky* NJW 1983, 2465, 2470; wie der BGH aber Staudinger/*Röthel* § 844 Rn 141ff und MüKo/*Wagner* § 842 Rn 53. 8

Die **Qualifikation der** erforderlichen **Ersatzkraft** hängt von der Größe des Haushalts, insb der Zahl seiner Mitglieder, ferner davon ab, ob der/die Geschädigte die Leitung des Haushalts ganz aufgeben muss oder nicht. Im letzteren Fall wird eine Hauspflegerin genügen, im ersteren ausnahmsw eine Hauswirtschaftsleiterin erforderlich sein, Staudinger/*Röthel* § 844 Rn 140 mN. Statt der üblichen Vergütung kommt bei entspr örtlichen Gegebenheiten auch ein billigerer Tarif oder Arbeitslohn in Betracht, BGH NJW 1982, 2866. Der ersatzbedürftige Zeitaufwand wird sich regelmäßig nur nach § 287 ZPO schätzen lassen. Anhaltspunkte hierfür bieten die Tabellen bei *Schulz-Borck/Pardey*, Der Haushaltsführungsschaden; knappe Übersicht bei *Küppersbusch/Höher*, Ersatzansprüche bei Personenschaden[13] 2020, Rn 189ff. 9

Nach § 254 II ist der Verletzte verpflichtet, den Erwerbsschaden **möglichst gering zu halten**. Er muss daher die ihm verbleibende Arbeitskraft im Rahmen des Zumutbaren anderweitig verwerten, BGH NJW 1974, 602 mN; vgl auch § 844 Rn 12 zum entspr Problem beim Unterhaltsersatzanspruch bei Tötung. Dies enthält uU die Verpflichtung zur Rehabilitation und Umschulung; die Kosten hierfür hat der Ersatzpflichtige zu tragen, RG 160, 119. Einkünfte aus überobligationsmäßiger Tätigkeit braucht sich der Verletzte aber nicht anrechnen zu lassen, BGH NJW 1974, 602; weitere Einzelheiten bei Staudinger/*Vieweg* § 842 Rn 24ff mN. 10

4. Bedarfsrente. Eine Rente **wegen vermehrter Bedürfnisse** ist für solche wiederkehrenden Aufwendungen zu gewähren, die dem Verletzten wegen der dauerhaften Beeinträchtigung seiner Gesundheit entstehen (vgl grundlegend BGH NJW 1974, 41), zB Kosten für eine Diät (RGZ 151, 298), für Pflege- und Stärkungsmittel (BGH NJW 1958, 627), für persönliche Versorgung oder medizinische Dauerbehandlung (BGH VersR 1978, 149), laufende Mehrkosten für eine behindertengerechte Wohnung (BGH NJW 1982, 757), einen behindertengerechten Pkw (vgl BGH NJW 1970, 1685) oder eine Pflegekraft (BGH NJW 2019, 362), aber nicht einer Verlängerung der Schulausbildung (BGH NJW-RR 1992, 791 – vgl jedoch zum Verdienstausfall § 842 Rn 3). Soweit solche Kosten einmalig entstehen (zB Umbau eines Hauses, vgl BGH NJW 1982, 757), kommt ein Ersatzanspruch nach §§ 249, 251 I statt nach § 843 in Frage, vgl auch Vor § 823 Rn 18 zu den Besuchskosten naher Angehöriger. Zur Entschädigung für vermehrte Bedürfnisse wegen der Behinderung von Haushaltstätigkeit zur Deckung des eigenen Bedarfs vgl Rn 5. 11

Nach der Formulierung des § 843 I entsteht der Anspruch nicht erst durch wirklich aufgewendete Kosten, sondern **bereits durch den Eintritt des Bedürfnisses**, RGZ 151, 298. Nach BGH NJW 1958, 627 soll daher der (in concreto wohl eher unter § 249 S 2 aF = § 249 II 1 fallende) Anspruch auf die Kosten von Stärkungsmitteln fortbestehen, wenn der Geschädigte das Mittel aus Geldmangel tatsächlich nicht gebraucht hat und inzwischen wegen vollständiger Genesung auch nicht mehr gebrauchen kann. Behilft sich der Geschädigte bei obj erhöhtem Bedarf, ohne dass höhere Aufwendungen entstehen, bleibt dies unter dem Gesichtspunkt der versagten Vorteilsausgleichung ohne Einfluss auf den Rentenanspruch. Ersatzleistung wegen Erwerbsbeeinträchtigung und Entschädigung wegen Vermehrung der Bedürfnisse sind sachlich voneinander unabhängig. Wer wieder voll erwerbsfähig ist, kann noch an Gesundheitsschäden leiden, die laufende Aufwendungen erforderlich machen, RGZ 155, 37, 42. Wer andererseits keinen Erwerbsschaden erlitten hat, kann dennoch durch Vermehrung der Bedürfnisse geschädigt sein. Rechtl sind beide Ersatzgründe jedoch nur Teilglieder eines einheitlichen Schadensersatzanspruchs, BGH VersR 1960, 810. 12

13 **5. Anspruchsübergang.** Ein **Anspruchsübergang** auf kollektive Schadensträger kommt hinsichtl der Erwerbsunfähigkeitsrente wie hinsichtl der Bedarfsrente in Betracht. Nach der Ausgestaltung des Regresses in § 116 SGB X erwirbt zuerst der Sozialversicherungsträger oder Sozialhilfeträger den Anspruch, weil die gesetzl Überleitung bereits im Zeitpunkt des Unfalles stattfindet. Im Verhältnis zum Regress des ArbGeb (insb § 6 EFZG) wird dies bei einem Teil der Krankenhauskosten relevant: Vom (übergegangenen) Anspruch des Geschädigten auf diese Kosten nach § 249 II 1 ist ein Betrag für ersparte häusliche Verpflegung abzuziehen. Gerade der Deckung eines solchen allg Lebensbedarfs dient nach Meinung des BGH das Arbeitsentgelt des Verletzten, so dass der Entgeltfortzahlungsanspruch in der Höhe der häuslichen Verpflegungskosten mit den Leistungen des Sozialversicherungsträgers **kongruent** und deshalb (letztlich zulasten des ArbGeb) auf ihn übergegangen sei, BGH NJW 1984, 2628; berechtigte Kritik hieran: *Kleb-Braun* NJW 1985, 663. Die Legalzession des § 6 EFZG greift demggü erst in dem Zeitpunkt ein, in dem der ArbGeb die Leistung an den Geschädigten erbringt. Weitere **Legalzessionen für den Erwerbsschaden** sind § 76 BBG und § 30 III SoldG.

14 **Sinn des Regressweges** über die Legalzessionen ist eine doppelte Regressbegrenzung: Übergangsfähig ist immer nur ein Ersatzanspruch aufgrund des Schadens **beim unmittelbar Geschädigten**; der „Mehrwert", den der ArbGeb aus der Tätigkeit seines ArbN zieht, wird nicht entschädigt, weil der ArbGeb **keinen eigenen Ersatzanspruch** aus § 823 hat. Die zweite Begrenzung ergibt sich aus den tatsächlichen Aufwendungen des kollektiven Schadensträgers. Sie wird noch verfeinert durch den Grundsatz der **Kongruenz** zw sozialer Leistung und übergangsfähigem Ersatzanspruch. Eine rechtspolitisch zweifelhafte Ausnahme von diesem Grundsatz enthält allerdings § 119 SGB X für die Sozialversicherungsbeiträge des Geschädigten: Sie sind – durchaus iSd oben (Rn 7) vertretenen Bruttotheorie – vom Schädiger zu erstatten, gehen jedoch auf den Sozialversicherungsträger über, ohne dass dieser notwendigerweise die Versorgungslage des Geschädigten mit den Beiträgen verbessert (knappe Übersicht über § 119 SGB X bei *Küppersbusch/Höher*, Ersatzansprüche bei Personenschaden[13] 2020, Rn 763ff). Wichtige Fälle der Kongruenz beim Anspruchsübergang sind: Erwerbsschadensrente nach § 843 zur Erwerbsunfähigkeitsrente, zum Krankengeld (§ 44 SGB V und dazu BGH NJW 1990, 2933) und zum Verletztengeld in der Unfallversicherung (§§ 45ff SGB VII und dazu BGHZ 109, 291); Mehrbedarfsrente zu den Leistungen aus der Pflegeversicherung (SGB XI und dazu BGH NJW 1997, 256) einschl der Rentenversicherungsbeiträge für eine Pflegeperson (§ 44 SGB XI und dazu BGH NJW 1999, 421). Zu Fällen fehlender Kongruenz Rn 5. Eine besondere Begrenzung des Regresses ergibt sich ferner nach dem Muster des § 86 III VVG aus § 116 VI SGB X, wenn der Schädiger **in häuslicher Gemeinschaft** mit dem Geschädigten lebt. Dieses Regressverbot erscheint freilich rechtspolitisch nicht mehr unzweifelhaft, seitdem der BGH die zivilrechtl Haftungsbeschränkungen zw Familienangehörigen (zu eingetragenen und nichtehelichen Partnern Staudinger/*Vieweg* Rn 66, 69 mN) im Hinblick auf bestehende Haftpflichtversicherungen für den Straßenverkehr teleologisch reduziert hat, vgl *Diederichsen* 25 Jahre Karlsruher Forum, 1983, 141, 143f. Auf § 119 SGB X wird das Angehörigenprivileg nicht erstreckt, BGHZ 106, 284. Eine letzte Einschränkung der Legalzession ergibt sich bei einem Mitverschulden des unmittelbar Geschädigten, wenn zu dessen Gunsten ein **Quotenvorrecht** besteht, wie nach § 6 III EFZG, § 87a S 2 BBG. Nach § 116 III SGB X wird beim Mitverschulden hingegen der Anspruchsübergang auf diejenige Ersatzquote hinsichtl des kongruenten Anspruchs begrenzt, die dem Geschädigten selbst ohne die Legalzession zustünde („relative Theorie"). Zum „absoluten" Vorrecht bei summenmäßig beschränkter Haftung und vollem Ausgleich für den Geschädigten BGHZ 146, 84, 88.

15 **6. Maßgebliche Zeitpunkte. Maßgeblicher Zeitpunkt** für die Rentenbemessung ist – wie auch sonst in Schadensersatzprozessen – der Termin der letzten mündlichen Verhandlung. Hierbei ist jedoch die wahrscheinliche künftige Entwicklung der Verhältnisse zu berücksichtigen, RGZ 63, 195, 197. Zur Notwendigkeit einer Feststellungsklage oder einer späteren Abänderungsklage vgl Rn 22, 24.

16 Da die **Erwerbsunfähigkeitsrente** nach Maßgabe der tatsächlichen Einbuße unter Berücksichtigung der voraussehbaren Änderung der Verhältnisse zu bestimmen ist, ist sie idR nach der normalen Dauer der in Betracht kommenden Erwerbsfähigkeit **abzustufen und zeitl zu begrenzen**, BGH NJW 1985, 482; 1995, 3313 mN. Eine gleich bleibende Dauerrente kann aber unter dem Gesichtspunkt begründet sein, dass zwar die geschädigte Erwerbskraft mit fortschreitendem Alter ohnehin nachgelassen hätte, dass aber gerade im Alter die Bedürfnisse als Folge der Verletzung erhöht sein werden. Stets bedürfen das Verlangen und die Festsetzung einer Rente auf Lebenszeit besonderer Begründung, RG JW 1931, 865; 1932, 787. Bestimmt das Urteil über den Endzeitpunkt der Rente nichts, schafft es bzgl der Dauer der Zahlungsverpflichtung keine Rechtskraft, Düsseldorf DR 1940, 2263. Ist eine unverheiratete Frau geschädigt, endigt die Rente nicht mit späterer Eheschließung; es ist auch unzulässig, eine entspr Bestimmung im Urteil zu treffen, RG HRR 1934, 1023.

17 Auf die Rente findet § 760 Anwendung (Abs II S 1). Im Urteil ist daher zu bestimmen, dass die Rente **für je drei Monate im Voraus** zu zahlen ist. Von dieser Regelung kann das Gericht ohne Zustimmung der Parteien nicht abweichen, RGZ 69, 296. Hat der Verletzte den Beginn eines Vierteljahres erlebt, gebührt ihm der volle, auf diesen Zeitabschnitt entfallende Betrag, § 760 III. Die in Abs II S 2 vorgesehene **Sicherheitsleistung** spielt heute wegen der meist vorliegenden Leistungspflicht einer Haftpflichtversicherung nur noch eine geringe Rolle, vgl bereits RGZ 157, 348. Wegen bereits fälliger Beträge kommt die sofortige Vollstreckung (§ 708 Nr 8 ZPO) und deshalb keine Sicherheitsleistung in Betracht, RGZ 157, 348. Bei Anordnung der Sicherheitsleistung, die im Ermessen des Gerichts steht, ist nach §§ 232ff zu wählen. Nach Erlass des Urteils kann bei Verschlechterung der wirtschaftl Lage des Verpflichteten noch nachträgl auf Klage gem § 324 ZPO die Anordnung einer Sicherheitsleistung oder deren Erhöhung erfolgen.

7. Kapitalabfindung (Abs III). Der Ersatzpflichtige hat kein Recht, die Rente durch **Kapitalabfindung** abzulösen, hingegen kann der Verletzte bei Vorliegen eines wichtigen Grundes Kapitalabfindung fordern (Abs III). Ein wichtiger Grund liegt zB vor, wenn sich nach ärztlichem Urteil die endgültige Erledigung der Angelegenheit voraussichtlich auf den Gesundheitszustand des Verletzten günstig auswirken wird, RGZ 73, 418, oder wenn ein jugendlicher Verletzter den Wunsch hat, sich selbständig zu machen, RG JW 1933, 840. Gründe in der Person des Schuldners sind zB Wohnsitz im Ausland mit erschwerter Vollstreckung oder überhaupt Schwierigkeiten bei der Durchsetzung des Anspruchs, jedoch nicht bei Bestehen einer Haftpflichtversicherung, RGZ 93, 209. Kapitalabfindung ist auch dann noch möglich, wenn der **Verletzte schon längere Zeit eine Rente bezogen hat**, vgl BGH NJW 1982, 757. 18

Ggü mehreren Ersatzpflichtigen wie -berechtigten kann die Entscheidung für eine Kapitalisierung nur **einheitlich** erfolgen, RGZ 68, 429; BGHZ 59, 187, 191. Rente und Kapitalabfindung sind zwei verschiedene Arten der Befriedigung desselben Anspruchs; die Klage aus § 843 unterbricht daher die Verjährung für beide Ersatzarten, RGZ 77, 213, 216. Da die Abfindung ein vollwertiges Äquivalent für die dauernde Ratenzahlung sein soll, sind bei der Berechnung folgende Faktoren zu berücksichtigen: die Laufzeit der Rente, ihre Zahlungsweise, ein angemessener Zinsfuß und voraussichtliche Änderungen der Rentenhöhe, dazu genauer *Küppersbusch/Höher*, Ersatzansprüche bei Personenschaden[13] 2020, Rn 853ff. Der BGH (BGHZ 79, 187, ebenso ua MüKo/*Wagner* Rn 33) sieht im üblichen Abzinsungsfaktor von 5–5,5 % einen brauchbaren Anhaltspunkt. Dieser – offenbar an §§ 12ff BewG angelehnte – Faktor entsprach freilich jahrzehntelang nicht den Marktverhältnissen. Die Berücksichtigung künftiger Entwicklungen soll nach BGH aaO die Möglichkeit einer nachträgl Anpassung der Abfindung nach § 323 ZPO abschneiden. Eine überzeugende Begründung dafür steht aus; wie die Rspr aber MüKo/*Wagner* Rn 51). Der vom Gesetz vorgesehenen Ausnahmeregelung der Kapitalabfindung dürfte es eher entsprechen, die Abänderungsklage zuzulassen; ebenso Staudinger/*Vieweg* Rn 37. 19

8. Beschränkung des Vorteilsausgleichs (Abs IV). Abs IV enthält eine Ausprägung des allg Rechtsgedankens der **versagten Vorteilsausgleichung:** Die Unterhaltsleistung eines Dritten für den Verletzten soll dem Schädiger nicht zugutekommen, BGHZ 22, 72, 74f; 50, 304. Hieraus ergeben sich über den Wortlaut der Vorschrift hinaus vier Erweiterungen ihres Anwendungsbereichs: Es genügt, wenn der Dritte den Unterhalt freiwillig leistet, RGZ 92, 57, 59; BGHZ 22, 72, 74ff. Die Vorschrift ist ferner anwendbar, wenn der Dritte die Unterhaltsleistung schon erbracht und dadurch den Schaden ausgeglichen hat, BGHZ 22, 72, 78 mN. Der Regress des Unterhaltsleistenden hängt nicht davon ab, dass der unmittelbar Geschädigte selbst keinen Anspruch hat; die vordringende Regresstechnik beruht vielmehr gerade darauf, dass dem Geschädigten der Anspruch zuerkannt wird, damit er ihn an den Unterhaltsleistenden abtreten kann. Dieser hat auf die Abtretung einen Anspruch (vgl Soergel/*Zeuner* Rn 31), der sich als Nebenpflicht des Berechtigten aus der Unterhaltsbeziehung ergibt. Die Rspr begründet den Regress freilich noch vielfach mit § 683, vgl BGH NJW 1979, 598; ebenso zB MüKo/*Wagner* § 843 Rn 43. Die dritte Erweiterung des Abs IV bezieht sich auf andere als die in Abs I genannten Schadensersatzansprüche, sei es aus unerlaubter Handlung oder aus Gefährdungshaftung, insb hinsichtl der Heilungskosten, zu denen auch die Kosten für Besuche naher Angehöriger zu rechnen sind, BGH aaO und seitdem zB NJW 1990, 1037; 1991, 2340. Schließlich ergibt sich aus der Vorschrift ein allg Prinzip, dass Leistungen Dritter mit Fürsorge- oder Versorgungscharakter an den Verletzten nicht dem Schädiger, sondern allein dem Geschädigten zugutekommen sollen, Staudinger/*Höpfner* § 249 Rn 155 mN; zurückhaltend ggü einer Verallgemeinerung aber *Lange/Schiemann*, Schadensersatz[3] 2003, 489. 20

9. Prozessuales. Höhe und Dauer der Rente und Höhe der Kapitalabfindung können in das **richterliche Ermessen** gestellt werden, sofern das Klagevorbringen genügende Grundlagen für die Bemessung der Rente enthält, RGZ 140, 211, 213; BGH NJW 1982, 340; 2002, 302. Die Angabe einer Größenordnung des begehrten Betrages ist wohl nicht erforderlich, BGHZ 132, 341, 350ff. Unzulässig ist aber ein Antrag auf Rentenzahlung „bis zur Wiederherstellung der Arbeitsfähigkeit", RG DR 1944, 290, oder ein Antrag, der nicht erkennen lässt, ob Rente oder Kapitalabfindung verlangt wird, RGZ 141, 304. An die vom Kläger vorgenommene Verteilung des Schadensbetrags auf Erwerbsbeeinträchtigung und Vermehrung der Bedürfnisse ist das Gericht nicht gebunden, solange nur der verlangte Gesamtbetrag nicht überschritten wird. Änderung der internen Berechnung durch den Kläger ist daher keine Klageänderung. Ersatz von vorübergehenden **Heilungskosten oder Schmerzensgeld sind ggü § 843 selbständige Ansprüche**, RGZ 149, 157, 167; 170, 37, 39. 21

Hins der erst in Zukunft fällig werdenden Raten ist nach §§ 258f ZPO Klage auf **künftige Leistung** möglich, wenn sich die für die Höhe der Rente maßgebenden Umstände mit einiger Sicherheit überblicken lassen. Ist das nicht der Fall (und sei es auch nur wegen der Erforderlichkeit einer aufwendigen Begutachtung, BGH NJW 2000, 1256), kann zur Zeit nur auf **Feststellung** der Rentenverpflichtung geklagt werden, sofern nicht eine erhöhte oder verminderte Durchschnittsrente wegen der schwankenden Lohn- und Wirtschaftslage in Betracht kommt, vgl RG JW 1935, 2949. Ist eine Erwerbsbeeinträchtigung erst in der Zukunft zu erwarten (zB bei Verletzungen eines Kindes), ist ebenfalls zunächst nur Feststellungsklage möglich. Ist Feststellungsklage erhoben, kann sie auch auf einen Teil des Schadens erstreckt werden, der an sich schon mit der Leistungsklage gefordert werden könnte, RGZ 142, 291, 293. Stets setzt ein Feststellungsurteil aber voraus, dass überhaupt noch ein (weiterer) Schaden entstehen kann, RGZ 142, 291, 294. 22

Praktisch von erheblicher Bedeutung ist die Möglichkeit, über den Grund der Schadensersatzverpflichtung durch selbständig anfechtbares **Zwischenurteil** nach § 304 ZPO vorab zu entscheiden. Teure und langwierige Beweisaufnahmen über den Betrag, die bei anderer Beurteilung des Grundes in der höheren Instanz gegen- 23 standslos werden würden, können dadurch erspart werden. Erfahrungsgemäß ergibt sich auch häufig die Möglichkeit einer außergerichtlichen Einigung über die Höhe, wenn der Grund der Ersatzpflicht rechtskräftig bejaht worden ist. Für die Vorabentscheidung ist aber erforderlich, dass ein bestimmter Antrag gestellt oder, wenn die Höhe in das richterliche Ermessen gestellt wird, im Klagevortrag ein bestimmter Betrag als Schaden behauptet wird, RGZ 93, 152. Auf einen unbezifferten Feststellungsantrag kann kein Grundurteil erlassen werden, BGH NJW 1994, 3295; 2001, 155; 2002, 302. Das Zwischenurteil muss den Klagegrund und alle ihn betreffenden Einwendungen erledigen, BGHZ 72, 34, 36. Aus Zweckmäßigkeitsgründen kann aber die Entscheidung über die Dauer der Rente dem Betragsverfahren vorbehalten werden (RGZ 171, 173, 176), sofern dies im Grundurteil besonders ausgesprochen worden ist, BGHZ 11, 181, 183.

24 Nimmt die Entwicklung der Umstände, die für die Verurteilung zur Rentenzahlung und für die Bestimmung ihrer Höhe und Dauer maßgebend waren, einen wesentlich anderen als den vorgestellten Verlauf, können beide Teile **nach § 323 ZPO Abänderung** der Entscheidung, Erhöhung oder Herabsetzung, evtl auch völligen Wegfall der Rente erreichen. Voraussetzung ist, dass ein Urteil – oder ein ihm nach § 323 IV ZPO gleichgestellter Titel – auf Rentenzahlung vorliegt. Ist die Klage abgewiesen worden, ist § 323 ZPO nicht anwendbar. Zur Frage, ob und wann statt der Klage aus § 323 ZPO eine neue Klage gem § 258 ZPO (Nachforderungs- oder Zusatzklage) erhoben werden kann, vgl BGHZ 34, 110. Zur Abänderung einer Kapitalabfindung Rn 19.

25 Wird die Rente beseitigt, ist es zweckmäßig, das **erste Urteil** ausdrückl **aufzuheben**, damit der Schuldner sich nach § 775 Nr 1 ZPO gegen jede weitere Zwangsvollstreckung daraus schützen kann. Veränderungen in der Erwerbstätigkeit oder Erwerbsgelegenheit des Berechtigten, aber auch in den allg wirtschaftl Verhältnissen (zB Änderung der Lohn- und Gehaltssätze, allg Teuerung, Währungsverfall, vgl RGZ 114, 188, 192), auch Änderung der gesetzl Vorschriften, vgl RG DR 1944, 115 (aber nicht bloß: Änderung der rechtl Beurteilung, BGH NJW 2001, 3618), können die Klage aus § 323 ZPO begründen. Ob die Änderung der Rspr dafür genügt, ist str, vgl Staudinger/*Vieweg* Rn 179 mN. § 323 ZPO liegt vor, wenn der Verletzte durch später eintretende Umstände (zB durch Freiheitsstrafe, Erkrankungen uÄ) verhindert wird, einer Erwerbstätigkeit nachzugehen. Die Verheiratung einer wegen Erwerbsbeeinträchtigung rentenberechtigten Frau rechtfertigt die Abänderungsklage im Allg nicht, RG JW 1917, 604. Ist die Rente nur wegen Vermehrung der Bedürfnisse festgesetzt worden, kann der spätere Eintritt eines Erwerbsschadens nach § 323 ZPO geltend gemacht werden. Andererseits ist die Klage aus § 323 ZPO nicht gerechtfertigt, wenn die Erwerbsverhältnisse sich gebessert, die Bedürfnisse sich aber entspr vermehrt haben.

26 Die Rente ist grds **nicht pfändbar**, § 850b I Nr 1 ZPO; anders nur unter den Voraussetzungen des § 850b II ZPO. Die Entscheidung darüber steht ausschließlich dem Vollstreckungsgericht zu. Aus der grds Unpfändbarkeit der Rente folgt die Unzulässigkeit ihrer Abtretung (§ 400), Verpfändung (§ 1274 II) und Aufrechnung (§ 394). Dass materiell die Voraussetzungen für eine Pfändung nach § 850b II ZPO vorliegen, ändert daran nichts. Die Unpfändbarkeit hindert aber nicht, dass der Ersatzpflichtige dem Ersatzanspruch des Geschädigten einen Ausgleichsanspruch wegen eigener Schuld des Verletzten an der Herbeiführung des schädigenden Ereignisses entgegenhält, RG DR 1942, 954. Zur Pfändbarkeit der Kapitalabfindung Staudinger/*Vieweg* Rn 183 mN.

§ 844 Ersatzansprüche Dritter bei Tötung

(1) Im Falle der Tötung hat der Ersatzpflichtige die Kosten der Beerdigung demjenigen zu ersetzen, welchem die Verpflichtung obliegt, diese Kosten zu tragen.

(2) Stand der Getötete zur Zeit der Verletzung zu einem Dritten in einem Verhältnis, vermöge dessen er diesem gegenüber kraft Gesetzes unterhaltspflichtig war oder unterhaltspflichtig werden konnte, und ist dem Dritten infolge der Tötung das Recht auf den Unterhalt entzogen, so hat der Ersatzpflichtige dem Dritten durch Entrichtung einer Geldrente insoweit Schadensersatz zu leisten, als der Getötete während der mutmaßlichen Dauer seines Lebens zur Gewährung des Unterhalts verpflichtet gewesen sein würde; die Vorschriften des § 843 Abs. 2 bis 4 finden entsprechende Anwendung. Die Ersatzpflicht tritt auch dann ein, wenn der Dritte zur Zeit der Verletzung gezeugt, aber noch nicht geboren war.

(3) Der Ersatzpflichtige hat dem Hinterbliebenen, der zur Zeit der Verletzung zu dem Getöteten in einem besonderen persönlichen Näheverhältnis stand, für das dem Hinterbliebenen zugefügte seelische Leid eine angemessene Entschädigung in Geld zu leisten. Ein besonderes persönliches Näheverhältnis wird vermutet, wenn der Hinterbliebene der Ehegatte, der Lebenspartner, ein Elternteil oder ein Kind des Getöteten war.

1 **1. Allgemeines.** §§ 844, 845 durchbrechen zugunsten bestimmter **mittelbar Geschädigter** den Grundsatz, dass nach §§ 823ff nur derjenige geschützt wird, gegen den sich die unerlaubte Handlung richtet, dh in dessen Recht oder geschütztes Rechtsgut durch das deliktische Verhalten eingegriffen wird. Zum neuen Anspruch auf Hinterbliebenengeld in Abs III s Rn 20.

2 Die Ansprüche nach §§ 844f stehen dem Geschädigten zwar aus eigenem Recht zu, gehören also zB nicht zum Nachlass des Getöteten, sind aber in ihrer Entstehung **vom Verhalten des unmittelbar Verletzten abhängig.** Für das Mitverschulden des Verletzten regelt dies § 846. Aber auch ein vom Getöteten vereinbarter Haftungsausschluss wirkt ggü dem aus §§ 844f Berechtigten, RGZ 117, 102, 104; BGH VersR 1961, 846. Dasselbe ist für gesetzl Haftungsbeschränkungen anzunehmen, Staudinger/*Röthel* Rn 7 mN. Darüber hinaus gilt § 254 I und II schon seinem Wortlaut nach unmittelbar zulasten des Ersatzberechtigten, RGZ 55, 24, 29ff; BGH NJW 1976, 1501.

Wegen ihres Ausnahmecharakters und wegen der fehlenden Rechtsgutsqualität der reinen Vermögenssphäre ist eine **analoge Anwendung** der Vorschriften **nicht möglich**. Dies gilt zB für andere Schäden als den Unterhaltsausfall durch die Aufhebung der Familiengemeinschaft einschl der Steuervorteile, BGH NJW 1979, 1501. Deshalb kann die Ehefrau eines infolge einer Körperverletzung arbeitsunfähigen ArbN von dem Schädiger auch keinen Ersatz dafür verlangen, dass sie nach dem Tod ihres Mannes eine niedrigere Witwenrente erhält, weil während dessen Arbeitsunfähigkeit keine oder geringere Sozialversicherungsbeiträge entrichtet worden sind, BGH NJW 1986, 984. Andere als die in §§ 844f genannten Personen haben keinen Anspruch nach diesen Vorschriften, BGHZ 7, 30. Nach RGZ 167, 85, 89 sind §§ 844f zugunsten der Hinterbliebenen eines bei einem Rettungsversuch Verunglückten entspr anzuwenden. Diese reine Billigkeitsentscheidung ist jedoch durch die Nothelfer-Unfallversicherung nach § 2 I Nr 13 lit a SGB VII rechtspolitisch überholt. 3

§§ 844f gelten **für alle Tatbestände der §§ 823ff**, also auch bei § 829, RGZ 94, 220, § 833 S 1 und § 839, RGZ 94, 102; BGH NJW-RR 1994, 603. Entspr Anwendung ist vorgeschrieben in § 618 III und in § 62 III HGB. IÜ gelten §§ 844f auf dem Gebiet des Vertragsrechts nicht, RGZ 112, 290, 296. Die entgegenstehende Ansicht von MüKo/*Wagner* Rn 12 ist nicht unbedenklich. Der Einwand, sie sei mit dem Ausnahmecharakter der Vorschriften nicht zu vereinbaren, mag formal wirken. Die Schutzwirkung für Dritte ist jedoch auch sonst richtiger Ansicht nach auf den Willen der Vertragsparteien selbst oder dessen (hypothetische) Auslegung zurückzuführen und nicht auf zwingende Schutznormen des obj Rechts wie §§ 844 und 618. Im öffentlichen Recht gelten die §§ 844f auch über den Bereich der Amtshaftung hinaus entspr, zB bei Krankenhausbehandlung, RGZ 112, 290, 296f, und im Rahmen des Aufopferungsanspruchs, BGHZ 18, 286; 34, 23. Sonderregelungen zu § 844 sind §§ 86, 89 AMG; §§ 28, 30 AtG; § 32 IV, VI GenTG; §§ 5, 8 HaftpflG; §§ 35, 38, 53 LuftVG; §§ 7, 9 ProdHaftG; §§ 10, 13 StVG; §§ 12, 14 UmweltHG. 4

2. Tötung. Die Anspruchsvoraussetzung der **Tötung** liegt dann vor, wenn der Tod die adäquate Folge irgendeiner unerlaubten Handlung gewesen ist. Der Tod braucht für den Täter nicht einmal voraussehbar gewesen zu sein, vgl BGH NJW 1985, 482: Embolie nach Oberschenkelhalsbruch aufgrund einer fahrlässigen Verkehrspflichtverletzung; vgl auch BGHZ 132, 39, 42 mN. 5

3. Beerdigungskosten (Abs I). Diese hat in erster Linie der Erbe (§ 1968), nach ihm derjenige zu tragen, der dem Getöteten unterhaltspflichtig war (§ 1615 II, § 1360a III, § 1361 IV, auch nach § 5 LPartG), ferner nach § 1615m der Vater eines nichtehelichen Kindes ggü dessen Mutter und schließlich der Träger der Sozialhilfe (§ 74 SGB XII). Diese Verpflichtung besteht unabhängig davon, ob der Verpflichtete auch befugt ist, darüber zu bestimmen, in welcher Weise und in welchem Rahmen die Bestattung erfolgen soll, vgl RGZ 154, 269; BGHZ 61, 238. Dem hiernach Verpflichteten sind die Beerdigungskosten unabhängig davon zu ersetzen, dass die Beerdigung zu einem späteren Zeitpunkt ohnehin erforderlich gewesen wäre. Einen Ersatzanspruch aus § 844 I hat auch, wer sich vertragl verpflichtet hat, die Kosten der Beerdigung zu übernehmen, MüKo/*Wagner* Rn 16 mN. 6

Die Kosten einer **angemessenen**, nicht nur notdürftigen Beerdigung sind zu ersetzen, vgl BGHZ 32, 72, 73; 61, 238, 239. Dazu gehören insb Aufwendungen für die Überführung der Leiche, sofern die Überführung für eine angemessene Bestattung notwendig erscheint, RGZ 66, 306; für einen Grabstein, RGZ 139, 393; nicht aber die Kosten für ein Familiengrab, BGHZ 61, 238, 240; wohl für Trauerkleidung (Einsparung an anderer Kleidung entsteht dadurch idR nicht; einschränkend aber ua Staudinger/*Röthel* Rn 64 mN); dagegen nicht Auslagen für laufende Grab- und Denkmalspflege, BGHZ 61, 238, 239; sicher auch nicht Kosten für eine wegen des Trauerfalles unterlassene Urlaubsreise, BGH NJW 1989, 2317. Der Anspruch nach § 844 I geht auf den Dienstherrn (§ 87a BBG) oder den Sozialversicherungsträger (§ 116 I SGB X) über, weil die Beerdigungskosten dem **Sterbegeld** kongruent sind. Fehlt eine Legalzession, kommt eine Anrechnung des Sterbegeldes nach dem Rechtsgedanken des § 843 IV nicht in Betracht, vgl BGH NJW 1978, 536. 7

4. Unterhaltsersatzanspruch (Abs II). Der **Unterhaltsersatzanspruch** nach Abs II ist ein Schadensersatzanspruch, so dass die Grundsätze der Vorteilsausgleichung auf ihn anzuwenden sind, BGHZ 56, 389, und dazu Rn 16f. Er ist beschränkt auf den Wegfall gesetzl Unterhaltspflichten. Vertragl Übernahme des Unterhalts genügt daher nicht, BGH NJW 1984, 977. Auf einer gesetzl Unterhaltspflicht beruhen aber auch Ansprüche aus einer vertragl Unterhaltsabfindung, zB nach dem früheren § 1615e, MüKo/*Stein*[3] Rn 26. Kraft Gesetzes unterhaltsberechtigt sind Ehegatten (§§ 1360ff bei bestehender, §§ 1569ff nach geschiedener und gem § 1318 II nach aufgehobener Ehe), Verwandte in gerader Linie (§§ 1601ff, 1615a), angenommene Kinder und Adoptiveltern (§ 1751 IV, § 1754), Lebenspartner (§§ 5, 12, 16 LPartG) sowie die Mutter ggü dem nichtehelichen Vater (§ 1615l) und im Fall des § 1615l IV der Vater gegen die Mutter. Zw Stiefeltern und Stiefkindern besteht keine gesetzl Unterhaltsbeziehung, BGH NJW 1984, 977. Eine analoge Anwendung der Vorschriften über den Eheunterhalt auf nichteheliche Lebensgemeinschaften ist nur beschränkt möglich, Vor § 1353 Rn 17; für eine weitergehende Erstreckung de lege ferenda mit guten Gründen aber Staudinger/*Röthel* Rn 34. Notwendig ist, dass das familienrechtl Verhältnis, auf dem die Unterhaltspflicht beruht, zur Zeit der Verletzung, nicht erst im Zeitpunkt des Todes bestand. Eine Witwe, die den Mann nach der Verletzung, die später zum Tode führte, geheiratet hat, hat daher keinen Anspruch aus Abs II S 1, BGHZ 132, 39, 42f. Dagegen tritt die Schadensersatzpflicht auch dann ein, wenn der Dritte **zur Zeit der Verletzung** gezeugt, aber noch nicht geboren war, Abs II S 2. Kein Unterhaltsersatzanspruch entsteht, wenn das Kind durch In-vitro-Fertilisation erst nach dem Tode des Verletzten gezeugt wird. Ein solcher Unterhaltsschaden liegt außerhalb des Schutzbereichs der Verletzungsnorm, da er erst durch eine nach § 4 I Nr 3 Embryonenschutzgesetz (ESchG) verbotene Fertilisation herbeigeführt worden ist, aA *Deutsch* NJW 1991, 721, 723; Staudinger/*Röthel* Rn 79. 8

9 Ein Anspruch aus Abs II S 1 entsteht nur, wenn das Recht auf den Unterhalt **tatsächlich entzogen** worden ist, dh wenn auch alle sonstigen Erfordernisse für die Unterhaltspflicht gegeben waren. Entzogen wird der Unterhalt erst mit dem Tode des Unterhaltspflichtigen; Unterhaltsrückstände umfasst daher der Anspruch aus § 844 II nicht, BGH NJW 1973, 1076. Die Unterhaltspflicht unter Verwandten auf- und absteigender Linie setzt Leistungsfähigkeit des Verpflichteten und Bedürftigkeit des Berechtigten voraus, §§ 1602f. War der Getötete noch nicht in der Lage, Unterhalt zu gewähren, hat die Ersatzpflicht in dem Zeitpunkt zu beginnen, in dem er dazu voraussichtlich fähig geworden wäre. Fehlt die Bedürftigkeit anfangs, wird der Schadensersatzanspruch wirksam, sobald sie eintritt. In einem solchen Falle ist einstweilen aber Feststellungsklage zulässig, sofern die Wahrscheinlichkeit, dass der Getötete dem Dritten ggü später unterhaltspflichtig geworden wäre, nicht ganz fern liegt. Namentlich ist bei der Tötung eines Kindes Feststellungsklage auf Schadensersatz möglich, wenn eine gewisse Wahrscheinlichkeit dafür besteht, dass der Berechtigte von dem getöteten Kinde Unterhalt hätte erlangen können, vgl BGHZ 132, 39, 45. Hierbei ist die mutmaßliche Leistungsfähigkeit des Kindes an Hand der zur Zeit der Urteilsfindung bekannten Tatsachen zu prüfen: Alter, Gesundheit, geistige Befähigung, Schul- und Berufsausbildung, Arbeitswilligkeit und Erwerbsmöglichkeit sind zu berücksichtigen, BGHZ 4, 133; BGH MDR 1954, 160. Vgl hierzu aber die Kritik von MüKo/*Wagner* Rn 37.

10 Geht die Unterhaltspflicht **auf die Erben** des Getöteten über, § 1586b, § 1615l III 5, § 16 II 2 LPartG, wird dem Dritten der Unterhaltsanspruch nicht entzogen, es sei denn, dass die Erben zur Leistung tatsächlich nicht in der Lage sind oder die Zahlung nach erbrechtl Vorschriften verweigern können. **Erlischt** dagegen die Unterhaltspflicht mit dem Tode, schließt die dann eintretende gesetzl Unterhaltspflicht einer anderen Person den Ersatzanspruch nicht aus, § 844 II 1 iVm § 843 IV, BGHZ 54, 269; 91, 357 zur Adoption einer Unfallwaisen; vgl aber Rn 17 zur Wiederverheiratung. § 843 IV passt allerdings nicht, wenn der andere den Unterhalt aus Einkünften bestreiten kann, die ihm als Erben des Getöteten zufließen, vgl München VersR 1967, 190 und Rn 16. Kommt der Sozialhilfeträger für den Unterhalt auf, ohne Regress nach § 116 SGB X nehmen zu können, führt dies wegen der „Subsidiarität" der Sozialhilfe (§ 2 II SGB XII) nicht zum Erlöschen des Anspruchs nach § 844 II aufgrund mangelnder Bedürftigkeit, BGHZ 115, 228; BGH NJW 1999, 2365.

11 **5. Bemessung der Unterhaltsrente.** Bei **Bemessung der Unterhaltsrente** ist im Unterschied zum Ersatz für die Erwerbstätigkeit in Haushalt und Familie (§ 843 Rn 6) nicht der tatsächlich geleistete, sondern allein der rechtl geschuldete Unterhalt maßgeblich, BGH NJW 1974, 1373; 174, 1651; 1979, 1501; 1993, 124; NJW-RR 1988, 1238. Soweit freilich der Getötete seiner Unterhaltspflicht nachweisbar tatsächlich nicht nachgekommen wäre, entsteht dem Unterhaltsberechtigten nach der maßgeblichen Differenzhypothese (Vor § 249 Rn 24f) kein Schaden, BGH NJW 1974, 1373. Unterhalt ist nach heutigem Eheverständnis regelmäßig auch die Mitarbeit im Beruf oder Geschäft des Ehegatten. Wird sie durch Tötung unmöglich, greift der Unterhaltsersatzanspruch ein, BGHZ 77, 157; BGH NJW 1984, 979. Soweit die Mitarbeit für den Finanzbedarf der Familie nicht erforderlich ist, bleibt der Wegfall der beruflichen Hilfe ohne Entschädigung, BGHZ 77, 157, 163. IÜ ist nach der Art der Unterhaltsleistung des Getöteten zu unterscheiden:

12 **a) Tod des Alleinverdieners.** Beim Tod des **Alleinverdieners** ist von dessen Nettoeinkommen auszugehen, da sich der Familienbedarf üblicherweise hieran orientiert, st Rspr BGH VersR 1961, 543; 1971, 717; vgl auch BGH NJW-RR 1990, 706 zu einer Einkommensberechnung brutto für netto bei Erstattung der Steuerbeträge durch das Finanzamt. Dazu gehören auch Vermögenseinkünfte und uU sogar der Verbrauch vorhandenen Vermögens, wenn der Standard der Familie und entspr Lebenssituationen (zB Berufsausbildung der Kinder) einen Rückgriff auf diese Geldquellen erfordern, vgl BGH NJW 1974, 1236; 1979, 760 und hierzu Rn 16. Andererseits können Beiträge zur Vermögensbildung uU vom Einkommen abgezogen werden, wenn sie zur angemessenen Alterssicherung angelegt worden sind; dies gebietet schon die Gleichbehandlung von Sozialversicherungsträgern und freiwilliger Alterssicherung, vgl BGH VersR 1971, 717. Bei überdurchschnittlich hohem Einkommen ist regelmäßig eine darüber hinausgehende Vermögensbildung anzunehmen, die dann gleichfalls vom unterhaltsrechtl maßgebenden Einkommen abzuziehen ist, vgl BGH NJW 1985, 1460 und RGRK/*Boujong* Rn 44. Aufwendungen für ein Eigenheim zieht der BGH (NJW 1985, 49) faktisch gleichfalls vom Nettoeinkommen ab, weil er unterhaltsrechtl nur den Mietwert einer nach Ortslage, Zuschnitt und Bequemlichkeit vergleichbaren Wohnung als maßgebend ansieht. Dieser Mittelwert gehört freilich ebenso wie die Kosten für Zeitung, Rundfunk, Fernsehen, Telefongrundgebühr, Pkw-Aufwendungen zu den „fixen Kosten", die der Geschädigte vorweg erhalten muss, soweit der Getötete sie getragen hat, BGH VersR 1984, 79. Zu diesen Kosten im Einz BGH NJW 1988, 2365; NJW-RR 1990, 221 (Erhöhung des Unterhaltsersatzes wegen der Erhöhung der fixen Kostenanteile für ein Eigenheim); BGHZ 137, 237, 241f (Kindergartenkosten der hinterbliebenen Kinder als fixe Kosten); weitere Fälle bei Staudinger/*Röthel* Rn 117 und zur Abgrenzung 118f. Von dem derart „bereinigten" Einkommen sind sodann **Unterhaltsanteile** zu bilden, die wiederum nach der Lebenssituation der Unterhaltsberechtigten variieren können. Die „Düsseldorfer Tabelle" kann nicht unbesehen zur Berechnung des Barunterhalts übernommen werden, weil die wirtschaftl Situation einer zusammenlebenden Familie besser ist als bei Getrenntleben oder nach der Scheidung, BGH NJW 1985, 1460. Hinsichtl des Unterhaltsersatzanspruchs der Witwe, die bisher als Hausfrau tätig war, ist die **Schadensminderungspflicht** nach § 254 II 1 besonders zu beachten. Nach den Umständen des Einzelfalles kann es zB einer jungen, kinderlosen und arbeitsfähigen Witwe selbst dann zugemutet werden, eine ihrem sozialen Standard angemessene bezahlte Arbeit zu übernehmen, wenn sie bei fortbestehender Ehe keine solche Berufstätigkeit ausgeübt hätte, BGH NJW 1976, 1501. Führt die Witwe trotz bestehender Obliegenheit zu entgeltlicher Erwerbstätigkeit den Haushalt einer nichtehelichen Lebensgemeinschaft, muss sie sich die hypothe-

tischen Einkünfte aus einer außerhäuslichen Tätigkeit auf den Ersatzanspruch anrechnen lassen, BGHZ 91, 357; vgl dazu auch Rn 17 und zu weiteren Einzelfällen Staudinger/*Röthel* Rn 233 mN sowie BGH NJW 2007, 64. Ist der Anspruch der Witwe nach §§ 846, 254 gemindert, dient die entgeltliche Tätigkeit zunächst voll dem Ausgleich des eigenen Schadensteiles, BGHZ 16, 265; BGH NJW-RR 1992, 1050. Dieses Quotenvorrecht gilt auch für Renten, BGH FamRZ 1983, 567; 1986, 1194.

b) Tod der Nur-Hausfrau oder des Nur-Hausmannes. Beim Tod der Nur-Hausfrau oder des Nur-Hausmannes (vgl auch § 5 S 2 LPartG) ist der Wegfall der hauswirtschaftl und erzieherischen Tätigkeiten nach § 1360 S 2 als Entzug von Unterhaltsleistungen anzusehen, nicht von Diensten nach § 845, vgl § 843 Rn 5f. Ausgleich für den weggefallenen Unterhalt ist zunächst durch Einstellung einer Ersatzkraft gleicher Qualifikation und Arbeitszeit wie der Getöteten möglich, vgl BGHZ 86, 372, 376; 104, 113, 120. Wird von dieser Möglichkeit Gebrauch gemacht, sind die Bruttoaufwendungen anerkanntermaßen Grundlage für die Unterhaltsersatzrente. Behilft sich die Familie ohne eine Ersatzkraft, ist der Schaden „normativ“ zu bewerten und auf derselben Grundlage wie der Erwerbsschaden der verletzten Hausfrau zu ersetzen, vgl § 843 Rn 5, 8f. Wie beim eigenen Schaden der Hausfrau wird die Arbeitsleistung zur Eigenversorgung nicht berücksichtigt, BGHZ 56, 389, 393. Gerade beim Hausfrauenschaden ist jedoch zu beachten, dass der Ersatzanspruch nach § 844 II an den rechtl geschuldeten Unterhalt anknüpft, nicht an die tatsächlich erbrachte Arbeitsleistung, vgl Rn 11. Die **Methode der Ersatzberechnung** entspricht derjenigen beim Erwerbsschaden: Zunächst ist der Zeitbedarf für eine Ersatzkraft zu berechnen. Die so ermittelte Stundenzahl ist dann mit einem vergleichbaren Satz des geltenden Tarifs zu vergüten, wobei örtliche Besonderheiten berücksichtigt werden können, BGH NJW 1982, 2866. Der BGH legt auch beim Unterhaltsersatzanspruch den Nettolohn zugrunde, der durch einen pauschalen Abschlag von 30 % auf den Bruttolohn geschätzt werden kann, BGHZ 86, 372. Zur Kritik hieran § 843 Rn 8 und MüKo/*Stein*[3] Rn 45 mN. Auf der Linie seiner Orientierung am Nettolohn liegt es, wenn der BGH bei Einschaltung von Verwandten zur Haushaltsführung statt der Sätze für professionelle Ersatzkräfte nur eine „voll angemessene Entschädigung“ zuerkennt, BGH NJW 1982, 2864; 1985, 1460; 1986, 715. Diese Entschädigung kann bis zum bisherigen Nettoeinkommen der Verwandten aus anderer Erwerbstätigkeit reichen, wenn der Verwandte die Erwerbstätigkeit zur Übernahme der Haushaltsführung aufgegeben hat und soweit der Betrag die Kosten für eine Ersatzkraft nicht übersteigt, BGH NJW 1986, 715. Die Praxis orientiert sich weitgehend an den Tabellen von *Schulz-Borck/Pardey*, Der Haushaltsführungsschaden[10] 2021. 13

Mehrere Hinterbliebene haben nebeneinander je selbständige Ersatzansprüche und sind nicht Gesamtgläubiger, BGH NJW 1972, 1130. Die Aufteilung auf die einzelnen Gläubiger erfolgt nach dem jew Unterhaltsbedarf, BGH NJW 1983, 1425; NJW-RR 1988, 66; dazu im Einz Staudinger/*Röthel* Rn 152. 14

c) Doppelverdienerehe. Bei der **Doppelverdienerehe** werden die Verhältnisse zusätzl dadurch kompliziert, dass beide Ehepartner Barunterhalt sowie uU Naturalunterhalt schulden. Der Naturalunterhalt der Ehegatten kann nicht einfach gegeneinander verrechnet werden, wenn beide die Haushaltsführung übernommen haben, BGHZ 104, 113; aA noch BGH NJW 1985, 49. Zur Berechnung des Barunterhalts ist davon auszugehen, dass jeder Verdiener im Rahmen seiner Möglichkeiten nach Abzug der eigenen fixen Kosten zum Familienunterhalt beiträgt, also nicht etwa bei geringem Einkommen nur den eigenen Bar-„Unterhalt“ bestreitet und die Beiträge für die gemeinsamen Kinder ganz dem Partner überlässt, BGH NJW 1983, 2315. Instruktive Berechnungsbeispiele gibt *Küppersbusch/Höher*, Ersatzansprüche bei Personenschaden[13] 2020, Rn 409ff. 15

6. Vorteilsausgleichung. Im Wege der **Vorteilsausgleichung** müssen sich Ehegatten den Unterhaltsersatzanspruch um den Betrag mindern lassen, den sie durch den Wegfall ihrer eigenen Unterhaltspflicht ersparen, BGHZ 56, 389; BGH NJW 1979, 1501. Hatte der getötete Ehegatte mehr Unterhalt geleistet, als seiner gesetzl Pflicht entsprach, ist der Betrag der anzurechnenden Vorteile entgegen dem oben (Rn 11) wiedergegebenen Grundsatz im Wege einer Billigkeitskorrektur herabzusetzen, BGH NJW 1979, 1501; 1984, 977. Wichtigster Diskussionsgegenstand zur Vorteilsausgleichung bei § 844 II ist der vorzeitige Anfall einer **Erbschaft** oder einer **Lebensversicherung.** BGHZ 8, 325 hatte hierfür die Faustformel entwickelt, dass die Erträge aus der Erbschaft anzurechnen seien, der Stammwert aber nicht. Später ist diese Formel zutr dahin präzisiert worden, dass es wegen der Kongruenz zw Schaden und Vorteil entscheidend darauf ankommt, aus welcher Quelle der Unterhalt beim Weiterleben des Unterhaltspflichtigen bestr worden wäre. Hiernach sind die Erträge aus der Erbschaft keineswegs immer, uU aber außer den Erträgen sogar der Stammwert anzurechnen, BGH NJW 1974, 1236. Diese **„Quellentheorie“** ist auch dann anzuwenden, wenn nicht der Unterhaltsberechtigte selbst, sondern ein anderer Unterhaltspflichtiger (zB die Mutter) die Erbschaft erworben hat und aus ihr nunmehr einen höheren Unterhalt schuldet, BGH NJW 1969, 2008. § 843 IV, auf den § 844 II 2 verweist, passt insoweit nicht. Hingegen ist die Vorteilsausgleichung zu versagen, wenn dem Geschädigten eine Lebensversicherung, und zwar eine reine Risikowie eine Sparversicherung, anfällt, BGHZ 73, 109 unter Aufgabe von BGHZ 39, 249. Denn die Prämien für diese Versicherung wären ohne den Todesfall gerade nicht für den Unterhalt verwendet worden. Veräußert der Geschädigte wegen des Verlusts der Mitarbeit des anderen Ehegatten seinen Betrieb, sind auch die Zinsen aus dem Erlös nicht anzurechnen, BGH NJW 1984, 979. Zu weiteren Einzelfragen Staudinger/*Röthel* Rn 211ff. 16

Ein verwitweter Geschädigter muss sich den Unterhalt, den er nach einer **neuen Heirat** (oder Lebenspartnerschaft, dazu *Röthel* NZV 2001, 329, 330) beanspruchen kann, auf den Unterhaltsersatzanspruch anrechnen lassen. Dies kann dazu führen, dass der Anspruch auf eine Differenzrente bestehen bleibt. Außerdem kann der ursprüngliche Unterhaltsersatz in vollem Umfang aufleben, wenn die neue Ehe aufgelöst wird, vgl BGHZ 26, 282, 293f; BGH NJW 1979, 268. Die Eingehung einer **nichtehelichen Lebensgemeinschaft** soll nach BGHZ 91, 357 17 demggü nicht ohne Weiteres den Unterhaltsersatzanspruch berühren (mit Recht krit dazu *Lange* JZ 1985, 90; für eine entspr Gesetzesänderung Staudinger/*Röthel* Rn 186). Es kommt jedoch eine Verletzung der Obliegenheit zu entgeltlicher Arbeit nach § 254 II 1 in Betracht, vgl Rn 12. Im Unterschied zur Anrechnung des Unterhalts aus einer neuen Ehe wird der Unterhalt aufgrund einer Adoption nicht berücksichtigt, vgl Rn 10.

18 **7. Dauer der Rentenzahlung.** Die **Dauer der Rentenzahlung** ist nach § 844 II 1 durch die mutmaßliche Lebenszeit des Getöteten begrenzt. Hiervon gibt es jedoch zwei Ausnahmen: Bei Kindern wird der Anspruch regelmäßig zunächst nur bis zur Vollendung des 18. Lebensjahres gewährt. Etwaige weitere Ansprüche sind durch ein Feststellungsurteil abzusichern, BGH NJW 1983, 2197. Allerdings muss der Richter bei der Festsetzung einer Unterhaltsrente von vornherein alle für die Bemessung in Zukunft maßgeblichen Faktoren im Rahmen einer Prognose unter Ausnutzung der Möglichkeiten, die ihm § 287 ZPO eröffnet, berücksichtigen, BGH NJW-RR 1990, 962. Ein Ehegatte, dessen mutmaßliche Hinterbliebenenrente nach dem natürlichen Tod des anderen Ehegatten nunmehr durch die Tötung verkürzt oder ausgeschlossen ist, kann für die Zeit nach dem mutmaßlichen natürlichen Tod des Partners eine Art Rentenersatzrente verlangen, BGHZ 32, 246 und hierzu *Herzberg* NJW 1990, 2525; *Drees* VersR 1992, 1169.

19 **8. Weitere Einzelheiten.** Zu weiteren **Einzelheiten** des Rentenanspruchs einschl des Anspruchsübergangs auf kollektive Schadensträger und zur prozessualen Durchsetzung vgl § 843 Rn 7–10, 13–26; zum Übergang des Beihilfeanspruchs eines Beamtenkindes auf den Dienstherrn des getöteten Elternteils BGH NJW-RR 1989, 608.

20 **9. Hinterbliebenengeld (Abs III).** Durch das Gesetz zur Einführung eines **Hinterbliebenengeldanspruchs** v 17.7.2017 (BT-Drs 18/11397, BGBl I 2017, 2421) ist Abs III angefügt worden. Nahen Angehörigen eines Getöteten, nicht aber eines schwer Verletzten, steht nach Abs III auch dann ein Entschädigungsanspruch iSd § 253 I zu, wenn sie keine eigene Gesundheitsbeschädigung iSv § 823 I und § 253 II erlitten haben, ihr seelisches Leid also nicht über das hinausgeht, was Hinterbliebene angesichts des Todes naher Angehöriger erfahrungsgemäß erleiden (vgl dazu BGH NJW 1971, 1883, 1884f; 2015, 2246, 2247; für Subsidiarität ggü eigenem Schmerzensgeldanspruch LG Tübingen VersR 2020, 236). Dies gilt nach Wortlaut und Gesetzesbegr (BT-Drs 18/11397, 9) jedoch nur bei Tötung, nicht aber bei schweren Verletzungen, obwohl die zugrundeliegenden Wertungen übertragbar sind. Die Vermutung eines persönlichen Näheverhältnisses in Abs III S 2 ist widerlegbar, etwa wenn nach § 1933 bzw § 10 III 3 LPartG auch das besondere Erbrecht des Ehegatten bzw Lebenspartners ausgeschlossen war (BT-Drs 18/11397, 14) oder kein persönlicher Kontakt mehr bestand. Soweit die Vermutung nicht greift, setzt das persönliche Näheverhältnis den Nachweis einer tatsächlich gelebten sozialen Beziehung voraus, deren Intensität derjenigen entspricht, die in den in Abs III S 2 aufgeführten Fällen typischerweise besteht; dies kann etwa bei Partnern einer ehe- oder lebenspartnerschaftsähnl Gemeinschaft, Verlobten, Stief- und Pflegekindern sowie Geschwistern der Fall sein, insb auch in sog Patchwork-Familien (vgl BT-Drs 18/11397, 13, 15). Richtschnur, aber nicht Obergrenze für die Bemessung des Hinterbliebenengeldes ist ein Betrag von 10.000 € (vgl BT-Drs 18/11397, 11; LG Tübingen VersR 2020, 236; Koblenz NJW 2021, 168, 169). Die sozialrechtl Haftungsbeschränkung der §§ 104, 105 SGB VII gilt auch für das Hinterbliebenengeld, BGHZ 233, 1 Rn 7ff. Etwaige Ansprüche auf Schockschadensersatz bleiben unberührt.

§ 845 Ersatzansprüche wegen entgangener Dienste

Im Falle der Tötung, der Verletzung des Körpers oder der Gesundheit sowie im Falle der Freiheitsentziehung hat der Ersatzpflichtige, wenn der Verletzte kraft Gesetzes einem Dritten zur Leistung von Diensten in dessen Hauswesen oder Gewerbe verpflichtet war, dem Dritten für die entgehenden Dienste durch Entrichtung einer Geldrente Ersatz zu leisten. Die Vorschrift des § 843 Abs. 2 bis 4 findet entsprechende Anwendung.

1 **1. Anwendungsbereich.** § 845 ist durch die neuere Rechtsentwicklung **weitgehend** (nach *Kilian* NJW 1969, 2006 sogar vollständig) **überholt.** Wie zu § 843 Rn 4f ausgeführt, ist die Tätigkeit im Haushalt einer entgeltlichen Erwerbstätigkeit gleichwertig, ihr Ausfall daher als eigener Erwerbsschaden des Tätigen anzusehen, BGHZ (GS) 50, 304. Beim Tod des unmittelbar Geschädigten haben seine Familienangehörigen nach § 844 II Anspruch auf Ersatz des entgangenen Naturalunterhalts, BGHZ 51, 109 und dazu § 844 Rn 13. Jedenfalls hinsichtl der Ehegatten gilt dasselbe für die Mitarbeit im Beruf oder Geschäft des Partners, BGHZ 59, 172; 77, 157 und dazu § 844 Rn 11.

2 Als möglicher Anwendungsbereich der Vorschrift bleiben hiernach allein **Dienstleistungen von Kindern** nach § 1619. Von diesem Ausgangspunkt aus hat BGHZ 69, 380 bei Verletzung eines erwachsenen Sohnes, der in der elterlichen Mühle und Landwirtschaft mitgearbeitet hatte, § 845 zwar herangezogen, die Klage der Mutter aber trotzdem abgewiesen, weil der Sohn seine Arbeitskraft inzwischen als Feinmechaniker anderweitig voll nutzte. I Erg ist dem zuzustimmen, jedoch nicht, weil der Sohn jederzeit seine Dienste im elterlichen Betrieb aus freien Stücken hätte aufgeben können (so aber BGHZ 69, 380, 386), sondern wegen des Ausnahmecharakters des § 845, vgl § 844 Rn 1, 3. Die Vorschrift sollte aus Billigkeitsgründen nur eine Lücke im Deliktsschutz schließen, die sich wegen der wirtschaftl Verflechtung von Tätigkeiten in der Familieneinheit ergab (vgl treffend BGHZ 77, 157, 164f). Bei der Verletzung des mitarbeitenden Abkömmlings besteht diese Lücke jedoch nicht, da seine Mitarbeit nach §§ 842f als Erwerbstätigkeit anzusehen ist (§ 842 Rn 1, 4), so dass die Vereitelung des Einsatzes der Arbeitskraft stets als eigener Schaden des Verletzten zu ersetzen ist. Des Umweges über das Selbstbestimmungsrecht des Kindes bedarf es hierfür nicht, anders aber im Ansatz noch BGH NJW 1991, 1226.

Der hier vorgeschlagene Begründungsweg versagt bei **Tötung des Abkömmlings.** Da § 1619 eine selbständige Pflicht und keine Unterhaltspflicht begründet, kann § 844 II nicht angewendet werden. Infolgedessen besteht hier wirklich eine Lücke im Deliktsschutz; vgl auch dazu BGH NJW 1991, 1226. Freilich ist zu beachten, dass bei der Mitarbeit erwachsener Abkömmlinge in aller Regel ein wenigstens konkludent geschlossener Dienst- oder Arbeitsvertrag mit atypischer Entgeltgestaltung anzunehmen ist, dazu ausf *Fenn*, Die Mitarbeit in den Diensten Familienangehöriger, 1970, 176ff. Nur wenn ein solches Vertragsverhältnis nicht vorliegt, kommt § 1619 und somit auch § 845 in Betracht. Die Beistandspflicht nach § 1618a genügt zur Begründung einer Dienstpflicht iSd § 845 jedenfalls nicht, Bamberg NJW 1985, 2724. 3

2. Anspruchshöhe. Soweit hiernach § 845 überhaupt anzuwenden ist, gewährt die Vorschrift einen **Rentenanspruch** iHd laufenden Aufwendungen für eine **Ersatzkraft**, vgl § 843 Rn 7ff und speziell zu § 845 BGHZ 4, 123, 131. Konsequent zur neueren Entwicklung der Rspr zu §§ 843f wäre vom Nettolohn auszugehen, wenn tatsächlich keine Ersatzkraft eingestellt wird. BGHZ 4, 123, 132 hatte hingegen zutr noch den häufig sogar höheren Wert der Dienstleistung eines Kindes im Vergleich zu einer außenstehenden Kraft betont. Erhält die Ersatzkraft Naturalleistungen, die auch für den Getöteten aufzuwenden waren, wie Verpflegung und Wohnung, sind solche Aufwendungen nach BGH aaO bei der konkreten Schadensberechnung nicht zu berücksichtigen. Wieweit ggü der abstrakten Berechnung nach den Kosten einer Ersatzkraft eine Vorteilsanrechnung vorzunehmen ist, ist umstr. RGZ 152, 208, 212f hatte dies wegen des Wert- (nicht: Schadens-)Charakters des Anspruchs verneint, die heute wohl hM lässt die Vorteilsausgleichung mit Einschränkungen (zB hinsichtl des ersparten Unterhalts) zu, vgl ausf Staudinger/*Röthel* Rn 26ff mN. Im Unterschied zur Rente nach §§ 843f fällt diejenige nach § 845 nicht unter § 850b ZPO und ist daher pfändbar. 4

§ 846 Mitverschulden des Verletzten

Hat in den Fällen der §§ 844, 845 bei der Entstehung des Schadens, den der Dritte erleidet, ein Verschulden des Verletzten mitgewirkt, so finden auf den Anspruch des Dritten die Vorschriften des § 254 Anwendung.

Soweit in den Fällen der §§ 844f ein **Mitverschulden** des geschädigten Dritten vorliegt (zB die Ehefrau unterlässt es schuldhaft, ärztliche Hilfe für den verletzten Ehemann herbeizuholen), kann dieses schon unmittelbar nach § 254 die Haftung ganz oder teilw ausschließen. § 846 erweitert den Anwendungsbereich des § 254 auf das mitwirkende Verschulden des unmittelbar Verletzten, vgl dazu genauer Bemerkungen zu § 254. 1

§ 846 enthält einen **allg gültigen**, auch sonst entspr anwendbaren **Rechtsgrundsatz**, RGZ 170, 311, 315, vgl § 844 Rn 2 (insb zum vereinbarten Haftungsausschluss). Er gilt deshalb für den Vertrag mit Schutzwirkung für Dritte, RGZ 81, 214. Begehrt ein Dritter, demggü eine Amtspflicht verletzt worden ist, Schadensersatz, passt die Vorschrift hingegen nicht, weil der Berechtigte nicht erst „mittelbar" geschädigt worden ist (vgl BGH NJW 1956, 260: Eine Urkundsperson verletzt die Amtspflicht ggü dem in einem nichtigen Testament eingesetzten Erben; hier braucht sich der Erbe das Mitverschulden des Testators nicht entgegenhalten zu lassen; anders aber BGH NJW 1997, 2327 unter Berufung auf § 242). Eine entspr Erwägung hat für Schockschäden zu gelten (vgl § 823 Rn 20), soweit sie wegen der psychischen Kausalität als unmittelbare Gesundheitsverletzung anerkannt werden, BGHZ 56, 163, 168ff gegen RGZ 157, 11. Der BGH aaO rechnet dem Schockgeschädigten das Mitverschulden des verletzten Angehörigen dennoch nach § 242 an. Für diese Billigkeitskorrektur besteht jedoch kein Anlass (ebenso *Deubner* JuS 1971, 622, 625f; krit auch Staudinger/*Röthel* Rn 8 mN). 2

§ 847 (weggefallen)

Die Vorschrift über das Schmerzensgeld ist durch das 2. SchadensersatzrechtÄndG zum 1.8.2002 aufgehoben worden und idF des § 253 II Teil des allg Schadensrechts geworden. 1

§ 848 Haftung für Zufall bei Entziehung einer Sache

Wer zur Rückgabe einer Sache verpflichtet ist, die er einem anderen durch eine unerlaubte Handlung entzogen hat, ist auch für den zufälligen Untergang, eine aus einem anderen Grunde eintretende zufällige Unmöglichkeit der Herausgabe oder eine zufällige Verschlechterung der Sache verantwortlich, es sei denn, dass der Untergang, die anderweitige Unmöglichkeit der Herausgabe oder die Verschlechterung auch ohne die Entziehung eingetreten sein würde.

§ 848 bestimmt – ähnl der Regelung beim **Schuldnerverzug** nach § 287 –, dass die Haftung dessen, der aus Deliktsrecht zur Rückgabe verpflichtet ist, regelmäßig auch dann besteht, wenn die Sache durch Zufall verschlechtert oder zerstört worden ist oder aus einem anderen zufällig eingetretenen Umstande nicht herausgegeben werden kann. Ohne die Vorschrift wäre nach § 251 I genauso zu entscheiden, *Meincke* JZ 1980, 677, aA aber *Larenz/Canaris* II 2 § 83 IV: Haftung für jede Art von Zufall. Der Zufall muss **die Sache als solche**, dh ihre Substanz treffen. Zufallsschäden, die durch Minderung des Kurswertes von Wertpapieren entstehen, fallen daher nicht unter § 848, RG Recht 1907, 762. § 848 letzter Hs ist einer der Fälle, in denen das hypothetische Eingreifen einer **„Reserveursache"** kraft Gesetzes als Befreiungsgrund anerkannt ist. Die Beweislast trifft den Verpflichteten. Es ist nicht erforderlich, dass derselbe Zufall, der die Sache betroffen hat, auf sie auch bei dem Geschädigten eingewirkt haben würde; irgendein anderer Zufall, der dieselben Folgen gehabt hätte, genügt. 1

§ 849 Verzinsung der Ersatzsumme

Ist wegen der Entziehung einer Sache der Wert oder wegen der Beschädigung einer Sache die Wertminderung zu ersetzen, so kann der Verletzte Zinsen des zu ersetzenden Betrags von dem Zeitpunkt an verlangen, welcher der Bestimmung des Wertes zugrunde gelegt wird.

1 § 849 entspricht der Regelung des § 290. Er gilt auch für Haftungstatbestände außerhalb des BGB, insb nach StVG, BGHZ 87, 38; zu § 60 InsO Düsseldorf NJW-RR 1989, 1253. Eine allg Pflicht zur Verzinsung von Schadensersatzansprüchen aus unerlaubter Handlung lässt sich ihm nicht entnehmen, BGH NJW 2018, 2479. Die gesetzl Zinsen (§ 246) sind ein **pauschalierter Mindestschadensersatz** für die entgangene Nutzung der entzogenen oder beschädigten Sachen. Bei Sachbeschädigung werden nach § 849 Zinsen nur für den nach Wiederherstellung endgültig verbleibenden Minderwert, nicht jedoch für den Herstellungsbetrag gewährt, BGH LM Nr 2. Die Vorschrift ist auch anwendbar bei Wegnahme von Geld, BGHZ 8, 288, 298; BGH NJW 2018, 2479. Die Grundsätze über die **abstrakte Nutzungsentschädigung** nach allg Schadensrecht (BGH GS 98, 212) verdrängen einen Anspruch aus § 849 nur für die Zeit, für die eine solche Entschädigung geltend gemacht wird; zB für einen späteren Zeitabschnitt kann der Zinsanspruch erhoben werden, BGHZ 87, 38. Erhält der Geschädigte für die Hingabe seines Geldes im Wege des Leistungsaustauschs eine in tatsächlicher Hinsicht voll nutzbare Gegenleistung, kompensiert die tatsächliche Nutzbarkeit der Gegenleistung die Nutzungsmöglichkeit des Geldes, so dass Deliktszinsen nach § 849 nicht verlangt werden können, BGHZ 226, 322 Rn 19ff: Diesel-Kfz mit unzulässiger Abschalteinrichtung. Mit dem **„Zeitpunkt der Wertbestimmung“** ist nicht der Zeitpunkt der letzten mündlichen Verhandlung in dem Schadensersatzprozess gemeint, sondern regelmäßig der Zeitpunkt des Eingriffs oder des Schadensereignisses, BGH NJW 1965, 392.

§ 850 Ersatz von Verwendungen

Macht der zur Herausgabe einer entzogenen Sache Verpflichtete Verwendungen auf die Sache, so stehen ihm dem Verletzten gegenüber die Rechte zu, die der Besitzer dem Eigentümer gegenüber wegen Verwendungen hat.

1 Vgl §§ 994–1003. Wegen seines Anspruchs auf Ersatz von Verwendungen hat der Verpflichtete ein **Zurückbehaltungsrecht**. Anders nur, wenn er die Sache durch vorsätzlich begangene unerlaubte Handlung erlangt hat, § 273 II, § 1000 S 2.

§ 851 Ersatzleistung an Nichtberechtigten

Leistet der wegen der Entziehung oder Beschädigung einer beweglichen Sache zum Schadensersatz Verpflichtete den Ersatz an denjenigen, in dessen Besitz sich die Sache zur Zeit der Entziehung oder der Beschädigung befunden hat, so wird er durch die Leistung auch dann befreit, wenn ein Dritter Eigentümer der Sache war oder ein sonstiges Recht an der Sache hatte, es sei denn, dass ihm das Recht des Dritten bekannt oder infolge grober Fahrlässigkeit unbekannt ist.

1 § 851 bezweckt den **Schutz des gutgläubigen Ersatzpflichtigen**, der Ersatz für Entziehung oder Beschädigung einer beweglichen Sache zu leisten hat. Die Vorschrift ähnelt den §§ 405ff zum Schuldnerschutz, knüpft den Schutz aber an den Besitz und begrenzt ihn daher wie § 932 auf leichte Fahrlässigkeit des Schuldners. Für das grobe Verschulden des Schuldners zum Zeitpunkt der Ersatzleistung ist allerdings der Ersatzberechtigte beweispflichtig. Von entscheidender praktischer Bedeutung ist, ob der Schädiger bei einem Kfz-Unfall an den durch den Kfz-Brief ausgewiesenen (Schein-)Berechtigten geleistet hat, dazu genauer Staudinger/*Vieweg* Rn 10 mN. Der Ersatzpflichtige wird abgesehen hiervon regelmäßig frei, wenn er den Ersatz an denjenigen leistet, der Besitzer der Sache im Zeitpunkt der Entziehung oder Beschädigung war. Das Verhältnis zw Besitzer und wirklich Berechtigtem bestimmt sich nach § 816 II.

§ 852 Herausgabeanspruch nach Eintritt der Verjährung

Hat der Ersatzpflichtige durch eine unerlaubte Handlung auf Kosten des Verletzten etwas erlangt, so ist er auch nach Eintritt der Verjährung des Anspruchs auf Ersatz des aus einer unerlaubten Handlung entstandenen Schadens zur Herausgabe nach den Vorschriften über die Herausgabe einer ungerechtfertigten Bereicherung verpflichtet. Dieser Anspruch verjährt in zehn Jahren von seiner Entstehung an, ohne Rücksicht auf die Entstehung in 30 Jahren von der Begehung der Verletzungshandlung oder dem sonstigen, den Schaden auslösenden Ereignis an.

1 Bis zum SchuldRModG enthielt § 852 aF vor allem die Verjährungsregelung für Ansprüche aus unerlaubter Handlung. Hierfür gelten nunmehr die allg Vorschriften §§ 195, 199 und für die Hemmung §§ 203ff. Wie schon § 852 III aF gewährt jetzt § 852 nF dem Deliktsopfer nach Eintritt der Verjährung einen Rechtsschadensersatz auf Herausgabe dessen, was der Schädiger durch die unerlaubte Handlung auf Kosten des Geschädigten erlangt hat, vgl BGH NJW 2022, 1311 Rn 11. Wer durch unerlaubte Handlung sein Vermögen vermehrt hat, soll nicht im Besitz des auf diese Weise erlangten Vorteils bleiben, BGHZ 169, 308 Rn 20. Für den Herausgabeanspruch gilt nach dem eingefügten S 2 eine vom Deliktsrecht unabhängige **eigene Verjährungsfrist**. Sie entspricht der

Fristregelung, die für Deliktsansprüche ausnahmsw in Fällen der „obj" Anknüpfung nach § 199 III vorgesehen ist.

Der Anspruch aus § 852 hat wie der verjährte Anspruch aus §§ 823ff **deliktsrechtl Charakter.** Will der Täter gegen den Anspruch aus § 852 aufrechnen, steht dieser Gestaltung deshalb § 393 entgegen, BGHZ 68, 90, 95. Ohne die Regelung des § 852 III aF hätte zweifelhaft sein können, ob der Ersatzpflichtige nach Ende der Verjährungsfrist auch dann zur Herausgabe der Bereicherung verpflichtet war, wenn ausnahmsw die Voraussetzungen des § 812 nicht vorlagen, weil der Schädiger den Vorteil weder durch Leistung des Geschädigten noch durch Eingriff in eine Position des Geschädigten mit Zuweisungsgehalt erlangt hatte. So lag zB der Fall, dass der Schädiger durch eine unberechtigte Schutzrechtsverwarnung ggü dem Geschädigten seine Umsätze zulasten des Geschädigten gesteigert hatte, vgl § 823 Rn 55. Hierzu hat BGHZ 71, 86, 89ff (ebenso BGHZ 98, 77, 83f; 130, 288, 297) mit Recht entschieden, dass § 852 III aF eine Beschränkung des (fortbestehenden) Deliktsanspruchs auf die Bereicherung anordnete, keine Rechtsgrundverweisung auf §§ 812ff, die ohnehin überflüssig gewesen wäre. Durch die Angleichung der Verjährungsfristen für unerlaubte Handlung und ungerechtfertigte Bereicherung trifft diese Voraussetzung zwar nicht mehr zu. Der Gesetzgeber der Schuldrechtsmodernisierung ist jedoch der Einschätzung des § 852 III aF als Rechtsfolgenverweisung gefolgt (BT-Drs 14/6040, 270). Deshalb ist auch § 852 nF als besonderer deliktsrechtl Anspruch mit bereicherungsrechtl Inhalt anzusehen, ebenso Staudinger/*Vieweg* Rn 17ff mN. 2

Der Herausgabeanspruch ist nicht teleologisch auf Fälle zu reduzieren, in denen eine unklare Sach- oder Rechtslage und damit ein besonderes Prozesskostenkostenrisiko besteht, BGHZ 233, 16 Rn 56ff. Er setzt voraus, dass die unerlaubte Handlung zu einem Vermögensnachteil des Geschädigten und einem Vermögensvorteil des Ersatzpflichtigen geführt hat; ist ein Käufer durch eine unerlaubte Handlung des Herstellers zum Abschluss eines für ihn nachteiligen Kaufvertrags gebracht worden, hat der Hersteller den an ihn gezahlten Kaufpreis auf Kosten des Käufers erlangt, BGHZ 233, 16 Rn 68ff: Diesel-Kfz mit unzulässiger Abschalteinrichtung. Erlangt ist jeder dem Ersatzpflichtigen zugeflossene Gegenstand, etwa der Kaufpreis; davon sind zwar gezogene Nutzungen des Geschädigten, nicht aber Aufwendungen des Ersatzpflichtigen, etwa Herstellungskosten, abzuziehen, BGHZ 233, 16 Rn 81ff. 3

§ 853 Arglisteinrede

Erlangt jemand durch eine von ihm begangene unerlaubte Handlung eine Forderung gegen den Verletzten, so kann der Verletzte die Erfüllung auch dann verweigern, wenn der Anspruch auf Aufhebung der Forderung verjährt ist.

§ 853 ist ein Anwendungsfall des Einwandes der unzulässigen Rechtsausübung (**exceptio doli**). Dieser Einwand besteht schon aufgrund des § 242, kann gem § 853 aber auch noch nach der Verjährung des Anspruchs auf Aufhebung der Verbindlichkeit gem § 249 I erhoben werden. Wenn der Verletzte bei einem durch arglistige Täuschung zustande gekommenen Vertrag die Erfüllung gem § 853 verweigern will, kann der Ersatzpflichtige seinerseits das von ihm Geleistete zurückfordern. Will der Verletzte dies vermeiden, muss er an dem Vertrage festhalten, vgl RGZ 130, 215. 1

§ 853 findet außerhalb der deliktischen Schädigung keine analoge Anwendung, BGHZ 205, 117 Rn 49f. Dass er auch dann anzuwenden ist, wenn der Geschädigte die Anfechtungsfrist des § 124 (vgl RGZ 79, 194, 197; BGH NJW 1979, 1983) oder die Frist nach § 133 I 1, § 135 Nr 1, 2, § 146 I InsO (vgl RGZ 84, 225, 227 zu § 41 I KO) versäumt hat, rechtfertigt sich daraus, dass nach Ablauf dieser Fristen bis zum Eintritt der Verjährung des Deliktsanspruchs der Geschädigte ohnehin noch den Anspruch aus §§ 823, 826, 249 I hat, vgl Staudinger/*Vieweg* Rn 4. 2

Buch 3
Sachenrecht (§§ 854–1296)

Abschnitt 1
Besitz (§§ 854–872)

Vorbemerkung vor § 854

I. Besitzrecht, -begriff und Allgemeines. Besitz (lat possessio) ist – in seiner Grundform (s aber ua §§ 855, 868) – die **tatsächliche** menschliche Herrschaft über eine Sache (Rn 2). Er umfasst den Bestand der tatsächlichen Sachherrschaft, die mit der Einwirkungsmacht auf die Sache und der Ausschlussmacht zwei Komponenten enthält (BGH NJW 2009, 1947 Rn 25). Der Besitz ist mithin **weder ein subj Recht noch ein Rechtsverhältnis.** Praktisch wird die äußere Beherrschung der Sache indes weitgehend als Rechtsgut behandelt: zB bei § 823 I, da der Besitz einem sonstigen Recht iSd § 823 I **gleichgestellt** ist (§ 823 Rn 43; exemplarisch BGH r+s 2022, 467 Rn 7; NJW 1998, 377 unter II 4 a bb; MDR 1998, 103), oder bei § 812, da der Besitz, soweit er rechtmäßig ist, „etwas" iSd § 812 I 1 Fall 1 ist und Gegenstand einer **Eingriffskondiktion** sein kann (§ 812 Rn 7; *Lorenz* JuS 2013, 776, 778). Der Besitz, zB an einer gemieteten Wohnung, soll sogar „Eigentum" iSd Art 14 I GG sein können (BVerfG NJW 2000, 2658 unter 2 a; BGH NJW 2006, 220 Rn 20). 1

II. Gegenstand des Besitzes. 1. Überblick. Besitzgegenstand können grds nur **Sachen** und **Sachteile** (§ 865) sein (BGH NJW 2016, 1094 Rn 20), zB ein Datenträger (BGH NJW 2007, 2394 Rn 15), **nicht** aber Rechtssubjekte, Forderungen, Rechte oder nicht körperliche Gegenstände wie Elektrizität oder Wärme oder bloß **elektronische Vervielfältigungsstücke** bzw **Daten** (BGH NJW 2016, 1094 Rn 20; Brandenburg NJW-RR 2020, 54 Rn 42; *Kraetzig* CR 2022, 477 Rn 15 zu „Non-fungible Tokens" – NFT; *Schippel* WRP 2021, 1521 Rn 20; *Michl* NJW 2019, 2729ff; aA *Hoeren* MMR 2019, 5, 7 „Datenbesitz") oder Krypto-Token (aA wohl *John* BKR 2020, 76, 80). **2. Rechtsbesitz.** Einen Rechtsbesitz kennen ausnahmsw § 900 II, § 1029, § 1090 sowie zT das LandesR. Besitz an Sachgesamtheiten, bspw alles, was in einer Halle ist, ist nicht möglich: Der Besitz muss sich auf die Sache selbst – und auch nicht nur auf den ideellen Bruchteil eines Rechts an ihr – beziehen (BGH NJW 1983, 568 unter II 1 a). **3. Rechtsgüter.** An Rechtsgütern, zB Unternehmen oder einem Urheberrecht, gibt es keinen Besitz. Bei Rechtsgütern gibt es kein „äußeres Haben", sondern nur die materiell-rechtl Zuordnung. **4. Sonstiges.** Bewegliche und unbewegliche Sachen sind gleichgestellt. Möglich ist Besitz an Tieren (§ 90a) oder an öffentlichen Sachen (Bremen MDR 2001, 933, 934). 2

III. Besitzarten. Zur Verdeutlichung kann man „Besitzarten", die sich „mischen" können, zB unmittelbarer Fremdbesitz des Mieters und mittelbarer Eigenbesitz des Vermieters, ua wie folgt beschreiben: 3

- **Unmittelbarer und mittelbarer Besitz** (§§ 854, 868; Grad der Sachnähe). Wenn das BGB von Besitz redet, meint es grds beide. „Abhandenkommen" iSd Gesetzes bedeutet aber nur den Verlust des unmittelbaren Besitzes (vgl § 935 Rn 2 und 5).
- Nach dem Umfang der Sachbeherrschung werden **Voll- und Teilbesitz** (§ 865; Umfang der Sachherrschaft; vgl § 865 Rn 2) unterschieden.
- Nach der Anzahl der Besitzer werden **Allein- und Mitbesitz** (§ 866; Anzahl der Besitzer; § 866 Rn 1) unterschieden.
- **Eigen- und Fremdbesitz** (Willensrichtung des Besitzers) sind danach zu unterscheiden, ob der Besitzer die Sache für sich oder einen anderen besitzen will (vgl § 872). Eigen- und Fremdbesitzwille lassen sich nicht gleichzeitig verwirklichen. Der Eigenbesitz des Besitzmittlers verhindert eine Herrschaftsbeziehung des Oberbesitzers zur Sache (BGH NJW 1983, 568 unter II 1 b). Auf Eigenbesitz des unmittelbaren Besitzers kann sich kein mittelbarer Besitz aufbauen. Erwerb des Eigentums setzt Eigenbesitzerwerb voraus (vgl §§ 929, 937, 955, 958).
- **Soziale Einordnung.** Unmittelbarer Besitz (§ 854) und Besitzdiener (§ 855).
- Nach der **Rechtsbeziehung zum Eigentümer** werden redlicher, unredlicher, Prozess-, Deliktsbesitzer sowie unrechtmäßiger und rechtmäßiger Besitz unterschieden (s dazu Vor § 987 Rn 8ff).

IV. Besitzfunktionen. Es lassen sich allg Besitzfunktionen feststellen (im Überblick zB *Omlor/Gies* JuS 2013, 12, 13), ua: Schutz- oder Befriedungsfunktion (Gewaltrechte und Besitzschutz): §§ 566, 812 (Rn 4), § 823 I (Rn 4), § 823 II (§ 858 Rn 1), §§ 858–867 (BGH NVwZ 1985, 447 unter 2 a b bb), § 1007; Erhaltungs- bzw. Kontinuitätsfunktion: § 268 I 1, §§ 937ff, 986 I, II; Publizitätsfunktion (Übertragung, Vermutung, Gutglaubenswirkung): § 929 S 2, §§ 930, 931, 933, 934, 935 I, §§ 1006, 1362 I 1. Auf dem Besitz beruht iÜ das Hausrecht (BGH NJW 2006, 1054 Rn 19; 2006, 377 Rn 23; Frankfurt GRUR-RR 2019, 422 Rn 22). Danach kann (auch) der Besitzer zB nach § 862 I verlangen, dass keine Abbildungen des Grundstücks angefertigt werden (Frankfurt GRUR-RR 2019, 422 Rn 22; s auch BGH NJW 2011, 749 Rn 33). 4

V. Andere Gesetze. Wo die ZPO von „Besitz" redet, ist grds der **BGB-Begriff** gemeint. ZB der vollstreckungsrechtl Gewahrsam, bspw nach § 886 ZPO, entspricht dem **unmittelbaren** Besitz iSv § 854 I (BGH MDR 2020, 5

1336 Rn 33; RGZ 61, 92; s aber § 857 Rn 3). Besitz iSv § 166 I InsO ist auch der mittelbare Besitz (BGH MDR 2016, 359 Rn 20; 2011, 1011 Rn 31). Beim „Erlangten" iSv § 73 I StGB kommt es hingegen **nicht** auf den Besitz an (BGH NStZ-RR 2022, 109; s aber auch BGH NStZ-RR 2022, 135, 136 zu § 855). Es ist ausschließlich eine gegenständlich-tatsächliche Betrachtungsweise maßgeblich (s auch RGSt 58, 143; 52, 143). Der Besitzbegriff des Abfallbeseitigungsgesetzes ist „öffentlich-rechtl Art" (BGH NVwZ 1985, 447 unter 2 b bb).

§ 854 Erwerb des Besitzes

(1) Der Besitz einer Sache wird durch die Erlangung der tatsächlichen Gewalt über die Sache erworben.

(2) Die Einigung des bisherigen Besitzers und des Erwerbers genügt zum Erwerb, wenn der Erwerber in der Lage ist, die Gewalt über die Sache auszuüben.

1 **I. Zweck, Gegenstand und Anwendungsbereich. 1. Zweck.** § 854 regelt, wie Besitz **jenseits** des Erbfalls (§ 857) erworben wird. Er bestimmt allein, wie **unmittelbarer** Besitz (Vor § 854 Rn 3) – sei es als Eigen- oder Fremdbesitz, sei es als Mit- oder Teilbesitz (Vor § 854 Rn 3) – erworben wird. Zum Erwerb **mittelbaren** Besitzes s § 868. **2. Gegenstand.** § 854 I ist der Grundtatbestand (Rn 4). § 854 II bestimmt, was gilt, wenn derjenige, der den Besitz erwirbt, bereits in der Lage ist, die Gewalt über die Sache auszuüben, er also auf die Sache, deren unmittelbaren Besitz er erwerben möchte, bereits zugreifen kann (Rn 14). **3. Anwendungsbereich.** § 854 betrifft den Besitz an Sachen iSv § 90, an Teilen einer Sache (§ 865) und an Tieren (§ 90a), nicht aber an Rechtssubjekten, Forderungen oder Rechten (Vor § 854 Rn 2). **4. Eigentumsvermutung.** Zugunsten des Besitzers einer beweglichen Sache vermutet § 1006 I 1 im Rahmen des § 1006 I 2, III, dass er Eigentümer der Sache sei.

2 **II. Tatbestandsvoraussetzungen für den Erwerb unmittelbaren Besitzes. 1. Überblick.** Der Erwerb des unmittelbaren Besitzes geschieht grds **originär** durch einseitigen Besitzergreifungsakt (Rn 4ff) oder **derivativ** durch Übergabe seitens des bisherigen Besitzers bzw Einigung (Rn 14). Daneben ist es im Einzelfall möglich, dass durch eine „vorzeitige Besitzeinweisung", zB nach § 116 I 1 BauGB, kraft Gesetzes ein Besitzwechsel stattfindet (BGH MDR 2020, 501 Rn 13). Einer Aufgabe des Besitzes (Rn 3) bedarf es in diesem Falle nicht: der Betroffene verliert durch die vorzeitige Besitzeinweisung seinen unmittelbaren oder mittelbaren Besitz bereits durch den **Bescheid** (BGH MDR 2020, 501 Rn 13).

3 **2. Aufgabe des unmittelbaren Eigenbesitzes durch Vorbesitzer.** Voraussetzung nach beiden Alt des § 854 ist, dass der bisherige unmittelbare Besitzer die Gewalt über die Sache wirksam **aufgibt** (BGH NJW-RR 2017, 818 Rn 18; MDR 2003, 621 unter II 3; BAG NZA 2006, 597 Rn 48); der bisherige unmittelbare Besitzer kann allerdings Mitbesitzer werden (für den Eigentumserwerb nach § 929 reicht dies allerdings nicht, vgl BGH NJW-RR 2005, 280 unter III 1 und NJW 1979, 714 unter I 2 a). So kann es beim Werkunternehmer sein, der auf dem Grundstück des Bestellers ein Haus errichtet (vgl. *Kimpel* NZBau 2021, 368, 369). Für die Aufgabe des Besitzes bedarf es einer nach **außen** erkennbaren **Beendigung der Sachherrschaft** (BGH MDR 2003, 621 unter II 3; Staudinger/*Heinze* § 959 Rn 5). Die bloße Änderung des Willens zur Ausübung des Besitzes reicht nicht aus (BGH MDR 2003, 621 unter II 3; NJW 1979, 714 unter I 2 b aa; Staudinger/*Heinze* § 959 Rn 5). Auch allein mit dem Einbringen von Baumaterialien auf eine Baustelle wird noch kein Besitz aufgegeben (Stuttgart NJW 2012, 625, 626; *Kimpel* NZBau 2021, 368 (369); s aber BGH NJW 1972, 1187 unter 2 c). Anders ist es, wenn die Voraussetzungen der §§ 946, 94 vorliegen (*Kimpel* NZBau 2021, 368 (369); BGH MDR 1984, 1005 unter 4 meint das Recht zum Besitz, nicht den Besitz selbst). Die Überlassung eines Kfz durch einen Verkäufer zu einer unbegleiteten und auch nicht durch technische Vorrichtungen, die einer Begleitung vergleichbar sind, gesicherten Probefahrt (s auch § 855 Rn 5) eines Kaufinteressenten auf öffentlichen Straßen für eine Dauer von einer Stunde führt zu einem freiwilligen Besitzverlust (BGH MDR 2020, 1372 Rn 10; Rn 12). Die Verwendung von zB **SIM-Karten** ist einer Begleitung nicht vergleichbar. Die durch den Einbau von SIM-Karten eröffnete **Überwachungsmöglichkeit** stellt jedenfalls dann keine technische Vorrichtung dar, die einer Begleitung vergleichbar wäre, wenn die SIM-Karten nur der Polizei mit Unterstützung der Fahrzeugherstellerin eine Ortung ermöglichen (Celle 12.10.2022 – 7 U 974/21, Rn 29).

4 **3. Erlangung der tatsächlichen Gewalt (§ 854 I). a) Überblick. aa) Allgemeines.** Besitz wird grds (s aber §§ 857, 868) durch die Erlangung der **tatsächlichen** Gewalt über eine Sache erworben (BGH MDR 2016, 1198 Rn 5; 2016, 359 Rn 33; 2012, 276 Rn 10) – auch beim Insolvenzverwalter (BGH NJW 2008, 2580 Rn 19). An **unkörperlichen** Gegenständen wie **Daten** kann es daher keine Sachherrschaft geben (Vor § 854 Rn 2). Geschäftsfähigkeit ist **nicht** erforderlich (BGH NJW 2014, 1095 Rn 11). Notwendig, aber auch ausreichend sind der tatsächliche, auf die Erlangung der Sachherrschaft gerichtete Wille und die entspr körperlichen und geistigen Fähigkeiten. Das Gesetz unterscheidet nicht zw Erlangung der tatsächlichen Gewalt durch Geben oder Nehmen oder sonstige Arten des Besitzerwerbs. Guter Glaube an den eigenen Besitz oder an den des Rechtsvorgängers kann die tatsächliche Gewalt ebenso wenig ersetzen wie dies die rechtl Herrschaft über die Sache kann. Die Erlangung der tatsächlichen Gewalt ist nicht zwingend, aber häufig Folge eines Vertrags, zB eines Kauf-, Miet- und/oder Nutzungsvertrags (s etwa Koblenz ZMR 2002, 420), aufgrund dessen eine Verpflichtung besteht, tatsächliche Gewalt einzuräumen.

5 **bb) Erlangung der tatsächlichen Gewalt durch Stellvertreter, Besitzdiener und Dritte.** Da es sich bei der Erlangung der tatsächlichen Gewalt um einen **Realakt** handelt (BGH NJW 2016, 1887 Rn 21; 2016, 414 Rn 21), scheidet für die Erlangung die unmittelbare oder entspr Anwendung der §§ 164ff aus (BGH NJW 2016, 1887

Rn 21; MDR 2016, 414 Rn 21; § 164 Rn 2). Anders ist es bei § 854 II (Rn 14), beim Erwerb des mittelbaren Besitzes durch Vereinbarung eines Besitzmittlungsverhältnisses oder der Übertragung des mittelbaren Besitzes. Handlungen eines **Besitzdieners**, auch wenn dieser iÜ Stellvertreter ist, können für den **Besitzherrn** hingegen unmittelbaren Besitz begründen (§ 855 Rn 6; BGH NJW-RR 2017, 818 Rn 10; NJW 2016, 1887 Rn 21). So liegt es zB, wenn dem Besitzdiener im Rahmen des Abhängigkeitsverhältnisses (§ 855 Rn 3) etwas für den Besitzherrn übergeben wird, zB Geld, ein Paket, Post, ein Schlüssel oder Waren, er zB etwas im Erwerbsgeschäft findet (BGH NJW 1953, 419; s auch LG Oldenburg 16.6.2020 – 5 O 3797/19), sofern für ihn eine Pflicht zur Abgabe besteht – sein Wille ist dann unbeachtlich (§ 855 Rn 4 „Auftrag"; s auch BGH NJW 1988, 1204 unter II 1 b) –, oder der Besitzdiener sich mit sich selbst nach § 854 II zu Gunsten des Besitzherrn einigt (RGZ 99, 208, 209). Zum Erwerb des unmittelbaren Besitzes durch **Dritte** gilt iÜ Folgendes:

- **GbR.** Die rechtsfähige GbR ist besitzrechtl wie eine jur Person zu behandeln (s daher „Juristische Personen und Körperschaften"). Sie erwirbt über Organbesitz unmittelbaren, aber auch mittelbaren Besitz (Frankfurt NJOZ 2019, 1306 Rn 17). Üben „normale" Gesellschafter die Sachherrschaft aus, kommt Besitzdienerschaft oder ein Besitzmittlungsverhältnis in Betracht. Bei der nicht rechtsfähigen GbR sind hingegen die Gesellschafter idR als unmittelbare Besitzer Mitbesitzer, die Gesellschaft selbst kann keinen Besitz erwerben. 6
- **Gesetzl Vertreter.** Die Stellung der Inhaber elterlicher Sorge, des Vormundes, des Betreuers und des Pflegers hängt davon ab, ob sie selbst die tatsächliche Sachherrschaft ausüben oder die vertretene Person (Staudinger/*Gutzeit* Rn 56):

Übt die vertretene Person die Sachherrschaft aus, wenn das **vorstellbar** ist – zB nicht bei einem Kleinkind –, kann der Vertreter unmittelbarer Besitzer und der Vertretene Besitzdiener sein. Betreute und ältere Minderjährige werden hingegen hinsichtl der Sachen, mit denen sie selbständig umgehen dürfen, idR **selbst** unmittelbaren Besitz ausüben (Staudinger/*Gutzeit* Rn 56).

Ist der gesetzl Vertreter unmittelbarer Besitzer einer Sache des Vertretenen, so vermittelt er diesem mittelbaren Besitz, da der Besitz im Interesse des Vertretenen ausgeübt wird (§ 868 Rn 10 „Eltern-Kind-Verhältnis").

- **Gesamthandsgemeinschaften.** Bei Gesamthandsgemeinschaften, etwa nach §§ 741ff, erwerben die Gesamthänder grds Mitbesitz, ua als unmittelbare Besitzer. Die Gesamthand selbst kann keinen Besitz erwerben.
- **Parteien kraft Amtes.** An den vom gesetzl Vertreter beherrschten Sachen, die im Eigentum des gesetzl Vertretenen stehen, hat der gesetzl Vertreter, zB der Testamentsvollstrecker (BGH LM § 2203 Nr 1) oder der Insolvenz- oder Nachlassverwalter, unmittelbaren Fremdbesitz; der „Vertretene" ist idR mittelbarer Eigenbesitzer (§ 868 Rn 10 „Gesetzl Vertreter/Parteien kraft Amtes"). Der Insolvenzverwalter erlangt unmittelbaren Besitz idR durch die Übernahme der Insolvenzmasse nach § 148 InsO. Der „schwache", dh nicht mit Verwaltungs- und Verfügungsbefugnis ausgestattete vorläufige Insolvenzverwalter wird ohne eine ausdrückl Anordnung des Insolvenzgerichts nicht Besitzer des Vermögens des Schuldners oder auch nur einzelner Vermögensgegenstände (Celle NZM 2003, 554, 555).
- **Juristische Personen und Körperschaften (Lehre vom Organbesitz).** Jur Personen und Körperschaften erwerben Besitz durch ihre verfassungsmäßig berufenen Vertreter (BGH NJW-RR 2016, 825 Rn 11; NJW 2004, 217 unter III 4 b aa; NJW 1972, 43 unter 1 a). Erforderlich ist, dass das vertretungsberechtigte Organ den Besitz tatsächlich ausübt und den Willen hat, dies für die jur Person zu tun. Der Besitz ist von der Fortdauer der Organstellung abhängig. Ist die Organstellung beendet, erhält die ehemalige Organperson an den Sachen, die in ihrer tatsächlichen Gewalt verbleiben, grds unmittelbaren Besitz (BGH NJW 2004, 217 unter III 4 b aa). Der Organbesitz endet, wenn die Organperson erkennbar den Willen, für die jur Person zu besitzen, aufgibt und die Sache zB für sich behält. Gibt es mehrere gleichberechtigte Organe, zB mehrere Geschäftsführer, gilt unter ihnen § 866. Ist ihr Erwerbswille nicht identisch, wird kein Besitz erworben (Roth/Altmeppen/*Altmeppen* § 35 GmbHG Rn 119) oder kein Besitz aufgegeben (Frankfurt NJOZ 2019, 1306 Rn 17). Hat der Handelnde Organstellung für mehrere jur Personen, ist diejenige Besitzer, auf deren Geschäftsbereich sich die Gewaltausübung „bezieht" (BGH MDR 1971, 915 unter II 3; LM Nr 1 zu Art 11 Bay LandkreisO). Die Begründung eigenen Besitzes durch ein Organ ist verbotene Eigenmacht. Wegen § 935 vgl § 935 Rn 8. Es gibt keine Vermutung des Inhaltes, dass eine jur Person an allen Sachen, die sich in der tatsächlichen Gewalt eines Organs befinden, Besitz hat (Hamm ZInsO 2017, 96; Zweibrücken NJW 2016, 821, 822; Düsseldorf NJW-RR 2001, 542). Entscheidend ist vielmehr, ob das Organ die tatsächliche Gewalt über die Sache nicht als Eigenbesitz, sondern für eine nach obj Kriterien identifizierbare bestimmte jur Person erlangt hat und ausüben wollte (Düsseldorf NJW-RR 2001, 542). Die freiwillige Weggabe einer Sache durch ein Organ ist kein Abhandenkommen iSv § 935. „Mitglieder" (Vereinsmitglieder, Gesellschafter) und Personen unterhalb der Vertretungsebene können Besitzdiener oder auch Besitzmittler sein.
- **Personengesellschaften.** Auch Personengesellschaften (oHG, KG, Partnerschaftsgesellschaft, EWIV) erwerben über **Organbesitz** unmittelbaren oder mittelbaren Besitz (BGH NJW 1983, 1123 unter II 3 b; WM 1967, 938 unter 2; s auch BGH NJW 1972, 43 unter 1 a). Sie sind besitzrechtl wie eine jur Person zu behandeln (s daher „Juristische Personen und Körperschaften"). Üben „normale" Gesellschafter die Sachherrschaft aus, kommt Besitzdienerschaft oder ein Besitzmittlungsverhältnis in Betracht.
- **Wohnungseigentum.** Besitz am **Gemeinschaftsvermögen** (§ 9a III WEG) erwirbt allein die Gemeinschaft der Wohnungseigentümer (*Elzer* ZWE 2022, 149, 150). Sie übt ihren unmittelbaren Besitz im Wege des **Organbesitzes** nach § 9b I 1 WEG durch den Verwalter, fehlt dieser, nach § 9b I 2 WEG durch sämtliche Wohnungseigentümer aus (s daher „Juristische Personen und Körperschaften"). Am **gemeinschaftlichen Eigentum** besteht Mitbesitz der Wohnungseigentümer (§ 866 Rn 3). Der **Besitzschutz** für das gemeinschaftliche Eigentum ist nach § 9a II Fall 1 WEG eine Sache der Gemeinschaft der Wohnungseigentümer, sofern eine Fläche oder ein Raum

nicht einem Wohnungseigentümer allein zur Benutzung zugeordnet ist (i Einz *Elzer* ZWE 2022, 149, 152ff), zB nach einem Sondernutzungsrecht. In diesem Fall steht der Besitzschutz dem Wohnungseigentümer zu (s auch BGH MDR 2022, 90 Rn 11). Besitzer des **Sondereigentums** ist der jew Sondereigentümer, ggf als Mitbesitzer oder mittelbarer Besitzer (*Elzer* ZWE 2022, 149, 151).

7 **b) Tatsächliche Gewalt. aa) Begriff.** Tatsächliche Gewalt ist eine Sachbeziehung, die eine **wirkliche** Möglichkeit gibt, auf eine Sache einzuwirken und andere Einwirkungen auszuschließen, und die als unmittelbare Sachherrschaft anzusehen ist (Vor § 854 Rn 1). Die Sache muss der Person so zugänglich sein, dass sie auf diese **beliebig einwirken** und **wirklich** über sie verfügen kann (BGH NJW-RR 2017, 818 Rn 18). Die bloße Einräumung einer rechtl Befugnis reicht ebenso wenig aus wie das Anbringen eines Schildes an einer einbetonierten und auf dem Grundstück belassenen Maschine (Frankfurt BB 1976, 573, 574).

8 Sachherrschaft bezieht sich stets auf die Sache **selbst** und nicht nur auf den ideellen Bruchteil eines Rechts an ihr (Vor § 854 Rn 2).

9 **bb) Verkehrsanschauung.** Unter welchen Bedingungen Sachherrschaft angenommen werden kann, bestimmt § 854 **nicht**. In wessen tatsächlicher Herrschaftsgewalt sich eine Sache befindet, hängt nach hM daher maßgeblich von der **Verkehrsanschauung** ab, also von der zusammenfassenden Wertung aller Umstände des jew Falls entspr den Anschauungen des täglichen Lebens (st Rspr, BGH NJW-RR 2021, 1146 Rn 25; MDR 2020, 1372 Rn 11; NJW-RR 2017, 818 Rn 10; NJW 2015, 1678 Rn 24; s auch *Hartung* Besitz und Sachherrschaft, 2001, 125; zu Recht krit *Lepsius* Besitz und Sachherrschaft im öffentlichen Recht, 2002, 208: Begriff sei „Einfallstor für tendenziell willkürliche Wertungen"; s zur Begriffsoffenheit auch *Baldus* Die systematische Funktion der sogenannten Verkehrsauffassung beim Verlust des Besitzes: Portugiesisches, deutsches und römisches Modell, ZEuP 2006, 766ff). **Maßstäbe** für diese Beurteilung können geben: das Raumverhältnis, die Einwirkungs- und Ausschließungsmöglichkeit und die erkennbare Einordnung des Gegenstandes in den Machtbereich einer Person. Je mehr das Gewaltverhältnis der Lebensanschauung entspricht, desto geringere Anforderungen sind an die Erkennbarkeit der Herrschaftsausübung zu stellen und umgekehrt. Auf eine rechtl Herrschaftsmacht kommt es hingegen nicht an (BGH NJW-RR 2017, 818 Rn 22).

10 **cc) Erkennbarkeit. (1) Sinnfälliger Vorgang.** Die Möglichkeit, auf die Sache einzuwirken und andere Einwirkungen auszuschließen, muss sich in einem „sinnfälligen Vorgang" äußern, muss also **erkennbar** sein (BGH NJW-RR 2017, 818 Rn 18). Die Aufrechterhaltung der tatsächlichen Gewalt braucht allerdings **nicht fortdauernd** erkennbar zu sein, sofern nur die Ausübungsmöglichkeit feststeht (§ 856 Rn 5). **(2) Besitzübergang.** Bei einem Besitzübergang darf einem „aufmerksamen Dritten" nicht verborgen bleiben, dass das alte Besitzverhältnis aufhört (Rn 3) und ein neues beginnt. Daher reicht zB die Schlüsselübergabe an einen vom Erwerber bestimmten Angestellten des Übergebers nicht aus, wenn sich die Änderung des Herrschaftsverhältnisses nicht durch die Art der Aufbewahrung des Schlüssels kundtut (RG JW 1907, 140, 141). Auch eine Haushälterin, die zB ihren ArbGeb in dessen Wagen zum Krankenhaus bringt und mit diesem Wagen auch zu den Besuchen im Krankenhaus fährt, tritt damit noch nicht aus ihrer vorgegebenen Rolle als Besitzdienerin heraus und nimmt das Auto dadurch noch nicht in eigenen Besitz (Koblenz NJW-RR 2000, 1606).

11 **dd) Zeitdauer („Kurzbesitz").** Für die Begründung der tatsächlichen Gewalt ist eine erkennbare Zeitdauer des Besitzes iVm einer gewissen Festigkeit der Herrschaftsbeziehung erforderlich (BGH NJW-RR 2017, 818 Rn 18; Dresden GE 19, 1574, 1575; KG 4.10.2018 – 26 U 159/17). Von Anfang an als ganz vorübergehend gedachte Beziehungen begründen daher keinen Besitz (vgl RGZ 75, 221, 223; RG JW 1919, 379 Nr 6; München NJW 1970, 667). **Bsp:** Der Spaziergänger, der sich auf eine Parkbank setzt, der Gast, der Stuhl, Tisch, Teller und Essbesteck im Gasthaus benutzt, der Kunde, der Kleidung im Geschäft anprobiert (s auch *Ebert* NJW 2016, 3206, 3208).

12 **ee) Ausgesuchte Einzelfälle** (s auch § 855 Rn 5):

- **Arbeitsverhältnis.** Die tatsächliche Gewalt über Gegenstände, die sich in den Räumen des ArbGeb befinden, wird idR dem ArbGeb als dem Besitzherrn zugeordnet und von dessen generellem Besitzbegründungswillen (Rn 13) getragen (BGH NJW 2015, 1678 Rn 24). Ausgenommen ist nur **offenkundig** persönlicher Besitz des ArbN (BGH NJW 2015, 1678 Rn 24; Brandenburg NJW-RR 2020, 54 Rn 45). Dass es sich um solchen handelt, kann sich entweder aus einer räumlichen Beziehung (etwa bei Gegenständen, die in einem für private Zwecke zur Verfügung gestellten Schrank oder Spind verwahrt werden) oder aus der Natur der Sache ergeben, etwa bei privater Kleidung, persönlichen Schreibgeräten oder für den eigenen Verzehr bestimmten Nahrungsmitteln (BGH NJW 2015, 1678 Rn 24; Brandenburg NJW-RR 2020, 54 Rn 45).
- **Ausstellungsgegenstände.** Ausstellungsgegenstände auf einem Messefreigelände oder in Messehallen stehen im unmittelbaren – gelockerten – Besitz des Ausstellers, obwohl der Veranstalter eine allg Bewachung und Türkontrolle ausübt (Düsseldorf MDR 1984, 1026).
- **Bankschließfach/zollamtlicher Mitverschluss.** S „Verschlossener Raum". Der Kunde ist unmittelbarer Besitzer des Schließfachs samt seinem Inhalt, wenn ein ihm überlassener Schlüssel alleinigen Zugang zu dem Schließfach gibt und die Bank nur „für Notfälle" einen Zweitschlüssel behält (Celle JW 1927, 73), während die Bank lediglich mittelbaren Besitz an dem Schließfach (nicht an dem Inhalt) hat. Haben Bank und Kunde unterschiedliche Schlüssel und ist das Schließfach so konstruiert, dass es nur mit beiden Schlüsseln geöffnet werden kann (Mitverschluss), haben die Bank und der Kunde nach hM Mitbesitz am Schließfach (s auch BGH NJW 2014, 1095 Rn 11), während der Besitz am Schließfachinhalt nur dem Kunden zusteht. Gleiches gilt beim zollamtlichen Mitverschluss, der nur unzulässige Verfügungen verhindern soll (RGZ 112, 38, 40).

• **Behältnis.** Der Besitz an einem Behältnis erstreckt sich zB bei einem Briefumschlag auf den Inhalt (RGSt 5, 222, 223), nicht dagegen bei einem bei der Eisenbahn aufgegebenen (verschlossenen) Koffer. Es kommt im Einzelfall darauf an, ob sich einem unerlaubten Zugriff auf den Inhalt nennenswerte mechanische Hindernisse entgegenstellen.

• **Briefkasten.** Wer über einen Briefkasten bestimmen darf, zB ein Mieter, übt die tatsächliche Gewalt über seinen Inhalt aus, selbst dann, wenn der Briefkasten nicht verschließbar ist (s auch „Schlüssel") und sich der Ausübungsberechtigte bspw bei der Arbeit und nicht bei der Mietsache befindet.

• **Einräumung einzelner rechtl Befugnisse.** Die Einräumung einzelner rechtl Befugnisse, bpsw des Rechts, eine Fläche bemalen oder bekleben zu dürfen oder einen Baum zu fällen (RGZ 72, 309, 311), verschafft noch keinen Besitz, wenn keine **Gebrauchs- und/oder Nutzungsrechte** eingeräumt sind (Dresden MDR 2019, 1244). S auch „Werbefläche" und „Gebrauch".

• **Gebrauch.** Wer etwas mitgebrauchen darf, zB eine Fläche, erlangt daran keinen (Mit-)Besitz (Dresden MDR 2019, 1244; KG NZM 2013, 579). S auch „Einräumung einzelner rechtl Befugnisse".

• **Insolvenzverwalter.** Wenn der Insolvenzverwalter als Rechtsanwalt angestellt ist, Insolvenzverwaltervergütungsansprüche abgeführt hat und von der Kanzlei erhält, ist er dennoch an den Insolvenzakten Mitbesitzer (Brandenburg NJW-RR 2020, 54 Rn 46).

• **Kfz.** Für die Besitzverhältnisse an einem Kfz kommt es idR darauf an, wer die tatsächliche Sachherrschaft über die **Fahrzeugschlüssel** (s auch „Schlüssel") ausübt (BGH MDR 2020, 1372 Rn 12; NJW-RR 2017, 818 Rn 10). Die Übergabe eines Schlüssels bewirkt allerdings nur dann einen Besitzübergang, wenn der Übergeber die tatsächliche Gewalt an der Sache **willentlich und erkennbar aufgegeben** und der Empfänger des Schlüssels sie in gleicher Weise erlangt hat (BGH MDR 2020, 1372 Rn 12; NJW-RR 2017, 818 Rn 18; MDR 2014, 270 Rn 15; s auch Rn 3). Hieran fehlt es zB, wenn der Schlüssel zwecks bloßer Besichtigung des Fahrzeugs übergeben wird. Ist der Inhaber des Schlüssels als bloßer **Besitzdiener** anzusehen, so ist nicht er, sondern der Besitzherr unmittelbarer Besitzer (BGH MDR 2020, 1372 Rn 12; NJW-RR 2017, 818 Rn 10). Zur Probefahrt s § 855 Rn 5 „Kaufinteressent (Probefahrt)". Der Kfz-Brief ist idR unerheblich.

• **Pfandgegenstand.** Die kurzzeitige Aushändigung des Pfandgegenstandes führt nicht zu einem Besitzübergang, wenn der Pfandgläubiger zugleich Maßnahmen trifft, die den Pfandschuldner hindern, mit dem Pfand nach Belieben zu verfahren (BGH NJW-RR 2017, 818 Rn 21), zB die Begleitung durch einen „Besitzwächter und Gewahrsamserhalter". Daran gemessen findet ein Besitzübergang nicht statt, wenn ein Kfz durch den Besteller im Beisein des Werkunternehmers (s auch § 855 Rn 5 „Werkunternehmer") kurzzeitig getestet wird (BGH NJW-RR 2017, 818 Rn 21).

• **Schlüssel.** Die Übergabe eines Schlüssels bewirkt einen Übergang des Besitzes an der dazugehörigen Sache, bspw einem Kfz oder einem Briefkasten, oder einem Teil, zB einem Raum bzw Räumen (RGZ 103, 100, 101), **wenn** der Übergeber die tatsächliche Gewalt an der Sache willentlich und erkennbar aufgegeben und der Empfänger des Schlüssels sie in gleicher Weise erlangt hat (BGH NJW-RR 2017, 818 Rn 18; MDR 1973, 572 unter I a; Celle NJOZ 2018, 1179 Rn 4). So liegt es nicht, wenn Schlüssel zurückbehalten werden (BGH NJW 1979, 714 unter I 2 b aa; Koblenz NJW-RR 2018, 845 Rn 25; § 856 Rn 2), wohl aber, da ein Besitzbegründungswille ausreicht (Rn 13), wenn der Empfänger den Schlüssel in seinem Briefkasten hat, aber davon nichts weiß (aA BGH NJW 2006, 2399 Rn 21; LG Krefeld WuM 2019, 78; bei BGH NJW 2012, 144 Rn 16 war es der Briefkasten des Mieters, der aber nicht reicht). Möglich ist allerdings auch, dass durch eine Schlüsselübergabe der Alleinbesitz nicht völlig aufgegeben, sondern nur Mitbesitz eingeräumt wird (BGH MDR 1973, 572 unter I a). Ob eine Schlüsselübergabe die eine oder die andere besitzrechtl Bedeutung hat, hängt von den näheren Umständen des Einzelfalls ab (BGH MDR 1973, 572 unter I a; RGZ 77, 201, 210).

• **Spind.** S „Bankschließfach".

• **Tier.** Wird ein Hund vor einem Geschäft angeleint, ist eine – gelockterte – tatsächliche Gewalt idR zu bejahen. Dies kann aber nach einem Zeitablauf, bspw 12 Stunden, anders sein (s auch OVG Greifswald NordÖR 2013, 525). Tatsächliche Gewalt ist zu verneinen, wenn ein Tier, zB eine Katze, sich nicht mehr aus eigener Kraft zu dem Grundstück seines Besitzers bewegen kann (arg § 856 II iVm § 960 III).

• **Verschlossener Raum.** Sachen in einem verschlossenen Raum besitzt der, welcher ordnungsgemäßen Zugang zum Raum hat und die entspr Schlüssel (s auch „Schlüssel") besitzt (Celle NJOZ 2018, 1179 Rn 4).

• **Werbefläche.** Unmittelbarer Besitzer einer Werbefläche, zB an einer Hauswand, an einer Tafel, an Schaltkästen, Trafostationen, Strommasten, Kabelverteilerkästen, ist, wer die Fläche beherrscht. Dies ist bei einer Vermietung idR der Mieter (Koblenz NJW-RR 2002, 1031, 1032); Entspr gilt, wenn Nutzungsrechte eingeräumt sind, die den Besitz umfassen sollen. S auch „Einräumung einzelner rechtl Befugnisse".

c) Besitzbegründungswille (Besitzerwerbswille). aa) Überblick. Die Erlangung der tatsächlichen Gewalt muss, wie sich auch aus §§ 867, 872 ergibt, von einem entspr Willen des (angehenden) Besitzers **getragen** sein (BGH MDR 2012, 276 Rn 10; NJW 1987, 2812; Hamburg RdTW 2017, 74 Rn 36): die Begründung einer Herrschaft als notwendig zweckgerichteter Akt ohne eine entspr Intention ist nicht denkbar. **bb) Genereller Wille.** Es genügt ein genereller Wille, bestimmte Dinge zu besitzen (LG Krefeld WuM 2019, 78), zB alles auf einem Grundstück Befindliche, den Inhalt eines Behältnisses (zB Briefkasten, Opferstock, Tierfalle, Fischreuse) oder alles auf einem Platz Stehende, etwa alles vor einer Ladentür. **cc) Natürliche Willensfähigkeit.** Für eine freie Willensbestimmung bedarf es der Einsichtsfähigkeit des Betroffenen und dessen Fähigkeit, nach dieser Einsicht zu handeln. Fehlt es an einem dieser beiden Elemente, liegt ein „natürlicher Wille" vor (BGH NJW-RR 2016, 579 Rn 16). Dieser ist 13 indes ausreichend, da es nur eines Willens zur tatsächlichen Beherrschung bedarf. Kinder, Geisteskranke usw können danach Besitz begründen oder aufgeben (§ 856), sofern sie nur einen Beherrschungswillen zu äußern vermögen (Düsseldorf FamRZ 1999, 652, 653; *Hoeren* MMR 2019, 5, 6).

14 **4. Einigung (§ 854 II). a) Allgemeines.** Nach § 854 II genügt zum Erwerb des Besitzes ausnahmsw die bloße **Einigung** mit dem bisherigen Besitzer, wenn der Erwerber bereits in der Lage ist, die Gewalt über die Sache auszuüben. **b) Rechtsgeschäft.** Die Einigung ist ein Vertrag, unterliegt also den Vorschriften über Willenserklärungen (BGH NJW 1955, 866 unter II 1 b; RGZ 137, 23, 26) und kann auch stillschw (Vor § 116 Rn 7) erklärt werden (BGH NJW 1979, 714 unter I 2 a), zB durch Zuschlag bei der Versteigerung beweglicher Sachen, die sich am Versteigerungsort befinden (KG OLG 16, 328), oder durch die Erlaubnis, verkauftes Holz abzufahren (BGH LM Nr 1 zu § 854 BGB). Eine Stellvertretung ist nach Maßgabe der §§ 164ff möglich (§ 164 Rn 2). Zwar muss eine Gewaltausübung durch den Vertretenen möglich sein; es reicht aber die durch § 855 oder § 868 vermittelte Einwirkungsmöglichkeit aus. Die Einigung zugunsten Dritter ist hingegen grds nicht möglich, da der Dritte keinen Besitzbegründungswillen (Rn 13) hat und er ohne seine Mitwirkung auch in keine Sachbeziehung tritt (RGZ 66, 99). Auch Bedingung und Befristung sind nach den für Willenserklärungen maßgebenden Regeln zulässig. **c) Gegenstand der Einigung: Besitzübergang.** Die Einigung muss sich auf einen Besitzübergang beziehen und ist daher von der Einigung des § 929 über den Eigentumsübergang begrifflich zu scheiden, **kann** mit ihr aber zusammenfallen (BGH NJW 1979, 714 unter I 2 a). Es muss tatsächliche Sachherrschaft des Erwerbers gewollt sein; Einräumung einer bloßen Verfügungsbefugnis genügt nicht. **d) Möglichkeit der Gewaltausübung.** Der Erwerber muss in der Lage sein, ohne weiteres die tatsächliche Gewalt (Rn 6ff) über die Sache auszuüben. Das setzt voraus, dass die Sachherrschaft des bisherigen Besitzers dem Zugriff des Erwerbers zugänglich ist („offener Besitz des Vorbesitzers"). **Bsp:** im Wald gelagertes Holz, Stroh auf dem Feld, der Zugriff auf einen Acker (BGH NJW-RR 1988, 630 unter II 2) oder ein Buch, probeweise („Rohmontage") auf einer Baustelle eingebaute Materialien (BGH NJW 1972, 1187 unter 2 c) oder die Ausübung der tatsächlichen Gewalt bei Besitzübertragung auf einen Besitzdiener (RGZ 137, 23, 25). Besteht die Möglichkeit der Gewaltausübung erst später, muss die Einigung im Zeitpunkt der Erlangung der tatsächlichen Gewalt noch fortdauern (BGH NJW 1976, 1539 unter II 2). **e) Vorbesitz.** Der Veräußernde muss Vorbesitzer sein. Guter Glaube an den Vorbesitz reicht nicht aus (RGZ 105, 413, 414). **f) Aufgabe des unmittelbaren Eigenbesitzes durch Vorbesitzer.** Der bisherige unmittelbare Besitzer muss die Gewalt über die Sache aufgeben (Rn 3).

15 **III. Prozessuales. 1. Beweis.** Die Beweislast für den Besitz bzw dessen Erwerb trägt derjenige, der sich auf ihn beruft (BGH NZM 2014, 582 Rn 25). Wer sich auf „Organbesitz" (Rn 6) beruft, muss die Organstellung und zugleich beweisen, dass das Organ die Sachherrschaft in dieser Eigenschaft weiterhin ausübt (Hamm ZInsO 2017, 96; Zweibrücken NJW 2016, 821, 822). **2. Gerichtsstand.** § 32 ZPO ist anwendbar (Musielak/Voit/*Heinrich* § 32 ZPO Rn 2).

§ 855 Besitzdiener

Übt jemand die tatsächliche Gewalt über eine Sache für einen anderen in dessen Haushalt oder Erwerbsgeschäft oder in einem ähnlichen Verhältnis aus, vermöge dessen er den sich auf die Sache beziehenden Weisungen des anderen Folge zu leisten hat, so ist nur der andere Besitzer.

1 **I. Sinn und Zweck und Allgemeines.** § 855 ordnet an, dass der, welcher die tatsächliche Gewalt (s § 854 Rn 6ff) über eine Sache ausübt, nach einer **rechtl Wertung** dennoch nicht als ihr unmittelbarer Besitzer, sondern als Besitzdiener anzusehen ist. So soll es sein, wenn er auf die Sache bezogenen Weisungen Folge leisten muss. § 855 will es damit vor allem aus praktischen Gründen erreichen, auch ohne Sachherrschaft Besitz zuzuordnen und **trotz** Sachherrschaft Besitz zu verneinen. Einer ununterbrochenen Einwirkungsmöglichkeit des Besitzherrn auf den in Besitzdienerschaft befindlichen Gegenstand bedarf es nicht, um den alleinigen unmittelbaren Besitz des Besitzherrn fortbestehen zu lassen (RGZ 71, 248, 251: Versendung von Schmuck durch eine Botin als Besitzdienerin).

2 **II. Tatbestandsvoraussetzungen. 1. Begriff.** Besitzdiener ist, wer die tatsächliche Gewalt über eine Sache für einen anderen ausübt, wenn zw diesem anderen und ihm ein „Verhältnis" besteht, nach dem der „Diener" den sich auf die Sache beziehenden Weisungen des anderen **Folge zu leisten hat.** Auf das Recht an der Sache kommt es nicht an. So können zB Kinder Besitzdiener ihrer eigenen Sachen sein. Vertretungsrecht und Besitzdienerstellung schließen sich nicht aus (RGZ 99, 208, 209; 71, 248, 252).

3 **2. Soziales Abhängigkeitsverhältnis (Weisungsbefugnis). a) Allgemeines.** Für die Besitzdienerschaft erforderlich ist ein privat-, zB ArbN (Rn 5 „Arbeitnehmer"), oder öffentlich-rechtl Verhältnis, zB Polizisten (Rn 3 und Rn 5 „Beamte/Polizisten/Richter/Soldaten"), kraft dessen jemand (= Besitzherr) die tatsächliche Gewalt über eine bewegliche oder unbewegliche Sache durch einen anderen als sein Werkzeug (= Besitzdiener) ausübt, weil der Besitzdiener ihm derart untergeordnet ist, dass er die Weisungen des Besitzherrn schlechthin zu befolgen hat und der Besitzherr jederzeit selbst über die Sache bestimmen kann. Dieses Abhängigkeitsverhältnis muss dem Besitzherrn aufgrund eines Direktionsrechts oder vergleichbarer Befugnisse zumindest faktisch die Möglichkeit geben, die Einhaltung seiner Weisungen im Nichtbefolgungsfall unmittelbar selbst durchzusetzen (BGH NJW 2020, 3711 Rn 22; NJW-RR 2017, 818 Rn 13; NJW 2014, 1524 Rn 10 und Rn 14). Die Weisungsgebundenheit kann zwar **kurz** sein, muss aber grds so stark sein, dass der Besitzdiener Weisungen **jederzeit** zu befolgen hat und der Besitzherr jederzeit selbst über die Sache bestimmen kann (Frankfurt NJOZ 2013, 262, 263). Wer ei-

ne Sache bspw auf Grund eines Leih-, Miet- oder Pachtvertrags oder auf Grund eines Geschäftsbesorgungsvertrags (BGH NJW 2014, 1524 Rn 14) oder Treuhandverhältnisses in Gewahrsam hat, kann – je nach Ausgestaltung in höherem oder geringerem Umfang – den Weisungen seines Auftraggebers unterworfen sein; er ist aber nicht Besitzdiener, sondern lediglich Besitzmittler seines Auftraggebers (Frankfurt NJOZ 2013, 262, 263); dies gilt auch beim Gepäckträger. Auch eine bloß wirtschaftl Abhängigkeit genügt nicht (BGH NJW 1958, 1286 unter III 2 a). Rein tatsächliche Verhältnisse reichen aus, zB ein unwirksamer Vertrag (BeckOK/*Fritzsche* Rn 16), ein Vertragsanbahnungsverhältnis oder ein bloßes Gefälligkeitsverhältnis, soweit nur das Abhängigkeitsverhältnis **tatsächlich** erfüllt ist (BeckOK/*Fritzsche* Rn 16). **b) Haushalt.** Der Begriff „Haushalt" ist weit und meint nicht „Hausstand" iSd § 1619. Besitzdiener in einem Haushalt sind idR etwa die dort lebenden Kinder (§ 866 Rn 2) – grds gleich welchen Alters (BGH NJW 2008, 1959 Rn 21) –, aber vor allem Hausangestellte aller Art, zB Butler, Diener, Fahrer, Gärtner, Koch, Nanny, Putzfrau. Ehe- oder Lebenspartner sind idR hingegen Mitbesitzer (§ 866 Rn 2). **c) Erwerbsgeschäft (Unternehmen).** Auch der Begriff „Erwerbsgeschäft" ist nach hM weit zu verstehen und meint neben Verkaufsräumen und Verkaufsflächen auch die Räume von nicht auf Gewinn zielenden Verbänden, etwa von Vereinen, Körperschaften, Stiftungen oder Kirchengemeinden (Celle NJW 1992, 2576, 2577), oder die Räume einer Anwaltskanzlei (Brandenburg NJW-RR 2020, 54 Rn 46). Besitzdiener sind alle dort beschäftigten ArbN (BGH NJW 1994, 852, 854; BAG NZA 2000, 715, 716). Und auch, wer mit Waren des Geschäftsherrn reist, ist Besitzdiener hinsichtl der ihm mitgegebenen Waren (RGZ 71, 248, 251). Es kann auch eine Besitzdienerschaft in Bezug auf Sachen bestehen, die vor Beginn eines Dienstverhältnisses hingegeben werden (Dresden OLG 34, 182, 183). **d) Ähnliches Verhältnis.** „Ähnl Verhältnis" kann jedes Rechtsverhältnis sein, das durch Gehorsam gekennzeichnet ist (BeckOK/*Fritzsche* Rn 16), zB die öffentlich-rechtl Beziehung zw dem Dienstherrn und seinen Beamten (BVerwG NJW 1997, 3455; s auch Rn 5 „Beamte") bzw zu Soldaten (BVerwG 28.8.2019 – 2 WD 28.18 Rn 31; München NJW 1987, 1830; s auch Rn 5 „Beamte/Polizisten/Richter/Soldaten"), oder die Abordnung an einen Dritten (Frankfurt NJOZ 2013, 262, 263). **e) Erkennbarkeit.** Das soziale Abhängigkeitsverhältnis muss nach außen erkennbar sein (BGH NJW-RR 2017, 818 Rn 13; NJW 2014, 1524 Rn 10).

3. Besitzdienerwille. Neben der sozialen Abhängigkeit ist **kein** besonderer „Besitzdienerwille" erforderlich. 4
Die Worte „für einen anderen" beschreibt nur die obj Herrschaftssphäre, nicht die subj Willensrichtung. Die Ausübung der tatsächlichen Gewalt für den Besitzherrn ist rein sachlich zu verstehen. Ein abw Wille des Besitzdieners ist grds unbeachtlich. Etwas anderes gilt, wenn ein abw Wille nach außen manifestiert wird. Dies kann nach den Umständen des Einzelfalls angenommen werden, wenn der Besitzdiener sich erkennbar über alle Vorgaben des Besitzherrn hinwegsetzt und selbst durch Besitzentziehung Besitzer wird (§ 858 Rn 2).

4. Einzelfälle (alphabetisch):

- **Angehörige.** In einem Erwerbsgeschäft tätige Angehörige, zB die Ehefrau oder Kinder, sind idR Besitzdiener 5
(BGH LM Nr 3 zu § 855; RGZ 71, 248, 251; 51, 20, 23).
- **Arbeitnehmer.** Die tatsächliche Gewalt über Gegenstände, die sich in den Räumen des ArbGeb befinden, auch die einer öffentlich-rechtl Körperschaft, Anstalt oder Stiftung, wird im Zweifel nicht dem ArbN, sondern dem ArbGeb als dem Besitzherrn zugeordnet und wird von dessen generellem Besitzbegründungswillen getragen (BGH NJW 2015, 1678 Rn 24; Brandenburg NJW-RR 2020, 54 Rn 46). Dies gilt auch für iSv § 40 II BetrVG übergebene Räume (Brandenburg NJW-RR 2020, 54 Rn 46), sachliche Mittel, Informations- und Kommunikationstechnik. Ausgenommen ist nur offenkundig persönlicher Besitz des ArbN (BGH NJW 2015, 1678 Rn 24). Dass es sich um solchen handelt, kann sich entweder aus einer räumlichen Beziehung (etwa bei Gegenständen, die in einem für private Zwecke zur Verfügung gestellten Schrank oder Spind verwahrt werden) oder aus der Natur der Sache ergeben (etwa bei privater Kleidung, persönlichen Schreibgeräten oder für den eigenen Verzehr bestimmten Nahrungsmitteln). ArbN sind daher im Hinblick auf die ihnen zur Erfüllung ihrer Arbeitsleistung überlassenen Sachen grds als Besitzdiener anzusehen – und zwar auch leitende Angestellte (BGH NJW 2015, 1678 Rn 19); dies gilt selbstverständlich auch für die Räumlichkeiten des ArbGeb. Anders ist es zB bei einem Dienstwagen, soweit der ArbN ihn auch privat nutzen darf (Karlsruhe NJW-RR 2005, 1344; Düsseldorf NJW 1986, 2513): mittelbarer Besitz.
- **Auftragnehmer (Beauftragte).** Auftragnehmer (Beauftragte) sind idR keine Besitzdiener (BGH NJW 2014, 1524 Rn 14; RGZ 109, 167, 169). Ggü ihnen sind Weisungen im Nichtbefolgungsfall nicht auf Grund eines Direktionsrechts oder vergleichbarer Befugnisse unmittelbar selbst durchsetzbar.
- **Beamte/Polizisten/Richter/Soldaten.** Beamte/Polizisten/Richter/Soldaten sind in Bezug auf dienstlich anvertraute Sachen wie ArbN (s „Arbeitnehmer") Besitzdiener (BVerwG 28.8.2019 – 2 WD 28.18, Rn 31; BVerwGE 155, 161 Rn 52; München NJW 1987, 1830; s auch Rn 3). Dies gilt auch im Hinblick auf Material, das sie in Ausübung ihrer dienstlichen Tätigkeit einer dienstlichen Verwendung zuführen (BVerwG 28.8.2019 – 2 WD 28.18 Rn 31).
- **Beschlagnahme.** Der Schuldner, dem der Gerichtsvollzieher die gepfändete Sache belässt, ist kein Besitzdiener (RGZ 94, 341f; Schleswig SchlHA 1975, 47, 48). Gleiches gilt bei obrigkeitlicher Beschlagnahme mit Belassung der Sache beim vorherigen Besitzer (Stuttgart OLG 43, 89).
- **Besitzmittler.** Der Besitzmittler (§ 868 Rn 4) ist kein Besitzdiener: Er ist nicht weisungsunterworfen.
- **Garderobenpächter.** Der Garderobenpächter ist Besitzdiener, sofern ihm keine eigene Verfügungsmacht über die Räume eingeräumt ist (RGZ 97, 166, 167). Dies gilt erst recht für die an der Garderobe tätigen Angestellten des Veranstalters.
- **Geschäftsbesorger.** S „Auftragnehmer".

• **Gleichberechtigte Vertragspartner.** Die Überlassung tatsächlicher Gewalt an einen gleichberechtigten Vertragspartner führt idR zu dessen unmittelbarem Besitz und mittelbarem Besitz des Überlassenden, zB bei Auftrag (s „Auftragnehmer"), Verwahrung, Hinterlegung und Frachtvertrag. Gleiches gilt im Werkvertragsverhältnis (RG WarnRsp 1929, 332, 333 Nr 180; Recht 1923 Sp 91 Nr 348). Zumindest eine entspr Anwendung des § 855 dürfte aber sachgerecht sein, wenn die Reparatur bzw Bearbeitung einer im Besitz des Auftraggebers befindlichen Sache in dessen Anwesenheit oder Wohnung stattfindet. Umgekehrt dürfte der Bauherr in Bezug auf Werkzeuge des Handwerkers allenfalls wie ein Besitzdiener zu behandeln sein (Köln OLGRp 2000, 263).
• **Handelsvertreter (selbständiger).** Ein selbständiger Handelsvertreter ist idR kein Besitzdiener (LG Braunschweig MDR 1955, 362).
• **Jagdaufseher.** Der Jagdaufseher ist hinsichtl des erlegten Wildes Besitzdiener (RGSt 39, 179, 180). S auch „Arbeitnehmer".
• **Kahnschiffer.** Der Kahnschiffer ist Besitzdiener, auch bzgl der zu seinem und seiner Familie Aufenthalt bestimmten Räume auf dem Kahn (RAGE 5, 266).
• **Kaufinteressent (Probefahrt).** Ein Kaufinteressent, der eine Probefahrt mit einem Kfz unternimmt, soll **kein Besitzdiener** des Verkäufers sein (BGH MDR 2020, 1372 Rn 21). Zw einem Kaufinteressenten und dem Verkäufer fehle es am sozialen Abhängigkeitsverhältnis (BGH MDR 2020, 1372 Rn 22). § 855 sei auch nicht entspr anwendbar (BGH MDR 2020, 1372 Rn 24).
• **Spediteur.** Der Spediteur ist idR Besitzer (s auch BGH NJW 2014, 1524 Rn 14).
• **Verwalter.** Bei einem Verwalter ist es eine Frage des Einzelfalls, ob er als Besitzdiener, Organ oder Besitzer angesehen werden kann (s auch § 854 Rn 6 „Gesetzl Vertreter und Parteien kraft Amtes").
• **Werkunternehmer.** Ein Werkunternehmer ist in Bezug auf das Werkstück kein Besitzdiener (Koblenz NJW-RR 2003, 1563, 1564). Die Überlassung tatsächlicher Gewalt an einen gleichberechtigten Vertragspartner führt idR zu dessen unmittelbarem Besitz und mittelbarem Besitz des Überlassenden, zB bei Auftrag (RGZ 109, 167, 169), Verwahrung, Hinterlegung und Frachtvertrag. Gleiches gilt im Werkvertragsverhältnis: bei Aus- oder Nachbesserung bei Herstellung (RG Recht 1923 Sp 91 Nr 348) und bei Bearbeitung (RG WarnRsp 1929, 332, 333 Nr 180). Zumindest eine entspr Anwendung des § 855 dürfte hingegen sachgerecht sein, wenn die Reparatur bzw Bearbeitung einer im Besitz des Auftraggebers befindlichen Sache in dessen Anwesenheit oder Wohnung stattfindet. Umgekehrt dürfte der Bauherr in Bezug auf die Werkzeuge des Handwerkers allenfalls wie ein Besitzdiener zu behandeln sein (Köln OLGRp 2000, 263).
• **Zweigstelle.** Die Zweigstelle einer Bank soll Besitzdiener der Hauptgeschäftsstelle sein (RGZ 112, 109, 113).

6 **III. Rechtsfolgen (Wirkungen der Besitzdienerschaft). 1. Besitz.** Ist jemand als Besitzdiener anzusehen, ist **nur** der **Besitzherr** Besitzer. Nur diesem stehen die Rechte als Besitzer, zB §§ 861, 862, zu. Das gilt auch für sonstige Besitzfolgen, zB §§ 929, 1006, 1032, 1205. Der Besitzdiener selbst ist nicht passivlegitimiert, etwa für die Klage aus §§ 861, 985, und haftet auch nicht nach §§ 987ff. Die Begründung eigenen Besitzes des Besitzdieners (§ 856 Rn 4) ist grds als Besitzentziehung (§ 862) verbotene Eigenmacht (Rn 4; § 858 Rn 2). **2. Selbsthilfe.** Zur Selbsthilfe vgl § 860. Ggü dem Besitzherrn genießt der Besitzdiener keinen Besitzschutz. **3. Erlangung von Besitz.** Der Besitzdiener kann für einen anderen Besitz erlangen (s § 854 Rn 5). **4. Erlangung von Eigentum.** Soll durch Besitzdiener gem § 929 Eigentum erlangt werden, bedarf es neben der Übergabe der Sache an den Besitzdiener einer Vertretungsmacht des Besitzdieners für die dingliche Einigung. **5. Besitzverlust und Abhandenkommen.** Zum Besitzverlust durch den Besitzdiener s § 856 Rn 4. Für Abhandenkommen iSd § 935 ist allein der Wille des Besitzherrn entscheidend (RGZ 106, 4, 6; 71, 248, 253; Köln VersR 94, 1248). **6. Kenntnis und guter Glaube.** Kommt es auf Kenntnis oder Kennenmüssen sowie auf den guten oder den bösen Glauben an, ist auf den Besitzherrn abzustellen. Der gutgläubige Besitzer muss sich den bösen Glauben des Besitzdieners nicht zurechnen lassen; beruht allerdings das Verhalten des Besitzdieners auf Weisungen des Besitzherrn, gilt anderes (BGH NJW 1960, 860 unter IV; ferner NJW 1971, 1702 unter 3; 1964, 1277 unter 3).

7 **IV. Prozessuales.** Die Beweislast für die Voraussetzungen des § 855 trägt derjenige, der sich auf das Bestehen eines Besitzdienerverhältnisses beruft (Hamm ZInsO 2017, 96).

§ 856 Beendigung des Besitzes

(1) Der Besitz wird dadurch beendigt, dass der Besitzer die tatsächliche Gewalt über die Sache aufgibt oder in anderer Weise verliert.

(2) Durch eine ihrer Natur nach vorübergehende Verhinderung in der Ausübung der Gewalt wird der Besitz nicht beendigt.

1 **I. Zweck und Anwendungsbereich.** § 856 bestimmt, wann der unmittelbare Besitz **endet.** Ob es sich um Allein- oder Mitbesitz (uU jew als Teilbesitz) an beweglichen Sachen oder Grundstücken handelt, ist unerheblich. Die Besitzaufgabe ist ein Element der Aufgabe des Eigentums an beweglichen Sachen (§ 959 Rn 5).

2 **II. Beendigung des Besitzes. 1. Aufgabe tatsächlicher Gewalt (§ 856 I Fall 1). a) Überblick.** Für den Besitzverlust ist die Aufgabe der tatsächlichen Gewalt **und** die freiwillige Beendigung (Düsseldorf 20.3.2017 – I-9 U 159/16, juris Rn 21) der tatsächlichen Sachherrschaft notwendig (BGH NJW 1979, 714 unter II 1 b aa). Ob es so liegt, bestimmt sich – auch hier – vor allem nach der Verkehrsanschauung (s auch § 854 Rn 7). Der Aufgabe können ggf umweltschützende Abfallvorschriften (etwa § 17 I 1 KrWG iVm § 134) oder tierschutzrechtl Ausset-

zungsverbote (zB § 40 IV BNatSchG; § 28 II, III BJagdG; § 3 Nr 2ff TierSchG) entgegenstehen (BVerwG NJW 2018, 3125 Rn 13). **b) Tatsächliche Gewalt.** Zum Begriff der tatsächlichen Gewalt s § 854 Rn 4ff. **c) Aufgabe. aa) Überblick.** Die Aufgabe kann in einem willentlichen Handeln (BGH NJW 1977, 42 unter I 3 b; MDR 1973, 572 unter I a) oder einem bewussten Nichthandeln liegen, zB in dem Unterlassen der Bemühungen, ein gesunkenes Schiff zu heben (RG Gruchot 69 [1928], 373, 374), oder in der Aufgabe des Versuchs, einen Gegenstand zu finden und zu bergen (RGZ 143, 168, 169f). Der Wille, der den Besitzverlust zum freiwilligen macht, ist **kein rechtsgeschäftlicher**; es genügt natürliche Willensfähigkeit (*Baldus* JR 2002, 442ff; s auch § 854 Rn 13). In der Überlassung des Schlüssels zu einer Wohnung kann nach den näheren Umständen des Einzelfalls der Wille erkennbar werden, zum Zwecke der Besitzübertragung auf den Empfänger des Schlüssels den Besitz an bestimmten Sachen aufzugeben, die sich in der Wohnung befinden (§ 854 Rn 12 „Schlüssel"). Behält der Besitzer einen weiteren Wohnungsschlüssel und macht er von diesem Schlüssel weiterhin Gebrauch, so ist nach der Verkehrsanschauung idR allerdings davon auszugehen, dass sich die Gewalt des bisherigen Besitzers immer noch in einer Weise betätigt, die für den Erwerber die Möglichkeit der alleinigen Gewaltausübung ausschließt (BGH NJW 1979, 714 unter II 1 b aa; s auch § 854 Rn 12 „Schlüssel"). **bb) Bloßer Aufgabewille.** Zur Aufgabe des Besitzes genügt – außer in den von § 854 II erfassten Fällen – nicht der bloße Aufgabewille (BGH NJW 1979, 714 unter II 1 b aa). Die bloße Erklärung, man räume einem anderen Besitz ein, genügt daher nicht; auch reichen irgendwelche symbolischen Übertragungshandlungen nicht aus (BGH NJW 1979, 714 unter II 1 b aa).

2. Verlust auf andere Art (§ 856 I Fall 2). Der Verlust der tatsächlichen Gewalt auf „andere" Art (s auch § 935, § 1006 I 2, § 1007 II, § 1207) ist dadurch gekennzeichnet, dass er **ohne** den Willen des Besitzers eintritt. Voraussetzung ist, dass eine Wiedererlangung ausgeschlossen oder zumindest deutlich erschwert ist (Düsseldorf 20.3.2017 – I-9 U 159/16, juris Rn 21; KG NJW-RR 2007, 239, 240). **Bsp:** Diebstahl, Naturereignisse, etwa Erdrutsch, Sturmflut oder Wirbelwind, Raub, Unterschlagung, Verlieren, zB eines Ringes oder einer Geldbörse (s aber auch Rn 5), Besitzergreifung durch Dritte (BGH NJW-RR 2016, 982 Rn 5), Beschlagnahme (s auch § 868 Rn 10 „Beschlagnahme") oder Pfändung (s auch § 868 Rn 10 „Pfändung"), dauernde Unmöglichkeit der Sachherrschaft, keine Wiedererlangungsmöglichkeit mehr nach gewöhnlichen Umständen (KG NJW-RR 2007, 239, 240), zB bei ins Meer gefallenen Sachen (RGZ 143, 168, 169f). 3

3. Besitzdiener. a) Verlust der tatsächlichen Gewalt. Übt ein Besitzdiener die tatsächliche Gewalt über die Sache aus, endet der Besitz des Besitzherrn, wenn der **Besitzdiener** diese Gewalt verliert, zB wenn der Besitzdiener die Sache einem Dritten, der kein Besitzdiener des Besitzherrn ist, überlässt (BGH NJW 2014, 1524 Rn 9) oder der Besitzdiener stirbt. **b) Kappung des Abhängigkeitsverhältnisses in Bezug auf die Sache.** Ferner endet der Besitz des Besitzherrn, wenn sich der Besitzdiener – wenn auch rechtswidrig – von der „Befehlsgewalt" **frei** macht und dem Besitzherrn den Besitz durch äußerlich erkennbare Handlungen entzieht (Düsseldorf NJW-RR 1997, 998; § 855 Rn 6), zB durch Mitnahme eines Arbeitsmittels in die Privatwohnung ohne dienstlichen Anlass oder durch sonstige Zueignungshandlungen. Durch den bloßen Willen, nicht mehr für den Besitzherrn, sondern für sich selbst zu besitzen, kann der Besitzdiener den Besitz des Besitzherrn hingegen nicht beenden (s auch BGH NJW 1979, 714 unter I 2 b aa); auch nicht durch Äußerung dieses Willens, solange er und der Gegenstand in der die Besitzdienerschaft begründenden Organisation bleiben (KG OLG 4, 295). 4

III. Vorübergehende Ausübungsverhinderung (§ 856 II). 1. Ausübungsverhinderung. Eine Ausübungsverhinderung liegt vor, wenn der unmittelbare Besitzer über die Sache keine tatsächliche Gewalt (§ 854 Rn 4ff) mehr hat. **2. Vorübergehend. a) Überblick.** Ob eine Ausübungsverhinderung iSd Gesetzes bloß „vorübergehend" ist, hängt von den Umständen und der Verkehrsanschauung (s auch Rn 2 und § 854 Rn 5) ab. Maßgebend ist die obj Sachlage, nicht die Vorstellung des Besitzers. Von Bedeutung ist ferner, welches Maß an Beziehung der Natur der Sache nach zu ihrer Beherrschung erforderlich ist. **b) Bsp.** Ist eine Bergwiese wegen winterlicher Verhältnisse zeitweise nicht zugänglich, handelt es sich nur um eine vorübergehende Ausübungsverhinderung. Bloß vorübergehend ist ferner eine Verhinderung des Besitzers durch Krankheit, Reise (RGZ 51, 20, 23) oder Kurzhaft (Düsseldorf MDR 1998, 893). Gleiches kann für Sachen gelten, die ihr bisheriger Besitzer versehentlich im Eisenbahnwagen (RGSt 38, 444f) oder in einer Bank (KG NJW-RR 2007, 239, 240) zurückgelassen hat. Auch Haustiere, die sich üblicherweise mit gewisser Selbständigkeit in der Nähe der Wohnung aufhalten und zum Herrn zurückkehren, zB Hund (RG LZ 1919, Sp 208) oder Katze (RGSt 50, 183, 184f), sind nicht besitzlos. Gleiches gilt idR für Tauben (s auch RGSt 48, 384f). 5

IV. Prozessuales. Wer sich auf einen Besitzverlust beruft, muss zumindest eine „Verhinderung in der Ausübung der Gewalt" beweisen (Baumgärtel/Laumen/Prütting/*Eichhorn* Rn 1; vgl auch § 854 Rn 14). Die Beweislast für eine nur „vorübergehende Verhinderung" trägt derjenige, der sich auf Nichtbeendigung beruft. 6

§ 857 Vererblichkeit

Der Besitz geht auf den Erben über.

I. Zweck, Allgemeines und Anwendungsbereich. 1. Zweck. § 857 soll den Nachlass vor Zersplitterung und ungerechtfertigten Eingriffen schützen, damit der Erbe ungeschmälert den tatsächlichen Besitz iSd § 854 – der eigentlich einer Sachherrschaft bedarf (§ 854 Rn 4ff) – übernehmen kann (KG MDR 2020, 736). Die Nachlassgegenstände sollen nicht besitzlos werden (s zum Zweck auch *Kim* JR 2022, 331ff). Der Erbenbesitz ist ein Besitz **ohne Sachherrschaft** (BGH MDR 2016, 359 Rn 35; s auch Rn 3). Er schützt den Erben und **fingiert** (BGH MDR 2016, 359 Rn 35) **entgegen** § 854 und als Ausnahme den Besitz des Erben mit der Folge der Gleichstellung 1 des Erbenbesitzes mit dem auf tatsächlicher Herrschaftsgewalt beruhenden Besitz. **2. Anwendungsbereich.** Maßgebend für die Anwendung des § 857 ist die Tatsache des Besitzes, nicht das Recht zum Besitz. Auch dort, wo das Recht zum Besitz wie zB der Nießbrauch mit dem Erbfall erlischt, ist § 857 anwendbar (RG JW 1918, 368 Nr 6). Gleiches gilt in den Fällen, in denen der Erblasser den Besitz als Beauftragter, Testamentsvollstrecker, Insolvenzverwalter usw innehatte. Geht das zugrundeliegende Verhältnis nicht mit über, ist der Erbe freilich nach § 812 zur Herausgabe verpflichtet. Nach hM gilt § 857 auch beim Anfall eines Vereins- oder Stiftungsvermögens an den Fiskus (§§ 46, 88) und bei sonstiger Gesamtrechtsnachfolge, zB nach dem UmwG (s § 873 Rn 10) oder § 1416 II, §§ 1483 und 1490 entspr, nicht dagegen bei Entstehung von Verwaltungsrechten („Verwaltungsbesitz"), zB des Insolvenzverwalters (BGH NJW 2008, 2580 Rn 19). Zur Rechtslage bei Vor- oder Nacherbschaft s § 2139 Rn 1. Der Erbteilserwerber erlangt Mitbesitz am Nachlass nicht über § 857 (auch nicht entspr). In den Spezialfällen der §§ 563, 563a geht der Besitz nicht auf den Erben, sondern auf die einrückenden Familien- bzw Haushaltsangehörigen über (LG Heidelberg ZMR 2014, 286). **3. Testamentsvollstreckung.** Ist ein Testamentsvollstrecker ernannt, bleibt es (zunächst) beim Besitz des Erben; der Testamentsvollstrecker ist aber gem § 2205 S 2 Fall 1 berechtigt, die Nachlassgegenstände in Besitz zu nehmen (zu den Einzelheiten § 2205 Rn 7).

2 **II. Tatbestandsvoraussetzungen.** Der Besitzer muss tot sein (s dazu § 1922 Rn 1ff). Welche Art von Besitz er hatte (Vor § 854 Rn 3), ist **unerheblich**. Möglich ist auch mittelbarer Besitz (RGZ 83, 223, 228; JW 1914, 87, 89 Nr 19). Eine Handlung des Erben, etwa die Ergreifung des Besitzes, ein Besitzwille des Erben oder eine Kenntnis des Erbrechts und/oder des Besitzes des Erblassers, ist jew nicht erforderlich (BGH JZ 1953, 706). Ob der Erblasser ein Recht zum Besitz hatte, ist unerheblich (Rn 1).

3 **III. Rechtsfolgen. 1. Allgemeines.** Anstelle des Verstorbenen wird grds der Erbe Besitzer. Die Wirkungen des § 857 entsprechen **grds** denen, die der Besitz für den Erblasser hatte (BGH MDR 2020, 1336 Rn 35). Abweichungen ergeben sich jedoch daraus, dass der Erbe **keine** tatsächliche Sachherrschaft innehat (BGH MDR 2020, 1336 Rn 35). Ein mit Sachherrschaft verbundener Besitz des Erben **entsteht** erst durch die Erlangung der tatsächlichen Gewalt (BGH MDR 2020, 1336 Rn 35). Der Besitz an einer Mietwohnung soll auf die das Mietverhältnis fortsetzenden Familienangehörigen (§ 563) übergehen (KG MDR 2020, 736; LG Heidelberg NZM 2014, 468, 470), was aber ggf nicht für die dortigen Gegenstände gilt (Staudinger/*Gutzeit* Rn 27). Zur tatsächlichen Gewalt trifft § 857 keine Bestimmung (dazu Rn 4). § 1006 streitet für den Erben (BGH NJW 1993, 935 unter II 1 b). Dieser ist auch als Besitzer hinsichtl Ansprüchen aus § 935 oder § 836 (BGH JZ 1953, 706) passivlegitimiert. **2. Erbe.** Wer „Erbe" ist, richtet sich nach Erbrecht. Guter Glaube an die Erbenstellung reicht zum Besitzerwerb nicht aus. Bei Ausschlagung ist der „vorläufige Erbe" niemals Besitzer gewesen, sofern er nicht unabhängig von § 857 mittels tatsächlicher Ergreifung Besitz begründet hatte. Vielmehr wird der nunmehr berufene Erbe **rückwirkend** als Besitzer behandelt (MüKo/*Schäfer* Rn 12). Der vorläufige Erbe begeht aber keine verbotene Eigenmacht, wenn er den vorläufig angefallenen Besitz ergreift (vgl *Ebenroth/Frank* JuS 1996, 794, 796). **3. Art und Weise.** Der Besitz geht grds in derselben Art und Weise über, wie er beim Erblasser bestand. War der Erblasser Besitzmittler des Erben, wird der Erbe mit dem Erbfall unmittelbarer Besitzer. Im umgekehrten Fall erlischt das Besitzmittlungsverhältnis. Ein Besitzdiener des Erblassers wird Besitzdiener des Erben; die Position des Besitzdieners selbst vererbt sich jedoch nicht nach § 857, da dieser keinen Besitz hat. Teilten sich Erblasser und Erbe den Besitz, wird der Erbe Alleinbesitzer (BGH NJW 1993, 935 unter B II 1 b aa). Miterben werden Mitbesitzer (§ 866; BGH WM 1961, 1046 unter VI; NJW 1952, 303 unter I 1; Düsseldorf 20.3.2017 – I-9 U 159/16, juris Rn 22). **4. Besitzschutz. a) Überblick.** Der Erbe genießt nach §§ 859, 861, 862 Besitzschutz (KG MDR 2020, 736; LG Köln NJWE-MietR 1996, 269f). Er muss allerdings ggf den Besitz des Erblassers und sein Erbrecht beweisen (KG MDR 2020, 736). Hält ein Miterbe Nachlassgegenstände ohne Zustimmung der Miterben im Besitz, begeht er eine Besitzstörung (*Jülicher/Roth* NJW-Spezial 2013, 167). Herausgabe kann nach § 2039 allerdings grds – wie stets (§ 866 Rn 4) – nur an alle Miterben als Mitbesitzer verlangt werden (*Jülicher/Roth* NJW-Spezial 2013, 167). **b) Wegnahme.** Bei Wegnahme ist die Sache iSv § 935 abhandengekommen. Was der vorläufige Erbe weggibt, kommt jedoch dem endgültigen Erben nicht abhanden (*Ebenroth/Frank* JuS 1996, 794, 798). Der gutgläubige Scheinerbe ist nicht mit dem vorläufigen Erben gleichzusetzen (aA *Mausfeld/Moselle* JuS 1979, 426, 427). Wegen § 935 kommt ein gutgläubiger Erwerb in diesem Fall nur über § 2366 in Frage (vgl § 2366 Rn 8). Hinsichtl der Bösgläubigkeit in Bezug auf das Besitzrecht ist entscheidend, ob das Gesetz auf den Zeitpunkt des Besitzerwerbes durch den Erblasser oder auf einen späteren Zeitpunkt abstellt. Über die §§ 857, 1922 erfolgt eine Vererbung der Pflichtenstellung, nicht eines inneren Zustandes. Deshalb kann der spätere gute Glaube des Erben an das Besitzrecht nicht zum Untergang der Ansprüche aus §§ 989ff, 823, 826 führen. Bösgläubig erlangter Eigenbesitz des Erblassers kommt dem gutgläubigen Erbenbesitzer im Rahmen von § 937 nicht zugute. **5. Gewahrsam.** Der nicht tatsächlich ausgeübte, dh fiktive Erbenbesitz begründet mangels tatsächlicher Beziehung zu einer Sache keinen Gewahrsam iS einer tatsächlichen, nach außen erkennbaren Sachherrschaft (BGH MDR 2016, 359 Rn 35).

4 **IV. Sachherrschaft (vom Erben- zum Verkehrsbesitz).** Der auf § 857 begründete „Erbenbesitz" wird durch tatsächliche Ergreifung der Sache gleichsam „verdichtet" und zum „Verkehrsbesitz", wie sich ua aus § 2025 S 2, § 2027 II ergibt. Mit der Ergreifung der Sachherrschaft wird der fingierte Besitz (Rn 1) zu einem **tatsächlichen**. Ab diesem Zeitpunkt hängt es von der Willensrichtung des Erben ab, ob er Eigen- oder Fremdbesitzer ist. Die tatsächliche Sachherrschaft kann auch ohne Besitzergreifung entstehen, wenn zB Erbe und Erblasser in Hausgemeinschaft lebten. Auch der in Hausgemeinschaft mit dem Erblasser lebende Miterbe erhält die tatsächliche

Gewalt ohne besondere Ergreifung, und zwar ohne dass er damit ggü sonstigen Miterben verbotene Eigenmacht verübt. Er ist gegen Wegnahme seitens der anderen Miterben geschützt (Celle Nds Rpfl 1949, 199f).

V. Prozessuales. Der Erbe muss seine Erbenstellung und den Besitz des Erblassers beweisen (Baumgärtel/Laumen/Prütting/*Eichhorn* Rn 1). 5

Vorbemerkung vor § 858

Das Gesetz gibt dem Besitzer und seinem Besitzdiener (§ 860) ein Selbsthilferecht (§ 859). Ferner gibt es dem Besitzer das Recht auf Wiedereinräumung des Besitzes (§ 861), ein Recht, andere Störungen abzuwehren (§ 862) sowie ein Verfolgungsrecht (§ 867). 1

Der dadurch gewährte „possessorische", an bloßen Besitz anknüpfende Schutz – maßgeblich ist nicht das Recht zum Besitz! – ist nach der nicht vollständig überzeugenden Rspr Ausdruck eines **allgemeinen Friedensschutzes** (vgl nur *Casper/Grimpe* ZIP 2022, 661, 662; zu den Erwägungen des Gesetzgebers *Loyal* ZfPW 2019, 356, 377ff). Die auf dem Besitz beruhende vorläufige Güterzuordnung soll aufrechterhalten werden (BGH NJW 2015, 2898 Rn 19; 2001, 1865 unter III 3 c; MDR 1979, 654, juris Rn 5), um so den Anreiz zu unerwünschtem Faustrecht zu **nehmen** (BGH MDR 1979, 654, juris Rn 5) und das staatliche Gewaltmonopol zu wahren: ohne Besitzschutz könnte jedes Recht auf Besitzveränderung mit Gewalt durchgesetzt werden (s auch MüKo/*Schäfer* § 854 Rn 17ff). 2

Die §§ 858ff schützen ferner das Interesse des Besitzers, den „Status quo" im Umgang mit seinen Sachen zu wahren (Kontinuitätstheorie). Praktisch wichtig ist, dass allein der Besitzschutz dem bloß schuldrechtl Berechtigten einen **absoluten Schutz** gewährt. §§ 859–862, 867 werden flankiert von § 863, der die Einwendungen des Entziehers oder Störers begrenzt und bewusst beschränkt durch § 864 (Erlöschen der Besitzansprüche). 3

Neben §§ 861, 862 kommen Aufwendungsersatz- und/oder Schadensersatzansprüche gem §§ 242, 823 II iVm § 858 (§ 858 Rn 1), aber auch nach § 823 I in Betracht (Vor § 854 Rn 1; s auch § 862 Rn 4). Ferner sind Ansprüche entspr § 906 II (§ 862 Rn 4) oder Ansprüche aus §§ 683, 684 vorstellbar (BGH NJW 2005, 1366 unter II 1 a). § 1007 gibt für bewegliche Sachen einen – petitorischen – Besitzschutzanspruch. Der Eingriff in den berechtigten Besitz kann einen Eingriff in eine dem Besitzer zugewiesene Rechtsposition darstellen und damit einen Anspruch vor allem aus § 812 I begründen (Vor § 854 Rn 1). 4

Besitzschutzansprüche unterliegen immanenten inhaltlichen Schranken nach § 242 (BGH NJW 1978, 2157 unter II 2 b). 5

§ 858 Verbotene Eigenmacht

(1) Wer dem Besitzer ohne dessen Willen den Besitz entzieht oder ihn im Besitz stört, handelt, sofern nicht das Gesetz die Entziehung oder die Störung gestattet, widerrechtlich (verbotene Eigenmacht).

(2) Der durch verbotene Eigenmacht erlangte Besitz ist fehlerhaft. Die Fehlerhaftigkeit muss der Nachfolger im Besitz gegen sich gelten lassen, wenn er Erbe des Besitzers ist oder die Fehlerhaftigkeit des Besitzes seines Vorgängers bei dem Erwerb kennt.

I. Zweck und Allgemeines. § 858 I ist eine Definitionsnorm. Sie bestimmt, wann „verbotene Eigenmacht" vorliegt. § 858 II 1 ordnet an, dass der durch verbotene Eigenmacht erlangte Besitz **fehlerhaft** ist, § 858 II 2 bestimmt, was im Erbfall gilt. § 858 I ist Schutzgesetz iSv § 823 II zu Gunsten des unmittelbaren Besitzers (BGH NJW 2016, 863 Rn 35; 2012, 528 Rn 6; § 823 Rn 161). Erstattungsfähig nach § 823 II, §§ 249ff sind zB die Abschleppkosten oder die Kosten der Vorbereitung des Abschleppvorgangs (BGH NJW 2014, 3727 Rn 16), nicht aber die Kosten einer Parkraumüberwachung (BGH NJW 2012, 528 Rn 12) oder eine Halterabfrage (BGH NJW 2016, 863 Rn 30). 1

II. Tatbestandsvoraussetzungen. 1. Allgemeines. § 858 bezieht sich nur auf Eingriffe in **bestehenden** unmittelbaren Besitz (BGH NJW-RR 2017, 818 Rn 9; NJW 1977, 1818 unter II 1 a). Ein solcher Eingriff liegt nur vor, wenn der Besitzer in dem Bestand seiner tatsächlichen Sachherrschaft beeinträchtigt wird (BGH NJW 2009, 1947 Rn 26). Beim Besitz von Räumen liegt ein Eingriff bspw dann vor, wenn der Zugang des Besitzers zu den Räumen erschwert oder vereitelt wird oder wenn in anderer Form in einer den Besitzer behindernden Weise zB auf Mieträume eingewirkt wird (BGH NJW 2009, 1947 Rn 26). Die bloße Verhinderung der Besitzerlangung (RG JW 1931, 2904, 2906) oder die unterlassene Rückgabe des Besitzes an den mittelbaren Besitzer nach Ende des Besitzrechts (BayObLG NJW-RR 1998, 876) reichen also nicht aus. Str ist, was für „digitale Eigenmacht" (*Casper/Grimpe* ZIP 2022, 661, 662; *Kuschel* AcP 220 (2020), 98, 99) gilt. Von dieser wird gesprochen, wenn jemand mittels einer Software (Smart Contract) per Fernzugriff einzelne oder alle Nutzungsmöglichkeiten einer digital vernetzten Sache abschaltet (§ 862 Rn 4 „Selbstvollziehende Verträge"). 2

2. Besitzstörung und -entziehung. S § 862 Rn 3 bzw § 861 Rn 4. Zw Besitzentziehung und -störung besteht ein **quantitativer** Unterschied: Besitzentziehung ist der totale und dauernde Ausschluss von der faktischen Sachherrschaft, Besitzstörung eine Verhinderung der Ausübung der Herrschaft über die Sache in einzelnen Beziehungen (BGH NJW 2008, 580 Rn 12; s auch München IMR 2021, 118). Die Besitzentziehung nimmt dem Besitzer die tatsächliche Gewalt über die Sache vollständig und **nicht nur vorübergehend** (BeckOK/*Fritzsche* Rn 7), Be- 3 einträchtigungen anderer Art sind Besitzstörungen (BGH NJW 2008, 580 Rn 12). Dem mittelbaren steht gegen den unmittelbaren Besitzer ebenso wenig ein Besitzschutzrecht zu (s § 869 Rn 4) wie dem Besitzdiener ggü dem Besitzherrn (§ 859 Rn 2ff). In umgekehrter Richtung ist dagegen verbotene Eigenmacht jew möglich.

4 **3. Widerrechtlich. a) Begriff.** Widerrechtl ist die Besitzbeeinträchtigung, wenn sie ohne Willen des unmittelbaren Besitzers und ohne gesetzl Gestattung erfolgt. Der Wille eines etwaigen mittelbaren Besitzers ist unerheblich.

5 **b) Ohne Willen.** „Ohne Willen" ist eine Besitzentziehung oder -störung, wenn es an einer irgendwie zum Ausdruck gelangten Gestattung (Rn 6) fehlt (RG JW 1928, 497); ein entgegenstehender Wille muss nicht ersichtlich sein. Auf eine etwaige Gestattung des mittelbaren Besitzers (anders für dessen Klage aus § 869) oder des Besitzdieners kommt es nicht an. Demzufolge ist etwa Jagdausübung, die mit Zustimmung des (nicht als Besitzer geltenden) Jagdpächters, aber gegen den Willen des Grundeigentümers erfolgt, „ohne Willen" (Rostock OLG 6, 254).

6 **c) Gestattung. aa) Überblick.** Eine Gestattung ist kein Rechtsgeschäft. Es genügt ein „natürlicher" Wille (*Omlor/Gies* JuS 2013, 12, 14; s auch § 854 Rn 13). Sie kann auch stillschw erklärt werden (Vor § 116 Rn 7), zB wenn der Besitzer erkennbar seine Gleichgültigkeit am Schicksal der Sache ausdrückt (RGZ 72, 192, 198). Dagegen ist als Gestattung nicht schon das bloße Unterlassen eines Widerstandes oder der Anrufung der Polizei aufzufassen (RG WarnRsp 1914 Nr 335). Die Gestattung muss freiwillig, dh nicht unter dem Druck unerträglich werdender Störungen (RG JW 1928, 497) oder einer massiven Drohung (LG Kiel MDR 1949, 366) erteilt sein, bei welcher der psychische Zwang einem physischen gleichkommt (MüKo/*Schäfer* Rn 7). Die Gestattung bleibt bei Irrtum oder Täuschung allerdings wirksam. Die Gestattung eines Volltrunkenen ist unwirksam (RG WarnRsp 1925 Nr 24). Die Gestattung muss noch im Augenblick der Besitzbeeinträchtigung vorliegen. Von einer Gestattung, auch des Erblassers, wird „vermutet", dass sie fortdauert, bis sie widerrufen wird (RGZ 146, 182, 186). §§ 158ff und § 138 I (RG JW 1929, 1380) sind entspr anwendbar.

7 **bb) Vertragl Wegnahmerecht.** Ein vertragl Wegnahmerecht ist wie eine Gestattung zu behandeln. Der Besitzer kann zB im Rahmen einer Sicherungsvereinbarung die Wegnahme der Sache für den Fall erlauben, dass die Kaufpreiszahlungen nicht pünktlich erfolgen. Es muss freilich deutlich werden, dass dem Sicherungsnehmer nicht lediglich ein Herausgabeanspruch zustehen soll (Schleswig SchlHA 1975, 47, 48); andernfalls liegt eine Besitzentziehung vor (Düsseldorf MDR 1971, 1011).

8 **cc) Gesetzl Gestattung. (1) Überblick.** Eine gesetzl Gestattung muss das **eigenmächtige** Vorgehen **erlauben**. Bsp hierfür sind § 14 I Nr 2, II Nr 2, 15 WEG (dazu ua *Suilmann* WuM 2023, 119, 123, der übersieht, dass der Besitzschutz erst aus § 15 WEG folgt) oder Benutzungsbestimmungen der Wohnungseigentümer (*Elzer* ZWE 2022, 149, 153). Auch § 555a I und § 555d I sind gesetzl Gestattungen (Frankfurt NZM 2019, 337 Rn 12/Rn 13; *Elzer* ZWE 2022, 149, 153; aA München ZWE 2021, 163 Rn 32; LG Berlin MM 2020, 28; *Lehmann-Richter* NZM 2013, 451, 452; Grü/*Herrler* Rn 6). Gleiches gilt für das Hammerschlags- und Leiterrecht (aA Karlsruhe NJW-RR 1993, 91; Grü/*Herrler* Rn 6), das dem Berechtigten die Befugnis gibt, bestimmte Arbeiten an den auf seinem Grundstück stehenden Baulichkeiten unter den in den Nachbarrechtsgesetzen genannten Voraussetzungen von dem Nachbargrundstück aus durchzuführen (s auch BGH MDR 2013, 396 Rn 7). Denn jew wird die **Duldung** der Störung geboten. Dieser Gesetzesbefehl ist notwendig, aber auch **ausreichend** (s auch BAG NZA 2019, 402 Rn 19). Ein dingliches oder obligatorisches Recht auf Besitzeinräumung oder auf Duldung einer Beeinträchtigung gibt hingegen noch keine Befugnis zu selbständiger, also ohne gerichtliche Hilfe vorgenommener Rechtsverwirklichung (BGH VersR 1971, 765 unter II 1 c; LG Berlin NZM 2013, 465, 466). Der Auftraggeber, der in Ausübung seines Verwendungsrechts nach § 8 Nr 3 III VOB/B die auf die Baustelle verbrachten Geräte und Materialien des Auftragnehmers ohne dessen Willen in Besitz nimmt, verübt zB eine Besitzentziehung (Düsseldorf BauR 2008, 998).

9 **(2) Gesetzl Selbsthilferechte.** Gesetzl Selbsthilferechte können zB sein die §§ 227–229, 562b (ggf iVm § 581 II, § 592 S 4); § 859 II–IV, §§ 904, 905 S 2 (Bremen OLG 1971, 147, 148); §§ 906 (München NJW-RR 1992, 1097), 910, 962; landesrechtl Selbstpfändungsrechte, Art 89 EGBGB; §§ 758, 808ff, 883ff, 892 ZPO, § 150 ZVG (die Aufrechterhaltung des im Wege der Zwangsvollstreckung übertragenen Besitzes wird mit Aufhebung des Titels keine Besitzstörung, BGH MDR 2003, 621 unter II 2); §§ 84ff, 102ff, 111ff und Beschlagnahmerecht nach § 94 StPO; polizeiliche und verwaltungszwangsverfahrensrechtl (*Naumann* DVBl 1950, 133) Eingriffsbefugnisse, zB § 127 StPO sowie die Eingriffsmöglichkeiten nach Polizei- und Ordnungsrecht; § 134 I TKG (zu § 57 I TKG aF s BGH NJW 2000, 3206, 3207; NJW-RR 2002, 1576); in den Fällen der §§ 1422 und 2205 bzw § 148 InsO ist die Besitzergreifung gestattet, nicht jedoch bei ausdrückl Weigerung des Besitzers.

10 **(3) Gegenbeispiele.** Aus § 867 folgt keine Gestattung, das fremde Grundstück zu betreten (§ 867 Rn 4). Auch durch Verwaltungsakt zugewiesene Räume dürfen nicht eigenmächtig in Besitz genommen werden. Ein Gläubiger, der entgegen den §§ 809, 883 ZPO durch den Gerichtsvollzieher die geschuldete Sache einem nicht zur Herausgabe bereiten Dritten wegnehmen lässt, anstatt nach § 886 ZPO zu verfahren, handelt ohne gesetzl Gestattung (LG Bielefeld NJW 1956, 1879, 1880). Ebenso derjenige, der durch unrichtige Angaben Polizeibeamte veranlasst, ihm den Besitz einer Sache zu verschaffen (Köln NJW-RR 1994, 557).

11 **4. Verschulden.** Ein Verschulden bzw eine Störungs- oder Entziehungsabsicht des Handelnden ist grds nicht erforderlich (RGZ 55, 55, 57; 67, 387, 389; Koblenz NJW-RR 2000, 1606, 1608). Etwas anderes gilt im Rahmen von § 823 I bzw II; auch auf Bösgläubigkeit kommt es nicht an (RGZ 67, 387, 389; OGH MDR 1948, 472).

III. Rechtsfolgen (§ 858 II). 1. Fehlerhafter Besitz. Der durch verbotene Eigenmacht erlangte Besitz ist „fehlerhaft" (§ 858 II 1). Die Fehlerhaftigkeit ist **relativ**: Während der fehlerhaft Besitzende ggü Dritten unbeschränkten Besitzschutz genießt, sieht das Gesetz im Verhältnis zum bisherigen Besitzer Beschränkungen vor (s etwa § 859 II, III, § 861, § 862 II). Der Dieb ist also ggü einem zweiten Dieb (s auch BGH NStZ-RR 2008, 76), nicht aber **ggü dem Bestohlenen** (s auch Rn 9) besitzrechtl uneingeschränkt geschützt. Der mittelbare Besitz ist fehlerhaft, wenn es der ursprünglich unmittelbare Besitz des mittelbaren Besitzers war, zB wenn ein Dieb die Sache vermietet (KG KGRp 1999, 157, 158) oder ein Gläubiger die dem Schuldner eigenmächtig weggenommene Sache nachträgl durch den Gerichtsvollzieher pfänden lässt (Celle NJW 1957, 27; Köln JurBüro 1996, 217, 218). Gleiches gilt, wenn fehlerhafter Besitz von einem Besitzmittler begründet wird. Auch der damit entstandene mittelbare Besitz seines Oberbesitzers ist dann fehlerhaft. 12

2. Nachfolger im Besitz (§ 858 II 2). Nachfolger im Besitz ist jeder, der Besitz an der Sache begründet, also zB auch der zweite Dieb. Kenntnis der Fehlerhaftigkeit iSv § 858 II 2 Alt 2 muss beim Erwerb bestehen, (grob) fahrlässige Unkenntnis und spätere Kenntnis sind bedeutungslos. Der Besitznachfolger muss wissen, dass der Besitz seines Vorgängers fehlerhaft war; dem steht die Kenntnis vom Besitzrecht eines Dritten nicht gleich (OGH MDR 1948, 472, 473). Der Erbe des fehlerhaft Besitzenden muss gem § 858 II 2 Alt 1 die Fehlerhaftigkeit ohne Rücksicht darauf gegen sich gelten lassen, ob er sie kennt oder nicht. Dies gilt immer dann, wenn er den Besitz nach § 857 erwirbt. Bei einem Besitzerwerb vor dem Erbfall ist § 858 II 2 Alt 2 anzuwenden (Staudinger/*Gutzeit* Rn 59). Dagegen nützt dem gutgläubigen Erben eine spätere Ergreifung des „Verkehrsbesitzes" iSv § 854 nichts. Was für den Erwerb fehlerhaften Besitzes nach § 857 gilt, gilt für andere Fälle des Besitzerwerbs durch Universalsukzession entspr (Staudinger/*Gutzeit* Rn 60 mwN; BeckOK/*Fritzsche* Rn 28). 13

IV. Prozessuales. Für die Verteilung der Darlegungs- und Beweislast gelten die allg Grundsätze (Düsseldorf 20.3.2017 – I-9 U 159/16, juris Rn 18; Hamm NJW-RR 2013, 209, 210). Eine etwaige Gestattung hat der Gegner zu beweisen (Saarbrücken NJW-RR 2003, 1717). Kann der Gegner eine Zustimmung beweisen, muss der Anspruchsteller deren Widerruf beweisen. 14

§ 859 Selbsthilfe des Besitzers

(1) Der Besitzer darf sich verbotener Eigenmacht mit Gewalt erwehren.

(2) Wird eine bewegliche Sache dem Besitzer mittels verbotener Eigenmacht weggenommen, so darf er sie dem auf frischer Tat betroffenen oder verfolgten Täter mit Gewalt wieder abnehmen.

(3) Wird dem Besitzer eines Grundstücks der Besitz durch verbotene Eigenmacht entzogen, so darf er sofort nach der Entziehung sich des Besitzes durch Entsetzung des Täters wieder bemächtigen.

(4) Die gleichen Rechte stehen dem Besitzer gegen denjenigen zu, welcher nach § 858 Abs. 2 die Fehlerhaftigkeit des Besitzes gegen sich gelten lassen muss.

I. Zweck und Allgemeines. 1. Zweck. § 859 I–III sind im Wesentlichen wie auch § 562b I, §§ 581, 701, 910, 962, 1029 **Sonderfälle** der §§ 227, 229 (§ 229 Rn 1) und erlauben dem Besitzer, grds (§ 861 II, § 862 II) auch dann, wenn sein Besitz ggü dem Entziehenden fehlerhaft ist, als „spontane Reaktion" (BGH NJW 2009, 2530 Rn 19) eine Besitzwehr (Rn 5) und/oder eine Besitzkehr (Rn 6 und Rn 7); § 859 IV erweitert diese Rechte (Rn 4). § 859 will dabei den Rechtsfrieden fördern und das Kontinuitätsinteresse des Besitzers dadurch bestärken, dass jeder, der verbotene Eigenmacht verübt, mit dem Einsatz von Gewalt seitens des Besitzers rechnen muss (*Stam* JR 2017, 557, 561ff; aA *Stamm* Liber amicorum Vieweg, 2021, 603, 606ff, der § 859 als überflüssig ansieht). **2. Verhältnismäßigkeitsgrundsatz.** Die Rechtmäßigkeit einer Selbsthilfe ist davon abhängig, ob sie notwendig, geboten oder angemessen ist – Verhältnismäßigkeitsgrundsatz (BGH NJW 2009, 2530 Rn 16; s auch *Stam* JR 2017, 557, 560). Für die Beurteilung ist grds eine Mittel-Zweck-Relation maßgeblich. Die Ausübung des Selbsthilferechts ist danach unzulässig, wenn sie der Gegenseite unverhältnismäßig große Nachteile zufügt und andere, weniger schwerwiegende Maßnahmen möglich gewesen wären, die den Interessen des Berechtigten ebenso gut Rechnung getragen hätten oder ihm zumindest zumutbar gewesen wären (BGH NJW 2009, 2530 Rn 16). Die Ausübung des Selbsthilferechts soll allerdings, auch dann, wenn sie verhältnismäßig ist, nach § 242 noch unzulässig sein können (BGH NJW 2009, 2530 Rn 17; zweifelhaft). **3. Besitzverbot.** § 859 soll nicht anwendbar sein, wenn der konkrete Besitz als solcher bei Strafe verboten ist (BGH NJW 2015, 2898 Rn 19). **4. Unzulässigkeit.** Die Selbsthilfe ist bei Verletzung des Verhältnismäßigkeitsgrundsatzes, bei einem Besitzverbot sowie bei Überschreitung der in § 859 II, III genannten zeitl Grenzen vorbehaltlich § 229 rechtswidrig. **5. Mietrecht.** Dem Vermieter stehen gegen den Wohn- oder Gewerberaummieter, der die Mietsache nach Beendigung des Mietverhältnisses nicht zurückgibt, jenseits von § 940a ZPO **keine** Besitzschutzansprüche aus § 859 I zu (BGH NJW 2016, 863 Rn 13; 2010, 3434 Rn 10; § 229 Rn 5). **6. Schadensersatz.** Eine Schadensersatzpflicht aus § 823 kommt bei schuldhafter Überschreitung der gesetzten Grenzen in Betracht; § 231 ist nicht anwendbar. 1

II. Selbsthilfeberechtigter und Selbsthilfegegner. 1. Selbsthilfeberechtigter. a) Unmittelbarer Besitzer. Zur Selbsthilfe nach § 859 berechtigt ist grds der unmittelbare Besitzer (BGH NJW 2009, 2530 Rn 16 und Rn 19; vgl auch BGH NJW 2008, 580 Rn 16), auch wenn er unrechtmäßig oder fehlerhaft besitzt (RGSt 60, 273, 278). Selbsthilfeberechtigt ist ferner der mittelbare Besitzer ggü demjenigen, der den unmittelbaren Besitz beeinträchtigt (*Omlor/Gies* JuS 2013, 12, 15; *Lopau* JuS 1980, 501, 503), jedoch nicht, wenn der unmittelbare Besitzer gegen eine Beeinträchtigung nicht vorgehen will. § 861 II und § 862 II sind ebenso wie § 864 II (RGZ 107, 258, 261) 2 nicht anwendbar. Bei Mitbesitz gilt § 1011 entspr. **b) Dritte.** Der unmittelbare Besitzer kann sich der Hilfe Dritter bedienen (BGH NJW 2009, 2530 Rn 18). **c) Gesetzl Vertreter.** Zur Selbsthilfe berechtigt soll auch der gesetzl Vertreter sein, selbst wenn allein der Vertretene unmittelbaren Besitz hat (RGZ 64, 385, 386).

3 **2. Selbsthilfegegner. a) Überblick.** Verpflichtet ist derjenige, der den Besitz entzieht (§ 861) oder stört (§ 862). Selbsthilfe kann auch gegen etwaige Besitzdiener bzw bei jür Personen gegen deren Organe gerichtet sein; gleiches gilt für Kinder (RG DJZ 1903, 574) und Deliktsunfähige. Das Selbsthilferecht kann sich aber auch oder nur gegen die **sächlichen Mittel** richten, die der Störer zur Verübung der verbotenen Eigenmacht „einsetzt", zB einen Pkw (Rn 6).

4 **b) § 859 IV, § 858 II.** Selbsthilfegegner ist ferner, wer nach § 858 II die Fehlerhaftigkeit des Besitzes gegen sich gelten lassen muss (§ 858 Rn 13).

5 **III. Tatbestandsvoraussetzungen. 1. § 859 I (Besitzwehr). a) Verbotene Eigenmacht.** S § 858 Rn 2. **b) Störung.** Der Selbsthilfeberechtigte muss im Besitz gestört werden (s § 862 Rn 4).

6 **2. § 859 II (Besitzkehr). a) Bewegliche Sachen.** S Vor § 90 Rn 4. **b) Verbotene Eigenmacht.** S § 858 Rn 2. **c) Auf frischer Tat.** „Auf frischer Tat" verlangt einen **engen** zeitl Zusammenhang mit der Wegnahme (RG JW 1931, 2643); es genügt eine spätere **alsbaldige** Entdeckung (zB nach ca 30 Minuten, s Schleswig SchlHA 1987, 12f) und Verfolgung (RGSt 59, 49, 50). **d) Verfolgung (Nacheile).** Im Falle der Nacheile ist es nicht erforderlich, dass der Besitzer den Täter bei der Tat beobachtet. Es genügt, wenn er die Wegnahme **alsbald**, nachdem sie geschehen ist, entdeckt und dann **unverzüglich** die Verfolgung aufnimmt. Die Dauer der Verfolgung spielt keine Rolle und darf zB bis in die Wohnung des Täters fortgesetzt werden.

7 **3. § 859 III (Besitzkehr). a) Überblick.** Bei Grundstücken bzw bei Grundstücksteilen muss die Besitzkehr „sofort" geübt werden. Bei Trennung und Entfernung von Grundstücksbestandteilen gilt § 859 II. **b) Grundstück.** Grundstück ist ein abgegrenzter Teil der Erdoberfläche, der Raum über der Erdoberfläche und der Erdkörper unter der Erdoberfläche. **c) Sofort.** „Sofort" bedeutet **nicht** unverzüglich, sondern so schnell, wie dies nach obj Maßstab (ggf unter Berücksichtigung einer notwendigen Vorbereitung) ohne Rücksicht auf Kenntniserlangung von der Entziehung möglich ist (Celle NJOZ 2018, 1179 Rn 5; Düsseldorf ZMR 2001, 220). **d) Besitzwehr und -kehr fallen zusammen.** Fallen Besitzwehr und Besitzkehr zusammen, gilt § 859 III auch für die Besitzwehr (BGH NJW 1967, 46 unter A 2). **e) Pkw.** S § 862 Rn 4 „Unbefugtes Abstellen eines Pkw" sowie Rn 12. Das Abschleppen eines störenden Pkw am Abend des gleichen Tages, vier Stunden nach dem Abstellen oder sogar noch am folgenden Tag ist grds „sofort" (Karlsruhe OLGZ 1978, 206; LG Frankfurt NJW 1984, 183).

8 **4. Staatliches Tun.** Dass der Staat den Selbsthilfeberechtigten schützen könnte, ist für die Anwendung des § 859 unerheblich (RG HRR 1934 Nr 1282).

9 **IV. Rechtsfolgen. 1. Gewalt.** Gewalt sind **jegliche** Handlungen, mit denen der Selbsthilfeberechtigte auf den Selbsthilfegegner beeinflussend, verändernd oder schädigend einwirkt.

10 **2. § 859 I.** Der Selbsthilfeberechtigte darf gegen den Selbsthilfegegner Gewalt (Rn 9) ausüben. Die Gewalt darf **nicht weiter** gehen, als zur Abwehr nötig ist (Rn 1; BGH NJW 2009, 2530 Rn 16). Bei mehreren Mitteln ist das zu wählen, das den Selbsthilfegegner am **wenigsten** gefährdet (Rn 1).

11 **3. § 859 II.** S Rn 9 zum Begriff der Gewalt sowie Rn 10, die entspr gilt. Der durch berechtigte Besitzkehr nach § 859 II wiedererlangte Besitz ist **nicht** fehlerhaft.

12 **4. § 859 III.** Es gelten die Ausführungen zu Rn 10 entspr. Der Selbsthilfeberechtigte ist nicht **befugt**, den Selbsthilfegegner an der Besitzaufgabe zu hindern, zB durch eine Parkkralle (*Paal/Guggenberger* NJW 2011, 1036, 1040). Der Selbsthilfeberechtigte kann einen Pkw aber **umsetzen** lassen (BGH MDR 2016, 764 Rn 9).

13 **V. Prozessuales.** Die Tatbestandsvoraussetzungen der § 859 I–III hat der Selbsthilfeberechtigte zu beweisen (Baumgärtel/Laumen/Prütting/*Eichhorn* Rn 1), die fehlende Erforderlichkeit des Abwehrmittels hingegen der Selbsthilfegegner (Baumgärtel/Laumen/Prütting/*Eichhorn* Rn 2).

§ 860 Selbsthilfe des Besitzdieners

Zur Ausübung der dem Besitzer nach § 859 zustehenden Rechte ist auch derjenige befugt, welcher die tatsächliche Gewalt nach § 855 für den Besitzer ausübt.

1 **I. Zweck und Allgemeines.** § 860 gibt dem Besitzerdiener unter seinen Tatbestandsvoraussetzungen (Rn 2) das Recht, das Selbsthilferecht (§ 859) des Besitzherrn auszuüben. Er trifft keine Aussage wegen Besitzentziehung und -störung nach §§ 861, 862 (RGZ 97, 166, 167). Die Ausübungsbefugnis des Besitzherrn steht neben dem Selbsthilferecht des Besitzdieners. Wie der Besitzherr (§ 859 Rn 2), so kann sich auch der Besitzdiener fremder Hilfe bedienen.

2 **II. Tatbestandsvoraussetzungen. 1. Besitzdiener.** Wer sich auf § 860 beruft, muss Besitzdiener sein (dazu § 855). **2. Verbotene Eigenmacht.** Die Ausübung muss sich gegen eine Person wenden, die eine verbotene Eigenmacht (§ 858 Rn 2) begeht. **3. Ausübung.** „Ausübung" meint, dass der Besitzdiener das Selbsthilferecht des Besitzherrn nicht selbst innehat, sondern für diesen wahrnimmt, also in seinem Interesse, nach seinem Willen und seinen Weisungen handelt. Eine Ausübung des Selbsthilferechts gegen den Besitzherrn ist damit nicht vorstellbar (RGZ 97, 166, 167; LAG Chemnitz MMR 2008, 416, 417). Ferner muss der Besitzdiener die Ausübung des Selbst-

hilferechts beenden, wenn ihn der Besitzherr entspr anweist. Möglich ist hingegen ein Selbsthilferecht gegen andere Besitzdiener, nämlich wenn diese gegen den Besitzherrn verbotene Eigenmacht verüben (Köln JMBl NRW 1956, 180), zB Arbeitsgeräte unbefugt nach Hause mitnehmen wollen (BeckOK/*Fritzsche* § 860 Rn 4).

III. Umfang. 1. Selbsthilferechte des Besitzherrn. Der Besitzerdiener hat die Selbsthilferechte, die auch der Besitzherr hat (dazu § 859 Rn 4ff). **2. Herrschaftsbereich des Besitzherrn.** Der Besitzdiener darf Selbsthilfe auch in Bezug auf solche Sachen üben, die sich zwar nicht in seinem Gewahrsam befinden, aber zum Herrschaftsbereich des Besitzherrn gehören. So darf zB der Kassierer eines Geschäftes Besitzschutz für sämtliche Waren ausüben. **3. §§ 227, 229, 230.** § 860 berührt nicht §§ 227, 229, 230. 3

IV. Prozessuales. Es gilt § 859 Rn 13 entspr. 4

§ 861 Anspruch wegen Besitzentziehung

(1) Wird der Besitz durch verbotene Eigenmacht dem Besitzer entzogen, so kann dieser die Wiedereinräumung des Besitzes von demjenigen verlangen, welcher ihm gegenüber fehlerhaft besitzt.

(2) Der Anspruch ist ausgeschlossen, wenn der entzogene Besitz dem gegenwärtigen Besitzer oder dessen Rechtsvorgänger gegenüber fehlerhaft war und in dem letzten Jahre vor der Entziehung erlangt worden ist.

I. Zweck, Allgemeines und Anwendungsbereich. 1. Überblick. § 861 I gibt dem Besitzer in den zeitl Grenzen des § 861 II bei verbotener Eigenmacht (§ 858) grds das Recht, von dem, der ihm den Besitz entzieht, die Wiedereinräumung des Besitzes zu verlangen. Das Recht ist rein „possessorischer" Natur, dh bloße Folge der Entziehung des Besitzes (Vor § 858 Rn 2), abtretbar (BGH NJW 2008, 580 Rn 13) und vererblich (MüKo/*Schäfer* Rn 3); die Ausübung kann nach § 242 unzulässig sein (BGH NJW 1978, 2157 unter II 2 b). § 861 wird ergänzt durch den petitorischen Besitzschutz nach § 1007 und den deliktsrechtl nach § 823 I, II (Vor § 854 Rn 1; § 858 Rn 1). **2. Anwendungsbereich.** Ob § 861 durch §§ 1361a, 1361b bzw §§ 13, 14, 17ff LPartG **verdrängt** wird, ist str (vgl zB Celle NJW 2022, 2855 Rn 11; Frankfurt NJW-RR 2019, 1220 Rn 14ff; § 1361b Rn 16). Nahe liegt, dass § 861 **nicht verdrängt**, sondern nur „überlagert" wird und der possessorische Rückgabeanspruch unter dem Vorbehalt der Billigkeitsprüfung iSd § 1361a II steht (*Holzwarth* FPR 2010, 559, 563; s auch Frankfurt NJW-RR 2019, 1220 Rn 18: „vorrangige Anspruchsgrundlage"). 1

II. Berechtigter und Verpflichteter. 1. Berechtigter. Vgl § 859 Rn 2. Auf ein Recht zum Besitz kommt es – wie grds – nicht an (BGH NJW 1981, 865 unter B II 4 b). Der Anspruch steht außer im Fall des § 861 II auch dem fehlerhaften Besitzer zu (vgl Rn 5). 2

2. Verpflichteter. Verpflichtet ist, wer eine verbotene Eigenmacht (§ 858) begeht, selbst Besitzer ist (Rn 4; §§ 854, 865, 866, 868) und fehlerhaft (§ 858 Rn 12) besitzt. Der Anspruch gegen einen mittelbaren Besitzer ist vorstellbar, wenn er den unmittelbaren Besitz fehlerhaft erworben, und dann nach § 868 auf den jetzigen unmittelbaren Besitzer übertragen hat (Schleswig NJW-RR 2015, 1298 Rn 14; Celle ZMR 2008, 288) oder es sonst zu einer Besitzmittlung gekommen ist, zB einer Pfändung (§ 868 Rn 10 „Pfändung"). 3

III. Tatbestandsvoraussetzungen. 1. Besitz von Berechtigtem und Verpflichteten. Der Berechtigte (Rn 2) muss zum Zeitpunkt der verbotenen Eigenmacht (Hamm NZM 13, 234) grds unmittelbarer Besitzer der Sache gewesen sein (§ 859 Rn 2). Der Verpflichtete (Rn 3) muss beim Verlangen noch wenigstens mittelbarer Besitzer sein. **2. Besitzentziehung. a) Begriff.** Besitzentziehung ist der totale und dauernde (s § 856 II) Ausschluss von der faktischen Sachherrschaft (BGH NJW 2008, 580 Rn 12; RGZ 67, 387, 389) über die Sache oder den Teilbesitz (§ 865), wobei Abschwächung von Allein- zu Mitbesitz oder von Besitz der Gesamtsache zu Teilbesitz ausreicht. **Bsp:** Ergreifen des Mitbesitzes an der ganzen Sache oder Begründung von Teilbesitz, Absperrung, Unterbindung des Zuganges, Wegnahme. Eine Besitzentziehung kann auch ggü einem unmittelbaren Besitzer iSv § 857 verübt werden, der (noch) keine tatsächliche Sachherrschaft innehat (s Koblenz NJW-RR 2000, 1606, 1608 und § 2025 Rn 3). Eine Besitzentziehung muss nicht notwendigerweise zu neuem Besitz führen. Eine Besitzentziehung liegt deshalb **auch dann** vor, wenn zB ein Besitzdiener eine ihm anvertraute Sache wegwirft. Beeinträchtigungen anderer Art sind Besitzstörungen (BGH NJW 2008, 580 Rn 12; § 862 Rn 4). Keine Besitzentziehung ist hingegen die bloße Nichtrückgabe einer Sache nach Beendigung eines befristeten Besitzrechts – insb Mietverhältnisses (BGH NJW 1996, 515 unter III 3; s auch NJW 2016, 863 Rn 13 und NJW 2010, 3434 Rn 10). Auch die Verhinderung der Wiederherstellung eines früheren Besitzstandes ist keine Besitzentziehung (BayObLG NJW-RR 1998, 876), etwa wenn der jetzige Besitzer dem früheren den Besitz nicht wieder einräumt, selbst wenn dieser ein Recht zum Besitz hat (OGH MDR 1948, 472, 473). Dies gilt auch, wenn er den Besitz an Räumen zurücküberträgt, aber einen Teil der Einrichtung darin belässt. **b) Verbotene Eigenmacht.** Die Besitzentziehung muss auf verbotener Eigenmacht (§ 858) beruhen. **3. Kein Ausschluss/Erlöschen des Anspruchs.** Kein Ausschluss des Anspruchs nach § 861 II (Rn 6) und kein Erlöschen nach § 864. 4

IV. Rechtsfolgen. 1. Allgemeines. Der Anspruch geht grds auf Wiedereinräumung des Besitzes, also auf Herausgabe der Sache am Ort der Besitzentziehung auf Kosten des Verpflichteten, nicht aber von Surrogaten, Nutzungen bzw Schadens- oder Wertersatz. Daher besteht zB beim Sparkassenbuch kein Anspruch auf das abgehobene Geld. Auch der Anspruch auf Aufhebung einer Kontosperre kann nicht auf § 861 gestützt werden (KG MDR 2013, 1296). Die Herausgabe hat auf Kosten des Verpflichteten (Rn 3) am Ort der Besitzentziehung zu erfolgen (Schleswig SchlHA 1975, 47, 49). Zu Pkw s § 862 Rn 4. **2. Mitbesitz.** Wird Mitbesitz entzogen, kann uU in entspr Anwendung des § 869 S 2 Einräumung des Alleinbesitzes verlangt werden (Düsseldorf MDR 1998, 5

893). **3. Mittelbarer Besitzer.** Der Anspruch gegen den mittelbaren Besitzer geht nach hM wahlweise auf Verschaffung des mittelbaren Besitzes nach § 870 (Celle ZMR 2008, 288; KG MDR 1999, 927; Köln MDR 1995, 1215; LG Mannheim GE 2021, 440; aA *Lehmann-Richter* NZM 2009, 177, 179) oder auf Herausgabe der Sache (Schleswig NJW-RR 2015, 1298 Rn 14). **4. Auskunft.** Der Berechtigte hat einen Auskunftsanspruch über den Verbleib der Sache (Hamburg OLG 45, 184, 185). **5. Unterlassung.** Droht die Besitzentziehung (entspr § 862 Rn 3), kann Unterlassung verlangt werden (PWW/*Prütting* Rn 6); in diesem Fall gilt § 862 I 2 entspr (BGH NJW 2012, 3781 Rn 5). **6. Schadensersatz.** Bei einem Verschulden kann vom Verpflichteten nach § 823 I bzw § 823 II, § 858 Schadensersatz verlangt werden (§ 823 Rn 43). **7. Aufwendungsersatz/Bereicherung.** Beseitigt der Berechtigte die Störung selbst, kann er nach §§ 683, 684 Ersatz der zu der Störungsbeseitigung erforderlichen Aufwendungen verlangen bzw hat ggf Rechte nach § 812 I 1 Fall 2, § 818 II (BGH NJW 2005, 1366 unter II 1 a).

6 **V. § 861 II. 1. Allgemeines.** § 861 II schließt § 861 I aus. Der Schutz greift auch, wenn der Berechtigte dem Besitzmittler des Verpflichteten den Besitz entzogen hatte (RGZ 69, 197, 198). **2. Gegenwärtiger Besitzer und Rechtsvorgänger.** „Gegenwärtiger" Besitzer ist der, welcher die Sache zzt unmittelbar besitzt. „Rechtsvorgänger" ist der Vorgänger des gegenwärtigen Besitzers. Eine Rechtsnachfolge ist nicht erforderlich. **3. Fehlerhafter Besitz.** Zur „Fehlerhaftigkeit" vgl § 858 Rn 12. Es genügt Fehlerhaftigkeit ggü einem unmittelbaren Besitzer, der zu seiner Besitzzeit Besitzmittler des jetzigen unmittelbaren Besitzers war. **4. Frist und Fristbeginn.** Die Frist beträgt ein Jahr. Der Lauf der Frist beginnt mit der Verübung der verbotenen Eigenmacht; das ist der Zeitpunkt, in dem die Besitzentziehung vollendet ist (BGH NJW 2008, 580 Rn 18).

7 **VI. Prozessuales. 1. Zuständigkeit.** Örtlich zuständig ist das Gericht des allg Gerichtsstandes (§§ 12–19a ZPO). Bei **Zusammentreffen** des Anspruchs nach § 861 mit einem Anspruch aus unerlaubter Handlung ist für die auf § 861 gestützte Klage § 32 ZPO maßgeblich (BGH NJW 2003, 828 unter III 2). § 29 ZPO ist nicht anwendbar. Für Grundstücke ist § 24 I ZPO zu beachten. Die sachliche Zuständigkeit richtet sich nach dem **Streitwert.** Der Wert ist nach dem Interesse des Klägers an der Beseitigung der Besitzstörung zu schätzen (näher Toussaint/*Elzer* ZPO § 6 Rn 10ff). Erfolgt eine verbotene Eigenmacht unter Eheleuten bzw Lebenspartnern im Zusammenhang mit einer Trennung, ist das FamG zuständig (Zöller/*Lorenz* § 200 FamFG Rn 2, 9 und 10). **2. Klage.** Der Anspruch aus § 861 I kann nach § 260 ZPO verbunden werden mit einem bereits bestehenden Schadensersatzanspruch, zB wegen entgangener Nutzung (Rn 5). Ein Wechsel vom Anspruch nach § 861 zu § 862 I 1 (und umgekehrt) ist gem § 264 Nr 2 ZPO zulässig, zumindest nach § 263 ZPO sachdienlich. Tritt während des Rechtsstreits Besitzverlust ein, kann der Kläger auf das Interesse übergehen (§ 264 Nr 3 ZPO). §§ 265, 325, 727 ZPO gelten, wenn der Verpflichtete den Besitz weggibt. **3. Einstweiliger Rechtsschutz.** Geht der Kläger nach §§ 935ff vor, muss nach ganz hM **kein Verfügungsgrund** dargelegt werden (Brandenburg v. 20.1.2022 – 10 W 2/21, juris Rn 7; KG MDR 2020, 736; Saarbrücken NJW-RR 2020, 504 Rn 6; Frankfurt NJOZ 2019, 1306; Düsseldorf 20.3.2017 – I-9 U 159/16, juris Rn 15; Stuttgart NJW 2012, 625, 626). Bleibt der Antragsteller in Kenntnis der maßgeblichen Umstände längere Zeit untätig, zB mehrere Monate, kann allerdings anderes gelten (Saarbrücken NJW-RR 2020, 504 Rn 6). Ferner soll im Einzelfall nach § 242 oder nach §§ 861, 858, 857 eine Glaubhaftmachung erforderlich sein (KG MDR 2020, 736). Die Grenze bildet § 864. Verfügungsanspruch ist der Anspruch aus § 861 I. **4. Beweis.** Der Kläger hat die Tatbestandsvoraussetzungen (Rn 4) bei Schluss der mündlichen Verhandlung (Ausnahme: § 265 II ZPO) zu beweisen. Der Beklagte hat die Voraussetzungen des § 861 II (Hamm NJW-RR 2013, 209) sowie das Erlöschen nach § 864 zu beweisen. S auch § 858 Rn 14. **5. Widerklage.** Zur petitorischen Widerklage s § 863 Rn 3. **6. Konkurrenzen.** Ein Recht auf Herausgabe kann sich auch aus § 823 I, II, § 249, aus § 985 iVm § 1006, aus § 1007 und aus § 812 I ergeben (s auch Vor § 854 Rn 1; Vor § 858 Rn 3). Insoweit besteht prozessual ein alle konkurrierenden materiell-rechtl Ansprüche umfassender einheitlicher Streitgegenstand (*E. Schneider* JR 1961, 367; PWW/*Prütting* Rn 6). Liegen die Tatbestandsvoraussetzungen des § 861 nicht vor, hat das Gericht daher sonstige (petitorische) Ansprüche von Amts wegen zu prüfen (BGH NJW 1978, 2157 unter II 1).

§ 862 Anspruch wegen Besitzstörung

(1) Wird der Besitzer durch verbotene Eigenmacht im Besitz gestört, so kann er von dem Störer die Beseitigung der Störung verlangen. Sind weitere Störungen zu besorgen, so kann der Besitzer auf Unterlassung klagen.

(2) Der Anspruch ist ausgeschlossen, wenn der Besitzer dem Störer oder dessen Rechtsvorgänger gegenüber fehlerhaft besitzt und der Besitz in dem letzten Jahre vor der Störung erlangt worden ist.

1 **I. Zweck, Allgemeines und Anwendungsbereich. 1. Überblick.** § 862 I gibt den **unverjährbaren** Anspruch, in den **zeitl Grenzen** des § 862 II (Rn 5) bei verbotener Eigenmacht (§ 858), von dem, der den Besitz stört, die Beseitigung (§ 862 I 1) und/oder Unterlassung (§ 862 I 2) der Störung zu verlangen. § 862 I verschafft dem Besitzer einen vergleichbaren Schutz wie § 1004 dem Eigentümer (BGH NJW 2006, 3628 Rn 20). Er ist rein „possessorischer" Natur, dh Folge der Störung des Besitzes (Vor § 858 Rn 2). Der Anspruch kann nicht isoliert, sondern nur dann abgetreten werden, wenn der Besitz an den Zessionar übertragen wird (BGH NJW 2008, 580 Rn 17). § 862 wird **ergänzt** durch den petitorischen Besitzschutz nach § 1007 und den deliktsrechtl nach § 823 I, II (s auch § 858 Rn 1). **2. Verwirkung.** Beseitigungs- und Unterlassungsansprüche können verwirkt werden (BGH NJW-RR 2006, 235 Rn 10). Zu mehreren Einwirkungen und/oder wiederholten, gleichartigen Störungen

s § 864 Rn 2). **3. Anwendungsbereich.** Zum Verhältnis zu §§ 1361a, 1361b bzw §§ 13, 14, 17ff LPartG s § 861 Rn 1.

II. Berechtigter und Verpflichteter. 1. Berechtigter. Vgl § 859 Rn 2. Zur Störung von Mitbesitz vgl § 866 Rn 4. Der Anspruch steht außer im Fall des § 862 II auch dem fehlerhaften Besitzer zu (Rn 7). Der Anspruch geht bei Besitzverlust unter (BGH MDR 2003, 621 unter II). **2. Verpflichteter. a) Grundsatz.** § 1004 und § 862 gehen von einem **nahezu identischen** Störerbegriff aus (BGH NJW 2006, 3628 Rn 20). Verpflichtet ist allerdings nur derjenige, der eine verbotene Eigenmacht (§ 858) begeht, dessen Wille für die Beeinträchtigung oder ihre Fortdauer maßgebend ist, sei es, dass er die Besitzstörung selbst verursacht hat, sei es, dass durch seinen Willen ein den Besitz beeinträchtigender Zustand aufrechterhalten wird. Verpflichtet kann auch sein, wer die beeinträchtigende Einwirkung Dritter mittelbar verursacht hat (s ferner § 1004 Rn 106ff). Auch der Besitzdiener kann Störer sein (Dresden GE 2019, 1574, 1575). **b) Nachbarrecht.** Die „Störereigenschaft" folgt im Nachbarrecht nicht allein aus dem Eigentum oder Besitz an dem Grundstück, von dem die Einwirkung ausgeht, und setzt keinen unmittelbaren Eingriff voraus; ausreichend ist, dass die Beeinträchtigung des Nachbargrundstücks wenigstens mittelbar auf den Willen des Eigentümers oder Besitzers zurückgeht (BGH NJW-RR 2011, 739 Rn 12). Ob dies der Fall ist, ist in wertender Betrachtung von Fall zu Fall festzustellen (BGH NJW 2012, 3781 Rn 7). Entscheidend ist, ob es Sachgründe gibt, dem Grundstückseigentümer oder -besitzer die Verantwortung für ein Geschehen aufzuerlegen. Dies ist dann zu bejahen, wenn sich aus der Art der Nutzung des Grundstücks, von dem die Einwirkung ausgeht, eine „Sicherungspflicht", also eine Pflicht zur Verhinderung möglicher Beeinträchtigungen, ergibt (BGH NJW-RR 2011, 739 Rn 12). 2

III. Tatbestandsvoraussetzungen. 1. Besitzstörung (§ 862 I 1). a) Begriff. Besitzstörung ist ein Eingriff in die tatsächliche Sachherrschaft des Besitzers (BGH NJW 2009, 1947 Rn 26), und zwar in der Weise, dass ein ruhiger und befriedeter Zustand in einen solchen der **Rechtsunsicherheit** verwandelt wird, bzw dass eine andauernde Verhinderung der Ausübung der Herrschaft über die Sache in einzelnen Beziehungen **in anderer Weise** als gerade durch Besitzentziehung vorliegt (BGH NJW 2008, 580 Rn 12; § 861 Rn 4). Die Grenzen zw Störung und Entziehung sind allerdings fließend und können auch durch Vorstellung und Willen der Beteiligten beeinflusst werden (Braunschweig OLG 20, 395). Die Besitzstörung kann auch in einem Unterlassen bestehen (RGZ 134, 231, 234f; LG Berlin WuM 2003, 508, 509 – unterlassene Instandsetzung). Was für den Eigentümer einen Eingriff in die Ausübung des Eigentums bedeutet (s auch § 1004 Rn 16ff), ist für den Besitzer zumeist eine Besitzstörung. IdR handelt es sich darum, dass Ausschnitte aus den Gebrauchs- und/oder Nutzungsmöglichkeiten genommen werden. Es kann aber auch schon ein bestimmtes Verhalten genügen, das den Besitzer über den ungestörten Fortbestand seines Besitzes „ernstlich beunruhigt" (LG Berlin WuM 2014, 424). **b) Dauer.** Die Dauer der Beeinträchtigung ist unerheblich. **c) Erheblichkeit.** Ein Eingriff liegt nur vor, wenn der Besitzer in dem Bestand seiner tatsächlichen Sachherrschaft mehr als nur unerheblich beeinträchtigt wird (BGH NJW 2009, 1947 Rn 26). So soll es auch liegen, wenn der Eingriff nur von geringer Dauer und gleichzeitig auch geringer Intensität ist, etwa beim Anfassen eines Kfz (LG Nürnberg-Fürth NZM 2019, 455). **d) Bsp für Besitzstörungen (alphabetisch):** 3

- **Anbringen/Ablagern.** Das Ablagern von Müll auf einem Grundstück (Stuttgart NJW-RR 1996, 1516, 1517), aber auch das Anbringen von Werbemitteln an einem Fahrrad oder Kfz, zB das Anbringen von Prospekten oder Zetteln unter dem Scheibenwischer (Stuttgart NJW-RR 1996, 1516, 1517; *Mankowski* GRUR 2010, 578, 579; aA LG Nürnberg-Fürth NZM 2019, 455), am Seitenspiegel oder am Seitenfenster. 4
- **Anbringen/Aufstellen/Wildplakatieren.** Das Anbringen von Reklameeinrichtungen (RGZ 80, 281, 284f), zB das Anbringen eines (Vermietungs-)Plakats an einem Schaufenster (AG Brandenburg NZM 2013, 828, 829) oder das Aufstellen eines Gerüstes (LG Berlin GE 2016, 860; ZMR 2014, 791).
- **Behinderung** des Zuganges. S § 1004 Rn 26.
- **Beschädigung.** S § 1004 Rn 27.
- **Empfang.** Die nicht nur unerhebliche Störung zB des Fernseh-, Internet-, Kabel- oder Rundfunkempfanges (s auch § 1004 Rn 16).
- **Fotografieren.** S dazu Vor § 854 Rn 4 und § 1004 Rn 25.
- **Gebrauchsbehinderung.** Die Behinderung des tatsächlichen Gebrauchs durch Beschädigung (*Köhler* JuS 1977, 652), zB durch unzulässige Vertiefung (§ 909 Rn 1 und § 909 Rn 4), ist Besitzstörung. Eine solche kann auch im Anbringen von Reklameeinrichtungen (RGZ 80, 281, 284f), im Aufstellen eines Gerüstes (LG Berlin GE 2016, 860; ZMR 2014, 791f), im Anbringen eines (Vermietungs-)Plakats an einem Schaufenster (s auch „Miete" und „Anbringen/Aufstellen/Wildplakatieren") oder im Einwurf von Werbematerial (s „Werbung") liegen.
- **Gefahr drohende Anlagen.** S § 907 Rn 5.
- **Ideelle Einwirkungen.** S § 1004 Rn 20.
- **Immissionen.** Immissionen iSd § 906 I 1, die nicht zu dulden sind (BGH MDR 2019, 23 Rn 10; NJW 2015, 2023 Rn 5), zB:
  - nicht lediglich unwesentliche Geruchs- und Staubimmissionen (Frankfurt MDR 2019, 467; LG Berlin NJW-RR 2013, 846 mwN),
  - Rauchimmissionen, etwa Tabakrauch oder Räucherstäbchen (LG Dortmund NZM 2018, 251 Rn 29),
  - Lichtimmissionen (§ 1004 Rn 16; s auch Düsseldorf MDR 2017, 1297),
  - Verschmutzungen (Frankfurt MDR 2019, 467) oder

– Lärm (BGH MDR 2019, 1130 Rn 28; MDR 2019, 23 Rn 10; NJW 2009, 1947 Rn 28), zB durch einen Tennisplatz (Koblenz DWW 1992, 314, 315), Bauarbeiten (BGH JZ 1954, 613 unter II 2; LG Essen MDR 1969, 924), Musizieren (LG Köln ZMR 1967, 273; LG Düsseldorf DWW 1990, 87), Tiere (LG Bielefeld RdL 1991, 38), Jugendfreizeitstätte (BGH NJW 1993, 1656 unter I 4 b; Köln NJW 1998, 763ff).

Zur Bestimmung der Grenzen dessen, was hinzunehmen ist, bspw von einem Mieter im Verhältnis zu einem anderen Mieter, ist der in § 906 I 1 bezeichnete Maßstab entspr anzuwenden (BGH NJW 2015, 2023 Rn 10; JZ 1954, 613 unter II 2). Wann eine wesentliche Beeinträchtigung vorliegt, beurteilt sich nach dem Empfinden eines verständigen Durchschnittsmenschen und dem, was diesem unter Würdigung anderer öffentlicher und privater Belange zuzumuten ist (BGH NJW 2015, 2023 Rn 10). Kollidieren grundrechtl geschützte Rechtspositionen, müssen diese in einen angemessenen Ausgleich gebracht werden (BGH NJW 2015, 2023 Rn 16).

• **Kopien.** Die Einsicht in Akten und Unterlagen sowie die Anfertigung von Kopien und deren Verwertung ist keine Besitzstörung, weil dadurch die Sachsubstanz und die Nutzung der Sache selbst unberührt bleiben (Brandenburg NJW-RR 2020, 54 Rn 43). Ob etwas anderes gilt, wenn sich derjenige, der Kopien fertigt, zuvor unberechtigt Zugang zur Sache verschafft hat, ist offen (Brandenburg NJW-RR 2020, 54 Rn 44).

• **Lichtwerbung.** Lichtwerbung, zB blinkende Neonbuchstaben, kann eine Besitzstörung sein (BGH NJW 2009, 1947 Rn 28). S auch „Immissionen".

• **Luftraum.** Das Eindringen von Sachen in den Luftraum eines Grundstückes, zB das Eindringen eines Kranschwenkarms in den Luftraum (Karlsruhe NJW-RR 1993, 91; Zweibrücken OLGRp 1998, 100), jedenfalls dann, wenn sich dessen Benutzer durch den überschwenkenden Ausleger des Drehkrans gefährdet oder doch belästigt fühlen kann (Düsseldorf NZM 2007, 582, 583).

• **Miete.** Der Mieter hat an der eigentlichen Mietsache Besitz (PWW/*Elzer* § 535 Rn 117). Dieser umfasst im Wohn- und Gewerberaummietrecht **nicht nur** den Raum, sondern auch die Innenseiten der die Räume nach außen und zu anderen Wohnungen abgrenzenden Wände, Decken, Böden, Fenster und Türen. Wenn die Innenseiten der Außenwände durch eine Baumaßnahme geöffnet bzw durchbrochen werden, um ein Rohr oder eine Leitung zu verlegen, oder wenn ein Fenster bzw eine Lichtkuppel herausgebrochen wird, um die Wand an dieser Stelle zu verschließen, stellt dies eine körperliche Einwirkung auf die Mietsache dar, welche die tatsächliche Sachherrschaft des Mieters über die Mietsache beeinträchtigt, da ein Gebrauch dieser Teile der Mietwohnung durch die Baumaßnahmen ausgeschlossen ist (München IMR 2021, 118). Das Besitzrecht besteht im Einzelfall ferner an den Räumen und Flächen, an denen der Mieter ein bloßes Mitgebrauchsrecht (PWW/*Elzer* § 535 Rn 110) hat. Dass der **vermietende** Wohnungseigentümer mit den Maßnahmen ggf einverstanden war, ist unerheblich: Der Wille des mittelbaren Besitzers ist unerheblich (München IMR 2021, 118; KG ZMR 2000, 818).

Ein Eingriff in das Besitzrecht liegt zB vor, wenn der Zugang des Mieters zu den Räumen erschwert oder vereitelt wird oder wenn in anderer Form in einer den Mieter behindernden Weise auf die Mietsache eingewirkt wird (BGH NJW 2009, 1947 Rn 26), bspw durch einen Flashmob, durch Immissionen (BGH NJW 2015, 2023 Rn 5; München ZWE 2021, 163 Rn 26; „Immissionen") oder Gebrauchsbehinderungen („s Gebrauchsbehinderung"). Freilich können nur **wesentliche** Beeinträchtigungen Rechte nach § 862 auslösen (BGH NJW 2015, 2023 Rn 10; 2015, 2177 Rn 35).

Auch dann, wenn die Mietsache durch Dritte, zB Mitmieter, gestört wird (zB durch Rauch), liegt eine Besitzstörung vor. Aus einem Mietvertrag und einer darin in Bezug genommenen Hausordnung soll sich aber ergeben können, dass der Mieter Störungen durch Mitmieter in einem bestimmten Umfang (zB durch das Musizieren oder durch die Haustierhaltung in einer anderen Wohnung) dulden muss (BGH NJW 2015, 2023 Rn 5). Fehlt es an einer vertragl begründeten Duldungspflicht, steht dem Mieter der Anspruch nach § 862 I 1 freilich unabhängig davon zu, ob dem Mitmieter der die Beeinträchtigungen verursachende Gebrauch nach seinem Mietvertrag erlaubt ist oder nicht (BGH NJW 2015, 2023 Rn 5).

Der „ausgegrenzte" Mieter kann sein künftiges Besitzrecht bei einer **drohenden** Doppelvermietung nach hM nicht durch eine einstweilige Verfügung nach §§ 935, 940 ZPO sichern lassen (KG NJW-RR 2018, 139; Celle ZMR 2009, 113; aA Frankfurt NZM 2022, 467).

Wird dem Mieter **ohne** sein Einverständnis manuell oder automatisiert nachträgl die Möglichkeit genommen, eine **gemietete Autobatterie** nach Beendigung des Mietvertrages weiter aufzuladen („Fernsperrung"), liegt auch darin eine Besitzstörung (BGH MDR 2022, 1536 Rn 18; Düsseldorf MDR 2022, 238; s auch „Selbstvollziehende Verträge"). Es macht keinen Unterschied, ob der Besitz tatsächlich oder auf elektronischem Weg entzogen wird (BGH MDR 2022, 1536 Rn 18). Der Vermieter ist aufgrund der Sperrmöglichkeit nicht Mitbesitzer der Batterie (s auch BGH MDR 2022, 1536 Rn 124).

Die Unterbrechung von Versorgungsleistungen (Wasser, Gas, Wärme, Abfall, Strom) ist weder in der Gewerbe- (BGH NJW 2009, 1947 Rn 24; KG ZMR 2008, 47, 48) noch in der Wohnraummiete Besitzstörung (aA Saarbrücken GuT 2005, 218; KG ZMR 2005, 951, 952; Köln ZMR 2005, 124; Celle ZMR 2005, 615). Die zum Gebrauch der Mietsache erforderlichen **Energielieferungen** sind **nicht** Bestandteil des Besitzes (BGH NJW 2009, 1947 Rn 24). Etwas anderes gilt auch dann nicht, wenn Versorgungsleitungen durch einen **außen stehenden Dritten** unterbrochen werden (Staudinger/*Gutzeit* § 858 Rn 53; aA KG NZM 2010, 321, 322).

Zahlt ein Wohnungseigentümer kein Hausgeld, ist die Gemeinschaft der Wohnungseigentümer grds berechtigt, den Säumigen von einem Leistungsbezug auszuschließen (BGH NZM 2005, 626 unter II 2 a; *Hügel/Elzer* § 28 WEG Rn 339ff). Im Einzelfall kann eine solche **Versorgungssperre** unverhältnismäßig sein – bspw bei einer Gesundheitsgefährdung oder wegen des Alters des Wohnungseigentümers oder seines Mieters. Wenn eine Versorgungsleistung auf Grund direkter Verträge zw dem Wohnungseigentümer und einem Versorger stattfindet, kann die Gemeinschaft der Wohnungseigentümer keine eigene Leistung zurückbehalten (*Bonifacio* ZMR 2012, 332; *Hügel/Elzer* § 28 WEG Rn 348; aA LG München ZMR 2011, 326).

• **Nichtkörperliche Eingriffe.** Das RG hat die Auffassung vertreten, eine Besitzstörung sei auch durch nichtkörperliche Eingriffe, zB durch wörtliches Bestreiten des Besitzes und durch Verbote und Drohungen, möglich (RG JW 1931, 2904, 2906; JW 1908, 274). Dies ist abzulehnen. Jedenfalls die Erhebung einer unbegründeten Klage ist ebenso wenig Besitzstörung (BGH NJW 1956, 787, 788) wie ein Zwangsversteigerungsantrag ggü einem besitzenden Nichteigentümer (RGZ 116, 363, 365).

• **Selbstvollziehende Verträge (Smart Contracts)/Software.** Erlaubt es eine Anwendung (Software) dem Eigentümer, seine Rechte gegen den Besitzer ohne dessen Zutun später durchzusetzen, lässt sich zB ein Fahrzeug oder eine Tür nicht mehr öffnen oder eine Batterie nicht mehr aufladen, liegt eine Besitzstörung vor („Miete"; BGH MDR 2022, 1536 Rn 18; Düsseldorf MDR 2022, 238; *Linder* NZM 2021, 665, 668/670; aA *Casper/Grimpe* ZIP 2022, 661, 665; *Fries* NJW 2019, 905) – auch dann, wenn eine Sperrung ohne (nachträgl) Zugriff auf die Steuerung des Geräts erfolgt (ohne Stellungnahme BGH MDR 2022, 1536 Rn 18). Anders liegt es, wenn der Besitzer mit der Anwendung **einverstanden** war (*Paulus/Matzke* CR 2017, 269, 775). Eine AGB-Klausel wird idR allerdings unwirksam sein (BGH MDR 2022, 1536 Rn 22; *Fries* AnwBl 2018, 86, 87; *Schrey/Thalhofer* NJW 2017, 1431, 1436; differenzierend *Möslein* ZBB 2018, 208, 218). Der Dritte ist aufgrund einer Sperrmöglichkeit nicht Mitbesitzer (s auch BGH MDR 2022, 1536 Rn 24).

• **Unbefugtes Abstellen eines Pkw.** Das unbefugte Abstellen eines Fahrzeugs auf einem Privatgrundstück begründet eine verbotene Eigenmacht iSv § 859 I, III (st Rspr, BGH NJW 2016, 863 Rn 13), für die nicht nur der Fahrer, sondern ebenfalls der Halter des Fahrzeugs verantwortlich ist (BGH MDR 2016, 764 Rn 6). Dies gilt auch dann, wenn das Parken an bestimmte Bedingungen – wie die Festlegung einer Höchstparkdauer von 90 Minuten – geknüpft ist und diese nicht eingehalten werden (BGH MDR 2016, 764 Rn 6). S auch § 858 Rn 1.

• **Unterbrechung von Versorgungsleistungen.** S „Miete".

• **Verlust.** Zum Verlust von Luft, Licht und Aussicht durch Neubauten oder Pflanzen etc s § 1004 Rn 18.

• **Vertiefung.** Die Behinderung des tatsächlichen Gebrauchs durch Beschädigung (*Köhler* JuS 1977, 652), zB durch unzulässige Vertiefung (§ 909 Rn 3).

• **Werbung.** Einwurf von Werbematerial in den Hausbriefkasten gegen den zB durch Aufkleber erklärten Willen des Besitzers (BGH NJW 1989, 902 unter II 2; Stuttgart NJW-RR 1996, 1516, 1517); dies gilt auch für politische Parteien (KG NJW 2002, 379; zur Verfassungsmäßigkeit vgl BVerfG NJW 2002, 2938). Werbeangebote per Fax (LG München MDR 1990, 1012). S auch „Anbringen".

• **Zwangsvollstreckung.** Ein Gläubiger, der entgegen §§ 809, 883 ZPO durch den Gerichtsvollzieher die geschuldete Sache einem nicht zur Herausgabe bereiten Dritten wegnehmen lässt, anstatt nach § 886 ZPO zu verfahren, begeht ebenso eine Besitzstörung (LG Bielefeld NJW 1956, 1879, 1880; aA *Lüke* NJW 1957, 425) wie derjenige, der durch unrichtige Angaben Polizeibeamte veranlasst, ihm den Besitz einer Sache zu verschaffen (Köln NJW-RR 1994, 557). Jedoch dürfte im ersten Fall der Dritte wegen der ungerechtfertigten Vollstreckungsmaßnahme auf staatlichen Rechtsschutz, dh die besonderen Rechtsbehelfe des Verfahrensrechts (§§ 766 oder 771 ZPO) zu verweisen sein. Die Aufrechterhaltung des im Wege der Zwangsvollstreckung übertragenen Besitzes wird mit Aufhebung des Titels nicht zur Besitzstörung (BGH NJOZ 2004, 3365 unter II 2).

2. Drohende Besitzstörung (§ 862 I 2). Eine Besitzstörung droht, wenn sie **obj und konkret** unmittelbar bevorsteht (LG Berlin ZMR 1991, 109, 110); die nur abstrakte Möglichkeit genügt nicht (RGZ 63, 374, 379). Eine vorausgegangene Beeinträchtigung indiziert eine Drohung (BGH NJW 2016, 863 Rn 25; 2012, 3781 Rn 12). Entgegen dem Wortlaut genügt auch eine drohende „Erstgefahr" (OLGR Rostock 2001, 560; *Löwisch* NZA 2010, 209, 210; s auch § 1004 Rn 76). 5

3. Verbotene Eigenmacht. Die – ggf drohende (Rn 5) – Besitzstörung muss auf verbotener Eigenmacht (§ 858) beruhen. Es gelten die Beschränkungen für das Eigentum (BGH NJW 1955, 19; RGZ 105, 213, 216), zB § 904, § 905 S 2, § 906 und § 14 BImSchG. **4. Kein Ausschluss/Erlöschen des Anspruchs.** Kein Ausschluss des Anspruchs nach § 862 II (Rn 8) und kein Erlöschen nach § 864. 6

IV. Rechtsfolgen. 1. Beseitigung (§ 862 I 1). Der Verpflichtete (Rn 2) muss die Störung auf eigene Kosten beseitigen. Er schuldet hingegen **weder Schadens- noch Aufwendungsersatz**; § 251 ist nicht anwendbar. „Beseitigung" bedeutet mitunter Beseitigung der Störungsquelle, so dass neue Beeinträchtigungen von ihr nicht ausgehen können; bei Eindringen von Gas zB Auswechslung des schadhaften Leitungsstücks (RGZ 63, 374, 379). Der Grundstücksbesitzer, der gestört wird, darf einen Pkw abschleppen lassen (BGH NJW 2012, 528 Rn 6). **2. Unterlassung (§ 862 I 2).** Der Verpflichtete (Rn 2) muss die hinreichend wahrscheinlich bevorstehende (Rn 3) Störung unterlassen. Dies gilt auch für den bloßen Zustandsstörer (BGH NJW 2012, 3781 Rn 6). **3. Treu und Glauben (§ 242).** Die Ausübung der Ansprüche aus § 862 I 1, 2 kann nach § 242 unzulässig sein (BGH NJW 2015, 2023 Rn 17). **4. Ausgleichsanspruch.** § 862 gewährt grds nur Abwehrrechte (BGH NJW 2009, 1947 Rn 27). Im Einzelfall kann indes in Bezug auf die Abwehr eine wirtschaftl Opfergrenze erreicht sein mit der Folge, dass die Beseitigungs-/Unterlassungspflicht entfällt und gem § 242 und/oder § 906 II 2 als „nachbarrechtl Ausgleichsanspruch" (BGH NJW-RR 2011, 739 Rn 5; NJW 2003, 2377 unter II 2 a) nur eine Ausgleichszahlung geschuldet ist. Der Ausgleichsanspruch tritt neben einen Schadensersatzanspruch wegen Besitzverletzung aus § 823 I, II iVm § 858 I (Vor § 858 Rn 3), setzt anders als dieser aber kein Verschulden voraus (BGH NJW 2001, 1865 unter III 2); § 864 soll auf diesen Ausgleichsanspruch nicht anwendbar sein. 7

8 **V. § 862 II.** Der Ausschluss des Rechts gem § 862 II entspricht § 861 II (s § 861 Rn 6). Bei der Jahresfrist kommt es bei § 862 I 1 auf den Beginn der Störung an, bei § 862 I 2 auf den Zeitpunkt der ersten Klagemöglichkeit (MüKo/*Schäfer* Rn 10).

9 **VI. Prozessuales. 1. Überblick.** Vgl zunächst § 861 Rn 7, auch zu §§ 935ff ZPO. Der Streitwert ist gem § 3 ZPO nach dem Interesse des Klägers an der Beseitigung der Besitzstörung zu schätzen (näher Toussaint/*Elzer* ZPO § 3 Rn 23 „Besitz (Störungsunterlassung)"). Die Klage kann häufig auch auf § 1004 I 1, 2 gestützt werden. **2. Klageantrag.** Der Klageantrag ist auf Beseitigung bzw Unterlassung der genau zu bezeichnenden Störung zu richten (Düsseldorf NJW 1986, 2512). Der Kläger sollte die zu unterlassende Beeinträchtigung und die Grenze des Zulässigen möglichst genau beschreiben. Wegen der Besonderheiten der immissionsrechtl Unterlassungsklage sind in diesem Bereich Klageanträge mit dem Gebot, **allgemein** Störungen bestimmter Art, bspw Geräusche und Gerüche, zu unterlassen, aber zulässig (s auch BGH NJW 1993, 1656 unter I 2; NJW 1958, 1776 unter II 1). Die Einhaltung der einschlägigen Richtwerte der TA Lärm indiziert nach § 906 I 2, 3 die Unwesentlichkeit einer Lärmbeeinträchtigung (BGH ZfBR 2021, 155 Rn 10), während die Überschreitung die Wesentlichkeit anzeigt (BGH ZfBR 2021, 155 Rn 10; NZM 2020, 811 Rn 34). Sehr üblich ist eine Ausrichtung an DIN-Vorschriften (vgl BGH NJW 2015, 1442 Rn 7; NJW 2012, 2725 Rn 9). Das Mittel der Beseitigung oder Verhinderung muss im Erkenntnisverfahren dem Störer überlassen bleiben (s auch BGH NJW-RR 2021, 401 Rn 10), sofern nicht nur eine ganz bestimmte Maßnahme den angestrebten Erfolg gewährleistet (BGH NJW 1977, 146 unter III; Düsseldorf NJW 1986, 2512). Die nach § 890 II ZPO notwendige Androhung eines Ordnungsmittels kann bereits in dem die Verpflichtung aussprechenden Urteil enthalten sein. **3. Beweis.** Die Beweislast hinsichtl der Tatbestandsvoraussetzungen (Rn 3) trägt der Kläger (entspr § 861 Rn 7 „Beweis"; s auch § 1004 Rn 77). Hat eine rechtswidrige Beeinträchtigung bereits stattgefunden, besteht eine tatsächliche Vermutung für ihre Wiederholung. Etwaige anspruchsausschließende Umstände (Rn 5) muss der Beklagte beweisen (entspr § 861 Rn 7 „Beweis"). **4. Zuständigkeit.** Der ordentliche Rechtsweg ist ausgeschlossen, wenn die abzuwehrende Störung auf die Ausübung staatlicher Herrschaftsgewalt zurückgeht und die Vollstreckung eines der Klage stattgebenden Urteils zur Aufhebung oder Änderung hoheitlicher Maßnahmen führen würde (BGH MDR 2020, 501 Rn 10). Entspr gilt, wenn das Besitzrechtsverhältnis durch ein öffentlich-rechtl Rechtsverhältnis überlagert ist und eine der Besitzschutzklage stattgebende Entscheidung im Widerspruch zu den Rechten und Pflichten der Beteiligten aus diesem Rechtsverhältnis stehen könnte (BGH MDR 2020, 501 Rn 10).

§ 863 Einwendungen des Entziehers oder Störers

Gegenüber den in den §§ 861, 862 bestimmten Ansprüchen kann ein Recht zum Besitz oder zur Vornahme der störenden Handlung nur zur Begründung der Behauptung geltend gemacht werden, dass die Entziehung oder die Störung des Besitzes nicht verbotene Eigenmacht sei.

1 **I. Zweck und Allgemeines.** § 863 schränkt die Rechte des nach § 861, 862 Verpflichteten (§ 861 Rn 3 und § 862 Rn 2) ein. Die Beschränkung folgt aus der bloß „possessorischen Natur" der §§ 861, 862 (§ 861 Rn 1 und § 862 Rn 1) und dem Zweck der §§ 861, 862 (s auch Vor § 858 Rn 2). Dem Besitzer soll die rasche Wiederherstellung seines durch verbotene Eigenmacht beeinträchtigten Besitzstandes ermöglicht werden. Die gerichtliche Durchsetzung der Besitzschutzansprüche soll nicht dadurch verzögert werden können, dass zunächst über ein vom Beklagten geltend gemachtes Recht zum Besitz verhandelt und in einem möglicherweise langwierigen Verfahren Beweis erhoben wird (BGH NJW 1979, 1358 unter I 1 a aa; NJW 1970, 707 unter II). § 863 beschränkt dazu die Verteidigung des Störers oder Entziehers (Rn 2). Klagen aus anderem Rechtsgrund, zB Schadensersatz oder §§ 812ff, werden von § 863 nicht erfasst.

2 **II. Mögliche Einwendungen. 1. Keine verbotene Eigenmacht.** Der Störer oder Entzieher kann grds nur einwenden, es liege keine verbotene Eigenmacht (§ 858) vor (exemplarisch Dresden GE 2019, 1574, 1575). So liegt es auch, wenn dem Handelnden ein Recht zum selbsthilfeweisen Eingriff in den Besitz des hiervon Betroffenen zusteht (s § 858 Rn 8). **2. Unzulässige Rechtsausübung (§ 242).** Der Störer oder Entzieher soll im Einzelfall den Einwand unzulässiger Rechtsausübung erheben können (BGH NJW 1978, 2157 unter II 2 b; Dresden GE 2019, 1574, 1575), nach dem Rechtsgedanken des § 864 II auch bei Entscheidungsreife des von dem Besitzer beanspruchten Rechts zum Besitz, wenn über das Besitzrecht letztinstanzlich – wenn auch inzidenter – entschieden wird und der Herausgabebeklagte die Sache sogleich wieder an den Besitzberechtigten herausgeben müsste (BGH NJW 1999, 425 unter IV 3). **3. Zurückbehaltungsrecht.** Der Verpflichtete kann sich auf ein Zurückbehaltungsrecht aus § 273 II oder aus § 1000 S 2, nicht aber aus § 320 berufen (PWW/*Prütting* Rn 2). **4. § 864.** S auch § 864.

3 **III. Prozessuales. 1. Beweis.** Die Beweislast für mögliche Einwendungen (Rn 2) hat der Störer oder Entzieher (s im Einz Baumgärtel/Laumen/Prütting/*Eichhorn* Rn 2). **2. Petitorische Widerklage/Gegenverfügung.** Eine petitorische Widerklage, dh eine auf ein Recht zum Besitz gestützte Widerklage des „possessorisch" (Vor § 858 Rn 2) Beklagten ist **zulässig** (BGH NJW 1999, 425 unter IV 3; NJW 1979, 1358 unter I 1 a; grundlegend NJW 1970, 707; *Loyal* ZfPW 2019, 356, 381). Dem Entzieher/Störer iSv § 863 sind petitorische Einwendungen gegen den possessorischen Besitzschutzanspruch auch im Verfahren nach §§ 935ff ZPO, das eine Gegenverfügung kennt, **nicht verwehrt** (Stuttgart NJW 2012, 625, 628; Rostock OLG-NL 2001, 279; Celle NJW 1959, 1833; *Dötsch* MDR 2012, 623; *Lehmann-Richter* NJW 2003, 1717; Celle NJW 1959, 1833; aA Celle NJOZ 2018, 1179 Rn 13; Frankfurt GRUR-RR 2012, 88; *Schur* ZMR 2000, 806). Über eine entscheidungsreife Besitzschutzklage

muss sofort durch Teilurteil (§ 301 ZPO) entschieden werden (*Wagner* JA 2014, 655, 657). Bei gleichzeitiger Entscheidungsreife ist entspr § 864 II die Besitzschutzklage **abzuweisen** und der petitorischen Widerklage stattzugeben (BGH NJW 1999, 425 unter IV 3; NJW 1979, 1358 unter I 1 b bb; Karlsruhe ZMR 2017, 660).

§ 864 Erlöschen der Besitzansprüche

(1) Ein nach den §§ 861, 862 begründeter Anspruch erlischt mit dem Ablauf eines Jahres nach der Verübung der verbotenen Eigenmacht, wenn nicht vorher der Anspruch im Wege der Klage geltend gemacht wird.

(2) Das Erlöschen tritt auch dann ein, wenn nach der Verübung der verbotenen Eigenmacht durch rechtskräftiges Urteil festgestellt wird, dass dem Täter ein Recht an der Sache zusteht, vermöge dessen er die Herstellung eines seiner Handlungsweise entsprechenden Besitzstands verlangen kann.

I. Zweck und Allgemeines. § 864 I ist eine Ausschlussfrist (BGH NJW 2008, 580 Rn 18) und bestimmt, **wann** die in §§ 861, 862 geregelten Ansprüche erlöschen. Dies trägt dem Umstand Rechnung, dass sich die neue Besitzlage im Lauf der Zeit derart verfestigt, dass der Besitz nicht mehr unabhängig von der Berechtigung schützenswert erscheint. § 864 II will unnötige Klagen und das Entstehen entgegengesetzter Vollstreckungsmöglichkeiten verhindern. 1

II. Tatbestandsvoraussetzungen. 1. Anspruch aus §§ 861, 862. Der Besitzer muss einen Anspruch aus §§ 861, 862 haben. **2. Verbotene Eigenmacht.** Zur verbotenen Eigenmacht s § 858. **3. Verübung.** „Verübung" meint grds die Vollendung, den Abschluss der Entziehungs- bzw Störungshandlung, und zwar auch bei einer Dauerhandlung. Auf die Fortdauer der Störung kommt es nicht an. **4. Ablauf eines Jahres.** Die Frist ist gem § 187 I, § 188 II zu berechnen. Der Lauf der Frist beginnt kenntnisunabhängig (Düsseldorf OLGZ 1975, 331, 333) mit Verübung der verbotenen Eigenmacht (BGH NJW 2008, 580 Rn 18), es sei denn, ohne Kenntnis liegt eine Störung nicht vor. Sollen Störungen abgewehrt werden, die zeitl unterbrochen auftreten, soll jede neue Einwirkung einen neuen (Unterlassungs-)Anspruch auslösen (BGH NJW-RR 2006, 235 Rn 11). Bei wiederholten gleichartigen Störungen beginnt der Fristablauf erst mit Vollendung der letzten Störungshandlung (BGH NJW 1995, 132 unter II 1). Bei andauernden Lärmimmissionen liegt die Verübung der verbotenen Eigenmacht nicht nur im Beginn der Störungshandlung: die Störung endet erst mit ihrer Einstellung (BGH NJW 1995, 132 unter II 1). **5. Keine rechtzeitige Besitzschutzklage.** Der dazu Befugte (BGH NJW 2008, 580 Rn 18) darf nicht vor Ablauf eines Jahres eine Besitzschutzklage erhoben haben. Eine auf einen anderen Rechtsgrund (vgl § 861 Rn 6) gestützte Herausgabeklage reicht ebenso wenig aus wie ein Antrag nach § 935 ZPO bzw die Geltendmachung als Einrede (Brandenburg OLGR 2009, 754), wohl aber eine Feststellungsklage (Brandenburg OLGR 2009, 754). § 204 II 2 ist entspr anwendbar. Die neue Jahresfrist läuft ab der Anordnung iSv § 251 ZPO (Düsseldorf OLG 1975, 331, 333). 2

III. Rechtsfolgen. 1. Anspruch aus §§ 861, 862. Sind die Tatbestandsvoraussetzungen erfüllt, erlöschen die Rechte aus §§ 861, 862. **2. Andere Ansprüche.** Wird ein Herausgabeanspruch auf § 823 II iVm § 858 gestützt, ist § 864 I nicht anzuwenden (*Wieser* JuS 1970, 557). Auch einem Schadensersatzanspruch aus § 823 I oder Ansprüchen aus § 906 II 2 (BGH NJW 2001, 1865 unter III 3 c) steht § 864 I nicht entgegen. 3

IV. Rechtskräftiges Urteil (§ 864 II). 1. Überblick. Wie nach § 864 I erlischt der Besitzschutzanspruch, wenn nach der Verübung der verbotenen Eigenmacht durch **rechtskräftiges** Urteil festgestellt wird, dass dem Täter ein Recht an der Sache zusteht, vermöge dessen er die Herstellung eines seiner Handlungsweise entspr Besitzstandes verlangen kann. **2. Recht an der Sache.** Mit „Recht an der Sache" sind nicht nur dingliche Ansprüche (zB aus § 985) gemeint. Auch ein schuldrechtl Besitzverschaffungsanspruch (zB aus § 433 I 2) reicht aus. **3. Urteil. a) Überblick.** Das Urteil muss nach der Verübung der verbotenen Eigenmacht ergehen. Ob § 864 II auf rechtskräftige Leistungs- bzw Feststellungsurteile, die bereits zum **Zeitpunkt der verbotenen Eigenmacht** vorliegen, entspr anzuwenden ist, ist str (dafür *Wieling* § 5 IV 3 d; Staudinger/*Gutzeit* Rn 11; dagegen RGZ 107, 258, 259; *Loyal* ZfPW 2019, 356, 383; *Hager* KTS 1989, 526). Da die heutige Fassung des § 864 II wohl auf Zufälligkeiten beruht (*Loyal* ZfPW 2019, 356, 383), spricht viel für eine Analogie. **b) Prozessuales.** Die Feststellung setzt eine Klage bzw Widerklage (vgl § 863 Rn 3) des (Besitzschutz-)Anspruchsgegners gegen den Anspruchsteller voraus (KG OLGRp 1993, 142, 143). Dass eine zB auf § 985 gestützte Klage umgekehrten Rubrums bereits abgewiesen worden ist, genügt nicht. Das Recht des Anspruchsgegners an der Sache muss sich aus einem rechtskräftigen Leistungs- oder Feststellungsurteil (aA Staudinger/*Gutzeit* Rn 8) ergeben. Ein nur vorläufig vollstreckbares Urteil steht dem ebenso wenig gleich (Grü/*Herrler* Rn 5; aA *Hagen* JuS 1972, 124, 126) wie eine einstweilige Verfügung (Grü/*Herrler* Rn 5; offen gelassen von BGH NJOZ 2004, 3365 unter II 3), es sei denn, die einstweilige Verfügung schützt gerade den durch verbotene Eigenmacht geschaffenen Besitzstand (Naumburg JW 1932, 1401 Nr 12; Kiel JW 1932, 3640 Nr 11). Auch ein Enteignungsbeschluss reicht nicht aus (Hamburg OLG 43, 208, 209). 4

V. Prozessuales. Die Beweislast für die den Ablauf der Jahresfrist begründenden Tatsachen hat der Anspruchsgegner, diejenige für die rechtzeitige Besitzschutzklage der Anspruchsteller (Baumgärtel/Laumen/Prütting/*Eichhorn* Rn 2). Erwirkt der Störer die ihm günstige rechtskräftige Feststellung iSv § 864 II erst nach Schluss der mündlichen Verhandlung und verliert er deshalb den Besitzschutzprozess, so kann er die gegen ihn gerichtete Vollstreckung mit der Vollstreckungsgegenklage nach § 767 ZPO abwehren. Zur entspr Anwendung des § 864 II bei petitorischer Widerklage s § 863 Rn 3. 5

§ 865 Teilbesitz

Die Vorschriften der §§ 858 bis 864 gelten auch zugunsten desjenigen, welcher nur einen Teil einer Sache, insbesondere abgesonderte Wohnräume oder andere Räume, besitzt.

1 **I. Zweck und Allgemeines. 1. Zweck.** § 865 setzt die Möglichkeit von Teilbesitz voraus und stellt für diesen klar, dass § 858–864 für den Teilbesitzer anwendbar sind. **2. Arten.** Teilbesitz ist in **jeder** Art möglich: Bspw als Eigen- oder Fremdbesitz, als unmittelbarer oder mittelbarer Besitz (Grü/*Herrler* Rn 2) und auch als Mitbesitz (§ 866 Rn 2). **3. Eigentumserwerb.** Bei einem Eigentumserwerb ist § 865 anzuwenden, soweit § 93 nicht entgegensteht. Bspw erwirbt der Besitzer einer Gartenteilfläche gem §§ 865, 956 die dort gewonnenen Erzeugnisse (RGZ 108, 269, 271). **4. Begründung und Aufhebung.** Begründung und Aufhebung des Teilbesitzes bestimmen sich nach §§ 854ff (Grü/*Herrler* Rn 1; MüKo/*Schäfer* Rn 5; Staudinger/*Gutzeit* Rn 7).

2 **II. Tatbestandsvoraussetzungen für den Erwerb von Teilbesitz. 1. Überblick.** Teilbesitz liegt bei dem vor, der nur einen Teil einer **Sache** iSd § 854 besitzt. Ob es so liegt, bemisst sich nach der Verkehrsanschauung (RGZ 108, 269, 272). Ein Teilbesitz nach ideellen Bruchteilen ist nicht möglich (Vor § 854 Rn 2). **2. Teil einer Sache.** Teilbarkeit ist gegeben, wenn eine Sache räumlich gesondert beherrschbar ist. So liegt es, wie unmittelbar aus § 865 folgt, vor allem bei **Räumen**, aber auch bei – auch beweglichen – Bestandteilen, zB Wänden, oder Flächen (zB Garten). Dass der Bestandteil ein iSd Gesetzes „wesentlicher" ist (§§ 93, 94) ist, ist unerheblich, aber möglich (§ 93 Rn 15).

3 **3. Beispiele.** Teilbesitz ist zB möglich an (s auch Rn 2): Außenantennen (LG Duisburg WuM 1971, 86, 87), Flächen, etwa einem Garten, einem Teil der Fassade (RGZ80, 281, 284; aA Düsseldorf NJW 1958, 1094) oder einem Teil des Treppenhauses, einem Parkplatz oder einer Terrasse, an Garagen oder Wohnräumen (RGZ 64, 182, 183) und den **dortigen** wesentlichen Gebäudebestandteilen, zB Rohren (Grü/*Herrler* Rn 1). **Gemeinschaftsflächen**, etwa ein Fahrradkeller, ein Flur oder ein Kinderwagenkeller, ein Treppenhaus, eine Waschküche oder Wege, stehen idR im Mitbesitz (§ 866; s auch § 866 Rn 2). Auch bei flächenmäßiger Aufteilung eines gemeinsam benutzten Raumes (zB Keller) besteht grds nur Mitbesitz (§ 866). Sind die verschiedenen Nutzungsbereiche allerdings **deutlich abgegrenzt**, kann auch Teilbesitz vorliegen. Beim Verkauf von Holz auf dem Stamm erhält der Käufer Teilbesitz an den verkauften, aber noch stehenden Bäumen (RGZ 108, 269, 272), wenn diese durch Forsthammeranschlag oÄ gekennzeichnet werden und dem Käufer der ungehinderte Zugang zum Grundstück zugesagt wird. Ein Wohnungseigentümer hat nach hM Teilbesitz an seinem Sondereigentum (BayObLG WuM 1998, 561; NJW-RR 1990, 1105, 1106; *Bruns* NJW 2011, 337, 341) und aufgrund eines ggf bestehenden Sondernutzungsrechts, etwa einem Garten, einem Stellplatz oder einer Terrasse (BayObLG WuM 1998, 561; NJW-RR 1990, 1105, 1106; Karlsruhe NZM 2005, 305). Tatsächlich hat ein Wohnungseigentümer am Sondereigentum, welches sachenrechtl echtes Eigentum ist, **Alleinbesitz.** Dies gilt auch für § 3 I 2, II WEG. Für ein **Sondernutzungsrecht** gilt nach einer Auslegung der ihr zu Grunde liegenden Vereinbarung idR nichts anderes.

4 **III. Rechtsfolgen.** Der Teilbesitzer genießt im Rahmen seiner Sachherrschaft gegen Dritte und andere Teilbesitzer Besitzschutz gem §§ 859–862, 867 (Grü/*Herrler* Rn 3) und muss sich die Einwendungen nach §§ 863, 864 entgegenhalten lassen.

5 **IV. Prozessuales.** Zur Beweislast s § 854 Rn 15.

§ 866 Mitbesitz

Besitzen mehrere eine Sache gemeinschaftlich, so findet in ihrem Verhältnis zueinander ein Besitzschutz insoweit nicht statt, als es sich um die Grenzen des den einzelnen zustehenden Gebrauchs handelt.

1 **I. Zweck und Allgemeines.** § 866 setzt die Möglichkeit von Mitbesitz voraus und bestimmt für diesen, was für den Besitzschutz (§§ 859–862, 867) gilt. Mitbesitz ist in jeder Art möglich, also zB als Fremdmitbesitz oder als mittelbarer Mitbesitz. Mitbesitz als solcher begründet keine Gesamtschuldnerschaft zur Herausgabe (Dresden FamRZ 1999, 406, 409). Zugunsten der Mitbesitzer einer beweglichen Sache vermuten § 1006 I 1, § 1008, sie seien Miteigentümer. Mitbesitz kann seiner Natur nach nicht in Bruchteilen bestehen. Die Gebrauchsbefugnis der Mitbesitzer ist persönlichkeitsbezogen, unteilbar und quotal nicht beschränkt (BGH NJW 2017, 64 Rn 28).

2 **II. Tatbestandsvoraussetzungen für den Erwerb von Mitbesitz. 1. Überblick.** Mehrere müssen eine Sache (§ 90) oder einen Teil einer Sache (§ 865: Teilmitbesitz) gemeinschaftl (Rn 3) besitzen. Die Sachherrschaft jedes Einzelnen muss sich auf die ganze Sache bzw denselben Sachteil (§ 865) erstrecken. Ein Mitbesitz nach ideellen Bruchteilen ist nicht möglich (Vor § 854 Rn 2). Ob jemand Mitbesitzer oder Besitzdiener ist, ist anhand der tatsächlichen Umstände zu beurteilen (LG Saarbrücken DGVZ 2018, 183 Rn 12). **2. Mehrere.** Es müssen mindestens zwei Personen sein. Nach oben gibt es für die Anzahl keine Begrenzung, sofern jew Besitz zu bejahen ist. **3. Gemeinschaftl.** Besitz ist iSd Gesetzes „gemeinschaftl", wenn er lediglich durch die gleiche Herrschaftsausübung des anderen beschränkt ist und die Ausübung der sonst unbeschränkten eigenen Sachherrschaft auch nicht lediglich unter Anerkennung einer Alleinherrschaft des anderen und insoweit ohne eigenen Besitzwillen erfolgt (KG NJW-RR 1994, 713, 714). Auf die Art des zw den Mitbesitzern bestehenden Rechtsverhältnisses kommt es nicht an; es kann auch ganz fehlen. **4. Besitz.** Die Mehreren müssen jew selbst Besitzer der Sache sein, also Besitzwillen an ihr (§ 854 Rn 13) und tatsächliche Gewalt über sie (§ 854 Rn 4ff) haben. Bloßes Mitbenutzen reicht nicht aus (RGZ 108, 122, 123; Hamburg WuM 2000, 356, 357). Möglich ist, dass einer der Mitbesitzer Fremd-

und der andere Eigenbesitzer ist. Es kann auch reichen, wenn nur einer der Mitbesitzer das Besitzrecht eingeräumt bekommen hat und es dann dem anderen nach § 868 vermittelt (BGH NJW 2008, 1959 Rn 12 und Rn 13). **5. Mitbesitzwillen.** Auf einen Willen zum Allein- oder zum Mitbesitz kommt es nicht an.

Bsp für Mitbesitz: 3

- Mitdarlehensnehmer an einer in Textform erteilten Widerrufsbelehrung (BGH 2.4.2019 – XI ZR 4/18 Rn 12; NJW-RR 2019, 112 Rn 8);
- Depotbanken an einer Sammelurkunde (BGH NZI 2016, 21 Rn 15);
- Hat ein Dritter eine **bloße Sperrmöglichkeit**, zB an einer Tür oder Batterie, ist er noch nicht Mitbesitzer (s auch BGH MDR 2022, 1536 Rn 24);
- Wohnungseigentümer am gemeinschaftl Eigentum (BGH NJW 2017, 64 Rn 28; § 854 Rn 6 „Wohnungseigentum“);
- Wohnung und Haushaltsgegenstände:
  - Ehegatten und Partner einer eingetragenen Lebenspartnerschaft haben unabhängig vom Güterstand grds Mitbesitz an der gemeinsam bewohnten Wohnung (LG Saarbrücken DGVZ 2018, 183 Rn 11), gleichgültig, ob sie diese gemeinsam gemietet haben (BGH NJW 2008, 1959 Rn 12), bzw an einem Grundstück (Köln DGVZ 1992, 170, 171). Gleiches gilt für gemeinsam benutzte Haushaltsgegenstände, wobei jew der Nichteigentümer Besitzmittler (§ 1353) des Eigentümers ist (BGH NJW 1979, 976 unter III 1; NJW 1954, 918 unter VI).
  - Bei einem nichtehelichen Lebensgefährten kann allein aus der Aufnahme in die Wohnung noch nicht auf einen Mitbesitz geschlossen werden (BGH NJW 2008, 1959 Rn 16; enger *Schuschke* NZM 2005, 10, 11). Was gilt, hängt von den tatsächlichen Umständen ab (BGH NJW 2008, 1959 Rn 16). Anhaltspunkte für Mitbesitz sind die Anzeige des Mieters von der beabsichtigten oder erfolgten Aufnahme des Lebensgefährten oder seine Anmeldung nach den Meldegesetzen (BGH NJW 2008, 1959 Rn 16).
  - Kinder, die mit ihren Eltern zusammenleben, haben grds keinen Mitbesitz an der gemeinsam benutzten Wohnung (BGH NJW 2008, 1959 Rn 20; LG Saarbrücken DGVZ 2018, 183 Rn 10; aA *Schuschke* NZM 2005, 10, 11: ab 14 Jahren); die Besitzverhältnisse ändern sich idR auch dann nicht, wenn das Kind volljährig wird (BGH NJW 2008, 1959 Rn 21; LG Saarbrücken DGVZ 2018, 183 Rn 10); anders ist es, wenn die Kinder bereits bei Mietbeginn volljährig waren (LG Saarbrücken aaO).

Ob eine (weitere) Person iÜ Mitbesitzer ist, zB ein Verwandter oder ein Untermieter oder ein Unternehmen, richtet sich nach den **Umständen des Einzelfalls** (*Lützenkirchen* Mietrecht § 546 BGB Rn 46). Als Mitbesitzer wird ggf die Person anzusehen sein, deren Name auf dem Klingel- oder Briefkastenschild steht. Auch das Aufstellen eigener Möbelstücke oder ein Haus- und/oder Wohnungsschlüssel deuten auf einen Mitbesitz hin.

III. Rechtsfolgen. 1. Besitzschutz und Einwendungen. a) Grundsatz. Der Mitbesitzer genießt grds im Rahmen seiner Sachherrschaft vollen Besitzschutz gem §§ 859–862, 867 (BGH NJW 1974, 1189 unter III 1) und muss sich die Einwendungen nach §§ 863, 864 entgegenhalten lassen. Besitzschutz kommt sowohl bei verbotener Eigenmacht gegen einen der Mitbesitzer (BGH NJW 2014, 1524 Rn 24) als auch bei Beeinträchtigung des Besitzes aller Mitbesitzer in Betracht, wobei im letzteren Fall auch der einzelne Mitbesitzer vorgehen kann (LG Augsburg NJW 1985, 499). Der Anspruch aus § 861 geht auf Wiederherstellung des Mitbesitzes (BGH MDR 1973, 572 unter I a). Entspr § 869 S 2 geht er auf Einräumung des Alleinbesitzes, wenn die übrigen Mitbesitzer den Mitbesitz nicht wieder übernehmen wollen oder können. Wer im Einverständnis mit einem Mitbesitzer handelt, ist kein Dritter. Hier gelten die Beschränkungen nach § 866 (Köln VersR 1997, 623). **b) Gebrauchsgrenzen. aa) Überblick.** Im Verhältnis der Mitbesitzer gibt es keinen Besitzschutz, soweit es sich um die Grenzen des dem Einzelnen zustehenden Gebrauchs handelt. Der Mitbesitzer muss also aus dem dem Mitbesitz zugrundeliegenden Rechtsverhältnis klagen. UU kann sich der betroffene Mitbesitzer auf das allg Notwehrrecht (§ 227) berufen. **bb) Gebrauch.** Gebrauch ist die selbstnützige, tatsächliche Verwendung einer Sache, vor allem Gehen, Laufen, Schlafen, Spielen, Treten, Wohnen. **cc) Streit um Gebrauch. (1) Grundsatz.** Streiten die Mitbesitzer um den Gebrauch, zB an einem Stellplatz, gibt es grds keinen Besitzschutz (BGH NJW 1959, 1364 unter 4; Schleswig SchlHA 2013, 64). Dies gilt auch, soweit der Mitbesitz des einen dadurch beeinträchtigt wird, dass der andere im Zuge des Gebrauchs die gemeinschaftl Sache beschädigt (BGH NJW 1974, 1189 unter III 2 a) oder verändert (BGH MDR 1959, 595 unter 4; Düsseldorf 20.3.2017 – I-9 U 159/16, juris Rn 28). **(2) Gebrauchsausschluss.** Mit dem völligen Ausschluss des Mitbesitzers werden die Grenzen des dem Einzelnen zustehenden Gebrauchs allerdings überschritten, so dass § 866 nach einer teleologischen Auslegung nicht eingreift (BGH MDR 1973, 572 unter I a; Düsseldorf 20.3.2017 – I-9 U 159/16, juris Rn 25; Stuttgart NJW 2012, 625, 626; LG Berlin 24.9.2020 – 17 O 351/19). **dd) Schadensersatz.** § 866 steht einem Schadensersatzanspruch aus § 823 I nicht entgegen (BGH NJW 1974, 1189 unter III 2 b). **2. Begründung und Aufhebung.** Begründung und Aufhebung des Mitbesitzes bestimmen sich nach §§ 854ff. **3. Herausgabe (§§ 861, 985, 1007).** Mitbesitz begründet grds keine Gesamtschuld zur Herausgabe (LG Hamburg ZWE 2016, 227, 228). Ein Mitbesitzer kann nur zur Übertragung seines Mitbesitzes verurteilt werden, denn selbst eine mögliche Alleinbesitzverschaffung schließt nicht aus, dass er dadurch verbotene Eigenmacht ggü den Mitbesitzern verübt (LG Hamburg ZWE 2016, 227, 228). Eine Zwangsräumung ist nur zulässig, wenn gegen jeden der Mitbesitzer ein Räumungstitel vorliegt (BGH NJW 2008, 1959 Rn 12; 2008, 3287 Rn 15; LG Berlin ZMR 2018, 415, 416). Mehrere Mieter schulden die Rückgabe als gleiche unteilbare Leistung und haften gem § 431 (BGH NJW 2005, 3786 unter II 2 b cc). 4

5 **IV. Formen. 1. Schlichter Mitbesitz.** Schlichter Mitbesitz liegt vor, wenn jeder Mitbesitzer die Sachherrschaft allein ausüben kann, aber Rücksicht auf die Mitbesitzer nehmen muss, zB hat jeder einen Schlüssel zu einem Raum, einer (Ehe-)Wohnung oder einem Schließfach; auch am Hausrat besteht schlichter Mitbesitz (BGH NJW 2004, 3041 unter II 2 b). Zu denken ist ferner an ein von allen Mietern gemeinsam zu nutzendes Treppenhaus (§ 865 Rn 3), an einen Personen- oder Lastenaufzug (BGH NJW 1974, 1189), an Mitbesitz der Teilhaber eines Wohnungseigentums (BGH NZM 2018, 1024 Rn 22), aber auch an eine Urkunde (BGH BKR 2019, 31 Rn 8). **2. Qualifizierter bzw „gesamthänderischer" Mitbesitz.** Ist die Ausübung der Sachherrschaft nur durch alle Besitzer zusammen möglich, spricht man vom qualifizierten bzw gesamthänderischen Mitbesitz (der nicht Besitz einer Gesamthand bedeutet). So liegt es zB, wenn ein Besitzmittler angewiesen ist, nur an alle Oberbesitzer bzw mittelbaren Mitbesitzer gemeinsam herauszugeben (vgl § 1206), oder wenn ein Besitzdiener nur den einheitlichen Weisungen aller Besitzherrn Folge leisten darf. Qualifizierter Mitbesitz kann auch vorliegen, wenn ein Raum durch mehrere Schlösser gesichert ist, von denen jeder Mitbesitzer nur eines öffnen, er seinen Besitz also nur unter Mitwirkung der anderen ausüben kann (zum Mitverschluss beim Bankschließfach vgl § 854 Rn 12 „Bankschließfach" und § 1206 Rn 4).

6 **V. Prozessuales.** Zur Beweislast s § 854 Rn 15.

§ 867 Verfolgungsrecht des Besitzers

Ist eine Sache aus der Gewalt des Besitzers auf ein im Besitz eines anderen befindliches Grundstück gelangt, so hat ihm der Besitzer des Grundstücks die Aufsuchung und die Wegschaffung zu gestatten, sofern nicht die Sache inzwischen in Besitz genommen worden ist. Der Besitzer des Grundstücks kann Ersatz des durch die Aufsuchung und die Wegschaffung entstehenden Schadens verlangen. Er kann, wenn die Entstehung eines Schadens zu besorgen ist, die Gestattung verweigern, bis ihm Sicherheit geleistet wird; die Verweigerung ist unzulässig, wenn mit dem Aufschub Gefahr verbunden ist.

1 **I. Zweck und Allgemeines.** § 867 S 1 gibt dem unmittelbaren Besitzer unter den genannten Voraussetzungen das Recht, die Sache aufzusuchen, und einen dieses Recht flankierenden, § 903 beschränkenden Duldungsanspruch. Er schließt so die Lücke für den Fall, dass der Besitzer auf die Sache nicht mehr zugreifen kann, gleichzeitig aber ein Herausgabeanspruch aus §§ 861, 985, 1007 noch nicht gegeben ist (PWW/*Prütting* Rn 1). § 867 S 2 gibt einen Aufopferungsanspruch des Duldungsverpflichteten. § 867 S 3 gibt einen Anspruch auf Sicherheitsleistung. Spezialvorschrift ist § 962.

2 **II. Tatbestandsvoraussetzungen. 1. Gewaltverlust.** Die bewegliche Sache, etwa ein Ball oder Wäsche, muss, ohne dass darin eine Besitzaufgabe liegt (§ 856 Rn 2ff), aus der Gewalt des Berechtigten (Rn 3) gelangt sein, etwa durch Wind oder Willkür. Auf welche Art und Weise ist grds unerheblich (**Grenze:** §§ 242, 226, zB bei Absicht, etwa: über den Zaun gekippter Bauschutt). § 867 S 1 ist daher auch dann anwendbar, wenn der Besitzer die Sache selbst schuldhaft auf das Grundstück verbracht (Rostock SeuffA 66 Nr 31), zB einen Ball geschossen hat. **2. Grundstück.** Die Sache muss auf ein Grundstück (§ 859 Rn 7) im Besitz des Duldungsverpflichteten (Rn 3) gelangt sein. Ist die Sache in eine bewegliche Sache, zB Schiff, Fahrzeug oder Flugzeug, gelangt, ist § 867 S 1 entspr anzuwenden. **3. Kein Besitz.** Die Sache darf nicht von einem Dritten, etwa dem Duldungsverpflichteten, bereits in Besitz genommen worden sein. Andernfalls – und das liegt nahe (§ 854 Rn 13) – kann der Berechtigte (Rn 3) nach §§ 985, 1007 vorgehen. Ein Anspruch aus § 861 ist vorstellbar, wenn der Besitz des Berechtigten erhalten geblieben ist. **4. Einwendungen. a) Überblick.** Der Anspruch aus § 867 S 1 ist possessorischer Natur (Vor § 858 Rn 2). § 863 gilt daher entspr, nicht aber § 864, da der Duldungsverpflichtete keinen Besitz hat. **b) Sicherheitsleistung (§ 867 S 3).** Ergibt sich aus den konkreten Umständen die Besorgnis eines Schadenseintritts durch die Abholung, steht dem Duldungsverpflichteten – besteht keine Gefahr in Verzug – nach § 867 S 3 die aufschiebende Einrede der nicht erbrachten Sicherheitsleistung (vgl §§ 232ff) zur Seite.

3 **III. Berechtigter und Duldungsverpflichteter. 1. Berechtigter.** Berechtigt ist der (ggf bisherige) unmittelbare Besitzer. Ein Besitzdiener kann den Anspruch bei entspr Vertretungsmacht im Namen des Besitzers geltend machen. Für den mittelbaren Besitzer gilt § 869 S 3, für den Eigentümer § 1005. **2. Duldungsverpflichteter.** Verpflichtet ist der unmittelbare (Eigen- oder Fremd-)Besitzer des Grundstücks, der mittelbare Besitzer nur dann, wenn seine Einwilligung erforderlich ist, dh wenn man ihm Besitzschutz zubilligt. Duldungsverpflichtet kann auch ein Wohnungseigentümer sein, zu dessen Gunsten zB an einem Garten ein Sondernutzungsrecht besteht oder der Teileigentümer eines Stellplatzes ist.

4 **IV. Rechtsfolgen. 1. Duldungspflicht.** Liegen die Tatbestandsvoraussetzungen vor und greifen keine Einwendungen, muss der Duldungsverpflichtete die Aufsuchung und die Wegschaffung der Sache gestatten. Die Duldungspflicht umfasst auch Vorbereitungshandlungen, die nur auf dem Grundstück vorgenommen werden können, nicht aber weiter gehende Handlungen. § 867 S 1 erlaubt freilich keine Eigenmacht (Düsseldorf OLGR 2001, 250). Duldet der Duldungsverpflichtete nicht freiwillig, bedarf es jenseits von §§ 904, 227ff eines Duldungstitels. Die Nichterfüllung kann allerdings nach § 823 I einen Schadensersatzanspruch auslösen (Naumburg OLG 26, 4). **2. Besichtigungsanspruch.** Ist ungewiss, ob sich die Sache auf dem Grundstück befindet, besteht entspr § 809 ein Besichtigungsanspruch. **3. Aufopferungsanspruch (§ 867 S 2).** § 867 S 2 gibt entspr § 904 S 2, § 962 S 3, § 14 III WEG einen verschuldensunabhängigen, privatrechtl Aufopferungsanspruch für den gerade durch die Aufsuchung und die Wegschaffung entstehenden Schaden. Wird der Schaden hingegen durch die Sache selbst verursacht, ist dieser nur nach allg Regeln, §§ 823ff, zu ersetzen. Trifft der Schaden nicht den Besitzer, sondern den

Eigentümer oder einen Dritten, so steht diesem der Anspruch entspr § 867 S 2 zu (*Vollkommer* NJW 1999, 3539). §§ 851, 852 gelten entspr. Zu ersetzen ist nur der durch die Aufsuchung und die Wegschaffung entstandene Schaden.

V. Prozessuales. 1. Klageantrag. Der Klageantrag ist auf Duldung des Aufsuchens und Wegschaffens der näher zu bezeichnenden Sache zu richten (MüKo/*Schäfer* Rn 11). **2. Beweis.** Der Berechtigte hat seinen (bisherigen) Besitz zu beweisen, ferner, dass der Duldungsverpflichtete Besitzer des Grundstücks ist und die Sache sich auf dem Grundstück befindet (MüKo/*Schäfer* Rn 8). Auch die Beweislast für eine konkrete Gefährdung der Sache oder ihrer Wegschaffung bei einem Aufschub der Abholung liegt beim Berechtigten. Der Duldungsverpflichtete hat konkrete Umstände zu beweisen, aus denen sich die Besorgnis nach § 867 S 3 Hs 1 ergibt. Ferner hat er zu beweisen, dass die Sache bereits in Besitz genommen worden ist. **3. Zwangsvollstreckung.** Die Zwangsvollstreckung vollzieht sich nach §§ 890, 892 ZPO. 5

§ 868 Mittelbarer Besitz

Besitzt jemand eine Sache als Nießbraucher, Pfandgläubiger, Pächter, Mieter, Verwahrer oder in einem ähnlichen Verhältnis, vermöge dessen er einem anderen gegenüber auf Zeit zum Besitz berechtigt oder verpflichtet ist, so ist auch der andere Besitzer (mittelbarer Besitz).

I. Zweck und Allgemeines. § 868 bezweckt, einem **Dritten** die **Besitzrechte** zu geben (BFH EnWZ 2022, 43 Rn 26). Dazu **fingiert** er einen „mittelbaren" Besitz (andere sprechen von „vergeistigter" bzw „gelockerter" Sachherrschaft). Der mittelbare Besitz ist mithin Ausdruck eines **Bedürfnisses**, bestimmte Beziehungen zu einer Sache, die sich aus dem Verhältnis einer Person zu einer anderen ergeben, unter den Schutz des Besitzrechts zu stellen. Das Wesen des mittelbaren Besitzes ist der Umstand, dass der unmittelbare Besitzer dadurch, dass er eine solche Verpflichtung anerkennt, seine Sachherrschaft über die in seinem unmittelbaren Besitz befindliche Sache **abschwächt** und teilw dem mittelbaren Besitzer zugesteht (BGH MDR 1955, 282). Zugunsten des mittelbaren Besitzers einer beweglichen Sache vermutet § 1006 III, I 1, dass er Eigentümer der Sache sei. 1

II. Begriff. Mittelbarer Besitz liegt vor, wenn ein unmittelbarer Besitzer, der Besitzmittler oder Unterbesitzer, seinen Besitz in Anerkennung des Herausgabeanspruchs (Rn 7) eines Oberbesitzers ausübt (BGH NJW 2016, 1887 Rn 23). 2

III. Tatbestandsvoraussetzungen für den Erwerb mittelbaren Besitzes. 1. Überblick. Der mittelbare Besitz entsteht bzw wird erworben, sobald drei Voraussetzungen vorliegen: unmittelbarer Besitz (Rn 4) eines Besitzmittlers/Unterbesitzers (Rn 4), Entstehen eines Besitzmittlungsverhältnisses (Rn 5) und der Wille des Oberbesitzers, die Sache zu besitzen (Rn 12). Die zeitl Reihenfolge ist gleichgültig. Möglich ist auch der Erwerb durch Stellvertreter, etwa wenn der Mietverwalter den mittelbaren Besitz begründenden Mietvertrag als Vertreter des Vermieters schließt; ferner kann der unmittelbare zum mittelbaren Besitzer werden. 3

2. Unmittelbarer Besitz (Besitzmittler). Jemand, der Besitzmittler oder Unterbesitzer, muss unmittelbarer Fremdbesitzer (Vor § 854 Rn 3) einer Sache sein (§ 854 Rn 2ff). 4

3. Besitzmittlungsverhältnis. a) Überblick. Zw dem Besitzmittler und einem Dritten (Oberbesitzer) muss ein konkretes (BGH NJW 1979, 2308 unter II 1; s auch § 930 Rn 4) Verhältnis bestehen, vermöge dessen der Besitzmittler dem Dritten ggü auf Zeit zum Besitz berechtigt oder verpflichtet ist (Besitzmittlungsverhältnis; auch Besitzkonstitut). Das Besitzmittlungsverhältnis unterscheidet sich dadurch vom Besitzdienerverhältnis, dass die Beziehung des mittelbaren Besitzers zur Sache anders als beim Besitzdiener eine völlige oder doch annähernde Gleichstellung mit der tatsächlichen Sachherrschaft des § 854 gerechtfertigt erscheinen lässt. Auf die Wirksamkeit des Besitzmittlungsverhältnisses kommt es nicht an (BGH NJW 2016, 495 Rn 11; 1986, 2438 unter 1 c). Maßgebend ist allein die akzeptierte Einwirkungsmöglichkeit des mittelbaren über den Willen des unmittelbaren Besitzers (BGH NJW 1955, 499). Ein Besitzmittlungsverhältnis kann auch durch schlüssiges Verhalten, etwa durch eine Sicherungsabrede begründet werden (BGH NJW-RR 2005, 280 unter III 1), auch wenn diese keine ausdrückl Regelungen über Rechte und Pflichten enthält (s auch Rn 10 „Auflösend bedingtes Eigentum"). 5

b) Besitzmittlungswille. aa) Grundsatz. Beruht der mittelbare Besitz auf einem schuldrechtl oder dinglich geprägten Verhältnis, das vom Willen der Beteiligten abhängt, ist nach hM ein – wie stets natürlicher (§ 854 Rn 13) – Besitzmittlungswille, also der Wille des unmittelbareren Besitzers, die Sache für einen anderen zu besitzen, erforderlich (BGH NJW 2016, 1887 Rn 23; NJW 2005, 359, 364). Der unmittelbare Besitzer muss mithin bereit sein, den unmittelbaren Besitz auf Verlangen des mittelbaren Besitzers zu dessen Gunsten aufzugeben (*Tunze* JA 2022, 529; *Szerkus* Jura 2017, 251). Der Besitzmittler muss den Oberbesitzer nicht kennen, sein Besitzmittlungswille muss dem Oberbesitzer aber obj erkennbar sein. **bb) Besitzmittlungsverhältnis beruht auf Gesetz.** Beruht das Besitzmittlungsverhältnis auf Gesetz, wie zB beim Eltern-Kind-Verhältnis (Düsseldorf FamRZ 1999, 652, 653), ist für die Begründung mittelbaren Besitzes kein Besitzmittlungswille erforderlich (BGH NJW 1953, 697; 1953, 1868; BayObLGZ 1961, 289, 303; 1953, 273, 277). **cc) Aufgabe.** Ist der Besitzmittlungswille hervorgetreten oder nicht notwendig, wird er durch den bloß inneren Willen des Besitzmittlers, den Herausgabeanspruch nicht (mehr) anzuerkennen, nicht beseitigt (BGH NJW 2005, 359 unter II 6 a bb; NJW 1979, 2037 unter V 2). Die nach außen manifestierte Willensänderung des unmittelbaren Besitzers hingegen verhindert die Entstehung mittelbaren Besitzes bzw beendet diesen – unabhängig davon, ob sie dem angehenden bzw bisherigen mittelbaren Besitzer ggü zum Ausdruck gebracht wird (BGH NJW 2005, 359 unter II 6 a bb; WM 1965, 1254 unter 3). 6

7 **c) Betroffene Sachen.** Die in das Besitzmittlungsverhältnis einbezogenen Sachen müssen bestimmt bezeichnet sein (arg §§ 929ff, 1032, 1205). Dies gilt insb bei Sicherungsübereignungen von Warenlagern und sonstigen Sachgesamtheiten (s hierzu Anh § 931 Rn 9ff). Die bloß anteilmäßige Bezeichnung aus einer Menge genügt nicht (RGZ 52, 385, 390). Dagegen ist die Schaffung eines Besitzmittlungsverhältnisses in Bezug auf alle in einem Raum befindlichen Sachen möglich, auch wenn offenbleibt, welche Sachen Eigentum des Besitzmittlers sind, oder an welchen ihm nur die Anwartschaft zusteht (BGH NJW 1958, 1133 unter 3 c).

8 **d) Herausgabeanspruch.** Der Oberbesitzer muss gegen den Besitzmittler einen Herausgabeanspruch haben (BGH NJW 2016, 1887 Rn 23; 2005, 359 unter II 6 a bb): § 868 spricht von einem Besitz „auf Zeit" und § 870 setzt die Abtretung des Herausgabeanspruchs voraus. Dass nach der Absicht der Parteien der Herausgabeanspruch einmal erlöschen soll, wie zB beim Eigentumsvorbehaltskauf, steht dem nicht entgegen: ein bedingter Herausgabeanspruch reicht aus. Steht der Herausgabeanspruch mehreren zu, ist zB ein Notar Treuhänder für mehrere, so liegt mittelbarer Mitbesitz vor. Der Herausgabeanspruch braucht nicht aus dem Rechtsverhältnis zu entspringen, welches die Beteiligten als Besitzmittlungsverhältnis ansehen. Ein Anspruch aus §§ 812, 985 oder GoA genügt.

9 **e) Bsp. aa) Gesetz.** Das Gesetz nennt als Besitzmittlungsverhältnis das gesetzl Schuldverhältnis (s auch BGH DNotZ 2016, 465 Rn 19) zw Nießbraucher und Eigentümer (§ 1030 I) oder das zw Pfandgläubiger und -schuldner (vgl ua § 804 ZPO) sowie das Schuldverhältnis zw den Parteien eines Pacht- (§ 581), Miet- (§ 535) oder Verwahrungsvertrages (§ 688). **bb) Weitere.** Neben den gesetzl benannten Verhältnissen reicht jedes diesen ähnl Verhältnis, vermöge dessen der unmittelbare Besitzer einem Dritten ggü auf Zeit zum Besitz berechtigt oder verpflichtet ist. Dieses Verhältnis muss nicht gesetzl geregelt sein (BGH NJW 1979, 2308 unter II 1 a; RGZ 132, 183, 186) und kann auch stillschw (Vor § 116 Rn 7) begründet werden (BGH NJW 1979, 2308 unter II 1 c).

10 **f) Ausgesuchte Einzelfälle (alphabetisch):**

• **Arbeitnehmer.** S § 855 Rn 5 „Arbeitnehmer". Ein Besitzmittlungsverhältnis kann vorliegen, wenn der ArbN ein „ausgedehntes" Besitzrecht hat, zB das freie, private Nutzungsrecht für einen Dienstwagen (Düsseldorf NJW 1986, 2513).

• **Auflösend bedingtes Eigentum (Sicherungseigentum).** Der Sicherungsgeber, der im Besitz der Sache bleibt, ist Besitzmittler für den Sicherungsnehmer (BGH NJW-RR 2005, 280 unter III 1; § 930 Rn 4; Anh § 931 Rn 7). Erhält der Sicherungsnehmer die zur Sicherung übereigneten beweglichen Sachen ausgehändigt, so wird er regelmäßig treuhänderisch für den Sicherungsgeber den unmittelbaren Besitz ausüben und bis zum Beginn der Verwertung (BGH LM Nr 8 zu § 929) als Besitzmittler für den Sicherungsgeber als mittelbaren Besitzer anzusehen sein (BGH NJW 1961, 777 unter 2 b). Schlägt die Eigentumsübertragung gem § 930 fehl, weil der Sicherungsgeber nicht Eigentümer ist, sondern die Sache zB unter Eigentumsvorbehalt erworben hat, wird bei Gültigkeit der Sicherungsabrede der Sicherungsnehmer mittelbarer Besitzer (BGH NJW 1968, 1382 unter III 1). Bei Sicherungsübereignung unter Übergabe der Sache nach § 929 ist der Besitzende Sicherungsnehmer (BGH NJW 1961, 777 unter 2 b).

• **Aufschiebend bedingtes Eigentum (Eigentumsvorbehalt).** Zw dem Vorbehaltskäufer und -verkäufer besteht ein Besitzmittlungsverhältnis (BGH NJW 1953, 1099 unter II 2; aA *Effer-Uhe* JR 2017, 451, 455). Auch die nachträgl Vereinbarung eines Eigentumsvorbehaltes kann ein Besitzmittlungsverhältnis begründen (aA BGH NJW 1953, 217, 218).

• **Auftrag.** Der Beauftragte ist Besitzmittler in Bezug auf die ihm vom Auftraggeber überlassenen oder die von ihm im Namen des Auftraggebers erworbenen Sachen (*Szerkus* Jura 2017, 251, 255). Bei Erwerb im eigenen Namen ist erkennbare Umwandlung des Besitzes in Fremdbesitz zugunsten des Auftraggebers nötig; idR wird aber die Vereinbarung des Auftragsverhältnisses zugleich ein vorweggenommenes Besitzmittlungsverhältnis enthalten (RGZ 100, 190, 193; 109, 167, 170). Im Einzelfall kann der Beauftragte Besitzdiener sein, zB wenn der/die Angestellte eines Kinobetreibers bei Aufräumungsarbeiten etwas findet, etwa einen Ring (§ 855 Rn 5).

• **Automatenvertrag.** S „Warenautomaten bzw Spiel- und Musikautomaten".

• **Beschlagnahme.** S zunächst § 855 Rn 5 „Beschlagnahme". Die Beschlagnahmebehörde kann Besitzmittler des Vorbesitzers werden (BGH NJW 1993, 935 unter B II 1 a; Köln NZV 2004, 588, 589). So liegt es aber nicht im Verhältnis zw Staatsanwaltschaft und Eigentümer bei Beschlagnahme von Diebesgut (RG WarnRsp 1925 Nr 25, 36) oder bei fehlender Rückgabeabsicht (München NJW 1982, 2330, 2331; Düsseldorf NJW 1951, 444, 445). Durch die behördliche Einweisung einer Person in eine private Wohnung wird zw der Behörde und dem Eigentümer „eine Art öffentlich-rechtl Verwahrungsverhältnis" (BGH NJW-RR 2006, 802 Rn 9; NJW 1995, 2918 unter II 2 b) begründet. Die eingewiesene Person ist unmittelbarer Besitzer (Rostock MDR 2016, 238; s auch BGH MDR 2020, 501; aA *Pawlowski* ZZP 102, 440, 445: Besitzdiener).

• **Betreuung.** S „Eltern-Kind-Verhältnis".

• **Depotbank.** Die Depotbank ist unmittelbare Fremdbesitzerin, der Aktieninhaber ist mittelbarer Eigenbesitzer. Wird von einer Wertpapiersammelbank eine Sammelurkunde verwahrt, vermittelt sie den beteiligten Depotbanken gleichstufigen Mitbesitz (§ 866) an der Sammelurkunde. Die Depotbanken sind mittelbare Fremdbesitzer erster Stufe (BGH NZG 2016, 187 Rn 15). Der Aktieninhaber ist mittelbarer Eigenbesitzer zweiter Stufe (BGH NZG 2016, 187 Rn 16; *Huber* ZIP 2021, 1573, 1579).

• **Dienstvertrag.** S „Auftrag".

• **Ehe.** S § 1363 Rn 6 sowie BGH NJW 1989, 2542 unter II 5 und NJW 1979, 976 unter II 3 a.

• **Eigentumsvorbehalt.** S „Aufschiebend bedingtes Eigentum".

• **Eingetragene Lebenspartnerschaft.** Es gelten die Ausführungen zur Ehe entspr (MüKo/*Oechsler* § 930 Rn 21).

• **Eltern-Kind-Verhältnis.** Das Eltern-Kind-Verhältnis ist, wenn dt Recht anwendbar ist, als gesetzl Besitzmittlungsverhältnis anzusehen (BGH NJW 1989, 2542 unter II 5).

• **Erbbaurecht.** Der Inhaber eines Erbbaurechts ist idR Besitzmittler des Grundstückseigentümers (BGH MDR 1970, 669 unter I 1).

• **Frachtführer.** Der Frachtführer ist idR im Verhältnis zum Absender mittelbarer Besitzer der Fracht (BGH NJW 1960, 1201 unter IV 2). Ein Besitzmittlungsverhältnis zw Frachtführer (bzw Bahn) und Empfänger besteht nur bei besonderem Vertrauensverhältnis oder Zession des Herausgabeanspruchs.

• **Fund.** Ob Fund ein gesetzl Besitzmittlungsverhältnis begründet, ist str (nein: RG JR 1927 Nr 1114; Düsseldorf NJW 1951, 444, 445; ja: Staudinger/*Gutzeit* Rn 34; MüKo/*Schäfer* Rn 49). Für die Annahme einer Besitzmittlung durch den redlichen Finder sprechen seine Verwahrungspflicht (§ 966) und der idR vorhandene Besitz(wieder)erwerbswille des Verlierers.

• **Geschäftsführung ohne Auftrag (GoA).** Die GoA begründet ein gesetzl Besitzmittlungsverhältnis (BGH WM 1956, 1281; RGZ 98, 131, 134), auch schon vor Genehmigung (aA *Wieling* AcP 184, 439, 454f).

• **Gesetzl Vertreter/Parteien kraft Amtes.** Üben gesetzl Vertreter/Parteien kraft Amtes, etwa Vormund, Pfleger, Insolvenz- und Nachlassverwalter, an den von ihnen beherrschten Sachen unmittelbaren Besitz aus, besteht ein Besitzmittlungsverhältnis und ist der Vertretene mittelbarer Eigenbesitzer.

• **Hinterlegung.** Die Hinterlegung begründet – wie die Verwahrung – ein Besitzmittlungsverhältnis (Hamburg NZM 2012, 692). Str ist, ob die Hinterlegungsstelle nur Besitzmittler für den **Gläubiger** ist, dem nach abschließender Klärung der Sach- und Rechtslage letztlich der Anspruch auf Herausgabe der hinterlegten Sache zusteht (so RGZ 135, 272, 274). Anderes muss jedenfalls gelten, wenn die Hinterlegung durch den Schuldner im Einverständnis mit den potenziellen Gläubigern erfolgt. Dann steht die Hinterlegungsstelle zu **jedem** von ihnen in einem Besitzmittlungsverhältnis (Hamburg NZM 2012, 692).

• **Insolvenz/Zwangsverwaltung.** Der Insolvenzverwalter bzw der Zwangsverwalter vermittelt dem Gemeinschuldner/Eigentümer grds Besitz an den Sachen, die er in Besitz genommen hat (§ 148 InsO; §§ 150, 154 ZVG).

• **Kauf.** Kauf begründet idR kein Besitzmittlungsverhältnis. Auch Klauseln wie „Ware gilt als übergeben" (RG LZ 1922 Sp 589) oder „Käufer hat Recht zur jederzeitigen Herausgabe" (RG Beil DRiZ 1933, 74 Nr 83) genügen nicht. Dasselbe gilt, wenn die verkaufte Ware einstweilen beim Verkäufer weiter lagern soll (RG Recht 1909 Nr 844), bei Übergabe eines verkauften, aber noch nicht aufgelassenen Grundstücks (RGZ 105, 19, 22; Celle OLG 27, 166), bei Rücktritt des Käufers und bei Nichtigkeit des Kaufvertrags (RG WarnRsp 1919 Nr 95; Staudinger/*Gutzeit* Rn 42). Zur Probefahrt s § 854 Rn 12 „Kfz" und § 855 Rn 5 „Kaufinteressent (Probefahrt)". Zw dem Kunden, der die Ware in den Einkaufswagen legt, und dem Ladeninhaber wird ein Besitzmittlungsverhältnis angenommen (*Schulze* NJW 2000, 2878). Beim Versendungskauf erwirbt der Käufer mittelbaren Besitz mit der Übergabe an die Versendungsperson, wenn diese ausnahmsw seine Vertrauensperson ist. IdR ist sie lediglich Hilfsperson des Verkäufers.

• **Kommission.** Bei der Verkaufskommission (vgl RGZ 118, 361, 364) besteht an den dem Kommissionär übergebenen Sachen ein Besitzmittlungsverhältnis (RGSt 62, 353, 357); an dem Geld jedoch nur bei besonderer Vereinbarung (RGSt 62, 31, 32). Bei der Einkaufskommission ist äußerliche Erkennbarkeit erforderlich (RGZ 63, 16, 17).

• **Lagervertrag.** Zw Lagerhalter und Einlagerer besteht ein Besitzmittlungsverhältnis (BGH NJW-RR 2010, 983 Rn 24; NJW 1979, 2037 unter V 2).

• **Leasing.** Leasing begründet ein Besitzmittlungsverhältnis (BGH NJW 2018, 1471 Rn 30) und zwar sowohl beim Operating-Leasing als auch beim Finanzierungs-Leasing. Die Wegnahme des Leasingguts ohne den Willen des Leasingnehmers stellt eine verbotene Eigenmacht dar (BGH NJW 2018, 1471 Rn 30).

• **Leihe.** Leihe begründet ein Besitzmittlungsverhältnis (RGZ 90, 218, 219; 57, 175, 178).

• **Miete und Pacht.** Miete und Pacht begründen ein Besitzmittlungsverhältnis; dies gilt aber nicht für Sachen, die der Mieter eingebracht hat und auch nicht für Gebäude, die der Pächter errichtet hat (RG JW 1934, 1484, 1485). S auch „Behördliche Beschlagnahme".

• **Nichteheliche Lebensgemeinschaft.** Die nichteheliche Lebensgemeinschaft (Vor § 1353 Rn 10ff) begründet nach hM kein gesetzl Besitzmittlungsverhältnis (München NJW 2013, 3525, 3526; *Grziwotz* FamRZ 2018, 480, 484). Etwa bei einer gemeinsamen Wohnung und gemeinsamem Hausrat überzeugt das nicht (s auch MüKo/*Oechsler* § 930 Rn 21 und *Grotkamp* AcP 216, 584, 597ff).

• **Pfändung.** Belässt der Gerichtsvollzieher die gepfändete Sache dem Schuldner (§ 808 II ZPO), so ist dieser als unmittelbarer Besitzer Besitzmittler des Gerichtsvollziehers (RGZ 94, 341; 118, 276, 277; Schleswig SchlHA 1975, 47, 48), der seinerseits dem Gläubiger den Besitz vermittelt (§ 871). Dieser wiederum ist Besitzmittler des Schuldners, so dass letzterer nicht nur unmittelbarer Fremdbesitzer, sondern auch mittelbarer Eigenbesitzer dritten Grades ist. Nimmt dagegen der Gerichtsvollzieher die Sache in (unmittelbaren) Besitz, so wird der Gläubiger mittelbarer Besitzer ersten und der Schuldner mittelbarer (Eigen-)Besitzer zweiten Grades.

• **Pflegschaft.** S „Eltern-Kind-Verhältnis".

• **Rechtsanwalt.** Schriftstücke, die der Rechtsanwalt in Wahrnehmung seines Auftrags für den Mandanten entgegennimmt und an ihn gem § 667, § 50 III BRAO herauszugeben hat, gehen unmittelbar in das Eigentum des Mandanten über. Der Rechtsanwalt wird bei dem Eigentumserwerb hinsichtl der dinglichen Einigung als Vertreter (§ 164 I) und hinsichtl der Übergabe als Besitzmittler des Mandanten tätig (BGH ZInsO 2019, 633 Rn 17).

• **Sequestration.** Eine Sequestration begründet ein Besitzmittlungsverhältnis. Es entsteht uU mittelbarer Mitbesitz (vgl Celle NJW 1957, 27).

• **Sicherungsübereignung.** Eine Sicherungsübereignung (s ausf Anh § 931) stellt idR ein Besitzmittlungsverhältnis dar, sofern nur bestimmte Pflichten des Sicherungsgebers in Bezug auf die Sache vereinbart sind, die zeigen, dass im Verhältnis zw Veräußerer und Erwerber der Sachwert dem Erwerber zugerechnet wird (BGH NJW-RR 2005, 280 unter III 1). Auch die Vereinbarung eines Eigentumsvorbehaltes ist hinreichend konkret (BGH NJW 1953, 1099 unter II 2). Neben dem durch Vereinbarung geschaffenen steht das gesetzl begründete Verhältnis (RGZ 94, 341, 342); dieses kann auf privatem wie auf öffentl Recht (zB Zwangsvollstreckung) beruhen (Schleswig SchlHA 1975, 47, 48).

• **Spediteur.** Zw Spediteur und Auftraggeber besteht ein Besitzmittlungsverhältnis, auch zw Unterspediteur und dem beauftragenden Spediteur (RGZ 118, 250, 253).

• **Treuhänder.** Maßgebend dafür, ob ein Besitzmittlungsverhältnis vorliegt, sind die Umstände des Einzelfalls (RG JW 1913, 432ff; RGZ 151, 184, 186).

• **Verwahrung und ähnl Verhältnisse.** Die Verwahrung begründet ein Besitzmittlungsverhältnis. Zu verwahrungsähnl Rechtsverhältnissen vgl RGZ 132, 183, 186; RG JW 1934, 2971. S auch § 854 Rn 6 „Gesetzl Vertreter und Parteien kraft Amtes".

• **Vorerbe.** Der Vorerbe ist nicht Besitzmittler des Nacherben.

• **Vormundschaft.** S „Eltern-Kind-Verhältnis".

• **Warenautomaten bzw Spiel- und Musikautomaten.** Warenautomaten bzw Spiel- und Musikautomaten im Geschäftslokal eines anderen stehen im unmittelbaren Alleinbesitz des Rauminhabers, wenn dieser allein und nicht der Aufsteller den Automaten mit Waren oder Geld ausstattet. Der Aufsteller ist dann mittelbarer Besitzer. Wer den Automaten aufgestellt bzw montiert hat, spielt keine Rolle (aA wohl Düsseldorf MDR 1985, 497). Anders liegt es bei Automaten, bei denen aufgrund der Automatenaufstellverträge der Aufsteller ein Zugangsrecht zu den fremden Räumen (insb Gastwirtschaften) hat. Die Automaten stehen regelmäßig im Mitbesitz von Aufsteller und Rauminhaber (Hamm NJW-RR 1991, 1526; s auch *Weyland*, Automatenaufstellung, 1989, 72ff).

• **Werkvertrag.** Der Unternehmer vermittelt dem Besteller den Besitz an Sachen, die dieser ihm zur Verarbeitung (RG WarnRsp 1929, 332, 333) oder Reparatur (Köln VersR 1994, 1428) übergeben hat. Bei Baumaterial (RGZ 104, 93, 94) etc kann der Besteller Besitzmittler sein, wenn der Handwerker alleinigen unmittelbaren Besitz an den Werkzeugen hat (Köln OLGRp 2000, 263).

11 **g) Beendigung. aa) Überblick.** Das Besitzmittlungsverhältnis endet, wenn der Herausgabeanspruch (Rn 8) untergeht. Das bloße Ende des dem Besitzmittlungsverhältnis ggf zugrundeliegenden Rechtsverhältnisses (zB Ablauf der Miet- bzw Leihzeit) führt hingegen nicht automatisch zum Wegfall des Besitzmittlungsverhältnisses. **bb) Erkennbare Änderung des Besitzmittlungswillens.** Das Besitzmittlungsverhältnis wird auch dadurch beendet, dass der Besitzmittler die Sache fortan als Eigen- oder als Besitzmittler für einen neuen Oberbesitzer (BGH NJW-RR 1999, 1239; NZM 1998, 779 unter I 3 a) besitzt. Hierfür genügt die Erkennbarkeit der Willensänderung, zB der Abschluss eines Vertrags (BGH NZM 1998, 779 unter I 3 a); eine Erklärung ggü dem bisherigen mittelbaren Besitzer ist ebenso wenig erforderlich wie dessen Kenntnis (BGH NJW 1979, 2037 unter V 2). **cc) Neues (weiteres) Besitzmittlungsverhältnis (Nebenbesitz).** Geht der Besitzmittler ein neues, mit einem bereits bestehenden Besitzmittlungsverhältnis unvereinbares Besitzmittlungsverhältnis ein, endet das Besitzmittlungsverhältnis zum bisherigen Oberbesitzer (BGH NJW 1979, 2037 unter V 2; NJW 1968, 1382 unter III 2). Dies gilt auch dann, wenn der Besitzmittler ein „Doppelspiel" spielt (aA und für gleichstufigen mittelbaren Besitz ua *H. Westermann* NJW 1956, 1298; *Medicus*, FS Hübner, 1984, 611ff; *Michalski* AcP 181, 384, 414; s auch die Übersicht bei § 947 Rn 16). Gegen einen solchen „Nebenbesitz" (dazu ua *Szerkus* ZJS 2016, 592, 594; *Picker* AcP 188, 11ff) spricht, dass die Bereitschaft des Besitzmittlers, die Sache nach Ablauf der Besitzberechtigung ggü dem Oberbesitzer an diesen herauszugeben, nur ggü einer Person bestehen kann (*Tiedke* WM 1978, 446, 451). Bedeutsam ist das Problem des Nebenbesitzes insb beim gutgläubigen Erwerb im Rahmen von § 934 sowie bei der Übertragung eines Anwartschaftsrechts (PWW/*Prütting* Rn 5).

12 **4. Besitz(erwerbs)wille des Oberbesitzers.** Wie jeder Besitzer (§ 854 Rn 13), muss auch der Oberbesitzer grds einen Besitzwillen haben (*Klinck* AcP 205, 487, 496; *Wieling* AcP 184, 439, 454f; aA PWW/*Prütting* Rn 9). Bei außervertragl Besitzmittlungsverhältnissen, zB Ehe, elterliche Sorge, Vormundschaft oder GoA (RGZ 98, 131, 135), soll er nach hM allerdings durch den „Befehl des Gesetzes" bzw durch eine entspr behördliche Anordnung ersetzt werden können (Staudinger/*Gutzeit* Rn 26).

13 **IV. Rechtsfolgen.** Die Rechtsfolgen des mittelbaren Besitzes ergeben sich aus seiner **grdsl Gleichstellung** mit dem unmittelbaren Besitz, wie dies etwa in §§ 851, 900, 927, 929 S 2, §§ 930, 931, 937, 985, zT auch in § 1007 der Fall ist. Etwas anderes gilt, wenn der Zweck des Gesetzes etwas anderes gebietet (BGH NJW 1958, 1286 unter III 2 b). Unterschiede bestehen etwa im Rahmen der §§ 935 und 1007 bei der Bedeutung des unfreiwilligen Verlustes, aber auch bei § 956 (BGH NJW 1958, 1286 unter III 2 b). Zum Besitzschutz vgl § 869.

14 **V. Übertragung und Verlust.** Zur Übertragung des mittelbaren Besitzes s § 870. Der mittelbare Besitz **endet** mit Wegfall des unmittelbaren Besitzes des Besitzmittlers (Rn 4) oder des Besitzmittlungsverhältnisses (Rn 5ff) bzw bei vertragl Besitzmittlungsverhältnissen dann, wenn der Oberbesitzer **nach außen erkennbar** keinen Erwerbswillen (Rn 12) mehr hat.

VI. Prozessuales. Mittelbarer Besitz ist von demjenigen zu beweisen, für den daraus **Rechtsfolgen** anzuwenden sind (Baumgärtel/Laumen/Prütting/*Eichhorn* Rn 1). 15

§ 869 Ansprüche des mittelbaren Besitzers

Wird gegen den Besitzer verbotene Eigenmacht verübt, so stehen die in den §§ 861, 862 bestimmten Ansprüche auch dem mittelbaren Besitzer zu. Im Falle der Entziehung des Besitzes ist der mittelbare Besitzer berechtigt, die Wiedereinräumung des Besitzes an den bisherigen Besitzer zu verlangen; kann oder will dieser den Besitz nicht wieder übernehmen, so kann der mittelbare Besitzer verlangen, dass ihm selbst der Besitz eingeräumt wird. Unter der gleichen Voraussetzung kann er im Falle des § 867 verlangen, dass ihm die Aufsuchung und Wegschaffung der Sache gestattet wird.

I. Zweck und Allgemeines. § 869 bestimmt, welche **Besitzschutzrechte** dem mittelbaren Besitzer zustehen, 1
wenn und soweit gegen den unmittelbaren Besitzer verbotene Eigenmacht (§ 858) verübt wird. Wegen Verletzung des mittelbaren Besitzes gewährt § 869 **keine** Rechte (*Gustorff* JA 2020, 888, 890). Ein Einschreiten kann insoweit nach §§ 227, 229 gerechtfertigt sein.

II. Tatbestandsvoraussetzungen (§ 869 S 1). Gegen den **unmittelbaren** Besitzer (§ 854 Rn 2ff) wird verbote- 2
ne Eigenmacht (§ 858 Rn 2) verübt. Eine Gestattung des unmittelbaren Besitzers schließt also eine verbotene Eigenmacht (§ 858 Rn 8) und damit auch einen Anspruch des mittelbaren Besitzers aus (BGH WM 1977, 218 unter IV; LG Lüneburg WuM 2011, 672). Hat der **mittelbare** Besitzer die Besitzbeeinträchtigung gestattet, so steht jedenfalls **ihm** kein Besitzschutz zu (KG ZMR 2000, 818), wohl aber grds dem unmittelbaren Besitzer.

III. Rechtsfolgen. 1. Überblick. Liegen die Tatbestandsvoraussetzungen vor, stehen die in den §§ 861, 862 be- 3
stimmten Rechte **auch** dem mittelbaren Besitzer zu. Besitzwehr (§ 859 I) und Besitzkehr (§ 859 II, III) stehen nach dem klaren Wortlaut des § 869 dem mittelbaren Besitzer hingegen **nicht** zu (RGZ 146, 190; Freiburg JZ 1952, 334; *Gustorff* JA 2020, 888, 889; aA Grü/*Herrler* Rn 2; Staudinger/*Gutzeit* Rn 2); anderes gilt für die Rechte aus §§ 227ff. **2. Besitzentziehung (§ 869 S 2).** Bei Besitzentziehung (§ 861) kann grds die Wiederherstellung der **alten** Besitzlage beansprucht werden. Herausgabe an sich selbst kann der mittelbare Besitzer nur verlangen, wenn der frühere Besitzmittler den unmittelbaren Besitz nicht wieder übernehmen kann oder will (§ 869 2 Hs 2), wobei im zweiten Fall nur eine tatsächliche, keine rechtsgeschäftliche Willensäußerung erforderlich ist. Gleich zu behandeln ist der Fall, dass dessen Recht zum Besitz erloschen ist. Der Anspruch wegen Besitzstörung (§ 862) entspricht inhaltlich demjenigen des unmittelbaren Besitzers. **3. Aufsuchung und Wegschaffung (§ 869 S 3).** Im Falle der Entziehung des Besitzes hat auch der mittelbare Besitzer nach § 869 S 3 dann, wenn die Sache aus der Gewalt des unmittelbaren Besitzers auf ein im Besitz eines anderen befindliches Grundstück gelangt ist, das **Recht zur Aufsuchung und Wegschaffung** und die Pflichten aus § 867 S 2, S 3. Er hat das Recht zur Aufsuchung und Wegschaffung aber nur dann, wenn der **unmittelbare Besitzer** es **nicht** wahrnimmt (MüKo/*Schäfer* Rn 5; s auch § 871 Rn 5).

IV. Verhältnis zu den Rechten des unmittelbaren Besitzers. 1. Überblick. Die Rechte des unmittelbaren 4
und die des mittelbaren Besitzers stehen **selbständig** nebeneinander. Die Erfüllung des einen Rechts wirkt auch für das Recht des anderen. So entsteht mit Wiederherstellung des unmittelbaren Besitzes automatisch auch der mittelbare Besitz wieder. **2. Besitzschutz im Verhältnis zw unmittelbarem und mittelbarem Besitzer.** Der unmittelbare Besitzer (zB Mieter) genießt vollen Besitzschutz gegen den mittelbaren Besitzer (zB Vermieter) gem §§ 858ff (RG Recht 1910, Nr 3190; Staudinger/*Gutzeit* Rn 1). Dem mittelbaren Besitzer steht dagegen ggü dem unmittelbaren Besitzer **kein Besitzschutz** zu (BGH NJW 1996, 515 unter III 3; NJW 1960, 1201 unter III 2). Denn der mittelbare ist gegen Übergriffe des unmittelbaren Besitzers bereits durch die **schuldrechtl Beziehungen** und die daraus sich ergebenden Ansprüche hinreichend geschützt (BGH NJW 1960, 1201 unter IV 2). Der mittelbare Besitzer kann iÜ auch keinen Schadensersatz nach § 823 I beanspruchen (BGH NJW 1960, 1201 unter III 2).

V. Prozessuales. Mittelbarer und unmittelbarer Besitzer können getrennt klagen. Auch nach einer Klagenver- 5
bindung (§ 147 ZPO) liegt **keine notwendige** Streitgenossenschaft vor (Grü/*Herrler* Rn 3). Es findet auch keine Rechtskrafterstreckung statt (Staudinger/*Gutzeit* Rn 13). IÜ gelten die Hinweise zu § 867 Rn 5 entspr.

§ 870 Übertragung des mittelbaren Besitzes

Der mittelbare Besitz kann dadurch auf einen anderen übertragen werden, dass diesem der Anspruch auf Herausgabe der Sache abgetreten wird.

I. Zweck und Allgemeines. § 870 stellt klar, dass mittelbarer Besitz **übertragen** werden kann, regelt, wie das 1
geschieht, und ermöglicht so vor allem Verfügungen des mittelbaren Besitzers über sein Eigentum (§§ 931, 1032, 1205 II). Beschließt der Besitzmittler, nicht für einen anderen zu besitzen, und gibt er diesen Willen kund, liegt keine Besitzübertragung vor. Das gilt auch dann, wenn die Änderung des Besitzmittlungswillens auf einer Weisung des ursprünglichen mittelbaren Besitzers beruht (s auch BGH NJW 1959, 1536 unter III): der neue Oberbesitzer erwirbt seinen mittelbaren Besitz durch **Neubegründung** (Grü/*Herrler* Rn 1). Ein **Irrtum** des Besitzmittlers, der (zB bei unklarer Erbfolge) einen anderen als den wahren Inhaber des Herausgabeanspruchs für den mittelbaren Besitzer hält, verschafft demjenigen den mittelbaren Besitz, den der Besitzmittler als Oberbesitzer anerkennt.

2 **II. Tatbestandsvoraussetzungen. 1. Abtretung. a) Überblick.** Der mittelbare Besitz wird durch Abtretung (§§ 398ff) des **Herausgabeanspruchs** aus dem Besitzmittlungsverhältnis (s auch § 868 Rn 8) übertragen (BGH NJW 2018, 1471 Rn 34), zB des Leasinggebers zur Sicherheit an die finanzierende Bank. Ein etwaiger Herausgabeanspruch aus § 985 kommt als Abtretungsobjekt **nicht** in Betracht (Staudinger/*Gutzeit* Rn 3). Ein gesetzl Übergang des Anspruchs hat nach § 412 dieselben Wirkungen wie eine Abtretung. Bei einer **Mehrheit** von Herausgabeansprüchen, zB aus Eigentum und aus Vertrag, kommt es auf den Anspruch an, auf dem das Besitzmittlungsverhältnis **beruht** (aA *Tunze* JA 2022, 529, 533). Bei einer Teilabtretung muss genau bestimmt werden, um welche Sachen es sich handelt (vgl RGZ 103, 151, 153f). Die **Überweisung** eines gepfändeten Herausgabeanspruchs zur Einziehung (§§ 835, 846 ZPO) bewirkt keinen Übergang des Herausgabeanspruchs (RGZ 63, 214, 218; Grü/*Herrler* Rn 2). Dagegen **kann** in der Übergabe von Traditionspapieren oder in der Übergabe eines Frachtbriefes oder eines Zollniederlagescheines die Abtretung des Herausgabeanspruchs und damit die Übertragung mittelbaren Besitzes liegen (Grü/*Herrler* Rn 1; s auch § 931 Rn 8ff). **b) Besitzmittlungsverhältnis unwirksam.** Ist das Besitzmittlungsverhältnis unwirksam, kann ggf ein Bereicherungsanspruch bzw der gesetzl Herausgabeanspruch übertragen werden (*Schönfeld* JZ 1959, 301, 302). Da es auf die Wirksamkeit des Besitzmittlungsverhältnisses nicht ankommt (§ 868 Rn 5), reicht es allerdings auch aus, wenn der Besitzmittler die Einwirkungsmöglichkeit des neuen mittelbaren Besitzers akzeptiert; eine „Abtretung" liegt hierin mangels Substrats freilich nicht. **c) Ansprüche aus dem Besitzmittlungsverhältnis.** Nicht notwendig ist es, dass die übrigen Ansprüche aus dem Besitzmittlungsverhältnis übertragen werden (BGH NJW 2018, 1471 Rn 34; NJW 1959, 1536 unter II 2 b). **d) Mitwirkung und Kenntnis des Besitzmittlers.** Für die Abtretung ist idR weder die Mitwirkung noch die Kenntnis des unmittelbaren Besitzers erforderlich (BGH NJW 2018, 1471 Rn 34; RGZ 52, 273, 277). Der Besitzmittler muss den Oberbesitzer auch nicht kennen (§ 868 Rn 6). Eine Abtretung **gegen** den Willen des Besitzmittlers ist allerdings nicht möglich, zB wenn er den Empfänger nicht als Oberbesitzer anerkennt (*Tunze* JA 2022, 529, 533). **2. Einigung.** Die Einigung kann in jeder Form stattfinden; vgl iÜ § 931 Rn 6. Abtretungsempfänger können mehrere sein. **3. Fehlen eines Anspruchs oder Ungültigkeit der Abtretung.** Fehlt ein Herausgabeanspruch oder ist die Abtretung zB mangels Geschäftsfähigkeit unwirksam, wird kein mittelbarer Besitz übertragen. Der „Zessionar" kann idR auch nicht dadurch mittelbarer Besitzer werden, dass der unmittelbare Besitzer sich so verhält, als ob das Besitzmittlungsverhältnis zu Gunsten des „Zessionars" bestünde. Denn es wird am hierfür erforderlichen Herausgabeanspruch fehlen. **4. Anweisung.** Keine Übertragung liegt darin, dass der mittelbare Besitzer seinen Besitzmittler anweist, fortan (nur) für einen Dritten zu besitzen. Vielmehr geht dann das bisherige Besitzmittlungsverhältnis unter und ein neues wird ggf begründet (BGH NJW 1959, 1536 unter II; *Tunze* JA 2022, 529, 532; aA *Wieling* AcP 184, 439, 455f).

3 **III. Andere Fälle des Überganges mittelbaren Besitzes.** Nach § 1922 rückt der **Erbe** in das Rechtsverhältnis zwischen Besitzmittler und mittelbarem Besitzer ein (für den Besitz s auch § 857). Für **andere** Fälle der Universalsukzession gilt das entspr. Auf den **gesetzl** Übergang des Vertragsverhältnisses (inkl Herausgabeanspruch) nach § 566 (ggf iVm § 582 II) ist § 870 zumindest **entspr** anwendbar.

4 **IV. Rechtsfolgen und Prozessuales.** Im Zeitpunkt des **Wirksamwerdens** der Abtretung (Rn 2) geht der mittelbare Besitz auf den Zessionar über. S iÜ zu den Rechtsfolgen § 868 Rn 13 und § 868 Rn 15. Zum Beweis s Baumgärtel/Laumen/Prütting/*Eichhorn* Rn 1.

§ 871 Mehrstufiger mittelbarer Besitz

Steht der mittelbare Besitzer zu einem Dritten in einem Verhältnis der in § 868 bezeichneten Art, so ist auch der Dritte mittelbarer Besitzer.

1 **I. Zweck und Allgemeines.** § 871 ist Hilfsnorm zu § 868 und fingiert einen **weiteren** mittelbaren Besitzer. Es können beliebig viele „Besitzstufen" übereinander liegen.

2 **II. Tatbestandsvoraussetzungen. 1. Überblick.** Ein mehrstufiger mittelbarer Besitz liegt vor, wenn ein mittelbarer Besitzer in einem Besitzmittlungsverhältnis (§ 868 Rn 5) zu einem Dritten steht und er für diesen einen Besitzmittlungswillen (§ 868 Rn 6) hat. Der oberste mittelbare Besitzer kann mit dem unmittelbaren Besitzer identisch sein. Dies ist zB der Fall, wenn der Gerichtsvollzieher die gepfändete Sache dem Schuldner belässt: dieser ist dann zugleich unmittelbarer Fremdbesitzer und mittelbarer Eigenbesitzer dritten Grades. **Bsp für mehrstufigen mittelbaren Besitz** sind ua:

3 • **Beschlagnahme.** S zunächst § 868 Rn 10 „Beschlagnahme". Die Beschlagnahme bei einem Fremdbesitzer kann zu einem mehrstufigen Besitzmittlungsverhältnis führen, wenn die Behörde den entspr Besitzmittlungswillen hat (BGH NJW 1993, 935 unter B II 1 a).

• **Nießbrauch.** Wird ein Nießbrauch an einer vermieteten Sache bestellt, so tritt der Nießbraucher nach Maßgabe des § 567 in den Mietvertrag ein; der Mieter ist Besitzmittler des Nießbrauchers als mittelbarem Besitzer erster Stufe, der dem Besteller als mittelbarem Eigenbesitzer zweiter Stufe den Besitz mittelt (Hamm Rpfleger 1983, 144).

• **Sicherungsübereignung.** S zunächst § 868 Rn 10 „Sicherungsübereignung". Bei einer Sicherungsübereignung liegt mehrstufiger mittelbarer Besitz vor, wenn zB ein Vermieter die Mietsache gem § 930 zur Sicherung übereignet (RG JW 1909, 130, Nr 1). So liegt es auch, wenn ein Vorbehaltskäufer sein Anwartschaftsrecht sicherungshalber gem § 930 auf einen Dritten überträgt (für die aA – Nebenbesitz – § 868 Rn 11).

• **Untervermietung.** Hat zB ein (Haupt-)Mieter seine Wohnung untervermietet, so ist der Untermieter unmittelbarer (Fremd-)Besitzer, der (Haupt-)Mieter mittelbarer (Fremd-)Besitzer erster Stufe und der Vermieter mittelbarer (Eigen-)Besitzer zweiter Stufe (BGH NJW 1986, 2438 unter 1 c).
• **Wertpapiere.** Unmittelbare Fremdbesitzerin einer jeden von ihr verwahrten Sammelurkunde ist die Wertpapiersammelbank. Sie vermittelt den beteiligten Depotbanken gleichstufigen Mitbesitz an der Sammelurkunde. Die Depotbanken sind mittelbare Fremdbesitzer erster Stufe (BGH NZG 2016, 187 Rn 15). Der Aktieninhaber ist mittelbarer Eigenbesitzer zweiter Stufe (BGH MDR 2016, 359 Rn 16).
• **Zwangsvollstreckung.** Der Gerichtsvollzieher ist, wenn er die gepfändete Sache mitnimmt, unmittelbarer Besitzer, der Gläubiger mittelbarer (Fremd-)Besitzer erster Stufe, der Schuldner mittelbarer (Eigen-)Besitzer zweiter Stufe (MüKo/*Schäfer* Rn 4). S auch § 862 Rn 3.

2. Kenntnis. Die Entstehung des höherstufigen mittelbaren Besitzes ist nicht davon abhängig, dass der unmittelbare Besitzer die Vereinbarung des oder der weiteren mittelbaren Besitzer kennt (BGH NJW 1964, 398). 4

III. Rechtsfolgen. 1. Überblick. Die Rechtsstellung des höherstufigen mittelbaren Besitzers entspricht grds derjenigen des erststufigen mittelbaren Besitzers (§ 868 Rn 12 und § 869 Rn 2ff). **2. Besitzeinräumung.** Besitzeinräumung an sich selbst nach §§ 861, 869 S 2 kann der höherstufige mittelbare Besitzer nur verlangen, wenn **keiner** seiner Besitzmittler zur Übernahme des unmittelbaren Besitzes bereit oder in der Lage ist; entspr gilt bei den §§ 867, 869 S 3 (s auch § 869 Rn 4). **3. Eigentumsvermutung.** Die Eigentumsvermutung des § 1006 III gilt nur für den **letztstufigen** Besitzer, da er allein Eigenbesitzer (§ 872) ist. Aus dem gleichen Grund kann allenfalls er ersitzen (RGZ 81, 64, 66). 5

IV. Prozessuales. S § 868 Rn 15. 6

§ 872 Eigenbesitz

Wer eine Sache als ihm gehörend besitzt, ist Eigenbesitzer.

I. Zweck und Allgemeines. 1. Sinn und Zweck. § 872 ist Hilfsnorm zu §§ 854–871 und **definiert** den Begriff des Eigenbesitzers. Ein Besitzer, der nicht Eigenbesitzer ist, ist danach Fremdbesitzer (Vor § 854 Rn 3). **2. Formen.** Eigenbesitz ist als unmittelbarer und als mittelbarer, als fehlerhafter oder fehlerfreier sowie als Allein- oder Mitbesitz möglich. Ein mittelbarer Eigenbesitzer kann zugleich unmittelbarer Fremdbesitzer sein (§ 871 Rn 1), ein unmittelbarer Eigenbesitzer nicht (§ 866 Rn 1). **3. Bedeutung.** Die Bedeutung des Eigenbesitzes liegt vor allem beim **Eigentumserwerb** (§§ 900, 927, 937ff, 955, 958). Ferner bei den **Haftungstatbeständen** von § 836 III und § 988, bei der hypothekarischen Haftung (vgl §§ 1120 und 1127) und bei der Zwangsverwaltung (§ 147 ZVG). Schließlich ist der Eigenbesitz Grundlage der Eigentumsvermutung nach § 1006. Zu Gunsten des Fremdbesitzers greift die Eigentumsvermutung des § 1006 I nicht ein (§ 1006 Rn 10). Eigenbesitz zählt zum Vermögen iSd § 807 ZPO. In Bezug auf das gemeinschaftliche Eigentum (§ 1 V WEG) ist nach § 9a II WEG grds die **Gemeinschaft der Wohnungseigentümer** als Eigenbesitzerin iSv § 836 III zu behandeln. 1

II. Tatbestandsvoraussetzungen für den Erwerb von Eigenbesitz. 1. Sache. Zum Begriff der Sache s Vor § 90 Rn 1ff. **2. Besitz.** Zum Begriff des Besitzes s Vor § 854 Rn 3. Notwendig ist unmittelbarer (§ 854) oder mittelbarer (§§ 868, 870) Besitz. **3. „Gehören". a) Eigenbesitzerwille.** Das Merkmal, das Besitz zu Eigenbesitz macht, ist der Wille des Besitzers, die Sache „wie ein Eigentümer" zu beherrschen (BGH GuT 2012, 265 Rn 8; NJW 1996, 1890 unter V 3 b) – Eigenbesitzerwille – animus domini. Er ist wie der Wille zum Besitzerwerb ein natürlicher, der weder eine rechtsgeschäftliche Äußerung **noch Geschäftsfähigkeit** voraussetzt. Gemeint ist die subj Willensrichtung, auf das **Eigentum** kommt es nicht an. Es genügt, dass der Besitzer die tatsächliche Sachherrschaft so ausüben will wie ein Eigentümer für sich selbst unter Ausschluss anderer Personen, selbst wenn er weiß, dass er dazu **nicht** berechtigt ist (Naumburg Rpfleger 2020, 149). Eigen- und Fremdbesitzwille lassen sich nicht gleichzeitig verwirklichen. Der Eigenbesitz des Besitzmittlers verhindert eine Herrschaftsbeziehung des Oberbesitzers zur Sache (BGH NJW 1983, 568 unter II 1 b). **b) Rechtsbehauptung.** Für Eigenbesitz notwendig ist die – wann auch immer – nach außen getretene Rechtsbehauptung, eine Sache selbständig und andere ausschließend als eigene zu besitzen (BGH GuT 2012, 265 Rn 8; NJW 1996, 1890 unter V 3 b). Gemeint ist damit ein natürlicher Wille (s auch § 854 Rn 13) des Besitzers dahingehend, dass seine subj Willensrichtung auf die Ausübung der Sachherrschaft wie ein Eigentümer gerichtet ist, er also für sich selbst unter Ausschluss anderer Personen besitzen will (Frankfurt NJOZ 2017, 1079 Rn 28). Auf ein entspr – wirkliches oder vermeintliches – Recht kommt es nicht an (BGH MDR 1971, 915 unter II 1; Stuttgart NJW-RR 2010, 451). **c) Erbfall.** Eigenbesitz des Erblassers geht gem § 857 ohne entspr Willen bzw Kenntnis auf den Erben über (§ 857 Rn 2). Der Wille des Erben entscheidet aber bei tatsächlicher Besitzergreifung darüber, ob weiterhin Eigen- oder Fremdbesitz vorliegt (§ 857 Rn 4). **d) Änderung der Willensrichtung.** Der Fremd- wird Eigenbesitzer, wenn er seinen Eigenbesitzwillen, dh die Änderung der Willensrichtung, kundgibt (BGH MDR 1971, 915 unter II 3). 2

III. Einzelfälle. S auch § 868 Rn 10. Bei der **Automatenaufstellung** hängt die Besitzlage am Automaten und der Stellfläche von Nutzung und Gebrauch des Automaten ab (§ 868 Rn 10; s auch MüKo/*Schäfer* § 868 Rn 40). Beim **Eigentumsvorbehaltskauf** ist der **Verkäufer** mittelbarer Eigenbesitzer. Der Käufer ist Fremdbesitzer und Besitzmittler (BGH JZ 1969, 433). Der Frachtführer erlangt keinen Eigenbesitz zB an den ihm zum Transport übergebenen Möbeln (Frankfurt NJW-RR 2018, 803 Rn 26). Der zum **Gesellschaftsvermögen** gehörende Besitz ist Eigenbesitz (BGH MDR 1986, 140 unter 1 c). Der **Grundstückserwerber** ist, auch wenn der Erwerb durch ei- 3 ne Vormerkung gesichert ist, kein Eigenbesitzer, er besitzt aber „wie ein Eigenbesitzer" (BGH MDR 1983, 740 unter 1 d). Der **Sicherungseigentümer** ist Eigenbesitzer (BGH JZ 1969, 433; NJW 1962, 102): er besitzt im Bewusstsein, Eigentümer auch ggü dem Treugeber zu sein. Der Inhaber von **Wertpapieren,** die seine Depotbank an eine Wertpapiersammelstelle gibt, ist mittelbarer Eigenbesitzer (§ 871 Rn 3; BGH MDR 2016, 359 Rn 15). Unmittelbare Fremdbesitzerin ist die Wertpapiersammelbank (BGH MDR 2016, 359 Rn 15). Sie vermittelt den beteiligten Depotbanken gleichstufigen Mitbesitz an der Sammelurkunde. Die Depotbanken sind mittelbare Fremdbesitzer erster Stufe (BGH MDR 2016, 359 Rn 15).

4 **IV. Erwerb und Verlust.** Zum Erwerb s § 854. Der Besitzbegründungswille (allg § 854 Rn 13) muss auf die Erlangung von **Eigenbesitz** gerichtet sein. Eigenbesitz wird verloren, wenn der unmittelbare oder mittelbare **Besitz** als solcher verloren geht, oder sich Eigen- in Fremdbesitz **umwandelt** (RGZ 99, 208, 210; Rn 2). Zum Erbfall s § 857 und Rn 2.

5 **V. Prozessuales.** Eigenbesitz muss derjenige beweisen, der sich darauf beruft (§ 1006 Rn 14; Nürnberg v. 17.8.2022 – 3 U 1440/22, juris Rn 23). Zugunsten des Besitzers einer beweglichen Sache streitet § 1006, wenn er die Sache von Anfang an in Eigenbesitz gehabt hat (§ 1006 Rn 10).

Abschnitt 2
Allgemeine Vorschriften über Rechte an Grundstücken (§§ 873–902)

Vorbemerkung vor § 873

1 **I. Begriffe des Liegenschaftsrechts. 1. Grundstücksbegriff. a) Grundstück im Rechtssinne („Grundbuchgrundstück").** Während sich die Begrenzung beweglicher Sachen aus ihrer Körperlichkeit ergibt, werden die Grundstücksgrenzen durch menschliche Handlungen bestimmt (*Westermann/Gursky/Eickmann* § 69 I Rn 1). Das dem Eintragungserfordernis des § 873 zugrundeliegende Grundbuchsystem lässt es zu, als „Grundstück" den räumlich abgegrenzten und vermessenen Teil der Erdoberfläche zu definieren, der auf einem besonderen Grundbuchblatt (§ 3 I GBO) bzw Auszug (§ 3 V GBO) in einem dafür bestimmten Datenspeicher (§ 126 GBO) – oder (im Falle der Zusammenschreibung nach § 4 GBO) auf einem gemeinsamen Grundbuchblatt/in einem gemeinsamen Datenspeicher – unter einer besonderen Nr eingetragen ist oder (wie in den Fällen des § 3 II GBO) jedenfalls eingetragen werden kann (MüKo/*Lettmaier* Rn 3). Zur Entwicklung eines EDV-Grundbuchs vgl Soergel/*Stürner* Rn 31a. Für den gesetzl nicht definierten Grundstücksbegriff des BGB, der GBO und der Verfahrensgesetze (zB ZPO, ZVG, InsO) ist danach das „Grundbuchgrundstück" als Buchungseinheit des Grundbuchs maßgeblich. Gäbe es dieses Grundbuchsystem nicht, so müsste man zur Bestimmung des Verfügungsgegenstandes „Grundstück" auf sichtbare, natürliche Merkmale (zB Zaun, Weg, Wasserlauf) abstellen, die den Nachteil haben, dass sie veränderlich sind. Dadurch würde der sachenrechtl Bestimmtheitsgrundsatz (Spezialitätsprinzip), wonach dingliche Rechte nur an bestimmten einzelnen Sachen möglich sind, zumindest beeinträchtigt. Dem GrdstVG (BGHZ 49, 145; BGH AgrarR 1986, 211) und dem BauGB/der BauNVO (BVerwG DNotZ 1976, 686, 687) liegt der gleiche Grundstücksbegriff zugrunde.

2 Der Begriff **Flurstück** bzw Katasterparzelle ist nicht mit dem Grundstücksbegriff im Rechtssinne identisch. Er stammt aus dem Vermessungs- und Katasterwesen und wird definiert als ein zusammenhängender Teil der Erdoberfläche, welcher von einer in sich zurücklaufenden Linie umschlossen und in der Flurkarte des Liegenschaftskatasters unter einer besonderen Nr geführt wird (Grü/*Herrler* Rn 1). Während das Grundbuch die Rechtsverhältnisse des Grundstücks zuverlässig offenlegen soll, werden im Kataster die tatsächlichen Verhältnisse des Grundstücks (Lage, Größe, Bewirtschaftungsart) registriert. Kataster und Grundbuch sind dadurch eng miteinander verbunden, dass das Grundbuch ins Bestandsverzeichnis die tatsächlichen Angaben des Katasters, das Kataster die Eigentümerangaben des Grundbuchs aufnimmt. Zwar wird das Grundstück im Grundbuch nach der ihm im Kataster gegebenen Nr benannt (§ 2 II GBO), entscheidend ist aber, ob es im Grundbuch auf einem besonderen Grundbuchblatt oder unter einer selbständigen Nr (bei gemeinschaftl Grundbuchblatt) geführt wird. Deshalb kann ein Grundstück zwar aus mehreren Flurstücken bestehen; eine Katasterparzelle kann aber nicht mehrere Grundstücke umfassen (BayObLG 1954, 258ff). Allerdings kann ein Anliegerweg, -graben oder -wasserlauf ein Flurstück bilden, das Teile mehrerer Grundstücke umfasst (BayObLG Rpfleger 1993, 104). Zum vermessungstechnischen Begriff des „Zuflurstücks" vgl § 890 Rn 4.

3 **b) Grundstück im wirtschaftlichen Sinne.** Vom „Grundbuchgrundstück" ist der Begriff des Wirtschaftsgrundstücks zu unterscheiden. Hiermit sind Bodenflächen gemeint, die eine wirtschaftl Einheit bilden (Grü/*Herrler* Rn 1). Der wirtschaftl Grundstücksbegriff liegt zB dem RSiedlG (BGHZ 94, 299ff; NJW 1997, 1073, 1074) und dem BewG (§ 70 I BewG) zugrunde.

4 **2. Rechte an Grundstücken.** Hierzu zählen das Eigentum und die beschränkten dinglichen Rechte an einem Grundstück: die Dienstbarkeiten (§§ 1018ff), nämlich Grunddienstbarkeiten, Nießbrauch und beschränkte persönliche Dienstbarkeiten, das Vorkaufsrecht (§ 1094ff), die Reallasten (§§ 1105ff) und die Grundpfandrechte (§§ 1113ff), nämlich Hypothek, Grundschuld und Rentenschuld. Nicht: Vormerkung, Widerspruch und Verfügungsbeschränkungen.

3. Grundstücksgleiche Rechte. Hierunter versteht man Rechte, die gesetzl den Grundstücken gleichgestellt sind, dh materiell und formell wie Grundstücke behandelt werden (BGHZ 23, 241, 244; Grü/*Herrler* Rn 3). Bsp sind: Erbbaurecht (§ 11 ErbbauRG) und Bergwerkseigentum (§ 9 I BBergG). Auch das Landesrecht kann Rechte zu grundstücksgleichen Rechten erklären (Art 196 EGBGB; zum selbständigen Fischereirecht nach fortgeltendem preuß Landesrecht vgl etwa Hamm NJW-RR 2000, 1328). 5

Das Wohnungseigentum ist kein grundstücksgleiches Recht (BayObLG 1993, 297ff; Grü/*Herrler* Einl Vor § 1 WEG Rn 2; *Sauren* NJW 1985, 180ff; aA Staudinger/*Heinze* Vor §§ 873–902 Rn 23; Soergel/*Stürner* Rn 4a; MüKo/*Lettmaier* Rn 6 mwN), sondern ein echtes, wenngleich als Verbindung von Alleineigentum mit Bruchteilseigentum ausgestaltetes Eigentum am Grundstück (BGH NJW 1986, 1811 mwN). 5a

II. Grundsätze des Liegenschafts- und Grundbuchrechts. Materiellrechtl wird das Liegenschaftsrecht getragen vom Grundsatz von **Einigung und Eintragung**, §§ 873, 875, 877, 925. So erwachsen Grundbucheintragungen als solche nicht in formeller Rechtskraft. Vielmehr tritt die der Eintragung entspr Rechtsänderung regelmäßig nur bei einem entspr Parteiwillen ein, dh einer Einigung iSv § 873 I bzw einer Aufgabeerklärung iSv § 875 I (sog **materielles Konsensprinzip**). Um rechtsgeschäftlichen Erwerb von Grundstücken außerhalb des Registers zu verhindern, ist neben der Einigung die Eintragung ins Grundbuch erforderlich (**Eintragungszwang**). Dies dient der Rechtssicherheit und dem Verkehrsschutz. Gleiches gilt für § 891, wonach das Bestehen eines eingetragenen Rechts und das Nichtbestehen eines gelöschten Rechts widerlegbar vermutet werden (sog **materielle Publizität des Grundbuchs**). 6

Obwohl materielles Liegenschaftsrecht und formelles Grundbuchrecht eng miteinander verknüpft sind, hat das Grundbuchamt die materielle Rechtslage grds nicht zu prüfen (Zweibrücken Rpfleger 2007, 194, 195 mwN). Das **Verfahrensrecht** begnügt sich vielmehr mit „Surrogaten", aus deren Vorliegen auf ein wirksames dingliches Rechtsgeschäft geschlossen werden kann (*Baur/Stürner* § 16 Rn 3). So genügt nach § 19 GBO grds die einseitige Eintragungsbewilligung des Betroffenen (**Bewilligungsgrundsatz** bzw **formelles Konsensprinzip**). Nur im Fall der Grundstücksübertragung (bzw der Erbbaurechtsbestellung, -änderung und -übertragung) kommt es auf die Einigung bzw Auflassung an, § 20 GBO. Nach dem **Voreintragungsgrundsatz** soll das Grundbuchamt aufgrund einer Bewilligung die Eintragung nur vornehmen, wenn der Betroffene und sein Recht im Grundbuch (vorher) eingetragen sind (§ 39 GBO). Ausnahmen enthalten § 39 II und § 40 GBO. Nach dem **Beweisgrundsatz** sind die zur Eintragung erforderlichen Erklärungen etc (außer dem Antrag) grds durch öffentliche oder öffentlich beglaubigte Urkunden nachzuweisen, § 29 GBO. Zur Bewilligung muss nach § 13 GBO ein Eintragungsantrag hinzutreten (sog **Antragsgrundsatz**). Antragsberechtigt ist nach § 13 II GBO (nur) der unmittelbar Betroffene, dessen dingliche Rechtsstellung durch die Eintragung gestärkt bzw geschwächt wird (Düsseldorf OLGRp 2007, 366, 367). Von Amts wegen wird das Grundbuchamt nur ausnahmsw tätig (vgl § 18 II, §§ 53, 76, 82ff, 84ff, 90ff GBO und GBBerG). 7

Zum Zweck der auch verfahrensrechtl Gewährleistung des Verkehrsschutzes gestattet § 12 GBO jedem, der ein berechtigtes Interesse darlegt, die **Einsicht in das Grundbuch**, in die in Bezug genommenen Urkunden sowie in noch nicht erledigte Eintragungsanträge. „Berechtigt" in diesem Sinne ist ein verständiges, durch die Sachlage gerechtfertigtes Interesse, wobei wirtschaftl Gründe genügen. Der Antragsteller darf nicht aus Neugier oder zu unlauteren oder unbefugten Zwecken handeln (MüKo/*Lettmaier* Rn 22 mwN). „Darlegen" des Interesses setzt voraus, dass das tatsächliche Vorbringen des Antragstellers auf die Verfolgung berechtigter Interessen schließen lässt. Eine Glaubhaftmachung iSv § 294 ZPO ist nicht erforderlich. Dem Grundstückseigentümer steht gegen die Gewährung der Einsicht kein Beschwerderecht zu, da er im Verfahren nach § 12 GBO nicht Beteiligter ist (BGH NJW 1981, 1563, 1564). 8

III. Eintragungsfähige Rechte und Rechtspositionen. 1. Dingliche Rechte. Welche Rechte bzw Rechtspositionen im Einz **eintragungsfähig** sind, ist zunächst aus § 892 I 1 herzuleiten. Danach sind alle privatrechtl **dinglichen Rechte** an Grundstücken, alle grundstücksgleichen Rechte sowie alle dinglichen Rechte an Grundstücksrechten eintragungsfähig, also Eigentum, Erbbaurecht (als Belastung des Grundstücks und als grundstücksgleiches Recht), Dienstbarkeiten (Grunddienstbarkeit, Nießbrauch, beschränkte persönliche Dienstbarkeit), dingliches Vorkaufsrecht (BGH NJW 2016, 2035), Reallast, Grundpfandrechte, Pfandrecht und Nießbrauch an Rechten an Grundstücken, Belastung eines Miteigentumsanteils gem § 1009. 9

Dagegen sind Überbau- und Notwegrente nicht eintragungsfähig, § 914 II, § 917 II 2; wohl aber sind Verzicht auf die Rente und ihre vertragl Festlegung eintragungsfähig, § 914 II 2, § 917 II 2). 9a

Eintragungen **bedingter Rechte** sind zulässig, falls sie nicht besonders ausgeschlossen sind (vgl zB § 925 II BGB und § 11 I 2 ErbbauRG). Dagegen gibt es keine bedingte Eintragung. 9b

2. Verfügungsbeschränkungen. Bei **Verfügungsbeschränkungen** ist zu unterscheiden: 10

a) **Absolute Verfügungsbeschränkungen** sind nicht eintragungsfähig. Sie wirken schon kraft Gesetzes ggü jedermann (vgl § 1365 und die Regelungen des GrdstVG bei Veräußerung landwirtschaftl Grundstücke). 11

b) **Relative Verfügungsbeschränkungen** sind einzutragen, § 892 I 2. Dabei ist zu unterscheiden zw solchen Verfügungsbeschränkungen, die nur bestimmten Personen ggü zur Unwirksamkeit führen (§§ 135, 136; Beschlagnahme durch Zwangsversteigerung und Zwangsverwaltung, § 20 I, § 146 I ZVG; Veräußerungsverbote aufgrund einstweiliger Verfügung, § 938 II ZPO) und anderen Verfügungsbeschränkungen, die zwar ggü jedermann wirken, aber auf bestimmte Zwecke (Insolvenz, §§ 80, 81, 21 II 1 Nr 2, § 23 III, § 32 InsO; Nachlassverwaltung, 12

§ 1984 I 1; Testamentsvollstreckung, § 2211; Nacherbschaft, §§ 2112ff) begrenzt sind. Gleichzustellen ist die Verfügungsbeschränkung nach § 161 (BayObLG Rpfleger 1994, 343 mwN). Zum Ausschluss der Abtretbarkeit (§ 399 Alt 2) einer Grundschuld vgl Staudinger/*Picker* § 892 Rn 261 mwN.

13 **c) Rechtsgeschäftliche Verfügungsbeschränkungen** sind mangels dinglicher Wirkung (§ 137) grds nicht eintragbar. Zu den Ausnahmen vgl §§ 399, 413 BGB; § 5 ErbbauRG, §§ 12, 35 WEG, § 68 II AktG, § 15 V GmbHG.

14 **3. Persönliche Verhältnisse.** Die **persönlichen Verhältnisse** des Eigentümers und der Berechtigten wie Geschäftsunfähigkeit, Betreuung und Verehelichung sind nicht eintragbar. **Ausnahmen** gelten aber für Angaben, die der **Individualisierung** dienen wie etwa Name, Beruf und Wohnort (§ 15 GBV) und für güterrechtl Verhältnisse, die wie etwa bei der Gütergemeinschaft (§ 1416) zu einer Veränderung der Rechtszuständigkeit führen.

15 **4. Öffentlich-rechtliche Rechtsbeziehungen.** Diese sind nur eintragungsfähig, wenn das besonders angeordnet ist (BayObLG NJW-RR 2000, 1687 mwN; vgl § 54 GBO für die öffentlichen Lasten). Wo die Eintragung einer öffentlichen Last im Einzelfall durch (ggf Landes-)Gesetze besonders zugelassen oder angeordnet ist (zB bei der Entschuldungsrente und bei § 64 III iVm VI BauGB), hat sie nur deklaratorische, nicht aber konstitutive Bedeutung.

16 **5. Vormerkung und Widerspruch. Besondere Arten der Eintragung** stellen Vormerkung (§ 883 Rn 1) und Widerspruch (§ 899 Rn 1) dar.

17 **IV. Grundbuchfähigkeit.** Nat und jur Personen (des privaten und des öffentlichen Rechts) können als Inhaber eines Rechts (vgl Rn 9) im Grundbuch eingetragen werden. Gleiches gilt für rechtsfähige Personengesellschaften iSv § 14 II und – jedenfalls im Grundsatz – für politische Parteien (vgl Celle NJW 2004, 1743 mwN). Auch eine GbR kann als Eigentümerin eines Grundstücks oder als Berechtigte eines beschränkten dinglichen Rechts in das Grundbuch eingetragen werden (s § 899a Rn 2). Dabei ist § 47 II 1 GBO zu beachten. Die (teilrechtsfähige) Wohnungseigentümergemeinschaft kann ebenso als solche als Berechtigte eines dinglichen Rechts (zB einer Zwangshypothek) im Grundbuch eingetragen werden, wobei § 47 GBO keine Anwendung findet (vgl BGH NJW 2005, 2061, 2065; LG Hamburg Rpfleger 2006, 10; *Schneider* Rpfleger 2007, 175, 176; *Böhringer* Rpfleger 2006, 53, 54; *Demharter* NZM 2005, 601, 602f). Eintragungsfähig ist freilich nur die vollständige Eigentümergemeinschaft, nicht jedoch die Wohnungseigentümergemeinschaft mit Ausnahme bestimmter Personen (Köln 10.4.2007 – 2 Wx 15/07). Zur Grundbuchfähigkeit einer in einem EU-Mitgliedstaat gegründeten Kapitalgesellschaft mit tatsächlichem Verwaltungssitz in Deutschland vgl BayObLG ZIP 2003, 398 und *Dümig* ZfIR 2003, 191. Bei Erbengemeinschaften (s BGH NJW 2006, 3715) und Bruchteilsgemeinschaften sind die einzelnen Mitglieder nach Maßgabe des § 47 GBO einzutragen (Grü/*Herrler* Rn 9).

§ 873 Erwerb durch Einigung und Eintragung

(1) Zur Übertragung des Eigentums an einem Grundstück, zur Belastung eines Grundstücks mit einem Recht sowie zur Übertragung oder Belastung eines solchen Rechts ist die Einigung des Berechtigten und des anderen Teils über den Eintritt der Rechtsänderung und die Eintragung der Rechtsänderung in das Grundbuch erforderlich, soweit nicht das Gesetz ein anderes vorschreibt.

(2) Vor der Eintragung sind die Beteiligten an die Einigung nur gebunden, wenn die Erklärungen notariell beurkundet oder vor dem Grundbuchamt abgegeben oder bei diesem eingereicht sind oder wenn der Berechtigte dem anderen Teil eine den Vorschriften der Grundbuchordnung entsprechende Eintragungsbewilligung ausgehändigt hat.

1 **I. Grundlagen. 1. Einigung und Eintragung.** § 873 gestaltet die rechtsgeschäftlichen Veränderungen von Liegenschaftsrechten zu einem **Doppeltatbestand: Einigung** als auf dingliche Rechtsänderungen bezogener und beschränkter abstrakter Vertrag und **Eintragung** als Verlautbarungsmoment stehen gleichberechtigt nebeneinander, so dass nur ihr Zusammenwirken den Erfolg herbeiführt. Die Mitwirkung des Erwerbers als zwingendes Erfordernis soll verhindern, dass Rechte aufgezwungen werden (RGZ 142, 231, 237). Während bei der Fahrnisübereignung nach § 929 die Parteileistungshandlung der Übergabe genügt, ist nach § 873 die Eintragung, dh ein Hoheitsakt erforderlich.

2 Das Eintragungsverfahren richtet sich nach der GBO, der GBV und nach erg Landesrecht. **Verletzung des formellen Rechts** (s Vor § 873 Rn 7) ist materiell bedeutungslos.

3 **2. Keine Eintragung. Ausnahmsws Absehen von der Eintragung** im Interesse der Verkehrserleichterung bei der Abtretung der Briefhypothek (§ 1154), der Wertpapierhypothek (§ 1187); für die Grundschuld vgl §§ 1192, 1195. Ebenso für die Nießbrauchsbestellung und Verpfändung dieser Rechte, §§ 1069, 1274, 1291.

4 **Absehen von der Einigung** bei der Bestellung der Wertpapierhypothek (§ 1188) und der Bestellung der Eigentümergrundschuld (§ 1196). Zulässig ist auch die Bestellung einer Eigentümergrunddienstbarkeit durch einseitige Erklärung des Eigentümers und Eintragung im Grundbuch. Dem steht angesichts des Zwecks der Einigung weder die Einseitigkeit des Bestellungsaktes noch eine grds Unmöglichkeit des Rechts an der eigenen Sache entgegen (RGZ 142, 231ff; auch BGHZ 41, 209, 211, der allerdings Bedürfnis bzw berechtigtes Interesse voraussetzt). Der Eigentümer kann sich auch ein Erbbaurecht an seinem Grundstück bestellen (BGH NJW 1982, 2381). Dass der Eigentümer sich ein Nießbrauchsrecht am eigenen Grundstück bestellt, ist jedenfalls dann zuzulassen, wenn

gleich- oder nachrangige Fremdnießbrauchsrechte bestellt werden (vgl LG Stade NJW 1968, 1678, 1679 m Anm *Harder* NJW 1969, 278).

3. Staatliche Genehmigung. Mitunter hängt die Wirksamkeit einer Verfügung nach § 873 von einer **staatlichen Genehmigung** ab (vgl auch § 925 Rn 77). Zu denken ist in diesem Zusammenhang an § 19 I BauGB (Teilung eines Grundstücks), § 22 BauGB (Begründung/Realteilung von Wohnungs-/Teileigentum bzw Wohnungs-/Teilerbbaurecht in Gebieten mit Fremdenverkehrsfunktionen), § 51 BauGB (Grundstücksverfügungen etc in einem sog Umlegungsgebiet), § 144 BauGB (Grundstücksbezogene Rechtsgeschäfte in einem förmlich festgelegten Sanierungsgebiet; vgl zum maßgeblichen Zeitpunkt Celle NotBZ 2002, 226) und § 169 I Nr 3 iVm § 144 BauGB (städtebaulicher Entwicklungsbereich). Weitere Genehmigungserfordernisse finden sich in § 2 GrdstVG, § 61 III, § 89 I Nr 3 HwO sowie im Kirchenrecht (Hamm NJW-RR 1993, 1106). S weitere Bsp bei Grü/*Herrler* Überbl Vor § 873 Rn 25. 5

II. Anwendungsbereich. 1. Allgemeines. Unter § 873 fallen **nur rechtsgeschäftliche Veränderungen** von Liegenschaftsrechten, dh die Eigentumsübertragung (auch die Einräumung und Übertragung von Miteigentum und die Verwaltungsvereinbarung des § 1010), die Belastung, dh die Bestellung von dinglichen Rechten an Grundstücken, zB ein dingliches Vorkaufsrecht (BGH NJW 2016, 2035), und die Belastung dieser Rechte mit Pfandrecht und Nießbrauch. Den Grundstücken stehen die grundstücksgleichen Rechte gleich (vgl Vor § 873 Rn 5). Dasselbe gilt für die Inhaltsänderung der dinglichen Rechte, § 877. – Dagegen fallen die Vormerkung und der Widerspruch nicht unter § 873, ebenso nicht die Übertragung und Inhaltsänderung von Rechten an Grundstücksrechten. 6

2. Gesellschaftsrecht. Bei **gesellschaftsrechtl Änderungen** ist zu unterscheiden zw dinglichen Folgen als Änderung der persönlichen Beteiligung (§ 873 grds nicht anwendbar) und dem Einbringen bzw Ausscheiden eines Liegenschaftsrechts in das bzw aus dem Gesamtgesellschaftsvermögen (wo § 873 gilt). 7

Bei **Eintritt oder Austritt eines Gesellschafters** aus der GbR (bzw OHG oder KG) gilt gem § 738 (ggf iVm § 105 II, § 161 II HGB) das Prinzip der **Ab- bzw Anwachsung**. Bei gleichbleibendem Bestand des Gesamtgesellschaftsvermögens führen Änderungen in der Anzahl der Gesellschafter automatisch zu neuen Beteiligungsverhältnissen. Das Grundbuch ist lediglich zu berichtigen (*Böhringer* Rpfleger 2009, 537, 541f; BGH NJW 1998, 1220, 1221; München NJW-RR 2005, 1609, 1610). § 873 ist nicht anwendbar (RGZ 106, 63, 66ff; Hamm OLG 1984, 50, 51). Das gilt auch dann, wenn aus einer zweigliedrigen GbR ein Gesellschafter ausscheidet (s *Böhringer* Rpfleger 2009, 537, 542; Staudinger/*Heinze* Rn 12; BGHZ 32, 307, 314, 317; BGH NJW 1990, 1171; BayObLG 1983, 191, 193ff). Dagegen müssen bei Eintritt eines Teilhabers in eine Einzelfirma Grundstücke zugunsten der neugegründeten Gesellschaft aufgelassen und eingetragen werden (LG Dortmund NJW 1969, 137). Denn Abwachsung setzt schon bestehendes Gesellschaftsvermögen voraus. 8

§ 873 ist anzuwenden, wenn es um Verfügungen zw der Gesamthand und einem oder mehreren Gesamthändern geht (KGJ 31, 373ff). Gleiches gilt für Bildung von Alleineigentum bei Erbauseinandersetzung (MüKo/*Lettmaier* Rn 20). Zur Anwendbarkeit des § 873 bei Entnahme des Grundbesitzes aus dem Gesellschaftsvermögen vgl *Hofmann* NJW 1974, 448. 9

Bei der sog formwechselnden **Umwandlung** (§§ 190–304 UmwG) eines der in § 191 UmwG aufgeführten Rechtsträger besteht die rechtl und wirtschaftl Identität des Rechtsträgers fort. Für eine rechtsgeschäftliche Übertragung der Liegenschaften nach § 873 besteht in diesem Fall ebenso wenig ein Bedürfnis wie in den übrigen Fällen der Umwandlung nach § 1 UmwG. Denn für Verschmelzung (§§ 2–122m UmwG), Spaltung (§§ 123–173 UmwG) und Vermögensübertragung inl Rechtsträger (§§ 174–189 UmwG) sieht bereits das UmwG **Gesamtrechtsnachfolge**, dh Übergang der Liegenschaftsrechte ex lege vor (vgl § 20 I Nr 1, § 131 I Nr 1, § 176 III UmwG). Besondere rechtsgeschäftliche Übertragungsakte für die einzelnen Bestandteile des Vermögens sind hier ebenso entbehrlich wie etwa beim Übergang des Vermögens der Ehegatten auf die Gütergemeinschaft (§ 1416 II). 10

3. Nicht rechtsgeschäftliche Vorgänge. Auf **nicht rechtsgeschäftliche Vorgänge** ist § 873 nicht anwendbar, insb nicht auf Änderung der dinglichen Rechtslage durch Hoheitsakt, zB durch Zuschlagbeschluss, §§ 90, 130 ZVG; durch Enteignung; durch Umlegungsbeschluss, §§ 79ff FlurbG; ebenso nicht auf Änderung infolge Zeitablaufs (zB § 900) oder infolge Eintritts einer Bedingung (vgl dazu § 23 GBO) oder infolge Gesamtnachfolge (zB §§ 1922, 2139, 1416 II, §§ 1483, 1485). Außerhalb des Grundbuchs entsteht auch das Nutzverwaltungsrecht des § 14 HöfeO, während die dingliche Sicherung des dort geregelten Altenteilsrechts unter § 873 fällt. § 873 ist auch in den Fällen der Surrogation unanwendbar, vgl §§ 1075, 1287 BGB, § 848 II 2 ZPO. Ebenso gilt § 873 nicht für die zahlreichen Fälle der gesetzl Entwicklung des Grundpfandrechts, zB §§ 1143, 1163, 1168, 1177, 1182 (NK/*Krause* Rn 6); dagegen verlangt die rechtsgeschäftliche Veränderung des Grundpfandrechts Einigung und Eintragung, zB § 1180. 11

III. Einigung. 1. Rechtsnatur. Die Einigung ist ein unmittelbar auf die Herbeiführung eines dinglichen Erfolges gerichteter abstrakter Vertrag. Sie ist vom Rechtsgrund der Verfügung unabhängig (vgl zum Abstraktionsprinzip § 139 Rn 14). Für die Einigung gilt das Recht der Willenserklärung (einschl Willensmängeln), der Stellvertretung (BGH NJW 2012, 3424) und der Ermächtigung, zB §§ 119, 123, 177; desgl das Recht der Bedingung und der Befristung, §§ 158–163 (Ausnahme: Auflassung, § 925 II). Zu beachten ist, dass die auf das Grundgeschäft bezogene Anfechtung nicht ohne weiteres die Einigung als Erfüllungsgeschäft vernichtet (vgl § 142 Rn 5 und RGZ 66, 385, 390; 69, 13, 16; 72, 61, 63; 104, 102, 103; 111, 239, 246). 12

12a Wegen § **138** vgl § 138 Rn 26f, 38, 53f; zu § 139 vgl BGH JZ 1951, 782. § **139** darf nicht zur Aufhebung des Abstraktionsprinzips führen. Aus der Natur der Einigungserklärung folgt auch ihre Ersetzbarkeit durch ein rechtskräftiges Urteil (RGZ 76, 409, 411; vgl auch Rn 14).

13 § **328** ist nach überwiegender Ansicht nicht anwendbar (BGH NJW 1993, 2617; BayObLG NJW 2003, 1402; Staudinger/*Heinze* Rn 111; Soergel/*Stadler* Einl Vor § 854 Rn 19; BaRo/*Kössinger* Rn 14; NK/*Krause* Rn 34). Nach einer verbreiteten Ansicht in der Lit (s § 328 Rn 2f; *Baur/Stürner* § 5 II 2, 4)) sind dagegen Verfügungen zugunsten Dritter grds zulässig. Ein praktisches Bedürfnis wird bei Bestellung dinglicher Nutzungs- und Sicherungsrechte für zB abwesende oder noch ungeborene Personen gesehen.

14 **2. Inhalt.** Entspr dem **sachenrechtl Bestimmtheitsgrundsatz** muss die Einigung alle Einzelheiten der herbeizuführenden Rechtsänderung festlegen. Erforderlich ist dazu Erkennbarkeit der Art des Rechts, des Grundstücks, des Berechtigten (und einer etwaigen Mitberechtigung, vgl BGH WM 1979, 206, 208) und Festlegung des Rechtsinhaltes, soweit das Gesetz ihn dem Parteiwillen überlässt. Zum Einigungsinhalt bei der Hypothek vgl § 1115, beim Erbbaurecht § 11 ErbbauRG. Benutzung eines bestimmten Wortlauts ist nicht erforderlich; Einigung ist **formlos** gültig, auch über Bestellung eines Erbbaurechts, § 11 ErbbauRG, Ausnahme bei Eigentumsübertragung, § 925. Auch die zur Bestellung eines dinglichen Vorkaufsrechts notwendige Einigung bedarf der Form nicht (BGH WM 2016, 2230). Die Einigung ist bedingungs- und befristungsfreundlich, ausgenommen nur die Auflassung, § 925 II. Die Bedingung kann auch die Gültigkeit des Grundgeschäfts sein (vgl aber auch Rn 12 sowie § 139 Rn 14). Bei der Annahme einer stillschw Bedingung ist Zurückhaltung geboten (MüKo/*Lettmaier* Rn 54). Die Auflassung hinreichend bestimmter **Teilflächen** ist zulässig (BGHZ 90, 323, 326). Auch eine Verurteilung zur Auflassung eines Teilgrundstücks ist bereits vor grundbuchlich vollzogener Teilung statthaft (BGHZ 90, 323, 326 und BGH NJW 1988, 415, 416). Eine Klage auf Abgabe einer Eintragungsbewilligung ist aber mangels Rechtsschutzinteresses grds unzulässig, solange eine Bezeichnung des Grundstücks nach Maßgabe des § 28 GBO nicht möglich ist und nicht wenigstens ein vom Schuldner genehmigter Veränderungsnachweis vorliegt, auf den Bezug genommen werden kann (BGH NJW 1988, 415, 417).

15 Die Einigung ist **auslegungsfähig.** Dabei ist zw Einigung und Eintragung zu unterscheiden. Während bei der Auslegung der Eintragung nur die aus den Eintragungsgrundlagen ersichtlichen sowie allg bekannte Umstände heranzuziehen sind (s Rn 23), richtet sich die Auslegung der Einigung entgegen der früher hM (vgl etwa RGZ 131, 158, 168; BGHZ 60, 226, 231 mwN) nach den allg Regeln, §§ 133, 157 (*H. Westermann* DNotZ 1958, 259, 261f; Staudinger/*Heinze* Rn 62; MüKo/*Lettmaier* Rn 65; BGH NJW 2008, 1658). Trotz übereinstimmender falscher Bezeichnung des betroffenen Grundstücks wirkt die Einigung bzgl des von beiden Parteien gewollten Grundstücks (falsa demonstratio non nocet; vgl § 925 Rn 38); dies gilt freilich nicht für die Eintragung. Danach tritt der Rechtserfolg nur insoweit ein als die grundbuchmäßige Bezeichnung und die Vorstellung der Parteien sich decken (BGH NJW 2008, 1658; 2002, 1797, 1798; Stuttgart FamRZ 2012, 1419). Der Rechtsverkehr wird durch die §§ 891ff hinreichend geschützt (Staudinger/*Heinze* Rn 62). Erfolgt abweichend von der Einigung nur die Eintragung eines Teilrechts, so ist idR davon auszugehen, dass die weitergehende Einigung auch den Willen der Beteiligten umfasst, das Teilrecht zur Entstehung kommen zu lassen (BGH NJW-RR 2015, 208; Staudinger/*Heinze* Rn 196). Zur ausreichenden Bezeichnung einer noch nicht vermessenen Teilfläche in einem – nach § 311b I 1 beurkundungspflichtigen – Grundstückskaufvertrag vgl BGH NJW 2002, 2247; *v Campe* NotBZ 2003, 41ff und *Kanzleiter* NJW 2000, 1919 mwN.

16 **3. Wirksamkeit.** Die Wirksamkeit der Einigung setzt **Verfügungsmacht** des Veräußerers voraus. Dabei kommt es auf die materielle Rechtslage, nicht auf die grundbuchmäßige Legitimation an, vgl dazu §§ 39, 40 GBO. Eintragungsbewilligung des Passivbeteiligten ist nur formelles Eintragungserfordernis. Verfügungsberechtigt ist der Inhaber des Rechts, ausreichend sind auch Stellvertretung und Ermächtigung (§§ 182–185). Die **Ermächtigung** kann auch bei Grundstücksgeschäften auf bestimmte Verfügungen beschränkt und dadurch schuldrechtl Absprachen angepasst werden (BGHZ 106, 1, 5). Für das eheliche Güterrecht vgl § **1365**; die Vorschrift gilt auch, wenn das Grundstück, über das verfügt wird, wirtschaftl das Vermögen des verfügenden Ehegatten ausmacht. Grundstücke fallen nicht unter § **1369**. Bei fehlender Verfügungsmacht ist die Einigung schwebend unwirksam; Heilung ist möglich durch Genehmigung, Erwerb des Rechts durch den Verfügenden oder Beerbung des Verfügenden durch den Berechtigten, vgl § 185; weitere Voraussetzungen für Heilung durch Erwerb oder Beerbung ist jedoch, dass im maßgeblichen Zeitpunkt noch eine schuldrechtl Verpflichtung zur dinglichen Rechtsänderung besteht (BGH NJW 1994, 1470, 1471; *Hagen* AcP 167, 481ff; Grü/*Ellenberger* § 185 Rn 11; vgl auch *Larenz/Wolf*, AT § 51 Rn 30). Bei nachträgl Erwerb wird von mehreren widersprechenden Verfügungen die früheste, dh die zuerst eingetragene, wirksam (Grü/*Ellenberger* § 185 Rn 12). Zur Verfügung eines von mehreren Miterben vgl RGZ 152, 380, 382ff betr § 2040 I.

16a Die Verfügungsmacht muss noch im Augenblick der Eintragung gegeben sein (vgl BGH WM 1971, 445, 446). Eine Ausnahme für Verfügungsbeschränkungen macht § 878. Die Vollendung des Doppeltatbestandes ist auch maßgebend für die Bösgläubigkeit bei der Anfechtung nach § 3 AnfG und § 133 InsO (vgl BGHZ 41, 17ff).

16b Verliert der Verfügende nach der Einigung, aber vor der Eintragung das durch die Verfügung betroffene Recht, so ist, abgesehen vom Erbfall, eine neue Einigung mit dem neuen Inhaber des betroffenen Rechts nötig (vgl BayObLG NJW-RR 1999, 1392, 1393; NJW 1956, 1279; BGH WM 1974, 949). Einen formellen Schutz bieten bei schon beantragter Eintragung die §§ 17, 45 GBO. Die ihnen widersprechende Eintragungsfolge führt aber nicht zur materiellen Unwirksamkeit der Eintragung (vgl auch § 879 Rn 21f). Die Eintragungsbewilligung des Erblassers genügt zur Eintragung des Erwerbers, auch wenn zwischenzeitl der Erbe eingetragen worden ist (BGH MDR 1968, 138). Es bleibt auch eine dingliche Einigung wirksam, bei der auf Veräußerer- oder Erwerberseite eine Gesamthandsgemeinschaft beteiligt ist, deren personelle Zusammensetzung sich vor der Eintragung ändert (LG Köln RNotZ 2002, 54).

4. Bindung an die Einigung. Abw von den allg Grundsätzen regelt Abs II die **Bindung an die Einigung**, die mit der Eintragung, sonst erst mit Erfüllung der besonderen Voraussetzungen des Abs II eintritt (BGH NJW 2017, 3514). **Zweck** der Regelung ist, den Veräußerer vor übereilten Verfügungen zu schützen (krit Staudinger/*Heinze* Rn 151); das wird aber insofern nicht erreicht, als der formlos gültig Verpflichtete (Ausnahme: § 925) trotz wirksamen Widerrufs mit Erfolg auf Bewilligung verklagt werden kann. Deshalb schützt § 873 II den Verfügenden letztlich nur bei rechtsgrundlos erklärter Einigung (§ 812) und bei übereilter Vorleistung (Staudinger/*Heinze* Rn 151 und MüKo/*Lettmaier* Rn 81). Zum Eintritt der Bindung bei der Auflassung und zur Entstehung eines Anwartschaftsrechts vgl § 925 Rn 50ff. 17

Voraussetzung der Bindung: immer mit Eintragung, sonst mit notarieller Beurkundung der Erklärung beider Teile (§§ 8ff BeurkG, § 127a BGB, § 278 VI 2, § 1053 ZPO), mit Abgabe der Erklärung vor dem Grundbuchamt oder mit Einreichung beim Grundbuchamt; dabei soll nach hM auch privatrechtl Erklärung oder mündlich vor dem Grundbuchamt erklärte, aber nicht protokollierte Erklärung genügen (RGZ 99, 65, 70; 132, 406, 408; Staudinger/*Heinze* Rn 158 mwN). Die dem anderen Teil ausgehändigte **Eintragungsbewilligung** dagegen muss der Form des § 29 GBO entsprechen. Aushändigung ist Übergabe iSd § 929. Die Übergabe kann ersetzt werden durch die **Bevollmächtigung des Notars zum Empfang** und die Weisung des Berechtigten, dem Begünstigten eine Urkunde zu erteilen; eine Übergabe liegt aber vor der Herstellung der Ausfertigung nicht vor (BGHZ 46, 398ff). Das Besitzkonstitut steht nicht gleich (KG HRR 1925, Nr 1759). Der Veräußerer (Berechtigte) muss Besitz aufgeben, der Erwerber muss Besitz erlangen. Deshalb genügt Einreichung vom Veräußerer beim Grundbuchamt nicht (KG HRR 1930, Nr 975). Die Auflassung kann dagegen nicht (mehr) vor dem Grundbuchamt erklärt werden, vgl § 925 Rn 16. 18

Die Bindung bedeutet nur **Ausschluss der freien Widerrufsmöglichkeit**, sie schafft keinen selbständigen Verpflichtungsgrund (RGZ 115, 35, 39; Staudinger/*Heinze* Rn 179 mwN). Gebunden in diesem Sinne sind beide Beteiligte (KG HRR 1930, Nr 975), nicht nur der Veräußerer. An eine Eintragungsbewilligung, die den Voraussetzungen des § 873 II entspricht, ist der Anbietende gebunden (vgl Frankfurt NJW-RR 1995, 785; *Demharter* § 19 GBO Rn 112 iVm 21ff). Eine berechtigende Bindungswirkung zugunsten Dritter tritt nicht ein (vgl Rn 13). Personen, die weder Partei der Einigung noch Rechtsnachfolger (vgl BGHZ 32, 367, 369; BayObLG 1973, 139, 141) einer Partei sind, werden nicht gebunden. Der Komplementär einer an der Einigung beteiligten KG ist nicht gebunden, auch wenn er nach der Einigung das Verfügungsobjekt erwirbt (München WM 1984, 1397, 1398). 19

Auch eine **Verfügungsbeschränkung** führt die bindende Einigung **nicht** herbei (BGHZ 83, 395, 398; BayObLG Rpfleger 1983, 249). Bis zur Eintragung ist vielmehr der Verfügende zu widersprechenden Verfügungen in der Lage. Zu den §§ 17, 45 GBO vgl Rn 16. 19a

Die bindende Einigung als solche lässt noch **kein Anwartschaftsrecht** entstehen (§ 925 Rn 51ff). In der bindenden Einigung kann jedoch eine Erklärung dahin zu sehen sein, dass der Veräußerer den Empfänger der Erklärung zur Verfügung über das Recht ermächtigt. Das gilt insb für die Auflassung. Ob eine solche Ermächtigung erteilt ist, ist von den Umständen des Einzelfalles abhängig (BayObLG NJW 1961, 783 und § 925 Rn 54). 19b

Die bindende Einigung kann durch formlosen Vertrag bzw Mehrheitsbeschluss der Beteiligten wieder beseitigt werden, solange die Eintragung noch nicht erfolgt ist (MüKo/*Lettmaier* Rn 86 mwN). Ist der Erwerber nach § 812 I 1 Alt 1 zur Rückgewähr seiner vorteilhaften Rechtsstellung, dh zur Aufhebung der Einigung (sowie zur Herausgabe einer uU ausgehändigten Eintragungsbewilligung) verpflichtet (RGZ 108, 329, 333ff; BGH NJW 1976, 237, 238), so kann seine Aufhebungserklärung gem § 894 ZPO durch rechtskräftiges Urteil ersetzt werden. Der Veräußerer kann zwecks Verhinderung dinglichen Rechtserwerbs ohne Rechtsgrund im Wege einstweiliger Verfügung ein Erwerbsverbot erreichen, welches die Eintragung und damit zB die Heilung eines formnichtigen Kaufvertrags nach § 311b I 2 verhindert (vgl § 888 Rn 16). Änderungen eines Grundstückskaufvertrags nach der Auflassung sind formlos möglich, wenn die Auflassung bindend geworden ist (BGH NJW 2018, 3523). 20

Die **nicht bindende Einigung** ist frei widerruflich. Der Widerruf erfolgt durch Erklärung ggü dem anderen Teil. Eine spätere Eintragung kann die Rechtsänderung nicht mehr bewirken. 21

IV. Eintragung. 1. Inhalt. Die Eintragung muss die Art des Rechts, seinen Inhalt (soweit er nicht gesetzl bestimmt ist) und die Person des Berechtigten mit der für das Sachenrecht nötigen **Bestimmtheit** und **Erkennbarkeit für Dritte** wiedergeben (BGH NJW 1969, 502, 503). Es handelt sich insoweit um einen formalen Akt der Kundbarmachung der Verfügung (Staudinger/*Heinze* Rn 7; Schleswig Rpfleger 2012, 381). Gesetzl typisierte Rechte wie zB Vorkaufsrecht und Nießbrauch sind durch Bezugnahme auf das Gesetz genügend bestimmt (KGJ 26, 271ff; weiter gehend will Düsseldorf NJW 1957, 1766 bei der Reallast außerhalb des Grundbuchs liegende Umstände berücksichtigen soweit sie nachprüfbar sind und auf sie im Grundbuch oder in der Eintragungsbewilligung hingewiesen wird; zum notwendigen Eintragungsinhalt beim Erbbaurecht vgl § 1 ErbbauRG Rn 1). Bei Dienstbarkeiten und Reallasten muss angesichts der verschiedenen Ausgestaltungsmöglichkeiten zumindest schlagwortartig der Rechtsinhalt angegeben werden, zB Bezeichnung als Wasserleitungsrecht im Eintragungsvermerk selbst (München FGPrax 2016, 154; KG JW 1936, 3477; BGH DNotZ 1969, 486, 487). Auch beim Nießbrauch muss zB Abbedingung des § 1059 S 2 eingetragen werden (BGH NJW 1985, 2827). Bei Rechten, die auf einen Teil des be- 22 lasteten Grundstücks beschränkt sind, insb Dienstbarkeiten (zB Wegerechte), muss auch die Teilfläche, auf die sich das Recht beziehen soll, aus der Eintragung erkennbar sein (vgl auch § 874 Rn 3). Empfehlenswert ist, bei der Eintragung auf unveränderliche Merkmale in der Wirklichkeit abzustellen oder auf eine vorzulegende und aufzubewahrende Karte Bezug zu nehmen. Dies ist jedoch nicht zwingend erforderlich. Wenn die Teilfläche hinreichend bestimmt ist, reicht nach BGH NJW 1969, 502, 503 eine Bezugnahme auf veränderliche Merkmale aus. Die Beteiligten können die Bestimmung des Ausübungsbereichs einer Dienstbarkeit der tatsächlichen Ausübung überlassen (BGH NJW 2002, 3021). Für die rechtsgeschäftliche Festlegung der Ausübungsstelle einer Leitungsdienstbarkeit reicht es sogar aus, wenn die Eintragungsbewilligung auf die schon vorhandenen Leitungen verweist (BGH NJW 1982, 1039). Bei einem Erbbaurecht muss auch die ungefähre Beschaffenheit des Bauwerks angegeben werden (BGH WM 1973, 1071, 1972; vgl auch BGH WM 1075, 498). Wegen der Zulässigkeit der Bezugnahme vgl § 874.

22a Zulässig vereinbarte Nebenbestimmungen (**Bedingung** bzw **Befristung**) sind mit einzutragen (BGH RNotZ 2021, 23; MüKo/*Lettmaier* Rn 102; München ZEV 2012, 428). Ist ein Recht auflösend bedingt und befristet, müssen beide Umstände eingetragen werden (Köln DNotZ 1963, 48f für persönliche Dienstbarkeit). Die Einzelheiten der Eintragung und des Verfahrens sind in der GBO geregelt (vgl Vor § 873 Rn 7). Verstöße gegen diese Vorschriften führen aber nicht zur materiellen Unwirksamkeit, sofern nur eine zulässige Eintragung den wesentlichen Rechtsinhalt erkennen lässt. Eine Eintragung in der falschen Abteilung ist nicht unwirksam (RGZ 94, 5, 8). Dagegen macht eine Unklarheit, die den Inhalt der Eintragung nicht mehr erkenntlich sein lässt und auch durch Auslegung nicht zu beseitigen ist, die Eintragung unwirksam. Etwas anderes gilt jedoch dann, wenn der verständliche Teil allein den wesentlichen Erfordernissen genügt (BGH WM 1968, 1087, 1088).

22b Ist ein **Verstorbener** eingetragen, zu dessen Lebzeiten Antrag und Bewilligung beim Grundbuchamt eingegangen waren, wirkt die Eintragung zugunsten der Erben (RG JW 1926, 1955; KG Rpfleger 1965, 366; Staudinger/*Heinze* Rn 92 mwN). Eintragungsvoraussetzungen zulasten Verstorbener wirken zulasten der Erben (KG JR 1951, 761; BGHZ 32, 367, 369; MüKo/*Lettmaier* Rn 99). – Die Eintragung muss auf dem **Grundbuchblatt** des betroffenen Rechts erfolgen. Bei der Grunddienstbarkeit genügt zB Eintragung beim herrschenden Grundstück nicht. Bei **Doppelbuchung** des Grundstücks genügt beim Erwerb vom Berechtigten Eintragung auf einem der Blätter. – Zum Erwerb vom **Nichtberechtigten** vgl § 892 Rn 10.

23 **2. Auslegung.** Die Eintragung ist auslegungsfähig (RGZ 139, 118, 130). Auch § 133 gilt (Frankfurt Rpfleger 1956, 193ff). Der Zweck der Eintragung und ihre Wirksamkeit für und gegen Dritte gebieten es, bei der Auslegung der Eintragung nur ihren Wortlaut, die Eintragungsbewilligung, soweit auf sie verwiesen ist, und allg bekannte Umstände heranzuziehen, da nur sie einem Dritten erkennbar sind (RGZ 136, 232, 234; BGH NJW 2002, 1797, 1798; 2002, 3021, 3022 mwN; BayObLG DNotZ 2003, 541; *H. Westermann* DNotZ 1958, 259ff). Das Revisionsgericht kann selbst auslegen und würdigen (RGZ 136, 232, 234; BGHZ 37, 147, 149 mwN; BGH LM § 1018 Nr 27). Die Eintragungsbewilligung ist so auszulegen, wie Dritte sie verstehen müssen (RGZ 131, 158, 168f; BGHZ 47, 190, 196; 59, 205, 209). Die Eintragung als solche ist nach ihrem nächstliegenden Inhalt auszulegen (München RNotZ 2009, 168, 169). So ist bei fehlender Eintragung des Beginns einer Grundschuldverzinsung davon auszugehen, dass diese vom Tag der Eintragung an laufen soll (RGZ 136, 232, 235; BGH WM 1971, 1186; s auch BGH NJW 1995, 1081, 1082 aE). Bei **eindeutiger Bezeichnung** ist bei Eintragung im Grundbuch für eine Auslegung kein Raum (BGHZ 123, 297, 301; vgl auch BGH ZIP 1997, 2087f). Zu beachten ist, dass im Verhältnis zw Eigentümer und Berechtigten die Auslegung der Abreden unbeschränkt möglich ist, so dass der schuldrechtl Inhalt der Absprachen über den des dinglichen Rechts hinausgehen kann.

24 **3. Wirkung.** Den **Rechtserfolg** führt die Eintragung nur zusammen mit der Einigung herbei; dabei müssen einmal Einigung und Eintragung zur gleichen Zeit gültig nebeneinander stehen (RGZ 131, 97, 99), ohne dass es auf ihre Reihenfolge oder auf den zeitl Zwischenraum ankommt. Dass die Eintragung auf den Willen des Verfügenden zurückgeht oder sonst wie mit der Einigung in innerem Zusammenhang steht, ist nicht erforderlich. Das Willensmoment auf Seiten des Verfügenden ist ausschließlich in der Einigung enthalten. Der BGH (NJW 1973, 613, 614; s auch BGH NJW 2000, 805, 806 mwN) lässt inhaltsgleiche Einigung und Eintragung auch dann ausreichen, wenn die Eintragung die Einigung nicht verlautbaren sollte, sondern mit ihr in keinem Zusammenhang steht. Zur Zulässigkeit eines Klarstellungsvermerks vgl BayObLG NJW-RR 2004, 378 und Düsseldorf RNotZ 2009, 376, 477 = NJW 2009, 1095, 1096. Die Eintragung ist **nichtig**, wenn Grundvoraussetzungen des Hoheitsaktes fehlen, zB bei Eintragung durch Privatperson oder unter Zwang (vgl BGHZ 7, 64ff). Dann findet auch kein Schutz des guten Glaubens statt (Grü/*Herrler* Rn 13; aA *Lutter* AcP 164, 152). Bei Teilnichtigkeit bestimmt sich die Wirksamkeit der Eintragung analog den §§ 139, 140 (vgl BGH NJW 1966, 1656, 1657).

24a Bei vorhergehender Eintragung ist das Grundbuch bis zur Einigung unrichtig. Einigung nach Eintragung ist möglich (BGH LM § 873 Nr 1). Wechselt der Inhaber des betroffenen Rechts, ist Einigung mit dem neuen Inhaber erforderlich. Eine schwebend unwirksame Einigung kann nach Löschung der Grundbucheintragung nicht mehr durch Genehmigung nach § 184 I wirksam werden (RGZ 131, 97, 101; BGH MDR 1971, 380; NK/*Krause* Rn 54). Zu den Folgen der Eintragung ohne Rücksicht auf die Einigung s § 879 II (Rang), § 900 (Buchersitzung), § 891 (gesetzl Vermutung).

25 **4. Folgen einer Divergenz zwischen Einigung und Eintragung.** Soweit Einigung und Eintragung voneinander abweichen, tritt keine Rechtswirkung ein. Dritte werden nach Maßgabe des § 892 geschützt. Aus der Eintragung allein folgt kein Aus- oder Absonderungsrecht bei Insolvenz. Soweit die Divergenz darauf beruht, dass die

Einigung hinter der Eintragung zurückbleibt, können Rechte entstehen; ebenso im umgekehrten Fall. Es ist dann jew analog § 139 zu entscheiden, ob das Recht wenigstens in dem Umfang entstanden ist, in dem sich Einigung und Eintragung decken (BGH WM 1985, 876, 878). Bei Einigung auf ein bedingtes Recht und Eintragung eines unbedingten entsteht bedingtes Recht (RGZ 106, 109, 113; NK/*Krause* Rn 56). Bei Einigung auf Verkehrshypothek und Eintragung einer Sicherungshypothek soll Sicherungshypothek entstehen (RGZ 123, 169, 171). Bei Divergenz in der Rechtsart tritt grds keine Rechtsänderung ein, zB bei Pfandrecht statt Dienstbarkeit, wohl aber uU bei Grunddienstbarkeit statt persönlicher Dienstbarkeit (vgl BGH LM § 1018 Nr 27).

§ 874 Bezugnahme auf die Eintragungsbewilligung

Bei der Eintragung eines Rechts, mit dem ein Grundstück belastet wird, kann zur näheren Bezeichnung des Inhalts des Rechts auf die Eintragungsbewilligung Bezug genommen werden, soweit nicht das Gesetz ein anderes vorschreibt. Einer Bezugnahme auf die Eintragungsbewilligung steht die Bezugnahme auf die bisherige Eintragung nach § 44 Absatz 3 Satz 2 der Grundbuchordnung gleich.

1. Zweck. § 874 bezweckt, das Grundbuch von Angaben über Einzelheiten der einzutragenden Rechte freizuhalten, um die Übersichtlichkeit zu wahren. Dazu war eine materiellrechtl Vorschrift erforderlich, um dem Eintragungszwang des § 873 auch für die nicht im Grundbuch eingetragenen Teile zu genügen. Die in Bezug genommene Urkunde wird dadurch genauso Inhalt des Grundbuchs wie die Eintragung selbst (BGH RNotZ 2021, 23). 1

2. Anwendungsbereich. § 874 ist nach seinem Wortlaut anwendbar auf alle einzutragenden Rechte mit Ausnahme des Eigentums. Hinzu kommt gem § 885 II die Vormerkung. Zum Widerspruch s § 899 Rn 14. Entspr anzuwenden ist § 874 nach seinem Zweck auch auf die Belastung von Grundstücksrechten (Staudinger/*Heinze* Rn 12f; Soergel/*Stürner* Rn 3; RGRK/*Augustin* Rn 3; MüKo/*Lettmaier* Rn 13), zB auf das Pfandrecht an einer Hypothek (KGJ 33, 262, 264) oder den Nießbrauch an einer Reallast (MüKo/*Lettmaier* Rn 13). Ebenso ist eine Bezugnahme zur näheren Bezeichnung zulässig bei Verfügungsbeschränkungen (Staudinger/*Heinze* Rn 14; MüKo/*Lettmaier* Rn 13; Soergel/*Stürner* Rn 3; NK/*Krause* Rn 5; aA Dresden OLG 41, 150, 151; RGRK/*Augustin* Rn 4; vermittelnd *Haegele* BWNotZ 1975, 31 mit Fn 16), wobei aber neben der Eintragung ihres Gegenstandes und wesentlichen Inhalts die Angabe der durch das Veräußerungsverbot zu schützenden Person zu fordern ist (RGZ 89, 152, 159; MüKo/*Lettmaier* Rn 13). Auch beim Rangvorbehalt ist Bezugnahme zur näheren Bezeichnung zulässig, vgl § 891 II (KGJ 48, 179, 181; RG JW 1933, 605; MüKo/*Lettmaier* Rn 13 mwN). Auch die Übertragbarkeit eines subj-persönlichen Vorkaufsrechts kann durch Bezugnahme Inhalt des Grundbuchs werden (Frankfurt NJW-RR 2021, 207). 2

Mit dem Gesetz zur Einführung eines Datenbankgrundbuchs (DaBaGG) v 1.10.2013 (BGBl I 2013, 3719) wurde auch § 44 III GBO geändert. Danach kann neben der Eintragungsbewilligung nun auch die Bezugnahme auf bisherige Grundbucheintragungen erfolgen. Dieser Änderung trägt der durch Art 4 V DaBaGG neu eingefügte S 2 Rechnung. 2a

3. Ausmaß statthafter Bezugnahme. Eine Bezugnahme ist nur „zur näheren Bezeichnung des Inhalts des Rechts" zulässig. Dagegen müssen die Art des Rechts und der Berechtigte aus dem Grundbuch selbst ersichtlich sein (RGZ 89, 152, 159; BGHZ 123, 297, 301); dgl der Belastungsgegenstand (BGH ZIP 1997, 2080). Einzutragen ist der Inhaber des Rechts, also zB der Erbe und nicht etwa der für ihn auftretende Testamentsvollstrecker oder Nachlassverwalter (BGH WM 1961, 800, 801). Auch bei Dienstbarkeiten und Reallasten ist eine schlagwortartige Inhaltsangabe im Grundbuch erforderlich, die nur bzgl der Einzelheiten durch Bezugnahme ergänzt werden kann (BGH NJW-RR 2022, 594; München, FGPrax 2016, 154; KG JW 1936, 3477; Köln Rpfleger 1980, 467, 468; BGHZ 35, 378, 383; BGH NJW 1983, 115, 116). Die Art der Dienstbarkeit kann im Grundbuch zB durch Bezeichnung als Wegerecht, Leitungsrecht, Hochspannungsleitungsrecht, Aufenthaltsrecht (BGH NJW-RR 2022, 594; BayObLG Rpfleger 1981, 295f) oder Wasserentnahmerecht gekennzeichnet werden (vgl MüKo/*Lettmaier* Rn 7). Bezugnahme auf Pläne, Skizzen und ähnl Urkunden, die allg zugänglich sind, ist zur näheren Bezeichnung des mit der Dienstbarkeit belasteten Grundstückteils zulässig (vgl BGHZ 59, 11, 16 = NJW 1972, 1283f; vgl auch BGH ZIP 1997, 2080f; zur Bezugnahme bei „Tankstellendienstbarkeiten" vgl BayObLG NJW 1973, 2024 und RGRK/*Augustin* Rn 12). 3

Sondervorschriften, in denen das Gesetz „ein anderes vorschreibt", enthalten § 879 III, § 881 II, § 882, § 1115, § 1116 II, § 1179a V 2, § 1184 II, § 1189 I, § 1190 I (ggf iVm § 1192), § 1199 II BGB, § 800 I 2 ZPO (vgl KGJ 45, 260, 261f), § 14 ErbbauRG (Erbbaurecht); § 49 GBO (Altenteil etc), § 7 III WEG (Sondereigentum). 4

4. Bedingung und Befristung. Bedingung und Befristung gehören zum wesentlichen Inhalt des betreffenden Rechts und bedürfen daher der Eintragung im Grundbuch (s § 873 Rn 22). Eine Bezugnahme ist insoweit unzulässig (BGH RNotZ 2021, 23; München ZEV 2012, 428; Schleswig FGPrax 2010, 280). Dies gilt auch für die Lebenszeitbeschränkung bzw -befristung eines Rechts (BGH RNotZ 2021, 23). Lediglich die Einzelheiten der eingetragenen Bedingung oder Befristung (zB Beginn und Ende) können durch Bezugnahme verlautbart werden (KG HRR 1931, Nr 1459; RG JW 1933, 605; Köln DNotZ 1963, 48; Staudinger/*Heinze* Rn 20; MüKo/*Lettmaier* Rn 9). Ebenso die Bedingung der Zahlung eines Entgelts für die Ausübung einer Dienstbarkeit (BGH MittBayNot 2022, 142). 5

6 **5. Eintragungsbewilligung.** Darunter ist die verfahrensrechtl Erklärung des § 19 GBO (s Vor § 873 Rn 7) zu verstehen. Auf die Einhaltung der in § 29 GBO vorgeschriebenen Form kommt es nicht an (KG HRR 1931, Nr 1459). Eine Bezugnahme auf andere Urkunden ist nur zulässig, wenn die Eintragungsbewilligung sie eindeutig einbezieht und sie zu den Grundakten genommen werden (KGJ 48, 175, 177; 50, 131, 133ff). Eine Bezugnahme auf **öffentliche Urkunden**, die die Eintragungsbewilligung ersetzen, ist ebenfalls zulässig. Zu denken ist zB an ein behördliches Eintragungsersuchen iSv§ 38 GBO (KG OLG 8, 301f), an Urteile gem §§ 894, 895 ZPO (BGH WM 1961, 800; BayObLG 1962, 24, 38) und an einstweilige Verfügungen (Staudinger/*Heinze* Rn 7) für Vormerkung (§ 885 II), Widerspruch (§ 899 II), Veräußerungsverbot (§ 888 II, § 892 I 2) und Rechtshängigkeitsvermerk (vgl § 892 Rn 26).

7 **6. Form der Bezugnahme.** Ein sich auf die Eintragungsbewilligung beziehender Hinweis in der Eintragung reicht aus. Das Wort „Bezugnahme" ist entbehrlich; ausreichend wäre zB „eine Grunddienstbarkeit auf Haltung einer Wasserleitung gem der Bewilligung vom …". Die Bezugnahme kann auf einzelne deutlich abgegrenzte Teile der Urkunde beschränkt werden. Ob die Möglichkeit der Bezugnahme ausgenützt wird oder nicht, steht im Ermessen des Grundbuchamtes. Eine Abweichung von der Eintragungsbewilligung kann durch einschränkenden Vermerk des Grundbuchamtes gemacht werden (Frankfurt NJW-RR 1992, 345).

8 **7. Wirkungen.** Wird eine Urkunde in gem § 874 zulässiger Weise in Bezug genommen, so gilt sie zusammen mit der „eigentlichen" Eintragung als einheitlicher Grundbuchinhalt (RGZ 113, 223, 229; BGH WM 1968, 1087f). Der Umfang der Bezugnahme ist durch Auslegung zu ermitteln (KG JFG 1, 284, 285). Maßgebend ist die jew bei den Akten befindliche Urkunde (KG JFG 15, 85, 86f). Ein nicht behebbarer Widerspruch zw Eintragung und Bezugnahme macht die gesamte Eintragung ungültig (NK/*Krause* Rn 15 mwN). Eine unzulässige Bezugnahme gilt als nicht geschrieben, das Recht entsteht nicht (Schleswig FGPrax 2010, 280): enthält die Eintragung nicht die erforderlichen Mindestangaben, so ist sie unwirksam. Andernfalls ist zu prüfen, ob das Eingetragene auch ohne Bezugnahme von den Beteiligten gewollt sein würde (MüKo/*Lettmaier* Rn 22). Im Zweifel gilt das eingetragene „Minus" als gewollt. Liegt zB hinsichtl des Zinssatzes einer Hypothek eine gem § 1115 I unzulässige Bezugnahme vor, so ist die Hypothek unverzinslich (vgl *Haegele* BWNotZ 1975, 32).

§ 875 Aufhebung eines Rechts

(1) Zur Aufhebung eines Rechts an einem Grundstück ist, soweit nicht das Gesetz ein anderes vorschreibt, die Erklärung des Berechtigten, dass er das Recht aufgebe, und die Löschung des Rechts im Grundbuch erforderlich. Die Erklärung ist dem Grundbuchamt oder demjenigen gegenüber abzugeben, zu dessen Gunsten sie erfolgt.

(2) Vor der Löschung ist der Berechtigte an seine Erklärung nur gebunden, wenn er sie dem Grundbuchamt gegenüber abgegeben oder demjenigen, zu dessen Gunsten sie erfolgt, eine den Vorschriften der Grundbuchordnung entsprechende Löschungsbewilligung ausgehändigt hat.

1 **1. Allgemeines.** Unter **Aufhebung eines Rechts** versteht man seine Beseitigung durch Rechtsgeschäft (RGZ 66, 285, 288; 73, 173, 174). Eine **teilw** Aufhebung genügt, zB die Herabsetzung des Zinssatzes einer Hypothek (RG JW 1910, 187; KG HRR 1932, Nr 1657) oder die Enthaftung eines realen Grundstücksteils (bei Fortbestehen der Grundstücksbelastung iÜ). Im letzteren Fall gilt § 7 GBO entspr (RGZ 101, 117, 120; KGJ 21, 112, 116), ein Verstoß hat jedoch keine materiellrechtl Wirkung (NK/*Krause* Rn 3 mwN). Grds sind für die Aufhebung die einseitige Aufgabeerklärung des Berechtigten und die Löschung erforderlich. **Ohne Aufgabeerklärung** macht die Löschung das Grundbuch unrichtig; das gelöschte Recht bleibt im bisherigen Rang erhalten (KGJ 33, 277, 278f). Der Berechtigte kann Berichtigung verlangen (RGZ 82, 20, 23); vorläufige Hilfe gewährt der Widerspruch. Zu den Folgen einer solchen Löschung vgl iÜ § 891 II und §§ 892ff.

1a Die – rechtsgeschäftliche – Aufhebung ist von anderen Erlöschensgründen zu unterscheiden, zB §§ 142, 158, 163, 901, 1025, 1028, 1061, 1090, 1104 I 2, §§ 1173ff, 1178, 1181 BGB, § 52 I 2, §§ 91, 158 II ZVG, bei denen die Rechtsänderung ohne Löschung bereits eintritt. Die Löschung im Grundbuch bezweckt dann nur dessen Berichtigung.

2 **2. Anwendungsbereich.** § 875 ist grds anzuwenden bei **Aufhebung von Rechten an einem Grundstück**. Dazu gehören auch die Eigentümergrundschuld (RGZ 73, 173, 174), Abbaurechte iSv Art 68 EGBGB (KG JFG 4, 354, 356) und das Mitbenutzungsrecht aus § 1090 (Düsseldorf NZI 2021, 730). Auf Vormerkungen und Widersprüche ist § 875 ebenfalls sinngemäß anzuwenden (vgl BGHZ 60, 46, 50 für Vormerkung). Bei Aufhebung des Erbbaurechts (vgl § 11 ErbbauRG) ist gem § 26 ErbbauRG zusätzl die Zustimmung des Eigentümers erforderlich. Das Gleiche gilt gem § 1183 für die **Aufhebung eines Grundpfandrechts**; die Zustimmung des Eigentümers bedeutet praktisch den Verzicht auf die ihm ansonsten nach § 1163 zufallende Eigentümergrundschuld. Dagegen geht bei einem – nicht zustimmungsbedürftigen – **Verzicht** des Berechtigten das Grundpfandrecht auf den Eigentümer über (vgl § 1168 I, §§ 1175, 1192). Wegen der Rechte Dritter vgl § 876. Für Nießbrauch und Pfandrecht an Grundstücksrechten ist das Recht der Aufhebung solcher Rechte an beweglichen Sachen maßgebend, vgl zB § 1173 II, § 1255 und §§ 1072, 1064. § 875 ist nach Maßgabe von § 1132 II, § 1168 II, § 1180 II auf andere Fälle als die Aufhebung entspr anzuwenden. Zur Begründung und Aufhebung von Sondernutzungsrechten s München RNotZ 2009, 541, 542.

3. Aufgabeerklärung. Die **Aufgabeerklärung** ist eine einseitige, empfangsbedürftige, auf die Aufhebung des Rechts gerichtete Willenserklärung des Berechtigten (Staudinger/*Heinze* Rn 24). Sie ist materiellrechtl formlos gültig; im Grundbuchverfahren ist eine dem § 29 GBO (vgl Vor § 873 Rn 7) entspr Löschungsbewilligung erforderlich. Ob sie eine Aufgabeerklärung iSd § 875 enthält, ist Auslegungsfrage (BGHZ 60, 46, 52). IdR ist dies der Fall (BGHZ 60, 46, 52 sowie BGH DNotZ 2010, 941; Hamm 23.10.2012 – 15 W 66/12 sowie DNotZ 1977, 35, 37f). Dies gilt regelmäßig auch umgekehrt (BayObLG DNotZ 1975, 685f). 3

Die Aufgabeerklärung muss vom **materiell Berechtigten** abgegeben werden. Bei Gesamtgläubigern iSd § 428 müssen Aufgabeerklärung und Löschungsbewilligung gemeinsam erfolgen (BGH NJW 2017, 1811). Da eine Hypothek mit der Befriedigung des Gläubigers auf den Eigentümer übergeht (§ 1163 I 2), ist ein Hypothekengläubiger nach Quittungserteilung nicht mehr zur Aufgabe legitimiert (RG HRR 1931, Nr 1643; KG OLG 1965, 92, 95). Wird ein klagbarer Anspruch auf Rechtsaufgabe tituliert, so gilt die Aufgabeerklärung gem § 894 mit Rechtskraft des Urteils als abgegeben, sofern nicht die Verurteilung unter dem Vorbehalt der dinglichen Berechtigung erfolgt (vgl hierzu Oldenburg MDR 1947, 23, 24f). 4

Empfänger der Aufgabeerklärung sind das Grundbuchamt oder wahlweise der Grundstückseigentümer bzw gleich- oder nachstehend Berechtigte als Begünstigte iSd § 875 I 2 (KGJ 48, 184, 187). Materiell ist immer auch der Grundstückseigentümer Begünstigter; deshalb unterliegt er auch dann, wenn er als Vertreter eines Grundpfandgläubigers die Aufgabeerklärung ggü dem Grundbuchamt abgibt, den Beschränkungen des § 181 (BGH NJW 1980, 1577). Da die Aufgabeerklärung erst mit Zugang wirksam wird, muss in diesem Augenblick die Vertretungsmacht eines Vertreters noch bestehen (KGJ 43, 146, 151). Zum Zugang vgl § 130 Rn 7f. Späterer Tod oder Geschäftsunfähigkeit sind ohne Bedeutung (vgl RG JW 1926, 1955). 5

4. Bindung. Bindung an die Aufgabeerklärung tritt mit der Löschung (vgl § 46 GBO) sowie unter den Voraussetzungen des § 875 II ein. Dabei entspricht die formelle Löschungsbewilligung der Eintragungsbewilligung iSv § 873 II (vgl § 873 Rn 18–20). Anstelle der Aushändigung der beglaubigten Löschungsbewilligung genügt die notarielle Beurkundung innerhalb eines Vertrags mit dem Begünstigten (KGJ 49, 149, 155; Staudinger/*Heinze* Rn 55). 6

5. Rechtserfolg. Die bezweckte Aufhebung des Rechts ist abhängig von dem Zusammenwirken von Löschung und Aufgabeerklärung. Für das zeitl Verhältnis und die Beziehung von Löschung und Erklärung gilt das zu § 873 Rn 24 Gesagte entspr. – Infolge der Einseitigkeit der Aufgabeerklärung gelten die §§ 111, 182 II, §§ 1367 und 1831 (Grü/*Herrler* Rn 4; aA MüKo/*Lettmaier* Rn 17). Indes muss eine erforderliche Einwilligung nicht vor dem Zugang erklärt werden bzw mit der Aufgabeerklärung zugehen (aA BayObLG 19, 388, 391); da erst die Löschung das Rechtsgeschäft vollendet, genügt es, wenn die Einwilligung bei Löschung vorliegt (Grü/*Herrler* Rn 4; Staudinger/*Heinze* Rn 44; Düsseldorf MittRhNotK 1993, 89). 7

§ 876 Aufhebung eines belasteten Rechts

Ist ein Recht an einem Grundstück mit dem Recht eines Dritten belastet, so ist zur Aufhebung des belasteten Rechts die Zustimmung des Dritten erforderlich. Steht das aufzuhebende Recht dem jeweiligen Eigentümer eines anderen Grundstücks zu, so ist, wenn dieses Grundstück mit dem Recht eines Dritten belastet ist, die Zustimmung des Dritten erforderlich, es sei denn, dass dessen Recht durch die Aufhebung nicht berührt wird. Die Zustimmung ist dem Grundbuchamt oder demjenigen gegenüber zu erklären, zu dessen Gunsten sie erfolgt; sie ist unwiderruflich.

1. Allgemeines. § 876 **bezweckt** den Schutz der Interessen des Inhabers eines Rechts, welches das aufzuhebende Recht unmittelbar (S 1) oder mittelbar (S 2) belastet. Denn mit der Aufhebung eines Rechts erlöschen auch seine Belastungen. Deshalb erweitert das Zustimmungserfordernis des § 876 den Aufhebungstatbestand des § 875 zu einem dreigliedrigen Tatbestand, bestehend aus Aufgabeerklärung des Berechtigten, Zustimmung des Dritten und Löschung im Grundbuch. Die Reihenfolge der Einzelakte ist gleichgültig. 1

2. Anwendungsbereich. § 876 S 1 ist „an sich" anwendbar bei **rechtsgeschäftlicher Aufhebung** eines Rechts an einem Grundstück bzw eines grundstücksgleichen Rechts, zB aufgrund eines bereicherungsrechtl Anspruchs auf Herausgabe einer Grundschuld wegen späteren Wegfalls des Rechtsgrunds (Brandenburg 17.11.2011 – 5 U 148/09); eine teilw Aufhebung wie bei § 875 genügt. Da jedoch die Aufhebung von nießbrauchs- bzw pfandrechtsbelasteten Rechten (an Grundstücken) in § 1071 I bzw § 1276 I spezialgesetzl geregelt ist, bleiben als belastete Rechte, bei deren Aufhebung § 876 S 1 zu beachten ist, nur die grundstücksgleichen Rechte (zB Erbbaurecht und Bergwerkseigentum; nicht: WE) übrig (Staudinger/*Heinze* Rn 10). 2

Bei Aufhebung eines grundstücksgleichen Rechts ist Zustimmung ausnahmsw entbehrlich, wenn das Grundstück zu gleichgünstigem Rang für das belastende Recht des Dritten haftet (KG JFG 4, 354, 358f; JFG 14, 395, 397f; BayObLG Rpfleger 1987, 156f; LG Krefeld Rpfleger 1998, 284, 285; NK/*Krause* Rn 10; Staudinger/*Heinze* Rn 15). 3

Darüber hinaus ist § 876 S 1 **analog** anzuwenden, wenn es um die Aufhebung eines Rechts iSv § 876 S 1 geht, auf das sich ein **vorgemerkter** Anspruch bezieht (KG JFG 9, 218, 219ff; BayObLG Rpfleger 1987, 156f). Auch ein eingetragener **Widerspruch** gegen das aufzuhebende Recht soll nach wohl hM einer Belastung iSv § 876 S 1 gleichstehen (KG HRR 1928, 1463 = DNotZ 1928, 577, 578f; Grü/*Herrler* Rn 1). Dem ist nicht zu folgen (vgl § 899 Rn 17, Staudinger/*Heinze* Rn 7 und § 899 Rn 18). 4

5 Bei Aufhebung eines nach § 1059 S 2 BGB, § 857 ZPO zur Ausübung gepfändeten Grundstücksnießbrauchs ist Zustimmung des Pfandgläubigers dagegen zu fordern (BGHZ 62, 133, 136ff; Köln NJW 1962, 1621; Bremen NJW 1969, 2147, 2148; Staudinger/*Heinze* Rn 10, arg: §§ 135, 136; aA Frankfurt NJW 1961, 1928).

6 **Gesetzl Verweisungen** auf § 876 finden sich in folgenden Vorschriften: § 877, § 880 III, § 1109 II, § 1116 II, § 1132 II, § 1168 II, § 1180.

7 **§ 876 S 2** betrifft die Aufhebung sog subj-**dinglicher Rechte.** Als subj-dingliche (dh dem jew Eigentümer eines anderen, „herrschenden" Grundstücks zustehende) Rechte können außer der Grunddienstbarkeit (§ 1018) das Vorkaufsrecht und die Reallast bestellt werden (§ 1094 II, § 1105 II) einschl der Erbbauzinsreallast (BGH NJW 2017, 728). Das Recht zur Mitbenutzung einer Grenzeinrichtung (§ 922) fällt nicht darunter (Staudinger/*Roth* § 922 Rn 9). Ob der Inhaber eines Rechts an dem herrschenden Grundstück (dh der sog „Dritte") der Aufhebung des subj-dinglichen Rechts zustimmen muss, hängt davon ab, ob sein Recht von der Aufhebung „berührt" wird.

8 Hierunter ist eine **rechtl Beeinträchtigung** zu verstehen (BGH LM ZPO § 3 Nr 40 Bl 2 R = Warn Rspr 1969 Nr 182, 370f; Grü/*Herrler* Rn 3). Beeinträchtigt idS werden grds **Reallast- und Grundpfandberechtigte**, da das subj-dingliche Recht als Bestandteil des herrschenden Grundstücks iSv § 96 mithaftet. **Dienstbarkeiten** am herrschenden Grundstück werden dagegen durch die Aufhebung des subj-dinglichen Rechts nur dann beeinträchtigt, wenn die aufgrund der Dienstbarkeit mögliche Nutzung durch das aufzuhebende Recht irgendwie gefördert wird.

9 § 21 GBO enthält keine materiellrechtl wirkende Einschränkung des Zustimmungserfordernisses des § 876 S 2, sondern dient nur der Erleichterung des Grundbuchverkehrs (vgl *Demharter* § 21 GBO Rn 3).

10 **3. Zustimmungserklärung.** Die **Zustimmungserklärung** ist eine einseitige, abstrakte empfangsbedürftige Willenserklärung, die eine Verfügung über das Recht des Dritten (Düsseldorf Rpfleger 1993, 337; Staudinger/*Heinze* Rn 26 mwN) enthält. Materiellrechtl ist sie formlos gültig, grundbuchrechtl gilt § 29 GBO. §§ 111, 180, 1367, 1427 I und § 1831 sind anwendbar (Staudinger/*Heinze* Rn 32; aA MüKo/*Lettmaier* Rn 13; vgl dazu § 875 Rn 7).

11 **Zustimmungsberechtigt** ist der Inhaber des belastenden Drittrechts (bzw der für ihn Verfügungsbefugte). Maßgeblicher Zeitpunkt ist der Zugang der Zustimmungserklärung (Hamm Rpfleger 1995, 246, 247; MüKo/*Lettmaier* Rn 12). Beschränkung bzw Verlust der Verfügungsmacht nach Zugang der Zustimmung beeinträchtigt deren Wirksamkeit nicht (Staudinger/*Heinze* Rn 28f). Wird der zustimmungsberechtigte Dritte von dem Inhaber eines aufzuhebenden Rechts (oder einem sonstigen Begünstigten) vertreten, so ist (wie bei § 875, vgl § 875 Rn 5) **§ 181** anzuwenden. Dies gilt auch dann, wenn die Zustimmung ggü dem Grundbuchamt erklärt wird (Düsseldorf Rpfleger 1993, 337; Grü/*Herrler* Rn 6; Staudinger/*Heinze* Rn 40; MüKo/*Lettmaier* Rn 14; für § 875 BGH NJW 1980, 1577).

12 Richtiger **Adressat der Zustimmungserklärung** ist gem § 876 S 3 das Grundbuchamt sowie jeder Begünstigte. Das sind der Eigentümer, der Inhaber des aufzuhebenden Rechts sowie diesem gleich- oder nachrangig Berechtigte.

13 **4. Unwiderruflichkeit der Zustimmungserklärung. Unwiderruflichkeit** der Zustimmungserklärung tritt mit Zugang beim richtigen Adressaten ein, § 876 S 3, auch wenn die Aufgabe noch nicht erklärt ist. § 876 S 3 weicht insoweit von § 183 ab. Die wirksam erklärte Zustimmung bindet auch den Rechtsnachfolger, sofern nicht sein guter Glaube über § 892 geschützt wird.

14 **5. Ersetzung. Ersatz der Zustimmung** ist durch ein sog **Unschädlichkeitszeugnis** nach Maßgabe des Art 120 EGBGB iVm landesrechtl Vorschriften (vgl Grü/*Herrler* Art 120 EGBGB Rn 2) möglich.

15 **6. Wirkungen.** Aufgabeerklärung, Zustimmung und Löschung bewirken gemeinsam die Aufhebung des Rechts, wobei es auf das Zusammentreffen, nicht auf die Reihenfolge ankommt. Die ohne erforderliche Zustimmung erfolgende Löschung macht das Grundbuch unrichtig; die Rechtsaufgabe ist materiellrechtl schwebend unwirksam (MüKo/*Lettmaier* Rn 17; Staudinger/*Heinze* Rn 47). Der Schwebezustand endet jedoch mit dem Ablauf einer für die Einholung der Genehmigung angemessenen Wartezeit (BGH Warn Rspr 1969 Nr 182, 371 = LM § 3 ZPO Nr 40 Bl 3 R; MüKo/*Lettmaier* Rn 17; aA Staudinger/*Heinze* Rn 47). Der Inhaber des belastenden Rechts kann gem § 894 Berichtigung verlangen. Gleiches gilt für den Inhaber des gelöschten Rechts, und zwar schon während des Schwebezustands (Grü/*Herrler* Rn 1; NK/*Krause* Rn 24; Staudinger/*Heinze* Rn 46 mwN auch für die Gegenmeinung). Andernfalls sähe er sich uU Ersatzansprüchen bei gutgläubig lastenfreiem Erwerb eines Dritten ausgesetzt. Bis Ablauf des Schwebezustandes bzw versagter Genehmigung bleibt er an die Aufgabeerklärung gebunden. Zu möglichen Konvaleszenztatbeständen vgl Staudinger/*Heinze* Rn 48.

§ 877 Rechtsänderungen

Die Vorschriften der §§ 873, 874, 876 finden auch auf Änderungen des Inhalts eines Rechts an einem Grundstück Anwendung.

1 **1. Allgemeines.** § 877 regelt die **Änderung von beschränkten dinglichen Rechten an Grundstücken und an grundstücksgleichen Rechten.** Erforderlich ist gem §§ 877, 873 grds die Einigung zw dem Grundstückseigentümer und dem Inhaber des besagten Rechts und die Eintragung (in die Spalte Veränderungen), wobei Bezugnahme auf die Eintragungsbewilligung wie bei der Rechtsbegründung zulässig ist (§ 874). Etwaige Drittberechtigte müssen nach Maßgabe des § 876 zustimmen. Dagegen genügt bei Rechten an Rechten die Einigung der Beteiligten

(*Wolff/Raiser* § 40 III; Staudinger/*Heinze* Rn 6). Zur Inhaltsänderung bei vorgemerkten Ansprüchen vgl § 883 Rn 35. Ggü der Aufhebung des alten und der Bestellung des neuen Rechts liegt der rechtl Vorteil der Inhaltsänderung darin, dass Identität und Rang des – zu ändernden – Rechts gewahrt bleiben (Staudinger/*Heinze* Rn 1).

2. Inhaltsänderung. Inhaltsänderung iSv § 877 ist jede rechtsgeschäftliche nachträgl Abwandlung der Befugnisse des Berechtigten, die unter Aufrechterhaltung der Identität des Rechts weder Begründung noch Belastung (§ 873), noch Aufhebung (§ 875) ist (MüKo/*Lettmaier* Rn 4 mwN). Änderungen, die die Rechtsinhaberschaft betreffen, fallen nicht in den Anwendungsbereich des § 877 (Hamm BeckRS 2014, 19793). 2

Nicht unter § 877 fallen **gesetzl Veränderungen**, zB Teilung des herrschenden Grundstücks bei einer Grunddienstbarkeit (§ 1025 S 2) bzw einer subj-dinglichen Reallast (§ 1109 III) oder die Verwandlung der Fremdhypothek in eine Eigentümergrundschuld gem § 1177. Gleiches gilt für die kraft Gesetzes eintretende Umwandlung einer Hypothek zur Gesamthypothek infolge Grundstücksteilung und für die (nicht nach § 876 zustimmungsbedürftige) Umwandlung von grundpfandrechtsbelastetem Grundeigentum in Wohnungseigentum gem §§ 3 und 8 WEG (BayObLG NJW 1958, 2016f; Frankfurt OLG 1987, 266; Hamm OLG 1989, 160, 163f; MüKo/*Lettmaier* Rn 5; ausf Staudinger/*Heinze* Rn 62 mwN). 3

Unter § 877 zu subsumieren sind zB Änderung einer im Grundbuch eingetragenen Sicherungsvormerkung in eine dingliche Wertsicherungsklausel (BGH NJW 2017, 728); Ausschluss der Übertragbarkeit eines Liegenschaftsrechts, § 399 Alt 2 (Hamm MDR 1968, 768 mwN; Staudinger/*Heinze* Rn 14 mwN) und Wiederaufhebung der Unübertragbarkeit (MüKo/*Lettmaier* Rn 9 mwN); die Hinzufügung einer Bedingung oder Befristung (KG JFG 13, 75, 78 = JW 1935, 3235, 3236; Staudinger/*Heinze* Rn 39 mwN); die Verlängerung eines Rechts (Staudinger/*Heinze* Rn 30; für den Nießbrauch: KG JFG 13, 75; für die Erbbaurechtszeit: BayObLG NJW 1960, 1155, 1156); Änderung einer Kündigungsvereinbarung (BGHZ 1, 294, 305 = NJW 1951, 645); Ersatz der bei einer Reallast zu erbringenden Naturalleistungen durch Geldleistungen (Staudinger/*Heinze* Rn 34); Erhöhung von Grundpfandrechtszinsen (BGH NJW 1986, 314, 315); Eintragung einer Barzahlungsklausel bei einer bisher in Wertpapieren tilgbaren Hypothek (KG JW 1933, 2597, 2598; JFG 11, 207, 215); Änderung eines Altenteilsrechts durch Auswechseln gemeinsam zu buchender (§ 49 GBO) Befugnisse (KG JW 1934, 2997, 2998 mwN; Staudinger/*Heinze* Rn 11; MüKo/*Lettmaier* Rn 8); Zusammenfassung mehrerer demselben Gläubiger zustehender und unmittelbar aufeinander folgender Hypotheken zu einer Einheitshypothek (RGZ 145, 47, 49; Hamm Rpfleger 1992, 13; Schleswig Rpfleger 1991, 150; zur Zusammenfassung von Reallasten vgl BayObLG 96, 114) oder Änderung in betragsmäßig geänderte neue Einzelhypotheken mit gleichem Gesamtbetrag (Hamm Rpfleger 1992, 13; Staudinger/*Heinze* Rn 18; abl *Bestelmeyer* Rpfleger 1992, 151). Zur Inhaltsänderung von Gemeinschaftseigentum und Sondereigentum nach WEG vgl Staudinger/*Heinze* Rn 43ff und NK/*Krause* Rn 25 sowie Stuttgart ZWE 2022, 78; zur Begründung und Aufhebung von Sondernutzungsrechten s München RNotZ 2009, 541, 542. 4

Aufgrund von **Spezialvorschriften** wechselseitig austauschbar sind die Grundpfandrechte, vgl § 1116 II, III, §§ 1186, 1198, 1203. 5

Für Rangänderungen gelten die §§ 880, 881 und 1151. Erg kann § 877 herangezogen werden, zB bei nachträgl Rangvorbehalt (KGJ 39, 193, 195; Staudinger/*Heinze* Rn 42; MüKo/*Lettmaier* Rn 7) oder bei Rangtausch zw Rechten desselben Berechtigten (Staudinger/*Heinze* Rn 42, MüKo/*Lettmaier* Rn 7). 6

3. Keine Inhaltsänderung. Nicht als Inhaltsänderung gilt dagegen die Vereinbarung einer Unterwerfungsklausel iSv § 800 ZPO (KG HRR 1931 Nr 1705; MüKo/*Lettmaier* Rn 9; Grü/*Herrler* Rn 3; Staudinger/*Heinze* Rn 19, arg: ausschließlich verfahrensrechtl einseitige Erklärung). 7

Mangels **rechtl Identität** (vgl Rn 2) sind Grunddienstbarkeit, Nießbrauch, beschränkte persönliche Dienstbarkeit und Dauerwohnrecht (§ 31 WEG) nicht untereinander nach § 877 umwandelbar. Erforderlich ist vielmehr Aufhebung des bisherigen und Neubestellung des nunmehr gewollten Rechts (Staudinger/*Heinze* Rn 11 mwN). Aufhebung und Neubestellung können einheitliches Geschäft iSv § 139 sein, dh einander bedingen (*Wolff/Raiser* § 40 I 3). – Gleiches gilt im Verhältnis der Grundpfandrechte zur Reallast (Staudinger/*Heinze* Rn 11). Zum Altenteil vgl aber Rn 4. 8

Keine Inhaltsänderung, sondern – einseitige – **Teilaufhebung** iSv § 875 sind Herabsetzung von Grundpfandrechtskapital und -zinsen (RGZ 72, 362, 366; KG HRR 1932, Nr 1657; Soergel/*Stürner* Rn 2; Grü/*Herrler* Rn 4; Staudinger/*Heinze* Rn 38 mwN). Umgekehrt ist zB Erhöhung des Grundpfandrechtskapitals als **(Teil-)Neubestellung** zu behandeln (Hamm Rpfleger 1992, 13; MüKo/*Lettmaier* Rn 9; für ein einheitliches Recht, aufgeteilt auf zwei verschiedene Rangstellen dagegen wohl Staudinger/*Heinze* Rn 27). Gleiches gilt bei Erweiterung der Befugnisse aus einer Dienstbarkeit (BayObLG Rpfleger 1967, 11ff; NK/*Krause* Rn 10). 9

4. Zustimmung Dritter. Zustimmung Drittberechtigter ist nach Maßgabe des § 876 erforderlich, wobei auch in den Fällen des § 876 S 1 Zustimmung des Dritten entbehrlich ist, wenn Beeinträchtigung seiner Rechtsstellung ausgeschlossen ist (BGHZ 91, 343, 346 = NJW 1984, 2409, 2410 mwN; Naumburg RNotZ 2021, 528; Hamm OLG 1989, 160, 162; BayObLG NJW-RR 1992, 208, 209; Staudinger/*Heinze* Rn 58). 10

Gleich- und nachstehend Berechtigte. Ihre Zustimmung ist erforderlich, wenn die Inhaltsänderung ihre vom Rang bestimmte Rechtsstellung verschlechtert (RGZ 132, 106, 110; BayObLG NJW 1960, 1155, 1156); vgl auch § 19 GBO. Dies ist bei einer Erweiterung des geänderten Rechts der Fall (BGH NJW 2017, 728, 729; Staudinger/*Heinze* Rn 75), zB bei Erhöhung von Nebenleistungen eines Grundpfandrechts außerhalb von § 1119 (KG HRR 1932, Nr 320) oder der Einzelleistungen einer Reallast (vgl Frankfurt Rpfleger 1978, 312f); auch bei Erleichte- 11 rung der Entstehungsbedingungen für ein Recht (KG HRR 1933, Nr 1929; deren Verschärfung/Erweiterung ist dagegen zustimmungsfrei: KGJ 52, 197, 201): Bei gleichzeitiger Erhöhung und Herabsetzung von Nebenleistungen kommt es darauf an, ob Gesamtumfang der Belastung sich erweitert (zB bei Zinserhöhung gegen Strafzinssenkung, Braunschweig JFG 9, 255, 256).

12 Die **fehlende Zustimmung** macht die Inhaltsänderung nicht unwirksam; vielmehr ist der zustimmungsbedürftige Teil des Rechts nachrangig (RGZ 132, 106, 110), dh insoweit ist die Grundbucheintragung unrichtig (Grü/*Herrler* Rn 6). Die Inhaltsänderung bzw Erweiterung ist bei fehlender notwendiger Zustimmung aber unwirksam, wenn sie keinen Rang hat bzw keinen Rang erhalten darf (RGZ 108, 176, 183; RG JW 1933, 2597f; Staudinger/*Heinze* Rn 76 mwN).

§ 878 Nachträgliche Verfügungsbeschränkungen

Eine von dem Berechtigten in Gemäßheit der §§ 873, 875, 877 abgegebene Erklärung wird nicht dadurch unwirksam, dass der Berechtigte in der Verfügung beschränkt wird, nachdem die Erklärung für ihn bindend geworden und der Antrag auf Eintragung bei dem Grundbuchamt gestellt worden ist.

1 **1. Zweck.** Nach den allg Grundsätzen müssen bei Vollendung eines Rechtsgeschäfts alle seine Wirksamkeitsvoraussetzungen vorliegen, also auch die Verfügungsmacht des Verfügenden (BGH NJW 2017, 1546; BGHZ 28, 182, 184f). Die Verfügung über ein Liegenschaftsrecht ist entspr ihrer Struktur erst beim Zusammentreffen von Einigung und Eintragung vollendet (§ 873). Die an ihr Beteiligten haben es zwar in der Hand, die Voraussetzungen für die Eintragung zu schaffen; auf die Eintragung als solche haben sie aber keinen Einfluss. Gäbe es den § 878 nicht, so hinge es vom mehr oder weniger zufälligen Zeitpunkt der Eintragung ab, ob eine nachträgl Verfügungsbeschränkung auf Seiten des Berechtigten dem erstrebten Rechtserfolg entgegenstünde oder nicht. Dies wäre nicht nur in hohem Maße unbillig, sondern auch wirtschaftshemmend, sähe sich doch der Verfügungsbegünstigte veranlasst, seine evtl Gegenleistung (zB eine Darlehensgewährung) bis zur Eintragung zurückzuhalten (Staudinger/*Heinze* Rn 1 und 3). Deshalb erklärt § 878 eine nach bindender Einigung und Stellung des Eintragungsantrags gegen den Berechtigten verhängte Verfügungsbeschränkung im Interesse der rechtserwerbenden Partei für unschädlich (vgl auch RGZ 135, 378, 381f und BGH NJW-RR 1988, 1274, 1275). Ergänzt wird der Schutz des Erwerbers materiellrechtl durch § 130 II und § 892 II sowie verfahrensrechtl durch die §§ 17 und 45 GBO.

2 **2. Anwendungsbereich.** § 878 ist nicht nur auf Erklärungen iSv §§ 873, 875, 877, sondern auch auf andere **rechtsgeschäftliche Verfügungen** mit konstitutiver Eintragung anwendbar (BGH NJW 2017, 1646: alle Eigenverfügungen). Dazu gehören: Bewilligung (BGH NJW 2006, 2557, 2559; Grü/*Herrler* § 885 Rn 8; Staudinger/*Heinze* Rn 9 mwN) und Aufhebung einer Vormerkung (Köln Rpfleger 1973, 299; Grü/*Herrler* Rn 4; Staudinger/*Heinze* Rn 9 mwN); Verzicht auf Eigentum am Grundstück (§ 928); einseitige Eigentümererklärung bei Vereinigung (§ 890 I), Zuschreibung (§ 890 II) oder Teilung eines Grundstücks (Grü/*Herrler* Rn 4, Staudinger/*Heinze* Rn 9); wohl auch Bestellung und Änderung von Eigentümerrechten (außerhalb des Anwendungsbereichs von § 1196 II; vgl Staudinger/*Heinze* Rn 9; Soergel/*Stürner* Rn 2; Grü/*Herrler* Rn 4) und Teilungserklärung nach § 8 WEG (KG NJW-RR 2022, 164, 1326; Soergel/*Stürner* Rn 2; Staudinger/*Heinze* Rn 9, arg: § 1196 II analog; Grü/*Herrler* Rn 4; aA LG Köln MittRhNotK 1984, 16); Bewilligung und Aufhebung eines Widerspruchs (Grü/*Herrler* Rn 4; Staudinger/*Heinze* Rn 10); kraft gesetzl Fiktion gem § 894 ZPO auch rechtskräftige Verurteilung zur Abgabe einer Einigungserklärung bzw einer einseitigen Verfügungserklärung (Staudinger/*Heinze* Rn 15 mwN).

3 **Entspr anwendbar** ist § 878 auf unwiderrufliche Grundbucherklärungen, insb alle Bewilligungen iSv § 19 GBO (Staudinger/*Heinze* Rn 11 mwN), auf die Berichtigungsbewilligung iSv § 22 GBO (Grü/*Herrler* Rn 4; Staudinger/*Heinze* Rn 11) und auf die Teilungserklärung des Grundbucheigentümers nach § 8 I WEG (BGH NJW 2017, 1546).

4 Verweisungen auf § 878 finden sich in § 880 II 1, § 1109 II 2, § 1116 II 2, § 1132 II 2, § 1154 III, § 1168 II 2, § 1180 I 2, § 1188 I und § 1196 II BGB; § 3 III, § 8 II, § 9 II SchiffsRG. Der Sache nach auf § 878 verwiesen wird auch in § 140 II InsO, der aufgrund „berichtigender" Auslegung auch anzuwenden ist, wenn der Verfügende („Schuldner") den Eintragungsantrag gestellt hat (vgl *Scherer* ZIP 2002, 346 mwN; NK/*Krause* Rn 35; s auch BGH MDR 2010, 466, 467; abw Soergel/*Stürner* Rn 8 und Staudinger/*Heinze* Rn 71 mwN zum Streitstand: § 147 iVm § 140 I InsO). Dies dürfte für § 8 II AnfG entspr gelten. Zum Wahlrecht des Insolvenzverwalters nach § 103 InsO vgl Staudinger/*Heinze* Rn 70 mwN und *Scholtz* ZIP 1999, 1699ff.

5 **Nicht anzuwenden** ist § 878 dagegen auf eintragungsbedürftige Vollstreckungsakte wie zB die Zwangshypothek (RGZ 84, 265, 280; BGHZ 9, 250, 252f; KG DNotZ 1962, 420; Grü/*Herrler* Rn 4; Staudinger/*Heinze* Rn 12f; Soergel/*Stürner* Rn 3, aA *Kohler* ZZP 82, 377ff; MüKo/*Lettmaier* Rn 17 mwN); bei (erzwungener) Eintragung einer Vormerkung aufgrund einstweiliger Verfügung, § 885 I 1 Alt 1 (Staudinger/*Heinze* Rn 14; Grü/*Herrler* Rn 4); bei erzwungenem Widerspruch (Grü/*Herrler* Rn 4). – § 878 gilt auch nicht für den Antrag auf Eintragung der Unterwerfung unter die sofortige Zwangsvollstreckung, § 794 I Nr 5, § 800 I 2 ZPO (NK/*Krause* Rn 6).

6 **3. Verfügungsbeschränkung. Verfügungsbeschränkung** iSd § 878 ist jede **außerhalb des Grundbuchs** entstehende Beeinträchtigung der Verfügungsbefugnis des Berechtigten; ob es sich um eine absolute oder relative Beschränkung handelt, spielt keine Rolle (KGJ 9, 178, 182; Soergel/*Stürner* Rn 4; Staudinger/*Heinze* Rn 24). Gleiches gilt für ihren Entstehungsgrund (vgl Staudinger/*Heinze* Rn 24).

Bsp sind: § 21 II 1 Nr 2 und § 80 I InsO; § 1994 BGB; § 23 (ggf iVm § 146 I) ZVG; §§ 829, 857, 935, 938 II ZPO (BGH NJW 2006, 2557, 2559), §§ 290, 443 StPO; § 51 I 1 Nr 1 und §§ 144, 169, 250 BauGB (KG NJW-RR 2022, 164, 1326); nach wohl überwiegender Meinung auch Widerruf einer bereits erteilten Einwilligung gem § 5 ErbbauRG (BGH NJW 1963, 36f; abl mit guten Gründen Staudinger/*Heinze* Rn 29) bzw gem §§ 12, 35 WEG (BGH NJW 2013, 299). Zu den Verfügungsbeschränkungen gem §§ 1424, 1450 s Staudinger/*Heinze* Rn 27. 7

Wie Verfügungsbeschränkungen zu behandeln sind: Beendigung der Amtsstellung von Insolvenzverwalter, Nachlassverwalter oder Testamentsvollstrecker (Brandenburg VIZ 1995, 365; LG Neubrandenburg MDR 1995, 491; LG Mönchengladbach RNotZ 2010, 540; *Däubler* JZ 1963, 588; Grü/*Herrler* Rn 11; Staudinger/*Heinze* Rn 58; BaRo/*Kössinger* Rn 15; NK/*Krause* Rn 21; aA KG OLG 26, 4, 5; Celle NJW 1953, 945; Köln MittRhNotK 1981, 139; LG Osnabrück KTS 1972, 202f; Soergel/*Stürner* Rn 7); nach Ansicht des OLG Zweibrücken (Rpfleger 2001, 406) auch Eröffnung des Insolvenzverfahrens über das Vermögen eines BGB-Gesellschafters, dessen Rechte im Rahmen der nach § 728 II vorzunehmenden Auseinandersetzung vom Insolvenzverwalter wahrzunehmen sind (aA *Keller* NotBZ 2001, 397, 400f, der auf fehlende Vertretungsbefugnis abstellt). 8

Keine Verfügungsbeschränkungen iSv § 878: Verlust der Rechtsinhaberschaft (Frankfurt OLG 1980, 100, 104; BayObLG RdL 1984, 179; Grü/*Herrler* Rn 2; Staudinger/*Heinze* Rn 18); anders aber bei Gesamtrechtsnachfolge (vgl *Baur*/*Stürner* § 19 Rn 23); absolute und relative Erwerbsbeschränkungen (zB „Erwerbsverbot" aufgrund einstweiliger Verfügung, vgl § 888 Rn 16; RGZ 120, 118; BayObLG 1997, 55; Grü/*Herrler* Rn 2; krit Staudinger/*Heinze* Rn 72f). 9

4. Berechtigter. Berechtigter iSv § 878 ist der Rechtsinhaber bzw sein Stellvertreter. Zur Verfügung durch Miterben vgl KG JFG 13, 92, 94ff. Gleichzustellen sind Verwalter kraft Amtes (Insolvenzverwalter, Testamentsvollstrecker, Nachlassverwalter; vgl Staudinger/*Heinze* Rn 57). Entspr anzuwenden ist § 878 auch auf Nichtberechtigten, der als eingetragener („Buch-")Berechtigter (NK/*Krause* Rn 18; Grü/*Herrler* Rn 5 mwN; aA RGRK/*Augustin* Rn 2) oder der mit Einwilligung des Berechtigten iSv § 185 I (KG DNotZ 34, 284; Köln Rpfleger 1975, 20; Staudinger/*Heinze* Rn 59; Grü/*Herrler* Rn 6 mwN; aA RGZ 135, 378; BGHZ 49, 197; BayObLG 1960, 456, 462) verfügt. Eine nachträgl Verfügungsbeschränkung in Bezug auf den Berechtigten schadet nicht (Grü/*Herrler* Rn 6 mwN). Gleiches gilt im Falle einer Genehmigung des Berechtigten nach § 185 II 2 Alt 1, wenn diese vor Eintritt einer Verfügungsbeschränkung in der Person des Nichtberechtigten bzw in der Person des Berechtigten erteilt worden ist (Grü/*Herrler* Rn 7 mwN). 10

5. Voraussetzungen. Folgende Voraussetzungen müssen vor Eintritt der Verfügungsbeschränkung erfüllt sein, wobei die Reihenfolge gleichgültig ist: 11

a) Bindende Einigung bzw Aufhebungserklärung. Die Verfügungserklärung des Berechtigten muss bindend sein, § 873 II, § 875 II (vgl § 873 Rn 17ff und § 875 Rn 6; anders im Falle der Beendigung des Wohnungseigentumsverwalteramts nach Erteilung der Zustimmung gem § 12 I, III WEG und vor Bindung, BGH NJW 2013, 299; BeckRS 2013, 12880). Bei Bewilligung und Aufhebung einer Vormerkung bzw eines Widerspruchs gilt § 875 II analog (Staudinger/*Heinze* Rn 35f; MüKo/*Lettmaier* Rn 14, 15; Grü/*Herrler* Rn 13 mwN). Zu anderen einseitigen Verfügungserklärungen vgl Staudinger/*Heinze* Rn 37. 12

b) Wirksame Antragstellung beim Grundbuchamt. Der beim Grundbuchamt eingegangene Antrag des Erwerbers oder des Verfügenden (zu § 140 II InsO vgl Rn 4) muss (später) zur Eintragung führen. Antragsrücknahme bzw -zurückweisung machen das Verfügungsgeschäft unwirksam. Dagegen lebt bei Aufhebung der Zurückweisung die Schutzwirkung des § 878 wieder auf, es sei denn, die Zurückweisung war rechtmäßig und die Aufhebung beruht auf neuen Tatsachen (BGH NJW 1997, 2751f). Eine Zwischenverfügung nach § 18 GBO führt noch nicht zur Unwirksamkeit (Brandenburg VIZ 1995, 365; Grü/*Herrler* Rn 14 mwN), jedoch nur dann, wenn Mängel bzgl formeller Eintragungsvoraussetzungen bestehen (Grü/*Herrler* Rn 14 mwN). 13

c) Sonstige Voraussetzungen. Sonstige materiellrechtl Wirksamkeitsvoraussetzungen müssen im Zeitpunkt der Verfügungsbeschränkung erfüllt sein. § 878 will den Erwerber bzw Verfügungsbegünstigten nur vor einer nachteiligen Konsequenz des Eintragungszwangs bewahren, ihn aber keinesfalls besserstellen, als er ohne das Eintragungserfordernis stünde (Staudinger/*Heinze* Rn 38). 14

Bsp: Briefübergabe bei Bestellung eines Briefgrundpfandrechts (KG NJW 1975, 878) und Entstehung der gesicherten Forderung bei der Hypothek (vgl Staudinger/*Heinze* Rn 38). Gleiches gilt nach zutr hM auch für die erforderliche Genehmigung eines Dritten (zB §§ 177, 876 BGB, § 5 ErbbauRG, § 12 WEG; vgl für viele Staudinger/*Heinze* Rn 39 mwN); sowie für behördliche (Hamm JMBl NRW 1948, 242, 244; Staudinger/*Heinze* Rn 39; Grü/*Herrler* Rn 15; aA Köln NJW 1955, 80) und vormundschaftsgerichtliche Genehmigungen (Hamm JMBl NRW 1951, 93; Staudinger/*Heinze* Rn 39; Grü/*Herrler* Rn 15). 15

Dass die Eintragung formelles Recht verletzt, ist dagegen bedeutungslos. 16

6. Wirkung. § 878 bewirkt, dass mit der beantragten Eintragung das Verfügungsgeschäft wirksam wird; eine etwa bereits erfolgte Eintragung der Verfügungsbeschränkung steht dem nicht entgegen (KG JW 1932, 2441). Darüber hinaus lässt § 878 die formellrechtl Antragsberechtigung (wie auch die Bewilligungsberechtigung des Verfügenden) fortbestehen (KG Rpfleger 1975, 88, 89f; Staudinger/*Heinze* Rn 48ff; Grü/*Herrler* Rn 16; aA etwa *Ertl* Rpfleger 1980, 41, 44; *Venjakot* Rpfleger 1991, 284 mwN). Dieser kann freilich seinen Antrag jederzeit zurücknehmen. Zur Antragsrücknahme durch den Insolvenzverwalter vgl Staudinger/*Heinze* Rn 70 und MüKo/*Lettmaier* Rn 26. 17

§ 879 Rangverhältnis mehrerer Rechte

(1) Das Rangverhältnis unter mehreren Rechten, mit denen ein Grundstück belastet ist, bestimmt sich, wenn die Rechte in derselben Abteilung des Grundbuchs eingetragen sind, nach der Reihenfolge der Eintragungen. Sind die Rechte in verschiedenen Abteilungen eingetragen, so hat das unter Angabe eines früheren Tages eingetragene Recht den Vorrang; Rechte, die unter Angabe desselben Tages eingetragen sind, haben gleichen Rang.

(2) Die Eintragung ist für das Rangverhältnis auch dann maßgebend, wenn die nach § 873 zum Erwerb des Rechts erforderliche Einigung erst nach der Eintragung zustande gekommen ist.

(3) Eine abweichende Bestimmung des Rangverhältnisses bedarf der Eintragung in das Grundbuch.

1 **I. Allgemeines. 1. Wesen des Ranges.** Der Rang ist das Verhältnis des dinglichen Rechts zu anderen Rechten an demselben Gegenstand. Er wirkt dinglich und unterscheidet sich dadurch vom schuldrechtl Anspruch auf Einräumung eines bestimmten Ranges (Sicherung durch Vormerkung möglich) und der schuldrechtl Abrede zw zwei Rechtsinhabern auf Vorwegbefriedigung des rangschlechteren Rechts. Seine Rechtsnatur wird unterschiedlich beschrieben: als gesetzl Folge der Dinglichkeit (Planck/*Strecker* Vor § 879 Bem 3), als „Verdrängungswert" eines Rechts im Verhältnis zu konkurrierenden Rechten (Staudinger/*Heinze* Rn 2), als Eigenschaft des dinglichen Rechts (RG JW 1933, 605, 606 und HRR 1934 Nr 1009) und als Rechtsinhalt (*Wolff/Raiser* § 42 m Fn 1; vgl auch *Westermann/Gursky/Eickmann* § 79 I 3). Einigkeit besteht aber darin, dass bei einer Rangänderung die für Inhaltsänderungen geltende Regelung des § 877 zumindest entspr anwendbar ist (s § 877 Rn 6), soweit die § 879ff keine spezielleren Regelungen enthalten.

2 **2. Bedeutung.** Der Rang spielt wirtschaftl vor allem bei Grundpfandrechten eine große Rolle. Denn er entscheidet über die Befriedigungsaussichten des Gläubigers in der Zwangsversteigerung. So wird das rangbessere Recht vor dem rangschlechteren befriedigt (§ 11, § 109 II, § 155 II ZVG) bzw bleibt bestehen, wenn der Inhaber des rangschlechteren Rechts die Zwangsvollstreckung betreibt (§ 52 I 1 ZVG). Der Rang stellt zudem eine Eigenschaft dar, für die der Verkäufer des betreffenden Rechts einzustehen hat (RG HRR 1934 Nr 1009).

3 **II. Anwendungsbereich. 1. Rangverhältnis.** § 879 regelt das Rangverhältnis von **Rechten der Abteilungen II und III**, mit denen ein Grundstück (bzw Miteigentumsbruchteil) oder ein grundstücksgleiches Recht belastet ist. Ein unterschiedlicher Rang von Teilen eines Rechts ist im sachlichen Recht nicht vorgesehen. § 879 legt das Rangverhältnis von „mehreren Rechten", mit denen ein Grundstück belastet ist, fest. So kann zB eine Reallast nicht mit verschiedenem Rang zw ihren Bestandteilen begründet werden (BGH NJW 2004, 361, 362; s auch Rn 18; aA BayObLG NJW-RR 1991, 407, 408). Auch ein Rangverhältnis zw verschiedenen Miteigentumsanteilen eines Grundstücks besteht nicht (KGJ 52, 213, 217). Gleiches gilt für Eintragungen im Bestandsverzeichnis und in Abteilung I; diese stehen weder miteinander noch zu denen der Abteilungen II und III in einem Rangverhältnis (RGZ 116, 363). Vielmehr geht das Eigentum allen Belastungen nach (vgl *Stadler* AcP 189, 425, 431ff; BayObLG NJW-RR 1991, 567).

4 **2. Vormerkung. Den rangfähigen Rechten gleichgestellt** sind **Vormerkungen**, die auf Erwerb bzw Veränderung von Grundstücksrechten gerichtet sind, § 883 III (RGZ 124, 200, 202; 142, 331; Frankfurt Rpfleger 1980, 185; MüKo/*Lettmaier* Rn 10; Staudinger/*Heinze* Rn 8 mwN). Dies gilt auch für **Auflassungsvormerkungen** (KGJ 39, 198; BGHZ 96, 157, 167 = NJW 1986, 576, 578; Celle NJOZ 2013, 1460) und für **Löschungsvormerkungen** (Staudinger/*Heinze* Rn 8), wobei jedoch unter mehreren Löschungsvormerkungen kein Rangverhältnis besteht (KG DR 1944, 189; Staudinger/*Heinze* Rn 8 mwN; Grü/*Herrler* Rn 5). – § 879 ist auch anwendbar auf **dingliche Vorkaufsrechte** (KG JW 1926, 1016; Staudinger/*Heinze* Rn 9 mwN) und **Vereinbarungen nach § 1010** (LG Zweibrücken Rpfleger 1965, 56f). Zu Umstellungsgrundschulden vgl BGHZ 6, 73, 74 und Staudinger/*Seuffert*[11] § 880 Rn 8b.

5 **3. Widerspruch und Verfügungsbeschränkung. Nicht anzuwenden** ist § 879 auf **Widersprüche** (RGZ 129, 124, 127; Staudinger/*Heinze* Rn 11 mwN) und **Verfügungsbeschränkungen** (RGZ 135, 378, 384; KG JW 1933, 2708 mwN; *Böttcher* Rpfleger 1983, 49, 55; *Schillig* NotBZ 2003, 420; Grü/*Herrler* Rn 6; MüKo/*Lettmaier* Rn 7 mwN). Letztere sind keine Grundstücksbelastungen, sondern beschränken die Verfügungsbefugnis des Rechtsinhabers. Insoweit sind die §§ 878, 892, 893 einschlägig.

6 Die Frage der Wirksamkeit eines dinglichen Rechts ggü einem **Nacherbenvermerk** ist keine Rangfrage, kann aber durch Eintragung ersichtlich gemacht werden (vgl Hamm Rpfleger 1957, 19; OLG 1965, 82, 83; KG JW 1935, 3560; 1937, 2972f; näheres bei Staudinger/*Heinze* Rn 14). Kein Rangverhältnis besteht auch zw Auflassungsvormerkung und Veräußerungsverbot (KG JW 1932, 2441), **Zwangsversteigerungsvermerk** und Eigentumsverzicht (KGJ 38, 226; Staudinger/*Heinze* Rn 13; aA Dresden LZ 1930, 132) sowie zw Zwangsversteigerungsvermerk und eingetragenen Rechten (KG JW 1935, 2752).

7 **4. Rechte ohne Eintragung. Rechte, die ohne Eintragung entstehen**, werden nicht von § 879 erfasst, und zwar selbst dann, wenn sie eintragungsfähig oder sogar eingetragen sind (BayObLG NJW-RR 1991, 567; vgl Staudinger/*Heinze* Rn 17 mwN). Ihr Rang bestimmt sich grds nach dem **Zeitpunkt ihrer Entstehung**, zB bei Pfandrechtsumwandlung nach § 1287 S 2 BGB, § 847 II 2 ZPO; bei mehrfacher Verpfändung des Anspruchs begründet das ältere Pfandrecht die rangbessere Hypothek. **Sondervorschriften** gelten für Überbau- und Notwegrenten (§ 914 I 1, § 917 II 2); s auch § 883 III, § 900 II 2, §§ 1119, 1131 BGB, § 10 I ErbbauRG, § 128 I, § 130 III ZVG. Zu privilegierten Rechten außerhalb des BGB vgl iÜ Staudinger/*Heinze* Rn 19.

III. Gesetzliche Bestimmung der Rangfolge. 1. Allgemeines. § 879 I unterscheidet nach der Eintragung in derselben oder in verschiedenen Abteilungen. Dafür ist die tatsächliche Eintragung maßgebend, auch wenn sie nach formellem Recht in eine andere Abteilung gehört hätte. Eintragungen in der Veränderungsspalte teilen idR den Rang der Eintragung in der Hauptspalte (RGZ 132, 110). Nach Vollendung, dh Unterschrift gem § 44 S 2 GBO, darf der Eintragungsvermerk vom Grundbuchbeamten nicht mehr geändert werden. Auf die Bek der Eintragung kommt es nicht an (*Demharter* § 44 GBO Rn 70). 8

2. Eine Abteilung. Bei **Rechten, die in derselben Abteilung des Grundbuchs eingetragen sind**, kommt es auf „die Reihenfolge der Eintragungen" (§ 879 I 1) an. Materiellrechtl entscheidend für das Rangverhältnis abteilungsgleicher Rechte ist nicht etwa der Eingang der Anträge oder die – uU fehlende oder falsche (vgl etwa Köln RNotZ 2006, 616, 618) – Datumsangabe iSv § 44 I 1 GBO, sondern die tatsächliche zeitl Aufeinanderfolge der Eintragungen (KG J 41, 223f; *Wolff/Raiser* § 41 I 1; *H. Westermann*[5], 402; Soergel/*Stürner* Rn 7; Staudinger/*Heinze* Rn 36 mwN; dagegen halten Grü/*Herrler* Rn 8, MüKo/*Lettmaier* Rn 25 und *Westermann/Gursky/Eickmann* § 80 II 2 die räumliche Aufeinanderfolge für konstitutiv; offen KG Rpfleger 2012, 621). 9

Selbst wenn das früher eingetragene **Recht erst später entstanden** ist (z.B. weil die Einigung erst später erfolgt bzw wirksam geworden ist), erhält es gem § 879 II den besseren Rang (vgl KG HRR 1932, Nr 1823). Sofern nur einmal das Recht entsteht, richtet sich sein Rang nach der Eintragung (zur sog Buchersitzung vgl § 900 II 2). Bei eingetragener Vormerkung, die freilich wirksam sein muss, findet Vorverlagerung statt (§ 883 III). Zur Frage der Rangwahrung durch fehlerhafte Vollstreckungshandlungen vgl *Furtner* MDR 1964, 460. 10

Ob ein Recht früher eingetragen worden ist als ein anderes, lässt sich im Regelfall der (räumlichen) Anordnung der Eintragungen im Grundbuch entnehmen. Denn eine (spätere) Eintragung hat räumlich unmittelbar an die vorangehende (frühere) Eintragung anzuschließen (§ 21 III GBV). Insoweit wird die – maßgebliche – zeitl Reihenfolge der Eintragungen durch ihre räumliche Platzierung **indiziert** (Staudinger/*Heinze* Rn 36; Soergel/*Stürner* Rn 7; vgl auch Prot III S 89). Steht aber fest, dass eine in diesem Sinne besser platzierte Eintragung durch Ausnutzen eines Zwischenraums später eingeschoben worden ist, so ist das betreffende Recht ggü den früher eingetragenen Rechten nachrangig (RG HRR 1935, Nr 1016; Staudinger/*Heinze* Rn 35; MüKo/*Lettmaier* Rn 28). Gleiches gilt für eine zunächst unwirksame Eintragung, bei der die unterbliebene Unterschrift nach Eintragung eines anderen Rechts nachgeholt wird (MüKo/*Lettmaier* Rn 28 mwN). 11

Im Rahmen von § 892 entscheidet die zeitl Reihenfolge, wie sie sich für den gutgläubigen Erwerber nach dem Inhalt des Grundbuchs darstellt. Dieser erwirbt das bestreffende Recht mit dem aus dem Grundbuch ersichtlichen (vermeintlichen) Vorrang (Staudinger/*Heinze* Rn 37; Grü/*Herrler* Rn 8). Widerspricht die Datierung der räumlichen Platzierung der Eintragungen, so steht dies einer Gutgläubigkeit nicht entgegen (Staudinger/*Heinze* Rn 37; Grü/*Herrler* Rn 8). 12

3. Verschiedene Abteilungen. Bei **Rechten, die in verschiedenen Abteilungen des Grundbuchs eingetragen** sind, soll es nach dem Wortlaut des § 879 I 2 für die Bestimmung des Rangverhältnisses auf die Datumsangabe im Eintragungsvermerk ankommen. Dies bedeutet indes nicht, dass eine versehentliche Rückdatierung wirksam bestellte Rechte einer anderen Abteilung auf einen schlechteren Rang zurückzudrängen vermag (MüKo/*Lettmaier* Rn 31). Anhaltspunkte dafür, dass die Verfasser des BGB ein solch unbilliges Ergebnis bei § 879 I 2 bewusst in Kauf genommen haben könnten, lassen sich der Entstehungsgeschichte (vgl Mot III, 227 und Prot II, 89) nicht entnehmen. Es sind auch keine Interessen erkennbar, die es gerechtfertigt erscheinen lassen, einer erwiesenermaßen unrichtigen Datumsangabe rangverdrängende Wirkung zuzuschreiben. Vor diesem Hintergrund ist § 879 I 2 dahingehend aufzufassen, dass für das Rangverhältnis abteilungsungleicher Rechte das tatsächliche Eintragungsdatum maßgeblich ist (*Westermann/Gursky/Eickmann* § 80 II 3; MüKo/*Lettmaier* Rn 32; NK/*Krause* Rn 16). 13

Dabei lassen die jew Datumsangaben im Grundbuch freilich eine bestimmte zeitl Reihenfolge **vermuten.** Deshalb muss derjenige, der sich auf eine hiervon abw Rangfolge beruft, diese darlegen und beweisen (NK/*Krause* Rn 16; vgl § 891 Rn 19). 14

Ist das letzte Recht in einer Abteilung versehentlich undatiert geblieben, so geht es allen datierten Rechten in anderen Abteilungen nach. Sind die letzten Rechte in mehreren Abteilungen undatiert, so haben sie den gleichen Rang (Staudinger/*Heinze* Rn 61; vgl auch Grü/*Herrler* Rn 9). 15

Zugunsten des gutgläubigen Erwerbs gelten die sich aus dem Grundbuch ergebenden Eintragungsdaten als richtig (§§ 892, 893; vgl Staudinger/*Heinze* Rn 74; Grü/*Herrler* Rn 9 aE; s auch Rn 12). 16

4. Wegfall eines Rechts. Bei **Wegfall eines Rechts** rücken die nachrangigen Rechte vor (Prinzip der beweglichen Rangfolge). Beim Zusammenfallen mit dem Eigentum bleiben die Rechte aber aufgrund gesetzl Vorschriften weitgehend erhalten (§§ 889 und 1163; vgl aber auch §§ 1179a und 1179b); hierin liegt eine gewisse Annäherung an das Prinzip der festen Stelle. 17

IV. Abweichende Bestimmung des Rangverhältnisses. 1. Allgemeines. Soweit das Gesetz nicht ausnahmsw etwas anderes bestimmt (vgl zB § 10 ErbbauRG) ist es gem § 879 III bei Schaffung **mehrerer** Rechte möglich, den Rang abw von der gesetzl Rangfolge zu bestimmen. Zur Bestimmung gleichen Ranges vgl BayObLG NJW 1953, 826 und Staudinger/*Heinze* Rn 66 mwN. Ein einheitliches Grundpfandrecht hat freilich nur einen Rang und kann nicht zu Teilbeträgen mit unterschiedlichem Rang (bzw mit teilw Gleichrang zu anderen Pfandrechten) bestellt werden (Zweibrücken Rpfleger 1985, 54; LG Frankenthal Rpfleger 1983, 142; s auch Rn 3). 18

19 **2. Voraussetzungen.** Erforderlich sind Einigung (bzw einseitige Erklärung bei § 1196 und den entspr Fällen) und Eintragung. Die Einigung kann Gegenstand einer selbständigen dinglichen Abrede sein, ist jedoch idR Teil der Einigung iSv § 873, dh des Bestellungsaktes (vgl RGZ 128, 276, 279; Wolff/Raiser, § 41 III). Sie ist nicht gleichzusetzen mit der bloß schuldrechtl Verpflichtung zur Einräumung eines bestimmten Ranges (Düsseldorf DNotZ 1950, 41; vgl zur Abgrenzung Staudinger/*Heinze* Rn 73 mwN). So wirkt bei formularmäßiger Grundpfandbestellung die Angabe einer in Aussicht genommenen Rangstelle idR nur obligatorisch (Frankfurt DNotZ 1981, 580). Der Zusatz „notfalls nächstbetroffene" bzw „an bereitester Stelle" steht zumeist der Annahme einer dinglichen Rangbestimmung entgegen (KGJ 26, 295; BayObLG DNotZ 1977, 367; vgl aber auch LG Köln MittRhNotK 1981, 259). Bei der Annahme einer grds möglichen (vgl BayObLG DNotZ 1977, 367) stillschw Rangbestimmung ist Zurückhaltung geboten (MüKo/*Lettmaier* Rn 36 mit Fn 5; vgl auch *Bauch* Rpfleger 1983, 421). – Die dingliche Rangeinigung braucht dem Grundbuchamt nicht nachgewiesen zu werden. Die Eintragung soll zwar gem § 18 GBV bei allen beteiligten Rechten erfolgen; materiellrechtl genügt aber ein Vermerk bei einem der Rechte. Der Vermerk muss die Rangfolge klar und eindeutig ausdrücken; eine Bezugnahme auf die Eintragungsbewilligung ist insoweit nicht zulässig (RG HRR 1931, Nr 1871).

20 **3. Divergenzen zwischen Einigung und Eintragung.** Wird entgegen der Einigung über den Rang ein abw Rangvermerk eingetragen oder entsteht ohne Rangvermerk gem § 879 I iVm II ein der Einigung widersprechender Rang, so ist das vereinbarte Rangverhältnis mangels Eintragung nicht entstanden (Staudinger/*Heinze* Rn 67; aA *Streuer* Rpfleger 1985, 388ff). Ob das Recht als solches mit dem ihm gesetzl zukommenden Rang entsteht, hängt gem § 139 davon ab, ob die Beteiligten es auch ohne den vereinbarten Rang bestellt haben würden (BGH NJW-RR 1990, 206; vgl Staudinger/*Heinze* Rn 67f; Soergel/*Stürner* Rn 15; MüKo/*Lettmaier* Rn 38). Hiervon kann zumeist ausgegangen werden, wenn nicht die Umstände des Einzelfalles dem entgegenstehen (vgl zB BGH aaO; BaRo/*Kössinger* Rn 16).

21 **V. Folgen bei fehlerhafter Eintragung. 1. Grundbuchberichtigung.** Ein **Grundbuchberichtigungsanspruch** setzt gem § 894 voraus, dass das Grundbuch mit der wirklichen Rechtslage nicht in Einklang steht. Da die gesetzl Rangbestimmung (§ 879 I, II) an den Zeitpunkt der Eintragung anknüpft, macht eine Verletzung der §§ 17, 45 GBO das Grundbuch noch nicht unrichtig (BGH NJW-RR 2014, 788 Rn 18; Frankfurt FGPrax 1995, 17; Staudinger/*Heinze* Rn 44ff). Ein eingetragener Rangvermerk ist aber iSv § 894 unrichtig, wenn es an einer entspr dinglichen materiellrechtl Rangeinigung iSv § 879 III fehlt oder diese unwirksam ist (BGH NJW-RR 2014, 788 Rn 24; Düsseldorf JR 1950, 686f; Staudinger/*Heinze* Rn 71; abw Soergel/*Stürner* Rn 15; vgl auch Rn 20).

22 **2. Ungerechtfertigte Bereicherung.** Ob dem durch einen Verstoß gegen die §§ 17, 45 GBO benachteiligten Gläubiger ggü dem Begünstigten ein **Bereicherungsanspruch** nach § 812 I S 1 Alt 2 zusteht, ist str. Die hM (BGHZ 21, 98 = NJW 1956, 1314f; *Hoche* JuS 1962, 60; NK/*Krause* Rn 22; MüKo/*Lettmaier* Rn 42; Staudinger/*Heinze* Rn 47 mwN) steht auf dem Standpunkt, die gesetzl Rangbestimmung des § 879 enthalte zugleich den rechtl Grund für den erworbenen Rang. Der bessere Rang sei deshalb nicht rechtsgrundlos iSv § 812 I S 1 Alt 2 erworben. Vorbehaltlich des § 826 könne der Benachteiligte daher nur einen Amtshaftungsanspruch geltend machen.

23 Dagegen ist einzuwenden, dass § 879 zur Frage des Rechtsgrundes keine Aussage trifft (vgl MüKo/*Schwab* § 812 Rn 350). Da zudem in den – formell-rechtl – Regelungen der §§ 17, 45 GBO das materiellrechtl geltende Prioritätsprinzip zum Ausdruck kommt (vgl *Lent* NJW 1957, 177), spricht vieles dafür, dass auch materiellrechtl dem benachteiligten Gläubiger aufgrund der früheren Antragstellung der bessere Rang „gebührt". Dann aber ist der Rangkonkurrent nicht nur „ohne Rechtsgrund" begünstigt (vgl *Larenz* BT[12], 532; *Larenz*/*Canaris* SchuldR II/2, § 69 I 3d, S 179f); er hat den besseren Rang auch „auf Kosten" (vgl RGZ 112, 268; BGHZ 21, 98; Staudinger/*Heinze* Rn 47; aA MüKo/*Lettmaier* Rn 42) des benachteiligten Gläubigers erlangt. Deshalb ist er gem § 812 I 1 Alt 2 dem benachteiligten Gläubiger ggü verpflichtet, die zur Rangänderung gem § 880 erforderlichen Erklärungen abzugeben (*H. Westermann* JZ 1956, 655; Soergel/*Stürner* Rn 12; *Stadler* AcP 189, 427; *Röwer* NJW 1957, 177; *Lent* NJW 1957, 177f; s auch § 812 Rn 80 und MüKo/*Schwab* § 812 Rn 350). Dies gilt selbst dann, wenn der Begünstigte ggü dem Eigentümer einen Anspruch auf diesen Rang hatte (anders noch *Westermann* JZ 1956, 655). Eine Unterscheidung – wie bei der Frage des Anwartschaftsrechts (vgl § 925 Rn 56) – danach, ob der Benachteiligte oder der Eigentümer den Eintragungsantrag gestellt hatte, erscheint nicht geboten, da aufgrund der Eintragung feststeht, dass sich die durch den Antrag und die Eintragungsbewilligung begründete Erwartung auf Erwerb des betreffenden Rechts erfüllt hätte.

§ 880 Rangänderung

(1) Das Rangverhältnis kann nachträglich geändert werden.

(2) Zu der Rangänderung ist die Einigung des zurücktretenden und des vortretenden Berechtigten und die Eintragung der Änderung in das Grundbuch erforderlich; die Vorschriften des § 873 Abs. 2 und des § 878 finden Anwendung. Soll eine Hypothek, eine Grundschuld oder eine Rentenschuld zurücktreten, so ist außerdem die Zustimmung des Eigentümers erforderlich. Die Zustimmung ist dem Grundbuchamt oder einem der Beteiligten gegenüber zu erklären; sie ist unwiderruflich.

(3) Ist das zurücktretende Recht mit dem Recht eines Dritten belastet, so findet die Vorschrift des § 876 entsprechende Anwendung.

(4) Der dem vortretenden Recht eingeräumte Rang geht nicht dadurch verloren, dass das zurücktretende Recht durch Rechtsgeschäft aufgehoben wird.

(5) Rechte, die den Rang zwischen dem zurücktretenden und dem vortretenden Recht haben, werden durch die Rangänderung nicht berührt.

I. Rangänderung. Begrifflich ist die Rangänderung durch ihre dingliche Wirkung von schuldrechtl Vereinbarungen, insb der der Vorwegbefriedigung zu unterscheiden (vgl auch § 879 Rn 1). 1

II. Anwendungsbereich. Zulässig ist die nachträgl Rangänderung bei allen Rechten, die iSv § 879 rangfähig sind (vgl § 879 Rn 3f), dh bei Rechten an Grundstücken (bzw Miteigentumsbruchteilen) oder an grundstücksgleichen Rechten (vgl § 879 Rn 4). Sie ist auch möglich unter Vormerkungen (NK/*Krause* Rn 6 mwN) bzw zw einem eingetragenen Recht und einer Vormerkung (RGZ 55, 279), und zwar unabhängig vom Bestehen eines ziffernmäßigen Wertverhältnisses (KG JFG 10, 224, 225f; NJW 1964, 1479; Staudinger/*Heinze* Rn 2). Zur Rangänderung in Bezug auf eine Vormerkung s auch § 883 Rn 49. 2

Einräumung des Vor- und Gleichranges stehen gleich. Der Rangrücktritt eines eingetragenen Rechts zugunsten eines erst einzutragenden ist möglich, da die Rangverschlechterung beim zurücktretenden Recht eingetragen werden kann (RGZ 157, 24; Frankfurt Rpfleger 1980, 185; Staudinger/*Heinze* Rn 6 mwN; MüKo/*Lettmaier* Rn 5). Dagegen richtet sich die anfängliche Rangbestimmung zweier erst noch zu bewirkender Eintragungen (nur) nach § 45 III GBO (München NJW-RR 2006, 962, 963). 2a

Ausgeschlossen ist die Rangänderung, wenn ein eigentliches Rangverhältnis fehlt, zB zw einem dinglichen Recht und einem Nacherbenvermerk (vgl § 879 Rn 6), ferner bei öffentlichen Lasten (BGHZ 6, 70, 74 = NJW 1952, 873; Staudinger/*Heinze* Rn 6; MüKo/*Lettmaier* Rn 4). 2b

III. Voraussetzungen. Voraussetzungen der Rangänderung sind Einigung und Eintragung. § 880 II verweist insoweit auf die §§ 873 II und 878. 3

1. Einigung. Die **Einigung** muss vom **Berechtigten** ausgehen. Daher kann der Eigentümer betreffend eine zukünftige Eigentümergrundschuld nicht wirksam einen Rangrücktritt erklären (RGZ 84, 80; Konvaleszenz nach § 185 II 1 Alt 2 ist freilich möglich, vgl MüKo/*Lettmaier* Rn 7). Auch eine Vormerkung (etwa aufgrund analoger Anwendung des § 1179) ist insoweit nach hM nicht zulässig (RGZ 84, 80, 84; MüKo/*Lettmaier* Rn 7; vgl § 883 Rn 21). Bei mehreren Rechtsinhabern ist eine Rücktrittserklärung aller erforderlich (LG Braunschweig Rpfleger 1972, 365; BayObLG 1998, 187 = NJW-RR 1999, 310). 4

Ein Rangrücktritt kann auch **bedingt oder befristet** sein (RG HRR 1933, Nr 1585; JW 1934, 282; Grü/*Herrler* Rn 3). Der Rücktritt zugunsten einer **Baugeldhypothek** kommt besonders häufig vor. Der zugunsten des Baukreditgebers Zurücktretende tut dies idR in der Erwartung, dass die zweckentsprechende Verwendung des Kredits zum werterhöhenden Bau sichergestellt sei. Zwar mag eine entspr schuldrechtl und dingliche Einigung naheliegen (RGZ 83, 125; 86, 223; 92, 212). Nach den – strengen – Grundsätzen der Auslegung (vgl § 873 Rn 23 sowie Rn 6) einer Grundbucheintragung, welche für die Wirksamkeit einer Bedingung neben der Einigung konstitutiv ist, muss eine solche Beschränkung jedoch aus der Eintragung erkennbar sein (BGHZ 60, 226, 230; *Wilke* WM 1973, 718; krit *Mittenzwei* NJW 1973, 1196; Staudinger/*Heinze* Rn 16; vgl auch MüKo/*Lettmaier* Rn 9 mit Fn 23). 5

Bei einer Rangänderung zw zwei dem gleichen Inhaber zustehenden Rechten genügt dessen einseitige Erklärung anstelle der Einigung (KGJ 49, 243; KG 43, 236; RGZ 142, 237; *Wolff/Raiser* § 42 I 1; MüKo/*Lettmaier* Rn 7; Staudinger/*Heinze* Rn 19 mwN). 5a

2. Eintragung. Die Eintragung der Rangänderung ist auch hier Verlautbarungstatbestand und muss sowohl beim zurücktretenden als auch beim vortretenden Recht erfolgen (KGJ 45, 291, 293; KG JW 1929, 3346, 3348; Staudinger/*Heinze* Rn 22 mwN; RGRK/*Augustin* Rn 30; nach aA soll Eintragung bei dem zurücktretenden Recht genügen, vgl RG HRR 1931, Nr 1912; BayObLG 1988, 333; Soergel/*Stürner* Rn 5; MüKo/*Lettmaier* Rn 11; Grü/*Herrler* Rn 3; NK/*Krause* Rn 15); vgl auch § 18 GBV. Nach dem Bestimmtheitsgrundsatz muss klargestellt werden, welche Rechte in welchem Umfang von der Rangänderung betroffen sind. Eine Bezugnahme auf die Eintragungsbewilligung zur näheren Inhaltsbestimmung ist gem § 874 statthaft (MüKo/*Lettmaier* Rn 11). Auch Bedingungen (betr die Rangänderung) bedürfen (zwecks Vermeidung unbedingten Dritterwerbs nach § 892) der Eintragung (vgl RG JW 1934, 282; MüKo/*Lettmaier* Rn 9; Grü/*Herrler* Rn 2; NK/*Krause* Rn 17 mwN). – Die Eintragung der Rangänderung ist **entbehrlich**, wenn das Grundbuch in Bezug auf ein eingetragenes Recht (wie zB bei einer Hypothek für Zinsrückstände; vgl § 1159 I, § 1178) ohnehin keine Gewähr für dessen Bestand und keine Auskünfte über den Berechtigten gibt (RGZ 88, 160, 163). 6

3. Zustimmung. Die **Zustimmung des Eigentümers** ist gem § 880 II 2 bei Grundpfandrechten erforderlich, um sein Interesse in Bezug auf eine zukünftige Eigentümergrundschuld (§§ 1163, 1177) zu sichern. Wo dies wie bei § 1178 nicht der Fall ist, ist seine Zustimmung entbehrlich. Gleiches gilt bei Rangänderung unter Teilhypotheken bzw Teilgrundschulden (§§ 1151, 1192), bei Rangrücktritt einer Hypothekenvormerkung (MüKo/*Lettmaier* Rn 12; vgl Rn 10 mwN) oder einer Zwangshypothek (vgl München Rpfleger 2012, 135; KG JFG 12, 304, 308; BGH NJW 1953, 898, 899; BGHZ 12, 238, 244; MüKo/*Lettmaier* Rn 12) oder einer Sicherungshypothek iSv § 848 II 2 ZPO (MüKo/*Lettmaier* Rn 12). 7

4. Rechte Dritter. Dritte, mit deren Recht (Pfandrecht, Nießbrauch) das zurücktretende Recht belastet ist, müssen gem § 880 III zustimmen, da die Rangänderung des zurücktretenden Rechts ihr Recht wertmäßig min- 8

dern kann (MüKo/*Lettmaier* Rn 14). Bei fehlender Zustimmung ist die Rangänderung nach hM nicht nur im Verhältnis zum Dritten (so aber *Wolff/Raiser* § 42 I 3; *H. Westermann*[5] § 82 II 5), sondern absolut unwirksam (KGJ 37, 213, 216ff; MüKo/*Lettmaier* Rn 15; Staudinger/*Heinze* Rn 29; vgl auch § 876 Rn 15).

9 **IV. Wirkung.** Die **Wirkung der Rangänderung** besteht in einer Verdrängung des zurücktretenden Rechts durch das vortretende mit dinglicher Wirkung; Zwischenrechte bleiben unberührt (§ 880 V). Eine Rückgängigmachung der Folgen ist nur durch erneute Rangänderung möglich (vgl KG JFG 12, 293; Grü/*Herrler* Rn 5). Fehlen Zwischenrechte, so hat die Rangänderung absolute Wirkung (KG JFG 22, 47; HRR 1942, Nr 539; Düsseldorf OLG 1966, 489).

10 Den **Zwischenrechten** ggü ist die Rangänderung auf den Wert des zurücktretenden Rechts beschränkt, mit dem Rest tritt das vortretende Recht hinter die Zwischenrechte, aber vor das zurücktretende Recht.

11 Tritt eine **Mehrzahl von Rechten** gleichzeitig oder nacheinander hinter ein anderes Recht zurück, so bleibt ihr Rangverhältnis untereinander nach hM unberührt, falls nicht etwas anderes vereinbart wird (RGZ 79, 170; KGJ 42, 265; MüKo/*Lettmaier* Rn 17; Grü/*Herrler* Rn 5; Staudinger/*Heinze* Rn 43 mwN). Gleiches gilt, wenn der Gläubiger einer Mehrzahl nachrangiger Rechte gleichzeitig den Vorrang einräumt (KGJ 47, 189; MüKo/*Lettmaier* Rn 17; Grü/*Herrler* Rn 5; Staudinger/*Heinze* Rn 44 mwN). Bei nicht gleichzeitig vollzogenem Vortritt der mehreren Rechte bestimmt dagegen die Eintragung das Rangverhältnis (KG JFG 8, 306, 310f = HRR 1931 Nr 408; KGJ 20, 181, 184; Grü/*Herrler* Rn 5; MüKo/*Lettmaier* Rn 17; Staudinger/*Heinze* Rn 45).

12 Wird das zurücktretende Recht durch Rechtsgeschäft aufgehoben (zB § 875 oder infolge Zahlung; vgl Staudinger/*Heinze* Rn 35; Grü/*Herrler* Rn 7 mwN), so behält das vortretende Recht den ihm eingeräumten Rang (§ 880 IV). Grund ist, dass die Zwischenberechtigten auf eine rechtsgeschäftliche Aufhebung des zurücktretenden Rechts keine gesicherte Anwartschaft haben.

13 Wird ein bedingtes oder befristetes Recht aufgegeben, so geht gleichwohl der dem vortretenden Recht zustehende Rang mit späterem Eintritt der Bedingung oder Befristung verloren (*Wolff/Raiser* § 42 Fn 20; Staudinger/*Heinze* Rn 36f). Zu weiteren nicht von § 880 IV erfassten Erlöschensgründen betr das zurücktretende Recht vgl Staudinger/*Heinze* Rn 36f. Ist § 880 IV nicht gegeben, geht also der Rang des vorgetretenen Rechts durch nicht rechtsgeschäftliche Aufhebung des zurückgetretenen Rechts verloren, so gilt wieder das Grundprinzip der beweglichen Rangfolge: die Zwischenrechte rücken vor.

14 Besteht das zurückgetretene Recht trotz Eintragung nicht, so kommt allenfalls gutgläubiger Erwerb des Vorrangs gem § 892f in Betracht (Staudinger/*Heinze* Rn 38; Soergel/*Stürner* Rn 8; MüKo/*Lettmaier* Rn 23; vgl auch § 892 Rn 2). Besteht umgekehrt das vortretende Recht nicht, ist dessen Rangvortritt gegenstandslos (Staudinger/*Heinze* Rn 39; MüKo/*Lettmaier* Rn 23). Gutgläubiger Erwerb des aufgrund Eintragung scheinbar aufgerückten Rechts durch einen Dritten ist aber möglich (MüKo/*Lettmaier* Rn 23).

15 Zur Rechtslage bei Anfechtung einer Vorrangeinräumung wegen Gläubigerbenachteiligung (§ 11 AnfG) s RGZ 70, 112, 113f; 86, 99ff; BGHZ 29, 230ff = NJW 1959, 673; BGH NJW 1995, 2846.

§ 881 Rangvorbehalt

(1) Der Eigentümer kann sich bei der Belastung des Grundstücks mit einem Recht die Befugnis vorbehalten, ein anderes, dem Umfang nach bestimmtes Recht mit dem Rang vor jenem Recht eintragen zu lassen.

(2) Der Vorbehalt bedarf der Eintragung in das Grundbuch; die Eintragung muss bei dem Recht erfolgen, das zurücktreten soll.

(3) Wird das Grundstück veräußert, so geht die vorbehaltene Befugnis auf den Erwerber über.

(4) Ist das Grundstück vor der Eintragung des Rechts, dem der Vorrang beigelegt ist, mit einem Recht ohne einen entsprechenden Vorbehalt belastet worden, so hat der Vorrang insoweit keine Wirkung, als das mit dem Vorbehalt eingetragene Recht infolge der inzwischen eingetretenen Belastung eine über den Vorbehalt hinausgehende Beeinträchtigung erleiden würde.

1 **1. Allgemeines. Zweck** des Rangvorbehalts ist es, dem Eigentümer bei der Bestellung eines dinglichen Rechts eine gesicherte Möglichkeit zur Schaffung eines rangbesseren Rechts zu geben. Praktisch wird dies vor allem bei der Bebauung eines Grundstücks, wenn zwar der Geldgeber für die zweite Hypothek bereits feststeht, der erste Hypothekar aber noch gefunden werden muss (vgl Bsp bei *Baur/Stürner* § 17 Rn 31). Dieselben Zwecke erfüllt einfacher die vorherige Bestellung einer Eigentümergrundschuld, die später unter Umwandlung abgetreten wird. Sie ist ein dem Eigentum ggü selbständiges Recht, während der Rangvorbehalt ein dem jew Eigentümer (§ 881 III) des Grundstücks zustehendes Stück vorbehaltenen Eigentums ist (vgl zur Rechtsnatur eingehend Staudinger/*Heinze* Rn 15 mwN sowie LG Köln MittRhNotK 1996, 234; *Jansen* AcP 152, 508). Daher ist der Rangvorbehalt auch unpfändbar (BGHZ 12, 238).

2 **2. Begründung des Rangvorbehalts (§ 881 II).** Der Rangvorbehalt verlangt zu seiner Wirksamkeit **Einigung und Eintragung** als Teil der Bestellung des mit dem Vorbehalt belasteten Rechts. Dabei gelten die allg Grundsätze der §§ 873ff. Die nachträgl Bestellung eines Rangvorbehalts ist entspr § 877 zulässig (*Wolff/Raiser* § 43 Fn 4; Staudinger/*Heinze* Rn 4 mwN; Grü/*Herrler* Rn 3). Als begünstigte oder zu belastende Rechte kommen alle rangfähigen Rechte an Grundstücken (vgl § 879 Rn 3) in Betracht, wegen § 883 III auch eine Vormerkung zur Siche-

rung des Anspruchs auf Bestellung eines solchen Rechts oder auf Übereignung (s hierzu NK/*Krause* Rn 4 mit Fn 6).

Das vorbehaltene Recht muss bei der Bestellung des Vorbehalts **inhaltlich genau bestimmt** werden. Von einem 3
vorbehaltenen Grundpfandrecht kann bei Eintragung noch auf ein anderes Grundpfandrecht gewechselt werden (KG HRR 1928 Nr 1588; arg: § 1198). Bei Vorbehalt einer Gesamthypothek ist die Bestellung von Einzelhypotheken an den einzelnen Grundstücken gedeckt (LG Bochum DNotZ 1956, 604). Vorbehalt eines ziffernmäßig nicht begrenzten Rechts ist nicht möglich; bei Grundpfandrechten ist der Höchstbetrag des Kapitals und der Nebenleistungen (KGJ 28, 255, 258; 31, 321; Staudinger/*Heinze* Rn 8) anzugeben. Nach Frankfurt (NJW 1964, 669, 670 = Rpfleger 1964, 376, 377) deckt ein Vorbehalt für Zinsen nicht die Eintragung von anderen Nebenleistungen (aA *Haegele* Rpfleger 1964, 377 und *Schmitz-Valckenberg* NJW 1964, 1477). Ist bei einem Grundpfandrecht kein Zinssatz angegeben worden, kann ein Zinssatz bis zu 5 % eingetragen werden (RGZ 135, 196; arg: § 1119 I analog), es sei denn, das vorbehaltene Recht ist als unverzinslich bezeichnet (MüKo/*Lettmaier* Rn 6; Staudinger/*Heinze* Rn 8; RGRK/*Augustin* Rn 20).

Der Rangvorbehalt kann bedingt oder befristet sein (RG JW 1933, 605; Staudinger/*Heinze* Rn 9 mwN). Er kann 4
ferner inhaltlich, zB auf eine bestimmte Person (KG HRR 1930, Nr 1611; HRR 1931, Nr 288) beschränkt werden (Staudinger/*Heinze* Rn 9 mwN). Es kann auch ein Rangvorbehalt für den Gleichrang (als „Minus" zum Vorrang) eines eintragungsfähigen Rechts mit dinglicher Wirkung bestellt werden (Soergel/*Stürner* Rn 4 mwN).

Die **Eintragung** muss bei dem Recht erfolgen, das zurücktreten soll (§ 881 II); sie ist im Grundbuch ersichtlich 5
zu machen. Wegen der näheren Inhaltsbestimmung (Bedingung, Beschränkung etc) ist Bezugnahme auf die Eintragungsbewilligung entspr § 874 zulässig (KG HRR 1931, Nr 288; KGJ 48, 179, 182; MüKo/*Lettmaier* Rn 10). Die Eintragungsbewilligung für den Rangvorbehalt zugunsten eines verzinslichen Grundpfandrechts muss den Zeitpunkt des Zinsbeginns angeben; ist der Rangvorbehalt dennoch eingetragen worden, gilt der Zeitpunkt der Eintragung des Grundpfandrechts als Mindestinhalt der Erklärung (BGHZ 129, 1 = NJW 1995, 1081f).

3. Divergenz zwischen Einigung und Eintragung. Geht der eingetragene Vorbehalt teilw über die Einigung 6
hinaus bzw fehlt diese ganz, so kann der Inhaber des mit dem Rangnachteil entstandenen Rechts gem § 894 Berichtigung des Grundbuchs verlangen (MüKo/*Lettmaier* Rn 10). Bei Einigung mit Vorbehalt und Eintragung des nachrangig zu bestellenden Rechts ohne ihn entscheidet sich nach § 139, ob das besagte Recht als solches entstanden ist oder nicht. Entspricht es dem Parteiwillen, das bestellte Recht als wirksam anzusehen, so kann der Eigentümer von dem Rechtsinhaber aufgrund der schuldrechtl Vereinbarung oder gem § 812 I 1 Alt 2 Bewilligung des Vorbehalts verlangen (MüKo/*Lettmaier* Rn 10; vgl auch Staudinger/*Heinze* Rn 10ff mit zT abw Ergebnis und wN).

4. Vorbehaltsausübung. Die **Ausübung des Vorbehalts** ist ins Belieben des jew Eigentümers gestellt. Der 7
Gläubiger einer Zwangshypothek kann die Befugnis nicht ausüben (BGHZ 12, 238; Frankfurt MDR 1953, 243; *Jansen* AcP 152, 508, 513ff; *Jansen* NJW 1954, 238f und 1291; aA LG Berlin DR 1939, 1532; LG Stuttgart NJW 1954, 1145; MüKo/*Lettmaier* Rn 15; Staudinger/*Heinze* Rn 18 mwN).

Der jew Eigentümer kann den Rangvorbehalt dadurch ausnutzen, dass er sich mit dem Erwerber des vortreten- 8
den Rechts über die Bestellung des Rechts an der vorbehaltenen Stelle einigt (MüKo/*Lettmaier* Rn 12; Staudinger/*Heinze* Rn 22) und das neu zu bestellende Recht mit dem Vorrang eingetragen wird (vgl Staudinger/*Heinze* Rn 22). Dabei ist zu vermerken, dass der Vorrang in Ausübung des Vorbehalts erworben wurde (BayObLG 1956, 456, 463; MüKo/*Lettmaier* Rn 13 mwN). Zur Eintragung eines Wirksamkeitsvermerks vgl LG Darmstadt NJW-RR 2003, 233 und § 883 Rn 50.

Anstelle des Rechts kann auch eine Vormerkung eingetragen werden (KG JW 1926, 2546; Staudinger/*Heinze* 9
Rn 25). Der Rangvorbehalt kann auch teil- oder stufenweise bis zum Erreichen der vorbehaltenen Höchstsumme ausgenutzt werden (KGJ 40, 236). Das Rangverhältnis solcher Teilrechte bestimmt sich nach §§ 879ff (MüKo/*Lettmaier* Rn 14; Staudinger/*Heinze* Rn 27).

5. Wirkung. Wirkungen der Vorbehaltsausübung sind der Rangrücktritt des „belasteten" und der Vortritt 10
des begünstigten Rechts; insofern gleicht der Erfolg einer Rangänderung. Bis zur Ausübung ist der Vorbehalt ohne jede Bedeutung für die Rangordnung. Der Vorbehalt wirkt nur ggü dem „belasteten" Recht. Wird er bei einem sog Zwischenrecht (dh einem zw Eintragung des Rangvorbehalts und seiner Ausübung eingetragenen Recht) nicht wiederholt, so bleibt dieses Recht von der Rangänderung unberührt. Die Regelungen des § 880 IV und V gelten entspr (MüKo/*Lettmaier* Rn 16 mwN). Bei Ausübung des Rangvorbehalts durch einen eingetragenen Nichteigentümer gilt § 892 zugunsten des gutgläubigen Erwerbers.

6. Erlös. Die **Verteilung des Zwangsversteigerungserlöses** bei Entstehung von Zwischenrechten (vgl Rn 10) 11
entspricht der relativen Rangfolge. Das Zwischenrecht B hat entspr der Eintragungsfolge den schlechteren Rang als das mit dem Vorbehalt belastete Recht A (§ 879); das unter Ausnutzung des Vorbehalts eingetragene Recht C hat einen besseren Rang als das mit dem Vorbehalt belastete Recht A (§ 881), aber gem § 879 den schlechteren Rang als das vorher eingetragene und durch den Rangvorbehalt nicht berührte Zwischenrecht B.

Ausgangspunkt der **Berechnung** (vgl Staudinger/*Heinze* Rn 37) muss das mit dem Vorbehalt belastete Recht A 12
sein, dessen Inhaber bei der Einverständniserklärung zum Vorbehalt mit keinem größeren Vorrang als dem des Vorbehalts zu rechnen brauchte. **1. Bsp:** A = 10 000 mit Vorbehalt von 10 000; B = Zwangshypothek von 7 000; C = Hypothek von 10 000 unter Ausnutzung des Vorbehalts. Bei einem Zwangsversteigerungserlös von 10 000

ergibt sich folgende Verteilung: A muss 10 000, dh die Summe des Vorbehalts vorgehen lassen, erhält also 0. B muss sich die 10 000 von A vorgehen lassen, erhält also ebenfalls 0. C erhält die vollen 10 000. **2. Bsp:** Bei einem Zwangsversteigerungserlös von 17 000 ergibt sich folgende Verteilung: A erhält (17 000 – 10 000 =) 7000. B erhält (17 000 – 10 000 =) 7 000. C erhält den Rest, dh 3 000.

12a Vgl weitere Bsp bei MüKo/*Lettmaier* Rn 21; Staudinger/*Heinze* Rn 36 und Grü/*Herrler* Rn 12. Zur Frage, wie das geringste Gebot anzusetzen ist, wenn einer der drei Rechtsinhaber die Zwangsversteigerung betreibt, vgl *Reinhard* JW 1923, 262, 264f; Staudinger/*Heinze* Rn 39; *Hintzen* in Dassler/Schiffhauer/Hintzen/Engels/Rellermeyer § 44 ZVG Rn 105 u 106.

13 **7. Vorbehaltsbeseitigung. Beseitigung des Vorbehalts** erfolgt entspr § 875 durch Aufgabeerklärung des Eigentümers und Löschung (MüKo/*Lettmaier* Rn 11; *Westermann/Gursky/Eickmann* § 82 II 3; für Anwendung des § 877 dagegen *Wolff/Raiser* § 43 III; *Ulbrich* MittRhNotK 1995, 306; Grü/*Herrler* Rn 13; aA Staudinger/*Heinze* Rn 43 mwN). Ob mit Erlöschen des aufgrund des Vorbehalts bestellten Rechts der Vorbehalt wieder auflebt, ist Auslegungsfrage. IdR werden die Beteiligten mehrfache Ausübungsmöglichkeit gewollt haben (KGJ 40, 234, 239; *Rieve* NJW 1954, 1434; Soergel/*Stürner* Rn 10 und 14; RGRK/*Augustin* Rn 15; Staudinger/*Heinze* Rn 29). Ein nicht ausgenutzter Vorbehalt erlischt mit dem belasteten Recht (KGJ 40, 234) sowie in der Zwangsversteigerung mit dem Zuschlag nach §§ 52, 91 ZVG (RG JW 1907, 703).

§ 882 Höchstbetrag des Wertersatzes

Wird ein Grundstück mit einem Recht belastet, für welches nach den für die Zwangsversteigerung geltenden Vorschriften dem Berechtigten im Falle des Erlöschens durch den Zuschlag der Wert aus dem Erlös zu ersetzen ist, so kann der Höchstbetrag des Ersatzes bestimmt werden. Die Bestimmung bedarf der Eintragung in das Grundbuch.

1 **1. Zweck der Regelung.** Erlischt ein Recht, das nicht auf Zahlung eines Kapitals gerichtet ist, durch Zuschlag in der Zwangsversteigerung, so tritt an dessen Stelle idR ein Anspruch auf Wertersatz aus dem Versteigerungserlös (§ 92 I ZVG). § 882 regelt die Bestimmung des Höchstbetrags für den Wertersatz. Dies erleichtert zum einen die Aufnahme in den Teilungsplan (vgl § 114 I 1 ZVG); zum anderen werden dem Eigentümer weitere Belastungen dadurch erleichtert, dass etwaige nachrangige Berechtigte ihre Befriedigungsaussichten im Zwangsversteigerungsverfahren besser einschätzen können (MüKo/*Lettmaier* Rn 1).

2 **2. Anwendungsbereich.** § 882 betrifft nur Rechte, die durch den Zuschlag erlöschen (§§ 52, 91 ZVG) und die nicht auf Zahlung eines Kapitals gerichtet sind. Hierzu gehören: Dienstbarkeiten; der Nießbrauch; das Dauerwohnrecht (§ 1193, §§ 31ff WEG; vgl Staudinger/*Heinze* Rn 3; MüKo/*Lettmaier* Rn 3); Reallasten (KG OLG 39, 242, 243); altrechtl, dh vor dem 22.1.1919 bestellte Erbbaurechte; dingliche Vorkaufsrechte, sofern sie gem § 1097 für mehrere oder für alle Vorkaufsfälle bestellt sind (nicht aber das nur für einen Vorkaufsfall bestellte Vorkaufsrecht, vgl §§ 1098, 512). Gleichzustellen sind Vormerkungen auf Bestellung solcher Rechte (§ 48 ZVG). Gleiches gilt für Auflassungsvormerkungen (*Wörbelauer* DNotZ 1963, 580ff; 718ff; Staudinger/*Heinze* Rn 3; MüKo/*Lettmaier* Rn 3).

3 **Nicht von § 882 erfasst werden:** Rechte, die von Gesetzes wegen nicht erlöschen können, wie Erbbaurechte nach neuem Recht (vgl § 25 ErbbauRG), Überbau- und Notwegrenten (vgl § 52 II ZVG), Rechte mit zwingend vorgeschriebenem Geldbetrag, also Hypotheken und Grundschulden (vgl §§ 1115, 1192), und Rechte mit eingetragener Ablösesumme, iw Rentenschulden (vgl § 1199 II iVm § 92 III ZVG) sowie andere nach Landesrecht ablösbare Rechte (vgl Art 113 EGBGB iVm § 92 III ZVG).

4 **3. Höchstbetrag. Bestimmung des Höchstbetrags** setzt materiellrechtl Einigung (zw Eigentümer und Inhaber des Rechts) und Eintragung voraus (§§ 873 bzw 877); formellrechtl genügt Eintragungsbewilligung des Eigentümers; bei § 877 des Rechtsinhabers. Zustimmung gleich- oder nachrangig Berechtigter ist nicht erforderlich, da sie gem § 115 ZVG Herabsetzung des Ersatzbetrags auf den wirklichen Wert verlangen können.

§ 883 Voraussetzungen und Wirkung der Vormerkung

(1) Zur Sicherung des Anspruchs auf Einräumung oder Aufhebung eines Rechts an einem Grundstück oder an einem das Grundstück belastenden Recht oder auf Änderung des Inhalts oder des Ranges eines solchen Rechts kann eine Vormerkung in das Grundbuch eingetragen werden. Die Eintragung einer Vormerkung ist auch zur Sicherung eines künftigen oder eines bedingten Anspruchs zulässig.

(2) Eine Verfügung, die nach der Eintragung der Vormerkung über das Grundstück oder das Recht getroffen wird, ist insoweit unwirksam, als sie den Anspruch vereiteln oder beeinträchtigen würde. Dies gilt auch, wenn die Verfügung im Wege der Zwangsvollstreckung oder der Arrestvollziehung oder durch den Insolvenzverwalter erfolgt.

(3) Der Rang des Rechts, auf dessen Einräumung der Anspruch gerichtet ist, bestimmt sich nach der Eintragung der Vormerkung.

1 **I. Allgemeines. 1. Zweck der Vormerkung.** Verfügungen über Liegenschaftsrechte hängen von Grundbucheintragungen ab. Während der oft langen Zeit bis zur Eintragung besteht für den Erwerbsberechtigten das Risiko, dass die dingliche Rechtsänderung durch Vollstreckungsmaßnahmen Dritter oder durch Verfügungen, Insol-

venz oder Tod (bzw aufgrund des Haftungsbeschränkungsrechts der Erben) des Veräußerers vereitelt wird. Vor diesen Gefahren bietet die Vormerkung Schutz (vgl § 48 ZVG; § 883 II und III, § 888 BGB; §§ 106, 254 II InsO; § 884), indem sie eine vom Fortbestand des Rechts des Verfügenden am Grundstück nicht abhängige Beziehung des Erwerbsberechtigten zum Grundstück schafft. Da auch künftige und bedingte Ansprüche vormerkungsfähig sind (§ 883 I 2), verschafft das Rechtsinstitut der Vormerkung darüber hinaus dem Bedürfnis der Praxis nach dinglich gesicherten Ankaufs- und Wiederkaufsrechten Geltung (*Westermann/Gursky/Eickmann* § 83 I 1b; MüKo/*Lettmaier* Rn 4).

2. Rechtsnatur. Die rechtl Qualifikation der Vormerkung ist umstr. Eine allen Erscheinungen und Wirkungen der Vormerkung gerecht werdende begriffliche Fixierung ist bislang nicht gelungen. Dies liegt an ihrer der sonstigen Systematik des BGB widersprechenden Zwischenstellung: Der Anspruch richtet sich nach Inhalt, Entwicklung, Behandlung usw nach dem Schuldrecht; die Beziehung des Gläubigers zum Grundstück und der sich aus ihr ergebende Schutz zeigt die einem dinglichen Recht eigenartigen Wesenszüge. Zwar ist das Rechtsinstitut der Vormerkung einem dinglichen Recht in einer Weise angenähert, dass man von einer „Belastung iwS" bzw von einem „Minus" ggü dem zu schaffenden dinglichen Recht sprechen könnte. Gleichwohl erscheint es nicht gerechtfertigt, die Vormerkung als dingliches Recht zu bezeichnen (so aber *Heck*, Grundriss des Sachenrechts, § 47 IV; *Wunner* NJW 1969, 113, 114ff; *E. Wolf* § 13 A IIe; dagegen MüKo/*Lettmaier* Rn 5 und Staudinger/*Kesseler* Rn 23; s auch *Stamm*, Die Auflassungsvormerkung, 2003, 58ff: Interpretation als Fiktion der bedingten Verfügung). Die Vormerkung wird vielmehr mit Recht von der Rspr und der hL als **Sicherungsmittel eigener Art**, dh als eine im Grundbuch verlautbarte, mit gewissen dinglichen Wirkungen ausgestattete Sicherung eines auf eine dingliche Rechtsänderung gerichteten Anspruchs qualifiziert (RGZ 151, 389, 392; BGHZ 25, 16, 23; 60, 46, 49; BayObLG Rpfleger 1980, 294; *Baur/Stürner* § 20 VI; *Westermann/Gursky/Eickmann* § 83 I 2; MüKo/*Lettmaier* Rn 5; Grü/*Herrler* Rn 2; Staudinger/*Kesseler* Rn 22; *Schneider* DNotZ 1982, 523; *Hager* JuS 1990, 429, 439). Wegen ihrer **strengen Akzessorietät** zum gesicherten schuldrechtl Anspruch ist eine isolierte **Abtretung** der Vormerkung nicht möglich. Vielmehr umfasst die Abtretung des gesicherten Anspruchs (§ 398) entspr § 401 die Vormerkung mit (BGH NJW 1994, 2947f). Gleiches gilt für eine **cessio legis** (§ 412) sowie bei **Verpfändung** (KGJ 35, 317) oder **Pfändung** (vgl Frankfurt Rpfleger 1975, 177; Staudinger/*Kesseler* Rn 431). Zur Eintragungsfähigkeit (nicht Eintragungsbedürftigkeit) vgl Staudinger/*Kesseler* Rn 431f. 2

3. Anzuwendende Vorschriften. Soweit ausdrückl Regelungen (vgl § 1971, § 1974 III, § 2016 II) fehlen, sind Vormerkung und dingliche Rechte weitgehend gleich zu behandeln (RGZ 124, 200, 202; *Canaris*, FS Flume I, 1978, 381, 388; MüKo/*Lettmaier* Rn 7). So ist zB § 442 II mindestens entspr anwendbar auf Vormerkungen betreffend Ansprüche auf Bestellung oder Übertragung eines im Grundbuch eintragungsfähigen Rechts (Grü/*Weidenkaff* § 442 Rn 22). Des Weiteren ist nach Bewilligung der Vormerkung und Eingang des Antrags auf Eintragung beim Grundbuchamt § 878 anzuwenden (BayObLG NJW 1954, 1120, 1121; BGHZ 28, 182, 186f; wN § 878 Rn 2) mit der Folge, dass eine nachträgl Verfügungsbeschränkung in der Person des Vormerkungsschuldners das wirksame Zustandekommen der Vormerkung mit Eintragung nicht verhindern kann (BGH NJW 2006, 2557, 2559 mwN). Gleiches gilt für den späteren Vollrechtserwerb. Vgl ferner zu den sog Belastungsverboten RGZ 134, 181, 182 sowie zum Widerspruch gegen die Vormerkung § 899 Rn 6. 3

4. Abgrenzung zu ähnlichen Rechtsinstituten. Ein gesetzl (§ 135) oder gerichtliches (§ 136) **Veräußerungsverbot** führt bei verbotswidrigen Verfügungen zu deren relativer Unwirksamkeit (§ 135 I, § 136), schafft aber im Gegensatz zur Vormerkung nicht bereits eine Beziehung des Inhabers des vorgemerkten Anspruchs zum Gegenstand. Neben weiteren Unterschieden bei Insolvenz und Zwangsversteigerung (vgl MüKo/*Lettmaier* Rn 9) besteht eine wesentliche Abweichung des Veräußerungsverbots auch darin, dass es Ansprüche aller Art, dh auch dingliche Ansprüche sichern kann und nicht wie die Vormerkung auf Ansprüche schuldrechtl Charakters beschränkt ist. Zum Erwerbsverbot vgl § 888 Rn 16. 4

Vom **Widerspruch** unterscheidet sich die Vormerkung dadurch, dass der Widerspruch bestehende dingliche Rechte gegen die Gefahren der §§ 892, 893, 902 sichert, während die Vormerkung einen schuldrechtl Anspruch auf Erwerb eines dinglichen Rechts schützt. Der Widerspruch protestiert, die Vormerkung prophezeit (*Reichel* JherJB 46 [1904], 59, 66; *Hager* JuS 1990, 429, 430) – jener gegen die Grundbuchlage, diese den zukünftigen Grundbuchbestand. In bestimmten Fällen sind Vormerkung und Widerspruch zugleich zulässig (MüKo/*Lettmaier* Rn 8; NK/*Krause* § 899 Rn 4 mwN; aA Staudinger/*Picker* § 894 Rn 170 und § 899 Rn 25: nur Widerspruch zulässig). 5

Die **Amtsvormerkung** nach § 18 II GBO ist von der Vormerkung des § 883 wesensmäßig verschieden (RGZ 55, 340, 342f; 62, 375, 377; KG DNotZ 1942, 195). Sie dient nicht der Sicherung eines schuldrechtl Anspruchs; vielmehr soll sie den verfahrensrechtl Anspruch des Antragstellers auf Erledigung seines Antrags unter Wahrung der in § 17 GBO vorgesehenen Reihenfolge sichern. Entspr gilt für die nach § 76 GBO, §§ 77, 86 I LuftFzgG und § 28 II SchRegO einzutragenden Vormerkungen (nicht aber für §§ 10ff LuftFzgG und §§ 10ff SchRG, die §§ 883ff nachgebildet sind). Praktisch wirkt die Amtsvormerkung auch anders: mit Eintragungsreife wird das zunächst vorgemerkte Recht an der vorgemerkten Rangstelle eingetragen und die spätere widersprechende Eintragung tritt im Rang zurück bzw wird von Amts wegen gelöscht (RGZ 110, 203; MüKo/*Lettmaier* Rn 11). Über den früher gestellten Antrag ist so zu entscheiden, als ob die (Amts-)Vormerkung nicht eingetragen wäre. Wird also nach Eintragung der Vormerkung das Insolvenzverfahren über das Vermögen des Betroffenen eröffnet, so ist dies nach Maßgabe des § 878 unerheblich (s § 878 Rn 6f und 17); dagegen ist der Antrag wegen § 89 InsO zu- 6 rückzuweisen, wenn er auf Eintragung einer Zwangshypothek gerichtet ist (vgl KGJ 39, 167, 173 zu § 14 KO; BGHZ 27, 310).

6a Bei wirksamer Zurückweisung des früher gestellten Antrags wird die später beantragte Eintragung vorbehaltlos wirksam. Gleiches gilt, wenn die Zurückweisung auf Beschwerde hin aufgehoben wird. Zwar leben dann grds die alten materiellrechtl Wirkungen wieder auf (vgl § 878 Rn 13); jedoch bleiben die zw der Zurückweisung und ihrer Aufhebung vorgenommenen Eintragungen bei Bestand (RGZ 135, 385; BGHZ 45, 191 = DNotZ 1966, 673), und zwar auch in Bezug auf ihren Rang (BayObLG Rpfleger 1983, 101).

7 **5. Entsprechende Anwendung. Entspr anzuwenden sind die §§ 883ff auf** das dingliche Vorkaufsrecht (§ 1098 II) und das Vorrecht auf Erneuerung eines Erbbaurechts (§ 31 IV ErbbauRG); nicht dagegen auf den in § 25 des Landesenteignungs- und Entschädigungsgesetzes NEW vorgesehenen Enteignungsvermerk, der nur dem Zweck dient, ein schwebendes Enteignungsverfahren kundzutun (vgl auch MüKo/*Lettmaier* Rn 13 mwN und Staudinger/*Schermaier* § 1098 Rn 14 mwN). Das gesetzl Vorkaufsrecht der Gemeinde (§ 28 II 3 BauGB) hat die gleichen Wirkungen wie die BGB-Vormerkung (vgl Staudinger/*Kesseler* Rn 16). Zur Löschungsvormerkung vgl § 1179 BGB iVm § 130a ZVG.

8 **II. Voraussetzungen der Vormerkung. 1. Überblick.** Entstehungsvoraussetzungen der Vormerkung (vgl auch § 885 Rn 1) sind: ein rechtsgültiger, vormerkbarer Anspruch (§ 883), die Bewilligung der Vormerkung oder ihre Anordnung im Wege einer einstweiligen Verfügung (§ 885) sowie ihre Eintragung (§ 885). Es kommt auch ein gutgläubiger Erwerb in Betracht (vgl Rn 23ff).

9 **2. Zu sichernder Anspruch. a) Inhalt.** Der Anspruch muss seinem Inhalt nach auf die eintragungsfähige **Veränderung** (dh auf Begründung, Aufhebung oder Übertragung) **eines Liegenschaftsrechts** gerichtet sein. Vormerkbar ist auch ein Anspruch auf Änderung des Inhalts oder des Ranges eines Rechts an einem Grundstück oder eines Rechts an einem solchen Recht. Ebenfalls ein Ankaufsrecht (Frankfurt NotBZ 2022, 51). Nicht dazu gehören Ansprüche, die sich auf ein Unterlassen richten (Staudinger/*Kesseler* Rn 41 mwN), wie zB Ansprüche aus obligatorischen Verfügungs- oder Belastungsverboten iSv § 137 S 2 (BGHZ 12, 115, 122; Hamm DNotZ 1956, 151). Gleiches gilt für Ansprüche, die wie bei § 11 I AnfG nur auf Duldung der Zwangsvollstreckung gerichtet sind, dh der Realisierung von Geldansprüchen dienen (BGH Rpfleger 2007, 538; RGZ 67, 39, 40f; Köln NJW 1955, 717, 718; Frankfurt NJW 1979, 75, 77; Koblenz MDR 1993, 1016; MüKo/*Lettmaier* Rn 24; Staudinger/*Kesseler* Rn 47). Nach hM kommt hier die Anordnung eines Veräußerungsverbots durch einstweilige Verfügung in Betracht (vgl RGZ 67; 39, 40ff sowie Köln aaO, Frankfurt aaO und Koblenz aaO; krit MüKo/*Lettmaier* Rn 24; Staudinger/*Kesseler* Rn 47 mwN). Dagegen kann der in § 143 InsO geregelte Anspruch auf Rückgewähr an die Insolvenzmasse durchaus Gegenstand einer Vormerkung sein (MüKo/*Lettmaier* Rn 24 mwN; Staudinger/*Kesseler* Rn 48 mwN). **Mehrere** verschiedene **Ansprüche** können nicht durch eine einzige, sondern nur durch ebenso viele Vormerkungen gesichert werden (BayObLG MittRhNotK 1999, 283, 284 mwN; DNotZ 2002, 293 – Sicherung einer Vielzahl von Erbbaurechten und Dienstbarkeiten aus einem Erbbaurechtsvertrag jew durch eine einzige Vormerkung; s auch Rn 22). Kann dagegen ein einheitlicher Anspruch durch verschiedene Vorgänge ausgelöst werden, ist nur eine Vormerkung erforderlich (BayObLG NJW-RR 2003, 450, 451 = Rpfleger 2003, 352 – Ankaufs- bzw Vorkaufsrecht an Miteigentumsanteil zugunsten des anderen Miteigentümers; s auch *Westermeier* Rpfleger 2003, 347). Die Frage, ob ein Alleineigentümer einen Bruchteil seines Grundstücks rechtsgeschäftlich mit einer Auflassungsvormerkung belasten kann, ist zu verneinen (BGH ZfIR 2013, 296 m Anm *Böttcher*; Düsseldorf MittBayNot 1976, 137; aA BayObLG NJW-RR 2005, 103).

10 Vormerkungsfähig sind nur **schuldrechtl Ansprüche**. Wo neben dem – nicht vormerkbaren (Oldenburg NJW-RR 2002, 728) – dinglichen Berichtigungsanspruch aus § 894 ein schuldrechtl Anspruch aus § 812 steht, ist die Vormerkung des letzteren wirksam. Auch Doppelsicherung durch Widerspruch und Vormerkung ist in solchen Fällen möglich (RGZ 139, 353, 355; vgl auch Staudinger/*Kesseler* Rn 58).

11 Der Rechtsgrund des schuldrechtl Anspruchs ist zwar gleichgültig (zB Vertrag, Vermächtnis oder wie bei § 648 – vgl hierzu Soergel/*Stürner* Rn 25 – Gesetz); es muss sich aber um einen **privatrechtl Anspruch** iSv § 194 handeln. Rechtsschutzansprüche gegen den Staat gehören nicht dazu. Deshalb können Vollstreckungsmaßregeln (zB Eintragung von Zwangs- oder Arresthypothek, §§ 866, 867, 932 ZPO) nicht durch Vormerkung gesichert werden (RGZ 56, 9, 15; 60, 421, 426; Warn Rspr 1909, Nr 104; MüKo/*Lettmaier* Rn 24; Staudinger/*Kesseler* Rn 51 mwN). Gleiches gilt, wenn zugunsten des Staates auf dem Grundstück des Steuerschuldners eine Zwangshypothek eingetragen werden soll (BayObLG JW 1922, 911f; Staudinger/*Kesseler* Rn 51 mwN). Ebenso wenig ist die Pfändung eines Grundpfandrechts (§§ 830, 857 ZPO) vormerkungsfähig (RGZ 56, 10, 14; KGJ 33, 272, 273; MüKo/*Lettmaier* Rn 24; Staudinger/*Kesseler* Rn 51).

12 Die beabsichtigte Rechtsänderung muss **eintragungsfähig** sein; die Eintragung muss zur Erfüllung des Anspruchs jedoch nicht erforderlich sein. Vormerkbar ist daher zB der Anspruch auf Übertragung oder Verpfändung eines Briefgrundpfandrechts (München OLG 26, 197; KGJ 33, 280ff; Staudinger/*Kesseler* Rn 50). Bei Rechtsentstehung außerhalb des Grundbuchs, zB § 1287, ist dagegen ein Widerspruch am Platz. Bei Eintragungsunfähigkeit der beabsichtigten Rechtsänderung ist die Vormerkung unwirksam (RGZ 55, 270, 272f).

13 Der vorzumerkende Anspruch muss inhaltlich zumindest eindeutig **bestimmbar** sein (München BeckRS 2013, 09785; Grü/*Herrler* Rn 7; Staudinger/*Kesseler* Rn 64). Dies ist zu bejahen, wenn der Leistungsgegenstand später von einer Vertragspartei (BayObLG FGPrax 1998, 48) oder einem Dritten (Düsseldorf Rpfleger 1996, 503) gem §§ 315, 317 zu bestimmen ist. Besteht zw mehreren Grundstücken die Wahl (§ 262), so kann bei allen Grund-

stücken eine Vormerkung eingetragen werden (BayObLG 1973, 309, 314; Staudinger/*Kesseler* Rn 67 mwN). Soll ein unvermessener Grundstücksteil von der Vormerkung erfasst werden, muss dieser nach Lage und Größe zweifelsfrei bezeichnet sein (vgl BayObLG DNotZ 1985, 44; Rpfleger 1982, 335). Bei geringem Unterschied zw vorgemerkter und später vermessener Teilfläche wirkt die Vormerkung auch für letztere (BGH DNotZ 1971, 95). Ist dagegen die Grundstücksteilfläche lediglich mit einem Flächenmaß (vgl BGH Rpfleger 1968, 44; BayObLG 1973, 309, 314) oder einer Zweckbestimmung („den erforderlichen Straßengrund") gekennzeichnet (BayObLG MittBayNot 1972, 228), liegt mangels Bestimmbarkeit des Leistungsgegenstandes ein vormerkbarer Anspruch nicht vor. Gleiches gilt, wenn zur Identifizierung der betreffenden Fläche auf eine Skizze Bezug genommen wird, die an der Wirklichkeit vorbeigeht und korrekturbedürftig ist (Koblenz ZMR 2005, 295, 296). Hinreichend bestimmbar ist auch der Rückübertragungsanspruch für den Fall des Eintretens der Geschäftsunfähigkeit des Erwerbers (München RPfleger 2014, 256).

Gem § 9a III ErbbauRG ist ein Anspruch auf künftige Neufestsetzung des Erbbauzinses vormerkungsfähig. Die Anpassung muss der Zeit als auch der Höhe nach bestimmbar sein (Zweibrücken NJW-RR 2000, 1408 mwN; Hamm Rpfleger 1995, 499 und NJW-RR 1999, 1176). Dabei kann auf den Grundstückswert (BGHZ 22, 220, 226 = NJW 1957, 98, 99), den Lebenshaltungskostenindex des Statistischen Bundesamtes (BGHZ 61, 209, 212 = NJW 1973, 1838f) oder auf das Einkommen einer bestimmten Berufsgruppe (Hamm NJW 1963, 1502, 1503) abgestellt werden. Eine Gleitklausel ist gem § 9a ErbbauRG bei Erbbaurechten zu Wohnzwecken nur bedingt zulässig. 14

b) Die Vormerkung **bedingter und befristeter Ansprüche (§ 883 I 2)** setzt voraus, dass das Rechtsverhältnis bereits besteht, also mehr vorhanden ist als eine bloß tatsächliche Aussicht (RGZ 151, 75; BGHZ 12, 117; 134, 182; s ausf *Preuß* AcP 201, 580, 587ff). Erst eine feste, die Gestaltung des Anspruchs bestimmende Grundlage („sicherer Rechtsboden") führt zur Vormerkungsfähigkeit des künftigen Anspruchs (BGH NJW 2006, 2408, 2409 mwN; Düsseldorf Rpfleger 2021,17). Ein formnichtiger Vertrag genügt nicht (BGHZ 54, 56, 62ff; BGH NJW 1983, 1543, 1545; *Hager* JuS 1990, 429, 431 mwN). Die Eintragung der Vormerkung führt nicht zur Heilung nach § 311b I 2. Vielmehr fehlt bei Verstoß gegen § 311b I 1 im maßgeblichen Zeitpunkt der Eintragung ein vormerkbarer Anspruch (BGHZ 54, 56, 63). Jedoch macht die formgerechte Bestätigung eines nichtigen Grundstückskaufs gem § 141 die Vormerkung wirksam, freilich nicht rückwirkend (Frankfurt DNotZ 1995, 539). Gleiches gilt, wenn ein der Wirksamkeit der Vormerkung bislang entgegenstehendes freies Widerrufsrecht des Schuldners erlischt (Staudinger/*Kesseler* Rn 213; *Amann* MittBayNot 2007, 13, 18, und 2010, 451, 454). Zur Rechtslage, wenn eine von vornherein unwirksame bzw erloschene Vormerkung nach erneuter Bewilligung bzw sie ersetzender einstweiliger Verfügung einen identischen (neuen) Anspruch sichern soll, vgl § 885 Rn 19. Bedingte und künftige Ansprüche sind jedenfalls vormerkbar, wenn ihre Wirksamkeit bzw Entstehung nicht mehr von der Willkür des Verpflichteten abhängt (MüKo/*Lettmaier* Rn 28; *Berger*, FS Kollhosser, 2004, 35, 41). Dass eine der (uU mehreren alternativen – vgl BayObLG NJW-RR 2002, 1594) Bedingungen des vorzumerkenden Anspruchs in einem künftigen Verhalten des Verpflichteten liegt (Potestativbedingung), steht der Eintragung einer Vormerkung ebenso wenig entgegen (BGHZ 148, 187, 192f = NJW 2001, 2883, 2884) wie der Umstand, dass es über den Eintritt des Ereignisses, welches eine Bedingung oder einen künftigen Anspruch auslöst, Meinungsverschiedenheiten oder gar Streit geben könnte (BGHZ 151, 116, 123f = NJW 2002, 2461, 2462f = BGHRp 2002, 813 m Anm *Grziwotz* = DNotZ 2002, 775 m Anm *Schippers*; BayObLG NJW-RR 2001, 1529; Düsseldorf Rpfleger 2002, 563; *Wacke* JZ 2003, 179 – alle zum Rückübereignungsanspruch bei grobem Undank; Düsseldorf ZfIR 2010, 113 – Rückübertragungsanspruch bei Verletzung vereinbarter Betreuungspflicht; München Rpfleger 2007, 540 – Rückforderungsrecht bei wesentlicher Verschlechterung der Vermögensverhältnisse; München NJW-RR 2009, 950 – Rückübertragungsanspruch bei drohender Zwangsvollstreckung in den Vertragsbesitz; Zweibrücken NJW-RR 2005, 101 – Verkehrssicherungspflichtverletzung als Rückauflassungsfall; abl Düsseldorf ZfIR 2008, 764 m krit Anm *Heinze* im Falle „negativer Veränderung des bisherigen Lebensstandards" als Bedingung für vorzumerkenden Rückübertragungsanspruch). Ob diese Bedingungen im Einzelfall gegeben sind, muss nicht durch das Grundbuchamt geklärt werden, sondern kann im Streitfall durch das Prozessgericht festgestellt werden (*Böttcher* NJW 2010, 1647, 1648). – Der Anspruch aus einem Vertrag, zu dessen Wirksamkeit nur noch die Genehmigung des vollmachtlos vertretenen Erwerbers iSv § 177 I fehlt, ist vormerkungsfähig (KG NJW 1971, 1319). Gleiches gilt, wenn die Entstehung eines künftigen Anspruchs von der Annahme eines verbindlichen Angebots durch den künftigen Berechtigten abhängt (BGH NJW 1981, 446 mwN; weitergehend *Hager* JuS 1990, 429, 431 mwN), oder wenn nur noch die Zustimmung eines Dritten (BGH NJW 2000, 3496 – Nacherbe; MüKo/*Lettmaier* Rn 34) oder eine behördliche Genehmigung (RGZ 108, 91, 94; BayObLG MDR 1970, 233; *Ganter* NJW 1986, 1017; *Berger*, FS Kollhosser, 2004, 35, 44f) aussteht. Eine Auflassungsvormerkung wird aber gegenstandslos, wenn die nach § 144 II Nr 3 BauGB erforderliche Genehmigung des Kaufvertrags rechtskräftig versagt wird (Zweibrücken Rpfleger 1989, 495f = OLG 1990, 1f). 15

Ein Anspruch auf Grundstücksübereignung ist auch noch nach erklärter Auflassung vormerkbar (RGZ 113, 403, 405; KG DNotZ 1971, 415, 420). Denn der zu sichernde Anspruch ist erst mit Eintragung des Eigentumsübergangs erfüllt (MüKo/*Lettmaier* Rn 46). Einen etwaigen Rückabwicklungsanspruch des Käufers sichert die Auflassungsvormerkung grds nicht (BGH BB 1966, 1368 = WM 1966, 1224f). Das kann anders sein, wenn schon bei Bewilligung der Vormerkung die Erfüllung des Vertrags zweifelhaft war (vgl KG OLG 1969, 202 m Anm *Haegele* Rpfleger 1969, 49). 16

17 Ein vormerkungsfähiges **Ankaufsrecht** kann zB durch Vermächtnis begründet werden (BGHZ 148, 187 = NJW 2001, 2883; Frankfurt NotBZ 2022, 51) oder sich aus einem Kaufvorvertrag ergeben (BGH DNotZ 1963, 230, 232; MüKo/*Lettmaier* Rn 51; Staudinger/*Kesseler* Rn 134). Gegenstand der Vormerkung ist dann der künftige Anspruch auf Eigentumsverschaffung aus dem noch abzuschließenden Kaufvertrag (BGH JR 1974, 513f = LM Nr 13 zu § 883; zur Abgrenzung von sog Vorhand- bzw Vorrechtsverträgen vgl Staudinger/*Kesseler* Rn 134). Ist ein Ankaufsrecht an mehrere Bedingungen geknüpft, liegt nur ein durch eine einzige Vormerkung zu sichernder Anspruch vor (BayOblG MittRhNotK 1999, 283, 284). Auch der Anspruch auf Eigentumsverschaffung aus einem **schuldrechtl Vorkaufsrecht** ist vormerkungsfähig (vgl hierzu auch § 885 Rn 6 sowie Staudinger/*Kesseler* Rn 130).

18 Auch ein **schuldrechtl Wiederkaufsrecht iSv § 457, dh der bedingte oder künftige Rückübereignungsanspruch** des Verkäufers kann durch Vormerkung gesichert werden (BGHZ 58, 78, 82; 75, 288, 289; DNotZ 1995, 204f; NJW 2012, 2504; NotBZ 2021, 29). Wird das Wiederkaufsrecht des Verkäufers von einer Bedingung abhängig gemacht (zB Weiterverkauf des Käufers, vgl BGHZ 144, 323; BayObLG 24, 70), so liegt darin keine unzulässige Umgehung des § 137 (BayObLG NJW 1978, 700, 701). Auch zugunsten eines Dritten kann ein Wiederkaufsrecht gem § 328 begründet werden (Staudinger/*Kesseler* Rn 136 mwN), zulasten Dritter dagegen nicht (BayObLG DNotZ 1955, 206, 208; Hamm JMBl NRW 1960, 67). Dies gilt auch für Vorkaufs- und Ankaufsrechte. Eine Ausdehnung der Pflichten auf den jew Grundstückseigentümer ist daher nicht möglich (RGZ 154, 361; RG JW 1935, 2155; München RNotZ 2007, 273 bzgl Reallast).

18a Zur Eigentumsvormerkung für Mitberechtigte gem § 432 s München DNotZ 2008, 380.

19 Eine Vormerkung ist auch zulässig, wenn eine Veräußerung durch den Tod des Verkäufers betagt und zugleich durch die Ausübung eines Ankaufsrechtes bedingt ist (vgl BGH WM 1973, 208). – Eine Auflassungsvormerkung kann aber nicht mit dem Inhalt eingetragen werden, dass zu ihrer Löschung der Nachw des Todes des Berechtigten genügt (BGHZ 130, 385).

20 Die Aussichten eines **Erben** auf Erwerb von Nachlassgegenständen sind nicht durch Vormerkung zu sichern (KGJ 48, 190, 193; MüKo/*Lettmaier* Rn 36 mwN). Gleiches gilt im Falle eines Erbvertrags, da hierdurch die Verfügungsfreiheit des Erblassers nicht beschränkt wird (Düsseldorf MDR 2003, 936; MüKo/*Lettmaier* Rn 36, arg: § 2286). Auch Vermächtnisansprüche, selbst wenn durch Erbvertrag begründet (vgl BGHZ 12, 115f; MüKo/*Lettmaier* Rn 36 mwN in Fn 2), sind nicht vormerkbar. Nach überwiegender Meinung steht dem ein Anspruch aus einem formgerechten Schenkungsversprechen unter Überlebensbedingung wegen § 2301 I 1 gleich (Düsseldorf DNotZ 2021, 199; BayObLG Rpfleger 2002, 563, 564 mwN). Entspr gilt, wenn ein auf den Tod des Schuldners befristeter Anspruch unter der Bedingung steht, dass sich der Leistungsgegenstand (zB Miteigentumsanteil) beim Tod des Schuldners noch in dessen Vermögen befindet (BGH NJW 2002, 2874, 2875).

20a Ein auf den Eintritt des Nacherbfalles befristeter Vermächtnisanspruch kann erst ab diesem Zeitpunkt durch Vormerkung gesichert werden (Schleswig NJW-RR 1993, 11). Vor Eintritt des Nacherbfalles fehlt die Identität von Eigentümer und Schuldner. Macht dagegen der Eigentümer ein bindendes Kaufvertragsangebot, dessen Annahme erst ggü dem/den Erben erklärt werden soll, so kommt eine Vormerkung in Betracht (vgl KG DR 1940, 796; *Hopp* JFG 21, 32; Staudinger/*Kesseler* Rn 84). Zur Vormerkungsfähigkeit künftiger Vermächtnisansprüche bei dauerhafter Testier- und Geschäftsunfähigkeit des Erblassers s *Baldus/Stremnitzer* DNotZ 2006, 598.

21 **c) Schuldner des Anspruchs** muss bei Eintragung der Vormerkung derjenige sein, dessen Eigentum bzw Grundstücksrecht von der künftigen Rechtsänderung betroffen wird (BGHZ 12, 115, 120; BGH NJW 1997, 861; Grü/*Herrler* Rn 13; Staudinger/*Kesseler* Rn 74 mwN). Es muss sich grds um ein bereits existierendes, nicht erst in Zukunft entstehendes Recht des Schuldners handeln. Eine – auf andere Verfügungen nicht analog anwendbare – Ausnahmeregelung (MüKo/*Lettmaier* Rn 39) enthält § 1179, wonach der Eigentümer bereits hinsichtl einer künftigen Eigentümergrundschuld eine Löschungsvormerkung bewilligen kann. Dagegen ist ein Anspruch gegen den Eigentümer auf Verfügung über eine zukünftige Eigentümergrundschuld nicht vormerkungsfähig (RGZ 72, 274, 277; 84, 78, 81f; 145, 343, 354; Hamm NJW-RR 1990, 272; Staudinger/*Kesseler* Rn 79); eine trotzdem eingetragene Vormerkung ist unwirksam (vgl BayObLG 70, 233; aA insoweit RG JW 1933, 2764, 2766 m Anm *Legart*; KGJ 25, 166, 169, die in der Eintragung nur die Verletzung einer Ordnungsvorschrift, § 39 GBO, sehen).

21a Der im Rang nachstehende Gläubiger kann sich jedoch eine Vormerkung von dem derzeitigen Inhaber der Fremdhypothek bewilligen lassen (Celle NJW 1957, 1481; Düsseldorf NJW 1957, 1282f; Frankfurt NJW 1957, 1283). Ist der Schuldner nicht Inhaber des Grundstücksrechts bzw Eigentümer, kann er eine Vormerkung grds nicht wirksam bestellen (zum gutgläubigen Erwerb einer Vormerkung vgl Rn 23). Dies gilt auch dann, wenn der Rechtsinhaber der Vormerkungsbestellung durch den nichtberechtigten Schuldner zustimmt (Staudinger/*Kesseler* Rn 74; aA MüKo/*Lettmaier* Rn 38). Auch in den Fällen der §§ 876, 880 III (vgl § 876 Rn 11) kommt eine Vormerkung gegen den nicht mit dem Schuldner identischen Dritten nicht in Betracht (vgl Staudinger/*Kesseler* Rn 75 und 32; aA MüKo/*Lettmaier* Rn 39).

21b Ein Wechsel des Schuldners ist möglich, aber im Gegensatz zum Gläubigerwechsel nicht eintragungsfähig (KG JR 1927, Nr 1394). Mit der Schuldübernahme erlischt analog § 418 I die Vormerkung. Der Schuldübernehmer müsste ggf eine neue Vormerkung bewilligen. Anders ist der Fall zu beurteilen, dass die persönliche Verpflichtung und die Vormerkung gleichzeitig auf den neuen Eigentümer übergehen (BGH NJW 2014, 2431 m Bspr *Kesseler* ZfIR 2015, 870; Düsseldorf DNotZ 2012, 63 m zust Anm *Reymann*; Staudinger/*Kesseler* Rn 87). Zur Übertragung von Wohnungseigentum bzw Grundbesitz vom Erwerber auf einen Zweiterwerber bei vorgemerktem (künftigen oder bedingten) Rückauflassungsanspruch des Erstveräußerers vgl *Hoche* NJW 1960, 464f und Frankfurt DNotZ 2009, 130.

d) Der **Gläubiger des Anspruchs** ist idR auch der Inhaber der Vormerkung. Bei (echtem) Vertrag zugunsten eines Dritten iSv § 328 kann der Dritte vorgemerkt werden (BGH NJW 2009, 356, 357). Die Person des Dritten muss nach sachlichen Merkmalen eindeutig bestimmbar sein (RGZ 128, 246, 249; BayObLG DNotZ 1979, 502, 504; Nürnberg WM 2016, 1728; Hamm BeckRS 2011, 02686; Staudinger/*Kesseler* Rn 90a; Grü/*Herrler* Rn 11). Dies ist zB der Fall, wenn das Grundbuch ergibt, dass die Eintragung für die künftigen Abkömmlinge einer dem Namen nach bezeichneten Person erfolgt ist (RGZ 65, 277, 282; LG Passau RNotZ 2003, 569, 570). Zulässig sind auch Vormerkungen zugunsten des jew Eigentümers eines anderen Grundstücks (RGZ 128, 246, 248; BGHZ 22, 220, 225 = NJW 1957, 98, 99; 28, 99, 103; BaRo/*Kössinger* Rn 35; MüKo/*Lettmaier* Rn 44; Staudinger/*Kesseler* Rn 95); für den Fall einer Grundstücksteilung zugunsten des jew Eigentümers des einen Teils (KG HRR 1932, 1659f); für den jew Inhaber einer Hypothek (RGZ 63, 152, 157; KGJ 32, 213, 214) oder einer Firma (KG DNotZ 1937, 330, 331 = JW 1937, 1023). Auch zugunsten einer KG oder GmbH in Gründung kann bereits eine Vormerkung eingetragen werden (BayObLG 1979, 172; Hamm DNotZ 1981, 582; BayObLG MDR 1985, 846f; NJW-RR 1986, 30; 1987, 334; NJW 1987, 812). 22

Im Fall des § 328 reicht die Bestimmtheit des Versprechensempfängers aus (BGHZ 28, 103); vormerkbar ist dann aber auch nur dessen Anspruch (zB auf Übereignung an den Dritten), nicht auch der Anspruch des noch unbestimmten Dritten (BGH NJW 2009, 356, 357; 1983, 1543; Oldenburg NJW-RR 1990, 273; Staudinger/*Kesseler* Rn 98; MüKo/*Lettmaier* Rn 44). Soll ein revolvierender Benennungs- und Bestellungsanspruch des Versprechensempfängers ggü mehreren Dritten als Rechtsnachfolger abgesichert werden (etwa im Falle der Bestellung einer Photovoltaikdienstbarkeit), bedarf es jew einer Vormerkung; eine (einzige) Vormerkung recht nicht aus (ausdrückl BGH ZfIR 2017, 449; zutr auch *Reymann* ZIP 2013, 605, 610, der sich für die Möglichkeit der Wiederverwendung bzw Aufladung einer solchen „Photovoltaikvormerkung" ausspricht, s § 885 Rn 19; aA München FGPrax 2013, 156, 157 und ZfIR 2012, 601, 602; *Böttcher* NJW 2012, 822, 825f; *Kappler* ZfIR 2012, 602; *Keller* DNotZ 2011, 99, 109f und ZfIR 2011, 705, 707, „Daueranspruch"). Soll der begünstigte Dritte von einer namentlich benannten Person erst noch bestimmt werden, reicht dies für eine Vormerkung zugunsten des Dritten nicht aus (BGH NJW 1983, 1543, 1544; BayObLG MittBayNot 1986, 175f; Hamm MDR 1953, 41; Staudinger/*Kesseler* Rn 90a mwN; aA etwa *Preuß* AcP 201, 580, 606 mwN). 22a

Ansprüche von Gesamtgläubigern (§ 428) sind gemeinsam oder einzeln (vgl § 429 III 2) durch Vormerkung sicherbar (vgl Hamm NJW-RR 2006, 162; BayOblG NJW-RR 1995, 1297 mwN; Staudinger/*Kesseler* Rn 104 mwN). Zu Personenmehrheit und Personenwechsel auf Gläubigerseite s ausf *Preuß* AcP 201, 580, 592ff und *Reymann* ZIP 2013, 605. 22b

3. Gutgläubiger Erwerb. a) Bei der Frage, ob eine Vormerkung bei Bewilligung durch einen Nichtberechtigten gutgläubig erworben werden kann, ist ihre Sonderstellung zw Schuldrecht und Sachenrecht (vgl Rn 2) zu beachten. Da das Schuldrecht keinen gutgläubigen Forderungserwerb kennt und § 1138 wegen der unterschiedlichen Interessenlage hier auch nicht entspr anwendbar ist (*Prütting* Rn 200), ist das **Bestehen des vorzumerkenden schuldrechtl Anspruchs** auch für einen gutgläubigen Vormerkungserwerb notwendige Voraussetzung (RGZ 118, 230, 234; 121, 44, 46; BGHZ 25, 16, 23 = NJW 1957, 1229; BayObLG Rpfleger 1993, 58). Ein gutgläubiger Erwerb der Einredefreiheit kommt ebenfalls nicht in Betracht (RGZ 142, 331, 333; *Baur/Stürner* § 20 VII 1; *Hager* JuS 1990, 429; *Görner* JuS 1991, 1011f). 23

b) Dagegen kann sich der gutgläubige Gläubiger auf den öffentlichen Glauben des Grundbuchs in Bezug auf die dingliche Gebundenheit des von der Vormerkung betroffenen Grundstücks oder Rechts durchaus berufen (RGZ 121, 44, 46). Bewilligt ein als Berechtigter im Grundbuch eingetragener Nichtberechtigter („Buchberechtigter") eine Vormerkung, so kommt ein **gutgläubiger (Erst-)Erwerb der Vormerkung** nach § 893 in Betracht (RGZ 118, 230, 234; 121, 44, 46; BGHZ 25, 16, 23 = NJW 1957, 1229; 57, 341 = NJW 1972, 434; BGH NJW 1994, 2947; *Hager* JuS 1990, 437; *Görner* JuS 1991, 1011f; Grü/*Herrler* § 885 Rn 12; BaRo/*Kössinger* Rn 19; andere halten § 892 für anwendbar: *Furtner* NJW 1963, 1484; *Wunner* NJW 1969, 114; *Mülbert* AcP 197, 347). 24

Dem „Buchberechtigten" steht der durch Erbschein ausgewiesene Scheinerbe gleich (BGHZ 57, 341, 343 = NJW 1972, 434f). 25

Der Gläubiger muss bei Stellung des Antrags auf Eintragung der Vormerkung gutgläubig sein (§ 893 iVm § 892 II). Ist die Vormerkung wirksam entstanden, so hindern spätere Bösgläubigkeit des Gläubigers (zB infolge später erfolgter Grundbuchberichtigung; vgl dazu *Stamm* JuS 2003, 51f) oder ein Widerspruch den vollen Rechtserwerb nicht (RGZ 121, 44, 46; BGHZ 57, 341, 343 = NJW 1972, 434f; NJW 1981, 446; *Ehricke/Diehn* JuS 2002, 671f mwN). Dies gilt auch bei künftigen Ansprüchen (BGH NJW 1981, 446; Staudinger/*Kesseler* § 892 Rn 200 mwN). Der nichtberechtigte Vormerkungsschuldner ist aufgrund des vorgemerkten Anspruchs zu den hierfür erforderlichen Verfügungshandlungen verpflichtet (*Prütting* Rn 197). Deren Wirksamkeit folgt unmittelbar aus einer analogen Anwendung des § 883 II (zutr *Roloff* NJW 1968, 485; i Erg auch RGZ 121, 44, 47; aA *J. Baur* JR 1967, 437, der den wahren Berechtigten analog § 883 II für verpflichtet hält, der Verfügung des „Buchberechtigten" iSv § 185 zuzustimmen). Nach gutgläubigem Erwerb einer Auflassungsvormerkung bedarf es zur Eigentumsübertragung nicht der Vorlage einer Eintragungsbewilligung des in Wahrheit Berechtigten beim Grundbuchamt (Karlsruhe NJW-RR 1998, 445ff; Dresden NotBZ 1999, 261 m Anm *Scheel*; Köln RNotZ 2011, 41, 42f; aA NK/*Krause* § 892 Rn 68 mwN). 26

27 Eine gutgläubig erworbene Auflassungsvormerkung wirkt zugunsten eines Dritten, an den der Vormerkungsschuldner mit Zustimmung des Gläubigers gem § 362 II übereignet (BGH NJW 1994, 2947). Das bedeutet freilich nicht, dass auch etwaige – weiterhin vormerkungsgesicherte – Resterfüllungsansprüche wegen vormerkungswidriger Belastungen automatisch dem durch die Leistung des Vormerkungsschuldners zum Eigentümer gewordenen Dritten zustehen (Staudinger/*Kesseler* Rn 180).

28 Ein gutgläubiger Vormerkungserwerb ist gem den §§ 894, 898 ZPO auch möglich, wenn der „Buchberechtigte" zur Abgabe der Bewilligungserklärung für eine Vormerkung verurteilt wird (*Prütting* Rn 199; Grü/*Herrler* § 885 Rn 12). Gleiches dürfte im Falle des § 895 ZPO gelten (vgl NK/*Krause* § 892 Rn 43 und *Schuchke*, FS Kreft, 2004, 151, 156ff jew mwN; aA Grü/*Herrler* § 885 Rn 12). Aufgrund einstweiliger Verfügung (§ 885) kann eine Vormerkung dagegen nicht gutgläubig erworben werden, da auf diesen Fall weder § 898 ZPO noch die §§ 892f anwendbar sind (RGZ 68, 150, 153; BayObLG NJW-RR 1987, 334 und 812; Staudinger/*Kesseler* § 892 Rn 89; *Baur/Stürner* § 20 III 2; *Prütting* Rn 199; *Schuschke*, FS Kreft, 2004, 151, 155f; aA *Hüttinger* NotBZ 1998, 109f).

29 **c)** Wird ein (tatsächlich bestehender) Anspruch abgetreten, für den im Grundbuch zwar eine Vormerkung eingetragen, jedoch nicht wirksam entstanden ist, so ist ebenfalls ein gutgläubiger **sog Zweiterwerb** der Vormerkung möglich (BGHZ 25, 16, 23f = NJW 1957, 1229; BGHZ 60, 46, 50 = NJW 1973, 323; BayObLG NJW-RR 1999, 1689, 1690f; *Westermann/Gursky/Eickmann* § 84 IV, S 659; *Wunner* NJW 1969, 113; *Prütting* Rn 198; aA Grü/*Herrler* § 885 Rn 19; Staudinger/*Kesseler* § 892 Rn 59–61 mwN; *Baur/Stürner* § 20 V 1b; *Ehricke/Diehn* JuS 2002, 673f; BaRo/*Kössinger* § 885 Rn 27f; NK/*Krause* § 892 Rn 28). Dass die Vormerkung entspr § 401 mit dem abgetretenen Anspruch übergeht, steht der Annahme eines rechtsgeschäftlichen Vormerkungserwerbs nicht entgegen. Besteht der abgetretene Anspruch dagegen nicht, ist auch die Vormerkung wirkungslos (BGH NJW 2007, 508, 509).

30 **III. Wirkungen der Vormerkung. 1. Relative Sicherungswirkung (§ 883 II). a) Allgemeines.** Verfügungen, die die Verwirklichung des vorgemerkten Anspruchs vereiteln oder beeinträchtigen (vgl Rn 35), sind ggü dem Vormerkungsgläubiger (nicht ggü Dritten) unwirksam (§ 883 II 1). Die Unwirksamkeit ist insofern **relativ**, als sie nur vom Vormerkungsgläubiger oder – bei einer (Ver-)Pfändung des vorgemerkten Anspruchs – vom Pfandgläubiger (BayObLG NJW-RR 1991, 567) geltend gemacht werden kann (Nürnberg WM 1969, 1427). Die grds nur dem Vormerkungsgläubiger ggü unwirksamen Verfügungen sind nicht zu vergleichen mit schwebend unwirksamen Rechtsgeschäften iSd §§ 108, 177 (KG NJW 1962, 1446, 1448; 1964, 1479). Auch **inhaltlich** ist die Sicherungswirkung der Vormerkung **begrenzt** (vgl Staudinger/*Kesseler* Rn 235 mwN). Ist zB ein Anspruch auf Übertragung einer Grundstücksteilfläche durch Vormerkung gesichert, so wäre eine spätere Belastung des gesamten Grundstücks mit einer Hypothek nur in Bezug auf die Teilfläche unwirksam. Bei vormerkungswidriger Verfügung wird das Grundbuch nicht unrichtig iSv § 894 (vgl § 894 Rn 12). Die Eintragung eines Widerspruchs (§ 899) bei dem von der relativen Unwirksamkeit betroffenen Recht ist daher nicht zulässig (RGZ 132, 419, 424).

31 Der Rechtserwerb des Vormerkungsberechtigten wird in vielerlei Hinsicht auf den Zeitpunkt der Vormerkungseintragung zurückbezogen. Dies gilt auch bei Vormerkung künftiger Ansprüche (BGH NJW 1981, 446; zum gutgläubigen Erwerb vgl Rn 26). So bleibt etwa eine iÜ vermögenslose GmbH auch nach ihrer Löschung im Handelsregister zur Erfüllung des vorgemerkten Anspruchs imstande (BGHZ 110, 148, 155).

32 Dagegen führt die Vormerkung nicht zu einer Verdinglichung der Schuld in dem Sinne, dass der jew Inhaber des von der Vormerkung betroffenen Rechts Schuldner des vorgemerkten Anspruchs würde. Anspruchsgegner ist nach wie vor ausschließlich der ursprüngliche Schuldner.

32a Die Eintragung der Vormerkung hat auch keinen Einfluss auf die Verjährung, sofern nicht ihre Bestellung als Anerkenntnis oder sonstiger selbständiger Unterbrechungsgrund aufzufassen ist.

33 Die (relative) Unwirksamkeit der vormerkungswidrigen Verfügung wird nur beachtet, wenn sich der Vormerkungsgläubiger gem § 888 I auf sie beruft (BGH NJW 2009, 357). Damit die Verwirklichung des vorgemerkten Anspruchs nicht an den §§ 19, 39 GBO scheitert, verpflichtet § 888 I den durch die vormerkungswidrige Verfügung Begünstigten dazu, allen Eintragungen und Löschungen zuzustimmen. Der Vormerkungsberechtigte ist nicht antragsberechtigt iSv § 13 I 2 GBO. Denn eine Änderung des Belastungsgegenstands betrifft ihn nur mittelbar (Düsseldorf RNotZ 2006, 613, 614; KG DNotZ 2004, 149). Bei unrechtmäßiger Löschung einer Vormerkung bleiben ihre Wirkungen erhalten. – Im Verhältnis zum vormerkungswidrig Eingetragenen wird die Vormerkung wie ein absolutes Recht iSd §§ 1004, 823 I behandelt, dh ihm ggü können Unterlassungs- und Deliktsansprüche bestehen (NK/*Krause* Rn 78 mwN). Zum Anspruch des Auflassungsvormerkungsberechtigten auf Zustimmung zur Löschung einer nachrangigen Vormerkung vgl Rn 35.

34 **b) Keine Grundbuchsperre.** Trotz Vormerkung bleibt das betroffene Grundstück bzw das Recht dem Rechtsverkehr erhalten, dh der Schuldner ist an sich an vormerkungswidrigen Verfügungen nicht gehindert. Die Vormerkung führt nicht zu einer Grundbuchsperre (Staudinger/*Kesseler* Rn 236); eine solche ist nur im Wege einer einstweiligen Verfügung gem §§ 935, 938 ZPO möglich. Vormerkungswidrige Verfügungen bedürfen grds nicht der Zustimmung des Vormerkungsgläubigers (RGZ 132, 419, 424). Eine **Ausnahme** von diesem Grundsatz erscheint aus Gründen der Rechtsklarheit (vgl Staudinger/*Kesseler* Rn 236) im Fall der vormerkungswidrigen Löschung eines beschränkten Liegenschaftsrechts geboten. Deshalb macht die hM wohl zu Recht deren Wirksamkeit in Analogie zu § 876 von der Zustimmung des Vormerkungsberechtigten abhängig (KG JFG 9, 218, 220; Grü/*Herrler* Rn 22; Staudinger/*Kesseler* Rn 236 mwN). Die Löschung ist also nicht etwa nur ggü dem Vormer-

kungsberechtigten (so aber *Wolff/Raiser* § 48 Anm 27), sondern absolut (uU schwebend) unwirksam, solange dieser nicht seine (noch mögliche) Zustimmung erklärt hat.

c) (Vormerkungswidrige) Verfügungen iSv § 883 II 1 sind alle Rechtsgeschäfte, durch die ein bestehendes Recht, welches Gegenstand einer Vormerkung ist, unmittelbar übertragen, belastet, aufgehoben oder inhaltlich geändert wird. Zu denken ist zB an einen auf einem Ankaufsrecht beruhenden vorgemerkten Anspruch auf lastenfreien Grundstückserwerb (vgl RGZ 154, 366). Eine Verfügung im vorgenannten Sinne stellt auch die Bewilligung einer Vormerkung dar. Ein Auflassungsvormerkungsberechtigter kann vom Berechtigten einer weiteren, nachrangigen Vormerkung eine Zustimmung zur Löschung der nachrangigen Vormerkung freilich erst dann verlangen, wenn er als Eigentümer im Grundbuch eingetragen ist (Zweibrücken NJW-RR 2007, 87 mwN; Rostock MDR 2007, 647; aA *Wolf* NZM 2008, 29). Als Verfügung iSv § 883 II 1 gilt auch die Bestellung einer öffentlich-rechtl Baulast (vgl Staudinger/*Kesseler* Rn 241 mwN; aA *Berghäuser* DÖV 2002, 12) und die Aufgabe des Eigentums (§ 928 I). Zur vormerkungswidrigen Aufgabe eines beschränkten Liegenschaftsrechts vgl aber Rn 34. 35

Keine vormerkungswidrige Verfügung stellt die spätere Abtretung einer bei Eintragung einer Auflassungsvormerkung bereits bestehenden Eigentümergrundschuld dar; da sich die Sicherungswirkung einer Auflassungsvormerkung auf eine zum Zeitpunkt ihrer Eintragung bereits bestehende Grundschuld nicht erstreckt (Schleswig NJW 1955, 306), ist die Abtretung der Eigentümergrundschuld in diesem Fall voll wirksam (BGH NJW 1975, 1356). Gleiches gilt bei Pfändung der Eigentümergrundschuld (Düsseldorf MDR 1999, 1497f). Auch die Umwandlung einer Sicherungshypothek in eine Eigentümergrundschuld ist nicht gem § 883 II relativ unwirksam (Düsseldorf MDR 1999, 1497). 36

Vermietung und Verpachtung des vormerkungsbelasteten Grundstücks sind zwar keine Verfügungen über das Grundstück; der Schutzzweck des § 883 legt jedoch eine analoge Anwendung bei miet- bzw pachtweiser Überlassung nahe (MüKo/*Lettmaier* Rn 65; Grü/*Herrler* Rn 20; *Wolff/Raiser* § 48 Anm 30; *Westermann/Gursky/Eickmann* § 83 IV 3c; *Canaris*, FS Flume I, 1978, 393 Fn 101; *Hager* JuS 1990, 434; Staudinger/*Kesseler* Rn 249 mwN; aA BGHZ 13, 1 und BGH NJW 1989, 451; München NJW 1963, 601, 603; RGRK/*Augustin* Rn 93; Soergel/*Stürner* Rn 30; *Baur/Stürner* § 20 IV 1d; BaRo/*Kössinger* Rn 52; NK/*Krause* Rn 54; s auch § 566 Rn 8f). Wenn der Vormerkungsgläubiger ggü der späteren Bestellung eines Nießbrauchs bzw dinglichen Wohnrechts geschützt ist, muss dies in Bezug auf Miete und Pacht erst recht gelten, freilich nur dann, wenn der Veräußerer verpflichtet ist, das Grundstück fremdbesitzerfrei zu übergeben; erwirbt der Käufer ein Mietshaus, so stellt die nach Eintragung der Vormerkung vorgenommene Vermietung einer einzelnen freigewordenen Wohnung keine vormerkungswidrige Maßnahme dar (*Westermann/Gursky/Eickmann* § 83 IV 3c). Die soziale Schutzfunktion des § 566 steht einer analogen Anwendung des § 883 nicht entgegen (Staudinger/*Kesseler* Rn 245). 37

Den rechtsgeschäftlichen Verfügungen iSv § 883 II 1 gleichgestellt sind gem § 883 II 2 **Verfügungen**, die **im Wege der Zwangsvollstreckung oder Arrestvollziehung** erfolgen. Dem Vormerkungsgläubiger ggü unwirksam sind zB Eintragung einer Zwangshypothek, Pfändung bzw Überweisung eines vormerkungsbelasteten Rechts oder Zwangsversteigerung eines vormerkungsbelasteten Grundstücks (vgl BGH MDR 2007, 913 und 2010, 466, 467). Gleiches gilt für die Eintragung einer weiteren Vormerkung (vgl Düsseldorf MDR 1991, 440) oder eines Verfügungsverbotes (BGH NJW 2006, 2557, 2559 mwN) aufgrund einstweiliger Verfügung. 38

Auch rechtsgeschäftliche **Verfügungen des Insolvenzverwalters** werden von § 883 erfasst (§ 883 II 2). 39

Ob im Fall eines Rechtsübergangs ex lege eine analoge Anwendung des § 883 II in Betracht kommt, hängt vom jew Tatbestand ab (vgl *Wolff/Raiser* § 48 III 1, S 160; Staudinger/*Kesseler* Rn 252). Nach hM ist der Vormerkungsgläubiger im Wege einer analogen Anwendung des § 883 II vor einem Rechtsverlust des Schuldners durch sog Buchersitzung (§ 900) zu schützen (Staudinger/*Kesseler* Rn 254). Ob dies auch bei einer Enteignung gilt, ist str, aber wohl zu bejahen (Staudinger/*Kesseler* Rn 253; aA *Wolff/Raiser* § 48 Fn 29; RGRK/*Augustin* Rn 94), da andernfalls der Vormerkungsgläubiger ohne rechtl Gehör etc gleichsam reflexweise „mitenteignet" würde (Staudinger/*Kesseler* Rn 253). 40

d) Wirkung in der Zwangsvollstreckung. Zwar sind gem § 883 II 2 auch Zwangsverfügungen dem Vormerkungsberechtigten ggü unwirksam (vgl Rn 38); der Vormerkungsgläubiger ist deshalb aber noch kein Inhaber eines „die Veräußerung hindernden Rechts" iSv § 771 ZPO bzw eines der Zwangsversteigerung entgegenstehenden Rechts iSd §§ 28, 37 Nr 5 ZVG (BGH NJW 1994, 128, 129f; vgl auch Braunschweig JW 1930, 654, 655). Auch § 772 S 2 ZPO ist nicht anwendbar (Staudinger/*Kesseler* Rn 351 mwN). 41

Grds ist die Vormerkung wie ein bedingtes Recht zu behandeln. § 48 ZVG gilt jedoch nur für vorgemerkte Ansprüche, die auf Übereignung oder (zusätzl) Belastung des Grundstücks gerichtet sind, nicht dagegen für solche Ansprüche, deren Ziel die Aufhebung, Übertragung oder Inhalts- und Rangänderung eines Rechts ist (BGHZ 53, 47, 49 = NJW 1970, 565; MüKo/*Lettmaier* Rn 73; Staudinger/*Kesseler* Rn 307 mwN). 42

Nach dem der Vormerkung zustehenden Rang ist zu unterscheiden, ob sie im geringsten Gebot steht oder nicht (BGHZ 46, 124, 127f; Kiel SeuffA 67, Nr 155). Die danach als bestehen bleibend in die Versteigerungsbedingungen aufzunehmende (vorrangige) Vormerkung bleibt hinsichtl ihrer gewöhnlichen Wirkung vom Zuschlagbeschluss unberührt. So kann der Auflassungsvormerkungsberechtigte ggü dem Ersteher (nicht ggü dem betreibenden Gläubiger) die Rechte aus den §§ 883, 888 geltend machen (Staudinger/*Kesseler* Rn 358 mwN). 43

Geht die Auflassungsvormerkung dem Recht des die Zwangsversteigerung betreibenden Gläubigers nach, einzuordnen ist sie in die Rangklasse 4 des § 10 I ZVG (BGH NJW 2014, 2445 Rn 18), so erlischt sie mit dem Zu- 44 schlag (§§ 44, 45, 52 I 2, § 91 ZVG; zur Privilegierung von Wohngeldansprüchen nach § 10 I Nr 2 ZVG s *Kesseler* NJW 2009, 121). An die Stelle des vorgemerkten Anspruchs tritt dann gem § 92 ZVG ein Anspruch auf Wertersatz aus dem Versteigerungserlös (MüKo/*Lettmaier* Rn 77; Staudinger/*Kesseler* Rn 362 mwN). Bei der Berechnung des Wertes ist die vom Auflassungsvormerkungsgläubiger geschuldete Gegenleistung nicht in Abzug zu bringen (RGZ 144, 281, 283; Königsberg JW 1936, 2358; *Westermann/Gursky/Eickmann* § 83 IV 3f; NK/*Krause* Rn 105; aA KG JW 1932, 190; Naumburg LZ 1914, 1924; MüKo/*Lettmaier* Rn 77; *Wörbelauer* DNotZ 1963, 721ff; *Keuk* NJW 1968, 476, 478f; *Blomeyer* DNotZ 1979, 528; vgl auch BGHZ 59, 94, 97). Insoweit kommt nur eine Forderungspfändung der Gläubiger in Betracht (Staudinger/*Kesseler* Rn 364).

45 **e) Wirkung bei Insolvenz.** Gem § 883 II 2 sind Verfügungen des Insolvenzverwalters dem Vormerkungsberechtigten ggü unwirksam. Die Vormerkung begründet bei Insolvenz zwar weder ein Aussonderungsrecht noch ein Absonderungsrecht (BGHZ 47, 181; *Keuk* NJW 1968, 476; Staudinger/*Kesseler* Rn 370 mwN); der Insolvenzverwalter muss aber den vorgemerkten Anspruch gem § 106 InsO erfüllen, ohne das Wahlrecht des § 103 InsO zu haben (BGHZ 149, 1, 5ff = NJW 2002, 213 mwN; Staudinger/*Kesseler* Rn 379; zur Insolvenzverwalterversteigerung vgl *Stöber* NJW 2000, 3600). Dies gilt auch für bedingte und künftige Ansprüche (BGH NJW 2006, 2408, 2409; BGHZ 149, 1, 5 = NJW 2002, 213 mwN; *Assmann* ZfIR 2002, 11; *Stickelbrock* MDR 2002, 112; *Fritsche* DZWIR 2002, 95; *Preuß* DNotZ 2002, 283 und AcP 201, 586 und 591); dagegen nicht für die Amtsvormerkung (vgl Rn 6 und Staudinger/*Kesseler* Rn 402; MüKo/*Lettmaier* Rn 78). – Geht der einem vorgemerkten Grundstücksübereignungsanspruch zugrundeliegende Vertrag auch auf Erstellung eines Bauwerks und ist dieses noch nicht fertig erstellt, so wird auch hier § 103 InsO durch § 106 InsO verdrängt, soweit es um den Grundstücksübereignungsanspruch geht (BGHZ 79, 103 = NJW 1981, 991; Staudinger/*Kesseler* Rn 391; MüKo/*Lettmaier* Rn 81; Grü/*Herrler* Rn 24). Dagegen bleibt das Wahlrecht des Insolvenzverwalters in Bezug auf die Verpflichtung zur Errichtung des Gebäudes bestehen (vgl BGHZ 96, 275, 281 = NJW 1986, 925, 927; NK/*Krause* Rn 65). Zu weiteren, trotz Vormerkung nicht insolvenzfesten Ansprüchen des Käufers bei Bauträger- bzw Immobilienkaufverträgen s *Suppliet* NotBZ 2004, 150. – Zum Löschungsanspruch eines nachrangigen Grundschuldgläubigers in der Insolvenz des Grundstückseigentümers s BGH NJW 2006, 2408 m Anm *Rein* NJW 2006, 3470.

46 **2. Rangwirkung (§ 883 III).** Gem § 883 III bestimmt sich der **Rang des Rechts**, auf dessen Einräumung der vorgemerkte Anspruch gerichtet ist, nach der Eintragungszeit der Vormerkung. Diese **rangwahrende Wirkung der Vormerkung** ist absolut. § 883 III stellt die Vormerkung bzgl des Ranges den dinglichen Rechten gleich (RGZ 124, 200, 202f; RG HRR 1928 Nr 2300). § 888 ist insoweit gegenstandslos. § 883 III gilt nur für unter Ausnutzung der Vormerkung geschaffene dingliche Rechte (KG HRR 1931 Nr 222 = JW 1931, 1202f), dh die Rechtsbegründung muss Erfüllung des vorgemerkten Anspruchs sein. Freilich kann ein vorgemerkter teilbarer Anspruch auch stufenweise in mehrere dingliche Rechte umgeschrieben werden (Staudinger/*Kesseler* § 888 Rn 82), zB bei Anspruch auf Reallastbestellung für jede künftige Erbbauzinserhöhung oder auf Einräumung einer Sicherungshypothek (BayObLG Rpfleger 1963, 383). Jedoch kann der Rang einer Vormerkung zur Sicherung des Anspruchs auf Einräumung einer Bauhandwerkersicherungshypothek für erbrachte Teilleistungen nicht für eine Hypothek zur Sicherung nachfolgender Leistungen genutzt werden (BGH NJW 2001, 3701). Demggü behält die Vormerkung auf Bewilligung einer Gesamtbauhandwerkersicherungshypothek als Vormerkung für eine Einzelhypothek ihre Wirksamkeit, wenn dem Berechtigten nur noch ein Anspruch auf eine Einzelhypothek zusteht. Denn die Einzelhypothek ist ein Minus zur Gesamthypothek (BGH NJW 2000, 1861).

47 § 883 III bezieht sich nur auf rangfähige dingliche Rechte. Das **Eigentum** ist nicht rangfähig (BGH NZM 2007, 377, 379; BayObLG NJW-RR 1991, 567; vgl § 879 Rn 3 sowie MüKo/*Lettmaier* Rn 87). Deshalb kann sich auch der Pfändungsgläubiger (§ 848 II ZPO) eines vorgemerkten Anspruchs auf Grundstücksübertragung ggü später gebuchten Rechten nicht auf § 883 III berufen. Gem § 883 II, § 888 kann er jedoch von den Erwerbern jener Rechte Zustimmung zum Rangrücktritt verlangen (KG JFG 8, 318, 321f). Zw mehreren Löschungsvormerkungen an demselben Grundpfandrecht besteht ebenfalls kein Rangverhältnis (RG DR 1944, 189).

48 Der **Rang der Vormerkung** selbst ergibt sich aus den §§ 879ff. Wird die Eintragung mehrerer Auflassungsvormerkungen gleichzeitig beantragt, ist deren Eintragung nicht etwa als unzulässig abzulehnen (so aber LG Darmstadt MDR 1958, 35; *Stadler* AcP 189, 437; Soergel/*Stürner* Rn 38). Vielmehr sind sie mit gleichem Rang einzutragen (*Holderbaum* JZ 1965, 713f; MüKo/*Lettmaier* Rn 84; Grü/*Herrler* Rn 29; Staudinger/*Kesseler* Rn 343 mwN). – Wie sich die Konkurrenz der Auflassungsvormerkungen im Stadium der Anspruchserfüllung bzw -durchsetzung auswirkt, ist str. Die wohl überwiegende „Prioritätstheorie" (Celle VIZ 1996, 104; Naumburg NJW-RR 2000, 1185; MüKo/*Lettmaier* Rn 84; Grü/*Herrler* Rn 29; Staudinger/*Kesseler* Rn 344; *Wilhelm* JZ 1990, 501 Fn 2; NK/*Krause* Rn 69; *Löhnig/Gietl* JuS 2008, 102, 104) geht davon aus, die zuerst vollzogene Übereignung sei auch dem anderen Vormerkungsberechtigten ggü voll wirksam; entscheidend sei das Prioritätsprinzip. Demggü hält es die „Ausgleichstheorie" für sachgerechter, dem anderen Vormerkungsberechtigten die Realisierung seines gleichrangig vorgemerkten Anspruchs in Form von Bruchteilseigentum zu ermöglichen (vgl *Lemke* JuS 1980, 516f; *Lüdtke-Handjery* DB 1974, 519). Aus praktischen Erwägungen verdient die Prioritätslösung den Vorzug (Staudinger/*Kesseler* Rn 344; vgl auch BGH NJW 2008, 376, 377).

49 **Rangänderung** in Bezug auf eine Vormerkung ist zulässig und richtet sich grds nach § 880. Bei Aufhebung der zurücktretenden Vormerkung gilt § 880 IV (Staudinger/*Kesseler* Rn 346). Bei Rangrücktritt einer Hypothekenvormerkung ist nach zutr hM § 880 II 2 nicht entspr anzuwenden (KG JFG 13, 418, 419ff = JW 1936, 2446; Staudinger/*Heinze* § 880 Rn 27; MüKo/*Lettmaier* Rn 85 und § 880 Rn 12; Staudinger/*Kesseler* Rn 347 mwN), dh der Grundstückseigentümer muss nicht zustimmen.

3. Heilung einer vormerkungsbedingten Unwirksamkeit. Eine relativ unwirksame, weil vormerkungswidrige Verfügung kann absolute Wirksamkeit erlangen. Dies kann zum einen dadurch geschehen, dass die Vormerkung erlischt, ohne dass gleichzeitig der durch sie gesicherte Anspruch vollständig erfüllt bzw durchgesetzt wird (vgl § 886 Rn 6). – Zum anderen ist die vormerkungswidrige Verfügung („ein für allemal") voll wirksam, wenn der Vormerkungsgläubiger ihr entspr § 185 I zustimmt, was gem § 182 II formlos möglich ist (RGZ 154, 355, 367; BGH DtZ 1997, 226; LM Nr 2 zu § 883; *Gursky* DNotZ 1998, 274ff). Dagegen wirkt eine schuldrechtl Verpflichtung, die Vormerkungsfolgen nicht geltend zu machen, immer nur zw den Parteien dieser Vereinbarung (RGZ 142, 331, 334; 143, 159, 164). Im Zweifel dürfte anzunehmen sein, dass der Wille der Beteiligten darauf gerichtet ist, eine absolute Wirksamkeit der vormerkungswidrigen Verfügung herbeizuführen. Es ist zulässig, dies durch einen besonderen Klarstellungs- bzw **Wirksamkeitsvermerk** bei der Eintragung des „an sich" vormerkungswidrigen Rechts offenzulegen (BGH MDR 1999, 796f m zust Anm *Stickelbrock*; BayObLG NJW-RR 2004, 736, 737; *R. Lehmann* NJW 1993, 1558 und NJW 1999, 3318; *Gursky* DNotZ 1998, 274 mwN; ausf *Schultz* RNotZ 2001, 541; s auch § 881 Rn 8). Zu den Kosten vgl Düsseldorf Rpfleger 2000, 568; Köln RNotZ 2001, 243; KG Rpfleger 2002, 591f; BayObLG Rpfleger 2001, 459 und *Schultz* RNotZ 2001, 541, 562ff. 50

§ 884 Wirkung gegenüber Erben

Soweit der Anspruch durch die Vormerkung gesichert ist, kann sich der Erbe des Verpflichteten nicht auf die Beschränkung seiner Haftung berufen.

Nach § 884 haftet der Erbe in Bezug auf einen vorgemerkten Anspruch unbeschränkt und unbeschränkbar. Gem § 2016 I entfallen darüber hinaus die sog aufschiebenden Einreden der §§ 2014, 2015. Der Gläubiger des vorgemerkten Anspruchs wird schließlich auch nicht von einem Aufgebot betroffen (§ 1971 S 2, § 1974 III, § 2060 Nr 2). Dies gilt auch dann, wenn eine Vormerkung aufgrund einer Bewilligung des Erblassers nach dessen Tod eingetragen worden ist (Staudinger/*Kesseler* Rn 6; MüKo/*Lettmaier* Rn 3; Grü/*Herrler* Rn 1; *Westermann/Gursky/Eickmann* § 83 III 4), nicht dagegen, wenn der Gläubiger die Vormerkung erst nach dem Erbfall im Wege der einstweiligen Verfügung erlangt hat (vgl § 1990 II und § 2016 II iVm § 1971 S 2). 1

Ist die Vormerkung für eine Nachlassverbindlichkeit vom Erben oder durch den Testamentsvollstrecker bewilligt worden, ist dem Erben ebenfalls die Berufung auf die Haftungsbeschränkung versagt (Staudinger/*Kesseler* Rn 6, 8 mwN). 2

§ 885 Voraussetzung für die Eintragung der Vormerkung

(1) Die Eintragung einer Vormerkung erfolgt aufgrund einer einstweiligen Verfügung oder aufgrund der Bewilligung desjenigen, dessen Grundstück oder dessen Recht von der Vormerkung betroffen wird. Zur Erlassung der einstweiligen Verfügung ist nicht erforderlich, dass eine Gefährdung des zu sichernden Anspruchs glaubhaft gemacht wird.

(2) Bei der Eintragung kann zur näheren Bezeichnung des zu sichernden Anspruchs auf die einstweilige Verfügung oder die Eintragungsbewilligung Bezug genommen werden.

I. Allgemeines. § 885 bestimmt die **materiellen Voraussetzungen**, die neben dem zu sichernden Anspruch (vgl § 883 Rn 9ff) gegeben sein müssen, damit eine Vormerkung entsteht. Erforderlich ist einerseits die Bewilligung des Betroffenen bzw eine einstweilige Verfügung und andererseits die Eintragung. Die gesetzl Voraussetzungen für eine Vormerkung müssen gleichzeitig vorliegen, damit eine Vormerkung entstehen soll. **Behördliche Genehmigungen**, die bei Verfügungen über Grundstücke bzw Grundstücksrechte erforderlich sind (vgl § 873 Rn 5), sind bzgl der Vormerkung oftmals entbehrlich (vgl hierzu Staudinger/*Kesseler* Rn 31). Ist die eingetragene Vormerkung **teilw inhaltlich unzulässig**, kann sie gleichwohl hinsichtl des zulässigen Restes wirksam sein (BGH NJW 1966, 1656, 1657; NJW 1993, 324, 326; Staudinger/*Kesseler* Rn 1). § 873 ist neben § 885 nicht anwendbar (BGHZ 28, 182, 184ff; BGH NJW-RR 1989, 198, 199; *Westermann/Gursky/Eickmann* § 83 II 2; *Baur/Stürner* § 20 III 1a; MüKo/*Lettmaier* Rn 1; Grü/*Herrler* Rn 1; Staudinger/*Kesseler* Rn 8 mwN; zu den anzuwendenden Vorschriften vgl § 883 Rn 3). 1

Bei Erweiterung des (vormerkungs-)gesicherten Anspruchs ist eine weitere Vormerkung nach Maßgabe des § 885 erforderlich; wird der Anspruch dagegen eingeschränkt, passt sich die Vormerkung dem reduzierten Anspruchsumfang an (vgl MüKo/*Lettmaier* Rn 33 und Staudinger/*Kesseler* Rn 2). 1a

II. Eintragungsbewilligung. Während zur Begründung dinglicher Rechte prinzipiell eine Einigung erforderlich ist (§ 873), genügt bei der Vormerkung die einseitige Bewilligung des Inhabers des betroffenen Rechts. Die Bewilligung ist eine **einseitige**, empfangsbedürftige, **materiellrechtl Willenserklärung**, die das Einverständnis mit der Eintragung der Vormerkung zum Ausdruck bringt. Maßgebend für die dingliche Wirkung ist auch bei zusätzl Einigung die einseitige Erklärung (RG Gruchot 62 1918, 117). Die **formlos** gültige materiellrechtl Bewilligung iSv § 885 ist nicht gleichzusetzen mit der für die Eintragung gem § 19 GBO notwendigen Eintragungsbewilligung (MüKo/*Lettmaier* Rn 14 mwN; aA *Trupp* JR 1990, 185f), wenngleich freilich beide oftmals in einer Erklärung enthalten sind. 2

Auf die materiellrechtl Bewilligung sind die §§ 104ff anzuwenden. 3

4 Die Bewilligung ist entweder **dem künftigen Vormerkungsgläubiger oder dem Grundbuchamt ggü** zu erklären, und zwar vom Inhaber des betroffenen Rechts, der Schuldner des Anspruchs ist. Ist die Verfügungsbefugnis des Rechtsinhabers beschränkt, ist die Zustimmung des hierzu befugten Dritten erforderlich. Insb finden die §§ 185, 878, 893 Alt 2 auf die rechtsgeschäftliche Begründung einer Vormerkung entspr Anwendung.

5 Für den jew Adressaten muss deutlich werden, welcher Anspruch durch die Vormerkung gesichert werden soll. Insoweit gelten die allg Regeln für die **Auslegung** empfangsbedürftiger Willenserklärungen. In der endgültigen Rechtsänderung oder Eintragungsbewilligung für diese liegt idR noch nicht die Bewilligung einer sie sichernden Vormerkung (BayObLG Rpfleger 1979, 134f; Grü/*Herrler* Rn 8; MüKo/*Lettmaier* Rn 20.

6 Die Vormerkungsbewilligung kann sich auch aus der **Umdeutung** eines unwirksamen Verfügungsgeschäfts mit anderem Inhalt ergeben. So kommt etwa bei Eintragung eines inhaltlich unzulässigen dinglichen Vorkaufsrechts mit festem Kaufpreis die Umdeutung in die Vereinbarung eines schuldrechtl (persönlichen) Vorkaufsrechts, welches vorgemerkt werden soll, in Betracht (RGZ 104, 122; Staudinger/*Mader* § 1094 Rn 31).

7 **Fingiert** wird die Bewilligung nach Maßgabe der §§ 894 und 895 ZPO. Eine Verurteilung des Rechtsinhabers zur Abgabe einer Bewilligungserklärung (§ 894 ZPO) setzt einen diesbzgl Anspruch des klagenden Gläubigers voraus. Der zu sichernde Anspruch ist zu unterscheiden von einem etwaigen Anspruch auf Bewilligung einer Vormerkung. Ein solcher Sicherungsanspruch mit Durchsetzbarkeit mittels Erfüllungsklage und Verzugsfolgen entsteht nur aufgrund einer besonderen Abrede (MüKo/*Lettmaier* Rn 2; *Westermann/Gursky/Eickmann* § 83 II 2; Grü/*Herrler* Rn 8; Staudinger/*Kesseler* § 883 Rn 26 mwN). Zwar hat die Klage auf Bewilligung einer Vormerkung im Hinblick auf das Sicherungsmittel der einstweiligen Verfügung (§ 885 I 1 Alt 1 iVm S 2) kaum praktische Bedeutung. Das erforderliche Rechtsschutzbedürfnis für eine Bewilligungsklage ist aber zu bejahen (Staudinger/*Kesseler* Rn 35), und zwar selbst dann, wenn eine Vormerkung aufgrund einstweiliger Verfügung schon besteht (KG HRR 1927, Nr 1021; KGJ 20, 79; MüKo/*Lettmaier* Rn 21).

8 Die Vormerkungseintragung gilt gem § 895 S 1 ZPO weiterhin als bewilligt, wenn der Schuldner vorläufig vollstreckbar zur Abgabe einer Willenserklärung verurteilt worden ist, auf die eine Grundbucheintragung erfolgen soll. Dabei geht es um die Verurteilung zur Bestellung eines dinglichen Rechts (zB Auflassung, Hypothekenbestellung etc). Ein auf Zahlung gerichtetes Urteil vermag die Bewilligung nicht zu ersetzen (RG JW 1931, 1202; BayObLG Rpfleger 2000, 448 mwN). Die Eintragung einer auf § 895 ZPO beruhenden Vormerkung ist nach heute hM (BGH Rpfleger 1969, 425; Staudinger/*Kesseler* Rn 36; MüKo/*Lettmaier* Rn 21; Stein/Jonas/*Brehm* § 895 ZPO Rn 9) kein Akt der Zwangsvollstreckung, dh Vollstreckungsklausel und Zustellung sind nicht nötig, ggf aber Nachw einer angeordneten Sicherheitsleistung (Schleswig NJW-RR 2010, 1103 mwN.

9 § 878 ist auf die gem den §§ 894, 895 fingierten Vormerkungsbewilligungen analog anwendbar (Staudinger/*Kesseler* Rn 35; vgl auch MüKo/*Lettmaier* Rn 21).

10 **III. Einstweilige Verfügung. 1. Inhalt.** Die einstweilige Verfügung muss als Eintragungsgrundlage für eine Vormerkung (vgl § 28 S 1 GBO) den Berechtigten, das betroffene Grundstück bzw Grundstücksrecht (BayObLG Rpfleger 1981, 190; Düsseldorf Rpfleger 1978, 216) und den zu sichernden Anspruch bezeichnen. Richten muss sie sich gegen den von der Vormerkungseintragung Betroffenen, dh gegen den gegenwärtigen Inhaber des vom zu sichernden Anspruch betroffenen Rechts. Bei einer einstweiligen Verfügung zugunsten mehrerer Berechtigter ist das zw ihnen bestehende Rechtsverhältnis anzugeben (§ 47 GBO); ist das Gemeinschaftsverhältnis in der einstweiligen Verfügung nicht benannt, so genügt die Angabe im Eintragungsantrag (Frankfurt MDR 1989, 365).

11 **2. Modifikationen.** Für das **Verfahren** gelten die §§ 935ff ZPO mit der sich aus § 885 I 2 ergebenden Modifikation.

12 Hat der Antragsgegner die Eintragung einer Vormerkung bereits bewilligt, fehlt das für eine einstweilige Verfügung erforderliche Rechtsschutzinteresse (MüKo/*Lettmaier* Rn 8). Dagegen ist eine einstweilige Verfügung zulässig, wenn die Vormerkungseintragung zwar gem § 895 S 1 ZPO als bewilligt gilt (vgl Rn 8), der Gläubiger aber eine im Urteil bestimmte Sicherheitsleistung nicht erbringen kann oder will (Celle MDR 1964, 333; Grü/*Herrler* Rn 4; aA MüKo/*Lettmaier* Rn 8).

13 Der zu sichernde Anspruch muss schlüssig vorgetragen und glaubhaft (§ 294 ZPO) gemacht sein (Frankfurt NJW-RR 1993, 473f). Einer Glaubhaftmachung seiner Gefährdung bedarf es nicht (§ 885 I 2). Die darin zum Ausdruck kommende Vermutung eines Verfügungsgrundes (Zöller/*Vollkommer* § 940 ZPO Rn 8 „Bauhandwerkersicherungshypothek") ist widerlegbar (Koblenz BeckRS 2013, 08920; Hamm NZBau 2004, 330, 331; Düsseldorf NJW-RR 2000, 825 mwN). Hat ein **bedingter Anspruch** wegen der entfernten Möglichkeit des Bedingungseintritts keinen gegenwärtigen Vermögenswert, so ist seine Sicherung durch Vormerkung aufgrund einstweiliger Verfügung (nicht aufgrund Bewilligung) gem § 916 II, § 936 ZPO unzulässig (Staudinger/*Kesseler* Rn 42 mwN). Auch zur Sicherung von **künftigen Ansprüchen** kann die Eintragung einer Vormerkung im Wege einstweiliger Verfügung erwirkt werden (*Westermann/Gursky/Eickmann* § 83 II 3; Stein/Jonas/*Grunsky* § 935 ZPO Rn 4; Zöller/*Vollkommer* § 916 ZPO Rn 8; MüKo/*Lettmaier* Rn 3; Staudinger/*Kesseler* Rn 42 mwN; aA RGZ 74, 158, 159; JW 1926, 2701; Grü/*Herrler* Rn 5; Soergel/*Stürner* Rn 4). Die §§ 926, 936 ZPO stehen dem nicht entgegen, da als Hauptsacheklage eine Feststellungsklage bzw eine solche auf künftige Leistung nach § 259 ZPO in Betracht kommt. Der Antragsteller muss in Bezug auf die Sicherung des künftigen Anspruchs auch nicht etwa ein besonderes schützenswertes Interesse darlegen; vielmehr reicht es aus, dass der künftige Anspruch einen gegenwärtigen Vermögenswert iSv § 916 II ZPO besitzt (vgl Staudinger/*Kesseler* Rn 42).

Die in § 929 II und III, § 936 ZPO geregelten Vollziehungsfristen müssen gewahrt werden, denn andernfalls ist bzw wird die Vormerkung unwirksam. Die einstweilige Verfügung gilt dabei gem § 932 III, § 936 ZPO mit Eingang des Antrags auf Vormerkungseintragung (§ 13 II 2 und 3 GBO) bzw des Ersuchens iSv § 941 ZPO, § 38 GBO beim Grundbuchamt als vollzogen (Staudinger/*Kesseler* Rn 55 mwN). 14

Die Aufhebung der einstweiligen Verfügung gem § 938 ZPO gegen Sicherheitsleistung kommt nur in Betracht, wenn der vorgemerkte Anspruch sich auf ein dingliches Recht bezieht, welches auf eine Geldleistung aus dem Grundstück gerichtet ist (RGZ 55, 140; Staudinger/*Kesseler* Rn 65 mwN). 15

Da die Eintragung aufgrund einstweiliger Verfügung Vollstreckungshandlung ist, muss die einstweilige Verfügung (im Gegensatz zur Bewilligung) schon bei der Eintragung vorliegen (Staudinger/*Kesseler* Rn 55 mwN). Der Anspruchsinhaber trägt die Kosten des einstw Verfügungsverfahrens, wenn er den Verpflichteten nicht zuvor zur Zustimmung der Eintragung der Vormerkung aufgefordert hat (Celle 25.5.2016 – 16 W 38/16). 16

IV. Eintragung. 1. Inhalt. Die Eintragung muss dem Bestimmtheitsgrundsatz genügen, dh den Berechtigten, den Schuldner und den Anspruch nach Inhalt und Leistungsgegenstand zumindest eindeutig bestimmbar bezeichnen (RG JW 1931, 2743, 2744; BayObLG Rpfleger 1969, 48, 49; BayObLG 1977, 155, 157). IÜ ist gem § 885 II Bezugnahme auf die einstweilige Verfügung oder die Eintragungsbewilligung möglich, zB für die vorzumerkende Unterwerfung des jew Eigentümers unter die sofortige Zwangsvollstreckung (KG JFG 4, 407ff) oder die Nichtabtretbarkeit der Forderung gem § 399 (Düsseldorf BeckRS 2017, 140058). Die Eintragung des Erblassers wirkt für den Erben (RG JW 1926, 1955; Grü/*Herrler* Rn 9). 17

Die Angabe des Schuldgrundes ist regelmäßig nicht nötig, es sei denn, es besteht Verwechslungsgefahr (RG JW 1928, 498; JW 1934, 2612; RGZ 133, 267, 270; BGH LM § 883 Nr 1; MüKo/*Lettmaier* Rn 25; Staudinger/*Kesseler* Rn 109 mwN). Die Bezeichnung als Widerspruch ist unschädlich, wenn ersichtlich ist, dass ein schuldrechtl Anspruch auf Rechtsänderung gesichert werden soll (RGZ 55, 340, 343). Ist die „Vormerkung eines Wiederkaufsrechts" eingetragen, so ist bei vernünftiger **Auslegung** ein Rückübereignungsanspruch gemeint (BayObLG 1961, 63 = DNotZ 1961, 587; vgl § 883 Rn 18). Zur Klarstellung, dass es sich um eine Vormerkung handelt, ist aber Bezugnahme nicht gestattet (Karlsruhe NJW 1958, 1189; Staudinger/*Kesseler* Rn 104). Soll die einzutragende Vormerkung nur einen realen Grundstücksteil betreffen, gilt § 7 GBO nicht (RG HRR 1934 Nr 1222; BGH NJW 1972, 2270; BayObLG Rpfleger 1981, 232; Staudinger/*Kesseler* Rn 85 mwN). Es muss aber eine jeden Zweifel ausschließende eindeutige Bezeichnung erfolgen (BayObLG DNotZ 1983, 440, 443; 1985, 44, 45; Staudinger/*Kesseler* Rn 88 mwN). Bei einer Hypothekenvormerkung gilt § 1114 entspr (KGJ 28, 111; Staudinger/*Kesseler* Rn 106). 18

Eine **Umdeutung** von Grundbucheintragungen ist nicht zulässig (vgl Staudinger/*Kesseler* Rn 104 mwN). In Betracht kommt nur eine erneute Eintragung aufgrund umgedeuteter Parteierklärung(en) (vgl etwa Rn 6). 18a

Eine eingetragene Vormerkung kann auch der Sicherung eines nach ihrer Eintragung geänderten Anspruchs dienen, wenn die Änderung die Art der geschuldeten sachenrechtl Verfügung betrifft. Die Voraussetzungen für die Änderung der Vormerkung entsprechen denen der Änderung des Rechts, auf deren Verwirklichung der Anspruch gerichtet ist (BGH NJW 2017, 728, 729). Ob eine von vornherein unwirksame bzw erloschene (Auflassungs-)**Vormerkung durch erneute Bewilligung** wieder zur Sicherung eines neuen, deckungsgleichen Anspruchs verwendet („aufgeladen" bzw „wiederaufgeladen") werden kann, ist heftig umstr (s *Böhringer* BWNotZ 2013, 47). Voraussetzung einer solchen Aufladung der eingetragenen Vormerkung ist, dass der gleiche sicherungsfähige, auf dingliche Rechtsänderung gerichtete Anspruch betroffen ist. Daher müssen Gläubiger und Schuldner sowie das sachenrechtl Erwerbsziel, der auf dingliche Rechtsänderung gerichtete Anspruch, identisch sein. In einem solchen Fall kann, da Eintragung und Bewilligung der Vormerkung nicht in einer bestimmten Reihenfolge zu erfolgen haben, eine bereits eingetragene Vormerkung noch einmal „werthaltig" gemacht werden. Der BGH (143, 175 = NJW 2000, 805; fortgeführt in NJW 2012, 2032) hat in mehreren grundlegenden Entscheidungen festgestellt, unter welchen Voraussetzungen eine solche „Aufladung" erfolgen kann (s auch Schleswig FGPrax 2010, 282 m Anm *Lorbacher*). Nach BGH und anderen (*Wacke* DNotZ 2000, 643; *Schöpflin* JA 2000, 535; *Grunsky* EWiR 2000, 285; NK/*Krause* § 883 Rn 29) ist in der Löschung der alten und der Eintragung einer neuen Vormerkung ein „unnötiger Formalismus" zu sehen. Wesentlich ist allerdings die Kongruenz der Ansprüche, dh des Eintragungsinhalts, die nicht vorliegt, wenn „die Vormerkung für einen höchstpersönlichen, nicht vererblichen und nicht übertragbaren Rückübertragungsanspruch des Berechtigten eingetragen ist, die Vormerkung nach der nachfolgenden Bewilligung aber einen anderweitigen, vererblichen Anspruch sichern soll" (BGH NJW 2012, 2032 m Bspr *Kesseler* NJW 2012, 2765; s auch *Kohler* DNotZ 2011, 808; *Buchinger/Jagusch* ZfIR 2016, 126; *Reymann* ZIP 2013, 605, 611ff zur Möglichkeit der Wiederverwendung einer „Photovoltaikvormerkung"; zur Verwendung einer eingetragenen Vormerkung bei Aufteilung in Wohnungseigentum Frankfurt FGPrax 2021, 106). Die Gegenansicht (*Zimmer* NJW 2000, 2978; *Schubert* JR 2001, 61; *Demharter* MittBayNot 2000, 106; *Streuer* Rpfleger 2000, 155) hält aus Gründen der Rechtssicherheit eine Grundbuchberichtigung mit anschließender Neueintragung für erforderlich. Nur so sei die hinreichende Aussagekraft des Grundbuchs gewahrt (Staudinger/*Kesseler* § 883 Rn 452). Nach beiden Auffassungen bestimmt sich der Rang der neu bewilligten Vormerkung nicht nach der alten Eintragung, sondern nach dem Zeitpunkt des Zugangs der neuen Vormerkungsbewilligung, die freilich notwendig ist. Verfügungen, die zw Eintragung und neuer Bewilligung erfolgen, sind daher nicht betroffen. Gerade darin liegt allerdings der zentrale Ansatzpunkt der Kritik im Hinblick auf die Publizität des Grundbuchs (vermittelnd MüKo/*Lettmaier* Rn 39; *Kohler* DNotZ 2011, 808). 19

20 Der BGH hat seine Rspr aus BGHZ 143, 175 (s Rn 19) fortgeführt und festgestellt, dass eine zur Sicherung eines durch Rücktritt bedingten Rückauflassungsanspruchs eingetragene Vormerkung durch bloße Bewilligung, also ohne erneute Eintragung, auf **weitere Rücktrittsgründe** erstreckt werden kann (NJW 2008, 578, 579f; Abgrenzung dazu im Hinblick auf das dingliche Anspruchsziel in BGH NJW 2012, 2032; sehr krit dazu Staudinger/*Kesseler* § 883 Rn 452; s auch *Heggen* RNotZ 2008, 213; zur Rückauflassung nach Widerruf einer Schenkung *Derleder* ZfIR 2016, 815). Unabhängig von der Frage der „Wiederaufladung" einer Vormerkung bedarf es keiner Ergänzung des Grundbuchs, wenn die Annahmefrist hinsichtl eines Antrags auf Abschluss eines Kaufvertrags, bzgl dessen der etwaige Übereignungsanspruch durch eine Vormerkung gesichert ist, verlängert wird. Hier ist der zu sichernde Anspruch nicht zwischenzeitl weggefallen (Düsseldorf BeckRS 2013, 10980).

21 **2. Eintragungsort.** Der **Ort der Eintragung** ist in §§ 12 und 19 GBV geregelt. Eine Auflassungsvormerkung wird in Abteilung II eingetragen, eine Vormerkung auf ein beschränktes dingliches Recht am Ort für dessen Eintragung. Die spätere Eintragung des betreffenden Rechts erfolgt in der Veränderungsspalte.

22 Nach BayObLG (NJW-RR 2002, 884f mwN) kann ein Anspruch auf eine das gemeinschaftl Grundstück als Ganzes betreffende Rechtsänderung in einem einzelnen Wohnungsgrundbuch nicht vorgemerkt werden.

23 Zur **Löschung** einer Auflassungsvormerkung wegen nachgewiesener Unrichtigkeit s Köln MittBayNot 2010, 473.

§ 886 Beseitigungsanspruch

Steht demjenigen, dessen Grundstück oder dessen Recht von der Vormerkung betroffen wird, eine Einrede zu, durch welche die Geltendmachung des durch die Vormerkung gesicherten Anspruchs dauernd ausgeschlossen wird, so kann er von dem Gläubiger die Beseitigung der Vormerkung verlangen.

1 **I. Normzweck.** § 886 regelt den Fall, dass dem vorgemerkten Anspruch eine dauernde Einrede entgegensteht. Während der Anspruch für den Gläubiger praktisch wertlos ist, werden potentielle Erwerber des von der Vormerkung betroffenen Rechts uU abgeschreckt (Staudinger/*Kesseler* Rn 1). Deshalb gewährt § 886 dem Einredeberechtigten das Recht, vom Vormerkungsgläubiger die Beseitigung der Vormerkung zu verlangen. Die §§ 1169, 1254 enthalten entspr Regelungen für einredebehaftete Hypotheken und Pfandrechte.

2 **II. Voraussetzungen des Beseitigungsanspruchs. 1. Dauernde (sog peremptorische) Einrede.** Einen Anspruch auf Beseitigung der Vormerkung geben nur die dauernden Einreden, die den Anspruch zwar bestehen lassen, aber seine Durchsetzung dauernd hemmen. Zu denken ist insb an die Einreden der Verjährung (§ 214 I), der Bereicherung (§ 821) und der unerlaubten Handlung (§ 853). Zu weiteren dauernden Einreden vgl Staudinger/*Kesseler* Rn 8. Bei der Frage der Verjährung des gesicherten Anspruchs ist zu beachten, dass weder § 216 noch § 902 I (vgl RG HRR 1929, Nr 8) analog anwendbar ist (Staudinger/*Kesseler* Rn 4, 7 mwN). Eine Vormerkung aufgrund einstweiliger Verfügung ist auch keine Vollstreckungshandlung iSv § 212 I Nr 2 (Staudinger/*Kesseler* Rn 5). In der Bewilligung einer Vormerkung liegt aber regelmäßig ein Anerkenntnis iSv § 212 I Nr 1. Eine Einrede muss als solche geltend gemacht sein (BGH NJW 1989, 220, 221; aA MüKo/*Lettmaier* Rn 3; krit auch Staudinger/*Kesseler* Rn 6), wobei Hinweise auf ihr Bestehen zur Substantiierung der auf § 886 gestützten Klage genügen dürfte (NK/*Krause* Rn 7).

3 **2. Berechtigter. Anspruchsberechtigt** iSv § 886 sind der Schuldner des vorgemerkten Anspruchs, dessen Rechtsnachfolger sowie Erwerber eines vormerkungswidrigen Rechts, die iSv § 888 I zustimmungspflichtig sind (RGZ 53, 28, 33; BGH NJW 1989, 220, 221; Grü/*Herrler* Rn 8; MüKo/*Lettmaier* Rn 4; Staudinger/*Kesseler* Rn 14 mwN). – Nicht anspruchsberechtigt sind dagegen Inhaber gleich- und nachrangiger Grundstücksrechte (Staudinger/*Kesseler* Rn 15, arg: § 885 I 1 aE; NK/*Krause* Rn 9; aA aber die wohl hM, vgl MüKo/*Lettmaier* Rn 4; BaRo/*Kössinger* Rn 6; wN bei Staudinger/*Kesseler* Rn 15).

4 **3. Gegner. Anspruchsgegner** iSv § 886 ist der jew Vormerkungsgläubiger (BayObLG DNotZ 1976, 371, 374). Ist der vorgemerkte Anspruch mit dem Pfandrecht oder Nießbrauch eines Dritten belastet, besteht auch ggü diesem ein (Hilfs-)Anspruch auf Zustimmung (Staudinger/*Kesseler* Rn 16).

5 **4. Anspruchsinhalt.** Der Anspruch geht auf **Beseitigung** der Vormerkung, dh auf materiellrechtl Aufgabeerklärung (§ 875 I analog), verfahrensrechtl Löschungsbewilligung sowie auf Beantragung der Löschung der Vormerkung beim Grundbuchamt. Die Eintragung ist konstitutiv.

6 **III. Erlöschen der Vormerkung aus anderen Gründen.** Mit Erlöschen des gesicherten Anspruchs, zB durch Eintritt einer auflösenden Bedingung, bzw Fristablauf oder durch Vertragsrücktritt (BGH NJW 2009, 1414 = DNotZ 2009, 434 m Anm *Kesseler*; krit *Bohrer* DNotZ 2009, 803), wird die Vormerkung unwirksam. Dies gilt auch bei Hypothekenvormerkung. Es entsteht nicht etwa in Analogie zu § 1163 I 2 eine Eigentümerhypothek (RGZ 65, 260, 263; BayObLG Rpfleger 1980, 294; Staudinger/*Kesseler* Rn 39 mwN). Als vollständig erfüllt und damit erloschen gilt aber ein vorgemerkter Anspruch erst dann, wenn vormerkungswidrige Zwischenrechte beseitigt sind (RGZ 129, 184, 185; BGH WM 1964, 509, 510; BayObLG Rpfleger 1975, 395; Düsseldorf MittRhNotK 1965, 16; Hamm Rpfleger 1992, 474, 475; Staudinger/*Kesseler* Rn 28 mwN). Wird der Gläubiger des vorgemerkten Anspruchs vom Schuldner beerbt, erlischt der Anspruch grds durch sog Konfusion. Die Vormerkung geht dann mit unter (BGH NJW 1981, 447; *Ebel* NJW 1982, 724ff; Grü/*Herrler* Rn 4; Staudinger/*Kesseler* Rn 35f; krit hierzu *Wacke* NJW 1981, 1576ff; MüKo/*Lettmaier* Rn 10). § 889 gilt nicht. Rechte Dritter stehen ei-

ner Konfusion entgegen. Die Konfusionswirkung entfällt außerdem rückwirkend nach Maßgabe der §§ 1976, 1991 II, §§ 2143, 2175, 2377 (vgl Staudinger/*Kesseler* Rn 35f; aA *Wilhelm* SachenR Rn 2283, wonach die Vormerkung erst untergeht, wenn der Erbe die Möglichkeit der Haftungsbeschränkung verliert).

Macht ein Vorkaufsverpflichteter ein Verkaufsangebot für sein Grundstück, welches nach seinem Tod wirksam angenommen wird (§ 153), so erlischt nach BGH NJW 2000, 1033 eine zugunsten des Vorkaufsberechtigten und Alleinerben des Grundstückseigentümers bestehende, bedingte Auflassungsvormerkung. Seine Vorkaufsrechtsausübung geht ins Leere. Dem ist zuzustimmen (Soergel/*Stürner* § 883 Rn 5; aA *v Olshausen* NJW 2000, 2872; *Wieling* JR 2001, 148; *Wacke* DNotZ 2001, 302; *Wacke* JZ 2001, 380). Denn der vorkaufsberechtigte Alleinerbe erwirbt – eine unbeschränkte Erbenhaftung unterstellt – auch die Verbindlichkeiten und muss diese erfüllen (*Lüke* DNotZ 2001, 59, 61; *Gebauer/Haubold* JZ 2000, 680, 682). Etwas anderes gilt nur dann, wenn der Drittkäufer dem Erblasser für den Fall der Ausübung des Vorkaufsrechts ein Rücktrittsrecht eingeräumt hatte oder der Kaufvertrag zw den beiden unter der auflösenden Bedingung der Ausübung des Vorkaufsrechts stand (*Lüke* DNotZ 2001, 59, 63). 6a

Die Vormerkung kann unabhängig vom gesicherten Anspruch entfallen, wenn sie (was zulässig ist) aufschiebend bzw auflösend bedingt oder befristet ist (vgl BGHZ 117, 390, 392; Frankfurt Rpfleger 1994, 106; Staudinger/*Kesseler* Rn 41 mwN). – Gleiches gilt, wenn der Anspruch ausdrückl ohne die Vormerkung übertragen wird (KGJ 43, 209; Soergel/*Stürner* Rn 2; Staudinger/*Kesseler* Rn 43). Auch wenn die einstweilige Verfügung oder das vorläufig vollstreckbare Urteil iSv § 895 ZPO, auf der bzw dem ihre Eintragung beruht, aufgehoben wird, entfällt die Vormerkung. 7

Die Vormerkung kann auch gesondert analog § 875 aufgehoben werden, und zwar durch eine entspr Aufgabeerklärung ggü dem Grundbuchamt oder dem Begünstigten (vgl dazu Staudinger/*Kesseler* Rn 51) und die Löschung der Vormerkung; nicht aber durch Löschung allein (BGHZ 60, 46, 49ff = NJW 1973, 323, 325; WM 1964, 509, 510; MüKo/*Lettmaier* Rn 6; Grü/*Herrler* Rn 3; Soergel/*Stürner* Rn 1; Staudinger/*Kesseler* Rn 59 mwN). § 1183 ist bei Hypothekenvormerkung nicht analog anwendbar. Bewilligt der Gläubiger einer Auflassungsvormerkung die Löschung „aller eingetragenen Grundstücksbelastungen", so will er damit die (wegen vormerkungswidrig begründeter Zwischenrechte, vgl Rn 6) weiterbestehende Vormerkung nicht aufgeben, solange die Zwischenrechte eingetragen bleiben (BGHZ 60, 46, 53). Gleiches gilt, wenn der Erwerber beantragt, die Auflassungsvormerkung „Zug um Zug gegen Eintragung der Auflassung" zu löschen, wenn noch vormerkungswidrig eingetragene Zwischenrechte vorhanden sind (Staudinger/*Kesseler* Rn 54; aA LG Kempten JZ 1991, 416f). 8

Da bei einem Recht an einem Grundstücksrecht zu dessen Aufgabe die bloße Verzichtserklärung genügt, reicht auch zur rechtsgeschäftlichen Aufhebung der Vormerkung, die einen Anspruch auf Bestellung eines solchen Rechts an einem Liegenschaftsrecht sichert, die bloße Aufgabeerklärung aus (Planck/*Strecker* Anm 1b; Staudinger/*Kesseler* Rn 52 mwN). 9

§ 887 Aufgebot des Vormerkungsgläubigers

Ist der Gläubiger, dessen Anspruch durch die Vormerkung gesichert ist, unbekannt, so kann er im Wege des Aufgebotsverfahrens mit seinem Recht ausgeschlossen werden, wenn die im § 1170 für die Ausschließung eines Hypothekengläubigers bestimmten Voraussetzungen vorliegen. Mit der Rechtskraft des Ausschließungsbeschlusses erlischt die Wirkung der Vormerkung.

I. Allgemeines. Während auf Seiten des unbekannten Vormerkungsgläubigers unter den Voraussetzungen des § 887 angenommen werden kann, dass dieser keinen Wert mehr auf die mit der Vormerkung verbundene dingliche Schutzlage legt (Staudinger/*Kesseler* Rn 1), werden dem Eigentümer weitere Verfügungen über das Grundstück durch sie erschwert (MüKo/*Lettmaier* Rn 1). Deshalb lässt § 887 es zu, den unbekannten Vormerkungsgläubiger mit seiner Vormerkung per Ausschließungsbeschluss auszuschließen. Entspr Vorschriften finden sich in den §§ 1104, 1112, 1170 (auf den § 887 verweist) sowie in § 13 SchiffsRG und in § 6 GBBerG (vgl hierzu *Wehrstedt* RNotZ 2001, 516; BGHRp 2009, 969 = WM 2009, 1669). 1

II. Voraussetzungen. Gem § 887 iVm § 1170 müssen folgende **Voraussetzungen** kumulativ gegeben sein: Der **Vormerkungsgläubiger** muss **unbekannt** sein. Das ist der Fall, wenn obj ungewiss ist, ob der im Grundbuch eingetragene Gläubiger noch lebt bzw wer seine Erben sind. Gleiches gilt, wenn der vermeintliche Gläubiger sein Recht nicht in grundbuchmäßiger Form nachzuweisen vermag (RGZ 67, 95, 99; KGJ 30, 269; Staudinger/*Kesseler* Rn 4 mwN). Ist lediglich der Aufenthalt des bekannten Gläubigers unbekannt, kommt dessen Ausschließung nach § 887 nicht in Betracht (BGH NJW-RR 2004, 664, 665; Staudinger/*Kesseler* Rn 5 mwN; aA *Wehrstedt* RNotZ 2001, 519). 2

Zehn Jahre müssen **vergangen** sein seit der letzten sich auf die Vormerkung beziehenden Eintragung im Grundbuch. Entspr § 1170 I 2 beginnt die Frist mit Fälligkeit des gesicherten Anspruchs bzw bei aufschiebender Bedingung mit deren Eintritt (MüKo/*Lettmaier* Rn 3; BaRo/*Eckert* Rn 4; aA NK/*Krause* Rn 6 mwN: nur bei betagten Ansprüchen; krit auch Staudinger/*Kesseler* Rn 6 mwN). 3

Darüber hinaus darf der Schuldner den vorgemerkten Anspruch **nicht** innerhalb der Frist **iSd § 212 I Nr 1 anerkannt** haben. Andernfalls beginnt die Frist neu zu laufen. 4

5 **III. Verfahren.** Das **Aufgebotsverfahren** richtet sich nach den §§ 433ff, 453, 484 FamFG. Antragsberechtigt sind der Eigentümer und im Range gleich- und nachstehend Berechtigte iSv §§ 448, 453 FamFG.

6 **IV. Wirkung des Ausschließungsbeschlusses.** Mit der Rechtskraft des Ausschließungsbeschlusses erlischt die Vormerkung (§ 887 S 2); der Anspruch bleibt unberührt. Die Löschung der Vormerkung im Grundbuch erfolgt nach § 22 GBO. Durch den Ausschließungsbeschluss wird die Löschungsbewilligung des bisherigen Vormerkungsgläubigers ersetzt. Ein Vorbehalt iSv § 440 FamFG steht § 887 S 2 entgegen; das Erlöschen der Vormerkung setzt dann voraus, dass der Vorbehalt durch einen Verzicht des Begünstigten oder eine gegen ihn entgangene Entscheidung beseitigt ist (s Prütting/Helms/*Holzer*[3] § 440 FamFG Rn 3).

§ 888 Anspruch des Vormerkungsberechtigten auf Zustimmung

(1) Soweit der Erwerb eines eingetragenen Rechts oder eines Rechts an einem solchen Recht gegenüber demjenigen, zu dessen Gunsten die Vormerkung besteht, unwirksam ist, kann dieser von dem Erwerber die Zustimmung zu der Eintragung oder der Löschung verlangen, die zur Verwirklichung des durch die Vormerkung gesicherten Anspruchs erforderlich ist.

(2) Das Gleiche gilt, wenn der Anspruch durch ein Veräußerungsverbot gesichert ist.

1 **I. Allgemeines. 1. Normzweck.** Verpflichtet zur Verschaffung des vorgemerkten Rechts ist nur der Schuldner; auf den Inhaber des vormerkungswidrig eingetragenen Rechts geht die Pflicht nicht über (BGHZ 54, 56, 62; KGJ 51, 192, 196; Staudinger/*Kesseler* Rn 38). Die aus § 883 II folgende relative Unwirksamkeit der vormerkungswidrigen Rechtsänderung bewirkt, dass dem Schuldner die Erfüllung der Verpflichtung möglich bleibt. Jedoch darf die dazu erforderliche Grundbucheintragung des Vormerkungsberechtigten nach dem formell-rechtl Voreintragungsgrundsatz (vgl Vor § 873 Rn 7) vom Grundbuchamt ohne die Eintragungs- oder Löschungsbewilligung des von ihr betroffenen Dritterwerbers nicht vollzogen werden (§§ 19 und 39 GBO). Da das Grundbuch aufgrund der Eintragung der vormerkungswidrigen Verfügung nicht unrichtig wird (Hamm FGPrax 1996, 210; Staudinger/*Kesseler* Rn 3), steht dem Vorgemerkten ein Grundbuchberichtigungsanspruch aus § 894 nicht zu. Er kann jedoch vom vormerkungswidrigen Dritterwerber gem § 888 die erforderliche Eintragungs- bzw Löschungsbewilligung verlangen (vgl Rn 5; eingehend BGH NJW 2016, 2104 Rn 14).

2 **2. Rechtsnatur.** Bei § 888 handelt es sich um einen unselbständigen Hilfsanspruch, der nicht durch Abtretung von der Vormerkung getrennt werden kann (BGH NJW 2016, 2104 Rn 12; Staudinger/*Kesseler* Rn 62) und mit der heute ganz hM als dinglicher Anspruch zu qualifizieren ist (MüKo/*Lettmaier* Rn 3; Staudinger/*Kesseler* Rn 71 mwN). Dies gilt auch im Rahmen der §§ 24, 265, 266, 325, 727 ZPO (vgl Rn 11 sowie Staudinger/*Kesseler* Rn 77 und 19, jew mwN).

3 **II. Aktiv- und Passivlegitimation. Anspruchsgegner**, dh verpflichtet zur Abgabe der Zustimmungserklärung ist der nach Maßgabe der vormerkungswidrigen Eintragung iSd GBO legitimierte Dritterwerber bzw dessen Rechtsnachfolger (RGZ 113, 403, 407). Auf die Wirksamkeit der vermeintlichen Rechtsnachfolge kommt es nicht an (RG JW 1908, 275). – Wer nach Eintragung einer Auflassungsvormerkung ggü dem Grundstücksverkäufer ein Veräußerungsverbot erwirkt, steht einem Dritterwerber gleich, dh der Vormerkungsberechtigte kann von ihm nach Abs II entspr § 888 I die Einschränkung des Veräußerungsverbots verlangen, soweit dies zur Verwirklichung des vorgemerkten Anspruchs erforderlich ist (BGH NJW 1966, 1509).

4 **Anspruchsinhaber** ist der Vormerkungsgläubiger bzw sein Rechtsnachfolger (RGZ 78, 71, 72f; RG JW 1927, 1413, 1414).

5 **III. Anspruchsinhalt. 1. Zustimmung.** Der Vormerkungsberechtigte kann vom Dritterwerber dessen gem § 19 GBO notwendige Zustimmung (BGH NJW 2022, 1167; BayObLG NJW-RR 1990, 722; aA *Kessler* ZfIR 2007, 88, 91 mwN zum Streitstand: materiellrechtl Inhalt) zu der Verfügung verlangen, zu der der Schuldner des vorgemerkten Anspruchs verpflichtet ist. Daneben besteht ein Anspruch auf Vorlage des Hypothekenbriefes, soweit dies zur grundbuchmäßigen Erledigung erforderlich ist (KG JFG 5, 324, 327).

5a Ist lastenfreie Rechtsübertragung vorgemerkt, so ist der Löschung nachträgl eingetragener belastender Rechte zuzustimmen (BGH NJW 2022, 1167; 2016, 2104; KG JFG 5, 324). Ob der Vormerkungsberechtigte darüber hinaus auch Verzicht oder Übertragung des vormerkungswidrigen beschränkten dinglichen Rechts an sich verlangen kann, ist str; dagegen spricht, dass § 888 nur dazu dient, dem formell-rechtl Voreintragungsgrundsatz zu entsprechen (vgl Rn 1; Staudinger/*Kesseler* Rn 22; s auch MüKo/*Lettmaier* Rn 17).

6 Ist der Dritterwerber grundbuchmäßig an Stelle des Schuldners verfügungsbefugt, so hindert ihn die relative Unwirksamkeit seines Rechtserwerbs nicht, gem § 267 I den vorgemerkten Anspruch zu erfüllen, dh selbst die erforderliche Erklärung (zB Auflassung, Eintragungsbewilligung) abzugeben (BGH BB 1958, 1225; KGJ 51, 192, 196; Grü/*Herrler* Rn 5; MüKo/*Lettmaier* Rn 19; Staudinger/*Kesseler* Rn 29 mwN). Denn die relative Unwirksamkeit soll nur zugunsten des Vorgemerkten wirken. Verpflichtet ist der Dritterwerber hierzu freilich nicht (vgl Rn 1). – Zur Löschung nachrangiger Vormerkungen vgl Dresden NJW-RR 1999, 1177.

7 Der Anspruch auf Zustimmung unterliegt in entspr Anwendung von § 902 nicht der **Verjährung** (BGH NJW 2022, 1167). Geltend gemacht werden kann der Hilfsanspruch dann, wenn der durch die Vormerkung gesicherte Anspruch entstanden und fällig geworden ist, also ggü dem Anspruchsgegner durchgesetzt werden könnte (BGH NJW 2022, 1167; MDR 2007, 1097, 1098 mwN; abw *Wilhelm* ZfIR 2011, 45, 49: bei Verlautbarung der Erfül-

lung/Durchsetzung). Zwar ist der Anspruch aus § 888 unverjährbar, unterliegt aber der gesicherte Anspruch der Verjährung. Der vormerkungswidrig Eingetragene kann diese Einrede des Schuldners geltend machen (BGH NJW 2022, 1167). Der Anspruch aus § 888 besteht dann nicht mehr. Die Eintragung des Vormerkungsberechtigten als Eigentümer (oder sonstiger Rechtsinhaber) im Grundbuch ist auch nicht in dem Fall erforderlich, dass die vormerkungswidrige Verfügung nicht in der Übertragung des Eigentums, sondern zB in der Eintragung eines Grundpfandrechts besteht (BGH NJW 2010, 3367; *Krüger* ZNotP 2011, 82; ausf dazu *Muthorst* DNotZ 2011, 729, der kritisiert, dass die Löschung nach BGH erst bei Eintragung des Berechtigten als Eigentümer verlangt werden kann; krit auch *Wilhelm* ZfIR 2011, 45). Bei **Verzug** kommt nach nunmehr einhelliger Auffassung eine Schadensersatzpflicht des Zustimmungspflichtigen nach § 280 II, § 286 in Betracht (BGH NJW 2016, 2104 m zahlreichen wN). Ausdrückl offen gelassen hat der BGH die Frage der Anwendung von § 280 I, III, § 281 (NJW 2016, 2104 Rn 13).

2. Einwendungen und Einreden. a) Dem **Schuldner** zustehende Einwendungen und Einreden gegen den vorgemerkten Anspruch kann auch der zustimmungsverpflichtete Dritterwerber geltend machen (BGH NJW 2000, 3496). Verzicht des Schuldners auf die Einrede steht dem ebenso wenig entgegen (Celle NJW 1958, 385; MüKo/*Lettmaier* Rn 11) wie dessen rechtskräftige Verurteilung zur Erfüllung des vorgemerkten Anspruchs (RGZ 53, 28; Celle NJW 1958, 385, 386; Grü/*Herrler* Rn 6; Staudinger/*Kesseler* Rn 64 mwN; aA *Westermann/Gursky/Eickmann* § 83 IV 4c). 8

Auf Einreden aus den §§ 273, 320, 322 kann sich der Dritterwerber ebenfalls berufen (Celle NJW 1958, 385; MüKo/*Lettmaier* Rn 11; Grü/*Herrler* Rn 6 mwN; aA RGZ 144, 281, 283). Er kann seine Zustimmung entspr § 770 I auch dann verweigern, wenn dem Schuldner in Bezug auf den vorgemerkten Anspruch ein Anfechtungs- oder Rücktrittsrecht zusteht (*Arndt* DNotZ 1963, 603f; Staudinger/*Kesseler* Rn 67 mwN). Dies gilt indes nicht, wenn der Schuldner auf sein Gestaltungsrecht verzichtet hat oder es ihm rechtskräftig aberkannt worden ist (Staudinger/*Kesseler* Rn 67; MüKo/*Lettmaier* Rn 11). Sog dauernde Einreden können zum Gegenanspruch aus § 886 führen (vgl § 886 Rn 2). 8a

b) Zu unterscheiden von den Einreden gegen den vorgemerkten Anspruch sind **Verteidigungsmöglichkeiten des Dritterwerbers** aus seinen Vereinbarungen mit dem Vormerkungsberechtigten. Diese schuldrechtl Verteidigungsmöglichkeiten gehen nicht ohne weiteres mit dem vormerkungswidrig eingetragenen Recht auf dessen Erwerber über (vgl RGZ 142, 331, 334; 143, 159; MüKo/*Lettmaier* Rn 12). Zu beachten ist aber in diesem Zusammenhang, dass auch eine (uU konkludent erklärte) dinglich wirkende Zustimmung (analog § 185) des Vormerkungsberechtigten vorliegen kann, durch die die vormerkungswidrige Verfügung volle Wirksamkeit erlangt (RGZ 154, 355, 367; KG JW 1931, 2742, 2743; ausf Staudinger/*Kesseler* Rn 61). 9

c) **Verwendungen des Dritterwerbers** auf das Grundstück, insb seine Bebauung, schließen den Zustimmungsanspruch nicht aus (RG HRR 1933, Nr 1850; Staudinger/*Kesseler* Rn 68). Es kann sich aber ein Verwendungsersatzanspruch des Dritterwerbers aus einer entspr Anwendung der §§ 994ff, 999 II ergeben (BGHZ 75, 288, 291; 87, 296ff; Staudinger/*Kesseler* Rn 90 mwN). Umgekehrt kann der Vormerkungsberechtigte vom Dritterwerber jedenfalls dann in entspr Anwendung des § 987 Herausgabe der **Nutzungen** verlangen, wenn sie ihm nach § 292 auch ggü dem Rückübertragungsschuldner zustehen (BGHZ 144, 323, 327f = NJW 2000, 2899 = JR 2001, 331 m krit Anm *Probst*; *Hager* DNotZ 2001, 325; weiter gehend noch BGHZ 87, 296 = NJW 1983, 2024; vgl hierzu und zu sonstigen im Einz sehr str Ansprüchen im Verhältnis zw Vormerkungsberechtigtem und Dritterwerber MüKo/*Lettmaier* Rn 22ff und Staudinger/*Kesseler* Rn 90ff). 10

IV. Prozessuale Durchsetzung. Eine bestimmte Reihenfolge des Vorgehens gegen den Schuldner und den zustimmungspflichtigen Dritterwerber braucht der Vormerkungsgläubiger nicht einzuhalten. Er kann nach hM zunächst den Dritterwerber verklagen (BGHZ 54, 56, 62; BGH BB 1958, 1225; DNotZ 1989, 357, 358 = NJW-RR 1988, 1357; MüKo/*Lettmaier* Rn 14; Staudinger/*Kesseler* Rn 59 mwN; aA *Wörbelauer* DNotZ 1963, 589ff) oder beide als (einfache) Streitgenossen (Staudinger/*Kesseler* Rn 78; NK/*Krause* Rn 31; MüKo/*Lettmaier* Rn 14). Für die dingliche Klage auf Zustimmung gegen den Dritten ist gem § 24 ZPO ausschließlich das Gericht der belegenen Sache zuständig (Stein/Jonas/*Roth*[22] § 24 ZPO Rn 19 mwN). Mit Klageerhebung wird das Grundstück streitbefangen iSd §§ 265, 266, 727 ZPO (BGHZ 39, 21, 25f = NJW 1963, 813). 11

Dagegen greift § 24 ZPO nicht ein, wenn es um die gerichtliche Geltendmachung des vorgemerkten Anspruchs selbst geht (Stein/Jonas/*Roth* aaO). Insoweit ist aber der besondere Gerichtsstand des § 26 ZPO gegeben (RGZ 52, 41; Stein/Jonas/*Roth* § 26 ZPO Rn 6). Durch die Rechtshängigkeit des vorgemerkten Anspruchs wird das vormerkungswidrig erworbene Grundstück oder Recht nicht streitbefangen (Staudinger/*Kesseler* Rn 19 mwN). 12

V. Veräußerungsverbot. Da rechtsgeschäftlich begründete Veräußerungsverbote wegen § 137 dinglich bedeutungslos sind und absolute Veräußerungsverbote zur völligen Nichtigkeit der jew Verfügung führen, werden von § 888 II nur relative Veräußerungsverbote erfasst, die auf Gesetz oder richterlicher Anordnung beruhen (vgl §§ 135, 136). – Hauptanwendungsfall des § 888 II ist deshalb das durch einstweilige Verfügung iSd § 938 II ZPO begründete Veräußerungsverbot. Im Gegensatz zur Vormerkung kann ein gerichtliches Veräußerungsverbot nach hM neben schuldrechtl Ansprüchen auch dingliche Rechtspositionen sichern (MüKo/*Lettmaier* § 883 Rn 9; Soergel/*Stürner* Rn 11; Grü/*Herrler* Rn 10; Staudinger/*Kesseler* Rn 112 mwN). 13

Ein Veräußerungsverbot **wirkt nur negativ**. Zwar sind die verbotswidrigen Verfügungen und Rechtsveränderungen durch Zwangsvollstreckung relativ unwirksam; eine dingliche Beziehung des Verbotsgeschützten zum Gegenstand begründet das Veräußerungsverbot aber nicht. Deshalb sind auch die §§ 884 BGB und 106 InsO im 14

Falle eines Veräußerungsverbotes nicht einschlägig (NK/*Krause* Rn 39). Das Veräußerungsverbot ist auch **nicht rangfähig** (vgl § 879 Rn 5). Vielmehr steht es im Verhältnis zu dinglichen Rechten, anderen Verfügungsbeschränkungen und Vormerkungen in einer Wirksamkeitsreihenfolge, die sich grds nach dem Prioritätsprinzip richtet (BGH Rpfleger 2007, 538, 539, Staudinger/*Kesseler* Rn 122). Während der Inhaber einer später eingetragenen Vormerkung nach § 888 II zustimmen muss (RGZ 135, 381), ist das Veräußerungsverbot einer früheren Vormerkung ggü wirkungslos (BGH NJW 1966, 1509; KG OLG 45, 198, 199).

14a **Wirksam** wird das Veräußerungsverbot **mit Zustellung** an den Gegner, dh den Verfügenden, wobei die Vollziehungsfrist der § 929 II, § 936 ZPO zu wahren ist (RGZ 51, 129, 132; 135, 378, 384; Staudinger/*Kesseler* Rn 114): Eintragung im Grundbuch ist zur Wirksamkeit des Veräußerungsverbotes nicht nötig, wohl aber gem § 136, § 135 II, § 892 I 2 zum Ausschluss gutgläubig-verbotsbefreiten Erwerbs (vgl RGZ 135, 378, 384). In entspr Anwendung des § 929 III 1 ZPO kann das durch einstweilige Verfügung angeordnete Verfügungsverbot schon vor der Zustellung in das Grundbuch eingetragen werden (KG JW 1928, 1466, 2467; *Demharter* Rpfleger 1998, 133, 137f; ausf *Schillig* NotBZ 2003, 416ff; aA *Furtner* MDR 1955, 136, 137). Wirkung entfaltet es gleichwohl erst ab dem Zeitpunkt der Zustellung, dh eine zw Eintragung und Zustellung vorgenommene Verfügung ist auch dem durch das Verfügungsverbot Begünstigten ggü wirksam (BayObLG NJW-RR 2004, 736, 737; *Schillig* NotBZ 2003, 416, 419ff).

14b Der **Umfang des Verbots** wird durch die einstweilige Verfügung festgelegt.

15 Nach wohl noch hM soll das Grundbuchamt ein ihm bekanntes Veräußerungsverbot beachten und eine verbotswidrige Eintragung von der Zustimmung des Verbotsgeschützten in der Form des § 29 GBO bzw der gleichzeitigen Eintragung des Veräußerungsverbots abhängig machen (BayObLG NJW 1954, 1120; KG JW 1938, 3122f; NJW 1973, 56, 58; Soergel/*Hefermehl* §§ 135, 136 Rn 18, 23; Grü/*Herrler* Rn 10; aA mit guten Gründen NK/*Krause* Rn 36 und Staudinger/*Kesseler* Rn 115 mwN), wobei aber § 878 zu beachten ist.

16 **VI. Erwerbsverbote. Erwerbsverbote** sind gesetzl nicht geregelt. Die hM hält sie jedoch als sichernde Maßnahme im Rahmen von § 938 ZPO für zulässig (RGZ 117, 287, 291f; 120, 118, 120; BGH NJW 1983, 565; Zöller/*Vollkommer* § 938 ZPO Rn 13; MüKo/*Lettmaier* Rn 34; Grü/*Herrler* Rn 11 aA Staudinger/*Kesseler* Rn 125), um zB die Heilung eines formungültigen Grundstückskaufvertrags nach § 311b I 2 zu verhindern. Wirksam wird ein solches Verbot, einen Eintragungsantrag zu stellen bzw aufrechtzuerhalten (vgl Hamm OLG 1970, 438ff; BayObLG Rpfleger 1978, 306), mit Zustellung (an den Käufer). Eine Eintragung im Grundbuch ist nicht möglich (KG JW 1938, 2984; JFG 18, 192, 194; BayObLG 1997, 55, 57). Dem Grundbuchamt kann die Eintragung des verbotenen Erwerbs nicht untersagt werden (RGZ 120, 118, 119); es muss aber ein ihm bekanntes wirksam gewordenes Erwerbsverbot auch ggü einem vorher gestellten Eintragungsantrag beachten und eine verbotswidrige Eintragung ablehnen (RGZ 120, 118, 119). § 878 ist nicht anwendbar (§ 878 Rn 9), da sich das Verbot nicht auf die Verfügungsmacht des Veräußerers, sondern auf die „Erwerbsmacht" des Verfügungsbegünstigten bezieht. Bei gleichwohl erfolgter Eintragung ist der Erwerb relativ, dh dem Verbotsgeschützten ggü unwirksam (RGZ 117, 287, 291f; 120, 119; München OLG 1969, 196; Hamm OLG 1970, 438; vgl auch § 925 Rn 75).

17 Da die relative Unwirksamkeit des Erwerbs einer Heilung des formungültigen Kaufvertrags nach § 311b I 2 entgegensteht, kann der Verbotsgeschützte das ohne Rechtsgrund geleistete (relativ unwirksame) Eigentum gem § 812 I 1 Alt 1 kondizieren. Darüber hinaus steht dem Geschützten im Verhältnis zum Erwerber ein Berichtigungsanspruch aus § 894, sicherbar durch Widerspruch (§ 899 BGB, § 53 I 1 GBO) zu (BayObLG 22, 314; Grü/*Herrler* Rn 11; eine analoge Anwendung des § 888 II befürworten dagegen RGRK/*Augustin* Rn 24; NK/*Krause* Rn 40 und *Böttcher* BWNotZ 1993, 25, 32). Hat der Veräußerer trotz Kenntnis von der Unwirksamkeit des Grundstückskaufvertrags die Auflassung erklärt, steht § 814 einem bereicherungsrechtl Anspruch entgegen. Dann scheidet ein einstw Erwerbsverbot ebenso aus wie die Eintragung eines Widerspruchs (Köln NotBZ 2001, 270).

18 **VII. Amtsvormerkung.** Auf **Amtsvormerkungen** iSd § 18 II GBO (vgl § 883 Rn 6) findet § 888 keine Anwendung.

§ 889 Ausschluss der Konsolidation bei dinglichen Rechten

Ein Recht an einem fremden Grundstück erlischt nicht dadurch, dass der Eigentümer des Grundstücks das Recht oder der Berechtigte das Eigentum an dem Grundstück erwirbt.

1 **I. Regelungsinhalt.** Gem § 889 bleibt ein beschränktes dingliches Recht an einem Grundstück bei Erwerb durch den Grundstückseigentümer bestehen. Das sog Eigentümerrecht wird grds wie ein Fremdrecht behandelt (vgl aber §§ 1177 und 1197). Auch die Rangstelle bleibt dem Eigentümer erhalten. Nachrangige Rechte rücken nicht etwa auf. Wird ein mit einem Eigentümerrecht belastetes Grundstück veräußert, bleibt das Recht dem früheren Eigentümer als Fremdrecht erhalten, es sei denn, es wird gesondert übertragen (BayObLG MDR 1984, 145).

2 **II. Anwendungsbereich.** Anwendbar ist § 889 nicht nur auf alle beschränkten dinglichen Rechte (vgl Vor § 873 Rn 4), sondern auch auf Erbbaurechte (KG OLG 31, 332; München HRR 1942, Nr 538; Staudinger/*Picker* Rn 4 mwN), kraft Gesetzes entstandene Rechte (§§ 1075, 1287), zu Unrecht gelöschte Rechte, Notweg- und Überbaurenten iSd § 912 II, § 917 II (Staudinger/*Picker* Rn 5 mwN) sowie auf die entspr Nutzungsbefugnisse, dh Über-

bau und Notweg selbst. Auf die Eintragung des betreffenden Rechts kommt es nicht an. Zum dinglichen Vorkaufsrecht s BayObLG MittBayNot 1983, 229.

III. Nicht von § 889 erfasste Tatbestände. Nicht anzuwenden ist § 889 wegen § 1178 bei einer sog Rückstandshypothek betreffend Zinsen und andere Nebenleistungen sowie Kosten. Verweisungen auf § 1178 finden sich in § 1192 II (Grundschuld), § 1200 I (Rentenschuld), § 1107 (Reallast), § 914 III iVm § 1107 (Überbaurente), § 917 II iVm § 914 III, § 1107 (Notwegrente). 3

Vereinigen sich Nießbrauch oder Pfandrecht an einem Grundstücksrecht mit letzterem in einer Person, so erlöschen sie nach Maßgabe der §§ 1072, 1063 bzw § 1273 II, § 1256. Erwirbt der Eigentümer eines zugunsten eines anderen belasteten Grundstücks Nießbrauch oder ein Pfandrecht an diesem Fremdrecht, so bleibt letzteres bestehen (KGJ 47, 194, 197f). 4

Die Bestellung eines Rechts am eigenen Grundstück ist zugelassen in den §§ 1196 (Eigentümergrundschuld), 1199 (Rentenschuld) und 1009 (zugunsten eines Miteigentümers). Gleiches gilt für Eigentümergrunddienstbarkeit, Nießbrauch und Erbbaurecht (vgl § 873 Rn 4). 5

§ 890 Vereinigung von Grundstücken; Zuschreibung

(1) Mehrere Grundstücke können dadurch zu einem Grundstück vereinigt werden, dass der Eigentümer sie als ein Grundstück in das Grundbuch eintragen lässt.

(2) Ein Grundstück kann dadurch zum Bestandteil eines anderen Grundstücks gemacht werden, dass der Eigentümer es diesem im Grundbuch zuschreiben lässt.

I. Anwendungsbereich. 1. Grundstücke. § 890 gewährt die Befugnis, mehrere Grundstücke miteinander zu verbinden. Für das BGB, die GBO und die Verfahrensgesetze (zB ZPO, ZVG, InsO) ist das „Grundbuchgrundstück" als Buchungseinheit des Grundbuchs maßgebend. Grundstück ist danach der räumlich abgegrenzte und vermessene Teil der Erdoberfläche, der auf einem besonderen Grundbuchblatt (§ 3 I GBO) bzw Auszug (§ 3 V GBO) in einem dafür bestimmten Datenspeicher (§ 126 GBO) – oder (im Falle der Zusammenschreibung nach § 4 GBO) auf einem gemeinsamen Grundbuchblatt/in einem gemeinsamen Datenspeicher – unter einer besonderen Nr eingetragen ist oder (wie in den Fällen des § 3 II GBO) jedenfalls eingetragen werden kann (MüKo/*Lettmaier* Vor § 873 Rn 3). 1

2. Andere Verbindungsobjekte. Grds ist § 890 nur auf rechtl selbständige Grundstücke anwendbar. **Ideelle Miteigentumsbruchteile** an einem Grundstück stehen dem Grundstückseigentum nicht generell gleich. Deshalb kann ein Miteigentumsanteil an einem Grundstück mit einem anderen Grundstück nicht verbunden werden (KGJ 28, 68, 70; BayObLG 1993, 297; Staudinger/*Picker* Rn 16 mwN). 2

Gleiches gilt entgegen der wohl hM (BayObLG 1993, 297, 300; Grü/*Herrler* Rn 2; Soergel/*Stürner* Rn 7; BaRo/*Kössinger* Rn 4) für **grundstücksgleiche Rechte** (vgl Vor § 873 Rn 5), insb für das Erbbaurecht (Staudinger/*Picker* Rn 19; MüKo/*Lettmaier* Rn 6). Diese können entspr § 890 nur mit Rechten gleicher Art verbunden werden. Die Zuschreibung (§ 890 II) eines Grundstücks zu einem **Wohnungseigentumsrecht** (und umgekehrt) ist jedoch wegen praktischer Bedürfnisse zuzulassen (BayObLG 1993, 297, 298ff = Rpfleger 1994, 108ff; Hamm NJW-RR 1996, 1100, 1101; MüKo/*Lettmaier* Rn 6; Grü/*Herrler* Rn 2; aA NK/*Krause* Rn 30 mwN). 3

Aus dem gleichen Grund werden **sog Zuflurstücke** nach ganz hM wie selbständige Grundstücke behandelt (BGH DNotZ 1954, 197; BayObLG Rpfleger 1974, 148; NJW-RR 1991, 465; Rpfleger 1995, 151, 152), dh sie müssen vor ihrer Ab- bzw Zuschreibung nicht rechtl verselbständigt werden (MüKo/*Lettmaier* Rn 7). Zuflurstücke sind unbenannte, aus Vereinfachungsgründen nicht in das Kataster aufgenommene, sondern mit einer bloßen „Zu"-Nr versehene Trennstücke von bloß vorübergehender Bedeutung zwecks Grenzverlegung (MüKo/*Lettmaier* Rn 7; vgl auch Staudinger/*Picker* Rn 6). Für die Zuschreibung eines Zuflurstücks zu einem anderen soll das aber nicht gelten (BayObLG DNotZ 1958, 388, 389f; Rpfleger 1972, 18; Frankfurt Rpfleger 1976, 245; vgl zum Streitstand Staudinger/*Picker* Rn 41). 4

II. Verbindung bisheriger Grundstücke. Eine **materiellrechtl Verbindung bisher selbständiger Grundstücke** ist in verschiedenen Formen möglich. Bei der **Vereinigung** iSv § 890 I werden selbständige Grundstücke dergestalt miteinander verbunden, dass sie ihre bisherige Selbständigkeit verlieren und zu (nicht wesentlichen) Bestandteilen eines neuen, einheitlichen Grundstücks werden (BGH Rpfleger 1978, 52; Zweibrücken NJW-RR 1990, 782, 783). Hiervon zu unterscheiden ist die in § 4 GBO geregelte sog Zusammenschreibung (Ausnahme von § 3 GBO), bei der es sich um einen rein buchtechnischen Vorgang handelt, der an der Selbständigkeit der Grundstücke, an ihren Belastungen etc nichts ändert. 5

Bereits **bestehende Belastungen** der früheren Einzelgrundstücke erstrecken sich nach der Vereinigung nicht etwa auf das Grundstück; vielmehr lasten sie unverändert nur auf der bisherigen Fläche (BGH Rpfleger 2006, 150; Jena BeckRS 2013, 13483; Karlsruhe BeckRS 2010, 03975; Brandenburg RNotZ 2009, 539, 540 mwN; Staudinger/*Picker* Rn 34 mwN). War mit einem der Einzelgrundstücke ein Recht verbunden, so wird dieses durch Verbindung zwar zum Bestandteil iSv § 96 des ganzen Grundstücks. Sein Umfang bleibt jedoch unberührt; so beschränkt sich zB die Ausübung einer Grunddienstbarkeit auf den Grundstücksteil, der bisher herrschendes (Einzel-)Grundstück war (BayObLG NJW-RR 2003, 451, 452; MüKo/*Lettmaier* Rn 13; Staudinger/*Picker* Rn 33 mwN). Eine etwaige Zwangsversteigerung ist allein für den belasteten Grundstücksteil zu beantragen und durch- 6 zuführen (Brandenburg RNotZ 2009, 539, 540 mwN). Eine **Neubestellung von Rechten** ist dagegen nur noch in Bezug auf das neue (Gesamt-)Grundstück zulässig.

7 Bei der **Zuschreibung** iSv § 890 II wird ein bisher selbständiges Grundstück (oder mehrere) zum (unwesentlichen) Bestandteil eines anderen, des sog Hauptgrundstücks (BayObLG 1993, 297, 299). Eine Zuschreibung kann nur zu einem und nicht zu mehreren Grundstücken erfolgen; eine dagegen verstoßende Eintragung ist inhaltlich unzulässig (KG HRR 1941, Nr 602).

8 Hinsichtl ihrer Wirkungen kann auf die Erläuterungen zur Vereinigung weitgehend verwiesen werden. Eine Besonderheit der Zuschreibung besteht darin, dass sich gem den §§ 1131, 1192, 1200 die auf dem Hauptgrundstück lastenden Grundpfandrechte auf das zugeschriebene Grundstück erstrecken, wobei dessen bisherige Belastungen aber im Rang vorgehen (§ 1131 S 2). Umgekehrt gilt das nicht (vgl § 1131 Rn 4). Zur Rechtslage bei Vergrößerung eines Miteigentumsanteils vgl LG Lüneburg RNotZ 2005, 364 mwN.

9 **III. Voraussetzungen von Vereinigung bzw Zuschreibung. 1. Materiellrechtl Erklärung des Eigentümers.** Vereinigung und Zuschreibung setzen zunächst eine hierauf gerichtete **Willenserklärung** des Eigentümers bzw aller Miteigentümer (RG LZ 1927, 630) voraus. Die Erklärung muss erkennen lassen, ob (Bestandteils-)Zuschreibung (iSv § 890 II), Vereinigung (iSv § 890 I) oder bloße Zusammenschreibung (iSv § 4 I GBO) gewollt ist (KGJ 49, 233). Im Zweifel ist von einer Vereinigungserklärung (iSv § 890 I) auszugehen (BayObLG DNotZ 1972, 350; MüKo/*Lettmaier* Rn 9). Beantragung der „Zuschreibung" ist als Erklärung iSv § 890 II aufzufassen (KG HRR 1941, Nr 28). Materiellrechtl ist die jew Erklärung **formlos** gültig, verfahrensrechtl ist § 29 GBO zu beachten (RG JW 1937, 896).

10 Die zu verbindenden Grundstücke müssen spätestens bei Eintragung des Gesamtgrundstücks demselben Eigentümer gehören (KGJ 36, 191, 193; BayObLG 1954, 258, 263), dh die Eigentumsverhältnisse an den Grundstücken müssen übereinstimmen, bei Personenmehrheiten auch die Miteigentumsanteile (Zweibrücken NJW-RR 1990, 782, 783; Staudinger/*Picker* Rn 12 mwN). Eine Unterschiedlichkeit in etwaigen Belastungen ist gleichgültig.

11 **2. Eintragung im Grundbuch.** Zur rechtswirksamen Verbindung der Grundstücke bedarf es neben der Erklärung der **Eintragung im Grundbuch**. Die zu verbindenden Grundstücke müssen materiellrechtl weder räumlich zusammenhängen noch wirtschaftl eine Einheit bilden (RGZ 51, 215; MüKo/*Lettmaier* Rn 5; NK/*Krause* Rn 8). Allerdings sollen verfahrensrechtl die Grundstücke gem § 5 II, § 6 II GBO grds im selben Grundbuchbezirk liegen und unmittelbar aneinander grenzen (s aber LG Marburg Rpfleger 1996, 341). Außerdem soll eine **Verwirrung** von der Vereinigung bzw Zuschreibung nicht zu besorgen sein (vgl § 5 I und § 6 I GBO sowie Brandenburg RNotZ 2009, 539 m Anm der Schriftleitung). Dies ist grundbuchtechnisch, nicht etwa wirtschaftl zu verstehen.

12 **3. Zustimmung Drittberechtigter.** Nicht erforderlich ist die Zustimmung von Inhabern beschränkter dinglicher Rechte an den nach § 890 I bzw II zu verbindenden Grundstücken (Staudinger/*Picker* Rn 31 mwN).

13 **IV. Teilung von Grundstücken.** Die Grundstücksteilung wird in den §§ 1025, 1026, 1108, 1109 zwar erwähnt, ist jedoch materiellrechtl nicht geregelt. Ihre Zulässigkeit wird auf § 903 gestützt (Hamm NJW 1974, 865). Eine Grundstücksteilung setzt eine hierauf gerichtete formfreie Erklärung des Eigentümers bzw aller Miteigentümer (RG LZ 1927, 630) sowie die Eintragung der Teile im Grundbuch unter verschiedenen Nrn voraus. Im Grundbuchverfahren sind die §§ 13, 29 und 30 GBO zu beachten. Die Zustimmung dinglich Berechtigter ist nicht erforderlich, da ihre Rechtsstellung durch die Teilung nicht berührt wird (KG NJW 1969, 470; Staudinger/*Picker* Rn 52).

14 Aus Bundes- oder Landesrecht (vgl Art 119 Nr 2 EGBGB) können sich Teilungsbeschränkungen ergeben. Besonders hervorzuheben sind die Genehmigungserfordernisse nach dem BauGB (vgl MüKo/*Lettmaier* Rn 16). Das Fehlen einer erforderlichen Genehmigung macht zwar die Teilung materiell unwirksam, steht aber dem gutgläubigen Erwerb eines der (vermeintlich) neugebildeten Grundstücke nicht entgegen (MüKo/*Lettmaier* Rn 16; Staudinger/*Picker* Rn 53 mwN).

15 Durch die Teilung entstehen rechtl selbständige Grundstücke. Vor der Teilung vorhandene Lasten bleiben an ihnen bestehen. Bei Grunddienstbarkeiten und beschränkten persönlichen Dienstbarkeiten werden diejenigen Teile, die außerhalb des Ausübungsbereichs liegen, gem § 1026, § 1090 II frei. Zu den Folgen der Teilung eines sog herrschenden Grundstücks bei Grunddienstbarkeit und Reallast vgl §§ 1025 und 1109.

16 Eine **Teilung von Amts wegen** hat nach § 7 I GBO zu erfolgen, wenn ein realer Grundstücksteil mit einem dinglichen Recht belastet werden soll. Ein Antrag des Eigentümers ist nicht erforderlich (BayObLG 1956, 470, 476).

§ 891 Gesetzliche Vermutung

(1) Ist im Grundbuch für jemand ein Recht eingetragen, so wird vermutet, dass ihm das Recht zustehe.

(2) Ist im Grundbuch ein eingetragenes Recht gelöscht, so wird vermutet, dass das Recht nicht bestehe.

1 **I. Zweck und Systemstellung der Regelung.** § 891 schafft eine widerlegbare Vermutung dafür, dass im Grundbuch eingetragene dingliche Rechte für den eingetragenen Berechtigten bestehen und dass gelöschte Rechte nicht bestehen. In den §§ 892, 893 wird die Vermutung auf eine Vollständigkeitsvermutung für Rechte und Verfügungsbeschränkungen ergänzt und zur unwiderlegbaren Vermutung zugunsten des gutgläubigen Rechtsverkehrs gesteigert. Zwar haben die Eintragungen im Grundbuch für sich allein keine materielle Wirkung (vgl

Vor § 873 Rn 6), das Grundbuchverfahren schafft aber eine gewisse Garantie für die Übereinstimmung der Eintragungen und Löschungen mit dem materiellen Recht. Darauf baut sich die Vermutung des § 891 auf. Mit der bloßen Vermutung ist dem Erwerber, der im Vertrauen auf den Grundbuchstand handelt, nicht gedient; daher wird die widerlegliche Richtigkeitsvermutung des § 891 zur unwiderleglichen Richtigkeitsvermutung des § 892 und durch eine Vollständigkeitsvermutung ergänzt.

II. Positive Vermutung bei eingetragenem Recht (§ 891 I). 1. Eintragung. Vermutungsgrundlage ist die Eintragung, wobei hiermit auch zulässigerweise in Bezug genommene Urkunden (vgl § 874) gemeint sind. Die Eintragung muss **wirksam** sein. Nichtig und deshalb im Hinblick auf § 891 irrelevant ist die von einem Privatmann vorgenommene Eintragung. Gleiches gilt für Eintragungen, die auf einer erheblichen Bedrohung des Grundbuchbeamten beruhen (MüKo/*H. Schäfer* Rn 4; Staudinger/*Picker* Rn 19; vgl § 873 Rn 24). Eintragungen, bei denen zumindest eine der beiden gem § 44 I 2 GBO vorgeschriebenen Unterschriften fehlt, sind nichtig (Staudinger/*Picker* Rn 19). Veränderungen des Grundbuchs durch unbefugte Radierungen sind ebenfalls wirkungslos. Ist der frühere Text rekonstruierbar, bleibt dessen Vermutungswirkung bestehen (Frankfurt OLG 1982, 56; Staudinger/*Picker* Rn 19 mwN). Beim sog Computergrundbuch genügt die Nachnamensangabe und elektronische Signatur des Rpflegers bzw des auf seine Veranlassung eintragenden Urkundsbeamten (§ 1 IV 1 GBO, § 75 GBV). 2

Wirksam sind Eintragungen eines örtlich unzuständigen Grundbuchamtes (§ 2 III FamFG) oder eines gesetzl ausgeschlossenen (§ 11 GBO) bzw eines seine innerdienstliche Zuständigkeit überschreitenden Grundbuchbeamten (vgl KG JFG 11, 180). Auch die Verletzung bloßer Ordnungsvorschriften (zB Verletzung der in § 29 GBO geregelten Form) ist bedeutungslos (RGZ 94, 5, 8; BGH WM 1969, 1352f; MüKo/*H. Schäfer* Rn 4 mwN), zB die Eintragung eines Grundpfandrechts in Abt II statt in Abt III. Zur widersprüchlichen Doppelbuchung vgl Rn 11. Der Grund der Eintragung (Herbeiführung einer dinglichen Rechtsänderung oder Berichtigung des Grundbuchs) spielt keine Rolle. 2a

2. Rechte iSv § 891. Von § 891 erfasst werden solche Rechte, die zumindest eintragungsfähig (vgl Vor § 873 Rn 9) sind. Eintragungsbedürftigkeit ist nicht erforderlich. Demggü gilt eine schlechthin unzulässige Eintragung (zB eines unmöglichen Rechts) als nicht eingetragen (vgl RGZ 88, 21, 27). Unter § 891 fallen insb Eigentum (einschl Miteigentum), alle beschränkten dinglichen Rechte an einem Grundstück sowie die beschränkten dinglichen Rechte an Grundstücksrechten (BGH DNotZ 2017, 852 zum Sondernutzungsrecht in der Wohnungseigentümergemeinschaft; Staudinger/*Picker* Rn 6). Auch altrechtl Grunddienstbarkeiten iSv Art 187 I EGBGB (s etwa Dresden OLGRp 2003, 533: Wegerecht nach § 575 Sächs BGB) zählen, wenn sie erst einmal im Grundbuch eingetragen worden sind, zu den Rechten iSv § 891ff (BGHZ 104, 139, 142; Grü/*Herrler* Art 187 EGBGB Rn 2; Staudinger/*Picker* Rn 7 mwN). Gleiches gilt für den Verzicht und die vertragl Festlegung von Überbau- und Notwegrenten (§ 914 II 2; § 917 II 2). 3

Für **grundstücksgleiche Rechte** (vgl Vor § 873 Rn 5) ist maßgeblicher Ort der Eintragung iSd §§ 891ff das Blatt des belasteten Grundstücks, was Bestehen und Rang des Rechts angeht; für die Übertragung und Belastung des grundstücksgleichen Rechts ist dagegen die Eintragung im Sondergrundbuch maßgebend (vgl §§ 14ff ErbbauRG; RGZ 57, 32, 38; KG OLG 30, 15, 16; Dresden JFG 2, 304, 307; Staudinger/*Picker* Rn 13 mwN). 4

Nicht zu den Rechten iSd §§ 891ff gehören **bloße Tatsachenangaben**. Tatsachenangaben sind alle zur Identifizierung oder Beschreibung des Grundstücks gemachten Angaben, zB zur Größe, Beschaffenheit, Bebauung, Lage und Wirtschaftlichkeit. 5

Bei subj **dinglichen Rechten** (vgl *Demharter* § 9 GBO Rn 2) ist zu unterscheiden: Der Vermerk gem § 9 I 1 GBO auf dem Blatt des herrschenden Grundstücks im Bestandsverzeichnis ist bloße Tatsachenangabe; dagegen fällt die Eintragung auf dem Blatt des belasteten bzw dienenden Grundstücks unter die §§ 891ff (RGZ 104, 316, 319; BayObLG 1995, 413, 417; Grü/*Herrler* Rn 3; Staudinger/*Picker* Rn 12 mwN). 6

Auch die Angaben, die dazu dienen, **bestimmte Flächen** als zum Grundstück bzw Gegenstand des Rechts gehörig zu bezeichnen, fallen unter die §§ 891ff (BGH Rpfleger 2006, 181 = NJW-RR 2006, 662, 663 mwN). Im Gegensatz zur Bestimmung des Grenzverlaufs bildet die Angabe des **Flächenmaßes** im Grundbuch wiederum nur eine informatorische Tatsachenangabe (Staudinger/*Picker* Rn 31). 7

Auch Eintragungen über **öffentlich-rechtl Verhältnisse**, zB die Kennzeichnung einer bestimmten Grundstücksfläche als öffentlicher Weg oder Wasserlauf (RG JW 1910, 813; Gruchot 57 [1913], 987, 989) haben keine Rechte iSd §§ 891ff zum Gegenstand, da hiermit nur private Rechtsverhältnisse gemeint sind (Staudinger/*Picker* Rn 9). 8

Verfügungsbeschränkungen und **Widersprüche** sind ebenfalls keine Rechte iSv § 891 (KGJ 52, 166, 168; RG JW 1910, 149). Dagegen wird die **Vormerkung** wie ein solches Recht behandelt, wenn das Bestehen des gesicherten Anspruchs unstr oder bewiesen ist (Staudinger/*Picker* Rn 16 mwN). 9

3. Inhalt der Vermutung gem § 891 I. Vermutet wird das **Bestehen des eingetragenen Rechts** mit dem vom Grundbuch einschl zulässiger Bezugnahme verlautbarten Inhalt, bei einer Hypothek zB in voller Höhe der angegebenen Forderung (RGZ 124, 335); dagegen keine Vermutung, dass die zur Zeit des Erwerbs eines Wegerechts bestehenden tatsächlichen Verhältnisse dem Inhalt des Wegerechts entsprechen (BGH NJW 1976, 417). 10

Bei einander widersprechenden Grundbucheintragungen, zB bei **(Doppel-)Buchung** derselben Parzelle auf verschiedenen Grundbuchblättern zugunsten unterschiedlicher Personen, entfällt die Vermutungswirkung des § 891 (RGZ 56, 58, 60ff; BGH DB 1969, 1458; Staudinger/*Picker* Rn 50 mwN; vgl auch § 892 Rn 10). 11

12 Die Vermutung des § 891 I gilt für denjenigen, der als **Berechtigter** eingetragen ist, sowie für seine Erben bzw sonstige Gesamtrechtsnachfolger (Dresden OLG-NL 1994, 155). Ob der Erbfall bereits vor Beginn des Eintragungsverfahrens bzw vor Eintragung oder erst danach eingetreten ist, spielt keine Rolle (Staudinger/*Picker* Rn 22; Grü/*Herrler* Rn 5; aA KG OLG 41, 25).

12a Für den als **Gläubiger eines Briefgrundpfandrechts** im Grundbuch Eingetragenen gilt § 891 I grds nur, wenn er zusätzl den Brief besitzt (BayObLG 1992, 56; Köln MittRhNotK 1995, 321; Staudinger/*Picker* Rn 48 mwN; zur Vermutungswirkung in Zweifelsfällen ausf *Joswig* ZfIR 2001, 615ff). Bei Eintragung gemeinschaftl Rechte entspr § 47 GBO bezieht sich die Vermutungswirkung auch auf die Art der Mitberechtigung (KG OLG 10, 88; BayObLG 1957, 49). Bei **Eintragung mehrerer** ohne Angabe eines Gemeinschaftsverhältnisses gilt § 742 nicht, dh es wird keine Bruchteilsgemeinschaft zu gleichen Anteilen vermutet (KG OLG 1, 301f; Staudinger/*Picker* Rn 36), und zwar auch dann, wenn „Miteigentum" ohne Anteilsangabe eingetragen ist (KGJ 27, 143, 147).

13 **Nicht** Gegenstand der Vermutung sind die persönlichen Verhältnisse des Eingetragenen, zB **Geschäftsfähigkeit** (MüKo/*H. Schäfer* Rn 10 mwN) oder Nichtbestehen einer außerhalb des Grundbuchs entstandenen **Verfügungsbeschränkung** (KG NJW 1973, 428, 430; LG Berlin Rpfleger 2003, 648, 649; Grü/*Herrler* Rn 5; Staudinger/*Picker* Rn 40 mwN). Dies gilt auch bei Eintragung eines bloßen Vorerben ohne Nacherbenvermerk (Staudinger/*Picker* Rn 40; aA Frankfurt Rpfleger 1991, 361). Auch die **Rechtsfähigkeit** des Eingetragenen wird in § 891 I nicht vermutet (Frankfurt NJW-RR 1997, 401; KG FGPrax 1997, 212; *Westermann/Gursky/Eickmann* § 71 II 3; Staudinger/*Picker* Rn 30 mwN). Gleiches gilt, wenn es darum geht, ob der Eingetragene „wirtschaftlicher Eigentümer" oder lediglich Treuhänder ist (RG JW 1929, 2592; Grü/*Herrler* Rn 6; Staudinger/*Picker* Rn 39 mwN; *Joswig* ZfIR 2001, 712ff). Nach den allg Beweislastregeln wäre das Vorliegen und nicht das **Fehlen eines Treuhandverhältnisses** ggf zu beweisen (Staudinger/*Picker* Rn 39).

13a Bei Eintragung von verheirateten Ausländern ist grds vom ausl gesetzl Güterstand auszugehen (KG NJW 1973, 428, 430 – tatsächliche Vermutung).

14 **4. Zeitpunkt.** Die Vermutung des § 891 I, dass dem Eingetragenen das für ihn gebuchte Recht zusteht, gilt nicht nur für den jew Zeitpunkt der Geltendmachung, sondern grds für den Zeitraum ab Eintragung (*Wolff/Raiser* § 44 Fn 3; Staudinger/*Picker* Rn 42; MüKo/*H. Schäfer* Rn 12; Grü/*Herrler* Rn 6; aA RG HRR 1929, Nr 950). Maßgeblich ist dabei grds der Buchstand zur Zeit der Geltendmachung (vgl auch Rn 16).

15 **III. Negative Vermutung bei gelöschtem Recht (§ 890 II). 1. Löschung. Löschung** eines Rechts (vgl Rn 3) iSv § 890 II geschieht entspr § 46 GBO entweder durch Eintragung eines Löschungsvermerks oder durch Nichtübertragung auf ein neues Grundbuchblatt. Bloße Rötung (entspr § 17 II 1 GBV) reicht nicht aus (Celle BeckRS 2012, 11590; BayObLG 1995, 413, 418; *Demharter* § 46 GBO Rn 21).

16 **2. Inhalt der Vermutung gem § 890 II.** Vermutet wird ab Löschung, dass das betr Recht nicht besteht. Grds wird nicht vermutet, dass das Recht bis zur Löschung bestanden hat (RGZ 121, 318, 320). Ist unstr oder bewiesen, dass die Löschung nicht die Berichtigung des Grundbuchs, sondern die Aufhebung des Rechts bezweckte, so hebt die Löschung die Vermutung des § 891 I für die vorangegangene Zeit nicht auf (BGHZ 52, 355, 358f; NK/*Krause* Rn 26; Staudinger/*Picker* Rn 43 mwN).

16a Das Nichtbestehen eines nicht eingetragenen eintragungsfähigen Rechts (sog negative Vollständigkeit) wird nicht vermutet (Staudinger/*Picker* Rn 46; Grü/*Herrler* Rn 7).

17 **IV. Geltendmachung der Vermutungen.** Die Vermutungen des § 891 wirken für und gegen den von der Eintragung bzw ihrer Löschung betroffenen „Buchberechtigten" (RGZ 95, 160, 164; BayObLG 24, 20; MüKo/*H. Schäfer* Rn 12) bzw seine(n) Gesamtrechtsnachfolger (vgl Rn 12). Jeder, für den das Bestehen oder Nichtbestehe des Rechts von Bedeutung ist, kann sich auf die Vermutungen des § 891 berufen (BGH WM 1970, 557f mwN; Staudinger/*Picker* Rn 73). Sie gelten auch bei einem Rechtsstreit zw den Parteien der Einigung, die zur Eintragung geführt hat (BGH aaO; Soergel/*Stürner* Rn 12; aA BayObLG 22, 37), zB im Verhältnis zw Grundstückseigentümer und erstem Hypothekengläubiger (BGH WM 1972, 384, 386; Staudinger/*Picker* Rn 71).

17a Auch in fG-Verfahren (Staudinger/*Picker* Rn 75) sowie in verwaltungsbehördlichen bzw -gerichtlichen Verfahren (MüKo/*H. Schäfer* Rn 13) ist § 891 zu beachten. Gleiches gilt im Grundbuchverfahren (Celle BeckRS 2012, 11590; BayObLG NJW-RR 1989, 718; DNotZ 1993, 335; KG NJW 1973, 57; MüKo/*H. Schäfer* Rn 13 mwN; vgl § 39 GBO – ggf iVm § 1155 – sowie Vor § 873 Rn 7).

18 **V. Widerlegung der Vermutung.** Wer durch eine Eintragung betroffen ist und an ihrer Widerlegung ein **rechtl Interesse** hat, ist hierzu befugt (RGZ 92, 68, 70; BGH WM 1972, 384, 386; Staudinger/*Picker* Rn 69 mwN).

19 Zur Widerlegung der Vermutung reicht nicht schon ihre Erschütterung aus (BGH NJW 1980, 1047, 1048), erforderlich ist vielmehr der **Beweis ihrer Unrichtigkeit** (RGZ 116, 177, 181; BGH NJW-RR 1997, 398; Köln BeckRS 2013, 15824; Düsseldorf GWR 2012, 472; Frankfurt NJW-RR 2012, 784; München DNotZ 2012, 298; Köln MittRhNotK 1983, 52). Der Nachw, dass die verfahrensrechtl Voraussetzungen für eine Eintragung bzw Löschung nicht gegeben waren (BGH WM 1969, 1352), reicht hierfür nicht aus. Gleiches gilt für Eigenbesitz, der der Eintragung widerspricht. Er kommt allenfalls als (zusätzl) Beweismittel in Betracht (vgl Staudinger/*Picker* Rn 59 mwN). Auch durch Eintragung eines Widerspruchs nach § 899 oder § 53 I 1 GBO wird die Vermutung nicht widerlegt (BGH BB 1967, 513; WM 1970, 557f; München BWNotZ 2021, 321; Celle BeckRS 2012, 11590).

Für die Widerlegung der Vermutung ist nicht jede denkbare Möglichkeit für den Erwerb bzw Verlust des Rechts auszuräumen. Es reicht vielmehr aus, dass der Beweisbelastete solche Erwerbs- bzw Verlustmöglichkeiten widerlegt, die sich aus dem Grundbuch bzw aus sonstigen Umständen ergeben oder vom Vermutungsbegünstigten vorgetragen sind (BGH NJW 1984, 2157 mwN; NJW 1996, 1890, 1892; Staudinger/*Picker* Rn 57 mwN). 19a

Bei **Grundpfandrechten** genügt zur Widerlegung der Vermutung die privatschriftliche Abtretungserklärung an den Briefbesitzer, § 1154 (vgl BayObLG NJW-RR 1989, 718, 719; 1991, 1398). Bei schriftlicher Rückabtretung und Besitz am Brief gilt wieder § 891 zugunsten des Eingetragenen (KG JW 1939, 562; BayObLG NJW-RR 1991, 1398). 20

Solange die Möglichkeit besteht, dass eine Eintragung aufgrund **gutgläubigen Erwerbs** des Eingetragenen richtig ist, gilt auch im Grundbuchverfahren zu seinen Gunsten die Vermutung des § 891 I. Zur Rechtslage beim (vermeintlichen) außergrundbuchlichen Erwerb aufgrund guten Glaubens vgl KG NJW 1973, 56, 58f. 21

§ 892 Öffentlicher Glaube des Grundbuchs

(1) Zugunsten desjenigen, welcher ein Recht an einem Grundstück oder ein Recht an einem solchen Recht durch Rechtsgeschäft erwirbt, gilt der Inhalt des Grundbuchs als richtig, es sei denn, dass ein Widerspruch gegen die Richtigkeit eingetragen oder die Unrichtigkeit dem Erwerber bekannt ist. Ist der Berechtigte in der Verfügung über ein im Grundbuch eingetragenes Recht zugunsten einer bestimmten Person beschränkt, so ist die Beschränkung dem Erwerber gegenüber nur wirksam, wenn sie aus dem Grundbuch ersichtlich oder dem Erwerber bekannt ist.

(2) Ist zu dem Erwerb des Rechts die Eintragung erforderlich, so ist für die Kenntnis des Erwerbers die Zeit der Stellung des Antrags auf Eintragung oder, wenn die nach § 873 erforderliche Einigung erst später zustande kommt, die Zeit der Einigung maßgebend.

I. Interessenlage und Rechtsscheinsprinzip. Wie im Recht der beweglichen Sachen ist auch im Liegenschaftsrecht der dinglich Berechtigte daran interessiert, dass über sein Recht nicht ohne sein Zutun durch einen Nichtberechtigten verfügt werden kann, zB durch Übertragung an einen Dritten oder Belastung des Rechts. Andererseits wird sich ein Erwerber, der dem Rechtsschein des Grundbuchs traut, auf die hinter dem Grundbuch stehende staatliche Autorität und auf die besondere Sorgfalt der Grundbuchführung berufen. Das **Interesse des Verkehrs**, den Erwerb nach Maßgabe des Grundbuchstandes zu ermöglichen, erscheint bei den erheblichen Werten, um die es sich idR bei Grundstücksgeschäften handelt, besonders schutzwürdig. Daher weitet § 892 die Vermutung des § 891 zugunsten des gutgläubigen Rechtsverkehrs zu einer **unwiderlegbaren Vollständigkeitsvermutung für Rechte und Verfügungsbeschränkungen** aus (vgl § 891 Rn 1). Der Gutglaubensschutz des Liegenschaftsrechts (zu den ostdt Besonderheiten vgl *Böhringer* NotBZ 2002, 117) basiert ausschließlich auf dem Rechtsscheinsprinzip. Ob der Berechtigte das Auseinanderfallen von Rechtslage und Grundbuch veranlasst hat, spielt keine Rolle (MüKo/*H. Schäfer* Rn 2 mwN); für § 892 fehlt eine dem § 935 entspr Vorschrift. Es ist auch unerheblich, ob der gutgläubige Erwerber den Inhalt des Grundbuchs kannte oder auf ihn vertraute (BGH Rpfleger 1980, 336). Allein die obj Stützung des Verfügungsgeschäfts durch die Grundbuchlage reicht aus. Maßgeblich ist der Grundbuchstand im Augenblick der Vollendung des Rechtserwerbs, dh idR bei Eintragung der Rechtsänderung. Änderungen nach Antragstellung wirken für und gegen den Erwerber (RGZ 123, 21). § 892 II bezieht sich nur auf die Kenntnis der Unrichtigkeit. Der dem Erwerber günstige Grundbuchstand muss spätestens mit seiner eigenen Eintragung herbeigeführt werden (RGZ 140, 35, 39f; 147, 298, 302; BayObLG NJW 2003, 3785; Staudinger/*Picker* Rn 184 mwN; zum für die Gutgläubigkeit maßgeblichen Zeitpunkt vgl Rn 33ff). 1

II. Inhalt des Grundbuchs. Entspr dem Zweck des Grundbuchs fallen nur Eintragungen **dinglicher Rechte einschl ihres Ranges** (vgl § 891 Rn 3) unter den öffentlichen Glauben. Auch ein zu Unrecht eingetragener Rangvorbehalt kann mit dem Eigentum gutgläubig erworben werden; ebenso der aufgrund seiner Ausübung entstehende Rang. Zur Vormerkung vgl § 883 Rn 23ff. 2

Dagegen nehmen **schuldrechtl Ansprüche**, zB die Grundlage einer Eigentumsübertragung (BGHZ 7, 64, 67f = NJW 1952, 1289, 1290 – Schenkung) als eingetragener Erwerbsgrund nicht am öffentlichen Glauben des Grundbuchs teil. Schuldrechtl Berechtigte können also nicht mittels § 892 Ansprüche gegen den Eigentümer zB aus Miet- oder Pachtverträgen herleiten, die sie mit dem eingetragenen Nichtberechtigten geschlossen haben (vgl KG 106, 111). Für Hypotheken macht § 1138 eine Ausnahme, wobei aber ihr Charakter (KG NJW 1952, 885, 886 – Eintragung einer „Darlehens"-Hypothek) nicht unter den öffentlichen Glauben fällt. 3

Der Rechtsschein erstreckt sich auf alle nach dem Grundbuchsystem **zulässigen** Eintragungen, die sich auf die dingliche Rechtslage beziehen, dh auf Gegenstand und Inhalt des Rechts sowie die Person des Berechtigten. 4

Auf den (wahren) **Erben** geht der zugunsten des buchberechtigten Erblassers sprechende Rechtsschein über (MüKo/*H. Schäfer* Rn 18 mwN). Entspr gilt bei anderen Formen der gesetzl angeordneten Gesamtrechtsnachfolge (Schleswig Rpfleger 2006, 464, 465 mwN). Auch gutgläubiger Erwerb von einem durch Erbschein ausgewiesenen Scheinerben des Buchberechtigten (dh bei sog Doppelfehler) ist mittels § 2366 iVm § 892 möglich (BGHZ 57, 341ff = NJW 1972, 434f; Staudinger/*Picker* Rn 46). Ist ein Vorerbe weder eingetragen noch im Besitz eines weiter gehenden Erbscheins, so gelten die §§ 2113ff auch dann, wenn ihn der Erwerber redlicherweise für einen Vollerben gehalten hat (BGH NJW 1970, 943). 5

6 Bei **aufschiebend oder auflösend bedingten** Rechten gibt die Eintragung im Grundbuch keine Auskunft über Eintritt bzw Ausfall der Bedingung. Deshalb kann sich der Erwerber des bedingten Rechts nicht mit Erfolg darauf berufen, ihm sei der Eintritt der auflösenden bzw der Ausfall der aufschiebenden Bedingung nicht bekannt gewesen (RGZ 144, 26, 28; Staudinger/*Picker* Rn 41 mwN).

7 Nicht zum Rechtsinhalt gehören bloße **Tatsachenangaben** (vgl § 891 Rn 5–7).

8 Gleiches gilt für eine **Unterwerfungsklausel** iSv § 800 ZPO. Eine solche Klausel gehört nicht zum materiellen Inhalt des betreffenden Grundpfandrechts; sie ist vielmehr als ein prozessuales Nebenrecht aufzufassen (Staudinger/*Picker* Rn 43 mwN).

9 Überschreitet die – spätere – **tatsächliche Handhabung einer Grunddienstbarkeit** den Umfang, der ihr nach der Grundbucheintragung (einschl der ggf in Bezug genommenen Eintragungsbewilligung) zukommt (vgl zur Auslegung § 873 Rn 23), findet Gutglaubensschutz nach § 892 nur in Bezug auf den eingetragenen Umfang der Grunddienstbarkeit statt (vgl BGH NJW 1976, 417, 418; MüKo/*H. Schäfer* Rn 14 mwN).

10 Zwei **sich widersprechende Eintragungen** heben den Rechtsschein des Grundbuchs auf. Dies gilt insb im Fall der **Doppelbuchung** (vgl § 891 Rn 11) eines Grundbuchs, wenn zB ein Grundstücksteil veräußert und auf einem neuen Grundbuchblatt als selbständiges Grundstück eingetragen worden ist, die Abschreibung auf dem bisherigen Grundbuchblatt aber vergessen worden ist. Der Rechtsschein der einen Eintragung hebt den der anderen auf. Daher ist in einem solchen Fall nach hM wirksamer Erwerb nur vom Berechtigten möglich (RGZ 56, 58, 62; BGH DB 1969, 1458; Hamm NJW-RR 1993, 1295; Grü/*Herrler* Rn 11; NK/*Krause* Rn 8; Staudinger/*Picker* Rn 29 mwN; aA *Finkenauer*, Eigentum und Zeitablauf – das dominum sine re im Grundstücksrecht, 2000, 109ff mwN). Bei subj **dinglichen Rechten** ist das Grundbuch des belasteten Grundstücks maßgebend (vgl § 891 Rn 6).

11 **Nicht aus dem Grundbuch ersichtliche Rechte** gelten dem gutgläubigen Erwerber ggü als nicht bestehend (MüKo/*H. Schäfer* Rn 4). Beim lastenfreien Erwerb eines Wohnungseigentumsanteils gilt dies auch für nicht eingetragene, eintragungsbedürftige Dienstbarkeiten am gesamten Grundstück (BGH NZM 2015, 938 Rn 17; aA Staudinger/*Picker* Rn 224). Nicht eintragungsbedürftige Rechte, die zwar eintragungsfähig aber nicht eingetragen sind, können infolge gutgläubig-lastenfreien Erwerbs erlöschen oder durch Bestellung weiterer Belastungen eine Rangverschlechterung erleiden (Staudinger/*Picker* Rn 27 mwN), zB eine noch nicht eingetragene (BayObLG Rpfleger 1994, 162) oder fälschlich gelöschte (Grü/*Herrler* Rn 15) Sicherungshypothek iSv § 848 II 2 ZPO.

12 Der Schutz des guten Glaubens eines Sonderrechtsnachfolgers erstreckt sich auch darauf, dass bei dem erworbenen Wohnungs- oder Teileigentum **Vereinbarungen** (zB betrieblicher Konkurrenzschutz) iSv § 10 II WEG mit Wirksamkeit ggü dem Sonderrechtsnachfolger über den im Grundbuch ausgewiesenen Bestand hinaus nicht getroffen worden sind (Hamm NJW-RR 1993, 1295, 1297). Für **Beschlüsse** der Wohnungseigentümer gilt die Vollständigkeitsvermutung nicht, vgl § 10 IV WEG.

13 Nicht eintragungsbedürftige **altrechtl Grunddienstbarkeiten** iSv Art 187 EGBGB (vgl auch § 891 Rn 3) nehmen am öffentlichen Glauben teil, sobald sie im Grundbuch eingetragen (worden) sind (MüKo/*H. Schäfer* Rn 20 mwN). Ab diesem Zeitpunkt ist bei unberechtigter Löschung gutgläubig-lastenfreier Erwerb möglich (BGHZ 104, 139, 142f = NJW 1988, 2037; BayObLG DNotZ 1980, 103f). Eine niemals eingetragen gewesene altrechtl Grunddienstbarkeit kann dagegen nicht infolge gutgläubigen Erwerbs untergehen, Art 187 I 1 EGBGB.

14 Gleiches gilt für **nicht eintragungsfähige Rechte** (zB § 914 II 1, vgl Vor § 873 Rn 9) und **öffentliche** Lasten (Grü/*Herrler* Rn 15), zB die nicht eintragungsfähigen Bindungen nach dem WohnungsbindungsG (VG Freiburg NJW 1979, 1843, 1844).

15 **III. Erwerb durch Rechtsgeschäft.** Aus dem Zweck des § 892, das Interesse des Verkehrs zu schützen (vgl Rn 1), folgt seine Beschränkung auf den Erwerb „durch Rechtsgeschäft". Anwendbar ist § 892 I 1 auf **dingliche Erwerbsvorgänge**, zu deren Wirksamkeit eine **rechtsgeschäftliche Mitwirkung** des Erwerbers erforderlich ist. Dass daneben eine Eintragung (RGZ 128, 276, 278), ggf aufgrund behördlichen Ersuchens iSv § 38 GBO (vgl KG HRR 1929, Nr 1487) Wirksamkeitsvoraussetzung ist, schadet nicht. Wird eine Willenserklärung des Schuldners durch ein rechtskräftiges Urteil ersetzt, § 894 ZPO, ist § 892 gem § 898 ZPO anwendbar (vgl auch BGHZ 8, 284, 286f). § 892 (iVm § 1138) ist auch einschlägig, wenn zB eine gepfändete Hypothek auf Anordnung des Vollstreckungsgerichts nach § 844 ZPO durch eine Privatperson versteigert wird (BGH LM Nr 6 zu § 892 BGB = JZ 1964, 772; Staudinger/*Picker* Rn 92 mwN). Dagegen ist nach hM § 892 bei Zwangsversteigerung eines Grundstücks (vgl §§ 90, 91 iVm § 37 Nr 4 und 5, §§ 52, 57ff ZVG) nicht anzuwenden, dh selbst ein bösgläubiger Ersteher erwirbt schuldnerfremdes Eigentum mit dem Zuschlag (RGZ 45, 284; 72, 269, 271; 129, 155, 159f; Staudinger/*Picker* Rn 93 mwN; aA MüKo/*H. Schäfer* Rn 30; vgl auch BayObLG DNotZ 1994, 244, 246f). Allerdings haftet der Ersteher uU gem § 826 (BGH NJW 1971, 1751, 1752).

16 Das dem dinglichen Rechtsgeschäft zugrundeliegende **Grundgeschäft** ist gleichgültig, dh § 892 gilt auch bei Erfüllung einer Vermächtnisschuld oder Schenkung (dort aber Rückgewährpflicht nach § 816 I 2; vgl BGHZ 81, 395, 396 = NJW 1982, 761). Dass das Grundgeschäft nichtig ist (BGH NJW 1967, 1272) oder unter § 25 HGB fällt (Staudinger/*Picker* Rn 88 mwN), spielt für § 892 keine Rolle.

17 **Nicht-rechtsgeschäftlicher Erwerb** (vgl auch § 873 Rn 11) fällt nicht unter § 892, zB Erwerb durch Aneignung (KG JFG 15, 108, 111f; ZweibrückenNJOZ 2023, 168), durch **Forderungsübergang kraft Gesetzes** (vgl §§ 1163, 1164) oder durch **Erbfall** (§ 1922). Rechtsgeschäfte zwecks vorweggenommener Erbfolge stehen dem gleich

(RGZ 123, 52, 56; 136, 148, 150; BayObLG NJW-RR 1986, 882; DNotZ 1987, 781; aA Hildesheim Rpfleger 1997, 12ff; NK/*Krause* Rn 37 mwN). Auch eine Zwangshypothek (§ 867 I 2 ZPO) oder eine Arresthypothek (§ 932 ZPO) kann an schuldnerfremdem Grundstück nicht durch gutgläubigen Erwerb begründet werden (BGH WM 1963, 219f; MüKo/*H. Schäfer* Rn 29 mwN). Tritt der Gläubiger seine Forderung ab, so kann der Zessionar die Hypothek aber gutgläubig erwerben (BGHZ 64, 194, 196f = NJW 1975, 1282f; Staudinger/*Picker* Rn 91 mwN). Zum gutgläubigen Erwerb einer Vormerkung vgl § 883 Rn 23ff.

Schutzwürdig ist nur derjenige Erwerber, der mit dem Verfügenden weder personengleich noch wirtschaftl identisch ist. Denn nur ein solcher Erwerber ist auf die Richtigkeit des Grundbuchs angewiesen (RGZ 129, 119, 121). 18
Deshalb ist nach ganz hM die Anwendung des § 892 auf sog **Verkehrsgeschäfte** beschränkt (Staudinger/*Picker* Rn 96ff mwN). Dazu muss auf Erwerberseite mindestens eine Person stehen, die im Verhältnis zur Veräußererseite bislang Dritter war (RG JW 1930, 3740; Staudinger/*Picker* Rn 111f mwN) und nicht lediglich als Strohmann fungiert (RGZ 130, 390, 392). Umgekehrt gilt das nicht (RG HRR 1927, Nr 1141).

Daran fehlt es, wenn ein zu Unrecht eingetragener redlicher Nichteigentümer zu seinen eigenen Gunsten eine Eigentümergrundschuld nach § 1196 bestellt oder sich eine Restkaufpreishypothek vorbehält. An einem Verkehrsgeschäft fehlt es auch bei einer Übertragung von einer jur Person an ihr einziges Mitglied bzw ihren einzigen Anteilseigner (RGZ 126, 46) und umgekehrt (BGH NJW-RR 1998, 1057, 1059). Gleiches gilt bei Übertragung von einer Gesamthandsgemeinschaft auf eine personengleiche andere Gesamthandsgemeinschaft (RGZ 117, 257, 265ff und SeuffA 83 Nr 190 S 315 – Grundstücksübereignung von Erbengemeinschaft auf personengleiche KG) oder auf einen Gesamthänder (BGHZ 30, 255 = NJW 1959, 1635), selbst wenn der Erwerber aus der Gesamthandsgemeinschaft ausscheidet (RGZ 129, 119). So kann zB ein Miterbe nicht gutgläubig (gutgläubig lastenfrei) erwerben, wenn ihm aus dem Nachlass ein Gegenstand im Wege der Erbteilung oder eines Vorausvermächtnisses übereignet wird (Hamm MittBayNot 1975, 72; Naumburg NJW 2003, 3209, 3210). Für einen Dritten, der kraft Vermächtnisses von dem oder von den Erben rechtsgeschäftlich erwirbt, gilt diese Einschränkung nach hM nicht (Naumburg aaO; Staudinger/*Picker* Rn 79). Kein Verkehrsgeschäft liegt dagegen vor bei Umwandlung von Gesamthandsvermögen in Bruchteilseigentum derselben Personen (vgl KG OLG 46, 46) und umgekehrt, und zwar auch dann, wenn dabei Verschiebungen in den Beteiligungsverhältnissen eintreten (Staudinger/*Picker* Rn 99). 19

Allerdings kann bei **Miteigentum nach Bruchteilen** jeder Miteigentümer über seinen Anteil an dem Grundstück frei verfügen und steht den Bruchteilen seiner Genossen als Dritter ggü. Deshalb wird man den Hinzuerwerb eines weiteren Bruchteils durch einen von mehreren Bucheigentümern als Verkehrsgeschäft ansehen müssen, auf das § 892 anzuwenden ist (BGH MDR 2007, 1362 mwN; *Lutter* AcP 164, 162f; Grü/*Herrler* Rn 8; Staudinger/*Picker* Rn 120; NK/*Krause* Rn 49; aA KG JW 1927, 2521f; Soergel/*Stürner* Rn 24 mwN). Ob dies auch dann gilt, wenn die Bucheigentümer zugunsten eines (vermeintlichen) Miteigentümers ein Grundpfandrecht bestellen, ist sehr str. Da der Erwerber hinsichtl seines eigenen Buchanteils zugleich auf der Veräußererseite steht, wird man ein Verkehrsgeschäft und damit den gutgläubigen Erwerb eines Gesamtgrundpfandrechts nur in Bezug auf die übrigen Miteigentumsbuchanteile bejahen können (Grü/*Herrler* Rn 8; ausf Staudinger/*Picker* Rn 122 mwN zum Streitstand). 20

Kenntnis der für ein Nichtverkehrsgeschäft sprechenden Umstände **auf Seiten des Erwerbers** ist nicht erforderlich (MüKo/*H. Schäfer* Rn 33; Grü/*Herrler* Rn 5; Staudinger/*Picker* Rn 114; aA Hamburg MDR 1959, 759; Stettin HRR 1937 Nr 1005). Denn auch bei diesbzgl Gutgläubigkeit ist der Erwerber nicht auf die Richtigkeit des Grundbuchs angewiesen (Grü/*Herrler* Rn 5). 21

Str ist, ob bei Existenz einer den Betroffenen **unbekannten fortgesetzten Gütergemeinschaft** ein Abkömmling gutgläubig ein Grundstück erwerben kann, welches allein auf den Namen des überlebenden Elternteils eingetragen ist (bejahend Stettin HRR 1937 Nr 1005; Hamburg MDR 1959, 759; Staudinger/*Picker* Rn 102). Da hier schon obj kein Veräußerungsgeschäft der fortgesetzten Gütergemeinschaft, sondern ein solches des überlebenden Elternteils vorliegt, ist ein Verkehrsgeschäft und damit § 892 zu bejahen (vgl Staudinger/*Picker* Rn 102). 22

Auch **schuldrechtl Beziehungen** zw Veräußerer und Erwerber in Bezug auf das Grundstück schließen gutgläubigen Erwerb nach § 892 nicht aus, zB bei Grundstücksübereignung vom mittelbaren Stellvertreter auf den vertretenen Auftraggeber nach § 667 (RGZ 127, 341, 345f; 131, 64, 66; s auch MüKo/*H. Schäfer* Rn 36). 23

IV. Ausschluss des gutgläubigen Erwerbs. 1. Widerspruch. Ist zur Zeit der Vollendung des Rechtserwerbs ein Widerspruch iSv § 899 gegen die Richtigkeit des Grundbuchs wirksam eingetragen und begründet (RGZ 128, 52, 55), so vermag dessen – geschwächter – Rechtsschein einen gutgläubigen Erwerb nicht mehr zu begründen. Der Widerspruch schließt dann jeden Rechtserwerb aus, der mit dem durch den Widerspruch geschützten Recht kollidiert (Köln BeckRS 2013, 15824; vgl auch § 899 Rn 15). Ein Widerspruch gegen das Eigentum wirkt auch gegen jede Rechtsstellung, die aus dem Eigentum abgeleitet ist (RGZ 129, 124, 127; Stuttgart NJW 1960, 1109; *Westermann/Gursky/Eickmann* § 84 II 5b). 24

Auf die **Kenntnis** vom Widerspruch kommt es nicht an. Mit seiner Löschung wird der Widerspruch wirkungslos (vgl § 899 Rn 18). Zur Frage der Rückwirkung vgl § 899 Rn 19 mwN. Im **Hypothekenrecht** sind § 1139 (Rückwirkung bei Darlehensbuchhypothek) und § 1140 (Widerspruch auf dem Hypothekenbrief) zu beachten. 24a

Die §§ 17 und 45 GBO sind bei der Eintragung eines Widerspruchs zu beachten und gewähren einen formellrechtl Schutz gegen überholende Widerspruchseintragungen. Trägt das Grundbuchamt wegen eines behebbaren Mangels zwar nicht den redlichen Erwerber, dafür aber eine **Amtsvormerkung** iSv § 18 II GBO ein (vgl § 883 25

Rn 6), so vermag ein danach eingetragener Widerspruch den gutgläubigen Erwerb nicht mehr auszuschließen (*Medicus* AcP 163, 1, 5; Staudinger/*Picker* Rn 190 mwN).

26 Zu unterscheiden ist der Widerspruch von einem sog **Rechtshängigkeitsvermerk** (Köln Rpfleger 2012, 522; Nürnberg Rpfleger 2012, 521; Braunschweig NJW-RR 2005, 1099, 1100 mwN; BayObLG NJW-RR 2004, 1461 und NJW-RR 2003, 234 mwN; Soergel/*Stürner* § 899 Rn 14; BaRo/*Kössinger* § 899 Rn 14; abl *Lickleder* ZZP 114 2001, 195ff). Ein solcher Vermerk verhindert zwar nicht den gutgläubigen Erwerb (vgl *v Olshausen* JZ 1988, 592), er sichert aber die Rechtskrafterstreckung auf den gutgläubigen Rechtsnachfolger, § 325 II ZPO iVm § 892 BGB (vgl Staudinger/*Picker* Rn 264 mwN). Bei fehlender Bewilligung des Buchberechtigten kann der Rechtshängigkeitsvermerk nur im Wege der einstweiligen Verfügung erzwungen werden (BGH NJW 2013, 2357). Zum sog Insolvenzvermerk vgl Rn 39.

27 **2. Kenntnis des Erwerbers von der Unrichtigkeit. a) Allgemeines.** Der Ausschluss des gutgläubigen Erwerbs bei Kenntnis des Erwerbers von der Unrichtigkeit des Grundbuchs ergibt sich aus dem Rechtsscheinsprinzip und dem Verkehrsschutzzweck.

28 **b) Kenntnis und Rechtsirrtum.** Maßgebend ist die Kenntnis von der dinglichen Rechtslage, auf eine Kenntnis der zur Unrichtigkeit führenden Tatsachen kommt es nicht an. Kennt der Erwerber die Tatsachen, würdigt er sie infolge eines Rechtsirrtums aber falsch, so steht dies seinem gutgläubigen Erwerb nicht entgegen (RGZ 117, 180, 187; BGHZ 26, 256, 258; BGH WM 1970, 476; Karlsruhe FGPrax 2020, 58; MüKo/*H. Schäfer* Rn 48 mwN). Wenngleich selbst **grob fahrlässige Unkenntnis** nicht schadet (Staudinger/*Picker* Rn 161 mwN), so ist doch bei demjenigen, der über die Unrichtigkeit des Grundbuchs in einer Weise aufgeklärt worden ist, dass ein redlich und vom eigenen Vorteil unbeeinflusst Denkender sich der Überzeugung von der Unrichtigkeit nicht entziehen würde, Kenntnis iSv § 892 I 1 zu bejahen (BGH LM § 892 BGB Nr 5 Bl 2; Hamm NJW-RR 1993, 1295). Dabei reicht Kenntnis der Beurteilung durch die hL bzw durch den die Praxis bestimmenden Gerichtsgebrauch; auf die abw subj Auffassung des Erwerbers kommt es nicht an (RG JW 1928, 102 und 1361; Staudinger/*Picker* Rn 162; MüKo/*H. Schäfer* Rn 48; NK/*Krause* 60). Ob in krassen Ausnahmefällen eine Korrektur des gutgläubigen Erwerbs über § 826 in Betracht kommt (RGZ 117, 180, 189ff; JW 1929, 581; JW 1934, 1043; Stuttgart OLG 1969, 477, 481), erscheint zweifelhaft (abl etwa Staudinger/*Picker* Rn 163 und MüKo/*H. Schäfer* Rn 50; aA wohl Soergel/*Stürner* Rn 31).

28a Gem § 142 II steht die Kenntnis von der **Anfechtbarkeit** des dinglichen Erwerbs durch den Voreingetragenen der Kenntnis der Nichtigkeit gleich.

29 Auch derjenige, der aufgrund eines Tatsachenirrtums zutr davon ausgeht, das Grundbuch sei unrichtig, ist nicht mehr gutgläubig (Staudinger/*Picker* Rn 152).

30 Ergibt sich die Nichtberechtigung des Verfügenden zwar aus dem – unrichtigen – Grundbuch, hat der Erwerber den Grundbuchinhalt aber falsch gewürdigt, so ist gutgläubiger Erwerb mangels Rechtsscheinsgrundlage nicht möglich (vgl RGZ 98, 215, 220).

31 Die **Beweislast** für die Kenntnis des Erwerbers von der Unrichtigkeit hat dessen Gegner (vgl MüKo/*H. Schäfer* Rn 50).

32 **c)** Bei **Vertretung** des Erwerbers kommt es gem § 166 I auf die Kenntnis des Vertreters an; handelt es sich um eine sog Gesamtvertretung, genügt die Kenntnis eines Vertreters (RGZ 59, 400; 78, 353; Staudinger/*Picker* Rn 166 mwN). Dessen Mitwirkung am Erwerbsgeschäft ist nicht erforderlich (RG JW 1935, 2044). Bei einer Gesamthandsgemeinschaft führt die Kenntnis eines Gesamthänders zur Bösgläubigkeit aller (MüKo/*H. Schäfer* Rn 52). Dagegen ist eine Zurechnung der Kenntnis von Mitarbeitern einer jur Person oder einer am Rechtsverkehr teilnehmenden nicht rechtsfähigen Organisation nur zulasten der jur Person bzw nicht rechtsfähigen Organisation, nicht dagegen zulasten ihrer Organe oder Mitglieder zulässig (BGH NJW 2001, 359, 360 mwN). § 166 findet auf die nachträgl Genehmigung vollmachtlosen Handelns so Anwendung, als hätte der Vertreter zum Zeitpunkt seines Handelns die erforderliche Vertretungsmacht gehabt (BGH NJW 2000, 2272, 2273 mwN). – Der bloß beurkundende Notar gilt nicht als Vertreter (RGZ 81, 82, 86; KG NJW 1973, 56, 58).

33 **d) Maßgeblicher Zeitpunkt (§ 892 II). Fehlt** zum gutgläubigen Erwerb **nur noch die Eintragung**, so schadet dem Erwerber eine nach Stellung des Eintragungsantrags erlangte Kenntnis von der Unrichtigkeit des Grundbuchs nicht mehr (BGH NJW 2001, 359, 360). Durch § 892 II Hs 1 soll der Erwerber vor nachteiligen Folgen einer von ihm nicht veranlassten Verzögerung der Eintragung geschützt werden (vgl RGZ 141, 379, 383). Der Antrag muss freilich zur Eintragung führen (RG HRR 1929, Nr 384; MüKo/*H. Schäfer* Rn 54 mwN; vgl auch § 878 Rn 13).

34 Wird noch nach Stellung des Antrags auf Eigentumsumschreibung eine dingliche Belastung (zB ein Vorkaufsrecht) zu Unrecht gelöscht und erst danach der Umschreibungsantrag vollzogen, erwirbt der neue Eigentümer (entspr dem maßgeblichen Grundbuchinhalt zum Zeitpunkt der Vollendung des Rechtserwerbs) nach BGH NJW 1980, 2413 jedenfalls dann lastenfreies Eigentum, wenn er noch im Zeitpunkt der Eigentumsumschreibung gutgläubig war. Nach Sinn und Zweck des § 892 II Hs 1 dürfte es indes auf den Entstehungszeitpunkt der Buchlage ankommen (*Lutter* AcP 164, 176ff; NK/*Krause* Rn 73; Staudinger/*Picker* Rn 209 mwN; aA RGZ 116, 351, 354; 140, 35, 38f).

34a Fehlt außer der beantragten Eintragung noch ein anderes materiellrechtl Erfordernis, zB eine privatrechtl oder öffentlich-rechtl Genehmigung, so muss die Gutgläubigkeit des Erwerbers nur bis zu dessen Nachholung und nicht etwa bis zur Vollendung der Eintragung andauern (*Lutter* AcP 164, 175f; Staudinger/*Picker* Rn 211ff mwN; vgl auch RGZ 134, 283, 286ff). Zur Anwendung des § 166 s Rn 32.

Ist bei Beantragung der Eintragung des Erwerbers der verfügende Nichtberechtigte nicht eingetragen, ist Gutgläubigkeit bis zu dessen Eintragung erforderlich (*Lutter* AcP 164, 177; Staudinger/*Picker* Rn 209 mwN; aA RGZ 116, 351, 354; 140, 35, 38f). 34b

Kommt die **Einigung** dagegen ausnahmsw erst **nach der Eintragung** zustande, so muss der Erwerber im Zeitpunkt der Einigung bzw der Vollendung des Rechtserwerbs gutgläubig sein. Dies gilt grds auch dann, wenn es für den Erwerb auf eine Eintragung nicht ankommt, zB bei Übertragung einer Briefhypothek (§ 1154 I, § 1153 I; zum Ersatz der Briefübergabe durch eine Vereinbarung iSv § 1117 II vgl RGZ 137, 95, 97). 35

Geht es um den **Erwerb eines aufschiebend bedingten oder befristeten Rechts**, so kommt es für die Beurteilung der Gutgläubigkeit auf den letzten zum Erwerb erforderlichen Rechtsakt bzw die Stellung des Eintragungsantrages an (vgl Rn 33–35); Bösgläubigkeit, die zw Erwerbstatbestand und Bedingungseintritt entsteht, ist unschädlich (Staudinger/*Picker* Rn 212; MüKo/*H. Schäfer* Rn 55 mwN; NK/*Krause* Rn 65; zu § 932 auch BGHZ 10, 69, 72). Zum gutgläubigen **Vormerkungserwerb** vgl § 883 Rn 26. 36

3. Kenntnis des Grundbuchamtes. Nach wohl noch hM darf das Grundbuchamt eine Eintragung nicht vornehmen, wenn feststeht, dass sich der Rechtserwerb nur kraft guten Glaubens vollziehen kann (Frankfurt Rpfleger 1991, 361, 362; BayObLG 1994, 66, 71f; *Demharter* § 13 GBO Rn 12; diff BaRo/*Kössinger* Rn 25). Dagegen spricht aber die Wertung des § 892 II (Staudinger/*Picker* Rn 218) bzw der mit dem Rechtsscheinsprinzip bezweckte Verkehrsschutz (vgl Rn 1 und MüKo/*H. Schäfer* Rn 67 mwN). Deshalb wird man eine Pflicht bzw Befugnis des Grundbuchbeamten, eine zum gutgläubigen Erwerb führende Eintragung abzulehnen, mit der im Vordringen begriffenen Gegenmeinung (NK/*Krause* Rn 74; MüKo/*H. Schäfer* Rn 67 mwN) verneinen müssen. Etwas anderes kommt nur unter den Voraussetzungen eines Amtswiderspruchs (§ 53 I 1 GBO) in Betracht, für den die Eintragungsfolge der §§ 17 und 45 GBO nicht gilt (Staudinger/*Picker* Rn 218; MüKo/*H. Schäfer* Rn 68). 37

4. Verfassungsvorrang. Verfassungsrechtl Normen haben den Vorrang vor den §§ 891ff und schließen zB einen gutgläubigen Erwerb von Teilen einer Bundeswasserstraße (vgl Art 89 GG) aus (BGHZ 110, 148, 155). 38

V. Verfügungsbeschränkung zugunsten einer bestimmten Person. 1. Allgemeines. Der öffentliche Glaube schützt auch vor eintragbaren relativen Verfügungsbeschränkungen (vgl Vor § 873 Rn 12), wenn diese weder eingetragen noch dem Erwerber bekannt sind (§ 892 I 2). Nicht eingetragene bzw gelöschte relative Verfügungsbeschränkungen gelten als nicht bzw nicht mehr existent. Damit tragen diejenigen das Risiko der unterbliebenen Eintragung, die als geschützte Personen nicht für die Eintragung der Verfügungsbeschränkung gesorgt haben (MüKo/*H. Schäfer* Rn 65). § 892 I 2 setzt voraus, dass das Grundbuch bzgl der Verfügungsmacht des Berechtigten unrichtig ist. Daran fehlt es, wenn nicht über das Vermögen der Eigentümer-GbR, sondern über dasjenige eines ihrer Gesellschafter ein Insolvenzverfahren eröffnet worden ist. Deshalb kommt in diesem Fall die Eintragung eines sog **Insolvenzvermerks** nicht in Betracht (Rostock NJW-RR 2004, 260, 261; Dresden NJW-RR 2003, 46; zur Grundbuchfähigkeit der GbR vgl Vor § 873 Rn 17). 39

Das Vertrauen darauf, dass eine durch eine eingetragene Verfügungsbeschränkung erlangte Verfügungsbefugnis (zB des Insolvenzverwalters) fortbesteht (wenn die Löschung des Insolvenzvermerks versäumt wurde), wird dagegen nicht geschützt (Grü/*Herrler* Rn 16; MüKo/*H. Schäfer* Rn 64 mwN). 40

2. Anwendungsbereich. Zu den Verfügungsbeschränkungen im obigen Sinne gehören: **relative Veräußerungsverbote** (§§ 135 und 136), zB solche infolge Beschlagnahme gem den §§ 23, 146 ZVG, § 21 II 1 Nr 2 InsO, § 111c II, V StPO oder aufgrund einstweilige Verfügung gem § 938 II ZPO (vgl Staudinger/*Picker* Rn 241); unter § 892 I 2 fallen **außerdem** § 161 (vgl BayObLG Rpfleger 1994, 342, 343), Nacherbschaft (§ 2113; vgl RGZ 83, 437 sowie zur Ersatz[nach]erbschaft JW 1937, 2045, 2046), Nachlassverwaltung (§ 1984), Testamentsvollstreckung (§ 2211) und Insolvenz (§ 81 InsO). Zu – nicht eintragbaren – Erwerbsverboten vgl § 888 Rn 16. 41

Dagegen **nicht** von § 892 I 2 **erfasst** werden – nicht eintragbare – **absolute Verfügungsbeschränkungen** wie zB § 1365 I 2 (Staudinger/*Picker* Rn 265 mwN), wobei allerdings dessen Anwendung bei Verfügungen über Einzelgegenstände nach hM voraussetzt, dass der Erwerber weiß, dass der Verfügungsgegenstand so gut wie das ganze Vermögen des verfügenden Ehegatten ausmacht (BGHZ 43, 174, 177). Gutgläubiger Zweiterwerb ist aber denkbar (München BeckRS 2022, 20977; Köln OLG 1969, 171; Zweibrücken FamRZ 1986, 977, 998). 42

VI. Wirkung der Vollständigkeitsvermutung. Die unwiderlegbare Richtigkeitsvermutung zugunsten des gutgläubigen Rechtsverkehrs (vgl Rn 1) bedeutet, dass die Verfügung so wirkt, als entspräche der Grundbuchstand der wahren Rechtslage. Zu § 311b I 2 vgl Rn 48. Bis auf die dem Verfügenden fehlende Rechtsmacht müssen alle übrigen Voraussetzungen des Verfügungsgeschäfts gegeben sein, zB Geschäftsfähigkeit und Vertretungsmacht eines Vertreters. Aus sonstigen Gründen gegebene Angriffsmöglichkeiten gegen das Verfügungsgeschäft, zB aufgrund des AnfG (RGZ 68, 153), bleiben bestehen. 43

Der gutgläubige, einredefreie Erwerber ist fortan Berechtigter. Dem Folgeerwerber schadet deshalb dessen Kenntnis über das frühere Bestehen von Einwendungen und Einreden grds nicht (BGH NJW-RR 2001, 1097). 44

Zur dinglichen Rechtslage bei Rückübereignung an den nichtberechtigten Verfügenden, die sich wirtschaftl als Rückgängigmachung des Grundgeschäfts darstellt, vgl § 932 Rn 14. 45

46 Ist eine Teilungsvereinbarung iSv § 3 WEG bzw eine Teilungserklärung iSv § 8 WEG mit einem Mangel behaftet, tritt bereits mit dem gutgläubigen Erwerb eines der (nicht wirksam entstandenen) Wohnungseigentumsrechte Heilung ein, dh ab diesem Zeitpunkt sind auch die übrigen Wohnungseigentumsrechte existent (BGHZ 109, 179, 183; Zweibrücken ZWE 2011, 411; Staudinger/*Picker* Rn 230). Der gleiche Effekt dürfte bei Belastung eines (entgegen dem Grundbuchstand noch gar nicht entstandenen) Wohnungseigentumsrechts eintreten (vgl Staudinger/*Picker* Rn 230 mwN).

47 **VII. Ausgleichsansprüche.** Gegen den gutgläubigen Erwerber kommt ein Bereicherungsanspruch nur bei unentgeltlichem Erwerb in Betracht (§ 816 I 2). Der Anspruch geht dann auf Rückgängigmachung der eingetretenen Rechtsverschiebung bzw bei gutgläubig-lastenfreiem Erwerb (vgl BGHZ 81, 385, 395 = NJW 1982, 98) auf Wiederbegründung des Rechts (Staudinger/*Picker* Rn 272). Ein Schadensersatzanspruch aufgrund fahrlässiger Eigentumsverletzung des Erwerbers ist abzulehnen (RGZ 85, 61, 64; 90, 395, 397; RG LZ 1926, 169; MüKo/*H. Schäfer* Rn 74; Staudinger/*Picker* Rn 272), da eine solche Haftung mit der in § 892 zum Ausdruck kommenden Wertung nicht in Einklang stünde. Auch ein Anspruch aus § 1004 besteht nicht (BGHZ 60, 46, 48f). Zu § 826 vgl Rn 28.

48 Im Verhältnis zw dem nicht berechtigten Verfügenden und dem Erwerber wird der Verfügungserfolg im Hinblick auf Rechtsmängelhaftung, § 311b I 2 (BGHZ 47, 266 zu § 313 S 2 aF) etc so behandelt, als ob der Verfügende berechtigt gewesen wäre.

49 Im Verhältnis zw dem (vormals) Berechtigten und dem Verfügenden kommen Schadensersatzansprüche aus Vertrag, aus einer entspr Anwendung der §§ 989, 990, 992 (RGZ 121, 335f; 133, 283, 285f; 158, 40, 47; RG JW 1928, 1387, 1388; Staudinger/*Picker* Vorb §§ 987ff Rn 69, § 989 Rn 6), sowie aus § 823 (wobei ggf § 992 zu beachten ist) und § 826 (*Prütting* Rn 234) in Betracht, dagegen mangels fortdauernder Eigentumsbeeinträchtigung kein Anspruch aus § 1004 (BGH NJW 2001, 1069). Ansonsten schuldet der Verfügende jedenfalls gem § 816 I 1 Herausgabe des durch die Verfügung Erlangten (vgl BGH NJW 2001, 1069 und § 816 Rn 18ff).

§ 893 Rechtsgeschäft mit dem Eingetragenen

Die Vorschrift des § 892 findet entsprechende Anwendung, wenn an denjenigen, für welchen ein Recht im Grundbuch eingetragen ist, aufgrund dieses Rechts eine Leistung bewirkt oder wenn zwischen ihm und einem anderen in Ansehung dieses Rechts ein nicht unter die Vorschrift des § 892 fallendes Rechtsgeschäft vorgenommen wird, das eine Verfügung über das Recht enthält.

1 **I. Regelungszweck.** Durch § 893 wird der bereits durch § 892 bezweckte **Schutz** des Rechtsverkehrs **erweitert**. Geschützt werden auch diejenigen, die an einen Buchberechtigten aufgrund eines eingetragenen Rechts eine **Leistung** bewirken, sowie diejenigen, die mit einem Buchberechtigten ein **Verfügungsgeschäft** abschließen, das von § 892 nicht erfasst wird. Bei einem Briefrecht (zB Briefhypothek) muss der Buchberechtigte allerdings im Besitz des Briefes sein (RGZ 150, 348, 356; BGH NJW 1996, 1207).

2 **II. Leistungsbewirkung. Leistungsbewirkung aufgrund eines im Grundbuch eingetragenen Rechts** bedeutet, dass der Rechtsinhaber auf die Sach- oder Geldleistung kraft des betreffenden dinglichen Rechts ein Anrecht hatte (Staudinger/*Picker* Rn 4) und die Leistung gerade auf die eingetragene dingliche Schuld erfolgte (Staudinger/*Picker* Rn 4 und 8; aA MüKo/*H. Schäfer* Rn 5). Die Leistung wirkt dann wie eine an den wahren Berechtigten, wobei ein Recht zur Hinterlegung besteht (Grü/*Herrler* Rn 1 und Grü/*Grüneberg* § 372 Rn 7). Dies kommt auch bei der Leistung eines Dritten (zB §§ 268, 1143, 1150) in Betracht. Für Leistungen auf obligatorische Ansprüche gewährt § 893 dagegen keinen Schutz (BGH NJW 1996, 1207).

3 Die Leistung auf eine Verkehrshypothek führt wegen § 1138 auch zum Erlöschen der persönlichen Verpflichtung, dagegen nicht die Leistung auf eine Sicherungshypothek (vgl § 1185 II) oder eine Sicherungsgrundschuld (aA *Tiedtke* NJW 1997, 852), weil § 1138 bei diesen Grundpfandrechten nicht gilt (vgl BGH NJW 1996, 1207, 1208). Ein mit dem Grundeigentümer nicht identischer persönlicher Schuldner einer hypothekarisch gesicherten Forderung oder ein für eine solche Forderung bestellter Bürge leisten regelmäßig nur auf diese Forderung und können sich deshalb auf § 893 nicht berufen (Staudinger/*Picker* Rn 5 mwN).

4 Miet- und Pachtleistungen werden ebenfalls nicht von § 893 erfasst. Dies gilt auch dann, wenn der Mieter nach unwirksamer Grundstücksveräußerung im Hinblick auf § 566 an den eingetragenen (Nicht-)Erwerber zahlt. Denn die Leistung wird nicht aufgrund von dessen Eigentümerstellung, sondern wegen dessen (vermeintlicher) Vermieterstellung bewirkt (MüKo/*H. Schäfer* Rn 7; Staudinger/*Picker* Rn 7; Grü/*Herrler* Rn 3).

5 Leistungen an einen durch Vormerkung gesicherten Scheingläubiger unterfallen ebenfalls nicht dem Schutz des § 893 Alt 1 (Staudinger/*Picker* Rn 9; MüKo/*H. Schäfer* Rn 8).

6 **III. Verfügung. Verfügungen über ein Recht iSv § 893** sind Rechtsgeschäfte, durch die das Recht nicht erworben, sondern unmittelbar geändert werden soll (vgl BGHZ 1, 294, 304).

7 Von § 893 werden ua erfasst: Inhaltsänderung (§ 877; vgl auch §§ 1023, 1119 II, § 1116 III, §§ 1186, 1198, 1203 und 1180), Rangänderung (§ 880), Kündigung eines Grundpfandrechts (§§ 1141, 1193, 1202; vgl BGHZ 1, 294, 298, 304ff), Aufhebung (§§ 875, 1183) und Verzicht (§ 1168); darüber hinaus bestimmte Zustimmungen Dritter und gewisse einseitige Rechtsgeschäfte ggü dem Grundbuchamt (vgl MüKo/*H. Schäfer* Rn 10 und Staudinger/*Picker* Rn 28, 33); schließlich das dingliche Vorkaufsrecht (*Kohler* ZfIR 2016, 809).

Zu den Verfügungen iSv § 893 zählt auch die Genehmigung nach § 185 II 1 Alt 1 (vgl aber RGZ 90, 395, 399f). Zur vorherigen Einwilligung und zur unwiderruflichen Vollmacht s MüKo/*H. Schäfer* Rn 11. 8

Zum gutgläubigen Erwerb einer Vormerkung vgl § 883 Rn 24. 9

Nicht anwendbar ist § 893 auf eine Besitzüberlassung aufgrund Vermietung und Verpachtung (RGZ 106, 109, 111f; NK/*Krause* Rn 17; Staudinger/*Picker* Rn 24 mwN; aA MüKo/*H. Schäfer* Rn 12). Gleiches gilt für die Prozessführung eines Buchberechtigten. Ein gegen ihn ergangenes Urteil wirkt grds nicht gegen den Berechtigten (NK/*Krause* Rn 26; MüKo/*H. Schäfer* Rn 12 mwN). 10

§ 894 Berichtigung des Grundbuchs

Steht der Inhalt des Grundbuchs in Ansehung eines Rechts an dem Grundstück, eines Rechts an einem solchen Recht oder einer Verfügungsbeschränkung der in § 892 Abs. 1 bezeichneten Art mit der wirklichen Rechtslage nicht im Einklang, so kann derjenige, dessen Recht nicht oder nicht richtig eingetragen oder durch die Eintragung einer nicht bestehenden Belastung oder Beschränkung beeinträchtigt ist, die Zustimmung zu der Berichtigung des Grundbuchs von demjenigen verlangen, dessen Recht durch die Berichtigung betroffen wird.

I. Allgemeines. 1. Bedeutung. Weichen Grundbuchinhalt und wirkliche Rechtslage voneinander ab, so wird dadurch nicht nur die Funktion des Grundbuchs, ein zutr und vollständiges Bild der Rechtslage des Grundstücks zu liefern (Staudinger/*Picker* Rn 1), beeinträchtigt. Demjenigen, dessen dingliches Recht im Grundbuch nicht oder nicht richtig eingetragen ist, droht auch ein Rechtsverlust, zB durch gutgläubigen Erwerb eines Dritten (§§ 892, 893) oder in den Fällen der §§ 900 und 901. Es kann zudem leichter zu einem Rechtsverlust durch Ausschlussurteil (§ 927) kommen. Darüber hinaus ist der Rechtsinhaber mangels Voreintragung (§ 39 GBO) faktisch an wichtigen Verfügungen gehindert (RGZ 157, 89, 96). Auch für seine Gläubiger wirkt sich die fehlende bzw unrichtige Eintragung nachteilig aus (vgl § 17 I, § 146 I ZVG, § 867 ZPO). – Soll die Vermutung des § 891 für den wirklich Berechtigten wirken, muss dieser die Berichtigung des Grundbuchs erreichen. Durch die Eintragung eines Widerspruchs (§ 899) wird der Berechtigte zwischenzeitl geschützt. Gegenstand des Berichtigungsanspruchs ist allerdings nicht das Eigentum, sondern allein die fehlerhafte Buchposition, so dass mit einem Urteil über den Grundbuchberichtigungsanspruch die dingliche Rechtslage nicht geklärt wird. Es wird lediglich die entspr Gefahrenlage beseitigt (BGH NJW 2019, 71, 74). 1

2. Wege zur Berichtigung. Ein unrichtiges Grundbuch wird vom Grundbuchamt nur in Ausnahmefällen von Amts wegen ber (vgl § 53 I 2, §§ 82a, 84 GBO). Der Beeinträchtigte kann zu der Berichtigung auf zwei Wegen gelangen. Die Berichtigung im **Grundbuchverfahren** kommt in Betracht, wenn der von ihr Betroffene (s hierzu BGH NJW-RR 2006, 888, 889) einwilligt (§ 19 GBO) oder die Unrichtigkeit nachgewiesen (s hierzu München NJW-RR 2010, 673, 674) wird (§ 22, 29 GBO). Daneben ist eine auf § 894 gestützte **Klage gerichtet auf Erteilung der Zustimmung** (iSv § 19 GBO) möglich. 2

Während man früher von einer unbeschränkten Wahlmöglichkeit zw den beiden Rechtsbehelfen ausging (vgl RG Warn Rspr 1914, Nr 126; JW 1925, 1796; HRR 1931, Nr 1049), nimmt die heute wohl hM zu Recht an, dass für eine auf § 894 gestützte Klage das Rechtsschutzinteresse fehlt, wenn das einfachere und kostengünstigere Berichtigungsverfahren nach §§ 22, 29 GBO offensichtlich ebenso sicher zum Erfolg führen würde (Zweibrücken NJW 1967, 1809; Frankfurt NJW 1969, 1906f; Grü/*Herrler* Rn 1; Staudinger/*Picker* Rn 6; MüKo/*H. Schäfer* Rn 3). Dass im letztgenannten Verfahren das geltend gemachte Recht nicht rechtskräftig festgestellt wird, steht dem nicht entgegen (vgl Staudinger/*Picker* Rn 6; aA *Hoffmann* NJW 1970, 148). Erscheint die Berichtigung nach § 22 GBO zweifelhaft, ist eine auf § 894 gestützte Klage aber zulässig (Celle KTS 1977, 47f; Schleswig MDR 1982, 143). – Gleiches gilt bei erfolglosem Abschluss eines Berichtigungsverfahrens nach § 22 GBO. 3

Zum sog schuldrechtl Berichtigungsanspruch vgl Rn 42. Ein sog **Klarstellungsvermerk** (vgl auch Rn 7, § 873 Rn 24 und § 881 Rn 8) kann eingetragen werden, wenn der Grundbucheintrag Umfang und Inhalt eines eingetragenen Rechts nicht in einer Weise verlautbart, die Zweifel ausschließt; der Vermerk muss geeignet sein, eine Klarstellung herbeizuführen. Gegenstand eines Klarstellungsvermerks kann dagegen nie eine sachliche Änderung oder Berichtigung der Eintragung sein (BayObLG NJW-RR 2004, 738; Düsseldorf RNotZ 2009, 476, 477 = NJW-RR 2009, 1095, 1096). 4

3. Rechtsnatur des Berichtigungsanspruchs nach § 894. Der Berichtigungsanspruch ist Ausfluss des nicht richtig verlautbarten dinglichen Rechts und wird deshalb heute allg als **dinglicher Anspruch** qualifiziert (BGH WM 1972, 384, 385; Staudinger/*Picker* Rn 11 mwN; *Prütting* Rn 241; zur Stellung innerhalb der dinglichen Ansprüche vgl Staudinger/*Picker* Rn 17). Als solcher ist er bei Insolvenz wie ein **Aussonderungsrecht** iSv § 47 InsO zu behandeln (Grü/*Herrler* Rn 5). Entspr den §§ 985 und 1004 geht er mit dem dinglichen Recht auf dessen Erwerber über. Eine selbständige **Abtretung** des Anspruchs aus § 894 ist ebenso wenig möglich (BGH WM 1972, 384, 385; MüKo/*H. Schäfer* Rn 24 mwN) wie ein **Verzicht** auf den Berichtigungsanspruch mit der Wirkung seines endgültigen Untergangs (RG JW 1922, 218; Schleswig DNotZ 2000, 775, 777; Staudinger/*Picker* Rn 130 mwN). Ein solcher „Verzicht" kann aber uU eine dingliche Einigung enthalten, die zur nachträgl Richtigkeit des Grundbuchs führt; ansonsten wird regelmäßig ein (schuldrechtl) **pactum de non petendo** vorliegen (Grü/*Herrler* Rn 11; Staudinger/*Picker* Rn 131). – Zur Anwendbarkeit des § 24 ZPO vgl Rn 39. 5

6 **II. Unrichtigkeit des Grundbuchs.** Ein Berichtigungsanspruch aus § 894 setzt voraus, dass eine **Abweichung zw Grundbuchinhalt und wirklicher Rechtslage** in Bezug auf ein Recht an einem Grundstück oder ein Recht an einem solchen Recht oder eine relative Verfügungsbeschränkung iSv § 892 I 2 besteht. Bloß schuldrechtl wirkende Ereignisse (zB Rücktritt oder Anfechtung nach InsO oder AnfG) machen das Grundbuch ebenso wenig unrichtig iSd § 894 wie das Fehlen einer für die Entstehung eines dinglichen Rechts erforderlichen Eintragung (München ZfIR 2009, 110).

7 Zum maßgeblichen Inhalt des Grundbuchs iSv § 894 gehören diejenigen Angaben, die die gegenwärtige dingliche Rechtslage kennzeichnen, nicht dagegen solche, die lediglich tatsächliche Umstände (vgl § 891 Rn 5–7) betreffen, wie zB unrichtige Eintragungen in den Spalten 3e (Wirtschaftsart und Lage) und 4 (Größe) des Bestandsverzeichnisses. Diese werden von Amts wegen berichtigt (vgl BayObLG 1987, 410, 412; Oldenburg Rpfleger 1991, 412; Staudinger/*Picker* Rn 20 mwN). Gleiches gilt für eine ungenaue oder unrichtige Bezeichnung des Berechtigten, zB hinsichtl Name bzw Firma (KG JFG 1, 368, 371; MüKo/*H. Schäfer* Rn 6 mwN), Beruf (KG OLG 15, 345) oder Wohnort des Berechtigten (dessen Identität gleichwohl feststeht). Da sich hier Grundbucheintragung und Rechtslage decken, reicht zur Berichtigung ein **Klarstellungsvermerk von Amts wegen** aus (vgl KG JFG 3, 333, 338; DR 1942, 1796; Staudinger/*Picker* Rn 23 mwN). Die §§ 19 oder 22 GBO (vgl Rn 2) müssen nicht erfüllt sein.

8 Dagegen bezieht sich etwa die **Parzellenangabe** auf die Rechtslage; gehört die dem einen Grundstück zugeschriebene Parzelle tatsächlich zu einem anderen Grundstück, liegt eine Unrichtigkeit iSv § 894 vor (RGZ 133, 279, 281ff). Gleiches gilt bei einer sog **Doppelbuchung** (vgl § 891 Rn 11 und § 892 Rn 10; MüKo/*H. Schäfer* Rn 14; Soergel/*Stürner* Rn 8; aA Staudinger/*Picker* Rn 6, 26 und NK/*Krause* Rn 13, die, allein Verfahren nach § 38 GBV für statthaft halten). Unrichtig ist auch die Eintragung eines Rechts mit **falschem Rang** (RGZ 73, 50, 52) oder **ohne eine bestehende Belastung**, zB einer Hypothek für gepfändete Forderung ohne Pfändungspfandrecht (KG HRR 1931, Nr 1048) oder eines Nacherbenvermerks ohne bestehendes Pfandrecht (RGZ 83, 434, 438). Auch die **irrige Löschung** eines Rechts, zB einer Eigentümergrundschuld (RGZ 73, 173, 174f; 82, 20, 23), macht das Grundbuch iSv § 894 unrichtig (BayObLG NJW 2003, 3785).

9 Eine Unrichtigkeit des Grundbuchs iSv § 894 liegt schließlich auch dann vor, wenn eine **altrechtl Grunddienstbarkeit** (vgl Art 187 I EGBGB) im Grundbuch nicht eingetragen ist (München OLG 1990, 100ff; Staudinger/*Picker* Rn 37 mwN; vgl auch § 892 Rn 13).

10 Der **Grund der Unrichtigkeit** ist dagegen bei § 894 gleichgültig. Der anfänglichen Unrichtigkeit einer Eintragung (zB bei Fehlen der Einigung oder einer erforderlichen Genehmigung) steht die nachträgl infolge einer Rechtsänderung außerhalb des Grundbuchs (zB Anfechtung der Einigung) gleich (MüKo/*H. Schäfer* Rn 4; Grü/*Herrler* Rn 2).

11 Das Grundbuch ist auch unrichtig, wenn eine bestehende **relative Verfügungsbeschränkung** (vgl Vor § 873 Rn 12) nicht eingetragen (vgl § 22 I 2 GBO und Staudinger/*Picker* Rn 45 mwN) oder eine nicht (mehr) bestehende Beschränkung (noch) eingetragen ist. Gegen ein der relativen Verfügungsbeschränkung zuwider eingetragenes Recht kann der Geschützte nach § 888 vorgehen.

12 Ferner ist § 894 (nicht § 1004) einschlägig, wenn eine **Vormerkung** zu Unrecht eingetragen bzw erloschen ist (BGH WM 1966, 1224, 1226; NJW 1983, 565; JZ 1995, 572; Staudinger/*Picker* Rn 42 mwN) bzw wenn sie zu Unrecht gelöscht worden ist (RGZ 129, 184ff; 132, 419, 424; BayObLG 1961, 63, 68). Dagegen führt die Eintragung eines Rechts, die gegen eine Vormerkung verstößt und daher (nur) relativ unwirksam ist (§ 883 II 1), nicht zu einer Unrichtigkeit des Grundbuchs (Hamm NJW-RR 1993, 529f; vgl auch § 883 Rn 30).

13 Auch ein unberechtigter **Widerspruch** ist über § 894 zu beseitigen (BGH NJW 1969, 93; Staudinger/*Picker* Rn 42 mwN). Die Eintragung eines Rechts entgegen einem eingetragenen Widerspruch macht das Grundbuch aber nicht unrichtig (Grü/*Herrler* Rn 2). Gleiches gilt für Veräußerungsverbote, die unter § 888 II fallen (vgl Grü/*Herrler* Rn 2).

14 **Nicht einschlägig** ist § 894 bei **unzulässigen Eintragungen** (NK/*Krause* Rn 12). Diese sind gem § 53 I 2 GBO von Amts wegen zu löschen (KG DR 1942, 1796; Staudinger/*Picker* Rn 21 mwN). Der BGH (NJW 1962, 963) verneint bei einer auf Löschung einer inhaltlich unzulässigen Eintragung gerichteten Berichtigungsklage das Rechtsschutzbedürfnis (zust *Furtner* DNotZ 1963, 196). Bei **nicht eintragungsfähigen** Einträgen kommt nur ein Beseitigungsanspruch aus § 1004 in Betracht (RG JW 1923, 750 Nr 3; aA Staudinger/*Picker* Rn 21 für den Fall, dass das an sich nicht eintragungsfähige Recht wirklich besteht).

15 **Maßgeblicher Zeitpunkt** ist der Schluss der mündlichen Verhandlung. Heilung der Unrichtigkeit (vgl § 185 und §§ 892, 893) ist möglich. Die **Beweislast** hat derjenige, der sich auf § 894 beruft, und zwar auch dann, wenn der Anspruchsgegner substantiiert behauptet, die Unrichtigkeit sei nachträgl beseitigt worden (Staudinger/*Picker* Rn 155). Etwas anderes gilt aber (im Gegensatz zur Verkehrshypothek) dann, wenn es um das Bestehen und den Umfang der Forderung bei einer **Sicherungs- oder Höchstbetragshypothek** geht (vgl RG HRR 1936, Nr 687; Staudinger/*Picker* Rn 156; vgl § 1184 I, § 1185 II, § 1190 III, wonach die Vermutung der §§ 1138, 891 nicht gilt).

16 **III. Aktivlegitimation. Berechtigter** ist der, dessen dingliches Recht durch die Unrichtigkeit betroffen ist. Durch die Eintragung einer Grundschuld für einen anderen als den wahren Berechtigten wird der Grundstückseigentümer nicht in seinen Rechten beeinträchtigt (BGH NJW 2000, 2021 mwN). Auch dem schuldrechtl Berechtigten oder sonst wie Interessierten steht § 894 nicht zur Seite. Bei einer wegen Wuchers nichtigen (§ 138 II)

Grundstücksveräußerung kann der Bewucherte nicht über § 894 die Löschung einer nichtigen „Restkaufgeldhypothek" beanspruchen, da er mangels wirksamer Auflassung nicht Eigentümer bzw Berechtigter geworden ist (RG HRR 1939 Nr 1151 = DNotZ 1940, 120, 121). Auch ein bloß Buchberechtigter ist nicht nach § 894 aktivlegitimiert.

Bei **Miteigentümern** (§ 1011; vgl RG JW 1911, 280 Nr 10) oder **Miterben** (§ 2039; vgl RG HRR 1930, Nr 1220) 17
ist jeder unabhängig von den anderen berechtigt. Ein Nachlasspfleger kann den Berichtigungsanspruch als gesetzl Vertreter und im eigenen Namen geltend machen (BGH MDR 2001, 22). Bei nichtiger Voreintragung können auch die **Inhaber gleich- oder nachrangig eingetragener Rechte** Berichtigung, dh Einräumung des Vorranges verlangen (RGZ 146, 355, 359; NK/*Krause* Rn 42).

Bei nicht oder unrichtig eingetragener **relativer Verfügungsbeschränkung** (vgl Rn 11) ist der Geschützte Inha- 18
ber des Anspruchs aus § 894 (KGJ 52, 141, 143f; NK/*Krause* Rn 28).

Bei **Insolvenz** ist anstelle des beeinträchtigten Rechtsinhabers der Insolvenzverwalter allein befugt, den An- 19
spruch aus § 894 für den Schuldner zu verfolgen (vgl RGZ 77, 106, 108; Staudinger/*Picker* Rn 70).

Der – nicht abtretbare (Rn 5) – Berichtigungsanspruch kann aufgrund einer **Ermächtigung** von einem Dritten 20
geltend gemacht werden (BGH WM 1966, 1224, 1225; 1987, 1406, 1407; NJW-RR 1988, 126, 127; Staudinger/*Picker* Rn 82 mwN). Dabei erhält der Ermächtigte die Befugnis, den fremden Berichtigungsanspruch im eigenen Namen geltend zu machen. Rechtshandlungen des Anspruchsinhabers sind gleichwohl wirksam, auch wenn sie der Vereinbarung mit dem Ermächtigten widersprechen (RG JW 1922, 218). Eine „Abtretung" ist regelmäßig in eine solche Ermächtigung umzudeuten (BGH WM 1987, 1406, 1407; NK/*Krause* Rn 4). Nach aA (Soergel/*Stürner* Rn 26) ist letztere uU stillschw in einer unzulässigen Abtretung enthalten. Die Ermächtigung bedarf keiner Form (NK/*Krause* Rn 4). Sie ist regelmäßig in der Auflassung eines nicht für den Grundstückseigentümer gebuchten Grundstücks enthalten (RGZ 112, 260, 266; Staudinger/*Picker* Rn 82 mwN). Wenn, wie oft, vom Ermächtigten das dingliche Recht erworben werden soll, tritt der Wunsch auf, dem Ermächtigten ein Recht zu geben, unmittelbar selbst eingetragen zu werden. Die Möglichkeit einer solchen Ermächtigung zur „Selbsteintragung" wird ganz überwiegend abgelehnt (RGZ 78, 87, 90f; 112, 260, 265; BGH WM 1972, 384, 386; NK/*Krause* Rn 42; Staudinger/*Picker* Rn 83 mwN; aA BayObLG OLG 40, 260). Auch wenn der Buchberechtigte freiwillig die Eintragung des Ermächtigten bewilligt, dürfte § 39 GBO dessen Eintragung entgegenstehen (RGZ 133, 279, 282f; Frankfurt Rpfleger 1964, 116, 117; Staudinger/*Picker* Rn 83; aA BayObLG OLG 40, 260; *Wolff/Raiser* § 46 Fn 27).

In Betracht kommt allenfalls eine rechtsgeschäftliche Übertragung des betreffenden Rechts vom Buchberechtig- 20a
ten auf den Ermächtigten mit Zustimmung des wirklichen Berechtigten (§ 185), die in der Ermächtigung liegen dürfte (Staudinger/*Picker* Rn 83 mwN).

Zwar ist eine Vollpfändung des Berichtigungsanspruchs mangels Übertragbarkeit nicht zulässig (§ 851 I ZPO), 21
indes ist die Zulässigkeit seiner **Pfändung und Überweisung zur Ausübung** allg anerkannt (BGHZ 33, 76, 83; Grü/*Herrler* Rn 5; MüKo/*H. Schäfer* Rn 27; Staudinger/*Picker* Rn 89 mwN). Hierfür besteht ein praktisches Bedürfnis, da Zwangsversteigerung, Zwangsverwaltung und Eintragung einer Zwangshypothek nach § 17 I, § 146 I ZVG, § 867 ZPO, § 39 I GBO die Eintragung des Schuldners voraussetzen; hierfür bedarf es bei unrichtigem Buchstand der Grundbuchberichtigung. Mit der Pfändung und Überweisung zur Ausübung erwirbt der Pfandgläubiger die gleiche Legitimation zur Geltendmachung des Berichtigungsanspruchs wie bei rechtsgeschäftlicher Ermächtigung (Rn 20). Dagegen erwirbt er **kein Pfandrecht** an dem betreffenden dinglichen Recht selbst (Königsberg SeuffA 62 Nr 147; Colmar OLG 18, 198), auch nicht bei Durchführung der Berichtigung (Staudinger/*Picker* Rn 92).

Geht der **Berichtigungsanspruch** nur **auf Löschung** einer nicht (mehr) bestehenden Grundstücksbelastung, so 22
ist er nach überwiegender Meinung nicht pfändbar (RG Warn Rspr 1910 Nr 239; Dresden OLG 18, 235f; Grü/*Herrler* Rn 5; Staudinger/*Picker* Rn 91 mwN; aA RGZ 101, 231, 235; MüKo/*H. Schäfer* Rn 27; Soergel/*Stürner* Rn 28).

IV. Passivlegitimation. Schuldner des Berichtigungsanspruchs ist der durch die Berichtigung buchmäßig 23
Betroffene. Die Betroffenheit kann sich zB auf Bestehen, Inhalt, Rang oder Haftungsgegenstand seiner Buchposition beziehen. Erwirbt nach Rechtshängigkeit einer Berichtigungsklage ein Dritter die Buchstellung des Beklagten, so hat dies auf den Prozess gem § 265 II ZPO keinen Einfluss. Veräußerungsgegenstand ist in einem solchen Fall die Stellung als Buchberechtigter (RGZ 121, 379, 381f; BGH MDR 2002, 1185). Ein Berichtigungsverpflichteter braucht indes nicht selbst als (vermeintlicher) Berechtigter eingetragen zu sein; es genügt, dass ohne seine Mitwirkung die Berichtigung nicht erfolgen kann, zB wenn persönlicher Schuldner sich auf § 1164 I beruft (BGHZ 41, 30, 32 = NJW 1964, 811, 812). Wie die Unrichtigkeit des Grundbuchs entstanden ist, ist gleichgültig. Eine Verpflichtung aus § 894 entsteht auch ohne jedes Zutun des Betroffenen. Bei Löschung einer zu Unrecht eingetragenen Hypothek ist neben der Bewilligung des angeblichen Hypothekengläubigers gem § 27 GBO auch die Zustimmung des Eigentümers erforderlich (RGZ 72, 362, 367).

Sind mehrere an der betroffenen Buchposition **mitberechtigt**, so müssen alle die Berichtigung bewilligen, es sei 24
denn, einer hat die alleinige Verfügungsmacht. Bei mehreren selbständigen Teilrechten (zB Teilhypotheken) muss jeder eingetragene Teilgläubiger für seinen Teil die Bewilligung erklären (RGZ 141, 379, 385).

Ist ein mit einer Hypothek belastetes Grundstück für einen anderen als den wirklichen Eigentümer gebucht und 25
wird die Hypothek materiell zu Unrecht gelöscht (sog doppelte Unrichtigkeit), ist der Buchberechtigte für den

Berichtigungsanspruch des Hypothekars passivlegitimiert. Wenn die Bewilligung des Bucheigentümers vorliegt, darf das Grundbuchamt trotz Kenntnis der Nichtberechtigung des Bewilligenden die Wiedereintragung der Hypothek nicht ablehnen (Staudinger/*Picker* Rn 102).

26 Bei **Insolvenz** des Buchberechtigten richtet sich der Berichtigungsanspruch gegen den Insolvenzverwalter (vgl KGJ 40, 157, 159; Celle NJW 1985, 204).

27 **V. Anspruchsinhalt.** Der Verpflichtete muss eine der Form des § 29 GBO entspr Berichtigungsbewilligung iSv § 19 GBO abgeben, so dass das Grundbuch mit der materiellen Rechtslage in Übereinstimmung gebracht werden kann. Die Berichtigungsbewilligung ist nur eine **formell-rechtl Erklärung** und nicht etwa eine materiellrechtl Willenserklärung bzw Verfügung.

28 Der **Inhalt der abzugebenden Bewilligung** richtet sich nach Art und Umfang der zu beseitigenden Unrichtigkeit des Grundbuchs. Besteht diese darin, dass ein bestehendes Recht nicht (mehr) eingetragen ist, so ist dessen (Wieder-)Eintragung zu bewilligen (RGZ 82, 20, 23; 88, 278, 286f; Braunschweig FamRZ 1995, 443, 444 – Nacherbenvermerk), im umgekehrten Fall die Löschung. Die Bewilligung der Löschung eines Bucheigentümers (anstelle der Eintragung eines anderen) reicht aber nicht aus, denn die Eintragung eines Rechts ohne Angabe des Berechtigten ist inhaltlich unzulässig (BGH NJW 1970, 1544f). Mitunter ist der Anspruch auf Einräumung des Vorrangs gerichtet (vgl Rn 17).

29 Nach Erwerb eines Briefgrundpfandrechts außerhalb des Grundbuchs kann der Rechtsinhaber von einem früheren Rechtsinhaber, der noch im Grundbuch eingetragen ist, nicht die Bewilligung der **Voreintragung des Zwischenerwerbers** verlangen (Staudinger/*Picker* Rn 123; Grü/*Herrler* Rn 8; aA RG JW 1938, 1255; Soergel/*Stürner* Rn 14). Denn eine Berichtigung des Grundbuchs würde dadurch nicht erreicht.

30 Der Eigentümer kann vom Bucheigentümer nach früher hM anstelle der Berichtigungsbewilligung auch **Auflassung** verlangen (RGZ 139, 353, 355f; Warn Rspr 1929 Nr 44; aA Staudinger/*Picker* Rn 120). Entspr sollte er statt der Zustimmung zur Umschreibung einer Hypothek in eine Eigentümergrundschuld vom Buchhypothekar auch sofort die Bewilligung der **Löschung der Hypothek** beanspruchen können (BGHZ 41, 30, 31; WM 1972, 384, 385). Für einen **Miterben** als Anspruchsteller (Rn 17) gilt das jedenfalls nicht, da die Miterben über eine zum Nachlass gehörende Eigentümergrundschuld gem § 2040 I nur gemeinsam verfügen können (BGH WM 1972, 384, 385). Auch einem **Pfändungsgläubiger** (Rn 21) fehlt die für eine Löschung erforderliche Verfügungsmacht.

31 **VI. Einwendungen und Einreden.** Bei schuldrechtl **Anspruch auf Herbeiführung der** dem Buchstand entspr **Rechtsstellung** kann der nach § 894 Verpflichtete die Berichtigungsbewilligung verweigern. Dies ergibt sich aus einer analogen Anwendung des § 986 I 1 Hs 2 (Staudinger/*Picker* Rn 129; *Wolff/Raiser* § 46 IV; MüKo/*H. Schäfer* Rn 36) bzw aus § 242 (BGH NJW 1974, 1651; Grü/*Herrler* Rn 11). Die Einwendung versagt aber bei Insolvenz des Inhabers des Berichtigungsanspruchs (RGZ 77, 106, 108f; Staudinger/*Picker* Rn 129 aE mwN). Der Einwand der unzulässigen Rechtsausübung steht dem Anspruch aus § 894 bei einem **venire contra factum proprium** des Berichtigungsgläubigers entgegen (vgl BGH NJW 1979, 1656). Auch das Berichtigungsverlangen eines **Treuhandeigentümers** kann rechtsmissbräuchlich sein (vgl RG JW 1934, 3054ff m Anm *Siebert*). In Extremfällen (Staudinger/*Picker* Rn 144) kommt auch **Verwirkung** in Betracht (BGHZ 122, 308, 314f; OGH 1, 279; aA NK/*Krause* Rn 51).

32 Möglich ist darüber hinaus ein **pactum de non petendo** (vgl Rn 5).

33 Ein **Zurückbehaltungsrecht aus § 273 I** kann dem Berichtigungsverpflichteten ebenfalls zustehen, zB wegen einer zurückzuerstattenden Kaufpreiszahlung (BGH NJW-RR 1989, 201; jedoch nicht bei Insolvenz des Berichtigungsberechtigten, s BGH NJW 2002, 2313, 2315 = ZfIR 2002, 539, 542 m Anm *Volmer*; NJW 2009, 1414) oder aufgrund von Schadensersatzansprüchen (BGH NJW-RR 1990, 847f) oder im Hinblick auf einen gesellschaftsrechtl Abfindungsanspruch (BGH NJW 1990, 1171).

34 Ist eine Sicherungsgrundschuld trotz ihrer Eintragung im Grundbuch mangels wirksamer Einigung nicht wirksam entstanden, so kann der buchberechtigte Darlehensgeber dem Berichtigungsanspruch des Grundstückseigentümers nach wohl überwiegender Meinung Schadensersatz- und sonstige Ansprüche nicht nach § 273 I entgegenhalten. Dies wird mit dem in § 1144 (iVm § 1192 II) zum Ausdruck kommenden Rechtsgedanken begründet (BGH NJW 1988, 3260, 3261; Grü/*Herrler* Rn 11; krit Staudinger/*Picker* Rn 133). Gleiches gilt, wenn eine durch Hypothek gesicherte Forderung nicht entstanden ist und auch nicht mehr entstehen wird (BGHZ 71, 19, 23 = NJW 1978, 883).

35 Ein Bucheigentümer kann im Hinblick auf ihm zustehende Ersatzansprüche wegen Verwendungen auf das Grundstück ein Zurückbehaltungsrecht aus § 273 II geltend machen (RGZ 114, 266, 268; 141, 220, 226; 163, 62f; BGH WM 1966, 1244; BGHZ 75, 288, 293; MüKo/*H. Schäfer* Rn 35 mwN; vgl auch Staudinger/*Picker* Rn 137f, der § 1000 für einschlägig hält). Für einen Buchhypothekar gilt das nicht, da er seine Verwendungen dann nicht auf den herauszugebenden Gegenstand – die eingetragene Hypothek – gemacht hat (BGHZ 41, 30, 33ff = NJW 1964, 811ff; MüKo/*H. Schäfer* Rn 35).

36 Klagen mehrere Miterben auf Berichtigung, so kann ein Zurückbehaltungsrecht nicht auf eine Forderung gestützt werden, die dem Buchberechtigten nur ggü einem von ihnen zusteht (RGZ 132, 81; vgl auch BGHZ 44, 367, 370 zum Einwand des Rechtsmissbrauchs).

37 Die Einrede der **Verjährung** ist ausgeschlossen (§ 898).

VII. Prozessuale Fragen. 1. Rechtsweg. Für eine auf § 894 gestützte Klage ist der Zivilrechtsweg auch dann gegeben, wenn der Kläger geltend macht, die Unrichtigkeit des Grundbuchs beruhe auf einem nichtigen Staatshoheitsakt (BGHZ 5, 76, 81ff, 85 = NJW 1952, 622f). Ist die Berichtigungsklage dagegen auf Löschung eines Pfändungsvermerks gerichtet, der die Pfändung eines Grundpfandrechts durch das Finanzamt wegen rückständiger Steuern zum Ausdruck bringt, ist der ordentliche Rechtsweg nicht eröffnet, wenn der Kläger geltend macht, die Steuerschuld bestehe nicht (mehr) bzw sei verjährt (BGH NJW 1967, 563f; vgl Staudinger/*Picker* Rn 159). 38

2. Gerichtsstand. Bezieht sich die Berichtigungsklage auf das Eigentum oder ein beschränktes dingliches Recht am Grundstück, so ist § 24 ZPO einschlägig (MüKo/*H. Schäfer* Rn 41 mwN); bezieht sie sich dagegen auf ein Recht oder eine Verfügungsbeschränkung an einem beschränkten dinglichen Grundstücksrecht, gilt § 24 ZPO nicht (Staudinger/*Picker* Rn 161; MüKo/*H. Schäfer* Rn 41). 39

3. Rechtsschutzbedürfnis. Das erforderliche (RGZ 135, 33, 35) **Rechtsschutzbedürfnis** fehlt, wenn auch ein Berichtigungsverfahren nach §§ 22, 29 GBO zweifelsfrei zum Erfolg führen würde (Rn 3). S iÜ Staudinger/*Picker* Rn 162f. 40

4. Rechtskraftwirkung. Die Unselbständigkeit des Berichtigungsanspruchs ggü dem dinglichen Recht (Rn 3) führt prozessual dazu, dass bei einer Berichtigungsklage das dingliche Recht Streitgegenstand ist. Bei einem stattgebenden Urteil wird daher das dingliche Recht rechtskräftig festgestellt (RGZ 158, 40, 43; Jena ZfIR 2001, 779, 780; Grü/*Herrler* Rn 12 mwN; zweifelnd BGH NJW-RR 2002, 516, 517 und Soergel/*Stürner* Rn 32 mwN in Fn 232; aA wohl Zöller/*Vollkommer* Vor § 322 ZPO Rn 36), bei einem klageabweisenden Urteil das Gegenteil (RG JW 1936, 3047 Nr 5; BGH WM 1978, 194, 195). Nach Ansicht des BGH (NJW 1976, 1095f) steht aber die rechtskräftige Abweisung einer auf gesetzl Erbfolge gestützten Berichtigungsklage einer weiteren Berichtigungsklage nicht entgegen, die als Erwerbsgrund gewillkürte Erfolge geltend macht. In keinem Fall erwachsen Feststellungen zum Kausalgeschäft in Rechtskraft (RG JW 1935, 2269ff). 41

VIII. Andere Anspruchsgrundlagen. Geht die Unrichtigkeit des Grundbuchs auf eine **unerlaubte Handlung** zurück, kann sich ein Anspruch auf Bewilligung einer Berichtigung auch aus den §§ 823, 249 ergeben (Grü/*Herrler* Rn 13; Staudinger/*Picker* Rn 170 mwN). Da die §§ 987ff nach ganz hM auf das Verhältnis zw wirklichem Rechtsinhaber und Buchberechtigten entspr anzuwenden sind (BGH WM 1964, 677; BGHZ 75, 288, 292; BGH NJW 1985, 382, 383f; zweifelnd Staudinger/*Picker* Rn 173 mwN), dürfte aber § 992 zu beachten sein (Grü/*Herrler* Rn 13). 42

Ein **schuldrechtl Berichtigungsanspruch** kann sich darüber hinaus aus § 812 I 1 Alt 1 ergeben, wenn die Eintragung des Anspruchsgegners auf einer rechtsgrundlosen Leistung des Berechtigten beruht (RGZ 139, 353, 355; zu einem Fall von sog Fehleridentität vgl RGZ 129, 307, 310f). Selbst wenn der Bereicherungsgläubiger lediglich als sog Buchberechtigter verfügt hat, ist der Verfügungsempfänger nach § 812 I 1 Alt 1 verpflichtet, ihm seine Buchberechtigung an dem Grundstück wieder zu verschaffen (RG JW 1931, 2723). Das Gleiche kann ein vorher im Grundbuch nicht eingetragener Veräußerer verlangen, wenn ihm eine Anwartschaft auf den Erwerb des Eigentums zustand (RGZ 112, 260, 268; 119, 332, 335; BGH NJW 1973, 613, 614). 43

Ein solcher schuldrechtl Anspruch entfällt aber dann, wenn der im Grundbuch eingetragene „Erwerber“ das Eigentum an dem Grundstück zwischenzeitl auf anderem Wege erlangt hat. In diesem Fall würde die (Wieder-)Eintragung des „Veräußerers“ das Grundbuch unrichtig machen. Darauf, dass der eingetragene Eigentümer an der Herbeiführung einer solchen Unrichtigkeit des Grundbuchs mitwirkt, besteht auch schuldrechtl kein Anspruch (vgl BGH NJW 1973, 613, 614 m Anm *Gotzler* NJW 1973, 2014). 44

§ 895 Voreintragung des Verpflichteten

Kann die Berichtigung des Grundbuchs erst erfolgen, nachdem das Recht des nach § 894 Verpflichteten eingetragen worden ist, so hat dieser auf Verlangen sein Recht eintragen zu lassen.

I. Zweck. Um dem Voreintragungsgrundsatz (vgl § 873 Rn 7) des § 39 I GBO genügen zu können, ergänzt § 895 den dinglichen Berichtigungsanspruch aus § 894 (nicht auch schuldrechtl Berichtigungsansprüche) um einen formalen **Hilfsanspruch** (MüKo/*H. Schäfer* Rn 1). 1

II. Voraussetzungen. 1. Doppelte Unrichtigkeit. § 895 setzt über § 894 hinaus eine weitere Unrichtigkeit des Grundbuchs (sog doppelte Unrichtigkeit) voraus, nämlich, dass das Recht des Berichtigungsschuldners nicht oder unrichtig eingetragen ist. Ist zB 1. ein Recht an einem Grundstück zu Unrecht gelöscht worden und 2. der Erbe des Grundstückseigentümers noch nicht eingetragen, so ist letzterer nach Maßgabe des § 895 verpflichtet, sich als Grundstückseigentümer eintragen zu lassen. Entspr kann ein Nacherbe, um die Eintragung eines Nacherbenvermerks (§ 51 GBO) zu erreichen, vom Vorerben verlangen, dass er sich eintragen lässt (RGZ 61, 228, 232; KGJ 52, 140, 144). 2

2. Notwendige Voreintragung. § 895 setzt weiter voraus, dass die Berichtigung iSv § 894 erst nach der Eintragung des Anspruchsgegners **„erfolgen kann“.** Zwar ist die Voreintragung in den Fällen von § 39 II und § 40 GBO an sich entbehrlich; lehnt aber das Grundbuchamt die Berichtigung gleichwohl unter Hinweis auf § 39 I GBO rechtsirrig ab, so reicht dieses tatsächliche Hindernis auch ohne erfolglose Beschwerde (aA wohl RGRK/*Augustin* Rn 3) nach ganz hM aus, um einen Anspruch aus § 895 zu begründen (Staudinger/*Picker* Rn 8; MüKo/*H. Schäfer* Rn 3). 3

4 **III. Anspruchsinhalt.** Der Anspruch ist nicht wie bei § 894 auf Zustimmung gerichtet, sondern auf **Herbeiführung der Eintragung**. Hierzu bedarf es eines Eintragungsantrages gem §§ 13, 14 GBO sowie ggf der Beschaffung von Urkunden (zB Erbschein, vgl § 35 GBO) oder der Berichtigungsbewilligung eines Dritten in der Form des § 29 GBO bzw des Nachw der Unrichtigkeit von dessen Eintragung gem § 22 I GBO. Darüber hinaus ist ein Kostenvorschuss an das Grundbuchamt zu zahlen.

5 **IV. Vollstreckung.** Geht der erforderliche Inhalt des Eintragungsantrages aus dem Tenor (ggf iVm den Entscheidungsgründen des zusprechenden Urteils) eindeutig hervor (RGZ 76, 409), so gilt der Eintragungsantrag gem § 894 ZPO mit dessen Rechtskraft als gestellt (Staudinger/*Picker* Rn 15 mwN). Andernfalls erfolgt die Vollstreckung nach § 888 ZPO (MüKo/*H. Schäfer* Rn 6; Staudinger/*Picker* Rn 16 mwN). Zum Nachw der Unrichtigkeit gem § 22 I GBO erforderliche Urkunden kann sich der Gläubiger nach §§ 792, 896 ZPO verschaffen (MüKo/*H. Schäfer* Rn 6). Muss der Schuldner die Handlung eines Dritten (zB durch Klageerhebung) herbeiführen, so erfolgt die Vollstreckung (ggü dem Schuldner) nach § 888 (Staudinger/*Picker* Rn 17; Grü/*Herrler* Rn 2 mwN). Zur Zahlung des Kostenvorschusses kann der Schuldner gem § 887 gezwungen werden (MüKo/*H. Schäfer* Rn 6).

§ 896 Vorlegung des Briefes

Ist zur Berichtigung des Grundbuchs die Vorlegung eines Hypotheken-, Grundschuld- oder Rentenschuldbriefs erforderlich, so kann derjenige, zu dessen Gunsten die Berichtigung erfolgen soll, von dem Besitzer des Briefes verlangen, dass der Brief dem Grundbuchamt vorgelegt wird.

1 **I. Zweck.** Um den §§ 41 und 42 GBO genügen zu können, ergänzt § 896 den dinglichen Berichtigungsanspruch aus § 894 (nicht auch schuldrechtl Berichtigungsansprüche) um einen weiteren Hilfeanspruch auf Vorlage des Hypotheken-, Grundschuld- oder Rentenschuldbriefs.

2 **II. Voraussetzungen.** § 896 setzt zunächst voraus, dass die Vorlage eines der og Briefe zur Berichtigung des Grundbuchs **erforderlich** ist. Wann dies der Fall ist, regeln §§ 41 und 42 GBO. Wo die Briefvorlage ausnahmsw entbehrlich ist (Ausschließungsbeschluss, § 41 II GBO; Inhabergrundschuld und Inhaberrentenschuld, § 42 S 2 GBO), besteht kein Anspruch aus § 896, es sei denn, das Grundbuchamt verkennt den Ausnahmetatbestand (MüKo/*H. Schäfer* Rn 4; Staudinger/*Picker* Rn 3; vgl auch § 895 Rn 3).

3 **Anspruchsberechtigt** ist der Inhaber des Anspruchs aus § 894. Ermächtigung und Pfändung (RGZ 59, 313, 318) des Vorlegungsanspruchs sind (wie bei § 894) möglich.

4 **Verpflichtet** iSv § 896 zur Vorlegung des Briefes ist dessen (mittelbarer oder unmittelbarer) Besitzer, uU auch die Hinterlegungsstelle (KG OLG 15, 347). Der Besitzer muss nicht zugleich Schuldner des Anspruchs aus § 894 sein (RGZ 47, 158, 161f; 69, 36, 42). Nach überwiegender Meinung soll es auf den Briefbesitz zum Zeitpunkt der Klageerhebung ankommen (RG JW 1904, 92 Nr 12; Grü/*Herrler* Rn 1; NK/*Krause* Rn 3; dagegen zu Recht Staudinger/*Picker* Rn 10 und MüKo/*H. Schäfer* Rn 4: grds letzte mündliche Verhandlung).

5 **III. Anspruchsinhalt.** Der Anspruchsberechtigte kann (anders als bei den §§ 1144, 1150, 1167) nur **Vorlage** des Briefes **beim Grundbuchamt**, nicht Aushändigung an sich verlangen (RG SeuffA 91 Nr 128). Nach hM soll im Hinblick auf § 62 I GBO zur Eintragung einer unter Übergabe eines Teilhypothekenbriefes vollzogenen Hypothekenteilabtretung im Grundbuch trotz § 1152 S 2 auch die Vorlage des Stammhypothekenbriefes erforderlich sein (KGJ 30, 236, 238; MüKo/*H. Schäfer* Rn 5; aA Staudinger/*Picker* Rn 9 mwN).

6 **Einreden bzw Einwendungen** aus § 273 II (Grü/*Herrler* Rn 1; Staudinger/*Picker* Rn 16; aA KG OLG 26, 8 Fn 2) und § 986 (RG JW 1936, 1136; Grü/*Herrler* Rn 1; aA MüKo/*H. Schäfer* Rn 5; Staudinger/*Picker* Rn 15) sind zulässig.

7 **IV. Vollstreckung.** Die Zwangsvollstreckung erfolgt gem § 883 I ZPO, indem der Gerichtsvollzieher den Brief wegnimmt und dem Grundbuchamt aushändigt (RG Gruchot 50, 1110, 1112; Kiel SeuffA 68 Nr 70; Staudinger/*Picker* Rn 19 mwN).

§ 897 Kosten der Berichtigung

Die Kosten der Berichtigung des Grundbuchs und der dazu erforderlichen Erklärungen hat derjenige zu tragen, welcher die Berichtigung verlangt, sofern nicht aus einem zwischen ihm und dem Verpflichteten bestehenden Rechtsverhältnis sich ein anderes ergibt.

1 § 897 regelt die **Kostentragungslast im Innenverhältnis** zw Gläubiger und Schuldner in Bezug auf die Grundbuchberichtigung nach den §§ 894 und 895 incl der geschuldeten Erklärungen bzw Handlungen (Grü/*Herrler* Rn 1; Staudinger/*Picker* Rn 2f). Dass der Gläubiger die Berichtigungskosten zu tragen hat, erscheint idR sachgerecht, da die Berichtigung in seinem Interesse liegt und die vorgenannten Ansprüche ohne Zutun der jew Schuldner entstehen. Für Prozesskosten gelten dagegen allein die §§ 91ff ZPO. Auch auf schuldrechtl Berichtigungspflichten (vgl § 894 Rn 42) ist § 897 nicht anwendbar (Staudinger/*Picker* Rn 8 mwN).

2 Nach hM besteht bei § 897 eine **Vorschusspflicht** des Berichtigungsgläubigers entspr § 369 I, § 403 S 2, § 799 II 2, § 800 S 2 BGB, Art 187 I 2 EGBGB (MüKo/*H. Schäfer* Rn 2). Der Berichtigungsschuldner kann seine Berichtigungsbewilligung bis zur Vorschussleistung (bzw anderweitigen Sicherung) verweigern (Köln MDR 1983, 668; MüKo/*H. Schäfer* Rn 2; Staudinger/*Picker* Rn 5).

Aus einem zw den Beteiligten bestehenden **Rechtsverhältnis** kann sich „ein anderes", dh die Kostenlast des Berichtigungsschuldners ergeben. Zu denken ist in diesem Zusammenhang an eine Kostentragungspflicht zB aus §§ 434, 435 S 2, aufgrund unerlaubter Handlung oder arglistiger Täuschung (vgl MüKo/*H. Schäfer* Rn 3; Staudinger/*Picker* Rn 6). 3

§ 898 Unverjährbarkeit der Berichtigungsansprüche

Die in den §§ 894 bis 896 bestimmten Ansprüche unterliegen nicht der Verjährung.

§ 898 bestimmt, dass die in den §§ 894–896 geregelten Ansprüche auf Grundbuchberichtigung, Voreintragung des Berichtigungspflichtigen und Briefvorlage nicht verjähren. Dies gilt für den Anspruch aus Art 187 I 2 EGBGB entspr (LG Dresden JW 1934, 2354f; LG Osnabrück RdL 1957, 305). Die Unverjährbarkeit dient dem **Zweck**, eine dauerhafte Divergenz zw Grundbuchinhalt und wahrer Rechtslage zu verhindern. 1

Nach heute ganz hM kann ein weder im Grundbuch eingetragener noch besitzender Grundstückseigentümer seine Ansprüche aus den §§ 894–896 (mangels Verjährung) auch dann noch durchsetzen, wenn sein **Herausgabeanspruch** gegen den (ebenfalls nicht eingetragenen) Grundstücksbesitzer **aus § 985 schon** gem § 197 I Nr 1 (ggf iVm § 198) **verjährt** ist (*Wolff/Raiser* § 46 Fn 20; Grü/*Herrler* Rn 1; MüKo/*H. Schäfer* Rn 1; Staudinger/*Picker* Rn 3 mwN; aA Planck/*Strecker* Anm 2; *Finkenauer*, Eigentum und Zeitablauf – das dominum sine re im Grundstücksrecht, 2000, 96ff). 2

Eine **Verwirkung** des Berichtigungsanspruchs aus § 894 wird durch § 898 nicht ausgeschlossen (vgl § 894 Rn 31). 3

Der **Geltungsbereich** des § 898 wird durch § 900 (Buchersitzung) und § 901 (Erlöschen nicht eingetragener Rechte) sehr **eingeschränkt**. Denn mit dem Erlöschen nicht eingetragener Rechte wird das Grundbuch richtig mit der Folge, dass auch die in § 898 genannten Ansprüche nicht mehr gegeben sind (NK/*Krause* Rn 4). 4

§ 899 Eintragung eines Widerspruchs

(1) In den Fällen des § 894 kann ein Widerspruch gegen die Richtigkeit des Grundbuchs eingetragen werden.

(2) Die Eintragung erfolgt aufgrund einer einstweiligen Verfügung oder aufgrund einer Bewilligung desjenigen, dessen Recht durch die Berichtigung des Grundbuchs betroffen wird. Zur Erlassung der einstweiligen Verfügung ist nicht erforderlich, dass eine Gefährdung des Rechts des Widersprechenden glaubhaft gemacht wird.

I. Allgemeines. 1. Zweck. Zweck des Widerspruchs ist es, ein bereits bestehendes dingliches Recht gegen die Gefahren einer fehlenden oder unrichtigen Verlautbarung im Grundbuch zu schützen. Seine Hauptaufgabe besteht darin, den gutgläubig-lastenfreien Erwerb eines Dritten nach §§ 892f zu verhindern (vgl MüKo/*H. Schäfer* Rn 1 mwN). 1

2. Rechtsnatur. Der Widerspruch ist ein Sicherungsmittel eigener Art, durch das das zu sichernde Recht nicht verändert wird; insb gilt das betreffende Recht fortan nicht etwa mit Eintragung des Widerspruchs selbst als eingetragen (Staudinger/*Picker* Rn 13). Der Widerspruch als solcher hat auch keinen Rang (RGZ 129, 124, 127; RG Warn Rspr 1931, Nr 106 S 219; vgl § 879 Rn 5). Er schützt vielmehr den Rang des gesicherten Rechts (*Westermann/Gursky/Eickmann* § 72 III 2). Auch iÜ ist der Widerspruch von dem dinglichen Recht, auf das er sich bezieht, abhängig. Er kann deshalb von diesem Recht auch nicht abgetrennt, übertragen, gepfändet oder verpfändet werden (KGJ 36, 178f; 47, 177; Staudinger/*Picker* Rn 22). – Zur Abgrenzung von der Vormerkung s § 883 Rn 5 sowie Staudinger/*Picker* Rn 24. 2

II. Voraussetzungen des Widerspruchs. 1. Zulässigkeit. a) Überblick. Da ein Widerspruch gegen die Richtigkeit des Grundbuchs nur „in den Fällen des § 894" eingetragen werden kann, muss eine Grundbuchunrichtigkeit iSv § 894 (vgl § 894 Rn 6ff) vorliegen, dh der Widersprechende muss einen Anspruch gegen den Widerspruchsgegner auf Zustimmung zur Grundbuchberichtigung haben. Da sein Hauptzweck darin liegt, den Berichtigungsgläubiger vor einem Rechtsverlust infolge gutgläubigen Erwerbs zu bewahren, ist die Eintragung eines Widerspruchs idR unzulässig, wenn eine solche Gefahr von vornherein nicht besteht, zB wenn allein fraglich ist, ob der gesicherte (Auflassungs-)Anspruch besteht (Düsseldorf NJW-RR 2000, 1686; Köln OLGRp 2001, 286 = ZfIR 2002, 210). 3

b) Einzelfälle. Ein **Recht, welches nicht gutgläubig erworben werden kann**, kann nicht durch Widerspruch gesichert werden, es sei denn, es droht ein Rechtsverlust durch Buchersitzung etc (vgl Rn 16 sowie Staudinger/*Picker* Rn 35). Unzulässig ist ein Widerspruch daher grds beim – nicht übertragbaren – **Nießbrauch** (vgl Köln DNotZ 1958, 487f zur beschränkten persönlichen Dienstbarkeit). Gleiches gilt bei einer niemals eingetragen gewesenen **altrechtl Grunddienstbarkeit** gem Art 187 I 1 EGBGB (vgl § 892 Rn 13). 4

Richtet sich der Widerspruch gegen eine zu Unrecht (noch) eingetragene **Verfügungsbeschränkung**, ist er unzulässig. Denn der gute Glaube an ihren (Fort-)Bestand wird ohnehin nicht geschützt (KGJ 26, 77, 79f; KG HRR 1930 Nr 239; vgl § 892 Rn 40). Dagegen ist ein Widerspruch gegen ihre zu Unrecht vorgenommene Löschung zulässig (BayObLG 1994, 343f; Staudinger/*Picker* Rn 42; MüKo/*H. Schäfer* Rn 5). 5

6 Gegen die Eintragung einer **Vormerkung** ist ein Widerspruch insoweit zulässig, als ihr gutgläubiger (Zweit-)Erwerb möglich ist (BGHZ 25, 15, 24; KG OLG 1978, 122, 124; BayObLG 1999, 226 = NJW-RR 1999, 1689, 1690 mwN; MüKo/*H. Schäfer* Rn 4; aA Staudinger/*Picker* Rn 36; vgl auch § 883 Rn 29). So ist etwa bei einer aufgrund einstweiliger Verfügung eingetragenen (unwirksamen) Vormerkung gutgläubiger Erwerb möglich und daher ein Widerspruch zulässig (LG Köln NJW-RR 2001, 306, 307; NK/*Krause* Rn 7). Auch ein Widerspruch gegen die **Löschung** einer Vormerkung ist zulässig, denn andernfalls liefe der vorgemerkte Gläubiger Gefahr, seine Rechtsposition durch gutgläubig vormerkungsfreien Erwerb zu verlieren (RGZ 129, 184, 186; 132, 419, 424; MüKo/*H. Schäfer* Rn 4; Staudinger/*Picker* Rn 38 mwN).

7 Ein **Widerspruch gegen einen Widerspruch** ist ein „rechtl Unding" (Staudinger/*Picker* Rn 39) und deshalb nach allg A nicht zulässig (RGZ 117, 346, 351f; Staudinger/*Picker* Rn 39 mwN). Auch ein Widerspruch gegen die zu Unrecht erfolgte **Löschung** eines Widerspruchs ist unzulässig, weil das Grundbuch hierdurch nicht iSv § 894 unrichtig geworden sein kann (KG HRR 1931 Nr 674; MüKo/*H. Schäfer* Rn 6; Staudinger/*Picker* Rn 40 mwN). Vielmehr ist die Eintragung eines neuen Widerspruchs der richtige Rechtsbehelf (NK/*Krause* Rn 10 mwN).

8 **2. Eintragungsgrundlagen.** IdR wird ein Widerspruch gem § 899 S 2 aufgrund der Bewilligung des Betroffenen oder aufgrund einer einstweiligen Verfügung eingetragen. Insoweit stimmen die Eintragungsgrundlagen mit derjenigen der Vormerkung (§ 885 I 1) überein. **Ausnahmsw** kann bei einer Darlehensbuchhypothek die Eintragung eines Widerspruchs nach Maßgabe des § 1139 auch durch einseitigen Antrag des Grundstückseigentümers erwirkt werden.

9 Eine **Eintragungsbewilligung** iSv § 899 S 1 (vgl § 885 Rn 2ff) ist eine **einseitige**, empfangsbedürftige, **materiellrechtl Willenserklärung**, die das Einverständnis mit der Eintragung des Widerspruchs zum Ausdruck bringt (Staudinger/*Picker* Rn 49). Sie ist **formlos** gültig und vom Inhaber des betroffenen Rechts entweder dem Grundbuchamt oder dem Widerspruchsberechtigten ggü zu erklären (Grü/*Herrler* Rn 3). Formell-rechtl gelten die §§ 19, 29 GBO. Die Bewilligung eines Widerspruchs ist (anders als die Bewilligung einer Vormerkung) **nicht** als **Verfügung** aufzufassen (KG HRR 1928 Nr 842; Grü/*Herrler* Rn 3; Staudinger/*Picker* Rn 55 mwN). Denn der Bewilligende begibt sich lediglich seiner faktischen Möglichkeit, aufgrund seiner Buchposition rechtswidrig über ein fremdes Recht zugunsten eines Gutgläubigen zu verfügen. § 878 ist aber nach ganz hM analog anwendbar (Grü/*Herrler* Rn 3; Staudinger/*Picker* Rn 55; NK/*Krause* Rn 14; zu § 185 vgl Staudinger/*Picker* aaO und Planck/*Strecker* S 309 Anm 3a ß iVm S 309 Anm V 2).

10 Wegen der Voraussetzungen für den **Erlass einer einstweiligen Verfügung** kann weitgehend auf die Erläuterungen zur Erwirkung einer Vormerkung (§ 885 Rn 10ff) verwiesen werden. Der Antragsteller muss zwar einen Grundbuchberichtigungsanspruch iSv § 894 glaubhaft machen; die Glaubhaftmachung der Gefährdung des (Verfügungs-)Anspruchs ist dagegen wegen § 899 S 2 entbehrlich.

11 Die einstweilige Verfügung muss sich **gegen den** zur Berichtigung des Grundbuchs **nach § 894 Verpflichteten** richten und inhaltlich die Eintragung des betreffenden Widerspruchs anordnen. Will ein Grundpfandgläubiger einen Widerspruch gegen eine vor- oder gleichrangig eingetragene, jedoch in Wirklichkeit nicht existierende **Hypothek** bewerkstelligen, muss er nach hM entweder die Bewilligung des vermeintlichen Hypothekengläubigers und (im Hinblick auf § 1163) des Eigentümers beibringen oder gegen beide (einzeln oder gemeinsam) eine einstweilige Verfügung erwirken (KG JFG 5, 352, 354ff; HRR 1931 Nr 737; MüKo/*H. Schäfer* Rn 8; vgl auch Staudinger/*Picker* Rn 48).

12 Ist ein Widerspruch aufgrund einer – aufhebbaren – einstweiligen Verfügung oder aufgrund eines vorläufig vollstreckbaren Urteils gem § 895 ZPO eingetragen worden, so kann er durch eine **nachträgl** Bewilligungserteilung eine **zweite – sicherere – Eintragungsgrundlage** erhalten, die in der Veränderungsspalte zu vermerken ist (Staudinger/*Picker* Rn 69 mwN).

13 **3. Eintragung. a) Verfahrensrechtl** ist grds ein Eintragungsantrag (§ 13 GBO) erforderlich; eine Eintragung aufgrund einstweiliger Verfügung kann auch auf gerichtliches Ersuchen erfolgen (§§ 38 GBO, 941 ZPO). Bei Briefgrundpfandrechten sind die §§ 41, 42 GBO zu beachten. Richtet sich der Widerspruch gegen die Angaben des Bestandsverzeichnisses zur Grundstücksgrenze, dh gegen die Zugehörigkeit einer bestimmten Teilfläche zum Grundstück, so ist deren grundbuchmäßige Abschreibung (§ 7 GBO) vor Eintragung des Widerspruchs nicht erforderlich (Staudinger/*Picker* Rn 78 mwN).

14 **b) Inhalt.** Ein wirksamer Widerspruch setzt voraus, dass sich der **Berechtigte** des durch den Widerspruch zu schützenden Rechts (auch bei Geltendmachung durch Pfändungsgläubiger oder Ermächtigten) und der Inhalt des Berichtigungsanspruchs aus der Eintragung ergeben, so dass zu erkennen ist, **welchem Recht** und **in welchem Umfang** widersprochen wird (KGJ 23, 133ff; 43, 243, 254; 45, 231; Staudinger/*Picker* Rn 79; MüKo/*H. Schäfer* Rn 16 mwN; vgl auch BGH NJW 1985, 3070, 3071 zum Amtswiderspruch gem § 53 I 1 GBO). Auch in dem in § 7 II GrdstVG geregelten Fall ist nicht etwa die Behörde, sondern der Berichtigungsgläubiger einzutragen (BayObLG 1955, 314, 321; Grü/*Herrler* Rn 4; Staudinger/*Picker* Rn 79). Dies gilt auch bei **Insolvenz** des Berechtigten (vgl BayObLG 32, 377; Staudinger/*Picker* Rn 79 aE). Denn durch die Eintragung eines Widerspruchs wird die bestehende Rechtslage nicht verändert.

14a Zur näheren Bezeichnung des Inhalts des zu schützenden Rechts ist **Bezugnahme** auf die Eintragungsgrundlage (vgl Rn 8ff) möglich (MüKo/*H. Schäfer* Rn 16; Staudinger/*Picker* Rn 79 mwN). Die **Bezeichnung als „Widerspruch"** ist nicht unbedingt nötig, synonymer Ausdruck (zB „Protest" oder „Verwahrung") reicht jedenfalls aus (vgl MüKo/*H. Schäfer* Rn 16 und Staudinger/*Picker* Rn 81 mwN zur fälschlichen Bezeichnung als „Vormerkung“).

III. Wirkungen des Widerspruchs. Die **Hauptwirkung** eines wirksamen Widerspruchs besteht darin, dass er gem § 892 I 1 Hs 2 den öffentlichen Glauben des Grundbuchs zerstört und damit **gutgläubigen Erwerb** von einem Nicht- bzw nicht-so-Berechtigten **verhindert**. Auch ein gutgläubiger Erwerb eines besseren Rechtsinhaltes, Ranges oder der Lastenfreiheit scheidet aus (Staudinger/*Picker* Rn 4). Die betreffende Verfügung des Buchberechtigten ist dann absolut (nicht nur relativ) unwirksam (vgl auch § 892 Rn 24), dh auch Dritte können sich neben dem Widersprechenden hierauf berufen (Köln BeckRS 2013, 15824; Staudinger/*Picker* Rn 5; MüKo/*H. Schäfer* Rn 26; NK/*Krause* Rn 27). 15

Weitere rechtserhaltende Wirkungen des Widerspruchs sind in § 900 I 3 (Buchersitzung), § 902 II (Unverjährbarkeit eingetragener bzw widerspruchsgeschützter Rechte) und § 927 III (Aufgebotsverfahren) geregelt. In der Zwangsversteigerung ist gem § 48 ZVG ein durch Widerspruch gesichertes Recht wie ein eingetragenes Recht zu berücksichtigen. 16

Dagegen ist der Widerspruch **weder** eine **Verfügungsbeschränkung** iSd § 892 I 2, § 894 (RGZ 117, 346, 351f; Grü/*Herrler* Rn 5), **noch** führt er zu einer **Grundbuchsperre** (Celle BeckRS 2012, 11590; Staudinger/*Picker* Rn 17 mwN). Die Vermutung des § 891 gilt weiter (vgl § 891 Rn 19). Das Grundbuchamt hat Eintragungen bzw Löschungen ohne Rücksicht auf den Widerspruch vorzunehmen (Staudinger/*Picker* Rn 17f). 17

IV. Erlöschensgründe. Der Widerspruch wird wirkungslos, wenn die Unrichtigkeit des Grundbuchs oder das zu sichernde Recht wegfällt oder wenn die Eintragungsgrundlage des Widerspruchs beseitigt wird, zB durch wirksame Anfechtung der Bewilligung oder Aufhebung der einstweiligen Verfügung. Gleiches gilt bei **Löschung** (vgl §§ 19, 25 GBO), und zwar unabhängig davon, ob diese zu Recht erfolgt ist oder nicht (KG HRR 1931 Nr 674; Grü/*Herrler* Rn 6; Staudinger/*Picker* Rn 94; aA MüKo/*H. Schäfer* Rn 27 zulasten unredlicher Erwerber). 18

Ob die Wirkungen des Widerspruchs rückwirkend entfallen, hängt davon ab, worauf sein Erlöschen beruht. Während sich bei erfolgreicher Anfechtung der Bewilligung die **Rückwirkung** aus § 142 I herleiten lässt, dürften in Fällen, in denen gesetzl Anhaltspunkte für eine Rückwirkung fehlen, die bis zu seinem Erlöschen eingetretenen Wirkungen des Widerspruchs erhalten bleiben (NK/*Krause* Rn 34; Staudinger/*Picker* Rn 97 mwN; für eine weitergehende Rückwirkung wohl Grü/*Herrler* Rn 6). 19

V. Amtlich veranlasste Widersprüche. Ein **Amtswiderspruch** nach § 53 GBO hat die gleichen Wirkungen wie ein Widerspruch nach § 899 (BGHZ 25, 16, 25; MüKo/*H. Schäfer* Rn 14; Staudinger/*Picker* Rn 100 mwN). Er ist nach Heilung der durch die gesetzeswidrige Eintragung herbeigeführten Unrichtigkeit nicht mehr möglich (RGZ 65, 98, 103). Gleiches gilt für eine Widerspruchseintragung auf **Anordnung** des Beschwerdegerichts (vgl § 71 II 2, § 76 GBO) und auf **Ersuchen** einer Behörde, zB im Fall des § 7 II GrdstVG (vgl Rn 14 sowie KG OLG 44, 167, 169 = JW 1925, 1779f; Staudinger/*Picker* Rn 101). Nicht vergleichbar ist dagegen der Widerspruch nach § 18 II GBO (vgl Staudinger/*Picker* Rn 100). Zum sog **Rechtshängigkeitsvermerk** vgl § 892 Rn 26. 20

§ 899a Maßgaben für die Gesellschaft bürgerlichen Rechts

Ist eine Gesellschaft bürgerlichen Rechts im Grundbuch eingetragen, so wird in Ansehung des eingetragenen Rechts auch vermutet, dass diejenigen Personen Gesellschafter sind, die nach § 47 Absatz 2 Satz 1 der Grundbuchordnung im Grundbuch eingetragen sind, und dass darüber hinaus keine weiteren Gesellschafter vorhanden sind. Die §§ 892 bis 899 gelten bezüglich der Eintragung der Gesellschafter entsprechend.

I. Rechtshistorischer Zusammenhang und Schicksal der Vorschrift. Nachdem der BGH mit Urteil v 29.1.2001 (BGHZ 146, 342 = NJW 2001, 1056) der GbR die Fähigkeit zuerkannt hatte, durch die Teilnahme am Rechtsverkehr eigene Rechte und Pflichten zu begründen, war die **Grundbuchfähigkeit der sog Außen-GbR** in der Folgezeit heftig umstritten (s Erman/*Lorenz*[12] Vor § 873 Rn 17). In einem Beschl v 4.12.2008 (DNotZ 2009, 115 = NJW 2009, 594) hat der BGH insoweit klargestellt, dass die – (teil-)rechtsfähige – GbR nicht nur materiell, sondern auch formell grundbuchfähig sei. Zwar lasse sich, anders als bei registerfähigen rechtsfähigen Personengesellschaften keinem öffentlichen Register entnehmen, wer zur Vertretung einer GbR befugt sei; das Vertrauen in die Vertretungsbefugnis eines oder mehrerer Gesellschafter werde auch durch den Grundbucheintrag nicht geschützt. Diese **Schwierigkeiten** müssten aber durch den Gesetzgeber behoben werden. Die bislang fehlende Anpassung der GBO und der diese ausführenden Grundbuchverfügung an die Veränderung der materiellen Rechtslage ändere an der Buchungsfähigkeit von Eigentum und beschränkten dinglichen Rechten einer GbR und damit an ihrer formellen Grundbuchfähigkeit im Grundsatz nichts. Einzutragen sei die GbR unter ihrer im Gesellschaftsvertrag bestimmten Bezeichnung. Fehle eine solche Bezeichnung, könne die Buchung dadurch erfolgen, dass der Bezeichnung des Berechtigten mit „GbR“ der Zusatz „bestehend aus“ und die Namen der – uU zahlreichen – Gesellschafter der Gesellschaft hinzugesetzt würden. 1

Insb aus der notariellen Praxis erfolgten zahlreiche Hinweise (s Nachw bei *Heinze* RNotZ 2010, 289, 291 Fn 19) auf die nachteiligen Folgen dieses Beschlusses für die Fähigkeit der GbR, am Immobiliarrechtsverkehr teilzunehmen. 1a

Die **Reaktion des Gesetzgebers** ließ nicht lange auf sich warten. Durch das Gesetz zur Einführung des elektronischen Rechtsverkehrs und der elektronischen Akte im Grundbuchverfahren v 11.8.2009 (BGBl I 2009, 2713) 2 wurde nicht nur § 899a mWz 18.8.2009 neu ins BGB eingefügt; auch § 47 GBO und § 15 GBV wurden ergänzt, die für die Grundbuchfähigkeit der GbR Maß geben (MüKo/*Schäfer* § 705 Rn 322). Soll für eine GbR ein Recht eingetragen werden, so sind nach § 47 II 1 GBO auch ihre Gesellschafter im Grundbuch einzutragen. Gem § 15 I lit c GBV können zur Bezeichnung der Gesellschaft zusätzl deren Name und Sitz angegeben werden. Die Eintragung einer GbR allein unter ihrem Namen ist seither iSv § 53 I GBO unzulässig (BT-Drs 16/13437, 27 re Sp; Grü/*Herrler* Rn 2; *Böttcher* NJW 2010, 1647, 1655; *Heinze* RNotZ 2010, 289, 292; eingehend *C. Wagner*, Die „registrierte" Gesellschaft bürgerlichen Rechts, 2014 Im Zuge der grundlegenden Reform des Rechts der Gesellschaft bürgerlichen Rechts (MoPeG) wird der vielfach kritisierte § 899a mWz 1.1.2024 aufgehoben. Auch § 47 II GBO erhält eine neue Fassung und bestimmt dann: „Für eine Gesellschaft bürgerlichen Rechts soll ein Recht nur eingetragen werden, wenn sie im Gesellschaftsregister eingetragen ist."

3 **II. Zweck.** Die vorgenannten Neuregelungen verfolgen den Zweck, die Verkehrsfähigkeit von Grundstücken wiederherzustellen, die sich im Eigentum einer GbR befinden (BaRo/*Eckert* Rn 1). Dabei liegt die Bedeutung des § 899a vor allem darin, dass er materiellrechtl die gem § 47 II 1 GBO erfolgte Eintragung der Gesellschafter wieder zum Inhalt des Grundbuchs im Rechtssinne macht (zutr *Lautner* DNotZ 2009, 650, 664). Das Grundbuch verlautbart nicht mehr nur die GbR als Berechtigte, sondern auch etwas über sie, nämlich ihre Gesellschafter und damit mittelbar deren Vertretungsbefugnis nach §§ 714, 709 I (*Lautner* DNotZ 2009, 650, 664). Die GbR wird dadurch identifizierbar und unterscheidbar. Dadurch soll der Problematik begegnet werden, dass die GbR als solche bei ihrer Bezeichnung weder namens- noch firmenrechtl Beschränkungen unterliegt (MüKo/*Schäfer* § 705 Rn 322). I Erg führt die Fiktion des § 47 II 1 GBO zu einer Gleichbehandlung von Innen- und Außengesellschaft in Bezug auf den Gesellschafterbestand (*Westermann/Gursky/Eickmann* § 73 Rn 11).

4 **III. Vermutungswirkung.** Nach § 899a S 1 wird positiv vermutet, dass die gem § 47 II 1 GBO im Grundbuch eingetragenen Personen Gesellschafter der GbR sind, und negativ, dass es keine weiteren Gesellschafter gibt (MüKo/*Schäfer* § 705 Rn 324). Ebenfalls erstreckt sich die Vermutung in entspr Anwendung auf die Existenz einer eingetragenen Unter-GbR (Hamm Rpfleger 2012, 19; MüKo/*Schäfer* § 705 Rn 324). Die Regelung begründet eine dem § 891 funktional entspr **(Rechtszustands-)Vermutung** im Hinblick auf die Eintragung als Gesellschafter (*Böhringer* Rpfleger 2009, 537, 540). Die Vermutung ist widerlegbar (vgl § 891 Rn 18ff) und gilt ggü jedermann, mithin auch ggü dem Grundbuchamt (München RNotZ 2011, 48, 50; Köln RNotZ 2011, 166, 170), und zwar ab dem Eintragungstag (*Böhringer* Rpfleger 2009, 537, 540). Erben und sonstige Gesamtrechtsnachfolger des sog Buchgesellschafters werden von der Vermutungswirkung erfasst, nicht jedoch das Vorhandensein bestimmter rechtl Eigenschaften wie zB die Geschäftsfähigkeit des bzw der Buchgesellschafter(s) oder das Fehlen ihn/sie treffender Verfügungsbeschränkungen (*Böhringer* Rpfleger 2009, 537, 540). Ebenso wenig wird seine/ihre Geschäftsführungsbefugnis vermutet (BGH NJW 2011, 615, 618).

5 Die Vermutung gilt nur **in Ansehung des eingetragenen Rechts**, dh nur bei Rechtshandlungen mit unmittelbarem Bezug auf den Eintragungsgegenstand (BT-Drs 16/13437, 30; Grü/*Herrler* Rn 5). Nach § 899a wird die Verfügungsbefugnis der als Gesellschafter eingetragenen Personen, nicht deren Vertretungsmacht bzgl des dinglichen Geschäfts resp deren Geschäftsführungsbefugnis vermutet (BGH NJW-RR 2017, 58; NJW 2011, 615; MüKo/*Schäfer* § 705 Rn 324). Ebenso wenig wird der Abschluss des **schuldrechtl Kausalgeschäfts**, welches erst den Anspruch auf Rechtsänderung begründet, von den §§ 892, 899a erfasst (MüKo/*H. Schäfer* Rn 17; Grü/*Herrler* Rn 5; *Kuckein/Jenn* NZG 2009, 848, 851; *Krüger* NZG 2010, 801, 806; aA *Lautner* DNotZ 2009, 650, 670f; *Böttcher* NJW 2010, 1647, 1655; *Weber* ZfIR 2018, 759; s auch *Hartmann* ZNotP 2011, 139, 145 sowie *Tolani* JZ 2013, 224, 231 zur Vermeidung der Kondizierbarkeit: § 899a analog; für § 899a als gesetzl Behaltensgrund: MüKo/*Schäfer* § 705 Rn 325). Dies hindert uU das Entstehen einer Vormerkung (Grü/*Herrler* Rn 7). Ebenso wenig wird durch diese Vorschriften der gutgläubige Erwerb eines GbR-Gesellschaftsanteils von einem Buchgesellschafter ermöglicht (*Kohler* NZG 2012, 441; *Kuckein/Jenn* NZG 2009, 848, 850; Grü/*Herrler* Rn 7). Dagegen wird in Bezug auf das eingetragene Recht **auch vermutet, dass die als dessen Inhaberin gebuchte GbR** tatsächlich (noch) **existiert** (*Böhringer* Rpfleger 2009, 537, 541; *Heinze* ZfIR 2010, 713; MüKo/*Schäfer* § 705 Rn 324; zweifelnd Grü/*Herrler* Rn 6; aA *Steffek* ZIP 2009, 1445, 1453). Sind im Grundbuch A und B als Gesellschafter einer GbR eingetragen und tritt dann B seinen Anteil an der GbR außerhalb des Grundbuchs an A ab, so erlischt die GbR liquidationslos. Ihr Vermögen wächst dem A an. Das Grundbuch wird unrichtig. Für diesen Fall gilt gem § 899a S 1 sowohl die Vermutung, dass die GbR (fort-)besteht, als auch, dass B noch ihr Gesellschafter ist (BT-Drs 16/13437, 31; *Böhringer* Rpfleger 2009, 537, 541; krit *Westermann* WM 2013, 441, 447). Nicht von § 899a erfasst wird dagegen der Fall, dass eine GbR ein Recht an einem Grundstück erwerben will. Ein in der Form des § 29 GBO zu führender Nachw ihrer rechtl Verhältnisse ist nicht erforderlich. Ausreichend ist vielmehr die von A und B in der notariellen Verhandlung abgegebene Erklärung, sie handelten als alleinige Gesellschafter einer aus ihnen bestehenden GbR (s BGH NJW 2011, 1958, 1959f mwN und Bspr *Kesseler* NJW 2011, 1909; *Reymann* ZNotP 2011, 84ff; MüKo/*Schäfer* § 705 Rn 323). – Nach BGH NJW 2011, 615ff (s auch *Reymann* NJW 2011, 1412) darf die Zwangsversteigerung/-verwaltung des Grundstücks einer GbR nur angeordnet werden, wenn deren Gesellschafter sämtlich aus dem Titel hervorgehen u mit den im Grundbuch eingetragenen Gesellschaftern übereinstimmen. Veränderungen im Gesellschafterbestand können durch eine Rechtsnachfolgeklausel analog § 727 nachgewiesen werden (*Suttmann* NJW 2013, 423, 424). Zum nachträgl Ableben eines Gesellschafters s BGH NJW 2011, 1449, 1450 und NZM 2022, 771 sowie ausf *Böhringer* Rpfleger 2013, 433. Mit Anerkennung der Rechtsfähigkeit der GbR scheidet die Eintragung der **Verpfändung** eines **Gesellschaftsanteils** eines im Eigentum der Gesellschaft stehenden Grundstücks aus (BGH WM 2016, 1973).

IV. Gutgläubiger Erwerb. **§ 899a S 2** sieht ua die entspr Anwendung des **§ 892** vor. Dadurch wird zunächst der **gutgläubige Erwerb** eines eingetragenen Rechts von einer durch die Buchgesellschafter nicht ordnungsgemäß vertretenen, uU gar nicht (mehr) existierenden (s Rn 5) GbR ermöglicht. 6

Durch die Verweisung auf **§ 893** werden darüber hinaus diejenigen geschützt, die an eine solche nicht ordnungsgemäß vertretene GbR aufgrund eines eingetragenen Rechts eine **Leistung** bewirken, sowie diejenigen, die mit den Buchgesellschaftern in Ansehung des für die GbR eingetragenen Rechts ein Verfügungsgeschäft abschließen, das von § 892 nicht erfasst wird. Das sind Rechtsgeschäfte, durch die das **Recht** nicht erworben, sondern **unmittelbar geändert** werden soll (vgl § 893 Rn 6ff). 7

Die entspr Anwendung der **§§ 894–899** ermöglicht die Grundbuchberichtigung, wenn der Gesellschafterbestand im Grundbuch unrichtig verlautbart ist (insb im Falle der An- bzw Abwachsung). So steht nach Abtretung eines Gesellschaftsanteils dem Zessionar, den übrigen Gesellschaftern und der Gesellschaft als solcher gegen den Zedenten ein **Berichtigungsanspruch** gem § 899a S 2, § 894 zu (MüKo/*H. Schäfer* Rn 32). Zu dessen Absicherung ist die Eintragung eines **Widerspruchs** nach § 899 zulässig (*Böhringer* Rpfleger 2009, 537, 541; Grü/*Herrler* Rn 8). Umstr ist, ob beim Ausscheiden eines Gesellschafters die Bewilligung nach § 19 GBO durch alle Gesellschafter (Frankfurt NotBZ 2011, 402; Hamm NJOZ 2011, 2022) erforderlich ist oder ob die Bewilligung lediglich des ausscheidenden Gesellschafters genügt, da nur dessen Recht betroffen ist (MüKo/*H. Schäfer* Rn 31; Jena NJW-RR 2011, 1236; KG NotBZ 2011, 393; Zweibrücken ZEV 2012, 1307). Hier dürfte die Bewilligung des Ausscheidenden hinreichend sein. Entspr gilt für die Übertragung von Anteilen auf einen anderen Gesellschafter (KG NZG 2015, 866). Nach dem Eintreten eines neuen Gesellschafters hat die Gesellschaft als solche die Änderung – Eintragung des neuen Gesellschafters – zu bewilligen (MüKo/*H. Schäfer* Rn 30). Ebenso erforderlich ist die persönliche Bewilligung durch die übrigen eingetragenen Gesellschafter (MüKo/*H. Schäfer* Rn 30). Ist eine GbR als Eigentümerin im Grundbuch eingetragen und die Eintragung eines Gesellschafters gem § 47 II GBO unrichtig geworden, hat das **Grundbuchamt** idR auf das Stellen des Grundbuchberichtigungsantrags hinzuwirken, § 82 S 3 GBO. 8

V. Rückwirkung. Art 229 § 21 EGBGB bestimmt, dass § 899a sowie § 47 II 2 und § 82 S 3 GBO auch dann gelten, wenn die Eintragung vor dem 18.8.2009 erfolgt ist. § 47 II 1 GBO gilt dagegen nicht rückwirkend. Deshalb besteht für eine nur unter ihrer gesellschaftsvertragl Bezeichnung (s Rn 1) eingetragene GbR auch kein Zwang zur nachträgl Eintragung ihrer Gesellschafter. Vielmehr bleiben in traditioneller Weise erfolgte Eintragungen inhaltlich zulässig und damit wirksam (*Lautner* DNotZ 2009, 650, 676). Ein „Nachtrag" der Gesellschafter ist ebenso empfehlenswert (*Lautner* aaO) wie schwierig in der praktischen Umsetzung (s etwa *Führ* RNotZ 2011, 155, 157ff). 9

§ 900 Buchersitzung

(1) Wer als Eigentümer eines Grundstücks im Grundbuch eingetragen ist, ohne dass er das Eigentum erlangt hat, erwirbt das Eigentum, wenn die Eintragung 30 Jahre bestanden und er während dieser Zeit das Grundstück im Eigenbesitz gehabt hat. Die dreißigjährige Frist wird in derselben Weise berechnet wie die Frist für die Ersitzung einer beweglichen Sache. Der Lauf der Frist ist gehemmt, solange ein Widerspruch gegen die Richtigkeit der Eintragung im Grundbuch eingetragen ist.

(2) Diese Vorschriften finden entsprechende Anwendung, wenn für jemand ein ihm nicht zustehendes anderes Recht im Grundbuch eingetragen ist, das zum Besitz des Grundstücks berechtigt oder dessen Ausübung nach den für den Besitz geltenden Vorschriften geschützt ist. Für den Rang des Rechts ist die Eintragung maßgebend.

I. Systemstellung und Zweck der Regelung. Um den allg Zweck des Grundbuchs – Kundbarmachung der Rechtslage – zu sichern, bestimmt § 902 I 1, dass Ansprüche aus eingetragenen Rechten nicht der Verjährung unterliegen (vgl § 902 Rn 1 und Staudinger/*Picker* § 902 Rn 1). Dagegen verjähren Ansprüche aus nicht eingetragenen Rechten nach den allg Vorschriften. Dies gilt grds auch für Ansprüche eines nicht eingetragenen Grundstückseigentümers (vgl aber § 898 Rn 2). 1

Da ein Erlöschen des Eigentums entspr § 901 nicht in Betracht kommt und weil **Eigentum und Buchlage** (MüKo/*H. Schäfer* Rn 1) **bzw Recht und Besitz** (BGH NJW 1994, 1152) **nicht** auf Dauer **auseinanderfallen sollen,** lässt § 900 I die Ersitzung des Eigentums aufgrund des Grundbuchstandes und Eigenbesitzes zu. Nach dreißigjährigem Eigenbesitz (vgl auch § 927) erwirbt der Bucheigentümer gem § 900 I nicht nur die Einrede der Verjährung ggü dem Anspruch aus § 985 (s § 197 I Nr 1; krit etwa *Siehr* ZRP 2001, 346f; *Armbrüster* NJW 2001, 3586 mwN), sondern das Eigentum selbst. Die Ersitzung führt damit zu einer **Verstärkung der Verjährungswirkungen** (vgl Staudinger/*Picker* Rn 2 mwN); dies erscheint aufgrund der langen Untätigkeit des Eigentümers auch gerechtfertigt. Wo dies nicht zutrifft, findet keine Ersitzung nach § 900 I statt (vgl BGH NJW 1994, 1152 m krit Anm Staudinger/*Picker* Rn 15). Gem § 900 II können auch solche zwar eingetragenen, aber nicht bestehenden Grundstücksrechte Gegenstand einer Ersitzung des Buchberechtigten sein, die entweder zum Besitz eines realen Teiles des Grundstücks berechtigen oder zumindest Besitzschutz genießen. 1a

§ 900 gilt jedoch trotz Eintragung nicht für solche Grundstücke (zB Teile einer Bundeswasserstraße, vgl Art 89 GG), die dem Privatrechtsverkehr entzogen sind (BGHZ 102, 1, 5; MüKo/*H. Schäfer* Rn 2; Staudinger/*Picker* Rn 5). 2

3 **II. Voraussetzungen der Eigentumsersitzung nach Abs I. 1. Eintragung.** Der Ersitzende muss **30 Jahre lang** im Grundbuch als Eigentümer (zu Unrecht) **eingetragen gewesen** sein. Auch ein gebuchter **Miteigentumsanteil** kann ersessen werden (Dresden OLGRp 2003, 407; Celle NdsRpfleger 1957, 287; LG Berlin JW 1933, 2849). Gleiches gilt für **Wohnungseigentum** und **Teileigentum** (Staudinger/*Picker* Rn 9 und 26) sowie für **grundstücksgleiche Rechte** (zB Erbbaurecht, BGH WM 2016, 1411 Rn 32; Staudinger/*Picker* Rn 26). Die Eintragung muss **rechtsscheinsbegründend** (§ 891) wirken. Bei einer sog Doppelbuchung (vgl § 891 Rn 11) ist daher keine Ersitzung möglich (KG JW 1938, 3046f = JFG 18, 180, 182f; BayObLG 1979, 104, 112f; Staudinger/*Picker* Rn 10 mwN; aA *Finkenauer* Eigentum und Zeitablauf – das dominum sine re im Grundstücksrecht, 2000, 112). Auch die bloße Sicherung eines Eigenbesitzers durch Vormerkung oder Widerspruch (Köln HRR 1936 Nr 1278) reicht für eine Ersitzung nicht aus (NK/*Krause* Rn 6; Staudinger/*Picker* Rn 9 mwN).

4 **2. Eigenbesitz.** Der Eingetragene muss 30 Jahre lang **Eigenbesitzer iSv § 872** gewesen sein, wobei mittelbarer (Eigen-)Besitz nach § 868 genügt (RG Gruchot 44 1900, 862, 865; BayObLG 1979, 104, 111). Ein etwaiger Übergang von Fremdbesitz zu Eigenbesitz muss sich durch eine entspr Willenskundgabe äußern (BGH MDR 1971, 915f). Weil § 900 nicht dem Schutz des Begünstigten dient (BGH NJW 1994, 1152), ist **Gutgläubigkeit** des Eigenbesitzers in Bezug auf sein vermeintliches Recht **nicht erforderlich** (BGH MDR 1971, 915f; NJW 1994, 1152; BayObLG aaO). Der Grund seines Besitzerwerbs spielt ebenfalls keine Rolle (MüKo/*H. Schäfer* Rn 4 mwN). Die Möglichkeit der Buchersitzung steht auch jur Personen des öffentlichen Rechts offen (BaRo/*Kössinger* Rn 2 mwN).

5 **3. Dreißigjährige Ersitzungszeit.** Eigenbesitz und Eintragung müssen 30 Jahre lang nebeneinander bestanden haben. Die Berechnung der Frist erfolgt gem Abs I S 2 iVm den §§ 938–944. Der Lauf der Ersitzungsfrist kann nach Maßgabe der §§ 939 und 900 I 3 **gehemmt** sein. Der von § 939 unmittelbar erfassten Geltendmachung des Herausgabeanspruchs aus § 985 durch den wirklichen Eigentümer steht wie bei § 941 aF diejenige des Berichtigungsanspruchs aus § 894 gleich (MüKo/*H. Schäfer* Rn 5; Staudinger/*Picker* Rn 16).

5a Gem § 940 wird die Ersitzung durch den Verlust des Eigenbesitzes **unterbrochen**, wobei kurzfristiger, unfreiwilliger Besitzverlust unschädlich ist, § 940 II. Für den Eigenbesitz des Eingetragenen spricht unabhängig von § 938 bereits die Vermutung des § 891 (Staudinger/*Picker* Rn 14 mwN). Unterbrochen wird die Ersitzung außerdem gem § 941 durch Vornahme oder Beauftragung einer gerichtlichen oder behördlichen Vollstreckungshandlung.

6 **III. Wirkung des Abs I.** Soweit Eigenbesitz und Eintragung sich decken, erwirbt der Buchberechtigte das betreffende Recht, dh das Grundbuch wird insoweit richtig. Etwaige Belastungen bleiben bestehen (Staudinger/*Picker* Rn 23; NK/*Krause* Rn 11). Bereicherungsansprüche ggü dem Ersitzenden bestehen nicht, da der Ersitzungserwerb seinen Rechtsgrund in sich trägt (BGH WM 2016, 1411 Rn 36ff mwN).

7 **IV. Ersitzung anderer Grundstücksrechte nach § 890 II.** Nach § 890 II ist Ersitzung auch bei solchen Grundstücksrechten möglich, die (ohne bereits von § 890 I erfasst zu werden, vgl Rn 3) im Grundbuch eingetragen sind und zum Besitz berechtigen bzw deren Ausübung besitzrechtl geschützt ist. Der Rang des ersessenen Rechts bestimmt sich gem § 900 II 2 nach der Eintragung (vgl § 879 II).

8 **Zum Besitz berechtigen**: der Nießbrauch (§ 1036 I), das Wohnungsrecht (§ 1093 I 2 iVm § 1036 I) sowie das Dauerwohn- und Dauernutzungsrecht (§ 31 WEG).

9 **Besitzschutz genießen** (darüber hinaus): die Grunddienstbarkeiten (§ 1029) und die beschränkten persönlichen Dienstbarkeiten (§ 1090 II). Bei den Dienstbarkeiten ist ein 30jähriger Rechtsbesitz iSv § 1029 erforderlich, dh zw zwei aufeinander folgenden Ausübungshandlungen darf nicht mehr als ein Jahr verstrichen sein (NK/*Krause* Rn 16; Staudinger/*Picker* Rn 28 mwN; unklar RGRK/*Augustin* Rn 9). Zugunsten des Buchberechtigten spricht die Vermutung des § 891 (Staudinger/*Picker* Rn 28; MüKo/*H. Schäfer* Rn 8; Grü/*Herrler* Rn 4). Die Voraussetzungen des § 938 braucht er nicht zu beweisen (Grü/*Herrler* Rn 4 mwN; aA Planck/*Strecker* Anm 4b; RGRK/*Augustin* Rn 9).

10 **Nicht ersitzungsfähig sind** dagegen: Grundpfandrechte (Hypotheken, Grundschulden, Rentenschulden), Reallasten, dingliche Vorkaufsrechte, Rechte an beschränkten dinglichen Grundstücksrechten, Vormerkungen und Widersprüche sowie Rechte an öffentlichen Wegen (RGZ 125, 108, 110).

§ 901 Erlöschen nicht eingetragener Rechte

Ist ein Recht an einem fremden Grundstück im Grundbuch mit Unrecht gelöscht, so erlischt es, wenn der Anspruch des Berechtigten gegen den Eigentümer verjährt ist. Das Gleiche gilt, wenn ein kraft Gesetzes entstandenes Recht an einem fremden Grundstück nicht in das Grundbuch eingetragen worden ist.

1 **I. Zweck.** Wie § 900 (vgl § 900 Rn 1) dient auch § 901 zum einen dazu, eine lang andauernde Diskrepanz zw Grundbuchinhalt und wirklicher Rechtslage zu beenden; zum anderen sollen nicht (mehr) durchsetzbare Rechtspositionen beseitigt werden (Staudinger/*Picker* Rn 1). Deshalb bestimmt § 901, dass zu Unrecht gelöschte Rechte (S 1) bzw ohne Eintragung entstandene Rechte (S 2; zB §§ 1075, 1287 S 2 BGB, § 848 II 2 ZPO) erlöschen, wenn der Anspruch des Berechtigten gegen den Eigentümer verjährt ist.

2 **II. Voraussetzungen der sog Versitzung nach § 901. 1. Recht an einem fremden Grundstück.** Mit Ausnahme des Eigentums, für das die speziellen Regelungen in § 900 I und § 927 gelten, bezieht sich § 901 auf **alle eintragungsfähigen Rechte an fremden Grundstücken.** Auch grundstücksgleiche Rechte (abgesehen vom heutigen

Bergwerkseigentum) sowie Rechte an (anderen) Grundstücksrechten unterliegen der Versitzung nach § 901 (Staudinger/*Picker* Rn 3).

Dagegen ist bei nicht eintragungsfähigen Rechten (zB Überbau- und Notwegrenten, § 914 II 1, § 917 II 2) selbst § 901 S 2 nicht anwendbar. Gleiches gilt für öffentlich-rechtl Lasten und Abgaben (MüKo/*H. Schäfer* Rn 2). 3

2. Verjährung des Anspruchs aus dem Recht. a) Mit dem **Anspruch des Berechtigten gegen den Eigentümer** ist nicht der (gem § 898 unverjährbare) Berichtigungsanspruch aus § 894, sondern der dingliche Hauptanspruch gemeint, aufgrund dessen der Rechtsinhaber Herstellung des dem jew Recht entspr tatsächlichen Zustands verlangen kann (Koblenz BeckRS 2016, 05129; NK/*Krause* Rn 4; Staudinger/*Picker* Rn 8 mwN). 4

Bei **Grunddienstbarkeiten** zB ist in erster Linie an den Anspruch aus § 1027 iVm § 1004 zu denken, daneben an die §§ 1021, 1022 (vgl Staudinger/*Picker* Rn 8). Das gilt gem § 1090 II für **beschränkte persönliche Dienstbarkeiten** entspr. Beim **Nießbrauch** ist neben dem Anspruch auf Duldung der Rechtsausübung (§ 1030 I) auch der Herausgabeanspruch aus § 1065 iVm § 985 gemeint. Entspr gilt für **dingliche Wohnrechte, Erbbaurechte** und **Dauerwohnrechte** (vgl Staudinger/*Picker* Rn 8). Bei **Grundpfandrechten** geht der dingliche Hauptanspruch iSv § 901 auf Duldung der Zwangsvollstreckung, § 1147 (ggf iVm § 1192 I bzw § 1200 I), bei **Reallasten** auf Leistung aus dem Grundstück (§§ 1105, 1107). Zum **dinglichen Vorkaufsrecht** vgl Staudinger/*Picker* Rn 8. 5

b) Die **Verjährung** des Anspruchs aus dem Recht setzt gem § 902 voraus, dass das Recht weder eingetragen noch widerspruchsgesichert ist, und **beginnt** nach Maßgabe der §§ 199ff, wobei im Fall des § 901 S 1 das betreffende Recht (wegen § 902) gelöscht sein muss. 6

Die in Rn 5 aufgeführten Rechtsverwirklichungsansprüche entstehen, soweit sie der Abwehr einer Beeinträchtigung dienen, erst mit Eintritt des jew Beeinträchtigungszustands, zB mit der Besitzentziehung beim Nießbrauch. Dagegen kommt es beim Anspruch auf Duldung der Zwangsvollstreckung aus § 1147 auf die Fälligkeit der Hypothek und bei Reallast und Rentenschuld auf diejenige der einzelnen Leistung an (NK/*Krause* Rn 7). 7

Bei **Wiedereintragung** des gelöschten Rechts wird der bisherige Verjährungslauf im Hinblick auf § 902 bedeutungslos. Gleiches gilt bei Eintragung eines Widerspruchs zugunsten eines nicht (mehr) eingetragenen Rechts (vgl § 902 II). Mit deren Löschung beginnt die Verjährung neu zu laufen, sofern nicht ausnahmsw § 212 II entspr anzuwenden ist. 8

Ein Anspruch aus § 1147 kann gem § 216 I auch nach Verjährung der gesicherten Forderung noch durchsetzbar sein. 9

III. Wirkung. § 901 bewirkt, dass das nicht (mehr) eingetragene Recht (abw von § 214 I) erlischt. Damit wird das Grundbuch richtig und der Berichtigungsanspruch entfällt. 10

IV. Sondervorschriften. Im Fall des § 1028 I 2 (ggf iVm § 1090 II) kann eine Grunddienstbarkeit (bzw beschränkte persönliche Dienstbarkeit) ausnahmsw trotz Eintragung durch Verjährung erlöschen. – Zur Rechtslage bei altrechtl Rechten vgl Art 189 III EGBGB. 11

§ 902 Unverjährbarkeit eingetragener Rechte

(1) Die Ansprüche aus eingetragenen Rechten unterliegen nicht der Verjährung. Dies gilt nicht für Ansprüche, die auf Rückstände wiederkehrender Leistungen oder auf Schadensersatz gerichtet sind.

(2) Ein Recht, wegen dessen ein Widerspruch gegen die Richtigkeit des Grundbuchs eingetragen ist, steht einem eingetragenen Recht gleich.

I. Zweck der Regelung. Der Hauptzweck der Verjährungsvorschriften liegt darin, den Schuldner vor der Geltendmachung veralteter Ansprüche zu schützen, deren Fortbestand aufgrund des langen Zeitablaufs und der damit einhergehenden verdunkelten Beweislage zweifelhaft ist. Durch die Verjährung eines solchen Anspruchs soll die Rechtssicherheit wieder hergestellt werden. Demggü gilt bei eingetragenen Rechten gem § 891 I die Vermutung ihres Bestehens. Durch Kundbarmachung der Rechtslage im Grundbuch soll ebenfalls die Rechtssicherheit verbessert werden. Dieser Zweck würde bei einer Verjährung der Ansprüche aus eingetragenen Rechten stark beeinträchtigt (Staudinger/*Picker* Rn 1). Deshalb bestimmt § 902 I 1, dass solche Ansprüche der Verjährung nicht unterliegen. Zur – eingeschränkten – Verwirkung s BGH NJW 2007, 2183. 1

II. Eingetragene Rechte. Eingetragene Rechte iSv Abs I S 1 sind solche, die **eintragungsfähig** (vgl Vor § 873 Rn 9 und § 891 Rn 3) und **wirksam eingetragen** (vgl § 891 Rn 2) sind. 2

Nach hM (Grü/*Herrler* Rn 2; Soergel/*Stürner* Rn 1; MüKo/*H. Schäfer* Rn 3; Staudinger/*Picker* Rn 7 mwN) setzt eine Anwendung des § 902 voraus, dass **zumindest** (einer) der **Rechtsvorgänger** (zB Erblasser) des gegenwärtigen Berechtigten eingetragen ist; die Eintragung eines Nichtberechtigten genügt nicht. 3

Der Eintragung des Rechts gleichgestellt ist gem § 900 II die Eintragung eines **Widerspruchs** zur Sicherung eines außerhalb des Grundbuchs entstandenen (vgl § 901 Rn 1 aE) bzw zu Unrecht gelöschten Liegenschaftsrechts. Dies gilt für **vormerkungsgesicherte Ansprüche** grds nicht (vgl Staudinger/*Picker* Rn 15). 4

III. Ansprüche aus Rechten. Ansprüche aus eingetragenen Rechten sind solche, die der Verwirklichung des dinglichen Rechts dienen (vgl § 901 Rn 4f). Zu denken ist an § 985 (ggf iVm §§ 1065 BGB, 34 II WEG oder 11 I 1 ErbbauRG), nach wohl hM (LG Tübingen NJW-RR 1990, 338; Staudinger/*Picker* Rn 9; MüKo/*H. Schäfer* Rn 5; *Picker* JuS 1974, 357ff; *Baur* JZ 1973, 560; aA BGHZ 60, 235, 238 = NJW 1973, 703f; BGH NJW 2007, 2183, 5

2184; NJW 2011, 518f und 1068f; Grü/*Herrler* § 1004 Rn 45; BaRo/*Kössinger* Rn 5) auch an § 1004 (ggf iVm §§ 1027, 1065, 1090 II BGB, § 34 WEG, § 11 I 1 ErbbauRG), ferner an die §§ 1133–1135 sowie an § 1147 (ggf iVm § 1192 I). Die Verjährung des hypothekarisch gesicherten Anspruchs steht gem § 216 I der auf § 1147 gestützten Klage nicht entgegen (NK/*Krause* Rn 6). Entgegen Erman/*Lorenz*[13] unterliegt auch der Anspruch auf Rückübertragung einer „stehengelassenen" Sicherungsgrundschuld aus § 1169 nach § 902 I nicht der Verjährung (ausf *Otte* DNotZ 2011, 897; Staudinger/*Picker* Rn 10).

6 **IV. Wiederkehrende Leistungen und Schadensersatz. Ansprüche iSv Abs I S 2,** nämlich solche, die auf **Rückstände** wiederkehrender Leistungen (vgl §§ 1105, 1199 bzw §§ 1115, 1118, 1192) oder auf **Schadensersatz** (zB §§ 989ff; jedoch nicht § 1004, vgl Rn 5) gerichtet sind, werden vom Grundbuch nicht verlautbart. Deshalb unterliegen sie der Verjährung gem den §§ 194ff (vgl auch § 216 III). **Nicht** dazu gehören nach hM **wiederkehrende Tilgungsleistungen** bei Hypotheken (MüKo/*H. Schäfer* Rn 9; Staudinger/*Picker* Rn 13 mwN; aA RGZ 54, 88, 93; KGJ 24, 246, 251; RGRK/*Augustin* Rn 7).

Abschnitt 3
Eigentum (§§ 903–1017)

Titel 1
Inhalt des Eigentums (§§ 903–924)

Vorbemerkung vor § 903

Schrifttum: *Baldus/Grzeszick/Wienhues*, Staatshaftungsrecht, 5. Aufl 2018; *Maurer/Waldhoff*, Allg Verwaltungsrecht, 20. Aufl 2020, § 27; *Ossenbühl/Cornils*, Staatshaftungsrecht, 6. Aufl 2013; *Wilhelmi*, Risikoschutz durch Privatrecht, 2009.

1 **I. Eigentum iSd BGB. 1. Begriff.** Das BGB verwendet die Begriffe des Eigentums bzw. des Eigentümers in einer Reihe von Vorschriften, ua §§ 311b, 449, 566, 823, 873, 903ff, 929ff, 985ff, 1004, definiert sie jedoch nicht. Das bürgerlich-rechtl Eigentum kann, anders als das nach Art 14 GG geschützte Eigentum (vgl Rn 6ff), nur an Sachen bestehen, nicht jedoch an Forderungen oder Immaterialgütern (vgl *Ohly* JZ 2003, 545), wie sich aus dem Wortlaut insb des § 903 ergibt.

2 **2. Inhalt.** Das Eigentumsrecht soll nach dem Willen des historischen Gesetzgebers ein prinzipiell **umfassendes Voll- oder Herrschaftsrecht** an einer Sache sein (Staudinger/*Althammer* Rn 6). Es unterscheidet sich von den **beschränkten dinglichen Rechten**, die jew nur eine bestimmte Herrschaftsbefugnis gewähren, durch den Umfang der Sachherrschaft. Das beschränkt dingliche Recht ist eine aus dem umfassenden Mutterrecht abgeleitete Sachbefugnis und insofern ein „Eigentumssplitter". Der Eigentümer darf mit der Sache grundsätzlich **nach Belieben verfahren.** Er kann die Sache besitzen, verändern, belasten, verbrauchen, zerstören oder darüber verfügen. Zu den Eigentumsbefugnissen zählt auch die ausschließliche wirtschaftl Verwertung. Komplementär zu diesen positiven Befugnissen kann der Eigentümer Dritte von jeglicher Einwirkung auf die Sache ausschließen, § 907, § 1004, § 985, §§ 823ff, sowie §§ 227, 228 (vgl BGH NJW 2012, 1725 – Hausrecht). Die Ausübung des Hausrechts kann allerdings durch vertragl Bindung derart eingeschränkt sein, dass es der Rechtfertigung durch besonders gewichtige Sachgründe bedarf, soweit es den Vertrag vereitelt (vgl BGH NJW 2012, 1725 Rn 14), wobei dies nicht für kleine Inhaberpapiere gem § 807 gilt, da diese nicht personengebunden sind (BGH NJW 2020, 3382 Rn 8ff). Die Erteilung eines Hausverbots bedarf zudem eines sachlichen Grundes, wenn dies die Betroffenen in erheblichem Umfang in der Teilnahme am gesellschaftlichen Leben einschränkt, während dies nicht schon erforderlich ist, wenn der Hausrechtsinhaber die Örtlichkeit ohne Ansehen der Person für den allg Publikumsverkehr geöffnet hat (BGH NJW 2020, 3382 Rn 13ff).

3 **3. Grenzen.** Die Sachherrschaft findet ihre Grenzen in der **Verantwortlichkeit des Eigentümers** für die Sache ggü der Rechtsgemeinschaft (s etwa Köln OLGRp 2007, 334). So werden die Eigentümerbefugnisse „durch das Gesetz oder Rechte Dritter" begrenzt, § 903. Obwohl das BGB von einem **einheitlichen Begriff des Eigentums** ausgeht, der bewegliche Sachen, Tiere und Grundstücke umfasst, differiert der **Grad der Bindung an öffentliche Interessen** erheblich und ist zB beim Grundeigentum deutlich stärker ausgeprägt (vgl Westermann/*H.P. Westermann* § 28 I 4). Die Frage nach den Grenzen der Herrschaftsbefugnis und der Dienstbarmachung für die Allgemeinheit ist Ausdruck der ständigen Spannung zw Freiheit des Einzelnen und Bindung an die Gemeinschaft; von ihrer Beantwortung hängt letztlich die Inhaltsbestimmung des Eigentums ab (vgl dazu Westermann/*H.P. Westermann* § 28 III). Wie dieses Spannungsverhältnis im Einzelfall aufzulösen ist, entzieht sich einer generalisierenden Betrachtungsweise. Die einzelnen Abwägungsparameter hängen von den jew herrschenden kulturellen, politischen, ethischen, sozialen und religiösen Anschauungen und Wertungen der Zeit ab und verändern sich mit ihnen. Die Abwägung findet im Rahmen der das Eigentum und seinen Schutz näher ausgestaltenden Normen statt, so etwa in § 906, aber auch im Rahmen der §§ 823ff oder des § 1004 (vgl *Wilhelmi*, 230ff).

4. Formen des Eigentums. a) Das **bürgerlich-rechtl Eigentum** kann Alleineigentum, § 903, Miteigentum nach Bruchteilen, §§ 1008ff, und Gesamthandseigentum, §§ 54, 719ff, 1416, 1485, 2032 BGB, §§ 105ff, 161ff HGB, sein und als Sicherungs- und Treuhandseigentum Beschränkungen im Innenverhältnis unterliegen. Es umfasst auch Sonderformen des Eigentums wie das Bergwerkseigentum, § 9 I BBergG, oder das Wohnungs- und Teileigentum, § 1 WEG (dazu *Lechner* NZM 2005, 604, 606). 4

b) Daneben gibt es **„öffentliches Eigentum"** nach Landesrecht an Wegen, § 4 Hbg WegeG (zu § 66 I StrWG MV vgl Rostock NotBZ 2002, 420f); Hochwasserschutzanlagen, § 4a Hbg WasserG; und dem Wasserbett von Gewässern, § 5 WasserG-BW. Das BVerfG (BVerfGE 24, 367; BVerfG NJW 1976, 1836) und das BVerwG (DVBl 1967, 917 zu § 4 Hbg WegeG) halten die Schaffung öffentlich-rechtl Eigentums durch Landesgesetze im Rahmen der Art 66ff EGBGB für zulässig. Das öffentliche Eigentum ist danach Ausdruck der Verpflichtung für die Sache und ordnet wie das privatrechtl Eigentum die Sache einem Subjekt in vollem Umfang zu. Dem privaten Rechtsverkehr ist das öffentliche Eigentum grds entzogen; an ihm sind nur öffentlich-rechtl Nutzungsverhältnisse möglich. Regelungen des bürgerlichen Rechts sind nur insoweit anwendbar, als sie nicht der Zweckbestimmung der öffentlichen Gegenstände und den aus dem öffentlichen Recht folgenden Beschränkungen entgegenstehen (Staudinger/*Althammer* Rn 48). An Bundespersonalausweisen und Pässen besteht öffentliches Eigentum, da sie stets im Eigentum des Bundes stehen, vgl § 4 II PAuswG (analog) (vgl AG Heilbronn NJW 1974, 2182; NK/*Ring* § 903 Rn 25; aA BeckOK/*Fritzsche* § 903 Rn 11; Grü/*Herrler* § 903 Rn 2). Vom öffentlichen Eigentum zu unterscheiden ist das privatrechtl Eigentum von jur Personen des öffentlichen Rechts, bei dem der privatrechtl Eigentumsinhalt im Umfang der öffentlich-rechtl Zweckbestimmung (zB Gemeingebrauch) zurücktritt (vgl *Papier* Jura 1979, 93, 99f; *Pappermann* JuS 1979, 794, 798). So unterliegen von der öffentlichen Hand beherrschte gemischtwirtschaftl Unternehmen wie im Alleineigentum des Staates stehende Unternehmen auch dann einer unmittelbaren Grundrechtsbindung, wenn sie privatrechtl organisiert sind (BVerfG NJW 2011, 1201 Rn 46ff). Zu den sog öffentlichen Sachen § 905 Rn 7. 5

II. Der Eigentumsschutz nach Art 14 GG. 1. Der verfassungsrechtliche Eigentumsbegriff aus Art 14 GG. Der **verfassungsrechtl Eigentumsbegriff** wird nicht aus dem bürgerlichen Recht, sondern aus der Verfassung selbst bestimmt (st Rspr BVerfGE 58, 300, 335 – Nassauskiesung). Eigentum iSd Art 14 GG umfasst alle **vermögenswerten Rechtspositionen**, die dem Berechtigten von der Rechtsordnung in der Weise zugeordnet sind, dass „er die damit verbundenen Befugnisse nach eigenverantwortlicher Entscheidung zu seinem privaten Nutzen ausüben darf" (BVerfGE 72, 175, 193; 126, 331, 358 mwN). Zum verfassungsrechtl geschützten Eigentum gehören damit neben dem bürgerlich-rechtl Sacheigentum auch vermögenswerte Forderungen, Immaterialgüter, gewerbliche Schutzrechte und sonstige rechtl verfestigte Vermögenspositionen, ferner das **Recht am eingerichteten und ausgeübten Gewerbebetrieb**, das jedoch **nur einen Bestandsschutz** genießen soll (vgl BVerfGE 51, 193, 221; für weitergehenden Schutz BGHZ 23, 157, 162f; 111, 349, 255ff; BVerwGE 62, 224, 226). Auch subj-**öffentliche Rechtspositionen** unterfallen Art 14 GG insoweit, als sie dem Berechtigten eine eigentumsähnl Rechtsposition verschaffen. Dies ist insbesondere dann der Fall, wenn die Rechtsposition wenigstens teilweise durch eigene Leistung des Berechtigten erworben wurde (BVerfGE 1, 264, 277f), wie zB bei Sozialversicherungsansprüchen (BVerfGE 53, 257, 289f). Allerdings liegt darin nur ein Indiz, weitere Kriterien sind denkbar, etwa das existenzielle Angewiesensein (*Maurer/Waldhoff* § 27 Rn 44). Der Eigentumsschutz erfasst nur den Bestand konkret vorhandener Vermögenwerte, nicht jedoch in der Zukunft liegende Chancen und Gewinnaussichten (BVerfGE 102, 197, 211) oder das Vermögen als solches (BVerfGE 4, 7, 8 und 17 – Investitionshilfe). 6

2. Konkretisierung durch Gesetzgeber. Inhalt und Schranken des Eigentums bestimmt nach Art 14 I 2 GG der Gesetzgeber. Insoweit besteht ein Verfassungsauftrag, eine Eigentumsordnung zu schaffen, die sowohl den privaten Interessen des Einzelnen als auch denen der Allgemeinheit gerecht wird (BVerfGE 21, 73, 83; 50, 290, 340). Erst hierdurch wird die konkrete Rechtsstellung des Eigentümers iS einer **Individualgarantie** begründet und ausgeformt (BVerfGE 58, 300, 335f; dazu *Lege* JZ 2011, 1084). 7

3. Inhalt der verfassungsrechtlichen Gewährleistung. Art 14 I 1 GG gewährleistet das Privateigentum. Zum Inhalt des Eigentumsschutzes gehört einerseits die Institutsgarantie, als Zusicherung, dass das **Privateigentum als Rechtsinstitut** erhalten bleibt (BVerfGE 20, 351, 355; 58, 300, 339). Andererseits wird aber als Individualrechtsgarantie auch das subj **Recht des einzelnen Eigentümers** geschützt (Dürig/Herzog/Scholz/*Papier* Art 14 GG Rn 1), also sein konkretes Eigentum. Dabei dürfen der Privatrechtsordnung nicht solche Sachbereiche entzogen werden, die zum elementaren Bestand grundrechtl geschützter Betätigung im vermögensrechtl Bereich gehören (vgl BVerfGE 24, 367, 389 – Deichordnungsgesetz; 93, 121, 138). Das Eigentum sichert dem Grundrechtsträger einen **Freiheitsraum in der vermögensrechtl Bereichsposition**, indem es als Grundlage privater Initiative dient und in eigenverantwortlichem privatem Interesse genutzt werden kann (vgl BVerfGE 100, 226, 241; 126, 331, 360). Kennzeichnend für den rechtl Gehalt des Privateigentums sind die Grundmerkmale der Privatnützigkeit, der zeitl Unbegrenztheit und der „Verfügungsbefugnis" (vgl BVerfGE 31, 229, 240). Diese Kernmerkmale sind nach der **Institutsgarantie** aus Art 19 II GG für das verfassungsmäßig geschützte Institut „Eigentum" unverzichtbar (BVerfGE 24, 367). Innerhalb des hierdurch abgesteckten Rahmens wirken jedoch bei der Bestimmung der Rechtsstellung des Eigentümers bürgerliches Recht und öffentlich-rechtl Gesetze gleichrangig zusammen (BVerfGE 58, 300, 336 – Nassauskiesung). Art 14 I GG schützt (nur) einen Bestand von Rechten, die der Gesetzgeber durch die Gesamtheit der inhaltsbestimmenden Rechte dem jew Rechtsträger zugewiesen hat (BVerfGE 49, 382, 393; 74, 129, 148; ähnl BGHZ 128, 220, 226). 8

9 **III. Enteignung. 1. Begriff.** Enteignung ist der vollständige oder teilweise Entzug vermögenswerter Rechtspositionen durch einen gezielten Rechtsakt zur Erfüllung hoheitlicher Aufgaben (BVerfGE 58, 300, 330f – Nassauskiesung; 100, 226, 239f). Mit dem Abstellen auf die Finalität der Enteignungsmaßnahme wurde die frühere Rspr des BGH, der eine Enteignung als gleichheitswidrigen Entzug von Vermögenspositionen iSe Sonderopfers definierte, Sonderopfertheorie (BGHZ 6, 270, 280; dazu *Battis* NVwZ 1982, 585, 586ff), und des BVerwG, das unter der Enteignung einen in qualitativer Hinsicht besonders intensiven Eigentumseingriff verstand, Schweretheorie (BVerwGE 5, 143, 144ff; dazu *Hösch* GA 2002, 305), hinfällig.

10 **a) Enteignungsgegenstand. Gegenstand** der Enteignung kann jede nach Art 14 GG geschützte Rechtsposition sein (s Rn 6ff).

11 **b) Entzug durch hoheitlichen Rechtsakt.** Gem Art 14 III 2 GG kann die Enteignung nur durch Gesetz – **Legalenteignung** oder besser **Legislativenteignung** (vgl *Maurer/Waldhoff* § 27 Rn 51f) – oder aufgrund eines Gesetzes per Exekutivrechtsakt – **Administrativenteignung** – erfolgen. Eigentumsbeeinträchtigende Realakte (BGHZ 99, 24, 28) sowie ein Unterlassen der öffentlichen Gewalt (BGHZ 12, 52, 56) fallen nicht unter den Enteignungsbegriff, können aber uU Anknüpfungspunkt für einen enteignungsgleichen (vgl Rn 31ff) oder enteignenden Eingriff sein (vgl Rn 39ff). Hingegen soll eine Enteignung auch vorliegen, wenn die rechtl Zuordnung des Eigentums zwar bestehen bleibt, aber schlechthin alle mit dem Eigentum typischerweise verbundenen Nutzungs- und Verfügungsbefugnisse beschnitten werden (*Maurer/Waldhoff* § 27 Rn 48; vgl auch BGHZ 133, 265, 267).

12 **c) Finalität und Zweckbestimmung.** Der Zugriff auf das Eigentum muss **gezielt** und **konkret-individuell** zur Erfüllung (bestimmter) **öffentlicher Aufgaben** erfolgen. Durch dieses Finalitätskriterium und diese Zweckbestimmung wird die Enteignung von der Inhalts- und Schrankenbestimmung abgegrenzt, die den Inhalt des Eigentums generell und abstrakt für die Zukunft bestimmt und vornehmlich dem Ausgleich divergierender Privatinteressen dient; auch wenn mit ihr zugleich öffentliche Interessen verfolgt werden können (*Sellmann* NVwZ 2003, 1417, 1418). Für die Qualifizierung als Enteignung ist nur die Zielrichtung der Maßnahme entscheidend. Ob der Eigentumszugriff dem Eingriffszweck tatsächlich dient, ist nur für die Rechtmäßigkeit der Maßnahme relevant (*Maurer/Waldhoff* § 27 Rn 53). Die Enteignung muss der **hoheitlichen Beschaffung von Gütern** dienen (BVerfGE 104, 1, 10; 143, 246 Rn 246; ebenso Dürig/Herzog/Scholz/*Papier/Shirvani* Art 14 GG Rn 459, 645; ablehnend noch BVerfGE 24, 367, 395; 83, 201, 211; ebenso Sachs/*Wendt* Art 14 GG Rn 80).

13 **2. Rechtmäßigkeit als Tatbestandsmerkmal. a) Enteignungstatbestand.** Ob der Enteignungsbegriff die Rechtmäßigkeit der Maßnahme umfasst, ist umstritten (befürwortend Dürig/Herzog/Scholz/*Papier* Art 14 GG Rn 545f; MüKo/*Gaier* Rn 54; ablehnend *Jarass/Pieroth* Art 14 Rn 76; *Baldus/Grzeszick/Wienhues* Rn 382). Dagegen spricht, dass die enteignungsspezifische Rechtmäßigkeitsprüfung die vorherige Qualifizierung der Entziehungsmaßnahme als Enteignung voraussetzt; wenn die Rechtswidrigkeit einer Maßnahme (insb bei Verstoß gegen Art 14 III GG) zur Aberkennung der Enteignungsqualität führen würde, wären die besonderen Enteignungsvoraussetzungen schon nicht zu prüfen gewesen (*Maurer/Waldhoff* § 27 Rn 55). Daher müssen auch rechtswidrige Enteignungsmaßnahmen möglich sein.

14 **b) Entschädigungstatbestand.** Im Rahmen des Anspruchs auf Enteignungsentschädigung gehört die Rechtmäßigkeit der Enteignung hingegen unzweifelhaft zum Tatbestand, da insoweit der Vorrang des Primärrechtsschutzes gilt. Gegen rechtswidrige Eigentumsbeeinträchtigungen kann der Betroffene Primärrechtsschutz suchen; unterlässt er dies, verliert er regelmäßig seinen Ersatzanspruch (BVerfGE 58, 300, 324, vgl zum Mitverschulden bei rechtswidrigem Hoheitshandeln Rn 37). Dem Betroffenen ist es damit verwehrt, im Sinne eines „dulde und liquidiere" die rechtswidrige Enteignung hinzunehmen und anschließend den entstandenen Vermögensverlust geltend zu machen (Dürig/Herzog/Scholz/*Papier* Art 14 GG Rn 545). Bei rechtmäßigen Maßnahmen besteht hingegen keine Abwendungsmöglichkeit, so dass der Betroffene auf den Entschädigungsanspruch verwiesen ist.

15 **3. Rechtmäßigkeitsvoraussetzungen.** (1) Die Enteignung muss durch **Gesetz** oder **aufgrund** eines Gesetzes erfolgen, Art. 14 III 1 GG. Neben den allg verfassungsrechtl Anforderungen muss das Enteignungsgesetz nach der **Junktimklausel** aus Art 14 III 2 und 3 GG außerdem Art und Ausmaß der Entschädigung konkret regeln. Fehlt eine Entschädigungsregelung, ist die Enteignungsvorschrift verfassungswidrig und damit grds nichtig. Enteignungsmaßnahmen sind in diesem Fall mangels Rechtsgrundlage auch dann rechtswidrig, wenn der Hoheitsträger den Betroffenen tatsächlich angemessen entschädigt (BVerfGE 4, 219, 228ff). (2) Die Enteignung ist nur zum **Wohle der Allgemeinheit** zulässig, Art 14 III 1 GG. Die freiheitssichernde Funktion des Eigentums erfordert in diesem Zusammenhang das Vorliegen eines besonders schwerwiegenden, dringenden öffentlichen Interesses (BVerfGE 74, 264, 289). (3) Die konkrete Maßnahme muss ferner **verhältnismäßig** sein, also auf einer Gesamtabwägung zw den angestrebten Gemeinwohlbelangen und den beeinträchtigten öffentlichen und privaten Belangen beruhen (BVerfGE 134, 242 Rn 188). (4) Weiter muss das **Enteignungsverfahren** einfachgesetzl auf eine Weise ausgestaltet sein, die alle wesentlichen rechtl und sachlichen Gesichtspunkte ausreichend berücksichtigt (dazu *Maurer/Waldhoff* § 27 Rn 65). (5) Schließlich müssen die **einfachgesetzl Voraussetzungen** des speziellen Enteignungsgesetzes erfüllt sein (BVerfG NVwZ 2008, 775 Rn 10); insb müssen grds auch die notwendigen Gestattungen und Genehmigungen vorliegen (BGHZ 204, 274 Rn 28).

16 **4. Rechtsfolge. a) Entschädigungspflicht.** Die rechtmäßige Enteignung führt zu einer Entschädigungspflicht derjenigen Person, die durch die Enteignung begünstigt wird, was neben dem Verwaltungsträger auch eine Zivilperson sein kann (*Baldus/Grzeszick/Wienhues* Rn 419). Anspruchsgrundlage der Enteignungsentschädigung ist Art 14 III GG iVm der einfachgesetzl Enteignungsregelung (vgl beispielhaft § 95 I BauGB, § 18 I LandbeschG).

b) Art und Umfang der Entschädigung. Die Enteignungsentschädigung ist anders als der Schadensersatzanspruch nicht darauf gerichtet, den Eingriff iSd §§ 249ff ungeschehen zu machen. Sie bezieht sich daher nicht auf die hypothetische Vermögensentwicklung, sondern auf den Verkehrswert der entzogenen Substanz (BGH NJW 1975, 1966, 1967). Grds ist Wertersatz iHd **Eigentumsverkehrswertes** geschuldet, zuzüglich solcher Vermögensnachteile, die als **unmittelbare Folge** der Enteignung eingetreten sind, zB Wertminderung des Restgrundstückes bei Teilenteignung (vgl *Maurer/Waldhoff* § 27 Rn 72). Die Enteignungsentschädigung umfasst weder den entgangenen Gewinn, noch weitere Folgeschäden, die nicht unmittelbar aus dem Eigentumszugriff resultieren, zB Nutzungsausfallschäden. 17

c) Mitverschulden. Zu einer Anspruchsminderung führt auch ein **mitwirkendes Verschulden** des Betroffenen analog § 254, vgl beispielhaft § 93 IV BauGB (noch zum allg Aufopferungsanspruch BGHZ 45, 290, 294ff). Da eine primärrechtl Abwehr des Eigentumsschadens iSd § 254 I aufgrund der erforderlichen Rechtmäßigkeit der Enteignung ausgeschlossen ist, bezieht sich das Mitverschulden vornehmlich auf schuldhaft unterlassene Schadensminderungsmaßnahmen iSd § 254 II. Selbst die nachdrückliche Weigerung des von der Enteignung Betroffenen, sein Eigentum „freiwillig" aufzugeben, stellt kein mitwirkendes Verschulden bei der Schadensentstehung dar (vgl zu § 93 III 2 BauGB Ernst/Zinkahn/Bielenberg/Kratzberger/*Groß* § 93 BauGB Rn 56). 18

d) Vorteilsausgleichung. Ferner muss sich der Betroffene **nach den Grundsätzen zur Vorteilsausgleichung** etwaige Vermögensvorteile anspruchsmindernd anrechnen lassen (BGHZ 62, 305, 306; vgl ferner § 32 BLG; § 93 III BauGB; § 17 LandbeschG, § 13 SchutzbereichG). Der Eingriff muss allg geeignet gewesen sein, derartige Vorteile mit sich zu bringen, und ihre Anrechnung darf nicht dem Sinn und Zweck der Enteignungsentschädigung widersprechen (BGH NJW 1989, 2117). 19

5. Verjährung. Seit der Schuldrechtsreform unterliegt der Anspruch auf Enteignungsentschädigung nach der zutr hM der regelmäßigen Verjährung **analog §§ 195ff** (*Maurer/Waldhoff* § 27 Rn 75; MüKo/*Grothe* § 195 Rn 16; BeckOK/*Axer* Art 14 GG Rn 132; für den enteignungsgleichen Eingriff auch BGHZ 170, 260 Rn 37; für den öffentlich-rechtl Erstattungsanspruch BVerwG NJW 2006, 3225, 3226; dagegen für die Fortgeltung der 30jährigen Verjährungsfrist *Mansel* NJW 2002, 89, 91; für eine dreijährige Verjährung analog § 54 BSG aF, heute § 54 BPolG, *Heselhaus* DVBl 2004, 411, 417). 20

6. Rechtsweg. Soweit der Gesetzgeber keine besonderen Regelungen geschaffen hat (vgl zB § 217 I 1 und 2 BauGB) ist für den **Primärrechtsschutz** der **Verwaltungsrechtsweg** eröffnet. Nach der **abdrängenden Sonderzuweisung** aus Art 14 III 4 GG ist für Streitigkeiten über die Höhe der Enteignungsentschädigung – und über den Wortlaut hinaus auch für den Grund (vgl BGHZ 15, 268, 270; Dürig/Herzog/Scholz/*Papier* Art 14 GG Rn 752) – der **Rechtsweg zu den ordentlichen Gerichten** eröffnet. 21

IV. Ausgleichspflichtige Inhaltsbestimmung. 1. Herleitung. Die Inhalts- und Schrankenbestimmungen iSd Art 14 I 2 GG formen das Eigentumsrecht abstrakt-generell aus. Sie entziehen keine bestehenden Rechtspositionen, sondern definieren das Eigentumsrecht für die Zukunft neu. Als Ausdruck der Sozialbindung gem Art 14 II GG sind sie grds **entschädigungslos hinzunehmen**. In **besonderen Ausnahmefällen** können sie allerdings tatsächlich enteignungsähnl wirken und insofern die Schwelle der Sozialpflichtigkeit überschreiten (vgl BVerfGE 100, 226, 241, dazu *Roller* NJW 2001, 1003, 1006ff). Das **Verhältnismäßigkeitsgebot (Übermaßverbot)** und **der Gleichheitssatz** können es erfordern, eine als **Inhalts- und Schrankenbestimmung** getroffene Regelung mit einer Entschädigungspflicht auszustatten und dadurch eine unbillige Belastung des Einzelnen zu vermeiden (vgl ua BVerfGE 104, 1, 11ff). Fehlt eine derartige Entschädigungsregelung, führt dies jedoch nicht zu einem Entschädigungsanspruch, sondern dazu, dass die Inhalts- und Schrankenbestimmung insg wegen Verstoßes gegen Art 14 I, II GG verfassungswidrig und damit grds nichtig ist (BVerfGE 58, 137, 147ff). Mangels Rechtsgrundlage sind Exekutivmaßnahmen, die auf der verfassungswidrigen Inhalts- und Schrankenbestimmung beruhen, rechtswidrig. 22

2. Voraussetzungen der ausgleichspflichtigen Inhalts- und Schrankenbestimmung. a) Eingriff in Art 14 GG durch Inhalts- und Schrankenbestimmung. Erforderlich ist zunächst, dass die Inhalts- und Schrankenbestimmung in eine vermögenswerte Rechtsposition iSd Art 14 GG (dazu Rn 6ff) eingreift. Zw Enteignung und Inhalts- und Schrankenbestimmung besteht ein aliud-Verhältnis. Die Abgrenzung erfolgt an Hand formaler Kriterien: Während die Enteignung auf den Entzug konkreter subj Eigentumsrechte zielt, legen Inhalts- und Schrankenbestimmungen die Rechte und Pflichten des Eigentümers **generell und abstrakt** für die Zukunft fest (BVerfGE 52, 1, 27; 58, 300, 330ff). 23

b) Unzumutbarkeit. Die beschränkende Wirkung muss unter Abwägung aller Einzelfallumstände eine besondere Härte für die von der Inhalts- und Schrankenbestimmung betroffenen Personen darstellen. 24

c) Vorrang des Bestandsschutzes. Der Eigentumsschutz aus Art 14 GG wird vornehmlich als **Bestandsgarantie** und nur nachrangig als **Wertgarantie** gewährleistet. Unverhältnismäßige Belastungen für den Eigentümer sind daher durch **Erhaltung der Privatnützigkeit des Eigentums** zu vermeiden, etwa durch Übergangsregelungen, Ausnahme- und Befreiungsvorschriften oder sonstige administrative und technische Vorkehrungen (BVerfGE 100, 226, 245). Nur soweit bestandserhaltende Maßnahmen nicht oder nur mit unverhältnismäßigem Aufwand möglich sind, kann das Verhältnismäßigkeitsgebot die Gewährung eines **finanziellen Ausgleichs** oder die Zuerkennung eines Anspruchs auf entgeltliche **Übernahme durch die öffentliche Hand** zum Verkehrswert erfordern (BVerfGE 100, 226, 245). 25

3. Rechtsfolge und Verjährung. a) Erfordernis einer einfachgesetzl Ausgleichsregelung. Liegen die zuvor genannten Voraussetzungen vor, bedarf die Inhalts- und Schrankenbestimmung einer einfachgesetzl Ausgleichs- 26 regelung. Fehlt eine solche, ist die Inhalts- und Schrankenbestimmung verfassungswidrig und darauf gestützte Exekutivmaßnahmen mangels Rechtsgrundlage rechtswidrig. Die Gewährung eines finanziellen Ausgleichs ohne entspr gesetzl Grundlage verletzt das **Budgetrecht des Parlaments** und ist folglich unzulässig (BVerfG NVwZ 2012, 429, 431). Der Betroffene muss daher **vorrangig Primärrechtsschutz** gegen rechtswidrige eigentumsbeeinträchtigende Maßnahme suchen. Nur ausnahmsw kann im Einzelfall ein **Anspruch aus enteignungsgleichem Eingriff** bestehen, wenn die primärrechtl Abwehr der Maßnahme nicht möglich oder vom Betroffenen unverschuldet unterlassen wurde (*Baldus/Grzeszick/Wienhues* Rn 443, vgl dazu Rn 31ff). Der den Ausgleichsanspruch begründende und ausfüllende Tatbestand ergibt sich aus der einfachgesetzl Ausgleichsregelung, zB § 8a V und VII FStrG, § 74 II 3 VwVfG oder § 42 BImSchG. Der einfachgesetzl Ausgleichsanspruch kann auch mehr gewähren, als nach den verfassungsrechtl Vorgaben notwendig gewesen wäre.

27 **b) Umfang des Ausgleichs.** Beschränkt eine Inhalts- und Schrankenbestimmung die Eigentumsrechte zugunsten von Gemeinwohlbelangen, gebietet das GG lediglich den Ausgleich der die Sozialpflichtigkeit des Eigentums **überschreitenden Belastung**, sodass ein der Sozialbindung entspr Abzug vorgenommen werden kann (BVerfG NVwZ 2010, 512, 514f). Der Ausgleichsanspruch ist daher anders als bei der Enteignung **nicht notwendigerweise auf den Ersatz des Verkehrswertes** gerichtet. Ein vollständiger Ersatz ist auch nicht praxisüblich, vgl etwa den Wortlaut des § 8a V FStrG; § 74 II VwVfG (dazu Stelkens/Bonk/Sachs/*Neumann* § 74 VwVfG Rn 191; vgl ferner BVerfG NVwZ 2010, 512, 514f; anders *Maurer/Waldhoff* § 27 Rn 87). Erfolgt der Eigentumseingriff dagegen zugunsten von konfligierenden **Privatinteressen**, wie zB beim squeeze-out von Aktionären nach § 327a AktG, § 39a WpÜG oder auch nach § 62 V UmwG, ist die eigentumsrechtl Einbuße dagegen vollständig, dh **zum Verkehrswert zu kompensieren** (BVerfGE 100, 289, 305).

28 **c) Verjährung.** In Ermangelung besonderer Verjährungsregelungen unterliegen die Ausgleichsansprüche der **regelmäßigen Verjährung** analog §§ 195ff (vgl Rn 20 entspr).

29 **4. Rechtsweg. a) Abdrängende Sonderzuweisung.** Da der geschuldete Ausgleich keine Enteignungsentschädigung darstellt, ist der Rechtsweg zu den ordentlichen Gerichten aus Art. 14 III 4 GG nicht eröffnet. Gleichwohl enthalten viele ausgleichspflichtige Inhalts- und Schrankenbestimmungen Verweisungen auf die Rechtswegbestimmungen von Enteignungsgesetzen, so zB § 19a FStrG, § 33 II, § 34 DSchG-NW iVm § 50 EEG-NW, Art 36 V 3 BayNatSchG iVm Art 44 BayEG. Obwohl diesen Rechtswegbestimmungen zumeist die mit der gewandelten Eigentumsdogmatik nicht vereinbare Vorstellung des Gesetzgebers zu Grunde lag, dass es sich bei besonders eingriffsintensiven Inhalts- und Schrankenbestimmungen um Enteignungen handelt, bestehen an der Fortgeltung der Rechtswegzuweisungen keine Zweifel (Schoch/Schneider/Bier/*Ehlers/Schneiders* § 40 VwGO Rn 568).

30 **b) Allgemein.** Fehlt eine ausdrückl Rechtswegzuweisung, ist nach § 40 II 1 Hs 2 VwGO seit 2001 der **Verwaltungsrechtsweg** eröffnet (zutr *Baldus/Grzeszick/Wienhues* Rn 440; *Maurer/Waldhoff* § 27 Rn 115; *Ossenbühl/Cornils* S 230; MüKo/*Ernst* Rn 140; unter Verkennung des § 40 II 1 Hs 2 VwGO für den Zivilrechtsweg MüKo-ZPO/*Pabst* § 13 GVG Rn 30; Musielak/*Wittschier* § 13 GVG Rn 17; Geigel/*Brodöfel*, Der Haftpflichtprozess, Kap 21 Rn 20).

31 **V. Der enteignungsgleiche Eingriff. 1. Herleitung.** Der enteignungsgleiche Eingriff ist eine **richterrechtl Ausformung des Aufopferungsgedankens** aus §§ 74, 75 EinlPrALR und gilt im ganzen Bundesgebiet als **Gewohnheitsrecht** (BGHZ 90, 17, 29ff). Der Ersatzanspruch wegen enteignungsgleichen Eingriffs ist zwar in Art 14 GG verfassungsrechtl verankert, Tatbestand und Rechtsfolgen werden jedoch durch **einfaches Recht** ausgestaltet (BGHZ 76, 375, 384; BVerfG NJW 1992, 36, 37). Dies hat zur Folge, dass auch jur Personen des öffentlichen Rechts, die grds keinen Eigentumsschutz nach Art 14 GG genießen (BVerfGE 61, 82), einen einfachgesetzl Ersatzanspruch haben können (BGH NVwZ 1986, 689, 690).

32 **2. Voraussetzungen des Ersatzanspruches.** Die Entschädigungsberechtigung setzt nach st Rspr voraus, dass in eine nach Art 14 GG geschützte Rechtsposition eingegriffen wird, dass dieser Eingriff durch eine rechtswidrige hoheitliche Maßnahme erfolgt und dass dem Betroffenen dadurch ein Sonderopfer auferlegt wird (BGHZ 117, 240, 252; 125, 19, 21).

33 **a) Unmittelbarer Eigentumseingriff.** Der Ersatzanspruch wegen enteignungsgleichen Eingriffs besteht nur bei Beeinträchtigungen des Eigentumsrechts (BGHZ 94, 373, 374f, vgl Rn 6ff), nicht jedoch bei Beeinträchtigung anderer Grundrechte, zB Art 12 GG (BGHZ 111, 349, 355; 132, 181, 188; BGH NJW 1994, 1468 und 2229; NVwZ 2000, 744f; krit dazu Dürig/Herzog/Scholz/*Papier* Art 34 GG Rn 42). An die Stelle des finalen Eingriffs bei der Enteignung tritt beim enteignungsgleichen Eingriff die **„unmittelbare Auswirkung"** hoheitlichen Handelns (BGHZ 33, 44, 47; BGH NJW 1964, 104). Hierdurch stellt der Anspruch wegen rechtswidriger Eigentumsverletzung gleichsam einen „Auffangtatbestand für schädliche Nebenfolgen staatlichen Handelns" dar (*Ossenbühl* NJW 2000, 2951 mwN). Die **Unmittelbarkeit** bezieht sich nicht auf das Setzen der „letzten Ursache", sondern darauf, dass sich in dem eingetretenen Schaden **eine typische Gefahr** realisiert, die bereits in der hoheitlichen Maßnahme selbst angelegt war (BGHZ 92, 34, 41; 131, 163, 166).

34 **b) Hoheitliche Maßnahme als positives Tun oder qualifiziertes Unterlassen.** Hoheitliche Maßnahmen können **Rechts- und Realakte** sein, sowie untergesetzl Normen, die an eigenen Nichtigkeitsgründen leiden, die nicht auf ein Parlamentsgesetz zurückgehen (BGHZ 111, 349, 353). Dagegen ist eine hoheitliche Einstandspflicht für **Gesetze im formellen Sinne** und darauf gestützte Akte ausgeschlossen. Denn sie würde die **gesetzgeberische Prärogative** beschneiden und folglich die Grenzen zulässiger **richterrechtl Rechtsfortbildung** überschreiten (BGHZ 100, 136, 145; 102, 350, 359). Ein bloßes **Unterlassen** genügt den Erfordernissen eines „Eingriffs" idR

nicht (BGHZ 12, 52, 56; BGH VersR 1968, 788, 792). Ausnahmsw ist jedoch das behördliche Untätigbleiben einem in den Rechtskreis des Betroffenen eingreifenden Handeln und damit einem Eingriff gleichgestellt worden (BGHZ 32, 208, 211; 125, 27, 39). Ein solches **qualifiziertes Unterlassen** soll vorliegen, wenn die Behörde rechtl gebotenes Handeln förmlich verweigert (BGHZ 56, 40, 42 mwN), insb wenn der Betroffene aufgrund eines eindeutigen Verhaltens der Behörde, das als Ausdruck einer verbindlichen Haltung aufgefasst werden musste, verständigerweise davon absah, förmlich um eine Erlaubnis nachzusuchen (vgl BGHZ 58, 124, 129f; BGH MDR 1980, 655; krit *Ossenbühl/Cornils* S 256f).

35 c) **Rechtswidrigkeit und Sonderopfer.** Der enteignungsgleiche Eingriff setzt die Rechtswidrigkeit der Maßnahme voraus (*Schoch* Jura 1989, 529, 535). Aus ihr folgt in aller Regel auch das geforderte Sonderopfer für den Betroffenen (vgl BGH NJW 1960, 1149, 1150; *Schmitt-Kammler* NJW 1990, 2515, 2516). Leidet die materiell rechtmäßige Maßnahme dagegen lediglich an formellen Mängeln, fehlt es trotz der Rechtswidrigkeit an der für das Sonderopfer erforderlichen Belastung (BGHZ 58, 124, 127f; *Baldus/Grzeszick/Wienhues* Rn 461).

36 **3. Rechtsfolge. a) Entschädigungspflicht.** Für die Entschädigung wegen enteignungsgleichen Eingriffs gelten die Grundsätze zur Enteignungsentschädigung entspr (vgl Rn 16ff).

37 **b) Mitwirkendes Verschulden und Vorrang des Primärrechtsschutzes.** Rechtswidrige hoheitliche Eigentumseingriffe muss der Betroffene nicht dulden. Anders als bei der rechtmäßigen Enteignung obliegt ihm deshalb, durch **Einlegung von Rechtsmitteln** sein eigentumsrechtl Bestandsinteresse zu wahren (BGHZ 90, 17, 32; 110, 12, 14ff). Kommt er dieser Obliegenheit schuldhaft nicht nach, so steht ihm analog § 254 regelmäßig kein Entschädigungsanspruch aus enteignungsgleichem Eingriff zu. Dies gilt allerdings nur für solche Nachteile, die er durch die mögliche und zumutbare Ergreifung von primärrechtl Abwehrmaßnahmen hätte verhindern können (BGHZ 91, 20, 24; 92, 34, 50).

38 **4. Verjährung und Rechtsweg.** Der Entschädigungsanspruch unterliegt der regelmäßigen Verjährung der §§ 195ff (vgl Rn 20 entspr). Die Rechtswegzuständigkeit der **ordentlichen Gerichte** ergibt sich zum einem aus der dogmatischen Herleitung des Ersatzanspruches aus dem allg Aufopferungsanspruch und zum anderen aus § 40 II 1 Alt 1 VwGO (BGHZ 90, 17, 31; vgl auch BT-Drs 13/1543, 6 zur Streichung des § 48 VI VwVfG aF). Eine gem § 17 II GVG **kraft Sachzusammenhangs** begründete Zuständigkeit der **Verwaltungsgerichte** ist jedoch denkbar (*Ossenbühl/Cornils* S 324).

39 **VI. Der enteignende Eingriff. 1. Herleitung.** Der enteignende Eingriff ist ein einfachgesetzl Institut, das durch richterrechtl **Rechtsfortbildung** entwickelt wurde und seine Wurzeln im allg Aufopferungsanspruch der §§ 74, 75 EinlPrALR hat (BGHZ 91, 20, 27). Ersatzansprüche wegen enteignenden Eingriffs kommen danach in Betracht, „wenn an sich rechtmäßige hoheitliche Maßnahmen bei einem Betroffenen zu – meist atypischen und unvorhergesehenen – Nachteilen führen, die er aus rechtl oder tatsächlichen Gründen hinnehmen muss, die aber die Schwelle des enteignungsrechtl Zumutbaren übersteigen" (BGHZ 166, 37 Rn 6 mwN).

40 **2. Anwendungsbereich.** Der enteignende Eingriff ist zu großen Teilen in der ausgleichspflichtigen Inhaltsbestimmung aufgegangen (vgl *Maurer/Waldhoff* § 27 Rn 107ff; ähnl MüKo/*Ernst* Rn 159). Eigenständige Bedeutung hat er nur noch bei zufälligen Eigentumsbeeinträchtigungen. Denn wenn erkennbar ist, dass Nebenfolgen einer Hoheitsmaßnahme die Grenzen zulässiger Sozialbindung im Einzelfall überschreiten können, muss die Eingriffsgrundlage nach den Grundsätzen zur ausgleichspflichtigen Inhaltsbestimmung mit einer Ausgleichsregelung versehen werden (vgl dazu Rn 26f). Diese Ausgleichsregelung hat Vorrang ggü dem enteignenden Eingriff (BGHZ 233, 107 = NJW 2022, 2252 Rn 55f – Betriebsschließung in Pandemie). Fehlt sie, so ist die Eingriffsgrundlage verfassungswidrig und damit grds nichtig, so dass auch die belastende Hoheitsmaßnahme rechtswidrig ist. Da der enteignende Eingriff die Rechtmäßigkeit der Hoheitsmaßnahme voraussetzt, scheidet ein Ersatzanspruch aus. Ein Ausgleichsanspruch wegen enteignungsgleichen Eingriffs kommt regelmäßig auch nicht in Betracht, da der Betroffene gegen die rechtswidrige Maßnahme primärrechtl Abwehrmaßnahmen ergreifen muss (vgl dazu Rn 37).

41 Treten „zufällige" Eigentumsbeeinträchtigungen bei der Vornahme von bestimmten Hoheitsmaßnahmen gehäuft auf, wird man zukünftig von der Vorhersehbarkeit solcher Nebenfolgen und damit von der verfassungsrechtl Ausgleichspflichtigkeit der Eingriffsgrundlage ausgehen müssen (vgl *Baldus/Grzeszick/Wienhues* Rn 499). Demgemäß sind für klassische Anwendungsfälle des enteignenden Eingriffs wie zB Zugangserschwerung zu Gewerbebetrieben durch Straßenbauarbeiten (BGH NJW 1983, 1663 mwN) oder unzumutbare immissionsschutzrechtl Einwirkungen auf Anliegergrundstücke (BGHZ 64, 220 – Straßenverkehrslärm; 122, 76 – Fluglärm) mittlerweile gesetzl Ausgleichsregelungen geschaffen worden (vgl zB § 8a IV, V, VII FStrG iVm entspr Landesgesetzen; §§ 42 I, II iVm 41 BImSchG; § 9 FluglärmG).

42 **3. Voraussetzungen.** Der Ersatzanspruch wegen enteignenden Eingriffs setzt wie beim enteignungsgleichen Eingriff einen unmittelbaren Eingriff in das Eigentumsrecht durch eine hoheitliche Maßnahme und ein daraus resultierendes Sonderopfer des Betroffenen voraus (Rn 32ff), nicht jedoch die Rechtswidrigkeit der Maßnahme. Das erforderliche Sonderopfer, also die Unzumutbarkeit für den Betroffenen, ist aufgrund der Rechtmäßigkeit der Maßnahme nicht indiziert, sondern muss unter Abwägung aller Einzelfallumstände gesondert festgestellt werden. Es liegt insb dann nicht vor, wenn sich der Betroffene sehenden Auges in die Gefahr begeben hat, mit den Auswirkungen eines enteignenden Eingriffs beschwert zu werden (BGHZ 129, 124, 129f – Wohnhauserrichtung in der Nähe eines militärischen Flugplatzes; BGHZ 197, 43 Rn 13 – Kenntnis des Vermieters von Drogenstraftaten in bei der Durchsuchung beschädigter Wohnung).

43 **4. Rechtsfolgen, Verjährung und Rechtsweg.** Dazu vgl Rn 36ff entspr. Das abzugsfähige Mitverschulden analog § 254 bezieht sich aufgrund der Rechtmäßigkeit des Hoheitshandelns nicht auf die verschuldete Nichtinanspruchnahme von Primärrechtsschutz, sondern – wie auch bei der Enteignung – vornehmlich auf die Verletzung von Schadensminderungsobliegenheiten. Wird etwa der Zugang zu einem Gewerbebetrieb erschwert, so hat der Inhaber im Rahmen des Zumutbaren durch betriebswirtschaftl Vorkehrungen den eintretenden Schaden möglichst gering zu halten, zB durch Produktionsumstellungen oder anderweitige Nutzung freiwerdender Ressourcen (vgl Ernst/Zinkahn/Bielenberg/Krautzberger/*Groß* § 93 BauGB Rn 59) oder auch durch Verlegung geplanter Erneuerungsmaßnahme in eine Zeit, in der die Ertragssituation in Folge des voraussehbaren enteignenden Eingriffs besonders ungünstig ist (BGH NJW 1983, 1663, 1664).

§ 903 Befugnisse des Eigentümers

Der Eigentümer einer Sache kann, soweit nicht das Gesetz oder Rechte Dritter entgegenstehen, mit der Sache nach Belieben verfahren und andere von jeder Einwirkung ausschließen. Der Eigentümer eines Tieres hat bei der Ausübung seiner Befugnisse die besonderen Vorschriften zum Schutz der Tiere zu beachten.

1 **I. Allgemeines.** § 903 versucht, den Inhalt der dem Eigentümer zustehenden Befugnisse festzulegen (vgl Vor § 903 Rn 1). Die Vorschrift unterscheidet dabei unbeschränkte Einwirkungsbefugnisse (positiver Eigentumskern) und das Recht, Dritte auszuschließen (negativer Eigentumskern), die aber nicht aus § 903 folgen, sondern aus eigenen Anspruchsgrundlagen, insb §§ 985, 1004. Nach hM sind sog negative Einwirkungen, wie zB Wind-, Aussicht-, Lichtentzug, nicht abwehrbar (RGZ 155, 154, 159; BGHZ 88, 344, 345; BGH NJW-RR 2015, 1425 Rn 15). Gleiches gilt für Rundfunk- bzw Fernsehempfangsstörungen (BGHZ 88, 344, 345) und die Beeinträchtigung der Uneinsehbarkeit (Köln NJW-RR 1992, 526, 527). Die Einwirkungsbefugnisse beinhalten, dass nur der Eigentümer und grds nicht ein Dritter über die Sache (rechtl) verfügen oder nach seinem Belieben (tatsächlich) mit ihr verfahren darf (Übereignung, Belastung, Benutzung, Fruchtziehung, Veränderung, Verbrauch, Zerstörung). Dabei ist der Eigentümer auch berechtigt, eine nicht zu duldende Beeinträchtigung seines Eigentums selbst zu beseitigen, indem er den störenden Gegenstand von seinem Grundstück beseitigt, selbst wenn der Beseitigungsanspruch verjährt ist (BGH NJW 2011, 1068 Rn 9; NJW-RR 2014, 1043 Rn 8). – Die Freiheit des Einwirkungsbeliebens des Eigentümers wird vermutet; wer eine Beschränkung des Eigentums behauptet, hat sie zu beweisen (Einreden, zB der Arglist, vernichten das Eigentum nicht).

2 **II. Beschränkungen der Eigentümerbefugnisse.** Derlei Beschränkungen ergeben sich zunächst aus zahlreichen **privatrechtl Vorschriften**. Einzelne Regelungen wie zB die § 904 S 2, § 906 II 2, § 912 II, § 917 II und § 962 S 3 sehen Ansprüche auf Schadloshaltung als Ausgleich für auferlegte **Duldungspflichten** vor. Außerhalb der gesetzl geregelten Fälle kommt ein **bürgerlich-rechtl Aufopferungsanspruch** (vgl RGZ 58, 130; 170, 40; MüKo/*Brückner* § 904 Rn 23 und Vor § 823 Rn 7) in Betracht. Das RG gab in Anlehnung an §§ 74, 75 EinlPrALR den Anspruch dort, wo eine Einwirkung auf ein Recht aus besonderem Grund entschädigungslos – und ggf ohne Abwehrrecht – hinzunehmen ist. Der BGH ist dem gefolgt und sieht den Unterschied zw dem bürgerlich-rechtl Aufopferungsanspruch und dem öffentlich-rechtl Entschädigungsanspruch aus enteignendem oder enteignungsgleichem Eingriff darin, dass das Handeln, das Ursache der nachteiligen Einwirkung ist, privatrechtl und nicht hoheitlicher Natur ist (vgl BGHZ 49, 148, 150 mwN). Schwierigkeiten ergaben sich aufgrund dieser Unterscheidung vor allem deshalb, weil der BGH zumeist den Begriff des schlicht-hoheitlichen Handelns nicht heranzog, um damit zB den Straßenbau eindeutig in den Bereich des öffentlichen Rechts zu verweisen (vgl BGHZ 41, 264; BGH MDR 1971, 912). Seitdem der BGH den von den Straßen ausgehenden Bau- und Verkehrslärm als Folge der Planfeststellung und der Widmung (= hoheitliche Akte) behandelt (s § 906 Rn 54f), hat sich im Grundstücksrecht, seinem Hauptanwendungsgebiet, der Anwendungsbereich des bürgerlich-rechtl Aufopferungsanspruchs wesentlich verengt. Übrig bleiben zunächst die Fälle, in denen § 906 II 1 nicht unmittelbar, sondern nur analog anzuwenden ist, weil die Einwirkungen nicht in Immissionen bestehen, sondern zB in der Beeinträchtigung des „Kontakts nach außen" (vgl BGHZ 62, 361, 366; 70, 212, 220) oder in der Vertiefung eines Grundstücks (entgegen § 909) mit der Folge, dass die Standfestigkeit eines benachbarten Hauses beeinträchtigt wird (BGHZ 72, 289, 291f; BGH NJW 1980, 1679). Für derartige Fälle ist auch der Ausdruck **„nachbarrechtl Ausgleichsanspruch"** gebräuchlich. Er soll gegeben sein, wenn von einem Grundstück im Rahmen seiner privatwirtschaftl Nutzung (bei Straßengrundstücken auch im Rahmen privatrechtl organisierter Ausbauarbeiten) Einwirkungen auf ein anderes Grundstück ausgehen, die über das Maß dessen hinausgehen, was ein Grundstückseigentümer nach den Bestimmungen des Nachbarrechts entschädigungslos hinzunehmen hat, gegen die gem § 1004 vorzugehen dem betroffenen Eigentümer jedoch aus besonderen Gründen versagt ist (BGHZ 48, 98, 101). Vgl iÜ hierzu § 906 Rn 43ff.

3 Die Einordnung des Ausgleichsanspruchs als bürgerlich-rechtl Aufopferungs- oder öffentlich-rechtl Entschädigungsanspruch ist letztlich eine konstruktive Frage. Bedeutsamer ist, dass zumindest im Grundstücksrecht die für den Anspruch **maßgebende Abgrenzung zw entschädigungspflichtigen und anderen Einwirkungen** einheitlich bestimmt wird; das gilt insb im Grundstücksrecht aufgrund von § 906: Was der Grundstückseigentümer an Einwirkungen, die von privatrechtl Tätigkeit vom Nachbargrundstück ausgehen, entschädigungslos dulden muss, muss er auch bei hoheitlichem Handeln des Einwirkenden ausgleichslos hinnehmen (so insb BGHZ 48, 98, 101; 72, 289, 292 mwN). Für privatrechtl und hoheitliches Handeln ist damit die Frage der materiell-rechtl

Abgrenzung des entschädigungspflichtigen vom entschädigungslosen Tatbestand einheitlich zu beantworten. Zu weiteren Duldungspflichten und ihrem Ausgleich vgl § 906 Rn 62ff. Zur Enteignung etc vgl Vor § 903 Rn 9ff.

Allg Eigentumsbeschränkungen sind außerdem die für jede Form der Rechtsausübung geltenden §§ 226, 242, 138. 4

Besondere Eigentumsbeschränkungen finden ihre Grundlage zumeist in **Sonderrechten** wie zB dem für den landwirtschaftl Boden (vgl Erman/*Lorenz*[13] Einl § 854 Rn 19ff). Eigentumsbeschränkende Wirkung hat weiter die **Planfeststellung**, zB gem § 17 FStrG, § 8 LuftVG, § 35 II KrWG. Zu denken ist ferner an § 76 I TKG (vgl hierzu *Schäfer/Giebel* ZfIR 2004, 661; zur Vorgängerregelung in § 57 I TKG aF vgl BGH NJW-RR 2004, 1314 und WM 2004, 737). 5

Auch das **Baurecht** schränkt das Eigentum ein, indem es durch nachbarschützende Vorschriften für den Nachbarn ein subj öffentliches Recht begründet, das im **Verwaltungsrechtsweg** verfolgbar ist. Die grds Fragen des **baurechtl Nachbarschutzes** sind in der Rspr weitgehend geklärt. Das einfache Recht ist nach der Schutznormtheorie (*Sauthoff* BauR 2000, 195; *Schmidt-Preuß*, FS Hoppe, 2000, 1071) im Lichte des Art 14 I 1 GG auszulegen (s ua BVerwG BauR 2000, 1318). „Nachbar" ist grds nur ein am betroffenen Grundstück dinglich Berechtigter (vgl *Ortloff* NVwZ 2001, 1001 mwN). Verfahrensrechtl wird sein Schutz vor allem durch seine Beteiligung am Baugenehmigungsverfahren gewährleistet. Im Bereich des Bauordnungsrechts erhält das in den Bundesländern höchst unterschiedlich geregelte Abstandsflächenrecht nachbarschützende Vorschriften. Normen des Bauplanungsrechts (vgl *Mampel* DVBl 2000, 1830; *Krebs*, FS Hoppe, 2000, 1055) sind nachbarschützend, wenn sie Auswirkungen auf angrenzende wie auf weitere Grundstücke haben. Während die kraft Bundesrechts nachbarschützenden Festsetzungen des Bebauungsplans über die Nutzungsart die im selben Planungsgebiet liegenden Grundstücke vor planwidrigen Vorhaben schützen, ohne dass es auf konkrete Störungen ankommt (BVerwG NVwZ-RR 2000, 759; NVwZ 2000, 679 und 1054), folgt ein plangebietsübergreifender Nachbarschutz aus § 15 I 2 BauNVO nur bei konkreter Rücksichtslosigkeit (BVerwG NVwZ 2000, 679). Während bei den §§ 31, 34 I und 35 BauGB Nachbarschutz eine konkrete Unzumutbarkeit voraussetzt (vgl *Ortloff* NVwZ 2001, 997, 1003 mwN), handelt es sich bei § 34 II BauGB (vgl BVerwGE 109, 314) um eine – nicht auf die konkrete Rücksichtslosigkeit abstellende – generell nachbarschützende Norm. 6

Parallel zur Entwicklung des öffentlich-rechtl Nachbarschutzes wurde auch der **zivilrechtl Nachbarschutz** dadurch verstärkt, dass den nachbarschützenden Vorschriften des öffentlichen Rechts die Qualität von Schutzgesetzen iSd § 823 II zuerkannt wurde (vgl § 823 Rn 163 sowie *Martini* DVBl 2001, 1491 mwN). Mit der quasinegatorischen Unterlassungsklage analog § 1004 iVm § 823 II kann der Nachbar nun seine subj-öffentlichen Rechte auch **vor den Zivilgerichten** durchsetzen, und zwar unabhängig von einem Verschulden des Bauherrn (vgl BGH WM 1974, 572, 573). Zwar sind die sich aus dieser Zweigleisigkeit des Rechtsschutzes ergebenden Probleme noch nicht völlig geklärt, jedoch sind Zivil- und Verwaltungsgerichte um eine Harmonisierung beider Rechtsgebiete bemüht (vgl BGH NJW 2001, 3119 und § 906 Rn 18ff). 7

III. Gegenstand des Eigentums. Das Eigentum nach BGB (s auch Vor § 903 Rn 1) hat zum Gegenstand nur **Sachen**, § 90, und **Tiere**, § 90a (nicht dagegen Rechte und andere unkörperliche Gegenstände, zB Erfindung), und zwar **einzelne** (bewegliche wie unbewegliche) Sachen, nicht Sachgesamtheiten (zB Bibliothek; bzgl Warenlager vgl §§ 90, 930) oder Rechtsgesamtheiten (zB „Vermögen"); ganze Sachen, nicht Sachteile. 8

IV. Formen des Eigentums. Das **Bruchteilseigentum** (Miteigentum nach Bruchteilen) unterscheidet sich vom Einzeleigentum nur dem Umfang, nicht der Sache nach. Bruchteilseigentum entsteht bei gemeinsamem Erwerb mehrerer, sei es kraft Rechtsgeschäfts, sei es von Gesetzes wegen (vgl zB für bewegliche Sachen §§ 947, 948, 963, § 6 DepotG). Allg gelten neben den §§ 741ff die §§ 1008ff (vgl Westermann/*Gursky*/*Eickmann* § 29 I 1 und II). Das **Gesamthandseigentum** entsteht nur in den gesetzl geregelten Fällen: GbR, OHG, KG, Miterbengemeinschaft und Gütergemeinschaft. Gemeinsame sachenrechtl Grundsätze für diese Form des Eigentums aufzustellen ist schwierig (vgl dazu Westermann/*Gursky*/*Eikmann* § 29 I 2). **Sonstige Formen** des Eigentums kennt das BGB nicht. Das **Sicherungseigentum** (vgl Anh § 931 Rn 1ff) unterscheidet sich vom Normalfall des Eigentums nicht der Art, sondern nur der Zweckbindung nach. Bei Inkrafttreten des BGB bestehendes **Stockwerkseigentum** ist erhalten geblieben, neues kann nicht begründet werden, vgl Art 189 I 3 EGBGB. Zum Wohnungseigentum vgl Vor § 873 Rn 5a). 9

V. Tierschutz. S 2 unterstreicht eine Selbstverständlichkeit (BeckOK/*Fritzsche* Rn 72). 10

§ 904 Notstand

Der Eigentümer einer Sache ist nicht berechtigt, die Einwirkung eines anderen auf die Sache zu verbieten, wenn die Einwirkung zur Abwendung einer gegenwärtigen Gefahr notwendig und der drohende Schaden gegenüber dem aus der Einwirkung dem Eigentümer entstehenden Schaden unverhältnismäßig groß ist. Der Eigentümer kann Ersatz des ihm entstehenden Schadens verlangen.

I. Allgemeines. Der offensive Notstand („Angriffsnotstand") führt zu einer Beschränkung des § 903 konkretisierenden Verbietungsrechts aus § 1004 zugunsten der Rechtsgütersphäre eines Dritten. Er ist daher als Ausnahme zu § 903 in § 904 geregelt, steht aber in engem Zusammenhang mit dem defensiven Notstand in § 228 (vgl § 228 Rn 1). § 904 entscheidet den Interessenwiderstreit durch Güterabwägung zw drohendem und entstehendem Schaden. Die Gesamtregelung ist gesetzl Konkretisierung des allg Aufopferungsgedankens (Staudinger/*Alt-* 1 *hammer* Rn 3 mwN). § 904 betrifft die **Einwirkung auf** eine **fremde** bewegliche oder unbewegliche **Sache**, von der die Gefahr (anders als bei § 228) nicht ausgeht. Nach hM ist eine entspr Anwendung auf **alle absoluten Vermögensrechte** geboten, nicht dagegen bei einem Eingriff in höchstpersönliche Rechtsgüter (MüKo/*Brückner* Rn 2; Soergel/*Baur* Rn 3; Westermann/*H.P. Westermann* § 28 II 2b; aA RGRK/*Augustin* Rn 3). § 904 ist auch **nicht anzuwenden bei** Einwirkung auf eine Sache in Ausübung **hoheitlicher Tätigkeit** (BGHZ 117, 240 = BGH VersR 1992, 1092, 1094 – gezielte Überschwemmung eines privaten Grundstücks zum Schutz der Allgemeinheit vor Hochwasser). Hier kommt eine Entschädigung wegen enteignenden Eingriffs (vgl Vor § 903 Rn 16) in Betracht (vgl iÜ Staudinger/*Althammer* Rn 51). **Sonderregelungen** sind enthalten in § 25 II LuftVG; § 588 HGB; § 78 BinSchG sowie in Katastrophenschutzgesetzen der Länder (vgl Grü/*Herrler* Rn 1).

2 **II. Voraussetzungen der Notstandslage. 1. Gegenwärtige Gefahr.** Darunter ist ein schadendrohendes Ereignis zu verstehen, das sofortige Abhilfe erfordert (Soergel/*Baur* Rn 5; Staudinger/*Althammer* Rn 12 mwN). Das Ereignis muss nicht außergewöhnlich sein (Staudinger/*Althammer* Rn 19; aA wohl RGZ 57, 187, 191). Keine gegenwärtige Gefahr besteht bei einer nur entfernten Gefahr, bei der die Aussicht, dass sie sich verwirklicht, nicht so groß ist, dass der Eingriff in fremdes Eigentum gerechtfertigt wäre, sondern abgewartet werden kann, ob die Gefahr nicht wieder verschwindet oder doch durch andere Mittel abwendbar ist (BGH LM Nr 3). Ist der Zeitpunkt des Schadenseintritts zwar ungewiss, muss mit seinem Eintritt aber doch jederzeit gerechnet werden, wie zB bei einem einsturzgefährdeten Bauwerk, so ist eine gegenwärtige Gefahr zu bejahen (Hamm NJW 1972, 1374; Braunschweig OLGRp 1995, 207, 208). Gleichgültig ist, ob die Gefahr von einer Sache oder von einem Menschen ausgeht, gegen wen sie sich richtet (den Einwirkenden oder Dritten; gegen Personen oder Vermögen des Gefährdeten) und ob sie verschuldet ist oder nicht. Geht die Gefahr von der Sache aus, auf die eingewirkt wird, ist § 228 einschlägig (vgl hierzu näher § 228 Rn 4).

3 **2. Einwirkung.** Eine Einwirkung ist jede Handlung, die unmittelbar oder mittelbar (RGZ 156, 187, 190) den Status quo an der Sache verändert, zB durch Zerstörung, Beschädigung, Veränderung, Gebrauch, Veräußerung (Staudinger/*Althammer* Rn 20; offengelassen in BGHZ 2, 37, 45), Weggabe oder Verlagerung (Staudinger/*Althammer* Rn 20; aA Freiburg JZ 1951, 223, 226). Zu denken ist ua an Betreten fremden Grundstücks bei Bauarbeiten wegen akuter Einsturzgefahr, an Verankern von Schiff in Seenot an Kabel (RGZ 113, 301f), an Schutzsuchen bei Unwetter, an Durchbrechen der Mauer zum Nachbargrundstück bei Brand oder Verschüttung.

4 Nach hM muss die Einwirkung **bewusst und gewollt** zur Abwehr einer Gefahr vorgenommen werden (RGZ 113, 301, 302; BGHZ 92, 357ff; Staudinger/*Althammer* Rn 22f mwN; Jauernig/*Berger* Rn 2; aA *Braun* NJW 1998, 941, 944). Dem ist zuzustimmen. Denn als Ausnahmevorschrift zu § 903, als „Mittel zur Eigentumsbeschränkung" (Staudinger/*Althammer* Rn 23), ist § 904 restriktiv auszulegen. IÜ kann bei einer nicht gewollten Einwirkung wie etwa bei einem Ausweichmanöver im Straßenverkehr keine Güterabwägung nach dem Maßstab des überwiegenden Einwirkungsinteresses (vgl Rn 6) stattfinden. Angemessen erscheint in diesen Fällen eine Verschuldensprüfung bzgl der Gefahrenquelle. Denn andernfalls würde die Grenze zur Gefährdungshaftung verwischt (Westermann/*H.P. Westermann* § 28 II 2c).

5 **3. Notwendigkeit.** Die Einwirkung muss **notwendig** sein. Zum einen muss die betreffende Maßnahme zur Gefahrenabwehr geeignet sein; zum anderen darf kein anderes, ebenso geeignetes Mittel zur Verfügung stehen, welches keinen bzw einen weniger gewichtigen Eingriff in fremdes Eigentum etc zur Folge hätte (MüKo/*Brückner* Rn 8; Staudinger/*Althammer* Rn 25 mwN). So darf man zB nicht zwecks Krankenrettung das Auto des Nachbarn gewaltsam aus der Garage holen, wenn man leicht telefonieren könnte. Dagegen ist gleichgültig, ob die Einwirkung zum Erfolg führt. Sie muss auch nicht etwa aufgrund einer sittlichen Pflicht geboten sein.

6 **4. Güterabwägung.** Der **drohende Schaden** muss **unverhältnismäßig groß** sein im Vergleich zum Schaden, der dem Eigentümer aus der Einwirkung entsteht, wobei der Rang der betroffenen Rechtsgüter ihrem monetären Wert vorgeht. Das **Leben** eines Menschen gilt im Rahmen der gebotenen Güterabwägung immer als erheblich höherwertig. Gleiches gilt für schwere **Körper- oder Gesundheitsverletzungen** (Staudinger/*Althammer* Rn 27). Bei einem **Tier** wird man im Hinblick auf seinen Affektionswert eine nach § 904 S 1 gerechtfertigte Einwirkung bereits dann bejahen können, wenn sein Wert ebenso hoch ist wie derjenige der zerstörten Sache (vgl MüKo/*Brückner* Rn 11). Ist dagegen das bedrohte Rechtsgut gleichfalls eine **Sache bzw ein vermögenswerter Gegenstand**, so ist der drohende Schaden nur dann unverhältnismäßig, wenn er (ohne Berücksichtigung eines ohne Einwirkung entgehenden Gewinns) mindestens 50 % über demjenigen liegt, der dem Eigentümer durch die Einwirkung entsteht (Staudinger/*Althammer* Rn 27 mwN). Droht ein (kurzfristiger) Freiheitsverlust oder eine leichte Körperverletzung, ist auf den Einzelfall abzustellen (vgl Staudinger/*Althammer* Rn 27 mwN).

7 **III. Rechtsfolgen. 1. Rechtfertigung.** Liegen die Voraussetzungen des § 904 S 1 vor, so ist der Eingriff in fremdes Eigentum **gerechtfertigt**, dh der Eigentümer muss ihn dulden und kann dagegen nicht aus §§ 227 oder 1004 vorgehen. Auch Personen, die dinglich oder obligatorisch zum Besitz der betreffenden Sache berechtigt sind oder nach §§ 859ff „an sich" Besitzschutz genießen, sind nicht widerstandsberechtigt (vgl RGZ 156, 187, 190; Staudinger/*Althammer* Rn 31; NK/*Ring* Rn 23). Wer sich über seine Duldungspflicht hinwegsetzt, handelt vielmehr rechtswidrig (NK/*Ring* Rn 1 u 22). So befindet sich der Einwirkende seinerseits in einer Notwehrlage, wenn sich der Eigentümer zu Unrecht widersetzt, wenn er es zB ohne beachtliche Gründe mit Gewalt verhindert, dass man sein Auto nimmt, um einen schwer Verletzten zum Arzt zu schaffen (vgl auch Rn 5).

8 **2. Duldungsanspruch.** Im Falle einer längere Zeit andauernden Gefahr (vgl Rn 2) kommt ein **klagbarer Anspruch** auf Duldung der Einwirkung in Betracht (MüKo/*Brückner* Rn 13; Grü/*Herrler* Rn 4).

3. Schadensersatz. Gem § 904 S 2 kann der Eigentümer Ersatz des ihm durch die Einwirkung auf die Sache entstandenen Schadens verlangen. Aktivlegitimiert ist darüber hinaus jeder Duldungspflichtige (vgl Rn 7), den der Schaden trifft (RGZ 156, 187, 190; Braunschweig OLGRp 1995, 207; MüKo/*Brückner* Rn 14). 9

Den **Ersatzpflichtigen** nennt das Gesetz nicht. Nach der immer noch hL ist dies grds der Einwirkende (RGZ 113, 301, 303; BGHZ 6, 102, 105; Nürnberg OLGRp 1999, 324; Soergel/*Baur* Rn 23; BeckOK/*Fritzsche* Rn 20; Grü/*Herrler* Rn 5; MüKo/*Brückner* Rn 19; wohl auch NK/*Ring* Rn 31). Nur wenn der tatsächlich Handelnde als Organ, Repräsentant oder Gehilfe tätig wird, ist der Begünstigte als Vertretener ersatzpflichtig (BGHZ 6, 102, 103; BGH LM Nr 2 zu § 904; RGZ 113, 301, 306 – Haftung des Staates bei Eingriff im Allgemeininteresse; grds für gesamtschuldnerische Haftung analog §§ 831, 823, 840 BeckOK/*Fritzsche* Rn 21). Der Handelnde haftet auch dann nicht, wenn er sich bei unterlassener Einwirkung nach § 323c I StGB strafbar gemacht hätte (Grü/*Herrler* Rn 5; aA Soergel/*Baur* Rn 23). Der ersatzpflichtige Einwirkende kann beim Begünstigten gem den §§ 662ff, 677ff oder §§ 812ff Regress nehmen (Grü/*Herrler* Rn 5; Soergel/*Baur* Rn 23). Die Gegenansicht hält den Begünstigten für ersatzpflichtig (LG Essen NZM 1999, 95; Westermann/*H.P. Westermann* § 28 II 2c; *Larenz/Canaris* Bd II/2 S 655; Staudinger/*Althammer* Rn 38 mwN). Zwar spricht für die Passivlegitimation des Begünstigten, dass gerade sein höherrangiges Interesse auf Kosten des Geschädigten befriedigt worden ist (vgl *Larenz/Canaris* Bd II/2 S 655), jedoch sprechen die Wertungen der Geschäftsführung ohne Auftrag dafür, dass zunächst der Einwirkende haftet und das Risiko einer Insolvenz des Begünstigten trägt. 10

Eine Haftung nach § 904 S 2 setzt **weder Verschulden** voraus **noch Geschäfts- oder Deliktsfähigkeit, § 829 greift nicht** (BeckOK/*Fritzsche* Rn 17; Grü/*Herrler* Rn 5; aA MüKo/*Brückner* Rn 20; Staudinger/*Althammer* Rn 39). Mehrere Begünstigte haften als **Gesamtschuldner.** 11

Zu ersetzen sind gem §§ 249ff (BayObLG 44, 140, 146) alle unmittelbaren und mittelbaren Schäden, soweit sie adäquate Folge einer Einwirkung iSv § 904 S 1 sind (RGZ 156, 187, 190; BGHZ 36, 217, 221). Während im allg Schadensrecht nach wohl noch hL wertmindernd nur solche „Schadensanlagen" berücksichtigt werden, die bereits bei dem ersten schädigenden Ereignis real gegeben waren (zB beschädigtes Gebäude wäre aufgrund bereits vorhandener Baufälligkeit ohnehin eingestürzt), und iÜ beim sog Objektschaden Reserveursachen stets unbeachtlich sind (BGHZ 125, 56, 61 mwN; Grü/*Grüneberg* Vor § 249 Rn 61; *Larenz* SchuldR Bd I § 30 I), gilt im Rahmen von § 904, dass eine Notstandshandlung für den eingetretenen Schaden nicht ursächlich im Rechtssinne ist, wenn die durch die Notstandshandlung geschädigte Sache ohne die Einwirkung den gleichen oder einen noch größeren Schaden erlitten hätte (RGZ 156, 187, 191; Stuttgart NJW 1949, 585). Denn was gem § 848 für die Zufallshaftung bei unerlaubter Sachentziehung gilt, muss für die Haftung infolge rechtmäßiger Einwirkung erst recht gelten. 12

§ 254 gilt entspr, dh eine verschuldens- bzw gefährdungshaftungsrechtl Mitverantwortung des Eigentümers für die Gefahrenlage kann zu einer Kürzung bzw einem Verlust des Schadensersatzanspruchs aus § 904 S 2 führen (vgl BGHZ 6, 102, 110 = BGH NJW 1952, 1132; LG Freiburg NJW-RR 1989, 683; Staudinger/*Althammer* Rn 41). Bloße Ursächlichkeit der Sache des Eigentümers für die Gefahrenlage reicht dagegen nicht aus (NK/*Ring* Rn 26 mwN). Gleiches gilt für sein Einverständnis mit der Einwirkung (Grü/*Herrler* Rn 5 mwN), denn der Eigentümer ist ja nach § 904 S 1 gerade zur Duldung verpflichtet. 13

Die **Verjährung** des Schadensersatzanspruchs richtet sich nach den §§ 195, 199 I, III (BGHZ 19, 82; Grü/*Herrler* Rn 5). 14

Eine **analoge Anwendung des § 904 S 2** erscheint bei Eingriffen in immaterielle Rechtsgüter wie Körper, Freiheit etc geboten, wenn die betreffende Tat nach § 34 StGB (nicht § 904 S 1; vgl Rn 1) gerechtfertigt ist, dh keine zum Schadensersatz nach § 823 verpflichtende unerlaubte Handlung vorliegt (vgl *Larenz/Canaris* Bd II/2 S 656; MüKo/*Brückner* Rn 24 mwN). Bei fahrlässigem **Irrtum** über die Voraussetzungen des § 904 S 1 haftet der Einwirkende aus § 823, bei schuldlosem Irrtum über die tatsächlichen Umstände aus § 904 S 2 analog (Soergel/*Baur* Rn 14). Zur sog Selbstaufopferung im Straßenverkehr vgl § 677 Rn 34. 15

§ 905 Begrenzung des Eigentums

Das Recht des Eigentümers eines Grundstücks erstreckt sich auf den Raum über der Oberfläche und auf den Erdkörper unter der Oberfläche. Der Eigentümer kann jedoch Einwirkungen nicht verbieten, die in solcher Höhe oder Tiefe vorgenommen werden, dass er an der Ausschließung kein Interesse hat.

I. Allgemeines. Theoretisch könnte der Eigentümer senkrecht unbegrenzt nach oben und, soweit nicht das Bergrecht öffentlich-rechtl Grenzen setzt, nach unten bis zur Erdmitte vordringen. Unabhängig von der Frage, ob die Befugnis des Eigentümers, nach oben und unten einzuwirken, noch Eigentum iSd Gesetzes ist, enthält § 905 S 1 den rechtl **Schutz der Interessensphäre** und damit ein Herrschafts- und Ausschließungsrecht des Grundeigentümers in den Schranken des S 2 (RGZ 132, 398; Staudinger/*Roth* Rn 2 mwN). Eingriffe anderer in seinen Herrschaftsbereich, wozu sog negative Einwirkungen nicht zählen (vgl § 906 Rn 11), kann der Eigentümer nach § 1004 in den Grenzen seines schutzwürdigen Interesses verbieten, soweit nicht das Gesetz oder Drittrechte (§ 903) entgegenstehen (vgl etwa zu den nachbarrechtl Eigentumsbeschränkungen § 906 Rn 83). Sein Recht erstreckt sich auf die senkrechte Luftsäule über und den „Erdkörper" unter dem Grundstück. 1

II. Erdkörper. Zum sog **Erdkörper** gehören alle Bodenbestandteile (zB Sand oder Kies), die nicht dem sog Bergregal (vgl § 3 BBergG) unterliegen (BGHZ 90, 17, 21). Die wichtigsten und volkswirtschaftl bedeutsamsten 2

Bodenschätze sind freilich aus dem Grundeigentum herausgenommen und einer öffentlich-rechtl geprägten Nutzungsordnung unterworfen (Staudinger/*Roth* Rn 30 mwN). Zur entspr Anwendung des § 905 bei sog gemeinwichtigen Anlagen vgl Rn 10. Auch das Grundwasser wird vom Herrschaftsrecht des Grundstückseigentümers nicht erfasst (BVerfG NJW 1982, 745; vgl auch MüKo/*Brückner* Rn 2; Staudinger/*Roth* Rn 6 mwN). Grundwasser ist das gesamte unterirdische Wasser, soweit es nicht künstlich gefasst ist (BVerwG DVBl 1968, 32). Vorübergehendes Hervortreten (BVerwG DÖV 1969, 755) steht der Qualifizierung als Grundwasser nicht entgegen. Auch ein Baggersee kann Grundwasser sein (Grü/*Herrler* Rn 1). Gesetzl Beschränkungen auf öffentlich-rechtl Grundlage sind durch das Wasserhaushaltsgesetz iVm den dazu ergangenen Landeswassergesetzen geschaffen worden. Zur Inanspruchnahme privater Grundstücke zum Ausbau des Telekommunikationsnetzes vgl Rn 3 und § 903 Rn 5.

3 **III. Luftraum.** Die Benutzung des **Luftraums** durch Flugzeuge und andere Luftfahrzeuge einschließlich Drohnen muss ein Grundeigentümer nach § 1 LuftVG grds entschädigungslos dulden. Der Betrieb von Drohnen, die schwerer als 0,25 kg sind oder optische, akustische oder Funksignale empfangen, übertragen oder aufzeichnen können, ist über Wohngrundstücken grds verboten, § 21h III Nr 7 LuftVO. Problematisch bleibt der Überflug von sonstigen Grundstücken. Die dem Luftfahrtunternehmer gem § 33 LuftVG treffende Gefährdungshaftung ist schon wegen der oft schwierigen Beweisführung (vgl RGZ 158, 34) ein schwacher Ersatz für das – ausgeschlossene – Verbietungsrecht des Eigentümers. Weitere spezialgesetzl Regelungen, die die Benutzung des Luftraums betreffen, enthalten § 76 TKG (vgl § 903 Rn 5) sowie § 32 PBefG. Danach ist der Eigentümer zur Duldung von Telekommunikationslinien bzw von Haltevorrichtungen für elektrische Leitungen verpflichtet.

4 **IV. Ausschließungsinteresse.** Besteht **kein Ausschließungsinteresse**, so darf der Eigentümer gem § 905 S 2 die betreffende Einwirkung nicht verbieten. Gleiches gilt für Besitzer (Bremen OLG 1971, 147), Erbbau- und Dienstbarkeitsberechtigte (vgl § 11 ErbbauRG; §§ 1027, 1065, 1090 II) sowie für sonstige Nutzungsberechtigte (BGH NJW 1981, 573). Das Interesse braucht kein vermögensrechtl zu sein; auch ein ästhetisches (BGH WM 1981, 129, 130) oder zukünftiges (BGHZ 125, 56, 64 mwN) Interesse ist ausreichend. Das Interesse muss sich auf eine Beziehung zur Benutzung des Grundstücks gründen (RGZ 150, 216, 226). So kann der Eigentümer zB den Bau eines Eisenbahntunnels unter seinem Grundstück nicht deshalb verbieten, weil er an einem Konkurrenzunternehmen beteiligt ist (BGH WM 1981, 129, 130). Auch das Interesse, sich für die Gestattung der Einwirkung ein Entgelt auszubedingen, genügt nicht (BGH WM 1981, 129, 130). Andererseits spielt es für das Verbietungsrecht des Eigentümers keine Rolle, ob sich sein Ausschließungsinteresse aus der unmittelbaren eigenen Nutzung des Grundstücks oder aus der Nutzung durch einen von ihm dazu berechtigten Dritten ergibt, denn zu einer ungehinderten Ausnutzung des Eigentums (§ 903) gehört auch die Möglichkeit, das Grundstück einem anderen zur ungestörten Benutzung zu überlassen (BGH NJW 1981, 573, 574).

5 Das Ausschließungsinteresse ist nicht nach abstrakten Grundsätzen zu beurteilen; maßgebend sind vielmehr die **konkreten Verhältnisse** (BGH WM 1981, 129, 130). Ob ein schutzwürdiges Interesse besteht, richtet sich nach der Verkehrsanschauung unter Berücksichtigung der örtlichen Verhältnisse (Staudinger/*Roth* Rn 10 mwN). Da es sich bei § 905 S 2 um einen Ausnahmetatbestand handelt, trägt der Einwirkende die **Beweislast** (BGH WM 1981, 129, 130; Staudinger/*Roth* Rn 42 mwN). Dieser muss indes nur solche ein Ausschließungsinteresse begründende Umstände ausräumen, auf die sich der Eigentümer beruft. Etwas anderes gilt nur dann, wenn sich ein schutzwürdiges Interesse als Folge einer allg Erfahrung aufdrängt.

6 Folgende **Einwirkungen** haben die Gerichte ua beschäftigt: Untertunnelung (BGHZ 83, 61; BGH NJW 1981, 573f); Tiefenspeicher (BGH WM 1981, 129); Versorgungsleitungen in einer Tiefe von 2,3 m (BGHZ 125, 56, 64); Fernheizungsrohr 1,79 m tief unter Bahnkörper einer Straßenbahngesellschaft (Bremen OLG 1971, 147, 150); Leitungen über Straßen (RG JW 1928, 502, 503; JW 1932, 45, 46; Hamm JW 1927, 2533f) bzw noch wachsenden Bäumen (BGHZ 66, 37); Schwenken eines Turmdrehkrans über Nachbargrundstück (Karlsruhe NJW-RR 1993, 91; Düsseldorf NZM 2007, 582; Frankfurt MDR 2011, 844) bzw dort hineinragende Reklametafel (Hamburg MDR 1969, 576) oder Giebelmauer (RGZ 88, 39, 41); Drahtseilbahnen in 9,5 m Höhe (Kassel OLG 18 [1909], 121).

7 **V. Eigentum an öffentlichen Sachen.** § 905 beschränkt auch das Recht des Eigentümers einer **öffentlichen Sache** (vgl zu öffentlichen Sachen Vor § 90 Rn 11ff sowie *Papier*, Recht der öffentlichen Sachen[3] 1998; Soergel/*Stadler* Einl Vor § 854 Rn 60f). Öffentliche Sachen, also zB das Verwaltungsvermögen und die kraft öffentlich-rechtl Widmung im Gemeingebrauch stehenden Straßen und Gewässer, unterliegen in aller Regel der bürgerlich-rechtl Eigentumsordnung (Staudinger/*Roth* Rn 24; zum „öffentlichen Eigentum" vgl Vor § 903 Rn 5; s auch Schleswig NJW 2001, 1073f; NJW-RR 2003, 1170f zum Meeresstrand), gleichgültig, ob Eigentümer ein Privatmann oder eine öffentliche Körperschaft ist. An ihnen besteht **Gemeingebrauch**, dh die jedem offen stehende Benutzung einer öffentlichen Zwecken gewidmeten Sache im Rahmen der Üblichkeit und Gemeinverträglichkeit. Er reicht so weit, wie die Benutzung der öffentlichen Sache üblicherweise erfolgt. Der Gemeingebrauch an Straßen (vgl zB § 7 FStrG; § 14 StrWG NW) umfasst deshalb nicht lediglich die Benutzung zum Verkehr, sondern auch den sog **Anliegergebrauch** (vgl zB § 14a StrWG NW), zB kommerzielle Werbung durch sog Nasenschild (BVerwG NJW 1979, 440f); Bauchladen (Köln NVwZ 1992, 100); politische Flugblätterverteilung (OVG Lüneburg NJW 1977, 916f; VG Braunschweig NVwZ-RR 2007, 679f; aA noch BGHZ 23, 157, 166); Straßenmusik (BVerwG NJW 1987, 1836); Hotelschutzdach (RGZ 132, 398, 402f; BGH NJW 1957, 1396, 1397); Radständer (OVG Lüneburg SchlHA 1963, 80); Bauzaun und Lagerung von Baumaterial auf dem Gehweg in angemessenem Umfang (BGHZ 22, 395, 397; 23, 157, 168; Köln VRS 63, 1982, 76, 79); sog Laternengaragen (BVerwG DVBl 1979, 155);

uU abgestellter Wohnwagenanhänger (BVerwG NJW 1986, 337); dagegen **nicht:** Warenautomat (BVerwG NJW 1975, 357f); aufgestellte Stände (BGHZ 23, 157, 166f); Imbiss- bzw Eiswagen (HessVGH NVwZ 1983, 48; Stuttgart NVwZ 1984, 468); Anschlag von Werbeplakaten an auf der öffentlichen Straßenfläche stehenden Brückenpfeilern (HessVGH NVwZ-RR 2001, 429), Übersicht bei VG Frankfurt NVwZ-RR 2013, 838f. Was der Bestimmung der Sache nicht entspricht bzw nicht mehr zum Gemein- bzw Anliegergebrauch gehört, ist Sondernutzung (vgl § 8 FStrG; § 18 StrWG NW). Der Gemeingebrauch kann bei besonderen örtlichen Verhältnissen verschieden beurteilt werden. Sein Rahmen wird durch die allg, iSd Fortschritts veränderliche **Verkehrsanschauung** und nicht durch lokale Rückständigkeiten bestimmt (BGHZ 23, 157, 165; MüKo/*Brückner* Rn 17). Der Kern des Gemeingebrauchs ist bundesrechtl geregelt in Art 2 I, 3 I, 14 I GG (vgl dazu BVerwG NJW 1969, 284).

Soweit Gemeingebrauch und Anliegergebrauch reichen, sind Ansprüche des Straßeneigentümers aus § 1004 I ausgeschlossen. Bei einer Sondernutzung des Luftraums kann der Straßeneigentümer dagegen im ordentlichen Rechtsweg sowohl Unterlassung als auch ein privatrechtl Nutzungsentgelt verlangen (BGHZ 19, 85; Staudinger/*Roth* Rn 24 mwN). Gleiches gilt bei einer den Gemeingebrauch beeinträchtigenden „Oberflächennutzung“ an Straßen (Staudinger/*Roth* Rn 26) bzw einem nicht zulässigen Anliegergebrauch (s oben). Durch die im Bereich der Sondernutzungen nach öffentlichem Recht gegebenen Rechtsbehelfe des öffentlichen Rechts wird das Privatrecht nicht verdrängt (*Papier*, 81; Staudinger/*Roth* Rn 26). Ein Sondernutzungsrecht ist ein Recht iSv § 1004 (BGHZ 44, 27, 34). Die Klage des Gemeingebrauchsberechtigten richtet sich nach dem Eingriff: Die öffentlichrechtl Abwehrklage ist gegeben gegen Eingriffe von Hoheitsträgern (OVG Lüneburg DVBl 1964, 153); die Klage aus § 1004 I gegen den Straßeneigentümer und Dritte. Wegen der **res sacrae** und **res religiosae** (Kirchen, Friedhöfe) vgl Vor § 90 Rn 14. 8

VI. Ersatzanspruch. Soweit der Eigentümer nach S 2 (also nicht wegen Gemeingebrauchs, Rn 7) eine Einwirkung in seine Sphäre nach oben oder unten dulden muss, hat er (obwohl das Gesetz hier schweigt) einen **verschuldensunabhängigen Ersatzanspruch** für schädigende Einwirkungen auf das Grundstück gegen den Einwirkenden (Bremen OLG 1971, 147; Grü/*Herrler* Rn 2; MüKo/*Brückner* Rn 19; aA Staudinger/*Roth* Rn 39 mwN). Entspr gilt für den berechtigten Besitzer (zB Pächter oder Mieter). Dieser Anspruch ist ein Äquivalent der Duldungspflicht. Der in den § 867 S 2, § 904 S 2 und § 14 BImSchG zum Ausdruck kommende Rechtsgedanke passt auch hier, weil sich aufgrund des Schadenseintritts (nachträgl) ergeben hat, dass die Einwirkung schadensträchtig war und deshalb ein Ausschließungsinteresse „an sich“ bestand (vgl MüKo/*Brückner* Rn 19). 9

Ein bürgerlich-rechtl Ausgleichsanspruch kommt auch bei analoger Anwendung des § 905 zugunsten einer sog **gemeinwichtigen Anlage** in Betracht, wenn zB ein Grundstückseigentümer aus übergeordneten Interessen vom Tonabbau absehen muss, weil ein Energieversorgungsunternehmen tiefere Schichten zur behälterlosen Speicherung von Gas in Anspruch nimmt (BGHZ 110, 17, 23; näher *Schulz/Reese* RdE 2011, 8). 10

§ 906 Zuführung unwägbarer Stoffe

(1) Der Eigentümer eines Grundstücks kann die Zuführung von Gasen, Dämpfen, Gerüchen, Rauch, Ruß, Wärme, Geräusch, Erschütterungen und ähnliche von einem anderen Grundstück ausgehende Einwirkungen insoweit nicht verbieten, als die Einwirkung die Benutzung seines Grundstücks nicht oder nur unwesentlich beeinträchtigt. Eine unwesentliche Beeinträchtigung liegt in der Regel vor, wenn die in Gesetzen oder Rechtsverordnungen festgelegten Grenz- oder Richtwerte von den nach diesen Vorschriften ermittelten und bewerteten Einwirkungen nicht überschritten werden. Gleiches gilt für Werte in allgemeinen Verwaltungsvorschriften, die nach § 48 des Bundes-Immissionsschutzgesetzes erlassen worden sind und den Stand der Technik wiedergeben.

(2) Das Gleiche gilt insoweit, als eine wesentliche Beeinträchtigung durch eine ortsübliche Benutzung des anderen Grundstücks herbeigeführt wird und nicht durch Maßnahmen verhindert werden kann, die Benutzern dieser Art wirtschaftlich zumutbar sind. Hat der Eigentümer hiernach eine Einwirkung zu dulden, so kann er von dem Benutzer des anderen Grundstücks einen angemessenen Ausgleich in Geld verlangen, wenn die Einwirkung eine ortsübliche Benutzung seines Grundstücks oder dessen Ertrag über das zumutbare Maß hinaus beeinträchtigt.

(3) Die Zuführung durch eine besondere Leitung ist unzulässig.

1 **I. Grundzüge. 1. Zweck der Vorschrift.** Nach dem Grundsatz des § 903 könnte der Eigentümer eines Grundstücks mit seiner Sache nach Belieben verfahren (positiver Eigentumskern) und andere insb über § 1004 von jeder Einwirkung ausschließen (negativer Eigentumskern). Der faktische Verbund der einzelnen Grundstücke im nachbarlichen Raum führt bei ihrer Nutzung im Zeitalter der Technik und der räumlichen Enge aber oft zu wechselseitigen Beeinträchtigungen. Ein Verbot jeglicher Einwirkungen wäre praktisch nicht durchführbar und würde eine sinnvolle Nutzung jedes einzelnen Grundstücks weitgehend unmöglich machen. Die Nachbarlage der Grundstücke nötigt daher zu gegenseitigem Nachgeben und berechtigt deshalb auch zu sozialer Teilhabe (*Bälz*, Freundesgabe F. Kübler, 1997, 355ff). § 906 erstrebt (iVm den nachfolgenden Vorschriften des privaten Nachbarrechts, vgl auch Art 124 EGBGB) einen sachgerechten **Ausgleich widerstreitender Interessen** des gestörten Grundstückseigentümers und des einwirkenden Nachbarn. Im übergreifenden Zusammenhang des Nachbarrechts soll die Vorschrift zugleich dazu beitragen, die beste Nutzung des nachbarlichen Raumes zu ermöglichen und dort den Frieden zu erhalten (*H. Westermann*, FS Larenz, 1973, 1003, 1006f). Einen Beitrag zum Umweltschutz leistet § 906 nur, soweit seine Duldungspflichten nicht greifen und Eigentumsabwehransprüche bestehen.

1a § 906 ist keine starre Norm, sondern im Wege der Auslegung (vor allem der Begriffe „wesentliche Beeinträchtigung" und „ortsübliche Benutzung") **anpassungsfähig** an die bestehenden Verhältnisse, aber auch an bestimmte Entwicklungen (Fortschritte der Technik und des Verkehrs; gewandelte Wertvorstellungen über den Umweltschutz uÄ, vgl schon RG JW 1936, 3453, aber auch BGHZ 38, 61; 64, 220). Damit stellt die Vorschrift zugleich ein Steuerungsinstrument für die Raumentwicklung dar (vgl *Diederichsen*, FS Reimer Schmidt, 1976, 1ff; *Mittenzwei* MDR 1977, 99). In ihren Ergebnissen spiegelt die Rspr zu § 906 die rechtspolitischen Prioritäten der jew Entwicklungsphase wider, insb für lange Zeit die Tendenz zur industriellen Expansion (s ua RG Gruch 55, 105; RGZ 154, 161; zum Ausbau der Verkehrswege RGZ 159, 129, 139f; BGHZ 49, 148; vgl hierzu *Schapp*, Das Verhältnis von privatem und öffentlichem Nachbarrecht, 1978, 63ff).

2 **2. Entstehung und Grundlinien der Regelung.** § 906 wurde inhaltlich zuletzt durch Art 2 § 4 SachenRÄndG v 21.9.1994 (BGBl I 1994, 2457, 2489) geändert. Davor wurde er neu gefasst durch Gesetz v 22.12.1959 (BGBl I 1959, 781), um die vorstehend erwähnten richterlichen Rechtsfortbildungen fortzuführen, die im Zuge der Industrialisierung als unabweisbar notwendig vollzogen worden waren (vgl § 906 II), und um die Reinhaltung der Luft zu sichern (vgl zur Gesamtproblematik *Hagen*, FS Hermann Lange, 1992, 483ff). Rechtstechnisch grenzt das Gesetz die Rechte und Pflichten der Grundstückseigentümer gegeneinander ab, indem es den **Eigentumsabwehranspruch** (§ 1004) ggü bestimmten Beeinträchtigungen **einschränkt.** Die Vorschrift bestimmt, inwieweit (entgegen der Regel nach §§ 903, 1004) die Zuführung von Gasen, Dämpfen, Gerüchen, Rauch, Ruß, Wärme, Geräusch und Erschütterungen sowie ähnl Einwirkungen von einem Grundstück auf ein anderes zulässig sind; dieser Regelungsbereich entspricht weitgehend der Definition schädlicher Umwelteinwirkungen iSv § 3 BImSchG, dem öffentlich-rechtl Gegenstück zu § 906. Eine gemeinsame Wurzel ist die Gemeinwohlklausel der Eigentumsgarantie nach Art 14 II 1 GG (*Bälz*, Freundesgabe Kübler, 1997, 355ff).

3 § 906 beschränkt den Eigentumsabwehranspruch teils ohne jede Kompensation, teils gegen einen angemessenen Ausgleich in Geld. Eine **Duldungspflicht ohne Kompensation** besteht ggü solchen Zuführungen (Immissionen), durch deren Einwirkung die Benutzung des Grundstücks nicht oder nur unwesentlich beeinträchtigt wird (§ 906 I). Eine Duldungspflicht mit wenigstens teilw Kompensation durch einen **Ausgleich in Geld** besteht bei wesentlichen Beeinträchtigungen, die durch eine ortsübliche Benutzung des anderen Grundstücks herbeigeführt werden und nicht durch wirtschaftl zumutbare Maßnahmen zu verhindern sind (§ 906 II), die Ausgleichspflicht ersetzt hier die negatorische Haftung des § 1004 I. **Keine Duldungspflicht** besteht hiernach ggü solchen wesentlichen Beeinträchtigungen, die entweder nicht ortsüblich oder zwar ortsüblich, aber mit zumutbarem wirtschaftl Aufwand zu verhindern sind. Ggü derartigen (unzulässigen) Immissionen braucht sich der Betroffene nicht darauf verweisen zu lassen, er möge sich – über das normale Maß hinaus – selbst schützen und zB die Fenster dauernd geschlossen halten. Der **Umfang des Ausgleichsanspruchs** nach § 906 II 2 bestimmt sich nach den Grundsätzen der Enteignungsentschädigung (BGHZ 85, 375, 386) und kann daher hinter vollem Schadensersatz (§§ 249ff) zurückbleiben (vgl Rn 40).

3a Die skizzierte Regelung des privaten Nachbarrechts wird ergänzt und überlagert durch **öffentlich-rechtl Beschränkungen des Eigentums**, die öffentlich-rechtl Duldungs- und ggf **Entschädigungspflichten** auslösen können, zB nach § 14 BImSchG (vgl Rn 62ff).

3b Auch soweit der Eigentumsabwehranspruch ausgeschlossen ist, bleibt es dem Eigentümer freigestellt, sich durch geeignete Vorkehrungen (Schallschutz oÄ) selbst zu schützen (§ 903, vgl auch § 228). Umgekehrt können den Störer deliktsrechtl Sicherungspflichten zur Abwehr der von ihm (erlaubterweise) geschaffenen Gefahren treffen (BGHZ 62, 186, 188 – Straßenglätte aufgrund Zementstaubs).

3. Dogmatische Tragweite. § 906 regelt unmittelbar nur die Frage, ob, unter welchen Voraussetzungen und mit welchen Rechtsfolgen (Ausgleichsanspruch?) ein Grundstückseigentümer Zuführungen der dort genannten Art oder ähnl von einem anderen Grundstück ausgehende Immissionen dulden muss. Die – geglückte – gesetzl Interessenabwägung wird aber als sachgerechtes **Regelungsmuster** auch in vielen anderen Fällen zur wertungskonformen Lösung herangezogen. Der Anwendungsbereich der Vorschrift wird dadurch in mehrfacher Hinsicht erweitert (vgl *Hagen*, FS Hermann Lange, 1992, 483ff). 4

a) Kreis der Duldungspflichtigen. Duldungspflichtig sind nicht nur Allein- und Miteigentümer (§ 1011), sondern auch Dienstbarkeitsberechtigte (§§ 1027, 1090 II) und Nießbraucher (§ 1065) sowie obligatorisch nutzungsberechtigte Besitzer (BGH NJW 2008, 992, 993; in Bezug auf Besitzer auch BGHZ 147, 45, 50), einschl Arbeitnehmern und sonstigen Berechtigten (*Wilhelmi* S 89; zum Ausgleichanspruch nach § 906 II 2 s unten Rn 39). Zw mehreren Mietern ein und desselben Grundstücks ist § 906 nicht anwendbar (AG Dortmund ZMR 2005, 129; *Wilhelmi* S 88; für § 906 II auch BGHZ 157, 188, 192ff; Frankfurt NJW-RR 2018, 1290 Rn 13 aA Düsseldorf VersR 2003, 455, 456; NJW-RR 2003, 1521; Stuttgart OLGRp 2004, 26f; BeckOK/*Fritzsche* Rn 19; BeckOGK/*Klimke* Rn 75, 381ff; für § 906 I auch BGH NJW 2015, 2023). Auf das Verhältnis der Wohnungseigentümer untereinander ist § 906 einschl § 906 II 2 grds anwendbar (BGHZ 174, 20 Rn 10; für Sondernutzungsrechte und das Verhältnis der Sondereigentümer auch Staudinger/*Roth* Rn 4; zurückhaltend noch BayObLG NJW-RR 2005, 385, 386 mwN), § 906 II 2 jedoch nicht auf das Verhältnis zw einzelnen Wohnungseigentümern und der Wohnungseigentümergemeinschaft (BGHZ 185, 371 für § 906 II 2 analog); zudem haben Vereinbarung und Teilungserklärung Vorrang (Düsseldorf NJW 2008, 2194, 2196; München ZMR 2007, 215). Im öffentlichen Recht genießen nur Grundeigentümer, nicht obligatorisch Nutzungsberechtigte, städtebaulichen Nachbarschutz (BVerwG NJW 1989, 2766 mwN). Die Duldungspflicht soll sich nicht nur auf das Eigentum an dem betroffenen Grundstück und den darauf befindlichen Sachen erstrecken, sondern auch auf Beeinträchtigungen von Leben, Körper und Gesundheit (Staudinger/*Kohler*, Einl UmweltHR Rn 137ff; i Erg wohl auch BGHZ 92, 143, 148f); dagegen spricht jedoch, dass sich nach der Konzeption des § 906 II auf beiden Seiten Eigentums- oder zumindest Vermögensrechte gegenüberstehen müssen (*Wilhelmi* S 91f; i Erg auch Staudinger/*Roth* Rn 110, 231) 5

b) Bedeutung für das Deliktsrecht. §§ 906ff sollen als nachbarrechtl Sonderbestimmungen auch für das Deliktsrecht maßgebend dafür sein, ob die von einem Grundstück auf ein anderes ausgehenden Einwirkungen rechtswidrig sind (BGHZ 44, 130, 134; 120, 239, 249; BGH NJW-RR 2000, 537; Staudinger/*Hager* § 823 Rn B 189; Staudinger/*Roth* Rn 57). Jedoch schließen die Duldungspflichten nach § 906 I und II 1 die deliktische Rechtswidrigkeit nicht aus, da die Rechtswidrigkeit relativ, also konkret für die jew in Frage stehende Norm zu bestimmen ist; vielmehr ist bei einer Duldungspflicht nach § 906 I idR bereits der Tatbestand des § 823 I ausgeschlossen (*Wilhelmi* S 94ff). Zugunsten Dritter, die nachbarrechtl nicht unmittelbar geschützt sind, soll § 906 II 1 für das Deliktsrecht eine gesetzgeberische Aussage zur Pflichtenstellung des Emittenten entnommen werden können, und zwar sowohl für die Hinnahme schädlicher, aber ortsüblicher Grundstücksemissionen als auch für die (dem Betroffenen günstigere) Darlegungs- und Beweislast des Emittenten (BGHZ 92, 143). Noch speziellere gesetzl Wertungsmaßstäbe können sich allerdings aus Schutzgesetzen iSd § 823 II und deren Konkretisierungen durch bestandskräftige drittschützende Verwaltungsakte, zB durch Bauauflagen, ergeben. Durch sie wird ein abstrakter Gefährdungstatbestand normiert, der den Schutz des Nachbarn vorverlagert, ohne einen Verletzungserfolg iSd § 906 vorauszusetzen. Schon der obj Verstoß gegen ein solches Schutzgesetz begründet eine quasi-negatorische Unterlassungsklage (BGHZ 122, 1, 3; BGH NJW 1995, 132). 6

c) Bedeutung für das öffentliche Nachbarrecht. Soweit der Betroffene gem § 906 wesentliche Beeinträchtigungen nach privatem Nachbarrecht nicht zu dulden braucht, gilt dies nach öffentlichem Nachbarrecht **im Wesentlichen entspr** auch für hoheitliche Eingriffe (vgl auch Rn 48). § 906 konkretisiert für den Bereich von Immissionen die Sozialbindung des Eigentums (Enteignungs- und Entschädigungsschwelle) durch die speziellen Kriterien „wesentlich", „ortsüblich" und „zumutbar" (vgl auch *Baur* AcP 176, 97, 106). An die Stelle des privatnachbarrechtl primären Abwehranspruchs (§ 1004) tritt ggü hoheitlichen Immissionen der öffentlich-rechtl Folgenbeseitigungsanspruch, soweit er nicht wegen überwiegender Belange des Gemeinwohls versagt wird (BGHZ 72, 289, 293f; 91, 20, 22; vgl Rn 72). Allerdings hat die höchstrichterliche Verwaltungsrspr den Mietern, Pächtern und sonstigen nur obligatorisch Berechtigten bisher die Befugnis verweigert, gegen die Genehmigung emittierender Anlagen zu klagen (BVerwG NJW 1968, 2393; vgl aber auch BVerwG NJW 1983, 1507f). Im Bauplanungsrecht hat das BVerwG einen **allg Rechtsgedanken entspr § 906 II** entwickelt: Ausgleich zw störender und gestörter Nutzung durch Anspruch auf schützende Vorkehrungen, notfalls auf angemessenen Ausgleich in Geld (BVerwGE 80, 184, 190f). Auch das **nachbarliche Gemeinschaftsverhältnis** (vgl Rn 74ff) hat in das öffentliche Recht Einzug gefunden. Es verpflichtet zB einen Nachbarn, durch zumutbares aktives Handeln mitzuwirken, den wirtschaftl Schaden eines Bauherrn möglichst gering zu halten und deshalb im Baugenehmigungsverfahren seine nachbarlichen Einwendungen ungesäumt geltend zu machen (BVerwGE 78, 85, 88ff mwN; BVerwG NVwZ 1988, 730). Andererseits verstößt es im Hinblick auf die Zweigleisigkeit des Rechtsschutzes grds nicht gegen Treu und Glauben, wenn der Betroffene gegen die Genehmigung baulicher Lärmschutzvorkehrungen des Störers Widerspruch einlegt und gleichzeitig seinen Immissionsabwehranspruch geltend macht (BGH NJW 1995, 132). 7

d) Bedeutung für andere „nachbarliche Beeinträchtigungen". § 906 II 2 betrifft unmittelbar die Ausgleichspflicht für rechtmäßige Immissionen der in § 906 I genannten Arten, zB durch Bodenerschütterungen. Die Vorschrift ist **analog** auch **auf andere Beeinträchtigungen anzuwenden**, wie zB auf Grobimmissionen, Wasserschäden infolge Rohrbruchs beim Nachbarn, Vertiefungsschäden oder Behinderungen des Kontakts nach außen (vgl 8

Nachw in Rn 43). Die entspr Anwendung erstreckt sich – subsidiär – auch auf alle solche rechtswidrigen Immissionen oder sonstige rechtswidrigen Beeinträchtigungen, sofern der betroffene Eigentümer die Einwirkungen aus tatsächlichen Gründen nicht (rechtzeitig) nach § 1004 abwehren kann (BGHZ 147, 45, 49f mwN). Über das Verhältnis von § 906 zum UmwelthaftungsG ausf *J. Peters*, Duldungspflicht und Umwelthaftung, 1996.

9 **II. Unmittelbarer Anwendungsbereich.** § 906 regelt unmittelbar nur die Frage des nachbarlichen Interessenausgleichs bei nichthoheitlichen Immissionen.

10 **1. Art der Einwirkungen. a) Benannte Immissionen und „ähnl Einwirkungen".** Nach § 906 iVm § 1004 darf der Grundstückseigentümer nur die „Zuführung" von sog **Imponderabilien** (Gase, Dämpfe, Gerüche; vgl Karlsruhe MDR 2001, 1234 – Geruchsimmissionen aus Backstube; LG München NJW-RR 1988, 205 – Komposthaufen; Rauch, Ruß, Wärme; vgl BGH NJW 1997, 55 – Kamin; NJW 2015, 2023 Rn 10 – Zigaretten; Oldenburg OLGR 2002, 217 – Grill; Geräusch, Erschütterungen) sowie **„ähnl Einwirkungen"** unter näher bezeichneten Voraussetzungen nicht verbieten. Hauptanwendungsfälle bilden Lärm (vgl hierzu *Röthel* Jura 2000, 61), Erschütterungen oder Luftverunreinigungen, zB durch **gewerbliche Betriebe** (BGHZ 62, 186 – Fabrik; 66, 70 – Steinbruch; 67, 252 – Schweinemästerei; 70, 102 – Ziegelei; 148, 261 – Hammerschmiede; NJW-RR 2006, 235 – Lkw-Fuhrbetrieb) und sonstige Anlagen (zB BGH NJW 1983, 751 – Tennisplatz), **Tiere** (BGHZ 120, 239, 256f – Froschlärm; LG München NJW-RR 1988, 205 – Hahnengeschrei; LG Schweinfurt NJW-RR 1997, 1104 – Hundegebell; OVG Sachsen-Anhalt NVwZ-RR 2014, 417 – Schimpansen im Zoo) oder **Feste** (BGHZ 111, 63 - Volksfest; Oldenburg MDR 2010, 1388 – Musikfestival). **Verkehrslärm** beruht letztlich auf der hoheitlichen Widmung und Eröffnung der öffentlichen Straße für den Verkehr und wird daher in neuerer Zeit nach den (inhaltlich ähnl ausgestalteten) Grundsätzen über hoheitliche Eingriffe beurteilt (BGHZ 54, 384, 388; 64, 220, 222; näher hierzu Rn 54f); für **Fluglärm** ist die Behandlung als hoheitliche Beeinträchtigung ebenso geboten (BGHZ 129, 124, 125 mwN). Zum **Schienenlärm** vgl *Roth* NVwZ 2001, 34 und Staudinger/*Roth* Rn 147; zu Lärmimmissionen einer **Buslinie** s Köln OLGRp 2002, 309.

10a Unter **„ähnl Einwirkungen"** sind nur den gesetzl Bsp vergleichbare zu verstehen, nämlich grenzüberschreitende **unwägbare** (krit *Jauernig* JZ 1986, 605, 607f), im Allg sinnlich **wahrnehmbare** Immissionen, die auf natürlichem Wege zugeleitet werden (BGHZ 90, 255, 258). Die von § 906 erfassten Einwirkungen stimmen darin überein, dass sie in ihrer Ausbreitung weithin unkontrollierbar und unbeherrschbar sind, in ihrer Intensität schwanken und damit andere Grundstücke überhaupt nicht, unwesentlich oder wesentlich beeinträchtigen können. Das trifft zB auf das Abfallen von Laub, Nadeln, Blüten und Zapfen von Bäumen und Sträuchern ebenso zu (BGH WM 2004, 1350, 1352 mwN) wie auf Staub (BGHZ 62, 186; Zweibrücken OLGRp 2004, 216, 218), Flugasche (RGZ 156, 315), Ruß, Kälte, Funken und blendendes Licht (LG Wiesbaden NJW 2002, 615; Zweibrücken MDR 2001, 984 – „Skybeamer"; s aber auch Dresden NJW 2005, 1871: keine Immission iSv § 906 bei Lichtprojektion politischer Äußerung auf Wand eines Werksgebäudes) sowie Reflektionen (Stuttgart BauR 2013, 1463 – Fotovoltaikanlage). Gleiches gilt für schädliche Umwelteinwirkungen durch elektromagnetische Strahlung (Frankfurt NJW-RR 2005, 1544; Düsseldorf MDR 2002, 755 und Stuttgart NJW-RR 2001, 1313, 1314 jew mwN; s auch Rn 19a aE), Zuführung chemischer Pflanzenschutzmittel (Rostock NJW 2006, 3650, 3651) und den Bienenflug auf ein Nachbargrundstück (BGHZ 117, 110, 112 = BGH NJW 1992, 1389; Bamberg NJW-RR 1992, 406; Celle AgrarR 1990, 198; Hamm MDR 1989, 993). Soweit Bienen durch industrielle Abgase oder Obstbaumspritzung geschädigt werden, gilt übrigens § 823 nicht, denn Imker haben kein Recht an fremden Grundstücken (RGZ 159, 68; BGHZ 16, 366, 371). Zur einen Nachbarweinberg schädigenden Verbreitung von Mehltau durch Wind vgl Rn 15 aE. Für Immissionen von elektromagnetischen Wellen durch Fernsprech- und Funkanlagen (vgl auch Rn 19a aE) gelten Besonderheiten nach dem Telekommunikationsgesetz (TKG): Schonung bestehender Anlagen auf Kosten späterer (§ 75 I TKG).

11 **Keine Beeinträchtigungen** iSd § 1004 – und daher unabhängig von den weiteren Voraussetzungen des § 906 zu dulden – sind nach der bewussten Entscheidung des Gesetzgebers die sog **negativen Einwirkungen** (str, vgl zum Meinungsstand Staudinger/*Roth* Rn 122ff). Dazu gehört, dass das Licht, der Ausblick oder der Luftfluss beeinträchtigt werden (RGZ 161, 364, 369; BGH NJW-RR 2015, 1425 Rn 15). Auch die „Abschattung" oder Reflexion von Rundfunk- und Fernsehwellen ist nur eine negative Einwirkung (BGHZ 88, 344, 347, str), dgl die Verhinderung des Abflusses von Kaltluft von einem Weinberg (BGHZ 113, 384, 386). Zum ausnahmsw Unterlassungsanspruch aus dem nachbarlichen Gemeinschaftsverhältnis s Rn 75.

11a **Ideelle Einwirkungen** sind ebenfalls keine „Zuführungen" iSd § 906. Sie sind idR auch keine Beeinträchtigungen iSd § 1004 und müssen daher im Allg (BGH NJW 1975, 170) geduldet werden (str, vgl auch § 1004 Rn 20), so bei Verletzung des ästhetischen Empfindens durch Anblick des Nachbargrundstücks: zB Lagerplatz im reinen Wohngebiet (BGHZ 51, 396 m krit Anm *Baur* JZ 1969, 432) oder Wand aus Eisenstangen und Blechen (BGH NJW 1975, 170 m krit Anm *Loewenheim* NJW 1975, 826; BGH NZM 2003, 727). Dies gilt grds auch dann, wenn die Wertschätzung des Grundstücks leidet (BGHZ 54, 56, 59ff; BGH NJW 1979, 1409); die gegenteilige Auffassung könnte nicht zuletzt zu uferlosen Nachbarstreitigkeiten führen. Allerdings kann das **Landesnachbarrecht** zB durch Anspruch auf eine ortsübliche Einfriedigung insoweit vor ästhetischen Störungen schützen: Zaun aus hohen Welleternit-Platten (Hamm NJW 1975, 1035 m krit Anm *Dehner*); Kombination zweier – für sich allein ortsüblicher – Einfriedigungen (BGHZ 73, 272, 274); Einzäunung aus Schwellen und Maschendraht (BGH NJW 1979, 1409). Wird der Rahmen ästhetischer Immissionen bewusst überschritten, zB ein Haus heruntergewohnt, um zunächst dieses Haus „sanierungsreif" und danach möglichst das ganze Viertel spekulationsreif zu machen (vgl *Jauernig* JZ 1986, 605, 609), so könnte einer der in BGH NJW 1975, 170 offengelassenen „krassen Ausnahmefälle" gegeben sein. **Psychische Beeinträchtigungen** durch Bordelle oder Nacktbäder können nach privatem Nachbarrecht ebenfalls nicht untersagt werden (Celle MDR 1954, 241); dies gilt jedenfalls dann, wenn die anstößige Grundstücksnutzung vom Nachbargrundstück aus nicht sinnlich wahrzunehmen ist (BGHZ 95, 307, 309f; vgl zur nur mittelbaren Wahrnehmung einer Sportveranstaltung durch Filmaufnahmen KG GRUR 52, 533); für einen Abwehranspruch bei Wertminderung infolge schwerer und unerträglicher Nutzungsbeeinträchtigung durch „sittliche Immissionen" plädiert *Jauernig* (JZ 1986, 605, 608f) unter Rückgriff auf Art 14 I GG.

Positive körperliche Einwirkungen, die keine Immissionen iSd § 906 sind, kann der Eigentümer ohne die dort 12
genannten Einschränkungen nach § 1004 I abwehren, selbst wenn sie unwesentlich oder ortsüblich sind (vgl aber zur erweiterten Duldungspflicht aus dem nachbarrechtl Gemeinschaftsverhältnis Rn 74ff). Solche Einwirkungen sind ua **Flüssigkeiten**, wie zB Öl (vgl *Baur* JZ 1964, 750) oder Wasser (Nürnberg RdL 1972, 10, 13; zur Ableitung von Niederschlagswasser auf das Nachbargrundstück vgl Düsseldorf NJW-RR 2002, 306; Köln OLGRp 2003, 63; Koblenz NJOZ 2014, 1571), **feste Körper** (grob-körperliche Immissionen) wie Kugeln, Steine(-splitter), Fels- und Erdbrocken (zB aus Steinbruchsprengungen, RGZ 141, 406, 408; BGHZ 58, 149) sowie das willentliche beherrschbare Eindringen von **Tieren**, zB von Hühnern, Kaninchen und Katzen (vgl Köln NJW 1985, 2338; Staudinger/*Roth* Rn 118; aA für Kleintiere wie Bienen oder Vögel Grü/*Herrler* Rn 5, 11), wobei freilich für Katzen das Verbietungsrecht von der Rspr weitgehend ausgeschlossen wird (vgl Nachw bei Staudinger/*Roth* Rn 118). Zu Brieftauben vgl *Stollenwerk* SchAZtg 2001, 217.

b) Räumliche Abgrenzung. Die Immissionen müssen einem Grundstück von einem anderen zugeführt sein, 13
nicht notwendig von einem unmittelbar benachbarten Grundstück aus (RGZ 105, 213, 216; für enge räumliche und zeitl Beziehung Düsseldorf BauR 2012, 1979). Die schwersten Schädigungen, zB durch Fabrikabgase, kommen oft aus größerer Ferne (vgl etwa BGHZ 70, 102 – Fluorabgase einer Ziegelei). Maßgeblich ist die Lage im Einwirkungsbereich einer Störungsquelle. Das nachbarliche Gemeinschaftsverhältnis gilt auch für Immissionen im Verhältnis zw Bergbauberechtigtem und Grundstückseigentümern (BGHZ 178, 90).

c) Art der Zuführung. Die Art der Zuführung ist bedeutungslos (BGHZ 90, 255, 259). Nur Zuführung durch 14
besonders **dazu bestimmte Leitung** (zB unmittelbar an der Grundstücksgrenze angebrachtes Auspuffrohr) ist nach Abs III stets unzulässig; zufällig als Schall- oder Wärmeleiter wirkende Einrichtungen fallen nicht unter Abs III (RG HRR 1933, Nr 1928 – Eisenbetonträger). Besondere **Häufigkeit** und **Dauer** der Einwirkungen ist nicht vorausgesetzt.

d) Zurechenbarkeit der Einwirkung. Der Einwirkende muss in einer qualifizierten Kausalbeziehung zur Beein- 15
trächtigung des Eigentums stehen; Verschulden oder Kenntnis ist nicht erforderlich (BGH NJW-RR 1996, 659 – eigenmächtiger Betrieb eines Steinbruchs durch Dritten). Vgl zunächst die Ausführungen zum Störerbegriff § 1004 Rn 106ff. Die Einwirkungen brauchen nicht unmittelbar auf menschlicher Tätigkeit zu beruhen, dh auch **Naturereignisse** wie abbröckelndes Gestein, Wachstum von Pflanzen oder Tiereinwirkungen können zuzurechnen sein, und zwar demjenigen, der sie unterbinden kann und hierzu verpflichtet ist (abgrenzend BGHZ 122, 283 – Sturmschäden; BGH NJW 1995, 2633 – Wollläuse; krit etwa *E. Herrmann* NJW 1997, 153ff). Die Verpflichtung kann sich aus einem vorangegangenen eigenen Handeln oder aus dem Tun eines Rechtsvorgängers ergeben. Chemische Pflanzenschutz- oder Unkrautvertilgungsmittel, die auf einem Grundstück versprüht und durch den Wind oder wild abfließendes Oberflächenwasser einem anderen Grundstück zugeführt werden, sind zurechenbare Einwirkungen (BGHZ 16, 366, 374f; 90, 255, 258f), nicht dagegen der Wasserzufluss als solcher (vgl BGH NJW-RR 2000, 537, 538; s auch Rn 12). Beim Fall von **Laub, Nadeln, Zapfen und Blütenstaub** kommt es nicht darauf an, ob der Baum, Strauch oder die Pflanze, von der die Immission ausgeht, auf natürlichem Wege angewachsen oder von dem Grundstückseigentümer angepflanzt worden ist; entscheidend ist, ob der Bewuchs mit seiner natürlichen Emission ordnungsgemäßer Grundstücksbewirtschaftung und dem das Nachbarrecht bestimmenden Gebot der gegenseitigen Rücksichtnahme entspricht (BGHZ 157, 33, 42f = BGH NJW 2004, 1037, 1039). Zum Hineinwachsen von **Baumwurzeln** in Abwasserleitungen vgl BGHZ 97, 231 und 106, 142; zum Mitverschulden vgl BGH JZ 1995, 410 m Anm *Kreissl*; dass das Anpflanzen (außerhalb vorgeschriebener Grenzabstände) nicht rechtswidrig ist, steht – wie auch sonst iRd § 906 – nicht entgegen. Die bloße austrocknende Saugwirkung von Baumwurzeln, die nicht die Grenze überschreiten, begründet weder Handlungs- noch Zustandsstörereigenschaft (BGH Nichtannahmebeschl 9.11.1995 – V ZR 336/94); Gleiches soll für das Herüberwehen von **Unkrautsamen** (Düsseldorf NJW-RR 1995, 1231f; i Erg zust *E. Herrmann* NJW 1997, 153, 156f; aA Staudinger/*Roth* Rn 169) und für die einen Nachbarweinberg schädigende Verbreitung von **Mehltau** durch Wind (BGH NJW-RR 2001, 1208; aA *Roth* JuS 2001, 1161) gelten. Zur **Anlegung eines Komposthaufens** als begünstigender Umstand für Schädlingsbefall auf Nachbargrundstück s Stuttgart MDR 2005, 329. Die Zurechenbarkeit eines ständigen Zustands (Bodenverunreinigung) besteht fort, auch wenn der Inhaber den Betrieb, von dem die Störung ausgegangen ist, einstellt (BGH NJW 1996, 845).

2. Voraussetzungen der Duldungspflicht nach § 906. Vgl zunächst Rn 3. Das Verbietungsrecht des Eigentü- 16
mers (§ 1004 I) ist in zwei Fällen ausgeschlossen: (a) ggü unwesentlichen Beeinträchtigungen in der Benutzung des Grundstücks, (b) ggü zwar wesentlichen, aber ortsüblichen Beeinträchtigungen, die durch wirtschaftl zumutbare Maßnahmen nicht verhindert werden können.

a) Unwesentliche Beeinträchtigungen. Unwesentlich ist eine Beeinträchtigung, die dem Empfinden eines ver- 17
ständigen Durchschnittsmenschen unter Würdigung anderer öffentlicher und privater Belange zumutbar ist (BGHZ 157, 33, 43; BGH NJW-RR 2007, 168; NJW 2019, 773 Rn 10 – Musizieren im Reihenhaus). Es ist eine wer-

tende Beurteilung vorzunehmen (BGHZ 148, 261, 265; BGH NJW-RR 2007, 168, 169). Dabei sind sämtliche privaten und öffentlichen Belange im Rahmen der konkreten Gegebenheiten abzuwägen, dazu zählen auch Allgemeininteressen (BGHZ 111, 63, 74), etwa der Umweltschutz (BGHZ 120, 239, 255; Soergel/*Baur* Rn 45; krit Staudinger/*Roth* Rn 178). Ausgangspunkt ist das **Empfinden eines verständigen Durchschnittsmenschen** im Hinblick auf Natur und Zweckbestimmung des beeinträchtigten Grundstücks (BGHZ 120, 239, 255). Überempfindlichkeit ist ein Los, das jeder selbst tragen muss. Demgemäß ist etwa Kinderlärm zumutbar und damit keine wesentliche Beeinträchtigung (OVG Münster BauR 1987, 46; dazu auch BGHZ 121, 248, 253), vgl auch § 22 Ia 1 BImSchG (dazu OVG Koblenz BauR 2012, 1979). Problematisch ist, die Wesentlichkeit davon abhängig zu machen, ob Natur und Zweckbestimmung des Grundstücks der besonderen Störanfälligkeit Rechnung tragen, so dass sich zwar ein Nervenkranker nicht über normale Störungen beklagen kann, wohl aber eine Nervenheilanstalt (ähnl Krankenhäuser, Kirchen, Schulen oÄ). Andererseits kann dem betroffenen Eigentümer nicht zugemutet werden (angesichts eines lärmenden Nachtlokals), nachts bei geschlossenem Fenster zu schlafen (vgl auch RG JW 1932, 402) oder gar sein Schlafzimmer nach der ungestörten Seite hin zu verlegen. Er darf sein Grundstück innerhalb von dessen Grenzen grds so nutzen, wie er es für richtig hält (BGHZ 90, 255, 260f mwN – biologischer Landbau). Maßgeblich ist die konkrete Beschaffenheit des beeinträchtigten Grundstücks; mit welchen Lärmschutzeinrichtungen ein Grundstück nach heutigen Maßstäben ausgestattet sein könnte, ist unerheblich. **Einschränkungen** können sich **ausnahmsw aus dem nachbarlichen Gemeinschaftsverhältnis** ergeben (BGH NJW 1984, 1242 mwN; vgl Rn 74ff).

18 Im Interesse der Vereinheitlichung zivilrechtl und öffentlich-rechtl Beurteilungsmaßstäbe erscheint eine **Abstimmung des § 906 mit dem BImSchG** möglich und geboten. Wie BVerwG und BGH übereinstimmend entschieden haben, sind erhebliche Geräuschbelästigungen und damit schädliche Umwelteinwirkungen iSv § 3 I, § 22 I BImSchG zugleich wesentliche Beeinträchtigungen iSv § 906 (vgl BVerwG NJW 1988, 2396, 2397 – Feuersirene; BVerwG JZ 1989, 951 – Sportplatz; BGHZ 111, 63, 65 – Volksfest; BGH NJW 2019, 773 Rn 10 – Musizieren im Reihenhaus). Diese Gleichstellung betrifft aber nur die Intensität der Einwirkung, nicht auch die Bedeutung ihrer Ortsüblichkeit (vgl BGHZ 111, 63, 72f; vergröbernde Kritik insoweit bei *Wagner* NJW 1991, 3247). Das BImSchG definiert schädliche Umwelteinwirkungen in § 3 I als „Immissionen, die nach Art, Ausmaß oder Dauer geeignet sind, Gefahren, erhebliche Nachteile oder erhebliche Belästigungen für die Allgemeinheit oder die Nachbarschaft herbeizuführen“. Als erhebliche Belästigungen sieht die verwaltungsgerichtliche Rspr alles an, was den Nachbarn auch unter Würdigung anderer öffentlicher und privater Belange, auch der Belange des Anlagenbetreibers, billigerweise nicht mehr zuzumuten ist (BVerwGE 50, 282, 288; BVerwG NJW 1976, 1987; krit ggü einer solchen nivellierenden Verallgemeinerung *Classen* JZ 1993, 104). Diese wertende Abgrenzung durch situationsbezogene Abwägung ermöglicht es, für die Erheblichkeit einer Belästigung **nicht auf das Empfinden eines „normalen“, sondern eines verständigen Durchschnittsmenschen** abzustellen und damit dem Gebot gegenseitiger Toleranz stärker Rechnung zu tragen (*Gaentzsch* UPR 1985, 201, 203f). Auf dieser Grundlage differenziert die verwaltungsgerichtliche Rspr in gewissen Grenzen nach Gruppen von Lärmerzeugern und sieht zB Kinderspielplätze auch in reinen Wohngebieten als allg zulässig an (BVerwG DVBl 1974, 777; NJW 1992, 1779), vereinzelt auch Bolzplätze in allg Wohngebieten (VG Berlin UPR 85, 99; VGH BW BauR 1984, 151; vgl auch BVerwG NJW 1992, 1779, 1780). Auch die zivilgerichtliche Rspr stellt inzwischen auf den „verständigen Durchschnittsmenschen“ ab (BGHZ 120, 239 – Froschteich: Rücksichtnahme auf das veränderte Bewusstsein für Umwelt- und Artenschutz; s hierzu aber auch BGHZ 160, 232, 239: „Naturschutz auf Kosten des Nachbarn“; BGHZ 121, 248 – Förderung einer kinder- und jugendfreundlichen Umgebung; Karlsruhe NJW 2007, 3443, 3444: Toleranzbereitschaft ggü pflegebedürftigen Menschen; s hierzu auch AG Braunschweig ZMR 2007, 224). *Vieweg/Röthel* NJW 1999, 969 halten diesen wertungsoffenen Maßstab für verfassungsrechtl geboten. Ebenso wie die „Erheblichkeit“ einer Belästigung iSd § 3 I BImSchG ist die Wesentlichkeit einer Beeinträchtigung iSd § 906 ein unbestimmter Rechtsbegriff, der einer wertenden Ausfüllung zugänglich ist. Deshalb lässt sich auch zur Abgrenzung unwesentlicher von wesentlichen Beeinträchtigungen das fiktive Empfinden eines „normalen“ durch das Empfinden eines „verständigen“ Durchschnittsmenschen ersetzen. Dies entspricht iÜ dem Maßstab, den der BGH bei der sachverwandten Frage nach der Sozialbindung eines Grundstücks („Situationsgebundenheit“) anwendet; danach ist ein Grundstück aufgrund seiner Lage und Umgebung insoweit mit der Unterlassung bestimmter Nutzungen belastet, als ein vernünftiger und einsichtiger Eigentümer mit Rücksicht auf die besondere Situation von sich aus auf eine bestimmte Verwendung des Grundstücks verzichten würde (vgl BGHZ 60, 126, 130 mwN). Im Rahmen des § 906 ermöglicht die **normative Anreicherung des Begriffs der Unwesentlichkeit einer Beeinträchtigung** mit dem Kriterium der Verständigkeit eines (gemeinschaftsbezogenen) Durchschnittsmenschen eine elastische Handhabung, wie sie im Rahmen dieser Vorschrift auch sonst geboten und zT schon erreicht ist. Näher zur Harmonisierung der Beurteilungsmaßstäbe im öffentlichen und privaten Immissionsschutzrecht s *Hagen* ZfIR 1999, 413, 415f; krit aber etwa *Johlen*, die Beeinflussung privater Immissionsabwehransprüche durch das öffentliche Recht, 2001, 72ff und 176.

19 Für die Beurteilung, ob Beeinträchtigungen wesentlich oder unwesentlich sind, lassen sich zwar gewisse Hilfsregeln aufstellen, doch kommt es letztlich auf eine **tatrichterliche Würdigung aller Umstände des Einzelfalles** an (BGHZ 46, 35). Dauerlärm ist im Allg lästiger (und für die Gesundheit schädlicher) als vorübergehender Lärm; aber auch einmalige Immissionen können wesentlich sein (BGH DB 1958, 1039; vgl auch BGH MDR 1964, 220 – Rußeinwirkungen). Hohe Frequenzen sind idR lästiger als niedrige (BGHZ 46, 35). Zur Nachtzeit oder an Sonn- und Feiertagen stört Lärm mehr als tagsüber an Werktagen (BGH JZ 1969, 636; vgl auch BGH

NJW 1983, 751 – Freizeitsport; AG München NJW 2005, 760 – nächtlicher Standheizungslärm in Wohngebiet). **Technische Regeln**, zB VDI-RL oder Verwaltungsvorschriften zum BImSchG (zB TA-Luft 2002, vgl hierzu *Ohms* DVBl 2002, 1365 und *Hansmann* NVwZ 2003, 266), stellen **Richtwerte** auf (vgl hierzu ausf *Bitzer*, Grenz- und Richtwerte im Anwendungsbereich des § 906 BGB, 2001), können aber nicht alle jew besonders störenden Umstände berücksichtigen. Die Überschreitung dieser Richtwerte indiziert die Wesentlichkeit (BGH NJW-RR 2006, 235, 237 mwN; Koblenz WuM 2003, 573, 574). Eine Ausnahme kann zB vorliegen bei einer Veranstaltung von kommunaler Bedeutung, die nur an einem Tag des Jahres stattfindet und weitgehend die einzige in der Umgebung bleibt (BGH NJW 2003, 3699, 3701 – Rockkonzert). Entspr zwingt eine Unterschreitung von Richtwerten nicht dazu, eine Beeinträchtigung als unwesentlich einzustufen, sondern bietet nur einen „Anhalt" für die freie tatrichterliche Würdigung im Zusammenhang mit den sonstigen Beweisergebnissen, wobei sich der Richter der Grenzen der Messtechnik bewusst bleiben muss (BGHZ 69, 105, 115ff – Fluglärm; 70, 102, 107f – Fluorabgase – m weiterführender Anm *Walter* NJW 1978, 1158; NJW 1983, 751 – Tennislärm; BGHZ 121, 248 – Jugendzeltplatz; BGH NJW-RR 2006, 235, 237 – Gewerbelärm). Keine wesentliche Beeinträchtigung begründet die Überschreitung der zulässigen Richtwerte, wenn sie allein darauf beruht, dass der Betroffene seinerseits die Schutzvorschriften gegen derartige Immissionen nicht eingehalten hat (BGHZ 175, 253 Rn 23). Unsicherheiten bei der Sachverhaltsermittlung gehen zulasten des Störers. Das führt dazu, dass die gemessenen Werte allein für die Regelvermutung des § 906 I 2 und 3 entscheidend sind und nicht um einen Messabschlag reduziert werden dürfen (BGH NZM 2004, 957, 958 – Windkraftanlage). Bei erheblichen Sachbeschädigungen ist die Zumutbarkeitsgrenze stets überschritten und die Beeinträchtigung als wesentlich einzustufen (BGH NJW 1999, 1029). Zu berücksichtigen ist auch die **Sozialadäquanz** (BGH NJW 2019, 773 Rn 14 – Musizieren im Reihenhaus).

Der Einhaltung der Grenzwerte der Verordnung über elektromagnetische Felder (26. BImSchV) v 16.12.1996 (BGBl I 1996, 1966) kommt wie bei sonstigen in Gesetzen oder Rechtsverordnungen iSd § 906 I 2 festgelegten (vgl hierzu ausf NK/*Ring* Rn 57ff) Grenz- oder Richtwerten Indizwirkung dahin zu, dass eine nur unwesentliche Beeinträchtigung vorliegt (BGH NJW 2004, 1317, 1318f). Der Störer muss darlegen und ggf nachweisen, dass seine Immissionen innerhalb der Grenz- oder Richtwerte bleiben. Nur wenn dies feststeht, kommt ihm die Indizwirkung zugute (BGH NZM 2004, 957, 958); es ist dann Sache des Beeinträchtigten, Umstände darzulegen und zu beweisen, welche diese Indizwirkung erschüttern (BGH NJW-RR 2006, 235, 237). Bei einer von einer Mobilfunkanlage ausgehenden Beeinträchtigung durch elektromagnetische Felder muss er hierzu darlegen und ggf beweisen, dass ein wissenschaftlich begründeter Zweifel an der Richtigkeit der festgelegten Grenzwerte und ein fundierter Verdacht einer Gesundheitsgefährdung besteht (BGH NJW 2004, 1317, 1318f). 19a

Nach **§ 906 I 2 und 3** ist eine Beeinträchtigung **„idR"** unwesentlich, wenn die nach den dort erwähnten Vorschriften ermittelten Werte eingehalten sind; private Umweltstandards (zB DIN-, VDI-, VDE-Normen) fallen nicht darunter. Gleiches gilt etwa für das Gesetz zum Schutz gegen Fluglärm (BGHZ 161, 323, 334). Der Tatrichter ist auf eine **Gesamtwürdigung** aller die jew Immission charakterisierenden Umstände angewiesen, ohne dass ihn Grenz- oder Richtwerte hierbei binden könnten. Dabei können auch Grenz- und Richtwerte, die nicht unter § 906 I 2, 3 fallen, eine Entscheidungshilfe darstellen (BGHZ 161, 323, 334 mwN). Für die Beurteilung von Freizeitaktivitäten können in diesem Sinne auch die sog LAI-Hinw (NVwZ 1988, 135) eine Entscheidungshilfe bieten (BGHZ 111, 63, 67), dgl erst recht gesetzl Wertungen, zB einer LärmschutzVO (vgl BGHZ 161, 323, 334; BVerwG NJW 1988, 2396, 2397; s hierzu im Einz Soergel/*Baur* Rn 17). Die schematische Bildung von Mittelungspegeln reicht nicht aus (BVerwG JZ 1989, 951; ZfBR 1991, 219). Tennisplatz-Geräusche sind nach der SportanlagenlärmschutzVO (18. BImSchV) v 18.7.1991 (BGBl I 1991, 1588, 1790) zu beurteilen (Frankfurt SpuRT 1995, 127; Saarbrücken SpuRT 1995, 129; vgl auch *Beckmann* NWB 2001 Fach 24, 2209). Bei der für die Feststellung der Wesentlichkeit erforderlichen Würdigung der Gesamtumstände ist auch das **Fehlen einer** notwendigen **öffentlich-rechtl Genehmigung** nur ein einzelnes Kriterium (BGH NJW-RR 2006, 236, 237). 20

Die Frage der **summierten Immissionen** ist bislang nicht geregelt worden und mit den Mitteln des privaten Nachbarrechts schwerlich zu bewältigen (vgl *H. Westermann*, FS Larenz, 1973, 1003, 1009ff; Staudinger/*Roth* Rn 277ff). Sie stellt sich, wenn Anlagen mehrerer Eigentümer auf ein Grundstück einwirken. Ergibt erst die Summe dieser Einwirkungen eine wesentliche Beeinträchtigung, so scheidet ein Unterlassungsanspruch ggü jedem einzelnen Immittenten aus (*H. Westermann*, FS Larenz, 1973, 1003, 1012; BGHZ 66, 70, 75f; aA Grü/*Herrler* Rn 31; Soergel/*Baur* Rn 160; Staudinger/*Roth* Rn 278; zur Frage eines Ausgleichsanspruchs in solchen Fällen vgl Rn 37). Zur gebotenen Gesamtbetrachtung im Rahmen der Planung s *Halama*/*Stüer* NVwZ 2003, 137, 140ff. 21

b) Wesentliche, aber ortsübliche, durch wirtschaftl zumutbare Maßnahmen nicht zu verhindernde Beeinträchtigungen. Die Pflicht, in diesem Umfang auch wesentliche Immissionen zu dulden, entspricht dem Charakter des § 906 als Teil des Raumrechts. Jeder muss sich den Besonderheiten des Raumes anpassen, in dem sein Grundstück liegt (Westermann/*H.P. Westermann* § 63 II 3). 22

aa) Als **ortsüblich** wird – entspr dem früheren Text des § 906 aF – eine solche Benutzung angesehen, die „nach den örtlichen Verhältnissen bei einer Mehrheit von Grundstücken dieser Lage", dh in einem bestimmten Gebiet, im Hinblick auf die von ihm ausgehenden Einwirkungen auf andere Grundstücke „gewöhnlich" ist (BGHZ 111, 63, 72 = BGH NJW 1990, 1465; BGHZ 120, 239, 260). Der Beurteilungsmaßstab ist hiernach gebietsweise unterschiedlich: im Zentrum einer Großstadt, im Fabrik-, Geschäfts- oder Wohnviertel (Verkehrslärm, Lichtreklame uÄ), in einem Badeort oder auf dem Land (Stallgeruch). Eine Brauerei in einem Wohnviertel kann nicht auf die Brauereieinwirkungen in einer Industriegegend verweisen (RGZ 156, 314, 317). Nur die Benutzung ist ortsüblich, die in dem betreffenden Gebiet keine lästigeren Immissionen abgibt, als dort üblich (BGHZ 38, 61, 62 – 23

Schule). Ein Betrieb, der die von ihm erzeugten Geräusche bis zur Grundstücksgrenze dämpft (durch größeren Abstand der Lärmquelle von der Grundstücksgrenze oder durch schalldämmende Einrichtungen), kann nicht mit einem Betrieb gleichgesetzt werden, der eine solche Schalldämpfung unterlässt (RG JW 1931, 1189; BGHZ 30, 273, 279). Eine vorhandene **behördliche Genehmigung** begründet nicht automatisch die Ortsüblichkeit, sondern bietet dafür nur einen Anhalt; das Fehlen einer notwendigen Genehmigung schließt allerdings die Ortsüblichkeit aus (BGH NJW-RR 2006, 236, 237; BGHZ 140, 1, 6), jedenfalls bei Fehlen auch der Genehmigungsfähigkeit (BGH NJW-RR 2006, 236, 237). Die Frage zB, ob der Betrieb einer Schule ortsüblich ist, ist falsch gestellt, denn Schulen sind in fast allen Ortsteilen notwendig und üblich; entscheidend ist, wie weit die mit dem Schulbetrieb notwendig verbundenen Geräusche gedämpft werden (BGHZ 38, 61, 62; vgl auch BGH NJW 1983, 751– Tennisplatz mit nur 0,80 m Abstand vom Wohngrundstück). Die Unüblichkeit kann sich gerade aus der Art der Nutzung, zB mit besonders lästigen Einwirkungen als Folge, ergeben (BGHZ 30, 273, 277). Auch der Ort der Unterbringung einer lästigen Anlage kann die Beurteilung beeinflussen (BGH NJW 1959, 1632 – Garagen). Kinderspielplätze sind auch in reinen Wohngebieten üblich (VGH BW ZfBR 1987, 167). Zur **Gebietsabgrenzung** und Bildung eines Richtwerts in Bereichen, in denen Gebiete unterschiedlicher Qualität zusammenstoßen, vgl BGH NJW 1995, 132. Zur Bedeutung der **Einwirkungszeit** vgl Rn 19; BGH WM 1971, 134, 136. Für **vorübergehende Beeinträchtigungen** gelten die dargelegten Maßstäbe ebenfalls (vgl Karlsruhe NJW 1960, 2241 – „Rummelplatz" in Villenviertel; BGH JZ 1969, 635 – abendliche Operettenaufführungen im Freien; Koblenz WuM 2003, 573 – Veranstaltungen in einem Dorfgemeinschaftshaus; BGH NJW 2003, 3699, 3700f – Veranstaltung von kommunaler Bedeutung).

24 Nach gefestigter Rspr kann schon ein einziger **Großbetrieb** den Charakter des Raumes prägen (BGHZ 15, 146, 149; 30, 273, 277 – Erzgrube; 59, 378, 381 – Militärflughafen; 69, 105, 111 – Zivilflughafen), dgl ein Bauwerk von überragender Bedeutung (BGH LM § 906 Nr 49 – Porta Nigra). In solchen Fällen wird es zwar nicht so angesehen, als wenn an Stelle des beherrschenden Großbetriebes mehrere kleinere Betriebe in der Gegend ansässig wären, wohl aber wird auf das Maß von Einwirkungen abgestellt, das in weiteren Großräumen von anderen Grundstücken ausgeht, die in gleicher (die nähere Umgebung prägender) Weise benutzt werden (RG WarnRsp 1910, 386; RGZ 139, 29, 32; BGHZ 30, 273, 277; krit *Diederichsen* Verh 56. DJT 1986, L 48, 56f).

25 Der Grundsatz der **Priorität** (besseres Recht kraft früheren Bestehens) wurde bisher bei § 906 II 1 nicht anerkannt, weil sonst angeblich jeder Fortschritt gehemmt würde (RGZ 154, 161, 165 mwN; BGHZ 15, 146, 148; BGH NJW 1976, 1204); anders bei § 906 II 2 (vgl Rn 36 und BGHZ 129, 124, 132). Besondere praktische Bedeutung hat diese Frage bei der Interessenabwägung zw Gewerbe- oder auch landwirtschaftl Betrieben und heranrückender Wohnbebauung erlangt. Mit Hilfe der Konstruktion des **„latenten Störers"** entschied die Rspr diesen Konflikt lange Zeit zulasten des Gewerbetreibenden, auch wenn dieser seinen Betrieb mit hohen Investitionen aufgebaut hatte (vgl etwa BGHZ 45, 23, 25 – Schweinemästerei). Angesichts dieser einseitigen Interessenbewertung regte sich zunehmend Unbehagen (vgl etwa *Fröhler/Kormann*, Gewerbebetrieb und heranrückende Wohnbebauung, 1981, 16f; s auch *Hagen*, FS Medicus, 1999, 161ff).

26 Ein Teil der Problematik ist durch die **verwaltungsgerichtliche Rspr** mit der **„offensiven (störungspräventiven) Nachbarklage"** entschärft worden (vgl BVerwG NVwZ-RR 2001, 82; *Diehr/Geßner* NVwZ 2001, 985). Ein weiterer Interessenausgleich liegt darin, dass man den herangerückten Anwohnern eine Lärmbelästigung zumutet, die zw den Richtwerten der TA-Lärm für industrielle Nutzung und Wohnbebauung liegt (OVG Lüneburg GewA 1976, 112f; vgl auch BVerwGE 50, 49, 54f; BVerwG NJW 1983, 2460, 2461); auch weist man auf eine **„Immissionsvorbelastung"** der Grundstücke hin (BVerwG NJW 1983, 2460, 2461; BVerwGE 88, 210, 214 – Truppenübungsplatz; näher und krit hierzu *Sarninghausen* NJW 1994, 1375). Das BVerwG erwägt, im Konflikt zw Wohnnutzung und Sportbetrieb Bedeutung dem Umstand beizumessen, **welche Nutzung eher** vorhanden (BVerwGE 81, 197) oder eher geplant war (BVerwG NVwZ 1992, 884, 885 – Bolzplatz) und will das Problem des latenten „Störers" durch gegenseitige Rücksichtnahme lösen (BVerwG ZfBR 1995, 316; NVwZ 2000, 1050, 1052).

26a Auch der BGH beurteilt **im Grenzbereich** zw einem reinen Wohngebiet und einem Gewerbegebiet die Frage der Wesentlichkeit von Beeinträchtigungen durch Immissionen in Anlehnung an den **Richtwert für Mischgebiete**. Den Topos der **Gebietsvorbelastung** verwendete er zunächst nur im Zusammenhang mit der (in Anlehnung an § 906 II 2 zu entscheidenden) Frage, wie weit sich im Blick auf die Situationsgebundenheit des Grundeigentums die enteignungsrechtl Opfergrenze verschiebt, bis zu welcher dem Betroffenen eine entschädigungslose Hinnahme von Beeinträchtigungen zumutbar ist (BGH NJW 1980, 770 mwN; BGHZ 129, 124, 129; vgl zur Zumutbarkeitskontrolle auch Rn 36). Inzwischen bekennt er sich auch für das private Nachbarrecht zu dem Grundsatz, dass im Grenzbereich von Gebieten unterschiedlicher Qualität die Schutzwürdigkeit der Grundstücksnutzung mit einer spezifischen gegenseitigen Pflicht zur Rücksichtnahme vorbelastet ist, welche die Orientierung an einer „Art von Mittelwert" rechtfertigt (BGHZ 121, 248 – Jugendzeltplatz). Darüber hinaus hat er in Anlehnung an seine Rspr zur Bestimmung der enteignungsrechtl Opfergrenze mittlerweile entschieden, dass demjenigen, der sich in Kenntnis oder grob fahrlässiger Unkenntnis in der Nähe einer vorhandenen Immissionsquelle ansiedele, eine **gesteigerte Duldungspflicht** treffe. Wer gleichsam „sehenden Auges" die absehbaren Beeinträchtigungen in Kauf nehme, müsse solche Immissionen dulden, die die zulässigen Richtwerte nicht überschritten (BGHZ 148, 261, 269; vgl auch BGH NJW 2001, 3054, 3056 aE). Zwar vermag das Abstellen auf das „Eigenverschulden an dem Entstehen des nachbarrechtl Konflikts" nicht recht zu überzeugen (vgl *Roth* JZ 2002, 245f; Soergel/*Baur* Rn 53; *Lorenz* BGHRp 2001, 777f); i Erg erscheint es aber durchaus sachgerecht, dem Gedanken der zeitl Priorität bei dem primären Rechtsschutz des Gestörten nach den §§ 1004 I, 906 dadurch Rechnung zu tragen, dass es (lediglich) auf die Einhaltung der zulässigen Richtwerte ankommt (vgl auch Rn 30). Ergänzt wird das Abwägungsschema des § 906 durch das (privatrechtl) Gebot der besonderen Rücksichtnahme im **nachbarlichen Gemeinschaftsverhältnis** (§ 242; vgl Rn 74ff).

Früher oder später wird man den Begriff der Ortsüblichkeit mit (offenen) rechtl **Wertungen** anreichern müssen (Ansätze dazu schon in BGHZ 38, 61, 62). Technischer Fortschritt sollte sich nicht durch stärkeren Lärm, sondern durch Schalldämpfung auszeichnen. Nach BGHZ 64, 220, 226 hat die Wertentscheidung des BImSchG aktuelle Bedeutung für die Gewährleistung gesunder Wohnverhältnisse. Der technische Fortschritt hat nicht schlechthin den Vorrang vor dem Umweltschutz (*Diederichsen*, FS Reimer Schmidt, 1976, 8; ähnl *Mittenzwei* MDR 1977, 99 – Ortsüblichkeit nach Maßgabe der Umweltverträglichkeit). Nach BGHZ 140, 1 sind Geruchsbelästigungen aus einer Schweinemästerei nicht ortsüblich, wenn die Anlage ohne Genehmigung betrieben wird. 27

Problematisch ist der Einfluss hoheitlicher Entscheidungen der Gemeinde nach **Bauplanungs-** oder **Bauordnungsrecht**, sei es auf die Ortsüblichkeit, sei es auf den privatnachbarrechtl Immissionsschutz insg. Zw den extremen Thesen vom Vorrang des Zivilrechts oder des öffentlichen Rechts hat sich die herrschende Zweigleisigkeitsthese etabliert (vgl *Diederichsen*, Verh 56. DJT 1986, L 48, 57ff; *Marburger*, Verh 56. DJT 1986, C 102ff), wonach öffentliches und privates Nachbarrecht unabhängig und selbständig nebeneinander bestehen. Eine im öffentlichen Recht vertretene Lehre möchte das Privatrecht nur dann anwenden, wenn der Konflikt öffentlichrechtl nicht geregelt ist (vgl die Darstellung bei *Peine* JZ 1987, 169, 172f). Der BGH hat längere Zeit die hoheitlich raumordnenden Akte für die Bestimmung der Ortsüblichkeit (und auch sonst) als grds unerheblich angesehen und mit dem zivilrechtl Schrifttum „in erster Linie" auf die tatsächlichen Verhältnisse abgestellt (BGH NJW 1958, 1776; 38, 61, 63; LM § 906 Nr 39 m abl Anm *Bartlsperger*). Eine verbale, aber substanzarme Konzession machte er insofern, als er öffentlich-rechtl Planungen „allenfalls einen Anhalt" für die ortsübliche Nutzung entnahm (BGH NJW 1976, 1204); die tatsächliche Nutzung werde, vor allem bei Neubaugebieten, den vorbereitenden Plänen zwar in aller Regel entsprechen, bei schon überbauten Gebieten werde sie sich diesen Plänen zunehmend anpassen, in einer Übergangszeit brauche sie aber der durch den Plan herbeizuführenden Nutzung noch nicht zu entsprechen (BGH LM § 906 Nr 39; dagegen *Gaentzsch* UPR 1985, 201, 210 mit dem Hinw, dass die Realisierbarkeit eines Bebauungsplans nicht davon abhängen dürfe, welche der darin vorgesehenen Nutzungsarten als Erste verwirklicht wird und damit die dort tatsächlich geübte Nutzung prägt). Allerdings neigt das BVerwG mittlerweile selbst dazu, im Konflikt zw Wohnnutzung und Sportbetrieb Bedeutung dem Umstand beizumessen, welche Nutzung eher vorhanden war (BVerwGE 81, 197). 28

Funktionsabgrenzung und Harmonisierung. Auszugehen ist von der prinzipiellen **Gleichrangigkeit des privaten und des öffentlichen Nachbarrechts.** Nur soweit Normen des öffentlichen Rechts das Privateigentum beschränken, kann ein Abwehranspruch von vornherein ausscheiden. Ob und inwieweit dies der Fall ist, kann nur eine Funktionsanalyse der jew Norm ergeben (vgl *Hagen* UPR 1985, 192, 197; *Kleinlein*, Das System des Nachbarrechts, 1986, 125). Ein **Bebauungsplan** schließt privatrechtl Eigentumsabwehransprüche nicht von vornherein aus. Zwar hat er die Aufgabe, „die öffentlichen und privaten Belange gegeneinander und untereinander gerecht abzuwägen" (§ 1 VII BauGB), aber er bestimmt im Allg nur, was in einem Gebiet generell zulässig ist (vgl auch *Schmidt-Aßmann*, FS Universität Heidelberg, 1986, 107, 129). Diese Regelung kann unterschiedlich weit gehen. Sie kann sich darauf beschränken, ein Baugebiet einer der Gebietskategorien der BauNVO zuzuordnen und damit die Nutzungen nur pauschalierend nach Störungsgraden oder Schutzwürdigkeiten zu gliedern (*Schlichter* NuR 1982, 124). Sie kann aber auch bestimmte Anlagen im Plan ausweisen und Festsetzungen zum Lärmschutz treffen; doch entscheidet sie selbst dann nicht einmal öffentlich-rechtl abschließend über die Zulässigkeit eines bestimmten Bauvorhabens, denn über die immissionsschutzrechtl Zulässigkeit befindet erst die Baugenehmigung (§ 15 BauNVO). Erst recht soll und kann der Bebauungsplan dann nicht von vornherein den privatrechtl Nachbarschutz ausschalten. Dass dies vom Gesetzgeber nicht beabsichtigt ist, zeigt das Fehlen einer ausdrückl Präklusionsnorm im BauGB (*Baur*, GS W. Martens, 1987, 545, 552). Nach *Vieweg* (JZ 1987, 1104ff) entscheidet der Bebauungsplan abschließend nur über das „Ob", nicht aber über das „Wie" einer plangerechten Nutzung. Vgl auch Rn 69. Auch die **Baugenehmigung** präkludiert den Eigentumsabwehranspruch nicht, denn sie verhält sich nur über die Zulässigkeit des Bauvorhabens nach öffentlichem Recht (BVerwGE 26, 287, 288; 50, 282, 290) und ergeht daher zutr nach allen Landesbauordnungen „unbeschadet der privaten Rechte Dritter" (ebenso *Gerlach* JZ 1988, 161, 172, der aber trotz gewisser Zweifel dem Bebauungsplan privatrechtsbestimmende Wirkung zuerkennt). Vgl zum Gesamtproblem *Hagen* NVwZ 1991, 817, 820ff und unten Rn 68 sowie *Schlemminger/Fuder* NVwZ 2004, 129. 29

Dennoch erscheint es als ein berechtigtes **Anliegen, privates und öffentliches Immissionsschutzrecht** in gewissem Umfang **zu harmonisieren**, um zu verhindern, dass auch eine einwandfreie öffentlich-rechtl Planung zivilrechtl unterlaufen werden kann. *Vieweg* NJW 1993, 2570, 2572f begründet dies dogmatisch durch die mittelbare Drittwirkung der Grundrechte bei der Konkretisierung unbestimmter Rechtsbegriffe. Den systemgerechten Ansatzpunkt bietet eine Fortentwicklung des Begriffs „ortsübliche" Benutzung in § 906 II. Allerdings reicht auch hierfür der Bebauungsplan allein nicht aus, da er nicht einmal den öffentlich-rechtl Immissionsschutz regelt. Über die **„konkrete Ortsüblichkeit"** (und die immissionsschutzrechtl Zulässigkeit) kann vielmehr erst die **Baugenehmigung** entscheiden: Was („trotz" § 15 BauNVO) genehmigungsfähig ist, ist idR auch ortsüblich iSd § 906 (*Birk* NVwZ 1985, 689, 697; *Hagen* ZfBR 1995, 61, 64). Vorauszusetzen sind jedoch ein rechtswirksamer Bebauungsplan und eine **rechtmäßige** Baugenehmigung, was eine nachprüfbare und zutr Immissionsprognose einschließt (zur Lärmprognose bei Sportanlagen vgl *Birk* NVwZ 1985, 689, 694 mwN). Eine unzutr Immissions- 30 prognose kann die Ortsüblichkeit nicht normativ prägen, weil der unvorhergesehene Ist-Zustand dann von der Behörde nicht abgewogen worden ist. Soweit das öffentliche Immissionsschutzrecht keine Abhilfe gegen unzumutbare Beeinträchtigungen zulässt, muss der zivilrechtl Abwehranspruch als „Notbremse" erhalten bleiben (vgl auch *Baur* JZ 1987, 317, 320), denn der betroffene Bürger braucht im Planungsstadium nicht klüger zu sein als die Behörde. Abwägungsfehler (vom Zivilgericht inzident zu überprüfen) führen zur Unwirksamkeit des Bebauungsplans oder einzelner Festsetzungen, so dass diese schon deswegen die Ortsüblichkeit nicht bestimmen können. So lag es ersichtlich im vieldiskutierten Tennisplatz-Urteil BGH NJW 1983, 751.

31 Ein zusätzl **Hindernis für die Harmonisierung** privaten Immissionsschutzrechts ergibt sich aus der bundesweiten Tendenz der Länder, das Baurecht zu vereinfachen und sowohl den Bebauungsplan als auch die Baugenehmigung als zentrale Ordnungsinstrumente zurückzudrängen (vgl den Überblick bei *Degenhart* JZ 1996, 1433). Bloße **Anzeige- oder Genehmigungsfreistellungsverfahren** führen ebenso wie sog **vereinfachte Genehmigungsverfahren** zu einem bedenklichen Abbau verwaltungsbezogenen Rechtsschutzes bis hin zur bloßen **Fiktion einer Baugenehmigung** als Sanktion behördlicher Untätigkeit. Unter solchen rechtl Rahmenbedingungen geraten die gedanklichen Grundlagen der Harmonisierung ins Wanken (vgl *Martini* DVBl 2001, 1488 sowie *Blümel*, FS Boujong, 1996, 526ff); in dem Maße, in dem der öffentlich-rechtl Nachbarschutz abgebaut wird (s hierzu *Schlemminger/Fuder* NVwZ 2004, 129), wächst dem zivilrechtl Rechtsschutz unverzichtbare eigenständige Bedeutung zu.

32 Maßgeblicher **Beurteilungszeitpunkt** für die Frage der Ortsüblichkeit ist die letzte mündliche Verhandlung in der Tatsacheninstanz; dagegen ist unerheblich, ob eine bestimmte Grundstücksnutzung einmal ortsüblich gewesen ist oder bald werden wird (BGH NJW 1976, 1204).

33 Soweit nach alledem eine plankonforme Immission als ortsüblich anzusehen ist, muss der Immittent darlegen und beweisen, dass er keine ihm zumutbare Abhilfe schaffen kann (s Rn 34). Überdies schuldet er dann im Rahmen des § 906 II 2 einen angemessenen Ausgleich in Geld (s Rn 35ff; aA *Gaentzsch* NVwZ 1986, 601, 603f; *Kleinlein*, Das System des Nachbarrechts, 1986, 126, 133). Alle diese Elemente zusammen ergeben einen ähnl Rechtsschutz, wie er in den öffentlichen Fachplanungsverfahren mit privatrechtsgestaltender Wirkung ausdrückl vorgesehen ist (vgl Rn 62ff).

34 **bb) Wirtschaftl Unzumutbarkeit der Verhinderung der Beeinträchtigung.** Wesentliche ortsübliche Beeinträchtigungen sind zu dulden, wenn der Benutzer des immittierenden Grundstücks die Beeinträchtigung durch wirtschaftl zumutbare Maßnahmen nicht verhindern kann. Die Zumutbarkeit wird typisierend an „Benutzern dieser Art" gemessen (**gemischt subj-obj Maßstab**). Es kommt darauf an, was einem Betrieb dieser Art, also nicht gerade diesem besonderen Betrieb, unter Berücksichtigung des nachbarlichen Verhältnisses, der Vor- und Nachteile, der technisch/organisatorischen Möglichkeiten und der Leistungsfähigkeit zuzumuten ist. Welche Maßnahmen nach dem Stand der Technik möglich sind und im Rahmen der allg Voraussehbarkeit Erfolg versprechen, ist im Wesentlichen in Anlehnung an die Verwaltungsvorschriften zum BImSchG oder an die VDI-RL zu beantworten, weil die dort angegebenen anlagebezogenen Emissionswerte nach dem Stand der Technik ausgerichtet sind (vgl auch BGHZ 70, 102, 111). Der in § 906 verwandte Begriff der Zumutbarkeit ist mit dem in § 17 II BImSchG verankerten Verhältnismäßigkeitsprinzip zu harmonisieren (vgl *Hager* NJW 1986, 1961, 1964; Staudinger/*Roth* Rn 238 mwN). Zu berücksichtigen ist auch der Naturschutz (Schleswig NJW-RR 1986, 884, 886; Stuttgart NJW-RR 1988, 204, 205; krit *Allgaier* AgrarR 2002, 278, 279ff).

34a **cc) Duldungspflicht.** Sie umfasst nicht nur Beeinträchtigungen des Grundstücks des Duldungspflichtigen, sondern auch der darauf befindlichen beweglichen Sachen (BGHZ 92, 143, 145f).

35 **3. Nachbarrechtlicher Ausgleichsanspruch.** Nach § 906 II 2 wird die mit dem Ausschluss des primären Abwehranspruchs (§ 1004) verbundene Duldungspflicht ggü wesentlich beeinträchtigenden, unvermeidbaren, ortsüblichen Immissionen kompensiert durch einen nachbarrechtl Ausgleichsanspruch, wenn (und soweit) die Einwirkung eine ortsübliche Benutzung des betroffenen Grundstücks oder dessen Ertrag über das zumutbare Maß hinaus beeinträchtigt. Ein Verschulden muss nicht vorliegen. Diese Regelung normiert einen Interessenausgleich nach Billigkeitsgesichtspunkten, bei dem alle besonderen Umstände des Einzelfalles abzuwägen sind (BGHZ 49, 148, 153; BGH NJW-RR 1988, 1291f mwN); sie erweist sich dadurch als sehr flexibel. Sie begründet einen eigenständigen Anspruch, der mit anderen Ansprüchen aufgrund der Beeinträchtigung eines Grundstücks in Anspruchskonkurrenz steht (BGHZ 178, 90 Rn 24ff).

36 **a) Beeinträchtigung über das zumutbare Maß hinaus.** Der nachbarrechtl Ausgleichsanspruch setzt zunächst eine nach § 906 II 1 zu duldende Beeinträchtigung voraus, die zwar wesentlich ist, aber durch eine ortsübliche Benutzung eines anderen Grundstücks herbeigeführt wird und nicht durch wirtschaftl zumutbare Maßnahmen verhindert werden kann. Weitere Voraussetzung ist die **Beeinträchtigung der ortsüblichen Benutzung** des Grundstücks oder seines Ertrages **über das zumutbare Maß hinaus**. Diese Zumutbarkeitsschwelle kann sich nach Maßgabe der näheren Umstände verschieben. Soweit für die jew Immission eine fachplanungsrechtl Erheblichkeitsschwelle existiert, ist diese maßgeblich (vgl BGHZ 122, 76, 78f; BGH NJW-RR 2007, 168 Rn 15). Eine Existenzvernichtung oder -gefährdung, wie von der älteren Rspr vorausgesetzt (RGZ 159, 129, 138), ist nicht erforderlich. Anders als beim primären Abwehranspruch, der nur das „Entweder oder" kennt, obliegt es dem Beeinträchtigten (nach dem Rechtsgedanken der §§ 254, 242), seinen Betrieb den örtlichen Verhältnissen anzupassen (BGHZ 28, 225, 231f) und sein Grundstück **selbst** zu **schützen**, uU auch durch aufwendige **Abwehrmaßnahmen** (BGHZ 66, 70, 78; 79, 45, 53; vgl auch BGHZ 117, 110 – „bienenempfindlicher" Anbau von Pflan-

zen im Außenbereich). Bei der Abwägung kann eine Rolle spielen, ob der Betroffene den Umfang der Beeinträchtigung selbst **mitverursacht** hat (BGHZ 59, 378, 382ff; 79, 45, 46) oder ob die maßgeblichen Besonderheiten zur **Sphäre** des Störers oder des Gestörten gehören (BGH WM 1976, 1064, 1066; NJW 1977, 894, 895). Auch der Gesichtspunkt der **Priorität** kann für die Fixierung der Zumutbarkeitsgrenze Bedeutung gewinnen (BGHZ 129, 124, 128 – Ansiedlung in der Lärmschutzzone 1 eines militärischen Flugplatzes). Zum Sonderfall der Immission von Zementstaub auf eine öffentliche Straße mit der Folge kostspieliger Aufwendungen für einen Spezialbelag vgl BGHZ 62, 186. Der Ausgleichsanspruch erfasst nur **zukünftige Beeinträchtigungen**. Der Ansicht, dass auch bereits eingetretene Schäden ausgeglichen werden können (so ua *Landsberg/Lülling*, Umwelthaftungsrecht, § 906 Rn 11; Westermann/*H. P. Westermann*, § 7 V 2, S 61f; für § 906 II 2 analog auch BGH NJW-RR 2009, 3787; zurückhaltend Staudinger/*Kohler*, Einl zum UmweltHR Rn 91f, 101), steht entgegen, dass er an die Stelle der negatorischen Haftung tritt, die auch nur drohende Beeinträchtigungen erfasst, so dass nur der Ausgleich in der Zukunft liegender Nachteile verlangt werden kann (*Wilhelmi* S 82f).

b) Summierte Immissionen. Der Ausgleich für summierte Immissionen ist noch immer problematisch (vgl ua *Pleyer* AcP 165, 561; *H. Westermann*, BB 1965, 794; *Rummel*, Ersatzansprüche bei summierten Immissionen, 1969; *Baumgärtel/Laumen/Prütting*, Hdb der Beweislast im Privatrecht, Bd 3 § 906 Rn 26). Hier ist zu unterscheiden: **(1)** Sind die von jedem einzelnen Grundstück ausgehenden **Beeinträchtigungen** (unter – vorrangiger – Ausschöpfung der Beweiserleichterung nach § 287 ZPO) voneinander **abgrenzbar** („lineare Schadenssteigerung"), so hat jeder Immittent grds (nur) nach Maßgabe der von ihm verursachten Beeinträchtigung angemessenen (anteiligen) Ausgleich zu leisten (pro-rata-Haftung), denn eine gesamtschuldnerische Haftung auf den insg angemessenen Ausgleich ist als Grundsatz im Gesetzgebungsverfahren abgelehnt worden (BGHZ 66, 70, 76; MüKo/*Brückner* Rn 190; für gesamtschuldnerische Haftung Staudinger/*Roth* Rn 279). Nur die Frage, ob die ortsübliche Benutzung des betroffenen Grundstücks über das zumutbare Maß hinaus beeinträchtigt worden ist, bestimmt sich nach der Summe der Einwirkungen. **(2)** Ist ein bestimmter Teil des Schadens nur durch das **Zusammenwirken der Immissionen** von mehreren Grundstücken zustande gekommen („progressive Schadenssteigerung"), so ist es gerechtfertigt, **für diesen Teil** alle Immittenten **gesamtschuldnerisch** zum angemessenen Ausgleich zu verpflichten, weil insoweit alle eine notwendige Bedingung gesetzt haben (BGHZ 66, 70, 76). **(3)** Sind die **Verursachungsanteile nicht abgrenzbar** und lässt sich nicht feststellen, ob lineare oder progressive Schadenssteigerung vorliegt (non liquet), so tragen die **Immittenten** das Risiko der Unaufklärbarkeit gemeinsam und **haften gesamtschuldnerisch**, denn sie haben durch ihr Zusammenwirken die Beweisnot des Betroffenen herbeigeführt und hätten aufgrund ihrer betriebsinternen Kenntnisse den Ursachenverlauf noch am ehesten aufklären können (vgl BGHZ 66, 70, 77; MüKo/*Brückner* Rn 190). Im Anschluss an *Medicus* JZ 1986, 778, 782 wird man eine gesamtschuldnerische Haftung aber jedenfalls für die Urheber kleinster Beiträge (zB einzelner Haushalte) ablehnen müssen. Kann jeder von mehreren Immissionsbeiträgen die gesamte Beeinträchtigung bewirkt haben, so ist erst recht eine gesamtschuldnerische Haftung angezeigt (aA beiläufig BGHZ 72, 289, 297f; 85, 375, 387f). 37

Hiervon zu trennen ist der Fall, dass für die von **einem einzigen Grundstück** ausgehenden Beeinträchtigungen **mehrere Personen** verantwortlich sind. Diese haften analog § 840 **gesamtschuldnerisch**, und zwar auch dann, wenn die eine aus nachbarrechtl Ausgleichspflicht angemessenen Ausgleich schuldet und die andere aus unerlaubter Handlung ersatzpflichtig ist (BGHZ 85, 375, 387 – Bauherr und Architekt; BGH NJW 2018, 1542 – Eigentümer und Handwerker). Vgl iÜ Rn 21. 37a

§ 906 soll und kann einen sachgerechten Interessenausgleich nur **im kleinnachbarlichen Raum** ermöglichen. Für die Bewältigung großräumiger Immissionsprobleme mit nicht individualisierbaren Kausalverläufen (zB **Waldsterben**) bietet diese nachbarrechtl Vorschrift keinen geeigneten Anknüpfungspunkt (so auch BGHZ 102, 350, 351 zur Frage der Staatshaftung). 38

c) Sachbefugnis. Schuldner des Ausgleichsanspruchs ist der **„Benutzer"**, dh derjenige, der die Nutzungsart des immittierenden Grundstücks bestimmt, also nicht ohne weiteres der Begünstigte (BGH NJW 2010, 3158; NJW-RR 2011, 739). Das ist zB bei Bauimmissionen nicht der Bauunternehmer, sondern der Bauherr (so überzeugend BGH NJW 1966, 42; vgl auch BGHZ 147, 45, 51f). Benutzer ist auch der Flugplatzunternehmer hinsichtl des Start- und Landelärms (BGHZ 58, 149; 69, 105; 69, 118). Der Anspruch ist Ausdruck des nachbarlichen Gemeinschaftsverhältnisses, das eine Zurechnung des Verschuldens von Hilfspersonen nach § 278 nicht zulässt. Ein Grundstückseigentümer kann daher für Störungshandlungen seines Mieters nur verantwortlich gemacht werden, wenn er dem Mieter den Gebrauch seiner Sache mit der Erlaubnis zu den störenden Handlungen überlassen hat oder wenn er es unterlässt, den Mieter von dem nach dem Mietvertrag unerlaubten, fremdes Eigentum beeinträchtigenden Gebrauch der Mietsache abzuhalten (BGH NJW 2006, 992f mwN). Er ist dann mit dem Mieter Gesamtschuldner des Ausgleichsanspruchs. **Gläubiger** des Anspruchs sind die in der (erlaubten) Grundstücksnutzung Beeinträchtigten, also die Eigentümer oder die sonst dinglich oder obligatorisch zur Nutzung Berechtigten (BGHZ 147, 45, 50; Staudinger/*Roth* Rn 108). Nicht ausgleichsberechtigt sollen Arbeitnehmer sein (BGHZ 92, 143, 145; BAG NJW 2000, 3369, 3371; Staudinger/*Roth* Rn 108), jedoch gelten die Duldungspflichten des § 906 I und II 1 auch für sie, so dass ihnen auch die Kompensation durch den Ausgleichsanspruch des § 906 II 2 zustehen muss; Entspr muss für sonstige berechtigte Nutzer gelten (*Wilhelmi* S 89ff). 39

d) Ausgleich. Der **Höhe** nach ist der Ausgleichsanspruch gem § 906 II 2 auf einen **„angemessenen Ausgleich in Geld"** gerichtet. Nach der Rspr handelt es sich nicht um einen Anspruch auf vollen Schadensersatz, wie er bei rechtswidrig schuldhafter Eigentumsverletzung nach § 823 I iVm §§ 249ff gegeben ist, sondern auf (wenngleich 40 vollen) **Wertausgleich** für den rechtmäßigen Entzug sonst gewährter Eigentümerbefugnisse (BGHZ 49, 148, 155; *Bälz* JZ 1992, 57, 71; aA *Jauernig* JZ 1986, 605, 610f). Maßgeblich ist danach ein **„differenziert-obj Maßstab"**, der auf die Verhältnisse eines durchschnittlichen (typisierten) Benutzers des beeinträchtigenden Grundstücks abstellt. Entscheidend sind nicht die individuellen Verhältnisse des betroffenen Grundstückseigentümers (einschl etwaiger noch nicht verwirklichter Pläne für eine gewinnbringende Grundstücksnutzung); es kommt vielmehr auf die tatsächliche Beschaffenheit und Nutzung des Grundstücks vor Eintritt der zu duldenden Immissionen an. Dementspr bemisst die Rspr den angemessenen Ausgleich in Anlehnung an die **Grundsätze zur Enteignungsentschädigung** (BGHZ 49, 148, 155; 178, 90 Rn 32f; krit *Spieß* JuS 1980, 100, 102 mwN; s hierzu *Ossenbühl/Cornils*, 241ff und oben Vor § 903 Rn 16–19). **Auszugleichen** ist nur die **Einbuße**, die ein Durchschnittsbenutzer des betroffenen Grundstücks **durch den unzumutbaren Teil der Immissionen** typischerweise erleiden würde (BGH NJW 1988, 3019; BGHZ 178, 90 Rn 32f). Der Anspruch ist am Verkehrswert der tatsächlich entzogenen „Substanz" und nicht an einer hypothetischen Vermögensentwicklung auszurichten (BGH NJW 1972, 1574). Auch die mit konkreten Gebrauchsbeeinträchtigungen verbundene **zeitweilige Störung der Nutzung** stellt einen Substanzverlust dar (vgl BGHZ 30, 338, 351f; 91, 20, 28f mwN). Bei vorübergehender Beeinträchtigung gewerblicher Nutzung ist (vereinfachend) der Ertragsverlust zugrunde zu legen (BGHZ 147, 45, 54; 178, 90 Rn 32f; *Elshorst* NJW 2001, 3222, 3223f), wobei § 287 ZPO anwendbar ist. Schmerzensgeld ist nicht zu zahlen (BGH NJW 2010, 3160 Rn 9). Tritt § 906 II 2 hinter bestimmten Rechtsschutzmöglichkeiten in einem **Planfeststellungsverfahren** zurück (vgl Rn 43b), so gilt die Sperrwirkung auch für Ansprüche auf Ausgleich eines etwa verbleibenden Minderwerts des Grundstücks (BGH NJW 2005, 660, 662f; *Krüger* ZfIR 2007, 5). Die **Form der Entschädigung** (Kapitalabfindung oder Rente) kann den Erfordernissen des Einzelfalles angepasst werden. Eine Rentenzahlung kommt bei vorübergehender Nutzungswertminderung in Betracht (BGHZ 161, 323, 331ff; Staudinger/*Roth* Rn 264). Ein analoger Ausgleichsanspruch für erhöhten Reinigungsaufwand kann bei zu duldendem Grenzbewuchs bestehen (BGH NJW 2018, 1010 – Laubrente). Zur Anwendung von § 1 AHB vgl BGH WM 1999, 2168.

41 **4. Beweislast.** Der **Kläger** hat sein Eigentum, die Einwirkung als solche sowie ggf die besondere Zuleitung zu beweisen; der **Beklagte** als Ausnahmetatbestände die Unwesentlichkeit, die Ortsüblichkeit, die Unmöglichkeit wirtschaftl zumutbarer Abhilfe, einen Verzicht und dgl (RG JW 1932, 401; BGHZ 111, 63, 69, 73, 74). Für die Klage auf Schadloshaltung oder auf Ausgleich muss der Kläger die Kausalität der vom Beklagten veranlassten Immissionen für die Beeinträchtigung seines Grundstücks sowie seinen dadurch herbeigeführten Schaden beweisen. Zur Indizwirkung der Einhaltung technischer Regeln und zur 1994 erfolgten Neufassung des § 906 I vgl Rn 19 und 20.

42 **5. Klageantrag und Urteil.** Die **Klage** geht zunächst nur auf **Beseitigung** der Störung, bei Besorgnis weiterer Beeinträchtigungen auch auf **Unterlassung** (vgl § 1004). Die **Verurteilung** geht bei Immissionen allg auf das Unterlassen von Störungen bestimmter Art wie zB durch Geräusche oder Gerüche (vgl BGHZ 121, 248, 251). Wie der Störer die Einwirkung beseitigt, bleibt grds seine Sache. Auf bestimmte einzelne Maßnahmen darf ihn das Urteil allenfalls dann festlegen, wenn sich anders die Beeinträchtigung nicht verhindern lässt (s Bsp bei Staudinger/*Roth* Rn 285). Gleiches gilt bei notwendiger umfassender Umgestaltung des Betriebs (vgl BGHZ 67, 252, 253f – Schweinemästerei). Einzelheiten sind der Zwangsvollstreckung zu überlassen (§§ 890, 887, 888 ZPO). Die **gänzliche Beseitigung** der störenden Anlage oder die **völlige Untersagung** eines Betriebes kann (von § 907 abgesehen) nur dann verlangt werden, wenn ohne dies die unzulässige Einwirkung nicht zu beheben (zB Bedürfnisanstalt) oder die beschränkte Fortführung des Betriebs für den Störer nicht sinnvoll ist (zB Tennisanlage als Stätte für Freizeitsport, BGH NJW 1983, 751). Eine Verpflichtung des Betroffenen zur Bestellung einer Grunddienstbarkeit besteht nicht (BGH NJW 1970, 856f). Ein **Grundurteil** bei Entschädigung für Immissionen ist möglich: Dem Betragsverfahren kann überlassen bleiben, inwieweit dem lärmbeeinträchtigten Grundstückseigentümer Abwehrmaßnahmen zumutbar sind (BGHZ 79, 45).

43 **III. Nachbarrechtlicher Ausgleichsanspruch analog § 906 II 2. 1. Anspruchsvoraussetzungen.** Nach gefestigter Rspr des BGH ist ein nachbarrechtl Ausgleichsanspruch analog § 906 II 2 gegeben, wenn durch die privatwirtschaftl Benutzung eines Grundstücks rechtswidrige Einwirkungen auf ein anderes Grundstück ausgehen; der Eigentümer oder Besitzer des betroffenen Grundstücks diese Einwirkungen nicht dulden muss, sondern dagegen an sich aus § 1004 I, § 862 I vorgehen kann, daran aber aus besonderen Gründen gehindert ist; und die dadurch entstehenden Nachteile das zumutbare Maß einer entschädigungslos hinzunehmenden Beeinträchtigung übersteigen (BGHZ 142, 66, 67f; BGH NJW 2018, 2010 Rn 10). Der Anspruch kommt für **andere** als durch (zulässige) Immissionen herbeigeführte **Beeinträchtigungen** in Betracht, zB für Grobimmissionen (BGHZ 58, 149, 159 – Abschwemmungen von Marinedamm; BGHZ 111, 158, 162 – herabfallendes Schrotblei von Schießanlage; BGH NJW 1990, 3195 – in Mauerwerk eindringende Baumwurzeln; BGHZ 160, 232, 236; Umsturz eines naturgeschützten Baumes; BGH NJW 2009, 3787 – Feuerwerksrakete), für Schäden durch Rauch- und Rußimmissionen (Stuttgart NZM 2007, 286), für Vertiefungsschäden (BGHZ 147, 45 = BGH NJW 2001, 1865), für Schäden auf dem Nachbargrundstück durch Wasserrohrbruch (BGH NJW 2003, 2377) oder abgeleitetes Niederschlagswasser (BGH NJW-RR 2016, 588 Rn 19ff), für Beeinträchtigungen des Kontakts nach außen als solchen (BGHZ 62, 361, 362 = BGH NJW 1974, 1869, 1871f) oder des werbenden Kontakts (BGHZ 70, 212, 220f = BGH NJW 1978, 373, 374; vgl auch Karlsruhe NJW-RR 2002, 86f – eingeschränkter Spargelabsatz wegen Bauarbeiten). Der Anspruch soll **grundstücksbezogen** sein: **Anspruchssteller** soll nur sein, wer in seinem Eigentum oder Besitz an einem Grundstück gestört ist (BGHZ 92, 143, 145 = BGH NJW 1985, 47; NJW 2009, 3787, 3988; MüKo/*Brück*-

ner Rn 180; Staudinger/*Roth* Rn 108; krit *Larenz/Canaris* § 85 II 5, 662f; *Neuner* JuS 2005, 487, 491; Staudinger/*Kohler* Einl UmweltHR Rn 92), jedoch sollen alle Nachteile auszugleichen sein, die ihre Ursache in der Eigentums- oder Besitzstörung haben (BGH NJW 2008, 992 Rn 10ff). Wenn jedoch Verletzungen von Leben, Körper und Gesundheit nicht zu dulden sind (dazu Rn 5), kann auch kein Ausgleichsanspruch bestehen (*Wilhelmi* S 93). Der **Anspruchsgegner** muss nicht nur Störer iSd § 1004 I sein (BGH NJW 2008, 992; NJW 2009, 3787), also Eigentümer des beeinträchtigenden Grundstücks oder die Nutzungsart dieses Grundstücks bestimmender Benutzer (BGHZ 155, 99, 102 = BGH NJW 2003, 2377; BGHZ 157, 188, 190 = BGH NJW 2004, 775; 2009, 3787), sondern das beeinträchtigende Verhalten muss auch der konkreten Nutzung des Grundstücks zuzuordnen sein und einen sachlichen Bezug zu diesem aufweisen und darf nicht nur gelegentlich des Aufenthalts auf dem Grundstück vorgenommen werden (BGHZ 175, 253 Rn 8 = BGH NJW 2008, 1810; NJW 2009, 3787, 3788). Wer die Beeinträchtigung des Nachbarn durch einen anderen durch seine Willensbetätigung in adäquater Weise verursacht, soll als mittelbarer Handlungsstörer auch verantwortlich sein, wenn er selbst keine Sorgfaltspflichten verletzt hat (BGH NJW 2018, 1542 Rn 12ff – durch Handwerker verursachter Brand, zweifelhaft). Kein Ausgleichsanspruch soll bestehen innerhalb desselben Grundstückseigentums zw Mietern (BGHZ 157, 188, 189 = BGH NJW 2004, 775) und Wohnungseigentümern (BGHZ 185, 371 = BGH NJW 2010, 2347) sowie Bruchteilseigentümern (BGH NJW 2012, 2345 Rn 10ff).

Das **zumutbare Maß** einer entschädigungslos hinzunehmenden Beeinträchtigung soll sich bei Immissionen aus der dafür geltenden fachplanungsrechtl Erheblichkeitsschwelle ergeben (BGH NJW-RR 2007, 168, 170). Der Hinderungsgrund wird ggü **zulässigen** Einwirkungen idR in einer **Rechtspflicht zur Duldung**, ggü **unzulässigen** (rechtswidrigen) Beeinträchtigungen in einem **faktischen Duldungszwang** gesehen, sei es, dass der Betroffene die Gefahr nicht rechtzeitig erkennen konnte (BGHZ 85, 375, 384; BGH NJW 2009, 3787, 3788), sei es, dass er wirksamen Rechtsschutz nicht rechtzeitig erlangen konnte (BGHZ 72, 289, 294f; BGH NJW 1995, 714). Jedoch kommt ein Ausgleichsanspruch aus § 906 II 2 analog nur in Betracht, soweit eine Duldungspflicht entspr derjenigen aus § 906 II 1 besteht und zu kompensieren ist; beim faktischen Duldungszwang besteht keine derartige Pflicht, auch ist eine Rechtsschutzlücke nicht gegeben, vielmehr würde die analoge Anwendung des § 906 II 2 zu einem Systembruch innerhalb des geltenden Schadensersatzrechts führen, da sie das deliktische Verschuldenserfordernis unterlaufen würde (*Wilhelmi* S 97ff; vgl insb auch *Neuner* JuS 2005, 487, 491). 43a

Der nachbarrechtl Ausgleichsanspruch ist **subsidiärer Natur**, dh er kommt nur dann in Betracht, wenn nicht eine andere gesetzl Bestimmung den konkreten Fall abschließend regelt (BGHZ 160, 232, 234; 161, 323, 329 mwN). Dies gilt allerdings nicht für das Eingreifen anderer, insb deliktischer Haftungsansprüche (BGH NJW 2018, 1542 Rn 14). Wenn der Gesetzgeber für bestimmte Immissionen im Vorfeld ein spezifisches Verfahren zur Vermeidung von Eigentumsbeeinträchtigungen im nachbarlichen Bereich vorsieht, in dem die Rechte des Einzelnen berücksichtigt werden können, so sind diese Rechtsschutzmöglichkeiten zu ergreifen. Ein solches Verfahren stellt das **Planfeststellungverfahren** dar. Der Ausgleichsanspruch nach § 906 II 2 tritt wie der strukturell vergleichbare öffentlich-rechtl Entschädigungsanspruch hinter die im Planfeststellungsverfahren gebotenen Rechtsschutzmöglichkeiten zurück. Dies gilt nicht nur, wenn sich der Vorhabenträger innerhalb der durch den Planfeststellungsbeschluss gezogenen Grenzen bewegt, sondern auch, wenn er diese überschreitet (BGH NJW 2010, 1141 Rn 26ff). Nur soweit die im Planfeststellungsverfahren zu Gebote stehenden Möglichkeiten dem berechtigten Interesse des benachbarten Grundstückseigentümers nicht ausreichend Rechnung tragen, etwa weil sie Besonderheiten des Einzelfalls nicht erfassen können, ist ein Rückgriff auf § 906 II 2 denkbar (BGHZ 161, 323, 330f – Entschädigung bei Fluglärm; s auch Rn 63; zu Eisenbahnlärm vgl BGH NJW-RR 2007, 168f; zu Plangenehmigungen nach § 74 VI VwVfG Köln NVwZ 2017, 733 Rn 16ff). 43b

Im Fall des **faktischen Duldungszwangs** kann eine abschließende Regelung im obigen Sinne freilich nicht ohne weiteres angenommen werden (BGHZ 72, 289, 295). Soweit hiernach ein nachbarrechtl Ausgleichsanspruch für unzulässige Immissionen oder für zulässige andere Einwirkungen anerkannt wird, handelt es sich um eine einfache Analogie zu § 906 II 2; soweit der faktische Duldungszwang einer rechtl Duldungspflicht gleichgestellt wird, geht es um eine doppelte Analogie. Bei Geltendmachung des Anspruchs durch einen berechtigten Besitzer ist sogar eine dreifache Analogie gegeben (*Lorenz* BGHRp 2001, 366; zur Kritik am Analogieschluss vgl *Wilhelm* SachenR Rn 781; *Goebel* JR 2002, 485, 487ff; *Neuner* JuS 2005, 487, 491). Nicht ausgeschlossen wird der nachbarrechtl Ausgleichsanspruch, wenn dem Beseitigungsanspruch (landesrechtl) Ausschlussfristen entgegenstehen (BGH NJW 2018, 1010 Rn 10); wohl aber, wenn das Naturschutzrecht entgegensteht (BGH NJW 2018, 1010 Rn 21). Die besondere **praktische Bedeutung** des nachbarrechtl Ausgleichsanspruchs wird darin gesehen, dass er als (subsidiärer) Auffangtatbestand eine Rechtsschutzlücke schließe, insb in den Fällen faktischen Duldungszwangs, bei denen ein Anspruch auf (vollen) Schadensersatz aus unerlaubter Handlung (zB nach § 823 II iVm § 909) mangels (nachweisbaren) Verschuldens nicht bestehe oder nicht durchsetzbar sei (vgl BGHZ 147, 45). Dem ist jedoch entgegenzuhalten, dass diese vermeintliche Rechtsschutzlücke den Wertungen des Gesetzes entspricht, wie sie gerade in dem Verschuldenserfordernis zum Ausdruck kommen (*Wilhelmi* S 98f). Gegen einen nachbarrechtl Ausgleichsanspruch analog § 906 II 2 sprechen auch nicht die Anlagenhaftung gem § 2 I 1 HaftPflG (BGHZ 155, 99, 103f) oder eine deliktsrechtl Haftung aufgrund landesrechtl Nachbarvorschriften (BGH NJW 2011, 3294). 43c

Sofern sich der aus faktischen Gründen nicht durchsetzbare Abwehranspruch nicht aus § 1004, sondern aus § 242 (nachbarliches Gemeinschaftsverhältnis, vgl Rn 74ff) ergibt, folgt daraus ebenfalls ein **nachbarrechtl Aus-** 44

gleichsanspruch analog § 906 II 2 mit gleichen Rechtsfolgen (BGHZ 113, 384, 390f; s auch Rn 77 sowie ausf *Hagen*, FS Hermann Lange, 1992, 483ff).

45 **2. Anspruchsinhalt.** Es gelten die gleichen Grundsätze wie im unmittelbaren Anwendungsbereich des § 906 II 2 (vgl Rn 40).

46 **IV. Hoheitliche Immissionen und andere beeinträchtigende Realakte. 1. Grundsätzliches.** Das Grundeigentum genießt in bestimmtem Umfang Schutz auch ggü Immissionen und anderen Eingriffen von hoher Hand. Das Maß dessen, was der Betroffene – sei es ohne, sei es gegen Entschädigung – hinnehmen muss, bestimmt sich auch ggü hoheitlichen Eingriffen nach § 906. Vgl zum Folgenden auch Vor § 903 Rn 22–43.

47 **a) Primärer Abwehranspruch.** Soweit der Betroffene nach privatem Nachbarrecht, insb nach § 906 Immissionen und ähnl Beeinträchtigungen nicht zu dulden braucht und daher nach § 1004 untersagen kann, steht ihm grds auch ggü solchen **hoheitlichen** Eingriffen ein **öffentlich-rechtl Störungsabwehranspruch** zu (vgl Überblick bei *Greck* NWB 2004, 2675, 2678ff), den er mit der Unterlassungs- und Beseitigungsklage vor den Verwaltungsgerichten verfolgen und in Eilfällen dort auch mit einer einstw Anordnung (§ 123 VwGO) durchsetzen kann (BVerwG NJW 1988, 2396; NVwZ 1991, 884; *Ossenbühl/Cornils*, 355f mwN und 363ff), soweit ihm ein solcher Anspruch nicht wegen überwiegender Gemeinwohlbelange versagt wird (vgl zu dieser – problematischen – Einschränkung Rn 72). Soweit hoheitliche Immissionen nicht geduldet zu werden brauchen, sind sie rechtswidrig.

48 **b) Sekundäransprüche** (Entschädigung wegen enteignenden oder enteignungsgleichen Eingriffs). § 906 bestimmt auch ggü hoheitlichen Immissionen nicht nur den Duldungsrahmen, innerhalb dessen der primäre Abwehranspruch ausgeschlossen ist, sondern zugleich die **Opfergrenze**, jenseits deren der Grundeigentümer Einwirkungen nicht mehr entschädigungslos hinzunehmen braucht (vgl *Krohn/Löwisch*, Eigentumsgarantie, Enteignung, Entschädigung[3] 1984, Rn 224ff; *Nüßgens/Boujong*, Eigentum, Sozialbindung, Enteignung, Rn 411ff; *Schwager/Krohn* WM 1991, 33ff).

49 **aa) Enteignende Eingriffe.** Hier handelt es sich um die meist atypischen und unbeabsichtigten Auswirkungen an sich rechtmäßiger hoheitlicher Tätigkeit, die nur bei einzelnen Betroffenen zu Nachteilen führt, welche die Schwelle des enteignungsrechtl Zumutbaren übersteigen. In Betracht kommen vor allem Geräusch- und Geruchseinwirkungen auf benachbartes Eigentum. Nach der Rspr des BGH begründen solche Immissionen einen Entschädigungsanspruch wegen enteignenden Eingriffs, wenn die Immissionen nicht untersagt werden können, die Einwirkungen sich als unmittelbarer Eingriff in nachbarrechtl Eigentum darstellen und die Grenze dessen überschreiten, was unter privaten Nachbarn gem § 906 ohne Ausgleich hingenommen werden muss (BGH WM 1978, 645 mwN; BGHZ 72, 289, 292; BGH NJW 1980, 770). Dieser Entschädigungsanspruch stellt somit das öffentlich-rechtl Gegenstück zum nachbarrechtl Ausgleichsanspruch nach privatem Nachbarrecht (vgl dazu Rn 35ff) dar (*Krohn* WM 1984, 825, 828). Seit dem Nassauskiesungsbeschl des BVerfG sieht der BGH den enteignenden Eingriff (dazu Vor § 903 Rn 39ff) als richterrechtl Rechtsfortbildung aus dem allg Aufopferungsgrundsatz der §§ 74, 75 EinlPrALR in dessen richterrechtl Ausformung (BGHZ 91, 20, 26ff mwN). Für den speziellen Bereich **hoheitlicher Immissionen** und anderer **nachbarlicher Beeinträchtigungen** käme angesichts der weitgehenden Übereinstimmung in Tatbestand und Rechtsfolgen wohl auch eine Analogie zu § 906 II 2 in Betracht (vgl auch schon BGHZ 57, 359, 366; *Krohn/Löwisch* Rn 236; aA *Jauernig* JZ 1986, 605, 611f).

50 **bb) Enteignungsgleiche Eingriffe** (dazu auch Vor § 903 Rn 31ff) setzen voraus, dass in eine als Eigentum geschützte Rechtsposition von hoher Hand unmittelbar eingegriffen und dem Berechtigten dadurch ein besonderes, anderen nicht zugemutetes Opfer für die Allgemeinheit abverlangt wird (BGHZ 55, 229 = NJW 1971, 607; LM § 839, Fe, Nr 74). Ein solcher Anspruch kann im nachbarlichen Bereich gegeben sein, soweit der Grundeigentümer **rechtswidrige hoheitliche Immissionen** oder andere nachbarliche Eingriffe, insb rechtswidrige Vertiefungen (vgl auch BGHZ 72, 289, 292), nach den Vorschriften des Nachbarrechts oder des Wassernachbarrechts (BGH WM 1978, 645; 1982, 1134) an sich nicht zu dulden braucht, sie aber aus besonderen Gründen nicht verhindern kann. Auch an der Rechtsfigur des enteignungsgleichen Eingriffs hält der BGH fest (BGHZ 90, 17, 29ff; *Krohn* WM 1984, 825, 827) und begründet sie ebenfalls mit dem gewohnheitsrechtl anerkannten Aufopferungsgedanken in dessen richterrechtl Ausprägung. Für den engeren Bereich **nachbarlicher Eingriffe** ist die zivilrechtl Norm des § 906 II 2 im öffentlichen Recht analog anzuwenden (BGHZ 161, 323, 329). Sachlich übereinstimmend mit § 906 II 2 erfordert die Entschädigung wegen enteignungsgleichen Eingriffs nach der Rspr des BGH Einwirkungen auf ein Grundstück, die das Maß dessen übersteigen, was der Eigentümer auch bei nichthoheitlichen Eingriffen nach § 906 nicht ohne Ausgleich hinzunehmen braucht (BGH VersR 1982, 772f; WM 1983, 995ff).

51 **2. Hoheitliche Eingriffe.** Hierfür reichen die Auswirkungen von Maßnahmen im Rahmen der **Erfüllung schlicht-hoheitlicher Aufgaben** aus, sofern sie **öffentlich-rechtl organisiert** sind.

52 **a) Hoheitliche Immissionen.** Bsp für solche hoheitlichen Immissionen bieten umweltbelastende Anlagen (vgl ua BGH NJW 1976, 1204 – Kläranlage; NJW 1980, 770 – Hausmülldeponie; VG Osnabrück NVwZ 2003, 1010 – Abfallcontainerstandplatz; vgl weitere Bsp bei *Ossenbühl/Cornils*, 356f). Sind die Maßnahmen dagegen **privatrechtl organisiert**, zB durch Beauftragung eines privaten Bauunternehmers mit Straßenbauarbeiten, mit der Errichtung von Kanalisationsanlagen oder mit der Verlegung von Versorgungsleitungen, so ist die Frage der Haftung oder eines angemessenen Ausgleichs privatrechtl zu beurteilen (BGH VersR 1964, 1070, 1072; BGHZ 72, 289, 294; 103, 39). Öffentliches Recht ist in diesen Fällen nur anwendbar, wenn die Körperschaft (Behörde)

durch die Art ihres Vorgehens, insb durch Weisungen oder sonstige starke Einflussnahmen, sich des privaten Unternehmers gleichsam als eines Werkzeugs oder Mittlers bedient (BGH WM 1973, 390; NJW 1981, 50).

b) Hoheitliche Realakte. Die Entschädigung wegen enteignenden oder enteignungsgleichen Eingriffs erfasst auch andere hoheitliche Realakte, die in einer den Schutzbereich des Art 14 I 1 GG verletzenden Weise benachbartes Eigentum beeinträchtigen. Bsp bieten Beeinträchtigungen des Anliegergemeingebrauchs (BGHZ 57, 359; 62, 361; 70, 212, 218), dammartiger Ausbau einer Straße unter Verstoß gegen das wasserrechtl Verbot, wild abfließendes Wasser auf tieferliegende Grundstücke abzuleiten (BGH MDR 1976, 1004), oder der Betrieb einer gemeindlichen Hausmülldeponie, die Möwen und Krähen anlockt und dadurch Saatgutverluste auf den benachbarten Feldern herbeiführt (BGH NJW 1980, 770). In Frage kommen auch unzulässige Vertiefungen iSd § 909, zB Anlegung einer Kanalisation, durch die das Grundwasser abgesenkt wird, so dass benachbarte Grundstücke ihre Stütze verlieren (BGHZ 57, 370; 103, 39), Anlegung einer Erschließungsstraße mit zu steiler Abböschung (BGH NJW 1980, 1679), Ausschachtung einer öffentlichen Straße mit der Folge, dass die Standfestigkeit benachbarter Gebäude beeinträchtigt wird (BGHZ 72, 289, 291f – Fernmeldekabel der öffentlich-rechtl Bundespost). 53

c) Verkehrsanlagen. Von besonderer praktischer und theoretischer Bedeutung sind die von Verkehrsanlagen und ihrem Bau ausgehenden Beeinträchtigungen (vgl hierzu *H. Westermann*, FS Werner Ernst, 1980, 501ff, bes 512f; *Schapp*, Das Verhältnis von privatem und öffentlichen Nachbarrecht,1978, 123ff; *Breuer*, Die Bodennutzung im Konflikt zw Städtebau und Eigentumsgarantie, 1976, 304; *Schmidt-Aßmann*, Schutz gegen Verkehrslärm, in *Salzwedel*, Grundzüge des Umweltrechts, 1982, 303ff; *Schmidt-Aßmann*, Verfassungsrechtl Grundfragen und Systemgedanken einer Regelung des Lärmschutzes an vorhandenen Straßen, 1979; *Nüßgens/Boujong*, Eigentum, Sozialbindung, Enteignung, 1987, Rn 241ff; vgl dazu allg *Soell*, Schutz gegen Fluglärm, in Salzwedel, Grundzüge des Umweltrechts, 1982, 329ff). 54

aa) Hoheitlicher Charakter. Ursprünglich ging man davon aus, dass auch Grundstücke der öffentlichen Hand in den nachbarlichen Raum eingefügt seien und daher das private Nachbarrecht (einschl § 906) Anwendung finde (RGZ 154, 161, 165; BGHZ 54, 384, 387 mwN; *Kleindienst* NJW 1968, 1593). Seit einiger Zeit wird stattdessen betont, dass die Planfeststellung (für die vom Straßenbau ausgehenden Immissionen, BGHZ 54, 384, 388) und die Widmung (oder Umwidmung) der öffentlichen Straßen zum Verkehr (für die eigentlichen Verkehrsimmissionen, BGHZ 64, 220, 222) als öffentlich-rechtl Akte die eigentlichen Ursachen der Immissionen sind (vgl auch BGH WM 1975, 985; WM 1982, 1134). Zum Flughafenlärm vgl *Geulen* und *Klinger* NJW 2001, 1038 und Köln OLGRp 2002, 288; für den Fluglärm eines ausl Flughafens mit grenzüberschreitenden Immissionen stellt der BGH auf das jew Zustimmungsgesetz zu dem völkerrechtl Vertrag ab (BGH DVBl 1979, 226). Die Einordnung der Verkehrsimmissionen in den Bereich hoheitlicher Beeinträchtigungen hat zur Folge, dass anstelle eines nachbarrechtl Ausgleichsanspruchs (§ 906 II 2) ein Anspruch wegen **enteignenden Eingriffs** in Betracht kommt, soweit nicht überhaupt spezialgesetzl Regeln eingreifen. Im Bereich der wichtigen Planfeststellungsverfahren geht der Anspruch auf bloße Schutzvorkehrungen unter Ausschluss von öffentlich-rechtl Beseitigungs- oder Unterlassungsansprüchen (Staudinger/*Roth* Rn 62 mwN). Nachdem § 17 IV FStrG aF entfallen ist (vgl dazu BT-Drs 11/4310, 94, 96), ist § 75 II 1, 2 VwVfG als wichtigster Fall zu nennen. In Betracht kommt etwa die Durchsetzung bestimmter Schutzauflagen im Verwaltungsrechtsweg (vgl Staudinger/*Roth* Rn 62 mwN). 55

bb) Ortsüblichkeit und Zumutbarkeitsgrenze. Auch für eine Entschädigung wegen enteignenden Eingriffs aufgrund von Beeinträchtigungen der Anlieger durch den **Straßenverkehr** (Lärm, Abgase, Erschütterungen) kommt es abstrakt darauf an, ob die Voraussetzungen des § 906 II 2 erfüllt sind, denn dieser umreißt insoweit die iSd Art 14 I 2 GG geschützte „Rechtsposition" des Eigentümers. Besonderheiten ergeben sich aber bei der Bestimmung der Ortsüblichkeit und bei dem Maßstab für das entschädigungslos Zumutbare. Diese Tatbestandsmerkmale hat insb die ältere Rspr so ausgefüllt, dass vom Träger der Verkehrsanlagen Ersatzansprüche möglichst ferngehalten wurden. 56

Die Bestimmung der **Ortsüblichkeit** ist problematisch, weil Straßen größere Gebiete durchschneiden und die Verhältnisse in den einzelnen Teilbereichen oft unterschiedlich liegen. Das gilt vor allem für überörtliche Straßen. Für den fließenden Verkehr bestimmt der BGH die Ortsüblichkeit auch insoweit nach den Verhältnissen des gesamten zu erschließenden Raums (BGHZ 54, 384, 389f; ebenso schon RGZ 133, 152, 154 – Omnibuslinie in Berlin-Dahlem). So kommt die Rspr zu einer weitgefassten Ortsüblichkeit der Verkehrsanlagen auch in Wohnvierteln. 57

Zusätzl wird das **Maß des entschädigungslos Zumutbaren** nach den Notwendigkeiten des Verkehrs bestimmt, und „die lästigen Auswirkungen des überörtlichen Verkehrs" werden „als Teil der gesamtwirtschaftl Lasten angesehen, denen sich auch Eigentümer solcher Grundstücke, die bisher abseits dieser Störquellen gelegen haben, nicht unter Berufung auf eng begrenzte Verhältnisse entziehen können" (BGHZ 54, 384, 390). Für die Überschreitung der Zumutbarkeitsgrenze hat die ältere Rspr bedenklich strenge Maßstäbe aufgestellt (vgl RGZ 159, 129, 139 – Existenzgefährdung; BGHZ 49, 148, 152 – Gesundheitsgefährdung). Diese Entscheidungen sind überholt. Nach der neueren Rspr ist bei der Fixierung der Zumutbarkeitsschwelle des § 906 II 2 an die Wertentscheidung des BImSchG anzuknüpfen: Für neu angelegte oder wesentlich veränderte Verkehrswege gibt § 42 BImSchG einen öffentlich-rechtl Entschädigungsanspruch, wenn die von ihnen ausgehenden Geräuschbeeinträchtigungen die Immissionsgrenzwerte (§ 43 BImSchG) überschreiten und den Anlieger zu Schallschutzmaßnahmen zwingen. Ua hieraus entnimmt BGHZ 64, 220, 226f (auch für „alte" Verkehrswege) die Wertung, dass eine unzumutbare Beeinträchtigung nicht mehr nur ganz ausnahmsw bei besonders schweren Beeinträchtigun- 58 gen angenommen werden darf. Dieses Urteil wurde in späteren Entscheidungen bestätigt (BGHZ 66, 173, 178; 97, 114, 116) und ergänzt (BGH MDR 1978, 296 – diff für den Außenbereich). Hiernach ist für die Zumutbarkeit von entschädigungslos hinzunehmenden Lärmbelästigungen durch den öffentlichen Straßenverkehr von einer **Abstufung nach der Gebietsart** auszugehen. Das dem Eigentümer zumutbare Maß von Einwirkungen verringert sich in dem Umfang, in dem die Wohnfunktion des Eigentums rechtl anerkannt wird. Wohngebiete sind in ihrer Wohnqualität stärker geschützt als der Außenbereich (§ 35 BauGB), der von Wohnbebauung möglichst freigehalten werden soll. Deshalb braucht der Eigentümer eines im Stadtinneren gelegenen Wohngrundstücks die besonders nachteiligen Umwelteinwirkungen einer dem Fernverkehr dienenden Straße im Allg nicht entschädigungslos hinzunehmen (BGH WM 1978, 41). Der Eigentümer eines Wohnhauses im Außenbereich muss sich dagegen ohne Entschädigung eher damit abfinden, wenn in der Nähe seines Grundstücks eine Autobahn gebaut wird (vgl – auch zu Fragen der Priorität – BGH NJW 1977, 894; weiter diff BVerwG DVBl 1978, 618); zum maßgeblichen Zeitpunkt für die Beurteilung der Zumutbarkeit des Eingriffs vgl BGH WM 1987, 245, 246. Maßgeblich für die Beurteilung der Zumutbarkeitsgrenze soll nunmehr die enteignungsrechtl Zumutbarkeitsschwelle sein, die erheblich über der fachplanungsrechtl Erheblichkeitsschwelle liegt (BGHZ 122, 76, 78f; BGH NJW-RR 2007, 168; anders Staudinger/*Roth* Rn 257). Wo die Zumutbarkeitsgrenze jew liegt, hängt von den Umständen des Einzelfalles ab (BGHZ 97, 114, 121ff; BGH WM 1987, 245); Richtwerte in Verwaltungsvorschriften uÄ können dafür nur eine Orientierungshilfe geben (BGH WM 1978, 41 mwN; vgl auch Rn 19).

59 **d) Umfang der Entschädigung.** Der Umfang der Entschädigung für hoheitliche nachbarliche (enteignende oder enteignungsgleiche) Eingriffe richtet sich grds nach Enteignungsrecht (BGHZ 48, 98, 105; 57, 370, 372f). Auszugleichen ist nur der „Substanzverlust" (Minderwert), der jenseits der Zumutbarkeitsgrenze eintritt; näher zur Enteignungsentschädigung Rn 40 sowie Vor § 903 Rn 16–19.

60 Speziell für den **Verkehrslärm** entnimmt BGHZ 64, 220, 229 dem Anliegen des BImSchG, gesunde Wohnverhältnisse zu schaffen, die Wertung, dass die zu leistende Entschädigung grds in einem **Geldausgleich für notwendige Schallschutzvorrichtungen** besteht; eine Entschädigung für eingetretenen **Minderwert** kommt danach erst in Betracht, wenn Schutzmaßnahmen keine wirksame Abhilfe versprechen oder unverhältnismäßig teuer sind (ebenso BGH MDR 1978, 296; WM 1987, 245 – Gleichstellung von alten und neuen Straßen); näher zu dieser Tendenz zur Entwicklung eines Spezialtatbestandes „Ersatzanspruch für Schallschutzmaßnahmen gegen Verkehrslärm" *H. Westermann*, FS Ernst, 514ff; entspr gilt für Fluglärm (BGH NJW-RR 1989, 396f; NJW 2005, 660, 662).

61 **e) Passivlegitimation.** Bei hoheitlichen Eingriffen in das Grundeigentum ist Anspruchsgegner regelmäßig derjenige, in dessen **Interesse** der Eingriff vorgenommen worden ist, also der unmittelbar **Begünstigte** (BGHZ 87, 66, 80f; 90, 17, 20).

62 **V. Gesteigerte Duldungspflichten und ihr Ausgleich.** Einwirkungen, die der Eigentümer nach § 906 nicht zu dulden braucht, muss er unter bestimmten Voraussetzungen aus anderen Gründen dennoch hinnehmen. Auch diese (erweiterten) Duldungspflichten werden kompensiert durch Schadensersatz- oder Ausgleichsansprüche.

63 **1. Öffentlich-rechtliche Planfeststellungs-, Genehmigungs- oder Bewilligungsverfahren.** Der primäre nachbarrechtl Abwehranspruch (Beseitigungs- oder Unterlassungsanspruch) ist meist ausgeschlossen, soweit dem Eigentümer zuvor in einem förmlichen Verfahren Gelegenheit gegeben war, seine Belange im Rahmen der jew gebotenen Abwägung öffentlicher und privater Interessen zu vertreten und Einwände gegen das Vorhaben vorzubringen, von dem sein Grundstück beeinträchtigt wird. Der **zivilrechtl Nachbarschutz** wird insoweit in modifizierter Form in das öffentlich-rechtl Verfahren **vorverlagert**. Nach dem **Konzentrationsgrundsatz** werden in jenem Verfahren zugleich alle auf öffentlich-rechtl Vorschriften gestützten Entscheidungen zusammengefasst, die Voraussetzungen für das Vorhaben sind. Auf diese Weise soll eine umfassende Abwägung aller Belange erreicht und verhindert werden, dass einmal geschaffene wirtschaftl Werte später durch Richterspruch entwertet werden.

64 **a) Genehmigung umweltrelevanter Anlagen (§ 14 BImSchG).** Ein wichtiges Bsp für die privatrechtsgestaltende Wirkung (Präklusion) bestandskräftiger Genehmigungen bietet das förmliche Verfahren nach dem BImSchG. Nach § 4 BImSchG bedürfen die Errichtung und der Betrieb von Anlagen, die schädliche Umwelteinwirkungen hervorrufen oder in anderer Weise die Allgemeinheit oder die Nachbarschaft gefährden, erheblich benachteiligen oder erheblich belästigen könnten, einer Genehmigung. Ist die Genehmigung unanfechtbar geworden, so ist der **Anspruch auf Einstellung des Betriebes** (§ 1004) **grds ausgeschlossen**; es können nur **Vorkehrungen** verlangt werden, die die benachteiligenden Wirkungen ausschließen. Soweit solche Vorkehrungen nach dem Stand der Technik nicht durchführbar oder wirtschaftl nicht vertretbar sind, kann lediglich **Schadensersatz** verlangt werden (§ 14 BImSchG). Ob der Betroffene im Genehmigungsverfahren Einwendungen erhoben hat, ist für den Ausschluss seiner privatrechtl Ansprüche unerheblich. Der Unterlassungsanspruch lebt auch dann nicht wieder auf, wenn das Unternehmen mögliche Schutzmaßnahmen schuldhaft unterlässt; doch kann die Behörde nachträgl Anordnungen treffen oder Auflagen machen und bis zu deren Erfüllung den Betrieb ganz oder teilw untersagen (§§ 17, 20 BImSchG). Mit *Baur* (JZ 1974, 658) ist dem beeinträchtigten Grundeigentümer auch ein vor dem Verwaltungsgericht zu verfolgender Anspruch gegen die Behörde auf ein solches Vorgehen zu geben. Den **Unterlassungsanspruch „aufgrund besonderer privatrechtl Titel"** lässt § 14 BImSchG unberührt. Darunter fällt aber nicht § 1004; vielmehr muss eine besondere Rechtsgrundlage für den beeinträchtigenden Eigentü-

mer bestehen, zB eine Dienstbarkeit oder ein schuldrechtl Vertrag. Über solche Rechte wird im Genehmigungsverfahren nicht entschieden (§ 10 III 6 und VI BImSchG).

64a Die Ansprüche auf **Vorkehrungen** und auf **Schadensersatz** sind, auch wenn das in § 14 BImSchG nicht ausdrückl gesagt ist, **nur insoweit** gegeben, **als eine über die entschädigungslose Duldungspflicht des § 906 hinausgehende Beeinträchtigung vorliegt**, denn § 14 BImSchG soll nur einen Ausgleich dafür schaffen, dass genehmigte Anlagen über § 906 hinaus vor nachbarrechtl Unterlassungsansprüchen geschützt werden. § 14 greift mithin nicht ein, wenn der betroffene Eigentümer die Einwirkung schon nach § 906 II 1 nicht verbieten könnte, wenn also die wesentlichen Beeinträchtigungen durch eine nach Art und Ausmaß ortsübliche Benutzung des immittierenden Grundstücks herbeigeführt werden und nicht durch zumutbare Maßnahmen verhindert werden können (BGHZ 69, 105, 110; vgl auch schon RGZ 139, 29, 33f; 154, 161, 162 – jew zu § 26 GewO aF und § 148 ABG aF). Für das **Konkurrenzverhältnis zu § 906** gilt als Faustregel: Ein **Anspruch aus § 14 BImSchG** kommt in Betracht, wenn dem betroffenen Eigentümer an sich (nach § 1004 iVm § 906) ein Verbietungsrecht zustünde, dieses Recht aber infolge der behördlichen Genehmigung nicht ausgeübt werden kann; s Baur/*Stürner* § 25 Rn 33). Ein **Ausgleichsanspruch nach § 906 II 2** ist gegeben, wenn ein Verbietungsrecht nicht besteht, die Einwirkung aber über den Rahmen des Zumutbaren hinausgeht.

64b § 14 BImSchG gibt einen Anspruch auf **„Schadensersatz"**, § 906 II 2 einen Anspruch auf „angemessenen Ausgleich in Geld". Aus dem bewusst gewählten Wortlaut ist zu schließen, dass § 14 BImSchG auf §§ 249ff verweist und damit vollen Schadensersatz gewährt (*Baur* JZ 1974, 659; aA *Bälz* JZ 1992, 57, 71).

64c § 14 BImSchG gilt auch für **nach dem AtG genehmigte Anlagen** (§ 7 VI AtG) und für Flughäfen (§ 11 LuftVG).

65 **b) Planfeststellungen.** Für eine Reihe von Vorhaben sind bundesrechtl Planfeststellungsverfahren erforderlich, deren Verlauf und privatrechtsgestaltende Wirkungen in ihren Grundzügen den §§ 10ff BImSchG entsprechen. Dies gilt zB für den Bau und die Änderung bestehender Bundesfernstraßen (§ 17 FStrG) und Straßenbahnen (§§ 28ff PBefG) sowie für die Herstellung, Beseitigung oder wesentliche Umgestaltung eines Gewässers oder seines Ufers (§ 31 WHG) und für den Ausbau oder Neubau von Bundeswasserstraßen (§ 14 BundeswasserstraßenG). Soweit Spezialgesetze ein Planfeststellungsverfahren vorsehen, ohne das Verfahren selbst zu regeln, gelten die allg Bestimmungen des VwVfG des Bundes. Ist der jew Plan bestandskräftig festgestellt, so sind **Ansprüche auf Unterlassung** des Vorhabens, auf **Beseitigung** oder **Änderung** der Anlage oder auf Unterlassung ihrer Benutzung **ausgeschlossen** (§ 75 II VwVfG). Treten nicht voraussehbare Wirkungen des Vorhabens auf das Recht eines anderen erst nach der Unanfechtbarkeit des Planes auf (vgl Stuttgart NJW-RR 2001, 1313, 1315 mwN), kann der Betroffene **Vorkehrungen** oÄ verlangen, welche die nachteiligen Auswirkungen ausschließen (zum Rechtsschutz Dritter gegen Flughafenlärm vgl *Geulen* und *Klinger* NJW 2001, 1038 und Köln OLGRp 2002, 288). Sie sind dem Träger des Vorhabens durch Beschl der Planfeststellungsbehörde aufzuerlegen. Sind solche Vorkehrungen untunlich oder mit dem Vorhaben unvereinbar, richtet sich der Anspruch auf **angemessene Entschädigung in Geld** (§ 75 II 2–4 VwVfG). Zur Modifizierung des § 75 II 2 VwVfG im Anwendungsbereich fiktiver Planfeststellungen iSv § 71 II 1 LuftVG vgl BGHZ 161, 323, 331f. S hierzu auch *Krüger* ZfIR 2007, 5.

66 **c) Wasserrechtl Bewilligung (§§ 8ff WHG).** Die Bewilligung des Rechts, ein **Gewässer** in einer bestimmten Weise zu nutzen, wird ebenfalls in einem förmlichen Verfahren erteilt, in dem die Betroffenen Einwendungen geltend machen können (§ 11 II WHG). Ist zu erwarten, dass die Benutzung auf das Recht eines anderen nachteilig einwirkt und erhebt der Betroffene Einwendungen, so darf die Bewilligung nur erteilt werden, wenn die nachteiligen Einwirkungen durch Inhalts- oder Nebenbestimmungen vermieden oder ausgeglichen werden. Ist dies nicht möglich, so darf die Bewilligung gleichwohl aus Gründen des Wohls der Allgemeinheit erteilt werden; der Betroffene ist zu entschädigen (§ 14 III WHG). Hat der Betroffene Einwendungen im Bewilligungsverfahren erhoben und lässt sich zu diesem Zeitpunkt nicht feststellen, ob und in welchem Maße nachteilige Wirkungen eintreten werden, so ist eine nachträgl Auflagenerteilung vorzubehalten (§ 14 V WHG). Ist die Benutzung erlaubt bzw bewilligt, kann der Betroffene gegen den Inhaber der Bewilligung grds **keine Ansprüche** geltend machen, die **auf** die **Beseitigung** der Störung, auf die **Unterlassung** der Benutzung, auf die Herstellung von **Schutzeinrichtungen** oder auf **Schadensersatz** gerichtet sind (§ 16 WHG), es sei denn, der Betroffene konnte die nachteiligen Wirkungen bis zum Ablauf der Einwendungsfrist im Bewilligungsverfahren nicht voraussehen (§ 14 VI WHG). Die privatrechtsgestaltende Ausschlusswirkung geht hier also besonders weit. Anders als eine Bewilligung, die ihrem Inhaber ein subj öffentliches Recht zur Gewässerbenutzung gewährt, begründet eine **wasserrechtl Erlaubnis** nur eine öffentlich-rechtl Benutzungsbefugnis, die private Rechte Dritter unberührt und zivilrechtl Abwehransprüche offenlässt (BGH WM 1996, 1228, 1229 zu §§ 15, 16 WasserG BW). Rspr-Übersichten zum Wasserrecht bei *Brück* NJW 1974, 1357; *Mattern* WM 1979, 34, 46ff; *Hagen* WM 1982, 410, 418f und WM 1984, 677, 688; zum Entzug des Grund- oder Oberflächenwassers durch Vertiefungen § 909 Rn 1, 5.

67 **d) Keine gesteigerten Duldungspflichten iÜ. aa) Formlose Verwaltungsverfahren.** Häufig ist in den Fachgesetzen vorgesehen, dass bei Vorhaben von unwesentlicher Bedeutung oder unwesentlichen Änderungen planfestgestellter Vorhaben eine Planfeststellung unterbleiben (zB § 68 III WHG) oder ein vereinfachtes Genehmigungsverfahren durchgeführt werden kann (zB § 19 I BImSchG). Derartige Verwaltungsakte ergehen in einem weniger rechtsförmlichen Verfahren und bieten dem Betroffenen im Vorfeld der Entscheidung weniger Möglichkeiten, Einwände zu erheben und durchzusetzen; sie haben daher keine Konzentrationswirkung und keine privatrechts-

gestaltende Ausschlusswirkung. Diese Einschränkungen gelten erst recht für die bloßen **Anzeige- oder Genehmigungspflichten** nach dem neueren Bauordnungsrecht der Länder (vgl Rn 31).

68 **bb) Baugenehmigungen** stellen nur fest, dass dem beabsichtigten Bau öffentlich-rechtl Hindernisse nicht entgegenstehen (BVerwGE 26, 287; 50, 282, 290); sie ergehen „unbeschadet der privaten Rechte Dritter" und entfalten schon deswegen keine privatrechtsgestaltende Ausschlusswirkung (BGHZ 122, 1, 7f = NJW 1993, 1580; BGH NJW 2022, 2400 Rn 23; ebenso schon PrOVG 2, 351, 355; übereinstimmend *Schwerdtfeger* NVwZ 1983, 199, 201; *Hagen* NVwZ 1991, 817, 822; *Papier* in Pikart/Gelzer/Papier, Umwelteinwirkungen durch Sportanlagen, 1984, 120ff; aA *Schrödter* DVBl 1973, 763, 769; *Bartlsperger* DVBl 1971, 745, 746; vgl Rn 29). Das wird bestätigt durch § 14 BImSchG: Die im vereinfachten Verfahren erteilte Anlagengenehmigung schließt zwar die Baugenehmigung ein, hat aber trotzdem nicht die Ausschlusswirkung des § 14 BImSchG (zutr *Kleinlein*, Das System des Nachbarrechts, 1986, S 76f).

69 **cc) Bebauungspläne** schließen den zivilrechtl Abwehranspruch nicht aus (BGH NJW 1980, 1679; *Hagen* UPR 1985, 192, 197; *Hagen* NVwZ 1991, 817, 820f; *Marburger*, Verh 56. DJT 1986, C 104f und *Diederichsen* ebenda L 58f; 56. DJT Beschl Nr 52; *Baur*, GS W. Martens, 1987, 545, 551f; aA eine im öffentlichen Recht vordringende Auffassung, vgl *Papier*, 103ff; *Kleinlein*, 118ff; nach dem Grad der planerischen Konkretisierung diff *Gaentzsch* UPR 1985, 201, 207ff; noch anders *Gaentzsch* NVwZ 1986, 601). Sie regeln selbst die öffentlich-rechtl Zulässigkeit konkreter Bauvorhaben (zB in immissionsschutzrechtl Hinsicht) erst iVm der jew Baugenehmigung abschließend (vgl § 15 BauNVO). Das hat den Eigentumsabwehranspruch nicht ausgeschlossen. Soweit eine Harmonisierung des privaten und des öffentlichen Immissionsschutzrechts geboten ist, bietet die Bestimmung der Ortsüblichkeit iSd § 906 den systemgerechten Ansatz (vgl Rn 23ff).

70 **dd) Baulasten** (vgl zB § 85 BauO NW) sind nach Landesrecht zulässige, freiwillig übernommene Verpflichtungen von Grundstückseigentümern ggü der Baubehörde zu einem ihr Grundstück betreffenden Tun, Dulden oder Unterlassen, das sich nicht schon aus öffentlich-rechtl Vorschriften ergibt. Ob die Baulast einen privatrechtl Anspruch (und als Korrelat eine privatrechtl Duldungspflicht) begründet, ist umstr. Die Rspr tendiert wohl dahin, privatrechtl Duldungspflichten ggü mittelbar begünstigten Dritten zu verneinen (vgl BGHZ 88, 97, 100ff mwN; diff *Lorenz* NJW 1996, 2612; s auch Überblick bei *Greck* NWB 2004, 2675, 2678ff). Vgl zu den privatrechtl Folgen der Baulast auch *Eusani* ZfIR 2006, 827.

71 **ee) Sportausübung** ist zwar gesundheits- und sozialpolitisch förderungswürdig, aber ebenso wenig wie andere geräuschvolle Tätigkeiten von der Rücksichtnahme auf die Nachbarschaft freigestellt (BVerwGE 81, 197 = JZ 1989, 951). Ein Bebauungsplan, der in der Nachbarschaft zu einem Wohngebiet einen Sportplatz ohne nähere Konkretisierung ausweist, ist idR dahin auszulegen, dass dort nur eine mit der Wohnnutzung verträgliche Sportausübung zulässig ist (BVerwGE 81, 197). In einer solchen plangegebenen Situation sind beide Nutzungen öffentlich-rechtl mit einer Pflicht zu gegenseitiger Rücksichtnahme belastet (BVerwG ZfBR 1991, 219). Keinesfalls braucht eine zweckwidrige Nutzung des Sportplatzes geduldet zu werden (BVerwG JZ 1990, 347). Die zuvor vermissten normativen Vorgaben enthält seit 1991 die **18. BImSchV** (SportanlagenlärmschutzVO, BGBl I 1991, 1588, 1790), welche die Belange des Sports aufwertet und stärker schützt (näher dazu *Tettinger/Kleinschmittger* JZ 1992, 107, 113f; *Beckmann* NWB Fach 24, 2209).

72 **2. Gemeinwichtige Betriebe.** Aus dem Grundgedanken des § 14 BImSchG (vormals § 26 GewO aF) hat die Rspr weitere gesteigerte Duldungspflichten zugunsten von Betrieben entwickelt, deren **Tätigkeit im öffentlichen Interesse** liegt. Ihnen ggü dürfen Abwehransprüche **nicht** auf solche Maßnahmen zielen, die den Betrieb **lahmlegen oder erheblich erschweren** (vgl RGZ 73, 270 – Geräusche einer Rohrpostanlage; RGZ 159, 129, 135f – Einwirkungen der Autobahn; RGZ 167, 14, 25 – Grundwasserabsenkungen beim Bau von Untergrundbahnen; BGHZ 48, 98, 104 – Ernteausfall durch Staubeinwirkungen beim Straßenbau; BGHZ 60, 119, 122 – Hochspannungsleitung; BGH NJW 1963, 2020 – Lärm eines Clubbetriebs der Stationierungsstreitkräfte; BGHZ 91, 20 – gemeindliche Kläranlage; BGHZ 144, 200 – Drogenhilfezentrum). Auch hiernach kann aber zB ein Anspruch auf Verlegung der Haltestelle eines privatrechtl betriebenen Omnibusunternehmens begründet sein (BGH NJW 1984, 1242). Ggü einer Druckerei hat der BGH (LM § 903 Nr 4) gesteigerte Duldungspflichten abgelehnt. Die undifferenzierte Einschränkung des Abwehranspruchs zugunsten gemeinwichtiger Betriebe dürfte jedenfalls in jenen Bereichen problematisch sein, in denen **spezialgesetzl Grundlagen** zur verfahrens- und entschädigungsrechtl Lösung des Interessenkonflikts vorhanden sind. So hat zB BGHZ 66, 62, 66f eine Pflicht, Leitungsmasten uÄ zu dulden, aufgrund der „Allg Bedingungen für die Versorgung mit elektrischer Arbeit aus dem Niederspannungsnetz des Elektrizitätsunternehmens" bejaht. Zulasten von Grundstückseigentümern, die nicht selbst Stromabnehmer sind, bieten §§ 85ff BauGB und § 45 EnWG uU die Möglichkeit, ein Enteignungsverfahren mit dem Ziel einzuleiten, das Grundstückseigentum mit einer Dienstbarkeit zugunsten des Energieversorgungsunternehmens zu belasten. Ob darüber hinaus eine allg Duldungspflicht ggü Energieversorgungsunternehmen besteht, ist zu bezweifeln (vgl BGHZ 66, 37, 40). Auch **soweit spezialgesetzl Grundlagen fehlen**, erscheint es bedenklich, aus § 14 BImSchG einseitig die belastenden Regelungselemente zu verallgemeinern, ohne dem betroffenen Grundstückseigentümer vergleichbare Rechte zur Geltendmachung von Einwendungen und zur Erzwingung von Auflagen zuzubilligen (grds gegen eine solche Einschränkung des Abwehranspruchs ohne gesetzl Grundlage auch *Papier* NJW 1974, 1797, 1798; *Martens*, FS Schack, 1996, 85, 89ff; Staudinger/*Roth* Rn 30 mwN; BeckOK/*Fritzsche* Rn 80f; aA MüKo/*Brückner* Rn 109).

Zum **Ausgleich** für die Aufopferung des primären Abwehranspruchs nach § 1004 zugunsten gemeinwichtiger Betriebe erhält der Betroffene einen **privatrechtl Aufopferungsanspruch**, der als **nachbarrechtl Ausgleichsanspruch** gekennzeichnet wird (BGHZ 48, 98, 100). Zur **Höhe** des Anspruchs ist umstr, ob der Betroffene vollen Schadensersatz oder nur „billigen Ausgleich" verlangen kann (BGHZ 48, 98, 105). Sieht man den Grund für die Duldungspflicht in dem Rechtsgedanken des § 14 BImSchG und berücksichtigt man, dass § 14 BImSchG **vollen Schadensersatz** gewährt, liegt es nahe, für den privaten Aufopferungsanspruch ebenso zu verfahren. Im Anschluss an RGZ 139, 29, 33f (zu §§ 26 GewO aF, 148 ABG) ist aber ein allg Rechtsgedanke für alle Arten von Immissionen anzuerkennen, wonach der Grundeigentümer sich das gefallen lassen muss, was sich im Rahmen des § 906 I hält, und bei Überschreitung dieser Grenzen nur für die Folgen dessen Ersatz verlangen kann, was über das hiernach zulässige Maß hinausgeht (vgl auch BGH NJW 1988, 3019). 73

3. Treu und Glauben (nachbarliches Gemeinschaftsverhältnis). a) Anwendungsbereich. Die Rechte und Pflichten von Grundstücksnachbarn werden zwar in erster Linie durch die §§ 905ff (besonders § 906) geregelt, doch erfassen diese Bestimmungen nicht alle Besonderheiten des jew Falles. Insoweit bleibt Raum für die Anwendung der Regeln von Treu und Glauben auf die Besonderheiten nachbarlichen Zusammenlebens. Aus dem Gebot von Treu und Glauben entspringt eine **Pflicht zu gesteigerter gegenseitiger Rücksichtnahme**, die in Fällen eines unabweisbaren Bedürfnisses ausnahmsw dazu führen kann, die **Ausübung gewisser** aus dem Eigentum fließender **Rechte** eines Grundstückseigentümers als **unzulässig** oder doch **entschädigungspflichtig** erscheinen zu lassen (BGHZ 16, 366, 372f mwN; BGH NJW 2000, 1719f); **äußerstenfalls** kann das Rücksichtnahmegebot auch eine **Pflicht zu positivem Handeln** begründen (BGHZ 28, 110, 114; Frankfurt OLG 1989, 324 – Beseitigung einer Funkantenne). Diese Konkretisierung von Treu und Glauben, für das nachbarliche Zusammenleben meist als „nachbarliches Gemeinschaftsverhältnis" umschrieben (vgl ua Westermann/*H.P. Westermann* § 62 I 2 und V; *Bälz*, FS Kübler, 1997, 355ff), setzt keine tatbestandsmäßige Störung iSd § 1004 voraus (vgl *Hagen*, FS H. Lange, 1992, 483, 495ff), muss aber eine aus zwingenden Gründen gebotene Ausnahme bleiben (BGH NJW 1995, 2633; NJW 2000, 1719, 1720) und daher für einen billigen Ausgleich der widerstreitenden Interessen zwingend geboten erscheinen (BGH NJW-RR 2013, 650 Rn 6; NJW-RR 2019, 78 Rn 11). Ihr legitimer Anwendungsbereich wird durch die **Atypizität des Einzelfalles oder des** konkreten **Regelungsproblems** gekennzeichnet (BGH NJW-RR 2001, 232, 233). 74

Im **historischen Ansatz** hat das RG aus dem nachbarlichen Gemeinschaftsverhältnis allerdings auch die Legitimation zur Korrektur des § 906 für einen typischen Interessenkonflikt hergeleitet. Für das Zusammenleben zweier an sich ortsüblicher Grundstücksnutzungen erkannte es Immissionen der Schwerindustrie von einem die Landwirtschaft in ihrer Existenz bedrohenden Ausmaß insoweit nicht mehr als ortsüblich und daher nicht mehr durch § 906 aF gerechtfertigt an (RGZ 154, 161, 165ff); damit wurde für den übermäßigen Teil der Einwirkungen der Weg frei für einen Ersatzanspruch (damals nach §§ 148 ABG, 26 GewO aF). Der BGH interpretierte diese Entscheidung aber dahin, dass dort der Ausgleichsanspruch unmittelbar aus dem nachbarlichen Gemeinschaftsverhältnis abgeleitet worden sei, und entwickelte daraus unversehens einen eigenständigen **Billigkeitsanspruch** auf Teilentschädigung (BGHZ 30, 273, 280). 74a

Für die **einzelfallgerechte Bewältigung atypischer nachbarlicher Interessenkonflikte** bleibt aber (entgegen BGHZ 38, 61, 63f; missverständlich BGHZ 111, 63, 74) das nachbarliche Gemeinschaftsverhältnis in Extremfällen als Korrektiv nach Treu und Glauben bedeutsam (BGH NJW 2000, 1719f; Westermann/*H.P. Westermann* § 62 V 3 mwN). **Bsp:** kriegsbedingte Ausbauchung einer Brandmauer des Nachbargrundstücks (BGHZ 28, 110); Grobimmissionen durch Steine bei Sprengungen im Steinbruch (BGHZ 28, 225); Abschwemmungen von Behelfsdamm (BGHZ 58, 149, 159); Stehenlassen einer für den Nachbarn unentbehrlichen Grenzwand (BGHZ 68, 350, 353f); Brandmauererrichtung vor Nachbarfenstern (BGH NJW-RR 2003, 1313, 1314); Duldung (ohne Kostenlast) eines Antennenanschlusses auf einem die Nachbarhäuser „abschattenden" Hochhaus (BGHZ 88, 344, 351f); Rücksichtnahme bei Anlegung einer Zwischendeponie, die Abfluss kalter Luft von Weinbergen verhindert (BGHZ 113, 384); Duldung der Rückverankerung einer Bohrpfahlwand auf Nachbargrundstück im Rahmen genehmigten Bauvorhabens gegen angemessenen Ausgleich (Stuttgart NJW 1994, 739); Duldung einer Abwasserdurchleitung (BGH NJW 2003, 1392f); Pflicht zur Vermeidung der Beeinträchtigung von Licht und Ausblick bei baulichen Änderungen nach Teilung einheitlich bebauten Grundstücks (BGH NJW-RR 2003, 1313). 75

Den häufigsten, wenn auch nicht immer unter dem Stichwort des nachbarrechtl Gemeinschaftsverhältnisses abgehandelten Anwendungsfall von Treu und Glauben unter Nachbarn bilden **Unterschreitungen des Bauwichs** und nach § 912 nicht hinzunehmende **Überbauten**. Danach ist der Beseitigungsanspruch nach § 1004 dem **Einwand des Rechtsmissbrauchs** ausgesetzt, wenn die Beseitigung für den Überbauenden mit **unverhältnismäßig großen Aufwendungen** verbunden wäre, die ihm bei Berücksichtigung der beiderseitigen Interessen sowie aller sonstigen Umstände billigerweise nicht zuzumuten sind (BGHZ 62, 388; 68, 350; BGH WM 1979, 644, 647). Entwickelt wird dieser Gedanke zT in Anlehnung an spezielle positiv-rechtl Ausprägungen von Treu und Glauben im Schadensrecht (§ 251 II; BGHZ 62, 388; BGH MDR 1977, 568), des Nachbarrechts (§ 912 II, BGH MDR 1974, 571; MDR 1977, 568), des Vertragsrechts (§ 633 II 2, vgl BGHZ 62, 388; BGH MDR 1977, 568) sowie unter Hinw auf das nachbarliche Gemeinschaftsverhältnis (BGHZ 68, 350, 353f). Den gleichen immanenten Grenzen der Zumutbarkeit unterliegt auch der **quasi-negatorische Beseitigungsanspruch** (analog §§ 1004, 823 II; vgl BGH MDR 1974, 571 – Überschreitung der baurechtl zulässigen Geschosszahl). Bei der Bestimmung dieser immanen- 75a ten Grenzen sind alle relevanten Umstände des Einzelfalles zu berücksichtigen (Umfang der Aufwendungen, Art und Grad des Verschuldens des Störers usw, BGH NJW 1970, 1180).

76 **b) Rechtsfolgen. aa)** Die Konkretisierung von Treu und Glauben im nachbarlichen Gemeinschaftsverhältnis begründet nach hM nur einzelne Pflichten, aber **kein gesetzl Schuldverhältnis**, auf das § 278 anwendbar wäre (BGHZ 42, 374; BGH NJW 2019, 773 Rn 4; zweifelnd noch BGHZ 135, 235, 243f; aA Westermann/*H.P. Westermann* § 62 V 2, VI 3b; vgl auch *Brox* JA 1984, 182ff mwN). Deshalb haftet der Grundstückseigentümer für eine von seinem Architekten verursachte unzulässige Vertiefung (vgl § 909) allenfalls nach § 831. Bei einem Überbau muss er sich analog § 166 Vorsatz oder grobe Fahrlässigkeit des Architekten (BGHZ 42, 63; 62, 243), nicht aber des Bauunternehmers (BGH NJW 1977, 375) zurechnen lassen. Weitere durch die Nichtanwendung des § 278 entstehende Rechtsschutzlücken schließt der BGH durch eine sehr weitgehende Verschärfung der Sorgfaltsanforderungen an den Eigentümer persönlich (vgl etwa BGH LM BGB § 909 Nr 21 – Beauftragung eines Spezialunternehmens mit einer Grundwasserabsenkung) oder – methodenehrlicher – durch Zubilligung eines verschuldensunabhängigen nachbarrechtl Ausgleichsanspruchs (vgl Rn 43 und § 909 Rn 5).

77 **bb)** Soweit den Grundstückseigentümer hiernach gesteigerte Pflichten zu einem Handeln, Dulden oder Unterlassen treffen, erhält er als Korrelat einen **Ausgleichsanspruch**. Da seine Rechte über das in § 906 bestimmte Maß hinaus beschnitten werden, kann auch sein Ersatzanspruch über den in § 906 II 2 vorgesehenen angemessenen Ausgleich hinausgehen (vgl BGHZ 28, 225, 232 – voller Schadensersatz für Pflicht zur Duldung von „Grobimmissionen"; BGHZ 58, 149, 160 – Frage vollen Schadensersatzes offengelassen; BGHZ 28, 110, 114f – Ersatz aller Mehraufwendungen für das Verfüllen des Zwischenraums im „Ausbauchungsfall"). Im Allg kann er aber nur angemessenen Ausgleich analog § 906 II 2 (vgl dazu Rn 43) verlangen, denn diese gesetzl Regelung geht ebenfalls auf die Rspr zum nachbarlichen Gemeinschaftsverhältnis zurück (BGHZ 113, 384). Den Verlust der Bodennutzung infolge der Pflicht, eine auf eigenem Grund errichtete Grenzwand zugunsten des Nachbarn stehen zu lassen, hat der BGH in Anlehnung an eine Überbaurente nach § 912 II bemessen (BGHZ 68, 350, 355).

78 **VI. Verjährung.** Die Ausgleichsansprüche aus (oder analog) § 906 II 2 und aus enteignendem oder enteignungsgleichem Eingriff – ebenso wie die negatorischen Abwehransprüche und die deliktischen Schadensersatzansprüche wegen rechtswidrigen und schuldhaften Immissionen oder anderen Einwirkungen sowie der Schadensersatzanspruch nach § 14 BImSchG – unterliegen den allg Verjährungsregelungen der §§ 195, 199. Sie verjähren also regelmäßig nach drei Jahren ab Anspruchsentstehung und Kenntnis oder grob fahrlässiger Unkenntnis der anspruchsbegründenden Umstände und der Person des Schuldners (vgl §§ 195, 199 I), spätestens jedoch nach 10 Jahren (vgl § 199 IV); für Schadensersatzansprüche gilt eine diffe Sonderregelung (§ 199 II, III). Eine entspr Anwendung der in § 75 II 2 VwVfG geregelten Ausschlussfrist auf die Geltendmachung eines Anspruchs aus § 906 II 2 kommt nicht in Betracht (BGH NJW 2005, 660, 664). Für Entschädigungsansprüche wegen enteignenden bzw enteignungsgleichen Eingriffs ist aber an eine Analogie zu § 54 BPolG zu denken (vgl *Kellner* NVwZ 2002, 395, 399f).

79 **VII. Rechtsweg.** Bei Immissionsklagen gegen jur Personen öffentlichen Rechts ist zu unterscheiden zw der Abwehrklage (auf Beseitigung oder Unterlassung) und der Klage auf schützende Vorkehrungen einerseits sowie Ausgleichsansprüchen andererseits.

80 **1. Abwehrklage.** Bei der Abwehrklage kommt es darauf an, ob die störende Nutzung in öffentlich-rechtl oder in privatrechtl Form geschieht und ob die Vollstreckung des obsiegenden Urteils zur Aufhebung oder Änderung einer hoheitlichen Maßnahme führen würde: **Zivilrechtsweg** bei privatrechtl Nutzung einer Festwiese (BGHZ 41, 264); bei privatrechtl organisiertem Ausbau einer öffentlichen Straße (BGHZ 72, 289, 293); bei privatrechtl Vermietung eines Jugendzeltplatzes durch die Gemeinde (BGHZ 121, 248); bei Lärmimmissionen durch den Betrieb der Deutschen Bahn AG (BGH NJW 1997, 744) bzw eines Flughafens (BGHZ 161, 323, 327); **Verwaltungsrechtsweg** bei Überschwemmung durch öffentliche Kanalisation (BGH LM GVG § 13 Nr 81); bei Lärm von einem Kinderspielplatz („Bolzplatz"), der im Bebauungsplan vorgesehen, im Vollzug dieser Planung von der Gemeinde eingerichtet sowie in Dienst gestellt und damit einem öffentlichen Zweck gewidmet ist (BGH NJW 1976, 570); bei Lärm einer gemeindlichen Mehrzweckhalle (VGH BW DWW 1986, 247f) oder eines von der öffentlichen Hand betriebenen Sportplatzes (BVerwG JZ 1989, 951). Ein öffentliches Interesse allein genügt nicht zur Annahme einer öffentlich-rechtl Streitigkeit.

81 **2. Klage auf Vorkehrungen.** Bei Klagen auf Vorkehrungen zur Verhinderung oder Verminderung von Immissionen ist unter den gleichen Voraussetzungen der Zivil- oder der Verwaltungsrechtsweg gegeben, so zB der Zivilrechtsweg für eine Immissionsabwehrklage, die auf eine nur mit behördlicher Genehmigung mögliche Verlegung der Haltestelle eines privatrechtl betriebenen Omnibusunternehmens abzielt (BGH NJW 1984, 1242), oder auf genehmigungsbedürftige Schutzvorkehrungen (BGH NJW 1995, 714). Zur **Durchsetzung** der Einhaltung **einer** in einer Baugenehmigung enthaltenen, bestandskräftigen **Auflage** zum Schutz des klagenden Nachbarn gegen Lärm vgl BGHZ 122, 1, 3ff – Ballettschule (s hierzu auch *Bross*, FS Hagen, 1999, 357, 365).

82 **3. Ausgleichs-, Entschädigungs- und Schadensersatzansprüche.** Für diese ist in jedem Fall der Zivilrechtsweg gegeben (BGHZ 49, 148, 149). Das gilt auch für Ansprüche aus einem öffentlich-rechtl Benutzungsverhältnis (BGH VersR 1983, 588 – fehlerhaftes Anschlussrohr der öffentlichen Kanalisation).

VIII. Nachbarrechte der Länder

Schrifttum: Baden-Württemberg: *Birk*, Nachbarrecht für Baden-Württemberg, 6. Aufl 2018; *Bruns*, Nachbarrechtsgesetz Baden-Württemberg, 5. Aufl 2021; *Pelka*, Das Nachbarrecht in Baden-Württemberg, 22. Aufl 2015; *Reich*, Gesetz über das Nachbarrecht Baden-Württembergs, 2008; *Vetter/Karremann/Kahl/Kaiser/Kaiser*, Nachbarrecht in Baden-Württemberg, 19. Aufl 2019; **Bayern:** *Bayer/Grziwotz/Lindner*, Bayerisches Nachbarrecht, 2. Aufl 1994; *Grziwotz/Saller*, Bayerisches Nachbarrecht, 3. Aufl 2015; *Meisner/Ring/Ring*, Nachbarrecht in Bayern, 7. Aufl 1986; *Schulz/Strasser*, Nachbarrecht in Bayern, 4. Aufl 2021; *Stadler/Stadler*, Das Nachbarrecht in Bayern, 8. Aufl 2016; **Berlin:** *v Feldmann/Groth/Kayser/Keinhorst*, Handbuch des Nachbarrechts – Berlin, 2. Aufl 2002; *Netz*, Berliner Nachbarrecht – leicht gemacht, 2006; *Postier*, Nachbarrecht in Berlin, 2. Aufl 2012; **Brandenburg:** *Netz*, Brandenburgisches Nachbarrecht – leicht gemacht, 2006; *Postier*, Nachbarrecht in Brandenburg, 5. Aufl 2012; *Rammert*, Nachbarrecht Brandenburg, 2005; *Stollenwerk*, Brandenburgisches Nachbarrechtsgesetz, 5. Aufl 2021; **Hessen:** *Hinkel/Stollenwerk*, Nachbarrecht in Hessen, 9. Aufl 2020; *Hodes/Dehner*, Hessisches Nachbarrecht, 5. Aufl 2001; *Keil/Hoof*, Das Nachbarrecht in Hessen, 21. Aufl 2010; *Netz*, Hessisches Nachbarrecht – leicht gemacht, 2. Aufl 2005; *Rammert*, Nachbarrecht Hessen, 2. Aufl 2007; *Reich*, Hessisches Nachbarrechtsgesetz, 2007; **Niedersachsen:** *Hoof/Keil*, Das Nachbarrecht in Niedersachsen, 11. Aufl 2006; *Netz*, Niedersächsisches Nachbarrecht – leicht gemacht, 2. Aufl 2007; *Pardey*, Niedersächsisches Nachbarrechtsgesetz, 5. Aufl 2020; *Rammert*, Nachbarrecht in Niedersachsen, 2. Aufl 2005; *Reich*, Niedersächsisches Nachbarrechtsgesetz, 2006; *Schäfer*, Niedersächsisches Nachbarrechtsgesetz, 3. Aufl 2022; *Warnecke*, Nachbarrechtsfibel für Niedersachsen, 14. Aufl 2015; **Nordrhein-Westfalen:** *Netz*, Nordrhein-Westfälisches Nachbarrecht – leicht gemacht, 2006; *Rammert*, Nachbarrecht in Nordrhein-Westfalen, 3. Aufl 2006; *Reich*, Nachbarrechtsgesetz Nordrhein-Westfalen, 2006; *Schäfer*, Nachbarrechtsgesetz für Nordrhein-Westfalen, 17. Aufl 2018; *Stollenwerk*, Nachbarrechtsgesetz Nordrhein-Westfalen, 5. Aufl 2022; **Rheinland-Pfalz und Saarland:** *Bauer/Schlick*, Nachbarrecht für Rheinland-Pfalz und das Saarland, 7. Aufl 2017; *Netz*, Rheinland-Pfälzisches Nachbarrecht – leicht gemacht, 2007; *Netz*, Saarländisches Nachbarrecht – leicht gemacht, 2005; *Schlick*, Nachbarrecht Rheinland-Pfalz, 7. Aufl 2016; **Sachsen:** *Eidam*, Nachbarrecht im Freistaat Sachsen, 1998; *Kayser*, Nachbarrecht in Sachsen, 2001; *Netz*, Sächsisches Nachbarrecht – leicht gemacht, 2007; *Schäfer/Reich*, Sächsisches Nachbarrechtsgesetz, 2. Aufl 2021; Staatsministerium der Justiz und für Europa, Freistaat Sachsen, Nachbarrecht in Sachsen, 12. Aufl 2015; *Stollenwerk*, Sächsisches Nachbarrechtsgesetz, 2. Aufl 2013; *Thomas/Schlüter*, Sächsisches Nachbarrecht, 3. Aufl 2019; **Sachsen-Anhalt:** *Eidam*, Nachbarrecht in Sachsen-Anhalt, 2. Aufl 2000; *Fruhner/Weber*, Nachbarrecht für Sachsen-Anhalt, 1998; *Pardey*, Nachbarrecht in Sachsen-Anhalt, 2. Aufl 2005; *Rammert*, Nachbarrecht in Sachsen-Anhalt, 1999; **Schleswig-Holstein:** *Bassenge/Olivet*, Nachbarrecht in Schleswig-Holstein, 13. Aufl 2017; **Thüringen:** *Bauer/Schlick*, Thüringer Nachbarrecht, 6. Aufl 2017; *Schäfer*, Thüringer Nachbarrechtsgesetz, 2. Aufl 2006; *Stollenwerk*, Nachbarrechtsgesetz Thüringen, 3. Aufl 2007.

Die Nachbarrechte der Länder bleiben von den nachbarrechtl Vorschriften des BGB unberührt (Art 124 EGBGB). Sie können die Eigentumsbeschränkungen des BGB zugunsten der Nachbarn erweitern, nicht aber mildern oder aufheben. Die regionalen Nachbarrechte waren stark zersplittert und unübersichtlich. Fast alle Bundesländer haben eigene Nachbarrechtsgesetze erlassen: **Baden-Württemberg:** Gesetz über das Nachbarrecht (Nachbarrechtsgesetz – NRG) idF v 8.1.1996 (GBl 54), geändert durch G v 4.2.2014 (GBl 65); **Bayern:** Art 43–54 Bay AGBGB v 20.9.1982 (BayRS 400-1-J), AGBGB zuletzt geändert durch G v 23.2.2016 (GVBl 14); **Berlin:** Berliner Nachbarrechtsgesetz (NachbG Bln) v 28.9.1973 (GVBl 1654), zuletzt geändert durch G v 17.12.2009 (GVBl 870); **Brandenburg:** Brandenburgisches Nachbarrechtsgesetz (BbgNRG) v 28.6.1996 (GVBl I/96 226), zuletzt geändert durch G v 3.6.2014 (GVBl I 22); **Bremen:** Abgesehen von den Regelungen zur Kommunmauer in §§ 24, 25 AGBGB gibt es kein Nachbarrechtsgesetz; **Hamburg:** besitzt kein Landesnachbarrechtsgesetz; **Hessen:** Hessisches Nachbarrechtsgesetz v 24.9.1962 (GVBl I 417), zuletzt geändert durch G v 28.9.2014 (GVBl I 218); Gesetz tritt mit Ablauf des 31.12.2022 außer Kraft, vgl § 49 S 2; **Mecklenburg-Vorpommern:** besitzt kein Landesnachbarrechtsgesetz; **Niedersachsen:** Niedersächsisches Nachbarrechtsgesetz (NNachbG) v 31.3.1967 (GVBl 91), zuletzt geändert durch G v 23.7.2014 (GVBl 206); **Nordrhein-Westfalen:** Nachbarrechtsgesetz (NachbG NRW) v 15.4.1969 (GV 190), zuletzt geändert durch G v 17.12.2021 (GV NRW 1477); **Rheinland-Pfalz:** Landesnachbarrechtsgesetz (LNRG) v 15.6.1970 (GVBl 198), geändert durch G v 21.7.2003 (GVBl 209); **Saarland:** Saarländisches Nachbarrechtsgesetz Gesetz Nr 965 v 28.2.1973 (Amtsbl 210), zuletzt geändert durch G v 15.7.2015 (Amtsbl 632); **Sachsen:** Sächsisches Nachbarrechtsgesetz (SächsNRG) v 11.11.1997 (GVBl 582), zuletzt geändert durch G v 8.12.2008 (GVBl 940); **Sachsen-Anhalt:** Nachbarschaftsgesetz (NbG) v 13.11.1997 (GVBl 985), zuletzt geändert durch G v 18.5.2010 (GVBl 340); **Schleswig-Holstein:** Nachbarrechtsgesetz für das Land Schleswig-Holstein (NachbG Schl-H) v 24.2.1971 (GVOBl 54), zuletzt geändert durch Art 1 G v 15.9.2021 (GVOBl 1067); **Thüringen:** Thüringer Nachbarrechtsgesetz (ThürNRG) v 22.12.1992 (GVBl 599), zuletzt geändert durch G v 8.3.2016 (GVBl 149). 83

Zu den wichtigsten privatrechtl Bestimmungen des Landesnachbarrechts, insb Fenster- und Lichtschutzrecht, Hammerschlags- und Leiterrecht, Anwenderecht, Trepprecht, Grenzabstände, Dachtraufrecht oder Grenzwände vgl Staudinger/*Albrecht* Art 124 EGBGB Rn 14ff sowie *Horst*, Rechtshandbuch Nachbarrecht[2] 2007.

Nach § 15a EGZPO haben die Länder die Möglichkeit, dem Verfahren vor dem Amtsgericht ein **obligatorisches Schlichtungsverfahren** vorzuschalten. Hiervon haben etliche Länder Gebrauch gemacht (vgl dazu MüKo-ZPO/*Gruber* § 15a EGZPO Rn 47 Fn 142). Eine Klage, deren Zulässigkeit nach § 15a EGZPO und dem dazu bestehenden Landesrecht die Durchführung eines Güteversuchs von einer Schlichtungsstelle voraussetzt, ist nur dann zulässig, wenn das Schlichtungsverfahren der Klageerhebung zwingend vorausgegangen ist. Dies verstößt weder gegen die Gewährleistung des Art 19 IV GG noch gegen den allg Justizgewährungsanspruch (s BVerfG NJW-RR 2007, 1073ff). Die Nachholung während des laufenden Rechtsstreits kann nicht mehr zur Zulässigkeit der Klage führen (BGH NJW 2005, 437, 438; Köln OLGRp 2006, 406, 407). Zur Auslegung des Gewerbebegriffs iSv § 15a I Nr 2 EGZPO vgl *Erdel* MDR 2005, 721. 84

Vorbemerkung vor § 907

1 **I. Wohnungseigentum (Wohnungserbbaurecht) – Überblick. 1. Erklärungen ggü den Wohnungseigentümern.** Erklärungen ggü den Wohnungseigentümern als Eigentümern des gemeinschaftlichen Eigentums sind an diese zu richten. Etwas anderes gilt, wenn der Anwendungsbereich von § 9a II WEG eröffnet ist. Dann ist § 9b WEG zu beachten. **2. Erklärungen der Wohnungseigentümer. a) Sachenrechtl.** Für „sachenrechtl" Erklärungen zum gemeinschaftlichen Eigentum ist die Gemeinschaft der Wohnungseigentümer unzuständig: Änderungen der **sachenrechtl Grundlagen** stellen **keine Verwaltung** iSd § 18 I WEG dar und können daher weder durch einen Beschluss noch durch eine Vereinbarung herbeigeführt werden (BGH WuM 2019, 724 Rn 12; NJW 2016, 2177 Rn 17; München MDR 2022, 1338; aA Nürnberg ZWE 2022, 43 Rn 10ff). Wird von den Wohnungseigentümern eine „sachenrechtl" Erklärung zum gemeinschaftlichen Eigentum verlangt, bspw ein Löschungsanspruch, müssen sich die Wohnungseigentümer erklären (BGH 20.1.2023 – V ZR 65/22 Rn 8ff). **b) Schuldrechtl.** „Schuldrechtl" Erklärungen zum gemeinschaftlichen Eigentum sind nach § 9a II Fall 1 WEG jew von der Gemeinschaft der Wohnungseigentümer abzugeben (unklar zum früheren Recht BGH GE 2012, 1309 Rn 6 in Bezug auf §§ 683, 670 bzw § 812 I 1, § 818 II). **3. Renten (§ 912 II 1, § 917 II 1).** Renten in Bezug auf das gemeinschaftliche Eigentum sind eine Last, die nach § 9a II WEG die Gemeinschaft der Wohnungseigentümer erfüllen muss (*Elzer*, FS Riecke, 2019, 82, 90); im Innenverhältnis gilt § 16 II 1 WEG. Die Wohnungseigentümer sind daneben nicht verpflichtet. Der Anspruch auf Überbau- und Notwegrente steht den Wohnungseigentümern zu, unterfällt aber § 9a II WEG. **4. Nachbarwand.** Eine nicht tragende Wand, die zwei Räume trennt, die jew im Sondereigentum stehen, steht nach hM wie eine Grenzwand (§ 921 Rn 10) im „Nachbareigentum" (s auch BGH NJW 2008, 2982 Rn 11: „Mitsondereigentum") und soll vor allem eine entspr Anwendung der §§ 921, 922 ermöglichen (Schleswig ZMR 2007, 726; München NZM 2006, 344). Nach Ansicht des BGH kommt vertikal („lotrecht") geteiltes Sondereigentum in Betracht (BGH NJW 2016, 473 Rn 19). Ist eine Wand zur Abgrenzung von zwei Sondereigentumsbereichen erforderlich, dient sie indes gem § 5 II WEG dem gemeinschaftl Gebrauch und steht im gemeinschaftlichen Eigentum. **5. Sondereigentum.** Zum Sondereigentum muss sich in Bezug auf das **Sachenrecht** dessen Eigentümer erklären (BGH 20.1.2023 – V ZR 65/22 Rn 10). Unklar ist, ob für schuldrechtl Erklärungen im **Einzelfall** nach § 9a II Fall 2 WEG etwas anderes gelten könnte, zB für Rauchwarnmelder.

2 **II. Wohnungseigentum (Wohnungserbbaurecht) – Einzelheiten. 1. Schutz (§§ 907, 908). a) Anspruchsinhaber.** Den Schutz aus §§ 907, 908 können die Wohnungseigentümer als Anspruchsinhaber verlangen. Der Anspruch unterfällt allerdings § 9a II WEG. **b) Anspruchsgegner.** Sind die Wohnungseigentümer Anspruchsgegner, muss die Gemeinschaft der Wohnungseigentümer die Pflicht nach § 9a II WEG erfüllen. Die Gemeinschaft ist dabei als **fiktive Eigenbesitzerin** iSv § 836 III anzusehen (s auch *Elzer* ZWE 2022, 149, 152ff). **2. Vertiefung (§ 909).** Das Verbot des § 909 richtet sich an die Wohnungseigentümer. Das Verbot **einfordern** muss nach § 9a II WEG die Gemeinschaft der Wohnungseigentümer. **3. Überhang (§ 910). a) Wohnungseigentümer untereinander.** Wohnungseigentümern untereinander stehen die Rechte aus § 910 I nicht zu – auch nicht entspr (aA BGH NJW 2007, 3636 Rn 9) –, da sie Miteigentümer und nicht Nachbarn sind (Düsseldorf NJW-RR 2002, 81; aA KG NZM 2005, 745). Anspruchsgrundlage sind grds § 14 I Nr 1, II Nr 1 WEG, ggf iVm mit der Gemeinschaftsordnung oder einem Beschluss. **b) Nachbargrundstück.** Im Verhältnis zum Nachbargrundstück kann sich nach § 9a II WEG grds die Gemeinschaft der Wohnungseigentümer auf § 910 I berufen; etwas anderes gilt für einen **Sondernutzungsberechtigten** (BGH ZWE 2022, 84 Rn 9ff). Verlangt der Nachbar nach § 1004 I Unterlassung/Beseitigung, muss nach § 9a II WEG die Gemeinschaft der Wohnungseigentümer die Pflicht erfüllen. **c) Eigentum.** Der Überhang steht den Wohnungseigentümern nach §§ 741ff zu. **4. Überfall (§ 911).** Eigentümer des Überfalls werden die Wohnungseigentümer. **5. Überbau (§§ 912–915). a) Stammgrundstück steht im Miteigentum der Wohnungseigentümer.** Die Wohnungseigentümer werden Miteigentümer des neuen gemeinschaftlichen Eigentums (KG ZWE 2015, 361; Karlsruhe BWNotZ 2013, 115, 116). Sondereigentum entsteht an den Räumen, an denen das nach Teilungserklärung und Aufteilungsplan vorgesehen ist. **b) Nachbargrundstück steht im Miteigentum der Wohnungseigentümer.** Zur Überbaurente s Rn 1. **c) Rechtmäßiger Überbau** (§ 912 Rn 3). Den Vertrag können nur die Wohnungseigentümer schließen, wobei § 9a II WEG zu beachten ist. Das Gebäude wird – von Gesetzes wegen – wesentlicher Bestandteil des auf dem Stammgrundstück errichteten Gebäudes (BGH NJW 2008, 3122 Rn 7). IÜ gelten die Ausführungen zu § 912 Rn 3 entspr (s auch Karlsruhe BWNotZ 2013, 115, 116). **d) Rechtswidriger Überbau** (§ 912 Rn 4). **aa) Wohnungseigentümer bauen über die Grenze.** Bauen die Wohnungseigentümer (oder der Bauträger) über die Grenze, kann Gemeinschafts- und Sondereigentum nicht entstehen und auch nicht gutgläubig erworben werden. **bb) Wohnungseigentum wird überbaut.** Die Ansprüche auf Beseitigung des Überbaus (§ 1004 I 1) und Herausgabe der Grundstücksfläche (§ 985) unterfallen § 9a II WEG (s auch München ZMR 2011, 316). **e) Mauern der Wohnungseigentumsanlage.** Sind Mauern in einer Wohnungseigentumsanlage ganz oder teilw abw errichtet worden, ist § 912 nicht entspr anwendbar (BGH NJW 2016, 473 Rn 16). **f) Abkauf.** Die Entscheidung, Abkauf zu verlangen, müssen die Wohnungseigentümer vereinbaren. **6. Notweg (§§ 917, 918). a) Verlangen.** Berechtigt, einen Notweg zu verlangen, sind die Wohnungseigentümer. Dieses Recht unterfällt § 9a II WEG (vgl auch *Elzer* ZMR 2014, 182 und BGH NJW 2006, 3426 Rn 6). **b) Duldung.** Verlangt der Grundstücksnachbar von den Wohnungseigentümern Duldung, muss er nach § 9a II WEG die Gemeinschaft der Wohnungseigentümer verklagen (BGH GE 2016, 968 Rn 14; vgl auch BGH NJW 2016, 1735 Rn 17; NZM 2012, 435 Rn 14). **c) Notwegrente.** S Rn 1. **7. Grenzabmarkung (§ 919).** Das Recht aus § 919 I unterfällt § 9a II WEG. Es besteht eine Beschlusskompetenz für das Verlangen. **8. Grenzverwirrung (§ 920).** Das Recht aus § 920 I unterfällt nicht § 9a II WEG. Die Wohnungseigentümer müssen das Verlangen vereinbaren. Die Pflicht unterfällt § 9a II

WEG. **9. Zustimmung (§ 922).** Das Zustimmungsrecht unterfällt § 9a II WEG. Einen Vertrag schließt die Gemeinschaft der Wohnungseigentümer. **10. Grenzbaum (§ 923).** Das Verlangen unterfällt § 9a II WEG.

III. Sondereigentum und gemeinschaftliches Eigentum. Zwischen dem Flächeneigentümer nach § 3 I 2, II WEG als **Sonder**eigentümer und dem gemeinschaftlichen Eigentum sind §§ 907–922 anwendbar. Bei der Falllösung ist ein die Wohnungseigentümer verbindendes Gemeinschaftsverhältnis iVm § 242 zu beachten. Ferner sind § 14 I Nr 1, II Nr 1 WEG anwendbar. 3

IV. Vorbehalte für landesgesetzliche Vorschriften. 1. Überblick. Wann §§ 907ff als **erschöpfend** anzusehen sind, folgt aus einer Gesamtwürdigung. Maßgebend ist, ob ein bestimmter Sachverhalt tatsächlich umfassend und lückenlos geregelt ist oder nach dem aus Gesetzgebungsgeschichte und Materialien ablesbaren objektivierten Willen des Gesetzgebers abschließend geregelt werden sollte (näher BVerfG NJW 2021, 1377 Rn 89ff). Raum bleibt den Ländern selbst bei umfassender Bundesregelung nach **Maßgabe** der im BGB vorgesehenen **Regelungsvorbehalte** (BVerfG NJW 2021, 1377 Rn 83; NJW-RR 2008, 26 Rn 43; BGH MDR 2022, 94 Rn 12). Die **BGB-Grundkonzeption** muss allerdings auch dann **gewahrt** bleiben, wenn die Länder von Öffnungsklauseln Gebrauch machen (BVerfG NJW 2021, 1377 Rn 83; NJW-RR 2008, 26 Rn 43; BGH MDR 2022, 94 Rn 12). 4

2. Einzelheiten. Art 111 (landesgesetzl Vorschriften, welche im öffentlichen Interesse das Eigentum in Ansehung tatsächlicher Verfügungen beschränken), 122 (Obstbäume), 123 (Notweg), 124 (landesgesetzl Vorschriften, welche das Eigentum an Grundstücken zugunsten der Nachbarn bestimmten Beschränkungen unterwerfen), 183 (Waldgrundstück) EGBGB enthalten **Vorbehalte** für landesgesetzl Vorschriften (zu den Nachbarrechten der Länder vgl auch § 906 Rn 83). In den **Nachbarrechtsgesetzen** (nicht: Bayern, Bremen, Hamburg und Mecklenburg-Vorpommern) und **Ausführungsgesetzen** zum BGB (nur: Bayern und Bremen) finden sich daher ua Regelungen zum Anwenderecht („Trepp-Schwengelrecht"), zu Bodenerhöhungen, zu Einfriedungen, zum Fensterrecht, zum Grenzabstand von Gebäuden und Pflanzen, zu Grenzwänden, zum Hammerschlags- und Leiterrecht, zum Lichtrecht, zu Lüftungsleitungen, zu einer Nachbarwand, zur Schornsteinhöherführung, zum Traufrecht, zum Traufwasser, zu Versorgungsleitungen oder zum Wasserabfluss. Die Abstandsregeln sind Ausdruck des Gebots gegenseitiger Rücksichtnahme unter Berücksichtigung der lokalen Besonderheiten. Werden die hier festgelegten Grenzen eingehalten, handelt es sich in aller Regel um eine ordnungsgemäße Bewirtschaftung des Grundstücks (BGH MDR 2020, 25 Rn 15). 5

V. Öffentlich-rechtliche Regelungen. Öffentlich-rechtl Regelungen finden sich vor allem im BauGB und den Bauordnungsgesetzen, aber auch zB im BImSchG. Bedeutung haben namentlich die Vorschriften, die den **Abstand** zwischen Bauwerken oder Grenzen regeln. Aus dem öffentlichen Recht, zB einer **Baumschutzsatzung**, können sich aber auch Einwendungen ergeben. Verwaltungsakten kommt, sofern sie nicht nichtig sind, iÜ grds eine **Tatbestandswirkung** zu, aufgrund derer auch nicht am Verwaltungsverfahren beteiligte Behörden, Gerichte und öffentlich-rechtl Rechtsträger die im Verwaltungsakt getroffene Regelung ohne inhaltl Prüfung ihrer Richtigkeit ihren eigenen Entscheidungen zugrunde zu legen haben (BGH NZG 2020, 1264 Rn 35). Steht zB durch eine Baugenehmigung aufgrund ihrer **Legalisierungswirkung** fest, dass der Bauherr **nicht** gegen nachbarschützende öffentlich-rechtl Vorschriften verstoßen hat, haben hiervon auch die Zivilgerichte auszugehen; der Nachbar muss diese Feststellung daher gegen sich gelten lassen (BGH MDR 2022, 758 Rn 16). Die mit einer bestandskräftigen Baugenehmigung verbundene umfassende Feststellung der Vereinbarkeit des Bauvorhabens mit dem einschlägigen öffentlichen Recht (Legalisierungswirkung) schließt einen auf die Verletzung nachbarschützender Vorschriften des öffentlichen Rechts gestützten Unterlassungsanspruch des Nachbarn gem § 1004 I 1 analog iVm § 823 II aus (BGH MDR 2022, 758 Rn 16; s auch § 907 Rn 4). S auch § 909 Rn 2, § 910 Rn 5 und § 917 Rn 3. Das öffentliche Recht, zB § 93 S 1 WHG (§ 917 Rn 10), kann aber auch iÜ zu einer Duldung verpflichten. 6

VI. Gemeinschaftsverhältnis. Für die einzelfallgerechte Bewältigung atypischer nachbarlicher Interessenkonflikte ist das **nachbarliche Gemeinschaftsverhältnis** als Korrektiv in Extremfällen nach Treu und Glauben bedeutsam (§ 906 Rn 75; s auch *Bruns* BW NRG Einleitung Rn 25ff). Vgl zB § 908 Rn 4, § 909 Rn 2 **und** Rn 4, § 912 Rn 4, § 919 Rn 4, § 920 Rn 4, § 921 Rn 10). Aus dem Gemeinschaftsverhältnis folgen einzelne Rücksichtnahmepflichten (s auch Hamburg NordÖR 2020, 516), aber kein gesetzl Schuldverhältnis (§ 906 Rn 76). § 278 ist nicht anwendbar (BGH MDR 2019, 23 Rn 4). 7

§ 907 Gefahr drohende Anlagen

(1) Der Eigentümer eines Grundstücks kann verlangen, dass auf den Nachbargrundstücken nicht Anlagen hergestellt oder gehalten werden, von denen mit Sicherheit vorauszusehen ist, dass ihr Bestand oder ihre Benutzung eine unzulässige Einwirkung auf sein Grundstück zur Folge hat. Genügt eine Anlage den landesgesetzlichen Vorschriften, die einen bestimmten Abstand von der Grenze oder sonstige Schutzmaßregeln vorschreiben, so kann die Beseitigung der Anlage erst verlangt werden, wenn die unzulässige Einwirkung tatsächlich hervortritt.

(2) Bäume und Sträucher gehören nicht zu den Anlagen im Sinne dieser Vorschriften.

I. Zweck und Allgemeines. 1. Zweck. § 907 I 1 will das Grundstück vor unzulässigen Einwirkungen (Rn 3) schützen. Er gibt dazu einen **vorbeugenden** Unterlassungsanspruch gegen Herstellung und Haltung von Anlagen (Rn 2), von denen solche Einwirkungen nur drohen, aber auch einen Beseitigungsanspruch (Rn 6). Er ist **dinglicher** Natur (RGZ 145, 107, 115), was meint, er gilt nach § 96 als Bestandteil des Grundstücks. § 907 I 1 1 schränkt iÜ §§ 903, 905 S 1 ein, ist Sonderfall des § 1004 I, der daneben anwendbar ist (Rn 6), und ist Schutzgesetz iSv § 823 II (BGH 23.3.2023 – V ZR 97/21, juris Rn 24; NJW-RR 2001, 1208 unter II 3). § 907 I 2 schränkt § 907 I 1 ein, § 907 II ist eine Fiktion. **2. Landesrecht.** Ob neben § 907 I 1 landesrechtl Bestimmungen nach Art 124 EGBGB möglich sind, ist str (Vor § 907 Rn 4). Die Nachbarrechtsgesetze kennen zB Regelungen zu einer Grundstückserhöhung (bspw. § 20 NBG BE), die **keine** Anlage iSv § 907 I 1 ist (Rn 3). **3. Verjährung.** Zur Verjährung vgl § 924.

2 **II. Tatbestandsvoraussetzungen. 1. Nachbarschaft.** In der Nachbarschaft befinden sich **alle** Grundstücke, von denen die unzulässige Einwirkung auf das Grundstück des Eigentümers ausgeht, auch wenn sie keine **gemeinsame** Grenze mit diesem Grundstück haben (RG JW 1923, 288; Düsseldorf MDR 2007, 1268). **2. Anlagen. a) Begriff.** Anlagen sind von Menschenhand geschaffene Werke, denen eine gewisse Dauer, Selbständigkeit und Unbeweglichkeit zukommt (BGH ZMR 1966, 110 unter II 4; Hamm NJOZ 2016, 1363 Rn 74), von denen aus dem Nachbargrundstück Einwirkungen unmittelbar zugeführt werden (BGH NJW-RR 2003, 1313 unter II 3; NJW 1980, 2580 unter 3 a) und die durch menschliche Tätigkeit („Benutzung") oder ohne sie funktionieren („Bestand"), vornehmlich ein Bau (BGH BB 1965, 1125 unter II 4), zB eine Garage, Gartenlaube oder Nebengebäude, oder ein Bauteil (BGH BB 1965, 1125 unter II 4), aber auch Bienenstöcke, wenn sie angepflockt sind (aA LG Lübeck MDR 1970, 506), Erdaufschüttungen, die durch eine Stützmauer und Gabionenwand gehalten bzw gestützt werden (Hamm NJOZ 2016, 1363 Rn 74), Teiche (BGH NJW 1993, 925 unter II 1), Taubenschläge (Düsseldorf OLG 1980, 16) oder Viehställe. **b) Keine Anlagen, Bsp.** Bäume und Sträucher (Rn 4 aE), Baumaterialien (ohne Stellungnahme BGH NJW 1969, 1208 unter IV), Bodenerhöhungen (BGH NJW 1980, 2580 unter 3 a; NJW 1976, 1840 unter II 5), Bodenvertiefungen (vgl § 909), Weinberge/-stöcke (BGH NJW-RR 2001, 1208 unter II 3; arg § 907 II). Durch Fiktion des § 908 (§ 908 Rn 1) sind ferner auf dem Nachbargrundstück errichtete Gebäude (§ 908 Rn 2) und mit dem Nachbargrundstück verbundene Werke keine Anlagen (§ 908 Rn 2). **3. Herstellung und Haltung.** Herstellung meint Errichtung, Haltung das Betreiben. Auf das Eigentum kommt es nicht an.

3 **4. Unzulässige Einwirkung. a) Einwirkung.** Einwirkung ist die positive Einflussnahme durch sinnlich wahrnehmbare, grenzüberschreitende Stoffe oder die Ingebrauchnahme des Nachbargrundstücks, zB Überfahren (BGH BB 1965, 1125 unter II 4). § 907 erfasst neben Imponderabilien (§ 906 I 1) auch Grobimmissionen. Stoffe die nicht unmittelbar und positiv hinübergreifen, sondern dieses nur negativ beeinträchtigen, sind keine Einwirkung (BGH NJW-RR 2003, 1313 unter II 3; NJW 1991, 1671 unter 1 b). **b) Zulässigkeit.** Die (Un-)Zulässigkeit ergibt sich aus den allg Vorschriften über Eigentum und Nachbarrecht (BGH NJW-RR 2000, 537 unter 4), insb, aber nicht nur aus §§ 903, 905, 906 (BGH NJW-RR 2003, 1313 unter II 3; NJW 1991, 1671 unter 1 b) und dem öffentl Recht. **c) Privatrechtsgestaltende öffentliche Genehmigungen.** Eine unanfechtbare öffentliche Genehmigung kann „privatrechtsgestaltend" sein und schließt dann Unterlassungs- und Beseitigungsansprüche nach § 907 aus (vgl etwa § 14 S 1 Hs 1 BImSchG; § 16 I 1 WHG; § 75 II 1 VwVfG). Statt des Unterlassungs- und Beseitigungsanspruchs besteht dann aber ggf ein verschuldensunabhängiger Ausgleichs- bzw Entschädigungsanspruch (Rn 6).

4 **5. Mit Sicherheit.** Sichere Voraussicht ist der **höchste** Grad der Wahrscheinlichkeit (Hamm NJOZ 2016, 1363 Rn 76). Mit „Sicherheit" vorauszusehen ist eine Einwirkung, wenn ihr Eintritt sicher oder in einem Maße wahrscheinlich ist, das der Sicherheit gleichsteht (RGZ 134, 254, 256; BGH WM 1955, 998 unter I 3 b), mithin das Maß, das auch in § 286 I 1 ZPO bei der Überzeugungsbildung zu erreichen ist (s nur BGH NJW 2015, 2111 Rn 11: „ein für das praktische Leben brauchbarer Grad von Gewissheit, der den Zweifeln Schweigen gebietet, ohne sie völlig auszuschließen"). Eine Einwirkung ist nach hM nur dann „mit Sicherheit" zu erwarten, wenn sie die Folge des normalen Zustandes und ordnungsmäßiger Benutzung der Anlage ist (BGH NJW 1969, 1208 unter IV). **6. Bäume und Sträucher (§ 907 II).** Für Bäume und Sträucher (zum Begriff § 910 Rn 2) fingiert § 907 II, sie seien keine Anlage. Es handelt sich insoweit um eine – nicht verallgemeinerungsfähige – Spezialvorschrift zu § 907 I (BGH MDR 2020, 25 Rn 18; NJW 2004, 1035 unter II 2 c). Die Ausnahme beruht darauf, dass der Grundstückseigentümer ggü den Einwirkungen, die von einem Baum ausgehen, durch § 910 und durch Art 124 EGBGB hinlänglich geschützt ist (Prot III, 158). Bäume und Sträucher unterfallen daher §§ 910, 911, 923 sowie den einschlägigen Bestimmungen des Landesrechts (Art 122, 124 EGBGB; Vor § 907 Rn 5).

5 **III. Anspruchsinhaber und Anspruchsgegner. 1. Anspruchsinhaber.** Anspruchsinhaber ist der Eigentümer. Der Miteigentümer kann nach § 1011 allein handeln. Anspruchsinhaber ist auch der dinglich Berechtigte (§ 1027, § 1090 II, § 1065; § 11 ErbbauRG; § 34 II WEG). Auch auf bloß obligatorisch Berechtigte ist § 907 wegen § 862 grds entspr anzuwenden (Dresden OLGE 18, 123, 124; MüKo/*Brückner* Rn 23; s auch § 909 Rn 4; aA RGZ 59, 326, 327). Zum Wohnungseigentum vgl Vor § 907 Rn 2. Zum Besitzschutz s § 862 Rn 4. **2. Anspruchsgegner.** Verpflichtet ist der Grundstücksnachbar, aber auch dinglich und obligatorisch Berechtigte, die die Anlage errichtet haben oder sie unterhalten (Rn 2). Zum Wohnungseigentum vgl Vor § 907 Rn 2.

6 **IV. Rechtsfolgen. 1. Unterlassung und Beseitigung. a) Grundsatz.** § 907 I 1 gibt einen eigenen Abwehranspruch auf Unterlassung der Einrichtung der gesamten Anlage, nach Errichtung aber auch einen Anspruch auf Beseitigung. Inhalt und Umfang ergeben sich aus den allg gesetzl Regelungen, insb §§ 903, 905, 906 (BGH 23.3.2023 – V ZR 97/21, juris Rn 24). Nur in dem hiernach gegebenen Rahmen kann man sich gegen Beeinträchtigungen zur Wehr setzen (BGH 23.3.2023 – V ZR 97/21, juris Rn 24). Ein Unterlassungs- bzw Beseitigungsanspruch scheidet danach zB aus, wenn die Einwirkung als unwesentlich zu dulden ist (BGH 23.3.2023 – V ZR 97/21, juris Rn 24). Daneben sind § 862 I, § 1004 I 1, 2 anwendbar (Hamm NJOZ 2016, 1363 Rn 80; Köln OLGR 1996, 56). **b) Öffentliches Recht (§ 907 I 2).** Genügt eine Anlage den nachbar-, bauordnungs-, feuerpoli-

zei- und gesundheitsrechtl Vorschriften, die wenigstens allg geeignet sind, die von § 907 I 1 erfassten Einwirkungen zu verhindern, auch solche nur polizeilichen Charakters, gibt es keinen Unterlassungs-, sondern nur einen Beseitigungsanspruch und auch erst dann, wenn die unzulässige Einwirkung **tatsächlich** hervortritt. Es ist dabei nicht erforderlich, dass die Vorschriften unmittelbar den Schutz des Nachbarn bezwecken (München NJW 1954, 513, 514). § 907 I 2 erfasst neben den genannten landesrechtl Vorschriften auch die entspr Regelungen des Bundesrechts. **2. Schadensersatz und Ausgleichs- bzw Entschädigungsanspruch.** In Betracht kommen ferner ein Schadensersatzanspruch aus § 823 II (s Rn 1) sowie ein verschuldensunabhängiger Ausgleichs- bzw Entschädigungsanspruch (vgl § 906 Rn 59 und 77).

V. Prozessuales. Zu klagen ist auf Beseitigung einer **konkret** zu benennenden Anlage oder auf Unterlassung der Herstellung/der Haltung. Der Beseitigungsanspruch (Rn 6) ist gegen den Handlungsstörer zu richten, während der Zustandsstörer auf Duldung der Beseitigung in Anspruch zu nehmen ist. Beweispflichtig ist der Anspruchsinhaber (Hamm NJOZ 2016, 1363 Rn 75), auch für die Unzulässigkeit der Einwirkung (BGH WM 1955, 998 unter I 2). Der Streitwert richtet sich nach dem Wertverlust, den das Grundstück durch die Störung oder Einwirkung erleidet (s auch BGH GE 2015, 912 Rn 5). Eine einstweilige Verfügung ist vorstellbar (München NJW 1954, 513, 514). 7

§ 908 Drohender Gebäudeeinsturz

Droht einem Grundstück die Gefahr, dass es durch den Einsturz eines Gebäudes oder eines anderen Werkes, das mit einem Nachbargrundstück verbunden ist, oder durch die Ablösung von Teilen des Gebäudes oder des Werkes beschädigt wird, so kann der Eigentümer von demjenigen, welcher nach dem § 836 Abs. 1 oder den §§ 837, 838 für den eintretenden Schaden verantwortlich sein würde, verlangen, dass er die zur Abwendung der Gefahr erforderliche Vorkehrung trifft.

I. Zweck und Allgemeines. § 908 beschränkt zum einen zum Werterhalt von Gebäuden und Werken die Bestimmung des § 907 I 1 und fingiert dazu, ein auf dem Nachbargrundstück errichtetes Gebäude oder ein anderes mit dem Nachbargrundstück verbundenes Werk sei **keine** Anlage iSd § 907 I (dazu § 907 Rn 2). Bei Gebäuden und Werken kann der Grundstückseigentümer also keine vollständige Unterlassung/Beseitigung (s § 907 Rn 6), sondern nur Vorkehrungen zur Gefahrenabwehr verlangen (Rn 4). Zu diesem weiteren Zweck erweitert § 908 den Eigentumsschutz um einen speziellen, vorbeugenden und verschuldensunabhängigen, nicht der Verjährung unterliegenden (§ 924) **Abwehranspruch** dinglicher Natur (wie § 907 Rn 1), schränkt §§ 903, 905 S 1 ein und ist Sonderfall des § 1004 I 2, der daneben steht. § 908 ist ein Schutzgesetz iSv § 823 II. 1

II. Tatbestandsvoraussetzungen. 1. Drohende Schadensgefahr. Dem Grundstück „droht" eine Schadensgefahr, also ein substanzieller Schaden, wenn der Schadenseintritt in näherer Zukunft obj für einen verständigen, ruhig überlegenden Menschen bereits wahrscheinlich ist (BGH BB 1953, 995 unter 1). „Wahrscheinlich" meint, dass mehr für als gegen den Schadenseintritt spricht (= 50 % + x). **2. Einsturz/Ablösung/Gebäude/Werk. a) Begriffe.** Zum Begriff des Einsturzes bzw der Ablösung vgl § 836 Rn 5, zum Begriff eines Gebäudes vgl § 836 Rn 2 und dem eines Werkes § 836 Rn 3. **b) Beruhen.** Die drohende Einsturz-/Ablösungsgefahr muss gerade auf der Beschaffenheit bzw dem Erhaltungszustand des Gebäudes oder Werkes beruhen (BGH NJW 1961, 1670 unter III 2 a), also deren unmittelbare oder mittelbare kausale Folge sein. Beruht die Gefahr hingegen allein auf menschlicher Einwirkung, wie zB beim Abbruch des Nachbarhauses (zum Begriff der Nachbarschaft vgl § 907 Rn 2), droht keine Gefahr iSv § 908 (RGZ 70, 200, 206). Das Mitwirken menschlicher Handlungen (RG Warn 19, 169) oder von Naturkräften ist hingegen unerheblich. Gleiches gilt für ein Eigenverschulden des Anspruchstellers (LG Lübeck SchlHA 1951), es sei denn, er selbst schuldet die Beseitigung des baufälligen Zustandes. **3. Verbindung mit Nachbargrundstück.** Das Grundstück muss mit dem Nachbargrundstück „verbunden" sein; dies meint Nachbarschaft iSv § 907 (vgl § 907 Rn 2). 2

III. Anspruchsinhaber und Anspruchsgegner. 1. Anspruchsinhaber. Wie § 907 Rn 5. **2. Anspruchsgegner.** Verpflichtet ist, wer bei Verschulden nach den §§ 836–838 schadensersatzpflichtig wäre (vgl § 836 Rn 8 und Erl der §§ 836–838), nicht jedoch der frühere Besitzer (arg: § 836 II ist in § 908 nicht genannt). Zum **Wohnungseigentum** s erg Vor § 907 Rn 2. 3

IV. Rechtsfolgen. 1. Überblick. a) Inhalt. Der Anspruchsinhaber kann verlangen, dass der Anspruchsgegner im Rahmen von §§ 226, 242 (BGH NJW 1972, 724 unter A I 4) die zur Gefahrenabwehr erforderlichen Vorkehrungen trifft. **b) Erforderliche Vorkehrung.** „Erforderlich" ist die Vorkehrung, die den Einsturz/die Ablösung (Rn 2) mit Sicherheit (§ 907 Rn 4 „Sicherheit" entspr) verhindert (s auch § 909 Rn 2 „genügend"). **2. Wahlrecht.** Der Anspruchsgegner kann unter mehreren gleich geeigneten Vorkehrungen, zB Reparatur oder Abbruch, wählen. **3. Schadensersatzansprüche.** Schadensersatzansprüche können sich aus den §§ 836ff und aus § 823 II (Rn 1) ergeben. **4. Ausgleichs- bzw Entschädigungsansprüche.** Zu Ausgleichs- bzw Entschädigungsansprüchen vgl § 906 Rn 43, 49, 73 und 77. **5. Grenzen.** Unter dem Gesichtspunkt des nachbarlichen Gemeinschaftsverhältnisses (§ 906 Rn 74ff; s auch BGH MDR 2019, 25 Rn 11) kann es unzumutbar sein, für eine bloße Gefahrenzwischenzeit Abhilfe zu schaffen (BGH NJW 1972, 724 unter B). 4

V. Prozessuales. Das Wahlrecht des Anspruchsgegners (Rn 4) muss im Klageantrag/Urteil zum **Ausdruck** kommen (RGZ 65, 73, 76; LG Lübeck SchlHA 1951, 25, 26). Erst in der Zwangsvollstreckung nach § 887 ZPO ist die Wahl dann vom Anspruchsinhaber zu treffen. Die Beweislast für die Gefahr (Rn 2) hat der Anspruchs- 5 inhaber. Da es sich bei § 908 um einen verschuldensunabhängigen Abwehranspruch handelt (Rn 1), kommt eine Entlastung nach § 836 I 2 nicht in Betracht.

§ 909 Vertiefung

Ein Grundstück darf nicht in der Weise vertieft werden, dass der Boden des Nachbargrundstücks die erforderliche Stütze verliert, es sei denn, dass für eine genügende anderweitige Befestigung gesorgt ist.

1 **I. Zweck und Allgemeines. 1. Zweck.** § 909 will die **ursprüngliche** bodenphysikalische Stütze sichern, die sich benachbarte Grundstücke gegenseitig gewähren (BGH NJW 2001, 1865 unter III 3 a). Er stellt, soweit ihm ggü § 1004 I eigenständige Bedeutung zukommt, klar, dass die Entziehung des stützenden Erdreichs keine lediglich negative und deshalb nicht abwehrfähige Immission darstellt (BGH NJW 2001, 1865 unter III 3 a); dies gilt auch für die Immissionsabwehr nach § 862 I (BGH NJW 2001, 1865 unter III 3 a). § 909 **schränkt** zu diesem Zweck § 903 zugunsten des benachbarten (vertiefungsgefährdeten) Grundstücks **ein** (BGH NJW 1988, 1202 unter II 2; NJW 1984, 2463 unter II 2). Er gewährt allerdings **keinen** Anspruch, sondern formuliert nur ein Verbot (BGH NJW-RR 2012, 1160 Rn 11), welches vor allem nach Maßgabe von § 823 II, § 862 I, § 1004 I durchzusetzen ist (dazu Rn 4). **2. Schutzgesetz.** § 909 ist Schutzgesetz iSd § 823 II (BGH NJW-RR 2008, 969 Rn 8; NJW 1987, 2808 unter II). **3. Landesrecht.** Eine Vertiefung kann auch dann verboten sein, wenn landesrechtl Vorschriften, zB die nach Art 124 EGBGB erlassenen Regelungen über die Gründungstiefe (etwa §§ 11, 21 I NachbG NW), nicht eingehalten werden (Vor § 907 Rn 5). Zur Verjährung vgl § 906 Rn 78. Die landesrechtl Vorschriften kennen außerdem Bestimmungen zu **Erhöhungen**, die keine Vertiefung sind (Rn 2).

2 **II. Tatbestandsvoraussetzungen. 1. Vertiefung. a) Begriff. aa) Substanzentnahme.** Eine Vertiefung liegt vor allem vor, wenn dem Boden – ggf weitere – Substanz entnommen wird. **bb) Teleologische Erweiterung.** Nach Sinn und Zweck des § 909 (Rn 1) muss einer Substanzentnahme jede Einwirkung **gleichstehen**, die dazu führt, dass der Boden des Nachbargrundstücks in der Senkrechten den Halt verliert oder dass die unteren Bodenschichten in ihrem waagerechten Verlauf beeinträchtigt werden (st Rspr, etwa BGH NJW 1987, 2808 unter II; NJW 1983, 872 unter II 1 a). **Bsp**: Abbruch eines Kellers (BGH NJW 1980, 224 unter II 1), Senkung des Grundstücksniveaus (BGH NJW 1971, 935 unter 2), Zusammenpressung des Untergrundes (BGH NJW 1965, 2099 unter II 1 a), Abgraben eines Hanges oder seines Fußes (BGH MDR 1972, 404 unter II 1), Baumaßnahmen, die das Grundwasser auf Nachbargrundstücken sinken lassen (BGH NJW 1975, 257 unter II 2 a). Eine **Erhöhung** ist hingegen keine Vertiefung (BGH NJW 1976, 1841 unter II 5). Entspr gilt für andere (oberirdische) Maßnahmen, zB den Abbruch eines Bauwerkes (BGH NJW-RR 2012, 1160 Rn 12 und Rn 16). **b) Eigentümervertiefung.** Gräbt der Eigentümer des Nachbargrundstücks **selbst** ab, kann weder er noch sein Rechtsnachfolger Ansprüche geltend machen (BGH NJW 1988, 1202 unter II 2). **2. Verlust der erforderlichen Stütze.** Die Erforderlichkeit beurteilt sich danach, welche Befestigung das Nachbargrundstück nach seiner tatsächlichen Beschaffenheit benötigt (BGH NJW 1987, 2808 unter II). Für die Erforderlichkeit ist unerheblich, dass die Beeinträchtigung Folge einer Schadensanfälligkeit eines auf dem Nachbargrundstück errichteten Hauses ist (BGH NJW 1987, 2808 unter II; NJW 1983, 872 unter II 1 a). Gleichgültig ist ferner, ob es sich um eine dauernde oder vorübergehende Beeinflussung der Standfestigkeit handelt. **3. Verknüpfung Vertiefung und Verlust.** „Durch" (BGH NJW 1975, 257 unter II 2 a) bzw „infolge" der Vertiefung muss die erforderliche Stütze verloren werden. **4. Nachbargrundstück.** In der Nachbarschaft befinden sich alle Grundstücke im möglichen Einwirkungsbereich der Vertiefungsarbeiten (RGZ 167, 21). **5. Genehmigung.** Eine (bau-)behördliche Genehmigung steht § 909 nicht entgegen (BGH MDR 1979, 1008 unter II 2): Baugenehmigungen werden **ungeachtet** zivilrechtl Verhältnisse erteilt (s auch BGH MDR 2022, 758 Rn 12). **6. Genügende anderweitige Befestigung. a) Überblick.** Eine Vertiefung ist hinzunehmen, wenn bereits zum Zeitpunkt der Vertiefung für eine genügende anderweitige Befestigung gesorgt ist. **b) Genügend.** Eine anderweitige Befestigung „genügt" (s auch § 908 Rn 4 „erforderlich"), wenn der Boden des Nachbargrundstücks so belastbar bleibt, wie er es ist (vgl BGH NJW 2009, 2528 Rn 6). Wann es so liegt, richtet sich nach den **örtlichen** Verhältnissen, ua nach der vorhandenen Benutzung (BGH NJW 1975, 257 unter II 2 a). Weist ein aufstehendes Gebäude etwa ein unzureichendes Fundament auf, so ist die Stütze für den Boden idR auch insoweit erforderlich, als dieser Umstand das Ausschachten einer Baugrube mehr als üblich erschwert (BGH NJW 1975, 257 unter II 2 a; NJW 1969, 2141 unter 2 d). Die Frage des „genügend" soll sich aber auch nach der **prognostisch** zu erwartenden Benutzung des Nachbargrundstücks beantworten (BGH NJW 1975, 257 unter II 2 a). Es soll also beachtet werden, dass der Bedarf an Stützung über den bisherigen Umfang hinausgehen kann (BGH NJW 1975, 257 unter II 2 a). Nur eine ganz ungewöhnliche, den Rahmen bestimmungsmäßiger Inanspruchnahme offensichtlich überschreitende Ausnutzung von Grund und Boden soll insoweit außer Betracht bleiben (Karlsruhe 11.8.2022 – 12 U 364/21, juris Rn 47. **c) Ort.** Die Befestigung hat der Vertiefende grds auf seinem **eigenen** Grundstück vorzunehmen (BGH NJW 1997, 2595 unter II 1; Karlsruhe 11.8.2022 – 12 U 364/21, juris Rn 47). Im Einzelfall kann der Vertiefende unter dem Gesichtspunkt des nachbarlichen Gemeinschaftsverhältnisses (§ 906 Rn 74ff) allerdings verpflichtet sein, für die Dauer der Herstellung der Befestigung die Benutzung seines Grundstücks zu dulden. In diesem Fall steht ihm ein nachbarrechtl Ausgleichsanspruch analog § 906 II 2 zu. **d) Betreten des Nachbargrundstücks.** Das Recht, das Nachbargrundstück zu betreten, ergibt sich für den Vertiefenden idR aus den landesrechtl eingeräumten Hammerschlags- und Leiterrechten. **e) Keine Stütze.** Steht fest, dass infolge der Vertiefung Schäden eintreten werden, und sind keine technischen Möglichkeiten ge-

geben, die erforderliche Stütze anderweitig zu verschaffen, so muss die Vertiefung endgültig unterbleiben (BGH NJW 1987, 2808 unter II).

III. Anspruchsinhaber und Anspruchsgegner. 1. Anspruchsinhaber. Grds wie § 907 Rn 5. Allerdings ist nach hM auch der **Besitzer** in den Schutzbereich des § 909 BGB einbezogen (BGH NJW 2001, 1865 unter III 3 a). **2. Anspruchsgegner.** Das Verbot des § 909 richtet sich vor allem an den (Saarbrücken MDR 2011, 1345) Eigentümer des zu vertiefenden Grundstücks (BGH NZM 2005, 239 unter II 1; NJW 1987, 2808 unter II), aber auch an jeden Dritten, der an der Vertiefung bloß mitwirkt (Brandenburg NJOZ 2010, 2544) oder der den Gefahr drohenden Zustand vorfindet, ihn aber bestehen lässt (RGZ 103, 174, 176). **Bsp**: Architekten (BGH NJW 1987, 2808 unter II; NJW 1983, 872 unter II 1 a), Bauunternehmer, bauleitende Ingenieure (BGH NJW 1996, 3205 unter I 2 b), Statiker (BGH NZM 2005, 239 unter II 1). Jeden der an einer Vertiefung Beteiligten trifft eine eigene Pflicht (BGH NZM 2005, 239 unter II 3). Sind Grundstückseigentümer und Architekt für dieselbe Schadensursache verantwortlich, haften sie auch dann als Gesamtschuldner (§ 840), wenn den Eigentümer eine nachbarrechtl Ausgleichspflicht, den Architekten aber nur eine Haftung aus unerlaubter Handlung trifft (BGH NJW 1983, 872 unter II 3). § 830 I 2 ist anwendbar, wenn einer von mehreren möglichen Schadensverursachern nach § 823 I haftet und ein anderer wegen nachbarrechtl Ausgleichsanspruchs oder wegen enteignenden oder enteignungsgleichen Eingriffs einstehen muss (BGH NJW 1987, 2810 unter II 2). Zum Wohnungseigentum vgl Vor § 907 Rn 2. 3

IV. Rechtsfolgen. 1. Beseitigung. a) Grundsatz. Der Anspruchsinhaber hat aus § 1004 I 1 iVm § 909 grds einen Anspruch auf Beseitigung. Er kann also verlangen, dass der Boden seines Grundstücks durch eine genügende anderweitige Befestigung wieder so belastbar wird, wie es **vor** der Vertiefung der Fall war (BGH NJW 2009, 2528 Rn 6). Durch welche Maßnahmen dies erreicht wird, ist dem Anspruchsgegner überlassen (BGH NJW 2009, 2528 Rn 6). **b) Ausnahme.** Nach § 242 iVm dem nachbarrechtl Gemeinschaftsverhältnis (§ 906 Rn 74ff) muss der Nachbar im **Einzelfall** eine Vertiefung dulden (BGH NJW 1987, 2808 unter II). Als Ausgleich ist dann entspr § 906 II 2 ein Geldanspruch auf Entschädigung zu gewähren (Rn 7). Dieser Anspruch richtet sich gegen den Eigentümer bzw Benutzer des vertiefenden Grundstücks, nicht gegen die am Bau Beteiligten (BGH NJW 1987, 2808 unter II). 4

2. Unterlassung. Der Anspruchsinhaber hat aus § 1004 I 2 iVm § 909 bzw aus § 862 I iVm § 909 (Rn 1) grds einen Anspruch auf Unterlassung (BGH NJW-RR 2012, 1160 Rn 11; NJW 2009, 2528 Rn 7). Zur Ausnahme s Rn 4. 5

3. Schadensersatz. a) § 823 II. aa) Überblick. Der Anspruchsinhaber kann bei **Verschulden** (BGH NJW-RR 2008, 969 Rn 8; NJW 2001, 1865 unter II 1) grds Schadensersatz aus § 823 II, § 909 verlangen. Den Grundeigentümer als Anspruchsgegner trifft eine eigenverantwortliche Pflicht zur Überprüfung, ob die beabsichtigte Maßnahme zu einer Beeinträchtigung der Standfestigkeit führt (BGH NJW 2001, 1865 unter II 1). Dem genügt er, indem er sorgfältig ausgewählte, fachkundige Architekten, Ingenieure und Bauunternehmer mit der Lösung der anfallenden bautechnischen Aufgaben und deren sachgemäßer Durchführung betraut (BGH NJW 2001, 1865 unter II 1). Mangels Weisungsgebundenheit sind Architekt, Bauunternehmer, Ingenieur und Statiker keine Verrichtungsgehilfen iSv § 831. **bb) Umfang.** Nach einem Gebäudeeinsturz erfasst der Schadensersatzanspruch die Wiederaufbau- und Aufräumkosten (BGH NJW-RR 2008, 969 Rn 10). Steht das (Nachbar-)Gebäude noch, sind die Kosten der Wiederherstellung seiner Standfestigkeit zu ersetzen (BGH NJW-RR 2008, 969 Rn 10). **cc) Grenze.** Ein Anspruch kann ausgeschlossen sein, wenn die Vertiefung der Erfüllung hoheitlicher Aufgaben im Rahmen der Daseinsvorsorge dient (BGH NJW 1981, 50 unter II 1 c). Eine Einschränkung des Schadensersatzes soll ferner in Frage kommen, wenn vom Vertiefenden „ganz ungewöhnliche Opfer" verlangt werden würden (BGH NJW 2001, 1865 unter II 4) – was nicht überzeugt. **b) § 839 iVm Art 34 GG/enteignender Eingriff.** Im Einzelfall kommt ein Schadensersatzanspruch aus § 839 iVm Art 34 GG und/oder ein Anspruch aus enteignendem Eingriff in Betracht (vgl etwa BGH NJW 1980, 1679; NJW 1978, 1051). 6

4. Nachbarrechtlicher Ausgleichsanspruch. Ein verschuldensunabhängiger nachbarrechtl Ausgleichsanspruch analog § 906 II 2 (§ 906 Rn 43ff) – auch für den berechtigten Besitzer (BGH NJW 2001, 1865 unter III 2; Rn 3) – kommt in Frage als Korrelat einer rechtl Duldungspflicht oder der faktischen Unmöglichkeit, den Abwehranspruch (rechtzeitig) durchzusetzen (vgl etwa BGH NJW 2001, 1865 unter III 2; NJW 1987, 2808 unter II). 7

V. Prozessuales. Die Darlegungs- und Beweislast trifft grds den **Anspruchsinhaber** (Karlsruhe 11.8.2022 – 12 U 364/21, juris Rn 48; Saarbrücken MDR 2011, 1345); anders ist es für die Behauptung einer genügenden anderweitigen Befestigung. Die Verletzung von „DIN-Normen" soll eine widerlegliche Vermutung begründen (BGH NJW 1991, 2021 unter II). Die **frühere Festigkeit** des beeinträchtigten Grundstücks muss im **Klageantrag bzw Urteilstenor** angegeben werden (BGH NJW 2009, 2528 Rn 6). Dagegen genügt bei einer (erstmals) drohenden Vertiefung grds die Wiedergabe des in § 909 enthaltenen Verbots (BGH NJW 2009, 2528 Rn 7). Soll im Rahmen eines selbständigen Beweisverfahrens geklärt werden, ob die Gefahr besteht, dass das Nachbargrundstück abrutscht, soll sich aus § 909 ein Anspruch ergeben, dem Sachverständigen das Betreten des Grundstücks, auf dem Abgrabungen vorgenommen worden sind, zu ermöglichen (Karlsruhe NJW-RR 2002, 951). 8

§ 910 Überhang

(1) Der Eigentümer eines Grundstücks kann Wurzeln eines Baumes oder eines Strauches, die von einem Nachbargrundstück eingedrungen sind, abschneiden und behalten. Das Gleiche gilt von herüberragenden Zweigen, wenn der Eigentümer dem Besitzer des Nachbargrundstücks eine angemessene Frist zur Beseitigung bestimmt hat und die Beseitigung nicht innerhalb der Frist erfolgt.

(2) Dem Eigentümer steht dieses Recht nicht zu, wenn die Wurzeln oder die Zweige die Benutzung des Grundstücks nicht beeinträchtigen.

1 **I. Zweck und Allgemeines.** § 910 I 1 will nachbarliche Streitigkeiten, die sich aus dem Überschreiten der Grundstücksgrenze durch einen beeinträchtigenden Überhang ergeben, schnell und möglichst unkompliziert, dh **ohne** Inanspruchnahme gerichtlicher Hilfe, erledigen (Koblenz MDR 2014, 25; Karlsruhe NuR 1988, 309; LG Darmstadt NJOZ 2021, 40 Rn 64; Prot III, 142). Zu diesem Zweck **erweitert** er den Eigentumsschutz um einen **speziellen Beseitigungsanspruch** „dinglicher" Natur (wie § 907 Rn 1), ein Selbsthilferecht (Koblenz MDR 2014, 25; LG Krefeld ZMR 2018, 818, 819; s auch *Lorz* JZ 2022, 162ff), aber auch einen Unterlassungsanspruch (Rn 4). Er schränkt §§ 903, 905 S 1 ein und ist Sonderfall des § 1004 I, der daneben bestehen bleibt (Rn 4). § 910 ist für die Beseitigung des Überhanges eine spezialgesetzl Regelung, die nicht nur die unmittelbar durch den Überhang hervorgerufene Beeinträchtigung der Grundstücksnutzung, sondern auch **die mittelbare Beeinträchtigung** durch das Abfallen von Laub, Nadeln uÄ erfasst; der Maßstab des § 906 gilt hierfür nicht (BGH MDR 2021, 928 Rn 7; MDR 2019, 1309 Rn 7). § 910 I 2 erweitert unter seinen Voraussetzungen den Schutz auf Zweige. § 910 II bestimmt, was gilt, wenn Wurzeln und Zweige nicht stören. Ergänzt wird § 910 durch nach Art 122, 124 S 2, 183 EGBGB ergangene landesgesetzl Regelungen, nach welchen Anlagen sowie Bäume und Sträucher nur in einem bestimmten **Abstand** von der Grenze gehalten werden dürfen (s dazu auch BGH MDR 2019, 608 Rn 26 sowie Vor § 907 Rn 5). Eine landesgesetzl Regelung kann das Grundstückseigentum zu Gunsten des Nachbarn **weitergehenden** Beschränkungen unterwerfen, nicht aber umgekehrt dem Nachbarn Rechte **nehmen**, die sich für ihn aus dem BGB ergeben (BGH MDR 2021, 928 Rn 9).

2 **II. Tatbestandsvoraussetzungen. 1. Baum oder Strauch und Wurzel (§ 910 I 1). a) Kernbegriff.** Baum ist eine verholzte Pflanze, die aus einer Wurzel, einem daraus emporsteigenden, hochgewachsenen Stamm und einer belaubten Krone besteht. Ein Strauch (Busch, kleines Gehölz) hat hingegen keinen Stamm als Hauptachse, sondern bildet idR (üblicherweise jährlich) Stämme aus bodennahen Knospen. Eine Wurzel ist ein im Boden befindlicher, oft fein verästelter Pflanzenteil, mit dem die Pflanze Halt findet und der zugleich Organ der Nahrungsaufnahme ist. **b) Entspr Anwendung.** § 910 I 1 ist auf andere Pflanzen, zB Schlinggewächse, Ranken oder Stauden entspr anzuwenden. **2. Eindringen (§ 910 I 1).** Eine Wurzel dringt in ein Grundstück ein, wenn sie die Grundstückgrenze überschreitet (BGH NJW 2004, 1035 unter II 2 b; KG NJW-RR 2000, 160). Dringt die Wurzeln nicht in das Nachbargrundstück ein, übt sie jedoch unter dem Einfluss von Wind als zusätzl Naturereignis auf Grund der Hebelwirkung des Baums einen das Nachbargrundstück schädigenden Druck aus, kommt ein Anspruch aus § 1004 I 2 in Betracht (BGH NJW 2004, 1035 unter II 2 b). Dies soll nach den Umständen des Einzelfalls zu beurteilen sein, wobei ua entscheidend ist, ob sich die Nutzung des störenden Grundstücks im Rahmen ordnungsgemäßer Bewirtschaftung hält (BGH NJW 2004, 1035 unter II 2 b). **3. Zweige (§ 910 I 2). a) Überblick.** § 910 I 1 gilt gem § 910 I 2 entspr für das Eindringen von Zweigen, wobei § 905 zu beachten ist (s auch Brandenburg NJW 2018, 1975 Rn 23). „Zweig" iSd Gesetzes ist auch ein verzweigter Stängel, ein Ast (Brandenburg NJW 2018, 1975 Rn 25) oder ein Spross. **b) Frist.** Das Beseitigungsrecht setzt bei Zweigen das Setzen und den Ablauf einer „angemessenen" Frist voraus; dies kann mündlich, aber auch in Textform, zB als E-Mail (Brandenburg NJW 2018, 1975 Rn 24), geschehen. Die Frage, was angemessen ist, hat sich nach hM – und den Materialien (Prot III, 143) – an gärtnerisch-botanischen Belangen sowie am öffentlichen Recht zu orientieren (*Horst* NZM 2017, 57, 58ff). Gärtnerisch-botanische Belange sind indes – jenseits von §§ 226, 242 – **irrelevant**, da der Eigentümer die Störung frühzeitig zu unterlassen und selbst auf gärtnerisch-botanische Belange zu achten hatte. Die Frist ist nach § 910 I 2 dem „Besitzer" zu setzen. Besitzer kann nach hM auch ein obligatorisch Berechtigter sein – was wenig überzeugt. Näher läge der dinglich Berechtigte als Adressat – zumal der obligatorisch Berechtigte ggf in das Eigentum gar nicht eingreifen darf. Wird eine nicht angemessene Frist gesetzt, wird eine angemessene Frist in Lauf gesetzt. Vor Fristablauf vorgenommene Maßnahmen sind rechtswidrig (Rn 6). IdR sind zwei Wochen angemessen. **4. Beeinträchtigung (§ 910 II). a) Überblick.** § 910 I, aber auch § 1004 I (Rn 4; BGH MDR 2019, 1309 Rn 6; MDR 2019, 608 Rn 10; NZM 2005, 318 unter II 4 c) sind **ausgeschlossen**, wenn der Überhang die Benutzung des Grundstücks obj nicht beeinträchtigt (BGH NJW 2004, 1037 unter II 2 a). **b) Begriff.** Eine Beeinträchtigung ist gegeben, wenn die konkrete Nutzung des Grundstücks zB zu wirtschaftl Zwecken oder für die Freizeit durch die eingedrungenen Wurzeln oder Zweige **erschwert** oder **verhindert** wird (LG Frankenthal NJOZ 2021, 1584 Rn 10). Der Entzug von Nahrung und Feuchtigkeit in Folge von eingedrungenen Wurzeln reicht nicht aus, soweit dadurch allein der Erdboden, nicht aber seine Benutzung beeinträchtigt wird. Erst wenn die Beeinträchtigung auf diese Weise ein Ausmaß erreicht, das die **Fruchtgewinnung verkürzt oder die Bestellung des Grundstücks erschwert,** liegt eine Nutzungsbeeinträchtigung iS dieser Vorschrift vor, etwa wenn die Anlage eines Zier- oder Nutzgartens unmöglich ist, Plattenwege angehoben werden oder Wurzeln in Fundamente oder Abflussrohre eindringen (LG Frankenthal NJOZ 2021, 1584 Rn 10). Bei der Beurteilung ist ein **obj** Maßstab anzulegen (BGH MDR 2021, 928 Rn 15; MDR 2019, 1309 Rn 7), der insb durch normative Gesichtspunkte beeinflusst wird (Karlsruhe MDR 2014, 893). Subj Empfindlichkeiten sind un-

erheblich (Karlsruhe MDR 2014, 893; Köln NJW-RR 1997, 656). Erfasst sind unmittelbar durch den Überhang hervorgerufene Beeinträchtigungen, wie sie in der Berührung des Wohnhauses oder in der Gefahr des Abbrechens der Zweige liegen können, aber auch mittelbare Beeinträchtigungen (BGH MDR 2019, 1309 Rn 7). **Bsp:** wenn eine konkrete Nutzung durch den Überhang erschwert oder verhindert wird, zB wenn Wurzeln der Anlage eines Ziergartens entgegenstehen (Karlsruhe MDR 2014, 893), wenn es bei einem asphaltierten Hofweg zu Aufwölbungen, zu Brüchen und Anhebungen kommt (KG NJW 2008, 3148), wenn Wurzeln in Abflussrohre eindringen (BGH NJW 1986, 2640 unter II 3 a), wenn das Wachstum anderer Pflanzen gestört wird (LG Krefeld ZMR 2018, 818, 819). Eine Beeinträchtigung kann auch Folge eines Überfalls (§ 911 Rn 4) oder von Laub, Nadeln, Zapfen usw sein (BGH MDR 2019, 1309 Rn 7; zum Ausgleichsanspruch s Rn 4). Bloße Natureinwirkungen an sich reichen nicht aus, hingegen durch Natureinwirkungen ausgelöste Beeinträchtigungen (LG Frankenthal NJOZ 2021, 1584 Rn 11). **c) Unerhebliche Beeinträchtigung/Ortsüblichkeit.** Liegt eine Beeinträchtigung vor, ist sie nie nur unerheblich und ist nicht hinzunehmen (LG Darmstadt NJOZ 2021, 40 Rn 60; AG Königstein NJW-RR 2000, 1256; aA Brandenburg MDR 2016; Koblenz MDR 2014, 25; ohne Stellungnahme BGH MDR 2019, 608 Rn 10; NJW 2004, 1037 unter II 2 a). § 910 II eröffnet **keinen Weg** zu Billigkeitserwägungen über die Erheblichkeit des Überhangs oder zu einer allg Interessenabwägung (Mot III, 593 und 973; Prot III, 141; aA Köln SchAZtg 2011, 246: kein Rückschnitt, wenn Störungen im Vergleich zu den Wirkungen des Rückschnitts außer Verhältnis stehen; ohne Stellungnahme BGH MDR 2019, 608 Rn 10). Es kommt auch nicht auf die Ortsüblichkeit an (BGH MDR 2021, 928 Rn 7; MDR 2019, 1309 Rn 8).

III. Anspruchsinhaber. 1. Überblick. Anspruchsinhaber ist der Eigentümer. Der Miteigentümer kann nach 3
§ 1011 allein handeln. Anspruchsinhaber ist auch der dinglich Berechtigte (§ 1027, § 1090 II, § 1065; § 11 ErbbauRG; § 34 II WEG; ohne Stellungnahme BGH NJW 1992, 1101 unter I 2 für den Inhaber einer Grunddienstbarkeit). Einem obligatorisch Berechtigten, zB einem Mieter/Pächter, stehen die Rechte aus § 910 I 1 nur als Ermächtigter zu. **2. Wohnungseigentum.** Vgl Vor § 907 Rn 2.

IV. Rechtsfolgen. 1. Abschneiden und Behaltendürfen. a) Überblick. Der Anspruchsinhaber ist grds berech- 4
tigt, den Überhang – sachgerecht – bis zur Grundstücksgrenze (*Horst* NZM 2017, 57, 59) abzuschneiden. Ein Betretungsrecht gibt § 910 I hingegen nicht (KG OLGE 26, 72). Der Anspruchsinhaber ist auch nicht berechtigt, den Überhang zurückzuwerfen. Eine Anzeigepflicht iSv § 910 I 2 ggü dem Besitzer des Nachbargrundstücks soll sich aus § 242 auch für Wurzeln ergeben können (vgl Köln ZMR 1993, 567, 568; zweifelhaft). **b) Entstehung.** Der Anspruch entsteht in dem Zeitpunkt, in dem die Eigentumsbeeinträchtigung einsetzt (BGH MDR 2019, 1309 Rn 17; MDR 2019, 608 Rn 15). **2. Eigentum.** Eigentum erwirbt der Eigentümer iSv § 910 I 1, nicht der sonstige Anspruchsinhaber. **3. Beseitigung (§ 1004 I 1).** Der Eigentümer kann, was § 910 nicht sperrt (BGH MDR 2019, 1309 Rn 5; MDR 2019, 608 Rn 14), auch nach § 1004 I 1 vorgehen, soweit dieser nicht verjährt ist (BGH MDR 2019, 608 Rn 13; NJW 2011, 1068 Rn 6; Rn 5). Lässt ein Eigentümer einen Überhang zu, ist er Störer iSv § 1004 I (BGH NZM 2005, 318 unter II 4 a; NJW 2004, 603 unter II 3). Naturschutzrechtl Verbote stellen die Störereigenschaft jedenfalls so lange nicht in Frage, wie der Störer mit Erfolg eine **Ausnahmegenehmigung** für die Beseitigung der Störungsquelle beantragen kann (BGH NZM 2005, 318 unter II 4 b) aa). Ergibt die Prüfung, dass eine Befreiungsmöglichkeit nicht besteht, scheidet eine Verurteilung zur Beseitigung und Unterlassung aus. Wird die Befreiungsmöglichkeit dagegen bejaht, muss in den Tenor einer evtl Verurteilung der Vorbehalt einer Ausnahmegenehmigung aufgenommen werden, auch wenn das nicht in dem Klageantrag enthalten ist (BGH NZM 2005, 318 unter II 4 b aa). **4. Unterlassung (§ 1004 I 2).** Im Einzelfall kann der Eigentümer gem § 1004 I 2 Schutzmaßnahmen gegen künftigen Überwuchs verlangen (Schleswig NJOZ 2011, 344; Frankfurt NJW-RR 1997, 657). **5. Aufwendungsersatz.** Der Eigentümer kann vom Grundstücksnachbarn Ersatz der von diesem ersparten Aufwendungen, zB nach §§ 812, 818, verlangen (BGH NJW 2004, 603 unter II 4). **6. Schadensersatz.** Wegen etwaiger Überwuchsschäden kommen Ansprüche des Eigentümers aus § 823 I in Betracht (KG NZM 2008, 700; Düsseldorf NJW 1986, 2648, 2649), nicht dagegen aus § 823 II; § 910 ist kein Schutzgesetz (Düsseldorf NJW 1975, 739). **7. Ausgleichsanspruch analog § 906 II 2 BGB („Laubrente").** Dem Nachbarn, der von dem Eigentümer von Bäumen, die den landesrechtl vorgeschriebenen Grenzabstand nicht einhalten, deren Beseitigung oder Zurückschneiden wegen des Ablaufs der dafür in dem Landesnachbarrecht vorgesehenen Ausschlussfrist nicht mehr verlangen kann, kann für den erhöhten Reinigungsaufwand infolge des Abfallens von Laub, Nadeln, Blüten und Zapfen dieser Bäume ein **nachbarrechtl Ausgleichsanspruch** zustehen (BGH MDR 2020, 25 Rn 30; NJW 2018, 1010 Rn 11). Voraussetzung hierfür ist, dass der in Anspruch genommene Grundstückseigentümer für die Eigentumsbeeinträchtigung verantwortlich und damit Störer iSd § 1004 I ist (BGH MDR 2020, 25 Rn 30). Hält der Grundstückseigentümer die für die Anpflanzung bestehenden landesrechtl Abstandsregelungen ein, besteht daher weder ein Ausgleichsanspruch gem § 906 II 2 noch ein nachbarrechtl Ausgleichsanspruch entspr § 906 II 2 (BGH MDR 2020, 25 Rn 25). Entfernung oder Kürzung der Bäume kann der Nachbar wegen des Ablaufs der Ausschlussfrist iÜ nicht verlangen; er muss das Höhenwachstum dulden (BGH NJW 2018, 1010 Rn 11).

V. Grenzen. 1. Überblick. Der beeinträchtigte Nachbar darf das Selbsthilferecht auch dann ausüben, wenn 5
die Beseitigung des Überhangs mit dem Risiko verbunden ist, dass der Baum **abstirbt** (LG Frankenthal NJOZ 2021, 1584 Rn 18) **oder seine Standfestigkeit** verliert (BGH MDR 2021, 928 Rn 22). Eine Verhältnismäßigkeits- und/oder Zumutbarkeitsprüfung ist gesetzl **nicht** vorgesehen und widerspräche den Vorstellungen des Gesetzgebers (BGH MDR 2021, 928 Rn 24). Eine Beschränkung kann sich allerdings aus **naturschutzrechtlichen** Regelungen ergeben (BGH MDR 2021, 928 Rn 29). Das öffentliche Naturschutzrecht, auch Landes- und Gemein-

derecht, kann dazu führen, dass die Ausübung des Selbsthilferechts aus § 910 I 2 gehindert ist (BGH MDR 2021, 928 Rn 29); insb sind die Verbote wirksamer Baumschutzsatzungen zu beachten. Keinen Einschränkungen unterliegt das Selbsthilferecht hingegen, wenn der beeinträchtigte Grundstückseigentümer mit Erfolg eine Ausnahmegenehmigung für die Beseitigung der Störungsquelle beantragen kann. Ob das der Fall ist, müssen die Zivilgerichte, ebenso wie das Bestehen des Verbots, **selbständig** prüfen (BGH MDR 2021, 928 Rn 29). Beschränkungen der Rechte aus § 910 (Rn 3) können sich allerdings aus §§ 226, 242 und aus auf Art 122 und Art 183 EGBGB beruhenden Länderbestimmungen für Obstbäume und Waldgrundstücke ergeben (Vor § 907 Rn 5). § 910 lässt landesgesetzl Vorschriften, die das Eigentum beschränken und zu denen insb das Naturschutzrecht gehört, unberührt (BGH MDR 2019, 1309 Rn 14). **2. Anspruch auf Entschädigung.** Folge einer Duldungspflicht zB nach § 242 kann ein Anspruch auf Entschädigung sein (Brandenburg NJW 2018, 1975 Rn 32). **3. Verjährung und Verwirkung.** Das Selbsthilferecht ist kein Anspruch und unterliegt daher **nicht** der Verjährung (BGH MDR 2021, 928 Rn 10; MDR 2019, 608 Rn 14). Möglich ist in Ausnahmefällen eine Verwirkung (s auch LG Frankenthal NJOZ 2021, 1584 Rn 125ff). Das Beseitigungsrecht aus § 1004 I 1 verjährt hingegen nach der Entstehung nach den allg Regelungen (BGH MDR 2019, 608 Rn 13).

6 **VI. Unzulässige, verfrühte oder unsachgemäße Beseitigung.** Eine unzulässige (Rn 2), verfrühte (Rn 2) oder im Einzelfall auch eine unsachgemäße Beseitigung des Überhanges kann zu einem **Schadensersatzanspruch** aus § 823 I führen (Brandenburg NJW 2018, 1975 Rn 21; LG Gießen NJW-RR 1997, 655). Die Wertminderung des Grundstücks kann grds nach der „Methode Koch" berechnet werden (BGH NZM 2013, 282 Rn 11). Der Wertverlust wird bestimmt, indem die für die Herstellung des geschädigten Gehölzes bis zu seiner Funktionserfüllung erforderlichen Anschaffungs-, Pflanzungs- und Pflegekosten sowie das Anwachsrisiko berechnet und kapitalisiert werden; der danach errechnete Wert wird ggf mit Blick auf eine Alterswertminderung, Vorschäden und sonstige wertbeeinflussende Umstände bereinigt (BGH NZM 2013, 282 Rn 7). Der Besitzer des Nachbargrundstücks kann ferner gem §§ 861, 985 bzw §§ 867, 1005 Herausgabe des Überhanges beanspruchen.

7 **VII. Prozessuales. 1. Darlegungs- und Beweislast.** Die Darlegungs- und Beweislast dafür, vom Überhang gehe keine Beeinträchtigung (Rn 2) aus, trägt der Besitzer des **Nachbargrundstücks** (BGH MDR 2021, 928 Rn 15; NZM 2005, 318 unter II 4 c; NJW 2004, 1037 unter II 2 b; Brandenburg NJW 2018, 1975 Rn 25).

8 **2. Tenor.** Ist § 910 nach dem öffentlichen Recht **ausgeschlossen** und besteht aber eine Befreiungsmöglichkeit von dem Verbot, muss in den Tenor einer evtl Verurteilung der Vorbehalt einer Ausnahmegenehmigung aufgenommen werden, auch wenn das nicht in dem Klageantrag enthalten ist (BGH MDR 2019, 1309 Rn 15).

9 **3. Güte- und Schlichtungsgesetze.** Die Güte- und Schlichtungsgesetze der Länder Bayern, Brandenburg, Hessen, Mecklenburg-Vorpommern, Niedersachsen, Nordrhein-Westfalen, Rheinland-Pfalz, Saarland, Sachsen-Anhalt und Schleswig-Holstein haben auf Grundlage von § 15a I 1 Nr 2 EGZPO ein **obligatorisches** Güteverfahren für Ansprüche nach § 910 angeordnet. Ob § 15a I 1 Nr 2 EGZPO nicht nur für Beseitigungs- und Unterlassungsansprüche nach den landesgesetzl Vorschriften iSd Art 124 EGBGB (Vor § 907 Rn 5), sondern auch für Zahlungsansprüche gilt, die auf solche Vorschriften gestützt werden, ist str (BGH NJW-RR 2017, 443 Rn 8; NJW-RR 2016, 823 Rn 10).

§ 911 Überfall

Früchte, die von einem Baume oder einem Strauche auf ein Nachbargrundstück hinüberfallen, gelten als Früchte dieses Grundstücks. Diese Vorschrift findet keine Anwendung, wenn das Nachbargrundstück dem öffentlichen Gebrauch dient.

1 **I. Zweck und Allgemeines.** § 911 S 1 will nachbarliche Streitigkeiten wegen des Auflesens von Fallobst **vermeiden** (Prot III, 149). Dies wird durch die Fiktion erreicht, Überfall gehöre abw von §§ 953ff dem, auf dessen Grundstück die Früchte fallen. § 911 S 2 beschränkt den Anwendungsbereich des § 911 S 1.

2 **II. Tatbestandsvoraussetzungen. 1. Baum oder Strauch.** Zum Begriff s § 910 Rn 2. **2. Frucht.** Früchte sind solche im natürlichen Sinne (Mot III, 289), also Blätter, Obst, Eicheln, Kastanien etc, nicht aber Äste; § 99 ist nicht gemeint. **3. Hinüberfallen.** Eine Frucht fällt auf ein Grundstück, wenn sie von einem Ast auf dieses senkrecht herabfällt. Eine Frucht fällt iSd des Gesetzes ferner dann auf das Nachbargrundstück, wenn sie auf das Nachbargrundstück nach dem Fall rollt oder springt, nicht aber, wenn sie nach dem Liegen hinübergeweht wird. Die Ursache (Frost, Windstoß, menschliche Einwirkung etc) spielt grds keine Rolle. Anders liegt es, wenn der hierzu nicht Berechtigte durch **Schütteln** etc für das Hinüberfallen sorgt. Der Baum- oder Straucheigentümer kann dann gem § 985, § 812 I 1, § 823 Herausgabe und ggf nach § 823 I, II Schadensersatz verlangen. **4. Nachbargrundstück dient dem öffentlichen Gebrauch (§ 911 S 2). a) Überblick.** Dient das Nachbargrundstück dem öffentlichen Gebrauch, ist § 911 S 1 wegen seines Sinns und Zwecks nicht anwendbar. **b) Dem öffentlichen Gebrauch dienen.** Ein Grundstück, etwa eine öffentliche Straße, ein Platz, aber auch eine Uferzone, ein Fluss oder See dient öffentlichem Gebrauch, wenn sie dem Staat gehören und nicht einer Privatperson aufgrund eines Vertrags dienen. Die Widmung eines privaten Grundstücks zum öffentlichen Gebrauch reicht nicht. **c) Eigentum.** Im Fall des § 911 S 2 stehen die Früchte dem Eigentümer des Baums oder Strauchs (§ 93) bzw dem daran zur Fruchtziehung Berechtigten (§§ 953ff) zu. Dieser darf die Früchte auch aufsammeln.

3 **III. Rechtsfolgen. 1. Gesetzl Eigentumserwerb.** Liegen die Tatbestandsvoraussetzungen vor, gilt Überfall abw von §§ 953ff als Frucht des **Nachbargrundstücks**. Dh, der Eigentümer des Nachbargrundstücks wird als Eigen-

tümer fingiert. Fallen Früchte auf öffentlich genutzte Grundstücke, sollen sie hingegen als Gewohnheitsrecht **herrenlos** sein (Staudinger/*Heinze* § 959 Rn 12). Zum Wohnungseigentum vgl Vor § 907 Rn 2. **2. Negatorischer Rechtsschutz.** § 911 schränkt § 1004 I 2 nicht ein (AG Backnang NJW-RR 1989, 785).

IV. Prozessuales. S § 910 Rn 8. 4

§ 912 Überbau; Duldungspflicht

(1) Hat der Eigentümer eines Grundstücks bei der Errichtung eines Gebäudes über die Grenze gebaut, ohne dass ihm Vorsatz oder grobe Fahrlässigkeit zur Last fällt, so hat der Nachbar den Überbau zu dulden, es sei denn, dass er vor oder sofort nach der Grenzüberschreitung Widerspruch erhoben hat.

(2) Der Nachbar ist durch eine Geldrente zu entschädigen. Für die Höhe der Rente ist die Zeit der Grenzüberschreitung maßgebend.

I. Sinn und Zweck. Bei einem gutgläubigen Überbau (Rn 2) erwürbe der Eigentümer des überbauten Grundstücks gem § 93, § 94 I, § 946 das Eigentum am überbauten Gebäudeteil, und er könnte gem § 1004 I das Zurücksetzen und damit praktisch einen Teilabbruch des Gebäudes oder, unter Ausnutzung der Situation, uU große Abstandssummen fordern. Dem tritt § 912 I **entgegen.** Im volkswirtschaftl (Prot III, 135) bzw öffentlichen Interesse an der **Verhütung** einer wertvernichtenden Zerstörung (Mot III, 283) soll die mit der Beseitigung eines Überbaus verbundene Zerschlagung wirtschaftl Werte vermieden werden, die dadurch entsteht, dass sich der Abbruch eines überbauten Gebäudeteils meist nicht auf diesen beschränken lässt, sondern zu einer Beeinträchtigung und Wertminderung auch des bestehen bleibenden, auf eigenem Grund gebauten Gebäudeteils führt (BGH NJW-RR 2016, 1489 Rn 27; NJW 2015, 2489 Rn 30). § 912 II gewährt zum Ausgleich der Duldungspflicht einen Rentenanspruch. Die sich nach § 912 I ergebenden Rechte verkürzen sich nicht deshalb, weil die Eigentümer der benachbarten Grundstücke zur Klarstellung und Vermeidung künftiger Streitigkeiten eine Grunddienstbarkeit bestellt haben (BGH NJW 2014, 311 Rn 13). 1

II. Begriffe. 1. Gutgläubiger Überbau (entschuldigter unrechtmäßiger). Von einem gutgläubigen Überbau (auch: entschuldigter unrechtmäßiger, s zB BGH MDR 2019, 90 Rn 5) ist zu sprechen, wenn die Tatbestandvoraussetzungen des § 912 I vorliegen (Rn 5). 2

2. Rechtmäßiger Überbau. a) Begriff. Stimmt der Nachbar einem Überbau zu, spricht man von einem **rechtmäßigen** Überbau (st Rspr, bspw BGH NZM 2017, 855 Rn 18; NJW 2008, 3122 Rn 7). Auf diesen ist § 912 I grds nicht anwendbar (BGH NJW 1983, 1112 unter II 1). **b) Zustimmung.** Die Zustimmung ist Vertrag und formfrei (München NJW 2011, 83, 84) – auch stillschw – möglich. Der Vertrag kann ua regeln: Bestand, Entgelt, Richtung und Umfang, Widerruf (BGH NJW-RR 2016, 1489 Rn 32), Zeitdauer. Steht das Nachbargrundstück im Miteigentum, müssen alle Miteigentümer die Zustimmung erklären; § 1011 ist nicht anwendbar. Zur Klarheit bietet sich an, den Vertrag **dinglich** zu flankieren – Grunddienstbarkeit, beschränkt persönliche Dienstbarkeit, Nießbrauch, Erbbaurecht (*Elzer*, FS Riecke, 2019, 83, 92). Ein Rechtsnachfolger wäre nach Baubeginn an eine von seinem Rechtsvorgänger erteilte Zustimmung freilich nach § 912 I gebunden (BGH NJW 2011, 1069 Rn 37; NJW 1983, 1112 unter II 1). Wurde dem Überbau nur teilw zugestimmt, ist zu klären, ob iÜ ein gutgläubiger oder ein rechtswidriger Überbau vorliegt. **c) Folgen der Zustimmung. aa) Eigentum.** Die Zustimmung führt dazu, dass der Überbauer (Rn 8) entgegen §§ 946, 94 I und entspr § 95 I 2 Eigentümer des auf dem Nachbargrundstück stehenden Gebäudeteils bleibt/wird (BGH NJW 2015, 2489 Rn 32; NJW 2008, 3122 Rn 7). War die Zustimmung zeitl befristet, ändert sich daran nach hM nach Zeitablauf nichts (BGH NJW 2004, 1237 unter II 1 a bb). **bb) Duldungspflicht.** Ferner folgt aus der Zustimmung die Duldungspflicht des Nachbarn (BGH NZM 2017, 855 Rn 18; NJW-RR 2015, 181 Rn 17), auch seines Rechtsnachfolgers, und zwar nach hM aus § 912 I (BGH MDR 1983, 568; s auch Saarbrücken 22.7.2020 – 5 U 87/19, juris Rn 24). **d) Entschädigung.** Die Vertragsparteien können ein Entgelt vereinbaren (BGH NJW 1974, 794 unter 2). Ist dieses nicht vereinbart worden, muss durch Auslegung ermittelt werden, ob eine Überbaurente zu zahlen ist; im Zweifel gilt § 912 II (RGZ 74, 87; Frankfurt MDR 1980, 229). 3

III. Rechtswidriger Überbau. 1. Begriff. Liegen die Voraussetzungen des § 912 **nicht** vor (Rn 5) und hat der Nachbar auch nicht zugestimmt (rechtmäßiger Überbau; Rn 3), liegt ein rechtswidriger Überbau vor. **2. Rechtsfolgen. a) Eigentum.** Das Grundstück verbleibt im Eigentum des Nachbarn. Das Gebäude zerfällt nach §§ 946, 94 I grds auf der Grenzlinie real (vertikal) eigentumsrechtl in zwei Teile (BGH NZM 2014, 404 Rn 25; NJW 1985, 789 unter II 3 d) – §§ 93, 94 II treten zurück). **b) Rechte des Nachbarn.** Der Nachbar ist zum Gebrauch/zur Nutzung des Überbaus berechtigt. Er kann nach § 1004 I 1 grds Beseitigung verlangen, sofern dieser Anspruch nicht nach Maßgabe des § 195 in drei Jahren verjährt ist (BGH NJW 2011, 1069 Rn 12 und Rn 16). Die Verjährung begründet freilich kein Recht auf Duldung nach § 1004 II. Der Nachbar ist vielmehr nach § 903 S 1 BGB berechtigt, den Überbau selbst zu beseitigen (BGH NZM 2014, 766 Rn 8; NJW 2011, 1068 Rn 9). Dem Nachbar verbleiben auch nach der Verjährung des Beseitigungsanspruchs ferner der Anspruch auf Herausgabe nach § 985 (BGH NJW 2011, 1069 Rn 23) – der Anspruch beschränkt sich darauf, dass der Überbauer seinen Besitz am Überbau aufgibt und dem Nachbar den Besitz an dem auf seinem Grundstück stehenden Teil des Gebäudes überlässt (BGH NJW 2011, 1069 Rn 24) – und die Ansprüche auf die durch den Überbauer auf Grund des Überbaus gezogenen Nutzungen nach §§ 987ff (BGH NJW 2011, 1069 Rn 12 und Rn 16). Auch die Rechte aus Verzug oder unerlaubter Handlung bleiben unberührt (BGH NJW 2003, 3621 unter II 2). Im **Einzelfall** soll 4 das Recht auf Beseitigung und/oder Herausgabe – mit der Folge des § 912 II analog (BGH NZM 2014, 404 Rn 29: „Entschädigung") – nach § 275 II (BGH NJW 2008, 3123 Rn 20) und/oder dem nachbarlichen Gemeinschaftsverhältnis (BGH NZM 2014, 404 Rn 39; s auch (§ 906 Rn 74ff) allerdings ausgeschlossen sein können (dazu *Maetschke* ZfIR 2015, 366ff). **c) Rechte des Überbauers.** Dem Überbauer steht weder ein Verwendungsersatzanspruch aus § 996 noch ein Zurückbehaltungsrecht gem § 1000 zu (BGH NJW 1996, 52; NJW 1964, 1125, 1127). Da auch die Verwendungskondiktion ausgeschlossen ist (§ 951 I 1, § 946, § 947 II, § 812 I 1 Alt 2), bleibt lediglich das Wegnahmerecht nach § 997 iVm § 258, dh der Abbruch des Überbaus und die anderweitige Verwendung der freiwerdenden Baustoffe, was der Nachbar dulden muss (BGH NJW 2011, 1069 Rn 12 und Rn 16). Ein Ausgleichsanspruch nach § 242 wurde dem Überbauer in einem Fall zuerkannt, in dem ein Abbruch nach öffentlichem Recht verboten war (BGH NJW 1964, 1125 unter 5). **d) Grenzanlage.** Der Überbau wird Grenzanlage (§ 921 Rn 2), wenn der Nachbar anbaut.

5 **IV. Tatbestandvoraussetzungen. 1. Gebäude. a) „Kernbegriff".** Gebäude iSd Gesetzes ist ein Bauwerk. Ein „Bauwerk" ist eine unbewegliche, durch Verwendung von Arbeit und Material iVm dem Erdboden hergestellte Sache, die durch räumliche Umfriedung Schutz gewährt und den Eintritt von Menschen gestattet (BGH NJW 2015, 2489 Rn 30; MDR 1973, 39 unter A). Gebäude ist danach neben Häusern zB: eine Tiefgarage (BGH NJW 1982, 756; Rn 4), eine Werkhalle, ein Turbinenhaus (*Tersteegen* RNotZ 2006, 433, 435). „Gebäude" iSd Gesetzes kann auch ein „Zeitbau" (§ 95 I 1) sein (Rostock OLGR 2002, 265, 267). **b) Erweiternde Auslegung.** Bei der Auslegung, was „Gebäude" ist, soll nach hM, der zu folgen ist, der Zweck des § 912 I (Rn 1) in den Blick genommen werden müssen (BGH NJW-RR 2016, 1489 Rn 27; NJW 2015, 2489 Rn 30; *Tersteegen* RNotZ 2006, 433, 435). Bliebe man beim bloßen Wortlaut stehen, müsste der Nachbar einen Überbau auch dann dulden, wenn die auf sein Grundstück ragenden Bauteile eines Wohngebäudes entfernt werden könnten, ohne den in dem Wohngebäude liegenden wirtschaftl Wert zu zerstören. Umgekehrt dürfte der Nachbar die Entfernung eines größeren Bauwerks, dessen wirtschaftl Wert dem eines Wohn- oder Bürogebäudes entspricht, verlangen, auch wenn die übrigen Voraussetzungen für eine Duldungspflicht vorliegen. Richtig soll es daher sein, §§ 912ff im ersten Fall einschränkend auszulegen und sie im zweiten Fall erweiternd auch „auf andere größere Bauwerke" anzuwenden, deren Beseitigung eine dem (Teil-)Abriss eines Gebäudes ieS vergleichbare Zerschlagung wirtschaftl Werte bedeutete (BGH NJW-RR 2016, 1489 Rn 27; NJW 2015, 2489 Rn 30). **Keine iSd Gesetzes errichteten „Gebäude" sind danach idR:** Abflüsse (BGH MDR 1973, 39 unter A), Abschlussvorrichtungen, Backöfen, seitenoffene Carports (Karlsruhe NJW-RR 1993, 665), Holzabtrennungen (BGH NJW-RR 2010, 315 Rn 19), Dämme, Denkmäler, Fensterläden (BGH NJW-RR 2016, 1489 Rn 28; NZM 2008, 939 Rn 10), freistehende Mauern (BGH MDR 1973, 39 unter A), Gruben, Hundehütten, Luftwärmepumpenanlagen (Frankfurt NJW-RR 2013, 793, 794), Markisen (BGH NJW-RR 2016, 1489 Rn 28; NZM 2008, 939 Rn 10), Mauern (Koblenz NJOZ 2018, 339 Rn 18), Pergolen, Pflasterungen (BGH NJW-RR 2010, 315 Rn 19), Planken, Regenrinnen (LG Kassel ZMR 1999, 713, 714), Schleusen, Terrassen, die teilw in eine Abstandsfläche hineinragen (BGH NZM 2013, 244 Rn 15), Taubenschläge, Tore, Wärmedämmungen (s auch Rn 16), Zäune, Zufahrten (BGH NJW 2014, 311 Rn 15), wobei für befestigte Tiefgaragenzufahrten etwas anderes gelten kann. Entspr gilt für einen Öltank, der nicht in das Gebäude eingefügt ist, dessen Beheizung er dient (BGH NJW-RR 2016, 1489 Rn 28; NJW-RR 2013, 652 Rn 17). **c) Einheitlich.** Es muss sich um ein „einheitliches" Gebäude handeln (BGH NJW 1990, 1791 unter II 1 d; NJW 1982, 756 unter II 1). Nach § 93 ist ein Gebäude, dessen Teile nicht voneinander getrennt werden können, ohne dass der eine oder andere zerstört oder in seinem Wesen verändert wird, grds „einheitlich" (BGH NJW 1982, 756 unter II 1 a; MDR 1970, 676), etwa eine Tiefgarage (BGH NJW 1982, 756 unter II 1 a). Verkehrsanschauung oder natürliche Betrachtungsweise können zu einem anderen Ergebnis führen (BGH NJW 1982, 756 unter II 1 a). Was gilt, soll sich in erster Linie nach der körperlichen bautechnischen Beschaffenheit des „Gebäudes" richten (BGH NJW 1982, 756 unter II 1). Eine vollständig auf einem Nachbargrundstück errichtete Doppelhaushälfte soll mit der anderen Hälfte ein einheitliches Gebäude sein (Karlsruhe BWNotZ 1988, 91, 92); dies gelte auch für einen „Zwischenbau" (*Tersteegen* RNotZ 2006, 433, 438). **d) Ober- oder unterirdisch.** Das „Gebäude" kann ober- (Balkon) oder auch unterirdisch (Keller) liegen. Ein Überbau liegt auch vor, wenn in den fremden Luftraum eingegriffen wird (BGH NJW 1986, 2639 unter II 1; NJW 1976, 669 unter I 2 a). Etwas anderes gilt, sofern der „Überbau" in solcher Höhe oder Tiefe vorgenommen wird, dass der Eigentümer an der Ausschließung kein Interesse hat (§ 905 S 2).

6 **2. Errichtung. a) „Kernbegriff".** Errichtung ist die erstmalige Herstellung. **b) Bauliche Veränderungen/Anbauten (§ 912 entspr).** Wird das Nachbargrundstück aus Anlass einer baulichen Veränderung eines errichteten Gebäudes überbaut (Rn 7), zB durch Anbau eines Balkons, eines Dachvorsprungs oder eines Erkers, kann § 912 entspr anwendbar sein (BGH NJW 2015, 2489 Rn 30; NJW-RR 2009, 24 Rn 10). Die entspr Anwendung soll nicht von der Art der Baumaßnahme, sondern von den mit einem Rückbau verbundenen Folgen abhängen. Entscheidend sei, ob sich eine Beseitigung des Überbaus nicht auf diesen beschränken lasse, sondern die Gebäudeeinheit beeinträchtige und auf diese Weise zwangsläufig zu einem Wertverlust der innerhalb der Grundstücksgrenzen befindlichen Gebäudeteile führe (BGH NJW 2015, 2489 Rn 30; NJW-RR 2009, 24 Rn 10). Die entspr Anwendung hängt auch nicht davon ab, in welchem Umfang der Anbau auf dem überbauten Grundstück steht, sondern von den mit dem Abbruch des Anbaus verbundenen Folgen für das auf dem Grundstück des Überbauenden stehende Gebäude (BGH NJW-RR 2016, 1689 Rn 28; s auch Rn 5).

7 **3. Überbau. a) Stammgrundstück.** § 912 setzt voraus, dass ein Grundstück als „Stammgrundstück", das andere – oder die anderen (BGH NJW 1985, 789 unter II 3 a) – aber als „Nachbargrundstück" angesehen werden

kann (BGH NJW 1990, 1791 unter II 2 a). Für den Normalfall ist klar, welches Grundstück „Stammgrundstück" ist. Entscheidend ist insoweit, dass der Überbau einem Stammgrundstück obj zugeordnet werden kann (BGH NJW 2015, 2489 Rn 31). Unerheblich ist daher, wenn der Überbau auf dem Nachbargrundstück begonnen und in das Stammgrundstück hineingeführt worden ist (BGH NJW 2015, 2489 Rn 31). Lässt sich das nicht feststellen, ist str, was gilt (Düsseldorf NJW-RR 1987, 397: vertikale Teilung; Karlsruhe OLGZ 1989, 341: Miteigentum). Unerheblich ist, um wieviel die Grenze überschritten wird und ob der hinübergebaute Teil der wertvollere des Gebäudes ist (BGH NJW 1990, 1791 unter II 2 a aa). Zum „gemeinschaftl" Überbau s *Monreal*, FS DNotI, 2018, 201ff und *Tersteegen* RNotZ 2006, 433, 445f. Zur Tiefgarage s auch Rn 12. **b) Begriff des Überbaus.** Ein Überbau liegt vor, wenn das **Gebäude** über die Grundstücksgrenze hinaus **errichtet** wird. So liegt es nach § 905 **auch**, wenn die Grenze im Luftraum (s auch Saarbrücken 22.7.2020 – 5 U 87/19, juris Rn 21) oder unter der Erde (Unterbau) überbaut wird. **c) Entspr Anwendung. aa) Nachträglicher Überbau.** Die Vorschriften über den Überbau sind nach hM im Grundsatz entspr auf einen nachträgl Überbau anzuwenden (BGH NJW-RR 2016, 1489 Rn 23 NJW-RR 2009, 24 Rn 10), zB bei einem Anbau, im Zuge von Reparatur- und Modernisierungsmaßnahmen oder bei einer Dämmung. **bb) Eigengrenzüberbau.** Stehen die Grundstücke zunächst im Eigentum einer Person (Eigengrenzüberbau), liegt ein Überbau vor, wenn die Grundstücke später in das Eigentum verschiedener Personen gelangen (BGH NJW 2014, 311 Rn 14; NJW 1990, 1791 unter II 1 a; grundlegend BGHZ 39, 5 unter a; s auch *Monreal*, FS DNotI, 2018, 201, 202). Nach den obj Gegebenheiten soll „vermutet" werden können, welches Grundstück „Stammgrundstück" ist (BGH NJW 1990, 1791 unter II 2 a cc; KG GE 2019, 1317). Nach der Auslegung zB von Teilungserklärungen soll sich der Wille zu einer **vertikalen Teilung** des Gebäudes an der Grundstücksgrenze ergeben können (KG GE 2019, 1317 für eine Tiefgarage; das übersieht, dass es dann, wenn es an Mauern fehlt, an einem Raum und an der Abgeschlossenheit, § 3 III WEG, fehlt. **cc) Teilung eines Grundstücks („nachträglicher Eigengrenzüberbau").** Wenn ein bebautes Grundstück geteilt wird und die neue Grenze durch das bereits errichtete Gebäude verläuft, liegt in diesem Moment ein Überbau vor (BGH NZM 2014, 724 Rn 5; NZM 2013, 875 Rn 16). „Stammgrundstück" ist das Grundstück, auf dem sich nach Umfang, Lage und wirtschaftl Bedeutung der eindeutig maßgebende Gebäudeteil befindet (BGH NZM 2014, 724 Rn 5; NJW 2008, 1810 Rn 14; NJW 1990, 1791 unter II 2 a bb). **dd) Weitere Fälle.** Ein Überbau soll ferner vorliegen, wenn ein Gebäude durch Erdbewegungen über die Grenze geschoben wird, wenn ein Grundstückseigentümer aufgrund öffentlichen Grundbuchglaubens einen Teil seines bebauten Grundstücks verliert („Katasterraub"), wenn das Gebäude wegen Altersschwäche (schiefer Turm zu Pisa, nachträgl Mauerausbauchung) die Grenze überragt (BGH NJW 1986, 2639 unter II 1), wenn eine durch Grunddienstbarkeit begründete Baugrenze (zB Abstand einzuhalten oder nicht höher als auferlegt zu bauen) überschritten bzw ein Wegerecht beeinträchtigt, also nicht die eigentliche Grenze überbaut wird (BGH NZM 2013, 244 Rn 15; WM 1964, 1027 unter 4; grundlegend BGHZ 39, 5 unter a); Entspr soll für auf Landesrecht beruhende Bebauungsverbote gelten (BGH NZM 2013, 244 Rn 15, Frankfurt NVwZ-RR 2013, 591, 592 und Köln NZM 2003, 296 jew für die Verletzung des Grenzabstandes). Zum Wohnungseigentum vgl Vor § 907 Rn 2.

4. Eigentümer. a) Überbauer. Der (Mit-)Eigentümer muss der sein, der überbaut. Für die Frage, „wer" überbaut hat, kommt es darauf an, in wessen Namen und wirtschaftl Interesse das Gebäude errichtet wurde, wer also „Geschäftsherr" des Überbaus ist (BGH NJW 1990, 1791 unter II 2 a aa; NJW 1983, 2022 unter 2). Der Erbbauberechtigte steht dem Eigentümer gleich (§ 11 I 1 ErbbauRG). **b) Nichteigentümer.** Der Bau eines Nichteigentümers (zB Pächters, Nießbrauchers) fällt unter § 912, wenn der Eigentümer dem Bau entspr §§ 183–185 zustimmt, der Bauende später das Stammgrundstück erwirbt (BGHZ 15, 216 unter A II) oder dem Überbauenden später ein Erbbaurecht eingeräumt wird. Der bloße (redliche) Besitzer wird durch die §§ 912ff nicht geschützt. 8

5. Ohne Vorsatz oder grobe Fahrlässigkeit. a) Vorsatz. Vorsätzlich handelt, wer weiß, dass er die Grenze überschreitet und sich dabei bewusst ist, hierzu keine Befugnis zu haben (BGH WM 1968, 432 unter 1). **b) Grob fahrlässig.** Grob fahrlässig handelt, wer im Bereich der Grenze baut, ohne vorher – ggf unter Hinzuziehung eines Vermessungsingenieurs (BGH NJW 2003, 3621 unter II 1 b) – sein Eigentum am Baugrund festgestellt zu haben (BGH NJW-RR 2009, 24 Rn 12). Der Irrtum, der Nachbar gestatte den Überbau, ist unerheblich, sofern er Folge einer besonders schweren Verletzung der im Verkehr erforderlichen Sorgfalt ist (BGH WM 1979, 644 unter B 1). **c) Zeitpunkt.** Maßgebend für die Beurteilung des Verschuldens ist der Zeitpunkt der Grenzüberschreitung (BGH WM 1979, 644 unter B 3 d). Spätere Kenntnis oder grob fahrlässige Unkenntnis schadet nicht, dh der Überbau darf trotzdem entspr den Bauplänen zu Ende geführt werden – freilich ohne zusätzl Grenzüberschreitung. **d) Bezugspunkt.** Das Verschulden muss sich auf die Grenzüberschreitung und die fehlende Befugnis dazu beziehen. **e) Verschulden beauftragter Personen.** Verschulden beauftragter Personen, zB des Bauunternehmers und seiner Gehilfen, braucht sich der Bauherr weder nach § 278 noch nach § 831 zurechnen zu lassen (BGH WM 1979, 644 unter B 3 a; NJW 1977, 375 unter 2 b); dagegen hat der Bauherr das Verschulden seines Architekten analog § 166 zu vertreten (BGH WM 1979, 644 unter B 3; NJW 1977, 375 unter 1). 9

6. Widerspruch. a) Berechtigung. Berechtigt zum – auch stillschw möglichen – und formfreien Widerspruch ist der Nachbareigentümer (BGH NZM 2004, 103 unter II 3 a cc (2). Bei mehreren Berechtigten genügt Widerspruch des einen (BGH NZM 2004, 103 unter II 3 a cc (2), § 1011. Der Berechtigte kann seinen Widerspruch zurücknehmen (Posen OLG 15, 349, 350). **b) Vor oder sofort nach.** „Sofort" besagt etwas anderes als unverzüglich (BGHZ 59, 191 unter 3). Ausschlaggebend ist, ob nach den Umständen des Einzelfalls noch zeitig genug widersprochen wurde, um eine sonst bei Beseitigung des Überbaus zu befürchtende erhebliche Zerstörung zu ver- 10 meiden (BGH NZM 2004, 103 unter II 3 a cc (2); NJW 1972, 1750 unter 3). Für die Rechtzeitigkeit ist der Widerspruchsberechtigte beweispflichtig. **c) Empfänger.** Empfänger ist der Überbauer (Rn 8) oder sein Vertreter (§ 166). Bei mehreren Überbauenden genügt der Widerspruch ggü einem. **d) Anfechtung.** Eine Anfechtung wegen Willensmängeln ist ausgeschlossen (BGH NJW 1972, 1750 unter 2).

10a **7. „Regeln der Baukunst".** Ein Überbau muss nach hM **nicht** geduldet werden, wenn er den „Regeln der Baukunst" nicht entspricht und deshalb – über die Grenzverletzung hinausreichende – Beeinträchtigungen des Nachbargrundstücks besorgen lässt (BGH NJW-RR 2009, 24 Rn 16), zB wenn ein Anschlussblech nicht fachgerecht ausgeführt ist. Dem ist nicht zu folgen: dem Gesetz ist diese iÜ schwammige Einschränkung unbekannt.

11 **V. Rechtsfolgen. 1. Duldungsrecht und -pflicht. a) Überblick.** § 912 I gibt als Recht iSv § 96 (§ 96 Rn 2) ein Duldungsrecht des Eigentümers (Rn 8) gegen den schweigenden Nachbar, den eine Duldungspflicht trifft. Der schweigende Nachbar muss – ebenso wie Rechtsnachfolger (AG Braunschweig ZMR 2020, 1059) – den Überbau nach § 1004 II dulden (BGH NJW 2008, 3123 Rn 20) und hat keinen Beseitigungsanspruch aus § 1004 I 1 (BGH NJW 2014, 311 Rn 19). Die Duldungspflicht schränkt § 903 ein, gibt ein **Besitzrecht** und gehört zum Inhalt des Eigentums – einer Grunddienstbarkeit wesensähnl, aber nicht wesensgleich (RGZ 160, 166, 179). **b) Umfang.** Die Duldungspflicht erstreckt sich auch auf den Wiederaufbau eines zT zerstörten Gebäudes auf überbauter Fläche (BGH MDR 1961, 401), sofern der restliche Teil noch ein Gebäude iSv Rn 5 ist. Zusätzl Beeinträchtigungen, die über den eigentlichen Überbau hinausgehen, zB der Gebrauch von Wegeflächen, sind nicht umfasst (BGH NJW 2014, 311 Rn 19). § 912 gibt auch kein Recht für eine spätere Aufstockung (BGH NJW 1975, 1313 unter I 2 d).

12 **2. Eigentumsverhältnisse. a) Gebäude.** Der Überbauer (Rn 8) wird grds Eigentümer des ganzen Gebäudes, dh auch des auf dem **Nachbargrundstück** stehenden Bauwerkteils (BGH NJOZ 2020, 205 Rn 19; NZM 2014, 724 Rn 5; NZM 2014, 404 Rn 23), kann dieses allein gebrauchen und nutzen und schuldet die Verkehrssicherung. §§ 94, 946 werden durch den analog anzuwendenden § 95 I 2 verdrängt (BGH NJW 1990, 1791 unter II 1 c; NJW-RR 1989, 1039). Bei diesen Eigentumsverhältnissen bleibt es auch dann, wenn das überbaute Gebäude **teilw abgerissen** worden ist und die Gebäudereste keine selbständige wirtschaftl Bedeutung haben (BGH MDR 2020, 1178 Rn 24; NZM 2014, 404 Rn 24). Ein Kellermauerrest, auf den der Überbau gesetzt wird, wird Bestandteil des Überbaus (BGH NJW 1969, 1481 unter I 3 c). Dem Überbauer (Rn 8) steht es als Eigentümer des Gebäudes grds auch frei, den Überbau zu entfernen (BGH NJW 1989, 221 unter I 2). Die Rechte des Eigentümers, dessen Gebäude die Grenze überschreitet, **verkürzen sich nicht** deshalb, weil die Eigentümer der benachbarten Grundstücke zur Klarstellung und Vermeidung künftiger Streitigkeiten eine Grunddienstbarkeit bestellt haben (BGH NJW 2014, 311 Rn 14). Besonderheiten gelten für Giebelmauern (§ 921 Rn 5ff). **b) Überbaute Grundfläche.** Die überbaute Grundfläche verbleibt im Eigentum des Nachbarn (BGH NJW 1975, 1313 unter I 2 a). Dieser behält auch die Herrschaft über den Luftraum oberhalb des Überbaus (BGH NJW 1975, 1313 unter I 2 d). **c) In Sonderheit: Tiefgaragen.** Eine Tiefgarage und ein darauf stehendes Gebäude sind nach § 93 **eine** Sache. Die Tiefgarage kann daher insoweit nicht teilw im Eigentum eines **anderen** Grundstückseigentümers stehen (Frankfurt Rpfleger 2022, 499; *Oppermann* DNotZ 2015, 662ff; *Berg* RNotZ 2018, 505; aA *Tersteegen* ZNotP 2008, 21ff).

13 **3. Überbaurente (§ 912 II). a) Sinn und Zweck.** Die Überbaurente wird dafür gewährt, dass der Nachbar den Überbau dulden und sich die Entziehung des Gebrauchs und der Nutzung am überbauten Teil seines Grundstücks gefallen lassen muss (BGH MDR 2019, 90 Rn 8). Der Anspruch stellt somit den Ausgleich für den mit der Duldungspflicht verbundenen Eigentumseingriff dar. Er ist nicht als ein schadensersatzrechtl Anspruch ausgestaltet (s auch Rn 14). Es handelt sich vielmehr um einen Wertausgleichsanspruch (BGH MDR 2019, 90 Rn 6). **b) Subj- und obj-dinglich.** Das Recht auf Überbaurente ist subj- und obj-dinglich. Auch der gutgläubige Erwerber des von der Rentenlast betroffenen Grundstücks hat daher die Überbaurente zu zahlen. Das Recht auf Überbaurente ist kein Anspruch und unverjährbar – nicht aber die einzelnen Renten. Die Rentenzahlungspflicht entsteht mit dem Beginn des Überbaus. Das Recht auf Überbaurente gehört nach § 96 zum Eigentumsinhalt (§ 96 Rn 2), kann daher nicht selbständig abgetreten oder gepfändet werden (BayObLG Rpfleger 1976, 180) und besteht auch ggü dem Rechtsnachfolger, wenn ein rechtmäßiger Überbau (Rn 2) vorlag, die Zustimmung aber nicht dinglich gesichert wurde (BGH NJW 1983, 1112 unter II 1). Das Recht auf Überbaurente bleibt nach § 52 II 1 ZVG auch dann bestehen, wenn es bei der Feststellung des geringsten Gebots nicht berücksichtigt ist. Das Rentenrecht kann gem Art 116 EGBGB landesrechtl nicht ausgeschlossen werden. Zur Zahlung der Überbaurente s § 913, zu Rang, Eintragung, Erlöschen und iÜ § 914, zum Abkaufrecht § 915. **c) Höhe. aa) Allgemeines.** Der Nachbar und der Überbauer können die Höhe der Überbaurente vereinbaren (§ 914 II). Die Einigung gilt, sofern sie nicht eingetragen wird, allerdings nur unter ihnen (§ 914 II). **bb) Maßgeblicher Zeitpunkt.** Maßgeblicher Zeitpunkt ist nach § 912 II 2 grds derjenige der Grenzüberschreitung (BGH MDR 2019, 90 Rn 10; NZM 2014, 724 Rn 8). Wird ein Grundstück in der Weise aufgeteilt, dass ein aufstehendes Gebäude von der Grenze der beiden neu gebildeten Grundstücke durchschnitten wird (Rn 8), kommt es auf die Grundstückswertverhältnisse im Zeitpunkt der Grundstücksteilung an (BGH NZM 2014, 724 Rn 9). **cc) Berechnung.** Die Überbaurente orientiert sich am nach Maßgabe der Wertermittlungsverordnung ermittelten **Verkehrswert** der überbauten Fläche (BGH MDR 2019, 90 Rn 10; NJW 2011, 1069 Rn 42), wenn nichts dafür vorgetragen wird oder zu erkennen ist, dass auch die Nutzung der nicht überbauten Fläche beeinträchtigt worden ist. Fehlt wie zB bei Straßen ein Verkehrswert, ist das übliche Nutzungsentgelt maßgeblich (BGH NJW 1976, 669 unter II 2). Art und Ausmaß

der tatsächlichen Beeinträchtigung sind **unerheblich** (BGH MDR 2019, 90 Rn 12). Wird Straßenland überbaut, ist die Höhe grds unter Beachtung von § 315 nach dem üblicherweise von dem Träger der Straßenbaulast verlangten Entgelt für die Gestattung einer Überbauung zu bestimmen (BGH MDR 2019, 90 Rn 10). **d) Nutzungsbeeinträchtigung.** Die Zahlung der Überbaurente ist nicht von einer Nutzungsbeeinträchtigung abhängig (BGH MDR 2019, 90 Rn 6). **e) Nachbarrechtl Ausgleichsanspruch.** Die Überbaurente begrenzt der Höhe nach einen etwaigen nachbarrechtl Ausgleichsanspruch (BGH NJW 1977, 1447 unter I 2).

4. Weiteres. a) Schadensersatz. Soweit durch den Überbau über den Verlust der Bodennutzung hinaus das Eigentum oder sonstige Rechte des Nachbarn verletzt werden, sind andere Ersatz- oder Schadloshaltungsansprüche nicht ausgeschlossen (BGH NJW 1977, 1447 unter I 2). **b) Ersatzanspruch aus § 818 II, § 951 I.** Nutzt der Nachbar den Überbau später durch Anbau aus, zB als Giebelmauer (§ 921 Rn 5), und erwirbt er dadurch hälftiges Miteigentum (§ 921 Rn 5), kommt ein Ersatzanspruch aus § 818 II, § 951 I in Betracht (BGH NJW 1970, 97 unter 2). **c) Dingliche Rechtsänderung.** § 912 gibt keinen Anspruch auf dingliche Rechtsänderung (BGH NJW-RR 2012, 1036 Rn 16). 14

VI. Eintragung. 1. Grundsatz. Duldungspflicht des überbauten und Rentenlast des Stammgrundstücks (Rn 7) sind grds nicht eintragungsfähig (BGH NJW 2004, 1237 unter II 1 a cc). **2. Ausnahme.** Wenn – wie insb nach einem Eigengrenzüberbau (Rn 7) – nicht ohne Weiteres klar ist, welches der beiden Grundstücke das Stammgrundstück und welches das überbaute Grundstück ist, können solche Zweifel durch eine Vereinbarung der Eigentümer der benachbarten Grundstücke und deren Eintragung in Form einer Grunddienstbarkeit behoben werden (BGH NJW 2014, 311 Rn 9). Auch die Aufhebung und Beschränkung der Duldungspflicht sind im Grundbuch des überbauenden Grundstücks als Grunddienstbarkeit zugunsten des überbauten Grundstücks eintragbar (BGH NJW 2004, 1237 unter II 1 a cc). 15

VII. Sonstiges. 1. Wohnungseigentum. Vgl Vor § 907 Rn 2. **2. Giebelmauer (Nachbarwand oder Kommunmauer).** Zur Giebelmauer s vor allem § 921 Rn 4. Die Grundstücksnachbarn werden idR – ggf stillschw – § 912 II 1 und § 915 abbedingen (BGH NJW 1970, 97 unter 2). Anders ist es bei einem rechtswidrigen Überbau (Rn 4). **3. Grenzwand.** S § 921 Rn 10. **4. Landesrechte.** Einige Landesrechte bestimmen, dass das Übergreifen von Bauteilen in ein fremdes Grundstück zu dulden ist. Ferner finden sich Spezialvorschriften für zulässige überbauende Wärmedämmmaßnahmen bei bestehenden Gebäuden (s zB BGH MDR 2022, 1016; Karlsruhe NJW 2010, 620 Rn 18ff; AG Brandenburg IMR 2017, 1071 – nur online; s auch *Kirchhof* ZfIR 2012, 777, 780 und allg *Horst* NJW 2010, 122ff). Liegt es so, hat der Nachbar nur einen Überbau durch Bauteile zu dulden, die wegen des Anbringens einer Wärmedämmung an der Grenzwand des Nachbarn auf sein Grundstück hinüberragen, nicht aber Veränderungen an seinem Gebäude (BGH MDR 2019, 1445 Rn 13ff). Wird eine Wärmedämmung auf ein Bestandsgebäude und zugleich auf einen neu errichteten Anbau angebracht, so ist insg von einem Neubau auszugehen (LG Köln IMR 2019, 336). Diese Anordnungen sind jew grds **verfassungsgemäß** (BGH MDR 2022, 94 Rn 10ff; s auch BVerfG NJW-RR 2008, 26 unter V 1 b aa und bb). Anders kann es liegen, **wenn** ein Landesrecht – etwa das von Berlin – differenzierte Vorgaben zur Duldungspflicht, vor allem zu deren inhaltlicher und zeitl Begrenzung (solange die Benutzung seines Grundstücks nicht oder nur unwesentlich beeinträchtigt wird), **vermissen** lässt (BVerfG NJW-RR 2008, 26 unter V 1 b cc; s auch BGH MDR 2022, 1016; NZM 2017, 855 Rn 8). Soweit Vorgaben fehlen, ist eine einschränkende Auslegung (geltungserhaltende Reduktion) geboten; dabei spielt auch eine Rolle, ob das Landesrecht nur Bestandsbauten oder auch den Neubau erfasst. 16

VIII. Prozessuales. Die Beweislast für ein Nichtvorliegen von Vorsatz und grober Fahrlässigkeit trifft den Überbauenden (BGH WM 1979, 644 unter B 1). Die Beschwer aus der Abweisung einer Klage auf Beseitigung eines Überbaus ist nach dem Wertverlust zu bemessen, den das Grundstück durch den Überbau erleidet (BGH NZM 2007, 300). 17

§ 913 Zahlung der Überbaurente

(1) Die Rente für den Überbau ist dem jeweiligen Eigentümer des Nachbargrundstücks von dem jeweiligen Eigentümer des anderen Grundstücks zu entrichten.

(2) Die Rente ist jährlich im Voraus zu entrichten.

I. Zweck. § 913 ist bloße Hilfsnorm zu § 912 II. Er bestimmt Anspruchsinhaber und -schuldner (§ 913 I) sowie die Zahlweise der Überbaurente (§ 913 II). 1

II. Rentenberechtigter und Rentenpflichtiger (§ 913 I). Rentenberechtigter ist der jew Eigentümer des Nachbargrundstücks (s § 912 Rn 13) sowie nach § 916 der Erbbauberechtigte oder der Inhaber einer Dienstbarkeit, sofern deren Rechte beeinträchtigt werden (§ 916 Rn 2). Rentenpflichtiger ist der jew Eigentümer des Stammgrundstücks (s § 912 Rn 4). Zum Wohnungseigentum vgl Vor § 907 Rn 2. S ferner § 914 Rn 5. 2

III. Zahlweise (§ 913 II). 1. Überblick. Die Überbaurente ist – wenn nichts Abw bestimmt wurde (BGH NJOZ 2010, 1865 Rn 22) – jährlich im Voraus zu entrichten. Verzugszinsen fallen nicht an, § 914 III, § 1107, § 289. **2. Einzelheiten.** Zur Höhe s § 912 Rn 13. Die einzelnen Raten sind – anders als das Rentenrecht selbst (§ 912 Rn 13) – abtretbar, verpfändbar und pfändbar (§ 914 III, § 1107) und verjähren nach § 195. 3

§ 914 Rang, Eintragung und Erlöschen der Rente

(1) Das Recht auf die Rente geht allen Rechten an dem belasteten Grundstück, auch den älteren, vor. Es erlischt mit der Beseitigung des Überbaus.

(2) Das Recht wird nicht in das Grundbuch eingetragen. Zum Verzicht auf das Recht sowie zur Feststellung der Höhe der Rente durch Vertrag ist die Eintragung erforderlich.

(3) Im Übrigen finden die Vorschriften Anwendung, die für eine zugunsten des jeweiligen Eigentümers eines Grundstücks bestehende Reallast gelten.

1 **I. Zweck.** § 914 ist weitere Hilfsnorm zu § 912 II. Er trifft im Abs I Anordnungen zu Rang, im Abs II zur Eintragung und Erlöschen der Überbaurente sowie im Abs III zur Frage, was iÜ gilt.

2 **II. Rang (§ 914 I).** Das Recht auf Überbaurente geht nach § 914 I 1 allen anderen, also auch den älteren Rechten am belasteten Grundstück (§ 10 Nr 4 ZVG) im Rang vor. Bei mehreren Ansprüchen gilt das Prioritätsprinzip.

3 **III. Eintragung (§ 914 II). 1. Grundsatz.** Das Recht auf Überbaurente ist als Teil des Grundeigentums am überbauten Grundstück (§ 912 Rn 13) nicht eintragungsfähig (§ 914 II 1). **2. Ausnahme (§ 914 II 2).** Möglich und nötig ist hingegen eine Eintragung, wenn das Recht auf Überbaurente mit Wirkung für Rechtsnachfolger vertragl seinem Inhalt nach geändert wird (Koblenz NJW-RR 1999, 1394; Düsseldorf NJW-RR 1998, 1388). **Bsp:** Zahlweise (s § 913 Rn 3), Feststellung der Höhe (s § 912 Rn 13), Verzicht (entspr §§ 875, 876). Der Verzicht ist im Grundbuch des rentenbelasteten (überbauenden) Grundstücks in Abt II Spalte 3 einzutragen (BayObLG NJW-RR 1998, 1389); ein Vermerk beim rentenberechtigten Grundstück ist unzulässig (BGH NJW 2014, 1179 Rn 12). Zum Verfahren iÜ *Böhringer* Rpfleger 2008, 177.

4 **IV. Erlöschen.** Das Recht auf Überbaurente erlischt durch Beseitigung des Überbaus (§ 914 I 2), Verzicht (Rn 3) oder teilw Abkauf (§ 915 II), nicht dagegen durch Zwangsversteigerung (§ 52 II 1 ZVG) oder Ablösung (Art 116 EGBGB).

5 **V. Anwendung der §§ 1105ff (§ 914 III).** Auf die Überbaurente sind §§ 1105ff entspr anwendbar (§ 914 III). Daher haftet für die Überbaurente das Grundstück (§ 1107), aber auch der Eigentümer persönlich für die in seiner Eigentumszeit fällig werdenden Renten (§ 1108 I). Wird das Stammgrundstück (s 912 Rn 4) geteilt, haften alle Teileigentümer für die Zahlung der Überbaurente als Gesamtschuldner (§ 1108 II). Bei einer Teilung des überbauten Grundstücks ist nur der Eigentümer des Grundstücksteils rentenberechtigt, auf dem sich der Überbau befindet (§ 1109 III); §§ 1111, 1112 sind nicht anwendbar.

6 **VI. Vertrag.** Es steht den Parteien frei, etwas von § 914 Abw zu vereinbaren (s auch *Ludwig* DNotZ 1984, 541).

§ 915 Abkauf

(1) Der Rentenberechtigte kann jederzeit verlangen, dass der Rentenpflichtige ihm gegen Übertragung des Eigentums an dem überbauten Teil des Grundstücks den Wert ersetzt, den dieser Teil zur Zeit der Grenzüberschreitung gehabt hat. Macht er von dieser Befugnis Gebrauch, so bestimmen sich die Rechte und Verpflichtungen beider Teile nach den Vorschriften über den Kauf.

(2) Für die Zeit bis zur Übertragung des Eigentums ist die Rente fortzuentrichten.

1 **I. Zweck und Allgemeines.** § 915 I 1 will einen **Ausgleich** dafür schaffen, dass der Rentenberechtigte sein Grundstück teilw nicht nutzen kann. Er gibt dem Rentenberechtigten dazu das nach § 924 unverjährbare Recht auf „Abkauf". § 915 I 2 bestimmt, das in diesem Fall §§ 433ff entspr anwendbar sind. § 915 II bestimmt, wann das Recht auf Überbaurente endet.

2 **II. Tatbestandsvoraussetzungen. 1. Recht auf Überbaurente.** Der Verlangende muss ein Recht auf Überbaurente haben (s § 912 Rn 13). **2. Grundabnahmeverlangen (§ 915 I 1).** Der Rentenberechtigte (§ 913 Rn 2), nicht aber der bloß dinglich Rentenberechtigte (arg § 916), muss vom Rentenpflichtigen (§ 913 Rn 2) Übertragung des Eigentums am überbauten Grundstücksteil verlangen. Miteigentümer müssen das Recht entgegen § 1011 zusammen geltend machen (BGH NJW 2006, 3426 Rn 6); der einzelne Teilhaber kann aber ermächtigt werden. Zum Wohnungseigentum vgl Vor § 907 Rn 2. Das Verlangen ist eine einseitige empfangsbedürftige Willenserklärung; § 311b I ist nicht anzuwenden (RGZ 74, 90).

3 **III. Rechtsfolgen. 1. Eigentumsübertragung (§ 915 I 1, 2). a) Überblick.** Nach einem Grundabnahmeverlangen muss der Rentenberechtigte dem Rentenpflichtigen gegen Wertersatz den überbauten Grundstücksteil zu Eigentum übertragen. **b) Höhe des Wertersatzes.** Der Rentenpflichtige muss den Wert ersetzen, den der überbaute Grundstücksteil zur Zeit der Grenzüberschreitung gehabt hat (s auch § 912 Rn 13). **c) Rechte und Pflichten iÜ.** Die Rechte und Pflichten bestimmen sich iÜ nach §§ 433ff. Ein Vorkaufsrecht kann allerdings nicht ausgeübt werden. Die Übertragung vollzieht sich nach §§ 873, 925. Mit Rechtsausübung entstandene Ansprüche verjähren nach Kaufrecht. **2. Recht auf Überbaurente (§ 915 II).** Das Recht auf Überbaurente erlischt von Gesetzes wegen erst mit **dinglicher** Übertragung des Eigentums (aA hM, etwa MüKo/*Brückner* Rn 4: mit der Zahlung des Wertersatzes).

§ 916 Beeinträchtigung von Erbbaurecht oder Dienstbarkeit

Wird durch den Überbau ein Erbbaurecht oder eine Dienstbarkeit an dem Nachbargrundstück beeinträchtigt, so finden zugunsten des Berechtigten die Vorschriften der §§ 912 bis 914 entsprechende Anwendung.

I. Zweck und Allgemeines. § 916 gibt Erbbauberechtigten (s auch §§ 1, 11 ErbbauRG) bzw Berechtigten einer Dienstbarkeit (§§ 1018ff; 1030ff; 1090ff) im Falle der Beeinträchtigung ihres Rechts (Rn 2) ein **autonomes** Rentenrecht. Für Hypotheken- und Grundschuldgläubiger ist dies nicht notwendig, da ihnen das Rentenrecht des Eigentümers haftet (§§ 96, 1107, 1126). Für Dauerwohnungsberechtigte (§ 31 WEG) gilt § 916 entspr. Für Wohnungs- und Teileigentümer gilt § 912 hingegen unmittelbar (Vor § 907 Rn 2). 1

II. Tatbestandsvoraussetzung. „Beeinträchtigung" meint, dass die Rechte am Grundstück eine Einschränkung erfahren, also in ihrer Reichweite beschränkt oder beengt werden. 2

III. Rechtsfolgen. 1. Anwendung der §§ 912–914. Im Falle einer Beeinträchtigung sind §§ 912–914 entspr anwendbar, nicht aber § 915. **2. Rentenrecht.** Die Berechtigten haben ein autonomes Rentenrecht. Zur Höhe s § 912 Rn 13 entspr. Treffen mehrere Rentenberechtigte zusammen, so hat jeder einen eigenen, nach Maßgabe der ihn treffenden Beeinträchtigung zu bestimmenden Rentenanspruch. 3

§ 917 Notweg

(1) Fehlt einem Grundstück die zur ordnungsmäßigen Benutzung notwendige Verbindung mit einem öffentlichen Wege, so kann der Eigentümer von den Nachbarn verlangen, dass sie bis zur Hebung des Mangels die Benutzung ihrer Grundstücke zur Herstellung der erforderlichen Verbindung dulden. Die Richtung des Notwegs und der Umfang des Benutzungsrechts werden erforderlichenfalls durch Urteil bestimmt.

(2) Die Nachbarn, über deren Grundstücke der Notweg führt, sind durch eine Geldrente zu entschädigen. Die Vorschriften des § 912 Abs. 2 Satz 2 und der §§ 913, 914, 916 finden entsprechende Anwendung.

I. Zweck und Allgemeines. § 917 I 1, Recht iSv § 96 (§ 96 Rn 2), will der Notlage eines vom Zugang zu einem öffentlichen Weg abgeschnittenen Grundstücks abhelfen. Er ordnet daher im Interesse des Eigentümers des notleidenden Grundstücks, dieses in angemessener Weise wirtschaftl zu nutzen, an, dass der Nachbar die Nutzung seines Grundstücks dulden muss (BGH MDR 2018, 789 Rn 9). Das Notwegerecht zählt **zum Inhalt des Eigentums** an dem zugangslosen Grundstück (BGH MDR 2022, 953 Rn 6; NJW-RR 2017, 210 Rn 32). § 917 I 1 stellt eine **spezialgesetzl Ausgestaltung** des nachbarlichen Gemeinschaftsverhältnisses (§ 906 Rn 74ff) dar (s auch *Figge* AcP 160 (1961), 409, 411; *Selke* JA 2022, 461, 463). Liegen die Tatbestandsvoraussetzungen nicht vor, können sie daher weder mit dessen Hilfe (BGH MDR 2022, 953 Rn 17; GE 2016, 968 Rn 14; NJW 2014, 311 Rn 26; s auch MDR 2019, 25 Rn 11) noch gestützt auf eine jahrzehntelange Übung unter einzelnen Grundstücksnachbarn (BGH MDR 2022, 953 Rn 17; NJW 2020, 1360 Rn 10) **umgangen oder erweitert** werden. Auch der Vorwurf schikanöser Rechtsausübung nach § 226 kann ein Notwegerecht nicht begründen (BGH MDR 2022, 953 Rn 17). § 917 I 2 ordnet an, was gilt, wenn sich die Nachbarn über Richtung und Umfang nicht einigen. § 917 II gibt als Ausgleich der Duldungspflicht ein Rentenrecht, das der Überbaurente (§ 912 Rn 13) entspricht. Verwandte, auf Art 124 EGBGB (s auch Vor § 907 Rn 5) gestützte Institute sind das Hammerschlags- und Leiterrecht bzw das „Trepp-Schwengelrecht". Ferner sind etwaige Landeswald- und Forstgesetze zu beachten. 1

II. Anspruchsinhaber und Duldungspflichtiger. 1. Anspruchsinhaber. Anspruchsinhaber ist der Eigentümer des verbindungslosen Grundstücks; bei Miteigentum sind es wegen § 917 II 1 und entgegen § 1011 nur alle Miteigentümer gemeinsam (BGH NJW 2006, 3426 Rn 6). Zum Wohnungseigentum s Vor § 907 Rn 2. Inhaber grundstücksgleicher Rechte, zB Erbbauberechtigte (§ 11 I 1 ErbbauRG), stehen dem Eigentümer ebenso gleich wie Berechtigte iSv Art 68 EGBGB (RGZ 79, 116, 118). Auch Insolvenz- (§ 80 InsO) oder Zwangsverwalter (LG Landau NJW 1968, 2013) sowie Testamentsvollstrecker sind aus § 917 I 1, 2 berechtigt, dagegen nicht bloß dinglich oder obligatorisch Berechtigte (BGH NJW-RR 2006, 116 Rn 6). Etwa ein Vermieter ist aus dem Mietvertrag iVm § 241 II idR allerdings verpflichtet, ein begründetes Notwegerecht für den Mieter durchzusetzen (BGH NJW-RR 2006, 116 Rn 6). Der Berechtigte kann auf das Notwegerecht verzichten (BGH MDR 2014, 710 Rn 6). Eine dingliche und damit auch den Einzelrechtsnachfolger bindende Wirkung des Verzichtes kann durch eine Grunddienstbarkeit erreicht werden (BGH MDR 2014, 710 Rn 7). **2. Duldungspflichtig. a) Überblick.** Duldungspflichtig sind vorbehaltlich § 918 II 2 (§ 918 Rn 1) die Eigentümer aller Grundstücke, die zw dem abgeschnittenen Grundstück und dem öffentlichen Weg liegen (BGH MDR 2022, 1086 Rn 13; MDR 2016, 1130 Rn 23). Wird infolge einer Veräußerung eines Teils des Grundstücks der zurückbehaltene oder der veräußerte Teil von der Verbindung mit dem öffentlichen Weg **abgeschnitten**, so hat der Eigentümer desjenigen Teils, über welchen die Verbindung bisher stattgefunden hat, den Notweg zu dulden. Veräußert der zur Duldung verpflichtete Eigentümer sein Grundstück, so geht die Duldungspflicht auf den neuen Eigentümer **über** (BGH WuM 2021, 630 Rn 12). Zum Wohnungseigentum s Vor § 907 Rn 2. Dingliche Berechtigte sind, vorbehaltlich der Regelung des § 917 II 2, ebenso wie obligatorisch Berechtigte nicht duldungspflichtig (BGH MDR 2022, 1086 Rn 13). Sie haben aber ein von dem duldungspflichtigen Eigentümer eingeräumtes Notwegerecht als gesetzl Beschränkung des Eigentums zu beachten (BGH MDR 2022, 1086 Rn 13). Für den **Berechtigten einer Dienstbarkeit an dem Nachbargrundstück** ist es jedoch anders. Dieser kann neben dem Eigentümer duldungspflichtig sein. Das folgt aus der Verweisung in § 917 II 2 auf § 916 (BGH MDR 2022, 1086 Rn 13). Ebenso wie die Eigentümer mehrerer betroffener Grundstücke einzeln in Anspruch genommen werden können, kann der Notwegberechtigte den Anspruch gegen 2 den Eigentümer und den Dienstbarkeitsberechtigten getrennt geltend machen (BGH MDR 2022, 1086 Rn 16). Duldungspflichtig sind ferner Erbbau- bzw Dienstbarkeitsberechtigte, der Dauerwohnungsberechtigte (§ 31 I 2 WEG) oder wer ein bloßes Besitzrecht vom Duldungspflichtigen ableitet, etwa ein Mieter oder Pächter (BGH NJW-RR 2017, 210 Rn 32). **b) Zurückbehaltungsrecht.** Bis zur Zahlung der fälligen Notwegrente (vgl Rn 12) steht dem duldungspflichtigen Nachbarn sowie den beeinträchtigten Erbbau- bzw Dienstbarkeitsberechtigten (§ 917 II 2, § 916), idR ein Zurückbehaltungsrecht nach § 273 zu (BGH MDR 1976, 917 unter IV 3).

3 **III. Tatbestandsvoraussetzungen. 1. Ordnungsmäßige Benutzung. a) Feststellung.** Was eine ordnungsmäßige Benutzung darstellt, bestimmt sich nach obj Gesichtspunkten (BGH MDR 2022, 953 Rn 14; NJW-RR 2022, 522 Rn 8; MDR 2021, 808 Rn 17). Maßgebend ist eine angemessene, den wirtschaftl Verhältnissen des Grundstücks entspr Benutzung (BGH GE 2016, 968 Rn 7; NJW-RR 2015, 1234 Rn 17; 2014, 398 Rn 11). Zu berücksichtigen sind die **Benutzungsart** und **Größe des Grundstücks**, seine **Umgebung** und die **sonstigen Umstände** des Einzelfalls (BGH MDR 2022, 953 Rn 14; NJW-RR 2022, 522 Rn 8; NJW 2020, 1360 Rn 22). Ein Notwegrecht kann auch gegeben sein, wenn sich – jenseits von § 918 I – die Benutzungsart ändert und erst dadurch ein Notweg erforderlich wird (BGH NJW-RR 2015, 1234 Rn 17; VGH München BayVBl 1997, 758). Die geänderte Nutzungsart muss allerdings obj und nach vernünftigem Ermessen zu den naturgegebenen Verhältnissen des Grundstücks passen sowie rechtl zulässig sein (BGH NJW-RR 2015, 1234 Rn 17). Eine nur einem persönlichen Bedürfnis des aktuellen Eigentümers oder eines Nutzungsberechtigten entspringende oder eine nur provisorische Nutzung reicht nicht (BGH GE 2016, 968 Rn 7 und Rn 11; NJW-RR 2014, 398 Rn 11; 2009, 515 Rn 20). Eine langjährige Grundstücksnutzung in einer von den Nachbarn ermöglichten bestimmten Art und Weise bildet **keine Grundlage** für die Ordnungsmäßigkeit der Benutzung (BGH NJW-RR 2022, 522 Rn 15; GE 2016, 968 Rn 13; NJW-RR 2009, 515 Rn 18). **b) Öffentliches Baurecht. aa) Überblick.** Ist nach öffentlichem Baurecht eine Bebauung **unzulässig**, kommt grds kein Notweg in Betracht (BGH MDR 2020, 481 Rn 27). Bei rechtskräftiger Versagung einer Baugenehmigung stellt ein Bewohnen also **keine** ordnungsmäßige Benutzung dar (BVerwG NJW-RR 1999, 165; VG München 16.5.2018 – M 11 SN 18.2107). Ist aber eine zur Errichtung eines Gebäudes erforderliche Baugenehmigung **erteilt** worden, führt dies dazu, dass insoweit, dh für ein Bewohnen, idR von der **Ordnungsmäßigkeit** der Benutzung des Grundstücks auszugehen ist (BGH MDR 2022, 1086 Rn 10; MDR 2022, 889 Rn 20; MDR 2021, 808 Rn 15; s auch BGH MDR 2022, 758 Rn 13ff). Voraussetzung für diese „Legalisierungswirkung" ist im Kern, dass die zuständige Behörde vor der Erteilung der Baugenehmigung die Einhaltung der nachbarschützenden Vorschriften auch zu **prüfen** gehabt hat (BGH MDR 2022, 889 Rn 28). Auf eine tatsächliche – und rechtl im Erg zutreffende oder zumindest vertretbare – Prüfung kommt es nach Eintritt der Bestandskraft allerdings nicht (mehr) an. Ebenso kommt es dann auch nicht mehr darauf an, ob die Baugenehmigung rechtmäßig oder rechtswidrig erteilt worden ist (*Diehm* NVwZ 2022, 898, 899). Ein Nachbar ist aus diesem Grunde befugt, gegen eine Baugenehmigung vorzugehen (BVerwG NJW-RR 1999, 165; VGH München NJW-Spezial 2022, 302). Dass die auf dem Grundstück genutzten Bauten baurechtl genehmigt sind, stellt nur eine notwendige, aber noch **keine hinreichende Voraussetzung** für ein Notwegrecht dar (BGH MDR 2022, 491 Rn 10). Ist eine Bebauung nur beabsichtigt, ist solange kein Notwegrecht gegeben, wie die Bebauung nach öffentlichem Recht (noch) nicht möglich ist (s auch Rn 8 unter 8.). Die aufgrund einer (bestandskräftigen) Baugenehmigung erfolgte Wohnnutzung stellt iÜ nur eine notwendige, aber noch keine hinreichende Voraussetzung für ein Notwegrecht dar (BGH MDR 2021, 808 Rn 16). **bb) Baulast.** Eine bloße Baulast als öffentlich-rechtl Baubeschränkung gewährt privatrechtl weder dem dadurch Begünstigten einen Nutzungsanspruch noch verpflichtet sie den Eigentümer, die Nutzung zu dulden (BGH MDR 2022, 491 Rn 15). **c) Kfz. aa) Wohngrundstück.** Handelt es sich um ein Wohngrundstück, setzt eine ordnungsmäßige Grundstücksbenutzung idR **Erreichbarkeit mit einem Kfz** voraus (BGH MDR 2022, 1086 Rn 20; NJW-RR 2022, 522 Rn 9; WuM 2021, 630 Rn 11; MDR 2021, 808 Rn 9; GE 2016, 968 Rn 8;). Auch ein kurzer öffentlicher Fuß- oder Radweg zw der Stelle, an die ein Fahrzeug noch gelangen kann, und der Grundstücksgrenze genügt den Anforderungen an eine hinreichende Verbindung im Allg **nicht** (BGH MDR 2022, 1086 Rn 20; MDR 2021, 808 Rn 9; ZfIR 2015, 663 Rn 29). Ausreichend, aber auch erforderlich ist, dass mit einem Kfz unmittelbar an das Grundstück herangefahren und der Eingangsbereich von dieser Stelle aus in zumutbarer Weise – auch mit sperrigen Gegenständen – erreicht werden kann (BGH MDR 2022, 953 Rn 14; NJW-RR 2015, 1234 Rn 14; NJW-RR 2014, 398 Rn 12). Insoweit ist zB Anlieferung von Brennstoffen oder sonstigen Gütern oder die Durchführung von konkret absehbaren Baumaßnahmen oder Umzügen zu beachten (BGH MDR 2022, 953 Rn 120; s auch NJW-RR 2014, 398 Rn 18; 2009, 515 Rn 21). Von der Erreichbarkeit des Grundstücks zu **unterscheiden** ist das Interesse eines Eigentümers, auf sein Grundstück zu fahren und den Pkw dort abzustellen (BGH NJW-RR 2022, 522 Rn 9). Grenzt das Grundstück, für das ein Notweg beansprucht wird, an eine öffentliche Straße, kann es mit Pkw angefahren werden. Damit ist seine ordnungsmäßige Benutzung zu Wohnzwecken selbst dann gewährleistet, wenn **keine** Pkw auf dem Grundstück abgestellt werden können (BGH MDR 2022, 953 Rn 14; NJW-RR 2022, 522 Rn 9). Eine Zufahrt über das Nachbargrundstück, um das Fahrzeug auf dem eigenen Wohngrundstück abstellen zu können, ist dem Eigentümer nach § 917 I nicht zuzubilligen, selbst wenn er ein hochwertiges Fahrzeug besitzt (BGH NJW-RR 2022, 522 Rn 9). Diese Grundsätze gelten allerdings **nicht ausnahmslos** (BGH MDR 2021, 808 Rn 10). Dort, wo Grundstücke aufgrund ihrer besonderen Lage mit Kfz nicht angefahren werden können oder sollen, gehört eine solche Erreichbarkeit ausnahmsw nicht zu ihrer ordnungsmäßigen Benutzung. So kann es etwa bei von alters her überkommenen beengten Verhältnissen in städtischen Kernbereichen liegen, wenn die historisch gewachsenen örtlichen Verhältnisse es nicht zulassen, die zum Wohnen bestimmten Grundstücke mit Kfz anzufahren (BGH MDR 2021, 808 Rn 10). Auch dort, wo ein Grundstück in einem Bereich liegt, der nach der Planungs- oder Nutzungs-

konzeption bewusst von Fahrzeugverkehr freigehalten werden soll, wie etwa bei einer ausgewiesenen Fußgängerzone, hindert mangelnde Erreichbarkeit mit Kfz es nicht, seine ordnungsmäßige Nutzung als gewährleistet anzusehen (BGH MDR 2021, 808 Rn 10). Ebenso liegt es, wenn Wohnanlagen bewusst in der Weise geplant und geschaffen werden, dass der Fahrzeugverkehr von den unmittelbar zu den Wohngrundstücken führenden Wegen ferngehalten wird (BGH MDR 2021, 808 Rn 10). Eine Zufahrt auf das Grundstück, selbst wenn sich dort Garagen/Stellplätze befinden, ist ferner dann **nicht notwendig**, wenn in der Nähe auf der Straße Parkmöglichkeiten bestehen (BGH NJW-RR 2014, 398 Rn 11 und Rn 19; Hamm NJOZ 2018, 697 Rn 37). **bb) Gewerbegrundstück.** Für Gewerbegrundstücke gilt grds nichts anderes (BGH WuM 2021, 630 Rn 11; MDR 2020, 481 Rn 23; MDR 1958, 592). Der Unternehmer selbst, im Einzelfall aber auch Lieferanten und/oder Kunden müssen darauf angewiesen sein, Sachen auf dem Grundstück unmittelbar ein- und auszuladen. Das Grundstück muss iÜ nach seinen konkreten Verhältnissen eine gewerbliche Nutzung größeren Umfangs erlauben, namentlich eine solche, bei der Waren eingelagert werden (müssen), die aufgrund ihrer Art, ihrer Größe oder ihres Gewichts nicht auf dem mit dem öffentlichen Weg verbundenen Grundstücksteil gelagert oder über diesen hinweg auf den verbindungslosen Grundstücksteil verbracht werden können (BGH MDR 2020, 481 Rn 23). **cc) Ländlicher Bereich.** Für den „ländlichen Bereich" s München NJW-RR 1993, 474.

2. Fehlende notwendige Verbindung. a) Fehlen (Zugangsnot). aa) Vollständig. (1) Grundsatz. Grds muss der Grundstückseigentümer den Zugang zum öffentlichen Weg vom eigenen Grundstück schaffen (BGH NJW 2006, 3426 Rn 12). Er muss dazu zB Umbaumaßnahmen vornehmen. Dies gilt auch dann, wenn diese Verbindung für ihn umständlicher, weniger bequem oder kostspieliger ist als die Inanspruchnahme des Nachbargrundstücks (BGH MDR 2019, 25 Rn 9; NJW 2006, 3426 Rn 12). Ferner ist zu prüfen, ob der Grundstückseigentümer in zumutbarer **anderer** Weise eine Verbindung zu dem öffentlichen Weg herstellen kann, sei es auf dem – nur teilw – verbindungslosen Grundstück selbst, sei es über benachbarte eigene Grundstücke oder auch über fremde Grundstücke, etwa aufgrund eines rechtl gesicherten Nutzungsrechts oder aufgrund eines ihm angetragenen Gestattungsvertrages, dessen Abschluss ihm zumutbar ist (BGH MDR 2022, 953 Rn 6; WuM 2021, 630 Rn 14). Besteht eine **anderweitige** Verbindungsmöglichkeit, muss der Eigentümer des verbindungslosen Grundstücks hiervon **auch dann** Gebrauch machen, wenn sie umständlicher, weniger bequem oder kostspieliger ist als ein Notweg (BGH MDR 2022, 1086 Rn 23; WuM 2021, 630 Rn 16). Erst wenn die mit der Schaffung eines Zuganges auf dem eigenen Grundstück verbundenen Erschwernisse so groß sind, dass die Wirtschaftlichkeit der Grundstücksbenutzung aufgehoben oder in unzumutbarer Weise geschmälert wird, ist der Nachbar zur Duldung der Benutzung seines Grundstücks als Zugang verpflichtet (BGH MDR 2022, 1086 Rn 25; WuM 2021, 630 Rn 16). Dem Eigentümer des verbindungslosen Grundstücks ist es grds auch zuzumuten, einen Rechtsstreit zu führen, wenn die anderweitige Verbindung zu dem öffentlichen Weg **nur** auf diese Weise hergestellt werden kann (BGH WuM 2021, 630 Rn 17). Hierbei kann es sich auch um eine Klage gegen den Staat handeln (BGH WuM 2021, 630 Rn 21). Bloße Zweifel an dem Bestehen des Anspruchs machen seine gerichtliche Durchsetzung für den Eigentümer noch nicht unzumutbar (BGH WuM 2021, 630 Rn 18). Eine Verbindung „fehlt" grds **also erst dann**, wenn für das Grundstück die Verbindung zu einem öffentlichen Weg (Rn 5) erforderlich ist, ein dazwischenliegendes Grundstück oder dazwischenliegende Grundstücke dies aber vereiteln (BGH WuM 2021, 630 Rn 14). Warum es so ist, spielt grds keine Rolle (BGH NJW-RR 2015, 1234 Rn 17) und ist nur im Rahmen des § 918 erheblich (Hamm RÜ 2019, 221). Eine Zugangsnot kann auch nur **vorübergehend** bestehen (BGH WuM 2021, 630 Rn 20; NJW-RR 2009, 515 Rn 21; RGZ 79, 116, 120), zB aufgrund einer länger währenden Schneeverwehung, wegen umfangreicherer Straßenbauarbeiten, nach einer Überschwemmung (dann dürfte jew auch § 904 S 1 anwendbar sein), nicht aber zB wegen des kurzen Einsatzes eines Rettungsfahrzeugs (Köln NJW-RR 1992, 213; München OLGZ 1966, 284) oder nach einem Unfall. Ein Anspruch nach § 917 II 1 (Rn 9) wird dann jew nicht bestehen (RGZ 66, 284, 287); § 904 S 2 gilt aber entspr. **(2) Ausnahme.** Dass ein Grundstück mit einem öffentlichen Weg bereits verbunden ist, schließt ein „Fehlen" allerdings auch **nicht** aus (BGH NJW-RR 2022, 522 Rn 12; GE 2016, 968 Rn 7; Naumburg NJ 2019, 257). Wenn sich nämlich auf diesem Wege die Erschwernisse als derart groß erweisen, dass durch sie die Wirtschaftlichkeit der Grundstücksbenutzung aufgehoben oder doch in unzumutbarer Weise geschmälert würde, ist der Nachbar verpflichtet, den Weg über sein eigenes Gelände freizumachen (BGH MDR 2019, 25 Rn 9; NJW-RR 2015, 1234 Rn 21; NJW 2006, 3426 Rn 12). Maßgeblich ist insoweit das Verhältnis der für die Schaffung einer Zuwegung notwendigen Kosten zu der Wirtschaftlichkeit der Nutzung des Grundstücks (BGH NJW 2006, 3426 Rn 12; NJW 1964, 1321 unter 3). **bb) Teilweise.** Eine notwendige Verbindung fehlt ferner dann, wenn nur ein Teil des Grundstücks keinen hinreichenden Zugang hat und dem Grundstückseigentümer nicht zugemutet werden kann, dem zuwegungslosen Teil seines Grundstücks über die übrigen, mit dem öffentlichen Weg verbundenen Teile des Grundstücks einen Zugang zu dem öffentlichen Weg zu verschaffen (BGH NJW 2006, 3426 Rn 9; aA Frankfurt 3.11.2020 – 16 U 9/19, juris Rn 47ff). **cc) Nicht mehr genügend.** Zugangsnot ist schließlich auch dann gegeben, wenn der vorhandene Zugang für eine ordnungsmäßige Bewirtschaftung nicht mehr genügt (Düsseldorf NJOZ 2015, 913 Rn 14). **dd) Entwidmung.** Fehlt die Verbindung infolge einer Entwidmung bzw Widmungsbeschränkung, so müssen etwaige Rechtsmittel zunächst ausgeschöpft werden (Köln OLG 1967, 156, 160), freilich nicht bei fehlender Erfolgsaussicht (Koblenz NJW-RR 1992, 724). **ee) Anderweitige Behebung.** Eine Verbindung fehlt nicht, wenn die Zugangsnot anderweitig behoben werden kann (BGH NJW-RR 2015, 1234 Rn 21), etwa wenn dem Eigentümer des notleidenden Grundstücks an anderen Grundstücken ein rechtl gesichertes Nutzungsrecht zusteht (BGH NJW-RR 2015, 1234 Rn 21; NJW 2006, 3426 Rn 12). Auch Verbindungen zum öffentlichen Wegenetz auf anderer Rechtsgrundlage als auf Eigentum an dem Verbindungsstück können ausreichen, um die Zugangsnot zu beheben; bei Streitigkeiten über das Recht 4 oder bei bloß schuldrechtl Rechten wie der – grds ohne besonderen Grund zu kündigenden (Saarbrücken NJW-RR 2002, 1385; Hamm NJW-RR 1987, 137, 138) – Leihe (Köln NJW-RR 1992, 1497), bei Miete (Hamburg MDR 1964, 325f) oder Pacht kommt es darauf an, inwieweit das Recht eine hinreichende Sicherung schafft (vgl RGZ 157, 305, 308). **b) Notwendig.** Die Verbindung ist „notwendig", wenn nur durch sie eine ordnungsmäßige Benutzung (Rn 3) ermöglicht werden kann. **c) Obj Gesichtspunkte.** Die Antwort auf die Fragen des „Fehlens" und der „Notwendigkeit" bestimmt sich jew nach obj Gesichtspunkten.

5 **3. Öffentlich.** „Öffentlich" ist ein Weg, wenn er ausdrückl dem öffentlichen Verkehr gewidmet ist (vgl zB § 2 I FStrG oder das jew Landesstraßenrecht) oder von allen Beteiligten (Eigentümer, Straßenbaulastpflichtiger, Ordnungsbehörde) stillschw als zum allg Verkehr bestimmt angesehen wird. Der öffentliche Weg kann auch ein Feldweg sein (BGH NJW-RR 2014, 398 Rn 10). Über den „öffentlichen" Charakter eines Weges entscheiden bei Notwegstreitigkeiten die ordentlichen Gerichte (RG JW 1906, 233, 234; Hamm NJOZ 2018, 654 Rn 47).

6 **4. Verlangen.** Das Verlangen (Rn 8) ist Voraussetzung für das Entstehen der Duldungspflicht (BGH NZM 2015, 98 Rn 14; NJW-RR 2006, 116 Rn 6). Es handelt sich um eine empfangsbedürftige Willenserklärung, die bei mehreren Berechtigten ggü sämtlichen duldungsverpflichteten Nachbarn, nicht aber anderen Dritten ggü abzugeben ist. Inhaltl muss das Verlangen auf die Gewährung des Notwegrechts gerichtet sein; Umfang und Richtung müssen nicht näher angegeben werden.

7 **5. Willkürliche Aufhebung (§ 918 I).** Die Zugangsnot darf nicht darauf beruhen, dass der Eigentümer selbst oder andere Notwegberechtigte bzw deren Vertreter/Gehilfen die bisherige Verbindung willkürlich aufgehoben haben (§ 918 Rn 2).

8 **IV. Rechtsfolgen. 1. Duldung der Benutzung.** Der Duldungsverpflichtete muss auf **Verlangen** (Rn 6) die Benutzung seines Grundstücks zur Herstellung der erforderlichen Verbindung dulden. Ferner muss er es dulden, dass ein bloßer Nutzungsberechtigter den dem Anspruchsinhaber eingeräumten Notweg gebraucht (BGH NZM 2014, 267 Rn 12). **2. Inhalt. a) Umfang.** Der Anspruchsinhaber (Rn 2) darf über das Nachbargrundstück – je nach der Wirtschaftsart des eigenen Grundstücks – in beiden Richtungen gehen, fahren, reiten, Fässer rollen, Baumstämme schleifen usw; uU hat er sogar die Befugnis zum Verlegen von Gleisen (BGH NJW 1960, 93). Der Anspruchsinhaber darf grds das gesamte Grundstück, gleich ob dieses bebaut ist oder nicht, in Anspruch nehmen (BGH MDR 2018, 789 Rn 9). Das Notwegrecht kann sich aber auch auf einen Teil des Geh- oder Fahrverkehrs beschränken, etwa wenn iÜ eine ausreichende Verbindung (Nebeneinfahrt) besteht (BGH MDR 1976, 917 unter IV 2 b). **b) Verlauf und Rücksichtnahme.** Der Verlauf des Notwegs hängt von obj Gegebenheiten ab (BGH NJW 1981, 1036 unter II 1 d). Im Rahmen der Ausübung ist der Verlauf zu wählen, der die geringstmögliche Belastung darstellt (BGH MDR 2018, 789 Rn 11). Der Notweg muss auch nicht über den Grund und Boden selbst führen, sondern kann auch über diesem (BGH MDR 2018, 789 Rn 10) oder unter dem Boden hergestellt werden (BGH MDR 2018, 789 Rn 10). Besteht Streit, muss nach § 917 I 2 das Gericht entscheiden (Rn 11). **c) Schloss.** Bei verschlossenem Zugang muss ein Schlüssel ausgehändigt werden (Nürnberg RdL 1968, 78). **d) Vornahme weiterer Handlungen.** Das Notwegrecht erlaubt es nicht, auf dem Nachbargrundstück zu verweilen und dort Handlungen vorzunehmen, die ihrem Wesen nach über eine bloße Wegebenutzung hinausgehen (BGH NJW 1960, 93). Als eine Überschreitung ist es insb anzusehen, wenn der Notwegberechtigte Fahrzeuge auf dem Nachbargrundstück nur bis an die Grenze desselben heranfahren und dann dort so aufstellen lässt, dass sie ihm über die Grenze hinüber von seinem eigenen Grundstück aus zugänglich sind. Auf jeden Fall geht der Notweganspruch nicht so weit, dass der Duldungspflichtige (Rn 2) das Aufstellen von Lkw, deren Ent- und Beladen auf seinem Grund und Boden zu dulden hätte (BGH NJW 1960, 93). **e) Mehrere Grundstücke.** Stehen Grundstücke verschiedener Eigentümer zur Wahl oder geht es um die Lage bzw Breite des Notwegs, so bedarf seine konkrete Ausgestaltung der Festlegung durch Vertrag. **f) Überlassung an Dritte.** Der Berechtigte darf das Grundstück Dritten zum Gebrauch und zur Nutzung überlassen, ohne dass das Notwegrecht davon berührt wird (VGH München BayVBl 1997, 758). **g) Ende.** Mit dem Ende der Zugangsnot (zB weil eine zeitweilig zerstört gewesene Straße wieder benutzbar ist) entfällt die Duldungspflicht. **3. Durchsetzung.** § 917 I 1 gibt kein eigenmächtiges Benutzungsrecht iSv § 858, sondern muss ggf gerichtlich durchgesetzt werden (*Selke* JA 2022, 461, 462; Rn 12). Ohne Gestattung des unmittelbaren Besitzers des „notwegbelasteten" Grundstücks liegt verbotene Eigenmacht vor – es sei denn, die eigenmächtige Benutzung des Weges ist nach § 904 gerechtfertigt; der drohende Schaden darf freilich nicht nur im Notwegverlust bestehen. **4. Herstellungs-, Unterhaltungs- und Verkehrssicherungspflicht.** Die Herstellungs- und Unterhaltungspflicht trifft grds den Notwegberechtigten (BGH 27.9.2019 – V ZR 210/18 Rn 8; NJW-RR 2017, 210 Rn 26; NJW-RR 2009, 515 Rn 25); gleiches gilt für die Verkehrssicherungspflicht (BGH 27.9.2019 – V ZR 210/18 Rn 8; NZM 2016, 640 Rn 26). Bei Mitbenutzung sollen die Unterhaltskosten entspr § 742 zu teilen sein (BGH 27.9.2019 – V ZR 210/18 Rn 9; NJW-RR 2009, 515 Rn 25), wenn nicht der Umfang der Nutzung eine andere Verteilung der Lasten gebiete (BGH NJW-RR 2017, 210 Rn 27). Entspr § 745 II habe der Anspruchsgegner einen Anspruch auf eine Vereinbarung. **5. Verlegung des Notwegs.** Der Duldungspflichtige kann, etwa bei Änderung der Verhältnisse, entspr § 1023 I 1 eine Verlegung des Notwegs verlangen (BGH NJW 1981, 1036 unter II 1 c; Hamm NJOZ 2014, 1406). Der Duldungspflichtige muss die Kosten einer solchen Verlegung jedenfalls dann tragen, wenn die beteiligten Grundstücke früher in einer Hand waren und der damalige Eigentümer die Leitung zwecks Versorgung der Grundstücke der Notwegberechtigten verlegt hatte (BGH NJW 1981, 1036 unter II 1 d). **6. Eintragung.** Das Notwegrecht ist nicht eintragbar (vgl auch § 912 Rn 12). Der Verpflichtete muss auch keine Baulasterklärung abgeben (Stuttgart OLGR 2003, 265, 266). Der Verzicht auf das Notwegrecht kann allerdings Gegenstand einer Grunddienstbarkeit iSd § 1018 sein. **7. Schutz.** Das

Notwegrecht unterliegt als Eigentumsinhalt (Rn 1) dem Schutz des § 1004 I (Koblenz NJW-RR 1992, 724, 725; *Selke* JA 2022, 461, 463); Besitzschutz genießt der Berechtigte bei festliegendem Notweg analog § 1029 oder nach §§ 861, 862. **8. Erschließung.** Der Nachbar kann eine Baugenehmigung **anfechten**, wenn diese dazu führt, dass der Bauherr zur wegemäßigen Erschließung ein Notwegrecht über das Grundstück des Nachbarn in Anspruch nehmen muss (VGH München BayVBl 2006, 223; BayVBl 1997, 758). Das Notwegrecht oder das Notleitungsrecht (Rn 10) sollen öffentlich-rechtl nicht dazu führen, die Anforderungen über die Erschließung (ua § 133 I 2 BauGB) zu bejahen (OVG Berlin-Brandenburg 15.1.2020 – OVG 9 B 6.19; VGH München 21.1.2014 – 1 CS 13.2388): es soll wegen der Möglichkeit, dass der Mangel behoben wird, einer Dienstbarkeit bedürfen. **9. Ende („bis zur Hebung des Mangels").** Die Duldungspflicht endet, wenn die Tatbestandsvoraussetzungen (Rn 3ff) entfallen.

V. Notwegrente (§ 917 II 1). 1. Entstehung und Allgemeines. Der Anspruch auf Notwegrente setzt Bestehen und Inanspruchnahme eines Notwegrechts nach § 917 I oder Bestehen und Inanspruchnahme eines Notleitungsrechts (Rn 10) voraus (BGH MDR 2012, 276 Rn 18). Eine Baulast steht der Geltendmachung nicht entgegen (Koblenz NJOZ 2013, 2001). Das Recht auf Notwegrente ist Recht iSv § 96 (§ 96 Rn 2). Die Notwegrente bleibt nach § 52 II 1 ZVG auch dann bestehen, wenn sie bei der Feststellung des geringsten Gebots nicht berücksichtigt ist. **2. Höhe. a) Allgemeines.** Für die Bemessung ist auf den Umfang des dem Rentenberechtigten durch die Duldungspflicht entstehenden **Nutzungsverlustes** abzustellen (BGH WuM 2021, 630 Rn 28; NJW 1991, 564 unter II 3; Nürnberg 17.8.2022 – 3 U 1440/22, juris Rn 47). Der Nutzungsverlust bestimmt sich nach der Minderung des Verkehrswertes, die das gesamte Grundstück durch den Notweg erfährt (BGH MDR 2022, 1086 Rn 27; WuM 2021, 630 Rn 30; NJW-RR 1995, 911 unter II 2 b cc; NJW 1991, 564 unter II 3). Von Bedeutung sind insb Größe, Lage, Zuschnitt des Grundstücks und der in Anspruch genommenen Teilfläche, aber auch bestehende Notwegrechte anderer Nachbarn sowie Art und Intensität der Nutzung durch den Notwegberechtigten (BGH WuM 2021, 630 Rn 30; NJW 1991, 564 unter II 3). Die Existenz eines Nutzungsverlusts kann nicht aus Rechtsgründen mit der Erwägung verneint werden, ein Bebauungsplan lasse eine andere Nutzung als als Verkehrsweg nicht zu (BGH WuM 2021, 630 Rn 29; NJW 1991, 564 unter II 3). Erleidet das Verbindungsgrundstück keinen Nachteil oder ist eine Beeinträchtigung des zu befahrenden Grundstücks nicht feststellbar, entfällt der Anspruch (Nürnberg 17.8.2022 – 3 U 1440/22, juris Rn 47). **b) Zeitpunkt.** Maßgeblich ist gem § 917 II 2, § 912 II 2 der Zeitpunkt der Entstehung des Notwegrentenanspruchs. Dies ist das Verlangen des Notwegs (Rn 6). Es kommt weder auf die Rechtskraft des Urteils an, in dem der Notweg festgestellt wird, noch auf den Zeitpunkt, in dem Nachbarn wegen des Notwegrechts ein Vermögensnachteil entsteht (Nürnberg 17.8.2022 – 3 U 1440/22, juris Rn 56). **3. Rentenberechtigter und Rentenverpflichteter (§ 917 II 2, § 913 I).** Rentenberechtigter ist der, über dessen Grundstück(e) der Notweg führt, sowie der Erbbauberechtigte (§ 917 II 2, § 916) und der Inhaber einer Dienstbarkeit (§ 917 II 2, § 916), soweit diese beeinträchtigt (§ 916 Rn 2) werden. Rentenverpflichteter ist der Eigentümer des verbindungslosen Grundstücks. **4. Fälligkeit (§ 917 II 2, § 913 II).** Die Notwegrente ist jährlich im Voraus zu entrichten. **5. Rang, Eintragung und Erlöschen (§ 917 II 2, § 914).** Für Rang, Eintragung und Erlöschen gilt gem § 917 II 2 der § 914 entspr. **6. Grundabnahme.** Ein Recht auf Grundabnahme besteht nicht. 9

VI. BGB-Notleitungsrecht. 1. Grundsatz. §§ 917, 918 sind, auch hinsichtl der in Rn 8 dargestellten Rechtsfolgen (BGH 27.9.2019 – V ZR 210/18, juris Rn 8), auf die Verbindung von Versorgungsleitungen mit den öffentlichen Versorgungsnetzen entspr anzuwenden (BGH 27.9.2019 – V ZR 210/18, Rn 8 – juris; MDR 2019, 25 Rn 8; 2018, 789 Rn 5), wenn nicht Landesrecht die Voraussetzungen eines Notleitungsrechts entspr dem Vorbehalt in Art 124 EGBGB (Vor § 907 Rn 5) in eigenständiger Weise regelt (BGH MDR 2019, 25 Rn 8; 2018, 789 Rn 5; LG Offenburg NJOZ 2021, 267 Rn 17). S dazu § 7f NRGBW, §§ 44ff BbgNRG, §§ 26ff LNRG RP, §§ 27ff NRG SL, §§ 19ff SächsNRG (dazu BGH MDR 2007, 516), §§ 26ff ThürNRG. Das BGB-Notleitungsrecht kann auch dazu berechtigen, Leitungen durch ein Gebäude zu führen (BGH MDR 2018, 789 Rn 10); eine Einschränkung ergibt sich nur aus dem Gebot, die geringstmögliche Belastung zu wählen (BGH MDR 2018, 789 Rn 8). **2. Gas-, Fernwärme-, Strom-, Telekommunikations- und Wasserversorgung.** Ein BGB-Notleitungsrecht ist ausgeschlossen für die Leitungen und Anlagen der Fernwärme-, Gas-, Strom-, Telekommunikations- und Wasserversorgung (BGH MDR 2012, 276 Rn 14). Denn bei ihnen ist der Berechtigte nach § 8 AVBFernwärmeV, § 12 NADV, § 12 NAV, § 134 TKG und § 8 AVBWasserV **unabhängig** von den Voraussetzungen des § 917 I befugt, Grundstücke anderer Anschluss- und Teilnehmer zur Herstellung des Anschlusses in Anspruch zu nehmen, und uU nicht verpflichtet, hierfür Entgelte zu zahlen (BGH MDR 2012, 276 Rn 14). Ein Rückgriff auf ein BGB-Notleitungsrecht kommt dabei auch dann nicht in Betracht, wenn ein Versorgungsträger eine andere als nach den geltenden Sondervorschriften vorgegebene Leitungsführung wählt. **3. Öffentlich-rechtl Durchleitung (WHG).** Nach § 93 S 1 WHG können Eigentümer und Nutzungsberechtigte von Grundstücken und oberirdischen Gewässern verpflichtet werden, das Durchleiten von Wasser und Abwasser sowie die Errichtung und Unterhaltung der dazu dienenden Anlagen zu dulden. 10

VII. Gefangenes gemeinschaftliches Eigentum und gefangenes Sondereigentum. Steht ein Raum im gemeinschaftlichen Eigentum (§ 1 V WEG), stehen solche Räume, die den **einzigen** Zugang zu diesem Raum bilden, entspr § 5 II WEG auch im gemeinschaftlichen Eigentum (BGH NJW 1991, 2909; BayObLG NJW-RR 1996, 12). Eine Analogie zu § 917 ist nicht möglich (aA München MietRB 2009, 108). Nichts anderes gilt, wenn das Sondereigentum „gefangen" ist, weil davor ein Sondernutzungsrecht (LG München I RNotZ 2015, 670) oder 11

Sondereigentum (München ZWE 2018, 442) liegt. Das Sondernutzungsrecht ist dann, gewährt es keinen Mitgebrauch, **unwirksam**.

12 **VIII. Prozessuales. 1. Duldungsklage.** Es kann gegen den Anspruchsgegner (isoliert) auf Duldung geklagt werden. Miteigentümer eines Grundstücks – handelt es sich nicht um Wohnungseigentum (s Vor § 907 Rn 2) – sind als notwendige Streitgenossen zu verklagen (BGH NJW 1984, 2210 unter 1). Die Eigentümer mehrerer betroffener Grundstücke können einzeln in Anspruch genommen werden (Saarbrücken NJOZ 2018, 769 Rn 25). Der Streitwert bemisst sich gem §§ 3, 7 ZPO nach dem Wert, den das Notwegerecht für das herrschende Grundstück hat (BGH NZM 2017, 54). Maßgebender Zeitpunkt ist die letzte mündliche Verhandlung vor dem Tatrichter (BGH NJW 1965, 537 unter 2 b). Die Beweislast für § 917 I 1 trägt der Anspruchsinhaber (RG JW 1925, 474, 475). Die Beweislast für Willkür (§ 918 Rn 2) trägt der Anspruchsgegner. Es gilt der dingliche Gerichtsstand (§ 24 ZPO). Die Beschwer dessen, der sich gegen die Verurteilung zur Duldung richtet, bemisst sich nach der Wertminderung, die sein Grundstück hierdurch erleidet (BGH NJOZ 2017, 169). Dient das Verbindungsgrundstück hoheitlichen Zwecken, ist vor dem VG zu klagen (BGH NJW 1969, 1437; Koblenz MDR 1981, 671). **2. Klärung von Richtung und Umfang des Notwegs (§ 917 I 2).** Besteht (auch) über Richtung und Umfang Streit, kann auf Bestimmung geklagt werden. Das Gericht entscheidet dann im Wege des Gestaltungsurteils nach billigem Ermessen. Der Klageantrag kann entspr offen sein. Das Urteil wirkt gem § 325 I 2 ZPO gegen den Einzelrechtsnachfolger. Die Veräußerung während des laufenden Rechtsstreits hat gem § 265 II ZPO keine Auswirkungen auf den Prozess. **3. Unterlassung.** Überschreitet der Berechtigte sein Notwegrecht, kann insoweit auf Unterlassung geklagt werden. Ein Antrag, zB das Überfahren zu untersagen, das über den ordnungsgemäßen Gebrauch hinaus gehenden Zwecken dient, ist allerdings zu unbestimmt und deshalb unzulässig (Schleswig 28.1.2021 – 11 U 91/20, juris Rn 16). **4. Sonstiges.** Der Mieter ist berechtigt, in Prozessstandschaft für den Vermieter ein Notwegrecht geltend zu machen (BGH NZM 2014, 267 Rn 11). Ggü einer possessorischen, dh auf verbotene Eigenmacht gestützten Klage des Verpflichteten kommt eine petitorische (Duldungs-)Widerklage des Berechtigten in Betracht (BGH NJW 1970, 707; s auch § 863 Rn 3). Zur **Verteidigung eines Notwegrechts** vgl *Selke* JA 2022, 461ff.

§ 918 Ausschluss des Notwegrechts

(1) Die Verpflichtung zur Duldung des Notwegs tritt nicht ein, wenn die bisherige Verbindung des Grundstücks mit dem öffentlichen Wege durch eine willkürliche Handlung des Eigentümers aufgehoben wird.

(2) Wird infolge der Veräußerung eines Teils des Grundstücks der veräußerte oder der zurückbehaltene Teil von der Verbindung mit dem öffentlichen Wege abgeschnitten, so hat der Eigentümer desjenigen Teils, über welchen die Verbindung bisher stattgefunden hat, den Notweg zu dulden. Der Veräußerung eines Teils steht die Veräußerung eines von mehreren demselben Eigentümer gehörenden Grundstücken gleich.

1 **I. Zweck.** § 918 ist Hilfsnorm zu § 917 und regelt **Besonderheiten**. § 918 I gibt eine rechtshindernde Einwendung und ist damit Negativvoraussetzung des Notweg-/Notleitungsrechts (München NJW-RR 1993, 474). Für die Veräußerung eines verbindenden Grundstücks (§ 918 II 1) bzw eines Grundstückteils (§ 918 II 2) fingiert § 918 II 1, dass sie nicht iSv Abs I willkürlich ist. Ferner bestimmt § 918 II, wer im Falle einer Veräußerung duldungspflichtig ist. Für die Anwendung von 918 II ist daher eine Notlage des Grundstücks iSv § 917 I 1 Voraussetzung (BGH NJW-RR 2022, 522 Rn 9). Ein allgemeingültiger Rechtsgedanke des Inhaltes, dass die Verpflichtung zur Duldung eines Zuganges nicht mit einem Zustand begründet werden könne, den der Eigentümer durch Maßnahmen auf seinem Grundstück herbeiführt, lässt sich aus § 918 I **nicht** ableiten (BGH MDR 2022, 1086 Rn 9; MDR 2022, 953 Rn 11; NJW-RR 2015, 1234 Rn 25).

2 **II. Tatbestandsvoraussetzungen (§ 918 I). 1. Überblick.** Der Duldungsanspruch nach § 917 entsteht nach § 918 I nicht, wenn der Zugang durch eine **willkürliche** Handlung des Anspruchsinhabers (§ 917 Rn 2), auch eines früheren (BGH MDR 2022, 1086 Rn 6; MDR 2022, 953 Rn 11; NJW 2006, 3426 Rn 15), **aufgehoben** wird (BGH MDR 2022, 1086 Rn 7). Die Änderung einer Nutzungsart des Grundstücks, die eine Notlage verursacht, ist grds nicht als willkürlich anzusehen, wenn diese selbst wiederum als ordnungsmäßig (§ 917 Rn 3) anzusehen ist (BGH MDR 2022, 1086 Rn 9; NJW-RR 2015, 1234 Rn 24). **2. Willkür.** Willkürlich ist eine auf freier Entscheidung beruhende Maßnahme, die der ordnungsgemäßen Grundstücksbenutzung widerspricht und die gebotene Rücksichtnahme auf nachbarliche Interessen außer Acht lässt (BGH MDR 2022, 953 Rn 11; NJW 2006, 3426 Rn 15; Hamburg NordÖR 2020, 516, 517). **Bsp**: Wenn der Eigentümer unter den verschiedenen Möglichkeiten der ordnungsgemäßen Nutzung eine Gestaltung wählt, die einen Notweg erfordert (BGH MDR 2022, 953 Rn 11; NJW 2006, 3426 Rn 15), der Abbruch einer Brücke, die Errichtung einer Mauer, das Verschütten eines Zuganges, der Bau eines Hauses (BGH NJW 2006, 3426 Rn 15), die Aufgabe eines Wegerechts (LG Gießen MDR 1995, 257; LG Bielefeld MDR 1963, 678), der Verzicht auf ein Notwegrecht (BGH NJW 1970, 707 unter B III), die Zustimmung zur Verlegung eines öffentlichen Wegs (BGH NJW 2006, 3426 Rn 15).

3 **III. Veräußerung (§ 918 II). 1. Überblick.** Der Veräußerung steht die Zwangsversteigerung gleich (RGZ 157, 305; Stuttgart RNotZ 2013, 439). **2. Anspruchsgegner.** Duldungsverpflichtet ist im Falle der Veräußerung nur der Eigentümer desjenigen Teils, über den die Verbindung bisher stattgefunden hat; dies gilt auch für Rechtsnachfolger (Köln NJW-RR 1993, 474). Liegen die Voraussetzungen des § 917 I 1 erst durch die letzte Veräußerung vor, trifft die Duldungspflicht den Erwerber des zuletzt veräußerten Grundstücks (Stuttgart RNotZ 2013, 439, 440). Dass über den veräußerten Grundstücksteil „die Verbindung bisher stattgefunden hat", ist nicht so zu

verstehen, dass der Grundstückseigentümer den Zugang zu seinem Restgrundstück bis zur Veräußerung tatsächlich über den dann veräußerten Grundstücksteil genommen haben müsste (BGH NJW 1970, 707 unter B III).

IV. Prozessuales. Die Beweislast für Willkür trägt der Anspruchsgegner (Karlsruhe NJOZ 2010, 2356, 2357). 4

§ 919 Grenzabmarkung

(1) Der Eigentümer eines Grundstücks kann von dem Eigentümer eines Nachbargrundstücks verlangen, dass dieser zur Errichtung fester Grenzzeichen und, wenn ein Grenzzeichen verrückt oder unkenntlich geworden ist, zur Wiederherstellung mitwirkt.

(2) Die Art der Abmarkung und das Verfahren bestimmen sich nach den Landesgesetzen; enthalten diese keine Vorschriften, so entscheidet die Ortsüblichkeit.

(3) Die Kosten der Abmarkung sind von den Beteiligten zu gleichen Teilen zu tragen, sofern nicht aus einem zwischen ihnen bestehenden Rechtsverhältnis sich ein anderes ergibt.

I. Zweck und Allgemeines. 1. Zweck. § 919 I will erreichen, dass die Grundstücksgrenzen **sinnlich** vor Ort erfahrbar sind. Zu diesem Zweck gibt er entgegen Mot III, 268 als Grundstücksrecht iSv § 96 einen **dinglichen** (RGZ 56, 58/59) und unverjährbaren (§ 924) Anspruch auf Mitwirkung an einer Abmarkung, also der Errichtung eines Grenzzeichens (Rn 2), um die Grenzen der Grundstücke örtlich erkennbar zu bezeichnen. § 919 will so nachbarliche Streitigkeiten **vermeiden.** Gegenstand des Abmarkungsverfahrens ist **nicht** die Ermittlung der Grenze, sondern allein deren **Sicherung durch Kennzeichnung** (Rn 2; BGH MDR 2022, 1085 Rn 6). Durch die landesgesetzl Abmarkungspflicht ist dies idR nicht sehr bedeutsam. § 919 II verweist iÜ für das Abmarkungsverfahren im Eigentlichen auf die Abmarkungs-, Vermessungs- und Katastergesetze der Länder (Rn 4). Eine Reihe von diesen geben ua einen Anspruch auf Grenzfeststellung. § 919 III bestimmt die Kostentragung. **2. Wirkung.** Eine Abmarkung hat **keine** privatrechtsgestaltende Wirkung (Brandenburg NJW-RR 2009, 1097, 1098), bewirkt also weder eine Änderung der Eigentumsverhältnisse (KG OLGE 15, 351) noch dinglicher Rechte. Eine unstreitige Abmarkung ist allerdings **Indiz** für den Grenzverlauf (Brandenburg NJW-RR 2009, 1097, 1098; Nürnberg BayJMBl 1965, 79, 80). 1

II. Tatbestandsvoraussetzungen. 1. Grenzzeichen (Marken). Grenzzeichen ist eine Abmarkung (Marke), bspw ein Baum (§ 923 II 4), ein Stein, ein Eisenrohr, ein Metallbolzen, ein Grenzpfahl, aber keine Grenzmauer. **2. Errichtung.** Errichtung meint eine erstmalige Aufstellung. **3. Wiederherstellung.** Wiederherstellung ist die Errichtung eines Grenzzeichens, das beschädigt, unkenntlich, überbaut, verschoben (verrückt) oder zerstört worden ist – und in entspr Anwendung – die Aufdeckung oder Freilegung vorhandener Grenzzeichen, wenn dies einen **größeren** Aufwand verursacht (LG Saarbrücken NJOZ 2014, 168, 169; aA Celle NdsRpfl 2006, 344: § 823 II iVm der jew landesrechtl Vorschrift bei Verschulden). **4. Grenzverlauf unstreitig.** Der Grenzverlauf muss **unstreitig** sein (BGH MDR 2022, 1085 Rn 6; BayObLG RdL 1962, 243; Celle NJW 1956, 632). So soll es liegen, wenn sich der Nachweis einwandfrei aus dem Liegenschaftskataster ergibt (LG Lüneburg 18.1.2023 – 6 S 44/22, juris Rn 20; Staudinger/*Roth* Rn 7; PWW/*Lemke* Rn 3). Dem ist zu folgen. Mit den Unterlagen des Liegenschaftskatasters können Fachleute jederzeit überprüfen, was gilt. Ist der Grenzverlauf streitig, muss er nach § 256 I ZPO gerichtlich geklärt werden (Grü/*Herrler* Rn 1; MüKo/*Brückner* Rn 3). 2

III. Anspruchsinhaber und Anspruchsgegner. 1. Anspruchsinhaber. Anspruchsinhaber ist der Eigentümer bzw Miteigentümer, der Inhaber eines Erbbaurechts (§ 11 ErbbauRG) sowie der Abbauberechtigte nach Art 68 EGBGB. Der Miteigentümer kann nach § 1011 allein handeln. Zum Wohnungseigentum vgl Vor § 907 Rn 2. **2. Anspruchsgegner.** Anspruchsgegner ist der Eigentümer eines Nachbargrundstücks, Miteigentümer nur gemeinsam. Zum Wohnungseigentum vgl Vor § 907 Rn 2. 3

IV. Rechtsfolge. 1. Mitwirkungsanspruch (§ 919 I). Der Anspruch ist auf das **landesrechtl Abmarkungsverfahren** nach den Abmarkungs-, Vermessungs- und Katastergesetzen bezogen (Übersicht zB bei MüKo/*Brückner* Rn 6; Staudinger/*Roth* Rn 12). Ist eine aktive Mitwirkung danach nicht erforderlich, bestreitet der Nachbar aber das Recht auf Abmarkung, kann auf Zustimmung und Duldung geklagt werden (Rn 5). **2. Inhalt (§ 919 II).** Die Art des Grenzzeichens und das Verfahren der Mitwirkung bestimmen sich gem § 919 II Hs 1 nach den jew Abmarkungs-, Vermessungs- und Katastergesetzen der Länder, hilfsweise nach der Ortsüblichkeit (§ 919 II Hs 2). **3. Kosten (§ 919 III).** Die Kosten der Abmarkung, aber auch der dieser vorausgehenden Vermessung (AG Viechtach NJW-RR 2001, 1457), haben Anspruchsinhaber und -gegner zu gleichen Teilen zu tragen, sofern sie nichts anderes bestimmen oder die Kosten nicht nach § 823 II iVm § 274 I Nr 3 StGB bzw dem einschlägigen Landesrecht einen allein treffen. Dies gilt grds unabhängig davon, wer die Abmarkung veranlasst hat und warum diese notwendig geworden ist (AG Braunschweig ZMR 2020, 1059). **4. Gemeinschaftsverhältnis.** Aus dem **nachbarlichen Gemeinschaftsverhältnis** (§ 906 Rn 74ff) kann sich ein Anspruch auf Duldung einer für die Grenzfeststellung erforderlichen Vermessung zB in der Wohnung des Nachbarn ergeben (BGH MDR 2022, 1085 Rn 8ff). 4

V. Prozessuales. Verweigert der Anspruchsgegner eine Mitwirkung, kann der Anspruchsinhaber darauf **klagen.** Der Inhalt der Klage hängt von jew Abmarkungs-, Vermessungs- und Katastergesetzen der Länder ab. Einer Klage auf Mitwirkung fehlt das **Rechtsschutzbedürfnis**, soweit das einschlägige Landesrecht die Abmarkung auch gegen den Willen des Anspruchsgegners zulässt (LG Saarbrücken NJOZ 2014, 168, 169). Es gilt der Gerichtsstand des § 24 ZPO. 5

§ 920 Grenzverwirrung

(1) Lässt sich im Falle einer Grenzverwirrung die richtige Grenze nicht ermitteln, so ist für die Abgrenzung der Besitzstand maßgebend. Kann der Besitzstand nicht festgestellt werden, so ist jedem der Grundstücke ein gleich großes Stück der streitigen Fläche zuzuteilen.

(2) Soweit eine diesen Vorschriften entsprechende Bestimmung der Grenze zu einem Ergebnis führt, das mit den ermittelten Umständen, insbesondere mit der feststehenden Größe der Grundstücke, nicht übereinstimmt, ist die Grenze so zu ziehen, wie es unter Berücksichtigung dieser Umstände der Billigkeit entspricht.

1 **I. Zweck und Allgemeines.** § 920 I 1 gibt ein Recht, einer Grenzverwirrung (Rn 2) entgegenzutreten. Er gibt dazu als Grundstücksrecht iSv § 96 einen dinglichen und unverjährbaren (§ 924) **Anspruch auf Grenzziehung** durch rechtschaffenden (konstitutiven) Richterspruch (Grenzscheidungsklage) und bestimmt in § 920 I 2, II für den Richter, was bei der Bestimmung gilt (Rn 4; Rn 6). Die Grenzverwirrung kann freilich auch durch den Abschluss eines **Grenzfeststellungsvertrags** gelöst werden (Rn 5). Für die neuen Länder vgl auch BoSoG und SPV.

2 **II. Grenzverwirrung.** Eine Grenzverwirrung liegt vor, wenn die richtige Grenze obj **nicht ermittelt** werden kann. So liegt es, wenn die Grenze nicht anhand des Grundbuchs iVm § 891 (der auch den Grenzverlauf vermutet, BGH NJW-RR 2006, 662 Rn 8) und dem Liegenschaftskataster, einer Grenzniederschrift bzw einer Abmarkung (§ 919 I) feststellbar ist und nicht anderweitig nachgewiesen werden kann (Hamm IMR 2012, 1094).

3 **III. Anspruchsinhaber und Anspruchsgegner. 1. Anspruchsinhaber.** Anspruchsinhaber ist der Eigentümer bzw Miteigentümer. Zum Wohnungseigentum vgl Vor § 907 Rn 2. **2. Anspruchsgegner.** Anspruchsgegner ist der Eigentümer eines direkt angrenzenden Nachbargrundstücks, Miteigentümer nur gemeinsam. Zum Wohnungseigentum vgl Vor § 907 Rn 2.

4 **IV. Rechtsfolge (§ 920 I). 1. Grenzscheidungsklage.** Dem Anspruchsinhaber ist es verwehrt, den str Bereich einseitig und gegen den Willen des Anspruchsgegners in Besitz zu nehmen (BGH NJW-RR 2008, 610 Rn 18). Wenn sich infolge einer Grenzverwirrung (Rn 2) eine Grundstücksgrenze nicht ermitteln lässt, ist daher – wird kein Grenzfeststellungsvertrag geschlossen (Rn 5) – Grenzscheidungsklage zu erheben. **2. Maßgaben für richterliche Grenzziehung. a) Besitzstand feststellbar (§ 920 I 1).** In erster Linie ist der fehlerfreie (Koblenz OLG 1975, 216) Besitzstand zum Zeitpunkt der letzten mündlichen Verhandlung vor dem Tatrichter maßgebend (§ 920 I 1). **b) Besitzstand nicht feststellbar (§ 920 I 2).** Kann der Besitzstand nicht festgestellt werden, zB bei unkultiviertem Grundbesitz, so ist jedem der Grundstücke ein gleich großes Stück der streitigen Fläche zuzuteilen (§ 920 I 2). **c) Billigkeit (§ 920 II).** Führte eine Grenzziehung nach § 920 I zu einem Ergebnis, das mit den ermittelten Umständen (zB Flussverlauf, Mauerrest) nicht übereinstimmt, ist die Grenze so zu ziehen, wie es der Billigkeit entspricht. Unter „feststehender Größe" iSv § 920 II ist der tatsächliche Flächeninhalt zu verstehen (BGH MDR 1969, 469). **3. Zutritt.** § 920 I gibt **keinen Anspruch** auf Duldung des Zutritts (BGH MDR 2022, 1085 Rn 7). Allerdings kann sich aus dem nachbarlichen Gemeinschaftsverhältnis (§ 906 Rn 74ff) ein Anspruch auf **Duldung** einer für die Grenzfeststellung erforderlichen Vermessung zB in der Wohnung des Nachbarn ergeben (BGH MDR 2022, 1085 Rn 8ff).

5 **V. Grenzfeststellungsvertrag.** Anspruchsinhaber und Anspruchsgegner können einen Grenzfeststellungsvertrag schließen. Er ist nach hM gem § 311b formbedürftig, wenn Anspruchsinhaber und Anspruchsgegner davon ausgehen, Eigentum zu übertragen (RG JW 1906, 302 Nr 7, 303; Nürnberg DNotZ 1966, 33), ansonsten formfrei. Überzeugender ist es, stets die Form des § 311b zu verlangen.

6 **VI. Prozessuales. a) Rechtsschutzbedürfnis.** Für eine Grenzscheidungsklage (Rn 4) besteht kein Rechtsschutzbedürfnis, wenn eine Klage auf Feststellung des Grenzverlaufs (§ 256 I ZPO) oder auf Herausgabe der Grundstücksfläche (§ 985) erhoben werden kann (BGH NJW-RR 2006, 662 Rn 16); sie kann freilich hilfsweise für den Fall erhoben werden, dass eine dieser Klagen unbegründet ist (BGH NJW 1965, 37 unter II 2). **b) Urteil.** Beantragt der Kläger eine bestimmte Grenzlinie, ist – wie stets – § 308 I ZPO zu beachten (BGH NJW 1965, 37 unter II 2). Das Urteil begründet mit Rechtskraft Eigentum ohne Auflassung. Stellt sich heraus, dass der streitige Streifen im Eigentum eines Dritten steht, ist diesem die Durchführung seiner Rechte unbenommen (§ 325 ZPO).

§ 921 Gemeinschaftliche Benutzung von Grenzanlagen

Werden zwei Grundstücke durch einen Zwischenraum, Rain, Winkel, einen Graben, eine Mauer, Hecke, Planke oder eine andere Einrichtung, die zum Vorteil beider Grundstücke dient, voneinander geschieden, so wird vermutet, dass die Eigentümer der Grundstücke zur Benutzung der Einrichtung gemeinschaftlich berechtigt seien, sofern nicht äußere Merkmale darauf hinweisen, dass die Einrichtung einem der Nachbarn allein gehört.

1 **I. Zweck und Allgemeines.** Ursprung, Zweck und Inhalt von Grenzanlagen reichen oft weit in die Vergangenheit zurück. Sie können angesichts der Lage zw den Grundstücken und des manchmal **unsicheren** Grenzverlaufs schwierig zu ermitteln sein (s BGH NJW 2003, 1731 unter I c cc; NJW 2000, 512 unter B I 1 a; Mot III, 275). Um insoweit Streit zu vermeiden, bestimmt § 921 in Ausprägung der Inhalts- und Schrankenbestimmung des Art 14 I 2 GG (BGH NJW 2008, 2032 Rn 18), was gilt, wenn die benachbarten Grundstückseigentümer die Frage **nicht einvernehmlich** regeln. Zu diesem Zweck vermutet (§ 292 S 1 ZPO) § 921 ein Recht zur gemeinschaftl

Benutzung. § 921 dient damit der Streitvermeidung (BGH NZM 2018, 245 Rn 11). Die Frage, ob die konkrete Ausgestaltung einer Grenzanlage unter Berücksichtigung des ortsüblichen Erscheinungsbildes ästhetisch zumutbar ist, regelt das Landesrecht. Für das Verhältnis unter den Nachbarn gelten die Vorschriften über die Gemeinschaft – soweit § 922 nichts anderes bestimmt (§ 922 Rn 5). §§ 921ff sind **nicht** anwendbar, wenn die Rechte an einer Grenzeinrichtung **dinglich** geregelt sind (BGH MDR 2020, 853 Rn 6).

II. Grenzanlage. 1. Begriff. a) Überblick. Eine bauliche Anlage, bspw eine Mauer, neben den weiter in § 921 genannten Einrichtungen (Zwischenraum, Rain [meist ein grasbewachsener Grenzstreifen zwischen zwei Äckern oder Fluren], Winkel, Graben, Hecke, Planke), aber auch zB ein Baum, ein Brunnen, eine Dachtraufe, eine Durchfahrt, ein Dunghaufen, eine Fläche (BGH NZM 2018, 245 Rn 17), eine gemeinschaftl (Garagen-)Zufahrt (BGH NZM 2018, 245 Rn 17; NJW 2003, 1731 unter II 2), ein Steinhaufen, ein Weg, ein Maschendrahtzaun (BGH NZM 2018, 245 Rn 5) oder ein Metallzaun (LG Darmstadt NJOZ 2021, 40 Rn 27) sind iSd Gesetzes „Grenzanlage“, **wenn** sie – nicht notwendigerweise in der Mitte (BGH NZM 2018, 245 Rn 6; NZM 2014, 404 Rn 35; Mot III, 275) – von der Grenzlinie **geschnitten** werden (BGH MDR 2000, 150 unter B I 1 a). Bei einer Hecke reicht es, wenn die Stämme von vier Heckenpflanzen die Grenze überschritten haben, um die gesamte Hecke als Grenzeinrichtung anzusehen (BGH MDR 2000, 150 unter B I 1 a). Bei ihr ist iÜ auf den **aktuellen** Zustand abzustellen (BGH MDR 2000, 150 unter B I 1 a). Gebäude oder Gebäudeteile sind grds keine Grenzeinrichtungen (BGH NJW-RR 2022, 301 Rn 13). Zur Giebelmauer Rn 4, zur Grenzmauer Rn 5. **b) Vorteil.** Die Grenzanlage muss beiden Grundstücken auf denen sie errichtet worden ist, obj nützen (BGH NZM 2018, 245 Rn 6; NJW-RR 2012, 346 Rn 33). Jeder aktuell bestehende Vorteil kommt insoweit in Betracht, zB auch Lärm- und/oder Sichtschutz, aber auch eine Abmarkung (dazu § 919). **c) Nutzungsunterordnung.** Die Grenzanlage muss der Nutzung der aneinandergrenzenden Grundstücke untergeordnet sein. Das ist zB bei einem selbständig nutzbaren Gebäude nicht der Fall (BGH NJW 2003, 1731 unter II 1 c dd). Eine Grenzanlage liegt auch nicht vor, wenn die Einrichtung die Nutzung eines der beiden Grundstücke im Wesentlichen ausschöpft oder der Vorteil für die beiden Grundstücke sich in der Vereinbarung ihrer gemeinschaftl Nutzung erschöpft (BGH NJW 2003, 1731 unter II 1 c dd). **d) Grenzscheidungsfunktion.** Die Anlage/Einrichtung muss keine „Grenzscheidungsfunktion“ haben (BGH NZM 2018, 245 Rn 11 und Rn 17; NJW 2003, 1731 unter II 1 c). 2

2. Zustimmung. Die Eigentümer müssen der Errichtung der Anlage als einer gemeinsamen **zustimmen** (BGH NZM 2018, 245 Rn 6; NZM 2014, 404 Rn 33 und Rn 40; aA *Toussaint* ZfIR 2006, 747, 750). Die Zustimmung kann auch nachträgl (Genehmigung) und stillschw, zB durch Mitgebrauch – erteilt werden (BGH NZM 2014, 404 Rn 33). **Sondernachfolger** sind an eine Zustimmung gebunden (BGH NZM 2018, 245 Rn 6; NJW-RR 2012, 346 Rn 35; LG Darmstadt NJOZ 2021, 40 Rn 31). Zum Wohnungseigentum vgl Vor § 907 Rn 2. 3

III. Inhalt der Vermutung. 1. Berechtigung zur gemeinschaftl Nutzung. § 921 enthält zum einen die Vermutung, die sich auf die Berechtigung zum gemeinschaftl Gebrauch der Grenzanlage bezieht. **2. Einverständnis.** Zum anderen vermutet § 921, dass die Grenzanlage mit dem Einverständnis der Nachbarn errichtet worden ist (BGH NZM 2018, 245 Rn 11). Denn auch eine scheinbare Grenzanlage soll im Zweifel – dem können Zaunpfosten oder Aushub eines Grabens nur auf einer Seite entgegenstehen – als eine „wirkliche“ gelten (BGH NZM 2018, 245 Rn 11; NZM 2014, 404 Rn 35). **3. Eigentum.** Für die Frage, wer Eigentümer der Grenzanlage ist, sind grds § 946, § 94 I, § 905 S 1 maßgebend (BGH NJW 2015, 2489 Rn 10). Aus diesen ergibt sich nach hM der Grundsatz der vertikalen („lotrechten“) Teilung. Dies hat zur Folge, dass jedem Grundstückseigentümer grds derjenige Teil der Grenzanlage gehört, der sich auf **seinem** Grundstück befindet (BGH NJW 2015, 2489 Rn 10). Ideelles Miteigentum nach Bruchteilen ist indes anzunehmen, wenn es sich um eine mit dem Erdboden nicht fest verbundene Anlage, zB einen aus losen Steinen aufgeschichteten Steinwall handelt. **4. Eintragung.** Das gemeinschaftl (wegen § 96 nicht gesondert übertragbare) Nutzungsrecht, welches hinsichtl der von der Grenzeinrichtung besetzten Fläche eine grunddienstbarkeitsähnl Eigentumsbeschränkung darstellt, ist nicht eintragungsfähig. 4

IV. Giebelmauer (Nachbarwand oder Kommunmauer). 1. Überblick. Die Giebelmauer, auch Nachbarwand (BGH NJW-RR 2022, 301 Rn 13), halbscheidige Giebelwand (BGH NJW-RR 2022, 301 Rn 13) oder Kommunmauer (von lat communis = gemeinsam) genannt, ein besonderer Fall des Überbaus (§ 912 Rn 12), ist eine Mauer, die von einem Grundstückseigentümer – nicht notwendig zur Hälfte – auf seinem und auf dem Nachbargrundstück errichtet wird, aber dazu **bestimmt** ist, von beiden Nachbarn **in Richtung auf ihr eigenes Grundstück** benutzt zu werden (BGH MDR 2021, 929 Rn 13; NZM 2014, 404 Rn 26; GE 2012, 1309 Rn 7; NJW 2008, 2032 Rn 10). Diese Zweckbestimmung beruht auf einer **Verabredung** (BGH NJW-RR 2022, 301 Rn 13), nach Ansicht des BGH aber auch auf der bloß **einseitigen Erwartung** des **Erbauers**, der Nachbar werde oder könne die Mauer für einen Anbau (Rn 7) benutzen (BGH NJW-RR 2022, 301 Rn 13; MDR 2021, 929 Rn 13; NZM 2014, 404 Rn 26). Demzufolge sind die Überbauvorschriften der §§ 912ff **nicht** anzuwenden, insb kann weder eine Überbaurente verlangt noch das Recht auf Grundabnahme aus § 915 geltend gemacht werden (BGH MDR 2021, 929 Rn 13). Die Zustimmung zur Errichtung einer Nachbarwand bezieht sich im Zweifel **nicht nur** auf die Wand selbst, sondern auch auf Bauteile, die deren **Abschluss dienen** und die Benutzung des überbauten Grundstücks nicht oder nur unwesentlich beeinträchtigen, solange es an einem Anbau fehlt; dazu zählt etwa ein Dachüberstand. Von der Zustimmung umfasst ist bei verständiger Würdigung zugleich die **spätere** Erneuerung solcher Bauteile unter Berücksichtigung der aktuellen bautechnischen Anforderungen und Anschauungen (BGH NJW-RR 2021, 1025 Rn 14). Für die Beurteilung, ob eine Mauer eine Giebelmauer darstellt, kommt es auf die Verhältnisse zum Zeitpunkt der Errichtung der Mauer an. Bestand bei der Errichtung eine beiderseitige Verabredung der Nachbarn oder wenigstens eine einseitige Erwartung des Erbauers, dass der Nachbar die Mauer für 5 den Bau seines Hauses benutzen kann, wird die Mauer mit dem Anbauen von dem überbauten Grundstück aus eine gemeinschaftliche Grenzeinrichtung iSv § 921 (BGH NJW 2021, 491 Rn 21; NJW-RR 2014, 973 Rn 26). Wird ein Grundstück so geteilt, dass eine Giebelmauer, an die von beiden Seiten angebaut ist, auf der neuen Grundstücksgrenze steht, wird die Mauer hierdurch im Zweifel eine gemeinschaftliche Grenzeinrichtung iSv § 921 (BGH NJW-RR 2021, 401 Rn 21; NJW-RR 2014, 973 Rn 26). Dies rechtfertigt es, die Vorschriften über gemeinschaftliche Grenzeinrichtungen auf die durch Grundstücksteilung nachträgl zur gemeinsamen Giebelwand werdende Mauer anzuwenden (BGH NJW-RR 2021, 401 Rn 21; s auch NJW-RR 2014, 971 Rn 5).

6 **2. Grenzanlage.** Eine Giebelmauer wird insg (BGH NZM 2014, 404 Rn 35) – erst (aA BGH NJW 2008, 2032 Rn 8) – dann Grenzanlage, wenn der Nachbar an diese anbaut und Miteigentümer wird (BGH NJW-RR 2022, 301 Rn 13; Rn 8).

7 **3. Anbau. a) Begriff.** Ein Anbau liegt vor, wenn der Nachbar den Überbau – nicht eine Grenzwand (Rn 10) – zur Herstellung eines Gebäudes iSv § 94 II einfügt. Es bedarf eines räumlichen Zusammenhanges zw den beiden Baukörpern, der so eng ist, dass sie dem unbefangenen Betrachter künftig als eine einheitliche Sache erscheinen (BGHZ 36, 46 unter 2). Fehlt es an § 94 II, liegt ein Anbau vor, wenn er statisch unselbständig ist (BGHZ 36, 46 unter 2). **b) Anbaurecht. aa) Landesnachbarrechtsgesetze.** Viele Landesnachbarrechtsgesetze (Vor § 907 Rn 5) sehen ein Recht zur Errichtung eines Anbaus vor (Überblick bei MüKo/*Brückner* Rn 22). **bb) Rechtmäßiger Überbau.** Bei einem rechtmäßigen Überbau (§ 912 Rn 3) folgt das Anbaurecht idR aus der vertragl Abrede. Sonderrechtsnachfolger sind nach Eintragung einer entspr Grunddienstbarkeit an Abreden gebunden (Neustadt NJW 1958, 635); darüber hinaus allenfalls dann, wenn die Giebelmauer bereits in Bau ist. **cc) Zweckbestimmung des Überbaus.** IÜ soll sich das Anbaurecht aus der Zweckbestimmung des Überbaus (Rn 5) ergeben und eine Zustimmung entbehrlich sein (BGH NZM 2014, 404 Rn 34). Angesichts der Landesnachbarrechtsgesetze, die eine Zustimmung ausdrückl regeln, und angesichts des Umstandes, dass die Giebelmauer zur Grenzanlage wird, der aber zuzustimmen ist (Rn 2), ist dem nicht zu folgen. Ohne Zustimmung ist ein Anbau mithin unzulässig. **dd) Mauererhöhung.** Der Teilhaber (Rn 8), der nur teilw angebaut hat, kann seine Mauer bis zur Höhe des Überbaus später erhöhen (BGH NJW 2008, 2032 Rn 16); für den Überbauer s § 922 Rn 2. **ee) Abriss.** Der Teilhaber ist ungeachtet § 922 S 3 (§ 922 Rn 4) berechtigt, sein Haus abzureißen (BGH GE 2012, 1309 Rn 10; NJW 1989, 2541 unter II). Verfährt er so, soll er indes diejenigen Maßnahmen treffen müssen, die zur Verhinderung oder Beseitigung der Auswirkungen des Abrisses geboten seien (BGH GE 2012, 1309 Rn 10), zB zum erstmaligen Aufbringen von Außenputz, zu einer erstmaligen Feuchtigkeitsisolierung oder einer erstmaligen Wärmedämmung (BGH GE 2012, 1309 Rn 10). Dem ist nicht zu folgen, da der Überbauer hierauf vor dem Anbau keinen Anspruch hatte und es auch nicht – in Ermangelung einer Grenzanlage – um Unterhaltungskosten iSv § 922 S 3 geht (insoweit richtig BGH GE 2012, 1309 Rn 10). Der Teilhaber muss freilich nach § 823 I wiederherstellen, was er an der Mauer beim Anbau entfernt oder zerstört hat.

8 **4. Eigentum. a) Vor Anbau.** Vor einem Anbau (Rn 7) steht die Giebelmauer grds im **Alleineigentum** des Überbauers (§ 912 Rn 12), weshalb er für ihre Unterhaltung allein aufzukommen hat (BGH MDR 2021, 929 Rn 19); zur Rechtslage beim rechtswidrigen Überbau s § 912 Rn 4. **b) Nach Anbau. aa) Grundsatz.** Nach hM entsteht mit Vollendung des Anbaurohbaus (Rn 7) grds hälftiges Miteigentum (BGH MDR 2021, 929 Rn 19; NJW 2015, 2489 Rn 11; NZM 2014, 404 Rn 26). Die Giebelmauer werde in ihrem gesamten Umfang wesentlicher Bestandteil (§ 94 II) beider Grundstücke. Das gelte sowohl beim gutgläubigen (BGH NZM 2014, 404 Rn 26; § 912 Rn 2) als auch im Falle des rechtswidrigen Überbaus (BGH NZM 2014, 404 Rn 26; § 912 Rn 4). Bedeckt der Anbau (Rn 7) nur einen Teil der Mauer, wird der Anbauende in jenem Bruchteil Miteigentümer, der dem Verhältnis der halben von ihm zugebauten Fläche zur Gesamtfläche der Mauer entspricht (BGH NJW 1962, 149 unter 2; Karlsruhe NJW-RR 1990, 1164). **bb) Zerstörung/Abriss.** Wird eines der Häuser zerstört oder abgerissen (Rn 7), soll sich nichts am Miteigentum ändern (BGH NJW 1965, 811 unter II), jedenfalls dann, wenn sich die Mauer „in anderer Weise“ – etwa durch Vermietung zu Reklamezwecken – weiter benutzen lasse (BGH NJW 1965, 811 unter II). Die Mauer soll nach hM auch Grenzanlage bleiben (Düsseldorf OLG 1992, 198, 200; Karlsruhe MDR 1971, 1011, 1012). Dem ist jew nicht zu folgen. Wird eines der Häuser zerstört oder abgerissen, bleibt eine Mauer übrig. Diese aber steht im Alleineigentum des entspr Grundstückseigentümers oder des Überbauers (§ 912 Rn 14) – je nachdem, welches Gebäude abgerissen/zerstört wird. Wird die gesamte Mauer zerstört und baut ein Nachbar sie allein auf (s auch Rn 9), soll sich entspr § 946, § 95 I 2 das Mit- in Alleineigentum „umwandeln“ (BGH NJW 1958, 1180 unter 2 b; Köln NJW-RR 1993, 87, 88). Auch dem ist nicht zu folgen: an einer Nichtmauer bestand kein Eigentum. Baut der Nachbar an (Rn 7), entsteht hingegen wieder – wie stets – hälftiges Miteigentum (BGH NJW 1958, 1180 unter 2 c).

9 **5. Wertersatz.** Der anbauende Nachbar schuldet dem bisherigen Alleineigentümer der Mauer nach Bereicherungsgrundsätzen (§§ 951, 812) Wertersatz für das durch den Anbau erworbene Miteigentum. Die Höhe des sog Ablösungs- bzw Ausgleichsanspruchs bestimmt sich nach dem entspr Bruchteil des obj Mauerwertes zur Zeit des Anbaus (Düsseldorf NJW-RR 1987, 531), und zwar ohne Abzug für eine (fortan) ersparte Überbaurente (Karlsruhe MDR 1960, 761). Der Anspruch wird mit Fertigstellung des Anbaus im Rohbau fällig (Köln NJW 1961, 1820f). Teilw wird der Wert in den Nachbargesetzen der Länder geregelt. **6. Wiederaufbau.** Die Miteigentümer sind berechtigt, ihr jew Miteigentum nach einer Zerstörung, zB einer Explosion, wieder aufzubauen (BGH NJW 1970, 97 unter 1). Wird das Nachbargrundstück mehr als bislang in Anspruch genommen, kann eine Überbaurente geschuldet sein (BGH NJW 1970, 97 unter 2; s auch § 912 Rn 12). **7. Rechtsverhältnis.** Das Rechtsverhältnis wird durch § 922 S 1–3, S 4 iVm §§ 741ff, durch einen Vertrag sowie – ggf – durch landesrechtl

Vorschriften geregelt (BGH NZM 2014, 404 Rn 26; NJW-RR 2011, 515 Rn 8). Der Teilhaber, der an die Giebelwand (noch) nicht (vollständig) angebaut hat und derzeit auch nicht anbauen will, muss Maßnahmen des anderen zur Wärmedämmung dulden (BGH MDR 2019, 1445 Rn 20; NJW 2008, 2032 Rn 11). Will der Teilhaber allerdings später seine Wand erhöhen, muss der andere die Wärmedämmung – soweit erforderlich – auf seine Kosten wieder entfernen (BGH NJW 2008, 2032 Rn 16). Der Teilhaber kann iÜ nicht die Duldung baulicher Eingriffe in Gebäudeteile verlangen, die nicht der gemeinsamen Verwaltung unterliegen (BGH MDR 2019, 1445 Rn 21).

V. Grenzwand. 1. Begriff. Grenzwände sind Wände, die bloß nebeneinanderstehen oder durch eine isolierende Dehnungsfuge verbunden sind (LG Bonn ZMR 1971, 89; s auch BGH NJW-RR 2022, 301 Rn 19), also unmittelbar an der Grenze zum Nachbargrundstück, aber **ganz** auf dem Grundstück des Erbauers errichtet sind (BGH NJW-RR 2022, 301 Rn 16; MDR 2021, 929 Rn 5). Sie sind von der Nachbar-, Kommun- oder halbscheidigen Giebelwand, die auf der Grundstücks**grenze** und damit auf beiden Grundstücken steht, zu unterscheiden (Rn 5). Eine Grenz- wird noch nicht zur Nachbarwand, wenn sie die Grundstücksgrenze ganz oder teilw schneidet (BGH NJW-RR 2022, 301 Rn 17). Ebenso wenig führt ein Anbau an eine Grenzwand für sich genommen dazu, dass eine Nachbarwand entsteht (BGH NJW-RR 2022, 301 Rn 17). Eine Nachbarwand liegt nur vor, wenn die von der Grenze geschnittene Wand **dazu geeignet und bestimmt** ist, beiden Nachbargebäuden als wesentlicher Bestandteil zu dienen (BGH NJW-RR 2022, 301 Rn 17). **2. Eigentum.** Die Grenzwand steht gem § 94 I im alleinigen Eigentum des jew Grundstückseigentümers (BGH NJW-RR 2022, 301 Rn 22; MDR 2019, 1445 Rn 8; NJW-RR 2001, 1528 unter II 1); das gilt auch dann, wenn eine Grenzwand allein nicht standfest ist (BGH NJW-RR 2001, 1528 unter II 1). **3. Grenzanlage.** Eine Grenzwand ist keine Grenzanlage (BGH NJW-RR 2016, 588 Rn 8) und wird es auch nicht etwa dadurch, dass der Nachbar sie für einen Anbau nutzt (BGH NJW-RR 2001, 1528 unter II 2) oder dass sie ohne Zutun ihres Errichters auf das Nachbargrundstück driftet (Frankfurt NJW-RR 1992, 464). **4. Anbaurecht.** Die Nachbarn haben von Gesetzes wegen kein Anbaurecht (BGH NJW 1977, 1447 unter I). **5. Abriss. a) Überblick.** Der Eigentümer ist nach § 903 grds befugt, seine Grenzwand abzureißen (BGH NJW-RR 2016, 588 Rn 8; GE 2012, 1309 Rn 10; zu **Einschränkungen** durch das nachbarliche Gemeinschaftsverhältnis vgl BGH MDR 2019, 25 Rn 11; NJW 1977, 1447 unter I 3 und allg BGH MDR 2020, 25 Rn 21). **b) Außenisolierung.** Für nach dem Abriss erforderliche Maßnahmen, zB Außenputz, Feuchtigkeitsisolierung oder Wärmedämmung, ist der Eigentümer der Grenzwand nicht verantwortlich (BGH NJW-RR 2016, 588 Rn 9; NJW-RR 2011, 515 Rn 6; s aber zur Giebelwand Rn 7). 10

VI. Sonstiges. 1. Nachbarwand im Wohnungseigentumsrecht. Vor § 907 Rn 1. **2. Prozessuales.** Der Nachbar, der eine Grenzanlage verändern oder beseitigen will, muss nach § 292 S 1 ZPO den Vollbeweis für das Fehlen der Einvernehmlichkeit erbringen. 11

§ 922 Art der Benutzung und Unterhaltung

Sind die Nachbarn zur Benutzung einer der in § 921 bezeichneten Einrichtungen gemeinschaftlich berechtigt, so kann jeder sie zu dem Zwecke, der sich aus ihrer Beschaffenheit ergibt, insoweit benutzen, als nicht die Mitbenutzung des anderen beeinträchtigt wird. Die Unterhaltungskosten sind von den Nachbarn zu gleichen Teilen zu tragen. Solange einer der Nachbarn an dem Fortbestand der Einrichtung ein Interesse hat, darf sie nicht ohne seine Zustimmung beseitigt oder geändert werden. Im Übrigen bestimmt sich das Rechtsverhältnis zwischen den Nachbarn nach den Vorschriften über die Gemeinschaft.

I. Zweck und Allgemeines. § 922 ist als Hilfsnorm zu § 921 **Ausprägung** der Inhalts- und Schrankenbestimmung des Art 14 I 2 GG (BGH NJW 2008, 2032 Rn 18). § 922 S 1 konkretisiert die nach § 921 zu vermutende (oder vereinbarte Rn 2, Rn 6) gemeinsame Berechtigung zur Benutzung der Grenzanlage (§ 921 Rn 2) in Bezug auf das Gebrauchsrecht. § 922 S 2 sagt, was für die Unterhaltskosten gilt, § 922 S 3 gibt einen Anspruch auf Nichtbeseitigung und Nichtänderung (Rn 4). Nach § 922 S 4 bestimmt sich das Rechtsverhältnis iÜ grds nach §§ 741ff. Landesrechtl Regelungen iSv Art 124 S 1 EGBGB können weitere Einschränkungen begründen. 1

II. Mitbenutzung (§ 922 S 1). 1. Überblick. Gem § 922 S 1 darf jeder der Nachbarn die **gesamte** Grenzanlage benutzen, nicht nur **sein** Eigentum (RG WarnR 1911 Nr. 243; s auch BGH NJW-RR 2022, 301 Rn 9: eine Nachbarwand kann von jedem der beiden Nachbarn in Richtung auf sein eigenes Grundstück benutzt werden). Der Benutzungsumfang ergibt sich aus ihrer Beschaffenheit, nicht aus der Beschaffenheit der an der Grenzanlage stehenden Gebäude (BGH NJW 2008, 2032 Rn 10; WM 1966, 143 unter 1). Grds darf jeder Nachbar die Grenzanlage (jedoch nicht das Nachbargrundstück) benutzen. **2. Zweck. a) Überblick.** Beschränkt wird das Benutzungsrecht durch den Zweck der Grenzanlage, welcher sich aus ihren obj Merkmalen ergibt, und durch das Mitbenutzungsrecht des Nachbarn. Im Streitfall ist gem § 922 S 4, § 745 II, III nach billigem Ermessen zu entscheiden. **b) Grenzgraben.** Ein Grenzgraben ist zur Aufnahme von Oberflächenwasser bestimmt. **c) Giebelmauer.** § 922 S 1 gibt dem Überbauer kein Recht, die Giebelmauer aufzustocken (BGH NJW 1975, 1313 unter I 2 d). Will ein Eigentümer die Giebelmauer hingegen so „nachrüsten", dass sie in Funktion und Aussehen dem allg üblichen Standard entspricht, muss der andere dies aber dulden. Gibt es einen „freiliegenden" Teil, darf der Nachbar diesen mit einem Wärmeschutz versehen (§ 921 Rn 9) oder ihn für Werbemaßnahmen (BGH NJW 1965, 811 unter II) nutzen. **3. Beeinträchtigung. a) Unterlassung.** Gegen die Beeinträchtigung des Mitbenutzungsrechts kann sich der Nachbar nur nach § 1004 I (nach aA auch entspr § 1027) zur Wehr setzen (s auch BGH NJW-RR 2022, 301 Rn 5 und Rn 8). **b) Besitzschutz.** Besitzschutz gegen den Nachbarn kommt wegen § 866 nur bei einem völligen Entzug des Mitbenutzungsrechts in Betracht (BGH NJW 1959, 1364 unter 4). **4. Streit.** Besteht 2

Streit über den Umfang des Benutzungsrechts, kann jeder Nachbar eine dem billigen Ermessen entspr Benutzung verlangen (§ 745 II, III). **5. Vertrag.** Die Nachbarn können anderes vereinbaren (Rn 6).

3 **III. Unterhaltungskosten (§ 922 S 2). 1. Begriff.** Unterhaltungskosten sind diejenigen Aufwendungen, die erforderlich sind, die Grenzanlage in einer ihrem Zweck entspr Beschaffenheit zu erhalten. **Bsp**: Beschneiden von Bäumen, Hecken oder Sträuchern, Erneuerung von Zaunpfosten, Mähen, Nachpflanzen, Reparaturen (Köln ZMR 1996, 139, 140; Karlsruhe NJW-RR 1990, 1164), hingegen keine Mietausfälle (*Hartz/Streiter* JuS 2002, 383). Keine Unterhaltskosten sind zB: Sicherungsmaßnahmen nach Abriss eines der Häuser (BGH NJW 2008, 2032 Rn 17; GE 2012, 1309 Rn 10), die Erneuerung des Innenputzes des anderen Hauses (Düsseldorf OLG 1992, 198, 200); eine Stützwand neben der Einrichtung (Zweibrücken AgrarR 1979, 8). **2. Verteilung (§ 922 S 2). a) Grundsatz.** Die Unterhaltungskosten sind grds zu gleichen Teilen zu tragen, und zwar auch dann, wenn die Einrichtung – zulässigerweise – nur von einem Nachbarn benutzt wird (Karlsruhe MDR 1971, 1011, 1012; *Rank* ZMR 1984, 181f). **b) Giebelmauer.** Bei einer Giebelmauer (§ 921 Rn 5) sind die Unterhaltungskosten (nur) entspr dem jew Miteigentumsanteil (vgl § 921 Rn 5) zu tragen (Düsseldorf OLG 1992, 198, 201; Karlsruhe NJW-RR 1990, 1164). **c) Vertrag.** Die Nachbarn können anderes vereinbaren (Rn 6).

4 **IV. Beseitigung/Änderung (§ 922 S 3). 1. Überblick.** § 922 S 3 gewährleistet einen Bestandsschutz. Solange einer der Nachbarn am Fortbestand der Grenzanlage ein Interesse hat, darf sie ohne seine Zustimmung nicht beseitigt oder nachteilig geändert werden (LG Darmstadt NJOZ 2021, 40 Rn 28ff; s auch BGH NJW-RR 2022, 301 Rn 19). Die Grenzanlage wird durch § 922 S 3 in ihrer gesamten Beschaffenheit geschützt (BGH NZM 2018, 245 Rn 18). **2. Interesse am Fortbestand.** Das Interesse besteht in der Grenzscheidungsfunktion oder einer anderen Funktion, die obj vorteilhaft für beide Grundstücke ist, zB eine Lärm- oder Schutzfunktion. Der BGH lässt sogar ein ästhetisches Interesse genügen (BGH NZM 2018, 245 Rn 15; NJW 1985, 1458 unter II 2) – was zu weit geht: Gegen negative/ideelle Immissionen gewährt § 922 S 3 keinen Schutz. **3. Beseitigung.** Beseitigung meint Entfernung. **4. Änderung.** Änderung meint nachteilige Substanzeingriffe (BGH NJW 1985, 1458 unter II 2). Darauf ist der Bestandsschutz des § 922 S 3 aber nicht beschränkt. Er will auch die Aufhebung oder Minderung des Bestimmungszwecks der Grenzanlage verhindern und deren Brauchbarkeit für den Bestimmungszweck in dem bisherigen Umfang erhalten (BGH NZM 2018, 245 Rn 18; GE 2012, 1309 Rn 8; LG Darmstadt NJOZ 2021, 40 Rn 28ff). **5. Schutz. a) Unterlassungsanspruch.** Gegen eine drohende Beeinträchtigung/Änderung der Grenzanlage ist § 1004 I 1, 2 anzuwenden (BGH NJW 2003, 1731 unter II 2; NJW 2000, 512 unter B I 3). **b) Anspruch auf Wiederherstellung der Grenzanlage. aa) Überblick.** Ist die gesamte Grenzanlage beseitigt/verändert worden, so kann nach § 823 II, § 922 Wiederherstellung verlangt werden (BGH NZM 2018, 245 Rn 18; NJW 1989, 2541 unter II), aber auch nach § 1004 I 1 – „jedenfalls bei Verschulden" (BGH MDR 2019, 284 Rn 7; NJW 2000, 512 unter B I 3; NJW 1989, 2541 unter II). **bb) Inhalt.** Der Anspruch geht grds auf Wiederherstellung einer neuen, gleichartigen Grenzanlage (Hamm MDR 2012, 1028). **cc) Kostenerstattung.** Nach § 818 II kann Erstattung der notwendigen Kosten für die Wiederherstellung verlangt werden. **dd) Zumutbarkeit.** Der Anspruch auf Wiederherstellung ist unter dem Gesichtspunkt der Zumutbarkeit begrenzt (BGH NJW 2000, 512 unter B I 3). Wenn die Wiederherstellung nur mit unverhältnismäßig hohen Aufwendungen möglich ist, besteht kein Anspruch auf Wiederherstellung des früheren Zustandes (BGH NJW 2000, 512 unter B I 3). **ee) Schadensersatzanspruch.** Ein Schadensersatzanspruch ergibt sich im Verschuldensfall nach § 823 II iVm § 1004, § 922 S 3 oder nach § 922 S 4, § 743 II, § 280 (BGH NJW 2000, 512 unter B I 3). **c) Störung durch andere Einrichtung.** Wird die Grenzanlage durch eine andere Einrichtung gestört, zB einen Zaun, soll nach § 1004 I 1 auch dessen Entfernung verlangt werden können (BGH NZM 2018, 245 Rn 15; NJW 1985, 1458 unter II 2). Dieses Interesse schützt § 922 S 3 aber nicht (LG Landshut IMR 2017, 162).

5 **V. Rechtsverhältnis iÜ (§ 922 S 4). 1. Überblick.** Soweit § 922 nicht Besonderes anordnet, gelten §§ 741ff. Auf die Eigentumsverhältnisse kommt es nicht an (BGH NJW 2008, 2032 Rn 8). Anwendbar ist zB § 743 I für Früchte oder §§ 744, 745 für die Verwaltung. § 747 ist nicht anwendbar, da die Grenzanlage nicht sonderrechtsfähig ist, ebenso nicht §§ 747ff. **2. Kosten.** Für die Verwaltungskosten gilt § 748. Der BGH meint hingegen – zu Unrecht und contra legem – es komme auf ein Interesse bzw einen Nutzen an (BGH NJW 2008, 2032 Rn 17). **3. § 278.** § 278 ist auf die Gemeinschaft nicht – auch nicht entspr – anwendbar (BGH NJW 1965, 389 unter I). Denn die Gemeinschaft begründet kein auf Leistung gerichtetes Schuldverhältnis mit wechselseitigen Erfüllungsansprüchen.

6 **VI. Vertrag.** Die Nachbarn können vertragl von § 922 abweichen (s auch § 746). Solche Vereinbarungen wirken allerdings nur schuldrechtl, sofern keine entspr Grunddienstbarkeit (§ 1018) bestellt wird. Anders ist es, wenn die Teilhaber die Verwaltung geregelt haben (§ 746). Zum Wohnungseigentum vgl Vor § 907 Rn 2.

7 **VII. Prozessuales.** Der Nachbar, der eine Grenzanlage verändern oder beseitigen will, muss beweisen, dass eine Zustimmung bzw kein Interesse am Fortbestand der Einrichtung (Rn 4) vorliegt.

§ 923 Grenzbaum

(1) Steht auf der Grenze ein Baum, so gebühren die Früchte und, wenn der Baum gefällt wird, auch der Baum den Nachbarn zu gleichen Teilen.

(2) Jeder der Nachbarn kann die Beseitigung des Baumes verlangen. Die Kosten der Beseitigung fallen den Nachbarn zu gleichen Teilen zur Last. Der Nachbar, der die Beseitigung verlangt, hat jedoch die Kosten al-

lein zu tragen, wenn der andere auf sein Recht an dem Baume verzichtet; er erwirbt in diesem Falle mit der Trennung das Alleineigentum. Der Anspruch auf die Beseitigung ist ausgeschlossen, wenn der Baum als Grenzzeichen dient und den Umständen nach nicht durch ein anderes zweckmäßiges Grenzzeichen ersetzt werden kann.

(3) Diese Vorschriften gelten auch für einen auf der Grenze stehenden Strauch.

I. Zweck und Allgemeines. Um auch insoweit Streit zu vermeiden, bestimmt § 923 I, wem die Früchte eines Grenzbaums gehören, bzw der gefällte Baum. § 923 II 1 gibt einen unverjährbaren (§ 924) Anspruch auf Beseitigung des Grenzbaums. § 923 II 2, 3 regeln die Frage der Kosten, § 923 II 4 schränkt den Beseitigungsanspruch ein. Auf einen Strauch (§ 910 Rn 2), der auf der Grenze steht, sind § 923 I, II entspr anwendbar (§ 923 III). Beschränkungen können sich aus auf Art 122, 183 EGBGB beruhenden Bestimmungen für Obstbäume und Waldgrundstücke ergeben (Vor § 907 Rn 5). 1

II. Grenzbaum. Grenzbaum ist ein Baum, wenn er dort, wo er **aus der Erde** tritt, von der Grenze durchschnitten wird (BGH NJW 2004, 3328 unter II 2 a bb (1); Schleswig NJW-RR 2018, 269 Rn 11). Das gilt unabhängig davon, ob diese Situation bereits im Zeitpunkt des Anpflanzens oder natürlichen Aufwuchses vorhanden war; unerheblich ist auch, auf welchem der beiden Grundstücke sich das Wurzelwerk befindet (BGH NJW 2004, 3328 unter II 2 a bb (1)). Bei einem **Strauch** genügt es, wenn **einer** der Stämme die Grenze schneidet (s auch BGH MDR 2000, 150 unter B I 1 a für eine Hecke). 2

III. Rechtsfolgen. 1. Eigentum an Früchten und gefälltem Grenzbaum (§ 923 I). Die Früchte „gebühren" den Nachbarn bzw Fruchtziehungsberechtigten (§ 954) je zur Hälfte. Es entsteht also Miteigentum der Nachbarn. Dies gilt auch für den Grenzbaum, wenn er gefällt wird. **2. Eigentum am Grenzbaum vor Beseitigung.** Solange der Grenzbaum mit Grund und Boden verbunden ist, besteht vertikal geteiltes Eigentum, dh er gehört dem jew Nachbarn insoweit, als sich sein Stamm auf dessen Grundstück befindet (BGH NJW 2004, 3328 unter II 2 a bb (2). Entspr gehören die ungetrennten Früchte (im natürlichen Sinn) demjenigen, über dessen Grundstück sie hängen. **3. Zustimmung zur Beseitigung. a) Überblick (§ 923 II 1).** Jeder Nachbar kann von dem anderen grds die Zustimmung zur Beseitigung, nicht etwa die Beseitigung als solche verlangen (Schleswig NJW-RR 2018, 269 Rn 12). Stimmt der Nachbar nicht zu, muss auf Zustimmung geklagt werden (§ 894 ZPO); eine eigenmächtige Beseitigung ist unzulässig (Schleswig NJW-RR 2018, 269 Rn 12). Der ohne Zustimmung handelnde Nachbar kann sich ggf auf rechtmäßiges Alternativverhalten berufen (Schleswig NJW-RR 2018, 269 Rn 16; Oldenburg OLGR 2002, 98). Zum Wohnungseigentum vgl Vor § 907 Rn 2. **b) Kosten (§ 923 II 2, 3).** Die Kosten der Beseitigung fallen den Nachbarn zu gleichen Teilen zur Last. Der Nachbar, der die Beseitigung verlangt, hat die Kosten jedoch allein zu tragen, wenn der andere auf sein Recht am Grenzbaum verzichtet – was auch nach der Fällung noch möglich ist; der Nachbar erwirbt in diesem Falle mit der Trennung das Alleineigentum. **c) Ausnahme (§ 923 II 4).** Der Anspruch ist **ausgeschlossen**, wenn der Grenzbaum als Grenzzeichen (§ 919 Rn 2) dient und nicht durch ein anderes „zweckmäßiges" (= die Zwecke erfüllendes) Grenzzeichen ersetzt werden kann (Schleswig NJW-RR 2018, 269 Rn 17). Einwendungen können sich auch aus dem **öffentlichen Recht** (s auch Vor § 907 Rn 2), zB einer Baumschutzsatzung, ergeben (Schleswig NJW-RR 2018, 269 Rn 18), aus §§ 226, 242 (München NJW-RR 1992, 1369) oder aus einem Vertrag. 3

IV. Prozessuales. Wer einen Anteil an den Früchten oder am gefällten Baum, Beseitigung des Baums oder Kostenbeteiligung verlangt, hat die Eigenschaft als Grenzbaum zu beweisen; der Beseitigungswillige muss auch beweisen, dass die Voraussetzungen nach § 923 II 4 nicht vorliegen (Schleswig NJW-RR 2018, 269 Rn 15). S iÜ § 910 Rn 8. 4

§ 924 Unverjährbarkeit nachbarrechtlicher Ansprüche

Die Ansprüche, die sich aus den §§ 907 bis 909, 915, dem § 917 Abs. 1, dem § 918 Abs. 2, den §§ 919, 920 und dem § 923 Abs. 2 ergeben, unterliegen nicht der Verjährung.

§ 924 bestimmt entspr § 902 I 1 als **Ausnahme** von § 194 I, dass sich die Ansprüche, die sich aus den §§ 907–909, § 915, § 917 I, § 918 II, § 919, § 920 und § 923 II ergeben, nicht verjähren. Die Rentenansprüche nach § 912 II, § 917 II und die Kostenerstattungsansprüche nach § 919 III, § 922 S 2, § 923 II 2 verjähren nach §§ 195ff. Ebenso das Recht aus § 910 (s § 910 Rn 5). 1

Titel 2
Erwerb und Verlust des Eigentums an Grundstücken (§§ 925–928)

Vorbemerkung vor § 925

I. Erwerb des Eigentums an Grundstücken. 1. Erwerb durch Rechtsgeschäft. Der **rechtsgeschäftliche Grundstückserwerb** durch Übereignung ist in den §§ 873 und 925 geregelt. § 925 enthält eine Sondernorm zu Form und Inhalt der nach § 873 neben der Eintragung erforderlichen Einigung. 1

2 **2. Andere Erwerbsgründe.** Nicht von den §§ 873, 925 erfasst wird der Grundstückserwerb im Wege der **Gesamtrechtsnachfolge, zB** aufgrund der §§ 1922 (**Erbgang**), 2139 (Eintritt der Nacherbfolge) oder 2033 (Nachlasserwerb), wenn ein Grundstück zum Nachlass gehört. Zu denken ist in diesem Zusammenhang auch an die §§ 45f, 88 (**Anfall des Vermögens** eines untergegangenen rechtsfähigen Vereins bzw einer erloschenen Stiftung) sowie an § 1416 (**Begründung einer ehelichen Gütergemeinschaft**).

3 Bei der **Änderung von Gebietskörperschaften** (Einverleibung einer Gebietskörperschaft in eine andere, Vereinigung mehrerer Gebietskörperschaften zu einer neuen oder Teilung einer Gebietskörperschaft in mehrere) geht kraft Gesetzes, staatlichen Hoheitsaktes oder öffentlich-rechtl Vertrags das Vermögen des untergegangenen Rechtssubjektes im Wege der Gesamtrechtsnachfolge auf die erweiterte bzw neu entstandene Gebietskörperschaft über (KG JFG 3, 333, 336; KGJ 41, 208; 41, 213, 214; 16, 153; RGZ 87, 284; HRR 1933, Nr 1236 BayObLG 6, 466; Staudinger/*Diehn* § 925 Rn 31).

4 Auch in den Fällen der **Umwandlung** nach § 1 UmwG besteht für eine rechtsgeschäftliche Übertragung der Liegenschaften nach den §§ 873, 925 kein Bedürfnis. Vgl § 873 Rn 10.

5 Bei **Eintritt oder Austritt eines Gesellschafters** in bzw aus einer GbR (bzw OHG oder KG) gilt gem § 738 (ggf iVm § 105 II, § 161 II HGB) das Prinzip der Ab- bzw Anwachsung. Vgl hierzu § 873 Rn 8. Die §§ 873, 925 sind nicht anwendbar.

6 Gleiches gilt bei Erwerb des Grundstückseigentums durch **Aneignung** nach § 927 II oder nach § 928 II und durch **Buchersitzung** nach § 900 I 1.

7 Auch bei Grunderwerb durch **hoheitlichen Akt** liegt kein abgeleiteter (derivativer), sondern ursprünglicher (originärer) Eigentumserwerb vor, zB in folgenden Fällen: Zuschlagsbeschluss (§ 90 ZVG; vgl BGH NJW 1990, 2744 mwN), Umlegungsplan (§§ 71f BauGB; vgl BayObLG 1980, 108), Grenzregelungsbeschluss (§§ 82f BauGB; vgl BayObLG NJW 1981, 1626), Flurbereinigungsplan (§ 61 FlurbG), Grenzscheidungsurteil (§ 920; vgl KG OLG 20, 405), Enteignungsbeschluss (vgl Vor § 903 Rn 7; Bremen Rpfleger 1968, 28; Staudinger/*Diehn* § 925 Rn 31 mwN).

8 **II. Verlust des Eigentums an Grundstücken.** Das Grundeigentum geht bei **rechtsgeschäftlicher Eigentumsübertragung** (vgl Rn 1) auf Seiten des Veräußerers verloren. Dies gilt bei **Gesamtrechtsnachfolge** (vgl Rn 2–4) für den bisherigen Rechtsinhaber entspr.

9 Bei Austritt eines Gesellschafters aus einer GbR (bzw OHG oder KG; vgl Rn 5 und § 873 Rn 8) wächst sein Anteil am Gesellschaftsvermögen den übrigen Gesellschaftern zu (sog **Anwachsung**, § 738, ggf iVm § 105 II, § 161 II HGB), dh er verliert seine Mitberechtigung an einem evtl zum Gesellschaftsvermögen gehörenden Grundstück.

10 Ferner kann ein Eigentümer sein Grundstückseigentum verlieren durch **Ausschlussurteil** im Aufgebotsverfahren (§ 927 I 1 BGB iVm § 925 ZPO), durch **Aufgabe** (§ 928 I) und infolge sog **Buchersitzung** (§ 900 I 1).

11 Darüber hinaus kann das Grundstückseigentum verloren gehen durch **hoheitlichen Akt** (vgl Rn 7), der es dem einen nimmt und dem anderen gibt, ohne dass ein Fall der Rechtsnachfolge vorläge.

12 Schließlich kann das Eigentum am Grundstück dadurch **erlöschen**, dass das Grundstück durch ein Naturereignis, zB Meeres- bzw Stromesgewalt, Bergsturz oder Erdbeben untergeht.

§ 925 Auflassung

(1) Die zur Übertragung des Eigentums an einem Grundstück nach § 873 erforderliche Einigung des Veräußerers und des Erwerbers (Auflassung) muss bei gleichzeitiger Anwesenheit beider Teile vor einer zuständigen Stelle erklärt werden. Zur Entgegennahme der Auflassung ist, unbeschadet der Zuständigkeit weiterer Stellen, jeder Notar zuständig. Eine Auflassung kann auch in einem gerichtlichen Vergleich oder in einem rechtskräftig bestätigten Insolvenzplan oder Restrukturierungsplan erklärt werden.

(2) Eine Auflassung, die unter einer Bedingung oder einer Zeitbestimmung erfolgt, ist unwirksam.

1 **I. Allgemeines. 1. Normzweck.** § 925 dient dazu, **einwandfreie und klare Unterlagen für die Grundbucheintragung** zu gewährleisten. Während dieser Zweck iÜ durch den formellrechtl Bewilligungsgrundsatz des § 19 GBO sichergestellt wird (vgl Vor § 873 Rn 7), sollen bei der Eigentumsübertragung als dem bedeutendsten dinglichen Rechtsgeschäft Risiken wie Irrtum, Dissens und Geschäftsunfähigkeit möglichst ausgeschlossen werden (MüKo/*Ruhwinkel* Rn 1). Außerdem soll der Zeitpunkt der Einigung über den Eigentumsübergang einwandfrei feststehen (Soergel/*Stürner* Rn 1).

2 **2. Anwendungsbereich.** Als Sondernorm betreffend den in § 873 als „Einigung" bezeichneten dinglichen Vertrag zw Veräußerer und Erwerber gilt § 925 nur **bei Übertragung des Eigentums** an einem Grundstück (Staudinger/*Diehn* Rn 2f); dagegen ist er auf andere Erwerbsgründe (vgl Vor § 925 Rn 2–7) nicht anwendbar.

3 **II. Auflassung. Gegenstand der** in § 925 als **Auflassung** bezeichneten dinglichen Einigung können sein:

3a **1. Eigentum am Grundstück.** Hiermit ist ein Grundstück im Rechtssinne, ein **sog Grundbuchgrundstück** (vgl Vor § 873 Rn 1) gemeint, also ein räumlich abgegrenzter und vermessener Teil der Erdoberfläche, der auf einem besonderen Grundbuchblatt (§ 3 I GBO) bzw Auszug (§ 3 V GBO) in einem dafür bestimmten Datenspeicher (§ 126 GBO) oder (im Falle der Zusammenschreibung nach § 4 GBO) auf einem gemeinsamen Grundbuchblatt/in einem gemeinsamen Datenspeicher unter einer besonderen Nr eingetragen ist oder (wie in den Fällen des § 3 II GBO) jedenfalls eingetragen werden kann (MüKo/*Kohler* Vor § 873 Rn 3).

Die §§ 873, 925 gelten auch bei Übertragung **öffentlicher Grundstücke** (BGH NJW 1969, 1437; vgl auch Vor § 903 Rn 2). 4

Soll ein **buchungsfreies Grundstück** (§ 3 II GBO) übereignet werden, so muss zunächst ein Grundbuchblatt angelegt werden, und zwar im Hinblick auf § 39 GBO auf den Namen des Veräußerers (RGZ 164, 385, 388; KGJ 49, 160f). Art 127 EGBGB lässt jedoch landesgesetzl Abweichungen von den §§ 873, 925 zu, wenn die Übereignung an einen buchungsfreien Erwerber erfolgen soll. Vgl zum Landesrecht Staudinger/*Hönle* Art 127 EGBGB Rn 7 und Grü/*Herrler* Rn 7. 5

Ob darüber hinaus die Übertragung von **Grundstücken** bei Veränderungen **im Bestand kirchlicher Körperschaften** allein durch oder aufgrund eines Kirchengesetzes möglich ist (so Hamburg NJW 1983, 2572; *Mainusch* NJW 1999, 2148 mwN; Staudinger/*Diehn* Rn 30; wohl auch Soergel/*Stürner* Rn 4; aA Oldenburg DNotZ 1972, 492; Hamm OLG 1980, 170; MüKo/*Ruhwinkel* Rn 14; NK/*Grziwotz* Rn 10), erscheint zweifelhaft. Jedenfalls gebietet es das verfassungsrechtl geschützte kirchliche Selbstbestimmungsrecht nicht, den Kirchen entspr Art 126 EGBGB die Befugnis einzuräumen, für den Bereich des staatlichen Rechts einen Übergang des Eigentums an einem Grundstück mit der Wirkung anzuordnen, dass das Grundbuch unrichtig wird (*Demharter* § 20 GBO Rn 9). Dies lässt sich durch eine Veröffentlichung im kirchlichen Amtsblatt nicht kompensieren (so aber *Mainusch* NJW 1999, 2149). 6

2. Eigentum an einem realen Grundstücksteil. Eine noch nicht im Grundbuch abgeschriebene (vgl § 2 III GBO), noch nicht rechtl verselbständigte Teilfläche kann bereits Gegenstand einer rechtsgeschäftlichen Einigung bzw Auflassung sein, wenn ihre Grenzen hinreichend genau bestimmt sind (BGH NJW 1984, 1959; NJW 1988, 415; BayObLG NJW-RR 1986, 505; NJW-RR 1988, 330; Köln Rpfleger 1992, 153). Zur Eintragung bedarf es zwar einer katastermäßigen Vermessung, für eine wirksame Auflassung genügt aber bereits eine mit der Urkunde durch Schnur und Siegel verbundene amtl oder nichtamtl Karte (BGHZ 59, 15) oder eine Bestimmung der Teilfläche anhand von Wegen (BGH NJW 1969, 132) oder Pflöcken (München DNotZ 1971, 544) etc. Weicht nach der Vermessung die Größe des vermessenen Grundstücks von der zunächst angenommenen ungefähren Fläche ab, stimmen dagegen Lage und Zuschnitt des vermessenen Grundstücks mit der Beschreibung der Teilfläche in der Auflassungserklärung überein, so ist die Flächendifferenz regelmäßig ohne Bedeutung (LG Wuppertal MittRhNotK 1984, 167). Ist die Teilfläche zweifelsfrei bestimmt und festgelegt, ist auch eine Verurteilung zur Auflassung möglich (BGH NJW 1982, 441; 1988, 415, 416). Ob hierzu vor grundbuchlich vollzogener Teilung wie bei der Klage auf Abgabe einer Eintragungsbewilligung (vgl § 873 Rn 14) zumindest ein Veränderungsnachweis erforderlich ist (vgl BGHZ 90, 323, 326; BayObLG NJW 1986, 505, 506; aA MüKo/*Ruhwinkel* Rn 23), erscheint zweifelhaft. Jedenfalls vermag eine ohne Veränderungsnachweis erfolgte Verurteilung zur Abgabe der Auflassungs- bzw Übereignungserklärung die formellrechtl erforderliche (vgl Rn 73) Eintragungsbewilligung des Veräußerers nicht zu ersetzen (vgl § 873 Rn 14; BGH NJW 1986, 1867, 1868; Stuttgart DNotZ 2008, 456, 458; Staudinger/*Diehn* Rn 84; zur grundbuchlich erforderlichen Identitätserklärung bei Bezeichnung eines nach Auflassung abvermessenen Teilgrundstücks vgl Köln Rpfleger 1992, 153 und LG Saarbrücken MittRhNotK 1997, 364f). Zu den geringeren Anforderungen für die Eintragung einer Auflassungsvormerkung vgl § 883 Rn 13. 7

3. Miteigentum nach Bruchteilen (§ 1008). Die **Übertragung von Bruchteilseigentum** an einem Grundstück erfolgt ebenfalls gem den §§ 873, 925 (vgl RGZ 146, 364; Staudinger/*Diehn* Rn 17, 56 und 63). Dabei muss der übertragene Anteil hinreichend bestimmt sein, am besten durch Angabe seiner Größe (vgl RGZ 76, 413). 8

Soll **Wohnungseigentum** begründet werden, so bedarf es gem den §§ 3 und 4 WEG einer Teilungserklärung der Miteigentümer in der Form der Auflassung, § 4 II 1 WEG. Bei Übertragung von Wohnungseigentum gilt § 925 direkt (vgl ausf Staudinger/*Diehn* Rn 19 mwN und MüKo/*Ruhwinkel* Rn 4). Zur Teilung eines Wohnungseigentumsgrundstücks vgl Frankfurt NJW-RR 1990, 1042 = DNotZ 1991, 604 m Anm *Herrmann*. 9

4. Grundstücksgleiche Rechte. Auch den Grundstücken gleichgestellte Rechte (vgl Vor § 873 Rn 5), insb landesgesetzl geregelte iSv Art 196 EGBGB, können Gegenstand einer Auflassung sein (NK/*Grziwotz* Rn 6). Gleiches gilt für solche Erbbaurechte, die bei Inkrafttreten der ErbbauRG (am 22.1.1919) bereits begründet waren (vgl § 38 ErbbauRG und § 1017 aF). Dagegen gilt § 925 für Erbbaurechte, für die das ErbbauRG gilt, nicht (vgl § 11 I 1 ErbbauRG), wenngleich freilich eine Erbbaurechtsübertragung, die unter einer Bedingung oder Zeitbestimmung erfolgt, auch nach § 11 I 2 ErbbauRG unwirksam ist. 10

III. Wechsel des Rechtsträgers. Übertragung des Grundstückseigentums iSv § 925 setzt Übergang von einer Rechtspersönlichkeit auf eine andere voraus. 11

Daran fehlt es, wenn sich nur die Rechtsform des Eigentümers ändert, zB wenn eine OHG bzw KG in eine GbR umgewandelt wird (RGZ 155, 75; KG DR 1939, 1820f; KG JFG 12, 280; BayObLG NJW 1952, 28) oder umgekehrt (BGH NJW 2001, 1056, 1057; BayObLG NJW-RR 2002, 1363, 1364 m zust Anm *K. Schmidt* JuS 2003, 91; s aber auch BayObLG NJW 2003, 70, 72 und Vor § 873 Rn 17) oder eine OHG in eine KG (RGZ 55, 126); wenn eine aus allen Miterben gebildete GbR sämtliche Erbanteile erwirbt (KG DR 1944, 455); wenn an die Stelle der als Eigentümerin eingetragenen Vor-GmbH (nicht: Vorgründungsgesellschaft, vgl BGH NJW 1984, 2164) die GmbH mit ihrer Eintragung in das Handelsregister tritt (BGHZ 20, 281; 45, 338, 348f; Staudinger/*Diehn* Rn 51 mwN; zur Vor-KG vgl BayObLG 1985, 214). Gleiches gilt im Verhältnis zw dem nicht rechtsfähigen Verein vor und dem eingetragenen Verein nach der Eintragung in das Vereinsregister (MüKo/*Ruhwinkel* Rn 7). An einer 12

Übertragung auf eine andere Rechtspersönlichkeit fehlt es auch dann, wenn ein Grundstück von einer Hauptniederlassung auf eine Zweigniederlassung desselben Unternehmens (und umgekehrt) übertragen werden soll (LG Freiburg BwNotZ 1982, 66; Staudinger/*Diehn* Rn 27), was bei abw Firma zulässig ist (RGZ 62, 7; KG JFG 15, 104f), oder wenn es um die Übertragung von einer Verwaltungsstelle des Staates auf eine andere geht (RGZ 59, 404; MüKo/*Ruhwinkel* Rn 6 mit Fn 16; anders aber bei Übertragung vom Krankenkassenverband auf Ortskrankenkasse, vgl Karlsruhe OLG 43, 180).

13 Dagegen liegt ein Wechsel des Rechtsträgers schon dann vor, wenn **zwar die gleichen Personen** auf Veräußerer- und Erwerberseite stehen, **jedoch in anderer rechtl Organisationsform** (MüKo/*Ruhwinkel* Rn 7), zB bei Übertragung von Grundstücken einer OHG auf personengleiche GbR (RGZ 136, 402, 406); bei Übertragung von Erbengemeinschaft bzw GbR auf personengleiche OHG (KG JFG 21, 168; Hamm DNotZ 1958, 416; Rpfleger 1983, 432; vgl auch RGZ 117, 257, 264f); bei Aufteilung einer GbR in verschiedene personengleiche BGB-Gesellschaften (BayObLG 1980, 299); Gleiches gilt bei Übertragung auf gesellschaftergleiche GmbH (RGZ 74, 6, 9).

14 Der **Eigentümer wechselt** auch dann, **wenn sich** in der **Zuordnung des Eigentums** etwas **ändert**, zB wenn Miteigentum nach Bruchteilen auf eine Gesamthand übertragen werden soll und Bruchteilseigentümer und Gesamthänder die gleichen Personen sind (RGZ 65, 227, 233), wenn unter den gleichen Miteigentümern die Miteigentumsanteile geändert werden sollen (RGZ 56, 96, 101; 76, 409, 413; BayObLG 1958, 263, 269) oder unter ihnen räumliche reale Grundstücksteilung erfolgt; wenn Gesamthandseigentum in Bruchteilseigentum umgewandelt wird (RGZ 105, 246, 251).

15 Eine Eigentumsübertragung iSv § 925 liegt erst recht vor bei Auseinandersetzung einer Erbengemeinschaft gem §§ 2042ff durch Grundstücksübereignung auf Miterben oder Dritte (RGZ 57, 432, 434; KGJ 28, 126). Gleiches gilt bei Auseinandersetzung einer ehelichen Gütergemeinschaft (RG DR 1944, 292; RGZ 20, 256, 259; 67, 61, 62; Staudinger/*Diehn* Rn 23; zur Auseinandersetzung einer fortgesetzten Gütergemeinschaft vgl KGJ 36, 200, 201; BayObLG JW 1926, 992), bei ehevertragl Zuweisung eines Gesamtgutsgrundstücks zum Vorbehaltsgut eines der Ehegatten (KG JFG 15, 192, 194; vgl auch BayObLG Rpfleger 1958, 345; BayObLG 6, 295) und bei nachträgl Aufhebung der Vorbehaltsgütergemeinschaft durch Einbringung in das Gesamtgut (KGJ 52, 136, 140; Colmar OLG 7, 54, 55; BGH NJW 1952, 1330; Staudinger/*Diehn* Rn 23; aA Staudinger/*Thiele* § 1416 Rn 33; MüKo/*Ruhwinkel* Rn 11). Zur eingetragenen Lebenspartnerschaft vgl Soergel/*Stürner* Rn 16a. Eine Auflassung ist auch erforderlich, wenn das auf den Namen einer GmbH eingetragene Grundstück auf den/die Inhaber sämtlicher Geschäftsanteile umgeschrieben werden soll oder wenn das Grundstück einer AG auf eine andere AG übereignet werden soll, die sämtliche Aktien jener erworben hat (RGZ 62, 70).

16 **IV. Form der Auflassung. 1. Zuständige Stellen.** Zuständig für die Entgegennahme der Auflassung ist gem jeder **Notar** (vgl auch § 20 II BNotO).

17 **a)** Nach hM kann ein in Deutschland gelegenes Grundstück nur vor einem **dt Notar** aufgelassen werden (BGH NJW 2020, 1670; Köln Rpfleger 1972, 134; KG NJW-RR 1986, 1462; Staudinger/*Diehn* Rn 80 mwN; MüKo/*Ruhwinkel* Rn 15 mwN), und zwar auch außerhalb seines Amtsbezirks bzw außerhalb des Bundeslandes, in dem er zum Notar bestellt ist (§ 2 BeurkG). Das gilt gem § 64 BeurkG auch für Notare bzw Bezirksnotare, die nach dem badischen FGG bestellt worden sind.

18 Unwirksam sind die Entgegennahme der Auflassung und ihre Beurkundung aber dann, wenn ein dt Notar sie im **Ausland** vornimmt (vgl Rn 19 und Staudinger/*Diehn* Rn 80 mwN). Gleiches gilt für die Auflassung eines dt Grundstücks vor einem ausl Notar (KG OLG 1986, 319, 320 mwN; *Demharter* § 20 GBO Rn 15; Staudinger/*Diehn* aaO). Nimmt ein Notar die Auflassung entgegen, der gem § 3 BeurkG an der Beurkundung nicht mitwirken soll, so ist zwar die Beurkundung verbotswidrig, die Auflassung ist aber gleichwohl wirksam (BGH NJW 1957, 459; 1992, 1101, 1102). Denn die Beurkundung der Auflassungserklärungen ist in § 925 I nicht vorgeschrieben (vgl Rn 25; BGH NJW 1992, 1101, 1102; 1994, 2768).

19 **b)** Die **Konsularbeamten** der Bundesrepublik Deutschland sind gem § 12 Nr 1, §§ 19, 24 KonsG v 11.9.1974 (BGBl I 1974, 2317) als **weitere Stelle** iSv § 925 I 2 zuständig bei Auflassung im Ausland. Eine Entgegennahme der Auflassung im Inland wäre unwirksam (Staudinger/*Diehn* Rn 81). In Baden-Württemberg ist darüber hinaus der **Ratsschreiber** zuständig (vgl § 61 IV BeurkG iVm § 32 III 2 des badischen FGG) für die Auflassung in Erfüllung eines von ihm beurkundeten Vertrags (Staudinger/*Diehn* Rn 81 mwN). Die zulässige Auflassung im **Rückerstattungsverfahren** (vgl § 61 I Nr 10 BeurkG) spielt heute praktisch keine Rolle mehr. Zu früheren Zuständigkeiten vgl Erman/*Hagen*[9] Rn 19.

20 **c) In einem gerichtlichen Vergleich** kann eine Auflassung ebenfalls erklärt werden (§ 925 I 3), nicht dagegen in einem sog Schiedsspruch mit vereinbartem Wortlaut (§ 1053 ZPO; vgl *Demharter* ZfIR 1998, 446) oder einem Anwaltsvergleich iSv § 796a ZPO (Zöller/*Geimer* § 796a ZPO Rn 8; Soergel/*Stürner* Rn 20 mwN). Als **Gerichte** kommen zunächst die ordentlichen und besonderen Gerichte der str und fG aller Rechtszüge in bürgerlichen Rechtsangelegenheiten in Betracht. Hierunter fallen auch Vollstreckungsgericht (Saarbrücken OLG 1969, 210) und Landwirtschaftsgericht (BGHZ 14, 381; vgl auch LM Nr 2 zu § 22 LwVG m Anm *Pritsch* und BGH MDR 1999, 1150, 1151). Darüber hinaus ist an Strafgerichte in Privatklage- und Adhäsionsverfahren (MüKo/*Ruhwinkel* Rn 16; Grü/*Herrler* Rn 8) und an Verwaltungs-, Finanz- und Sozialgerichte (BVerwG NJW 1995, 2179; *Walchshöfer* NJW 1973, 1103; Grü/*Herrler* Rn 8; MüKo/*Ruhwinkel* Rn 16; aA Staudinger/*Diehn* Rn 82; aA BayVGH BayVBl 1972, 664; NK/*Grziwotz* Rn 29) sowie an Arbeitsgerichte in allen Instanzen (Grü/*Herrler* Rn 8) zu den-

ken. In einem Vergleich vor einem ausl Gericht kann die Auflassung nicht beurkundet werden (Zöller/*Geimer* § 328 ZPO Rn 150).

Der **Begriff des Vergleichs** entspricht demjenigen des § 127a (MüKo/*Ruhwinkel* Rn 16). Protokollierung gem den §§ 159ff ZPO ist nach bisher hM Wirksamkeitsvoraussetzung für eine im Rahmen eines Prozessvergleichs erklärte Auflassung (OGHZ 2, 114; Neustadt DNotZ 1951, 465; Staudinger/*Diehn* Rn 82 mwN). Bei der Vergleichsfeststellung im Wege eines Beschlusses nach § 278 VI 2 ZPO (uU iVm § 36 III FamFG) tritt die Beurkundungswirkung nach § 127a nicht ein (*Knauer*/*Wolf* NJW 2004, 2859; Zöller/*Greger* § 278 ZPO Rn 31 mwN; diff *Deckenbrock*/*Dötsch* MDR 2006, 1325, 1327f mwN). Jedenfalls fehlt es an der gem § 925 I 1 erforderlichen **gleichzeitigen Anwesenheit beider Teile** (Hamm NZFam 2018, 569; Frankfurt NJOZ 2018, 1646; Düsseldorf NJW-RR 2006, 1609, 1610f; *Rupietta* ZfIR 2017, 381). Daran hat sich auch durch die Entscheidung des BGH in einer Familiensache zur Anwendung des § 127a BGB auf § 278 VI ZPO nichts geändert (BGH NJW 2017, 1946; aA *Trappe* ZfIR 2018, 302). 21

Nach überwiegender Ansicht muss die Auflassung sachlich mit der (zumindest teilw) Verfahrensbeendigung zusammenhängen und darf nicht nur bei Gelegenheit erklärt worden sein (Neustadt DNotZ 1951, 465; Staudinger/*Diehn* Rn 82; Grü/*Herrler* Rn 9 mwN). Die Zweckverbindung des Vereinbarten mit dem eingetretenen Erfolg, der völligen oder teilw Beilegung des anhängigen Verfahrens, dürfte indes bereits eine hinreichende Gewähr gegen einen Missbrauch der Beurkundungsbefugnis des Gerichts bieten (BGH MDR 1999, 1150, 1151). 21a

Str ist, ob es zum **Nachw der Vollmacht eines Prozessbevollmächtigten** ggü dem Grundbuchamt genügt, dass er im Vergleichsprotokoll angeführt ist (Saarbrücken OLG 1969, 210; Frankfurt Rpfleger 1980, 291; *Walchshöfer* NJW 1973, 1102). Um etwaigen Bedenken aus § 29 GBO (Grü/*Herrler* Rn 30 mwN) zu begegnen, sollte in die Verhandlungsniederschrift aufgenommen werden, dass Vollmacht erteilt ist bzw wird. Zur unwiderruflichen Vollmacht vgl Rn 28. 22

d) In einem rechtskräftig bestätigten Insolvenzplan oder Restrukturierungsplan kann eine Auflassung schließlich auch noch wirksam erklärt worden sein (§ 925 I 3 iVm § 248 I, § 254 I InsO). 23

2. Erklärung der Auflassung. Die Einigung bzw Auflassung muss bei gleichzeitiger Anwesenheit beider Teile vor einer zuständigen Stelle (vgl Rn 16–19) **erklärt** werden. Eine mündliche Erklärung ist nach dem Wortlaut des § 925 I 1 entgegen der früher hM (KG OLG 3, 428; Braunschweig OLG 45, 210; RGRK/*Augustin* Rn 71) nicht erforderlich. Als Erklärung iSd vorgenannten Regelung genügt vielmehr jedes Erklärungsmittel, welches den auf Eigentumsübertragung gerichteten Willen des Veräußerers bzw Erwerbers unmissverständlich ausdrückt (München NJOZ 2016, 413; Grü/*Herrler* Rn 3; MüKo/*Ruhwinkel* Rn 21; Staudinger/*Diehn* Rn 86). Das bloße Zurkenntnisnehmen der Einigungserklärung des Veräußerers, ohne dieser zu widersprechen, bringt nicht unmissverständlich eine inhaltsgleiche Willenserklärung des Erwerbers zum Ausdruck (BayObLG DNotZ 2001, 557, 559; Zweibrücken RNotZ 2009, 654 m Anm *B. Schmitz*). Ob in der Übergabe einer schriftlichen Auflassungserklärung an den Notar deren Abgabe zu sehen ist (aA MüKo/*Ruhwinkel* Rn 19; aA RGZ 131, 406; Grü/*Herrler* Rn 3), ist im Einzelfall durch Auslegung zu ermitteln (vgl etwa Rostock NJW-RR 2006, 1162). 24

Für die materiellrechtl Wirksamkeit der Auflassung kommt es auf ihre **Beurkundung** (vgl §§ 8ff BeurkG) zwar grds nicht an (BGH NJW 1992, 1101, 1102; 1994, 2768; BaRo/*Grün* Rn 20; aA *Pajunk*, Die Beurkundung als materielles Formerfordernis der Auflassung, 2002, 109ff, 137ff, 154ff). Sie ist aber als **verfahrensrechtl Nachw** iSd §§ 20 und 29 GBO erforderlich (BayObLG NJW-RR 2001, 734, 736 mwN). Eine mit öffentlicher Beglaubigung der Unterschriften versehene Erklärung (§ 129 BGB; § 39f BeurkG) genügt nicht. Sie beweist nur die Echtheit der Unterschrift, nicht dagegen, dass die Form des § 925 gewahrt wurde (München NJW-RR 2009, 738, 739 mwN). Auch ein Tatsachenzeugnis des Notars (§ 44a II, § 36f BeurkG) reicht als verfahrensrechtl Nachw nicht aus (BayObLG NJW-RR 2001, 734, 736 mwN; *Demharter* § 20 GBO Rn 27; Staudinger/*Diehn* Rn 76 mwN; aA Celle MDR 1948, 252; LG Oldenburg Rpfleger 1980, 224; *Fuchs*/*Wissemann* Rpfleger 1977, 9; 1978, 431). In Betracht kommt aber ein Nachtragsvermerk des Notars (§ 44a II BeurkG; vgl BayObLG DNotZ 2001, 557, 559 und *Reithmann* DNotZ 2001, 563, 564). 25

Nimmt das Grundbuchamt die Umschreibung ohne genügenden Nachw der materiellrechtl wirksamen Auflassung vor, so geht das Eigentum gleichwohl rechtswirksam über (RGZ 99, 65; 132, 406, 408; BGHZ 22, 312, 315). Das Landesrecht sieht mitunter bei buchungsfreien Grundstücken (vgl Art 127 EGBGB) Beurkundung der Auflassung materiellrechtl vor (vgl Grü/*Herrler* Rn 7). 25a

3. Mitwirkung. Mitwirkung der zuständigen Stelle besteht darin, dass die betreffende Amtsperson die Erklärung entgegennimmt (RGZ 132, 409; Staudinger/*Diehn* Rn 75). Nimmt die Auflassung ein Notar entgegen, der gem § 3 BeurkG an der Beurkundung nicht mitwirken soll, ist die Auflassung gleichwohl wirksam (vgl Rn 18). Nach der Ordnungsvorschrift des § 925a soll die Amtsperson die Auflassung nur entgegennehmen, wenn die nach § 311b I 1 erforderliche Urkunde über das Grundgeschäft vorgelegt oder gleichzeitig errichtet wird. Ein Verstoß hiergegen macht die Auflassung nicht unwirksam (vgl § 925a Rn 3). 26

4. Gleichzeitige Anwesenheit beider Teile. a) Veräußerer und Erwerber müssen bei Abgabe ihrer Auflassungserklärungen vor der zuständigen Stelle **gleichzeitig**, nicht notwendig persönlich **anwesend** sein. § 128 gilt nicht (vgl BGHZ 29, 10). Demggü ist anerkannt, dass § 925 bei der Auflassung nicht die gleichzeitige Anwesenheit von mehreren auf der gleichen Seite Beteiligten verlangt (München DNotZ 2009, 223, 224 mwN). 27

28 **b) Vertretung.** Stellvertretung ist auf beiden Seiten zulässig (BGH NJW 2012, 3424). Das Erfordernis gleichzeitiger Anwesenheit ist aber nicht erfüllt, wenn der Vertreter des Auflassungsempfängers im Namen einer erst noch zu benennenden Person handelt (AG Hamburg NJW 1971, 102; LG Aurich Rpfleger 1987, 194f; vgl auch BayObLG Rpfleger 1984, 11f; Staudinger/*Diehn* Rn 83; MüKo/*Ruhwinkel* Rn 19; Grü/*Herrler* Rn 5). Die Erteilung einer **Auflassungsvollmacht** bestimmt sich nach § 167, ihr Erlöschen nach § 168. Die Vollmacht muss **im Zeitpunkt der Auflassung** (noch) vorliegen (KG OLG 40, 45; DNotZ 1962, 615; München BWNotZ 2022, 365 zur transmortalen Vollmacht; Staudinger/*Diehn* Rn 72). Ist sie aufschiebend bedingt, muss die Bedingung zu diesem Zeitpunkt eingetreten sein (KGJ 53, 141, 143; OLG 42, 161). Die Vollmacht ist materiellrechtl **grds formfrei,** bedarf also nicht der Form des § 925 (§ 167 II); dem Grundbuchamt ggü ist sie freilich in der Form des § 29 GBO nachzuweisen. Der Nachw dafür, dass die Vollmacht bereits zur Zeit der Auflassung bestanden hat, kann auch durch eine in öffentlicher oder in öffentlich beglaubigter Form abgegebene sog Vollmachtsgeständniserklärung oder Vollmachtsbestätigung erbracht werden (BGHZ 29, 366, 368; *Demharter* § 19 GBO Rn 77 und § 29 GBO Rn 10 mwN; zur Prozessvollmacht vgl Rn 22).

28a Würde andernfalls der Zweck einer Formvorschrift umgangen, so unterliegt die Auflassungsvollmacht **ausnahmsw** selbst der **Beurkundungsform** (vgl § 167 Rn 4). Dies ist etwa der Fall, wenn die Vollmacht unwiderruflich ist und deshalb einer bindenden Verpflichtung zur Veräußerung bzw zum Erwerb eines Grundstücks gleichsteht (BGH NJW-RR 2020, 962; RGZ 110, 320; BGH WM 1967, 1039; Staudinger/*Diehn* Rn 71). Gleiches gilt, wenn auf andere Weise eine endgültige Bindung des Vollmachtgebers in rechtl oder tatsächlicher Hinsicht begründet wird (RGZ 104, 238; 108, 126; BGH NJW 1975, 39; Schleswig NJW-RR 2001, 733; Staudinger/*Diehn* Rn 71 mwN).

29 Die **Vertretung beider Teile durch denselben Vertreter** ist gem § 181 zulässig, wenn es ihm von beiden gestattet worden ist oder wenn die Auflassung ausschließlich der Erfüllung einer Verbindlichkeit dient (RGZ 89, 371; 94, 147, 150; BGH NJW 1975, 1885; München DNotZ 1951, 31; Hamm DNotZ 1978, 434; 1983, 371; *Hieber* DNotZ 1951, 212; Staudinger/*Diehn* Rn 70). Der Verkäufer kann den Käufer bevollmächtigen, an sich selbst aufzulassen (RGZ 94, 147; Düsseldorf DNotZ 1970, 27). Wird der Käufer dabei verpflichtet, eine Restkaufgeldhypothek zu bestellen, so gilt die Vollmacht im Zweifel nur für den Fall, dass die Restkaufgeldhypothek gleichzeitig eingetragen wird (BGH WM 1966, 376, 378). Die Vollmacht des Käufers ist vererblich (KG JW 1939, 482). Umgekehrt kann der Veräußerer vom Erwerber zur Entgegennahme der Auflassungserklärung bevollmächtigt werden (BayObLG 1985, 318), wobei eine solche Auflassungsvollmacht zugunsten des Insolvenzverwalters des Verkäufers nicht gilt (vgl BayObLG Rpfleger 1978, 372).

29a Ist die Bestellung zum Vertreter des Eigentümers unter Befreiung von den Beschränkungen des § 181 erfolgt, ist die durch den Vertreter erklärte Auflassung des Grundstücks an sich selbst wegen Missbrauchs der Vertretungsmacht sittenwidrig und nichtig, wenn das Bestehen eines Anspruchs auf Auflassung nicht geprüft worden ist (BGH NJW 2008, 1225, 1226).

30 Bei **Vertretung ohne Vertretungsmacht** sind die §§ 177, 182ff maßgeblich (vgl RGZ 104, 259; 152, 380; KG JW 1937, 3230; BayObLG Rpfleger 1984, 11; BGH NJW 2012, 3424). Gleiches gilt, wenn nur einer von mehreren Gesamtvertretern (zB Eltern) auflässt (*Lange* NJW 1961, 1893; MüKo/*Ruhwinkel* Rn 19). Macht ein Bevollmächtigter von der ihm erteilten Vollmacht bei der Abgabe einer Auflassungserklärung keinen Gebrauch, so handelt er als Vertreter ohne Vertretungsmacht (BGH NJW 2009, 3792, 3793). Eine wirksame Genehmigung (§ 184) setzt voraus, dass der Vertretene bzw sein Erbe (Hamm Rpfleger 1979, 17) sie ggü dem Vertreter oder dem anderen Teil erklärt (BGHZ 29, 366, 370). Die Vertragsteile können auch die Urkundsperson zur Entgegennahme der Genehmigung ermächtigen (BGH LM Nr 2 zu § 29 GBO). Im Zweifel ist ein nach § 15 GBO zur Beantragung der Eintragung ermächtigter Notar auch zur Entgegennahme der Genehmigung eines Vertragsteiles als ermächtigt anzusehen (BGHZ 29, 366, 371). Die Auflassung eines Nichtberechtigten wird gem § 185 II auch dann wirksam, wenn er selbst später Eigentümer wird (KG OLG 5, 419; MüKo/*Ruhwinkel* Rn 19). Ein Urt auf Abgabe der Auflassungserklärung stellt keine Genehmigung einer Auflassungserklärung dar, die ein Vertreter ohne Vertretungsmacht für den Schuldner abgegeben hat (BayObLG Rpfleger 1983, 390, 391).

31 Auch bei **Handeln unter fremdem Namen** auf Veräußerer- bzw Erwerberseite ist eine Genehmigung möglich (MüKo/*Ruhwinkel* Rn 19). Liegt zum Zeitpunkt der Auflassung bereits die Zustimmung des Namensträgers vor, ist eine Genehmigung freilich entbehrlich (MüKo/*Ruhwinkel* aaO Fn 70). Die Auflassungserklärung des unter seinem Namen Handelnden ist nicht etwa nichtig (so aber RGZ 106, 198, 199; ihm folgend Staudinger/*Diehn* Rn 69). Da im Zweifel auch der andere Teil nicht mit ihm, sondern mit dem Namensträger kontrahieren will, liegen vielmehr zwei einander entspr Auflassungserklärungen vor. Warum ein Irrtum des die Auflassungserklärungen entgegennehmenden Notars über die Identität des unter fremdem Namen Handelnden zur Nichtigkeit der Auflassung führen sollte, ist nicht ersichtlich.

32 Bei einer Auflassung an einen sog **mittelbaren (verdeckten, stillen) Stellvertreter** erwirbt dieser Eigentum. Die zu verneinende Frage, ob eine Auflassung als sog **Geschäft wen es angeht** zu behandeln sein kann (offengelassen von BGH WM 1978, 12), ist wegen des Erfordernisses der (obj auszulegenden) Eintragung im Grundbuch ohne praktische Bedeutung.

33 **c) Auflassung durch Nichtverfügungsberechtigten.** Der Auflassende muss **verfügungsberechtigt** sein. **Daran fehlt es** zB, wenn der Auflassende das Eigentum an dem aufgelassenen Grundstück zw Auflassung und Eintragung des Auflassungsempfängers verliert (BGH LM Nr 6 zu § 185 BGB; vgl auch Staudinger/*Diehn* Rn 113)

oder wenn Miterben entgegen § 2040 I in Unkenntnis darüber, dass zur Erbengemeinschaft weitere Miterben gehören, ein zum Nachlass gehöriges Grundstück auflassen (BGHZ 19, 138f; vgl auch LG Aurich Rpfleger 1987, 194, 195). Zur Auflassung durch Testamentsvollstrecker s Karlsruhe NJW-RR 2005, 1097, 1098. Die von einem Nichtverfügungsberechtigten erklärte Auflassung ist gem § 185 I von Anfang an wirksam, wenn der Berechtigte bereits vorher eingewilligt hat (RGZ 129, 286; 152, 382); rückwirkend (§ 184) wirksam wird sie gem § 185 II ua dann, wenn der Berechtigte sie nachher genehmigt (RGZ 134, 283, 286; 135, 378, 382; BayObLG 1960, 462) oder wenn der Nichtverfügungsberechtigte nachträgl Eigentümer wird (KG OLG 5, 419). Die Zustimmung des Berechtigten unterliegt nicht der Form des § 925 (MüKo/*Ruhwinkel* Rn 19), dem Grundbuchamt ggü ist sie aber nach § 29 GBO nachzuweisen. Zur Ermächtigung aufgrund Auflassung vgl Rn 54.

d) In einigen Bundesländern gilt das **Erfordernis der gleichzeitigen Anwesenheit** beider Teile **ausnahmsw nicht**, wenn das Grundstück durch einen Notar versteigert worden ist (vgl § 20 III BNotO) und die Auflassung noch in dem Versteigerungstermin stattfindet. Landesgesetzl Vorschriften iSv Art 143 II EGBGB existieren zB in Bremen (§ 18 AGBGB), Hessen (§ 23 AGBGB), Rheinland-Pfalz (§ 20 AGBG) und im ehemaligen Land Preußen (Art 26 § 2 AGBGB; vgl hierzu Staudinger/*Hönle* Art 143 EGBGB Rn 5). Die früheren AGBGB gelten in den neuen Bundesländern nicht fort (vgl Staudinger/*Hönle* aaO). – Zu denken ist auch an die landesgesetzl Abweichungen zu § 925 in Bezug auf buchungsfreie Grundstücke (vgl Art 127 EGBGB und Rn 5). 34

5. Ersetzung einer Auflassungserklärung durch Urteil. Die Auflassungserklärung des Veräußerers kann wie die des Erwerbers durch ein auf Abgabe einer entspr Erklärung lautendes rechtskräftiges Urt ersetzt werden (§ 894 ZPO), wobei Verurteilung zur Bewilligung der Grundbuchberichtigung nicht genügt (vgl KGJ 21, 297, 302f). Gibt der andere Vertragsteil seine Auflassungserklärung vor der zuständigen Stelle ab (vgl Celle DNotZ 1979, 308f), so muss dabei der Verurteilte zwar nicht anwesend sein (MüKo/*Ruhwinkel* Rn 19; Staudinger/*Diehn* Rn 84), das bereits erwirkte rechtskräftige Urteil muss jedoch vom anderen Vertragsteil nach überwiegender Meinung vorgelegt werden (Düsseldorf BeckRS 2018, 6184; KGJ 44, 221, 223; 49, 179, 183; BayObLG Rpfleger 1983, 390, 391 und RNotZ 2005, 362, 363; *Arndt* DRiZ 1966, 262; aA MüKo/*Ruhwinkel* Rn 19 Fn 73; *Meyer/Stolte* Rpfleger 1983, 391; Staudinger/*Diehn* Rn 84). Bei Verurteilung zur Abgabe der Auflassungserklärung Zug um Zug gegen Erbringung einer Gegenleistung bedarf es wegen § 894 S 2 ZPO der Vorlage einer gem den §§ 726, 730 ZPO erteilten vollstreckbaren Ausfertigung des rechtskräftigen Urt (Düsseldorf JurBüro 1987, 1823; MüKo/*Ruhwinkel* Rn 19 mwN). Wird die vollstreckbare Ausfertigung erst später erteilt, ist die Auflassung unwirksam (RG HRR 1928 Nr 215). 35

Aufgrund eines vorläufig vollstreckbaren Urteils kommt lediglich die Eintragung einer Vormerkung in Betracht (§ 895 ZPO). 36

V. Inhalt der Auflassung. 1. Auslegung. Die Auflassung muss einander entspr Erklärungen der Parteien enthalten, wonach das Eigentum an dem betreffenden Grundstück (Rn 3) oder Grundstücksteil (Rn 7) vom Veräußerer auf den Erwerber übergehen soll. Die Auflassungserklärungen sind **auslegungsfähig** (BayObLG BWNotZ 1994, 20). Abzustellen ist zunächst auf den Wortlaut und Sinn, wie er sich für einen unbefangenen Betrachter als nächstliegende Bedeutung der Erklärung ergibt (BayObLG aaO mwN). Erklären zB die als Miteigentümer an einem Grundstück je zur Hälfte Eingetragenen, dass sie einem Dritten einen halben Miteigentumsanteil überlassen und an ihn auflassen, so hat diese Erklärung die nächstliegende Bedeutung, dass jeder Miteigentümer die Hälfte seines Miteigentumsanteils auf den Erwerber übertragen will (BayObLG 1977, 189, 191). Die Auflassungserklärungen sind als Grundbucherklärungen vom **Grundbuchamt** im Eintragungsverfahren nach den gleichen Grundsätzen auszulegen, die für die Grundbucheintragung gelten (vgl § 873 Rn 23; Staudinger/*Diehn* § 925 Rn 38 mwN). Insb darf das Grundbuchamt eine Auflassung nicht abw vom Wortlaut der beurkundeten Eintragungsunterlagen auslegen, solange der Wortlaut nicht offensichtlich unrichtig oder unvollkommen ist (BayObLG DNotZ 1995, 56, 57f). Demggü hat das **Prozessgericht** bei der Auslegung einer Auflassung durch Berücksichtigung aller aufzuklärenden Umstände den wirklichen Willen iSv § 133 zu erforschen (vgl BayObLG aaO). Es gelten insoweit die allg Rechtsgrundsätze über Rechtsgeschäft und Vertrag, insb über Irrtum und Dissens (MüKo/*Ruhwinkel* Rn 21). 37

2. Irrtum, Dissens, falsa demonstratio. Haben die Parteien zwar äußerlich einander entspr, obj eindeutige Erklärungen abgegeben und entspricht bei einer von ihnen das Erklärte ihrem Willen, während die andere aber nicht das tatsächlich bezeichnete Grundstück, sondern einen anderen Teil der Erdoberfläche im Sinn hatte, so ist die Auflassung nicht nichtig, sondern für die sich falsch ausdrückende Partei wegen **Irrtums über den Inhalt** der Erklärung (§ 119 I Alt 1) anfechtbar (RGZ 58, 233, 236; WarnRsp 1910 Nr 270; Staudinger/*Diehn* Rn 67 und 118). Stimmen die Erklärungen zwar äußerlich überein, sind sie aber obj mehrdeutig und hat jede Partei etwas anderes, voneinander Abweichendes gemeint, liegt ein **versteckter Einigungsmangel (Dissens)** iSd § 155 vor, der zur Nichtigkeit der Auflassung führt (RGZ 66, 122; 68, 9; 78, 376; 165, 199; Staudinger/*Diehn* Rn 66). Bei unbewusster Falschbezeichnung des Auflassungsgegenstandes (**falsa demonstratio**) ist das beiderseits Gewollte maßgebend, wenn der Parteiwille übereinstimmt (vgl § 873 Rn 15; BGH NJW 2002, 1038, 1039 mwN; Frankfurt RNotZ 2008, 229, 230; MüKo/*Ruhwinkel* Rn 27; Staudinger/*Diehn* Rn 68; Soergel/*Stürner* Rn 37; *Hagen* DNotZ 1984, 283). Ist das Grundstück so, wie es sich örtlich darstellt bzw vom Veräußerer besessen wird, nicht grundbuchmäßig bezeichnet, kommt es für den Gegenstand der Auflassung darauf an, wie konkret die gemeinsamen Vorstellungen der Parteien über das Grundstück in seinen örtlichen Grenzen waren (RG Recht 1914 Nr 627; Hamm NJW-RR 1992, 152; Grü/*Herrler* Rn 12; MüKo/*Ruhwinkel* Rn 27 mwN in Fn 117). Verfahrens- 38 rechtl muss der tatsächliche Inhalt der Auflassung nach Maßgabe der §§ 20 und 29 GBO nachgewiesen werden (vgl Rn 25).

38a Haben die Parteien mehrere Grundstücke aufgelassen und versehentlich ein Grundstück miterwähnt, welches nicht übereignet werden sollte, so liegt diesbzgl keine wirksame Auflassung vor (BGH DNotZ 1966, 172; WM 1978, 194). Berichtigung ist formlos möglich (MüKo/*Ruhwinkel* Rn 27). Zur Frage von Dissens, Erklärungsirrtum und Wegfall der Geschäftsgrundlage bei Abweichung des bezifferten Flächenmaßes von demjenigen, welches sich aus den angegebenen Grenzlinien ergibt, s BGH MDR 1967, 477, WM 1980, 1013 und BGHRp 2004, 642, 643 m Anm *Grziwotz*. Lässt ein Alleineigentümer in der Annahme, er sei lediglich Gesamthandseigentümer, mit dem vermeintlich anderen Gesamthandseigentümer sein Grundstück an einen Erwerber auf, so bezieht sich die Auflassung auf das ganze Grundstück (RGZ 125, 131, 133). Eine Umdeutung in Auflassung eines Miteigentumsanteils ist nicht möglich (Frankfurt Rpfleger 1975, 174f). Zu erwägen ist allenfalls eine Anfechtungsmöglichkeit wegen Irrtums (RGZ 125, 131, 133).

38b Ein **Ersatzgrundstück**, das nach § 72 BauGB, § 68 FlurbG an die Stelle des aufgelassenen Grundstücks tritt, wird ohne Wiederholung von der alten Auflassung erfasst (BayObLG Rpfleger 1972, 366; 1980, 293; Frankfurt, NJW-RR 1996, 974; Grü/*Herrler* Rn 15).

39 **3. Auflassung an mehrere Erwerber.** Wird an mehrere Erwerber aufgelassen, so liegt materiellrechtl nur dann eine wirksame Auflassung vor, wenn sich aus ihr das konkrete Gemeinschafts- bzw Beteiligungsverhältnis der Erwerber iSv § 47 GBO ergibt (BGHZ 82, 346; BayObLG 1983, 118; Köln Rpfleger 1980, 16; Staudinger/*Diehn* Rn 54; MüKo/*Ruhwinkel* Rn 25; Grü/*Herrler* Rn 16; *Hieber* DNotZ 1959, 463f; aA LG Lüneburg Rpfleger 1994, 206). Es genügt, dass sich das gewollte Gemeinschaftsverhältnis aus einer Bezugnahme auf Angaben zum Grundgeschäft (Düsseldorf DNotZ 1977, 611) oder anderweitig im Wege der **Auslegung** (LG Saarbrücken Rpfleger 1971, 358; Staudinger/*Diehn* Rn 54 mwN) ergibt, wobei die Auslegungsgrundsätze zur „falsa demonstratio" zu beachten sind (zutr *Reymann* NJW 2008, 1773). Ein unzulässiges Gemeinschaftsverhältnis kann in ein zulässiges **umgedeutet** werden (MüKo/*Ruhwinkel* Rn 25). Ist an Eheleute „in Gütergemeinschaft" aufgelassen worden, obwohl deren Güterstand ein anderer ist, so ist die Auflassung dahingehend umzudeuten, dass die Ehegatten Miteigentümer je zur Hälfte werden sollen (BayObLG 1983, 118). Soll ein Grundstück an eine **GbR** übereignet werden, ist sowohl eine Auflassung an die GbR selbst als auch eine an deren Gesellschafter „als Gesellschafter bürgerlichen Rechts" wirksam und vollzugsfähig, weil in beiden Fällen eindeutig ein Erwerb in das Gesellschaftsvermögen iSv § 718 gewollt und beurkundet ist (Frankfurt 14.10.2005 – 20 W 409/04; LG Aachen RNotZ 2006, 348, 350; *Weigl* MittBay Not 2004, 202, 203; *Heil* DNotZ 2004, 379, 380f; vgl auch BGH NJW 2006, 3716 zur Eintragung der einzelnen Gesellschafter mit dem Zusatz „als Gesellschafter bürgerlichen Rechts"). Soweit das BayObLG die Ansicht vertritt (NJW-RR 2004, 810, 811), die Auflassung an eine „GbR ...", bestehend aus „A, B, C, D" könne nicht zu einer Eintragung von „A, B, C, D als Gesellschafter der GbR ..." führen, lässt es die Möglichkeiten von Auslegung und Umdeutung außer Acht (vgl *Heil* DNotZ 2004, 379, 380f und *Weigl* MittBay Not 2004, 202, 203). Aus den gleichen Gründen kann auch *Lautner* (MittBayNot 2001, 425, 428f) nicht gefolgt werden, der meint, nur die Auflassungserklärung an die GbR selbst sei richtig. – Fehlen hinreichende Angaben zum Gemeinschaftsverhältnis der Erwerber und ergibt es sich, wie zB bei Eheleuten, auch nicht aus dem Gesetz (MüKo/*Ruhwinkel* Rn 25), so können die diesbzgl Erklärungen nach Maßgabe des § 925 (also unter Mitwirkung des Veräußerers) materiell bzw nach § 29 GBO formell wirksam **nachgeholt** werden.

39a Eine **Änderung** der Auflassung in Bezug auf das wirksam vereinbarte Gemeinschaftsverhältnis durch die Erwerber allein ist nur **mit** ausdrückl oder konkludenter **Vollmacht** des Veräußerers möglich. Eine solche konkludente Bevollmächtigung wird man im Regelfall ebenso annehmen können wie die **Ermächtigung** der Erwerber durch den Veräußerer (vgl Rn 54), an sich selbst in einem anderen Gemeinschafts- bzw Beteiligungsverhältnis aufzulassen (Köln Rpfleger 1980, 16).

40 **4. Auflassung zugunsten Dritter. Auflassung zugunsten eines Dritten** steht mit dem Wortlaut des § 925 nicht in Einklang und ist daher nicht zulässig (vgl § 873 Rn 13 mwN sowie Staudinger/*Diehn* Rn 47).

41 **5. Ausschluss von Bedingung und Zeitbestimmung (§ 925 II). a) Unwirksam** ist eine Auflassung nach § 925 II, wenn sie unter einer Bedingung (§ 158) oder einer Zeitbestimmung (§ 163) erfolgt. Im Interesse der Rechtssicherheit des Grundstücksverkehrs soll das Grundbuch über die Eigentumsverhältnisse klare Auskunft geben. Dahinter muss das praktische Bedürfnis für das Rechtsinstitut des Eigentumsvorbehalts zurückstehen (vgl aber Rn 48f).

42 Ist die Auflassung nach § 925 II unwirksam, so kommt eine spätere **Heilung** durch Eintritt der aufschiebenden bzw auflösenden Bedingung nicht in Betracht (Staudinger/*Diehn* Rn 93; Grü/*Herrler* Rn 19).

43 Ggf ist durch **Auslegung** zu ermitteln, ob die Auflassung unter einer Bedingung erfolgt ist. Allein der Umstand, dass sich der Veräußerer im schuldrechtl Grundgeschäft ein Rücktrittsrecht vorbehalten hat, reicht im Zweifel zur Annahme einer bedingten Auflassung nicht aus (BGH NJW 1976, 237; Düsseldorf JMBl NRW 1957, 160; Oldenburg Rpfleger 1993, 330; *Hagen* DNotZ 1984, 287; Staudinger/*Diehn* Rn 95).

44 **Bedingungen iSv § 925, die zur Unwirksamkeit** der Auflassung **führen**, sind zB: Wirksamkeit des Grundgeschäfts (Celle DNotZ 1974, 731); Eheschließung (Colmar OLG 5, 251f; BayObLG OLG 14, 7; 42, 161; aA BGH NJW 1952, 1330, 1331: Rechtsbedingung; krit – zu Recht – MüKo/*Ruhwinkel* Rn 28 und Staudinger/*Diehn* Rn 97) bzw Scheidung (Stuttgart Justiz 1967, 218; BayObLG NJW 1972, 2131; LG Aachen Rpfleger 1979, 61); Widerrufs-

vorbehalt bei Auflassung im Rahmen eines Prozessvergleichs (BGH NJW 1984, 312; NJW 1988, 415; Celle DNotZ 1957, 660; Soergel/*Stürner* Rn 39; aA zu Unrecht BVerwG NJW 1995, 2179, 2180).

Eine **unzulässige Zeitbestimmung** läge zB in einer Vereinbarung, dass das Eigentum mit dem Tod des Veräußerers auf den Erwerber übergehen soll (KG OLG 41, 157; LG München DNotZ 1950, 32, 35). 45

b) Dagegen sind **zulässig: aa) Rechtsbedingungen.** Hierunter sind **gesetzl Wirksamkeitsvoraussetzungen** für die Eigentumsübertragung zu verstehen, zB Genehmigung des Vormundschaftsgerichts (KG HRR 1938 Nr 1526; Celle DNotZ 1957, 660); Genehmigung einer Behörde (KG HRR 1938 Nr 1526; anders aber, wenn deren Erteilung innerhalb bestimmter Frist zur rechtsgeschäftlichen Bedingung erhoben wird, vgl RG Recht 1924 Nr 345; Staudinger/*Diehn* Rn 97); Genehmigung des Berechtigten (KGJ 36, 198; BGH NJW 1952, 1330); (Zwischen-)Eintragung des noch nicht berechtigten Veräußerers (RG JW 1930, 132; BayObLG 7, 388); Genehmigung des vollmachtlos Vertretenen (KGJ 22, 146; BayObLG Rpfleger 1984, 11); Entstehung der AG, an die der ein Grundstück einbringende Gründer auflässt (Colmar OLG 6, 486; vgl auch BGHZ 45, 339; BayObLG NJW 1984, 497). 46

Bei (aufschiebend) bedingter Genehmigung wird die Auflassung mit Eintritt der Bedingung (erst) wirksam (Staudinger/*Diehn* Rn 96); als bedingte Auflassung iSv § 925 II ist diese Fallgestaltung dagegen nicht aufzufassen (KGJ 44, 191, 195f; anders aber bei auflösend bedingter Genehmigung, vgl Staudinger/*Diehn* aaO mwN). 47

bb) Eintragungsvorbehalte. Die Eintragung des Erwerbers kann trotz unbedingter Auflassung zulässigerweise gem § 16 II GBO (uU stillschw) davon abhängig gemacht werden, dass zugunsten des Veräußerers eine Kaufpreisresthypothek, ein Nießbrauch oder eine Rückauflassungsvormerkung eingetragen wird (vgl KGJ 43, 200; KG JFG 1, 335, 337; MüKo/*Ruhwinkel* Rn 32). 48

cc) Vereinbarungen sonstiger Art **über das Hinausschieben des grundbuchmäßigen Vollzuges** der (unbedingten) Auflassung sind ebenfalls zulässig (vgl BGH LM 3 zu § 925; LG München DNotZ 1950, 33, 35; Düsseldorf NJW 1954, 1041; Hamm Rpfleger 1975, 250; MüKo/*Ruhwinkel* Rn 32 mwN). Nach wohl hM kann aber ggü dem Grundbuchamt auf das Recht, die Eintragung zu beantragen (§ 13 GBO), nicht wirksam verzichtet werden (LG Frankfurt aM Rpfleger 1992; *Demharter* § 13 GBO Rn 57; Staudinger/*Diehn* Rn 145 mwN; aA wohl Hamm Rpfleger 1975, 250). 49

VI. Bindung an die Auflassung. Ab wann die Auflassung für Veräußerer und Erwerber verbindlich, dh nicht mehr einseitig widerruflich ist, ist str. Die wohl noch hM hält es für ausreichend, dass die Parteien ihre Auflassungserklärungen nach Maßgabe des § 925 wirksam abgegeben haben (BayObLG 57, 231; Soergel/*Stürner* Rn 42; RGRK/*Augustin* Rn 28). Demggü muss nach im Vordringen begriffener Ansicht darüber hinaus eine der Bindungsvoraussetzungen des § 873 II (vgl § 873 Rn 18) erfüllt sein (*Bassenge* Rpfleger 1977, 8; Grü/*Herrler* Rn 29; *Baur/Stürner* § 22 Rn 11; *Medicus* DNotZ 1990, 279; MüKo/*Ruhwinkel* Rn 35; Staudinger/*Diehn* Rn 111). Dem ist zuzustimmen. Da die in § 873 II aufgeführte notarielle Beurkundung der Einigung (vgl §§ 8ff BeurkG) bei der Auflassung vor einem Notar im Hinblick auf die verfahrensrechtl Erfordernisse (§§ 20, 29 GBO) praktisch stets erfolgt, wird die Streitfrage freilich kaum einmal relevant (vgl Staudinger/*Diehn* Rn 111). Zur Bindung bei mehrfacher Auflassung und Erbfolge s BayObLG 1973, 139ff und BayObLG NJW-RR 1999, 1392. 50

VII. Folgen der Auflassung. 1. Kein Anwartschaftsrecht. Die **Auflassung als solche** verstärkt zwar die Erwerbsaussicht des Auflassungsempfängers, weil dieser regelmäßig unter Vorlage der formgerechten Auflassung seine Eintragung im Grundbuch erreichen kann (vgl § 13 I GBO). Die Auflassung selbst verschafft ihm indes (noch) **keine gesicherte Rechtsposition iS eines Anwartschaftsrechts** (vgl BGHZ 106, 108, 111; aA BayObLG 1972, 242; *Hoche* NJW 1955, 652; Soergel/*Stürner* § 873 Rn 14; *Reinicke/Tiedtke* NJW 1982, 2281, 2282f). Nach hM liegt ein dem Vollrecht vergleichbares Anwartschaftsrecht erst dann vor, wenn von einem mehraktigen Entstehungstatbestand eines Rechts schon so viele Erfordernisse erfüllt sind, dass der Veräußerer den Rechtserwerb nicht mehr einseitig verhindern kann (vgl BGHZ 89, 41, 44; 83, 395, 399; *Baur/Stürner* § 3 B III; Westermann/*Westermann* § 5 III 4). Die Auflassung beschränkt weder den Veräußerer in seiner Verfügungsbefugnis (RGZ 55, 340, 341; 113, 403, 407; BGHZ 45, 186, 190; 49, 197, 200; BayObLG Rpfleger 1983, 249) noch schützt sie den Erwerber vor einem Verlust der notwendigen Verfügungsbefugnis auf Seiten des Veräußerers (vgl *Medicus* DNotZ 1990, 279). So kann dieser die Erfüllung des Eigentumsverschaffungsanspruchs (vgl Rn 53) des Auflassungsempfängers trotz möglicher Verbindlichkeit der Auflassung (vgl Rn 50) noch dadurch vereiteln bzw beeinträchtigten, dass er das Grundstück anderweitig auflässt oder mit dinglichen Rechten belastet und den Eintragungsantrag stellt (vgl Celle NJW 1958, 870f; *Hieber* DNotZ 1959, 350). Die Auflassung wirkt nicht etwa als Sperre ggü Eintragungen, die mit ihr in Widerspruch stehen (RGZ 55, 340, 341; 81, 64, 67f). Auch Zwangsvollstreckungsmaßnahmen Dritter (*Hager* JuS 1991, 1, 2) können den Rechtserwerb des Auflassungsempfängers gefährden. Daher kann dessen Erwerbsaussicht als solche nicht als Anwartschaftsrecht im obigen Sinne qualifiziert werden. 51

Die Rechtsstellung des „bloßen" Auflassungsempfängers wird weder durch die §§ 878 BGB, 13, 17, 19 GBO (Staudinger/*Diehn* Rn 133) noch durch § 823 I (BGH NJW 1966, 1019) bzw § 771 ZPO geschützt. In Betracht kommt **allenfalls ein Schadensersatzanspruch aus § 826** (vgl Soergel/*Stürner* § 873 Rn 14d). Aus der Auflassung folgt **kein Recht zum Besitz** (Celle NJW 1958, 870) oder zur Aussonderung bei Insolvenz des Veräußerers; idR auch **nicht** die **Bewilligung einer Vormerkung** (§ 885 Rn 5 mwN). 52

Die vermögensrechtl Position des Auflassungsempfängers kann im Gegensatz zum mit der Auflassung noch nicht erfüllten schuldrechtl Anspruch auf Grundstücksübereignung (vgl BGH NJW 1994, 2947, 2948 mwN; Frankfurt NJW-RR 1997, 1308; MüKo/*Ruhwinkel* Rn 41) nach wohl überwiegender Auffassung vom Auflassungsempfänger **weder übertragen bzw verpfändet** werden, **noch** ist sie als solche **pfändbar** (BGH NJW 1989, 53

1093; Jena Rpfleger 1996, 100; *Medicus* DNotZ 1990, 276; aA KG JFG 4, 339; BayObLG JFG 9, 233, 234; MüKo/*Ruhwinkel* Rn 32).

54 Hiervon zu unterscheiden ist die **(Auslegungs-)Frage, ob** der **Empfänger der Auflassung iSv § 185** als **ermächtigt** anzusehen ist, als Nichtberechtigter über das Grundstück (des Auflassenden) zu verfügen. Nach vorherrschender Meinung ist dies im Regelfall zu bejahen, weil es im Allg dem Willen des Auflassenden nicht widerspricht, wenn für den Fall der Weiterveräußerung der Umweg der Zwischeneintragung des Auflassungsempfängers vermieden wird (BGH NJW 1997, 936, 937 mwN; Grü/*Herrler* Rn 22; MüKo/*Ruhwinkel* Rn 44; krit *Schneider* MDR 1994, 1057ff mwN). § 39 GBO steht verfahrensrechtl nicht entgegen, da der Berechtigte eingetragen ist (*Demharter* § 39 GBO Rn 11; zur Anwendung des § 878 bei späterer Verfügungsbeschränkung vgl § 878 Rn 10). Ein solcher Ermächtigungswille kann freilich dann nicht unterstellt werden, wenn die Rechtsstellung des Auflassenden von der Weiterauflassung berührt würde (BGH NJW 1997, 936, 937; Hamm NJW-RR 2001, 376, 377), wie zB dann, wenn die Gefahr besteht, dass die vom Auflassungsempfänger dem Veräußerer bewilligte Kaufgeldhypothek (KG JFG 2, 316) oder Rückauflassungsvormerkung (Düsseldorf OLG 1980, 343) nicht oder nicht mit dem richtigen Rang eingetragen wird. Ohne Hinzutreten weiterer Umstände kann allein aufgrund der Auflassung auch nicht davon ausgegangen werden, dass der Auflassende zugleich seine Zustimmung zur Eintragung einer Auflassungsvormerkung zugunsten des Dritterwerbers (BayObLG DNotZ 1973, 298; BayObLG 1972, 397, 400) oder zur Belastung des Grundstücks (BayObLG NJW 1971, 1140) erteilen wollte (Staudinger/*Diehn* Rn 126; MüKo/*Ruhwinkel* Rn 44 mwN).

55 **2. Anwartschaftsrecht. a) Entstehung.** Ein **Anwartschaftsrecht** (vgl Rn 51) erwirbt der Auflassungsempfänger nach hM zum einen dann, **wenn** sein **Anspruch auf Eigentumsverschaffung durch Vormerkung** (§§ 883, 885) **gesichert** wird (BGHZ 83, 395, 399; 106, 108; BGH NJW-RR 1992, 1178, 1180; Hamm NJW 1975, 879; Düsseldorf Rpfleger 1981, 199; MüKo/*Ruhwinkel* Rn 39; NK/*Grziwotz* Rn 34; Grü/*Herrler* Rn 25; *aA* Mülbert AcP 202, 226ff, 236ff; Staudinger/*Diehn* Rn 140 jew mwN; krit auch *Habersack* JuS 2000, 1147f und *Hager* JuS 1991, 3f mwN im Hinblick auf die akzessorische Natur dieser Rechtsposition) **bzw sobald** er den **Antrag auf Eintragung der** bewilligten **Auflassungsvormerkung gestellt** hat (Düsseldorf Rpfleger 1981, 199; MüKo/*Ruhwinkel* Rn 39). Allein die Vormerkung ohne Auflassung reicht nicht aus (BGHZ 89, 41, 44f; 103, 175, 179).

56 **Zum anderen** entsteht ein Anwartschaftsrecht des Auflassungsempfängers nach hM dann, **wenn er seine Eintragung beim Grundbuchamt beantragt** (BGHZ 49, 197, 200; 83, 395, 399; 106, 108, 111; Grü/*Herrler* Rn 24; NK/Grziwotz Rn 34; MüKo/*Ruhwinkel* Rn 39 mwN; krit *Habersack* JuS 2000, 1147 mwN; abl *Mülbert* AcP 202, 236ff). Ein Antrag des Veräußerers reicht dagegen nicht aus, da er ihn nach § 31 GBO jederzeit wieder zurücknehmen könnte (BGHZ 45, 186, 190; 83, 395, 398).

57 Zwar ist den Kritikern der hM zum Anwartschaftsrecht zuzugestehen, dass im ersten Fall (Rn 55) der Schutz des Auflassungsempfängers vor einer nachträgl Verfügungsbeschränkung des Veräußerers iSv § 878 (zB Insolvenz) allein auf der vom schuldrechtl Eigentumsverschaffungsanspruch abhängigen Vormerkung beruht (*Hager* JuS 1991, 3f mwN; vgl auch MüKo/*Ruhwinkel* Rn 40). Es trifft auch zu, dass im zweiten Fall (Rn 56) die mögliche Nichtbeachtung des § 17 GBO durch das Grundbuchamt den Erwerb eines zu Unrecht vor dem Auflassungsempfänger Eingetragenen nicht hindert. Gleichwohl erscheint es sachgerecht, die in den angegebenen Fällen über § 883 II, § 888 bzw § 17 GBO geschützte Rechtsstellung des Auflassungsempfängers mit der hM als Anwartschaftsrecht zu qualifizieren. Denn das Erfordernis einer gesicherten Rechtsposition bedeutet in diesem Zusammenhang nicht, dass ihre Zerstörung unter allen Umständen ausgeschlossen sein muss (BGHZ 49, 197, 202) bzw der Vollrechtserwerb des Anwartschaftsberechtigten gleichsam „automatisch" eintritt (MüKo/*Ruhwinkel* Rn 40). Selbst eine bereits erworbene Eigentümerstellung kann bekanntlich durch gutgläubigen Erwerb eines Dritten verloren gehen. Deshalb muss es für ein Anwartschaftsrecht genügen, wenn die Beeinträchtigung der Rechtsposition nach dem normalen Verlauf der Dinge ausgeschlossen ist (BGHZ 49, 197, 202; Düsseldorf Rpfleger 1981, 199, 200). Mit der Anerkennung des Anwartschaftsrechts wird nicht etwa der numerus clausus der dinglichen Rechte gesprengt. Als Durchgangsform bei der Entstehung des Vollrechts „Eigentum" teilt das Anwartschaftsrecht vielmehr dessen Charakter.

58 Eine **Verfügungsbeschränkung**, die den Veräußerer erst trifft, wenn der Auflassungsempfänger den Eintragungsantrag schon gestellt hat, wirkt sich nicht aus (vgl § 878). Gleiches gilt zB bei Insolvenz des Auflassungsempfängers, wenn dieser sein Anwartschaftsrecht bereits übertragen hat (*Hager* JuS 1991, 6 mwN).

59 **b)** Die **Übertragung** des Anwartschaftsrechts erfolgt nach hM nicht im Wege der Abtretung nach den §§ 398, 413, sondern **durch Auflassung** entspr § 925 (BGHZ 49, 197, 202; 83, 395, 399; München NJW-RR 2010, 1027; BayObLG NJW-RR 1988, 330; MüKo/*Ruhwinkel* Rn 37). Der BGH begründet dies mit der Wesensähnlichkeit des Anwartschaftsrechts mit dem Vollrecht (vgl BGHZ 83, 395, 399). Ob daneben jedenfalls im Fall einer Auflassungsvormerkung eine Eintragung des Anwartschaftsrechtserwerbers zulässig wäre (für den Fall der Verpfändung vgl Nachw zu Rn 62), erscheint sehr zweifelhaft (*Hager* JuS 1991, 4 mwN); erforderlich ist eine solche Eintragung nach hM jedenfalls nicht (BGHZ 49, 197, 202; Grü/*Herrler* Rn 26; *Schreiber* JURA 2001, 628). Während einige aber gleichsam als minus zur Umschreibung beim Vollrecht einen Antrag des Erwerbers auf Eintragung bzw auf Umschreibung der Vormerkung materiellrechtl für notwendig halten (MüKo/*Ruhwinkel* Rn 39; *Schneider* MDR 1994, 1062), kann der Erwerber nach hM als Folge der hiervon nicht abhängenden Anwartschaftsübertragung die Eigentumsumschreibung vom Eigentümer auf sich beantragen und erwirbt mit deren Vollzug das Eigentum unmittelbar vom Eigentümer, ohne dass der Veräußerer des Anwartschaftsrechts zustimmen müsste

(vgl BGHZ 49, 197, 205; *Hoche* NJW 1955, 652; *Demharter* § 20 GBO Rn 43; MüKo/*Ruhwinkel* Rn 39). Eine Zustimmung des Eigentümers zur Übertragung des Anwartschaftsrechts ist dagegen nach allgM nicht erforderlich (BGHZ 49, 197, 205; 83, 395; Grü/*Herrler* Rn 26; *Hager* JuS 1991, 4 mwN).

Ob neben der Übertragung des Anwartschaftsrechts immer auch wahlweise **Verfügungen über den Erfüllungsanspruch** möglich sind (vgl Grü/*Herrler* Rn 21 mwN), erscheint zumindest dann fraglich, wenn es sich um die Übertragung eines vormerkungsabhängigen Anwartschaftsrechts handelt (vgl Rn 55). Da die akzessorische Auflassungsvormerkung mit dem durch sie gesicherten Erfüllungs- bzw Eigentumsverschaffungsanspruch steht und fällt (*Baur/Stürner* § 20 Rn 25; *Hager* JuS 1990, 430), ist eine wirksame Übertragung des vormerkungsabhängigen Anwartschaftsrechts ohne gleichzeitigen Übergang des Eigentumsverschaffungsanspruchs nicht denkbar. Daher bedarf es einer gesonderten Abtretung dieses Anspruchs neben der Auflassung des Anwartschaftsrechts entspr § 925 nicht (aA *Hager* JuS 1991, 4 mwN in Fn 55; wohl auch Grü/*Herrler* Rn 26). Aus dem gleichen Grund steht der Verlust des Erfüllungs- bzw Eigentumsverschaffungsanspruchs nicht im Belieben des Auflassungsempfängers, der sein vormerkungsabhängiges Anwartschaftsrecht wirksam übertragen möchte bzw schon übertragen hat. Im Einzelfall ist zu prüfen, ob über das Anwartschaftsrecht oder den noch bestehenden schuldrechtl Anspruch verfügt werden soll (NK/*Grziwotz* Rn 35). 60

c) **Gutgläubiger Erwerb.** Ein redlicher Ersterwerb des Anwartschaftsrechts nach Maßgabe des § 892 II ist möglich (vgl *Hager* JuS 1991, 5). Dagegen kommt ein gutgläubiger (Zweit-)Erwerb vom Nichtanwartschaftsberechtigten mangels Eintragung bzw Rechtsschein nicht in Betracht (*Hager* JuS 1991, 5; Grü/*Herrler* Rn 26; *Lux* JURA 2004, 145, 149). 61

d) Die **Verpfändung** des Anwartschaftsrechts richtet sich gem § 1274 I 1 nach den für seine Übertragung geltenden Vorschriften, erfordert also eine Auflassung entspr § 925 (BGHZ 49, 197, 202f; 106, 108, 111; MüKo/*Ruhwinkel* Rn 43; *Hager* JuS 1991, 5 mwN; aA *Köbl* DNotZ 1983, 214f), wobei freilich die beiderseitigen Willenserklärungen auf die Bestellung eines Pfandrechts gerichtet sein müssen. Eine Eintragung ist nach hM nicht erforderlich; ein Teil der Lehre hält sie aber bei einem vormerkungsabhängigen Anwartschaftsrecht für zulässig (vgl *Demharter* Anh § 26 GBO Rn 53; MüKo/*Damrau* § 1274 Rn 38 mwN; zur Kritik vgl *Hager* JuS 1991, 5 Fn 75). Eine Mindermeinung verlangt je nach Entstehung des Anwartschaftsrechts (vgl Rn 55f) als minus zur Eintragung beim Vollrecht die Stellung eines Antrags auf Eintragung einer Sicherungshypothek nach § 1287 bzw auf Eintragung eines Verpfändungsvermerks (MüKo/*Ruhwinkel* Rn 43 mwN). Dagegen ist eine Benachrichtigung des Veräußerers entspr § 1280 nach allg A entbehrlich (vgl etwa MüKo/*Damrau* § 1274 Rn 37). 62

Wird der Auflassungsempfänger als neuer Eigentümer eingetragen, so erwirbt der Pfandgläubiger nach § 1287 S 2 Hs 1 kraft Gesetzes automatisch eine Sicherungshypothek (BGHZ 49, 197, 205; MüKo/*Damrau* § 1274 Rn 38; *Hager* JuS 1991, 5 mwN). 63

e) Die **Pfändung** des Anwartschaftsrechts des Auflassungsempfängers vollzieht sich mangels Grundbucheintragung nicht wie die Zwangsvollstreckung in das Vollrecht (Grundstückseigentum), sondern nach § 857 ZPO, also nach den mobiliarrechtl Grundsätzen der Vollstreckung in Vermögensrechte. Zur Wirksamkeit des Pfändungsbeschlusses genügt gem § 857 II die Zustellung an den Auflassungsempfänger; einer Zustellung an den Grundstücksveräußerer entspr § 875 I iVm § 829 II, III bedarf es nach hM nicht, da dieser nicht als Drittschuldner anzusehen ist (BGHZ 49, 197, 203; MüKo/*Ruhwinkel* Rn 43; Grü/*Herrler* Rn 27; aA LG Wuppertal NJW 1963, 1255; *Hoche* NJW 1955, 933). Dem ist zuzustimmen. Denn Gegenstand der Pfändung ist nicht der schuldrechtl Eigentumsverschaffungsanspruch des Auflassungsempfängers, sondern sein Anwartschaftsrecht (Hamm DNotZ 2008, 293, 294). Da der Grundstückseigentümer nach dem normalen Verlauf der Dinge dieses Recht nicht mehr beeinträchtigen kann, besteht kein Anlass, ein Verfügungsverbot an ihn zu richten. 64

Mit Pfändung des Anwartschaftsrechts kann der Auflassungsempfänger hierüber nicht mehr allein, dh ohne den Gläubiger verfügen. Weder kann er sein Anwartschaftsrecht übertragen noch es aufheben. So kann der Gläubiger sich dem Antrag des Auflassungsempfängers auf Grundbucheintragung anschließen; letzterer kann dann die Eintragung durch Rücknahme seines Eintragungsantrages nicht mehr verhindern. Mit der Umschreibung des Grundstückseigentums auf den Auflassungsempfänger wandelt sich das Pfandrecht an dem Anwartschaftsrecht nach hM in entspr Anwendung des § 848 II 2 ZPO iVm § 857 I ZPO in eine Sicherungshypothek an dem Grundstück um (BGHZ 49, 197, 206; Hamm DNotZ 2008, 293, 295; MüKo/*Ruhwinkel* Rn 43; *Hager* JuS 1991, 6 mwN), aus der der Gläubiger gem § 848 III die Zwangsversteigerung oder Zwangsverwaltung betreiben kann. Deren Eintragung hat den Charakter einer Grundbuchberichtigung. Der Pfändungsgläubiger ist also nicht darauf angewiesen, eine Zwangshypothek nach § 866 ZPO (bzw Arresthypothek nach § 932 ZPO) zu beantragen, die erst mit ihrer Eintragung im Grundbuch entsteht und die die vorherige oder mindestens gleichzeitige Eigentumsumschreibung voraussetzt (BGHZ 49, 197, 206). Der hM ist zuzustimmen. Wenn die vor Auflassung zulässigerweise erwirkte Pfändung des Anspruchs auf Eigentumsverschaffung mit Umschreibung des Eigentums auf den Vollstreckungsschuldner kraft Gesetzes eine Sicherungshypothek entstehen lässt, so muss dies erst recht gelten, wenn das Anwartschaftsrecht des seinem Ziel näher gerückten Auflassungsempfängers gepfändet wird. 65

f) Die Rechtsstellung des Anwartschaftsberechtigten wird als **„sonstiges Recht"** durch § 823 I (BGHZ 49, 197, 201; vgl auch § 823 Rn 42) und durch § 826 (MüKo/*Ruhwinkel* Rn 38) geschützt. Ein Recht zum Besitz folgt aus dem Anwartschaftsrecht nicht (Celle NJW 1958, 870; vgl auch MüKo/*Ruhwinkel* Rn 38 und *Lux* JURA 2004, 145, 150f). 66

67 g) Ein (nicht vormerkungsabhängiges) Anwartschaftsrecht **erlischt**, wenn der Auflassungsempfänger seinen **Antrag zurücknimmt oder** dieser vom Grundbuchamt **zurückgewiesen** wird (BGHZ 45, 186, 191; BGH WM 1975, 255, 256). Legt der Auflassungsempfänger gegen die Zurückweisung seines Eintragungsantrages erfolgreich Erinnerung bzw Beschwerde ein, so leben die alten Wirkungen nach hM lediglich ex nunc wieder auf (BGHZ 45, 186, 191), dh zw Zurückweisung des Antrages und deren Aufhebung vorgenommene Eintragungen haben Bestand (RGZ 135, 385; BGH aaO; *Hager* JuS 1991, 4 mwN in Fn 61) und zwar auch hinsichtl ihres Ranges (BayObLG Rpfleger 1983, 101). Wird die Beschwerde auf neues Vorbringen gestützt, so hat ihre Einlegung die Bedeutung eines neuen Antrags (*Demharter* § 18 GBO Rn 17). Ein Anwartschaftsrecht geht iÜ dann unter, **wenn** seine **Voraussetzungen wegfallen**, insb die Auflassung aufgehoben wird (vgl Rn 74ff).

68 **3. Wirkung von Auflassung und Eintragung. Auflassung und Eintragung** gemeinsam bewirken die Übertragung des Grundstückseigentums vom Veräußerer auf den Erwerber. Dazu müssen Auflassung und Eintragung **gleichzeitig** vorliegen und sich decken. Eine zeitl Reihenfolge ist materiellrechtl nicht vorgeschrieben. Nach der verfahrensrechtl Ordnungsvorschrift des § 20 GBO soll die Einigung der Eintragung vorangehen. Zur Zeit der Eintragung darf die Auflassung nicht wirksam widerrufen (Rn 50) oder kondiziert (Rn 75) sein. Andererseits kann sich zB eine durch nachträgl behördliche Genehmigung erst wirksam gewordene Auflassung nicht mehr auswirken, wenn die entspr Eintragung inzwischen gelöscht worden ist.

69 Stimmen Auflassung und Eintragung inhaltlich nicht überein, kommt eine Rechtsänderung nur in dem Umfang in Betracht, in dem Auflassung und Eintragung sich decken. Dies hängt entspr § 139 davon ab, ob die Aufrechterhaltung dieses Teils des Rechtsgeschäfts dem hypothetischen Parteiwillen entspricht (Staudinger/*Heinze* § 873 Rn 190).

70 **Bleibt** der Inhalt der **Auflassung hinter** dem Umfang der **Eintragung zurück**, geht das Eigentum insoweit über, als Einigung und Eintragung sich decken. Dies gilt zB dann, wenn die beurkundete Auflassung sich ua auf ein Grundstück bezieht, das nach dem maßgeblichen übereinstimmenden Willen der Parteien (falsa demonstratio non nocet, vgl Rn 38) nicht übereignet werden sollte. Obwohl hier die Eintragung möglicherweise dem beurkundeten Inhalt der Auflassung entspricht, tritt die Rechtsänderung nur im gewollten Umfang ein. Bzgl des über die Einigung hinausgehenden Teils der Eintragung ist das Grundbuch unrichtig und kann berichtigt werden, wenn der wahre Inhalt der Auflassung durch freiwillige Erklärung in der Form des § 29 GBO oder durch Urt festgestellt ist. Dagegen wird auch der nicht durch die Auflassung gedeckte Teil der eingetragenen Rechtsänderung nachträgl wirksam, wenn die Parteien die Auflassung entspr ändern (Staudinger/*Heinze* § 873 Rn 196).

71 **Bleibt** die **Eintragung hinter der Auflassung zurück**, ist entspr § 139 zu entscheiden, ob das Recht wenigstens in dem Umfang entstanden ist, in dem sich Auflassung und Eintragung decken (vgl § 873 Rn 25 mwN). IdR ist davon auszugehen, dass die weiter gehende Einigung auch den Willen der Beteiligten zur Übertragung des Eigentums an dem der Eintragung entspr geringeren Teil des Auflassungsobjekts umfasst (Staudinger/*Diehn* Rn 115). IÜ kann die Eintragung nachgeholt werden, ggf nach Feststellung der wahren Tragweite der Auflassung.

72 Lässt ein Eigentümer zwei Grundstücke an verschiedene Käufer auf und werden bei der Eintragung die jew Grundbuchblätter verwechselt, so muss zunächst wieder der Veräußerer als Berechtigter eingetragen werden (berichtigende Eintragung, vgl § 894), ehe die Erwerber eingetragen werden können (rechtsändernde Eintragung). Dies folgt aus dem Voreintragungsgrundsatz, § 39 GBO (vgl Vor § 873 Rn 7 und RGZ 133, 279, 282f mwN).

73 Eine **Eintragungsbewilligung** ist trotz Auflassung **nicht entbehrlich**. Zwar enthält § 20 GBO eine Ausnahme vom formellen Konsensprinzip (vgl Vor § 873 Rn 7). Gleichwohl ist neben dem Nachw der Einigung nach hM grds auch eine Eintragungsbewilligung erforderlich (*Demharter* § 20 GBO Rn 2 mwN). Im Regelfall ergibt sich im Wege der Auslegung, dass die materiellrechtl Auflassung die formellrechtl erforderliche Eintragungsbewilligung enthält (BayObLG DNotZ 1975, 685; *Behmer* Rpfleger 1984, 307; s hierzu auch Düsseldorf MittBayNot 2010, 307 m Anm *Demharter* und oben Rn 7). Wird der Veräußerer zur Abgabe der Auflassungserklärung verurteilt, nicht aber auch zur formellen Bewilligung der Eintragung, so gilt mit Rechtskraft des Urteils über § 894 ZPO nur seine Auflassungserklärung als abgegeben (*Demharter* MittBayNot 2008, 124; *Böttcher* NJW 2010, 1647, 1653; aA Stuttgart NJW-RR 2008, 828).

73a Auch der nach § 13 GBO notwendige Antrag ist in der Auflassung iVm ihrer Vorlage beim Grundbuchamt durch einen Antragsberechtigten (bzw Vertreter oder Boten) regelmäßig enthalten (MüKo/*Ruhwinkel* Rn 47).

74 **VIII. Aufhebung und Kondiktion der Auflassung. Bis zur Grundbucheintragung** ist die **Aufhebung** der Auflassung durch formlosen Vertrag möglich (BayObLG 1954, 141, 147; 1972, 397, 401; wN bei BGH MittRhNK 1993, 310, 312). Ein bereits entstandenes Anwartschaftsrecht steht dem nicht entgegen (Staudinger/*Diehn* Rn 89 mwN). Auch § 29 GBO ist nicht einschlägig (BayObLG 1967, 13, 16). Mit der Aufhebung der Auflassung ist die regelmäßig vorliegende Ermächtigung des Erwerbers zur Weiterveräußerung (vgl Rn 54) als widerrufen anzusehen (vgl BayObLG 1972, 397). Liegt der Auflassung zB wegen Formmangels (§§ 125, 311b I 1) kein wirksames schuldrechtl Grundgeschäft zugrunde, kann der Veräußerer vom Erwerber als Bereicherungsschuldner iSv § 812 die Einwilligung in die Aufhebung der Auflassung verlangen (BGH NJW 1994, 2480, 2481; RGZ 108, 329, 333), sofern nicht § 814 dem entgegensteht (RG aaO). Die formgerechte und daher bindende Auflassung schließt einen einseitigen Widerruf des Veräußerers aus (Rn 50) und ermöglicht es dem Erwerber, seine Eintragung selbst dann noch zu betreiben, wenn der Veräußerer bereits eine Bereicherungsklage erhoben hat. Darin liegt seine Bereicherung iSv § 812 (RGZ 111, 98, 101f). Erst nach rechtskräftiger Verurteilung des Erwerbers zur Einwilligung in die Aufhebung der Auflassung ist der Veräußerer an diese nicht mehr gebunden (RGZ 111, 98, 101). Bis dahin

kann durch Eintragung des Erwerbers noch Heilung des Formmangels beim Grundgeschäft eintreten (§ 311b I 2) mit der Folge, dass der Bereicherungsanspruch des Veräußerers entfällt und dieser sein Eigentum verliert.

Will der Veräußerer den Verlust seines Eigentums verhindern, muss er im Wege einer einstweiligen Verfügung ein sog Erwerbsverbot erwirken (vgl § 888 Rn 16). 75

Ist der Erwerber mit seiner Eintragung (ohne rechtl Grund iSv § 812) Eigentümer geworden, so kommt eine Aufhebung der Auflassung nicht mehr in Betracht. Vielmehr ist eine förmliche Rückübertragung des Eigentums am Grundstück gem §§ 873, 925 erforderlich (Staudinger/*Diehn* Rn 90). 76

IX. Weitere Voraussetzungen der Übertragung des Grundstückseigentums. Mitunter hängt die Wirksamkeit der Auflassung und damit der Grundstücksübereignung nach §§ 873, 925 von einer **staatlichen Genehmigung** ab (vgl dazu § 873 Rn 5 sowie Staudinger/*Diehn* Rn 102 und MüKo/*Ruhwinkel* Rn 51ff). Wird die Genehmigung unanfechtbar versagt, wird die Auflassung endgültig unwirksam (BGH NJW 1976, 1939; MüKo/*Ruhwinkel* Rn 51). Jedenfalls bis zur Unanfechtbarkeit kann die Genehmigungsverweigerung von der zuständigen Behörde noch widerrufen und die Genehmigung nachträgl erteilt werden (Staudinger/*Klumpp* Vor §§ 182ff Rn 135ff mwN). Dagegen hat es bei der Unwirksamkeit sein Bewenden, wenn der unanfechtbar gewordene Versagungsbescheid nachträgl aufgehoben wird (Grü/*Herrler* Überbl v § 873 Rn 17; Grü/*Grüneberg* § 275 Rn 39). Eine unanfechtbar erteilte Genehmigung kann nach Maßgabe der §§ 48, 49 VwVfG zurückgenommen bzw widerrufen werden, wobei die öffentlichen und privaten Belange abzuwägen sind (BVerwG NJW 1978, 338; Hamm OLG 1978, 304; Staudinger/*Klumpp* Vor §§ 182ff Rn 120ff). Dabei wird der Widerruf einer rechtmäßig erteilten behördlichen Zustimmung kaum jemals in Betracht kommen (Staudinger/*Klumpp* aaO). Dass in einem solchen Fall die bereits wirksam gewordene Eigentumsübertragung nachträgl (wieder) schwebend unwirksam wird (vgl Hamm Rpfleger 1978, 374, 375), wird man nicht annehmen können; vielmehr dürfte die einmal eingetretene privatrechtsgestaltende Wirkung der Genehmigung bestehen bleiben (BGH WM 1966, 640; DNotZ 1969, 617; BayVGH BauR 1976, 409; zu § 18 II BImSchG s BVerwG DVBl 2003, 209, 210; vgl auch *Pawlowski* JZ 2000, 917ff und *Meikel/Grziwotz*, Grundbuchrecht, Einl J Rn 11; aA BaRo/*Grün* Rn 50). Zu denken ist zB **bei Beteiligung Minderjähriger** an die nach Maßgabe von § 1643 I, § 1821 I Nr 1, 5, §§ 1909ff erforderliche **Genehmigung des Vormundschaftsgerichts bzw des Familiengerichts.** 77

Fehlen die im Einzelfall erforderlichen vorgenannten Genehmigungen, ist die Grundstücksübertragung regelmäßig schwebend unwirksam (MüKo/*Ruhwinkel* Rn 51). 77a

Für die sog **steuerliche Unbedenklichkeitsbescheinigung** nach § 22 I 1 GrEStG gilt das nicht. Zwar darf das Grundbuchamt ohne ihr Vorliegen (auch in Zweifelsfällen, vgl Zweibrücken NJW-RR 2000, 1686f) die Eigentumsumschreibung grds nicht vornehmen (zu Ausnahmen in NRW vgl NJW 2000, 125; in Schl-Holst vgl NJW 2000, 2803; in Bayern vgl NJW 2000, 1169); geschieht dies dennoch, so geht das Eigentum am Grundstück wirksam über (Staudinger/*Diehn* Rn 104). Das Grundbuch wird nicht etwa unrichtig (NK/*Grziwotz* Rn 56). Zum Grunderwerbsteuerrecht s auch Soergel/*Stürner* Vor § 873 Rn 60ff. 78

Gleiches gilt bei Fehlen des nach § 28 I 2 BauGB erforderlichen Nachw (sog **Negativzeugnis**; vgl *Grziwotz*, Grundbuch- und Grundstücksrecht, 1999, Rn 561) über die Nichtausübung bzw das Nichtbestehen eines gemeindlichen Vorkaufsrechts iSd §§ 24ff BauGB (MüKo/*Ruhwinkel* Rn 56 und Staudinger/*Diehn* Rn 105 mit weiteren Bsp). 79

§ 925a Urkunde über Grundgeschäft

Die Erklärung einer Auflassung soll nur entgegengenommen werden, wenn die nach § 311b Abs. 1 Satz 1 erforderliche Urkunde über den Vertrag vorgelegt oder gleichzeitig errichtet wird.

Zweck des § 925a ist es, sicherzustellen, dass das Beurkundungsgebot nach § 311b I 1 nicht über die Heilung nach § 311b I 2 umgangen wird (MüKo/*Ruhwinkel* Rn 1). Sein Anwendungsbereich deckt sich mit dem des § 925 und dem des § 311b I. Er umfasst regelmäßig alle Fälle, in denen zur Erfüllung eines dem Beurkundungszwang unterliegenden Übereignungsanspruchs eine Auflassung erforderlich ist (vgl Staudinger/*Diehn* Rn 5). 1

Adressat des § 925a ist derjenige, der die Auflassung entgegennimmt. Das ist **regelmäßig** ein **Notar** (vgl § 925 I 2), nicht das Grundbuchamt (§ 925 Rn 16). Hat der Notar die Auflassung entgegengenommen und beurkundet, so darf das Grundbuchamt die Umschreibung nicht von der Vorlage der Schuldurkunde abhängig machen (Schleswig SchlHA 1960, 341; Grü/*Herrler* Rn 1). Es darf nur die Vorlage der Auflassung selbst verlangen (§ 20 GBO). 2

§ 925a ist eine bloße **Ordnungsvorschrift**. Ihre Einhaltung ist keine Wirksamkeitsvoraussetzung der Auflassung. Ein Verstoß kann aber haftungs- und dienstrechtl Folgen für den jew Amtsträger haben (Staudinger/*Diehn* Rn 10). 3

§ 926 Zubehör des Grundstücks

(1) Sind der Veräußerer und der Erwerber darüber einig, dass sich die Veräußerung auf das Zubehör des Grundstücks erstrecken soll, so erlangt der Erwerber mit dem Eigentum an dem Grundstück auch das Eigentum an den zur Zeit des Erwerbs vorhandenen Zubehörstücken, soweit sie dem Veräußerer gehören. Im Zweifel ist anzunehmen, dass sich die Veräußerung auf das Zubehör erstrecken soll.

(2) Erlangt der Erwerber aufgrund der Veräußerung den Besitz von Zubehörstücken, die dem Veräußerer nicht gehören oder mit Rechten Dritter belastet sind, so finden die Vorschriften der §§ 932 bis 936 Anwendung; für den guten Glauben des Erwerbers ist die Zeit der Erlangung des Besitzes maßgebend.

1 **I. Anwendungsbereich und Normzweck.** Der Erwerber eines Grundstücks erwirbt stets zugleich auch das Eigentum an dessen wesentlichen Bestandteilen (§§ 93, 94), da diese nicht sonderrechtsfähig sind (§ 93). Für **Grundstückszubehör** (§§ 97, 98) gilt dagegen § 926, der anders als etwa § 311c (vgl Düsseldorf OLG 1993, 73) zw veräußerereigenen (Abs I) und veräußererfremden Zubehörstücken (Abs II) unterscheidet. Analog anzuwenden ist § 926 bei **unwesentlichen Grundstücksbestandteilen** (RGZ 158, 362, 368f; Frankfurt NJW 1982, 653, 654), sofern sie dem Veräußerer gehören. Andernfalls kommt nur deren gutgläubiger Erwerb gem den §§ 932ff in Betracht. Die Übertragung sonstiger beweglicher Sachen (zB sog Scheinbestandteile iSv § 95) richtet sich allein nach den §§ 929ff. Zur Bestellung und Aufhebung eines Nießbrauchs bzw Bestellung eines dinglichen Vorkaufsrechts vgl §§ 1031, 1062 bzw § 1096.

2 § 926 I 1 dient der **Erhaltung der wirtschaftlichen Einheit** von Grundstück und Zubehör, indem er für bewegliche Sachen, die zur Zeit des Grundstückserwerbs dessen Zubehör sind und dem Veräußerer gehören, die Eigentumsverschaffung erleichtert. Ohne § 926 würden Zubehörstücke, die versehentlich nicht übergeben worden sind, Eigentum des Veräußerers bleiben.

3 **II. Zubehörerwerb vom Berechtigten (§ 926 I).** Was unter **Zubehör** bzw **Zubehörstücken** iSv § 926 I zu verstehen ist, ergibt sich aus den §§ 97, 98. Die Zubehöreigenschaft muss im Zeitpunkt des Übergangs des Grundeigentums gegeben sein (Augsburg OLG 34, 177) und allein in Bezug auf das übereignete Grundstück bestehen (Breslau OLG 35, 291). Die irrige Annahme des Erwerbers, es handele sich um Zubehör, genügt nicht (KG OLG 14, 80). Auf Besitz des Veräußerers bzw Besitzerlangung des Erwerbers kommt es ebenfalls nicht an. Der Veräußerer ist an einer Veräußerung des Zubehörs vor Umschreibung des Grundstücks nicht gehindert. § 878 gilt aber bei Verfügungsbeschränkung entspr (Staudinger/*Diehn* Rn 10). Die Zubehörstücke müssen dem Veräußerer in demselben Rechtsumfang und mit demselben Rechtsinhalt gehören wie das Grundstück selbst (vgl RGZ 97, 102, 107 zur Unterscheidung zw Allodialeigentum und Familienfideikommiss nach prALR). Dagegen geht bei Veräußerung eines Grundstücks durch den Vorerben das Eigentum am Zubehör auch dann über, wenn letzteres dem Vorerben unbeschränkt von der Nacherbfolge gehört (RGZ 97, 102, 106).

4 Die **Einigung über den Zubehörübergang** ist gem § 926 I 2 im Zweifel **in der Einigung iSv §§ 873, 925 enthalten.** § 926 I 2 trägt der allg Lebenserfahrung Rechnung, dass der Veräußerungswille gewöhnlich nicht nur das Grundstück umfasst, sondern auch dessen im Eigentum des Veräußerers stehendes Zubehör (LG Gießen NJW-RR 1999, 1538). Wer den Eigentumsübergang aller oder einzelner Zubehörstücke (vgl RG Recht 1921, Nr 570) bestreitet, muss dartun und ggf beweisen, dass sie ausdrückl oder aus den Umständen erkennbar ausgenommen worden sind (vgl Staudinger/*Diehn* Rn 14; *Baumgärtel/Laumen/Prütting*, Beweislast, § 926 Rn 1 mwN).

5 Zubehörstücke können auch selbständig gem den §§ 929ff veräußert werden (RG Gruchot 48 1904, 1064, 1065), dh nicht lediglich als Nebensache des Grundstücks. In einem solchen Fall gilt die Vermutung des § 926 I 2 nicht (Augsburg OLG 34, 177; *Baumgärtel/Laumen/Prütting*, Beweislast, Rn 2; Staudinger/*Diehn* Rn 14), zB dann, wenn sich die Parteien ausdrückl einigen, dass das Eigentum am Zubehör mit der Übergabe und nicht gleichzeitig mit dem Grundstück übergehen soll.

6 **III. Zubehörerwerb vom Nichtberechtigten (§ 926 II).** Gehören Zubehörstücke nicht dem Veräußerer, ist gutgläubiger Erwerb gem den §§ 932ff möglich. Hinsichtl der erforderlichen Einigung gilt die Vermutung des § 926 I 2 nicht. Die Veräußerung fremden Eigentums ist rechtswidrig, und es kann nicht angenommen werden, das Gesetz wolle einen Regelfall unterstellen, in dem der Wille der Beteiligten auf einen Gesetzesverstoß gerichtet ist (Düsseldorf OLG 1993, 73, 74f; LG Saarbrücken NJW-RR 1987, 11; LG Gießen NJW-RR 1999, 1538; Staudinger/*Diehn* Rn 16 mwN; aA Augsburg OLG 34, 177; wohl auch MüKo/*Ruhwinkel* Rn 6 Fn 9). Der gute Glaube des Erwerbers vermag nur den Mangel des Eigentums zu heilen, nicht dagegen fehlenden Veräußererwillen bzw fehlende Zubehöreigenschaft (KG OLG 14, 80). Daneben ist Besitzerlangung des Erwerbers erforderlich. Hat der Erwerber den Besitz an den Zubehörstücken aufgrund der Veräußerung erlangt, muss der betroffene Dritte den bösen Glauben des Erwerbers im Zeitpunkt der Besitzerlangung beweisen (*Baumgärtel/Laumen/Prütting*, Beweislast, Rn 3 mwN).

7 **IV. Rechte Dritter.** Gem § 926 II iVm § 936 erlöschen an Zubehörstücken bestehende Rechte Dritter, wenn der Erwerber hinsichtl ihres Nichtbestehens im maßgebenden Zeitpunkt gutgläubig ist, mit Erwerb des Zubehöreigentums, im Fall des § 926 I aber erst mit Besitzerlangung, wenn sie dem Eigentumserwerb nachfolgt (Grü/*Herrler* Rn 3; MüKo/*Ruhwinkel* Rn 6; Soergel/*Stürner* Rn 3; Staudinger/*Diehn* Rn 19).

§ 927 Aufgebotsverfahren

(1) Der Eigentümer eines Grundstücks kann, wenn das Grundstück seit 30 Jahren im Eigenbesitz eines anderen ist, im Wege des Aufgebotsverfahrens mit seinem Recht ausgeschlossen werden. Die Besitzzeit wird in gleicher Weise berechnet wie die Frist für die Ersitzung einer beweglichen Sache. Ist der Eigentümer im Grundbuch eingetragen, so ist das Aufgebotsverfahren nur zulässig, wenn er gestorben oder verschollen ist und eine Eintragung in das Grundbuch, die der Zustimmung des Eigentümers bedurfte, seit 30 Jahren nicht erfolgt ist.

(2) Derjenige, welcher den Ausschließungsbeschluss erwirkt hat, erlangt das Eigentum dadurch, dass er sich als Eigentümer in das Grundbuch eintragen lässt.

(3) Ist vor dem Erlass des Ausschließungsbeschlusses ein Dritter als Eigentümer oder wegen des Eigentums eines Dritten ein Widerspruch gegen die Richtigkeit des Grundbuchs eingetragen worden, so wirkt der Ausschließungsbeschluss nicht gegen den Dritten.

I. Zweck und Anwendungsbereich. Wie § 900 (Buchersitzung) bezweckt, ein dauerndes Auseinanderfallen von Grundbucheintragung und wirklicher Rechtslage zu verhindern, so soll § 927 das Auseinanderfallen von tatsächlicher Herrschaftsmacht und rechtl Inhaberschaft (zu den Gründen vgl *Saenger* MDR 2001, 134f) beenden (Staudinger/*Diehn* Rn 1). Deshalb erhält ein Eigenbesitzer, der einen Ausschließungsbeschluss (früher: ein Ausschlussurteil) erwirkt hat, ein Aneignungsrecht an dem damit herrenlos gewordenen Grundstück. 1

§ 927 findet auch **Anwendung** auf **reale Grundstücksteile** (Staudinger/*Diehn* Rn 4), auf **Miteigentum nach Bruchteilen** (Grü/*Herrler* Rn 1) und auf **Wohnungs- und Teileigentum** (Staudinger/*Diehn* Rn 4 mwN), **nicht** dagegen auf einzelnen Anteil an einer Gesamthand (Frankfurt FGPrax 2016, 189; LG Aurich NJW-RR 1994, 1170; Soergel/*Stürner* Rn 1; Staudinger/*Diehn* Rn 5; aA MüKo/*Ruhwinkel* Rn 3). Ausschluss aller Gesamthänder nach § 927 ist aber möglich (Bamberg NJW 1966, 1413; Staudinger/*Diehn* Rn 5 mwN). Zum Gebiet der früheren DDR s BaRo/*Grün* Rn 3 und 10 sowie Grü/*Herrler* Art 237 EGBGB. 2

II. Voraussetzungen. 1. Eigenbesitz. Der Antragsteller muss **dreißigjährigen Eigenbesitz** (§ 872) substantiiert glaubhaft machen (Naumburg BeckRS 2016, 02722), wobei mittelbarer (§ 868) Eigenbesitz genügt (Brandenburg BeckRS 2013, 14747; RG Gruchot 44 1900, 862, 865). Die Berechnung der Besitzzeit erfolgt gem § 927 I 2 nach den §§ 938–944. Die Besitzzeit des Rechtsvorgängers wird angerechnet (§ 943). Erwerbstitel und guter Glaube an ein Recht zum Besitz sind nicht erforderlich (Staudinger/*Diehn* Rn 9). 3

2. Fehlende Eintragung. Ist im Grundbuch **kein Eigentümer eingetragen** (vgl § 927 I 3), so bestehen neben dem 30jährigen Eigenbesitz für die Durchführung des Aufgebotsverfahrens keine weiteren Voraussetzungen. Dies ist zB der Fall, wenn das betreffende Grundstück aus Versehen oder wegen § 3 II GBO kein Grundbuchblatt erhalten hat (LG Mönchengladbach NJW-RR 2008, 466, 467) oder wenn der frühere Eigentümer sein Eigentum an dem Grundstück aufgeben (§ 928 I) und der Fiskus es sich noch nicht angeeignet hat (§ 928 II). Gleichzustellen ist der Fall, dass ein Nichteigentümer (das kann der Eigenbesitzer sein) eingetragen ist (BGH WM 1978, 194; Karlsruhe NZM 2015, 911; Schleswig SchlHA 1954, 52; LG Bielefeld RdL 1960, 185). Denn mit Eigentümer iSv § 927 I 3 ist der materiellrechtl wahre Eigentümer gemeint (Staudinger/*Diehn* Rn 10). Die für den bloß Buchberechtigten sprechende Vermutung des § 891 muss aber widerlegt werden (vgl § 891 Rn 19); Glaubhaftmachung der Nichtberechtigung gem § 444 FamFG genügt nicht (*Siebels* MittRhNK 1971, 459; Staudinger/*Diehn* Rn 10; aA MüKo/*Ruhwinkel* Rn 4). 4

3. Eintragung des Eigentümers. Ist zum maßgeblichen Zeitpunkt des Antrags auf Einleitung des Verfahrens (RG JW 1936, 2399; MüKo/*Ruhwinkel* Rn 4) der (zu seinen Lebzeiten) **wahre Eigentümer eingetragen**, so ist das Aufgebotsverfahren nur zulässig, wenn die Voraussetzungen des § 927 I 3 vorliegen. Der Eigentümer muss danach **entweder tot** (zum Nachw seines Todes genügt es, dass er für tot erklärt ist, vgl *Baumgärtel/Laumen/Prütting*, Beweislast, Rn 2 mwN) **oder verschollen** iSv § 1 VerschG (AG Bergheim MDR 2002, 1431; Grü/*Herrler* Rn 2; Staudinger/*Diehn* Rn 11; aA NK/*Grziwotz* Rn 6: analoge Anwendung der Fiktion des § 5 I 1 GBBerG) sein. Bei einer OHG ist der Tod des letzten Gesellschafters (LG Köln RhNotZ 1931, 171; aA NK/*Grziwotz* Rn 6: Erlöschen; zur Markgenossenschaft Frankfurt FGPrax 2012, 135, s aber BGH GuT 2012, 265), bei einer jur Person deren Auflösung (BGH MDR 2003, 924f; Grü/*Herrler* Rn 2) maßgeblich. Ob die Erben unbekannt bzw nicht zu ermitteln sind, spielt keine Rolle (LG Köln MittRhNotK 1985, 215). Auf die seit dem Tod bzw der Verschollenheit verstrichene Zeit kommt es ebenfalls nicht an. 5

Es darf aber **seit 30 Jahren keine Eintragung** im Grundbuch erfolgt sein, die der Zustimmung des Eigentümers (unabhängig von deren tatsächlicher Erteilung; vgl Staudinger/*Diehn* Rn 11) bedurfte (vgl zB §§ 873, 875, 877, 880, 1183 BGB; §§ 19, 20, 22 II, § 27 GBO). Als eine solche gilt auch die von einem Bevollmächtigten des Eigentümers bewilligte Eintragung (Staudinger/*Diehn* Rn 11 mwN), nicht dagegen eine Eintragung, die ein Abwesenheitspfleger veranlasst hat (MüKo/*Ruhwinkel* Rn 4 mwN). Wird das Aufgebotsverfahren zulässigerweise auf Antrag oder mit Zustimmung des Eigentümers durchgeführt, so müssen die seinem Schutz dienenden Voraussetzungen und Fristen des § 927 I nicht vorliegen (vgl Bamberg NJW 1966, 1413; LG Amberg MittRhNotK 1964, 1). 6

III. Aufgebotsverfahren. Das **Aufgebotsverfahren** ist in den §§ 433–445 FamFG geregelt. Antragsbefugt ist (sind) der (die) Eigenbesitzer (§ 443 FamFG). Das Antragsrecht ist pfändbar (RGZ 76, 357). 7

IV. Wirkungen des Ausschließungsbeschlusses. 1. Eigentumsuntergang. Im Regelfall geht mit Rechtskraft des Ausschließungsbeschlusses (s Rn 15) nicht nur das Eigentum des eingetragenen Berechtigten, sondern **jedes Eigentum an dem** betreffenden **Grundstück unter**. Das Grundstück wird herrenlos (RGZ 76, 357, 359; BGH NJW 1980, 1521). Sogar das etwaige Eigentum des Antragstellers, der wegen der unklaren Rechtslage oder infolge ihrer Verkennung das Aufgebot beantragt hat, wird vernichtet. Mit dem Eigentum erlöschen auch die ihm anhaftenden, aus etwaigen Nacherbenrechten sich ergebenden Verfügungsbeschränkungen, es sei denn, der Ausschließungsbeschluss enthält einen diesbzgl Vorbehalt (RGZ 76, 359f; Staudinger/*Diehn* Rn 15). 8

9 **Nicht ausgeschlossen** wird derjenige, der im Aufgebotsverfahren sein Recht als Eigentümer (ein schuldrechtl Eigentumsverschaffungsanspruch genügt nicht, vgl BGH NJW 1980, 1521) angemeldet und einen entspr **Vorbehalt** im Ausschließungsbeschluss erwirkt hat (§ 440 FamFG). Auch das Recht desjenigen, der **nach Einleitung des Aufgebotsverfahrens** und vor Erlass des Ausschließungsbeschlusses **als Eigentümer eingetragen** oder durch **Widerspruch** gegen die Richtigkeit des Grundbuchs gesichert worden ist, bleibt bestehen.

10 **2. Recht auf Aneignung.** Derjenige, der den Ausschließungsbeschluss erwirkt hat, erwirbt gem § 927 II das **Recht, sich das Eigentum anzueignen.** Hierzu bedarf es der Eintragung des Aneignungsberechtigten in das Grundbuch, die dieser als Begünstigter beantragen kann. Der **formellrechtl** gem § 13 GBO erforderliche **Antrag** ist dann zugleich Ausdruck seines Aneignungswillens und damit einseitige, rechtsgeschäftliche, **nach materiellem Recht** notwendige, aber an keine besondere Form gebundene, amtsempfangsbedürftige **Willenserklärung** (vgl Staudinger/*Diehn* Rn 24).

10a Neben dem Eintragungsantrag, der nicht gem § 30 GBO der Form des § 29 GBO (Dresden Rpfleger 2007, 543; Jena Rpfleger 2003, 177; Grü/*Herrler* Rn 5; *Demharter* Anh § 44 GBO Rn 6; MüKo/*Ruhwinkel* Rn 7; *Saenger* MDR 2001, 134, 135) bedarf, ist formellrechtl die Vorlage der Ausfertigung des Ausschließungsbeschlusses als Nachw iSv § 22 I GBO für das Erlöschen des Eigentums des Bucheigentümers und das Aneignungsrecht erforderlich. Dagegen ist eine Unbedenklichkeitsbescheinigung des Finanzamtes (vgl § 925 Rn 78) entbehrlich (Zweibrücken NJW-RR 1986, 1461; *Demharter* § 20 GBO Rn 48, 49 und Anh § 44 Rn 7; *Saenger* MDR 2001, 134, 136; NK/*Grziwotz* Rn 14; Staudinger/*Diehn* Rn 29 mwN; aA MüKo/*Ruhwinkel* Rn 7).

11 Hat ein **Dritter** sein Recht als Eigentümer im Aufgebotsverfahren angemeldet und einen entspr Vorbehalt im Ausschließungsbeschluss erwirkt, hängt der Eigentumserwerb des Aneignungsberechtigten von der wirksamen Zustimmung bzw einem Verzicht des Dritten ab, dessen Erklärung durch Urt (§ 894 ZPO) ersetzt werden kann (RGZ 67, 95, 100; KG KGJ 33, 210, 211; Staudinger/*Diehn* Rn 25). Gleiches gilt, wenn während des Verfahrens ein Dritter als Eigentümer eingetragen worden ist. Da ihm ggü der Ausschließungsbeschluss nicht wirkt (§ 927 III), muss der Aneignungsberechtigte die für den Dritten wirkende Eigentumsvermutung (§ 891) im Wege der Feststellungsklage oder der Klage auf Grundbuchberichtigung nach § 894 (vgl Grü/*Herrler* Rn 5 und *Baumgärtel/Laumen/Prütting*, Beweislast, Rn 3 mwN) widerlegen oder die Zustimmung des Eingetragenen erwirken (KG OLG 15, 353; Grü/*Herrler* Rn 5). Dagegen hindert die Eintragung eines Widerspruchs zugunsten des Dritten während des Verfahrens die spätere Eintragung des Aneignungsberechtigten nicht (KGJ 33, 210, 212). Der Dritte kann aber dann wegen § 927 III seinerseits die Grundbuchberichtigung betreiben, sofern er sein Eigentum beweisen kann (*Baumgärtel/Laumen/Prütting*, Beweislast, Rn 4).

12 **Nicht vom Ausschließungsbeschluss betroffen** ist neben dem Dritten iSv § 927 II (Rn 11) auch derjenige, der nach Erlass des Ausschließungsbeschlusses eingetragen wird. Hat dieser gem § 892 gutgläubig das durch den Ausschließungsbeschluss herrenlos gewordene Grundstück erworben (vgl Staudinger/*Diehn* Rn 16), so kann ihm ggü das Aneignungsrecht nicht mehr durchgesetzt werden. Andernfalls muss der Aneignungsberechtigte die Berichtigung des Grundbuchs (zB nach § 894) oder die Zustimmung des Buchberechtigten erwirken (Grü/*Herrler* Rn 5 mwN).

13 Das Aneignungsrecht nach § 927 II ist nach hM ein dingliches Recht eigener Art (Staudinger/*Diehn* Rn 18 mwN). Der Aneignungsberechtigte kann vom Bucheigentümer Zustimmung zur Grundbuchberichtigung, dh Löschung von dessen Eintragung verlangen (§ 894) und sein Aneignungsrecht durch Widerspruch gem § 899 sichern lassen (Staudinger/*Diehn* Rn 19; Grü/*Herrler* Rn 4). Eine Vormerkung kommt nicht in Betracht (Staudinger/*Diehn* Rn 18 mwN). Das Aneignungsrecht kann durch Einigung (ohne Eintragung) entspr § 925 I übertragen werden (MüKo/*Ruhwinkel* Rn 8; Grü/*Herrler* Rn 4). Es ist auch verpfändbar und pfändbar (§ 857 ZPO). Mit Eintragung des Aneignungsberechtigten als Eigentümer entsteht für den Pfandrechtsgläubiger kraft Gesetzes eine Sicherungshypothek (Staudinger/*Diehn* Rn 20).

14 Der **Eigentumserwerb** nach § 927 II **ist ursprünglich** und nicht abgeleitet (RGZ 76, 357, 360; LG Aachen Mitt RhNotK 1971, 405). Er tritt ein, wenn die materiellrechtl Voraussetzungen vorliegen. Ist der Aneignungsberechtigte bereits als Eigentümer eingetragen, so geht das Eigentum unmittelbar mit Erlass des Ausschließungsbeschlusses auf ihn über (MüKo/*Ruhwinkel* Rn 8 mwN). Ein gutgläubig lastenfreier Erwerb nach § 892 bzgl zu Unrecht gelöschter Belastungen kommt nicht in Betracht. Alle **Belastungen** – auch Vormerkungen und Widersprüche – **bleiben bestehen**. Deren Inhaber können gegen den neuen Eigentümer in gleicher Weise vorgehen wie gegen den bisherigen. Für die Zeit bis zur Aneignung dürften die §§ 58 und 787 ZPO entspr anzuwenden sein (vgl § 928 Rn 7). Gleiches gilt für § 566 (MüKo/*Ruhwinkel* Rn 8).

15 Dem durch sachlich unrichtigen Beschl ausgeschlossenen bisherigen Eigentümer steht **kein Bereicherungsanspruch** zu (LG Koblenz NJW 1963, 254). **Wirksam** wird ein etwaiger Ausschließungsbeschluss ebenso wie seine Versagung erst mit Rechtskraft (§ 439 II FamFG). Die Endentscheidung in Aufgebotssachen ist mit der Beschwerde (§§ 58ff FamFG) anfechtbar. Des Weiteren kommt ein Antrag auf Wiedereinsetzung des Verfahrens in Betracht.

§ 928 Aufgabe des Eigentums, Aneignung des Fiskus

(1) Das Eigentum an einem Grundstück kann dadurch aufgegeben werden, dass der Eigentümer den Verzicht dem Grundbuchamt gegenüber erklärt und der Verzicht in das Grundbuch eingetragen wird.

(2) Das Recht zur Aneignung des aufgegebenen Grundstücks steht dem Fiskus des Landes zu, in dem das Grundstück liegt. Der Fiskus erwirbt das Eigentum dadurch, dass er sich als Eigentümer in das Grundbuch eintragen lässt.

I. Allgemeines. 1. Zweck und Bedeutung. Wie der Eigentümer einer beweglichen Sache, so soll auch der 1
Grundstückseigentümer die Möglichkeit haben, das Eigentum an seinem Grundstück aufzugeben (MüKo/*Ruhwinkel* Rn 1). Eine hierauf gerichtete Verpflichtung (zB ggü einem Aneignungsberechtigten) bedarf der Form des § 311b I (vgl Staudinger/*Diehn* Rn 17 mwN). § 928 spielt im Rechtsleben keine große Rolle. Denn dem Eigentümer eines mit Hypotheken überlasteten Grundstücks bietet er keinen Anreiz zur Aufgabe des Grundstücks, weil die den Hypotheken zugrundeliegenden persönlichen Forderungen bestehen bleiben. Die Aufgabe ist grds auch dann zulässig, wenn sich der Eigentümer dadurch den **öffentlichen Verpflichtungen** entziehen will (BayObLG Rpfleger 1983, 308; Grü/*Herrler* Rn 1; aA *Stöckle/Röckeisen* NJ 1993, 67, 68). Auch das Motiv, die **polizeiliche Zustandsverantwortlichkeit** zu beenden, genügt als solches nicht, um die Aufgabe des Eigentums gem § 138 als sittenwidrig zu qualifizieren (VGH Mannheim NVwZ 1996, 1036; aA *Schmidt-Jortzig*, FS Scupin, 1983, 819, 822f). **Im Einzelfall** kommt aber die Aufrechterhaltung der persönlichen Verpflichtung des Verzichtenden unter dem Gesichtspunkt eines **Umgehungsgeschäfts** in Betracht (MüKo/*Ruhwinkel* Rn 11; Staudinger/*Diehn* Rn 33; zur Verantwortlichkeit und Kostenpflicht des früheren Grundstückseigentümers in Bezug auf Maßnahmen zur Gefahrenabwehr s VGH Mannheim NJW 1997, 3259 und OVG Münster NJW 2010, 1988).

2. Anwendungsbereich. Das Eigentum an **Grundstücken** und realen **Grundstücksteilen** kann aufgegeben 2
werden. Nicht gebuchte Grundstücke (vgl § 3 II GBO) müssen vorher gebucht werden, damit der Verzicht im Grundbuch eingetragen werden kann. **Gesamthandseigentümer** können nur gemeinsam verzichten. **Nicht anwendbar** ist § 928 auf **Miteigentumsanteile** (BGH NJW 2007, 2254 mwN = BGHRp 2007, 854 m Anm *Grziwotz*); auf **Wohnungs- und Teileigentum** (BGH NJW 2007, 2547 mwN und Anm *Demharter* = BGHRp 2007, 856 m Anm *Grziwotz*) oder Sondereigentum (*Röll* DNotZ 1993, 159); auf Erbbaurechte (§ 11 ErbbauRG), andere **grundstücksgleiche Rechte** und **selbständige Gerechtigkeiten** (Art 68, 196 EGBGB). Durch Verzicht werden diese nicht herrenlos und aneignungsfähig, sondern das Grundstück wird von der entspr Belastung frei.

II. Aufgabe des Grundstückseigentums. 1. Voraussetzungen. a) Die Aufgabe des Eigentums an einem 3
Grundstück setzt zunächst eine **Verzichtserklärung** des verfügungsberechtigten Eigentümers voraus, dh eine einseitige, abstrakte, ggü dem Grundbuchamt abzugebende Willenserklärung. Ein bedingter bzw befristeter Verzicht ist entspr § 925 II unwirksam. Eine gleichwohl vorgenommene Eintragung beseitigt das Eigentum nicht. Materiellrechtl ist der Verzicht formlos wirksam, formellrechtl gilt § 29 GBO. Mit Zugang beim zuständigen Grundbuchamt ist die Verzichtserklärung gem § 130 I, III unwiderruflich (vgl RGZ 82, 74; Staudinger/*Diehn* Rn 13 mwN). § 878 ist entspr anwendbar (Grü/*Herrler* Rn 2). Der Eigentümer kann die Eigentumsaufgabe dadurch noch verhindern, dass er den Eintragungsantrag zurücknimmt (Karlsruhe KGJ 48, 255, 256f).

b) Neben dem Verzicht ist dessen **Eintragung in das Grundbuch** erforderlich (KG HRR 1931 Nr 1860). Auch 4
wegen § 39 GBO muss ein nicht gebuchtes Grundstück vorher eingetragen werden (MüKo/*Ruhwinkel* Rn 7). Berechtigt, die Eintragung des Verzichts zu beantragen, ist der Eigentümer (§ 13 GBO), nicht dagegen der zukünftige Aneignungsberechtigte. Wird der Antrag zurückgenommen (§ 31 GBO), darf das Grundbuchamt den Verzicht nicht mehr eintragen (Karlsruhe KGJ 48, 255, 257; Staudinger/*Diehn* Rn 15). Neben dem formfreien Antrag muss eine Eintragungsbewilligung (§ 19 GBO) des Eigentümers in der Form des § 29 GBO vorliegen, die idR in der Verzichtserklärung enthalten ist (BayObLG Rpfleger 1983, 308).

c) Eine **Besitzaufgabe** ist **nicht erforderlich**. Ein aus dem Eigentum fließendes Besitzrecht geht mit Wirksam- 5
keit des Verzichts verloren (Staudinger/*Diehn* Rn 16). Behält der Verzichtende den Eigenbesitz, kann er, falls eine Aneignung (vgl Rn 9) unterbleibt, gem § 927 wieder Eigentümer werden.

2. Wirkungen. Mit Eintragung des Verzichts im Grundbuch wird das **Grundstück herrenlos**. Gleiches gilt 6
für alle **wesentlichen Bestandteile** und für diejenigen **unwesentlichen Bestandteile**, die dem (vormaligen) Eigentümer gehören. Die gem § 96 als Bestandteile des Grundstücks geltenden subj-dinglichen Rechte werden subjektlos (MüKo/*Ruhwinkel* Rn 10 mwN). Weil § 928 eine dem § 926 entspr Regelung nicht enthält, richtet sich die Aufgabe des Eigentums am **Grundstückszubehör** ausschließlich nach Fahrnisrecht (§ 959).

Rechte Dritter am Grundstück (zB Hypothek, Reallast, Vormerkung) bleiben bestehen (RGZ 82, 73, 74). Eine 7
Eigentümergrundschuld verwandelt sich in eine Fremdgrundschuld des bisherigen Eigentümers (BGH NJW-RR 2012, 1105; Soergel/*Stürner* Rn 2 mwN). Gegen letzteren können dingliche Rechte nicht mehr geltend gemacht werden (RGZ 89, 360, 367). Um den Inhabern dinglicher Rechte bereits vor Aneignung des herrenlosen Grundstücks (§ 928 II) die Rechtsverfolgung durch Klage und Zwangsvollstreckung zu ermöglichen, ist auf ihren Antrag gem den §§ 58, 787 ZPO ein („Eigentums“-)**Vertreter** zu bestellen (KGJ 50, 50, 52; 51, 192, 195). Nach hM ist der Vertreter nicht Partei kraft Amtes, sondern gesetzl Vertreter des künftigen Eigentümers (München MDR 1972, 155; Stein/Jonas/*Bork* § 58 ZPO Rn 6; aA Grü/*Herrler* Rn 3; Soergel/*Stürner* Rn 2). Er kann das herrenlose Grundstück an den Inhaber einer Auflassungsvormerkung auflassen sowie einer von diesem erklärten Auflassung gem § 185 zustimmen. § 39 GBO ist in diesen Fällen nicht anwendbar (KGJ 51, 192, 197; *Demharter* § 39 GBO Rn 6). Im Wege der einstweiligen Verfügung kann gem §§ 938, 848 ZPO ein **Sequester** bestellt werden zur einstw Regelung der Verhältnisse und Verhütung von Schäden (KG OLG 15, 297; Staudinger/*Diehn* Rn 36). Dagegen ist die Bestellung eines Pflegers gem § 1913 nicht zulässig, da diese Vorschrift die Personen- und nicht

die Gütersorge im Auge hat (Karlsruhe KGJ 49, 282, 284; KGJ 50, 50, 53; RGRK/*Augustin* Rn 7; Staudinger/*Diehn* Rn 34; aA MüKo/*Ruhwinkel* Rn 11).

8 An den **persönlichen Verpflichtungen des (früheren) Grundstückseigentümers** ändert sich grds nichts. Dies gilt auch für Ansprüche gegen den Verzichtenden auf Übertragung des Eigentums oder auf Bestellung eines beschränkten dinglichen Rechts am Grundstück. Die persönliche Haftung des verzichtenden Eigentümers aus einer Reallast (§ 1108) erlischt aber für die Zukunft (Staudinger/*Diehn* Rn 27). War der Verzichtende **Schuldner einer Hypothekenforderung**, so bleibt er auch nach Aufgabe des Grundstückseigentums persönlich verpflichtet. Erbringt er die geschuldete Leistung, so geht die Hypothek analog § 1164 auf ihn und nicht etwa gem § 1163 auf den Aneignungsberechtigten (bzw den neuen Eigentümer) über. Tilgt der Aneignungsberechtigte (bzw der neue Eigentümer) die Hypothek, dann ist nicht etwa § 1143 zulasten des früheren Eigentümers anzuwenden; vielmehr gilt dann § 1163, ggf iVm § 1177 (*Wolff/Raiser* § 63 Anm 5; Grü/*Herrler* Rn 3; Staudinger/*Diehn* Rn 28; aA MüKo/*Ruhwinkel* Rn 11). Zur polizeilichen Zustandsverantwortlichkeit s Rn 1.

9 **III. Aneignung. Aneignungsberechtigt** ist gem § 928 II das Bundesland, in dessen Gebiet das Grundstück liegt (vgl auch Art 129 und 190 EGBGB). Das Aneignungsrecht ist ein dingliches Recht eigener Art. Insoweit gelten die Ausführungen zu § 927 II betreffend Übertragung nach § 925 I etc entspr (vgl § 927 Rn 10 und 13). Das Grundstückseigentum wird mit der Eintragung im Grundbuch erworben (RGZ 82, 74; KG JFG 8, 214). Der hierauf gerichtete Antrag unterliegt der Form des § 29 GBO. Der Eigentumserwerb ist ursprünglich, dh nicht abgeleitet. Gleichwohl kann der Inhaber einer Auflassungsvormerkung sein Recht auch gegen den als Eigentümer bereits eingetragenen (vormals) Aneignungsberechtigten durchsetzen. § 892 gilt nicht (Zweibrücken OLG 1981, 139, 141). Dagegen ist § 566 entspr anzuwenden (RGZ 103, 167; Grü/*Herrler* Rn 4).

10 Das Aneignungsrecht ist ein **sonstiges Recht** iSv § 823 I (Schleswig NJW 1994, 949) mit der Folge, dass der Fiskus Schadensersatz verlangen kann, wenn ein Dritter das Grundstück schuldhaft beschädigt hat, während es herrenlos war (Grü/*Herrler* Rn 4). Eine Schadensersatzpflicht kommt auch dann in Betracht, wenn **Erzeugnisse und sonstige Bestandteile** des Grundstücks (§ 953) während dessen Herrenlosigkeit getrennt und gem § 958 I von einem unbefugten Dritten erworben werden (vgl MüKo/*Ruhwinkel* Rn 13). Dagegen dürften die §§ 987ff nicht anwendbar sein (Schleswig NJW 1994, 949; Grü/*Herrler* Rn 4; Staudinger/*Diehn* Rn 32; aA MüKo/*Ruhwinkel* Rn 13).

11 Ein **Verzicht** des Fiskus auf das Aneignungsrecht aus § 928 II ist möglich (BGH NJW 1990, 251, 252; Staudinger/*Diehn* Rn 24) und kann im Grundbuch eingetragen werden (Staudinger/*Diehn* Rn 24; MüKo/*Ruhwinkel* Rn 12; aA AG Unna Rpfleger 1991, 16). Wirksamkeitsvoraussetzung ist die Eintragung des Verzichts aber nicht (LG Hamburg NJW 1966, 1715; Staudinger/*Diehn* aaO; MüKo/*Ruhwinkel* aaO; aA *Süß* AcP 151, 26 Fn 25; Grü/*Herrler* Rn 4). Nach wirksamem Verzicht des Fiskus kann sich jeder Dritte das herrenlose Grundstück aneignen, und zwar durch eine entspr Erklärung ggü dem Grundbuchamt und Eintragung in das Grundbuch. Eigenbesitz oder ein Verfahren entspr § 927 sind nicht erforderlich (BGH NJW 1990, 251, 252f; Grü/*Herrler* Rn 4; Staudinger/*Diehn* Rn 25; Soergel/*Stürner* Rn 4).

Titel 3
Erwerb und Verlust des Eigentums an beweglichen Sachen (§§ 929–984)

Untertitel 1
Übertragung (§§ 929–936)

Vorbemerkung vor § 929

1 **1. Einleitung.** §§ 929–931 regeln den **Erwerb des Eigentums durch Rechtsgeschäft** mit dem Berechtigten, §§ 932–936 den gutgläubigen Erwerb vom Nichtberechtigten (näher Vor § 932). Die Eigentumsübertragung hat verschiedene **Funktionen** (so auch Staudinger/*Heinze*, Vorb §§ 929ff Rn 2ff): (1) Zuordnung zu einem anderen Vermögen, (2) Kreditsicherung (Sicherungsübereignung, aber auch Eigentumsvorbehalt) und (3) Treuhand. Zu beachten ist stets das **Trennungs- und Abstraktionsprinzip** (hierzu ausf *Lieder* Die rechtsgeschäftliche Sukzession, 2014, § 7; dazu auch § 929 Rn 4). Eigentum kann aber auch aufgrund zahlreicher **Sondervorschriften** erworben werden:

2 **a) Erwerb durch Rechtsgeschäft.** Erwerb durch Rechtsgeschäft: §§ 926, 1646 BGB; § 18 III, § 26 S 3 DepotG; §§ 363, 448, 475g, 647 HGB; für Schiffe vgl §§ 2ff, 78 SchiffsRG und §§ 929a, 932a BGB.

3 **b) Erwerb kraft Gesetzes.** Erwerb kraft Gesetzes: Um eine Wirtschaftseinheit zu erhalten, geht bei Einverleibung in ein Inventar Eigentum nach § 582a II 2, § 589 II, § 1048 I 2 über. In Betracht kommen ferner §§ 946ff; § 6 I DepotG (Verbindung, Vermischung, Verarbeitung); Fruchterwerb §§ 953ff, vgl dazu §§ 910, 911; ferner §§ 937ff, 973, 984. Zahlreich sind die Fälle des Eigentumserwerbs durch Gesamtnachfolge oder ähnl Vorgänge, vgl dazu § 46 S 1, § 87c II, § 1416 II, § 1485, § 1922, § 2139. Vgl ferner §§ 1370, 2019, 2111.

c) **Eigentumsübergang durch Hoheitsakt.** Eigentumsübergang durch Hoheitsakt: §§ 55, 90 II ZVG; §§ 817, 825 ZPO (Übergabe ist erforderlich, vgl RGZ 126, 21; 153, 261), § 16 BLG; Einziehung im Strafverfahren gem § 74e StGB. 4

2. Doppeltatbestand. Die **rechtsgeschäftliche Übereignung** ist ein Doppeltatbestand: **Einigung** als (rechtsgeschäftliches) Willens- und **Übergabe** als (tatsächliches) Vollziehungselement. Praktische Erwägungen iVm der Gleichstellung von unmittelbarem und mittelbarem Besitz haben zwar zum Verzicht auf die Veränderung des unmittelbaren Besitzes geführt, wohl aber bleibt auch in den Fällen der §§ 930, 931 die Übereignung formell ein Doppeltatbestand (Einigung und Schaffung eines Besitzmittlungsverhältnisses bzw Abtretung des Herausgabeanspruchs). 5

§ 929 Einigung und Übergabe

Zur Übertragung des Eigentums an einer beweglichen Sache ist erforderlich, dass der Eigentümer die Sache dem Erwerber übergibt und beide darüber einig sind, dass das Eigentum übergehen soll. Ist der Erwerber im Besitz der Sache, so genügt die Einigung über den Übergang des Eigentums.

I. Ratio. Einigung und Übergabe sind für den Eigentumsübergang erforderlich (Vor § 929 Rn 5). Gleichzeitigkeit von Einigung und Übergabe ist nicht erforderlich. 1

II. Einigung. 1. Dinglicher Vertrag. Die Einigung ist eine auf die Übereignung gerichtete Willenseinigung (Konsens), die als **dinglicher Vertrag** zu qualifizieren ist, Soergel/*Henssler* Rn 16 mwN. Allg Vorschriften für Rechtsgeschäfte §§ 104ff, 116ff finden Anwendung (Staudinger/*Heinze* Rn 8), Form ist nicht nötig (Grü/*Herrler* Rn 2). Vielmehr kann die Einigung – wie in der Praxis häufig – auch **konkludent** erfolgen, BGH WM 1965, 1136, 1137, insb durch stillschw Übergabe der Kaufsache, BGH NJW 1979, 213, 214 (zur Auslegung auch des schlüssigen Verhaltens „nach den allg Grundsätzen": BGH NJW 1990, 1913 und *K. Schmidt* JuS 1990, 846), allerdings nur, sofern die Parteien nichts Abweichendes vereinbart haben. 2

2. Bestimmtheitsgrundsatz. Der für die Verfügungsgeschäfte nach hM geltende Spezialitäts- und **Bestimmtheitsgrundsatz** (dazu *Lieder* Die rechtsgeschäftliche Sukzession, § 8; vgl zur Forderungsabtretung auch BGH NJW 2011, 2713 Rn 6 sowie § 398 Rn 10) ist in § 929 dadurch gewahrt, dass die Übertragung des (unmittelbaren oder mittelbaren) Besitzes nur an individuell bestimmten Gegenständen möglich ist. Problematisch sind daher Übereignungen, die nicht Hand-zu-Hand erfolgen, insb bei Sachgesamtheiten, zB Übereignung von Warenlagern (BGH NJW 1986, 1985, 1986), oder Teilmengen (BGH NJW 1984, 803, 804). Während die Rspr bei allg Übereignungen nach §§ 929ff relativ großzügig ist (vgl BGHZ 73, 253; dazu auch *Westermann/Gursky/Eickmann* § 37 Rn 3), werden bei der Sicherungsübereignung gem §§ 930, 931 strengere Maßstäbe angewendet, offenkundig um nachträgl Manipulationen zu unterbinden (vgl BGHZ 21, 52, 56f = LM § 929 Nr 3 m Anm *Johannsen*; vgl weiter BGHZ 28, 16, 20; BGH NJW 1992, 1161 – Hausbibliothek Kunst). Die verbreitete Aussage, dass „bloße **Bestimmbarkeit** nicht genügt" (so etwa Hk/*Schulte-Nölke* Rn 5) trifft indes nicht den Kern der Problematik und widerspricht auch allg Grundsätzen der Rechtsgeschäftslehre; entscheidend ist vielmehr, ob durch Auslegung (§§ 133, 157) – nach allg Regeln unter Heranziehung aller Umstände – ermittelt werden kann, auf welche Gegenstände sich die Einigung bezieht (so auch MüKo/*Oechsler* Anh § 929–936 Rn 5ff; Darstellung auch bei Staudinger/*Heinze* Anh zu §§ 929ff Rn 25ff; wohl auch BGH NJW 1994, 131, 132 (Sicherungsübereignung Warenlager); aA aber BGH NJW 1992, 1161; 1995, 2348, 2350). Entscheidend ist dabei stets der Zeitpunkt der erklärten Einigung; spätere „Unklarheiten" beeinträchtigen die Wirksamkeit nicht (so richtig RGZ 132, 183 gegen RGZ 113, 57). Zur ausreichenden Konkretisierung bei Sicherungsübereignung eines Warenlagers durch eine „All-Klausel" BGH NJW 1986, 1985, 1987. 3

3. Bindung an die Einigung. Die Einigung ist *nach* der Übergabe **bindend**, auch wenn eine etwa vereinbarte aufschiebende Bedingung noch nicht eingetreten ist, vgl BGHZ 20, 88, 97. Die sog antizipierte Einigung *vor* Übergabe ist nach ganz hM indes jew einseitig frei **widerruflich** (arg e § 873 II, BGH NJW 1979, 213, 214; 1978, 696, 697; RGZ 83, 20; MüKo/*Oechsler* Rn 42f; ausf Staudinger/*Heinze* Rn 80; aA *Westermann/Gursky/Eickmann* § 37 Rn 12; *Lipp*, FS Schapp, 2010, 363; auch *Lieder* Die rechtsgeschäftliche Sukzession, § 6 IV 3). Die praktische Bedeutung der Streitfrage ist begrenzt. Denn zum einen besteht die Vermutung, dass der einmal erklärte Übereignungswille fortbesteht (BGH WM 1977, 218, 219; RGZ 135, 366, 367). Zum anderen reicht die bloße Aufgabe des Übereignungswillens beim Veräußerer nicht aus (so aber noch RGZ 83, 223, 225f; 109, 203); vielmehr muss der Widerruf dem anderen Teil zugehen und im Übergabezeitpunkt auch erkennbar sein, dass eine Einigkeit über den Eigentumsübergang nicht (mehr) besteht (BGH NJW 1979, 213, 214; ZIP 1982, 477; Staudinger/*Heinze* Rn 84). Die **Beweislast** für den wirksamen Widerruf liegt bei dem, der sich darauf beruft (BGH NJW 1978, 696, 697; Soergel/*Henssler* Rn 38). Praktische Auswirkungen hat der Streit etwa bei der Sicherungsübereignung erst künftig anzuschaffender Sachen (nach hM i Erg kein Schutz; vgl *Medicus/Petersen* BürgR Rn 33ff) oder einem erst bei der Übergabe (vertragswidrig) erklärten EV (BGHZ 14, 114 = BGH NJW 1953, 217 m Anm *L. Raiser*; BGHZ 64, 395, 397). 4

4. Abstraktheit der Einigung. Die Einigung ist ein **abstraktes Geschäft**, dh erforderlich und ausreichend ist die Willensübereinstimmung über die Rechtsänderung (BGH NJW 2007, 2844). Einverständnis über den Rechtsgrund oder auch nur das Vorliegen eines Rechtsgrundes ist für die Übereignung nicht erforderlich. Das Grund- 5 geschäft und die Übereignung sind auch grds nicht zu einem einheitlichen Geschäft iSd § 139 zusammengefasst (*Baur/Stürner* § 5 Rn 55ff; Staudinger/*Heinze* Rn 27 mwN).

6 **5. Bedingung und Befristung. a) Bedingung.** Angesichts der Bedingungsfreundlichkeit der Übereignung beweglicher Sachen – anders bei der Auflassung (§ 925 II) – kann eine gewollte Abhängigkeit der Übereignung von dem zugrunde liegenden Rechtsgrund indes dadurch erreicht werden, dass die Gültigkeit des zu erfüllenden Grundgeschäfts zur (auflösenden) Bedingung der Einigung gemacht wird (dazu näher *Westermann/Gursky/Eickmann* § 3 Rn 13f). Für die Annahme einer rechtsgeschäftlich gesetzten (aufschiebenden oder auflösenden) Bedingung ist aber zum einen erforderlich, dass die Parteien den erstrebten Erfolg wirklich von dem bedingenden Ereignis abhängig machen **wollten**, zum anderen müssen sie sich aber auch der **Ungewissheit** bewusst sein (vgl Staudinger/*Heinze* Rn 29 mwN; zum Ganzen auch BGH NJW 1982, 275, 276 m Anm *Jauernig* NJW 1982, 268ff – Sicherungszession). Dies schließt konkludent erklärte Bedingungen indes nicht aus (vgl BGH WM 1965, 1136, 1137 – Nichtaushändigung des Kfz-Briefs bei Übereignung des Kfz als stillschweigender EV?). Vor Bedingungseintritt kann eine Bedingung noch **geändert** werden; das Eigentum geht dann erst bei Eintritt der neu vereinbarten Bedingung über (BGHZ 42, 53, 58; 75, 221, 224 – nachträgl Ausdehnung des EV).

7 **b) Eigentumsvorbehalt.** Der häufigste Fall bedingter Einigung ist der **EV** (vgl ausf bei § 449). Hier wird die erklärte Einigung bei vollständiger Zahlung des Kaufpreises (oder sonstiger Forderungen, vgl zB BGH NJW 1978, 632 – erweiterter EV) wirksam; da die Übergabe in dieser Konstellation bereits erfolgt ist, wird der Erwerber somit ipso iure Eigentümer. Diese gesicherte Rechtsposition des Erwerbers nennt man **Anwartschaftsrecht** (dazu näher Rn 29ff).

8 **c) Befristung.** Auch die befristete Einigung ist zulässig (BGH LM Nr 2 zu § 163). Dann beginnt oder endet die Eigentümerstellung des Erwerbers mit Ablauf der Frist (BGH MDR 1960, 100). Möglich ist auch die Kombination mit einer Bedingung, Staudinger/*Heinze* Rn 37.

9 **6. Stellvertretung. Stellvertretung** iSd **§ 164** ist ohne weiteres auf beiden Seiten möglich; die Einigungserklärung des Vertreters wirkt dann für den vertretenen Veräußerer bzw Erwerber. Es gilt § 164 I 2 (Staudinger/*Heinze* Rn 39). Da die Übergabe als Besitzbegründung ein Realakt ist und daher Vertretung im eigentlichen Sinne nicht zulässt (vgl § 854 Rn 5), muss ergänzend zur Einigung mit einem Stellvertreter die Übergabe an einen als Besitzdiener (dazu § 854 Rn 5), als Besitzmittler (dazu § 868 Rn 14, 4 und § 930 Rn 4) oder als Geheißperson Handelnden hinzutreten (ausf Rn 22).

10 **Mittelbare Stellvertretung** auf Seiten des **Veräußerers** ist gem § 185 möglich; der Erwerber erwirbt hier unmittelbar vom Veräußerer (Grü/*Herrler* Rn 24). Auf Seiten des **Erwerbers** erklärt der mittelbare Stellvertreter die Einigung im eigenen Namen und übereignet dann (Durchgangserwerb!) gem § 930 durch erlaubtes Insichgeschäft oder vorweggenommene Einigung und Besitzmittlungsverhältnis weiter (vgl § 930 Rn 6).

11 Eine spezielle Form des Handelns für einen anderen ist das sog **Geschäft für den, den es angeht.** Die Anerkennung dieser Rechtsfigur beruht auf dem Bedürfnis, den Vertretenen unmittelbares Eigentum erwerben zu lassen, auch wenn nicht aufgedeckt wird, dass der Handelnde für einen anderen erwerben will. Die Rechtsfolge des § 164 II wird in dieser Konstellation vermieden. Der Vertretene wird gem § 164 I unmittelbar Eigentümer ohne Durchgangserwerb. Voraussetzung ist, dass dem Veräußerer die Person des Erwerbers gleichgültig ist; der Handelnde muss die Rechtsmacht und den Willen haben, für den „Vertretenen" zu erwerben (Einzelheiten bei § 164 Rn 14 mwN; im Hinblick auf die Übereignung von eingesammeltem Altpapier BGH NJW 2016, 1887 m Anm *Heyers*).

12 **7. Keine Übereignung zugunsten Dritter.** Die Übereignung zugunsten Dritter ist trotz der grds Zulässigkeit von Verfügungen zugunsten Dritter (insoweit in Übereinstimmung mit der Rspr, vgl BGHZ 41, 95) **unzulässig** (näher § 328 Rn 7ff, 13 mwN; vgl auch schon *Bayer*, Der Vertrag zugunsten Dritter, 1995, 194ff). Zum Eigentumserwerb durch Insichkonstitut vgl § 930 Rn 7.

13 **III. Übergabe. 1. Rechtliche Qualifikation.** Die Übergabe ist kein Rechtsgeschäft, sondern **Realakt**; die Vorschriften der §§ 104ff gelten somit nicht. Die der Vorschrift zugrunde liegende gesetzl Konzeption der „Hand-zu-Hand-Übergabe" von unmittelbarem Besitzer (Veräußerer) zu unmittelbarem Besitzer (Erwerber) entspricht der heutigen Realität nur noch bei den Bargeschäften des täglichen Lebens. Erforderlich, aber auch ausreichend ist, dass der **Veräußerer** seinen Besitz **vollständig und endgültig aufgibt** und **auf Veranlassung des Veräußerers** für den **Erwerber Besitz begründet** wird (obj Voraussetzung), wobei sich die Parteien **über den Besitzwechsel einig** sind (subj Voraussetzung). Für die Begründung von **Miteigentum** ist unmittelbarer oder mittelbarer Mitbesitz erforderlich. Dies bedeutet im Einz:

14 **2. Vollständige und endgültige Besitzaufgabe.** Dies liegt nur dann vor, wenn „nicht mehr der geringste Rest eines Besitzes" in der Hand des Veräußerers bleibt (RGZ 137, 23, 25; BGHZ 56, 123, 129; MüKo/*Oechsler* Rn 54 mwN). Nicht ausreichend sind daher bloße symbolische Handlungen (BGH NJW 1979, 714, 715), wie zB die Anbringung von Tafeln (insoweit auch Staudinger/*Heinze* Rn 65). Die Aushändigung von Schlüsseln genügt, sofern der Veräußerer nicht mittels Zweitschlüssel Mitbesitz behält (BGH NJW-RR 2005, 280, 281; WM 1973, 1054); denn der Veräußerer darf nicht Mitbesitzer bleiben (BGH NJW 1979, 714; NJW 1989, 2542, 2543), es sei denn, es soll lediglich Miteigentum begründet werden (*Westermann/Gursky/Eickmann* § 38 Rn 3). UU kann aber die Einräumung des Mitbesitzes zugleich die Vereinbarung eines Besitzkonstituts iSv § 930 sein (BGH NJW 1979, 976, 977; NJW-RR 2005, 280, 281; RG LZ 1918, 498; dazu noch § 930 Rn 4).

15 Der Veräußerer muss nicht notwendigerweise Besitzer sein (RGZ 137, 23, 25; Staudinger/*Heinze* Rn 62); dies folgt aus § 934 Alt 2, so dass insb auch die Einschaltung einer **Geheißperson** zur „Übergabe" in Betracht kommt. In diesem Fall reicht es aus, wenn entweder der Veräußerer auf sein Weisungsrecht ggü der Geheißperson verzichtet oder die Sache in den Besitz des Erwerbers (oder einer Geheißperson des Erwerbers) übergegangen, mithin die **Besitzverschaffungsmacht** des Veräußerers **erloschen** ist (MüKo/*Oechsler* Rn 54). Zum Geheißerwerb noch ausf Rn 22.

16 **3. Besitzwechsel.** Entscheidend für die Übergabe iSv § 929 ist die **Besitzbegründung für den Erwerber.**

17 **a) Besitzerlangung.** Besitz iSv tatsächlicher Sachherrschaft (§ 854 I) hat der Erwerber insb erlangt, wenn er **selbst** oder ein **Besitzdiener** für ihn Besitz erlangt (RGZ 137, 23, 25). Übergabe liegt nach hM auch vor, wenn der Veräußerer zum Besitzdiener des Erwerbers (RGZ 99, 208, 210; Soergel/*Henssler* Rn 53; aA MüKo/*Oechsler* Rn 75) oder der Besitzdiener des Veräußerers zum Besitzdiener des Erwerbers wird (RGZ 99, 208, 210).

18 **b) Bisheriger Besitzdiener.** Auch der bisherige Besitzdiener **kann Eigentum erlangen**, wenn er mit dem Eigentümer die Beendigung der Besitzdienerstellung bzgl der betreffenden Sache vereinbart (RG LZ 1920, 695, 696; WarnRsp 1924, 104). Die Änderung der Besitz- und Eigentumsverhältnisse muss aber ersichtlich gemacht werden.

19 **c) Mittelbarer Besitz.** Die Begründung mittelbaren Besitzes für den Erwerber ist **ausreichend** (BGHZ 92, 280, 288; BGH JZ 2013, 305, 307), sofern nur nicht der Veräußerer selbst unmittelbarer Besitzer bleibt (RGZ 137, 23, 25; MüKo/*Oechsler* Rn 57). Die Übergabe kann etwa dadurch erfolgen, dass der Veräußerer seinen Besitzmittler anweist, die Sache an den Erwerber oder auf dessen Anweisung an dessen Besitzmittler zu übergeben (BGH NJW 1986, 1166, 1167), oder künftig dem Erwerber den Besitz zu mitteln (RGZ 103, 151, 153; 137, 23, 27); diese sog **Besitzanweisung** bewirkt indes nicht schon die Übergabe, sondern erst, wenn der Besitzmittler den Erwerber als neuen Eigentümer anerkennt (BGHZ 161, 90, 112ff – Flowtex).

20 **d) Einseitige Besitzergreifung.** Die einseitige Besitzergreifung durch den Erwerber genügt, wenn sie **mit Einverständnis des Veräußerers** zur Begründung von Eigenbesitz erfolgt (BGH NJW 1979, 714, 715; *Westermann/Gursky/Eickmann* § 38 Rn 7); fehlt das Einverständnis, so liegt zwar zunächst verbotene Eigenmacht vor, doch kann die Besitzbegründung gem § 185 II 1 genehmigt werden (MüKo/*Oechsler* Rn 66). Die bloße **Gestattung** der Besitzergreifung bewirkt indes noch nicht die Übergabe; vielmehr muss der Erwerber auch tatsächlich seine Sachherrschaft begründet haben (RGZ 153, 257, 261 – Zuschlag bei Versteigerung; Karlsruhe MDR 2005, 1155, 1156 – Übersendung eines Zweitschlüssels für Pkw; *Westermann/Gursky/Eickmann* § 38 Rn 7). Dies ist nicht der Fall, wenn der Veräußerer Mitbesitzer bleibt (BGH NJW 1979, 714, 715; Rn 14).

21 **e) Erkennbarkeit der Besitzveränderung.** Erkennbarkeit der Besitzveränderung als äußeres Kennzeichen der Eigentumsübertragung ist **kein** besonderes **Erfordernis** der Übergabe (Staudinger/*Heinze* Rn 66; MüKo/*Oechsler* Rn 59 mwN); die teilw abw Rspr (vgl RGZ 66, 258, 262; 74, 146, 149; 77, 201, 208) bezieht sich vielmehr auf die Pfandrechtsbestellung, wo andere Maßstäbe als bei § 929 gelten (richtig *Westermann/Gursky/Eickmann* § 38 Rn 6).

22 **4. Geheißerwerb.** In **Erweiterung des Übergabebegriffs** des § 929 ist auch die Möglichkeit des sog Geheißerwerbs anerkannt (BGHZ 36, 56, 60 – Koksfall; BGH NJW 1974, 1132, 1133 mwN). Darunter versteht man die Einschaltung von Geheißpersonen, die zwar Repräsentanten – entweder des Veräußerers oder des Erwerbers – sind, jedoch weder deren Besitzdiener (§ 855) noch Besitzmittler (§ 868), so dass eine Besitzzurechnung ausscheidet (MüKo/*Oechsler* Rn 68; vgl auch ausf Staudinger/*Heinze* Rn 50ff). BGH NJW 1973, 141, 142 – Bügelmaschinenfall – führt hierzu zutr aus, dass eine Übergabe gem § 929 S 1 auch dann vorliegt, wenn der unmittelbare Besitzer (Geheißperson) die Sache auf Anweisung des Veräußerers an den Erwerber übergibt; entscheidend ist auch hier die Besitzverschaffungsmacht des anweisenden Veräußerers (richtig *Westermann/Gursky/Eickmann* § 38 Rn 10). Geheißerwerb auf **Veräußerer- und Erwerberseite** (sog doppelter Geheißerwerb) können zusammentreffen (BGH NJW 1999, 425). Hauptanwendungsfall in der Praxis ist die Übereignung im **Streckengeschäft** (Bsp BGH NJW 1973, 141): Hier liefert der Erstveräußerer auf Weisung des Ersterwerbers (= Zweitveräußerers) an den Zweiterwerber usw, wobei BGH NJW 1986, 1166 davon ausgeht, dass regelmäßig keine unmittelbare Übereignung vom Erstveräußerer auf den Zweit- oder Letzterwerber, sondern jew separate Übereignungen vom Erstveräußerer auf den Ersterwerber und dann von diesem auf den Zweiterwerber usw stattfinden, also jew mit **„Durchgangseigentum"** des Vormanns (vgl auch BGH NJW 1968, 1929, 1932; 1982, 2371; Grü/*Herrler* Rn 20; ausf *Westermann/Gursky/Eickmann* § 38 Rn 11). Zum Scheingeheißerwerb vgl § 932 Rn 2.

23 **5. Einigung über den Wechsel im Eigenbesitz.** Von der Einigung über den Eigentumsübergang (Rn 2) zu unterscheiden ist im Rahmen der Übergabe die Einigung zw Veräußerer und Erwerber, dass der Erwerber nunmehr die Sache als ihm gehörend besitzen soll (MüKo/*Oechsler* Rn 60), dh der Veräußerer muss mit der Begründung des Eigenbesitzes durch den Erwerber einverstanden sein (idS Staudinger/*Heinze* Rn 67ff); dieses Einverständnis ist zur Abgrenzung von der verbotenen Eigenmacht bzw zum Abhandenkommen iSd § 935 bedeutsam (vgl auch Rn 20).

24 **IV. Übereignung nach § 929 S 2.** Ist der Erwerber bereits im (unmittelbaren, mittelbaren oder Mit-)Besitz der Sache, so genügt für den Erwerb die Einigung über den Eigentumsübergang (BGH NJW 2007, 2844; sog *brevi manu traditio*). Insoweit gelten die Ausführungen zu Rn 2. Eine antizipierte Einigung (vor dem Besitzerwerb durch den Erwerber) ist grds möglich (Staudinger/*Heinze* Rn 120), doch besteht kein Bedürfnis (MüKo/*Oechsler*

Rn 87). Nach § 929 S 2 kann auch die Übereignung eines ehemals wesentlichen Bestandteils eines Grundstücks im Rahmen der Verselbständigung der Sache erfolgen (BGH NJW 2006, 990).

25 War der Erwerber bislang **Fremdbesitzer**, so muss der Veräußerer mit dem Wechsel in Eigenbesitz einverstanden sein (MüKo/*Oechsler* Rn 81). Hat bislang der Veräußerer mittelbaren Besitz – was nicht erforderlich ist (BGHZ 56, 123, 130) –, muss er diesen vollständig aufgeben (Staudinger/*Heinze* Rn 124). Hatte er Veräußerer neben dem Erwerber Mitbesitz, kommt ein Erwerb gem § 929 S 2 nur in Betracht, wenn der Mitbesitz des Veräußerers vollständig aufgegeben wird (MüKo/*Oechsler* Rn 84), sonst kommt nur Übereignung gem § 930 in Betracht (§ 930 Rn 3 aE).

26 War der Erwerber bislang **Besitzdiener** des Veräußerers, ist str, ob eine Übereignung nach § 929 S 2 (so MüKo/*Oechsler* Rn 85) oder – weil der Besitzdiener keinen Besitz hat (vgl § 855 Rn 6) – nur nach S 1 (so Staudinger/*Heinze* Rn 125) in Betracht kommt. Geht man davon aus, dass im Rahmen der Übereignung nach § 929 S 2 der Eigentümer/Besitzer gleichzeitig die Besitzdienerstellung des Erwerbers aufhebt (so auch RG WarnRsp 1924 Nr 104), spricht nichts gegen den (einfachen) Weg über S 2 (so auch Hk/*Schulte-Nölke* Rn 30).

27 **V. Anwendungsbereich.** § 929 gilt nur für **bewegliche Sachen**; dazu gehören auch Luftfahrzeuge (dazu *Schölermann/Schmid-Burgk* WM 1990, 1137, 1138). Nichtwesentliche Bestandteile eines Grundstücks (RG JW 1928, 561, 562) und Scheinbestandteile (§ 95) fallen unter § 929 (BeckOK/*Kindl* Rn 7); zur Umwidmung von wesentlichen Bestandteilen zu beweglichen Sachen gem § 929 S 2 (BGHZ 165, 184 – Wasserleitungen im Boden). Für Grundstückszubehör gilt hingegen § 926 (nunmehr teilw aA – auch § 929 S 1, § 926 stelle lediglich einen zusätzl Erwerbstatbestand bereit – Staudinger/*Heinze* Rn 4). Auch Bargeld wird nach §§ 929ff übereignet (BGH NJW 1990, 1913); dasselbe gilt unter Berücksichtigung des § 244 I auch für ausl Geld (*Füllbier* NJW 1990, 2797). Zur Einbringung von Sacheinlagen in GmbH oder AG: BGH GmbHR 2003, 39. Software ist keine Sache, wohl aber der Datenträger, auf dem sie gespeichert ist (BGHZ 102, 135; s § 90 Rn 3); Übermittlung per Internet erfolgt somit nicht gem § 929 (Staudinger/*Heinze* Rn 4b; zu sonstigen virtuellen Gegenständen *Lober/Weber* MMR 2005, 653ff; zu Kryptowährungen Staudinger/*Heinze* Rn 6a; zum Gesetz zur Einführung von elektronischen Wertpapieren *Lehmann* NJW 2021, 2318). Nach § 929 übertragen werden Inhaberpapiere (§§ 793, 805), zB Inhaberaktien (Staudinger/*Heinze* Rn 6b); bei Orderpapieren (zB Namensaktien) ist zusätzl ein durch Indossament bestätigter Begebungsvertrag bzw die Abtretung des verbrieften Rechts erforderlich (BGH NJW 1958, 302); generell nicht vom Sachenrecht erfasst werden Rektapapiere (Staudinger/*Heinze* Rn 6b). Zu Traditionspapieren vgl § 931 Rn 8. Die Übergabe des (früheren) Kfz-Briefs (heute: Zulassungsbescheinigung II) ersetzt nicht die Übergabe des Kfz (BGH NJW 1978, 1854).

28 Auch (getrennte) **Körperteile** und (abgesonderte) -substanzen können gem § 929 übereignet werden (vgl BGHZ 124, 52 – Samenspende-Konserve); allerdings ist das Einverständnis des Trägers des Persönlichkeitsrechts erforderlich (Soergel/*Henssler* Rn 7), bei der Entnahme von Organen gilt § 4 TPG (MüKo/*Oechsler* Rn 14). Der menschliche Leichnam ist dem Rechtsverkehr gänzlich entzogen (Staudinger/*Heinze* Rn 109). Ist das zunächst fortwirkende Persönlichkeitsrecht des Verstorbenen indes erloschen, werden seine sterblichen Überreste verkehrsfähig, sodass an etwa zu Lehrzwecken präparierten menschlichen Körper(teile)n Eigentum begründet werden und bestehen kann (MüKo/*Stresemann* § 90 Rn 31). Trotz § 90a S 1 gilt § 929 wegen § 90a S 3 auch für Tiere (Staudinger/*Heinze* Rn 5).

29 **VI. Anwartschaftsrecht.** Das Anwartschaftsrecht **entsteht** als Folge einer aufschiebend bedingten Übereignung (Rn 6f), sofern die Forderung, deren Erfüllung Bedingung ist, tatsächlich existiert (BGHZ 75, 221, 225), bei beweglichen Sachen erfolgt die **Übertragung analog §§ 929ff** (BGHZ 56, 123, 126; 28, 16, 21f; Staudinger/*Heinze* Rn 7, 36). Hauptanwendungsfall ist der EV (näher § 449). Die Übertragung der Anwartschaft ist allerdings zu unterscheiden (1) von der Übertragung der Rechte aus dem Grundgeschäft, zB aus dem Kauf, sowie (2) von der Übertragung des (angeblichen) Eigentums an der Sache (Rn 31). Was übertragen werden soll, ist Auslegungssache. Steht unter den Beteiligten fest, dass der Veräußerer nicht Eigentümer ist, und ist die sofortige Sicherung des Erwerbers gewollt, liegt eine Übertragung des Anwartschaftsrechts nahe (vgl RGZ 140, 223, 225).

30 Erforderlich sind für die Übertragung des Anwartschaftsrechts (als „wesensgleiches Minus" zum Vollrecht Eigentum) analog § 929 S 1 **Einigung und Übergabe** (vgl zur Übertragung analog § 929 S 2 BGH NJW 2007, 2844); die §§ 930, 931 kommen ebenfalls zur Anwendung (BGHZ 56, 123, 126). Die Zustimmung des Eigentumsvorbehaltsverkäufers ist hierfür nicht erforderlich (BGHZ 20, 88, 93 gegen RGZ 140, 223, 226ff; bestätigend BGHZ 56, 123, 126). Ist dem Vorbehaltskäufer verboten, ohne Zustimmung des Vorbehaltsverkäufers über sein Anwartschaftsrecht zu verfügen, so gilt § 137, nicht §§ 399, 413 (BGHZ 56, 123, 126; BGH NJW 1970, 699; MüKo/*Oechsler* Rn 20).

31 **Überträgt** der Vorbehaltskäufer nicht nur das Anwartschaftsrecht, sondern das dem Vorbehaltsverkäufer gebührende **Eigentum**, ist dies dann wirksam, wenn eine Einwilligung des Eigentümers vorliegt (§ 185 I), die sich auf Verfügungen im ordentlichen Geschäftsverkehr erstreckt (BGH NJW 1989, 895, 896f; vgl auch schon BGH NJW 1969, 1171 zum Widerruf der Einwilligung). Nicht im Rahmen des ordentlichen Geschäftsverkehrs hält sich nach Karlsruhe VersR 1996, 202 im Küchenhandel die Übereignung an einen Leasinggeber im Rahmen eines „Sale-and-lease-back"-Vertrags. Ausreichend ist auch eine Genehmigung des Eigentümers (§ 185 II 1 Alt 1), sofern dieser im Zeitpunkt der Genehmigung noch Verfügungsmacht besitzt (BGH DB 1989, 2598). IÜ kommt gutgläubiger Erwerb gem § 932 I 1 in Betracht (Rn 36).

Als „wesensgleiches Minus“ ist das Anwartschaftsrecht dem Eigentum an der Sache gleichzustellen. Dies gilt auch für § **1120** (vgl BGHZ 35, 85, 88ff) und § **562** (BGH NJW 1965, 1475 zum Vermieterpfandrecht). Keine Rolle spielt, ob der Erwerber des Anwartschaftsrechts die Mittel zur Zahlung des Kaufpreises zur Verfügung gestellt hat. Der Hypothekengläubiger und der Vermieter haben ggü Dritten und dem Grundstückseigentümer bzw Mieter die Stellung, die sie hätten, wenn die Sache Eigentum des Grundeigentümers bzw Mieters wäre. Das Vermieterpfandrecht ist auch ggü den nach einer Raumsicherungsübereignung in die Mieträume unter EV eingebrachten Sachen vorrangig (BGHZ 117, 200, 207; 118, 201, 207; MüKo/*Oechsler* Anh §§ 929–936 Rn 23; abl *Gnamm* NJW 1992, 2806; für Gleichrangigkeit beider Rechte *Weber/Rauscher* NJW 1988, 1571, 1572f). Entwicklungen des Kaufvertrags mit Rückwirkungen auf das Anwartschaftsrecht, ggf sogar dessen Aufhebung (vgl BGHZ 92, 290f), haben indes vorrangige Geltung. 32

Die **Pfändung** des Anwartschaftsrechts erfolgt nach § 857 ZPO; um eine Vollstreckung in die Sache selbst zu ermöglichen, ist nach hM eine Doppelpfändung von Anwartschaftsrecht und Sache möglich und erforderlich (näher § 449 Rn 34). Bestellung eines Nießbrauchs am Anwartschaftsrecht ist möglich (vgl § 1032 Rn 1). 33

Das Anwartschaftsrecht gewährt ein **Recht zum Besitz.** Zu unterscheiden ist zw dem Besitzrecht ggü einem Dritten und ggü dem Eigentumsvorbehaltsverkäufer. Ggü dem Anspruch des Eigentumsvorbehaltsverkäufers aus § 985 gibt der bestehende Kaufvertrag dem Eigentumsvorbehaltskäufer ein Recht zum Besitz, und zwar auch bei Verzug bis zum erklärten Rücktritt (BGHZ 54, 214, 216; BGH NJW 2008, 1803, 1804; Grü/*Herrler* Rn 40). Übereignet der Vorbehaltsverkäufer die aufschiebend bedingt übereignete Sache weiter gem §§ 929, 931, so gilt das Besitzrecht gem § 986 II auch ggü dem Dritterwerber; Gleiches gilt nach hM auch im Falle der Weiterveräußerung gem §§ 929, 930 (BGHZ 111, 142, 146; Grü/*Herrler* Rn 40; ausf *Zeranski* AcP 203, 693, 705ff). Hat umgekehrt der Vorbehaltsverkäufer die zuerst gem § 930 (sicherungs-)übereignete Sache an einen gutgläubigen Käufer aufschiebend bedingt übereignet, so ist die Rechtslage str; BGHZ 10, 69, 71 hat ein Besitzrecht ggü dem (Sicherungs-)Eigentümer noch abgelehnt, indes die *dolo-agit*-Einrede gem § 242 gestattet; Karlsruhe (NJW 1966, 885f) hat dem Anwartschaftsberechtigten ggü dem Sicherungseigentümer ein Recht zum Besitz gewährt (so auch *Baur/Stürner* § 59 Rn 47; aA *Medicus/Petersen* BürgR Rn 465; *Zeranski* AcP 203, 693, 726); vgl auch § 986 Rn 37. 34

Bei **Verletzung** des Anwartschaftsrechts ist § 823 I anwendbar (BGHZ 55, 20); zum Umfang des Schadensersatzanspruchs vgl BGHZ 55, 20. Haftungsgrundsätze zu § 932 (vgl § 932 Rn 27) gelten auch hier (Celle BB 1960, 1183). Zum Schutz des Anwartschaftsrechts s auch *Müller-Laube* JuS 1993, 529. 35

Gutgläubiger Erwerb des Anwartschaftsrechts (zu unterscheiden vom gutgläubigen Erwerb des Eigentums bei Verfügung durch den Anwartschaftsberechtigten als Nichtberechtigten, dazu Rn 31) ist **nicht** möglich, soweit das **Anwartschaftsrecht nicht besteht**, weil zB der Kaufvertrag ungültig oder das urspr Anwartschaftsrecht durch Rücktritt vom Kaufvertrag untergegangen ist. Wohl aber ist gutgläubiger Erwerb eines **bestehenden Anwartschaftsrechts durch einen Nichtberechtigten** möglich, zB bei doppelter Veräußerung des Anwartschaftsrechts durch den Eigentumsvorbehaltskäufer oder durch einen Dritten. Veräußert ein Nichtberechtigter das Eigentum unter Eigentumsvorbehalt, erwirbt der Gutgläubige das Anwartschaftsrecht nach §§ 932ff (sog gutgläubiger Ersterwerb, MüKo/*Oechsler* § 932 Rn 19; vgl zum Zeitpunkt der Gutgläubigkeit BGHZ 30, 374, 380). 36

VII. Einzelfälle. Einwurf der richtigen Geldmünzen in einen **Verkaufsautomaten** führt zum Eigentumserwerb (Staudinger/*Heinze* Rn 94; vgl auch RGSt 35, 115; 58, 49); hingegen nicht die Benutzung einer EC-Karte durch einen Nichtberechtigten beim **Geldautomaten** (BGH NJW 1988, 979, 980; BGHSt 35, 152, 161ff). Beim **Tanken** an einer Selbstbedienungstankstelle wird stillschw ein Eigentumsvorbehalt bis zur Bezahlung vereinbart (Grü/*Ellenberger* § 145 Rn 8 aE; Grü/*Herrler* Rn 27; *Faust* JuS 2011, 929, 931; aus der strafrechtl Rspr: Hamm NStZ 1983, 266; aA Düsseldorf NStZ 1982, 249; zum Zeitpunkt des Kaufvertragsabschlusses BGH NJW 2011, 2871). Gegenseitige Verträge sind nach § 320 I 1 mangels abw Parteivereinbarung Zug um Zug abzuwickeln; der Verkäufer ist also vor Kaufpreiszahlung nicht verpflichtet, unbedingt zu übereignen (BeckOK/*Faust* § 449 Rn 8, 12). Aus der nach §§ 133, 157 maßgeblichen Sicht eines verständigen, redlichen Käufers besteht kein Grund zu der Annahme, dass der Verkäufer über den Besitz am Kraftstoff hinaus auch das Eigentum daran schon übertragen will, bevor der Käufer den Kaufpreis zahlt; zum gesetzl Eigentumserwerb in diesen Fällen vgl § 948 Rn 6. Beim Warenkauf im **Supermarkt** erfolgt die Einigung über den Eigentumserwerb – wie auch die Einigung über den Kaufvertrag selbst – idR an der Kasse zeitgleich mit der Bezahlung. Das gilt auch dann, wenn man in der Warenauslage des Verkäufers bereits ein bindendes (Verkaufs-)Angebot sehen wollte (so Grü/*Ellenberger* § 145 Rn 8; aA § 145 Rn 10; rechtsvergleichend *J. Schmidt* Der Vertragsschluss, 2013, 211ff), da der Kunde seine Willenserklärung nach der Verkehrsauffassung erst an der Kasse abgibt und nicht schon dadurch, dass er die Ware in seinen Korb legt. 37

Eigentumsübertragung zw **Ehegatten** ist, wenn die Sachen im Mitbesitz stehen, zwar nicht nach § 929, wohl aber nach § 930 möglich (vgl BGHZ 73, 253). Nach § 1357 I angeschaffter Hausrat wird nicht schon kraft Gesetzes Miteigentum, vielmehr erfolgt dies erst durch die Begründung von Mitbesitz (§ 929 S 1; BGH NJW 1991, 2283, 2284). Sonderregelung für Haushaltsgegenstände in § 1370. Zur Eigentumszuordnung bei **nichtehelichen Lebensgemeinschaften** s Hamm NJW 1989, 909; aA Staudinger/*Heinze* Rn 105. 38

Ob **Geld**, das dem Beauftragten zum Zweck der Geschäftsbesorgung übergeben wird, sein Eigentum wird, ist Auslegungsfrage (RGZ 101, 307, 308). Für den Übereignungswillen spricht, dass Geld beliebig auswechselbar ist und der nicht besitzende Geldeigentümer nur schwach geschützt ist (*Kaser* AcP 143, 1ff). Bei bestimmter Summe zu bestimmtem Zweck nimmt RG Gruchot 53, 1042 an, dass Eigentumsübertragungswille nicht besteht; 39

ebenso RGSt Warn Rspr 1918, 117; anders RG Recht 1914, 2799 für Einkaufskommission. Haushaltsgeld wird im Zweifel zweckgebundenes Treuhandeigentum des haushaltsführenden Ehegatten (BGH NJW 1986, 1869).

40 Zu den Eigentumsverhältnissen von **Leergut** im Getränkezwischenhandel s *Martinek* JuS 1989, 268ff.

41 Sonderregelung für **Schiffe** vgl § 929a.

42 Mit Übergabe der **Schlüssel** einer Wohnung kann der Besitz an dieser und an den dort befindlichen Sachen übergehen (BGH NJW 1979, 714; dort auch zur Zurückbehaltung eines Schlüssels).

43 Beim **Versendungskauf** (dazu auch *Westermann/Gursky/Eickmann* § 37 Rn 5) ist die Absendung der Ware Offerte des Verkäufers zur Einigung (RGZ 108, 25) und zwar, falls nicht zuvor – schuldrechtl – ein EV vereinbart wurde, als Angebot zur unbedingten Übereignung (BGH NJW 1979, 214). Zur Wirksamkeit eines bei der Lieferung erklärten – vertragswidrigen – Eigentumsvorbehalts vgl Rn 4. Die Abnahme der Ware wird idR zugleich Annahme als Eigentum bedeuten, möglich ist aber ein anderer Wille des Empfängers (RG LZ 1914, 857). Überwiegend wird aber Trennung von Abnahme iSd § 433 und Annahme iSd § 929 als Regelfall angesehen, wobei der Empfänger seinen Willen, die Sache als Eigentum zu behalten, nochmals kundtun muss. Konkludente Erklärung, uU auch Stillschweigen genügt (RGZ 108, 25, 27; SeuffA 62, 230; Staudinger/*Heinze* Rn 114). Nach RGZ 108, 25 soll auch der Verlust des Rügerechts nach § 377 HGB noch nicht automatisch zum Eigentumserwerb des Käufers führen (ähnl RG SeuffA 50, 260). Eigentumsübertragung vor Empfang der Ware durch Erwerber setzt entweder Stellvertretung durch den Frachtführer für den Empfänger (RGZ 84, 320, 322; 102, 38, 39) oder Besitzmittlerstellung des Frachtführers zugunsten des Empfängers voraus (vgl BGH NJW 1968, 1929, 1932). Das ist aber idR nicht der Fall (aA für den Fall vorheriger Zahlung *Joerges* JW 1921, 329); zutr ist Annahme eines Besitzkonstituts bei Absendung namens des Käufers, auf die Aushändigung der Ware kommt es dann nicht an (RG LZ 1921, 337).

44 Bewegliche Gegenstände, die Eltern mit **Mitteln des Kindes** für dieses erwerben, werden gem § 1646 I ohne Durchgangserwerb der Eltern Eigentum des Kindes. Verwenden die Eltern teilw eigene Mittel, wird das Kind im Verhältnis seines Anteils Miteigentümer (RGZ 152, 349, 355; Staudinger/*Heinze* Rn 107).

45 Zur Übereignung des Inhalts eines **Schrankfachs** vgl *Werner* JuS 1980, 175. Zu den Besitzverhältnissen vgl § 854 Rn 4.

§ 929a Einigung bei nicht eingetragenem Seeschiff

(1) Zur Übertragung des Eigentums an einem Seeschiff, das nicht im Schiffsregister eingetragen ist, oder an einem Anteil an einem solchen Schiff ist die Übergabe nicht erforderlich, wenn der Eigentümer und der Erwerber darüber einig sind, dass das Eigentum sofort übergehen soll.

(2) Jeder Teil kann verlangen, dass ihm auf seine Kosten eine öffentlich beglaubigte Urkunde über die Veräußerung erteilt wird.

1 **1. Überblick.** § 929a (und § 932a) gilt nur für **nicht eingetragene Seeschiffe** und Anteile an diesen; für eingetragene Seeschiffe, Binnenschiffe und Schiffsbauwerke gilt das SchiffsRG (Rn 6); nicht eingetragene Binnenschiffe und Schiffsbauwerke werden gem §§ 929ff, § 366 HGB übereignet (ohne §§ 929a, 932a). Dies gilt auch für Schiffswracks (Staudinger/*Heinze* Rn 4). Die eingetragene Schiffspart, dh der Miteigentumsanteil am Vermögen einer Partenreederei (str; wie hier Grü/*Herrler* Rn 1; Staudinger/*Heinze* Rn 2), geht für Altfälle gem Art 71 EGHGB nach § 503 HGB aF durch Einigung und Eintragung im Schiffsregister über (vgl auch BGH MDR 1969, 556); neue Partenreedereien können hingegen nicht mehr errichtet werden. Hiervon zu unterscheiden ist das Miteigentum (§ 1008) als Bruchteilseigentum (§§ 741ff) an einem Seeschiff.

2 Das Seeschiff unterscheidet sich vom Binnenschiff durch seine Bestimmung zur Seefahrt; wo obj Unterscheidung nicht möglich ist, entscheidet die aktuelle Verwendung (Hamburg MDR 1960, 316) und damit der Wille des Eigentümers.

3 § 929a ist durch Art 2 Nr 15, 16 DVO zum Gesetz über Rechte an Schiffen v 21.12.1940 (RGBl I 1609) eingefügt und entspricht § 474 HGB aF. Die Vorschrift bezweckt, eine Möglichkeit zu schaffen, nicht eingetragene Seeschiffe ohne besitzrechtl Veränderung zu übereignen. So soll der besonderen Lage (weite Entfernung vom Eigentümer, Notwendigkeit schneller Veräußerung) Rechnung getragen werden.

4 **2. Voraussetzungen.** Das Seeschiff darf nicht im Schiffsregister eingetragen sein. Auf den Grund der Nichteintragung (zB Eintragungsunfähigkeit) kommt es nicht an. Die Einigung entspricht der in § 929. Sofort bedeutet, dass die Parteien den Eigentumsübergang ohne jede besitzrechtl Veränderung vollziehen wollen. Insoweit bedarf es einer weiteren Willensübereinkunft darüber, dass der Eigentumsübergang ohne weitere Voraussetzung wie etwa eine Übergabe bzw ein Übergabesurrogat auf den Erwerber übergehen soll (sog. doppelte Einigung; BGH NJW 1995, 2097, 2078). Allerdings braucht der Erfolg iSd Vollrechtserwerbs nicht als sofortiger gewollt zu sein; daher ist auch bedingte Einigung zulässig (BGH BB 1958, 676). § 929a gilt nur für die Eigentumsübertragung, nicht für Verpfändung und Nießbrauchbestellung; insoweit gelten die allg Vorschriften, also Einigung und Übergabe (vgl §§ 1030ff, 1204ff). Zum IPR s BGH NJW 1995, 2097 = JZ 1995, 784 m Anm *Stoll* (Recht des Heimathafens).

5 Nach Abs II kann jede Vertragspartei verlangen, dass ihr eine **öffentlich beglaubigte Urkunde** (§ 129) über die Veräußerung erteilt wird. Diese Urkunde dient vor allem Beweiszwecken und hat daher keine konstitutive Wir-

kung (MüKo/*Oechsler* Rn 6), Ausstellung und Übergabe können indes zur Bedingung der Einigung gemacht werden (Grü/*Herrler* Rn 5).

3. Schiffssachenrecht. Für **eingetragene See- und Binnenschiffe und Schiffsbauwerke** gilt ein besonderes Schiffssachenrecht, und zwar formelles (SchRegO idF v 26.5.1994, BGBl I 1994, 1133, dazu DVO v 30.11.1994, BGBl I 1994, 3631), und materielles Recht (SchiffsRG v 15.11.1940, RGBl I 1499). Das Register ist dem Grundbuch nachgebildet. Das materielle Schiffssachenrecht enthält insb Sondervorschriften für die Belastung: Möglich sind bei Schiffen nur Hypothek, Nießbrauch nur als Teil eines Vermögensnießbrauchs; Schiffsbauwerke können nur mit Hypotheken belastet werden. Die Schiffshypothek ist, mit Abweichungen im Einzelnen, dem Grundpfandrecht nachgebildet. Für die Übereignung ist zu unterscheiden: für Binnenschiffe und Schiffsbauwerke sind Einigung und Eintragung nötig (entspr § 873); für Seeschiffe genügt schlichte Einigung, also auch hier Verzicht auf jede „Verlautbarungsänderung". 6

§ 930 Besitzkonstitut

Ist der Eigentümer im Besitz der Sache, so kann die Übergabe dadurch ersetzt werden, dass zwischen ihm und dem Erwerber ein Rechtsverhältnis vereinbart wird, vermöge dessen der Erwerber den mittelbaren Besitz erlangt.

1. Grundsätzliches. § 930 bezweckt, Eigentumsübertragungen ohne Veränderung des unmittelbaren Besitzes an der Sache zu ermöglichen; dadurch wird zum einen der Verkehr erleichtert (BGHZ 73, 253), zum anderen die Möglichkeit zur Nutzung des Eigentums einerseits und als Sicherungsmittel andererseits gegeben. Hauptanwendungsfall des § 930 ist die Sicherungsübereignung. Mittels der Gleichstellung von mittelbarem und unmittelbarem Besitz (vgl § 868 Rn 3), hält das Gesetz in § 930 indes an dem allg Übereignungssystem fest: Einigung als Willensmoment und ein besitzrechtl Moment als tatsächlicher Vollzug der Übereignung (= Übergabesurrogat). Auf die Offenkundigkeit der Rechtsänderung für Dritte wird in § 930 bewusst verzichtet (Staudinger/*Heinze* Rn 2). § 930 gilt für bewegliche Sachen aller Art (Staudinger/*Heinze* Rn 6). 1

2. Voraussetzungen. a) Einigung. Für die Einigung gilt nichts Besonderes. Auch § 930 verlangt einen Willen zur Änderung der dinglichen Rechtslage (vgl § 929 Rn 2). § 930 ist daher vom Fall des Aufschubs der Übereignung zu unterscheiden (vgl den Sachverhalt in RG SeuffA 78, 221 – Verwahrung der vom Veräußerer hergestellten Möbel). Besondere Bedeutung kommt hier insb dem **Bestimmtheitsgrundsatz** zu (dazu näher § 929 Rn 3). 2

b) Veräußerer ist Eigenbesitzer. Der Veräußerer muss Eigenbesitzer der Sache sein, und zwar **im Zeitpunkt des Eigentumsübergangs**, dh im Zeitpunkt der Begründung des Besitzmittlungsverhältnisses (MüKo/*Oechsler* Rn 8). Bei aufschiebend bedingter Übereignung muss der Besitz des Veräußerers (noch) im Augenblick des Bedingungseintritts vorliegen (Staudinger/*Heinze* Rn 8); dagegen automatischer Rückfall des Eigentums ohne Rücksicht auf Besitz bei auflösender Bedingung. Zur vorweggenommenen Besitzmittlungsvereinbarung vgl Rn 6. **Mittelbarer Besitz** genügt (BGHZ 111, 142, 145; Soergel/*Henssler* Rn 7); in diesem Fall hat der Veräußerer die Wahl zw Übereignung nach § 929 S 1, § 930 oder nach § 931. Wird nach § 930 übereignet (s auch Rn 4), so wird der Veräußerer erststufiger mittelbarer Fremdbesitzer und der Erwerber zweitstufiger mittelbarer Eigenbesitzer; der unmittelbare Fremdbesitzer wird nicht eingebunden und braucht vom Eigentumsübergang auch überhaupt keine Kenntnis zu haben (BGH NJW 1964, 398; NJW-RR 1998, 1661 – Kälberfall). Auch Mitbesitz des Veräußerers kann genügen (RGZ 139, 114, 117; BGHZ 75, 253; MüKo/*Oechsler* Rn 8). Bei **Mitbesitz** zw Veräußerer und Erwerber reicht es aus, dass der Veräußerer den unmittelbaren Mitbesitz als Besitzmittler des Erwerbers ausübt, der somit zum mittelbaren Besitzer wird (Staudinger/*Heinze* Rn 10); speziell zu Ehegatten BGHZ 73, 253; vgl weiter BGH NJW 1989, 2542 (Eltern-Kind). 3

c) Besitzkonstitut. An die Stelle der Übergabe des § 929 S 1 tritt die **Schaffung eines Besitzmittlungsverhältnisses** (= Besitzkonstitut) zw Veräußerer und Erwerber (vgl Staudinger/*Heinze* Rn 11), das auch stillschweigend (konkludent) vereinbart werden kann (etwa durch Zusendung der Zulassungsbescheinigung Teil II – früher: Kfz-Brief – Grü/*Herrler* Rn 9 im Anschluss an *Frahm/Würdinger* JuS 2008, 14). Über dessen Inhalt besteht Streit; allein der Wille, für einen anderen besitzen zu wollen, ohne dass dem ein individuelles Rechtsverhältnis mit einzelnen Rechten und Pflichten zugrunde liegt, soll nach hM nicht ausreichen (vgl auch § 868 Rn 4); gefordert wird vielmehr ein konkretes Besitzmittlungsverhältnis (Karlsruhe MDR 2005, 1155, 1156; Grü/*Herrler* Rn 8). Die Gegenauffassung verweist allerdings darauf, dass das abstrakte Besitzkonstitut – Wille des Veräußerers, für den Erwerber besitzen zu wollen – besitzrechtl ausreiche (Staudinger/*Heinze* Rn 18ff); indes müsse ein Herausgabeanspruch hinzutreten, der nicht aus dem Besitzkonstitut folgt, sondern aus einem individuellen (konkreten) Rechtsverhältnis, das zw Veräußerer und Erwerber begründet werde (Leihe, Verwahrung, Miete usw), vgl MüKo/*Oechsler* Rn 9ff. Daher besteht i Erg zw beiden Auffassungen kein praxisrelevanter Streit. Insb genügt neben den in § 868 aufgezählten Besitzmittlungsverhältnissen für den Fall der Sicherungsübereignung auch eine **Sicherungsabrede** (noch offenlassend BGH NJW 1979, 2308f), sofern darin (auch konkludent) vereinbart ist, dass der Sicherungsgeber (Veräußerer) den unmittelbaren Besitz des Sicherungsgutes behält und dieses – vorbehaltlich einer Verwertung im Sicherungsfall – auch nutzen darf (so auch BGH NJW-RR 2005, 280, 281). Ausreichend ist zB auch die Vereinbarung, dass der Erwerber anstelle des Veräußerers ggü dem unmittelbaren Besitzer die laufenden Kosten, bei Tieren zB die Unterbringungs- und Fütterungskosten, übernimmt, wodurch sich der mittelbare Eigenbesitz des Veräußerers in mittelbaren Fremdbesitz umwandelt (vgl BGH NJW-RR 1998, 1661 m zust Anm *Medicus* EWiR 1999, 57; sowie oben Rn 3). Unschädlich ist, wenn das Besitzmittlungsverhält- 4 nis **unwirksam** ist (BGH NJW 1955, 499; Staudinger/*Heinze* Rn 13), sofern nur ein Fremdbesitzerwille des Veräußerers und irgendein Herausgabeanspruch des Erwerbers gegeben sind (Hk/*Schultke-Nölke* Rn 5; aA, nur Herausgabebereitschaft des Besitzmittlers, BeckOK/*Kindl* Rn 6).

5 Ein **gesetzl Besitzmittlungsverhältnis** reicht trotz des Wortlauts von § 930 („vereinbart") immer dann aus, wenn die Beteiligten die Rechtsfolge des Eigentumsübergangs wollten (vgl RGZ 108, 122 = JW 1925, 352 mit Anm *Wieruszowski*; Staudinger/*Heinze* Rn 26); der BGH hat diesen „Kunstgriff" für den Fall der **elterlichen Sorge** (BGH NJW 1989, 2542, 2543f) und der **Ehe** (BGHZ 73, 253, 257; BGH NJW 1992, 1162, 1163 betr Hausrat) anerkannt (vgl auch MüKo/*Oechsler* Rn 34).

6 Da Einigung und Besitzveränderungstatbestand nach allg Grundsätzen zeitl auseinanderfallen können (vgl § 929 Rn 1), kann die Einigung auch im Rahmen des § 930 schon zu einem Zeitpunkt erfolgen, in dem der Veräußerer noch nicht Besitzer (und auch noch nicht Eigentümer) ist, sog **antizipiertes Besitzkonstitut** (BGH NJW 1994, 133, 134). Erforderlich ist, dass der Wille auf eine für die Zukunft wirksame Übereignung geht. Im Zeitpunkt der Einigung braucht sich die Vorstellung der Parteien nicht schon auf konkrete, individuell bestimmte Sachen zu richten, die Einigung muss nur so sein, dass im Zeitpunkt des Eigentumsübergangs klar erkennbar ist, welche Gegenstände übereignet sind (sog Bestimmtheitsgrundsatz; BGH WM 1966, 94, 95; NJW 1991, 2144, 2146; *Westermann/Gursky/Eickmann* § 39 Rn 12; vgl im Rahmen der Sicherungsübereignung näher Anh § 931 Rn 9ff). Da das antizipierte Besitzkonstitut keine Bindungswirkung entfaltet, sondern untergeht, sofern der spätere Besitzer seinen Besitzwillen tatsächlich verändert (BGH NJW 1978, 696, 697; MüKo/*Oechsler* Rn 26), muss der Veräußerer im Zeitpunkt der Besitzbegründung (zB der Entstehung der künftigen Sache oder des Erwerbs der zu beschaffenden Sache) noch den Besitzmittlungswillen haben (BGHZ 7, 111, 115; Staudinger/*Heinze* Rn 33), was allerdings vermutet wird, sofern das Gegenteil nicht erkennbar vorliegt (also keine insgeheime Willensänderung; BGH WM 1977, 218; Düsseldorf ZMR 1999, 474). Eine zusätzl „Ausführungshandlung" – wie sie früher verlangt wurde (vgl etwa RGZ 73, 415, 418; 140, 223, 231; offenlassend BGH NJW 1964, 398) – ist daher nach heute hM nicht erforderlich (MüKo/*Oechsler* Rn 25; Hk/*Schultke-Nölke* Rn 6). **Ergebnis** des vorweggenommenen Besitzkonstituts ist automatischer Anfall des Eigentums an den Erwerber, sobald der Veräußerer Eigentümer und Besitzer geworden ist. Zunächst wird aber der Veräußerer – im Gegensatz zum Geschäft mit dem, den es angeht (vgl dazu § 929 Rn 11) – für die sog „logische Sekunde" **Durchgangseigentümer** mit den eventuellen Folgen aus §§ 562, 1120 usw (vgl RGZ 140, 223, 225; MüKo/*Oechsler* Rn 27).

7 **d) Stellvertretung.** Da die Einigung und die Vereinbarung des Besitzkonstituts als Rechtsgeschäft Stellvertretung zulassen, kann der Veräußerer auch **mit sich selbst** als Vertreter des Erwerbers (BGH NJW 1989, 2542, 2543 – schenkweise Übereignung zw Eltern und Kind) oder als Vertreter beider Parteien (vgl RGZ 86, 262), durch **Besitzkonstitut** nach § 930 Eigentum übertragen, sofern § 181 das zulässt (heute unstr; MüKo/*Oechsler* Rn 28ff). Erforderlich ist aber, dass der Wille, Besitz und Eigentum zu übertragen, nach außen deutlich geäußert wird (vgl BGH NJW 1989, 2542, 2544 und § 868 Rn 9). Auch hier findet ein Durchgangserwerb (vgl. Rn 6) statt (Hk/*Schultke-Nölke* Rn 7).

§ 931 Abtretung des Herausgabeanspruchs

Ist ein Dritter im Besitz der Sache, so kann die Übergabe dadurch ersetzt werden, dass der Eigentümer dem Erwerber den Anspruch auf Herausgabe der Sache abtritt.

1 **1. Grundsätzliches.** § 931 stellt eine weitere Form der Eigentumsübertragung ohne Veränderung des unmittelbaren Besitzes dar. Die Abtretung des Herausgabeanspruchs ersetzt hier die Übergabe. Die Einigung entspricht § 929. Einigung und Abtretung sind dogmatisch zu unterscheiden, fallen praktisch indes häufig zusammen: Wird die Übereignung erklärt und sind sich die Beteiligten des Besitzes des Dritten bewusst, so ist zugleich von einer stillschweigend erklärten Abtretung auszugehen (vgl RG JW 1910, 184; RGZ 135, 85, 88ff; *Westermann/Gursky/Eickmann* § 40 Rn 10 und unten Rn 4). Aber auch umgekehrt kann in der erklärten Abtretung auch stillschw die Einigung enthalten sein (Staudinger/*Heinze* Rn 11) und zwar selbst dann, wenn die Parteien irrig angenommen haben, das Eigentum sei schon mit Kaufpreiszahlung übergegangen (vgl BGH WM 1968, 1144). Da eine Übereignung nach § 931 auch möglich ist, wenn der Veräußerer nicht mittelbarer Besitzer ist (Rn 4), lässt § 931 eine Übereignung auch schon durch bloße Einigung zu.

2 **2. Unmittelbarer Besitz eines Dritten.** Voraussetzung ist **unmittelbarer Besitz eines Dritten**, sei es Eigen- oder Fremdbesitz (MüKo/*Oechsler* Rn 8). Ist der Veräußerer unmittelbarer Besitzer, kommt nur eine Übereignung nach § 930 oder § 929 in Betracht (vgl RGZ 143, 275), bei mittelbarem Besitz sind alternativ §§ 929, 930, 931 anwendbar. Bei **besitzlosen Sachen** (zB gesunkenes Schiffswrack) ist § 931 entspr anwendbar, so dass schlichte Einigung ausreicht (Staudinger/*Heinze* Rn 17; Grü/*Herrler* Rn 2; *Avenarius* JZ 1994, 511; dagegen Hamburg Recht 1918, 1536 für Sachen, an denen infolge ihrer Lage Besitz ausgeschlossen ist).

3 **3. Herausgabeanspruch.** § 931 geht davon aus, dass dem Veräußerer ein **Herausgabeanspruch** aus einem (rechtsgeschäftlichen) **Besitzmittlungsverhältnis** gem § 870, aus **Gesetz** (§§ 861, 812, 823) (Staudinger/*Heinze* Rn 11) oder aus einem vertragl Rückabwicklungsverhältnis (MüKo/*Oechsler* Rn 15) zusteht, hingegen nicht gem § 985, da dieser Anspruch nicht abtretbar ist (Rn 4 und § 985 Rn 9). Der Anspruch muss ein Herausgabeverlangen bzw eine Inbesitznahme ermöglichen; ein Recht auf bloße Vorlage reicht nicht aus (RGZ 69, 36, 43). Zur Übertragung von Miteigentum genügt der Anspruch auf Herausgabe gegen den Miteigentümer (RGZ 69, 36,

40). Einredefreiheit ist nicht erforderlich; daher kann auch der Vorbehaltsverkäufer – trotz des Anwartschaftsrechts des Käufers – sein Eigentum gem § 931 übertragen; der Erwerber erwirbt das Eigentum indes auflösend bedingt (so auch MüKo/*Oechsler* Rn 15). Zukünftiger Anspruch genügt (näher Rn 7). Nicht erforderlich ist, dass dem Erwerber die Person, gegen die sich der Herausgabeanspruch richtet, bekannt ist (BGH NJW 1994, 133). S auch *Bielefeld* ZfPW 2021, 457.

Ist der Veräußerer **mittelbarer Besitzer**, so muss er seine Beziehung zum unmittelbaren Besitzer vollständig lösen, und zwar in der Weise, dass an den Erwerber der Anspruch aus § 870 abgetreten wird (BGH NJW 1959, 1536, 1538; Hk/*Schultke-Nölke* Rn 3). Ist der Eigentümer nicht einmal mittelbarer Besitzer und steht ihm gegen den besitzenden Dritten allein ein Anspruch aus § 985 zu, der nicht isoliert abgetreten werden kann (überzeugend MüKo/*Oechsler* Rn 11), erfolgt die Übereignung nach § 931 **allein** durch die **dingliche Einigung** (Staudinger/*Heinze* Rn 14; Soergel/*Henssler* Rn 10 aE mwN; zu Unrecht wird BGH WM 1964, 426, 427 verbreitet für die Gegenposition zitiert). Das gilt erst recht dann, wenn der Dritte ein Recht zum Besitz hat, wie beim Erwerb des bösgläubigen Dritten von demjenigen, der aufgrund relativer Verfügungsbeschränkung (§§ 135, 136) Nichtberechtigter ist (BGH NJW 1990, 2459f). 4

4. Abtretung des Herausgabeanspruchs. Die **Abtretung** erfolgt gem §§ 398ff, ist also formlos (auch konkludent, vgl RGZ 135, 85, 88), und ohne Mitwirkung oder Benachrichtigung des unmittelbaren Besitzers als Schuldner möglich; der **Schuldner** wird gem §§ 404ff im Hinblick auf den Anspruch aus dem Besitzmittlungsverhältnis, im Hinblick auf den dinglichen Anspruch gem § 986 II, § 936 III geschützt (Staudinger/*Heinze* Rn 30). Die Anforderungen an die Abtretung sind bei feststehendem Willen, Eigentum zu übertragen, gering (vgl Rn 1). Der Ausdruck des Willens, die Einwirkung auf den Besitzer der Sachen zugunsten des Erwerbers aufzugeben, genügt; ebenso die Erklärung, der Grundschuldbrief solle vom Notar dem Erwerber ausgehändigt werden (RG WarnRspr 1935, 22), oder der Erwerber solle den Brief herausverlangen (RGZ 85, 431, 433). Dagegen ist die Bevollmächtigung des Spediteurs zur Empfangnahme der Waren noch keine Abtretung des Herausgabeanspruchs (Dresden JW 1934, 2723). Abtretung ist auch in **AGB** möglich, falls in ihnen sofortiger Vollzugswille mit genügender Bestimmtheit ausgedrückt ist. RGZ 135, 85, 88 nahm dabei die Vollendung der Abtretung durch spätere Urkundenaushändigung an. Ein vertragl Abtretungsverbot (§ 399 Alt 2) ist gem § 137 (nur) dann unwirksam, wenn das Eigentum lediglich **nach §§ 929, 931 übertragen werden kann**, das Abtretungsverbot also wie ein Ausschluss der Verfügung über das Eigentum wirken würde (Düsseldorf WM 1970, 765, 766 – Unmöglichkeit der physischen Herausgabe infolge sowjetischer Besatzung; Staudinger/*Heinze* Rn 23; aA § 137 S 1 greife wegen § 399 Alt 2 generell nicht: MüKo/*Oechsler* Rn 20). 5

Die Einigung muss sich auf eine **bestimmte Sache** beziehen. Es kommt also nicht darauf an, dass der Herausgabeanspruch selbst genügend bestimmt ist, sondern die Gegenstände, auf die sich der Herausgabeanspruch bezieht, müssen ausreichend bestimmt sein (vgl BGH WM 1969, 242 = LM Nr 7 zu § 931). Bei Sachgesamtheiten ist also Individualisierung, nicht aber Aufzählung aller Sachen nötig (RGZ 52, 385); bei Übereignung des gesamten Lagers genügt dessen Bezeichnung (RGZ 132, 183, 188); auch spätere Bestimmung der zunächst nicht im Einzelnen bestimmten Gegenstände ist ausreichend; für die Abtretung genügt mengenmäßige Bezeichnung und Bezeichnung des Warenlagers nach Ort und Inhaber. Wird ein Anspruch des Veräußerers auf eine noch nicht konkretisierte Teilmenge abgetreten, so erfolgt der Eigentumsübergang erst mit der Aussonderung (BGH NJW 1982, 2371; *Westermann/Gursky/Eickmann* § 40 Rn 9). Nach Köln VersR 1993, 379 genügt bei einem Vollstreckungstitel „Verurteilung zur Zahlung Zug-um-Zug gegen Übereignung" nur ausnahmsw die Abtretung des Herausgabeanspruchs nach § 931 als Gegenleistung und sind dann an die Abtretung besondere Anforderungen zu stellen. Vgl auch noch Anh § 931 Rn 9ff. 6

5. Abtretung künftiger Ansprüche. Die Abtretung **zukünftiger Ansprüche** ist möglich, sofern der Bestimmtheitsgrundsatz gewahrt ist. Automatisch mit Entstehung des Anspruchs geht dieser und – sofern die Einigung erfolgt ist – damit auch das Eigentum über. Die Einigung muss allerdings in diesem Zeitpunkt noch fortbestehen (BGH LM Nr 7 zu § 931); es gelten die gleichen Grundsätze wie bei § 930 (§ 930 Rn 6). Bei Doppelabtretung des Herausgabeanspruchs entscheidet daher die Priorität nur dann, wenn die Einigung bei Anspruchsentstehung nicht wirksam widerrufen ist (Grü/*Herrler* Rn 5; Staudinger/*Heinze* Rn 28). Der Konsens im Hinblick auf § 398 muss indes nicht mehr fortbestehen (BGH NJW-RR 2010, 192; vgl auch § 398 Rn 11). 7

6. Traditionspapiere. Die **Übergabe von Traditionspapieren** ist eine unabhängig neben § 931 stehende Art der Übereignung; eine für die besondere Traditionswirkung nicht ausreichende Übertragung kann unter § 931 fallen, so für die Abtretung der Rechte aus dem Konossement (RG 119, 215; vgl aber BGH LM Nr 1); für ein ungültiges Indossament beim Lagerschein mit Stützung auf § 140 RG SeuffA 67, 83. Neben der Übergabe der Traditionspapiere als Übergabemittel bleiben die übrigen Formen der Übereignung der Ware, auf die sich das Traditionspapier bezieht, anwendbar. Indes ist auch für die Übereignung nach § 931 die Übergabe des Papiers erforderlich, weil der Anspruch auf Herausgabe im Papier verbrieft und mit ihm untrennbar in der Form verbunden ist, dass der Anspruch nicht ohne Übergabe des Papiers abtretbar ist (BGH LM Nr 1 zu § 931; BGHZ 49, 160, 163; RGZ 119, 215, 217; Staudinger/*Heinze* Rn 37). Dabei ist es bedeutungslos, ob der Abtretungsempfänger vom Vorhandensein des Traditionspapiers weiß oder nicht. Auch § 934 ändert daran nichts (ausf dazu *Schnauder* NJW 1991, 1642ff; *Westermann/Gursky/Eickmann* § 41 Rn 3f). Umgekehrt ist nach der herrschenden Repräsentationstheorie (RGZ 119, 215, 218; BGHZ 40, 160, 163) die Eigentumsübertragung an abhanden gekommenen Sachen allein mittels Übergabe der Traditionspapiere nicht möglich (BGHZ 68, 18 – Seekonnossement; vgl auch BGH NJW 1958, 1485; *Glaser* NJW 1958, 451; krit MüKo/*Oechsler* Rn 23 mwN). 8

9 **Übergabe der nicht zu den Traditionspapieren gehörenden Urkunde** kann Erklärung der Abtretung bedeuten, so in aller Regel beim Frachtbriefdoppel (vgl RGZ 102, 96; Warn Rspr 1908, 584; 1922, 77; München NJW 1958, 424); das gilt insb bei der Klausel „Netto Kasse gegen Dokumente" (RG JW 1919, 182). Hinterlegungsschein der Bank ist kein Traditionspapier; die Übergabe fällt auch idR nicht unter § 931 (RG LZ 1916, 1007). Bei Namenslagerschein vgl BGH NJW 1979, 2037, bei Pfandschein BGHSt 27, 160.

10 Der **Lieferschein** gibt dagegen dem Empfänger keine so starke Stellung, dass seine Übergabe idR als Abtretung des Herausgabeanspruchs angesehen werden kann, dazu müssen schon besondere Umstände hinzukommen (vgl BGH NJW 1971, 1608). Der Lieferschein ist vielmehr Anweisung, wenn er auf vertretbare Sachen geht, Ermächtigung zur Geltendmachung des Herausgabeanspruchs bei nicht vertretbaren Sachen. Der Lieferschein kann aber als Anweisung des mittelbaren Besitzers Bedeutung haben, vgl dazu § 929 Rn 22. Bei Übergabe von Zollniederlagescheinen ist die Auslegung entscheidend (RG WarnRspr 1933, 22).

Anhang zu § 931
Sicherungsübereignung

1 **1. Begriff.** Unter Sicherungsübereignung versteht man die Übereignung beweglicher Sachen zum Zweck der Sicherung einer Forderung des Erwerbers der Sachen gegen den Sicherungsgeber oder einen Dritten; im Fall der Nichtbefriedigung der Forderung werden die übereigneten Sachen zum Zweck der Befriedigung des Gläubigers verwertet. Die Sicherungsübereignung ist praktisch weitgehend an Stelle des Pfandrechts getreten, das mit seinem Zwang zur Übergabe (§ 1205) das Bedürfnis nach Verwendung von Werten zur Sicherheit unter Aufrechterhaltung der Nutzungsmöglichkeit für den Sicherungsgeber nicht befriedigen kann. Die Zulässigkeit ist heute nicht mehr zweifelhaft und vom Gesetzgeber anerkannt (vgl § 51 Nr 1 InsO). Sicherungseigentum ist **Eigentum mit treuhänderischer Bindung.** Daher sind ein durch das Eigentum bestimmtes Außen- und ein durch den Sicherungszweck bestimmtes Innenverhältnis zu unterscheiden.

2 **2. Gegenstand der Sicherungsübereignung. Gegenstände** der Sicherungsübereignung sind **bewegliche Sachen** und das **Anwartschaftsrecht** des Vorbehaltskäufers. Sicherungsübereignung von Maschinen usw, die wesentliche Bestandteile eines Grundstücks sind, ist nicht möglich, wohl aber, wenn sie Zubehör eines Grundstücks sind; allerdings wird die Haftung für Grundpfandrechte an dem Grundstück bei Übereignung nach § 930 nicht beseitigt (vgl §§ 1121, 1122; vgl für Fall des § 929 aber BGHZ 92, 290f; ausf dazu vgl *Serick* EV und Sicherungsübereignung Bd II, 8ff). Zur Sicherungsübereignung von **Offshore-Windenergieanlagen** s *Diekamp* ZBB 2004, 10ff. Zum Sicherungsrecht der Bank am Scheck bei Einziehungsauftrag vgl BGH NJW 1977, 1880; WM 1977, 49. Zur Abtretbarkeit und Pfändbarkeit des Nutzungsrechts des Schuldners an einem sicherungsübereigneten Pkw Schleswig SchlHA 1990, 55. Zu **Warenlagern** und **Sachgesamtheiten** s Rn 6. Zur Belastung von in Mieträume eingebrachtem Inventar mit einem vorrangigen Vermieterpfandrecht für den Fall, dass die Sicherungsübereignung erst mit Einbringen der Sachen wirksam wird, vgl LG Berlin GE 2001, 927.

3 Auch nach § 811 ZPO **unpfändbare Sachen** können zur Sicherheit übereignet werden (hM; BGH BB 1961, 463; WM 1962, 243; Frankfurt NJW 1973, 104; Bamberg MDR 1981, 50; *Wacke* JZ 1987, 382; Grü/*Herrler* § 930 Rn 22; aA Stuttgart NJW 1971, 50; *Serick* EV und Sicherungsübereignung Bd II, 15 hält die Sicherungsübereignung unpfändbarer Gegenstände, die nur bezweckt, den sonst nicht möglichen Zugriff im Wege der Zwangsvollstreckung auf den betreffenden unpfändbaren Gegenstand zu ermöglichen, für sittenwidrig).

4 **3. Sicherungsvertrag. Grundgeschäft** der Übereignung und damit Rechtsgrund iSv § 812 ist der **Sicherungsvertrag**, nicht etwa die gesicherte Forderung (BeckOK/*Kindl* § 930 Rn 22). Er enthält Regelungen über das Innenverhältnis zw Sicherungsgeber und -nehmer (Rn 14) sowie über das Verwertungsrecht des Sicherungsnehmers (Rn 15). Die Unwirksamkeit des Sicherungsvertrags berührt die abstrakte Übereignung grds nicht (aber Rückforderung aus § 812 möglich). Daher bleibt der Sicherungsnehmer auch dann Eigentümer, wenn die Sicherungsverträge ausgetauscht werden (vgl LG München WM 1995, 41). Enthält der Vertrag – wie meist – auch die Vereinbarung des Besitzkonstituts, so scheitert daran die Übereignung nach § 930 auch bei Unwirksamkeit des Sicherungsvertrags grds nicht (*Baur/Stürner* § 57 Rn 15; *Westermann/Gursky/Eickmann* § 44 Rn 16; Staudinger/*Heinze* Anh § 929 Rn 20; BeckOK/*Kindl* § 930 Rn 26; aA Jauernig/*Berger* § 930 Rn 39); anders nur, wenn auch die Einigung im Rahmen der Übereignung gem § 930 vom Unwirksamkeitsgrund erfasst wird. Unwirksamkeitsgründe können insb § 138 (Knebelung, Übersicherung) und § 307 sein (vgl Rn 17).

5 Das Entstehen oder Bestehen der **gesicherten Forderung** berührt die Übereignung grds nicht; die Sicherungsübereignung ist **nicht akzessorisch** mit der gesicherten Forderung verknüpft, so dass mit der Abtretung der Forderung kein automatischer Übergang des Sicherungseigentums nach § 401 einhergeht (vgl § 401 Rn 4). Nach BGH NJW 1994, 2885 kann aber die Nichtigkeit der Forderung nach § 139 die des Sicherungsvertrags bewirken, dann Rückforderung aus § 812. Die Sicherungsübereignung kann allerdings auch aufschiebend (zB durch Entstehen der Forderung) und/oder auflösend (zB durch Erfüllung der Forderung) bedingt sein. Nach BGH NJW 1991, 353 muss dafür aber ein Anhaltspunkt in der Parteierklärung gegeben sein. Ohne solche Bedingung findet kein automatischer Rückfall des Sicherungseigentums an den Sicherungsgeber bei Befriedigung der gesicherten

Forderung statt (BGH NJW 1984, 1185; 1987, 1884). Eine entspr Vereinbarung (kein automatischer Rückfall) in Formularverträgen von Banken verstößt nicht gegen § 307 (BeckOK/*Kindl* § 930 Rn 14).

4. Vollziehung der Übereignung. Die **Vollziehung der Übereignung** nach § 929 ist selten (vgl aber BGHZ 92, 288; BGH MDR 1969, 749 – Eigentumserwerb durch die Finanzierungsbank, wenn der Kfz-Brief weisungsgemäß der Bank übersandt und das Fahrzeug dem Händler ausgehändigt wird). Übergabe an „Treuhänder" als Besitzmittler des Sicherungsnehmers fällt unter § 929. Neben Übergabe nach § 931 (vor allem bei Einlagerung der Waren bei einem Dritten) kommt vor allem **Übergabe nach § 930** in Betracht. 6

Die Sicherungsvereinbarung stellt ein **treuhänderisches Besitzmittlungsverhältnis** dar (RG WarnRsp 1932, 39; BGH NJW-RR 2005, 280, 281; BeckOK/*Kindl* § 930 Rn 13; offengelassen von BGH WM 1979, 758). Umdeutung einer § 930 nicht entspr Sicherungsübereignung in schuldrechtl Verpflichtung lehnt RG DR 1943, 298 als Regel ab; entscheidend ist aber das der missglückten Sicherungsübereignung zugrunde liegende Kausalgeschäft, aus dem sich die Pflicht zur Sicherung ergibt. Bei sofortiger Ausdehnung der Sicherungsübereignung auf später vom Sicherungsgeber zu erwerbende Gegenstände müssen die für die Übereignung zukünftiger Sachen zu § 930 Rn 6 und zu § 931 Rn 7 aufgestellten Erfordernisse gegeben sein. Zu Mehrfachverfügungen eines Sicherungsgebers s *Giesen* AcP 203, 210ff. 7

Nicht einfach zu entscheiden sind die **Besitzverhältnisse,** wenn eine Sache, die unter EV des Verkäufers (V) steht, vom Vorbehaltskäufer = Sicherungsgeber (SiG) an den Dritten (SiN) zur Sicherheit übereignet wird. Entweder ist SiG zur gleichen Zeit Besitzmittler des V und des SiN (ein Fall des von der hM abgelehnten Nebenbesitzes), oder aber SiG ist unmittelbarer (Fremd-)Besitzer, SiN ist mittelbarer (Fremd-)Besitzer erster Stufe und V ist mittelbarer (Eigen-)Besitzer zweiter Stufe (so BGHZ 28, 16, 27; mit Bedenken ebenso *Baur/Stürner* § 59 Rn 35). 8

5. Sachgesamtheiten. Bei Sicherungsübereignungen von **Warenlagern** und sonstigen **Sachgesamtheiten** ist auf die **Bestimmtheit** der übereigneten Gegenstände besonders zu achten (ausf dazu *Serick* EV und Sicherungsübereignung Bd II, 148ff; BeckOK/*Kindl* § 930 Rn 17ff). 9

a) Sachgesamtheiten mit festem Bestand. Bei Sachgesamtheiten mit festem Bestand verlangt der BGH in st Rspr, dass die zu übereignenden Gegenstände im Zeitpunkt der Einigung über den Eigentumsübergang so **bestimmt bezeichnet** werden, dass jeder, der die Vereinbarung der Vertragspartner kennt, die übereigneten Sachen ohne Schwierigkeit von anderen unterscheiden kann (BGH NJW 1992, 1161 mwN). Dazu reicht die sog All-Formel aus (BGH NJW 1986, 1985; NJW 1991, 2144). Es **genügt,** wenn sich die Einigung auf sämtliche in einem besonderen Raum aufbewahrten und im Alleineigentum des Schuldners stehenden Gegenstände einer Sachgesamtheit bezieht (sog **Raumsicherungsvertrag**) oder wenn die Gegenstände, die übereignet werden sollen, in geeigneter Weise gekennzeichnet werden (sog **Markierungsvertrag**; zur Bestimmtheit auch beim Raumsicherungsvertrag s Frankfurt NStZ-RR 2010, 279). Soll nur ein Teil einer Menge übereignet werden, bedarf es einer eindeutigen Abgrenzung ggü dem nichtübereigneten Teil (BGH NJW 1984, 803). Nach BGH WM 1960, 1226 kann es genügen, wenn wenigstens Weisungen für eine besondere Aufbewahrung erteilt waren. Unbestimmt kann nach BGHZ 28, 28 und WM 1965, 1248 entgegen BGHZ 21, 52 bleiben, ob der Sicherungsgeber Eigentümer ist oder bloß ein Anwartschaftsrecht hat (vgl dazu *Geißler* KTS 1989, 787, 796ff und *Serick* EV und Sicherungsübereignung Bd II, 178ff, 181). Hinreichende Bestimmtheit wurde zB angenommen bei im Einz bezeichnetem Vieh (BGH WM 1963, 504), Containern einer bestimmten Gattung (BGH NJW 1994, 133) sowie auch dann, wenn die Sachen, die von der Übereignung ausgenommen sein sollen, eindeutig (etwa durch Fähnchen an den fraglichen Büchern) gekennzeichnet sind (BGH NJW 1992, 1161; NJW-RR 1994, 1537; Düsseldorf NJW-RR 2012, 689). **Nicht hinreichend bestimmt** ist die Übereignung hingegen, wenn Sachen in einem Warenlager übereignet werden sollen, das auch von anderen als dem Sicherungsgeber genutzt wird (Frankfurt ZIP 1994, 1438); wenn die Abgrenzung nur funktional und nicht äußerlich erkennbar erfolgt (BGH NJW 1992, 1161 – „Handbibliothek Kunst"; BGH NJW-RR 1994, 1537); wenn nur solche Waren übereignet werden sollen, die „frei von Rechten Dritter" (BGH NJW 1992, 1156, 1157) sind oder nur solche von der Übereignung ausgenommen werden sollen, „die unter EV stehen"; „die unpfändbar sind" (BGH FamRZ 1988, 255); wenn 75 Ferkel auf einem Hof übereignet werden sollen, diese aber nicht von den übrigen Ferkeln auf dem Hof abgegrenzt sind (BGH NJW 1984, 803); wenn 170.000 Feinstrumpfhosen (BGH WM 1977, 218, 219) oder 50 % des Warenlagers übereignet werden. 10

b) Sachgesamtheiten mit wechselndem Bestand. Bei Sachgesamtheiten mit wechselndem Bestand hängt die Wirksamkeit der Übereignung nach BGH WM 1979, 300 davon ab, ob hinsichtl der später hinzutretenden Sachen durch ein einfaches, nach außen **erkennbares Geschehen** ohne weiteres deutlich ist, **welche Sachen** übereignet werden sollen. Inventurhefte können insoweit ausreichen, auch wenn zw der Inventur und der Sicherungsübereignung Warenbewegungen stattgefunden haben. Bestimmt genug ist auch die Übereignung aller zum „Hausinventar des gemeinsam bewohnten Einfamilienhauses" gehörenden Sachen (BGH WM 1979, 557); ob später nachgewiesen wird, welche Gegenstände im Einz dazu gehört haben, ist dabei nicht entscheidend. 11

c) Sicherungsgeber. Auch der Sicherungsgeber muss **hinreichend bestimmt** sein. So zB, wenn mehrere Unternehmen, die nicht derselben Person gehören, gleichzeitig Gegenstände übereignen, vgl Hamburg BB 1964, 193. 12

d) Zeitpunkt. Maßgebend ist der Zeitpunkt **der Einigung** (oder des Abschlusses des Sicherungsvertrages), Unklarheit infolge späterer Entwicklung (Einbringung schwer feststellbarer, nicht übereigneter Gegenstände) ist bedeutungslos (so RGZ 132, 188); BGH NJW 1958, 945 nimmt (bedenklich) gegen RGZ 113, 57 und RGZ 129, 63 Unbestimmtheit der Übereignung an, falls mit Sicherheit sehr baldige Unklarheit im Hinblick auf siche- 13 rungsübereignete Gegenstände zu erwarten ist. Für **künftige Sachen** ist nach hM außerdem eine Ausführungshandlung zu fordern, die idR zugleich die Bestimmtheit sicherstellt (krit dazu vgl § 930 Rn 6).

14 Zum **weiteren Ausbau der Sicherung** durch vorweggenommene Abtretung der aus dem Verkauf an sicherungsübereigneten Sachen entstehenden Forderungen vgl § 398 Rn 18; zur „Verlängerung des Eigentumsvorbehalts" über die Verarbeitung hinaus vgl § 950 Rn 8ff; *Serick*, EV und Sicherungsübereignung Bd IV, 115ff. Oft wird weiterer Ausbau der Sicherung durch Zusammenfassung der verschiedenen Klauseln für Knebelung sprechen (vgl BGH NJW 1952, 1169 und Rn 27).

15 **6. Rechtsstellung des Sicherungsnehmers.** Die Stellung des Sicherungsnehmers nach außen ist durch das **Eigentum an der Sache** bestimmt. Der Sicherungseigentümer eines auf fremdem Grundstück unter den Voraussetzungen des § 95 errichteten Gebäudes ist ggü dem Grundstückseigentümer nicht Störer iSd § 1004, wenn er nicht im unmittelbaren Besitz des Gebäudes ist (BGH BB 1964, 820). Die aus dem Sicherungszweck folgenden Bindungen sind lediglich schuldrechtl Natur.

16 Schwierigkeiten bereitet die **umsatzsteuerrechtl** Beurteilung der Verwertung des Sicherungsgutes (dazu ausf *Bonertz* UR 2007, 241ff). Noch keine Lieferung iSd § 1 I UStG ist die Sicherungsübereignung selbst, sie verschafft nur eine durch die Sicherungsabrede (schuldrechtl) beschränkte Verfügungsmacht. Zu einer Lieferung iSd § 1 I UStG kommt es erst, wenn der Sicherungsnehmer das Sicherungsgut verwertet (st Rspr, vgl BFH UR 2006, 119 mwN), diese ist dann regelmäßig Doppelumsatz (SiG an SiN und SiN an Erwerber; zu den einzelnen Gestaltungen vgl *Bonertz* UR 2007, 241ff). Sogar zu einem Dreifachumsatz kommt es im Hinblick auf § 3 III UStG allerdings, wenn der Sicherungsgeber das Sicherungsgut im eigenen Namen, aber für Rechnung des Sicherungsnehmers veräußert (SiN an SiG, SiG an Erwerber, SiG an SiN; vgl dazu BFH UR 2006, 119 und UR 2006, 395). Es werden folglich nur Verwertungsgeschäfte, also Lieferungen zur Rückführung des Darlehens, umfasst (BFH UR 2010, 22).

17 **7. Zwangsvollstreckung und Insolvenz. a) Vollstreckung gegen Sicherungsgeber.** Bei Einzelvollstreckung gegen den Sicherungsgeber gibt die hM dem **Sicherungsnehmer** die Klage aus **§ 771 ZPO** (so BGHZ 12, 232, 234; 20, 88; 72, 141, 146; 80, 296, 299; 118, 201, 206f; Jauernig/*Berger* § 930 Rn 49), indes nicht, wenn der Sicherungszweck infolge Tilgung der gesicherten Forderung entfallen ist (BGH NJW 1987, 1880, 1882). IÜ haben die Gläubiger des Sicherungsgebers bei Übersicherung Anspruch auf Freigabe (exceptio doli, vgl RG JW 1921, 1246). Im Interesse des vollstreckenden Gläubigers muss verlangt werden, dass der Sicherungsnehmer ihm sein Recht vor Klageerhebung glaubhaft macht; Freigabe unmittelbar nach Glaubhaftmachung ist rechtzeitig iSd § 93 ZPO. Zu den Rechten beider Parteien in der Zwangsvollstreckung s *Klinck* AcP 221 (2021), 448.

18 **b) Vollstreckung gegen Sicherungsnehmer.** Bei Vollstreckung gegen den Sicherungsnehmer hat der **Sicherungsgeber** aufgrund der Sicherungsabrede das Recht aus **§ 771 ZPO** (RGZ 91, 12, 14; Karlsruhe NJW 1977, 1069; BeckOK/*Kindl* § 930 Rn 34). Das Recht des Sicherungsgebers aus § 771 ZPO endet aber mit Verwertungsreife des Sicherungsguts (BGHZ 72, 141, 146ff). Ist der Erlös höher als die gesicherte Forderung des Sicherungsnehmers, gebührt der Überschuss dem Sicherungsgeber. Dieser braucht deshalb auch nicht zu dulden, dass der Gläubiger des Sicherungsnehmers sich daraus wegen eines höheren Betrags befriedigt. Der Sicherungsgeber wird deshalb in der Zwangsvollstreckung zwar nicht allg, aber doch insoweit widersprechen können, wie der Gläubiger Befriedigung wegen des Mehrbetrags sucht.

19 **c) Insolvenz des Sicherungsgebers.** In der Insolvenz des Sicherungsgebers gewähren §§ 50, 51 Nr 1 InsO dem **Sicherungsnehmer** in Anlehnung an die Behandlung des Pfandrechts nur ein **Absonderungsrecht** (vgl zum alten Recht bereits BGH WM 1959, 52, 53; NJW 1978, 632, 633), um die gleichzeitige Geltendmachung der gesicherten Forderungen und des Eigentums zu verhindern (vgl BGH NJW 1978, 632; RGZ 91, 15; 145, 193; *Serick* EV und Sicherungsübereignung Bd III, 291ff; vgl auch BGH WM 1979, 1306; ausf *Saenger/Scholz* NZI 2021, 561). Die Verwertung erfolgt durch den Insolvenzverwalter (§ 166 I InsO); dieser kehrt gem § 170 I, § 171 InsO den Erlös nach Abzug der Feststellungs- und Verwertungskosten an den Sicherungsnehmer aus (BeckOK/*Kindl* § 930 Rn 32). Demggü gewährt der **EV** grds ein **Aussonderungsrecht**. Ist dagegen bei einem erweiterten EV das Sicherungsgut *voll bezahlt* und steht nur noch die Bezahlung der mitgesicherten übrigen Forderungen aus, dann gleicht die Stellung des Vorbehaltseigentümers der des Sicherungseigentümers, so dass ihm nur ein *Absonderungsrecht* zugebilligt werden kann (BGH NJW 1971, 799). Die Sicherungsübereignung ist keine unentgeltliche Leistung iSd § 134 InsO (Koblenz WM 2004, 248). Die Pflicht aus §§ 20, 97 InsO, über alle das Verfahren betreffende Verhältnisse Auskunft zu erteilen, kann auch eine geplante Sicherungsübereignung umfassen (BGH ZInsO 2013, 138). Zur Verarbeitung von Sicherungsgut in der Insolvenz des Sicherungsgebers ausf *Schultze* ZIP 2016, 1198. Das Absonderungsrecht **erlischt**, soweit der Sicherungsgeber oder der (vorläufige) Insolvenzverwalter das Eigentum an den Sicherungsgegenständen wirksam auf einen Dritten überträgt oder im Falle einer Sicherungsabtretung die Forderung wirksam einzieht (BGHZ 184, 101 Rn 16; BGH NZI 2019, 274 Rn 21). Zieht ein vorläufiger Insolvenzverwalter sicherungsabgetretene Forderungen ein oder verwertet er sicherungsübertragene Ware, so erfolgt dies nur dann iRd ordnungsgemäßen Geschäftsverkehrs, wenn er die erhaltene Zahlung bzw den erhaltenen Kaufpreis direkt an den Sicherungsnehmer abführt oder auf ein zugunsten des Sicherungsnehmers eingerichtetes, offenes Treuhandkonto einzahlen lässt (BGH NZI 2019, 274 Rn 39; krit im Hinblick auf die Verpflichtung des unmittelbaren Abführens als Umstand, der erst nach Einziehung erfolgt, indes BGH NZI 2010, 339 Rn 22ff). Andernfalls steht dem Forderungsinhaber bzw Eigentümer, soweit die Gegenleistung in der Masse unterscheidbar vorhanden ist, analog § 48 InsO ein **Absonderungsersatzanspruch** zu. Allein die Insol-

venzantragstellung führt demggü nicht dazu, dass eine Einziehungs- oder Verfügungsbefugnis entsprechend § 185 erlischt (BGH NZI 2019, 274 Rn 28ff m zust Anm *Ganter*; vgl zur KO bereits BGHZ 144, 192, 198ff; krit, aber offengelassen BGH NZI 2010, 339 Rn 20f). Hat der Sicherungsnehmer die Einziehungs- oder Verfügungsermächtigung des Schuldners widerrufen, so ist str, ob das Insolvenzgericht nach § 21 II 1 Nr 5 InsO dazu berechtigt ist, den vorläufigen Insolvenzverwalter zu ermächtigen, das zur Sicherung übereignete Umlaufvermögen zu verwerten (dagegen: BGH NZI 2019, 274 Rn 34 m krit Anm *Ganter* und wN zum Streitstand; dafür etwa MüKo-InsO/*Haarmeyer*/*Schildt* § 21 Rn 99; Schmidt/*Hölzle* § 21 InsO Rn 75; vgl zu allem auch *Andres*/*Hess* NZI 2011, 881).

Für den Fall, dass der **Käufer** des belasteten Gegenstandes auf Anweisung des späteren Insolvenzschuldners den Kaufpreis unmittelbar an den **Absonderungsberechtigten zahlt**, oder er zur Ablösung des Sicherungsrechts auf ein im Soll befindliches Kontokorrentkonto leistet, welches der Schuldner bei der absonderungsberechtigten Bank führt, besteht kein Insolvenzanfechtungsrecht aufgrund Gläubigerbenachteiligung. Es sei denn, die Bank gibt ihr Sicherungseigentum auf und erhält im Gegenzug zunächst lediglich einen schuldrechtl Anspruch. Der Wert des Sicherungsgutes bemisst sich nach dem erzielten Kaufpreis, wenn dieser hinter dem Einkaufswert zurückbleibt (BGH NZI 2012, 667, 669.) 19a

d) Insolvenz des Sicherungsnehmers. In der Insolvenz des Sicherungsnehmers steht dem **Sicherungsgeber** nach hM ein **Aussonderungsrecht** aus § 47 InsO zu. Um dieses geltend machen zu können, muss jedoch die gesicherte Forderung erfüllt oder der Sicherungszweck entfallen sein (MüKo-InsO/*Ganter* § 47 Rn 375; *Andres* in Nerlich/Römermann, 2016, § 51 InsO Rn 8; *Brinkmann* in Uhlenbruck, § 51 InsO Rn 25). Dem Sicherungsgeber steht kein Recht auf vorzeitige Tilgung zu (MüKo-InsO/*Ganter* § 47 Rn 376; *Brinkmann* in Uhlenbruck, § 51 InsO Rn 25). 20

Als Eigentümer vermag der Sicherungsnehmer auch entgegen der schuldrechtl Bindung ggü dem Sicherungsgeber über die Sache zu verfügen, ohne dass es auf Gutgläubigkeit des Empfängers ankommt. Liegt aber die Veräußerung ganz außerhalb des Sicherungszwecks oder erfolgt sie nach Tilgung der gesicherten Forderung, kann der Erwerb in Kenntnis des Sicherungszwecks des Eigentums eine unter § 826 fallende Ersatzpflicht auslösen. Außerdem strafrechtl Schutz (§ 266 StGB). Damit auch § 823 II. Für auflösend bedingte Übereignung vgl § 161. Bei Übereignung nach § 931 hat Sicherungsgeber Einwendungen aus § 986 II. 21

8. Innenverhältnis. Das Innenverhältnis **zw Sicherungsgeber und -nehmer** ist durch die **Sicherungsabrede** bestimmt (RG HRR 1941, 682). Nach Erlöschen der gesicherten Forderung ist der Sicherungsnehmer zur Rückübereignung der Sache verpflichtet; bei (ausnahmsw) bedingter Übereignung tritt automatisch Rückfall des Eigentums ein (vgl Rn 4f). Nach RGZ 92, 280 kann der Sicherungsgeber auch gem dem entspr anwendbaren § 1233 Rückgabe der Sachen Zug um Zug gegen Zahlung der gesicherten Forderung verlangen. Dagegen ist der Sicherungsnehmer nicht gezwungen, bei Geltendmachung der Forderung Rückgabe der Sachen anzubieten (RG Recht 1913, 3258); RG JW 1914, 76 verweigert dem Sicherungsgeber auch das Einrederecht aus § 320. 22

Bei Sicherungsübereignung von zur Veräußerung bestimmten Warenlagern ist im Zweifel anzunehmen, dass der Sicherungsgeber iSd § 185 I **ermächtigt** ist, Waren im ordentlichen Geschäftsbetrieb (also keine weitere Sicherungsübereignung) zu veräußern. Ausreichende Sicherung schaffen die vorweggenommene Vereinbarung der Übereignung der vom Sicherungsgeber anzuschaffenden Waren und die vorweggenommene Abtretung der Kaufpreisforderungen (vgl dazu § 398 Rn 11). Die zT vorkommende Vereinbarung der Abführung der Einzahlung des Erlöses auf ein bestimmtes Bankkonto (insb bei Banken als Sicherungsnehmern) wirkt nur schuldrechtl. Zu Ersatzansprüchen von Besitzer und Eigentümer bei einer Beschädigung des Sicherungsguts s *Bitter*/*Vollmershausen* ZIP 2021, 2509. 23

9. Verwertung der Sicherheit. Das Verwertungsrecht **des Sicherungsnehmers** ist durch den **Sicherungsvertrag** bestimmt (BGH NJW 1980, 226; RGZ 83, 53; 143, 113); insb durch AGB (vgl die Darstellung bei *Serick* EV und Sicherungsübereignung Bd III, 451ff; auch BGHZ 130, 59); zu den Rechtsfolgen unwirksamer Verwertungsklauseln in AGB BGHZ 130, 115. Wo dem Sicherungsnehmer ein freies Verwertungsrecht eingeräumt ist, hat er wegen des fiduziarischen Charakters der Sicherungsübereignung auch die Interessen des Sicherungsgebers zu berücksichtigen (RGZ 76, 347; BGH WM 1962, 673; 1970, 219, 221); dabei Haftung nach Art des Auftrags für jede Sorgfalt (RG JW 1914, 76). Zu den Rechtsfolgen einer unwirtschaftl Verwertung von Sicherungsgut s Düsseldorf BB 1990, 1016f. Daraus folgt indes nicht, dass der Sicherungsnehmer grds dazu verpflichtet ist, mit der Verwertung sofort zu beginnen. Allerdings muss er die Interessen des Sicherungsgebers schonen (BGH WM 1967, 397). Im Einzelfall kann der Sicherungsnehmer danach verpflichtet sein, Befriedigung nur aus den Nutzungen des Sicherungsgutes zu suchen. Dagegen wird ein Recht des Sicherungsnehmers, gegen den Willen des Sicherungsgebers nur diese Nutzungen in Anspruch zu nehmen, im Allg nicht angenommen werden können (BGH NJW 1980, 226; vgl auch *Köhler* WM 1977, 243). 24

Bei **Fehlen vertragl Regelung** sind die Vorschriften über den Pfandverkauf teilw entspr heranzuziehen (vgl Nachw bei Staudinger/*Heinze* Anh § 929 Rn 157 (der einen generellen Rückgriff auf die Pfandrechtsvorschriften aber ablehnt); Dresden OLG 35, 327); also diejenigen, die die Verwertung der Pfandsache (= Sicherungsgut) regeln, so insb §§ 1220, 1221, 1243, 1244. Die Vorschriften des Pfandrechts, die sich auf die Beziehungen des Pfandgläubigers zu Dritten beziehen, oder die aus Strukturmerkmalen des Pfandrechts folgen (zB Folgen der Akzessorietät), gelten für die Sicherungsübereignung nicht, da es in Beziehung zu Dritten auf das Eigentum des Sicherungsnehmers ankommt und das Sicherungseigentum die typischen Strukturmerkmale des Pfandrechts 25 eben nicht hat (vgl BGH BB 1961, 235, 463; ausf *Serick* EV und Sicherungsübereignung Bd II, § 19 IV 2; Bd III, § 38 I 2; für freies Verwertungsrecht RG WarnRsp 1914, 7; Grü/*Herrler* § 930 Rn 31; und wohl auch RG Gruchot 64, 482; vgl auch Nachw bei Soergel/*Henssler* Anh § 930 Rn 67ff).

26 Eine **Verfallklausel** kann entgegen § 1229 vereinbart werden, ist aber nur bei völlig sicherer Vereinbarung anzunehmen; in diesem Sinne auch die hM (vgl BGH NJW 1980, 226, 227; RGRK/*Pikart* § 930 Rn 72; *Serick* EV und Sicherungsübereignung Bd III, 486f, der aber angemessene Wartefrist und vorherige Androhung verlangt; aA *Gaul* AcP 168, 351, 368ff; ihm folgend Soergel/*Henssler* Anh § 930 Rn 78ff; Staudinger/*Heinze* Anh § 929 Rn 164). Immer hat der Sicherungsnehmer die Möglichkeit, in die übereignete Sache die Zwangsvollstreckung zu betreiben (vgl München BB 1971, 1260). Dann ist, anders als bei Herausgabeurteil, § 811 ZPO zu beachten. Die Verjährung der gesicherten Forderung steht dem Verwertungsrecht hier ebenso wenig wie beim EV entgegen, § 216 II (vgl BGHZ 70, 96, 98f; 34, 191, 198f).

27 **10. Grenzen der Sicherungsübereignung. Grenzen** zulässiger Sicherungsübereignung ergeben sich aus §§ 134, 138, 307, 826.

27a **a) Sittenwidrige Knebelung. aa) Schutz des Sicherungsgebers** wird gewährt **durch § 138**. Eine den Sicherungsgeber zu sehr in seiner wirtschaftl Bewegungsfreiheit beengende Übereignung ist als Knebelung **nichtig** (vgl hierzu die zu § 138 Rn 147 aufgeführte Rspr und BGH WM 2016, 1026 Rn 38ff). Maßgebende Kriterien sind neben dem Umfang der Übereignung die den Schuldner verpflichtenden Vereinbarungen. Hier genügt einseitiger Sittenverstoß des Sicherungsnehmers ggü dem Sicherungsgeber (vgl *Westermann* Interessenkollisionen bei Sicherungsrechten an Fahrnis und Forderungen, Karlsruhe 1954, S 10ff; *Brüning* in Lwowski/Fischer/Gehrlein, Das Recht der Kreditsicherung, 10. Aufl 2017, § 3 Rn 62ff).

28 **bb)** Die lange Zeit umstrittenen (vgl zur Entwicklung BGH NJW 1997, 1570; ZIP 1997, 1185; BB 1997, 329; *Canaris* ZIP 1996, 1577; 1997, 813; *Serick* WM 1997, 345; NJW 1997, 1529; alle mit umfangreichen Nachw) Wirksamkeitsanforderungen an **formularmäßig bestellte, revolvierende Globalsicherungen** und der Schutz des Sicherungsgebers in solchen Fällen sind vom GrSZ des BGH geklärt (NJW 1998, 671). Danach sind für solche Globalsicherungen weder eine ausdrückl Freigaberegelung noch eine zahlenmäßig bestimmte Deckungsgrenze noch eine Klausel für die Bewertung der Sicherungsgegenstände Wirksamkeitsvoraussetzungen. Der Sicherungsgeber hat im Falle nachträgl Übersicherung einen ermessensunabhängigen Freigabeanspruch auch dann, wenn der Sicherungsvertrag keine oder eine ermessensabhängig ausgestaltete Freigabeklausel enthält. Dieser Anspruch folgt im Weg der (ergänzenden) Vertragsauslegung gem § 157 aus dem fiduziarischen Charakter der Sicherungsabrede sowie der Interessenlage der Parteien. Enthält die Sicherungsabrede keine ausdrückl oder eine unangemessene Deckungsgrenze, so beträgt diese Grenze (unter Berücksichtigung der Kosten für die Verwaltung und Verwertung der Sicherheit), bezogen auf den realisierbaren Wert der Sicherungsgegenstände, 110 % der gesicherten Forderungen. Nach Ansicht des GrSZ lassen sich allgemeingültige Maßstäbe für die Bewertung der Sicherungsgegenstände bei Eintritt des Sicherungsfalles im Voraus nicht festlegen. Um den Sicherungsgeber vor den besonderen Schwierigkeiten, eine Übersicherung zu beweisen, zu bewahren und den Freigabeanspruch nicht zu entwerten, stellt der GrSZ eine aus den §§ 232ff abgeleitete einfache Vermutungs- und Beweislastregelung auf: Die Grenze für das Entstehen des Freigabeanspruchs für Sicherungsgut liegt regelmäßig bei 150 % des Schätzwertes (bei sicherungsübereigneten Waren ist der Schätzwert der Marktpreis im Zeitpunkt der Entscheidung über das Freigabeverlangen). Derjenige, der behauptet, diese Freigabegrenze sei im Streitfall unangemessen, muss dies substantiiert darlegen und beweisen (BGH GSZ NJW 1998, 671, 676f; vgl auch BGH DB 1998, 1404; krit zur Entscheidung des GrSZ *Serick* BB 1998, 801ff).

29 **cc)** Zur Sittenwidrigkeit des Sicherungsgeschäfts wegen **anfänglicher Übersicherung** und zur Abgrenzung dieser von der Frage der Wirksamkeit im Hinblick auf nachträgl Übersicherung (Rn 28) s BGH ZIP 1998, 684, 685.

30 **b) Schutz sonstiger Gläubiger des Sicherungsgebers.** Handeln die Parteien der Sicherungsübereignung übereinstimmend in dem Bewusstsein, dass die Übereignung der wesentlichen Werte die sonstigen Gläubiger schädigen könne, liegt den Gläubigern ggü trotz des grds indifferenten Charakters der Übereignung ein **Sittenverstoß** vor, da sich die Sittenwidrigkeit gerade in dem dinglichen Vollzug der Sicherungsabrede manifestiert (RGZ 109, 201, 202; BGH NJW 1952, 1169, 1170; *Flume* AT II[4] § 18 8 lit c, bb [S 385]). Folge des § 138 ist Nichtigkeit der Übereignung, so dass andere Gläubiger des Sicherungsgebers ohne Rücksicht auf die Sicherungsübereignung vollstrecken können. Das gilt aber nur dann, wenn nicht die milderen Rechtsfolgen des AnfG eingreifen.

31 Liegt ein **Kreditbetrug** vor, so ist der Sicherungsnehmer zum Ersatz des Vertrauensschadens verpflichtet, den die durch ihn zur Kredithingabe an den Sicherungsgeber bestimmten Gläubiger erlitten haben (RGZ 136, 247 m krit Anm *Bauer-Mengelberg* JW 1932, 2699; krit auch *Lange* NJW 1950, 568, der einen Ausgleich mittels § 254 anstrebt). Der Tatbestand des Kreditbetruges erfordert eine vom Sicherungsnehmer ausgehende Täuschungshandlung über die Kreditwürdigkeit des Sicherungsgebers, die auch in einer Verletzung einer von der Rspr entwickelten Offenlegungspflicht bestehen kann. Zur Offenlegung ist der Sicherungsnehmer aber nur bei besonderen Umständen verpflichtet (vgl RGZ 136, 247; 136, 293; 143, 48).

32 Die vom Kreditbetrug unterschiedene **Gläubigergefährdung** (RGZ 136, 247 will hier keine Schadensersatzpflicht anerkennen, sondern nur dem anderen Gläubiger die Vollstreckung ermöglichen) verlangt kein betrügerisches Verhalten des Sicherungsnehmers, sondern begnügt sich mit der Erkenntnis, dass der Sicherungsnehmer die Gefahr für spätere Gläubiger erkannte und in Kauf nahm; RGZ 143, 48 will aber auch hier und in den Fällen der Konkursverschleppung (zum Tatbestand vgl auch RGZ 136, 293), der Aussaugung und der stillen Geschäfts-

inhaberschaft Anspruch auf das negative Interesse geben. Sehr weitgehend in der Sorgfaltspflicht BGHZ 10, 228 (Überprüfung durch neutrale Sachkundige gefordert, aber in BGHZ 20, 43 nicht mehr gefordert); ferner soll schon grobe Fahrlässigkeit für Sittenwidrigkeit ausreichen. Überspannung der Pflicht zur Rücksichtnahme auf zukünftige Gläubiger in BGHZ 20, 43: Kredithingabe zur Finanzierung eines Auftrags gegen Versprechen späterer Abtretung erfüllungshalber verpflichtet Gläubiger zur Prüfung der Gefährdung der Altgläubiger des Schuldners und anderer Gläubiger, denen aus der Ausführung des Auftrags Ansprüche entstehen (krit *Westermann* JR 1956, 99). Weitere Entscheidung: BGH MDR 1951, 604 m Anm *Paulus* JZ 1951, 686.

Vorbemerkung vor § 932

1. Rechtspolitischer Hintergrund des gutgläubigen Erwerbs. Die **Möglichkeit des gutgläubigen Erwerbs** wird vom **Verkehrsschutzinteresse** gefordert. Grundlage ist der Rechtsschein, den der Besitz des Veräußerers (vgl § 1006 und BGHZ 56, 123, 128f; 36, 56, 61; *Westermann/Gursky/Eickmann* § 45 Rn 2ff, 6) – genauer: dessen Besitzverschaffungsmacht (Staudinger/*Heinze* Rn 12; ausf *J. Hager* Verkehrsschutz durch redlichen Erwerb, 1990, S 239ff) – erzeugt. Aber im Gegensatz zu § 892, der das Rechtsscheinprinzip grds ausnahmslos durchführt, wird dieses in §§ 932ff durch das **Veranlassungsprinzip** durchbrochen: Gutgläubiger Erwerb ist danach nur möglich, wenn der Eigentümer den Unterschied von Eigentums- und Besitzlage bewusst geschaffen hat, daher nicht im Falle des Abhandenkommens gem § 935 (vgl dazu § 935 Rn 1 und *Westermann/Gursky/Eickmann* § 45 Rn 10). Gutglaubensschutz ist Verkehrsschutz. Er betrifft daher nur rechtsgeschäftlichen Erwerb im Rahmen von Verkehrsgeschäften (*Westermann/Gursky/Eickmann* § 45 Rn 7f sowie ausf § 932 Rn 5), die §§ 932ff werden insoweit teleologisch reduziert (Staudinger/*Heinze* Rn 43). 1

2. Guter Glaube im Hinblick auf Eigentum des Veräußerers. §§ 932ff beziehen sich nur auf den guten Glauben an das Eigentum. **Fehlende Verfügungsmacht des Eigentümers** führt **nicht** zum gutgläubigen Erwerb gem §§ 932ff. Der Unterschied zu §§ 892, 893 folgt aus dem unterschiedlichen Umfang des Rechtsscheins: der Besitz sagt über die Verfügungsmacht des Besitzers nichts aus, wohl aber gibt das Grundbuch die relativen Verfügungsbeschränkungen wieder. Anstelle einer allg Schutzvorschrift zugunsten des Erwerbers treten für das Recht der beweglichen Sachen eine Reihe von Einzelbestimmungen, welche die fehlende allg Vorschrift weitgehend ersetzen (vgl § 135 II, § 136, § 161 III, § 2113 III, § 2129 II, § 2211). Ggü den **Verfügungsbeschränkungen der Ehegatten** in § 1369 gibt es keinen Gutglaubensschutz (vgl § 1369 Rn 8). Das Gleiche gilt für die Verfügungsbeschränkungen des Gesamtgutsverwalters nach §§ 1423ff (*Westermann/Gursky/Eickmann* § 47 Rn 15). Str ist, ob § 1369 einem gutgläubigen Erwerb auch dann entgegensteht, wenn der nichtverfügende Ehegatte alleiniger Eigentümer ist oder die Sache einem Dritten gehört, insb beim Kauf unter EV (Nachw in § 1369 Rn 8); regelmäßig scheitert der Erwerb jedenfalls an § 935 aufgrund des Mitbesitzes der Ehegatten (näher § 935 Rn 2). **Guter Glaube** an die vom Eigentum abgeleitete **Verfügungsmacht** wird **nur in Ausnahmefällen geschützt** (vgl §§ 1244, 2368 III; § 366 HGB, vgl dazu § 932 Rn 13). Auch guter Glaube an die Identität des Verfügenden wird in §§ 932ff nicht geschützt (anders Art 16 WG). 2

§ 932 Gutgläubiger Erwerb vom Nichtberechtigten

(1) Durch eine nach § 929 erfolgte Veräußerung wird der Erwerber auch dann Eigentümer, wenn die Sache nicht dem Veräußerer gehört, es sei denn, dass er zu der Zeit, zu der er nach diesen Vorschriften das Eigentum erwerben würde, nicht in gutem Glauben ist. In dem Falle des § 929 Satz 2 gilt dies jedoch nur dann, wenn der Erwerber den Besitz von dem Veräußerer erlangt hatte.

(2) Der Erwerber ist nicht in gutem Glauben, wenn ihm bekannt oder infolge grober Fahrlässigkeit unbekannt ist, dass die Sache nicht dem Veräußerer gehört.

1. Anwendungsbereich. In § 932 ist der **Normalfall des gutgläubigen Erwerbs** von beweglichen Sachen geregelt: für den Veräußerer spricht der Rechtsschein des Besitzes bzw der Besitzverschaffungsmacht (§ 1006), und der Erwerber erhält durch den unmittelbaren Besitz die seinen Erwerb zuungunsten des bisherigen Eigentümers rechtfertigende tatsächliche Beziehung zur Sache. Wie immer in §§ 932ff wird nur das Eigentum des Veräußerers ersetzt, alle sonstigen Voraussetzungen des § 929, insb eine wirksame Einigung, müssen gegeben sein. § 932 soll nach verbreiteter Auffassung indes auch für Verfügungen eines **Minderjährigen** über einen fremden Gegenstand gelten, da der sich aus § 816 I 1 ergebende Rechtsnachteil nur mittelbar durch das Veräußerungsgeschäft resultiere und daher § 107 nicht entgegenstehe (sog neutrales Geschäft; vgl LG Köln JuS 1991, 855; *Westermann/Gursky/Eickmann* § 47 Rn 14; Grü/*Herrler* Rn 3); dieser Auffassung ist *nicht* zu folgen (wie hier auch *Medicus/Petersen*, BürgR Rn 540, 542; MüKo/*Oechsler* Rn 11; BeckOK/*Kindl* Rn 5; offenlassend Staudinger/*Heinze* Rn 11): Die Gegenauffassung vernachlässigt den Minderjährigenschutz und stellt den Erwerber besser als er nach seiner eigenen Vorstellung erwerben könnte. Mithin ist § 932 im Falle eines nichtberechtigten Minderjährigen teleologisch zu reduzieren. 1

2. Einzelheiten zur Übergabe. Erforderlich ist die **Übergabe** der Sache vom Veräußerer an den Erwerber gem § 929 S 1 (ausf § 929 Rn 13ff). Übergabe an Besitzdiener oder Besitzmittler des Erwerbers genügt. Es reicht auch aus, dass der unmittelbare Besitzer auf **Geheiß** des Veräußerers, der nicht mittelbarer Besitzer sein muss (BGH NJW 1973, 141; 1999, 425), dem Erwerber die Sache übergibt (BGHZ 36, 56, 60 – Koksfall). Nicht entscheidend 2 ist, dass sich der Besitzer wirklich dem Geheiß des Veräußerers unterordnet (so aber *v Caemmerer* JZ 1963, 586ff; Soergel/*Henssler* Rn 14 mwN); maßgeblich ist vielmehr, dass der Besitzer der Weisung (und sei es auch täuschungsbedingt) tatsächlich nachkommt, so dass aus Sicht des Erwerbers der Veräußerer ihm den Besitz verschaffen konnte (so auch BGH NJW 1974, 1132, 1134 – Hemdenfall in Abgrenzung zu BGHZ 36, 56; Staudinger/*Heinze* Rn 24 mwN). War der Veräußerer Besitzdiener, so kann er sich vor der Veräußerung zum Besitzer machen; idR scheitert der Erwerb dann aber am Abhandenkommen (vgl § 935 Rn 7).

3 Veräußert ein Nichteigentümer unter Behauptung der **Zustimmung** des Eigentümers (§ 185), kommt ein gutgläubiger Erwerb nach § 932 nur in Betracht, wenn der Erwerber – der weiß, dass er vom Nichteigentümer erwirbt – den Besitz an der Sache von dem Zustimmenden erhält (BGHZ 56, 123, 129 – Baggerfall; *Westermann/Gursky/Eickmann* § 46 Rn 5). Nicht ausreichend ist hingegen die Übergabe durch den Nichteigentümer selbst; denn allein der Besitz spricht hier für die Rechtsstellung des zustimmungsberechtigten Eigentümers (so auch *Westermann/Gursky/Eickmann* § 46 Rn 5; BeckOK/*Kindl* Rn 9). Ausreichend ist daher wiederum, wenn der Veräußerer Besitzmittler des Zustimmenden war (BGHZ 10, 81, 86f).

4 Die **Zusatzregelung für § 929 S 2** bedeutet, dass der Erwerber den Besitz vom Veräußerer erlangt haben muss. Verschaffung des mittelbaren Besitzes ist grds ausreichend (*Westermann/Gursky/Eickmann* § 47 Rn 10); indes nicht, wenn eine auf Veräußererseite stehende Person dem Erwerber den Besitz mittelt (Staudinger/*Heinze* Rn 34). Ausreichend ist auch Übergabe vom unmittelbaren Besitzer auf Geheiß des Veräußerers, wenn dieser sich des Besitzes völlig entledigt (BGHZ 56, 123, 129f; München JZ 1957, 444, 445). Nicht erforderlich ist, dass der vom Veräußerer erlangte Besitz des Erwerbers im Zeitpunkt der Einigung noch besteht; § 932 I 2 kommt auch zur Anwendung, wenn der Erwerber bereits (unwirksam) weiterveräußert hat (*Baur/Stürner* § 52 Rn 16; *Westermann/Gursky/Eickmann* § 47 Rn 11).

5 **3. Rechtsgeschäft im Sinne eines Verkehrsgeschäfts.** Der **Erwerb** muss auf einem Rechtsgeschäft beruhen und ein **Verkehrsgeschäft** betreffen (BeckOK/*Kindl* Rn 3). Daher gelten §§ 932ff **nicht** im Falle eines **gesetzl Erwerbs** (zB Erbfolge, aber auch nicht bei vorweggenommener Erbfolge, *Medicus/Petersen* BürgR Rn 549, hingegen bei Erfüllung Vermächtnis, Naumburg NJW 2003, 3209f) und auch nicht beim Erwerb im Wege der Zwangsvollstreckung (vgl BGHZ 9, 250, 253), jedoch im Falle des § 898 ZPO (weil rechtsgeschäftlicher Erwerb in den Formen der Zwangsvollstreckung). Auch bei Unentgeltlichkeit kann vom Nichtberechtigten erworben werden, jedoch wird schuldrechtl eine Rückgabepflicht nach § 816 I 2 begründet, darüber hinaus aber kein Anspruch aus § 812 (BGHZ 36, 60). Auch die Übereignung zu Sicherungszwecken fällt unter § 932 (Staudinger/*Heinze* Vorbem zu §§ 932ff Rn 45). Vgl weiter die verschiedenen Konstellationen bei § 892 Rn 15ff; generell krit und die Lehre vom Verkehrsgeschäft abl aber MüKo/*Oechsler* Rn 35ff.

6 **4. Gutgläubigkeit.** Gutgläubigkeit des Erwerbers ist Voraussetzung des Rechtserwerbs, sie wird allerdings **gesetzl vermutet** (Beweislastregelung, Rn 28). Auf die Vorstellung des Veräußerers kommt es nicht an. Gutgläubigkeit ist in § 932 II als für das ganze BGB geltender Grundsatz negativ bestimmt: Ausschluss bei Kenntnis und grob fahrlässiger Unkenntnis vom Nichteigentum des Veräußerers. Maßgebend ist der Glaube an das **Eigentum** (bzgl Verfügungsbeschränkungen vgl Vor § 932 Rn 2) des Veräußerers (Rn 9), guter Glaube an die Verfügungsbefugnis steht nicht gleich; ausgenommen § 366 HGB (neben § 932 anwendbar BGHZ 77, 274, 276; BGH NJW-RR 2004, 555, 556).

7 Beim **Erwerb durch Gesamthänder** müssen alle handelnden Gesamthänder gutgläubig sein (vgl BGH WM 1959, 35). Das folgt aus der Wirksamkeit der Kenntnisnahme durch einen Vertreter bei Gesamtvertretung; § 125 II 3 HGB drückt insoweit einen allg Grundsatz aus. Bei Einlageleistung in eine Gesellschaft erwirbt diese auch bei Bösgläubigkeit des Einbringenden (BGH GmbHR 2003, 39 m Anm *Bayer/Lieder* WuB II C. § 5 GmbHG 1.04 für GmbH). Bei Erwerb durch mehrere zu **Miteigentum** tritt bei teilw Bösgläubigkeit Miteigentum der Gutgläubigen und des bisherigen Eigentümers ein (MüKo/*Oechsler* Rn 23; Grü/*Herrler* Rn 7; ausf *Koller* JZ 1972, 646ff).

8 Beim **Erwerb durch Vertreter** kommt es gem § 166 I auf dessen Gutgläubigkeit an (BGH NJW 1982, 38); in den Fällen des § 166 II ist Gutgläubigkeit des Vertreters und des Vertretenen erforderlich (vgl Staudinger/*Heinze* Rn 97 und Soergel/*Bayer* § 166 Rn 53 sowie § 166 Rn 11ff, 37ff). Bei **Gesamtvertretung** ist Gutgläubigkeit aller Vertreter nötig, vgl Rn 7 und MüKo/*Oechsler* Rn 40; näher *Bayer* FS G Krieger 2020, 77, 81 f). Vertretung in diesem Sinne ist aber nur bei der Einigung möglich (RGZ 137, 23, 28); Kenntnis dessen, an den als Besitzmittler oder Besitzdiener des Erwerbers die Sache übergeben wird, ist gleichgültig (RGZ 137, 23, 26; Staudinger/*Heinze* Rn 98). Unzutreffend bewertet RGZ 77, 24 auch die Bösgläubigkeit des nach § 897 ZPO vorgehenden Gerichtsvollziehers nach § 166 (richtig dagegen RGZ 90, 193; vgl näher Soergel/*Bayer* § 166 Rn 16).

9 **5. Kenntnis über Eigentümerstellung.** Die **Kenntnis** muss sich auf das Fehlen des **Eigentums** des Veräußerers beziehen; auf die Kenntnis der zugrunde liegenden Tatsachen kommt es grds nicht an (RG JW 1911, 96). Kennt der Erwerber die Tatsachen, so kann ihn doch ein **Rechtsirrtum** entlasten, allerdings nicht bei grobfahrlässiger Fehleinschätzung der Rechtslage (vgl dazu BGHZ 10, 14, 16; BGH NJW 1961, 777; WM 1978, 1209).

10 Wird ein Vorerwerb des Veräußerers nach Weiterveräußerung wirksam **angefochten**, so bezieht sich der gute Glaube des Erwerbers nicht auf das – noch bestehende – Eigentum des Veräußerers; vielmehr schadet gem § 142 II dem Erwerber hier die Kenntnis oder grobe Fahrlässigkeit von den Umständen, welche die Anfechtbarkeit begründen; Kenntnis oder Kennenmüssen der Rechtsfolge der Anfechtung ist hingegen nicht nötig (BGH ZIP 1987, 1256; vgl auch § 142 Rn 8).

6. Grob fahrlässige Unkenntnis. Nur Kenntnis oder **grob fahrlässige Unkenntnis** schadet. **a) Definition.** Die Unterscheidung zw grober und nicht grober (= leichter) Fahrlässigkeit erfolgt nach den allg Maßstäben. Auszugehen ist von den obj, durchschnittlichen Erfordernissen, die der Personengruppe entsprechen, zu der der Erwerber gehört (typisierter Sorgfaltsbegriff; Staudinger/*Heinze* Rn 49). Die so bestimmten Sorgfaltspflichten „müssen in ungewöhnlich grobem Maße verletzt worden sein, es muss das unbeachtet geblieben sein, was im gegebenen Fall jedem einleuchten müsste" (so jüngst wieder BGH 23.9.2022 – V ZR 148/21 Rn 31; vgl auch schon RGZ 141, 129, 131; BGH NJW 1994, 2093, 2094; 2005, 1365); anschaulicher Beispielsfall Karlsruhe NJW-RR 1989, 1461. Ein **Rechtsirrtum** entlastet nur, wenn er nicht grob fahrlässig war (vgl Rn 9). 11

b) Nachprüfungspflicht im Einzelfall. Schwierig und praktisch bedeutsam ist, inwieweit den Erwerber eine **Nachprüfungspflicht** trifft. Im Grundsatz besteht eine solche Pflicht nicht (BGH NJW 1975, 735; Frankfurt NJW-RR 1999, 927; Oldenburg MDR 1995, 430); anders, wenn konkrete Verdachtsmomente vorliegen (Fallgruppe 1 – Rn 14ff); auch wenn Dritteigentum verkehrsüblich ist, können erhöhte Anforderungen gelten (Fallgruppe 2 – Rn 18ff). Es kommt indes stets auf den Einzelfall an (Rn 22), vgl zum Pkw-Erwerb auch BGH NJW 2014, 1524 m Anm *K. Schmidt* JuS 2014, 840. 12

c) Gutgläubiger Erwerb gem § 366 HGB. Zu beachten ist, dass auch in Konstellationen, in denen kein guter Glaube an das Eigentum des Veräußerers besteht, dieser doch **verfügungsbefugt** sein kann (zB bei verlängertem Eigentumsvorbehalt); bei fehlender Verfügungsbefugnis kommt dann ein gutgläubiger Erwerb gem § 366 HGB in Betracht (Staudinger/*Heinze* Rn 135; dazu näher Röhricht/Graf v Westphalen/Haas/*Steimle/Dornieden* § 366 HGB Rn 17ff; vgl auch LG München I EWiR 2004, 649 – Erwerb Neufahrzeug vom Vertragshändler). Die Anforderungen an den guten Glauben sind ähnl, aber nicht notwendig deckungsgleich, wie bei § 932 II (Röhricht/Graf v Westphalen/Haas/*Steimle/Dornieden* § 366 HGB Rn 18). Höhere Anforderungen gelten insb, wenn die Veräußerung außerhalb des gewöhnlichen Geschäftsbetriebs erfolgt (BGH NJW 1999, 425; Celle ZInsO 2002, 993 – Veräußerung durch Insolvenzverwalter); für den Fall einer Sicherungsübereignung auch BGH JZ 1970, 187. Zur Bösgläubigkeit beim Erwerb vom Verarbeiter, wenn (etwa aufgrund von Handelsbrauch) mit **verlängertem EV** zu rechnen ist BGH NJW-RR 2004, 555; großzügiger hingegen noch BGHZ 18, 226, 233. 13

d) Konkrete Verdachtsmomente. Als **besondere Umstände**, deren Außerachtlassung grobe Fahrlässigkeit bedeutet, sind anerkannt: Erwerb ohne Rücksicht auf einen Ladeschein, von dem der Erwerber wusste (RGZ 119, 215, 219). Erwerb eines **gebrauchten Kfz** ohne Zulassungsbescheinigung Teil II (früher: Kfz-Brief – zur Rechtsnatur BGH NJW 1978, 1854) wird idR grob fahrlässig sein (vgl BGH NJW 1965, 687; 2006, 3488; Celle NJW 2023, 229 Rn 32). Dies gilt nach BGH NJW 1996, 2226, 2227 auch unter Kfz-Händlern, die mit gebrauchten, aus beendeten Leasingverträgen stammenden Fahrzeugen handeln, nicht zwingend hingegen beim Kauf von fabrikneuen Kfz von zuverlässigen Händlern (BGHZ 30, 374, 380; vgl auch BGH NJW 2005, 1365, 1366 und dazu *Fritsche/Würdinger* DAR 2007, 501, 503; Frankfurt NJW-RR 1999, 927 betr Vorführwagen); anders bei Kenntnis des Käufers davon, dass der Kfz-Brief bei einer Bank hinterlegt worden ist (Karlsruhe NJW-RR 1989, 1461). Zur Frage des gutgläubigen Erwerbs von fabrikfremden Neuwagen durch die Niederlassung eines Autoherstellers, wenn eine veräußernde Privatperson Fahrzeugbriefe ohne Haltereintragung vorlegt BGH NJW 1996, 314. Der Ersatz-Kfz-Brief steht dem Kfz-Brief nicht gleich (LG Tübingen MDR 1954, 101). Zum Erwerb in einer Zwangsversteigerung auf Anordnung des Finanzamts durch privaten, öffentlich bestellten Auktionator unter Hinweis darauf, dass Kfz-Brief nicht vorliegt BGHZ 119, 75. Wird von einer im Kfz-Brief eingetragenen **juristischen Person** erworben, so erstreckt sich Prüfungspflicht nach Schleswig NJW 2007, 3007 auch auf die Vertretungsmacht des Handelnden. Zur Möglichkeit eines gutgläubigen Erwerbs der Betriebsausstattung des Schuldners vom Insolvenzverwalter s Celle ZInsO 2002, 326. Zur Gut-/Bösgläubigkeit bei **gefälschtem** Kfz-Brief s LG Mönchengladbach NJW 2005, 3578, 3579; KG MDR 2003, 1350; jüngst wieder Celle NJW 2023, 229 Rn 37ff. Jedenfalls muss sich der Käufer eines im Ausland zugelassenen Kfz die Papiere grds im Original vorlegen lassen (BGH NJW 1991, 1415; zu den gesteigerten Anforderungen beim Kfz-Kauf im Ausland s Koblenz DAR 2011, 86). Besonders sorgfältige Prüfung fordert BGH NJW 1994, 2022 auch bei reimportierten Gebrauchtwagen, wenn sich aus dem Kfz-Brief nicht die Identität des früheren Halters ergibt. Sind Umstände vorhanden, die Verdacht erregen müssen, muss der Erwerber eines Gebrauchtwagens sich außerdem bei dem letzten im Brief eingetragenen Halter erkundigen, wenn er dem Vorwurf grober Fahrlässigkeit entgehen will (BGH NJW 1975, 735; 1994, 2022, 2023; Schleswig DAR 1985, 26; Düsseldorf NJW 1989, 906, 907); vgl zu erhöhten Anforderungen beim Kfz-Tausch unter Händlern Stuttgart NJW-RR 1990, 635. Dagegen muss die Reparaturwerkstatt, der ein Vertragspfandrecht wegen ihrer Forderung aus dem Reparaturauftrag eingeräumt wird, sich den Brief grds nicht vorlegen lassen (BGHZ 68, 323). Zur Überprüfungspflicht des Erwerbers einer betriebserlaubnispflichtigen Baumaschine, wenn der Verkäufer lediglich eine Ablichtung der Betriebserlaubnis vorweist BGH NJW 1993, 1649. Zum Autotelefon BGH NJW 1981, 226. Zum Namenslagerschein, aus dem der Erwerber schließen kann, dass der Veräußerer Eigentümer ist, vgl BGH WM 1969, 242. 14

Eine **Bank** handelt beim Ankauf gestohlener Wertpapiere (vgl § 935 II) grob fahrlässig, wenn sie die Bekanntgabe des Diebstahls in der mit Oppositionen belegten Sammelliste übersieht oder die Wertpapiere nach einer veralteten Oppositionsliste überprüft hat (LG Wiesbaden NJW 1991, 45f). Zur groben Fahrlässigkeit einer Bank beim Erwerb abhanden gekommener Inhaberpapiere vgl BGH NJW 1994, 2093. Zum gutgläubigen Erwerb einer Telefonanlage beim Erwerb eines Hotels vom Zwangsverwalter Oldenburg MDR 1995, 430. Zu den Anforderungen an die Sorgfalt einer Pfandkreditanstalt und zu deren Substantiierungslast BGH NJW 1982, 39. 15

16 Bösgläubig ist der gem § 181 befreite **Testamentsvollstrecker**, wenn er persönlich ein vermeintlich zum Nachlass gehörendes Gemälde erwirbt, ohne die Unterlagen des Erblassers durchgesehen zu haben, aus denen sich die Eigentumsverhältnisse ergeben (BGH NJW 1981, 1271). Zum gutgläubigen Erwerb im Falle eines Kfz-Kaufs aus Nachlassmitteln durch Testamentsvollstrecker und anschließender Schenkung an einen Dritten s Hamm JuS 2001, 921. Zu den Anforderungen an den guten Glauben beim Pfandleiher BGH MDR 1982, 484.

17 Auch ein Kauf an **ungewöhnlichem Ort** bzw unter **ungewöhnlichen Umständen** kann Nachprüfungspflichten begründen (vgl München NJW 2003, 673 – Barverkauf einer Gragnani-Geige von 1781 für 130 000 DM am Hauptbahnhof; Celle OLGRp 2004, 70 – Bücher einer Abtei; allg zum Verkauf deutlich unter Verkehrswert Schleswig NJW 2007, 3007; grobe Fahrlässigkeit, wenn 100 000 Lire von einem elfjährigen Kind entgegengenommen und in DM umgetauscht werden, LG Köln JuS 1991, 855). S zum Erwerb von **Kunstgegenständen** und **Kulturgütern** im Hinblick auf NS-Raubkunst oder Exportverbote *Müller-Katzenburg* NJW 1999, 2551; *Heuer* NJW 1999, 2558; *Schoen* NJW 2001, 537; *Armbrüster* NJW 2001, 3581; LG München I IPrax 1995, 43 m abl Anm *Jayme* (betr Klee-Stiftung); MüKo/*Oechsler* Rn 66 mwN; vgl auch KultGüRückG v. 18.5.2007, BGBl I 2007, 757; zum Verhältnis zum Rückerstattungsrecht auch KG NJOZ 2011, 881.

18 **e) Eigentumsvorbehalt/Sicherungsübereignung.** Inwieweit beim Erwerb von Gegenständen, die der Veräußerer unter **EV** des Vorlieferanten oder Herstellers erworben hat, eine Nachprüfungspflicht besteht, ist einzelfallabhängig; grds besteht auch hier bei normalen Umsatzgeschäften keine Pflicht, Erkundigungen einzuholen (BGH JZ 1970, 198; BB 1973, 401; MüKo/*Oechsler* Rn 60). Ausgeschlossen sind Nachprüfungspflichten insb außerhalb der üblichen Finanzierungsdauer (BGH LM § 929 BGB Nr 29; Düsseldorf MDR 1994, 473). Auch beim Erwerb von hochwertigen Investitions- oder Konsumgütern, die gewöhnlich unter EV erworben werden, besteht keine generelle Nachprüfungspflicht. Der Erwerber darf jedoch vor ihm bekannten oder evidenten Verdachtsgründe nicht die Augen verschließen (so BGH WM 1980, 1349; Saarbrücken NJW-RR 2011, 638; *Westermann/Gursky/Eickmann* § 46 Rn 9; MüKo/*Oechsler* Rn 60; BeckOK/*Kindl* Rn 16; vgl auch Düsseldorf MDR 1994, 473; zu undifferenziert LG Ansbach WM 1989, 1777, 1778). Auch von einer **Sicherungsübereignung** an eine kreditgebende Bank muss der Erwerber grds nicht ausgehen (BGHZ 86, 300, 311; im Grundsatz auch Staudinger/*Heinze* Rn 64).

19 Dies ist anders bei bekannt **schlechter Vermögenslage** des Veräußerers; hier wird zu Recht eine Nachprüfungspflicht im Hinblick auf einen bestehenden EV (BGH WM 1978, 1208; Düsseldorf MDR 1994, 473; abw in einem Sonderfall BGH NJW 1966, 1959), auf ein Leasingverhältnis (Düsseldorf NJW-RR 1999, 615; LG Schwerin DB 1999, 277) oder auf eine Sicherungsübereignung (BGH WM 1975, 1050; JZ 1978, 1208; Celle JZ 1978, 400) angenommen.

20 Auch beim Erwerb hochwertiger Güter vom **Endabnehmer** kann es naheliegen, dass noch ein EV besteht oder auch eine Sicherungsübereignung vorliegt (BGH NJW 1999, 425; Frankfurt WM 1974, 1050 – Straßenfertiger).

21 Wird **im Rahmen eines Sicherungsgeschäfts** erworben, so gelten die gleichen Grundsätze: Eine Nachprüfungspflicht besteht nur bei besonderen Verdachtsanzeichen (BGHZ 86, 300, 311 bei Verpfändung; vgl schon BGH WM 1970, 120; NJW 1966, 1959; ebenso Saarbrücken NJW-RR 2011, 638; BeckOK/*Kindl* Rn 18).

22 **f) Anforderungen an die Nachprüfung. Besteht** im konkreten Einzelfall eine **Nachprüfungspflicht**, so reicht die bloße Erklärung des Veräußerers, dass kein EV mehr bestehe, nicht aus; erforderlich ist vielmehr eine eigene Prüfung des Erwerbers, etwa durch Nachfrage bei den Lieferanten des Veräußerers (vgl BGH LM § 366 HGB Nr 4; BGHZ 14, 114, 121; BGH BB 1973, 401; Düsseldorf MDR 1994, 473). Die **Unterlassung der Prüfungspflicht** kann nicht durch den Nachweis, dass auch bei Nachprüfung das Nichteigentum des Veräußerers nicht festgestellt worden wäre, entkräftet werden; der Erwerber ist bösgläubig und hat nicht wirksam erworben (RGZ 143, 14, 18; Schleswig NJW 2007, 3007; Staudinger/*Heinze* Rn 60; Soergel/*Henssler* Rn 24).

23 Wer als Kaufmann vom Verarbeiter Waren bezieht und in seinen AGB die Abtretung des Kaufpreisanspruchs des Veräußerers gegen ihn ausschließt und damit den **verlängerten EV** des Lieferanten seines Veräußerers vereitelt, handelt nach BGHZ 77, 274, 277 – auch im Hinblick auf § 366 HGB – grob fahrlässig, wenn er sich nicht nach den Eigentumsverhältnissen erkundigt (dazu auch *Martinek* JuS 1982, 487; *Grunsky* JZ 1984, 604); nach Einfügung des § 354a HGB ist fraglich, ob dies noch so gilt (*K. Schmidt* NJW 1999, 400).

24 **7. Zeitpunkt der Gutgläubigkeit.** Die Gutgläubigkeit muss im Zeitpunkt der Vollendung des letzten Erwerbsakts der Übereignung vorliegen (Staudinger/*Heinze* Rn 92). Dies gilt auch bei **aufschiebend bedingter Übereignung**, also insb bei EV; auf den Zeitpunkt des Bedingungseintritts kommt es nicht an (BGHZ 10, 69, 73; 30, 374, 377; Grü/*Herrler* Rn 14). Wird der ursprünglich bösgläubige Erwerber bis zum letzten Erwerbsakt gutgläubig, so ist der Erwerb wirksam (Staudinger/*Heinze* Rn 94; BeckOK/*Kindl* Rn 14).

25 **8. Wirkungen des gutgläubigen Erwerbs.** Liegen die Voraussetzungen des § 932 vor, wird der Erwerber **unbeschränkter Eigentümer**; er erwirbt so, „wie wenn die Sache vom Berechtigten veräußert worden wäre" (Staudinger/*Heinze* Rn 107). Dogmatisch handelt es sich daher um einen derivativen Erwerb (MüKo/*Oechsler* Rn 73). Der gutgläubige Erwerber rückt somit als Rechtsnachfolger in die dingliche Rechtsposition des Alteigentümers ein (arg e § 936; vgl Staudinger/*Heinze* Rn 109).

26 Auch der gutgläubige Erwerber kann jetzt an einen „bösgläubigen" Dritterwerber wirksam übereignen (Grü/*Herrler* Rn 16). Bei **Rückübereignung** an den unberechtigt verfügenden **Nichteigentümer** sprach sich die früher ganz hL im Anschluss an Digesten D. 20,6,10,1 für die Wiederentstehung des ursprünglichen Eigentums aus, so

insb auch bei Wandlung oder Rücktritt oder Anfechtung des Kausalgeschäfts (vgl zB *Planck/Brodmann* Rn 4; *Wolff/Raiser* § 69 IV; *v Caemmerer* FS Boehmer, 1954, 158ff; *Baur/Stürner* § 52 Rn 34; *Prütting* § 35 VI; *Wieling* § 10 VI 2). Die heute hL hält dieses Ergebnis indes zu Recht für „nicht konstruierbar" (so Grü/*Herrler* Rn 17; ebenso BeckOK/*Kindl* Rn 7; MüKo/*Oechsler* Rn 25f; Soergel/*Henssler* Rn 40; ausf Staudinger/*Heinze* Rn 120ff; vgl weiter Jauernig/*Berger* Rn 2; *Westermann/Gursky/Eickmann* § 47 Rn 16; dagegen aber *Hoffmann* AcP 215, 794ff. S auch rechtsvergleichend *Piekenbrock* FS Kronke, 2020, S 1197ff). Insb besteht für die „evidentermaßen gesetzes- und systemwidrige" Lösung (so *Westermann/Gursky/Eickmann* § 47 Rn 16) der Gegenauffassung kein praktisches Bedürfnis; denn wie der BGH (allerdings ohne Problembewusstsein) zu Recht entschieden hat, ist der Nichtberechtigte dem Alteigentümer zum einen aus § 816 I 1, § 818 I sowie zum anderen aus Schadensersatz (§ 280, § 823 I, § 249) zur Übereignung verpflichtet (BGH NJW-RR 2003, 170; dazu *Gursky* JZ 2005, 285, 291; vgl auch BGH WM 1969, 657, 659 sowie bereits RGZ 67, 20 – keine Wiederentstehung des ursprünglichen Eigentums bei konkursrechtl Anfechtung). Anderes gilt, wenn das Verfügungsgeschäft infolge des Eintritts einer **auflösenden Bedingung** oder erklärter **Anfechtung der Übereignung** „automatisch" entfällt (Staudinger/*Heinze* Rn 125; BeckOK/*Kindl* Rn 7).

Fahrlässigkeit beim Erwerb verpflichtet den gutgläubigen Erwerber nicht zum Schadensersatz aus § 823 ggü dem früheren Eigentümer (BGHZ 37, 363, 368); der Rechtsverlust, den der Alteigentümer erleidet, wird vom Gesetz im Verhältnis zum Erwerber gerechtfertigt (BGH JZ 1956, 490; BB 1960, 1183); Ausnahme: § 816 I 2, § 819 I. Zur Schadensersatzpflicht eines bösgläubig erwerbenden Gebrauchtwagenhändlers bei Weiterveräußerung an einen gutgläubigen Dritten (bei Mitverschulden des ehemaligen Berechtigten) Celle VRS 90 (1996), 18. 27

9. Beweislast. Beweislast für den Erwerbstatbestand des § 929 trägt nach allg Grundsätzen der **Erwerber.** Wer Nichteigentum des Veräußerers und Bösgläubigkeit des Erwerbers behauptet, hat dies zu beweisen (BGH 23.9.2022 – V ZR 148/21 Rn 14 mwN); denn das Gesetz vermutet die Gutgläubigkeit (Rn 6). Dies gilt auch für die Behauptung von Nachforschungspflichten (Staudinger/*Heinze* Rn 105) und insb für die Behauptung, bei dem Erwerb eines Kfz habe die Zulassungsbescheinigung Teil II (vgl dazu Rn 14) nicht vorgelegen (BGH aaO Rn 15ff mwN; aA MüKo/*Oechsler* Rn 55). Einen Rechtsirrtum, der die Bösgläubigkeit ausschließen soll, hat der Erwerber zu beweisen, ebenso die Durchführung von Nachforschungen, sofern diese geboten waren (RGZ 74, 356f; BGH NJW 1961, 777; WM 1987, 1282), und zwar ohne Rücksicht darauf, ob diese zur Aufklärung der wahren Rechtslage geführt hätten (RGZ 143, 14, 19; 147, 321, 331; dazu Rn 22). 28

10. Eigentumserweb gem §§ 946ff. Zur Frage der entspr Anwendung des § 932 auf den Erwerb nach §§ 946ff s § 951 Rn 5ff, 8f; vgl auch BGH NJW 1964, 399. 29

11. Ausgleichsfragen. Für die Ausgleichsfragen gilt das zu § 892 Rn 47f Gesagte entspr. 30

§ 932a Gutgläubiger Erwerb nicht eingetragener Seeschiffe

Gehört ein nach § 929a veräußertes Schiff nicht dem Veräußerer, so wird der Erwerber Eigentümer, wenn ihm das Schiff vom Veräußerer übergeben wird, es sei denn, dass er zu dieser Zeit nicht in gutem Glauben ist; ist ein Anteil an einem Schiff Gegenstand der Veräußerung, so tritt an die Stelle der Übergabe die Einräumung des Mitbesitzes an dem Schiff.

§ 932a entspricht dem § 929a und dem § 933. Gutgläubiger Erwerb von nicht im Schiffsregister eingetragenen Seeschiffen und von Anteilen daran setzt Besitzveränderung voraus. Für ein im Schiffsregister eingetragenes Schiff gelten dagegen allein die Grundsätze des Grundstücksrechts; §§ 2, 3, 15ff SchiffsRG (BGH NJW 1990, 3209). 1

§ 933 Gutgläubiger Erwerb bei Besitzkonstitut

Gehört eine nach § 930 veräußerte Sache nicht dem Veräußerer, so wird der Erwerber Eigentümer, wenn ihm die Sache von dem Veräußerer übergeben wird, es sei denn, dass er zu dieser Zeit nicht in gutem Glauben ist.

1. Ratio. Wird nach § 930 im Wege des Besitzkonstituts übereignet, so wird das fehlende Eigentum des Veräußerers dadurch überwunden, dass dem Erwerber die Sache **vom Veräußerer übergeben** wird und er **zu diesem Zeitpunkt gutgläubig** ist. 1

2. Übergabe-Begriff. Übergabe iSv § 933 entspricht der des § 929 S 1 (*Westermann/Gursky/Eickmann* § 48 Rn 2). Der Veräußerer muss den Besitz (auch den mittelbaren) **völlig verlieren** (BGH NJW 1996, 2654, 2655), der Erwerber auf Veranlassung des Veräußerers zumindest den mittelbaren Besitz erlangen (RGZ 137, 23, 24). Einräumung von Mitbesitz genügt daher nicht (BGH NJW 1979, 714f), ebenso wenig zeitweilige Besitzüberlassung (München NJW 1970, 667 – Probefahrt; Frankfurt WM 1976, 802 – Montage von Nummernschildern). Auch genügt nicht, dass der Erwerber irgendwie den Besitz der Sache erhält, vielmehr ist erforderlich, dass er den Besitz gerade **von dem Veräußerer mit dessen Willen** erlangt (BGH NJW 1996, 2654; JZ 1970, 253; aA MüKo/*Oechsler* Rn 8). Die nachträgl Übergabe muss aufgrund des Veräußerungsgeschäfts erfolgen, und darf nicht auf einen anderen Rechtsgrund zurückgehen, zB Leihe; auch **verbotene Eigenmacht**, etwa eigenmächtige Wegnahme der ursprünglich treuhänderisch übergebenen Sache, schadet (vgl BGH JZ 1972, 165 m Anm *Serick* BB 1972, 277). Wegnahme durch Gerichtsvollzieher aufgrund eines Herausgabetitels oder Herausgabe durch Insolvenzverwalter 2 aufgrund vermeintlichen Aussonderungsanspruchs ist demggü ausreichend (BGH NJW 1959, 2206; Grü/*Herrler* Rn 4). Eigentumserwerb auch, falls der unmittelbare Besitzer, der bis dahin für den nichtberechtigt Verfügenden besitzt, mit dem Erwerber vereinbart, aufgrund eines Besitzmittlungsverhältnisses für diesen besitzen zu wollen (BGH NJW 1959, 1536, 1539). Übergabe nach § 933 liegt nicht vor, wenn der Veräußerer die Sache ohne Wissen des Erwerbers an einen Dritten übergibt, der zu dieser Zeit weder Besitzdiener noch Besitzmittler des Erwerbers ist; entgegen BGH JZ 1978, 104 = JR 1978, 154 m zust Anm *Berg* gilt dies aber nicht, wenn der Dritte später mit dem Erwerber ein Besitzmittlungsverhältnis vereinbart (Staudinger/*Heinze* Rn 28; *Westermann/Gursky/Eickmann* § 48 Rn 5). Übergabe nach § 933 soll nach BGHZ 67, 207, 209 auch dann fehlen, wenn der Erwerber die Sache ohne Wissen des Veräußerers durch einseitige Wegnahme an sich bringt, und zwar selbst dann, wenn der Veräußerer den Erwerber früher durch eine die verbotene Eigenmacht ausschließende Einwilligung – im konkreten Fall durch AGB – zur Wegnahme ermächtigt hatte (zust *Deutsch* JZ 1978, 385, 388; aA *Damrau* JuS 1978, 519ff; *Westermann/Gursky/Eickmann* § 48 Rn 4; Staudinger/*Heinze* Rn 22; BeckOK/*Kindl* Rn 4). Nachträgl Genehmigung einer eigenmächtigen Wegnahme genügt hingegen nicht (str; vgl BGH JZ 1978, 104; Grü/*Herrler* Rn 4; *Westermann/Gursky/Eickmann* § 48 Rn 4; aA Staudinger/*Heinze* Rn 22; Soergel/*Henssler* Rn 7; BeckOK/*Kindl* Rn 4).

3 **3. Einigung.** Die Einigung braucht bei der Übergabe **nicht wiederholt** zu werden (BGH NJW 1959, 2206; Staudinger/*Heinze* Rn 12), muss aber nach hM bis zur Übergabe **fortbestehen** (vgl dazu § 929 Rn 4). Zum Zeitpunkt der Gutgläubigkeit § 932 Rn 24). Nachträgl Eigentumserwerb tritt ein, wenn der Nichtberechtigte Eigentümer wird, zB bei Eigentumsvorbehaltskauf zahlt, vgl § 185 II. Zwischenzeitl begründete Rechte, zB durch Pfändung oder weitere „Übereignung nach § 930", schaden dem ersten Erwerber nicht (Staudinger/*Heinze* Rn 32).

4 **4. Umdeutung.** Die unwirksame Übereignung kann a maiore ad minus in eine wirksame Übertragung eines **Anwartschaftsrechts** des Verfügenden umgedeutet werden (BGHZ 117, 200, 204f; 20, 88, 101; MüKo/*Oechsler* Rn 11 mwN. Vgl auch § 140 Rn 11). Ohne Übergabe zwar kein Eigentumserwerb, aber Erwerb mittelbaren Besitzes (BGHZ 50, 48f) und damit Möglichkeit eines Dritten, nach § 934 Alt 1 vom Erwerber Eigentum zu erlangen s dazu auch (§ 934 Rn 2).

§ 934 Gutgläubiger Erwerb bei Abtretung des Herausgabeanspruchs

Gehört eine nach § 931 veräußerte Sache nicht dem Veräußerer, so wird der Erwerber, wenn der Veräußerer mittelbarer Besitzer der Sache ist, mit der Abtretung des Anspruchs, anderenfalls dann Eigentümer, wenn er den Besitz der Sache von dem Dritten erlangt, es sei denn, dass er zur Zeit der Abtretung oder des Besitzerwerbs nicht in gutem Glauben ist.

1 **1. Konzeption des § 934 und Unterschied zu § 933.** Wird nach § 931 durch Abtretung des Herausgabeanspruchs übereignet, so kann vom mittelbar besitzenden Nichteigentümer gem § 934 Alt 1 gutgläubig Eigentum bereits mit der Abtretung des Herausgabeanspruchs erworben werden (Fallgruppe 1), andernfalls muss gem § 934 Alt 2 zusätzl zur Abtretung des vermeintlichen Herausgabeanspruchs eine Besitzerlangung aufgrund des Veräußerungsgeschäfts hinzutreten (Fallgruppe 2). Rechtspolitisch ist die unterschiedliche Behandlung des gutgläubigen Erwerbs nach § 933 und § 934 umstr: Übereignet der Nichteigentümer eine Sache, die er eingelagert hat, nach § 930 (Besitzkonstitut), so kommt ein gutgläubiger Erwerb nur in Betracht, wenn der Erwerber Besitz erlangt (vgl § 933 Rn 2); übereignet er nach § 931 durch Abtretung des Herausgabeanspruchs, so wird der Erwerber Eigentümer gem § 934 Alt 1 (Rn 2), obgleich in beiden Konstellationen die Sache beim unmittelbaren Besitzer ist. Der Unterschied folgt aus § 870: Nur im Falle der Übereignung nach § 931 wird der Erwerber mittelbarer Besitzer. Dies war dem BGB-Gesetzgeber ausreichend (ausf *Lohsse* AcP 206, 527, 549ff); Versuche, die gesetzgeberische Wertung durch Restriktionen bei § 934 (so etwa *Kindl* AcP 201, 381, 405ff) oder Lockerungen bei § 933 (dazu § 933 Rn 2) zu unterlaufen, sind de lege lata untauglich (richtig *Westermann/Gursky/Eickmann* § 48 Rn 9 mwN).

2 **2. Eigentumserwerb bei mittelbarem Besitz des Veräußerers.** Hat der **Veräußerer** einen Herausgabeanspruch (zB aus Leihe, Miete) und mittelbaren Besitz – was voraussetzt, dass er vom Besitzmittler als mittelbarer Besitzer anerkannt ist (vgl *Westermann/Gursky/Eickmann* § 48 Rn 8 sowie § 868 Rn 4) –, **genügt** bei Gutgläubigkeit des Erwerbers die wirksam erklärte **Abtretung** des Herausgabeanspruchs (Grü/*Herrler* Rn 3), da nunmehr der Erwerber mittelbarer Besitzer wurde. Dies gilt auch dann, wenn der Veräußerer mittelbarer Fremdbesitzer war (BGH WM 1977, 1091f). Ausreichend ist, dass der Veräußerer Mittelglied in einer Besitzerkette ist (RG JW 1910, 814). Schlägt die Sicherungsübereignung gem §§ 929, 930 fehl, weil der Sicherungsgeber die Sache unter EV erworben hat, so erlangt der Erwerber bei wirksamer Sicherungsabrede mittelbaren Besitz und kann dann gem § 934 Alt 1 einem Gutgläubigen Eigentum verschaffen (BGHZ 50, 45 – Fräsmaschinenfall; zust *Lange* JuS 1969, 162, 165; BGH NJW 2005, 359, 364).

3 Die **Rechte des unmittelbaren Besitzers** bleiben stets erhalten (vgl § 936 III, § 986 II); dies gilt richtiger Ansicht nach auch für das Eigentum des unmittelbar besitzenden Eigentümers, der – etwa als Mieter des Nießbrauchers – Besitzmittler für den unbefugt veräußernden mittelbaren Besitzer (im Bsp: Nießbraucher) ist (vgl Grü/*Herrler* Rn 3; MüKo/*Oechsler* Rn 9; *Westermann/Gursky/Eickmann* § 50 Rn 4; aA Staudinger/*Heinze* Rn 7; Soergel/*Henssler* Rn 11).

4 **3. Eigentumserwerb bei fehlendem mittelbaren Besitz des Veräußerers. Fehlt** dem Veräußerer der mittelbare Besitz (sei es trotz bestehenden Herausgabeanspruchs oder weil ein Herausgabeanspruch nur behauptet

wird, vgl BGH NJW 1978, 696), so geht das Eigentum gem § 934 Alt 2 **erst** im Augenblick über, in dem der Erwerber den **Besitz erlangt**. Bei wortwörtlicher Anwendung des § 934 Alt 2 wären die Anforderungen des gutgläubigen Erwerbs mithin niedriger als in den Fällen des § 932 I 1 und § 933, bei denen eine Übergabe erfolgen muss. Zudem setzt auch der lastenfreie Erwerb in den Formen des § 934 Alt 2 nach § 936 I 3 voraus, dass der Erwerber den Besitz auf Grund der Veräußerung erlangt. Sachgründe, welche es rechtfertigen, den gutgläubigen Erwerb an niedrigere Voraussetzungen anzuknüpfen, als den gutgläubig lastenfreien Erwerb, sind indes nicht ersichtlich. Das dem Gesetzgeber mit § 934 Alt 2 unterlaufene Redaktionsversehen ist mithin durch eine korrigierende Auslegung des Wortlautes zu beheben. § 934 Alt 2 setzt mithin voraus, dass ein obj Beobachter in der Position des Erwerbers die Erlangung des Besitzes durch den Dritten der Verfügung des Veräußerers gedanklich zuordnen kann (MüKo/*Oechsler* Rn 11), der Besitz also aufgrund des Veräußerungsgeschäfts erlangt wurde (vgl § 933 Rn 2). Danach genügt es, dass der unmittelbare Besitzer auf die Anweisung des Veräußerers für den Erwerber besitzt oder ein späterer Besitzer dem Erwerber die Sache auf Anweisung des Veräußerers hin herausgibt. Gleichwohl ist die Anweisung des Veräußerers zur Erfüllung von § 934 Alt 2 nicht erforderlich, da diese Konstellationen schon unter § 929 S 1 fallen. Vielmehr genügt, dass der Besitzer die Sache auf Verlangen des Erwerbers, das mit dem Veräußerungsgeschäft begründet wird, herausgibt oder dem Erwerber aufgrund dieser Tatsache den Besitz mittelt. Die Erlangung mittelbaren Besitzes reicht mithin aus (RGZ 89, 348, 349; 138, 265, 267; BGH NJW 1959, 1536; 1978, 696, 697).

Der Erwerber muss bis zur Besitzerlangung **gutgläubig** sein (zur Gutgläubigkeit § 932 Rn 6, 11ff). Wird ein nur vermeintlicher Herausgabeanspruch abgetreten, so darf der Erwerber auch hinsichtl dieses Anspruchs nicht bösgläubig sein (Grü/*Herrler* Rn 5; Staudinger/*Heinze* Rn 15). Der gute Glaube an das Bestehen oder die Abtretbarkeit (vgl § 399) des Herausgabeanspruchs wird grds nicht geschützt (BGH NJW 1979, 2037). Wird fälschlich behauptet, dass der Anspruch in einem Traditionspapier verbrieft ist, dieses aber nicht mit übergeben, kommt gutgläubiger Erwerb gem § 934 Alt 1 nicht in Betracht (BGHZ 49, 160, 163); möglich bleibt indes gutgläubiger Erwerb nach § 934 Alt 2 (*Tiedtke* WM 1979, 1142ff). 5

4. Nebenbesitz. Die **hM lehnt** den Nebenbesitz (dazu ausf *Jakl* Jura 2010, 292ff) **ab** (vgl § 868 Rn 11); sie lässt gutgläubigen Erwerb vielmehr auch zu, wenn der unmittelbare Besitzer zwar für den Erwerber besitzt, seine neue Besitzmittlerrolle indes dem bisherigen mittelbaren Besitzer (also dem ursprünglichen Eigentümer) verheimlicht hat (RGZ 135, 75, 77f; 138, 265, 267; BGHZ 50, 45, 50f – Fräsmaschinenfall; aA *Medicus/Petersen* BürgR Rn 558ff und insoweit auch *Lange* JuS 1969, 162, 164). Dieser Auffassung ist **zu folgen**: Denn der Erwerber hat das Eigentum mit der Begründung seines mittelbaren Besitzes erlangt, und zwar unbeschadet der Absicht des Besitzmittlers, ggf den früheren Eigentümer wieder als mittelbaren Besitzer anzuerkennen. Die spätere Begründung eines Besitzmittlungsverhältnisses zum Alteigentümer durch den unmittelbaren Besitzer ändert an dem zuvor wirksam erworbenen Eigentum nichts (richtig *Westermann/Gursky/Eickmann* § 48 Rn 12; vgl auch ausf MüKo/*Oechsler* Rn 8 mwN). 6

§ 935 Kein gutgläubiger Erwerb von abhandengekommenen Sachen

(1) Der Erwerb des Eigentums aufgrund der §§ 932 bis 934 tritt nicht ein, wenn die Sache dem Eigentümer gestohlen worden, verloren gegangen oder sonst abhandengekommen war. Das Gleiche gilt, falls der Eigentümer nur mittelbarer Besitzer war, dann, wenn die Sache dem Besitzer abhandengekommen war.

(2) Diese Vorschriften finden keine Anwendung auf Geld oder Inhaberpapiere sowie auf Sachen, die im Wege öffentlicher Versteigerung oder in einer Versteigerung nach § 979 Absatz 1a veräußert werden.

1. Ratio. Auch bei Vorliegen der Voraussetzungen gem. §§ 932–934 findet **kein gutgläubiger Erwerb** an **abhandengekommenen Sachen** statt. In den Fällen, in denen das Auseinanderfallen von Rechtslage und durch Besitz bzw Besitzverschaffungsmacht begründetem Rechtsschein nicht vom Eigentümer veranlasst ist, bewertet das Gesetz die Interessen des Eigentümers höher als den Schutz des Erwerbers und die Verkehrsinteressen (Vor § 932 Rn 1). Der **Eigentümer** kann die Sache vom Erwerber gem § 985 herausverlangen, ohne dass der Erwerber als Kompensation den Erwerbspreis verlangen kann; der Erwerber ist vielmehr auf Ansprüche gegen den unberechtigten Veräußerer angewiesen. Der Eigentümer kann indes auch eine unberechtigte Verfügung genehmigen (§ 185 II) und dann den Erlös vom Verfügenden gem § 816 I 1 herausverlangen (BeckOK/*Kindl* Rn 11; vgl auch § 816 Rn 17). **Ausnahmen**: Bei Geld, Inhaberpapieren und Erwerb bei öffentlicher Versteigerung überwiegen die Verkehrsinteressen (§ 935 II, Rn 11ff). § 935 I gilt hingegen auch bei Veräußerung mittels Übergabe von Traditionspapieren (vgl § 931 Rn 8). 1

2. Begriff des Abhandenkommens. Abhandenkommen iSd § 935 I 1 liegt vor, wenn der Eigentümer den **unmittelbaren Besitz** an der Sache **unfreiwillig verliert** (BGH NJW 2014, 1524 Rn 8 mwN). Dasselbe gilt nach § 935 I 2 für den unmittelbar besitzenden Besitzmittler des Eigentümers. Diebstahl und Verlust sind nur beispielhaft aufgezählt, maßgebend ist der obj Tatbestand, auf die Strafbarkeit des Täters kommt es nicht an, zB auf fehlenden Strafantrag gem § 247 StGB; „Verlust“ ist nicht iSv § 965 zu definieren, sondern iSd Abhandenkommens (Grü/*Herrler* Rn 4). Die strafrechtl Abgrenzung von Diebstahl und Unterschlagung ist nur als Anhaltspunkt verwertbar. Bei **Mitbesitz** reicht unfreiwilliger Besitzverlust eines Mitbesitzers (BGH NJW 1995, 2097, 2099; Braunschweig OLG 26, 58; *Neuner* JuS 2007, 401, 405); wird die Sache ohne Willen des anderen Mitbesitzers weggegeben, liegt Abhandenkommen vor (Grü/*Herrler* Rn 9). Dies gilt allerdings nicht, wenn der mitbesit- 2 zende Alleineigentümer die Sache freiwillig weggibt (BGH NJW 2014, 1524 Rn 19ff; dazu *K. Schmidt* JuS 2014, 840 und *Wietfeld* Jura 2014, 1039).

3 Der für die **Freiwilligkeit** bestimmende Wille ist nicht rechtsgeschäftlicher Natur. Anfechtung der Übergabe mit dem Erfolg, den Besitzverlust zum unfreiwilligen zu machen, ist ausgeschlossen; weder Täuschung noch Drohung führt zum Abhandenkommen, es sei denn, der psychische Zwang kommt unwiderstehlicher Gewalt (vis absoluta) gleich (so richtig BGHZ 4, 10, 34; Soergel/*Henssler* Rn 5; *Neuner* JuS 2007, 401, 401; aA *Baur/Stürner* § 52 Rn 43; Staudinger/*Heinze* Rn 11). Gleiches gilt für eine irrtümliche Besitzaufgabe. **Weggabe im Zustand der Geschäftsunfähigkeit** ist angesichts der Bedeutungslosigkeit des Willens des Geschäftsunfähigen als Abhandenkommen zu behandeln (München NJW 1991, 2571), nicht dagegen bei **beschränkter Geschäftsfähigkeit**, bei der es auf die Urteilsfähigkeit im Einzelfall ankommt (Staudinger/*Heinze* Rn 10; MüKo/*Oechsler* Rn 7; Grü/*Herrler* Rn 5; *Neuner* JuS 2007, 401, 404; aA Hamburg OLG 43, 225: grds kein Abhandenkommen; aA BeckOK/*Kindl* Rn 8: §§ 104ff analog).

4 Das Abhandenkommen **wirkt solange**, bis die Sache in die Verfügungsgewalt des Eigentümers (bzw Besitzmittlers, vgl Rn 5) zurückkommt oder er der Verfügung über sie zustimmt oder die Rückerlangung ablehnt (Grü/*Herrler* Rn 3). Beschlagnahme genügt mangels Begründung einer Besitzmittlerstellung nicht (RG WarnRspr 1925, 25); wohl aber setzt sich der originäre Eigentumserwerb zB nach §§ 946ff ggü dem Abhandenkommen durch. Bei Umarbeitung, ohne dass eine neue Sache hergestellt wird, wirkt Abhandenkommen indes fort (aA für den Fall, dass die abhanden gekommene Sache mit anderen vermischt wird KG OLG 12, 125).

5 **3. Einzelfragen. a) Mittelbarer Besitzer. Freiwillige Aufgabe** des Besitzes durch den mittelbaren Besitzer ist **kein Abhandenkommen** (§ 935 I 2; vgl BGH NJW-RR 2005, 280 für Weggabe; vgl weiter den lehrreichen Tatbestand in RG WarnRspr 1924, 124). Gleiches gilt bei Unterschlagung durch den Besitzmittler oder Begründung eines neuen Besitzmittlungsverhältnisses zu Dritten (Grü/*Herrler* Rn 7). § 935 I 2 ist nach hM auch nicht auf den Fall entspr anwendbar, dass die Sache einem unmittelbaren Besitzer abhandenkommt, der dem Eigentümer den Besitz nicht mittelt (vgl Düsseldorf JZ 1951, 269, 270 m zust Anm *Raiser*; Grü/*Herrler* Rn 3; Staudinger/*Heinze* Rn 6; *Wolff/Raiser* § 69 I 2; aA *Braun* JZ 1993, 391, 395f; *Neuner* JuS 2007, 401, 405). Mithin kommt es nach § 935 I 1 allein darauf an, ob der **Eigentümer** den unmittelbaren Besitz **unfreiwillig verloren** hat.

6 Einstweilen frei.

7 **b) Besitzdiener.** Aneignung oder Weggabe der Sache **durch den Besitzdiener** (vgl § 855) bedeutet nach zutr hM **Abhandenkommen** (BGH NJW 2014, 1526 Rn 9; RGZ 71, 248, 252; 106, 6; *Witt* AcP 201, 165, 272ff mwN). Dies gilt nach zutr hM auch dann, wenn der Besitzdiener nach außen vom Besitzer nicht zu unterscheiden ist (Grü/*Herrler* Rn 8; *Westermann/Gursky/Eickmann* § 49 Rn 13; *Baur/Stürner* § 52 Rn 39); nach aA bedeutet Veruntreuung durch Besitzdiener in dieser Konstellation kein Abhandenkommen (so Staudinger/*Heinze* Rn 14; *Neuner* JuS 2007, 401, 405). **Vertretungsmacht** des Besitzdieners (auch gem § 56 HGB) schließt generell Abhandenkommen aus (Grü/*Herrler* Rn 8). Dass der Eigentümer durch die Weggabe seitens des Besitzdieners mittelbarer Besitzer wird, steht dem Abhandenkommen nicht entgegen (vgl RGZ 71, 248, 252). Ein Kaufinteressent, der eine Probefahrt mit einem Kfz unternimmt, ist nicht Besitzdiener des Verkäufers. Die Überlassung eines Kfz durch den Verkäufer zu einer unbegleiteten und auch nicht anderweitig überwachten Probefahrt eines Kaufinteressenten auf öffentlichen Straßen für eine gewisse Dauer (hier eine Stunde) ist keine Besitzlockerung, sondern führt zu einem freiwilligen Besitzverlust. Wird das Fahrzeug in einem solchen Fall nicht zurückgegeben, liegt daher kein Abhandenkommen iSd § 935 vor (BGH NJW 2020, 3711ff; zust *Hofmann* NJW 2020, 3714f; *Stadler* JZ 2021, 45ff); dies gilt nach Celle NJW 2023, 229 Rn 26ff auch dann, wenn eingebaute SIM-Karten durch den Fahrzeughersteller nicht auch eine Überwachung durch den Eigentümer ermöglichen.

8 **c) Organpersonen, Ehegatten, Erbe.** Wenn Organpersonen von juristischen Personen oder rechtsfähiger Gesellschaft **Vertretungsmacht** haben, sind von ihnen veruntreute Sachen **nicht abhandengekommen** (BGHZ 57, 166, 169). **Veruntreuung durch Ehegatten** bestimmt die hM entspr der grds Anlehnung des Besitzrechts an das Güterrecht nach dem Güterstand (vgl dazu RG Warn Rspr 1922, 16 und Hamburg LZ 1923, 614). Im Falle von Mitbesitz (vgl § 854 Rn 8), liegt ein Abhandenkommen vor (Staudinger/*Heinze* Rn 7). Für die **Erbschaft** gilt § 857: Danach ist der Erbe sofort mit dem Erbfall in gleicher Weise Besitzer wie der Erblasser in dem dem Erbfall unmittelbar vorgelagerten Zeitpunkt; Eingriffe bedeuten Abhandenkommen der aus der Erbschaft entfernten Sachen, wie zB im Fall der Veräußerung durch den Erbschaftsbesitzer iSd § 2018 (Grü/*Herrler* Rn 10; *Olzen* JuS 1989, 374, 377f).

9 **d) Hoheitliche Eingriffe.** Diese (zB Zwangsvollstreckung, Beschlagnahme) sind grds kein Abhandenkommen, auch wenn erfolgreich angefochten, aber nicht bei Nichtigkeit (Brandenburg OLGRp 2004, 89). Vgl zu NS-Unrechtsakten LG Berlin JR 1948, 25; KG NJOZ 2011, 881; ausf *Wasmuth* NJW 2014, 747ff.

10 **e) Bestandteile.** Ist die Sache abhandengekommen, so sind es auch ihre Bestandteile, **auch** wenn sie von der Sache **getrennt** werden (Grü/*Herrler* Rn 2), **nicht** aber die bestimmungsgemäß gewonnenen **Früchte** (Staudinger/*Heinze* Rn 16; *Baur/Stürner* § 53 Rn 53; aA *Wolff/Raiser* § 69 I 3, der etwa Tierjunge als abhandengekommen ansieht, wenn sie beim Abhandenkommen des Muttertieres schon erzeugt sind).

11 **4. Geld und Inhaberpapiere.** Die Zulassung gutgläubigen Erwerbs für Geld (zur Notwendigkeit der Gutgläubigkeit vgl RGZ 103, 287, 288) beruht auf dem insoweit **vordringlichen Verkehrsschutzbedürfnis**. Geld ist alles im Umlauf befindliche staatlich anerkannte Papier- und Metallgeld; **ausl Geld** ist gleichgestellt (LG Köln JuS 1991, 855). Bei Veräußerung von Sammlermünzen (auch wenn es sich um noch gültiges Geld handelt) gilt die Aus-

nahme nicht (str; wie hier Staudinger/*Heinze* Rn 24 und auch BGH NJW 2013, 2888; dazu *K. Schmidt* JuS 2014, 169). Als **Inhaberpapiere** gelten auch Briefmarken, Lose, ausl Inhaberpapiere, ferner die Inhabermarken wie Biermarken (und für mit dem Andreaskreuz versehene und deshalb dem Geschäftsverkehr entzogene Briefmarken: Frankfurt OLG 1989, 198), Theaterkarten, Fahrkarten usw (Staudinger/*Heinze* Rn 25). Besonderheit für die Gutgläubigkeit in § 367 HGB.

5. Orderpapiere. Sie fallen selbst dann nicht unter die Ausnahme, wenn sie blanko indossiert sind; vgl aber für den Erwerbsvorgang Art 16 II WG, Art 21 ScheckG und § 365 HGB. Die Frage, ob das Abhandenkommen für den Verpflichteten eine Einredemöglichkeit schafft, regeln Art 17 WG und Art 22 ScheckG. Auch für Legitimationspapiere gilt die Ausnahme nicht. 12

6. Versteigerungen. Die Ausnahme für die **öffentliche** Versteigerung (vgl Begriff in § 383 III) resultiert daraus, dass sich der Erwerber kaum über die Herkunft der Sache erkundigen kann (*Heck* SachenR, § 60, 2). Hierzu gehört auch die **freiwillige** öffentliche Versteigerung (BGH NJW 1990, 899, 900 für Kunstauktion). § 935 II gilt aber nicht für die Versteigerung im Rahmen der Zwangsvollstreckung; hier erfolgt ein Eigentumsübergang kraft hoheitlicher Gewalt. Bei **Internetversteigerungen** handelt es sich **nicht** um öffentliche Versteigerungen (BGH NJW 2002, 363; 2005, 53, 54). Bei Erwerb in einer öffentlichen Versteigerung iSv § 935 II muss sich der gute Glaube zusätzl auch auf die Zulässigkeit der Versteigerung beziehen (Grü/*Herrler* Rn 11; ausf *Kuhnt* MDR 1953, 641). 13

7. Beweislast. Die Beweislast für das Abhandenkommen als Ausnahmetatbestand liegt bei demjenigen, der den Eigentumserwerb **bestreitet**; das ist idR der (vorherige) Eigentümer (Staudinger/*Heinze* Rn 28); während die Beweislast für § 935 II bei demjenigen liegt, der sich darauf beruft, idR der Erwerber (Grü/*Herrler* Rn 12). 14

8. Ausgleichsfragen. Ist infolge des Abhandenkommens die Verfügung unwirksam geblieben, hat der Eigentümer gegen den „Verfügenden" keinen Anspruch aus § 816 I; wohl aber kann er nach Genehmigung der Verfügung aus § 816 vorgehen (vgl § 816 Rn 7); er verliert dann aber sein Eigentum. Weitere Ansprüche können aus dem Eigentümer-Besitzer-Verhältnis folgen. Im Verhältnis zw dem Verfügenden und dem anderen Teil kommen Ansprüche aus Rechtsmängelhaftung in Betracht; vgl für den Kauf § 433 I 2, §§ 435ff. IdR wird der Verkäufer für den Rechtsmangel Schadensersatz zu leisten haben, vgl § 437 Nr 3, §§ 440, 280, 281, 283, 311a. 15

§ 936 Erlöschen von Rechten Dritter

(1) Ist eine veräußerte Sache mit dem Recht eines Dritten belastet, so erlischt das Recht mit dem Erwerb des Eigentums. In dem Falle des § 929 Satz 2 gilt dies jedoch nur dann, wenn der Erwerber den Besitz von dem Veräußerer erlangt hatte. Erfolgt die Veräußerung nach § 929a oder § 930 oder war die nach § 931 veräußerte Sache nicht im mittelbaren Besitz des Veräußerers, so erlischt das Recht des Dritten erst dann, wenn der Erwerber aufgrund der Veräußerung den Besitz der Sache erlangt.

(2) Das Recht des Dritten erlischt nicht, wenn der Erwerber zu der nach Absatz 1 maßgebenden Zeit in Ansehung des Rechts nicht in gutem Glauben ist.

(3) Steht im Falle des § 931 das Recht dem dritten Besitzer zu, so erlischt es auch dem gutgläubigen Erwerber gegenüber nicht.

1. Ratio. Wie das Eigentum kann aus Verkehrsschutzgründen auch die **Lastenfreiheit gutgläubig erworben** werden. Erlöschen nach § 936 können Nießbrauch und Pfandrechte aller Art, einschl der gesetzl Pfandrechte (zB Vermieterpfandrecht), auch Pfändungspfandrechte (RGZ 161, 109; BGH WM 1962, 1177; Grü/*Herrler* Rn 1; aA *Lüke* JZ 1955, 484, 486), das aufschiebend oder auflösend bedingte Anwartschaftsrecht (BGHZ 45, 186, 190; vgl Rn 6), aber auch Aneignungsrechte (zB Jagdrecht). Keine Belastung iSd § 936 ist ein schuldrechtl Besitzrecht, etwa das allg (§ 273) oder das kaufmännische Zurückbehaltungsrecht (§ 369 HGB), beachte aber § 986 II für Übereignung nach § 931; auch nicht öffentlich-rechtl Widmung (OVG Münster NJW 1993, 2635; Staudinger/*Heinze* Rn 3) oder Beschlagnahme (München MDR 1982, 949). Zum Erlöschen der Einlagepflicht des Aktionärs: BGHZ 122, 180 (dazu krit MüKo/*Oechsler* Rn 4; Staudinger/*Heinze* Rn 5). 1

Besondere Vorschriften gelten für den **Pfandverkauf**, § 1242; für im See- oder Binnenschiffsregister eingetragene Schiffe (vgl § 16 SchiffsRG); für die Hypothekenhaftung von Zubehörstücken §§ 1120ff; vgl ferner den auf den ersten Erwerber beschränkten Ausschluss gutgläubigen Erwerbs in § 5 PachtKG idF v 5.8.1951 (BGBl I 1951, 494). Eine im Ausland bestellte Autohypothek ist anzuerkennen, wenn das Fahrzeug endgültig im Inland verbleiben soll (BGH NJW 1991, 1415). 2

2. Voraussetzungen. Voraussetzung für das Erlöschen ist der **Erwerb des Eigentums** an der Sache durch Verkehrsgeschäft (dazu § 932 Rn 5), sei es vom Eigentümer gem §§ 929–931, sei es vom Nichteigentümer gem §§ 932–934 (*Wiegand* JuS 1974, 210). Erfolgt der Eigentumserwerb nach § 930, so erlöschen die Rechte Dritter in korrigierter Auslegung des § 936 I 3 indes erst **mit „Übergabe"** der mit Rechten Dritter belasteten Sache (BGH NJW-RR 2005, 1328, 1329; zust MüKo/*Oechsler* Rn 8 mwN). Denn würde man § 936 I 3 wortwörtlich anwenden, so würde bei einer Veräußerung nach § 930 der lastenfreie Erwerb schon mit Vollendung der Eigentumsübertragung erfolgen, da der Erwerber immer mittelbaren Besitz erlangt (BeckOGK/*Klinck* Rn 27). Folglich käme § 936 I 3 nicht die vom Gesetzgeber vorgesehene einschränkende Wirkung zu und der lastenfreie Erwerb nach § 936 I 3 würde sich zum gutgläubigen Erwerb vom Nichtberechtigten nach § 933 in Widerspruch setzen, da dieser erst dann möglich wäre, wenn der Veräußerer seinen Besitz restlos aufgibt. Nach zutr allg Ansicht ist daher der Wortlaut des Abs I S 3 als Redaktionsversehen anzuerkennen und dahingehend zu korrigieren, dass 3 für einen lastenfreien Erwerb die besitzbezogenen Voraussetzungen der §§ 932a, 933, 934 vorliegen müssen (BeckOGK/*Klinck* Rn 27 mwN). Dies bedeutet aber auch, dass die an einer gem § 931 von einem besitzlosen Veräußerer übereigneten Sache bestehende Rechte Dritter nach § 936 I 3 bereits dann erlöschen, wenn der Erwerber aus Anlass der Verfügung den (mittelbaren) Besitz an dem Gegenstand vom Besitzenden erlangt (MüKo/*Oechsler* Rn 8 mwN). Einer Übergabe bedarf es demggü nicht, da der Veräußerer von vornherein keine Besitzposition an der Sache innehat und demzufolge die reine Besitzverschaffungsmacht als hinreichender Rechtsscheinsträger des gutgläubig lastenfreien Erwerbs fungiert. Ein Wertungswiderspruch zur einschränkenden Auslegung eines Eigentumserwerbs nach § 930 besteht demggü wie bei § 933 und § 934 Alt 2 nicht (hierzu ausf MüKo/*Oechsler* § 934 Rn 2). Außerdem ist der Inhaber des belastenden Rechts bei einer Veräußerung nach § 931 hinreichend über § 936 III geschützt. Darüber hinaus gilt **auch § 935**; also außerhalb von § 935 II kein lastenfreier Erwerb, falls die Sache dem Eigentümer oder dem Rechtsinhaber (zB Pfandgläubiger) abhandengekommen ist (MüKo/*Oechsler* Rn 13; Staudinger/*Heinze* Rn 12). Die Übergabe mittels **Traditionspapiers** steht auch für § 936 der Übergabe der Sache gleich (vgl § 932 Rn 3 sowie Soergel/*Henssler* Rn 7; aA Staudinger/*Heinze* Rn 18).

4 Der **gute Glaube** muss sich auf das lastenfreie Eigentum beziehen im Zeitpunkt des Eigentumserwerbs bzw des möglichen Zeitpunkts des lastenfreien Erwerbs gem § 936 I 3 (Besitzerlangung). Der Schutz des guten Glaubens an die Verfügungsmacht kommt nur im Rahmen von § 366 II HGB in Betracht (Grü/*Herrler* Rn 3). Zur Gutgläubigkeit § 932 Rn 6, 11ff. Bei Veräußerung von Sachen auf Mietgrundstücken ist mit Vermieterpfandrecht zu rechnen (BGH NZM 2011, 275; aA *Fehrenbach* NZM 2012, 1); daher trifft den Erwerber eine Pflicht, sich nach Mietrückständen zu erkundigen, BGHZ 57, 166. Anders beim Erwerb vom Pächter (Soergel/*Henssler* Rn 10; vgl BGH NJW 1993, 1791 betr Früchtepfandrecht; aA Karlsruhe AgrarR 1993, 61). **Partielle Gutgläubigkeit** (zB Kenntnis des Pfandrechts bei Irrtum über die Höhe der gesicherten Forderung), reicht bei § 936 – anders als bei § 892 – nicht (MüKo/*Oechsler* Rn 11; Staudinger/*Heinze* Rn 8; Grü/*Herrler* Rn 3; aA *Wolff/Raiser* § 70 I 2). Jedenfalls trifft den Erwerber aber eine Prüfungspflicht hinsichtlich des Umfangs, wenn er Kenntnis von Belastungen hat, so dass er ohnehin idR nicht gutgläubig sein wird (so zu § 1208 Soergel/*Habersack* § 1208 Rn 6; BeckOK/*Schärtl* § 1208 Rn 3; vgl auch Soergel/*Henssler* Rn 8 aE; aA BeckOK/*Klinck* § 936 Rn 21).

5 **3. Schutz des dritten Besitzers. Abs III** schützt die Rechte eines Dritten, **der die Sache besitzt**, bei Veräußerung durch Abtretung des Herausgabeanspruchs (§ 931, 934). Mittelbarer Besitz genügt (Dritter als Besitzmittler des Berechtigten; KG OLG 41, 184; Grü/*Herrler* Rn 3).

6 **4. Schutz des Anwartschaftsberechtigten.** Geschützt wird über § 936 I 3 und Abs III auch der Anwartschaftsberechtigte **vor Zwischenverfügungen** des Vorbehaltsverkäufers ggü einem gutgläubigen Erwerber (vgl § 161 III; s MüKo/*Oechsler* Rn 17; Staudinger/*Heinze* Rn 16; *Döring* NJW 1996, 1443).

7 **5. Ausgleichsfragen.** Ausgleich für das Erlöschen des Rechts **wie bei § 932** (vgl § 892 Rn 47 und § 935 Rn 15). „Durch die Verfügung erlangt" ist beim Erlöschen eines Pfandrechts der dem Kaufpreis entspr Betrag der Forderung; beim Nießbrauch die Summe, um die der Kaufpreis geringer gewesen wäre, wenn der Nießbrauch erhalten geblieben wäre (zust Staudinger/*Heinze* Rn 19).

8 **6. Beweislast.** Beweisbelastet ist der Erwerber für den rechtsgeschäftlichen Eigentumserwerb, der Rechtsinhaber für dessen Bösgläubigkeit (ausf Staudinger/*Heinze* Rn 22). Verzicht des Rechtsinhabers (zB auf Pfandrecht) bei der Übergabe trifft Erwerber die Beweislast (BGH NJW-RR 2005, 1328).

Untertitel 2
Ersitzung (§§ 937–945)

§ 937 Voraussetzungen, Ausschluss bei Kenntnis

(1) Wer eine bewegliche Sache zehn Jahre im Eigenbesitz hat, erwirbt das Eigentum (Ersitzung).

(2) Die Ersitzung ist ausgeschlossen, wenn der Erwerber bei dem Erwerb des Eigenbesitzes nicht in gutem Glauben ist oder wenn er später erfährt, dass ihm das Eigentum nicht zusteht.

Schrifttum: *Bauer*, Ersitzung und Bereicherung im klassischen römischen Recht und die Ersitzung im BGB, 1988; *Finkenauer*, Gutgläubiger Erbe des bösgläubigen Erblassers – das Bernstein-Mosaik, NJW 1998, 960; *Jauß*, Zur Frage des Erwerbs abhandengekommener, rechtswidrig ausgegrabener oder unrechtmäßig eingeführter Kulturgüter, NJOZ 2018, 561; *Knütel*, Bösgläubiger Erblasser – gutgläubiger Erbe, FS H. Lange, 1992, 903; *Krämer*, Bernsteinzimmer-Mosaik: Ersitzung durch den gutgläubigen Erben des bösgläubigen Besitzers?, NJW 1997, 2580; *Schellerer*, Gutgläubiger Erwerb und Ersitzung von Kunstgegenständen, 2016; *Strobel*, Ersitzung und Bereicherungsrecht – Zugleich ein Beitrag zur Verjährung von Vindikation und Vindikationsersatzansprüchen, ZfPW 2020, 220; *Wilhelm*, Ersitzung als Rechtsgrund?, NJW 2017, 193.

1 **I. Allgemeines.** Das Rechtsinstitut der **Ersitzung** lässt den Eigentumserwerb an einer fremden beweglichen Sache zu, wenn der Ersitzende sie zehn Jahre im Eigenbesitz (§ 872) gehabt hat und sowohl bei Besitzerwerb gutgläubig war als auch nachträgl den Mangel nicht erfahren hat. Die Ersitzung bewirkt, dass der Eigenbesitzer das Eigentum an der Sache erwirbt, und zwar gem § 945 lastenfrei. Dadurch unterscheidet sich die Ersitzung von der **Verjährung** des Herausgabeanspruchs aus § 985; diese lässt den Bestand des Eigentums und des Anspruchs unberührt. Auch die **Verwirkung** ist keine Ersitzung. Mit dem Rechtsinstitut der Ersitzung begegnet das Gesetz der dauernden Aufspaltung von Eigentum und Besitz. Die Ersitzung bereinigt die Rechtslage und dient damit

dem Verkehrsschutz (MüKo/*Baldus* Rn 3, 7). Für den Ersitzenden selbst begründet sie einen intensivierten Vertrauensschutz. Die **praktische Bedeutung** der Vorschriften über die Ersitzung ist jedoch gering. In den meisten der in Betracht kommenden Anwendungsfälle wird der Eigentumswechsel bereits durch redlichen Erwerb (§§ 929ff, 932ff) erfolgen. Relevant ist die Ersitzung insb für den Erwerb abhanden gekommener Sachen (§ 935) sowie im Falle der Veräußerung von Sachen durch oder an Geschäftsunfähige (*Baur/Stürner* § 53 Rn 85).

II. Gegenstand der Ersitzung. 1. Eigentum und Nießbrauch. Ersitzungsfähig sind das **Eigentum** an **beweglichen Sachen** und nach § 1033 der **Nießbrauch** an ihnen. Ob die Sachen privat oder öffentlich sind, ist ohne Belang (Soergel/*Henssler* Rn 1). Auch ein „Abhandenkommen" iSd § 935 I steht der Ersitzung nicht entgegen. Für das Eigentum und andere zum Besitz berechtigende Rechte an **Grundstücken** lässt § 900 eine Ersitzung („Tabularersitzung" oder „Buchersitzung") zu (BGH DNotZ 2016, 375 – **Erbbaurecht**; dazu *Wilhelm* NJW 2017, 193), Grundstückszubehör (§ 97) und Scheinbestandteile (§ 95) unterfallen aber § 937 (MüKo/*Baldus* Rn 25). Der Eigentumserwerb an einem Grundstück im Aufgebotsverfahren gem § 927 ist keine Ersitzung. Ausgeschlossen ist eine Ersitzung, wenn für die Sache ein allg Erwerbsverbot besteht, relative Veräußerungsverbote nach §§ 135, 136 schließen eine Ersitzung dagegen nicht aus. 2

2. Andere Rechte. Andere Rechte als das Eigentum und der Nießbrauch an Sachen, wie zB Pfandrechte, sind nicht ersitzungsfähig. 3

3. Wertpapiere. Das **Eigentum an Rektapapieren** kann nicht nach § 937 ersessen werden, da das Eigentum an einem Rektapapier stets dem Inhaber der durch das Rektapapier verbrieften Forderung zusteht (das Recht am Papier folgt dem Recht an der Forderung, § 952). Möglich ist aber die Ersitzung des **Eigentums an Inhaber- und Orderpapieren**, soweit dem nicht im Einzelfall eine negative Orderklausel entgegensteht (beachte aber eine etwaig vorrangige Eigentumszuweisung bspw über § 929 S 1 iVm § 932 I, § 935 II; Art 14 I, 16 II WG; Art 14ff, 21 ScheckG; §§ 363ff, 365 I HGB). Bei Orderpapieren wird es allerdings aufgrund der Indossierung meist am „guten Glauben" fehlen. Denkbar wäre dieser lediglich in Kombination mit einem Blanko- oder gefälschten Indossament. 4

III. Eigenbesitz. Eigenbesitz hat, wer eine Sache als ihm gehörend besitzt (§ 872). Das kann auch ein mittelbarer Besitzer sein. Es genügt natürlicher Besitzwille. Geschäftsfähigkeit des Ersitzenden ist für die Begründung des Eigenbesitzes nicht erforderlich (BVerwG MDR 1957, 634 Nr 64; Staudinger/*C. Heinze* Rn 5; MüKo/*Baldus* Rn 41). Die **Beweislast** für zehnjährigen andauernden Eigenbesitz trägt der Ersitzende. Zu seinen Gunsten besteht aber eine Vermutung der Fortdauer des Eigenbesitzes, wenn er die Sache zu Beginn und zum Ende seiner Besitzzeit in Eigenbesitz gehabt hat (§ 938). Bei **Mitbesitz** (§ 866) wird Miteigentum ersessen (Rn 8). 5

IV. Fristberechnung. Die **10-Jahres-Frist** beginnt mit Erlangung des Eigenbesitzes. Für die Berechnung der Frist sind § 187 I und § 188 II maßgebend. 6

V. Guter Glaube. Bei Besitzerwerb ist **guter Glaube** (§ 932 II) erforderlich. Gegenstand des guten Glaubens ist nicht das Eigentum des Veräußerers, sondern das eigene Recht des Ersitzenden. Der Ersitzende ist somit dann nicht gutgläubig, wenn ihm bei Erwerb des Eigenbesitzes bekannt war oder infolge grober Fahrlässigkeit unbekannt geblieben ist, dass er das Eigentum (bzw den Nießbrauch, § 1033) nicht erworben hat (*Brehm/Berger* § 28 Rn 1). Nachträgl grobe Fahrlässigkeit schadet nicht; nur wenn der Erwerber später seine Nichtberechtigung positiv erfährt, ist die Ersitzung ausgeschlossen. Entzieht sich der Besitzer bewusst der Erlangung der Kenntnis seiner Nichtberechtigung, so ist ihm dies aber zuzurechnen und wirkt wie positive Kenntnis (§§ 242, 162 I; Staudinger/*C. Heinze* Rn 9; BGH NJW 2019, 3147 = JR 2020, 95 m Anm *Geiger-Wieske*). Für den guten Glauben bei Besitzerwerb gilt der Maßstab des § 932 II. Umstr ist, ob und inwieweit für den gutgläubigen Erwerb und die Ersitzung von abhanden gekommenen **Kunstgegenständen** ein strengerer Sorgfaltsmaßstab anzulegen ist und Erwerber von Kunstgegenständen allg oder soweit sie professionell auf dem Kunstmarkt Tätige sind bestimmten Nachforschungspflichten unterliegen (vgl BGH NJW 2019, 3147 = JR 2020, 95 m Anm *Geiger-Wieske*; Staudinger/*C. Heinze* § 932 Rn 132; *Müller-Katzenburg* NJW 1999, 2551, 2556; *Armbrüster* NJW 2001, 3581, 3585f; *Schack*, Kunst und Recht[3] Rn 534ff; *Schellerer*, Gutgläubiger Erwerb und Ersitzung von Kunstgegenständen, 2016, 74ff). Nach der Rspr des BGH besteht eine generelle, auch Laien auf dem Gebiet der Kunst und des Kunsthandels treffende Pflicht zur Nachforschung bei dem Erwerb eines Kunstwerks als Voraussetzung für den guten Glauben iSd § 937 II aber nicht (BGH NJW 2019, 3147 = JR 2020, 95 m Anm *Geiger-Wieske*). Ob § 40 KGSG in seinem Anwendungsbereich die Ersitzung des Eigentums an Kunstgegenständen ausschließt, ist umstr (dagegen Nürnberg KuR 2017, 160, 172; *Elmenhorst/Strobl* KuR 2017, 158, 159; dafür *Jauß* NJOZ 2018, 561, 562f). **Nachträgl guter Glaube** kommt dem Eigenbesitzer zugute, wird aber nur selten anzunehmen sein. Beweispflichtig ist der Ersitzende, bloßes „Vergessen" der eigenen Nichtberechtigung reicht nicht aus. Ist der Eigenbesitzer mittelbarer Besitzer, so ist sein Glaube, nicht der des unmittelbaren Besitzers maßgebend. Bei **Geschäftsunfähigen** und **beschränkt Geschäftsfähigen** ist auf die Kenntnis desjenigen abzustellen, dessen natürlicher Besitzwille für den Besitzerwerb ausschlaggebend war; dies kann der gesetzl Vertreter, uU aber auch der Geschäftsunfähige bzw beschränkt Geschäftsfähige selbst sein (MüKo/*Baldus* Rn 68). Erwirbt die nicht voll geschäftsfähige Person eigenständig den Besitz, so beurteilt sich ihre Bös- oder Gutgläubigkeit anhand des Maßstabs der §§ 827, 828 (vgl auch § 990 Rn 27). 7

Der **bösgläubige Besitzer** kann nicht ersitzen. Ihm steht nach Ablauf der Verjährungsfrist ggü dem Herausgabeanspruch des Eigentümers nur ein Leistungsverweigerungsrecht gem § 214 zu. Die Beweislast für die Bösgläubigkeit trägt der die Herausgabe verlangende Gegner. Dies gilt auch dann, wenn dem früheren Besitzer die Sache 7a gestohlen worden, verloren gegangen oder sonst abhanden gekommen ist (BGH NJW 2019, 3147 = JR 2020, 95 m Anm *Geiger-Wieske*). Den auf Herausgabe einer Sache verklagten Besitzer trifft aber regelmäßig eine sekundäre Darlegungslast für seinen guten Glauben bei dem Erwerb des Eigenbesitzes, wenn er sich ggü dem früheren Besitzer, dem die Sache abhanden gekommen ist, auf den Eigentumserwerb durch Ersitzung beruft. Hat der frühere Besitzer die von dem auf Herausgabe einer Sache verklagten Besitzer behaupteten Umstände des Erwerbs der Sache widerlegt, sind die Voraussetzungen des Abs II als bewiesen anzusehen (BGH aaO).

8 **VI. Rechtsfolgen. 1. Eigentumserwerb.** Der gutgläubige Eigenbesitzer **erwirbt** nach Ablauf von zehn Jahren das **Eigentum** originär und lastenfrei (§ 945). Der Eigentumsherausgabeanspruch des bisherigen Eigentümers aus § 985 erlischt. Mitbesitzer erwerben **Miteigentum** (Rn 5). Nur derjenige Mitbesitzer kann jedoch einen Eigentumsanteil ersitzen, in dessen Person sämtliche Voraussetzungen der Ersitzung erfüllt sind. Bösgläubigkeit eines Mitbesitzers hindert nur dessen Eigentumserwerb, nicht auch den Eigentumserwerb der übrigen Mitbesitzer. Lag der Erlangung des Eigenbesitzes ein **unwirksamer schuldrechtl Vertrag** (zB aus Kauf, Miete, Leihe, Verwahrung) zugrunde, wird dieser durch die Ersitzung nicht geheilt. Aus einem solchen Vertrag können ggü dem neuen Eigentümer daher auch nach der Ersitzung keine Ansprüche hergeleitet werden (BGH DNotZ 2016, 375, 381).

9 **2. Schuldrechtliche Ansprüche.** Umstr ist das Verhältnis der Ersitzung zu **schuldrechtl Herausgabeansprüchen** aus **wirksamen schuldrechtl Verträgen** oder **Kondiktionsrecht**. Ist derjenige, der das Eigentum an einer Sache ersessen hat, möglicherweise bestehenden schuldrechtl Herausgabeansprüchen noch unterworfen oder werden diese durch die Ersitzung abgeschnitten? Soll also die sachen- oder die schuldrechtl Regelung vorgehen? Bis zur Reform des BGB durch das Gesetz zur Modernisierung des Schuldrechts v 26.11.2001 (BGBl I 2001, 3138) kam dieser Frage größte Bedeutung zu, da die regelmäßige Verjährungsfrist bis dahin 30 Jahre betrug (§ 195 aF), schuldrechtl Herausgabeansprüche nach Ablauf der 10-jährigen Ersitzungsfrist also häufig noch nicht verjährt waren. Mit der Reform wurde die regelmäßige Verjährungsfrist aber auf drei Jahre verkürzt (§ 195). Anders als nach altem Recht werden schuldrechtl Herausgabeansprüche nach geltendem Recht daher zum Zeitpunkt des Eigentumserwerbs durch Ersitzung zumeist schon verjährt sein, so dass sich das genannte Konkurrenzproblem nicht mehr stellt (BGH DNotZ 2016, 375, 382). In einigen Fällen beträgt die Verjährungsfrist aber auch nach neuem Recht noch 30 Jahre (§ 197; ua für rechtskräftig festgestellte Ansprüche); zudem können Parteien die Verjährung der zw ihnen bestehenden Ansprüche durch Vereinbarung einer längeren als der in § 195 vorgesehenen Verjährung unterwerfen (§ 202 II). Jedenfalls im Hinblick darauf bedarf die Frage, inwieweit der Eigentumserwerb durch Ersitzung schuldrechtl Herausgabeansprüchen vorgeht, weiterhin der Klärung.

10 **a)** Nach der vorzugswürdigen, **früher hM**, die der BGH mit Entscheidung v 22.1.2016 (BGHZ 208, 316 zur Tabularersitzung gem § 900) jedoch zurückgewiesen hat (dazu sogleich Rn 11), sollen **vertragl Rückgabeansprüche** (zB aus Miete, Leihe, Verwahrung) trotz Ersitzung bestehen bleiben (RGZ 130, 69; *Baur/Stürner* § 53 Rn 91; Staudinger/*C. Heinze* Rn 22). Zwar kann ein unmittelbarer gegen den mittelbaren Besitzer auch bei Vorliegen eines Miet-, Leih- oder Verwahrungsvertrags etc ersitzen. Der sachenrechtl Verkehrsschutz, den § 937 schafft, findet seine Grenze aber in diesem Verpflichtungsverhältnis der Parteien untereinander. Nach erfolgter Ersitzung wandelt sich der Anspruch auf Rückgabe in einen Anspruch auf Rückübereignung der ersessenen Sache um, da nur so der vertragsgemäße Zustand wiederherzustellen ist. Ebenso liegt es bei Bereicherungsansprüchen, die der Abwicklung fehlgeschlagener Leistungen dienen (**Leistungskondiktion**). Waren zB bei einem Veräußerungsvertrag das Verpflichtungs- und das Verfügungsgeschäft vom gleichen Unwirksamkeitsgrund betroffen und hat der Erwerber deshalb kein Eigentum, sondern nur den Besitz an einer Sache erlangt, ist er trotz nachfolgender Ersitzung dem Leistenden gem § 812 I zur Herausgabe verpflichtet. Dies folgt daraus, dass den neuen Eigentümer diese Pflicht auch getroffen hätte, wenn er sofort Eigentümer geworden wäre; eine Besserstellung ist nicht gerechtfertigt (so auch RGZ 130, 69, 73; *Baur/Stürner* § 53 Rn 91; *v Caemmerer*, FS Boehmer, 1954, 145ff; Soergel/*Henssler* Rn 9f; Staudinger/*C. Heinze* Rn 22; *Siehr*, FS Stoll, 2001, 373, 378ff). Bestehen zw dem früheren Eigentümer und dem Ersitzenden aber keine vertragl Beziehungen und liegen auch die Voraussetzungen einer Leistungskondiktion nicht vor, so ist ein Anspruch aus § 812 I wegen Bereicherung „in sonstiger Weise" (**Eingriffskondiktion**) nicht gegeben. Der Eigentumserwerb ist in diesem Fall durch § 937 gerechtfertigt (*Baur/Stürner* § 53 Rn 91; MüKo/*Baldus* Rn 79; Staudinger/*C. Heinze* Rn 22). Eine Ausnahme hiervon gilt aber wiederum dann, wenn der Erwerber den Besitz unentgeltlich erworben hat (§ 816 I 2).

11 **b)** Die **entgegengesetzte Ansicht** des BGH (BGHZ 208, 316 zur Tabularersitzung gem § 900; krit dazu *Wilhelm* NJW 2017, 193ff; *Strobel*, ZfPW 2020, 220, 229) räumt der Ersitzung dagegen grds Vorrang vor schuldrechtl Rückgabeansprüchen ein (ebenso MüKo/*Baldus* Rn 78; Grü/*Herrler* § 900 Rn 5; RGRK/*Pikart* Rn 20; PWW/*Prütting* Rn 8; Soergel/*Henssler*, Rn 7ff). Begründet wird dies damit, dass durch die Ersitzung die Rechtslage auch in schuldrechtl Hinsicht endgültig bereinigt werden soll. Das Gesetz verweise im Falle eines Eigentumserwerbs durch Ersitzung, anders als in den Fällen der Verbindung/Vermischung/Verarbeitung (§ 951 S 1) und des Fundes (§ 977 S 1), nicht auf das Bereicherungsrecht und der Gesetzgeber habe ausweislich der Motive (III, 350ff) die frühere Unterscheidung zw einer Ersitzung cum titulo und sine titulo ausdrückl verworfen. Eine rein formelle Zuweisung des Eigentums durch Ersitzung würde dem Rechtsinstitut der Ersitzung jede Bedeutung nehmen. Nach Ansicht des BGH ist deshalb davon auszugehen, dass die Ersitzung **vertragl Rückgabeansprüche** schlechthin abschneidet. Gleiches gilt für Ansprüche aus **Leistungskondiktion** (§ 812 I), denen ein Erwerber im Falle der Unwirksamkeit des Verfügungsgeschäfts ausgesetzt sein kann (BGH DNotZ 2016, 375, 381f; krit dazu *Wilhelm* NJW 2017, 193ff; *Strobel*, ZfPW 2020, 220, 229ff). Um eine ersitzungsrechtl Ungleichbehandlung der Fälle fehlgeschlagenen und wirksamen Eigentumserwerbs zu verhindern, soll § 937 nach einer in der Lit vertretenen,

vom BGH (noch) nicht bestätigten Ansicht darüber hinaus auch auf die Fälle wirksamen Eigentumserwerbs auf fehlerhafter vertragl Grundlage anzuwenden sein; der gutgläubige Erwerber muss nach dieser Ansicht nach Ablauf der „Ersitzungsfrist" so behandelt werden, als ob er ersessen hätte, so dass ein Anspruch aus § 812 I gegen ihn ausscheidet (*Kipp* FS Marwitz, 221ff; *v Gierke* ZHR 111, 39, 70f). Schließlich sollen auch Ansprüche aus **Eingriffskondiktion** durch eine Ersitzung ausgeschlossen werden (BGH DNotZ 2016, 375, 381f; krit dazu *Wilhelm* NJW 2017, 193ff), ungeachtet dessen, ob der Erwerb entgeltlich oder unentgeltlich (§ 816 I 2) erfolgt ist.

VII. Erbschaftsbesitzer. Der **Erbschaftsbesitzer** kann sich ggü dem wahren Erben nicht auf Ersitzung berufen, solange der Erbschaftsanspruch nicht verjährt ist (§ 2026; vgl § 944 Rn 6). 12

VIII. Unbestellt zugesandte Sachen. Problematisch ist die Einordnung der Fälle des § 241a I. Verbraucher, die unaufgefordert Sachen zugesandt bekommen, erhalten hieran gem § 241a I zwar kein Eigentum, aber eigentümerähnl Rechte. Sie dürfen die Sachen unbefristet nutzen, verbrauchen oder auch vernichten, ohne dem Versender und Eigentümer ersatzpflichtig zu werden. Darüber hinaus soll sogar eine Geltendmachung des formell noch bestehenden Eigentumsherausgabeanspruchs durch den Versender und Eigentümer ausgeschlossen sein (*Lorenz* JuS 2000, 841; *Brehm/Berger* § 7 Rn 59; aA *Casper* ZIP 2000, 1602, 1605ff). Die Rechtsstellung der Empfänger der Sachen ist also derjenigen eines Eigentümers sehr ähnl. Die Empfänger der Sachen sind gleichwohl keine gutgläubigen Eigenbesitzer iSd § 937, da sie wissen (müssen), dass ihnen das Gesetz formell keine Eigentümerstellung verleiht. § 937 muss auf diese Fälle aber entspr Anwendung finden. Es wäre inkonsequent, einem Empfänger, dem von Gesetzes wegen eigentumsähnl Befugnisse zugestanden werden und der deshalb die Sache einem Eigenbesitzer vergleichbar unbefristet besitzen darf, nach zehn Jahren die Ersitzung mit dem Hinw zu verweigern, er wäre nicht gutgläubig (so aber, dem Wortlaut nach konsequent, *Riehm* Jura 2000, 512). Empfänger von Sachen iSd § 241a I erwerben daher nach Ablauf von zehn Jahren gem § 937 Eigentum hieran. Für eine Anwendung des § 937 spricht auch, dass in den Fällen des § 241a nur so ein dauerhaftes Auseinanderfallen von Besitz und Eigentum an den zugesandten Waren verhindert werden kann. 13

§ 938 Vermutung des Eigenbesitzes

Hat jemand eine Sache am Anfang und am Ende eines Zeitraums im Eigenbesitz gehabt, so wird vermutet, dass sein Eigenbesitz auch in der Zwischenzeit bestanden habe.

Die Beweislast für Besitz und Eigenbesitzwillen während der Ersitzungsfrist des § 937 trägt der Ersitzende. § 938 erleichtert diese Beweisführung, indem er eine **gesetzl Vermutung** für den Fortbestand des Eigenbesitzes statuiert, sofern der Ersitzende Eigenbesitz zum Zeitpunkt des Beginns und des Endes der Ersitzungsfrist nachweist. 1

Die Vermutung des § 938 ist **widerlegbar** (§ 292 ZPO). Weist der Gegner nach, dass zu einem Zeitpunkt während des Laufs der Ersitzungsfrist Besitz oder Eigenbesitzwillen nicht bestand, gelten §§ 940, 942. Die Ersitzung wird unterbrochen. Ein vorübergehender Verlust des Eigenbesitzes, wie etwa im Falle der Sicherungsübereignung (§ 943 Rn 5), kann jedoch nach § 943 unschädlich sein. 2

§ 939 Hemmung der Ersitzung

(1) Die Ersitzung ist gehemmt, wenn der Herausgabeanspruch gegen den Eigenbesitzer oder im Falle eines mittelbaren Eigenbesitzes gegen den Besitzer, der sein Recht zum Besitz von dem Eigenbesitzer ableitet, in einer nach den §§ 203 und 204 zur Hemmung der Verjährung geeigneten Weise geltend gemacht wird. Die Hemmung tritt jedoch nur zugunsten desjenigen ein, welcher sie herbeiführt.

(2) Die Ersitzung ist ferner gehemmt, solange die Verjährung des Herausgabeanspruchs nach den §§ 205 bis 207 oder ihr Ablauf nach den §§ 210 und 211 gehemmt ist.

I. Allgemeines. Der Eigentümer darf nicht dem Risiko eines Rechtsverlustes ausgesetzt sein, solange er sich aktiv um die Durchsetzung seiner Ansprüche bemüht. Nach §§ 203, 204 ist deshalb die Verjährung seiner Ansprüche gehemmt, solange Verhandlungen hierüber geführt werden oder der Eigentümer sie in der dort beschriebenen Weise auf (schieds-)gerichtlichem Wege verfolgt. Abs I ordnet an, dass unter den gleichen Voraussetzungen auch die **Ersitzung gehemmt** ist, um einen Rechtsverlust auf diesem Wege zu vermeiden. 1

II. Verhandlungen und Rechtsverfolgung. 1. Geltendmachung des Herausgabeanspruchs. Gegenstand der Verhandlungen bzw der Rechtsverfolgung muss die **Geltendmachung des Herausgabeanspruchs** aus § 985 sein. Ob der Eigentümer seinen Herausgabeanspruch gegen den unmittelbaren Eigenbesitzer oder dessen Besitzmittler geltend macht, ist für den Eintritt der Hemmung unerheblich. Für die Hemmung ausreichend ist also zB sowohl die Erhebung einer Klage gegen den vermeintlichen Eigentümer als auch gegen den Mieter der streitbefangenen Sache, soweit der Vermieter sich als Eigentümer geriert. Auch Maßnahmen ggü einem Zwischenbesitzer iSv § 940 führen zur Hemmung der Ersitzung, da dessen Besitzzeit dem Eigenbesitzer gem § 940 II zugerechnet wird und dies deshalb auch für eine Hemmung bewirkende Maßnahmen gelten muss (aA Soergel/*Henssler* Rn 3). Die Hemmung tritt nur zugunsten desjenigen ein, der die Verhandlungen führt bzw die Rechtsverfolgung betreibt. Klagt also ein Nichtberechtigter auf Herausgabe der Sache, wird dadurch der Lauf der Ersitzungsfrist nicht gehemmt. Maßnahmen durch einen Miteigentümer nach § 1011 hemmen die Ersitzung aber auch zugunsten der übrigen Miteigentümer (MüKo/*Baldus* Rn 9), wie iÜ ganz allg bei zulässiger Prozessstandschaft eine Klageerhebung auch zugunsten des wahren Eigentümers zur Hemmung der Ersitzung führt. 2

3 **2. Anderweitige Rechtsverfolgung.** Eine **außergerichtliche Geltendmachung** des Herausgabeanspruchs durch den Eigentümer oder durch Anwaltsschreiben hemmt den Lauf der Ersitzungsfrist nicht, schließt aber die Ersitzung nach § 937 II aus, sofern der Ersitzende durch die Geltendmachung positive Kenntnis von seiner Nichtberechtigung erhält. Gleiches gilt für die Verfolgung von **Besitzschutzansprüchen**, etwa aus § 1007. Die Beantragung oder Vornahme von **Vollstreckungshandlungen** durch den Eigentümer führt nicht lediglich zur Hemmung, sondern weitergehend zur Unterbrechung der Ersitzung (§ 941).

4 **III. Verhinderung an der Rechtsverfolgung.** Der Eigentümer darf auch dann nicht dem Risiko eines Rechtsverlustes ausgesetzt sein, wenn er aus rechtl oder tatsächlichen Gründen an der Verfolgung seiner Ansprüche gehindert ist. Nach §§ 205–207 ist deshalb die Verjährung seiner Ansprüche gehemmt, solange der Schuldner vereinbarungsgemäß zur Leistungsverweigerung berechtigt ist, der Eigentümer aufgrund höherer Gewalt seinen Anspruch nicht geltend machen kann oder ihm die Verfolgung seiner Ansprüche aus familiären oder diesen vergleichbaren Gründen nicht möglich ist. §§ 210, 211 sehen darüber hinaus eine Hemmung des Ablaufs der Verjährung vor, solange der Eigentümer nicht voll geschäftsfähig und ohne gesetzl Vertreter oder der Anspruch Teil eines Nachlasses ist. In all diesen Fällen tritt gem Abs II gleichzeitig eine **Hemmung der Ersitzung** ein, um auch einen Rechtsverlust des Eigentümers durch Ersitzung zu vermeiden.

5 **IV. Wirkung der Hemmung.** Rechtsfolge der Hemmung ist, dass die während der Dauer der Hemmung verstrichene Zeit nicht in die Ersitzungsfrist eingerechnet wird. Die Ersitzungsfrist wird also um die Dauer der Hemmung **verlängert** (§ 209). Eine Ausnahme hiervon bildet die Ablaufhemmung nach §§ 210 und 211. In den Fällen der Ablaufhemmung statuiert das Gesetz lediglich eine Mindestverjährungs- bzw **Mindestersitzungsfrist** nach Eintritt des die Hemmung auslösenden Ereignisses. Diese beträgt sechs Monate, soweit die reguläre Verjährungs- bzw Ersitzungsfrist nicht bereits früher abgelaufen wäre.

§ 940 Unterbrechung durch Besitzverlust

(1) Die Ersitzung wird durch den Verlust des Eigenbesitzes unterbrochen.

(2) Die Unterbrechung gilt als nicht erfolgt, wenn der Eigenbesitzer den Eigenbesitz ohne seinen Willen verloren und ihn binnen Jahresfrist oder mittels einer innerhalb dieser Frist erhobenen Klage wiedererlangt hat.

1 **I. Allgemeines.** Der Eigenbesitz muss während der gesamten Ersitzungsfrist fortbestehen. Ein **Verlust des Eigenbesitzes** führt nach Abs I zur **Unterbrechung der Ersitzung**, sofern nicht die Ausnahme des Abs II vorliegt.

2 **II. Verlust des Eigenbesitzes.** Eigenbesitz kann durch Besitzverlust überhaupt oder auch nur durch Aufgabe des Eigenbesitzwillens verloren werden. **Verlust des Besitzes** meint Verlust der tatsächlichen Sachherrschaft iSd §§ 854, 855, 868. Der Tod eines Besitzers führt nicht zum Besitzverlust, da der Besitz des Erblassers ohne weiteres auf die Erben übergeht (§ 857; vgl auch § 943 Rn 4). Eine **Aufgabe des Eigenbesitzwillens** ohne Besitzverlust wird insb in den Fällen der Eigentumsübertragung unter Vereinbarung eines Besitzmittlungsverhältnisses (§§ 930, 933), also zB bei der Sicherungsübereignung (vgl dazu aber auch § 943 Rn 5), anzunehmen sein.

3 **III. Unterbrechung der Ersitzung.** Die Rechtsfolgen einer Unterbrechung ergeben sich aus § 942.

4 **IV. Ausnahmen.** Die Unterbrechung gilt als nicht erfolgt, wenn die in Abs II genannten Voraussetzungen erfüllt sind.

5 **1. Unfreiwilliger Besitzverlust.** Der Verlust des mittelbaren oder unmittelbaren Eigenbesitzes muss unfreiwillig erfolgt sein. Dies ist insb im Falle des Abhandenkommens einer Sache gem § 935 zu bejahen. IÜ ist auf den dem Besitzverlust zugrundeliegenden natürlichen Willen abzustellen. Willensmängel iSd §§ 116ff sind für die Frage der Freiwilligkeit oder Unfreiwilligkeit des Besitzverlustes nicht relevant. Durch Anfechtung nach §§ 119ff kann eine Besitzaufgabe daher nicht zu einer unfreiwilligen werden (BGHZ 4, 33ff; BGH NJW 1953, 1506). Es können aber natürlich Umstände, die eine Anfechtung rechtfertigen würden, gleichzeitig zur Unfreiwilligkeit des Besitzverlustes führen. So ist Unfreiwilligkeit des Besitzverlustes immer dann anzunehmen, wenn der Ersitzende durch widerrechtl Drohung (§ 123 I) zur Besitzaufgabe gedrängt worden ist.

6 **2. Wiedererlangung des Eigenbesitzes.** Neben der Unfreiwilligkeit des Besitzverlustes ist die Wiedererlangung des Eigenbesitzes erforderlich. Wiedererlangung bedeutet nicht zwingend die Wiederherstellung der ursprüngl Besitzform. Es reicht aus, wenn abw vom früheren unmittelbaren jetzt nur mittelbarer Eigenbesitz erlangt wird. Auf welchem Weg die Wiedererlangung erfolgt, ist unerheblich. Selbst eine Wiedererlangung des Besitzes durch verbotene Eigenmacht verhindert die Unterbrechung des Laufs der Ersitzungsfrist (MüKo/*Baldus* Rn 8). Unerheblich ist auch, von wem der Besitz zurückerlangt wird. Schädlich ist nur, wenn ein Dritter zwischenzeitl Eigentum an der Sache erlangt hat. Hat nach Besitzverlust und vor Wiedererlangung des Besitzes ein Dritter Eigentum an der Sache erlangt, tritt Unterbrechung ein, weil das Interesse des neuen Eigentümers an der Sicherung seines Eigentums dem Interesse des Ersitzenden vorgeht. Gelangt der Besitz trotz zwischenzeitl Eigentumserwerbs durch einen Dritten wieder in die Hände des ursprüngl Besitzers, kann die Ersitzung daher nur unter den Voraussetzungen des § 937, dh insb nur bei Gutgläubigkeit und nach Ablauf der vollständigen 10-Jahres-Frist, erfolgen. Der Eigenbesitz muss **binnen Jahresfrist** (§ 187 I, § 188 II) oder aufgrund einer binnen dieser Frist erhobenen Klage wiedererlangt worden sein.

3. Gutgläubigkeit nach Wiedererlangung. Da im Falle des Vorliegens der Voraussetzungen des Abs II keine Unterbrechung der Ersitzung erfolgt, kann einer Vollendung der Ersitzung nach Wiedererlangung des Eigenbesitzes nur positive Kenntnis der Nichtberechtigung entgegenstehen. Grob fahrlässige Unkenntnis des Ersitzenden von seiner Nichtberechtigung hindert die Ersitzung nicht (§ 937 II). 7

§ 941 Unterbrechung durch Vollstreckungshandlung

Die Ersitzung wird durch Vornahme oder Beantragung einer gerichtlichen oder behördlichen Vollstreckungshandlung unterbrochen. § 212 Abs. 2 und 3 gilt entsprechend.

Betreibt der Eigentümer die Durchsetzung seines Herausgabeanspruchs, führt dies grds nur zur Hemmung der Ersitzung (§ 939). Nach Beendigung des die Hemmung auslösenden Tatbestandes läuft die Ersitzungsfrist weiter, die bis zur Hemmung verstrichene Zeit kommt dem Ersitzenden zugute (§ 209). Die Ersitzungsfrist wird also lediglich um die Dauer der Hemmung verlängert. Abw von diesem Grundsatz ordnet § 941 an, dass die **Beantragung einer Vollstreckungshandlung die Ersitzung** nicht nur hemmt, sondern **unterbricht**. Anders als im Falle der Hemmung läuft die Ersitzungsfrist im Falle der Unterbrechung nach Beendigung des die Unterbrechung auslösenden Tatbestandes nicht weiter, sondern sie beginnt neu zu laufen. Nach einer erfolglosen Zwangsvollstreckung beträgt die Ersitzungsfrist demzufolge erneut zehn Jahre (§§ 937, 942). 1

Die Regelung soll ausschließen, dass der Eigentümer zum Ende der Ersitzungsfrist hin gezwungen wird, durch ständig neue Vollstreckungsmaßnahmen den Eintritt der Ersitzung zu verhindern. Der Eigentümer, der einen vollstreckbaren Titel über seinen Anspruch erwirkt und die Zwangsvollstreckung eingeleitet hat, hat alles ihm Mögliche zur Durchsetzung seines Anspruchs getan. Er darf durch eine drohende Ersitzung nicht zu ständig neuen, oft aussichtslosen Vollstreckungsversuchen gezwungen werden. 2

Die **Unterbrechung** der Ersitzung **gilt als nicht erfolgt**, wenn dem Vollstreckungsantrag nicht stattgegeben wird oder der Vollstreckungsantrag oder die Vollstreckungshandlung zurückgenommen wird (§ 212 II, III ZPO). 3

§ 942 Wirkung der Unterbrechung

Wird die Ersitzung unterbrochen, so kommt die bis zur Unterbrechung verstrichene Zeit nicht in Betracht; eine neue Ersitzung kann erst nach der Beendigung der Unterbrechung beginnen.

Mit der Unterbrechung **endet die laufende Ersitzung**. Einmal unterbrochen kann die Ersitzung nicht fortgesetzt werden. Möglich ist nur der Beginn einer vollständig neuen Ersitzung nach Beendigung der Unterbrechung. Dafür ist erforderlich, dass sämtliche Voraussetzungen des § 937 gegeben sind, dh der Ersitzende muss nach Beendigung der Unterbrechung den Eigenbesitz an der Sache zurückerlangen, und er muss im Hinblick auf seine Berechtigung gutgläubig sein. 1

Da die unterbrochene Ersitzung, anders als im Falle der Hemmung, nicht fortgesetzt wird, **verfällt die** bis dahin **verstrichene Ersitzungszeit**. Sie wird im Rahmen einer möglicherweise nachfolgenden, neuen Ersitzung nicht angerechnet (ebenso § 212 für die Verjährung). Die neu begonnene Ersitzung unterliegt also uneingeschränkt der 10-Jahres-Frist des § 937. Eine Ausnahme hiervon gilt nur für den Fall, dass die Sache durch **Rechtsnachfolge** in den Eigenbesitz eines Dritten gelangt (§ 943). 2

§ 943 Ersitzung bei Rechtsnachfolge

Gelangt die Sache durch Rechtsnachfolge in den Eigenbesitz eines Dritten, so kommt die während des Besitzes des Rechtsvorgängers verstrichene Ersitzungszeit dem Dritten zugute.

I. Allgemeines. Häufig wird der Eigenbesitzer den Besitz auf einen Dritten übertragen, bevor zu seinen Gunsten die Ersitzungsfrist von zehn Jahren abgelaufen ist. Würde eine solche Übertragung stets den Lauf einer neuen 10-Jahres-Frist in Gang setzen, würde eine Ersitzung selten beendet werden, die mit dem Institut der Ersitzung angestrebte Rechtssicherheit würde verfehlt. § 943 ordnet deshalb an, dass die zugunsten eines Rechtsvorgängers verstrichene Ersitzungszeit seinem Rechtsnachfolger zugutekommt. Die **Ersitzungsfrist des Rechtsnachfolgers wird** also um die zugunsten seines Rechtsvorgängers verstrichene Ersitzungszeit **verkürzt**. Dem Erwerber des Eigenbesitzes kommt dabei nicht nur die Ersitzungszeit seines unmittelbaren Rechtsvorgängers, sondern aller seiner Rechtsvorgänger zugute (Frankfurt MDR 1976, 223; Staudinger/*C. Heinze* Rn 6; Soergel/*Henssler* Rn 2). 1

II. Anrechnungsvoraussetzungen. 1. Rechtsnachfolge. Rechtsnachfolge meint Gesamt- oder Einzelrechtsnachfolge (Staudinger/*C. Heinze* Rn 1; MüKo/*Baldus* Rn 7; aA *Knütel* FS H. Lange, 1992, 903, 916; *Krämer* NJW 1997, 2580, 2581, die § 943 nur bei Einzelrechtsnachfolge anwenden wollen). **Einzelrechtsnachfolge** setzt abgeleiteten Besitzerwerb, also körperliche Übergabe mit Willen des bisherigen Besitzers oder Einigung gem § 854 II, voraus. Eine rechtsgeschäftlich wirksame Verfügung ist nicht erforderlich. **Gesamtrechtsnachfolge** liegt insb im Falle des Erwerbs des Eigenbesitzes von Todes wegen vor. 2

2. Ersitzung. Voraussetzung für die Anrechnung der Ersitzungszeit ist, dass sowohl in der Person des Rechtsvorgängers als auch in der Person des Rechtsnachfolgers alle Tatbestandsvoraussetzungen der Ersitzung (§ 937) vorliegen. Der Rechtsvorgänger muss also Eigenbesitzer (§ 872) sein, der Rechtsnachfolger Eigenbesitz begrün- 3 den und beide müssen zum Zeitpunkt der Übertragung des Besitzes im Hinblick auf ihre Berechtigung gutgläubig sein.

4 **III. Einzelfälle. 1. Erwerb von Todes wegen.** Besonderheiten bestehen für den **Erwerb des Eigenbesitzes von Todes wegen.** Der Erbe tritt gem § 857 kraft Gesetzes in den Besitz des Erblassers ein, ohne dass er hierfür tatsächliche Sachherrschaft erlangen muss. Die Erlangung der tatsächlichen Sachherrschaft iSd § 854 folgt idR erst später nach, wenn der Erbe den Nachlass in Besitz nimmt. Diese Konstruktion hat Einfluss auf den **Zeitpunkt, zu dem der Erbe** hinsichtl seiner Berechtigung **gutgläubig sein muss.** Zum Zeitpunkt des Besitzerwerbs kraft Gesetzes gem § 857 hat der Erbe idR noch keine Möglichkeit, sich eine Vorstellung von seiner Berechtigung an der Sache zu machen; häufig wird er nicht einmal um seine Erbschaft oder die Existenz der Sache als Teil des Nachlasses wissen. Die zugunsten des Erblassers begonnene Ersitzungsfrist läuft daher zu seinen Gunsten weiter, sofern er nicht ausnahmsw um die Zugehörigkeit der Sache zum Nachlass weiß und bösgläubig ist. Nimmt der Erbe den Nachlass nachfolgend in Besitz, muss er aber auch zu diesem Zeitpunkt noch gutgläubig sein. Nur unter dieser weiteren Voraussetzung kommt ihm die verstrichene Ersitzungszeit zugute; ist der Erbe bösgläubig, wird die Ersitzung mit Inbesitznahme der Erbschaft unterbrochen. Sollte die Ersitzungsfrist zum Zeitpunkt der Inbesitznahme des Nachlasses bereits abgelaufen sein, vermag eine dann bestehende Bösgläubigkeit des Erben den Eigentumserwerb durch Ersitzung allerdings nicht mehr zu verhindern. Der Erbe kann also in Unkenntnis seines Erbrechts und ohne eigene tatsächliche Sachherrschaft die Ersitzung vollenden. **Gutgläubig ist der Erbe** nur dann, wenn er an die Berechtigung des Erblassers und an seine eigene Berechtigung an der Sache glaubt (vgl auch § 944 Rn 4). **Grob fahrlässige Unkenntnis** des Erben von der Nichtberechtigung des Erblassers oder seiner eigenen Nichtberechtigung an der Sache führt zur Bösgläubigkeit iSd § 937 und dazu, dass dem Erben die zugunsten des Erblassers verstrichene Ersitzungszeit nicht zugutekommt (MüKo/*Baldus* Rn 11ff; aA RGRK/*Pikart* Rn 3; Soergel/*Henssler* Rn 5). Und schließlich ist auch noch die **Gutgläubigkeit des Erblassers** für die Anrechnung der verstrichenen Ersitzungszeit erforderlich. War der Erblasser zum Zeitpunkt des Erbfalls im Hinblick auf seine Berechtigung an der Sache nicht gutgläubig iSd § 937, kommt die verstrichene Ersitzungszeit dem Erben nicht zugute. Dieser kann aber eine neue Ersitzung beginnen, sofern er bei Inbesitznahme des Nachlasses gutgläubig iSd § 937 ist (*Baur/Stürner* § 53 Rn 89; *Finkenauer* NJW 1998, 960; aA *Krämer* NJW 1997, 2580; *Knütel* FS H. Lange, 1992, 903).

5 **2. Sicherungsübereignung.** § 943 findet auch auf die Fälle der **Sicherungsübereignung** Anwendung. Im Falle einer Sicherungsübereignung (§ 940 Rn 2) kann sich eine Anrechnung der verstrichenen Ersitzungszeit für den Sicherungsnehmer und im Falle der Rückübereignung auch für den Sicherungsgeber aus § 943 ergeben (MüKo/*Baldus* Rn 6).

§ 944 Erbschaftsbesitzer

Die Ersitzungszeit, die zugunsten eines Erbschaftsbesitzers verstrichen ist, kommt dem Erben zustatten.

1 **I. Allgemeines.** Stirbt ein Ersitzender, so soll gem § 943 die zu seinen Gunsten bereits verstrichene Ersitzungszeit dem Erben als Rechtsnachfolger des Erblassers zugutekommen. Der für eine Anwendung des § 943 erforderliche Besitz des Erben an der Sache ergibt sich zunächst aus der gesetzl Fiktion des § 857, bis der Erbe durch Inbesitznahme des Nachlasses tatsächliche Sachherrschaft an der Sache und damit Besitz iSd § 854 erlangt (§ 943 Rn 4). Nimmt allerdings nicht der Erbe, sondern ein **Scheinerbe (Erbschaftsbesitzer, § 2018)** den Nachlass in Besitz, endet die zugunsten des Erben wirkende gesetzl Besitzfiktion, ohne dass der Erbe an der Sache Besitz iSd § 854 erlangt. Der Scheinerbe, nicht der Erbe wird Besitzer der Sache. Die Voraussetzungen für ein Weiterlaufen der Ersitzungsfrist des Erblassers zugunsten des Erben nach § 943 wären in dieser Situation nicht mehr erfüllt, die Ersitzung würde durch den Besitzverlust des Erben unterbrochen (§ 940). Selbst wenn der Scheinerbe die Sache nachfolgend an den wahren Erben herausgibt, würde dies ein Weiterlaufen der vom Erblasser begonnenen Ersitzungsfrist gem § 943 nicht begründen können, da der Scheinerbe nicht Rechtsnachfolger des Erblassers und der Erbe nicht Rechtsnachfolger des Scheinerben ist.

2 § 944 wirkt diesem Problem entgegen, indem er anordnet, dass die Ersitzungszeit, die zugunsten eines Erbschaftsbesitzers (des Scheinerben) verstrichen ist, dem Erben zustattenkommt. Nach § 944 ist der wahre Erbe für die Zwecke der Ersitzung also so zu behandeln, als sei der Scheinerbe Rechtsnachfolger des Erblassers und er selbst Rechtsnachfolger des Scheinerben. Damit wird die Anwendung des § 943 zugunsten des Erben möglich, auch wenn ein Scheinerbe den Nachlass in Besitz genommen hat. Dem wahren Erben kommt die Besitzzeit des Erblassers, die Zeit der gesetzl Besitzfiktion und die Besitzzeit des Scheinerben als Ersitzungszeit zugute.

3 **II. Voraussetzungen. 1. Erbschaftsbesitzer. Erbschaftsbesitzer** (Scheinerbe) ist derjenige, der aufgrund eines ihm in Wirklichkeit nicht zustehenden Erbrechts etwas (die zu ersitzende Sache) aus der Erbschaft erlangt hat (§ 2018). Dem Erbschaftsbesitzer steht derjenige gleich, der die Erbschaft durch Vertrag von dem Erbschaftsbesitzer erworben hat (**Erbschaftserwerber,** § 2030). Nimmt ein Dritter, der nicht Erbschaftsbesitzer oder Erbschaftserwerber ist, die Sache (etwa aufgrund eines ihm vermeintlich zustehenden Eigentumsrechts) an sich, findet § 944 keine Anwendung. In diesem Fall wird der (fiktive) Besitz des Erben unterbrochen, ein Weiterlauf der Ersitzungsfrist des Erblassers zugunsten des Erben ist dann nur nach Maßgabe des § 940 II zu erreichen.

4 **2. Ersitzungsvoraussetzungen.** Inwieweit die **Ersitzungsvoraussetzungen** (Eigenbesitz und Gutgläubigkeit iSd § 937) **in der Person des Erbschaftsbesitzers** vorliegen müssen, ist umstr. Nach einer Ansicht soll eine An-

wendung des § 944 nur möglich sein, wenn der Erbschaftsbesitzer hinsichtl seines eigenen Erbrechts und hinsichtl der Berechtigung des Erblassers an der Sache gutgläubig ist (MüKo/*Baldus* Rn 5). Eine andere Ansicht verlangt weniger weitgehend nur Gutgläubigkeit des Erbschaftsbesitzers hinsichtl der Berechtigung des Erblassers an der Sache (Staudinger/*C. Heinze* Rn 1). Der Wortlaut des § 944 („Ersitzungszeit" des Erbschaftsbesitzers) und die Tatsache, dass § 944 eine Anwendungslücke des § 943 schließen will, sprechen dafür, mit der erstgenannten Ansicht das Vorliegen aller Ersitzungsvoraussetzungen in der Person des Erbschaftsbesitzers zu verlangen. Ist der Erbschaftsbesitzer im Hinblick auf sein Erbrecht nicht gutgläubig, muss der Erbe daher nach § 940 II vorgehen, will er die Unterbrechung der Ersitzungsfrist vermeiden. Eine Anrechnung der Ersitzungszeit des Erbschaftsbesitzers zugunsten des Erben gem § 944 ist zudem dann ausgeschlossen, wenn **der Erbe** selbst während der Besitzzeit des Erbschaftsbesitzers hinsichtl der Berechtigung des Erblassers an der Sache **bösgläubig** ist. Es besteht nämlich kein Anlass, den Erben während der Besitzzeit des Erbschaftsbesitzers besser zu stellen, als während der Zeit seines fiktiven Besitzes gem § 857 (vgl dazu § 943 Rn 4).

III. Rechtsfolgen. Bei Vorliegen der Voraussetzungen des § 944 **kommt die Ersitzungszeit des Erbschaftsbesitzers dem Erben zustatten.** Der Erbe wird für die Zwecke der Ersitzung so behandelt, als wäre der Erbschaftsbesitzer Rechtsnachfolger des Erben und er selbst Rechtsnachfolger des Erbschaftsbesitzers (MüKo/*Baldus* Rn 1). Auf seine Ersitzungszeit wird nach Maßgabe des § 943 die Ersitzungszeit des Erblassers und die Zeit der Besitzfiktion (§ 857) und zusätzl gem § 944 die Ersitzungszeit des Erbschaftsbesitzers angerechnet. Der Erbe wird daher Eigentümer, wenn unter Einrechnung der Ersitzungszeit des Erbschaftsbesitzers für ihn die 10-Jahres-Frist verstrichen ist, ohne dass es auf eine tatsächliche Besitzbegründung durch den Erben ankommt (MüKo/*Baldus* Rn 6). Hatte zB der Erblasser die Sache bereits acht Jahre gutgläubig im Eigenbesitz gehabt, was dem Erben nach §§ 857, 943 zustattenkommt, so wird die Ersitzung zugunsten des Erben nach zweijähriger Ersitzungszeit des Erbschaftsbesitzers vollendet und der Erbe damit Eigentümer. 5

IV. Ersitzung durch den Erbschaftsbesitzer. Der Erbschaftsbesitzer kann die Sache unabhängig von der Ersitzung durch den Erben selbst ersitzen, sofern die Voraussetzungen des § 937 in seiner Person erfüllt sind, er die Sache also zehn Jahre lang in Eigenbesitz hält. Mit der Ersitzung erwirbt der Erbschaftsbesitzer das Eigentum an der Sache. Ggü dem Erben hat dieser Eigentumserwerb jedoch so lange keinen Bestand, wie der Erbschaftsanspruch noch nicht verjährt ist. Bis zur Verjährung des Erbschaftsanspruchs kann der Erbe von dem Erbschaftsbesitzer gem § 2026 nämlich jederzeit die Rückübereignung der ersessenen Sache (§§ 929ff) verlangen (§ 2026 Rn 2). 6

§ 945 Erlöschen von Rechten Dritter

Mit dem Erwerb des Eigentums durch Ersitzung erlöschen die an der Sache vor dem Erwerb des Eigenbesitzes begründeten Rechte Dritter, es sei denn, dass der Eigenbesitzer bei dem Erwerb des Eigenbesitzes in Ansehung dieser Rechte nicht in gutem Glauben ist oder ihr Bestehen später erfährt. Die Ersitzungsfrist muss auch in Ansehung des Rechts des Dritten verstrichen sein; die Vorschriften der §§ 939 bis 944 finden entsprechende Anwendung.

I. Allgemeines. §§ 937–944 ermöglichen einen Eigentumserwerb durch Ersitzung. Die mit der Ersitzung verfolgten Ziele, der Schutz der Interessen des Ersitzenden und die Bereinigung der Rechtslage (§ 937 Rn 1), ließen sich aber nur unvollkommen erreichen, wenn das Eigentum an einer Sache nicht lastenfrei, sondern nur mit evtl bestehenden dinglichen Belastungen erworben werden könnte. § 945 ordnet deshalb an, dass auch **beschränkte dingliche Rechte** an einer Sache (dingliche Lasten) durch Ersitzung untergehen können. Liegen die in § 945 genannten Voraussetzungen vor, erlöschen die an der betroffenen Sache bestehenden beschränkten dinglichen Rechte. Vergleichbare Regelungen finden sich in § 936 (lastenfreier rechtsgeschäftlicher Erwerb) und § 949 (lastenfreier Erwerb durch Verbindung, Vermischung). 1

II. Voraussetzungen. 1. Ersitzung. Die Voraussetzungen der Ersitzung ergeben sich im Einz aus §§ 937ff. Der Ersitzende muss bei Erwerb des Eigenbesitzes **gutgläubig** gewesen sein und die Sache **zehn Jahre in Eigenbesitz** halten. Das Vorliegen dieser Ersitzungsvoraussetzungen ist für jedes einzelne Recht an der Sache **gesondert zu prüfen.** Von Bedeutung wird dies, wenn Hemmungs- oder Unterbrechungstatbestände (§§ 939–942) nur für einige der an einer Sache bestehenden beschränkten dinglichen Rechte erfüllt sind oder wenn der Ersitzende im Hinblick auf einige der bestehenden beschränkten dinglichen Rechte bösgläubig ist, im Hinblick auf andere aber nicht. 2

2. Eigentumserwerb. Seinem Wortlaut nach sieht § 945 ein Erlöschen von beschränkten dinglichen Rechten durch Ersitzung nur vor, wenn zugleich **Eigentum ersessen** wird. Nach zutr und ganz hM ist entspr § 945 aber auch eine **selbständige Ersitzung der Lastenfreiheit** möglich, wenn das Eigentum schon auf andere Weise erworben wurde (MüKo/*Baldus* Rn 1; *Baur/Stürner* § 53 Rn 90; *Röthel* Jura 2009, 241, 245; Mot III 356, Prot III 238). Der Eigenbesitzer, der wirksam Eigentum erworben hat, darf nicht schlechter gestellt werden als derjenige, dessen Eigentumserwerb zunächst gescheitert ist. 3

III. Rechtsfolgen. 1. Erlöschen dinglicher Rechte. Durch Ersitzung erlöschen die an der Sache bestehenden beschränkten dinglichen Rechte Dritter. Anwartschaftsrechte stehen beschränkten dinglichen Rechten gleich. Dem Wortlaut des § 945 nach Erlöschen durch Ersitzung nur die beschränkten dinglichen Rechte, die **vor dem Beginn des Eigenbesitzes bestanden.** Bestellt der Eigentümer also nach Beginn des Eigenbesitzes durch Abtre- 4 tung des Herausgabeanspruchs einen Nießbrauch oder ein Pfandrecht an der Sache, könnten dem Wortlaut der Vorschrift nach diese nicht durch Ersitzung untergehen. Lässt man, wie oben vertreten, eine selbständige, vom Eigentumserwerb unabhängige Ersitzung der Lastenfreiheit zu, ist es jedoch konsequent, den Anwendungsbereich des § 945 auch insoweit zu erweitern, dass beschränkte dingliche Rechte an einer Sache durch Ersitzung erlöschen können, die **nach Beginn des Eigenbesitzes entstanden** sind, sofern im Hinblick auf diese beschränkten dinglichen Rechte die Ersitzungsvoraussetzungen der §§ 937ff gegeben sind (aA die hM, vgl MüKo/*Baldus* Rn 2).

5 **2. Schuldrechtliche Verpflichtungen.** Schuldrechtl Verpflichtungen in Bezug auf die Sache fallen nicht unter § 945. Gleichwohl können schuldrechtl Herausgabeansprüche ggü einem Ersitzenden nach dessen Eigentumserwerb nach Ansicht des BGH nicht mehr geltend gemacht werden (§ 937 Rn 9ff). Ist der Ersitzende nur **mittelbarer Besitzer**, so erlöschen zudem beschränkte dingliche Rechte an der Sache, die dem unmittelbaren Besitzer zustehen, nicht (MüKo/*Baldus* Rn 5). § 936 III ordnet dies für die Fälle des rechtsgeschäftlichen Erwerbs ausdrückl an, für die Ersitzung kann nichts anderes gelten. Keine „Rechte Dritter" iSd § 945 sind Beschränkungen, die an einer **öffentlichen Sache** kraft der Widmung bestehen. Solche können daher auch nicht durch Ersitzung erlöschen.

Untertitel 3
Verbindung, Vermischung, Verarbeitung (§§ 946–952)
Vorbemerkung vor § 946

Schrifttum: *Böhler/Kugelmann*, Eigentum an leitungsgebundenen Gasen – wem gehört das Gas in den Pipelines?, EnWZ 2022, 400; *Greiner*, Fenstertausch durch den redlichen Wohnungseigentümer: weshalb das Gesetz bereicherungsrechtliche Ersatzansprüche entgegen dem BGH nicht ausschließt, ZWE 2020,23; *Wietfeld*, Der maßgebliche Zeitpunkt zur Beurteilung der Wesentlichkeit von Bestandteilen, NJW 2022, 1273.

1 **1. Regelungsgegenstand.** Wie sich aus § 93 ergibt, können wesentliche Bestandteile einer Sache nicht Gegenstand besonderer Rechte sein. Werden Sachen dergestalt miteinander verbunden, dass sie wesentlicher Bestandteil einer neuen Sache (genauer: eines Grundstücks, einer einheitlichen Sache) werden, müssen daher die Eigentumsverhältnisse neu geordnet werden. Es ist zu regeln, in welcher Form sich die Rechte an den ursprüngl selbständigen Sachen an der neu entstandenen Sache fortsetzen. Den dabei entstehenden Interessenkonflikt zw den an den ursprüngl selbständigen Sachen dinglich Berechtigten regeln die §§ 946ff. Die §§ 946ff bezwecken also die **Neuordnung der dinglichen Rechtslage** und die **Lösung der dabei entstehenden Interessenkonflikte** im Falle der Verbindung, Vermischung oder Verarbeitung von Sachen, und zwar

- **zw mehreren Stoffeigentümern** (§§ 946–949) im Falle der Verbindung einer beweglichen Sache mit einem Grundstück (§ 946) und im Falle der Verbindung beweglicher Sachen miteinander zu wesentlichen Bestandteilen einer einheitlichen Sache (§ 947); gleichbehandelt werden die untrennbare Vermischung oder Vermengung von Fahrnis (§ 948) (**Verbindung und Vermischung**);
- **zw Stoffeigentümer und Verarbeiter**, der aus fremdem Stoff eine neue Sache herstellt (§ 950) (**Verarbeitung**).

2 Das Gesetz sieht vor, dass einem der Beteiligten das **Alleineigentum** an der neuen Sache (§ 946, § 947 II, § 950) oder mehreren Beteiligten das **Miteigentum** (§ 947 I) hieran zugeordnet wird. Das Eigentum an der neuen Sache wird originär erworben, das Eigentum an den ursprüngl selbständigen Sachen erlischt. Für beschränkte dingliche Rechte, die Dritten an den ursprüngl selbständigen Sachen zustanden, treffen § 949, § 950 II eine darauf abgestimmte Regelung.

3 **2. Zielsetzung.** Ziel der §§ 946ff ist es, die durch die Verbindung, Vermischung oder Verarbeitung entstandenen Konfliktlagen zu lösen, ohne dabei die neu geschaffenen wirtschaftl Werte zu zerstören. § 951 I 2 bestimmt daher, dass die Wiederherstellung des früheren Zustandes auch schuldrechtl nicht verlangt werden kann. Die durch die Verbindung, Vermischung oder Verarbeitung bewirkte **dingliche Rechtsänderung** soll grds **endgültig** sein. Entgegenstehende Abreden (zB Eigentumsvorbehalt) haben sachenrechtl keine Wirkung. Auch eine spätere Trennung vermag die erfolgte Rechtsänderung nicht wieder aufzuheben. Die §§ 946ff sollen jedoch nicht zu einer ungerechtfertigten Vermögensverschiebung führen. Soweit jemand nach §§ 946ff einen Rechtsverlust erleidet, steht ihm daher gem § 951 I 1 ein **schuldrechtl Ausgleichsanspruch** oder auch ein **Wegnahmerecht** (§ 951 II) zu.

4 **3. Urkunden.** § 952 trifft Sondervorschriften für das Eigentum an einer **Schuldurkunde** oder einer Urkunde über ein sonstiges Recht, kraft dessen eine Leistung gefordert werden kann. Das Eigentum an der Urkunde steht dem Gläubiger zu; §§ 929ff sind nicht anwendbar.

5 **4. Inventar.** Nicht unter die §§ 946ff fällt der Eigentumserwerb durch **Einverleibung in ein Inventar** (§ 582a II 2, § 1048, § 2111).

§ 946 Verbindung mit einem Grundstück

Wird eine bewegliche Sache mit einem Grundstück dergestalt verbunden, dass sie wesentlicher Bestandteil des Grundstücks wird, so erstreckt sich das Eigentum an dem Grundstück auf diese Sache.

I. Allgemeines. Das Gesetz sieht ein Grundstück im Verhältnis zu einer beweglichen Sache stets als Hauptsache an. Werden bewegliche Sachen mit einem Grundstück verbunden und dadurch zu dessen wesentlichem Bestandteil, so **erwirbt** daher **der Grundstückseigentümer** originär das lastenfreie (§ 949) **Alleineigentum** an diesen Sachen, ohne dass es auf das Wertverhältnis zw dem Grundstück und der beweglichen Sache ankommt. 1

Wodurch die **Verbindung** erfolgt, ist gleichgültig, maßgeblich ist allein der tatsächliche Vorgang der Verbindung. Im Falle der Verbindung tritt die Rechtsänderung (außer im Hinblick auf § 95, dazu vgl Rn 7ff) unabhängig vom Willen des Verbinders, auch bei Bösgläubigkeit des Verbinders oder des Grundstückseigentümers, auch zugunsten und zulasten Geschäftsunfähiger und auch bei abhanden gekommenen Sachen ein. Eine Verbindung kann nicht bedingt erfolgen und der Eigentümer kann die Wirkung des § 946 nicht durch Aufhebung der Verbindung wieder rückgängig machen (Soergel/*Henssler* Rn 9; Stuttgart ZIP 1987, 1129; *Kohler* JuS 1990, 530ff; zum Wegnahmerecht des Eigentümers der verbundenen Sache vgl § 951 II). 2

Voraussetzung für den Eigentumserwerb ist nur, dass die Sache durch die Verbindung zum **wesentlichen Bestandteil** des Grundstücks geworden ist. Ob dies der Fall ist, bestimmt sich nach **§§ 93ff**. §§ 93, 94 regeln die Voraussetzungen, unter denen eine Sache als wesentlicher Bestandteil eines Grundstücks anzusehen ist. § 95 ordnet an, dass Sachen, die nur zu einem vorübergehenden Zweck oder in Ausübung eines bestehenden Rechts mit einem Grundstück verbunden werden, nicht Bestandteil des Grundstücks sind (Rn 7). Wird eine Sache nach den Bestimmungen der §§ 93ff trotz Verbindung kein wesentlicher oder womöglich überhaupt kein Bestandteil des Grundstücks, so ändert sich die Eigentumslage nicht. § 946 ist **zwingendes Recht**. 3

II. Wesentliche Bestandteile. 1. Fest verbundene Sachen. Wesentliche Bestandteile eines Grundstücks iSd §§ 93, 94 sind zum einen die **mit dem Grund und Boden fest verbundenen Sachen**, insb Gebäude (§ 94 I). Ob die Verbindung „fest" ist, beurteilt sich nach den Umständen des Einzelfalls. Maßgeblich sind dabei zwei Aspekte: (1) Dass eine Trennung nicht ohne Zerstörung oder erhebliche Beschädigung des Grundstücks oder des abzulösenden Teils möglich ist, oder (2) dass die Trennung im Vergleich zum Wert des Bestandteils unverhältnismäßige Kosten verursachen würde (verneint für Bronzeskulptur, BGH NJW 2016, 821, 822; § 94 Rn 3). Eine nur durch Schrauben oder andere leicht lösbare Bindemittel hergestellte Verbindung wird man regelmäßig als lose anzusehen haben (RGZ 87, 43). Es kann aber auch schon allein aufgrund der Schwerkraft eine feste Verbindung vorliegen, zB bei einer auf Rollen gelagerten Brücke oder bei einem Gasbehälter. Daher darf man nicht schematisch nur nach der Art der Verbindung unterscheiden. Bei unterirdischen Anlagen ist maßgebend, ob sie nach Zweckerfüllung entfernt oder belassen werden sollen (BGH NJW 1960, 1003 – Luftschutzstollen). Ob ein Bestandteil iSd § 93 **wesentlich** ist, bestimmt sich nach den Verhältnissen im Zeitpunkt der Verbindung, wenn es darauf ankommt, ob an dem Bestandteil bestehende Rechte Dritter infolge der Verbindung untergegangen sind. Ist dagegen zu beurteilen, ob Rechte Dritter an einem Bestandteil begründet werden können, der bereits in eine zusammengesetzte Sache eingefügt ist, kommt es auf die Verhältnisse bei Entstehung des Rechts an (BGH NJW 2022, 614 – Modul einer Freiland-Photovoltaikanlage; BGHZ 191, 285 = NJW 2012, 778; diff dazu *Wietfeld* NJW 2022, 1273). **Gebäude** iSv § 94 sind zwar auch andere größere Bauwerke, deren Beseitigung eine dem (Teil-)Abriss eines Gebäudes im engeren Sinne vergleichbare Zerschlagung wirtschaftl Werte bedeutete. Ein Bauwerk setzt in diesem Zusammenhang aber regelmäßig etwas mit klassischen Baustoffen „Gebautes" von solcher Größe und Komplexität voraus, dass die Beseitigung die Zerstörung oder wesentliche Beschädigung und den Verlust der Funktionalität der Sache zur Folge hätte. Eine Freiland-**Photovoltaikanlage** stellt jedenfalls dann, wenn sie aus einer gerüstähnlichen Aufständerung aus Stangen oder Schienen sowie darin eingesetzten Photovoltaikmodulen besteht, kein Gebäude iSv § 94 und auch kein wesentlicher Bestandteil des Grundstücks dar (BGH NJW 2022, 614, 615, 618; ZInsO 2022, 87). Ein **Überbau** wird nach Ansicht des BGH entspr § 95 I 2 nur zum Scheinbestandteil (vgl dazu Rn 7) des überbauten Grundstücks, so dass das gesamte Gebäude einschließlich des Überbaus wesentlicher Bestandteil des Stammgrundstücks wird (BGH NJW-RR 2020, 1278; BGH NJW-RR 2014, 973; Saarbrücken BeckRS 2020, 26835). 4

2. Zur Herstellung eingefügte Sachen. Wesentliche Bestandteile eines Grundstücks sind auch **Sachen, die in ein** mit dem Grund und Boden fest verbundenes **Gebäude zu dessen Herstellung eingefügt** sind (§ 94 II). Dazu gehört nicht nur das zur Herstellung jeder Baulichkeit Notwendige (BGHZ 40, 272, 275), sondern auch, was dem Gebäude seine besondere Eigenart gibt (BGH NJW-RR 1990, 158 – Heizungsanlage; NJW 1987, 3178 – Notstromaggregat in Hotel; NJW 1979, 712 – in einen Rohbau als Teil einer Heizanlage verbrachte Heizkessel; LG Köln NJW 1979, 1608 und AG Nördlingen VersR 1983, 721 – fertig zugeschnittener und lose verlegter Teppichboden; Schleswig OLGRp 2005, 423 – Server einer Videoüberwachungsanlage. Umstr für Einbauküchen, bejahend BGH NJW-RR 1990, 587; verneinend Koblenz NJW-RR 2017, 838f. Nach Koblenz JurBüro 2004, 506 ist eine Saunaanlage kein wesentlicher Bestandteil; weitere Bsp § 94 Rn 13ff). Auch was nach der Herstellung, sei es auch nur zur Vervollkommnung des Gebäudes, eingefügt wird, kann wesentlicher Bestandteil werden und dadurch in das Eigentum des Grundstückseigentümers übergehen (BGH NJW 1970, 895 – Ölheizungsanlage). Auf Einbauten in **Gebäude, die** ihrerseits nur **Scheinbestandteile** (§ 95) eines Grundstücks **sind**, findet § 946 entspr Anwendung; der Gebäudeeigentümer erwirbt durch den Einbau das Eigentum an den eingebauten Sachen (Staudinger/*C. Heinze* Rn 12; aA MüKo/*Füller* Rn 8). §§ 946, 94 II finden auch Anwendung auf die Verbindung 5 einer beweglichen Sache mit einem **eingetragenen Schiff.** Daher geht ein Eigentumsvorbehalt an einem Schiffsmotor unter, wenn er in ein eingetragenes Motorschiff eingefügt wird (BGHZ 26, 225, 229; Staudinger/*C. Heinze* Rn 12; MüKo/*Füller* Rn 17).

6 **3. Bodenbestandteile.** Bodenbestandteile sind unter den Voraussetzungen des § 93 wesentliche Bestandteile eines Grundstücks. Diese Vorschrift bleibt neben § 94 anwendbar. Zu dem Verhältnis der §§ 93ff zueinander vgl RGZ 90, 198.

7 **III. Scheinbestandteile. 1. Vorübergehender Zweck.** Durch **§ 95** wird der Bestandteilsbegriff erheblich eingeschränkt. **Danach sind keine Bestandteile eines Grundstücks (Scheinbestandteile): Sachen, die zu vorübergehenden Zwecken** mit dem Grund und Boden oder einem aufstehenden Gebäude **verbunden** worden sind (§ 95 I 1, II). Entscheidend ist der Wille des Verbinders, sofern er mit dem äußeren Sachverhalt und der besonderen Gestaltung der zugrundeliegenden Rechtsbeziehungen vereinbar ist (BGH NJW 2022, 614, 615 und BGH ZInsO 2022, 87 – Photovoltaikanlage; Stuttgart EnWZ 2020, 173, 174 – Fernwärmeversorgungsanlage; BGH NJW 2017, 2099 n Anm *Stieper* – Windkraftanlage; BGH NJW 2016, 821, 822 – Bronzeskulptur; RGZ 158, 362; BGH NJW 1959, 1487). Eine Erklärung des Verbinders, er baue die unter Eigentumsvorbehalt stehende Sache nur zu vorübergehenden Zwecken ein, kann daher unerheblich sein (BGHZ 53, 324, 327; 104, 298; Staudinger/*C. Heinze* Rn 4; *Thamm* BB 1990, 866, 868). Zugunsten des **Mieters** oder **Pächters** spricht eine tatsächliche Vermutung, dass die Verbindung nur in seinem Interesse und daher nur vorübergehend erfolgt ist (BGH NJW 2022, 614, 615 u BGH ZInsO 2022, 87 – Photovoltaikanlage; BGH NJW 2017, 2099 m Anm *Stieper* – Windkraftanlage; BGHZ 10, 175; 8, 1; RGZ 87, 43; Hamm NJOZ 2018, 896,900f – Pavillon). Weder eine lange Vertragsdauer noch eine massive Bauweise stehen der Vermutung entgegen. Widerlegt wird sie erst durch den Nachw der Absicht, die verbundene Sache auch nach Beendigung des Vertragsverhältnisses dem Grundstückseigentümer zu belassen (BGHZ 8, 8 für Gebäude), vorausgesetzt, dass der Mieter nicht vertragl zur Entfernung verpflichtet ist (BGHZ 10, 176; BGH WM 1964, 426; 1973, 560, 562). Gleiches gilt, wenn die Gesellschafter einer **GbR** auf dem zur Nutzung eingebrachten Grundstück des einen von ihnen ein Bauwerk errichten (BGH NJW 1959, 1487). Ein **Übernahmerecht des Grundstückseigentümers** deutet auf eine dauernde Verbindung hin, enthebt aber nicht von der Prüfung aller Umstände des Einzelfalls. Rechnen die Beteiligten mit dem alsbaldigen Grundstückserwerb, so spricht dies gegen eine Verbindung zu vorübergehendem Zweck (BGH WM 1961, 179). Ebenso wenn einem Mieter nach dem Mietvertrag die Verpflichtung, die von ihm errichteten Anlagen bei Auflösung des Mietverhältnisses zu entfernen, nur für den Fall auferlegt ist, dass die Vermieterin es nicht vorzieht, die Anlagen zu einem zu vereinbarenden Preis zu übernehmen (BGH WM 1964, 426). Gegen dauernde Verbindung spricht es, wenn der Grundstückseigentümer jederzeit Beseitigung verlangen kann. Wird der **vorübergehende Zweck** erkennbar **in einen dauernden umgewandelt**, findet § 946 keine Anwendung. Für § 95 ist nämlich allein der Zeitpunkt der Verbindung maßgebend (BGHZ 23, 57, 59; BGH NJW 1956, 1273; Staudinger/*C. Heinze* Rn 8; MüKo/*Füller* Rn 12; RGRK/*Pikart* Rn 23). Für eine Änderung der Eigentumslage ist daher außer der Änderung der Zweckbestimmung noch eine Einigung zw dem bisherigen Sacheigentümer und dem Grundstückseigentümer nach § 929 S 2 erforderlich (Soergel/*Henssler* Rn 3; MüKo/*Füller* Rn 12). Nur in dem Sonderfall einer späteren Vereinigung des Eigentums am Grundstück und an der mit ihm verbundenen Sache kann der Wegfall der ursprüngl Zweckbestimmung genügen, um die Sache zum wesentlichen Grundstücksbestandteil zu machen (RGZ 97, 105; LG Frankfurt/O CuR 2009, 107, 108; Staudinger/*C. Heinze* Rn 8). Die Vereinigung des Eigentums an der eingefügten Sache und dem Grundstück führt jedoch nicht ohne weiteres dazu, dass die Absicht, die Sache nur zu einem vorübergehenden Zweck zu verbinden, entfällt. Der dahin gehende Wille des Eigentümers ist deshalb aus den gesamten Umständen und der Interessenlage konkret zu ermitteln (BGH NJW 1980, 771; *K. Schmidt* JuS 1980, 447; RGRK/*Pikart* Rn 25). Die **nachträgl Bestimmung zum Scheinbestandteil** von öffentlichen Versorgungsleitungen ist durch eine Übereignung entspr § 929 S 2 möglich, ohne dass es einer Trennung der Bestandteile bedarf (BGHZ 165, 184, 188ff im Anschluss an 37, 353, 359). Dazu bedarf es, wie für die Umwandlung eines Scheinbestandteils in einen wesentlichen Bestandteil, eines nach außen in Erscheinung tretenden Willens der Beteiligten, dass der Bestandteil nun rechtl selbständiges Eigentum des Erwerbers sein soll. Ob die Entscheidung auf andere Gegenstände ohne weiteres übertragbar ist, erscheint fraglich. Maßgeblich ist das berechtigte Interesse an der Selbständigkeit der Sache (BGHZ 165, 184, 191; zust *Schweizer* WuM 2006, 415ff). Zum Überbau vgl Rn 4 aE.

8 **2. Ausübung eines dinglichen Rechts. Gebäude oder andere Werke, die in Ausübung eines dinglichen Rechts** an einem fremden Grundstück mit diesem Grundstück **verbunden** worden sind (§ 95 I 2). **a)** Folgende Rechte kommen in Betracht: **aa) Erbbaurecht** (§ 12 ErbbauRG). Nach § 12 ErbbauRG gilt das aufgrund des Erbbaurechts errichtete Bauwerk als wesentlicher Bestandteil des Erbbaurechts (§ 12 I 1 ErbbauRG), nicht zugleich des Grundstücks (§ 12 II Hs 2 ErbbauRG); Gleiches gilt für bei Bestellung des Erbbaurechts vorhandene Gebäude (§ 12 I 2 ErbbauRG). Das Eigentum am Bauwerk steht demnach stets dem Erbbauberechtigten zu; erst mit dem Erlöschen des Erbbaurechts wird es Grundstücksbestandteil (§ 12 III ErbbauRG). **bb) Grunddienstbarkeit** (§§ 1018ff) **und Nießbrauch** (§§ 1030ff) (RGZ 106, 49). Verpachtet ein Nießbraucher das Grundstück, so ist auch das vom Pächter errichtete Gebäude kein Grundstücksbestandteil (BGH LM Nr 2 zu § 95). **cc) Beschränkte persönliche Dienstbarkeit** (§§ 1090ff), so entgegen der hM Schleswig ZfIR 2006, 62 für Windkraftanlagen, dazu *Witter* ZfIR 2006, 41ff; zur rechtl Absicherung von Anlagen zur Nutzung erneuerbarer Energien *Fedke* WM 2011, 1932. **dd) Recht auf Duldung eines entschuldigten Überbaus** (§ 912 I, § 95 I 2). Im Falle des „**entschuldigten Überbaus** wird der auf dem überbauten Grundstück stehende Gebäudeteil wesentlicher Bestandteil des Stammgrundstücks. Die Eigentumsverhältnisse an der überbauten Grundstücksfläche ändern sich

nicht (Mot 3, 287). § 912 I, § 95 I 2 gelten entspr, wenn nach einem Eigengrenzüberbau die Grundstücke in das Eigentum verschiedener Personen übergehen (RGZ 160, 166; s auch § 912 Rn 3), wenn bei Errichtung eines Gebäudes im Einverständnis mit dem Grundstücksnachbarn über die Grenze gebaut wird (BGHZ 62, 141) oder wenn ein Nichteigentümer (zB Pächter) den Überbau vornimmt, der Eigentümer diesen aber als verfügungsähnl Handlung entspr §§ 185, 184 genehmigt (BGHZ 15, 219). In all diesen Fällen ist § 946 nicht anwendbar. Liegen die Voraussetzungen des § 912 I dagegen nicht vor, weil der Überbauende das Eigentum des Nachbarn vorsätzlich oder grob fahrlässig verletzt hat, so sind auf den **„unentschuldigten Überbau"** die §§ 946, 94 anwendbar (BGHZ 27, 204). Das Gebäude wird wesentlicher Bestandteil beider Grundstücke nach realen Teilen, die Eigentümerrechte am Gesamtgebäude sind demgemäß geteilt. Diese Lösung widerspricht zwar § 94, wonach das Gebäude als einheitliche Sache zu gelten hat, an der nach § 93 nur einheitliche Rechte bestehen können (*Ebel* AcP 141, 183, 186). Sie ist aber gleichwohl zum Schutz der Interessen des Eigentümers des überbauten Grundstücks geboten (BGHZ 27, 204, 208). Bei einseitig bebauter **Giebelmauer** gilt § 912 I. Der auf überbautem Grundstück stehende Teil ist wesentlicher Bestandteil des Stammgrundstücks. Bei beidseitiger Bebauung der Giebelmauer entsteht Miteigentum zu ½ beider Grundstückseigentümer, gleichgültig, ob sie zusammen oder nacheinander bauen (BGHZ 27, 197; Köln OLGRp 2000, 329; krit dazu *Gollnick* AcP 157, 460).

b) Erlischt das dingliche Recht an dem Grundstück, so hat dies keinen Einfluss auf die durch die Verbindung 9
entstandene Eigentumslage. Es tritt nicht „nachträgl" eine Rechtsänderung gem §§ 946, 949 ein (Staudinger/*C. Heinze* Rn 9). Anders nur im Falle eines Erbbaurechts wegen § 12 III ErbbauRG.

IV. Weitere Rechtsfolgen. Zum rechtl Schicksal der an den mit dem Grundstück verbundenen Sachen beste- 10
henden **beschränkten dinglichen Rechten** vgl § 949. Zu **Ausgleichsansprüchen** derjenigen, die durch § 946 einen Rechtsverlust erleiden, und zu **Wegnahmerechten** vgl § 951.

§ 947 Verbindung mit beweglichen Sachen

(1) Werden bewegliche Sachen miteinander dergestalt verbunden, dass sie wesentliche Bestandteile einer einheitlichen Sache werden, so werden die bisherigen Eigentümer Miteigentümer dieser Sache; die Anteile bestimmen sich nach dem Verhältnis des Wertes, den die Sachen zur Zeit der Verbindung haben.

(2) Ist eine der Sachen als die Hauptsache anzusehen, so erwirbt ihr Eigentümer das Alleineigentum.

I. Allgemeines. Anders als im Falle der Verbindung einer beweglichen Sache mit einem Grundstück (§ 946 1
Rn 1) kann bei der **Verbindung beweglicher Sachen** miteinander zu wesentlichen Bestandteilen einer einheitlichen Sache (§ 93) nicht ohne weiteres eine der ehemals selbständigen Sachen als Hauptsache angesehen werden. Die Neuordnung der dinglichen Rechtslage und die Lösung der dabei entstehenden Interessenkonflikte (vgl Vor § 946 Rn 1) müssen daher differenziert erfolgen. § 947 weist das Eigentum an der einheitlichen Sache abhängig von der Bedeutung und dem Wert der verbundenen Sachen allen oder einem der Eigentümer der verbundenen Sachen zu. Grds werden die Eigentümer der verbundenen Sachen **Miteigentümer** der einheitlichen Sache, und zwar im Verhältnis des Wertes, den die verbundenen Sachen zum Zeitpunkt der Verbindung hatten. Nur soweit eine der verbundenen Sachen ausnahmsw als Hauptsache anzusehen ist, erhält ihr Eigentümer das **Alleineigentum** an der einheitlichen Sache.

Die dingliche Rechtsänderung erfolgt durch die Verbindung **unabhängig vom Willen des Verbinders** und der 2
übrigen Eigentümer. Weder böser Glaube noch Geschäftsunfähigkeit des Verbinders oder der übrigen Eigentümer können daher die dingliche Rechtsänderung nach § 947 hindern. Auch ein früheres Abhandenkommen der verbundenen Sachen hindert den Rechtsverlust nicht. Die Wirkung des § 947 kann nicht durch Aufhebung der Verbindung wieder rückgängig gemacht werden (RGRK/*Pikart* Rn 19); den Eigentümern der verbundenen Sachen kann aber ein Wegnahmerecht zustehen (vgl § 951 II). Wodurch die Verbindung erfolgt, ist gleichgültig, maßgeblich ist allein der tatsächliche Vorgang der Verbindung. Voraussetzung für die Rechtsänderung ist nur, dass die Sachen durch die Verbindung zu **wesentlichen Bestandteilen** einer **einheitlichen Sache** geworden sind. Ob dies der Fall ist, bestimmt sich nach **§ 93.** Wird eine Sache nach den Bestimmungen des § 93 trotz Verbindung kein wesentlicher oder womöglich überhaupt kein Bestandteil einer einheitlichen Sache, so ändert sich die Eigentumslage an den verbundenen Sachen nicht. § 947 regelt nur die Verbindung von Fahrnis, die Vermischung von Fahrnis findet ihre Regelung in § 948. Zum Verhältnis des § 947 zu § 950 (Verarbeitung) s Rn 18. § 947 ist zwingendes Recht.

II. Voraussetzungen. 1. Einheitliche Sache. Durch die **Verbindung von Fahrnis** muss eine **einheitliche Sa-** 3
che entstanden sein, nicht nur eine Sachgesamtheit mehrerer selbständiger Sachen. Die bisherigen Einzelsachen müssen ihre körperliche Selbständigkeit verloren haben und nur noch **Bestandteile** des Ganzen darstellen (RGZ 157, 244; BGHZ 18, 228 – Fahrgestell, Karosserie und Motor eines Autos). Maßgebend ist die Verkehrsauffassung. Eine leicht lösbare Verbindung schließt das Entstehen einer einheitlichen Sache nicht aus, sofern die bestimmungsgemäße Benutzung der ganzen Sache erst durch die Verbindung ermöglicht wird (zB ein in einen Schlepper eingebauter Motor, BGHZ 18, 228). Anders, wenn häufige Auswechslung bestimmungsgemäß vorgesehen ist (zB mehrere Bohrer einer Bohrmaschine, RGZ 157, 244). Werden Sachen in ein Gebäude eingefügt, das nur zu vorübergehenden Zwecken mit dem Grundstück verbunden wurde und deshalb kein Bestandteil des Grundstücks ist (§ 95 I), sondern als bewegliche Sache gilt, so ist auch dies an sich eine Verbindung von Fahrnis;

diese Fälle unterfallen gleichwohl § 946 analog (§ 946 Rn 5). § 947 findet auf sie keine Anwendung (Staudinger/*C. Heinze* Rn 2; aA MüKo/*Füller* § 946 Rn 8).

4 **2. Wesentliche Bestandteile.** Die verbundenen Sachen müssen **wesentliche Bestandteile** (§ 93) der einheitlichen Sache (Rn 3) geworden sein. Für die Beantwortung der Frage, ob eine Sache wesentlicher Bestandteil einer einheitlichen Sache geworden ist, ist es ohne Bedeutung, ob eine Trennung zur Zerstörung oder Wesensänderung der einheitlichen Sache führen würde. Es ist auch unerheblich, ob durch eine Trennung die bisherige Nutzungsmöglichkeit der einheitlichen Sache entfällt. Entscheidend ist allein, ob die Einzelteile durch die Trennung zerstört, in ihrem Wesen verändert (BGHZ 18, 229; 20, 156, 162; 26, 225) oder erheblich wertgemindert (§ 93 Rn 5) würden. Die §§ 947, 93 schützen nicht das Interesse an der Erhaltung der Einheit schlechthin, zumal dieses Interesse ohnehin gering sein dürfte, wenn eine Trennung und Wiederverwendung der Teile möglich ist (BGHZ 18, 232; 20, 154). Es kommt auch nicht darauf an, ob die Abtrennung nur mit einem erheblichen Aufwand möglich ist. Eine Sache wird nur dann zum wesentlichen Bestandteil, wenn die Kosten für den Ausbau im Verhältnis zu ihrem Wert in dem Zeitpunkt der Verbindung unverhältnismäßig hoch wären (BGH NJW 2012, 778, 780).

5 Ob ein Bestandteil durch die Trennung **„sein Wesen verändern"** würde, ist vorwiegend nach wirtschaftl-technischen Gesichtspunkten zu bestimmen (BGHZ 20, 157). Keine Wesensänderung liegt vor, wenn das Einzelteil nach der Trennung in der bisherigen Art wirtschaftl genutzt werden kann, mag es auch zu diesem Zweck wieder mit anderen Sachen verbunden werden müssen.

6 Deshalb ist der serienmäßig hergestellte **Motor eines Kraftfahrzeugs** nicht dessen wesentlicher Bestandteil, ungeachtet dessen, ob sich das Kfz noch beim Hersteller befindet oder schon weiterveräußert wurde (BGHZ 18, 226; 61, 80; Staudinger/*C. Heinze* Rn 5; unzutreffend daher RGZ 152, 98, wonach ein auswechselbarer **Schiffsmotor** als wesentlicher Bestandteil anzusehen sein soll, weil das Schiff ohne ihn nur ein unfertiger, seeuntauglicher Schiffskörper sei; der BGH sieht einen serienmäßig hergestellten Motor eines im Schiffsregister eingetragenen Motorschiffes als wesentlichen Bestandteil des Schiffs iSd § 94 II, § 946 an, weil er das Schiff einem Gebäude gleichstellt, BGHZ 26, 225). Anders liegt es uU bei Spezialanfertigungen. **Technisch selbständige Geräte oder Apparate**, die als Hilfsgeräte den Betrieb des Ganzen ermöglichen, behalten grds auch nach der Trennung ihr eigenes Wesen und sind deshalb keine wesentlichen Bestandteile der Sache, in die sie eingefügt wurden (BGHZ 20, 158 für serienmäßig hergestellte und katalogmäßig gehandelte Messgeräte, die für Apparate verschiedener Hersteller verwendet werden können; das gilt auch für nicht serienmäßig hergestellte Sachen, solange sie durch andere gleichartige Sachen ersetzt werden können (BGH NJW 2012, 778, 779). Anders liegt es nur dann, wenn das Einzelteil nur für das hergestellte Gerät verwendet werden kann, also durch die Trennung wirtschaftl wertlos würde (BGHZ 20, 159, 162). Einzelne **Schrauben und Hebel einer Maschine** oder ein einzelnes Rad in einem Getriebe sind nach Ansicht des BGH grds wesentliche Bestandteile der Sache, in die sie eingebaut worden sind (BGHZ 20, 154, 157f). Mit der vorgenannten Definition lässt sich dies nicht begründen, sondern nur mit dem im Verhältnis zum Wert der Hauptsache geringen Wert dieser Einzelteile. Im Interesse des Erhalts des wirtschaftl Werts der Hauptsache müssen derart untergeordnete, geringwertige Einzelteile als deren wesentliche Bestandteile behandelt werden. Insg ist zu beachten, dass die Unterscheidung zw wesentlichen und unwesentlichen Bestandteilen durch den Fortschritt der technischen und wirtschaftl Entwicklung maßgebend beeinflusst wird (BGHZ 18, 232). Mancher Bestandteil, der früher als wesentlich anzusehen gewesen wäre, ist es unter den heutigen, geänderten technischen und wirtschaftl Bedingungen nicht mehr.

7 **III. Rechtsfolgen. 1. Miteigentum.** Werden mehrere bewegliche Sachen dergestalt miteinander verbunden, dass sie wesentliche Bestandteile einer einheitlichen Sache werden und ist keine der verbundenen Sachen als Hauptsache anzusehen (Rn 8), so entsteht **Miteigentum** der bisherigen Stoffeigentümer an der einheitlichen Sache (§ 947 I). Auf das Rechtsverhältnis der Miteigentümer finden die §§ 1008ff, §§ 741ff Anwendung (*Baur/Stürner* § 53 Rn 10), jedoch bestimmen sich (abw von § 742) die Miteigentumsanteile nach dem Wertverhältnis der verbundenen Sachen zueinander. Maßgebend für den Wertvergleich ist der obj Verkehrswert zum Zeitpunkt der Verbindung. Die Auseinandersetzung der Miteigentümergemeinschaft erfolgt gem §§ 749, 752 durch Teilung in Natur.

8 **2. Alleineigentum.** Ist eine der verbundenen Sachen als **Hauptsache** anzusehen, so ist sie wie das Grundstück in § 946 rechtsbestimmend. In diesen Fällen entsteht daher durch die Verbindung kein Miteigentum an der einheitlichen Sache, sondern der Eigentümer der Hauptsache erwirbt das Alleineigentum hieran.

9 Ob verbundene Sachen gleichberechtigt oder im Verhältnis von **Haupt- und Nebensache** zueinander stehen, bestimmt sich nach der **Verkehrsanschauung** (*Baur/Stürner* § 53 Rn 9; BGHZ 20, 163; LG Bremen BeckRS 2020, 31458 [Rn 74]). Weder das Wertverhältnis noch das Verhältnis der Menge oder des räumlichen Umfangs ist für sich allein entscheidend (BGHZ 20, 159, 163; Frankfurt BeckRS 2015, 13596; LG Bremen BeckRS 2020, 31458 [Rn 74]; *Baur/Stürner* § 53 Rn 11). Bei Verbindung gleichartiger Sachen ist idR keine von ihnen Hauptsache. In solchen Fällen kommt allenfalls eine analoge Anwendung von § 947 II in Betracht, aber auch nur dann, wenn die verbundenen Sachen fast ausschließlich im Eigentum einer Person stehen (Frankfurt BeckRS 2015, 13596); ein Anteil von 75 % reicht nach Ansicht des OLG Dresden hierfür nicht aus (Dresden 17.2.2005 – 13 U 1040/04). Es kommt idR darauf an, ob die übrigen Bestandteile fehlen können, ohne dass das Wesen der einheitlichen Sache dadurch beeinträchtigt wird (*Baur/Stürner* § 53 Rn 9; LG Bremen BeckRS 2020, 31458 [Rn 74] – Schiffsrumpf der Gorch Fock; BGHZ 20, 159, 163; RGZ 152, 98). So ist zB ein in ein Gehäuse eingefügter Apparat Hauptsache, wenn er auch ohne das Gehäuse seinen Hauptzweck erfüllen kann, dieses also vornehmlich

dem Schmuck dient. Dagegen ist das Gehäuse nicht lediglich Nebensache, wenn das Gerät ohne das Gehäuse zwar in Tätigkeit gesetzt werden kann, praktisch aber nicht benutzbar ist (BGHZ 20, 159). Beurteilt der Verkehr eine Sache überwiegend nach ihrem Wert (zB Schmucksache), so muss auch die Frage, was als Haupt- oder Nebensache anzusehen ist, nach dem Wert der Einzelteile beurteilt werden. Der Wertunterschied muss dann so groß sein, dass die übrigen Bestandteile fehlen können, ohne den Geldwert der einheitlichen Sache erheblich zu mindern. Meist wird nach der Verkehrsauffassung die funktionsbestimmende Sache als Hauptsache anzusehen sein, zB ein Radioapparat ggü dem Gehäuse, ein Buch im Verhältnis zum Einband (vgl aber auch BGHZ 20, 163). § 947 ist entspr anwendbar, wenn die verbundenen Sachen zu rechtl verschieden zu behandelnden Gütermassen desselben Eigentümers gehören (zB zum Gesamtgut und zum Vorbehaltsgut, §§ 1416, 1418). War die Hauptsache abhandengekommen, so gilt das auch für die zusammengefügte einheitliche Sache.

3. Weitere Rechtsfolgen. Zum rechtl Schicksal der an den verbundenen Sachen bestehenden **beschränkten dinglichen Rechten** vgl § 949. Zu **Ausgleichsansprüchen** derjenigen, die durch § 947 einen Rechtsverlust erleiden, und zu **Wegnahmerechten** vgl § 951. 10

IV. Einfache Bestandteile. Werden die zusammengefügten Sachen keine wesentlichen, sondern nur **einfache Bestandteile**, wie es infolge technischer Entwicklung oft der Fall sein wird, so tritt keine Rechtsänderung ein. Es bestehen mehrere selbständige Eigentumsrechte an den zusammengefügten Sachen. Die Sicherheit des Rechtsverkehrs leidet darunter nicht, denn Dritte werden durch §§ 932ff BGB, § 366 HGB geschützt und erwerben ggf durch redlichen Erwerb Alleineigentum an der einheitlichen Sache mit all ihren Bestandteilen (BGHZ 18, 233). In der Zwangsvollstreckung sind die verschiedenen Eigentümer wie Miteigentümer gem § 771 ZPO zur Widerspruchsklage berechtigt (RGZ 144, 241; RGRK/*Pikart* Rn 9). Ist die Zusammenfügung mit dem Willen der Eigentümer zu einem dauernden gemeinschaftl Zweck erfolgt, kann Gesamthandseigentum (§ 718) entstanden sein. Wegen Eigentumserwerb durch Einverleibung in ein **Inventar** vgl § 1048 I 2, § 2111 II. 11

V. Abweichende Vereinbarungen. Die Regelung des § 947 ist **zwingendes Recht.** 12

1. Kauf unter Eigentumsvorbehalt. Beim **Kauf unter Eigentumsvorbehalt** können die Parteien deshalb nicht vereinbaren, dass entgegen § 947 andere Stofflieferanten keinen Miteigentumsanteil an der einheitlichen Sache erhalten (BGH LM Nr 4 zu § 947; *Serick* BB 1973, 1407f) bzw der Lieferant der Hauptsache kein Alleineigentum an der Sache erhält. Um den Eigentumsvorbehalt von Stofflieferanten zu erhalten, neigt die Rspr in den entspr Fällen dazu, die zu einer einheitlichen Sache miteinander verbundenen Sachen nicht als wesentliche Bestandteile anzusehen oder, wenn sich dies nicht vermeiden lässt, jedenfalls keine der verbundenen Sachen als Hauptsache anzusehen, damit die Vorbehaltslieferanten zumindest Miteigentümer nach § 947 I werden (vgl Frankfurt BeckRS 2015, 13596; *Baur/Stürner* § 53 Rn 9; *Serick* BB 1973, 1406). Ein möglicher Eigentumsverlust der Stofflieferanten nach § 950 (Verarbeitung) lässt sich dadurch allerdings nicht verhindern. 13

2. Verbindungsklauseln. In der Praxis finden sich nicht selten sog **Verbindungsklauseln**, nach denen ein Stofflieferant (oder ein Kreditgeber) das Eigentum an der durch die Verbindung der gelieferten (finanzierten) Sachen entstandenen einheitlichen Sache erhalten soll. Solche Klauseln können die Rechtsfolgen der §§ 947ff ebenfalls nicht ausschließen, sondern nur als **vorweggenommene Übereignung** der einheitlichen Sache (§ 947 II, § 929 S 1, § 930) (bzw als vorweggenommene Übertragung des Miteigentumsanteils idF § 947 I) verstanden werden. Zum Eigentumserwerb des Stofflieferanten (des Kreditgebers) führen sie daher nur nach einem **Durchgangserwerb** des Verbinders und auch nur, soweit dieser zum Zeitpunkt seines Eigentumserwerbs noch verfügungsbefugt ist. 14

Hat der Verbinder **mehrere solcher vorweggenommenen Übereignungen** vereinbart (zB sowohl zugunsten des Lieferanten als auch zugunsten einer kreditgebenden Bank) stellt sich die Frage, welche dieser Vereinbarungen sich durchsetzt, wer also nach der Verbindung von dem Verbinder das Eigentum an der einheitlichen Sache erhält. Dies hängt vor allem von der in Rspr und Lit unterschiedlich beantworteten Frage ab, inwieweit man Nebenbesitz an einer Sache für möglich hält. 15

Hält man Nebenbesitz an einer Sache für möglich (dafür *Medicus/Petersen* BürgR Rn 558ff, § 22 IV 1; *Michalski* AcP 181, 384, 414; dagegen BGHZ 50, 45; BGH NJW 1979, 2037, 2038; *Musielak* JuS 1992, 719, 720; RGRK/*Kregel* § 868 Rn 9; Soergel/*Stadler* § 868 Rn 20ff; zum Nebenbesitz vgl auch *Medicus* FS Hübner, 1984, 611; *Picker* AcP 188, 533ff), so kann durch mehrere vorweggenommene Übereignungen entweder Miteigentum der Begünstigten oder Alleineigentum einer der Begünstigten entstehen, was sich aus folgenden Überlegungen ergibt. Die Übereignung nach § 929 S 1, § 930 erfolgt durch ein antizipiertes Besitzmittlungsverhältnis, dh der durch die vorweggenommene Übereignung Begünstigte (der Lieferant/die Bank) erwirbt mit Bedingungseintritt (Verbindung der Sachen, die zum Eigentumserwerb des Verbinders führt) das Eigentum an der einheitlichen Sache, weil er sich mit dem zukünftigen Eigentümer (dem Verbinder) hierüber (dh über den Eigentumsübergang) geeinigt hat (§ 929 S 1) und der zukünftige Eigentümer (der Verbinder) bereits vorab seine Bereitschaft erklärt hat, die Sache für den Begünstigten (den Lieferanten/die Bank) zu besitzen (antizipiertes Besitzmittlungsverhältnis, § 930). Die Besitzmittlungsvereinbarung ersetzt die für eine Übereignung der Sache nach § 929 S 1 an sich erforderliche Übergabe. Ein Eigentumsübergang nach § 929 S 1, § 930 findet aber nur dann statt, wenn der Besitzmittlungswille des zukünftigen Eigentümers (des Verbinders) zum Zeitpunkt des Bedingungseintritts (Verbindung der Sachen, Eigentumserwerb des Verbinders) noch fortbesteht. Kann dies aber der Fall sein, wenn der Verbinder nach einer ersten vorweggenommenen Übereignung eine weitere vornimmt? Ändert der Verbinder nicht mit der neuerlichen vorweggenommenen Übereignung seinen Besitzmittlungswillen dahin gehend, dass er zum 16

Zeitpunkt seines Eigentumserwerbs nun zugunsten des durch die zweite vorweggenommene Übereignung Begünstigten besitzen will? Oder übt er den Besitz an der Sache vielleicht für all diejenigen aus, mit denen er eine vorweggenommene Übereignung vereinbart hat? Die letztgenannte Möglichkeit besteht nur, wenn man die Möglichkeit des Nebenbesitzes bejaht. Der Verbinder kann und wird ggf sowohl dem Lieferanten als auch der Bank (Neben-)Besitz vermitteln, beide erwerben mit Bedingungseintritt **Miteigentum** an der einheitlichen Sache gem § 929 S 1, § 930. Ob diese sachenrechtl mögliche Rechtsfolge aber im Einzelfall auch eintritt, hängt davon ab, ob einer der vorweggenommenen Übereignungen aus anderen Überlegungen **Priorität** zukommt. Dies wird man nach den gleichen Kriterien beantworten müssen, nach denen über die Priorität von mehrfach vorgenommenen Vorwegabtretungen einer Forderung entschieden wird (vgl dazu *Hennrichs* JZ 1993, 225ff; *Baur/Stürner* § 59 Rn 53ff; *Neuhof* NJW 1993, 2840; *Geibel* WM 2005, 962).

17 Aus dem Vorgesagten ergeben sich zugleich die Konsequenzen einer Ablehnung des Nebenbesitzes für die hier zu beantwortende Frage (Rn 16), welche von mehreren vorweggenommenen Übereignungen sich durchsetzt. **Lehnt man die Möglichkeit des Nebenbesitzes ab**, kann ein Besitzmittlungsverhältnis zum Zeitpunkt des Bedingungseintritts (Verbindung der Sachen, die zum Eigentumserwerb des Verbinders führt) exclusiv nur mit einem der durch die vorweggenommenen Übereignungen Begünstigten (dem Lieferanten oder der Bank) bestehen. Nur dieser erwirbt daher Eigentum an der Sache, und zwar **Alleineigentum**. Dabei wird man idR davon ausgehen müssen, dass der Verbinder grds demjenigen den Besitz vermittelt, mit dem er zuletzt eine vorweggenommene Übereignung der Sache vereinbart hat (BGH WM 1960, 1223, 1225). Mit der neuerlichen Vereinbarung eines Besitzmittlungverhältnisses ist das früher vereinbarte Besitzmittlungsverhältnis widerrufen worden. Es kann daher nur das letzte Bestand haben. Ein geheimer Vorbehalt des Verbinders, das zuletzt vereinbarte Besitzmittlungsverhältnis nicht zu wollen, wäre unbeachtlich (§ 116; Staudinger/*Gutzeit* § 868 Rn 25; Soergel/*Henssler* § 930 Rn 16). Möglich ist allenfalls, dass die zuletzt vereinbarte vorweggenommene Übereignung, zB nach der im Zusammenhang mit der Globalzession entwickelten sog „Vertragsbruchtheorie" (vgl *Baur/Stürner* § 59 Rn 50ff, 54), unwirksam ist.

18 **VI. Verhältnis zu § 950.** Die Verbindung beweglicher Sachen, die sie zu wesentlichen Bestandteilen einer einheitlichen Sache macht, kann einen Verarbeitungsakt darstellen, die „einheitliche Sache" iSd § 947 kann daher zugleich eine „neue Sache" iSd § 950 sein. Ggf stellt sich die Frage, welche Regelung Vorrang genießt, § 947 oder § 950. Es ist von folgendem auszugehen: Ist eine der durch Verarbeitung verbundenen Sachen als Hauptsache anzusehen, entsteht weder eine einheitliche (§ 947 I) noch eine neue (§ 950) Sache, der Eigentümer der Hauptsache erhält daher nach § 947 II das Alleineigentum an der Sache. IÜ kommt § 950 Anwendungsvorrang vor § 947 I zu. Der Verarbeiter erlangt daher gem § 950 Alleineigentum an der Sache, sofern durch die Verarbeitung eine neue Sache entstanden ist und der Wert der Verarbeitung nicht erheblich geringer als der Wert des Stoffes ist (RGZ 161, 113; BGH LM Nr 4 zu § 947; BGHZ 18, 227; *Serick* BB 1973, 1405). Nur soweit die Wertrelation nicht nach § 950 zum Alleineigentum des Verarbeiters führt, findet § 947 I Anwendung; die bisherigen Stoffeigentümer werden Miteigentümer der einheitlichen Sache. Diese Rechtsfolge ist zwingend (*Serick* BB 1973, 1407f).

§ 948 Vermischung

(1) Werden bewegliche Sachen miteinander untrennbar vermischt oder vermengt, so finden die Vorschriften des § 947 entsprechende Anwendung.

(2) Der Untrennbarkeit steht es gleich, wenn die Trennung der vermischten oder vermengten Sachen mit unverhältnismäßigen Kosten verbunden sein würde.

1 **I. Allgemeines.** Sachen, die untrennbar miteinander vermischt wurden, können nicht Gegenstand gesonderter Rechte sein. § 948 ordnet daher durch Verweis auf § 947 die Eigentumsverhältnisse an solchen Sachen neu.

2 **II. Voraussetzungen.** Wie § 947, so setzt auch § 948 nur voraus, dass die Sachen tatsächlich miteinander vermischt worden sind. Ein darauf gerichteter Wille desjenigen, der die Vermischung vorgenommen hat oder ein entspr Wille der Eigentümer der vermischten Sachen ist nicht erforderlich (vgl § 947 Rn 2). **Untrennbarkeit** (§ 948 I) liegt vor, wenn eine Aussonderung gegenständlich unmöglich ist oder die einzelnen Sachen nicht mehr identifiziert werden können (Stuttgart 23.2.2010 – 10 U 75/09). Die Unterscheidung zw **Vermischung** (flüssiger oder gasförmiger Körper, zB zweier Weinsorten) und **Vermengung** (fester Körper, zB Stahlstangen, BGH NJW 1958, 1534; Rohaluminium, Frankfurt BeckRS 2015, 13596) in § 948 I ist rein sprachlicher Natur, ihr kommt keine weitergehende praktische oder rechtl Bedeutung zu. Ist eine Trennung zwar möglich, aber nur mit **unverhältnismäßigen Kosten**, so steht dies der Untrennbarkeit gleich (§ 948 II). Unverhältnismäßig sind Kosten, die nicht wesentlich hinter dem Wert der Trennstücke zurückbleiben. § 948 findet nur Anwendung, soweit die Untrennbarkeit reicht. Ist eine Trennung vermengter oder vermischter Sachen teilw möglich, so findet § 948 daher nur auf den nicht trennbaren Teil Anwendung, hinsichtl der trennbaren Sachen bleiben die Eigentumsverhältnisse unverändert (RGRK/*Pikart* Rn 12).

3 **III. Rechtsfolgen. 1. Miteigentum.** Die **Rechtsfolgen** richten sich nach § 947. Ist keine der vermischten Sachen als Hauptsache anzusehen, entsteht **Miteigentum** am Mischbestand (§ 947 I). Die Anteile bestimmen sich nach dem Wertverhältnis der vermischten Sachen zueinander (§ 947 I Hs 2). Lassen sich die Quoten der einzelnen Beteiligten an der Gesamtmenge nicht ermitteln, was etwa bei Vermischung gleichartiger Vorbehaltswaren

mehrerer Lieferanten der Fall sein kann, so greifen zunächst die allg Grundsätze der Beweislast ein (BGH NJW 1958, 1534 m Anm *Hoche*; Soergel/*Henssler* Rn 5; *Reinicke/Tiedtke* WM 1979, 186, 189). Gelingt einer Partei der ihr obliegende Nachw ihrer Beteiligungsquote nicht, so ist die Höhe des Anteils analog § 287 ZPO zu schätzen, vorausgesetzt, dass greifbare Anhaltspunkte für eine Schätzung vorhanden sind (*Weitnauer* FS Baur, 1981, 709, 719f). Nur soweit keine Anhaltspunkte für eine Schätzung vorliegen, kommt eine Anwendung des § 742 in Betracht, nach dem die Miteigentümer im Zweifel zu gleichen Teilen berechtigt sind.

Steht die Quote für den Zeitpunkt der Vermischung fest und wird die **Gesamtmenge nachträgl verändert**, steht 4
dies einer Anwendung des § 948 nicht entgegen; § 948 ist vielmehr auf jede Vermischung erneut anwendbar. Sind also zB A und B aufgrund Vermischung je zur Hälfte Miteigentümer einer Menge von 1000 Einheiten geworden, so bleibt dieses Beteiligungsverhältnis auch bestehen, wenn A 500 Einheiten entnimmt und veräußert. Fügt A wiederum 500 Einheiten hinzu, so erhöht sich sein Anteil gem § 948 entspr, dh die Beteiligung beträgt jetzt ¾ zu ¼. Bei häufigen Veränderungen kann die Quote des anderen Teils (des B) dadurch auf ein Minimum herabsinken. Soweit ein Miteigentümer (der B) sein Miteigentum durch unberechtigte Verfügung (des A) verliert, stehen ihm Schadensersatzansprüche aus § 823 I, möglicherweise auch Ausgleichsansprüche aus § 816 I oder § 687 II iVm § 681 S 2, § 667 zu.

Die **Auseinandersetzung** der Miteigentümergemeinschaft erfolgt gem §§ 749, 752 durch Teilung in Natur. Bei 5
der Vermengung von Geld wird dem Besitzer des Mischbestandes zwar ein einseitiges Aussonderungsrecht zugestanden (vgl Rn 9). Diese Ausnahme ist auf andere gleichartige Sachen aber nicht ohne weiteres übertragbar, da hier Konfliktlagen denkbar sind (zB Streit über die Qualität vermischten Getreides), die in dem gesetzl geregelten Teilungsverfahren ausgetragen werden müssen.

2. Alleineigentum. Ist eine der vermischten Sachen als **Hauptsache** anzusehen, so erwirbt deren Eigentümer 6
Alleineigentum an der Gesamtmenge (§ 947 II), abl Dresden 17.2.2005 – 13 U 1040/04. Wie bei § 947, so ist auch bei § 948 insoweit die Verkehrsauffassung entscheidend (§ 947 Rn 9). Zahlen- oder mengenmäßiges Übergewicht einer der vermischten Einheiten kann ausreichen, um diese als Hauptsache anzusehen (Staudinger/*C. Heinze* Rn 8; aA MüKo/*Füller* Rn 6). Dies ist jedoch nicht zwingend. Insb bei der Vermischung gleichartiger Sachen ist eine Bevorzugung des mengenmäßigen Übergewichts oft nicht veranlasst, da eine Realteilung hier problemlos möglich ist, zB bei Einfüllung eines Sacks Getreide in einen gefüllten Getreidespeicher, bei der Vermischung von Geld (*Baur/Stürner* § 53 Rn 11; RGRK/*Pikart* Rn 14) oder dem Einspeisen von Gas in das Gasnetz (*Böhler/Kugelmann* EnWZ 2022, 400: Miteigentum gem § 469 HGB analog).

3. Weitere Rechtsfolgen. Zum rechtl Schicksal der an den vermischten Sachen bestehenden **beschränkten** 7
dinglichen Rechten vgl § 949. Zu **Ausgleichsansprüchen** derjenigen, die durch § 948 einen Rechtsverlust erleiden, vgl § 951.

4. Verarbeitung. Stellt die Vermischung gleichzeitig eine **Verarbeitung** dar, so kann statt des § 947 I der § 950 8
anwendbar sein, vgl dazu § 947 Rn 18.

IV. Geld. § 948 findet auch Anwendung auf die **Vermengung von Geld**. An dem Gesamtbestand entsteht also 9
grds Miteigentum. Nur sofern nach der Verkehrsauffassung eine der Teilmengen als Hauptsache anzusehen ist, erwirbt der Eigentümer dieser Teilmenge Alleineigentum am Gesamtbestand. Das ist zB bei einem ständigen Schwankungen unterliegenden Kassenbestand anzunehmen. Numerisches Übergewicht einer der Teilmengen für sich allein ist dagegen nicht ausreichend, um diese Teilmenge als Hauptsache anzusehen (vgl Rn 3). Die Teilung eines Gesamtbestandes, an dem Miteigentum besteht, kann nach §§ 749, 752 erfolgen, der Besitzer des Gesamtbestandes darf die Teilung aber auch im Wege einseitiger Aussonderung der entspr Einzelbeträge vornehmen. Konfliktlagen, die eine einseitige Aussonderung ausschließen und die Anwendung der §§ 749, 752 zwingend gebieten, sind bei der Teilung eines Gesamtbestandes an Geld nicht denkbar. Beim Geld steht nicht die Substanz, sondern die Funktion im Vordergrund. Die Berechtigten haben deshalb kein schützenswertes Interesse an der Zuweisung bestimmter Geldstücke, sondern nur daran, den von ihnen beigetragenen Geldwert zurückzuerhalten. Auch über den Wert der von ihnen beigetragenen Geldstücke kann kein Dissens entstehen.

V. Sondervorschriften. Sondervorschriften enthalten § 963 für vereinigte Bienenschwärme, § 469 HGB für 10
die Sammellagerung vertretbarer Sachen und §§ 5ff DepotG für die Sammelverwahrung von Wertpapieren (vgl BGH DB 1957, 452, die Unterschiede zu § 948 hervorhebend).

§ 949 Erlöschen von Rechten Dritter

Erlischt nach den §§ 946 bis 948 das Eigentum an einer Sache, so erlöschen auch die sonstigen an der Sache bestehenden Rechte. Erwirbt der Eigentümer der belasteten Sache Miteigentum, so bestehen die Rechte an dem Anteil fort, der an die Stelle der Sache tritt. Wird der Eigentümer der belasteten Sache Alleineigentümer, so erstrecken sich die Rechte auf die hinzutretende Sache.

I. Allgemeines. § 949 regelt das **rechtl Schicksal beschränkter dinglicher Rechte an Sachen, die mit ande-** 1
ren Sachen verbunden (oder vermischt, § 948) **werden**. Werden Sachen miteinander verbunden, so ändern sich nach Maßgabe der §§ 946–947 die Eigentumsverhältnisse an diesen Sachen. Grds entsteht Miteigentum an der durch die Verbindung entstandenen Sache, wobei sich die Miteigentumsanteile nach dem Wert der verbundenen Sachen bestimmen; das Eigentum an den verbundenen Sachen erlischt (§ 947 I). Ist aber eines der verbundenen Sachen ein Grundstück, so erstreckt sich das Eigentum am Grundstück auf die verbundenen beweglichen

Sachen; der Grundstückseigentümer wird Alleineigentümer der Gesamtsache, das Eigentum an den verbundenen beweglichen Sachen erlischt (§ 946). Gleiches gilt, wenn ausschließlich bewegliche Sachen miteinander verbunden werden, aber eine der Sachen als Hauptsache anzusehen ist (§ 947 II).

2 Die §§ 946–948 regeln indes nur das Schicksal des Eigentumsrechts an den verbundenen Sachen. Welches rechtl Schicksal beschränkte dingliche Rechte an einer Sache erleiden, wenn diese Sache mit anderen Sachen verbunden wird, ist in § 949 geregelt. **Anwartschaftsrechte und Zurückbehaltungsrechte** an einer Sache stehen beschränkten dinglichen Rechten gleich, auch solche Rechte sind **Rechte Dritter** iSd § 949 (MüKo/*Füller* Rn 2).

3 **II. Voraussetzungen und Rechtsfolgen.** § 949 setzt voraus, dass der Eigentümer zumindest einer Sache sein Eigentum aufgrund der §§ 946–948 verloren hat. Ist dies der Fall, regelt § 949 das rechtl Schicksal beschränkter dinglicher Rechte an den verbundenen Sachen **abhängig vom Schicksal des Eigentumsrechts** an diesen Sachen. Im Einz gilt Folgendes.

4 **1. Lastenfreier Erwerb und Erstreckung (S 1 und S 3).** Wird eine belastete Nebensache mit einem Grundstück oder einer beweglichen Hauptsache verbunden (§ 946, § 947 II, § 948 iVm § 947 II), so erlischt mit dem Eigentum an der Nebensache auch das an ihr bestehende beschränkte dingliche Recht; die Rechte, die auf dem Grundstück oder der Hauptsache ruhen, erstrecken sich dagegen wie das Eigentum an der Hauptsache auf die verbundenen wesentlichen Bestandteile und damit auf die ganze Sache.

5 **2. Dingliche Surrogation (S 2).** Entsteht bei der Verbindung oder Vermischung von beweglichen Sachen Miteigentum (§ 947 I, § 948 iVm § 947 I; vgl auch §§ 1066, 1258), so tritt der Miteigentumsanteil an die Stelle der verbundenen Sache; Rechte an einer verbundenen Sache setzen sich daher als Rechte am Miteigentumsanteil fort.

6 **III. Eigene Sachen.** § 949 gilt entspr für die Verbindung oder Vermischung **eigener Sachen**, die mit Rechten Dritter belastet sind. Zwar können im Falle der Verbindung mehrerer Sachen desselben Eigentümers keine Miteigentumsanteile entstehen, die nach § 949 S 2 an die Stelle des Eigentums an den verbundenen Sachen treten. Das hindert jedoch nicht, von der Belastung eines Bruchteils der Gesamtsache auszugehen, der sich nach dem Verhältnis des Wertes der verbundenen Einzelsachen an der Gesamtsache errechnet (RGZ 67, 425; RGRK/*Pikart* Rn 4; MüKo/*Füller* Rn 1).

§ 950 Verarbeitung

(1) Wer durch Verarbeitung oder Umbildung eines oder mehrerer Stoffe eine neue bewegliche Sache herstellt, erwirbt das Eigentum an der neuen Sache, sofern nicht der Wert der Verarbeitung oder der Umbildung erheblich geringer ist als der Wert des Stoffes. Als Verarbeitung gilt auch das Schreiben, Zeichnen, Malen, Drucken, Gravieren oder eine ähnliche Bearbeitung der Oberfläche.

(2) Mit dem Erwerb des Eigentums an der neuen Sache erlöschen die an dem Stoffe bestehenden Rechte.

Schrifttum: *Dolezalek*, Plädoyer für Einschränkung des § 950 BGB (Verarbeitung), AcP 195 (1995), 392; *Geibel*, Die Kollision zwischen verlängertem Eigentumsvorbehalt und antizipierter Sicherungsübereignung, WM 2005, 962; *Hagen*, Der neue Warenlieferungsvertrag – ein unbequemer Kauf, JZ 2004, 713; *Klinck*, Der Einfluss des § 651 BGB auf das Eigentum am Werk, JR 2006, 1; *Nickel*, Verbindung, Vermischung, Verarbeitung in der Produkthaftpflichtversicherung, VersR 1990, 702; *Nierwetberg*, Rechtspositionen von Lieferant und Produzent nach Verarbeitung im verlängerten Eigentumsvorbehalt, NJW 1983, 2235; *Paulus*, Die Herstellervereinbarung als konkursfeste Sicherheit des Bestellers eines Software-Erstellungsvertrages, JR 1990, 405; *Röthel*, Herstellungsverträge und Eigentumsordnung, NJW 2005, 625; *Rothkegel*, Eigentumserwerb bei Verarbeitung, 1974; *Schmidt, K.*, Ersatzaussonderung bei Eigentumsvorbehalt, JuS 1990, 237; *Wagner*, Teilbarkeit der Herstellereigenschaft in § 950 BGB?, AcP 184 (1984), 14.

1 **I. Allgemeines.** Wie bei der Verbindung mehrerer Sachen zu wesentlichen Bestandteilen einer einheitlichen Sache (§ 947), so stellt sich auch im Falle der Verarbeitung eines fremden Stoffes zu einer neuen Sache zwangsläufig die Frage, wie sich die tatsächliche Veränderung rechtl auswirkt, wem die Sache gehören soll. § 950 löst den Interessenkonflikt zw Stoffeigentümer und Verarbeiter zugunsten des Herstellers. Das Eigentum an der durch Verarbeitung hergestellten, neuen Sache wird dem Hersteller zugeordnet, falls nicht der Wert der Verarbeitung erheblich geringer ist, als der Wert des Stoffes. Die Unterscheidung zw Verarbeitung und **Umbildung** in § 950 ist rein sprachlicher Natur und hat keine weitergehende rechtl Relevanz.

2 Der **Hersteller erwirbt** das **Eigentum** originär. Grundlage des Eigentumserwerbs ist allein die Verarbeitung als Realakt. Ein auf den Eigentumserwerb gerichteter **rechtsgeschäftlicher Wille** des Herstellers ist daher **nicht erforderlich**. Der Hersteller erwirbt das Eigentum an der neuen Sache unabhängig davon, ob er geschäftsfähig ist und ob er hinsichtl seines Eigentums an dem Stoff oder seiner Berechtigung zur Verarbeitung gut- oder bösgläubig ist. Dem Eigentumserwerb des Herstellers steht es auch nicht entgegen, wenn der verarbeitete Stoff abhandengekommen ist. Der Eigentumserwerb nach § 950 ist endgültig, eine spätere Rückgängigmachung der Verarbeitung, sofern eine solche überhaupt möglich ist, lässt das ursprüngl Eigentum an dem verarbeiteten Stoff nicht wieder aufleben.

3 Besondere Bedeutung hat § 950 im **Kreditsicherungsrecht** erlangt. Während die Lieferanten von Rohstoffen und Halbfabrikaten den Eigentumsvorbehalt auf die neue Sache zu erstrecken suchen, erstreben die Banken, es durch Sicherungsübereignung als Kreditunterlage zu gewinnen. In diesem Konflikt wirkt sich § 950 zugunsten der Banken aus, denn der Eigentumsvorbehalt der Stoffeigentümer erlischt durch die Verarbeitung. Diese Rechtslage hat

zu der Streitfrage geführt, ob § 950 zwingend oder durch Parteivereinbarung änder- oder abdingbar ist (vgl Rn 8ff).

4 **II. Voraussetzungen. 1. Neue Sache.** Durch die Verarbeitung oder Umbildung muss eine **neue Sache** entstanden sein. Ob dies der Fall ist, bestimmt sich maßgeblich nach der Verkehrsauffassung unter Berücksichtigung wirtschaftl Gesichtspunkte (vgl BGH NJW 2016, 317; 1978, 697; Köln NJW 1991, 2570; Stuttgart NJW 2001, 2889; aA MüKo/*Füller* Rn 7f: Verwendungszweck entscheidet). Es kommt darauf an, ob der Stoff nach der Verkehrsauffassung durch die vorgenommenen Handlungen eine Wesensänderung erfahren hat. Hat die Verarbeitung zu einer wesentlichen Substanzveränderung geführt, hat sich durch die Verarbeitung der wesentliche wirtschaftl Verwendungszweck geändert oder kommt der durch die Verarbeitung entstandenen Sache ggü der Ausgangssache eine eigenständige und weitergehende Funktion (BGH NJW 1995, 2633; Brandenburg BeckRS 2022, 8762 [Rn 15] = IBR 2022, 461) zu, so spricht dies für das Entstehen einer neuen Sache. Ein **Indiz** für das Entstehen einer neuen Sache ist es auch, wenn das Ergebnis der Verarbeitung im allg Sprachgebrauch einen anderen Namen erhält, als der verarbeitete Stoff (BGH NJW 2016, 317, 318; Staudinger/*C. Heinze*, Rn 9 mwN; *Baur/Stürner* § 53 Rn 18; Köln ZIP 1991, 1606) (zB Stoff + Futter + Knöpfe = Anzug oder Holz + Furniere + Beschläge = Schrank, nicht aber bei der Lackierung eines Autos). Als neue Sachen kommen nicht nur fertige Produkte in Betracht; auch **Halbfabrikate** können neue Sachen iSd § 950 sein (zB Erz-Eisen). § 950 kann deshalb auf verschiedenen Produktionsstufen nacheinander Anwendung finden. Wurde ein Stoff bereits vorher bearbeitet, so ist für die Beurteilung der Frage, ob die Verarbeitung zum Entstehen einer neuen Sache geführt hat, von der Sache in der bisherigen Form, nicht vom Rohstoff auszugehen (zB Einbaufenster, nicht Holz oder Glas). Ob eine Wiederherstellung des alten Zustandes möglich ist, ist für die Frage des Entstehens einer neuen Sache unerheblich. Durch eine bloße **Verbindung zweier Sachen**, die wieder getrennt werden können, wird aber keine neue Sache iSd § 950 hergestellt (und meist auch keine einheitliche Sache iSd § 947). Die bloße **Zerstörung** einer Sache kann nicht als Herstellung einer neuen Sache durch Verarbeitung eines Stoffes angesehen werden, sie ist das Gegenteil davon (zB Zerschneiden von Bildern, RGSt 57, 160; Einschmelzen von Kunstsachen, RGRK/*Pikart* Rn 13). Auch **Pflege, Ausbesserung oder Reparatur** einer Sache, die nur auf Erhaltung vorhandener Eigenschaften und Gebrauchsfunktionen abzielen, führen nicht zur Herstellung einer neuen Sache (zB Reparatur eines Pkw; Restaurierung alter Bilder, RGZ 138, 50). Gleiches gilt für die Veredelung eines Wildlings (RG JW 1928, 2448), das Mästen eines Jungkalbs (BGH NJW 1978, 697) und das Abrichten eines Tieres für einen besonderen Gebrauchszweck. Ein **Kunstwerk** kann über mehrere Jahre hinweg durch fortlaufende Bearbeitung in mehreren Entwicklungsschritten jew als neue Sache entstehen (Stuttgart NJW 2001, 2889). Anders hingegen ist bei Panzerung eines Pkw erst nach vollständiger Fertigstellung der Arbeiten eine neue Sache zu bejahen (Bremen OLGRp 2006, 728), ebenso liegt es bei der Anfertigung eines Gesellenstücks (LAG Schleswig-Holstein NZA-RR 2006, 461). Das Arbeitsprodukt muss stets eine **bewegliche Sache** sein; für Grundstücke gilt ausschließlich § 946. Umstritten ist, ob das **Speichern von Daten auf einem Datenträger** (zB das Bespielen eines Tonbands, das Brennen einer DVD oder das Speichern von Daten auf eine Festplatte) als Herstellung einer neuen Sache anzusehen ist. Das OLG Karlsruhe hat dies in einer frühen Entscheidung bejaht (Karlsruhe CR 1987, 19; ebenso LAG Chemnitz CR 2008, 553). Die hM in der Lit sieht darin keine Herstellung einer neuen Sache iSd § 950, jedenfalls dann nicht, wenn die Aufnahme ohne Weiteres löschbar oder übertragbar ist (Soergel/*Henssler* Rn 8; Staudinger/*C. Heinze* Rn 9; *Kolb* GRUR-RR 2014, 423). Der BGH hat insoweit bislang nur entschieden, dass jedenfalls durch das Bespielen eines zum Aufnehmen von Tondokumenten geeigneten und bestimmten Tonbands allein keine neue Sache iSd § 950 I hergestellt wird (NJW 2016, 317 – Kanzler Kohls Tonbänder – m krit Anm *Götting*).

5 **2. Verarbeitung.** Verarbeitung ist eine bewusste menschliche Tätigkeit, die auf die Herstellung einer neuen Sache ausgerichtet ist. Erforderlich ist also neben dem Herstellungserfolg auch subj eine Herstellungsabsicht (Staudinger/*C. Heinze* Rn 8; *Dolezalek* AcP 195, 403; aA MüKo/*Füller* Rn 6). Entsteht eine neue Sache ausschließlich durch Naturkraft, so greift § 950 nicht ein (möglicherweise aber §§ 953ff, zB bei Hundezucht). Als Verarbeitung gelten auch gewisse Arten der **Bearbeitung der Oberfläche** (§ 950 I 2), auch diese müssen aber auf die Herstellung einer neuen Sache gerichtet sein. Das ist bei bestimmungsgemäßer Bearbeitung eines Stoffes grds zu bejahen (zB Bedrucken von Papier, Bemalen einer Leinwand, Belichten eines Films).

6 **3. Wertverhältnis.** Der Eigentumserwerb des Herstellers ist ausgeschlossen, wenn der **Wert der Verarbeitung** erheblich geringer ist, als der **Wert der verarbeiteten Stoffe** (§ 950 I 1). Das ist der Fall, wenn der Verarbeitungswert nur ca 40 % des Wertes des Stoffes erreicht (MüKo/*Füller* Rn 12; BGH NJW 1995, 2633; Düsseldorf OLGRp 2001, 417). Der **Wert der Verarbeitung** bemisst sich nicht nach dem tatsächlichen Aufwand (Produktionskosten); sonst wäre eine Arbeit schutzfähiger, je umständlicher sie ausgeführt worden ist. Maßgebend ist allein die durch die Verarbeitung bewirkte Erhöhung des Sachwertes. Um den Wert einer Verarbeitung zu ermitteln, muss daher der Wert der verarbeiteten Stoffe vom Wert der neuen Sache abgezogen werden (BGHZ 18, 226, 228; 56, 88, 90). Die Differenz ist der Wert der Verarbeitung iSd § 950. Dabei ist zu beachten, dass sich eine Produktion in verschiedenen Stufen vollziehen und es so zu mehreren „Verarbeitungen" iSd § 950 kommen kann; ein einheitlich zu wertender Produktionsvorgang darf jedoch nicht künstlich aufgespalten werden (BGH LM Nr 4 zu § 947). Bei der Bemessung des **Stoffwertes** ist der Verkehrswert der verwendeten Stoffe zugrunde zu legen. Das gilt auch, soweit nicht Rohstoffe, sondern fertige Erzeugnisse Verwendung finden. Beim Umschmelzen einer silbernen Schale in einen Leuchter ist daher der Wert der Schale, nicht der Rohstoffwert des Silbers maßgebend. Ist gestohlener Schmuck zerlegt und aus den Bestandteilen neuer Schmuck hergestellt worden,

ist nicht auf den Wert der Bestandteile, sondern auf den Wert des Schmucks vor seiner Zerlegung abzustellen (Karlsruhe OLGRp 1999, 61). Hat der Hersteller zugleich **eigene Stoffe** mit verarbeitet, so erhöht sich dadurch nicht der Wert seiner Arbeitsleistung, sondern der Stoffwert, da bei der Berechnung des Stoffwertes alle verarbeiteten Stoffe zu berücksichtigen sind, auch die des Herstellers (BGHZ 20, 159; 18, 226, 228. Rechtfertigt das Verhältnis des Verarbeitungswertes zum Stoffwert nicht den Schutz der Arbeitsleistung, so fällt das Eigentum an der hergestellten Sache dem Stoffeigentümer zu; werden Stoffe mehrerer Eigentümer verarbeitet, finden die §§ 947, 948 Anwendung, die auf das Verhältnis der Stoffwerte zueinander abstellen, den Wert der Arbeit jedoch nicht berücksichtigen; Rechte Dritter erlöschen ggf nach Maßgabe des § 949.

7 **4. Hersteller.** Hersteller ist nicht notwendigerweise der unmittelbare Verarbeiter (hM, BGHZ 14, 117; Düsseldorf ZGS 2009, 384), sondern derjenige, der in ökonomischer Hinsicht den Verarbeitungsvorgang lenkt und das wirtschaftl Risiko der werteschaffenden Arbeit trägt, also zB das Risiko des Absatzes. Nach dieser Definition scheidet als Hersteller zB der unselbständige ArbN aus, dessen Arbeitskraft dem Unternehmen zugeordnet ist (*Brehm/Berger* § 28 Rn 17; BGHZ 20, 159). Wer Hersteller der in einem Krankenhaus angelegten Karteien über den Krankheitsbefund von Patienten ist, hängt davon ab, ob die Krankenkarteien wesentlich der Behandlung der Patienten dienen und sie deshalb im Rahmen des Dienstverhältnisses für den **Klinikbetrieb** hergestellt werden oder ob die Karteien für private wissenschaftliche Forschungszwecke des Chefarztes bestimmt sind (BGH NJW 1952, 661). Im Falle von archäologischen Grabungsmaterialien ist der Professor, der die Ausgrabungen vorgenommen hat, als Hersteller der Grabungsmaterialien angesehen worden (BGHZ 112, 243, 255ff). Bei einem **Vertrag nach § 650** ist stets der Auftragnehmer als Hersteller anzusehen. Dies ergibt sich schon daraus, dass das Gesetz bei derartigen Verträgen eine Pflicht zur Übereignung des Werkes auf den Besteller statuiert; diese Regelung wäre entbehrlich, würde der Besteller bereits nach § 950 Eigentum an dem Werk erlangen (PWW/*Prütting* Rn 8; *Prütting* Rn 465; *Hagen* JZ 2004, 713; *Röthel* NJW 2005, 625; aA *Klinck* JR 2006, 1). **Stellvertretungsrecht** (§§ 164ff) hat für die Frage, wer als Hersteller anzusehen ist, keine Bedeutung. Die Verarbeitung ist ein Realakt, Stellvertretung ist dabei nicht möglich.

8 Umstr ist, ob derjenige, der die Verarbeitung unmittelbar vornimmt, durch rechtsgeschäftliche Vereinbarung mit einem Dritten (**Verarbeitungsklauseln**) festlegen kann, wer als Hersteller iSd § 950 anzusehen ist (zum Meinungsstand ausf Staudinger/*C. Heinze* Rn 21ff). Der Frage kommt besondere Bedeutung zu, weil § 950 zwingendes Recht, der Eigentumserwerb des Herstellers daher nicht disponibel ist. In der Praxis besteht an einer von § 950 abw Regelung des Eigentumserwerbs aber erheblicher Bedarf, da Stofflieferanten das Eigentum an der durch die Verarbeitung der gelieferten Stoffe entstandenen Sache regelmäßig als Sicherheit für die Erfüllung ihrer Forderungen benötigen. Eine vorweggenommene rechtsgeschäftliche Übertragung des Eigentums vom unmittelbaren Verarbeiter (Hersteller) auf den oder die Stofflieferanten (**vorweggenommene Sicherungsübereignung**) wäre zwar möglich, bietet den Stofflieferanten aber insoweit eine geringe Sicherheit, als dabei ein Durchgangserwerb des Verarbeiters stattfindet und deshalb andere vorweggenommene Sicherungsübereignungen, etwa zugunsten einer kreditgebenden Bank, der Vereinbarung mit den Stofflieferanten vorgehen können (zur identischen Problematik bei der Verbindung von Sachen vgl § 947 Rn 14ff). Dieser Weg bietet daher kein vollkommenes Sicherungsmittel für den Stofflieferanten. Der von den Stofflieferanten angestrebte **direkte Eigentumserwerb** ist nur möglich, wenn diese und nicht der unmittelbare Verarbeiter der Stoffe als Hersteller iSd § 950 angesehen werden können. Erforderlich wäre also eine Vereinbarung zw Stofflieferanten und unmittelbarem Verarbeiter, nach der die Stofflieferanten als Hersteller anzusehen sind und deshalb gem § 950 originär das Eigentum an der durch die Verarbeitung entstehenden Sache erwerben. Ein einfacher **verlängerter Eigentumsvorbehalt** der Stofflieferanten würde dagegen an der zwingenden Wirkung des § 950 scheitern (Rn 11).

9 **Die Rspr hat es zugelassen**, dass der unmittelbare Verarbeiter durch Vereinbarung mit einem Dritten festlegt, „für wen" herzustellen ist (BGHZ 14, 114; 20, 159, 163f; 46, 117f; *Hofmann* NJW 1962, 1798). Dieser soll dann als Hersteller iSd § 950 gelten. Als „Hersteller kraft Parteiwillens" ist nach Ansicht der Rspr insb ein Lieferant anzusehen, der Rohstoffe unter Eigentumsvorbehalt mit der Abrede liefert, dass die Verarbeitung für ihn, den Lieferanten, zu geschehen hat (BGHZ 20, 159; Dresden ZInsO 2008, 564, 565; Soergel/*Henssler* Rn 20). Trifft der unmittelbare Verarbeiter mit mehreren Stofflieferanten eine solche Vereinbarung, so werden diese Miteigentümer iSd § 947. Dies soll sich aus einer entspr Auslegung der vereinbarten Verarbeitungsklauseln ergeben. Die Miteigentümerquoten können aber auch in den Lieferverträgen ausdrückl festgelegt werden. So kann zB vereinbart werden, dass einem Stofflieferanten das Miteigentum an der neuen Sache im Verhältnis des Rechnungswertes (dh des Kaufpreises) der Vorbehaltsware zu den anderen verarbeiteten Waren zusteht (BGHZ 79, 16, 23) oder dass ein Stofflieferant das Miteigentum an der neuen Sache nur zu dem Anteil erwirbt, der sich aus dem Verhältnis des Wertes des von ihm gelieferten Stoffes zum Wert der neuen Sache ergibt (BGHZ 46, 117; Karlsruhe WM 1979, 343, 346).

10 **Die Ansicht der Rspr**, die letztlich ausschließlich auf den Willen des Verarbeiters abstellt, „für einen anderen" zu verarbeiten, und damit den Begriff des Herstellers zu dessen Disposition stellt, **vermag nicht zu überzeugen**. Bei der Festlegung, wer als Hersteller anzusehen ist, muss von der vorgenannten **obj Betrachtungsweise** unter Berücksichtigung der Lebensanschauung ausgegangen werden (BGHZ 20, 163; ebenso für § 912 I BGH NJW 1983, 2022f). Hersteller ist derjenige, der in ökonomischer Hinsicht den Verarbeitungsvorgang lenkt und das wirtschaftl Risiko der werteschaffenden Arbeit trägt, also zB das Risiko des Absatzes. Nach dieser Betrachtungsweise kann eine reine Willensäußerung des unmittelbaren Verarbeiters, die mit den tatsächlichen Gegebenheiten nicht übereinstimmt, die Person des Herstellers nicht ändern. So ist die Erklärung eines Vorbehaltskäufers, für

den Stofflieferanten herstellen zu wollen, mit dem äußeren Sachverhalt nicht vereinbar. Wer kauft, will die Sache für sich, und zwar endgültig. Verarbeitet er die gekaufte Sache, so geschieht dies im eigenen Interesse und auf eigenes Risiko. Schlägt die Verarbeitung fehl oder findet das Produkt keinen Absatz, so bleibt seine Zahlungspflicht bestehen. Die Interessen des Stofflieferanten beschränken sich darauf, den Kaufpreis zu erhalten. Wird dieser bezahlt, so würde mit dem Eigentumsvorbehalt auch die „vereinbarte" Herstellereigenschaft entfallen. Am Produktionsvorgang selbst ist der Stofflieferant unmittelbar nicht interessiert. Bei obj Betrachtung kann der Stofflieferant und Vorbehaltsverkäufer daher nicht als Hersteller angesehen werden. Bei der Verarbeitung von Rohstoffen und Halbfabrikaten, die dem Käufer unter verlängertem Eigentumsvorbehalt geliefert worden sind, wird daher idR nicht der Stofflieferant, sondern der Vorbehaltskäufer als Hersteller anzusehen sein.

III. Rechtsfolgen. Nach § 950 **erwirbt der Hersteller das Eigentum** an der neuen Sache. Diese **Rechtsfolge ist zwingend.** Die Parteien eines Liefervertrags können daher nicht vereinbaren, dass statt des Herstellers der Lieferant das Eigentum an der durch die Verarbeitung der gelieferten Sachen neu entstandenen Sache gem § 950 originär erwirbt (BGHZ 14, 114 und 20, 159). Möglich ist nur eine vorweggenommene rechtsgeschäftliche Sicherungsübereignung der neuen Sache von dem Hersteller auf den Stofflieferanten, die dazu führt, dass zunächst der Hersteller originär und nachfolgend der Stofflieferant von diesem das Eigentum an der neuen Sache erwirbt (zu weiteren Gestaltungsmöglichkeiten Rn 8ff). Die vorstehend vertretene Ansicht ist indes keineswegs unumstr. Ausgehend von der Annahme, dass § 950 nur der Regelung des Interessenkonflikts zw dem Stoffeigentümer und dem Verarbeiter diene, hält eine **Gegenansicht** den Eigentumserwerb durch den Hersteller für abdingbar, da ein regelungsbedürftiger Konflikt nicht bestehe, wenn die Rechtsbeziehungen zw Stoffeigentümer und Verarbeiter von diesen im Voraus geklärt seien (*Dolezalek* AcP 195, 392; *Baur/Stürner* § 53 Rn 15). § 950 bezweckt jedoch nicht nur die Lösung des Interessenkonflikts zw dem Verarbeiter und dem Stofflieferanten, sondern auch die Lösung des Interessenkonflikts zw den Gläubigern des Verarbeiters. Folgt man gleichwohl der Ansicht, nach der die Regelung der Eigentumszuweisung in § 950 dispositiv ist, wird man im Falle einer den § 950 verdrängenden Vereinbarung stattdessen § 947 anwenden müssen. Die verschiedenen Stofflieferanten erhalten dann nach Maßgabe dieser Vorschrift Miteigentum an der neuen Sache. 11

IV. Weitere Rechtsfolgen. Mit dem Eigentumserwerb des Herstellers an der neuen Sache erlöschen auch die am Stoff bestehenden **Rechte Dritter** (§ 950 II). Das gilt entspr bei der Verarbeitung eigener Sachen. 12

V. Ausgleichsansprüche. § 950 regelt, wem das Eigentum an einer Sache zufällt, die durch Verarbeitung eines Stoffes entsteht. Der Interessenkonflikt zw den Stoffeigentümern und dem Hersteller der neuen Sache wird zugunsten des Herstellers gelöst. Dieser erhält das Eigentum an der neuen Sache, das Eigentum und die beschränkten dinglichen Rechte an dem verarbeiteten Stoff erlöschen. Diese Neuordnung der dinglichen Rechtslage ist endgültig. § 950 beabsichtigt jedoch keine Vermögensverschiebungen zugunsten des Herstellers. Diejenigen, die aufgrund des § 950 einen Rechtsverlust erleiden, haben daher einen **schuldrechtl Ausgleichsanspruch** gegen den begünstigten Hersteller gem § 951. 13

VI. Konkurrenzen. Zum Verhältnis des § 950 zu **§§ 947, 948** vgl § 947 Rn 18. 14

§ 951 Entschädigung für Rechtsverlust

(1) Wer infolge der Vorschriften der §§ 946 bis 950 einen Rechtsverlust erleidet, kann von demjenigen, zu dessen Gunsten die Rechtsänderung eintritt, Vergütung in Geld nach den Vorschriften über die Herausgabe einer ungerechtfertigten Bereicherung fordern. Die Wiederherstellung des früheren Zustands kann nicht verlangt werden.

(2) Die Vorschriften über die Verpflichtung zum Schadensersatz wegen unerlaubter Handlungen sowie die Vorschriften über den Ersatz von Verwendungen und über das Recht zur Wegnahme einer Einrichtung bleiben unberührt. In den Fällen der §§ 946, 947 ist die Wegnahme nach den für das Wegnahmerecht des Besitzers gegenüber dem Eigentümer geltenden Vorschriften auch dann zulässig, wenn die Verbindung nicht von dem Besitzer der Hauptsache bewirkt worden ist.

Schrifttum: *Berg*, Bereicherung durch Leistung und in sonstiger Weise in den Fällen des § 951 Abs 1 BGB, AcP 160, 505; *Canaris*, Der Bereicherungsausgleich im Dreipersonenverhältnis, FS Larenz, 1973, 799; *Götz*, Der Vergütungsanspruch gemäß § 951 Abs 1 S 1, 1973; *Haas*, Die Verwendungsersatzansprüche im Eigentümer-Besitzer-Verhältnis und die aufgedrängte Bereicherung, AcP 176 (1976), 1; *Lorenz*, Bereicherungsausgleich beim Einbau fremden Materials, FS Serick, 1992, 255; *Reimer*, Die aufgedrängte Bereicherung, 1990; *Wieling*, Vom untergegangenen, schlafenden und aufgewachten Eigentum bei Sachverbindungen, JZ 1985, 511.

I. Allgemeines. Im Falle der Verbindung, Vermischung oder Verarbeitung von Sachen können die hieran vorher bestehenden dinglichen Berechtigungen (Eigentum, dingliche Lasten) aus praktischen oder rechtl Gründen oftmals nicht aufrechterhalten werden. Die §§ 946–950 ordnen deshalb die dingliche Berechtigung an solchen Sachen neu. Mit der kraft Gesetzes eintretenden Neuordnung der dinglichen Rechtslage sollen jedoch keine ungerechtfertigten Vermögensverschiebungen herbeigeführt werden. § 951 I 1 sieht daher einen Vermögensausgleich zugunsten derjenigen vor, die durch die Neuordnung der dinglichen Rechtslage einen Rechtsverlust erleiden und verweist zu diesem Zweck auf das Bereicherungsrecht (§§ 812ff). 1

Neben diesem Vergütungsanspruch aus § 951 I 1 können weitere schuldrechtl Aufwendungs- oder Ersatzansprüche bestehen (§ 951 II 1). Eine Wiederherstellung des vor der Verbindung usw bestehenden Zustandes können 1a die Betroffenen grds nicht verlangen (§ 951 I 2), § 951 II 2 sieht aber unter gewissen Voraussetzungen ein Wegnahmerecht vor.

1b § 951 enthält kein zwingendes Recht (Hamm OLGRp 1993, 227; Frankfurt OLGRp 1993, 61). Die Parteien können die aus § 951 I 1 folgende Vergütungspflicht also abw regeln oder sie auch ganz ausschließen. Ebenso kann die Abtretung von Vergütungsansprüchen aus § 951 I 1 ausgeschlossen oder beschränkt (§ 399), also zB von der Zustimmung des Schuldners oder eines Dritten abhängig gemacht werden (BGHZ 40, 156, 160; 51, 113).

2 **II. Voraussetzungen.** Einen **Rechtsverlust** erleidet, wer aufgrund der §§ 946, 947 II, § 948 iVm § 947 II, § 949 S 1, § 950 sein Eigentum oder ein sonstiges dingliches Recht verliert; nicht dagegen, wer nach § 947 I, § 948 iVm § 947 I zwar sein Eigentum bzw sein sonstiges dingliches Recht verliert, dafür aber einen Miteigentumsanteil bzw ein dingliches Recht am Miteigentumsanteil (§ 949 S 2) erwirbt. Auch wer Arbeit aufwendet, ohne dadurch gem § 950 I Eigentumsrechte zu erwerben, erleidet keinen Rechtsverlust iSd § 951; § 951 ist auf diese Fälle nicht anwendbar, der Betroffene kann aber evtl einen Ausgleich über §§ 677ff oder §§ 812ff erhalten.

3 § 951 enthält eine **Rechtsgrundverweisung**, keine Rechtsfolgenverweisung (*Brehm/Berger* § 28 Rn 32). Ein Anspruch besteht daher nur dann, wenn sämtliche Voraussetzungen für einen Kondiktionsanspruch nach §§ 812ff erfüllt sind, insb muss die Vermögensverschiebung ungerechtfertigt sein (BGHZ 41, 157, 163; 40, 272, 276). Nach den §§ 812ff kann eine zum Ausgleich verpflichtende ungerechtfertigte Bereicherung entweder durch Leistung des Entreicherten an den Empfänger oder in sonstiger Weise erfolgen. Im ersten Fall ist eine Leistungskondiktion, im zweiten Fall eine Eingriffskondiktion (besser: Nichtleistungskondiktion) gegeben. § 951 erfasst jedoch nur die Fälle der **Eingriffskondiktion**, da im Falle einer Leistung der Rechtsverlust nicht auf einer Anwendung der §§ 946ff beruht.

4 **III. Fallkonstellationen.** Die Frage, ob ein Rechtsverlust auf einer Leistung oder auf §§ 946ff beruht, ob also Leistungskondiktionsrecht (§ 812 I 1 Alt 1) oder Nichtleistungskondiktionsrecht (§ 951 I 1, § 812 I 1 Alt 2) Anwendung findet, ist nicht immer leicht und eindeutig zu beantworten. Zur Abgrenzung der Leistungskondiktion von der Nichtleistungskondiktion im Allg vgl Erl zu § 812. Für § 951 sind insb die Fälle von praktischer Bedeutung, in denen ein **Bauunternehmer (U)** fremdes Material des **Materialeigentümers (ME)** für die Errichtung eines Hauses im Auftrag und auf dem Grundstück des **Bauherrn (GE)** verwendet. **Im Einz ist dabei wie folgt zu unterscheiden:**

5 **1. Materiallieferung aufgrund vertraglicher Verpflichtung.** War der Materialeigentümer ME (zB ein Baustofflieferant) dem Bauunternehmer U **zur Lieferung des Materials vertragl verpflichtet** und hat der U das Material nach Erhalt an den Bauherrn/Grundstückseigentümer GE übereignet oder aufgrund eines zw ihnen bestehenden Vertrags eingebaut, so hat ME keinen Vergütungsanspruch gegen den GE aus § 951 I 1, § 812 I 1 Alt 2; er kann nur seine vertragl Rechte oder ggf einen Kondiktionsanspruch gegen U geltend machen (BGHZ 56, 228, 240; 27, 326; BGH NJW 1954, 794; *Baur/Stürner* § 53 Rn 28; Soergel/*Henssler* Rn 4; *Ehmann* NJW 1971, 612). Dies folgt aus dem Grundsatz des Vorrangs der Leistungskondiktion (§ 812 Rn 83), nach dem Vermögensverschiebungen aufgrund einer Leistung stets nur im Leistungsverhältnis (hier also im Verhältnis ME – U oder im Verhältnis U – GE) kondiziert werden können. Die Leistung des U an GE besteht in der rechtsgeschäftlichen Übertragung des Eigentums an den Materialien vor dem Einbau. Hat eine solche rechtsgeschäftliche Übertragung des Eigentums vor dem Einbau nicht stattgefunden, so ist die Leistung des U an GE in dem Einbau der Materialien als solchem zu sehen. Zwar erfolgt der Eigentumserwerb in diesem Fall kraft Gesetzes (§ 946). Aber die Handlungen des U verlieren dadurch nicht den Charakter einer bewussten und zweckgerichteten Mehrung des Vermögens des GE; die Zuwendung ist als einheitliches Ganzes zu werten (BGHZ 56, 228, 241).

6 Ob der U zum Zeitpunkt der Leistung der Materialien an GE bereits Eigentum daran erlangt hatte oder ob er, weil die **Lieferung** des ME an ihn **unter Eigentumsvorbehalt** erfolgte, nur Besitzer war, ist nach den vorstehenden Ausführungen für die Frage, ob dem ME ein Vergütungsanspruch gegen GE aus § 951 I 1 zukommt, nicht entscheidend. Der ME hat auch dann keinen Kondiktionsanspruch gegen den GE, wenn ME und U **Lieferung unter verlängertem Eigentumsvorbehalt** vereinbart haben, im Bauvertrag zw U und GE die Abtretung des Werklohnanspruchs aber von der Zustimmung des GE abhängig gemacht worden ist (§ 399). In diesem Fall verliert der ME zwar durch den Einbau sein Eigentum an dem Material ohne wie vereinbart Inhaber der Werklohnforderung des U gegen den GE zu werden. Ursache dafür ist aber ausschließlich das nicht vertragsgetreue Verhalten des U. Der ME muss sich daher auch in dieser Situation an den U, seinen Vertragspartner, halten. Ein Anspruch des ME gegen den GE aus Eingriffskondiktion gem § 951 I 1, § 812 I 1 Alt 2 scheitert wiederum am Vorrang der Leistungskondiktion. Etwas anderes gilt nur dann, wenn der GE von dem verlängerten Eigentumsvorbehalt und der daraus folgenden fehlenden Berechtigung des U zur Übereignung wusste oder davon hätte wissen müssen. In diesem Fall hätte GE das Eigentum an den Materialien im Wege rechtsgeschäftlicher Übertragung nicht erwerben können, da die Voraussetzungen für einen gutgläubigen Erwerb nicht gegeben waren (§ 929 S 1, § 932, § 935). In einer solchen Situation wäre es nicht interessengerecht, dem ME sowohl den Eigentumsherausgabeanspruch nach § 985 als auch den Vergütungsanspruch nach § 951 I 1 zu versagen, weil der GE gem § 946 Eigentum an den Materialien erlangt hat und dies im Gesamtkontext einer vertragl geschuldeten Zuwendung durch U geschehen ist. Ggf muss deshalb der Vorrang der Leistungskondiktion zurücktreten und § 951 I 1 zugunsten desjenigen, der den Rechtsverlust erlitten hat (also ME), Anwendung finden (aA MüKo/*Füller* Rn 15. Vgl auch *Canaris*, FS Larenz, 1973, 853ff). Der GE haftet aber nicht ohne weiteres auch auf Schadensersatz nach § 823 I, weil er mit der Vereinbarung des Abtretungsverbots den Untergang des Vorbehaltseigentums des ME mitver-

ursacht hat (BGHZ 56, 228, 237ff; aA *Huber* NJW 1968, 1905, 1907). Den Bauherrn trifft keine Rechtspflicht, auf mögliche Zessionare, wie Warenkreditgeber, besondere Rücksicht zu nehmen (BGHZ 51, 113, 117). Eine Schadensersatzpflicht kann deshalb nur dann zu bejahen sein, wenn der Bauherr positiv weiß, dass sein Bauunternehmer unbefugt unter Eigentumsvorbehalt gelieferte Baustoffe verwendet, und nichts oder zu wenig dagegen unternimmt (BGHZ 56, 228, 239).

Ein Kondiktionsanspruch des ME wäre iÜ auch dann ausgeschlossen, wenn der ME die **Sachverbindung im Auftrage und für Rechnung des** U selbst vorgenommen hätte (BGHZ 27, 326; LM Nr 14 zu § 812; Staudinger/*C. Heinze* Rn 7). Der Einbau des Materials wäre in diesem Fall als Leistung des ME an U und des U an GE anzusehen, eine kondiktionsrechtl Rückabwicklung käme daher nur als Leistungskondiktion im Verhältnis ME – U und im Verhältnis U – GE in Betracht, nicht aber als Eingriffskondiktion im Verhältnis ME – GE. 7

2. Nichtiger Materiallieferungsvertrag. Auch wenn der zw dem Materialeigentümer ME (zB ein Baustofflieferant) und dem Bauunternehmer U bestehende **Vertrag über die Lieferung von Material nichtig** war, hat der ME gegen den Bauherrn und Grundstückseigentümer GE keinen Anspruch aus § 951 I 1 auf Zahlung einer Vergütung. Die Rückabwicklung fehlerhaft erbrachter Leistungen erfolgt ausschließlich zw den Vertragspartnern. Das gilt selbst dann, wenn die Leistung weitergereicht wurde und auch der Vertrag zw dem Erst- und Zweitempfänger (U und GE) unwirksam ist, also ein sog **„Doppelmangel"** in der Bereicherungskette vorliegt (*Baur/Stürner* § 53 Rn 31; *Medicus/Petersen*, BürgR Rn 670, § 27 II 1b; Soergel/*Henssler* Rn 11; Staudinger/*C. Heinze* Rn 8; BGHZ 48, 70; aA BGHZ 36, 30; RGRK/*Pikart* Rn 11; *Canaris* FS Larenz, 1973, 799, 853ff für den Fall, dass der Mangel die dinglichen Rechtsgeschäfte betrifft). Die Rückabwicklung muss ggf in der Form geschehen, dass ME den Wert seiner Leistung bei U und U den Wert seiner Leistung bei GE kondiziert. 8

Es ist aber wiederum die unter Rn 6 festgestellt **Ausnahme** zu beachten. Wäre eine rechtsgeschäftliche Übertragung des Eigentums von U auf GE nicht möglich gewesen, weil der GE im Hinblick auf die Berechtigung des U zur Verfügung über das Material bösgläubig war (§ 929 S 1, §§ 932, 935), wäre es nicht interessengerecht, dem ME sowohl seinen Herausgabeanspruch aus § 985, als auch einen Vergütungsanspruch aus § 951 I 1 zu versagen. In diesem Fall muss daher der Vorrang der Leistungskondiktion zurücktreten und zugunsten des ME § 951 Anwendung finden (vgl auch *Canaris* FS Larenz, 1973, 853ff). 9

3. Materiallieferung ohne vertragliche Verpflichtung. Besteht ein wirksames **Vertragsverhältnis über die Lieferung des Materials nur zw dem Materialeigentümer ME und dem Bauunternehmer U**, nicht aber zw U und dem Bauherrn/Grundstückseigentümer GE, ist die Anwendung des § 951 zulasten des GE möglich. Hat zB der U mit den von ME an ihn gelieferten Materialien ein Gebäude auf dem Grundstück des GE errichtet, weil er dies irrtümlich für sein eigenes Grundstück hielt, so steht dem U ein Vergütungsanspruch gegen den GE aus § 951 I 1 zu. Der GE hat in diesem Fall das Eigentum an den Materialien nicht durch Leistung erlangt, der Vorrang der Leistungskondiktion steht einer Anwendung des § 951 daher nicht entgegen. GE ist durch den Einbau, also in sonstiger Weise, bereichert worden. Die Voraussetzungen einer Eingriffskondiktion nach § 951 I 1, § 812 I 1 Alt 2 liegen damit vor. Gleiches gilt, wenn über die Lieferung der Materialien **überhaupt kein Vertrag** geschlossen wurde, also weder zw ME und U, noch zw U und GE und die Materialien deshalb überhaupt nicht Gegenstand einer Leistungsbeziehung geworden sind. Das wäre etwa der Fall, wenn sich U in obigem Bsp irrtümlich für den Eigentümer des Grundstücks und der Materialien gehalten hätte. Inhaber des Vergütungsanspruchs wäre in diesem Fall allerdings der ME, nicht der U. 10

Fraglich ist, ob § 950 Anwendung findet, wenn ein **Vertragsverhältnis über die Lieferung des Materials nur zw dem Bauunternehmer U und dem Bauherrn/Grundstückseigentümer GE** besteht, nicht aber zw U und dem Materialeigentümer ME. Richtigerweise folgt die Antwort wiederum aus dem Grundsatz des Vorrangs der Leistungskondiktion. Bekommt der GE das Eigentum an den Materialien von U zugewandt, kann er nur in diesem Leistungsverhältnis Kondiktionsansprüchen ausgesetzt sein. Ein Anspruch des ME aus Eingriffskondiktion gem § 951 I 1, § 812 I 1 Alt 2 scheidet aus. 11

IV. Rechtsfolgen. 1. Vergütungspflicht. Dem Grunde nach **vergütungspflichtig ist derjenige**, zu dessen Gunsten die Rechtsänderung eintritt, also bei § 946 der Grundstückseigentümer, bei § 947 II der Eigentümer der Hauptsache, bei § 950 der Hersteller. Mitglieder einer Grundstücksgemeinschaft haften nicht als Gesamtschuldner iHd Wertsteigerung des ganzen Grundstücks, sondern jedes einzelne Mitglied haftet nur iHd Bereicherung seines Anteils (BGH WM 1973, 71). Bei Verbindung mit Sondereigentum haftet nur der derjenige, dem das Sondereigentum zusteht (zB bei angebrachten Tapeten der Eigentümer der Eigentumswohnung). Ein Wohnungseigentümer, der irrtümlich anstelle der Gemeinschaft Verwendungen auf das Gemeineigentum vornimmt, kann jedoch keinen Wertersatz aus GoA (§ 687; § 684 iVm § 818 II) oder Bereicherungsrecht (§ 812 I) verlangen, auch wenn diese Maßnahme objektiv erforderlich war (BGH ZWE 2019, 488 – Austausch erneuerungsbedürftiger Fenster, unter Aufgabe seiner bisherigen Rspr; krit dazu *Greiner* ZWE 2020, 23). Wendet der nach § 951 I 1, § 812 I 1 Alt 2 Verpflichtete die durch Verbindung usw werterhöhte Sache unentgeltlich einem Dritten zu, so ist dieser entspr § 822 ersatzpflichtig. § 951 ist kein zwingendes Recht. Die aus § 951 Berechtigten und Verpflichteten können daher vereinbaren, dass Vergütungsansprüche aus dieser Vorschrift nicht entstehen sollen (BGH NJW 1959, 2163). Der an der werterhöhten Sache beschränkt dinglich Berechtigte ist nicht nach § 951 verpflichtet (RGZ 63, 423; KG WM 2002, 688; MüKo/*Füller* Rn 14; BaRo/*Kindl* Rn 13; Staudinger/*C. Heinze* Rn 25). 12

2. Wertersatz. Der Anspruch nach § 951 I 1 ist auf Vergütung in Geld, dh auf **Wertersatz** gem § 818 II gerichtet. Die Norm gewährt nur für den Eigentums- oder Rechtsverlust an einer Sache einen Ausgleich. Im Falle der 13

Verarbeitung (§ 950) ist der Verkehrswert der verarbeiteten Sache, im Falle der Verbindung oder Vermischung (§ 947 II, § 948 I) die dadurch bewirkte Werterhöhung zu vergüten. Das ist die Bereicherung iSd § 812 I 1 Alt 2. Der Arbeitsaufwand anlässlich einer Verbindung oder Vermischung wird als solcher nicht vergütet, sondern nur mittelbar erfasst, soweit er zu einer Werterhöhung geführt hat. Ein direkter Ausgleichsanspruch für die geleistete Arbeit kann sich aber evtl aus § 812 I oder aus §§ 677ff ergeben (BGHZ 10, 171, 179; Staudinger/*C. Heinze* Rn 29).

14 **3. Berechnung des Wertersatzes.** Die Berechnung des Umfangs der auszugleichenden Bereicherung (also des Wertes der verarbeiteten Sache bzw der durch die Verbindung usw bewirkten Werterhöhung) erfolgt im Einz nach den gleichen Grundsätzen wie bei § 818 II. Auf die dortigen Ausführungen kann daher verwiesen werden (§ 818 Rn 16ff). Folgendes gilt es jedoch zu beachten. Der Erwerb von Eigentumsrechten nach §§ 946ff und die damit verbundene Vergütungspflicht (§ 951 I 1) trifft den Grundstückseigentümer (§ 946) bzw den Eigentümer der Hauptsache (§ 947 II, § 948 iVm § 947 II, § 950) ohne sein Zutun, wenn der Eigentümer der Nebensache oder ein Dritter die Verbindung usw vornimmt. Insb in den Fällen der Bebauung fremder Grundstücke kann dies zu erheblichen Zahlungspflichten führen, die den Grundstückseigentümer zu von ihm nicht gewünschten und nicht veranlassten Vermögensdispositionen zwingen. Nicht immer wird eine obj bestehende Werterhöhung von dem Grundstückseigentümer auch als solche empfunden werden. Dies insb dann nicht, wenn er eine andere Nutzung seines Grundstücks geplant hatte, er also zB ein Bürogebäude errichten wollte, der Dritte aber eine Freizeitsportanlage errichtet hat. In solchen Fällen stellt sich das Problem, inwieweit der Verpflichtete auch für eine ihm **aufgedrängte Bereicherung** Vergütungszahlungen nach § 951 I 1 schuldet. Es besteht Einigkeit darüber, dass die Vergütungspflicht einzuschränken ist. Die Begründungsansätze variieren jedoch. Der BGH hat die Vergütungspflicht nach § 951 I 1 in einem Fall verneint, in dem der Grundstückseigentümer ein auf seinem Grundstück errichtetes Bauwerk nur mit erheblichen Aufwand hätte wirtschaftl nutzen können und er das Bauwerk deshalb dem Ersteller zum Abbruch überließ (BGHZ 23, 61, 64f). In anderen Entscheidungen wurde ein Vergütungsanspruch deshalb verneint, weil ein gegenläufiger Anspruch des Grundstückseigentümers auf Beseitigung des Bauwerks bejaht worden ist, der dem Vergütungsanspruch entgegengesetzt werden konnte (BGH NJW 1965, 816; Celle MDR 1954, 294). Nach einer Literaturansicht soll ein Vergütungsanspruchs aus § 951 I 1 in den Fällen ausgeschlossen sein, in denen die Bebauung durch einen berechtigten Fremdbesitzer (Mieter, Pächter) erfolgte, ohne dass sich dieser mit dem Grundstückseigentümer über die Bebauung oder die Höhe der dafür geschuldeten Ausgleichszahlung geeinigt hat; diesen sei die unberechtigte Bebauung in qualifizierter Weise vorwerfbar (vgl *Baur/Stürner* § 53 Rn 33). Eine andere Ansicht will im Falle aufgedrängter Bereicherung den erforderlichen Schutz des Grundstückseigentümers dadurch bewirken, dass sie die Bereicherung nicht rein nach obj Kriterien, sondern unter Berücksichtigung subj Kriterien ermittelt. Der ausgleichspflichtige Wertzuwachs beim Grundstückseigentümer soll sich nach dem konkreten Nutzen bemessen, den der Grundstückseigentümer unter Berücksichtigung seiner individuellen Verhältnisse, Nutzungsvorstellungen und Vermögensdispositionen von der Verbindung hat (Stuttgart BauR 1972, 388; offenbar auch Soergel/*Henssler* Rn 18; dagegen MüKo/*Füller* Rn 24). Diesem Ansatz ist zuzustimmen. Er erlaubt eine im Einzelfall angemessene Ermittlung des Vergütungsanspruchs aus § 951 I 1.

15 **4. Zeitpunkt für die Berechnung.** Maßgeblicher Zeitpunkt für die Berechnung der auszugleichenden Bereicherung ist grds der **Eintritt der Rechtsänderung** nach §§ 946ff. Im Falle der Errichtung eines Gebäudes auf einem fremden Grundstück, die sich über einen längeren Zeitraum erstreckt, ist der Zeitpunkt der Fertigstellung des Bauwerks oder der Einstellung der Bauarbeiten maßgebend (BGH NJW 1962, 2293; 1954, 266; WM 1973, 73; *Baur/Stürner* § 53 Rn 32; aA Staudinger/*C. Heinze* Rn 35). Bebaut ein berechtigter Besitzer ein fremdes Grundstück in der begründeten Erwartung eines späteren Eigentumserwerbs, ist für die Berechnung nach Ansicht des BGH (BGHZ 35, 356, 358) der Zeitpunkt maßgebend, in dem feststeht, dass sich diese Erwartung nicht erfüllen wird. Der Grundstückseigentümer muss keinen Ersatz für die Nutzungen leisten, die er aus einem Bauwerk in der Zeit zw Rechtserwerb und Zahlung der Vergütung zieht; § 818 I ist insoweit nicht anwendbar (BGH NJW 1961, 452).

16 **5. Entreicherung.** Der aus § 951 I 1 Verpflichtete ist zur Zahlung einer Vergütung nur insoweit verpflichtet, wie er durch die Verbindung usw bereichert worden ist. **Fällt die Bereicherung nachträgl** ganz oder teilw **weg**, so entfällt deshalb auch seine Vergütungspflicht (§ 818 III). Leistungen an Dritte mindern die Bereicherung jedoch nicht. Wer also zB gestohlenes Material kauft und durch Verarbeitung Eigentum erlangt, kann den gezahlten Kaufpreis nicht abziehen (BGHZ 55, 176, 179; Saarbrücken 18.2.2010 – 8 U 45/09-15; *Baur/Stürner* Rn 32); er muss sich an seinen Vertragspartner halten. Dies ist interessengerecht, da der Käufer die Sache vor dem Einbau an den Eigentümer hätte herausgeben müssen und auch dabei keinen Anspruch gegen den Eigentümer auf Ersatz des gezahlten Kaufpreises gehabt hätte. Zum Wegfall der Bereicherung vgl iÜ die Kommentierung zu § 818 III. Eine Berufung des Verpflichteten auf den Wegfall der Bereicherung ist ausgeschlossen, wenn er gem § 818 IV, § 819 verschärft haftet.

17 **V. Wegnahmerechte.** §§ 946ff wollen die Zerschlagung wirtschaftl Werte, die durch Verbindung usw einer Sache mit anderen Sachen geschaffen worden sind, verhindern. Folgerichtig gewährt § 951 demjenigen, der aufgrund der §§ 946ff einen Rechtsverlust erlitten hat, vorrangig einen Anspruch auf Wertersatz (§ 951 I 1). Die Wiederherstellung des früheren Zustandes, also die Rückgängigmachung der Verbindung usw, kann nicht verlangt werden (§ 951 I 2), und sie wird insb in den Fällen der Vermischung häufig auch gar nicht möglich sein.

1. Vertragliche Wegnahmerechte. Wo das Gesetz aber ausdrückl ein Wegnahmerecht vorsieht, wird dieses Wegnahmerecht durch § 951 nicht ausgeschlossen (§ 951 II 1 Alt 3). Vertragl Wegnahmerechte sieht das Gesetz etwa in § 539 II (Mieter), § 581 II iVm § 539 II (Pächter), § 601 II 2 (Entleiher), § 1049 II (Nießbraucher), § 1093 I 2 iVm § 1049 II (Wohnungsberechtigter), § 1216 S 2 (Pfandgläubiger) und § 2125 II (Vorerbe) vor. All diese Vorschriften gewähren dem zeitweilig Nutzungsberechtigten das Recht, eine **Einrichtung** (Einbauschränke, Waschbecken, Badewannen, Heizboiler etc), die er mit der Hauptsache verbunden hat, wegzunehmen. Dieses Recht hat der zeitweilig Nutzungsberechtigte auch dann, wenn er sein Eigentum an der Einrichtung gem §§ 946ff verloren hat. Macht er von dem Wegnahmerecht Gebrauch, muss er allerdings die Hauptsache auf eigene Kosten in den Zustand zurückversetzen, in der sie sich vor der Verbindung mit der Einrichtung befand (§ 258 S 1). Entscheidet sich der Nutzungsberechtigte für die Wegnahme, so entfällt mit dessen Ausübung der Vergütungsanspruch aus § 951 I 1, da der Eigentümer der Hauptsache von diesem Zeitpunkt an nicht mehr bereichert ist (§ 818 III). 17a

2. Sonstige Wegnahmerechte. Außerhalb bestehender vertragl Beziehungen sieht § 997 ein besonderes Wegnahmerecht zugunsten desjenigen vor, der einem Vindikationsanspruch (§§ 985ff) ausgesetzt ist. Dieses Wegnahmerecht wird durch § 951 II 2 auf alle Fälle ausgeweitet, in denen ein Vergütungsanspruch gem § 951 I 1 besteht (MüKo/*Füller* Rn 40f; *Wieling* JZ 1985, 516). Der Eigentümer der Hauptsache kann die Wegnahme aber dadurch abwenden, dass er dem Wegnahmeberechtigten eine Entschädigung anbietet, die mindestens dem Wert der wegzunehmenden Sache abzüglich der mit der Trennung verbundenen Kosten entspricht (§ 997 II). Tut er dies nicht und entscheidet sich der Wegnahmeberechtigte für die Wegnahme, muss er die dadurch entstehenden Kosten tragen, einschl der Kosten für die Wiederherstellung des ursprüngl Zustandes der Hauptsache (§ 997 I 2, § 258 S 1). 18

3. Rechtsnatur. Das Wegnahmerecht ist in allen Fällen ein **rein schuldrechtl Anspruch**, der sich gegen den Eigentümer der Hauptsache richtet und diesen verpflichtet, die Trennung und Aneignung der Einrichtung durch den Wegnahmeberechtigten zu dulden. Das Wegnahmerecht gewährt daher keinen Anspruch auf Aussonderung in der Insolvenz des Eigentümers der Hauptsache (aA BGHZ 101, 42 für das Wegnahmerecht gem § 547a aF = § 539 II). Es findet auch kein automatischer Rückfall des Eigentums an der Einrichtung im Falle einer Trennung statt. 19

VI. Weitere Rechte. Neben dem Wegnahmerecht und dem Vergütungsanspruch aus § 951 I 1 können weitere Ansprüche desjenigen bestehen, der durch die §§ 946ff einen Rechtsverlust erleidet. § 951 II 1 stellt dies ausdrückl klar und nennt einige in Betracht kommende Anspruchsgrundlagen, ohne dass die Aufzählung abschließend wäre. 20

1. Schadensersatzansprüche aus unerlaubter Handlung. Hat derjenige, der die Verbindung usw herbeigeführt hat, dabei rechtswidrig und schuldhaft gehandelt, können demjenigen, der dadurch einen Rechtsverlust erlitten hat, Schadensersatzansprüche gem §§ 823ff zustehen. Der Anspruch auf Schadensersatz bemisst sich nach den §§ 249ff, kann also über den Anspruch auf Vergütung nach § 651 I 1 hinausgehen und auch auf Wiederherstellung des ursprüngl Zustands gerichtet sein. 21

2. Geschäftsanmaßung. Handelte derjenige, der die Verbindung usw vorgenommen hat, dabei im Rahmen einer unechten Geschäftsführung ohne Auftrag (§ 687 II), hat er mit der Verbindung usw also wissentlich unbefugt in fremde Rechte eingegriffen, so ist er dem Geschäftsherrn auch ohne weitergehendes Verschulden zum Schadensersatz und zur Herausgabe des durch die Geschäftsführung erlangten Gewinns verpflichtet (§ 687 II iVm §§ 677, 678, 681, 682). 22

3. Ersatzansprüche wegen Verwendungen. Neben der Vergütungspflicht aus § 951 I 1 können auch Verwendungsersatzansprüche aus anderen Vorschriften bestehen. So im Falle des Mieters (§ 539 I), Pächters (§ 581 II iVm § 539 I), Entleihers (§ 601 II 1), Nießbrauchers (§ 1049 I), Pfandgläubigers (§ 1216 S 1), Vorerben (§ 2125 I). Im Anwendungsbereich der §§ 994ff sind Ansprüche nach § 951 I 1 dagegen ausgeschlossen (Vor § 994 Rn 43). 23

4. Ansprüche gegen den Vormann. Ein zunächst gegen den Dritten nach § 951 I 1 entstandener Bereicherungsanspruch schließt einen Anspruch aus § 816 I 1 gegen den vorher verfügenden Nichtberechtigten auf das Erlangte nicht aus. Der Eigentümer einer gestohlenen Sache kann daher die Verfügung eines Nichtberechtigten noch genehmigen und nach § 816 I 1 den von ihm erzielten Erlös herausverlangen, wenn der Dritterwerber an der veräußerten Sache nach §§ 946ff das Eigentum erworben hat (BGHZ 56, 131). Es liegt insoweit nicht anders als bei rechtsgeschäftlichem Eigentumserwerb. 24

§ 952 Eigentum an Schuldurkunden

(1) Das Eigentum an dem über eine Forderung ausgestellten Schuldschein steht dem Gläubiger zu. Das Recht eines Dritten an der Forderung erstreckt sich auf den Schuldschein.

(2) Das Gleiche gilt für Urkunden über andere Rechte, kraft deren eine Leistung gefordert werden kann, insbesondere für Hypotheken-, Grundschuld- und Rentenschuldbriefe.

I. Allgemeines. Zweck einer Schuldurkunde ist stets, dem Inhaber der Forderung den Nachw seiner Berechtigung und die Durchsetzung seiner Forderung zu erleichtern. Diesen Zweck kann eine Schuldurkunde nur erfüllen, wenn sie im Eigentum des Inhabers der Forderung steht. § 952 ordnet deshalb für alle Schuldurkunden an, dass der Inhaber der Forderung gleichzeitig Eigentümer der über sie ausgestellten Urkunde ist (*Weimar* MDR 1

1975, 992). Der Inhaber einer Forderung erwirbt das Eigentum an der über sie ausgestellten Urkunde originär mit ihrer Errichtung. Wer die Urkunde errichtet oder wo und unter welchen Umständen sie errichtet wird, ist für den Eigentumserwerb nicht relevant. Es erwirbt stets der Forderungsinhaber, nicht der Aussteller der Urkunde oder der Eigentümer von Papier oder Tinte das Eigentum an der Schuldurkunde. § 952 ist insoweit Sondervorschrift zu § 950 I 2. Übertragen wird das Eigentum an Schuldurkunden automatisch mit der Forderung, über die sie ausgestellt ist. Der Eigentumsübergang am Papier vollzieht sich bei Schuldurkunden also nicht nach sachenrechtl Regeln (§§ 929ff), sondern kraft Gesetzes (das Recht am Papier folgt dem Recht aus dem Papier; zur abw Regelung bei Inhaber- und Orderpapieren vgl aber Rn 4). § 952 ist damit auch Sondervorschrift zu den §§ 929ff.

2 **Ausnahmen von § 952** sind dann denkbar, wenn das Papier nicht vorrangig der Verkörperung der Forderung, sondern einem anderen Zweck dient. Wird zB ein Schuldbekenntnis auf die Rückseite eines Gemäldes gesetzt, so ist § 952 unanwendbar, der Forderungsinhaber wird nicht gleichzeitig Eigentümer des Gemäldes und das Eigentum am Gemälde geht nicht gleichzeitig mit der Übertragung der Forderung über. IÜ ist § 952 aber **zwingendes Recht** (Staudinger/*C. Heinze* Rn 16, 24; aA RGZ 91, 157; RGRK/*Pikart* Rn 2; Soergel/*Henssler* Rn 1).

3 **II. Anwendungsbereich.** § 952 findet Anwendung auf Inhaber- und Orderpapiere, auf Rektapapiere, auf Legitimationspapiere und auf alle sonstigen Urkunden, kraft derer eine Leistung gefordert werden kann.

4 **1. Inhaber- und Orderpapiere. a) Inhaberpapiere** sind zB Inhaberschuldverschreibungen (§§ 793ff, 807), Inhaberaktien (§ 10 AktG), Inhabergrundschuldbriefe und Inhaberrentenschuldbriefe (§§ 1195, 1199). **Orderpapiere** sind zB Wechsel (Art 11 I WG), Schecks (Art 14 I ScheckG), Namensaktien (§ 68 I AktG) und kaufmännische Papiere iSd § 363 HGB, wenn sie an Order lauten (iÜ Rn 7).

5 **b) Kennzeichnend für Inhaber- und Orderpapiere ist**, dass sie das Recht, für das sie ausgestellt sind, in der Weise verkörpern, dass die Übertragung des Rechts durch Übertragung der Urkunde erfolgt (das Recht aus dem Papier folgt dem Recht am Papier). Für die Übertragung des Rechts ist also ein auf die Urkunde bezogener sachenrechtl Übertragungsakt erforderlich und ausreichend. Bei Inhaberpapieren besteht der Übertragungsakt in der Einigung über die Übertragung des Eigentums am Papier und der Übergabe des Papiers gem §§ 929ff; bei Orderpapieren muss noch ein bestätigender Vermerk auf der Urkunde (Indossament) hinzukommen.

6 Da bei Inhaber- und Orderpapieren die Übertragung der Forderung an die Übertragung des Eigentums an der Urkunde gekoppelt ist, hat § 952 für diese Art von Schuldurkunden nur geringe Bedeutung. Das Zusammenfallen von Forderungsinhaberschaft und Eigentum an der Urkunde in einer Person ist bereits durch die Übertragungsform sichergestellt. § 952 findet auf in Inhaber- oder Orderpapieren verbriefte Forderungen aber dann Anwendung, wenn die betroffene Forderung ausnahmsw einmal unter Abweichung von der üblichen Übertragungsform übertragen worden ist. So kann zB eine Wechselforderung auch durch einfache Abtretung gem §§ 398ff übertragen werden (vgl Art 11 WG „kann"; ebenso Art 14 ScheckG); der Übergang des Eigentums an der Urkunde (dem Wechsel) erfolgt in diesem Fall nach § 952. Gleiches gilt, wenn ein protestierter Wechsel gem Art 20 I 2 WG übertragen wird (*Baur/Stürner* § 53 Rn 38f).

7 **2. Rektapapiere. a)** § 952 nennt als Bsp für Rektapapiere den Schuldschein, den der Schuldner zum Beweis für das Bestehen einer Schuld ausstellt (§ 371 Rn 2; RGZ 116, 173), und Hypotheken-, Grundschuld- und Rentenschuldbriefe, soweit diese nicht auf den Inhaber lauten. Weitere, vom Gesetz nicht ausdrückl erwähnte Bsp sind bürgerlich-rechtl Anweisungen (§§ 783ff), Wechsel und Schecks mit negativer Orderklausel (Art 11 II WG; Art 14 II ScheckG) und kaufmännische Urkunden des § 363 HGB, wenn sie nicht an Order lauten.

8 **b) Kennzeichnend für Rektapapiere ist**, dass die Übergabe der Urkunde als solche nicht den Übergang der verbrieften Forderung bewirkt, sondern die Forderung durch Abtretung gem §§ 398ff übertragen werden muss. Das bedeutet nicht, dass die Übergabe der Urkunde für den Übergang der Forderung in jedem Fall entbehrlich wäre. Die Übergabe der Urkunde kann für den Übergang der Forderung durchaus erforderlich sein, sie ist für sich genommen eben nur nicht ausreichend hierfür. Verständlich wird dies am Bsp der Briefhypothek. Bei der Briefhypothek ist zur Entstehung wie zur Übertragung der Hypothekenforderung die Übergabe des Hypothekenbriefes erforderlich (§§ 1117, 1154). Durch eine Übergabe des Hypothekenbriefes allein entsteht die Hypothek jedoch nicht und sie kann allein dadurch auch nicht übertragen werden. Hinzukommen muss eine Einigung zw dem Hypothekenschuldner und dem Hypothekengläubiger (bzw zw dem Zedenten und dem Zessionar) über die Entstehung (bzw die Übertragung) der Hypothekenforderung. Erst nach Übergabe des Hypothekenbriefes und mit dieser Einigung erwirbt der Hypothekengläubiger auch das Eigentum am Hypothekenbrief, und zwar **gem § 952**. Entspr gilt etwa auch für die Anweisung (§ 792 I 3).

9 **3. Legitimationspapiere.** Von § 952 erfasst werden auch die qualifizierten Legitimationspapiere iSd § 808, insb also Sparbücher (Karlsruhe ZEV 2019, 287, 289; BGH WM 1972, 701). Legitimationspapiere dienen dem Nachw der Berechtigung an einer Forderung. Der Schuldner kann mit schuldbefreiender Wirkung an denjenigen leisten, der das Legitimationspapier vorlegt, ungeachtet dessen, ob dieser tatsächlich Inhaber der Forderung ist. Legitimationspapiere stehen damit den Rektapapieren nahe, unterscheiden sich hiervon aber dadurch, dass die durch sie bekundeten Forderungen in Entstehung und Übertragung von dem Papier gänzlich unabhängig sind und die Vorlage des Papiers keinen Anspruch des Vorlegenden auf Zahlung begründet.

10 **4. Sonstige Schuldurkunden iSd § 952.** Unter § 952 fallen nicht nur Urkunden über schuld- und sachenrechtl Ansprüche, sondern auch solche, die andere, insb mitgliedschaftsrechtl Rechte oder dingliche Rechtsverhältnisse bekunden (*Baur/Stürner* § 53 Rn 40). Bsp sind der (in der Praxis seltene) GmbH-Anteilsschein, der Pfandschein und die Versicherungspolice (Rostock NJOZ 2015, 413; AG Mölln VersR 1978, 131). Auf die Zulas-

sungsbescheinigung Teil II (früher: Kraftfahrzeugbrief) findet § 952 analoge Anwendung (BGH NJW 1978, 1854; 83, 2139; Staudinger/*C. Heinze* Rn 9; *Schlechtriem* NJW 1970, 2088; *Brehm/Berger* § 28 Rn 30). Der GmbH-Gesellschafter, der Pfandrechtsinhaber, der Versicherungsnehmer und der Kfz-Eigentümer sind gem § 952 stets auch Eigentümer der über ihr Recht ausgestellten Urkunde. Auch auf einen Pferdepass findet § 952 grds Anwendung (Hamm NJW 1976, 1849; LG Karlsruhe NJW 1980, 789).

5. Andere Urkunden. Keine Schuldurkunden iSd § 952 sind Vertragsurkunden, die Ansprüche mehrerer Parteien begründen und über den eigentlichen Anspruch hinausgehend weitergehende Regelungen enthalten (Frankfurt NJW-RR 2009, 1350, 1351; Soergel/*Henssler* Rn 11 RGRK/*Pikart* Rn 18; MüKo/*Füller* Rn 3). Gleiches gilt für gerichtliche oder notarielle Urkunden, an ihnen steht dem Gläubiger das Eigentum nur zu, soweit es sich um eine ihm erteilte Ausfertigung handelt (Frankfurt NJW-RR 2009, 1350, 1351; MüKo/*Füller* Rn 2; RGRK/*Pikart* Rn 19). IÜ ist bei öffentlich-rechtl Urkunden ihr Zweck entscheidend; so findet § 952 auf den Kfz-Brief (Zulassungsbescheinigung Teil II) (analoge) Anwendung (BGH NJW 2007, 2844 „zumindest entspr Anwendung"; MüKo/*Füller* Rn 11). § 952 findet auch keine Anwendung auf schriftliche Erklärungen, die nur den Verlust einer Urkunde bescheinigen (Rostock NJOZ 2015, 413) oder auf Einträge in blockchainbasierten Datenbanken, sog „Token" (*Kaulartz/Matzke* NJW 2018, 3278, 3281). 11

Wird ein Gegenstand als Schuldurkunde zweckentfremdet, also etwa eine verhältnismäßig unbedeutende Forderung auf der Rückseite eines wertvollen Gemäldes beurkundet, so ist § 952 **unanwendbar** (Rn 2). 12

III. Rechtsfolgen. 1. Entstehen und Übertragung des verbrieften Rechts. § 952 ordnet an, dass der Inhaber des verbrieften Rechts stets auch Eigentümer der über das Recht ausgestellten Urkunde ist. Nach § 952 erwirbt der Rechtsinhaber daher das Eigentum an der Schuldurkunde kraft Gesetzes **originär** mit ihrer Ausstellung, sofern das verbriefte Recht bereits entstanden ist. Entsteht das Recht erst später (etwa nach Eintritt einer Bedingung), erwirbt er das Eigentum mit Entstehen des Rechts. Wer zu diesem Zeitpunkt im Besitz der Urkunde ist, ist für den Eigentumserwerb nicht relevant. Fälligkeit des Rechts (der Forderung) ist für den Eigentumserwerb nicht erforderlich. Wird das verbriefte Recht **übertragen**, so geht das Eigentum an der Urkunde nach § 952 auf den neuen Gläubiger über. 13

Steht das verbriefte Recht mehreren **gemeinschaftl** zu, erlangen die Berechtigten gemeinschaftl Eigentum an der Urkunde. Die Form des Eigentums richtet sich nach der Art der Rechtsgemeinschaft, die an dem Recht besteht. So erlangen Erben einer Forderung mit dem Erbfall Gesamthandseigentum an der Urkunde, da die Erbengemeinschaft eine Gesamthandsgemeinschaft ist. Gesamtgläubiger (§ 428) einer Forderung sind dagegen Miteigentümer einer über die Forderung ausgestellten Urkunde. Bei Teilabtretung entsteht durch die Abtretung Miteigentum des alten und neuen Gläubigers an der Urkunde. 14

Bei einem echten **Vertrag zugunsten Dritter** wird nur der Dritte Inhaber der Forderung. Er ist daher auch Alleineigentümer der über die Forderung ausgestellten Urkunde. Dass der Versprechensempfänger gem § 335 Leistung an den Dritten verlangen kann, macht ihn nicht in der Weise zum Mitberechtigten, dass er Miteigentum an der Urkunde erlangt (Staudinger/*C. Heinze* Rn 15; *Baur/Stürner* § 53 Rn 42). Im Falle der Einrichtung eines **Sparkontos** für einen anderen ist daher zu fragen, wer Inhaber der Forderung gegen die Bank werden sollte, der Einzahlende, der Kontoinhaber oder beide. Abhängig davon erlangt entweder eine der Personen Eigentum an dem Sparbuch oder beide erlangen Miteigentum hieran. Wird von einem Dritten auf ein Sparkonto, welches ein anderer in dessen Gegenwart eröffnet hat, vorbehaltlos eine Einzahlung vorgenommen, so ist der Kontoinhaber hinsichtl der Spareinlage Gläubiger der Bank und damit gem § 952 auch Eigentümer des Sparbuchs (BGH NJW 2005, 2222). 15

Bestehen oder entstehen an dem verbrieften Recht **Rechte Dritter** (Pfandrecht, Nießbrauch, Pfändungspfandrecht), erstrecken sich diese Rechte auch auf die Urkunde (§ 952 I 2). So erwirbt etwa der Pfandgläubiger einer Forderung auch ein Pfandrecht an der die Forderung verbriefenden Urkunde. 16

2. Erlöschen des verbrieften Rechts. Str ist die Rechtslage bei Erlöschen des verbrieften Rechts. Erwirbt der Schuldner automatisch das Eigentum an der Urkunde, wenn er die Schuld bezahlt, oder hat er nur einen schuldrechtl Rückgabeanspruch gem § 371? Dem Grundgedanken des § 952 entspricht es, das Eigentum an der Urkunde bei Erlöschen des Rechts analog § 952 auf den Schuldner übergehen zu lassen (*Baur/Stürner* § 53 Rn 44; aA MüKo/*Füller* Rn 23; Staudinger/*C. Heinze* Rn 18; RGRK/*Pikart* Rn 9). Dies gilt auch, soweit Sondervorschriften einen Anspruch auf „Aushändigung" der Urkunden vorsehen (vgl Art 39 I WG – Wechsel und § 34 I ScheckG – Scheck; *Baumbach/Hefermehl/Casper* WG, ScheckG, Kartengestützte Zahlungen, Art 39 WG Rn 3 und Art 34 ScheckG Rn 1). 17

3. Anfechtung. Werden die Willenserklärungen, die zur Entstehung oder zur Übertragung des verbrieften Rechts geführt haben, erfolgreich angefochten, so wird damit auch der an die Entstehung/die Übertragung gekoppelte Eigentumserwerb gem § 952 unwirksam. Das Eigentum an der Schuldurkunde steht damit dem in der Urkunde bezeichneten Schuldner bzw dem Zedenten zu. 18

Untertitel 4
Erwerb von Erzeugnissen und sonstigen Bestandteilen einer Sache (§§ 953–957)

Vorbemerkung vor § 953

Schrifttum: *Heerma*, Die Rechtsstellung des Aneignungsberechtigten gem §§ 956, 957 BGB, 1964; *Platschek*, Eigentum – Früchte – Nutzungen: Das unverbrüchliche Substantialprinzip des BGB, JA 2009, 846; *Schultheiß*, Grundfälle zum Erwerb nach den §§ 953ff BGB, JuS 2013, 679; *Weimar*, Erwerb von Erzeugnissen und sonstigen Bestandteilen einer Sache, MDR 1974, 990.

1 **1. Regelungsgegenstand.** Ungetrennte Erzeugnisse und sonstige wesentliche Bestandteile einer Sache sind nicht Gegenstand besonderer Rechte. Sie teilen das rechtl Schicksal der Hauptsache, mit der sie verbunden sind. Das Eigentum an der Hauptsache erstreckt sich auf sie (§ 93). Mit Trennung von der Hauptsache werden sie jedoch zu selbständigen Sachen und können fortan Gegenstand besonderer Rechte sein. Für den Fall der Trennung muss deshalb geregelt werden, wer das Eigentum an den getrennten Erzeugnissen und wesentlichen Bestandteilen erwirbt. Diesem Zweck dienen die §§ 953–957.

2 **2. Eigentumserwerb. Wer das Eigentum** an den getrennten Erzeugnissen und Bestandteilen **erwirbt**, ist abhängig von den Rechtsverhältnissen an der Muttersache. Das Gesetz weist das Eigentum grds dem Eigentümer der Muttersache zu. Dies gilt jedoch nur, soweit nicht besondere dingliche oder obligatorische Erwerbsrechte bestehen, die dem generellen Erwerbsanspruch des Eigentümers der Muttersache vorgehen. Im Einz sind den §§ 953ff folgende Prioritäten zu entnehmen. **Oberste Priorität** genießt derjenige, der aufgrund eines obligatorischen Nutzungsrechts zur Aneignung der Erzeugnisse und Bestandteile berechtigt ist. Ein solches obligatorisches Nutzungsrecht kann durch den Eigentümer (§ 956 I), einen anderen Erwerbsberechtigten (§ 956 II) oder auch durch einen Scheinberechtigten (§ 957) eingeräumt werden. Dem obligatorisch Berechtigten nachgeordnete **zweite Priorität** genießt der gutgläubige Eigenbesitzer der Muttersache (§ 955 I) oder der gutgläubige Fremdbesitzer, der die Muttersache in Ausübung eines vermeintlich bestehenden dinglichen Nutzungsrechts besitzt (§ 955 II). **Dritte Priorität** kommt dem Inhaber eines dinglichen Nutzungsrechts an der Muttersache zu (§ 954), und nur soweit auch ein solches nicht besteht, erwirbt der Eigentümer der Muttersache das Eigentum an den getrennten Erzeugnissen und Bestandteilen (§ 953).

3 Die §§ 953ff sind also gleichsam „rückwärts" zu lesen, um die Reihenfolge der zum Eigentumserwerb Berechtigten zu ermitteln. Dies darf aber nicht darüber hinwegtäuschen, dass der in § 953 geregelte Eigentumserwerb des Eigentümers der Muttersache der gesetzl Regelfall ist. Dieser erwirbt also das Eigentum an getrennten Erzeugnissen und Bestandteilen, soweit nicht das Bestehen eines der höhere Priorität verleihenden Nutzungsrechte dargelegt und bewiesen werden kann.

4 **3. Voraussetzungen und Umfang des Eigentumserwerbs.** Nicht nur die Priorität, auch die **formellen Anforderungen an den Eigentumserwerb** und der **Umfang des Eigentumserwerbs** sind abhängig davon, in welcher Form der Erwerbsberechtigte an der Muttersache berechtigt ist. Der **Eigentümer** der Muttersache (§ 953) erwirbt das Eigentum an allen getrennten Erzeugnissen und Bestandteilen ohne weiteres mit der Trennung. Genau genommen erwirbt er das Recht gar nicht, da sich sein Eigentumsrecht ja auch schon vor der Trennung auf die Erzeugnisse und Bestandteile der Muttersache erstreckt hat (§ 93), sondern der Gegenstand seines ursprüngl bestehenden Eigentumsrechts wandelt sich mit der Trennung nur in mehrere selbständige Rechtsobjekte um. Wer die Trennung bewirkt und wer zum Zeitpunkt der Trennung im Besitz der Muttersache ist, ist für den Eigentumserwerb des Eigentümers der Muttersache unerheblich.

5 Der **dinglich Berechtigte** (§ 954) erwirbt das Eigentum an den Erzeugnissen und Bestandteilen mit der Trennung, soweit sein dingliches Recht reicht. Auch für seinen Eigentumserwerb ist es ohne Bedeutung, wer die Trennung bewirkt und wer zum Zeitpunkt der Trennung im Besitz der Muttersache ist. Gleiches gilt für den Eigenbesitzer (§ 955 I) und für den gutgläubigen Fremdbesitzer, der die Muttersache aufgrund eines vermeintlich bestehenden dinglichen Nutzungsrechts besitzt (§ 955 II); diese erwerben Eigentum aber nur an Früchten (§ 99) der Muttersache, nicht auch an anderen abgetrennten Erzeugnissen und Bestandteilen.

6 Der **obligatorisch Berechtigte** (§§ 956, 957) erwirbt das Eigentum an den Erzeugnissen und Bestandteilen mit der Trennung, so weit sein obligatorisches Recht reicht und er zum Zeitpunkt der Trennung noch im Besitz der Muttersache ist. Ist er zum Zeitpunkt der Trennung nicht mehr im Besitz der Muttersache, erwirbt er das Eigentum erst, wenn er die getrennten Erzeugnisse und Bestandteile in Besitz nimmt.

7 **4. Anwendbarkeit.** Ob die Muttersache ein Grundstück oder eine bewegliche Sache ist, ist für die Anwendung der §§ 953ff ohne Bedeutung. Bei den Trennstücken muss es sich aber um bewegliche Sachen handeln. **Fehlt der Sachcharakter** (wie zB bei Pachtzinsen), finden die §§ 953ff keine Anwendung.

8 **5. Korrektur des Eigentumserwerbs.** §§ 953ff regeln nur, wer Eigentum an den abgetrennten Erzeugnissen und Bestandteilen erwirbt, nicht auch deren **vermögensrechtl Zuordnung**. Ob die Trennstücke dem neuen Eigentümer auch rechtl zustehen, er sie also behalten darf, ergibt sich nicht aus den §§ 953ff, sondern aus dem Inhalt des dem Nutzungsrecht zugrundeliegenden Vertrags, aus den für das Nutzungsrecht geltenden gesetzl Bestimmungen (zB §§ 1039, 2133) oder aus § 101. Besteht kein obligatorisches oder dingliches Nutzungsrecht, finden §§ 987ff Anwendung.

§ 953 Eigentum an getrennten Erzeugnissen und Bestandteilen

Erzeugnisse und sonstige Bestandteile einer Sache gehören auch nach der Trennung dem Eigentümer der Sache, soweit sich nicht aus den §§ 954 bis 957 ein anderes ergibt.

I. Allgemeines. § 953 stellt den **Grundsatz** auf, dass Erzeugnisse und sonstige Bestandteile einer Sache auch nach der Trennung dem Eigentümer der Muttersache gehören. Nach § 953 erwirbt also der Eigentümer der Hauptsache mit der Trennung das Eigentum an den Trennstücken. Wer die Muttersache zum Zeitpunkt der Trennung in Besitz hat oder wer die Trennstücke in Besitz nimmt, ist für den Eigentumserwerb nicht von Bedeutung. Umstr ist, ob mit der Trennung ein neues Eigentumsrecht entsteht (RGRK/*Pikart* Rn 9) oder nur das bestehende Eigentum an den Trennstücken aufrechterhalten wird (sog Kontinuitätserwerb; Staudinger/*C. Heinze* Rn 4). Praktische Relevanz hat diese Streitfrage jedoch nicht. Der Eigentumserwerb erfolgt jedenfalls kraft Gesetzes, und die an der Muttersache bestehenden dinglichen Rechte Dritter erfassen jedenfalls auch die Trennstücke (§§ 1120ff, Hypothek; § 1192 I iVm §§ 1120ff, Grundschuld; § 1212, Pfandrecht; §§ 810, 824 ZPO, Pfändungspfandrecht; § 21 I ZVG, Beschlagnahme). Zu beachten ist, dass die in den §§ 954–957 genannten Erwerbstatbestände dem § 953 vorgehen (Vor § 953 Rn 2). 1

II. Voraussetzungen für den Eigentumserwerb. 1. Erzeugnisse und sonstige Bestandteile. Der Begriff des **Erzeugnisses** iSd § 953 entspricht demjenigen in § 99 I. Zu den **sonstigen Bestandteilen** gehören stets die wesentlichen Bestandteile (§ 93) der Muttersache. Einfache Bestandteile sind dagegen nur dann sonstige Bestandteile iSd § 953, wenn sie schon vor der Trennung dem Eigentümer der Muttersache gehörten (*Baur/Stürner* § 53 Rn 47). Stehen einfache Bestandteile einer zusammengesetzten Sache im Eigentum verschiedener Personen (§ 947 Rn 11), so ändert sich die vor der Trennung bestehende Eigentumslage mit der Trennung nicht. § 953 ist darüber hinaus unanwendbar auf Dritten gehörende „Scheinbestandteile" iSd § 95, die gar keine Bestandteile sind (*Baur/Stürner* § 53 Rn 47). 2

§ 953 ist auf abgetrennte **Körperteile,** wie zB Haare, Organe oder Sperma (BGH NJW 1994, 127), und auf mit dem Körper verbundenes prothetisches Material, wie zB Zahngold oder Herzschrittmacher (*Taupitz* JZ 1992, 1089, 1092), entspr anwendbar (MüKo/*Oechsler* Rn 5. Zum Ganzen: *v Freier* MedR 2005, 321). Gleiches gilt gem § 90a S 3 für Tiere, der Eigentümer eines Muttertiers wird daher mit der Geburt des Jungtiers auch dessen Eigentümer (VGH Kassel NJW 2018, 964, 965). 3

2. Trennung. Trennung ist der äußere Vorgang, durch den die Erzeugnisse oder Bestandteile von der Muttersache gelöst und selbständige bewegliche Sachen werden. Die Trennung ist kein Rechtsgeschäft. Ob sie zufällig (BGH NJW 1965, 811) oder beabsichtigt vorgenommen wird, ist für den Eigentumsübergang nach § 953 ohne Bedeutung (MüKo/*Oechsler* Rn 7). Gleichgültig ist auch, von wem die Trennung herbeigeführt wird. Die Trennung muss nicht einmal durch die Handlung eines Menschen erfolgen, sie kann zB auch durch Naturereignisse bewirkt werden. 4

3. Weitere Voraussetzungen. An andere Voraussetzungen als die Trennung ist der Eigentumserwerb nach § 953 nicht geknüpft. Der Sacheigentümer braucht weder Besitz an der Muttersache noch an den Trennstücken zu haben. 5

III. Konkurrenzen. Sonderregelungen, die dem § 953 vorgehen, sind außer den bereits genannten §§ 954ff (Vor § 953 Rn 2) auch die §§ 910, 911 (Nachbargrundstück), § 923 (Grenzbaum) und §§ 810, 824 ZPO (Pfändung und Versteigerung ungetrennter Früchte). 6

§ 954 Erwerb durch dinglich Berechtigten

Wer vermöge eines Rechts an einer fremden Sache befugt ist, sich Erzeugnisse oder sonstige Bestandteile der Sache anzueignen, erwirbt das Eigentum an ihnen, unbeschadet der Vorschriften der §§ 955 bis 957, mit der Trennung.

1. Allgemeines. Nach § 954 erwirbt der an einer Sache dinglich Berechtigte das Eigentum an Erzeugnissen und sonstigen Bestandteilen, die von dieser Sache getrennt werden. Der Eigentumserwerb erfolgt kraft Gesetzes mit der Trennung. Wer die Muttersache zum Zeitpunkt der Trennung in Besitz hat oder wer die Trennstücke in Besitz nimmt, ist für den Eigentumserwerb nicht von Bedeutung. Der **Eigentumserwerb des dinglich Berechtigten** erfolgt also nach den gleichen Regeln, wie derjenige des Eigentümers der Muttersache (§ 953). Das Erwerbsrecht des dinglich Berechtigten genießt ggü dem Erwerbsrecht des Eigentümers aber Priorität (Vor § 953 Rn 2). Besteht ein dingliches Erwerbsrecht, so erwirbt also der dinglich Berechtigte, nicht der Eigentümer der Hauptsache das Eigentum an den Trennstücken. Dem Erwerbsrecht des dinglich Berechtigten gehen wiederum die in §§ 955–957 geregelten Erwerbsrechte vor. Zu den Begriffen „Erzeugnisse" und „sonstige Bestandteile" s § 953 Rn 2. Zum Begriff der „Trennung" s § 953 Rn 4. 1

Dingliche Nutzungsrechte, die ein Erwerbsrecht iSd § 954 begründen, sind zB Grunddienstbarkeiten (§§ 1018ff), beschränkte persönliche Dienstbarkeiten (§§ 1090ff), der Nießbrauch an Sachen (§§ 1030ff) und das Nutzungspfandrecht an beweglichen Sachen (§ 1213). Auch das Erbbaurecht nach dem ErbbauRG gehört hierzu (*Baur/Stürner* § 53 Rn 49; Staudinger/*C. Heinze* Rn 2). 2

2. Umfang des Eigentumserwerbs. Dieser richtet sich nach dem Inhalt des eingeräumten Nutzungsrechts („vermöge eines Rechts"). Nur in dem Umfang seiner dinglichen Nutzungsberechtigung erwirbt der Berechtigte 3

Eigentum an den Trennstücken. Bei gutgläubiger Überschreitung der Grenzen des Nutzungsrechts kann ein Eigentumserwerb gem § 955 in Betracht kommen (§ 955 Rn 4ff). – Es ist denkbar, dass die rechtl Möglichkeit zum Eigentumserwerb an Trennstücken weiter geht, als die im Verhältnis zum Eigentümer der Muttersache bestehende Befugnis hierzu. Ist dies der Fall und missachtet der Erwerbsberechtigte die ihm obliegenden Grenzen, so ist er dem Eigentümer der Muttersache zum Ausgleich verpflichtet. So darf zB der Nießbraucher (§§ 1030ff) Früchte (§ 99) nur im Rahmen einer ordnungsmäßigen Wirtschaft ziehen (§ 1036 II). Missachtet der Nießbraucher diese Beschränkung, erlangt er zwar Eigentum an den Übermaßfrüchten (§ 1039 I 1), er ist dem Eigentümer der Muttersache aber schuldrechtl zum Ausgleich verpflichtet (§ 1039 I 2).

4 **3. Rechte Dritter.** Mit der Abtrennung von Erzeugnissen und sonstigen Bestandteilen stellt sich auch die Frage, ob beschränkte dingliche (Sicherungs-)Rechte an der Muttersache an den Trennstücken fortbestehen. Ist die Muttersache ein Grundstück und mit einer **Hypothek** oder **Grundschuld** belastet, so erlangt der an dem Grundstück dinglich Nutzungsberechtigte lastenfreies Eigentum an getrennten Früchten und sonstigen Bestandteilen; auf die Rangfolge der Rechte kommt es nicht an (§ 1120; § 1192 I iVm § 1120; *Baur/Stürner* § 53 Rn 49). Anders liegt es beim **Pfandrecht an beweglichen Sachen.** Ein Pfandrecht an der Muttersache erstreckt sich auch auf die getrennten Erzeugnisse und sonstigen Bestandteile (§ 1212). Dies gilt aber wiederum dann nicht, wenn der Eigentumserwerb sich auf einen ggü dem Pfandrecht rangbesseren Nießbrauch an der Sache gründet (§§ 1212, 1209, 1208, 1032). Von der Frage, ob ein (Sicherungs-)Pfandrecht (§ 1204 I) an der Muttersache als Belastung an getrennten Früchten fortbesteht (§ 1212), ist die andere Frage zu unterscheiden, ob das Pfandrecht als Nutzungsrecht (§ 1213) Grundlage für einen Eigentumserwerb gem § 954 ist.

§ 955 Erwerb durch gutgläubigen Eigenbesitzer

(1) Wer eine Sache im Eigenbesitz hat, erwirbt das Eigentum an den Erzeugnissen und sonstigen zu den Früchten der Sache gehörenden Bestandteilen, unbeschadet der Vorschriften der §§ 956, 957, mit der Trennung. Der Erwerb ist ausgeschlossen, wenn der Eigenbesitzer nicht zum Eigenbesitz oder ein anderer vermöge eines Rechts an der Sache zum Fruchtbezug berechtigt ist und der Eigenbesitzer bei dem Erwerb des Eigenbesitzes nicht in gutem Glauben ist oder vor der Trennung den Rechtsmangel erfährt.

(2) Dem Eigenbesitzer steht derjenige gleich, welcher die Sache zum Zwecke der Ausübung eines Nutzungsrechts an ihr besitzt.

(3) Auf den Eigenbesitz und den ihm gleichgestellten Besitz findet die Vorschrift des § 940 Abs. 2 entsprechende Anwendung.

1 **I. Allgemeines.** § 955 lässt einen gutgläubigen Eigentumserwerb **an Sachfrüchten** (§ 99 I) zu. **Erwerbsberechtigt sind** der gutgläubige Eigenbesitzer, dem entgegen seiner eigenen Vorstellung keine Berechtigung zum Eigenbesitz bzw kein Recht zur Fruchtziehung zusteht (Abs I), und der gutgläubige Nutzungsbesitzer, dem entgegen seiner eigenen Vorstellung kein dingliches Fruchtziehungsrecht zusteht (Abs II). Ist jemand, ohne Eigentümer zu sein, zum Eigenbesitz berechtigt (zB der Käufer eines Grundstücks nach der Übergabe, jedoch vor der Eintragung), so folgt sein Erwerbsrecht allein aus Abs I S 1. Die Frage der Gutgläubigkeit stellt sich in diesem Fall nicht. Zu beachten ist, dass die Erwerbsrechte nach §§ 956, 957 dem in § 955 geregelten Erwerbsrecht vorgehen (Vor § 953 Rn 2). Zum Begriff der „Trennung" s § 953 Rn 4.

2 **II. Gegenstand des Erwerbs.** Gegenstand des Erwerbs nach § 955 sind Erzeugnisse und sonstige „zu den Früchten der Sache gehörende" Bestandteile der Sache. Nur an Trennstücken, die gleichzeitig Bestandteile und Früchte der Muttersache sind (bzw waren), kann dem Wortlaut des § 955 nach also Eigentum erworben werden. Der Wortlaut des § 955 ist insoweit enger als der der §§ 953f, 956f, die einen Eigentumserwerb an getrennten Erzeugnissen und ohne Einschränkung an allen sonstigen Bestandteilen vorsehen. Die etwas kompliziert geratene Formulierung des § 955 I lässt sich auf die Formel vereinfachen, dass nach § 955 nur das Eigentum an **Früchten iSd § 99 I** erworben werden kann. Früchte werden nämlich stets auch Bestandteile sein, und Erzeugnisse zählen qua definitione zu den Früchten iSd § 99 I. Das Eigentum an Bestandteilen, die nicht Früchte iSd § 99 I sind, kann nicht nach § 955 erworben werden.

3 Der Eigentumserwerb nach § 955 erfolgt unabhängig davon, ob die Fruchtziehung im Rahmen ordnungsmäßiger Wirtschaftsführung erfolgt. Verlässt der Erwerbsberechtigte die Grenzen ordnungsmäßiger Wirtschaftsführung, ist er dem Eigentümer der Muttersache aber schuldrechtl zur Herausgabe der Übermaßfrüchte verpflichtet (§§ 993, 818ff). Auch iÜ besagt § 955 nicht, dass der Erwerb ein endgültiger ist. Diese Frage regeln vielmehr die **§§ 987ff.** Danach muss der Besitzer trotz Eigentumserwerbs die Früchte herausgeben, soweit er sie nach Eintritt der Rechtshängigkeit (§ 987) oder aufgrund unentgeltlich erlangten Besitzes (§§ 988, 818ff) gezogen hat.

4 **III. Erwerb durch gutgläubigen Eigenbesitzer (Abs I). 1. Eigenbesitzer.** § 955 I statuiert zum einen ein Erwerbsrecht für den Eigenbesitzer, dem entgegen seiner Vorstellung **kein Recht zum Eigenbesitz** zusteht (§ 955 I 2 Alt 1). Eigenbesitzer ist, wer die Sache als ihm gehörend besitzt (§ 872). Mittelbarer Besitz (§ 868) kann hierfür genügen, häufig wird bei Bestehen eines Besitzmittlungsverhältnisses aber der Besitzmittler ein dem § 955 I vorgehendes Erwerbsrecht gem § 955 II oder gem §§ 956, 957 haben. Das Recht zum Eigenbesitz fehlt im Allg dann, wenn der Eigenbesitzer nicht Eigentümer ist (vgl aber auch Rn 11).

5 Zum anderen statuiert § 955 I ein Erwerbsrecht für den Eigenbesitzer, der zwar zum Eigenbesitz, entgegen seiner Vorstellung aber **nicht zur Fruchtziehung berechtigt** ist (§ 955 I 2 Alt 2). Insoweit wird also durch § 955 der

Sacheigentümer selbst geschützt, wenn er in Unkenntnis eines bestehenden dinglichen Nutzungsrechts iSd § 954 an seiner Sache Früchte zieht.

2. Guter Glaube. Der Eigenbesitzer muss im Hinblick auf seine Berechtigung zum Eigenbesitz bzw hinsichtl seines Rechts zur Fruchtziehung gutgläubig sein. Anders als bei § 932 II bezieht sich der für § 955 erforderliche **gute Glaube** nicht auf das Eigentum des Veräußerers, sondern auf das eigene Recht des Besitzers. Guter Glaube fehlt daher, wenn dem Besitzer bei Erwerb bekannt oder infolge grober Fahrlässigkeit unbekannt gewesen ist, dass er das Recht zum Eigenbesitz nicht erworben hat oder dass einem Dritten das Recht zur Fruchtziehung zusteht. Nachträgl grobe Fahrlässigkeit führt dagegen, ebenso wie bei § 937 II, § 990 I, nicht zum Wegfall der Gutgläubigkeit. Nur wenn der Besitzer vor der Trennung positiv erfährt, dass er zum Eigenbesitz oder zur Fruchtziehung nicht berechtigt ist, ist ein Eigentumserwerb gem § 955 I wegen Bösgläubigkeit des Eigenbesitzers ausgeschlossen. Ob der Eigenbesitzer durch Erhebung einer Klage auf Herausgabe positive Kenntnis von seiner Nichtberechtigung erlangt, ist Tatfrage. Eine allg Gleichstellung von Rechtshängigkeit und Bösgläubigkeit (wie bei §§ 987, 989) ist jedenfalls nicht möglich. Zum Begriff der Gutgläubigkeit s iÜ die Erl zu § 932 II. 6

3. Dingliche Rechte an der Muttersache. Die an der Muttersache bestehenden dinglichen **Rechte Dritter** erstrecken sich wie bei § 953 auf die getrennten Früchte (§§ 1120ff, Hypothek; § 1192 I iVm §§ 1120ff, Grundschuld; § 1212, Pfandrecht; §§ 810, 824 ZPO, Pfändungspfandrecht; § 21 I ZVG, Beschlagnahme); zu einer Besserstellung ggü dem Eigentümer besteht kein Anlass. 7

IV. Erwerb durch gutgläubigen Nutzungsbesitzer (Abs II). 1. Nutzungsbesitzer. Wie der gutgläubige Eigenbesitzer (Rn 4ff), so erhält auch der gutgläubige Nutzungsbesitzer durch § 955 ein Erwerbsrecht an Früchten der in seinem Besitz befindlichen Sache. Nutzungsbesitzer ist derjenige, der eine Sache als Fremdbesitzer, aber aufgrund eines vermeintlich bestehenden dinglichen Nutzungsrecht iSd § 954 besitzt. Geschützt wird nicht nur der unrechtmäßige Nutzungsbesitzer, dessen vermeintliches dingliches Nutzungsrecht nicht entstanden ist (zB aufgrund §§ 104ff), sondern auch der rechtmäßige Nutzungsbesitzer, der ein im Range vorgehendes Fruchtziehungsrecht eines Nichtbesitzers nicht kennt oder die Grenzen eines bestehenden Nutzungsrechts überschreitet. Die Erwerbsvoraussetzungen im Einz entsprechen denjenigen beim gutgläubigen Eigenbesitzer (Rn 4ff). Das Erwerbsrecht des gutgläubigen Nutzungsbesitzers geht dem Erwerbsrecht des gutgläubigen Eigenbesitzers aber vor. 8

2. Guter Glaube. Dieser fehlt dem Nutzungsbesitzer, wenn ihm bei Erwerb des Besitzes an der Muttersache bekannt oder infolge grober Fahrlässigkeit unbekannt ist, dass er kein Nutzungsrecht erworben hat, ihm ein Nutzungsrecht im Rang vorgeht oder sein Nutzungsrecht minderen Umfang hat. Nachträgl schadet nur positive Kenntnis von diesen Umständen (Rn 6). 9

3. Lastenfreier Erwerb. Der gutgläubige Nutzungsbesitzer erwirbt die Früchte in der gleichen Weise belastet bzw unbelastet von an der Muttersache bestehenden **Rechten Dritter**, wie ein tatsächlich dinglich Nutzungsberechtigter (dazu § 954 Rn 4). 10

V. Erwerb durch berechtigten Eigenbesitzer (Abs I S 1). Berechtigter Eigenbesitzer ist in aller Regel der Eigentümer der Sache. Dessen Erwerbsberechtigung an getrennten Früchten ergibt sich aber bereits aus § 953, so dass § 955 auf ihn keine Anwendung findet. Ist ausnahmsw aber einmal ein Nichteigentümer berechtigter Eigenbesitzer (zB der Käufer eines Grundstücks nach der Übergabe, jedoch vor der Eintragung), findet § 955 I 1 Anwendung. Gutgläubigkeit ist – selbstverständlich – nicht erforderlich. 11

VI. Vorübergehender Besitzverlust (Abs III). Voraussetzung für den gutgläubigen Eigentumserwerb nach § 955 ist der **Eigen- oder Nutzungsbesitz an der Sache im Zeitpunkt der Trennung der Früchte.** Von dieser Voraussetzung macht **Abs III** durch Verweis auf § 940 II folgende **Ausnahme**. Verliert der eigen- oder Nutzungsbesitzer den Besitz unfreiwillig und erlangt er ihn binnen Jahresfrist (§ 187 I, § 188 II) oder aufgrund einer binnen dieser Frist erhobenen Klage zurück, so **gilt der Besitzverlust als nicht erfolgt.** Ggf folgt daraus, dass der eigen- oder Nutzungsbesitzer auch an den in der Zwischenzeit getrennten Früchten das Eigentum erwirbt, und zwar, da Besitzverlust negiert wird, schon mit der Trennung; im Falle der Wiedererlangung des Besitzes zerstört grobe Fahrlässigkeit nicht seine Gutgläubigkeit. Abs III kann einen zwischenzeitl Eigentumserwerb der nach §§ 953, 954 Berechtigten aber nur ausschließen, wenn diese nicht selbst den Besitz an der Sache erlangt haben. Sind sie Besitzer geworden oder hat ein Dritter kraft gutgläubigen eigen- oder Nutzungsbesitzes oder gem §§ 929ff Eigentum an getrennten Früchten erlangt, so ändert Abs III daran nichts. 12

In der Zeit zw Verlust und Wiedererlangung des Besitzes besteht ein **Schwebezustand.** Der Eigen- oder Nutzungsbesitzer hat aufschiebend, der nach §§ 953, 954 wirklich Berechtigte auflösend bedingtes Eigentum. Wiedererlangung des Besitzes ist Bedingungseintritt und löst die Fiktion aus, dass der Besitz fortbestanden hat; die Rechtsfolgen des § 955 treten daher entgegen §§ 158, 159 mit rückwirkender Kraft ein. 13

Str ist, ob Abs III **Wiedererlangung des Besitzes an der Muttersache** (so Soergel/*Henssler* Rn 4) **oder an den Früchten** voraussetzt. Beide Möglichkeiten müssen als gleichwertig und jede für sich als ausreichend angesehen werden. Dass Besitzerlangung an der Muttersache genügt, folgt schon aus dem Wortlaut des § 940 II; dafür spricht weiter, dass der Eigenbesitzer oft in Unkenntnis von der Fruchtziehung zunächst nur die Muttersache herausverlangen wird. Andererseits muss Besitzerwerb an Früchten genügen, wenn die Muttersache nicht mehr vorhanden ist. 14

15 **VII. Ausnahmen.** Die Erwerbsrechte gem §§ 956, 957 gehen dem in § 955 geregelten Erwerbsrecht vor, was insb im Falle des gutgläubigen mittelbaren Eigenbesitzes relevant werden kann (Rn 4).

16 § 935 ist auf den Erwerb von Früchten einer Sache nach § 955 unanwendbar, da es sich hier um einen ursprüngl Eigentumserwerb handelt (MüKo/*Oechsler* Rn 7; Staudinger/*C. Heinze* Rn 9; RGRK/*Pikart* Rn 4; Soergel/*Henssler* Rn 5; *Medicus/Petersen* BürgR Rn 603, § 23 VI 3).

§ 956 Erwerb durch persönlich Berechtigten

(1) Gestattet der Eigentümer einem anderen, sich Erzeugnisse oder sonstige Bestandteile der Sache anzueignen, so erwirbt dieser das Eigentum an ihnen, wenn der Besitz der Sache ihm überlassen ist, mit der Trennung, anderenfalls mit der Besitzergreifung. Ist der Eigentümer zu der Gestattung verpflichtet, so kann er sie nicht widerrufen, solange sich der andere in dem ihm überlassenen Besitz der Sache befindet.

(2) Das Gleiche gilt, wenn die Gestattung nicht von dem Eigentümer, sondern von einem anderen ausgeht, dem Erzeugnisse oder sonstige Bestandteile einer Sache nach der Trennung gehören.

1 **I. Allgemeines.** § 956 regelt den Fall, dass jemand nur obligatorisch zum Erwerb des Eigentums an Trennstücken berechtigt ist (wie zB der Pächter). Im Falle **obligatorischer Erwerbsberechtigung** erhält der Berechtigte das Eigentum an getrennten Erzeugnissen und sonstigen Bestandteilen der Muttersache nicht wie bei §§ 953, 954 ohne weiteres mit der Trennung. Der Eigentumserwerb erfolgt vielmehr nur unter der weiteren Voraussetzung, dass der obligatorisch Erwerbsberechtigte zum Zeitpunkt der Trennung im Besitz der Muttersache ist oder er den Besitz an den Trennstücken erlangt. Rechtl Grundlage des Eigentumserwerbs ist eine sog **„Aneignungsgestattung“** (**auch: „Erwerbsgestattung“**, Saarbrücken NZBau 2021, 113, 114; MüKo/*Oechsler* Rn 1) durch den Gestattungsberechtigten. Diese Gestattung hat Verfügungscharakter. Str ist, wie sich der Eigentumserwerb im Einz rechtl vollzieht.

2 **1. Übertragungstheorie.** Vielfach wird angenommen, dass es sich bei § 956 nur um einen besonderen Anwendungsfall des § 929 handele, um eine Übereignung künftiger Sachen (**Übertragungstheorie**; so RGZ 78, 35; 108, 269; RGRK/*Pikart* Rn 1; Grü/*Herrler* Rn 2). Das Gestattungsgeschäft soll mit der Einigung nach § 929 identisch sein oder doch wenigstens eine Übereignungsofferte enthalten, die durch Besitzübernahme der Muttersache oder durch Besitzergreifung an den Trennstücken konkludent angenommen werde (RGZ 78, 35 wertet die Ausübung des Besitzes an der Muttersache im Zeitpunkt der Trennung als Annahme). Die nach § 929 erforderliche Übergabe wird durch Besitzüberlassung an der Muttersache oder Besitzergreifung an den Trennstücken als erfüllt angesehen, je nachdem, ob der Besitz an der Muttersache überlassen ist oder nicht.

3 **2. Aneignungstheorie.** Nach der **Aneignungstheorie** ist die Gestattung ein einseitiges Rechtsgeschäft, durch das für den Empfänger ein Recht auf Erwerb des Eigentums an den Trennstücken begründet wird. Ist der Besitz an der Muttersache überlassen und dauert er fort, so handelt es sich um ein Anfallrecht. Mit der Trennung erwirbt der Berechtigte das Eigentum. Ist der Besitz an der Muttersache nicht überlassen, so handelt es sich um ein Aneignungsrecht; zur Vollendung des Eigentumserwerbs muss die Besitzergreifung hinzukommen. Die Aneignungstheorie wird der von § 956 vorgesehenen Art der Eigentumszuweisung und der systematischen Stellung der Vorschrift im Gesetz eher gerecht als die Übertragungstheorie. Ihr ist daher zu folgen (MüKo/*Oechsler* Rn 2; ebenso Staudinger/*C. Heinze* Rn 8, die jedoch die Gestattung als zweiseitiges Rechtsgeschäft ansehen).

4 **3. Bedeutung.** Der BGH hat die theoretische Frage, ob der Übertragungs- oder der Aneignungstheorie zu folgen ist, offengelassen (BGHZ 27, 360, 366ff). Eine Entscheidung zw beiden Theorien ist deshalb nicht nötig, weil sie in der entscheidenden Frage, zu welchem Zeitpunkt der Gestattende rechtszuständig und verfügungsbefugt sein muss, zum gleichen Ergebnis kommen. Beides, die Rechtszuständigkeit und die Verfügungsbefugnis des Gestattenden müssen grds in dem Augenblick gegeben sein, in dem die Verfügung wirksam wird (RGZ 78, 35; *Baur/Stürner* § 53 Rn 59; MüKo/*Oechsler* Rn 5). Das ist nicht der Augenblick der Gestattung, sondern entweder der Augenblick der Trennung oder der Augenblick der Besitzergreifung an den Trennstücken (Rn 9ff).

5 **II. Gestattung. 1. Begriff.** Die Gestattung ist eine Willenserklärung, mit der der Gestattende über sein Erwerbsrecht an den Trennstücken verfügt. Diese Verfügung ist, wie alle Verfügungen, **abstrakt**, also von dem Vorhandensein und der Wirksamkeit des zugrundeliegenden Verpflichtungsgeschäfts (zB einem Kauf- oder Pachtvertrag) unabhängig (*Baur/Stürner* § 53 Rn 59). **Berechtigt, die Erwerbsgestattung auszusprechen**, ist derjenige, dem das Eigentum an den Trennstücken ohne die Gestattung zustehen würde. Das ist der Eigentümer (Abs I) oder derjenige, dem ein Erwerbsrecht nach den §§ 954ff zusteht (Abs II), also der dinglich Nutzungsberechtigte (§ 954), der gutgläubige Eigen- und Nutzungsbesitzer (§ 955; guter Glaube des Gestattungsempfängers ist nicht nötig, Staudinger/*C. Heinze* Rn 18) oder der selbst kraft Gestattung gem § 956 Erwerbsberechtigte. Über den Wortlaut des Abs II hinausgehend lässt RGZ 108, 269 zutr auch die Weitergestattung durch den nichtbesitzenden Aneignungsberechtigten (§ 956) zu (so auch RGRK/*Pikart* Rn 21; Staudinger/*C. Heinze* Rn 19), sofern nicht die Weitergabe vertragl ausgeschlossen ist. Der Gestattende darf darüber hinaus nicht in seiner Verfügungsbefugnis beschränkt sein.

6 Der Gestattende muss **zu dem Zeitpunkt** rechtszuständig (also Eigentümer, dinglich Berechtigter usw) und verfügungsbefugt sein, in dem der Eigentumserwerb an den Trennstücken vollendet wird (Rn 9ff).

7 **2. Widerruf.** Eine Erwerbsgestattung ist bis zum Eigentumserwerb an den Trennstücken grds **widerruflich**. Dies gilt auch dann, wenn der Gestattende (zB aufgrund eines Kauf- oder Pachtvertrags) schuldrechtl zur Ge-

stattung verpflichtet ist. Widerruft er die Gestattung, ist der Widerruf wirksam, auch wenn der Gestattende sich damit pflichtwidrig verhält und sich evtl schadensersatzpflichtig macht. Nach **Abs I S 2** ist der **Gestattende** aber dann **an die Erwerbsgestattung gebunden**, kann sie also nicht widerrufen, wenn zwei Voraussetzungen vorliegen. Der Gestattung muss (erstens) eine entspr Verpflichtung (zB ein Kauf- oder Pachtvertrag) zugrunde liegen und dem Gestattungsempfänger muss (zweitens) der Besitz der Sache überlassen sein. Ob die Gestattung durch den Eigentümer oder einen nach Abs II Berechtigten erfolgt, ist für die Frage der Bindung ohne Bedeutung.

3. Rechtsnachfolger. Parallel zur Frage der Bindung des Gestattenden ist auch die Frage der **Bindung eines Rechtsnachfolgers des Gestattenden** zu beantworten (*Baur/Stürner* § 53 Rn 62). Der Rechtsnachfolger ist an eine von seinem Rechtsvorgänger erklärte Erwerbsgestattung gebunden, wenn er Partei des der Gestattung zugrundeliegenden Verpflichtungsvertrags (zB des Pachtvertrags) geworden und der Begünstigte im Besitz der Muttersache ist. Gebunden ist damit etwa der Erbe des Gestattenden aufgrund der in § 1922 angeordneten Universalsukzession. Ebenso der Erwerber eines verpachteten Grundstücks, da er gem §§ 566, 578 iVm § 581 in den Pachtvertrag eintritt, und der Insolvenzverwalter im Rahmen der §§ 103, 108, 110f InsO. Ganz allg ist ein Rechtsnachfolger dann an eine Gestattungserklärung gebunden, wenn er die aus dem der Gestattung zugrundeliegenden Vertragsverhältnis folgenden Verpflichtungen im Wege der Schuldübernahme übernimmt oder die Gestattung genehmigt (§ 185; *Baur/Stürner* § 53 Rn 62). 8

III. Eigentumserwerb. Wodurch und zu welchem Zeitpunkt das Eigentum an Trennstücken übergeht, ist abhängig davon, ob der obligatorisch Erwerbsberechtigte zum Zeitpunkt der Trennung Besitz an der Muttersache hat oder nicht. 9

1. Besitz an der Muttersache (§ 956 I 1 Alt 1). Ist der gem § 956 Erwerbsberechtigte im Besitz der Muttersache, erfolgt sein Eigentumserwerb an den Trennstücken im Zeitpunkt der Trennung kraft des ihm zustehenden Anfallrechts (Rn 3). Wie die Trennung erfolgt, ist ohne Bedeutung. Der Besitz des Erwerbsberechtigten muss vom Gestattenden abgeleitet sein. Auch **mittelbarer Besitz** an der Muttersache genügt, nur darf der Gestattende dann nicht unmittelbarer Besitzer sein (BGHZ 27, 360; Saarbrücken NZBau 2021, 113, 114; *Baur/Stürner* § 53 Rn 63). Hat der Erwerbsberechtigte den Besitz an der Muttersache durch **verbotene Eigenmacht** erlangt, so erwirbt er das Eigentum an den Trennstücken erst mit deren Besitzergreifung. Auch die Einräumung von **Teilbesitz** (§ 865) an ungetrennten Bestandteilen genügt für den Eigentumserwerb nach § 956 (Saarbrücken NZBau 2021, 113, 115; RGZ 108, 269; Staudiner/*C. Heinze* Rn 31; Soergel/*Henssler* Rn 8; aA RGRK/*Pikart* Rn 12). Teilbesitz kann zB dadurch eingeräumt werden, dass zum Abholzen verkaufte Bäume mit dem Namen des Aneignungsberechtigten gekennzeichnet werden. 10

§ 956 I 1 Alt 1 setzt voraus, dass der Besitz an der Muttersache zur Zeit der Trennung fortdauert. Ein **vorübergehender unfreiwilliger Besitzverlust** kann jedoch entspr § 955 III, § 940 II unbeachtlich sein. 10a

2. Kein Besitz an der Muttersache (§ 956 I 1 Alt 2). Wurde dem nach § 956 Erwerbsberechtigten der Besitz der Muttersache nicht überlassen oder hat er ihn wieder verloren, so erwirbt er das Eigentum an den Trennstücken erst mit der **Besitzergreifung an den Trennstücken.** Wann diese Besitzergreifung vorliegt, ist Tatfrage. Das Fällen von Bäumen auf fremdem Grundstück genügt regelmäßig nicht, da es an dauernder Einwirkungsmöglichkeit fehlt; anderes kann gelten, wenn der Aneignungsberechtigte die Bäume gefällt und danach vereinbarungsgemäß mit seinem Namen gekennzeichnet hat. Erlangt der Aneignungsberechtigte nicht gleichzeitig mit der Trennung auch Besitz an den Trennstücken, wird zwischenzeitl der sonst Erwerbsberechtigte Eigentümer. Der Aneignungsberechtigte (Gestattungsempfänger) hat dann ein (relatives) Aneignungsrecht hieran. Das setzt jedoch voraus, dass sich die Gestattung auf eine bestimmte Sache bezog (zB Verkauf eines Hauses zum Abbruch oder von Holz auf dem Stamm). Hatte die Gestattung keinen bestimmten Inhalt (zB Erlaubnis zum Pilzesammeln), so kann sich der Gestattungsempfänger Sachen, die er nicht selbst getrennt hat, nicht aneignen. 11

Eine Vereinbarung, dass das Eigentum an Trennstücken auch ohne Besitzüberlassung an der Muttersache schon im Zeitpunkt der Trennung gem § 956 übergehen soll, ist unwirksam. Sie kann allenfalls nach allg sachenrechtl Grundsätzen (§§ 929ff) zum Eigentumserwerb an den Trennstücken führen (Staudinger/*C. Heinze* Rn 32). 12

IV. Umfang des Eigentumserwerbs. Der **Umfang des Eigentumserwerbs** richtet sich nach dem Inhalt der Gestattung. Zumeist wird der Inhalt der Gestattung mit den Verpflichtungen aus dem der Gestattung zugrundeliegenden Vertrag übereinstimmen. Ist dies einmal nicht der Fall und erwirbt der Erwerbsberechtigte Eigentum an Trennstücken, die ihm nach den Bestimmungen des Verpflichtungsvertrags nicht zustehen, ist er dem Gestattenden zur Herausgabe verpflichtet. 13

V. „Erzeugnisse", „sonstige Bestandteile" und „Trennung". Zu den Begriffen **„Erzeugnisse"** und **„sonstige Bestandteile"** s § 953 Rn 2. Zum Begriff der **„Trennung"** s § 953 Rn 4. 14

§ 957 Gestattung durch den Nichtberechtigten

Die Vorschrift des § 956 findet auch dann Anwendung, wenn derjenige, welcher die Aneignung einem anderen gestattet, hierzu nicht berechtigt ist, es sei denn, dass der andere, falls ihm der Besitz der Sache überlassen wird, bei der Überlassung, anderenfalls bei der Ergreifung des Besitzes der Erzeugnisse oder der sonstigen Bestandteile nicht in gutem Glauben ist oder vor der Trennung den Rechtsmangel erfährt.

1 **I. Allgemeines.** Der Erwerb des Eigentums an getrennten Erzeugnissen und sonstigen Bestandteilen einer Muttersache aufgrund einer Erwerbsgestattung gem § 956 setzt voraus, dass der Gestattende selbst Rechtsinhaber ist (§ 956 Rn 6). Ist er dies nicht, liegen aber alle sonstigen Voraussetzungen für einen Eigentumserwerb nach § 956 vor, **überwindet § 957 die fehlende Berechtigung des Gestattenden** und ermöglicht dem gutgläubigen Gestattungsempfänger den Eigentumserwerb an den Trennstücken. Freilich vermag § 957, wie auch § 932 (Vor § 932 Rn 2), nur die fehlende Rechtsinhaberschaft zu überwinden. Beruht die fehlende Berechtigung des Gestattenden darauf, dass er in seiner Verfügungsbefugnis beschränkt oder geschäftsunfähig ist, hilft § 957 daher nicht weiter.

2 **II. Voraussetzungen. 1. Besitz.** § 957 schützt den guten Glauben des Gestattungsempfängers an ein in Wahrheit nicht bestehendes Erwerbsrecht des Gestattenden. Jeder gutgläubige Erwerb ist aber die Folge eines Rechtsscheins; diesen kann im Falle des § 957 nur der **Besitz des Gestattenden an der Muttersache** vermitteln. Entgegen dem Wortlaut des § 957 ist daher der Besitz des Gestattenden an der Muttersache Voraussetzung für die Erlangung einer Erwerbsberechtigung nach § 957 (RGZ 108, 269; *Baur/Stürner* § 53 Rn 66).

3 **2. Guter Glaube.** Gegenstand des guten Glaubens ist das Gestattungsrecht des Gestattenden. Der Gestattungsempfänger muss diesen also für den Eigentümer (§ 953), dinglich Nutzungsberechtigten (§ 954) oder Erwerbsberechtigten (§ 956) halten. **Gutgläubig** ist der Gestattungsempfänger, wenn ihm **zum Zeitpunkt des Besitzerwerbs an der Muttersache** die fehlende Berechtigung des Gestattenden nicht bekannt war und seine Unkenntnis auch nicht auf grober Fahrlässigkeit beruht (vgl § 932 II). War der Gestattungsempfänger zum Zeitpunkt des Besitzerwerbs an der Muttersache gutgläubig, schadet nachträgl grobe Fahrlässigkeit nicht. Nur wenn der Gestattungsempfänger nach der Besitzerlangung an der Muttersache positive Kenntnis von der Nichtberechtigung erhält, entfällt seine für den Eigentumserwerb an den Trennstücken erforderliche Gutgläubigkeit. Anderes gilt, sofern der Gestattungsempfänger keinen Besitz an der Muttersache erlangt. In diesem Fall ist er nur dann als gutgläubig anzusehen, wenn ihm **zum Zeitpunkt der Inbesitznahme der Trennstücke** weder bekannt noch infolge grober Fahrlässigkeit unbekannt ist, dass der Gestattende nicht Rechtsinhaber ist.

4 **3. Abhanden gekommene Sachen.** Umstr ist, ob § 935 entspr Anwendung findet, so dass ein Eigentumserwerb gem § 957 ausscheidet, wenn die Muttersache abhanden gekommen oder gestohlen worden ist. Dies ist für Früchte zu verneinen (§ 955 Rn 8). Im Hinblick auf den Erwerb von sonstigen Bestandteilen muss § 935 dagegen entspr Anwendung finden (*Baur/Stürner* § 53 Rn 66; Staudinger/*C. Heinze* Rn 8).

Untertitel 5
Aneignung (§§ 958–964)

§ 958 Eigentumserwerb an beweglichen herrenlosen Sachen

(1) Wer eine herrenlose bewegliche Sache in Eigenbesitz nimmt, erwirbt das Eigentum an der Sache.

(2) Das Eigentum wird nicht erworben, wenn die Aneignung gesetzlich verboten ist oder wenn durch die Besitzergreifung das Aneignungsrecht eines anderen verletzt wird.

Schrifttum: *Ernst*, Eigenbesitz und Mobiliarerwerb, 1992; *Hammer*, Herrenlosigkeit von Greifvögeln, AgrarR 1991, 185; *Hammer*, Eigentum an Wildtieren, NuR 1992, 62; *Lorz*, Jagd und Aneignung, NuR 1980, 112; *Müller*, Darf der Jagdberechtigte über Wild verfügen, das mit der Jagd zu verschonen ist?, NuR 1979, 137; *Schink*, Eigentum an Verpackungsabfällen, 2013; *Stollenwerk*, Fundkatzenproblematik und leider kein Ende – Die Kommunalisierung des Umgangs mit besitzlosen Katzen, KommJur 2021, 281.

1 **I. Allgemeines.** Der freien Aneignung unterliegen herrenlose bewegliche Sachen (Abs I), sofern ihre Aneignung nicht gegen ein gesetzl Verbot oder das ausschließliche Aneignungsrecht eines Dritten verstößt (Abs II). Der Anwendungsbereich der §§ 958ff ist gering, da herrenlose Sachen, die zudem keinem geregelten Aneignungsrecht unterliegen, heute selten sind. In Betracht kommen vor allem wild lebende, aber keinem Jagd- oder Fischereirecht unterliegende Tiere (§ 960) und derelinquierte Sachen (§ 959).

2 **II. Voraussetzungen (Abs I). 1. Anwendungsbereich.** § 958 gilt für **bewegliche Sachen**; die Aneignung von Grundstücken regelt § 928 II. **Herrenlose Sachen** sind Sachen, die in niemandes Eigentum stehen, mag ein Eigentumsrecht daran noch nie bestanden haben (§ 960 I) oder mögen frühere Eigentumsrechte erloschen sein (§ 959 – Aufgabe, § 960 II, III, § 961) (Oldenburg NJW-RR 2021, 272 = MDR 2021, 383).

3 **2. Aneignung.** Die Aneignung erfolgt durch **Begründung unmittelbaren** (§§ 854, 855) **oder mittelbaren** (§ 868) **Eigenbesitzes (Okkupation).** Dafür ist obj die Erlangung tatsächlicher Gewalt und subj der Wille, die Sache als eigene zu besitzen, erforderlich (§ 872). Wird der Besitz ohne Aneignungswillen erlangt, bleibt die Sache zunächst herrenlos. Der Besitzer (zB ein Mieter, Verwahrer oder vermeintlicher Finder), kann das Eigentum dann aber durch bloße Bildung des Eigenbesitzwillens erlangen (§ 872 Rn 2).

4 **3. Besitzbegründung.** Im Gegensatz zur Dereliktion (§ 959) ist die Aneignung kein Rechtsgeschäft. Es genügt daher (ebenso wie bei §§ 937, 955) **natürlicher Besitzwille,** so dass auch Kinder und Geschäftsunfähige durch Aneignung Eigentum erwerben können (*Baur/Stürner* § 53 Rn 72; Soergel/*Henssler* Rn 5). Stellvertretungsrecht (§§ 164ff) ist nicht anwendbar. Wohl aber kann man mit Hilfe eines Besitzdieners (§ 855) oder Besitzmittlers

(§ 868) okkupieren. Wer einen Hund zum Apport veranlasst, erwirbt den Besitz bereits mit dem Zugriff des Hundes.

III. Rechtsfolgen. Die Aneignung verschafft **originäres Eigentum.** Im Falle der Dereliktion (§ 959) erlischt das an der Sache bestehende **Recht eines Dritten** (zB Pfandrecht) zwar weder durch die Eigentumsaufgabe noch durch Aneignung (§ 959 Rn 6); der Okkupant kann aber entspr § 945 Lastenfreiheit ersitzen. 5

IV. Ausnahmen (Abs II). Ein Eigentumserwerb findet unter den in Abs II genannten Voraussetzungen nicht statt. 6

1. Verbot. Eine Sache bleibt im Falle ihrer Okkupation zum einen dann herrenlos, wenn eine **Aneignung verboten** ist. Ob das Gesetz ein Aneignungsverbot bezweckt, ist jew durch Auslegung zu ermitteln. Vorschriften über Schonzeiten bei Wild sowie Verbote bestimmter Erlegungs- und Fangarten begründen idR kein Aneignungsverbot (ebenso für zeitl begrenzte Schongebote: MüKo/*Oechsler* Rn 7). §§ 19, 22 BJagdG dienen nur dem Schutz des lebenden Wildbestandes, hindern daher nicht die Aneignung eines erlegten oder verendeten Tieres (str); anders nur bei absoluter Wildschonung (Staudinger/*C. Heinze* Rn 10). Aneignungsverbote enthalten auch das BNatSchG und die Artenschutzverordnungen der Bundesländer sowie das EU-Artenschutzrecht (MüKo/*Oechsler* Rn 7). 7

2. Bestehende Aneignungsrechte. Verletzt eine Okkupation das ausschließliche **Aneignungsrecht eines Dritten,** insb also bei Bestehen fremden Jagdrechts (§§ 1ff BJagdG), Fischereirechts oder Bergrechts (§§ 8, 9 BBergG; BGHZ 11, 104; 17, 223 für bergrechtl Aneignungsrechte an Haldenmineralien), erlangt weder der Besitzergreifende (so aber *Wilhelm* SachenR, Rn 465) noch der Aneignungsberechtigte Eigentum an der Sache. Ergreift also zB eine nicht zur Jagd berechtigte Person (ein Wilderer) unter Verletzung fremden Aneignungsrechts den Besitz, so bleibt die Sache herrenlos (MüKo/*Oechsler* Rn 9; RGRK/*Pikart* Rn 12; BayObLG NJW 1955, 32). Gleiches gilt für von einem frei herumlaufenden Hund getötetes Wild; es unterliegt dem Aneignungsrecht des Jagdberechtigten. Ein gutgläubiger Dritter kann Eigentum auch an herrenlosen Sachen erwerben. 8

V. Einzelfälle. Der menschliche **Leichnam** ist eine Sache, unterliegt aber keinem Aneignungsrecht (§ 90 Rn 6) (MüKo/*Oechsler* Rn 5; vgl auch Staudinger/*C. Heinze* Rn 3). Haben der Verstorbene oder nach seinem Tode die nächsten Angehörigen die Entnahme von Organen aus der Leiche gestattet, so gilt für diese aber § 958. Sacheigenschaft ist auch für künstliche Gliedmaßen, Goldzähne, Herzschrittmacher usw anzunehmen; einem Aneignungsrecht wird aber häufig das Persönlichkeitsrecht des Verstorbenen entgegenstehen. Ist dies nicht der Fall, steht das Aneignungsrecht den Angehörigen oder den Erben zu (BGH NJW 2015, 429, 432 – Zahngold; *Weimar* JR 1979, 363, 364; *Goergens* JR 1980, 142; aA *Gottwald* NJW 2012, 2231, 2233: Aneignungsrecht der im Einzelfall zur Totenfürsorge Berechtigten). Das Eigentum an versteckten Wertsachen wird regelmäßig nicht aufgegeben worden sein, so dass eine Aneignung nicht möglich ist (Oldenburg NJW-RR 2021, 272 = MDR 2021, 383). 9

§ 959 Aufgabe des Eigentums

Eine bewegliche Sache wird herrenlos, wenn der Eigentümer in der Absicht, auf das Eigentum zu verzichten, den Besitz der Sache aufgibt.

I. Allgemeines. Im Gegensatz zur Aneignung (§ 958 Rn 4) ist die **Eigentumsaufgabe (Dereliktion)** ein Rechtsgeschäft, und zwar ein einseitiges (hM). 1

II. Voraussetzungen. Die Dereliktion setzt sich zusammen aus einer nicht empfangsbedürftigen **Willenserklärung** (*Baur/Stürner* § 53 Rn 70; MüKo/*Oechsler* Rn 3) und einem Realakt, der **Besitzaufgabe.** 2

1. Willenserklärung. Die Willenserklärung muss **auf Eigentumsaufgabe gerichtet** sein. Das ist bei einem **Verzicht** auf das Eigentum **zugunsten einer bestimmten Person** im Zweifel nicht der Fall, darin wird eher eine Eigentumsübertragung zu sehen sein (RGZ 83, 229). Ebenso liegt im Zweifel keine Dereliktion vor, wenn ein Abzahlungsverkäufer auf seinen Eigentumsvorbehalt verzichtet (BGH NJW 1958, 1231; vgl auch BGH WM 1963, 212; 19, 326). In der Bereitstellung von **Sammelgut,** das zu karitativen Zwecken gesammelt werden soll, ist eine Übereignung an den Veranstalter zu sehen, keine Dereliktion (*Baur/Stürner* § 53 Rn 69; MüKo/*Oechsler* Rn 4). Gleiches gilt für zum Zwecke der Wiederverwendung getrennten Abfall (**recyclefähige Stoffe**); dieser soll regelmäßig an das Verwertungsunternehmen übereignet werden (Stuttgart 28.10.2014 – 12 U 28/14; zust *Wenzel* AbfallR 2015, 32ff; offengelassen in BGH NJW 2016, 1887, 1889 m Anm *Heyers*; ausf dazu *Schink*, Eigentum an Verpackungsabfällen, 2013, 10ff, 16ff). **Vernichtungsabsicht** schließt die Absicht zur Eigentumsaufgabe aus. Dies gilt aber nur, soweit dem Eigentümer wirklich an einer Vernichtung der Sache gelegen ist und er sich der Sachen nicht lediglich entledigen will. Echte Vernichtungsabsicht wird regelmäßig bei zur Entsorgung gebrachten **Akten oder Dokumenten** gegeben sein (Stuttgart 28.10.2014 – 12 U 28/14). Sie kann auch dann vorliegen, wenn ein Künstler selbst gemalte Bilder zum **Sperrmüll** gibt (LG Ravensburg NJW 1987, 3142). Mangels Dereliktion ist eine Aneignung solcher Sachen durch Dritte nicht möglich. Bei reinen **„Abfällen"** wird dagegen in der Weggabe regelmäßig auch eine Eigentumsaufgabe gesehen werden können (Staudinger/*C. Heinze* Rn 3, 8; MüKo/*Oechsler* Rn 4; aA LG Ravensburg NJW 1987, 3142; ausf *Grziwotz* MDR 2008, 726f), ebenso beim kommentarlosen Abservierenlassen von **Essensresten** durch einen Restaurantgast (*Schall* NJW 2010, 1248, 1250). Anders aber bei **Abfallcontainern** eines Supermarkts, wo es für die Frage der Eigentumsaufgabe auf die Umstände des Einzelfalls ankommt (BVerfG NJW 2020, 2953f – „Containern"). Schließlich liegt auch bei **vergessenen Sachen** wegen fehlender Verzichtsabsicht keine Eigentumsaufgabe vor (*Faber* JR 1987, 313, 315; *Baur/Stürner* § 53 Rn 69). 3

4 Die allg **Vorschriften über Willenserklärungen** finden auf die Erklärung einer Eigentumsaufgabe Anwendung (MüKo/*Oechsler* Rn 5). Es ist daher **Geschäftsfähigkeit** des Erklärenden erforderlich. Die Eigentumsaufgabe ist nach §§ 119, 123 **anfechtbar** (MüKo/*Oechsler* Rn 6); ggf gilt der Eigentumsverlust rückwirkend als nicht geschehen (§ 142 I). War inzwischen eine Aneignung der Sache erfolgt, muss die Anfechtung entspr § 143 IV 1 dem Okkupanten ggü erklärt werden (§ 143 Rn 11). Die Wirkung der Anfechtung bezieht sich allein auf die Willenserklärung der Eigentumsaufgabe; die Besitzaufgabe wird aufgrund der Anfechtung nicht zu einer unfreiwilligen iSd §§ 935, 1007 II (§ 935 Rn 3; *Baur/Stürner* § 53 Rn 70). Dereliktion setzt **Verfügungsmacht** über das Eigentum voraus (MüKo/*Oechsler* Rn 6). Fehlt sie (zB beim Insolvenzschuldner wegen § 81 InsO), so ist die Wirksamkeit der Dereliktion von der Genehmigung des Berechtigten nach § 185 II abhängig.

5 **2. Besitzaufgabe.** Neben der Willenserklärung ist Besitzaufgabe, dh eine freiwillige Beendigung tatsächlicher Sachherrschaft durch Handeln oder bewusstes Nichthandeln (§ 856 I) erforderlich. Im Falle **mittelbaren Besitzes** reicht zur Dereliktion eine einseitige, an den Besitzmittler gerichtete Verzichtserklärung (Staudinger/*C. Heinze* Rn 6); ein Erlassvertrag ist nicht erforderlich. Hat der Eigentümer den **Besitz schon früher verloren**, so genügt zur Dereliktion entspr § 929 S 2 die bloße (nicht empfangsbedürftige) Erklärung der Eigentumsaufgabe.

6 **III. Rechtsfolgen.** Mit der Dereliktion erlischt das Eigentum an der betroffenen Sache. Sie wird herrenlos. Rechte Dritter (Nießbrauch, Pfandrecht) bleiben trotz Eigentumsaufgabe an der Sache bestehen.

7 **IV. Anwendungsbereich. Gegenstand einer Dereliktion** nach § 959 können nur **bewegliche Sachen** sein; für Grundstücke gilt § 928 I; für eingetragene Schiffe § 7 SchiffsRG. Nicht Gegenstand einer Dereliktion können Sachen sein, für die ein Dereliktionsverbot besteht. Ob umweltschutzrechtl Vorschriften ein solches Verbot enthalten, ist umstr (dafür MüKo/*Oechsler* Rn 6; *K. Schmidt*, JuS 1988, 230; dagegen BayObLG RPfleger 1983, 308). Ein praktisches Bedürfnis für diese Annahme besteht jedenfalls nicht, da mit der Dereliktion die öffentlichrechtl Verantwortlichkeit für die Abfallbeseitigung nicht endet. Die Dereliktion eines **Tieres** (Hundes), die gegen das tierschutzrechtl Aussetzungsverbot (§ 3 S 1 Nr 3 TierSchG) verstößt, ist gem § 134 nichtig (BVerwG NJW 2018, 3125; aA VGH Kassel NJW 2018, 964; zum Meinungsstand *Stollenwerk* KommJur 2021, 281). Im Falle der wirksamen Dereliktion eines Tieres kann die Haltereigenschaft kostenrechtl fortwirken (OVG Lüneburg DÖV 2021, 180).

§ 960 Wilde Tiere

(1) Wilde Tiere sind herrenlos, solange sie sich in der Freiheit befinden. Wilde Tiere in Tiergärten und Fische in Teichen oder anderen geschlossenen Privatgewässern sind nicht herrenlos.

(2) Erlangt ein gefangenes wildes Tier die Freiheit wieder, so wird es herrenlos, wenn nicht der Eigentümer das Tier unverzüglich verfolgt oder wenn er die Verfolgung aufgibt.

(3) Ein gezähmtes Tier wird herrenlos, wenn es die Gewohnheit ablegt, an den ihm bestimmten Ort zurückzukehren.

1 **I. Allgemeines.** Herrenlose Sachen sind heute selten. Außer den in § 959 genannten derelinquierten Sachen gehören dazu insb die in § 960 genannten wilden Tiere.

2 **II. Wilde Tiere.** § 960 bezieht sich nur auf wilde Tiere. Ob ein Tier ein wildes Tier iSd § 960 ist, richtet sich nach der Tiergattung als solcher, nicht nach den Eigenschaften des einzelnen Tieres (aA MüKo/*Oechsler* Rn 2). **Keine wilden Tiere sind** solche, die normalerweise (dh gattungsmäßig) unter menschlicher Herrschaft leben, also **Haustiere** (zB Pferd, Schwein, Hund, Katze; umstr, vgl *Felde* JA 2017, 609ff; *Stollenwerk* KommJur 2021, 281, 282). Auf solche Tiere ist § 960 nicht anwendbar; es gilt allein § 959, Eigentumsaufgabe ist also nur durch eine entspr Willenserklärung und Besitzaufgabe möglich. Haustiere, die „verwildern" oder streunen, werden dadurch nicht herrenlos und sie werden auch nicht zu wilden Tieren iSd § 960. **Wilde Tiere sind solche**, die nicht Haustiere sind (zB Meeresfische, Rehe, Hirsche, Wildschweine, AG Hameln Schadenpraxis 2008, 213, Füchse, Löwen, Zebras, auch Bienen). **Gezähmt ist ein wildes Tier**, wenn es so an den Menschen gewöhnt ist, dass es durch den menschlichen Willen beherrscht wird.

3 **III. Herrenloswerden.** Für die Zwecke des Herrenloswerdens wilder Tiere ist zu unterscheiden, ob das wilde Tier gezähmt (Abs III) oder ungezähmt (Abs I und II) ist.

4 **1. Ungezähmte wilde Tiere (Abs I und II).** Bei ungezähmten wilden Tieren ist weiter zu unterscheiden zw solchen, die in Freiheit leben, und solchen, die in Gefangenschaft gehalten werden.

5 **a) Ungezähmte in Freiheit lebende wilde Tiere** sind stets herrenlos (Abs I S 1).

6 **b) Ungezähmte in Gefangenschaft lebende Tiere** scheinen dem Wortlaut des Abs I S 2 nach niemals herrenlos zu sein. Dem ist indes nicht so. Die bloße Aufnahme in einen Tiergarten oder ein Privatgewässer führt noch keinen Eigentumswechsel herbei. Hinzukommen muss eine Aneignung oder eine Übereignung des Tieres. Fehlt es daran, sind auch Tiere in Tiergärten und Fische in Privatgewässern herrenlos. Abs I S 2 stellt nur klar, dass wilde Tiere in Tiergärten und Fische in geschlossenen Privatgewässern nicht als in Freiheit befindlich anzusehen sind. Als Tiergarten kann nicht jede eingehegte Fläche gelten. Neben sicherer Umschließung, die freien Wildwechsel verhindert, kommt es auf die tatsächliche Beherrschungsmöglichkeit an. Diese fehlt, wenn das Fangen oder Erlegen des Wildes wie bei normaler Jagdausübung wesentlich vom Zufall abhängt. Maßgebend ist die Verkehrsauffassung (RGSt 42, 75; 60, 275 stellen dagegen ausschließlich auf die Art der Umschließung ab).

Besteht Eigentum an einem **ungezähmten in Gefangenschaft lebenden Tier**, so wird das Tier auch gegen den Willen des Eigentümers wieder herrenlos, **wenn es die Freiheit wiedererlangt** und der Eigentümer nicht unverzüglich (§ 121 I) die Verfolgung aufnimmt oder diese aufgibt (Abs II; LG Bonn NJW 1993, 940). Die Verfolgung durch Beauftragte genügt. Erforderlich ist aber eine reale, auf Wiedererlangung gerichtete Handlung. Öffentliche Verlustanzeigen und Aufforderungen zur Rückgabe reichen allein nicht aus. 7

2. Gezähmte wilde Tiere (Abs III). Während bei Haustieren (Rn 2) die Gewohnheit, an den für sie bestimmten Ort zurückzukehren, die Regel ist, bildet sie bei wilden Tieren (Rn 2) die Ausnahme. Legt ein gezähmtes wildes Tier die Gewohnheit zurückzukehren ab, so wird es gegen den Willen des Eigentümers herrenlos. Der Unterschied zu gefangenen wilden Tieren (Abs II) besteht darin, dass das Herrschaftsmittel des Menschen über das Tier nicht äußere Gewalt, sondern Einflussnahme auf den Tierinstinkt ist. Auch ohne dass dies in Abs III ausdrückl erwähnt wird, hindert Verfolgung des Tieres durch den Eigentümer auch hier den Eintritt der Herrenlosigkeit. 8

§ 961 Eigentumsverlust bei Bienenschwärmen

Zieht ein Bienenschwarm aus, so wird er herrenlos, wenn nicht der Eigentümer ihn unverzüglich verfolgt oder wenn der Eigentümer die Verfolgung aufgibt.

Schrifttum: *Gercke*, Die rechtliche Bewertung der Bienen, NuR 1991, 59; *Gercke*, Das Bienenrecht, 1985; *Schulz*, Die historische Entwicklung des Rechts der Bienen, 1990; *Schwendner*, Handbuch Bienenrecht, 1989; *Schwendner*, Die Biene als nachbarrechtliches Streitobjekt, AgrarR 1990, 193.

Gegenstand der Regelung ist der Bienenschwarm in seiner Gesamtheit. Auf einzelne Bienen finden §§ 961ff keine Anwendung (sondern § 960). Diese sind im Schwarm als dessen wesentliche Bestandteile zu behandeln. Der Schwarm wird unter denselben Voraussetzungen herrenlos wie nach § 960 II ein gefangenes wildes Tier, das die Freiheit wiedererlangt (§ 960 Rn 7). Der herrenlos gewordene Schwarm unterliegt freier Aneignung. 1

§ 962 Verfolgungsrecht des Eigentümers

Der Eigentümer des Bienenschwarms darf bei der Verfolgung fremde Grundstücke betreten. Ist der Schwarm in eine fremde nicht besetzte Bienenwohnung eingezogen, so darf der Eigentümer des Schwarmes zum Zwecke des Einfangens die Wohnung öffnen und die Waben herausnehmen oder herausbrechen. Er hat den entstehenden Schaden zu ersetzen.

Der verfolgende Schwarmeigentümer hat besondere **Selbsthilferechte**, die nicht an die Voraussetzungen der §§ 867, 1005 geknüpft sind und über diese hinausgehen. § 962 gewährt keinen Anspruch auf Gestattung, sondern erlaubt eigenmächtiges Betreten usw. Gegenwehr durch den Grundstückseigentümer ist rechtswidrig. Vorherige Sicherheitsleistung wegen des zu erwartenden Schadens kann der Grundstückseigentümer nicht verlangen. Die Bienenwohnung, in die der Schwarm eingezogen ist, muss unbesetzt gewesen sein. War sie besetzt, gilt § 964. 1

Der durch Ausübung des Selbsthilferechts entstandene Schaden ist ohne Rücksicht auf Verschulden zu ersetzen. 2

§ 963 Vereinigung von Bienenschwärmen

Vereinigen sich ausgezogene Bienenschwärme mehrerer Eigentümer, so werden die Eigentümer, welche ihre Schwärme verfolgt haben, Miteigentümer des eingefangenen Gesamtschwarms; die Anteile bestimmen sich nach der Zahl der verfolgten Schwärme.

§ 963 regelt einen Anwendungsfall des § 948. In Abweichung von §§ 948, 947 entscheidet über die entstehenden Miteigentumsanteile aber nicht das Wertverhältnis, sondern die Zahl der vereinigten Bienenschwärme. § 949 ist entspr anwendbar. Voraussetzung ist, dass das Eigentum an den Einzelschwärmen bis zur Vereinigung fortbesteht. War bei Vereinigung mehrerer Einzelschwärme einer von ihnen bereits gem § 961 herrenlos, weil der Eigentümer ihn nicht verfolgt oder die Verfolgung aufgegeben hat, so bleibt dieser bei Berechnung der Miteigentumsanteile außer Betracht (RGRK/*Pikart* Rn 1ff). 1

Bei **Aufhebung der Gemeinschaft** ist Teilung in Natur gem § 752 regelmäßig ausgeschlossen, denn der entstehende Bruchteil ohne die Königin wäre wertlos. 2

§ 964 Vermischung von Bienenschwärmen

Ist ein Bienenschwarm in eine fremde besetzte Bienenwohnung eingezogen, so erstrecken sich das Eigentum und die sonstigen Rechte an den Bienen, mit denen die Wohnung besetzt war, auf den eingezogenen Schwarm. Das Eigentum und die sonstigen Rechte an dem eingezogenen Schwarm erlöschen.

Entgegen §§ 946, 947 entsteht beim Einzug eines Schwarmes in eine fremde besetzte Bienenwohnung kein Miteigentum, sondern **Alleineigentum.** Alle Rechte am einziehenden Schwarm erlöschen. Auch ein Anspruch aus ungerechtfertigter Bereicherung ist nicht gegeben; eine § 951 entspr Ausgleichsnorm fehlt. Diese Regelung beruht auf der Billigkeitserwägung, dass der durch den einziehenden „Hungerschwarm" erfahrungsgemäß entstehende Schaden eine nennenswerte Wertsteigerung verhindert. War die Bienenwohnung unbesetzt, gilt § 962. 1

Untertitel 6
Fund (§§ 965–984)

Vorbemerkung vor § 965

Schrifttum: *Deneke-Stoll*, Zur Person des Finders nach §§ 965ff BGB, FS Schwab, 1990, 43; *Edenfeld*, Reformfragen des Fundrechts, JR 2001, 485; *Eith*, Der Fund in der Behörde, MDR 1981, 189; *Faber*, Eigentumserwerb an sog vergessenen Sachen, JR 1987, 313; *Hermans*, Der Schatzfund, 2011; *Hinrichs*, Fundrecht und Fundbüros, DVP 2006, 143; *Kunz*, Der Fund in einer „Verkehrsanstalt" am Beispiel der DB, MDR 1986, 537; *Kunz*, Kraftfahrzeugdiebstahl und Finderlohn, ZfV 1989, 404; *Lins*, Das Fundrecht des BGB, 1994; *Mittenzwei*, Fundbesitz als Gegenstand des Deliktsschutzes und der Eingriffskondiktion, MDR 1987, 883; *Schickedanz*, Fundsachen auf Grundstücken, VR 2014, 73.

1 Das BGB behandelt den Fund wegen der Möglichkeit des Eigentumserwerbs durch den Finder (§§ 973, 974) im Sachenrecht. Hauptinhalt der §§ 965ff ist jedoch ein gesetzl Schuldverhältnis zw Finder und Empfangsberechtigtem. Es verpflichtet den Finder zur Anzeige (§ 965), Verwahrung (§ 966), Ablieferung (§ 967) und Herausgabe (§§ 969, 977), den Empfangsberechtigten zur Erstattung von Aufwendungen (§ 970) und zur Zahlung des Finderlohnes (§ 971).

2 Das Gesetz unterscheidet zw dem **einfachen Fund** (§§ 965–977), dem **Verkehrsfund** (§§ 978–983) und dem **Schatzfund** (§ 984). Die Unterscheidung ist von Bedeutung, da Rechte und Pflichten des Finders und auch die Begrifflichkeiten bei den verschiedenen Fundalternativen erheblich voneinander abweichen.

3 Welche Behörde die **zuständige Behörde** iSd §§ 965ff ist, ergibt sich aus den landesrechtl Ausführungsbestimmungen.

§ 965 Anzeigepflicht des Finders

(1) Wer eine verlorene Sache findet und an sich nimmt, hat dem Verlierer oder dem Eigentümer oder einem sonstigen Empfangsberechtigten unverzüglich Anzeige zu machen.

(2) Kennt der Finder die Empfangsberechtigten nicht oder ist ihm ihr Aufenthalt unbekannt, so hat er den Fund und die Umstände, welche für die Ermittlung der Empfangsberechtigten erheblich sein können, unverzüglich der zuständigen Behörde anzuzeigen. Ist die Sache nicht mehr als zehn Euro wert, so bedarf es der Anzeige nicht.

1 **I. Findbare Sachen.** Nicht jede Sache, die im umgangssprachlichen Sinne „verloren" ist, gilt auch iSd § 965 als verloren. „Verloren" und damit „findbar" iSd §§ 965ff ist eine Sache nur dann, wenn sie **nicht herrenlos, aber besitzlos** ist (*Baur/Stürner* § 53 Rn 78; MüKo/*Oechsler* Rn 3). Das Fundrecht gilt für Tiere entspr. Tiere sind zwar keine Sachen, die für Sachen geltenden Vorschriften sind aber entspr anzuwenden, § 90a (BVerwG NJW 2018, 3128).

2 **1. Herrenlose Sachen. Herrenlos** ist eine Sache, wenn niemand Eigentum an ihr hat. Solche Sachen unterliegen der Aneignung (§ 958), sie können daher nicht findbar iSd §§ 965ff sein (VG Gießen NVwZ-RR 2002, 95). Nicht findbar sind damit alle **derelinquierten Sachen** (§ 959). Anderes gilt nur dann, wenn die Dereliktion angefochten worden oder unwirksam ist (§ 959 Rn 4, Rn 7).

3 **2. Besitzlose Sachen.** Besitzlos ist eine Sache, wenn niemand mehr Besitz iSd §§ 854ff an ihr hat. Worauf der Besitzverlust beruht, ist gleichgültig. Es ist insb nicht erforderlich, dass der Besitzverlust unfreiwillig eingetreten ist (MüKo/*Oechsler* Rn 3). Stellt zB ein Dieb das von ihm gestohlene Fahrzeug an einer vom Tatort entfernten, dem Eigentümer nicht bekannten Stelle ab, so ist das Fahrzeug eine besitzlose Sache, weil der Eigentümer den Besitz verloren und der Dieb den Besitz aufgegeben hat (Rn 6).

4 Auf die **Dauer des Besitzverlustes** kommt es nicht an. Eine Sache ist verloren, sobald sie besitzlos ist. Eine andere Frage ist, ob die nur vorübergehende Entfernung einer Sache überhaupt zum Besitzverlust iSd § 856 führt. Nach § 856 II wird durch eine ihrer Natur nach vorübergehende Verhinderung in der Ausübung der Gewalt der Besitz nicht beendet. Vorübergehend ist eine Verhinderung, wenn die Lage der Sache bekannt und eine Wiedererlangung unschwer möglich ist. An einer im weiterfahrenden Zug liegen gelassenen Sache geht der Besitz verloren, da die Wiedererlangung des Besitzes unsicher und nur mit Mühen möglich ist.

5 Besitzverlust liegt nur vor, wenn **jeglicher Besitz aufgegeben** wird. Wird eine Sache lediglich innerhalb des Hauses „verlegt", so findet kein Besitzverlust statt, die Sache ist daher iSd § 965 nicht verloren und deshalb auch nicht findbar. In **Betrieben mit Publikumsverkehr** (Kaufhäuser etc) mag ein allg Besitzerwerbswille des Inhabers an den in seinen Räumen befindlichen Sachen bestehen; jedenfalls kleinere in solchen Räumlichkeiten im natürlichen Wortsinn „verlorene" Sachen müssen aber gleichwohl als besitzlos gelten, da sie bis zur Sicherstellung durch einen Angestellten dem Zugriff einer Vielzahl von Personen ausgesetzt sind, die die Sache ungehindert mitnehmen könnten. Auch solche Sachen sind mithin iSd § 965 verloren und damit findbar (*Ernst* JZ 1988, 359ff; aA BGHZ 101, 186, 190 für einen in einem Selbstbedienungs-Großmarkt verlorenen Geldschein: offengelassen in BGHZ 8, 130 für ein Kino). Finder ist derjenige, der die Sache an sich nimmt (Rn 7), auch wenn er die Sache an den Inhaber der Räume (des Kaufhauses) oder einen seiner Angestellten herausgibt (aA *Baur/Stürner* § 53 Rn 79, der den Inhaber der Räume für den Finder hält).

3. Einzelfälle und Ausnahmen. Verloren und damit findbar ist zB eine **gestohlene**, vom Dieb weggeworfene **Sache** bzw ein vom Dieb abgestelltes Auto (LG Aachen MDR 1990, 245; Hamm NJW 1979, 725 – dazu *Gottwald* JuS 1979, 247), nicht aber eine vom Dieb versteckte Sache (VGH Bremen DVBl 1956, 628), weil sie im Besitz des Diebes und daher nicht besitzlos ist. **Versteckte Sachen** sind erst dann besitzlos und deshalb findbar, wenn nach den äußeren Umständen eine Rückkehr an den Belegenheitsort und die Wiederausübung der tatsächlichen Sachherrschaft nicht mehr möglich ist (Oldenburg NJW-RR 2021, 272; LG Offenburg RPfleger 2021, 707). Verloren und damit findbar sind auch eine Geldbörse, die unbemerkt auf die Straße fällt oder ein entliehenes Buch, das der Entleiher wegwirft, weil er sich über dessen Inhalt empört (*Baur/Stürner* § 53 Rn 78). Nicht verloren sind dagegen ein in der Bibliothek verstelltes Buch oder eine Schmuckkassette, die der Eigentümer in seinem Garten vergraben und dann nicht mehr „finden" kann (*Baur/Stürner* § 53 Rn 78). Auf verlorene **Sachen**, die sich in den Geschäftsräumen oder den Beförderungsmitteln **einer öffentlichen Behörde** etc befinden, sind nicht die §§ 965ff, sondern die §§ 978ff anwendbar. Zu Sachen, die in privaten Räumen oder privaten, der Öffentlichkeit zugänglichen Räumen (Kaufhäusern etc) aufgefunden werden, soeben Rn 5. 6

II. Finder. Nach § 965 I ist **Finder**, wer eine verlorene Sache **„findet und an sich nimmt"**. Der etwas missglückte Wortlaut erweckt den Eindruck, dass Finder nur ist, wer die Sache als Erster sinnlich wahrnimmt (findet, entdeckt) und in Besitz nimmt. Letztlich entscheidend ist jedoch allein die Inbesitznahme. Auch wer eine Sache in Besitz nimmt, auf die ihn ein Dritter aufmerksam gemacht hat, ist Finder iSd § 965 (*Baur/Stürner* § 53 Rn 79; BGHZ 8, 130; LG Frankfurt NJW 1956, 874; Staudinger/*C. Heinze* Rn 8). Die Findereigenschaft wird mit der Inbesitznahme erworben. Ein dem widersprechender Wille, keine Verantwortung für die Fundsache übernehmen und daher nicht Finder werden zu wollen, ist unerheblich (BVerwG NJW 2018, 3128, 3129). Da eine Besitzbegründung erforderlich ist, ist andererseits nicht Finder, wer eine Sache nur zur Besichtigung aufnimmt und sofort wieder am Fundort niederlegt, also nicht mitnimmt. Besitzergreifung kann auch durch ein Werkzeug (zB apportierenden Hund), durch einen Besitzdiener (§ 855) oder durch einen Besitzmittler (§ 868) geschehen. Finden ist eine tatsächliche Handlung, kein Rechtsgeschäft. Deshalb kann ein **Geschäftsunfähiger** Finder sein. Auf ihn sind die §§ 965ff nur insoweit nicht anwendbar, als für ihn durch das darin vorgesehene gesetzl Schuldverhältnis Pflichten entstehen würden. Ist eine Inbesitznahme nicht möglich, so reicht auch eine andere Form der Sicherstellung. So zB bei einem aufgefundenen, vom Dieb stehen gelassenen Pkw die Benachrichtigung der Polizei (Hamm NJW 1979, 725, 726; LG Aachen MDR 1990, 245). 7

III. Verlierer, Empfangsberechtigter. Zur Person des Verlierers bzw des Empfangsberechtigten vgl § 969 Rn 2, 3. 8

IV. Rechtsfolgen des Fundes. 1. Pflichten des Finders. Mit der Besitzerlangung entsteht ein **gesetzl Schuldverhältnis** zw dem Finder und dem Berechtigten (dh dem Verlierer, dem Eigentümer oder dem sonst Empfangsberechtigten, dazu § 969 Rn 3), das der GoA (§§ 677ff) ähnl ist. Der Finder muss dem Berechtigten den **Fund anzeigen**. Die Anzeige ist Rechtshandlung und muss unverzüglich (§ 121 I iVm § 968) und ohne Rücksicht auf den Wert der Sache erfolgen. Ist dem Finder kein Berechtigter bekannt und ist die Sache mehr als zehn Euro wert, hat der Finder den Fund der zuständigen Behörde anzuzeigen, ggf Ermittlungsangaben zu machen (Abs II). Nachforschungen zum Zwecke der Ermittlung des Berechtigten muss der Finder nicht vornehmen. Neben der Anzeigepflicht trifft den Finder eine Pflicht zur **Verwahrung** (§ 966) oder **Ablieferung** (§ 967) der Sache. Bei Verletzung der Anzeigepflicht verliert der Finder den Anspruch auf Finderlohn (§ 971 II) und das Recht auf den Eigentumserwerb an der Fundsache (§ 973 II 2). Darüber hinaus kann er im Falle einer Pflichtverletzung zum Schadensersatz verpflichtet sein (§§ 280, 823, 968). Ein **beschränkt geschäftsfähiger Finder** haftet dem Berechtigten nicht nach den Bestimmungen der §§ 965ff (RGRK/*Pikart* Rn 11). Seine Haftung kann sich aber (entspr § 682) in eingeschränktem Umfang aus unerlaubter Handlung (§§ 823, 827–829, 968) oder aus ungerechtfertigter Bereicherung (§§ 812ff) ergeben. 9

2. Rechte des Finders. Der Finder erhält durch den Fund einen schuldrechtl **Anspruch auf Finderlohn** (§ 971) **und Aufwendungsersatz** (§ 970) gegen den Berechtigten. Darüber hinaus erlangt er ein Erwerbsrecht an der Fundsache (§§ 973, 974, 977), das einem Anwartschaftsrecht nahe kommt. Er ist daher gegen rechtswidrige und schuldhafte **Besitzentziehung** nach § 823 geschützt; ferner können ihm Ansprüche aus §§ 812ff zustehen (*Mittenzwei* MDR 1987, 883ff). 10

§ 966 Verwahrungspflicht

(1) Der Finder ist zur Verwahrung der Sache verpflichtet.

(2) Ist der Verderb der Sache zu besorgen oder ist die Aufbewahrung mit unverhältnismäßigen Kosten verbunden, so hat der Finder die Sache öffentlich versteigern zu lassen. Vor der Versteigerung ist der zuständigen Behörde Anzeige zu machen. Der Erlös tritt an die Stelle der Sache.

1. Verwahrung. Die **Verwahrungspflicht** aus Abs I entsteht mit der Besitzergreifung (§ 965 Rn 7). Der Finder darf die Sache danach nicht mehr aufgeben, es sei denn, dass sie völlig wertlos ist (RGRK/*Pikart* Rn 2; LG Heidelberg NJW-RR 2013, 928). Die für die vertragl Verwahrung geltenden §§ 688ff finden entspr Anwendung, soweit in den §§ 965ff nichts Abw bestimmt ist (zB § 966 II, Versteigerungsrecht; § 965 I, § 969, Befreiung durch Abgabe an einen Empfangsberechtigten; § 968, Haftung). Mit der Verwahrungspflicht ist eine **Erhaltungs- und Unterhaltspflicht** verbunden (zB Fütterung und tierärztliche Versorgung eines zugelaufenen Hundes – BVerwG 1

NJW 2018, 3128, 3129; Staudinger/*C. Heinze* Rn 1). Solange die Verwahrungspflicht des Finders dauert, ist er zum Besitz und zur Ziehung der Nutzungen der Sache auch berechtigt (vgl auch Vor § 987 Rn 29).

2 **2. Versteigerung.** Unter den in Abs II genannten Voraussetzungen ist der Finder zur Versteigerung der Sache berechtigt und verpflichtet (oder dazu, die Sache abzuliefern, vgl § 967). Auf die Versteigerung findet § 383 Anwendung. Ist die Versteigerung der Sache zulässig (Abs II S 1), so erwirbt der Ersteigerer das Eigentum durch Einigung und Übergabe von dem Finder. Dieser hat gesetzl Verfügungsmacht (*Bertzel* AcP 158, 113ff nimmt Vertretungsmacht an). Liegen die Voraussetzungen für eine Versteigerung nach Abs II S 1 nicht vor, sieht der Ersteigerer sie aber gutgläubig für gegeben an, so erwirbt er das Eigentum entspr § 1244 (hM MüKo/*Oechsler* Rn 5). Soweit eine Versteigerung praktisch nicht oder nicht rechtzeitig möglich, darf der Finder die Sache freihändig verkaufen (§ 385; MüKo/*Oechsler* Rn 4).

3 **3. Rechtswirkungen der Versteigerung.** Abs II S 3 ordnet eine **dingliche Surrogation** an. Der Eigentümer der verlorenen Sache erwirbt das Eigentum am Erlös. Finderrechte und -pflichten beziehen sich fortan auf den Erlös.

§ 967 Ablieferungspflicht

Der Finder ist berechtigt und auf Anordnung der zuständigen Behörde verpflichtet, die Sache oder den Versteigerungserlös an die zuständige Behörde abzuliefern.

1 Die zuständige Behörde tritt nicht als Verwahrer an die Stelle des Finders. Zw ihr und dem Empfangsberechtigten entsteht vielmehr ein eigenständiges **öffentlich-rechtl Verwahrungsverhältnis** (BVerwG NJW 2018, 3128, 3129). Im Falle einer Pflichtverletzung haftet die Behörde nach § 839 iVm Art 34 GG.

2 Auch die Rechte und Pflichten der Behörde im Verhältnis zum Finder sind öffentlich-rechtl Natur und bestimmen sich nach Landesrecht, soweit die §§ 975, 976 nicht schon die erforderlichen Regelungen enthalten. Für die Verwahrung kann von der zuständigen Behörde aufgrund einer Gebührensatzung eine Gebühr erhoben werden, da die Aufbewahrung zugunsten des Verlierers, Eigentümers oder Finders erfolgt (VGH Mannheim NJW 2008, 2871f). Eine Anordnung der Behörde zur Ablieferung kommt insb bei besonderen Gegenständen (zB Dokumente, Waffen, Betäubungsmittel) oder dann in Betracht, wenn im Einzelfall die Person des Finders oder die Beschaffenheit der Fundsache die Aufbewahrung durch die Fundbehörde zweckmäßig erscheinen lässt (BVerwG NJW 2018, 3128, 3129 m Verweis auf § 3 BayFundV). Eine allg Pflicht der Fundbehörde, die Ablieferung gefundener Tiere anzuordnen, besteht – vorbehaltlich entspr landesrechtl Bestimmungen – nicht. Der Finder eines Tieres kann das Fundtier (nicht aber ein herrenloses Tier, zB ein derelinquiertes Tier oder ein Wildtier; OVG Münster, NJW 2016, 3673, 3674) aber von sich aus bei der Fundbehörde abliefern. Ist die Fundbehörde zu einer (artgerechten) Verwahrung und Versorgung des Fundtieres nicht in der Lage, muss sie eine geeignete Einrichtung (zB ein Tierheim) mit der Verwahrung des aufgefundenen Tieres beauftragen (BVerwG NJW 2018, 3128, 3129).

3 Die Vorschrift ist für den Finder von großer Bedeutung. Sie gibt ihm die Möglichkeit, sich von den Finderpflichten zu befreien, ohne seine Finderrechte zu verlieren (§ 975).

§ 968 Umfang der Haftung

Der Finder hat nur Vorsatz und grobe Fahrlässigkeit zu vertreten.

1 Die **Haftung** des Finders wird durch § 968 ggü derjenigen eines unentgeltlichen Verwahrers (§§ 690, 277) eingeschränkt. Sie entspricht der eines auftragslosen Geschäftsführers bei dringender Gefahr (§ 680).

2 Eine **Pflichtverletzung** des Finders liegt zB vor, wenn er die Sache nicht ordnungsgemäß verwahrt (LG Heidelberg NJW-RR 2013, 928), sie zu Unrecht versteigert oder er die Fundsache an einen Nichtberechtigten herausgibt. Ansprüche auf **Schadensersatz** können sich zB aus §§ 280, 823 ergeben.

3 Der **nicht voll geschäftsfähige** Finder haftet nur in dem in § 682 vorgesehenen Umfang (vgl auch § 965 Rn 7).

§ 969 Herausgabe an den Verlierer

Der Finder wird durch die Herausgabe der Sache an den Verlierer auch den sonstigen Empfangsberechtigten gegenüber befreit.

1 **1. Allgemeines.** Der Finder ist zur Herausgabe der Fundsache an den Eigentümer oder an einen sonstigen Empfangsberechtigten verpflichtet. Mehrere Empfangsberechtigte sind Gesamtgläubiger iSd § 428. Der Finder kann daher die Sache nach seiner Wahl an jeden der Empfangsberechtigten mit schuldbefreiender Wirkung herausgeben (Staudinger/*C. Heinze* Rn 3).

2 **2. Herausgabe an den Verlierer.** Die **Herausgabe** der Fundsache **an einen Nichtberechtigten** befreit den Finder nicht von seinen Finderpflichten, er kann dadurch im Gegenteil den Berechtigten ggü sogar schadensersatzpflichtig werden. § 969 macht hiervon eine Ausnahme, sofern der Finder die Fundsache an den Verlierer herausgibt. Die Herausgabe der Fundsache an den Verlierer wirkt für den Finder auch dann schuldbefreiend, wenn dieser nicht empfangsberechtigt war. **Verlierer** ist der letzte unmittelbare Besitzer der Sache, sofern er seinen Besitz unfreiwillig verloren hat. Dies kann auch der Dieb oder der Hehler einer Sache sein. Ein Besitzdiener (§ 855)

kann nicht selbst Verlierer iSd § 969 sein, weil er nicht selber Besitzer ist und deshalb auch keinen Besitz verlieren kann; Verlierer ist ggf derjenige, für den der Besitzdiener besessen hat. Die Herausgabe der Fundsache an den gegenwärtigen Besitzdiener eines Empfangsberechtigten wirkt für den Finder schuldbefreiend. Hat der Finder **positive Kenntnis von der Nichtberechtigung** des Verlierers, wirkt eine Herausgabe der Fundsache an ihn für den Finder nicht schuldbefreiend. § 969 ist in diesem Sinne einschränkend auszulegen.

3. Sonstige Empfangsberechtigte. Dies sind alle, die dem Finder ggü ein Recht zum Besitz der Sache haben, also der Eigentümer (§ 985) oder ein Pfandgläubiger (§ 1065) oder Nießbraucher (§ 1227) und jeder frühere rechtmäßige oder unrechtmäßige Besitzer, dem ein Herausgabeanspruch nach § 1007 zusteht. Wurde die Sache bei Absendung oder Übergabe verloren, ist auch der Adressat Empfangsberechtigter (zB der Empfänger bei einem verlorenen Paket). Nicht empfangsberechtigt ist, wer dem Eigentümer oder einem anderen Empfangsberechtigten ggü einen schuldrechtl Anspruch auf Besitzverschaffung hat, aber noch nicht im Besitz der Sache war. Es ist nicht die Aufgabe des Finders, schuldrechtl Verpflichtungen, die uU nach verschiedenen Seiten bestehen können, zu erfüllen (RGRK/*Pikart* Rn 5). 3

§ 970 Ersatz von Aufwendungen

Macht der Finder zum Zwecke der Verwahrung oder Erhaltung der Sache oder zum Zwecke der Ermittlung eines Empfangsberechtigten Aufwendungen, die er den Umständen nach für erforderlich halten darf, so kann er von dem Empfangsberechtigten Ersatz verlangen.

Der Finder kann wie ein auftragloser Geschäftsführer (§§ 683, 670) **Aufwendungsersatz** verlangen. **Erstattungsfähig** sind Aufwendungen, die der Finder zur Verwahrung oder Erhaltung der Sache und zur Ermittlung des Empfangsberechtigten (zB Zeitungsanzeige) macht. Für **reine Tätigkeiten** des Finders (zB das Ausführen eines Hundes) gewährt § 970 keinen Ersatz; dies gilt auch dann, wenn diese Tätigkeiten üblicherweise gegen Entgelt vorgenommen werden. Verpflichtet zur Zahlung des Aufwendungsersatzes ist der Empfangsberechtigte (§ 969 Rn 3), der die Fundsache vom Finder zurücknimmt oder die Aufwendungen genehmigt hat (§ 972 Rn 3). Die Fundbehörde ist zum Ersatz der Aufwendungen eines Finders nicht verpflichtet, es sei denn, sie hat den Finder mit den entspr Maßnahmen beauftragt (VGH Kassel NJW 2018, 964f; BVerwG NJW 2018, 3128). 1

Gewährt eine Sache **Nutzungen**, die der Finder auch tatsächlich gezogen hat, so sind dem Finder auch die gewöhnlichen Erhaltungskosten nicht zu erstatten (§ 994 I 2 analog; RGRK/*Pikart* Rn 3; aA Staudinger/*C. Heinze* Rn 1; Soergel/*Henssler* Rn 2), da ihm für die Zeit seines Besitzes diese Nutzungen zustehen (§ 973 Rn 1). Übersteigen die Aufwendungen den Wert der gezogenen Nutzungen, hat der Finder insoweit einen Aufwendungsersatzanspruch. 2

Die **zuständige Behörde** (§ 967) kann den privatrechtl Anspruch auf Aufwendungsersatz aus § 970 nicht geltend machen. Sie ist auf öffentlich-rechtl Ansprüche verwiesen. 3

Der Aufwendungsersatzanspruch aus § 970 besteht selbständig neben dem Anspruch auf **Finderlohn** aus § 971. 4

§ 971 Finderlohn

(1) Der Finder kann von dem Empfangsberechtigten einen Finderlohn verlangen. Der Finderlohn beträgt von dem Wert der Sache bis zu 500 Euro fünf vom Hundert, von dem Mehrwert drei vom Hundert, bei Tieren drei vom Hundert. Hat die Sache nur für den Empfangsberechtigten einen Wert, so ist der Finderlohn nach billigem Ermessen zu bestimmen.

(2) Der Anspruch ist ausgeschlossen, wenn der Finder die Anzeigepflicht verletzt oder den Fund auf Nachfrage verheimlicht.

Der **Anspruch auf Finderlohn** besteht neben dem Anspruch auf Aufwendungsersatz aus § 970. Verpflichtet zur Zahlung des Finderlohns ist der Empfangsberechtigte (§ 969 Rn 3), der die gefundene Sache vom Finder zurücknimmt oder den Finderlohn „genehmigt" hat (§ 972 Rn 3). Ist durch Auslobung (§§ 657ff) eine Belohnung für die Wiederbeschaffung ausgesetzt, so besteht Anspruchskonkurrenz. Die Belohnung wird auf den Finderlohn angerechnet. Zahlungen an den Überbringer wirken schuldbefreiend, auch wenn dieser nicht mit dem Finder identisch ist. 1

Die **Höhe des Finderlohns** richtet sich nach dem Wert der Sache zZt der Herausgabe oder im Falle der Versteigerung (§ 966 II) nach dem Erlös. Nach billigem Ermessen ist der Finderlohn zu bestimmen, falls die Sache nur für den Empfangsberechtigten von Wert ist (zB bei Fotos oder Erinnerungsstücken). Gleiches muss für Sachen gelten, bei denen der nach dem gemeinen Wert berechnete Finderlohn nicht der Bedeutung des Fundes entsprechen würde (zB Legitimationsurkunden wie ein Sparkassenbuch etc). 2

Verletzt der Finder seine Anzeigepflicht aus § 965, besteht kein Anspruch auf Finderlohn. Gleiches gilt, wenn der Finder den Fund auf Nachfragen verheimlicht, selbst wenn er den Fund vorher der zuständigen Behörde angezeigt oder gar die Fundsache abgeliefert hat (§ 967). 3

§ 972 Zurückbehaltungsrecht des Finders

Auf die in den §§ 970, 971 bestimmten Ansprüche finden die für die Ansprüche des Besitzers gegen den Eigentümer wegen Verwendungen geltenden Vorschriften der §§ 1000 bis 1002 entsprechende Anwendung.

1 **1. Allgemeines.** Der Anspruch auf Aufwendungsersatz und Finderlohn gem §§ 970, 971 ist nur **eingeschränkt durchsetzbar.** Es gelten die §§ 1000–1002. Der Finder hat ein Zurückbehaltungsrecht an der Fundsache. Ob er aber auch Zahlung verlangen kann, hängt von dem Verhalten der Empfangsberechtigten ab.

2 **2. Zurückbehaltungsrecht.** Der Finder hat ggü den an der Fundsache Berechtigten ein **Zurückbehaltungsrecht.** Er kann die Herausgabe der Sache verweigern, bis er den Finderlohn und den ihm zustehenden Aufwendungsersatz erhält (§ 1000 S 1).

3 **3. Zahlungsanspruch.** Einen durchsetzbaren **Zahlungsanspruch** erhält der Finder erst dann, wenn ein Empfangsberechtigter (§ 969 Rn 3) die Aufwendungen bzw den Finderlohn **„genehmigt"** oder **die Sache annimmt** (§ 1001 S 1). Dieser ist dem Finder danach zur Zahlung von Finderlohn und Aufwendungsersatz verpflichtet. Hat der Empfangsberechtigte die Sache angenommen, ohne eine Genehmigung zu erteilen, kann er sich von seiner Zahlungspflicht nachträgl wieder befreien, indem er dem Finder die Fundsache zurückgibt (§ 1001 S 2). Die Genehmigung gilt allerdings schon dann als erteilt, wenn der Berechtigte die ihm vom Finder unter Vorbehalt seiner Ansprüche angebotene Fundsache annimmt (§ 1001 S 3).

4 Der Finder kann den Empfangsberechtigten auch zur **Genehmigung** seiner Ansprüche **auffordern.** Verweigert der Berechtigte die Genehmigung, gilt § 974. Der Finder erwirbt nach Ablauf einer von ihm gesetzten Frist das Eigentum an der Fundsache, wenn der Berechtigte sich nicht zur Befriedigung seiner Ansprüche bereiterklärt (im Einz dazu s §§ 974, 1003).

5 **4. Erlöschen und Verjährung der Ansprüche.** Gibt der Finder die Sache vor Befriedigung seiner Ansprüche heraus, erlöschen diese binnen eines Monats, sofern sie nicht innerhalb dieser Frist gerichtlich geltend gemacht oder vom Berechtigten genehmigt werden (§ 1002). Genehmigte Ansprüche verjähren in drei Jahren (§ 195).

§ 973 Eigentumserwerb des Finders

(1) Mit dem Ablauf von sechs Monaten nach der Anzeige des Fundes bei der zuständigen Behörde erwirbt der Finder das Eigentum an der Sache, es sei denn, dass vorher ein Empfangsberechtigter dem Finder bekannt geworden ist oder sein Recht bei der zuständigen Behörde angemeldet hat. Mit dem Erwerb des Eigentums erlöschen die sonstigen Rechte an der Sache.

(2) Ist die Sache nicht mehr als zehn Euro wert, so beginnt die sechsmonatige Frist mit dem Fund. Der Finder erwirbt das Eigentum nicht, wenn er den Fund auf Nachfrage verheimlicht. Die Anmeldung eines Rechts bei der zuständigen Behörde steht dem Erwerb des Eigentums nicht entgegen.

1 **1. Eigentumserwerb.** Mit Fristablauf **erwirbt der Finder** originär und lastenfrei (Abs I S 2) das **Eigentum** an der Fundsache. Der Eigentumserwerb erfolgt **ex nunc** (Staudinger/*C. Heinze* Rn 6; MüKo/*Oechsler* Rn 4). Dem Finder gebühren aber auch die **Nutzungen**, die er während seiner Besitzzeit gezogen hat (Staudinger/*C. Heinze* Rn 6; MüKo/*Oechsler* Rn 4). Zu beachten ist, dass die Empfangsberechtigten die Fundsache auch nach Eigentumserwerb von dem Finder und neuen Eigentümer befristet noch herausverlangen können (§ 977).

2 Ein **Eigentumserwerb** des Finders **ist** im Falle des **Wertfundes** (Wert der Fundsache min 10 €) **ausgeschlossen,** wenn dem Finder vor Fristablauf ein Empfangsberechtigter bekannt wird oder ein solcher sein Recht der zuständigen Behörde mitgeteilt hat (Abs I iVm § 965 II). Im Falle des **Kleinfundes** (Wert der Fundsache bis zu 10 €) ist der Eigentumserwerb des Finders ausgeschlossen, wenn ihm vor Fristablauf ein Empfangsberechtigter bekannt geworden ist oder wenn der Finder den Fund auf Nachfrage (auch eines Dritten) innerhalb der Frist verheimlicht hat (Abs II).

3 Das **Anwartschaftsrecht** (aA MüKo/*Oechsler* Rn 5: kein Anwartschaftsrecht vor Ablauf der Sechsmonatsfrist) des Finders auf Erwerb des Eigentums an der Fundsache **ist veräußerlich und vererblich** (*Baur/Stürner* § 53 Rn 82). Im Falle der Übertragung erlangt der Erwerber mit Fristablauf unmittelbar das Eigentum an der Fundsache, es findet kein Durchgangserwerb des Finders statt. Überträgt der Finder dagegen nicht sein Anwartschaftsrecht, sondern tritt er bei der Veräußerung der Fundsache als Eigentümer auf, scheitert der Eigentumserwerb regelmäßig an § 935; nach Fristablauf kann die Übertragung gem § 185 II Wirksamkeit erlangen.

4 **2. Frist.** Der **Lauf der Sechs-Monats-Frist** beginnt beim Wertfund (Abs I) mit der Erstattung der Anzeige (§ 965), beim Kleinfund (Abs II) mit dem Fund, dh mit der Besitzbegründung (§ 965 Rn 7). Die Berechnung erfolgt gem § 187 I, § 188 II. Auch eine verspätete Anzeige, durch die der Finder seine Finderpflicht verletzt, setzt den Lauf der Frist in Gang (Staudinger/*C. Heinze* Rn 2).

5 **3. Geltendmachung.** Ist der Finder noch im Besitz der Sache, bedarf sein Erwerbsanspruch keiner Geltendmachung. Der Finder erwirbt das Eigentum kraft Gesetzes und kann es ohne weiteres einem nachfolgenden Herausgabeverlangen der früher Berechtigten entgegenhalten. Hatte der Finder die Fundsache gem § 967 bei der zuständigen Behörde abgeliefert, so steht ihm nach Fristablauf gegen diese ein öffentlich-rechtl Herausgabeanspruch zu, der im Verwaltungsrechtsweg geltend zu machen ist (VGH Bremen DVBl 1956, 628; aA Staudinger/*C. Heinze* Vor §§ 965ff Rn 4 – Zivilrechtsweg).

§ 974 Eigentumserwerb nach Verschweigung

Sind vor dem Ablauf der sechsmonatigen Frist Empfangsberechtigte dem Finder bekannt geworden oder haben sie bei einer Sache, die mehr als zehn Euro wert ist, ihre Rechte bei der zuständigen Behörde rechtzeitig angemeldet, so kann der Finder die Empfangsberechtigten nach der Vorschrift des § 1003 zur Erklärung über die ihm nach den §§ 970 bis 972 zustehenden Ansprüche auffordern. Mit dem Ablauf der für die Erklärung bestimmten Frist erwirbt der Finder das Eigentum und erlöschen die sonstigen Rechte an der Sache, wenn nicht die Empfangsberechtigten sich rechtzeitig zu der Befriedigung der Ansprüche bereit erklären.

I. Allgemeines. § 974 stellt neben § 973 die **zweite Möglichkeit des Eigentumserwerbs** durch den Finder dar. Sie gelangt zur Anwendung, wenn vor Ablauf der Sechs-Monats-Frist Empfangsberechtigte (§ 969 Rn 3) bekannt geworden sind und ein Eigentumserwerb des Finders nach § 973 daher nicht mehr möglich ist. 1

II. Voraussetzung für den Eigentumserwerb. Voraussetzung für den Eigentumserwerb nach § 974 ist, dass die Empfangsberechtigten die Ansprüche des Finders nach §§ 970–972 nicht genehmigen, obwohl sie vom Finder hierzu unter Fristsetzung aufgefordert worden sind. 2

1. Aufforderung mit Fristsetzung. Der Finder muss **allen Empfangsberechtigten**, die bekannt sind oder ihre Rechte bei der zuständigen Behörde angemeldet haben, eine angemessene Frist zur Genehmigung des von ihm geltend gemachten Anspruchs auf Finderlohn (§ 971) und Aufwendungsersatz (§ 970) setzen. Werden nachträgl weitere Empfangsberechtigte bekannt, so muss der Finder (nur) diesen ggü erneut eine Frist setzen. 3

Angemessen ist die Frist, wenn sie den Empfangsberechtigten ausreichend Zeit lässt, die Berechtigung der geltend gemachten Ansprüche zu prüfen, sich die erforderlichen Geldmittel zu verschaffen und das weitere Vorgehen miteinander abzustimmen. Das Setzen einer unangemessenen Frist ist wirkungslos; die Frist muss neu gesetzt werden (Staudinger/*C. Heinze* Rn 1). 4

2. Genehmigung der Ansprüche. Die Empfangsberechtigten haben drei Alternativen, auf die Fristsetzung zu reagieren. 5

a) Äußern sich die Empfangsberechtigten innerhalb der gesetzten Frist **nicht**, so erwirbt der Finder mit Ablauf der Frist lastenfreies Eigentum an der Fundsache. Waren jedoch noch weitere Empfangsberechtigte vorhanden, so hat der fruchtlose Ablauf der Frist nur die Wirkung eines Ausschlusses der Empfangsberechtigten, denen ggü sie gesetzt war (RGRK/*Pikart* Rn 3). 6

b) Erklären sich die Empfangsberechtigten oder auch nur ein Empfangsberechtigter zur Befriedigung der Ansprüche **bereit**, so erlangt der Finder damit einen Anspruch auf Finderlohn und Aufwendungsersatz in der von ihm geltend gemachten Höhe (§ 972 Rn 3). Ein Eigentumserwerb des Finders ist danach nicht mehr möglich. Erforderlichenfalls muss der Finder den anerkannten Anspruch im Klagewege geltend machen. 7

c) Bestreiten die Empfangsberechtigten oder auch nur ein Empfangsberechtigter **die Ansprüche** des Finders ganz oder der Höhe nach, so muss der Finder seine Ansprüche gerichtlich feststellen lassen und den bzw dem Berechtigten sodann eine neue Frist zur Befriedigung dieser Ansprüche setzen (§ 1003 II; Staudinger/*C. Heinze* Rn 2). Klage und Fristsetzung können miteinander verbunden werden (RGZ 137, 98ff). Lassen die Berechtigten die Frist verstreichen, erwirbt der Finder lastenfreies Eigentum an der Fundsache. 8

§ 975 Rechte des Finders nach Ablieferung

Durch die Ablieferung der Sache oder des Versteigerungserlöses an die zuständige Behörde werden die Rechte des Finders nicht berührt. Lässt die zuständige Behörde die Sache versteigern, so tritt der Erlös an die Stelle der Sache. Die zuständige Behörde darf die Sache oder den Erlös nur mit Zustimmung des Finders einem Empfangsberechtigten herausgeben.

1. Allgemeines. § 975 regelt zwei unterschiedliche Fragenkomplexe. Zum einen die **Folgen einer Versteigerung** der Fundsache durch die zuständige Behörde (S 2) und zum anderen die Befugnis der Behörde zur **Herausgabe der Fundsache an den Berechtigten** (S 3). Die Norm ist auch insoweit von Bedeutung, als sie klarstellt, dass der Finder **durch Ablieferung der Sache** (§ 967) **keinen Rechtsverlust** erleidet (S 1). Der Finder kann sich also seiner Finderpflichten, insb seiner Verwahrungspflicht, dadurch entziehen, dass er die Sache an die zuständige Behörde abliefert, ohne dass er dadurch seine Finderrechte einbüßt. 1

2. Versteigerung. Das Recht der Behörde zur **Versteigerung der Sache** richtet sich nach landesgesetzl öffentlich-rechtl Bestimmungen, nicht nach § 966 II. Gleiches gilt für das Recht der Behörde, Aufwendungen aus dem Erlös zu decken. Im Falle der Versteigerung der Fundsache durch die zuständige Behörde erlangt der Finder kraft dinglicher Surrogation am Versteigerungserlös dieselben Rechte, die er zuvor an der Fundsache hatte (S 2). 2

3. Herausgabe der Sache. S 3 soll den Finder vor dem Verlust seines Zurückbehaltungsrechtes (§ 972) an der Fundsache schützen. Verweigert der Finder seine Zustimmung zur Herausgabe der Fundsache bzw des Erlöses, kann sie durch eine erfolgreiche Herausgabeklage der Berechtigten ersetzt werden (§ 894 ZPO). 3

§ 976 Eigentumserwerb der Gemeinde

(1) Verzichtet der Finder der zuständigen Behörde gegenüber auf das Recht zum Erwerb des Eigentums an der Sache, so geht sein Recht auf die Gemeinde des Fundorts über.

(2) Hat der Finder nach der Ablieferung der Sache oder des Versteigerungserlöses an die zuständige Behörde aufgrund der Vorschriften der §§ 973, 974 das Eigentum erworben, so geht es auf die Gemeinde des Fundorts über, wenn nicht der Finder vor dem Ablauf einer ihm von der zuständigen Behörde bestimmten Frist die Herausgabe verlangt.

1 **I. Allgemeines.** Die Vorschrift regelt das rechtl Schicksal der Fundsache, wenn ein Empfangsberechtigter nicht zu ermitteln ist und der Finder kein Interesse an der Sache hat.

2 **II. Verzicht des Finders. 1. Verzichtserklärung.** Der Verzicht ist eine formlose, einseitige Willenserklärung, die der zuständigen Behörde ggü abzugeben ist; die örtliche Zuständigkeit der Behörde ist unerheblich (Staudinger/*C. Heinze* Rn 1; MüKo/*Oechsler* Rn 1). Er enthält zugleich die Zustimmung zur Herausgabe der Fundsache an den Berechtigten. Die Annahme des Verzichts durch die Behörde oder Gemeinde ist nicht erforderlich; diese können nicht ablehnen.

3 **2. Rechtsfolgen des Verzichts.** Mit der Erklärung des Verzichts geht das Finderrecht auf die Gemeinde über. Der Finder verliert durch den Verzicht also jeden Anspruch auf den Erwerb der Fundsache oder eines möglicherweise erzielten Versteigerungserlöses. Aufwendungen und Finderlohn sind ihm von der Gemeinde zu erstatten, soweit der Wert der Sache oder ihr Erlös ausreicht. Ansprüche auf Finderlohn und Aufwendungsersatz bestehen jedoch erst, wenn die Gemeinde das Eigentum an der Fundsache erworben hat und auch nur, wenn der Finder mit dem Verzicht auf den Eigentumserwerb nicht gleichzeitig auch auf diese Ansprüche verzichtet hat, wovon im Zweifel aber nicht auszugehen ist (Staudinger/*C. Heinze* Rn 2; RGRK/*Pikart* Rn 3).

4 **III. Eigentumserwerb ohne Verzichtserklärung.** Auch ohne ausdrückl Verzichtserklärung des Finders kann das Eigentum an der Fundsache auf die Gemeinde übergehen. Das ist dann der Fall, wenn der Finder die Fundsache an die zuständige Behörde abliefert (§ 967), er nachfolgend durch Fristablauf usw Eigentum hieran erwirbt (§§ 973, 974), die Behörde ihm eine Frist zur Abholung der Sache setzt und der Finder die Sache nicht bis zum Ablauf der gesetzten Frist bei der Behörde herausverlangt (Abs II). Der Finder hat ggf auch keinen Anspruch auf Finderlohn oder Aufwendungsersatz (Staudinger/*C. Heinze* Rn 3). Die Gemeinde erwirbt aber nur dann das Eigentum, wenn zuvor der Finder das Eigentum erworben hatte. Es darf ihm deshalb keine Frist gesetzt werden, die vor Erwerb des Eigentums durch ihn abläuft. Hat der Finder nicht die Fundsache, sondern den Versteigerungserlös (§ 966 II) abgeliefert oder hat die Behörde die Fundsache versteigert, so erwirbt die Gemeinde statt des Eigentums an der Fundsache den Versteigerungserlös.

§ 977 Bereicherungsanspruch

Wer infolge der Vorschriften der §§ 973, 974, 976 einen Rechtsverlust erleidet, kann in den Fällen der §§ 973, 974 von dem Finder, in den Fällen des § 976 von der Gemeinde des Fundorts die Herausgabe des durch die Rechtsänderung Erlangten nach den Vorschriften über die Herausgabe einer ungerechtfertigten Bereicherung fordern. Der Anspruch erlischt mit dem Ablauf von drei Jahren nach dem Übergang des Eigentums auf den Finder oder die Gemeinde, wenn nicht die gerichtliche Geltendmachung vorher erfolgt.

1 **I. Allgemeines.** Der Eigentümer verliert spätestens sechs Monate nach dem Fund (bzw nach der Anzeige des Fundes) das Eigentum an der Fundsache (§§ 973, 974). Der Eigentumserwerb des Finders (bzw der Gemeinde, § 976) ist dann aber noch nicht endgültig. § 977 gewährt dem Eigentümer das Recht, noch binnen drei Jahren ab dem Zeitpunkt des Eigentumsverlustes **Herausgabe der Sache** nach den Vorschriften über die ungerechtfertigte Bereicherung (§§ 812ff) zu verlangen.

2 **II. Voraussetzungen.** Der Anspruch nach § 977 besteht immer dann, wenn aufgrund der §§ 973, 974, 976 ein Rechtsverlust eingetreten ist. Die Vorschrift enthält einen Rechtsfolgenverweis auf die §§ 812ff.

3 **1. Verpflichteter.** Zur Herausgabe verpflichtet ist derjenige, der das Eigentum an der Fundsache erworben hat, also entweder der Finder oder die Gemeinde. Ist der Verpflichtete zur Rückübertragung nicht in der Lage, muss er **Wertersatz** leisten (§ 818 II). Wurde die Sache unentgeltlich einem Dritten zugewandt, ist dieser verpflichtet (§ 822).

4 **2. Berechtigter.** Ansprüche aus § 977 stehen nicht nur dem Eigentümer zu, sondern jedem, der nach §§ 973, 974, 976 einen Rechtsverlust erleidet. Das sind diejenigen, denen an der Fundsache ein beschränktes dingliches Recht zustand, das mit dem Eigentumserwerb des Finders erloschen ist (§ 973 I 2). Nicht ersatzberechtigt sind dagegen Personen, denen nur ein schuldrechtl Recht zum Besitz an der Sache zustand. Nicht ersatzberechtigt ist auch der Finder ggü der Gemeinde im Falle des § 976 II.

5 Der Anspruch aus § 977 besteht auch, wenn der Ersatzberechtigte sein Recht an der Sache verloren hat, weil er sich auf Aufforderung des Finders hin nicht zur Zahlung von Finderlohn und Aufwendungsersatz bereiterklärt hat (§ 974) (MüKo/*Oechsler* Rn 3). Das ist nicht ganz einsichtig, weil diese Personen den Rechtsverlust durch ihr Verhalten bewusst herbeigeführt haben, des von § 977 beabsichtigten Schutzes also nicht bedürfen. Der Wortlaut des § 977 ist insoweit aber eindeutig (Staudinger/*C. Heinze* Rn 2).

3. Frist. Die Frist von drei Jahren ist eine **Ausschlussfrist.** Bestimmungen über die Verjährung finden keine Anwendung (Staudinger/*C. Heinze* Rn 3; aA *Wendt* AcP 92, 168ff). 6

§ 978 Fund in öffentlicher Behörde oder Verkehrsanstalt

(1) Wer eine Sache in den Geschäftsräumen oder den Beförderungsmitteln einer öffentlichen Behörde oder einer dem öffentlichen Verkehr dienenden Verkehrsanstalt findet und an sich nimmt, hat die Sache unverzüglich an die Behörde oder die Verkehrsanstalt oder an einen ihrer Angestellten abzuliefern. Die Vorschriften der §§ 965 bis 967 und 969 bis 977 finden keine Anwendung.

(2) Ist die Sache nicht weniger als 50 Euro wert, so kann der Finder von dem Empfangsberechtigten einen Finderlohn verlangen. Der Finderlohn besteht in der Hälfte des Betrags, der sich bei Anwendung des § 971 Abs. 1 Satz 2, 3 ergeben würde. Der Anspruch ist ausgeschlossen, wenn der Finder Bediensteter der Behörde oder der Verkehrsanstalt ist oder der Finder die Ablieferungspflicht verletzt. Die für die Ansprüche des Besitzers gegen den Eigentümer wegen Verwendungen geltende Vorschrift des § 1001 findet auf den Finderlohnanspruch entsprechende Anwendung. Besteht ein Anspruch auf Finderlohn, so hat die Behörde oder die Verkehrsanstalt dem Finder die Herausgabe der Sache an einen Empfangsberechtigten anzuzeigen.

(3) Fällt der Versteigerungserlös oder gefundenes Geld an den nach § 981 Abs. 1 Berechtigten, so besteht ein Anspruch auf Finderlohn nach Absatz 2 Satz 1 bis 3 gegen diesen. Der Anspruch erlischt mit dem Ablauf von drei Jahren nach seiner Entstehung gegen den in Satz 1 bezeichneten Berechtigten.

1. Allgemeines. Die §§ 978–981 enthalten **Sondervorschriften** für den Fund in behördlichen Geschäftsräumen und Beförderungsmitteln (sog **„Verkehrsfund"**). **§§ 965–977 sind** mit Ausnahme des § 968 (Haftung des Finders) auf einen Verkehrsfund **nicht anwendbar** (Abs I S 2). Die Behörde oder Verkehrsanstalt ist kein Finder iSd § 965. Sie hat daher weder einen Anspruch auf Finderlohn noch Finderpflichten. Ihre Rechte und Pflichten ergeben sich allein aus §§ 979–981. **Finder** iSd § 978 ist derjenige, der die verlorene Sache an sich nimmt. Auch dessen Rechte und Pflichten richten sich beim Verkehrsfund aber nicht nach §§ 965ff, sondern nach §§ 978ff. 1

„Verloren" iSd § 978 ist eine Sache auch dann, wenn sie sich in den Räumen der genannten Institutionen befindet und diese kraft ihrer Organisationsgewalt und ihres allg Besitzwillens Besitz hieran erlangen (MüKo/*Oechsler* Rn 2; BGHZ 101, 186, 192; Staudinger/*C. Heinze* Rn 1). Nach der für den einfachen Fund geltenden Definition des § 965 wären solche Sachen nicht als verloren anzusehen, weil sie nicht besitzlos sind (§ 965 Rn 1 und 3; zu in privaten Geschäftsräumen „verlorenen" Sachen vgl § 965 Rn 5). 2

2. Öffentliche Behörde oder Verkehrsanstalt. Was unter den **Geschäftsräumen** und **Beförderungsmitteln** einer öffentlichen Behörde oder einer dem öffentlichen Verkehr dienenden Verkehrsanstalt zu verstehen ist, ist str. Da es sich bei den §§ 978ff um Sondervorschriften handelt, wird man die Begriffe eng auslegen müssen (*Rother* BB 1965, 249 befürwortet eine analoge Anwendung der §§ 978ff auf alle Räume, in denen bestimmungsgemäß Publikumsverkehr stattfindet; dagegen *Eith* MDR 1981, 190). Kaufhäuser, Hotels, Gasthäuser, Wärmehallen, Ausstellungen, Theater, Konzertsäle, Kirchen, Banken usw fallen daher nicht unter die §§ 978ff (MüKo/*Oechsler* Rn 3f; dazu § 965 Rn 5, 6). Zu öffentlichen Geschäftsräumen rechnen auch Flure und Treppen. Auch ein Wertstoffhof und der darauf befindliche Papiercontainer eines Abfallwirtschaftsverbandes ist Geschäftsraum (LG Landshut NJW 2005, 995). Die Anwendung ist auf staatliche oder kommunale Behörden (zB Rathäuser, Landratsämter, Bezirksregierungen, Landesversicherungsanstalten, Polizeibehörden, Gerichte etc) und auf Verkehrsanstalten (Personen- und Frachtverkehrsunternehmen, zB die Deutsche Bahn AG, die Deutsche Post AG, die Lufthansa AG, kommunale Verkehrsbetriebe etc, evtl auch Bus- oder Taxiunternehmen) beschränkt, bei letzteren aber ohne Rücksicht darauf möglich, ob sie im Staats- oder Privateigentum stehen (RGZ 108, 259; die Anwendung auf Taxiunternehmen generell abl: MüKo/*Oechsler* Rn 6; Soergel/*Henssler* Rn 3). Verkehrsanstalten müssen einigen Umfang haben, weil sonst von einer „Anstalt" nicht die Rede sein kann. Eine Speisewagengesellschaft hat das LG Frankfurt in einer frühen Entscheidung (LG Frankfurt/M NJW 1956, 873) nicht als Verkehrsanstalt angesehen (zum Fund in einer „Verkehrsanstalt" am Bsp der DB *Kunz* MDR 1986, 537ff). 3

3. Rechte und Pflichten des Finders. Der Finder hat die **Fundsache** unverzüglich (§ 121 I) an die Behörde (bzw einen Mitarbeiter der Behörde) usw **abzuliefern** (Abs I S 1). Kommt er dieser Pflicht nach, ist er nicht Bediensteter der Behörde usw (Abs II S 3) und beträgt der Wert der Fundsache mehr als 50 € (Abs II S 1), gewährt ihm § 978 II und III einen Anspruch auf **Finderlohn**. Der Finderlohn beträgt jedoch lediglich die Hälfte des Finderlohns, den der Finder bei einem einfachen Fund gem § 971 I erhalten würde (Abs II S 2). Dem Finder steht auch nicht das in den §§ 972, 975 S 3 vorgesehene **Zurückbehaltungsrecht** zu. Die Behörde muss den Finder lediglich über die Herausgabe der Fundsache an den Berechtigten in Kenntnis setzen (Abs II S 5). Über die Pflicht zur Ablieferung hinaus obliegen dem Finder keine weiteren Pflichten. Er muss die Fundsache nicht verwahren usw, wie es die §§ 965ff vorsehen. 4

Schuldner des Finderlohns ist der Berechtigte (§ 969 Rn 3), der die Fundsache wiedererlangt oder den Anspruch auf Finderlohn genehmigt (Abs II S 1 und S 4 iVm § 1001). Etwas anderes gilt nur dann, wenn die Sache versteigert wurde und der Versteigerungserlös nach Maßgabe des § 981 nicht an den ursprüngl Berechtigten, sondern an eine der in § 981 I genannten Personen (Bund, Bundesland, Gemeinde, Verkehrsunternehmen) gefallen ist. In diesem Fall ist diese Person zur Zahlung des Finderlohns verpflichtet (Abs III). 5

6 Der **Anspruch auf Finderlohn erlischt** drei Jahre nach seiner Entstehung, soweit er sich gegen eine der in § 981 I genannten Personen richtet (Abs III S 2). Richtet sich der Anspruch auf Finderlohn gegen den ursprüngl Berechtigten, sieht das Gesetz keine Erlöschensregelung vor. Die Verjährung des Anspruchs ergibt sich aus den §§ 195ff.

§ 979 Verwertung; Verordnungsermächtigung

(1) Die Behörde oder die Verkehrsanstalt kann die an sie abgelieferte Sache öffentlich versteigern lassen. Die öffentlichen Behörden und die Verkehrsanstalten des Reichs, der Bundesstaaten und der Gemeinden können die Versteigerung durch einen ihrer Beamten vornehmen lassen.

(1a) Die Versteigerung kann nach Maßgabe der nachfolgenden Vorschriften auch als allgemein zugängliche Versteigerung im Internet erfolgen.

(1b) Die Bundesregierung wird ermächtigt, durch Rechtsverordnung ohne Zustimmung des Bundesrates für ihren Bereich Versteigerungsplattformen zur Versteigerung von Fundsachen zu bestimmen; sie kann diese Ermächtigung durch Rechtsverordnung auf die fachlich zuständigen obersten Bundesbehörden übertragen. Die Landesregierungen werden ermächtigt, durch Rechtsverordnung für ihren Bereich entsprechende Regelungen zu treffen; sie können die Ermächtigung auf die fachlich zuständigen obersten Landesbehörden übertragen. Die Länder können Versteigerungsplattformen bestimmen, die sie länderübergreifend nutzen. Sie können eine Übertragung von Abwicklungsaufgaben auf die zuständige Stelle eines anderen Landes vereinbaren.

(2) Der Erlös tritt an die Stelle der Sache.

1 **1. Allgemeines.** § 979 erlaubt der Behörde oder Verkehrsanstalt (zum Begriff § 978 Rn 3) die öffentliche **Versteigerung der Fundsache** beim **Verkehrsfund** (§ 978). Mit G v 30.7.2009 (BGBl I 2009, 2474) wurde die Überschrift ergänzt und mit den Abs Ia und Ib die Möglichkeit einer Versteigerung im Internet geschaffen (Abs Ia) und eine Verordnungsermächtigung insb zur näheren Bestimmung von Versteigerungsplattformen (Abs Ib) eingefügt. Infolge der Verweisung in § 983 auf die Fundsachenversteigerung gilt diese Änderung auch für die Verwertung von Diebesgut, das bei den Staatsanwaltschaften asserviert ist, und hat dadurch erhebliche wirtschaftl Bedeutung (Begr RegE v 19.12.2007, BT-Drucks 16/7615). Aufgrund der Anpassung des § 935 I ist im Rahmen einer solchen Versteigerung auch ein gutgläubiger Erwerb möglich. Die Versteigerung erfolgt „nach Maßgabe der nachfolgenden Vorschriften", die §§ 980–982 finden daher Anwendung. Abgesehen von Abs I S 2 enthält die Vorschrift ansonsten keine Durchführungsvorschriften für die Versteigerung.

2 **2. Anwendbare Vorschriften.** Wird die Fundsache von einer öffentlich-rechtl Einrichtung versteigert, richten sich die Rechte und Pflichten nach landesgesetzl öffentlich-rechtl Vorschriften. Wird die Fundsache von einer privaten Verkehrsanstalt (einem Verkehrsunternehmen) durchgeführt, finden die §§ 383, 156 Anwendung. Da das Gesetz nicht ausdrückl auf § 383 verweist, wird man neben § 383 auch die erg Bestimmung des § 385 anwenden können, nach denen die Verkehrsanstalt berechtigt ist, Sachen mit Börsen- oder Marktpreis **aus freier Hand zu verkaufen** (RGRK/*Pikart* Rn 6; Staudinger/*C. Heinze* Rn 2; MüKo/*Oechsler* Rn 2). Die §§ 384, 386 sind dagegen nicht anwendbar, da insoweit die Sonderbestimmungen der §§ 980, 981 eingreifen.

3 **3. Rechtsfolgen der Versteigerung.** Eine zulässige Versteigerung führt zum **Eigentumserwerb des Ersteigerers.** Der Versteigerungserlös tritt an die Stelle der Fundsache (§ 979 II).

4 **4. Geld.** Handelt es sich bei der Fundsache um **Geld**, kommt eine Versteigerung nicht in Betracht. Gefundenes Geld wird aber wie ein Versteigerungserlös behandelt (vgl § 981 II 2).

5 **5. Zuständigkeiten.** An die Stelle des „**Reichs**" und der „**Bundesstaaten**" sind die Bundesrepublik Deutschland und die Länder getreten.

§ 980 Öffentliche Bekanntmachung des Fundes

(1) Die Versteigerung ist erst zulässig, nachdem die Empfangsberechtigten in einer öffentlichen Bekanntmachung des Fundes zur Anmeldung ihrer Rechte unter Bestimmung einer Frist aufgefordert worden sind und die Frist verstrichen ist; sie ist unzulässig, wenn eine Anmeldung rechtzeitig erfolgt ist.

(2) Die Bekanntmachung ist nicht erforderlich, wenn der Verderb der Sache zu besorgen oder die Aufbewahrung mit unverhältnismäßigen Kosten verbunden ist.

1 Zulässigkeitsvoraussetzung für eine Versteigerung beim Verkehrsfund (§ 978) ist, dass in der in § 982 genannten Weise auf den Fund hingewiesen wurde und bis zur Versteigerung (nicht: bis zum Fristablauf) kein Empfangsberechtigter (§ 969 Rn 3) seine Rechte an der Fundsache angemeldet hat (Abs I).

2 **Entbehrlich** ist eine Bek nur bei verderblichen Waren oder wenn die Lagerung mit unverhältnismäßigen Kosten verbunden wäre (Abs II). Verderbliche Waren sind vor allem Lebensmittel, aber auch alle sonstige Waren die nach geringer Zeit wertlos werden (zB Zeitungen). Aufbewahrungskosten sind unverhältnismäßig, wenn sie in der Zeit bis zur Versteigerung mindestens die Höhe des voraussichtlichen Versteigerungserlöses erreichen (MüKo/*Oechsler* Rn 2).

§ 981 Empfang des Versteigerungserlöses

(1) Sind seit dem Ablauf der in der öffentlichen Bekanntmachung bestimmten Frist drei Jahre verstrichen, so fällt der Versteigerungserlös, wenn nicht ein Empfangsberechtigter sein Recht angemeldet hat, bei Reichsbehörden und Reichsanstalten an den Reichsfiskus, bei Landesbehörden und Landesanstalten an den Fiskus des Bundesstaats, bei Gemeindebehörden und Gemeindeanstalten an die Gemeinde, bei Verkehrsanstalten, die von einer Privatperson betrieben werden, an diese.

(2) Ist die Versteigerung ohne die öffentliche Bekanntmachung erfolgt, so beginnt die dreijährige Frist erst, nachdem die Empfangsberechtigten in einer öffentlichen Bekanntmachung des Fundes zur Anmeldung ihrer Rechte aufgefordert worden sind. Das Gleiche gilt, wenn gefundenes Geld abgeliefert worden ist.

(3) Die Kosten werden von dem herauszugebenden Betrag abgezogen.

1. Ausschlussfrist (Abs I). Die öffentliche Versteigerung einer Fundsache ist beim **Verkehrsfund** (§ 978) erst nach der in § 980 I vorgesehenen Bek mit Fristsetzung zulässig. **Abs I** knüpft an diese Bek an, indem er anordnet, dass drei Jahre nach fruchtlosem Ablauf der gesetzten Frist der erzielte **Ersteigerungserlös an die** die Versteigerung **durchführende Institution fällt.** 1

Die Frist, für deren Berechnung §§ 187, 188 gelten, ist eine **Ausschlussfrist**. Nach ihrem Ablauf bestehen keine Ansprüche (auch keine Bereicherungsansprüche) der ehemals Berechtigten mehr. 2

2. Fehlende Bekanntmachung (Abs II). Ist eine **Bek nach § 980 I nicht erfolgt** (vgl **Abs II**), so muss die die Versteigerung vornehmende Institution selbst eine Bek des Fundes veranlassen. Die Drei-Jahres-Frist des Abs I beginnt ggf erst mit dieser Bek (Abs II S 1). Ist die **Fundsache Geld**, findet eine Versteigerung nicht statt. Das Geld fällt vielmehr als solches an die verwahrende Institution, wenn sie eine Bek des Fundes veranlasst und binnen drei Jahren nach der Bek kein Empfangsberechtigter (§ 969 Rn 3) seine Rechte geltend macht (Abs II S 2). Geld sind alle inl und ausl Zahlungsmittel. 3

3. Kosten (Abs III). Abzuziehende Kosten (Abs III) sind die Kosten der Versteigerung, der Aufbewahrung und der Pflege, nicht dagegen der Finderlohn. 4

4. Zuständigkeiten. An die Stelle des „Reichs" und der „Bundesstaaten" sind die Bundesrepublik Deutschland und die Länder getreten. 5

§ 982 Ausführungsvorschriften

Die in den §§ 980, 981 vorgeschriebene Bekanntmachung erfolgt bei Reichsbehörden und Reichsanstalten nach den von dem Bundesrat, in den übrigen Fällen nach den von der Zentralbehörde des Bundesstaats erlassenen Vorschriften.

An die Stelle der Reichsbehörden und Reichsanstalten sind die Bundesbehörden und Bundesanstalten getreten. Für sie gilt noch die Bek v 16.6.1898 (BGBl III 403ff = RGBl 912); anstelle des BR ist heute gem Art 129 GG der Bundesminister des Innern zuständig. 1

An die Stelle der Bundesstaaten sind die Bundesländer getreten. Welche **Landesbehörde zuständig ist**, ergibt sich aus dem einschlägigen Landesrecht. 2

§ 983 Unanbringbare Sachen bei Behörden

Ist eine öffentliche Behörde im Besitz einer Sache, zu deren Herausgabe sie verpflichtet ist, ohne dass die Verpflichtung auf Vertrag beruht, so finden, wenn der Behörde der Empfangsberechtigte oder dessen Aufenthalt unbekannt ist, die Vorschriften der §§ 979 bis 982 entsprechende Anwendung.

§ 983 ist ein **Auffangtatbestand**, der öffentliche Behörden zur Verwertung von Sachen ermächtigt, die sich in ihrem Besitz befinden und von ihr herausgegeben werden müssen, ohne dass hierfür eine vertragl Grundlage besteht oder die §§ 965ff, 978ff direkt anwendbar wären. In Betracht kommen vor allem sichergestelltes Diebesgut, sichergestellte Kraftfahrzeuge, wenn deren Eigentümer oder dessen Aufenthalt nicht bekannt ist, und Fundsachen, deren Finder nicht mehr festzustellen ist (*Löffler* NJW 1991, 1705). Die Vorschrift ist nur auf öffentliche Behörden anwendbar, private Gesellschaften oder Verkehrsanstalten (vgl § 978) können nicht nach § 983 vorgehen. 1

Vertragl Herausgabepflichten iSd § 983 können insb aufgrund der nach §§ 372ff und den Hinterlegungsgesetzen der Bundesländer abzuschließenden öffentlich-rechtl Verwahrungsverhältnisse bestehen. Die HintO ist durch G v 23.11.2007 (BGBl I 2007, 2614) mWv 1.12.2010 aufgehoben worden. 2

§ 984 Schatzfund

Wird eine Sache, die so lange verborgen gelegen hat, dass der Eigentümer nicht mehr zu ermitteln ist (Schatz), entdeckt und infolge der Entdeckung in Besitz genommen, so wird das Eigentum zur Hälfte von dem Entdecker, zur Hälfte von dem Eigentümer der Sache erworben, in welcher der Schatz verborgen war.

Schrifttum: *Fechner*, Rechtlicher Schutz archäologischen Kulturguts, 1991; *Gursky*, Eigentumserwerb an einem bei Abbrucharbeiten entdeckten Schatz, JZ 1988, 670; *Hermans*, Der Schatzfund, 2011; *Hönes*, Das Schatzregal, DÖV 1992, 425; *Hönes*, Das Schatzregal im Dienste des Denkmalschutzes, NuR 1994, 419; *Schroeder*, Grundgesetz und Schatzregal, JZ 1989, 676.

1 **I. Allgemeines.** Der **Schatzfund** gem § 984 ist die dritte vom Gesetz geregelte Alternative des Fundes. Auf ihn finden die für den einfachen Fund (§§ 965ff) und den Verkehrsfund (§§ 978ff) geltenden Vorschriften keine Anwendung. Kennzeichnend für den Schatzfund ist die lange Verborgenheit der Sache und die dadurch hervorgerufene Unsicherheit über die Person des Eigentümers. Die lange Zeit des Verborgenseins muss **kausal** für die Nichtfeststellbarkeit des Eigentümers sein. Ist der Eigentümer aus anderen Gründen nicht feststellbar (zB Treibgut nach einem Schiffsunglück), finden §§ 965ff Anwendung. Die Unsicherheit muss sich aber nicht notwendigerweise auf die Person des Eigentümers beziehen. Es reicht auch aus, wenn unsicher ist, ob die Sache überhaupt im Eigentum eines anderen steht oder nicht vielleicht derelinquiert (§ 959) worden ist, da § 984, anders als §§ 965ff, 978ff (§ 965 Rn 2), auch auf herrenlose Sachen Anwendung findet. Ebenso ist Besitzlosigkeit der Sache, anders als bei §§ 965ff, 978ff (§ 965 Rn 2), nicht erforderlich (*Baur/Stürner* § 53 Rn 84).

2 **II. Schatz. 1. Begriff.** Schatz kann jede bewegliche Sache sein, auch wenn sie derelinquiert wurde oder noch nie in jemandes Eigentum gestanden hat (Rn 1). § 984 ist dann zumindest entspr anzuwenden, zB auf Fossilien (Frankfurt 27.6.2014 – 12 U 42/13; Nürnberg NJW-RR 2003, 933f), Knochen von historischem Wert (*Baur/Stürner* § 53 Rn 84). Voraussetzung ist nur, dass wegen der langen Dauer des Verborgenseins der Sache nicht mehr feststellbar ist, in wessen Eigentum die Sache steht oder ob überhaupt jemand Eigentum an der Sache zusteht. Grds ist zu vermuten, dass eine Sache, die sich in einer anderen Sache verbirgt, im Eigentum des Eigentümers der verbergenden Sache steht. Nur besondere Umstände (zB Alter, andere Eigenschaften der Sache, Art des Verstecks) können diese Vermutung entkräften und damit Unsicherheit über die Person des Eigentümers begründen. Steht auf der Sache der Name des Eigentümers, so wird dieser meist noch zu ermitteln sein, so dass kein Schatz vorliegt (Hamburg MDR 1982, 409).

3 **2. Einzelfälle.** Schatz iSd § 984 sind zB Silbermünzen aus dem Jahre 1750, die beim Ausschachten eines Kellers gefunden werden (*Baur/Stürner* § 53 Rn 84), nicht aber Geldkassetten, die der Vorbesitzer eines Grundstücks in einem Kachelofen versteckt hat (LG Düsseldorf 27.7.2012 – 15 O 103/11). Sachen, die in **Ruinengrundstücken** verschüttet sind, sind noch nicht Schatz, sondern Fundsache; sie können aber im Laufe der Zeit Schatz werden. **Fossilien** von wissenschaftlichem Wert sind von dem Schatzbegriff umfasst (Frankfurt BeckRS 2015, 7928 [Rn 91]; Nürnberg NJW-RR 2003, 933).

4 **III. Eigentumserwerb kraft Gesetzes.** Der Eigentumserwerb nach § 984 erfolgt kraft Gesetzes unmittelbar durch **Entdeckung und Inbesitznahme**.

5 **1. Entdeckung.** Entdecken ist die **sinnliche Wahrnehmung** des Schatzes, durch die der Schatz seiner Verborgenheit entrissen und dem Verkehr wieder zugänglich wird. Es muss nicht jedes Einzelteil des Schatzes sinnlich wahrgenommen (gesehen) worden sein, auch Folgefunde nach Lokalisierung des Schatzes können als „entdeckt“ gelten (Frankfurt NJW-RR 2014, 625). Der Entdecker erwirbt durch seine Wahrnehmung ein **Anwartschaftsrecht** auf das Miteigentum, dessen Umwandlung in Eigentum nur noch von der Inbesitznahme der Sache abhängig ist (RGRK/*Pikart* Rn 10).

6 Die Tätigkeit des Entdeckens ist **Realakt**. Es kann daher auch der Geschäftsunfähige entdecken. Wer einen Schatz vermutet und andere in seinem Auftrage nachforschen lässt, ist Entdecker (RGZ 70, 308; RGRK/*Pikart* Rn 9; Staudinger/*C. Heinze* Rn 9). Bei einer geplanten und gezielten Schatzsuche ist daher nicht der hierzu angestellte ArbN, der den Schatz „findet“, sondern der ArbGeb als Geschäftsführer und Leiter der Schatzsuche der Entdecker (*Baur/Stürner* § 53 Rn 84). Handelt es sich aber nicht um eine gezielte Schatzsuche, so ist beim Schatzfund im Regelfall der ArbN als Entdecker anzusehen (*Gursky* JZ 1988, 665ff), so zB im Falle eines Schatzfundes bei Abbrucharbeiten durch einen Arbeiter des Abbruchunternehmens (*Baur/Stürner* § 53 Rn 84; BGHZ 103, 101, 107 – „Lübecker Schatzfund“). Eine generelle Anweisung des ArbGeb an seine Mitarbeiter, während der Arbeit auf Schätze zu achten und sie ggf bei ihm abzugeben, ist nicht ausreichend, die in seinem Auftrag durchgeführten Arbeiten zu einer Schatzsuche zu machen. Eine solche Anweisung ist rein formal, der tatsächliche Zweck der Arbeiten kann dadurch nicht geändert werden; sie werden dadurch nicht zu einer Schatzsuche. Auch im Falle einer derartigen Anweisung entdeckt also der Arbeiter und nicht der ArbGeb den Schatz (aA MüKo/*Oechsler* Rn 6f; *Gursky* JZ 1988, 670). Ein Grenzfall sind Tiefbauarbeiten in einem historischen Stadtkern unter archäologischer und denkmalpflegerischer Aufsicht. Bei solchen Arbeiten ist der Auftraggeber der Grabungsarbeiten als Entdecker anzusehen, sofern der aufgefundene Schatz nicht völlig außerhalb der Erwartungen der die Arbeiten beaufsichtigenden Fachleute liegt (Nürnberg OLGRp 1999, 325).

7 **2. Inbesitznahme.** Inbesitznahme ist Begründung tatsächlicher Gewalt (§ 854). Wer den Schatz in Besitz nimmt, ist unerheblich; erforderlich ist lediglich ein Kausalzusammenhang zw der Entdeckung und der Inbesitznahme (RGRK/*Pikart* Rn 10).

8 **3. Erwerbsberechtigte.** Das Eigentum steht dem Entdecker und dem Eigentümer der Sache, in der der Schatz verborgen ist, als **Miteigentum je zur Hälfte** zu. Anders als bei den §§ 965ff, 978ff (§ 965 Rn 7) ist für die Erwerbsberechtigung nach § 984 nicht entscheidend, wer die Sache in Besitz nimmt, sondern wer sie entdeckt. Der Entdecker erwirbt Eigentum aufgrund seiner Entdeckung und der Besitznahme des Schatzes durch ihn oder einen Dritten. Der Eigentümer der Sache, in der der Schatz verborgen ist, erwirbt Eigentum an dem Schutz ohne eigene Erwerbshandlung, sein Erwerb der Schatzhälfte ist eine bloße Reflexwirkung der Tätigkeit des Finders

(Frankfurt BeckRS 2015, 7928 [Rn 90]). Es ist die Eigentumslage zum Zeitpunkt der Entdeckung maßgeblich. Zw dem Entdecker und dem Eigentümer der den Schatz bergenden Sache besteht eine Bruchteilsgemeinschaft (§§ 741ff, 1008ff). Die bergende Sache wird häufig ein Grundstück, kann aber auch eine bewegliche Sache sein (zB Geheimfach in einem Schrank). Ist die den Schatz bergende Sache mit Rechten Dritter belastet, so erstrecken sich diese Rechte nicht auf das Miteigentum an dem Schatz (vgl § 1040 für Nießbrauch).

IV. Anzeige. Eine **Anzeigepflicht** besteht weder für den Entdecker noch für den Eigentümer der den Schatz bergenden Sache, sofern nicht besondere Schatzregale (Rn 10) bestehen (Staudinger/*C. Heinze* Rn 18, 21). Der Entdecker muss aber dem Eigentümer der den Schatz bergenden Sache den Schatz mitteilen oder ihm zugänglich machen. 9

V. Sonderregelungen. Für **kulturhistorisch oder wissenschaftlich bedeutsame Funde**, die **herrenlos** sind oder deren Eigentümer nicht ermittelt werden kann, können die **Länder** bestimmen, dass sie mit der Entdeckung in das Eigentum der öffentlichen Hand fallen oder zumindest abgeliefert werden müssen. Solche Regelungen haben mittlerweile alle Bundesländer erlassen (Staudinger/*C. Heinze* Rn 21). Ein solches Schatzregal verstößt nicht gegen Art 14 GG oder andere verfassungsrechtl Bestimmungen (BVerwG NJW 1965, 1932; BVerfGE 78, 205ff; krit *Schroeder* JZ 1989, 676ff; Zweibrücken BeckRS 2016, 13530). 10

Titel 4
Ansprüche aus dem Eigentum (§§ 985–1007)

Vorbemerkung vor § 985

Schrifttum: *Croon-Gestefeld*, Dingliche Ansprüche und das allgemeine Schuldrecht, ZfPW 2022, 285; *Diederichsen*, Das Recht zum Besitz aus Schuldverhältnissen, 1965; *Eckert*, „Verjährung" des Eigentumsrechts in einem halben Jahr?, MDR 1989, 135; *Finkenauer*, Vindikation, Saldotheorie und Arglisteinwand, NJW 2004, 1704; *Gröbl*, Das Verhältnis des Eigentumsherausgabeanspruchs zu besonderen schuldrechtlichen Rückgabeansprüchen, 1965; *Grützmacher*, Dateneigentum – ein Flickenteppich, CR 2016, 485; *Jerger/v Reichenberg*, Das Auseinanderfallen von Eigentum und Besitz durch Verjährung und seine Konsequenzen am Beispiel der Raubkunst, GWR 2015, 265; *Kaehler*, Vom bleibenden Wert des Eigentums nach der Verjährung des Herausgabeanspruchs, NJW 2015, 1041; *Kohler*, Schwebende Vindikationslagen, NJW 1988, 1054; *Kreutz*, Vindikation entzogener Kunst, JR 2018, 263; *Magnus/Wais*, Unberechtigter Besitz und Verjährung, NJW 2014, 1270; *Michalski*, Anwendungsbereich, Funktion und dogmatische Einordnung des Eigentümer-Besitzer-Verhältnisses, FS Gitter, 1995, 577; *Müller-Laube*, Herausgabepflicht und Rückgewährschuld – Die Stellung des Besitzers im Verhältnis zum Eigentümer und Obligationsgläubiger, AcP 183, 215; *Peters*, Das Pfandrecht als Recht zum Besitz, JZ 1995, 390; *Pinger*, Funktion und dogmatische Einordnung des Eigentümer-Besitzer-Verhältnisses, 1973; *Plambeck*, Die Verjährung der Vindikation, 1997; *Remien*, Vindikationsverjährung und Eigentumsschutz, AcP 201, 730; *Ritscher*, Die Vindikation im System des Bürgerlichen Rechts, 1981; *Roth*, Das Eigentümer-Besitzer-Verhältnis, JuS 2003, 937; *Seidel*, Das Zurückbehaltungsrecht als Recht zum Besitz iSd § 986 BGB?, JZ 1993, 180; *Thöne*, Die Grundprinzipien des Eigentümer-Besitzer-Verhältnisses, JuS 2021, 809. Vgl auch die Schrifttumshinweise Vor § 987 und Vor § 994.

1. Regelungsgegenstand. §§ 985ff dienen dem Schutz des Eigentümers, dessen Eigentum durch Entziehung oder Vorenthaltung des Besitzes oder in sonstiger Weise beeinträchtigt wird. Sie finden auf bewegliche wie auf unbewegliche Sachen Anwendung und geben dem Eigentümer **folgende dingliche, verschuldensunabhängige Ansprüche: a)** auf **Herausgabe** der Sache gegen den Besitzer, sofern dem Besitzer kein Recht zum Besitz zusteht (§§ 985, 986); **b)** auf **Beseitigung** eingetretener oder **Unterlassung** künftig zu besorgender Störungen, sofern der Eigentümer nicht zu deren Duldung verpflichtet ist (§ 1004); **c)** auf **Abholung** beweglicher Sachen von einem fremden Grundstück (§ 1005). 1

2. Herausgabeanspruch, Neben- und Gegenansprüche. Das Gesetz regelt den vorstehend genannten **Anspruch auf Herausgabe der Sache (§§ 985, 986)** in den §§ 985–1003 ausf. Das ist deshalb erforderlich, weil sich das Interesse des Eigentümers nicht auf die reine Herausgabe der Sache beschränkt. Er wird auch die von dem unrechtmäßigen Besitzer gezogenen Nutzungen herausverlangen und für Verschlechterungen der Sache Schadensersatz geltend machen wollen. Ist die Herausgabe der Sache unmöglich, wird er Ersatz hierfür verlangen wollen. Unter welchen Voraussetzungen solche **Nebenansprüche zum Herausgabeanspruch** aus §§ 985, 986 gegeben sind, ist den **§§ 987–993** zu entnehmen. Umgekehrt wird der Besitzer die Sache nicht herausgeben wollen, ohne Ersatz für die von ihm auf die Sache gemachten Verwendungen zu erhalten. Inwieweit den Eigentümer im Zusammenhang mit seinem Herausgabeanspruch eine solche **Verpflichtung zum Verwendungsersatz** obliegt, ergibt sich aus den **§§ 994–999**. §§ 1000–1003 regeln Einzelheiten zur Durchsetzung des Verwendungsersatzanspruchs des Besitzers. 2

3. Konkurrenzen. Aufgrund ihres Regelungsgehalts stehen die §§ 987ff in **Anwendungskonkurrenz** zu den §§ 823ff (unerlaubte Handlung), §§ 812ff (ungerechtfertigte Bereicherung), §§ 677ff (Geschäftsführung ohne Auftrag) und zu möglichen vertragl Ansprüchen. Inwieweit die §§ 987ff eine Geltendmachung dieser konkurrierenden Anspruchsgrundlagen ausschließen, ist die wohl schwierigste Frage bei der Anwendung des Vindikationsrechts (dazu Vor § 987 Rn 69ff und Vor § 994 Rn 33ff). 3

4. Andere dinglich Berechtigte. Die **§§ 985ff finden** nicht nur im Verhältnis des Besitzers zum Eigentümer, sondern **auch im Verhältnis des Besitzers zu anderen an der Sache dinglich Berechtigten Anwendung.** Das 4

Gesetz ordnet dies im Wege der Verweisung zB für den Nießbraucher (§ 1065), den Pfandgläubiger (§ 1227), den Erbbauberechtigten (§ 11 I ErbbauRG), den WE (§ 13 I WEG) und den Dauerwohnberechtigten (§ 34 II WEG) an. Steht einem WE ein **Sondernutzungsrecht** zu, finden §§ 985ff auch darauf Anwendung (LG Köln 28.11.2014 – 10 S 58/14, bestätigt durch BGH NJW-RR 2016, 784). Im Verhältnis des Besitzers zu Inhabern von Grundpfandrechten (Hypothek, Grundschuld, Rentenschuld) finden §§ 985ff dagegen keine Anwendung, da Grundpfandberechtigte kein Recht zum Besitz an der Sache haben, der für die Vindikationslage konstitutive Besitzherausgabeanspruch in diesem Verhältnis also gar nicht bestehen kann (*Baur/Stürner* § 11 Rn 1).

§ 985 Herausgabeanspruch

Der Eigentümer kann von dem Besitzer die Herausgabe der Sache verlangen.

1 **I. Allgemeines.** § 985 gibt dem Eigentümer einen **Anspruch auf Herausgabe seiner Sache** gegen den Besitzer, der sie ihm unrechtmäßig vorenthält. Es handelt sich um einen **dinglichen Anspruch**, auf den aber schuldrechtl Regelungen Anwendung finden, soweit dem nicht sachenrechtl Bestimmungen oder Grundsätze entgegenstehen (Rn 31; *Baur/Stürner* § 11 Rn 43; *Medicus/Petersen* BürgR Rn 445, 447ff, § 19 III 1).

2 **II. Anspruchsvoraussetzungen. 1. Vindikationsfähige Sachen.** Der Herausgabeanspruch aus § 985 erstreckt sich auf **bewegliche** und **unbewegliche Sachen.** Bei unbeweglichen Sachen kann er zusammen mit einem möglichen Grundbuchberichtigungsanspruch aus § 894 geltend gemacht werden.

3 **Geld** kann von dem Eigentümer nach § 985 herausverlangt werden, soweit es bei dem Besitzer noch physisch und individualisierbar vorhanden ist. Wurde das Geld aber auf ein Bankkonto eingezahlt oder für Anschaffungen verwendet, besteht ein Herausgabeanspruch aus § 985 nicht mehr; eine sog „Geldwertvindikation" ist nicht möglich (*Baur/Stürner* § 11 Rn 42; MüKo/*Baldus* Rn 72ff; *Brehm/Berger* § 7 Rn 65. Zur Geldwertvindikation vgl auch *Kaser* AcP 143, 1ff; *Simitis* AcP 159, 406, 454ff).

4 **Sachgesamtheiten** können als solche nicht vindiziert werden, sondern nur die zugehörigen Einzelsachen (*Brehm/Berger* § 7 Rn 61). Die Geltendmachung der Vielzahl von Herausgabeansprüchen kann aber aus praktischen Gründen in einem Antrag zusammengefasst werden (§ 260 ZPO). Eine Verurteilung zur Herausgabe der Sachgesamtheit (Warenlager, Gastwirtschaft, Briefmarkensammlung) ist ggf möglich, wenn genau feststeht, welche Einzelsachen zur Gesamtheit gehören; die Feststellung darf nicht der Zwangsvollstreckung überlassen bleiben (RGRK/*Pikart* Rn 23). An **Daten** kann kein Eigentum bestehen, sondern nur an dem Datenträger (Tonband, CD, DVD, Festplatte etc; vgl dazu *Grützmacher* CR 2016, 485ff).

5 Von dem Anspruch auf Herausgabe einer Sachgesamtheit gem § 985 ist der Anspruch auf Herausgabe eines **Inbegriffs** zu unterscheiden, der nach den entspr Sondervorschriften erfolgt (zB Mündelvermögen, § 1807 iVm 1872; Nachlass, §§ 2018, 2130, 2205, 2374).

6 **2. Berechtigter. a) Der Eigentümer als originär Berechtigter.** Der Herausgabeanspruch steht grds **jedem Eigentümer** zu, **der nicht unmittelbarer Besitzer ist**. Im Falle klageweiser Geltendmachung muss das Eigentum zum Zeitpunkt der letzten mündlichen Verhandlung bestehen; ein Erwerb während des Prozesses kann also genügen (RGZ 57, 46, 47). Auch der **Sicherungseigentümer** und der **Leasinggeber** haben den Anspruch aus § 985 (MüKo/*Baldus* Rn 3).

7 Der **Miteigentümer** hat einen modifizierten Herausgabeanspruch aus § 985. Von Dritten kann er die Herausgabe der Sache an alle Miteigentümer gemeinsam oder die Hinterlegung der Sache für alle Miteigentümer (§§ 1011, 432), von anderen Miteigentümern die Einräumung des Mitbesitzes verlangen. **Gesamthandseigentümer** können den Herausgabeanspruch nur gesamthänderisch in Übereinstimmung mit den auf die Gesamthand anwendbaren Regelungen geltend machen (GbR: §§ 714, 709ff; OHG und KG: §§ 125ff HGB, §§ 161 II, 170 HGB; Gütergemeinschaft: § 1421; Erbengemeinschaft: § 2038; MüKo/*Baldus* Rn 10).

8 Beim **Vorbehaltskauf** steht der Anspruch aus § 985 dem Vorbehaltskäufer zu. Dieser ist zwar nur Inhaber eines Anwartschaftsrechts, nicht Eigentümer. § 985 findet wegen der vergleichbaren Interessenlage auf das **Anwartschaftsrecht** aber entspr Anwendung (*Baur/Stürner* § 59 Rn 3; aA RGRK/*Pikart* Rn 5; diff MüKo/*Baldus* Rn 7ff; Soergel/*Stadler* Rn 10; vgl auch Staudinger/*Thole* Vor § 985 Rn 14f). Dem Vorbehaltsverkäufer steht der Anspruch aus § 985 aufgrund seines auflösend bedingten Eigentums zwar ebenfalls zu. Er kann aber nur die Herausgabe an den Vorbehaltskäufer verlangen, sofern dieser ihm ggü nach dem Kaufvertrag zum Besitz berechtigt ist (analog § 986 I 2; dazu *Serick*, Eigentumsvorbehalt, Bd I § 11 V 3a).

9 **b) Übertragung, Ermächtigung, (Ver-)Pfändung des Herausgabeanspruchs.** Der Herausgabeanspruch ist mit dem Eigentumsrecht untrennbar verbunden. Er erlischt mit diesem und ist **nicht selbständig abtretbar** (*Baur/Stürner* § 11 Rn 44). Die §§ 398ff finden auf einen Herausgabeanspruch nach § 985 daher keine, auch keine entspr Anwendung.

10 Zulässig ist aber die **Ermächtigung eines Dritten** zur Geltendmachung des Anspruchs im eigenen Namen (§ 185 I; BGH NJW 1983, 112, 113; NJW-RR 1986, 158; Soergel/*Stadler* Rn 3), auch auf Herausgabe an den Ermächtigten. **Verwalter kraft Amtes** (Insolvenzverwalter, § 80 InsO; Testamentsvollstrecker, § 2205) können Ansprüche aus § 985 kraft ihres Verwaltungsrechts geltend machen.

11 Eine **Pfändung** des Herausgabeanspruchs ist zulässig (§ 857 III ZPO; Staudinger/*Thole* Rn 39). Einer **Verpfändung** steht dagegen § 1274 II entgegen (Staudinger/*Thole* Rn 39).

c) **Verlust des Eigentums.** Der **Herausgabeanspruch entfällt**, wenn der Eigentümer sein Eigentum verliert. Neben rechtsgeschäftlicher Übertragung (§§ 929ff, 873, 925ff) kommen als Gründe für einen Eigentumsverlust vor allem die in den §§ 937ff geregelten Tatbestände originären Eigentumserwerbs im Falle der Ersitzung, Verbindung, Vermischung oder Verarbeitung der Sache durch den Besitzer oder einen Dritten in Betracht. Denkbar ist auch, dass der Eigentümer sein Eigentum an der Sache aufgibt (Dereliktion, § 959 bzw § 928 I). 12

3. Verpflichteter. Der Herausgabeanspruch aus § 985 richtet sich gegen den jew Besitzer (§ 854), gleichviel, ob er unmittelbarer oder mittelbarer, Eigen- oder Fremdbesitzer ist. Er richtet sich aber nur gegen den **unrechtmäßigen Besitzer**, also den Besitzer, der kein Recht zum Besitz hat (§ 986). Gegen einen Besitzdiener (§ 855) kann sich der Anspruch aus § 985 nicht richten, da dieser keinen eigenen Besitz an der Sache hat (*Brehm/Berger* § 7 Rn 42; Staudinger/*Thole* Rn 112). Der Insolvenzverwalter kann von dem Vermieter von Wohnräumen nur dann auf Herausgabe der Mietwohnung in Anspruch genommen werden, wenn er diese in Besitz genommen hat oder daran für die Masse ein Recht beansprucht (BGH NJW 2007, 1591; 2008, 2580). 13

Mitbesitzer haften gemeinschaftl auf Herausgabe, soweit die Herausgabe der Sache nur einheitlich erfolgen kann. Ist den einzelnen Mitbesitzern aber die Herausgabe des auf sie entfallenden Mitbesitzanteils möglich, können sie hierauf individuell in Anspruch genommen werden. Zur Frage der Haftung von **Gesamthandsgemeinschaften** auf Besitzherausgabe vgl MüKo/*Baldus* Rn 40ff. Zum **mittelbaren Besitzer** vgl Rn 22. 14

Die **Art der Besitzerlangung** ist für den Anspruch aus § 985 unerheblich. Der Besitzer braucht den Besitz nicht direkt vom Eigentümer oder eigenmächtig erlangt zu haben. 15

Der Herausgabeanspruch entfällt, wenn der **Besitzer den Besitz verliert** (KG WuM 2005, 348). Dem Eigentümer kann in diesem Fall aber ein Schadensersatzanspruch gem §§ 989, 990, 992 (Vor § 987 Rn 62ff) zustehen. War der Herausgabeanspruch zum Zeitpunkt des Besitzverlusts bereits rechtshängig, so kann der Prozess überdies gegen den bisherigen Besitzer fortgeführt werden (§ 265 ZPO). Ein stattgebendes Urt erwächst auch gegen den Rechtsnachfolger in Rechtskraft (§ 325 I ZPO) und kann gegen ihn vollstreckt werden (§ 727 ZPO), sofern er bei Besitzerwerb nicht gutgläubig gewesen ist (§ 325 II ZPO). 16

4. Gegenrechte. Der Herausgabeanspruch besteht nicht, wenn der Beklagte ein **Recht zum Besitz** hat (§ 986 I). Das Recht zum Besitz kann dinglich oder schuldrechtl sein. Es muss aber ggü dem Eigentümer der Sache bestehen. Das ist der Fall, wenn das Besitzrecht auf einem Rechtsverhältnis zw dem unmittelbaren Besitzer und dem Eigentümer beruht oder wenn der unmittelbare Besitzer sein Besitzrecht von einem mittelbaren Besitzer (zB Vermieter) ableitet, der seinerseits dem Eigentümer ggü zum Besitz berechtigt ist. 17

Entfällt das Besitzrecht nachträgl, so ist der Anspruch aus § 985 ab diesem Zeitpunkt (wieder) gegeben. Im Falle einer **Veräußerung der Sache** bleiben schuldrechtl Besitzrechte aber auch ggü dem Rechtsnachfolger des Eigentümers bestehen, sofern die Veräußerung nach §§ 929, 931 oder §§ 929, 930 (BGHZ 111, 142, 146) erfolgt ist (§ 986 II; sog „Erhaltungsfunktion des Besitzes", *Baur/Stürner* § 11 Rn 40). Dingliche Besitzrechte bleiben von einer Veräußerung der Sache, außer im Falle des gutgläubig lastenfreien Erwerbs (§ 936), naturgemäß unberührt. 18

Steht dem Besitzer kein Besitzrecht ggü dem Eigentümer zu, ist ein **Herausgabeverlangen** nach § 985 gleichwohl unbegründet, wenn es **gegen Treu und Glauben verstößt** (§ 242) (zweifelnd LG Itzehoe JZ 1983, 308, dazu *v Olshausen* JZ 1983, 288ff). Das ist **zB der Fall, wenn** a) die Sache unter großem Aufwand und unter Duldung des Eigentümers zu einer wirtschaftl völlig neuen **umgestaltet** worden ist (RGZ 133, 293, 296; vgl aber auch §§ 946ff, 950), b) gegenseitige **Rücksichtnahme im Nachbarrecht** es erfordert (RGZ 169, 180, 182), c) erhebliche und langfristig wirksame **Verwendungen gemacht** worden sind (RG HRR 1934, 1024), d) ein Grundstückseigentümer, der aufgrund einer **Baulast** zur Duldung einer Garage zugunsten des jew Eigentümers eines Nachbargrundstücks verpflichtet ist, vom Begünstigten Herausgabe und Räumung der Garage verlangt, solange die Baulast besteht und nicht anzunehmen ist, die Baubehörde werde auf sie verzichten (BGHZ 79, 201, 210; vgl auch § 1004 Rn 60), e) der Besitzer ein **Anwartschaftsrecht** auf Eigentumserwerb hat (BGHZ 10, 69, 75; zum Kauf unter Eigentumsvorbehalt vgl aber auch § 986 Rn 36). In diesen und vergleichbaren Fällen schließt § 242 Herausgabeansprüche nach § 985 aus, vernichtet aber nicht das Eigentum. Der Anspruch kann später wieder durchsetzbar werden (zB wenn dem Besitzer eine angemessene Nutzung ermöglicht wurde). 19

Steht dem Anspruch des Eigentümers aus § 985 ein Anspruch des Besitzers aus § 812 I 1 Alt 1 gerichtet auf Rückübereignung entgegen, so findet der dolo-petit-Einwand uU keine Berücksichtigung (BGH NJW-RR 2004, 229; abl *Finkenauer* NJW 2004, 1704ff). 19a

Das Herausgabeverlangen einer Sache nach **Ablauf eines Pachtvertrags**, um den Pächter zur Vereinbarung einer höheren Pacht zu veranlassen, ist keine unzulässige Rechtsausübung (BGH LM Nr 30 zu § 985). 20

III. Anspruch auf Herausgabe. Der Anspruch aus § 985 ist auf Herausgabe der Sache, dh auf **Verschaffung des unmittelbaren Besitzes an der Sache** gerichtet. Die Übernahme der Sache muss dem Eigentümer vom Besitzer ermöglicht werden. Das kann etwa erfordern, dass der Besitzer die Sache aus einem Lager herausnimmt und für den Eigentümer zur Abholung bereitstellt (BGHZ 104, 304, 306). Mit einer bloßen Duldung der Wegnahme erfüllt der Besitzer seine Verpflichtungen aus § 985 nicht (anders zB im Falle der §§ 867, 1005, 539 II). 21

Ist der Anspruchsgegner **mittelbarer Besitzer**, so kann der Eigentümer wahlweise die **Übertragung des mittelbaren Besitzes** (§ 870) oder die Übertragung des unmittelbaren Besitzes, also Herausgabe der Sache selbst, ver- 22 langen. (Soergel/*Stadler* Rn 16ff; MüKo/*Baldus* Rn 32ff; *Brehm/Berger* § 7 Rn 45; aA *Baur/Stürner* § 11 Rn 41 und Erman[15]).

23 Die Sache ist von dem Besitzer **an dem Ort herauszugeben**, wo sie sich bei Eintritt der Bösgläubigkeit oder der Rechtshängigkeit befindet. Dort muss der Besitzer die Sache zur Abholung durch den Eigentümer bereitstellen (BGHZ 79, 211, 214 unter Verweis auf § 269; 104, 304, 306; NJW 1981, 752f; aA MüKo/*Baldus* Rn 78ff; *Gursky* JZ 1984, 604, 609; Staudinger/*Thole* Rn 167f).

24 Die **Kosten der Herausgabe** trägt der Besitzer insoweit, als sie durch die Bereitstellung an diesem Herausgabeort entstehen (BGHZ 104, 304, 306; *Brehm/Berger* § 7 Rn 67). IÜ trägt der Eigentümer die Kosten der Herausgabe. Stellt der Besitzer die Sache aber nicht an dem Herausgabeort bereit und muss der Eigentümer die Sache deshalb an einem anderen Ort abholen, so kann er Ersatz seiner hierdurch entstandenen Aufwendungen nach § 684 iVm §§ 812ff verlangen. Dieser Anspruch ist nicht durch § 993 I Hs 2 ausgeschlossen, da sich die §§ 987ff ausschließlich auf die Nebenansprüche des Eigentümers gegen den Besitzer beziehen, während die für den Rücktransport aufgewendeten Beträge zum Herausgabeanspruch gehören (BGHZ 79, 211, 215).

25 **IV. Verjährung.** Der Anspruch aus § 985 verjährt in **30 Jahren** (§ 197 I Nr 1; krit dazu *Remien* AcP 201, 730ff; zu den danach verbleibenden Rechten des Eigentümers vgl *Kähler* NJW 2015, 1041ff; *Jerger/v Reichenberg* GWR 2015, 265ff; *Magnus/Wais* NJW 2014, 1270). Auf Beginn und Lauf der Verjährung finden die §§ 200ff Anwendung. Das Eigentum an beweglichen Sachen kann allerdings schon nach zehn Jahren durch Ersitzung auf den Besitzer übergehen (§ 937).

26 **V. Konkurrenzen.** § 985 gewährt dem Eigentümer einer Sache einen Herausgabeanspruch gegen deren unrechtmäßigen Besitzer. Herausgabe- bzw Rückgabeansprüche des Eigentümers können sich außer aus § 985 aber auch aus einer Reihe weiterer Anspruchsgrundlagen ergeben. Es stellt sich ggf die Frage, ob diese Anspruchsgrundlagen neben § 985 Anwendung finden oder durch ihn verdrängt werden. Im Einz:

27 **1. Rückgabeansprüche aus Vertrag.** Zw dem Herausgabeanspruch aus § 985 und einem Rückgabeanspruch aus vertragl oder gesetzl Schuldverhältnis besteht **nach zutr hM** Anspruchskonkurrenz. Die verschiedenen Anspruchsgrundlagen sind **nebeneinander anwendbar** (BGHZ 34, 122f; JZ 1980, 767; 85, 11, 13; MüKo/*Baldus* Rn 138ff; *Brehm/Berger* § 7 Rn 71f; *Roth* JuS 1997, 518, 522; RGRK/*Pikart* Rn 7;).

28 Ein Herausgabeanspruch nach § 985 besteht deshalb auch dann, wenn der Eigentümer nach **Rücktritt vom Kaufvertrag** einen vertragl Rückgabeanspruch (§ 346) gegen den Vorbehaltskäufer hat (BGHZ 34, 122, 123f). Auch bei **Beendigung eines Mietverhältnisses** hat der Eigentümer gegen den Mieter einen Herausgabeanspruch aus § 985 und einen Rückgabeanspruch aus § 546.

29 **2. Sonstige Rückgabeansprüche.** Auch **andere als vertragl Rückgabeansprüche** sind neben § 985 anwendbar. So **zB a)** Ansprüche aus besserem Besitz gem **§ 1007** (MüKo/*Baldus* Rn 137; *Brehm/Berger* § 7 Rn 76); **b)** possessorische Besitzentziehungsansprüche aus **§ 861** (MüKo/*Baldus* Rn 137; *Brehm/Berger* § 7 Rn 76); **c)** Ansprücheaufgrund rechtsgrundlos erbrachter Leistung gem **§ 812 I 1 Alt 1** (Leistungskondiktion, *Brehm/Berger* § 7 Rn 74; *Michalski* FS Gitter, 577, 581; RGZ 170, 257, 259ff; 129, 307, 311); **d)** Schadensersatzansprüche gem **§§ 823ff, 249 S 1** (MüKo/*Baldus* Rn 137; *Brehm/Berger* § 7 Rn 76); **e)** Erbschaftsansprüche gem **§§ 2018ff, 2029** (*Brehm/Berger* § 7 Rn 76).

30 Im Falle des Getrenntlebens von Ehegatten/Lebenspartnern besteht ein Herausgabeanspruch an Haushaltsgegenständen und der gemeinsamen Wohnung nach **§§ 1361a, 1361b, 1568a, 1568b**, bzw. nach **§§ 13, 14, 17ff LPartG**, nicht nach § 985 (BGH NJW 2021, 1527, 1528; NJW 2017, 260; Frankfurt NJW 2015, 2346, 2348 – Pkw; Grü/*Herrler* Rn 1; aA Brandenburg FamRZ 2008, 1930; diff MüKo/*Baldus* Rn 224).

31 **VI. Anwendbarkeit des allg Schuldrechts.** Obschon § 985 ein dinglicher Anspruch ist, finden die Vorschriften des allg Schuldrechts auf ihn Anwendung, soweit dem nicht sachenrechtl Grundsätze oder der Vorrang der §§ 987ff entgegenstehen. Vgl dazu Vor § 987 Rn 88ff.

32 **VII. Prozessuales. 1. Gerichtsstand.** Gerichtsstand für die Herausgabeklage ist grds der allg Gerichtsstand (§ 12 ZPO), bei Grundstücken der Gerichtsstand des Belegenheitsortes (§§ 24, 26 ZPO).

33 **2. Klageantrag; Unmöglichwerden der Herausgabe.** Der Klageantrag muss auf **Herausgabe der Sache** gerichtet sein. Wird dem verklagten Besitzer die Herausgabe unmöglich, so kann der Kläger, um eine Abweisung zu vermeiden, gem § 264 Nr 3 ZPO die Klage umstellen und Schadensersatz (zB aus § 989) verlangen. Unzulässig ist es aber, direkt auf Herausgabe oder Schadensersatz zu klagen, denn es besteht kein Wahlschuldverhältnis; ebenso unzulässig ist eine Klage auf Schadensersatz mit der Befugnis, die Ersatzleistung durch Herausgabe der Sache abzuwenden (RGRK/*Pikart* Rn 76f; Soergel/*Stadler* Rn 24).

34 Wird die Klage gegen einen mittelbaren Besitzer gerichtet, so kann nicht Herausgabe der Sache, sondern nur **Abtretung des Herausgabeanspruchs** verlangt werden (Rn 22). Der Eigentümer kann den unmittelbaren und den mittelbaren Besitzer einzeln oder zusammen als Streitgenossen verklagen. Für den Fall, dass ein unmittelbarer Fremdbesitzer allein verklagt wird vgl § 76 ZPO.

35 **3. Prozessführungsbefugnis; Rechtsnachfolge. Veräußert der Kläger** die Sache nach Rechtshängigkeit, so bleibt er prozessführungsbefugt (§ 265 II 1 ZPO), muss jedoch den Antrag dahin gehend ändern, dass er nunmehr Herausgabe an den Rechtsnachfolger verlangt (sog „Relevanztheorie"; MüKo/*Baldus* Rn 14; aA *Brehm/Berger* § 7 Rn 43). Anderes gilt nur dann, wenn das Urt ausnahmsw nicht gegen den Rechtsnachfolger wirkt,

weil dieser gutgläubig war (§ 325 II ZPO). In diesem Fall ist der Veräußerer nach der Veräußerung nicht mehr prozessführungsbefugt (§ 265 III ZPO).

Veräußert der Beklagte die Sache nach Rechtshängigkeit, so kann er trotz Besitzverlustes zur Herausgabe verurteilt werden (RGZ 121, 379, 381f). Der Kläger kann den Titel nach § 727 ZPO gegen den Rechtsnachfolger des Beklagten umschreiben lassen, soweit das Urt gem § 325 ZPO auch gegen ihn wirkt. Häufig wird dies wegen § 325 II ZPO aber nicht der Fall sein. 36

Eine **gewillkürte Prozessstandschaft** ist zulässig, wenn der Prozessführende vom Rechtsinhaber ermächtigt ist und ein rechtl Interesse an ihr hat (BGH NJW-RR 1986, 158). Der ermächtigte Nichteigentümer kann Herausgabe an sich selbst verlangen. 37

4. Darlegungs- und Beweislast. Der Kläger ist beweispflichtig für **sein Eigentum** und für den **Besitz des Beklagten** an der Sache (Köln OLGRp 2005, 411). 38

Zum **Nachw seines Eigentums** kann sich der eingetragene Kläger bei **Grundstücken** auf die Vermutung des **§ 891** stützen. Bei **beweglichen Sachen** muss der Kläger sein Eigentum dagegen entgegen der Vermutung des **§ 1006** nachweisen (BGH NJW 2006, 3488). 39

Den **Besitz des Beklagten** hat der Kläger im Allg hinreichend nachgewiesen, wenn er dartut, dass der Beklagte tatsächliche Sachherrschaft ausübt. Der Beklagte hat ggf nachzuweisen, dass er zB nur Besitzdiener ist. 40

5. Rechtskraft. Die Rechtskraft des Urt **erstreckt sich obj** auf Bestehen oder Nichtbestehen des Herausgabeanspruchs aus § 985 und der zu diesem Anspruch bestehenden Nebenansprüche aus §§ 987ff. Die Rechtskraft **erstreckt sich nicht** auf einen evtl gleichzeitig gegebenen Beseitigungsanspruch aus § 1004 (BGHZ 28, 153) oder auf andere konkurrierende, im Prozess nicht geltend gemachte Herausgabeansprüche. Wird der Herausgabeanspruch aus § 985 abgewiesen, so ist es daher zulässig, aus einem anderen Rechtsgrund auf Herausgabe zu klagen, etwa aus Vertrag (zB § 604) oder aus § 812 I (RG JW 1935, 2269). Ein stattgebendes Urt besagt auch nichts über etwaige Ansprüche auf Ersatz für vor Rechtshängigkeit gezogene Nutzungen (BGH NJW 1983, 164, 165). 41

Subjektiv wirkt das Urt stets für die **Rechtsnachfolger** der Parteien, gegen sie nur bei Bösgläubigkeit (§ 325 II ZPO). Guter Glaube muss sich nicht nur auf Mängel im Recht des Vorgängers, sondern auch auf die Rechtshängigkeit beziehen (BGHZ 4, 283, 285). Gegen den **Miteigentümer** wirkt die Rechtskraft nicht (RGZ 119, 163, 168f). Die Abweisung der Herausgabeklage gegen den unmittelbaren Besitzer steht der Klage gegen ihn als mittelbaren Besitzer auf Abtretung des Herausgabeanspruchs nicht im Wege (BGHZ 2, 164, 171; aA Staudinger/*Thole* Rn 317). 42

6. Zwangsvollstreckung. Das Herausgabeurteil gegen einen unmittelbaren Besitzer wird durch den Gerichtsvollzieher vollstreckt. Die Vollstreckung erfolgt bei beweglichen Sachen durch Wegnahme der Sache gem § 883 ZPO, bei Grundstücken nach Maßgabe des § 885 ZPO. Das Herausgabeurteil gegen einen mittelbaren Besitzer bedarf keiner solchen Vollstreckung, die von ihm geschuldete Abtretung des Herausgabeanspruchs gilt mit Rechtskraft der Verurteilung als erfolgt (§ 894 ZPO). 43

§ 986 Einwendungen des Besitzers

(1) Der Besitzer kann die Herausgabe der Sache verweigern, wenn er oder der mittelbare Besitzer, von dem er sein Recht zum Besitz ableitet, dem Eigentümer gegenüber zum Besitz berechtigt ist. Ist der mittelbare Besitzer dem Eigentümer gegenüber zur Überlassung des Besitzes an den Besitzer nicht befugt, so kann der Eigentümer von dem Besitzer die Herausgabe der Sache an den mittelbaren Besitzer oder, wenn dieser den Besitz nicht wieder übernehmen kann oder will, an sich selbst verlangen.

(2) Der Besitzer einer Sache, die nach § 931 durch Abtretung des Anspruchs auf Herausgabe veräußert worden ist, kann dem neuen Eigentümer die Einwendungen entgegensetzen, welche ihm gegen den abgetretenen Anspruch zustehen.

I. Allgemeines. Seinem Wortlaut nach gewährt § 985 dem Eigentümer einer Sache einen Herausgabeanspruch gegen jeden Besitzer. § 986 relativiert diesen Anspruch wieder, indem er klarstellt, dass ein Anspruch aus § 985 nicht besteht, soweit der Besitzer zum Besitz an der Sache berechtigt ist. 1

II. Besitzrecht. Ein Recht zum Besitz iSd § 986 kann sich sowohl aus einem Recht an der Sache (**dingliches Besitzrecht**) als auch aus einer schuldrechtl Sonderbeziehung des Besitzers zu dem Eigentümer oder zu einem mittelbaren Besitzer ergeben (**obligatorisches Besitzrecht**). Im Einz kommen folgende Besitzrechte in Betracht. 2

1. Dingliche Besitzrechte. Dingliche Besitzrechte sind solche, die **aufgrund eines beschränkten dinglichen Rechts** an der Sache bestehen. So sind etwa der Inhaber eines Pfandrechts (§§ 1204ff, 1253 I), der Nießbraucher (§ 1036 I), der Inhaber eines Wohnrechts (§ 1093), der Erbbauberechtigte (§ 11 I ErbbauRG) und der Dauernutzungsberechtigte (§ 31 WEG) kraft ihres dinglichen Rechts iSd § 986 zum Besitz der Sache berechtigt. Nicht jedes beschränkte dingliche Recht an einer Sache berechtigt aber auch zu ihrem Besitz. So hat zB der Hypothekengläubiger (§§ 1113ff) kein Besitzrecht an dem belasteten Grundstück. Zum Anwartschaftsrecht vgl Rn 36 und Vor § 994 Rn 21f. 3

Dingliche Besitzrechte sind **absolute Rechte**. Sie wirken nicht nur gegen den Eigentümer, sondern gegen jedermann. 4

5 Zur Bestellung beschränkter dinglicher Rechte ist der Eigentümer berechtigt. Es ist aber auch ein **gutgläubiger Erwerb** solcher Rechte vom Nichtberechtigten möglich (vgl zB zum Pfandrecht §§ 1207, 932 und Vor § 994 Rn 22).

6 Ein Sonderfall des dinglichen Besitzrechts ist der **berechtigte Überbau** (§ 912). Auch er gibt dem überbauenden Nachbarn an dem bebauten fremden Grund und Boden ein Recht zum Besitz (BGHZ 27, 204, 205f). § 946 findet auf den berechtigten Überbau keine Anwendung (§ 946 Rn 8).

7 **2. Obligatorische Besitzrechte. Obligatorische Besitzrechte** sind solche, die **aufgrund einer schuldrechtl Sonderbeziehung** bestehen. Typische Bsp sind Besitzrechte aufgrund eines Mietvertrags (RGZ 109, 128, 130f), eines Pacht-, Leih- oder auch eines Kaufvertrags (zum Kauf unter Eigentumsvorbehalt Rn 36).

8 Obligatorische Besitzrechte **bestehen** grds nur **bis zur Beendigung des zugrundeliegenden schuldrechtl Verhältnisses.** In Ausnahmefällen kann das Besitzrecht aber fortwirken. So ist der Vermieter/Verpächter bis zur Ausübung des Wegnahmerechts nach § 539 II, § 552 (= § 547a idF vor Inkrafttreten des MietrechtsRG v 19.6.2001) zum Besitz an den eingebrachten Sachen berechtigt (BGHZ 81, 147, 151). Ein zB wegen ausstehender behördlicher Genehmigung **schwebend unwirksamer Vertrag** rechtfertigt den bereits eingeräumten Besitz, da die Parteien während des Schwebezustandes gebunden sind. Das Besitzrecht entfällt erst, wenn die Genehmigung rechtskräftig versagt worden ist (vgl dazu auch *Kohler* NJW 1988, 1054, 1055f).

9 Ein **ungültiger, aber tatsächlich durchgeführter Vertrag** kann in besonders gelagerten Fällen ausnahmsw ein Recht zum Besitz geben, so zB im Falle eines Formmangels, wenn es nach den Beziehungen der Beteiligten und nach den gesamten Umständen mit Treu und Glauben unvereinbar wäre, die vertragl Vereinbarung wegen Formmangels unausgeführt zu lassen (BGH NJW 1965, 812, 813; BGHZ 29, 6, 10; 21, 59, 66; 20, 338, 344; RGZ 153, 59, 60f).

10 Vertragl eingeräumte Besitzrechte bestehen **unabhängig davon, ob der Anspruch auf die** vereinbarte **Gegenleistung verjährt ist.** Der Käufer einer Sache behält daher das Recht zum Besitz einer ihm vom Verkäufer übergebenen, aber nicht übereigneten Sache, auch wenn der Erfüllungsanspruch verjährt ist (BGHZ 90, 269, 270; RGZ 138, 296, 298f; 144, 62, 65f; anders beim Kauf unter Eigentumsvorbehalt, vgl Rn 36). Er verliert das Besitzrecht erst dann, wenn der Verkäufer vom Kaufvertrag wirksam zurücktritt oder der Kaufvertrag auf andere Weise wegfällt.

11 Der das Besitzrecht begründende Vertrag muss keinem Vertragstypus des BGB entsprechen. Auch ein **Vorvertrag** kann genügen (BGH ZMR 1967, 105, 107). Der Verleger hat am Manuskript des Verfassers ein Besitzrecht, jedoch nur für die Dauer des **Verlagsvertrags** (BGH GRUR 1969, 551, 552 m Anm *Bappert* = JZ 1970, 105 m Anm *Steindorff*).

12 Zur Frage, **zw wem** die obligatorischen Besitzrechtsverhältnisse bestehen müssen, vgl Rn 21ff.

13 **3. Familien- oder erbrechtl Rechte.** Auch aus familienrechtl Beziehungen kann sich ein Besitzrecht ergeben (vgl *Schulz*, Ehewohnung und Hausrat in der ungestörten Ehe, 1982, 119ff; dazu *Holzhauer* AcP 184, 194ff). So hat jeder Ehegatte ein aus der Verpflichtung zur ehelichen Lebensgemeinschaft (§ 1353 I) folgendes Besitzrecht an der Ehewohnung samt Hausrat. Im Falle einer **Ehescheidung** und bei **getrenntlebenden Ehegatten** endet dieses Recht grds erst, wenn gem §§ 1568a, 1568b bzw §§ 1361a, 1361b BGB iVm §§ 200ff FamFG (früher: §§ 18a, 3ff HausratsVO aF) über die Ehewohnung und die Verteilung der Haushaltsgegenstände entschieden worden ist (BGH NJW 2017, 260; BGHZ 71, 216, 222ff; *Brehm/Berger* § 7 Rn 50; zum Besitzrecht am Familienheim beim Scheitern einer Ehe auch *Graba* NJW 1987, 1721ff, 1782). Der Eigentümer-Ehegatte, der dem anderen Ehegatten die Ehewohnung gem § 1361b überlassen hat, kann bei wesentlicher Veränderung der zugrunde liegenden Umstände aber eine Änderung der Überlassungsregelung im Ehewohnungsverfahren verfolgen (BGH NJW 2017, 260). Überlässt ein Ehegatte dem anderen nach § 1361b I, ohne weitere ausdrückl Regelungen zu treffen, für die Zeit des Getrenntlebens eine in seinem Alleineigentum stehende Immobilie, begründet die Überlassung allein kein Mietverhältnis, und der nutzende Ehegatte hat kein Recht zum Besitz ggü Erwerbern der Immobilie (Celle NJW 2011, 2062).

14 Hat eine Ehefrau bei Eingehung der Ehe in Räumen, die für diesen Zweck auf dem Grundstück des Mannes gebaut worden sind, eine Arztpraxis gegründet und trennen sich die Eheleute nach zehn Jahren, so kann der Mann die Herausgabe der Räume nicht verlangen, solange die Ehe noch nicht geschieden ist (Düsseldorf MDR 1988, 673, unter Hinw auf BGHZ 37, 38).

15 Im **Erbfall** haben neben dem Besitzer (§ 857) auch der Nachlassverwalter (§ 1985) und der Testamentsvollstrecker (§ 2205) ein Recht zum Besitz.

16 **4. Öffentlich-rechtl Rechte.** Ein Besitzrecht kann ferner auf öffentlichem Recht beruhen, zB im Falle der Beschlagnahme (BGHZ 27, 204, 205) oder Einweisung. Diese muss, ob dauernd oder vorübergehend, verwaltungsrechtl gültig sein.

17 **5. Zurückbehaltungsrechte.** Ob Zurückbehaltungsrechte Besitzrechte iSd § 986 sind, ist umstr. Vor allem die Rspr geht davon aus, dass Zurückbehaltungsrechte als absolute (§§ 972, 1000, 2022) oder relative (§ 273) Besitzrechte iSd § 986 anzusehen sind (BGH NJW 1995, 2627, 2628; NJW-RR 1986, 282; WM 1966, 1086, 1088; BGHZ 64, 122, 124f; Zweibrücken OLGRp 1999, 362; aA für § 1000 RGRK/*Pikart* Rn 16; *Seidel* JZ 1993, 180, 184f für § 320).

Gegen diese Ansicht sprechen aber einige Besonderheiten des Zurückbehaltungsrechts. Im Falle einer Herausgabeklage führen Zurückbehaltungsrechte, anders als Besitzrechte, nicht zur Abweisung der Klage. Es erfolgt Verurteilung zur Herausgabe der Sache Zug um Zug. Zurückbehaltungsrechte gewähren dem Beklagten darüber hinaus nur eine Einrede, wogegen es sich bei den Besitzrechten iSd § 986 um Einwendungen handelt (Rn 41). 18

Zurückbehaltungsrechte gewähren daher **kein Besitzrecht** iSd § 986 (*Baur/Stürner* § 11 Rn 26a; *Medicus* JZ 1996, 151, 153; Staudinger/*Thole* § 985 Rn 206; *Brehm/Berger* § 7 Rn 51; Soergel/*Stadler* Rn 9; diff MüKo/*Baldus* Rn 53ff; diff BGH NJW 2002, 1050 – Verurteilung Zug-um-Zug; umstr, zum Meinungsstreit Staudinger/*Thole* Rn 54ff). Demgemäß sind auch die §§ 987ff im Verhältnis zw dem Eigentümer und dem Besitzer einer Sache anwendbar, selbst wenn dem Besitzer ein Zurückbehaltungsrecht an der Sache zusteht. 19

6. Zusendung unbestellter Sachen. Ein Besitzrecht eigener Art gewährt § 241a I im Falle der Zusendung unbestellter Sachen (*Wilhelm*, SachenR Rn 1199; MüKo/*Baldus* Rn 75ff – analoge Anwendung des § 986; *Sosnitza* BB 2000, 2317, 2323; aA *Baur/Stürner* § 11 Rn 26b; Staudinger/*Thole* § 985 Rn 273ff, 279; PWW/*Englert* § 985 Rn 24; *Brehm/Berger* § 7 Rn 59; *Vieweg/Lorz* § 7 Rn 19; *Schwarz* NJW 2001, 1449). Der Empfänger braucht diese Sachen dem Eigentümer nicht herauszugeben (§ 937 Rn 13). Das Besitzrecht nach § 241a I ist aber nicht übertragbar. Überträgt der Empfänger den Besitz an den Sachen auf einen Dritten, kann der Eigentümer sie von dem Dritten daher gem § 985 herausverlangen (*Brehm/Berger* § 7 Rn 59). 20

III. Wirkung obligatorischer Besitzrechte. Dingliche Besitzrechte wirken als absolute Rechte stets gegen den jew Eigentümer einer Sache, unabhängig davon, ob er oder ein Rechtsvorgänger sie bestellt oder ob der Inhaber das dingliche Besitzrecht gutgläubig erworben hat. Obligatorische Besitzrechte wirken dagegen grds nur zw den Parteien des schuldrechtl Sonderverhältnisses, auf das sich das Besitzrecht gründet. Bei obligatorischen Besitzrechten ist daher stets zu prüfen, ob sie auch dem Eigentümer der Sache ggü ein Recht zum Besitz begründen. 21

1. Vereinbarung zwischen Eigentümer und Besitzer. Obligatorische Besitzrechte wirken zunächst dann gegen den Eigentümer einer Sache, wenn er selbst Partei des Sonderrechtsverhältnisses ist, auf das sich das Besitzrecht gründet. Ist der Eigentümer also zB selbst Vermieter der Sache, so ist der Mieter ihm ggü ohne weiteres zum Besitz berechtigt. 22

2. Vereinbarung zwischen mittelbarem und unmittelbarem Besitzer. Problematisch ist die Wirkung eines obligatorischen Besitzrechts gegen den Eigentümer einer Sache aber dann, wenn nicht er, sondern ein Dritter Partei des Sonderrechtsverhältnisses ist, auf das sich das Besitzrecht gründet. Hat zB ein Nichteigentümer die Sache vermietet, besteht das Besitzrecht zunächst nur zw dem Nichteigentümer und dem Mieter. Ob der Mietvertrag dem Mieter auch ein Recht zum Besitz ggü dem Eigentümer der Sache gibt, hängt davon ab, ob der das Besitzrecht gewährende Nichteigentümer seinerseits dem Eigentümer ggü zum Besitz und zur Überlassung des Besitzes an Dritte berechtigt ist. 23

a) Mittelbarer Besitzer ist zum Besitz und zur Besitzüberlassung berechtigt (Abs I S 1). Nach § 986 I kann ein Nichteigentümer durch Vereinbarung mit einem Dritten diesem ein ggü dem Eigentümer wirksames Recht zum Besitz einräumen, sofern er selbst dem Eigentümer ggü zum Besitz (Abs I S 1) und zur Überlassung des Besitzes der Sache an Dritte (Abs I S 2) berechtigt ist (zB erlaubte Untervermietung oder -verpachtung, § 540, 581 II; vgl auch § 603 S 2 – Leihe und § 691 – Verwahrung). 24

Dass der Nichteigentümer **mittelbarer Besitzer** ist, ist entgegen dem Wortlaut des § 986 I nicht unbedingt erforderlich (BGHZ 111, 142, 146f; 90, 269, 270; RGZ 105, 19, 21; *Brehm/Berger* § 7 Rn 53; MüKo/*Baldus* Rn 62ff; Staudinger/*Thole* Rn 80). Es kann sich zB auch um einen Weiterverkäufer handeln, dem die Kaufsache zwar übergeben, aber noch nicht übereignet worden ist. 25

Der Nichteigentümer braucht entgegen dem Wortlaut des § 986 I dem Eigentümer ggü auch nicht unbedingt **selbst zum Besitz der Sache berechtigt** zu sein. Es genügt, dass er diesem ggü berechtigt ist, die Sache dem Dritten zu überlassen. So kann der Nichteigentümer ein Grundstück im eigenen Namen auch mit Wirkung gegen den Eigentümer vermieten, sofern dieser **eingewilligt** hat (§ 185 I; RGZ 124, 28, 31f). Im Falle der Einwilligung des Eigentümers erlangt der Dritte ein eigenständiges Recht zum Besitz der Sache, auch wenn der das Recht einräumende Nichteigentümer selbst nicht zum Besitz der Sache berechtigt ist. Fehlt die Einwilligung, kann der Besitzer allerdings auch gutgläubig kein (obligatorisches) Besitzrecht erwerben. 26

Vermietet ein gewerblicher Zwischenvermieter Wohnungen, erlangen die Mieter hierdurch ein eigenes Besitzrecht ggü dem Eigentümer, das auch nach Beendigung des Hauptmietvertrags fortbesteht. Das gilt selbst dann, wenn die Mieter wussten, dass sie von einem Zwischenmieter gemietet haben (BVerfGE 84, 197, 199 = BVerfG NJW 1991, 2272). Diese vom BVerfG entwickelte Ausnahme dürfte allerdings nicht verallgemeinerungsfähig sein. 27

b) Mittelbarer Besitzer ist zum Besitz aber nicht zur Besitzüberlassung berechtigt (Abs I S 2). Ist der das Besitzrecht einräumende Nichteigentümer zwar selbst zum Besitz, nicht aber zur Besitzüberlassung an Dritte berechtigt, so ist das dem Dritten gewährte Besitzrecht dem Eigentümer ggü nicht wirksam. Der Eigentümer kann Herausgabe der Sache verlangen. 28

Er kann aber nur **Herausgabe** der Sache **an den mittelbaren Besitzer** (dh den zum Besitz berechtigten Nichteigentümer) verlangen. Herausgabe an sich selbst kann der Eigentümer nur dann verlangen, wenn der mittelbare Besitzer den Besitz nicht wieder übernehmen will oder kann (§ 986 I 2). Zudem dann, wenn der Eigentümer das zw ihm und dem mittelbaren Besitzer bestehende Besitzrecht zB durch Kündigung beseitigt hat. 29

30 Die Regelung des (§ 986 I 2) entspricht derjenigen des § 869 S 2. Sie dient dem Schutz des Zwischenbesitzers und muss daher auch gelten, wenn der berechtigte Besitzer die Sache nicht einem Dritten übergeben hat, sondern ihm die Sache zB entwendet wurde, so dass der aktuelle Besitzer kein Besitzmittler des berechtigten Besitzers ist (MüKo/*Baldus* Rn 89).

31 **3. Übertragung des Eigentums.** Für den Fall, dass nach Bestellung eines Besitzrechts das Eigentum an der Sache übertragen wird, vgl Rn 32.

32 **IV. Erhaltungsfunktion des Besitzes (Abs II).** Überträgt der Eigentümer das Eigentum an der Sache auf einen Dritten, stellt sich die Frage, ob bestehende Besitzrechte auch dem neuen Eigentümer ggü bestehen bleiben. Es ist zu unterscheiden zw dinglichen und obligatorischen Besitzrechten.

33 **Dingliche Besitzrechte** gelten stets auch dem neuen Eigentümer ggü, soweit dieser die Sache nicht gutgläubig lastenfrei erworben hat (§ 936). Und selbst wenn der Erwerber die Sache gutgläubig lastenfrei erwirbt, erlöschen die dinglichen Rechte nicht, die zum Zeitpunkt der Veräußerung einem unmittelbaren Besitzer der Sache zustehen (§ 936 III). Solange ein zum Besitz Berechtigter unmittelbaren Besitz an der Sache hat, ist die Fortgeltung seines dinglichen Besitzrechts daher sichergestellt.

34 **Obligatorische Besitzrechte** wirken dagegen grds nur ggü demjenigen, mit dem sie vereinbart worden sind (Rn 21ff). Im Falle einer Veräußerung der Sache könnte der Besitzer dem neuen Eigentümer daher Besitzrechte, die er mit dem früheren Eigentümer vereinbart hat, nicht entgegenhalten. Obligatorische Besitzpositionen wären damit weitgehend ungeschützt. Um dem entgegenzuwirken, ordnet § 986 II an, dass im Falle einer **Veräußerung nach §§ 929, 931** (durch Abtretung des Herausgabeanspruchs) Besitzrechte des unmittelbaren Besitzers der veräußerten Sache dem neuen Eigentümer ggü fortbestehen. Damit wird eine Stabilität obligatorischer Besitzrechte erreicht, die derjenigen dinglicher Besitzrechte nahe kommt. Auf eine **Veräußerung nach §§ 929, 930** (durch Vereinbarung eines weiteren Besitzkonstituts) findet § 986 II wegen der vergleichbaren Interessenlage entspr Anwendung (MüKo/*Baldus* Rn 70; BGHZ 111, 142, 146). Auf die **Veräußerung von Grundstücken** (§§ 925ff) findet § 986 II dagegen keine Anwendung (vgl insoweit aber §§ 566, 578, 581 II).

35 Nach Ansicht des BGH (NJW 1975, 1121, 1122; zust MüKo/*Baldus* Rn 69) finden auf das Verhältnis zw Besitzer und neuem Eigentümer darüber hinaus die **§§ 404, 407** entspr Anwendung.

36 **V. Kauf unter Eigentumsvorbehalt.** Besondere Beachtung verdient der weit verbreitete Kauf unter Eigentumsvorbehalt.

37 Beim Kauf unter Eigentumsvorbehalt hat der Vorbehaltskäufer bis zum Bedingungseintritt (vollständige Zahlung des Kaufpreises) ein **Anwartschaftsrecht** an der Sache. Dieses Anwartschaftsrecht gibt ihm ein dingliches, gegen jedermann wirkendes Recht zum Besitz der Sache (Karlsruhe NJW 1966, 885f; *Baur/Stürner* § 59 Rn 47; RGRK/*Pikart* Rn 9; MüKo/*Baldus* Rn 17. BGHZ 10, 69, 72, 75 und 30, 374, 377 stellen auf § 242 ab, so auch Soergel/*Stadler* Rn 3f; vgl auch Staudinger/*Thole* Rn 16f). Zudem hat der Vorbehaltskäufer auch ein **obligatorisches Besitzrecht** im Verhältnis zum veräußernden Eigentümer aus dem Kaufvertrag.

38 Gerät der Vorbehaltskäufer in **Zahlungsverzug**, so kann der Vorbehaltsverkäufer die Herausgabe der Sache grds erst verlangen, wenn er vom Kaufvertrag zurückgetreten ist (§ 449 II; vgl dazu auch § 216 II, § 323 II Nr 1; BGHZ 54, 214). Erst der Rücktritt führt zum Wegfall des Anwartschaftsrechts und des obligatorischen Besitzrechts. Im Einzelfall kann sich aus dem Inhalt des Vertrags aber auch ergeben, dass § 449 II abbedungen ist und der Vorbehaltskäufer den Besitz nur so lange behalten darf, wie er seine Pflichten aus dem Kaufvertrag ordnungsgemäß erfüllt. Ggf besteht der Anspruch auf Herausgabe nach § 985 auch ohne Rücktritt vom Vertrag.

39 Das Besitzrecht entfällt nicht dadurch, dass das Recht auf Übereignung der Sache verjährt (BGHZ 90, 269, 270; Staudinger/*Thole* Rn 23; vgl auch § 216 II). Ist der Anspruch auf die Kaufpreiszahlung aber **verjährt** und verweigert der Vorbehaltskäufer deswegen die Zahlung, kann der Verkäufer gem § 216 II 2 vom Kaufvertrag zurücktreten und iR der Rückabwicklung Herausgabe der Sache verlangen.

40 **Veräußert ein Vorbehaltskäufer** die Vorbehaltsware außerhalb des ordnungsgemäßen Geschäftsverkehrs an einen bösgläubigen Dritten, so erlangt dieser kein Besitzrecht ggü dem Vorbehaltsverkäufer (BGH NJW 1989, 895, 897).

41 **VI. Prozessuale Geltendmachung.** Umstr ist, ob ein Besitzrecht iSd § 986 eine **Einrede** oder eine **Einwendung** begründet. Der Wortlaut des § 986 I („kann … verweigern") deutet auf eine **Einrede** hin, die der Beklagte erheben muss. Gleichwohl ist davon auszugehen, dass ein Recht zum Besitz eine **Einwendung** begründet, die im Prozess von Amts wegen zu beachten ist, wenn sie sich aus dem Parteivorbringen ergibt (BGHZ 82, 13, 18; Soergel/*Stadler* Rn 30; MüKo/*Baldus* Rn 91ff; *Baur/Stürner* § 11 Rn 26; aA RGRK/*Pikart* Rn 24).

42 Die **Beweislast** für das Bestehen seines Besitzrechts trägt der Beklagte (BGHZ 82, 13; 17; RGRK/*Pikart* Rn 25). Ist die Entstehung eines Besitzrechts unstr oder bewiesen, wird dessen Fortdauer vermutet, so dass der Eigentümer dann den Wegfall des Besitzrechts darlegen und beweisen muss (Saarbrücken MDR 2006, 868; MüKo/*Baldus* Rn 96ff).

Vorbemerkung vor § 987

Schrifttum: *Batsch*, Vermögensverschiebung und Bereicherungsherausgabe in den Fällen unbefugten Gebrauchens bzw sonstigen Nutzens von Gegenständen, 1968; *Chandna-Hoppe*, Schadensersatzansprüche im EBV, JuS 2019, 965; *Dimopoulos-Vosikis*, Die bereicherungs- und deliktsrechtl Elemente der §§ 987–1003 BGB, 1966; *Emmerich*, Das Verhältnis der Nebenfolgen der Vindikation zu anderen Ansprüchen, 1966; *Fervers*, Die Bösgläubigkeit des Besitzers im Rahmen des § 990 I S. 1 BGB – immer § 932 II BGB?, AcP 2017, 34; *Gebauer/Huber*, Schadensersatz statt Herausgabe?, ZGS 2005, 103; *Gsell/Fervers*, Ein Dreieck ist ein Dreieck, ist ein Dreieck – schafft das Eigentümer-Besitzer-Verhältnis ab!, ZfPW 2021, 1; *Haas*, Die Verwendungsersatzansprüche im Eigentümer-Besitzer-Verhältnis und die aufgedrängte Bereicherung, AcP 176, 1; *Jahr*, Schadensersatz wegen deliktischer Nutzungsentziehung, AcP 183, 725; *Kaiser*, Die Nutzungsherausgabe im Bereicherungsrecht, 1987; *Katzenstein*, Übergang vom vindikatorischen Herausgabeanspruch auf Schadensersatz nach § 281 BGB?, AcP 206, 96; *Katzenstein*, Die Drittwirkung der Haftungsbeschränkungen nach § 991 Abs 2 BGB, AcP 204, 1; *Kaysers*, Der Verwendungsersatzanspruch des Besitzers bei vertraglichen Leistungen, 1968; *Köbl*, Das Eigentümer-Besitzer-Verhältnis im Anspruchssystem des BGB, 1971; *Kohler*, Schwebende Vindikationslagen, NJW 1988, 1054; *Kohler*, Die gestörte Rückabwicklung gescheiterter Austauschverträge, 1989; *Lorenz*, Mala fides superveniens im Eigentümer-Besitzer-Verhältnis und Wissenszurechnung von Hilfspersonen, JZ 1994, 549; *Mager*, Besonderheiten des dinglichen Anspruchs, AcP 193, 68; *Magnus*, Subjektive Grenzen der Sperrwirkung des Eigentümer-Besitzer-Verhältnisses, NJW 2017, 1201; *Michalski*, Anwendungsbereich, Funktion und dogmatische Einordnung des Eigentümer-Besitzer-Verhältnisses, FS Gitter, 1995, 577; *Raff*, Die gewöhnlichen Erhaltungskosten - Verwendungsersatz und Nutzungszuordnung im Eigentümer-Besitzer-Verhältnis, 2018; *Raff*, Investitionsschutz durch das Eigentümer-Besitzer-Verhältnis, JR 2019, 53; *Mühl*, Vindikation und Kondiktion, AcP 176, 396; *Rosenlöcher*, Die Entwicklung des Eigentümer-Besitzer-Verhältnisses, 1991; *Pinger*, Funktion und dogmatische Einordnung des Eigentümer-Besitzer-Verhältnisses, 1973; *Verse*, Verwendungen im Eigentümer-Besitzer-Verhältnis, 1998; *Waltjen*, Das Eigentümer-Besitzer-Verhältnis und Ansprüche aus ungerechtfertigter Bereicherung, AcP 175, 109; *Wieling*, Die Nutzungen des gutgläubigen Besitzers, insbesondere in fehlgeschlagenen Vertragsverhältnissen, AcP 169, 137; *Wieling*, Zur Dogmatik des Schadensersatzes im Eigentümer-Besitzer-Verhältnis, MDR 1972, 645; *Wilhelm*, Die Lehre vom Fremdbesitzerexzess, JZ 2004, 650. Vgl auch die Schrifttumshinweise Vor § 985 und Vor § 994.

I. Allgemeines. 1. Nebenansprüche im Eigentümer-Besitzer-Verhältnis. §§ 987–993 regeln die **Ansprüche des Eigentümers** einer Sache gegen deren unrechtmäßigen Besitzer **auf Schadensersatz** wegen Verschlechterung oder einer Unmöglichkeit der Herausgabe der Sache sowie **auf Herausgabe gezogener oder auf Ersatz versäumter Nutzungen.** Im Anschluss daran behandeln §§ 994ff die Gegenansprüche des Besitzers aufgrund gemachter Verwendungen. §§ 987ff finden auf **bewegliche und unbewegliche Sachen** gleichermaßen Anwendung. Der Eigentumsherausgabeanspruch des Eigentümers gegen den Besitzer ist in den §§ 985, 986 geregelt (krit zum Sonderregime des EBV *Gsell/Fervers* ZfPW 2021, 1ff). 1

Das Haftungssystem der §§ 987ff ist grds **abschließend**. Andere vertragl oder gesetzl Anspruchsgrundlagen finden daneben keine Anwendung. Soweit die §§ 987ff keine Ansprüche auf Schadensersatz, Nutzungsherausgabe oder Verwendungsersatz gewähren, bestehen solche Ansprüche zw einem Eigentümer und einem unrechtmäßigen Besitzer daher auch nicht. Freilich gibt es von diesem Grundsatz eine Reihe von Ausnahmen, die die Anwendung der §§ 987ff und die Beurteilung möglicher Konkurrenzen im Einz sehr verkomplizieren. 2

Wesentliches Ziel der §§ 987ff ist es, ein **abgestuftes Haftungssystem** abhängig von dem Grad der Fehlerhaftigkeit des Besitzes zu errichten. So soll der deliktische Besitzer umfassend haften, der redliche und unverklagte Besitzer soll dagegen vor einer Inanspruchnahme durch den Eigentümer geschützt werden. 3

2. Vindikationslage als Anspruchsvoraussetzung. Die durch die §§ 987ff gewährten Ausgleichsansprüche sind **schuldrechtl Nebenansprüche** zu dem Eigentumsherausgabeanspruch (Vindikationsanspruch) aus § 985. Sie setzen demgemäß ein Vindikationsverhältnis zw dem Eigentümer und dem Besitzer voraus. Die Ansprüche stehen dem Eigentümer zu, in dessen Person sie entstanden sind. Im Gegensatz zum Eigentumsherausgabeanspruch gem § 985 sind sie selbständig abtretbar; sie gehen daher bei einem Eigentümerwechsel nicht automatisch auf den Erwerber über (MüKo/*Raff* Rn 5; Staudinger/*Thole* Rn 14). Ansprüche aus den §§ 987ff verjähren nach § 195 in drei Jahren. 4

3. Ansprüche beschränkt dinglich Berechtigter. Die **§§ 987ff finden** nicht nur im Verhältnis des Besitzers zum Eigentümer, sondern **auch im Verhältnis des Besitzers zu anderen an der Sache dinglich Berechtigten Anwendung**, was sich aus einer Reihe von gesetzl Verweisungen ergibt (vgl Vor § 985 Rn 4). 5

II. Anwendungsrelevante Begriffsdefinitionen. Ob und mit welchen Rechtsfolgen die §§ 987ff Anwendung finden, hängt davon ab, wie der Besitzer die Sache besitzt. Ist er rechtmäßiger oder unrechtmäßiger Besitzer, ist er Eigen- oder Fremdbesitzer und ist er redlicher, unredlicher, Prozess- oder Deliktsbesitzer? Erst nach Beantwortung dieser Fragen ist eine Anwendungsentscheidung möglich. 6

Selbst auf der Grundlage eines klaren Verständnisses der vorgenannten Begriffe bleibt die Anwendung der §§ 987ff schwierig, da die verschiedenen Besitzalternativen in unterschiedlicher Weise miteinander kombiniert sein können. Ohne klares Verständnis der vorgenannten Begriffe ist der Versuch einer Anwendung der §§ 987ff aber hoffnungslos. Nachfolgend werden die für §§ 987ff relevanten Begriffe daher zusammenfassend definiert. 7

1. Besitzer. Die **Definition** des Begriffs „Besitzer" ergibt sich aus § 854. Besitzer ist, wer willentlich die tatsächliche Herrschaft über eine Sache ausübt. Zum Zwecke der Ausübung der tatsächlichen Sachherrschaft kann sich der Besitzer der Hilfe Dritter bedienen. **§§ 987ff differenzieren** zw redlichem, unredlichem, Prozess- und Deliktsbesitzer. Der redliche Besitzer wird besser gestellt als der unredliche Besitzer oder der Prozessbesitzer. Diese sind immerhin noch besser gestellt als der Deliktsbesitzer. Eine analoge Anwendung der §§ 987ff auf **Nichtbesitzer** ist nicht möglich (diff *Brehm/Berger* § 8 Rn 16). 8

9 a) **Redlicher Besitzer.** Redlich ist der Besitzer, der bei Besitzerwerb seine mangelnde Besitzberechtigung nicht oder höchstens leicht fahrlässig nicht kennt (§ 990 I 1 iVm § 932 II) und auch nach Besitzerwerb keine positive Kenntnis davon erhält (§ 990 I 2).

10 **b) Unredlicher (bösgläubiger) Besitzer.** Unredlich ist der Besitzer, der **bei Besitzerwerb** seine mangelnde Besitzberechtigung kennt oder infolge grober Fahrlässigkeit nicht kennt (§ 990 I 1 iVm § 932 II) oder nach Besitzerwerb positive Kenntnis davon erhält (§ 990 I 2).

11 **c) Prozessbesitzer.** Zum Prozessbesitzer wird ein Besitzer, wenn gegen ihn Klage auf Herausgabe der Sache erhoben (§ 253 I, § 261 I ZPO) wird (§§ 987, 989).

12 **d) Deliktsbesitzer.** Deliktsbesitzer ist der Besitzer, der sich den Besitz schuldhaft durch verbotene Eigenmacht oder durch eine Straftat verschafft hat (§ 992). Dass die verbotene Eigenmacht schuldhaft erfolgt sein muss, ergibt sich nicht aus dem Wortlaut des § 992, aber aus dem Sinn und Zweck der Regelung (§ 992 Rn 6).

13 **2. Besitz.** Die **Definition** des Begriffs „Besitz" ergibt sich aus § 854. Besitz ist die willentlich ausgeübte tatsächliche Herrschaft über eine Sache. **§§ 987ff differenzieren** zw rechtmäßigem und unrechtmäßigem Besitz sowie zw Eigen- und Fremdbesitz. Anwendbar sind die §§ 987ff grds nur auf den unrechtmäßigen Besitz, nicht auf den rechtmäßigen Besitz. Die Unterscheidung zw Eigen- und Fremdbesitz hat dagegen nur Bedeutung für das Vorliegen bestimmter Anwendungsausnahmen.

14 **a) Rechtmäßiger und unrechtmäßiger Besitz. Rechtmäßig** ist der Besitz, wenn dem Besitzer ein dingliches Besitzrecht oder ein schuldrechtl Recht gegen den Eigentümer auf Überlassung des Besitzes zusteht (§ 986 Rn 2ff; *Baur/Stürner* § 11 Rn 24). **Unrechtmäßig** ist der Besitz, wenn dem Besitzer kein dingliches Besitzrecht und auch kein schuldrechtl Recht gegen den Eigentümer auf Überlassung des Besitzes zusteht.

15 **b) Eigen- und Fremdbesitz. Eigenbesitz** liegt vor, wenn der Besitzer die Sache als Eigentümer oder wie ein Eigentümer besitzt (§§ 872, 854). **Fremdbesitz** liegt vor, wenn der Besitzer die Sache aufgrund eines bestehenden oder vermeintlichen Besitzrechts, das obligatorischer (zB Miete) oder dinglicher (zB Pfandrecht) Art sein kann, besitzt.

16 **III. Der Anwendungsbereich der §§ 987–993 im Überblick.** Es gibt keine abschließende und dogmatisch unangreifbare Formel zur Bestimmung des Anwendungsbereichs der §§ 987ff. Der Anwendungsbereich erschließt sich über die Kenntnis eines Grundsatzes und einer Reihe von Ausnahmen hierzu.

17 **1. Grundsatz.** §§ 987ff regeln die Rechte und Pflichten des Besitzers einer Sache ggü deren Eigentümer aus dem Besitzverhältnis. Sie finden aber **nur** dann Anwendung, **wenn der Besitz unrechtmäßig** ist, dem Besitzer also kein dingliches Besitzrecht an der Sache und auch kein schuldrechtl Besitzrecht gegen den Eigentümer auf Überlassung des Besitzes an der Sache zusteht (§ 986), der Eigentümer gegen den Besitzer also einen Herausgabeanspruch gem § 985 hat („Vindikationslage"; *Baur/Stürner* § 11 Rn 24).

18 Ob es sich um Fremd- oder Eigenbesitz, redlichen, unredlichen, Prozess- oder Deliktsbesitz handelt, ist für die Frage der Anwendbarkeit der § 987ff dem Grunde nach nicht relevant. Die §§ 987ff finden dem Grunde nach **auf alle diese Besitztatbestände** Anwendung.

19 **2. Ausnahmen vom Grundsatz.** Zu dem vorstehend genannten Grundsatz sind eine Reihe von Ausnahmen anerkannt.

20 **a) Exzess des rechtmäßigen Fremdbesitzers (Lehre vom „nicht so Berechtigten").** Nach einer in der Lit vertretenen Ansicht sollen die §§ 987ff ausnahmsw dann Anwendung finden, wenn dem Besitzer gegen den Eigentümer zwar ein Recht zum Fremdbesitz zusteht, der Besitzer aber die Grenzen seines Besitzrechts überschreitet (Lehre vom „nicht so Berechtigten"). Die hM in Lit und Rspr lehnt eine **Anwendung** der §§ 987ff **auf** diese **Fälle rechtmäßigen Besitzes** jedoch zu Recht ab (zum Meinungsstreit und zum vergleichbaren Fall einer pflichtwidrigen Veräußerung der Sache Rn 36ff).

21 **b) Der nicht mehr berechtigte Besitzer.** Unterschiedliche Ansichten bestehen auch zu der Frage, inwieweit die §§ 987ff Anwendung finden, wenn der **Besitz ursprünglich rechtmäßig** war, **dann aber unrechtmäßig** geworden ist, weil das das Besitzrecht begründende Rechtsverhältnis (zB der Mietvertrag) weggefallen ist (und nicht fortwirkt, vgl Rn 41ff und § 986 Rn 8).

22 Die Rspr und Teile der Lit wenden §§ 987ff auf das gesamte Besitzverhältnis, vor und nach Wegfall des Besitzrechts, an. Teile der Lit gehen dagegen davon aus, dass §§ 987ff nur ab Wegfall des Besitzrechts Anwendung finden können. Und eine dritte, zutr Literaturansicht schließt eine Anwendung der §§ 987ff auf solche Besitzverhältnisse vollständig aus (zum Meinungsstreit Rn 41ff und Vor § 994 Rn 13ff).

23 **c) Exzess des unrechtmäßigen redlichen Fremdbesitzers („Fremdbesitzerexzess").** Nach der Lehre vom Fremdbesitzerexzess haftet der unrechtmäßige redliche Fremdbesitzer dem Eigentümer für Verschlechterungen und eine Unmöglichkeit der Herausgabe der Sache nach den allg Regeln (§§ 823ff). Er kann sich nicht auf den Haftungsausschluss gem § 993 I Hs 2 berufen (dazu Rn 46ff).

24 **IV. Der Anwendungsbereich der §§ 987–993 im Einzelnen.** Vorstehend wurde der Anwendungsbereich der §§ 987ff überblicksartig dargestellt. Nachfolgend wird der Anwendungsbereich der §§ 987ff näher erläutert.

25 **1. Grundsatz.** §§ 987ff finden nur dann Anwendung, wenn der **Besitz unrechtmäßig** ist, dem Besitzer also kein dingliches Besitzrecht und auch kein schuldrechtl Recht gegen den Eigentümer auf Überlassung des Besitzes zusteht (*Baur/Stürner* § 11 Rn 24). Diese Einschränkung ergibt sich zwar nicht aus dem Wortlaut der

§§ 987ff, aber aus ihrem Regelungsgehalt. Die §§ 987ff sind Nebenansprüche zu dem Herausgabeanspruch aus § 985. Sie können daher nur dann gegeben sein, wenn ein solcher Herausgabeanspruch besteht (BGHZ 81, 1517, 1518). Zudem ist das Bestehen von Ansprüchen auf Nutzungsherausgabe, Schadens- und Verwendungsersatz gem §§ 987ff abhängig davon, ob der Besitzer in Bezug auf seine Besitzberechtigung redlich oder unredlich ist. Wer ein „Recht zum Besitz" ggü dem Eigentümer hat, kann bzgl seiner Besitzberechtigung aber weder redlich noch unredlich sein. Die §§ 987ff können sich auch deshalb nur auf das Verhältnis des Eigentümers zu einem unrechtmäßigen Besitzer beziehen (*Baur/Stürner* § 11 Rn 24; BGHZ 27, 320; 34, 122, 128; 31, 129, 132; BGH NJW 1961, 499, 500). Einer Anwendung der §§ 987ff muss somit stets die Feststellung der Unrechtmäßigkeit des Besitzes vorhergehen.

Ob es sich um Fremd- oder Eigenbesitz, redlichen, unredlichen, Prozess- oder Deliktsbesitz handelt, ist für die Frage der Anwendbarkeit der § 987ff dem Grunde nach nicht relevant. Die §§ 987ff finden dem Grunde nach auf alle diese Besitztatbestände Anwendung. 26

a) **Unrechtmäßigkeit des Besitzes. Unrechtmäßig besitzt der Besitzer**, dessen Besitz ggü dem Eigentümer weder durch einen schuldrechtl Besitzverschaffungsanspruch noch durch ein dingliches Recht an der Sache gerechtfertigt ist. Nur auf einen solchen Besitzer finden die §§ 987ff Anwendung. Hat der Besitzer dagegen ein Recht zum Besitz, das den Herausgabeanspruch aus § 985 ausschließt, so ist er **rechtmäßiger Besitzer.** Inwieweit zw dem Eigentümer und dem rechtmäßigen Besitzer einer Sache Nutzungsherausgabe-, Schadensersatz- oder Verwendungsersatzansprüche bestehen, ergibt sich nicht aus den §§ 987ff, sondern aus den allg, auf das Rechtsverhältnis anwendbaren gesetzl und vertragl Bestimmungen. 27

Der Besitz einer Sache ist auch dann rechtmäßig, wenn der Eigentümer nach dem konkreten Inhalt des Besitzrechts **die Sache** von dem Besitzer zwar **jederzeit heraus verlangen kann**, dies aber noch nicht getan hat. So sind zB **Entleiher** und **Verwahrer** trotz § 604 III, § 695 rechtmäßige Besitzer, denn sie verlieren das Recht zum Besitz erst durch Rückforderung. Auch bei **rechtmäßiger GoA** (§§ 677, 683 S 1) ist der Geschäftsführer zum Besitz der Sache berechtigt und verpflichtet, bis der Eigentümer die Sache heraus verlangt (BGH WM 1956, 1279, 1281). 28

Der **Finder** ist wegen § 966 rechtmäßiger Besitzer, bis der Berechtigte oder die zuständige Behörde (§ 967) die Sache heraus verlangt. Doch gilt dies nur für den redlichen Finder. Der unredliche Finder, der den Fund verheimlicht (vgl §§ 965, 978 I), ist nicht (mehr) zum Besitz berechtigt und daher unrechtmäßiger Besitzer (Soergel/*Stadler* Vor § 987 Rn 16). 29

Ist das den Besitz rechtfertigende **Rechtsverhältnis** (zB der Miet-, Pacht oder Kaufvertrag) **nichtig**, so ist der Besitz unrechtmäßig (zu möglichen Ausnahmen vgl § 986 Rn 9), die §§ 987ff sind daher anwendbar (beachte aber Rn 84ff). Gleiches gilt für die **Aufhebung einer Beschlagnahme** (BGHZ 32, 76, 95f). 30

Der BGH hat die §§ 987ff auf einen rechtmäßigen Fremdbesitzer angewendet, der die Sache unbefugt veräußert hatte (BGHZ 31, 129, 132f). Begründet hat der BGH dies damit, dass der rechtmäßige Fremdbesitzer sich durch die **unbefugte Veräußerung** für eine logische Sekunde zum unrechtmäßigen Eigenbesitzer der Sache mache. Der BGH konnte dem Eigentümer so einen durchsetzbaren Schadensersatzanspruch zusprechen (§ 990 I 1), obschon der Anspruch aus § 823 I nach § 852 bereits verjährt war. Tatsächlich dürfte es sich bei einem solchen Fall aber um die Überschreitung eines bestehenden Besitzrechts handeln, auf die die §§ 987ff nicht anwendbar sind (Rn 36ff, Lehre vom „nicht so Berechtigten"). 31

Ein nur **zur Zurückbehaltung** (§§ 1000, 273) **berechtigter Besitzer** ist, da ein Anspruch aus § 985 an sich gegeben ist, unrechtmäßiger Besitzer (§ 986 Rn 17ff). 32

b) **Redlicher oder unredlicher** (unrechtmäßiger) **Besitzer.** Die Unterscheidung zw redlichem und unredlichem Besitz ist für die Frage der Anwendbarkeit der §§ 987ff dem Grunde nach nicht von Bedeutung. §§ 987ff finden auf beide Besitzarten Anwendung, nur die angeordneten Rechtsfolgen weichen voneinander ab. 33

c) (**Unrechtmäßiger**) **Eigenbesitzer oder Fremdbesitzer.** §§ 987ff sind auf den unrechtmäßigen **Eigenbesitzer** (vermeintlicher Eigentümer, § 872; zB Dieb, Hehler, Erwerber bei nichtiger Übereignung) zugeschnitten, gelten aber nach ganz hM auch für den unrechtmäßigen **Fremdbesitzer** (vermeintlicher Mieter, Pächter, Nießbraucher). Das Gesetz differenziert nicht zw diesen Alternativen. Entscheidend für die Anwendbarkeit der §§ 987ff ist nur das Bestehen des Herausgabeanspruchs. 34

Die Art der vermeintlichen Besitzberechtigung ist für die Frage der Anwendbarkeit der §§ 987ff aber insoweit relevant, als für den unrechtmäßigen Fremdbesitzer eine Anwendungsausnahme vertreten wird (Lehre vom sog „Fremdbesitzerexzess", Rn 46ff), für die es beim unrechtmäßigen Eigenbesitzer keine Entsprechung gibt. 35

2. Ausnahmen vom Grundsatz. a) Exzess des rechtmäßigen Fremdbesitzers (Lehre vom „nicht so Berechtigten"). §§ 987ff finden keine Anwendung auf den rechtmäßigen Besitzer (Rn 17). Rechte und Pflichten eines zum Besitz berechtigten Besitzers ggü dem Eigentümer ergeben sich allein aus dem zw ihnen bestehenden, das Besitzrecht begründenden Sonderrechtsverhältnis (zB Mietvertrag). 36

Nach einer in der Lit vertretenen Ansicht sollen die §§ 987ff abw von diesem Grundsatz aber dann Anwendung finden, wenn der Besitzer zum Fremdbesitz berechtigt ist und er die Grenzen des ihm zustehenden Besitzrechts überschreitet. Diese **Lehre vom „nicht so Berechtigten"** hält eine entspr Anwendung der §§ 987ff, neben oder unter Ausschluss deliktischer Ansprüche, für geboten (*Zeuner* FS Felgentraeger, 1969, 423, 430f). 37

38 Die **hM** in Lit und Rspr **folgt dieser Lehre** jedoch **zu Recht nicht** (BGHZ 59, 51, 58; *Baur/Stürner* § 11 Rn 27; Staudinger/*Thole* Rn 16; MüKo/*Raff* Rn 22ff; Soergel/*Stadler* Rn 9; BGH NJW 2002, 60, 61; 2008, 221). Überschreitet ein Besitzer sein Besitzrecht, so stehen dem Eigentümer vertragl und deliktische Ansprüche zu. Wo aber weder die einschlägigen gesetzl noch die vertragl Regelungen Ersatzansprüche des Eigentümers vorsehen, sollten diese auch nicht über eine Anwendung der §§ 987ff konstruiert werden.

39 Die praktische Bedeutung des Streits wird am **Bsp der unberechtigten Untervermietung** deutlich. Der Vermieter kann vom Mieter die im Wege unberechtigter Untervermietung gezogenen Nutzungen (die Miete) nicht nach §§ 535ff herausverlangen. Sieht auch der Mietvertrag eine solche Herausgabepflicht nicht vor, kommt daher nur ein Anspruch aus § 990 I, § 987 I in Betracht. Dieser ist nur gegeben, wenn man der Lehre vom „nicht so Berechtigten" folgt (einen solchen Anspruch verneinend BGHZ 59, 51, 58; BGH NJW 1964, 1853; BGHZ 131, 297, 307; für den Fall, dass die – überschrittene – Nutzungsberechtigung des Vermieters nicht auf einem Hauptmietvertrag, sondern auf gesetzl Zuweisung beruht, bejaht der BGH dagegen einen Anspruch des Eigentümers auf Herausgabe der Untermiete gem § 812 I 1, NJW 2002, 60, 61).

40 Eine **vergleichbare Fallgestaltung** liegt vor, wenn der berechtigte Fremdbesitzer (zB Mieter) sich pflichtwidrig zur **Veräußerung der Sache** entschließt. Nach Ansicht des BGH wird der berechtigte Fremdbesitzer zum unberechtigten Eigenbesitzer, wenn er die Sache zum Verkauf anbietet und sich damit wie ein Eigentümer geriert. Zum Zeitpunkt der Veräußerung sei der Besitz folglich zum unrechtmäßigen Besitz mutiert, so dass die §§ 987ff Anwendung finden und der Eigentümer den Kaufpreis nach § 990 I 1 vom Besitzer herausverlangen kann (BGHZ 31, 129). Richtigerweise wird man diesen Fall jedoch ebenso wie jeden anderen Fall der Überschreitung eines bestehenden Besitzrechts behandeln und daher eine Anwendung der §§ 987ff ablehnen müssen (so auch *Baur/Stürner* § 11 Rn 27).

41 **b) Der nicht mehr berechtigte Besitzer.** Unterschiedliche Ansichten bestehen zu der Frage, inwieweit die §§ 987ff auf ein Besitzverhältnis Anwendung finden, wenn der Besitzer ursprüngl ein Recht zum Besitz hatte, dies aber nachträgl weggefallen ist. Finden die §§ 987ff nur ab dem Zeitpunkt der Beendigung Anwendung, weil der Besitz ab diesem Zeitpunkt unrechtmäßig ist? Müssen die §§ 987ff vielleicht auf das Besitzverhältnis insg, vor und nach Wegfall der Besitzberechtigung, angewendet werden? Oder bleibt die Anwendung der §§ 987ff auch nach Beendigung des Besitzrechts ausgeschlossen, weil der Besitz ursprüngl rechtmäßig war?

42 Die wohl hM geht davon aus, dass die §§ 987ff jedenfalls **ab Wegfall des Besitzrechts** Anwendung finden (BGHZ 34, 122; 51, 250; 71, 216, 224; 75, 288, 292; 87, 274; BGH NJW 2021, 1088; 2001, 3118, 3119; 2008, 221, 222; 2010, 2664; NZM 2014, 582; NJW 2015, 229, 231; Düsseldorf ZMR 2010, 755; Hamburg NZM 1999, 1052; Staudinger/*Thole* Rn 21f). Ab diesem Zeitpunkt sei der Besitz unrechtmäßig, die Voraussetzungen der §§ 987ff erfüllt und eine Anwendung der §§ 987ff daher geboten. Im Hinblick auf Ansprüche auf Verwendungsersatz (§§ 994, 996) steht die Anwendbarkeit aber unter dem Vorbehalt, dass das weggefallene Besitzrechtsverhältnis (zB der Mietvertrag) die geltend gemachten Ansprüche nicht regelt (BGH NJW 2015, 229, 231; vgl dazu auch Vor § 994 Rn 13ff).

43 Die Rspr und Teile der Lit gehen über diese Ansicht sogar noch hinaus und wenden die §§ 987ff **auf das gesamte Besitzverhältnis** an. Begründet wird dies damit, dass der ursprüngl rechtmäßige Besitzer nicht schlechter stehen dürfe, als der von Anfang an unrechtmäßige (BGHZ 34, 122, 130f; 51, 250; 75, 288, 292f; BGH NJW 1996, 921; 1998, 992ff; 2008, 221, 222; 2010, 2664, 2665; vgl dazu LG Bremen BeckRS 2020, 31458 [Rn 78ff]).

44 Nach einer dritten, zutr Ansicht ist die **Anwendung** der §§ 987ff auf ursprüngl rechtmäßige Besitzverhältnisse **vollständig ausgeschlossen**, auch wenn das Besitzrecht nachträgl wegfällt (*Baur/Stürner* § 11 Rn 30; MüKo/*Raff* Rn 19ff; *Brehm/Berger* § 8 Rn 13; *Roth* JuS 1998, 518, 522). Dass die §§ 987ff nicht auf das gesamte Besitzverhältnis Anwendung finden können, folgt schon daraus, dass der Besitzer durch den Wegfall des Besitzrechts nicht rückwirkend zum unrechtmäßigen Besitzer wird. Aber auch nach Wegfall des Besitzrechts bleibt für eine Anwendung der §§ 987ff kein Raum. Die Abwicklung solcher Besitzverhältnisse muss vielmehr abhängig von dem ursprüngl bestehenden Besitzrecht nach den dafür geltenden Bestimmungen (Vertragsrecht, §§ 346ff) erfolgen.

45 Zur Frage des Bestehens von Verwendungsersatzansprüchen (§§ 994ff) des nicht mehr berechtigten Besitzers vgl auch Vor § 994 Rn 13ff.

46 **c) Exzess des unrechtmäßigen redlichen Fremdbesitzers („Fremdbesitzerexzess").** §§ 987ff und damit auch die Haftungsausschlussregelung des § 993 I Hs 2 finden auf alle unrechtmäßigen Besitzer Anwendung, auf den unrechtmäßigen eigen- wie auf den unrechtmäßigen Fremdbesitzer. Uneingeschränkt durchgehalten würde dieser Grundsatz aber zu folgendem merkwürdigen Ergebnis führen: Der rechtmäßige Fremdbesitzer (zB Mieter), der sein Besitzrecht überschreitet und die Sache beschädigt, müsste dem Eigentümer hierfür nach §§ 823ff auf Schadensersatz haften. Der unrechtmäßige Fremdbesitzer, der sein vermeintliches Besitzrecht überschreitet, könnte sich dagegen (soweit er redlich ist) auf den Haftungsausschluss gem § 993 I Hs 2 berufen und würde nicht auf Schadensersatz haften.

47 Es besteht Einigkeit, dass dieses Ergebnis nicht richtig sein kann. Der vermeintliche Fremdbesitzer verdient nur insoweit Schutz, als er sich im Rahmen des Besitzrechts hält, das er zu haben glaubt. Er darf nicht besser stehen als ein zum Besitz berechtigter Fremdbesitzer. Nach der Lehre vom Fremdbesitzerexzess haftet daher **der unrechtmäßige redliche Fremdbesitzer** dem Eigentümer für Verschlechterungen und eine Unmöglichkeit der Herausgabe der Sache nach den allg Regeln (§§ 823ff). Er **kann sich nicht auf den Haftungsausschluss** gem § 993 I Hs 2 **berufen** (*Baur/Stürner* § 11 Rn 32; *Gursky*, Das Eigentümer-Besitzer-Verhältnis, 56ff; RGZ 157, 132, 135; BGHZ 46, 140, 146; Köln OLGRp 2000, 261).

V. Das Haftungssystem der §§ 987–993 im Überblick. Die §§ 987–993 regeln, welche Ansprüche der Eigentümer einer Sache gegen deren Besitzer hat. Sie unterscheiden zw dem Anspruch auf **Herausgabe der Nutzungen** und dem Anspruch auf **Schadensersatz** wegen Verschlechterung oder Unmöglichkeit der Herausgabe der Sache. 48

Die §§ 987–993 finden grds nur dann Anwendung, wenn dem Besitzer kein Recht zum Besitz zusteht (**unrechtmäßiger Besitz**). Steht dem Besitzer gegen den Eigentümer ein Recht zum Besitz zu (rechtmäßiger Besitz), regeln sich die Rechte und Pflichten des Besitzers nicht nach §§ 987ff, sondern nach den allg vertragl oder gesetzl Bestimmungen. 49

Zur näheren Bestimmung der dem Eigentümer gegen den unrechtmäßigen Besitzer gem §§ 987–993 zustehenden Ansprüche ist zw **redlichem, unredlichem, Prozess- und Deliktsbesitz** sowie zw Eigenbesitz und **Fremdbesitz** zu differenzieren. 50

Nachfolgend werden die dem Eigentümer zustehenden Ansprüche überblicksartig dargestellt. Zur Definition der von den §§ 987–993 verwandten Begriffe (rechtmäßiger und unrechtmäßiger Besitz/redlicher, unredlicher, Prozess- und Deliktsbesitz/eigen- und Fremdbesitz) vgl Rn 6ff. Zur Frage, inwieweit im Anwendungsbereich der §§ 987–993 konkurrierend auch andere Anspruchsgrundlagen Anwendung finden können, vgl Rn 69ff. 51

1. Verpflichtung zur Nutzungsherausgabe. Die §§ 987–993 sehen eine Pflicht des unrechtmäßigen Besitzers ggü dem Eigentümer zur Herausgabe von Nutzungen vor. Welche Nutzungen im Einz herauszugeben sind hängt davon ab, ob der Besitzer redlich, unredlich, Prozess- oder Deliktsbesitzer ist. 52

a) Nutzungsherausgabepflicht des redlichen, unverklagten Besitzers. Der redliche, unverklagte Besitzer (Rn 9ff) ist zur Herausgabe gezogener Nutzungen (§§ 100, 99) nicht verpflichtet (§ 993 I Hs 2). Dies gilt für den **Eigenbesitzer** und für den **Fremdbesitzer** gleichermaßen. Es sind aber **drei Ausnahmen** zu beachten. 53

Der redliche unverklagte Besitzer muss gezogene Nutzungen dann herausgeben, wenn er den **Besitz** an der Sache **unentgeltlich erlangt** hat (§ 988). 54

Der redliche unverklagte Besitzer muss gezogene Nutzungen auch dann herausgeben, wenn er den **Besitz** an der Sache **rechtsgrundlos erlangt** hat (§ 812 I 1 Alt 1, § 818 I oder § 988 analog). 55

Und der redliche unverklagte Besitzer muss **gezogene Übermaßfrüchte** stets nach §§ 812ff herausgeben (§ 993 I Hs 1). 56

b) Nutzungsherausgabepflicht des redlichen, aber verklagten Besitzers („Prozessbesitzer"). Der Prozessbesitzer (Rn 11) ist dem Eigentümer ab Rechtshängigkeit zur Herausgabe aller gezogenen Nutzungen (§ 987 I) sowie zum Ersatz aller schuldhaft versäumten Nutzungen (§ 987 II) und aller nicht mehr vorhandenen Nutzungen verpflichtet. Dies gilt für den **Eigenbesitzer** und für den **Fremdbesitzer** gleichermaßen. 57

c) Nutzungsherausgabepflicht des unredlichen Besitzers. Der unredliche Besitzer (Rn 10) ist (vergleichbar dem Prozessbesitzer) ab Beginn seiner Bösgläubigkeit dem Eigentümer zur Herausgabe aller gezogenen Nutzungen (§§ 990, 987 I) sowie zum Ersatz aller schuldhaft versäumten Nutzungen (§§ 990, 987 II) und aller nicht mehr vorhandenen Nutzungen verpflichtet. Gerät er mit der Herausgabe der Sache in Verzug, tritt eine Verschärfung der Haftung nach § 990 II, § 287 ein. Der Besitzer hat dem Eigentümer dann auch alle Nutzungen zu ersetzen, die er nicht gezogen hat, der Eigentümer aber gezogen hätte. Dies gilt für den **Eigenbesitzer** und für den **Fremdbesitzer** gleichermaßen. Es ist aber **eine Ausnahme** zu beachten. 58

Ist der unredliche Besitzer **Besitzmittler** eines Dritten, so ist er nur dann nach §§ 990, 987 zur Nutzungsherausgabe verpflichtet, wenn auch der Dritte (also der mittelbare Besitzer) unredlich oder auf Herausgabe verklagt ist (§ 991 I). Solange dies nicht der Fall ist, haftet der Besitzmittler trotz Unredlichkeit nur wie der redliche, unverklagte Besitzer. 59

d) Nutzungsherausgabepflicht des Deliktsbesitzers. Der Deliktsbesitzer (Rn 12) ist dem Eigentümer zur Herausgabe aller gezogenen Nutzungen verpflichtet. Und er ist dem Eigentümer zum Ersatz aller schuldhaft versäumten Nutzungen, aller nicht mehr vorhandenen Nutzungen und aller Nutzungen, die er nicht gezogen hat, der Eigentümer aber gezogen hätte, verpflichtet (§§ 992, 823, 249, 848). Dies gilt für den **Eigenbesitzer** und für den **Fremdbesitzer** gleichermaßen. 60

e) Nutzungsherausgabe als Schadensersatz. Ein Anspruch auf Nutzungsherausgabe kann sich daneben auch **als Teil eines Schadensersatzanspruchs** (dazu Rn 62ff) ergeben. Dies gilt insb für Nutzungen, die der Eigentümer gezogen hätte, wenn sein Eigentum nicht durch die schadensverursachende Handlung beeinträchtigt worden wäre. 61

2. Verpflichtung zum Schadensersatz wegen Verlusts oder Verschlechterung der Sache. Die §§ 987–993 sehen eine Schadensersatzpflicht des unrechtmäßigen Besitzers ggü dem Eigentümer vor, wenn die Sache verschlechtert wurde oder die Herausgabe unmöglich geworden ist. Die Voraussetzungen der Haftung sind abhängig davon, ob der Besitzer redlich, unredlich, Prozess- oder Deliktsbesitzer ist. Der redliche Besitzer haftet nicht, der unredliche und der Deliktsbesitzer haften für Verschulden und der Deliktsbesitzer haftet auch ohne Verschulden. 62

a) Schadensersatzpflicht des redlichen, unverklagten Besitzers. Der redliche, unverklagte Besitzer (Rn 9ff) haftet dem Eigentümer für Beschädigung, Zerstörung oder sonstige Unmöglichkeit der Herausgabe der Sache 63 überhaupt nicht (§ 993 I Hs 2). Dies gilt für den **Eigenbesitzer** uneingeschränkt. **Für den Fremdbesitzer** sind aber **zwei Ausnahmen** zu beachten.

64 Der redliche, unverklagte **Fremdbesitzer** haftet dem Eigentümer dann auf Schadensersatz (§§ 823ff), wenn er mit seiner schadensverursachenden Handlung den Rahmen seines vermeintlichen Besitzrechts überschritten hat (sog **„Fremdbesitzerexzess“**; Rn 46f).

65 Der redliche, unverklagte Fremdbesitzer haftet dem Eigentümer zudem dann auf Schadensersatz, wenn er **Besitzmittler** (zB Mieter) ist und er dem mittelbaren Besitzer (zB dem Vermieter) aufgrund des zw ihnen bestehenden Rechtsverhältnisses Schadensersatz leisten muss (§ 991 II). Die Haftung ist auf den dem mittelbaren Besitzer geschuldeten Schadensersatz beschränkt.

66 **b) Schadensersatzpflicht des redlichen, aber verklagten Besitzers („Prozessbesitzer“).** Der Prozessbesitzer (Rn 11) haftet dem Eigentümer ab Rechtshängigkeit für schuldhaft (§ 276) verursachte Verschlechterungen und für eine schuldhaft verursachte Unmöglichkeit der Herausgabe der Sache auf Schadensersatz (§ 989). Dies gilt für den **Eigenbesitzer** und für den **Fremdbesitzer** gleichermaßen.

67 **c) Schadensersatzpflicht des unredlichen Besitzers.** Der unredliche Besitzer (Rn 10) haftet (vergleichbar dem Prozessbesitzer) dem Eigentümer ab Beginn seiner Bösgläubigkeit für schuldhaft (§ 276) verursachte Verschlechterungen und für eine schuldhaft verursachte Unmöglichkeit der Herausgabe der Sache auf Schadensersatz (§ 990 I, § 989). Gerät er mit der Herausgabe der Sache in Verzug, tritt eine Verschärfung der Haftung nach § 990 II, § 287 ein. Der Besitzer haftet dem Eigentümer dann auch für eine zufällige Verschlechterung und für eine zufällige Unmöglichkeit der Herausgabe der Sache auf Schadensersatz. Dies gilt für den **Eigenbesitzer** und für den **Fremdbesitzer** gleichermaßen.

68 **d) Schadensersatzpflicht des Deliktsbesitzers.** Der Deliktsbesitzer (Rn 12) haftet dem Eigentümer für jede Verschlechterung und für jede Unmöglichkeit der Herausgabe der Sache auf Schadensersatz, auch ohne dass ihn hieran ein Verschulden trifft (§§ 992, 823, 249, 848). Dies gilt für den **Eigenbesitzer** und für den **Fremdbesitzer** gleichermaßen.

69 **VI. Die Konkurrenz der §§ 987–993 zu anderen Anspruchsgrundlagen.** Die §§ 987–993 regeln die Ansprüche des Eigentümers einer Sache gegen deren unrechtmäßigen Besitzer. Im Verhältnis des Eigentümers einer Sache zu deren Besitzer können neben den in §§ 987ff vorgesehenen Ansprüchen aber auch eine Reihe weiterer gesetzl vorgesehener Anspruchsgrundlagen (§§ 823ff, 812ff, 677ff) tatbestandlich gegeben sein. Es stellt sich ggf die Frage, ob diese Anspruchsgrundlagen neben den §§ 987ff Anwendung finden oder durch sie verdrängt werden. Dieser Problemkreis wird nachfolgend dargestellt.

70 Zu beachten ist, dass sich das Konkurrenzproblem nur im Anwendungsbereich der §§ 987ff überhaupt stellt. War der **Besitzer zum Besitz berechtigt** (war er zB Mieter, Pächter, Käufer etc), ergibt sich daher kein Konkurrenzproblem, da die §§ 987ff auf den berechtigten Besitzer nicht anwendbar sind. Die §§ 987ff regeln zudem nur Ansprüche wegen Nutzung oder Verschlechterung der Sache (§§ 987–993) und wegen Verwendungen auf die Sache (§§ 994–999). Ansprüche wegen **Verbrauch, Verarbeitung** oder **Veräußerung** der Sache bestehen daher neben und unabhängig von den §§ 987ff (*Brehm/Berger* § 8 Rn 9).

71 **1. Grundsatz.** Die Konkurrenz der §§ 987ff zu anderen Anspruchsgrundlagen wird durch § 993 I Hs 2 bestimmt. § 993 I Hs 2 ordnet an, dass der Besitzer, wenn die in §§ 987–992 bezeichneten Voraussetzungen nicht vorliegen, weder zur Herausgabe von Nutzungen noch zum Schadensersatz verpflichtet ist. Daraus folgt der **Grundsatz**, dass die §§ 987ff für das Verhältnis des Eigentümers zum Besitzer eine **erschöpfende Sonderregelung** enthalten, die alle aus einem solchen Verhältnis entstehenden Nebenansprüche regeln und weitergehende Ansprüche aus allg Vorschriften, insb solche aus unerlaubter Handlung und Bereicherung, ausschließen (BGHZ 41, 157, 158; 56, 73, 77; BGH NJW 1952, 257; RGZ 163, 348, 351f; Soergel/*Stadler* Rn 18ff; Staudinger/*Thole* Rn 104). – Dieser Grundsatz gilt, wird aber durch **eine Reihe von Ausnahmen** durchbrochen.

72 **2. Ausnahmen vom Grundsatz.** Trotz § 993 I Hs 2 sind neben den §§ 987ff auch Ansprüche nach anderen Anspruchsgrundlagen gegeben, wenn folgende Ausnahmesituationen vorliegen.

73 **a) Fremdbesitzerexzess.** Nach der Lehre vom **Fremdbesitzerexzess** haftet der unrechtmäßige redliche Fremdbesitzer dem Eigentümer für Verschlechterungen und eine Unmöglichkeit der Herausgabe der Sache nach den allg Regeln (§§ 823ff). Er kann sich nicht auf den Haftungsausschluss gem § 993 I Hs 2 berufen (dazu Rn 46f).

74 **b) Veräußerung der Sache. Veräußert der redliche unrechtmäßige Besitzer die Sache,** so kann der Eigentümer den Veräußerungserlös nach § 816 herausverlangen. Er wird daran nicht durch § 993 I Hs 2 gehindert, obschon die §§ 987ff anwendbar sind und die Voraussetzungen der §§ 989, 990 nicht vorliegen (dazu Rn 82).

75 **c) Sonstige Fälle der Eingriffskondiktion und Verbrauch der Sache.** Neben §§ 987ff anwendbar sind auch die Tatbestände der Eingriffskondiktion. Der Besitzer ist dem Eigentümer zur Herausgabe des durch den „Eingriff“ Erlangten verpflichtet. In Betracht kommen vor allem die Fälle des § 951 (Eigentumserwerb durch Verbindung, Vermischung oder Verarbeitung) und des Verbrauchs der Sache durch den Besitzer (§ 812 I 1 Alt 2) (dazu Rn 83). Darüber hinaus auch der Fall, dass der kraft Gesetzes zum Besitz einer Sache Berechtigte diese unter Überschreitung seines gesetzl Besitzrechts vermietet (BGH NJW 2002, 60, 61).

76 **d) Rechtsgrundloser Besitz.** In Abweichung von § 993 I Hs 2 muss schließlich auch ein redlicher unrechtmäßiger Besitzer von ihm gezogene Nutzungen herausgeben, wenn er den Besitz an der Sache rechtsgrundlos erlangt

hat (zB weil der Veräußerer geschäftsunfähig, die Veräußerung daher unwirksam gewesen ist). Dies folgt entweder aus einer analogen Anwendung des § 988 oder aus einer direkten Anwendung von § 812 I 1 Alt 1, § 818 I (dazu Rn 84).

3. Die Konkurrenzen im Einzelnen. Die vorstehenden Ausführungen zur Ausschließlichkeit des Haftungssystems der §§ 987–993 und zu den dazu bestehenden Ausnahmen ergeben folgendes Bild über die Möglichkeit der Anwendung konkurrierender Anspruchsgrundlagen. 77

a) Verhältnis zum Recht der unerlaubten Handlung (§§ 823ff). Die §§ 823ff können im Anwendungsbereich der §§ 987–993 (nur) wie folgt Anwendung finden. 78

aa) Deliktsbesitzer (§ 992). Der Deliktsbesitzer haftet aufgrund der ausdrückl **gesetzl Anordnung** in § 992 dem Eigentümer nach §§ 823ff. 79

bb) Fremdbesitzerexzess. Der unrechtmäßige Fremdbesitzer, der die Grenzen seines vermeintlichen Besitzrechts überschreitet und sich über die Verletzung des Herausgabeanspruchs hinaus einer Eigentumsverletzung schuldig macht, haftet dem Eigentümer nach §§ 823ff (Lehre vom sog „Fremdbesitzerexzess"; dazu Rn 46f). 80

cc) Vorsätzliche sittenwidrige Schädigung. Stets anwendbar ist auch § 826 (MüKo/*Raff* § 993 Rn 17). 81

b) Verhältnis zum Recht der ungerechtfertigten Bereicherung (§§ 812ff). Die §§ 812ff können im Anwendungsbereich der §§ 987–993 (nur) wie folgt Anwendung finden. 82

aa) Verfügung (§ 816 I). Verfügt der redliche unrechtmäßige Besitzer über die Sache, so kann der Eigentümer den **Verfügungserlös** nach **§ 816 I 1** herausverlangen. Er wird daran nicht durch § 993 I Hs 2 gehindert, obschon die §§ 987ff anwendbar sind und die Voraussetzungen der §§ 989, 990 nicht vorliegen (*Baur/Stürner* § 11 Rn 36, 38; RGZ 163, 353; BGH NJW 1953, 58). Im Falle einer unentgeltlichen Verfügung über die Sache kann der Eigentümer von dem Empfänger nach **§ 816 I 2** die Sache **herausverlangen.**

bb) Eingriff in die Sachsubstanz oder deren Surrogate (§ 812 I 1 Alt 2). Neben §§ 987ff anwendbar sind auch die Tatbestände der **Eingriffskondiktion**, soweit sie sich auf einen Eingriff in die Substanz der Sache oder deren Surrogate gründen (**§ 812 I 1 Alt 2**). Der Besitzer ist dem Eigentümer zur Herausgabe des durch den „Eingriff" Erlangten verpflichtet. In Betracht kommen vor allem die Fälle des § 951 (Eigentumserwerb durch Verbindung, Vermischung oder Verarbeitung) und des Verbrauchs der Sache durch den Besitzer (§ 812 I 1 Alt 2) (BGHZ 14, 7, 8f; 55, 176 – Jungbullenfall; WM 1971, 133; *Baur/Stürner* § 11 Rn 37; MüKo/*Raff* § 993 Rn 12). 83

cc) Rechtsgrundlose Besitzerlangung (§ 988 analog oder § 812 I 1 Alt 1). In Abweichung von § 993 I Hs 2 muss schließlich auch ein redlicher unrechtmäßiger Besitzer von ihm gezogene Nutzungen herausgeben, wenn er den **Besitz** an der Sache **rechtsgrundlos erlangt hat** (zB weil der Veräußerer geschäftsunfähig, die Veräußerung daher unwirksam gewesen ist). Die Abweichung von § 993 I Hs 2 ist erforderlich, weil sich ansonsten unterschiedliche Herausgabepflichten ergeben würden, abhängig davon, ob nur der Kaufvertrag oder sowohl der Kaufvertrag als auch die Übereignung unwirksam sind. Ist nur der Kaufvertrag nichtig, muss der Käufer das ihm geleistete Eigentum samt Nutzungen herausgeben (§ 812 I 1 Alt 1, § 818 I). Sind dagegen der Kaufvertrag und die Übereignung unwirksam, ist der Käufer redlicher unberechtigter Eigenbesitzer iSd §§ 987ff und gem § 993 I Hs 2 zur Herausgabe der Nutzungen nicht verpflichtet. Der Verkäufer darf aber im Falle der Unwirksamkeit beider Rechtsgeschäfte nicht schlechter stehen, als im Falle der Unwirksamkeit nur des Kaufvertrags. Eine Korrektur dieses Ergebnisses ist daher jedenfalls erforderlich. 84

Nur worauf der Nutzungsherausgabeanspruch gestützt werden kann, ist umstr. Nach Ansicht der Rspr hat der Eigentümer gegen einen Besitzer, der den Besitz rechtsgrundlos erlangt hat, einen Nutzungsherausgabeanspruch **analog § 988** (RGZ 163, 348, 352, 357; BGHZ 10, 350, 357; 32, 76, 94; 71, 216, 226; 109, 179, 191; BGH NJW 1972, 480; 1983, 164f; KG GE 2001, 1060). Die herrschende und vorzugswürdige Meinung in der Lit stützt den Anspruch auf eine direkte Anwendung von **§ 812 I 1 Alt 1, § 818 I**, wobei die §§ 987ff daneben anwendbar bleiben sollen (so *Baur/Stürner* § 11 Rn 38; Staudinger/*Thole* Rn 121ff, 129; MüKo/*Raff* § 988 Rn 6ff und § 993 Rn 8; Soergel/*Stadler* § 988 Rn 5). Eine andere Literaturansicht stützt den Anspruch ebenfalls auf § 812 I 1 Alt 1, § 818 I, hält die §§ 987ff daneben aber nicht für anwendbar (*Michalski* FS Gitter, 1995, 577, 589ff; *Hager* JuS 1987, 877, 880). 85

Der Unterschied zw der Ansicht der Rspr und den Literaturansichten zeigt sich, wenn der Besitzer die Sache rechtsgrundlos **von einem Dritten erworben** hat. Hier ist nach Ansicht der Rspr ein Anspruch des Eigentümers gegen den Besitzer auf Ersatz der Nutzungen analog § 988 gegeben. Dass der Besitzer den Besitz nicht von dem Eigentümer erlangt hat, ist für den Anspruch aus Sicht der Rspr ohne Belang. Nach der Literaturansicht würde ein Anspruch des Eigentümers auf Nutzungsersatz dagegen nicht gegeben sein, da der Besitzer den Besitz nicht durch Leistung des Eigentümers erlangt hat und die Voraussetzungen für eine Leistungskondiktion daher nicht gegeben sind. 86

Einen völlig anderen Ansatz vertreten *Brehm/Berger* § 8 Rn 33 (ebenso *Wieling* AcP 169, 137ff). Nach der von *Brehm/Berger* (wieder) vorgeschlagenen Lösung sollen dem rechtsgrundlosen Besitzer die Nutzungen verbleiben. Die Angleichung von Kondiktions- und Vindikationsrecht soll dadurch erfolgen, dass § 818 I Alt 1 für unanwendbar erklärt wird, dem Kondiktionsgläubiger also wie dem Vindikationsgläubiger der Nutzungsherausgabeanspruch versagt wird. 87

c) Verhältnis zum allg Schuldrecht (§§ 280ff). Obschon es sich bei den Ansprüchen nach §§ 987–993 um Nebenansprüche zu dem dinglichen Herausgabeanspruch aus § 985 handelt, sind einige Vorschriften des allg 88

Schuldrechts auf sie anwendbar. So zB § 278 im Fall der Beschädigung der Sache durch eine Hilfsperson des Besitzers, § 254 im Fall eines Mitverschuldens des Eigentümers bei der Beschädigung der Sache und § 300 I im Fall eines Verzugs des Eigentümers mit der Rücknahme der Sache. Selbständige Anspruchsgrundlagen des allg Schuldrechts (§§ 280ff) können dagegen im Anwendungsbereich der §§ 987ff nur in den nachgenannten Ausnahmefällen Anwendung finden.

89 **aa) Schuldnerverzug (§§ 280, 286ff).** Ansprüche wegen Schuldnerverzugs gem §§ 280, 286ff können im Eigentümer-Besitzer-Verhältnis gegen einen **unredlichen Besitzer** geltend gemacht werden, was sich aus der ausdrückl gesetzl Anordnung in § 990 II ergibt (Hamm 22.2.2016 – I-5 U 110/15, juris Rn 65; BGH ZIP 2004, 80). Eine Anwendung der Verzugsvorschriften auf den **redlichen Besitzer** ist dagegen ausgeschlossen (§ 993 I Hs 2; BGHZ 85, 11, 13; Staudinger/*Thole* § 990 Rn 101ff, 111).

90 **bb) Schadensersatz wegen Pflichtverletzung (§§ 280ff).** Ansprüche des Eigentümers auf **Schadensersatz statt der Leistung** gem §§ 280, 281, 283 sind im Anwendungsbereich der §§ 987ff ausgeschlossen, soweit der Besitzer gutgläubig ist. Ist der Besitzer bösgläubig oder verklagt, sind die §§ 280, 281, 283 aber neben §§ 987ff anwendbar (BGH ZIP 2016, 1733; Zweibrücken BeckRS 2021, 47968; München NJOZ 2015, 1044; Rostock NJW-RR 2012, 222, 223; Soergel/*Benicke/Hellwig* § 281 Rn 29f; Staudinger/*Thole* § 985 Rn 23ff, 30; Grü/*Grüneberg* § 281 Rn 4; *Baur/Stürner* § 11 Rn 45; *Gruber/Lösche* NJW 2007, 2815, 2817; *Gebauer/Huber* ZGS 2005, 103ff). Diese Frage war lange umstritten (gegen eine Anwendung auch im Falle bösgläubigen Besitzes *Wilhelm*, SachenR, Rn 1188; Soergel/*Stadler* Vor § 987 Rn 20; *Katzenstein* AcP 206, 96; *Kohler* NZM 2014, 729, 738; *Gursky* Jura 2004, 433ff; auch der Verf bis zur 14. Aufl). Für eine Anwendung unabhängig von der Gut- oder Bösgläubigkeit des Besitzers *Wolf* Rn 227; *Vieweg/Lorz* § 7 Rn 36). Der BGH hat sie aber zwischenzeitl iSd vorgenannten Ansicht entschieden (BGH ZIP 2016, 1733).

91 Im Falle der **Verletzung von Nebenpflichten** (zB Informations- oder Aufklärungspflichten im Zusammenhang mit der Rückgabe der Sache) kann dagegen ein Anspruch des Eigentümers gegen den Besitzer auf Schadensersatz wegen Pflichtverletzung gem § 280 I bestehen.

92 **cc) Herausgabe des Ersatzvorteils (§ 285).** Auch § 285 findet im Eigentümer-Besitzer-Verhältnis keine Anwendung (*Baur/Stürner* § 11 Rn 44; RGZ 115, 31, 33; 157, 40, 44f).

93 **d) Verhältnis zum Recht der Geschäftsführung ohne Auftrag (§§ 677ff).** Liegt zw Eigentümer und Besitzer eine **berechtigte GoA** vor, so ist der Besitzer dem Eigentümer ggü zum Besitz berechtigt. Die §§ 987ff sind daher nicht anwendbar, ein Konkurrenzproblem stellt sich nicht (BGHZ 31, 129, 132; Soergel/*Stadler* Vor § 987 Rn 16, 21; Staudinger/*Thole* Rn 167). Im Falle einer **unberechtigten GoA** können dem Eigentümer Ansprüche aus § 678 zustehen.

94 Ansprüche aus **unechter GoA** (§ 687 II) bestehen neben solchen aus §§ 987ff, und zwar sowohl Ansprüche auf Schadensersatz (§ 678; BGH WM 1956, 1279, 1281; Celle NJW 2006, 3440) als auch Ansprüche auf Herausgabe des Erlangten (§ 681 S 2, § 667; BGHZ 39, 186, 188f; Staudinger/*Thole* Rn 167).

§ 987 Nutzungen nach Rechtshängigkeit

(1) Der Besitzer hat dem Eigentümer die Nutzungen herauszugeben, die er nach dem Eintritt der Rechtshängigkeit zieht.

(2) Zieht der Besitzer nach dem Eintritt der Rechtshängigkeit Nutzungen nicht, die er nach den Regeln einer ordnungsmäßigen Wirtschaft ziehen könnte, so ist er dem Eigentümer zum Ersatz verpflichtet, soweit ihm ein Verschulden zur Last fällt.

1 **I. Allgemeines.** Erhebt der Eigentümer einer Sache gegen deren Besitzer Herausgabeklage gem § 985, so wird der Besitzer dadurch zum sog **„Prozessbesitzer“** (vgl Vor § 987 Rn 11). Er **haftet** ab dem Zeitpunkt der Rechtshängigkeit der Klage **auf Nutzungsherausgabe** nach § 987.

2 Ob der Besitzer an die Rechtmäßigkeit seines Besitzes glaubt, ist für § 987 unerheblich. Die Erhebung der Klage wird sicher nicht immer dazu führen, dass der Besitzer nun das Fehlen seiner Besitzberechtigung kennt (§ 990 Rn 5). Aber die **Rechtshängigkeit hat „Warnwirkung“** (*Baur/Stürner* § 11 Rn 7). Der Besitzer weiß jetzt, dass er möglicherweise nur eine Art Verwalterstellung innehat, daher zur ordnungsmäßigen Nutzung verpflichtet ist und bei Prozessverlust die Nutzungen herausgeben muss (*Brehm/Berger* § 8 Rn 34). Dies allein ist Grundlage für die von § 987 angeordnete Verpflichtung zur Nutzungsherausgabe.

3 § 987 wird durch § 989 ergänzt, der dem Eigentümer ab dem Zeitpunkt der Rechtshängigkeit einen Anspruch auf Schadensersatz gewährt.

4 **II. Anspruchsvoraussetzungen.** Die Haftung nach § 987 setzt voraus, dass eine Herausgabeklage rechtshängig gemacht und ihr stattgegeben wird.

5 **1. Rechtshängigkeit.** Rechtshängigkeit iSd § 987 tritt mit Zustellung der **Klage auf Herausgabe der Sache** gem § 985 ein (§§ 261, 253 ZPO). Bei einem Grundstück kann die Klage auf Herausgabe des Grundstücks oder **auf Zustimmung zur Berichtigung des Grundbuchs** gerichtet sein (§ 894; RGZ 158, 40, 45; BGH NJW-RR 2005, 965); dies reicht jedoch nicht aus, wenn der Besitzer unabhängig von der Frage des Eigentums zum Besitz berechtigt ist (BGH NJW-RR 2005, 965). Die Erhebung einer Eigentumsfeststellungsklage gem § 256 ZPO (BGHZ 93, 183, 186; Staudinger/*Thole* Rn 3; aA *Brehm/Berger* § 8 Rn 22) oder einer Drittwiderspruchsklage

gem § 771 ZPO (RGZ 61, 430, 432) führt dagegen nicht zur Rechtshängigkeit iSd § 987. Die Zustellung der Entscheidung über eine Zuschlagsbeschwerde im Zwangsversteigerungsverfahren § 90 I ZVG steht einer Herausgabeklage gleich (BGH NJW 2010, 2664, 2665).

Dass mit der Herausgabeklage gleichzeitig auch ein Anspruch auf Herausgabe von Nutzungen geltend gemacht wird, ist nicht erforderlich. Die Geltendmachung dieser Ansprüche kann in einem späteren Verfahren erfolgen. 6

2. Stattgebendes Urteil. Eine Verpflichtung zur Nutzungsherausgabe aus § 987 besteht nur, wenn der Eigentümer mit der Herausgabeklage gem § 985 Erfolg hat, der Klage also stattgegeben wird. Bei Rücknahme oder Abweisung der Klage kann die Verpflichtung erst mit einer neuen, erfolgreichen Klageerhebung entstehen. Eine Rückwirkung auf den Zeitpunkt der ersten Klageerhebung ist nicht möglich. Oft wird der Besitzer jedoch durch die erste Klageerhebung bösgläubig werden und deshalb aus §§ 990, 987 haften. 7

Wird mit einer Klage zunächst nur der Anspruch auf Herausgabe der Sache (§ 985) geltend gemacht, hat das stattgebende Urt **Rechtskraftwirkung** für einen nachfolgenden Prozess über das Bestehen von Nutzungsherausgabeansprüchen nach § 987ff (BGH LM Nr 3 zu § 987). Der Besitzer kann in dem nachfolgenden Prozess also nicht mehr geltend machen, er sei zur Herausgabe der Sache nicht verpflichtet. Die Verurteilung zur Herausgabe der Sache hat aber keine Rechtskraftwirkung für den Anspruch auf Herausgabe der vor Rechtshängigkeit gezogenen Nutzungen (BGH NJW 1983, 164; § 985 Rn 41). Insoweit gilt § 988. 8

3. Fehlen der Besitzberechtigung. Die Haftung aus § 987 setzt voraus, dass der Besitzer dem Eigentümer ggü nicht zum Besitz berechtigt ist und dies auch früher nicht war (str, vgl Vor § 987 Rn 41ff, 44). 9

4. Minderjährige. Ein **minderjähriger Besitzer** haftet aus § 987 nur nach Maßgabe der §§ 828, 829 (*Baur/Stürner* § 11 Rn 6). 10

III. Nutzungsherausgabe. Der Prozessbesitzer hat die Nutzungen herauszugeben, die er nach Rechtshängigkeit gezogenen hat (Abs I). Für entgegen den Regeln einer ordnungsmäßigen Wirtschaft nicht gezogene Nutzungen hat er Ersatz zu leisten (Abs II). 11

1. Nutzungen (Abs I). Was „**Nutzungen**" iSd § 987 sind, ergibt sich aus §§ 100, 99. Zur näheren Beschreibung kann daher auf die Kommentierung dieser Vorschriften verwiesen werden. Zu beachten ist, dass § 987 nur einen Anspruch auf Herausgabe von Nutzungen einer unrechtmäßig besessenen Sache gewährt. Es muss sich also um **unmittelbare** (§ 99 I) **oder mittelbare** (§ 99 III) **Sachfrüchte** oder um **Vorteile aus dem Sachgebrauch** (§ 100) handeln (MüKo/*Raff* Rn 6; BGHZ 63, 365, 368; Staudinger/*Thole* Rn 17). 12

Die heraus verlangten Vermögenswerte müssen **Nutzungen der herauszugebenden Sache** sein. Fraglich ist dies insb dann, wenn der Besitzer unter Zuhilfenahme der herauszugebenden Sache (insb eines Grundstücks) ein Gewerbe betreibt. Sind **Erträge des Gewerbes** Nutzungen der Sache oder beruhen sie allein auf dem Tätigwerden des Besitzers und Gewerbetreibenden? Grds ist davon auszugehen, dass der Ertrag aus einem Gewerbe keine Sachnutzung und deshalb nicht herausgabepflichtig ist, weil er vorrangig auf den persönlichen Leistungen und Fähigkeiten des Gewerbetreibenden beruht (MüKo/*Raff* Rn 18ff; BGHZ 7, 208, 218; BGH NJW-RR 2009, 1522, 1523). In Einzelfällen ist gleichwohl ein Anspruch aus § 987 bejaht worden (BGHZ 7, 208, 218 – Fleischerei; 63, 365, 368 – Bordell; BGH NJW 1978, 1578). 13

2. Nicht gezogene Nutzungen (Abs II). Nicht gezogene Nutzungen kann der Besitzer naturgemäß nicht herausgeben. Er muss dem Eigentümer hierfür grds auch keinen Ersatz leisten. Eine Ausnahme gilt gem Abs II nur für Nutzungen, die der Besitzer nach den Regeln einer ordnungsmäßigen Wirtschaft hätte ziehen können und schuldhaft nicht gezogen hat. Für solche **„versäumte Nutzungen"** ist der Besitzer dem Eigentümer zum Ersatz verpflichtet. 14

Der **Verschuldensmaßstab** ergibt sich aus § 276. Für **Gehilfen** haftet der Besitzer gem § 278. Ein **Mitverschulden** des Eigentümers ist nach § 254 zu berücksichtigen (aA MüKo/*Raff* Rn 34). Für das Entstehen der Ersatzpflicht ist es aber ohne Belang, ob der Eigentümer selbst die Nutzungen gezogen hätte oder hätte ziehen können. Bzgl der Beweislast ist § 280 I 2 entspr anwendbar, sofern der Besitz obj eine Nutzung ermöglichte (BGH NJW-RR 2005, 1542). 15

Zu ersetzen ist der **obj Wert der versäumten Nutzungen**, jedoch bleiben Investitionen des Schuldners, die eine qualifiziertere Nutzung der Sache ermöglichen, bei der Wertbestimmung unberücksichtigt (KG ZMR 2004, 377). Den Ersatz eines **weitergehenden Schadens** (zB wegen Verwilderung eines Forstbestandes) kann der Eigentümer nicht aus § 987 II, wohl aber uU aus § 989 verlangen. 16

3. „Herausgabe". § 987 regelt nicht, wie der Besitzer die Nutzungen herauszugeben hat. Es ist wie folgt zu unterscheiden. 17

a) Sachfrüchte, an denen der Besitzer Eigentum erworben hat (vgl §§ 955, 957), muss der Besitzer dem Eigentümer gem § 987 nach §§ 929ff **übereignen**. Soweit eine solche „Herausgabe" von Sachfrüchten nicht (mehr) möglich ist, ist die Pflicht zur Herausgabe als Verpflichtung zur Leistung von **Wertersatz** zu verstehen. Dem Eigentümer ist der obj Wert der Nutzungen zu ersetzen. Der Besitzer haftet dem Eigentümer aber nur insoweit auf Wertersatz, als die Sachfrüchte in seinem Vermögen wertmäßig noch vorhanden sind. Ist dies nicht der Fall, haftet er nur, sofern er den Wegfall des Wertes gem §§ 276, 278 zu vertreten hat oder sofern er sich mit der Herausgabe in Verzug befand (§ 990 II, § 286, § 287 S 2; MüKo/*Raff* Rn 28; Staudinger/*Thole* Rn 26). Unmöglich ist ei- 18 ne Herausgabe etwa dann, wenn der Besitzer die herauszugebenden Sachfrüchte verbraucht oder mit eigenen Sachen ununterscheidbar vermischt hat.

19 **b) Sachfrüchte, an denen nicht der Besitzer** (vgl § 955 I 2), sondern der Eigentümer (vgl § 953) **das Eigentum erworben hat,** kann der Eigentümer schon nach § 985 herausverlangen (*Medicus* JuS 1985, 657). Es besteht ggf also nicht nur hinsichtl der Muttersache, sondern auch hinsichtl der Sachfrüchte ein Eigentümer-Besitzer-Verhältnis (*Brehm/Berger* § 8 Rn 38). An diesen Sachfrüchten muss der Besitzer dem Eigentümer daher nur den **Besitz verschaffen.** Ist dies nicht mehr möglich, können dem Eigentümer **Schadensersatzansprüche** gem §§ 990, 989, 992 oder **Herausgabe- bzw Bereicherungsansprüche** gem § 816 I, § 812 I 1 Alt 2 zustehen (MüKo/*Raff* Rn 2).

20 **c) Gebrauchsvorteile** (§ 100) können naturgemäß nicht herausgegeben werden (RGZ 93, 280, 283; BGHZ 39, 186, 187; Staudinger/*Thole* Rn 21). Insoweit besteht also stets nur ein Anspruch auf **Wertersatz** (§ 818 II). Gebrauchsvorteile sind zB der Mietwert eines Hauses, eines technischen Gerätes (BGH WM 1978, 1208, 1209) oder eines Pkw (zur Berechnung Koblenz 6.5.2014 – 3 U 1448/13; MDR 2014, 770) und der Pachtwert einer Fabrik (RGZ 97, 245, 252).

21 **d)** Ist der Besitzer zur Zahlung von Wertersatz verpflichtet und hat er gleichzeitig Verwendungsersatzansprüche gegen den Eigentümer aus §§ 994ff, können diese miteinander verrechnet werden („**Saldotheorie**", vgl § 994 Rn 28).

22 **IV. Verjährung.** Ansprüche aus § 987 verjähren nach §§ 195, 199 in der regelmäßigen Verjährungsfrist von drei Jahren. § 197 I Nr 2 findet keine Anwendung (Grü/*Ellenberger* § 197 Rn 3).

23 **V. Konkurrenzen.** Zur Möglichkeit der Anwendung konkurrierender Anspruchsgrundlagen neben § 987 vgl Vor § 987 Rn 69ff.

§ 988 Nutzungen des unentgeltlichen Besitzers

Hat ein Besitzer, der die Sache als ihm gehörig oder zum Zwecke der Ausübung eines ihm in Wirklichkeit nicht zustehenden Nutzungsrechts an der Sache besitzt, den Besitz unentgeltlich erlangt, so ist er dem Eigentümer gegenüber zur Herausgabe der Nutzungen, die er vor dem Eintritt der Rechtshängigkeit zieht, nach den Vorschriften über die Herausgabe einer ungerechtfertigten Bereicherung verpflichtet.

1 **I. Allgemeines.** Ein **redlicher, unverklagter Besitzer** ist dem Eigentümer der Sache weder zum Ersatz von Nutzungen noch zum Schadensersatz verpflichtet (§ 993 I Hs 2). Zu diesem Grundsatz bestehen nur zwei Ausnahmen. Der redliche, unverklagte Besitzer muss die sog „**Übermaßfrüchte**" herausgeben (§ 993 I Hs 1). Und er ist nach § 988 zur Herausgabe aller gezogenen Nutzungen verpflichtet, sofern er den **Besitz** an der Sache **unentgeltlich erlangt** hat. **Rechtsgrundlose Besitzerlangung** wird von der Rspr der unentgeltlichen Besitzerlangung gleichgestellt (Rn 18).

2 **II. Anspruchsvoraussetzungen.** Im Einz besteht der Anspruch nach § 988 unter folgenden Voraussetzungen:

3 **1. Redlicher Eigen- oder Fremdbesitz.** Der Besitzer muss die Sache **als ihm gehörig oder zum Zweck der Ausübung eines vermeintlichen Nutzungsrechts** besitzen und er muss **unverklagt** sein.

4 § 988 bezieht sich also nur auf den **redlichen Besitzer.** Der verklagte Besitzer haftet bereits nach § 987, der unredliche Besitzer nach §§ 990, 987 auf die Herausgabe von Nutzungen.

5 Nach dem Wortlaut des § 988 muss der Besitzer **Eigenbesitzer** sein oder er muss als Fremdbesitzer an das Bestehen eines **dinglichen Nutzungsrechts** („Nutzungsrechts an der Sache") glauben. Es besteht aber Einigkeit darüber, dass § 988 auch Anwendung findet, wenn der Besitzer an das Bestehen eines **obligatorischen Nutzungsrechts** glaubt (RGZ 163, 348, 353; BGHZ 71, 216, 225; BGH NJW 2008, 221, 222; *Baur/Stürner* § 11 Rn 53; MüKo/*Raff* Rn 3; dazu auch *Kahmann* NJW 2008, 192ff).

6 **2. Unentgeltliche Besitzerlangung.** Der Besitzer muss den Besitz an der Sache unentgeltlich erlangt haben. Dabei kommt es nicht darauf an, ob der Besitzer für die Besitzerlangung tatsächlich ein Vermögensopfer erbracht hat. **Maßgebend ist die Entgeltspflicht** des Besitzers. Schon das verbindliche Versprechen einer Gegenleistung macht die Besitzerlangung zu einer entgeltlichen (BGHZ 32, 76, 94ff; BGH WM 1995, 1848, 1854; MüKo/*Raff* Rn 5; Staudinger/*Thole* Rn 6f). Unentgeltlich ist zB der Besitzerwerb aufgrund einer dem Eigentümer ggü unwirksamen Leihe oder Schenkung, aufgrund vermeintlicher Aneignung oder aufgrund eines unwirksamen Testaments oder vermeintlichen gesetzl Erbrechts.

7 Hat der Besitzer nur für einen **Teil der Besitzzeit** ein Entgelt zu leisten, findet § 988 (nur) auf den unentgeltlichen Teil Anwendung. Der Besitzer muss die in dieser Zeit gezogenen Nutzungen an den Eigentümer herausgeben (BGHZ 32, 76, 95; BGH NJW 1972, 480).

8 **3. Nutzungen vor Rechtshängigkeit.** § 988 gewährt nur für solche Nutzungen einen Anspruch auf Herausgabe, die vor Eintritt der Rechtshängigkeit einer Herausgabeklage gezogen worden sind. Mit Erhebung einer Herausgabeklage gem § 985 wird der Besitzer zum Prozessbesitzer und es findet § 987 Anwendung.

9 **III. Nutzungsherausgabe.** § 988 enthält einen Rechtsfolgenverweis auf das Bereicherungsrecht (*Brehm/Berger* § 8 Rn 37; *Roth* JuS 1997, 897, 899). Der Besitzer ist zur Herausgabe der gezogenen Nutzungen nach §§ 812ff, 818 verpflichtet.

1. Nutzungen. Zum Begriff „Nutzungen" vgl §§ 100, 99 und § 987 Rn 12. 10

2. Herausgabe oder Wertersatz. Hins der Verpflichtung zur Herausgabe ist zu unterscheiden: **a) Sachfrüchte, an denen der Besitzer Eigentum erworben hat** (vgl §§ 955, 957), muss der Besitzer dem Eigentümer gem § 988 nach §§ 929ff **übereignen**. Soweit eine solche „Herausgabe" von Sachfrüchten nicht (mehr) möglich ist, ist der Besitzer zur Zahlung von **Wertersatz** verpflichtet (§ 818 II). Dem Eigentümer ist der obj Wert der Nutzungen zu ersetzen. Unmöglich ist eine Herausgabe etwa dann, wenn der Besitzer die herauszugebenden Sachfrüchte verbraucht oder mit eigenen Sachen ununterscheidbar vermischt hat. 11

b) Sachfrüchte, an denen nicht der Besitzer (vgl § 955 I 2), sondern der Eigentümer (vgl § 953) **das Eigentum erworben hat**, kann der Eigentümer schon nach § 985 herausverlangen (*Medicus* JuS 1985, 657). An diesen Sachen muss der Besitzer dem Eigentümer nur den **Besitz verschaffen.** Ist dies nicht mehr möglich, können dem Eigentümer **Schadensersatzansprüche** gem §§ 990, 989, 992 oder **Herausgabe- bzw Bereicherungsansprüche** gem § 816 I, § 812 I 1 Alt 2 zustehen. 12

c) Gebrauchsvorteile (§ 100) können naturgemäß nicht herausgegeben werden. Insoweit besteht also stets nur ein Anspruch auf **Wertersatz** (§ 818 II; RGZ 93, 280, 283; BGHZ 39, 186, 187; Staudinger/*Thole* Rn 29). Gebrauchsvorteile sind zB der Mietwert eines Hauses, eines technischen Gerätes (BGH WM 1978, 1208, 1209) oder eines Pkw (zur Berechnung Koblenz 6.5.2014 – 3 U 1448/13; MDR 2014, 770) und der Pachtwert einer Fabrik (RGZ 97, 245, 252). Die **Höhe** des Wertersatzes richtet sich im Falle des Eigengebrauchs nach dem obj Ertragswert der Gebrauchsvorteile. Anderenfalls sind nur die tatsächlich gezogenen Nutzungen (zB die von einem Dritten gezahlte Miete) herauszugeben (BGH NJW 2002, 60, 61; aA Brandenburg VIZ 2002, 241). 13

3. Entreicherung. Ein **Anspruch** auf Wertersatz ist **ausgeschlossen**, soweit der Besitzer nicht mehr bereichert ist (§ 818 III). Das ist der Fall, wenn die gezogenen Nutzungen in natura nicht mehr vorhanden sind und sie sich auch wertmäßig nicht mehr im Vermögen des Besitzers befinden. Zur Entreicherung im Einz vgl die Komm zu § 818 III. 14

Als Entreicherung kann der Besitzer bei § 988 auch sämtliche Kosten der Fruchtziehung und alle Verwendungen, die nach § 994 I 2, § 995 S 2 nicht ersatzfähig sind, geltend machen (BGH NJW 1998, 989, 990; BGHZ 137, 314, 316f; Brandenburg VIZ 2002, 241; *Baur/Stürner* § 11 Rn 12; *Brehm/Berger* § 8 Rn 37). Hat der Besitzer durch die Ziehung der Nutzung umgekehrt eigene Aufwendungen erspart, so ist er um die ersparten Aufwendungen bereichert und insoweit zum Wertersatz verpflichtet. 15

4. Saldotheorie. Ist der Besitzer zur Zahlung von Wertersatz verpflichtet und hat er gleichzeitig Verwendungsersatzansprüche gegen den Eigentümer aus §§ 994ff, können diese miteinander verrechnet werden (vgl § 994 Rn 28). 16

5. Nicht gezogene Nutzungen. Zum Ersatz nicht gezogener Nutzungen ist der Besitzer nach § 988 nicht verpflichtet. 17

IV. Rechtsgrundloser Besitzerwerb. Die Rspr wendet § 988 entgegen der herrschenden Literaturansicht auf solche Fälle analog an, in denen der Besitzer den Besitz zwar nicht unentgeltlich, aber rechtsgrundlos erlangt hat, weil das der Besitzerlangung zugrundeliegende Rechtsgeschäft (zB der Kaufvertrag) unwirksam ist (vgl dazu Vor § 987 Rn 30, 84ff). 18

V. Verjährung. Ansprüche aus § 988 verjähren nach §§ 195, 199 in der regelmäßigen Verjährungsfrist von drei Jahren. § 197 I Nr 2 findet keine Anwendung (Grü/*Ellenberger* § 197 Rn 3). 19

VI. Konkurrenzen. Zur Möglichkeit der Anwendung konkurrierender Anspruchsgrundlagen neben § 988 vgl Vor § 987 Rn 69ff. 20

§ 989 Schadensersatz nach Rechtshängigkeit

Der Besitzer ist von dem Eintritt der Rechtshängigkeit an dem Eigentümer für den Schaden verantwortlich, der dadurch entsteht, dass infolge seines Verschuldens die Sache verschlechtert wird, untergeht oder aus einem anderen Grunde von ihm nicht herausgegeben werden kann.

I. Allgemeines. Erhebt der Eigentümer einer Sache gegen deren Besitzer Herausgabeklage gem § 985, so wird der Besitzer dadurch zum sog **„Prozessbesitzer"** (vgl Vor § 987 Rn 11). Er **haftet** ab dem Zeitpunkt der Rechtshängigkeit der Klage (§ 261 I, § 253 I ZPO) **auf Schadensersatz** nach § 989. 1

Ob der Besitzer an die Rechtmäßigkeit seines Besitzes glaubt, ist für § 989 unerheblich. Die Erhebung der Klage wird sicher nicht immer dazu führen, dass der Besitzer nun das Fehlen seiner Besitzberechtigung kennt. Aber die **Rechtshängigkeit hat „Warnwirkung"** (*Baur/Stürner* § 11 Rn 7). Der Besitzer weiß jetzt, dass er möglicherweise nur eine Verwalterstellung innehat, daher zum ordnungsmäßigen Umgang mit der Sache verpflichtet ist und diese evtl wieder herausgeben muss. Er haftet daher für jede schuldhaft verursachte Verschlechterung oder Unmöglichkeit der Herausgabe der Sache. 2

§ 989 wird durch § 987 ergänzt, der dem Eigentümer ab dem Zeitpunkt der Rechtshängigkeit einen Anspruch auf Nutzungsersatz gewährt. 3

II. Anspruchsvoraussetzungen. 1. Rechtshängigkeit und stattgebendes Urt. Die Haftung aus § 989 setzt voraus, dass eine **Herausgabeklage** rechtshängig gemacht und ihr stattgegeben wird. Insoweit kann auf die Aus- 4 führungen zu § 987 verwiesen werden, die hier entspr gelten (§ 987 Rn 5ff). Eine Beschwerde gegen den Zuschlagsbeschluss im Rahmen einer Zwangsversteigerung nach § 90 I ZVG ist einer formellen Rechtshängigkeit nicht zugänglich, § 990 ist daher nicht anwendbar. Wegen der Warnfunktion und der mit der Herausgabeklage identischen Zielsetzung sind die §§ 989f aber analog anwendbar (Celle NJW 2006, 3440, i Erg ebenso BGH NJW 2010, 2664, 2665).

5 **2. Beeinträchtigung des Herausgabeanspruchs.** Der Ersatzanspruch des Eigentümers aus § 989 ist an die Verletzung des Herausgabeanspruchs aus § 985 geknüpft. Er setzt voraus, dass die herauszugebende Sache verschlechtert wurde, untergegangen ist oder aus einem anderen Grunde vom Besitzer nicht herausgegeben werden kann und der Besitzer dies zu vertreten hat.

6 **a) Verschlechterung der Sache.** „Verschlechterung" meint vor allem **Beschädigung**, also Beeinträchtigung der Sachsubstanz. Diese muss nicht auf einem aktiven Tun des Besitzers beruhen, sondern kann auch Folge einer Vernachlässigung der Sache durch den Besitzer sein (zB Verfall eines Hauses, Erkrankung von Tieren, Verkommen eines Landgutes).

7 Als Verschlechterung iSd § 989 ist auch die **Entwertung von Geldscheinen** durch eine Währungsreform angesehen worden (BGH JZ 1951, 717; RGRK/*Pikart* Rn 8; aA Staudinger/*Thole* Rn 12). Bloßer **Preisrückgang einer Ware** genügt jedoch nicht. Die **Belastung eines Grundstücks** mit einer Hypothek stellt zumindest im übertragenen Sinne eine Verschlechterung dar, in diesem Fall kann § 989 daher auf das Verhältnis des Bucheigentümers zum wirklichen Eigentümer des Grundstücks entspr anwendbar sein (RGZ 121, 335, 336; 158, 40, 44; BGH LM Nr 10 zu § 989 BGB; Staudinger/*Thole* Rn 8f).

8 Auch die **Abnutzung** einer Sache durch normalen Gebrauch fällt unter § 989. Der Eigentümer hat hier ein Wahlrecht. Er kann entweder nach § 987 Ersatz für die gezogenen Gebrauchsvorteile oder nach § 989 Schadensersatz für die Abnutzung verlangen, nicht aber beides (MüKo/*Raff* Rn 4; Staudinger/*Thole* Rn 7, 27).

9 Zur Haftung eines **Mitbesitzers** wegen Beschädigung der gemeinschaftl Sache vgl BGH NJW 1974, 1189.

10 **b) Untergang der Sache.** „Untergang" meint vor allem **Zerstörung**, also physische Vernichtung der Sache. Bsp sind der Tod eines Tieres, das Verbrennen eines Pkw und das Verderben von Nahrungsmitteln. Auch eine Beschädigung kann als Untergang der Sache anzusehen sein, wenn sie wirtschaftl einem Totalverlust gleichkommt (RGRK/*Pikart* Rn 10). Ebenso der Verbrauch der Sache und der Verlust ihrer rechtl Selbständigkeit gem §§ 946ff (MüKo/*Raff* Rn 7).

11 **c) Sonstige subj Unmöglichkeit der Herausgabe.** Subj unmöglich ist dem Besitzer die Herausgabe der Sache zB dann, wenn er sie verloren hat oder die Sache ihm gestohlen worden ist. Eine nur vorübergehende Verhinderung an der Herausgabe bewirkt noch keine Unmöglichkeit (insb bei Wiederbeschaffungsmöglichkeit; Staudinger/*Thole* Rn 14).

12 **Veräußert** der Besitzer die Sache während des Prozesses an einen Dritten, so wird die Herausgabe unmöglich, wenn die Sache trotz §§ 325, 727 ZPO von dem neuen Besitzer nicht mehr zu erlangen ist, etwa weil der Dritte gutgläubig war (§ 325 II ZPO) oder er nicht mehr auffindbar ist.

13 **3. Verschulden.** § 989 statuiert eine **verschuldensabhängige Haftung**. Der Besitzer ist nur dann zum Schadensersatz verpflichtet, wenn er die Beeinträchtigung des Herausgabeanspruchs zu vertreten hat.

14 Der **Haftungsmaßstab** ergibt sich aus § 276 (MüKo/*Raff* Rn 10; Staudinger/*Thole* Rn 23; RGRK/*Pikart* Rn 14). Der Besitzer hat **Vorsatz** und **jede Fahrlässigkeit** zu vertreten. Befindet sich der Eigentümer in Annahmeverzug, kommt dem Besitzer die Haftungserleichterung des § 300 I zugute (Staudinger/*Thole* Rn 26). Er haftet dann nur noch für Vorsatz und grobe Fahrlässigkeit.

15 Verschulden ist regelmäßig zu bejahen, wenn der Besitzer die Sache nach Rechtshängigkeit **veräußert** oder an einen Dritten **herausgibt** (MüKo/*Raff* Rn 11; Staudinger/*Thole* Rn 31). Auch einen Verlust der Sache aufgrund von **Zwangsvollstreckungsmaßnahmen** gegen sein Vermögen hat der Besitzer idR zu vertreten (MüKo/*Raff* Rn 14; RGZ 139, 353, 355). Abnutzungen durch einen **Gebrauch der Sache** nach Rechtshängigkeit sind schuldhaft verursacht, soweit der Gebrauch nicht dem Erhalt der Sache dient (RGZ 145, 79, 83; Staudinger/*Gursky* Rn 17; RGRK/*Pikart* Rn 14).

16 **III. Schadensersatz.** Der Schadensersatzanspruch wird anhand der **§§ 249ff** ermittelt (Celle MDR 2002, 274; NJW 2001, 607). Dabei ist die Schadensersatzpflicht des Besitzers nicht auf den Wert der herauszugebenden Sache beschränkt, sondern bestimmt sich nach dem subj Interesse des Eigentümers an deren Wiedererlangung; zu ersetzen ist deshalb auch ein entgangener Gewinn (BGH NJW 2014, 2790, 2793; Fortführung von BGH NJW 1982, 1751; NJW-RR 1993, 626, 627; Staudinger/*Thole* Rn 48). Der Eigentümer kann jedoch nur Ersatz für den Verlust oder die Verschlechterung der Sache verlangen. § 989 gibt keinen Anspruch auf Ersatz des Vorenthaltungs- oder Verzugsschadens. Solche Schäden kann der Eigentümer nur nach § 992, §§ 823ff bzw § 990 II ersetzt verlangen (BGH ZIP 2016, 1733; RGZ 72, 269, 274; MüKo/*Raff* Rn 19; RGRK/*Pikart* Rn 16; Staudinger/*Thole* Rn 50; Soergel/*Stadler* Rn 17).

17 **Entgangenen Gewinn** kann der Eigentümer ersetzt verlangen, soweit nicht allein die Vorenthaltung der Sache ursächlich gewesen ist (§ 252; MüKo/*Raff* Rn 20; BGH NJW 1982, 1749, 1750; Staudinger/*Thole* Rn 48ff, 50; Soergel/*Stadler* Rn 16).

Trägt der Eigentümer eine Mitschuld an seinem Besitzverlust oder an der Beeinträchtigung seines Herausgabeanspruchs, kann ihm der Besitzer den **Einwand anspruchsmindernden Mitverschuldens** (§ 254) entgegenhalten (Frankfurt WM 1999, 1318; Celle NJW 2001, 607; Naumburg EWiR 1998, 613; RGZ 93, 281f; Staudinger/*Thole* Rn 60; MüKo/*Raff* Rn 22). Für ein Verschulden seiner Hilfspersonen haftet der Eigentümer wie für eigenes Verschulden (§ 254 II 2, § 278; MüKo/*Baldus* Rn 16; aA RGZ 119, 152, 155). 18

Der ersatzpflichtige Besitzer kann sich zudem auf **§ 255** berufen und Abtretung der dem Eigentümer zustehenden Ansprüche gegen Dritte verlangen. 19

IV. Verjährung. Ansprüche aus § 989 verjähren nach §§ 195, 199 in der regelmäßigen Verjährungsfrist von drei Jahren. § 197 I Nr 2 findet keine Anwendung (Grü/*Ellenberger* § 197 Rn 3). 20

V. Konkurrenzen. Zur Möglichkeit der Anwendung konkurrierender Anspruchsgrundlagen neben § 989 vgl Vor § 987 Rn 69ff. 21

§ 990 Haftung des Besitzers bei Kenntnis

(1) War der Besitzer bei dem Erwerb des Besitzes nicht in gutem Glauben, so haftet er dem Eigentümer von der Zeit des Erwerbs an nach den §§ 987, 989. Erfährt der Besitzer später, dass er zum Besitz nicht berechtigt ist, so haftet er in gleicher Weise von der Erlangung der Kenntnis an.

(2) Eine weitergehende Haftung des Besitzers wegen Verzugs bleibt unberührt.

I. Allgemeines. Das Gesetz regelt die Verpflichtung des unrechtmäßigen Besitzers zur Nutzungsherausgabe und zum Schadensersatz in systematisch etwas eigentümlicher Weise. Die Anspruchsvoraussetzungen werden im Einz in den für den Prozessbesitzer geltenden §§ 987, 989 genannt. § 990, der die **Haftung des unredlichen Besitzers** regelt, verweist dann nur noch auf diese Vorschriften. Es hätte näher gelegen, die Haftung des unredlichen Besitzers zum Grundfall zu machen, da ihr im Vergleich mit der Haftung des Prozessbesitzers die größere Bedeutung zukommt. 1

Der Unterschied zw §§ 987, 989 und § 990 besteht allein darin, dass der Besitzer nach §§ 987, 989 ab dem Zeitpunkt der Rechtshängigkeit einer gegen ihn gerichteten Herausgabeklage haftet, wohingegen er nach § 990 **ab dem Eintritt seiner Bösgläubigkeit** haftet. IÜ sind die Haftungsvoraussetzungen und der Haftungsumfang nach §§ 987, 989 und § 990 identisch. Eine wichtige Besonderheit enthält nur § 990 II, der eine verschärfte Haftung des unredlichen Besitzers vorsieht, wenn dieser sich im Verzug befindet. 2

Zur **Einschränkung** des Nutzungsherausgabeanspruchs ggü dem mittelbaren Besitzer vgl § 991 I. 3

II. Anspruchsvoraussetzungen. Die Voraussetzungen für einen Anspruch des Eigentümers einer Sache gegen deren unrechtmäßigen, unredlichen Besitzer auf Nutzungsherausgabe oder Schadensersatz ergeben sich im Einz aus den §§ 987, 989. Auf die dortigen Ausführungen kann daher verwiesen werden. 4

Statt der in den §§ 987, 989 geforderten Rechtshängigkeit einer Herausgabeklage ist bei § 990 aber erforderlich, dass der Besitzer bei Besitzerwerb bösgläubig ist (**„Bösgläubigkeit bei Besitzerwerb"**, Abs I S 1) oder dass der bei Besitzerwerb gutgläubige Besitzer später erfährt, dass ihm kein Recht zum Besitz zusteht (**„Bösgläubigkeit nach Besitzerwerb"**, Abs I S 2). 5

1. Bösgläubigkeit bei Besitzerwerb (Abs I S 1). Wann ein Besitzer iSd Abs I S 1 „nicht in gutem Glauben", also bösgläubig ist, beurteilt sich nach den gleichen Kriterien, wie bei § 932 II (diff *Fervers* AcP 2017, 34). **Bösgläubig** ist ein Besitzer, wenn er weiß oder grob fahrlässig nicht weiß, dass er kein Recht zum Besitz der Sache hat. Dieser Gutglaubensmaßstab gilt aber nur **zum Zeitpunkt des Besitzerwerbs**. Nach Besitzerwerb gilt ausschließlich Abs I S 2. 6

a) Zeitpunkt des Besitzerwerbs. „Besitzerwerb" iSd Abs I S 1 ist die Erlangung der **unmittelbaren tatsächlichen Sachherrschaft** mit dem **Willen, den Besitz auszuüben** (§ 854). Eine Erlangung der Sachherrschaft ohne Besitzwillen oder mit Besitzmittlungswillen reicht nicht aus. 7

Auf den Zeitpunkt dieses Besitzerwerbs stellt Abs I S 1 ab. Dabei setzt § 990 voraus, dass der erworbene **Besitz unrechtmäßig** ist. Denn nur auf den unrechtmäßigen Besitz finden die §§ 987ff überhaupt Anwendung. Wird rechtmäßiger eigen- oder Fremdbesitz erlangt, ist § 990 daher insg nicht anwendbar. Dies gilt nach der hier vertretenen Ansicht auch dann, wenn der Besitzer zunächst rechtmäßig den Besitz an der Sache erwirbt, das Besitzrecht dann aber wegfällt, weil der rechtmäßige Fremdbesitzer sich als Eigenbesitzer geriert oder weil das den Besitz rechtfertigende Sonderrechtsverhältnis (zB der Mietvertrag) beendet wird (Vor § 987 Rn 44). 8

Nach Ansicht der Rspr (Vor § 987 Rn 41ff) finden die §§ 987ff dagegen auch auf **ursprünglich rechtmäßige Besitzverhältnisse** Anwendung, wenn das Besitzrecht später wegfällt. Folgt man dieser Ansicht, stellt sich die Frage, ob für § 990 auf den Zeitpunkt der Begründung des Besitzes oder auf den Zeitpunkt des Wegfalls des Besitzrechts abzustellen ist. Man wird auf den Zeitpunkt des Wegfalls des Besitzrechts abstellen müssen, weil das Eigentümer-Besitzer-Verhältnis erst in diesem Augenblick entsteht und kein Anlass besteht, einen rechtmäßigen Besitzer, der sein Recht zum Besitz verliert, ggü einem ursprüngl unrechtmäßigen Besitzer haftungsrechtl zu begünstigen (so auch BGHZ 31, 129, 132ff für den Fall, dass ein rechtmäßiger Fremdbesitzer zum unrechtmäßigen Eigenbesitzer wird; MüKo/*Raff* Rn 14). 9

10 **b) Positive Kenntnis.** Positive Kenntnis von der fehlenden Besitzberechtigung liegt nach einer Definition der Rspr vor, „wenn der Besitzer über den Mangel seines Rechts in einer Weise aufgeklärt worden ist, dass ein redlich Denkender, der vom Gedanken an den eigenen Vorteil nicht beeinflusst ist, sich der Überzeugung seiner Nichtberechtigung nicht verschließen würde" (BGHZ 26, 256; 32, 76, 92; 184, 358 Rn 12; BGH ZIP 2016, 1733; Naumburg NJW-RR 1999, 233; ähnl Düsseldorf VersR 2000, 460). Ein **Rechtsirrtum** kann nach dieser Definition positive Kenntnis ausschließen, wenn eine rechtl Beurteilung der Besitzberechtigung nicht ohne weiteres möglich ist (MüKo/*Raff* Rn 5; BGH NJW 1977, 31, 34).

11 **c) Grob fahrlässige Unkenntnis.** Bösgläubig ist nicht nur, wer weiß, dass sein Besitz ggü dem Eigentümer nicht gerechtfertigt ist, sondern auch, wer dies infolge grober Fahrlässigkeit nicht weiß (§ 932 II). **Grobe Fahrlässigkeit** ist zu bejahen für ein Handeln „bei dem die erforderliche Sorgfalt nach den gesamten Umständen in ungewöhnlich großem Maße verletzt worden ist und bei dem dasjenige unbeachtet geblieben ist, was im gegebenen Fall jedem hätte einleuchten müssen" (BGHZ 10, 14, 16; MüKo/*Raff* Rn 6).

12 Im Gegensatz zum gutgläubigen Eigentumserwerb (§§ 929ff, 932ff), wo sich der gute Glaube auf das Eigentum des Veräußerers beziehen muss, kommt es bei § 990 auf den **guten Glauben an die eigene Besitzberechtigung** an (BGH NJW 1977, 31, 34). Wer allerdings bei Besitzübertragung bzgl des Eigentums und der Verfügungsmacht des Vormanns gutgläubig ist, wird dies idR auch bzgl der von diesem Vormann abgeleiteten eigenen Besitzberechtigung sein (BGH WM 1975, 115, 117). Die für § 932 entwickelten Grundsätze sind daher weitgehend verwertbar.

13 Besonderheiten bestehen aber insoweit, als der Besitzerwerber bei § 990 auch im Falle des Erwerbs eines **obligatorischen Besitzrechts** gutgläubig sein kann. Hält zB ein **Untermieter** den Hauptmieter für berechtigt, die Sache unterzuvermieten, so ist er bei Besitzerwerb gutgläubig iSd § 990, wenn dies ohne grobe Fahrlässigkeit geschieht. Hat ein **Käufer** den Besitz an der Sache aufgrund eines unwirksamen Kaufvertrags erworben, so soll er gutgläubig iSd § 990 sein, wenn er ohne grobe Fahrlässigkeit von seinem späteren Eigentumserwerb ausgeht (RG JW 1936, 2912; DR 1942, 1278; MüKo/*Raff* Rn 8).

14 Unterschiede zw § 932 und § 990 zeigen sich zB auch bei der **Reparatur eines Pkw.** Die hM verlangt für den gutgläubigen Erwerb des Eigentums an einem Pkw gem § 929 S 1, § 932 zu Recht, dass der Käufer sich den Kfz-Brief (Zulassungsbescheinigung Teil II) hat aushändigen lassen. Für den gutgläubigen Erwerb eines Unternehmerpfandrechts wird als ausreichend angesehen, dass vom Auftraggeber der Kfz-Schein (Zulassungsbescheinigung Teil I) vorgelegt wird, was schon aus Praxisgründen die einzige richtige Ansicht ist. Um gutgläubig iSd § 990 zu sein, muss sich der Werkunternehmer aber weder den Kfz-Brief noch den Kfz-Schein aushändigen lassen. Er darf darauf vertrauen, dass derjenige, der im Besitz des Pkw ist, ihm den Reparaturauftrag erteilt und ihm zum Zwecke der Reparatur den Besitz am Pkw überlässt, hierzu auch berechtigt ist. Etwas anderes kann allenfalls bei sehr aufwändigen oder sehr ungewöhnlichen Reparaturaufträgen gelten.

15 Unter welchen Voraussetzungen der unrechtmäßige **Besitzer eines Schecks**, insb also eine den Scheck einlösende Bank, im Hinblick auf die fehlende Besitzberechtigung als bösgläubig anzusehen ist, hängt vom Umfang der Erkundigungspflicht ab, die sich nach Lage des Einzelfalls bestimmt (st Rspr des BGH, vgl BGH WM 1997, 1092, 1093 und 2395; NJW-RR 1998, 255; NJW 2000, 2585; ZIP 2001, 1529. Ebenso KG NJW-RR 1996, 495; Brandenburg OLG-NL 2001, 27; Bamberg OLGRp 2005, 56. Vgl auch *Haertlein* ZBB 2001, 7ff; *Aden* NJW 1994, 413, 416; *Baumbach/Hefermehl/Casper* WG, ScheckG, Kartengestützte Zahlungen, Art 21 SchG Rn 5a ff).

16 **2. Bösgläubigkeit nach Besitzerwerb (Abs I S 2).** Für die Zeit nach Besitzerwerb gibt Abs I S 2 den Maßstab der Gutgläubigkeit vor. Der bei Besitzerwerb unrechtmäßige, aber gutgläubige Besitzer (Abs I S 1) wird nachfolgend nur und erst dann zum bösgläubigen Besitzer, wenn er **positive Kenntnis** (Rn 10) von seiner fehlenden Berechtigung zum Besitz der Sache erhält (BGHZ 26, 256; 32, 76, 92; BGH JZ 1963, 255ff m Anm *Isele*). Leitet der unmittelbare Besitzer sein vermeintliches Besitzrecht nicht vom Eigentümer, sondern von einem Dritten ab, ist Abs I S 2 nur dann erfüllt, wenn er positive Kenntnis von seiner eigenen und von der fehlenden Besitzberechtigung des Dritten hat (Naumburg NJW-RR 1999, 233).

17 Die Regelung beruht auf der richtigen Überlegung, dass der Besitzer nach dem Besitzerwerb keinen Anlass hat, sich fortlaufend mit der rechtl Zugehörigkeit der Sache zu befassen. Bei auftauchenden Zweifeln trifft ihn grds auch **keine Erkundigungspflicht**. Entzieht sich der Besitzer allerdings bewusst einer Kenntnisnahme, ist er so zu behandeln, als habe er positive Kenntnis von seiner fehlenden Besitzberechtigung (vgl auch § 937 Rn 7).

18 **Rechtshängigkeit einer Herausgabeklage** gem § 985 bewirkt zwar automatisch die Haftung nach §§ 987, 989. Sie führt aber nicht notwendig auch zur Kenntnis der fehlenden Besitzberechtigung iSv § 990. Gutgläubigkeit trotz Rechtshängigkeit wird man insb dann annehmen können, wenn die zu entscheidenden Rechtsfragen schwierig oder umstr sind. Ob mit Rechtshängigkeit der Herausgabeklage auch positive Kenntnis des Besitzers von seiner fehlenden Besitzberechtigung herbeigeführt wurde, gewinnt selbständige Bedeutung, wenn die Herausgabeklage zurückgenommen oder als unzulässig abgewiesen wird (§ 987 Rn 7).

19 **3. Nachträgliche Gutgläubigkeit.** Bösgläubigkeit kann entfallen, wenn der Besitzer nachträgl Informationen erhält oder Umstände erfährt, die obj und mit überzeugender Wirkung auf das Bestehen eines (tatsächlich nicht bestehenden) Besitzrechts hindeuten (MüKo/*Raff* Rn 19; aA *Gursky* JR 1986, 225, 226f; Soergel/*Stadler* Rn 13).

20 **4. Beteiligung Dritter an der Besitzausübung.** Für die Frage der Gut- oder Bösgläubigkeit ist auf die Person des Besitzers abzustellen, dh desjenigen, der die tatsächliche Sachherrschaft erwirbt (§ 854 I). Diese Person wird

in aller Regel leicht zu identifizieren sein. Probleme können aber dann entstehen, wenn Hilfspersonen an der Besitzausübung beteiligt sind.

a) **Zurechnung der Gut- oder Bösgläubigkeit.** Ob und inwieweit **dem gutgläubigen Besitzer** die Bösgläubigkeit seiner Hilfsperson (seines Besitzdieners, § 855) zugerechnet werden kann, ist umstr (*Kiefner* JA 1984, 189ff). Als mögliche Zurechnungsnormen kommen die § 166 I, § 278, § 831 I in Betracht. 21

§ 278 kann jedoch schon deshalb keine Anwendung finden, weil er ein bestehendes Schuldverhältnis voraussetzt (BGHZ 16, 259, 262). Mit dem Besitzerwerb wird das Schuldverhältnis zw dem Eigentümer und dem Besitzer aber erst begründet (*Lorenz* JZ 1994, 549, 550ff). Ebenso sind die **§ 166 I und § 831 I** jedenfalls nicht unmittelbar anwendbar. Nach § 166 I wird eine fremde Willenserklärung, nach § 831 I fremdes Verhalten zugerechnet. Beide Normen sind für die Zurechnung von Kenntnis und Kennenmüssen somit ungeeignet. 22

Nach wohl hM soll die Zurechnung von Kenntnis und Kennenmüssen einer Hilfsperson des Besitzers **analog § 166 I** erfolgen (BGHZ 32, 53; 41, 17, 21; 83, 293, 295f; *Schilken*, 269ff; Staudinger/*Thole* Rn 55ff, 48; MüKo/*Raff* Rn 23; *Brehm/Berger* § 8 Rn 20; *Richardi* AcP 169, 385, 393ff; *Kiefner* JA 1984, 189, 192; *Limbach* JuS 1983, 291, 293f). 23

Es dürfte aber richtiger sein, **§ 831 analog** anzuwenden (so auch *Baur/Stürner* § 5 Rn 15; *Birk* JZ 1963, 354ff). Der unrechtmäßige Besitzerwerb gleicht einem deliktischen Eingriff, § 831 ist daher die von ihrem Regelungsgehalt her näher liegende Norm (*Baur/Stürner* § 5 Rn 15). Zudem findet § 831 im Falle einer Sachverletzung vor Besitzerwerb Anwendung. Es ist nicht ohne weiteres einsichtig, wieso dann anlässlich des Besitzerwerbs die schärfere Zurechnungsnorm des § 166 I zur analogen Anwendung gelangen soll. 24

Dem **bösgläubigen Besitzer** wird die Gutgläubigkeit seiner Hilfspersonen nicht zugerechnet. Seine Haftung aus § 990 kann nicht dadurch entfallen, dass er sich beim Besitzerwerb einer gutgläubigen Hilfsperson bedient hat (MüKo/*Raff* Rn 21; BGHZ 16, 259, 264). Ist der Besitzherr bösgläubig, so kommt es daher auf die Gutgläubigkeit seiner Hilfspersonen nicht an. 25

b) Sonderfälle. Beim Besitzerwerb durch eine **juristische Person** kommt es für die Frage der Gut- oder Bösgläubigkeit grds auf die handelnde Organperson an. Deren Gut- oder Bösgläubigkeit bei Besitzerwerb wird der juristischen Person unmittelbar zugerechnet (§ 31). Die Organperson selber haftet nicht nach § 990, sie kann aber bei Vorliegen der Voraussetzungen nach §§ 812ff oder §§ 823ff herausgabe- bzw ersatzpflichtig sein (BGHZ 56, 73, 77). Inwieweit der juristischen Person auch Kenntnisse anderer Angestellter oder Vertreter zugerechnet werden können, ist insb für **Unternehmen** im Einz umstr (vgl dazu BGH ZIP 1996, 548, 550ff; *Bohrer* DNotZ 1991, 124ff; *Grunewald* FS Beusch, 1993, 301; *Lorenz* JZ 1994, 549, 553ff). Zur Rechtslage bei **Hereinnahme von Schecks durch Banken** vgl die Nachw bei Rn 15. 26

Erwirbt eine **nicht voll geschäftsfähige Person** unrechtmäßig Besitz, so beurteilt sich ihre Bös- oder Gutgläubigkeit iSd § 990 anhand des Maßstabs der §§ 827, 828 (hM, Grü/*Herrler* Rn 8; MüKo/*Raff* Rn 33; diff Soergel/*Stadler* Rn 23; aA *Brehm/Berger* § 8 Rn 21; zum Meinungsstand ausf Staudinger/*Thole* Rn 85ff). Erfolgt der Besitzerwerb durch den gesetzl Vertreter, so wird dessen Gut- oder Bösgläubigkeit bei Besitzerwerb dem Vertretenen unmittelbar zugerechnet. Der gesetzl Vertreter selber haftet nicht nach § 990, kann aber bei Vorliegen der Voraussetzungen nach §§ 812ff oder §§ 823ff herausgabe- bzw ersatzpflichtig sein. 27

III. Verzug (Abs II). Abs II ordnet an, dass eine weitergehende **Haftung** des Besitzers **wegen Verzugs** „unberührt bleibt", also neben den §§ 987ff besteht. Die Vorschrift bezieht sich nur auf den unredlichen Besitzer (nicht auch auf den Prozessbesitzer). Dieser haftet nach den allg Vorschriften, wenn er mit der Rückgabe der Sache in Verzug gerät. 28

Unter welchen Voraussetzungen der Besitzer mit der Rückgabe der Sache in Verzug gerät, ergibt sich im Einz aus §§ 280 I und II, 286. Wichtigste Rechtsfolge des Schuldnerverzuges ist, dass der Besitzer auch für eine zufällige Verschlechterung, einen zufälligen Untergang und ein zufälliges sonstiges Unmöglichwerden der Herausgabe haftet (§ 287). Er haftet auch für den Vorenthaltungsschaden (also den Schaden, den der Eigentümer durch die Verspätung der Rückgabe erlitten hat), der nach §§ 989, 990 ansonsten nicht ersatzfähig ist, und für nach §§ 987, 990 an sich nicht herauszugebende Nutzungen. 29

IV. Verjährung. Ansprüche aus § 990 verjähren nach §§ 195, 199 in der regelmäßigen Verjährungsfrist von drei Jahren. § 197 I Nr 2 findet keine Anwendung (Grü/*Ellenberger* § 197 Rn 3). 30

V. Konkurrenzen. Zur Möglichkeit der Anwendung konkurrierender Anspruchsgrundlagen neben § 990 vgl Vor § 987 Rn 69ff. 31

§ 991 Haftung des Besitzmittlers

(1) Leitet der Besitzer das Recht zum Besitz von einem mittelbaren Besitzer ab, so findet die Vorschrift des § 990 in Ansehung der Nutzungen nur Anwendung, wenn die Voraussetzungen des § 990 auch bei dem mittelbaren Besitzer vorliegen oder diesem gegenüber die Rechtshängigkeit eingetreten ist.

(2) War der Besitzer bei dem Erwerb des Besitzes in gutem Glauben, so hat er gleichwohl von dem Erwerb an den im § 989 bezeichneten Schaden dem Eigentümer gegenüber insoweit zu vertreten, als er dem mittelbaren Besitzer verantwortlich ist.

1 **I. Allgemeines.** Die §§ 987, 989, 990 gewähren dem Eigentümer einer Sache Schadensersatz- und Nutzungsherausgabeansprüche gegen deren (verklagten oder unredlichen) unrechtmäßigen Besitzer. Sie differenzieren nicht danach, ob es sich bei dem Besitzer um einen eigen- oder um einen Fremdbesitzer und auch nicht danach, ob es sich um einen mittelbaren oder um einen unmittelbaren Besitzer (Besitzmittler) handelt.

2 Dieses Haftungssystem wird von § 991 nicht in Frage gestellt. § 991 hält **für die Haftung des Besitzmittlers ggü dem Eigentümer** nur **zwei Sonderregelungen** bereit, die die §§ 987, 989, 990 ergänzen.

3 Nach **Abs I** haftet ein Besitzmittler (zB ein Pächter) dem Eigentümer nur dann gem §§ 990, 987 auf Herausgabe der Nutzungen, sofern auch der mittelbare Besitzer (zB ein Verpächter) dem Eigentümer zur Nutzungsherausgabe verpflichtet ist. Abs I schränkt die Haftung des Besitzmittlers also ein. Ziel der Regelung ist es, den redlichen mittelbaren Besitzer vor möglichen Regressansprüchen des Besitzmittlers zu schützen.

4 Nach **Abs II** haftet der redliche Besitzmittler (zB ein Pächter) dem Eigentümer auf Schadensersatz gem § 989, soweit er dem mittelbaren Besitzer (zB dem Verpächter) zum Schadensersatz verpflichtet ist (Koblenz NJW 2002, 617). Abs II erweitert also die Haftung des Besitzmittlers, denn als redlicher Besitzer wäre er dem Eigentümer nach § 989 an sich nicht zur Leistung von Schadensersatz verpflichtet. Der Regelung liegt der Gedanke zugrunde, dass der Besitzmittler der Haftungsprivilegierung des § 993 I Hs 2 nicht bedarf, wenn er die Grenzen des zw ihm und dem mittelbaren Besitzer bestehenden Besitzmittlungsverhältnisses überschreitet.

5 Beide Sonderregelungen sind **eng auszulegen**. So kann § 991 I nicht auf den Anspruch aus § 989 ausgedehnt werden (MüKo/*Raff* Rn 6). Zu beachten ist weiter, dass § 991, wie die §§ 987ff allg (Vor § 987 Rn 17, 25), nur Anwendung findet, wenn der **Besitzer** (dh hier: der Besitzmittler) dem Eigentümer ggü **nicht zum Besitz berechtigt** ist. Das in Abs I erwähnte „Recht zum Besitz" bezieht sich nur auf das Verhältnis des Besitzmittlers zum mittelbaren Besitzer, nicht zum Eigentümer.

6 **II. Kein Anspruch auf Nutzungsherausgabe (Abs I). 1. Regelungsziel.** § 991 I regelt die **Situation**, dass zwar der Besitzmittler (der unmittelbare Besitzer) unredlich iSd § 990 ist, nicht aber der mittelbare Besitzer. In dieser Situation könnte der Eigentümer vom Besitzmittler (zB einem Pächter) gem §§ 990, 987 Nutzungsherausgabe verlangen, obschon die Nutzungen dem Besitzmittler im Verhältnis zum mittelbaren Besitzer (zB einem Verpächter) und dem mittelbaren Besitzer im Verhältnis zum Eigentümer zustehen. Der mittelbare Besitzer wäre dem Besitzmittler aufgrund des zw ihnen bestehenden Sonderrechtsverhältnisses (zB eines Pachtvertrags) zum Schadensersatz verpflichtet (im Fall des Pachtvertrags gem § 581 II, §§ 536ff), weil der Besitzmittler die ihm versprochene Leistung (die Nutzungen der Sache) nicht erhält bzw wieder herausgeben muss.

7 Zur Vermeidung dieser Rechtsfolgen **ordnet § 991 I an**, dass der Eigentümer von einem Besitzmittler Nutzungsherausgabe nur dann verlangen kann, wenn beide, der Besitzmittler und der mittelbare Besitzer unredlich iSd § 990 sind. Der redliche mittelbare Besitzer wird also vor Regressansprüchen des Besitzmittlers geschützt. Ist der mittelbare Besitzer nicht unredlich iSd § 990, haftet der Besitzmittler dem Eigentümer ggü nur nach § 988 (unentgeltlicher Erwerb), § 993 I Hs 1 (Übermaßfrüchte) oder direkt nach § 987 (ab Rechtshängigkeit) auf Nutzungsherausgabe. Bei **mehrstufigen Besitzverhältnissen** findet § 991 I schon dann Anwendung, wenn nur einer der Oberbesitzer redlich und unverklagt ist (MüKo/*Raff* Rn 5; Staudinger/*Thole* Rn 7).

8 **2. Einschränkende Auslegung.** Die Regelung ist sinnvoll, geht aber zu weit. Sie schließt dem Wortlaut nach Nutzungsherausgabeansprüche des Eigentümers auch in dem Fall aus, dass gar keine Regressansprüche des Besitzmittlers gegen den mittelbaren Besitzer bestehen, etwa weil der Besitzmittler seine Nichtberechtigung positiv gekannt hat (im Fall des Pachtvertrags gem § 581 II, §§ 536ff, 536b). Dafür gibt es aber keine Rechtfertigung. **§ 991 I ist** daher dergestalt **einschränkend auszulegen**, dass er nur Anwendung findet, soweit Regressansprüche des Besitzmittlers gegen den mittelbaren Besitzer bestehen würden (MüKo/*Raff* Rn 7; aA Staudinger/*Thole* Rn 10).

9 **3. Haftung des mittelbaren und des unmittelbaren Besitzers.** Haften der mittelbare Besitzer und der Besitzmittler nach §§ 990, 987, so kann der Eigentümer wählen, von wem er die Nutzungen herausverlangt. Solange die Zwangsvollstreckung gegen einen Besitzer nicht zur vollen Befriedigung geführt hat, bleibt die Haftung des anderen bestehen (BGH LM Nr 10 zu § 987). Nimmt der Eigentümer sowohl den mittelbaren als auch den unmittelbaren Besitzer auf Herausgabe von Nutzungen in Anspruch, finden die Vorschriften über die Gesamtschuld (§§ 421ff) entspr Anwendung (BGH NZM 2014, 582, 583).

10 **4. Schadensersatzansprüche.** Mögliche Schadensersatzansprüche des Eigentümers gegen den Besitzmittler gem §§ 990, 989 **bleiben** von der Regelung des § 991 I **unberührt**.

11 **III. Anspruch auf Schadensersatz (Abs II iVm § 989). 1. Regelungsziel.** Abs II regelt die **Situation**, dass eine herauszugebende Sache iSd § 989 verschlechtert usw worden ist, wobei der die Verschlechterung usw verursachende Besitzmittler redlich war und dem Eigentümer deshalb nicht auf Schadensersatz haftet (§ 993 I Hs 2), er aber gleichzeitig im Verhältnis zum mittelbaren Besitzer pflichtwidrig gehandelt hat und daher ihm ggü dem Grunde nach schadensersatzpflichtig ist.

12 Konkret ist **zB der Fall** gemeint, dass der Eigentümer seine Sache einem Dritten überlässt und der Dritte die Sache verpachtet, ohne dass er dem Eigentümer ggü dazu berechtigt ist. Der Pachtvertrag ist ungeachtet dessen, dass die Verpachtung unbefugt erfolgt ist, wirksam. Er gibt dem Pächter aber kein Besitzrecht ggü dem Eigentümer. Überschreitet der Pächter nun sein Pachtrecht und erleidet die Pachtsache dadurch Schaden (schlägt der Pächter etwa den gepachteten Wald kahl), so ist er dem Eigentümer ggü wegen § 993 I Hs 2 nicht zum Scha-

densersatz verpflichtet. Dem Verpächter wäre er zwar wegen der Verletzung des Pachtvertrags zum Schadensersatz verpflichtet, dieser hat aber idR als Nichteigentümer keinen ersatzfähigen Vermögensschaden.

Um in dieser Situation eine zufällige, ungerechtfertigte Entlastung des Besitzmittlers zu verhindern, **ordnet § 991 II an**, dass auch der redliche Besitzmittler dem Eigentümer insoweit nach § 989 auf Schadensersatz haftet, wie er dem mittelbaren Besitzer ggü zum Schadensersatz verpflichtet wäre. Die Regelung ist der Drittschadensliquidation im Falle zufälliger Schadensverlagerung vergleichbar. § 991 II ist auf Eigentumsverletzungen durch einen berechtigten mittelbaren Fremdbesitzer, dessen Oberbesitzer nicht der Eigentümer selbst ist, entspr anzuwenden (Schleswig 10.4.2014 – 5 U 128/12; NJW 1974, 1712; Hamburg VersR 1982, 1204, 1205; aA Staudinger/*Thole* Rn 48f). 13

2. Haftungsmaßstab. Der **Haftungsmaßstab** ergibt sich auch für das Verhältnis zum Eigentümer aus dem Besitzmittlungsverhältnis (Koblenz NJW 2002, 617). Haftet der Besitzmittler danach (zB nach dem Pachtvertrag) nur für grobe Fahrlässigkeit, so tritt auch ggü dem Eigentümer nur bei grob fahrlässig verursachter Verschlechterung usw der Sache eine Schadensersatzpflicht gem § 989 ein. Das gilt auch zum Nachteil des Besitzmittlers, zB wenn der Pächter nach seinen Vereinbarungen mit dem Verpächter für Zufall haften muss (MüKo/*Raff* Rn 13; *Wilhelm* JZ 2004, 650; aA Staudinger/*Thole* Rn 25; RGRK/*Pikart* Rn 10f; *Katzenstein* AcP 204, 1). 14

3. Haftungsumfang. Der Besitzmittler haftet nach § 991 II iVm § 989 aber nur in dem in § 989 vorgesehenen Umfang, also nur auf Ersatz für den Verlust oder die Verschlechterung der Sache, nicht auch auf Ersatz des Vorenthaltungs- oder Verzugsschadens. 15

4. Ansprüche des Oberbesitzers. Der **mittelbare Besitzer** kann **seinen eigenen Schaden** gegen den Besitzmittler selbständig geltend machen (MüKo/*Raff* Rn 17; Staudinger/*Thole* Rn 43). Soweit die Ansprüche sich decken, kann der mittelbare Besitzer aber nur Leistung an den Eigentümer, evtl auch Leistung an sich und den Eigentümer gemeinsam verlangen. Leistung an sich kann der mittelbare Besitzer nur fordern, wenn er den Eigentümer bereits befriedigt hat. Mit einer **Leistung an den mittelbaren Besitzer** wird der Besitzmittler von seiner Leistungsverpflichtung ggü dem Eigentümer nicht befreit, es sei denn, es liegen die Voraussetzungen der §§ 851, 893 vor. 16

§ 992 Haftung des deliktischen Besitzers

Hat sich der Besitzer durch verbotene Eigenmacht oder durch eine Straftat den Besitz verschafft, so haftet er dem Eigentümer nach den Vorschriften über den Schadensersatz wegen unerlaubter Handlungen.

I. Allgemeines. Die §§ 987ff stellen ein grds geschlossenes Haftungssystem dar (dazu und zu den Ausnahmen Vor § 987 Rn 69ff). Der unrechtmäßige Besitzer haftet dem Eigentümer nur nach §§ 987ff. Dies gilt auch für etwa bestehende Schadensersatzansprüche. Soweit nach den §§ 987ff kein Anspruch auf Schadensersatz gegeben ist, kann der Eigentümer einen solchen daher auch nicht aus den allg zivilrechtl Vorschriften herleiten. § 993 I Hs 2 stellt dies ausdrückl klar. 1

Die mit den §§ 987ff bewirkte Haftungsprivilegierung gilt aber nicht uneingeschränkt. Ein Besitzer, der sich den Besitz durch verbotene Eigenmacht oder durch eine Straftat verschafft hat (sog „**Deliktsbesitzer**") **haftet** dem Eigentümer neben den §§ 987ff auch **nach §§ 823ff** auf Schadensersatz. § 992 stellt dies fest und schränkt insoweit die Ausschließlichkeitsregelung in § 993 I Hs 2 wieder ein. 2

II. Anspruchsvoraussetzungen. § 992 setzt voraus, dass der Besitzer sich den Besitz durch verbotene Eigenmacht oder durch eine Straftat verschafft hat. 3

1. Verbotene Eigenmacht. § 858 enthält eine **Legaldefinition** des Begriffs „verbotene Eigenmacht". Für die Begriffsbestimmung kann daher auf die dortigen Ausführungen verwiesen werden. 4

Zu beachten ist, dass sich die verbotene Eigenmacht **gegen den Eigentümer** richten muss. Nur dann wird das Eigentum durch Besitzentziehung verletzt. Entspr § 869 genügt auch verbotene Eigenmacht gegen den Besitzmittler des Eigentümers, nicht aber gegen irgendeinen Dritten. 5

Der Besitzer muss die verbotene Eigenmacht des Weiteren **schuldhaft** iSd § 276 begangen haben (*Baur/Stürner* § 11 Rn 8; aA Soergel/*Stadler* Rn 6). Fehlendes Verschulden bei der Besitzerlangung wird nicht durch ein späteres Verschulden bei Beschädigung der Sache ersetzt (Staudinger/*Thole* Rn 16f; aA MüKo/*Raff* Rn 6). 6

2. Straftat. Straftatbestimmungen iSd § 992 sind nur solche, die dem Schutz des Eigentümers dienen und sich gerade gegen die Art der Besitzbegründung richten (*Kempny* JuS 2008, 858, 861), insb also § 240 StGB (Nötigung zur Sachherausgabe), § 242 StGB (Diebstahl), § 248b StGB (unbefugter Gebrauch von Kfz), § 249 StGB (Raub), §§ 255, 253 StGB (Erpressung), § 259 StGB (Hehlerei), § 263 StGB (Betrug) und auch § 246 StGB (Unterschlagung; aA Staudinger/*Thole* Rn 23). 7

Ein Verstoß gegen abgaben-, zoll- oder gewerberechtl Vorschriften kann zwar Strafbarkeit, aber keine Haftung nach § 992 begründen (RGZ 105, 84, 86; BGH NJW 1951, 643; Staudinger/*Thole* Rn 22). 8

3. Rechtsgrundverweis. § 992 erlaubt die Anwendung der §§ 823ff im Eigentümer-Besitzer-Verhältnis, gibt aber nicht die Voraussetzungen für einen Schadensersatzanspruch vor. Es handelt sich um einen **Rechtsgrundverweis** (*Brehm/Berger* § 8 Rn 51: „Tatbestandsverweisung"). Der Eigentümer hat daher nur dann einen An- 9 spruch auf Schadensersatz gegen den Deliktsbesitzer gem §§ 992, 823ff, wenn neben den Voraussetzungen des § 992 auch die Voraussetzungen eines der Haftungstatbestände der §§ 823ff gegeben sind.

10 Die §§ 823ff statuieren eine verschuldensabhängige Haftung. Ein Anspruch aus §§ 992, 823ff setzt also **doppeltes Verschulden** voraus (aA MüKo/*Raff* Rn 6). Zum einen hinsichtl der verbotenen Eigenmacht (Rn 6) und zum anderen hinsichtl der Eigentumsverletzung. Für **Hilfspersonen** haftet der Besitzer gem § 831. Die Hilfsperson, die selbst keinen Besitz an der Sache erlangt, haftet direkt nach §§ 823ff (BGHZ 56, 73, 77; BGH WM 1967, 562, 563).

11 **III. Rechtsfolgen.** Die **zusätzl Haftung** des Deliktsbesitzers **aus §§ 823ff** neben derjenigen aus § 987ff ist unter folgenden Gesichtspunkten von Bedeutung:

12 **1. Haftung für leichte Fahrlässigkeit.** Der Deliktsbesitzer haftet schon bei leicht fahrlässig verursachter Verletzung des Eigentums auf Schadensersatz (§§ 823ff, 276). Dass er unredlich (§ 990) oder verklagt (§ 989) ist, ist nicht erforderlich.

13 **2. Zufallshaftung.** Stellt schon die Besitzentziehung eine schuldhafte unerlaubte Handlung dar, haftet der Besitzer gem § 848 auch für eine zufällige Eigentumsbeeinträchtigung. Dass er unredlich ist und sich mit der Rückgabe der Sache in Verzug befindet (§ 990 II, § 286, § 280 I und II), ist nicht erforderlich.

14 **3. Umfang des Schadensersatzes.** Der **Umfang des** nach §§ 823ff geschuldeten **Schadensersatzes** bestimmt sich nach §§ 249ff und geht über den nach §§ 989, 990 geschuldeten hinaus. So hat der Deliktsbesitzer nach §§ 823ff auch den Vorenthaltungsschaden (das ist der Schaden, den der Eigentümer durch die Verspätung der Rückgabe erlitten hat) zu ersetzen. Dass er unredlich ist und sich mit der Rückgabe der Sache in Verzug befindet (§ 990 II, § 286, § 280 I und II), ist nicht erforderlich.

15 **IV. Verjährung.** Schadensersatzansprüche aus §§ 992, 823ff verjähren nach Maßgabe der §§ 195, 199 in drei bzw 30 Jahren (beachte aber auch § 852 für die Verjährung von Herausgabeansprüchen).

16 **V. Konkurrenzen.** Zur Möglichkeit der Anwendung konkurrierender Anspruchsgrundlagen vgl Vor § 987 Rn 69ff.

§ 993 Haftung des redlichen Besitzers

(1) Liegen die in den §§ 987 bis 992 bezeichneten Voraussetzungen nicht vor, so hat der Besitzer die gezogenen Früchte, soweit sie nach den Regeln einer ordnungsmäßigen Wirtschaft nicht als Ertrag der Sache anzusehen sind, nach den Vorschriften über die Herausgabe einer ungerechtfertigten Bereicherung herauszugeben; im Übrigen ist er weder zur Herausgabe von Nutzungen noch zum Schadensersatz verpflichtet.

(2) Für die Zeit, für welche dem Besitzer die Nutzungen verbleiben, findet auf ihn die Vorschrift des § 101 Anwendung.

1 **I. Allgemeines.** Die Vorschrift enthält eine der zentralen Regelungen der §§ 987ff. Nach **Abs I Hs 2** hat der Eigentümer einer Sache gegen deren unrechtmäßigen Besitzer keine Ansprüche auf Nutzungsherausgabe oder Schadensersatz, soweit solche nicht in den §§ 987–992 vorgesehen sind. Die **Abgeschlossenheit des Haftungssystems** der §§ 987ff findet also hier ihren gesetzl Ausdruck.

2 Darüber hinaus enthält die Vorschrift eine eigenständige Anspruchsgrundlage für die Herausgabe von Nutzungen. Nach **Abs I Hs 1** muss der unrechtmäßige Besitzer dem Eigentümer die sog **„Übermaßfrüchte"** herausgeben.

3 **Abs II** schließlich regelt die **Verteilung der Nutzungen** zw dem Eigentümer und dem Besitzer einer Sache in zeitl Hinsicht. Er setzt voraus, dass dem Besitzer die Nutzungen nach Maßgabe der §§ 987–993 verbleiben.

4 **II. Abschließendes Haftungssystem (Abs I Hs 2).** Die §§ 987ff regeln die Ansprüche des Eigentümers einer Sache gegen deren unrechtmäßigen Besitzer (Vor § 987 Rn 8ff; für eine Anwendung des Haftungsprivilegs des § 993 auch auf Besitzdiener und Besitzhelfer *Magnus* NJW 2017, 1201) auf Nutzungsherausgabe oder Schadensersatz grds abschließend. Abs I Hs 2 bringt dies zum Ausdruck. Zu diesem Grundsatz ist jedoch eine Reihe von Ausnahmen zu beachten. Das sich aus dem Grundsatz des Abs I Hs 2 und den dazu bestehenden Ausnahmen ergebende Haftungssystem ist im Einz im Rahmen der Vorbemerkung zu §§ 987–993 dargestellt (Vor § 987 Rn 48ff).

5 **III. Übermaßfrüchte (Abs I Hs 1).** Der unrechtmäßige, aber redliche und unverklagte Besitzer einer Sache ist deren Eigentümer zur Herausgabe von Nutzungen grds nicht verpflichtet. Abs I Hs 1 macht hiervon jedoch eine Ausnahme für die sog „Übermaßfrüchte" (zu den weiteren Ausnahmen Vor § 987 Rn 53ff). Gezogene Übermaßfrüchte muss auch der redliche und unverklagte Besitzer an den Eigentümer nach §§ 812ff herausgeben.

6 **Übermaßfrüchte** sind Früchte (§ 99), die nach den Regeln einer ordnungsmäßigen Wirtschaft nicht als Ertrag der Sache anzusehen sind (Abs I Hs 1; vgl auch §§ 581, 1039, 2133). Dazu gehören auch solche, die aufgrund höherer Gewalt über das normale Maß hinaus gezogen werden mussten (zB Notschlachtung von Tieren, Holzschlag wegen Sturmschäden).

7 Die Herausgabe richtet sich nach den Vorschriften über die Herausgabe einer ungerechtfertigten Bereicherung (§§ 812ff). Abs I Hs 1 ist jedoch **Rechtsfolgenverweis.** Die tatbestandlichen Anspruchsvoraussetzungen der §§ 812ff müssen daher nicht vorliegen. Relevant ist insb § 818. Danach muss der Besitzer Wertersatz leisten,

wenn die Nutzungen nicht mehr in natura herausgegeben werden können. Er ist zum Wertersatz aber dann nicht verpflichtet, wenn sie auch wertmäßig in seinem Vermögen nicht mehr vorhanden sind (vgl im Einz die Ausführungen zu § 818).

IV. Verteilung der Nutzungen (Abs II). Verbleiben dem Besitzer nach den Regelungen der §§ 987–993 die 8
Nutzungen der Sache, so konkretisiert Abs II dieses Recht in zeitl Hinsicht. Nach Abs II iVm § 101 erhält der Besitzer unmittelbare Sachfrüchte (§ 99 I) insoweit, als sie vor Eintritt der Unredlichkeit bzw der Rechtshängigkeit von der Sache getrennt werden. Andere Früchte stehen dem Besitzer anteilig oder insoweit zu, als sie vor Eintritt der Unredlichkeit bzw der Rechtshängigkeit fällig werden (vgl im Einz die Ausführungen zu § 101).

V. Verjährung. Ansprüche aus § 993 verjähren nach §§ 195, 199 in der regelmäßigen Verjährungsfrist von 9
drei Jahren. § 197 I Nr 2 findet keine Anwendung (Grü/*Ellenberger* § 197 Rn 3).

VI. Konkurrenzen. Zur Möglichkeit der Anwendung konkurrierender Anspruchsgrundlagen neben § 993 vgl 10
Vor § 987 Rn 69ff.

Vorbemerkung vor § 994

Schrifttum: *Beil/Wüstenberg*, Das Wegnahmerecht bei Rechtsverlust durch Verbindung, JuS 2019, 2015; *Canaris*, Das Verhältnis der §§ 994ff zur Aufwendungskondiktion nach § 812 BGB, JZ 1996, 344; *Haas*, Die Verwendungsersatzansprüche im Eigentümer-Besitzer-Verhältnis und die aufgedrängte Bereicherung, Diss 1971; *Haas*, Die Verwendungsersatzansprüche beim Eigentümer-Besitzer-Verhältnis und die aufgedrängte Bereicherung, AcP 176, 1; *Hähnchen*, Notwendige und nützliche Verwendungen im Eigentümer-Besitzer-Verhältnis, JuS 2014, 877; *Kaysers*, Der Verwendungsersatzanspruch des Besitzers bei vertraglichen Leistungen, 1968; *Klocke*, Der Verwendungsersatz des Untermieters gegenüber dem Eigentümer, JR 2015, 455; *Wagels*, § 1001 BGB als Anspruchsbeschränkung bei notwendigen Verwendungen, JR 2016, 611. Vgl auch die Schrifttumshinweise Vor § 985 und Vor § 987.

I. Allgemeines. 1. Gegenrechte im Eigentümer-Besitzer-Verhältnis. §§ 994–1003 sehen **Gegenrechte des** 1
unrechtmäßigen Besitzers einer Sache gegen das Herausgabeverlangen des Eigentümers vor. Sie gewähren dem Besitzer Verwendungsersatzansprüche, die der Eigentümer befriedigen muss, bevor er die Sache herausverlangen kann. Der korrespondierende Eigentumsherausgabeanspruch des Eigentümers ist in den §§ 985, 986 geregelt. Korrespondierende Nebenansprüche des Eigentümers gegen den Besitzer im Zusammenhang mit der Eigentumsherausgabe (Nutzungsherausgabe, Ersatzansprüche) sind in den §§ 987–993 geregelt.

Die §§ 994ff versuchen, einen schwierigen **Interessenkonflikt** zu lösen. Einerseits soll der Besitzer, wenn er die 2
Sache schon herausgeben muss, wenigstens Ersatz für seine Verwendungen auf die Sache erhalten, da diese ja jetzt nicht mehr ihm, sondern dem Eigentümer zugutekommen. Andererseits soll dem Eigentümer die Rücknahme seiner Sache aber nicht dadurch ungerechtfertigt erschwert werden, dass er Verwendungen ersetzen muss, die er so nicht getätigt hätte und die für ihn nach seinen subj Vorstellungen über die weitere Nutzung der Sache möglicherweise auch gar keinen Wert haben. Um in dieser Situation einen angemessenen Interessenausgleich herbeizuführen, differenzieren die §§ 994ff nach der Art der gemachten Verwendung (notwendig/nützlich) und der Qualität des Besitzes (redlich/unredlich). Sie stellen dadurch ein **abgestuftes**, den Interessen des Besitzers und des Eigentümers angepasstes **Anspruchssystem** zur Verfügung.

Die §§ 994ff regeln den Anspruch des unrechtmäßigen Besitzers auf Verwendungsersatz grds **abschließend**. So- 3
weit die §§ 994ff keinen Anspruch auf Verwendungsersatz gewähren, besteht ein solcher Anspruch daher auch nicht. Von diesem Grundsatz gibt es allerdings eine Reihe von **Ausnahmen** (Rn 33ff, 36ff).

2. Vindikationslage als Anspruchsvoraussetzung. Die durch §§ 994ff gewährten Ansprüche sind Gegen- 4
ansprüche im Zusammenhang mit einem von dem Eigentümer einer Sache gegen deren Besitzer geltend gemachten Herausgabeanspruch. Sie setzen demgemäß ein Vindikationsverhältnis zw dem Eigentümer und dem Besitzer voraus. **Durchsetzbar** sind die einem Besitzer gegen den Eigentümer zustehenden Verwendungsersatzansprüche nur nach Maßgabe der §§ 1000–1003.

3. Ansprüche gegen beschränkt dinglich Berechtigte. Die **§§ 994ff finden** nicht nur im Verhältnis des Besit- 5
zers zum Eigentümer, sondern **auch im Verhältnis des Besitzers zu anderen an der Sache dinglich Berechtigten Anwendung**, was sich aus einer Reihe von gesetzl Verweisungen ergibt (vgl Vor § 985 Rn 4).

II. Anwendungsrelevante Begriffsdefinitionen. Das insg komplizierte Anspruchssystem der §§ 994ff beruht 6
auf einer Reihe von **begrifflichen Differenzierungen**. Die §§ 994ff sind wie die §§ 987ff nur auf den unrechtmäßigen, nicht auf den rechtmäßigen Besitz anwendbar. Inwieweit ein Verwendungsersatzanspruch besteht, hängt davon ab, ob der Besitzer redlich oder unredlich, Prozess- oder Deliktsbesitzer ist; darüber hinaus unter anderem davon, ob es sich bei den gemachten Verwendungen um notwendige oder nicht notwendige („nützliche") Verwendungen handelt. Zum besseren Verständnis werden die in §§ 994ff ständig wiederkehrenden Begriffe nachfolgend zusammenfassend definiert.

1. Besitz und Besitzer. Zu den Begriffen rechtmäßiger und unrechtmäßiger Besitz sowie zu den Begriffen red- 7
licher, unredlicher, Prozess- und Deliktsbesitzer vgl Vor § 987 Rn 8ff, 13ff.

2. Verwendung. a) Begriff. Der **Begriff der Verwendung** ist umstr. Nach **Ansicht des BGH** sind Verwendun- 8
gen alle „Maßnahmen, die darauf abzielen, den Bestand der Sache als solcher zu erhalten oder wiederherzustellen oder den Zustand der Sache zu verbessern" (BGHZ 10, 171, 177; 41, 157, 160; 87, 104, 106; 109, 179, 182;

BGH NJW 1996, 921, 922). Nach einer vom RG vertretenen und heute auch in der Lit befürworteten Ansicht sind Verwendungen dagegen alle Vermögensaufwendungen, „die einer Sache zugutekommen sollen" (RGZ 152, 100, 101; *Baur/Stürner* § 11 Rn 55; Soergel/*Stadler* § 994 Rn 2; zum Begriff vgl auch *Medicus/Petersen* BürgR Rn 874ff, § 34). Der letztgenannte Verwendungsbegriff ist weiter und führt deshalb eher zu einem Verwendungsersatzanspruch, als der des BGH. Zum Verwendungsbegriff im Einz § 994 Rn 3ff.

9 **b) Differenzierungen.** Das Gesetz unterscheidet zw **„notwendigen Verwendungen"** (§ 994) und nicht notwendigen Verwendungen. Nicht notwendige Verwendungen bezeichnet das Gesetz als **„nützliche Verwendungen"** (§ 996).

10 **aa) Notwendige Verwendungen (§ 994).** Notwendige Verwendungen sind Verwendungen, die erforderlich sind, um die Sache in ihrer Substanz und Nutzbarkeit zu erhalten. Ein Sonderfall der notwendigen Verwendungen sind die **gewöhnlichen Erhaltungskosten** (§ 994 I 2).

11 **bb) Nützliche Verwendungen** (§ 996). Nützliche Verwendungen – nicht notwendige Verwendungen – (§ 996) sind Verwendungen, die nicht erforderlich sind, um die Sache in ihrer Substanz und Nutzbarkeit zu erhalten. § 996 unterscheidet zw „wertsteigernden" und „nicht wertsteigernden" nützlichen Verwendungen. **Wertsteigernd** ist eine Verwendung dann, wenn sie den Wert der Sache zum Zeitpunkt der Herausgabe an den Eigentümer noch erhöht.

12 **III. Anwendungsbereich der §§ 994ff im Überblick. 1. Grundsatz und Ausnahmen vom Grundsatz.** §§ 994ff finden wie die §§ 987ff nur dann Anwendung, wenn der **Besitz unrechtmäßig** ist, dem Besitzer also kein dingliches Besitzrecht und auch kein schuldrechtl Recht gegen den Eigentümer auf Überlassung des Besitzes zusteht (*Baur/Stürner* § 11 Rn 24). Ob es sich um Fremd- oder Eigenbesitz, redlichen, unredlichen, Prozess- oder Deliktsbesitz handelt, ist für die Anwendbarkeit der § 994ff dagegen nicht relevant. Die §§ 994ff finden auf alle diese Besitztatbestände Anwendung. Zu diesem Grundsatz sind allerdings eine Reihe von Ausnahmen zu beachten. Der Anwendungsbereich der §§ 994ff entspricht grds dem der §§ 987ff. Auf die dortigen Ausführungen zur Bestimmung des Anwendungsbereichs kann daher verwiesen werden (Vor § 987 Rn 16ff).

13 **2. „Nicht mehr Berechtigter".** Einer eigenständigen Betrachtung bedarf hier nur die **Lehre vom „nicht mehr Berechtigten"**, weil ihr für das Bestehen von Verwendungsersatzansprüchen besondere Bedeutung zukommt.

14 **a) Allgemeines.** Die Lehre vom „nicht mehr Berechtigten" befasst sich mit der Frage, inwieweit die §§ 987ff, 994ff Anwendung finden, wenn der Besitzer einer Sache zwar anfangs zum Besitz berechtigt ist, das Besitzrecht aber nachfolgend wegfällt. Vgl dazu zunächst Vor § 987 Rn 41ff, 45.

15 Nach wohl hM kann der Besitzer jedenfalls für die **ab Wegfall des Besitzrechts gemachten Verwendungen** Ersatz verlangen. Da jetzt eine Vindikationslage besteht, sollen ab diesem Zeitpunkt auch die §§ 994ff anwendbar sein (BGH NJW 2021, 1088; NJW 2001, 3118, 3119; 2008, 221, 222; 2010, 2664; NZM 2014, 582; Düsseldorf ZMR 2010, 755; Hamburg NZM 1999, 1052; Staudinger/*Thole* Vor §§ 994–1003 Rn 18ff). Solche Ansprüche auf Verwendungsersatz (§§ 994, 996) stehen aber unter dem Vorbehalt, dass das weggefallene Besitzrechtsverhältnis (zB der Mietvertrag) die geltend gemachten Ansprüche nicht regelt (BGH NJW 2015, 229, 231; vgl dazu auch Vor § 987 Rn 41ff, 45).

16 Noch weitergehend bejaht vor allem die Rspr eine Anwendung der §§ 994ff. Sie gewährt im Falle eines Wegfalls des Besitzrechts auch für **vor Wegfall des Besitzrechts gemachte Verwendungen** einen Ersatzanspruch aus §§ 994ff (vgl dazu LG Bremen BeckRS 2020, 31458 [Rn 78ff]). Der ursprüngl rechtmäßige Besitzer dürfe nicht schlechter stehen, als der von Anfang an unrechtmäßige (BGHZ 34, 122; 51, 250; 75, 288, 292f; 87, 274; BGH NJW 1996, 921; 1998, 989, 990f). Dies gilt allerdings nur, soweit das das Besitzrecht begründende Rechtsverhältnis keine Regelungen enthält (BGH NJW-RR 2000, 895, 896).

17 Eine dritte und zutr Ansicht **verneint** dagegen die **Anwendbarkeit der §§ 994ff** auf ursprüngl rechtmäßige Besitzverhältnisse **insg** (*Baur/Stürner* § 11 Rn 30; MüKo/*Raff* Vor §§ 987–1003 Rn 19; *Brehm/Berger* § 8 Rn 13; *Roth* JuS 1998, 518, 522). Dass Verwendungsersatzansprüche aus §§ 994ff für Verwendungen vor Wegfall des Besitzrechts nicht gegeben sein können, folgt schon daraus, dass der Besitzer durch den Wegfall des Besitzrechts nicht rückwirkend zum unrechtmäßigen Besitzer wird. Aber auch nach Wegfall des Besitzrechts bleibt für eine Anwendung der §§ 994ff kein Raum. Die Rückabwicklung solcher Besitzverhältnisse muss vielmehr abhängig von dem ursprüngl bestehenden Besitzrecht nach den dafür geltenden Bestimmungen (§§ 346ff) erfolgen.

18 **b) ZB Ansprüche eines Werkunternehmers.** Die Relevanz der Lehre vom „nicht mehr Berechtigten" wird deutlich am **Bsp** des vom BGH entschiedenen Falles eines Werkunternehmers, der im Auftrag eines Vorbehaltskäufers eine Sache repariert.

19 Ob Verwendungen auf eine Sache in zwei-, drei- oder mehrgliedrigen Rechtsbeziehungen erfolgen, ist für die Frage der Erstattung nicht entscheidend. Die §§ 994ff sind in einer drei- oder mehrgliedrigen Rechtsbeziehung ebenso wie in einer zweigliedrigen Rechtsbeziehung dann und nur dann anwendbar, wenn der Besitzer dem Eigentümer ggü nicht zum Besitz berechtigt ist.

20 So hat **zB ein Werkunternehmer**, der aufgrund eines **Werkvertrags mit einem Vorbehaltskäufer** ein ihm von diesem übergebenes Auto repariert, keinen Verwendungsersatzanspruch gem §§ 994ff gegen den Vorbehaltsverkäufer. Der Werkunternehmer, der von einem dem Eigentümer ggü zur Vornahme von Reparaturen und Tragung der dadurch entstehenden Kosten verpflichteten Benutzer eine Sache zur Instandsetzung erhält, ist nämlich

nicht nur diesem, sondern auch dem Eigentümer (Vorbehaltsverkäufer) ggü als **rechtmäßiger Fremdbesitzer** anzusehen (BGHZ 34, 122, 128; *Baur/Stürner* § 11 Rn 24f).

Tritt der Vorbehaltsverkäufer aber vom Kaufvertrag zurück, wird der Werkunternehmer ab diesem Zeitpunkt zum unrechtmäßigen Fremdbesitzer. Inwieweit ihm für seine Verwendungen danach ein Ersatzanspruch gem §§ 994ff zusteht, beurteilt sich nach der vorstehend ausgeführten Lehre vom „nicht mehr Berechtigten". Diese Ansicht gewährt dem Werkunternehmer jedenfalls für solche Verwendungen einen Ersatzanspruch gem §§ 994ff, die er **nach dem Rücktritt** des Vorbehaltsverkäufers vom Kaufvertrag gemacht hat (Staudinger/*Thole* Vor §§ 994–1003 Rn 18ff; aA *Beuthien* JuS 1987, 841, 845). Der BGH (BGHZ 34, 122; 51, 250; 75, 288, 292ff; 87, 274; auch Köln NJW 1968, 304; vgl auch Vor § 987 Rn 41ff) hat dem Werkunternehmer noch weitergehend einen Ersatzanspruch auch für solche Verwendungen zugestanden, die er **vor dem Rücktritt** des Vorbehaltsverkäufers vom Kaufvertrag gemacht hatte. Er begründet dies damit, dass der ursprüngl rechtmäßige Besitzer nicht schlechter stehen dürfe, als ein von Anfang an unrechtmäßiger Besitzer. Nach der vorstehend vertretenen Ansicht stehen dem Werkunternehmer dagegen überhaupt **keine Verwendungsersatzansprüche** gem §§ 994ff zu, auch wenn das ursprüngl rechtmäßige Besitzverhältnis nachträgl durch Rücktritt des Vorbehaltsverkäufers vom Kaufvertrag zu einem unrechtmäßigen Besitzverhältnis geworden ist. Der Werkunternehmer ist auf seine vertragl Ansprüche gegen den Käufer (seinen Auftraggeber) und auf ihm evtl zustehende dingliche Rechte verwiesen. 21

Solche **dinglichen Rechte des Werkunternehmers** können an der von ihm reparierten Sache durchaus bestehen. Der Werkunternehmer kann zwar nach der Rspr des BGH und nach Ansicht eines Teiles der Lit kein **gesetzl Unternehmerpfandrecht** an Sachen erwerben, die dem Besteller nicht gehören, auch wenn er gutgläubig ist (BGHZ 34, 153; 34, 122, 124, 127; BGH NJW 1983, 2141; *Reinicke/Tiedtke* JA 1984, 202, 213f; unter Verweis auf §§ 647, 1257 aA *Baur/Stürner* § 55 Rn 40; *Benöhr* ZHR 135, 144ff). Er kann an solchen Sachen aber ein **vertragl Pfandrecht** gutgläubig erwerben (§§ 1207, 932ff). Voraussetzung dafür ist, dass er nicht weiß, dass die Sache einem Dritten gehört und seine Unkenntnis nicht auf grober Fahrlässigkeit beruht. Die Vereinbarung des vertragl Pfandrechts kann auch auf einer Allg Geschäftsbedingung (Pfandklausel) des Werkunternehmers beruhen (BGHZ 68, 323, 326; BGH NJW 1981, 227). Der Werkunternehmer kann zudem ein **gesetzl Pfandrecht an dem Anwartschaftsrecht des Käufers** auf Erwerb des Eigentums erwerben (BGHZ 35, 85ff; BGH NJW 1965, 1475f; *Baur/Stürner* § 55 Rn 41). Tritt allerdings der Verkäufer wegen Zahlungsverzugs des Käufers vom Kaufvertrag zurück, so erlischt das Anwartschaftsrecht und damit auch das gesetzl Pfandrecht hieran (§ 986 Rn 38). 22

IV. Das Haftungssystem der §§ 994–1003 im Überblick. Die §§ 994ff gewähren dem Besitzer, der nach § 985 zur Herausgabe einer Sache verpflichtet ist, Anspruch auf Ersatz für die von ihm auf die Sache gemachten Verwendungen. Für welche Verwendungen der Besitzer Ersatz verlangen kann, hängt von seiner Redlichkeit ab. Vereinfacht gesagt kann der unredliche Besitzer nur Ersatz notwendiger Verwendungen verlangen, der redliche Besitzer darüber hinaus auch Ersatz nicht notwendiger (nützlicher), aber wertsteigernder Verwendungen. Neben dem Anspruch auf Verwendungsersatz oder im Falle des Fehlens eines solchen Anspruchs steht dem Besitzer auch ein Wegnahmerecht gem § 997 zu. Der Verwendungsersatzanspruch ist nur beschränkt durchsetzbar, Einzelheiten regeln die §§ 1000–1003. 23

1. Verwendungsersatzanspruch des redlichen unverklagten Besitzers. Der redliche, unverklagte Besitzer kann von dem Eigentümer Ersatz für notwendige Verwendungen mit Ausnahme der gewöhnlichen Unterhaltungskosten (§ 994 I, § 995 S 2) und für nützliche wertsteigernde Verwendungen (§ 996) verlangen. Dies gilt für den Eigenbesitzer wie für den Fremdbesitzer gleichermaßen. 24

2. Verwendungsersatzanspruch des redlichen, aber verklagten Besitzers („Prozessbesitzer"). Der Prozessbesitzer kann von dem Eigentümer nur für notwendige Verwendungen Ersatz verlangen und dies auch nur dann, wenn die Voraussetzungen einer GoA (§§ 677ff) zugunsten des Eigentümers vorlagen (§ 994 II iVm §§ 683, 684). Dies gilt für den Eigenbesitzer wie für den Fremdbesitzer gleichermaßen. 25

3. Verwendungsersatzanspruch des unredlichen Besitzers. Der unredliche Besitzer kann von dem Eigentümer nur für notwendige Verwendungen Ersatz verlangen und dies auch nur dann, wenn die Voraussetzungen einer GoA (§§ 677ff) zugunsten des Eigentümers vorlagen (§ 994 II iVm §§ 683, 684). Dies gilt für den Eigenbesitzer wie für den Fremdbesitzer gleichermaßen. 26

4. Verwendungsersatzanspruch des Deliktsbesitzers. Der Deliktsbesitzer kann von dem Eigentümer nur für notwendige Verwendungen Ersatz verlangen und dies auch nur dann, wenn die Voraussetzungen einer GoA (§§ 677ff) zugunsten des Eigentümers vorlagen (§ 850 iVm § 994 II iVm §§ 683, 684). Dies gilt für den Eigenbesitzer wie für den Fremdbesitzer gleichermaßen. 27

5. Wegnahmerecht des Besitzers. Hat der Besitzer mit der herauszugebenden Sache eine andere Sache als deren wesentlichen Bestandteil verbunden, gewährt ihm § 997 ein Wegnahmerecht. Das Wegnahmerecht steht **jedem Besitzer**, also sowohl dem redlichen als auch dem unredlichen, dem Prozess- wie dem Deliktsbesitzer, zu und ist auch unabhängig davon, ob es sich um einen Fremd- oder um einen Eigenbesitzer handelt. Es sind aber **drei Ausnahmen** zu beachten. 28

Das Wegnahmerecht besteht nicht, wenn die Verbindung eine gewöhnliche Erhaltungsmaßnahme darstellt (§ 997 II Alt 1, § 994 I 2), die Wegnahme für den Besitzer keinen Nutzen hat (§ 997 II Alt 2) oder der Eigentümer dem Besitzer den Wert der Sache abzüglich der Abtrennungskosten erstattet (§ 997 II Alt 3). 29

30 **6. Durchsetzbarkeit des Verwendungsersatzanspruchs.** Der durch §§ 994ff gewährte Verwendungsersatzanspruch ist **nicht uneingeschränkt durchsetzbar.** Das Gesetz gibt dem Eigentümer die Möglichkeit, die Zahlung des Verwendungsersatzes zu verweigern, sofern er dafür auf die Rückforderung der Sache verzichtet (§ 1001). Bis er sich entschieden hat und ggf zahlt, hat der Besitzer ein Zurückbehaltungsrecht an der Sache (§ 1000).

31 Will der Besitzer Klarheit darüber erlangen, ob der Eigentümer zur Zahlung von Verwendungsersatz bereit ist, kann er ihn zu einer Stellungnahme hierüber auffordern. Äußert sich der Eigentümer danach nicht, darf der Besitzer die Sache verwerten (§ 1003 I). Bestätigt der Eigentümer seine Bereitschaft zur Zahlung von Verwendungsersatz, muss der Besitzer die Sache Zug um Zug gegen Zahlung herausgeben (§ 1000); das Wahlrecht des Eigentümers erlischt (§ 1001). Bestreitet der Eigentümer den Anspruch auf Verwendungsersatz, muss dieser gerichtlich festgestellt werden (§ 1003 II).

32 Gibt der Besitzer die Sache heraus, bevor der Eigentümer sich zur Zahlung von Verwendungsersatz geäußert hat, besteht das Risiko, dass er seinen Verwendungsersatzanspruch verliert (§ 1002).

33 **V. Konkurrenz der §§ 994–999 zu anderen Anspruchsgrundlagen.** Die §§ 994ff regeln Verwendungsersatzansprüche des Besitzers einer Sache gegen deren Eigentümer. Im Verhältnis des Besitzers einer Sache zu deren Eigentümer können neben den in §§ 994ff vorgesehenen Ansprüchen aber auch andere Anspruchsgrundlagen tatbestandlich gegeben sein. Es stellt sich ggf die Frage, ob diese Anspruchsgrundlagen neben den §§ 994ff Anwendung finden oder durch sie verdrängt werden.

34 **1. Grundsatz.** Die §§ 994ff stellen grds eine **abschließende Sonderregelung** dar (BGHZ 41, 157; 39, 186, 189; 87, 296, 301; RGZ 163, 348, 352; Oldenburg 4.9.2014 – 8 U 73/14). Ein unrechtmäßiger Besitzer kann dem Herausgabeanspruch des Eigentümers (§ 985) nur die sich aus den §§ 994ff ergebenden Verwendungsersatzansprüche entgegensetzen.

35 Die §§ 994ff wollen den Eigentümer, der seine Sache herausverlangt, davor schützen, dass ihm gegen seinen Willen Leistungen des Besitzers aufgedrängt werden. Andere Anspruchsgrundlagen müssen im Anwendungsbereich der §§ 994ff daher grds ausgeschlossen sein (BGHZ 87, 296, 301). Dies gilt auch für § 255 (BGHZ 29, 157, 162). Aber der Grundsatz der Ausschließlichkeit gilt, ebenso wie bei den Ansprüchen des Eigentümers nach §§ 987ff (Vor § 987 Rn 69ff), **nur mit Ausnahmen.**

36 **2. Ausnahmen vom Grundsatz. a) Vertragl Ansprüche.** Ansprüche nach §§ 994ff bestehen nur, soweit dem keine vorrangigen vertragl Beziehungen zw dem Besitzer und dem Eigentümer der Sache entgegenstehen (BGH NJW 1955, 340, 341; RGZ 142, 417, 422). Im Einz gilt Folgendes:

37 **aa) Bestehendes vertragl Schuldverhältnis.** Zu beachten ist, dass sich ein Konkurrenzproblem nur im Anwendungsbereich der §§ 994ff überhaupt stellt. Besteht zw Eigentümer und Besitzer ein wirksames vertragl Schuldverhältnis und ist der Besitzer aufgrund dieses Schuldverhältnisses zum Besitz an der Sache berechtigt (ist er zB Mieter, Pächter, Käufer etc), finden die §§ 994ff keine Anwendung. Ein Konkurrenzproblem stellt sich daher nicht.

38 **bb) Beendetes vertragl Schuldverhältnis.** Umstr ist die Rechtslage, wenn der Besitzer nach Beendigung eines Vertragsverhältnisses Verwendungen auf die Sache macht. Nach der hier vertretenen Ansicht finden allein die vertragl Regelungen Anwendung. Vgl dazu die Ausführungen zur Lehre vom „nicht mehr Berechtigten" (Rn 13ff; Vor § 987 Rn 22, 41ff).

39 **cc) Übertragung der Sache.** Vertragl Vereinbarungen zw dem Besitzer und einem früheren Eigentümer der Sache können dem Erwerber der Sache ggü fortwirken. Hat zB der Eigentümer eines Grundstücks durch Vereinbarung mit dem Besitzer Verwendungsersatzansprüche ausgeschlossen, so kann der Besitzer solche auch dem Rechtsnachfolger ggü nicht geltend machen (BGH NJW 1979, 716).

40 **b) Das Recht der ungerechtfertigten Bereicherung (§§ 812ff).** Die Frage nach einer konkurrierenden Anwendung der §§ 812ff stellt sich vor allem für **nützliche** Verwendungen, also in Konkurrenz zu § 996. Für **notwendige** Verwendungen des redlichen Besitzers sieht das Gesetz in § 994 I über §§ 812ff hinausgehende Ersatzansprüche vor. Für notwendige Verwendungen des unredlichen Besitzers ordnet § 994 II iVm § 684 S 1 ausdrückl eine Anwendung der §§ 812ff an.

41 Die Anwendbarkeit der §§ 812ff im Eigentümer-Besitzer-Verhältnis ist im Einz umstr (zum Streitstand MüKo/*Raff* § 994 Rn 66 und § 996 Rn 13ff; Staudinger/*Thole* Vor §§ 994–1003 Rn 83ff). Man wird von Folgendem ausgehen können:

42 **aa) Leistungskondiktion (§ 812 I 1 Alt 1).** Liegt in den Verwendungen eine bewusste und zweckgerichtete Zuwendung des Besitzers an den Eigentümer, so ist, wenn ein Rechtsgrund hierfür fehlt, **die Leistungskondiktion** gem § 812 I 1 Alt 1 **gegeben** (*Medicus/Petersen* BürgR Rn 892f, § 34 V 1; Staudinger/*Thole* Vor §§ 994–1003 Rn 87). Die Voraussetzungen einer Leistungskondiktion werden jedoch selten vorliegen. So will der Eigenbesitzer, egal ob er redlich oder unredlich ist, nicht an den Eigentümer leisten. Denkbar ist aber zB, dass einem Mieter (Fremdbesitzer), der nach dem Mietvertrag statt Miete zu zahlen größere Reparaturen an der Mietsache vornehmen soll, bei Nichtigkeit des Vertrags eine Leistungskondiktion auf Ersatz des Wertes zusteht, der dem Eigentümer durch die Reparaturarbeiten des Mieters zugeflossen ist. Die Leistungskondiktion ist ggf neben den §§ 994ff gegeben (*Medicus/Petersen* BürgR Rn 894, § 34 V 1 a cc).

bb) Eingriffskondiktion (§ 812 I 1 Alt 2). Hat der Besitzer mit der Verwendung keine Leistung an den Eigentümer erbracht, so stehen ihm Ersatzansprüche nur gem §§ 994ff zu. Ansprüche aus Eingriffskondiktion sind daneben grds ausgeschlossen (BGH NJW 1996, 52; 41, 157, 158f; 41, 341, 346; Staudinger/*Thole* Vor §§ 994–1003 Rn 83ff; *Brehm/Berger* § 8 Rn 62; *Waltjen* AcP 175, 109, 134; *Haas* AcP 176, 1, 16ff, 20; aA *Canaris* JZ 1996, 344ff, 347f mwN; vgl auch Soergel/*Stadler* Vor § 994 Rn 9ff; zum Begriff der Verwendung § 994 Rn 3ff). Dies gilt nach der Rspr des BGH aber nicht für Bereicherungsansprüche wegen Baumaßnahmen auf fremdem Grund und Boden, die von einem ursprüngl berechtigten Besitzer (vgl Vor § 987 Rn 41ff) in der begründeten Erwartung gemacht wurden, später Eigentum an dem Grundstück zu erwerben (condictio ob rem) (BGH NJW 2001, 3118, 3119; dazu *K. Schmidt* JuS 2001, 1226). 43

c) Das Recht der Geschäftsführung ohne Auftrag (§§ 677ff). aa) Echte GoA. Liegt zw Eigentümer und Besitzer eine **berechtigte GoA** (§ 683) vor, so ist der Besitzer dem Eigentümer ggü zum Besitz berechtigt. Die §§ 987ff sind daher nicht anwendbar, ein Konkurrenzproblem stellt sich nicht (Vor § 987 Rn 93; Soergel/*Stadler* Vor § 987 Rn 16, 21). 44

Im Falle einer **unberechtigten GoA** können dem Besitzer zwar Ansprüche aus §§ 684, 683 oder §§ 684, 812ff (Rn 40) zustehen (Vor § 987 Rn 93; Staudinger/*Thole* Vor §§ 994–1003 Rn 96). Die Voraussetzungen einer unberechtigten GoA werden aber nur selten vorliegen. Beim Eigenbesitzer fehlt es nämlich stets, beim Fremdbesitzer nicht selten am erforderlichen Fremdgeschäftsführungswillen (§ 687). 45

Bedeutung kommt den Vorschriften über die echte GoA (§§ 677ff) daher vor allem insoweit zu, als § 994 II auf sie verweist (§ 994 Rn 29ff). 46

bb) Unechte GoA. Im Falle einer unechten GoA (§ 687 II) kommen Ansprüche des Besitzers nach § 687 II 2, § 684 S 1 in Betracht (Vor § 987 Rn 94). 47

§ 994 Notwendige Verwendungen

(1) Der Besitzer kann für die auf die Sache gemachten notwendigen Verwendungen von dem Eigentümer Ersatz verlangen. Die gewöhnlichen Erhaltungskosten sind ihm jedoch für die Zeit, für welche ihm die Nutzungen verbleiben, nicht zu ersetzen.

(2) Macht der Besitzer nach dem Eintritt der Rechtshängigkeit oder nach dem Beginn der in § 990 bestimmten Haftung notwendige Verwendungen, so bestimmt sich die Ersatzpflicht des Eigentümers nach den Vorschriften über die Geschäftsführung ohne Auftrag.

I. Allgemeines. § 994 gewährt dem Besitzer einer Sache als Gegenrecht zum Herausgabeanspruch des Eigentümers (§ 985) einen Anspruch auf Ersatz der notwendigen Verwendungen, die er auf die Sache gemacht hat. Ersatzansprüche für andere als notwendige Verwendungen (nützliche Verwendungen) sind in § 996 geregelt. 1

II. Anspruchsvoraussetzungen. § 994 setzt voraus, dass der Besitzer **Verwendungen** auf die herauszugebende Sache gemacht hat, dass es sich dabei um **notwendige** Verwendungen handelt und dass der Besitzer zum Zeitpunkt der Verwendung **redlich** gewesen ist (Abs I). War der Besitzer zum Zeitpunkt der Verwendung unredlich, kann er Verwendungsersatz nur nach den Vorschriften über die GoA (§§ 677ff) verlangen (Abs II; vgl Rn 29ff). 2

1. Verwendungen. Der **Begriff** der Verwendung **ist umstr.** Der Streit ist deshalb von Bedeutung, weil über die Definition des Begriffs „Verwendung" auch der Umfang bestehender Ersatzansprüche mitbestimmt wird. Fasst man den Begriff der Verwendung weit, erhält der Besitzer entspr umfassend Verwendungsersatzansprüche nach §§ 994ff. Fasst man den Begriff der Verwendung dagegen eng, so kann der Besitzer für einen Großteil seiner Aufwendungen im Zusammenhang mit dem Besitz an der Sache keinen Ersatz verlangen. 3

a) Definitionen. Nach der engen **Definition des BGH** sind Verwendungen alle „Maßnahmen, die darauf abzielen, den Bestand der Sache als solcher zu erhalten oder wiederherzustellen oder den Zustand der Sache zu verbessern" (BGH NJW 1996, 921, 922; Brandenburg 5.3.2015 – 5 U 14/12). 4

Nach einer vorzugswürdigen, vom RG vertretenen und heute auch in der Lit befürworteten weiteren Definition sind Verwendungen dagegen alle Vermögensaufwendungen, „die einer Sache zugutekommen sollen" (LG Bremen BeckRS 2020, 31458 [Rn 76]; RGZ 152, 100, 101; *Baur/Stürner* § 11 Rn 55; MüKo/*Raff* Rn 10; *Brehm/Berger* § 8 Rn 63; Soergel/*Stadler* Rn 2; Staudinger/*Thole* Vor §§ 994–1003 Rn 31ff; *Roth* JuS 1997, 1087, 1089; zum Begriff vgl auch *Medicus/Petersen* BürgR Rn 874ff, § 34). 5

b) Subj und obj Anforderungen. Beide Definitionen stimmen insoweit überein, als sie neben obj Anforderungen auch ein subj **Element** enthalten. Die gemachten Aufwendungen müssen mit der Absicht getätigt worden sein, dass sie der Sache zugutekommen. Fehlt es an dieser Absicht, handelt es sich nicht um Verwendungen iSd § 994. 6

Werden mit der Aufwendung auch andere Nebenzwecke verfolgt, schließt dies eine Einordnung als Verwendung iSd § 994 aber nicht aus (BGH NJW 1955, 340, 341; (MüKo/*Raff* Rn 11f). Es braucht sich auch nicht um freiwillig getätigte Aufwendungen zu handeln. 7

c) Fehlgeschlagene Verwendungen. Werden die Aufwendungen aber mit der Absicht getätigt, dass sie der Sache zugutekommen sollen, und sind sie nach den vorstehenden Definitionen dazu auch obj geeignet, handelt es sich um Verwendungen, selbst wenn sie der Sache tatsächlich nicht zugutegekommen sind. Auch **fehlgeschlagene** 8

Verwendungen sind ersatzfähig iSd § 994. Bsp sind die Errichtung einer Stützmauer, wenn das Gebäude gleichwohl einstürzt und die Beauftragung eines Tierarztes, wenn das Tier gleichwohl stirbt (MüKo/*Raff* Rn 10).

9 **d) Einzelfälle.** Als Verwendungen iSd § 994 kommen grds nur Vermögensaufwendungen in Betracht. Die **Einsetzung eigener Arbeitskraft** kann aber dann als Verwendung anzusehen sein, wenn sie eine andere bezahlte Arbeitskraft ersetzt; ob der Besitzer die Tätigkeiten im Rahmen seines Gewerbes oder Berufs erbringt oder ob ihm dadurch anderweitiger Verdienst entgeht, ist nicht relevant (BGH NJW 1996, 921, 922; *Baur/Stürner* § 11 Rn 55; aA MüKo/*Raff* Rn 23). Auch das **Abstellen einer Sache** auf dem eigenen Grundstück kann eine Verwendung darstellen (Nürnberg NJW-RR 2013, 1325).

10 **Kosten für den Erwerb der Sache** (Kaufpreis, Transportkosten etc) sind keine Verwendung iSd § 994, da sie der Sache obj nicht zugutekommen (*Baur/Stürner* § 11 Rn 55; BGH NJW 1980, 2245, 2247; 1983, 1479, 1480).

11 Inwieweit **sachändernde Verwendungen** als Verwendungen iSd § 994 anzusehen sind, hängt vor allem davon ab, welchen der vorgenannten Definitionen (Rn 3ff) man folgt. Nach der engen Definition des **BGH** sind sachändernde Verwendungen keine Verwendungen iSd § 994, weil sie weder der Erhaltung noch der Wiederherstellung einer Sache dienen und auch nicht den vorgegebenen Zustand einer Sache verbessern (BGHZ 10, 171, 177f; BGH NJW 1964, 1125, 1127; WM 1969, 295, 296). Dem Verwender steht für solche Verwendungen nach Ansicht des BGH daher nur das Wegnahmerecht gem § 997 oder in besonderen Fällen ein Ersatzanspruch nach Treu und Glauben (§ 242) zu (BGHZ 41, 157, 164f). Nach der weiteren Definition des RG und der Lit können sachändernde Verwendungen dagegen durchaus Verwendungen iSd § 994 sein, sofern sie der Sache zugutekommen. Eine sachändernde Verwendung ist zB die **Bebauung** eines vorher unbebauten Grundstücks mit einem Wohnhaus, einer Lagerhalle oder einem Fabrikgebäude (BGHZ 10, 171, 177f; 41, 157, 160f). Wird ein abschüssiges Grundstück durch den **Bau einer Stützmauer** vor dem Abgleiten geschützt, so ist darin aber auch nach der engen Definition des BGH eine Verwendung iSd § 994 zu sehen, da die Bebauung darauf zielt, den Bestand des Grundstücks zu erhalten. Gleiches gilt für den **Wiederaufbau eines Hauses**, durch den die Tauglichkeit des Grundstücks für den alten Zweck wiederhergestellt wird (BGHZ 41, 341, 346).

12 **2. Notwendige Verwendungen.** Die **Notwendigkeit** einer Verwendung ist **rein obj zu bestimmen.** Sie ist bei allen Verwendungen gegeben, die dem Erhalt der Substanz und der Nutzbarkeit der Sache dienen oder zur ordnungsmäßigen Bewirtschaftung der Sache erforderlich sind; dass der mit der Verwendung beabsichtigte Erfolg auch eingetreten ist, ist nicht erforderlich (MüKo/*Raff* Rn 26ff, 39; *Brehm/Berger* § 8 Rn 66; aA BGHZ 48, 264, 272; Brandenburg 5.3.2015 – 5 U 14/12).

13 **Dient die Sache selbst einem** bestimmten **wirtschaftlichen Zweck**, wie zB eine Fabrik oder eine Gastwirtschaft, so muss diese Zweckbestimmung Berücksichtigung finden. Umbauten und Investitionen sind hier nicht nur notwendig, wenn sie die Lebensfähigkeit, sondern auch, wenn sie die Ertragsfähigkeit des Betriebes erhalten oder steigern können (RGZ 117, 112, 115; 139, 353, 357; MüKo/*Raff* Rn 26ff; RGRK/*Pikart* Rn 39; Soergel/*Stadler* Rn 3). Vereinbaren Eigentümer und Besitzer in einem nichtigen Mietvertrag den Umbau einer Fabrik in ein Büro- und Ateliergebäude, so sind die hierfür getätigten Verwendungen notwendige (Düsseldorf WuM 2005, 194).

14 Dienen Maßnahmen aber lediglich den **eigenen gewerblichen Zwecken des Besitzers** und nicht der wirtschaftl Zweckbestimmung der Sache, handelt es sich nicht um notwendige Verwendungen, wie überhaupt **Aufwendungen des Besitzers für seine Sonderinteressen** niemals notwendige Verwendungen iSd § 994 sind (BGHZ 64, 333, 339; *Baur/Stürner* § 11 Rn 15).

15 **Bsp** für notwendige Verwendungen sind Reparaturkosten zur Wiederherstellung eines beschädigten Kraftfahrzeugs, Arztkosten für die Behandlung eines erkrankten Tieres, Fütterungskosten für Tierbestand (RGZ 52, 166), Kosten für die Hebung eines Wracks (BGH NJW 1955, 341) und im Falle einer Patentvindikation die Kosten für die Anmeldung und Aufrechterhaltung des Patents (Frankfurt GRUR-RS 2018, 9085).

16 **Gewöhnliche Erhaltungskosten** und Aufwendungen, die der Besitzer zur Bestreitung von **Lasten** der Sache macht, sind notwendige Verwendungen, aber gesondert gesetzl geregelt (§ 994 I 2 bzw § 995 S 1).

17 **3. Redlicher Verwender.** Den Anspruch auf Verwendungsersatz nach § 994 hat der Besitzer, der die **Maßnahmen selbst vorgenommen oder** der sie **veranlasst** hat (BGHZ 34, 122, 132; 131, 220, 227; aA *Beuthien* JuS 1987, 841, 845f; Staudinger/*Thole* Vor §§ 994–1003 Rn 63f). Das kann dazu führen, dass der Anspruch auf Verwendungsersatz mehreren Personen zusteht. Lässt zB der Käufer ein ihm unter Eigentumsvorbehalt verkauftes Auto reparieren, so sind beide, der Vorbehaltskäufer und der Werkunternehmer, Verwender iSd § 994.

18 Der **Besitz** des Verwenders muss zum Zeitpunkt der Verwendung **unrechtmäßig** gewesen sein, dh ihm darf kein Recht zum Besitz der Sache zugestanden haben. Auf einen rechtmäßigen Besitzer findet § 994, wie die §§ 987ff ganz allg, keine Anwendung (Vor § 987 Rn 17). Ob § 994 Anwendung findet, wenn der Verwender ursprüngl ein Recht zum Besitz hatte, das aber zum Zeitpunkt der Verwendung nicht mehr bestand, ist umstr (vgl dazu Vor § 987 Rn 41ff).

19 Schließlich **muss der Verwender** zum Zeitpunkt der Verwendung **redlich gewesen sein (Abs II)**. Das ist dann der Fall, wenn er im Hinblick auf sein vermeintlich bestehendes Besitzrecht gutgläubig war und gegen ihn keine Herausgabeklage rechtshängig gewesen ist. Gutgläubig ist der Verwender, wenn er seine fehlende Besitzberechtigung zum Zeitpunkt des Besitzerwerbs nicht kannte, die fehlende Kenntnis nicht auf grober Fahrlässigkeit beruhte und er auch nach Besitzerwerb keine positive Kenntnis von dem Fehlen seines Besitzrechts erlangt hat

(§§ 990, 932 II). War der Verwender zum Zeitpunkt der Verwendung unredlich, so können sich Verwendungsersatzansprüche nach Abs II nur aus den Vorschriften über die GoA (§§ 677ff) ergeben.

III. Verwendungsersatz. Liegen die Voraussetzungen des § 994 vor, kann der Verwender Ersatz seiner Verwendungen verlangen. Ausgenommen sind jedoch die sog gewöhnlichen Erhaltungskosten. 20

1. Anspruchsinhalt. Der Verwender kann von dem Eigentümer **Ersatz seiner gesamten Vermögensaufwendungen** verlangen. 21

Ob der **Wert der Sache** durch die Verwendungen noch **erhöht** ist, ist für das Bestehen des Anspruchs ohne Bedeutung. Der Eigentümer haftet nicht deshalb auf Ersatz der Verwendungen, weil sie den Wert der Sache erhöht haben, sondern weil er selbst die Verwendungen hätte tätigen müssen, wenn der Verwender es nicht an seiner Stelle getan hätte (RGZ 139, 353, 357). 22

Der **Ersatzanspruch** des Verwenders ist **der Höhe nach nicht beschränkt**, auch nicht auf den Wert evtl von ihm herauszugebender Nutzungen. Er ist jedoch nach Maßgabe der §§ 1001–1003 nur **beschränkt durchsetzbar** (Vor § 994 Rn 30f). 23

2. Gewöhnliche Erhaltungskosten (Abs I S 2). Eine Ausnahme von der umfassenden Erstattungspflicht macht Abs I S 2. Danach sind dem Verwender gewöhnliche Erhaltungskosten für die Zeit **nicht zu erstatten**, in der ihm nach den Regeln der §§ 987ff **die Nutzungen der Sache verbleiben.** 24

Gewöhnliche Erhaltungskosten sind regelmäßig wiederkehrende Ausgaben zur laufenden Unterhaltung der Sache und regelmäßige Lasten (vgl § 995 S 1). Bsp sind Wartungs- und Reparaturkosten, Fütterungs- und Pflegekosten. 25

Der Anspruchsausschluss nach Abs I S 2 setzt nicht voraus, dass der Wert der Nutzungen dem Wert der gewöhnlichen Erhaltungskosten entspricht. Nur wenn der **Wert der Nutzungen** in einem klaren, unüblichen Missverhältnis zum **Wert der gewöhnlichen Erhaltungskosten** steht, kann der Verwender trotz Abs I S 2 Ersatz hierfür verlangen. 26

Es ist auch nicht relevant, ob der Verwender die Nutzungen gezogen hat oder nicht. Entscheidend ist allein, **ob dem Verwender die Nutzungen nach** den Wertungen der **§§ 987ff verbleiben** (dazu Vor § 987 Rn 52ff). 27

3. Verrechnung mit Ansprüchen gem §§ 987ff. Der BGH vertritt die Ansicht, dass die **Saldotheorie** auf den Verwendungsersatzanspruch des Besitzers und den Nutzungsherausgabeanspruch des Eigentümers entspr Anwendung findet (BGH NJW 1995, 2627 = JZ 1996, 151ff m Anm *Medicus*; vgl dazu auch *K. Schmidt* JuS 1996, 169). Beide Ansprüche können daher miteinander verrechnet werden. Eine Leistungsverpflichtung besteht nur für denjenigen, zu dessen Lasten sich eine Differenz ergibt. 28

IV. Unredlicher Verwender (Abs II). War der Verwender zum Zeitpunkt der Verwendung unredlich, also hinsichtl seiner Besitzberechtigung bösgläubig oder auf Herausgabe verklagt (Rn 19), kann er gem Abs II nur nach den **Vorschriften der GoA (§§ 677ff)** Ersatz hierfür verlangen. 29

Voraussetzung für einen Ersatzanspruch nach Abs II iVm §§ 677ff ist, dass die **Verwendung** iSd § 994 I **obj notwendig** war und **dem wirklichen oder mutmaßlichen Willen des Eigentümers entsprochen** hat (§ 683), durch § 679 gedeckt oder vom Eigentümer genehmigt worden (§ 684 S 2) ist. Abzustellen ist auf den Eigentümer zur Zeit der Verwendung. 30

Der Besitzer braucht die Verwendung aber **nicht auch subj** für den Eigentümer gemacht zu haben (Celle FamRZ 2016, 582, 583 – Verwendungsersatzanspruch eines Erben gegen einen Vermächtnisnehmer für Zahlungen auf eine Schuld, die durch eine Grundschuld auf dem vermachten Grundstück gesichert war). § 994 II verweist nicht auf die Grundvoraussetzungen der Geschäftsführung ohne Auftrag. Wäre es so, könnte ein Eigenbesitzer nie Ansprüche aus Abs II iVm §§ 677ff herleiten, da es bei ihm stets am Fremdgeschäftsführungswillen fehlen würde (*Brehm/Berger* § 8 Rn 74: partielle Rechtsgrundverweisung). 31

Liegen die vorgenannten Erfordernisse der §§ 683, 679, 684 S 2 nicht vor, so kann der Besitzer Ersatz für seine Verwendungen nur nach den Vorschriften über die Herausgabe einer ungerechtfertigten Bereicherung verlangen (§ 684 S 1 iVm §§ 812ff; RGRK/*Pikart* Rn 50; aA Staudinger/*Thole* Rn 49ff, der § 994 II nur als Verweisung auf § 683, nicht aber auf § 684 S 1 ansieht). Zu ersetzen ist die obj Werterhöhung der Sache (§ 818 II), der Anspruch ist aber auf die Höhe der tatsächlichen Aufwendungen beschränkt. 32

V. Verjährung. Ansprüche aus § 994 verjähren nach §§ 195, 199 in der regelmäßigen Verjährungsfrist von drei Jahren. Zum Beginn der Verjährung vgl § 1001 Rn 2. 33

VI. Konkurrenzen. Zur Möglichkeit der Anwendung konkurrierender Anspruchsgrundlagen neben § 994 vgl Vor § 994 Rn 33ff. 34

§ 995 Lasten

Zu den notwendigen Verwendungen im Sinne des § 994 gehören auch die Aufwendungen, die der Besitzer zur Bestreitung von Lasten der Sache macht. Für die Zeit, für welche dem Besitzer die Nutzungen verbleiben, sind ihm nur die Aufwendungen für solche außerordentliche Lasten zu ersetzen, die als auf den Stammwert der Sache gelegt anzusehen sind.

1 **I. Allgemeines.** § 995 stellt klar, dass **Aufwendungen** zum Bestreiten von Lasten notwendige Verwendungen und damit **nach § 994 ersatzfähig** sind.

2 **II. Lasten.** Lasten iSd § 995 sind alle Leistungsverpflichtungen, die dem Verpflichteten aufgrund seiner Berechtigung oder seines Besitzes an der Sache entstehen. Ob die Leistungsverpflichtungen öffentlich-rechtl oder privatrechtl sind, ist nicht relevant. Bsp sind Grundsteuern, Anliegerbeiträge, Hypotheken- und Grundschuldzinsen, Rentenleistungen und Sachversicherungsprämien sowie Erbbauzinsen (§ 11 I 1 ErbbauRG; BGH NJW 2016, 495). § 995 differenziert für die Frage der **Ersatzfähigkeit** zw **regelmäßigen** und **außerordentlichen Lasten.** Die Unterscheidung entspricht derjenigen in § 994 I zw gewöhnlichen und außergewöhnlichen notwendigen Verwendungen.

3 **1. Regelmäßige Lasten.** Regelmäßige Lasten sind solche, die **als laufende Ausgaben auf die Zeit der Nutzung bezogen** werden können (zB Grundsteuern, Hypothekenzinsen, Sachversicherungsprämien). Sie sind iSd § 995 S 2 als nicht „auf den Stammwert der Sache gelegt" anzusehen. Aufwendungen zur Bestreitung regelmäßiger Lasten sind vom Eigentümer in gleichem Umfang wie notwendige Verwendungen iSd § 994 S 1 zu ersetzen (§ 995 S 1). Soweit sie sich aber auf eine Zeit beziehen, für welche dem Besitzer nach den Regelungen der §§ 987ff die Nutzungen verbleiben, ist ein Ersatzanspruch ausgeschlossen (§ 995 S 2).

4 **2. Außerordentliche Lasten.** Außerordentliche Lasten sind solche, die **nicht auf die Zeit der Nutzung bezogen** werden können, sondern nachhaltig darüber hinaus wirken (zB Erschließungskosten, Tilgungsleistungen). Sie sind iSd § 995 S 2 als „auf den Stammwert der Sache gelegt" anzusehen. Aufwendungen zur Bestreitung außerordentlicher Lasten sind vom Eigentümer stets in gleichem Umfang wie notwendige Verwendungen iSd § 994 S 1 zu ersetzen (§ 995 S 1).

5 **III. Bucheigentümer.** § 995 ist auf den Bucheigentümer eines Grundstücks entspr anwendbar. Dieser kann nach § 995 daher die Aufwendungen zur Bestreitung von Grundstückslasten ersetzt verlangen (RGZ 133, 283, 287; Soergel/*Stadler* Rn 1).

§ 996 Nützliche Verwendungen

Für andere als notwendige Verwendungen kann der Besitzer Ersatz nur insoweit verlangen, als sie vor dem Eintritt der Rechtshängigkeit und vor dem Beginn der in § 990 bestimmten Haftung gemacht werden und der Wert der Sache durch sie noch zu der Zeit erhöht ist, zu welcher der Eigentümer die Sache wiedererlangt.

1 **I. Allgemeines.** Die Vorschrift ergänzt § 994, der die Ersatzpflicht des Eigentümers für notwendige Verwendungen regelt. Ob und in welchem Umfang der Besitzer von dem Eigentümer Ersatz für seine auf die Sache gemachten nicht notwendigen Verwendungen verlangen kann, hängt nach § 996 von der Qualität seines Besitzes (redlich/unredlich) und davon ab, ob die Sache durch die Verwendung noch werterhöht ist.

2 **II. Nicht notwendige Verwendungen.** Welche Verwendungen als **„nicht notwendige Verwendungen"** iSd § 996 anzusehen sind, ergibt sich aus der Abgrenzung zu §§ 994, 995: Alle Verwendungen, die keine „notwendigen Verwendungen" iSd §§ 994, 995 sind, sind nicht notwendige Verwendungen iSd § 996. Zum Begriff der Verwendung § 994 Rn 3ff.

3 **III. Anspruchsvoraussetzungen.** Ersatz für nicht notwendige Verwendungen kann unter den folgenden Voraussetzungen verlangt werden.

4 **1. Redlicher Verwender.** Der Anspruchsteller muss **redlicher Verwender** gewesen sein. Insoweit kann auf die Ausführungen zu § 994 verwiesen werden (§ 994 Rn 19). Der Anspruchsteller muss die Verwendung selbst vorgenommen oder veranlasst haben, er muss zum Zeitpunkt der Verwendung unrechtmäßiger Besitzer der Sache und darf nicht bösgläubig oder verklagt gewesen sein. Der **unredliche Verwender** hat keinen Anspruch auf Ersatz seiner nützlichen Verwendungen. Er ist auf das Wegnahmerecht nach § 997 beschränkt.

5 **2. Werterhöhung.** Die Sache muss durch die Verwendung noch werterhöht sein.

6 Die Werterhöhung ist **nach obj Kriterien** zu bestimmen. Ist die Werterhöhung nach den subj Interessen des Eigentümers aber geringer anzusetzen, so ist der geringere Wert maßgebend, solange der Eigentümer nicht den höheren obj Wert für sich realisiert (zB durch Veräußerung der Sache; *Haas* AcP 176, 1, 26; im Einz auch *Canaris* JZ 1996, 344, 345f; aA Staudinger/*Thole* Rn 11ff, 13). Der Verwender kann auch keinen höheren als den von ihm selbst aufgewendeten Betrag als Wertausgleich beanspruchen (vgl § 994 Rn 32).

7 Für die Wertbestimmung kommt es, anders als bei § 994, grds auf den **Zeitpunkt** an, in dem der Eigentümer die Sache nach § 985 wiedererlangt, da erst dann die Werterhöhung für den Eigentümer effektiv geworden ist. Gerät der Eigentümer in Annahmeverzug (§ 293ff; Rechtsgedanke des § 300) oder genehmigt er die Verwendungen (§ 1001 S 1 Alt 2), kann auch darauf abzustellen sein. Es kommt auf den jew früher eintretenden Umstand an.

8 **IV. Verrechnung.** Nach Ansicht des BGH findet im Hinblick auf den Verwendungsersatzanspruch des Besitzers und den Nutzungsherausgabeanspruch des Eigentümers die **Saldotheorie** entspr Anwendung (§ 994 Rn 28).

V. Verjährung. Ansprüche aus § 996 verjähren nach §§ 195, 199 in der regelmäßigen Verjährungsfrist von drei Jahren. Zum Beginn der Verjährung vgl § 1001 Rn 2. 9

VI. Konkurrenzen. Zur Möglichkeit der Anwendung konkurrierender Anspruchsgrundlagen neben § 996 vgl Vor § 994 Rn 33ff. 10

§ 997 Wegnahmerecht

(1) Hat der Besitzer mit der Sache eine andere Sache als wesentlichen Bestandteil verbunden, so kann er sie abtrennen und sich aneignen. Die Vorschrift des § 258 findet Anwendung.

(2) Das Recht zur Abtrennung ist ausgeschlossen, wenn der Besitzer nach § 994 Abs. 1 Satz 2 für die Verwendung Ersatz nicht verlangen kann oder die Abtrennung für ihn keinen Nutzen hat oder ihm mindestens der Wert ersetzt wird, den der Bestandteil nach der Abtrennung für ihn haben würde.

I. Allgemeines. § 997 gewährt dem Besitzer, der mit der Sache eine andere Sache als deren wesentlichen Bestandteil verbunden hat, ein **begrenztes Wegnahmerecht**. Dieses Wegnahmerecht ist von Bedeutung, soweit dem Besitzer kein Ersatzanspruch für seine Verwendungen zusteht, insb also für nicht notwendige Verwendungen des unredlichen Besitzers, und soweit der Besitzer ein besonderes Interesse am Rückerhalt der verbundenen Sache hat, das durch Wertersatz nicht zu befriedigen ist. 1

II. Wegnahmevoraussetzungen. 1. Verbindung als wesentlicher Bestandteil (Abs I S 1). Die verbundene Sache muss wesentlicher Bestandteil (§§ 93f) der anderen Sache geworden sein, so dass das **Eigentum** an ihr gem §§ 946, 947 II auf den Eigentümer der Hauptsache **übergegangen** ist. Ist dies nicht der Fall, kann die Wegnahme bereits aufgrund des weiterbestehenden Eigentumsrechts an der verbundenen Sache erfolgen, der Besitzer bedarf des besonderen Wegnahmerechts nach § 997 also nicht. 2

Auch wenn der Besitzer nach § 947 I **Miteigentum** an der einheitlichen Sache **erlangt** hat, ist § 997 nicht anwendbar (Staudinger/*Thole* Rn 9). Die Auseinandersetzung erfolgt ggf nach §§ 749ff. 3

Anders als zB in § 539 II, § 581 II (Mieter bzw Pächter) und § 601 II 2 (Entleiher; weitere Bsp sind § 1049 II, § 1093 I 2 iVm § 1049 II, § 1216 S 2 und § 2125 II) braucht die eingefügte Sache bei § 997 keine **„Einrichtung“** zu sein. § 258 ist wegen der ausdrückl Verweisung in Abs I S 2 gleichwohl auf jede Wegnahme nach § 997 anwendbar. 4

Dass der **verbindende Besitzer Eigentümer** der verbundenen Sache war, ist für eine Anwendung des § 997 nicht erforderlich (aA Staudinger/*Thole* Rn 12; *Wieling* JZ 1985, 511, 518). Das Wegnahmerecht besteht aber dann nicht, wenn das Eigentum an der verbundenen Sache bereits zum Zeitpunkt der Verbindung dem Eigentümer der Hauptsache zustand (Soergel/*Stadler* Rn 3). 5

2. Wiederherstellung des alten Zustands (Abs I S 2 iVm § 258). Der Besitzer muss im Falle einer Wegnahme die Sache, von der die Abtrennung erfolgt, auf seine Kosten wieder in den vorigen Stand versetzen. Hat der Eigentümer den Besitz an der Sache bereits wiedererlangt, muss er die Wegnahme nur dulden, wenn ihm der Wegnahmeberechtigte **Sicherheit** hierfür **geleistet** hat (§ 258 S 2). Vgl hierzu im Einz die Ausführungen zu § 258. 6

3. Qualität des Besitzes. § 997 setzt des Weiteren voraus, dass der Besitzer die Sache zum Zeitpunkt der Verbindung **unrechtmäßig** besessen hat und sein Besitz auch ursprüngl nicht rechtmäßig war (str, vgl Vor § 994 Rn 13ff). 7

Besteht bzw bestand zw dem Besitzer und dem Eigentümer ein den Besitzer zum Besitz der Sache berechtigendes Vertragsverhältnis, können sich Wegnahmerechte zB aus § 459 S 2 (Wiederkauf), § 539 II (Miete), § 581 II iVm § 539 II (Pacht), § 601 II 2 (Leihe); § 1049 II (Nießbrauch), § 1093 I 2 iVm § 1049 II (Wohnrecht) oder § 1216 S 2 (Pfandrecht) ergeben. Soweit es an einer Sondervorschrift fehlt, kommen die §§ 346ff in Betracht. § 997 findet daneben keine Anwendung. 8

IÜ ist die Qualität des Besitzes jedoch nicht relevant. Das Recht aus § 997 steht grds jedem unrechtmäßigen Besitzer zu, dem redlichen wie dem unredlichen und dem Fremd- wie dem Eigenbesitzer. 9

4. Ausschlussgründe (Abs II). Ausgeschlossen ist das Wegnahmerecht nach § 997, **wenn** die Verbindung der gewöhnlichen Erhaltung der Sache diente und **der Besitzer nach § 994 I 2 keinen Ersatz verlangen kann**, er also für den relevanten Zeitraum die Nutzungen behält (Abs II Alt 1). Die Verwendungen werden in diesem Fall als durch die Nutzungsmöglichkeit ausgeglichen angesehen. 10

Des Weiteren dann, **wenn die Abtrennung für den Besitzer keinen Nutzen hat** (Abs II Alt 2). Das ist zB bei Tapeten und idR auch bei Pflanzen der Fall. Es soll vermieden werden, dass der Besitzer das Wegnahmerecht nur einfordert, um den Eigentümer zu beeinträchtigen oder eine hohe Ausgleichzahlung zu erzwingen. Die Sperre des Abs II Alt 2 geht insoweit über diejenige des § 226 (Schikaneverbot) hinaus. Dem Wegnahmeverlangen muss aber kein wirtschaftl Interesse zugrunde liegen. Ein bestehendes Affektionsinteresse des Besitzers kann die Abtrennung durchaus rechtfertigen. 11

Die Wegnahme ist zudem dann ausgeschlossen, **wenn dem Besitzer der Wert ersetzt wird**, den die Sache nach der Wegnahme für ihn haben würde (Abs II Alt 3). Bei der Wertberechnung sind die Kosten der fiktiven Abtrennung und der Wiederherstellung der Hauptsache abzuziehen, da diese gem § 258 von dem Besitzer zu tragen wären (Staudinger/*Thole* Rn 23; MüKo/*Raff* Rn 20; aA RGZ 106, 147, 149; RGRK/*Pikart* Rn 15). Ob die Ersatz- 12 leistung durch den Eigentümer der Hauptsache oder durch einen interessierten Dritten (zB einen Pfandgläubiger) erfolgt, ist nicht relevant.

13 Und schließlich ist eine Wegnahme nach § 997 auch dann ausgeschlossen, **wenn die Hauptsache durch die Wegnahme irreparablen Schaden erleiden würde.** Diese schon aus rein wirtschaftl Gründen gebotene Ausnahme ergibt sich daraus, dass der Besitzer gem § 258 zur Wiederherstellung der Hauptsache verpflichtet ist. Wo ihm dies nicht möglich ist, kann eine Wegnahme nicht zulässig sein.

14 **III. Abtrennung und Aneignung (Wegnahme).** Der Wegnahmeberechtigte darf, solange er Besitzer der Sache ist, die **Wegnahme jederzeit durchführen** (MüKo/*Raff* Rn 27). Einer vorherigen Zustimmung des Eigentümers bedarf es nicht. Der Besitzer kann aber uU nach § 242 verpflichtet sein, den Eigentümer vor der Abtrennung zur Ersatzleistung aufzufordern (Abs II Alt 3), um diesem die Möglichkeit zu geben, die Sache im gegenwärtigen Zustand zu erhalten (RGRK/*Pikart* Rn 14).

15 **Nach Rückgabe** der Sache wandelt sich das Recht des Besitzers um in ein **Recht auf Duldung der Wegnahme.** Hat der Eigentümer den Besitz an der Sache zurückerlangt und verweigert er die Wegnahme, so muss der Berechtigte daher auf Gestattung der Wegnahme gegen Sicherheitsleistung für den damit verbundenen Schaden klagen (§ 997 I 2, § 258 S 2), nicht auf Herausgabe.

16 Verlangt der Eigentümer die Herausgabe der Sache, kann der Besitzer diese nicht mit Hinw auf sein Wegnahmerecht verweigern. § 997 gibt dem Besitzer **kein Zurückbehaltungsrecht** (BGH WM 1961, 179, 181; Zweibrücken OLGRp 2006, 613; anders § 1000 bei Bestehen von Verwendungsersatzansprüchen).

17 Das **Wegnahmerecht richtet sich** nicht nur gegen den Eigentümer, dem die Sache herausgegeben worden ist, sondern auch gegen dessen Rechtsnachfolger und an der Sache berechtigte Dritte, was sich aus einer entspr Anwendung des § 999 II ergibt (MüKo/*Raff* Rn 30f; Staudinger/*Thole* Rn 44). Es ist **schuldrechtl Natur** (BGH NJW 1954, 265, 266). In der **Insolvenz des Verpflichteten** besteht das Wegnahmerecht wegen seiner schuldrechtl Natur nicht (aA MüKo/*Raff* Rn 34).

18 Der Berechtigte darf die **Wegnahme nicht auf bestimmte** verwertbare **Teile beschränken** (BGH NJW 1970, 754, 755), da dies mit seiner Pflicht zur Wiederherstellung der Hauptsache (§ 997 I 2, § 258) nicht vereinbar wäre.

19 Der Eigentümer der Hauptsache muss in absehbarer Zeit Klarheit darüber erlangen, ob er die Sache im gegenwärtigen Zustand weiter nutzen kann oder ob sie aufgrund der Ausübung des Wegnahmerechts in den ursprüngl Zustand zurückversetzt wird. Das **Wegnahmerecht ist** daher analog § 1002 **befristet.** Es kann nur binnen eines Monats (bei Mobilien) bzw binnen sechs Monaten (bei Immobilien) nach Herausgabe der Sache an den Eigentümer geltend gemacht werden (Hamm BB 1977, 418f; Staudinger/*Thole* Rn 13; MüKo/*Raff* Rn 35; aA RGRK/*Pikart* Rn 4; Soergel/*Stadler* Rn 4). Der Gestattungsanspruch (Rn 15) verjährt nach §§ 195, 199.

20 Die Wegnahme erfolgt durch **körperliche Abtrennung und Aneignung** der Sache. Da die Aneignung kein Rechtsgeschäft ist, ist Geschäftsfähigkeit nicht erforderlich. Natürlicher Besitzwille reicht aus (§ 958 Rn 4). Dem Besitzer, der die Verbindung vorgenommen hat, steht das Aneignungsrecht auch dann zu, wenn er nicht **Eigentümer der verbundenen Sache** gewesen ist (RGRK/*Pikart* Rn 8; Soergel/*Stadler* Rn 3; aA Staudinger/*Thole* Rn 36ff, 39; MüKo/*Raff* Rn 38; *Brehm/Berger* § 8 Rn 89). Der frühere Eigentümer der verbundenen Sache, auf dessen Kosten der Besitzer das Aneignungsrecht erlangt hat, hat gegen diesen aber einen Anspruch auf Herausgabe der getrennten Sache, ggf auch auf Wertersatz nach § 951, § 812 I, § 818.

21 **IV. Konkurrenzen.** Neben dem **Wegnahmerecht** aus § 997 kann auch ein **Verwendungsersatzanspruch** nach §§ 994ff bestehen. Der Berechtigte hat ggf die Wahl, welches dieser Rechte er geltend macht (BGH NJW 1954, 265; MüKo/*Raff* Rn 11; Staudinger/*Thole* Rn 4f).

§ 998 Bestellungskosten bei landwirtschaftlichem Grundstück

Ist ein landwirtschaftliches Grundstück herauszugeben, so hat der Eigentümer die Kosten, die der Besitzer auf die noch nicht getrennten, jedoch nach den Regeln einer ordnungsmäßigen Wirtschaft vor dem Ende des Wirtschaftsjahrs zu trennenden Früchte verwendet hat, insoweit zu ersetzen, als sie einer ordnungsmäßigen Wirtschaft entsprechen und den Wert dieser Früchte nicht übersteigen.

1 **I. Allgemeines.** § 998 ergänzt § 102. Er gewährt dem Besitzer eines landwirtschaftl Grundstücks einen Ersatzanspruch auch für die Verwendungen auf **noch nicht geerntete Früchte**, die als wesentliche Bestandteile mit dem Grundstück herauszugeben sind.

2 **II. Anspruchsvoraussetzungen.** Es muss ein **landwirtschaftliches Grundstück** herauszugeben sein, dh, das Grundstück muss für die in § 585 I 2 genannten Zwecke genutzt werden.

3 Die Früchte, auf die die Kosten verwendet wurden, dürfen zum Zeitpunkt der Herausgabe des Grundstücks hiervon **noch nicht getrennt** sein. Sie müssen aber nach den Regeln einer ordnungsmäßigen Wirtschaft **noch vor Ende des Wirtschaftsjahres zu trennen** sein. Maßgebend ist das seit Bestellung der Frucht laufende Jahr (MüKo/*Raff* Rn 4; RGZ 141, 227; Staudinger/*Thole* Rn 3f). Für Verwendungen auf erst später zu trennende Früchte gilt § 998 nicht, insoweit hat der Besitzer nur die Ansprüche nach §§ 102, 994, 996, 997. Insb mehrjährige Pflanzen unterfallen damit nicht § 998, es sei denn, sie stehen kurz vor der Ernte.

Die **Qualität des Besitzes** ist ohne Belang. Der Anspruch auf Ersatz der Kosten nach § 998 steht jedem Besitzer zu, auch dem bösgläubigen und dem Prozessbesitzer (Celle 28.10.2015 – 7 U 70/15 (L), juris Rn 7). 4

III. Beschränkungen. Wie der Ersatzanspruch nach § 102, so ist auch der **Ersatzanspruch** nach § 998 **durch den Wert der Früchte begrenzt.** Dieser Wert ist auf den Zeitpunkt der Wiedererlangung des Grundstücks durch den Eigentümer zu berechnen. Die vom Eigentümer bis zur Ernte noch aufzuwendenden Kosten sind daher vom geschätzten späteren Erntewert abzuziehen (Staudinger/*Thole* Rn 8). 5

Außerdem ist der Ersatzanspruch auf **die nach einer ordnungsmäßigen Wirtschaftsführung erforderlichen Aufwendungen** beschränkt. Unnötig hohe Kosten sollen nicht zulasten des Eigentümers gehen. Neben eingesetzten Materialien (zB Dünger, Saatgut) können auch Arbeitszeiten oder Maschinenstunden ersatzfähig sein (Celle NJOZ 2017, 434; Brandenburg NJOZ 2015, 1201). 6

Durchsetzbar ist der Anspruch aus § 998 nur nach Maßgabe der §§ 1000–1003. 7

IV. Verjährung. Ansprüche aus § 998 verjähren nach §§ 195, 199 in der regelmäßigen Verjährungsfrist von drei Jahren. Zum Beginn der Verjährung vgl § 1001 Rn 2. 8

V. Konkurrenzen. Zur Möglichkeit der Anwendung konkurrierender Anspruchsgrundlagen neben § 998 vgl Vor § 994 Rn 33ff. 9

§ 999 Ersatz von Verwendungen des Rechtsvorgängers

(1) Der Besitzer kann für die Verwendungen eines Vorbesitzers, dessen Rechtsnachfolger er geworden ist, in demselben Umfang Ersatz verlangen, in welchem ihn der Vorbesitzer fordern könnte, wenn er die Sache herauszugeben hätte.

(2) Die Verpflichtung des Eigentümers zum Ersatz von Verwendungen erstreckt sich auch auf die Verwendungen, die gemacht worden sind, bevor er das Eigentum erworben hat.

I. Allgemeines. § 999 regelt den **Verwendungsersatz im Falle eines Wechsels der Beteiligten**, nämlich des Besitzers der herauszugebenden Sache (Abs I) oder des zum Ersatz verpflichteten Eigentümers (Abs II). 1

II. Besitzerwechsel (Abs I). Im Falle eines Besitzerwechsels **gehen Verwendungsersatzansprüche** des Vorbesitzers aus §§ 994ff nach Abs I auf seinen Rechtsnachfolger **über.** Dies kann auch im Wege mehrfacher Rechtsnachfolge geschehen, sofern nur auf jeder Stufe sämtliche Voraussetzungen des Abs I erfüllt sind. 2

1. Nachfolge in den Besitz. Die Nachfolge in den Besitz kann **kraft Gesetzes** erfolgen, wie zB im Falle der Erbschaft (§ 857). 3

Möglich ist aber auch eine **rechtsgeschäftliche Nachfolge.** Dafür ist erforderlich, dass der Vorbesitzer dem Nachbesitzer den Besitz überträgt (§§ 854, 870) und der Besitzübertragung ein Veräußerungsgeschäft zugrunde liegt (RGZ 129, 199, 204; Staudinger/*Thole* Rn 5). Eine Unwirksamkeit der Veräußerung (zB wegen Nichtberechtigung des Übertragenden) schadet nicht. Es muss aber wenigstens der Tatbestand eines solchen Geschäfts vorliegen. Durch bloße Vorstellungen der Beteiligten oder rein wirtschaftl Vorgänge kann eine rechtsgeschäftliche Rechtsnachfolge in den Besitz iSd § 999 nicht erfolgen (RGZ 129, 199, 200ff). 4

Die Begründung eines **Besitzmittlungsverhältnisses** führt nicht zu einer Besitznachfolge. § 999 ist in diesem Falle daher nicht anwendbar. Verwendungsersatzansprüche verbleiben bei dem mittelbaren Besitzer (RGZ 158, 394, 397f). 5

2. Übergang des Anspruchs. Der Verwendungsersatzanspruch geht **in der Art und in dem Umfang** auf den neuen Besitzer über, wie er zugunsten des früheren Besitzers bestanden hat. Auch ein bösgläubiger Nachbesitzer kann deshalb Verwendungsersatzansprüche eines Vorbesitzers aus § 994 I, § 996 geltend machen. Der Verwendungsanspruch geht in voller Höhe über; er ist nicht auf die Höhe evtl bestehender Rückgriffsansprüche des Besitzers gegen seinen Vorbesitzer beschränkt (*Gursky* AcP 171, 82ff; MüKo/*Raff* Rn 7f; aA Freiburg JZ 1953, 404; RGRK/*Pikart* Rn 5; Soergel/*Stadler* Rn 4). 6

Die Parteien, dh der Vor- und der Nachbesitzer, können **vereinbaren**, dass Verwendungsersatzansprüche nicht mit dem Besitz übertragen werden. Ggf verbleiben sie dem Vorbesitzer. Dieser hat nach Besitzverlust aber nicht mehr die in § 1000 vorgesehenen Durchsetzungsmöglichkeiten. 7

III. Eigentümerwechsel (Abs II). Im Falle eines Eigentümerwechsels **gehen Ersatzpflichten** aus §§ 994ff nach Abs II auf den neuen Eigentümer **über.** Dies gilt auch im Falle eines mehrfachen Eigentümerwechsels. Verpflichtet ist stets der jew aktuelle Eigentümer. 8

1. Nachfolge. Im Gegensatz zu Abs I muss es sich bei Abs II **nicht** um eine **„Rechtsnachfolge"** handeln. Daher verpflichtet auch originärer Eigentumserwerb (zB gem §§ 937, 946ff) zum Ersatz früher gemachter Verwendungen. 9

Der **Erwerber in einer Zwangsversteigerung** haftet aber nicht nach § 999 für ausstehenden Verwendungsersatz (§ 93 II ZVG). 10

Hat ein **Vorerbe** einem Dritten ein Nachlassgrundstück übereignet, so entsteht erst nach Eintritt des Nacherbfalls ein Eigentümer-Besitzer-Verhältnis ggü dem Nacherben. Auf Verwendungen, die der Dritte vor dieser Zeit 11 vorgenommen hat, als er selbst Eigentümer war (§ 2113 I), ist § 999 II nicht anwendbar (BGH NJW 1985, 382, 383f).

12 **2. Übergang der Verpflichtung.** Die Ersatzverpflichtung geht **in der Art und in dem Umfang** auf den neuen Eigentümer über, wie sie ggü dem alten Eigentümer bestanden hat. Der neue Eigentümer ist daher in gleicher Weise zum Ersatz verpflichtet, wie sein Vorgänger. Dem Besitzer stehen auch dem neuen Eigentümer ggü wegen der betroffenen Verwendungen das Zurückbehaltungsrecht aus § 1000 und das Wegnahmerecht aus § 997 zu.

13 Eine vom Vorgänger ausgesprochene **Genehmigung der Verwendungen** (§ 1001) bindet den neuen Eigentümer aber nicht (RGRK/*Pikart* Rn 11; MüKo/*Raff* Rn 14). Er behält daher die Möglichkeit, die Sache nicht anzunehmen oder zurückzugeben und sich so von seiner Verpflichtung zum Verwendungsersatz zu befreien.

14 § 999 setzt voraus, dass der Besitzer gegen den früheren Eigentümer einen Anspruch auf Verwendungsersatz hatte. Er greift daher **nicht** ein, **wenn Verwendungsersatzansprüche** durch Vereinbarung mit dem Voreigentümer **ausgeschlossen waren** (BGH NJW 1979, 716).

§ 1000 Zurückbehaltungsrecht des Besitzers

Der Besitzer kann die Herausgabe der Sache verweigern, bis er wegen der ihm zu ersetzenden Verwendungen befriedigt wird. Das Zurückbehaltungsrecht steht ihm nicht zu, wenn er die Sache durch eine vorsätzlich begangene unerlaubte Handlung erlangt hat.

1 **I. Allgemeines, Anwendbarkeit.** § 1000 gewährt dem Besitzer wegen seiner Verwendungsersatzansprüche aus §§ 994ff (ggf iVm § 999) ein **Zurückbehaltungsrecht** an der Sache. Der Besitzer muss dem Herausgabeverlangen des Eigentümers gem § 985 so lange nicht entsprechen, bis dieser die Ersatzansprüche des Besitzers befriedigt hat.

2 An sich würde sich ein **Zurückbehaltungsrecht** des Besitzers schon **aus § 273** ergeben. § 273 setzt aber einen fälligen Anspruch voraus (§ 273 II). Fällig ist der Verwendungsersatzanspruch des Besitzers aber nicht, bevor der Eigentümer ihn nicht genehmigt hat (§ 1001 S 1). § 1000 schließt die sich daraus ergebende Lücke. § 273 III, § 274 finden auf das Zurückbehaltungsrecht des Besitzers aus § 1000 entspr Anwendung.

3 Das Zurückbehaltungsrecht aus § 1000 ist für den Besitzer **von erheblicher Bedeutung**, weil er seine Verwendungsersatzansprüche verlieren kann, wenn er die Sache vor Erfüllung der Ansprüche an den Eigentümer herausgibt (§ 1002). Zudem gewährt ihm § 1003 ein Verwertungsrecht, das er nur ausüben kann, solange er sich im Besitz der Sache befindet.

4 Das Zurückbehaltungsrecht gibt dem Besitzer aber **kein Recht zum Besitz** iSd § 986 (str, vgl § 986 Rn 17ff).

5 **Entspr anwendbar** ist § 1000 in den Fällen der §§ 972, 1065, 1227, 2022 I 2. Auch auf den Grundbuchberichtigungsanspruch nach § 894 findet § 1000 entspr Anwendung (vgl dazu § 894 Rn 35: § 273 II). Der Bucheigentümer kann seine Zustimmung zur Berichtigung also so lange verweigern, bis ihm Ersatz für seine Verwendungen auf das Grundstück geleistet worden ist (Staudinger/*Thole* Rn 5; MüKo/*Raff* Rn 16; aA RGZ 163, 62, 63; BGHZ 41, 30, 34f; 75, 288, 293).

6 **II. Zurückbehaltungsrecht.** Das **Zurückbehaltungsrecht** gibt dem Besitzer ein **Leistungsverweigerungsrecht.** Die Geltendmachung der Einrede im Prozess führt zur **Verurteilung Zug um Zug** (§ 274).

7 Das Zurückbehaltungsrecht hat **jeder Besitzer**, auch der mittelbare. Es gilt auch für **unveräußerliche und unpfändbare Sachen** und **erfasst stets die ganze Sache**, selbst wenn die Verwendungen nur einen Teil betrafen (Staudinger/*Thole* Rn 8; Soergel/*Stadler* Rn 2). Ausnahmen können sich aus § 242 ergeben (vgl Rn 10).

8 Es **erlischt im Falle der Herausgabe** der Sache an den Eigentümer mit dem Anspruch nach § 1002 und entsteht dann auch bei Wiedererlangung der Sache nicht neu (BGHZ 51, 250; 87, 274, 278ff; 101, 307, 316; MüKo/*Raff* Rn 10f; aA Staudinger/*Thole* Rn 13).

9 **III. Ausschluss.** Nach **S 2** entsteht das Zurückbehaltungsrecht aus § 1000 nicht, wenn der Besitzer die Sache durch eine **vorsätzliche unerlaubte Handlung** gegen den Eigentümer oder gegen einen Dritten erlangt hat (ebenso § 273 II). Dem Rechtsnachfolger eines solchen Besitzers (§ 999 I) steht das Zurückbehaltungsrecht aber zu, soweit er im Hinblick auf die Umstände der Besitzerlangung seines Vorgängers gutgläubig war. Haben der Eigentümer und der Besitzer bei der Besitzverschaffung **gemeinsam gegen ein gesetzl Verbot verstoßen**, ist das Zurückbehaltungsrecht nicht ausgeschlossen, was sich aus dem Rechtsgedanken des § 817 S 2 ergibt (RGZ 110, 356, 365f; RGRK/*Pikart* Rn 14; aA MüKo/*Raff* Rn 7, der nach dem Schutzzweck der Norm differenziert).

10 Die Entstehung eines Zurückbehaltungsrechts nach § 1000 ist **zudem dann ausgeschlossen, wenn** (1) sich dies aus einer vertragl **Vereinbarung** oder **gesetzl Sonderregelung** ergibt; wendet man entgegen der hier vertretenen Ansicht (Vor § 994 Rn 13ff) die §§ 994ff neben vertragl Abwicklungsregelungen an, so kann sich zB der Mieter ggü dem Eigentumsherausgabeanspruch des Vermieters wegen §§ 570, 578 I nicht auf § 1000 berufen. (2) eine Zurückbehaltung der Sachen gegen **Treu und Glauben** (§ 242) verstoßen würde (BGH NJW 1972, 1752f); so zB, wenn die Verwendungen im Verhältnis zum Sachwert ganz geringfügig sind (RGZ 61, 128, 133); uU auch, soweit unpfändbare Sachen herausverlangt werden (Staudinger/*Thole* Rn 17ff). (3) dem Besitzer für seine Ansprüche **anderweitig Sicherheit geleistet wird**; dies ergibt sich schon aus einer entspr Anwendung des § 273 III (RGZ 137, 324, 354f). Die Sicherheit muss aber tatsächlich geleistet werden und nicht nur angeboten sein

(RGRK/*Pikart* Rn 7). (4) der Entstehung des Zurückbehaltungsrechts **öffentliche Interessen** entgegenstehen; ein solches wurde für den Fall bejaht, dass die ordentliche Bewirtschaftung eines landwirtschaftl Grundstücks nicht gewährleistet ist. Relevant können öffentliche Interessen im Hinblick auf § 1000 aber nur sein, wenn sie durch eine gesetzl Regelung zum Ausdruck gebracht und geschützt werden, wie zB in § 24 I GrdstVG. Die Berufung auf ein nur allg öffentliches Interesse reicht zum Ausschluss des Zurückbehaltungsrechts nicht aus (MüKo/*Raff* Rn 9; Staudinger/*Thole* Rn 20).

§ 1001 Klage auf Verwendungsersatz

Der Besitzer kann den Anspruch auf den Ersatz der Verwendungen nur geltend machen, wenn der Eigentümer die Sache wiedererlangt oder die Verwendungen genehmigt. Bis zur Genehmigung der Verwendungen kann sich der Eigentümer von dem Anspruch dadurch befreien, dass er die wiedererlangte Sache zurückgibt. Die Genehmigung gilt als erteilt, wenn der Eigentümer die ihm von dem Besitzer unter Vorbehalt des Anspruchs angebotene Sache annimmt.

I. Allgemeines; Entstehung des Anspruchs. Der Ersatzanspruch des Besitzers aus §§ 994ff **entsteht** mit der Verwendung. Er kann ab diesem Zeitpunkt Gegenstand von Verfügungen sein, also zB auch abgetreten werden (§§ 398ff). 1

Er ist jedoch zunächst mangels Fälligkeit noch **nicht durchsetzbar** (MüKo/*Raff* Rn 26). Eine Geltendmachung des Anspruchs ist erst möglich, wenn entweder der Eigentümer die **Sache wiedererlangt** oder die **Verwendungen genehmigt** hat (S 1). Vorher ist der Anspruch weder klagbar noch verjährbar, kann keinen Verzug begründen und nicht zur Aufrechnung gestellt werden. Er gibt dem Besitzer nur ein Zurückbehaltungsrecht gem § 1000, das er dem Herausgabeverlangen des Eigentümers gem § 985 entgegensetzen kann. 2

II. Durchsetzbarkeit des Anspruchs. Mit **Wiedererlangung der Sache** durch den Eigentümer wird der Anspruch durchsetzbar. Der Eigentümer kann sich von der Verpflichtung zur Leistung von Verwendungsersatz aber durch **Rückgabe** der Sache wieder befreien (S 2). 3

1. Wiedererlangung der Sache. Wiedererlangung bedeutet **Erlangung des** unmittelbaren **Besitzes** an der Sache **durch den Eigentümer.** Erlangung mittelbaren Besitzes durch den Eigentümer reicht aus, sofern der Ersatzberechtigte selbst nicht Besitzer bleibt. Von wem der Eigentümer den Besitz erlangt, ist nicht relevant (MüKo/*Raff* Rn 3; aA Köln NJW 1957, 224). Wird die Sache an einen Nichtberechtigten herausgegeben, können sich die Verwendungsersatzansprüche gegen diesen richten, sofern die Herausgabe gutgläubig erfolgt ist (§§ 407, 893 analog; aA MüKo/*Raff* Rn 9). 4

Bei einem **Grundstück** steht es der Besitzerlangung gleich, wenn der Eigentümer wieder eingetragen oder das Grundstück zwangsversteigert wird (RGRK/*Pikart* Rn 7; Soergel/*Stadler* Rn 2). 5

Gerät der Eigentümer in **Annahmeverzug** (§§ 293ff), steht dies einer Wiedererlangung nicht gleich. Der Ersatzberechtigte muss nach § 1003 vorgehen. 6

2. Rückgabe der Sache. Der Eigentümer kann sich nach S 2 von der Verpflichtung zur Zahlung von Verwendungsersatz dadurch wieder befreien, dass er die Sache dem Ersatzberechtigten zurückgibt. Ausreichend ist auch, wenn der Eigentümer dem Ersatzberechtigten die Sache anbietet, dieser sie aber nicht annimmt und dadurch gem §§ 293ff in **Annahmeverzug** gerät (RGRK/*Pikart* Rn 13; MüKo/*Raff* Rn 13; aA Staudinger/*Thole* Rn 33 und Soergel/*Stadler* Rn 5, die Hinterlegung der Sache unter Rücknahmeverzicht gem § 378 verlangen). 7

Mit der Rückgabe soll dem Besitzer ein Vorgehen nach § 1003 ermöglicht werden. Rückgabe bedeutet daher nur **Besitz-, nicht Eigentumsverschaffung.** Stellen Ersatzansprüche einem **mittelbaren und einem unmittelbaren Besitzer zu,** so hat die Rückgabe an letzteren zu geschehen (RGRK/*Pikart* Rn 13). 8

Mit der Rückgabe verliert der **Ersatzanspruch** seine Durchsetzbarkeit. Der Besitzer ist wieder auf seine Rechte aus §§ 1000, 1003 angewiesen. 9

Bis zur Rückgabe trägt der Ersatzberechtigte das Risiko einer vom Eigentümer **nicht verschuldeten Verschlechterung oder** eines vom Eigentümer nicht verschuldeten **Untergangs der Sache** (Soergel/*Stadler* Rn 5; MüKo/*Raff* Rn 14). Der Eigentümer kann sich deshalb auch durch Rückgabe einer verschlechterten Sache von seiner Verwendungsersatzpflicht befreien, wenn die Verschlechterung ohne sein Verschulden eingetreten ist. Er muss evtl erlangte Ersatzansprüche aber an den Ersatzberechtigten herausgeben (§ 285). Ist die Sache untergegangen, tritt die Herausgabe des Ersatzanspruchs des Eigentümers an die Stelle der Rückgabe der Sache. Besteht kein Ersatzanspruch, kann der Eigentümer die Zahlung von Verwendungsersatz wegen des zufälligen Untergangs der Sache verweigern. Hat der Eigentümer die **Verschlechterung oder** den **Untergang** der Sache nach Wiedererlangung aber **zu vertreten** (§ 276), so muss er dem Ersatzberechtigten im Falle der Rückgabe nach S 2 den durch die Verschlechterung entstandenen Schaden ersetzen (Staudinger/*Thole* Rn 29; Soergel/*Stadler* Rn 5). Ist die Sache untergegangen, tritt die Leistung von Schadensersatz durch den Eigentümer an die Stelle der Rückgabe der Sache. 10

III. Genehmigung der Verwendungen. Statt aufgrund Wiedererlangung der Sache kann der Verwendungsersatzanspruch des Besitzers auch durch Genehmigung seitens des Eigentümers zu einem durchsetzbaren Anspruch erstarken. 11

12 Die Genehmigung des Eigentümers ist eine **einseitige, empfangsbedürftige Willenserklärung**. Sie muss ggü dem Besitzer erklärt werden. Dies kann ausdrückl oder stillschw, vor oder nach Wiedererlangung der Sache geschehen. Die Genehmigung kann nach Vornahme der Verwendungen als **Zustimmung** (§ 184) oder vor Vornahme der Verwendungen als **Einwilligung** (§ 183) erteilt werden (BGH BGHRp 2002, 868). Mit der Genehmigung **erlischt das Recht** des Eigentümers auf Rückgabe der Sache **nach S 2**.

13 Nimmt der Eigentümer die Sache vom Berechtigten zurück und hat dieser die Sache dem Eigentümer unter Vorbehalt seiner Ansprüche angeboten, **gilt die Rücknahme der Sache nach S 3** zwingend **als Genehmigung**. Eine Erklärung des Eigentümers, die Sache ohne Anerkennung der vom Besitzer geltend gemachten Ansprüche zurückzunehmen, wäre unwirksam (*Brehm/Berger* § 8 Rn 81). Der Vorbehalt muss aber klar und eindeutig erklärt werden. Nicht ausreichend ist, dass der Berechtigte unmittelbar vor oder bei Herausgabe der Sache das Bestehen des Anspruchs behauptet. Der Berechtigte muss den Anspruch mit der Herausgabe verknüpfen. Er muss zum Ausdruck bringen, dass ihm wegen seiner Verwendungen ein Zurückbehaltungsrecht (§ 1000 S 1) zusteht und dass er dies nur unter der Voraussetzung nicht geltend macht, dass der Eigentümer den Verwendungsersatzanspruch anerkennt (Brandenburg NJOZ 2015, 1201, 1202). War der Besitzer zur Zurückbehaltung der Sache nicht berechtigt, tritt die Genehmigungswirkung nach S 3 jedoch nicht ein. S 3 ist zudem abdingbar. Die Wirkung des S 3 tritt daher auch dann nicht ein, wenn die Parteien vereinbaren, dass mit der Wiedererlangung keine Genehmigung verbunden sein soll.

14 Ob mit der **Genehmigung** der Verwendungsersatzanspruch des Besitzers nur **dem Grunde nach oder** auch **der Höhe nach** anerkannt wird, ist Auslegungsfrage (RGRK/*Pikart* Rn 9f; Soergel/*Stadler* Rn 3). Die Durchsetzbarkeit des Verwendungsersatzanspruchs tritt schon mit einer Genehmigung dem Grunde nach ein. Beschränkt sich die Genehmigung darauf, muss der Ersatzberechtigte die Höhe seiner Ansprüche notfalls im Klagewege klären lassen.

§ 1002 Erlöschen des Verwendungsanspruchs

(1) Gibt der Besitzer die Sache dem Eigentümer heraus, so erlischt der Anspruch auf den Ersatz der Verwendungen mit dem Ablauf eines Monats, bei einem Grundstück mit dem Ablauf von sechs Monaten nach der Herausgabe, wenn nicht vorher die gerichtliche Geltendmachung erfolgt oder der Eigentümer die Verwendungen genehmigt.

(2) Auf diese Fristen finden die für die Verjährung geltenden Vorschriften der §§ 206, 210, 211 entsprechende Anwendung.

1 **1. Erlöschen durch Fristablauf (Abs I).** Gibt der Besitzer die Sache freiwillig an den wirklichen Eigentümer oder dessen Besitzmittler heraus, so beginnt die in Abs I genannte besondere **Ausschlussfrist**. Nach Ablauf der Ausschlussfrist **erlischt der Verwendungsersatzanspruch** des Besitzers aus §§ 994ff.

2 Der freiwilligen **Herausgabe** steht es gleich, wenn der Besitzer die Fortnahme **aufgrund eines** vollstreckbaren **Urt** dulden muss, weil er im Prozess die Zurückbehaltungseinrede (§ 1000) nicht erhoben hat (BGH NJW 2016, 495, 496; RGZ 109, 104, 107; MüKo/*Raff* Rn 6). Nach Ansicht des BGH steht der Herausgabe an den Eigentümer die **Herausgabe an einen Besitzmittler** gleich (BGH NJW 1983, 2140, 2141 – Sicherungsgeber im Falle der Sicherungsübereignung; zum Fall des Vorbehaltskaufs vgl auch § 985 Rn 8). Dies kann jedoch nur dann richtig sein, wenn der Besitzmittler vom Eigentümer auch ermächtigt worden ist, nach § 1001 zu entscheiden, ob die Verwendungsersatzansprüche genehmigt werden oder die Sache zurückgegeben wird (*Gursky* JZ 1984, 604, 610).

3 Der **Anspruch erlischt nicht**, wenn der Besitzer ihn vor Ablauf der Ausschlussfrist **gerichtlich geltend macht** oder der Eigentümer den **Anspruch genehmigt**. Die **Genehmigungsfiktion** nach § 1001 S 3 steht auch bei § 1002 einer ausdrückl Genehmigung durch den Eigentümer gleich (RGRK/*Pikart* Rn 1; Soergel/*Stadler* Rn 3). Die Geltendmachung des Zurückbehaltungsrechts aus § 1000 ist aber nicht als gerichtliche Geltendmachung iSd § 1002 anzusehen.

4 Ein **Erlöschen** des Ersatzanspruchs nach Abs I **ist endgültig**. Der erloschene Ersatzanspruch lebt auch dann nicht wieder auf, wenn der ehemals Ersatzberechtigte den Besitz später wiedererlangt. Der Ablauf der Frist ist im Prozess **von Amts wegen zu beachten**.

5 **2. Hemmung des Fristlaufs (Abs II).** Die Ausschlussfrist des Abs I ist **keine Verjährungsfrist**. Sie ist aber in einigen Beziehungen einer Verjährungsfrist gleichgestellt.

6 So ist der **Lauf** der Ausschlussfrist nach Maßgabe der §§ 206, 209 **gehemmt**, wenn der Ersatzberechtigte seinen Anspruch wegen höherer Gewalt nicht geltend machen kann. Für nicht voll geschäftsfähige Ersatzberechtigte und in Nachlassfällen besteht nach Maßgabe der §§ 210, 211 eine **Ablaufhemmung**.

7 Auf die **Fristberechnung** finden die §§ 186ff Anwendung.

§ 1003 Befriedigungsrecht des Besitzers

(1) Der Besitzer kann den Eigentümer unter Angabe des als Ersatz verlangten Betrags auffordern, sich innerhalb einer von ihm bestimmten angemessenen Frist darüber zu erklären, ob er die Verwendungen genehmige. Nach dem Ablauf der Frist ist der Besitzer berechtigt, Befriedigung aus der Sache nach den Vor-

schriften über den Pfandverkauf, bei einem Grundstück nach den Vorschriften über die Zwangsvollstreckung in das unbewegliche Vermögen zu suchen, wenn nicht die Genehmigung rechtzeitig erfolgt.

(2) Bestreitet der Eigentümer den Anspruch vor dem Ablauf der Frist, so kann sich der Besitzer aus der Sache erst dann befriedigen, wenn er nach rechtskräftiger Feststellung des Betrags der Verwendungen den Eigentümer unter Bestimmung einer angemessenen Frist zur Erklärung aufgefordert hat und die Frist verstrichen ist; das Recht auf Befriedigung aus der Sache ist ausgeschlossen, wenn die Genehmigung rechtzeitig erfolgt.

I. Allgemeines. Da der Ersatzberechtigte abgesehen von der Einrede des Zurückbehaltungsrechts (§ 1000) kein Mittel hat, den Eigentümer zur Zahlung von Verwendungsersatz zu zwingen (vgl § 1001), gibt ihm § 1003 ein **selbständiges Befriedigungsrecht** an der Sache. 1

Der Ersatzberechtigte ist aber nur unter **drei Voraussetzungen** zur Verwertung der Sache befugt. Der Ersatzberechtigte muss **Besitzer der Sache** sein, er muss den Eigentümer unter Fristsetzung **zur Genehmigung** dieses Anspruchs **auffordern** und der Eigentümer muss auf die Fristsetzung hin **untätig bleiben**. 2

II. Verwertungsvoraussetzungen. 1. Besitz an der Sache. Der Ersatzberechtigte muss noch im **Besitz der Sache** sein, wenn er nach § 1003 vorgehen will. Mit dem Verlust des Besitzes verliert der Ersatzberechtigte daher die in § 1003 vorgesehenen Verwertungsmöglichkeiten. Das gilt selbst dann, wenn er den Besitz unfreiwillig verloren hat. 3

2. Aufforderung zur Genehmigung. Der Besitzer muss den Eigentümer unter **betragsmäßiger Nennung** seines Anspruchs zur Genehmigung auffordern und ihm hierfür eine **Frist setzen**. Die Angabe eines ungerechtfertigt hohen Betrages ist unschädlich, der Eigentümer muss ggf gem Abs II widersprechen. Nennt der Ersatzberechtigte eine unangemessen kurze Frist für die Genehmigung, so ist auch dies unschädlich. Er setzt damit den Lauf der angemessenen Frist in Gang. Das völlige Fehlen einer Fristsetzung nimmt der Aufforderung dagegen ihre Wirkung. 4

Die Aufforderung zur Genehmigung ist eine **empfangsbedürftige Willenserklärung**, die an den Eigentümer zu richten ist. Sie ist **entbehrlich**, wenn der Eigentümer die Genehmigung bereits vorher ausdrückl und endgültig abgelehnt hat. Der Besitzer kann in diesem Fall sofort nach Abs II vorgehen (RGZ 137, 98, 100; BGH NJW 1961, 499, 502; MüKo/*Raff* Rn 2). 5

3. Verhaltensalternativen des Eigentümers. Der zur Genehmigung aufgeforderte Eigentümer hat **drei Handlungsalternativen**. Er kann untätig bleiben, den geltend gemachten Verwendungsersatzanspruch bestreiten oder diesen genehmigen. 6

a) Untätigbleiben. Erklärt sich der Eigentümer innerhalb der gesetzten Frist nicht, so gelten die Verwendungsersatzansprüche in der beanspruchten Höhe als festgestellt und der Besitzer kann die Befriedigung aus der Sache suchen (RGRK/*Pikart* Rn 6; Soergel/*Stadler* Rn 2). 7

b) Bestreiten. Bestreitet der Eigentümer innerhalb der Frist den Anspruch dem Grunde oder der Höhe nach, muss der Besitzer gem Abs II **Klage auf Feststellung** seines Anspruchs erheben. Eine Leistungsklage ist nicht möglich, da § 1001 einen direkten Leistungsanspruch ausschließt. 8

Nach Erlangung des beantragten **Feststellungsurteils** muss der Ersatzberechtigte erneut eine Erklärungsfrist setzen, und erst nach fruchtlosem Ablauf auch dieser Frist kann er die Sache verwerten. Soll ein Grundstück verwertet werden, muss der Ersatzberechtigte den Eigentümer zusätzl noch auf Duldung der Zwangsvollstreckung verklagen, da er für die Zwangsvollstreckung in das Grundstück einen Vollstreckungstitel benötigt. Er kann aber alle erforderlichen Anträge zu einer Klage verbinden (RGZ 137, 98, 101f; RGRK/*Pikart* Rn 13). 9

c) Genehmigung. Genehmigt der Eigentümer den geltend gemachten Anspruch fristgemäß, so kann der Besitzer seinen Ersatzanspruch nach § 1001 S 1 durchsetzen. Das Befriedigungsrecht aus § 1003 besteht nach Genehmigung nicht mehr. 10

III. Rang ggü dinglichen Rechten. Bei der **Verwertung der Sache** ist zu beachten, dass das Befriedigungsrecht des Besitzers **kein dingliches Recht** ist, sondern ein bloßes Verwertungsrecht eigener Art (RGZ 71, 424, 426; RGRK/*Pikart* Rn 4). Es **geht** daher auch **später entstandenen dinglichen Rechten nach.** 11

1. Art der Verwertung. Die Verwertung geschieht bei **beweglichen Sachen** nach den Vorschriften über den Pfandverkauf (Abs I S 2), also nach § 1228 I, §§ 1233ff. Eigentum an der Sache kann der Besitzer nur erwerben, indem er mitbietet und den Zuschlag erhält (§ 1239). 12

Bei **Grundstücken** erfolgt die Verwertung im Wege der Zwangsverwaltung oder der Zwangsversteigerung (§ 866 I ZPO). Anders als bei der Verwertung beweglicher Sachen ist hierfür ein vollstreckbarer Titel gerichtet auf Duldung der Zwangsvollstreckung erforderlich. Die Eintragung einer Sicherungshypothek, die von § 866 I ZPO ebenfalls als eine Möglichkeit der Vollstreckung in Grundstücke genannt wird, kommt nicht in Betracht, da diese Maßnahme nicht zu der von § 1003 beabsichtigten Befriedigung des Ersatzberechtigten führt (Staudinger/*Thole* Rn 17; RGRK/*Pikart* Rn 10). 13

2. Verwendung des Erlöses. Aus dem **Erlös** kann sich der Besitzer befriedigen. **Übersteigt der Erlös** den Verwendungsersatzanspruch, so steht er insoweit kraft dinglicher Ersetzung dem Eigentümer zu (§ 1247 S 2 bzw § 92 I ZVG analog). **Reicht er nicht aus,** so behält der Besitzer insoweit seinen Verwendungsersatzanspruch, kann ihn aber wegen § 1001 S 1 nicht durchsetzen. Dies gilt auch, wenn der Eigentümer die Sache selbst erstei- 14 gert hat, denn er hat sie dadurch nicht iSd Abs I aufgrund seines Eigentums wiedererlangt (Staudinger/*Thole* Rn 20; MüKo/*Raff* Rn 17; RGRK/*Pikart* Rn 4).

§ 1004 Beseitigungs- und Unterlassungsanspruch

(1) Wird das Eigentum in anderer Weise als durch Entziehung oder Vorenthaltung des Besitzes beeinträchtigt, so kann der Eigentümer von dem Störer die Beseitigung der Beeinträchtigung verlangen. Sind weitere Beeinträchtigungen zu besorgen, so kann der Eigentümer auf Unterlassung klagen.
(2) Der Anspruch ist ausgeschlossen, wenn der Eigentümer zur Duldung verpflichtet ist.

Schrifttum: *Armbrüster*, Eigentumsschutz durch den Beseitigungsanspruch nach § 1004 I 1 BGB und durch Deliktsrecht, NJW 2003, 3087; *Bacher*, Die Beeinträchtigungsgefahr als Voraussetzung für Unterlassungsklagen im Wettbewerbsrecht und in anderen Gebieten des Zivilrechts, 1996; *Baetge*, Unverlangte E-Mail-Werbung zwischen Lauterkeits- und Deliktsrecht, NJW 2006, 1037; *Baur*, Der Beseitigungsanspruch nach § 1004 BGB, AcP 160 (1961), 465; *Bezzenberger*, Der negatorische Beseitigungsanspruch und die Kosten der Ersatzvornahme, JZ 2005, 373; *Brost*, Das Internet muss vergessen – Veränderte Kriterien zu sog Online-Archiven in Zeiten von Google & Co., AfP 2015, 407; *Brost/Hassel*, Der Anspruch auf Geldentschädigung bei Persönlichkeitsrechtsverletzungen, NJW 2020, 2214; *Bruns*, Der nachbarrechtliche Ausgleichsanspruch im Spiegel der BGH-Rechtsprechung, NJW 2020, 3493; *Czernik*, Die Gebäudefotografie – ungeahnte rechtliche Herausforderungen, ZfIR 2015, 242; *Deutsch*, Die neuere Entwicklung der Rechtsprechung zum Haftungsrecht, JZ 2005, 987; *Eckhard*, Unzulässige E-Mail-Werbung – Reichweite des Unterlassungsanspruchs aus §§ 823, 1004 BGB analog, MMR 2014, 213; *Elsaß*, Haftung der Verbreiter von Distributed Content für Persönlichkeitsrechtsverletzungen, K&R 2016, 652; *Elshorst*, Ersatzansprüche benachbarter Grundstücksbesitzer gegen Bauherren bei Beeinträchtigungen durch Baumaßnahmen, NJW 2001, 3222; *Fritzsche*, Unterlassungsanspruch und Unterlassungsklage, 2000; *Golla/Herbort*, Zivilrechtlicher Bildnisschutz im Vorfeld von Weitergabe und Veröffentlichung, GRUR 2015, 648; *Gounalakis*, Geldentschädigung bei zu eigen gemachten ehrverletzenden Äußerungen Dritter im Internet, NJW 2014, 2000; *Herrmann*, Der Störer nach § 1004 BGB, 1987; *Kähler*, Unterlassungsansprüche gegen algorithmische Fehlentscheidungen, NJW 2020, 113; *Klöhn*, Zeitliche Priorität im Nachbarrecht, AcP 208 (2008), 777; *Köhler*, Zur Geltendmachung und Verjährung von Unterlassungsansprüchen, JZ 2005, 489; *Künzl*, Zur Abwehr ideeller Immissionen, NJW 1984, 774; *Lauber-Rönsberg*, Das Recht am eigenen Bild in sozialen Netzwerken, NJW 2016, 744; *Leipold/Laoutoumai*, Unterlassungsanspruch unter der DS-GVO?, ZD-Aktuell 2021, 05583; *Nieland*, Störerhaftung bei Meinungsforen im Internet – Nachträgliche Löschungspflicht oder Pflicht zur Eingangskontrolle?, NJW 2010, 1494; *Nolte*, Das Recht auf Vergessenwerden – mehr als nur ein Hype?, NJW 2014, 2238; *Peifer*, Beseitigungsansprüche im digitalen Äußerungsrecht – Ausweitung der Pflichten des Erstverbreiters, NJW 2016, 23; *Picker*, Negatorische Haftung und Geldabfindung, FS H. Lange, 1992, 625; *Picker*, Zur Beseitigungshaftung nach § 1004 BGB – eine Apologie, FS Gernhuber, 1993, 315; *Prasse*, Spam-E-Mails in der neueren Rechtsprechung, MDR 2006, 361; *Scheidler*, Zivilrechtliche Unterlassungs- und Abwehransprüche gegen Immissionen durch Tiere, MDR 2009, 242; *Schilling*, Geschäftsschädigende Äußerungen auf Bewertungsportalen im Internet: Wer haftet noch?; GRURPrax 2015, 313; *Schmieder*, Kunst als Störung privater Rechte, NJW 1982, 628; *Schönewald*, Die rechtlichen Voraussetzungen für Foto- und Filmaufnahmen von Bauwerken und Gebäuden, WRP 2014, 142; *Schumacher*, Verdachtsberichterstattung und Online-Archive, K&R 2014, 381; *Schwabe*, Der Anspruch des Einzelrechtsnachfolgers im Grundstückseigentum aus § 1004 BGB bei schuldrechtlicher Duldungsverpflichtung seines Rechtsvorgängers, 1986; *Stärk*, Die Abwehr der unästhetischen Immission, 1974; *Steinbach*, Der Eigentumsfreiheitsanspruch nach § 1004 BGB im System der Ansprüche zum Schutz des Eigentums, 1992; *Stickelbrock*, Angleichung zivilrechtlicher und öffentlich-rechtlicher Haftungsmaßstäbe beim Störerbegriff des § 1004 BGB, AcP 197 (1997), 456; *Stollenwerk*, „Katzenjammer“ zwischen Nachbarn, DWW 2002, 22; *Vollkommer*, Analoge Anwendung des § 867 S 2 BGB auf die Beseitigungspflicht des Störers nach § 1004 I BGB?, NJW 1999, 3539; *Wenzel*, Der Störer und seine verschuldensunabhängige Haftung im Nachbarrecht, NJW 2005, 241; *Werner/Hildebrandt*, Unterlassungs- und Schadensersatzansprüche des durch nachbarliche Baumaßnahmen beeinträchtigten Gewerbebetriebes, NJW 1982, 2219; *Wetzel*, Die Zurechnung des Verhaltens Dritter bei Eigentumsstörungstatbeständen unter besonderer Berücksichtigung der Wissenszurechnung, 1971; *Wilkat*, Personenbewertungsportale – Zum Umgang mit jameda, spickmich und Co, IPRB 2014, 156.

1 **I. Allgemeines.** § 1004 dient, ebenso wie § 985, dem Schutz des Eigentümers. Die Vorschriften ergänzen sich gegenseitig. **§ 985** gewährt dem Eigentümer einen **Anspruch auf Herausgabe** der Sache, wenn sie ihm unrechtmäßig **vorenthalten** wird. Und **§ 1004** gibt dem Eigentümer einen **Abwehranspruch**, wenn er in seinen Eigen-

tumsrechten (§ 903) in anderer Weise als durch Entziehung unrechtmäßig **beeinträchtigt** wird. Gemeinsam gewährleisten §§ 985, 1004 einen umfassenden Eigentumsschutz.

Der Gesetzgeber hat den Eigentumsherausgabeanspruch in den §§ 985ff sehr ausf geregelt. Den nicht minder 2
bedeutenden Anspruch auf Abwehr anderer Eigentumsbeeinträchtigungen hat er dagegen nur in § 1004 und dort auch nur sehr allg geregelt. Inhalt und Ausgestaltung des Abwehranspruchs aus § 1004 sind daher im Einz umstr.

Nach § 1004 I kann der Eigentümer die Beseitigung einer gegenwärtigen und die Unterlassung einer drohenden 3
künftigen Beeinträchtigung verlangen. Abhängig von der konkreten Form der Beeinträchtigung handelt es sich bei dem **Abwehranspruch** aus § 1004 also entweder um einen **Beseitigungsanspruch** (Abs I S 1; Rn 64ff) oder um einen **Unterlassungsanspruch** (Abs I S 2; Rn 76ff).

II. Anwendungsbereich. Dem Wortlaut nach regelt § 1004 nur den Fall der Beeinträchtigung des **Eigentums-** 4
rechts an Sachen. Die Rspr hat den Anwendungsbereich des § 1004 aber weit darüber hinaus ausgedehnt und der Vorschrift einen **allg Abwehranspruch** gegen die Beeinträchtigung einer **Vielzahl von Rechten** entnommen.

1. Eigentum. Seinem Wortlaut nach findet § 1004 I zunächst Anwendung im Falle einer Beeinträchtigung des 5
Eigentums an Sachen. Ob das beeinträchtigte Eigentumsrecht Privatpersonen oder juristischen Person des öffentlichen Rechts zusteht, ist ohne Belang (BGHZ 14, 294, 296 – Friedhof; 49, 68; 60, 365, 366; BGH NJW 1961, 308 – Rathaus).

Erfasst werden auch das **Anwartschaftsrecht** (vgl auch § 985 Rn 8) und das **Sicherungseigentum.** Bei herren- 6
losen Sachen soll das **Aneignungsrecht** des Staates dem Eigentum gleichstehen (RGZ 137, 266; Soergel/*Münch* Rn 113).

2. Sonstige dingliche Rechte. Über seinen Wortlaut hinaus findet § 1004 auch auf die Beeinträchtigung sons- 7
tiger dinglicher Rechte an Sachen Anwendung. Dies folgt aus einer Vielzahl gesetzl Verweisungen, so für die Grunddienstbarkeit (§ 1027), den Nießbrauch (§ 1065), die beschränkte persönliche Dienstbarkeit (§ 1090 II, § 1027), das Pfandrecht (§ 1227), das Erbbaurecht (§ 11 I ErbbauRG) und das Dauerwohnrecht (§ 34 WEG; Stuttgart NJW 1970, 102f; München NJW 1968, 994, 995).

3. Sonstige absolute Rechte. Darüber hinaus sehen andere Vorschriften ohne Verweis einen dem des § 1004 8
entspr Schutz vor (zB §§ 12, 862, 1053, 1134; § 37 II HGB; § 14 V, § 15 IV MarkenG; § 8 I UWG).

In Fortbildung dieser gesetzl Regelungen ist heute anerkannt, dass § 1004 einen allg negatorischen Abwehr- 9
anspruch zum Schutz aller absoluten Rechte gewährt (*Brehm/Berger* § 7 Rn 10). So werden analog § 1004 zB auch gewerbliche Schutzrechte (RGZ 125, 391, 395), Urheberrechte (RGZ 153, 1, 27), das Recht am eingerichteten und ausgeübten Gewerbebetrieb (BGH NJW 1998, 2059f; München NJW 2013, 398), das Allgemeine Persönlichkeitsrecht (Rn 171ff), das Jagd- und Fischereirecht (RGZ 144, 268), ein Wasserbenutzungsrecht (RGZ 90, 52, 60) und ein durch Verleihung einer Badekonzession erworbenes Nutzungsrecht am Meeresstrand (BGHZ 44, 27, 30f) geschützt.

4. Sonstige Rechte. Die Rspr ist bei der analogen Anwendung des § 1004 auf alle absoluten Rechte (Rn 9) 10
nicht stehen geblieben, sondern hat darüber hinausgehend analog § 1004 einen **allg quasinegatorischen Abwehranspruch** zum Schutz bloßer **Rechtsgüter** und **rechtl geschützter Interessen**, insb deliktisch geschützter Güter (§§ 823, 824, 826), entwickelt. Wer unter Verstoß gegen ein Schutzgesetz ein fremdes Rechtsgut beeinträchtigt, ist analog § 1004 verpflichtet, die fortwirkende Beeinträchtigung zu beseitigen. Das ist seit RGZ 60, 6, 7 st Rspr und heute Gewohnheitsrecht (BGHZ 30, 7, 14; BGH NJW 1995, 132, 134; 1997, 55). So ist die mit Hilfe einer Magensonde gegen den erklärten Willen durchgeführte künstliche Ernährung eine rechtswidrige Beeinträchtigung der **körperlichen Unversehrtheit**, deren Unterlassung der Patient verlangen kann, daran ändert sich nichts, wenn die begehrte Unterlassung zum Tode des Patienten führt (BGHZ 163, 195ff).

Zu den durch § 1004 geschützten Rechtsgütern zählen neben den in § 823 genannten zB der **Kredit** (§ 824; RGZ 11
140, 392, 402), das **Fortkommen** und die **Freiheit der Willensbestimmung** (BGH LM Nr 6 zu § 812). Ebenso die **Ehre** (Rn 35, 51, 152ff) und die **eheliche Lebensgemeinschaft**, die nicht nur Rechtsgüter, sondern auch Persönlichkeitsrechte sind und als solche geschützt werden (Rn 171ff; Art 5 II, 6 GG; *Medicus/Petersen* BürgR Rn 616ff, § 24 II 2 e).

III. Rechtswidrige Beeinträchtigung. Der Abwehranspruch aus § 1004 setzt in seinen beiden Erscheinungs- 12
formen (Beseitigungs- und Unterlassungsanspruch) eine **Beeinträchtigung** des Eigentums an einer Sache bzw die Beeinträchtigung eines anderen von § 1004 geschützten Rechts oder Rechtsguts (Rn 7ff) voraus (Abs I). Die Beeinträchtigung muss **rechtswidrig** sein (Abs II). Sie muss aber **nicht schuldhaft** sein, der Abwehranspruch aus § 1004 besteht auch gegen nicht schuldhaft verursachte Beeinträchtigungen.

1. Beeinträchtigung (Abs I). a) Begriffsbestimmung. Eine **Beeinträchtigung** iSd § 1004 liegt vor, wenn der 13
Eigentümer (besser: der Berechtigte, vgl Rn 103ff) in seiner Rechtsausübungsfreiheit behindert wird. Die Beeinträchtigung kann aus dem Tun eines anderen (**Tätigkeitsstörer**, Rn 111ff) oder aus der Aufrechterhaltung eines Zustands durch einen anderen (**Untätigkeitsstörer**, Rn 119ff) resultieren.

Dass das Verhalten des Störers einen **Vermögensschaden** herbeiführt, ist nicht erforderlich. Eine Beeinträchti- 14
gung iSd § 1004 kann sogar dann gegeben sein, wenn das Verhalten des Störers zu einer Bereicherung des Berechtigten führt, da § 1004 nicht das Vermögen, sondern die Ausübungsfreiheit des Berechtigten schützt. In sol-

chen Fällen wird indes besonders sorgfältig zu prüfen sein, ob den Berechtigten nicht eine Duldungspflicht trifft (Rn 38ff) oder ob der Geltendmachung eines Abwehranspruchs vielleicht das Schikaneverbot (§ 226) entgegensteht (RGZ 54, 433, 434; RG JW 1936, 673f).

15 Keine Beeinträchtigung iSd § 1004 ist die **Entziehung oder Vorenthaltung des Besitzes an einer Sache**. In diesen Fällen steht dem Eigentümer gegen den unrechtmäßigen Besitzer der Herausgabeanspruch aus § 985 zu. Der Abwehranspruch nach § 1004 ist nur gegen eine Beeinträchtigung des Eigentums in anderer Weise als durch Entziehung oder Vorenthaltung des Besitzes gegeben. Allerdings können beide Ansprüche gleichzeitig gegeben sein (RGZ 160, 166, 172f; BGH LM Nr 14 zu § 1004; MüKo/*Raff* Rn 295; zur Abgrenzung *Baur* AcP 160, 490ff).

16 **b) Beispiele und Fallgruppen. aa) Immissionen etc.** Wichtigster Anwendungsfall des § 1004 ist die Beeinträchtigung des Eigentumsrechts an **Grundstücken**. Das Recht eines Grundstückseigentümers wird zB beeinträchtigt, wenn jemand über das Grundstück geht, Schutt darauf wirft oder wenn der Nachbar Gefahr drohende Anlagen auf seinem Grundstück unterhält (§ 907), durch Vertiefung seines Grundstücks dem anderen Grundstück die erforderliche Stütze entzieht oder umgekehrt durch Erhöhung den Geländedruck auf das tieferliegende Grundstück erhöht (§ 909) (Karlsruhe MDR 2022, 1344) oder über die Grenze baut (§ 912). Ganz allg ist die Zuführung unwägbarer Stoffe (Imponderabilien), wie Staub, Asche, Gase, elektrische Ströme oder auch Gerüche (Bamberg BeckRS 2021, 44008 [Rn 14ff] – Ziegenhaltung) als Beeinträchtigung anzusehen (§ 906). Gleiches gilt für die Störung des Rundfunk- oder Fernsehempfangs durch den Betrieb nichtentstörter Geräte oder durch Reflektoren (*Hulvershorn* NJW 1961, 1448f) und für die Bescheinung eines Nachbargrundstücks mit künstlichem Licht (LG Wiesbaden NJW 2002, 104; vgl auch Zweibrücken MDR 2001, 984).

17 **Naturereignisse** führen nicht selten zu einer Beeinträchtigung des Eigentums an Grundstücken, etwa wenn entwurzelte Bäume auf ein Nachbargrundstück fallen oder Regenfälle Erdreich auf ein Nachbargrundstück schwemmen. Wird eine Beeinträchtigung durch ein Naturereignis verursacht, kann hierfür aber regelmäßig niemand als Störer verantwortlich gemacht werden (Rn 122ff).

18 **bb) Einfache negative Einwirkungen.** Von den Beeinträchtigungen iSd § 1004 sind **einfache negative Einwirkungen** abzugrenzen, die keinen Abwehranspruch nach § 1004 begründen (MüKo/*Raff* Rn 135). Um solche handelt es sich, wenn ein Eigentümer sein Grundstück innerhalb der Grenzen seiner Eigentumsbefugnisse (§ 903) nutzt und dadurch mittelbar Nachteile für das Nachbargrundstück entstehen. Einfache negative Einwirkungen sind zB der **Verlust von Luft, Licht und Aussicht** durch Neubauten oder Pflanzen etc (BGH NJW-RR 2015, 1425; 2003, 1313, 1314; NJW 1991, 1671; 1984, 729; Hamm MDR 1999, 930; LG Frankfurt/M NJW-RR 1986, 503); ganz allg **Schattenwurf**; anders bei gezieltem Schattenwurf oder Schattenwurf durch Windkraftanlagen; die Abschattung von Fernsehwellen durch ein Hochhaus und die Reflexion von **Funk- oder Fernsehwellen** durch ein Hochhaus, da die Wellen nicht von dem Hochhaus ausgehen (BGHZ 88, 344, 348).

19 **In besonderen Fällen** können einfache negative Einwirkungen aufgrund der aus dem nachbarlichen Gemeinschaftsverhältnis entspringenden Pflicht zur gegenseitigen Rücksichtnahme (§ 242; Art 14 II 1 GG; BayObLG WuM 2002, 328) **unzulässig** sein oder einen **Ausgleichsanspruch** des betroffenen Nachbarn begründen (Rn 94ff; BGHZ 28, 110, 114; 58, 149, 158f; 68, 350, 353ff; LM Nr 1 zu § 903; Nr 1 zu § 906).

20 **cc) Ideelle und immaterielle Einwirkungen. Ideelle und immaterielle Einwirkungen** sind **nach hM** nicht als Beeinträchtigungen iSd § 1004 anzusehen (BGHZ 51, 396, 398; 54, 56, 59f; BGH WM 1974, 1226f; 95, 307, 309; aA AG Münster NJW 1983, 2887 – abl dazu *Künzl* NJW 1984, 774f). Bei solchen nur die Empfindungen des Eigentümers verletzenden Immissionen soll es sich nicht um „ähnl Einwirkungen" iSd § 906 handeln, weil sie weder auf das Grundstück und die dort befindlichen Sachen einwirken noch typischerweise geeignet sind, das gesundheitliche Wohlbefinden der sich auf dem Grundstück aufhaltenden Personen zu beeinträchtigen. Auch wird befürchtet, dass eine Anwendung des § 1004 auf ideelle Einwirkungen zu einer uferlosen und damit unvertretbaren Ausweitung führt (BGHZ 51, 396, 398).

21 Ein **Bordell** (BGH NJW 1985, 1458), eine **Leichenhalle**, ein **Schrottplatz** (BGH NJW 1970, 1541) oder ein **Lagerplatz für Baumaterialien** (BGH NJW 1969, 1208) in einer Wohngegend stellen danach keine Beeinträchtigung dar, gegen die sich der Eigentümer nach § 1004 I wehren könnte (BGHZ 95, 307, 308ff; Staudinger/*Thole* Rn 211ff). Auch im Aufstellen hässlicher **Reklametafeln** oder **anstoßerregenden Benehmen** im Freibad ist danach keine Beeinträchtigung zu sehen (RGZ 76, 130, 131f).

22 **Entgegen der hM** besteht aber kein zwingender Grund, den Begriff der Beeinträchtigung so eng zu fassen und ihn auf körperliche Einwirkungen zu beschränken. Andere Einwirkungen, wie die Darbietung eines hässlichen oder abstoßenden Anblicks, können für den Betroffenen in ähnl Weise belastend sein. Dann aber ist es nicht gerechtfertigt, den das Eigentum beeinträchtigenden Charakter ideeller oder immaterieller Einwirkungen schlechthin zu verneinen (*Baur* JZ 1969, 431, 432f; *Grunsky* JZ 1970, 785ff; *Künzl* NJW 1984, 774, 775f; Hamburg NJW 1988, 2052 – Gartenzwerge). Auch der BGH, der eine Anwendung des § 1004 auf ideelle oder immaterielle Einwirkungen grds verneint, lässt letztlich offen, ob nicht in besonders krassen Fällen dem beeinträchtigten Nachbarn ein Abwehranspruch zuzubilligen ist (BGH WM 1974, 1227). Jedenfalls im Falle der Verletzung des Allgemeinen Persönlichkeitsrechts wird eine Beeinträchtigung ganz allg bejaht und dem Betroffenen der Abwehranspruch aus § 1004 zugebilligt (Rn 171ff; MüKo/*Raff* Rn 37).

23 Bejaht man auch bei ideellen oder immateriellen Einwirkungen eine Beeinträchtigung des Eigentums iSd § 1004 I, so folgt daraus noch nicht, dass dem betroffenen Eigentümer stets ein Abwehranspruch zusteht. Diese Frage bestimmt sich, ebenso wie bei körperlichen Einwirkungen, nach § 906 (Köln NJW 1998, 764ff). Unter dem Aspekt

der Ortsüblichkeit wird es vor allem auf die Lage der Grundstücke ankommen (Wohn- oder Industriegebiet). Einwirkungen, die nur das ästhetische Empfinden des Nachbarn verletzen, wird dieser meist hinzunehmen haben (BGHZ 51, 399; 54, 56, 59f; Staudinger/*Thole* Rn 219ff). – So hat Frankfurt den Mitgliedern einer WEG zB einen Anspruch auf Unterlassung der Nutzung einer Wohnung zum Zwecke der **Prostitution** durch eine Miteigentümerin zugestanden (Frankfurt ZMR 2002, 616). Das LG Düsseldorf hat einen Anspruch auf Beseitigung eines **Kakteengewächshauses** auf einem Balkon mit der Begründung bejaht, dies verändere den optischen Gesamteindruck des Gebäudes, wodurch das Eigentumsrecht der Miteigentümer verletzt werde (Düsseldorf NZM 2002, 131).

Zu beachten ist, dass von der Quelle ideeller oder immaterieller Einwirkungen gleichzeitig auch Beeinträchtigungen ieS ausgehen können. So zB ggf der von einer Leichenhalle ausgehende Geruch oder der von einem Schrottplatz ausgehende Lärm. 24

Problematisch ist, ob das **Fotografieren einer Sache** (zu Personenaufnahmen vgl Rn 173), und die Verwertung der Aufnahmen eine zur Abwehr berechtigende Beeinträchtigung des Eigentums darstellt. Nach der Rspr des BGH (BGH NJW 1989, 2251ff) stellt das **nicht genehmigte Fotografieren** eines fremden Gebäudes oder Gartens und die **Verwertung** der Fotografien keine Beeinträchtigung fremden Eigentums dar, wenn die Fotografien ohne Betreten des Grundstücks von einer allg zugänglichen Stelle, zB von einer öffentlichen Straße aus, angefertigt worden sind (BGH NJW 2015, 2037; 2013, 1809; 2011, 753; 2011, 749; 1989, 2251; zu den Rechtsproblemen der Gebäudefotografie ausf *Czernik* ZfIR 2015, 242 und *Schönewald* WRP 2014, 142). Betritt der Fotograf zum Zwecke der Aufnahmen aber ungenehmigt das Grundstück, soll eine Eigentumsverletzung vorliegen. Da der Grundstückseigentümer darüber entscheidet, wer sein Grundstück betreten darf und zu welchen Bedingungen dies ermöglicht werden soll, gehört zum Zuweisungsgehalt des Eigentums auch das Recht, darüber zu entscheiden, wer die wirtschaftl Vorteile ziehen darf, die das Betreten des Grundstücks eröffnet (BGH NJW 2015, 2037; 2013, 1809; 1975, 778). Auch in dem Fall, dass der Gebäudeeigentümer das Betreten seines Grundstücks und die Anfertigung von Gebäudeaufnahmen gestattet hat, ist eine gewerbliche Verbreitung der Aufnahmen nur mit ausdrückl Erlaubnis des Gebäudeeigentümers zulässig, weil die gewerbliche Nutzung des Eigentums vorbehaltlich seiner Sozialbindung dem Eigentümer zusteht (BGH NJW 2013, 1809; 2011, 749; 1975, 778; *Schmieder* NJW 1975, 1164; *Gerauer* GRUR 1988, 672ff). Zur Haftung des Betreibers einer Internetplattform, auf der rechtswidrig erlangte Fotos angeboten werden, BGH NJW 2011, 753. Untersagt der Eigentümer eines Gebäudes (**Museums**) das Fotografieren von in dem Gebäude ausgestellten Bildern, so stellt die Veröffentlichung von unter Verstoß gegen das **Fotografierverbot** angefertigten Fotografien eine Eigentumsbeeinträchtigung dar, die einen Unterlassungsanspruch begründet (BGH NJW 2019, 757). 25

dd) Behinderung des Zugangs und der Nutzung. Eine Beeinträchtigung iSd § 1004 liegt auch dann vor, wenn der Eigentümer gehindert wird, seine Sache zu nutzen (BGHZ 55, 153, 159; 63, 203, 206; BGH NJW 1977, 2264, 2265; Karlsruhe NJW 1978, 274 – Behinderung der Ausfahrt; BGH NJW 1998, 2058, 2059 – Behinderung des Zugangs). Problematisch ist hier aber die Abgrenzung zu den Fällen der Entziehung oder Vorenthaltung des Besitzes, die nicht von § 1004, sondern von § 985 erfasst werden (Rn 15). Nach BGH NJW 2003, 3702 liegt eine Eigentumsbeeinträchtigung auch in der Fremdbefüllung eines vermieteten Behältnisses (Gastank), für dessen Befüllung eine Bezugsverpflichtung des Mieters ggü dem Vermieter besteht (krit *König* NJW 2005, 191). 26

ee) Beschädigung oder Zerstörung einer Sache. Der Begriff „Beeinträchtigung" umfasst auch die Beschädigung (oder gar Zerstörung) einer Sache. Dem Eigentümer einer Sache steht zur **Vermeidung einer** drohenden **Beschädigung** seiner Sache daher der Abwehranspruch nach § 1004 in Gestalt des **Unterlassungsanspruchs** zur Verfügung. 27

Nach erfolgter Beschädigung der Sache ist eine Abwehrsituation aber nicht mehr gegeben und § 1004 deshalb nicht mehr anwendbar. Der Eigentümer kann daher nicht den Abwehranspruch in Gestalt des **Beseitigungsanspruchs** geltend machen, um eine Ausbesserung oder Wiederherstellung der Sache zu verlangen. Der Anspruch auf Beseitigung nachteiliger Einwirkungsfolgen ist ein Schadensersatzanspruch. Dieser setzt typischerweise (vgl §§ 823ff) Verschulden voraus. Das Verschuldenserfordernis des Schadensersatzrechts darf nicht dadurch umgangen werden, dass der verschuldensunabhängige negatorische Abwehranspruch aus § 1004 zu einem Folgenbeseitigungsanspruch erweitert wird (*Stoll* AcP 162, 203, 220ff). Zur Abgrenzung des Abwehranspruchs aus § 1004 zum Schadensersatzanspruch im Einz Rn 82ff. 28

ff) Vorbereitungshandlungen. Bloße Vorbereitungshandlungen können Beeinträchtigungen sein, wenn sie in eine Rechtsverletzung münden und dem Berechtigten ein Zuwarten nicht zuzumuten ist. 29

So kann der Eigentümer einer Sache gegen eine **drohende rechtsgeschäftliche Verfügung** durch den Besitzer nach § 1004 I 2 vorgehen. Die Beeinträchtigung liegt hier in der drohenden Gefahr des Eigentumsverlustes. Ist die Verfügung erfolgt, so scheidet § 1004 dagegen aus. Der Eigentümer ist auf Ersatzansprüche nach §§ 987ff und §§ 823ff bzw auf den Surrogationsanspruch aus § 816 oder § 687 II iVm § 681 S 2, § 667 verwiesen. 30

Errichtet ein Nachbar eine **Anlage**, deren bestimmungsgemäßer Gebrauch zu einer rechtswidrigen Beeinträchtigung führen muss, ist der Abwehranspruch schon vor ihrer Fertigstellung und Ingebrauchnahme gegeben (RGRK/*Pikart* Rn 31, 89). 31

2. Rechtswidrigkeit/Duldungspflicht (Abs II). Nicht jede Beeinträchtigung (Rn 13ff) begründet einen Abwehranspruch des Berechtigten. Der Abwehranspruch nach § 1004 I ist vielmehr nur dann gegeben, wenn die Beeinträchtigung **rechtswidrig** ist. **Rechtmäßige** Beeinträchtigungen muss der Berechtigte hinnehmen. Abs II 32 bringt dies zum Ausdruck indem er formuliert, dass der Abwehranspruch ausgeschlossen ist, wenn der Eigentümer (besser: „der Berechtigte", vgl Rn 103ff) **zur Duldung verpflichtet** ist (*Baur/Stürner* § 12 Rn 8).

33 Es sind also **drei Eskalationsstufen** zu unterscheiden. Handlungen eines Dritten können von so geringer Bedeutung sein, dass der Berechtigte durch sie in seiner Rechtsausübungsfreiheit nicht betroffen ist (1. Stufe). Solche Handlungen sind keine Beeinträchtigungen und werden von § 1004 deshalb nicht erfasst. Bsp sind die vorgenannten einfachen negativen Einwirkungen (Rn 18) und nach hM auch die ideellen und immateriellen Einwirkungen (Rn 20ff). Handlungen eines Dritten, die darüber hinausgehen, von dem Berechtigten aber geduldet werden müssen (2. Stufe) werden von § 1004 zwar erfasst, begründen aber nach Abs II keinen Abwehranspruch. Und gegen Handlungen eines Dritten, die den Berechtigten in seiner Rechtsausübungsfreiheit einschränken und von diesem nicht geduldet werden müssen (3. Stufe), gewährt § 1004 einen Abwehranspruch.

34 Zu beachten ist, dass es nicht auf die **Rechtswidrigkeit des Verhaltens**, sondern auf die **Rechtswidrigkeit der Beeinträchtigung** ankommt. Eine ursprüngl rechtmäßige Handlung kann daher auch später noch zu einer rechtswidrigen Beeinträchtigung führen, die einen Abwehranspruch nach § 1004 zu begründen in der Lage ist.

35 So kann ggü **ehrkränkenden Kundgebungen** ein Widerrufsanspruch (Rn 10, 51, 152ff) auch bestehen, wenn die ehrverletzende Tatsachenbehauptung in Wahrnehmung berechtigter Interessen aufgestellt wurde und daher zunächst eine Duldungspflicht begründete, sich später jedoch ihre Unrichtigkeit herausstellt.

36 Abs II fasst das Erfordernis der Rechtswidrigkeit negativ. Daraus folgt, dass die **Rechtswidrigkeit** einer Beeinträchtigung **indiziert** wird. Jede Beeinträchtigung gilt als rechtswidrig, soweit nicht eine Duldungspflicht des Berechtigten aufgezeigt werden kann. Der Darlegung einer besonderen Duldungspflicht bedarf es nur dann nicht, wenn sich die Rechtswidrigkeit der Beeinträchtigung, wie zB bei Eingriffen in das Allgemeine Persönlichkeitsrecht oder in den eingerichteten und ausgeübten Gewerbebetrieb, ohnehin nur aufgrund einer umfassenden Güter- und Interessenabwägung feststellen lässt (BVerfGE 7, 198, 203ff, 212 – Lüth; BGHZ 45, 296, 306f – Höllenfeuer; BGH GRUR 1969, 304, 305; 1969, 624, 627).

37 Abs II ist, ebenso wie der vergleichbare § 986 (§ 986 Rn 41), eine rechtshindernde **Einwendung** (*Baur/Stürner* § 12 Rn 11; Staudinger/*Thole* Rn 482; aA RGZ 144, 268, 271). Die **Beweislast** für das Bestehen einer Duldungspflicht trifft den Störer (zum Begriff des Störers Rn 106ff).

38 **Duldungspflichten**, die die Rechtswidrigkeit einer Beeinträchtigung ausschließen, können **zivilrechtl** oder **öffentlich-rechtl** Natur sein.

39 **a) Zivilrechtl Duldungspflichten.** Im Bereich des Zivilrechts können sich Duldungspflichten aus Gesetz oder aus Rechtsgeschäft ergeben.

40 **aa) Gesetzl Duldungspflichten.** Das Gesetz gestattet Eingriffe in die Rechtsausübungsfreiheit zB unter dem Gesichtspunkt der **Notwehr** (§ 227), des **Notstandes** (§§ 228, 904), der **Selbsthilfe** (§ 229), der **berechtigten GoA** (§§ 677ff) und nach §§ 867, 962, 1005 (**Verfolgungsrecht**). Eine Duldungspflicht kann sich auch aus der **Wahrnehmung berechtigter Interessen** (§ 193 StGB) ergeben, etwa im Falle **öffentlicher Berichterstattung** BGH NJW 2018, 2877 – Bio-Hühnerstall). Eine Tatsachenbehauptung (zur Meinungsäußerung Rn 166ff), deren Wahrheitsgehalt ungeklärt ist und die eine die Öffentlichkeit wesentlich berührende Angelegenheit betrifft, darf demjenigen, der sie aufstellt oder verbreitet, solange nicht untersagt werden, wie er sie zur Wahrnehmung berechtigter Interessen für erforderlich halten darf (Art 5 GG, § 193 StGB). Eine Berufung hierauf setzt voraus, dass vor Aufstellung oder Verbreitung der Behauptung hinreichend sorgfältige Recherchen über den Wahrheitsgehalt angestellt werden. Die Pflichten zur sorgfältigen Recherche über den Wahrheitsgehalt richten sich dabei nach den Aufklärungsmöglichkeiten. Sie sind für die Medien grds strenger als für Privatleute. An die Wahrheitspflicht dürfen im Interesse der Meinungsfreiheit keine Anforderungen gestellt werden, die die Bereitschaft zum Gebrauch des Grundrechts herabsetzen. Andererseits sind die Anforderungen umso höher, je schwerwiegender die Äußerung das Persönlichkeitsrecht beeinträchtigt (BGH GRUR 2016, 532, 533f; 2015, 96 – Chefjustiziar; 2014, 693 – Sächsische Korruptionsaffäre; 1997, 396 – Polizeichef; NJW 2008, 2262). Der Handelnde ist nur so lange gegen den Abwehranspruch geschützt, wie die Rechtfertigung fortwirkt. Daher besteht zB ein Anspruch auf Widerruf (Rn 152ff), wenn sich eine ursprüngl gerechtfertigte Äußerung nachträgl als unwahr herausstellt. Die **Berichterstattung über einen Verdacht** wird aber nicht dadurch unwahr, dass sich der Verdacht nachträgl als unberechtigt erweist (BGH GRUR 2016, 532, 533f – Ermittlungen wegen sexuellen Missbrauchs; LG Offenburg BeckRS 2021, 17138 [Rn 15ff]; zur Verdachtsberichterstattung im Internet vgl auch *Schumacher* K&R 2014, 381). In einem solchen Fall besteht daher kein Widerrufsanspruch, sondern allenfalls ein Anspruch auf Veröffentlichung einer Mitteilung (Nachtrag), dass nach Klärung des Sachverhalts der berichtete Verdacht nicht mehr aufrechterhalten werde (BGH NJW 2018, 2784; 2015, 778). Diese Grundsätze gelten gleichermaßen für **Berichterstattung** in herkömmlichen Medien wie **im Internet** (BGH NJW 2011, 788 – Internet; BGH NJW 2011, 744 – Presse). Grds zulässig ist auch das **Bereithalten von Altmeldungen in Online-Archiven** (BGH NJW 2019, 1881; GRUR 2016, 532; NJW 2013, 229; MDR 2013, 151; NJW 2012, 2197; vgl dazu auch *Schumacher* K&R 2014, 381).

41 Auch **nachbarrechtl Vorschriften** (§§ 906ff) sehen eine Vielzahl von Duldungspflichten vor (BGHZ 90, 255, 267, 268; BGH WM 1960, 1276, 1278). Von Bedeutung ist insb § 906 II 1, nach dem Beeinträchtigungen aufgrund einer ortsüblichen Nutzung des Nachbargrundstücks zu dulden sind, soweit sie durch wirtschaftl zumutbare Maßnahmen nicht verhindert werden können (BGH NJW 2019, 773 – häusliches Musizieren; BGH NJW 2001, 3119; vgl dazu *Roth* JZ 2002, 245). Dem betroffenen Nachbarn steht ggf nur ein Ausgleichsanspruch nach

§ 906 II 2 zu. Weitere Duldungspflichten ergeben sich zB aus § 906 I (unwesentliche Immissionen; BGH WM 1960, 1270, 1278), § 917 (Notwegerecht), § 907 I 2 (Gefahr drohende Anlagen) und § 912 (entschuldigter Überbau). Neben diesen allg Vorschriften sind die bundes- und landesrechtl Bestimmungen zum Nachbarverhältnis zu beachten (BGH NJW-RR 2016, 24; 2000, 537, 538; NJW 2011, 3294). **Glockengeläut**, das sich nach Zeit, Dauer und Intensität im Rahmen des Herkömmlichen hält, stellt regelmäßig keine erhebliche Belästigung, sondern auch in einer säkularisierten Gesellschaft eine zumutbare, sozialadäquate Einrichtung und deshalb hinzunehmende Beeinträchtigung dar (VG Frankfurt/M BeckRS 2021, 35020 [Rn 24]).

Darüber hinaus kann sich eine Duldungspflicht in besonders gelagerten Ausnahmefällen auch aus dem **nachbarlichen Gemeinschaftsverhältnis** und dem daraus folgenden Rücksichtsgebot ergeben (§ 242; NJW-RR 2011, 1476, 1477f – nicht wesentliche, kurzfristige Beeinträchtigungen der Zufahrt für Be- und Endladegeschäfte; 2008, 610 – Grenzverwirrung; 2003, 1313 – Bauvorhaben; NJW 2003, 1392 – Abwasserleitung; Brandenburg NJW-RR 2015, 1427, 1428 – Kompostbehälter; BGHZ 28, 110 – Grenzmauer; 28, 225, 227ff – Zuführung fester Körper; BGHZ 58, 149, 158f – Ablösung von Teilen eines Dammes; WM 1972, 1400, 1401; 1977, 536f). Soweit ein Nachbar zur Duldung von Beeinträchtigungen verpflichtet ist, steht ihm hierfür uU ein **Ausgleich in Geld** zu (dazu Rn 94ff). 42

bb) Rechtsgeschäftlichen Duldungspflichten. Hinsichtl der rechtsgeschäftlichen Duldungspflichten ist zw solchen aus **dinglichen Rechten** an der Sache und aus **schuldrechtl Verträgen** zu unterscheiden. Darüber hinaus können sich Duldungspflichten aus einseitig und meist gefälligkeitshalber erteilten **Erlaubnissen** ergeben. 43

Duldungspflichten begründende **dingliche Rechte** sind zB der Nießbrauch (§§ 1030ff) und die Grunddienstbarkeit (§§ 1018ff). Art und Umfang der Duldungspflichten ergeben sich aus dem Inhalt des jew dinglichen Rechts. Der Natur des dinglichen Rechts entspr treffen diese Duldungspflichten auch den Rechtsnachfolger des Eigentümers der belasteten Sache. Inwieweit eine Rechtsnachfolge auch auf Seiten des dinglich berechtigten Störers möglich ist, hängt von dem Inhalt des konkreten dinglichen Rechts ab (vgl §§ 1059, 1059a, 1061 – Nießbrauch und § 1018 – Grunddienstbarkeit). 44

Duldungspflichten begründende **schuldrechtl Verträge** sind zB der Miet- (§§ 535ff), Pacht- (§§ 581ff) und der Leihvertrag (§§ 598ff). Art und Umfang der Duldungspflichten ergeben sich hier aus dem Inhalt des jew Vertrags. Eine Duldungspflicht besteht nur im Rahmen der vertragl vereinbarten Nutzung (BGH NJW 2019, 1062). So umfasst ein Mietvertrag idR auch die übliche Mitbenutzung der Gemeinschaftsräume, so dass das Abstellen eines Kinderwagens oder Rollstuhls im Hausflur zu dulden ist, sofern dies die Größe des Hausflurs zulässt (BGH NJW 2007, 146; *Derleder* NJW 2007, 812ff); dies gilt auch für im Hausflur abgelegte Postsendungen (BGH NJW 2007, 146). Der Einzelrechtsnachfolger des Verpflichteten ist an solche Vereinbarungen nur gebunden, soweit dies gesetzl vorgesehen ist (§ 566, § 578, § 581 II – Miete, Pacht; BGH NJW 2019, 1062) oder er diese rechtsgeschäftlich übernimmt. Auf Seiten des schuldrechtl berechtigten Störers ist eine Rechtsnachfolge möglich, soweit das die Duldungspflicht begründende Recht abgetreten werden kann (§§ 398ff). 45

Erteilt der Berechtigte **einseitig die Erlaubnis** zur Beeinträchtigung seines Rechts, zB der Eigentümer die Erlaubnis zum Betreten oder Befahren seines Grundstücks, wird auch dadurch eine Duldungspflicht begründet (*Baur/Stürner* § 12 Rn 9; aA *Brehm/Berger* § 7 Rn 15). In Ermangelung einer schuldrechtl Verpflichtung ist diese zwar stets frei widerruflich. Sie rechtfertigt die Beeinträchtigung aber für die Vergangenheit. Darüber hinaus kann der Berechtigte auch nach § 242 gehindert sein, die Erlaubnis zur Unzeit oder ohne Vorankündigung zu widerrufen. 46

Dritte können sich auf eine bestehende Duldungspflicht analog § 986 I 1 berufen (BGH NJW 1958, 2061; *Brehm/Berger* § 7 Rn 14). 47

So kann der **Grundstückspächter** sein vom Notwegerecht des Verpächters abgeleitetes Recht dem Nachbarn entgegenhalten (BGH NJW 1963, 1918). – Der **Lieferant**, der die Mieter einer Siedlung beliefert, kann sich dem Siedlungseigentümer ggü auf das Recht der Mieter zur Benutzung eines Privatwegs berufen (LG Münster MDR 1961, 234); Gleiches gilt für die Besucher von Mietern oder Wohnberechtigten ggü dem Hauseigentümer. – Eine Markenartikelfirma kann sich ggü dem Hauseigentümer auf den Duldungsanspruch des Mieters für die **am Geschäft angebrachte Reklame** berufen (Köln NJW 1955, 1072). 48

b) Öffentlich-rechtl Duldungspflichten. Duldungspflichten können sich auch aus dem öffentlichen Recht ergeben. 49

aa) Grundrechte des Störers. Bei Anwendung des § 1004 ist zunächst zu beachten, dass das bürgerliche Recht mit der in den Grundrechten verwirklichten Wertordnung im Einklang stehen muss (BVerfGE 7, 205). Die Pflicht zur Duldung einer Beeinträchtigung kann sich daher im Einzelfall daraus ergeben, dass dem Störer ein **Grundrecht** zur Seite steht. 50

So muss im Hinblick auf das Grundrecht der Meinungs- und Pressefreiheit auch eine scharfe, schonungslose und ausfallende **Kritik** hingenommen werden, wenn sie sachbezogen ist. Eine Pflicht zur Duldung von Kritik, die auf eine vorsätzliche Ehrkränkung hinausgeht, besteht dagegen nicht (Rn 40, 166). Dagegen kann ein **Mieter** unter Verweis auf seine Meinungsfreiheit nicht verlangen, dass der Grundstückseigentümer das Anbringen auffälliger Wahlplakate duldet (BVerfGE 7, 230). Auch der Eigentümer von auf öffentlicher Straße aufgestellten **Kabelverteilerschränken** kann sich des wilden Beklebens der Schränke mit Zetteln kraft seines Eigentumsrechts erwehren; weder das Recht auf freie Meinungsäußerung noch das Recht auf Gemeingebrauch an der Straße ver- 51 pflichten ihn zur Duldung (Karlsruhe Justiz 1977, 422). Und auch der **ArbG** braucht als Eigentümer von Schutzhelmen, die er seinen ArbN überlässt, nicht zu dulden, dass auf ihnen von Gewerkschaftsmitgliedern Aufkleber mit dem Gewerkschaftsemblem angebracht werden (BAG NJW 1979, 1847). Zur Frage, unter welchen Voraussetzungen die Kunstfreiheit (Art 5 III GG) einer Unterlassungsklage einer Handelsgesellschaft entgegenstehen kann, mit der diese die Aufführung eines ihren Ruf beeinträchtigenden **Theaterstücks** zu verhindern sucht, s BGH NJW 1975, 1882.

52 **bb) Behördliche Erlaubnisse, Verfügungen etc.** Duldungspflichten können sich des Weiteren aus einem **Hoheitsakt** der Justiz oder Verwaltung ergeben, der die Störung im Verhältnis zum Eigentümer rechtfertigt.

53 **(1)** So nimmt eine gerichtliche **einstw Verfügung oder Anordnung** einer durch sie gedeckten Eigentumsstörung schon kraft ihrer Tatbestandswirkung die Rechtswidrigkeit (BGH LM Nr 1 zu § 926 ZPO). Der Eigentümer ist darauf verwiesen, die Aufhebung der Verfügung zu erwirken.

54 (2) Die **Widmung** einer Sache **zum Gemeingebrauch** verpflichtet deren Eigentümer zur Duldung aller Einwirkungen, die der Gemeingebrauch mit sich bringt (BGHZ 60, 366f). Dies gilt auch für Sachen, die sich in Privateigentum befinden. Die Grenzen des Gemeingebrauchs lassen sich nicht einheitlich bestimmen, sondern ergeben sich aus den Umständen des Einzelfalls. Relevant sind zB Art und Dichte des Verkehrs auf einer dem Gemeingebrauch gewidmeten Straße. Die Verteilung von Flugblättern durch Demonstranten wegen einer Abschiebung braucht auch ein unmittelbar an Grundrechte gebundener Flughafenbetreiber nicht zu dulden (BGH NJW 2006, 1054). Die Errichtung fest installierter, dauerhafter Einrichtungen auf **im Eigentum Dritter** stehenden Grundstücken werden von einem Recht auf Gemeingebrauch in aller Regel nicht gedeckt (Köln NJW 1998, 1405 für ein auf städtischem Grund ohne Erlaubnis errichtetes Mahnmal – „Klagemauer" auf der Kölner Domplatte).

55 (3) **Baugenehmigungen** regeln nur das öffentlich-rechtl Verhältnis zw Begünstigtem und Behörde. Privatrechtl Abwehransprüche zB der Nachbarn bleiben unberührt (BGH NJW 1959, 2013, 2014; BayObLG NJW-RR 1991, 19). Aus der Erteilung einer Baugenehmigung kann der Begünstigte daher keine Duldungspflichten Dritter herleiten.

56 (4) Anderes gilt für die **Genehmigung einer gewerblichen Anlage** auf der Grundlage des **BImSchG** (§§ 4ff BImSchG). Nach Erteilung der Genehmigung kann die **Einstellung eines Betriebes** aufgrund privatrechtl Abwehransprüche, die sich auf das allg Immissionsrecht (§ 906) gründen, nicht mehr verlangt werden (§ 14 BImSchG, Staudinger/*Thole* Rn 507; § 906 Rn 64; Schleswig BeckRS 2022, 30175 und NJW-RR 2022, 670 – Windkraftanlagen. Vgl aber auch *Roth* NVwZ 2001, 34). Der Eigentümer muss die von der genehmigten Anlage ausgehenden Störungen kraft öffentlichen Rechts dulden. Auf privatem Nachbarrecht beruhende Einwendungen können nur im Genehmigungsverfahren geltend gemacht werden (§ 10 BImSchG).

57 § 14 BImSchG gewährt an Stelle des Abwehranspruchs einen Anspruch auf Vorkehrungen, die die benachteiligenden Wirkungen ausschließen. Falls Vorkehrungen zum Ausschluss der benachteiligenden Wirkungen nach dem Stand der Technik nicht durchführbar oder wirtschaftl nicht vertretbar sind, kann nach § 14 BImSchG **Schadensersatz** verlangt werden. Dieser Anspruch setzt, ebenso wie der Abwehranspruch aus § 1004, kein Verschulden voraus, auch nicht für die Zeit vor der Klageerhebung (BGHZ 15, 150f und 28, 225 für § 26 GewO aF). § 14 BImSchG ist auf **Anlagen zur Erzeugung und Behandlung von Kernbrennstoffen** (§ 7 VI AtomG) und auf **Flugplatzanlagen** (§ 11 LuftVG) entspr anwendbar.

58 **Einwendungen, die auf besonderen privatrechtl Titeln beruhen**, seien sie dinglicher (zB Dienstbarkeiten) oder schuldrechtl (zB Unterlassungsvereinbarung) Natur, werden (anders als nachbarrechtl Einwendungen) durch die rechtskräftig erteilte Genehmigung nach § 14 BImSchG nicht ausgeschlossen (§ 10 III 3 BImSchG).

59 Ebenso begründen die Genehmigung einer **nicht genehmigungsbedürftigen Anlage** (§§ 22ff BImSchG) und die **Genehmigung im vereinfachten Verfahren** (§ 19 BImSchG) keine den Abwehranspruch aus § 1004 ausschließenden Duldungspflichten.

60 (5) Inwieweit **Baulasten** privatrechtl Duldungspflichten begründen, ist umstr. Baulasten sind freiwillig übernommene, öffentlich-rechtl Verpflichtungen von Grundstückseigentümern ggü der Baubehörde zu einem ihr Grundstück betreffenden Tun, Dulden oder Unterlassen, das sich nicht schon aus obj öffentlichem Recht ergibt (zB §§ 70f LBO BW). Sie begründen öffentlich-rechtl Baubeschränkungen, die dazu dienen, nachbarrechtl Hindernisse auszuräumen. Inhalt und Umfang einer Baulast liegen nicht generell fest, sondern werden unter Berücksichtigung der öffentlich-rechtl zu sichernden bauordnungsrechtl Zielsetzung vereinbart.

61 Ob Baulasten privatrechtl Ansprüche gewähren, ist gesetzl nicht geregelt. Die sich aus der Baulast für den Grundstückseigentümer ergebende Duldungspflicht nach § 1004 II kann aber jedenfalls nicht weiter gehen, als die vom Grundstückseigentümer übernommene öffentlich-rechtl Verpflichtung.

62 **(6)** Problematisch ist auch, inwieweit in nicht geregelten Fällen wegen des Vorliegens eines **überwiegenden öffentlichen Interesses** Duldungspflichten bestehen können. Der BGH hat dies im Zusammenhang mit der Errichtung von Hochspannungsleitungen bejaht (BGHZ 60, 119, 122f), im Zusammenhang mit der Errichtung von Niederspannungsleitungen von Versorgungsunternehmen im Hinblick auf bestehende gesetzl Regelungen aber verneint (BGHZ 66, 37, 41).

63 **IV. Beseitigungs-, Unterlassungs- und Ausgleichsanspruch.** Der von § 1004 gewährte **Abwehranspruch** besteht als **Beseitigungs-** (Rn 64) und als **Unterlassungsanspruch** (Rn 76). Ein **Verschulden** des Störers ist für

das Bestehen des Abwehranspruchs in beiden Alternativen nicht erforderlich. Muss der Berechtigte eine Beeinträchtigung dulden, kann ihm anstelle des Abwehranspruchs ein **Ausgleichsanspruch** zustehen (Rn 94).

64 **1. Beseitigungsanspruch (Abs I S 1). a) Regelungszweck.** Der Beseitigungsanspruch ist auf die **Beseitigung einer** in der Vergangenheit eingetretenen und noch **fortwirkenden Beeinträchtigung** gerichtet, die den Eigentümer in anderer Weise als durch Entziehung oder Vorenthaltung des Besitzes in der ungestörten Ausübung seines Eigentums hindert. **Ziel** ist die **Beseitigung der fortdauernden Störungsquelle**, nicht die Beseitigung bereits eingetretener Störungsfolgen, insb nicht die Wiedergutmachung von Schäden (BGH NJW 2005, 1366; 2004, 1035; BGHZ 28, 110, 113; *Baur* AcP 160, 465, 487). Die Beseitigung der Störungsfolgen kann nur mit einem Schadensersatzanspruch nach §§ 823ff, 249ff verlangt werden, der Verschulden voraussetzt (Rn 82ff). Zum Zwecke der Beseitigung der fortdauernden Störungsquelle kann der Störer zu aktivem Handeln oder auch zur Einwirkung auf Dritte verpflichtet sein, sofern er rechtl oder tatsächliche Einflussmöglichkeiten auf das Verhalten des Dritten hat (BGH NJW 2019, 56f – Medienberichterstattung; NJW 2018, 155 – Luftentfeuchter; NJW 2018, 1317 – Produkte zur Wundversorgung). Ein erwirkter Unterlassungstitel ist im Zweifel dahingehend auszulegen, dass der Störer außer zur Unterlassung der streitgegenständlichen Handlungen auch zur Vornahme möglicher und zumutbarer Handlungen zur Beseitigung des Störungszustands verpflichtet ist (BGH NJW 2019, 56f; 2018, 155; GRUR 2015, 258 – CT-Paradies; GRUR 2016, 406 – Piadina-Rückruf; NJW 2016, 789 – Hot Sox; NJW 2018, 155 – Luftentfeuchter).

65 **b) Art und Umfang der Beseitigung.** Art und Umfang der Beseitigung richten sich nach Art und Umfang der Beeinträchtigung. Die **Entscheidung**, mit welchen Mitteln die Beeinträchtigung zu beseitigen ist, bleibt grds **dem Störer überlassen** (Nürnberg BeckRS 2022, 12896 [Rn 46]; MüKo/*Raff* Rn 243). Das Gericht sieht deshalb gewöhnlich davon ab, bestimmte Maßnahmen anzuordnen (BGH NJW 1960, 2335; LM Nr 25 zu § 906 BGB). Gewährleistet jedoch nur eine bestimmte Maßnahme die Beseitigung der Störung, so kann diese Maßnahme angeordnet werden, damit der Eigentümer einen möglichst bestimmten Vollstreckungstitel hat (BGHZ 29, 314, 317; 67, 252, 254). Ist eine vollständige Beseitigung nicht sofort möglich, so ist der Störer zunächst zur **Minderung der Störung** verpflichtet (MüKo/*Raff* Rn 243).

66 Ein Wohnungsnachbar, der durch **Tennisplatzlärm** gestört wird, kann als Schutzmaßnahme nicht die Errichtung einer Lärmschutzwand verlangen, wenn die Einhaltung zeitl begrenzter Spielzeiten ausreicht (Celle NJW 1988, 424). Der Störer kann aber von sich aus die aufwändigere Maßnahme ergreifen, wenn er sie (zB im Interesse einer intensiven Nutzung der Tennisanlage) vorzieht. Wurde durch Weitergabe **gespeicherter Daten** das Allgemeine Persönlichkeitsrecht einer Person verletzt (Rn 171ff), so besteht die Verletzung so lange fort, wie der Datenempfänger über die Daten ohne Kontrolle verfügen kann; der Verletzte kann daher vom Empfänger die Vernichtung oder Herausgabe des Datensatzes verlangen (BGHZ 91, 233, 241). Ein Verstoß gegen Datenschutzrecht kann neben Abwehrrechten nach der DSGVO auch einen Beseitigungs- oder Unterlassungsanspruch nach § 1004 begründen (umstr., wie hier Dresden MDR 2022,312; Frankfurt GRUR-Prax 2022, 321; aA LG Wiesbaden CR 2022, 591; VG Regensburg GRUR-Prax 2020, 488; ausf zum Meinungsstand *Leipold/Laoutoumai* ZD-Aktuell 2021, 05583). Wird durch den **Betrieb einer Anlage** gestört, die bei umfassender Umgestaltung und unter entspr Betriebsmaßnahmen störungsfrei benutzt werden kann, und steht fest, dass die Beeinträchtigung des Nachbarn sich ohne die Umgestaltung nicht beheben lässt, so kann der Betrieb so lange untersagt werden, wie der Störer die Anlage oder die Betriebsführung nicht entspr ändert (BGHZ 67, 252, 254 – Schweinemästerei; BGH NJW 1983, 751 – geräuschvolle Tennisanlage; RGZ 162, 349, 351ff, 359). Arbeitnehmer können die Entfernung einer zu Unrecht erteilten Abmahnung aus ihrer Personalakte verlangen (BAG NZA 2009, 842; LAG Köln GWR 2022, 294; LAG Sachsen BeckRS 2022, 11083 [Rn 21]). In einem Fall der **Verbreitung rechtswidriger Tatsachenbehauptungen im Internet** hat der BGH dem Betroffenen zur Beseitigung des Zustands fortdauernder Rufbeeinträchtigung einen Beseitigungsanspruch zugestanden, der nicht nur auf Berichtigung, sondern auch auf Löschung bzw Hinwirken auf Löschung der Tatsachenbehauptungen gerichtet ist; dies aber nur mit der Einschränkung, dass die beanstandeten Behauptungen nachweislich falsch sein müssen und die begehrte Abhilfemaßnahme (die Löschung) unter Abwägung der beiderseitigen Rechtspositionen, insb der Schwere der Beeinträchtigung, zur Beseitigung des Störungszustands geeignet, erforderlich und dem Störer zumutbar ist (BGH NJW 2016, 56, 58). Dabei ist der Störer nicht nur selbst zur Löschung verpflichtet, sondern er muss im Rahmen des ihm Möglichen auch auf Dritte (Suchmaschinenbetreiber) einwirken, damit diese die entsprechenden Nachrichten (aus ihrem Cache) löschen (BGH NJW 2019, 58f).

67 Der negatorische Beseitigungsanspruch ist niemals auf **Ersatz entgangenen Gewinns** (§ 252) oder auf **Schadensersatz in Geld** gerichtet; § 252, § 249 S 2, § 251 I sind nicht anwendbar. Zur Anwendbarkeit von § 251 II und zu möglichen Ausgleichsansprüchen des Berechtigten s Rn 99ff, 94ff.

68 **c) Kosten der Beseitigung.** Die **Kosten**, die zur Beseitigung der Beeinträchtigung erforderlich sind, **trägt der Störer.**

69 Beseitigt der Eigentümer die Beeinträchtigung selbst, so kann er die Kosten unter den Voraussetzungen der **GoA** (§§ 677ff) ersetzt verlangen (BGH NJW 2005, 1366; 1990, 2058; 1966, 1360; RGZ 167, 55, 59; Staudinger/*Thole* Rn 397; *Baur/Stürner* § 12 Rn 22). Liegen die Voraussetzungen für einen Anspruch aus GoA nicht vor, so bestimmt sich die Ausgleichspflicht nach den Vorschriften über die **ungerechtfertigte Bereicherung** §§ 812ff (BGH NJW 1989, 1032; 1986, 2640; JZ 2004, 627; 1992, 310, 312; *Baur/Stürner* § 12 Rn 22; aA MüKo/*Raff* Rn 289ff; *Gursky* NJW 1971, 782ff; für eine Anwendung von §§ 280, 281 *Bezzenberger* JZ 2005, 373).

70 Obschon es sich bei dem Beseitigungsanspruch nicht um einen Schadensersatzanspruch handelt, findet **§ 254** auf ihn Anwendung. Hat der Verletzte die Beeinträchtigung **mitverursacht**, ist er daher analog § 254 anteilig zur Kostentragung verpflichtet (BGH NJW 1995, 395; 1996, 321, 323; *Mühl* AcP 176, 396, 401; aA *Roth* AcP 180, 263, 282ff; diff Staudinger/*Thole* Rn 404ff). Ebenso wie der Beseitigungsanspruch kein schuldhaftes Verhalten des Störers voraussetzt, so setzt auch die Mitverantwortlichkeit kein Verschulden des gestörten Berechtigten voraus (BGHZ 110, 313, 317). Baut der Eigentümer einer Ackerfläche neben einer auf dem Nachbargrundstück schon vorhandenen Pappelreihe einen Tennisplatz, so trifft ihn eine erhebliche Mitverantwortung an der durch das **Wurzelwachstum** verursachten Beeinträchtigung seines Eigentums (Tennisplatzbelag; BGHZ 135, 235, 239ff).

70a Der Beseitigungsanspruch bzw der Kostenerstattungsanspruch bei Selbstvornahme der Beseitigung kann durch einen Abzug „neu für alt" beschränkt sein. Erlangt derjenige, dessen Eigentum beeinträchtigt wird, durch die Beseitigung der Beeinträchtigung einen Vorteil, so ist dieser in Ansatz zu bringen (BGH NJW 2012, 1080, 1081; ebenso LG Düsseldorf ZMR 2009, 140f; *Wenzel* NJW 2005, 241, 243; abl *Gursky* JZ 1992, 312, 315 Fn 28; *Dickersbach* DWW 2009, 215, 217f).

71 **d) Pflichtverletzung.** Gerät der Störer mit der Beseitigung einer Beeinträchtigung in **Verzug**, so haftet er dem Berechtigten verschuldensunabhängig für jeden hieraus resultierenden Schaden (§§ 280, 281, 286, 287 S 2; *Baur/Stürner* § 12 Rn 21). Beseitigt der Störer die Störung nicht innerhalb einer gesetzten Frist, kann der Berechtigte Schadensersatz statt der Leistung entspr § 281 I verlangen (Karlsruhe NJW 2012, 1520, 1521f).

72 § 1004 ist ein **Schutzgesetz** iSd § 823 II (RGZ 121, 185, 189). Bei schuldhafter Verletzung der sich aus § 1004 ergebenden Beseitigungspflicht können dem Berechtigten daher auch Schadensersatzansprüche nach § 823 II iVm § 1004 zustehen (BGHZ 104, 6, 16).

73 **e) Verwirkung.** Der Beseitigungsanspruch kann nicht mehr geltend gemacht werden, wenn der Berechtigte ihn verwirkt hat. Dafür müssen, neben dem Ablauf einer längeren Zeitspanne, besondere Umstände vorliegen, die darauf schließen lassen, dass der Berechtigte den Beseitigungsanspruch nicht mehr geltend machen will. Nach st Rspr des BGH ist ein Recht verwirkt, wenn sich der Schuldner wegen der Untätigkeit seines Gläubigers über einen gewissen Zeitraum hin bei obj Beurteilung darauf einrichten darf und eingerichtet hat, dieser werde sein Recht nicht mehr geltend machen und deswegen die verspätete Geltendmachung gegen Treu und Glauben verstößt (BGH NJW 2016, 53, 55; NJW-RR 2015, 781; 2006, 235; vgl auch Hamburg ZMR 2002, 451; BayObLG NZM 2002, 128; Nürnberg OLGRp 2002, 158; Zweibrücken ZMR 2002, 219). An dem erforderlichen Zeitmoment fehlt es idR, wenn eine wiederholte Störung einen neuen Anspruch auslöst, etwa im Falle der wiederholten Vermietung einer WEG-Wohneinheit zur zweckwidrigen Nutzung (BGH NJW-RR 2015, 781; 2006, 235). Der Ablauf einer landesrechtl Frist für die Geltendmachung eines Anspruchs auf Beseitigung von Anpflanzungen schließt den Beseitigungsanspruch nach § 1004 nicht ohne Weiteres aus (LG Trier MDR 2002, 149).

74 **f) Selbsthilferecht**. Durch das Bestehen eines **Selbsthilferechts** des Eigentümers (zB gem § 910) wird der Beseitigungsanspruch nicht ausgeschlossen (BGHZ 60, 235, 241f; BGH NJW 1979, 2515; 1986, 2640, 2641; LG Heidelberg NJW 1967, 1917; LG Berlin MDR 1969, 141). Beide Ansprüche stehen dem Eigentümer wahlweise zu. Die Kosten der Beseitigung fallen dem Störer auch im Falle der Selbsthilfe zur Last (BGHZ 60, 235, 243; Staudinger/*Thole* Rn 397ff).

75 **g) Vollstreckung**. Die **Vollstreckung** des Beseitigungsanspruchs erfolgt nach § 887 ZPO (vertretbare Handlung – Ersatzvornahme) oder nach § 888 ZPO (unvertretbare Handlung – Beugezwang).

76 **2. Unterlassungsanspruch (Abs I S 2). a) Regelungszweck und Voraussetzungen.** Der Unterlassungsanspruch ist auf die **Verhinderung einer künftigen Beeinträchtigung** gerichtet. Entgegen dem Wortlaut des § 1004 I 2 ist er nicht erst dann gegeben, wenn eine Beeinträchtigung bereits stattgefunden hat und **Wiederholungsgefahr** besteht, sondern auch schon dann, wenn die Gefahr eines erstmaligen Eingriffs drohend bevorsteht (**Erstbegehungsgefahr**; BGHZ 160, 232; 2, 394; BGH NJW 2009, 3787, 3787f; BayObLG NJW-RR 1987, 1040, 1041; RGZ 101, 335, 339f; 151, 239, 245; *Münzberg* JZ 1967, 689; MüKo/*Raff* Rn 302). Bereits die ernstliche Bedrohung mit einem ersten Eingriff beeinträchtigt das geschützte Recht, Rechtsgut oder Interesse.

77 Hat eine rechtswidrige Beeinträchtigung bereits stattgefunden, so besteht eine tatsächliche Vermutung für das Vorliegen der Wiederholungsgefahr (BGH NJW 2019, 1142; NJOZ 2018, 194; NJW 2016, 870; 2016, 789; 1999, 356, 358f; Hamm BeckRS 2021, 49362 [Rn 26]; MüKo/*Raff* Rn 305). Diese Vermutung kann entkräftet werden (BGH NJW 2016, 789), allerdings sind an die Entkräftung strenge Anforderungen zu stellen (BGH NJOZ 2018, 194). Im Regelfall bedarf es hierfür der Abgabe einer strafbewehrten Unterlassungsverpflichtungserklärung ggü dem Gläubiger des Unterlassungsanspruchs (BGH NJOZ 2018, 194 mwN; NJW 1994, 1281, 1283; Hamm BeckRS 2021, 49362 [Rn 26]). Hat eine rechtswidrige Beeinträchtigung noch nicht stattgefunden, ist der Kläger für die (Erst-)Begehungsgefahr **darlegungs- und beweispflichtig.**

78 Wie jede Leistungsklage, so setzt auch die Unterlassungsklage nur ein allg **Rechtsschutzbedürfnis** im Sinne eines Interesses an gerichtlicher Geltendmachung voraus (BGH GRUR 1973, 208 m Anm *Storck*). Besteht Begehungsgefahr, so trifft den Störer eine gegenwärtige Leistungspflicht. Die Unterlassungsklage ist daher keine Klage auf künftige Leistung, deren prozessuale Zulässigkeit nach § 259 ZPO vom Vorliegen eines besonderen Rechtsschutzbedürfnisses abhängig wäre.

b) Unterlassung. Auch bei einem Unterlassungsanspruch ist es grds dem Störer überlassen, wie er die Gefahr einer künftigen Beeinträchtigung ausräumt. Der Urteilsspruch lautet deshalb idR allg auf Unterlassung von Störungen bestimmter Art. 79

c) Pflichtverletzung. Im Falle einer pflichtwidrigen Fortsetzung der Beeinträchtigung kann der Störer dem Beeinträchtigten gem § 823 II iVm § 1004 schadensersatzpflichtig werden. 80

d) Vollstreckung. Die **Vollstreckung** eines Unterlassungsanspruchs erfolgt nach § 890 ZPO. Im Falle einer Zuwiderhandlung kann das zuständige Gericht den Störer zur Zahlung eines Ordnungsgelds oder zur Ordnungshaft verurteilen. 81

3. Abgrenzung des Beseitigungsanspruchs zum Schadensersatzanspruch. a) Allgemeines. Der negatorische **Beseitigungsanspruch** aus § 1004 I mit seiner Abwehrfunktion muss klar von einem **Schadensersatzanspruch** (§§ 823ff) und dessen Ausgleichsfunktion unterschieden werden. Während der **Störer**, der rechtswidrig die Rechtsausübungsfreiheit eines Dritten beeinträchtigt, nach § 1004 verschuldensunabhängig verpflichtet ist, eine fortdauernde Beeinträchtigung zu beenden, hat der **Schädiger** nach § 823 Ersatz zu leisten, wenn er einem Dritten durch eine rechtswidrige und schuldhafte (§ 276) Verletzung seines Rechtsguts einen Schaden zugefügt hat (BGH WRP 2002, 532, 533). 82

Zw einem auf Wiederherstellung des früheren Zustands gerichteten Schadensersatzanspruch (§§ 823ff, 249ff) und einem auf Abwehr einer Beeinträchtigung gerichteten negatorischen Anspruch aus § 1004 besteht also ein **wesensmäßiger Unterschied.** Der Abwehranspruch nach § 1004 ist nicht auf den Ausgleich eines zugefügten Schadens gerichtet, sondern soll nur die Rechtsausübungsfreiheit des Berechtigten gewährleisten. Er besteht verschuldensunabhängig, während ein Schadensersatzanspruch grds nur im Falle eines schuldhaften Fehlverhaltens gegeben ist. 83

b) Grundsatz. Über die Notwendigkeit einer genauen **Abgrenzung zw Schaden** (§§ 823ff, 249ff) **und Beeinträchtigung** (§ 1004) besteht angesichts der unterschiedlichen Voraussetzungen des Schadensersatz- und des Abwehranspruchs kein Zweifel. Wie die Abgrenzung indessen vorzunehmen ist, ist ein bis heute umstr Problem (Staudinger/*Thole* Rn 349ff). 84

Die zutr und **hM** differenziert zw Schaden und Beeinträchtigung, indem sie auf die **Art der Beeinträchtigung abstellt.** Sie geht davon aus, dass die Beseitigung **bereits eingetretener und abgeschlossener** Einwirkungsfolgen nicht nach § 1004 I 1, sondern nur als Schadensersatz nach §§ 823ff, 249ff verlangt werden kann (BGHZ 28, 110, 113; MüKo/*Raff* Rn 229ff, 237; *Brehm/Berger* § 7 Rn 28; diff Staudinger/*Thole* Rn 349ff. 85

Dem Berechtigten steht daher zB gegen die **drohende Beschädigung einer** in seinem Eigentum stehenden **Sache** zwar der Unterlassungsanspruch nach § 1004 I 2 zu, da die Beschädigung (Veränderung, Zerstörung) zweifellos in seine Rechtsausübungsfreiheit eingreifen würde. **Nach abgeschlossener Beschädigung** der Sache steht ihm aber kein Beseitigungsanspruch gem § 1004 I 1 zu, aufgrund dessen er die Wiederherstellung oder Ausbesserung der Sache verlangen könnte (RGRK/*Pikart* Rn 90). 86

Sind **Tiere** eines Nachbarn auf das Grundstück des anderen Nachbarn gelaufen und haben sie dort Pflanzen abgefressen, kann der betroffene Nachbar von dem Halter nach § 1004 I 1 Unterlassung weiterer Beeinträchtigungen verlangen. Der Halter kann zum Zwecke der Erfüllung des Unterlassungsanspruchs die Tiere einsperren, einen Zaun errichten oder jede andere geeignete Maßnahme ergreifen, die ein nochmaliges Überlaufen effektiv verhindert. Der betroffene Nachbar hat gegen den Halter aber keinen Beseitigungsanspruch nach § 1004 I 2, aufgrund dessen er zB die Ausbesserung seines Zaunes, die Neubepflanzung des Gartens oder Ersatz der zerstörten Pflanzen verlangen könnte. Insoweit kommt nur ein Schadensersatzanspruch in Betracht (hier ausnahmsw verschuldensunabhängig, vgl § 833 S 1). Hat jemand auf fremdem Grund und Boden eine **Anlage errichtet,** so liegt in der Existenz der Anlage eine fortdauernde Beeinträchtigung der Rechtsausübungsfreiheit, gegen die sich der Eigentümer mit dem Beseitigungsanspruch nach § 1004 I 1 wenden kann. Dagegen steht dem beeinträchtigten Eigentümer kein Beseitigungsanspruch wegen der Beschädigung des Grundstücks (zB gefällte Bäume, Bodenveränderung) zu. 87

c) Beeinträchtigungen durch Beeinträchtigungsfolgen. Problematisch ist die von der hM vorgenommene Abgrenzung, wenn Beeinträchtigungsfolgen ihrerseits Quelle neuer, andauernder Beeinträchtigungen sind. 88

Wird **zB** durch einen Steinwurf das **Fenster eines Hauses zerstört**, ist der fensterlose Zustand eine bereits eingetretene Beeinträchtigungsfolge. Dem Hauseigentümer steht daher nach hM kein Beseitigungsanspruch gerichtet auf die Einsetzung eines neuen Fensters zu. Er hat nur einen Beseitigungsanspruch gerichtet auf die Entfernung des Steines und einen Unterlassungsanspruch gerichtet auf das Unterlassen weiterer Steinwürfe. 89

Nun wird der Hauseigentümer aber wegen des fensterlosen Zustands in der Nutzung seines Hauses beeinträchtigt (starker Luftzug, Eindringen von Feuchtigkeit etc). Muss der Störer (der Steinewerfer) aber dann nicht das Fenster ersetzen, um die fortdauernde Beeinträchtigung des Hauseigentümers bei der Nutzung des Hauses zu beenden? 90

Dies wurde früher zT bejaht (Nachw bei RGZ 127, 29, 34f; offengelassen in BGHZ 28, 110, 113). Zu Unrecht. Sachschäden werden nahezu regelmäßig Quelle neuer, fortwirkender Beeinträchtigungen sein (*Baur* AcP 160, 488). Würde man diese als hinreichenden Grund für die Gewährung eines Beseitigungsanspruchs nach § 1004 I 1 akzeptieren, ließen sich abwehrfähige Eigentumsbeeinträchtigungen und ersatzpflichtige Schäden nicht mehr abgrenzen. Abwehr- und Schadensersatzanspruch wären ggf nämlich auf das gleiche Ziel gerichtet: die Wieder- 91 herstellung des früheren störungsfreien Zustands. I Erg würde bei Schadensverursachungen das Verschuldens- durch das Verursachungsprinzip ersetzt.

92 **d) Beispiele.** Die folgenden **Bsp** zeigen, dass die **Rspr** bei der Abgrenzung des Beseitigungsanspruchs (§ 1004) vom Schadensersatzanspruch (§§ 823ff) sehr **uneinheitlich** vorgegangen ist (weitere Bsp bei Staudinger/*Thole* Rn 357ff).

93 Dringt infolge eines **Rohrbruchs** Gas in die Wohnungen eines Hauses ein, so besteht die Beseitigung der fortdauernden Beeinträchtigung allein in der Auswechslung des schadhaften Rohres, nicht aber im Ersatz der durch eine Explosion entstandenen Gebäudeschäden (RGZ 63, 374, 378f; *Baur* AcP 160, 465, 487; Staudinger/*Thole* Rn 361). Wird infolge eines **Damm- oder Rohrbruchs** ein Grundstück überschwemmt, so kann die Schließung der Dammlücke, bzw die Auswechslung des Rohres, nicht aber Ersatz der angerichteten Wasserschäden verlangt werden (BayObLG SeuffA 58, 106; Staudinger/*Thole* Rn 361). Wurde durch den **Bruch einer Wasserleitung** der Humus eines Grundstücks weggeschwemmt, kann nach Stuttgart OLG 41, 162 mit dem Beseitigungsanspruch verlangt werden, dass das Grundstück mit neuem, dem weggespülten gleichwertigen Erdreich bedeckt wird (so auch *Baur* AcP 160, 465, 487). Dringt durch ein **schadhaftes Leitungsrohr** Wasser in einen Keller, so kann außer der Auswechslung des Rohres eine Trockenlegung des Kellers nur verlangt werden, wenn durch im Keller noch befindliches Wasser das Eigentum beeinträchtigt wird (LG Göttingen NdsRpfl 1951, 101). Ist von dem Betriebsgrundstück einer Reinigung Perchlorethylen in das **Erdreich** des Nachbargrundstücks eingedrungen, ist in der **Kontamination** eine andauende Beeinträchtigung iSd § 1004 zu sehen (BGH NJW 2005, 1366; JZ 1996, 682; vgl auch Staudinger/*Thole* Rn 359). Im **Haldenbrand-Fall** wurde angenommen, dass nicht nur das Löschen des Feuers auf dem Bahndamm, sondern auch die Beseitigung der durch den Brand verursachten Zerstörungen des Bahndamms und der Bahnanlagen verlangt werden konnte, weil das Weiterbrennen des Feuers unmittelbar mit den Veränderungen des Bahndamms zusammenhängt, so dass der eine Vorgang nicht von dem anderen zu trennen sei (RGZ 127, 29, 34f; dagegen Staudinger/*Thole* Rn 357). Die Bundesrepublik wurde zur Beseitigung einer auf einem Haus errichteten **Flakstellung** verurteilt, einschl der Schäden am Haus (BGHZ 18, 253, 265f). Als Eigentümerin eines **Truppenübungsplatzes** wurde die Bundesrepublik verurteilt, nicht nur das weitere Herabfließen von Sandmengen auf das Nachbargrundstück zu verhindern, sondern auch die angeschwemmten Sandmengen zu beseitigen, nicht aber auch die vom Sand zerstörten Pflanzen zu ersetzen (BGHZ 49, 340, 347f). Gerät ein **Tanklastzug** unverschuldet von der Straße ab und kippt um, so dass auslaufendes Öl sich auf ein Grundstück ergießt, so stellt die Verseuchung des Erdreichs eine Beeinträchtigung dar, die vom Störer zu beseitigen ist (BGH NJW 1987, 187f; BGHZ 96, 845ff; *Baur* JZ 1964, 354, 356; aA Staudinger/*Thole* Rn 358). Eine durch Brand beschädigte, von Nachbarn **gemeinsam genutzte Mauer** (Nachbarwand) ist insoweit wiederherzustellen, dass sie die ursprüngl Funktion wieder erfüllt (BGH NJW-RR 2021, 401).

94 **4. Ausgleichsanspruch. a) Allgemeiner (nachbarrechtl) Ausgleichsanspruch.** Das Gesetz sieht in § 14 BImschG und in § 906 II 2 Ausgleichsansprüche für den Fall vor, dass ein Berechtigter Einwirkungen auf sein Grundstück dulden muss. Aus diesen Vorschriften ist ein **allg Rechtsgrundsatz** abgeleitet worden, nach dem der Eigentümer einer Sache, insb eines Grundstücks, für Schäden, die er durch störende Einwirkungen erleidet, eine Entschädigung verlangen kann, wenn sein Abwehranspruch nach § 1004 aus übergeordneten Interessen ausgeschlossen ist (zu den Voraussetzungen im Einzelnen *Bruns* NJW 2020, 3493ff).

95 Dieser sog nachbarrechtl Ausgleichsanspruch setzt eine dem Grunde nach abwehrfähige Einwirkung auf ein Grundstück voraus, die aber aus besonderen rechtl oder tatsächlichen Gründen hingenommen werden muss (BGHZ 85, 375, 384f). Bei solchen Einwirkungen, die auf privatwirtschaftl Benutzung beruhen und über das Maß dessen hinausgehen, was ein Grundstückseigentümer nach § 906 entschädigungslos dulden muss, besteht ein **bürgerlich-rechtl Aufopferungsanspruch** (BGH NJW 2018, 1010 – „Laubrente"; BGHZ 48, 98, 101; *Hubmann* JZ 1958, 489, 490ff; krit *Papier* NJW 1974, 1797, 1799; *Kimminich* NJW 1973, 1479, 1481f; *Ladewig* DB 1973, 1387, 1388).

96 Gewöhnlich wird es sich um Fälle handeln, in denen das Eigentum durch von Nachbargrundstücken ausgehende Immissionen beeinträchtigt wird, die im öffentlichen Interesse hinzunehmen sind. Wichtigste Fallgruppe sind **Einwirkungen durch gemeinwichtige und lebenswichtige Betriebe** und Anlagen (BGHZ 29, 314, 317; 48, 98, 104 – Autobahn; 60, 119, 122f – Hochspannungsleitung; 49, 148, 150 – Straßenlärm; 54, 384, 387f – Fernverkehrsstraße; 68, 350, 353f – Grenzwand; 72, 289 – Aushubarbeiten; 159, 129, 137ff; 167, 14, 25) und naturschutzrechtl zu duldende Beeinträchtigungen (BGH NJW 2018, 1010 – „Laubrente").

97 Ein nachbarrechtl Ausgleichsanspruch kommt darüber hinaus aber auch dann in Betracht, wenn eine nach § 906 rechtswidrige und deshalb abwehrfähige **Beeinträchtigung** vom Eigentümer oder Besitzer des Grundstücks aus besonderen Gründen **nicht verhindert werden kann** (BGHZ 72, 289, 292; 85, 375, 384; 90, 255, 262f; 110, 17, 23f).

98 Der **Anspruch** richtet sich **gegen den Störer**, da der Entschädigungsanspruch an die Stelle des Abwehranspruchs tritt.

99 **b) Freiwillige Ausgleichszahlung (§ 251 II, § 242).** Str ist, ob sich der Störer analog **§ 251 II** von seiner Beseitigungspflicht durch eine Entschädigung des Beeinträchtigten in Geld befreien kann, wenn die Beseitigung der Beeinträchtigung nur mit unverhältnismäßig hohem Aufwand möglich ist.

100 Davon ist auszugehen. Dem § 251 II liegt ein allg Rechtsgedanke zugrunde. Das Verlangen nach Herstellung eines an sich gebotenen Zustandes ist rechtsmissbräuchlich, wenn ihm der in Anspruch Genommene nur unter

unverhältnismäßigen, vernünftigerweise nicht zumutbaren Aufwendungen entsprechen könnte. Dieser Rechtsgedanke ist auch für den Abwehranspruch des § 1004 zu beachten. Entscheidend für eine Anwendung des § 251 II spricht zudem, dass ein schuldlos Handelnder nicht schlechter stehen darf, als ein schuldhaft Handelnder (i Erg ebenso BGH LM Nr 132 zu § 1004; BGHZ 62, 388, 391; BGH WM 1974, 572, 573; 1979, 783, 784; NJW 1968, 1281, 1283; *Mühl* AcP 176, 396, 401; aA BGH LM Nr 14 zu § 1004; RGZ 51, 408, 411; 93, 100, 105f; RGRK/*Pikart* Rn 102; Soergel/*Münch* Rn 312; *Baur/Stürner* § 12 Rn 21; *Picker* AcP 176, 28, 37f; Staudinger/*Thole* Rn 348, weil die Analogie zu § 251 II eine dauerhafte Rechtsusurpation des Störers sanktioniere; MüKo/*Raff* Rn 247ff, weil der innere Kern des Eigentums nicht durch eine Art privater rechtswidriger Enteignung angetastet werden dürfe). In neueren Entscheidungen bezeichnet der BGH die Anwendung des in § 251 II zum Ausdruck kommenden Grundsatzes mit dem Arg als überholt, dass mit § 275 II eine Vorschrift in das BGB aufgenommen wurde, die dem in § 251 II zum Ausdruck kommenden Grundsatz entspricht und unmittelbar auf Ansprüche aus § 1004 anwendbar sein soll. Damit sei der Rückgriff auf den Grundsatz des § 251 II nicht mehr notwendig (BGH NJW 2008, 3122, 3123; NJW-RR 2010, 315; abl *Kolbe* NJW 2008, 3618).

Zudem kann auch aus **§ 242** in besonders gelagerten Fällen folgen, dass der Störer berechtigt ist, statt zu beseitigen, Wertersatz zu leisten. 101

c) Staatshaftung. Erfolgt die **Beeinträchtigung durch hoheitliche Handlungen**, kann statt des vorgenannten privatrechtl ein öffentlich-rechtl Ausgleichsanspruch gegeben sein (vgl BGHZ 122, 76, 77; 48, 98, 102ff; 54, 384, 387f; *Faber* NJW 1968, 47f; *Schack* NJW 1968, 1914, 1915). 102

V. Berechtigter. Berechtigter ist der **Inhaber des beeinträchtigten** und von § 1004 geschützten (Rn 4ff) **Rechts oder Rechtsguts.** 103

In Betracht kommt, dem Wortlaut des § 1004 entspr, vor allem der **Eigentümer einer Sache.** Der aus einer Eigentumsbeeinträchtigung herrührende **Abwehranspruch** nach § 1004 I ist, ebenso wie der Herausgabeanspruch aus § 985, untrennbar mit dem Eigentum verbunden und daher **nicht selbständig abtretbar** (BGHZ 60, 235, 240; § 985 Rn 9). Er geht mit der Übertragung des Eigentums auf den neuen Rechtsinhaber als Rechtsnachfolger über (BGHZ 98, 235, 241). **Miteigentümer** haben in Ansehung der ganzen Sache das Recht auf Abwehr von Störungen gegen Dritte; untereinander haben Miteigentümer dagegen nur die Rechte aus §§ 743ff (KG NJW 1953, 1592; RGRK/*Pikart* Rn 39). 104

Berechtigte können aber zB auch eine WEG (BGHZ 2016, 53; Grundeigentum 2016, 968; NJW 2015, 1020; zur Anspruchskonkurrenz von WEG und § 1004 BGH NJW 2019, 1216), Mitglieder einer WEG (BGH NJW-RR 2015, 781; NJW 2015, 1020), ein Nießbraucher (BGH NJW 2016, 1953), ein Namensträger (BGH GRUR 2016, 749) und bei der Verletzung des Allgemeinen Persönlichkeitsrechts eine natürliche oder juristische Person (Rn 171) sein. 105

VI. Verpflichteter („Störer"). 1. Begriffsbestimmung. Der Abwehranspruch richtet sich gegen denjenigen, dem die Beeinträchtigung zugerechnet wird, den sog **Störer** (*Brehm/Berger* § 7 Rn 21). Das Gesetz bestimmt jedoch nicht näher, wer als Störer anzusehen ist. 106

Bei der Bestimmung der Person des Störers ist davon auszugehen, dass die Beeinträchtigung fremden Rechts sowohl durch eine **Handlung**, aber auch durch **die bloße Aufrechterhaltung eines Zustands**, der dem Inhalt des Rechts widerspricht, geschehen kann. **Verschulden** ist nicht erforderlich (*Baur/Stürner* § 12 Rn 2). Das Verhalten muss aber **willensgetragen** und für die Fortdauer der Beeinträchtigung zumindest **mitursächlich** sein. 107

Aus diesen Vorgaben leitet die **hM** einen **zweigeteilten Störerbegriff** ab. Störer ist nach hM zum einen derjenige, der durch eine eigene Handlung die Beeinträchtigung eines von § 1004 geschützten Rechts oder Rechtsguts verursacht oder verursacht hat (sog **„Handlungsstörer"**), und zum anderen derjenige, auf dessen Willen die Beeinträchtigung wenigstens mittelbar zurückzuführen ist, weil er die Störungsquelle beherrscht (sog **„Zustandsstörer"**; BGH NJW-RR 2021, 67 = WM 2021, 1967; NJW 1985, 1773; Soergel/*Münch* Rn 86; *Brehm/Berger* § 7 Rn 22; *Baur/Stürner* § 12 Rn 13f. 108

Diese auch aus dem öffentlichen Recht bekannte (zum Verhältnis *Baur/Stürner* § 12 Rn 30ff) **Unterscheidung** zw Handlungs- und Zustandsstörer ist indes **kaum praktikabel**. Die bloße Herrschaft über eine Störungsquelle, mit anderen Worten die bloße Möglichkeit der Verhinderung einer Beeinträchtigung, vermag nämlich noch keine Abwehrpflicht zu begründen. Hinzukommen muss, dass das Unterlassen der Verhinderung der Beeinträchtigung pflichtwidrig wäre. Pflichtwidriges Unterlassen aber steht einer Handlung gleich (arg e § 241 I 2). Es sind daher kaum Fälle vorstellbar, in denen jemand Zustandsstörer ist und nicht (wegen pflichtwidrigen Unterlassens der Verhinderung der Beeinträchtigung) gleichzeitig auch Handlungsstörer (ausf dazu Staudinger/*Thole* Rn 255ff). 109

Klarer lässt sich der Begriff des Störers nach der **von** *Medicus* (vgl dazu MüKo/*Medicus*[4] Rn 42ff; aufgegeben von MüKo/*Baldus*[5] Rn 171, vgl MüKo/*Raff* Rn 179) **vorgeschlagenen Definition** bestimmen. Ausgehend von den gleichen Vorgaben wie die hM (Rn 108) unterscheidet *Medicus* zw dem **Tätigkeitsstörer** und dem **Untätigkeitsstörer**. Er gelangt damit nicht zu anderen Ergebnissen als die hM, erreicht aber eine begrifflich klarere Abgrenzung. 110

2. Tätigkeitsstörer. Tätigkeitsstörer ist, wer durch **aktuell andauerndes positives Tun** die Beeinträchtigung eines von § 1004 geschützten Rechts oder Rechtsguts **verursacht**. Die Tätigkeit muss **willensgetragen** sein. 111

112 **a) Aktuell andauerndes positives Tun.** Der Handelnde ist nur so lange Tätigkeitsstörer, wie sein beeinträchtigendes positives Tun andauert. Danach kann gegen ihn als Tätigkeitsstörer (bei Vorliegen einer Wiederholungsgefahr) noch ein Unterlassungsanspruch (Abs I S 1), jedenfalls aber kein Beseitigungsanspruch (Abs I S 2) mehr bestehen.

113 Dass jemand in der Vergangenheit durch eigenes positives Tun die Quelle für eine fortdauernde Beeinträchtigung geschaffen hat, macht ihn nicht zum Tätigkeitsstörer. Vergangenes Verhalten kann nur die Grundlage für eine Inanspruchnahme als Untätigkeitsstörer sein (Rn 119ff).

114 **b) Verursachung.** Das positive Tun muss für die Beeinträchtigung ursächlich (adäquat kausal) sein (BGH NJW 2016, 56).

115 **Mittelbare Verursachung** ist ausreichend, sofern dem Handelnden die Beeinträchtigung zugerechnet werden kann (BGH NJW 2016, 56; 1982, 440; Düsseldorf NJW 1986, 2512). Das ist der Fall, wenn der Handelnde in irgendeiner Weise willentlich und adäquat kausal an der Herbeiführung der rechtswidrigen Beeinträchtigung mitgewirkt hat. Eine Mitwirkungshandlung ist auch die Unterstützung oder die Ausnutzung der Handlung eines eigenverantwortlich handelnden Dritten, sofern der Betroffene die rechtl Möglichkeit zur Verhinderung dieser Handlung hatte (BGH NJW 2016, 2106, 2108; 2016, 56, 59; 2013, 2348; 2015, 778; 2011, 753; NJW-RR 2009, 1413). Die Haftung als mittelbarer Störer darf aber nicht über Gebühr auf Dritte erstreckt werden, welche die rechtswidrige Beeinträchtigung nicht selbst vorgenommen haben. Sie setzt deshalb die Verletzung von Verhaltenspflichten, insb von Prüfpflichten, voraus. Deren Umfang bestimmt sich danach, ob und inwieweit dem als mittelbaren Störer in Anspruch Genommenen nach den Umständen des Einzelfalls eine Verhinderung der Verletzung zuzumuten ist (BGH NJW 2016, 2106, 2108 – Ärztebewertungsportal III; 2015, 2027 – Nutzungsunterlassung; 2015, 2037, 2038 – Fotos alter Kunstwerke; 2012, 148 – Blog-Eintrag; 2011, 753; GRUR 2011, 1038 – Stiftparfüm; NJW 2009, 3518 – Domainverpächter; NJW-RR 2008, 1136 – Internetversteigerung II; NJW 2004, 3102 – Internetversteigerung I; 2004, 2158 – Schöner Wetten). Der Betreiber einer **Internet-Suchmaschine** ist nicht verpflichtet, sich vor der Anzeige eines Suchergebnisses darüber zu vergewissern, ob die vom Suchalgorithmus aufgefundenen Inhalte Persönlichkeitsrechtsverletzungen beinhalten. Er muss erst dann reagieren, wenn er durch einen konkreten Hinweis Kenntnis von einer offensichtlichen und auf den ersten Blick klar erkennbaren Verletzung des Allgemeinen Persönlichkeitsrechts erhält (BGH NJW 2018, 2324; dazu *Gounalakis/Muer* NJW 2018, 2299). Zur Inanspruchnahme eines Access-Providers als Störer beim kostenlosen Herunterladen in Internet-Tauschbörsen (Filesharing) vgl BGHZ 2016, 794 und BVerfGE 2019, 755. Der (mittelbar) Handelnde muss die Beeinträchtigung nicht allein verursachen. **Mitverursachung** reicht aus (Rn 137ff).

116 So kann ein **Unternehmen** für das Verhalten von anfahrenden Lkw-Fahrern verantwortlich sein, wenn der **Lkw-Verkehr** durch den Betrieb des Unternehmens veranlasst ist (BGH NJW 1982, 440). Einem Unternehmen können ganz allg die Beeinträchtigungen zuzurechnen sein, die von Kunden, Lieferanten und Besuchern ausgehen (BGH NJW 1982, 440; MüKo/*Raff* Rn 185). – Beeinträchtigungen durch Fluglärm können dem **Flugplatzbetreiber** zuzurechnen sein (BGHZ 69, 105, 112f; 59, 378, 380 – Militärflugplatz). – Ein **Internet-Webseitenbetreiber** kann für den Inhalt, den Dritte in sog Communities auf der Webseite einstellen, verantwortlich sein (LG Köln MMR 2002, 254 – Fotomontage Steffi Graf; zum Persönlichkeitsschutz im Internet ausf *Helle* JZ 2002, 593; zur Störerhaftung der Verbreiter von **Distributed Content** *Elsaß* K&R 2016, 652). Die Störerhaftung eines **Hostproviders** für in einem Blog enthaltene Äußerungen Dritter setzt die Verletzung zumutbarer Prüfpflichten voraus. Es besteht keine Verpflichtung, Beiträge vor deren Veröffentlichung auf eventuelle Rechtsverletzungen zu überprüfen. Der Hostprovider ist erst verantwortlich, wenn er Kenntnis von der Rechtsverletzung erlangt und kann dann zur Löschung der Beiträge verpflichtet sein (BGH NJW-RR 2020, 867; BGHZ 2018, 795; BGH NJW 2016, 2106; 2012, 148, 150; dazu *Spindler* CR 2012, 176ff; Dresden NJW-RR 2020, 1302; zur Haftung eines Providers für die Inhalte der Webseiten seiner Kunden *Spindler* CR 2001, 324; zur Störerhaftung des Betreibers von **Meinungsforen und Bewertungsportalen im Internet** vgl *Schilling* GRURPrax 2015, 313ff; *Wilkat* IPRB 2014, 156ff; *Nieland* NJW 2010, 1495). Ist der Hostprovider mit der Behauptung eines Betroffenen konfrontiert, ein von einem Nutzer eingestellter Beitrag verletze ihn in seinem Persönlichkeitsrecht, obliegt ihm eine Ermittlungspflicht (zu den Voraussetzungen und dem Inhalt der Ermittlungspflicht im Einz BGH NJW 2018, 1884 und NJW 2016, 2106 – Ärztebewertungsportal III; vgl auch Rn 173). Der Hostprovider ist unmittelbarer Störer, wenn es sich bei den angegriffenen Inhalten um selbsterstellte Inhalte oder um von Dritten eingestellte Inhalte handelt, die sich der Hostprovider zu eigen gemacht hat (BGH ZIP 2020, 464 – www.yelp-de; BGH NJW 2018, 1884; 2017, 2029; 2016, 2106, 2107 – Ärztebewertungsportal III; 2015, 3443 – Hotelbewertungsportal; 2012, 2345; NJW-RR 2009, 1413; NJW 2009, 3518 – Domainverpächter). Von einem Zu-Eigen-Machen ist dabei dann auszugehen, wenn der Portalbetreiber nach außen erkennbar die inhaltliche Verantwortung für die auf seiner Internetseite veröffentlichten Inhalte übernommen hat. Gleiches gilt für den Betreiber eines **Informationsportals (RSS-Feeds)**, der erkennbar fremde Nachrichten anderer Medien ins Internet stellt (BGH NJW 2012, 2345, 2346) und für den Betreiber einer **Internet-Suchmaschine** mit Suchwortergänzungsfunktion (BGH NJW 2013, 2348; VersR 2012, 992). Werden ältere, ursprüngl einmal rechtmäßig ins Internet eingestellte Beiträge in einem **Internetarchiv** nach Erlöschen eines allg öffentlichen Interesses an den berichteten Vorgängen weiterhin zum Abruf bereitgehalten und wird dadurch das Allgemeine Persönlichkeitsrecht des Betroffenen verletzt, kann diesem gegen den Betreiber des Internetarchivs ein Anspruch darauf zustehen, es zu unterlassen, diese Beiträge in der Weise zum Abruf bereitzuhalten, dass sie durch Eingabe des Namens des Betroffenen in Internet-Suchmaschinen von diesen aufgefunden werden (Hamburg NJW-RR 2016, 47; vgl dazu *Brost* AfP 2015, 407). Der Be-

treiber eines **privaten WLAN-Anschlusses** ist Störer, wenn ein unbefugter Dritter über diesen WLAN-Anschluss Urheberrechtsverstöße begeht, sofern er die im Zeitpunkt der Installation des Routers für den privaten Bereich marktüblichen Sicherungen gegen unbefugte Zugriffe auf das WLAN nicht vornimmt (BGH MDR 2010, 883, 884). Dagegen ist die **DENIC** Domain Verwaltungs- und Betriebsgesellschaft eG nicht als Störer für die Inhalte der Webseiten verantwortlich, deren Domain-Namen sie registriert (LG Wiesbaden NJW 2001, 3715; Dresden CR 2001, 408); sie muss einen registrierten Domain-Namen nur löschen, wenn ihr ein entspr, gegen den Anmelder gerichtetes, rechtskräftiges und zwangsvollstreckbares Urt vorgelegt wird (Naumburg MMR 2002, 57). Wer lediglich bei der DENIC als administrativer Ansprechpartner für eine Domain registriert ist, kann nicht als Störer in Anspruch genommen werden, wenn eine unerbetene Werbe-E-Mail versendet wird, die als Schlussbestandteil diese Domain enthält (KG Berlin NJW 2012, 3044, 3045). – Der **Post** kann ein **lärmendes Verhalten Dritter**, das mit dem bestimmungsgemäßen Betrieb einer Telefonzelle nichts zu tun hat, nicht zugerechnet werden, so dass ein negatorischer Anspruch auf Beseitigung der Telefonzelle nicht gegeben ist (VGH Mannheim NJW 1985, 2351, 2352). – Ein **Bauunternehmen**, das mehrere Architekten um den Entwurf für die Erweiterung seines Verwaltungsgebäudes bittet und den Abschluss von Architektenverträgen für ein Entgelt anbietet, das unter den Mindestsätzen der Honorarordnung für Architekten und Ingenieure liegt, haftet nicht wegen Beteiligung an dem **Wettbewerbsverstoß eines Architekten** als Störer, wenn ihm wegen mangelnder Erkennbarkeit eines Verstoßes und der Unsicherheit der Rechtslage eine Prüfungspflicht nicht zuzumuten ist, er vielmehr davon ausgehen kann, dass die Architekten selbständig prüfen, ob ihr Wettbewerb gegen Berufsrecht verstößt (BGH GRUR 1997, 313, 315 – Architektenwettbewerb; vgl auch BGH WRP 1997, 1059, 1060f – Branchenbuch-Nomenklatur).

c) Willensgetragene Tätigkeit. Obschon der Abwehranspruch aus § 1004 auch gegen ein nicht schuldhaftes Verhalten bestehen kann, muss doch der Störer als der für die Beeinträchtigung Verantwortliche erscheinen. Das ist nur dann der Fall, wenn das beeinträchtigende Tun auf einem Willensentschluss des Handelnden beruht (BGH NJW 2016, 56). 117

Ist der Handelnde außerstande, sein Verhalten selbst zu bestimmen, kann er nicht nach § 1004 als Tätigkeitsstörer in Anspruch genommen werden (BGH NJW 1955, 1474 – **Handeln auf Befehl** der Besatzungsmacht). Dass der Handelnde einem Dritten ggü zur Vornahme seiner (beeinträchtigenden) Handlung **schuldrechtl verpflichtet** ist, steht einer Inanspruchnahme aber nicht entgegen (BGH NJW 1983, 751 – Betrieb einer störenden Anlage). 118

3. Untätigkeitsstörer. a) Begriffsbestimmung. Untätigkeitsstörer ist, wer **ohne Tätigkeitsstörer zu sein** (Rn 111ff) die **Möglichkeit der Beendigung** einer Beeinträchtigung hat, sofern ihm die **Beeinträchtigung zugerechnet** werden kann (zum Begriff des Zustandsstörers vgl Rn 108). 119

b) Möglichkeit der Beendigung. Die Möglichkeit der Beseitigung kann sich daraus ergeben, dass der Betroffene **die Quelle der Störung beherrscht** (zB Besitzer oder Eigentümer einer störenden Anlage ist). Oder aber auch daraus, dass der Betroffene **Einfluss** auf jemanden **nehmen kann**, der zur Beendigung der Beeinträchtigung in der Lage ist. 120

Untätigkeitsstörer kann daher zB derjenige sein, der von einer unzulässigen, von ihm nicht veranlassten **Werbemaßnahme** begünstigt wird, wenn er zur Verhinderung nur den Wunsch zu äußern bräuchte, die Werbung möge unterbleiben (Frankfurt OLG 1975, 224). Der Eigentümer eines Grundstücks kann für **Störungshandlungen seines Mieters** verantwortlich sein, wenn er ihn von einem nach dem Mietvertrag unerlaubten, fremdes Eigentum beeinträchtigenden Gebrauch der Mietsache nicht abhält (RGZ 134, 231, 234; 47, 162, 163f) bzw mit Erlaubnis zu den störenden Handlungen überlässt (BGH NJW 2006, 992) oder an dem Verstoß sogar mitgewirkt hat (BGH WM 1966, 1300, 1302). Ist das Recht, ein **verkauftes Grundstück** zu nutzen, auf den Käufer übergegangen, jedoch der Verkäufer noch Eigentümer, so kann dieser nicht auf Unterlassung von Störungen in Anspruch genommen werden, die von dem Besitzer oder von dem Zustand des Grundstücks ausgehen (BGH NJW 1998, 3273). 121

c) Zurechnung der Beeinträchtigung. Die Beeinträchtigung muss dem Betroffenen **zurechenbar** sein. Anders als beim Tätigkeitsstörer ist beim Untätigkeitsstörer eine positive Feststellung seiner Verantwortlichkeit für die Beeinträchtigung Voraussetzung für eine Inanspruchnahme nach § 1004 (BGH NJW-RR 2021, 671 – zum Begriff des Zustandsstörers). 122

aa) Eigentum. Umstr ist, ob **von einer Sache ausgehende Beeinträchtigungen** ohne Weiteres deren Eigentümer zugerechnet werden können. 123

Die Vertreter der sog **Eigentumstheorie** bejahen dies. Die Zurechnung soll sich „aus dem verpflichtenden Sinngehalt des Eigentums" gem Art 14 II GG ergeben (vgl *Kübler* AcP 159, 236, 277ff; *Pleyer* AcP 156, 291, 302ff und JZ 1961, 499). Der Eigentümer, der die Vorteile einer Sache genieße, sei verpflichtet, auch nicht auf Menschenhand zurückzuführende Störungszustände zu beseitigen. Der Eigentumstheorie fehlt jedoch die von ihr behauptete Grundlage. Es gibt keinen Rechtssatz, der dem Eigentümer schon aus dem Gesichtspunkt verkehrsüblicher Rücksichtnahme kraft seines bloßen Eigentums eine Haftung für von der Sache ausgehende Beeinträchtigungen auferlegt (BGHZ 28, 110, 112; 90, 255, 266; 114, 183, 187; RGZ 134, 231, 233f; 149, 205, 212; *Baur* AcP 160, 465, 477ff; *Brehm/Berger* § 7 Rn 25). Das wäre eine Gefährdungshaftung, die unabhängig von der Gefährlichkeit einer Sache besteht. Kraft seines Eigentums kann den Eigentümer nur eine **Pflicht zur Duldung**, nicht zur Vornahme von Abwehrmaßnahmen treffen (Rn 129). 124

125 Nach **herrschender** und zutr **Meinung** sind daher **von einer Sache ausgehende Beeinträchtigungen nur zurechenbar**, wenn sie sich **auf ein menschliches Zutun zurückführen lassen** (*Baur/Stürner* § 12 Rn 16). Nur wenn durch ein vorangegangenes Handeln des Eigentümers oder eines seiner Rechtsvorgänger (Rn 130) eine Vorbedingung für das Entstehen der Beeinträchtigung geschaffen wurde, kann sich eine Haftung des Eigentümers ergeben.

126 Das ist zB der Fall, wenn ein Nachbargrundstück durch **Katzen** gestört wird (Köln NJW 1985, 2338; AG Diez NJW 1985, 2339, LG Augsburg NJW 1985, 499; AG Passau NJW 1983, 2885; *Dieckmann* NJW 1985, 2311ff; ausf dazu *Stollenwerk* DWW 2002, 22ff); wenn **Tauwasser** durch Zuschütten des natürlichen Abflusses abgelenkt wird; wenn eine künstliche **Aufschüttung** unter dem Einfluss der Witterung auf das Nachbargrundstück abrutscht (RGZ 51, 408, 411f); wenn abfließendes **Niederschlagswasser** mit ausgebrachten Chemikalien verunreinigt ist (BGH NJW 1984, 2207 – Unkrautvernichtungsmittel); wenn die **Ablösung von Erdreich** durch Anschneiden eines Steilhangs ermöglicht wurde (BGH NJW 1996, 659). Nicht aber, wenn sich in einem künstlich angelegten Teich übermäßig quakende **Frösche** angesiedelt haben, soweit deren Existenz naturschutzrechtl geschützt ist (LG Hanau NJW 1985, 500; BGHZ 120, 239); die Rspr zum **Verhältnis von Nachbarrecht und Naturschutzrecht** wird durch die Entscheidung BGH JZ 2005, 576 (zust *Röthel* JZ 2005, 578) relativiert, in der der Senat eine Ausgleichspflicht nach § 906 II 2 für Schäden annimmt, die durch das Umstürzen naturschutzrechtl geschützter Bäume entstanden sind.

127 Entsteht eine **Beeinträchtigung allein aufgrund der natürlichen Beschaffenheit oder der Lage** eines Grundstücks oder als Folge eines **Naturereignisses**, ist sie dem Eigentümer nicht zurechenbar (BGHZ 90, 255, 266; BGH NJW 1985, 1773f; 1995, 2633, 2634; *Baur/Stürner* § 12 Rn 16; *Baur* AcP 160, 465, 479; *Lutter/Overrath* JZ 1968, 345ff).

128 So ist der Grundstückseigentümer zB nicht als Untätigkeitsstörer anzusehen, wenn sich ein auf seinem Grundstück befindlicher, **überhängender Felsblock** zu lösen droht oder bereits auf das Nachbargrundstück gefallen ist (BGH NJW 1985, 1773f); wenn ein gesunder **Baum** durch einen Sturm **entwurzelt** worden ist (BGH NJW 1993, 1855); wenn **abfließendes Niederschlagswasser** den Garten des Nachbarn überspült (BGH NJW 1991, 2770ff; 1984, 2207); wenn **herabfallende Blüten, Blätter, Nadeln** (Düsseldorf NJW-RR 1990, 144; Frankfurt NJW 1988, 2618; Karlsruhe NJW 1983, 2886; *Schmidt* NJW 1988, 29) oder **wanderndes Ungeziefer** (BGH NJW 1995, 2633) das Nachbargrundstück erreichen. Jedoch hat der Nachbar uU durchaus Sicherungspflichten, so sind zB Maßnahmen zu treffen, um ein Nachbargrundstück vor herüberwachsenden Wurzeln zu schützen (BGH NJW 2004, 603, dazu krit *Wilhelm* JZ 2004, 629; BGH NJW 2004, 1035).

129 Der Grundstückseigentümer ist nicht verpflichtet, auf seinem Grundstück Vorkehrungen zu treffen, die solche Einwirkungen auf das Nachbargrundstück verhindern. Er ist nur zur **Duldung** der erforderlichen Maßnahmen durch den beeinträchtigten Nachbarn verpflichtet (BGH NJW 1985, 1774).

130 **bb) Rechtsnachfolge und Dereliktion.** Geht das Eigentum an einer Sache auf einen anderen über, so **haftet der Rechtsnachfolger** für von dieser Sache ausgehende, zurechenbare (Rn 122ff) Beeinträchtigungen. Mit dem Erwerb des Eigentums übernimmt der Erwerber also zB auch die Verantwortung für eine auf dem erworbenen Grundstück errichtete Anlage (BGH NJW 1966, 1360, 1361; 1968, 1327ff; 1989, 2541, 2542; aA BayObLG München NJW-RR 2002, 660 – Rechtsnachfolger nur zur Duldung der Beseitigung der Beeinträchtigung verpflichtet). Erfolgt die Veräußerung eines Gegenstandes, von dem die negativen Einwirkungen ausgehen, während des Rechtsstreits über die Abwehr dieser Einwirkungen, so ist § 266 I ZPO anwendbar (BGH NJW 2008, 1810f).

131 Der **Rechtsvorgänger haftet nur fort**, wenn ihm die Einwirkungsmöglichkeit auf die Sache verblieben ist, zB der frühere Eigentümer Nießbraucher geworden ist. Sonst ist grds der Rechtsnachfolger allein verantwortlich, wenn er den störenden Zustand der ihm gehörenden Sache nicht beseitigt. Er kann sich nicht darauf berufen, dass der Störungszustand von seinem Rechtsvorgänger geschaffen wurde (BGH NJW 1968, 1327; LM Nr 14 zu § 1004).

132 Durch **Dereliktion** kann sich der Eigentümer einer Sache, von der eine zurechenbare Beeinträchtigung ausgeht, nicht von seiner Haftung nach § 1004 befreien (BGH NJW 2005, 1366; BGHZ 40, 18, 19ff; 41, 393, 397f; aA Staudinger/*Thole* Rn 294).

133 **cc) Schaffung einer Gefahrenquelle.** Unabhängig vom Eigentum an einer Sache sind **Beeinträchtigungen** auch dann zurechenbar, wenn sie **Folge einer** von dem Betroffenen **geschaffenen Gefahrenquelle** sind. Bsp sind die Errichtung eines Bauwerks oder einer technischen Anlage, aber auch die **Organisation einer Massenveranstaltung**.

134 Ob die Gefährdung bzw die **Beeinträchtigung** von Anfang an bestanden hat oder erst **später eingetreten** ist, ist grds unerheblich. Wer zB ein Gebäude errichtet, dem sind auch später durch einen Verfall des Gebäudes entstehende Beeinträchtigungen zurechenbar.

135 **Grenzen der Zurechenbarkeit** können sich aus der Art der Beteiligung an der Schaffung der Gefahrenquelle und aus dem weiteren Schicksal der Gefahrenquelle, insb aus deren weiterer Nutzung, ergeben.

136 So ist es einem **Bauunternehmer**, der im fremden Auftrag ein Gebäude errichtet hat, nicht zurechenbar, dass dieses aufgrund späterer Vernachlässigung verfällt. Dem **Hersteller eines Pkw** sind fortgesetzte Verkehrsverstöße des Nutzers nicht zurechenbar; dem Halter des Pkw dagegen uU schon. Beeinträchtigungen durch **Trümmer eines bombenzerstörten Hauses** können dem (ehemaligen) Nutzer und Errichter des Gebäudes nicht zugerech-

net werden, da es sich dabei nicht um typische von einem Gebäude ausgehende Gefahren handelt (BGH NJW 1956, 382 mit abw Begründung; Düsseldorf NJW 1953, 1394).

4. Mehrere Störer. Für eine Beeinträchtigung können mehrere Störer **gleichzeitig verantwortlich** sein (Brandenburg NJW-RR 2015, 1427, 1428f). Dabei kann die Mitverantwortung auf voneinander unabhängiges Verhalten beruhen, die Störer können aber auch Täter und Gehilfe, Auftraggeber und Beauftragter, Eigentümer und Besitzer, mittelbarer und unmittelbarer Besitzer, Besitzer und Besitzdiener etc sein (Rn 115) 137

Sind mehrere Personen für eine Beeinträchtigung verantwortlich, findet **keine Abstufung** nach Art und Umfang des Tatbeitrages oder nach dem Grad des Interesses der einzelnen Beteiligten an der Verwirklichung der Störung statt. Der Eigentümer kann nach seiner Wahl gegen denjenigen vorgehen, der die Beeinträchtigung nach seiner Ansicht am ehesten beseitigen wird. Er braucht sich nicht an einen anderen Störer verweisen zu lassen (*Baur/Stürner* § 12 Rn 19). 138

Jeder Störer haftet jedoch nur **in dem Maße**, wie er an der Beeinträchtigung mitwirkt. Der Inhalt des Unterlassungs- oder Beseitigungsbegehrens hat sich also nach dem konkreten Tatbeitrag zu richten. Von einem bloßen Gehilfen kann nur die Unterlassung seiner Gehilfentätigkeit verlangt werden (BGH NJW 1976, 799, 800). Nur sofern sich die Tatbeiträge nicht trennen lassen, kommt **Gesamtschuld** in Betracht (aA MüKo/*Raff* Rn 183; Düsseldorf MDR 1984, 400; zum Rückgriffsanspruch BGH NJW 1987, 187; *Peters* JZ 1987, 198). 139

5. Einzelfälle (alphabetisch):

• **Arbeitnehmer**, die unselbständig tätig sind, sind nicht als Störer zur Beseitigung einer von ihnen bewirkten Beeinträchtigung verpflichtet; verantwortlich ist allein der Unternehmer (*Pleyer* AcP 161, 500ff, 515; BGH NJW 1983, 751; aA *Brehm/Berger* § 7 Rn 24). Sie können aber zur Unterlassung verpflichtet sein (Staudinger/*Thole* Rn 311). ArbN mit eigenem Entschließungsspielraum und entspr Verantwortungsbereich können ganz allg als Störer haften (BGH DB 1979, 544f; *Brehm/Berger* § 7 Rn 24). Der **Geschäftsführer einer GmbH** ist Störer, sofern er an der Beeinträchtigung entweder durch positives Tun beteiligt war oder er sie aufgrund einer nach allg Grundsätzen des Deliktsrechts begründeten Garantenstellung hätte verhindern müssen (BGH MMR 2015, 460, 464 unter Hinw auf BGHZ 201, 344 Rn 17 – Geschäftsführerhaftung). 140

• Bei ehrkränkenden Behauptungen durch einen **Beamten** in Ausübung seines Amtes ist grds der Beamte als Störer anzusehen. Der Widerrufsanspruch (Rn 152ff) kann aber gegen den Beamten selbst nur geltend gemacht werden, wenn die Behauptung eine rein persönliche Äußerung darstellt. IÜ richtet sich der Anspruch gem Art 34 GG allein gegen die für die Amtsführung verantwortliche öffentliche Körperschaft. Sie ist Störerin, wenn sie das Fortbestehen des Störungszustandes duldet, obwohl sie zu einer Richtigstellung in der Lage ist (BGHZ 34, 99, 108; BGH NJW 1963, 1203; *Bettermann* JZ 1961, 482f). 141

• Zur Störereigenschaft des **Eigentümers eines Grundstücks** s Rn 123ff. Der **Eigentümer eines Hauses**, das infolge eines technischen Defektes an elektrischen Leitungen oder Geräten in Brand gerät und das Nachbargrundstück beschädigt, ist Störer (BGH WM 1999, 2168ff). 142

– Der **Eigentümer eines** als **Steinbruch** ausgebeuteten Hanggrundstücks muss als Störer die daraus für das Nachbargrundstück entstehende Steinschlaggefahr abwehren, auch wenn ein Dritter den Steinbruch unberechtigt ohne Zustimmung und ohne Wissen des Grundstückseigentümers betrieben hat (BGH LM Nr 224 zu § 1004). 143

– Str ist, ob der **Eigentümer eines Trümmergrundstücks** als Störer für davon ausgehende Beeinträchtigungen des Nachbargrundstücks (zB durch das Herabfallen von Trümmern oder das Eindringen von Feuchtigkeit) haftet. Handelt es sich um Folgen einer **Gasexplosion**, ist dies mitunter bejaht worden, weil der Eigentümer durch Errichtung des Baues den störenden Zustand mitverursacht habe (LG Hagen NJW 1953, 266; *Weskott* NJW 1953, 1109f; *Bartsch* NJW 1956, 1266, 1267). Aus dem vorangegangenen Tun folge die Rechtspflicht zur Beseitigung der Störungsquelle. Überwiegend ist jedoch eine Haftung des Eigentümers aus § 1004 abgelehnt worden (BGHZ 19, 126, 129; Düsseldorf NJW 1953, 1394f; Hamm NJW 1954, 273; Hamburg MDR 1956, 352; *Hodes* NJW 1954, 1345, 1346). Handelt es sich um Folgen von **Kriegseinwirkungen** (Bombenschäden), ist auf das nachbarliche Gemeinschaftsverhältnis und die Pflicht zu gegenseitiger Rücksichtnahme abgestellt worden (BGHZ 28, 110, 114; 68, 350, 354; 101, 290, 294; RGZ 167, 14, 25f). Die mittelbaren Folgen der Kriegseinwirkung können danach nicht einseitig auf den wirtschaftl ohnehin schwer getroffenen Eigentümer des Trümmergrundstücks abgewälzt werden. Er kann aber nach Lage des Falls verpflichtet sein, dem Nachbarn die Beseitigung der Störungsquelle zu gestatten (Düsseldorf NJW 1953, 1394, 1395) oder die Kosten notwendiger Schutzmaßnahmen des Nachbarn zu übernehmen (BGHZ 28, 110, 115). In Ausnahmefällen kann der Eigentümer auch als Störer haften, wenn er die Trümmeraufräumung oder den **Wiederaufbau** grundlos **hinauszögert**. 144

• **Eltern** können für die Störung ihrer Kinder als Störer verantwortlich sein, wenn sie in der Lage sind, die Störung zu verhindern (Düsseldorf NJW 1986, 2512f). 145

• Wer sich an Kommunikation in einem **Internet-Chatroom** beteiligt und dabei die vorgegebenen Regeln missachtet, kann Störer sein (LG Bonn NJW 2000, 961, 962). Zur Störerhaftung eines **Hostproviders**, des Betreibers eines **Internet-Informationsportals** und des Betreibers eines **privaten WLAN-Anschlusses** vgl Rn 116. 146

• **Rundfunk- und Fernsehbetreiber** müssen sich eine von ihnen ausgestrahlte ehrverletzende Kritik eines Dritten nicht schon dann als eigene zurechnen lassen, wenn sie sie in einer Sendung aufgreifen, um sich mit dem Gegenstand der Kritik selbst krit zu beschäftigen; anders aber, wenn sich der Verbreiter mit der Kritik eines Drit- 147 ten identifiziert (BGHZ 66, 182, 188f; enger BGH NJW 1986, 2503, 2504 – Störereigenschaft auch bei Distanzierung bejaht). Sind vom Betriebsgelände einer Firma Bodenverunreinigungen in das Nachbargrundstück eingedrungen, so bleibt das **Unternehmen** Störer für diese Beeinträchtigung, auch wenn es den Betrieb inzwischen ganz eingestellt hat (BGH BB 1996, 610f).

148 • Störer ist der **Vormund eines Geisteskranken**, von dem ständig eine benachbarte Familie beleidigt wird (BGH MDR 1961, 222).

149 • Der Eigentümer oder Besitzer einer Wohnung, der sich durch einen Aufkleber an seinem **Briefkasten** gegen den Einwurf von Werbematerial wehrt, kann von dem **Werbenden** als Störer gem §§ 1004, 903, 862 Unterlassung verlangen, wenn dennoch Werbematerial eingeworfen wird (BGH NJW 1989, 902; Frankfurt NJW 1996, 934; Frankfurt NJW 1988, 1854). Das Verbot erstreckt sich nicht auf Zeitungen, Zeitschriften, Anzeigenblätter, wohl aber auf die Wahlwerbung politischer Parteien (KG NJW 2002, 379, 380). Es gilt entspr auch für **E-Mail-Werbung** (NJW 2018, 3506; 2017, 2119; 2016, 870; Bamberg MMR 2006, 481; AG Hamburg NJW 2005, 3220; *Eckhardt* MMR 2014, 213), nach der Rspr auch schon bei der einmaligen Zusendung einer unverlangten E-Mail an ein Unternehmen (BGH BB 2017, 910; NJW 2009, 2958, 2959 mN zum Streitstand; zum Ganzen: *Prasse* MDR 2006, 361; *Baetge* NJW 2006, 1037; *Schmittmann* K&R 2002, 135ff). Gleiches gilt für **unverlangte Werbeanrufe**, wobei der Versuch der telefonischen Kontaktaufnahme zu Werbezwecken als solcher bereits ausreicht, und **Faxwerbung** (Hamm NJOZ 2009, 4029; LG Bielefeld BeckRS 2021, 333946 [Rn 45ff]; AG Strausberg MDR 2012, 914, 914f).

150 • Nicht nur Autor und Verleger (BGH NJW 1952, 660), sondern auch der (Allein-)Importeur einer ausl **Zeitschrift** kann als Störer wegen einer in der Zeitschrift abgedruckten wahrheitswidrigen Behauptung anzusehen sein (BGH NJW 1976, 799, 800). Auch wenn eine Zeitung Äußerungen Dritter wiedergibt und sich von ihrem Inhalt distanziert, leistet der Verleger einen entscheidenden Tatbeitrag zur Verbreitung der Äußerung und kann deshalb Störer sein (BGH NJW 1986, 2503, 2504f).

151 **VII. Quasi-negatorischer Abwehranspruch.** § 1004 gewährt nicht nur im Falle der Beeinträchtigung von Eigentumsrechten einen Abwehranspruch, sondern auch im Falle der Beeinträchtigung anderer Rechte und Rechtspositionen (Rn 4ff). Anerkannt ist insb ein sog quasi-negatorischer Unterlassungs- oder Beseitigungsanspruch im Falle der Behauptung von **ehrkränkenden oder kreditschädigenden Tatsachen** oder im Falle einer **Verletzung des APR.**

152 **1. Ehrkränkende oder kreditschädigende Tatsachenbehauptungen.** Diese begründen für den Verletzten einen quasi-negatorischen Abwehranspruch (Rn 10) in Form eines **Widerrufsanspruchs** wegen Verletzung seines Allgemeinen Persönlichkeitsrechts (Rn 171ff) analog §§ 12, 823, 824, 1004 (BGH NJW 2016, 56; 2015, 776; 2015, 773; 2014, 2029). Erfolgen die Tatsachenbehauptungen in elektronischen Medien (Internet), hat der Verletzte neben dem Widerrufsanspruch grds auch einen **Löschungsanspruch**, der auf die Beendigung oder Veranlassung der Beendigung der Veröffentlichung der rechtswidrigen Tatsachenbehauptung in diesen Medien gerichtet ist (BGH NJW 2016, 2106; 2012, 148, 150).

153 **a) Voraussetzungen.** Der Widerrufsanspruch ist unter folgenden Voraussetzungen gegeben:

154 Es muss eine **Tatsache behauptet** worden sein, **die obj unwahr oder nicht erweislich wahr** ist (BGH NJW 2016, 56; Brandenburg BeckRS 2021, 29145 [Rn 24]); zu nur sinngemäßen Äußerungen BGH NJW-RR 2022, 1205 = GRUR 2022, 1245). Das ist auch dann der Fall, wenn ein komplexes und sachgemäß nur vollständig darstellbares Geschehen verkürzt wiedergegeben wird und dadurch die Erklärungen und Intentionen der Betroffenen in ihr Gegenteil verkehrt werden (Koblenz NZG 2002, 622). Bei der Beurteilung einer Aussage ist auf den Gesamtzusammenhang der Äußerung abzustellen, in dem die Aussage gefallen ist (BGH NJW 2009, 3580). Mehrdeutige Äußerungen sind von dem Erklärenden mit einem Interpretationsvorbehalt zu versehen (Frankfurt NJW-RR 2020, 811 = MMR 2021, 264).

155 Die durch die Tatsachenbehauptung eingetretene **Beeinträchtigung** des Betroffenen **muss fortwirken.** Das ist nur dann der Fall, wenn die Behauptungen bestimmten Dritten oder der Öffentlichkeit zur Kenntnis gelangt sind oder gelangen können. Ohne solche den Verletzten belastende „Außenwirkung" besteht kein Anlass, dem Beklagten einen Widerruf abzuverlangen, da dieser ggf nur dazu dienen würde, dem Verletzten, ohne dass dies zum Schutz seiner Ehre in seiner sozialen Umwelt erforderlich wäre, durch eine Ehrenerklärung Genugtuung zu verschaffen und den Verletzer in unzumutbarer Weise zu demütigen (BGHZ 89, 198, 202).

156 Außerdem muss der **Widerruf notwendig und geeignet** sein, den **Störungszustand zu beseitigen.**

157 Auf eine **Wiederholungsgefahr** kommt es, anders als beim Unterlassungsanspruch, dagegen nicht an (RGZ 166, 193, 205; BGH LM Nr 6 zu § 14 UWG).

158 Es ist auch **kein Verschulden** erforderlich. Bei Verschulden kann neben dem quasi-negatorischen aber auch ein deliktischer Widerrufsanspruch gegeben sein.

159 **b) Inhalt und Durchführung des Widerrufs.** Der Verletzte kann einen uneingeschränkten Widerruf verlangen, wenn die **vollständige Unrichtigkeit der Behauptung feststeht** (BGHZ 37, 187; 69, 181, 182; BGH NJW 1960, 672; 1966, 647, 649; GRUR 1970, 370, 372; *Helle* NJW 1961, 1896, 1897; *Schnur* GRUR 1979, 139).

160 **Steht die Unrichtigkeit der Behauptung nicht fest**, hat jedoch die Beweisaufnahme keine ernstlichen Anhaltspunkte für die Wahrheit des Vorwurfs ergeben, so kann der Verletzte (nur) eine eingeschränkte Erklärung der-

gestalt verlangen, dass der Vorwurf nach dem Ergebnis der Beweisaufnahme nicht aufrechterhalten werden könne.

Ist die Behauptung nur zT unwahr, so steht dem Verletzten nicht schlechthin ein Anspruch auf Widerruf, sondern nur ein Anspruch auf Widerruf in Form einer Richtigstellung zu (BGH NJW-RR 1987, 754, 755). 161

Der zum Widerruf Verpflichtete kann seiner Erklärung den **Hinw hinzufügen**, dass er den Widerruf in Erfüllung eines rechtskräftigen Urt abgibt (BVerfGE 28, 1, 10; BGHZ 69, 181, 183f). Er darf einen uneingeschränkten Widerruf jedoch nicht in seiner Wirkung abschwächen (zB durch den Zusatz, er halte seine früheren Behauptungen doch für wahr, BGHZ 68, 331, 338). 162

Die konkrete **Art der Durchführung** des Widerrufs ist im Urt zu bestimmen. 163

c) **Vollstreckung**. Die Vollstreckung erfolgt grds nach § 888 ZPO, nicht entspr § 894 ZPO. Dies gilt jedenfalls dann, wenn der Urteilstenor ins Einzelne gehende Handlungsanweisungen für den Widerruf enthält (Celle InVo 2002, 301). 164

Der Widerruf gilt nicht mit Rechtskraft eines stattgebenden Urt als abgegeben (BGH NJW 1962, 1438; aA Frankfurt JZ 1974, 62, 63 m Anm *Leipold*; *Helle* NJW 1963, 129, 131ff). § 894 ZPO findet keine analoge Anwendung, da die Fiktion des § 894 ZPO für die durch § 1004 bezweckte Beseitigung der fortdauernden Beeinträchtigung nicht ausreichend ist. 165

d) **Bsp und Fallgruppen.** Bei reinen **Meinungsäußerungen oder Werturteilen** ist ein Anspruch auf Widerruf wegen des Rechts auf freie Meinungsäußerung (Art 5 GG) idR nicht gegeben (Rn 51). **Tatsachenbehauptungen** (dazu Rn 40ff) sind durch die obj Beziehung zw Äußerung und Wirklichkeit charakterisiert. Demggü werden **Werturteile und Meinungsäußerungen** durch die subj Beziehung des sich Äußernden zum Inhalt seiner Aussage geprägt. Wesentlich für die Einstufung als Tatsachenbehauptung ist danach, ob die Aussage einer Überprüfung auf ihre Richtigkeit mit Mitteln des Beweises zugänglich ist. Dies scheidet bei Werturteilen und Meinungsäußerungen aus, weil sie durch das Element der Stellungnahme und des Dafürhaltens gekennzeichnet sind und sich deshalb nicht als wahr oder unwahr erweisen lassen (zur Abgrenzung BGH NJW 2016, 1584; 2016, 2106, 2108; 2016, 56, 58f; 2015, 773; Nürnberg OLGRp 2002, 258; München ZUM 2001, 809; Karlsruhe ZUM 2001, 883, 887). Beinhaltet eine Äußerung eine Tatsachenbehauptung, tritt diese aber hinter der Wertung zurück, wie etwa bei substanzarmen Äußerungen im politischen Meinungskampf, so ist auch die Tatsachenbehauptung im Hinblick auf das Recht zur freien Meinungsäußerung (Art 5 I GG) als Werturteil anzusehen (BGH NJW 2016, 1584; 2016, 56; 58f; 2009, 3580; 2002, 1192; NJW-RR 2008, 913; BVerfG NJW 1983, 1415, 1416). Demggü kann sich eine Äußerung, die auf Werturteilen beruht, als Tatsachenbehauptung erweisen, wenn und soweit bei dem Adressaten zugleich die Vorstellung von konkreten, in die Wertung eingekleideten Vorgängen hervorgerufen wird, die als solche einer Überprüfung mit den Mitteln des Beweises zugänglich sind (BGH NJW 2016, 2106, 2108; 2016, 56, 58f; 2005, 279, 280). Entscheidend ist der Zusammenhang, in welchem die Äußerung gefallen ist (BGH NJW 2016, 56, 58f; 2015, 773). Auch ein **Boykottaufruf** kann in den Schutzbereich des Art 5 GG fallen, sofern ihm eine bestimmte Meinungskundgabe zugrunde liegt (BGH NJW 2016, 1584, 1585; NJW-RR 2014, 1508; BVerfG NJW 2008, 1146; 1983, 1181; 1969, 1161 – Blinkfüer). Wegen Meinungsäußerungen, die sich als **Schmähung Dritter** darstellen, kann dagegen ein Widerrufsanspruch bestehen. Insoweit kommt dem Persönlichkeitsschutz Vorrang zu (BVerfG NJW 1991, 95f). Als Schmähung ist eine Meinungsäußerung anzusehen, wenn sie jenseits auch polemischer und überspitzter Kritik in der Herabsetzung der Person besteht. Das ist nur dann der Fall, wenn es bei einer Äußerung nicht um eine Auseinandersetzung in der Sache geht, sondern die Herabsetzung einer Person selbst im Vordergrund steht (BVerfGE 61, 1, 12; 82, 272, 283f). Wird eine Schmähkritik angenommen, entfällt grds eine Abwägung zw Persönlichkeitsrecht und Meinungsfreiheit, weil die Menschenwürde als oberster Verfassungswert betroffen ist. Deswegen sind aber auch hohe Hürden für die Einstufung einer Äußerung als Schmähkritik anzunehmen. Die Voraussetzungen werden nur in seltenen Ausnahmefällen gegeben sein. So ist zB die wörtliche oder sinngemäße Behauptung, Angeln verstärke die Empfindungslosigkeit und Ignoranz ggü dem Leben und trage erheblich zur Verrohung der Gesellschaft bei und durch das Angeln könne der Grundstein gelegt werden, dass sich Menschen zu Gewalttätern entwickeln, vom Recht der freien Meinungsäußerung (Art 5 I GG) noch gedeckt (Stuttgart OLGRp 2002, 277; vgl auch AG Schöneberg ZMR 2001, 982). Auch die Bezeichnung einer mit einem Ermittlungsverfahren betrauten Staatsanwältin als „dahergelaufene Staatsanwältin", „durchgeknallte Staatsanwältin", „widerwärtige, boshafte, dümmliche Staatsanwältin" und „geisteskranke Staatsanwältin" durch einen Strafverteidiger ggü der Presse stellt nicht ohne weiteres eine Schmähkritik dar; für die Annahme einer Schmähkritik bedarf es auch in einem solchen Fall näherer Darlegungen, dass sich die Äußerungen von dem Ermittlungsverfahren völlig gelöst hatten oder der Verfahrensbezug nur als mutwillig gesuchter Anlass oder Vorwand genutzt wurde, um die Staatsanwältin als solche zu diffamieren (BGH NJW 2016, 2870). Erfolgt die Äußerung im Kontext einer politischen Auseinandersetzung, bestehen noch einmal erhöhte Anforderungen an die Annahme einer Schmähkritik (BGHZ 2019, 1368 – spöttisch-satirischer Hinweis auf eine mögliche Bestechlichkeit des politischen Gegners). 166

Die **Kundgabe einer Rechtsauffassung** als Äußerung subj Wertung kann zwar falsch oder richtig, nicht aber wahr oder unwahr sein und ist deshalb einem Widerruf nicht zugänglich (BGH NJW 1982, 2246, 2247). Anders liegt es, wenn die Rechtsauffassung nicht als solche kenntlich gemacht ist, sondern beim Adressaten zugleich die Vorstellung von konkreten in der Wertung enthaltenen Vorgängen hervorruft, die als solche mit den Mitteln des Beweises überprüfbar sind (BGH NJW 1982, 2248, 2249). 167

168 Ein Anspruch auf Widerruf ehrverletzender oder geschäftsschädigender **Prozessbehauptungen** einer **Partei** oder eines **Anwalts** besteht nicht, es sei denn, die Behauptungen seien bewusst oder zumindest leichtfertig unwahr oder ohne jeden inneren Zusammenhang mit der Ausführung und Verteidigung der Interessen der Prozessbeteiligten in diesem Prozess aufgestellt (BGH NJW 2008, 996, 998; 2012, 1659, 1660 – Geldentschädigung wegen ehrkränkender Äußerungen in einem Gerichtsverfahren bzw ggü den Strafverfolgungsbehörden; Celle NJW-RR 2012, 1189, 1190 – Ehrkränkende Äußerungen in einem vorgerichtlichen Anwaltsschreiben; krit *Piekenbrock* JZ 2006, 586. Zur Drohung durch den Rechtsanwalt: *Donath/Mehle* NJW 2009, 2363ff). Ebenso kann ein Verfahrensbeteiligter nicht von einem vernommenen **Zeugen** den Widerruf seiner Aussage oder eine Geldentschädigung im Verfahren vor den Zivilgerichten verlangen, solange der Zivil- oder Strafprozess nicht abgeschlossen ist (BGH NJW 1986, 2502, 2503; BGHZ 65, 1803; *Walter* JZ 1986, 1057, 1058ff). Die Grundsätze über den Ausschluss gesonderter Abwehrklagen ggü Parteivorbringen und Zeugenaussagen im gerichtlichen Verfahren gelten aber **nicht** für Abwehransprüche gegen **widerrechtl erlangte Beweismittel**, zB Tonbandaufzeichnungen (BGH NJW 1988, 1016). Unrichtige Tatsachenbehauptungen von **Privatgutachtern** sind hinzunehmen, wenn das Gutachten ausschließlich in einem Prozess verwertet wird und deshalb nur in diesem Rahmen möglicherweise als Beeinträchtigung fortwirkt (Frankfurt NJW 1969, 557; Karlsruhe MDR 1969, 574f). Beeinträchtigende **Werturteile** sind im Prozess erlaubt, selbst wenn stark vergröbernde Schlagworte gebraucht werden; nur bei außergewöhnlich schweren Beeinträchtigungen kann nach Lage des Falles das Recht des Verletzten vorgehen (BGH MDR 1973, 304f).

169 Ein Anspruch auf Widerruf einer **ärztlichen Diagnose** besteht grds nicht (BGH LM Nr 181 zu § 1004 BGB).

170 Bei einer ungerechtfertigten **Herabsetzung durch einen Beamten** steht dem Betroffenen nur dann ein Widerrufsanspruch gegen den Dienstherrn zu, wenn diesem das Verhalten des Beamten zuzurechnen ist (Koblenz NJW 1987, 1660). Auch einer Behörde kann ein Richtigstellungsanspruch zustehen, wenn die Äußerung im konkreten Fall geeignet sein kann, die Behörde schwerwiegend in ihrer Funktion zu beeinträchtigen (BGHZ 176, 175ff, 187f).

171 **2. Allgemeines Persönlichkeitsrecht.** Auch in anderen Fällen einer Verletzung des Allgemeinen Persönlichkeitsrechts steht dem Verletzten ein Abwehranspruch nach § 1004 zu (BGH NJW-RR 2022, 419 = GRUR 2022, 349; NJW-RR 2021, 1633; BGHZ 27, 284, 289ff; 30, 7, 14; 39, 124, 131; 50, 133, 137ff, 142f – Mephisto; 91, 233, 239 – Datenschutz; 107, 384, 390f – Emil Nolde; BGH NJW 1988, 1016ff; BAG NJW 1986, 1065).

172 **a) Begriff.** Zum Begriff des Allgemeinen Persönlichkeitsrecht vgl Anh § 12.

173 **b) Bsp.** Ein Hauseigentümer, in dessen **Briefkasten** gegen seinen ausdrückl Willen **Werbematerial** eingeworfen wird, kann von dem Werbenden Unterlassung verlangen, auch wenn dieser die Werbung durch einen Dritten besorgen lässt; gleiches gilt für unverlangte **Fax- oder E-Mail-Werbung** und unverlangte **Werbeanrufe** (Rn 149). Verletzt eine unwahre Tatsachenbehauptung auf der **Titelseite einer Illustrierten** fortlaufend die Persönlichkeit des Betroffenen, so kann dieser vom Verleger die Veröffentlichung eines Widerrufs auf der Titelseite der Illustrierten verlangen (BGHZ 128, 1, 10 – Caroline v Monaco). Zu Zulässigkeit und Grenzen **öffentlicher Berichterstattung** vgl iÜ Rn 40ff (Tatsachenbehauptungen) und Rn 166ff (Meinungsäußerungen). Wird eine **Videoüberwachung** nachbarlicher Flächen nicht nur angedroht, sondern über die bloße Androhung hinaus zugleich eine Kamera in einer Weise installiert, die eine permanente überwachende Aufzeichnung ermöglicht, wird in unzulässiger Weise in das Persönlichkeitsrecht des Betroffenen eingegriffen, und zwar unabhängig davon, ob tatsächlich Aufnahmen erstellt werden (LG Braunschweig NJW 1998, 2457; AG Bad Iburg BeckRS 2021, 48248 [Rn 14ff]; BGH NJW 1995, 1955, 1957; AG Meldorf MDR 2012, 277, 278f – Einsatz von durch halbrunde, schwarz getönte und dadurch blickdichte Kunststoffkuppeln verdeckte sog „Dome-Kameras"; zum Ganzen *Horst* NJW 2009, 1787ff). Eine heimliche „rundum die Uhr" stattfindende Videoüberwachung einer Waschküche wegen vorangegangener Beschädigungen stellt einen Eingriff in das Persönlichkeitsrecht dar, der nicht durch drohende weitere Beschädigungen gerechtfertigt ist (Köln NJW 2005, 2997, 2998; so auch Düsseldorf NJW 2007, 780f). Auch das **Fotografieren** eines üblicherweise nicht einsehbaren Saunabereichs einer Wohnung durch den Hausverwalter ist unzulässig (LG Köln NJW 2009, 1825, 1826). Fertigt im Rahmen einer intimen Beziehung ein Partner vom anderen **intime Bild- oder Filmaufnahmen**, kann dem Abgebildeten gegen den anderen nach dem Ende der Beziehung ein Löschungsanspruch zustehen, wenn er seine Einwilligung in die Anfertigung und Verwendung der Aufnahmen auf die Dauer der Beziehung – konkludent – beschränkt hat (BGH NJW 2016, 1094; dazu *Golla/Herbort* GRUR 2015, 648ff). Die Zulässigkeit der **Veröffentlichung von Personenbildern** (zu Fotos von Sachen vgl Rn 25) beurteilt sich nach st Rspr des BGH anhand des Schutzkonzepts der §§ 22, 23 KUG (BGH NJW 2019, 1277; 2018, 1820; 2017, 804; 2015, 2500; 2013, 2890; 2012, 3645; 2012, 763; 2012, 762; 2007, 1977; NJW-RR 2014, 1193). Danach dürfen Bildnisse einer Person grds nur mit deren Einwilligung verbreitet werden (§ 22 S 1 KUG; zum Widerruf einer erteilten Einwilligung BGH NJW 2019, 1277). Die Veröffentlichung des Bildes von einer Person begründet grds eine rechtfertigungsbedürftige Beschränkung ihres Allgemeinen Persönlichkeitsrechts (BVerfG NJW 2011, 740). Erfolgt die Veröffentlichung ohne Einwilligung des Abgebildeten, ist sie nur zulässig, wenn das Bild dem **Bereich der Zeitgeschichte** oder einem der weiteren Ausnahmetatbestände des § 23 I KUG positiv zuzuordnen ist und berechtigte Interessen des Abgebildeten nicht verletzt werden (§ 23 I Nr 1, II KUG; BGH NJW 2018, 1820 – Chr. Wulff; 2017, 1376 – Kachelmann; Köln NJW 2018, 2735 – Prügelattacke eines Musikers; BGH NJW 2002, 2317, 2318 – Marlene Dietrich; *Deutsch* JZ 2005, 987). Dabei ist schon bei der Beurteilung, ob ein Bild dem Bereich der Zeitgeschichte zuzuordnen ist, eine Abwägung zw den Rechten des Abgebildeten aus Art 1 I, 2 I GG, Art 8 I EMRK einerseits und den Rechten der Presse aus Art 5 I GG, Art 10 EMRK

andererseits vorzunehmen (Köln NJW 2018, 2735; BGH NJW 2018, 1820; 2017, 804; 2015, 2500; 2007, 3440). So ist zB die Veröffentlichung von Personenbildern im Rahmen einer Bildberichterstattung über das Mieterfest einer Wohnungsbaugenossenschaft in deren an ihre Mieter gerichteten Informationsbroschüre auch ohne Zustimmung der betroffenen Personen zulässig (BGH NJW-RR 2014, 1193). Eine erneute Veröffentlichung eines Fotos, das bereits rechtswidrig veröffentlicht wurde, ist auch dann rechtswidrig, wenn der Abgebildete zwischenzeitl Informationen über sein Privatleben öffentlich gemacht hat (BGH NJW 2006, 594). Die **Bewertung von Lehrern** durch Schüler in einem Meinungsforum verletzt im Allg weder das Allgemeine Persönlichkeitsrecht der bewerteten Lehrer noch Datenschutzvorschriften (NJW 2009, 2888, 2891; dazu *Gounalakis/Klein* NJW 2010, 566). Gleiches gilt für die **Bewertung von Ärzten** (BGH NJW 2016, 2106 – Ärztebewertungsportal III; 2015, 489, 493 – Ärztebewertungsportal II) oder anderen Berufsgruppen (BGH ZIP 2020, 464 – www.yelp.de) im Internet; anders aber, wenn die Plattform nicht von einem neutralen Kommunikationsvermittler, sondern von einem Unternehmen mit wirtschaftl Eigeninteressen betrieben wird (BGH NJW 2018, 1884 – Ärztebewertungsportal III; vgl auch Rn 116). **Berichte über das Privatleben** von Personen können auch unabhängig von deren Richtigkeit das Allgemeine Persönlichkeitsrecht der Betroffenen verletzen und einen Unterlassungsanspruch begründen (BGH NJW-RR 2022, 419; Frankfurt NJW-RR 2022, 698). Gleiches gilt für die sog **identifizierende Berichterstattung** (BGH NJW-RR 2022, 1128). Weitere Bsp vgl Anh § 12 Rn 1ff.

c) **Schadensersatz.** Dem Verletzten stehen nicht nur ein Unterlassungs- und Beseitigungsanspruch (dazu Rn 63ff) zu. Eine Verletzung des Allgemeinen Persönlichkeitsrechts begründet daneben auch einen Anspruch auf Geldentschädigung, wenn es sich um einen schwerwiegenden Eingriff handelt und die Beeinträchtigung nicht in anderer Weise befriedigend ausgeglichen werden kann (*Brost/Hassel* NJW 2020, 2214). Ob eine schwerwiegende Verletzung des Persönlichkeitsrechts vorliegt, die die Zahlung einer Geldentschädigung erfordert, hängt insb von der Bedeutung und Tragweite des Eingriffs, ferner von Anlass und Beweggrund des Handelnden sowie von dem Grad seines Verschuldens ab (BGH NJW 2015, 2500, 2502; 2014, 2029; 2010, 763; 2005, 215; 1996, 1131; 1995, 861; vgl auch BVerfG NJW 2004, 591; *Gounalakis* NJW 2014, 2000ff). 174

VIII. Verjährung. Beseitigungs- oder Unterlassungsansprüche aus § 1004 verjähren nach §§ 195, 199 in der regelmäßigen Verjährungsfrist von drei bzw max zehn Jahren (BGH NJW-RR 2016, 24, 27; NJW 2014, 2861; 2004, 1035; *Köhler* JZ 2005, 489). In allen Fällen setzt der Lauf der Verjährungsfrist voraus, dass der Anspruch entstanden ist. Bei Unterlassungsansprüchen kommt es insoweit gem § 199 V auf die Zuwiderhandlung an (BGH NJW-RR 2016, 24, 27). Bei der zweckwidrigen Nutzung einer Sache beginnt der Lauf der Verjährung nicht, solange die Nutzung andauert (BGH NJW-RR 2015, 781, 782; ZMR 2011, 967). In diesen Fällen kommt aber Verwirkung in Betracht (Rn 73). Zu beachten ist, dass der Eigentümer eines Grundstücks, der seinen Anspruch auf Beseitigung einer Beeinträchtigung nach § 1004 I 1 wegen des Eintritts der Verjährung nicht mehr durchzusetzen vermag, die Störung deswegen nicht auch in Zukunft hinnehmen muss (BGH NJW-RR 2014, 1043, 1044; NJW 2011, 1068; 2011, 1069). Die Verjährung des Beseitigungsanspruchs begründet kein Recht des Störers auf Duldung nach § 1004 II. Der Eigentümer ist deshalb auch nach Verjährung des Beseitigungsanspruchs aufgrund seiner Befugnisse aus § 903 S 1 berechtigt, die Beeinträchtigung seines Eigentums durch Entfernung des störenden Gegenstands von seinem Grundstück selbst zu beseitigen (BGH NJW-RR 2014, 1043, 1044; NJW 2011, 1068; 2011, 1069). 175

IX. Prozessuales. 1. Klageart und Klageantrag. Der Beseitigungs- oder Unterlassungsanspruch ist im Wege der **Leistungsklage** geltend zu machen. 176

Nach **§ 253 II Nr 2 ZPO** muss die Klage einen **konkreten Klageantrag** beinhalten. Dies ist bei einem auf § 1004 gestützten Beseitigungsanspruch aber oft nicht möglich, da der Störer die Wahl hat, wie und mit welchen Mitteln er eine Störung beseitigt. Es ist in diesen Fällen daher ausreichend, wenn der Kläger die zu beseitigende Beeinträchtigung konkret benennt und die Bestimmung der Art der Beseitigung dem Störer oder dem Gericht überlässt. 177

2. Wechsel des Berechtigten. Der Abwehranspruch aus § 1004 I ist, ebenso wie der Herausgabeanspruch aus § 985, untrennbar mit dem Eigentum verbunden und daher nicht selbständig abtretbar (BGHZ 60, 235, 240; § 985 Rn 9). Er geht mit der **Übertragung des Eigentums** auf den neuen Rechtsinhaber als Rechtsnachfolger über (BGHZ 98, 235, 241). Zulässig ist allenfalls eine Ermächtigung zur gerichtlichen Geltendmachung im eigenen Namen, wenn der Ermächtigte, zB ein Mieter, ein eigenes schutzwürdiges Interesse hieran hat (§ 185 I analog). 178

Da der Anspruch dem Eigentümer als solchem zusteht, ist im Falle der Veräußerung des betroffenen Grundstücks während eines Prozesses **§ 265 ZPO** anzuwenden (BGHZ 18, 223, 225). Durch den Eigentumswechsel wird die Befugnis des klagenden früheren Eigentümers zur Weiterführung des Prozesses nicht berührt. 179

3. Klageänderung. Der **Übergang vom vindikatorischen** (§ 985) **zum negatorischen** (§ 1004) **Anspruch** oder umgekehrt ist keine Klageänderung. Der **Übergang vom Abwehr- zum Ausgleichsanspruch** ist eine Klageänderung (BGH MDR 1969, 648). 180

X. Konkurrenzen. Bei einer **unrichtigen Eintragung im Grundbuch** hat der Eigentümer gegen den Buchberechtigten den **Berichtigungsanspruch aus § 894.** Dieser ist ein besonders geregelter negatorischer Anspruch und geht dem § 1004 vor (BGHZ 5, 76, 82). Gleiches gilt für **gegenstandslos gewordene Eintragungen** (Widersprüche, Vormerkungen; so auch MüKo/*Raff* Rn 43). Wegen der Berichtigungskosten s § 897. 181

Wegen einer von einem Nichtberechtigten **wirksam vorgenommenen Belastung eines Grundstücks** (zB einer vom Bucheigentümer einem redlichen Gläubiger bestellten Hypothek, vgl § 892) kann der wahre Eigentümer 182 nicht nach § 1004 Beseitigung der Belastung, sondern nur **Schadensersatz analog §§ 989ff** verlangen (RGZ 121, 335, 336; 158, 40, 45; MüKo/*Raff* Rn 43).

183 Gegen **falsche Eintragungen in anderen Büchern** (zB dem Kataster oder dem Baulastenbuch) kann dem Berechtigten dagegen der Beseitigungsanspruch aus § 1004 zustehen, da es hier an einer dem § 894 vergleichbaren Vorschrift fehlt.

184 Der **Besitzer** wird gegen Beeinträchtigungen zusätzl durch **§ 862** geschützt.

185 Bei schuldhaften Beeinträchtigungen kommen neben § 1004 auch **Schadensersatzansprüche nach §§ 823ff** in Betracht.

186 Und auch **Ansprüche aus §§ 907–910** können neben dem Abwehranspruch aus § 1004 bestehen (MüKo/*Raff* Rn 45).

§ 1005 Verfolgungsrecht

Befindet sich eine Sache auf einem Grundstück, das ein anderer als der Eigentümer der Sache besitzt, so steht diesem gegen den Besitzer des Grundstücks der in § 867 bestimmte Anspruch zu.

1 **1. Allgemeines.** § 1005 schließt eine Lücke zw § 985 und § 1004. Befindet sich eine Sache auf einem fremden Grundstück, ohne dass sie sich im Besitz des Grundstücksbesitzers befindet, gewährt weder § 985 noch § 1004 einen Anspruch auf Abholung der Sache. Für einen Anspruch aus § 985 fehlt es am Besitz des Grundstückseigentümers. Und ein Anspruch aus § 1004 besteht nicht, weil der Grundstückseigentümer, der den Zutritt zu seinem Grundstück verwehrt, lediglich Rechte aus dem Grundstückseigentum ausübt. Um dem Eigentümer der Sache in dieser Situation die Abholung zu ermöglichen, gewährt § 1005 ihm die Rechte aus § 867.

2 **2. Voraussetzungen.** Voraussetzung für den Anspruch aus § 1005 ist, dass sich die Sache **auf einem fremden Grundstück befindet.** Zudem darf der **Grundstücksbesitzer nicht gleichzeitig** auch **Besitzer der Sache** sein, da in diesem Fall bereits § 985 eingreift. Und die **Sache** darf mit dem Grundstück **nicht** dergestalt verbunden worden sein, dass sie **wesentlicher Bestandteil des Grundstücks** iSd §§ 94, 946 geworden ist, da sich in diesem Fall das Eigentum an dem Grundstück auch auf die Sache erstrecken würde.

3 Unerheblich ist, auf welche Weise die Sache auf das Grundstück gelangt ist. § 1005 findet auch dann Anwendung, wenn die Sache dem Eigentümer abhandengekommen oder von ihm bewusst auf das Grundstück verbracht worden ist (offengelassen in BGH NJW 1956, 1273, 1274f). Der Anspruch besteht sogar dann, wenn die Sache sich stets auf dem Grundstück befunden hat.

4 **3. Rechtsfolgen.** Nach § 1005 hat der Besitzer des Grundstücks dem Eigentümer die **Aufsuchung und Wegschaffung** der Sache zu gestatten. Die Einzelheiten ergeben sich aus § 867.

5 Der Anspruch aus § 1005 ist petitorischer Natur; materiellrechtl **Einwendungen** des Grundstücksbesitzers sind daher uneingeschränkt zulässig.

6 Die **Kosten** der Aufsuchung und Wegschaffung trägt der Eigentümer; dieser ist auch für den dadurch evtl verursachten Schaden ersatzpflichtig. Der Grundstückseigentümer kann Sicherheitsleistung (§§ 232ff) verlangen, wenn nicht mit dem Aufschub Gefahr verbunden ist.

7 Für den Sonderfall **herüberfallender Früchte** ist § 911 zu beachten. § 962 gewährt ein eigenständiges Recht zum Betreten fremder Grundstücke bei der **Verfolgung von Bienenschwärmen.**

§ 1006 Eigentumsvermutung für Besitzer

(1) Zugunsten des Besitzers einer beweglichen Sache wird vermutet, dass er Eigentümer der Sache sei. Dies gilt jedoch nicht einem früheren Besitzer gegenüber, dem die Sache gestohlen worden, verloren gegangen oder sonst abhandengekommen ist, es sei denn, dass es sich um Geld oder Inhaberpapiere handelt.

(2) Zugunsten eines früheren Besitzers wird vermutet, dass er während der Dauer seines Besitzes Eigentümer der Sache gewesen sei.

(3) Im Falle eines mittelbaren Besitzes gilt die Vermutung für den mittelbaren Besitzer.

Schrifttum: *Kontusch/Traub*, Die Eigentumsvermutung des § 1006 BGB, NJ 2015, 340; *Krebs*, Die Eigentumsvermutung aus § 1006 I 1 BGB beim Auszug aus einer gemeinschaftlichen Wohnung, FamRZ 1994, 281; *Laumen*, Die sekundäre Behauptungslast im Rahmen der Eigentumsvermutung, MDR 2016, 370; *Medicus*, Ist Schweigen Gold? Zur Widerlegung der Rechtsvermutungen aus §§ 891, 1006 BGB, FS F. Baur, 1981, 63; *Picker*, Mittelbarer Besitz, Nebenbesitz und Eigentumsvermutung in ihrer Bedeutung für den Gutglaubenserwerb, AcP 188, 511; *Winkler*, Die Rechtsvermutungen aus dem Besitz, 1969.

1 **I. Allgemeines.** Die Vorschrift regelt die **Beweislastverteilung** bei Streitigkeiten, in denen das Eigentum an einer beweglichen Sache in Frage steht. Sie stellt die **Vermutung** auf, dass der **aktuelle Besitzer** einer Sache auch deren Eigentümer ist (Abs I). Kann diese Vermutung widerlegt werden, gilt die Eigentumsvermutung zugunsten des **früheren Besitzers** (Abs II). Besteht ein Besitzmittlungsverhältnis, gilt die Eigentumsvermutung nach Abs I oder II zugunsten des **mittelbaren Besitzers** (Abs III).

2 Das Gesetz schließt von der Besitzsituation auf das Eigentum, weil der Besitz beweglicher Sachen häufig anlässlich ihrer Veräußerung übertragen wird (§§ 929ff). § 1006 enthält also eigentlich eine **Eigentumserwerbsver-**

mutung. Es wird vermutet, dass der Besitzer den Besitz anlässlich einer Eigentumsübertragung erhalten hat und deshalb aktuell Eigentümer ist (BGH NJW 1975, 1699, 1700; 1984, 1456, 1457; 1994, 939, 940; Köln OLGRp 1999, 304; Staudinger/*Thole* Rn 20; *Brehm/Berger* § 7 Rn 81). Dem Besitzer kann aber eine sekundäre Darlegungslast für die Umstände seines Besitz- und Eigentumserwerbs obliegen (Hamm NZV 2021, 584).

II. Anwendungsbereich. 1. Bewegliche Sachen. § 1006 findet nur auf **bewegliche Sachen** Anwendung. Für Grundstücke findet sich eine ähnl Regelung in § 891. 3

2. Sachen im Besitz von Ehegatten etc. § 1362 (MüKo/*Raff* Rn 19f) und § 1568b II (Stuttgart NJW 2016, 1665) enthalten besondere Eigentumsvermutungen hinsichtl der im Besitz von **Ehegatten** befindlichen beweglichen Sachen, insb **Haushaltsgegenständen**. Soweit der Anwendungsbereich dieser Vorschriften reicht, gehen sie § 1006 vor. IÜ findet § 1006 aber auch auf solche Sachen Anwendung. Ehegatten haben idR Mitbesitz an ihren Haushaltsgegenständen, die Vermutung des § 1006 spricht daher für Miteigentum. Entspr gilt nach § 8 I LPartG für Sachen, die sich im Besitz von **Lebenspartnern** befinden. In einer **nichtehelichen Lebensgemeinschaft** begründet § 1006 eine Vermutung für Miteigentum der Partner der nichtehelichen Lebensgemeinschaft an allen gemeinsam genutzten Gegenständen des gemeinsamen Haushalts; ausgenommen hiervon sind nur die von den Partnern bereits früher angeschafften Gegenstände, hieran besteht Alleineigentum desjenigen, der die Sache erworben hat (Düsseldorf MDR 1999, 233). 4

3. Wertpapiere etc. Auf **Schuldurkunden** iSd § 952 findet § 1006 keine Anwendung, da das Eigentum an ihnen nicht nach §§ 929ff übertragen wird (BGH WM 1972, 701; NJW 1972, 2268, 2269). 5

Auf **Geld, Inhaberpapiere** und **depotverwahrte Wertpapiere** (BGH NJW 1997, 1434: Oder-Depot; Zweibrücken NZFam 2020, 268 = NJW-RR 2020, 650: Einzeldepot, vorbehaltlich anderer Vereinbarungen) ist § 1006 dagegen anwendbar. IÜ bestehen für **Wertpapiere** eine Reihe von **Sonderregeln** (Art 16 WG, Art 19 ScheckG, § 365 I HGB, § 68 I AktG). 6

Bei **Kfz-Briefen** (Zulassungsbescheinigung Teil II) wird vermutet, dass der Besitzer des Fahrzeugs Eigentümer des Kfz-Briefs ist, nicht aber umgekehrt (BGH NJW 2004, 217; MüKo/*Raff* Rn 14; vgl auch § 952 Rn 10). Wird der Kfz-Brief (Zulassungsbescheinigung Teil II) bei einer Übereignung eines Kfz, welches noch nicht vollständig bezahlt ist, einbehalten, so stellt dies einen konkludent vereinbarten Eigentumsvorbehalt dar, § 1006 greift daher nicht zugunsten des Erwerbers (BGH NJW 2006, 3488; *Fritsche/Würdinger* NJW 2007, 1037ff). 7

III. Eigentumsvermutung zugunsten des aktuellen Besitzers (Abs I). § 1006 I statuiert eine Eigentumsvermutung zugunsten des aktuellen Besitzers. Kollidiert diese mit einer entspr Vermutung zugunsten des ehemaligen Eigenbesitzers iSd Abs II, so hat die Vermutung aus Abs I Vorrang, es sei denn, der frühere Besitzer beweist die Voraussetzungen des § 1006 I 2 (Rn 20). 8

1. Voraussetzungen. Die Eigentumsvermutung des § 1006 I beruht auf der **Annahme**, dass der **Besitzerwerb anlässlich einer Eigentumsübertragung** stattgefunden hat. Daraus ergeben sich besondere Voraussetzungen für die Eigentumsvermutung und auch die Widerlegbarkeit der Eigentumsvermutung. 9

a) Erwerb von Eigenbesitz. Die Eigentumsvermutung des § 1006 I besteht nur, wenn der Besitzer Eigenbesitzer (§ 872) ist und die Sache **von Anfang an in Eigenbesitz** gehabt hat (BGH NJW 2004, 217, 219; Koblenz DZWIR 2005, 37; *Brehm/Berger* § 7 Rn 83; s aber auch Rn 22). Nur dann kann nämlich die dem § 1006 zugrunde liegende Annahme zutreffen, dass der Besitzerwerb anlässlich einer Eigentumsübertragung erfolgt ist. Der (angenommene) Eigentumserwerb muss nicht entgeltlich sondern kann auch schenkweise erfolgt sein (BGH NJW 2015, 1678, 1679; Staudinger/*Thole* Rn 15; BVerwG NJW 2003, 689). 10

Steht fest, dass der Besitzer den Besitz nicht anlässlich einer Eigentumsübertragung erworben hat, ist die Vermutung des Abs I S 1 **widerlegt** (§ 292 ZPO; *Brehm/Berger* § 7 Rn 81f). Das ist zB der Fall, wenn die Sache nach eigenem Vortrag des Besitzers zunächst zur Verwahrung (vgl BGH NJW 1984, 1456, 1457; NJW-RR 1989, 651 und 1453) oder zur Leihe (Hamm OLGRp 2000, 237; Brandenburg OLGRp 2005, 872) übergeben wurde; ebenso im Fall eines Erwerbs unter Eigentumsvorbehalt, KG Berlin, VRR 2010, 402. Allg ist erforderlich, dass die gegen eine seinerzeitige Übereignung sprechenden Indizien deutlich überwiegen (BVerwG VIZ 2002, 459); vgl aber auch Rn 17. 11

Hat der aktuelle Besitzer (zB als Mieter) **zunächst Fremdbesitz** und erst später Eigenbesitz **erlangt**, muss er seinen Eigentumserwerb nachweisen, ohne sich auf die Vermutung des § 1006 berufen zu können (BGH NJW-RR 2016, 1097; NJW 2015, 1678; 2004, 217; Brandenburg 5.7.2016 – 6 U 161/14; BeckRS 2016, 12667 Rn 44). Eine Vermutung des Inhalts, dass der Wechsel von Fremd- zu Eigenbesitz anlässlich eines Eigentumserwerbs stattgefunden hat, ist § 1006 nicht zu entnehmen (Staudinger/*Thole* Rn 16; MüKo/*Raff* Rn 46). 12

Mitbesitz begründet eine Vermutung für Miteigentum (§ 1008) zugunsten all derer, deren Nichtberechtigung nicht nachgewiesen ist (Düsseldorf NJW-RR 1994, 866). Dies gilt auch für die in einer nichtehelichen Lebensgemeinschaft gemeinsam benutzten Sachen (Düsseldorf NJW 1992, 1706, 1707; Hamm NJW 1989, 909). **Besitzdiener** (§ 855) können sich nicht auf die Vermutung des § 1006 berufen, diese gilt ggf für den Besitzherrn (BGH NJW 2015, 1678, 1679 – ArbN). 13

Dafür, dass der Besitzer nicht Eigenbesitzer ist, trägt der Kläger die **Beweislast** (BGH NJW-RR 1989, 651f; NJW 1994, 939, 940). 14

15 **b) Abhandenkommen (Abs I S 2).** Ist die Sache einem früheren Besitzer abhandengekommen, besteht ihm ggü **keine Eigentumsvermutung** zugunsten des aktuellen Besitzers (Koblenz NJW-RR 2000, 1606; Celle GRUR-RR 2011, 24; vgl auch § 937 Rn 7). Diese Ausnahme folgt daraus, dass ein gutgläubiger Erwerb abhanden gekommener Sachen gem § 935 I nicht möglich ist. Was bedeutet, dass der aktuelle Besitzer selbst dann nicht Eigentümer der Sache geworden sein kann, wenn er den Besitz an der Sache anlässlich einer rechtsgeschäftlichen Übertragung gem §§ 929ff erlangt hat. Der in Abs I S 1 vorgesehenen Eigentumsvermutung fehlt damit die Grundlage. Die Darlegungs- und Beweislast für das Abhandenkommen obliegt dem früheren Besitzer, der sich auf das Abhandenkommen beruft (Brandenburg 18.6.2014 – 4 U 116/13).

16 Anderes gilt nur für **Geld oder Inhaberpapiere.** Diese können gutgläubig erworben werden, auch wenn sie abhandengekommen sind (§§ 932ff, 935 II). Für sie gilt daher auch die Eigentumsvermutung nach Abs I S 1.

17 **2. Eigentumsvermutung.** Liegen die Voraussetzungen vor, wird der **Eigentumserwerb** des Besitzers an der Sache **vermutet** und dass er während der gesamten Dauer seines Besitzes Eigentümer geblieben ist (BGH NJW 2015, 1678, 1680; *Kontusch/Traub* NJ 2015, 340). **Prozessual** muss der Besitzer zum Nachweis seines Eigentums also grds nur seinen gegenwärtigen oder früheren unmittelbaren oder (höchststufigen) mittelbaren Besitz darlegen und beweisen, nicht aber die den Eigentumserwerb begründenden Tatsachen (BGH NJW 2004, 217; 2002, 2101; Oldenburg 22.7.2014 – 6 U 53/13; Saarbrücken NJW-RR 2014, 1241). Gelingt ihm das, muss die andere Partei beweisen, dass ein Eigentumserwerb nicht stattgefunden hat (BGH NJW 2004, 217, 219). Nach den Grundsätzen der sekundären Beweislast kann jedoch derjenige, der sich auf die Eigentumsvermutung beruft, verpflichtet sein, zu seinen Erwerbsumständen vorzutragen (Koblenz NJW 2016, 331; Hamm NJW 2014, 1894, 1895; Oldenburg 22.7.2014 – 6 U 53/13; enger Saarbrücken NJW-RR 2014, 1241: nur bei qualifiziertem Bestreiten; enger auch Düsseldorf NJW-RR 2018, 1365 unter Verweis auf BGH NJW 2004, 48; ausf *Laumen* MDR 2016, 370ff). Macht der Vermutungsbegünstigte keine nachvollziehbaren Angaben zum Erwerb und legt er auch keine Kaufbelege vor, kann dies gegen die Eigentumsvermutung des § 1006 I 1 sprechen (BayVGH 27.2.2019 – 10 C 18.2522, BeckRS 2019, 3417; VGH München 6.6.2019 – 10 ZB 17.2241, BeckRS 2019, 13753). Äußert sich der Vermutungsbegünstigte zu dem Erwerbsvorgang und gelingt es der anderen Partei, diesen behaupteten Erwerbsvorgang zu widerlegen, wird die Eigentumsvermutung zerstört (Hamm 22.2.2016 – 5 U 110/15, BeckRS 2016, 09788 Rn 30; Brandenburg 26.4.2019 – 13 WF 94/19, BeckRS 2019, 7125). § 1006 mutet dem Gegner des Besitzers zwar den vollen Gegenbeweis gegen die gesetzl Eigentumsvermutung zu, jedoch nur innerhalb vernünftiger Grenzen und in dem durch den beiderseitigen Sachvortrag abgesteckten Rahmen (Hamm 22.2.2016 – 5 U 110/15; BeckRS 2016, 09788 Rn 30). Bei **Kraftfahrzeugen** setzt die Eigentumsvermutung des § 1006 nicht voraus, dass der Besitzer des Kfz als Halter im Kfz-Schein oder Kfz-Brief (jetzt Zulassungsbescheinigung Teil I und II) eingetragen worden ist (BGH NJW 2004, 217, 219; AG Brandenburg NJOZ 2015, 1375, 1379; *Laumen* MDR 2016, 370f). Ist er eingetragen und im Besitz des Fahrzeugs, ist dies aber eine hinreichende Grundlage für die Eigentumsvermutung des § 1006 (Düsseldorf NJW-RR 2018, 1365; Saarbrücken NJW-RR 2013, 1498; vgl auch BGH NJW 2004, 217).

18 Nach Ansicht des BGH gilt die Vermutung für den Eigentumserwerb **und** für den Fortbestand des Eigentums (BGH NJW 1993, 935, 936). Eine gesonderte **Vermutung für den Fortbestand des Eigentums** ist aber an sich entbehrlich (*Brehm/Berger* § 7 Rn 82). Steht nämlich fest, dass der Besitzer das Eigentum erworben hat, trägt der Kläger bereits nach allg Regeln die Beweislast dafür, dass der Besitzer sein Eigentum wieder verloren hat.

19 **IV. Eigentumsvermutung zugunsten des früheren Besitzers (Abs II).** Die Eigentumsvermutung zugunsten des früheren Besitzers nach Abs II wird von Bedeutung, wenn die Eigentumsvermutung zugunsten des aktuellen Besitzers nach Abs I widerlegt werden konnte.

20 In **Voraussetzung** und **Inhalt** entspricht die Vermutung derjenigen nach Abs I. Der Wortlaut, nach dem die Eigentumsvermutung „**während der Dauer des Besitzes**" gilt, ist missverständlich. Es soll lediglich zum Ausdruck gebracht werden, dass die Eigentumsvermutung aus Abs II zu derjenigen aus Abs I subsidiär ist (BGH NJW 2004, 217, 219; Köln KUR 2015, 182; Koblenz VersR 2005, 1086; Düsseldorf NJW-RR 1994, 866; LG Offenburg RPfleger 2021, 707; Staudinger/*Thole* Rn 53). IÜ wirkt die von dem Besitzerwerb ausgehende Eigentumsvermutung des Abs II zugunsten des früheren Besitzers über die Beendigung des Besitzes hinaus so lange fort, bis sie widerlegt wird (Köln KUR 2015, 182; BGH NJW 2005, 359, 363, 365; 1995, 1292; 1984, 1456).

21 **V. Eigentumsvermutung zugunsten des mittelbaren Besitzers (Abs III).** Bei mehrstufigem Besitz gilt die Eigentumsvermutung nach Abs I und II (nur) für den höchststufigen mittelbaren Besitzer (München 21.9.2018 – 10 U 1502/18, BeckRS 2018, 27495; vgl BGH WM 1977, 1090, 1091). Dieser muss seinen mittelbaren Besitz an der Sache beweisen. Insb obliegt ihm der Beweis, dass zu dem unmittelbaren Besitzer ein Besitzmittlungsverhältnis besteht (München 21.9.2018 – 10 U 1502/18, BeckRS 2018, 27495; Staudinger/*Thole* Rn 57).

22 **VI. Vermutung des Bestehens beschränkter dinglicher Rechte.** § 1006 schließt von dem Besitz auf das Eigentum, nicht aber auf das Bestehen anderer dinglicher oder schuldrechtl Besitzrechte (*Baur/Stürner* § 10 Rn 5). Eine Ausnahme gilt aufgrund gesetzl Verweisung nur für den **Nießbrauch** (§ 1065) und für das **Pfandrecht** (§ 1227). Zugunsten des Besitzers einer Sache wird daher vermutet, dass ein von ihm behaupteter Nießbrauch bzw ein von ihm behauptetes Pfandrecht besteht. Auch kann sich ein Pfandgläubiger auf die für den Schuldner sprechende Eigentumsvermutung des § 1006 berufen (BGH NJW 2004, 217).

§ 1007 Ansprüche des früheren Besitzers, Ausschluss bei Kenntnis

(1) Wer eine bewegliche Sache im Besitz gehabt hat, kann von dem Besitzer die Herausgabe der Sache verlangen, wenn dieser bei dem Erwerb des Besitzes nicht in gutem Glauben war.

(2) Ist die Sache dem früheren Besitzer gestohlen worden, verloren gegangen oder sonst abhandengekommen, so kann er die Herausgabe auch von einem gutgläubigen Besitzer verlangen, es sei denn, dass dieser Eigentümer der Sache ist oder die Sache ihm vor der Besitzzeit des früheren Besitzers abhandengekommen war. Auf Geld und Inhaberpapiere findet diese Vorschrift keine Anwendung.

(3) Der Anspruch ist ausgeschlossen, wenn der frühere Besitzer bei dem Erwerb des Besitzes nicht in gutem Glauben war oder wenn er den Besitz aufgegeben hat. Im Übrigen finden die Vorschriften der §§ 986 bis 1003 entsprechende Anwendung.

Schrifttum: *Hörer*, Die Besitzrechtsklage, Klagegrundlage und Praktikabilität, 1974; *Koch*, § 1007 BGB – Neues Verständnis auf der Grundlage alten Rechts, 1986; *Sosnitza*, Besitz und Besitzschutz, 2003; *Weber*, § 1007 BGB – Prozessuale Regelungen im materiell-rechtlichen Gewand, 1988.

I. Allgemeines. § 1007 gewährt dem früheren Besitzer einer Sache einen **Herausgabeanspruch gegen** deren **aktuellen Besitzer.** Die Regelung gleicht derjenigen des § 985. Während sich bei § 985 aber Eigentümer und Besitzer als Anspruchsteller und -gegner gegenüberstehen, sind bei § 1007 der frühere und der aktuelle Besitzer Anspruchsteller bzw -gegner. § 985 setzt ein Eigentümer-Besitzer-Verhältnis voraus, § 1007 dagegen gleichsam ein Besitzer-Besitzer-Verhältnis (MüKo/*Raff* Rn 23). 1

Der sog **petitorische Besitzschutzanspruch** aus § 1007 hat in der Rspr bis heute **keine Bedeutung** erlangt. Wer von einem anderen die Herausgabe einer Sache verlangt, stützt sich hierzu eher auf sein Eigentum (§ 985), auf einen schuldrechtl Herausgabeanspruch (zB aus Mietvertrag) oder auf einen Besitzschutzanspruch nach § 862. 2

Für § 1007 bleiben nur die sehr seltenen **Fallkonstellationen**, in denen weder der Kläger noch der Beklagte ein Recht zum Besitz nachweisen kann. In diesen Fällen gibt § 1007 dem früheren Besitzer einen Herausgabeanspruch gegen den aktuellen Besitzer, sofern dieser bei Besitzerwerb bösgläubig war oder die Voraussetzungen des Abs II vorliegen. 3

Anwendung finden könnte § 1007 etwa in folgendem **Beispielsfall** (weitere Bsp bei *Baur/Stürner* § 9 Rn 27ff; *Brehm/Berger* § 4 Rn 28f): A hat einen gestohlenen Computer in gutem Glauben erworben, ihn bei B in Reparatur gegeben, der ihn dem bösgläubigen C veräußert. A kann aufgrund seines gutgläubig erworbenen Besitzes (Eigentümer ist er nicht geworden, § 935 I) den Computer von C herausverlangen (Abs I), müsste ihn aber seinerseits dem Eigentümer herausgeben (§ 985). 4

II. Anspruchsvoraussetzungen. Der Herausgabeanspruch aus § 1007 besteht nur unter engen, in der Vorschrift etwas unverständlich zum Ausdruck gebrachten **Voraussetzungen.** 5

1. Bewegliche Sache. § 1007 findet nur Anwendung auf **bewegliche Sachen**. Der Besitz an Grundstücken kann nach § 1007 nicht herausverlangt werden (MüKo/*Raff* Rn 20; aA in einer wohl nicht verallgemeinerungsfähigen Entscheidung BGH NJW 1952, 1410, 1411). 6

2. Voraussetzungen in der Person des Verpflichteten. a) Besitzer. Zur Herausgabe verpflichtet ist der aktuelle **Besitzer.** Verliert er den Besitz, so besteht auch der Herausgabeanspruch nach § 1007 nicht mehr. 7

b) Bösgläubigkeit bei Besitzerwerb (Abs I). Der Besitzer muss bei Besitzerwerb bösgläubig gewesen sein. Zur Bestimmung des Begriffs kann auf die zu § 932 entwickelten Grundsätze zurückgegriffen werden. Nachträgl Kenntnis von der Nichtberechtigung reicht nicht. 8

c) Weitere Voraussetzungen bei Gutgläubigkeit (Abs II). War der Besitzer bei Besitzerwerb gutgläubig, kann die Herausgabe verlangt werden, wenn die weiteren Voraussetzungen des Abs II vorliegen: 9

Die **Sache** muss dem früheren Besitzer gestohlen worden, verloren gegangen oder sonst **abhandengekommen** sein. Zum Begriff des Abhandenkommens vgl die Ausführungen zu § 935. 10

Dem Besitzer darf **kein Besitzrecht** an der Sache zustehen. Abs II S 2 bringt dies nur unvollkommen zum Ausdruck, indem er formuliert, der Anspruch bestehe nicht, wenn der Besitzer Eigentum an der Sache erworben hat. Eigentum des Besitzers an der Sache schließt einen Herausgabeanspruch ebenso aus, wie jedes andere Besitzrecht (*Brehm/Berger* § 4 Rn 27). Für die Anforderungen an das Besitzrecht gilt Entspr wie bei § 986 (MüKo/*Raff* Rn 28). 11

Die **Sache** darf dem aktuellen Besitzer **nicht** seinerseits **früher abhandengekommen** sein. 12

Und es darf sich bei der Sache **nicht** um **Geld oder Inhaberpapiere** handeln. Geld oder Inhaberpapiere können von einem gutgläubigen Besitzer auch unter den weiteren Voraussetzungen des Abs II nicht herausverlangt werden. 13

3. Voraussetzungen in der Person des Berechtigten. a) Früherer Besitz. Derjenige, der die Herausgabe verlangt, muss **früher im Besitz** der Sache gewesen sein. Er kann mittelbarer oder unmittelbarer, Eigen- oder Fremdbesitzer gewesen sein. 14

15 **b) Gutgläubigkeit oder Rechtmäßigkeit des Besitzerwerbs.** Er muss **bei Besitzerwerb gutgläubig** oder der Besitzerwerb muss rechtmäßig gewesen sein (Abs III S 1 Alt 1). Hat der frühere Besitzer nach Besitzerwerb Kenntnis von seiner fehlenden Besitzberechtigung erlangt, steht dies einem Anspruch aus § 1007 nicht entgegen.

16 **c) Keine Besitzaufgabe.** Er darf den **Besitz nicht aufgegeben** haben (Abs III S 1 Alt 2). Besitzaufgabe ist die willentliche Lösung jeder besitzrechtl Beziehung zur Sache (MüKo/*Raff* Rn 27).

17 **III. Rechtsfolgen. 1. Herausgabe (Abs I).** Liegen die Voraussetzungen des § 1007 vor, so hat der frühere Besitzer gegen den aktuellen Besitzer einen Anspruch auf Herausgabe der Sache.

18 **2. Sonstige Ansprüche (Abs III S 2).** Darüber hinaus bestehen zw dem früheren Besitzer und dem aktuellen Besitzer die gleichen **Aufwendungs-, Verwendungs-, Schadensersatz-, Nutzungsersatz- und Nutzungsherausgabeansprüche**, die zw dem Eigentümer und dem Besitzer nach den §§ 987ff gegeben sind.

19 **IV. Konkurrenzen.** Neben § 1007 können Herausgabeansprüche insb nach den §§ 812ff, 861, 985 oder § 2018 bestehen.

Titel 5
Miteigentum (§§ 1008–1017)

Vorbemerkung vor § 1008

1 **I. Arten des Eigentums an einer Sache. 1.** Alleineigentum eines Einzelnen (Einzelperson oder juristische Person). 2. Gemeinschaftl Eigentum mehrerer (Rn 2).

2 **II. Gemeinschaftliches Eigentum.** Dies ist möglich in der Form des Miteigentums nach Bruchteilen (Rn 3–12) und des Gesamthandseigentums (Rn 13, 14).

3 **III. Historie.** Das Miteigentum iSd 5. Titels ist römisch-rechtl Ursprungs (communio incidens), aber dtrechtl umgestaltet.

4 **1. Rechtsnatur.** Das Eigentum an der Sache ist sämtlichen Miteigentümern in ihrer Gesamtheit zugeordnet, der einzelne Anteilsberechtigte ist nicht Eigentümer der ganzen Sache; gleichwohl findet keine reale Teilung der Sache, sondern eine ideelle, dh gedachte, aber ziffernmäßig ausgedrückte Teilung des Eigentumsrechts statt. Der Rechtsanteil des Miteigentümers bildet ein selbständiges dingliches Recht und hat die Natur des Eigentums (vgl FG München MittBayNot 2008, 77, 78). Daher sind für ihn, soweit nichts Abw vorgeschrieben ist, die für das Eigentum an der Sache geltenden Regeln anzuwenden, vgl BGHZ 36, 369; BGH NJW 2007, 2254, 2255. Die Miteigentum-Anteile sind folgerichtig auch „Sachen" iSd § 562, § 581 II, § 1258 und nicht Rechte iSd § 1273 (RGZ 146, 335). Ein Miteigentumsanteil ist wegen der Möglichkeit der Auseinandersetzung der Bruchteilsgemeinschaft nach § 749 nicht per se iSd Sozialrechts unverwertbar; der Wert liegt aber wegen der Beschränkungen, die sich aus der Bruchteilsgemeinschaft ergeben, idR nicht bei der Hälfte des Verkehrswerts (SG Osnabrück BeckRS 2020, 33935). Die Befugnisse des Miteigentümers entsprechen grds den sich aus dem Alleineigentum ergebenden, jedoch ist zu berücksichtigen, dass der Miteigentümer in einer Rechtsgemeinschaft mit den übrigen Teilhabern steht, deren Interessen nicht beeinträchtigt werden dürfen. Das Miteigentum gewährt somit gewisse teilbare Eigentumsbefugnisse im Verein mit der Mitberechtigung an den unteilbaren, vgl *Eichler*, Institutionen des Sachenrechts, 156. Insofern ist zu beachten, dass das Miteigentum einen Unterfall der Gemeinschaft nach Bruchteilen darstellt. Daher sind – soweit sich aus §§ 1008–1011 nichts anderes ergibt – §§ 741ff anzuwenden. Wegen § 741 ist es als Regelfall des gemeinschaftl Eigentums anzusehen. Wer etwas anderes – zB Gesamthandseigentum – behauptet, muss es beweisen.

5 **2. Ausgestaltung.** Die Anteile sind im Zweifel gleich (§ 742). Jeder Beteiligte kann über seinen Anteil frei verfügen (§ 747); über die gemeinsame Sache können jedoch nur alle zusammen verfügen. Jeder ist zum Gebrauch befugt, insoweit sich dies mit dem Recht der anderen verträgt (§ 743 II). Jedem gebührt ein entspr Bruchteil der Früchte (§ 743 I) und entspr Anteil der Lasten und Kosten (§ 748). Die Verwaltung erfolgt durch alle gemeinsam, notwendige Erhaltungsmaßregeln kann der Einzelne vornehmen (§ 744). Für die Regelung der Verwaltung und Benutzung genügt Mehrheitsbeschluss (§§ 745f). Besteht Miteigentum am Grundstück, so wirkt eine Regelung gegen den Sondernachfolger des Einzelnen nur bei Eintragung im Grundbuch (§ 1010 I). Jeder kann jederzeit Aufhebung der Gemeinschaft verlangen (§ 749 I, § 758). Ein vertragl Ausschluss dieses unverjährbaren Rechts wirkt bei Grundstücken gegen den Rechtsnachfolger nur bei Eintragung im Grundbuch (§ 749 II, III, § 750, § 1010 I; vgl FG München aaO). Die gemeinschaftl Sache kann auch zugunsten eines Miteigentümers belastet werden (§ 1009 I). Wird ein Grundstück mit einem Realrecht (zB Grunddienstbarkeit) belastet, so können herrschendes und dienendes Grundstück im Eigentum eines Miteigentümers des anderen Grundstücks stehen (§ 1009 II). Jeder kann die Ansprüche aus dem Eigentum gegen Dritte hinsichtl der ganzen Sache geltend machen, Herausgabe kann er jedoch nur an alle fordern. Miteigentumsanteile an Grundstücken sind als Belastungsgegenstand rechtl selbständig. Belastungen eines Anteils berühren rechtl nicht die Anteile der übrigen Teilhaber. Kein Teilhaber kann daher aus eigener Berechtigung die Belastung eines Bruchteils anderer Teilhaber beanstanden oder sich dagegen wenden (München 1.3.2016 – 34 Wx 70/16).

3. Entstehung. a) Durch Rechtsgeschäft: Die allg Vorschriften sind maßgeblich: Also bei Grundstücken §§ 873ff, 925 (vgl BGH NJW 2007, 3204). Nach der Ordnungsvorschrift des § 47 GBO sind entweder die Anteile der Berechtigten in Bruchteilen oder das für die Gemeinschaft maßgebliche Rechtsverhältnis im Grundbuch zu vermerken (BGH NJW 1979, 421; 1981, 176; vgl dazu auch *Amann* DNotZ 2008, 324ff). Erforderlich ist eine genaue Bruchteilsangabe (RGZ 54, 86); die Angabe „zu gleichen Teilen" genügt (München NJW-RR 2017, 470) gem der Vermutung des § 742. Die fehlende Angabe eines genauen Quotenverhältnisses schließt den Gutglaubensschutz hinsichtl der mutmaßlichen Höhe des Bruchteils aus (MüKo/*Schmidt* § 1008 Rn 19). Die Bruchteilsangabe kann jedoch nachgeholt werden (LG Lüneburg Rpfleger 1994, 206). Erwerben mehrere in Bruchteilsgemeinschaft einen Erbanteil, so fragt es sich, ob die Bruchteilsgemeinschaft im Grundbuch eines zum Nachlass gehörenden Grundstücks einzutragen ist. Dafür Düsseldorf Rpfleger 1968, 188; Köln Rpfleger 1974, 109; dagegen BayObLG Rpfleger 1968, 187; mit Recht, denn die Bruchteilsgemeinschaft besteht am Erbanteil, nicht aber am Grundstück, hinsichtl dessen die Gesamthandsgemeinschaft nunmehr mit den Erwerbern fortbesteht. Insofern ist das Grundbuch unrichtig geworden und zu berichtigen. Wird entgegen einer Auflassung zu Alleineigentum Miteigentum eingetragen, entsteht dieses nicht; auch kann deshalb keine Hypothek an einem Miteigentumsanteil begründet werden (Koblenz MDR 1978, 669). Bei beweglichen Sachen gelten §§ 929ff. Das Eigentum an einem massiven, von zwei Parteien gemeinschaftl errichteten Gebäude, das nicht wesentlicher Bestandteil eines Grundstücks ist, vgl § 95, kann idR nicht in der Weise aufgeteilt werden, dass verschiedene Personen Alleineigentümer je einer Haushälfte werden; es steht in ihrem hälftigen Miteigentum. Daher sind die §§ 742ff und 1008 anzuwenden (BGH MDR 1970, 576). **b) Kraft Gesetzes:** zB gem §§ 947f, 963, 984 BGB, § 6 DepotG; § 469 II HGB. 6

4. Übertragung. Übertragung des Anteils – gem § 747 zulässig – erfolgt nach den allg Vorschriften, vgl Rn 6. Sie kann nicht mit dinglicher Wirkung beschränkt werden. Die Verfügung über Alleineigentum kann nicht in eine Verfügung über den Anteil umgedeutet werden; vgl BGH LM Nr 19 zu § 932; Frankfurt Rpfleger 1975, 174. Die Quotenänderung ist wie die Übertragung zu behandeln, sie ist ohne Zustimmung der Teilhaber möglich (vgl MüKo/*Schmidt* § 747 Rn 14). Auch Anteilsübertragung unter Miteigentümern ist Verkehrsgeschäft (s § 747 Rn 1). Gutgläubiger Erwerb eines Miteigentumsanteils ist möglich (*Witt* AcP 2017, 107). Ein Vorkaufsrecht gem § 577 an einem Miteigentumsanteil besteht auch dann nicht, wenn vorher die Wohnungsgrundbuchblätter geschlossen und die Aufteilung des Hausgrundstücks nach WEG aufgehoben wurde. Eine analoge Anwendung des § 577 kommt in Betracht, wenn die Miteigentümer eine Benutzungs- und Verwaltungsregelung nach § 1010 vereinbart haben und eine Wohnung dem Inhaber eines Miteigentumsanteils exklusiv zugewiesen ist (DNotI-Report 2021, 41). 7

5. Belastung. Belastung – gem § 747 zulässig – wird in den §§ 1066, 1095, 1106, 1114, 1192 I, § 1200 I, § 1258 besonders erwähnt. Bestellen mehrere Grundstücksmiteigentümer zur Sicherung gemeinsamer Verbindlichkeiten eine Grundschuld, verstößt die formularmäßige Abrede, wonach die Grundschuld am eigenen Miteigentumsanteil auch alle bestehenden und künftigen Verbindlichkeiten des anderen Miteigentümers sichert, gegen § 305c I (BGH ZIP 2002, 932). Sie kann auch zugunsten eines Miteigentümers geschehen, vgl BayObLG 58, 201 hinsichtl des Vorkaufsrechts; ablehnend bzgl Eigentumsvormerkung München RNotZ 2012, 391 mwN; KG NJOZ 2013, 811. Begrifflich ausgeschlossen mit Grunddienstbarkeit, beschränkter persönlicher Dienstbarkeit und Erbbaurecht, vgl BGHZ 36, 187, 189; KG DNotZ 1975, 105; aA gegen die hM für den Fall eines Gesamterbbaurechts am ideellen Miteigentumsanteil eines Zuwegungsgrundstücks *Diekgräf* DNotZ 1996, 338, 348. 8

6. Zwangsvollstreckung. a) Bei beweglicher Sache und Schiffspart durch Pfändung des Anteils gem § 857 ZPO (BGH NJW 1993, 935); pfändet der Gläubiger eines Miteigentümers die ganze bewegliche Sache, so können die übrigen Miteigentümer dem gem § 771 widersprechen (BGH NJW 1993, 935; RGZ 144, 241). **b)** Bei Grundstücken gem §§ 864, 866 ZPO, nicht durch Pfändung des Anteils; aA *Furtner* NJW 1969, 871: auch hier durch Pfändung des Anteils gem § 857 ZPO. Nach zutr Ansicht ist Anspruch auf Aufhebung der Gemeinschaft nicht isoliert pfändbar. Vielmehr erwirbt der Gläubiger zugleich mit der Anteilspfändung auch den gem § 751 S 2 unentziehbaren Anspruch auf Aufhebung der Gemeinschaft (s § 749 Rn 9). Für den Fall der Insolvenz gilt § 84 InsO. 9

7. Weitere Vorschriften. Landesrechtl Vorbehalt in Art 131 EGBGB, **Übergangsvorschriften** in Art 173, 182 EGBGB; zum früheren Stockwerkseigentum, das in Städten mit historischem Stadtkern noch in Grundbüchern eingetragen ist, vgl *Schmidberger* BWNotZ 2022, 83. 10

8. Sonderfälle. a) Gemeinschaftl Eigentum nach dem WEG. Das **Wohnungseigentum** (Teileigentum) setzt sich zusammen aus Eigentum nach Bruchteilen an den gemeinschaftl Teilen des Hausgrundstücks und aus Sondereigentum an einer Wohnung (oder an nicht zu Wohnzwecken dienenden Räumen eines Gebäudes). Trägerin des Verwaltungsvermögens ist die rechtsfähige Wohnungseigentümergemeinschaft selbst, § 9a I WEG. Die Gemeinschaft der Wohnungseigentümer übt gem § 9a II WEG die gemeinschaftsbezogenen Rechte der Wohnungseigentümer aus und nimmt die gemeinschaftsbezogenen Pflichten der Wohnungseigentümer wahr (vgl Celle NJW 2008, 1537; MüKo/*Schmidt* § 1008 Rn 37). Die Wohnungseigentümergemeinschaft ist grundbuchfähig (Hamm NZG 2009, 914; ZWE 2010, 270). 11

b) Sammelverwahrung von Wertpapieren gem §§ 5ff DepotG. c) Miteigentum an **See-** oder **Binnenschiffen** ist unabhängig von der Registrierung im Schiffsregister möglich (MüKo/*Schmidt* § 1008 Rn 40). 12

13 **IV. Gesamthandseigentum. 1. Numerus clausus der Anwendungsfälle.** Das Gesamthandseigentum ist dtrechtl Ursprungs. Es setzt eine Gemeinschaft zur gesamten Hand voraus. Die Anwendungsfälle sind im Gesetz abschließend aufgeführt und zwar: **a)** im BGB: Vermögen der Gesellschaft (§§ 705ff, 718ff), des nichtrechtsfähigen Vereins (§ 54), Gesamtgut der ehelichen Gütergemeinschaft (§§ 1416ff), fortgesetzte Gütergemeinschaft (§§ 1485ff), Nachlass der Erbengemeinschaft vor Auseinandersetzung (§§ 2032ff). **b)** Außerhalb des BGB: Vermögen der OHG (§ 105 HGB) und der KG (§ 161 II HGB). **c)** Im Landesrecht gem Art 113, 164, 181 II EGBGB, insb Realgemeinden und ähnl Verbände. Andere als die erwähnten Fälle können rechtsgeschäftlich nicht geschaffen werden. Die Interessenten müssen vielmehr eine der gesetzl vorgesehenen Gemeinschaften eingehen (RG SeuffA 88 Nr 8).

13a **2. Rechtsnatur.** Eigentum steht einer Personengemeinschaft zu, jedoch nicht nach – realen oder ideellen – Bruchteilen, sondern ungeteilt in personenrechtl Verbundenheit. Der Einzelne hat keinen besonderen Eigentumsanteil. Sein Anteil am Gesamthandsvermögen ergibt sich rechnerisch erst nach Auflösung der Gemeinschaft. Er kann deshalb auch nicht im Grundbuch erscheinen. Nach der Ordnungsvorschrift des § 47 GBO ist das für die Gemeinschaft maßgebende Verhältnis im Grundbuch zu vermerken.

14 **3. Ausgestaltung.** Seine **Ausgestaltung** erfährt das Gesamthandseigentum vom Personenrecht her. Der Einzelne kann über das Gesamthandseigentum nicht verfügen, lediglich unter bestimmten Voraussetzungen über seine Beteiligung an der Gesamthandsgemeinschaft (zB § 2033 I), s Komm zu § 705 und § 741 Rn 2. Die Gesamthandsgemeinschaften sind entspr ihrem Zweck verschieden geregelt.

§ 1008 Miteigentum nach Bruchteilen

Steht das Eigentum an einer Sache mehreren nach Bruchteilen zu, so gelten die Vorschriften der §§ 1009 bis 1011.

1 Zum Miteigentum generell vgl zunächst Vor § 1008 Rn 1–11. Neben den Spezialnormen der §§ 1008–1011 gelten die Regeln der Bruchteilsgemeinschaft, §§ 741–758, s die dortige Komm.

2 Das **Miteigentum nach Bruchteilen** besteht aus ideellen Anteilen, die Eigentum sind. Auf jeden Anteil sind grds die Vorschriften für das Alleineigentum anzuwenden (BGHZ 36, 368; BGH NJW 2007, 2254, 2255; s Vor § 1008 Rn 5–9). Grds steht jedem Miteigentümer **Mitbesitz** zu (RGZ 69, 40); jedoch wird das Besitzverhältnis idR durch eine Verwaltungsmaßnahme nach §§ 744, 745 geregelt sein.

3 Miteigentumsanteile sind „Sachen" iSd § 562, § 581 II, § 1258. Verkauf des Anteils bleibt Verkauf einer Sache (§§ 433ff). Belasten Miteigentümer gemeinschaftl das Grundstück mit einer Hypothek, so entsteht an den einzelnen Grundstücksbruchteilen Gesamthypothek (RGZ 146, 365; KG JR 1957, 420; vgl bzgl Bestellung Grundschuld BGH NJW 2010, 935, 936). Bei Übergabeverträgen, bei denen regelmäßig Nießbrauchsrechte zugunsten der Schenker vereinbart werden, muss eindeutig zum Ausdruck kommen, ob durch gemeinsame Verfügung (§ 747 S 2) zB für jeden der Schenker ein Nießbrauch an der ganzen gemeinschaftl Sache bestellt wird, oder aber ob nur ein Nießbrauch an dem jew Miteigentumsanteil, ggf mit Sukzessivnachfolge, gemeint ist (München NJW-RR 2017, 470). Der Einzelne kann über seinen Anteil frei verfügen (§ 747 S 1). Über die ganze Sache oder einen realen Teil von ihr können aber nur alle Miteigentümer gemeinschaftl verfügen (§ 747 S 2).

4 Die Größe jedes Anteils bestimmt sich nach dem Rechtsverhältnis. Im Zweifel sind die Anteile gleich groß (§ 742). Erwerben zB nicht in Gütergemeinschaft lebende Eheleute Grundstücke, so sind sie, falls die Erwerbsurkunde nichts anderes ergibt, zu gleichen Teilen berechtigt (BayObLG MDR 1983, 763). Die **Miete** eines im Miteigentum stehenden Grundstücks ist von der Gemeinschaft einzuziehen und für notwendige Ausgaben des Grundstücks zu verwenden, dem einzelnen Miteigentümer steht nur ein Anteil am Überschuss zu; nur an diesen kann sich der Gläubiger des Miteigentums halten (RGZ 89, 77). Die Vermietereigenschaft beider Miteigentümer bleibt erhalten, auch wenn später ein Miteigentümer den restlichen Miteigentumsanteil erwirbt (BGH NJW-RR 2019, 332). Wird die gemeinschaftl Sache statt des Anteils gepfändet, können die übrigen Miteigentümer nach § 771 ZPO widersprechen (RGZ 114, 241).

5 Eine **Bruchteilsgemeinschaft** an einem **Miteigentumsanteil (Unterbeteiligung)** kann rein dinglich (sachen- oder grundbuchrechtl) nicht bestehen (vgl Sonderfälle bei § 741 Rn 11). Wird zB der an einem Grundstück bestehende Miteigentumsanteil von einem Drittel auf drei Personen zu Bruchteilen übertragen, so entsteht hins des Drittels keine besondere Bruchteilsgemeinschaft, die Erwerber treten vielmehr mit je einem Neuntel in die das Grundstück betr Bruchteilsgemeinschaft ein (BGH WM 1979, 333; MüKo/*Schmidt* Rn 17). Zur weiteren Aufteilung des Bruchteilseigentums s auch BGHZ 49, 250. Sie ist nur bei gleichzeitiger Teilveräußerung möglich. Eine **Vorratsteilung** in der Hand des alten Miteigentümers gibt es nicht (München BWNotZ 2020, 209). Umgekehrt verschmelzen zwei Bruchteile zu einem, wenn ein Miteigentümer zu seinem bisherigen Anteil einen weiteren erwirbt (BayObLG 1918, 163; LG Köln RhNk 1977, 32; diff danach, ob Verfügungsmacht bzgl der Anteile unterschiedlich ausgestaltet, BGH NJW-RR 2004, 1513). Belastete Anteile bestehen aber für die Zwangsvollstreckung als fiktive fort (BayObLG NJW-RR 1996, 1041; München ZEV 2018, 354). Die zw den bisherigen Miteigentümern getroffene, im Grundbuch eingetragene Regelung der Verwaltung und Benutzung des Grundstücks wirkt gem § 1010 auch gegen die neuen Miteigentümer (KG RJA 16, 266 = KGJ 51, 198; LG Berlin NJW 1956, 471).

Für das eine besondere Abart des Miteigentums darstellende **Wohnungseigentum** – dazu s Vor § 1008 Rn 11 – ist dagegen ein Miteigentum nach Bruchteilen zu bejahen (Neustadt DNotZ 1960, 149; vgl auch BayObLG NJW 1958, 2116; Frankfurt NZM 2007, 490, 491; dies voraussetzend BGH MittBayNot 2013, 133, 134); nicht dagegen ein Wohnungseigentum am Wohnungseigentum (Unterwohnungseigentum), Köln Rpfleger 1984, 268. Wohl aber kann eine Wohnungseigentümergemeinschaft Miteigentümerin sein (München Rpfleger 2016, 718). 6

§ 1009 Belastung zugunsten eines Miteigentümers

(1) Die gemeinschaftliche Sache kann auch zugunsten eines Miteigentümers belastet werden.

(2) Die Belastung eines gemeinschaftlichen Grundstücks zugunsten des jeweiligen Eigentümers eines anderen Grundstücks sowie die Belastung eines anderen Grundstücks zugunsten der jeweiligen Eigentümer des gemeinschaftlichen Grundstücks wird nicht dadurch ausgeschlossen, dass das andere Grundstück einem Miteigentümer des gemeinschaftlichen Grundstücks gehört.

Wird die ganze Sache **zugunsten eines Miteigentümers belastet**, so müssen alle, auch der Erwerber, zustimmen. Dieser handelt dann zugleich als Berechtigter und Verpflichteter. § 1009 gestattet dies entgegen dem Grundsatz des § 181 (RGZ 47, 209). Dem Grundbuchamt ist an sich auch die Eintragungsbewilligung des auf. Seiten der Veräußerer stehenden Erwerbers vorzuweisen. Stellt dieser jedoch den Eintragungsantrag, kann sich das Grundbuchamt mit den Eintragungsbewilligungen der übrigen Miteigentümer begnügen, denn damit stimmt er stillschw deren Verfügung zu; allerdings bedarf der Eintragungsantrag dann der Form des § 29 GBO. Wird für den Miteigentümer eine Hypothek bestellt, so ist diese am ganzen Grundstück und an den übrigen Anteilen Fremdhypothek, am eigenen Anteil Eigentümergrundschuld (KG JR 1957, 420; MüKo/*Schmidt* Rn 6 bzgl Grundschuld, sei aber nicht unzweifelhaft). Die Zwangsvollstreckung kann der Miteigentümer in das ganze Grundstück und die übrigen Anteile, nicht aber in seinen eigenen betreiben (Staudinger/*Thole* Rn 6; *Wolff/Raiser* § 145 IV). §§ 1063, 1177, 1197, 1256 kommen also nicht zum Zuge, soweit die Belastung des ganzen Grundstücks in Frage steht. Auch ein Nießbrauch kann zugunsten eines Miteigentümers eingetragen werden, Zweibrücken 17.5.2010 – 3 W 11/10. 1

Abs II betrifft die subj-dinglichen Rechte: Grunddienstbarkeit (§ 1018), Vorkaufsrecht (§ 1094 II), Reallast (§ 1105 II). Aus § 1009 II, § 1095 folgt, dass ein Vorkaufsrecht auch an dem Anteil eines Miteigentümers zugunsten des jew Inhabers eines anderen Anteils des gemeinschaftl Grundstücks eingeräumt werden kann, vgl BayObLG 1958, 201; Anwendungsbsp BGH NJW 1962, 1344. Die Belastung des gemeinschaftlichen Grundstücks kann auch zugunsten eines Bruchteilberechtigten erfolgen, zB zur Absicherung eines Fernheizungsrechtes für einen ganzen Ferienpark, BGH NZM 2019, 448. 2

Auf das **Gesamthandseigentum** ist § 1009 auch nicht entspr anwendbar (aA Stuttgart OLG 15, 410; einschränkend Grü/*Herrler* Rn 3 mwN); dafür besteht kein Bedürfnis, da sich die Gesamthand wegen ihrer rechtssubjektiven Verselbständigung als Zuordnungssubjekt ohnehin von den Gesamthändern vollkommen unterscheidet (MüKo/*Schmidt* Rn 2; BeckOK/*Hau/Poseck* Rn 6). 3

§ 1010 Sondernachfolger eines Miteigentümers

(1) Haben die Miteigentümer eines Grundstücks die Verwaltung und Benutzung geregelt oder das Recht, die Aufhebung der Gemeinschaft zu verlangen, für immer oder auf Zeit ausgeschlossen oder eine Kündigungsfrist bestimmt, so wirkt die getroffene Bestimmung gegen den Sondernachfolger eines Miteigentümers nur, wenn sie als Belastung des Anteils im Grundbuch eingetragen ist.

(2) Die in den §§ 755, 756 bestimmten Ansprüche können gegen den Sondernachfolger eines Miteigentümers nur geltend gemacht werden, wenn sie im Grundbuch eingetragen sind.

Bei **beweglichen Sachen** wirken Vereinbarungen über Verwaltung und Benutzung oder Aufhebung der Sache gem §§ 746, 751 grds ggü dem Sondernachfolger. **Abs I** bewirkt für **Grundstücke** insoweit eine Ausnahme, als die dingliche Wirkung von der Grundbucheintragung abhängig gemacht wird. 1

Verwaltung und Benutzung: §§ 744ff, Ausschluss der Aufhebung: §§ 749ff. Diese Vorschriften bleiben maßgeblich, soweit sie **für** den Sondernachfolger wirken (München NJW 1955, 637). **Gegen** ihn wirken sie, sofern kein kollusives Verhalten vorliegt (vgl NK/*Nusser* Rn 4; MüKo/*Schmidt* Rn 1), erst ab Eintragung, selbst wenn ihm die unter den Miteigentümern getroffene Regelung bekannt ist, München NZG 1999, 395. Ein „Rosinenpicken" ist dem Sonderrechtsnachfolger indes nicht möglich: Falls er die für ihn vorteilhaften Teile einer nicht eingetragenen Verwaltungs- und Benutzungsregelung in Anspruch nimmt, ist er auch an die für ihn nachteiligen Teile gebunden (Staudinger/*Thole* Rn 5; Staudinger/*Eickelberg* § 746 Rn 3; BaRo/*Fritzsche* Rn 11). Zur Eintragung des Ausschlusses der Aufhebung der Gemeinschaft s BayObLG Rpfleger 1976, 304. LG München II MittBayNot 2008, 126 m Anm *Munzig* hält einen Klarstellungsvermerk über die Befristung eines Gemeinschaftsaufhebungsverbots zur Beseitigung von Zweifeln für zweckmäßig; dem steht die Gefahr der Überfrachtung des Grundbuchs entgegen, so dass die zulässige Bezugnahme auf die notarielle Bewilligung als ausreichend erscheint. Vereinbarungen über die Teilung des Grundstücks sind nicht eintragungsfähig (Frankfurt Rpfleger 1976, 397). Mit Rücksicht auf die fragwürdige Vorschrift des § 1010 I hat der BGH es in BGHZ 40, 326 dem Veräußerer zur Pflicht gemacht, in anderer Weise dafür zu sorgen, dass sich der Erwerber an die vereinbarte Regelung hält. 2

Denn der Veräußerer ist nach wie vor an die Regelung gebunden und darf nichts tun, was diese vereiteln könnte. Die Pflicht des Veräußerers folgt unmittelbar aus der Regelung selbst. Sonach haftet er den anderen Miteigentümern für einen bestimmten Leistungserfolg und wird auch ohne ein Verschulden schadensersatzpflichtig, wenn dieser nicht eintritt (Staudinger/*Eickelberg* § 746 Rn 3). IÜ verbleibt es auch hier bei den §§ 749, 750, 751 S 2 und § 84 II InsO. Trotz entgegenstehender Eintragung bleiben sonach das Kündigungsrecht des Miteigentümers aus wichtigem Grund und – bei zeitl Ausschluss – das im Zweifel an den Tod eines Teilhabers geknüpfte Aufhebungsrecht erhalten, auch wirkt nicht der eingetragene Teilungsausschluss gegen Pfändungsgläubiger und in der Insolvenz. Von dieser hA weichen zT ab *Hoffmann* JuS 1971, 23 Fn 21; *Furtner* NJW 1957, 1620 und 1969, 871. Große Bedeutung haben sog Miteigentümervereinbarungen bei Mehrfamilienhäusern, und zwar entweder für die Verwaltung und Benutzung von Gemeinschaftsflächen oder sogar bzgl der Wohnungen selbst, wenn Wohnungseigentum nicht gewünscht oder nicht möglich ist (vgl dazu *Tschon* RNotZ 2006, 205ff).

3 **Sondernachfolger** iSd Vorschrift ist nur der sachenrechtl Rechtsnachfolger, so dass § 1010 nicht für schuldrechtl Rechtsnachfolge gilt, zB nicht für den Gläubiger eines Miteigentümers, der Mietansprüche gepfändet hat (RGZ 89, 179; anders Frankfurt NJW 1958, 65). Ein Aufhebungsausschluss kann ggü einem Teilsondernachfolger uU unwirksam sein (vgl München NJW-RR 2015, 1499).

4 **Eintragungsfähig** sind zB Abreden, dass bestimmte Gegenstände (Leiter) gemeinschaftl benutzt und unterhalten werden (KG OLG 43, 5); dass Aufhebung durch Zwangsversteigerung erst bei bestimmtem Mindestgebot (KGJ 33, 24; Köln OLG 1970, 276) oder nur nach Zustimmung Dritter (KGJ 51, 198) erfolgen dürfe; „Stockwerkseigentum" in Form der gegenseitigen Einräumung eines Benutzungsrechts nach Stockwerken und Ausschluss der Teilung (BayObLG Rpfleger 1973, 246, 247; vgl zur Grundbuchberichtigung bei Stockwerkseigentum München NJOZ 2009, 2437); dass periodische Mieteinnahmen ausgekehrt werden (Frankfurt NJW 1958, 65). Eine Nutzungsregelung für Doppelstockgaragen, an deren Sondereigentum eine Bruchteilsgemeinschaft mehrerer Miteigentümer besteht, kann nach § 3 I 2 WEG auch als Inhalt des Sondereigentums im Bestandsverzeichnis des Grundbuchs eingetragen werden (vgl BayObLG NJW-RR 1994, 1427; Frankfurt Rpfleger 2000, 212; München FGPrax 2016, 203; Grü/*Wicke* § 3 WEG Rn 9). **Nicht eintragungsfähig** sind zB Abreden über Lasten- und Kostentragung der gemeinschaftl Sache und satzungsähnl Bestimmungen, die die interne Willensbildung der Miteigentümer und deren Vertretung ggü Dritten regeln (Hamm NZG 2017, 503; aA BayObLG DNotZ 1993, 391 mwN; bejahend, wenn zugleich die Benutzung geregelt und dies eingetragen werde, Hamm NJOZ 2012, 130, 132 mwN; RNotZ 2011, 344); über Art und Weise der Durchführung der Aufhebung (Teilungsabreden Frankfurt Rpfleger 1976, 397); über Beschränkung der durch § 747 gewährten Verfügungsbefugnis etwa durch Zustimmung eines anderen Miteigentümers (Hamm DNotZ 1973, 551; *Walter* DNotZ 1975, 518, 529; aA *Rendtorff* JurBüro 1976, 993).

5 Die Eintragung ist nach hM **Belastung**, keine Verfügungsbeschränkung (vgl KGJ 52, 113; Hamm DNotZ 1973, 546; BayObLG DNotZ 1976, 745), die im Rangverhältnis zu anderen Belastungen der Miteigentumsanteile steht (LG Zweibrücken Rpfleger 1965, 56). Die Eintragung richtet sich nach §§ 873ff BGB und §§ 19ff GBO und hat konstitutive Wirkung (Staudinger/*Thole* Rn 47). Nur und jeder Miteigentümer, dessen Anteil betroffen ist, muss eine Eintragungsbewilligung abgeben (BGH MDR 1981, 846). Grds ist der jew Miteigentümer als Berechtigter anzusehen. Ein Anspruch auf Abgabe einer Eintragungsbewilligung besteht ohne weitere materielle Zustimmungserklärung schon auf der Grundlage der vereinbarten Benutzungsregelung (Frankfurt DNotZ 1990, 298). Soll die Auseinandersetzung bis zu einem bestimmten Zeitpunkt ausgeschlossen sein, so muss die Eintragung ergeben, zu wessen Gunsten dies gilt. Denkbar ist auch, dass nur der zur Zeit der Antragstellung eingetragene Miteigentümer oder sogar ein im Grundbuch nicht eingetragener Dritter berechtigt sein sollen, vgl LG Bielefeld Rpfleger 1960, 289; zur Eintragung zugunsten Dritter s Hamm JMBl NRW 1960, 162 und DNotZ 1973, 546; BayObLG DNotZ 1976, 745. Nach *Pöschel* BWNotZ 1974, 79ff und Staudinger/*Thole* Rn 35 bedarf es einer Angabe des/der Berechtigten der Belastung nicht, da dies grds alle übrigen Miteigentümer seien. Nach § 874 ist für den Inhalt der Vereinbarung die Bezugnahme auf die Eintragungsbewilligung zulässig. Eintragung „Verwaltungs- und Benutzungsregelung" genügt (BayObLG Rpfleger 1973, 246; *Walter* DNotZ 1975, 527). Zur Kennzeichnung der Grundstücksteile, auf die sich die Vereinbarung bezieht, kann in der Eintragungsbewilligung auf eine allg zugängliche Karte (Lageplan, Skizze uÄ) Bezug genommen werden, wobei die Karte als Orientierungshilfe die Lage des Grundstücks erkennen lassen muss (Hamm DNotZ 1973, 546). Endet die Gemeinschaft, wird die Belastung gegenstandslos; sie kann daher für die Zeit danach nicht gesichert werden (BayObLG MittBayNot 1964, 275). Eine Vereinbarung nach § 1010 kann nur durch eine neue wirksame Vereinbarung der Miteigentümer und deren Eintragung im Grundbuch **geändert** werden (München RNotZ 2018, 325). Änderungen durch einzelne Miteigentümer sind wirksam, wenn und soweit die zu ändernde Vereinbarung ihnen ausdrückl oder konkludent eine entspr Änderungsbefugnis zuerkennt. Von einer solchen vereinbarungsimmanenten einseitigen Befugnis ist auszugehen, wenn ein Kfz-Stellplatz lediglich auf einen anderen Miteigentümer benutzungsmäßig zu übertragen ist, weil die Größe des Miteigentumsanteils vom Umfang des Benutzungsrechts unabhängig ist (Nürnberg ZWE 2020, 372).

6 **Abs II.** Eintragung der Ansprüche aus §§ 755, 756 erfolgt nach hM ebenfalls als **besondere Belastung** in Abt II, nicht als Sicherungshypothek oder Vormerkung (Staudinger/*Thole* Rn 48; Soergel/*Stürner* Rn 4). Der Anspruch aus § 755 belastet das ganze Grundstück; der Anspruch aus § 756 den Anteil des/der schuldenden Miteigentümer.

Zur Frage, ob eine Bruchteilsgemeinschaft an einem Miteigentumsanteil (**Unterbeteiligung**) bestehen kann, s § 1008 Rn 5. 7

§ 1010 steht entgegen LG München I BayNotV 1972, 294 einer Verwaltungs- und Benutzungsregelung zw den Miteigentümern eines Grundstücks und einem Nießbraucher an einem ideellen Bruchteil dieses Grundstücks (s dazu § 1066 Rn 4) nicht entgegen, so wohl auch BGH NJW 2007, 149; DNotI 2022, 1. Regelungen über die Kosten- und Lastentragung können nicht mit Drittwirkung gem § 1010 im Grundbuch eingetragen werden (*Tschon* RNotZ 2006, 206, 220). § 1010 gilt nicht für Miterbengemeinschaft (KG DNotZ 1944, 15) und sonstige Gesamthandsgemeinschaften (Oldenburg DNotZ 2012, 944, 945; BayObLG 1952, 246). 8

§ 1011 Ansprüche aus dem Miteigentum

Jeder Miteigentümer kann die Ansprüche aus dem Eigentum Dritten gegenüber in Ansehung der ganzen Sache geltend machen, den Anspruch auf Herausgabe jedoch nur in Gemäßheit des § 432.

I. Ansprüche aus Miteigentum. Der **Miteigentümer** kann **folgende Ansprüche** geltend machen: Gegen **Dritte.** Ansprüche **a)** aus **Eigentum**, und zwar aus dem Gesamteigentum; dafür muss er Miteigentum aller nachweisen, wobei ihm allerdings § 1006 zugutekommt; **aa) dingliche**: §§ 894, 903, 985ff, 1004, 1005; **bb) persönliche**: §§ 987, 989, 990; **b)** aus **Besitz**: §§ 859, 861f, 867, 1007; **c)** aus **unerlaubter Handlung**: §§ 823ff (BGH NJW 1993, 727), soweit nicht durch Sonderregelung der §§ 987ff ausgeschlossen; **d)** aus **ungerechtfertigter Bereicherung**, vgl BGH NJW 1953, 59. Herausgabe kann er nur an alle fordern (§ 432; BGH NJW 1993, 935); an sich selbst nur, wenn die Übrigen dem zustimmen (Köln FamRZ 1959, 460) oder die Sache nicht besitzen wollen oder können (*Wolff/Raiser* § 84 III 1b; Grü/*Herrler* Rn 3). Hierunter fallen auch Ansprüche auf Nutzungen und Schadensersatz (§§ 987, 989, 990, 823ff), soweit in natürlichem oder wenigstens in rechtl Sinn unteilbar; letzteres trifft zu, wenn nach dem Innenverhältnis die Miteigentümer nur insg über das Geforderte zu bestimmen haben (BGH NJW 1953, 59); sind sie teilbar, so kann jeder nur seinen Teil fordern, weil es insoweit an einer Gemeinschaft fehlt. Auf Feststellung seines und aller Miteigentümer Anteils kann er klagen (RGRK/*Pikart* Rn 5; Grü/*Herrler* Rn 2); ebenso gem § 771 ZPO. Klagt ein Miteigentümer auf Herausgabe an alle Teilhaber, muss er sich das Besitzrecht des Beklagten ggü einem anderen Miteigentümer entgegenhalten lassen; er kann dann nur Einräumung des Mitbesitzes verlangen (*v Olshausen* FS W. Gerhard, 2004, 713). Eine bzgl des Mietverhältnisses zw einer Miteigentümergemeinschaft und einem ihrer Mitglieder erhobene Feststellungsklage muss nicht gegen sämtliche Mitglieder der Miteigentümergemeinschaft erhoben werden, wenn nur einzelne von ihnen das Bestehen eines Mietverhältnisses in Abrede stellen (BGH NJW 2018, 2472). § 1011 kann auch auf die Anmeldung vermögensrechtl Ansprüche auf Rückgabe an alle Miteigentümer angewendet werden. Die Anmeldung eines Miteigentümers gilt jedoch nicht gleichzeitig als Antrag der übrigen Miteigentümer, so dass ein solcher Antrag auch nicht die Anmeldefrist für die übrigen Miteigentümer wahrt (BVerwG ZIP 1998, 804). 1

Anspruch auf Einräumung eines Notwegrechts nach § 917 I können Miteigentümer nur gemeinsam geltend machen, da ein einzelner Miteigentümer nicht die Notwegrentenschuld der anderen Teilhaber gem § 917 II 1 begründen kann (BGH NJW 2006, 3426). 2

Das zw einem Miteigentümer und Dritten ergangene Urteil äußert **keine Rechtskraft** für oder gegen die übrigen Miteigentümer (BGHZ 79, 247 mwN; 92, 354; Grü/*Herrler* Rn 4; aA für Rechtskraft eines der Klage stattgebenden Urteils MüKo/*Schmidt* Rn 8 mwN; Jauernig/*Berger* Rn 3; diff: *v Olshausen* aaO, 714ff). Hat ein Miteigentümer aber der Klage **zugestimmt**, erwächst das Urteil auch ihm ggü in Rechtskraft (BGH NJW 1985, 2825; Jauernig/*Berger* Rn 3). Klagt nur ein Miteigentümer, so handelt er in **gesetzl Prozessstandschaft** (auch im Fall der alleinigen Beschlussanfechtung, die nach § 1011 möglich ist, vgl LG München I ZWE 2012, 142); er kann jedoch allein klagen, wenn er ein Recht aus dem Miteigentumsbruchteil selbst geltend macht, wie zB den Anspruch aus der Beeinträchtigung einer Grunddienstbarkeit gem §§ 1027, 1004 (BGH NJW-RR 1999, 166). Klagen mehrere Miteigentümer gemeinsam, so sind sie keine notwendigen, sondern einfache Streitgenossen (BGHZ 92, 351 = BGH NJW 1985, 385; aA zB MüKo/*Schmidt* Rn 7). 3

Gegen **Miteigentümer** sind seine Ansprüche naturgemäß auf sein Teilrecht beschränkt; Besitzschutz dementspr nur im Rahmen des § 866 (RGZ 69, 40), anders, wenn Besitzverhältnis abw vereinbart (RGZ 146, 336). Ansprüche ergeben sich schließlich aus §§ 743, 744, 745 II, §§ 748, 1004. 4

II. Gesamthandsgemeinschaft. Auf Miteigentümer zur gesamten Hand ist § 1011 nicht entspr anzuwenden (BGH WM 1964, 651). 5

§§ 1012–1017 (weggefallen)

Abschnitt 4
Dienstbarkeiten (§§ 1018–1093)

Einleitung vor § 1018

1 **1. Begriff. a) Dingliches Recht.** Dienstbarkeiten gewähren dem Berechtigten einen Ausschnitt aus den Eigentümerbefugnissen. Sie sind **dingliche Rechte** auf beschränkte Nutzung einer Sache, eines Rechts oder eines Vermögens. Sie schränken damit den Eigentümer des belasteten Gegenstandes in dessen Benutzung ein. Sie sind dinglich im Unterschied zu inhaltlich ähnl schuldrechtl Verhältnissen (zB Miete, Pacht, Leihe). Deshalb stellt eine Dienstbarkeit keinen kaufähnl Vertrag dar, der die Ausübung eines Vorkaufsrechts eröffnet (BGH BGHRp 2004, 12). Nutzung heißt Fruchtgenuss, Gebrauch oder sonstiger Sachvorteil. Unmittelbare Einwirkung auf den belasteten Gegenstand erforderlich, derzufolge der Verpflichtete seitens des Berechtigten etwas dulden oder unterlassen muss. Jedoch keine Hauptverpflichtung zum Tun. Beschränkt, weil gemessen an den Rechten des Eigentümers sachlich geringere und teilw zeitl begrenzte Nutzung (allg *Ahrens* Dingliche Nutzungsrechte[2], Rn 219).

2 **b) Landesrecht.** Landesrechtl Vorbehalte gem EGBGB Art 68 (Abbaurecht), 69 (Fischerei), 80 II (Pfründe), 83 (Waldgenossenschaft), 96 (Altenteil), 112–117 (Bahn, Flurbereinigung, Ablösung, Belastungsbeschränkungen und -verbote), 120 (Unschädlichkeitszeugnis), 128 (buchungsfreie Grundstücke), 133 (Kirchenstühle, Begräbnisplatz). **Übergangsvorschriften** vgl Art 164 (Realgemeinden), 182 (Stockwerkseigentum), 184, 187, 189, 191 (alte Rechte) sowie Art 233 §§ 3, 4 und 5 EGBGB, §§ 5, 8 und 9 GBBerG (neue Länder).

3 **c) Gesetzliche Eigentumsbeschränkungen.** Von den Dienstbarkeiten als „vereinbartem Nachbarrecht" sind die **gesetzl Eigentumsbeschränkungen** zu unterscheiden, so zB die Pflicht, einen Notweg oder eine Versorgungsleitung zu dulden. Sie sind, weil keine dinglichen Rechte an fremden Grundstücken, auch nicht eintragungsfähig (KG JFG 3, 330). Eine Verdinglichung ist durch eine Dienstbarkeit möglich, sofern dies die gesetzl Regelung vorsieht oder die Dienstbarkeit einen über die gesetzl Duldungspflicht hinausgehenden Inhalt hat.

4 **2. Arten. a) Grunddienstbarkeit.** Der Berechtigte, jew Eigentümer eines anderen Grundstücks, darf das belastete Grundstück in bestimmter Beziehung benutzen. Das Recht ist mit dem Eigentum an dem herrschenden Grundstück verbunden, dessen Bestandteil (§ 96).

5 **b) Nießbrauch.** Die bestimmte Person hat das Recht, grds sämtliche Nutzungen des belasteten Gegenstandes zu ziehen. Zu Abgrenzungsschwierigkeiten zw Dienstbarkeit und Nießbrauch vgl BGH NotBZ 2015, 138; MDR 2020, 783 und *Schmidt-Räntsch* in Forschner, Aktuelle Herausforderungen im Immobilienrecht, 2023, 111, 116.

6 **c) Beschränkte persönliche Dienstbarkeit.** Die bestimmte Person hat das Recht, das belastete Grundstück in einzelnen Beziehungen zu benutzen.

7 – Möglicher Gegenstand der Dienstbarkeit: bei a)–c) Grundstück, bei b) auch bewegliche Sachen und Rechte.
– Möglicher Inhalt der Dienstbarkeit: bei a) und c) beschränktes Nutzungsrecht, bei a) nur bei Vorteil für berechtigtes Grundstück, bei b) umfassendes Nutzungsrecht.
– Möglicher Berechtigter: bei a) jew Grundstückseigentümer, bei b) und c) individuell bestimmte Person.

8 Nießbrauch und beschränkte persönliche Dienstbarkeit sind unvererblich und unübertragbar (§§ 1059, 1061, 1090 II, § 1092 I 1). Ist eine jur Person oder eine rechtsfähige Personengesellschaft der Berechtigte, so sind sie gem §§ 1059a ff, 1092 II, III ausnahmsw übertragbar. Eine Grunddienstbarkeit ist nur zusammen mit herrschendem Grundstück übertragbar (§§ 93, 96). Eine **Übertragung** auf den Erbbauberechtigten ist nach hM nicht möglich (Hamm DNotZ 1981, 264), wohl aber eine schuldrechtl Überlassung der Ausübung (vgl *Grziwotz* Grundbuch- und Grundstücksrecht 1999 Rn 393; DNotI-Report 2016, 101). Nicht möglich ist es, am herrschenden Grundstück eine Dienstbarkeit mit dem alleinigen Inhalt zu bestellen, dass der „Drittberechtigte" einen Teil der Nutzungsbefugnis desjenigen erhält, für den die Dienstbarkeit bestellt wurde (Hamm DNotZ 2008, 612; vgl DNotI-Report 2019, 66).

9 **d) Dauerwohn- und Nutzungsrecht. Dauerwohnrecht** und **Dauernutzungsrecht** gem §§ 31ff WEG (nur für bestimmte Person, aber vererblich und übertragbar).

10 **e) Baulast. Baulasten** (zum Begriff Hamm IMR 2017, 508) sind öffentlich-rechtl Verpflichtungen ggü der Baubehörde (nicht zulässig in Bayern), die in das Baulastenverzeichnis eingetragen werden (vgl *Kraft-Zörcher* NotBZ 2017, 131; *Burbulla* ZfIR 2018, 717, 719). Umstr ist, ob sie sich auf ein bestimmtes Vorhaben beziehen müssen (vgl OVG Lüneburg NVwZ-RR 1998, 12)

11 **f) Mitbenutzungsrecht.** Durch den Einigungsvertrag ist die Zahl der an einem Grundstück bestehenden dinglichen Rechte um die **Mitbenutzungsrechte** erweitert worden (zur Umwandlung in eine Grunddienstbarkeit Naumburg FGPrax 2020, 23). Vgl hierzu ausf Erman/*Griwotz*[14] Rn 11f.

Titel 1
Grunddienstbarkeiten (§§ 1018–1029)

Vorbemerkung vor § 1018

1. Zweck. Sie sollen die wirtschaftl Nutzung des herrschenden Grundstücks fördern. Daher sind sie mit diesem untrennbar verbunden (§ 1018) und nichtig, wenn sie dem herrschenden Grundstück keinen Vorteil bieten (§ 1019). 1

2. Inhalt. Benutzungs-, Unterlassungs- und Duldungsdienstbarkeiten (vgl § 1018, § 1020 S 2, § 1021f). Zw Eigentümer und Berechtigtem besteht ein **gesetzl Begleitschuldverhältnis** (*Hess* AcP 198, 488, 502: „Binnenverhältnis"), aus dem sich für den Eigentümer und den Berechtigten Nebenpflichten ergeben (BGHZ 95, 144, 146; 106, 348, 350; BGH NVwZ 1990, 192). Es hat in erster Linie eine rechtsbegrenzende Funktion; Handlungspflichten können sich aus ihm nur ausnahmsw ergeben (ähnl Staudinger/*Weber* § 1018 Rn 136); die Regeln über den Wegfall der Geschäftsgrundlage gelten dafür nicht (BGH MittBayNot 2009, 374; MietRB 2022, 237). Es besteht zw den jew Beteiligten und muss nicht rechtsgeschäftlich übertragen werden (*Hess* AcP 198, 488, 493: „Sukzessionswirkung"). Es ist von dem schuldrechtl Grundverhältnis und flankierenden schuldrechtl Vereinbarungen zu unterscheiden (vgl *Amann* DNotZ 1989, 531). 2

3. Entstehung. a) Vereinbarung. Diese erfolgt regelmäßig auf vertragl Grundlage. Erforderlich sind: 3

aa) Einigung, formlos, Bedingung, aufschiebende (Hamm Rpfleger 1976, 95), auch auflösende (BayObLG MittBayNot 1998, 256), zB für den Fall, dass bestimmte Person Eigentümer des herrschenden Grundstücks wird, und Befristung zulässig. Das auslösende Ereignis muss mit genügender Bestimmtheit feststellbar sein (BayObLG Rpfleger 1985, 488). Keine Bestellung zugunsten Dritter (BayObLG MittBayNot 2003, 126), aber meist formfreie Einigung mit dem Dritten gegeben. Um die Eintragung herbeizuführen, genügt grundbuchrechtl Eintragungsbewilligung des Eigentümers des dienenden Grundstücks (§§ 19, 29 I 1 GBO; nicht Wohnungseigentumsverwaltung am gemeinschaftl Grundstück, München MDR 2022, 1338; aA Nürnberg MietRB 2022, 109). Dies kann auch der Inhaber eines Erbbaurechts sein (KG Rpfleger 1991, 496), allerdings nur im Rahmen der eigenen Befugnisse des Erbbauberechtigten. Die grundbuchrechtl Bewilligung unterliegt keiner Verjährung, sie kann deshalb auch noch nach Jahrzehnten vollzogen werden (München NotBZ 2016, 62). Die Bewilligungsberechtigung muss grds noch zum Zeitpunkt der Eintragung vorliegen (München NJOZ 2015, 1599). Die Zustimmung des Inhabers eines vorrangigen Rechts ist jedenfalls nicht erforderlich, wenn dieser kein ausschließliches Nutzungsrecht hat (Hamm Rpfleger 1981, 105); dies gilt aber auch bei einem ausschließlichen Nutzungsrecht, weil sich die Berechtigung schon aus dem Rang ergibt. Soll eine auf Errichtung einer Anlage gerichtete Dienstbarkeit das gesamte Grundstück belasten, so ist es grds möglich, von einer Bestimmung der Lage und Größe des Ausübungsbereiches in der Eintragungsbewilligung abzusehen (KG NJW 1973, 1128). Der Übergang eines an der einzutragenden Dienstbarkeit möglichen Anwartschaftsrechts auf den Erwerber des Grundstücks setzt Einigung und Aushändigung der gem § 873 II bindend gewordenen Bewilligung in der Form von § 19 GBO voraus (Köln OLG 1968, 453). Herrschendes und dienendes Grundstück können demselben Eigentümer gehören; § 181 steht dem nicht entgegen (hM, BGHZ 41, 209 zu § 1090). Zur Bestellung dieser **„Eigentümergrunddienstbarkeit"** tritt an die Stelle der Einigung die einseitige Erklärung des Grundstückseigentümers (*Böhringer* NotBZ 2012, 121; zur Anfechtbarkeit BFH DNotZ 2011, 116). Wenn vor Eintragung der Eigentümergrunddienstbarkeit das herrschende Grundstück in das Eigentum eines Dritten übergeht, ist die Einigung mit ihm erforderlich (Hamm Rpfleger 1973, 137). 4

bb) Eintragung. **(1)** Notwendig auf dem **Grundbuchblatt** des dienenden Grundstücks (BayObLG Rpfleger 1987, 101; zum Geschäftswert Köln MDR 2015, 1175). **(2)** **Wesensart** des Rechts muss sich **schlagwortartig** aus dem Eintragungsvermerk selbst ergeben (BGH MDR 2022, 423; BayObLG DNotZ 1991, 259; Zweibrücken FGPrax 2017, 18; KG notar 2016, 126 gilt nicht für Eintragungsbewilligung), „Benützungsbeschränkung" genügt nicht (BayObLG MDR 1990, 631), ebenso nicht „Verwendung des Grundstücks für die Stadt" (BGH 12.6.2014 – V ZR 244/13 zu Verbot von Prostitution; vgl *Schmidt-Räntsch* in Forschner, Aktuelle Herausforderungen im Immobilienrecht, 2023, 111, 117); „Nutzungsrecht" (Karlsruhe MittBayNot 2005, 406), „Nutzung nach Belieben" (auch bei Teilfläche, Celle NJW-RR 2005, 102) und „Nutzungsrecht" an bestimmten Räumen (Zweibrücken ZfIR 1997, 300). Ausreichend dagegen zB Wegerecht, Weiderecht, Wasserleitungsrecht, Viehtriebsrecht (BGH NJW 1983, 115f; 1982, 1054; BayObLG DNotZ 1989, 572; München NJOZ 2016, 560), Hochspannungsleitungsrecht (BayObLG Rpfleger 1981, 295). „Benutzung vorhandener Anlagen der Ver- und Entsorgung" genügt dem Bestimmtheitsprinzip (BayObLG DNotZ 1989, 568), desgleichen „Ziele des Naturschutzes" bei anschließender konkreter Regelung der diesbzgl verbotenen Handlungen (Schleswig ECLI:DE:OLGSH:2021:0528.2WX27.20.00). „Tankstellenrecht" oder „Tankstellendienstbarkeit" genügt, selbst wenn das Benutzungsrecht ein ausschließliches, dh mit dem Verbot verknüpft ist, auf dem belasteten Grundstück eine (Konkurrenz-)Tankstelle zu errichten (BayObLG MDR 1959, 220; Hamm NJW 1961, 1772). In Ausnahmefällen kann die Nutzungsart aus der Bezeichnung des Rechtsinhabers abgeleitet werden (Deutsche Reichsbahn BayObLG Rpfleger 1986, 297; Elektrizitäts-Gesellschaft BayObLG Rpfleger 1981, 479). Grundbuchamt kann ggü Urkunde zutreffendere Bezeichnung wählen (München ZfIR 2007, 30). Eine materiellrechtl unwirksame Grunddienstbarkeit muss gem § 53 I 2 GBO von Amts wegen gelöscht werden (Hamm ZfIR 1998, 52). Zu weitgehend, wenn bei „Geh-, Fahr- und Leitungs- 5 recht“ Tornutzungsrecht ausdrückl angegeben werden muss (so Nürnberg MDR 2000, 636), dagegen ist Einzäunungsrecht als Ausweitung zu nennen, desgleichen Verweilrecht bei Geh-, Fahr- und Leitungsrecht (BGH MDR 2022, 423). Kfz-Stellplatzrecht ist ausreichend, Zufahrtmitbenutzung muss nicht schlagwortartig angegeben werden (LG München II MittBayNot 2006, 502; vgl KG KGReport Berlin 2009, 527, Platz zum Öffnen einer Tür bei Wegerecht). Buchung unter einer **Sammelbezeichnung** ist möglich, wenn sich aus dem Begriff der Inhalt sämtlicher Befugnisse bzw Verpflichtungen ergibt. Eine Eintragung sämtlicher Rechte ist nicht erforderlich (KEHE/*Keller* Grundbuchrecht[8] 2019, § 44 Rn 22). Maßgeblich ist die Rechtslage im Zeitpunkt der Eintragung (Hamm NJW-RR 1995, 914). Auch der nähere **Inhalt** ist bestimmt zu bezeichnen (vgl § 1018 Rn 8; zur Bestimmtheit von Einschränkungen vgl BGHZ 92, 351; zur Ungenauigkeit BayObLG Rpfleger 1989, 230 und 361). Bezeichnet der Grundbucheintrag als Ausübungsstelle eines Wegerechts „den 2 m breiten Weg, der zum Feldweg nach B führt“, so kann dies bestimmt genug sein (BGH MDR 1969, 469; zur fehlenden Angabe der Wegbreite Stuttgart Rpfleger 1991, 198. S ferner zu Abstandsflächen BayObLG MittBayNot 1968, 215, VGH München BayVBl 2014, 727 zum Brandschutzabstand). Hier genügt aber – anders als bei der Kennzeichnung des Rechts – Bezugnahme auf Eintragungsbewilligung (§ 874). Sie ist auch erforderlich, soweit die dingliche Einigung den Inhalt präzisiert (Ausübungsstelle BGH Rpfleger 1991, 49; BGH 16.2.2012 – V ZB 204/11; Düsseldorf Rpfleger 2017, 444; ZMR 2020, 1053). Unzulässige Eintragung bei nicht beigefügtem Lageplan (BayObLG MittBayNot 1991, 255; vgl BayObLG Rpfleger 1984, 12: keine Bezugnahme auf nicht beigefügtes Baugesuch); wohl ebenso bei fehlender Einzeichnung. Bei unrichtiger Bezeichnung des dienenden Grundstücks entsteht Dienstbarkeit mit Eintragung am „richtigen“ Grundstück (München RNotZ 2009, 326). Soll die tatsächliche Ausübung maßgeblich sein, so besteht insoweit kein Eintragungserfordernis (BGHZ 90, 181, 183; BGH MDR 2002, 1000; Düsseldorf FGPrax 2021, 103; aA Hamm NJW 1981, 1632); in diesem Fall entscheidet der Eigentümer des belasteten Grundstücks unter Berücksichtigung von § 1020 S 1 über den Ausübungsbereich (München NJOZ 2021, 1487). Die Formulierung „derzeit gewählte Trasse“ bzw „derzeit tatsächlich in Anspruch genommene Grundstücksteile“ enthält die Festlegung eines Ausübungsbereichs (BayObLG MittBayNot 1992, 399; Hamm NotBZ 2013, 396; AG Pfaffenhofen IMR 2022, 3166 – keine Auslegung bei genauer Bezeichnung). Eine Bezugnahme auf Anlagen und Markierungen im Gebäude ist möglich (BGH NJW 1969, 502; 1982, 1039; BayObLG DNotZ 1989, 165; vgl Nürnberg 24.3.2022 – 13 U 2076/17 zu Widerspruch zw Einzeichnung und Einlegung von Leitung). Gibt die schlagwortartige Bezeichnung den Inhalt nicht zutr wieder, kann ein **Klarstellungsvermerk** eingetragen werden (LG Chemnitz MittBayNot 2006, 335). **Nachrichtlicher Vermerk** (sog Herrschvermerk) auf dem Grundbuchblatt des herrschenden Grundstücks freigestellt (§§ 9, 21 GBO; § 7 GBV; zur Gebühr für die Eintragung München ZfIR 2016, 542). Für den gutgläubigen Erwerb maßgeblich Eintragung auf dem dienenden Grundstück (BayObLG Rpfleger 1987, 101). Der Herrschvermerk allein ist nicht ausreichend; er ist andererseits auch nicht erforderlich. Gleiches gilt für die Bestimmung eines Höchstbetrags für den Wertersatz (§ 882) bei Erlöschen der Dienstbarkeit in der Zwangsversteigerung (ausf DNotI-Report 2006, 55).

6 Wird trotz ordnungsgemäßer Bewilligung die Dienstbarkeit **unrichtig eingetragen**, so kann sich nach Treu und Glauben für den Dienstbarkeitsbesteller die Verpflichtung ergeben, die zur Entstehung der vereinbarten Dienstbarkeit nötigen Erklärungen ggü dem Grundbuchamt erneut abzugeben und diese Pflicht im Falle einer Weiterveräußerung des belasteten Grundstücks auch dem Erwerber aufzuerlegen (BGH MDR 1971, 737 für den Fall einer beschränkten persönlichen Dienstbarkeit). Die Eintragung hat insofern keine Heilungswirkung, als sie eine inhaltlich unzulässige Dienstbarkeit nicht rechtswirksam machen kann; sie ist von Amts wegen zu löschen (§ 53 I 2 GBO). Wird bei Teilung des Grundstücks eine Grunddienstbarkeit fehlerhaft mit unzulässigem Inhalt auf das neue Grundbuchblatt übertragen, so gilt dies als Löschung gem § 46 II GBO und ermöglicht gutgläubig lastenfreien Erwerb (Köln Rpfleger 1982, 463).

7 **cc) Landesrechtl Vorbehalte** bestehen ua gem Art 115 EGBGB (Belastungs- und Inhaltsverbote) und für nicht buchungspflichtige Grundstücke gem Art 128 EGBGB.

8 **Genehmigungspflicht** gem § 51 BauGB von der Bekanntgabe des Umlegungsbeschlusses bis zur Bekanntgabe des Umlegungsplans. Versagung der Genehmigung, wenn Dienstbarkeit Umlegungsplan gefährdet. Vgl auch die Genehmigungspflicht gem § 144 II Nr 2, § 169 I Nr 3 BauGB in Sanierungs- und Entwicklungsgebiet. Genehmigungspflicht nach § 9 GrdstVG entfällt für Wegerecht in einem Grundstückskauf (Oldenburg DNotZ 1967, 394). Fehlt es an der erforderlichen behördlichen Genehmigung, so ist die Einigung schwebend unwirksam. Durch die nachträgl Genehmigung wird die Einigung rückwirkend voll wirksam, so dass die Grunddienstbarkeit wirksam entstanden ist, wenn sie im Zeitpunkt der Genehmigung noch im Grundbuch eingetragen ist. Dies gilt selbst dann, wenn zw Eintragung und behördlicher Genehmigung ein mehrmaliger Eigentumswechsel liegt (vgl Hamm NJW 1961, 560).

9 **dd)** Das obligatorische **Grundgeschäft** bedarf keiner Form (vgl BGH NJW-RR 1993, 1035; zur kostenrechtl Behandlung Ländernotarkasse AdöR NotBZ 2017, 24). Stillschw Verpflichtung zur Bestellung einer Grunddienstbarkeit denkbar, zB Grundstückseigentümer verkauft eines von mehreren Grundstücken, von denen das eine den Zwecken des anderen dient (BGH NZM 2013, 875; zur Hinweispflicht des Notars Celle ZfIR 2009, 838). Umdeutung eines wegen Verstoßes gegen § 311b I nichtigen Grundstücksveräußerungsvertrags in Vertrag über Bestellung einer Grunddienstbarkeit möglich (vgl RGZ 110, 392). Macht der Grundstückseigentümer die Erfüllung eines auf Bestellung einer Grunddienstbarkeit gerichteten, schuldrechtl Vertrags dadurch unmöglich, dass er das Grundstück an einen Dritten veräußert, so kann sein Vertragsgegner nicht gem § 285 den Geldbetrag verlangen, um den sich der Kaufpreis im Falle des Bestehens der Grunddienstbarkeit vermindert hätte (BGHZ 46,

260 zu § 281 aF; vgl auch Hamburg NotBZ 2006, 179). Zur Anfechtbarkeit (§ 3 AnfG) der Bestellung am eigenen Grundstück s BGH ZfIR 2010, 590. Als **Gegenleistung** für die Bestellung einer Grunddienstbarkeit kann, sofern keine unentgeltliche Einräumung erfolgt, vereinbart werden a) eine einmalige, b) eine fortlaufende Zahlung. Letztere kann durch eine Reallast zugunsten des jew Eigentümers des dienenden Grundstücks dinglich gesichert werden (Karlsruhe DNotZ 1968, 433). Aber auch andere Gegenleistungen (zB wechselseitige Dienstbarkeitsbestellung, Grundstücksfläche, Vorkaufsrechtseinräumung) sind in der Praxis üblich. Die Gegenleistung kann nicht Inhalt der Grunddienstbarkeit sein (BGH 7.4.2011 – V ZR 201/10); jedoch können die Entstehung und der Bestand der Dienstbarkeit, aber auch das Recht zu ihrer Ausübung von der Entrichtung abhängig gemacht werden (str für Rechtsausübung, vgl *Everts* MittBayNot 2022, 111; bejahend BGHZ 54, 18; MDR 2021, 1001); keine automatische Abhängigkeit (LG Aachen RdE 2001, 78; vgl *Holthaus/Keiser* ZfIR 2009, 396).

b) Ersitzung. Durch Ersitzung (§ 900 II; LG Meiningen OLG-NL 1994, 115); Voraussetzung ist dreißigjähriger Rechtsbesitz (Zweibrücken MittRhNotK 2000, 10). Ein gewohnheitsrechtl Erwerb kommt dagegen nicht in Betracht (Hamm NJW-RR 1987, 137, 138; BGH MDR 2020, 481; *Max* ZfIR 2022, 174). Auch eine jahrzehntelange Duldung hindert den Eigentümer nicht, die Gestattung zu widerrufen und Beseitigung zu verlangen (BGH NJW-RR 2014, 1043). 10

c) Rechtsvorschrift. Eine Rechtslage, wie sie durch Begründung einer Grunddienstbarkeit zu erreichen ist, lässt sich mitunter mittels eines Staats- oder Verwaltungsakts schaffen (Koblenz NJOZ 2013, 353). Bsp sind gesetzl oder aufgrund Rechtsvorschrift begründete Rechte, fremden Boden insb zum Führen von Versorgungsanlagen und Leitungen, zum Gehen und Fahren zu benutzen; vgl § 9 I Nr 21, § 41, § 126 I 1 Nr 1, § 150 I, § 169 I Nr 5 BauGB. S ferner § 86 I Nr 1 BauGB, §§ 37, 39 FlurbG sowie § 46 EnWG (OVG Münster DVBl 2012, 514), § 134 TKG (vgl *Schäfer/Giebel* ZfIR 2004, 661, früher § 57 TKG aF; BVerfG NJW 2003, 196; BGH MDR 2004, 992; BVerwG BayVBl 2001, 753), § 93 S 1 WHG (VGH München BayVBl 2016, 274), § 8 AVB FernwärmeV, § 8 AVB WasserV (Rostock NJW-RR 2012, 595), § 12 NAV und § 12 NDAV (vgl auch zB Art 24 II 3 BayGO) sowie teilw die Landesnachbarrechtsgesetze (s *Käser/Beck* BWNotZ 2002, 83). Es ist allerdings zu prüfen, ob die hiernach zulässige Nutzung noch einer dinglichen Umsetzung durch eine Dienstbarkeit bedarf oder eine unmittelbare Gestattung vorliegt (vgl *Böhringer* VIZ 2003, 55). Bei einem rechtswidrigen hoheitlichen Eingriff kann ein Folgenbeseitigungsanspruch gegeben sein; einem Beseitigungsverlangen kann der Einwand des Rechtsmissbrauchs bei einer Duldungspflicht für nunmehrige Eintragung entgegenstehen (OVG Lüneburg NJW-RR 2007, 674). 11

Altrechtl Grunddienstbarkeiten, dh solche, die nach den vor dem BGB geltenden Gesetzen entstanden sind, und zwar einschl derjenigen, die nach 1900 bis zu dem Zeitpunkt, in welchem das Grundbuch als angelegt anzusehen ist (Art 186 EGBGB), entstanden sind (Art 189 EGBGB) und die nicht aufgrund landesrechtl Anordnung erloschen sind (vgl *Grziwotz* in Grziwotz/Lüke/Saller, Praxishdb Nachbarrecht[3], 4. Teil Rn 377 und *Böhringer* BWNotZ 2008, 70), bedürfen auch im Hinblick auf den öffentlichen Glauben des Grundbuchs keiner Eintragung (vgl BGH MDR 2012, 141; Zweibrücken NotBZ 2015, 158; Karlsruhe MDR 2022, 358). Auf Antrag des Berechtigten oder des Eigentümers sind sie aber einzutragen (EGBGB Art 187). Es handelt sich um den Sonderfall einer Grundbuchberichtigung (§ 22 GBO, München NZM 2014, 607; München 9.7.2020 – 34 Wx 444/18 zusätzl zu Berichtigungsbewilligung schlüssige Darlegung der Grundbuchunrichtigkeit). Bei zwischenzeitl eingetragenen Belastungen ist Rangrücktritt der Berechtigten erforderlich (München MittBayNot 2014, 54). Eine Eintragung ohne Bewilligung erfordert den Nachw des Entstehens und des Fortbestandes in der Form des § 29 GBO (München MittBayNot 2014, 47; MDR 2009, 1409; NJOZ 2017, 243; NJOZ 2016, 836; München 19.7.2016 – 34 Wx 118/16; Zweibrücken NJW-RR 2009, 1240; zur Beweislast Karlsruhe Die Justiz 2022, 204). Inhaltsänderung richtet sich nach Art 184 S 2 EGBGB. Löschung von Amts wegen, wenn Berechtigter nicht bezeichnet ist (München RNotZ 2015, 114), nicht aber wegen Unauffindbarkeit der Bestellungsurkunde (München DNotZ 2015, 932). Zum Erlöschen alter Wassernutzungsrechte s München NJOZ 2018, 453. Bestandsbeeinträchtigung durch gutgläubigen Grundstückserwerb gem § 8 GBBerG, Art 187 EGBGB (BGH ZOV 2016, 150; zu altrechtl Dienstbarkeiten s auch BGH Rpfleger 1988, 353; BayObLG DNotZ 1989, 164; 1991, 160; BayObLG NJW-RR 1998, 304; Zweibrücken NJW-RR 2003, 1316). 12

4. Inhaltsänderung (§ 877). Verlegungsrecht richtet sich nach § 1023. Grunddienstbarkeit ist unteilbar, kann also nicht für Miteigentumsanteil oder an ihm bestehen. Wird herrschendes oder dienendes Grundstück geteilt, so sind §§ 1025ff maßgeblich. Eine Grunddienstbarkeit lässt sich nicht in eine beschränkte persönliche Dienstbarkeit umwandeln oder umgekehrt. Dieses Ergebnis kann nur durch Aufhebung der einen und Neubegründung der anderen erreicht werden (Hamm Rpfleger 1989, 448). 13

5. Übertragung. Weil untrennbar von herrschendem und dienendem Grundstück, nur zusammen mit herrschendem Grundstück übertragbar (§§ 93, 96, 873, 925). Auch eine „Berechtigungsübertragung" durch Bestellung einer Dienstbarkeit oder Baulast am herrschenden Grundstück mit dem Recht, die Berechtigung (teilw) auszuüben, ist grds nicht möglich (vgl Koblenz OLG 1992, 347; Hamm DNotZ 2008, 612). Belastung inhaltlich unzulässig; dies folgt aus § 1069 II und § 1274 II, die übertragbare Rechte voraussetzen. Mit der Übereignung des künftigen herrschenden Grundstücks geht eine bindend gewordene Einigung (§ 873 II) auf den Erwerber über (Hamburg NJW-RR 1990, 1297); eine Abtretung des Bestellungsanspruchs ist insoweit möglich (BGH ZfIR 2010, 97). 14

6. Erlöschen. Durch Aufhebungsvertrag oder einseitige Aufgabeerklärung (§§ 875f BGB, Art 120 II Nr 2 EGBGB) nebst Löschung im Grundbuch (bei nicht eingetragener Grunddienstbarkeit entfällt Löschung; zur feh- 15 lenden Gläubigerzustimmung *Hutzel* ZfIR 2013, 402). Eintritt einer auflösenden Bedingung (§ 158) (BayObLG MDR 1983, 227; München MittBayNot 2017, 248) oder eines Endtermins (§ 163); Kündigung nur, wenn als auflösende Bedingung vereinbart (vgl BayObLG MittBayNot 1990, 39). Buchersitzung, wenn Grunddienstbarkeit zu Unrecht gelöscht ist, sobald der Anspruch des Berechtigten auf Duldung der Benutzung verjährt ist (§ 901; vgl BGH MDR 2018, 1369). Sogar die eingetragene Grunddienstbarkeit erlischt abw von § 902, wenn der Anspruch des Berechtigten auf Beseitigung einer die Ausübung hindernden Anlage auf dem belasteten Grundstück verjährt ist (§ 1028 I 2). Vereinigung des herrschenden und des dienenden Grundstücks oder Zuschreibung als Bestandteil (KGJ 51, 260); nicht dagegen, wenn beide Grundstücke sich in der Hand eines Eigentümers vereinigen (§ 889), wohl aber die nicht eingetragene altrechtl Dienstbarkeit (BGHZ 56, 374, 379). Teilung des dienenden oder des herrschenden Grundstücks nach Maßgabe von § 1025 S 2, § 1026. Wird das mit einer Grunddienstbarkeit belastete Grundstück mit einem Teil des herrschenden Grundstücks zu einem neuen Grundstück vereinigt, so erstreckt sich die Grunddienstbarkeit nicht auf den zum dienenden Grundstück hinzugekommenen Grundstücksteil (vgl BGH LM Nr 26 zu § 1018). Enteignung (Art 109 EGBGB). Aufhebung im Zuge der Flurbereinigung gem § 49 I FlurbG oder der Umlegung gem § 61 BauGB (zur Fortsetzung am Zuteilungsgrundstück s *Röll* DNotZ 1961, 635, 641). Zuschlag des dienenden Grundstücks bei Zwangsversteigerung, wenn Grunddienstbarkeit – sei es auch zu Unrecht – nicht ins geringste Gebot aufgenommen wird (§ 91 ZVG). Ebenso bei Erlöschen auf nur einem Wohnungseigentumsrecht, wenn das ganze Grundstück belastet ist (zB Wegerecht, hM, BGH MietRB 2015, 364 und Düsseldorf MietRB 2010, 328; aA NK/*Otto* § 1018 Rn 116a). Dagegen ist eine ganze oder teilw Löschung der das Gemeinschaftseigentum belastenden Dienstbarkeit hinsichtl einer Einheit bei Bewilligung durch einen oder mehrere Wohnungseigentümer unzulässig (BayObLG MDR 1983, 935). Ein Verbot der Geltendmachung von Bergbauschäden und eine Fremdenverkehrsdienstbarkeit können dagegen auf jedem Wohnungseigentumsrecht gesondert gelöscht werden (Hamm OLG 1981, 53; LG Göttingen NJW-RR 1997, 1105). Erlöschen bei Aufhebung des herrschenden Wohnungseigentums (Hamm ZfIR 2016, 687; München FGPrax 2017, 114; *Herrler* DNotZ 2017, 726; *Weber* ZWE 2017, 256), nicht aber bei Auseinandersetzung von Wohnungseigentümergemeinschaft und Realteilung (München FGPrax 2017, 114). Keine Amtslöschung bei Unauffindbarkeit der Bewilligungsurkunde, sondern von Amts wegen Urkundenwiederbeschaffung (Köln MDR 2022, 25).

16 Grunddienstbarkeit erledigt sich, wenn durch tatsächliche Veränderung ihre **Ausübung** dauernd **unmöglich** wird oder der Vorteil für das herrschende Grundstück dauernd und gänzlich fortfällt (BGH NJW 1984, 2157f; 2008, 3123), zB Weidegerechtigkeit durch Bebauung des Grundstücks, bei Bergrutsch, dauernder Überschwemmung; Wegerecht bei Widmung als öffentliche Straße (str, Düsseldorf MDR 1995, 471; Dresden VIZ 1997, 244; München MittBayNot 2015, 307; s auch BayObLG 1971, 1, 5; Koblenz NJOZ 2013, 353), wenn Straßenbaulastträger öffentliche Hand, nicht dagegen bei lediglich anderweitiger Erreichbarkeit (BayObLG ZfIR 2003, 341) und Wegfall des Weges (Hamm 26.1.2012 – 16 U 4/11); Fahrt- und Leitungsrecht erlischt nicht, wenn Erschließung durch öffentl Straße wegen des Leitungsrechts (Düsseldorf NZM 2019, 558); Freihaltung eines Bahnübergangs bei Stilllegung der Bahnstrecke (Köln MittRhNotK 1980, 227); Überbauung eines Bewässerungsgrabens reicht nicht (BayObLG MDR 1986, 936), dsgl, dass das Recht lange Zeit nicht ausgeübt wurde (BGH NZM 2014, 1297; abw München NJW-RR 2020, 399 zu ungenutztem und verfallendem Kartoffellager für aufgegebene Brennerei), zB keine Bestattungen mehr erfolgten (BGH VIZ 1999, 225), anderweitige Zufahrt besteht (Koblenz DNotZ 1999, 511) oder Verlagerung der Betriebsstätte bei konkreten Planungen für neuen Betrieb (Nürnberg MDR 2013, 513). Gem § 84 GBO kann Grundbuchamt sie von Amts wegen löschen. Gleiches muss gelten, wenn Ausübung der Dienstbarkeit infolge zwischenzeitl erlassener Gesetze aus rechtl Grund dauernd unmöglich ist (BayObLG DNotZ 1999, 507: Anschluss- und Benutzungszwang an gemeindliche Einrichtung ohne Befreiungsmöglichkeit). Dagegen beeinträchtigt eine zeitweilige Einstellung des durch eine Grunddienstbarkeit begünstigten Gewerbebetriebs weder den Bestand noch das Recht zur Ausübung der Dienstbarkeit (BGH MDR 1980, 130).

17 Weitere Ausübung der Grunddienstbarkeit kann wegen grundlegender Veränderung der maßgeblichen Verhältnisse aufgrund von Treu und Glauben in bestimmten Beziehungen (BGH ZfIR 2013, 292; 2016, 546) vorübergehend oder für immer **rechtsmissbräuchlich** und damit unzulässig (Koblenz DNotZ 1999, 511 bei Unverhältnismäßigkeit von Nutzen und Beeinträchtigung) werden; letzterenfalls kann Löschung der Grunddienstbarkeit oder Verzicht auf Grunddienstbarkeit verlangt werden (vgl *Förster* notar 2023, 33; zur Vollstreckung Stuttgart MittBayNot 2006, 68). Die Missbräuchlichkeit kann nur aus dem dinglichen Rechtsverhältnis zw den Parteien selbst abgeleitet werden (BGH LM Nr 41 zu § 242 D). Gründe, die das schuldrechtl Grundverhältnis oder die Sicherungsabrede betreffen, können nur zu einem bereicherungsrechtl Anspruch führen.

18 Dagegen rechtfertigt ein **Überschreiten der Befugnisse** aus der Dienstbarkeit keineswegs einen Anspruch auf Löschung (vgl BGH ZfIR 2016, 546). Vielmehr steht dem mit der Dienstbarkeit Belasteten der Abwehranspruch aus § 1004 zu. Er kann sich gegen jede Beeinträchtigung seines Eigentums, die nicht durch die dingliche Belastung gedeckt ist, mit der Beseitigungsklage, falls weitere Störungen zu besorgen sind, mit der Unterlassungsklage zur Wehr setzen (vgl BGH MDR 1965, 563; Düsseldorf IMR 2008, 378).

19 **7. Schuldrechtliche Vereinbarungen. a) Schuldrechtliches Nutzungsrecht.** Was den Inhalt der Grunddienstbarkeit bildet, kann einer Partei auch durch rein schuldrechtl, nur die Vertragsteile, nicht Einzelrechtsnachfolger und nicht die Baubehörde (VGH Kassel NVwZ-RR 2006, 772) bindende Abrede gewährt werden (vgl *Eusani* ZfIR 2006, 827). So schließt die öffentliche Hand über die Nutzung ihrer Grundstücke meist dienstbarkeitsähnl **„Gestattungsverträge"**. Bei unentgeltlicher Gestattung liegt regelmäßig Leihe vor (Saarbrücken NJW-RR 2002,

1385). Wird Grunddienstbarkeit bestellt, ist idR eine zusätzl schuldrechtl Verpflichtung zu verneinen. Ob ein Anspruch auf Bewilligung einer entspr öffentlich-rechtl Baulast besteht, ist str (vgl § 1018 Rn 16). Gleichwohl ist das gleichzeitige Nebeneinanderbestehen eines schuldrechtl (persönlichen) und eines dinglichen Nutzungsrechts nicht ausgeschlossen (vgl BGH NJW 1974, 2123; NZM 2014, 790; Frankfurt NZM 2008, 423). Dies zeigen vor allem die Mieterdienstbarkeiten (s *Wortberg* ZfIR 2011, 591; *Nouvertné* BKR 2012, 52; München NJOZ 2013, 1363; zum Erlöschen BGH ZfIR 2011, 537). **b) Sicherungsdienstbarkeit.** Die dingliche Dienstbarkeit kann ferner durch eine schuldrechtl Vereinbarung (Zweckbestimmung) konkretisiert und eingeschränkt werden (Sicherungsdienstbarkeit); die schuldrechtl Regelung wird aber – anders als das Begleitschuldverhältnis – nicht dingl Inhalt (München MittBayNot 2008, 479). Allerdings problematisch, wenn eine an sich unzulässige Dienstbarkeit durch diese Vinkulierung (Soergel/*Stürner* § 1090 Rn 13) rechtmäßig werden soll (vgl auch § 1018 Rn 17).

§ 1018 Gesetzlicher Inhalt der Grunddienstbarkeit

Ein Grundstück kann zugunsten des jeweiligen Eigentümers eines anderen Grundstücks in der Weise belastet werden, dass dieser das Grundstück in einzelnen Beziehungen benutzen darf oder dass auf dem Grundstück gewisse Handlungen nicht vorgenommen werden dürfen oder dass die Ausübung eines Rechts ausgeschlossen ist, das sich aus dem Eigentum an dem belasteten Grundstück dem anderen Grundstück gegenüber ergibt (Grunddienstbarkeit).

1. Allgemeines. Zur **Entstehung** und zum **Erlöschen** vgl Vor § 1018 Rn 3ff. 1

2. Belasteter Gegenstand. a) Grundstücksbegriff. Grundstück = räumlich abgegrenzter Teil der Erdoberfläche, der im Bestandsverzeichnis eines Grundbuchblatts unter besonderer Nr gebucht ist; privates oder öffentliches Grundstück, kann auch Gewässer sein (vgl Königsberg OLG 15, 362, Straßenanliegerrecht; RGZ 105, 191, Fischereigerechtigkeit). Realer Grundstücksteil (vgl jedoch § 7 GBO), auch ohne Abschreibung, wenn eigene Flurstückbezeichnung (BGH MDR 2023, 288; Köln MittBayNot 2012, 384); davon zu unterscheiden Beschränkung der **Rechtsausübung** auf Teil des im Ganzen belasteten Grundstücks (§§ 1023, 1026), wobei der betreffende Teil in der Eintragungsbewilligung oder dem sie ersetzenden Urt (§ 894 ZPO) und im Grundbuch zu bezeichnen ist (BGH NJW 1981, 1781); „wie bisher" genügt (BGH NJW 1982, 1039; vgl auch BGH MDR 2002, 1000). Nicht dagegen ideeller Bruchteil (BGHZ 36, 189). Eine Grunddienstbarkeit kann sich als Gesamtbelastung auf mehrere Grundstücke erstrecken (BayObLG Rpfleger 1990, 111), sofern diese in der gleichen Art benutzt werden (BGH MDR 2018, 1487; *Demharter* GBO[32] § 48 Rn 8; aA Soergel/*Stürner* Rn 39c und *Böttcher* MittBayNot 1993, 129, 134, die sich darauf stützen, dass das Wesen der Gesamtbelastung in voller Befriedigung aus jedem der belasteten Grundstücke bestehe. Bei der Grunddienstbarkeit geht es jedoch nicht um haftungsrechtl Fragen, sondern um die Benutzung eines Grundstücks). Dienstbarkeit an gewidmeter öffentlicher Verkehrsfläche möglich, aber Widmung kann Ausübung der Dienstbarkeit entgegenstehen (vgl BayObLG 1971, 1). Bei Vereinigung des belasteten Grundstücks mit anderen Grundstücken erstreckt sich die Belastung nicht auf die „neuen" Grundstücksteile (Hamm DNotZ 2003, 355). 2

b) Wohnungseigentum/Teileigentum. Sondereigentum kann belastet werden, wenn allein aus ihm fließende Rechte betroffen sind. Dies gilt auch für Annexeigentum (*Zimmer* ZWE 2021, 436, 437; DNotI-Report 2021, 169, 171). Ein Sondernutzungsrecht wird umfasst und kann alleiniger Ausübungsbereich der Dienstbarkeit sein (str, bejahend BGH MDR 2020, 783; verneinend noch BayObLG DNotZ 1990, 496 zu Kfz-Stellplatz; 1998, 125; Zweibrücken ZfIR 1999, 524); Bestellung an Sondernutzungsfläche allein durch berechtigten Wohnungseigentümer jedoch unzulässig (BGH MDR 2020, 783). Ein Sondernutzungsrecht an einer Grunddienstbarkeit auf einem Nachbargrundstück setzt voraus, dass die Dienstbarkeit zugunsten sämtlicher Wohnungseigentümer/Teileigentümer besteht (BayObLG 1990, 124; Köln Rpfleger 1993, 335; vgl DNotI-Report 2016, 64). Inhaltlicher Widerspruch zw Sondernutzungsrecht und Dienstbarkeit hindert Grundbuchvollzug nicht (München NZM 2014, 476). 3

c) Grundstücksgleiche Rechte. Grundstücksgleiche Rechte, zB Erbbaurecht im Rahmen des dinglichen Inhalts des Erbbaurechts (§ 11 ErbbauRG; vgl KG NJW-RR 1992, 214), nach Landesrecht (Art 63, 68 EGBGB) zB Abbaurecht (KG DR 1940, 1781), nicht Dauerwohn- und Dauernutzungsrecht. 4

3. „Herrschendes Grundstück". a) Berechtigter. Als **Berechtigter** ist ins Grundbuch der **jew Eigentümer** eines bestimmt bezeichneten (München NJOZ 2013, 1405), nicht notwendig unmittelbar benachbarten (München MittBayNot 2015, 127; LG Deggendorf MittBayNot 1991, 262) Grundstücks oder grundstücksgleichen Rechts (zB WE, Zweibrücken MittBayNot 1993, 86; Hamm NJOZ 2016, 1113; vgl BGH DB 1978, 2069 zu Bergwerkseigentum) einzutragen. Eine Übertragung auf den Erbbauberechtigten ist nicht möglich (Hamm DNotZ 1981, 264; unklar, ob auch für ausl Grundstück), wohl aber die Überlassung zur Ausübung (vgl Einl § 1018 Rn 8). Unzulässig zugunsten eines an ideellem Grundstücksbruchteil Berechtigten und des Eigentümers einer bestimmten Wohnung, an der kein Wohnungseigentum gebildet wurde (Frankfurt MittBayNot 2003, 383). Gem § 1009 kann eine Grunddienstbarkeit begründet werden, wenn der Eigentümer des dienenden Grundstücks zugleich Miteigentümer des herrschenden Grundstücks ist (BGH MDR 2019, 662; *Elzer* MietRB 2019, 187, 191) Dienstbarkeit am Gesamtgrundstück für WE) oder umgekehrt; auch eine Eigentümergrunddienstbarkeit ist zulässig (vgl Vor § 1018 Rn 4). Nicht möglich ist eine Gesamtgrunddienstbarkeit, bei der herrschende und dienende Grundstücke teilweise identisch sind (KG MDR 2013, 646). Eine Grunddienstbarkeit zugunsten aller jew Grundbesitzer eines Dorfes ist zulässig (KGJ 53, 170; vgl auch Frankfurt Rpfleger 1980, 185). Soll Grunddienstbarkeit zuguns- 5 ten eines Grundstücksteils bestellt werden, so ist dieser vorher als selbständiges Grundstück abzuschreiben (BGH NJOZ 2012, 579), jedoch kann die Ausübung auf den Vorteil für einen realen Teil des herrschenden Grundstücks beschränkt werden. Bei Vereinigung des herrschenden Grundstücks mit einem weiteren ist die Ausübung der Berechtigung auf das ursprünglich herrschende Grundstück beschränkt (BayObLG ZfIR 2003, 238; LG Regensburg ZMR 2013, 156). **b) Mehrere.** Ein einheitliches Wegerecht für den jew Eigentümer mehrerer Grundstücke kann nach einer Ansicht nur bestellt werden, wenn diese derselben Person gehören und das Wegerecht allen herrschenden Grundstücken dient (vgl Frankfurt NJW 1969, 469; LG Wuppertal MittRhNotK 1974, 252); dem ist nicht zu folgen. Eine einheitliche Grunddienstbarkeit zugunsten der jew Eigentümer mehrerer Grundstücke setzt nicht das Eigentum ein- und derselben Person voraus (hM, BayObLG MittBayNot 1983, 168). Das gleiche Eigentum ist nur von Bedeutung dafür, dass in diesem Fall ausnahmsw kein **Berechtigungsverhältnis** angegeben werden muss (BayObLG ZfIR 2003, 23; aA KG NZM 2018, 927). Die Eintragung mehrerer Grundstückseigentümer kann als Gesamtberechtigte (§ 428; Düsseldorf MDR 2020, 918 für Wohnungseigentümer) oder zu bestimmten Bruchteilen bei teilbaren Leistungsgegenständen erfolgen. Str ist die Zulässigkeit einer modifizierten Gesamtberechtigung analog §§ 428, 432 (s nur MüKo/*Mohr* Rn 23; zum Gemeinschaftsverhältnis analog §§ 1024, 1025 LG Kassel MittBayNot 2009, 377). Wird kein Berechtigungsverhältnis angegeben, entstehen ranggleiche Einzelrechte (*Schöner/Stöber* Grundbuchrecht[16] 2020, Rn 1124; *Mayer* MittBayNot 2002, 288, 290). Tritt bei mehreren Berechtigten später ein weiteres herrschendes Grundstück hinzu, ist umstr, ob es sich um eine neue Dienstbarkeit (so Hamm MDR 2014, 1386) oder nur eine Inhaltsänderung der bestehenden handelt.

6 **c) Altrechtliche Bezeichnungen.** Bei **altrechtl Grundstücksbelastungen** ist von dem Sprachgebrauch des Gesetzes und des einschlägigen Schrifttums zur Zeit ihrer Begründung auszugehen (s Rn 9; vgl BayObLG 1971, 247; Frankfurt NJW-RR 2017, 717). Maßgeblich sind die Auslegungsregeln des damals anwendbaren Rechts (RGZ 131, 158, 167; BayObLG 1970, 226, 234). Eine unter der Herrschaft des Preußischen Allg Landrechts begründete Fahrgerechtigkeit für eine bestimmte Person „als Besitzer" eines näher bezeichneten Grundstücks ist als Grunddienstbarkeit anzusehen, denn nach dem damaligen Sprachgebrauch verwendete man die Bezeichnung „Besitzer eines Grundstücks" in dem Sinn, der nach der heutigen Gesetzessprache nur die Bezeichnung „Eigentümer" zulässt (vgl Düsseldorf NJOZ 2019, 121; Karlsruhe Die Justiz 2022, 204).

7 **d) Rechtsnachfolger.** Ist im Grundbuch ein Überfahrtsrecht für eine bestimmte Person und **„deren Rechtsnachfolger"** eingetragen und ergibt sich darüber hinaus auch aus der Eintragungsbewilligung nicht mehr, so handelt es sich nicht um eine Grunddienstbarkeit; es kann aber eine beschränkte persönliche Dienstbarkeit gegeben sein (BGH MDR 1965, 195; vgl Hamm MittBayNot 2001, 320 und München NotBZ 2014, 154: für den jew Firmeneigentümer). Umgekehrt kann mit der Bewilligung einer „beschränkten persönlichen Dienstbarkeit zugunsten des jew Eigentümers eines Grundstücks" eine Grunddienstbarkeit gewollt sein (BGH MDR 1969, 380).

7a **e) Verwechslung.** Bei einer **Verwechslung** von dienendem und herrschendem Grundstück in der Eintragungsbewilligung ist bei einer Verweisung auf einen beigefügten Plan regelmäßig eine Berichtigung des Grundbuchs möglich (BayObLG MittBayNot 2005, 41).

8 **4. Zulässiger Inhalt.** Den Inhalt der Grunddienstbarkeit regeln die §§ 1018ff abschließend und zwingend. Verstoß hiergegen macht Grunddienstbarkeit nichtig. Zusätzl bestehen landesrechtl Vorbehalte gem Art 115 EGBGB. Grunddienstbarkeit darf grds nur in einem Dulden oder Unterlassen bestehen. Eine Verpflichtung des Eigentümers des dienenden Grundstücks zur Leistung (zB Rückbau, München ZfIR 2015, 303) kann nicht Hauptbestandteil, wohl aber hinsichtlich der zugelassenen Maßnahmen Nebenbestandteil der Grunddienstbarkeit sein (vgl § 1020 S 2, § 1021; s dazu auch BayObLG Rpfleger 1976, 397). Gesetzl Verpflichtungen (zB Notweg) sind nicht eintragungsfähig (Hamm NJOZ 2014, 1327). Grunddienstbarkeit muss dem herrschenden Grundstück einen Vorteil bieten (§ 1019). Aufgrund öffentlichen Rechts bestehende Befugnisse, zB Fischereirecht kraft Regals (Kassel OLG 25, 393), Einwirkungen auf Grundstücke, die ohnehin nach Bergrecht oder Wasserrecht zulässig sind (RGZ 119, 213; 130, 354), Gemeingebrauch am Fluss können nicht Gegenstand einer Grunddienstbarkeit sein; anders, wenn Geltungsbereich des Gesetzes zweifelhaft (Celle DNotZ 1958, 421), sich eine Rechtspflicht erst aufgrund eines Verwaltungsaktes ergibt oder Sicherungen für den Wegfall gesetzl Beschränkungen geregelt werden (vgl *Grziwotz* Grundbuch- und Grundstücksrecht, Rn 416). Zulässig sind insb zu Bauleitplänen parallele Dienstbarkeiten (ebenso BGH MDR 1967, 661 und Hamm FGPrax 1996, 171; anders *Quack* Rpfleger 1979, 281, 282f). Das Bestehen einer Grunddienstbarkeit hindert nicht die Eintragung einer inhaltsgleichen beschränkten persönlichen Dienstbarkeit und umgekehrt (vgl BayObLG 1982, 246). Bei inhaltsgleichen Rechten regelt der Rang das Berechtigungsverhältnis (München FGPrax 2016, 198).

9 **5. Inhalt und Umfang. a) Auslegung.** Zur **Ermittlung** des Inhalts und Umfangs einer Grunddienstbarkeit ist grds streng vom **Wortlaut** (BGH MDR 1993, 1201) und **Sinn** der Eintragung (kein einheitliches Recht, wenn selbständiges Gehrecht und selbständiges Fahrtrecht eingetragen sind, BayObLG Rpfleger 1985, 486; Recht zur Wasserentnahme BGH DNotZ 1989, 562; Fahrtrecht München NJOZ 2020, 280) und der Eintragungsbewilligung, auf die zulässigerweise Bezug genommen wird (zu Nachtrag München NotBZ 2017, 63), so wie sie sich für einen unbefangenen Betrachter (BGH NJW-RR 1995, 15) als nächstliegende Bedeutung des Eingetragenen ergeben, auszugehen (BGHZ 92, 355; BGH NJW-RR 2020, 77; vgl Schleswig NJOZ 2019, 571). Dabei ist gleichsam im Rahmen einer Wechselwirkung (aA MüKo/*Mohr* Rn 13: Vorrang der Auslegung) der **Bestimmtheitsgrundsatz** zu beachten (nicht ausreichend: RGZ 117, 323, 326 „dt-stämmige" Landarbeiterfamilien; Frankfurt MDR 1983, 130 Ausübung „in zumutbarer Weise"; KG DNotZ 1992, 673 „beliebig"; Düsseldorf MittRhNotK 1979, 72; München NJOZ 2012, 843 keine Maßnahmen, die den „allg anerkannten Grundsätzen der Denkmal-

pflege" widersprechen; Düsseldorf MittRhNotK 1995, 319, 320 Grundstücksnutzung nach „Maßgabe der Satzung und der satzungsgemäß gefassten Beschl"; KG OLG 34, 225 lokale Baupolizeiordnung; wohl aber Konkretisierung durch Urt, OVG Saarlouis NJW 1999, 1348; 1½geschossige Bauweise, BGH MDR 2002, 691 und Verbot, „die Gebäulichkeiten nicht zu erweitern", Karlsruhe MDR 2014, 648; str für dynamische Verweisung auf Gesetz und kirchenfeindliches Verhalten, letzteres wohl nicht bestimmt, teilw abw *Heß* AcP 197, 489, 508). Zum Begriff „nötiges Wasser" im Rahmen eines Wasserbezugsrechts s BGH NJW-RR 1988, 1229. Zum Zweck der „sofortigen Be- und Entladung von Fahrzeugen" bei einem Fahrtrecht s BGH NJW-RR 1991, 457. „Übergang" erlaubt auch Überquerung mit Kfz (BGH MDR 2021, 162). Anlagennutzung betrifft auch erneuerte Anlage (BGH MDR 2020, 158). Die Ausübungsstelle kann auch der tatsächlichen Ausübung überlassen bleiben (BGHZ 90, 181). Bei altrechtl Belastungen ist der Sprachgebrauch zur Zeit ihrer Entstehung maßgebend (s Rn 6). **Umstände**, die **außerhalb** dieser **Urkunden** (Bezugnahme auf Akten unzulässig, BayObLG Rpfleger 1984, 12; auch keine Inhaltsbestimmung durch Bebauungsplan, VGH München BayVBl 2022, 525) liegen, dürfen nur berücksichtigt werden, wenn sie nach den besonderen Verhältnissen des Einzelfalles für jedermann ohne weiteres erkennbar sind (BGHZ 92, 351; BGH MDR 2002, 691, aber kein Gutglaubensschutz eines späteren Erwerbers, dass die zur Zeit des Erwerbs bestehenden tatsächlichen Verhältnisse dem Inhalt des Wegerechts entsprechen, vgl Jena NJOZ 2013, 197; OVG Lüneburg NVwZ-RR 2021, 238). UU kann auch das obligatorische Grundgeschäft herangezogen werden, wenn es in den maßgeblichen Urkunden zumindest andeutungsweise zum Ausdruck kommt (Köln ZfIR 2007, 136). Die obligatorischen Pflichten beschränken sich iÜ auf die ursprünglich Beteiligten und gelten für deren Rechtsnachfolger nur aufgrund der allg Vorschriften (insb Abtretung, Vertragsübernahme und Gesamtrechtsnachfolge). Grds ist bei der Auslegung von den Verhältnissen zur Zeit der Bestellung der Dienstbarkeit auszugehen (BGH WM 1971, 1186, 1188; NJW-RR 2008, 325). Weil Grunddienstbarkeiten regelmäßig ohne zeitl Begrenzung bestellt werden, daher oft über längere Zeiträume gelten sollen, kann bei ihrer Auslegung von den **wirtschaftlichen** und **technischen Veränderungen** der **Verhältnisse** aber nicht abgesehen werden. Diesen ist Rechnung zu tragen, wenn Treu und Glauben das verlangen (München MittBayNot 2003, 219; Frankfurt NZM 2018, 926; ausf *Grziwotz* NJW 2008, 1851; *Rein* WM 2018, 1536). Einen Anhalt für die Auslegung der Grunddienstbarkeit kann die stillschw Duldung einer bestimmten Ausübungsart geben (Karlsruhe NJW-RR 1990, 663). Fehlt es an einer eindeutigen ausdrückl Vereinbarung, so kommt es nicht auf den seinerzeitigen Willen der ursprünglichen Vertragsparteien an, sondern darauf, was die gegenwärtigen oder künftigen Beteiligten aufgrund der Bestellungsurkunde als obj Inhalt ansehen dürfen (BGH DNotZ 1959, 240; 1960, 242). Im Zweifel richtet sich das **Ausmaß** der **Benutzung** nach den jew Bedürfnissen – Wirtschaftslage, Benutzungsart – des herrschenden Grundstücks (RG JW 1916, 143; BGH LM Nr 73 zu § 256 ZPO; München NJOZ 2017, 302). Auf die im **Bestandsverzeichnis** des Grundbuchs enthaltenen Angaben über die Kulturart des herrschenden Grundstücks kommt es allerdings dann nicht an, wenn der Text des Bestandsverzeichnisses offenkundig überholt ist und mit der wirklichen Grundstücksbeschaffenheit im Zeitpunkt der (Wege-)Rechtsbestellung nicht mehr im Einklang steht (BGH MDR 1971, 738).

b) Inhaltsanpassung. aa) Von der anfänglichen Inhaltsbestimmung ist die nachträgl Anpassung bei Veränderung der bei Bestellung gegebenen Verhältnisse zu unterscheiden. Der Umfang einer Grunddienstbarkeit liegt nicht von vornherein für alle Zeiten fest, sondern kann sich nach dem jew Bedürfnis des herrschenden Grundstücks unter Berücksichtigung der wirtschaftl und technischen Entwicklung ändern (vgl *Amann* DNotZ 2015, 164). Dies gilt insb bei zeitl unbegrenzten Dienstbarkeiten. Der aktuelle Umfang ist deshalb unter Berücksichtigung von § 242 zu konkretisieren. Er kann deshalb bei einer **Bedarfssteigerung** auch wachsen. Diese muss sich aber in den Grenzen einer der Art nach gleich bleibenden Benutzung des herrschenden Grundstücks (nicht damit vereinigter Teilflächen, BayObLG ZfIR 2003, 238) halten und nicht auf eine zur Zeit der Dienstbarkeitsbestellung nicht voraussehbare oder gar willkürliche Benutzungsänderung zurückzuführen sein (s nur Karlsruhe MDR 2020, 1241; RGRK/*Rothe* Rn 19 sowie Rn 14). 10

bb) Bei der Bestellung vereinbarte Beschränkungen sind auch bei nachträgl Änderungen zu beachten. Eine unzulässige **Überschreitung** des **Benutzungsumfangs** kann gegeben sein, wenn die Steigerung der Bedürfnisse in veränderten Umständen ihren Grund hat, die bei der Bestellung der Grunddienstbarkeit nicht vorausgesehen werden konnten (BGH NJW 1959, 2059). Ist eine Grunddienstbarkeit darauf gerichtet, dass auf dem belasteten Grundstück nur Wohnhäuser im Villenstil für eine oder zwei Familien errichtet werden dürfen, so folgt aus dieser Baubeschränkung eine entspr Beschränkung auch der Wohnnutzung. Jedoch kann die im Laufe der Jahrzehnte in der betreffenden Gegend eingetretene Veränderung der Wohnverhältnisse, nämlich der Erbauung oder Errichtung von Zwei-, Drei- und Vierfamilienhäusern dazu führen, dass dieser Inhalt der Grunddienstbarkeit nach Treu und Glauben anzupassen ist (Hamburg MDR 1963, 679). Hierfür müssen sich aber Anhaltspunkte aus der Dienstbarkeit ergeben (zB „Wohnhäuser für … wie in der Umgebung"; OVG Lüneburg DVBl 2021, 46 Umnutzung Stallgebäude zu Ferienwohnung). Umgekehrt sind ebenso unmissverständliche Hinw erforderlich, um einen vereinbarten Nutzungszweck (vgl BGH NJW 1985, 385) und Nutzungsbeschränkungen (München NJOZ 2017, 302) annehmen zu können. Eine bestimmte Nutzungsart bei Bestellung genügt hierfür nicht (vgl zum Umfang eines Wegerechts bei Umstellung des herrschenden Grundstücks von Zimmer- auf Appartementvermietung BGH LM § 1018 Nr 23; zur Auslegung des Begriffs gegenseitige, halbscheidige Giebelmauern s BGH LM § 1018 Nr 24). 11

cc) Die Veränderung der tatsächlichen Lebensverhältnisse kann auch zu einer **Einengung** und **Verringerung** des **Umfangs** einer Grunddienstbarkeit führen. 12

13 **c) Benutzungsdienstbarkeit (Alt 1). aa) Benutzung** des dienenden Grundstücks in **einzelnen**, wenn auch mehrfachen **Beziehungen.** Die Grunddienstbarkeit durfte nach früher vertretener „Restnutzungstheorie" die Benutzung des gesamten Grundstücks nicht völlig ausschöpfen, so dass dem Eigentümer keine Nutzungsmöglichkeiten mehr verblieben (unzulässig nach BayObLG DNotZ 1980, 540 bei Nutzung von Wohnungseigentum als Hausmeisterwohnung; KG FGPrax 1995, 226 Nutzung von Wohnungseigentum zu Wohnzwecken; zulässig dagegen nach BayObLG NJW-RR 1988, 594 Nutzung von Teileigentum als Kfz-Stellplatz; diese Differenzierung leuchtete nicht ein; vgl auch München notar 2010, 344 und DNotZ 2010, 845 zur Nutzung bestimmter Zimmer unter Ausschluss des Eigentümers). Nutzung in einzelnen Beziehungen lag nach dieser Ansicht nicht vor, wenn – auch nur auf einen Grundstücksteil (Zweibrücken DNotZ 1982, 444; BayObLG MDR 1986, 673; KG Rpfleger 1991, 411; abw BGH ZfIR 2018, 274) oder bestimmte Zimmer bzw einem bestimmten Gebäudeteil (München DNotZ 2010, 845) beschränkt – eine umfassende Nutzung gewährt wurde (vgl BGH DNotZ 2015, 113: Nutzung in der nach den jew gültigen öffentlich-rechtl Vorschriften zulässigen Weise; BayObLG ZfIR 2003, 597: beliebige Nutzung). Wurde dagegen nur eine bestimmte Befugnis eingeräumt, zB Bau und Nutzung einer Netzstation (KG NJW 1972, 1128), einer Mischanlage (BayObLG Rpfleger 1990, 111), einer Scheune (BGH DNotZ 1993, 55, 56; 2015, 113; LG Regensburg MittBayNot 1987, 103), eines Ladenlokals (LG Bremen JurBüro 197, 92) oder Kellernutzungsrecht (BayObLG NJW-RR 2005, 604), sollte eine Vermutung für eine restliche Nutzungsmöglichkeit durch den Eigentümer sprechen, die dann mit Rücksicht auf das gesamte Grundstück beurteilt wurde (BGH DNotZ 1993, 55; ZfIR 2018, 274; danach bedenklich Terrassenalleinnutzungsrecht BayObLG Rpfleger 1985, 486). Entscheidend für die Abgrenzung von Dienstbarkeit und Nießbrauch ist nach nunmehr hM allein der formelle Inhalt der Bestellung (BGH MDR 2020, 783; Düsseldorf RNotZ 2020, 156; *Lemke* FS Wenzel, 2005, 391, 403ff; *Herrler* RNotZ 2016, 368, 371;). Zulässig ist auch ein Mitbenutzungsrecht neben dem Eigentümer am ganzen Grundstück (BayObLG Rpfleger 1981, 353), allerdings – zur Abgrenzung vom Quotennießbrauch – nur für bestimmte Nutzungen (zB Wohnen, weitergehend Staudinger/*Weber* Rn 93). **bb)** Jeder vorteilhafte, fortgesetzte oder wiederholte – nach hM nicht bloß einmalige (RGZ 60, 317; aber wohl unrichtig, da sonst künftiges einmaliges Nutzungsrecht dinglich nicht sicherbar) – unmittelbare oder mittelbare Gebrauch (RGZ 130, 354), zB Bauberechtigung (nicht aber „Vereinigungsdienstbarkeit", Brandenburg NotBZ 2009, 233); Recht zum Überbau wegen § 1 IV WEG (Hamm Rpfleger 1984, 98; LG Berlin GE 2008, 1563); Unterbau (Stuttgart BauR 2012, 656); Betreten zwecks Besichtigung (KGJ 36, 221); Wege- und Viehtriebsrecht (München NJOZ 2016, 560); Durchfahrt (OVG Frankfurt/O LKV 2003, 470); Unterhaltung einer Pilzzucht oder Geflügelfarm, sie umfasst dann auch die Wohnbefugnis (LG Kleve MDR 1963, 218); Wohnungsbelegung (BGH ZfIR 2013, 292; München MittBayNot 1999, 479); Recht zur Vermietung (Schleswig NJOZ 2011, 2084, aber bedenklich); Entnahme von Bodenbestandteilen, auch wenn die Ausübung des Rechts zur völligen Ausbeutung führt (KGJ 24, 118; vgl aber die Spezialregelungen in § 3 III und § 4 III BBergG und dazu *Ring* NotBZ 2006, 37); Eisentnahmerecht (RG WarnRsp 1922, 346); Wasserentnahmerecht (München OLG 31, 337); Recht, Feldbahnen oder Leitung über das Grundstück zu führen; Fischereirecht (RG WarnRsp 1912, 310); Recht, Früchte zu gewinnen; Recht auf Notausgang; Quellrecht; Wasserableitungsrecht (Augsburg OLG 36, 160); Wasserstaurecht (RG JW 1912, 361, 362); Durchleitungsrecht (vgl aber *Schimmelpfennig* VBlBW 2009, 281); Wegerecht bedeutet auch Befahren mit Kraftfahrzeugen (Karlsruhe OLG 1986, 70); Befahren (BGH DB 1977, 206); Geh- und Fahrtrecht einschl Verkehrssicherungspflicht (BayObLG NJW-RR 1990, 600), beinhaltet aber nicht Leitungsrecht (*Grziwotz* BayVBl 2019, 187; zu Mülltonnenabstellrecht München NJOZ 2018, 901); Raumnutzung (Düsseldorf FGPrax 2020, 15); Garagenbenutzung (BGH DNotZ 1976, 18); Nutzung von Grenzeinrichtung (BGH NotBZ 2021, 143); Weiderecht; Recht auf Zugang (Hamburg OLG 12, 128); Grundstücksnutzung durch Ausbau, Unterhaltung und Benutzung als öffentliche Straße (LG Passau MDR 1971, 927 zur Belastung mit einer beschränkten persönlichen Dienstbarkeit); Recht, Grundstück als Ausgleichs- und Ersatzfläche zu nutzen (VGH München BayVBl 2011, 47; München MittBayNot 2019, 519; *Tennie* Dingliche Rechte als städtebauliche Gestaltungsmittel, 2004, 35ff); ausschließliches Biervertriebsrecht (BGH NJW 1985, 2474, str, vgl auch Rn 17); Errichtung von Windkraftanlagen (Oldenburg Rpfleger 1998, 171; *Ganter* WM 2002, 105; *Voß/Steinheber* ZfIR 2012, 337); Betrieb von Wärme- und Stromerzeugungsanlage nebst Nutzungsbeschränkung (Hamm Rpfleger 2011, 319; KG NotBZ 2020, 347); Mieterdienstbarkeit (München NJOZ 2013, 1363; *Stapenhorst/Voß* NZM 2003, 873; *Krüger* NZM 2012, 377); Photovoltaikanlage auf Dachfläche (München MittBayNot 2008, 320; RNotZ 2012, 44; Oldenburg NZM 2011, 397; Hamm MDR 2015, 330; *Becker* BWNotZ 2014, 46; *Reymann* ZIP 2013, 605; DNotI-Report 2014, 57).

14 **cc) Erstreckung auf** nicht voraussehbare, insb **willkürlich geänderte Benutzungsart** ist idR **abzulehnen**, zB Errichtung einer Fabrik oder eines Gartenbaubetriebs auf bisher landwirtschaftl genutzten Grundstücken (BGH NJW 1959, 1059; MDR 1963, 577; 2003, 985). Eine lediglich durch die Entwicklung des Verkehrs herbeigeführte Erschwerung ist dagegen im Zweifel zu dulden. Bei unbeschränktem Wegerecht müssen sich aus Änderung der gewerblichen Nutzung ergebende Erschwerungen grds hingenommen werden. Fahrgerechtigkeit ohne Beschränkung auf Art des Fahrzeugs umfasst Verkehr mit Kraftfahrzeugen (BGHZ 92, 351: Beschränkung auf bestimmten Zweck bedarf eindeutiger Anhaltspunkte). Entwicklung neuer Verkehrsmittel ist zu berücksichtigen (Kraftwagen statt Handkarren oder Pferdefuhrwerk, vgl BGH DNotZ 2014, 922; RG JW 1930, 3851). Eine Grunddienstbarkeit zum „Gehen und Fahren" berechtigt, wenn sie nicht laut Eintragung oder Eintragungsbewilligung auf einen Grundstücksteil beschränkt ist, zur schonenden Benutzung der gesamten Fläche des belasteten Grundstücks; sie umfasst aber nicht das Recht, das Grundstück zum Aufstellen von Schildern (AG Berlin-Wedding GE 2012, 1320) sowie als Garagenvorplatz und Abstellfläche für Kraftfahrzeuge zu benutzen, wohl aber als Wendefläche (Düsseldorf MittRhNotK 1997, 133). Ein Wegerecht darf nur in einem Umfang ausgeübt werden, wie es sich

aus den Bedürfnissen des herrschenden Grundstücks ergibt und diesem selbst Vorteil bietet. Dürfen die Mieter der auf dem herrschenden Grundstück gelegenen Garagen einen Überweg über das dienende Grundstück nehmen, so darf der Eigentümer des herrschenden Grundstücks nicht zulassen, dass eine unbestimmte Anzahl anderer Personen, die sein Grundstück aus anderen Gründen aufsuchen wollen, den Überweg benutzt (Oldenburg NdsRPfl 1976, 11). Unterhält der Berechtigte auf dem herrschenden Grundstück und Nachbargrundstücken einen einheitlichen Geschäftsbetrieb, so ist die im Hinblick auf die Nachbargrundstücke gesteigerte Benutzung des dienenden Grundstücks widerrechtl (vgl BGH NJW 1965, 2340); Gleiches gilt für hinzugepachtete Flächen (BGH NJW-RR 2003, 1237). Ein zugunsten einer Gaststätte eingetragenes Geh- und Fahrtrecht gewährt den Besuchern der Gaststätte nicht die Befugnis, den Weg über das dienende Grundstück zugleich auch zum Besuch eines von dritter Seite auf dem herrschenden Grundstück neben der Gaststätte angelegten Tennisplatzes zu benutzen (BGH LM Nr 14 zu § 1018). Ob weitere Benutzungsart geringere einschließt, zB Befugnis zum Fahren die zum Gehen, kann nicht einheitlich entschieden werden (vgl RG Gruch 68, 529, nein und SeuffA 77, 58, ja. Vgl auch Rn 9ff). Die langjährige Duldung einer über das bestehende dingliche Recht hinausgehenden Nutzung des belasteten Grundstücks kann dieses Recht ohne entspr Eintragung weder rechtsgeschäftlich noch etwa durch Ersitzung erweitern. Möglich ist aber, dass durch eine obligatorische Vereinbarung, also auf schuldrechtl Grundlage, das Ausmaß der Nutzung erweitert wird (BGH MDR 1963, 577).

dd) Mitnutzungsrechte. **(1)** Grds bleibt der Eigentümer neben dem Dienstbarkeitsberechtigten nutzungsberechtigt; eine ausdrückliche Gestattung ist nicht erforderlich (Frankfurt DNotI-Report 2011, 191). Der Berechtigte darf das Recht des Dienstbarkeitsberechtigten nicht beeinträchtigen. Dies gilt auch hinsichtl des Ausübungsbereichs der Dienstbarkeit. Nur soweit dem Dienstbarkeitsberechtigten im zulässigen Umfang (vgl Rn 13) ein ausschließliches Nutzungsrecht ausdrückl eingeräumt ist, ist der Eigentümer von der Mitnutzung ausgeschlossen. Gleiches gilt für Nutzungen, die die Dienstbarkeit nach deren Inhalt beeinträchtigen (zB Parken auf festgelegter Zufahrtsfläche). Soweit das Recht des Eigentümers besteht, kann er auch Dritten die Benutzung gestatten; er kann ihnen sogar (nachrangig) Dienstbarkeiten einräumen. Anders ist dies nur, wenn dem Dienstbarkeitsberechtigten ein ausschließliches Nutzungsrecht eingeräumt wurde, das entweder faktisch oder aufgrund Vereinbarung eine entspr Nutzung des Eigentümers ausschließt. **(2)** Der Dienstbarkeitsberechtigte kann sein Recht nicht übertragen. Aber diejenigen Personen, die mit ihm das herrschende Grundstück nutzen, können auch die Benutzungsdienstbarkeit in Anspruch nehmen (vgl *Löscher* Rpfleger 1962, 432). Im Einzelfall können deshalb auch Angestellte, Familienangehörige, Kunden, Mieter und Pächter nutzungsberechtigt sein (BGH MDR 1971, 738). Dies gilt auch für Besucher (aA LG Memmingen MDR 2000, 329 für Fahrtrecht). 15

d) Unterlassungsdienstbarkeit (Alt 2). aa) Nichtvornahme gewisser **erlaubter Handlungen** als Beschränkung der tatsächlichen Herrschaft des Grundstückseigentümers, **nicht** jedoch seiner rechtl **Verfügungsmacht** (unzulässig ist ein Verbot, zu vermieten oder zu verpachten, BayObLG MDR 1982, 754, oder Dienstbarkeit zugunsten eines Dritten zu bestellen, DNotI-Report 2019, 177), und zwar ebenso wie bei der 1. Alt in einzelnen genau zu bezeichnenden Beziehungen. Dem Eigentümer muss und wird stets etwas an Recht bleiben (KG DR 1940, 1782). Die Handlung, die der Grundstückseigentümer zu unterlassen hat, muss ihm an sich gestattet sein (deshalb nicht Lagerung von Atomwaffen, vgl LG Siegen Rpfleger 1984, 5). Das Verbot der Vornahme bestimmter Handlungen muss sich auf die Benutzung des Grundstücks in tatsächlicher Hinsicht auswirken, also unmittelbar eine Verschiedenheit in der Benutzungsart zur Folge haben; die verbotene Handlung muss eine andere Benutzung darstellen als die weiterhin gestatteten Nutzungsmöglichkeiten (BGHZ 29, 244, 250; BayObLG MittBayNot 1985, 123; BayObLG 1989, 89, 93; München FGPrax 2019, 203). Deshalb nicht Unterlassung des Zugangs über anderes Grundstück (München NZM 2012, 438). Allein der Umstand, dass es einen Oberbegriff für bestimmte Nutzungsarten gibt (zB gastronomischer Betrieb – Nachtlokal, Kirchturm – Minarett), macht jedoch ein konkretisiertes Verbot nicht unzulässig. Bsp: Nichterrichtung von Fabrik, Futtersilo, Gaststätte, Schweinemästerei, Stall (KG OLG 15, 372; Hamburg OLG 39, 233); Zwischenmauer (BayObLG DNotZ 1991, 480); Unterlassung der Baumhaltung (Celle OLG 26, 81); des Fensteröffnens (BGH DNotZ 1990, 493); Fensterschließungspflicht (BGHZ 107, 289); jeglichen Funkverkehrs (München NJW-RR 2011, 97); Einschränkung des Musizierens; Einhaltung bestimmten Bauabstands (KG OLG 31, 335; BGH NJW-RR 2011, 1522) oder Duldung der Bebauung bis an die Grenze (München NotBZ 2013, 195), was nach hM im Einzelfall zur **Übernahme** einer **Baulast** verpflichten kann (BGH JR 1989, 419 m Anm *Grziwotz*; MDR 1994, 686; NJW-RR 1995, 15; NotBZ 2022, 256; Rostock NotBZ 2019, 478; einschr Frankfurt NVwZ 1988, 1162; Karlsruhe NVwZ 1992, 1021; für Verjährung gilt § 196 analog: zur Durchsetzung OVG Münster NVwZ-RR 2014, 412; str; vgl auch Brandenburg MittBayNot 2009, 47 zur Verpflichtung der Bestellung einer beschränkten persönlichen Dienstbarkeit); Bebauungsverbot (KGJ 36, 22); Baubeschränkung (BGH NJW 1965, 2398; MDR 2002, 691); besteht ein gesetzl begründetes, öffentlichrechtl Bauverbot, so darf für ein gleichlaufendes privatrechtl Bauverbot grds keine Grunddienstbarkeit eingetragen werden. Das gilt aber nicht, soweit das öffentlich-rechtl Bauverbot durch eine Baulast, einen Bebauungsplan oder eine Abstandsflächenübernahme nach Art 6 BayBO geregelt ist (vgl Rn 8 und Hamm DNotZ 1976, 545); Wohnverbot, -beschränkung (KGJ 36, 220; Darmstadt RJA 10, 72); Nutzung als Austragshaus in der Form eines Besetzungsrechts (vgl BayObLG MDR 1989, 820; VGH München BayVBl 2011, 410; München NotBZ 2020, 104); Wohnungsbesetzungsrecht für Betreutes Wohnen (BGH ZfIR 2013, 292); Beschränkung der Nutzung für den Fremdenverkehr (BayObLG MittBayNot 1989, 273; vgl auch *Ertl* MittBayNot 1985, 177 und *Kristic* MittBayNot 2003, 263); Ferienparkbetriebsrecht (BGH MDR 2003, 733); Beschränkung der Benutzung einer Durchfahrt (RG JE 09, 688); Gewerbebetriebsbeschränkung (BayObLG Rpfleger 1976, 250); Unterlassen jeglichen lästi- 16 gen Gewerbes, Wettbewerbsverbote (BayObLG JFG 5, 339, vgl auch RGZ 161, 90 für österreichisches Recht; nicht Betrieb, nur „stilles Gewerbe mit nur geringfügiger Umfeldbeeinträchtigung", München MDR 2011, 592); Verbot von Gastwirtschaft, Getränkevertrieb (München NJW-RR 2004, 164) und Dirnenpension (BGH 12.6.2014 – V ZR 244/13). Zulässig ist Grunddienstbarkeit in Form einer Baubeschränkung zur Erhaltung des Charakters einer Villengegend (BGH JZ 1967, 322). Zur Wirksamkeit einer in einem Vertrag zu Gunsten Dritter übernommenen Verpflichtung einer Gemeinde, eine Grunddienstbarkeit bau- und benutzungsbeschränkenden Inhalts unter Berücksichtigung der Anliegerinteressen und der Wahrung des Zwecks einer Villensiedlung auszuüben, s BGH MDR 1971, 657. Eine als „Baubeschränkung" eingetragene Grunddienstbarkeit kann nicht als gleichzeitige „Gebäudenutzungsbeschränkung" ausgelegt werden (Hamburg MDR 1985, 1029), und zwar auch nicht mittels einer Bezugnahme auf die Eintragungsbewilligung. Denn hierdurch kann nur die nähere Bezeichnung eines dinglichen Rechts ersetzt werden, das im Grundbuch wenigstens stichwortartig soweit bezeichnet ist, dass seine rechtl Natur und seine besondere Art erkennbar werden (vgl BGH NJW 1965, 2398). War die Bestellung einer Grunddienstbarkeit, die das Errichten gewerblicher Betriebe verbietet, seinerzeit städteplanerisch und damit öffentlich-rechtl motiviert, so ergibt sich daraus, dass die parallel erlassenen, öffentlich-rechtl Schranken der Grundstücksbenutzung weggefallen sind, noch nicht, dass die Grunddienstbarkeit erlöschen oder unausübbar werden müsste. Inwieweit eine Unterlassungsdienstbarkeit durch einen **Zustimmungsvorbehalt** wiederum eingeschränkt werden kann, ist umstr (richtigerweise bejahend Karlsruhe NJW 1986, 3212; München NJW-RR 2004, 164; Köln NJOZ 2016, 1 und Staudinger/*Weber* Rn 108a; aA wohl MüKo/*Mohr* § 1090 Rn 32). Durch eine entspr Formulierung („gestattet sind …") lässt sich das Problem umgehen.

17 **bb) Gewerbebetriebsbeschränkung** (vgl *Baetge* RabelsZ 1995, 645; *Freudling* BB 1990, 940; DNotI-Report 2012, 101). **(1) Bezugsbindungen** zugunsten einer bestimmten Erzeugerfirma („… andere Erzeugnisse als die der Firma X dürfen … nicht verkauft werden …") können unstr nicht Gegenstand einer Dienstbarkeit sein (BGHZ 29, 244, 251; BGH NJW 1985, 2474; München NotBZ 2021, 398), weil der Eigentümer dadurch in seiner wirtschaftl Entscheidungsfreiheit eingeschränkt wird, nicht aber im tatsächlichen Gebrauch. **(2)** Ein ausschließliches Vertriebsrecht zugunsten einer Firma („… ist es nur der … gestattet, auf dem dienenden Grundstück eine Tankstelle zu errichten …") ist dagegen nach hA zulässig (BGH NJW 1985, 2474; LG Aachen MittRhNotK 1997, 363; aA LG Siegen Rpfleger 1983, 100). Es handelt sich in diesem Fall um eine Benutzungsdienstbarkeit mit einer **Ausschließlichkeitsregelung**. **(3)** Soll ein Verbot von Handlungen als Dienstbarkeit eingetragen werden, wie dies auch bei Wettbewerbsverboten der Fall ist (**Verbotsdienstbarkeit**), so muss es sich unmittelbar auf die aus dem Eigentum fließende Freiheit auswirken, das Grundstück in tatsächlicher Hinsicht zu benutzen. Dies kann nur der Fall sein, wenn auf dem Grundstück überhaupt kein Gewerbe oder kein bestimmtes ausgeübt werden darf. Dagegen ist das Recht zur freien Auswahl des Warenlieferanten kein Ausfluss des Eigentums am Grundstück. Wer in dem auf seinem Grundstück eingerichteten Unternehmen an Erzeugnisse eines bestimmten Herstellers gebunden ist, insb nur solche des Dienstbarkeitsberechtigten oder einer von diesem gebilligten Firma vertreiben darf, wird nicht in der Ausübung seiner Eigentumsbefugnisse, sondern in der rechtsgeschäftlichen Freiheit, in der Wirtschaftsführung seines Unternehmens beeinträchtigt. Kriterien der tatsächlichen Benutzungsmöglichkeit und damit einer Dienstbarkeit zugänglich sind die Art eines Gewerbes (Handels-, Handwerks-, Fabrikbetrieb), der Umfang von Immissionen und ferner die Gattung der Waren, die auf dem Grundstück bearbeitet, gelagert oder vertrieben werden (zB Verbot des Verkaufs von Geschenkartikeln, Frankfurt NJOZ 2012, 129), während dies für die Unterscheidung nach Hersteller oder Marken bestimmter Waren nicht der Fall ist. Allerdings ist diese Abgrenzung der hM, wie die „Flaschenbierentscheidungen" (BGH NJW 1962, 486, 487; NJW 1981, 383, 384; BayObLG 1997, 129, 132: Weißbier als Warengattung) zeigen, wenig überzeugend. Die Grenze darf nicht zu eng gezogen werden, da es sich sonst um eine Bezugsbindung handelt, bei der das Konkurrenzprodukt nicht benannt, sondern nach seinen Merkmalen beschrieben wird. Verbotsdienstbarkeiten können (a) **abstrakte** (MüKo/*Mohr* Rn 4: isolierte; *Amann* DNotZ 1986, 578, 582: kongruente) sein, die lediglich als Totalvorbehalt wirken oder den Abschluss einer vertragl Vereinbarung vorbereiten sollen. Sie können nach hM unbedingt und ohne zeitl Limitierung bestellt werden, selbst wenn der Zwang zum Abschluss einer Bezugsverpflichtung damit bezweckt ist (BGH DNotZ 1988, 572 und 576; 1990, 169; NJW-RR 1992, 593; ZfIR 2013, 292). Allerdings darf das schuldrechtl Angebot dann nicht unangemessen sein; nur auf dieser schuldrechtl Ebene wirkt sich nach hM § 242 aus (BGH ZfIR 2013, 292). (b) **Sichert** eine Dienstbarkeit dagegen eine schuldrechtl Verpflichtung, indem von dem dinglichen Verbot nicht Gebrauch gemacht wird, wenn eine bestehende Bezugsbindung eingehalten wird (sog Sicherungsabrede; vgl BGHZ 74, 293, 294; BGH DNotZ 1988, 572; BayObLG 1997, 129, 133), sind die Bindungen strenger. Dann kann auch die Dienstbarkeit den durch § 138 gesetzten zeitl Grenzen unterliegen (BGH DNotZ 1980, 43; 1988, 572; vgl aber BGH WM 1984, 820; BayObLG MDR 1986, 57 und München MDR 2005, 440 u Frankfurt RdE 2019, 82 zur Bezugspflicht von Fernwärme, München NJW-RR 2004, 164 zu Getränkebezugspflicht sowie BayObLG 2000, 140 und BayObLG MittBayNot 2001, 317 zu Wohnungsbesetzungsrechten; zur Sicherungsdienstbarkeit vgl *Amann* DNotZ 1989, 531 und *Adamczyk* MittRhNotK 1998, 105). Mit Beendigung der Bezugsbindung kann jedenfalls auch die Dienstbarkeit kondiziert werden (ähnl München DWW 2000, 159; aA BGH NJW 1988, 2364 und NJW-RR 1989, 519: Löschungsanspruch nur aus dem Begleitschuldverhältnis). Die von der hM akzeptierte Verdinglichung von Wettbewerbsverboten und Bezugsbindungen begegnet Bedenken. In nicht wenigen Fällen wird es sich bereits um ein Scheingeschäft handeln, da das dingliche Geschäft – anders als zB der Sicherungsrahmen bei der Grundschuld – nicht gewollt ist. Jedenfalls liegt ein eklatant funktionswidriger Gebrauch des sachenrechtl Instituts vor (ebenso *Westermann/Gursky/Eickmann*, § 122 Rn 6; *Joost* NJW 1981, 308; MüKo/*Mohr* § 1090 Rn 20ff und § 1018 Rn 46ff; Karlsruhe DB 1978, 631; NK-BGB/*Otto*

Rn 55; vgl auch *Prütting*, GS Schultz, 1987, 287ff und *Münch* ZHR 157, 559). Im Lichte der europäischen Wettbewerbsregeln (Art 101 AEUV) wird das dt Abstraktionsprinzip zudem kaum als „Barriere" einer Kontrolle standhalten (anders Staudinger/*Weber* Rn 122; vgl EuGH EuZW 2001, 715; 2008, 668).

cc) Die Unterlassung muss ferner dem herrschenden Grundstück, nicht bloß dessen Eigentümer persönlich zugutekommen (vgl München MDR 1983, 934 und § 1019 Rn 2). 18

e) Rechtsausschlussdienstbarkeit (Alt 3). Ausschluss der Ausübung **von Rechten**, die sich aus dem Eigentum des dienenden Grundstücks ggü dem herrschenden ergeben. Gedacht ist vornehmlich an die Nachbarrechte der §§ 903ff. Bsp: Dingliche Verpflichtung, das Notwegrecht nicht auszuüben (BGH MDR 2014, 710); Duldung naher Bäume einschl Baumwurf (BayObLG DNotZ 1991, 253), von Bauwerken (auch Überbau, wenn nach Jahren unklar, ob entschuldigter oder nicht), Fenstern, Grenzzäunen, von schädlichen Einwirkungen über § 906 hinaus, uU ohne Entschädigung (BayObLG DNotZ 1991, 253; München Rpfleger 2013, 710; 2014, 452); Verzicht auf Rechtsmittel (Hamm NJOZ 2013, 1126), bedenklich wg Art 19 IV GG (BVerwG DÖV 1958, 737; DVBl 1964, 874; VGH München BayVBl 1977, 404), wenn ggü Behörde (Immissionsdienstbarkeit ändert nichts am Gebot der bauleitplanerischen Abwägung, BVerwG BauR 2002, 1209; OVG Greifswald DÖV 1999, 701; teilw abw VGH Mannheim VBlBW 2004, 383; vgl *Grziwotz* KommJur 2008, 172); gesteigerte Duldungspflicht im Bereich des Wasser- oder Bergrechts, zB Grunddienstbarkeit auf Duldung der nach dem Gesetz zulässigen Einwirkungen, aber unter Verzicht auf die bergrechtl Entschädigung (RGZ 130, 350; 166, 105, 110; BGH NJW 1977, 1967; Hamm MDR 1965, 659); nicht Verzicht auf Baulast und Ansprüche nach § 24 BBodSchG, da nicht zum Inhalt des Eigentums gehörend (aA LG Chemnitz 17.1.2001 – 12 T 4120/00). Umstr ist der Umfang des Verzichts auf die Einhaltung öffentlicher Belange außerhalb des Eigentumsrechts. Bedeutung hat dies insb im Immissionsrecht, dessen Schutzgut auch Leben und Gesundheit sind. Teilw werden Verzichtsvereinbarungen zugelassen (BGHZ 79, 131, 141; OVG Münster NVwZ-RR 1989, 648; vgl auch *Schlemminger/Fuder* NVwZ 2004, 129). Dies soll auch für Immissionsdienstbarkeiten gelten (BayObLG 2004, 103). Die Dienstbarkeit ist jedenfalls hinsichtl ihrer eigentumsrechtl Komponente wirksam; iÜ dürften der betroffene Eigentümer und seine Rechtsnachfolger weniger schutzwürdig sein, dh die Erheblichkeit von Nachteilen und Belästigungen ist im Lichte des Verzichts zu bewerten (vgl auch OVG Saarlouis NJW 2003, 768). Nicht zulässig ist es, Rechte, die ggü jedermann bestehen, schuldrechtl Ansprüche und Rechte aus einer Grunddienstbarkeit durch eine Grunddienstbarkeit „abzubedingen" (vgl KG OLG 4, 305; Hamm DNotZ 2008, 612). 19

6. Unzulässiger Inhalt. Als Inhalt einer Grunddienstbarkeit kann nicht vereinbart werden: **a) Positives Tun.** Die (rein schuldrechtl zulässige) Verpflichtung zu einem Tun (anders wenn als Nebenbestandteil BayObLG DNotZ 1991, 254; DNotI-Report 2004, 167), zB Pflicht, Grundstück zu bebauen (KG OLG 34, 192), Pflicht, Hotel für bestimmte Zeit in gewissem Umfang zu erhalten (HRR 1928, 319), Pflicht, Studentenwohnheim zu betreiben (BayObLG NJW-RR 2005, 1178), Pflicht zur Freistellung von Kosten (München FGPrax 2019, 203). Zur Verkehrssicherungspflicht vgl Köln Rpfleger 1990, 409; BayObLG DNotZ 1991, 257. Das Recht oder die Pflicht zur Vornahme einer einmaligen Handlung (Gebäudeabbruch) kann ebenfalls nicht allein den Inhalt einer Dienstbarkeit bilden (BGHZ 41, 209; München NJOZ 2015, 1207), wohl aber als unselbständiger Teil einer auf Unterlassung gerichteten Dienstbarkeit (zB Bebauungsverbot, vgl BayObLG DNotZ 1966, 538). **b) Verfügungsverbot.** Verbote, Verfügungen über das Grundstück zu treffen, zB es zu veräußern (BayObLG 1953, 84; LG Lübeck MDR 1997, 824), es zu teilen (Rostock OLG 21, 407), zu verpachten (KGJ 51, 297), es nur mit Zustimmung eines Dritten zu veräußern (Schleswig ZfIR 1997, 548), von anderen Lieferanten etwas zu beziehen (Saarbrücken DNotZ 1953, 411; BayObLG 1953, 295); **c) Jagdrecht.** Bestellung eines Jagdrechts § 3 I 3 BJagdG; **d) Entgeltlichkeit.** Entgeltlichkeit oder Unentgeltlichkeit (vgl BayObLG 1979, 278; zu zulässigen Konstruktionen s Vor § 1018 Rn 9). 20

§ 1019 Vorteil des herrschenden Grundstücks

Eine Grunddienstbarkeit kann nur in einer Belastung bestehen, die für die Benutzung des Grundstücks des Berechtigten Vorteil bietet. Über das sich hieraus ergebende Maß hinaus kann der Inhalt der Dienstbarkeit nicht erstreckt werden.

1. Anwendungsbereich. Gilt auch für landesrechtl Dienstbarkeit (Art 115 EGBGB), nicht aber für alte Rechte (Art 184 EGBGB, vgl RGZ 169, 183). 1

2. Vorteilsbegriff. Der Vorteil muss **wirtschaftlicher**, aber nicht unbedingt geldlicher Natur sein und seine Grundlage in den privatrechtl Beziehungen beider Grundstücke finden. Verfolgung ausschließlich öffentlichrechtl Interessen genügt nicht (aber zu eng RGZ 61, 338; 111, 384). Bloße Annehmlichkeit oder Befriedigung anerkannter ästhetischer oder sozialpolitischer Zwecke reicht aus (RGZ 61, 342), zB Baubeschränkung aus architektonischen (BGH LM Nr 2 zu § 1019), hygienischen Gründen, um einer Gegend einen bestimmten Charakter zu erhalten (KGJ 45, 229; vgl auch BGH NJW 1983, 115); ebenso für Abkürzungsweg (Frankfurt FGPrax 2009, 253). Wertsteigerung für herrschendes Grundstück nicht erforderlich und auch nicht ausreichend (KGJ 52, 175), jedoch Indiz für Vorteil. Künftiger Vorteil genügt, wenn nach dem normalen Verlauf der Dinge zu erwarten (BGH NJW 1984, 2157; Nürnberg MDR 2013, 513). Bei der Eigentümergrunddienstbarkeit (vgl Vor § 1018 Rn 4) ist keine Verkaufsabsicht erforderlich, insb bei Sicherung baurechtl Anforderungen (enger, allerdings un- 2 ter Bezugnahme auf Entscheidungen zur beschränkten persönlichen Dienstbarkeit, BRHP/*Wegmann* § 1018 Rn 19f). Der Vorteil muss sich nicht aus der Eintragung/Bewilligung ergeben (BayObLG MDR 1981, 142).

3 **3. Vorteilsbezug. a) Grundstücksbezug.** Der obj Vorteil muss mit der Benutzung **des herrschenden Grundstücks** verknüpft sein (Nützlichkeit aufgrund Lage, Beschaffenheit und Zweckbestimmung, München NJOZ 2017, 243). Ein lediglich persönlicher Vorteil für dessen einzelnen Eigentümer genügt nicht (München RNotZ 2012, 121), auch kein Vorteil für weitere in seinem Eigentum stehende oder von ihm genutzte Grundstücke (BGH MDR 2021, 1000). Bsp: Bei Photovoltaikanlage (teilweiser) Eigenverbrauch des erzeugten Stroms auf dem begünstigten Grundstück erforderlich (Hamm MDR 2015, 330). Die dem dienenden Grundstück zu entnehmenden Bodenbestandteile sollen in einem auf dem herrschenden Grundstück errichteten Betrieb verarbeitet werden. Wichtig ist dies für Konkurrenzverbote. Die Unterlassung des Wettbewerbs muss dem auf dem herrschenden Grundstück für gewisse Dauer eingerichteten (KGJ 52, 175) oder jedenfalls in Aussicht genommenen (RG Recht 24, 394) Gewerbebetrieb und damit wenigstens mittelbar dem herrschenden Grundstück selbst zum Vorteil gereichen (LG Deggendorf MittBayNot 1991, 262: räumliche Nähe nicht erforderlich). Der Vorteil muss also bei einer der gegenwärtigen oder beabsichtigten Benutzungsformen des herrschenden Grundstücks zutage treten. Hierbei genügt es, wenn ein angestrebter Vorteil nach dem natürlichen Verlauf der Dinge zu erwarten ist (BGH NJW 1984, 2157f; Nürnberg MDR 2013, 513). Beim herrschenden Grundstück sind die natürlichen Anlagen (Lage, Beschaffenheit) und die durch menschliche Tätigkeit für gewisse Dauer berechnete wirtschaftl Gestaltung (Zweckbestimmung) zu berücksichtigen (BGH NJW 1983, 115). Änderung, Umstellung und Aufgabe des Gewerbes oder Betriebs können zum Erlöschen der Grunddienstbarkeit führen (zB Zweibrücken OLGRp 2004, 399: Villenviertel in Mischgebiet; München RNotZ 2012, 121: Aufgabe von Brauereibetrieb).

4 Für ein Grundstück, auf dem sich eine Brauerei befindet, ist es zwar von Vorteil, wenn auf einem zum Betrieb einer Gastwirtschaft eingerichteten Grundstück nur Bier dieser Brauerei ausgeschenkt wird. Damit ist aber erst ein Erfordernis für die Belastung mit einer Grunddienstbarkeit erfüllt. Hinzukommen muss noch, dass das Verbot, Bier von anderen Brauereien zu beziehen, sich auf den tatsächlichen Gebrauch des Grundstücks, dh auf die Ausübung der Eigentumsbefugnisse an ihm, auswirkt. Dies ist nicht der Fall (vgl § 1018 Rn 17). Durch eine Vereinbarung, die für einen Betrieb benötigten Waren lediglich von einem bestimmten Lieferanten zu beziehen, wird nämlich der Vertragspartner nur in seiner rechtsgeschäftlichen, nicht in seiner tatsächlichen Freiheit und überdies idR nur zugunsten der berechtigten Person eingeschränkt (vgl BGHZ 29, 244; München NotBZ 2021, 398).

5 **b) Anpassung.** Das von den Parteien inhaltlich bestimmte Maß bietet den äußersten Umfang der Benutzung; seine Erweiterung durch erg Auslegung ist unzulässig. Jedoch ist es neuzeitl **Bedürfnissen**, insb der Entwicklung des Verkehrs, **anzupassen** (RGZ 131, 166; 126, 373). Ferner ist eine voraussehbare Veränderung wirtschaftl Verhältnisse zu berücksichtigen (RG JW 1930, 3852; Celle HEZ 1, 155; vgl hierzu auch § 1018 Rn 9ff). Allerdings darf hierdurch keine Mehrbelastung des dienenden Grundstücks eintreten. Hat der Eigentümer des herrschenden Grundstücks auf diesem und einem benachbarten Grundstück ein einheitliches Gebäude und einen einheitlichen Gewerbebetrieb errichtet, so wird die Ausübung des eingeräumten Wegerechts auch nicht etwa nur zeitweise unzulässig. Dessen Umfang bemisst sich vielmehr nach dem Durchschnittsmaß der Nutzung aus der Zeit vor Erweiterung des Betriebs (BGHZ 44, 171). Die Beteiligten können iÜ bereits bei Bestellung der Grunddienstbarkeit die künftige Entwicklung berücksichtigen. Sinkt der Bedarf des herrschenden Grundstücks, so vermindert sich in gleichem Umfang das Ausmaß der Grunddienstbarkeit, fällt der Vorteil gänzlich fort, so erledigt sich die Grunddienstbarkeit (Königsberg OLG 41, 167; vgl Vor § 1018 Rn 16).

6 **4. Fehlender Vorteil. Mangelt** es an einem **Vorteil**, so ist Bestellung nichtig (BGH NJW 1985, 1025) und gem § 53 I 2 GBO von Amts wegen zu löschen. Dem Grundbuchamt obliegt insoweit eine Prüfungs- und Ablehnungspflicht (KGJ 52, 178; Colmar OLG 6, 120); allerdings muss das Fehlen des Vorteils aus der Eintragung selbst ersichtlich sein (München NJW-RR 2011, 97). Eine gleichwohl erfolgte Eintragung kann uU in die einer beschränkten persönlichen Dienstbarkeit umgedeutet werden (ebenso Soergel/*Stürner* Rn 7, aA MüKo/*Mohr* Rn 7); aber nicht, wenn der Antrag ausdrückl auf Eintragung einer Grunddienstbarkeit lautet (BayObLG JW 1928, 1513, München NJW 1957, 1765). Verstößt die Eintragung gegen S 2, so ist sie nur in Ansehung des Übermaßes nichtig, iÜ bleibt sie bestehen; auch hier ist eine Umdeutung (§ 140) möglich. Beim dauernden und gänzlichen Fortfall des Vorteils (München NJW-RR 2020, 399), die in der Form des § 29 GBO nachzuweisen ist (München NJW-RR 2011, 97; vgl KG NJOZ 2013, 152; München NJOZ 2014, 1408; Celle IMR 2016, 3471), erlischt die Grunddienstbarkeit (vgl Vor § 1018 Rn 16), nicht dagegen bei öffentlich-rechtl Nutzungsbeschränkungen für das herrschende Grundstück (BGH DNotZ 2009, 114) und bei einem lediglich in der Person des Ausübungsberechtigten liegenden Ausübungshindernis (Zweibrücken OLG 1987, 27). Vorliegen dauernder Unmöglichkeit hängt vom Inhalt der Dienstbarkeit ab. Nach Erlöschen der Dienstbarkeit kann der Eigentümer des dienenden Grundstücks vom Berechtigten die Beseitigung einer von diesem errichteten Anlage verlangen (§ 1004; BGHZ 125, 56, 63 und NK/*Schmidt-Räntsch* § 1004 Rn 163). Die Voraussetzungen des Fehlens bzw Wegfalls des Vorteils hat der Eigentümer des dienenden Grundstücks darzulegen und zu beweisen (BGH VIZ 1999, 225; 7.4.2011 – V ZR 201/10; zur Bindung des Grundbuchamts an ein Urt BGH MDR 2018, 1487).

Vorbemerkung vor § 1020

1. Gesetzliches Schuldverhältnis. Die §§ 1020–1023 begründen zw dem Eigentümer des herrschenden und dem des dienenden Grundstücks ein **gesetzl Schuldverhältnis,** aus dem sich für die Beteiligten und ihre Rechtsnachfolger (teilw) auch ohne besondere Abrede gesetzl Pflichten ergeben. Wer gegen sie schuldhaft verstößt, ist zum Ersatz des eingetretenen Schadens verpflichtet (vgl Staudinger/*Weber* § 1020 Rn 1). Bei einer Verletzung von Pflichten gilt § 280 (früher: pVV); § 278 und § 254 sind anwendbar (BGHZ 95, 144, 146). Eine Eintragung der Pflichten im Grundbuch ist nur dort möglich, wo dies zugelassen ist (zB § 1021 I 1; unklar Frankfurt OLG 1983, 34, 35). 1

2. Begleitschuldverhältnis. Inwieweit daneben ein weiteres Begleitschuldverhältnis besteht und welche Rechte und Pflichten sich daraus ergeben, ist str (s dazu Vor § 1018 Rn 2). 2

§ 1020 Schonende Ausübung

Bei der Ausübung einer Grunddienstbarkeit hat der Berechtigte das Interesse des Eigentümers des belasteten Grundstücks tunlichst zu schonen. Hält er zur Ausübung der Dienstbarkeit auf dem belasteten Grundstück eine Anlage, so hat er sie in ordnungsmäßigem Zustand zu erhalten, soweit das Interesse des Eigentümers es erfordert.

1. Rücksichtnahmegebot. Je nachteiliger die Ausübung ist, desto schonender soll sie erfolgen (vgl BGH NJW 1991, 176). § 278 ist anwendbar (BGHZ 95, 144). Dem Gedanken des § 242 entspr muss der Berechtigte unwesentliche Erschwernisse auf sich nehmen, zB bei einem Wegerecht das Abschließen des Tores zur Nachtzeit gegen Überlassen eines Schlüssels dulden (BGH MDR 2015, 642; Karlsruhe NJOZ 2015, 244; wohl auch tagsüber, wenn Gefahren für Kinder oder Tiere; weitergehend Karlsruhe MDR 2006, 1279; ZfIR 2014, 805; LG Frankfurt/O ZMR 2022, 845; nach BGH MDR 2021, 926 und Saarbrücken NJW-RR 2020, 141 nicht hinzunehmen ist dagegen der Einbau einer Schranke bzw eines Tors ohne triftige Gründe, nach Koblenz NJOZ 2020, 279 nicht Maschendrahtzaun, Absperrkette und Holztor mit Vorhängeschloss), hinzunehmen ist Fensterverschluss bei Anbau (München NJWE-MietR 1996, 193) und Bodenschwelle bei Wegerecht (AG Wedding IMR 2012, 425). Unstr für Kamera bei Wegerecht (Saarbrücken NJW-RR 2020, 141). Den Fortschritten der Kultur und Technik ist Rechnung zu tragen, auch wenn der Berechtigte dazu geringfügige Aufwendungen machen muss. Aber ohne besondere Gründe besteht keine Verpflichtung, oberirdische Leitungen unterirdisch zu verlegen. UU (zB Gesundheitsgefährdung) wird Berechtigter verpflichtet sein, Schutzmaßnahmen zu treffen (BGH LM Nr 31 zu § 242 D und Köln MDR 1997, 545). Jedoch ist er im Regelfall nicht verpflichtet, im Interesse einer schonenden Ausübung, wenn auch nur teilw, auf die Grunddienstbarkeit zu verzichten. Macht Berechtigter keinen schonenden Gebrauch, so kann Eigentümer aus dem gesetzl Schuldverhältnis und § 823 Schadensersatz verlangen und gem § 1004 auf Unterlassung klagen. Wird weitere Rechtsausübung wegen Veränderung der maßgeblichen Verhältnisse rechtsmissbräuchlich, so kann Eigentümer, sofern keine Anpassung an die veränderten Umstände möglich ist, entspr § 1169 Verzicht auf Grunddienstbarkeit fordern (vgl Vor § 1018 Rn 16). 1

2. Anlagenunterhaltung. a) Anlage. Anlage ist eine von Menschenhand für gewisse Dauer geschaffene besondere Einrichtung, ohne welche die Dienstbarkeit nicht ordnungsgemäß ausgeübt werden kann (vgl BGH MDR 2002, 330 und RGRK/*Rothe* Rn 5). Ein Betreten durch Menschen ist nicht erforderlich. Nicht ausreichend sind bloße Grundstücksveränderungen und das Aufstellen von jederzeit entfernbaren Maschinen. Bsp für Anlagen: befestigter oder ausgebauter Weg (RGZ 131, 158; vgl auch BayObLG 1990, 8, 10; Celle MDR 2000, 81; Dresden OLG-NL 2000, 153); Durchfahrt (BGH MDR 2005, 385); unbefestigter Weg (BGH MDR 2006, 981; MittBayNot 2006, 495; MDR 2011, 350); Versorgungsleitungen (Soergel/*Stürner* Rn 5); gärtnerische Anlagen (str; Köln MittRhNotK 1990, 219, 220); Teich (str; aA Staudinger/*Weber* Rn 12); Parkplätze (BGH NJW 2008, 3703), Deponieflächen, Aufschüttungen, Lager- und Abstellplätze (LG Dresden ZUR 2012, 357). **b) Halter.** Die **Haltereigenschaft** folgt nicht bereits aus der Befugnis zur Nutzung des dienenden Grundstücks. Erforderlich ist, dass der Berechtigte die Anlage tatsächlich für eigene Zwecke einsetzt (Düsseldorf 17.4.2019 – 9 U 142/18). Ausreichend ist hierfür auch, wenn die Ausübung des Rechts Dritten (zB Mietern) überlassen wird (BGH MDR 2011, 350). 2

c) Unterhaltspflicht. Die **Unterhaltungspflicht** trifft den Berechtigten kraft Gesetzes (aber bei Belastung von Wohnungseigentum keine Pflicht zur Zahlung für Instandhaltungsrücklage, BGH MDR 2021, 1260). Einer Eintragung bedarf es nicht (BayObLG 1965, 272); anders in den Fällen § 1021 II, § 1022 S 2. Gleichgültig ist, wer Eigentümer der Anlage ist (RG HRR 1940, 1248). Aus § 1022 (arg „seine" Anlage) kann nicht gefolgert werden, dass sie dem Berechtigten gehören müsse; es kommt nur darauf an, ob der Berechtigte sie hält, dh zu benutzen berechtigt ist. Ohne Belang ist ferner, ob die Anlage vom Verpflichteten nur mitbenutzt und nicht ausschließlich genutzt wird (so auch BGH MDR 2005, 385; aA Köln NJW-RR 1996, 16 und die früher hL: keine Anwendung bei Mitbenutzungsrecht des Eigentümers). Dies bedeutet freilich nicht, dass der Berechtigte sie in diesem Fall allein unterhalten müsste. Der Eigentümer des dienenden Grundstücks kann vom Berechtigten gem § 1004 Erhaltung der Anlage verlangen ohne Rücksicht darauf, wodurch (auch bei Zufall) oder von wem sie beschädigt oder zerstört worden ist (anders Stuttgart OLG 41, 162: nur bei schuldhafter Nichtinstandhaltung). Die Unterhaltspflicht umfasst auch die Verpflichtung, für die Verkehrssicherheit der Anlage zu sorgen (KG NotBZ 2009, 187). Der Dienstbarkeitsberechtigte beeinträchtigt bei Verletzung der Unterhaltspflicht das Eigentum am dienenden Grundstück. Trifft ihn ein Verschulden, so haftet er auf Schadensersatz. Bei gemeinsamer Nutzung hat sich, wenn 3 keine vertragl Abrede getroffen wurde, der Eigentümer an den Kosten der Unterhaltung und der Verkehrssicherung (BGH MDR 2005, 385 und MittBayNot 2006, 495) hinsichtl der Anlage des Dienstbarkeitsberechtigten zu beteiligen, und zwar entspr dem Maß der Nutzung, im Zweifel jedoch je zur Hälfte (§§ 748, 742; BGH MDR 2005, 385 und MittBayNot 2006, 495; vgl *Oppermann/Scholz* DNotZ 2017, 4). Wechselseitiger Ausschluss von Unterhaltspflichten nach hM nicht eintragungsfähig (München MDR 2020, 982), anders der isolierte Verzicht ggü dem Eigentümer des dienenden Grundstücks (München NotBZ 2021, 187; s zu Vereinbarungen *Grziwotz* ZfIR 2017, 445; *Amann* MittBayNot 2021, 99 und *Keller* MittBayNot 2022, 1). Entspr § 745 S 2 kann jeder Beteiligte verlangen, dass die Unterhaltspflicht einheitlich wahrgenommen wird, wenn anders eine geordnete und sachgerechte Erfüllung dieser Pflicht nicht gewährleistet ist (BGH MDR 2019, 604; DNotI-Report 2019, 180). Die Ansprüche aus den Unterhaltspflichten verjähren nach den allg Regeln (§§ 194, 199 I, III, IV) bzw bei Schadensersatzansprüchen nach § 199 III Nr 2. Bei einem Reparaturstau wird die Leistung jew neu fällig; sie ist vom Verpflichteten vollständig zu erbringen (vgl auch NK/*Otto* § 1028 Rn 3). Ein Anspruch auf Bildung einer Rücklage ergibt sich aus S 2 nicht (BGH MDR 2011, 350).

§ 1021 Vereinbarte Unterhaltungspflicht

(1) Gehört zur Ausübung einer Grunddienstbarkeit eine Anlage auf dem belasteten Grundstück, so kann bestimmt werden, dass der Eigentümer dieses Grundstücks die Anlage zu unterhalten hat, soweit das Interesse des Berechtigten es erfordert. Steht dem Eigentümer das Recht zur Mitbenutzung der Anlage zu, so kann bestimmt werden, dass der Berechtigte die Anlage zu unterhalten hat, soweit es für das Benutzungsrecht des Eigentümers erforderlich ist.

(2) Auf eine solche Unterhaltungspflicht finden die Vorschriften über die Reallasten entsprechende Anwendung.

1 **1. Unterhaltung, Verpflichteter. Unterhaltung** bedeutet auch Erneuerung und uU (§ 242) Modernisierung (vgl Hamm ZfIR 2017, 453; RGRK/*Rothe* Rn 2, aA RGZ 131, 158, 177 und wohl Düsseldorf RNotZ 2003, 455). Einbeziehung in den Inhalt der Grunddienstbarkeit bei Bestellung (§ 873) oder durch spätere Inhaltsänderung (§ 877).

2 **Unterhaltungspflicht** des **Verpflichteten** (Abs I S 1). Vertragl Abweichung von § 1020 S 2. Unterhaltungspflicht stellt sich als Erweiterung der Grunddienstbarkeit dar, nicht etwa als Reallast (RGZ 60, 92; 131, 163) und bedarf deshalb der Eintragung in das Grundbuch des dienenden Grundstücks (§§ 873, 877; vgl Stettin OLG 4, 293, anders SchlHA 1920, 129). Bezugnahme auf Eintragungsbewilligung reicht aus (KG JFG 20, 281). Eine Eintragung in Abt II des herrschenden Grundstücks ist nicht erforderlich (*Amann* DNotZ 1989, 531, 543; aA *Volmer* MittBayNot 2000, 387, 389). Auch die Eintragung als selbständige oder unselbständige Reallast ist unzulässig (str; vgl *Böhringer* BWNotZ 1987, 141). Die Unterhaltspflicht unterliegt jedoch den Vorschriften über die Reallast (Abs II, §§ 1105ff, insb 1108; statt § 1109 aber § 1025). Bsp für Anlage: Begräbnisplatz (LG Torgau DJ 1936, 691), Durchfahrt (BGH MDR 2005, 385), gärtnerische Ausgestaltung (KG JFG 6, 282), Rasen (AG Wedding NJW-RR 2002, 1173), Kanal (RGZ 79, 377), Stauschleuse (RGZ 60, 87), Treppenweg (RGZ 56, 378), Wehranlage (RGZ 111, 92), Weg (§ 1020 Rn 2). Unterhaltungspflicht kann auch darin bestehen, die erforderlichen Kosten zu tragen (KG JFG 6, 282). Parteien können auch eine Teilung der Pflicht oder der Kosten vereinbaren (KG JFG 6, 286), und zwar sowohl bezogen auf Prozentsätze als auch auf Bestandteile der Anlage und die Art der vorzunehmenden Maßnahmen. Unterhaltspflicht umfasst nicht die erstmalige Neuherstellung und die Kosten einer Haftpflichtversicherung (NK/*Otto* Rn 7f).

3 **2. Unterhaltung Berechtigter. Unterhaltungspflicht** des **Berechtigten** (Abs I 2). Über § 1020 S 2 hinausgehende vertragl Übernahme durch den Berechtigten ist bei Mitbenutzung der Anlage durch den Eigentümer möglich. Eintragung auf dem herrschenden Grundstück nicht erforderlich (MüKo/*Mohr* Rn 7; Grü/*Herrler* Rn 1; RGRK/*Rothe* Rn 5; KG RJA 16, 287; anders Soergel/*Stürner* Rn 3; LG Ellwangen BWNotZ 1987, 141), da es sich nur um die Einschränkung eines einheitlichen Rechts handelt. Dem Eigentümer und dem Berechtigten steht es auch in diesem Fall der **Mitbenutzung** frei, festzulegen, in welchem Verhältnis sie sich an der Unterhaltung der Anlage zu beteiligen haben. Daher können sie ua vereinbaren, dass jeder von ihnen einen dem Umfang seines Gebrauchs entspr Kostenteil zu übernehmen habe (vgl BGH IMR 2023, 2227; KG NJW 1970, 1686). Dagegen soll ein wechselseitiger Verzicht auf eine Unterhaltspflicht durch Eigentümer und Dienstbarkeitsberechtigten nicht eintragungsfähig sein (Hamm MittBayNot 2016, 312). Mangels Vereinbarung trifft jeden die Unterhaltspflicht, soweit diese seine Benutzung erfordert (BGH MDR 2005, 385; teilw abw Köln MDR 1990, 1013). Bei nachrangig eingetragenen Dienstbarkeiten ist mangels Vereinbarung grds jew nur das (verbleibende) Verhältnis des Eigentümers zum jew Berechtigten maßgebend; dies ist unbefriedigend, da der Rangbessere die Mehrnutzung (§§ 1004, 1027) kaum nachweisen kann (so aber *Volmer* MittBayNot 2000, 387, 389). Bei Annahme einer Unterhaltspflicht mehrerer Nutzungsberechtigter (§ 1020 Rn 3) ergibt sich jedoch eine billige Lösung (Unterhaltspflicht nach Nutzung).

§ 1022 Anlagen auf baulichen Anlagen

Besteht die Grunddienstbarkeit in dem Recht, auf einer baulichen Anlage des belasteten Grundstücks eine bauliche Anlage zu halten, so hat, wenn nicht ein anderes bestimmt ist, der Eigentümer des belasteten

Grundstücks seine Anlage zu unterhalten, soweit das Interesse des Berechtigten es erfordert. Die Vorschrift des § 1021 Abs. 2 gilt auch für diese Unterhaltungspflicht.

Grunddienstbarkeit muss sich im **Halten der baulichen Anlage** erschöpfen (RGZ 112, 370). Ansonsten kommen die §§ 1020f in Betracht. Die gesetzl Unterhaltungspflicht besteht nur im Umfang des Interesses des Berechtigten. Ein bestimmter Zustand der Anlage muss deshalb nicht erhalten werden; technische Neuerungen sind nicht ausgeschlossen (Staudinger/*Weber* Rn 2). Die gesetzl Unterhaltspflicht bedarf nicht der Eintragung, wohl aber die abw von ihr vereinbarte. Für die Unterhaltungspflicht des Berechtigten gilt auch § 1020 S 2. 1

§ 1023 Verlegung der Ausübung

(1) Beschränkt sich die jeweilige Ausübung einer Grunddienstbarkeit auf einen Teil des belasteten Grundstücks, so kann der Eigentümer die Verlegung der Ausübung auf eine andere, für den Berechtigten ebenso geeignete Stelle verlangen, wenn die Ausübung an der bisherigen Stelle für ihn besonders beschwerlich ist; die Kosten der Verlegung hat er zu tragen und vorzuschießen. Dies gilt auch dann, wenn der Teil des Grundstücks, auf den sich die Ausübung beschränkt, durch Rechtsgeschäft bestimmt ist.

(2) Das Recht auf die Verlegung kann nicht durch Rechtsgeschäft ausgeschlossen oder beschränkt werden.

1. Anspruchsinhalt. Der gesetzl, unabdingbare (Abs II), unverjährbare (§ 902) Anspruch auf Verlegung ergibt sich aus der Pflicht zur schonenden Ausübung (§ 1020; ausf *Lühmann* NJW 2016, 2454ff). Er steht nur dem Eigentümer des belasteten, nicht des herrschenden Grundstücks zu. Ein entspr Anspruch kann sich aber aus § 242 ergeben, nicht jedoch aus einer entspr Anwendung von § 1023, wenn die Ausübungsstelle zum Inhalt der Dienstbarkeit gemacht wurde (BGH MDR 2015, 505; vgl BGH MDR 1999, 88: kein Anspruch auf Verlegung, wenn sich Berechtigter die unmittelbare Zufahrt auf dem eigenen Grundstück verbaut). 1

Von dem Fall der Verlegung einer aufgrund Vereinbarung oder sich aus dem Wesen des Rechts an bestimmter Stelle fixierten Grunddienstbarkeit ist der einer nicht genau fixierten, der tatsächlichen Ausübung überlassenen Grunddienstbarkeit zu unterscheiden (BGHZ 90, 181, 183; Hamm NotBZ 2013, 396). Letzterer unterliegt nicht der Eintragung, weil keine Inhaltsänderung gegeben ist (KG NJW 1973, 1128; RGRK/*Rothe* Rn 4; zur Abgrenzung dieser beiden Fälle s BGH DNotZ 1976, 530; Hamm ZfIR 2016, 725; *Lühmann* NJW 2016, 2454). Demggü bedarf die Verlegung einer durch rechtsgeschäftliche Vereinbarung festgelegten Ausübungsstelle einer Vereinbarung und der Eintragung in das Grundbuch (BGH MDR 2006, 380; 2015, 504; zu den Folgen für den Rang DNotI-Report 2016, 157). Zu den Anforderungen, die an die Bestimmtheit der Grunddienstbarkeit zu stellen sind, s Vor § 1018 Rn 5. 2

2. Voraussetzungen. a) Gesamtbelastung. Das Grundstück ist in seiner Gesamtheit belastet, die Grunddienstbarkeit wird aber ihrer Art nach oder aufgrund der vertragl Vereinbarung nur auf einem Teil des Grundstücks ausgeübt (BGH V ZB 204/11 DNotI; MDR 2015, 504). **b) Beschwer.** Besondere Beschwer des Eigentümers, gleichgültig, ob von Anfang an oder erst nachträgl eingetreten, Erfordernis erheblicher Nachteile bzw Beeinträchtigungen und nicht bloßer Unannehmlichkeiten oder Unbequemlichkeiten (Koblenz NJW-RR 2014, 401; LG Heidelberg 31.5.2013 – 2 O 417/12). **c) Verlegungsstelle.** Andere, ebenso geeignete Stelle für die Ausübung auf demselben Grundstück (im Rechtssinn) ist vorhanden; zu berücksichtigen ist allein die Lage, unerhebliche Erschwerung ist dem Berechtigten nach § 242 zuzumuten. Verlegung auf anderes Grundstück des belasteten Eigentümers kann gem § 1023 selbst dann nicht verlangt werden, wenn es mit dem belasteten eine wirtschaftl Einheit bildet. Die Lit (Soergel/*Stürner* Rn 6; anders MüKo/*Mohr* Rn 9) gibt gem § 242 ausnahmsw einen Anspruch auf Verlegung. Dann muss aber die bisherige Dienstbarkeit aufgehoben und an dem anderen Grundstück neu begründet werden. Verlegung auf anderes Grundstück des berechtigten Eigentümers kann nicht verlangt werden; wäre (Teil-)Aufhebung (BGH ZfIR 2011, 21). Diesbzgl Vereinbarung möglich (BGH MDR 2016, 512). Abw Baulast macht andere Stelle an demselben Grundstück nicht ungeeignet (Düsseldorf MittRhNotK 2000, 293, 294). **d) Kostentragung.** Verpflichteter hat Kosten zu tragen und vorzuschießen. Hierzu gehören nicht nur die Herstellungsaufwendungen bzw Beseitigungskosten (vgl Rostock NJW-RR 2012, 595), sondern auch die Kosten bei Notar und Grundbuchamt. Eine abw Vereinbarung ist trotz Abs II möglich. 3

3. Inhaltsänderung. Der Anspruch geht auf **Inhaltsänderung** der Grunddienstbarkeit durch Einigung (ggf Ersatz gem § 894 ZPO) und Eintragung (§ 877; vgl KG NJW 1973, 1128; BGH LM § 1018 Nr 16 und § 1023 Nr 1). Beeinträchtigter Eigentümer kann gegen uneinsichtigen Berechtigten auch nach § 1004 vorgehen. 4

4. Vertragliches Verlegungsrecht. Bei Begründung der Grunddienstbarkeit kann sich der Grundstückseigentümer das Recht ausbedingen, dass die Grunddienstbarkeit auf sein Verlangen verlegt wird. Außerdem können ggü der besonderen Beschwerlichkeit erleichterte Voraussetzungen für eine Verlegung vereinbart werden. Dieses **vertragl Verlegungsrecht** ist als Beschränkung der Grunddienstbarkeit eintragungsfähig und -bedürftig (Düsseldorf DRspr 154, 27c). 5

5. Vertragliches Benutzungserlaubnis. Für eine schuldrechtl **Benutzungserlaubnis** gilt gem § 242 Gleiches, wenn die Parteien nichts anderes vereinbart haben. 6

6. Öffentliche Straße. Zu den Streitigkeiten zw **Straßenbaubehörden und Versorgungsunternehmen** darüber, wer die Kosten einer durch Straßenausbau erforderlich gewordenen Neuverlegung zu tragen hat, ist die Rspr nicht einheitlich: Nach BGHZ 37, 353 (aber Sonderfall) kommt das Recht, die Versorgungsleitungen in dem fremden Eigentum zu belassen, einer beschränkten persönlichen Dienstbarkeit nahe; deshalb hat der Eigentü- 7 mer des Straßenkörpers entspr § 1090 II, § 1023 diese Kosten zu tragen (ebenso BayObLG 1969, 169 zum BayStrWG und FStrG; BGH BGHRp 2002, 820 für Schmutzwasserkanal). Nach BGHZ 51, 319 besteht bei nur obligatorischem Recht am Straßengrundstück keine Grundlage für die Auffassung, im Verhältnis zw Versorgungsunternehmen und Straßeneigentümer sollten die Verlegungskosten letzterem zur Last fallen, soweit nicht vertragl Vereinbarungen entgegenstehen. Nach BGHZ 52, 229 (ergangen zum LStrG NRW) hat im Falle eines Straßenausbaus das Versorgungsunternehmen die Kosten einer dadurch erforderlich gewordenen Verlegung der Leitungen zu tragen. Nach BGHZ 61, 124 (ergangen zum LStrG NRW) gehören zu den mit der Straße im Zusammenhang stehenden Pflichten, die nach § 10 I StrWG NRW mit dem Eigentum an der Straße auf den Träger der Straßenbaulast übergehen, auch die in einem Konzessionsvertrag übernommenen Verlegungskosten. BGH MDR 1974, 654 knüpft an BGHZ 52, 229 an: Hat nach Aufstufung einer Gemeindestraße der neue Straßeneigentümer die von der Gemeinde in die frühere Gemeindestraße verlegte Versorgungsleitung zu dulden, so sind die bei einem Straßenausbau anfallenden Verlegungskosten von der Gemeinde zu tragen. Gründet das Recht des Versorgungsunternehmens, öffentliche Straßenflächen in Anspruch zu nehmen, auf einer straßenrechtl Sondernutzungsgenehmigung nach dem Recht der DDR, so hat entspr § 8 IIa, § 10 FStrG das Versorgungsunternehmen die Verlegungskosten zu tragen (BGHZ 138, 266, 274; 144, 29, 45; 148, 129, 135); anders ist dies, wenn eine beschränkte persönliche Dienstbarkeit nach § 9 I GBBerG besteht (BGHRp 2002, 562, 563; vgl auch BGH ZfIR 2006, 374; MDR 2021, 153; *Schmidt-Räntsch* RdE 1994, 214 und *Herrmann* WM 2006, 793; zum Rechtsweg s BGH LKV 2001, 335).

Analoge Anwendung von § 1023 zulasten des Straßeneigentümers, wenn die Versorgungsanlage (ohne Verlegung) infolge Ausbaus der Straße nur geändert werden muss (BGH WM 1981, 498).

8 Analoge Anwendung von § 1023 I 1 im Falle von § 918 II (BGHZ 79, 307). Spezialbestimmungen enthalten § 11 II, III RahmenVtr 1974 (BGH ZfIR 2006, 816) und § 72 TKG Telekommunikationslinien (BGH BauR 2005, 993). Die Pflicht, eine unberechtigt verlegte Leitung zu entfernen, umfasst neben den Stilllegungskosten auch die Beseitigungskosten (VGH München BayVBl 2005, 344).

§ 1024 Zusammentreffen mehrerer Nutzungsrechte

Trifft eine Grunddienstbarkeit mit einer anderen Grunddienstbarkeit oder einem sonstigen Nutzungsrecht an dem Grundstück dergestalt zusammen, dass die Rechte nebeneinander nicht oder nicht vollständig ausgeübt werden können, und haben die Rechte gleichen Rang, so kann jeder Berechtigte eine den Interessen aller Berechtigten nach billigem Ermessen entsprechende Regelung der Ausübung verlangen.

1 **1. Anwendungsbereich.** Gleichrang ergibt sich insb aus Gleichrangeinräumung und nach einer Minderansicht auch aus Teilung des herrschenden Grundstücks (vgl § 1025 Rn 2). Nicht beim Zusammentreffen mit Eigentum, dem Grunddienstbarkeit vorgeht (RGZ 105, 186, 191), mit Bergwerkseigentum (RG JW 1915, 528), Reallast, Vorkaufsrecht oder Grundpfandrecht; wohl aber mit anderer Grunddienstbarkeit, mit beschränkter persönlicher Dienstbarkeit, mit Nießbrauch, mit Erbbaurecht, mit Dauerwohn- und Dauernutzungsrecht und mit landesrechtl Nutzungsrecht.

2 **2. Ausübungsregelung.** Hat eines der zusammentreffenden Rechte den Vorrang, so behält es hierbei sein Bewenden. Andernfalls (unverjährbar, § 902) Anspruch auf vertragl Regelung (ggf Ersetzung gem § 894 ZPO) und Eintragung (str, wie hier KG HRR 1934, 161; Soergel/*Stürner* Rn 1; Jauernig/*Berger* Rn 1; NK/*Otto* Rn 13 aE; Lemke/*Böttcher* Immobilienrecht[2] 2016, Rn 3; aA Grü/*Herrler* Rn 2: nur Regelung der Berechtigten ohne Eintragung), wobei der Klageantrag entspr dem Rechtsgedanken des § 745 II auf einen billigen Interessenausgleich gerichtet ist (str; wie hier Staudinger/*Weber* Rn 9; aA hM, s nur Soergel/*Stürner* Rn 2; vgl auch BGH NJW 1993, 3326). Ferner ist eine Klage aus §§ 1004, 1027 mit dem Antrag, jede Rechtsausübung zu unterlassen, die einer bestimmt zu bezeichnenden Art widerspricht, zulässig (aA RGRK/*Rothe* Rn 4, der nur diese Klage zulässt). Diese Unterlassungsklage ist bereits vor Abschluss der Vereinbarung oder im Falle des Scheiterns einer vertragl Regelung möglich (BGH NJW 2008, 3703, 3704). Grundlage der Ausübungsregelung ist § 745 II. Sie muss sich innerhalb der Schranken der Dienstbarkeit halten und ändert ihren Inhalt nicht; sie wirkt sich nicht auf das Verhältnis zum Eigentümer aus (keine Streitverkündung) und entfällt, wenn eines der Rechte erlischt.

§ 1025 Teilung des herrschenden Grundstücks

Wird das Grundstück des Berechtigten geteilt, so besteht die Grunddienstbarkeit für die einzelnen Teile fort; die Ausübung ist jedoch im Zweifel nur in der Weise zulässig, dass sie für den Eigentümer des belasteten Grundstücks nicht beschwerlicher wird. Gereicht die Dienstbarkeit nur einem der Teile zum Vorteil, so erlischt sie für die übrigen Teile.

1 **1. Teilung.** Wird das belastete Grundstück geteilt, so kommt Abschreibung (§ 1026) in Betracht. § 1025 regelt demggü Teilung des herrschenden Grundstücks und Erlöschen der Dienstbarkeit an Teil von ihm. Grundstück ist geteilt, wenn es in mehrere (grundbuchrechtl) selbständige Grundstücke zerlegt ist. Belehrungspflicht des Notars über Notwendigkeit von Versorgungsdienstbarkeiten für Teilgrundstücke (Celle NotBZ 2009, 495).

2 **2. Auslegung.** S 1 ist nur **Auslegungsregel**. Wird Eigentümer durch Fortbestand der Grunddienstbarkeit auf den einzelnen Teilen beeinträchtigt, so Anspruch aus § 1004. Mitberechtigte bilden Gemeinschaft iSd §§ 741ff (§ 745 für Innenverhältnis; s BayObLG NJW-RR 1990, 1043; *Westermann/Gursky/Eickmann*, § 121 Rn 17; Soer-

gel/*Stürner* Rn 1; *Bauer/Schaub/Wegmann* § 47 GBO Rn 79; aA MüKo/*Mohr* Rn 2: analog §§ 432, 428, für Innenverhältnis analog § 1024). Wird die Grunddienstbarkeit im Grundbuch der abgeschriebenen Teile eingetragen, so dient dies lediglich der Berichtigung; Eintragung der Teilung aber nicht notwendig (BayObLG 1995, 153; aA Staudinger/*Weber* Rn 4). Kein gutgläubiger lastenfreier Erwerb, auch wenn Teilung des herrschenden Grundstücks nicht vermerkt wird (BGH MDR 2008, 497). Soll die Grunddienstbarkeit gelöscht werden, so bedarf es der Bewilligung der Eigentümer aller Teile (KG NJW 1975, 697). Jeder Berechtigte kann Rechte aus Dienstbarkeit geltend machen. S 1 Hs 2 gilt nicht, wenn keine Regelung des Umfangs der Ausübung vorliegt, sondern sich nach jew Bedürfnis des herrschenden Grundstücks richtet. Die Auslegungsregel gilt nicht, wenn die Grundstücksfläche mit herrschendem Grundstück vereinigt und dies später wieder rückgängig gemacht wird (BayObLG NJW-RR 2003, 451).

3. Erlöschen. Nach S 2 **erlischt** die Grunddienstbarkeit (zB Abstandsflächenübernahme, Wegerecht) insoweit 3
kraft Gesetzes ohne Löschung (KGJ 24, 120; Celle IMR 2016, 3471). Berichtigungsanspruch nach § 894; § 22 GBO setzt Nachw in grundbuchmäßiger Form voraus (Celle ZfIR 2010, 515; München MittBayNot 2015, 127, 128; zu mehrfacher Teilung Düsseldorf NotBZ 2022, 225). Ist zweifelhaft, ob die Dienstbarkeit aufgrund dinglicher und nicht nur schuldrechtl Vereinbarung (München NJOZ 2018, 1963) nur einem Teil zum Vorteil gereicht, oder welchem Teil, so können die Beteiligten unter Einschluss des Eigentümers sich hierüber vertragl einigen, andernfalls müssen sie den Prozessweg beschreiten.

4. Unterhalt. Die **Unterhaltspflicht** aus § 1020 S 2, § 1021 I 2 trifft die Eigentümer der Teilstücke, an denen 4
die Grunddienstbarkeit fortbesteht; im Fall des § 1025 S 2 somit nur noch den Eigentümer des Grundstücks, für das Dienstbarkeit fortbesteht. Entspr gilt für den Unterhaltungsanspruch aus § 1021 I 1, § 1022 S 1.

§ 1026 Teilung des dienenden Grundstücks

Wird das belastete Grundstück geteilt, so werden, wenn die Ausübung der Grunddienstbarkeit auf einen bestimmten Teil des belasteten Grundstücks beschränkt ist, die Teile, welche außerhalb des Bereichs der Ausübung liegen, von der Dienstbarkeit frei.

1. Teilung. Regelung der **Teilung** des dienenden Grundstücks; wird das herrschende Grundstück geteilt, so 1
kommt § 1025 in Betracht. Zur Teilung vgl § 1025 Rn 1. Grunddienstbarkeit besteht grds an jedem Teilgrundstück fort und ist mit zu übertragen (BayObLG Rpfleger 1983, 143; RGRK/*Rothe* Rn 1; MüKo/*Mohr* Rn 1; aA noch BayObLG 1954, 286, 290; Rpfleger 1977, 442, 443: Einzeldienstbarkeiten).

2. Abschreibung. a) Lastenfreie Abschreibung. Es werden nur Trennstücke frei, auf denen die Grunddienst- 2
barkeit nach ihrer Natur oder dem Inhalt des Bestellungsvertrags nicht ausgeübt werden kann (BGH MDR 2002, 1000; Düsseldorf NotBZ 2021, 56; vgl aber München NotBZ 2013, 195 zu Grenzbaurecht trotz Wegfalls der gemeinsamen Grenze), iÜ bleibt sie bestehen und ist bei Abschreibung mit zu übertragen (vgl BayObLG 1954, 286). Aus dem Inhalt der Grunddienstbarkeit muss sich ergeben, dass ihre Ausübung von Rechts wegen auf einen bestimmten Teil beschränkt ist (BayObLG DNotZ 1984, 565: Grenzabstandsdienstbarkeit). Das ist der Fall, wenn der Berechtigte, sei es nach der Art der Dienstbarkeit, sei es aufgrund rechtsgeschäftlicher Vereinbarung (nicht nur schuldrechtl, München NJOZ 2018, 1963), dauernd rechtl gehindert ist, bestimmte Teile des belasteten Grundstücks zu benutzen (KG Rpfleger 1969, 52; Saarbrücken NJW-RR 2018, 978). Die Festlegung eines Ausübungsbereichs liegt auch vor, wenn zu Instandhaltungsarbeiten an einer räumlich konkretisierten Anlage das dienende Grundstück betreten werden darf, da es sich nur um ein ohnehin gesetzl bestehendes Nebenrecht handelt. Gegenwärtige tatsächliche Verhältnisse, nämlich lediglich eine bestimmte Praxis der Ausübung, begründen dann keine Unmöglichkeit der Ausübung, wenn ihre Änderung möglich ist (KGJ 31, 309; LG Chemnitz RdE 1999, 242). Abschreibungsmöglichkeit besteht auch bei der Begründung von Wohneigentum/Teileigentum (Hamm DNotZ 2001, 216). Zur Anwendung bei einer Aufteilung nach dem WEG Düsseldorf NotBZ 2021, 153. Zur entspr Anwendung auf Dauerwohnrechte s BayObLG NJW-RR 1996, 1397; zu Forstrechten s *Mayer* MittBayNot 1994, 333. Im umgekehrten Fall der Vereinigung von Flurstücken, die mit der gleichen (beschränkten persönlichen) Dienstbarkeit belastet sind, ist Verwirrung des Grundbuchs nicht zu besorgen, wenn bei der Eintragung des Erwerbs des durch die Vereinigung entstehenden, neuen Grundstücks die auf den bisherigen Flurstücken lastenden Dienstbarkeiten als ein Recht übertragen werden (BayObLG DNotZ 1997, 398).

b) Nachweise. Werden die Voraussetzungen des § 1026 in der Form des § 29 GBO (auch hinsichtl etwaiger 3
Nebenrechte, München NotBZ 2010, 63) dargetan – sie können sich aus dem Inhalt der Grunddienstbarkeit (vgl München NotBZ 2014, 115; 2014, 344; NJOZ 2014, 1056), der Katasterkarte, dem amtl Fortführungsnachw München NJOZ 2017, 397), einer Bescheinigung des Vermessungsamts (München MittBayNot 2018, 138) oder einem Unschädlichkeitszeugnis (VG Saarlouis 17.8.2011 – 5 K 61/10) ergeben (zur Beweislast s BGH NJW 1984, 2157; München NJOZ 2014, 1408; RNotZ 2016, 312, 315; aber München RNotZ 2016, 236, 239 u Saarbrücken FGPrax 2019, 167: eigene Prüfung des Grundbuchamts zusätzl erforderlich; nicht vermessungstechnisches Gutachten bei Leitungsrecht nach Hamm Rpfleger 2000, 157) –, so wird die Grunddienstbarkeit ohne Zustimmung des Berechtigten bei Abschreibung nicht mitübertragen und erlischt (§ 46 II GBO; vgl BayObLG DNotZ 2004, 388; München DNotZ 2012, 377). An den Nachw sind strenge Anforderungen zu stellen; ein gewisser Grad an Wahrscheinlichkeit genügt nicht (München NotBZ 2014, 155, 156; zur mehrfachen Teilung Saarbrücken 11.3.2019 – 5 W 9/19). Das Grundbuchamt darf hierzu keine eigenen Ermittlungen anstellen, sondern ist auf urkundliche Nachw (§ 29 GBO) beschränkt (München NotBZ 2014, 346, 347); eine Zeugenvernehmung kommt

nicht in Betracht (München NJOZ 2016, 445). Wurde die Dienstbarkeit versehentlich mitübertragen, erfolgt Berichtigung nach § 894, § 22 GBO (BayObLG NJW-RR 1987, 1101). Das Grundbuchamt darf die Grunddienstbarkeit selbst dann nicht auf den außerhalb ihres Ausübungsbereichs gelegenen, abgeschriebenen Grundstücksteil mitübertragen, wenn die Beteiligten dies beantragen (BayObLG 1954, 286; vgl auch BayObLG MittBayNot 1994, 318). Bei der Abschreibung eines von einer Auflassungsvormerkung nicht betroffenen Grundstücksteils ist dem Vormerkungsberechtigten rechtl Gehör zu gewähren, sofern eine Rechtsbeeinträchtigung nicht von vornherein ausgeschlossen ist (zB entfernte Teilfläche, teilw abw BayObLG MittBayNot 1999, 478; vgl *Opitz* Rpfleger 2000, 367). Erfolgt eine Löschung an einem Grundstücksteil versehentlich, kommt die Eintragung eines Widerspruchs in Betracht (München NJOZ 2015, 327).

4 **3. Unterhalt.** Die **Unterhaltungspflicht** aus § 1021 I 1 und § 1022 S 1 trifft die Eigentümer der Teilstücke, an denen die Grunddienstbarkeit fortbesteht. Entspr gilt für den Unterhaltungsanspruch von § 1020 S 2 und § 1021 I 2.

§ 1027 Beeinträchtigung der Grunddienstbarkeit

Wird eine Grunddienstbarkeit beeinträchtigt, so stehen dem Berechtigten die in § 1004 bestimmten Rechte zu.

1 **1. Voraussetzungen. Beeinträchtigung** bedeutet völlige Verhinderung oder teilw Störung der Ausübung (BGH MDR 2014, 1137; Saarbrücken NJW-RR 2018, 978; Koblenz NJOZ 2020, 274). Obj Widerrechtlichkeit genügt, Verschulden nicht erforderlich (RGZ 51, 414). Zu unterscheiden von Unterlassungsanspruch wg unzulässiger Rechtsausübung aufgrund von Treu und Glauben (BGH ZfIR 2013, 292). Bsp: Beeinträchtigung eines Durchfahrtrechts durch Verengung der Straße oder eine Umzäunung, eines Wegerechts durch Torverengung oder Anbringung eines verschließbaren Tores, eines Geh-/Fahrtrechts durch eine Bremsmatte (BGH MDR 2015, 642; BayVerfGH 21.12.2020 – Vf 20-VI-18; Frankfurt OLG 1989, 88, 90; Saarbrücken NJW-RR 2020, 141; München 15.9.2021 – 7 U 3198/18; einschr bei Schlüsselaushändigung und Grund für Toreinbau Zweibrücken OLG 1968, 143, 144; vgl § 1020 Rn 1), eines Wasserrechts durch Abschluss eines Pachtvertrags auf Gewinnung von Eis, einer Fischereiberechtigung durch Selbstausüben der Fischerei (RGZ 105, 191). Wörtliches Bestreiten kann genügen (Bamberg BayZ 1906, 446), ferner Vornahme der verbotenen Handlung, zB Errichtung eines Gebäudes auf Fläche, die unbebaut bleiben soll (RGZ 47, 359), bei zulässigem Wettbewerbsverbot Verpachtung des Grundstücks zum Zweck des zu unterlassenden Gewerbes (München BayZ 1928, 79).

2 **2. Berechtigter. Berechtigter** ist Eigentümer, jeder Miteigentümer (§ 1011), Erbbauberechtigter (§ 11 ErbbauRG), Nießbraucher (§ 1065) und Dienstbarkeitsberechtigter (BGH NJW 2008, 3703) des herrschenden Grundstücks; nicht dagegen Pächter, Mieter, diese haben aber Besitzschutz (§ 1029). An die Stelle der dinglich Berechtigten treten der Insolvenzverwalter, der Zwangsverwalter, der Testamentsvollstrecker. Keine Abwehrrechte stehen dem Sondernutzungsberechtigten einer Wohnungseigentümergemeinschaft zu (Düsseldorf MietRB 2009, 42).

3 **3. Anspruchsgegner. Anspruchsgegner** ist nicht der Eigentümer des belasteten Grundstücks als solcher (Naumburg OLG 15, 361), sondern der Störer. Es kann dies auch der Eigentümer sein, wenn er duldet, dass ein anderer, dem er das Grundstück zum Gebrauch überlassen hat, die Beeinträchtigung vornimmt und sie nicht beseitigt (RGZ 47, 162; BGH NJW 1992, 1101). Bei Miteigentümern kann eine Streitgenossenschaft bestehen (LG Wuppertal DWW 2001, 28).

4 **4. Anspruchsinhalt. Anspruch** geht **auf a) Beseitigung der Störung** (Oldenburg 12 W 38/22 DNotI) oder **b) Unterlassung**; er wird nicht dadurch ausgeschlossen, dass daneben auch strafrechtl Schutz besteht. Ansprüche, jedenfalls wenn es um die Verwirklichung des Rechts selbst und nicht nur um eine Störung der Ausübung geht, sind bei eingetragener Grunddienstbarkeit gem § 902 unverjährbar (so BGHZ 39, 5, 11; BGH ZfIR 2011, 21; MDR 2014, 1137; aA noch BGHZ 60, 235, 237 und RGRK/*Rothe* Rn 7: Verjährung wie § 1004, dh nach §§ 195, 199; vgl München 23.6.2021 – 7 U 1497/19); Ausnahmen § 1028. Ggf könnte die Verjährungsfrist verlängert werden (*Amann* DNotZ 2002, 94, 123). Str, ob daneben auch noch **c)** entspr §§ 912ff Ansprüche auf **Rentenzahlung** (BGHZ 39, 5; AG Solingen DWW 2000, 130; RG JW 1932, 1047 verneint). Ausnahmsw entfällt der Anspruch auf Beseitigung und Unterlassung, wenn und soweit der Berechtigte die Beeinträchtigung dulden muss (vgl Stuttgart OLGRp München 2009, 802). Dies ist insb der Fall, wenn diese von einer mit behördlicher Genehmigung errichteten gewerblichen, von einer gemeinnützigen oder hoheitlichen Anlage ausgeht (vgl dazu und zur Entschädigungspflicht § 1004 Rn 96). **d)** Geltendmachung des Anspruchs verstößt grds nicht gegen Treu und Glauben, wenn Nutzungsmöglichkeiten des belasteten Grundstücks verbessert werden (Karlsruhe MDR 2014, 648).

5 **e) Schadensersatz.** Liegt auf Seiten des Störers Verschulden vor, so kann Berechtigter gem §§ 823ff **Schadensersatz** verlangen; Dienstbarkeit ist ein „sonstiges Recht" iSd § 823 I; § 1027 ist Schutzgesetz iSd § 823 II (RG WarnRsp 1911, 331; BGH MDR 2012, 463). Ausnahmsw bedarf es für Schadensersatzansprüche keines Verschuldens auf Seiten des Störers, wenn Berechtigter die Störung dulden muss, weil sie von einer genehmigten gewerblichen oder gemeinnützigen Anlage ausgeht (vgl § 14 BImSchG; § 70 I WHG; § 75 II VwVfG; RGZ 101, 105; 122, 137; 155, 156; 159, 72). Ist Eigentümer des belasteten Grundstücks der Störer, so haftet er auch wegen positiver Verletzung des zw ihm und dem Berechtigten bestehenden gesetzl Schuldverhältnisses (vgl Vor § 1020 Rn 1).

§ 1028 Verjährung

(1) Ist auf dem belasteten Grundstück eine Anlage, durch welche die Grunddienstbarkeit beeinträchtigt wird, errichtet worden, so unterliegt der Anspruch des Berechtigten auf Beseitigung der Beeinträchtigung der Verjährung, auch wenn die Dienstbarkeit im Grundbuch eingetragen ist. Mit der Verjährung des Anspruchs erlischt die Dienstbarkeit, soweit der Bestand der Anlage mit ihr in Widerspruch steht.

(2) Die Vorschrift des § 892 findet keine Anwendung.

1. Ausnahmeregelung. Ausnahme von § 902 I 1 (BGH MDR 2014, 1137); wäre überflüssig, wenn ohnehin Verjährung nach allg Regeln (vgl § 1027 Rn 4). Gegebenheiten in der Realität setzen sich nach bestimmter Zeit ggü Grundbuchinhalt durch. 1

2. Voraussetzungen. Errichtung einer dauernden, mit dem Grund und Boden des dienenden Grundstücks (nicht auf herrschendem Grundstück, aber zusätzl möglich, Schleswig SchlHA 2022, 179) verbundenen, die Grunddienstbarkeit beeinträchtigenden Anlage (BGH MDR 2014, 1137), zB Anpflanzung (*Amann* DNotZ 2015, 164, 167), Damm, Gebäude, Graben, Mauer (Saarbrücken MDR 2009, 376), Garagen (Düsseldorf RNotZ 2007, 31). Beeinträchtigung nur, wenn Ausübungsbereich festgelegt und betroffen ist (Hamm NJOZ 2016, 1833). Unwesentlich, wer sie errichtet hat und aus welchem Grunde, ob bösgläubig oder nicht. Unwesentlich auch die zeitl Reihenfolge (Schleswig SchlHA 2022, 179). Der Anspruch auf Beseitigung der Störung verjährt nur, wenn die Störung während des Laufs der Verjährungsfrist von derselben Anlage ausgegangen ist. Wird nach Wegfall einer störenden Anlage eine andere errichtet, so entsteht ein neuer Beseitigungsanspruch, für den die Verjährungsfrist jew neu zu laufen beginnt (vgl BGH NJW 1967, 1609; zur Möglichkeit der Verjährungsunterbrechung s Hamburg FGPrax 1996, 211). 2

3. Rechtsfolge. Anspruch auf Beseitigung (§ 1027) unterliegt Verjährung. Sie beträgt entspr § 197 Nr 2 30 Jahre (BGH MDR 2014, 1137; KG GE 2019, 1177; aA Hamm NJOZ 2012, 2009: 3 Jahre gem §§ 195, 199). Wechsel in der Person des Eigentümers des herrschenden oder dienenden Grundstücks ist wegen § 198 ohne Einfluss. Grunddienstbarkeit erlischt kraft Gesetzes, soweit ihr die Anlage widerspricht (BayObLG 1959, 489), iÜ bleibt sie bestehen, wenn dies nach Art und Umfang der Dienstbarkeit möglich ist (Schleswig MDR 2022, 694 bejaht für Wasserbezugs- und Wegerecht, verneint für Bauverbot). Grundbuch wird unrichtig und kann gem § 894, § 22 GBO berichtigt werden. 3

4. Kein Gutglaubensschutz (Abs II). Gutgläubiger rechtsgeschäftlicher Erwerber des herrschenden Grundstücks wird in seiner Annahme, Grunddienstbarkeit bestehe, nicht geschützt. Haftung des Veräußerers gem § 435 S 2. Gutgläubiger Erwerb möglich, wenn Dienstbarkeit erloschen ist, aber Anlage dann beseitigt wird (so auch Soergel/*Stürner* Rn 2, aA Staudinger/*Weber* Rn 6). 4

§ 1029 Besitzschutz des Rechtsbesitzers

Wird der Besitzer eines Grundstücks in der Ausübung einer für den Eigentümer im Grundbuch eingetragenen Grunddienstbarkeit gestört, so finden die für den Besitzschutz geltenden Vorschriften entsprechende Anwendung, soweit die Dienstbarkeit innerhalb eines Jahres vor der Störung, sei es auch nur einmal, ausgeübt worden ist.

1. Bedeutung. Dem Rechtsbesitzer an der Grunddienstbarkeit wird Besitzschutz gewährt, wenn **a)** Sachbesitz am herrschenden Grundstück vorliegt, **b)** die Dienstbarkeit, die zufolge a) ausgeübt wird, für den Eigentümer eingetragen ist, also wenigstens vermutungsweise (§ 891) besteht, **c)** sie wenigstens einmal im letzten Jahr vor der Störung ausgeübt worden ist. 1

2. Besitzschutz. a) Besitzer. Besitzer ist der unmittelbare Besitzer (§ 854), gleichgültig, ob Eigenbesitzer (§ 872), Mitbesitzer (§ 866), Besitzmittler (§ 868); berechtigt ferner der mittelbare Besitzer (§§ 868, 870, 871) im Rahmen des § 869, sowie der Besitzdiener (§ 855) im Rahmen des § 860. Wird Besitz aufgegeben (§ 856), so erlischt Besitzschutz. 2

b) Grundbucheintragung. Eintragung genügt, auch wenn sie zu Unrecht erfolgt ist; für zu Unrecht gelöschte Grunddienstbarkeit dagegen kein Besitzschutz, selbst wenn gegen Löschung Widerspruch eingetragen ist. 3

c) Ausübung. Schon durch einmalige Ausübung wird der Besitzschutz für ein Jahr erworben, jedoch nicht für längere Zeit, auch wenn die Grunddienstbarkeit nur in längeren Zeitabständen ausgeübt werden kann. Wohl hat aber der Eigentümer des herrschenden Grundstücks die Rechte aus § 1027. Berechtigter muss mit dem Willen, die Dienstbarkeit auszuüben, handeln (Stuttgart OLG 6, 255; anders hM, zB Grü/*Herrler* Rn 2; RGRK/*Rothe* Rn 3; Soergel/*Stürner* Rn 2: es genügt obj Verwirklichung). Berechtigter braucht nicht persönlich auszuüben, sofern nur Dritter, zB Angehöriger, Angestellter, Besucher in seinem Auftrag oder Interesse handelt. Besteht Dienstbarkeit darin, dass gewisse Handlungen nicht vorgenommen werden dürfen, so genügt zur „Ausübung" schlichte Unterlassung; besonderes Verbot der Vornahme ist nicht erforderlich (BayObLG 1933, 292), mit Zuwiderhandlung beginnt dann Jahresfrist. Ist Berechtigter zum Halten einer Anlage befugt, so läuft Frist solange nicht, als Anlage vorhanden ist. 4

3. Störung. Rechtsbesitzer wird **gestört**, wenn er in der Ausübung der Grunddienstbarkeit vollständig gehindert oder anderweitig beeinträchtigt wird. Die für den Besitzschutz geltenden Vorschriften finden sich in den §§ 858ff. Der Störer kann einwenden, der Besitz sei fehlerhaft (§ 861 II, § 862 II). Gewährt Grunddienstbarkeit 5 den Sachbesitz einer Anlage auf dem dienenden Grundstück, so finden die §§ 858ff unmittelbare Anwendung. Gleiches gilt für den Überbau.

Titel 2
Nießbrauch (§§ 1030–1089)

Vorbemerkung vor § 1030

1 **1. Begriff. a) Nießbrauch.** Der **Nießbrauch** gewährt dem Berechtigten ein **höchstpersönliches dingliches Recht**, grds **sämtliche Nutzungen** des belasteten Gegenstandes zu ziehen. Hierbei können zwar einzelne Nutzungen ausgeschlossen werden (§ 1030 II). Beschränkt sich das Nutzungsziehungsrecht dagegen von vornherein auf lediglich einzelne Nutzungen, stellt dies keinen Nießbrauch, sondern eine beschränkt persönliche Dienstbarkeit dar (Rn 5). Diese kennt das Gesetz lediglich als dingliches Recht am Grundstück, nicht aber an beweglichen Sachen (§ 1090). Dies macht den Nießbrauch ggü den anderen Dienstbarkeiten zu einem umfassenden Nutzungsrecht mit weitreichender Lastentragungspflicht, wobei jedoch auch hier die **Substanz** des genutzten Gegenstandes **nicht angetastet werden darf.**

2 **Höchstpersönlich**, dh unvererblich (§§ 1061, 1068) und **unübertragbar** (§§ 1059, 1068), jedoch kann die Ausübung des Nutzungsrechts einem anderen überlassen werden (§ 1059 S 2). Ausnahmsw ist der einer jur Person oder rechtsfähigen Personengesellschaft eingeräumte Nießbrauch in bestimmten Fällen übertragbar, s §§ 1059a–1059e.

3 **b) Nutzungsgegenstand. Nutzungsgegenstand** können sein: **aa) Sachen** (§§ 1030–1067), bewegliche wie unbewegliche, verbrauchbare und nicht verbrauchbare; dazu gehört auch Software, vgl *Plath* CR 2005, 613, 616. **bb) Rechte** (§§ 1068–1084) sowie als vom Gesetz besonders geregelte Fälle: **cc) Vermögen** (§§ 1085–1088).

4 **dd) Erbschaft (§ 1089).** Beim sog **Nießbrauchsvermächtnis** steht dem Bedachten gegen den Beschwerten nur ein schuldrechtl Anspruch auf Bestellung des Nießbrauchs zu; vgl § 1089 Rn 3.

5 **c) Abgrenzung zur Benutzungsdienstbarkeit.** Dazu *Bayer/Lieder* in Bauer/Schaub, GBO[5] 2023, AT C Rn 273ff, 518ff im Anschluss an *Schöner* DNotZ 1982, 416ff. Die Abgrenzung hat **formal**, nicht materiell zu erfolgen. Hiernach liegt eine Dienstbarkeit vor, wenn die Nutzungsbefugnisse abschließend aufgezählt sind, dagegen ein Nießbrauch, wenn auch nicht genannte Nutzungen dem Nießbraucher obliegen sollen, denn dann handelt es sich um ein umfassendes Nutzungsrecht. Auf die wirtschaftl Bedeutung kommt es hingegen nicht an (so auch Staudinger/*Heinze* § 1030 Rn 55; MüKo/*Pohlmann* § 1030 Rn 123; aA teilw die Rspr, vgl BayObLG Rpfleger 1981, 439; Köln DNotZ 1982, 442).

6 **2. Heutige Anwendungsfälle.** Hierzu gehören: **Versorgungsnießbrauch** am Nachlass aufgrund einer erbrechtl Verfügung zugunsten des überlebenden Ehegatten. Dieser wird ggü dem gesetzl Erbrecht (§ 1931) bessergestellt, ohne dass das Erbrecht der Kinder formal geschmälert würde. **Grundstücksnießbrauch** bei vorweggenommener Erbfolge (lebzeitige Übertragung von Eltern an Kinder) hat große Bedeutung (MüKo/*Pohlmann* § 1030 Rn 15). **Sicherungsnießbrauch.** Der Geldgeber erhält den Nießbrauch am Grundstück des Darlehensgebers und kann so die Mieten selbst einziehen – Ersatz für Antichrese; vgl RGZ 67, 378; 101, 105; 106, 119. **Nießbrauch an Gesellschaftsanteilen**, sei es aus steuerlichen Gründen, sei es bei vorweggenommener Unternehmensnachfolge (MüKo/*Pohlmann* § 1030 Rn 16; näher MüKoHGB/*K. Schmidt* vor § 230 Rn 8; Staub/*Schäfer* § 105 HGB Rn 117), dazu näher § 1069 Rn 7ff (Personengesellschaften), § 1081 Rn 4ff (AG/GmbH), § 1085 Rn 4ff (Unternehmen/Handelsgeschäft).

7 **3. Entsprechende Anwendung auf Vorerbschaft. Besondere Bedeutung** gewinnen einzelne Vorschriften über den Nießbrauch dadurch, dass sie auf das Recht des **Vorerben** (§§ 2100ff) entspr anzuwenden sind, vgl §§ 2128, 2129, 2135. Es handelt sich aber nur um nießbrauchsähnl, nicht nießbrauchsgleiche Rechtseinrichtungen (RG HRR 1936, 336). Es besteht kein Nießbrauch der Ehegatten an den Sondergutsmassen (§ 1417 III 2) oder der Eltern am Kindesvermögen (§ 1649 II).

8 **4. Entstehung. a) Rechtsgeschäftlicher Nießbrauch.** Entstehung durch dinglich abstraktes Rechtsgeschäft:

9 **aa)** bei **Grundstücken:** Einigung und Eintragung im Grundbuch (§§ 873f), der Inhalt des Grundbuchs gilt zugunsten des gutgläubigen Nießbraucherwerbers als richtig (§ 892), Einräumung des unmittelbaren Besitzes ist nicht erforderlich. Bei Bestellung zugunsten des Eigentümers genügt analog § 1196 II die einseitige Bestellung. Eine Bestellung unter aufschiebender oder auflösender Bedingung oder Befristung ist zulässig (BGH NJW 2022, 2394 Rn 7; München NJW-RR 2017, 589 Rn 7), jedoch nicht über den Tod des Berechtigten hinaus, vgl § 1061 (*Bayer/Lieder* in Bauer/Schaub, GBO[5] 2023, AT III Rn 529), unmittelbare Eintragung im Grundbuch ist erforderlich (Hamm NJW-RR 2011, 95, 96). Die Bestellung eines unentgeltlichen Nießbrauchs an einem Grundstück für einen Minderjährigen bringt diesem aufgrund der übernommenen Pflichtenstellung nicht ausschließlich einen rechtl Vorteil; Zustimmung des gesetzl Vertreters daher idR erforderlich (BFH BB 1990, 1186; LG Kaiserslautern MittBayNot 1977, 8; offen BGH LM BGB § 107 Nr 7); daher wegen § 181 häufig Einschaltung eines Ergänzungspflegers (§ 1809) notwendig, § 1629 II, 1824 II (Staudinger/*Heinze* Rn 30; zur Übertragung bei be-

stehender Belastung Hamm FamRZ 2015, 337); anders wenn der Nießbraucher aufgrund einer günstigen Vereinbarung aus seiner Pflichtenstellung entlassen wird (näher *Bayer/Lieder* in Bauer/Schaub, GBO[5] 2023, AT III Rn 530 mwN). Wird umgekehrt bei einem Grundstückserwerb durch den Minderjährigen für einen Dritten ein Nießbrauch bestellt, dann ist dieses Rechtsgeschäft nicht nach § 1850 Nr 1 (früher § 1821 I Nr 1) genehmigungsbedürftig, soweit sich bei wirtschaftl Betrachtung die Belastung als Teil des Erwerbsvorgangs darstellt (BGH NJW 2021, 1673).

bb) bei **beweglichen Sachen:** Einigung und Übergabe oder Übergabeersatz (§ 1032 S 2); unmittelbarer Besitz daher nicht zwingend Voraussetzung für Nießbraucherwerb, vgl BGH NJW 1954, 1036f. Ein gutgläubiger Erwerb ist unter den gleichen Voraussetzungen wie beim Eigentumserwerb möglich (§ 1032 S 2). 10

cc) bei **Rechten** nach den für die Übertragung des betreffenden Rechts maßgeblichen Vorschriften (§ 1069), regelmäßig also formlose Einigung (§§ 398, 413). Bei Orderpapieren und Wechseln: Einigung und Übergabe oder Übergabeersatz (§§ 929ff) der indossierten oder nicht indossierten Urkunde; bei Inhaberpapieren und mit Blankoindossament versehenen Orderpapieren: Einigung und Übergabe oder Übergabeersatz (§§ 929ff) des Papiers, hilfsweise Einräumung des Mitbesitzes an diesem (§ 1081 II); bei Rektapapieren nach den für die Übertragung des betroffenen Rechts maßgeblichen Vorschriften; der Nießbrauch erstreckt sich hier ohne weiteres auf das Papier (§ 952 I 2); bei Rechten am Grundstück: regelmäßig Einigung und Eintragung (§ 873); bei Briefhypothek, Briefgrund- und Briefrentenschulden: außer Einigung und Übergabe des Briefs entweder Eintragung der Belastung im Grundbuch oder schriftliche Belastungserklärung (vgl § 1154). 11

Die **Einigung** bezieht sich nur auf die **Begründung des Nießbrauchs.** Eine Bestellung unter einer Bedingung oder Befristung ist zulässig (Rn 9). Eine auflösende Bedingung stellt das Recht dar, den Nießbrauch unter bestimmten Voraussetzungen und mit bestimmten Fristen zu „kündigen" (BayObLG MittBayNot 1991, 39; vgl auch BGH NJW 2022, 2394 Rn 7). Das **obligatorische Kausalgeschäft**, das die Verpflichtung zur Bestellung begründet, kann sein: Schenkungsversprechen, Überlassungsvertrag (näher *Harke* ZfPW 2015, 85ff), Kauf sowie, als **Verfügung von Todes wegen**, auch das Nießbrauchsvermächtnis (§ 2174), das lediglich die Verpflichtung zur Bestellung des Nießbrauchs begründet, da es keine dingliche Wirkung äußert (KG 13, 15; 16, 253). Das Kausalgeschäft ist im Rahmen des § 311b III formgebunden. Das Grundbuchamt ist weder verpflichtet noch berechtigt, die Wirksamkeit des der dinglichen Rechtsänderung zugrundeliegenden Rechtsgeschäfts zu prüfen und die Eintragung der Rechtsänderung davon abhängig zu machen (BayObLG MittBayNot 1991, 39). Zur **Kündigung** wegen Pflichtverletzung näher § 1054 Rn 3. 12

Eine behördliche **Genehmigung** ist erforderlich nach § 2 I, II Nr 3 GrdstVG; § 51 I 1 Nr 1, § 169 I Nr 3 iVm § 144 BauGB. Weitere Genehmigungen ggf nach §§ 1850ff (früher §§ 1821, 1822) sowie § 1365 (dazu Schleswig FamRZ 1986, 63). 13

b) Kraft Gesetzes. aa) Ersitzung, bei Grundstücken Buchersitzung (§ 900), bei beweglichen Sachen zehnjähriger gutgläubiger Nießbrauchsbesitz (§§ 1033, 937), **bb) Surrogation** (§ 1075 I); § 63 BauGB, § 68 FlurbG; **cc) Verwaltungsakt:** § 61 BauGB. 14

5. Erlöschen. a) Aufgrund Rechtsgeschäfts. Bei Nießbrauch an einem Grundstück Erlöschen durch Aufgabeerklärung und Löschung im Grundbuch (§ 875), bei beweglichen Sachen durch Aufgabeerklärung (§§ 1062, 1064), bei einem Recht durch einseitige Aufgabeerklärung, wobei es auch dann keiner Löschung gem § 875 bedarf, wenn es sich um einen Nießbrauch an einem Grundstücksrecht handelt (§§ 1072, 1064). Fallen die Nutzungen eines Grundstücks durch Verzicht des Nießbrauchers auf den Nießbrauch an den Grundstückseigentümer zurück, so steht demjenigen, dem der Nießbraucher vorher Mietforderungen abgetreten hatte, kein Bereicherungsanspruch gegen den Eigentümer auf Herausgabe des von diesem durch das Einziehen der Mieten Erlangten zu (BGHZ 53, 174). Zur **Kondiktion** des Nießbrauchs nach **Kündigung** des Kausalgeschäfts näher § 1054 Rn 3. 15

b) Kraft Gesetzes. aa) Wegfall des Berechtigten: Tod der nat, Erlöschen der jur Person bzw rechtsfähigen Personengesellschaft (§ 1061), soweit nicht ein Fall der Gesamtnachfolge gem. § 1059a vorliegt. **bb)** Untergang der Sache oder des Rechts; besteht Nießbrauch an einem Hausgrundstück, so erstreckt er sich auf ein vom Eigentümer anstelle des zerstörten wieder aufgebautes (neues) Haus (BGH MDR 1964, 493). **cc)** Enteignung, dann aber Entschädigungsanspruch gem Art 52, 53 EGBGB; Aufhebung im Zuge einer Flurbereinigung gem § 49 FlurbG oder im Umlegungsverfahren gem § 61 BauGB. **dd)** auflösende Bedingung oder Befristung (§ 158 II, § 163). **ee)** gutgläubiger Erwerb eines anderen, bei Grundstück (§§ 892, 893), bei beweglicher Sache (§ 936), Buchersitzung bei Grundstück (§ 901), lastenfreie Ersitzung bei beweglicher Sache (§ 945); dies gilt auch dann, wenn Nießbrauch zur Insolvenzmasse gehört (Düsseldorf NZG 2020, 68). **ff)** Konsolidation: bei beweglicher Sache, wenn Nießbrauch und Eigentum zusammenfallen (§ 1063), auch bei Rechten (§ 1072), nicht bei Grundstücken (§ 889); zum Wert des Nießbrauchs bei Vereinigung des Nießbrauchsrechts mit dem Grundstückseigentum s Schleswig JurBüro 1999, 388. **gg)** bei Grundstück infolge Zwangsversteigerung (§§ 91, 92, 121 ZVG). 16

6. Schuldrechtliches Verhältnis zwischen Nießbraucher und Eigentümer. Zw dem **Nießbraucher und dem Eigentümer** – nicht dem Besteller (Ausnahme: §§ 1067, 1068ff) – entsteht **kraft Gesetzes** zugleich auch ein **schuldrechtl Verhältnis** nach Maßgabe der §§ 1034, 1036 II, §§ 1037–1039, 1041–1047, 1049–1057 mit beiderseitigen Rechten und Pflichten (BGHZ 95, 144, 147; auch BGH NJW 2016, 1953 Rn 19). Dieses vom obligatorischen Grundgeschäft zw Nießbraucher und Besteller (Rn 12) zu unterscheidende gesetzl Schuldverhältnis hat zwar schuldrechtl Charakter. Da es aber das Rechtsverhältnis zw Nießbraucher und Eigentümer des Grundstücks 17 regelt, losgelöst von den ursprünglichen Parteien, gestaltet es den **Inhalt** des **dinglichen Rechts** (BayObLG DNotZ 1973, 299, 300; zur inhaltlichen Ausgestaltung im Hinblick auf Grundstücke näher *Trömer* RNotZ 2016, 421ff). Hiervon abgesehen können sich für den Nießbraucher in seinem Verhältnis zum **Besteller** besondere Verpflichtungen aus dem Grundgeschäft oder späteren Abreden ergeben (vgl Staudinger/*Heinze* Rn 18). Leistungspflichten des Eigentümers haben nur schuldrechtl Wirkung (BayObLG DNotZ 1973, 299, 301). Mit Erlöschen des Nießbrauchs wandelt sich das gesetzl Schuldverhältnis in ein Rückabwicklungsschuldverhältnis (BGH NJW 2016, 1953 Rn 19). Dieses gesetzl Schuldverhältnis kann auch bei Pflichtverletzungen des Nießbrauchers **nicht** gem § 314 **gekündigt** werden (BGH ZNotP 2022, 334 LS 1); vgl aber noch Rn 12.

18 In diesem Zusammenhang stellt sich die Frage, inwieweit die **Gesetzesbestimmungen** des Nießbrauchsrechts **vertragl abgeändert** werden können. Nicht dispositiv sind Vorschriften, die das *Wesen* des Nießbrauchs bestimmen oder sein Entstehen und das Verhältnis des Nießbrauchers, Eigentümers oder Bestellers *zu Dritten* regeln. Soweit Abreden den dort niedergelegten Grundsätzen widersprechen, sind ihnen eine dingliche Wirkung und die Eintragung versagt. Hierunter fallen Vereinbarungen, die § 1037 I oder § 1039 I 2 außer Kraft setzen wollen oder darauf hinauslaufen, den Nießbraucher entgegen § 1041 S 1 von der Erhaltungspflicht zu befreien (KG DNotZ 2006, 470; vgl § 1041 Rn 1), etwa mit der Folge, dass an seiner Stelle der Eigentümer einer öffentlich-rechtl Erhaltungspflicht, zB zur Wiederaufforstung, nachkommen soll (so BayObLG DNotZ 1978, 99; aA LG Ulm BWNotZ 1977, 173). Unzulässig ist auch die Änderung eines für Gesamtberechtigte (§ 1030 Rn 5) bestellten Nießbrauchs in einen Sukzessiv-Nießbrauch des Inhalts, dass er für den einen auflösend und für den anderen aufschiebend bedingt durch den Tod des einen bestellt wird (LG Schweinfurt MittBayNotK 1982, 69). Dagegen kann sich der Eigentümer des in § 1051 eingeräumten Rechts, Sicherheitsleistung zu verlangen, mit dinglicher Wirkung begeben (BayObLG DNotZ 1978, 99; Staudinger/*Heinze* Rn 14).

19 Vorschriften, die das gesetzl **Schuldverhältnis** zw dem Eigentümer und Nießbraucher betreffen, können dagegen grds mit dinglicher Wirkung geändert und abbedungen werden (BGHZ 95, 99, 100). Solche Abreden sind auch eintragungsfähig (BayObLG DNotZ 1973, 299). Dritten ggü wirken sie nur bei Kenntnis oder Eintragung. Inwieweit Entgeltregelungen (Gegenleistungspflicht des Nießbrauchers) mit dinglicher Wirkung vereinbart werden können, ist höchst str (dagegen Grü/*Herrler* § 1030 Rn 7; Staudinger/*Heinze* § 1030 Rn 61; BeckOK/*Reischl* § 1030 Rn 35; *Schippers* MittRhNotK 1996, 197, 204; aA BayObLGZ 79, 273; *Schöner/Stöber* Rn 1379).

20 **7. Landesrechtliche Vorbehalte.** Vgl Art 80 II (Pfründenrecht), 96 (Altenteilsrecht), 120 I (Unbedenklichkeitszeugnis), 128 (buchungsfreie Grundstücke), 164 (Realgemeinden) EGBGB. Übergangsvorschrift: Vgl Art 184 S 1, 185, 189 EGBGB.

Untertitel 1
Nießbrauch an Sachen (§§ 1030–1067)

§ 1030 Gesetzlicher Inhalt des Nießbrauchs an Sachen

(1) Eine Sache kann in der Weise belastet werden, dass derjenige, zu dessen Gunsten die Belastung erfolgt, berechtigt ist, die Nutzungen der Sache zu ziehen (Nießbrauch).

(2) Der Nießbrauch kann durch den Ausschluss einzelner Nutzungen beschränkt werden.

Schrifttum: *Schön*, Der Nießbrauch an Sachen, 1992.

1 **1. Nießbrauch als Duldungspflicht.** Vgl zunächst Vor § 1030 Rn 1ff. Der **Nießbrauch** ist seinem Wesen nach eine **Dienstbarkeit.** Daher können dem Eigentümer durch den Nießbrauch nur **Duldungspflichten, nicht** aber mit dinglicher Wirkung **Leistungspflichten** auferlegt werden; vgl BayObLG DNotZ 1973, 299.

2 **2. Belasteter Gegenstand. Bewegliche** und **unbewegliche Sachen**, auch verbrauchbare (§ 1067). An mehreren Sachen kann ein Nießbrauch nur als Mehrheit von Einzelrechten (KGJ 43, 347), nicht aber als einheitliches Recht bestellt werden. Dies trifft auch auf **Sachinbegriffe** zu. Hier ist stattdessen eine Bestellung an den einzelnen dazugehörigen Stücken erforderlich, vgl § 1035 Rn 2 (s München NJOZ 2015, 361 zu Sammelbuchung). **Reale**, räumlich abgrenzbare **Teile** eines Grundstücks (LG Tübingen BWNotZ 1981, 140 für Garten), zu beachten ist jedoch § 7 GBO; Miteigentumsanteile (§ 1066) und andere ideelle Bruchteile, auch an Wohnungseigentum (BGH NJW 2002, 1647), und zwar ohne den in § 7 GBO vorgeschriebenen Weg, sofern Verwirrung nicht zu besorgen ist; anders in den §§ 1095, 1106, 1114. Unzulässig ist bei einem Nießbrauch an einem bebauten Grundstück dagegen die Beschränkung des dinglichen Rechts auf einzelne, reale Teile des Gebäudes, wie zB Mietwohnungen (BGH NJW 2006, 1881 Rn 20). Die Befugnis zur Ausübung soll hingegen nach einer im Vordringen befindlichen Auffassung sehr wohl auf einzelne Gebäudeteile beschränkbar sein (Staudinger/*Heinze* Rn 5, 56; MüKo/*Pohlmann* Rn 91; explizit dagegen Köln RNotZ 2016, 668, 670). Der Nießbrauch läge damit auf der Sache als Ganzem, wäre aber nur hinsichtl einer bestimmten Wohnung ausübbar. **Grundstücksgleiche** Rechte, vgl § 1017; § 11 ErbbauRG, Art 63, 68 EGBGB, nicht dagegen die **Teilfläche eines Sondereigentums** (LG Nürnberg-Fürth Rpfleger 1991, 148). Nicht belastungsfähig sind wesentliche Bestandteile eines Grundstücks, zB ein einzelnes Stockwerk (RGZ 164, 196); eine diesbzgl Vereinbarung wird indes im Einzelfall, in die Verpflichtung umgedeutet werden können, eine beschränkte persönliche Dienstbarkeit einzuräumen. Auch ein Dauerwohnrecht nach § 31 WEG kommt in Betracht. Zur Eintragungsfähigkeit eines Quotennießbrauchs s LG Köln MittRhNotK 1999, 246. Auch

die Gesamtbelastung mehrerer Grundstücke mit einem Nießbrauch ist – in Abweichung zur Grunddienstbarkeit – nicht zulässig (KGJ 43, 347; MüKo/*Pohlmann* Rn 105).

Nießbrauch am Grundstück schließt nicht die gleichzeitige Einräumung eines Altenteilsrechts zugunsten des Nießbrauchers aus (LG Göttingen NdsRpfl 1948, 172), ebenso wie ein Nießbrauch auch Inhalt eines Altenteils sein kann (KG OLG 40, 52). 3

Der Nießbrauch erfasst auch die **Bestandteile** sowie die subj **dinglichen Rechte** (§§ 93ff, 96), unwesentliche Bestandteile allerdings nur, wenn sie dem Eigentümer der belasteten Sache gehören. Ein einmal begründeter Nießbrauch setzt sich an Bestandteilen auch nach deren Trennung fort. Der an einem Grundstück bestellte Nießbrauch ergreift das Grundstück in seinem jew Bestand und erstreckt sich ohne weiteres auf die mit dem Grundstück neu verbundenen, wesentlichen Bestandteile (§§ 93, 94), daher auch auf ein – statt eines zerstörten – wieder aufgebautes Haus (BGH MDR 1964, 493). Er erstreckt sich aber nicht auf nachträgl vereinigte oder als Bestandteil zugeschriebene Grundstücke (§ 890 I, II), denn es fehlt hier an einer dem § 1031 entspr Vorschrift. Erfasst wird auch eine Versicherungsforderung (§ 1046), nicht aber der Ersatzanspruch des Eigentümers gegen einen Dritten wegen Zerstörung oder Beschädigung. Bzgl des **Zubehörs** vgl § 1031. Zur Abfindung bei Flurbereinigung s § 49 FlurbG. 4

3. Berechtigter. Dies muss eine individuell bestimmte, bereits existente und erwerbsfähige (München RNotZ 2011, 245, 246 betr beschränkt persönl Dienstbarkeit) **nat** oder **jur Person** oder **rechtsfähige Personengesellschaft sein** (Außen-GbR [ab 1.1.2024: § 705 II Alt 1], KG, OHG, PartG, EWIV, vgl 1059a II), weshalb künftige Erben einer Person (DNotI-Report 2011, 75, 76) herausfallen. Ebenfalls erfasst sind jur Personen des öffentlichen Rechts (vgl BGH NJW 1984, 924) sowie andere Gemeinschaften zur gesamten Hand, vgl Staudinger/*Heinze* Rn 44; ferner RGZ 155, 75, 85 zur beschränkt persönlichen Dienstbarkeit. Die Bestellung für **mehrere** als Gesamtberechtigte gem § 428 (BGH MittBayNot 2021, 356 Rn 7; (BayObLG 1975, 194; Frankfurt/M NJW-RR 2012, 785; aA *Böttcher* NJW 2013, 2805, 2809; *Becker* ZfIR 2018, 547, 550) und als Bruchteilsberechtigte gem §§ 741ff (RG DR 1944, 774; BGH MittBayNot 2021, 356 Rn 7; MüKo/*Pohlmann* Rn 66) ist zulässig, nicht hingegen gem § 432 (BGHZ 46, 253, 257; München DNotZ 2010, 120, 122 m krit Anm *Kesseler*; aA *Amann* DNotZ 2008, 324, 344). § 47 GBO erfordert die Eintragung des das Rechtsverhältnis näher kennzeichnenden Zusatzes („als Gesamtberechtigte gem § 428/§ 741"; BGH DNotZ 1981, 121, 123). Wird ein Nießbrauch für mehrere nach Bruchteilen bestellt, so sind im Innenverhältnis die §§ 741ff, 1010f entspr anzuwenden. Erlischt er in der Person eines der Berechtigten, so üben fortan Eigentümer und restliche Nießbraucher Besitz und Verwaltung gemeinsam aus, es sei denn, an die Stelle des ausgeschiedenen ist ein neuer Nießbraucher getreten. Daraus folgt, dass der Nießbrauch auch originär nur zu einem Bruchteil bestellt werden kann (KG JFG 13, 447; BayObLG 1930, 342). Str ist, ob die Unübertragbarkeit des Nießbrauchs (§ 1059) dieses beschränkt dingliche Recht wegen § 1417 II vom Gesamtgut ausschließt und zum Sondergut macht (vgl BayObLG JFG 9, 177; verneinend Staudinger/*Heinze* Rn 47). Soll ein Nießbrauch für Eheleute eingetragen werden, so muss sich aus dem Antrag oder der Eintragungsbewilligung oder den sonstigen zur Eintragung erforderlichen Erklärungen der Beteiligten (§ 29 GBO) klar ergeben, welcher Art das Gemeinschaftsverhältnis der Nießbrauchsberechtigten ist; dies ist gem § 47 GBO im Grundbuch einzutragen (vgl Oldenburg DNotZ 1959, 46). **Bedingter oder befristeter** Nießbrauch ist zulässig, vgl Vor § 1030 Rn 12, zB Bestellung für A, nach dessen Tod für B (Hamburg OLGE 31, 296) oder für die Zeit nach dem Tod des Nießbrauchers (KGJ 25, 290; KG OLG 15, 367). Eintragung eines einheitlichen zeitl verschobenen Nießbrauchsrechts für mehrere Berechtigte ist unzulässig; es bedarf der Eintragung einzelner Rechte (Frankfurt/M BeckRS 2015, 08828). Der aufschiebend bedingte Nießbrauch an einem Grundstück ist eintragungsfähig, vgl Staudinger/*Heinze* § 1059 Rn 7. Ein zeitl begrenztes Nießbrauchsrecht kann nach seinem Ablauf nur dadurch verlängert werden, dass es neu bestellt und eingetragen wird; dies gilt auch dann, wenn Bewilligung und Antrag beim Grundbuchamt so kurzfristig erfolgen, dass vor Ablauf nicht mehr eingetragen werden kann (Hamm FGPrax 2015, 112). Andernfalls entstehen bei seiner vereinbarten Fortsetzung zw den Beteiligten nur obligatorische Beziehungen (OGH MDR 1949, 470). Bei einem Nießbrauch zur Sicherung einer Forderung des Nießbrauchers – zulässig, selbst wenn die Forderung bereits hypothekarisch gesichert ist – wird idR vereinbart sein, dass der Nießbrauch mit der Tilgung der Forderung erlöschen solle (RGZ 106, 109, 111; KGJ 25, 290); wo nicht, ist eine schuldrechtl Pflicht zur Aufgabe des Nießbrauchs nach Tilgung der Forderung anzunehmen (KG OLG 15, 370 und 18, 150; BGH WM 1966, 653); bei entspr Parteiwillen gilt dies auch für eine Abtretung der Forderung (KG OLG 15, 370). 5

Umstr ist, ob ein **Nießbrauch an einer eigenen Sache** bestellt werden kann. Während dies früher von der Rspr bestritten wurde (RGZ 148, 321), ist ein Eigentümernießbrauch (auch bei Miteigentum, § 1009 I) **bei Grundstücken**, wo die Grundbucheintragung für hinreichende Publizität sorgt, heute auch ohne Vorliegen eines besonderen Bedürfnisses anerkannt (BGH NJW 2011, 3517 Rn 7ff; Grü/*Herrler* Rn 3; näher *Bayer*/*Lieder* in Bauer/Schaub, GBO[5] 2023, AT C Rn 505). Bei beweglichen Sachen wird ein Eigentümernießbrauch dagegen verbreitet abgelehnt (MüKo/*Pohlmann* Rn 86) bzw nur bei Veräußerung unter Nießbrauchsvorbehalt für zulässig erachtet (vgl Grü/*Herrler* Rn 3), teilw auch nur bei bestehendem Interesse (so *Kanzleiter* in Anm zu Düsseldorf DNotZ 1999, 440, 443ff). 6

4. Inhalt des Nießbrauchs. a) Nutzungsrecht. Der Nießbraucher darf **alle Nutzungen** (§§ 100ff) der Sache, ihrer Bestandteile (vgl Rn 4) und des Zubehörs ziehen, auch Übermaßfrüchte – insoweit besteht jedoch eine Ersatzpflicht gem § 1039 –, und zwar aus eigenem Recht (RGZ 68, 10, 13). Das Eigentum erwirbt er an den unmittelbaren Früchten, insb wenn er unmittelbarer Besitzer ist, durch Trennung (§§ 954ff), an den mittelbaren, zB 7

Miete oder Pacht, durch Einziehen. Gläubiger der Miet- oder Pachtforderung wird er, wenn das Miet- oder Pachtverhältnis schon bestand, mit Bestellung des Nießbrauchs, andernfalls, sobald ein Miet- oder Pachtverhältnis entsteht, vgl RGZ 124, 325, 329, allerdings unbeschadet des Rechts vorgehender Hypothekengläubiger (RG JW 1913, 330), denn die Nießbrauchsbestellung ist noch keine Verfügung iSd § 1124, der Nießbraucher muss dem voreingetragenen Hypothekengläubiger, der aufgrund eines dinglichen Titels pfändet, weichen, vgl RGZ 81, 146, 150. Ab welchem Zeitpunkt Nutzungen ihm „gebühren", ergibt sich aus § 101. Der Nießbraucher kann die Miete oder Pacht, obwohl er deren Gläubiger ist, wegen Forderungen gegen den Eigentümer für sich pfänden lassen (RGZ 64, 415, 420; 86, 135; 137, 138). Dagegen soll – wenig folgerichtig – nach RGZ 80, 311, 316 eine Abtretung seitens des Eigentümers an den Nießbraucher *nach* Bestellung des Nießbrauchs – nicht vorher, hier soll vielmehr die spätere Nießbrauchsbestellung wirkungslos sein (RG Recht 1913 Nr. 2842) – unwirksam sein; dagegen mit Recht Grü/*Herrler* Rn 4; MüKo/*Pohlmann* Rn 34; ausf *Bayer/Lieder* in Bauer/Schaub, GBO[5] 2023, AT C Rn 510 mwN.

8 **b) Besitzrecht.** Der Nießbraucher hat das **Recht**, die belastete Sache in **Besitz** zu nehmen und zu benutzen (§ 1036) sowie zu vermieten und zu verpachten. Der unmittelbare Besitz ist jedoch keine Voraussetzung des Nießbrauchs (BGH DNotZ 1954, 399), wie schon der Fall der Vermietung durch den Nießbraucher zeigt (nur mittelbarer Besitz). Das Recht auf Besitz ist unabdingbar; ein Ausschluss vom Besitzrecht und von den dadurch erst ermöglichten Nutzungen lässt daher ein wirksames Nießbrauchsrecht **nicht** entstehen (Hamm Rpfleger 1983, 144).

9 **c) Zwangsvollstreckung.** Der Nießbraucher kann bei der **Zwangsvollstreckung** wegen eines Anspruchs gegen den Eigentümer **Drittwiderspruchsklage** erheben (ZPO § 771), so zB bei Pfändung von Mietforderungen (RGZ 81, 150; 93, 123). Dagegen steht dem Nießbraucher ein Widerspruchsrecht nicht zu, wenn er nicht Dritter, sondern selbst Vollstreckungsschuldner ist, weil er ohne Abtretung Gläubiger wurde (RG Warn Rspr 1915, 79). Bei einer Zwangsvollstreckung in **bewegliche Sachen** kann der Nießbraucher, wenn er sie im Besitz hat, auch gem §§ 766, 809 ZPO Erinnerung einlegen. Ein Gläubiger des Eigentümers kann lediglich dessen Anspruch auf Herausgabe (§ 1055; §§ 846f ZPO) pfänden nach Beendigung des Nießbrauchs. In der **Insolvenz** des Eigentümers hat der Nießbraucher gem § 47 InsO ein Aussonderungsrecht. Bei einer **Zwangsversteigerung** in das dem Nießbrauch unterliegende Grundstück ist zu unterscheiden: Der rangbessere Nießbrauch kommt in das geringste Gebot und bleibt nach Zuschlag bestehen (§§ 44, 52 I 1 ZVG); der rangschlechtere erlischt mit Zuschlag (§ 52 I 2; § 91 I ZVG); als Ersatz erlangt der Nießbraucher einen Anspruch auf Zahlung einer Geldrente aus dem Versteigerungserlös (§ 92 II, § 121 ZVG). Die Anordnung der **Zwangsverwaltung** – selbst wenn der betreibende Hypothekengläubiger dem Nießbraucher vorgeht – ist nur zulässig, wenn der Nießbraucher zustimmt oder ein Duldungstitel gegen ihn vorliegt (BGH WM 2003, 845 m zust Anm *Hintzen* WuB VI F § 146 ZVG 1.03; BGH NJW 2014, 1740). Ist der betreibende Gläubiger rangbesser, kann der Zwangsverwalter das Grundstück in Besitz nehmen und verwalten; ist der Nießbraucher rangbesser, so wird die angeordnete Zwangsverwaltung auf Erinnerung des Nießbrauchers beschränkt: Der Zwangsverwalter muss sich mit dem mittelbaren Besitz und den Befugnissen des Eigentümers gegen den Nießbraucher begnügen. Nur beim Nießbrauch an einem Vermögen (§ 1085) haben die persönlichen Gläubiger des Bestellers – nicht des Eigentümers – gem § 1086 iVm §§ 737f ZPO ein unmittelbares Zugriffsrecht an den einzelnen dem Nießbrauch unterliegenden Gegenständen.

10 **5. Beschränkungen des Nießbrauchs nach Abs II.** Eine **Beschränkung** des Nießbrauchs kann zum einen qualitativ oder quantitativ, zum anderen bereits bei Bestellung oder erst nachträgl – als Inhaltsänderung (§ 877) – erfolgen. Das Nutzungsrecht ist **qualitativ** beschränkt, wenn der Nießbraucher die wirtschaftl wesentliche Nutzungsberechtigung erhält und nur *einzelne* Nutzungsbefugnisse herausgenommen werden (Bsp: Vermietung: LG Aachen Rpfleger 1986, 468); bei Grundstücken bedarf diese Beschränkung zur Wirksamkeit ggü Dritten (Inhaltsänderung!) der Eintragung im Grundbuch (BayObLG DNotZ 1973, 299, 300). Davon streng zu trennen ist der umgekehrte Fall, wo dem Nießbraucher nur einzelne Nutzungen zustehen sollen, die wesentlichen Nutzungsrechte aber beim Eigentümer bleiben (Bsp: Holznutzungsrecht bei Waldgrundstück, BayObLG Rpfleger 1981, 439); eine solche Nießbrauchsbestellung ist unzulässig (Grü/*Herrler* Rn 6; vgl auch Vor § 1030 Rn 5); bei Grundstücken kommt insoweit eine beschränkt persönliche Dienstbarkeit in Betracht (§ 1090).

11 Eine **quantitative** Beschränkung ist gegeben, wenn dem Nießbraucher zwar alle Nutzungsbefugnisse der belasteten Sache zustehen, diese ihm aber nur zu einem rechnerischen Bruchteil (Quote) gebühren, und der verbleibende Rest dem Eigentümer zufällt (sog **Quotennießbrauch**, BGH DNotZ 2004, 140; München DNotZ 2010, 120, 122). § 748 findet dann nur insoweit Anwendung, als Lasten und Kosten der gemeinschaftl Berechtigung zu Nutzungsziehungen betroffen sind (BGH aaO). Die Ausübung der Besitz- und Verwaltungsrechte steht beiden Nutzungsberechtigten gemeinschaftl zu, Einzelheiten können im Wege der Inhaltsbestimmung festgelegt werden (*Bayer/Lieder* in Bauer/Schaub, GBO[5] 2023, AT C Rn 523). Vom Quotennießbrauch zu unterscheiden ist der **Bruchteilsnießbrauch**, bei dem die Sache nicht als Ganzes, sondern nur zu einem ideellen Bruchteil belastet ist, vgl § 1066 Rn 4. Der Quotennießbrauch ist im Grundbuch eintragungsfähig (LG Wuppertal Rpfleger 1995, 209).

12 **6. Verfügung über Nießbrauchsgegenstände.** Eine **Erweiterung** der Rechte des Nießbrauchers, insb durch Überlassen der Verfügungsbefugnis (sog **Dispositionsnießbrauch**), kennt das Gesetz grds (Ausnahme: § 1048) nicht, sodass eine solche Vereinbarung nicht dinglich wirkt (BGH NJW 1982, 31, 32; vgl weiter KG OLG 10, 69; BayObLG JW 1929, 3503; abl *Hauck* S 212ff). Der Eigentümer kann aber den Nießbraucher gem § 185 ermächtigen, über Nießbrauchsgegenstände **zu verfügen** (vgl Staudinger/*Heinze* Vor §§ 1030ff Rn 21); die Verfügungs-

macht des Eigentümers kann jedoch Dritten ggü hierdurch weder beschränkt noch ausgeschlossen werden; vgl § 137 S 1 (Celle DNotZ 1974, 731, teilw abw *Friedrich* NJW 1996, 32).

§ 1031 Erstreckung auf Zubehör

Mit dem Nießbrauch an einem Grundstück erlangt der Nießbraucher den Nießbrauch an dem Zubehör nach den für den Erwerb des Eigentums geltenden Vorschriften des § 926.

Zum Zubehör vgl §§ 97ff. 1

§ 926 I statuiert, dass im Zweifel (§ 926 I 2) die Einigung der Vertragsparteien über die Veräußerung des Grundstücks auch das Eigentum am Zubehör erfasst. Genau wie daher der Erwerber des Grundstückseigentums im Zweifel das Eigentum am Zubehör erlangt, erlangt auch der Nießbraucher das Nießbrauchsrecht am Zubehör, das zum Zeitpunkt der Bestellung (Eintragung des Nießbrauchs ins Grundbuch) vorhanden ist. Es bedarf keiner Übertragung nach § 1032. Die Parteien können allerdings etwas anderes vereinbaren. Gehört das Zubehör dem Besteller, ist es mit der Bestellung des Nießbrauchs am Grundstück (§§ 873ff) belastet, gehört es ihm nicht, tritt dies mit der Besitzergreifung durch den gutgläubigen Nießbraucher gem § 926 II iVm §§ 932ff ein. Rechte Dritter gehen dem Nießbrauch entspr § 936 nach, vgl § 1032 S 2. An Zubehörstücken, die nach der Bestellung des Nießbrauchs in das Eigentum des Bestellers fallen, muss der Nießbrauch gem § 1032 bestellt werden (Hamburg OLG 38, 29). 2

Handelt es sich bei der Hauptsache um Fahrnis, so müssen die Zubehörstücke übergeben werden, wenn an ihnen der Nießbrauch entstehen soll, vgl § 1032. 3

§ 1032 Bestellung an beweglichen Sachen

Zur Bestellung des Nießbrauchs an einer beweglichen Sache ist erforderlich, dass der Eigentümer die Sache dem Erwerber übergibt und beide darüber einig sind, dass diesem der Nießbrauch zustehen soll. Die Vorschriften des § 929 Satz 2, der §§ 930 bis 932 und der §§ 933 bis 936 finden entsprechende Anwendung; in den Fällen des § 936 tritt nur die Wirkung ein, dass der Nießbrauch dem Recht des Dritten vorgeht.

Die **Bestellung** des Nießbrauchs an **beweglichen Sachen** erfolgt in der gleichen Weise, wie die Übertragung des Eigentums, dh entspr §§ 929ff. Jedoch bezieht sich die **Einigung** nicht auf die Übertragung des Eigentums, sondern auf die **Einräumung des Nießbrauchs.** Auch das **Anwartschaftsrecht** kann mit einem Nießbrauch belastet werden (vgl § 929 Rn 33). Die Nießbrauchbestellung kann bedingt oder befristet erfolgen (vgl Vor § 1030 Rn 12). Durch Übergabe oder Übergabeersatz muss unmittelbarer oder mittelbarer Besitz begründet werden, soweit nicht gem § 929 S 2 entbehrlich. Für Zubehör gilt Gleiches; bei Grundstückszubehör gilt dagegen § 926 (vgl § 1031). Im Schiffsregister nicht eingetragene Binnen- oder Seeschiffe werden wie bewegliche Sachen behandelt, denn in § 1032 S 2 fehlt eine Verweisung auf § 929a. An **eingetragenen Schiffen** kann ein Nießbrauch nur unter bestimmten Voraussetzungen durch Einigung und Eintragung begründet werden, vgl §§ 9, 82 SchiffsRG. 1

Gutgläubiger Erwerb des Nießbrauchs entspr §§ 932–935, mit dem Unterschied, dass der Gutgläubigkeit lediglich positive Kenntnis entgegensteht, § 1058In Abweichung von § 936 bringt der gutgläubige Erwerb Rechte Dritter an der Sache, zB ein Pfandrecht oder einen anderen Nießbrauch, nicht zum Erlöschen, sondern lässt sie lediglich zurücktreten. Fehlt es am guten Glauben hinsichtl des Rechts des Dritten, so steht der Nießbrauch dem Recht des Dritten im Rang nach. Bei Nießbrauchsvorbehalt durch Nichteigentümer erwirbt ihn Eigentümer (Grü/*Herrler* Rn 2). 2

§ 1033 Erwerb durch Ersitzung

Der Nießbrauch an einer beweglichen Sache kann durch Ersitzung erworben werden. Die für den Erwerb des Eigentums durch Ersitzung geltenden Vorschriften finden entsprechende Anwendung.

Vgl §§ 937ff BGB, Art 185 EGBGB. Die §§ 943f sind nicht bei nat, sondern wegen §§ 1059, 1059a nur bei jur Personen und rechtsfähigen Personengesellschaften (vgl § 1059a II) anwendbar. Besitzzeit des gutgläubigen Nichteigentümers kommt dem Nießbraucher zugute (Staudinger/*Heinze* Rn 5). Mittelbarer Besitz genügt (§ 941). Bei Nießbrauch am Grundstück ist § 900 II maßgeblich. 1

Rechte Dritter gehen nicht unter, sie treten entgegen § 945 lediglich zurück (§ 1032 S 2). 2

§ 1034 Feststellung des Zustands

Der Nießbraucher kann den Zustand der Sache auf seine Kosten durch Sachverständige feststellen lassen. Das gleiche Recht steht dem Eigentümer zu.

Für die Rückgabe der Sache nach Beendigung des Nießbrauchs ist der Zustand zZt der Bestellung maßgeblich. Das Verfahren regelt sich nach § 410 Nr 2 FamFG. Eine entspr Vorschrift enthält § 2122. 1

2 Nießbraucher und Eigentümer können das Verlangen jederzeit, nicht nur bei Beginn des Nießbrauchs stellen. Dem mit dem Eigentümer nicht identischen Besteller steht das Feststellungsrecht nicht zu (s LG Fulda NJW-RR 1989, 777).

§ 1035 Nießbrauch an Inbegriff von Sachen; Verzeichnis

Bei dem Nießbrauch an einem Inbegriff von Sachen sind der Nießbraucher und der Eigentümer einander verpflichtet, zur Aufnahme eines Verzeichnisses der Sachen mitzuwirken. Das Verzeichnis ist mit der Angabe des Tages der Aufnahme zu versehen und von beiden Teilen zu unterzeichnen; jeder Teil kann verlangen, dass die Unterzeichnung öffentlich beglaubigt wird. Jeder Teil kann auch verlangen, dass das Verzeichnis durch die zuständige Behörde oder durch einen zuständigen Beamten oder Notar aufgenommen wird. Die Kosten hat derjenige zu tragen und vorzuschießen, welcher die Aufnahme oder die Beglaubigung verlangt.

1 Entspr anzuwenden ist diese Vorschrift auf den Nießbrauch an Rechten (§ 1068), am Vermögen (§ 1085) und an der Erbschaft (§ 1089).

2 Zum **Sachinbegriff** vgl Vor § 90 Rn 5 und § 92 II. Gegenstand des Nießbrauchs sind die einzelnen dazu gehörenden Sachen, daher ist Bestellung an diesen nötig.

3 Zum – jederzeit zulässigen – Verlangen nach Mitwirkung vgl RGZ 126, 106; Zwangsvollstreckung gem § 888 ZPO.

4 Wirkung der Unterzeichnung: Geständnis, dass die aufgeführten Sachen mit einem Nießbrauch belastet sind.

5 Die zur Aufnahme des amtl Verzeichnisses zuständigen Behörden bestimmt das Landesrecht. In erster Linie ist das der Notar (§ 20 BNotO). Es können aber auch andere Stellen sein (s § 61 BeurkG).

§ 1036 Besitzrecht; Ausübung des Nießbrauchs

(1) Der Nießbraucher ist zum Besitz der Sache berechtigt.

(2) Er hat bei der Ausübung des Nutzungsrechts die bisherige wirtschaftliche Bestimmung der Sache aufrechtzuerhalten und nach den Regeln einer ordnungsmäßigen Wirtschaft zu verfahren.

1 Das **Recht zum Besitz** ist Wesenserfordernis des Nießbrauchs. Sein Ausschluss würde das Nießbrauchsrecht hinfällig machen (§ 1030 Rn 8). Grds steht dem Nießbraucher der unmittelbare, dem Besteller – auch wenn er nicht Eigentümer ist (dieser muss sich an den Besteller halten) – der mittelbare Besitz zu. Ist hingegen ein Dritter gem § 868, zB als Mieter oder Pächter, unmittelbarer Besitzer, wird der Nießbraucher nur mittelbarer Besitzer. Mitbesitz genügt nur bei Bruchteilsbesitz, beim Ausschluss einzelner Nutzungen (§ 1030 II) und bei § 1081. Der Nießbraucher genießt den **Besitzschutz** der §§ 858ff.

2 Die **Sacherhaltungspflicht** des Nießbrauchers ist Ausfluss des gesetzl Schuldverhältnisses zw Nießbraucher und Eigentümer, vgl Vor § 1030 Rn 17. Maßgeblicher Zeitpunkt für die wirtschaftl Bestimmung: Bestellung bzw Vollendung der Ersitzung. Der Nießbraucher eines Waldgrundstücks hat dieses nach Kahlschlag aufzuforsten (Nürnberg RdL 1959, 219; BayObLG 1972, 366). Zur Bestandserhaltungspflicht und zum Sicherungsinteresse bei Aufgabe eines landwirtschaftl Betriebszweigs s BGH NJW 2002, 434. Ein schuldhafter Verstoß gegen die Regeln ordnungsmäßiger Wirtschaft macht gem §§ 823, 276 (krit mit Blick auf das Erfordernis einer Eigentumsverletzung *Heinze* ZNotP 2018, 305, 309) und wegen Verletzung des gesetzl Schuldverhältnisses (§ 280) schadensersatzpflichtig. Dabei kann der Verschuldensmaßstab nach der Rspr nicht mit dinglicher Wirkung auf eigenübliche Sorgfalt beschränkt werden (Frankfurt NotBZ 2014, 384; vgl bereits KG DNotZ 2006, 470 m abl Anm *Frank*; aA DNotI-Report 2014, 37; Grü/*Herrler* Rn 2; *Heinze* ZNotP 2018, 305, 308). Nießbrauchbestellung kann nicht zu Umgehung von Pflichten führen (zu Wohnungseigentümergemeinschaft: BGH NJW 2014, 2640 Rn 14).

§ 1037 Umgestaltung

(1) Der Nießbraucher ist nicht berechtigt, die Sache umzugestalten oder wesentlich zu verändern.

(2) Der Nießbraucher eines Grundstücks darf neue Anlagen zur Gewinnung von Steinen, Kies, Sand, Lehm, Ton, Mergel, Torf und sonstigen Bodenbestandteilen errichten, sofern nicht die wirtschaftliche Bestimmung des Grundstücks dadurch wesentlich verändert wird.

1 Die Vorschrift ergänzt § 1036 II und verbietet Umgestaltungen stets sowie Veränderungen (§ 242), sofern sie wesentlich sind. Dies gilt im Grundsatz selbst dann, wirken diese sich werterhöhend aus (KG DNotZ 1992, 675; Grü/*Herrler* Rn 1). Unzulässig ist deshalb die ohne Zustimmung des Eigentümers vorgenommene Umstrukturierung einer großen Wohnung in drei kleinere, sofern sie zu nicht unbedeutenden Eingriffen in die bauliche Substanz führt (BGH NJW 1983, 932). Ungeklärt ist indes, ob § 1037 I durch entgegenstehende Abrede dinglich abbedungen (dagegen KG DNotZ 2006, 470; BayObLGZ 1977, 81, 85; Grü/*Herrler* Rn 1) und bspw die Errichtung von anderen Gebäuden als die in Abs II genannten Anlagen zur Gewinnung von Bodenbestandteilen zugelassen werden kann (dagegen vgl Nachw bei *Frank* in Anm zu KG DNotZ 1992, 675, 681). Eine im Vordringen befindliche Ansicht bejaht dies, sofern sich die Gebäudeerrichtung werterhöhend auswirkt (Staudinger/*Heinze* Rn 4; MüKo/*Pohlmann* Rn 4) und stützt sich auf einen Erst-Recht-Schluss zur Dienstbarkeit. Erkennt man hier-

bei die Möglichkeit an, ein Gebäudeerrichtungsrecht zu vereinbaren (vgl nur BGH NJW 1959, 670, 671), muss dies erst recht möglich sein iRd Nießbrauchs als umfassenderes dingliches Recht (*Frank* in Anm zu KG DNotZ 1992, 675, 681).

Ändert der Nießbraucher unzulässigerweise die wirtschaftl Bestimmung, so erwirbt er an den dadurch gewonnenen Früchten mit Trennung gleichwohl Eigentum, muss aber dem Eigentümer nach Beendigung des Nießbrauchs deren Wert ersetzen (RGZ 80, 229). Vgl zur dinglichen Unwirksamkeit entgegenstehender Abreden auch Vor § 1030 Rn 17, 18. 2

Abs II enthält eine Ausnahmeregelung zu Abs I; vgl § 1038; Art 67f EGBGB. Str ist, ob die Regelung nur für „Anlagen" gilt (zum Eigentum § 95 I 2) oder auch das Recht zur Errichtung neuer Gebäude begründen kann (so für Gebäude, die mit der wirtschaftl Bestimmung des Grundstücks im Einklang stehen: MüKo/*Pohlmann* Rn 6; BeckOGK/*Servatius* Rn 19). 3

§ 1038 Wirtschaftsplan für Wald und Bergwerk

(1) Ist ein Wald Gegenstand des Nießbrauchs, so kann sowohl der Eigentümer als der Nießbraucher verlangen, dass das Maß der Nutzung und die Art der wirtschaftlichen Behandlung durch einen Wirtschaftsplan festgestellt werden. Tritt eine erhebliche Änderung der Umstände ein, so kann jeder Teil eine entsprechende Änderung des Wirtschaftsplans verlangen. Die Kosten hat jeder Teil zur Hälfte zu tragen.

(2) Das Gleiche gilt, wenn ein Bergwerk oder eine andere auf Gewinnung von Bodenbestandteilen gerichtete Anlage Gegenstand des Nießbrauchs ist.

Entspricht § 2123. Kommt der andere Teil dem Verlangen nicht nach, so ist Klage auf Genehmigung eines bestimmten Plans möglich. Bei schuldhafter Verletzung des Plans ist der Nießbraucher schadensersatzpflichtig. Plan bindet bei Streit über die Ordnungsgemäßheit des Wirtschaftens (Grü/*Herrler* Rn 1). 1

Bei Bergwerken oder auf Gewinnung von Bodenbestandteilen gerichteten Unternehmen kommen daneben die in Art 67f, 83 EGBGB vorbehaltenen landesrechtl Vorschriften in Betracht, die allerdings nur bergpolizeilichen Interessen dienende Betriebspläne fordern. 2

§ 1039 Übermäßige Fruchtziehung

(1) Der Nießbraucher erwirbt das Eigentum auch an solchen Früchten, die er den Regeln einer ordnungsmäßigen Wirtschaft zuwider oder die er deshalb im Übermaß zieht, weil dies infolge eines besonderen Ereignisses notwendig geworden ist. Er ist jedoch, unbeschadet seiner Verantwortlichkeit für ein Verschulden, verpflichtet, den Wert der Früchte dem Eigentümer bei der Beendigung des Nießbrauchs zu ersetzen und für die Erfüllung dieser Verpflichtung Sicherheit zu leisten. Sowohl der Eigentümer als der Nießbraucher kann verlangen, dass der zu ersetzende Betrag zur Wiederherstellung der Sache insoweit verwendet wird, als es einer ordnungsmäßigen Wirtschaft entspricht.

(2) Wird die Verwendung zur Wiederherstellung der Sache nicht verlangt, so fällt die Ersatzpflicht weg, soweit durch den ordnungswidrigen oder den übermäßigen Fruchtbezug die dem Nießbraucher gebührenden Nutzungen beeinträchtigt werden.

Der Nießbraucher erwirbt **Eigentum** an den unmittelbaren Früchten durch **Trennung** (§§ 954ff), an den mittelbaren, zB Miete oder Pacht, durch **Einziehen**; Gläubiger der Miet- oder Pachtforderung wird er, wenn das Miet- oder Pachtverhältnis schon bestand, mit Bestellung des Nießbrauchs, andernfalls, sobald ein Miet- oder Pachtverhältnis entsteht, vgl § 1030 Rn 7. Dies gilt auch für Raub- und Übermaßfrüchte. Ein besonderes Ereignis ist zB Windbruch oder Raupenfraß. 1

Weil dem Nießbraucher i Erg nur solche Nutzungen gebühren, die als Ertrag einer ordnungsmäßigen Wirtschaftsführung anzusehen sind (vgl § 1036 II), ist er bei übermäßigem Fruchtbezug zum **Ersatz verpflichtet**: **a)** Raub- und Übermaßfrüchte sind grds **nach Beendigung des Nießbrauchs** (§§ 1055, 1061ff) ihrem Wert nach zu ersetzen; hierbei ist der Wert derjenigen Früchte abzuziehen, die der Nießbraucher bei ordnungsmäßiger Wirtschaft gezogen hätte; vgl RGZ 80, 233. Ausnahmsw ist alsbaldiger Wertersatz zu leisten, wenn nach wirtschaftl Grundsätzen eine Wiederherstellung schon vorher erforderlich ist, zB Aufforstung des durch Windbruch oder Raupenfraß verwüsteten Waldes. Für die Bewertung ist die Zeit der Trennung maßgeblich. Zur Sicherheitsleistung vgl §§ 232ff, 1051f. Es besteht ggf auch eine Auskunftspflicht über die den Anspruch begründenden Tatsachen (dazu München 22.6.1993 – 5 U 6386/92). **b)** Im Falle **des Verschuldens** (§ 276) besteht weitergehend **sofort eine Schadensersatzpflicht** nach §§ 249ff. Abreden, die § 1039 I 2 außer Kraft setzen, haben keine dingliche Wirkung, eine Eintragung ist ihnen versagt, BayObLG DNotZ 1978, 99; diff MüKo/*Pohlmann* Rn 9 sowie Staudinger/*Heinze* Rn 3, wonach eine Ersatzpflicht für Übermaßfrüchte abbedungen werden kann, weil hierdurch die Verpflichtung zur ordnungsgemäßen Wirtschaft nicht betroffen ist. S dazu auch Vor § 1030 Rn 18, 19. 2

§ 1040 Schatz

Das Recht des Nießbrauchers erstreckt sich nicht auf den Anteil des Eigentümers an einem Schatze, der in der Sache gefunden wird.

1 Der Anspruch des Eigentümers nach § 984 ist weder Bestandteil noch Nutzung. Gleiches gilt für Fossilien, Versteinerungen und dgl (Staudinger/*Heinze* Rn 2).

§ 1041 Erhaltung der Sache

Der Nießbraucher hat für die Erhaltung der Sache in ihrem wirtschaftlichen Bestand zu sorgen. Ausbesserungen und Erneuerungen liegen ihm nur insoweit ob, als sie zu der gewöhnlichen Unterhaltung der Sache gehören.

1 **1. Pflicht zur Erhaltung.** Inwieweit der Nießbraucher wegen der Pflicht zur wirtschaftl Erhaltung der Sache zu **Aufwendungen** verpflichtet ist, ergibt sich aus S 2. Danach obliegt ihm nur die gewöhnliche Unterhaltung der Sache. Dazu zählen solche Maßnahmen, die bei ordnungsmäßiger Bewirtschaftung regelmäßig, und zwar wiederkehrend innerhalb kürzerer Zeitabstände zu erwarten sind (BGH NJW-RR 2003, 1290, 1291). Diese Pflichtenstellung des Nießbrauchers bleibt durch § 1050 unberührt (vgl BGH NJW 2009, 1810 mwN zum Streitstand). IÜ genügt er der Erhaltungspflicht, wenn er dem Eigentümer anzeigt, dass außergewöhnliche Maßnahmen notwendig sind (§ 1042) und deren Vornahme duldet (§ 1044). Für **außergewöhnliche** Aufwendungen (vgl §§ 1042, 1043; zB Sanierung eines Flachdachs: Koblenz NJW-RR 1995, 15 oder Heizungsumstellung von Koks auf Öl: BGH NJW 1969, 1847 oder Erneuerung unsicherer Elektroinstallation: BGH NJW-RR 2005, 1321) kann er, und zwar bereits während der Nießbrauchszeit, Ersatz nach den Grundsätzen der Geschäftsführung ohne Auftrag (§§ 683ff) verlangen (§ 1049). Eine entspr Vereinbarung kann in das Grundbuch eingetragen werden (BayObLG Rpfleger 1985, 285; vgl auch ausf *Trömer* RNotZ 2016, 421, 433ff). Der Eigentümer ist dem Nießbraucher ggü zur **Erhaltung der Sache** nicht verpflichtet, (BGH NJW 1991, 837; LG Bonn WuM 2011, 567) wohl aber berechtigt, vgl § 1044.

2 Daher kann der Nießbraucher, wenn der Nießbrauch an einem Hausgrundstück besteht, ebenso wenig vom Eigentümer den Wiederaufbau des zerstörten Hauses verlangen, wie umgekehrt der Eigentümer vom Nießbraucher; (BGH LM § 1090 Nr 10, dasselbe gilt für einen im Zuge eines Flurbereinigungsverfahrens gerodeten Weinberg, Zweibrücken AgrarR 1984, 164). Allg verpflichten Ereignisse, die **außergewöhnliche Unterhaltungskosten** erfordern, weder den Nießbraucher noch den Eigentümer zum Tätigwerden (BGHZ 52, 234, 237), sofern er sich dazu nicht schuldrechtl verpflichtet hat (BGH NJW 1991, 837, 838). Macht allerdings der der Eigentümer von seinem Erhaltungs*recht* Gebrauch und baut anstelle des zerstörten ein neues Gebäude, so erstreckt sich der Nießbrauch ohne weiteres auf dieses (BGH MDR 1964, 493). Für Baukostenaufwendungen des Eigentümers hat der Nießbraucher nur unter den Voraussetzungen des § 1041 aufzukommen (BGH NJW 1966, 1707).

3 **2. Abbedingung.** Nach hM kann mit dinglicher Wirkung **zu Lasten des Nießbrauchers** vereinbart werden, dass dieser auch zur Tragung außergewöhnlicher Ausbesserungs- und Erhaltungsmaßnahmen verpflichtet ist (BeckOGK/*Reymann* Rn 35; BayObLGZ 1985, 6, 12; Bremen RNotZ 2022, 96 Rn 16 mwN). Ob dies auch für den Fall der Totalerneuerung bzw für den Wiederaufbau eines total zerstörten Gebäudes gilt, ist str (näher Bremen RNotZ 2022, 96 Rn 17ff). Dagegen kann die Erhaltungspflicht **nicht** mit dinglicher Wirkung zulasten des Eigentümers abbedungen werden KG DNotZ 2006, 470; BayObLGZ 1977, 205; Staudinger/*Heinze* Rn 8; MüKo/*Pohlmann* Rn 8; *Bayer/Lieder* in Bauer/Schaub, GBO[5] 2023, AT III Rn 566; aA LG Ulm BWNotZ 1977, 173; LG Stuttgart BWNotZ 1976, 170); s dazu auch Vor § 1030 Rn 18, 19.

4 **3. Haftung bei Beschädigung des Nießbrauchgegenstands.** Beschädigt der Nießbraucher schuldhaft die Sache, so haftet er gem §§ 276, 278, 280 aus dem gesetzl Schuldverhältnis (s Vor § 1030 Rn 17) und gem § 823.

§ 1042 Anzeigepflicht des Nießbrauchers

Wird die Sache zerstört oder beschädigt oder wird eine außergewöhnliche Ausbesserung oder Erneuerung der Sache oder eine Vorkehrung zum Schutze der Sache gegen eine nicht vorhergesehene Gefahr erforderlich, so hat der Nießbraucher dem Eigentümer unverzüglich Anzeige zu machen. Das Gleiche gilt, wenn sich ein Dritter ein Recht an der Sache anmaßt.

1 Eine ähnl Vorschrift wie § 536c für das Mietrecht. Die Anzeige hat unverzüglich (§ 121) zu erfolgen. Vgl zunächst § 1041. Die **Anzeigepflicht** entfällt, wenn der Eigentümer bereits Kenntnis hat, nicht dagegen, wenn der Nießbraucher, ohne ersatzpflichtig zu sein, selbst ausbessert, erneuert oder gegen den Dritten vorgeht (Grü/*Herrler* Rn 1). Bei schuldhafter Verletzung der Anzeigepflicht kann Schadensersatz gem §§ 276, 280, 823 II gefordert werden. Regelung ist mit dinglicher Wirkung abdingbar (Grü/*Herrler* Rn 1). Eine Anzeigepflicht über die genannten Fälle hinaus besteht nicht (München OLGR München 1993, 301; s aber § 1039 Rn 2).

2 Gegen einen Dritten, der sich Rechte – tatsächliche oder wörtliche – ernstlich anmaßt, können Nießbraucher wie Eigentümer vorgehen. Sofern die Rechtsanmaßung sie beide gleichsam berührt, können sie gem § 62 I Alt 1 ZPO gemeinsam klagen. IÜ sind Eigentümer und Nießbraucher keine notwendigen Streitgenossen (BGH NJW 2016, 1953, 1954).

§ 1043 Ausbesserung oder Erneuerung

Nimmt der Nießbraucher eines Grundstücks eine erforderlich gewordene außergewöhnliche Ausbesserung oder Erneuerung selbst vor, so darf er zu diesem Zwecke innerhalb der Grenzen einer ordnungsmäßigen Wirtschaft auch Bestandteile des Grundstücks verwenden, die nicht zu den ihm gebührenden Früchten gehören.

Zur **außergewöhnlichen** Ausbesserung oder Erneuerung sind weder der Nießbraucher noch der Eigentümer verpflichtet, beide sind aber hierzu berechtigt (§§ 1043, 1044). Nimmt der Nießbraucher die Maßnahme vor, so hat er Anspruch auf Ersatz seiner Verwendungen nach Maßgabe der Vorschrift über die Geschäftsführung ohne Auftrag (§ 1049), stattdessen das Recht, Grundstücksbestandteile zu verwenden, auf die er an sich keinen Anspruch hat und die er gem § 1039 ersetzen müsste, sofern er sich in den Grenzen einer ordnungsmäßigen Wirtschaft hält. Gleiches gilt für die Ausbesserung und Erneuerung, die zur gewöhnlichen Unterhaltung gehört, und zwar auch dann, wenn er dafür aufgrund besonderer Abrede nicht aufzukommen braucht (für entspr Anwendung des § 1043 auch MüKo/*Pohlmann* Rn 2; Staudinger/*Heinze* Rn 4). Regelung ist mit dinglicher Wirkung abdingbar (Grü/*Herrler* Rn 1). 1

§ 1044 Duldung von Ausbesserungen

Nimmt der Nießbraucher eine erforderlich gewordene Ausbesserung oder Erneuerung der Sache nicht selbst vor, so hat er dem Eigentümer die Vornahme und, wenn ein Grundstück Gegenstand des Nießbrauchs ist, die Verwendung der in § 1043 bezeichneten Bestandteile des Grundstücks zu gestatten.

Der Eigentümer ist nicht in erster Linie zu gewöhnlicher oder außergewöhnlicher Ausbesserung oder Erneuerung berechtigt (Ausnahme im § 1046 II 2) und hat deshalb auch kein der Zustandsfeststellung dienendes Besichtigungsrecht (LG Fulda NJW-RR 1989, 777), es sei denn, der Nießbraucher nimmt die erforderliche Handlung selbst nicht vor. Sein Anspruch ist schuldrechtl Natur; die Zwangsvollstreckung gegen den Nießbraucher erfolgt aufgrund der §§ 890, 892 ZPO. Der Nießbraucher macht sich schadensersatzpflichtig, wenn er den Eigentümer grundlos an der Rechtsausübung hindert. Handelt dagegen der Eigentümer eigenmächtig, so kann der Nießbraucher nach § 858 vorgehen (Brandenburg ZMR 2012, 407). Hs 1 ist nicht mit dinglicher Wirkung abdingbar (MüKo/*Pohlmann* Rn 1), wohl aber Hs 2 (Grü/*Herrler* Rn 1). 1

§ 1045 Versicherungspflicht des Nießbrauchers

(1) Der Nießbraucher hat die Sache für die Dauer des Nießbrauchs gegen Brandschaden und sonstige Unfälle auf seine Kosten unter Versicherung zu bringen, wenn die Versicherung einer ordnungsmäßigen Wirtschaft entspricht. Die Versicherung ist so zu nehmen, dass die Forderung gegen den Versicherer dem Eigentümer zusteht.

(2) Ist die Sache bereits versichert, so fallen die für die Versicherung zu leistenden Zahlungen dem Nießbraucher für die Dauer des Nießbrauchs zur Last, soweit er zur Versicherung verpflichtet sein würde.

Die **Versicherungspflicht** ist (abdingbarer) Bestandteil des **gesetzl Schuldverhältnisses.** Der Nießbraucher hat die Sache im Rahmen einer ordnungsmäßigen Wirtschaft, dh wie ein sorgfältiger Eigentümer zu versichern, idR also eine Sachversicherung zum Neuwert ohne Abzug des Nießbrauchs (Grü/*Herrler* Rn 1). Neben der Brandversicherung kommen Einbruchs-, Diebstahls-, Glas- und Wasserschadenversicherung in Betracht. Der Nießbraucher schließt die Versicherung für fremde Rechnung zugunsten des Eigentümers als Berechtigten im eigenen Namen (§§ 328ff, 1046; §§ 74ff VVG). Gibt sich der Nießbraucher der Versicherung ggü als Eigentümer aus, so ist er allein forderungsberechtigt (RGZ 76, 136). Ein Verstoß gegen die Versicherungspflicht kann schadensersatzpflichtig machen (§ 280). Bei bestehender Versicherung durch Eigentümer muss Nießbraucher Kostenersatz leisten (Abs II). 1

Bei einer etwa notwendigen **Hagelversicherung** kann der Abschluss einer Eigenversicherung keineswegs genügen. Unter dem Aspekt der ordnungsmäßigen Wirtschaft ist die Versicherung über den Tod des Nießbrauchers hinaus auch für das dann zw Erben und Eigentümer entstehende Rückabwicklungsverhältnis erforderlich. Bei einer Eigenversicherung wären diese Belange des Eigentümers jedoch nur gewahrt, wenn man entgegen RG 161, 86 annähme, dass der Eigentümer entspr § 99 VVG nach dem Tod des Nießbrauchers in das vom Nießbraucher abgeschlossene Versicherungsverhältnis einträte. Dies wird von der hM mit Recht abgelehnt (so auch Staudinger/*Heinze* Rn 7; MüKo/*Pohlmann* Rn 2; Grü/*Herrler* Rn 1; offen lassend BeckOK/*Reischl* Rn 8). Daraus folgt aber zugleich, dass die Versicherungspflicht entgegen dem eindeutig anderen Gesetzeswortlaut nicht nur für die Dauer des Nießbrauchs, der ja mit dem Tode des Nießbrauchers endet (§ 1059 S 1, § 1061), sondern darüber hinaus besteht. Die Formulierung des Abs I S 1 bedeutet daher nur, dass der Nießbraucher während des Nießbrauchs die Kosten der Versicherung trägt. 2

§ 1046 Nießbrauch an der Versicherungsforderung

(1) An der Forderung gegen den Versicherer steht dem Nießbraucher der Nießbrauch nach den Vorschriften zu, die für den Nießbrauch an einer auf Zinsen ausstehenden Forderung gelten.

(2) Tritt ein unter die Versicherung fallender Schaden ein, so kann sowohl der Eigentümer als der Nießbraucher verlangen, dass die Versicherungssumme zur Wiederherstellung der Sache oder zur Beschaffung eines Ersatzes insoweit verwendet wird, als es einer ordnungsmäßigen Wirtschaft entspricht. Der Eigentümer kann die Verwendung selbst besorgen oder dem Nießbraucher überlassen.

1 Für den Nießbrauch an einer Versicherungsforderung gelten die §§ 1070ff, 1076ff.

2 Einigen sich Nießbraucher und Eigentümer nicht über die Verwendung der Versicherungsleistung (das Gesetz spricht fälschlich von Versicherungssumme, s § 74 I VVG), so hat der Eigentümer das Entscheidungsrecht. Der Nießbraucher muss seine Rechte notfalls im Prozessweg geltend machen. Die Forderung des Eigentümers gegen die Versicherung wird ohne weiteres vom Nießbrauch erfasst (**dingliche Surrogation**), sofern der Nießbraucher nach § 1045 zur Versicherung oder zur Zahlung der Versicherungsprämien verpflichtet war (MüKo/*Pohlmann* Rn 2) und das Verlangen nach Abs II noch nicht geltend gemacht worden ist (MüKo/*Pohlmann* Rn 4).

§ 1047 Lastentragung

Der Nießbraucher ist dem Eigentümer gegenüber verpflichtet, für die Dauer des Nießbrauchs die auf der Sache ruhenden öffentlichen Lasten mit Ausschluss der außerordentlichen Lasten, die als auf den Stammwert der Sache gelegt anzusehen sind, sowie diejenigen privatrechtlichen Lasten zu tragen, welche schon zur Zeit der Bestellung des Nießbrauchs auf der Sache ruhten, insbesondere die Zinsen der Hypothekenforderungen und Grundschulden sowie die aufgrund einer Rentenschuld zu entrichtenden Leistungen.

1 **1. Sinn.** Der Nießbraucher soll diejenigen **Lasten** tragen, die billigerweise aus den Erträgen der Sache zu entrichten sind (RGZ 153, 29, 33) sowie, was im Gesetz nicht besonders hervorgehoben ist, die Fruchtgewinnungs- und Betriebskosten. Dabei spielt es keine Rolle, ob die Kosten die Nutzungen übersteigen (RGZ 153, 29, 35), es sei denn, dass etwas anderes vereinbart ist (RGZ 72, 101). Die Verpflichtung, die Lasten zu tragen, ist kein Entgelt für das Bestellen des Nießbrauchs. Daraus folgt: Ist im Grundbuch ein lebenslänglicher „unentgeltlicher" Nießbrauch an einem Grundstück eingetragen, bedeutet das nicht, dass der Nießbraucher die privatrechtl Lasten des Grundstücks nicht zu tragen hat (BGH NJW 1974, 641; Grü/*Herrler* Rn 3).

2 **2. Rechtsnatur.** Sie gewährt nur dem **Eigentümer**, nicht dem Hypothekengläubiger (RGZ 100, 157; KG OLG 26, 91; BGH WM 1965, 479) einen **schuldrechtl Anspruch**, der durch Parteiabrede ausgeschlossen oder abgeändert werden kann (RG Warn Rspr 1911, 288; RGZ 153, 32; KG OLG 26, 91; näher *Trömer* RNotZ 2016, 421, 435ff), bei Eintragung sogar mit dinglicher Wirkung (MüKo/*Pohlmann* Rn 19 mwN; aA Schleswig SchlHA 1961, 246). Jedoch können die Hypothekengläubiger die Ansprüche des Eigentümers pfänden. Vgl ferner § 1088. Befreiung des Nießbrauchers von der Lastentragung ist nicht schlechthin sittenwidrig (RG SeuffA 62, 182), jedoch im Einzelfall wegen Gläubigerbenachteiligung anfechtbar (RG Warn Rspr 1918, 198).

3 **3. Rechtsfolge.** Zahlt der Nießbraucher, so erlischt die Forderung; eine cessio legis findet nicht statt. Dem Nießbraucher ist es indes nicht verwehrt, die gem § 1047 zu tilgende Forderung auf sich übertragen zu lassen (RGZ 100, 152). Jedoch darf er sie dem Eigentümer ggü nicht geltend machen, soweit er im Verhältnis zu diesem gehalten ist, die Forderung zu begleichen (vgl Grü/*Herrler* Rn 1).

4 **4. Öffentliche Lasten.** Der **Begriff** der **öffentlichen Lasten** ist dem öffentlichen Recht zu entnehmen. Es handelt sich um eine Abgabeverpflichtung, die an die Nießbrauchssache anknüpft und nicht, wie Personalsteuern, an die Person des Abgabepflichtigen (Karlsruhe NJW-RR 1989, 13). Der Nießbraucher hat zu tragen: die auf den wirtschaftl Ertrag der Sache gelegten Lasten, zB Grund-, Gebäude-, und Gewerbesteuer (Grü/*Herrler* Rn 2) sowie Gemeindeabgaben (RGZ 153, 32; Stuttgart JW 1928, 291). Er hat nicht zu tragen: Anlieger-, Erschließungs-, Flurbereinigungsbeiträge, weil es sich dabei um nicht regelmäßig wiederkehrende, einmalige Leistungen und damit um **außerordentliche** und **auf den Stammwert gelegte Lasten** handelt (dazu BGH NJW 1956, 1070), für die der Eigentümer aufzukommen hat. Eine Last ist dann auf den Stammwert gelegt, wenn sie aus der Substanz und nicht aus den Erträgen zu leisten ist. Bei den Flurbereinigungsbeiträgen kann es jedoch angemessen sein, den Nießbraucher zu beteiligen (§ 69 FlurbG; s dazu BVerwG MDR 1970, 355; MüKo/*Pohlmann* Rn 7). Keine öffentliche Last sind die Kosten einer Zwangsverwaltung (Köln NJW 1957, 1769, 1770).

5 **5. Privatrechtliche Lasten.** Zu den privatrechtl Lasten, die der Nießbraucher zu tragen hat, gehören Zinsen von Hypotheken und Grundschulden, mangels abw Vereinbarung auch von Höchstbetragshypotheken; bei Gesamthypotheken, welche die Grundstücke verschiedener Eigentümer belasten, braucht der Nießbraucher nur für die Zinsen aufzukommen, die sein Eigentümer im Verhältnis zu den anderen zu tragen hätte; Einzelleistungen von Reallasten, ferner Überbau- und Notwegerenten, Unterhaltungspflicht gem § 1022 (Grü/*Herrler* Rn 3). Der Nießbraucher kann für die ihm selbst zustehende Hypothek, auch im Fall des § 1052, keine Zinsen verlangen (RGZ 141, 225). Nicht zu tragen hat der Nießbraucher: Zinsen von Eigentümerhypothek, Tilgungsbeträge, Verzugszinsen (MüKo/*Pohlmann* Rn 14).

6 Ob sie den Nießbraucher tatsächlich treffen, hängt davon ab, ob sie bereits zum Zeitpunkt der Nießbrauchsbestellung auf der Sache ruhten. Übernimmt der Eigentümer danach neue Lasten oder erweitert er sie, so braucht der Nießbraucher bei fehlender Abrede für diese nicht aufzukommen. Etwas anderes gilt für wirtschaftl unerlässliche Zinserhöhungen und weitergehend unter entspr Heranziehung des § 1119 sogar generell (so zutr MüKo/*Pohlmann* Rn 9; nunmehr auch Grü/*Herrler* Rn 3; abw Staudinger/*Heinze* Rn 25).

§ 1048 Nießbrauch an Grundstück mit Inventar

(1) Ist ein Grundstück samt Inventar Gegenstand des Nießbrauchs, so kann der Nießbraucher über die einzelnen Stücke des Inventars innerhalb der Grenzen einer ordnungsmäßigen Wirtschaft verfügen. Er hat für den gewöhnlichen Abgang sowie für die nach den Regeln einer ordnungsmäßigen Wirtschaft ausscheidenden Stücke Ersatz zu beschaffen; die von ihm angeschafften Stücke werden mit der Einverleibung in das Inventar Eigentum desjenigen, welchem das Inventar gehört.

(2) Übernimmt der Nießbraucher das Inventar zum Schätzwert mit der Verpflichtung, es bei der Beendigung des Nießbrauchs zum Schätzwert zurückzugewähren, so finden die Vorschriften des § 582a entsprechende Anwendung.

Zum Begriff des **Inventars** vgl RGZ 142, 202. Der Nießbraucher darf, obwohl er nicht dessen Eigentümer ist, 1
über einzelne Stücke des Inventars mit Wirkung gegen den Eigentümer verfügen, sofern er sich in den Grenzen einer ordnungsmäßigen Wirtschaft hält (§ 1036). Liegt die Verfügung außerhalb dieser Grenzen, so kommt gutgläubiger Erwerb in Betracht (Celle JW 1938, 49); der Nießbraucher macht sich aber gem § 1036 II, § 1041 schadensersatzpflichtig. Ersatzstücke fallen mit der Einverleibung in das Inventar kraft Gesetzes und ohne Rücksicht auf den Willen des Nießbrauchers dem Grundstückseigentümer zu (KGJ 40, 188), wenn der Nießbraucher zur Beschaffung verpflichtet war (Stuttgart JW 1932, 1402).

§ 1049 Ersatz von Verwendungen

(1) Macht der Nießbraucher Verwendungen auf die Sache, zu denen er nicht verpflichtet ist, so bestimmt sich die Ersatzpflicht des Eigentümers nach den Vorschriften über die Geschäftsführung ohne Auftrag.

(2) Der Nießbraucher ist berechtigt, eine Einrichtung, mit der er die Sache versehen hat, wegzunehmen.

Soweit der Nießbraucher zu Verwendungen gesetzl (§§ 1041, 1047, 1048) oder vertragl (BGH NJW 2009, 1810) 1
verpflichtet ist, kann er weder Ersatz verlangen noch ein Wegnahmerecht ausüben. **Freiwillige Aufwendungen** kann er dann ersetzt verlangen, wenn der Eigentümer sie genehmigt oder wenn sie dem wirklichen oder mutmaßlichen Willen des Eigentümers oder einer öffentlichen Pflicht entsprechen (§§ 677ff). Die §§ 994ff scheiden aus. **Anspruchsgegner** ist der Eigentümer zur Zeit der Vornahme der Verwendung (RG HRR 1937 Nr 1444; aA Grü/*Herrler* Rn 1). Ist danach ein Ersatzanspruch nicht begründet, so kommt eine Rückforderung lediglich aus ungerechtfertigter Bereicherung (§§ 812ff, 684 S 1), uU auch vom späteren Eigentümer in Betracht. Ein Zurückbehaltungsrecht des Nießbrauchers besteht nach § 273 (RGZ 141, 226), ein Recht auf abgesonderte Befriedigung nach § 51 Nr 2 InsO. Verwendungen sind wegen § 256 S 2 nicht zu verzinsen (wie hier BeckOK/*Reischl* Rn 7; aA diff Staudinger/*Heinze* Rn 10).

Der Nießbraucher kann aber stattdessen auch eine **Einrichtung wegnehmen**, selbst wenn sie – angesichts des 2
§ 95 nur ausnahmsw – wesentlicher Bestandteil geworden sein sollte (§§ 93ff); § 258 ist hierauf anzuwenden. **Anspruchsgegner** ist auch ein späterer Eigentümer. Verbindet der Nießbraucher Sachen mit dem Grundstück, so werden sie grds nicht Bestandteil desselben (RGZ 106, 49).

Für **Verjährung** der Ansprüche aus § 1049 vgl § 1057. Gesamte Regelung ist mit dinglicher Wirkung abdingbar 3
(Grü/*Herrler* Rn 1, 2).

§ 1050 Abnutzung

Veränderungen oder Verschlechterungen der Sache, welche durch die ordnungsmäßige Ausübung des Nießbrauchs herbeigeführt werden, hat der Nießbraucher nicht zu vertreten.

Die **Ausübung ist ordnungsmäßig**, wenn sie den Abreden und Vorschriften der §§ 1036–1043, 1045–1048 ent- 1
spricht. Für dennoch entstehende Veränderungen oder Verschlechterungen haftet der Nießbraucher nicht auf Schadensersatz. Hiervon unberührt bleiben indes die Aufwendungen für solche Veränderungen bzw Verschlechterungen, die er **verschuldensunabhängig** nach § 1041 zu tragen hat, um die Nießbrauchsache in ihrem wirtschaftl Bestand zu halten (BGH NJW 2009, 1810, 1811). Vgl auch § 538. § 1050 befreit ihn damit (lediglich) von der Pflicht, die mit dem Nießbrauch belastete Sache so zurückzugeben, wie er sie übernommen hat. Die Regelung ist nach hM nicht mit dinglicher Wirkung abdingbar (BayObLG DNotZ 1986, 151, 154; Grü/*Herrler* Rn 1; aA *Promberger* MittBayNot 2010, 22, 26 unter Hinw auf den in der Praxis oftmals vereinbarten „Nettonießbrauch").

§ 1051 Sicherheitsleistung

Wird durch das Verhalten des Nießbrauchers die Besorgnis einer erheblichen Verletzung der Rechte des Eigentümers begründet, so kann der Eigentümer Sicherheitsleistung verlangen.

Eine erhebliche **Gefährdung** durch ein Verhalten des Nießbrauchers oder des Dritten, dem die Ausübung des 1
Nießbrauchs überlassen ist (§ 1059 S 2), **genügt**, zB drohende Veräußerung, Raubbau, verweigerte Rückgabe (BGH NJW 2002, 434; NJW-RR 2006, 874). Ein Verschulden oder eine bereits eingetretene Verletzung ist nicht

erforderlich. Die Sicherheit hat stets der Nießbraucher zu leisten. Weitere Fälle sind in § 1039 I 2, § 1067 II weitere Folgen der Rechtsverletzung in den §§ 1053f geregelt.

2 Die **Art** der Sicherheitsleistung richtet sich nach §§ 232ff, die **Höhe** ist nach dem Umfang der Gefährdung zu bemessen. Die Folgen der Nichtleistung ergeben sich aus § 1052.

3 Die gesamte Regelung ist mit dinglicher Wirkung abdingbar (BayObLG DNotZ 1978, 99).

§ 1052 Gerichtliche Verwaltung mangels Sicherheitsleistung

(1) Ist der Nießbraucher zur Sicherheitsleistung rechtskräftig verurteilt, so kann der Eigentümer statt der Sicherheitsleistung verlangen, dass die Ausübung des Nießbrauchs für Rechnung des Nießbrauchers einem von dem Gericht zu bestellenden Verwalter übertragen wird. Die Anordnung der Verwaltung ist nur zulässig, wenn dem Nießbraucher auf Antrag des Eigentümers von dem Gericht eine Frist zur Sicherheitsleistung bestimmt worden und die Frist verstrichen ist; sie ist unzulässig, wenn die Sicherheit vor dem Ablauf der Frist geleistet wird.

(2) Der Verwalter steht unter der Aufsicht des Gerichts wie ein für die Zwangsverwaltung eines Grundstücks bestellter Verwalter. Verwalter kann auch der Eigentümer sein.

(3) Die Verwaltung ist aufzuheben, wenn die Sicherheit nachträglich geleistet wird.

1 **1. Gerichtliche Verwaltung.** Der Eigentümer kann von der Erzwingung der Sicherheitsleistung absehen und stattdessen **gerichtliche Verwaltung** verlangen. Deren **Voraussetzungen: a)** rechtskräftige Verurteilung zur Sicherheitsleistung gem § 1051 (§§ 704ff ZPO), **b)** Fristsetzung im Urteil (§ 255 II ZPO) durch Prozessgericht oder durch Beschluss des Vollstreckungsgerichts (§ 764 ZPO), **c)** gänzlich oder teilw Nichtleistung der Sicherheit, **d)** Antrag (§ 764 ZPO).

2 Die Verwaltung ordnet das Vollstreckungsgericht an (§ 764 ZPO); es bestellt und beaufsichtigt den Verwalter und setzt seine Vergütung fest, vgl §§ 153, 154 ZVG. Die Verwaltung ist weder eintragungsfähig noch eintragungsbedürftig.

3 Die Verwaltung unterliegt den Vorschriften der §§ 150ff ZVG. Der Verwalter ist Partei kraft Amtes, genauer kraft gesetzl Treuhand.

4 **2. Abwendung.** Der Nießbraucher kann die gerichtliche Verwaltung dadurch abwenden, dass er sich freiwillig einer Verwaltung auf rechtsgeschäftlicher Grundlage unterwirft (vgl Grü/*Herrler* Rn 1; aA Staudinger/*Heinze* Rn 10). Der Verwalter handelt dann im Auftrag und in Vollmacht des Nießbrauchers.

5 **3. Einstweiliger Rechtsschutz.** Vor einer Verurteilung zur Sicherheit kann das Gericht durch einstweilige Verfügung eine vorläufige Verwaltung anordnen (Celle HRR 1934 Nr 1683).

§ 1053 Unterlassungsklage bei unbefugtem Gebrauch

Macht der Nießbraucher einen Gebrauch von der Sache, zu dem er nicht befugt ist, und setzt er den Gebrauch ungeachtet einer Abmahnung des Eigentümers fort, so kann der Eigentümer auf Unterlassung klagen.

1 **Ggü § 1004 weiteres Erfordernis:** Fortsetzung des unbefugten Gebrauchs trotz Abmahnung. **Anspruchsgegner:** Nießbraucher oder Dritter, dem die Ausübung des Nießbrauchs überlassen ist (§ 1059 S 2). Keine weiteren Voraussetzungen wie etwa erhebliche Verletzung, vgl §§ 1051, 1054, oder Verschulden (Grü/*Herrler* Rn 1). Bei unbefugter Veräußerung ist ggf Feststellungsklage gem § 256 ZPO möglich.

§ 1054 Gerichtliche Verwaltung wegen Pflichtverletzung

Verletzt der Nießbraucher die Rechte des Eigentümers in erheblichem Maß und setzt er das verletzende Verhalten ungeachtet einer Abmahnung des Eigentümers fort, so kann der Eigentümer die Anordnung einer Verwaltung nach § 1052 verlangen.

1 **1. Voraussetzungen der Zwangsverwaltung. a)** Erhebliche – wenn auch nicht schuldhafte – Verletzung der Rechte des wirklichen, nicht nur buchmäßigen Eigentümers trotz Abmahnung; die Gefahr einer Veräußerung oder Belastung der Sache genügt, **b)** rechtskräftige Verurteilung zur Duldung der Zwangsverwaltung, vgl § 1052 II, **c)** Antrag beim Vollstreckungsgericht (§ 764 ZPO).

2 **2. Anordnung. Anordnung** erfolgt durch das Vollstreckungsgericht. Eine Abwendungsbefugnis durch Sicherheitsleistung besteht nicht.

3 **3. Kündigung und Kondiktion.** Besteht die Pflichtverletzung des Nießbrauchers in der Nichtzahlung eines vereinbarten Entgelts, so kann das der Nießbrauchbestellung zugrundeliegende Kausalgeschäft gem § 314 gekündigt und der Nießbrauch nach § 812 I 2 kondiziert werden (BGH NJW 2022, 2394 Rn 18ff; vgl weiter Staudinger/*Heinze* Rn 1; *Schön* S 266, 269; aA *Hauck* S 235ff).

§ 1055 Rückgabepflicht des Nießbrauchers

(1) Der Nießbraucher ist verpflichtet, die Sache nach der Beendigung des Nießbrauchs dem Eigentümer zurückzugeben.

(2) Bei dem Nießbrauch an einem landwirtschaftlichen Grundstück finden die Vorschriften des § 596 Abs. 1 und des § 596a, bei dem Nießbrauch an einem Landgut finden die Vorschriften des § 596 Abs. 1 und der §§ 596a, 596b entsprechende Anwendung.

1. Anspruch auf Rückgabe. Schuldrechtl Anspruch aus dem gesetzl Schuldverhältnis zw Eigentümer und Nießbraucher, vgl Vor § 1030 Rn 17. **Anspruchsberechtigt:** Eigentümer zur Zeit der Beendigung des Nießbrauchs. Zusätzl hat dieser bei Besitz des Nießbrauchers den Herausgabeanspruch nach § 985. **Anspruchsgegner:** Nießbraucher, nach seinem Tod seine Erben (§ 1061); ggf Zurückbehaltungsrecht des Nießbrauchers gem § 1049. 1

Bis zur 13. Aufl war im Anschluss an *Westermann* die Auffassung vertreten worden, dass auch Ansprüche aus §§ 987ff in Betracht kommen, wenn der Nießbraucher den rechtmäßigen Fremdbesitz in unrechtmäßigen Eigenbesitz umwandelt: dieser Auffassung ist mit der heute hM nicht zu folgen (*Westermann/Gursky/Eickmann* § 31 Rn 4; Staudinger/*Heinze* Rn 3 mwN). 2

2. Durchführung. Die **Rückgabe** hat in dem Zustand zu erfolgen, der einem Gebrauch im Rahmen ordnungsmäßiger Wirtschaft entspricht; dies ist an sich ausdrückl nur für landwirtschaftl Grundstücke durch den Hinweis auf § 596 I angeordnet, gilt aber schlechthin für jeden Nießbrauch. Die Beweislast dafür, dass der Nießbraucher dieser Pflicht nicht nachgekommen ist, trifft den Eigentümer (BGH NJW 2009, 1810 Rn 22). Eine Pflicht des Nießbrauchers zur Rechnungslegung besteht nicht (Naumburg JW 1930, 278). Ist der Nießbraucher infolge Verschuldens zu ordnungsmäßiger Rückgabe außerstande, so ist er im Rahmen der §§ 276ff zum Schadensersatz verpflichtet. 3

§ 1056 Miet- und Pachtverhältnisse bei Beendigung des Nießbrauchs

(1) Hat der Nießbraucher ein Grundstück über die Dauer des Nießbrauchs hinaus vermietet oder verpachtet, so finden nach der Beendigung des Nießbrauchs die für den Fall der Veräußerung von vermietetem Wohnraum geltenden Vorschriften der §§ 566, 566a, 566b Abs. 1 und der §§ 566c bis 566e, 567b entsprechende Anwendung.

(2) Der Eigentümer ist berechtigt, das Miet- oder Pachtverhältnis unter Einhaltung der gesetzlichen Kündigungsfrist zu kündigen. Verzichtet der Nießbraucher auf den Nießbrauch, so ist die Kündigung erst von der Zeit an zulässig, zu welcher der Nießbrauch ohne den Verzicht erlöschen würde.

(3) Der Mieter oder der Pächter ist berechtigt, den Eigentümer unter Bestimmung einer angemessenen Frist zur Erklärung darüber aufzufordern, ob er von dem Kündigungsrecht Gebrauch mache. Die Kündigung kann nur bis zum Ablauf der Frist erfolgen.

Der Nießbraucher kann die ihm überlassene Sache in der Weise nutzen, dass er sie **vermietet oder verpachtet.** 1 Darin liegt keine nach § 1059 S 2 zulässige Überlassung der Ausübung des Nießbrauchs, sondern eine typische Selbstausübung (BGHZ 109, 111, 115). Da der Mieter oder Pächter sein Recht von dem des Nießbrauchers herleitet, muss jenes grds mit diesem enden. Ohne Einschränkung gilt dies, wenn der **Nießbrauch nicht durch den Tod des Nießbrauchers endet** (s § 1061 S 1), **a)** für bewegliche Sachen, **b)** für Grundstücke, die vor dem Erlöschen des Nießbrauchs dem Mieter oder Pächter noch nicht überlassen sind. Hat der Mieter oder Pächter den Besitz am Grundstück bereits erlangt, so gelten zwei Ausnahmen: **aa)** Wird die vereinbarte Dauer des Nießbrauchs durch einen Verzicht des Nießbrauchers auf sein Nutzungsrecht oder durch eine dementspr Vereinbarung mit dem Eigentümer abgekürzt, so wird hierdurch das Miet- und Pachtverhältnis nicht beeinträchtigt, **bb)** die für die Veräußerung eines Grundstücks geltenden Vorschriften (§ 578 I, §§ 566ff) gelten mit der Maßgabe entspr, dass der **Eigentümer** das Miet- oder Pachtverhältnis mit gesetzl Kündigungsfrist **beendigen** kann (Abs II S 1), wobei ihm der Mieter oder Pächter hierzu eine Frist setzen darf (Abs III). Sonst ist der Eigentümer nicht gehalten, zum nächstzulässigen Termin zu kündigen (KG OLG 18, 150). Hält der Eigentümer das Räumungsbegehren im Prozess aufrecht, so kann hierin eine Kündigung liegen (RGZ 106, 109). Auch ein befristeter Mietvertrag kann vom Eigentümer ordentlich gekündigt werden (BGH NJW-RR 2010, 815; NJW 2015, 2650 Rn 24). **Mieterschutz** besteht durch die im BGB geregelten Kündigungsschutzbestimmungen, in der Wohnraummiete also § 549 II, III, §§ 568, 573, 573a, 573b, 574, 574a, 574b, 576a, 577a. Ist der Eigentümer seinerzeit dem Vertrag des Nießbrauchers beigetreten, so bleibt er gebunden (BGH NJW 2015, 2650 Rn 25; Staudinger/*Heinze* Rn 21). Ebenso besteht kein Kündigungsrecht, wenn der Eigentümer das Grundstück erst nach Nießbrauchsende erworben hat (BGH NJW-RR 2010, 815).

Wird der Nießbrauch durch den **Tod des Nießbrauchers** beendet, erlischt das Mietverhältnis über ein nießbrauchsbelastetes Grundstück nicht, unabhängig davon, ob der Grundstückseigentümer in den Vertrag nach § 1056 I eintritt; vielmehr wird der Erbe Rechtsnachfolger, dem als Alleinerbe des Nießbrauchers auch kein vorzeitiges Kündigungsrecht analog § 1056 II 2 zusteht (BGHZ 109, 111, 113ff m Anm *Schubert* JR 1990, 417ff; BGH NJW 2015, 2650 Rn 25); Gleiches gilt, wenn der Eigentümer Alleinerbe des Nießbrauchers ist (BGH NJW 2011, 61). Nicht gekündigt werden kann auch ein befristeter Mietvertrag über Räume, hinsichtl derer der ver- 2 storbene Vermieter zur Hälfte Miteigentümer und zur anderen Hälfte Nießbraucher war, von den Eigentümern der nießbrauchsbelasteten Hälfte (LG Stuttgart NJW-RR 1989, 1171).

3 § 1056 gilt bei einer **Zwangsversteigerung** zugunsten des Erstehers dann, wenn der **Nießbrauch** durch Zuschlag **erlischt**; andernfalls bleiben vom Nießbraucher abgeschlossene Miet- und Pachtverträge auch für den Ersteher verbindlich (vgl Staudinger/*Heinze* Rn 25).

4 § 1056 setzt voraus, dass der Nießbrauch gültig bestellt wurde; daher ist die Vorschrift auf einen nur schuldrechtl Anspruch auf Bestellung nicht anwendbar (Köln NJW 1968, 2148).

§ 1057 Verjährung der Ersatzansprüche

Die Ersatzansprüche des Eigentümers wegen Veränderungen oder Verschlechterungen der Sache sowie die Ansprüche des Nießbrauchers auf Ersatz von Verwendungen oder auf Gestattung der Wegnahme einer Einrichtung verjähren in sechs Monaten. Die Vorschrift des § 548 Abs. 1 Satz 2 und 3, Abs. 2 findet entsprechende Anwendung.

1 Der **kurzen Verjährungsfrist** unterliegen – ähnl wie bei der Verpfändung gem § 1226 – grds alle Ersatzansprüche des Eigentümers, gleichgültig, ob sie aus dem gesetzl Schuldverhältnis oder aus unerlaubter Handlung hergeleitet werden. Eine Ausnahme gilt für den Anspruch auf Schadensersatz wegen vom Nießbraucher verschuldeter Unmöglichkeit der Rückgabe (RG Warn Rspr 1908 Nr 320).

2 Die Ersatzansprüche des Eigentümers beginnen mit Rückerhalt der Sache, die **Gegenansprüche des Nießbrauchers** (§ 1049) mit Beendigung des Nießbrauchs zu verjähren (§ 548). Für Ansprüche des nicht mit dem Eigentümer identischen Bestellers gelten die allg Vorschriften. Auch finden §§ 194–218 Anwendung, soweit § 1057 nicht als lex specialis gilt.

§ 1058 Besteller als Eigentümer

Im Verhältnis zwischen dem Nießbraucher und dem Eigentümer gilt zugunsten des Nießbrauchers der Besteller als Eigentümer, es sei denn, dass der Nießbraucher weiß, dass der Besteller nicht Eigentümer ist.

1 **Eigentümer und Besteller** werden idR **personengleich** sein. Sie können **auseinanderfallen**, wenn der Eigentümer nach der Nießbrauchsbestellung die Sache veräußert oder wenn der Nießbraucher den Nießbrauch kraft guten Glaubens gem §§ 1032, 873, 892 erlangt hat. Zusätzl bestimmt § 1058: Falls und solange der Nießbraucher die wahre Rechtslage nicht durchschaut, gilt zu seinen Gunsten für das **gesetzl Schuldverhältnis** – nicht aus dem Grundgeschäft (s Vor § 1030 Rn 17) – der Besteller kraft **unwiderleglicher Vermutung als Eigentümer** und über den Wortlaut der Vorschrift hinaus auch ein späterer Eigentümer, der das Eigentum aber ohne Kenntnis des Nießbrauchers wieder verloren hat (Staudinger/*Heinze* Rn 2). Nur die positive Kenntnis im Zeitpunkt der Vornahme der Rechtshandlung oder des Eintritts der Rechtshängigkeit (s Rn 2) begründet bösen Glauben; fahrlässiges Nichtwissen oder Eintragung im Grundbuch schaden im Gegensatz zu § 932 II, § 892 I nicht. Für Nießbrauch an einem Grundstück gilt ferner § 893.

2 Der Eigentümer muss **a)** Leistungen und sonstige Rechtsgeschäfte des Nießbrauchers, zB die Rückgabe, sowie **b)** zu dessen Gunsten wider den Besteller ergangene Urt gegen sich gelten lassen; **c)** im Hinblick auf Verwendungsersatz ist der Wille und das Interesse des Bestellers maßgeblich (§§ 1049, 683). Über diese Duldung hinaus ist der Eigentümer aber zu Leistungen nicht verpflichtet (Grü/*Herrler* Rn 1). Ggü dem Besteller kann der Eigentümer gem §§ 816, 823 Regress nehmen.

3 Zugunsten des Bestellers gelten die §§ 891, 1006.

§ 1059 Unübertragbarkeit; Überlassung der Ausübung

Der Nießbrauch ist nicht übertragbar. Die Ausübung des Nießbrauchs kann einem anderen überlassen werden.

1 **1. Keine Übertragung oder Belastung des Nießbrauchs.** Der Nießbrauch ist grds nicht **übertragbar** (zutr Kritik aus rechtspolitischer Sicht bereits bei *Heck* SachenR § 74, 7 und 8c); dies gilt auch für den schuldrechtl Anspruch auf Bestellung (arg e contrario § 1059e). Auch eine Belastung des Nießbrauchs ist nicht möglich, insb **keine Verpfändung** (§§ 1069, 1274 II). Ein Übergang auf den Erben des Nießbrauchers findet nicht statt (§ 1061). **Sondervorschriften** für den einer jur Person zustehenden Nießbrauch finden sich in den §§ 1059a–1059e.

2 Hingegen ist die **Pfändung** des Nießbrauchs **zulässig** (BGHZ 62, 133; Grü/*Herrler* Rn 5). Anders als bei der Verpfändung (Rn 9) erfasst das Pfandrecht hier den Nießbrauch direkt und nicht nur den obligatorischen Anspruch auf Ausübung des Nießbrauchs; § 857 III ZPO steht nicht entgegen (ausf *Bayer/Lieder* in Bauer/Schaub, GBO[5] 2023, AT C Rn 547). Dem Pfandgläubiger kann indes nur die Ausübungsbefugnis überwiesen werden; ausgeschlossen sind die Überweisung zur Einziehung oder an Zahlungs statt (§ 857 I, § 835 I ZPO) sowie eine Verwertung durch freihändigen Verkauf (BGHZ 166, 1 Rn 11; Grü/*Herrler* Rn 5). Nach Auffassung des BGH soll die Pfändung auch dann zulässig sein, wenn die Regelung des § 1059 S 2 – in zulässiger Weise (BGHZ 95, 99, 100f) – mit dinglicher Wirkung ausgeschlossen wurde (BGHZ 95, 99, 101f). Dies ist nicht unbedenklich (abl da-

her *Rossak* MittBayNot 2000, 383), i Erg aber zu billigen: Der BGH gestattet im Wege der richterlichen Rechtsfortbildung durch Verweis auf § 851 II ZPO den Zugriff der Gläubiger auf das Wirtschaftsgut „Nießbrauch" richtigerweise auch dann, wenn Eigentümer und Nießbraucher diesen Zugriff durch ihre Vereinbarung ausschließen wollten (*Bayer/Lieder* in Bauer/Schaub, GBO[5] 2023, AT C Rn 547; i Erg auch MüKo/*Pohlmann* Rn 26). Die Pfändung kann, muss aber nicht im Grundbuch eingetragen werden (BGHZ 62, 133, 139).

Folge der wirksamen Pfändung ist, dass der Nießbraucher ohne Zustimmung des Pfändungsgläubigers nicht über den Nießbrauch verfügen kann. Für den Verzicht (Löschung) des Nießbrauchs bedarf der Nießbraucher der Zustimmung des Pfandgläubigers (§ 876 BGB). Der Pfandgläubiger hat statt des Nießbrauchers die Lasten zu tragen, so dass ihm lediglich der Überschuss zukommt (RGZ 56, 390). In der Insolvenz des Nießbrauchers übt der Insolvenzverwalter dessen Rechte aus, § 851 I, § 857 III ZPO; § 35 InsO (Frankfurt NJW-RR 1991, 445). 3

Der Grundstückseigentümer kann sich dem Nießbraucher ggü rechtswirksam verpflichten, nach dem Tode des Nießbrauchers dessen Erben einen neuen Nießbrauch – mit neuem Rang im Grundbuch – zu bestellen (LG Traunstein NJW 1962, 2207; Staudinger/*Heinze* Rn 6; vgl auch Frankfurt 22.7.2014 – 20 W 182/14, Rn 8). Zur aufschiebend bedingten Bestellung eines Nießbrauchs s § 1030 Rn 5 und § 1061 Rn 1. 4

2. Überlassung zur Ausübung durch einen Dritten. Die (zulässige) **Überlassung der Ausübung** kann entgeltlich oder unentgeltlich, auf Dauer oder auf Zeit, im Ganzen oder auf einzelne Nutzungen beschränkt erfolgen; auch an den Eigentümer (RG JW 1910, 801; BGHZ 55, 111). Eine unzulässige Abtretung ist regelmäßig gem § 140 in eine Überlassung der Ausübung **umzudeuten** (RGZ 159, 203), nicht in eine Vermietung des Nießbrauchsgrundstücks (BGH NJW 1990, 443). 5

Die **Übertragung** erfolgt durch formlosen Vertrag und ändert an der **dinglichen Rechtslage nichts** (vgl RGZ 159, 193 zum gleichlautenden § 1092 I 2); sie ist daher auch nicht eintragbar (KGJ 40, 254; BGHZ 55, 111) und genießt keinen Gutglaubensschutz nach § 892 (KG OLG 18, 152). Eine Gestattung durch den Eigentümer ist nicht erforderlich; allerdings kann die Übertragung der Nießbrauchsausübung (auch mit dinglicher Wirkung) ausgeschlossen werden (Rn 2). Der **Nießbraucher** wird nach erfolgter Übertragung **schuldrechtl verpflichtet**, dem Vertragspartner die Ausübung der Befugnisse aus dem Nießbrauch zu ermöglichen (BGHZ 55, 111). Für den Fruchterwerb des Ausübenden sind § 956 II, § 957 maßgeblich. 6

Der Nießbraucher kann die Rechtsstellung des Ausübenden noch zusätzl stärken, indem er ihm bestimmte oder bestimmbare Rechte, zB Miet- oder Pachtansprüche, **zur Ausübung aus eigenem Recht mit dinglicher Wirkung überträgt** (RGZ 101, 5); ob im Einzelfall ein dahingehender Parteiwille besteht, bleibt Tatfrage (vgl Staudinger/*Heinze* Rn 19). Auch in diesem Fall bleibt jedoch der Nießbraucher Träger des Stammrechts und Verfügungsberechtigter. Verzichtet er zB auf den Nießbrauch, was er auch ohne Zustimmung des Ausübungsberechtigten tun kann, so enden damit die Befugnisse des Ausübungsberechtigten, der sich lediglich an seinen Vertragspartner halten kann (Grü/*Herrler* Rn 4); vgl auch Rn 4 und 6. 7

3. Rechtsstellung des Ausübenden. Er ist grds nur befugt, im Namen des Nießbrauchers, die sich aus dem Nießbrauch ergebenden Rechte auszuüben, kann aber für eigene Rechnung handeln. Er genießt bei unmittelbarem Besitz den Schutz der §§ 858ff, ggü dem Eigentümer gem § 986. Sind ihm jedoch einzelne Rechte abgetreten (zB Mietforderung), so kann er diese aus eigenem Recht geltend machen. Möglich ist indes auch, dass der Ausübende lediglich beauftragt und bevollmächtigt ist, die Verwaltung für den Nießbraucher vorzunehmen (RG Warn Rspr 1913, 421). 8

4. Übertragbarkeit und Erlöschen des Ausübungsrechts. Das **Ausübungsrecht** ist vererblich und auch **übertragbar**, soweit nichts anderes bestimmt ist (§§ 399, 413). Es kann seinerseits mit einem Nießbrauch **belastet** (MüKo/*Pohlmann* Rn 21) oder auch verpfändet werden (MüKo/*Damrau* § 1274 Rn 12; vgl auch § 1274 Rn 10). Es erlischt mit dem Nießbrauch, selbst wenn dieser infolge Verzichts des Nießbrauchers – der einer Zustimmung des Ausübungsberechtigten nicht bedarf – vorzeitig endet (BGHZ 109, 111). Eine Ausnahme besteht, wenn dem Ausübungsberechtigten als Mieter oder Pächter eine besondere Rechtsstellung zukommt (§ 1056 II). 9

5. Rechte des Eigentümers bei Verletzung seines Eigentums durch den Ausübungsberechtigten. Der Nießbraucher haftet für das Verschulden des Ausübenden (§ 278), der Ausübungsberechtigte haftet gem §§ 823ff, der Eigentümer hat einen Anspruch auf Unterlassung (§§ 1053, 1004). 10

§ 1059a Übertragbarkeit bei juristischer Person oder rechtsfähiger Personengesellschaft

(1) Steht ein Nießbrauch einer juristischen Person zu, so ist er nach Maßgabe der folgenden Vorschriften übertragbar:

1. **Geht das Vermögen der juristischen Person auf dem Wege der Gesamtrechtsnachfolge auf einen anderen über, so geht auch der Nießbrauch auf den Rechtsnachfolger über, es sei denn, dass der Übergang ausdrücklich ausgeschlossen ist.**
2. **Wird sonst ein von einer juristischen Person betriebenes Unternehmen oder ein Teil eines solchen Unternehmens auf einen anderen übertragen, so kann auf den Erwerber auch ein Nießbrauch übertragen werden, sofern er den Zwecken des Unternehmens oder des Teils des Unternehmens zu dienen geeignet ist. Ob diese Voraussetzungen gegeben sind, wird durch eine Erklärung der zuständigen Landesbehörde fest-**

gestellt. Die Erklärung bindet die Gerichte und die Verwaltungsbehörden. Die Landesregierungen bestimmen durch Rechtsverordnung die zuständige Landesbehörde. Die Landesregierungen können die Ermächtigung durch Rechtsverordnung auf die Landesjustizverwaltungen übertragen.

(2) Einer juristischen Person steht eine rechtsfähige Personengesellschaft gleich.

1 § 1059a **durchbricht** den von § 1059 angeordneten Grundsatz der **Unübertragbarkeit** des Nießbrauchs: Interessen des Eigentümers, der einer jur Person einen Nießbrauch bestellt, müssen hinter wirtschaftl Interessen zurücktreten (BGHZ 50, 307, 310). Die durch Gesetz v 5.3.1953 (BGBl I 1953, 33) eingefügten §§ 1059a–1059e ersetzen die gleichzeitig aufgehobenen Bestimmungen des Gesetzes über die Veräußerung von Nießbrauchsrechten und beschränkt persönlichen Dienstbarkeiten v 12.12.1935 (RGBl I 1468) sowie seine DVO v 12.6.1936 (RGBl I 489) und v 15.1.1944 (RGBl I 22). In der früheren Fassung betraf § 1059a nur jur Personen des privaten und des öffentlichen Rechts, wurde aber auf die OHG und die KG (BGHZ 50, 310) sowie vereinzelt auch auf die GbR entspr angewendet. Die Vorschrift wurde zuletzt durch Gesetz v 19.4.2006 (BGBl I 2006, 866) geändert. Die bis 2000 in Abs II enthaltene **Legaldefinition einer rechtsfähigen Personengesellschaft** ist nunmehr in § 14 II formuliert. Abs II hat nur noch die Aufgabe, diese im Bereich des § 1059a der jur Person gleichzustellen. Ähnl Regelungen finden sich in § 1059e, § 1061 S 2, § 1092 III, § 1098 III. Die rechtsfähige Außen-GbR (vgl ab 1.1.2024: § 705 II Alt 1) ist erfasst. Keine Anwendung der Regelung auf den Einzelkaufmann (*Terner* ZfIR 2007, 228; *Keller* ZfIR 2011, 705; auch Nürnberg NZG 2013, 750; aA MüKo/*Pohlmann* Rn 3; zuneigend Grü/*Herrler* Rn 1). Eine Anwendung auf die ebenfalls rechtsfähige Wohnungseigentümergemeinschaft wird wohl allg abgelehnt (MüKo/*Pohlmann* Rn 3).

2 **Rechtsnachfolger** oder Erwerber können nat wie jur Personen sein.

3 **Zu Nr 1. Gesamtrechtsnachfolge** zB §§ 46, 88 BGB mit Art 85 EGBGB, UmwG (aber nicht lediglich Formwechsel); § 142 HGB. Weil der Nießbrauch kraft Gesetzes übergeht, wird das Grundbuch durch Eintragung des Rechtsnachfolgers nur berichtigt. Der Übergang kann durch ausdrückl Vereinbarung mit dinglicher Wirkung ausgeschlossen werden und zwar schon zum Zeitpunkt der Begründung des dann durch eine auflösende Bedingung oder Befristung zulässigerweise beschränkten Nießbrauchs (Grü/*Herrler* Rn 1; Staudinger/*Heinze* Rn 7). Umgekehrt kann ebenfalls eingetragen werden, dass ein solcher Ausschluss nicht erfolgte (Düsseldorf MittRhNotK 1976, 641).

4 **Zu Nr 2.** Der Begriff **„Unternehmen"** ist allg wirtschaftl und nicht nur in dem engeren Sinne eines Handelsunternehmens zu verstehen. Unternehmen ist danach eine organisatorisch-wirtschaftl Einheit, die ein Betriebsvermögen innehat, welches wirtschaftl Zwecken dient (BeckOK/*Reischl* Rn 8). Diese unternehmensspezifische Zwecksetzung ist nicht aus Sicht des Unternehmensinhabers, sondern obj zu bestimmen (Hamm DNotZ 2007, 473). Die Definition des **Unternehmensteils** ist str. Zu Recht nimmt die heute hM einen solchen schon an, wenn ein Wirtschaften mit dem betroffenen Gegenstand überhaupt möglich erscheint, unabhängig davon, ob dies selbständig oder im Zusammenhang mit anderen Unternehmensteilen geschieht (MüKo/*Pohlmann* Rn 11; aA Staudinger/*Heinze* Rn 19). Das rechtfertigt sich aus dem Zweck des § 1059a, vgl Rn 1.

5 Die Feststellung der Zuständigkeit ist Justizverwaltungsakt iSd § 23 EGGVG. Zuständig sind die Präsidenten des **Amtsgerichts** (Berlin, Hamburg), des **Landgerichts** (Bayern, Baden-Württemberg, Mecklenburg-Vorpommern, NRW, Nds, Rh-Pf, Saarland, Sachsen-Anhalt, Schl-Holst) bzw des **OLG** (Brandenburg, Sachsen, Thüringen) bzw der **Regierungspräsident** (Hessen). Keine Ermächtigung besteht in Bremen, dort ist der **Justizsenator** zuständig (vgl Art 120 S 2 der Landesverf). Vgl dazu die VOen für Bayern (GVBl 1991, 368); Baden-Württemberg (GBl 1996, 352); Berlin (ABl 1954, 1008 und 1958, 1488); Brandenburg (GVBl 2000, 114 und 2001, 284); Hamburg (Amtl Anzeiger 1970, 1073); Hessen (GVBl 1981, 295); Mecklenburg-Vorpommern (GVOBl 2007, 196); NRW (GVBl 2008, 155); Nds (GVOBL 2007, 196); Rh-Pf (GVBl 1986, 297); Saarland (Amtsbl 1997, 258, 261); Sachsen (GVBl 2007, 600); Sachsen-Anhalt (GVBL LSA 2002, 255); Schl-Holst (SchlHA 1982, 182); Thüringen (GVBl 1994, 406).

§ 1059b Unpfändbarkeit

Ein Nießbrauch kann aufgrund der Vorschrift des § 1059a weder gepfändet noch verpfändet noch mit einem Nießbrauch belastet werden.

1 Diese Vorschrift stellt nur klar, dass die Ausnahmen in § 1059a keine neuen Möglichkeiten der Belastung des Nießbrauchs geben. Die Vorschrift hat indes entgegen ihrem Wortlaut keine Auswirkungen auf die Zulässigkeit der Pfändung, vgl § 1059 Rn 2.

§ 1059c Übergang oder Übertragung des Nießbrauchs

(1) Im Falle des Übergangs oder der Übertragung des Nießbrauchs tritt der Erwerber anstelle des bisherigen Berechtigten in die mit dem Nießbrauch verbundenen Rechte und Verpflichtungen gegenüber dem Eigentümer ein. Sind in Ansehung dieser Rechte und Verpflichtungen Vereinbarungen zwischen dem Eigentümer und dem Berechtigten getroffen worden, so wirken sie auch für und gegen den Erwerber.

(2) Durch den Übergang oder die Übertragung des Nießbrauchs wird ein Anspruch auf Entschädigung weder für den Eigentümer noch für sonstige dinglich Berechtigte begründet.

Abs I S 1 stellt den Fall des § 1059a Nr 2 dem der Nr 1 gleich, für den sich das hier Bestimmte bereits aus dem Wesen der Gesamtrechtsnachfolge ergibt. 1

Abs I S 2 gibt den zw dem Eigentümer und dem Berechtigten getroffenen, das gesetzl Schuldverhältnis (vgl Vor § 1030 Rn 17) ändernden und ergänzenden Abreden dingliche Wirkung, auch wenn sie nicht in das Grundbuch eingetragen wurden. 2

§ 1059d Miet- und Pachtverhältnisse bei Übertragung des Nießbrauchs

Hat der bisherige Berechtigte das mit dem Nießbrauch belastete Grundstück über die Dauer des Nießbrauchs hinaus vermietet oder verpachtet, so sind nach der Übertragung des Nießbrauchs die für den Fall der Veräußerung von vermietetem Wohnraum geltenden Vorschriften der §§ 566 bis 566e, 567a und 567b entsprechend anzuwenden.

Die Fassung „über die Dauer des Nießbrauchs hinaus" ist unrichtig, es muss heißen: „über die Dauer *seines* Nießbrauchs hinaus" (vgl Staudinger/*Heinze* Rn 3; Soergel/*Stürner* Rn 1). Gleiches muss gelten, wenn schon der Eigentümer vermietet oder verpachtet hatte (Soergel/*Stürner* Rn 3). Bei der Übertragung des vermieteten Grundstücks unter Nießbrauchsvorbehalt zur gesamten Hand treten dann sämtliche Nießbraucher in das Mietverhältnis ein (LG Verden NJW-RR 2009, 1095). 1

§ 1059e Anspruch auf Einräumung des Nießbrauchs

Steht ein Anspruch auf Einräumung eines Nießbrauchs einer juristischen Person oder einer rechtsfähigen Personengesellschaft zu, so gelten die Vorschriften der §§ 1059a bis 1059d entsprechend.

Diese Vorschrift stellt den schuldrechtl Anspruch auf Bestellung eines Nießbrauchs dem bestellten Nießbrauch gleich; vgl § 1059 Rn 1. 1

§ 1060 Zusammentreffen mehrerer Nutzungsrechte

Trifft ein Nießbrauch mit einem anderen Nießbrauch oder mit einem sonstigen Nutzungsrecht an der Sache dergestalt zusammen, dass die Rechte nebeneinander nicht oder nicht vollständig ausgeübt werden können, und haben die Rechte gleichen Rang, so findet die Vorschrift des § 1024 Anwendung.

Der **früher** entstandene Nießbrauch hat den Vorrang ggü **späteren** Nutzungsrechten. Der danach Vorgehende braucht sich in seinem Recht nicht von den Nachstehenden beschränken zu lassen. Bei Widerstreit Gleichrangiger gilt § 1024. 1

Trifft **Nießbrauch mit Mietrecht zusammen**, so gelten §§ 567, 578, vgl RGZ 94, 279; konkurriert er mit **Pfandrecht**, so gelten § 1208, § 1242 II 2, § 1245 I 2, § 1247. 2

§ 1061 Tod des Nießbrauchers

Der Nießbrauch erlischt mit dem Tod des Nießbrauchers. Steht der Nießbrauch einer juristischen Person oder einer rechtsfähigen Personengesellschaft zu, so erlischt er mit dieser.

Erlöschen des Nießbrauchs – auch des Sicherungsnießbrauchs – tritt kraft zwingenden Rechts ein (Unvererblichkeit). Der Erbe des Nießbrauchers folgt daher, mit Ausnahme des Besitzes, grds nicht in dessen Rechtsposition nach (BGH NJW 2016, 1953 Rn 17, 19). Vielmehr erlischt das dingliche Recht (BGH NJW 2016, 1953 Rn 17) und mit ihm idR die daraus abgeleiteten Ansprüche, seien sie zivilrechtl (BGH NJW 2016, 1953 Rn 17) oder öffentlich-rechtl Natur (OVG Münster NJW 1994, 3244 für nachbarrechtl Abwehranspruch). Eine Ausnahme gelte jedoch hinsichtl der aus dem Nießbrauch resultierenden Beseitigungsansprüche der §§ 1065, 985, 1004 (BGH NJW 2016, 1953 Rn 18, 20). Genau wie den Erben die Pflichten des verstorbenen Nießbrauchers treffen (BGH NJW 2016, 1953 Rn 19; vgl näher Vor § 1030 Rn 17), die Nießbrauchsache nach Ende des Nießbrauchs an den Eigentümer zurückzugeben (§ 1055 I), müssten auch die Ansprüche des Nießbrauchers gegen den Dritten übergehen, die diese Pflicht absichern (BGH NJW 2016, 1953 Rn 20). Dies gelte jedenfalls dann, sollten sie bereits tituliert oder zumindest rechtshängig sein (BGH NJW 2016, 1953 Rn 20). I Erg fallen nach Ansicht des BGH daher dingliches Recht und Anspruch auseinander, was mit Rücksicht auf deren grds Untrennbarkeit angreifbar ist (krit daher *Pohlmann* NJW 2016, 1905, 1906; MüKo/*Pohlmann* Rn 14; vgl auch *K. Schmidt* JuS 2016, 940, 941). Auch resultieren die Ansprüche aus §§ 1065, 985, 1004 nicht aus dem gesetzl Schuldverhältnis, sondern aus dem Nießbrauch als dinglichem Recht (*Pohlmann* NJW 2016, 1905, 1907). Eben dieses geht aber auch nach Ansicht des BGH unter (BGH NJW 2016, 1953 Rn 9; krit daher *Pohlmann* NJW 2016, 1905ff). Es erscheint somit problematisch, die Ansprüche für vererblich zu halten. Anders soll dies jedoch hinsichtl des Eigentümers der belasteten Sache sein. Dieser sei im Anschluss an Celle Rpfleger 1953, 82 Rechtsnachfolger des Nießbrauchers. Falle mithin die belastete Sache nach Beendigung des Nießbrauchs an den Eigentümer zurück, trete dieser in die Ansprüche des Nießbrauchers ein (MüKo/*Pohlmann* Rn 13; Zöller/*Seibel* § 727 ZPO Rn 10; MüKoZPO/*Stackmann* § 239 Rn 31). Ob es hierfür tatsächlich ein Bedürfnis gibt, ist freilich fragwürdig. Schließlich stehen dem Eigentümer aus eigenem Recht ohnehin alle Ansprüche aus den §§ 985ff zu, die er auch während der Dauer des Nieß- 1 brauchs geltend machen kann (BGH NJW 2016, 1953 Rn 14). Er bedarf folglich des Umwegs über die Rechte des Nießbrauchers nicht (BGH NJW 2016, 1953 Rn 14). Hingegen kann sich der Eigentümer schuldrechtl verpflichten, den Erben einen neuen Nießbrauch zu bestellen und diesen Anspruch sogar durch Vormerkung sichern (Grü/*Herrler* Rn 1). Sind mehrere **nach Bruchteilen** nießbrauchsberechtigt, so erlischt er nur hinsichtl des Bruchteils des Verstorbenen (KGJ 49, 192). Insoweit nutzt nunmehr der Eigentümer die Sache in Gemeinschaft mit den übrigen gem § 741 (KG JFG 13, 448). Der Eigentümer kann aber auch an diesem Bruchteil einen neuen Nießbrauch bestellen (KGJ 49, 192). Der Nießbrauch kann zudem von vornherein mit der Maßgabe bestellt werden, dass der Bruchteil des Vorversterbenden dem Überlebenden zuwachsen solle (KG DRiZ 1929, 730; RG DR 1944, 774). Hier entsteht das durch den Tod des Erstberechtigten aufschiebend bedingte Nießbrauchsrecht neu in der Person des Überlebenden. Wird ein Nießbrauch für Eheleute bestellt, so haben sie im Zweifel gleichen Rang (KG DRiZ 1929, 338). Ist der Nießbrauch für mehrere **Gesamtberechtigte** gem § 428 oder **Gesamthandsberechtigte** bestellt und stirbt einer von ihnen, so bleibt der Nießbrauch der Übrigen bestehen (KG JW 1933, 702; BayObLG 1955, 159; Staudinger/*Heinze* Rn 5). S zu Vorstehendem auch § 1030 Rn 5. Das Erlöschen des Nießbrauchrechts des verstorbenen Gesamthandsberechtigten erfasst auch einen darauf gestützten nachbarlichen Abwehranspruch, in den der Erbe folglich nicht einrückt (OVG Münster BauR 2003, 1708).

2 Bei **Liquidation** einer jur Person oder rechtsfähigen Personengesellschaft erlischt der Nießbrauch erst mit Beendigung der Liquidation (Schleswig FGPrax 2011, 71; RG 159, 199). Gleiches gilt für das **Insolvenzverfahren** (RG Recht 1913 Nr 1903, Braunschweig OLG 26, 99 noch zur KO). Der Nießbrauch soll nach hM auch erlöschen, wenn sich alle Anteile einer rechtsfähigen Personengesellschaft oder sonstigen Gesamthandsgemeinschaft **in einer Hand vereinigen** (so Düsseldorf DNotZ 1999, 440, 442 m abl Anm *Kanzleiter*; Schleswig ZIP 2006, 615: nur Möglichkeit, Nießbrauch neu an dem Grundstück zu bestellen, das dem Alleingesellschafter zugefallen ist; dazu auch § 705 Rn 39). Nachweis ggü Grundbuchamt ist einzelfallabhängig (vgl München MittBayNot 2014, 29).

3 IÜ vgl §§ 1059a–1059e.

§ 1062 Erstreckung der Aufhebung auf das Zubehör

Wird der Nießbrauch an einem Grundstück durch Rechtsgeschäft aufgehoben, so erstreckt sich die Aufhebung im Zweifel auf den Nießbrauch an dem Zubehör.

1 Ebenso wie die Bestellung des Nießbrauchs am Grundstück (§§ 1032, 926, 97ff), erfasst auch die **Aufhebung** das Zubehör (§§ 875, 878). Diese bedarf nicht der Zustimmung gem § 876. Soll der Nießbrauch am Zubehör kraft Parteiabrede bestehen bleiben, so ist er später nach § 1064 aufzuheben.

§ 1063 Zusammentreffen mit dem Eigentum

(1) Der Nießbrauch an einer beweglichen Sache erlischt, wenn er mit dem Eigentum in derselben Person zusammentrifft.

(2) Der Nießbrauch gilt als nicht erloschen, soweit der Eigentümer ein rechtliches Interesse an dem Fortbestehen des Nießbrauchs hat.

1 Im Falle der **Konsolidation** erlischt der Nießbrauch. Dies gilt indes nur bei beweglichen Sachen und gem § 1068 beim Nießbrauch an Rechten; bei Grundstücken greift hingegen § 889. Ein Zusammentreffen iSd Norm liegt nicht vor, wenn nur die Ausübung des Nießbrauchs auf den Eigentümer übertragen wird, vgl § 1059 Rn 5, 9.

2 Ausnahme, wenn ein **rechtl Interesse** am Fortbestehen des Nießbrauchs zu bejahen ist, insb wenn im Rang gleich- oder nachstehende Nutzungsberechtigte vorhanden sind, denn diese würden aus dem Fortfall des Nießbrauchs ungerechtfertigt Nutzen ziehen, oder wenn die Sache auch noch mit einem Pfandrecht belastet ist, wegen § 1242 II 2 und § 1247 S 2. Entspr Vorschriften für das Pfandrecht finden sich in § 1256.

§ 1064 Aufhebung des Nießbrauchs an beweglichen Sachen

Zur Aufhebung des Nießbrauchs an einer beweglichen Sache durch Rechtsgeschäft genügt die Erklärung des Nießbrauchers gegenüber dem Eigentümer oder dem Besteller, dass er den Nießbrauch aufgebe.

1 Der Nießbrauch wird bei beweglichen Sachen durch einseitige empfangsbedürftige Erklärung aufgegeben, entweder ggü Eigentümer oder Besteller; die Erklärung ggü dem Besteller genügt auch dann, wenn der Nießbraucher weiß, dass jener nicht der Eigentümer ist. Die Rückgabe der Sache ist nicht erforderlich; sie kann jedoch eine stillschw Aufgabeerklärung bedeuten; befreiend kann sie aber, von § 1058 abgesehen, nur an den Eigentümer erfolgen. Bei Pfändung ist Zustimmung des Pfandgläubigers erforderlich, § 1059 Rn 3.

2 Gilt auch für Nießbrauch an Grundstücksrechten (§ 1072), nicht aber bei Grundstücken (dann §§ 875, 876).

§ 1065 Beeinträchtigung des Nießbrauchsrechts

Wird das Recht des Nießbrauchers beeinträchtigt, so finden auf die Ansprüche des Nießbrauchers die für die Ansprüche aus dem Eigentum geltenden Vorschriften entsprechende Anwendung.

Regelung entspricht § 1227. Der Nießbraucher kann wie ein Eigentümer nach §§ 985ff, 1004f vorgehen, soweit er durch den Eingriff betroffen wird, gilt auch ggü Eigentümer und Besteller (Grü/*Herrler* Rn 1), vgl aber noch Rn 3. Sein Herausgabeanspruch besteht neben dem des Eigentümers, der lediglich verlangen kann, dass der Besitz dem Nießbraucher eingeräumt wird. Klagen beide, so sind sie einfache Streitgenossen iSd §§ 59f ZPO (BGH NJW 2016, 1953 Rn 14). § 1006 kommt dem Nießbraucher zugute. Nutzungen kann der Nießbraucher insoweit herausverlangen, als sie ihm gebühren; bei der Ersatzpflicht für Verwendungen des Besitzers gem § 994 II ist hinsichtl des Willens und des Interesses seine Person maßgeblich. Sind mehrere nach Bruchteilen nießbrauchsberechtigt (vgl § 1066 Rn 4, 5), so ist § 1011 entspr anzuwenden. 1

Darüber hinaus kann der Nießbraucher **folgende Ansprüche** geltend machen: **a)** als Besitzer aus §§ 858ff, 1007, **b)** als durch unerlaubte Handlung Geschädigter aus §§ 823ff, **c)** als Entreicherter aus §§ 812ff; zu b) und c) allerdings nur, soweit dem nicht die ausschließliche Regelung der §§ 987ff entgegensteht. Etwaige Herausgabe- oder Störungsbeseitigungsansprüche können ausnahmsw nach Beendigung des Nießbrauchs zugunsten des Eigentümers bestehen bleiben, wenn der (frühere) Nießbraucher durch die Einwirkung des Dritten an der Erfüllung seiner Pflichten ggü dem Eigentümer (vor allem § 1055) gehindert war; jedenfalls wenn der Anspruch rechtshängig geworden oder tituliert worden ist (BGH NJW 2016, 1953 Rn 18ff; krit, aber i Erg ähnl *Pohlmann* NJW 2016, 1905ff). 2

Gegen den beeinträchtigenden Eigentümer kann der Nießbraucher Ansprüche auch aus dem der Bestellung des Nießbrauchs zugrundeliegenden Vertrag und aus dem gesetzl Schuldverhältnis, vgl Vor § 1030 Rn 17, und gegen den nicht mit dem Eigentümer personengleichen Besteller aus dem Grundgeschäft sowie aus § 823 geltend machen. 3

§ 1066 Nießbrauch am Anteil eines Miteigentümers

(1) Besteht ein Nießbrauch an dem Anteil eines Miteigentümers, so übt der Nießbraucher die Rechte aus, die sich aus der Gemeinschaft der Miteigentümer in Ansehung der Verwaltung der Sache und der Art ihrer Benutzung ergeben.

(2) Die Aufhebung der Gemeinschaft kann nur von dem Miteigentümer und dem Nießbraucher gemeinschaftlich verlangt werden.

(3) Wird die Gemeinschaft aufgehoben, so gebührt dem Nießbraucher der Nießbrauch an den Gegenständen, welche an die Stelle des Anteils treten.

1. Nießbrauch am Miteigentumsanteil. Nießbrauch am Miteigentumsanteil (an Fahrnis oder Grundstück) ist Sach- und nicht Rechtsnießbrauch. Der Nießbraucher nimmt die Rechte des Eigentümers aus §§ 743–745 an dessen Stelle wahr, auch Stimmrechtsausübung (BGHZ 150, 109, 112ff zur abw Rechtslage beim nießbrauchsbelasteten Wohnungseigentümer); Gläubiger und Schuldner der für die Miteigentümergemeinschaft zu erbringenden Leistungen bleibt aber der nießbrauchsbelastete Miteigentümer (s BGH NJW 1966, 1707; DB 1979, 545). In die vor der Begründung des Nießbrauchs getroffenen Vereinbarungen über die Verwaltung und Benutzung des gemeinschaftl Gegenstandes tritt der Nießbraucher nach § 746 ein (Grü/*Herrler* Rn 2). Will er einer einschneidenden, über das Nutzungsrecht hinausgehenden Maßnahme zustimmen, so bedarf er der Zustimmung des Beschwerten (BGH NJW 1983, 932); in Vereinbarungen, welche die Miteigentümer hinsichtl der Verwaltung und Benutzung der Sache getroffen haben, tritt er ein (vgl Staudinger/*Heinze* Rn 5). Zum Stimmrecht des Nießbrauchers in der Wohnungseigentümerversammlung s Hamm NZM 2001, 1086 m Anm der Schriftleitung. 1

2. Aufhebung der Miteigentümergemeinschaft. a) Mitwirkung des Nießbrauchers (Abs II). Die Aufhebung der Gemeinschaft erfolgt gem §§ 749–751, 1010. Abs II schützt den Nießbraucher gegen eigenmächtiges Handeln des Miteigentümers; daher gemeinsames Handeln erforderlich (vgl LG Saarbrücken NJW-RR 2010, 24 zum Teilungsversteigerungsantrag; ausf zur str Frage, ob der Nießbrauch an einem Miteigentumsanteil in diesem Fall gem § 182 ZVG untergeht, *Hausen* DNotZ 2014, 246ff mwN). Ebenso ist der von dritter Seite gestellte Antrag auf Aufhebung der Gemeinschaft gegen Miteigentümer und Nießbraucher gemeinschaftl zu richten. Im Rechtsstreit sind sie notwendige Streitgenossen (§ 62 ZPO), am Teilungsverfahren nimmt der Nießbraucher als Partei teil. 2

b) Rechtsfolge (Abs III). Wird die Gemeinschaft aufgehoben, so erlischt der Nießbrauch am Anteil, geht aber kraft Gesetzes auf die dem Miteigentümer zugeteilten Gegenstände über (**dingliche Surrogation**). Frühere Ansicht, die aufgrund des Wortlauts („gebührt") dem Nießbraucher nur einen Anspruch auf Bestellung des Nießbrauchs an ihnen zubilligen wollte (KGJ 43, 268), ist heute überholt, nachdem der BGH zu dem entspr § 1258 III eine Fortsetzung des Pfandrechts an den Ersatzgegenständen kraft Gesetzes angenommen hat (BGHZ 52, 99; ebenso MüKo/*Pohlmann* Rn 28; Staudinger/*Heinze* Rn 10; Grü/*Herrler* Rn 3). 3

c) Entsprechende Anwendung auf Bruchteilsnießbrauch. § 1066 gilt **entspr**, wenn der Eigentümer nicht die ganze Sache, sondern nur einen **Bruchteil** mit dem Nießbrauch belastet (LG Wuppertal MittRhNotK 2006, 234 und hM; aA Soergel/*Stürner* Rn 1a). Auf die zw ihm und dem Nießbraucher entstehende **Nutzungsgemeinschaft** sind die §§ 741ff sinngemäß anzuwenden. Er kann die Nutzungsgemeinschaft nicht eigenmächtig beenden (KG JW 1936, 2747). § 1010 soll nach LG München I MittBayNot 1972, 294 hier eine Verwaltungs- und Benutzungsregelung nicht gestatten; vgl weiter Köln RNotZ 2016, 668, 670; dagegen mit Recht Staudinger/*Heinze* Rn 16; Grü/*Herrler* Rn 4; näher DNotI-Report 2022, 1, 2ff). Vom Bruchteilsnießbrauch ist der **Quotennieß-** 4

brauch zu unterscheiden, s dazu § 1030 Rn 11. Dagegen ist Abs I weder unmittelbar noch analog auf das Wohnungseigentum anwendbar (BGH ZMR 2002, 440, 441; Hamm FGPrax 2001, 185 – Vorinstanz; ausf dazu *Schießer* ZMR 2004, 5, 6).

5 **d) Keine Anwendung auf sonstige Rechtsgemeinschaften.** Den einer **Rechtsgemeinschaft** zustehenden Nießbrauch regelt § 1066 nicht. **aa)** Sind mehrere in **Bruchteilsgemeinschaft** nießbrauchsberechtigt, so gelten die §§ 741–745, 748, 1011 entspr. **bb)** Steht der Nießbrauch mehreren als **Gesamtberechtigten** gem § 428 zu, so ist mangels besonderer Abreden § 430 maßgeblich (KG JW 1933, 702). **cc)** Ist eine **Gemeinschaft zur gesamten Hand** nießbrauchsberechtigt, so sind die für diese vorgesehenen Vorschriften zu beachten.

§ 1067 Nießbrauch an verbrauchbaren Sachen

(1) Sind verbrauchbare Sachen Gegenstand des Nießbrauchs, so wird der Nießbraucher Eigentümer der Sachen; nach der Beendigung des Nießbrauchs hat er dem Besteller den Wert zu ersetzen, den die Sachen zur Zeit der Bestellung hatten. Sowohl der Besteller als der Nießbraucher kann den Wert auf seine Kosten durch Sachverständige feststellen lassen.

(2) Der Besteller kann Sicherheitsleistung verlangen, wenn der Anspruch auf Ersatz des Wertes gefährdet ist.

1 **Verbrauchbare Sachen** vgl § 92. Der Nießbraucher wird mit der Bestellung **Eigentümer**, nicht erst mit der Verfügung, ohne Rücksicht darauf, ob er sie später tatsächlich verbraucht. Das gesetzl Schuldverhältnis entsteht hier ausnahmsw zw dem Nießbraucher und dem Besteller, vgl Vor § 1030 Rn 17. Daher: **Wertersatz** ist dem Besteller, nicht dem Eigentümer zu leisten; dieser hat einen Anspruch aus § 816. Feststellung des Wertes durch Sachverständigen gem § 410 Nr 2, § 411 II, § 412 Nr 2 FamFG; vgl ferner §§ 1034ff.

2 Abs II tritt an die Stelle der §§ 1051–1054. Zur Sicherheitsleistung s §§ 232ff.

3 Die Parteien können eine von § 1067 abw Regelung treffen, wonach zB der Nießbraucher nur die Verfügungsbefugnis erlangt (Grü/*Herrler* Rn 1, str). Dies geschieht mitunter wegen der ungünstigen Rechtsstellung des Bestellers eines uneigentlichen Nießbrauchs in der **Insolvenz** des Nießbrauchers: Der Besteller kann nicht aussondern und ist hinsichtl der veräußerten Sachen auf eine einfache Insolvenzforderung angewiesen.

4 § 1067 ist ferner ab dem Zeitpunkt anzuwenden, ab dem eine dem echten Nießbrauch unterliegende nicht verbrauchbare Sache zu einer verbrauchbaren wird, zB wenn eine metallene Maschine schmilzt (vgl Soergel/*Stürner* Rn 1).

Untertitel 2

Nießbrauch an Rechten (§§ 1068–1084)

Vorbemerkung vor § 1068

1 Der Nießbrauch an einem Recht gewährt in gleicher Weise eine dingliche Rechtsstellung wie der Nießbrauch an einer Sache, und zwar im Verhältnis zu dem Berechtigten wie zu Dritten (KGJ 40, 165). Demgemäß finden grds die Vorschriften über den Nießbrauch an Sachen entspr Anwendung (§ 1068 II). Der Nießbraucher hat Anspruch auf die Beweisurkunde für das Recht, insb auf den Besitz an der Schuldurkunde.

2 Die **Bestellung** erfolgt nach den Vorschriften der Übertragung (§ 1069), vgl Vor § 1030 Rn 11.

3 Die **Beendigung** erfolgt grds aus den gleichen Gründen wie beim Nießbrauch an Sachen (§ 1072), vgl Vor § 1030 Rn 15, 16.

4 Der Nießbraucher darf **Nutzungen** des Rechts (§ 99 II, III, § 100) in gleicher Weise selbst ziehen wie der Nießbraucher einer Sache. Der Nießbraucher einer nicht auf Zinsen ausstehenden Forderung (Hypothekenforderung), Grund- oder Rentenschuld darf darüber hinaus diese kündigen und einziehen: zu anderen Verfügungen über sie ist er allerdings nicht befugt. Mit der Leistung erwirbt er den Nießbrauch am geleisteten Gegenstand, vgl §§ 1074ff. Bei verzinslichen Forderungen hat er insoweit nur ein Mitbestimmungsrecht (§§ 1077ff): Nießbraucher und Gläubiger sind nur gemeinschaftl zur Kündigung, deren Entgegennahme und zur Empfangnahme des Kapitals berechtigt, jeder von ihnen kann Zahlung nur an beide gemeinschaftl sowie Hinterlegung nur für beide gemeinschaftl verlangen.

5 **Sonderbestimmungen** gelten für den Nießbrauch an Inhaber- oder mit Blankoindossament versehenen Orderpapieren (§§ 1081ff).

§ 1068 Gesetzlicher Inhalt des Nießbrauchs an Rechten

(1) Gegenstand des Nießbrauchs kann auch ein Recht sein.

(2) Auf den Nießbrauch an Rechten finden die Vorschriften über den Nießbrauch an Sachen entsprechende Anwendung, soweit sich nicht aus den §§ 1069 bis 1084 ein anderes ergibt.

Schrifttum: *Hauck*, Nießbrauch an Rechten, 2015.

Gegenstand des Nießbrauchs kann jedes übertragbare (argumentum § 1069 II – dazu s § 1069 Rn 2, 3) Recht sein, sofern es – unmittelbar oder mittelbar – Nutzungen abwerfen kann, zB **obligatorische Rechte** (aus Kauf-, Miet- und Pachtvertrag), nicht Vorkaufs- und Wiederkaufsrechte (sie lassen sich nicht nutzen); **dingliche Rechte** (Grundpfandrechte, auch Dauerwohnrecht des § 31 WEG, nicht jedoch Miteigentumsanteil an einer Sache, nicht Wohnungseigentum des WEG, weil besonders ausgestaltetes Miteigentum und daher auch gleich einer Sache belastbar, Erbbaurecht, Wohnungserbbaurecht des § 30 WEG und andere nach Landesrecht den Grundstücken gleich zu achtende Berechtigungen, nicht Eigentumsherausgabeanspruch), dagegen **Anwartschaftsrecht** des Käufers bei Erwerb unter Eigentumsvorbehalt, **absolute Rechte**, Immaterialgüterrechte, zB wie Urheber- und Patentrechte (näher *Hauck* S 296ff); Anteil des Miterben am Nachlass (Erbteil), vgl § 2033; er kann im Grundbuch des Nachlassgrundstücks eingetragen werden (Hamm Rpfleger 1977, 136); selbst, wenn alle Anteile mit einem Nießbrauch belastet werden, bleibt es beim Rechtsnießbrauch iSd § 1068 und wird es kein Nießbrauch an der Erbschaft iSd § 1089. S dazu auch § 1089 Rn 1. Zum Nießbrauch an **Aktien** und **Geschäftsanteilen** vgl § 1081 Rn 4–7; zum Nießbrauch an Anteilen einer **Personengesellschaft** vgl § 1069 Rn 7ff; zum Nießbrauch am **Unternehmen** vgl § 1085 Rn 4ff. 1

Entspr anzuwenden sind insb die §§ 1030, 1036, 1039, 1045–1047, 1049–1055, 1057–1061, 1063–1067. 2

Der Nießbraucher erwirbt die Forderung auf die ihm gebührenden **Zinsen** mit der Bestellung des Nießbrauchs oder, falls die Zinsforderung später entsteht, mit diesem Zeitpunkt. Darf der Nießbraucher natürliche Früchte des belasteten dinglichen Rechts ziehen, so erwirbt er das Eigentum an ihnen mit der Trennung. Bei dem Nießbrauch an einem Pachtrecht ist § 956 maßgeblich, dh, der Nießbraucher erwirbt das Eigentum mit der Trennung, wenn ihm der Besitz der Sache überlassen ist, andernfalls mit der Besitzergreifung. Die Verteilung der Früchte richtet sich nach § 101. 3

§ 1069 Bestellung

(1) Die Bestellung des Nießbrauchs an einem Recht erfolgt nach den für die Übertragung des Rechts geltenden Vorschriften.

(2) An einem Recht, das nicht übertragbar ist, kann ein Nießbrauch nicht bestellt werden.

1. Bestellung des Nießbrauchs. a) Bestellererklärung. Bestellungserklärung muss dahingehen, dass der Erwerber den Nießbrauch, dh, den Zins- oder Fruchtgenuss erhalten soll (KG OLG 44, 58); Abtretungserklärung genügt nicht (KG OLG 12, 130; RGZ 86, 218). 1

b) Anwendbare Vorschriften. Für die Übertragung des Rechts geltende Vorschriften: §§ 398ff, 413, 873, 1080, 1081, 1154, 1159, 1187 S 3, § 1180 IV, §§ 1192, 1199, 2033 bzw. Spezialgesetze (zB § 15 III GmbHG). Beim **Anwartschaftsrecht** sind die für die Übertragung des dinglichen Vollrechts maßgeblichen Vorschriften einzuhalten (vgl § 929 Rn 29f), sodass sich die Nießbrauchsbestellung an einem Anwartschaftsrecht auf eine bewegliche Sache nach § 1032 richtet. Wird der Restkaufpreis gezahlt, so erlangt der Nießbraucher ohne weiteres entspr § 1075 den Nießbrauch an der Sache. 2

2. Beschränkungen. Beschränkungen der Übertragbarkeit ergeben sich aus: § 38, §§ 399f, § 514, § 613 S 2, § 664 II, § 717 S 1 [ab 1.1.2024: § 711a S 1], § 719 I [ab 1.1.2024 keine genaue Entsprechung, dann vgl aber § 711 I], § 792 II, § 847 I 2, §§ 1018, 1059, 1092, 1098, 1103, 1110f, § 1153 II, § 1250 I 2, § 1300 II, § 2033 II. Ein Zustimmungsvorbehalt hinsichtl der Übertragung des Rechts schlägt auf die Bestellung eines Nießbrauchs daran durch (München NZM 2016, 864 zur Belastung eines Dauernutzungsrechts). 3

Danach ist ein **Nießbrauch am Nießbrauch** unzulässig. Derjenige, dem das Ausübungsrecht am Nießbrauch übertragen wurde (§ 1059 S 2), kann jedoch an seinem Recht einen Nießbrauch bestellen (allg M); dagegen ist es nicht zulässig, dass der Nießbraucher an seiner eigenen Ausübungsbefugnis einen Nießbrauch bestellt (MüKo/*Pohlmann* Rn 15 mwN). Ferner unzulässig: Nießbrauch an Grunddienstbarkeit, beschränkt persönlicher Dienstbarkeit, insb am Wohnungsrecht, am Vorkaufs- und Wiederkaufsrecht, die iÜ keinen Nutzen abwerfen, und an subj-dinglicher Reallast (vgl MüKo/*Pohlmann* Rn 14). 4

3. Bestellung von Grundpfandrecht mit Nießbrauch. Bei der *Bestellung* einer **Hypothek, Grundschuld, Rentenschuld** unter gleichzeitiger Nießbrauchsbestellung hieran für den Grundstückseigentümer genügt dessen einseitige Erklärung und Bewilligung (KG JFG 11, 268; MüKo/*Pohlmann* Rn 9). Soll bei einer Hypotheken*abtretung* der Nießbrauch an der Hypothek dem bisherigen Gläubiger vorbehalten bleiben, so muss der neue Gläubiger den Nießbrauch bestellen (KGJ 51, 291; Grü/*Herrler* Rn 1: Bewilligung des Gläubigers genügt; vgl auch RGZ 142, 236); hierbei kann die Briefübergabe (§ 1154) durch die stillschweigende Abrede ersetzt werden, dass der alte Gläubiger nunmehr als Nießbraucher im Besitz des Briefes bleiben solle (RG Warn Rspr 1913, 139). Sollen Hypothek und Nießbrauch an ihr gleichzeitig eingetragen werden, so genügt die Bewilligung des Grundstückseigentümers (RG Warn Rspr 1912, 260; KG JFG 11, 268, 271). 5

4. Nießbrauch an Gesellschaftsbeteiligungen. a) Kapitalgesellschaft. Zum Nießbrauch an **Aktien** und GmbH-**Geschäftsanteilen** s § 1081 Rn 4ff, zum Nießbrauch an einem **Unternehmen** (Handelsgeschäft) s § 1085 Rn 4ff. 6

7 **b) Personengesellschaft.** Nießbrauch an der **Beteiligung an einer Personengesellschaft** ist in der Praxis sehr verbreitet; dazu aus neuerer Zeit etwa *Barry* RNotZ 2014, 401; *Frank* MittBayNot 2010, 96; *Kruse* RNotZ 2002, 69; grundlegend *Schön* ZHR 158, 229ff; *Hauck* S 359ff; vgl auch § 705 Rn 78.

8 **aa) Abgrenzung zu anderen Rechtsinstituten.** Zum **partiarischen Darlehen** s Vor § 705 Rn 17, zum **Treuhandverhältnis** Vor § 164 Rn 15ff, zur **stillen Gesellschaft** und zur **Unterbeteiligung** Vor § 705 Rn 28, 66ff. Zur **Vor- und Nacherbschaft** s Vor § 1030 Rn 6: Die Abgrenzung ist nach der Willensrichtung des Erblassers vorzunehmen. Bei der Vor- und Nacherbschaft soll der Nachlass oder ein Anteil daran zunächst einer Person zu eigener Herrschaft (s aber §§ 2112ff, 2136) und erst mit dem Eintritt des Nacherbfalles einer anderen Person zugewendet werden, während mit der durch den Nießbrauch nur begründeten Nutzungsmöglichkeit die Erbschaft sofort auf einen anderen übergeht.

9 **bb) Gestaltungsmöglichkeiten und ihre Zulässigkeit.** Zu unterscheiden ist der Nießbrauch am Gesellschaftsanteil vom Nießbrauch an einzelnen übertragbaren Beteiligungsrechten, wie dem Anspruch auf den **Gewinnanteil** und dem **Auseinandersetzungsguthaben** (§ 717 S 2 [ab 1.1.2024: § 711a S 2]). Die früher umstr Frage ist heute geklärt: Eine Nießbrauchbestellung am Gesellschaftsanteil ist zulässig, sofern die Mitgesellschafter im Vertrag oder ad hoc zugestimmt haben (MüKo/*Schäfer*[8] § 705 Rn 97; Staub/*Schäfer* § 105 HGB Rn 119; MüKo-HGB/*K. Schmidt* Vor § 230 Rn 14; MüKo/*Pohlmann* § 1068 Rn 34f); nicht ausreichend ist die allg Zulässigkeit der Anteilsübertragung (hM). Der **Anteilsnießbrauch** ist heute auch von der Rspr **anerkannt** (BGHZ 58, 316, 319ff; BGH NJW 1999, 571); das „Abspaltungsverbot" steht nach zutr Auffassung nicht entgegen. Die Praxis muss daher nicht mehr auf den Nießbrauch an den übertragbaren Vermögensrechten – unbestritten zulässig – oder auf eine treuhänderische Vollrechtsübertragung ausweichen (so aber noch die früher hM; vgl etwa *Sudhoff* NJW 1974, 2205, 2207ff); die **Treuhandlösung** ist vielmehr nur noch eine Alternative zur Nießbrauchsbestellung (so richtig etwa MüKo/*Pohlmann* § 1068 Rn 32; Staub/*Schäfer* § 105 HGB Rn 115 m Fn 381). Die Konstruktion eines Nießbrauchs am **Gewinnstammrecht** (begründet von *Siebert* BB 1956, 1126) hat sich indes zu Recht nicht durchgesetzt (näher Staub/*Schäfer* § 105 HGB Rn 130 mwN). S zur streitigen Eintragungsfähigkeit des Nießbrauchs an einem Kommanditanteil einerseits Oldenburg ZIP 2015, 1173; Stuttgart ZIP 2013, 624; andererseits München ZIP 2016, 1675.

10 **cc) Zum Inhalt des Nießbrauchs.** Der Nießbrauch wird durch einheitlichen Rechtsakt, der keiner besonderen Form bedarf, bestellt. Dem Nießbraucher steht beim Anteilsnießbrauch insb der auf den Anteil entfallende Ertrag, dh der **entnahmefähige Gewinn** (einschl Zinsen) zu, nicht hingegen der von der Verteilung ausgenommene Gewinnanteil (BGHZ 58, 316, 320; Hopt/*Roth* § 105 HGB Rn 45; MüKo-HGB/*K. Schmidt* Vor § 230 Rn 18). Dieser kommt dem Besteller (= Gesellschafter) zugute, der ja auch allein auftretende Verluste zu tragen hat (Staub/*Schäfer* § 105 HGB Rn 121). Ebenso können außerordentliche Erträge ohne Zustimmung des Nießbrauchers von den Gesellschaftern von der Verteilung ausgenommen und in die Rücklagen gesteckt werden (BGH BB 1975, 295, 296); gleichfalls stehen ausgeschüttete stille Reserven dem Gesellschafter zu (BFH NJW 1995, 1918). Erträge aus Kapitalerhöhungen aus Gesellschaftsmitteln stehen dem Nießbraucher, aus Einlagen dem Gesellschafter zu (BGH GmbHR 1983, 148; Staub/*Schäfer* § 105 HGB Rn 121; vgl auch MüKo-HGB/*K. Schmidt* Vor § 230 Rn 20). Im Regelfall werden bei der Nießbrauchbestellung konkrete Vereinbarungen getroffen; die gesetzl Regelung ist vollumfänglich dispositiv. Bei Auflösung der Gesellschaft setzt sich der Nießbrauch am **Auseinandersetzungsguthaben** fort (dogmatische Konstruktion über Surrogation, aber str).

11 Zur (str) Aufteilung der **Verwaltungsrechte** zw Gesellschafter (Besteller) und Nießbraucher: Staub/*Schäfer* § 105 HGB Rn 124ff; MüKo/*Schäfer*[8] § 705 Rn 100ff; MüKo/*Pohlmann* § 1068 Rn 71ff; MüKo-HGB/*K. Schmidt* Vor § 230 Rn 21. Teilw wird ein Stimmrecht des Nießbrauchers generell geleugnet (*K. Schmidt* ZGR 1999, 601, 607ff), teilw wird eine diff Mitwirkung vertreten. Bei Abstimmungen über Grundlagengeschäfte steht das Stimmrecht jedenfalls nur dem Gesellschafter zu (BGH NJW 1999, 571).

§ 1070 Nießbrauch an Recht auf Leistung

(1) Ist ein Recht, kraft dessen eine Leistung gefordert werden kann, Gegenstand des Nießbrauchs, so finden auf das Rechtsverhältnis zwischen dem Nießbraucher und dem Verpflichteten die Vorschriften entsprechende Anwendung, welche im Falle der Übertragung des Rechts für das Rechtsverhältnis zwischen dem Erwerber und dem Verpflichteten gelten.

(2) Wird die Ausübung des Nießbrauchs nach § 1052 einem Verwalter übertragen, so ist die Übertragung dem Verpflichteten gegenüber erst wirksam, wenn er von der getroffenen Anordnung Kenntnis erlangt oder wenn ihm eine Mitteilung von der Anordnung zugestellt wird. Das Gleiche gilt von der Aufhebung der Verwaltung.

1 Die **Rechtslage des Schuldners** soll durch die Bestellung des Nießbrauchs ebenso wenig verschlechtert werden wie durch eine Übertragung des Rechts. Das Recht auf Leistung kann schuldrechtl oder dinglich sein. Demgemäß kommen für eine entspr Anwendung (RGZ 103, 29) in Betracht: bei einem Nießbrauch an Forderungen die §§ 404ff, an Hypotheken, Grundschulden hinsichtl der künftig fällig werdenden Zinsen und Nebenleistungen die §§ 1156ff, 1192 und an Rentenschulden und Reallasten hinsichtl der künftigen Einzelleistungen die §§ 1159, 1192, 1200 I, § 1107. Der Schuldner einer mit einem Nießbrauch belasteten Forderung kann aber weder mit einer Forderung gegen den Nießbraucher aufrechnen (RGZ 103, 28; BeckOK/*Reischl* § 1074 Rn 9; aM

Grü/*Herrler* § 1074 Rn 4) noch wegen einer solchen Gegenforderung ein Zurückbehaltungsrecht geltend machen (RGZ 103, 28). Zur Aufrechnung iÜ s § 1074 Rn 5. Andererseits kommt dem Nießbraucher bei Order- oder Inhaberpapieren die Beschränkung der Einreden zugute (§§ 364f HGB; Art 16, 40 WG, § 796).

Abs II geht über § 407 hinaus: Guter Glaube entfällt, wenn der Beschl zugestellt worden ist. Entspr Vorschriften enthalten die §§ 1275, 2129. 2

§ 1071 Aufhebung oder Änderung des belasteten Rechts

(1) Ein dem Nießbrauch unterliegendes Recht kann durch Rechtsgeschäft nur mit Zustimmung des Nießbrauchers aufgehoben werden. Die Zustimmung ist demjenigen gegenüber zu erklären, zu dessen Gunsten sie erfolgt; sie ist unwiderruflich. Die Vorschrift des § 876 Satz 3 bleibt unberührt.

(2) Das Gleiche gilt im Falle einer Änderung des Rechts, sofern sie den Nießbrauch beeinträchtigt.

Erfasst werden mit der **Aufhebung** und **Änderung** Verfügungen, die das Recht des Nießbrauchers beeinträchtigen. Parallelvorschrift ist im Pfandrecht § 1276. Die Zustimmung (Einwilligung oder Genehmigung) ist selbst ein Rechtsgeschäft. Zu **erklären** ist sie ggü dem Begünstigten (Schuldner, Gläubiger, nachstehendem Gläubiger) oder – bei einem eingetragenen Recht – auch ggü dem Grundbuchamt (§ 876 S 3). Auch die Einwilligung ist – entgegen § 183 – unwiderruflich (Abs I S 2). Zur Aufhebung einer mit einem Nießbrauch belasteten Hypothek: vgl KG OLG 44, 56. Der Nießbraucher am Erbteil muss der den Erbauseinandersetzungsvertrag vollziehenden Teilung zustimmen (§ 2042 Rn 9 aE). 1

Fehlt die Zustimmung, so ist das Rechtsgeschäft nicht absolut, sondern nur relativ, dh, dem Nießbraucher ggü unwirksam (Grü/*Herrler* Rn 1; MüKo/*Pohlmann* Rn 12). Das gleiche Rechtsproblem besteht bei § 1276, s dazu § 1276 Rn 4. Besteht der Nießbrauch am Vermögen einer GmbH, so ist die von der Gesellschaft ausgesprochene Kündigung auch dann wirksam, wenn die Zustimmung des Nießbrauchers fehlt (Hamm BB 1971, 13); weitergehend kann man sagen, dass die Wirksamkeit eines Gesellschafterbeschlusses auch bei fehlender Zustimmung des Nießbrauchers stets unberührt bleibt (Grü/*Herrler* Rn 1; MüKo/*Pohlmann* Rn 13). Dem Nießbraucher steht ggf ein Schadensersatzanspruch zu. 2

Keiner Zustimmung bedürfen die Abtretung (KG JW 1928, 3051) und die Weiterbelastung des Rechts (Grü/*Herrler* Rn 1). Dem Schuldner ist es auch unbenommen, nach Maßgabe der §§ 1070, 406 mit einer ihm gegen den Gläubiger zustehenden Forderung aufzurechnen. 3

§ 1071 schränkt den § 1070 keineswegs ein. Dh: Trifft die Schutzvorschrift des § 407 zu, so sind hinsichtl der mit dem Nießbrauch belasteten Forderung vorgenommene Leistungen und Rechtsgeschäfte dem Nießbraucher ggü voll wirksam, auch wenn dieser ihnen nicht zustimmt. 4

Wird über das Vermögen des **Schuldners** das **Insolvenzverfahren** eröffnet, so kommt es hinsichtl des Rechts, die Forderung anzumelden, in der Gläubigerversammlung abzustimmen und die Insolvenzquote entgegenzunehmen, darauf an, ob die nießbrauchsbelastete Forderung verzinslich oder unverzinslich ist; ersterenfalls müssen Gläubiger und Nießbraucher gemeinsam, letzterenfalls kann der Nießbraucher allein handeln. 5

§ 1072 Beendigung des Nießbrauchs

Die Beendigung des Nießbrauchs tritt nach den Vorschriften der §§ 1063, 1064 auch dann ein, wenn das dem Nießbrauch unterliegende Recht nicht ein Recht an einer beweglichen Sache ist.

Vgl zunächst Vor § 1030 Rn 15, 16. §§ 889, 875 gelten bei nießbrauchsbelasteten Rechten an Grundstücken nicht. Da bei einem Grundbuchrecht die Löschung nicht Wesenserfordernis der Beendigung ist, dient sie lediglich der Berichtigung (§ 894; § 22 GBO). Str ist, ob beim Erwerb eines nicht gelöschten, aber erloschenen Nießbrauchs § 892 anzuwenden ist; Frage hat indes kaum praktische Bedeutung (richtig MüKo/*Pohlmann* Rn 6; vgl auch Staudinger/*Heinze* Rn 7). 1

Treffen Nießbrauch und Schuld in einer Person zusammen (was von § 1063 nicht erfasst wird), so bleiben hiervon die dem Nießbrauch unterliegende Forderung sowie das Zinsrecht unberührt (KGJ 52, 180, 183). Das Recht des Nießbrauchers wird auch nicht dadurch beeinträchtigt, dass der dem Nießbrauch unterliegende Anspruch und die Verpflichtung sich in einer Person vereinigen (KGJ 44, 292, 295). 2

Der Schuldner kann trotz Aufhebung des Nießbrauchs solange wirksam an den früheren Nießbraucher zahlen, bis er von dieser Kenntnis erlangt (§ 1070 I, § 407 I). 3

§ 1073 Nießbrauch an einer Leibrente

Dem Nießbraucher einer Leibrente, eines Auszugs oder eines ähnlichen Rechts gebühren die einzelnen Leistungen, die aufgrund des Rechts gefordert werden können.

Leibrente vgl §§ 759ff, **Auszug** vgl Art 96 EGBGB; **ähnl Rechte** sind zB Reallasten, Rentenschulden, Rentenleistungen aus einer Lebensversicherung (*Arnold* VersR 1950, 110). Der Nießbraucher erhält die einzelnen Leistungen aus eigenem Recht, nicht als Nießbraucher an einer fremden Forderung, gleichgültig, ob deren Bezug das Recht selbst erschöpft (RG HRR 1928, 1417). Daher klagt er sie auch im eigenen Namen ein (BayObLG 1932, 1

57). Dagegen erstreckt sich das Recht des Nießbrauchers nicht auf zwar wiederkehrende, jedoch der allg Tilgung des Kapitals dienende Leistungen.

§ 1074 Nießbrauch an einer Forderung; Kündigung und Einziehung

Der Nießbraucher einer Forderung ist zur Einziehung der Forderung und, wenn die Fälligkeit von einer Kündigung des Gläubigers abhängt, zur Kündigung berechtigt. Er hat für die ordnungsmäßige Einziehung zu sorgen. Zu anderen Verfügungen über die Forderung ist er nicht berechtigt.

1 **1. Nießbrauch an unverzinslicher Forderung.** Die Forderung darf **nicht verzinslich** sein (arg § 1076). Für verzinsliche Forderungen gelten die §§ 1076–1079 (näher *Hauck* S 347ff).

2 **2. Rechte des Nießbrauchers.** Er ist aus eigenem, den Gläubiger ausschließenden Recht zur **Einziehung** berechtigt. Hierzu gehören: Kündigung – zum Kündigungsrecht des Nießbrauchers einer Lebensversicherung vgl *Arnold* VersR 1950, 110 –, auch die Entgegennahme einer Kündigung, Mahnung, Ausübung des Wahlrechts (§ 263), Klage – bei Forderung auf Grundstücksübereignung Auflassungsklage und Auflassungserklärung (RGZ 83, 120) – Geltendmachen eines Pfandrechts oder einer Bürgschaft, Zwangsvollstreckung, Annahme der Leistung.

3 Der Nießbraucher **klagt** auf Leistung an sich selbst aufgrund gesetzl **Prozessstandschaft**, die dem Rechtsträger die Prozessführungsbefugnis nimmt. Deshalb kann der Gläubiger nur auf Leistung an den Nießbraucher klagen (vgl Grü/*Herrler* Rn 2 sowie RGZ 77, 145 zu § 1282). Ein den Rechtsstreit zw Nießbraucher und Schuldner beendigendes Urteil äußert keine Rechtskraft ggü dem Gläubiger (RGZ 83, 120; aA Staudinger/*Heinze* Rn 10); denn die Prozessstandschaft dient in erster Linie dem Interesse des Nießbrauchers. Diesem ist die Wahrnehmung der daneben bestehenden Interessen des Rechtsträgers nicht anvertraut. Von der Einziehung abgesehen, ist der Nießbraucher auch nicht befugt, über die Forderung materiell-rechtl zu verfügen. Daraus folgt, dass nach dem Werturteil des Gesetzes das Interesse der Gegenpartei (des Schuldners) auf Rechtskraftwirkung ggü dem Rechtsträger (Gläubiger) dem entgegengesetzten Interesse des Rechtsträgers weichen muss. So zum entspr Fall des Pfandgläubigers (§ 1282) auch Stein/Jonas/*Althammer* § 325 ZPO Rn 61. Stein/Jonas/*Jacoby* Vor § 50 ZPO Rn 36 gibt dem Nießbrauchsberechtigten ein eigenes materielles Recht, die Forderung außergerichtlich und gerichtlich durchzusetzen. Dann entfällt die Rechtskrafterstreckung. Wird der Nießbrauch an einer rechtshängigen Forderung bestellt, führt der Gläubiger den Rechtsstreit in Prozessstandschaft weiter (§ 265 ZPO). Das Urt wirkt für und gegen den Nießbraucher gem § 325 ZPO (Rechtskraft). Leistung an den Gläubiger braucht der Nießbraucher nicht gegen sich gelten zu lassen (BayObLG 1932, 65), es sei denn, die §§ 1070, 407 sind erfüllt. Im Rahmen des § 407 II wirkt ein Urteil zw dem Gläubiger und dem gutgläubigen Schuldner *gegen* den Nießbraucher (aber nicht *für* ihn: BGHZ 52, 150). Gleiches gilt für die vom Schuldner ggü dem Gläubiger ausgesprochene Kündigung.

4 S 2 steigert das **Einziehungsrecht** zur Einziehungspflicht, die dazu führen kann, dass der Nießbraucher gegen den Schuldner klagen und die Forderung in dessen Insolvenz anmelden muss, zu letzterem vgl § 1071 Rn 5.

5 **Kein Recht** des Nießbrauchers besteht zur Übertragung, zur Annahme an Zahlungs statt, zur über die Nießbrauchszeit wirkenden Stundung, zum Erlass und Vergleich. Dagegen darf er mit der Forderung dem Schuldner ggü aufrechnen, weil dies der Einziehung gleichkommt. Aufrechnen kann auch der Schuldner mit einer ihm gegen den Gläubiger – nicht gegen den Nießbraucher (RGZ 103, 29; BeckOK/*Reischl* Rn 9; aM Grü/*Herrler* Rn 4; Staudinger/*Heinze* Rn 17) – zustehenden Forderung.

§ 1075 Wirkung der Leistung

(1) Mit der Leistung des Schuldners an den Nießbraucher erwirbt der Gläubiger den geleisteten Gegenstand und der Nießbraucher den Nießbrauch an dem Gegenstand.

(2) Werden verbrauchbare Sachen geleistet, so erwirbt der Nießbraucher das Eigentum; die Vorschrift des § 1067 findet entsprechende Anwendung.

1 Vorschrift führt § 1074 fort und betrifft den Fall, dass der **Schuldner an den Nießbraucher leistet**. In diesem Fall erlangt dennoch der Gläubiger das Eigentum oder Gläubigerrecht – von Abs II abgesehen –, da der Nießbraucher aus eigenem Recht anstelle des Gläubigers zur Entgegennahme der Leistung (aus einer unverzinslichen Forderung, vgl § 1074 Rn 1) – auch der Auflassung – berechtigt ist. Entspr § 166 II kommt es auf den guten Glauben des Nießbrauchers an. Dieser ist bei Grundstücken befugt, die Eintragung des Gläubigers zu betreiben. Mit dem Erwerb des Eigentums an der geleisteten Sache – bei beweglichen Sachen ist aber deren Übergabe an den Nießbraucher erforderlich – oder dem Erwerb des übertragenen Rechts entsteht **kraft Gesetzes** der Nießbrauch hieran (**dingliche Surrogation**); das gilt auch bei Grundstücken (BGH RdL 1953, 139). Die Eintragung des Nießbrauchs im Grundbuch dient lediglich der Berichtigung (§ 894; § 22 GBO).

2 Leistet der Schuldner hingegen **unmittelbar an den Gläubiger**, so gilt § 1075 nur, wenn der Nießbraucher zugestimmt hat oder der Schuldner ihm ggü nach § 1070 I, § 407 I frei wird (Grü/*Herrler* Rn 1; MüKo/*Pohlmann* Rn 6).

Der Eigentumserwerb aufgrund des Abs II ist fiduziarischer Natur und verpflichtet zum **Wertersatz** bei Nießbrauchsende (§ 1067 I); für dessen Höhe ist der Zeitpunkt der Leistung maßgeblich. 3

Eine entspr Vorschrift existiert beim vertragl Pfandrecht in § 1287, beim Pfändungspfandrecht in den §§ 847ff ZPO. 4

§ 1076 Nießbrauch an verzinslicher Forderung

Ist eine auf Zinsen ausstehende Forderung Gegenstand des Nießbrauchs, so gelten die Vorschriften der §§ 1077 bis 1079.

§§ 1076–1079 enthalten **nachgiebiges Recht** (KGJ 40, 275). Erfasst werden Forderungen, die kraft Rechtsgeschäfts Zinsen abwerfen sollen (ganz hM: Staudinger/*Heinze* Rn 2ff, Soergel/*Stürner* Rn 2). Unter Zinsen sind nicht nur Geldbeträge zu verstehen, sondern auch sonstige geldwerte Vorteile, falls sie als Entgelt für die Nutzung eines Vermögensgegenstandes regelmäßig wiederkehrend gewährt werden, insb andere vertretbare Sachen (§ 91) (vgl RGRK/*Rothe* Rn 2). Dem Nießbraucher steht das Zinsrecht als solches zu, nicht bloß der einzelne Zinsbetrag (RGZ 74, 81 gegen KGJ 52, 183). Das Zinsrecht entsteht auch dann, wenn Nießbrauch und Zinspflicht in einer Person zusammentreffen (KGJ 52, 183). Entspr anzuwenden ist die Vorschrift auf den Nießbrauch an einer Kapitallebensversicherung, falls nichts Abw vereinbart ist (*Arnold* VersR 1950, 110). 1

§ 1077 Kündigung und Zahlung

(1) Der Schuldner kann das Kapital nur an den Nießbraucher und den Gläubiger gemeinschaftlich zahlen. Jeder von beiden kann verlangen, dass an sie gemeinschaftlich gezahlt wird; jeder kann statt der Zahlung die Hinterlegung für beide fordern.

(2) Der Nießbraucher und der Gläubiger können nur gemeinschaftlich kündigen. Die Kündigung des Schuldners ist nur wirksam, wenn sie dem Nießbraucher und dem Gläubiger erklärt wird.

Vgl §§ 432, 1281. Mit der Leistung werden Nießbraucher und Gläubiger **Mitbesitzer**, der Gläubiger erlangt **Eigentum**, der Nießbraucher den **Nießbrauch** am Geleisteten (vgl Grü/*Herrler* Rn 1). Der Schuldner, der den Nießbrauch kennt, kann mit **befreiender Wirkung** nur an Gläubiger und Nießbraucher gemeinsam bzw an einen von ihnen nur unter Zustimmung des anderen **zahlen** (§§ 1070, 407) und auch nur rechtswirksam ggü beiden gemeinsam **kündigen**. Zur Hinterlegung vgl §§ 372ff. Zur Klage berechtigt ist der Gläubiger wie der Nießbraucher; der Klageantrag muss aber entweder auf Zahlung an beide oder auf Hinterlegung für beide gemeinschaftl lauten. Ein Zwang, gemeinsam zu klagen, besteht nicht; daher auch keine Rechtskrafterstreckung (allgM). Bei gemeinsamer Klage ist str, ob eine notwendige Streitgenossenschaft iSd 2. Alt des § 62 ZPO vorliegt (dafür Grü/*Herrler* Rn 1; BeckOK/*Reischl* Rn 3; aA MüKo/*Pohlmann* Rn 3). 1

§ 1077 ist auf den Schadensersatzanspruch wegen Ausfalls einer Hypothek entspr anzuwenden (RGZ 89, 432). 2

Wird von dem Nießbraucher und Gläubiger nacheinander gekündigt, so wird die **Kündigung** erst mit dem Zugang der letzten Erklärung wirksam. Zur **Mahnung** ist dagegen jeder von ihnen allein befugt, weil insoweit eine Mitwirkungspflicht nicht vorgesehen ist (vgl § 1078). 3

§ 1078 Mitwirkung zur Einziehung

Ist die Forderung fällig, so sind der Nießbraucher und der Gläubiger einander verpflichtet, zur Einziehung mitzuwirken. Hängt die Fälligkeit von einer Kündigung ab, so kann jeder Teil die Mitwirkung des anderen zur Kündigung verlangen, wenn die Einziehung der Forderung wegen Gefährdung ihrer Sicherheit nach den Regeln einer ordnungsmäßigen Vermögensverwaltung geboten ist.

Mitwirkung betrifft Einziehung und Kündigung von Forderungen iSv § 1076. Entspr Regelung: §§ 1083, 1285f. Bei einem Verstoß gegen die Mitwirkungspflicht ist Klage auf Erfüllung (§ 894 ZPO) möglich, zudem besteht ein Schadensersatzanspruch bei schuldhafter Unterlassung wegen Verletzung des zw dem Eigentümer und dem Nießbraucher bestehenden gesetzl Schuldverhältnisses; vgl Vor § 1030 Rn 17. 1

§ 1079 Anlegung des Kapitals

Der Nießbraucher und der Gläubiger sind einander verpflichtet, dazu mitzuwirken, dass das eingezogene Kapital der Rechtsverordnung nach § 240a entsprechend angelegt und gleichzeitig dem Nießbraucher der Nießbrauch bestellt wird. Die Art der Anlegung bestimmt der Nießbraucher.

Mündelsichere Anlage des nach § 1077 eingezogenen Kapitals der Rechtsverordnung nach § 240a entspr auf den Namen des Gläubigers, der Inhaber der Forderung wird. Den Nießbrauch hieran erlangt der Nießbraucher nicht kraft Gesetzes, sondern aufgrund besonderer Bestellung (Grü/*Herrler* Rn 1). Für Inhaber- und Orderpapiere mit Blankoindossament bestehen Sondervorschriften in den §§ 1081ff. 1

§ 1080 Nießbrauch an Grund- oder Rentenschuld

Die Vorschriften über den Nießbrauch an einer Forderung gelten auch für den Nießbrauch an einer Grundschuld und an einer Rentenschuld.

1 Die Regelung entspricht § 1291. Der **Nießbrauch an einer Grundschuld** richtet sich nach §§ 1074–1079, an einer **Rentenschuld** daneben nach § 1073.

§ 1081 Nießbrauch an Inhaber- oder Orderpapieren

(1) Ist ein Inhaberpapier oder ein Orderpapier, das mit Blankoindossament versehen ist, Gegenstand des Nießbrauchs, so steht der Besitz des Papiers und des zu dem Papier gehörenden Erneuerungsscheins dem Nießbraucher und dem Eigentümer gemeinschaftlich zu. Der Besitz der zu dem Papier gehörenden Zins-, Renten- oder Gewinnanteilscheine steht dem Nießbraucher zu.

(2) Zur Bestellung des Nießbrauchs genügt anstelle der Übergabe des Papiers die Einräumung des Mitbesitzes.

1 **1. Inhaberpapiere/Orderpapiere. Schuldverschreibungen auf den Inhaber** (§§ 793–807), nicht Legitimationspapiere des § 808, wie zB Sparbücher. Ferner außerhalb des BGB geregelte, über Geschäftsanteile ausgestellte Inhaberpapiere, insb **Inhaberaktien. Orderpapiere mit Blankoindossament: Wechsel** (Art 11ff, 77 WG), **Scheck** (Art 14ff ScheckG), **Orderpapiere des HGB** (§§ 363, 365), **Aktie**, auch Namensaktie, die trotz ihrer Bezeichnung Orderpapier ist (§ 10 I, § 68 I, § 278 III AktG). Soweit diese Inhaber- und Orderpapiere **verbrauchbar** sind, besteht eine **Sondervorschrift** in § 1084. Für andere Wertpapiere gelten die §§ 1081–1084 nicht. Vorschrift ist dispositiv (RG Warn 1908 Nr 168).

2 **2. Mitbesitz des Nießbrauchers.** Weil Papiere dieser Art leicht umgesetzt werden können, gewährt das Gesetz zum Schutz des Eigentümers dem Nießbraucher am Papier (Mantel) und Erneuerungsschein (Talon) abw von §§ 1068, 1036, 952 nur das **Recht auf Mitbesitz**. Demgemäß genügt auch Einräumung von (unmittelbarem oder mittelbarem) Mitbesitz bei der Bestellung des Nießbrauchs (Abs II). § 1082 lässt es auch genügen, dass Papier und Erneuerungsschein zugunsten des Eigentümers und Nießbrauchers **hinterlegt** werden. Der **Alleinbesitz** steht dem Nießbraucher nur an den **Zins-, Renten- und Gewinnanteilen** zu (Abs I S 2).

3 **3. Bestellung des Nießbrauchs.** Abs II bringt Erleichterungen und kommt auch dann zum Zuge, wenn für das Papier eine Sicherungshypothek gem § 1187 S 3 bestellt ist.

4 **4. Nießbrauch an Aktien und GmbH-Anteilen. a) Bestellung.** Die **Bestellung** richtet sich gem § 1069 nach den Vorschriften, die für die Übertragung gelten, dh bei **Inhaberaktien** ohne besondere Form nach § 1081, bei **Namensaktien** nach § 68 AktG iVm §§ 1069, 1070 (ausf MüKo-AktG/*Bayer* § 68 Rn 2ff). IÜ ist zu differenzieren: Sind Namensaktien vinkuliert (§ 68 I, II AktG), ist die Zustimmung der AG erforderlich (Einzelheiten bei MüKo-AktG/*Bayer* § 68 Rn 63ff); der Erwerber ist zur Wahrung seiner mitgliedschaftlichen Rechte gem § 67 AktG im Aktienregister eingetragen (näher MüKo-AktG/*Bayer* § 67 Rn 19ff). Bei der Nießbrauchbestellung ist die Eintragung im Aktienregister hingegen fakultativ (str; vgl MüKo-AktG/*Bayer* § 67 Rn 33).

5 **GmbH-Geschäftsanteile** sind übertragbar (§ 15 I GmbHG); weil sie ebenfalls regelmäßig vinkuliert sind (§ 15 V GmbHG). IdR ist auch die Zustimmung der GmbH, ggf. auch der Gesellschafter erforderlich (Einzelheiten bei Lutter/Hommelhoff/*Bayer* § 15 GmbHG Rn 68ff). Die GmbH-Satzung kann auch lediglich die Nießbrauchbestellung ausschließen oder zustimmungspflichtig machen (RGZ 80, 179; Lutter/Hommelhoff/*Bayer* § 15 GmbHG Rn 115). Der Anteilserwerb ist in die Gesellschafterliste einzutragen, §§ 16, 40 GmbHG (näher Lutter/Hommelhoff/*Bayer* § 40 GmbHG Rn 34, 36). Die Übertragung erfolgt gem § 15 III GmbHG in notarieller Form; in gleicher Weise ist ein Nießbrauch zu bestellen (Koblenz GmbHR 1992, 464, 465; Lutter/Hommelhoff/*Bayer* § 15 GmbHG Rn 115; ausf *Barry* RNotZ 2014, 401ff); das Kausalgeschäft bedarf hingegen nicht der Form des § 15 IV GmbHG (Lutter/Hommelhoff/*Bayer* § 15 GmbHG Rn 115). Eine Eintragung des Nießbrauchs in der Gesellschafterliste kommt de lege lata nicht in Betracht (Lutter/Hommelhoff/*Bayer* § 40 GmbHG Rn 41 mwN), obgleich dies rechtspolitisch wünschenswert wäre (ausf *Bayer* GmbHR 2012, 1, 5ff). Der Nießbraucher kann seine Rechte erst geltend machen, nachdem er dies ggü der Gesellschaft angezeigt hat (arg e § 407).

6 **b) Inhalt des Nießbrauchs.** Der Nießbraucher hat einen Anspruch auf den **anteiligen Gewinn**, nachdem dieser wirksam beschlossen ist (Lutter/Hommelhoff/*Bayer* § 15 GmbHG Rn 117; *Frank* MittBayNot 2010, 96, 101); er partizipiert hingegen nicht an Gewinnen, die in die Rücklagen gestellt werden, auch nicht an den stillen Reserven (*Fricke* GmbHR 2008, 739, 742). Sonderrechte des Gesellschafters sowie die hieraus erzielten Vergütungen stehen dem Nießbraucher nicht zu (RGZ 170, 358, 369). Surrogation auf Einziehungsentgelt oder Auseinandersetzungsguthaben (Lutter/Hommelhoff/*Bayer* § 15 GmbHG Rn 117; MüKo-GmbHG/*Weller/Reichert* § 15 Rn 347f; str). Bei Kapitalerhöhung aus Gesellschaftsmitteln erstreckt sich der Nießbrauch allerdings auf hinzuerworbene Anteile des Bestellers (Scholz/*Seibt* § 15 GmbHG Rn 216 mwN); bei Kapitalerhöhung gegen Einlagen besteht dagegen nur ein Anspruch auf Bestellung eines zusätzl Nießbrauchs insoweit, als der belastete Geschäftsanteil einen Wertverlust erlitten hat (MüKo-GmbHG/*Weller/Reichert* § 15 Rn 352; Scholz/*Seibt* § 15 GmbHG Rn 216 mwN).

7 **Verwaltungsrechte** – insb Stimmrecht – verbleiben nach hM grds beim Gesellschafter (Lutter/Hommelhoff/*Bayer* § 15 GmbHG Rn 119; Scholz/*Seibt* § 15 GmbHG Rn 217 mwN); dieser hat jedoch auf die Interessen des

Nießbrauchers Rücksicht zu nehmen. Die Rechtslage ist hoch str (ausf MüKo-GmbHG/*Weller/Reichert* § 15 Rn 337ff; Habersack/Casper/Löbbe/*Löbbe* § 15 GmbHG Rn 187); daher vertragl Regelung ratsam (dazu ausf etwa *Frank* MittBayNot 2010, 96ff). Zulässig ist jedenfalls Stimmrechtsvollmacht (auch unwiderrufliche, aber nicht verdrängende); dem Gesellschafter verbleibt in diesem Fall der Widerruf der Vollmacht aus wichtigem Grund (dazu *Reichert/Schlitt/Düll* GmbHR 1998, 565, 573f; Scholz/*Seibt* § 15 GmbHG Rn 217). Vertragl Stimmrechtseinräumung soll nach hM unzulässig sein (Koblenz GmbHR 1992, 464, 465; Scholz/*Seibt* § 15 GmbHG Rn 217); dagegen aber mit beachtlichen Argumenten eine starke Mindermeinung (*K. Schmidt* ZGR 1999, 601, 610f; *Reichert/Schlitt/Düll* GmbHR 1998, 565, 573).

§ 1082 Hinterlegung

Das Papier ist nebst dem Erneuerungsschein auf Verlangen des Nießbrauchers oder des Eigentümers bei einer Hinterlegungsstelle mit der Bestimmung zu hinterlegen, dass die Herausgabe nur von dem Nießbraucher und dem Eigentümer gemeinschaftlich verlangt werden kann.

Regelung entspricht §§ 1392, 1843, 2116. Hinterlegung grds beim Amtsgericht (§ 1 II HintO aF). Früherer S 2 aufgehoben durch Art 27 Nr 1 Gesetz v 8.12.2010 (BGBl I 2010, 1864). 1

§ 1083 Mitwirkung zur Einziehung

(1) Der Nießbraucher und der Eigentümer des Papiers sind einander verpflichtet, zur Einziehung des fälligen Kapitals, zur Beschaffung neuer Zins-, Renten- oder Gewinnanteilscheine sowie zu sonstigen Maßnahmen mitzuwirken, die zur ordnungsmäßigen Vermögensverwaltung erforderlich sind.

(2) Im Falle der Einlösung des Papiers finden die Vorschriften des § 1079 Anwendung. Eine bei der Einlösung gezahlte Prämie gilt als Teil des Kapitals.

Die Mitwirkungspflicht des § 1078 wird auf alle zur ordnungsmäßigen Verwaltung gehörenden Maßnahmen, 1 wie die Kraftloserklärung abhanden gekommener oder vernichteter Papiere (§ 799), deren Umtausch bei Konvertierung oder Verlosung und deren Verkauf, sofern die Ursache dafür nicht nur eine bloße Kursschwankung ist (Staudinger/*Heinze* Rn 2), erweitert. Die Kostentragungslast trifft beide je zur Hälfte.

§ 1084 Verbrauchbare Sachen

Gehört ein Inhaberpapier oder ein Orderpapier, das mit Blankoindossament versehen ist, nach § 92 zu den verbrauchbaren Sachen, so bewendet es bei den Vorschriften des § 1067.

Trifft insb zu für Banknoten sowie spezielle Geschäftspapiere (Motive bei Mugdan III S 311). Hier wird der 1 Nießbraucher Eigentümer und ist nach Nießbrauchsende zum Wertersatz verpflichtet. Abw Vereinbarungen sind zulässig.

Untertitel 3
Nießbrauch an einem Vermögen (§§ 1085–1089)

§ 1085 Bestellung des Nießbrauchs an einem Vermögen

Der Nießbrauch an dem Vermögen einer Person kann nur in der Weise bestellt werden, dass der Nießbraucher den Nießbrauch an den einzelnen zu dem Vermögen gehörenden Gegenständen erlangt. Soweit der Nießbrauch bestellt ist, gelten die Vorschriften der §§ 1086 bis 1088.

1. Gegenstand. Gegenstand des Nießbrauchs können das Vermögen einer nat oder jur Person oder eine Erb- 1 schaft (§ 1089) im Ganzen oder zu einem wesentlichen Bruchteil sein (näher *Hauck* S 267ff). Einzelne unbedeutende Gegenstände können ausgenommen werden (vgl RGZ 137, 324, 329; Einzelheiten str). Dagegen kann ein Nießbrauch nicht an einem **Sondervermögen**, zB Vorbehaltsgut (Grü/*Herrler* Rn 2), oder an einzelnen Sachen unter zusammenfassender Bezeichnung bestellt werden (Dresden OLG 7, 36), insb auch nicht an einem gewerblichen Unternehmen (vgl RGZ 95, 237, dazu aber Rn 4ff). Zum Vermögen gehörende, nicht übertragbare Rechte können dem Nießbrauch nicht unterworfen werden (§ 1069 II), doch kann im Einzelfall der Besteller verpflichtet sein, dem Nießbraucher die Nutzung zu übertragen. **Nießbraucher** muss wegen der Rechtsfolgen gem §§ 1086ff **Kenntnis** von der Gesamtvermögensbelastung haben (Grü/*Herrler* Rn 2); dies gilt insb, wenn nicht das Vermögen als Ganzes, sondern Einzelgegenstände belastet werden, die im Wesentlichen das ganze Vermögen des Bestellers ausmachen (BGHZ 55, 105, 107 zu § 419 aF; MüKo/*Pohlmann* Rn 2).

2. Bestellung. Die Bestellung erfolgt **an den einzelnen Sachen oder Rechten** nach Maßgabe der §§ 873, 1031f, 2 1067, 1069, 1081 BGB, § 9 SchiffsRG. Die Eigenschaft als „Nießbraucher am Vermögen“ ist weder eintragungsfähig noch eintragungspflichtig (RGZ 70, 345, vgl jedoch KG Recht 1924, 516). Für Verpflichtung zur Bestellung vgl § 311b II, III, § 2174.

3 Zweifelhaft kann sein, ab wann die §§ 1086ff gelten, wenn der dingliche Vollzug der Einzelakte sich über einen längeren Zeitraum erstreckt (**sukzessive Belastung**). Nach einer Auffassung (vgl Grü/*Herrler* Rn 2; MüKo/*Pohlmann* Rn 3) greift S 2 erst ein, sobald die Summe der belasteten Gegenstände den **wesentlichen Teil** des Vermögens ausmacht; nach aA (vgl Staudinger/*Heinze* Rn 23; so auch das ältere Schrifttum und die Rspr: RG JW 1928, 1344; Warn Rspr 1929, 319 sämtlich zum entspr Fall des inzw aufgehobenen § 419), löst schon die **erste Teilübertragung** die Rechtsfolge aus, wenn die einzelnen Teilakte zB wegen des einheitlichen, schuldrechtl Rechtsgrundes und des Bewusstseins der Beteiligten zusammenhängen. Erman/*Michalski*[13] hat dem zugestimmt; indes zweifelhaft.

4 **3. Nießbrauch am Unternehmen (Handelsgeschäft).** Dieser wird nicht gesondert geregelt, obwohl in § 22 II HGB der Nießbrauch am Handelsgeschäft explizit aufgeführt ist; s auch § 102 II 1 VVG. Dazu insb *Bökelmann*, Nutzungen und Gewinn beim Unternehmensnießbrauch, 1971, sowie *Grunsky* BB 1972, 585, *Fichtelmann* DStR 1974, 267, 270; *Hauck* S 283ff.

5 **a) Ausgestaltung und Abgrenzungen.** Zu unterscheiden ist der **echte Unternehmensnießbrauch** vom **bloßen Ertragsnießbrauch**, der ähnl wie der Nießbrauch an Gesellschaftsanteilen ausgestaltet ist (dazu § 1081 Rn 4ff und § 1069 Rn 7ff), dh, der Besteller führt idR das Unternehmen eigenverantwortlich weiter, während der Nießbraucher den Ertrag vereinnahmt und iÜ auf Kontrollrechte beschränkt ist (BayObLG 73, 168; Grü/*Herrler* Rn 3; näher MüKo/*Pohlmann* Rn 15). Beim Unternehmensnießbrauch führt hingegen der Nießbraucher das Unternehmen eigenverantwortlich (BGH NJW 2002, 343; ausf MüKo/*Pohlmann* Rn 17ff). Die Einzelheiten regelt das Grundgeschäft mit seiner inhaltlichen Ausgestaltung (vgl Vor § 1030 Rn 12). IÜ gelten §§ 1030–1084; die §§ 1085–1088 hingegen nur, wenn das Unternehmen das (nahezu) gesamte Vermögen darstellt (Grü/*Herrler* Rn 3).

6 **b) Verpflichtung zur Nießbrauchsbestellung.** Die Pflicht zur Begründung kann sich aus **Vertrag** oder **Verfügung von Todes wegen** (Vermächtnis) ergeben.

7 **c) Bestellung.** Die Bestellung des Unternehmensnießbrauchs hat aufgrund des sachenrechtl Spezialitätsprinzips **durch Einzelakte** an jedem Gegenstand (Sachen und Rechten) zu geschehen (RGZ 70, 226, 232; Grü/*Herrler* Rn 4). Dies gilt explizit gem § 1085 S 1 auch im Falle eines Vermögensnießbrauchs, wenn also das Unternehmen das wesentliche Vermögen des Bestellers ausmacht; in diesem Fall kommen die §§ 1085ff – und auch die Formvorschrift des § 311b III (BGHZ 25, 1, 4) –, andernfalls die §§ 1030ff in Betracht.

8 **d) Nießbrauchsgegenstand.** aa) Ein Unternehmen besteht nicht nur aus dem **Betriebsvermögen**, sondern auch aus verselbständigter Unternehmensleistung (zB Geschäftserfahrungen und -geheimnisse, Organisation, Ruf, Kundenkreis, Beziehungen), dem good will (= Tätigkeitsbereich). In diesen muss der Unternehmensinhaber den Nießbraucher einweisen.

9 bb) Für die **Ausgestaltung** des Nießbrauchsrechts ist in erster Linie der Parteiwille maßgeblich, wie er im Grundgeschäft seinen Niederschlag gefunden hat. IÜ kann man von Folgendem ausgehen:

10 (1) Das **Anlagevermögen** nebst Inventar bleibt Eigentum des Bestellers; jedoch darf der Nießbraucher über einzelne Inventarstücke entspr § 1048 mit dessen Rechtsfolge hinsichtl des Ersatzes verfügen. Das **Umlaufvermögen** wird gem § 1067 **Eigentum des Nießbrauchers.** Geschäftsforderungen stehen ihm zu.

11 (2) Der Nießbraucher ist verpflichtet, das Unternehmen in seinem wirtschaftl Bestand zu erhalten und nach den Regeln einer ordnungsmäßigen Wirtschaft zu führen (§ 1036 II, §§ 1037f, 1041).

12 (3) Übernimmt der Nießbraucher mit dem Unternehmen das **ganze Vermögen** des Bestellers, so können Altgläubiger die Rechte aus den §§ 1086, 1088 geltend machen. Übernimmt der Nießbraucher die Firma (§ 22 II HGB), haftet er für die Geschäftsschulden des bisherigen Inhabers gem § 25 HGB.

13 (4) Für **neue Geschäftsschulden** haftet nur der Nießbraucher mit seinem ganzen Vermögen einschl des Umlaufvermögens.

14 (5) Als **Nutzung** gebührt dem Nießbraucher nur der **Reingewinn**, wie er sich nach Abzug all der Aufwendungen ergibt, die erforderlich sind, um das Unternehmen in seinem wirtschaftl Bestand und als Erwerbsquelle zu erhalten; vgl *Baur* JZ 1968, 79. Er wird daher auch das Anlagevermögen bei Verschleiß zu erneuern und bei Abgängen zu ersetzen haben, selbst wenn es Eigentum des Bestellers geblieben ist. IÜ fallen unverschuldete Einbußen am Anlagevermögen nicht ihm, sondern dem Eigentümer zur Last. Verluste an dem in sein Eigentum übergegangenen Umlaufvermögen treffen ihn. Gleiches gilt für echte Betriebsverluste. Für Werteinbußen des Unternehmens haftet er dem Besteller nur bei Verschulden.

15 (6) Zur Problematik des Quotennießbrauchs s BayOblG 1973, 168; 1974, 243; MüKo/*Pohlmann* Rn 15; Staudinger/*Heinze* Anh §§ 1068f Rn 31; vgl auch § 1030 Rn 11.

16 **e) Ende des Nießbrauchs.** Ist der **Nießbrauch beendet**, so gelten § 1055 II, § 591 entspr, vgl § 1055 Rn 3. Führt der Besteller das Unternehmen mit der Firma fort, gilt § 25 HGB entspr.

§ 1086 Rechte der Gläubiger des Bestellers

Die Gläubiger des Bestellers können, soweit ihre Forderungen vor der Bestellung entstanden sind, ohne Rücksicht auf den Nießbrauch Befriedigung aus den dem Nießbrauch unterliegenden Gegenständen verlangen. Hat der Nießbraucher das Eigentum an verbrauchbaren Sachen erlangt, so tritt an die Stelle der Sachen

der Anspruch des Bestellers auf Ersatz des Wertes; der Nießbraucher ist den Gläubigern gegenüber zum sofortigen Ersatz verpflichtet.

Der an einem Vermögen oder einer Erbschaft bestellte Nießbrauch erfasst nur das, was nach Abzug der Schulden übrigbleibt, denn die **Gläubiger des Bestellers** haben ein unmittelbares **Zugriffsrecht** auf die einzelnen dem Nießbrauch unterliegenden Gegenstände. Beim Einzelnießbrauch können dagegen dem Nießbraucher nachgehende dingliche und persönliche Gläubiger die Zwangsvollstreckung nur unbeschadet des Nießbrauchs betreiben oder müssen die Bestellung des Nießbrauchs nach dem Anfechtungsgesetz zu Fall bringen. 1

Voraussetzungen für das Zugriffsrecht: **a)** die Forderung muss wenigstens als bedingte oder befristete sowie dem Grunde nach vor der Nießbrauchsbestellung entstanden sein und einem persönlichen Gläubiger des Bestellers – nicht des Eigentümers (Grü/*Herrler* Rn 1) – zustehen, **b)** die Beteiligten müssen gerade einen **Vermögensnießbrauch** gewollt haben, **c)** der Nießbraucher muss hierbei gewusst haben, dass der Nießbrauch im **Wesentlichen** das gesamte Vermögen des Bestellers erfasst. 2

Das Zugriffsrecht ist nicht dinglicher Natur, der Nießbraucher ist den Gläubigern ggü nur schuldrechtl verpflichtet, die Zwangsvollstreckung in das Vermögensstück zu dulden. Daher kann ein Zugriffsrecht, wenn Grundstücke vorhanden sind, nicht in das Grundbuch eingetragen werden, vgl RGZ 70, 348. 3

Zur Zwangsvollstreckung in die dem Nießbrauch unterliegenden Gegenstände vgl die §§ 737f, 794 II ZPO. Bei Grundstücken gelten die §§ 866ff ZPO, §§ 17, 147 ZVG. Ist der Besteller nicht Eigentümer des erfassten Gegenstandes gewesen, obliegt es dem Eigentümer, sein Recht gem §§ 64, 771 ZPO geltend zu machen. Der Nießbraucher ist gem § 1042 verpflichtet, den Eigentümer von dem Vorgehen des Gläubigers zu verständigen. 4

§ 1087 Verhältnis zwischen Nießbraucher und Besteller

(1) Der Besteller kann, wenn eine vor der Bestellung entstandene Forderung fällig ist, von dem Nießbraucher Rückgabe der zur Befriedigung des Gläubigers erforderlichen Gegenstände verlangen. Die Auswahl steht ihm zu; er kann jedoch nur die vorzugsweise geeigneten Gegenstände auswählen. Soweit die zurückgegebenen Gegenstände ausreichen, ist der Besteller dem Nießbraucher gegenüber zur Befriedigung des Gläubigers verpflichtet.

(2) Der Nießbraucher kann die Verbindlichkeit durch Leistung des geschuldeten Gegenstands erfüllen. Gehört der geschuldete Gegenstand nicht zu dem Vermögen, das dem Nießbrauch unterliegt, so ist der Nießbraucher berechtigt, zum Zwecke der Befriedigung des Gläubigers einen zu dem Vermögen gehörenden Gegenstand zu veräußern, wenn die Befriedigung durch den Besteller nicht ohne Gefahr abgewartet werden kann. Er hat einen vorzugsweise geeigneten Gegenstand auszuwählen. Soweit er zum Ersatz des Wertes verbrauchbarer Sachen verpflichtet ist, darf er eine Veräußerung nicht vornehmen.

§ 1087 begründet keine Wahlschuld, es liegt eine Schuld mit Ersetzungsbefugnis vor. § 1087 ist **nachgiebiges** Recht. Etwaige Vertragsvereinbarungen gehen vor (RGZ 153, 31). Zweck ist, Zwangsvollstreckungen zu vermeiden. 1

Mit der **Rückgabe** erlischt der Nießbrauch an dem Gegenstand ohne weiteres; der Besteller kann, statt Rückgabe zu verlangen, die zur Befriedigung des Gläubigers benötigten Gegenstände aber auch zurückbehalten (**Zurückbehaltungsrecht**, BGHZ 19, 309, 312), wenn der Nießbrauch daran noch nicht wirksam bestellt war. Die zurückgegebenen Gegenstände muss der Besteller zur Befriedigung des Gläubigers verwenden. Für verbrauchbare Sachen hat der Nießbraucher im Falle ihres Verbrauchs Wertersatz zu leisten. Bei einem Nießbrauchsvermächtnis steht das Recht aus § 1087 dem Erben zu, es sei denn, er ist Erbe nur durch die Ausschlagung eines Pflichtteilsberechtigten geworden (BGHZ 19, 309, 312ff). Tilgt er die Schuld aus eigenen Mitteln, so kann er verlangen, dass der Besteller die frühere Rechtslage wiederherstellt. 2

Abs II betrifft den Fall, dass ein bestimmter, im Besitz des Nießbrauchers stehender Gegenstand geschuldet wird. Dann darf der Nießbraucher den Gläubiger unmittelbar befriedigen. Leistet der Nießbraucher auf nicht bestehende Verbindlichkeiten, macht er sich schadensersatzpflichtig; guter Glaube entlastet ihn nicht, doch kommt § 1058 zum Zug. Unterliegen verbrauchbare Sachen dem Nießbrauch, darf der Nießbraucher erst veräußern, wenn Wertersatz nach § 1086 S 2 nicht ausreicht; andernfalls macht er sich schadensersatzpflichtig. 3

§ 1088 Haftung des Nießbrauchers

(1) Die Gläubiger des Bestellers, deren Forderungen schon zur Zeit der Bestellung verzinslich waren, können die Zinsen für die Dauer des Nießbrauchs auch von dem Nießbraucher verlangen. Das Gleiche gilt von anderen wiederkehrenden Leistungen, die bei ordnungsmäßiger Verwaltung aus den Einkünften des Vermögens bestritten werden, wenn die Forderung vor der Bestellung des Nießbrauchs entstanden ist.

(2) Die Haftung des Nießbrauchers kann nicht durch Vereinbarung zwischen ihm und dem Besteller ausgeschlossen oder beschränkt werden.

(3) Der Nießbraucher ist dem Besteller gegenüber zur Befriedigung der Gläubiger wegen der im Absatz 1 bezeichneten Ansprüche verpflichtet. Die Rückgabe von Gegenständen zum Zwecke der Befriedigung kann der Besteller nur verlangen, wenn der Nießbraucher mit der Erfüllung dieser Verbindlichkeit in Verzug kommt.

1 § 1088 setzt voraus, dass der Besteller für eine schon vor der Bestellung des Nießbrauchs **verzinsliche Forderung persönlich**, nicht bloß dinglich **haftet.** Somit haftet der Nießbraucher nicht für Zinsen einer das Grundstück des Bestellers belastenden Hypothek, deren persönlicher Schuldner ein Dritter ist. Für **dingliche Lasten des Vermögens**, zB Grundschuldzinsen, muss der Nießbraucher bereits nach § 1047 aufkommen. Der Nießbraucher haftet mit seinem ganzen Vermögen neben dem Besteller, selbst wenn die wiederkehrenden Leistungen die Einkünfte übersteigen (RGZ 153, 35). Es handelt sich um einen Fall **gesetzl Schuldmitübernahme.**

2 Zu den den Zinsen (vertragl, gesetzl) gleichgestellten und **wiederkehrenden Leistungen** gehören insb Renten, Reallasten sowie Tilgungsraten und auch solche eines Darlehens, das der Erblasser aufgenommen hatte, und das zulasten des Nachlasses dinglich abgesichert ist (Düsseldorf OLG 1975, 341) Unterhaltsbeiträge, Versicherungsprämien, nicht indes Einkommensteuer (BFH NJW 1970, 831, 832; MüKo/*Pohlmann* Rn 2; Staudinger/*Heinze* Rn 3; Grü/*Herrler* Rn 1; aA noch RGZ 153, 29).

3 Der Nießbraucher hat im Innenverhältnis ggü dem Besteller entgegen der Fassung des Abs III **alle Lasten** zu tragen, die bei ordnungsmäßiger Verwaltung aus den Vermögenseinkünften zu bestreiten sind (RGZ 153, 33; Düsseldorf OLG 1975, 341; weiter diff MüKo/*Pohlmann* Rn 4). Die Regelung ist abdingbar (Grü/*Herrler* Rn 2).

§ 1089 Nießbrauch an einer Erbschaft

Die Vorschriften der §§ 1085 bis 1088 finden auf den Nießbrauch an einer Erbschaft entsprechende Anwendung.

1 **1. Nießbrauchsgegenstand.** Unter Nießbrauch iSd Vorschrift ist lediglich der an einer **Erbschaft oder einem Bruchteil** von ihr eingeräumte zu verstehen, **nicht** jener am **Erbteil eines Miterben** (§ 2033; näher *Hauck* S 280ff; vgl auch Rn 4). Letzterer richtet sich als Nießbrauch an einem Recht nach §§ 1068ff, 1066 (München JFG 1921, 177; Hamburg ErbR 2016, 538), und zwar auch, wenn er alle Miterbenanteile betrifft (Grü/*Herrler* Rn 2). Notariell Beurkundung ist erforderlich (§§ 1069, 2033 I). Weiterhin ist die Zuwendung eines schuldrechtl Anspruchs auf die Nutzungen von dem Nießbrauch an der Erbschaft zu unterscheiden (RGZ 148, 336; KG JW 1933, 184).

2 Eine Nießbrauchbestellung an der Erbschaft liegt zum einen vor, wenn das Sondervermögen **Erbschaft** ausdrückl erfasst wird, zum anderen aber auch, wenn der Nießbrauch **Einzelgegenstände** betrifft, die den wesentlichen Teil der Erbschaft ausmachen, sofern der Nießbraucher – wie bei § 1085 Rn 1 – hiervon Kenntnis hat (Düsseldorf OLG 1985, 341, 343; MüKo/*Pohlmann* Rn 2).

3 **2. Bestellung.** Die Bestellung erfolgt an den **einzelnen Gegenständen** nach § 1085 S 1 ggf durch **sämtliche Miterben.** Wendet der Erblasser einen Nießbrauch durch ein Vermächtnis zu, folgt hieraus nur die Verpflichtung des Erben (§ 2174) zur Bestellung an den einzelnen Gegenständen; bis dahin tritt keine dingliche Wirkung ein (KGJ 32, 86; Hamburg ErbR 2016, 538). Die Verpflichtung des Erben entfällt (vgl § 1087), soweit er der Gegenstände zur Erfüllung der Nachlassverbindlichkeiten bedarf (BGHZ 19, 312). Der Nießbraucher kann vom Testamentsvollstrecker Auskunft über den Bestand des Nachlasses verlangen (RG JW 1904, 338). Wendet der Erblasser dem zunächst Berufenen den Nießbrauch oder die „Nutznießung" an der Erbschaft zu, kann es im Einzelfall schwierig sein, festzustellen, ob das dem Wortlaut Entspr oder ob nicht eine Vorerbschaft gewollt ist, zumal, wenn die Verwaltung des Nachlasses mitübertragen wird. Für Vorerbschaft haben sich entschieden BGH LM § 2100 Nr 2; RG JW 1911, 283; 1918, 434; BayObLG Rpfleger 1981, 64; KGJ 38, 124; DRZ 27 Nr 680; DR 1941, 594; dagegen KG OLG 8, 273; 18, 335; 44, 103; BayObLG 1920, 25; vgl auch MüKo/*Pohlmann* Rn 5. Auch bei wegen § 2366 wirksamer Bestellung durch **Nichterben** gilt § 1089, doch stehen die Rechte aus §§ 1086ff dem wahren Erben zu (Grü/*Herrler* Rn 1); der redliche Nießbraucher ist über § 1058 geschützt (Staudinger/*Heinze* Rn 16).

4 **3. Nießbrauch am Miterbenanteil.** Beim Nießbrauch an einem Miterbenanteil besteht das dingliche Recht **am Erbteil**, nicht an den einzelnen Nachlassgegenständen. Dingliche Surrogation nur im Rahmen des § 2041. Der Miterbe, dessen Anteil mit dem Nießbrauch belastet ist, bedarf zur Erbauseinandersetzung der Zustimmung des Nießbrauchers, § 1071 (Grü/*Herrler* Rn 2; MüKo/*Pohlmann* Rn 15; Staudinger/*Heinze* Rn 33), vgl § 2042 Rn 9 aE; daher kann im Grundbuch eine Verfügungsbeschränkung eingetragen werden (Hamm OLG 1977, 283). Nach erfolgter Auseinandersetzung gilt § 1066 III analog, dh Surrogation an den gem § 2041 in den Nachlass gelangenden Gegenständen (Grü/*Herrler* Rn 2; MüKo/*Pohlmann* Rn 15). Zur Streitfrage, inwieweit auch hier §§ 1086ff analog gelten: MüKo/*Pohlmann* Rn 16.

Titel 3
Beschränkte persönliche Dienstbarkeiten (§§ 1090–1093)

Vorbemerkung vor § 1090

1 **1. Begriff.** Zu **Begriff** und **Abgrenzung** der Dienstbarkeiten Einl § 1018 Rn 1ff.

2 **2. Wesen und Inhalt.** Dem Berechtigten wird eine Befugnis eingeräumt, die den Inhalt einer Grunddienstbarkeit bilden kann (vgl hierzu § 1018 Rn 9ff). Im Gegensatz zur Grunddienstbarkeit kann das Recht nur einer bestimmten nat oder jur Person (zB bei Gemeindeservituten der Gemeinde) eingeräumt werden. Wird die Aus-

übung von Rechten ausgeschlossen (§ 1018 Rn 19), so tritt an die Stelle des herrschenden Grundstücks der Berechtigte (RGZ 119, 211; RGRK/*Rothe* § 1090 Rn 5). Die beschränkte persönliche Dienstbarkeit ist damit a) im Gegensatz zu Miete und Pacht, die nur persönliche Befugnisse am Grundstück verleihen, obj-dinglich und b) im Gegensatz zur Grunddienstbarkeit subj persönlich. Wie der Nießbrauch ist sie unvererblich und grds nicht übertragbar (§ 1090 II, § 1061, § 1092 S 1). Sie erlischt deshalb mit dem Tode der berechtigten nat Pers. Zur Löschung des auf die Lebenszeit des Berechtigten beschränkten Rechts s § 23 GBO (Löschung mit Todesnachweis, sofern keine Rückstände denkbar). Teilw wird ins Grundbuch die Klausel eingetragen, dass zur Löschung der Nachw des Todes des Berechtigten genügt. Hierzu bedarf es nur der Bewilligung des Grundeigentümers, die des Begünstigten erübrigt sich (BayObLG 1965, 46). Die Zulässigkeit einer derartigen **Löschungserleichterung** ist umstr (generell abl Frankfurt NJW-RR 1989, 146; aA KEHE/*Schrandt/Kalb*, GrundbuchR[8] 2019, § 23 GBO Rn 25 und Meikel/*Böttcher*, GBO[12] 2021, §§ 23, 24 GBO Rn 40); entscheidend ist, dass im Einzelfall nicht erfüllte (Neben-)Leistungspflichten bestehen können (ebenso Düsseldorf RNotZ 2003, 315; München RNotZ 2017, 104). Im Gegensatz zum Nießbrauch kann ohne ausdrückl Vereinbarung die Ausübung nicht einem anderen überlassen werden (§ 1092 S 2, § 1093 II). Ist eine jur Person oder eine rechtsfähige Personengesellschaft Berechtigter, so ausnahmsw gem § 1092 II, III übertragbar. Die dingliche Beziehung zum Eigentümer gebietet dem Berechtigten, alles zu unterlassen, was diesen an der restlichen Nutzung hindern kann (BGH WM 1982, 298).

Ein Grundstück kann nebeneinander mit einer Grunddienstbarkeit und einer beschränkten persönlichen Dienstbarkeit belastet werden (BayObLG MDR 1982, 937; KG OLG 15, 359). Es ist ferner zulässig, wenn auch in der Praxis nicht häufig, dass neben der dinglichen Haftung noch eine rein schuldrechtl Verpflichtung übernommen wird (KG OLG 15, 359). Insb ist anerkannt, dass eine unter Beachtung der §§ 1090ff bestellte beschränkte persönliche Dienstbarkeit eintragungsfähig ist, auch wenn die Beteiligten über denselben Gegenstand einen Miet- oder Pachtvertrag abgeschlossen haben (Hamm DNotZ 1957, 314; BGH LM § 1090 Nr 7; NJW-RR 2014, 1423; *Nemzoo/Aspar* ZfIR 2016, 293; zum Eintragungswert München IMR 2016, 170). In Einzelfällen kann beim Hotel-Buy-out-Modell (Volleigentum mit Vermietungspflicht) auch in der Dienstbarkeitsbestellung eine Umgehung der §§ 481ff (§ 487) liegen, nicht aber bei Fremdenverkehrsdienstbarkeit zur Sicherung öffentlicher Zwecke (keine Zweitwohnungsbildung). Zum Geschäftswert München NJW-RR 2023, 142. 3

3. Regelung. Grds finden die für Grunddienstbarkeiten geltenden Vorschriften entspr Anwendung (§ 1090 II). 4
So insb für die **Begründung, Inhaltsänderung** und **Beendigung** (vgl Vor § 1018 Rn 3ff). Das Wohnungsrecht richtet sich jedoch in wesentlichen Punkten nach dem Nießbrauchsrecht (§ 1093 I). Landesrechtl Vorbehalte gem Art 96, 113–116, 120, 128, 133 EGBGB. Übergangsvorschriften in Art 164, 184, 189, 191 EGBGB. IÜ vgl noch §§ 92, 121 ZVG; § 9 EGZVG.

4. Praktische Bedeutung. Diese kommt der beschränkten persönlichen Dienstbarkeit vor allem in folgenden 5
Fällen zu: **a)** bei Übergabe eines Anwesens, insb im Zusammenhang mit landwirtschaftl Leibgedingeverträgen (Altenteil-Auszugsverträgen) hinsichtl der Rechte des Übergebers, Altenteilers, **b)** in der Landwirtschaft hinsichtl der Forst-, Weide- und Fischereirechte, **c)** in der Industrie, um die erforderlichen Betriebsanlagen sicherzustellen, bei Immissionen keinen Unterlassungsansprüchen ausgesetzt zu sein und Wettbewerb auszuschalten (vgl Hamburg NJOZ 2008, 2373), **d)** zur Sicherung von Versorgungsleitungen (*Ahnis/Bartsch* JR 2014, 122; *Bartsch/Rieke* EnZW 2016, 159; zum Geschäftswert Frankfurt NJW-RR 2015, 958; zur Enteignung BGH BayVBl 2016, 422), **e)** bei öffentlich-rechtl Gebietskörperschaften (ausf *Odersky*, FS 125 Jahre Bayerisches Notariat,1987, 213ff und *Tennie* Dingl Rechte als städtebauliche Gestaltungsmittel 2004, 8ff), insb Gemeinden, die sich Rechte im Interesse ihrer Mitglieder oder zum Vorteil der Allgemeinheit einräumen lassen (vgl BGH NJW 1984, 924 zur Unzulässigkeit bestimmter Gewerbebetriebe im Gewerbegebiet und BGH NJW 1985, 387 zur Höhe der Enteignungsentschädigung für eine U-Bahn-Dienstbarkeit). Jedoch können Befugnisse, die sich ohnehin aus dem Gemeingebrauch ergeben, nicht Inhalt einer Dienstbarkeit werden, wohl aber solche, die sich aus einer inhaltsgleichen Grunddienstbarkeit ergeben (BayObLG MDR 1982, 937). **f)** Nach § 3 III VerkFlBerG konnte der öffentliche Nutzer einer Verkehrsfläche anstelle des Verkaufs die Bestellung einer beschränkten persönlichen Dienstbarkeit verlangen, wenn ein Grundstück nur in einzelnen Beziehungen genutzt wird (zB Untertunnelung, Brückenpfeiler). Das Recht musste bis 30.6.2007 schriftlich ausgeübt worden sein (vgl § 5 III VerkFlBerG zum Entgelt). § 7 II VerkFlBerG räumte einen Anspruch auf Abgabe einer Bewilligung für eine Vormerkung zur Sicherung der Dienstbarkeit ein (vgl *Stavorinus* NotBZ 2001, 349, 360; *Böhringer* NotBZ 2002, 117, 122).

5. Versorgungsleitung. Die Vorschriften über die beschränkte persönliche Dienstbarkeit sind auf eine ge- 6
meindliche Befugnis, Versorgungsleitungen unter einer Bundesfernstraße zu unterhalten, entspr anzuwenden (BGH NJW 1962, 1817; BayObLG 1969, 169). Dazu im Einz § 1023 Rn 7.

§ 1090 Gesetzlicher Inhalt der beschränkten persönlichen Dienstbarkeit

(1) Ein Grundstück kann in der Weise belastet werden, dass derjenige, zu dessen Gunsten die Belastung erfolgt, berechtigt ist, das Grundstück in einzelnen Beziehungen zu benutzen, oder dass ihm eine sonstige Befugnis zusteht, die den Inhalt einer Grunddienstbarkeit bilden kann (beschränkte persönliche Dienstbarkeit).

(2) Die Vorschriften der §§ 1020 bis 1024, 1026 bis 1029, 1061 finden entsprechende Anwendung.

1 **1. Belasteter Gegenstand.** Vgl § 1018 Rn 2. Eine beschränkte persönliche Dienstbarkeit kann auch als **Gesamtbelastung** bestellt werden (BayObLG Rpfleger 1990, 111; DNotZ 1991, 256).

2 **2. Berechtigter. a) Natürliche und juristische Personen. aa) Natürliche Personen**; für bestimmte Person (München NotBZ 2014, 154: für jew Firmeninhaber) auch mehrere nebeneinander, zu Bruchteilen; aber bei unteilbaren Leistungen, zB Unterlassung, ausgeschlossen, dann nur als Gesamtberechtigte (§ 428) oder als rechtsfähige GbR (LG Landshut MittBayNot 1998, 261). Auch zugunsten der Wohnungseigentümergemeinschaft möglich (KG MietRB 2016, 14; *Dieckmann* BWNotZ 2022, 392). Falls zeitl nacheinander, so ist zu unterscheiden: (**1**) unzulässig Bestellung für bestimmte Person und deren Erben oder sonstige Rechtsnachfolger (RGZ 119, 214; München MDR 2011, 416; vgl § 1092 Rn 4); Besteller kann sich nur schuldrechtl ggü dem Vertragspartner verpflichten, das Recht dem Rechtsnachfolger neu zu bestellen (KG OLG 14, 88; BayObLG 1911, 573). Anspruch auf Einräumung einer beschränkten persönlichen Dienstbarkeit zugunsten des Vertragspartners für seine Rechtsnachfolger oder zu benennende Dritte kann durch Vormerkung gesichert werden (Hamm FGPrax 2012, 192; 2017, 157; München RNotZ 2016, 388; NJW-RR 2017, 587; FGPrax 2017, 112; vgl § 1092 Rn 4). Ist Rechtsnachfolger als Berechtigter der Dienstbarkeit miteingetragen, so ist nicht ohne weiteres die ganze Eintragung nichtig, sondern § 139 anzuwenden (RGZ 119, 214); (**2**) zulässig Bestellung für mehrere Personen in der Weise, dass sie für die eine auflösend bedingt, zB durch Tod oder anderes Ereignis, oder befristet und für die andere aufschiebend bedingt oder befristet ist, so dass das gleiche Ereignis oder die gleiche Frist das Recht des einen beendet und das des anderen entstehen lässt (KG JW 1932, 2445; Hamburg OLG 36, 164). Zur Auslegung eines für eine bestimmte Person „und deren Rechtsnachfolger" eingetragenen Überfahrtsrechts als beschränkte Dienstbarkeit s BGH MDR 1965, 195. Bestimmtheit fraglich, wenn der Berechtigte nicht ausdrückl genannt wird (vgl Hamm RNotZ 2016, 101 zu Vertragseintritt als Bedingung; LG Lübeck DRsp 154, 65a). Eine beschränkte persönliche **Dienstbarkeit** kann **für den Eigentümer** des belasteten Grundstücks durch einseitige Erklärung jedenfalls dann bestellt werden, wenn das mit Rücksicht auf eine beabsichtigte Veräußerung des Grundstücks geschieht und aus diesem Grund ein Bedürfnis hierfür besteht (BGHZ 41, 209; Oldenburg Rpfleger 1967, 410; München RNotZ 2012, 44/46; für Zulässigkeit auch bei anderem Interesse Saarbrücken Rpfleger 1992, 16; LG Frankfurt NJW-RR 1992, 600; BayObLG NJW-RR 1992, 847; zum Mitbenutzungsrecht an Wohnräumen, von denen der Eigentümer gem § 1093 ausgeschlossen ist, vgl Saarbrücken Rpfleger 1992, 16). Für Miteigentümer ohne diese Voraussetzungen zulässig. Entspr der Rspr zum Eigentümernießbrauch (BGHZ 190, 267) ist Bestellung für Eigentümer (ausgenommen bei § 1093) auch ohne zusätzl Voraussetzungen zulässig.

3 **bb) Juristische Personen**, auch des öffentlichen Rechts, insb Gemeinde (RGZ 111, 394; BayObLG MDR 1965, 743; LG Ellwangen BWNotZ 1997, 69 bei Zufahrt ohne Berechtigtenangabe), auch zum Vorteil ihrer Mitglieder (RGZ 61, 342); Dienstbarkeit für eine Kirchengemeinde auf Verwendung eines Grundstücks als Friedhof (KG Recht 1918 Nr 261), nicht aber Behörde, zB Polizei bzgl Baubeschränkung (KGJ 39, 312). Haben Gemeindeangehörige durch ständige Benutzung eines Überwegs für die Gemeinde nach gemeinem Recht ein Wegerecht ersessen, so steht die Befugnis, aus der Gemeindeservitut Rechte herzuleiten und zu klagen, der Gemeinde und nicht den einzelnen Gemeindemitgliedern zu (RGZ 44, 145). Zur Übertragbarkeit s § 1092 II und III (vgl *Bassenge* NJW 1996, 2777; BayObLG Rpfleger 1983, 391 zur Verschmelzung von Genossenschaften und Schleswig NJW-RR 2010, 592 zur Spaltung). Eine Eintragung mit dem Zusatz „und deren Rechtsnachfolger" ist (insoweit) unzulässig (Hamm MittBayNot 2001, 320; aA Düsseldorf MittBayNot 1976, 215, 216; vgl auch § 1018 Rn 7).

4 **b) Schuldrechtlicher Anspruch.** Ein **schuldrechtl Anspruch** auf Bestellung einer beschränkten persönlichen Dienstbarkeit kann rechtswirksam zugunsten mehrerer aufeinander folgender Personen vereinbart und durch Vormerkung gesichert werden; er kann in Ausnahmefällen übertragbar (vgl aber Nürnberg ZfIR 2016, 537) und vererblich sein (vgl BGHZ 28, 99; Rn 2; § 1092 Rn 4). Sicherbar ist der Anspruch einer Person auf Rechtsbestellung zugunsten seiner Erben (LG Traunstein NJW 1962, 2207; LG Passau MittBayNot 2004, 362) und von ihm benannter Dritter (München MittBayNot 2011, 231; RNotZ 2016, 388; vgl Rn 2).

5 **3. Rechtsinhalt. a) Inhalt.** § 1090 spricht davon, dass das Grundstück in einzelnen Beziehungen benutzt werde (vgl § 1018 Rn 13). Dies ist weit auszulegen (Frankfurt MDR 1985, 937: Nutzung des gesamten Grundstücks neben dem Eigentümer; vgl auch Schleswig NJW-RR 1996, 1105 und Zweibrücken NJW-RR 1998, 1474, anders noch Zweibrücken OLGRp 1997, 139). Solange ein Nutzungsrecht nicht alle Nutzungsmöglichkeiten des belasteten Grundstücks umfasst, kann es als beschränkte persönliche Dienstbarkeit eingetragen werden (Köln MDR 1982, 318; BayObLG MDR 1965, 743). Bei der **Auslegung** einer beschränkten persönlichen Dienstbarkeit ist ebenso wie bei einer Grunddienstbarkeit streng von Wortlaut und Sinn der Eintragung und der Eintragungsbewilligung auszugehen (Brandenburg NotBZ 2009, 233). Daneben sind die persönlichen Verhältnisse des Berechtigten sowie Lage und Verwendungsart des belasteten Grundstücks zu berücksichtigen (BGH LM § 1090 Nr 5; vgl München MittBayNot 2008, 479 zu schuldrechtl Vereinbarungen). Eine Erweiterung ggü dem ursprüngl Inhalt muss sich in den Grenzen einer der Art nach gleichbleibenden Nutzung halten (BGHZ 145, 16, verneint für umfassende telekommunikative Nutzung bei „Gasleitungsrecht"). Der **Inhalt** der beschränkt persönlichen Dienstbarkeit kann, wie bei § 1018, **dreierlei** sein: (1) Recht, das Grundstück in einzelnen Beziehungen zu benutzen (nicht aber Ausübung der Nutzungsbefugnisse einer Grunddienstbarkeit des dienenden Grundstücks am Drittgrundstück, Hamm DNotZ 2008, 612), (2) Recht, dass an sich erlaubte Handlungen nicht vorgenommen werden, (3) Ausschluss nachbarlicher, aus dem Eigentum sich ergebender Befugnisse (vgl § 1018 Rn 19). Stichwortartige Bezeichnung des Rechts oder Verbots ist erforderlich (LG München I MittBayNot 2006, 147). Soweit die Vornahme von Handlungen untersagt wird, muss entspr dem im Liegenschaftsrecht geltenden Grundsatz der

Bestimmtheit zweifelsfrei zu erkennen sein, um welche es sich handelt. Unbestimmtheit durch Überladung (vgl Hamm NJW 1986, 3213 und LG Dortmund Rpfleger 1993, 108 – Nutzung nur noch in Übereinstimmung mit dem Berechtigten). Bestimmtheit ist nicht gegeben, wenn der Grundstückseigentümer alle Maßnahmen an dem auf dem Grundstück stehenden Gebäude zu unterlassen hat, „die den allg anerkannten Grundsätzen der Denkmalspflege widersprechen" (Düsseldorf Rpfleger 1979, 305; München NotBZ 2012, 115; vgl auch LG Köln Rpfleger 1981, 294), oder Maßnahmen zu unterlassen hat, die einen naturschutzrechtl Eingriff darstellen (offen München MittBayNot 2019, 519; Schleswig ECLI:DE:OLGSH:2021:0528.2WX27.20.00) und bei Bezugnahme auf örtliche Bauvorschrift (München MittBayNot 2008, 380).

b) Interesse des Berechtigten. § 1090 II erklärt § 1019 nicht für entspr anwendbar. Ein **wirtschaftlicher Vorteil** für den Berechtigten ist daher **nicht erforderlich** (RGZ 111, 384, 392), wohl aber überhaupt ein Vorteil (BGH NJW 1985, 1025). Es reicht, dass mit der beschränkten persönlichen Dienstbarkeit ein zulässiger Zweck mit privatrechtl Mitteln verfolgt wird (KG Recht 1929 Nr 2377). Die **Verfolgung ideeller oder gemeinnütziger Interessen genügt.** Es muss sich nicht um eigene Interessen des Berechtigten handeln; auch die Wahrnehmung und der Schutz erlaubter Interessen Dritter ist zulässig. Eine beschränkte persönliche Dienstbarkeit kann ausschließlich für fremde Bedürfnisse oder für fremde Belange bestellt werden, derer sich der Berechtigte aus nicht unerlaubten Gründen annehmen will (vgl BGH NJW 1984, 924; BGHZ 41, 209; BayObLG MDR 1965, 743). Ist Staat oder andere jur Person des öffentlichen Rechts Berechtigter, so können sogar öffentlich-rechtl Zwecke den Inhalt bilden (BGH NJW 1984, 924; RGZ 111, 394; BayObLG MDR 1965, 743; LG Passau MDR 1971, 927: Grundstücksnutzung durch Ausbau und Unterhaltung einer öffentlichen Straße). Wettbewerbsverbote könnten Gegenstand einer beschränkten persönlichen Dienstbarkeit sein (BayObLG JW 1928, 1513). Das Verbot muss aber auch bei ihnen eine Änderung oder Einschränkung der Benutzungsart des dienenden Grundstücks und nicht nur der persönlichen oder gewerblichen Freiheit des Eigentümers bewirken (Saarbrücken DNotZ 1953, 411; BayObLG 1953, 295; vgl auch BGH MittBayNot 2009, 374). Die beschränkte persönliche Dienstbarkeit ist nämlich ebenso wie die Grunddienstbarkeit ihrer Rechtsnatur nach eine das Eigentum einschränkende **Grundstücksbelastung.** Das Verbot muss sich deshalb unmittelbar auf die aus dem Eigentum fließende **Freiheit auswirken, das Grundstück in tatsächlicher Hinsicht** zu benutzen. Dies wird idR zwar der Fall sein, wenn auf dem Grundstück überhaupt kein Gewerbe oder kein bestimmtes ausgeübt werden darf (BayObLG MDR 1983, 935; BGH NJW 1985, 2474). Dagegen ist das Recht zur **freien Auswahl** eines **Warenlieferanten** kein Ausfluss des Eigentums am Grundstück. Wer in dem auf seinem Grundstück eingerichteten Unternehmen an Erzeugnisse eines bestimmten Herstellers gebunden ist, insb nur solche des Dienstbarkeitsberechtigten oder einer von diesem gebilligten Firma vertreiben darf, wird nicht in der Ausübung seiner Eigentumsbefugnisse, sondern in seiner **rechtsgeschäftlichen Freiheit**, in der Wirtschaftsführung seines Unternehmens, beeinträchtigt. Derlei Beschränkungen können nicht Inhalt einer beschränkten persönlichen Dienstbarkeit sein (vgl BGH LM § 1090 Nr 5 Verbot des Verkaufs von Flaschenbier im Rahmen eines erlaubten Lebensmittelgeschäfts). **Unterscheidende Kriterien** der tatsächlichen Benutzungsmöglichkeit und damit nach hM (vgl aber krit § 1018 Rn 17) einer Dienstbarkeit zugänglich sind nicht nur die Art des Gewerbes (Handels-, Handwerks-, Fabrikbetrieb) und der Umfang von Immissionen, sondern auch die Art der Waren, die auf dem Grundstück bearbeitet, gelagert oder vertrieben werden, während dies für die Unterscheidung nach Hersteller oder Marken bestimmter Waren nicht der Fall ist (München NotBZ 2021, 398; LG Siegen Rpfleger 1989, 100). Hat die beschränkte persönliche Dienstbarkeit den Inhalt, dass dem Berechtigten das **alleinige Recht** eingeräumt wird, auf dem belasteten Grundstück ein **bestimmtes Unternehmen**, zB eine Tankstelle zu errichten und zu betreiben, und ferner dass auf dem belasteten Grundstück **kein Konkurrenzunternehmen** errichtet und betrieben werden darf, so handelt es sich um ein **einheitliches Recht**, das zwei Arten der Belastung, a) die Einräumung eines Benutzungsrechts und b) die Verpflichtung zur Unterlassung gewisser Handlungen, enthält, die beide untereinander verbunden werden können (vgl BGH Rpfleger 1959, 124; NJW 1961, 2157; NJW 1962, 468). Auch bei der **„ausschließlichen Tankstellendienstbarkeit"** handelt es sich um ein einheitliches Recht mit teils positivem, teils negativem Inhalt. Den Wesenskern bildet das Recht zum Betrieb der Tankstelle auf fremdem Grundstück, das Wettbewerbsverbot stellt sich nach hM (aA § 1018 Rn 17) nur als ein unselbständiges Anhangsrecht dar, welches das Benutzungsrecht verstärkt und inhaltlich näher ausgestaltet. Dies rechtfertigt, auch hinsichtl der Ausschließlichkeit des Rechts auf die Eintragungsbewilligung Bezug zu nehmen (Hamm Rpfleger 1961, 238). 6

Bsp zulässigen Inhalts nach der Rspr: Recht auf Betrieb einer Mühle (RG SeuffA 79, 243); einer Schankwirtschaft (BGH 11.2.2016 – V ZR 180/15); Einzelhandelswarenhaus (Zweibrücken MDR 2010, 1044); Weiderecht; Recht, fremde Weidenbäume zu nutzen (Kiel SchlHA 1903, 97); Recht auf Ausbeutung dem Bergregal nicht unterliegender Bodenbestandteile (RG HRR 1936, 662); Recht, Gebäude oder Gebäudeteil zu gewerblichen oder geschäftlichen Zwecken zu benutzen (KGJ 1953, 157; Schleswig NJOZ 2011, 2084); Wegerecht; Leitungsrecht (vgl *Filipp* MittBayNot 2005, 185); Parkplatzbenutzungsrecht (München NotBZ 2018, 157); Windenergie- und Mobilfunkanlagenerrichtungsrecht (Brandenburg MittBayNot 2005, 247); Baubeschränkungen aus hygienischen, städtebaulichen oder architektonischen Gründen (KG KGBl 1907, 11; KG OLG 41, 172; München NotBZ 2014, 348); Gewerbebeschränkungen (KG OLG 10, 118; Karlsruhe NJW 1986, 3212; BayObLG 1997, 129); Verbot, Kino (KG OLG 45, 229) oder Vergnügungs- und Schankwirtschaften (BayObLG BayZ 1928, 79) einzurichten; Verbot von Wärme erzeugenden Anlagen (BGH WM 1984, 820); Dienstbarkeit für Gemeinde, dass Eigentümer Grundstück nur zur Einstellung von Kraftfahrzeugen benutzen darf (BayObLG NJW 1965, 1484); Verbot, Grundstück anders als für fremdenverkehrsgewerbliche Beherbergungsbetriebe mit ständig wechselnder Belegung zu 7 nutzen (BayObLG NJW 1985, 2485; LG Ravensburg Rpfleger 1992, 192; München ZfIR 1999, 268; aber MDR 1981, 52 und 758; vgl auch § 1093 Rn 9); Verbot, Grundstück anders als zum Betrieb einer Behindertenwerkstatt zu nutzen (BayObLG NJW 1986, 3211); Pflicht, von Nachbargrundstück ausgehende Einwirkungen über das gesetzl Maß hinaus zu dulden (RGZ 119, 211; LG Bad Kreuznach Rpfleger 1989, 448; München Rpfleger 2013, 710); Recht, Grundstück neben dem Eigentümer zu Wohnzwecken zu benutzen (KG Recht 1929, 1003; LG Mönchengladbach RNotZ 2003, 569); naturschutzrechtl Unterlassungsdienstbarkeit (LG München II MittBayNot 2004, 366; München MittBayNot 2019, 519); (auch unbefristetes) Recht darauf, dass einzelne, auf dem Grundstück errichtete Wohnungen nur von best Personen (zB Bundesbedienstete, Sozialmieter) bewohnt werden dürfen (Wohnungsbesetzungsrecht, vgl § 1093 Rn 9; BGH MDR 2013, 458; JZ 2019, 736; Schleswig SchlHA 2012, 69; vgl aber auch BayObLG Rpfleger 1990, 14). Hat sich der Erwerber eines der Bahn gehörenden, unmittelbar an eine Bahnlinie angrenzenden Grundstücks verpflichtet, den erworbenen Grundbesitz entlang der Grenze zum Bahnkörper hin mit einer Einfriedung zu versehen und diese zu erhalten, so ist eine Dienstbarkeit zugunsten der Bahn und zulasten des übernommenen Grundbesitzes des Inhalts zulässig, dass die Einfriedung nicht zu entfernen, vielmehr als Anlage iSd § 1021 I 1 in ihrem Bestand zu sichern und zu unterhalten ist (Köln Rpfleger 1976, 209).

8 **Bsp unzulässigen Inhalts:** Recht zu einmaliger Handlung (BayObLG DJZ 1922, 328); Recht für Holzabkäufer, vom Verkäufer das Fällen, Aufbereiten und Abfahren des Holzes zu verlangen (RGZ 60, 317); Recht, unter EV gelieferte Maschinen auf dem Grundstück des Käufers aufzustellen (Karlsruhe KGJ 1935, 368); Pflicht, Grundstückszufahrt nicht über bestimmten Teil der angrenzenden Straße zu nehmen (München NJW-RR 2011, 1587); Wohngebäude nur zu Wohnzwecken für einen bestimmten Personenkreis zu benützen (München MittBayNot 2020, 143; *Forschner* MittBayNot 2020, 107); Pflicht zum ausschließlichen Ausschank von Bier einer bestimmten Brauerei (KG OLG 15, 371; Saarbrücken DNotZ 1953, 411; BayObLG 1953, 295; Karlsruhe BWNotZ 1977, 120). Zur Frage, ob und wie eine Brauerei nach der Rspr eine Bierbezugsverpflichtung durch Eintragen einer beschränkten persönlichen Dienstbarkeit zu ihren Gunsten auf dem Gaststättengrundstück sichern kann, s BGH Rpfleger 1988, 403. Pflicht, auf dem zu belastenden Grundstück keine anderen Erzeugnisse (Kraftstoffe) als die des Dienstbarkeitsberechtigten zu vertreiben (BGHZ 29, 244); Pflicht, Hotel im bisherigen Umfang zu erhalten (KG DRZ 1928 Nr 191); Pflicht, sämtliche Einwirkungen aus Bergwerkbetrieb zu dulden (Hamm NJW 1986, 3213); Verkehrssicherungspflicht bei Gartenbenutzungsrecht (Köln Rpfleger 1990, 409); Einschränkung oder Ausschluss der Befugnis, das Grundstück zu veräußern (Frankfurt Rpfleger 1978, 306).

9 **c) Eintragungsvermerk. Wesensart** (zB als Wege-, Weiderecht) und Inhalt des Rechts (die erlaubte oder verbotene Handlung) müssen sich aus dem **Eintragungsvermerk** ergeben (vgl aber München FGPrax 2018, 12 „Benützungsbeschränkung"; s auch Schleswig NJOZ 2019, 571). Hinsichtl des näheren Inhalts genügt Bezugnahme auf die Eintragungsbewilligung (vgl Vor § 1018 Rn 5 und oben Rn 5). Der Ausdruck „Tankstellenrecht" oder „Tankstellendienstbarkeit" genügt, selbst wenn das Benutzungsrecht ein ausschließliches, dh mit dem Verbot verknüpft ist, auf dem belasteten Grundstück eine Konkurrenztankstelle zu errichten (BayObLG MDR 1959, 220). Hinsichtl des Wettbewerbsverbots reicht also die Verweisung auf die Eintragungsbewilligung aus (vgl Rn 6, anders bei Wärmeerzeugungsanlagerecht Düsseldorf FGPrax 2010, 272; bejahend dagegen für Wärmeerzeugungsanlagen nebst Nutzungsbeschränkung Hamm Rpfleger 2011, 319).

10 **4. Umwandlung.** Beschränkte persönliche Dienstbarkeit lässt sich nicht in Grunddienstbarkeit oder umgekehrt umwandeln, weil keine Inhaltsänderung iSd § 877 (Hamm Rpfleger 1989, 448). Vielmehr müssen Aufhebung und Neubestellung erfolgen.

11 **5. Erlöschen der Dienstbarkeit.** Fällt das mit der Dienstbarkeitsbestellung verfolgte Interesse endgültig weg, erlischt die Dienstbarkeit. Die **Löschung** im Grundbuch ist nur deklaratorisch. Allerdings liegt kein endgültiger Interessenwegfall vor, wenn die Dienstbarkeit entspr ihrer Zweckbestimmung noch für irgendjemand einen erlaubten Vorteil bietet (BGH MittBayNot 2009, 374; Saarbrücken FGPrax 2021, 205). Ein rechtsgeschäftlicher Löschungsanspruch setzt auch bei einer Sicherungsdienstbarkeit eine entspr Vereinbarung voraus; andernfalls können die Rechte aus der Dienstbarkeit weiterhin geltend gemacht werden (Karlsruhe MittBayNot 2009, 228); dies trifft aber nur zu, wenn die Dienstbarkeit neben der Sicherung auch selbständige Bedeutung haben sollte. Umstr ist, ob die Löschung der beschränkten persönlichen Dienstbarkeit von der **Zustimmung** eines Dritten, zB einer öffentlich-rechtl Körperschaft oder des Finanzierungsgläubigers, abhängig gemacht werden kann. Dagegen spricht, dass es sich im Kern um eine Verfügungsbeschränkung handelt. Diese kann nicht Gegenstand einer Dienstbarkeit sein. Auch als Verbot, über eine Dienstbarkeit zu verfügen, ist sie deshalb unzulässig. Diese Vereinbarung widerspricht zudem dem Typenzwang im Sachenrecht. Möglich ist dagegen die Bestellung einer aufschiebend bedingten Dienstbarkeit für den „Zustimmungsberechtigten" mit dem Recht zur Ausübungsüberlassung. Zur Unauffindbarkeit der notariellen Bewilligungsurkunde s Köln MDR 2022, 25.

§ 1091 Umfang

Der Umfang einer beschränkten persönlichen Dienstbarkeit bestimmt sich im Zweifel nach dem persönlichen Bedürfnis des Berechtigten.

1 **1. Nutzungsumfang.** Dass die beschränkte persönliche Dienstbarkeit überhaupt den persönlichen Bedürfnissen des Berechtigten dienen muss und ihrem Umfang nach nicht über diese hinausgehen darf, ist nicht Voraussetzung der Dienstbarkeit (RGZ 60, 320; BayObLG BayZ 1928, 79). Lediglich hinsichtl des Nutzungsumfangs ist

auf das Bedürfnis des Berechtigten abzustellen (vgl Stuttgart RdE 2014, 459; VGH München EnWZ 2018, 426). Abgrenzung zu Beeinträchtigung des Eigentums des belasteten Grundstücks im Einzelfall erforderlich (vgl Brandenburg ECLI:DE:OLGBB:2020:1112.5U40.20.00 zu Geländeanpassung bei Erdgasleitungsrecht). Zulässig ist auch, dass die beschränkte persönliche Dienstbarkeit ausschließlich für fremde Bedürfnisse oder allein für fremde Belange bestellt wird, deren sich der Berechtigte aus nicht unerlaubten Gründen annehmen will (vgl BGH NJW 1984, 924; BGHZ 41, 209; BayObLG MDR 1965, 743). Bsp ist die Sicherung baurechtl Erfordernisse in Bayern mangels Baulasten, wenn sich die Verpflichtung nicht bereits aus dem Gesetz ergibt. Die Baugenehmigungsbehörde kann auf ihr Recht jederzeit verzichten. § 1091 enthält lediglich **nachgiebiges Recht** (RGZ 60, 320), dh er kommt erst zum Zuge, wenn eine Parteivereinbarung, die Einigung und Eintragung voraussetzt (§ 873), fehlt. Unter die persönlichen Bedürfnisse fallen auch solche des Haushalts und des Geschäftsbetriebs (KGJ 53, 159).

2. Unmöglichkeit. § 1019 entfällt; jedoch ist eine **Veränderung der Verhältnisse** auch bei der beschränkten 2
persönlichen Dienstbarkeit (vgl § 1018 Rn 10) zu berücksichtigen (vgl München RdE 2001, 74). Wenn die Ausübung der beschränkten persönlichen Dienstbarkeit auf Dauer unmöglich wird, erlischt sie (BGHZ 41, 219, 214; Celle NZM 2005, 39; vgl § 1090 Rn 5). Die Unterscheidung zw obj und subj Unmöglichkeit ist, ausgenommen in den Fällen des § 1092 II und III, wegen der Personenbezogenheit der beschränkten persönlichen Dienstbarkeit verfehlt (aA die wohl hM, s nur NK/*Otto* Rn 2). Kein Erlöschen bei Löschung eines Unternehmens im Handelsregister (Düsseldorf NJOZ 2011, 600; München MDR 2015, 506; zu einer Ausnahme München NZG 2016, 790).

§ 1092 Unübertragbarkeit; Überlassung der Ausübung

(1) Eine beschränkte persönliche Dienstbarkeit ist nicht übertragbar. Die Ausübung der Dienstbarkeit kann einem anderen nur überlassen werden, wenn die Überlassung gestattet ist.

(2) Steht eine beschränkte persönliche Dienstbarkeit oder der Anspruch auf Einräumung einer beschränkten persönlichen Dienstbarkeit einer juristischen Person oder einer rechtsfähigen Personengesellschaft zu, so gelten die Vorschriften der §§ 1059a bis 1059d entsprechend.

(3) Steht einer juristischen Person oder einer rechtsfähigen Personengesellschaft eine beschränkte persönliche Dienstbarkeit zu, die dazu berechtigt, ein Grundstück für Anlagen zur Fortleitung von Elektrizität, Gas, Fernwärme, Wasser, Abwasser, Öl oder Rohstoffen einschließlich aller dazugehörigen Anlagen, die der Fortleitung unmittelbar dienen, für Telekommunikationsanlagen, für Anlagen zum Transport von Produkten zwischen Betriebsstätten eines oder mehrerer privater oder öffentlicher Unternehmen oder für Straßenbahn- oder Eisenbahnanlagen zu benutzen, so ist die Dienstbarkeit übertragbar. Die Übertragbarkeit umfasst nicht das Recht, die Dienstbarkeit nach ihren Befugnissen zu teilen. Steht ein Anspruch auf Einräumung einer solchen beschränkten persönlichen Dienstbarkeit einer der in Satz 1 genannten Personen zu, so ist der Anspruch übertragbar. Die Vorschriften der §§ 1059b bis 1059d gelten entsprechend.

1. Unübertragbarkeit. Zwingendes Recht (Abs I S 1), ohne Unterschied, ob rechtsgeschäftliche oder gesetzl 1
Übertragung (vgl Naumburg Rpfleger 2019, 579 zur Aufspaltung durch Ausgliederung). Unübertragbarkeit erstreckt sich auch auf das mit ihr eine rechtl Einheit bildende Ausgedinge (KGJ 40, 250) und sonstige mit ihr verbundene Nebenrechte (KGJ 40, 250). Für Pfändung gelten § 851 I, § 857 I, III ZPO, dh nur bei Gestattung der Überlassung der Ausübung, wobei Gestattung in Bewilligung genügt (BGH ZfIR 2007, 95; vgl *Sämisch* ZInsO 2005, 922). Eine weitere Ausnahme besteht in den Sonderfällen der Abs II und III. In die Insolvenzmasse fällt eine beschränkte persönliche Dienstbarkeit ebenfalls nur dann, wenn die Überlassung der Ausübung an einen anderen gestattet ist (§§ 35, 36 I 1 InsO; LG Hamburg ZInsO 2009, 744; zur Anfechtbarkeit bei Aufhebung der Gestattungsvereinbarung BGH MittBayNot 2009, 136). Dies gilt auch dann, wenn die Dienstbarkeit zum Zweck des Betriebes eines Geschäfts oder Gewerbes bestellt ist (BGH NJW 1962, 1392; ZfIR 2007, 95). Verwaltungs- und Verfügungsbefugnis des Insolvenzverwalters erstreckt sich bei Unübertragbarkeit nicht auf die Dienstbarkeit. Dies gilt auch bei Bestellung zugunsten einer jur Person oder rechtsfähigen Personengesellschaft nach Abs II (§ 1059a). Sie fällt nicht in die Insolvenzmasse. Anders nach KG (MDR 2022, 197), wenn beschränkte persönliche Dienstbarkeit (Wohnungsrecht) und Eigentum zusammenfallen, da dann der Eigentümer Einfluss auf die Zulässigkeit der Ausübung des Rechts hat (teils abw München FGPrax 2011, 17; vgl *Lüdtke/Schulz* ZVI 2019, 291).

2. Ausübungsüberlassung (Abs I S 2). Gestattung bedarf der Einigung und Eintragung (§§ 873f, 877), weil 2
dadurch gesetzl Inhalt erweitert wird (vgl RGZ 159, 204; LG Regensburg ZMR 2021, 666; anders für Elektrizitätsleitungen *Spancken* RdE 2012, 287). Erfolgte Überlassung selbst nicht eintragungsfähig (RGZ 159, 207). Auch teilw Überlassung der Ausübung **bei eingeschränkter gleichzeitiger Eigennutzung** ist zulässig (Schleswig SchlHA 1999, 282). Gegen Dritten, der ohne Gestattung Dienstbarkeit ausübt, kann Eigentümer nach § 1004 vorgehen; Dritter erlangt trotz Gestattung weder dingliche Rechte noch Anspruch gegen Eigentümer, ist aber gegen dessen Klage nach § 1004 II, § 1027 geschützt.

3. Prozessstandschaft. Der aus einer beschränkten persönlichen Dienstbarkeit Berechtigte kann einen Dritten 3
jedenfalls dann nicht ermächtigen, dieses Recht gegen den Eigentümer des belasteten Grundstücks geltend zu machen (**gewillkürte Prozessstandschaft**), wenn es ihm nicht gestattet ist, die Ausübung der Dienstbarkeit einem anderen zu überlassen (BGH MDR 1964, 997).

4 **4. Übertragbarkeit des Anspruchs.** Ob der schuldrechtl **Anspruch auf Bestellung** einer beschränkten persönlichen Dienstbarkeit übertragen oder vererbt werden kann, ist umstr (BGHZ 28, 99, 102). Aus den Ausnahmen der Abs II und III und aus § 399 1. Alt folgt, dass der Anspruch regelmäßig nicht übertragbar und nicht vererblich ist (BGH NZM 2010, 211, 214; Nürnberg ZfIR 2016, 537; s aber München ZfIR 2017, 449). Während eine Dienstbarkeitsbestellung zugunsten eines Dritten unzulässig ist (München MDR 2011, 416), kann der schuldrechtl Anspruch zugunsten eines Dritten bestellt werden (vgl § 1090 Rn 2); ferner kann ein Anspruch auf wiederholte Bestellung inhaltsgleicher Dienstbarkeiten zu Gunsten mehrerer Berechtigter eingeräumt werden. Eine Vormerkung für den Rechtsnachfolger selbst ist zur Sicherung allerdings nicht möglich, sondern nur für den Versprechensempfänger (Hamm MittBayNot 2011, 299; München MittBayNot 2011, 231; RNotZ 2016, 388). Umstr ist, ob eine einzige Vormerkung zur Sicherung genügt (so Hamm FGPrax 2012, 192; München RNotZ 2016, 388) oder mehrere Vormerkungen erforderlich sind, wenn der Berechtigte auch der Versprechensempfänger sein soll (so München ZfIR 2012, 601; KG MDR 2016, 1327). Unzul ist Vormerkung für Berechtigten und seinen Rechtsnachfolger (Hamm MittBayNot 2011, 299). Bedeutung hat dies bei Photovoltaikanlagen, Windkrafträdern und Solarparks (s *Kappler* ZfIR 2012, 264; *Keller* MittBayNot 2012, 446, 447; *Meier* MittBayNot 2019, 548 und 2020, 1; *Reymann* ZIP 2013, 605).

5 **5. Ausnahmen.** Zu Abs II (beliebiger Inhalt) und III (bestimmte Anlagen, künftig auch Anlagen iSd § 3 Nr 21 EEG) vgl §§ 1059a–e, jew Rn 1ff (s auch *Keller* DNotZ 2011, 99f; *Götting* ZfIR 2005, 344 zu Fernwärmedienstbarkeiten; BayObLG RNotZ 2006, 285 und Jena NotBZ 2013, 313 zu Wasserleitungen, nicht Brunnen; München NotBZ 2013, 198 zu Verteilnetz nebst Wärmeerzeugungsanlage, verneint; Hamm MDR 2013, 269 zu Hochspannungsleitung und Zufahrt, bejaht und § 125 II TKG zu Telekommunikationslinien; zur Spaltung als Gesamtrechtsnachfolge s KG NotBZ 2015, 388; zur Abspaltung von Leitungsnetzen *Schmidt-Räntsch* ZNotP 2012, 11; vgl DNotI-Report 2017, 25). Wird eine beschränkte persönliche Dienstbarkeit für eine OHG bestellt, so ist der Zusatz „und deren Rechtsnachfolger" im Grundbuch nicht eintragungsfähig (Hamm MittBayNot 2001, 320; aA noch Düsseldorf MittBayNot 1976, 215, 216). Beim Ausscheiden sämtlicher Gesellschafter aus einer OHG bis auf einen tritt Anwachsung ein (BGH ZIP 2000, 229, 230); das Grundbuch wird unrichtig und muss mit einem Nachw aus dem Handelsregister ber werden. Wegen des eindeutigen Wortlauts und des Charakters einer Ausnahmevorschrift scheidet eine analoge Anwendung auf Einzelkaufleute aus (*Terner* ZfIR 2007, 228). Unternehmen ist eine organisatorisch-wirtschaftl Einheit, die ein Betriebsvermögen innehat, das wirtschaftl Zwecken dient. Dementspr muss auch ein Unternehmensteil ein selbständiges Wirtschaften ermöglichen. Dies kann ausnahmsw auch bei einem Betriebsgrundstück der Fall sein (Hamm RNotZ 2007, 272).

§ 1093 Wohnungsrecht

(1) Als beschränkte persönliche Dienstbarkeit kann auch das Recht bestellt werden, ein Gebäude oder einen Teil eines Gebäudes unter Ausschluss des Eigentümers als Wohnung zu benutzen. Auf dieses Recht finden die für den Nießbrauch geltenden Vorschriften der §§ 1031, 1034, 1036, des § 1037 Abs. 1 und der §§ 1041, 1042, 1044, 1049, 1050, 1057, 1062 entsprechende Anwendung.

(2) Der Berechtigte ist befugt, seine Familie sowie die zur standesmäßigen Bedienung und zur Pflege erforderlichen Personen in die Wohnung aufzunehmen.

(3) Ist das Recht auf einen Teil des Gebäudes beschränkt, so kann der Berechtigte die zum gemeinschaftlichen Gebrauch der Bewohner bestimmten Anlagen und Einrichtungen mitbenutzen.

1 **1. Wesen. a) Ausschließlichkeit.** Dingliches Recht auf ausschließliche Benutzung eines Gebäudes oder Gebäudeteiles als Wohnung. Die **Ausschließlichkeit** kann durch eine Mitberechtigung zugunsten des Eigentümers (§ 1090) nicht eingeschränkt werden: eine Kombination in einem Recht mit gleichzeitiger Nutzung (Düsseldorf MittRhNotK 1997, 358) und eine Bestellung gleichrangiger Rechte gem § 1090 und § 1093 sind nicht möglich (vgl auch Koblenz FamRZ 2001, 225); in diesem Fall nur Bestellung von Mitbenutzungsrecht gem § 1090 (str; aA bei Bestellung gleichrangiger Rechte Saarbrücken Rpfleger 1992, 16 u KG NZM 2019, 455; s auch Rn 7). Bestellung kann nach § 1365, § 6 S 2 LPartG zustimmungspflichtig sein (BGH NJW 1990, 112); umgekehrt ist vorbehaltenes dingliches Wohnungsrecht als verbliebenes Vermögen zu berücksichtigen (BGH MDR 2013, 344). Rechtsgrund kann (formfreier) schuldrechtl Vertrag sein (BGH MDR 1999, 218; zur Form s Köln MittRhNotK 1998, 138), aber auch isoliert möglich. Vorbehaltenes Wohnrecht kann Auswirkungen auf Fristlauf nach § 2325 III haben (BGH ZEV 2016, 445; München NJW-RR 2022, 1164; *v Proff* ZEV 2016, 681). Zum Geschäftswert Naumburg NotBZ 2016, 350. Zur Bewertung nach § 14 BewG Celle ErbR 2023, 147.

1a **b) Abgrenzung. Abgrenzung** (vgl *Böhringer* ZfIR 2018, 650) ggü **aa)** der Miete: dingliches Recht zum Besitz, daher gegen jeden Eigentümer wirkend, nicht nur gegen den Vertragsgegner (zur Abgrenzung von Wohnrecht und Miete s BGH MDR 1999, 218). Wohnungsrecht gewährt einen aus dem dinglichen Recht fließenden, gem § 1090 II, § 1027 geschützten Anspruch auf Duldung des Wohnens gegen den Eigentümer (auch WE, vgl BGH LM § 1093 Nr 8), während Miete lediglich einen persönlichen Anspruch auf entgeltliche Gewährung des Mietraumes gegen den Vermieter gibt. Der Bestellung eines Wohnungsrechts steht nicht entgegen, dass zw den Parteien (zum Mietverhältnis mit einem Dritten s AG Hamburg WuM 1997, 330) über dieselben Räume ein **Mietvertrag** besteht (BGH MDR 1999, 218, zur einkommensteuerrechtl Behandlung OFD Koblenz DB 2006, 1136). Eine Vermutung für Miete besteht nicht (aA Schleswig NZM 2008, 341). Bei einer Konkurrenz von Mietrecht und Wohnungsrecht können die Parteien den Mietvertrag durch das Wohnungsrecht aufheben (BGH BB 1968,

767; LG Hamburg MDR 1988, 967; vgl auch Hamburg ZMR 1983, 60) oder absichern (BGH MittBayNot 2019, 257; zum Geschäftswert München MDR 2019, 546) wollen. Meist sollen Abreden des Mietvertrags nur insoweit gelten, als sie über den Inhalt des Wohnungsrechts hinausgehen. Neben dem dinglichen Wohnungsrecht können erg schuldrechtl mietähnl Abmachungen getroffen werden (RG HRR 1929, 606), zB über Entrichtung eines Entgelts (Hamm NJOZ 2018, 176), wobei dieses Entgelt den Mietpreisbestimmungen nicht unterworfen ist (AG Bremen MDR 1963, 56), und Kündigung (KG JW 1923, 760). Wird der Mietvertrag gekündigt, so ist nicht automatisch dem Wohnungsrecht die Grundlage entzogen. Sollen für das eingeräumte Recht lediglich die Mietvorschriften gelten, so liegt nur Miete vor (vgl AG Köln ZMR 1968, 270), auch wenn Eintragung als beschränkte persönliche Dienstbarkeit vereinbart ist (RG SeuffA 83, 141; KGJ 24, 121; Hamm DNotZ 1957, 315). Dieselbe Person kann nicht zeitgleich aufgrund inhaltsgleichen Wohnungsrechts und Mietvertrags berechtigt sein (vgl *Roquette* NJW 1957, 525; aA BGH MDR 1999, 218), soweit nicht lediglich Sicherungswohnungsrecht, das nur in Zwangsversteigerung die Position des Berechtigten stärken soll. Enthält der Mietvertrag Abreden nicht mietrechtl Charakters, so können diese auch als Bestandteil des der Bestellung des Wohnungsrechts zugrunde liegenden schuldrechtl Vertrags gelten (*Roquette* BB 1967, 1178; keine grunderwerbsteuerliche Gegenleistung - BFH DStR 2018, 612); **bb)** dem Nießbrauch: gewährt nur Recht zum Wohnen, nicht aber zu anderen Nutzungen, wie zB Vermietung oder Verpachtung, verpflichtet den Berechtigten nicht, die Lasten zu tragen (LG Duisburg WuM 1988, 167); gleichzeitige Bestellung von Wohnungsrecht und Nießbrauch bei Vorrang des Wohnungsrechts möglich (Hamm DNotZ 2014, 125); **cc)** der Leihe: dingliches Recht zum Besitz, Leihe nur schuldrechtl; rein schuldrechtl unentgeltliches Wohnrecht ist Leihe (BFH NJW 1984, 1583; BGHZ 82, 354; zur Abgrenzung von Miete BGH NZM 2016, 278). Auch eine vermächtnisweise Zuwendung eines dinglichen Wohnungsrechts ist möglich (Bamberg ZEV 1996, 34; Schleswig RNotZ 2014, 240; *Grziwotz* ZEV 2010, 130; zur Erbschaftsteuerpflicht BFH FamRZ 2014, 1633). Wohnrecht als Gegenleistung zB in Kauf kann auch Garantieversprechen sein (BGH NJW-RR 2003, 732). Steht dem Berechtigten nur **dd)** Mitbenutzungsrecht neben dem Eigentümer zu, so sind lediglich §§ 1090–1092 anzuwenden (zur Abgrenzung Zweibrücken DNotZ 1997, 325; Celle NdsRPfl 1997, 258; Frankfurt MittBayNot 2007, 402). **ee)** Ähnl Rechtseinrichtung: Dauerwohnrecht der §§ 31ff WEG, jedoch kann es veräußert und vererbt sowie durch Vermietung oder Verpachtung genutzt werden (vgl auch *Mayer* ZNotP 2000, 354). **ff)** Wohnungsrecht kann auch als Reallast, aber nicht bezogen auf bestimmte Räume, eingetragen werden (Kiel SchlHA 1928, 42; Schleswig FGPrax 2021, 207) oder mit anderer beschränkter persönlicher Dienstbarkeit und Reallast verbunden sein (vgl RG Gruch 46, 131; zur Abgrenzung München NotBZ 2018, 312). Durch diese Verbindung gewinnt es dann als Altenteil praktische Bedeutung, vgl Art 96 EGBGB; § 49 GBO. Die Rechtsnatur und der genaue Inhalt des mit einem **Altenteil** einzutragenden Wohnungsrechts (ob als Wohnrecht oder Reallast) müssen in der Eintragungsbewilligung klargestellt sein (Oldenburg Rpfleger 1978, 411; Hamm MDR 1976, 406; LG Frankfurt/M FamRZ 2013, 408). Wohnungsrecht kann ggf für sich allein ein Altenteil darstellen (vgl Hamm Rpfleger 1986, 270; LG Köln NJW-RR 1997, 594; anders LG Kassel ZMR 1976, 189 zu Art 15 PreußAGBGB). Wichtig ist dies für die Zwangsvollstreckung, weil nach Landesrecht eingetragene Altenteile, auch außerhalb einer Gutsüberlassung bestellte (RGZ 162, 58), bestehen bleiben können, selbst wenn sie nicht ins geringste Gebot fallen (§ 9 EGZVG; vgl Vor § 1105 Rn 2).

2. Inhalt. a) Wohnzwecke. Benutzung eines Gebäudes oder Gebäudeteiles (nicht Tiefgarageneigentum, BayObLG NJW-RR 1987, 328) nebst Zubehör (§ 1093 I 2, § 1031) zu **Wohnzwecken** (nicht unbebautes Grundstück, LG Koblenz MDR 1998, 275, außer bei konkreter Bauabsicht Hamm DNotZ 1976, 229). Gesamtwohnungsrecht an mehreren Grundstücken nur, wenn Gebäude bzw Gebäudeteile auf sämtlichen Grundstücken (also nicht Gebäude- und Gartengrundstück, vgl Zweibrücken FGPrax 1998, 84). In der Hauptsache zum Wohnen dienende Räume dürfen daneben auch für andere Zwecke (gewerblich, beruflich) verwendet werden (KGJ 53, 158); Haustiere sind zulässig. Besteht Hauptzweck nicht im Wohnen, ist nur eine beschränkte persönliche Dienstbarkeit möglich. An nicht bewohnbaren Flächen (zB Garagenplatz in Teileigentum) ist kein Wohnungsrecht möglich (BayObLG Rpfleger 1987, 62, teilw abw Zweibrücken ZfIR 1998, 210, vgl *Heil* RNotZ 2003, 445); wohl aber Wohnungsrecht mit Berechtigung der Nutzung des als Sondernutzungsrecht zur Wohnung gehörenden Stellplatzes zulässig (BayObLG Rpfleger 1998, 68; Nürnberg MDR 2002, 27; PWW/*Ahrens* Rn 15). Kein Wohnungsrecht dagegen allein am Sondernutzungsrecht eines Wohnungseigentümers (BayObLG NotBZ 1997, 210). Wohnungsrecht an Wohnungseigentum mit Recht zur Nutzung der gesamten Wohnung zulässig (BGHZ 107, 289; Hamm RNotZ 2014, 176; *Becker* notar 2014, 323); wenn ausschließliches Nutzungsrecht zusätzl an Fläche im Gemeinschaftseigentum (ohne Sondernutzungsrecht), Eintragung an sämtlichen Einheiten erforderlich (Hamm DNotZ 2001, 216). Das Wohnungsrecht kann wirksam bereits vor Einrichtung der Räume, auf die es sich bezieht, bestellt werden; es ist dann vorerst noch nicht ausübbar (BayObLG NJW 1956, 871). Das Grundbuchamt kann grds keine Vorlage einer Baubescheinigung fordern (aA *Schöner/Stöber* Grundbuchrecht[16] 2020, Rn 1242, die überdies auf die unzuständige Gemeindebehörde verweisen, und PWW/*Ahrens* Rn 12, der baureife Planung fordert, ohne anzugeben, was dies bedeuten soll). Das Gebäude oder der Gebäudeteil, der dem Wohnungsrecht unterliegen soll, muss im Eintragungsvermerk oder wenigstens in der Eintragungsbewilligung, auf die verwiesen werden darf, einwandfrei bezeichnet werden (BayObLG DNotZ 1988, 587; MDR 1988, 581; Düsseldorf NotBZ 2021, 153; vgl auch LG Koblenz MDR 1998, 275 und Bamberg DNotZ 2013, 858, wonach „sämtliche Wohnräume" bei gemischt genutztem Gebäude genügen soll). Dieses **Bestimmtheitsgebot** gilt nicht für eine Vormerkung zur Sicherung des Anspruchs auf Bestellung eines Wohnungsrechts (BayObLG Rpfleger 1986, 174; vgl LG Lübeck Rpfleger 1995, 152). Auflösend bedingte Bestellung möglich (BayObLG Rpfleger 1983, 61: „auf die Dauer des ledigen Standes"; BayObLG 1997, 246: erlischt bei nicht nur vorübergehendem Verlassen des Anwesens; 2

München MDR 2013, 330: Auflösung der Partnerschaft; Frankfurt MittBayNot 2016, 231: unzulässig, wenn es voraussichtlich auf Dauer nicht mehr ausgeübt werden kann). Kein Bedingungsnachweis durch notarielle Feststellung des Eigentümers möglich, sondern nach § 29 GBO (München MDR 2013, 330). Für die Eintragung eines Wohnungsrechts als eines bloßen Mitbenutzungsrechts (s Rn 1) ist die bestimmte Bezeichnung des Gebäudes oder Gebäudeteils, an dem es bestehen soll, nicht notwendig, weil der Eigentümer nicht von der Benutzung ausgeschlossen wird.

3 Ist in der Eintragungsbewilligung von einem „Wohnungsrecht" die Rede, werden diesem ganz bestimmte Räumlichkeiten unterworfen und spricht nichts dafür, dass der Eigentümer sie mitbenutzen dürfe, so ist eine Berechtigung iSd § 1093 anzunehmen, auch wenn der Ausschluss des Eigentümers nicht ausdrückl erwähnt ist (vgl AG Bremen Rpfleger 1965, 272; Hamm Rpfleger 1962, 59). Ist im Fall des § 1093, also bei Ausschluss des Eigentümers, das Gebäude oder der Gebäudeteil weder im Eintragungsvermerk noch in der Eintragungsbewilligung einwandfrei bezeichnet, das Wohnungsrecht aber trotzdem eingetragen, so kann die Eintragung in einem wesentlichen Punkt unvollständig und daher unwirksam sein (vgl Zweibrücken FGPrax 1988, 84). Der Mangel einer genauen Bezeichnung der dem Wohnungsrecht unterliegenden Räume wird auch nicht dadurch behoben, dass dem Berechtigten eine bestimmte Anzahl von Zimmern nach seiner Wahl (anders BayObLG DNotZ 1988, 587 bei auflösender und aufschiebender Bedingung; vgl auch LG Ansbach MittBayNot 1998, 448) überlassen werden soll und dass diese nach Ausübung des Wahlrechts endgültig (§ 263) feststeht. Denn der Bestimmtheitsgrundsatz des Grundbuchrechts erfordert, dass der Inhalt der Belastung für jeden Dritten aus dem Eintragungsvermerk selbst, ggf zusammen mit der in Bezug genommenen Eintragungsbewilligung erkennbar ist (BayObLG MDR 1981, 759). Anders ist dies, wenn sich das Wohnungsrecht auf das gesamte oder alle vorhandenen Gebäude erstreckt (BayObLG 1999, 248). Für Nebenrechte ist die für die Wohnräume geltende Bestimmtheit nicht zu fordern (Frankfurt MDR 1983, 131). Der Eigentümer hat keinen Anspruch auf persönliche Besichtigung der Räume (LG Fulda MDR 1989, 739; wohl aber Zutritt durch Sachverständigen, LG Essen WuM 2016, 108). Zum Streitwert beim Streit über den Bestand s München ZMR 1999, 173.

4 **b) Gegenleistung.** Der Berechtigte kann sich verpflichten, dem Eigentümer als **Gegenleistung** für die Bestellung des Wohnungsrechts eine fortlaufende Geldrente zu entrichten (vgl Koblenz NJOZ 2018, 1648). Die Entgeltlichkeit oder Unentgeltlichkeit kann nicht Inhalt des Wohnungsrechts sein (Frankfurt MDR 1992, 255; BayObLG NJW-RR 1993, 283; Hamm NJOZ 2018, 176); das Entgelt kann jedoch in der Weise gesichert werden, dass bei Nichtzahlung das Wohnungsrecht erlischt. Zulässig ist es auch, nicht den Bestand des Wohnungsrechts, sondern dessen Ausübung mit dieser auflösenden Bedingung zu verknüpfen (BGH MDR 2021, 1001; Karlsruhe DNotZ 1968, 432), was sich für die Gestaltung empfiehlt (vgl *Grziwotz* Praxis-Hdb Grundbuch- und Grundstücksrecht, 1999, Rn 418). Dann gehört die Bedingung zum Inhalt des Wohnungsrechts. Bezugnahme auf sie in der Eintragungsbewilligung genügt. Auf die Abrechnung der Betriebskosten ist § 556 III entsprechend anwendbar (BGH MDR 2018, 729). Kein Ausgleich für kurz nach Bestellung gegenstandsloses Wohnungsrecht (Frankfurt MDR 2019, 1185).

5 **3. Maßgebliche Vorschriften. a) Anwendbare Vorschriften.** Weil **Sonderfall der beschränkten persönlichen Dienstbarkeit**, zunächst §§ 1090–1092, über § 1090 II die §§ 1020–1024, 1026–1029 und 1061, über § 1092 II die §§ 1059a–1059d; dann die in Abs I 2 aufgeführten Vorschriften des Nießbrauchsrechts mit der Folge, dass auch hier zw dem Berechtigten und dem Eigentümer ein gesetzl Schuldverhältnis entsteht (vgl § 1036 II, § 1037 I, § 1049, § 1050, sowie der nicht aufgeführte § 1055 I). Daher ist auch das Wohnungsrecht nicht vererblich und grds auch nicht übertragbar. Fällt nicht, sofern nicht Ausübungsgestattung über Abs II hinaus an Dritte vorliegt, nicht in die Insolvenzmasse (München MDR 2011, 134; aber KG MDR 2022, 197; vgl § 1092 Rn 1). Die Parteien können, soweit zwingende Vorschriften nicht entgegenstehen, das Wohnungsrecht auch abw von den vorgenannten Vorschriften ausgestalten, jedoch muss das Vereinbarte eingetragen werden, so zB Abrede der Kündbarkeit.

6 **b) Kostentragung.** Die eigenen Verbrauchskosten sowie Ausbesserungen und Erneuerungen, die zur gewöhnlichen Unterhaltung gehören, treffen den Berechtigten. In begrenztem Umfang kann der Eigentümer zu **Leistungen** verpflichtet werden: Tragung der laufenden Betriebskosten (BayObLG DNotZ 1980, 176; Schleswig NJW-RR 1994, 1359). Unterhaltung einer Wasserzu- und -abflussanlage (KG OLG 43, 225); Müll- und Heizungskosten (Schleswig NJW-RR 1994, 1359; Hamm MittRhNotK 1996, 225; vgl *Amann* DNotZ 1982, 396); Erhaltung in gut bewohnbarem und beheizbarem Zustand (BayObLG DNotZ 1980, 157; LG Trier MittBayNot 1994, 545; abw LG Itzehoe Rpfleger 1994, 159), umfasst aber wohl nicht die Schönheitsreparaturen (str); Schönheitsreparaturen (Nürnberg MDR 2020, 1437). Eine Vereinbarung über die Teilung der Kosten für Lasten, Erhaltung, außergewöhnliche Ausbesserungen und Erneuerung kann ebenfalls mit dinglicher Wirkung getroffen werden (LG Gießen Rpfleger 1986, 174; zur Abrechnung der Betriebskosten s BGH MietRB 2010, 18). Deshalb soll auch die Tragung öffentlicher Lasten dinglich dem Rechtsinhaber auferlegt werden können (LG Traunstein Rpfleger 1986, 365; anders BayObLG MDR 1989, 66 für die Tragung der Hälfte der Grundstückskosten). Bei wiederkehrenden Leistungen ist auch Reallast möglich (Köln MittRhNotK 1992, 46; vgl auch LG Braunschweig NdsRpfl 2001, 457). Pflicht zur erstmaligen Errichtung des Gebäudes kann nicht Inhalt des Wohnungsrechts sein (Düsseldorf NJW-RR 2003, 957), ebenso nicht Wiederherstellungsverpflichtung (Hamm NotBZ 2014, 60).

7 **4. Berechtigter. a) Natürliche Person.** Für sich selbst kann Grundstückseigentümer Wohnungsrecht auch ohne konkrete Veräußerungsabsicht bestellen (KG NZM 2019, 455; *Schulz/Lüdtke* ZVI 2019, 291). Kein ranggleiches Wohnungsrecht neben Nießbrauch (Hamm NJW-RR 1998, 304; Frankfurt RNotZ 2008, 421); zulässig da-

gegen nachrangig und evtl schuldrechtl Einschränkung des Nießbrauchs, dgl vorrangig (Hamm DNotZ 2014, 125; LG Frankfurt NotBZ 2010, 153). Zulässig ferner Wohnungsrecht für Miteigentümer (LG Lüneburg Rpfleger 1998, 110). Nach hM einheitliches Wohnungsrecht für mehrere als Bruchteilsberechtigte unzulässig (Meikel/*Böhringer*, GBO[12] 2021 § 47 GBO Rn 54; BayObLG Rpfleger 1958, 88). Danach kann Wohnungsrecht für mehrere Personen – ausgenommen die in Rn 8 genannten Berechtigungsverhältnisse – nur derart begründet werden, dass mehrere selbständige und gleichrangige Wohnungsrechte an demselben Gebäude oder Gebäudeteil bestellt werden (Oldenburg DNotZ 1957, 317; BayObLG 1957, 322). Unzulässig aber, dem Eigentümer und einem Dritten selbständige Wohnungsrechte zu bestellen, da der Eigentümer dann nicht ausgeschlossen ist (KG MDR 1985, 499, aA nunmehr KG NZM 2019, 455), anders bei beabsichtigter Veräußerung, wenn Mitberechtigung erst im Fall der Rechtsnachfolge wirksam wird (München DNotZ 2012, 778). Mitwohnen durch Eigentümer schließt Wohnungsrecht nicht aus (LG Mönchengladbach RNotZ 2003, 569). Die gemeinsame Benutzung der Räume durch die Berechtigten hat zur Folge, dass jeder in der Ausübung seines Rechts durch den oder die anderen eingeschränkt wird. Die Gemeinschaftlichkeit ist aber rein tatsächlicher Art, sie erschöpft sich in der gemeinsamen Innehabung der überlassenen Räume, führt indes zu keiner Rechtsgemeinschaft oder Gesamtgläubigerschaft im Rechtssinn. Die Rechtslage ist dann ähnl wie bei einem Wohnungsrecht, bei welchem dem Grundstückseigentümer ein Mitbenutzungsrecht eingeräumt ist (BGHZ 46, 253).

Als **Rechtsgemeinschaften** bieten sich an: die **Mitberechtigung** des § 432, die **Gesamthand** (allerdings nur in 8
den vom Gesetz zur Verfügung gestellten Fällen) und die **Gesamtgläubigerschaft** des § 428 (zur gebührenrechtl Behandlung Hamm RNotZ 2017, 53). Der BGH (BGHZ 46, 253 und MDR 1996, 933) hält Wohnungsrechte in Gesamtgläubigerschaft für zulässig. Jedem Gesamtberechtigten steht danach die ganze Nutzung zu, jeder kann gem § 1090 II, § 1027, § 1004 vom Eigentümer und von jedem Dritten Besitzeinräumung an sich allein verlangen (zum Ausgleichsanspruch bei Scheidung vgl Koblenz FamRZ 2001, 225; zur kostenrechtl Behandlung Hamm RNotZ 2017, 53). Der Eigentümer kommt seiner wohnungsrechtl Last bereits dadurch nach, dass er die Räume an einen der Berechtigten herausgibt oder ihn darin duldet; diese Leistung hat Erfüllungswirkung. Unklar, wenn BGH meint, dass der Eigentümer das gleichzeitige Wohnen aller dulden müsse und dass beim Tod des Erstversterbenden nur dessen Wohnungsrecht und nicht das der Übrigen erlösche (vgl BayObLG 1975, 191; teilw einschränkend auch Staudinger/*Weber* Rn 23). Das Gesamtgläubigerverhältnis ist nach § 47 GBO zu vermerken. Leben Ehegatten/Lebenspartner in Gütergemeinschaft, so fällt das ihnen gemeinsam bestellte Wohnungsrecht in das Gesamtgut, es kann ihnen nicht gleichzeitig als Gesamtgläubigern gem § 428 zustehen; ein dahin gehender Grundbucheintrag ist unzulässig und ggf umzudeuten (BayObLG 1967, 480). Das jew einem Ehegatten/Lebenspartner eingeräumte Wohnungsrecht fällt bei Gütergemeinschaft in dessen Sondergut (§ 1417 II, § 1092 I 1; dazu *Reinicke* JZ 1967, 415). Bestellung für mehrere in der Weise möglich, dass das Recht des einen bis zum Tod des anderen aufschiebend bedingt ist (Köln MittRhNotK 1997, 84; Düsseldorf FGPrax 1997, 171; Nürnberg FGPrax 2018, 256). Teilung eines Wohnungsrechts unter mehreren Berechtigten bedeutet eine die bisherigen Berechtigten beschränkende Inhaltsänderung und Neubegründung für die ggf hinzukommenden, Eintragung erforderlich (KG JFG 20, 7; *Faßbender* DNotZ 1965, 662). Umstr ist Zulässigkeit einer Berechtigung nach Bruchteilen (s Rn 7). Nicht wesentlich, dass Wohnungsrecht einem persönlichen Bedürfnis des Berechtigten Rechnung trägt, nach diesem richtet sich aber im Zweifel dessen Umfang (§ 1091).

b) Juristische Person. Das Wohnungsrecht kann auch **einer jur Person** zustehen, die dann die Räume nat 9
Personen überlässt, zB Handelsgesellschaft ihren Angestellten, sofern sie hieran privatrechtl Interesse hat (RGZ 61, 338; BGHZ 46, 253, 257), nicht aber zugunsten bereits gelöschter Genossenschaft (München RNotZ 2018, 540). **c) Wohnungsbesetzungsrecht.** Ein **Wohnungsbelegungs-** oder -besetzungsrecht als Dienstbarkeit gem § 1090 (nicht § 1093, anders bis 8. Aufl: Wohnungsrecht mit Befugnis, Ausübung einem anderen zu überlassen) ist zulässig (BGH ZfIR 2013, 292; BayObLG 1982, 184; Rpfleger 1989, 401; teilw zweifelnd *Odersky*, FS 125 Jahre Bayerisches Notariat, 1987, 227f), auch unbefristet (BGH MittBayNot 2020, 45). Jedoch bedenklich, weil es sich bei der Auswahl des Nutzungsberechtigten um rechtsgeschäftliche Freiheit handelt, wie bei Bestimmung eines Warenlieferanten (BGHZ 29, 249f). Eine unterschiedliche Benutzung des Grundstücks liegt nicht darin, dass zB Person A oder B das Grundstück bewohnt (München NotBZ 2020, 104; *Forschner* MittBayNot 2020, 107). Handelt es sich um privilegierte Vorhaben im Außenbereich nach § 35 I Nr 1 BauGB, so ist eine zusätzl Dienstbarkeit zur Sicherung der baurechtl ohnehin bestehenden Pflicht der Nutzung als Altenteils- oder Betriebsleiterwohnhaus unzulässig (vgl § 35 IV 5, § 11 II 2 BauGB, § 56 II VwVfG).

5. Nutzung durch Dritte. a) Aufnahme. Wer nach Abs II (**Familienangehörige/Hauspersonal**) aufgenom- 10
men werden kann, bestimmt sich nach der Auffassung des Lebens; zB nach hM auch Partner einer nichtehelichen Lebensgemeinschaft, wenn beide unverheiratet sind (BGHZ 84, 36; AG Ahrensburg MDR 1980, 936); nach richtiger Ansicht auch gleichgeschlechtliche Partner und getrennt lebende Nochehegatten/Lebenspartner (vgl *Grziwotz* Nichtehel LG[5] § 15 Rn 107). Gem § 11 I LPartG ist der eingetragene Lebenspartner Familienangehöriger. Bei Verwandten kommen nicht bloß die unterhaltsberechtigten in Betracht (LG Gera JW 1933, 192); ob im Einzelfall Rechtsmissbrauch vorliegt, richtet sich nach § 242 (LG Bremen DRsp 154, 28a). **b) Überlassung.** Berechtigter darf Wohnräume entgeltlich oder unentgeltlich an **andere Personen** nur dann überlassen, wenn ihm dies gem § 1092 I 2 gestattet ist (Hamm MDR 2010, 77; zur Kostentragung bei fehlender Vereinbarung AG Menden WuM 2011, 526). Dies ist bei Wohnungsrecht für jur Person im Zweifel der Fall. Auch bei Existenzgefährdung des Wohnungsberechtigten (Pflegeheimunterbringung) kann sich eine Befugnis zur Vermietung nur wegen Wegfalls der Geschäftsgrundlage (aber regelmäßig zu verneinen) oder aufgrund erg Vertragsauslegung ergeben (BGH MDR 2009,

559: entspricht regelmäßig nicht dem Parteiwillen; vgl zu Wegzugsklauseln Hamm FamRZ 2018, 434; *Holzer* notar 2018, 370). Ist die Überlassung gestattet, ist eine Miete an den Wohnungsberechtigten als Vermieter zu zahlen (Schleswig SchlHA 1998, 48; Hamm NZM 2010, 525; LG Regensburg ZMR 2021, 666). Die Vermietungsbefugnis kann aufgrund früheren Einverständnisses auch für den Grundstückserwerber verbindlich sein (LG Mannheim ZMR 1968, 14). Vermietet Eigentümer Wohnung bei nicht dem Wohnungsberechtigten gestatteter Vermietung, steht die Miete dem Eigentümer zu (BGH MDR 2012, 1278); anders wegen Eingriffs in Rechtsposition bei Vermietungsgestattung (vgl BGHZ 59, 51; Oldenburg NJW-RR 1994, 467). Vermietet der Wohnungsberechtigte ohne Gestattung, ist der Grundstückseigentümer auf den Unterlassungsanspruch aus § 1004 angewiesen; auch ihm ist Vermietung nicht gestattet. Belastet der Grundstückseigentümer vermietete und dem Mieter überlassene Räume später zugunsten eines anderen mit einem dinglichen Wohnrecht, so kommt § 567 S 1 ohne Rücksicht darauf zum Zuge, ob es dem Wohnungsberechtigten gestattet ist, die Ausübung seines Rechts einem anderen zu überlassen. In diesem Fall gebührt die Miete dem Wohnungsberechtigten. **c) Besuche.** Keiner Gestattung bedarf die vorübergehende Aufnahme von **Besuch** (s nur Soergel/*Stürner* Rn 14). Vorübergehend bedeutet im Normalfall (Ausnahme bei Besuch aus fernen Ländern) drei Wochen. Auch gelegentliche Übernachtungen können bei erwachsenen Personen nicht untersagt werden, wenn nicht ganz besondere Umstände (zB Kloster) vorliegen.

11 **6. Gebäudeerhalt. a) Baurechtswidrigkeit.** Die Zulässigkeit der Bestellung eines lebenslänglichen Wohnungsrechts hängt nicht davon ab, ob das Gebäude mit oder ohne baubehördliche **Genehmigung** erstellt worden ist und ob es von dem Berechtigten bis zu seinem Lebensende zulässigerweise tatsächlich als Wohnung benutzt werden kann (BGH BB 1968, 105).

12 **b) Untergang.** Wird das **Gebäude** vollständig **zerstört**, geht das Wohnungsrecht unter (BGHZ 7, 268, 272; 8, 58, 63; BGH NJW 1972, 584; aA *Dammertz* MittRhNotK 1970, 105: Wohnungsrecht ruht). Der Berechtigte kann entspr § 1004 vom Eigentümer verlangen, die Zerstörung des Gebäudes zu unterlassen. **aa)** Grundstückseigentümer ist nicht verpflichtet, das Gebäude in früherem Zustand wiederaufzubauen (BGHZ 7, 268). **bb)** Baut Grundstückseigentümer Gebäude überhaupt nicht oder nicht in alter Form auf, so kann bisheriger Wohnungsberechtigter weder Schadensersatz verlangen noch etwa dem veränderten Wiederaufbau gem §§ 1090, 1027, 1004 widersprechen (BGHZ 7, 268; 8, 58). **cc)** Ist das Gebäude zwar nicht vollständig zerstört, sind aber die mit vom Wohnrecht betroffenen Räume nicht mehr vorhanden oder dauernd unbewohnbar, so gilt das Vorstehende entspr (BGHZ 8, 58).

13 **c) Wiederherstellung.** Im Einzelfall kann sich aus dem Inhalt des dinglichen Wohnungsrechts als Nebenrecht (vgl LG Heilbronn BWNotZ 1975, 124) oder aus dem zw dem Besteller und dem Berechtigten bestehenden obligatorischen Grundgeschäft für den bisherigen Berechtigten ein schuldrechtl Anspruch auf Wiedereinräumung des Wohnungsrechts am neu zu errichtenden Gebäude ergeben. In einigen Landesgesetzen ist überdies für dingliche Wohnungsrechte, die Inhalt eines Leibgedings/Altenteils sind, vorgesehen, dass der bestellende Grundstückseigentümer während der Dauer seiner Verpflichtung die Wohnung zu erhalten und das etwa zerstörte Gebäude wiederherzustellen hat (zB früherer Art 15 § 5 II PreußAGBGB; Art 12 II BayAGBGB; § 11 I HessAGBGB; § 13 AGJusG Saarl; § 14 ThürAGBGB; § 8 III SH AGBGB; § 9 Rh-PfAGBGB; § 12 III Nds AGBGB; § 12 BW AGBGB; s ferner *Schöner/Stöber* Grundbuchrecht[16] 2020, Rn 1347; vgl BGHZ 7, 268). Diese landesrechtl Vorschriften regeln aber nur die schuldrechtl Seite des Leibgedings/Altenteils/Auszugs im Verhältnis des bestellenden Eigentümers zum Berechtigten (München DNotZ 1954, 102). Der schuldrechtl Anspruch auf Wiedereinräumung des Wohnungsrechts kann dinglich durch Vormerkung, die Verpflichtung zum Wiederaufbau kann durch Reallast (§ 1105 Rn 5), mittelbar auch durch Hypothek gesichert werden, ob als Inhalt des Wohnungsrechts ist umstr (vgl *Milzer* BWNotZ 2005, 136, 137), aber wohl zu verneinen (Hamm NZM 2014, 248).

14 **d) Unterhaltspflicht.** Wen die Unterhaltspflicht hinsichtl des Gebäudes trifft, wird idR der der Bestellung des Wohnungsrechts zugrunde liegende Vertrag ergeben. Ist das nicht der Fall, so kommen über § 1093 I 2 die §§ 1041, 1042, 1049 in Betracht. Danach hat die gewöhnlichen Ausbesserungen oder Erneuerungen der Räume der Berechtigte zu tragen. Er hat sich auch entspr § 1041 an den Kosten zu beteiligen, die durch die gewöhnliche Unterhaltung der zum gemeinschaftl Gebrauch bestimmten Anlagen und Einrichtungen entstehen (BGHZ 52, 234; 191, 213; München MDR 2015, 885); aber Vereinbarung ist möglich (*Schmidt* ZfIR 2012, 231). Aber kein Beitrag zu diesbzgl Rücklage (vgl BGH NZM 2012, 311). Nimmt Berechtigter Ausbesserungen nicht vor, hat er dies dem Eigentümer zu gestatten (Brandenburg ZMR 2012, 407). Außergewöhnliche Unterhaltungskosten der Wohnräume (zB Instandsetzung des gesamten Daches; Anbringung einer Wärmedämmung; str bei Dachausbesserung, AG Hamburg MDR 1967, 305 und LG Lübeck SchlHA 1963, 272; verneint für Umstellung von Koks- auf Zentralheizung, BGH NJW 1969, 1848) hat weder der Eigentümer noch der Berechtigte zu tragen; der Eigentümer ist jedoch zur Vornahme berechtigt (§ 1044).

15 **7. Mitbenutzungsrecht (Abs III).** Der Umfang des Mitbenutzungsrechts an **Gemeinschaftsanlagen** richtet sich, falls Abreden (s dazu Saarbrücken FGPrax 1995, 222) fehlen und nicht ohnehin Wohnungsrecht am ganzen Gebäude besteht, grds nach der baulichen Beschaffenheit, Größe und Ausstattung des Gebäudes sowie den allg Lebens- und Wohngewohnheiten (vgl BayObLG MDR 1997, 342). Gilt auch, wenn Wohnungsrecht am ganzen Gebäude, aber mehrere Gebäude auf einem Grundstück. Zu den Gemeinschaftsanlagen gehört auch die vorhandene Zentralheizung, gleichgültig, ob sie vor oder nach Begründung des Wohnungsrechts erneuert oder weiterentwickelt worden ist, ferner ohne besondere Vereinbarung Keller, Speicher, Treppenhaus, Waschküche, Fahrradraum, Satellitenanlage (AG Büdingen ZfIR 2014, 823). Zugang und auch der Garten (aA LG Freiburg WuM 2002, 151; Grü/*Herrler* Rn 13; s dagegen Brandenburg NotBZ 2021, 389, 391: sogar alleinige Nutzung des Gar-

tens möglich). Ein Wohnungsrecht schließt die Befugnis zum Abstellen eines Pkw auf dem Hof ein, denn der Wohnungsberechtigte nimmt eine ggü dem bloßen Mieter stärkere, mehr dem Eigentümer angenäherte Rechtsstellung ein (vgl LG Ellwangen Rpfleger 1965, 12; aA Grü/*Herrler* Rn 13: nur, wenn Aufnahme der Kfz aller Bewohner möglich). In das dingliche Wohnrecht kann auch die Mitnutzung des vorhandenen Hausgartens (Zier- oder Nutzgartens, vgl LG Koblenz MDR 1998, 275; Frankfurt MDR 1983, 131: genaue Angabe nicht erforderlich) oder einer Garage (LG Osnabrück Rpfleger 1972, 308) einbezogen werden, nicht aber an anderen, rechtl selbständigen, unbebauten Grundstücken, auf die sich der Garten erstreckt (BayObLG Rpfleger 1976, 14, zusätzl Dienstbarkeit erforderlich). Mitbenutzungsrecht steht Umgestaltung durch Eigentümer nicht entgegen, aber Zumutbarkeit für Wohnungsberechtigten als Grenze (KG NJW-RR 2000, 607; zur Pflicht, Umbaumaßnahmen zu dulden, s auch München NJWE-MietR 1996, 193 und BayObLG MDR 1997, 342). Bei Alleinnutzung gemeinschaftl Anlagen ist genaue Festlegung erforderlich (DNotI-Report 2012, 10).

8. Löschung des Wohnrechts. Nach Zeitablauf (zum Nachw des Geburtsdatums München NJW-RR 2010, 890), Eintritt einer auflösenden Bedingung und nach dem Tod des Berechtigten (vgl Naumburg FGPrax 2020, 27; Celle MDR 2013, 532; zum Nachweis Naumburg FPrax 2020, 22 bei 100jährigem; zum Wegfall des Berechtigten bei einer jur Person BayObLG 1999, 248). Löschungserleichterung grds unzulässig (Frankfurt MDR 1992, 255), wenn keine Unterhaltspflicht des Eigentümers vereinbart und keine Mitbenützung der Gemeinschaftsanlagen (München NJW-RR 2010, 672); sonst Löschungserleichterung (§ 23 GBO) möglich (BayObLG 1979, 372, Düsseldorf RNotZ 2003, 315; Hamm MDR 2014, 248; München RNotZ 2017, 104). Keine Löschung bei Auszug des Berechtigten (Saarbrücken MDR 2011, 25), wenn dieser zur Ausübung, zB wegen Unterbringung in Pflegeheim, nicht in der Lage ist (BGH MDR 2009, 559; Saarbrücken MDR 2011, 25; LG Heidelberg NotBZ 2010, 155) oder das Recht längere Zeit nicht ausübt (zur Möglichkeit der vorzeitigen Beendigung Köln MittRhNot 1998, 131). Im Fall einer dauernden Unmöglichkeit der Ausübung ist Zahlungsanspruch ausnahmsw aufgrund erg Vertragsauslegung möglich (BGH FamRZ 2007, 632; Köln ZEV 2011, 670; *Auktor* MittBayNot 2008, 14), aber regelmäßig nicht zu bejahen (BGH MDR 2009, 559; anders BGH MietRB 2021, 112 wegen Werterhöhung und für schuldrechtl Wohnungsrecht Karlsruhe NotBZ 2010, 45). Str, ob bei rechtskräftiger Entscheidung über Anspruch nach § 894 Nichtbestehen des Rechts feststeht (verneinend BGH WM 2000, 320, 321; ZfIR 2002, 489; aA *Mädrich* MDR 1982, 455, 456; Jena OLG-NL 2001, 41). Verzicht des Betreuers auf wertloses Wohnungsrecht ist keine Schenkung, sondern dient der Entledigung von Kosten (BGH MDR 2011, 652; 2012, 1278; *Müller* NotBZ 2013, 425; teilw abw BGH MietRB 2021, 112 wegen Werterhöhung und Nürnberg NotBZ 2013, 403 bei Nutzungsmöglichkeit); iÜ kann Einwilligung in Löschung schenkungsteuerpflichtig sein (Nds FG DStR 2011, 98; *Roth* ZEV 2019, 445). Notwendigkeit einer Ergänzungsbetreuung, wenn Betreuer Eigentümer ist (BGH NZFam 2020, 183). Zur Rückforderung einer Löschungsbewilligung durch Sozialhilfeträger Koblenz FamRZ 2021, 104. Kein Anspruch auf Aufgabe des Rechts bei Unzumutbarkeit der Ausübung durch Berechtigten, sondern nur Anspruch auf Überlassung an Dritte (BGH MDR 2016, 820). 16

Abschnitt 5
Vorkaufsrecht (§§ 1094–1104)

§ 1094 Gesetzlicher Inhalt des dinglichen Vorkaufsrechts

(1) Ein Grundstück kann in der Weise belastet werden, dass derjenige, zu dessen Gunsten die Belastung erfolgt, dem Eigentümer gegenüber zum Vorkauf berechtigt ist.

(2) Das Vorkaufsrecht kann auch zugunsten des jeweiligen Eigentümers eines anderen Grundstücks bestellt werden.

1. Wesen. a) Dingliches Vorkaufsrecht. Das Vorkaufsrecht nach §§ 1094–1104 ist ein dingliches Recht an einem Grundstück oder grundstücksgleichen Recht (Erbbaurecht, WE), das dem Berechtigten ermöglicht, durch einseitige Erklärung ggü dem Verpflichteten den belasteten Gegenstand zu denselben Bedingungen zu kaufen, die der Verpflichtete mit einem Dritten vereinbart hat. Es wird im Grundbuch eingetragen. Es ist ein **dingliches Recht**, weil es den jew Eigentümer des belasteten Grundstücks verpflichtet (§ 1097, dazu BGHZ 60, 275, 294), und weil es zugunsten des jew Eigentümers eines anderen Grundstücks bestellt werden kann (§ 1103, dazu BGHZ 37, 147). Ein gutgläubiger Erwerb ist möglich (*Kohler* ZfIR 2016, 809ff). Außerdem geht die Abwicklung zw dem Vorkaufsberechtigten und dem Erwerber des belasteten Grundstücks nach §§ 1100–1102 von der dinglichen Wirkung aus (ausf *Grziwotz* MittBayNot 1992, 173 und NVwZ 1994, 215). Das dingliche Vorkaufsrecht ist ein Gestaltungsrecht, weil es durch einseitige Erklärung ggü dem Verpflichteten das Zustandekommen eines Kaufvertrags zw dem Berechtigten und dem Verpflichteten bewirkt (MüKo/*Westermann* Rn 5 und Karlsruhe NJW-RR 1990, 935; aA Soergel/*Stürner* vor § 1094 Rn 2: dingliches Anwartschaftsrecht in Anschluss an 7. Aufl Vor § 1094 Rn 2). Wert entspricht idR 2–3 % des Grundstückswerts (so Ersatzwert in der Zwangsvollstreckung, LG Hildesheim Rpfleger 1990, 87). 1

b) Schuldrechtliches Vorkaufsrecht. Von dem dinglichen Vorkaufsrecht ist das **schuldrechtl Vorkaufsrecht** nach §§ 463ff zu unterscheiden, das eine bestimmte nat oder jur Person berechtigt und den Besteller verpflich- 1a tet; dieser haftet persönlich. Es gilt grds nur für einen Verkaufsfall und versagt bei freihändigem Verkauf aus Insolvenzmasse (§ 471). Es wirkt, sofern es nicht durch Vormerkung gesichert ist, nur ggü dem Besteller. Es kann auch an unbeweglichen Sachen bestellt werden. Für das schuldrechtl Vorkaufsrecht gilt Vertragsfreiheit; es kann mit festem Preis bestellt und als solches auch durch Vormerkung gesichert werden (vgl FG Berlin-Charlottenburg DStRE 2016, 790). Die Angabe eines Berechtigungsverhältnisses ist nicht erforderlich (BGH MittBayNot 1998, 28; aA *Demharter* MittBayNot 1998, 16). Das dingliche Vorkaufsrecht können die Parteien nicht zu einem festen Preis bestellen (Zweibrücken NJOZ 2012, 1679; Frankfurt MittBayNot 2018, 149), seinen gesetzmäßigen Inhalt können sie durch Abreden nicht erweitern. Es kann nicht mit einem Ankaufsrecht gekoppelt werden (BGH WPM 1968, 1087). Ohne entspr Anhaltspunkte ist nicht davon auszugehen, dass einem dinglichen Vorkaufsrecht ein schuldrechtl zugrunde liegt (Düsseldorf MittRhNotK 1999, 280; Zweibrücken MittBayNot 2013, 43; vgl aber BGH ZfIR 2014, 295).**c) Wirtschaftliche Bedeutung.** Wirtschaftl **Bedeutung** hat das dingliche, rechtsgeschäftlich begründete Vorkaufsrecht in erster Linie im Nachbarschaftsrecht, um einem Grundstückseigentümer die Möglichkeit der Erweiterung oder Abrundung seines Eigentums zu erleichtern; auch um zu verhindern, dass ein unliebsamer Dritter das Nachbargrundstück erwerben kann. Ähnl Interessen ergeben sich bei langfristiger Vermietung oder Verpachtung und kleineren Wohnungseigentumsanlagen. Schließlich werden Vorkaufsrechte vielfach unter Familienangehörigen, insb bei Immobilienübertragungen im Rahmen einer vorweggenommenen Erbfolge bestellt, aber auch vermächtnisweise zugewandt. Das Vorkaufsrecht ist für das dienende Grundstück eine echte Belastung, da es faktisch einen Verkauf und eine Beleihung zumindest erschwert (vgl *Everts* ZfIR 2019, 604, 612; *B. Döring* ZfIR 2020, 333, 334).

2 **2. Belasteter Gegenstand.** Grundstück, realer Teil hiervon, falls durch Abschreibung verselbständigt (§ 7 GBO), grundstücksgleiches Recht (vgl hierzu § 1018 Rn 2). Grundstück kann auch mit einem hinsichtl der **Ausübung** auf einen bestimmten Grundstücksteil beschränkten Vorkaufsrecht belastet werden (BayObLG 1997, 160; unklar Hamm NJW-RR 1996, 849); dieser muss allerdings eindeutig bestimmbar sein. Wird lediglich ein räumlicher Teil oder ein Bruchteil des mit dem Vorkaufsrecht im Ganzen belasteten Grundstücks verkauft, so kann Berechtigter Vorkaufsrecht insoweit ausüben (RG SeuffA 80, 179). Bei Bruchteilsgemeinschaft am belasteten Grundstück vgl § 1095. Eine Belastung mehrerer Grundstücke nach Art eines Gesamtvorkaufsrechts ist nicht möglich (BayObLG 1958, 204; 1974, 365), es entstehen dann mehrere einzelne Vorkaufsrechte (*Böttcher* MittBayNot 1993, 129). Bei einem Gesamtverkauf kann das Vorkaufsrecht auf einzelne Grundstücke beschränkt werden (BGH ZfIR 2007, 61; MDR 2016, 818).

3 **3. Berechtigter. a) Natürliche und juristische Personen.** Berechtigter kann nach § 1094 I eine bestimmte nat oder jur Person sein **(subjektiv-persönliches Vorkaufsrecht).** Dieses Recht ist idR nicht übertragbar und auch nicht vererblich (§§ 1098, 473, nicht von Testamentsvollstrecker ausübbar, Celle FamRZ 2013, 70), daher auch nicht mit Nießbrauch oder Pfandrecht belastbar (§§ 1069, 1274) und nicht pfändbar (§§ 851, 857 ZPO). Eine hiervon abw zulässige Abrede bedarf der Eintragung (§§ 873, 877; Hamm MittBayNot 1989, 27; Frankfurt/M NJW-RR 2021, 207 Bezugnahme auf Bewilligung genügt); Notwendigkeit der Eintragung der Übertragbarkeit vor Übertragung (Saarbrücken FGPrax 2020, 215). Beschränkung der Vererblichkeit auf Kinder oder Abkömmlinge des Berechtigten ist möglich (LG Würzburg DNotZ 1992, 319; München NJOZ 2012, 645). Bei Beschränkung auf Zeit im Zweifel vererblich (§§ 1098, 473 S 2). Vorkaufsrecht einer jur Person oder rechtsfähigen Personengesellschaft nach §§ 1059a–d übertragbar (§ 1098 III). Scheidet Gesellschafter einer OHG aus und übernimmt der andere Gesellschafter aufgrund des Gesellschaftsvertrags das Geschäft, so geht auf diesen bisher auch ein zugunsten der OHG bestelltes dingliches Vorkaufsrecht über (BGHZ 50, 307). Für mehrere Berechtigte nicht als Gesamtgläubiger möglich (BGH MDR 2017, 451). Einzelne von mehreren Berechtigten können ihr Recht einseitig aufgeben (München MittBayNot 2013, 231, anders noch MittBayNot 2010, 42). Mehrere Berechtigte bilden eine gesamthandsartige Gemeinschaft bzgl der durch Ausübung des Vorkaufsrechts entstehenden Übereignungsforderung (BayObLG 1958, 202; vgl ferner Frankfurt NJW-RR 1999, 17: keine Bestellung für Bruchteilsgemeinschaft). § 472 trifft keine Aussage zu Gemeinschaftsverhältnis nach Ausübung des Rechts bei mehreren Berechtigten (vgl BGHZ 136, 327; BayObLG 1967, 275; *W. Mayer* DNotZ 2022, 173, 194). Im Zweifel erwerben sie das Grundstück zu gleichen Bruchteilen, wenn zw ihnen nur eine Bruchteilsgemeinschaft besteht, aber zu Gesamthandseigentum, wenn sie Gesamthänder sind (vgl BayObLG 1958, 203). Fraglich ist, wonach sich Bruchteile berechnen (Zahl der Grundstücke, Verhältnis der Grundstücksgrößen bzw Miteigentumsanteile bei subj-dinglichem; für „Köpfe" *Hertel* in Lambert-Lang/Tropf/Frenz, Hdb Grundstückspraxis[2] 2005, Teil 2 Rn 504, aber fraglich bei erheblichen Größenunterschieden bzw örtlicher Situation beim subj-dinglichen Vorkaufsrecht); entscheidend Umstände des Einzelfalls. Soll jeder von ihnen für sich vorkaufsberechtigt sein, so sind mehrere Vorkaufsrechte anzunehmen. Ob mehrere dingliche Vorkaufsrechte mit gleichem Rang nebeneinander bestellt werden können, ist allerdings str (dafür noch Hamm MDR 1989, 821; AG Gemünden MittBayNot 1974, 145, wobei § 472 gilt; abl München MDR 2016, 513 und Hamm FGPrax 2017, 9 mit der Folge der Amtslöschung, falls keine Kollisionsvereinbarung getroffen wird; wohl auch BGH NJW 2014, 3032, 3027). Bei Vorkaufsrechten mit unterschiedlichem Rang gilt Rangprinzip (vgl BGHZ 35, 146). Nimmt der rangbessere Vorkaufsberechtigte sein Recht nicht und nicht rechtzeitig wahr, so kommt der rangschlechtere zum Zuge. Anderenfalls erlischt das rangschlechtere, es sei denn, es war für alle Verkaufsfälle bestellt. In diesem Fall kann der rangschlechtere Vorkaufsberechtigte, der sein für alle Verkaufsfälle bestelltes Vorkaufsrecht dem rangbesseren ggü nicht durchzusetzen vermochte, sein Vorkaufsrecht bei einem späteren Verkaufsfall ausüben. Bestellung auf die Dauer eines bestimmten Pachtvertrags ist zulässig (Zweibrücken DNotZ 1990, 177).

b) Grundstückseigentümer. Berechtigter kann nach § 1094 II auch der jew Eigentümer des herrschenden Grundstücks sein (**subjektiv-dingliches Vorkaufsrecht**). Dieses Recht kann nicht von dem Eigentum an dem Grundstück getrennt werden. Eine selbständige Übertragung oder Belastung des Vorkaufsrechts ist unzulässig, die Veräußerung oder Belastung des herrschenden Grundstücks erfasst das Vorkaufsrecht als dessen Bestandteil (§ 1103 I, § 96), dies gilt auch beim Zuschlag in der Zwangsversteigerung (§ 90 II ZVG). Bestellung zugunsten mehrerer Berechtigter möglich (vgl Rn 3). Subj-dingliches und subj-persönliches Vorkaufsrecht schließen einander aus (§ 1103), dh kein einheitliches Recht möglich, wohl aber unterschiedliche Rechte am selben Grundstück. Welches von beiden Rechten bestellt werden soll, hängt von der Auslegung des Antrags und der Eintragungsbewilligung ab (BGHZ 37, 147, 152); im Zweifel wird ein subj-persönliches Vorkaufsrecht gemeint sein. Ein „für den Berechtigten und seine Rechtsnachfolger bestelltes dingliches Vorkaufsrecht" stellt kein subj-dingliches Vorkaufsrecht iSv § 1094 II dar. Damit wird lediglich zum Ausdruck gebracht, dass dieses Recht abw vom Regelfall (§ 1098 I 1, § 514 S 1) nicht höchstpersönlich, sondern übertragbar und vererblich sein soll (BGH MDR 1962, 644; München NJOZ 2012, 645). 4

4. Entstehung, Form. a) Einigung. Das dingliche Vorkaufsrecht **entsteht** gem §§ 873ff durch Einigung und Eintragung (zur erneuten Bewilligung bei zwischenzeitl Eigentumswechsel München ZfIR 2008, 879). Für das Verpflichtungsgeschäft ist die notarielle Beurkundung vorgeschrieben. Für die dingliche Einigung wird dies vom BGH (MDR 2016, 642; *Wais* NJW 2017, 1569, 1570) verneint (anders noch BGH NJW-RR 1991, 205). Die Eintragung ist erforderlich auf dem Grundbuchblatt des belasteten Grundstücks. Inhalt ist bestimmt zu bezeichnen, Bezugnahme genügt; nachrichtlicher Vermerk auf dem Grundbuchblatt des herrschenden Grundstücks beim subj-dinglichen Vorkaufsrecht freigestellt (§§ 9, 21 GBO; § 7 GBV). Kein Erwerb durch Ersitzung (§ 900). 5

Durch letztwillige Verfügung (Vermächtnis) kann ein Vorkaufsrecht nach deutschem, wohl aber auch nach ausländischem Recht an Immobilien im Inland unmittelbar bestellt werden (EuGH NJW 2017, 3767; zur Grunderwerbsteuerpflicht des späteren Grundstückserwerbs BFHE 222, 93). Nach dt Recht kann lediglich der Erbe verpflichtet werden, ein dingliches Vorkaufsrecht für den Bedachten zu bestellen. Der Bedachte hat dann nur einen schuldrechtl Anspruch auf Einräumung des Vorkaufsrechts. Wird statt des vereinbarten subj-persönlichen Vorkaufsrechts ein subj-dingliches eingetragen, entsteht das gewollte (RGRK/*Rothe* Rn 8; RGZ 104, 317; BayObLG NJW 1961, 1265), nicht das subj-dingliche (BayObLG Rpfleger 1982, 274; München NJOZ 2013, 842). Erwirbt Dritter durch Rechtsgeschäft das Grundstück, dessen jew Eigentümer laut Eintragung im Grundbuch des belasteten Grundstücks vorkaufsberechtigt sein soll, erwirbt er kraft seines vermuteten guten Glaubens das Vorkaufsrecht selbst dann, wenn es im Grundbuch des erworbenen Grundstücks nicht vermerkt ist (RGZ 104, 319). 5a

b) Form. Das Verpflichtungsgeschäft unterliegt unstr der **Form** des § 311b I, Heilung des Formmangels gem § 311b I 2 analog (RGZ 125, 263; BGH DNotZ 1968, 93: wenn im Zeitpunkt des Erfüllungsgeschäfts die Willensübereinstimmung über die Bestellung des Vorkaufsrechts noch besteht, vgl auch *Kanzleiter* DNotZ 2017, 503). Keine Heilung, wenn lediglich Vormerkung auf Bestellung des dinglichen Vorkaufsrechts oder Vormerkung für Übereignungsanspruch aus schuldrechtl Vorkaufsrecht eingetragen wird. Eintragung des dinglichen Vorkaufsrechts setzt nicht voraus, dass der schuldrechtl Verpflichtungsvertrag wirksam ist (str, LG Verden NJW 1955, 1637; Staudinger/*Schermaier* Rn 23; aA Celle NJW 1949, 548). Grundgeschäft kann schuldrechtl Vorkaufsrecht, Miet- oder Pachtvertrag, kaufähnl Vertrag, Vermächtnis etc sein, ist aber auch abstrakt möglich. Keine dingliche Bestellung zugunsten eines Dritten. 5b

5. Inhalt. a) Grundsatz. Grds ist das dingliche Vorkaufsrecht **nicht übertragbar** und auch **nicht vererblich.** Das ergibt sich aus § 473 S 1, der nach § 1098 I auch für das dingliche Vorkaufsrecht gilt, denn dem Eigentümer, der sich zum Verkauf des Grundstücks noch nicht entschlossen hat, wird nicht gleichgültig sein, wer das Grundstück möglicherweise erwirbt (dazu BGHZ 50, 307, 310). Allerdings können nach § 473 S 1, § 1098 I auch dingliche Vorkaufsrechte durch Vereinbarung übertragbar und vererblich werden (BGHZ 37, 147, 153). Ein auf bestimmte Zeit beschränktes Vorkaufsrecht ist nach § 473 S 2 „im Zweifel" vererblich. **b) Inhalt.** Bei Ausgestaltung können Ausübungsmodalitäten (Verkaufsfälle, Frist, nicht aber Kaufpreis, Zweibrücken NJOZ 2012, 1679) festgelegt werden. Auch Ausschluss des Vorkaufsrechts, zB bei bestimmten Kaufverträgen oder Käufern, ist möglich (zur Auslegung der Klausel, der „Rückkauf des Grundstücks durch die Verkäufer oder einen der Verkäufer oder deren Rechtsnachfolger" sei von der Ausübung des Vorkaufsrechts ausgeschlossen, s BGH NJW-RR 1991, 526). **c) Übertragbarkeit.** Wie zur Begründung sind auch zur ausnahmsw gestatteten Übertragung des dinglichen Vorkaufsrechts Einigung und Eintragung im Grundbuch erforderlich. Das subj-dingliche Vorkaufsrecht kann nur mit dem herrschenden Grundstück übertragen werden. 6

6. Erlöschen. Erlöschen des dinglichen Vorkaufsrechts ist möglich durch **a)** rechtsgeschäftliche Aufhebung gem §§ 875f, also Aufgabeerklärung und Löschung (München FGPrax 2011, 69 zur Löschungsbewilligung), **b)** Buchersitzung (§ 901), **c)** wirksame Ausübung bei dem für den ersten Verkaufsfall (BayObLG NJW 1971, 809; München NotBZ 2010, 232), nicht jedoch bei dem für alle Verkaufsfälle bestellten (vgl DNotI-Report 1999, 149; aA hM, RG HRR 1932 Nr 1208). **d)** Nichtausübung, falls Vorkaufsrecht nur für bestimmten, zB ersten Fall ausgeübt werden darf (München NotBZ 2012, 59; Düsseldorf ZfIR 2019, 311; vgl auch KG NJW-RR 2016, 989; aber nicht bei Umwandlung des Eigentümers von KG in GbR, Nürnberg MDR 2012, 639, nicht bei Umgehungsgeschäft München NotBZ 2016, 188, nicht zwingend bei Teilungsversteigerung BGH NotBZ 2016, 342; München ZfIR 2016, 586; *Kasperczak* NotBZ 2019, 325), **e)** Ausschluss des unbekannten Berechtigten im Aufgebotsverfahren bei subj-persönlichem Vorkaufsrecht (§ 1104; vgl DNotI-Report 2007, 9 und 37), **f)** Zuschlag (§ 91 I ZVG), falls es nicht in das geringste Gebot aufgenommen worden ist (§ 44 ZVG), **g)** Erlassvertrag zw Berechtigtem und 7

Verpflichtetem (BGHZ 90, 1474; zur Gebühr LG Schwerin NotBZ 2016, 194), der auch ohne Löschung wirkt (Düsseldorf MDR 1967, 1014), oder zw Berechtigtem und Käufer (BGH WPM 1966, 893), wenn Vorkaufsrecht nur für einen Verkaufsfall bestellt ist; **h)** Eintritt einer auflösenden Bedingung oder einer Befristung („Dauer des Pachtvertrages“; zur Löschung Düsseldorf NZM 2020, 288); **i)** Tod des Berechtigten beim subj-persönlichen Vorkaufsrecht, sofern keine abw Vereinbarung (zur Löschung Hamm ZfIR 2019, 286 u München NotBZ 2019, 312; s dazu *Wufka* MittBayNot 1996, 156; zur Anhörung des Erben BGH ZfIR 2005, 106), und Erlöschen der berechtigten jur Person (Düsseldorf MittBayNot 2011, 303; Hamm ZIP 2017, 771; zum Nachw München ZfIR 2016, 716).
Nicht jedoch durch Eigentumserwerb des Vorkaufsberechtigten hinsichtl des belasteten Grundstücks, es besteht vielmehr als Eigentümerrecht fort (§ 889, BayObLG MDR 1984, 145), anders das nur für einen Verkaufsfall bestellte Recht beim Erwerb durch Kauf.

8 **7. Teilung.** Für den Fall der Teilung des herrschenden Grundstücks bei einem subj-dinglichen Vorkaufsrecht fehlt eine gesetzl Regelung. Das Vorkaufsrecht steht dann den neuen Eigentümern gemeinschaftl zu (vgl § 1103 Rn 2; München RNotZ 2010, 265; Celle MDR 2010, 1246; vgl München 15.4.2011 – 34 Wx 102/10 und DNotI-Report 2017, 20ff). Soll das Vorkaufsrecht bei dem sog Stammgrundstück verbleiben, so lässt sich dies nur auf rechtsgeschäftlichem Weg durch eine Teillöschung mit Zustimmung sämtlicher Berechtigter erreichen (str; s München RNotZ 2010, 265 und *Amann* NotBZ 2010, 201). Bei Aufteilung eines hinsichtl des belasteten Grundstücks vorkaufsberechtigten Erbbaurechts in Wohnungserbbaurechte ist ohne diesbzgl Regelung fraglich, ob sich das Vorkaufsrecht lediglich auf den betreffenden Miteigentumsanteil beschränkt (vgl DNotI-Report 2016, 12). Wird das belastete Grundstück geteilt, so ist § 1026 entspr anzuwenden. Bei Aufteilung in WE/Teileigentum besteht das Vorkaufsrecht als Belastung in jedem Grundbuch fort (Schleswig MittBayNot 2000, 232).

9 **8. Gesetzliche Vorkaufsrechte.** Gesetzl Vorkaufsrechte an Wohnungseigentum enthält das BGB in § 577, wobei das früher bestellte dingliche Vorkaufsrecht Vorrang hat (str; *Hageböke/Horst* DNotZ 2019, 345, 352; aA DNotI-Report 2010, 137; §§ 2034ff beziehen sich nur auf Anteile am Nachlass); sie sind in anderen Gesetzen (etwa im BauGB §§ 24–28, dazu *Göhner,* Das gemeindliche Vorkaufsrecht, 2006, 17ff, und § 66 BNatSchG, dazu DNotI-Report 2010, 64) zugunsten der öffentlichen Hand geregelt (s § 463 Rn 2; *Soester* RNotZ 2018, 1ff; *Böhringer* NotBZ 2020, 248ff und Meikel/*Grziwotz* GBO[12] 2021, Einl F Rn 243ff). Eine Eintragung im Grundbuch ist nicht zulässig (BayObLG 2000, 224; aA *Ertl* Rpfleger 1980, 1, 6). Für die Bestellung eines inhaltsgleichen subj persönlichen Vorkaufsrechts besteht regelmäßig kein Rechtsschutzbedürfnis (str). Zur Konkurrenz zw gemeindlichem und rechtsgeschäftl Vorkaufsrecht DNotI-Report 2021, 139f.

§ 1095 Belastung eines Bruchteils

Ein Bruchteil eines Grundstücks kann mit dem Vorkaufsrecht nur belastet werden, wenn er in dem Anteil eines Miteigentümers besteht.

1 **1. Zweck.** Die Vorschrift beruht wie auch §§ 1106 und 1114 auf dem allg Rechtsgedanken, die Neubildung einer Quote bloß zur Bestellung eines Rechts an einem ideellen Bruchteil des Eigentums zu verhindern (Mot III 454; LG Nürnberg-Fürth NJW 1957, 1521f; BGH NZM 2013, 284).

2 **2. Anteil eines Miteigentümers. Anteil** eines Miteigentümers richtet sich nach §§ 741, 747, 1008 (vgl BGHZ 90, 178). An dem Anteil eines Gesamthandeigentümers (Miterben) kann ein Vorkaufsrecht nicht bestellt werden (BayObLG 1952, 231; 1958, 196). Aus § 1009 folgt, dass Vorkaufsrecht auch den übrigen Miteigentümern eingeräumt werden kann. Ausübung des Vorkaufsrechts in diesem Fall kann bei Veräußerung an weiteren Miteigentümer ausgeschlossen sein (§ 1098 I, § 463 „Dritter“; str, vgl BGHZ 13, 133; KG MittBayNot 2017, 378). Wird Zwangsversteigerung zwecks Aufhebung einer Gemeinschaft betrieben und wird das Grundstück einem Miteigentümer zugeschlagen, dessen Anteil nicht dem Vorkaufsrecht unterliegt, so kann das Vorkaufsrecht, das nur einen Miteigentumsbruchteil belastet, nicht ausgeübt werden. Denn andernfalls bliebe die Aufhebung der Gemeinschaft praktisch für alle Zeiten ausgeschlossen (vgl BGHZ 48, 1). Vorkaufsrecht an Miteigentumsanteil erlischt nicht, wenn Miteigentümer Alleineigentümer wird (MüKo/*Westermann* Rn 2). Bestellung in der Weise möglich, dass bei Verkauf des gesamten Grundstücks Ausübung nur bzgl Miteigentumsanteils zulässig ist (BGH MDR 2014, 1195, auch mehrere gleichrangige Vorkaufsrechte für zu bildende Miteigentumsanteile). Erstreckungsverlangen bei Verkauf des gesamten Grundstücks (§ 467 S 2) nicht möglich, da in Bestellung an Miteigentumsanteil konkludenter Ausschluss liegt.

§ 1096 Erstreckung auf Zubehör

Das Vorkaufsrecht kann auf das Zubehör erstreckt werden, das mit dem Grundstück verkauft wird. Im Zweifel ist anzunehmen, dass sich das Vorkaufsrecht auf dieses Zubehör erstrecken soll.

1 **1. Einheitlicher Kauf.** Entspricht den §§ 311c, 926, 1031. Zubehör vgl §§ 97f. Das Vorkaufsrecht erstreckt sich auf das gesamte Zubehör, „das mit dem Grundstück verkauft wird“, unabhängig davon, ob es dem Verpflichteten gehört (*Becker* JA 2012, 493). Bei Zubehör kann Verbrauchsgüterkauf vorliegen (§§ 474ff); gilt auch bei Vorkaufsrecht, da keine Differenzierung (aA *Schulte-Thoma* RNotZ 2004, 61).

2. Zubehör-Vorkaufsrecht. Vereinbarungen dieser Art sind weder eintragungsfähig noch eintragungsbedürftig; aber besondere Vereinbarung möglich, die ohne Eintragung „dinglich" wirkt. Der Eigentumserwerb am Zubehör tritt entspr § 926 ein. Ggf muss Erstkäufer das Zubehör herausgeben und Übereignung an Vorkaufsberechtigten zustimmen (§ 1098 II, § 888). 2

§ 1097 Bestellung für einen oder mehrere Verkaufsfälle

Das Vorkaufsrecht beschränkt sich auf den Fall des Verkaufs durch den Eigentümer, welchem das Grundstück zur Zeit der Bestellung gehört, oder durch dessen Erben; es kann jedoch auch für mehrere oder für alle Verkaufsfälle bestellt werden.

1. Vorkaufsfall. a) Vorkaufsfälle. Die Bestimmung regelt die **Zahl** der **Vorkaufsfälle** (vgl *Falkner* MittBayNot 2016, 378, 381). Sie „beschränkt" das Vorkaufsrecht auf den ersten Verkaufsfall durch den Besteller oder dessen Erben. Wegen des sachenrechtl Typenzwangs führt die Vorschrift ausdrückl die Möglichkeit auf, das dingliche Vorkaufsrecht auch für mehrere oder für alle Verkaufsfälle zu bestellen. Nach allgM (Staudinger/*Schermaier* Rn 3) ist § 1097 nicht auf gesetzl Vorkaufsrechte anzuwenden; ihren Umfang (Vorkaufsfall) bestimmt regelmäßig das anordnende Gesetz. 1

b) Voraussetzungen. Die Voraussetzungen für den „Fall des Verkaufs" entsprechen denen des schuldrechtl Vorkaufsrechts. Insoweit gelten die in § 463 Rn 8ff ausgeführten Grundsätze. Auch zur Ausübung des dinglichen Vorkaufsrechts muss grds ein **Kaufvertrag** zw dem Besteller und dem Dritten vorliegen, der auch, wenn erforderlich, behördlich genehmigt sein muss (BGHZ 32, 383; BGH NJW 1990, 1474 und 1991, 1811; aber Ausübung bereits vor Genehmigung möglich, BGH NJW 1998, 2352). Verkauf eines Eigentumsbruchteils am Grundstück genügt (BGHZ 90, 178; nicht jedoch an Miteigentümer, BGHZ 13, 133, 137; BayObLG 1981, 18; anders Hamm DNotZ 1989, 786 bei Verkauf an Mitvorkaufsberechtigten). Bei Gesamtverkauf mehrerer belasteter Grundstücke kann Berechtigter Vorkaufsrecht auf einzelne beschränken (BGH ZfIR 2007, 61). Rücktritt vom Kaufvertrag oder Wandlung nach früherer Rechtslage (BGH NJW 1977, 762) und auch die vertragl Wiederaufhebung nach Rechtswirksamkeit (BGH NJW 1954, 1442; NJW 2010, 3774) beeinträchtigen nicht den Vorkaufsfall; bis zur Wirksamkeit änderbar und aufhebbar (BGH NJW 1998, 2352; *Grziwotz*, Grundbuch- und Grundstücksrecht, Rn 586), aber nicht mehr aufhebbar nach Wirksamkeit (BGH MDR 2011, 213). Andere Veräußerungsgeschäfte als Kauf lösen den Vorkaufsfall nicht aus, zB Tausch (RGZ 88, 364; Düsseldorf NJW-RR 2011, 308; zu Ringtausch BGHZ 50, 307), Abfindung für Pflichtteilsverzicht (DNotI-Report 2021, 156; abw *Falkner* MittBayNot 2016, 378, 385, der aber nicht zur Erfüllung eines Pflichtteilsanspruchs durch Grundstücksübertragung abgrenzt), Schenkung (BGH LM § 1098 Nr 3; RGZ 101, 101), gemischte Schenkung (OGH NJW 1950, 224; Koblenz ZMR 2012, 832; aA *Grunewald*, FS Gernhuber 1993, 138) und Schenkung unter Auflagen (aA Soergel/*Stürner* Rn 3). Ferner kann der Berechtigte das Vorkaufsrecht in folgenden Fällen **nicht ausüben**: Bei Verkauf an gesetzl Erben (§ 1098 I 1, § 470) oder an diesen und seinen Ehegatten/Lebenspartner (RG JW 1925, 2128); bei Einbringung in eine Gesellschaft (Stuttgart NJOZ 2001, 335; vgl Nürnberg NJW-RR 1992, 461); bei Aufhebung einer Gemeinschaft; bei Verkauf an Mitberechtigten (zB Erbengemeinschaft an Miterben, BGH DNotZ 1957, 654, 656); wenn Verpflichteter und Dritter einen Kaufvertrag schließen, dessen Wirksamkeit mit einem zw dem Verpflichteten und einem anderen abgeschlossenen Vertrag gekoppelt ist, der den Erwerb eines Grundstücks seitens des Verpflichteten vorsieht (Ringtausch; vgl BGHZ 49, 7); wenn Gesellschafter sein mit dem Vorkaufsrecht belastetes Betriebsgrundstück zusammen mit seiner Gesellschafterstellung auf Dritten überträgt (Nürnberg DNotZ 1970, 39); wenn Erbteil übertragen wird, zu dem Grundstück gehört (BGH DNotZ 1970, 423); bei einem Ausbeutevertrag mit Sicherungsdienstbarkeit (BGH MDR 2004, 24; aA Bamberg OLGRp 2003, 117); bei Zwangsversteigerung, wenn der Insolvenzverwalter das Grundstück gem §§ 172ff ZVG verwertet; verkauft es der Insolvenzverwalter „aus freier Hand", so kann das Vorkaufsrecht abw von § 471 gem § 1098 I 2 ausgeübt werden. Die Ausübung des Vorkaufsrechts in der Zwangsversteigerung ist ferner ausnahmsw zulässig: bei Zwangsversteigerung auf Antrag eines Erben (§§ 175ff ZVG) oder zur Aufhebung einer Gemeinschaft (§§ 180ff ZVG; *Kasperczak* NotBZ 2019, 325); dies gilt dann nicht, wenn ein Miteigentümer den Zuschlag erhält, weil dieser nicht Dritter iSv § 463 ist (BGHZ 13, 133). Einzelne Rechtsgeschäfte können im Rahmen der Einigung von der Ausübung des Vorkaufsrechts ausgeschlossen werden (zB Verkauf an bestimmte Person oder Personenkreis wie bspw an verwandte oder verschwägerte Personen bis zu bestimmtem Grad; BGH NJW-RR 1991, 526). Doch können Verträge bei ungewöhnlicher Gestaltung als **Umgehungsgeschäfte** gewertet und im Wege der Auslegung wie Kaufverträge behandelt werden (BGH MDR 1990, 608; 1992, 256; 1998, 829; 2012, 391; 2013, 512; vgl auch München NJW-RR 1999, 1314; VGH München MittBayNot 1996, 324; Nürnberg MDR 2012, 639; Hamm NJW-RR 2012, 1484, München NotBZ 2016, 188; nach BGH MDR 2004, 24 nicht bei Dienstbarkeit; aA Bamberg OLGRp 2003, 117; s auch *Vogt*, FS Wenzel, 2005, 453ff; *Hageböke/Englich/Horst* JuS 2020, 815, 817 und krit *Burbulla*, Der Vorkaufsfall im Zivilrecht, 520). Die Vereitelung eines Vorkaufsrechts kann zudem sittenwidrig sein und zum Schadensersatz verpflichten (BGH MDR 2006, 79; NotBZ 2015, 224; MDR 2022, 912). 2

2. Bestehendes Vorkaufsrecht. a) Entstehen. Das Vorkaufsrecht muss beim Verkaufsfall bestehen, dh im Grundbuch eingetragen sein. Bestellung nicht ausreichend, und zwar auch, wenn Genehmigung zu früherem Kauf erst später erteilt wird (BGH JZ 1957, 578). In der Praxis deshalb häufig Vereinbarung von schuldrechtl Vorkaufsrecht bis zur Eintragung des dinglichen. **b) Erlöschen.** Das **Vorkaufsrecht erlischt**, wenn der Berechtigte es nicht oder nicht rechtzeitig ausübt oder wenn das Grundstück bei einem für den ersten Verkaufsfall be- 3 stellten Vorkaufsrecht ohne Verkauf in das Eigentum eines Sondernachfolgers gelangt (Stuttgart BWNotZ 1997, 125; Zweibrücken FGPrax 1999, 207; Düsseldorf NotBZ 2013, 41; *Amann* NotBZ 2016, 161); anders bei Auseinandersetzung von Miteigentümern, da es in diesem Fall nicht ausgeübt werden kann (BGH MDR 2016, 703; BayObLG MittBayNot 1981, 18; aA nur Köln NJOZ 2015, 1713; *Waldner* MDR 1986, 110). Bei subj-dinglichem Vorkaufsrecht besteht kein Vorkaufsrecht, wenn das berechtigte Grundstück herrenlos ist; Aneignung nach Eintritt des Vorkaufsfalls führt nicht zur Entstehung. Es ist **verbraucht**, wenn der Berechtigte es wirksam ausübt, nach der hier vertretenen Auffassung (Rn 5) jedoch nur bei Bestellung für den ersten Verkaufsfall. Das Grundbuch ist dann zu berichtigen (§ 894 BGB, § 22 GBO; vgl LG Tübingen BWNotZ 1997, 42; München NotBZ 2010, 232; 2016, 188; Düsseldorf NotBZ 2013, 41; München DNotZ 2012, 201 zu Verkauf an Vorkaufsberechtigten).

4 **3. Beschränkung. Beschränkung** des Vorkaufsrechts (zB auf ersten Verkauf des Bestellers – nicht etwaiger Erben – oder zeitl Begrenzung), Bestellung für den ersten tatsächlichen Verkaufsfall (also kein Verbrauch bei Übertragung in anderer Weise) sowie Erstreckung auf weitere Verkaufsfälle oder alle sind zulässig, bedürfen aber zur dinglichen Wirkung der Einigung und Eintragung (§§ 873, 877; Hamm NJW-RR 2012, 1484).

5 **4. Mehrzahl von Fällen.** Ist das Vorkaufsrecht für **mehrere oder alle Verkaufsfälle** bestellt, so erlischt es nicht, wenn der Berechtigte von ihm im Einzelfall keinen Gebrauch gemacht hat oder zB mangels Verkaufs machen konnte. Es besteht für spätere Verkäufe durch den neuen Eigentümer fort (RG JW 1911, 976). Bei Verkauf im Wege der Zwangsversteigerung – auch eines solchen in der Insolvenz (§§ 172ff ZVG) – ist zu unterscheiden: a) Vorkaufsrecht fällt in das geringste Gebot, dann bleibt es für künftige Verkaufsfälle bestehen, außer Vorkaufsrecht für den ersten Verkaufsfall (Zweibrücken NotBZ 2011, 412), b) Vorkaufsrecht fällt nicht in das geringste Gebot, dann erlischt es gem § 91 ZVG mit dem Zuschlag; an seine Stelle tritt der Anspruch auf Wertersatz aus dem Versteigerungserlös gem § 92 ZVG (vgl LG Hildesheim Rpfleger 1990, 87).

6 **5. Erbfall.** Das dingliche Vorkaufsrecht wirkt auch gegen die **Erben des Verpflichteten.** Diese „passive Vererblichkeit" kann ausgeschlossen werden, wenn der Tod des Bestellers als Ende des Vorkaufsrechts festgelegt wird und im Grundbuch eine entspr Eintragung erfolgt. Das subj-persönliche Vorkaufsrecht kann als vererblich vereinbart werden (§ 1098 I 1, § 473 S 1); das subj-dingliche Vorkaufsrecht steht ohnehin dem jew Eigentümer eines Grundstücks zu und kann deshalb nicht „vererbt" werden (dazu § 1094 Rn 6).

§ 1098 Wirkung des Vorkaufsrechts

(1) Das Rechtsverhältnis zwischen dem Berechtigten und dem Verpflichteten bestimmt sich nach den Vorschriften der §§ 463 bis 473. Das Vorkaufsrecht kann auch dann ausgeübt werden, wenn das Grundstück von dem Insolvenzverwalter aus freier Hand verkauft wird.

(2) Dritten gegenüber hat das Vorkaufsrecht die Wirkung einer Vormerkung zur Sicherung des durch die Ausübung des Rechts entstehenden Anspruchs auf Übertragung des Eigentums.

(3) Steht ein nach § 1094 Abs. 1 begründetes Vorkaufsrecht einer juristischen Person oder einer rechtsfähigen Personengesellschaft zu, so gelten, wenn seine Übertragbarkeit nicht vereinbart ist, für die Übertragung des Rechts die Vorschriften der §§ 1059a bis 1059d entsprechend.

1 **1. Verhältnis des Vorkaufsberechtigten zum Verpflichteten. a) Zwingende Vorschriften.** Es liegt ein gesetzl Schuldverhältnis vor (Abs I), das inhaltlich von den Vorschriften über das schuldrechtl Vorkaufsrecht (§§ 463–473) bestimmt wird. Sie gelten nicht nur für das schuldrechtl, sondern auch für das dingliche Vorkaufsrecht (BGH WM 1957, 1162, 1164), und sind, anders als beim schuldrechtl Vorkaufsrecht, bei ihm **zwingend** (BGHZ 13, 133, 139), soweit nicht wie, zB bei § 473 S 1, Vereinbarung gestattet ist (vgl BayObLG NJW-RR 1998, 86). Daher kann das Vorkaufsrecht mit dinglicher Wirkung nicht mit einem Ankaufrecht gekoppelt werden (BGH WPM 1969, 1087). Auch ist eine dem § 464 II widersprechende Vereinbarung eines festen Verkaufspreises beim dinglichen Vorkaufsrecht unzulässig (RGZ 154, 358; BGH WPM 1966, 891; München RNotZ 2008, 227; Zweibrücken NJOZ 2012, 1679). Umdeutung bei Einhalt der Form des § 311b I 1 (§ 140) in schuldrechtl, durch Vormerkung zu sicherndes Vorkaufsrecht möglich (RGZ 104, 123; 154, 358; BayObLG JFG 4, 347; LG Darmstadt Rpfleger 2004, 349); str ist aber, ob dies auch dann gelten kann, wenn das Vorkaufsrecht dem jew Eigentümer eines anderen Grundstücks zustehen soll (dafür RGZ 128, 247; dagegen BayObLG JFG 4, 347). Teilw Nichtigkeit hinsichtl Festpreis, wenn die Beteiligten Vorkaufsrecht mit gesetzl Inhalt wollten (München RNotZ 2008, 227; Zweibrücken NJOZ 2012, 1679). Zulässig ist ferner Eintragung unter Fortfall der Preisbegrenzung oder Löschung einer (fälschlich) eingetragenen, wenn anzunehmen ist, dass Parteien auch ohne sie am Vorkaufsrecht festhalten (KGJ 43, 223).

2 **b) Ausübungserklärung.** Auch das dingliche Vorkaufsrecht wird durch einseitige, empfangsbedürftige Vorkaufserklärung ggü dem Verpflichteten **ausgeübt** (dazu § 464 Rn 1), und zwar mangels abw Abrede innerhalb der Ausschlussfrist nach § 469 II. Es handelt sich um ein einseitiges Verfügungsgeschäft (BGH WM 1962, 747, 751). Bei mehreren Berechtigten gilt für die Ausübung § 472 (BGH ZfIR 2009, 669; vgl auch Stuttgart NJW-RR 2009, 952). Die Ausübung ist nach hM trotz des Schutzzwecks von § 311b I formlos möglich (Frankfurt MDR 1998, 1093); Vereinbarung einer Form wirkt nicht dinglich (KG ZfIR 2019, 347). Die Ausübung des Vorkaufsrechts setzt voraus, dass Verpflichteter und Dritter einen rechtswirksamen, dh fertigen, formgültigen (§ 311b), falls nötig, behördlich genehmigten, wenn auch bedingten Kaufvertrag geschlossen haben (vgl RGZ 106, 320; 114, 158; BGH WPM 1968, 1088; Dresden NJW-RR 2017, 849; BVerwG MittBayNot 2021, 526). Die Ausübung

ist bereits vor Vorliegen einer behördlichen Genehmigung möglich (BGH MDR 1998, 893). Ausübungsfrist läuft allerdings erst ab Mitteilung des wirksamen, dh genehmigten Vertrags (§ 469 II; zur Schadensersatzpflicht bei Verzögerung Celle MietRB 2008, 36). Fristvereinbarung ist mit dinglicher Wirkung zulässig (§ 469 II 2). Ausfall der Bedingung und etwaige Anfechtung muss der Berechtigte in Kauf nehmen. Dagegen ist die nachträgl Aufhebung eines endgültig zustande gekommenen, dh auch wirksamen Kaufvertrags ggü dem Vorkaufsberechtigten unschädlich (RGZ 106, 323; 118, 8; BGH NJW 1954, 1442). Die Erklärung des Berechtigten, dass er das Vorkaufsrecht ausübe, ist unwirksam, wenn er weder gewillt noch imstande ist, die Käuferpflichten zu erfüllen (LG Frankfurt/M DNotI-Report 2020, 78). Die Beschränkung auf einzelne Grundstücke ist auch bei einheitlichem Verkauf möglich (BGH DNotZ 2003, 436; ZfIR 2007, 61; zur Erstreckung auf andere Gegenstände BGH MDR 2012, 680; Celle MDR 2012, 334).

c) Zweitkauf. Mit der wirksamen Erklärung des Berechtigten kommt zw ihm und dem Verpflichteten ein zweiter **Kaufvertrag** unter den Bestimmungen **zustande**, welche der Verpflichtete mit dem Dritten vereinbart hat (§ 464 II, BGH NJW 1992, 236; 1987, 890; zur fehlenden Finanzierungsvollmacht DNotI-Report 2015, 77). Er bedarf der behördlichen Genehmigungen, auch wenn diese zum Erstvertrag bereits erteilt wurden, dgl eines erneuten Zeugnisses über die Nichtausübung gesetzl Vorkaufsrechte (Zweibrücken notar 2016, 167). Den Kaufpreis hat der Berechtigte grds an den Verpflichteten zu zahlen, Ausnahmen §§ 1100f. Bzgl der Kaufpreisfälligkeit hat eine sinnentspr Anpassung des Vertrags zu erfolgen (BGH NJW 1983, 682; ausf *Grziwotz* MittBayNot 1992, 173ff; vgl auch *Hueber* NotBZ 2003, 91 und 445). Aufgrund dieses Vertrags kann der Berechtigte vom Verpflichteten gem § 433 I 1, § 873 I, § 925 I die Auflassung verlangen (BayObLG 1971, 809). Bei Verzug stehen ihm die Rechte aus §§ 280ff zu (vgl RG JW 1922, 1576; zur Kaufpreiszahlungspflicht nach Erklärung der Auflassung BGH MittBayNot 2018, 328; aA noch München MittBayNot 1994, 30). Zur Maklerprovision s *Grziwotz* DVBl 2002, 1119ff. Eine Ausübungsvormerkung kann im Grundbuch nicht eingetragen werden; dies gilt auch bei gesetzl Vorkaufsrechten (BayObLG 2000, 224), bei denen aber teilw Vormerkung aufgrund behördlichen Ersuchens eingetragen werden kann (vgl § 28 II 3 BauGB). 3

d) Insolvenz. Ggü § 471, der als gläubigerschützende Norm zwingend vorschreibt, dass das Vorkaufsrecht ausgeschlossen ist, wenn der Verkauf im Wege der Zwangsvollstreckung oder aus einer Insolvenzmasse erfolgt, macht § 1098 I 2 für das dingliche Recht eine Einschränkung. Der freihändige Verkauf durch den **Insolvenzverwalter** hindert nicht die Ausübung des Vorkaufsrechts. Der Auflassungsanspruch richtet sich in diesem Falle gegen den Insolvenzverwalter (§ 209 I Nr 2 InsO). Die Insolvenzmasse wird dadurch nicht berührt; denn es spielt i Erg keine Rolle, welche Person den Kaufpreis an die Insolvenzmasse abführt. 4

e) Verzicht. Der Vorkaufsberechtigte kann die Rechte aus dem schuldrechtl Kaufvertrag nachträgl durch Erlassvertrag mit dem Verpflichteten oder dem Käufer (BGH WPM 1966, 893) beseitigen. Er kann aber auch, wenn er nicht kaufen will, durch **Erlassvertrag** (§ 397) im Voraus den Eigentümer von der Verpflichtung befreien, die durch die Ausübung des Vorkaufsrechts eintreten würde (vgl BGH DNotZ 1957, 306). Dies ist praktisch bedeutsam, wenn das Vorkaufsrecht für mehrere Verkaufsfälle eingeräumt ist. Der Verzicht gilt allerdings, wenn er zu bestimmten Vertragsinhalten abgegeben wurde, nicht bei einer nachträgl Änderung des Kaufvertrags. Die Löschungsbewilligung für ein Vorkaufsrecht (§ 875) enthält bei einem bereits erfolgten Verkauf einen Verzicht auf die Ausübung. Die Ausübung des Vorkaufsrechts ist unzulässig, wenn der Vorkaufsberechtigte im gegebenen Fall schuldrechtl verpflichtet ist, von dem Vorkaufsrecht keinen Gebrauch zu machen (BGH NJW 1962, 1344 und LM § 1094 Nr 5). 5

f) Übertragbarkeit. Das Vorkaufsrecht ist gem § 473 grds weder durch Rechtsgeschäft **übertragbar** noch vererblich. Hieraus folgt, dass es auch nicht mit Nießbrauch (§ 1069) oder Pfandrecht (§ 1274) belastet, dgl nicht gepfändet (§§ 851, 857 ZPO) werden kann. Soll das Vorkaufsrecht übertragbar und vererblich sein, so bedarf es der Eintragung der diesbzgl Abrede (§§ 873, 877). Dagegen ist das Vorkaufsrecht jur Personen und rechtsfähiger Personenvereinigungen nach Maßgabe des Abs III übertragbar (vgl bereits BGHZ 50, 307). Erfolgt die Übertragung während der Ausübungsfrist, muss der Rechtsnachfolger sämtliche Erklärungen (Mitteilung, Ausübung) ggü dem bisherigen Berechtigten auch ggü sich gelten lassen; die Wirkungen der Ausübung treten ihm ggü ein (vgl DNotI-Report 2007, 50). Tritt der Vorkaufsberechtigte nach Ausübung des Vorkaufsrechts seine Rechte an einen Dritten gem §§ 398, 413 ab, was § 473 nicht ausschließt, so gehen sie auf den Abtretungsempfänger über (Zweibrücken MittBayNot 1990, 112). Eine Eintragung der Abtretung im Grundbuch ist aber ausgeschlossen. Bei einem schuldrechtl Vorkaufsrecht kann entspr § 401 der durch eine Vormerkung gesicherte Anspruch übertragen werden, was den Übergang der Vormerkung zur Folge hat. Diese Übertragung ist im Wege der Grundbuchberichtigung eintragungsfähig. Das kann jedoch im Fall des § 1098 schon deshalb nicht gelten, weil es hier an einer eintragungsfähigen und eingetragenen Vormerkung fehlt. Sie wird nur fingiert (vgl BayObLG NJW 1971, 809). 6

2. Wirkung ggü Dritten (Abs II). a) Vormerkungswirkung. Das dingliche Vorkaufsrecht hat Dritten ggü die **Wirkung einer Vormerkung** zur Sicherung des durch die Ausübung des Rechts entstehenden Anspruchs auf Übertragung des Eigentums. Die Eigentumsübertragung auf den Dritten ist im Verhältnis zum Vorkaufsberechtigten insoweit unwirksam, als sie nach Eintragung des Vorkaufsrechts erfolgt und den Anspruch des Vorkaufsberechtigten vereiteln oder beeinträchtigen würde (BGHZ 60, 275, 293), §§ 883, 888 (ausf *Wieling/Klinck* AcP 202, 745). Das Vorkaufsrecht sperrt das Grundbuch nicht gegen Verfügungen oder Auflassungen des Verpflichteten (Celle DNotZ 1952, 464). Die Vorkaufsrechtsausübung wirkt nicht dinglich und macht das Grundbuch nicht unrichtig (KGJ 53, 162); Auflassung an Dritten bleibt gültig. Der vorkaufswidrige Eigentumserwerb wird 7 durch Ausübung des Vorkaufsrechts nicht von selbst vernichtet (RG JW 1922, 576). Jedoch wirkt die Übereignung an Dritten nicht gegen den Berechtigten, der sein Vorkaufsrecht ausgeübt hat. Der vormerkungsgleiche Schutz wirkt hinsichtl der belastenden Verfügungen auf den Zeitpunkt zurück, zu dem das Vorkaufsrecht ausgeübt werden kann, also ein rechtsgültiger, falls erforderlich, behördlich genehmigter Kaufabschluss vorliegt (Vorkaufsfall, RGZ 154, 370, 376; BGHZ 60, 275, 294). Alle danach erfolgten belastenden Verfügungen werden dem Vorkaufsberechtigten ggü unwirksam, auch wenn sie in die Zwischenzeit ab rechtsgültigem Abschluss des Kaufvertrags bis zur Ausübung des Vorkaufsrechts fallen.

8 **b) Eigentumsverschaffung.** Der Vorkaufsberechtigte kann vom Verpflichteten ohne Rücksicht darauf, ob dieser bereits an den Käufer aufgelassen hat (BayObLG 1913, 573), und selbst, wenn der Käufer als Eigentümer eingetragen worden ist, seinerseits Auflassung (Vollzugsvollmacht für Notariatsangestellte wird nicht Inhalt des neuen Kaufs, BGH MDR 2012, 960) und vom eingetragenen Dritten Zustimmung zur Eintragung sowie von den etwaigen Drittberechtigten, die ihr Recht erst nach dem rechtsgültigen Abschluss des Kaufvertrags erworben haben, Zustimmung zur Löschung ihres Rechts verlangen. Dagegen kann der Berechtigte nicht beanspruchen, dass der Dritte an ihn auflässt; allerdings ist der Dritte berechtigt, dies zu tun, ohne dass dem der Verpflichtete zustimmen müsste. Der Berechtigte kann vom Dritten auch die Herausgabe des Grundstücks fordern (BGH NJW 1992, 238 mwN). Die sich aus dem Vorkaufsrecht ergebenden Ansprüche können als **dingliche** auch gegen jeden weiteren Erwerber geltend gemacht werden, selbst wenn das Vorkaufsrecht nur ein einmaliges ist, sofern nur der Berechtigte es rechtzeitig ausgeübt hat. Soweit der als Eigentümer eingetragene Dritte den Kaufpreis bereits entrichtet hat, steht ihm ein Zurückbehaltungsrecht gem § 1100 zu.

9 **3. Haftung des Drittkäufers.** Die **Haftung des Drittkäufers** auf Schadensersatz oder Herausgabe von Nutzungen und seine Ansprüche auf Ersatz von Verwendungen gegen den Vorkaufsberechtigten richten sich nach §§ 987ff (BGHZ 75, 288, 291). Das gilt nach hM dann, wenn der Berechtigte den Käufer auf Herausgabe verklagt hat (§ 292). Aber auch schon vor Rechtshängigkeit der gegen den Drittkäufer gerichteten Herausgabeklage und vor Eigentumserwerb des Vorkaufsberechtigten sind die §§ 987ff anzuwenden: Der Käufer, der in Kenntnis eines dinglichen Vorkaufsrechts einen Kaufvertrag abgeschlossen hat und den Kaufgegenstand besitzt, muss grds damit rechnen, dass das Vorkaufsrecht ausgeübt wird und er deshalb den Kaufgegenstand nicht behalten darf. Er ist also bereits zum Zeitpunkt des Abschlusses des Kaufvertrags bösgläubig; auf die Kenntnis von der Vorkaufsrechtsausübung kommt es nicht an (vgl dazu BGHZ 87, 296; *Lüke* ZfIR 1997, 245, 255; *Lieder* JuS 2011, 821, 826; Staudinger/*Schermaier* § 1100 Rn 11; abw MüKo/*Westermann* § 1100 Rn 5 und 7). Ab Ausübung des Vorkaufsrechts und Besitzübergang bestehen Besitzschutzansprüche, ab Eigentumsübergang Ansprüche aus §§ 985ff. Die Kosten der Beurkundung (BGH MDR 1960, 1004; Frankfurt MittBayNot 2013, 125; *Schmidt* NotBZ 2012, 441), der Eintragung und Löschung der Vormerkung des Erstkäufers (str; vgl BGH NJW 1982, 2068, 2069), nicht aber einer Finanzierungsgrundschuld, hat der Vorkaufsberechtigte zu erstatten. Umstr ist Tragung der Maklerprovision (München 3.12.2018 – 21 U 4191/17; 11.7.2018 – 3 U 694/18; LG Köln IMR 2012, 428; LG Frankenthal IMR 2018, 170).

10 **4. Verhältnis des Verpflichteten zum Käufer.** Der (Erst-)Kaufvertrag wird nicht automatisch dadurch aufgelöst, dass der Berechtigte das Vorkaufsrecht ausübt (BGH DNotZ 1979, 561, 563; OVG Lüneburg NVwZ 2022, 1922). Der Käufer konnte bis zur Schuldrechtsmodernisierung gegen den Verpflichteten, der ihm das Eigentum nicht oder nicht auf die Dauer verschaffte, nach § 440 aF vorgehen; hatte allerdings der Käufer bei Abschluss des Kaufvertrags das Vorkaufsrecht gekannt, so haftete der Verpflichtete wegen § 439 I aF nicht (RG JW 1922, 576). Nunmehr handelt es sich um einen Fall der Unmöglichkeit (§ 275 I), der zum Ausschluss des Anspruchs auf die Gegenleistung (§ 326 I) führt und ein Rücktrittsrecht gewährt (§ 326 V); gem § 275 III, § 283 besteht Schadensersatzpflicht. Hingegen ist § 311a II nicht anwendbar, da Kenntnis vom Vorkaufsrecht nicht der Kenntnis von der Ausübung gleichzustellen ist. Haben beide Parteien Kenntnis vom Vorkaufsrecht, kann man überdies davon ausgehen, dass die Parteien den Kaufvertrag unter der stillschw Bedingung, das Vorkaufsrecht werde nicht ausgeübt, geschlossen haben (RG DR 1941, 856; zu Rücktrittsrechten *Kesseler* ZNotP 2006, 450). Wird Rücktrittsrecht ausgeübt, so wird der Kaufvertrag – unbeschadet seines Fortwirkens dem Vorkaufsberechtigten ggü (§ 465) – hinfällig. Vgl ferner § 1102 für den Fall, dass er zunächst erworbenes Eigentum an den Vorkaufsberechtigten herausgeben muss.

§ 1099 Mitteilungen

(1) Gelangt das Grundstück in das Eigentum eines Dritten, so kann dieser in gleicher Weise wie der Verpflichtete dem Berechtigten den Inhalt des Kaufvertrags mit der im § 469 Abs. 2 bestimmten Wirkung mitteilen.

(2) Der Verpflichtete hat den neuen Eigentümer zu benachrichtigen, sobald die Ausübung des Vorkaufsrechts erfolgt oder ausgeschlossen ist.

1 **1. Mitteilungsrecht (Abs I).** Der (neue) Eigentümer des belasteten Grundstücks kann (nicht: muss), ohne Rücksicht darauf, von wem er das Eigentum erlangt hat, eine Anzeige vom Inhalt des Kaufvertrags an den Vorkaufsberechtigten machen. Zur Formlosigkeit und zum Inhalt der Mitteilung s § 469 Rn 2ff, 8. Die Vorschrift des § 1099 erstreckt die Mitteilungsberechtigung auf weitere Personen als die in § 469 I Verpflichteten. Sie setzt die Ausschlussfrist des § 469 II in Lauf.

2. Mitteilungspflicht (Abs II). Den Vorkaufsverpflichteten trifft die gesetzl Pflicht, den neuen Eigentümer zu benachrichtigen, und zwar nicht nur hinsichtl einer Vorkaufsrechtsausübung, sondern – da dem neuen Eigentümer regelmäßig nicht bekannt (§ 1098 I 1, § 464 I 1) – auch über den Ausschluss, zB durch Fristablauf. Eine Vernachlässigung der Mitteilungspflicht kann Schadensersatzpflicht auslösen, wenn wegen des Unterbleibens oder der Verzögerung der Mitteilung dem Eigentümer ein Schaden entsteht (Staudinger/*Schermaier* Rn 4). 2

§ 1100 Rechte des Käufers

Der neue Eigentümer kann, wenn er der Käufer oder ein Rechtsnachfolger des Käufers ist, die Zustimmung zur Eintragung des Berechtigten als Eigentümer und die Herausgabe des Grundstücks verweigern, bis ihm der zwischen dem Verpflichteten und dem Käufer vereinbarte Kaufpreis, soweit er berichtigt ist, erstattet wird. Erlangt der Berechtigte die Eintragung als Eigentümer, so kann der bisherige Eigentümer von ihm die Erstattung des berichtigten Kaufpreises gegen Herausgabe des Grundstücks fordern.

1. Vermeidung von „Dreiecksleistungen". a) Mehrseitige Beziehungen. §§ 1100–1102 regeln die schuldrechtl Beziehungen, wie sie sich durch Ausübung des Vorkaufsrechts ergeben, zw 1
– dem Käufer bzw seinem Rechtsnachfolger und dem Vorkaufsberechtigten,
– dem Berechtigten und Verpflichteten,
– dem Verpflichteten und dem Käufer bzw seinem Rechtsnachfolger,

vorausgesetzt, dass der **Käufer** bzw sein Rechtsnachfolger das **Eigentum am Grundstück erlangt** hat (BGH NJW 1992, 236, 238).

b) Zweck. Die Vorschriften zielen insb darauf ab, die Rechtsbeziehungen zw den Beteiligten hinsichtl des Kaufpreises durch eine **einzige Zahlung** abzuwickeln. Der Berechtigte muss den Kaufpreis, wenn ihn der Käufer bzw sein Rechtsnachfolger noch nicht entrichtet hat, an den Verpflichteten, andernfalls an den neuen Eigentümer zahlen. 2

c) Zurückbehaltungsrecht. Der Käufer, der als Eigentümer eingetragen ist, kann die **Zustimmung**, die er zur Eintragung des Berechtigten zu erteilen hat, und die Herausgabe des Grundstücks **verweigern**, bis ihm der zw dem Verpflichteten und ihm vereinbarte Kaufpreis, soweit er ihn berichtigt hat, erstattet wird (S 1; zur verneinten analogen Anwendung auf ein durch Vormerkung gesichertes schuldrechtl Vorkaufsrecht *Kuhn* JuS 2016, 104, 108). 3

2. Kaufpreiserstattung. Der **Käufer**, der **noch nicht** als **Eigentümer** im Grundbuch eingetragen ist, hat Ansprüche nur gegen seinen Verkäufer nach allg Vorschriften (vgl § 1098 Rn 10). Hat er den Kaufpreis bereits beglichen, so muss er ihn zurückfordern. Andererseits muss der Berechtigte den Kaufpreis an den Verpflichteten zahlen. 4

3. Kaufpreisanspruch. Ist mittlerweile der **Berechtigte als Eigentümer eingetragen** (S 2), so kann der Käufer, sofern er zuvor als Eigentümer eingetragen war, den bezahlten Kaufpreis einschl der Kosten des Vertrags (BGH DVBl 1964, 526; KG DNotZ 1937, 243; Celle NJW 1957, 1808; nicht die Grunderwerbsteuer, die meist ohnehin erstattet wird, vgl § 16 GrEStG) nur vom Berechtigten, nicht vom Verpflichteten (§ 1102) gegen oder nach Herausgabe oder, falls dieser den Besitz am Grundstück nicht hatte, schlechthin verlangen. Ist der Kaufpreis noch nicht entrichtet und wird der Käufer durch Ausübung des Vorkaufsrechts frei (§ 1102), muss sich der Verpflichtete nunmehr an den Berechtigten halten (RGZ 116, 191). 5

4. Rechtsnachfolge. Der **Rechtsnachfolger** (Erbe, Sondernachfolger, zB Abkäufer) des Käufers steht diesem gleich, wenn er Eigentum am Grundstück erlangt hat. Seine Rechte beschränken sich aber auf den Kaufpreis, den der Erstkäufer oder stattdessen ein anderer an den Verpflichteten gezahlt hat. Der Kaufpreis, den der Rechtsnachfolger als Abkäufer seinem Verkäufer bezahlt hat, bleibt außer Betracht (vgl Staudinger/*Schermaier* Rn 6; RGRK/*Rothe* Rn 4). 6

5. Verwendungen. Für **Verwendungen** gilt § 1100 nicht (München OLG 33, 287; aA MüKo/*Westermann* Rn 5). Zur Haftung des Drittkäufers auf Schadensersatz oder Herausgabe der Nutzungen und seinen Gegenansprüchen auf Ersatz von Verwendungen s § 1098 Rn 9. 7

§ 1101 Befreiung des Berechtigten

Soweit der Berechtigte nach § 1100 dem Käufer oder dessen Rechtsnachfolger den Kaufpreis zu erstatten hat, wird er von der Verpflichtung zur Zahlung des aus dem Vorkauf geschuldeten Kaufpreises frei.

1. Zweck. Auch diese Bestimmung dient dem Zweck, die schuldrechtl Beziehungen zw den Beteiligten möglichst durch eine einzige Zahlung abzuwickeln. Grds muss der Vorkaufsberechtigte dem Vorkaufsverpflichteten den Kaufpreis zahlen (dazu BGH LM § 505 Nr 4). Ist das Eigentum bereits auf den Käufer oder seinen Rechtsnachfolger übergegangen, so wird der Vorkaufsberechtigte ggü dem Vorkaufsverpflichteten von der Kaufpreiszahlungspflicht iHd Erstattung befreit; es handelt sich um eine gesetzl **Schuldbefreiung** (Staudinger/*Schermaier* Rn 2), und zwar unabhängig davon, ob die Erstattung bereits erfolgt ist. 1

2 **2. Zahlungspflicht.** Ist der Dritte Eigentümer, **ohne dass** der **Berechtigte** schon **Eigentümer** geworden ist, und hat der Berechtigte zur Durchsetzung seines Anspruchs auf Zustimmung und Herausgabe dem Dritten den aufgewendeten Kaufpreis erstattet, so ist er in analoger Anwendung des § 1101 von der Zahlungspflicht befreit (MüKo/*Westermann* Rn 3).

§ 1102 Befreiung des Käufers

Verliert der Käufer oder sein Rechtsnachfolger infolge der Geltendmachung des Vorkaufsrechts das Eigentum, so wird der Käufer, soweit der von ihm geschuldete Kaufpreis noch nicht berichtigt ist, von seiner Verpflichtung frei; den berichtigten Kaufpreis kann er nicht zurückfordern.

1 **1. Zahlungspflicht.** Der **Erstkäufer** wird von Zahlungspflicht erst dann befreit, wenn der Berechtigte als Eigentümer eingetragen ist; bis dahin ist er zur Zahlung verpflichtet (RGRK/*Rothe* Rn 1). Ist Berechtigter als Eigentümer eingetragen, so kann Erstkäufer nur von ihm, nicht vom Verkäufer Rückzahlung des entrichteten Kaufpreises verlangen.

2 **2. Weiterverkauf.** § 1102 gilt nur für das Verhältnis zw dem Erstkäufer und Verpflichteten. Das Verhältnis zw dem Erstkäufer und dessen **Abkäufer** richtet sich nach den allg Vorschriften, insb §§ 275, 326, wobei allerdings § 1100 zu berücksichtigen ist. Hat der Erstkäufer ein von ihm gekauftes Grundstück an den Abkäufer teurer weiterverkauft und zB jeder die Hälfte seines Kaufpreises beglichen, hat der Vorkaufsberechtigte die Hälfte des ursprüngl Preises an den Abkäufer und den Rest an den Vorkaufsverpflichteten zu bezahlen. Der Abkäufer muss sich wegen des Differenzbetrags an den Erstkäufer, dh seinen Verkäufer, halten (vgl Planck/*Strecker* Anm 2).

§ 1103 Subjektiv-dingliches und subjektiv-persönliches Vorkaufsrecht

(1) Ein zugunsten des jeweiligen Eigentümers eines Grundstücks bestehendes Vorkaufsrecht kann nicht von dem Eigentum an diesem Grundstück getrennt werden.

(2) Ein zugunsten einer bestimmten Person bestehendes Vorkaufsrecht kann nicht mit dem Eigentum an einem Grundstück verbunden werden.

1 **1. Verschiedene Vorkaufsrechte.** Das subj-dingliche Vorkaufsrecht (Abs I) und das subj-persönliche Vorkaufsrecht (Abs II) schließen einander aus (BGHZ 37, 147, 152). Eine **Umwandlung** kann nur dadurch stattfinden, dass das eine aufgehoben und das andere neu begründet wird. Das subj-persönliche Recht kann nicht dadurch übertragen werden, dass der Eigentümer des belasteten Grundstücks zustimmt; erforderlich ist eine Inhaltsänderung (Hamm MietRB 2017, 265).

2 **2. Bestandteilseigenschaft.** Das subj-**dingliche Vorkaufsrecht** ist wesentlicher Bestandteil (§§ 93, 96) des Grundstücks. Es kann daher weder selbständig übertragen noch belastet werden (BGH NJW 1954, 1443, 1445). Wird das herrschende Grundstück veräußert oder belastet, so wird hiervon als dessen Bestandteil das subj-dingliche Vorkaufsrecht erfasst. Wird das herrschende Grundstück geteilt, so steht das Vorkaufsrecht den neuen Eigentümern nicht nach dem Verhältnis ihrer Anteile, sondern allen gemeinschaftl derart zu, dass es von ihnen nur im Ganzen ausgeübt werden kann (§§ 472, 1098; vgl RGZ 73, 320; BayObLG MDR 1973, 408; München ZfIR 2010, 239; Celle MDR 2010, 1246). Soll das Vorkaufsrecht bei dem sog Stammgrundstück verbleiben, so lässt sich dies nur auf rechtsgeschäftlichem Wege durch Freigabeerklärungen der anderen Berechtigten unter Mitwirkung sämtlicher Berechtigter erreichen.

§ 1104 Ausschluss unbekannter Berechtigter

(1) Ist der Berechtigte unbekannt, so kann er im Wege des Aufgebotsverfahrens mit seinem Recht ausgeschlossen werden, wenn die in § 1170 für die Ausschließung eines Hypothekengläubigers bestimmten Voraussetzungen vorliegen. Mit der Rechtskraft des Ausschließungsbeschlusses erlischt das Vorkaufsrecht.

(2) Auf ein Vorkaufsrecht, das zugunsten des jeweiligen Eigentümers eines Grundstücks besteht, finden diese Vorschriften keine Anwendung.

1 **1. Zweck.** Die Vorschrift ermöglicht den **Ausschluss** unbekannter Berechtigter, kommt aber auch bei nicht bestehendem dinglichen Vorkaufsrecht in Betracht (Staudinger/*Schermaier* Rn 1). Dagegen ist eine analoge Anwendung auf den Fall, das der Aufenthalt des Berechtigten unbekannt ist, nicht zulässig (BGH NJW-RR 2004, 664; vgl aber BGH NotBZ 2009, 358; *Herrler* RNotZ 2010, 249 und DNotI-Report 2007, 9 und 37 zu landesrechtl Regelungen; aA *Schöne* Rpfleger 2002, 131). Eine Löschung des (für den ersten Vorkaufsfall bestellten) Vorkaufsrechts nach öffentlicher Zustellung ist nicht möglich, da der Nachw der Nichtausübung nicht in der Form des § 29 GBO erbracht werden kann.

2 **2. Aufgebotsverfahren.** Die **Voraussetzungen** des Aufgebots ergeben sich aus § 1170 (vgl § 1170 Rn 2ff). Das Aufgebotsverfahren richtet sich nach § 453 FamFG.

Abschnitt 6
Reallasten (§§ 1105–1112)

Vorbemerkung vor § 1105

1. Begriff, Ursprung. a) Dingliche Belastung. Reallasten sind dingliche Belastungen eines Grundstücks oder grundstücksgleichen Rechts mit aus diesem zu bewirkenden wiederkehrenden Leistungen (vgl *Lange-Parpart* RNotZ 2008, 377; *Sokolowski* ZfIR 2011, 50/51; *Böttcher* ZNotP 2011, 122; *Becker* JA 2013, 171). Das BGB bringt nur wenige Grundsätze, lässt die früher entstandenen Reallasten unberührt und überlässt es dem **Landesrecht**, Reallasten auszuschließen, abzulösen, einzuschränken, Inhalt und Maß näher zu bestimmen (Art 62 Rentengüter, 96 Altenteilsverträge, 113–115 Landesrechtl Vorschriften, 118 Verbesserungsdarlehen, 120 Unschädlichkeitszeugnis, 121 Öffentlich-rechtl Reallasten, 132 Kirchen- und Schulbaulast EGBGB). **Übergangsbestimmungen** in den Art 114, 184, 189 EGBGB. 1

b) Praktische Bedeutung. Heute praktisch bei Verträgen im Rahmen der vorweggenommenen Erbfolge, insb als **Altenteil** (Auszug, Leibgedinge, Leibzucht; vgl *Raude* RNotZ 2016, 69; zur Zuständigkeit § 23 Nr 2 lit g GVG; vgl auch BFHE 256, 415 u 428), aber auch bei städtebaulichen Verträgen, dort vor allem zur Sicherung naturschutzrechtl Ausgleichsmaßnahmen (vgl München MittBayNot 2019, 519; *Grziwotz* KommJur 2008, 288). Altenteilsrechte werden vornehmlich aus Anlass einer Betriebs- oder Gutsübernahme bestellt und sollen die Versorgung des Berechtigten aus dem belasteten Grundstück sicherstellen. Da sie aus Sach- und Dienstleistungen bestehen, enthalten sie eine Mischung von Reallast und beschränkter persönlicher Dienstbarkeit (vgl BGH NJW 1962, 2250; ausf *Mayer* DNotZ 1996, 622). Vom Nießbrauch unterscheiden sie sich durch ihren Versorgungscharakter (BGH NJW 1981, 2568; Koblenz MDR 2007, 646; zum Unterschied ggü dem hessischen Einsitzrecht s Frankfurt Rpfleger 1972, 20). Bestr ist, ob und wie Reallast mit Nießbrauch zu einem Altenteil verbunden werden können. Dies ist nur möglich, wenn der Nießbrauch sich nicht auf das ganze Grundstück erstreckt (BayObLG 1975, 132; München NJW-RR 2016, 788). Ein Total-Nießbrauch (dh am gesamten Vertragsobjekt) ist jedenfalls als einziges Recht nicht leibgedingsfähig (LG München I MittBayNot 1972, 294; nach BayObLG 1975, 132 auch nicht mit Reallast; anders Hamm DNotZ 1970, 37 für Nießbrauch an Grundstücksteil). Zur Abgrenzung der Wohnungsreallast ggü der Wohnungsdienstbarkeit München NotBZ 2018, 312. Hauptsächlich kommen Altenteile als Belastung landwirtschaftl Grundstücke in Betracht. Jedoch sind sie auch ohne Gutsüberlassung (RGZ 162, 56) und bei städtischen Grundstücken, zB als Wohnungsrecht für den Grundstücksübergeber, zulässig (BGH NJW 1962, 2249; Köln Rpfleger 1992, 431). Nicht erforderlich ist, dass die Versorgung einem Verwandten gewährt wird (RG JW 1924, 813) oder eine enge persönliche Beziehung besteht (BayObLG DNotZ 1993, 603; Köln DNotZ 1990, 513). Im BGB sind sie sachlich-rechtl nicht geregelt, vgl aber Art 96 EGBGB; §§ 49, 23f GBO; § 9 EGZVG. Eintragung in das Grundbuch als Altenteil, Auszug oder unter ähnl Bezeichnung zulässig. Für den Inhalt und Umfang des Altenteils ist der Wortlaut der Eintragung iVm der in Bezug genommenen Eintragungsbewilligung maßgeblich (Hamm DNotZ 1970, 37). Ist das Altenteil für mehrere Personen im Grundbuch einzutragen, so soll sich das hinsichtl des Altenteils bestehende Gemeinschaftsverhältnis, wenn nicht unmittelbar aus dem Eintrag, so doch mindestens aus der Eintragungsbewilligung ergeben, auf die darin Bezug genommen wird (vgl BGH FamRZ 1979, 227). Erleichterte Löschung nach §§ 23f GBO (Hamm Rpfleger 1988, 248; aber München NotBZ 2012, 470; 2013, 113). In der Zwangsvollstreckung erlöschen eingetragene Altenteile nach näherer landesrechtl Bestimmung nicht, sofern nicht Doppelausgebot erfolgt (vgl § 9 EGZVG; § 33 BW AGGVG; Art 30 Bay AGGVG; Art 6 AGZVG Berl; Art 4 II Hess AGZPO; § 6 II Preuß AGZVG; § 67 II NJG (vgl auch § 2 LippAGZVG aF; § 18 Old AGZVG aF; § 3 BrAGZVG aF); § 5 II RhPf AGZPO; § 43 II Saarl AGJusG; § 3 II ThürAGZVG; nicht in Brandenburg, Bremen, Hamburg, Mecklenburg-Vorpommern, Sachsen und Sachsen-Anhalt) 2

2. Wesen. a) Dingliches Recht. Die Reallast ist ein **dingliches Recht**, sowohl im Ganzen wie in ihren einzelnen Leistungen, vgl §§ 1105, 1107 (arg „auch" in § 1108). Doch ist mit der dinglichen Last zugleich eine persönliche Haftung des Eigentümers mit seinem sonstigen Vermögen für die während der Dauer seines Eigentums fällig werdenden Einzelleistungen verbunden; sie bleibt für diese Leistungen bestehen, auch wenn er nicht mehr Eigentümer ist. Für Rückstände kann daher doppelte Haftung gegeben sein: die persönliche des ehemaligen Eigentümers und die dingliche, auf das Grundstück beschränkte des derzeitigen Eigentümers. Jedoch sichert die Reallast keineswegs die persönliche Forderung, sondern anders als bei den Hypotheken tritt zu der dinglichen Haftung erg als deren Folge die persönliche hinzu. Die Reallast verleiht **kein unmittelbares Nutzungsrecht** am Grundstück. Dieses haftet nur dafür, dass Eigentümer die wiederkehrenden Leistungen erbringt. Er hat sie, wie bei den anderen Verwertungsrechten (Hypothek, Grundschuld, Rentenschuld), „aus dem Grundstück" zu entrichten (§§ 1113, 1147, 1191, 1199). Daraus folgt, dass der Berechtigte sich der **Zwangsversteigerung** oder **Zwangsverwaltung** bedienen muss – die Eintragung einer Zwangshypothek ist wenig praktikabel –, wenn er befriedigt werden will (vgl § 1107 Rn 4). 3

b) Wiederkehrende Leistung. Die Reallast geht auf eine **aktive Leistung**, dadurch unterscheidet sie sich von der Dienstbarkeit, die ein passives Verhalten verlangt. In Betracht kommen bei der Reallast Leistungen **jeder Art**, auch Geldleistungen (bei den Hypotheken, Grund- und Rentenschulden nur diese, und zwar bei der Hypothek und Grundschuld einmalige Kapitalzahlungen nebst etwa ausbedungenen Zinsen und Nebenleistungen, bei der 4

Rentenschuld regelmäßig wiederkehrende Geldleistungen). Geht die Reallast als **Rentenreallast** auf regelmäßig wiederkehrende, festbestimmte **Geldleistungen** (Geldrente, Grundrente), so ergeben sich Übereinstimmungen, da für Reallast und Rentenschuld zudem die für Hypothekenzinsen bestimmten Vorschriften gelten (§§ 1107, 1200). Gleichwohl bestehen folgende **Unterschiede: aa)** bei der Reallast persönliche Haftung des Eigentümers für die während seines Eigentumsrechts fällig werdenden Leistungen (§ 1108), bei der Rentenschuld nicht, **bb)** bei der Reallast Ablösung nach Landesrecht (Art 113 EGBGB; RGZ 129, 213; zur Zulässigkeit einer Verfallklausel abl Köln MDR 1991, 868; bejahend AG Schwandorf Rpfleger 1991, 149. Unstr zul ist Ablösungsbefugnis des Verpflichteten, RGZ 85, 244, 245. Zur steuerlichen Behandlung s BFH DStR 2004, 857), bei der Rentenschuld Ablösung bundesgesetzl geregelt (§§ 1200ff), **cc)** die Reallast kann subj-dinglich sein (§ 1105 II), die Rentenschuld nicht, **dd)** Reallast ist Buchrecht, Rentenschuld kann auch Briefrecht sein und auf den Inhaber des Briefs und den Eigentümer lauten (§§ 1195, 1199), **ee)** als Folge der Zahlung der Ablösungssumme geht die Rentenschuld auf den Eigentümer über (§ 1200 II), während die Reallast erlischt, so dass die nachfolgenden Gläubiger aufrücken, **ff)** Rentenschuld kann in Grundschuld und umgekehrt umgewandelt werden (§ 1203), bei der Reallast keine Umwandlungsmöglichkeit, **gg)** in der Zwangsversteigerung oder Zwangsverwaltung gewährt Reallast ein Recht auf Zahlung einer Rente, Rentenschuld dagegen auf die Ablösungssumme (§§ 92, 121, 158 ZVG), **hh)** wirtschaftl gesehen ist die Reallast auf Nutzung des Grundstücks, die Rentenschuld auf Ausschöpfen des Bodenkredits gerichtet.

5 **c) Grundgeschäft.** Als dingliches Recht ist die Reallast, auch wenn sie eine persönliche Forderung sichern soll, von dem **Grundgeschäft** unabhängig (RGZ 129, 216); es ist auch ohne Bedeutung, ob und welcher Gegenwert gegeben ist (RGZ 85, 247). Ist das Grundgeschäft unwirksam, erfolgt Ausgleich über § 812. Bei Personenverschiedenheit des schuldrechtl Zahlungspflichtigen und des Eigentümers besteht Leistungsverweigerungsrecht gegen doppelte Inanspruchnahme; dies kann im Grundbuch eingetragen werden (Hamm FGPrax 2009, 9; Frankfurt NJOZ 2013, 1402; LG Augsburg MittBayNot 2005, 47; *Grziwotz* MittBayNot 2010, 341). Die Eröffnung des Insolvenzverfahrens über das Vermögen des Zahlungspflichtigen hat keinen Einfluss auf die Reallast am Grundstück des Sicherungsgebers (§ 43 InsO).

6 **3. Entsprechende Anwendung.** Die Vorschriften über Reallasten sind – unter Ausschluss des Landesrechts (Art 116 EGBGB, § 9 I 2 ErbbauRG) – **entspr anzuwenden** auf Überbau- und Notwegrenten (§ 914 III, § 917 II 2), Unterhaltungspflicht gem § 1021 II, § 1022 S 2, Erbbauzins (§ 9 I 1 ErbbauRG).

7 **4. Öffentlich-rechtliche Reallasten.** Die auf **öffentlich-rechtl** Titeln beruhenden Reallasten sind im BGB nicht geregelt. Welche hierzu gehören, ergibt sich aus dem öffentlichen Recht, Aufzählungen finden sich zT in den zum BGB oder zum ZVG ergangenen Ausführungsgesetzen. Hierunter fallen zB Staats-, Gemeinde-, Schul-, Kirchen-, Wege-, Deich-, Siel-, Wasser- und Waldgenossenschaftslasten, Beiträge zu öffentlichen Versicherungsverbänden (vgl Stöber/*Achenbach* ZVG[23] 2022, § 10 Rn 49ff). Soweit sie von den ordentlichen Gerichten zu beurteilen sind, können die Vorschriften über Reallasten entspr angewendet werden (vgl RGZ 115, 212; 116, 111; 121, 190; 127, 130; 146, 321; Frankfurt 4.10.2012 – 4 U 132/10). Eintragung im Grundbuch nur, soweit sie gesetzl besonders zugelassen und angeordnet ist (§ 54 GBO).

§ 1105 Gesetzlicher Inhalt der Reallast

(1) Ein Grundstück kann in der Weise belastet werden, dass an denjenigen, zu dessen Gunsten die Belastung erfolgt, wiederkehrende Leistungen aus dem Grundstück zu entrichten sind (Reallast). Als Inhalt der Reallast kann auch vereinbart werden, dass die zu entrichtenden Leistungen sich ohne weiteres an veränderte Verhältnisse anpassen, wenn anhand der in der Vereinbarung festgelegten Voraussetzungen Art und Umfang der Belastung des Grundstücks bestimmt werden können.

(2) Die Reallast kann auch zugunsten des jeweiligen Eigentümers eines anderen Grundstücks bestellt werden.

1 **1. Begriff.** Zu **Begriff** und **Wesen** vgl Vor § 1105 Rn 1ff.

2 **2. Belasteter Gegenstand.** Grundstück, realer Teil hiervon, falls durch Abschreibung verselbständigt (§ 7 GBO), grundstücksgleiches Recht. Wegen ideellen Grundstücksbruchteils vgl § 1106. Die Bestellung einer subj-dinglichen Reallast zulasten eines Teileigentums bzw Wohnungseigentums (Düsseldorf NotBZ 2020, 50) oder -erbbaurechts zugunsten des jew Inhabers eines anderen Teileigentums bzw Wohnungseigentums oder Teil/Wohnungs-Erbbaurechts ist zulässig (Düsseldorf DNotZ 1977, 305). Eine Gesamtreallast an mehreren Belastungsobjekten ist ebenfalls zulässig (BGH DNotZ 2017, 795).

3 **3. Berechtigter. a) Person.** Bestimmte nat oder jur Personen (**subjektiv-persönliche Reallast**, § 1105 I, § 1111), mehrere als Gesamtberechtigte (§ 428, vgl KG JW 1932, 1564; BayObLG 1975, 191, 194) oder Mitberechtigte (§ 432; RGRK/*Rothe* Rn 7). Die Reallast kann von Anbeginn für mehrere Personen in der Weise bestellt werden, dass sie für die eine auflösend bedingt, zB durch den Tod, oder befristet, und für die andere in gleicher Weise aufschiebend bedingt oder befristet ist (Köln DNotZ 1966, 677). **b) Grundstück.** Jew Eigentümer (keine Teilung zugunsten einzelner Miteigentümer, BayObLG DNotZ 1991, 398) eines anderen Grundstücks (**subjektiv-dingliche Reallast**, § 1105 II). Soll Grundstücksteil herrschen, so muss er abgeschrieben und selbständig werden (KGJ 53, 170). **c) Abgrenzung.** Subj-persönliche Reallast zugunsten des Eigentümers und subj-dingliche zugunsten eines Grundstücks desselben Eigentümers sind zulässig. Subj-persönliche Reallast erlischt auch nicht

beim Zusammentreffen mit dem Grundstückseigentum (§ 889, vgl RGZ 142, 231). Die **Eigentümerreallast** ist entspr den für die Eigentümergrundschuld (§ 1197) geltenden Vorschriften zu behandeln. Dies gilt insb für den Fall der Zwangsvollstreckung. Vormerkung auf Bestellung ist nur zugunsten des derzeitigen Eigentümers des berechtigten Grundstücks möglich, nicht zugunsten des jew Eigentümers (München ZfIR 2007, 802).

d) Nicht zugunsten Dritter. Reallast kann **nicht zugunsten** eines **Dritten** bestellt werden, denn nach hM lassen sich gem § 328 nur schuldrechtl Ansprüche zugunsten Dritter begründen (BGHZ 41, 95; BGH NJW 1993, 2617; RGZ 66, 99; 68, 279; 124, 217; 148, 263; Hamm NotBZ 2012, 43; RGRK/*Augustin* § 873 Rn 57; aA *Heck* SachenR, § 10 Ziff 7). 4

4. Belastungsinhalt. a) Wiederkehrende Leistungen. Dingliches Recht am Grundstück auf **wiederkehrende** (dauernde oder wenigstens mehrmalige) **Leistungen** aus dem Grundstück, für die jew Eigentümer mit dem Grundstück haftet. Im Gegensatz zur Dienstbarkeit sind positive Leistungen zu erbringen. Inhalt, sofern nicht Einschränkung nach Landesrecht (vgl Art 115 EGBGB), beliebig: Sach-, Dienst- oder Geldleistungen (BayObLG Rpfleger 1981, 106, BGHZ 130, 342: Erbringung von Pflegeleistungen). Nicht erforderlich ist, dass sie regelmäßig wiederkehren (RGZ 131, 175; KG OLG 39, 242), einen kalendermäßig festgesetzten Beginn haben (Rostock OLG 34, 177) oder ewig dauern (RGZ 85, 247). Für die Abgrenzung zu einmaliger Erbringung ist die Ausgestaltung der Bewilligung, nicht die Wahrscheinlichkeit des Eintritts entscheidend (BGH MDR 2022, 951; *Stavorinus* NotBZ 2022, 286; abw noch Nürnberg NotBZ 2022, 73). Die Bezeichnung des Rechts als „Reallast“ genügt nicht (BGHZ 35, 378, 382); es ist vielmehr schlagwortartig zu bezeichnen. Leistungen, die keine Geldzahlung zum Gegenstand haben, müssen zumindest einen bestimmten Geldwert haben. Sie dürfen sich auch nicht in einmaliger Leistung erschöpfen, wie etwa dem Bau einer Wasserleitung, Kanalisation, Straße (RGZ 57, 333; Zulässigkeit einer Verfallklausel mit Ablösesumme str), Anpflanzung (München MittBayNot 2019, 519). Eine Ausnahme gilt nur für den Fall, dass die ihrer Natur nach einmalige Leistung andere wiederkehrende Leistungen sinngemäß ergänzt, zB Pflicht, die Begräbniskosten zu tragen, als Teilinhalt eines Altenteils (Frankfurt FGPrax 2019, 197). Es ist nicht erforderlich, dass die einzelnen Leistungen einander gleich oder gleichartig sind (KG OLG 43, 228; 7, 34; RG SeuffA 79, 243) oder eine festbestimmte Höhe haben (KG OLG 12, 281; 43, 228; BGH Rpfleger 1975, 56); möglich deshalb zB finanzielle Beteiligung an Wassernutzung (BGH MDR 1982, 385). Das belastete Grundstück muss nicht durch die Art seiner Benutzung einen entspr Ertrag abwerfen. Sicherung betagter Ansprüche ist zulässig (vgl Zweibrücken MDR 1992, 160: Zahlung erst nach Tod des Bestellers). Eine dingliche Zwangsvollstreckungsunterwerfung mit Wirkung ggü dem jew Grundstückseigentümer (analog § 800 ZPO) ist nicht zulässig und kann nicht in das Grundbuch eingetragen werden (BayObLG NJW 1959, 1876; *Wolfsteiner* Die vollstreckbare Urkunde[4] 2019, Rn 27.20). 5

b) Bestimmtheitsgrundsatz. Die Höhe der Leistung muss bestimmbar sein (zur Vormerkung s Düsseldorf DNotZ 1989, 578). Das bedeutet nicht, dass der Umfang der tatsächlichen Belastung in einem bestimmten Zeitpunkt aus der Eintragung selbst oder iVm der Eintragungsbewilligung ohne weiteres ersichtlich sein müsse (BGHZ 35, 22, 26). Es genügt, wenn Art, Gegenstand und Umfang der Leistung aufgrund obj Umstände bestimmbar sind. Diese können auch außerhalb des Grundbuchs liegen, sofern sie nachprüfbar und mindestens in der Eintragungsbewilligung angedeutet sind. Ausreichend: standesgemäßer Unterhalt (BayObLG 1953, 200; LG Hagen Rpfleger 2005, 21), Höchstpension eines bayerischen Notars (BGHZ 22, 58), Preisindex des Statistischen Bundesamtes (Düsseldorf OLG 1967, 461), Wertsicherungsklausel (BGHZ 111, 324; MittBayNot 2005, 265 und 329; vgl Naumburg NotBZ 2021, 172 zur Genehmigungspflicht); gilt auch für Erbbauzinsreallast (§ 9 I 1 ErbbauRG, vgl BayObLG MDR 1996, 1235; KG MittBayNot 2015, 225), Bezugnahme auf Sozialrente (LG Oldenburg Rpfleger 1984, 462; aA Grü/*Herrler* Rn 6), Pflegeleistung, soweit unter Berücksichtigung der beruflichen und familiären Verhältnisse zumutbar (BGHZ 130, 342), Kosten des Betriebs, der Wartung und Instandhaltung eines Bauwerks, wenn höchstmögliche jährliche Belastung erkennbar (Düsseldorf ZfIR 2004, 376; AG Hannover ZMR 2011, 886), ebenso Übernahme der Kosten der standesgemäßen und ortsüblichen Beerdigung sowie der üblichen Gottesdienste (Frankfurt FGPrax 2019, 197). Die für die Bestimmung maßgeblichen Umstände müssen sich in Geldforderungen umwandeln lassen (Brandenburg NotBZ 2020, 40). Der Berechtigte darf keinen willkürlichen Einfluss auf die Höhe der einzelnen Leistungen haben (KG MDR 1984, 848). Abgelehnt wurde Bestimmbarkeit der Klauseln „Verweis auf § 323 ZPO“, jetzt § 239 FamFG (BayObLG DNotZ 1980, 94; Frankfurt Rpfleger 1988, 247; Hamm Rpfleger 1988, 404; Oldenburg Rpfleger 1991, 450; BayObLG NJW-RR 1993, 1171, falls keine Angaben zu Voraussetzungen und Maßstab; zur Ausgestaltung s *Bauer/Münch* ZEV 2007, 6) und „Unterhalt im Notfall“ (Düsseldorf MittRhNotK 1990, 167). Auch **gleitender Leistungsumfang** gem Abs I 2 als Rechtsinhalt möglich, aber Bestimmbarkeit erforderlich. Daneben weiterhin schuldrechtl Anpassungsklausel zulässig und durch Vormerkung sicherbar; aber auch der durch Vormerkung gesicherte Erhöhungsbetrag muss hinreichend bestimmbar sein (Hamm NJW-RR 1988, 333; Düsseldorf DNotZ 1989, 578; Zweibrücken NJW-RR 2000, 1408). 6

c) Verwertungsrecht. „Aus dem Grundstück“ bedeutet nicht, dass die Leistung aus den Erträgen des Grundstücks zu erbringen ist; die Leistung muss auch nicht in einer Beziehung zu dem Grundstück stehen (MüKo/*Mohr* Rn 12). Wenn nämlich nicht einmal erforderlich ist, dass das Grundstück die Leistungen vermöge seiner natürlichen Beschaffenheit oder bei der Art seiner Benutzung zu gewähren imstande ist (Staudinger/*Reymann* Rn 15), so ist fraglich, worin die Beziehung zum Grundstück bestehen soll. Der Gesetzeswortlaut hat hier nur die gleiche Bedeutung wie bei den übrigen Verwertungsrechten (Hypotheken, Grundschuld, Rentenschuld): er gibt dem Gläubiger das Recht, das Grundstück im Wege der Zwangsvollstreckung zu Geld zu machen und sich 7 aus dem Erlös zu befriedigen (so auch *Wolff/Raiser*[10] § 127 I 4; vgl ferner Celle DNotZ 1952, 482). **Bsp:** Beköstigung und Versorgung (Pflege) in Krankheitsfällen (BGHZ 130, 342; vgl auch Stuttgart DNotZ 1995, 317; BayObLG DNotZ 1994, 180; Hamm FamRZ 1999, 786; Schleswig SchlHA 2022, 104; vgl auch *Mayer* ZEV 1995, 269), Lieferung von Nahrungsmitteln, von Wasser, elektrischem Strom, Gas, Heizung (BGH WM 1984, 820), Brennholz, Fernwärme (Karlsruhe NJW-RR 1992, 722; Köln Rpfleger 1996, 190; BayObLG DNotZ 1993, 595), Dienstleistungen (KG RJA 2, 192; BGHZ 130, 342), Instandhaltung einer Brücke (BayObLG 1986, 89), einer Kirche, einer Einfriedigung, einer Turmuhr, eines Weges, eines Wehres (RGZ 4, 133; 11, 315; Gruch 55, 1138), einer Fähre (KG OLG 8, 126; 1926, 101), eines Grabens (KG OLG 12, 281; BayObLG NJW-RR 1988, 464; BayObLG 1998, 250), eines Zaunes (KG OLG 22, 407); Unterhaltung eines Parks (RGZ 14, 214), einer Mühle (RG SeuffA 79, 243), eines Zuchtstiers (Bamberg BayZ 1907, 89); Sicherung einer Rente (BayObLG JurBüro 1981, 429); Freistellung von Kosten (Köln ZMR 1992, 157; LG Mannheim MittBayNot 1995, 212); Unterhaltspflicht für Räume (LG Braunschweig NdsRpfl 2001, 457; vgl Hamm FamRZ 1999, 786); Instandhaltung eines Bauwerks (Düsseldorf ZfIR 2004, 376); naturschutzrechtl Ausgleichs- und Ersatzmaßnahmen (München MittBayNot 2019, 519); Wohnungsreallast, dh Pflicht, Wohnraum durch positive wiederkehrende Leistungen zur Verfügung zu stellen und im gebrauchsfähigen Zustand zu erhalten (Zweibrücken DNotZ 1997, 327; München NotBZ 2018, 312; Schleswig FGPrax 2021, 207; nicht an bestimmten Gebäuden und nicht unter Ausschluss des Eigentümers, BGHZ 58, 57; BayObLG Rpfleger 1981, 353); naturschutzrechtl Pflegemaßnahmen (München MittBayNot 2019, 519); Pflege und Instandhaltung einer Anlage (Naumburg NotBZ 2022, 106); Grabpflege (BayObLG 1998, 250).

8 **d) Landesrecht. Beschränkungen** ergeben sich gem Art 115 EGBGB aus dem **Landesrecht**, zB § 33 BadWürttAGBGB aF; § 26 BremAGBGB; § 25 HessAGBGB; Art 30 PreußAGBGB in NRW (vgl Köln Rpfleger 1996, 190; LG Aachen, Rpfleger 1987, 452; LG Köln und Duisburg Rpfleger 1987, 362; Düsseldorf MittRhNotK 1986, 119; *Custodis* Rpfleger 1987, 233; *Sokolowski* NotBZ 2011, 382); § 22 RhPfAGBGB; § 26 III Saarl AGJusG; § 23 ThürAGBGB; vgl auch NdsG v 17.5.1967 (GBl 129) (vgl *Schöner/Stöber* Grundbuchrecht[16] 2020, Rn 1318f).

9 **5. Entstehung. a) Einigung und Eintragung.** Durch Einigung und Eintragung (§ 873) auf Grundbuchblatt des dienenden Grundstücks, Bezugnahme hinsichtl der einzelnen Leistungen auf Eintragungsbewilligung zulässig (§ 874; § 49 GBO), nicht aber für Bedingung und Befristung, zB Beschränkung auf Lebenszeit (BGH MDR 2021, 29). § 1115 gilt trotz § 1107 nicht (KGJ 51, 271). Ihr Geldwert braucht nicht angegeben zu werden, wohl aber kann der Höchstbetrag im Rahmen des Wertersatzes (§ 882) bestimmt werden. Bei subj-dinglichen Reallasten Vermerk auf dem Blatt des herrschenden Grundstücks zulässig (§§ 9, 21 GBO; § 7 GBV). Nach BGB sind grds alle Reallasten eintragungspflichtig. Ausnahmen: Überbau- und Notwegrenten (RGZ 113, 97). Diese entstehen kraft Gesetzes. **Änderung des Inhalts** gem § 877. **Übertragung und Belastung**, soweit überhaupt statthaft (§§ 1110f), nach allg Vorschriften (§§ 873ff), bei rückständigen Leistungen gem §§ 1107, 1159. Pfändung gem § 857 VI, § 830 I ZPO.

10 **b) Staatsakt.** Durch Staatsakt gem § 49 I FlurbG; vgl auch § 61 I, § 62 III BauGB.

11 **6. Erlöschen. Erlöschen** durch **a)** Aufgabeerklärung und Löschung (§§ 875f; zur Klage bei Unterhaltssicherung Dresden NZFam 2019, 932); **b)** Buchersitzung (§§ 901f); **c)** Aufgebot (§ 1112); **d) Zwangsversteigerung** (§ 91f ZVG), zwei Fälle sind zu unterscheiden: **aa)** Reallast geht dem Anspruch des betreibenden Gläubigers vor, dann bleibt Reallast bestehen; **bb)** Reallast geht nach: sie erlischt durch den Zuschlag; dem Berechtigten ist der Wert des Rechts zu ersetzen (bei ablösbaren Rechten ist er gleich der Ablösungssumme), wenn der Versteigerungserlös ausreicht (wegen der Leibgedinge, Altenteile s Rn 12 und Vor § 1105 Rn 2); **e)** Ablösung (EGBGB Art 113); **f)** Eintritt auflösender Bedingung oder Endtermins, zB Tod bei Reallast auf Lebenszeit (KG FGPrax 2020, 152 zur Auslegung; vgl Koblenz NJW-RR 2006, 523: überlebenslängliches Recht bei kalendermäßig bestimmtem Mindestzeitpunkt); **g)** Staatsakt gem § 49 FlurbG; vgl auch § 61 I, § 62 III BauGB. Zur grundbuchrechtl **Löschung** s §§ 23, 24 GBO (zur Löschungserleichterung s BayObLG MittBayNot 1999, 74; Düsseldorf RNotZ 2002, 454; Köln RNotZ 2018, 623; München Rpfleger 2019, 138).

12 **7. Besonderheiten bei Altenteilsverträgen.** Ist das Altenteil für mehrere Personen im Grundbuch einzutragen, so soll sich das hinsichtl des Altenteils bestehende Gemeinschaftsverhältnis, wenn nicht unmittelbar aus dem Eintrag, so doch mindestens aus der Eintragsbewilligung ergeben, auf die darin Bezug genommen wird (vgl BGH FamRZ 1979, 227; zur Bestellung durch eine BGB-Gesellschaft KG MDR 2014, 1310). Altenteile unterliegen dem Grundsatz von **Treu und Glauben**, denn sie haben Unterhaltscharakter. Die aus ihnen zu bewirkenden Leistungen sind zu erhöhen, wenn nach ihrer Begründung ein wesentlicher Wandel der maßgebenden Verhältnisse eingetreten ist. Auch die durch die Eintragung des Altenteils im Grundbuch begründete Reallast iSd §§ 1105ff ist den §§ 242, 313 unterworfen, die das gesamte Privatrecht, auch das Sachenrecht, beherrschen (MüKo/*Mohr* Rn 54). Der Grundstückseigentümer kann sich nicht darauf berufen, er habe beim Erwerb des Grundstücks nur mit der aus dem Grundbuch ersichtlichen Belastung gerechnet und zu rechnen brauchen (Schleswig MDR 1966, 1002; SchlHA 1957, 110; BGH NJW 1957, 1798). **a)** Maßgebliche Vorschriften für ehemaliges Preußen Art 15, 30 AGBGB, für Bayern Art 7ff AGBGB, für Baden-Württemberg §§ 6ff AGBGB, für Hessen §§ 4ff HessAGBGB, für Nds §§ 5ff AGBGB, für Rh-Pf §§ 2ff AGBGB, für das Saarland §§ 6ff AGJusG, für Schl-Holst §§ 1ff SH AGBGB, für Thüringen §§ 4ff ThürAGBGB. Zu Art 15 pr AGBGB: Sonderregeln für Kündigung eines Wohnrechts (Schleswig DRsp 154, 10c); kein Rücktrittsrecht wegen Verzugs mit Austragsleistungen oder wegen pVV (BGHZ 3, 206; zu nunmehr Art 17 bayAGBGB: BGHZ 208, 154; aA Kassel HEZ 2, 241 zum prAGBGB); **b)** Gem § 9 EGZVG kann Landesrecht bestimmen, dass eine Reallast, die als Leibgedinge, Leibzucht, Altenteil oder Auszug eingetragen ist, von der Zwangsversteigerung unberührt bleibt, auch wenn sie beim

geringsten Gebot nicht berücksichtigt ist (BGH MDR 1984, 1021, s Vor § 1105 Rn 2). Zu den Altenteilsverträgen im Allg s Vor § 1105 Rn 2. Zur steuerlichen Abzugsfähigkeit *Fleischer* ZEV 2007, 475.

§ 1106 Belastung eines Bruchteils

Ein Bruchteil eines Grundstücks kann mit einer Reallast nur belastet werden, wenn er in dem Anteil eines Miteigentümers besteht.

Die Vorschrift entspricht § 1095 (vgl § 1095 Rn 1f). Sie lässt die Belastung eines isolierten Miteigentumsanteils, 1 nicht jedoch eines fiktiven Anteils durch den Alleineigentümer oder eines Teils seines Bruchteils durch einen Miteigentümer zu (vgl München RNotZ 2012, 391). Bei späterer Vereinigung des Eigentums in einer Hand bleibt Reallast an Miteigentumsanteil bestehen. Dies gilt auch, wenn bei einer Veräußerung eines Miteigentumsanteils an den späteren Alleineigentümer zunächst eine Eigentümerreallast bestellt wird (BayObLG DNotZ 1971, 659; unklar Zweibrücken NJW-RR 1990, 147); anders ist dies, wenn die Reallast erst mit Eigentumsumschreibung auf den Alleineigentümer im Grundbuch eingetragen werden soll (BayObLG 30, 342; vgl auch DNotI-Report 2008, 81). Die Regelung hat Bedeutung für die Zwangsvollstreckung.

§ 1107 Einzelleistungen

Auf die einzelnen Leistungen finden die für die Zinsen einer Hypothekenforderung geltenden Vorschriften entsprechende Anwendung.

1. Verweisung. Diese Vorschrift gilt nicht für das Hauptrecht, dh die Reallast als solche, sondern nur für die 1 Übertragung, Belastung, Aufhebung und Geltendmachung des Anspruchs auf die **Einzelleistungen.** Daher entfallen für entspr Anwendung Vorschriften, die sich auf die Hypothek als solche, das Hypothekenkapital, den Hypothekenbrief und die Abhängigkeit der Hypothek von der persönlichen Forderung beziehen. Anwendbar sind aus dem Recht der Hypothekenzinsen §§ 1118, 1120–1130 (str), 1134f, 1142, 1147–1150 (insb Verbot des Verfalls nach § 1149), 1165, 1173 II, 1174, 1177 II, 1178, 1181f. Zum Verhältnis von Einzelleistung und Stammrecht in der Zwangsvollstreckung ist eine eintragungsfähige Vereinbarung möglich (BayObLG MDR 1991, 154; aA BGH MDR 2004, 390; Hamm ZfIR 2002, 994; *Dümig* MittBayNot 2004, 153), deren Auswirkungen (Erhalt des Stammrechts) allerdings umstr sind (vgl *Amann* DNotZ 2004, 599; *Oppermann* RNotZ 2004, 84; *Stöber* NotBZ 2004, 265 und *Eickmann* NotBZ 2004, 262). Als Konsequenz der hM bleiben nur die Bestellung einer nachrangigen Grundschuld und – wohl entgegen dem BGH – die Aufspaltung der Reallast in eine Teilreallast, welche die Rückstände enthält, und in eine vorrangige Teilreallast für die später fälligen Teilleistungen.

2. Übertragung. Übertragung des Anspruchs auf rückständige Einzelleistungen nach §§ 398ff, 1159, des An- 2 spruchs auf künftige nach den für die Übertragung des Hauptrechts geltenden Vorschriften (§§ 873, 1158). Soweit Einzelleistungen übertragbar sind, sind sie auch belastbar und verpfändbar (§ 1274, 398), pfändbar (§§ 830, 837, 857 ZPO).

3. Erlöschen. Erlöschen a) bei Vereinigung von Eigentum und Berechtigung in einer Person (§ 1178 I); Real- 3 lastberechtigung als solche bleibt aber bestehen (§ 889); **b)** durch formfreien Verzicht auf rückständige Leistungen (§ 1178 II); bei künftigen Leistungen sind §§ 875f maßgeblich, also Eintragung; **c)** bei Befriedigung aus dem Grundstück (§ 1181)

4. Geltendmachung. Grundstück haftet für fällig werdende und rückständige Einzelleistungen dinglich, mit 4 ihm haften Gegenstände, auf die die Hypothek sich erstreckt (§§ 1120–1131, vgl RG Gruch 61, 319; KG OLG 29, 359; aM RGZ 54, 93). Befriedigung im Wege der **Zwangsvollstreckung** in das Grundstück (§§ 1147f, 1150, 268), und zwar durch **Zwangsversteigerung** oder **Zwangsverwaltung**, denn Zwangshypothek ist praktisch ohne Wert. Wird die **dingliche Klage** erhoben, so muss auch bei **Naturalleistungen** auf Duldung der Zwangsvollstreckung in das Grundstück geklagt werden (hM, Staudinger/*Reymann* Rn 17); der Gläubiger kann folgerichtig sein Recht auf Naturalleistungen auch nicht durch Wegnahme gem § 884 ZPO durchsetzen.

Anders ist dies, wenn der Eigentümer aufgrund der gem § 1108 zumeist zusätzl bestehenden **persönlichen** Haf- 5 tung zur Naturalleistung verurteilt wird. Bei einer Zwangsverwaltung kann allenfalls der Zwangsverwalter die Naturalleistungen bewirken. Vollstreckungstitel kann auch notarielle Urkunde (§ 794 Nr 5 ZPO) sein; Unterwerfungsklausel jedoch nicht zulässig hinsichtl des jew Eigentümers (§ 800 ZPO), und zwar weder bzgl des Stammrechts noch bzgl der Einzelleistungen (vgl KG DNotZ 1958, 207; BayObLG DNotZ 1959, 402; RGRK/*Rothe* Rn 7; Soergel/*Stürner* Rn 2; Staudinger/*Reymann* Rn 18; aA *Hieber* DNotZ 1959, 390, dieser zugleich zur Frage der Titelumschreibung gegen Rechtsnachfolger). Anwendbar § 1132 I, § 1143 (vgl § 1108 Rn 1f), § 1157f, § 1164, § 1174 II, § 1175, § 1182. Verjährung der Einzelleistungen in dreijähriger Verjährungsfrist für sämtliche innerhalb eines Kalenderjahres fälligen Leistungen einheitlich ab dem Schluss des Kalenderjahres (§§ 195, 197, 902 I 2), und zwar auch für titulierte künftig fällig werdende Leistungen (vgl § 197 II); dagegen verjährt ein Anspruch auf Teilauskehrung des Veräußerungserlöses nach §§ 196, 200 S 1 (BGH NotBZ 2014, 40). Für rückständige Leistungen keine Verzugszinsen (§ 289, vgl BGHZ 111, 328; NJW 1970, 243; dagegen *Bringezu* NJW 1971, 1168). Unterlassungsklage sowie einstw Verfügung bei Gefahr der Verschlechterung des Grundstücks (§§ 1134f).

§ 1108 Persönliche Haftung des Eigentümers

(1) Der Eigentümer haftet für die während der Dauer seines Eigentums fällig werdenden Leistungen auch persönlich, soweit nicht ein anderes bestimmt ist.

(2) Wird das Grundstück geteilt, so haften die Eigentümer der einzelnen Teile als Gesamtschuldner.

1 **1. Haftung.** Der Grundstückseigentümer haftet **a) dinglich** mit dem Grundstück für die Reallast als solche und für die Einzelleistungen, gleichviel ob diese während der Dauer seines Eigentums fällig wurden oder vorher (BGH NJW 1990, 2380). Bei Teilung des belasteten Grundstücks haftet jeder Teil auf das Ganze (§§ 1107, 1132 I). Besonderheiten aufgrund landesrechtl Vorbehalte gem Art 120 I, II Nr 1, 121 EGBGB. **b)** Daneben grds auch **persönlich**, dh mit dem sonstigen Vermögen für während seines Eigentums fällig werdende Einzelleistungen, gleichgültig, auf welche Weise er das Eigentum erlangt hat (RGZ 60, 56; 70, 172; BGH NJW-RR 1989, 1098) und ob er Besteller der Reallast ist (RGZ 70, 172). Diese einmal eingetretene Haftung für den Eigentumszeitraum dauert selbst dann fort, wenn er das Eigentum verliert; sie hat den Umfang der dinglichen. Sie gilt aufgrund Verweisung (§ 1021 II) auch für Unterhaltspflichten bei Dienstbarkeit (BGH IMR 2023, 2227). Haftung ist durch Leistungsklage geltend zu machen. Zwangsvollstreckung ist in das gesamte Vermögen des haftenden Eigentümers möglich. **c)** Bei einer Sicherungsreallast besteht ferner der **schuldrechtl Anspruch**, zu dessen Sicherung die Reallast bestellt wurde. Er richtet sich gegen den Vertragspartner, nicht gegen den jew Eigentümer. Die Reallast ist in der Entstehung und im Bestand von der schuldrechtl Verpflichtung unabhängig (Hamm ZfIR 1998, 356, 357; s Vor § 1105 Rn 5 zur Eintragung einer Leistungsverweigerungseinrede).

2 **2. Haftungsumfang.** Bei **Rückständen** ist somit doppelte Haftung aufgrund der Reallast möglich: die persönliche des früheren Eigentümers und die dingliche des gegenwärtigen (vgl zur Veräußerung des Grundstücks während eines Rechtsstreits über künftig fällig werdende Leistungen RGZ 70, 170). Daneben kann persönliche Haftung aus schuldrechtl Grundgeschäft (zB Unterhaltsvereinbarung) bestehen. Im Verhältnis nachfolgender Grundstückseigentümer ist § 1143 anzuwenden, dh befriedigt der jetzige Eigentümer den Gläubiger wegen eines aus der Zeit seines Vorgängers stammenden Anspruchs, so erwirbt er die Forderung gegen diesen. Für das Verhältnis mehrerer Eigentümer zueinander gelten die §§ 748, 755 (vgl auch Hamm FamRZ 1999, 786, das ein Gesamtschuldverhältnis annimmt). Beim internen Ausgleich zw dem persönlichen Schuldner und dem Grundstückseigentümer, wenn eine zur Sicherung eines Leibrentenversprechens eingetragene Reallast nach Zwischenerwerb und anschließender Versteigerung bestehen bleibt, soll gem § 426 I hälftige Haftung eintreten (BGHZ 58, 191, 193; BGH NJW 1991, 2899; krit *Herr* NJW 1972, 814); anders, wenn eine zur Sicherung eines Leibrentenversprechens eingetragene Reallast bei der Zwangsversteigerung des belasteten Grundstücks bestehen bleibt, dann soll im Innenverhältnis zu dem ursprüngl Rentenschuldner allein der Ersteher für die nach dem Zuschlag fällig werdenden Leistungen haften (BGH NJW 1993, 2617, 2619 wegen § 56 S 2 ZVG).

3 **3. Teilung. Teilung** des Grundstücks führt zu Gesamtreallast (München NJOZ 2012, 2105) und bewirkt gesamtschuldnerische Haftung (§§ 421ff), im Innenverhältnis Haftung im Zweifel im Ausmaß des Werts der Grundstücksteile entspr § 1109 I 2, § 748 (vgl BGH MDR 2017, 813 und Soergel/*Stürner* Rn 2).

4 **4. Haftungsbeschränkung. Ausschluss und Beschränkung** der persönlichen Haftung bedürfen, wenn sie über die Parteien hinauswirken sollen, der Einigung und Eintragung (§§ 873f, 877). Über den Umfang des § 1108 kann die persönliche Haftung des Eigentümers mit dinglicher Wirkung nicht erweitert werden.

§ 1109 Teilung des herrschenden Grundstücks

(1) Wird das Grundstück des Berechtigten geteilt, so besteht die Reallast für die einzelnen Teile fort. Ist die Leistung teilbar, so bestimmen sich die Anteile der Eigentümer nach dem Verhältnis der Größe der Teile; ist sie nicht teilbar, so finden die Vorschriften des § 432 Anwendung. Die Ausübung des Rechts ist im Zweifel nur in der Weise zulässig, dass sie für den Eigentümer des belasteten Grundstücks nicht beschwerlicher wird.

(2) Der Berechtigte kann bestimmen, dass das Recht nur mit einem der Teile verbunden sein soll. Die Bestimmung hat dem Grundbuchamt gegenüber zu erfolgen und bedarf der Eintragung in das Grundbuch; die Vorschriften der §§ 876, 878 finden entsprechende Anwendung. Veräußert der Berechtigte einen Teil des Grundstücks, ohne eine solche Bestimmung zu treffen, so bleibt das Recht mit dem Teil verbunden, den er behält.

(3) Gereicht die Reallast nur einem der Teile zum Vorteil, so bleibt sie mit diesem Teil allein verbunden.

1 **1. Teilung.** Gilt für **Teilung** subj-dinglicher Reallasten, gleich welcher Art. Zu unterscheiden sind: **a)** ortsbezogene Reallasten, zB zur Unterhaltung einer Fähre oder Brücke, geregelt in Abs III, **b)** nicht ortsbezogene, zB auf Dienstleistung, Beköstigung, geregelt in Abs I und II.

2 **2. Folgen. a) Ortsbezogene Reallast.** Bei **ortsbezogenen Reallasten** erlischt Reallast kraft Gesetzes an den übrigen Teilen, daher Zustimmung Dritter nach § 876 nicht erforderlich; zur Berichtigung des Herrschvermerks vgl § 9 II GBO. **b) Nicht ortsbezogene Reallast.** Bei nicht ortsbezogenen Reallasten kann Berechtigter **bestimmen**, dass Reallast nur mit einem Teil verbunden sein soll (Abs II S 1). Die der Aufgabe des § 875 entspr, an das Grundbuchamt zu richtende Erklärung ist sachlich-rechtl formlos, verfahrensmäßig nach § 29 GBO formgebunden; Zustimmung Dritter nach § 876. Berechtigter hat **nichts bestimmt, aa)** er veräußert nur einen Teil, das Üb-

rige behält er: Reallast beschränkt sich auf den dem Veräußerer verbliebenen Teil, iÜ erlischt sie kraft Gesetzes (Abs II 3), daher Zustimmung Dritter nach § 876 nicht erforderlich (hM, vgl Soergel/*Stürner* Rn 1 und Staudinger/*Reymann* Rn 10; aA Grü/*Herrler* Rn 2 und RGRK/*Rothe* Rn 6; zum Herrschvermerk vgl § 9 II GBO); **bb)** er veräußert alle Teile: Reallast besteht für sämtliche einzelne Teile fort (Abs I S 1), sie darf aber deshalb grds nicht beschwerlicher werden (Abs I 3); hierbei zu unterscheiden: teilbare Leistung, alsdann Eigentümer nach dem Verhältnis des Werts ihrer Flächenstücke beteiligt (Abs I S 2 Hs 1), unteilbare Leistung, alsdann Gesamtforderung gem § 432 (Abs I S 2 Hs 2). Zum internen Ausgleich zw den Grundstückseigentümern nach dem Wert der Grundstücke s BGH MDR 2017, 813.

3. Landesrechtliche Vorbehalte. Sonderregelung aufgrund landesrechtl Vorbehalte, vgl Art 120 II Nr 1; Art 121, 189 EGBGB. 3

§ 1110 Subjektiv-dingliche Reallast

Eine zugunsten des jeweiligen Eigentümers eines Grundstücks bestehende Reallast kann nicht von dem Eigentum an diesem Grundstück getrennt werden.

Entspricht § 1103 I, vgl Erl dort. Reallast geht auch im Fall des Erwerbs in der Zwangsversteigerung auf den Erwerber über. Auf alte Reallasten ist § 1110 nicht anzuwenden (Art 184 EGBGB, arg „Inhalt"). 1

§ 1111 Subjektiv-persönliche Reallast

(1) Eine zugunsten einer bestimmten Person bestehende Reallast kann nicht mit dem Eigentum an einem Grundstück verbunden werden.

(2) Ist der Anspruch auf die einzelne Leistung nicht übertragbar, so kann das Recht nicht veräußert oder belastet werden.

1. Keine Umwandlung. Abs I entspricht § 1103 II (vgl § 1103 Rn 1). Das subj-persönliche und das subj-dingliche Recht schließen sich aus. Eine **Umwandlung** ist nicht möglich. 1

2. Übertragbarkeit. Subj-persönliche Reallast kann idR als Ganzes **veräußert** und belastet werden (§ 873), Pfändung gem § 857 VI, § 830 I ZPO. Ausnahmen für den Fall, dass Einzelleistungen nach §§ 399, 400, 413 nicht übertragbar sind, wie zB Anspruch auf persönliche Dienstleistungen (Pflege, Beköstigung und dgl bei Altenteilsvertrag; besteht aber Altenteil lediglich in Geldrente, ist sie übertragbar, RGZ 140, 64). 2

Sind teils übertragbare, teils nicht übertragbare Leistungen zu einem einheitlichen Altenteil zusammengefasst, so regelmäßig wegen rechtl Einheit in Gänze nicht übertragbar (vgl KG Recht 1908, 930; BGHZ 53, 41). Dann muss dies aber auch für die Einzelleistungen, die an sich übertragbar wären, gelten (Dresden OLG 31, 343); sie sind jedoch pfändbar (KG ZDJustAmtm 1928, 373). IÜ wird die Übertragbarkeit einzelner Altenteilsleistungen nach dem Willen der Beteiligten als ausgeschlossen anzusehen sein, auch wenn sie nicht schon durch das Gesetz untersagt ist (KG JW 1935, 2439). Ein **Altenteil**, das **für Eheleute** gemeinsam bestellt worden ist und sich aus einer nicht veräußerlichen Reallast und einem Wohnungsrecht zusammensetzt, fällt, wenn Gütergemeinschaft besteht, in das Gesamtgut (vgl Frankfurt Rpfleger 1973, 394); es kann nicht den Eheleuten gleichzeitig als Gesamtgläubigern gem § 428 zustehen; ein dahin gehender Grundbucheintrag ist unzulässig (BayObLG 1967, 480). Das je einem Ehegatten eingeräumte Altenteil dieses Inhalts fällt bei Gütergemeinschaft dagegen in dessen Sondergut (§ 1417 II). 3

3. Vererblichkeit. Subj-persönliche Reallast ist mangels entgegenstehender Vorschrift **vererblich** (BayObLG DNotZ 1989, 567); Ausnahme, wenn dies ihrem Wesen widerspricht, wie zB bei Altenteilen (BayObLG DNotZ 1985, 41f), aber zB Grabpflege, Beerdigungskosten. Unvererblichkeit, dh Befristung auf Lebenszeit des Berechtigten, muss im Grundbuch eingetragen werden, Bezugnahme auf Eintragungsbewilligung ist nicht ausreichend (BGH MDR 2021, 29; aA noch Köln Rpfleger 1994, 292); zum Nachweis des Erlöschens mittels Sterbeurkunde KG MittBayNot 2021, 251. 4

§ 1112 Ausschluss unbekannter Berechtigter

Ist der Berechtigte unbekannt, so finden auf die Ausschließung seines Rechts die Vorschriften des § 1104 entsprechende Anwendung.

1. Anwendungsbereich. Vgl Erl zu § 1104. Gilt **nur** für subj-**persönliche** Reallasten (vgl § 1104 II). IÜ vgl § 1170; §§ 946ff, 988, 1024 ZPO. 1

2. Alte Rechte. § 1112 gilt auch für alte Reallasten (Art 189 EGBGB). Vgl auch § 6 Ia GBBerG. 2

Abschnitt 7
Hypothek, Grundschuld, Rentenschuld (§§ 1113–1203)

Vorbemerkung vor § 1113

Schrifttum: *P. Bülow*, Recht der Kreditsicherheiten, 10. Aufl 2021; *Clemente*, Die Sicherungsgrundschuld in der Bankpraxis, 4. Aufl 2008; *Eckardt*, Grundpfandrechte im Insolvenzverfahren, 15. Aufl 2019; *Epp*, Grundpfandrechte, in Ellenberger/Bunte, Bankrechts-Handbuch, 6. Aufl 2022; *Gladenbeck/Samhat*, Kreditsicherung durch Grundschulden, 10. Aufl 2020; *Rauch/Zimmermann*, Grundschuld und Hypothek, 2. Aufl 1998; *Wenzel*, Grundschuld, in Hellner/Schröter/Steuer/Weber, Bankrecht und Bankpraxis, 2017; *Westermann/Gursky/Eickmann*, Sachenrecht, 8. Aufl 2011.

1 **I. Aufgabe und Wesen der Grundpfandrechte. 1. Hypothekarkredit als Sicherungsmittel.** Dem Grundpfandrecht, und hier insb der Grundschuld, kommt im Wirtschaftsleben in erster Linie die Funktion der Sicherung von Krediten zu. Die Kreditsicherung durch Grundpfandrechte bildet die Grundlage des **Realkredits iwS.** Realsicherheiten stellen eine Form der Kreditsicherheiten dar, bei welcher der begünstigte Gläubiger einen im Einz näher bestimmten Vermögenswert aus der Haftungsmasse des persönlichen Schuldners oder eines Dritten zugeordnet erhält, aus dessen Verwertung er Befriedigung erhält, wenn der Schuldner seinen Verpflichtungen nicht nachkommt. Während der Gläubiger beim Mobiliarkredit durch bewegliche Sachen oder Rechte gesichert ist, geschieht dies beim Hypothekarkredit durch das Recht zur Verwertung eines Grundstücks.

2 **2. Grundpfandrechtlich gesicherte Darlehen.** Der **Realkreditbegriff**, der dem Bankaufsichtsrecht (§§ 14, 16 PfandBG) zugrunde liegt, ist von der zivilrechtl Begriffsbestimmung des Darlehensvertrages, der durch ein Grundpfandrecht gesichert ist (§ 491 III Nr 1, § 505c), streng zu trennen (NK/*Zimmer* § 1113 Rn 5). **Realkredite ieS** sind sämtliche Ausleihungen, für die einem Kreditinstitut Grundpfandrechte an Immobilien bestellt, verpfändet oder abgetreten sind, soweit sie den Erfordernissen der §§ 14, 16 PfandBG genügen (*Rode*, Hdb des Hypothekarkredits[2] 1993, 53). Demgemäß darf die Beleihung hier 60 % des sorgfältig ermittelten Beleihungswertes des Grundstücks nicht übersteigen, wobei es unerheblich ist, ob es sich um ein langfristiges Darlehen handelt. Unter Beleihungswert ist in diesem Zusammenhang der Wert einer Immobilie zu verstehen, von dem aufgrund aus dem langfristigen Marktgeschehen abgeleiteten Erkenntnissen zum Beleihungszeitpunkt auf der Basis der dauerhaften, zukunftssichere Merkmale mit hoher Sicherheit erwartet werden kann, dass er über einen langen, in die Zukunft gerichteten Zeitraum im normalen Geschäftsverkehr realisiert wird. Demggü setzt ein grundpfandrechtl gesichertes Darlehen lediglich voraus, dass sich der Darlehensnehmer im Kreditvertrag zur Bestellung eines Grundpfandrechts, gleich an welcher Rangstelle im Grundbuch und grds unabhängig von der konkreten Werthaltigkeit des Grundpfandrechts (BGH ZIP 2002, 888, 889; 2000, 1376, 1377; WM 2000, 1245, 1257; München WM 1999, 1418, 1419; Hamm WM 1998, 1230, 1233; Braunschweig WM 1998, 1223, 1226; *Bruchner* WM 1999, 825, 828; *Drescher* VerbrKrG und Bankpraxis, 1994, 53f; *Bruchner* in Bruchner/Ott/Wagner-Wieduwilt, VerbrKrG[2] 1993, § 3 Rn 95) verpflichtet; entscheidend ist dabei lediglich die Vereinbarung der Bestellung zur grundpfandrechtl Sicherung (BGH ZIP 2006, 987, 989; aA *Bülow* WM 2001, 2225, 2226) und nicht, ob die Eintragung des Grundpfandrechts bereits beantragt oder gar im Grundbuch vollzogen ist (BGH ZIP 2002, 476, 477; KG WM 2001, 2204). Die Einhaltung aus bestimmten Beleihungswerten gehört nämlich nicht zu den Bedingungen des Kredits, sondern liegt auf der Ebene des Motivs der Kreditgewährung.

3 **3. Rechtsnatur.** Das BGB verwendet den Begriff „Grundpfandrecht" nicht. Er hatte sich gebildet als zusammenfassende Bezeichnung für die im Gesetz entwickelten Rechtsinstitute der Hypothek, Grundschuld und Rentenschuld. Diesen beschränkt dinglichen Rechten ist gemeinsam, dass der Berechtigte eine Geldforderung im Falle ihrer Nichterfüllung aus dem belasteten Grundstück im Wege der Zwangsvollstreckung beitreiben kann. Die **rechtl Natur des Grundpfandrechts** ist eine alte Streitfrage, von deren Lösung heute aber kaum noch praktische Ergebnisse abhängen. Eindeutig ist die dingliche Natur, die sich in der Unabhängigkeit des Zugriffsrechts des aus dem Grundpfandrecht Berechtigten von dem schuldrechtl Band zum Eigentümer, vom Eigentümerwechsel usw ausdrückt. Von dem ursprünglichen Pfandrechtsbegriff hat sich das Grundpfandrecht des BGB infolge der Ausgestaltung der Grundschuld als von der Forderung unabhängigem Recht (vgl Rn 6 und § 1191 Rn 1) und der Möglichkeit des gutgläubigen Erwerbs (§§ 1138, 892) entfernt.

4 Das Grundpfandrecht ist seinem Wesen nach ein **dingliches Verwertungsrecht.** Der Eigentümer der belasteten Immobilie haftet nur und schuldet nicht (hM, BGH ZfIR 2010, 765, 767; Soergel/*Konzen* Rn 1; offen NK/*Zimmer* § 1113 Rn 4); entgegengesetzter Ansicht ist die Theorie der „Realobligation", wonach eine Leistungspflicht des Eigentümers besteht, der Anspruch des Gläubigers aber nur in einen bestimmten Vermögensgegenstand vollstreckt werden kann (ausgehend vom Gesetzeswortlaut der §§ 1113, 1146), so MüKo/*Lieder* § 1147 Rn 4; Staudinger/*Wolfsteiner* Einl §§ 1133ff Rn 39; *Westermann/Gursky/Eickmann* § 92 Nr 3; *Crome* § 460; *Cosack* II § 221; *Fuchs*, Grundbegriffe des Sachenrechts, 1917, 89ff, 103. Auf den rechtl Unterschied von Schuld und Haftung greifen zurück: *v Gierke* Dt Privatrecht II 853ff; *Dümchen* JherJb 54, 355; *v Schwind* JherJb 68, I, denen zufolge der Eigentümer zwar die Summe schulde, aber nur mit dem Grundstück hafte.

5 Praktische Bedeutung kann der Theorienstreit allenfalls für die Fassung des **Klageantrags für die dingliche Klage** haben; aber auch hier genügt jede Formulierung, die erkennen lässt, dass der Kläger die Haftung des Grundstücks verwirklicht wissen will (NK/*Zimmer* § 1113 Rn 4); so etwa: „den Beklagten zur Duldung der Zwangsvollstreckung in das Grundstück zu verurteilen". Auch die Kennzeichnung des Grundpfandrechts als

Verwertungsrecht schließt nicht aus, die Beziehung zw Gläubiger und Eigentümer als „dinglichen Anspruch" zu bezeichnen, auf den die schuldrechtl Vorschriften anwendbar sind. Leistungsgegenstand ist die Duldung der Zwangsvollstreckung, nicht jedoch die Verpflichtung zur Zahlung, vgl § 1147 Rn 1ff.

4. Rechtsgrund. Vom Rechtsgrund ist das Grundpfandrecht wie alle dinglichen Rechte unabhängig; insofern ist auch die Hypothekenbestellung abstrakt (vgl RGZ 78, 65; *Westermann/Gursky/Eickmann* § 91 II 4b). Verpflichtungsgeschäft und damit causa der Grundpfandrechtsbestellung ist die Sicherungsabrede, in der sich der Sicherungsgeber ggü dem Gläubiger zur Grundpfandrechtsbestellung verpflichtet. Mängel oder Unwirksamkeit des Verpflichtungsgeschäfts ergreifen nicht den Bestellungsakt, sofern nicht zw beiden eine Geschäftseinheit vorliegt (§ 139) oder der Mangel auch dem Erfüllungsgeschäft anhaftet (zB § 138 II). 6

II. Arten der Grundpfandrechte. 1. Hypothek. Hypothek und Grundschuld sind durch die gegensätzliche Ausgestaltung des Verhältnisses des dinglichen Rechts zur Forderung unterschieden. Die **Hypothek** ist zwar nicht in ihrem Bestand als Grundpfandrecht von der Forderung abhängig, wohl aber hängt vom Bestehen der zu sichernden Forderung ab, ob das Recht Hypothek in der Hand des eingetragenen Gläubigers oder Grundschuld des Eigentümers ist, also **Akzessorietät** nicht dem Bestand nach, wohl aber bzgl der Person des Berechtigten (BGH WM 2002, 190, 192) und der Art des Grundpfandrechts. Das gilt sowohl für ursprüngliches und zwischenzeitl Fehlen der Forderung als auch für ihren Wegfall (vgl §§ 1163, 1177). 7

Str ist, ob die Hypothek als Nebenrecht der Forderung von ihr abhängig ist, (so zB RG 81, 268 und unter Berufung auf den Wortlaut und die Rechtsfolge des § 1154 sowie auf die folgerichtige Nichterwähnung der Hypothek in §§ 1080, 1291 *Wolff/Raiser* § 132 I 1) oder ob die Hypothek die Hauptsache und die Forderung ihr zugeordnet ist (*Güthe/Triebel* Bd II S 1889), oder ob schließlich Hypothek und Forderung eine „Zweckgemeinschaft" darstellen (*Heck* § 78). Die Streitfrage, die für international-privatrechtl Fragen bedeutsam sein kann, erklärt sich aus den verschiedenen Betrachtungspunkten: Rechtstechnisch ist die Hypothek Nebenrecht der Forderung, wirtschaftl ist das dingliche Recht idR die Hauptsache (BGHZ 17, 89, 94), und vom Standpunkt der Vertragsparteien aus ist die Zweckgemeinschaft zu bejahen. Die rechtstechnische Abhängigkeit ergibt sich insb aus §§ 1153, 1154, 1143. 8

2. Grundschuld. Die Grundschuld ist begrifflich nicht mit einer Forderung verbunden. Wirtschaftl dient sie jedoch regelmäßig zur Sicherung einer Forderung (Sicherungsgrundschuld). Schuldrechtl wird diese Verbindung durch einen Sicherungsvertrag mit entspr Zweckerklärung hergestellt. Da die lediglich schuldrechtl Verknüpfung aber über § 1157 auch ggü dem bösgläubigen Einzelnachfolger wirkt, andererseits § 1138 die Hypothek zugunsten des gutgläubigen Einzelnachfolgers von der Forderung unabhängig macht, gleichen sich insoweit Hypothek und Grundschuld. Es fehlt aber bei der Grundschuld die die Hypothek kennzeichnende Abhängigkeit der Zuständigkeit des dinglichen Rechts von der Forderung. Die Unabhängigkeit der Grundschuld vom Bestand und von Veränderungen der gesicherten Forderung hat dazu geführt, dass die Grundschuld die Hypothek als Sicherungsmittel in der Kreditpraxis weitgehend abgelöst hat. 9

3. Rentenschuld. Die Rentenschuld ist eine besondere Art der Grundschuld, ebenso wie diese sachenrechtl unabhängig von der gesicherten Forderung, gekennzeichnet aber dadurch, dass zu regelmäßig wiederkehrenden Terminen eine bestimmte Summe aus dem Grundstück zu zahlen ist und der Eigentümer ein Ablösungsrecht hat (§ 1201). 10

4. Verkehrshypothek. Gesetzl ausführlich geregelt ist die Verkehrshypothek (§§ 1113ff); hinsichtl der übrigen Arten der Hypotheken bzw von Grund- und Rentenschulden beschränkt sich das Gesetz auf die Bestimmung der Abweichung von der Verkehrshypothek. Besondere Formen der Sicherungshypothek sind die Höchstbetragshypothek (§ 1190) und die Wertpapierhypothek (§ 1187). Auch die Zwangshypothek (ZPO §§ 866, 867) und die Arresthypothek (ZPO § 932) sind Sicherungshypotheken. 11

Bei der Verkehrshypothek handelt es sich nicht um eine gesetzl Bezeichnung. Vielmehr wird damit zum Ausdruck gebracht, dass diese Hypothek umlauffähig ist (BankR-HdB/*Epp* Rn 8). Dies hat seinen Grund in § 1138, der anordnet, dass die Wirkungen einer Eintragung im Grundbuch (§§ 891–899) nicht nur für die Hypothek selbst gelten, sondern auch in Ansehung der gesicherten Forderungen und im Hinblick auf Einreden des Eigentümers nach § 1137. Somit wird zugunsten des Hypothekengläubigers vermutet, dass die gesicherte Forderung zum Zweck der Geltendmachung der Ansprüche aus der Hypothek besteht (nicht jedoch bei Geltendmachung der Forderung). 12

5. Sicherungshypothek. Demggü wird die Verkehrsfähigkeit der Sicherungshypothek gem §§ 1184, 1185 dadurch beeinträchtigt, dass die Gutglaubens- und Vermutungsregelungen der §§ 891ff nur für die Hypothek selbst gelten, nicht jedoch für die persönliche Forderung. Dies bedeutet, dass auch beim Vorgehen aus der Hypothek die persönliche Forderung vom Gläubiger in vollem Umfang darzulegen und zu beweisen ist. Ein gutgläubiger Erwerb der Hypothek ist ausgeschlossen, wenn bei Übertragung der Hypothek die persönliche Forderung nicht besteht. 13

6. Briefhypothek. Die Briefhypothek ist nach § 1116 I die Regelform der Verkehrshypothek. Nur bei Ausschluss der Brieferteilung durch Einigung und Eintragung (§ 1116 II) ist die Verkehrshypothek eine Buchhypothek. Entspr gilt für die Grundschuld (§ 1192 I). Hingegen sind Sicherungshypotheken stets Buchrechte (§ 1185 I). 14

15 **7. Gesamthypothek.** Die Gesamthypothek (§ 1132) sichert eine einheitliche Forderung durch Belastung mehrerer, auch verschiedenen Eigentümern gehörender Grundstücke mit der Folge, dass der Gläubiger nach Belieben Zugriff auf jedes dieser Grundstücke nehmen kann. Als Gesamthypothek zu behandeln ist auch die Belastung mehrerer Miteigentumsanteile nach Bruchteilen (BGH WM 2010, 834, 836; NJW 1983, 2449, 2450; Celle FGPrax 2018, 250, 251; Oldenburg ZIP 1996, 175, 176); wird in dieser Weise das Grundstück zugunsten der Miteigentümer mit einer Grundschuld belastet, so ist das Recht am eigenen Anteil Eigentümer- und am fremden Anteil Fremdgrundschuld (BGH WM 1989, 88). Eine Zwangs- oder Arresthypothek kann nicht als Gesamtrecht bestellt werden (§ 867 II, § 932 II ZPO; vgl RGZ 163, 125), sofern sich nicht die Forderung gegen mehrere Eigentümer (Miteigentümer) als Gesamtschuldner richtet (BGH NJW 1961, 1352).

16 **8. Sonstige Hypotheken.** Von einer **Fälligkeitshypothek** spricht man, wenn das Kapital aufgrund Vereinbarung zu einem im Voraus bestimmten Zeitpunkt fällig gestellt wird. Sind in gleichen Zeiträumen im Voraus bestimmte gleich hohe Kapitalbeträge und daneben Zinsen auf das jew Restkapital fällig, liegt eine **Abzahlungshypothek** vor. Ähnlichkeit mit der Abzahlungshypothek hat die Amortisations- oder Tilgungshypothek. Sie ist dadurch gekennzeichnet, dass sie durch gleich bleibende Jahresleistungen verzinst und getilgt wird, wobei die durch Tilgung ersparten Zinsen der Kapitaltilgung zuwachsen.

17 **9. DDR-Recht.** Vgl zur Überleitung des Rechts der DDR Erman/*Wenzel*[14] Rn 17ff.

Titel 1
Hypothek (§§ 1113–1190)

§ 1113 Gesetzlicher Inhalt der Hypothek

(1) Ein Grundstück kann in der Weise belastet werden, dass an denjenigen, zu dessen Gunsten die Belastung erfolgt, eine bestimmte Geldsumme zur Befriedigung wegen einer ihm zustehenden Forderung aus dem Grundstück zu zahlen ist (Hypothek).

(2) Die Hypothek kann auch für eine künftige oder eine bedingte Forderung bestellt werden.

1 **I. Belastungsgegenstand.** Belastungsgegenstand sind Grundstück und grundstücksgleiche Rechte (zB Erbbaurecht, vgl § 11 ErbbauRG). Ein realer Teil des Grundstücks kann nur nach vorheriger Abschreibung selbständig belastet werden (§ 7 I GBO); die ohne Abschreibung eingetragene Teilbelastung ist aber wirksam; schon vor Abschreibung ist die Eintragung einer auf einen realen Teil bezogenen Belastungsvormerkung zulässig (Kuntze/Ertl ua/*Eickmann* GrundbuchR § 7 GBO Rn 8 mwN). Belastungsfähig ist auch der ideelle Miteigentumsanteil, nicht aber der Bruchteil als solcher (vgl § 1114); zum Wohnungseigentum vgl § 6 WEG. Mit dem Grund und Boden fest verbundene Gegenstände (§§ 93, 94) kommen als eigenständiger Belastungsgegenstand nicht in Betracht (MüKo/*Lieder* Rn 19); das gleiche gilt für Scheinbestandteile (§ 95). Zusammen mit dem belasteten Grundstück haften der Hypothek nach Maßgabe der §§ 1120-1130 auch bewegliche Sachen und Forderungen. Der hypothekarischen Mithaftung unterliegen das Zubehör und die darüber hinaus in den §§ 1120ff genannten Gegenstände; insoweit kann die Haftung der Nebensachen diejenige des Grundstücks überdauern, zB wenn in der Zwangsvollstreckung nur das Grundstück zugeschlagen wird.

2 **II. Gesicherte Forderung.** Für die Hypothek ist begriffsnotwendig, dass sie eine bestimmte Forderung sichert. Darauf müssen sich Einigung und Eintragung erstrecken, sonst entsteht keine Hypothek. Ohne Angabe der zu sichernden Forderung darf eine Hypothek nicht eingetragen werden, auch nicht für eine Forderung, die ersichtlich nicht entstehen kann (vgl auch Rn 14). Bei nachträgl Entstehung der Forderung ist deren Identität mit der ursprünglich vereinbarten erforderlich, wenn nicht nachträgl eine abw Einigung getroffen ist (BGHZ 36, 84; dagegen *H. Westermann* JZ 1962, 302; vgl auch § 1163 Rn 8); möglich ist ansonsten nur Auswechslung der Forderung nach § 1180.

3 **1. Voraussetzung ist eine Geldforderung.** Diese muss auf Zahlung eines bestimmten Kapitalbetrags lauten. Auf die Art des Rechtsgrundes kommt es nicht an. Geldforderungen aller zulässigen Entstehungsarten sind sicherungsfähig. Ausreichend ist dabei auch eine abstrakte Forderung. So kann die Hypothek die Forderung aus einem **abstrakten Schuldversprechen** sichern, wenn dieses auf den bestimmten Geldbetrag gerichtet ist (Köln FGPrax 2013, 151, 152; Staudinger/*Wolfsteiner* Rn 29; zu Rückgewähransprüchen bei Zahlung auf das Schuldversprechen *Kesseler* ZIP 2007, 1297ff). Auch öffentlich-rechtl Forderungen können durch Hypothek gesichert werden. Dem Bestimmtheitsgrundsatz ist genügt, wenn der zu entrichtende Geldbetrag in einer bestimmten Anzahl von Währungseinheiten ausgedrückt wird (*Wenzel* WM 1994, 1269, 1271). Die Währungseinheit muss keine inl sein (RGZ 157, 120, 123; *Siebelt/Häde* NJW 1992, 10, 15). Gem § 28 GBO können Grundpfandrechte **in ausl Währung** in das Grundbuch eingetragen werden. Voraussetzung ist, dass die Währung durch eine RechtsVO des BMJ im Einvernehmen mit dem Bundesministerium der Finanzen zugelassen wird, wobei die Zulassung für die Währung eines Mitgliedstaates der EU oder des EWR oder eine andere Währung, gegen die währungspolitische Bedenken nicht erhoben sind (vgl dazu *Siebelt* NJW 1993, 2517, 2518 Fn 5), erteilt werden kann. Eine spätere Einschränkung ist möglich, wenn gegen die Fortdauer der Zulassung währungspolitische Bedenken bestehen. Nach der RechtsVO über die Zulassung ausl Währungen können Geldbeträge von Hypotheken und

Grundschulden auch in der Währung eines der EU-Mitgliedstaaten, der Schweiz sowie der USA angegeben werden. Seit dem 1.1.2002 können Grundpfandrechte für diejenigen Währungen, an deren Stelle der Euro getreten ist, nicht mehr in der früheren Währung begründet oder geändert werden. Grundpfandrechte können seit dem 1.1.1999 auf Euro umgestellt werden (§ 1 Nr 1 iVm § 4 S 2 VO über Grundpfandrechte in ausl Währung und in Euro iVm der Bek über das Inkrafttreten von § 1 Nr 1 der VO über Grundpfandrecht in ausl Währung und in Euro v 23.12.1998, BGBl I 1998, 4023). Die Eintragung einer Höchstsumme in Euro ist bei ausl Währungen nicht erforderlich (BGH NJW 2006, 1341, 1342; München NJW-RR 2011, 1462, 1463).

Seit dem 1.1.2002 ist der **Euro** die einzige gültige Währungseinheit in den Teilnehmerstaaten. Wird in Rechtsinstrumenten, die am Ende der Übergangszeit bestehen, auf die nationale Währungseinheit Bezug genommen, so ist dies als Bezugnahme auf die Euro-Einheit entspr dem jew Umrechnungskurs zu verstehen. Das auf eine nationale Währungseinheit lautende Grundpfandrecht bzw die entspr Grundbucheintragung wird daher **mit Beginn des Jahres 2002 automatisch auf Euro umgestellt**, wobei eine Änderung der Grundbucheintragungen oder der ihr zugrundeliegenden notariellen Urkunden gem Art 14 Euro-VO II nicht erforderlich ist (*Hartenfels* WM-Sonderbeilage 1/1999, 26). Bei bereits eingetragenen Rechten ist das Grundbuch hierdurch hinsichtl der Angabe des Geldbetrags unrichtig. Die Euro-Umstellung des Grundpfandrechts bedarf lediglich eines formlosen Antrags, der als Anregung zum Tätigwerden des Grundbuchamts auszulegen ist. 3a

Eine Hypothek kann nicht ausschließlich für laufende **Nebenleistungen** bestellt werden, wohl aber für kapitalisierte rückständige **Zinsen** (LG Bonn Rpfleger 1982, 75; MüKo/*Lieder* Rn 50; aM Schleswig Rpfleger 1982, 301 m Anm *Hellmig*; offengelassen BGH WM 2022, 282, 285). Solange die titulierte Hauptforderung noch besteht, können bei der Zwangssicherungshypothek Zinsen, die im Titel als Nebenforderung ausgewiesen sind, nicht in kapitalisierter Form der Hauptforderung hinzugerechnet werden (BGH WM 2022, 282, 284). Zur Sicherung laufender wiederkehrender Leistungen, zB Renten, kommt nur die Grund- und die Rentenschuld in Betracht; für Rückstände hingegen ist Kapitalisierung möglich. Der Höhe nach bestimmte Geldforderungen im Rahmen einer Wahlschuld oder einer Ersetzungsbefugnis können durch Hypothek gesichert werden. Genügend ist, dass ein Anspruch künftig oder bedingt (§ 1113 II, dazu Rn 8, 12) in eine Geldforderung übergehen kann. Nicht ausreichend ist aber ein lediglich geldwerter Anspruch (vgl BayObLG NJW 1967, 1373), daher auch nicht der Anspruch auf Lieferung von Wertpapieren. Für die Zwangshypothek genügt ein auf Hinterlegung gerichteter Titel. 3b

2. DDR-Recht. Hinsichtl der in den Grundbüchern der neuen Bundesländer teilw noch eingetragenen wertbeständigen Rechte (vgl BGH Rpfleger 1995, 123ff; *Bultmann* NJ 1993, 203ff), nach denen die Höhe einer zu zahlenden Geldsumme durch den amtl festgelegten Preis einer bestimmten Menge Naturalien (zB Feingold, Kali, Kohle oder US-$) festgelegt ist, war zweifelhaft, ob sie nach der VO v 16.11.1940 (RGBl I 1521) umgestellt waren oder nicht (*Holzer* NJW 1994, 481, 486). Diese Zweifel beseitigt § 1 GBBerG. Nach dieser Vorschrift werden die darin legaldefinierten Rechte nach Maßgabe der §§ 2, 3 GBBerG zu einem festen Satz umgerechnet. Die Mittelwerte und Marktpreise bei sonstigen wertbeständigen Rechten sind in § 12 der SachenrechtsDVO (v 20.12.1994, BGBl I 1994, 3903) geregelt. Die in §§ 1–3 GBBerG geregelten Änderungen treten gem § 4 S 1 GBBerG kraft Gesetzes ein und bedürfen zu ihrer Wirksamkeit ggü dem öffentlichen Glauben des Grundbuchs nicht der Eintragung. Das Grundbuch ist iSd § 22 I GBO unrichtig. 4

3. Bestimmtheitsgrundsatz. Der **Bestimmtheitsgrundsatz** verlangt, dass Gläubiger, Schuldner und Schuldgrund so bestimmt sind, dass die Individualisierung der gesicherten Forderung unverwechselbar gewährleistet ist (BGH NJW 1994, 460, 461; KG BeckRS 2019, 30947; Hamm BeckRS 2011, 02681), mithin auch die sich aus ihrer etwaigen Veränderung ergebenden Folgen für die Hypothek festgestellt werden können (Zweibrücken NJOZ 2001, 2200, 2201) anders nach § 1190 hinsichtl Forderungshöhe und Schuldgrund bei der Höchstbetragshypothek). Auch Zinsen und sonstige Nebenleistungen unterliegen grds dem Erfordernis der Bestimmtheit (vgl § 1115 Rn 6ff). Zur Sicherung künftiger oder bedingter Forderung vgl Rn 8, 12. 5

Nach dem **sog Verbot der Doppelsicherung** soll die Eintragung einer (Zwangs-)Hypothek unzulässig sein, wenn wegen der durch sie zu sichernden Forderung an demselben Grundstück bereits eine rechtsgeschäftlich bestellte Hypothek eingetragen ist. Für ein und dieselbe Forderung könne nur eine einzige Hypothek bestellt werden (so RGZ 131, 16, 20; Schleswig NJOZ 2022, 368, 371; Frankfurt BeckRS 2016, 19181; MüKo/*Lieder* Rn 80; Soergel/*Konzen* Rn 17; NK/*Zimmer* Rn 34; Staudinger/*Wolfsteiner* Rn 45; *Baur/Stürner*, 377). Unabhängig davon, ob es ein solches Verbot tatsächlich gibt (abl *Wilhelm* WuB VI E § 867 ZPO 1.96), gilt es jedenfalls nicht für die Grundschuld (RGZ 132, 136, 138; München BeckRS 2015, 08320; Staudinger/*Wolfsteiner* Rn 52; NK/*Zimmer* Rn 34; MüKo/*Lieder* Rn 80; Soergel/*Konzen* Rn 18). Es ist daher möglich, zur Sicherung derselben Forderung an einem Grundstück mehrere Grundschulden oder auch neben einer (Sicherungs-)Hypothek eine oder mehrere Grundschulden zu bestellen (aA Köln NJW-RR 1996, 1106, 1107). Das Verbot der Doppelsicherung beruht nämlich auf dem bei der Hypothek untrennbaren rechtl Zusammenhang des dinglichen Rechts mit der gesicherten Forderung. Ein solcher Zusammenhang besteht bei der Grundschuld nicht. Gleichwohl soll aber nach Köln WM 1996, 151, 152 das Verbot der Doppelsicherung eingreifen, wenn Grundlage der Eintragung einer Sicherungshypothek die vom Grundstückseigentümer übernommene persönliche Haftung für den Grundschuldbetrag ist, wegen der er sich der Zwangsvollstreckung in sein gesamtes Vermögen unterworfen hat. Dies überzeugt nicht. Wegen der unterschiedlichen Rangverhältnisse kann sich für den Grundpfandrechtsgläubiger eine mehrfache Absicherung auf einem Beleihungsobjekt durchaus als sinnvoll und erforderlich erweisen. Führt die Mehrfachsicherung zur Übersicherung, hat der Sicherungsgeber einen Anspruch auf teilw Freigabe. 6

7 **Aufteilung der Forderung** und Sicherung der Teile durch jew selbständige Hypothek sind zulässig (Zweibrücken NJOZ 2001, 2200, 2203), wie sich schon aus § 1132 II und aus § 867 II ZPO ergibt. Für die nötige Unterscheidung der Forderungsteile genügt im Allg deren betragsmäßige Bezeichnung, ebenso bei der nur für eine Teilforderung bestellten Hypothek. Der Bestimmtheitsgrundsatz erfordert, dass genau aufgeführt wird, welcher Betrag aus welcher Forderung dem einzelnen Grundstück zugeordnet wird (Zweibrücken NJOZ 2001, 2200, 2203). Die einheitliche Hypothek darf nicht hinsichtl einzelner Teilbeträge der Forderung mit unterschiedlichem Rang eingetragen werden (Zweibrücken Rpfleger 1985, 54).

8 **4. Gesicherte Forderung. Der Schuldgrund der gesicherten Forderung muss hinreichend unterscheidungsfähig bezeichnet sein** (BGH NJW 1994, 460, 461). Welche Forderung gesichert ist, ergibt sich aus Einigung und Eintragung (Rn 18); zur Eintragung genügt Bezugnahme auf die Bewilligung (§ 1115 I). Der Schuldgrund muss noch nicht feststehen, da die Hypothek nach § 1113 II auch für künftige Forderungen bestellt werden kann. Zu verlangen ist dann aber, dass rechtl schon eine gewisse Gewähr für das künftige Entstehen der Forderung gegeben ist (RGRK/*Mattern* Rn 45). Nicht erforderlich ist eine Bindung der Verpflichteten (MüKo/*Lieder* Rn 64; Staudinger/*Wolfsteiner* Rn 41), sofern die Forderung hinreichend bestimmbar ist. Gesichert werden kann daher der künftige Erbanspruch des testamentarischen oder gesetzl Erben (Soergel/*Konzen* Rn 10; MüKo/*Lieder* Rn 64; Staudinger/*Wolfsteiner* Rn 42, aA Soergel/*Konzen* Rn 10), ebenso der künftige Ausgleichsanspruch aus § 2050 oder der erst mit Beendigung der Ehe entstehende Anspruch auf Zugewinnausgleich nach § 1378 III 1 (MüKo/*Lieder* Rn 64; Staudinger/*Wolfsteiner* Rn 42).

9 **III. Gläubiger.** Der **Gläubiger der Hypothek** muss nach dem Bestimmtheitsgrundsatz eindeutig zu identifizieren sein (MüKo/*Lieder* Rn 22; Staudinger/*Wolfsteiner* Einl § 1113 Rn 78). Die Bestimmung des Gläubigers kann nicht einem Dritten überlassen werden, auch nicht in der Form, dass ein Vertreter ohne Vertretungsmacht für eine noch unbestimmte Person auftritt, deren Identität erst durch spätere Bestimmung durch den Vertreter und Genehmigung des Vertreters vorgenommen wird (Staudinger/*Wolfsteiner* Einl §§ 1113ff Rn 78; MüKo/*Lieder* Rn 22; aA *Danielowsky/Dettmar* WM 2008, 713, 716). Für eine erst noch zu bezeichnende Person kommt eine Hypothek nicht in Betracht (Staudinger/*Wolfsteiner* Rn 94).

9a Gläubiger der Hypothek und Gläubiger der gesicherten Forderung müssen **identisch** sein (BGH WM 2002, 190, 192; MüKo/*Lieder* Rn 22; Staudinger/*Wolfsteiner* Rn 63; NK/*Zimmer* Rn 30), jede andere Eintragung ist unwirksam. Aus der Bestimmtheit der Forderung ergibt sich somit auch die dingliche Rechtszuständigkeit des Gläubigers. Bei einer Forderung aus echtem Vertrag zugunsten Dritter (§ 328 I) kommt nur der Dritte als Hypothekengläubiger in Betracht (Karlsruhe BeckRS 1998, 0006; BayObLG NJW 1958, 1917), für den indessen das Recht nicht bestellt werden kann, weil dingliche Verträge zugunsten Dritter unzulässig sind (vgl BGHZ 41, 95); im Falle eines unechten Vertrags zugunsten Dritter kann nur der Versprechensempfänger Gläubiger sein (BayObLG aaO) jedoch mit der Maßgabe, dass er als Gläubiger und neben ihm, ohne eigenes Forderungsrecht, der begünstigte Dritte als Zahlungsempfänger in das Grundbuch eingetragen wird (München NJOZ 2012, 50, 51; Karlsruhe BeckRS 1998, 0006). Ausgeschlossen ist auch die Sicherung einer eigenen Forderung des Eigentümers (Zweibrücken NJW-RR 1990, 147; MüKo/*Lieder* Rn 25; aA Staudinger/*Wolfsteiner* Rn 43), zB für seinen Kaufpreisanspruch vor Umschreibung des Eigentums auf den Käufer. Bei einer Forderung für den jew Eigentümer eines anderen Grundstücks ist eine Hypothek nicht möglich, da hier eine § 1094 II, § 1105 II entspr Regelung fehlt; zulässig ist aber eine Vormerkung auf Eintragung einer Hypothek, ebenso für den Dritten bei echtem (schuldrechtl) Vertrag zu seinen Gunsten (§ 883 Rn 22).

10 Eine **Gläubigermehrheit** ist eintragungsfähig, ohne dass es grds auf die Art des Gemeinschaftsverhältnisses ankommt. Eine Hypothek kann daher für eine Bruchteilsgemeinschaft, für eine Gesamtgläubigerschaft (BGH WM 2010, 1475; 1975, 135, 136; Staudinger/*Wolfsteiner* Einl § 1113 Rn 92; MüKo/*Lieder* Rn 31) und für die Gesamthandsgemeinschaft (NK/*Zimmer* § 1115 Rn 7; MüKo/*Lieder* Rn 31) sowie für Mitberechtigte gem § 432 (BGH WM 2010, 1757, 1758; MüKo/*Lieder* Rn 31; Staudinger/*Wolfsteiner* Einl § 1113 Rn 91) bestellt werden. Die Art des Gemeinschaftsverhältnisses muss sich unterscheidbar aus der Eintragung ergeben.

11 **Wie** einzutragen ist, bestimmt die Sollvorschrift des § 47 GBO (iVm § 15 GBV); ein Verstoß dagegen macht die Hypothek nicht unwirksam (Hamm DNotZ 1965, 408), wenn die Eintragungsbewilligung hinreichenden Aufschluss gibt. Für die Bruchteilsgemeinschaft ist Angabe der Bruchteile nötig (Eintragung „zu gleichen Anteilen" genügt), BayObLG 57, 322. Gesamtgläubigerschaft ist als solche zu kennzeichnen, wobei Hinw auf § 428 ausreicht; ungenügend ist aber die bloße Bezeichnung „als Gesamtberechtigte", weil das auch Gesamthandberechtigte bedeuten kann (BGH NJW 1981, 176; Kuntze/Ertl ua/*Eickmann* GrundbuchR § 47 GBO Rn 11). Wird das Grundpfandrecht nur für einen der Gesamtgläubiger eingetragen, so genügt Bezugnahme auf die Eintragungsbewilligung bei dort ersichtlicher Rechtsstellung (BGHZ 29, 363). Bei Gesamthandsgemeinschaft muss das Rechtsverhältnis (zB § 2032) verlautbart werden, damit eindeutig ist, wer ggf verfügungsberechtigt ist; unzulänglich ist Eintragung „zur gesamten Hand"; unklare Eintragung ist zwar wirksam, aber nach § 22 GBO klarzustellen; einzutragen sind alle Mitberechtigten; vgl auch § 1115 Rn 3.

12 Da der Gläubiger individuell feststehen muss, ist eine Hypothek **wahlweise für die eine oder für die andere Person** nicht möglich (MüKo/*Lieder* Rn 36), auch nicht bei Unsicherheit des Rechtsübergangs; wohl aber ist eine Hypothek für eine bedingte Forderung zulässig, die entweder dem einen oder dem anderen zusteht, so dass die Hypothek bis dahin auflösend bedingte Eigentümergrundschuld ist, auch in der Weise, dass zunächst der ei-

ne, dann der andere (zB der Erbe) Gläubiger der Forderung und mithin der Hypothek sein soll (BGH WM 1962, 296, 297; MüKo/*Lieder* Rn 37; aA Staudinger/*Wolfsteiner* Rn 24).

IV. Schuldner. Schuldner der Forderung braucht nicht der Eigentümer zu sein; dann aber ist Grundbucheintragung des Schuldners erforderlich (§ 1115 Rn 4). Auf die Art des Rechtsverhältnisses zw Eigentümer und Schuldner kommt es nicht an; häufig wird Auftrag oder Schenkung vorliegen (vgl BGH LM § 516 Nr 2). **Schuldnermehrheit** ist ebenso zulässig wie Gläubigergemeinschaft. Auch wenn zw den Schuldnern keine Rechtsgemeinschaft besteht, wird eine Höchstbetragshypothek zugelassen; für Zulässigkeit auch einer Verkehrshypothek zu Recht BayObLG 64, 35; Staudinger/*Wolfsteiner* Rn 75; MüKo/*Lieder* Rn 43; aA Soergel/*Konzen* Rn 20. Unbedenklich ist die Sicherung verschiedener Forderungen gegen den gleichen Schuldner, wenn diese durch verschiedene Hypotheken gesichert werden. Beide Geldforderungen können aber nicht durch eine einzige Hypothek gesichert werden (BayObLG Rpfleger 2000, 324; Staudinger/*Wolfsteiner* Rn 25; MüKo/*Lieder* Rn 45). Der Sicherung einer Geldforderung durch Hypothek steht nicht entgegen, dass der Schuldner befugt ist, diese Forderung durch eine Leistung anderer Art zu tilgen (BGH WM 1963, 430; Staudinger/*Wolfsteiner* Rn 25; MüKo/*Lieder* Rn 45). 13

V. Entstehung der Hypothek. Sie wird rechtsgeschäftlich durch Einigung und Eintragung begründet (§ 873); für die Briefhypothek muss Briefübergabe hinzukommen (§ 1117). Nur in den Fällen der §§ 1188, 1196 genügt zur Bestellung die einseitige Erklärung des Eigentümers. Die **Einigung** über die Belastung eines Grundstücks ist ein Verfügungsvertrag, der keiner Form bedarf (*Bülow* Rn 151; BGH WM 2016, 2230, 2232 – dingliches Vorkaufsrecht). Zur Eintragung im Grundbuch muss allerdings die Eintragungsbewilligung des Berechtigten in notariell beglaubigter oder beurkundeter Form vorgelegt werden (§§ 19, 29 GBO). Die Einigung muss zw dem Eigentümer und dem Gläubiger getroffen sein; eine Einigung zugunsten Dritter ist im Sachenrecht nicht möglich (NK/*Zimmer* Rn 23; Staudinger/*Wolfsteiner* Rn 63; BGH NJW 1993, 2617 zur Reallast aA Soergel/*Konzen* Rn 7). Sie kann nach allg Vertragsgrundsätzen auch von einem Vertreter erklärt werden (BGH WM 1980, 1452; BayObLG DNotZ 1996, 295, 296). Eine nicht von der Vollmacht (Ermächtigung) gedeckte Bestellung des Grundpfandrechts ist unwirksam (BGH ZIP 1989, 12, 13). Unzulässig ist die zugunsten eines Dritten erklärte Einigung (BGHZ 41, 95, 96). Da die Hypothek (im Unterschied zur Grundschuld) die Sicherung einer bestimmten Geldforderung voraussetzt (Rn 2), muss sich die Einigung auf diesen Sicherungszweck erstrecken. Für eine Scheinforderung kann daher keine Hypothek, wohl aber eine Eigentümergrundschuld bestellt werden, wenn ein Grundpfandrecht ernstlich gewollt ist (BGHZ 36, 84); die etwa eingetragene Hypothek und diesbzgl auch die Forderung unterliegt jedoch gutgläubigem Erwerb (§§ 892, 1138). Die für eine vertragl Forderung (zB aus Darlehen) bestellte Hypothek sichert im Zweifel auch einen etwaigen Schadensersatzanspruch des Gläubigers wegen Nichterfüllung des Vertrags, einen bei vereinbartem Rücktritt gegebenen Rückzahlungsanspruch oder einen bei Vertragsnichtigkeit bestehenden Bereicherungsanspruch (aA MüKo/*Lieder* Rn 86; Staudinger/*Wolfsteiner* Rn 26 – anders bei der Grundschuld), sofern sich aus der (auslegungsfähigen) Einigung nichts Gegenteiliges ergibt. Zur Auslegung der Einigung vgl auch Rn 16. 14

Die nichtige Einigung über die Bestellung einer Hypothek ist nicht umdeutbar in eine wirksame Grundschuldeinigung (näher § 1163 Rn 6).

Nach §§ 873, 158 ist auch eine **bedingte Bestellung** der Hypothek möglich. Bei aufschiebender Bedingung entsteht bis zu deren Eintritt eine vorläufige Eigentümergrundschuld (MüKo/*Lieder* Rn 65; Staudinger/*Wolfsteiner* Rn 39; *Westermann/Gursky/Eickmann* § 94 Rn 7); ist die Hypothek auflösend bedingt, so wandelt sie sich mit Bedingungseintritt in eine endgültige Eigentümergrundschuld (Schleswig FGPrax 2010, 280, 282; MüKo/*Lieder* Rn 65). Ist hingegen nicht die Hypothek, sondern nur die gesicherte Forderung bedingt, dann ist das dingliche Recht bis zum Eintritt einer vereinbarten aufschiebenden sowie mit Eintritt einer etwaigen auflösenden Bedingung Eigentümergrundschuld (Schleswig FGPrax 2010, 280, 281). Gleiches gilt bei Sicherung einer künftigen Forderung (vgl Rn 8) bis zu deren Entstehen; von vornherein entsteht aber eine Hypothek, wenn bei Eintragung die Forderung nur noch nicht fällig ist. 15

Für die **Auslegung der dinglichen Einigung** ist nur die Grundbucheintragung und die dort in Bezug genommene Eintragungsbewilligung heranzuziehen (BGH WM 1991, 143, 145). Auch zw den Parteien des Bestellungsvertrags kann das dingliche Recht, soweit schuldrechtl nicht besondere Abreden zu beachten sind, keinen anderen als den verlautbarten Inhalt haben (BGH WM 1991, 145). Maßgebend ist der Sinngehalt, der sich einem unbefangenen Dritten aus Eintragung und Eintragsbewilligung als nächstliegend erschließt (BGH NJW 1985, 1464, 1465). Außerhalb der Urkunde liegende Umstände dürfen nur herangezogen werden, wenn sie offensichtlich sind (BGHZ 60, 226, 231). 16

Von der dinglichen Einigung zu unterscheiden ist das **Verpflichtungsgeschäft zur Bestellung einer Hypothek.** Dessen Auslegung richtet sich nach §§ 133, 157. Ist die **dingliche Einigung** unwirksam, so kann aus dem Kausalverhältnis die nachholbare Bestellung eines eintragungsfähigen Grundpfandrechts verlangt werden (BGH NJW 1990, 392, 393); ebenso besteht die Pflicht, eine unvollständige Einigung zu ergänzen (BGH NJW 1989, 3151, 3152). Das Verpflichtungsgeschäft ist formfrei, sofern es nicht ein rechtl zugehöriger Teil eines nach § 311b beurkundungsbedürftigen Grundstücksvertrags sein soll (vgl auch § 11 ErbbauRG; § 4 III WEG) oder sofern nicht ein Schenkungsversprechen nach § 518 vorliegt (RGZ 120, 253). 17

Die erforderliche **Grundbucheintragung** setzt nach § 19 GBO Eintragungsbewilligung des Eigentümers (und Zustimmung etwa betroffener Drittberechtigter) in der Form des § 29 GBO voraus (formelles Konsensprinzip). 18

In einer beurkundeten Einigung kann zugleich die Bewilligung enthalten sein (BGHZ 37, 233, 242; BayObLG Rpfleger 1975, 26). Beim Verkauf eines Grundstücks kann in Ausnahmefällen in der Auflassungserklärung die Ermächtigung (§ 185) für den Käufer liegen, vor Eigentumsumschreibung die Eintragung eines Grundpfandrechts zu bewilligen (BayObLG NJW 1971, 514; Frankfurt DNotZ 1972, 85, 86; aM *Opalka* NJW 1991, 1796, 1797), eine solche Auslegung ist jedoch nicht Sache des Grundbuchamts, auch nicht die Prüfung, ob die in der Eintragungsbewilligung bezeichnete Forderung besteht oder künftig entstehen kann (anders bei ersichtlicher Unmöglichkeit des Entstehens, wie im Fall der Hypothek für einen künftigen Erbanspruch; vgl auch Rn 8). Die Eintragungsbewilligung selbst kann vom Grundbuchamt ausgelegt werden (BGHZ 90, 323, 327); zur Auslegung dürfen nur Umstände herangezogen werden, die aus der Bewilligung hervorgehen oder die nach den besonderen Verhältnissen des Einzelfalles für jedermann ohne weiteres erkennbar sind (BGHZ 90, 181, 184); das ist auch der Auslegungsmaßstab bei Grundbucheintragungen, die auf die Eintragungsbewilligung Bezug nehmen.

19 **Entstehung durch Zwangsvollstreckung.** Zwangs- und Arresthypothek nach §§ 866, 867, 932 ZPO, § 322 AO; Versteigerungshypothek nach §§ 128, 130 ZVG; landesrechtl Fiskushypothek nach Art 91 EGBGB. Die Hypothek ist in diesen Fällen immer Sicherungshypothek (§ 1184).

20 **Entstehung kraft Gesetzes.** Bei Verpfändung eines Anspruchs auf Grundstücksübereignung entsteht mit Eigentumsübergang eine Sicherungshypothek (§ 1287 S 2), ebenso bei Pfändung des Anspruchs (§ 848 II ZPO); auch Gesamtsicherungshypothek ist möglich (Düsseldorf Rpfleger 1981, 200). Der Rang dieser Sicherungshypothek bestimmt sich grds nach dem Zeitpunkt des Eigentumsübergangs. Sie geht damit allen dinglichen Belastungen vor, die der neue Eigentümer bewilligt, selbst wenn deren Eintragung gleichzeitig mit der Eintragung des Eigentumsübergangs erfolgt (BGH WM 1986, 198, 200; Jena Rpfleger 1996, 100, 102; MüKo/*Schäfer* § 1274 Rn 34). Eine Ausnahme wird nur angenommen für Rechte, die vom Erwerber im Zusammenhang mit dem schuldrechtl Vertrag zugunsten des Veräußerers bestellt werden und gem § 16 II GBO gleichzeitig mit dem Eigentumsübergang zu vollziehen sind, zB Kaufpreisresthypothek, Dienstbarkeit für Restflächen des Veräußerers (Jena Rpfleger 1996, 100, 102; BayOLG 1972, 46, 50, MüKo/*Schäfer* § 1274 Rn 34). Entspr gilt für Rechte, die Dritten in Erfüllung einer Vertragspflicht aus dem Erwerbsvertrag zu bestellen sind. – Weiterer Fall gesetzl Entstehung: § 61 BauGB (Umlegungsplan).

21 **VI. Befriedigung des Gläubigers.** Er hat Anspruch auf Befriedigung aus dem durch die Hypothek belasteten Grundstück und aus den nach §§ 1120ff mithaftenden Gegenständen. Die Erzwingung des Anspruchs durch Zwangsversteigerung oder Zwangsverwaltung des Grundstücks (§ 1147) setzt einen dinglichen Duldungstitel gegen den Eigentümer voraus. Davon zu unterscheiden ist die gesicherte persönliche Forderung. Zu deren Durchsetzung benötigt der Gläubiger einen sich gegen den persönlichen Schuldner richtenden Zahlungstitel. Daraus kann in das gesamte Vermögen des Schuldners vollstreckt werden. Dingliche und persönliche Klage betreffen unterschiedliche Streitgegenstände. Die Rechtskraft der Entscheidung über den einen Anspruch ergreift daher nicht den anderen (BGH NJW 1960, 1348). Die Verbindung beider Klagen gegen den zugleich persönlich schuldenden Eigentümer kann mithin zu unterschiedlichen Ergebnissen führen. Er hat aber, auch wenn er nicht persönlich haftet, ggü der Hypothek die dem persönlichen Schuldner gegen die Forderung zustehenden Einreden (§ 1137); doch ist der gutgläubige Erwerber der Hypothek durch § 1138 geschützt.

22 **Die Hypothek erlischt**, wenn der Gläubiger daraus in der Zwangsvollstreckung Befriedigung erlangt (§ 1181); damit wird zugleich die persönliche Forderung erfüllt, sofern der Eigentümer auch dafür haftet. Freiwillige Zahlungen des auch persönlich schuldenden Eigentümers tilgen idR nur die persönliche Schuld, so dass er die Hypothek gem § 1163 I 2, § 1177 I als Eigentümergrundschuld erwirbt, ebenso bei Erfüllung der persönlichen Forderung durch hieraus erzwungene Befriedigung in der Zwangsvollstreckung. Zahlt der nicht persönlich schuldende Eigentümer, so geht die persönliche Forderung nach § 1143 auf ihn über; damit erwirbt er auch die Hypothek als Eigentümergrundschuld (§§ 401, 412, 1153, 1177 II), nicht hingegen, wenn der Gläubiger aus der Hypothek durch Zwangsvollstreckung Befriedigung erlangt (§ 1181). Zahlt der mit dem Eigentümer nicht identische persönliche Schuldner, erlischt zunächst nur die persönliche Schuld (§ 362); er erwirbt die Hypothek aber unter der Voraussetzung eines Ersatzanspruchs gegen den Eigentümer (§ 1164); anderenfalls entsteht eine Eigentümergrundschuld (§ 1163 I 2, § 1177 I); kann ein Gesamtschuldner Ausgleichung verlangen, geht insoweit die Forderung auf ihn über (§ 426 II) und ihr folgend auch die Hypothek (§§ 401, 412, 1153). Zahlt ein Dritter, dann erlischt die Forderung nach §§ 267, 362, wodurch die Hypothek zur Eigentümergrundschuld wird (§ 1163 I 2, § 1177 I). In den Fällen der §§ 268, 1150 erwirbt der Dritte Forderung und Hypothek, ebenso bei einem Forderungskauf, weil dieser durch Abtretung erfüllt wird und somit auch die Hypothek übergeht (§§ 401, 412, 1153).

23 **VII. Pfändung von Grundpfandrechten.** Sie ist nach §§ 830, 857 VI ZPO zu bewirken. Erforderlich ist ein Pfändungsbeschluss, dessen Zustellung an den Grundstückseigentümer als Drittschuldner keine Wirksamkeitsvoraussetzung ist (BGH WM 2021, 254, 256; BGH BeckRS 2020, 39601); bei Briefrecht muss Briefübergabe oder Wegnahme durch Gerichtsvollzieher (§ 883ff ZPO), bei Buchrecht Eintragung der Pfändung hinzukommen. Ist der Brief im Besitz eines nicht herausgabebereiten Dritten, so ist Pfändung des Herausgabeanspruchs und Überweisung zur Einziehung (§ 886 ZPO) nötig. Gleiches gilt für die Eigentümergrundschuld (BGHZ 79, 2045); die ganz oder teilw (BGH WM 2021, 2200, 2202) gepfändet werden kann, auch im Wege der Dauerpfändung (BGH WM 2021, 2200, 2202).

VIII. Zwangsversteigerung. Das Grundpfandrecht des daraus betreibenden Gläubigers erlischt mit dem Zuschlag, ebenso jedes andere Grundpfandrecht, soweit es nicht in das geringste Gebot fällt (§§ 91, 44, 52 ZVG). An die Stelle des dinglichen Rechts tritt ranggleich als Surrogat der Anspruch auf Befriedigung aus dem Versteigerungserlös (BGH WM 1987, 356). 24

§ 1114 Belastung eines Bruchteils

Ein Bruchteil eines Grundstücks kann außer in den in § 3 Abs. 6 der Grundbuchordnung bezeichneten Fällen mit einer Hypothek nur belastet werden, wenn er in dem Anteil eines Miteigentümers besteht.

1. Belastungsgegenstand. Ein ungeteiltes Grundstück kann nur im Ganzen belastet werden (*Wolffskeel* NJW 2018, 342). Durch **reale Teilung** werden mehrere selbständige Grundstücke gebildet, die dann ihrerseits jew belastungsfähig sind. Voraussetzung dafür ist nach § 7 I GBO die Abschreibung des zu belastenden Grundstücks vom Stammgrundstück und die Buchung als selbständiges Grundstück. Die Einigung (§ 873) muss die zu belastende Teilfläche genau festlegen (vgl BGH NJW 1986, 2820, 2821); aus dem Verpflichtungsvertrag kann auf Zustimmung zur Teilbelastung bei Fälligkeit schon dann geklagt werden, wenn ein Veränderungsnachweis (Abvermessung) vorliegt (vgl BGHZ 90, 323, 328 aE). 1

Eine bloß ideelle Aufteilung des Alleineigentums ohne gleichzeitige Teilveräußerung kennt das bürgerliche Recht nicht (BGH NJW 2013, 934, 935 – Ausnahme § 8 WEG; aA MüKo/*Lieder* Rn 1). Rechtl eigenständig ist jedoch das **Miteigentum nach Bruchteilen** (§ 1008); es ist seinem Wesen nach dem Alleineigentum gleichgestellt (BGHZ 36, 365, 368). Der Bruchteilsanteil eines Miteigentümers kann daher nach § 1114 mit einer Hypothek belastet werden. An dem Anteil kann auch eine Vormerkung auf Bestellung eines Grundpfandrechts eingetragen werden. Zweck dieser Beschränkung auf das Bruchteilsmiteigentum ist, Schwierigkeiten bei der Grundbuchführung und in der Zwangsvollstreckung zu vermeiden (BGH NJW 2013, 934, 935), zumal auch – von bestimmten Ausnahmen abgesehen (Rn 10) – kein schutzwürdiges Bedürfnis besteht, eine Teilbelastung des insg in der Hand nur eines Eigentümers befindlichen Grundstücks zuzulassen (Mot 3, 640). Eine nicht durch § 1114 gedeckte Bruchteilsbelastung ist unwirksam, inhaltlich unzulässig (Zweibrücken NJW-RR 1990, 147; Staudinger/*Wolfsteiner* Rn 4; aA MüKo/*Lieder* Rn 9, wenn der Belastungsgegenstand eindeutig bestimmt ist) und ermöglicht keinen gutgläubigen Erwerb (BayObLG NJW 1968, 1431; Koblenz MDR 1978, 669; vgl aber Rn 10 aE); Gleiches gilt dann folgerichtig für eine Belastung des Bruchteils eines Miteigentumsanteils (Zweibrücken NJW-RR 1990, 147). 2

Kein Bruchteil eines Grundstücks ist das auf dem Gebiet der **neuen Bundesländer** bestehende, rechtl vom Grundstück **selbständige Gebäudeeigentum.** Das Immobiliarsachenrecht der DDR war durch eine Vielzahl von Rechtsinstitutionen und rechtl Erscheinungsformen gekennzeichnet. Diese haben in vielen Fällen zu einer rechtl Trennung des Eigentums an Gebäuden vom Eigentum an Grund und Boden geführt. Die Verfasser des Einigungsvertrags v 31.8.1990 haben sich im Rahmen der Überleitung des BGB auf das Gebiet der früheren DDR dafür entschieden, die alten DDR-Rechtsinstitute des Grund- und Bodenrechts nicht mit einem Federstrich zu beseitigen, sondern sie erst mittel- und langfristig in das System des BGB zu überführen. Bis dahin unterliegt das Gebäudeeigentum, welches aufgrund von Nutzungsrechten nach §§ 287ff und § 291ff ZGB entstanden ist, gem Art 233 § 4 I EGBGB den Vorschriften des bürgerlichen Rechts über Grundstücke. Das Gleiche gilt gem Art 233 § 4 VII EGBGB für das übrige Gebäudeeigentum, für das ein Gebäudegrundbuchblatt anzulegen ist und welches iVm einem dinglichen Nutzungsrecht besteht. Auf diese Weise sind die Nutzungsrechte nach dem Nutzungsrechtsgesetz und den Vorschriften für Wohnungsbaugenossenschaften einbezogen. An derartigem Gebäudeeigentum können Grundpfandrechte bestellt werden (*Horn* ZIP 1993, 659). Die Belastung erfolgt durch Einigung und Eintragung, die Übertragung durch Auflassung und Eintragung im Gebäudegrundbuch (Art 233 § 4 I EGBGB iVm §§ 873, 925). 3

Auch das Gebäudeeigentum, das durch Art 233 § 2b EGBGB anerkannt wurde, kann mit Grundpfandrechten belastet werden (*Eickmann/Böhringer,* Sachenrechtsbereinigung Art 233 § 2b EGBGB Rn 18; *Horn* ZIP 1993, 659, 660). Denn auf dieses isolierte Gebäudeeigentum finden die Vorschriften über die Rechte an Grundstücken Anwendung (Art 233 § 2b V, § 4 I EGBGB). Es kann in einem anzulegenden Gebäudegrundbuchblatt eingetragen werden (Dresden VIZ 1995, 114) und dann mit einem Grundpfandrecht belastet werden. 4

2. Bruchteilsbelastung. Voraussetzung der Bruchteilsbelastung ist Miteigentum iSd § 1008 zur Zeit der Eintragung; auf den Zeitpunkt der Forderungsentstehung oder auf den der Einigung kommt es nicht an (MüKo/*Lieder* Rn 4; Staudinger/*Wolfsteiner* Rn 7). Bei Gesamthandseigentum gibt es keinen verfügbaren Anteil (Naumburg BeckRS 2017, 150177; MüKo/*Lieder* Rn 11; Staudinger/*Wolfsteiner* Rn 12); unzulässig ist daher ein Grundpfandrecht am Anteil eines BGB-Gesellschafters (§ 719 I, ebenso bei OHG) oder eines Miterben (Staudinger/*Wolfsteiner* Rn 12; Soergel/*Konzen* Rn 4; NK/*Zimmer* Rn 1), auch wenn die anderen Gesamthänder zustimmen; gutgläubiger Erwerb ist ausgeschlossen (Rn 2). Soweit § 3 III GBO die Möglichkeit zulässt, die Miteigentumsanteile an einer wirtschaftl mehreren Grundstücken dienenden Parzelle (zB gemeinsamer Zufahrweg) auf den Grundbuchblättern der herrschenden Grundstücke einzutragen, sind die Anteile selbständige Belastungsgegenstände; insoweit ergänzt § 3 III GBO den § 1114; erforderlich ist aber, dass alle Anteile gleichmäßig bei den herrschenden Grundstücken eingetragen, also nicht einzelne Anteile weiterhin auf einem selbständigen Grundbuchblatt gebucht sind (BayObLG 74, 466). 5

6 **3. Vereinigung.** Die am Miteigentumsanteil bestehende Hypothek bleibt unverändert, wenn sich die Anteile in der Hand eines Miteigentümers oder eines Dritten vereinigen (BGH WM 2013, 1714, 1715; ZIP 2002, 932, 934; BayObLG DNotZ 1971, 659; Soergel/*Konzen* § 1114 Rn 2). Für die Zwangsvollstreckung wird der Fortbestand des belasteten Anteils fingiert (BGH ZIP 2002, 932, 934; BGHZ 90, 207, 213f; 106, 19, 27; vgl auch Rn 9); der Alleineigentümer kann aber über die Hypothek an dem aufgelösten Anteil nicht mehr verfügen, wenn sie durch Wegfall der gesicherten Forderung Eigentümergrundschuld wird. Rechtsgeschäftliche Ausdehnung der Hypothek auf das ganze Grundstück ist möglich, ohne dass gleich- oder vorrangig Berechtigte zustimmen müssen (Soergel/*Konzen* Rn 2; aM MüKo/*Lieder* Rn 5, bei Gefahr der Rangverwirrung ausf zum Ganzen *Wolffskeel* NJW 2018, 342, 344ff).

7 **4. Mehrere Miteigentumsanteile.** Durch Belastung **mehrerer Miteigentumsanteile** für dieselbe Forderung (auch bei Nachverpfändung) entsteht eine Gesamthypothek (BGH WM 2010, 854, 856; NJW 1989, 831, 832; Düsseldorf OLGRp 2004, 1; MüKo/*Lieder* Rn 3; Staudinger/*Wolfsteiner* Rn 6). Die gleiche Lage tritt ein durch Aufteilung des belasteten Alleineigentums in Bruchteilsmiteigentum (Frankfurt DNotZ 1961, 411). Auch die Belastung des ganzen Grundstücks durch die Miteigentümer nach § 747 S 2 führt zur Gesamthypothek an den Anteilen (BGH NJW 1989, 831, 832). Entsteht die gesicherte Forderung nicht oder erlischt sie, so wird die Gesamthypothek zur Eigentümergesamtgrundschuld (§ 1163 I, § 1172 I, § 1177 I), die den Miteigentümern nach §§ 741, 742 gemeinschaftl zusteht (BGH WM 1986, 106); dieses Gesamtrecht ist für den Miteigentümer am eigenen Anteil Eigentümergrundschuld und am fremden Anteil Fremdgrundschuld, also nicht anders als bei originärer Bestellung einer Eigentümergesamtgrundschuld am ganzen Grundstück (BGH WM 1981, 199, 200). Der etwa im Innenverhältnis allein zur Tilgung der Gesamthypothek verpflichtete Miteigentümer erwirbt im Umfang seiner Zahlung die Hypothek am eigenen Anteil als Eigentümerrecht, während sie an dem anderen Anteil erlischt (§ 1173 I, § 1177 I); nur soweit er schuldrechtl Ausgleich vom anderen Miteigentümer verlangen kann, geht die Hypothek an dessen Anteil gem § 1173 II auf ihn über (BGH WM 1986, 106).

8 **5. Enthaftung.** Auf die **Enthaftung eines Miteigentumsanteils** ist § 1114 entspr anwendbar. Daher darf weder ein gesamthänderisch gebundener Anteil noch ein fiktiver quotenmäßiger Anteil am Alleineigentum (BayObLG 74, 466) oder am Miteigentum entlastet werden.

9 **6. Zwangsvollstreckung.** Die **Zwangsvollstreckung** in den Miteigentumsanteil ist zulässig (§ 864 II ZPO). Hat sich der belastete mit dem anderen Anteil in einer Hand vereinigt, so wird für die Vollstreckung der Fortbestand des belasteten Anteils fingiert (Rn 6); vorrangige Rechte am ganzen Grundstück gehen der Hypothek an dem Miteigentumsanteil vor; der Ersteher dieses Anteils kann die Versteigerung des Grundstücks zwecks Aufhebung der Gemeinschaft herbeiführen (§ 180 ZVG) und anschließend die Zustimmung zu einer den fiktiven Miteigentumsanteilen entspr Aufteilung (§ 753 I 1) und Auszahlung des Erlöses verlangen (BGHZ 90, 207, 214). Die Vollstreckung aus einer nach Vereinigung an einem früheren Miteigentumsanteil eingetragenen Hypothek ist unzulässig (Koblenz MDR 1978, 669; vgl aber Rn 10). Eine Zwangs- oder Arresthypothek kann nicht als Gesamthypothek an mehreren Miteigentumsanteilen begründet werden (§ 867 II, § 932 II ZPO), sofern nicht die Miteigentümer für die zu sichernde Forderung gesamtschuldnerisch haften (BGH NJW 1961, 1352).

10 **7. Alleineigentum.** Für eine Anteilsbelastung durch den **Alleineigentümer** konnte der Gesetzgeber kein Bedürfnis erkennen (Zweibrücken NJW-RR 1990, 147; Frankfurt NJW-RR 1988, 463, 464; aA MüKo/*Lieder* Rn 12). **Ausnahmsw ist Bruchteilsbelastung trotz Wegfalls des Miteigentumsanteils in folgenden Fällen zulässig: a)** Belastung des eigenen Anteils, wenn der Eigentümer den anderen Anteil nur als Vorerbe hinzuerworben hat (BGH WM 2013, 1714, 1715; Schleswig FGPrax 2011, 69, 70; BayObLG NJW 1968, 1431); **b)** Sicherungshypothek nach § 128 ZVG an dem versteigerten Anteil, wenn der Ersteher schon Eigentümer der anderen Anteile ist (MüKo/*Lieder* Rn 15; NK/*Zimmer* Rn 7); **c)** Zwangshypothek an dem von einem Miteigentümer anfechtbar hinzuerworbenen Anteil des anderen Miteigentümers für dessen Gläubiger (BGH WM 2013, 1714, 1715; BGHZ 90, 207, 214); **d)** in den Fällen des § 68 FlurBG (LG Karlsruhe BWNotZ 1960, 24) und des § 62 II BauGB, ferner landesrechtl Vorbehalt nach Art 112, 113 EGBGB. Ferner wurde durch Gesetz v 20.12.1993 (BGBl I 1993, 2182, 2183) eine Ausnahme zugelassen für Miteigentumsanteile an einem den wirtschaftl Zwecken anderer Grundstücke dienendem Grundstück (zB gemeinsamer Zufahrtsweg zu einer Reihenhaussiedlung). Diese Miteigentumsanteile können gem § 3 IV, V GBO jew auf den Blättern der Hauptgrundstücke gebucht werden; dies ist gem § 3 VI GBO auch schon zulässig, wenn alle Hauptgrundstücke sich (noch) in einer Hand befinden; sie können dann zusammen mit den jew Hauptgrundstücken belastet werden.

11 **Gutgläubiger Erwerb** eines Grundpfandrechts am Bruchteil ist möglich, wenn der Alleineigentümer unrichtig nur als Miteigentümer eingetragen ist. Ist eine das ganze Grundstück belastende Hypothek fälschlich gelöscht, so erwirbt der gutgläubige Erwerber eines Miteigentumsanteils diesen lastenfrei.

12 § 1114 ist auf die Grundschuld entspr anwendbar (BGH NJW 2013, 934, 935).

§ 1115 Eintragung der Hypothek

(1) Bei der Eintragung der Hypothek müssen der Gläubiger, der Geldbetrag der Forderung und, wenn die Forderung verzinslich ist, der Zinssatz, wenn andere Nebenleistungen zu entrichten sind, ihr Geldbetrag im Grundbuch angegeben werden; im Übrigen kann zur Bezeichnung der Forderung auf die Eintragungsbewilligung Bezug genommen werden.

(2) Bei der Eintragung der Hypothek für ein Darlehen einer Kreditanstalt, deren Satzung von der zuständigen Behörde öffentlich bekannt gemacht worden ist, genügt zur Bezeichnung der außer den Zinsen satzungsgemäß zu entrichtenden Nebenleistungen die Bezugnahme auf die Satzung.

1. Allgemeines. Die Vorschrift bezweckt keine materiellrechtl Regelung der Zulässigkeit der Hypothek, sondern grenzt die **einzutragenden Umstände** von den durch **Bezugnahme** ersichtlich zu machenden ab; insofern ergänzt § 1115 den § 874. Zweck ist die eindeutige Feststellung des Haftungsumfangs im Interesse der Beteiligten, vor allem im Hinblick auf spätere Belastungs- und Erwerbsvorgänge, BGH WM 1975, 596. Für die inhaltliche Feststellung und Auslegung dürfen nur Umstände herangezogen werden, die aus der Eintragung oder der in Bezug genommenen Bewilligung hervorgehen, BGH WM 1975, 596. Besondere Regelung mit Ausschluss der Bezugnahme in § 1116 II, § 1184 II, § 1189 I. Bei **Nachverpfändungen** ist Bezugnahme auf das Grundbuch bzgl der Eintragung des ersten Grundpfandrechts möglich, selbst wenn dieses wiederum in zulässiger Weise auf Urkunden Bezug nimmt, vgl Frankfurt Rpfleger 1971, 65 m zust Anm *Haegele*. 1

2. Eintragung. Eintragungspflichtig sind: der Gläubiger, der Geldbetrag des Kapitals und die Nebenleistungen, ferner entspr § 873 (vgl § 873 Rn 14) eine das Recht als Hypothek kennzeichnende Angabe; dazu ist aber Gebrauch des Wortes „Hypothek" nicht nötig, es genügt, dass die Belastung als Recht zur Befriedigung einer Forderung ersichtlich ist, ebenso für Tilgungshypothek BGHZ 47, 41; anders für Sicherungshypothek (§ 1184 II, § 130 I 2 ZVG). Ohne Angabe des Gläubigers und des Geldbetrags der Forderung ist die Eintragung der Hypothek nichtig (Grü/*Herrler* Rn 1). Fehlen die auf die Nebenleistungen bzgl Angaben oder ist eine dahingehende Klausel nichtig, so haftet das Grundstück für die betreffende Nebenleistung nicht, iÜ ist aber die Hypothek wirksam (BGH WM 1975, 596). 2

Der **Gläubiger**, dh der materiell berechtigte Inhaber (Dresden NJW-RR 2000, 96, 97; MüKo/*Lieder* Rn 3) bzw bei der Zwangshypothek der mittels Vollstreckungstitel oder -klausel als Forderungsinhaber Ausgewiesene (BGH WM 2002, 190, 192; München NJW-RR 2018, 1487, 1488; München NJW-RR 2010, 744, 745; MüKo/*Lieder* Rn 3), und sei er nur Prozessstandschafter (BGH WM 2002, 190, 192), muss im Grundbuch so genau angegeben werden, dass seine Identität feststeht. Dazu ist nicht unbedingt die Angabe des richtigen Namens erforderlich, der Namensträger muss aber ersichtlich sein. Wie einzutragen ist, ergibt sich aus § 15 GBV; ein Verstoß gegen diese Ordnungsvorschrift führt jedoch nicht zur Unwirksamkeit der Eintragung (BayObLG NJW-RR 1988, 980). Eintragung eines Einzelkaufmanns unter seiner Firma ist eine unschädliche Falschbezeichnung (BayObLG DNotZ 1981, 578), ebenso wenn statt OHG der Firmenbestandteil bildende Name unter der Bezeichnung „Kaufmann" eingetragen wird (Hamburg DNotZ 1955, 148 m Anm *Hoche*) oder wenn die OHG fälschlich den Zusatz „GmbH" erhält (Bremen DNotZ 1965, 566). Personenhandelsgesellschaften müssen grds mit Firma und Sitz eingetragen werden; juristische Personen sind als solche zu kennzeichnen (BGHZ 62, 230). Für die Vor-GmbH kann eine Hypothek begründet werden (BGHZ 45, 338, 348; vgl auch BGHZ 80, 129, 132). Bei der Eintragung für die Zweigniederlassung einer AG (oder Handelsgesellschaft) ist die Angabe der Hauptniederlassung nicht geboten (LG Bonn NJW 1970, 570; LG Memmingen Rpfleger 1981, 233), auch nicht bei gleichem Firmennamen, wenn die Zweigniederlassung mit ihrem Sitz bezeichnet wird. Auch eine juristische Person des öffentlichen Rechts kann unter dem Namen einer nicht rechtsfähigen Zweiganstalt eingetragen werden, sofern die Berechtigte zweifelsfrei feststeht (BayObLG NJW 1973, 1048). Bei Zwangshypothek für verschiedene Steuergläubiger (BRD und Land) genügt die Bezeichnung des zuständigen Finanzamts (Köln NJW 1960, 1110). Unzulässig ist die Eintragung des nicht rechtsfähigen Vereins (*K. Schmidt* NJW 1984, 2249) und der GbR (Frankfurt Rpfleger 1975, 177); einzutragen sind die Mitglieder (vgl auch Hamm OLG 1983, 288, wonach klarstellender Hinw auf nähere Bezeichnung der Gesellschaft zulässig sein kann). Vertretungsberechtigte werden nicht eingetragen (LG Düsseldorf Rpfleger 1977, 167), auch nicht der für den Rechtsinhaber handelnde Testamentsvollstrecker (Hamburg OLG 20, 416) oder der Nachlassverwalter (Hamm Rpfleger 1989, 17), ebenso nicht der Insolvenzverwalter, wenn der Schuldner Gläubiger ist (München NZI 2014, 335, 336; NK/*Zimmer* Rn 13; MüKo/*Lieder* Rn 18; aA München FGPrax 2012, 154). Bei echtem Treuhandverhältnis ist nur der Treuhänder zu bezeichnen; seine schuldrechtl Bindung an den Treuhandauftrag ist nicht eintragungsfähig (Saarbrücken NJW 1967, 1378). – Zur Eintragung einer Gläubigermehrheit vgl § 1113 Rn 10. 3

Der **Schuldner** braucht, wenn er mit dem Eigentümer identisch ist, nicht eingetragen zu werden; sind beide nicht identisch, so gehört die Bezeichnung des Schuldners zur Bestimmung der Forderung; insoweit genügt die Angabe in der Eintragungsbewilligung, auf die Bezug genommen wird (Staudinger/*Wolfsteiner* Rn 58; Soergel/*Konzen* Rn 8; NK/*Zimmer* Rn 19; MüKo/*Lieder* Rn 23); die Hypothek ist jedoch auch ohne Bezeichnung des Schuldners wirksam, sofern er festgestellt werden kann (Soergel/*Konzen* Rn 8; Grü/*Herrler* Rn 7; aA Naumburg JW 1930, 846). Die Eintragung eines von der Einigung abw Schuldners lässt eine Hypothek nicht entstehen. 4

Der **Geldbetrag** des Kapitals muss im Grundbuch ziffermäßig angegeben werden (vgl zur Währung § 1113 Rn 3ff). Angabe der Berechnungsgrundlage reicht nicht aus (anders bei Nebenleistungen). Der **Schuldgrund** muss nicht eingetragen werden; er muss sich aber aus der in Bezug genommenen Eintragungsbewilligung ergeben, da nur so die im Hinblick auf §§ 1138, 891 nötige Identifizierung und Individualisierung der Forderung möglich ist (BGH WM 1972, 786; Staudinger/*Wolfsteiner* Rn 55; MüKo/*Lieder* Rn 21; *Westermann/Gursky/Eickmann* § 94 Rn 10). Ungenaue Bezeichnung schadet nicht (oft Auslegungsmöglichkeit, vgl BGH WM 1972, 384), auch nicht unrichtige Angabe, wenn die zu sichernde Forderung in der dem Bestimmtheitsgrundsatz entspr Art ersichtlich ist, vgl BayObLG 1951, 596. Bei Scheinforderung entsteht die ernstlich gewollte Hypothek als Eigentümergrundschuld (BGHZ 36, 84). 5

6 **3. Zinsen. Nebenleistungen** sind von der Hauptforderung abhängig und teilen deren Schicksal (Düsseldorf NJW-RR 1996, 111, 112). Sie können nach Erlöschen der Hauptforderung nicht mehr entstehen. Nichtigkeit der Hauptforderung ergreift auch die Nebenleistung. Auch **Zinsen** sind Nebenleistungen (BGHZ 47, 41, 44), somit vom rechtl Bestand der Hauptforderung abhängig, von anderen Nebenleistungen aber idR unabhängig. Ein Rangvorbehalt (§ 881) muss erkennen lassen, inwieweit sich ein für Grundpfandrechte einzutragender Höchstprozentsatz auf Zinsen, Nebenbelastungen oder auf beide bezieht.

7 **Zinsen** sind im Anwendungsbereich des § 1115 die vereinbarten Zinsen (für die gesetzl gilt § 1118). Sie sind mit einem Prozentsatz des Kapitals oder mit einer bestimmten Summe einzutragen. Bei variablem oder **gleitendem Zinssatz** verlangt das Bestimmtheitserfordernis, dass der Höchstzinssatz in das Grundbuch eingetragen wird (BGHZ 35, 22; Schleswig ZIP 2003, 250; LG Kassel Rpfleger 2001, 176, 177; krit NK/*Zimmer* Rn 17); mit Angabe des Höchstzinssatzes ist dem Bestimmtheitserfordernis in diesem Fall auch dann genügt, wenn die Anpassung des Zinssatzes von der Erklärung des Gläubigers abhängt (BGH NJW 1990, 2380, 2381); für den Mindest- oder Normalzinssatz und für die etwaigen Voraussetzungen einer Zinsänderung kann auf die Eintragungsbewilligung Bezug genommen werden (BGHZ 35, 22; KG BeckRS 2012, 13782). Ein variabler Zinssatz mit Bezugnahme auf eine gesetzl bestimmte Bezugsgröße, wie etwa gem § 288 I, der den von der Deutschen Bundesbank festgelegten Basiszinssatz jew um bestimmte Prozentpunkte übersteigt, kann jederzeit zuverlässig festgestellt werden, weshalb hier, als Ausnahme von der Regel, die zusätzl Angabe eines Höchstzinssatzes entbehrlich ist (BGH WM 2006, 672, 673; München NJW-RR 2011, 1462, 1463; KG BeckRS 2012, 13782; Hamm OLGRp 2005, 623, 624; *Kesseler* MittBay Not 2006, 468, 470; *Zimmer* NJW 2006, 1325, 1326; aA Schleswig ZIP 2003, 250). Wird ein variabler Zins mit Mindestverzinsung vereinbart, bedarf es auch der Eintragung des Mindestzinses (KG BeckRS 2012, 13782 aA NK/*Zimmer* Rn 17). Ein Zinszuschlag für den Verzugsfall bedarf der Eintragung (BGHZ 35, 22). Bei Zwangshypothek aus Titel mit gleitendem Zinssatz kann der Gläubiger Eintragung eines angemessenen Höchstzinssatzes verlangen, während für die Mindesthöhe Bezugnahme auf den Titel genügt (*Löscher* JurBüro 1982, 1799). Die Angabe eines Höchstzinssatzes ist bei einer gem §§ 128ff ZVG einzutragenden Sicherungshypothek nicht erforderlich (LG Kassel Rpfleger 2001, 176, 177). Für verschiedene Teile einer erst einzutragenden Hypothek können unterschiedliche Zinssätze eingetragen werden (Celle Rpfleger 1972, 97).

8 **Angabe des Zinsbeginns** erfordert der Bestimmtheitsgrundsatz (BGH ZIP 1995, 451, 452; BayObLG Rpfleger 2001, 172 und 2000, 324). Zinsen können rückwirkend für einen Zeitpunkt vor Eintragung vereinbart und eingetragen sowie abgetreten werden (BGH NJW 1986, 314), auch bedingte Zinsen (BayObLG Rpfleger 2001, 172, 173; Stuttgart NJW 1953, 464; *Schäfer* BWNotZ 1955, 237). Der Zinsbeginn muss sich durch Bezugnahme aus der Eintragungsbewilligung ergeben. Enthält diese keine Angaben zum Anfangszeitpunkt einer Verzinsung, so ist zunächst zu prüfen, ob sich dieser durch Auslegung ermitteln lässt. Bei der Auslegung ist entspr § 133 auf den Sinn und Wortlaut anzustellen, wie er sich für einen unbefangenen Betrachter als nächstliegende Bedeutung der Erklärung ergibt (BGH ZIP 1995, 451, 452). Dabei dürfen außerhalb der Eintragungsbewilligung liegende Umstände nur insoweit berücksichtigt werden, als sie für jedermann ohne weiteres erkennbar sind; ferner ist zu beachten, dass der das Grundbuchverfahren beherrschende Bestimmtheitsgrundsatz und das grds Erfordernis urkundlich belegter Eintragungsunterlagen der Auslegung Grenzen setzen. Eine Auslegung kommt daher nur in Betracht, wenn sie zu einem zweifelsfreien und eindeutigen Ergebnis führt. Nicht hinreichend bestimmt ist bspw die Vereinbarung „1 Mio DM samt Zinsen und Nebenleistungen bis zu insg 20 % jährlich" (BGH ZIP 1995, 451, 452; anders noch Frankfurt DNotZ 1990, 743) oder wenn Anfangszeitpunkt für die Verzinsung der Tag der Auszahlung des Darlehens sein soll (BayObLG DNotZ 2000, 62). Ist ein Grundpfandrecht bereits im Grundbuch eingetragen, gilt als Mindestinhalt der Erklärung hinsichtl des Zinsbeginns der Zeitpunkt der Eintragung im Grundbuch (BGH ZIP 1995, 451, 453; Frankfurt Rpfleger 1996, 340; BankR-HdB/*Epp*[6] Rn 201). Die Abtretung eingetragener Zinsen „von Anfang an" erfasst auch zurückliegende Zinsen (BayObLG DNotZ 1984, 1252). Zinsen sind im Zweifel als Jahreszinsen zu verstehen (Saarbrücken OLG 1979, 306; Frankfurt OLG 1980, 72). **Ende der Verzinsung** ist idR mit Erlöschen der Hauptforderung anzunehmen (*Ripfel* DNotZ 1961, 670). Eine Abrede, wonach bei einer Hypothek „Zinsen" auch für einen bereits getilgten Teil der Hauptforderung zu entrichten sind, kann als Umwandlung der früheren Zinsforderung in eine Rentenverpflichtung verstanden werden (Düsseldorf BeckRS 2013, 07525).

9 **4. Nebenleistung. Andere Nebenleistungen** sind sonstige, neben Kapital und Zinsen zu erbringende Leistungen, die in einem gewissen Abhängigkeitsverhältnis zur Hauptforderung stehen. Dazu gehören zB Verzugszinsen, Säumniszuschläge (Hamm FGPrax 2013, 149, 150), eine Nichtabnahme- bzw Vorfälligkeitsentschädigung, Bereitstellungszinsen und sonstige Kosten.

10 **Eintragung der Nebenleistungen** mit Angabe des Geldbetrags (§ 1115 I) oder des Prozentsatzes, falls sich daraus der Höchstbetrag eindeutig errechnen lässt (BGHZ 47, 41). Aus dem eingetragenen Kapital ergibt sich ohne weiteres, dass sich hieraus der Prozentsatz der Nebenleistung errechnet (Brandenburg BeckRS 2011, 23565); nicht eintragungsbedürftig, sondern bezugnahmefähig (§ 874) ist daher die Vereinbarung, dass das Ursprungskapital für die Berechnung maßgebend sein soll (BGHZ 47, 41), ebenso wenn das jew Restkapital oder der Verzugsbetrag Bezugsgröße sein soll, weil auch dann aus der Eintragung das höchstmögliche Maß der Nebenleistung hervorgeht (BayObLG DNotZ 1983, 44; Grü/*Herrler* Rn 16; MüKo/*Lieder* Rn 33; der ursprüngliche Kapitalnennbetrag erfordert keine Eintragung). Ist ein Teil des Kapitals gelöscht, so bezieht sich die prozentuale Nebenleistung nur auf den noch eingetragenen Teil, falls nichts anderes angegeben ist (vgl Hamm OLG 1985,

273; Düsseldorf Rpfleger 1985, 394). Einzutragen ist, ob der Prozentsatz „einmalig", „jährlich" oder nach einem anderen Zeitraum zu bemessen ist (Köln MittRhNot 1979, 40).

Befristete Nebenleistungen müssen mit dem von der Dauer der Hauptforderung abw Zeitraum eingetragen werden (BGHZ 47, 41, 43 NK/*Zimmer* Rn 18), Bezugnahme genügt also nicht; eine zwar nicht unwirksame, aber mehrdeutige und daher klarzustellende Eintragung liegt vor, wenn eine Nebenleistung von „jährlich 2 % für 5 Jahre" mit „10 %" angegeben ist (BayObLG Rpfleger 1974, 189). Bei **bedingten Nebenleistungen** ist der Bedingungsumstand einzutragen, während für Art und Inhalt der Bedingung auf die Eintragungsbewilligung Bezug genommen werden kann (KG Rpfleger 1966, 303; *Böttcher* Rpfleger 1980, 81, 83); ergibt sich die Tatsache der Bedingung nicht aus dem Grundbuch, dann ist die Nebenleistung für einen gutgläubigen Erwerber unbedingt (§ 892), im Innenverhältnis entsteht sie allerdings nur bedingt. 11

Mehrere Nebenleistungen können zusammengefasst werden, wenn die Eintragung den Erfordernissen jeder Nebenleistung entspricht. Unter dieser Voraussetzung können bedingte und unbedingte Nebenleistungen, auch einmalige und bedingt einmalige, nicht aber einmalige und wiederkehrende (Karlsruhe Rpfleger 1968, 353) zusammengefasst werden. Befristete Nebenleistungen sind nur bei gleicher Laufzeit zusammenfassbar (*Böttcher* Rpfleger 1980, 81, 85), also nicht mit einmaligen oder unbefristeten, immer jedoch unbefristete untereinander (Hamm OLGZ 1971, 455), auch wenn sie teils bedingt sind. Auch Zinsen lassen sich mit anderen Nebenleistungen vereinigen, soweit keine Unterschiede nach Zeitraum oder Befristung bestehen (MüKo/*Lieder* Rn 40; aA Staudinger/*Wolfsteiner* Rn 43); möglich ist daher zB die Zusammenfassung von jährlich 7,75 % Zinsen und von jährlich bedingten 1 % Verzugszinsen in der Weise, dass „bis zu 8,75 % jährlich" eingetragen wird (vgl BGH 88, 62, 66). Str ist, ob die Bezeichnung der Nebenleistung ihrer Art nach in der Eintragungsbewilligung die Hauptsacheabhängigkeit der Nebenleistung erkennbar machen muss (so *Stöber* ZIP 1980, 613, 616; *Schmidt* DNotZ 1984, 334). Dies ist mit der Rspr (Stuttgart ZIP 1986, 1377, 1378; LG Bielefeld Rpfleger 1999, 388; LG Berlin ZIP 1985, 97) und überwiegenden Lit-Meinung (*Gladenbeck/Samhat* Rn 289; *Clemente* Rn 61; Soergel/*Konzen* § 1115 Rn 22; MüKo/*Lieder* Rn 32; aA Staudinger/*Wolfsteiner* § 1192 Rn 30) zu verneinen. Denn dafür, ob eine Nebenleistung iSd § 1191 II bestellt werden soll, ist der Wille der Beteiligten maßgeblich, der durch die Bezeichnung als „Nebenleistung" hinreichend zum Ausdruck kommt. Eine Konkretisierung durch die Angabe weiterer obj Merkmale der Nebenleistung ist nicht notwendig, falls sich nicht aus dem übrigen Inhalt der Bewilligung ein Fehlen der Abhängigkeit von der Grundschuldsumme ergibt. 12

Die **Art der Nebenleistung**, also der **Schuldgrund**, muss sich nur durch Bezugnahme ergeben (§ 874), dann jedoch in der Eintragungsbewilligung mit der für künftige Erwerbs- und Belastungsvorgänge im Hinblick auf §§ 891, 1138 notwendigen Individualisierung (BGH LM § 282 Nr 5); falsche Bezeichnung hat nicht die Unwirksamkeit der Hypothek zur Folge, zwingt aber den Gläubiger zum Beweis des richtigen Schuldgrundes (BayObLG 51, 594); auch unklare oder fehlende Angabe macht die Hypothek nicht unwirksam, sofern sich durch Auslegung eine bestimmte Forderung ergibt. 13

Persönliche Verpflichtungen des Eigentümers (Schuldners) sind nicht eintragungsfähig, da sie nicht Inhalt des dinglichen Rechts sind, auch Bezugnahme ist daher ausgeschlossen (BGHZ 21, 34); eintragbar (durch Bezugnahme) sind solche Verpflichtungen aber, soweit deren Verletzung die **Fälligkeit** oder das Recht zur Kündigung der Hypothek auslöst, dann indes ist Eintragung oder Bezugnahme nur auf die betreffende Bedingung zu beschränken (BGHZ 21, 34). Dabei ist der Bestimmtheitsgrundsatz zu beachten. Eingetragen werden kann auch der Verzicht des Eigentümers auf die Befugnis, bei Nichtvorlage des Briefs oder der in § 1155 I genannten Urkunden (vgl § 1160) einer Kündigung und Geltendmachung der Hypothek zu widersprechen (Frankfurt DNotZ 1977, 112), sofern nicht dieser Verzicht nur persönlich wirken soll (Köln Rpfleger 1956, 340). Eine dem Gläubiger erteilte Ermächtigung zur Umwandlung der Brief- in eine Buchhypothek (und umgekehrt) ist nicht mit dinglicher Wirkung möglich (LG Wuppertal MittRhNotK 1982, 25) und folglich nicht eintragbar. 14

Bezugnahme auf die Satzung der Kreditanstalt, die das Hypothekendarlehen gewährt (Abs II), soll eine Entlastung des Grundbuchs ermöglichen. Kreditanstalten iSv Abs II sind auf Kreditgeschäfte ausgerichtete Institute; maßgebend ist Veröffentlichung der Satzung durch das Bundesaufsichtsamt für das Kreditwesen; mindestens der die Nebenleistungen betreffende Satzungsteil muss amtl bekannt gemacht sein. Die Möglichkeit der Bezugnahme besteht nicht für Zinsen, sondern lediglich für andere Nebenleistungen. 15

Auf die **Grundschuld** ist § 1115 entspr anwendbar (§ 1192 I; BGH NJW 2006, 1341, 1342). Statt des Geldbetrags der Forderung ist der Nominalbetrag der Grundschuld einzutragen. Die Angabe des Schuldgrundes entfällt. Zinsen und andere Nebenleistungen sind bei der Grundschuld rein dingliche Ansprüche (vgl § 1191 Rn 118ff). Schuldrechtl Zinsen und andere Nebenleistungen, die sich nur auf das gesicherte Forderungsverhältnis beziehen, sind nicht eintragungsfähig (*Stöber* ZIP 1980, 613; MüKo/*Lieder* Rn 44). 16

§ 1116 Brief- und Buchhypothek

(1) Über die Hypothek wird ein Hypothekenbrief erteilt.

(2) Die Erteilung des Briefes kann ausgeschlossen werden. Die Ausschließung kann auch nachträglich erfolgen. Zu der Ausschließung ist die Einigung des Gläubigers und des Eigentümers sowie die Eintragung in das Grundbuch erforderlich; die Vorschriften des § 873 Abs. 2 und der §§ 876, 878 finden entsprechende Anwendung.

(3) Die Ausschließung der Erteilung des Briefes kann aufgehoben werden; die Aufhebung erfolgt in gleicher Weise wie die Ausschließung.

1 **1. Allgemeines. Briefhypothek** ist eine Hypothek immer dann, wenn nicht nach Abs II ein Buchrecht begründet wird (Rn 6); nur die Sicherungshypothek ist stets Buchhypothek (§ 1185). Der Brief erleichtert vor allem die Übertragung der Hypothek (§ 1154) und deren Belastung (§§ 1069, 1274), sichert aber auch den Eigentümer, da die Hypothek bis zur Briefübergabe Eigentümergrundschuld ist (§ 1117 I, § 1163 II, § 1177) und die Übergabe von der Darlehensauszahlung abhängig gemacht werden kann (anders bei Vereinbarung nach § 1117 II).

2 **2. Hypothekenbrief.** Der **Hypothekenbrief** ist sachenrechtl Wertpapier, nämlich eine Urkunde, deren Besitz zur Ausübung des verbrieften Rechts und zu Verfügungen darüber notwendig ist (BGH NJW 1978, 710; RGRK/*Mattern* Rn 7). Der Brief ist jedoch nicht Wertpapier in der skripturrechtl Bedeutung eines einem solchen zukommenden öffentlichen Glaubens (MüKo/*Lieder* Rn 6; Staudinger/*Wolfsteiner* Rn 8); der Brief allein begründet nicht das Recht aus der Hypothek, er ist kein Wertpapier iSv § 1 DepotG (BGHZ 60, 174, 175) oder von §§ 369, 370 HGB (BGHZ 60, 174, 175). Der Brief ist nicht sonderrechtsfähig (Rn 5).

3 **Bedeutung hat der Brief** für den Erwerb und die Übertragung der Hypothek (§ 1117 I, § 1154), für die Belastung der Hypothek mit Nießbrauch oder Pfandrecht (§ 1069 I, § 1274 I) und für die Pfändung der Hypothek (§ 830 ZPO), für die Geltendmachung der Hypothek (§ 1160 I) und der vom Eigentümer geschuldeten persönlichen Forderung (§ 1161), für Kündigung und Mahnung (§ 1160 II), für die Befriedigung des Gläubigers (§ 1144, § 1145 I 2) sowie grundbuchrechtl für Eintragungen bei Hypothek und Grundschuld (§§ 41, 42 GBO).

4 **Briefausstellung** erfolgt durch das Grundbuchamt mit dem sich aus §§ 56ff GBO ergebenden Inhalt. Im Gegensatz zu den vor dem 1.1.1978 ausgegebenen Hypothekenbriefen geben die heutigen keine Auskunft mehr über das belastete Grundstück oder vor- und gleichrangige Lasten. Die hM geht aber davon aus, dass Rangänderungen (§ 62 GBO) auf dem Brief vermerkt werden müssen (Zweibrücken Rpfleger 1980, 109; Oldenburg WM 1982, 494; aM Celle Rpfleger 1985, 398; MüKo/*Lieder* Rn 41). **Inhaltsunterschiede** zw Brief und Grundbucheintragung (zB zur Hypothekenhöhe) sind materiell bedeutungslos, da die Eintragung maßgeblich ist; wenn jedoch aus dem Brief oder aus einem Briefvermerk (zB quittierte Zahlung) die Unrichtigkeit des Grundbuchs hervorgeht, wird der gute Glaube an die Eintragung zerstört (§ 1140); dem Brief kommt indessen seinerseits kein öffentlicher Glaube zu, soweit es sich nicht um die Legitimationswirkung des § 1115 handelt. **Aushändigung des Briefes** ist an den Eigentümer des Grundstücks zu bewirken (§ 60 I GBO), bei mehreren Eigentümern an alle gemeinsam; der Eigentümer (bei nachträgl Brieferteilung der Gläubiger) kann abw Bestimmung treffen (§ 1117 II; § 60 II GBO); Aushändigung an den Notar ist nur mit Willen des Berechtigten zulässig; der nach § 15 GBO zum Eintragungsantrag ermächtigte Notar ist damit noch nicht berechtigt, den Brief in Empfang zu nehmen oder Aushändigung an den Gläubiger zu bewilligen (*Schöner/Stöber* GrundbuchR[16] Rn 2025; aM Kuntze/Ertl ua/*Herrmann* GrundbuchR § 15 GBO Rn 27).

5 **Eigentümer des Briefes** ist der Hypothekengläubiger (§ 952 II), bei Nichtvalutierung der Hypothek folglich der Grundeigentümer (§ 1163 I), bei Teilvalutierung er und der (andere) Gläubiger gemeinschaftl. Infolge der untrennbaren Verbindung mit der Hypothek (BGH WM 1977, 453, 456) kann der Brief für sich allein weder veräußert werden noch Gegenstand dinglicher Rechte sein, also zB nicht eines Pfandrechts (BGHZ 60, 274, 275). Möglich sind aber schuldrechtl Vereinbarungen über den Brief (zB Verwahrung) und ein diesbzgl Zurückbehaltungsrecht (BGH WM 1965, 408; Düsseldorf DNotZ 1981, 642); das auf einer solchen persönlichen Vereinbarung beruhende Besitzrecht kann nach § 986 dem Herausgabeanspruch entgegengehalten werden (vgl BGHZ 90, 269), nicht jedoch ggü dem neuen Gläubiger der Hypothek, der sie mittels Abtretung des Herausgabeanspruchs (§ 1154 I 1, § 1117 I 2) erworben hat (Hamburg MDR 1969, 139).

6 **3. Ausschluss der Brieferteilung. Sofortiger oder nachträgl Ausschluss der Brieferteilung** macht die Hypothek zur Buchhypothek (Abs II). Erforderlich dafür ist Einigung über den Ausschluss und Grundbucheintragung (Abs II S 2, § 873); Bezugnahme (§ 874) oder einseitige Bewilligung genügt nicht (Naumburg NJOZ 2014, 252; Soergel/*Konzen* Rn 6). Bei nachträgl Ausschluss ist nach § 876 die Zustimmung dinglich berechtigter Dritter erforderlich, zur Eintragung die Bewilligung des Eigentümers (BayObLG Rpfleger 1987, 363); der erteilte Brief ist unbrauchbar zu machen (§ 69 GBO); ein zu Unrecht im Verkehr bleibender Brief ist wirkungslos, gutgläubiger Erwerb des Grundpfandrechts wird durch den Grundbuchinhalt verhindert (Staudinger/*Wolfsteiner* Rn 36). Vor der Eintragung ist die Einigung nur unter den Voraussetzungen des § 873 II bindend; für nachträgl Verfügungsbeschränkungen gilt § 878.

7 **Ohne wirksame Einigung über den Briefausschluss entsteht eine Briefhypothek**, ebenso bei Einigung auf Briefhypothek, aber Eintragung als Buchhypothek; es sei denn, der nach § 139 zu ermittelnde Wille führt zur Nichtigkeit der Rechtsgeschäfte (NK/*Zimmer* Rn 11; MüKo/*Lieder* Rn 26; aA Soergel/*Konzen* § 1113 Rn 6). Bis zur Ausstellung und Übergabe des Briefes besteht eine Eigentümergrundschuld (§ 1163 II, § 1177), es sei denn, es ist eine Vereinbarung nach § 1177 II getroffen (NK/*Zimmer* Rn 10). Bei Einigung auf Buchhypothek und Eintragung als Briefhypothek entsteht eine Briefhypothek, weil Briefausschluss nicht eingetragen ist, sofern nicht (als Ausnahme von dieser Regel) der Wille der Beteiligten auf Begründung eines Buchrechts so wesentlich ist, dass nach § 139 Nichtigkeit des ganzen Rechtsgeschäfts anzunehmen ist (vgl *Westermann/Gursky/Eickmann* § 94 Rn 28; RGRK/*Mattern* Rn 14; aM Soergel/*Konzen* § 1113 Rn 6: keine Briefhypothek mangels Einigung); bei Gültigkeit als Briefrecht ist das Grundbuch jedoch unrichtig (§ 894), genauso wie in dem umgekehrten Fall der

nicht durch Einigung gedeckten Eintragung als Buchrecht, wobei sich an eine solche Eintragung gutgläubiger Erwerb anschließen kann.

4. Umwandlung. Umwandlung der Briefhypothek in Buchhypothek geschieht durch nachträgl Briefausschluss (Rn 6). Umgekehrt verwandelt sich die Buchhypothek in eine Briefhypothek durch dahingehende Einigung und Eintragung (Abs III); Briefübergabe ist hierzu nicht erforderlich, da der Eingetragene schon Gläubiger ist; das Grundbuchamt händigt den Brief daher dem Gläubiger aus (§ 60 I GBO). Formell ist für die Umwandlung Eintragungsbewilligung des Gläubigers und des Grundeigentümers nötig (§§ 19, 20 GBO), wozu auch übereinstimmender Antrag auf Brieferteilung bei Wahrung der Form des § 29 GBO genügt. An der Hypothek dinglich berechtigte Dritte müssen der Umwandlung zustimmen (§ 876), nicht hingegen Gläubiger vor- oder gleichrangiger Rechte, da insoweit keine rechtl Beeinträchtigung eintritt (Hamm BeckRS 2015, 03509; Soergel/*Konzen* Rn 5; NK/*Zimmer* Rn 12; MüKo/*Lieder* Rn 31). Bei der Gesamthypothek ist nur einheitliche Umwandlung für alle Grundstücke oder Miteigentumsanteile zulässig, ebenso bei nachträgl Mitbelastung. 8

5. Grundschuld. § 1116 ist auf die Grundschuld entspr anwendbar. 9

§ 1117 Erwerb der Briefhypothek

(1) Der Gläubiger erwirbt, sofern nicht die Erteilung des Hypothekenbriefs ausgeschlossen ist, die Hypothek erst, wenn ihm der Brief von dem Eigentümer des Grundstücks übergeben wird. Auf die Übergabe finden die Vorschriften des § 929 Satz 2 und der §§ 930, 931 Anwendung.

(2) Die Übergabe des Briefes kann durch die Vereinbarung ersetzt werden, dass der Gläubiger berechtigt sein soll, sich den Brief von dem Grundbuchamt aushändigen zu lassen.

(3) Ist der Gläubiger im Besitz des Briefes, so wird vermutet, dass die Übergabe erfolgt sei.

1. Allgemeines. Erst mit **Briefübergabe** (Abs I) oder Aushändigungsabrede (Abs II) erwirbt der Gläubiger die Hypothek (KG KGRp 2008, 727, 728). Bis dahin besteht unter der Voraussetzung wirksamer Einigung und Eintragung (§ 873) nur eine Eigentümergrundschuld (§ 1163 II, § 1177; Brandenburg BeckRS 2013, 01599), ebenso bis zur Entstehung der gesicherten Forderung (§ 1163 I). Der eingetragene Gläubiger kann vor Briefübergabe oder Aushändigungsvereinbarung über das dingliche Recht nicht verfügen. Er hat nur einen schuldrechtl Anspruch aus dem Grundgeschäft auf Verschaffung des Rechts mit dem zugehörigen Brief; diesen Anspruch kann er einem Berichtigungsanspruch des Eigentümers (§ 894) entspr § 986 entgegenhalten (BGH NJW 1974, 1651); Sicherung durch Vormerkung ist schon vor der Valutierung möglich. Für einen Rechtserwerb nach § 878 ist erforderlich, dass bereits vor Eintritt der Verfügungsbeschränkung (zB Insolvenz des Eigentümers) die Einigung bindend erklärt (§ 873 II) und der Eintragungsantrag gestellt ist, aber auch Briefübergabe oder Aushändigungsvereinbarung schon erfolgt sind (KG NJW 1975, 878); für den Zeitpunkt der Übergabe gilt die Vermutung des Abs III nicht. Durch die Übergabe eines fehlerhaften Briefes kann eine Hypothek nicht erworben werden (Saarbrücken NJOZ 2020, 208, 209). 1

2. Briefübergabe. Für die Übergabe des Briefes ist es erforderlich, dass der Gläubiger ihn vom Eigentümer und mit dessen Willen erlangt (BGH WM 1993, 285, 286). Das bedeutet zwar nicht, dass der Eigentümer in jedem Fall in eigener Person mitwirken muss; die Briefübergabe kann vielmehr durch einen Vertreter bewirkt werden, sofern dieser als Vertreter des Eigentümers handelt (BGH WM 1993, 285, 286; aA *Reinicke/Tiedtke* NJW 1994, 345, 346, die hervorheben, dass es eine Stellvertretung bei der Besitzübergabe nicht gibt; möglich sei nur ein Geheißerwerb). Erforderlich ist in jedem Fall, dass die Briefübergabe (noch) dem Willen des Eigentümers entspricht (BGH WM 1993, 285, 286; 1969, 208, 209). Eigenmächtige Besitzerlangung genügt auch bei einem Verschaffungsanspruch nicht, ebenso nicht Besitzerlangung durch das Grundbuchamt unter Verstoß gegen § 60 GBO, anders bei weisungsgemäßer Übergabe nach § 60 II GBO. Auch die bloß vorübergehende Hingabe mit dem Verlangen sofortiger Rückgabe reicht nicht aus (RGRK/*Mattern* Rn 7), jedoch muss auch hier der Eigentümer die Vermutung des Abs III widerlegen (ähnl MüKo/*Lieder* Rn 12; Staudinger/*Wolfsteiner* Rn 10). Einräumung von Mitbesitz ist unzureichend (Teilabtretung s § 1154 Rn 8). An einen Bevollmächtigten des Gläubigers, zB an den Notar als Treuhänder, kann die Übergabe bewirkt werden (vgl auch Rn 4). 2

Bei **mehreren Eigentümern**, so bei Gesamtbelastung mehrerer Grundstücke oder Miteigentumsanteile und bei Gesamthandseigentum, ist zur Briefübergabe das Einverständnis aller Eigentümer notwendig; sonst ist die Übergabe unwirksam (Staudinger/*Wolfsteiner* Rn 6; MüKo/*Lieder* Rn 13). Es entsteht dann auch nicht an dem Grundstück oder an dem Anteil des mitwirkenden Eigentümers eine Hypothek, sofern nicht der Gläubiger auf die Mitbelastung des anderen Grundstücks oder Miteigentumsanteils entspr § 1175 I 2 verzichtet (Staudinger/*Wolfsteiner* Rn 6; RGRK/*Mattern* Rn 8; aM MüKo/*Lieder* Rn 13). 3

Rechtl zulässig ist auch eine Vereinbarung über eine nur **treuhänderische Übergabe** eines Hypotheken- oder Grundschuldbriefes, in der sich der Inhaber des Grundpfandrechts einem anderem ggü verpflichtet, ihm den Brief solange zu überlassen, bis dieser wegen seiner Forderung befriedigt ist, ohne dass der Gläubiger auch Inhaber der Grundschuld oder Hypothek wird (BGH BeckRS 2015, 10179). Durch die Übergabe des Briefes erlangt der Sicherungsnehmer eine Sperrposition, die er dazu nutzen kann, die Erfüllung seiner Forderung oder bspw deren wirkliche grundpfandrechtl Sicherung zu erzwingen (*Schmidt-Rausch* ZNotP 2015, 362, 367). 3a

3. Sonderformen der Übergabe. Abs I S 2 lässt Ersatz der Übergabe in den Formen von § 929 S 2, §§ 930, 931 zu. – **a)** Die nach **§ 929 S 2** nötige Einigung geht hier nicht auf Übereignung des Briefes (diese vollzieht sich 4

nach § 952 II), sondern auf die Berechtigung des Gläubigers zur Besitzausübung (aA MüKo/*Lieder* Rn 15). Mittelbarer Besitz des Gläubigers genügt (BGHZ 56, 123, 128), wenn ein Dritter (zB der Notar) den Besitz vermittelt, nicht aber wenn der Grundeigentümer als unmittelbarer Besitzer vermittelt; im letzteren Falle kommt § 930 in Betracht. – **b)** Ein **Besitzmittlungsverhältnis gem § 930** kann schon vor der Briefbildung vereinbart werden. Der Gläubiger erwirbt dann die Hypothek erst mit Aushändigung des Briefes an den Grundeigentümer (§ 60 I GBO); in diesem Zeitpunkt muss die Einigung iSv § 930 noch fortbestehen, was indes zu vermuten ist (BGH WM 1977, 218). – **c) Abtretung nach § 931** setzt Bestand des Herausgabeanspruchs voraus; der Brief muss im Besitz eines, nicht notwendigerweise bekannten, Dritten sein (BayObLG Rpfleger 1987, 363); genügend ist ein bedingter oder künftiger Anspruch, so dass dieser auch schon vor Briefherstellung abtretbar ist (Grü/*Herrler* Rn 2; RGRK/*Mattern* Rn 11; MüKo/*Lieder* Rn 17; BaRo/*Rohe* Rn 5; aA Naumburg WM 2005, 174, 175; Staudinger/*Wolfsteiner* Rn 15). Die Abtretung des künftigen Anspruchs ist wirksam, sobald der Anspruch entsteht (MüKo/*Lieder* Rn 17; Staudinger/*Wolfsteiner* Rn 15). Vereinbarung der Übergabe des Briefes an den Notar kann Abtretung mit der Bedingung bedeuten, dass der Gläubiger die Anspruchsvoraussetzungen nachweist. Überweisung zur Einziehung genügt nicht. Eine Aushändigungsvereinbarung kann nicht dahin ausgelegt werden, dass darin auch eine Abtretung des Herausgabeanspruchs liegt; es handelt sich um ein aliud (Düsseldorf NJW-RR 2002, 711; MüKo/*Lieder* Rn 18).

5 **4. Aushändigungsvereinbarung (AbsII).** Die Übergabe des Briefes kann durch die Vereinbarung ersetzt werden, dass der Gläubiger berechtigt sein soll, sich unmittelbar den Brief vom Grundbuchamt aushändigen zu lassen. Die Abrede muss eindeutig geregelt sein, da ansonsten nicht mit der erforderlichen Sicherheit festgestellt werden kann, ob das Recht bereits mit der Eintragung zugunsten des Gläubigers entstanden ist (Brandenburg BeckRS 2013, 01599; NK/*Zimmer* Rn 9). Diese Abrede ersetzt die körperliche Übergabe des Briefes und führt dazu, dass der Gläubiger die Hypothek bereits im Zeitpunkt von Einigung und Eintragung erwirbt (Brandenburg BeckRS 2013, 01599; *Clemente* Rn 170; *Gladenbeck/Samhat* Rn 162). Dies kann auch bereits vor Ausfertigung des Briefes sein, sofern die Briefbildung nur überhaupt rechtl möglich ist (BayObLG Rpfleger 1987, 363, 364). Eine besondere Handlung des Eigentümers ist dann nicht mehr erforderlich. Mit der Vereinbarung nach § 1117 II erwirbt der Gläubiger darüber hinaus – bei Vorliegen der übrigen Voraussetzungen – bereits vor der Eintragung der Hypothek ein Anwartschaftsrecht (*Wenzel* Rn 2166). Unerheblich ist insoweit auch, an wen der Brief (vom Grundbuchamt) tatsächlich übergeben wird (*Clemente* Rn 27). So erwirbt der Gläubiger die Hypothek bspw auch dann, wenn das Grundbuchamt den Brief an den Insolvenzverwalter des Eigentümers übersendet. Gem §§ 985, 952 kann sie in diesem Fall die Herausgabe des Briefes verlangen, da er in ihrem Eigentum steht.

6 Die Vereinbarung ist **formfrei**, muss für das Grundbuchverfahren aber öffentlich beurkundet oder beglaubigt sein (Brandenburg BeckRS 2013, 01599); sie ist nicht einseitig widerruflich (aA MüKo/*Lieder* Rn 19; Staudinger/*Wolfsteiner* Rn 22); Bedingungen sind zulässig. Es handelt sich um eine dingliche Vereinbarung; sie kann daher nicht zugunsten eines Dritten getroffen werden (vgl BGHZ 41, 95, 96); der Versprechensempfänger kann aber uU als Vertreter des Dritten anzusehen sein. Die Aushändigungsvereinbarung ist ein aliud ggü der Abtretung des Anspruchs auf Herausgabe des Briefes; eine Aushändigungsvereinbarung kann daher grds nicht ausdehnend dahin ausgelegt werden, dass darin auch eine Abtretung des Herausgabeanspruchs liegt (Düsseldorf NJW-RR 2002, 711). Verurteilung zur Einwilligung in die Aushändigungsberechtigung hat mit Rechtskraft die Wirkung der Vereinbarung (§ 894 ZPO); das Urteil ersetzt zugleich die Anweisung nach § 60 II GBO (MüKo/*Lieder* Rn 27), anders hingegen bei einem Urteil, das nur zur Bestellung der Hypothek verpflichtet (hier gilt für den Brief § 987 II ZPO).

7 Von der Aushändigungsvereinbarung zu unterscheiden ist die einseitige Weisung des Grundstückseigentümers an das Grundbuchamt gem § 60 II GBO, dem Gläubiger den Brief auszuhändigen. Diese, der Form des § 29 GBO bedürftige Weisung ersetzt nicht die Übergabe des Briefes; der Gläubiger erwirbt daher die Hypothek erst, wenn ihm der Brief vom Grundbuchamt im Auftrag des Gläubigers tatsächlich ausgehändigt wird (Brandenburg BeckRS 2013, 01599; *Gladenbeck/Samhat* Rn 161).

8 **5. Guter Glaube.** Die **Vermutung nach Abs III** greift ein, wenn der Gläubiger unmittelbarer oder mittelbarer Besitzer des Briefes ist. Der Eigentümer muss diese gesetzl Vermutung durch den Beweis des Gegenteils widerlegen (§ 292 ZPO). Nur die willentliche Übergabe durch den Eigentümer (Abs I S 1) wird vermutet, nicht ein Besitzrecht aus anderen Gründen. Bei einem fälligen Anspruch auf Verschaffung des Grundpfandrechts kann der unrechtmäßig besitzende Gläubiger Einigung iSv § 929 S 2 verlangen und mit Rücksicht hierauf der Herausgabeklage des Eigentümers den Arglisteinwand entgegensetzen (MüKo/*Lieder* Rn 29). Für den Zeitpunkt der Briefübergabe gilt die Vermutung nicht; weist der Gläubiger jedoch nach, dass er schon seit einem bestimmten Zeitpunkt (zB vor Eröffnung eines Insolvenzverfahrens) ununterbrochen den Brief besitzt, dann muss die Vermutung der Übergabe bereits für diesen Zeitpunkt gelten. Ohne Briefbesitz kann sich der eingetragene Gläubiger auch nicht auf § 891 berufen (BGH WM 2010, 91, 93; Hamm OLGRp 2002, 347; BayObLG WM 1982, 1369); hat er aber den Brief, dann kann er auch ohne Besitzrecht das Grundpfandrecht einem gutgläubigen Dritten übertragen (§§ 1138, 892). Auch für das Grundbuchverfahren gilt die Übergabevermutung, so für §§ 22, 53 GBO (Köln MittRhNotK 1995, 321; Frankfurt BeckRS 1991, 07923 Rn 14; BayObLG NJW-RR 1989, 718, 719; Staudinger/*Wolfsteiner* Rn 35; MüKo/*Lieder* Rn 30; aM zu § 53 GBO Oldenburg Rpfleger 1966, 174). Abs III lässt nicht die Vermutung zu, dass die Grundschuld dem Eigentümer zusteht, nur weil er im Besitz des Briefes ist (Hamm OLGRp 2006, 117; NK/*Zimmer* Rn 11; MüKo/*Lieder* Rn 32; aA Staudinger/*Wolfsteiner* Rn 36).

6. **Grundschuld.** § 1117 gilt für die Grundschuld entspr, sofern es sich nicht um eine Inhabergrundschuld (§ 1195) handelt. Eine Eigentümergrundschuld entsteht mit Eintragung in das Grundbuch; einer Brieferteilung bedarf es zur Entstehung nicht (Naumburg WM 2005, 173, 174; MüKo/*Lieder* Rn 43; Staudinger/*Wolfsteiner* Rn 38). 9

§ 1118 Haftung für Nebenforderungen

Kraft der Hypothek haftet das Grundstück auch für die gesetzlichen Zinsen der Forderung sowie für die Kosten der Kündigung und der die Befriedigung aus dem Grundstück bezweckenden Rechtsverfolgung.

1. **Bedeutung.** § 1118 begründet eine gesetzl Haftung, bei der die Eintragung zwar nicht inhaltlich unzulässig, aber überflüssig ist. Die Vorschrift begründet eine Ausnahme vom grundbuchrechtl Bestimmtheitsgrundsatz, da bspw nachrangige Gläubiger das höchstmögliche Ausmaß einer Belastung anhand des Grundbuchs nicht erkennen können (BGH WM 2006, 672, 673). Ergänzung in § 1146. Ausnahme in § 1190 II für die Zinsen, nicht für die Kosten. **Andere** als die in § 1118 genannten Zinsen und Kosten bedürfen der Einigung und Eintragung (§§ 873, 1115); Bezugnahme auf die Eintragungsbewilligung genügt nicht (BGH WM 1966, 323, 324). 1

2. **Zinsen. Gesetzl Zinsen** sind im Umfang der gesetzl Zinshöhe erfasst (BGH WM 2006, 672, 674; Hamm OLGRp 2005, 622, 624). Gleichgültig ist, ob der Eigentümer auch persönlicher Schuldner ist; bei Gesamtschulden genügt die Haftung eines Schuldners. Anwendungsfälle: § 288 I 2, §§ 291, 641 II, §§ 668, 675, 698, 1834. Die gesetzl Haftung bezieht sich nur auf die Zinsen; nicht auf den sonstigen Verzugsschaden (vgl § 1146 Rn 2). Zur Behandlung der Zinsen vgl das Erlöschen der Hypothek bei Übergang auf den Eigentümer, § 1178. Zur Verjährung vgl §§ 195, 199, 216, 902 I 2; zur Unterbrechung durch die dingliche Klage vgl BGHZ 93, 287. 2

3. **Kosten.** Die **Kosten** der Kündigung (§ 1141) und der Rechtsverfolgung (§ 1147) müssen sich auf die Hypothek beziehen, also nicht nur auf die persönliche Forderung. Damit sind alle Kostenerstattungsansprüche ausgeschlossen, die nicht das dingliche Recht und die damit verbundene Haftung zum Gegenstand haben (MüKo/*Lieder* Rn 7; Staudinger/*Wolfsteiner* Rn 7; *Barchewitz* MDR 2014, 121). Ob der Eigentümer zugleich persönlicher Schuldner ist, ist dabei gleichgültig. Auch Kosten der Klage gegen den eingetragenen Nichteigentümer fallen unter § 1118, nicht aber verauslagte Versicherungsprämien. 3

§ 1118 gibt nur Möglichkeit der Zwangsvollstreckung ins Grundstück. **Persönliche Pflicht des Eigentümers zur Kostentragung** entsteht erst durch dessen Verurteilung (§ 91 ZPO). Kostenpflicht des Gläubigers entspr § 93 ZPO, falls Eigentümer vor Klage Unterwerfung in vollstreckbarer Urkunde anbietet (Düsseldorf JMBl NRW 1968, 262); vgl § 1147 Rn 4. Zur Kündigung vgl auch § 1141. 4

Die Haftung ist auf die **notwendigen Kosten** der Kündigung sowie der dinglichen Klage nebst Zwangsvollstreckung beschränkt (§§ 91, 788 ZPO). **Kündigung** macht (zum Beweis) auch Kosten der Zustellung erforderlich, ferner etwaige Kosten nach § 1131 II; Anwaltskosten bei Notwendigkeit, in aller Regel auch dann, wenn ein Kreditinstitut Gläubiger ist (Staudinger/*Wolfsteiner* Rn 7; NK/*Zimmer* Rn 4; MüKo/*Lieder* Rn 10). **Kosten der Rechtsverfolgung**, soweit diesem Zweck entspr; Zweck muss die Befriedigung des Gläubigers sein (BGH WM 1966, 326); es handelt sich um die Kosten der Durchsetzung der dinglichen Haftung (Staudinger/*Wolfsteiner* Rn 8). Aufgabe der Rechtsverfolgung schließt eine Kostenhaftung grds nicht aus (MüKo/*Lieder* Rn 13; aA Staudinger/*Wolfsteiner* Rn 10). Zur Rechtsverfolgung gehört die Zwangsvollstreckung, insb mithin das Zwangsversteigerungsverfahren, auch der Beitritt dazu oder die Anmeldung, nicht hingegen Mitbieten und Ersteigerung. Die Kosten der Unterlassungsklage aus § 1134 I fallen, die von Maßregeln nach § 1134 I fallen nicht unter § 1118 (MüKo/*Lieder* Rn 16; Staudinger/*Wolfsteiner* Rn 11, 12), wohl aber Fristsetzung und Klage nach § 1133. Eintragungskosten gehören nicht hierher, ausgenommen die der Zwangs- und Arresthypothek (§ 867 I 3, § 932 II ZPO). 5

4. **Grundschuld.** § 1118 gilt für die Grundschuld entspr (BGH NJW 2006, 1341, 1342). 6

§ 1119 Erweiterung der Haftung für Zinsen

(1) Ist die Forderung unverzinslich oder ist der Zinssatz niedriger als fünf vom Hundert, so kann die Hypothek ohne Zustimmung der im Range gleich- oder nachstehenden Berechtigten dahin erweitert werden, dass das Grundstück für Zinsen bis zu fünf vom Hundert haftet.

(2) Zu einer Änderung der Zahlungszeit und des Zahlungsorts ist die Zustimmung dieser Berechtigten gleichfalls nicht erforderlich.

1. **Allgemeines. Jede Zinserhöhung** ist eine **Inhaltsänderung** der Hypothek (vgl BGH NJW 1986, 314, 315) und erfordert deshalb Einigung und Eintragung (§§ 877, 873) sowie die Zustimmung gleich- und nachrangig Berechtigter (§ 876). Von dem Zustimmungserfordernis macht § 1119 eine **Ausnahme** bei Erhöhung des Zinssatzes **bis zu 5 %** (nominal, nicht effektiv). Maßgeblich ist der sachenrechtl Zinsbegriff (Staudinger/*Wolfsteiner* Rn 7). Die erweiterte Zinsforderung erhält den gleichen Rang wie die der Hypothek zugrundeliegende Hauptforderung (KG BeckRS 2017, 106062; Staudinger/*Wolfsteiner* Rn 1). Wird eine außerhalb von § 1119 erforderliche Zustimmung nicht eingeholt oder wird sie verweigert, ist die vereinbarte Zinserhöhung nicht unwirksam; der erhöhte Betrag erhält aber Rang nach den nach- oder gleichrangigen Rechten (NK/*Zimmer* Rn 1; MüKo/*Lieder* Rn 6). 1

2 **2. Zinserhöhung.** Von § 1119 wird auch eine rückwirkende Zinserhöhung bis 5 % erfasst, nicht jedoch auf einen Zeitpunkt vor Eintragung der Hypothek, weil der Grundstücksverkehr erst seit diesem Entstehungszeitpunkt mit einer dinglichen Verzinsungspflicht rechnen kann (KG ZfIR 2017, 331; NK/*Zimmer* Rn 2). Für die Höchstbetragshypothek gilt § 1119 erst ab Umwandlung in eine Hypothek mit fester Kapitalforderung. Die Vorschrift deckt nicht die Änderung einer 5 % übersteigenden bedingten in eine unbedingte Zinsforderung, auch nicht eine Zinserweiterung um mehr als 5 % bei gleichzeitiger Kapitalherabsetzung. Auf **Nebenleistungen anderer Art** ist § 1119 unanwendbar (Staudinger/*Wolfsteiner* Rn 6); ein Austausch dieser Nebenleistungen oder deren Umwandlung in Zinsen sind bis zur Höhe des eingetragenen Gesamtprozentsatzes ohne Zustimmung Drittberechtigter möglich, ebenso die Festsetzung eines bestimmten Zinssatzes bis zur Höhe des eingetragenen gleitenden Zinses. Soweit an der von der Zinserhöhung betroffenen Hypothek selbst dingliche Rechte Dritter bestehen (zB Pfandrecht), brauchen auch diese unter der Voraussetzung des § 1119 nicht zuzustimmen, da ihnen kein rechtl Nachteil erwächst (MüKo/*Lieder* Rn 5; Staudinger/*Wolfsteiner* Rn 8; aM RGRK/*Mattern* Rn 2).

3 **Eintragung** der zustimmungsfreien Zinserweiterung bei dem betroffenen Grundpfandrecht (Veränderungsspalte), einer Erhöhung um mehr als 5 % mit entspr Nachrangvermerk, soweit die Zustimmung fehlt.

4 **3. Zulässige Änderungen. Abs II** lässt auch Änderungen von **Zahlungszeit** und **Zahlungsort** ohne die Einwilligung gleich- und nachrangig Berechtigter zu. Diese Vorschrift bestätigt den Grundsatz, dass eine Inhaltsänderung, die keine rechtl Beeinträchtigung Dritter zur Folge hat, nicht gem §§ 877, 876 zustimmungsbedürftig ist. Abs II gilt auch für die nachträgl Vereinbarung von Tilgungszahlungen auf die Hypothek. An der Hypothek selbst dinglich berechtigte Dritte müssen idR zustimmen, weil hier (im Unterschied zu Abs I) eine rechtl Beeinträchtigung nicht auszuschließen ist (RGRK/*Mattern* Rn 11; aA Staudinger/*Wolfsteiner* Rn 21), so zB bei Hinausschieben der Fälligkeit. Die nachträgl Eintragung der Unterwerfungsklausel bedarf nicht der Zustimmung nach § 876 (str).

5 **4. Grundschuld.** § 1119 gilt für die Grundschuld entspr.

Vorbemerkung vor § 1120

1 Wegen der Hypothek haften dem Gläubiger nicht nur das Grundstück und seine wesentlichen Bestandteile (§ 94), sondern auch vom Grundstück getrennte Erzeugnisse und sonstige Bestandteile, Miet- und Pachtforderungen sowie wiederkehrende Leistungen. Versicherungsforderungen aus der Versicherung von Gegenständen, die der Hypothekenhaftung unterliegen, werden ebenfalls von der Haftung erfasst. Das Recht auch an diesen Gegenständen und Rechten ist ein Grundpfandrecht, nicht etwa ein nebenher bestehendes Pfandrecht an beweglichen Sachen. Eine Besonderheit besteht für die Haftung der Forderungen aus einer Gebäudeversicherung (§ 1128).

2 Die **Folgen der Haftung** bestehen in dem dinglichen Verwertungsrecht und nicht etwa in einem Veräußerungsverbot, das alle Haftungsgegenstände verkehrsunfähig machen würde und damit die Bewirtschaftung des Grundstücks praktisch ausschlösse. Die bei Grundstücken mögliche Fortdauer der Haftung trotz Veräußerung ist bei den Nebensachen und -rechten wirtschaftl und zT auch rechtl unmöglich. Daher muss hier ein pfandfreies Ausscheiden aus dem Haftungsverband durch Veräußerung möglich sein. Bei den Sachen muss dazu die haftungsbegründende räumliche Beziehung zum Grundstück beseitigt werden. Insofern lässt sich die Rechtslage bei den Nebensachen und Rechten als latente Haftung bezeichnen. Die Stellung des Gläubigers verstärkt sich mit der Beschlagnahme.

3 Die **Haftung der Gegenstände und der Rechte kann die des Grundstücks überdauern**, so, wenn das Grundstück ohne die mithaftenden Gegenstände zugeschlagen wird. Die Haftung bleibt als dingliches Recht bestehen. Da die Übertragung des Rechts in grundpfandrechtl Formen nicht mehr möglich ist, sind §§ 398ff anwendbar.

4 Die sich aus den §§ 1120ff ergehende Haftung des Grundstücks ist eine **gesetzl Haftung**. Eine abweichende Parteivereinbarung über eine eingeschränkte oder erweiterte Haftung hat nur schuldrechtl Bedeutung und kann einem Erwerber einer Hypothek nicht entgegengehalten werden (BGH NJW 1996, 835, 836; NK/*Zimmer* § 1120 Rn 3; MüKo/*Lieder* § 1120 Rn 5; einschr Staudinger/*Wolfsteiner* § 1120 Rn 44). Eine Abrede des Hypothekengläubigers mit dem Grundstückeigentümer darüber, dass Zubehör von der Haftung frei wird, ist in der Zwangsversteigerung auch dann ohne Bedeutung, wenn es sich um den einzigen Grundpfandrechtsgläubiger handelt, sofern er nicht den Antrag im Hinblick auf das Zubehör zurücknimmt oder die Teilungsversteigerung bewilligt (NK/*Zimmer* § 1120 Rn 3).

§ 1120 Erstreckung auf Erzeugnisse, Bestandteile und Zubehör

Die Hypothek erstreckt sich auf die von dem Grundstück getrennten Erzeugnisse und sonstigen Bestandteile, soweit sie nicht mit der Trennung nach den §§ 954 bis 957 in das Eigentum eines anderen als des Eigentümers oder des Eigenbesitzers des Grundstücks gelangt sind, sowie auf das Zubehör des Grundstücks mit Ausnahme der Zubehörstücke, welche nicht in das Eigentum des Eigentümers des Grundstücks gelangt sind.

1. Haftungsverband. Vor der Trennung sind **Erzeugnisse** und **Bestandteile** des Grundstücks an dessen rechtl Schicksal gebunden. Sie haften daher dem Grundpfandrecht, auch der Eigentümergrundschuld (BGH NJW 1979, 2514; vgl aber § 1197 I). Insoweit besteht kein Unterschied zw wesentlichen und nicht wesentlichen Bestandteilen (MüKo/*Lieder* Rn 11; Staudinger/*Wolfsteiner* Rn 10); letztere können allerdings schon vor der Trennung fremdes Eigentum sein, so dass dann aus diesem Grunde die Haftung ausscheidet. Für wesentliche Bestandteile ist nach § 93 kein dinglich wirkender Haftungsausschluss möglich (MüKo/*Lieder* Rn 13). **Scheinbestandteile** (§ 95), also Sachen, die nur zu einem vorübergehenden Zweck mit dem Grund und Boden verbunden sind, haften als Zubehör des Grundstücks und die mit ihnen erzielten Einkünfte als Erzeugnis. So unterliegt der mit einer **Photovoltaikanlage** erzeugte Strom bzw eine hierfür gezahlte Einspeisevergütung oder ein sonstiges Entgelt dem Haftungsverband der Hypothek. Scheinbestandteile sind etwa die einem Dritten gehörende Windkraftanlage (BGH WM 2017, 1081, 1082), die Module und die Unterkonstruktion einer Freiland-Photovoltaikanlage (BGH WM 2021, 2425, 2426; BeckRS 2021, 36869; ZInsO 2022, 87, 88) und Zubehör einer Aufdachanlage (LG Saarbrücken ZfIR 2017, 421, 422), während es sich bei einer Photovoltaikanlage, die als Teil des Daches oder einer Fassadenverkleidung installiert wird, um einen wesentlichen Bestandteil des Grundstücks handelt. Bei rechtmäßigem oder entschuldigtem **Grenzüberbau** (§ 912 I) ist der übergebaute Teil wesentlicher Bestandteil desjenigen Grundstücks, das den gewollten baulichen Schwerpunkt bildet (BGH NJW 1985, 789); beim **Eigengrenzüberbau** ist das Stammgrundstück im Zweifel nach obj Maßstab zu bestimmen (BGHZ 64, 333); das an diesem Grundstück bestehende Grundpfandrecht erfasst somit den übergebauten Bauwerksteil (BGH LM § 912 Nr 9); dem Grundpfandrecht an dem anderen Grundstück haftet die Überbaurente (§§ 96, 1126). 1

Pfändung ungetrennter, auch nicht wesentlicher Bestandteile ist unzulässig; dagegen kann der Grundpfandgläubiger nach § 766 und § 771 ZPO vorgehen. **Früchte** sind zwar schon einen Monat vor der Trennung, aber nicht mehr nach Immobiliarbeschlagnahme pfändbar (§ 810 I ZPO); bei einer der Pfändung nachfolgenden Beschlagnahme muss der Gläubiger sein Pfandrecht gem § 37 Nr 4 ZVG anmelden; der Hypothekengläubiger kann der Pfändung, sofern diese nicht Vorrang hat, widersprechen (§ 810 II, § 771 ZPO) oder Klage auf vorzugsweise Befriedigung nach § 805 ZPO erheben. Soweit Erzeugnisse mit Trennung Zubehör werden, verstößt eine Pfändung gegen § 865 II ZPO. 2

2. Trennung. Nach der Trennung, dh mit Lösung vom Boden und vom Gebäude, werden die bisherigen Bestandteile selbständige bewegliche Sachen. Sie haften aber nach § 1120 weiter für das Grundpfandrecht. Voraussetzung dafür ist, dass das Recht schon zur Zeit der Trennung bestand (NK/*Zimmer* Rn 16; MüKo/*Lieder* Rn 16; Staudinger/*Wolfsteiner* Rn 20); schon vorher getrennte Sachen können jedoch später als Zubehör haften. Weitere Voraussetzung ist, dass die Sachen mit ihrer Trennung Eigentum des Grundeigentümers bleiben (§ 953) oder Eigentum des Eigenbesitzers des Grundstücks werden (§ 955 I; vgl Mot 3, 656). 3

Keine Haftung der Sachen besteht, wenn diese mit Trennung Eigentum eines am Grundstück dinglich Berechtigten werden (§ 954), zB des Erbbauberechtigten (§ 1 II ErbbauRG) oder des Nießbrauchberechtigten (§§ 1030, 1039), ebenso bei schuldrechtl Aneignungsrecht des Grundstücksbesitzers (§§ 956, 957), zB des Pächters (jedoch Erstreckung der Haftung auf die Pachtforderung, § 1123). Auf den Rang des Nutzungsrechts kommt es nicht an. Auch wenn der Nießbrauch dem Grundpfandrecht im Range nachgeht (oder das schuldrechtl Aneignungsrecht später als die Hypothek begründet worden ist), erlangt der Berechtigte haftungsfreies Eigentum an den Früchten (MüKo/*Lieder* Rn 21; Staudinger/*Wolfsteiner* Rn 23). Der Grundpfandgläubiger kann aber den nachrangigen Nießbrauch durch Zwangsverwaltung verdrängen, weil ihm dann für deren Dauer die Früchte gebühren; nicht entziehen lässt sich dadurch aber das Recht des Pächters auf den Fruchterwerb (§ 21 III, §§ 146, 148 ZVG), hier haftet die Pachtforderung (§ 1123). – Keine Haftung der Bestandteile auch bei **Verbindung, Vermischung und Verarbeitung** (§§ 949, 950); die neue Sache kann jedoch als Zubehör haften; **Enthaftung** der getrennten Erzeugnisse und sonstigen Bestandteile ist in den §§ 1121, 1122 geregelt. 4

Pfändung getrennter Bestandteile ist, falls sie durch Trennung nicht Zubehör geworden sind, bis zur Beschlagnahme des Grundstücks zulässig (§ 865 II ZPO). Der Grundpfandgläubiger kann dagegen nach § 805 ZPO oder mit Widerspruchsklage nach § 771 ZPO vorgehen; diese eröffnet den Weg zur einstw Einstellung der Vollstreckung (§ 769 ZPO), wodurch die Wegnahme der Sache durch den Gerichtsvollzieher und damit die Enthaftung (§ 1122 I) verhindert werden. Pfändung *nach* Beschlagnahme ist unzulässig (§ 865 II 2 ZPO); Eigentümer und Grundpfandgläubiger sind zur Erinnerung berechtigt (§ 766 ZPO), letzterer auch zur Klage nach § 771 ZPO. Durchführung der unzulässigen Mobiliarvollstreckung kann einen Anspruch des Grundpfandgläubigers auf Schadensersatz oder aus Bereicherung auslösen. 5

3. Zubehör. Zubehör (§§ 97, 98; vgl zur Zubehöreigenschaft des Inventars eines gewerblich genutzten Grundstücks BGH MDR 2006, 645) haftet, wenn es in das Eigentum des Grundstückseigentümers „gelangt" ist; Eigenbesitz genügt nicht. Unmaßgeblich ist, ob er das Eigentum an der Zubehörsache vor oder nach Entstehung des Grundpfandrechts erworben hat (BGH BeckRS 2008, 16051; NK/*Zimmer* Rn 18); entscheidend ist nur, dass Zubehöreigenschaft und Grundpfandrecht zu irgendeinem Zeitpunkt zusammentreffen (BGH NJW 1979, 2514). Das einmal in den Haftungsverband gelangte Zubehör wird nur unter den Voraussetzungen der §§ 1121, 1122 wieder enthaftet (BGH BeckRS 2008, 16051). Übereignet der Grundstückseigentümer Zubehörstücke, die in seinem Eigentum stehen, zur Sicherheit an einen Dritten, so kann dieser lastenfreies Sicherungseigentum an einer auf dem Grundstück verbleibenden Sache nur erwerben, wenn und so lange keine Hypothek bestellt ist (Staudinger/*Wolfsteiner* Rn 34). Besteht bereits eine Hypothek und überträgt der Eigentümer ein Zubehörstück zur 6

Sicherheit, erwirbt der Dritte – solange keine Beschlagnahme angeordnet ist – zwar das Eigentum, allerdings mit der Hypothek belastet. Die Veräußerung vor Beschlagnahme führt nämlich nur dann zur Enthaftung, wenn die Sache vom Grundstück entfernt wird. Ein zur Sicherheit übereigneter Gegenstand verbleibt jedoch üblicherweise in unmittelbarem Besitz des Sicherungsgebers und damit auf dem Grundstück. Ein bereits vorher entstandenes Vermieterpfandrecht geht entspr § 1209 der Hypothekenhaftung des Zubehörs vor (BGHZ 52, 99, 102), ebenso wenn dieses Pfandrecht vor Begründung der Zubehöreigenschaft entstanden ist (Hamm OLG 27, 153; Grü/*Herrler* Rn 6).

7 **Miteigentum** des Grundstückseigentümers an der Zubehörsache führt zur Haftung des daran bestehenden Miteigentumsanteils. Hat ein Grundstückmiteigentümer (oder Gesamthandseigentümer) Alleineigentum am Zubehör, dann haftet dieses, ebenso wenn er Gesamthandseigentümer des Zubehörs ist; keine Haftung hingegen bei Belastung nur eines Miteigentumsanteils (§ 1114) desjenigen, dem das Zubehör nicht (mit-)gehört.

8 Ist eine Sache **Zubehör mehrerer Grundstücke**, so haftet sie für alle daran bestehenden Grundpfandrechte nach deren Rangverhältnis. Wird die Sache mit einem der Grundstücke versteigert, erwirbt der Ersteher Eigentum, und zwar lastenfrei; der auf die Zubehörsache entfallende Erlös ist nach dem Rang der Grundpfandrechte zu verteilen, ein Übererlös nach den ideellen Anteilen der Grundeigentümer an der Sache; abgesonderte Versteigerung von Zubehör kommt nach § 65 ZVG in Betracht.

9 **4. Anwartschaftsrecht.** Hat der Grundstückseigentümer Zubehör unter Eigentumsvorbehalt erworben und steht ihm ein **Anwartschaftsrecht** daran zu, so haftet auch dieses Anwartschaftsrecht für die Grundschuld (BGHZ 92, 280, 289; BGH NJW 1961, 1349, 1350; Nürnberg BeckRS 2016, 20647 Rn 32; MüKo/*Lieder* Rn 34; Staudinger/*Wolfsteiner* Rn 38; *Bülow* Rn 141). Wird später der Kaufpreis – uU auch von Grundpfandrechtsgläubiger zum Zwecke der Verwertung der Sache – gezahlt und damit die Bedingung für den Eigentumswechsel erfüllt, tritt das Eigentum an dem Zubehörstück an die Stelle des Anwartschaftsrechts. Damit haftet nunmehr die Sache selbst an Stelle des Anwartschaftsrechts für die Grundschuld. Dies gilt selbst dann, wenn ein Dritter Eigentum an der Sache erwirbt, weil der Grundeigentümer das Anwartschaftsrecht inzwischen auf diesen übertragen hat. Geht das Anwartschaftsrecht allerdings ersatzlos unter, etwa weil der Verkäufer wegen Zahlungsverzugs vom Kaufvertrag zurücktritt und die Rückgabe der Sache verlangt, erstreckt sich die Grundschuld nicht auf die Sache (BGH NJW 1961, 1349, 1351). Nach Ansicht des BGH können Verkäufer und Käufer das Anwartschaftsrecht, welches für eine Grundschuld haftet, auch ohne Zustimmung des Grundpfandrechtsgläubigers durch Vereinbarung aufheben (BGHZ 92, 280, 290f; zust *Wilhelm* NJW 1987, 1785, 1788; für ein Zustimmungserfordernis analog § 1276 *Gladenbeck/Samhat* Rn 1243, *Bülow* Rn 141; *Tiedtke* NJW 1985, 1305, 1307; *Kollhosser* JZ 1985, 370, 373; diff *Scholz* MDR 1990, 679, 680).

10 **5. Grundschuld.** § 1120 ist auf die Grundschuld entspr anwendbar (BGH WM 2019, 1798, 1799).

§ 1121 Enthaftung durch Veräußerung und Entfernung

(1) Erzeugnisse und sonstige Bestandteile des Grundstücks sowie Zubehörstücke werden von der Haftung frei, wenn sie veräußert und von dem Grundstück entfernt werden, bevor sie zugunsten des Gläubigers in Beschlag genommen worden sind.

(2) Erfolgt die Veräußerung vor der Entfernung, so kann sich der Erwerber dem Gläubiger gegenüber nicht darauf berufen, dass er in Ansehung der Hypothek in gutem Glauben gewesen sei. Entfernt der Erwerber die Sache von dem Grundstück, so ist eine vor der Entfernung erfolgte Beschlagnahme ihm gegenüber nur wirksam, wenn er bei der Entfernung in Ansehung der Beschlagnahme nicht in gutem Glauben ist.

1 **1. Haftungsverband.** Aus der Haftungseinheit mit dem Grundstück scheiden **Bestandteile** und **Zubehör** unter den Voraussetzungen der §§ 1121, 1122 aus. Sie werden gem § 1121 haftungsfrei, wenn sie **nach Veräußerung entfernt** oder **nach Entfernung veräußert** werden. Das Ausscheiden aus dem Haftungsverband knüpft also an die Beendigung der wirtschaftl Zugehörigkeit des haftenden Gegenstandes zum Grundstück an. Veräußerung allein genügt nicht (BGH NJW 1979, 2514), bloße Entfernung nur im Falle des § 1122. Ausschluss oder Erweiterung der Regelung sind mit dinglicher Wirkung nicht möglich (vgl Vor § 1120 Rn 4). Mit Enthaftung erlischt das Recht des Grundpfandgläubigers auf Verwertung der betreffenden Sache (§ 1147).

2 **2. Veräußerung.** Veräußerung ist die Übertragung des Sacheigentums ohne das Grundstück (§§ 929ff). **Keine Veräußerung** ist das diesbzgl Verpflichtungsgeschäft (Staudinger/*Wolfsteiner* Rn 2; NK/*Zimmer* Rn 4; Soergel/*Konzen* Rn 5; MüKo/*Lieder* Rn 12 oder die Belastung der Sache, zB durch Pfandrecht oder Nießbrauch (MüKo/*Lieder* Rn 12), auch nicht die Pfändung, sondern erst die Pfandverwertung. Die Haftungsverbindung bleibt auch dann erhalten, wenn die Sache zwar zusammen mit dem Grundstück verkauft, das Sacheigentum aber vor der Auflassung übertragen wird (NK/*Zimmer* Rn 9; MüKo/*Lieder* Rn 16; aA Staudinger/*Wolfsteiner* Rn 11).

3 **3. Entfernung.** Entfernung ist die räumliche Trennung durch für dauerhaft geplante Wegschaffung der Sache vom Grundstück (BGH WM 2018, 248, 250); bloße Besitzübertragung bei Belassen der Sache auf dem Grundstück genügt nicht (BGH NJW 1979, 2514), folglich auch nicht Übereignung auf den Grundstückspächter, wenn er die Sache auf dem Grundstück belässt (LG Freiburg ZIP 1982, 1368). Die Entfernung muss als **dauernde Loslösung vom Grundstück** gewollt sein. Sie muss im sachlichen Zusammenhang mit der Veräußerung stehen, dh dass die Entfernung wegen der und zur Verwirklichung der Veräußerung geschieht (BGH WM 2018, 248, 250; BGHZ 60, 267, 268; MüKo/*Lieder* Rn 19). Unter diesen Voraussetzungen ist auch die Wegschaffung der Sache

aufgrund einer gerade zur Vermeidung der Beschlagnahme erlassenen einstw Verfügung ausreichend, nicht aber bei einer Verfügung, die nur die vorläufige Sicherung durch Verwahrung bezweckt. Bei Entfernung eines Teils einer Sachgesamtheit haften die verbleibenden Teile, sofern sie dann noch Zubehör sind.

Bei **Entfernung mit fortbestehender Haftung** hat der Gläubiger der Hypothek Anspruch auf Rückschaffung der Sache auf das Grundstück. Gegen den Erwerber der Sache kann ein Schadensersatzanspruch gem § 823 I (BGH NJW 1991, 695, 696; MüKo/*Lieder* Rn 2; Staudinger/*Wolfsteiner* Rn 2) oder II iVm §§ 1134, 1135 bestehen (vgl § 1135 Rn 1). Einwilligung des Gläubigers in die Veräußerung widerrechtl entfernten Zubehörs bedeutet nicht ohne weiteres Verzicht auf den Schadensersatzanspruch (BGH NJW 1991, 695, 696). 4

4. Beschlagnahme. Diese wird durch Anordnung der Zwangsversteigerung oder Zwangsverwaltung (§ 20 I, § 146 I ZVG) sowie durch Zulassung des Beitritts (§ 27 I ZVG) herbeigeführt. Die Folge ist ein relatives Veräußerungsverbot zugunsten des betreibenden bzw des beigetretenen Hypothekengläubigers. Getrennte land- und forstwirtschaftl Erzeugnisse, die nicht Zubehör sind, werden nur von der Zwangsverwaltung erfasst (§ 21 I, § 148 I ZVG); überhaupt nicht betroffen wird das Recht des Pächters auf Fruchtziehung (§ 21 III, § 146 I ZVG). Beschlagnahme durch Pfändung, soweit zulässig (vgl § 865 II ZPO), erfordert einen dinglichen Duldungstitel nach § 1147 oder ein Veräußerungsverbot durch eine den dinglichen Anspruch sichernde einstw Verfügung. 5

5. Gutgläubiger Erwerb. Dieser ist in Abs II besonders geregelt. Bei Veräußerung und Entfernung vor Beschlagnahme wird die Enthaftung nicht dadurch ausgeschlossen, dass der Erwerber weiß, dass das Grundstück mit der Hypothek belastet ist. Auf seine Gutgläubigkeit kommt es nicht an, weil der Eigentümer weiter berechtigt sein soll, das Grundstück zu bewirtschaften, ohne dass dafür die engen Voraussetzungen des § 936 gelten. Bei **Veräußerung ohne Entfernung** ist als Folge der haftungsbegründenden Verbindung der Sache mit dem Grundstück guter Glaube an das Nichtbestehen der Hypothek bedeutungslos (Abs II S 1); § 936 ist insoweit nicht anwendbar; gutgläubiger Erwerb nach § 932 (nicht § 892) ist aber möglich, wenn die Hypothek zu Unrecht gelöscht war. Bei **Entfernung nach Beschlagnahme** wird Gutgläubigkeit geschützt (Abs II S 2). Nur die Unkenntnis (iSd § 932 II) von der Beschlagnahme, nicht von dem Bestand der Hypothek, in dem dafür maßgebenden Zeitpunkt der Entfernung verhindert den Erwerb; Eintragung des Versteigerungsvermerks macht stets bösgläubig. **Entfernung vor Beschlagnahme und spätere Veräußerung** ermöglichen im Zeitpunkt des Veräußerungsgeschäfts gutgläubigen Erwerb; hier gelten unmittelbar die §§ 135, 136, 936, sofern nicht schon § 1122 eingreift. Ist der Erwerber hinsichtl der Beschlagnahme, nicht jedoch hinsichtl der Bestandteils- und Zubehöreigenschaft haftender Sachen bösgläubig, so kann er sich in keinem dieser Fälle auf guten Glauben berufen, denn § 135 II bezieht sich nur auf die Kenntnis des Veräußerungsverbots, nicht auf dessen gesetzl Auswirkungen und auf die davon betroffenen Gegenstände (Soergel/*Konzen* Rn 3; NK/*Zimmer* Rn 8; MüKo/*Lieder* Rn 30). 6

6. Zwangsvollstreckung. Ist das Zubehörstück durch die Entfernung nicht aus der Haftung für die Grundschuld frei geworden, hat der Grundschuldgläubiger weiterhin ein Befriedigungsrecht daraus, das er im Wege der Mobiliarvollstreckung verwirklichen muss. Erfährt der Gläubiger im Vorfeld, dass eine Entfernung von Zubehörstücken beabsichtigt ist, kann er vom Eigentümer bzw vom Dritten Unterlassung verlangen (§§ 1135, 1134). Voraussetzung ist eine Gefährdung der Hypothek, die vorliegt, wenn die Aussicht des Gläubigers, bei einer Zwangsversteigerung Befriedigung zu finden, wegen der Wegnahme der Zubehörstücke verschlechtert wird. 7

§ 1122 Enthaftung ohne Veräußerung

(1) Sind die Erzeugnisse oder Bestandteile innerhalb der Grenzen einer ordnungsmäßigen Wirtschaft von dem Grundstück getrennt worden, so erlischt ihre Haftung auch ohne Veräußerung, wenn sie vor der Beschlagnahme von dem Grundstück entfernt werden, es sei denn, dass die Entfernung zu einem vorübergehenden Zweck erfolgt.

(2) Zubehörstücke werden ohne Veräußerung von der Haftung frei, wenn die Zubehöreigenschaft innerhalb der Grenzen einer ordnungsmäßigen Wirtschaft vor der Beschlagnahme aufgehoben wird.

1. Haftungsverband. Entfernung vom Grundstück nach wirtschaftsgemäßer Trennung macht **Erzeugnisse** und **Bestandteile** auch ohne Veräußerung haftungsfrei. Einer „ordnungsmäßigen Wirtschaft" entspricht die **Trennung**, wenn diese für den Nutzungszweck des Grundstücks sachdienlich ist, zB bei Betriebsumstellung. Endgültige und völlige Aufgabe der Bewirtschaftung, wie bei Betriebsstilllegung durch den Insolvenzverwalter, ist in diesem Sinne nicht ordnungsmäßig (BGH NJW 1996, 835, 836; Frankfurt BeckRS 2000, 16702 Rn 40; MüKo/*Lieder* Rn 19; NK/*Zimmer* Rn 5; aA Staudinger/*Wolfsteiner* Rn 4: grundlose Aufgabe der Bewirtschaftung), auch nicht die Räumung eines Hauses im Hinblick auf den bevorstehenden Eigentumsverlust in der Zwangsversteigerung (BGH WM 1990, 603, 606), ebenso nicht der Ausbau wesentlicher Bestandteile durch den Lieferanten. Soweit Erzeugnisse oder Bestandteile mit Trennung Zubehör werden, gelten Abs II sowie § 1121. **Entfernung** vor der Beschlagnahme führt zur Enthaftung (BGH BeckRS 2008, 16051; MüKo/*Lieder* Rn). Auf den Grund der Entfernung kommt es ebenso wenig an wie auf die Person dessen, der entfernt. Nur vorübergehende Entfernung genügt nicht. Wegnahme aufgrund Pfändung ist zwar endgültig, aber Trennung zu diesem Zweck nicht wirtschaftsgemäß; Übergabe an den Gläubiger eines vertragl oder gesetzl Pfandrechts ist idR nur vorübergehend. 1

2. Zubehör. Zubehör (§§ 97, 98) wird durch wirtschaftsgemäße Aufhebung der **Zubehöreigenschaft** enthaftet, ohne dass Veräußerung und Entfernung erforderlich sind (*Bülow* Rn 139). Die Aufhebung muss dem wirt- 2 schaftl Zweck des Grundstücks dienen, zB Aussonderung alter Maschinen, auch wenn die neu erworbenen infolge Eigentumsvorbehalt nicht haften, nicht hingegen Betriebsstilllegung (Rn 1). Allein durch Veräußerung etwa in Form einer Sicherungsübereignung, wird die Zubehöreigenschaft nicht aufgehoben (BGH NJW 1987, 1266, 1267; 1979, 2514; MüKo/*Lieder* Rn 12; *Bülow* Rn 139). Andererseits endet diese Eigenschaft, wenn der Grundeigentümer oder der am Grundstück Nutzungsberechtigte die Sache für einen anderen Zweck umwidmet oder diese nur noch vorübergehend als Zubehör nutzen will (BGH NJW 1969, 2135, 2136), doch muss eine solche Rechtshandlung nach außen hin schlüssig hervortreten und einer ordnungsmäßigen Bewirtschaftung entsprechen (NK/*Zimmer* Rn 5). Daran fehlt es bei einer Betriebsstilllegung im Rahmen einer Insolvenz (BGH NJW 1996, 835, 836).

3 **3. Schadensersatz.** Ist ein Zubehörstück entgegen der Regeln der ordnungsmäßigen Wirtschaft vom Grundstück weggenommen und die Grundschuld dadurch – insb deshalb, weil das Zubehörstück gem § 1121, § 1192 I enthaftet wurde – gefährdet worden, kann der Grundschuldgläubiger vom Grundstückseigentümer und vom Dritten gem § 823 I bzw § 823 II iVm §§ 1134, 1135 Schadensersatz verlangen (BGH ZIP 1991, 17, 18; WM 1989, 952, 953). Voraussetzung ist der Entzug des unmittelbaren Zugriffs auf das Sicherungsobjekt (BGH ZIP 1991, 17, 18) und schuldhaftes Handeln, mithin also, dass die Zusammenhänge erkannt wurden oder hätten erkannt werden müssen. Der Schadensersatzanspruch ist auf Geld gerichtet, sofern die Wiederherstellung des ursprünglichen Zustandes nicht mehr möglich ist. Der Schaden entspricht der Höhe nach dem Betrag, den der betreffende Gläubiger in der Zwangsversteigerung mehr erhalten hätte, wenn die weggeschaffene Sache mitversteigert worden wäre.

4 Werden von einem zur Versteigerung anstehenden Grundstück Zubehörstücke entfernt, so steht ein evtl Schadensersatzanspruch dem neuen Eigentümer zu, wenn die Entfernung nach dem Zuschlag erfolgte (*Gladenbeck/Samhat* Rn 1258). Werden die Sachen vor dem Zuschlag entfernt, entsteht der Anspruch in der Person des bisherigen Grundeigentümers bzw Grundpfandrechtsgläubigers. Da nach Ansicht des BGH § 1127 auf diesen Schadensersatzanspruch nicht anwendbar ist (BGH WM 1989, 952, 953), geht er durch den Zuschlag nicht auf den neuen Gläubiger über (aA *Gladenbeck/Samhat* Rn 1257). Der BGH lässt allerdings offen, ob die §§ 1134, 1135 iVm § 823 II auch dem Schutz des Erstehers in der Zwangsversteigerung dienen und dieser wenigstens einen Erstattungsanspruch erwirbt, wenn die Entfernung erst nach dem Zuschlag bemerkt wird (BGH WM 1989, 952, 953).

5 **4. Grundschuld.** § 1122 ist auf die Grundschuld entspr anwendbar (BGH WM 2019, 1798, 1799).

§ 1123 Erstreckung auf Miet- oder Pachtforderung

(1) Ist das Grundstück vermietet oder verpachtet, so erstreckt sich die Hypothek auf die Miet- oder Pachtforderung.

(2) Soweit die Forderung fällig ist, wird sie mit dem Ablauf eines Jahres nach dem Eintritt der Fälligkeit von der Haftung frei, wenn nicht vorher die Beschlagnahme zugunsten des Hypothekengläubigers erfolgt. Ist die Miete oder Pacht im Voraus zu entrichten, so erstreckt sich die Befreiung nicht auf die Miete oder Pacht für eine spätere Zeit als den zur Zeit der Beschlagnahme laufenden Kalendermonat; erfolgt die Beschlagnahme nach dem 15. Tag des Monats, so erstreckt sich die Befreiung auch auf den Miet- oder Pachtzins für den folgenden Kalendermonat.

1 **1. Haftungsverband. Miet- und Pachtforderungen** haften zum Ausgleich dafür, dass der Hypothekengläubiger bei der Beschlagnahme des Grundstücks schon bestehende Miet- und Pachtverträge gegen sich gelten lassen muss (§ 566; § 57, § 21 III, § 152 II ZVG; vgl Mot III 663). Die Hypothekenhaftung ist unabhängig davon, ob der Miet- oder Pachtvertrag vor oder nach der Grundschuldbestellung abgeschlossen wurde. Mit Eintragung des Grundpfandrechts – und nicht erst mit der Beschlagnahme – ist das Absonderungsrecht des dinglichen Gläubigers entstanden (BGH ZIP 2006, 35, 36; WM 2006, 1685, 1686; NK/*Zimmer* Rn 2). Es entsteht aber nicht von vornherein ein dingliches Recht des Gläubigers an diesen Forderungen, sondern nur ein Recht auf diese Forderungen (BGH WM 2020, 22, 24; 2016, 1543, 1544; *Keller* NZI 2013, 265, 266). Die vom BGH „potentiell" genannte Haftung ist insofern nur eine vorläufige, weil die Mietansprüche weder der Verfügung des Schuldners noch dem Zugriff von Gläubigern entzogen sind (BGH WM 2020, 1169, 1172; WM 2010, 87, 89). Der Grundpfandrechtsgläubiger kann und muss diese Forderungen zunächst beschlagnahmen lassen, entweder gem §§ 882ff ZPO oder durch Anordnung der Zwangsverwaltung (BGH WM 2020, 1169, 1172; WM 2016, 1543, 1544; 2005, 1371, 1372). Die beschlagnahmten Mietforderungen werden im Unterschied zur Pfändung dem die Zwangsvollstreckung betreibenden Gläubiger nicht zur Einziehung oder an Zahlung statt überweisen, sondern vom Zwangsverwalter eingezogen (BGH WM 2020, 22, 23). Im Gegensatz zur Forderungspfändung, bei der auf die Mietforderung zugegriffen wird, ohne dass der Gläubiger sich die Lasten, Kosten und Aufwendungen anrechnen lassen muss, die mit dem Eigentum des Schuldners an dem Grundstück oder der Wohnung verbunden sind, wird der Grundpfandrechtsgläubiger im Rahmen der **Zwangsverwaltung** hiermit belastet. **Abgesonderte Befriedigung** an der Miete kann der Grundpfandrechtsgläubiger nach Eröffnung des Insolvenzverfahrens über das Vermögen des Schuldners nicht mehr im Wege der Forderungspfändung, sondern nur noch durch Zwangsverwaltung erlangen (BGH WM 2020, 1169, 1172; BeckRS 2008, 24712; BeckRS 2006, 13738; WM 2006, 1685, 1686). Dann aber überwindet die Zwangsverwaltung den Insolvenzbeschlag der in den Haftungsverbund fallenden Miet- oder Pachtzinsforderung zugunsten des Grundpfandrechtsgläubigers (BGH WM 2020, 1169, 1173;

WM 2006, 1685, 1686). Erfasst sind Geldforderungen und sonstige pfändbare Ansprüche des Grundeigentümers aus Vermietung und Verpachtung, einschl von Forderungen für Mitüberlassung haftenden Zubehörs oder eine Einspeisevergütung oder ein sonstiges Entgelt für den Strom aus einer Photovoltaikanlage oder einer Windkraftanlage (vgl § 1120 Rn 1). Auf andere Forderungen des Eigentümers, auch wenn sie im Zusammenhang mit dem Grundstück stehen, erstreckt sich die Haftung nicht, sofern es sich nicht um eine Forderung handelt, die anstelle einer Miet- oder Pachtforderung als Ausgleich für die Nutzung des Grundstücks durch Dritte tritt (BGH NJW-RR 2011, 371, 373). Einbezogen in die Haftung sind Ansprüche auf Nutzungsentschädigung im Falle nicht rechtzeitiger Rückgabe bei Beendigung des Miet- bzw Pachtverhältnisses (BGH WM 2006, 1634, 1635; Jena NZI 2013, 715, 716; MüKo/*Lieder* Rn 7), nicht aber der Anspruch auf Ersatz schuldhaft nicht gezogener Nutzungen aus dem Eigentümer-Besitzer-Verhältnis (BGH WM 2006, 1634, 1635). Nicht erfasst sind ferner das Nießbrauchentgelt (Schleswig ZfIR 2017, 287, 289; NK/*Zimmer* Rn 2; *Schmidberger* ZfIR 2017, 289, 290), Schadensersatzforderungen wegen Mietausfalls und ein Anspruch auf Ausgleich zukünftig geringerer Mieteinnahmen nach Beendigung des Miet- bzw Pachtverhältnisses (BGH NJW-RR 2011, 371, 372). Es haftet die Bruttomiete, also ohne Steuerabzug (FG Hessen ZIP 1981, 1262; *Keller* NZI 2009, 745, 748) und einschl der Nebenkostenvorauszahlung; ebenso die vom Mieter gestellte Kaution (BGH NJW-RR 2005, 1029) und Nachforderungsansprüche aus Betriebskostenabrechnungen (*Keller* NZI 2009, 745, 748). Schon erfüllte Forderungen haften nicht (BGH WM 1989, 270; Hamm NZM 2006, 397; MüKo/*Lieder* Rn 13). Der Miet- oder Pachtanspruch haftet unabhängig davon, wer das Grundstück vermietet oder verpachtet hat (BGH WM 2005, 610, 612), sei es also der Eigentümer, der Eigenbesitzer oder ein Nießbraucher, dessen Recht dem des Hypothekengläubigers nachsteht, sofern die Miet- oder Pachtforderung dem Eigentümer gebührt (BGH WM 2005, 610, 612; MüKo/*Lieder* Rn 10; Staudinger/*Wolfsteiner* Rn 8). Ein rangbesserer **Nießbrauch** geht aber der Hypothek vor (BGH WM 2005, 610, 612; MüKo/*Lieder* Rn 11; Staudinger/*Wolfsteiner* Rn 11). Auf Ansprüche des Mieters aus **Untervermietung (Unterverpachtung)** ist § 1123 grds nicht anwendbar (BGH NJW-RR 2007, 265; WM 2005, 610, 612; LG Bonn ZIP 1981, 730; Staudinger/*Wolfsteiner* Rn 8; MüKo/*Lieder* Rn 10), soweit dem Mieter/Pächter diese Erträge zustehen, weil er zur weiteren entgeltlichen Überlassung der Mietsache berechtigt ist (BGH NJW 2013, 1881). Anders ist es allerdings dann, wenn der Hauptmiet- bzw. Hauptpachtvertrag wegen Vereitelung der Gläubigerrechte nach § 138 I nichtig ist (BGH NJW 2013, 1881; NJW-RR 2007, 265; WM 2006, 1634; MüKo/*Lieder* Rn 10; NK/*Zimmer* Rn 3; *Eckardt* Grundpfandrechte im Insolvenzverfahren Rn 358; *Keller* NZI 2009, 747, 748) oder die Miet-/Pachterträge nur formell dem Hauptmieter/Hauptpächter, wirtschaftl aber dem Eigentümer zustehen (BGH WM 2006, 1634; 2005, 610, 612). So liegt es bspw dann, wenn der Hauptmietvertrag wegen Vereitelung der Gläubigerrechte nichtig ist.

Ein für die haftenden Miet-/Pachtforderungen bestehendes Vermieter-/Verpächterpfandrecht (§§ 559, 585) steht grds auch dem Hypothekengläubiger zur Verfügung (Staudinger/*Wolfsteiner* Rn 30; *Gladenbeck/Samhat* Rn 1264). Es kann allerdings erst nach der Beschlagnahme geltend gemacht werden. Erfolgt die Beschlagnahme durch Anordnung der Zwangsverwaltung, kann nur der Zwangsverwalter das Vermieterpfandrecht realisieren; bei einer Pfändung des Miet-/Pachtanspruchs aufgrund des dinglichen Titels geschieht dies durch den Grundschuldgläubiger selbst. 2

Bei **gemischten Verträgen**, zB Gastaufnahmevertrag, Vertrag über Aufnahme in Krankenhaus oder in Altersheim, ist es eine Frage des Einzelfalles, ob nur der auf die Gebrauchsüberlassung entfallende Anteil des Entgelts haftet; im Zweifel erstreckt sich die Hypothek auf die ganze Forderung (LG Karlsruhe Rpfleger 1975, 175, aM Grü/*Herrler* Rn 1; MüKo/*Lieder* Rn 8; Staudinger/*Wolfsteiner* Rn 7: Haftung nur für den Anteil). – Der **Zeitpunkt des Vertragsabschlusses** ist unerheblich. Es haften daher die Forderungen sowohl aus der Zeit nach Entstehung der Hypothek (Köln ZIP 1996, 828, 829) als auch in der noch offenen Höhe aus einem davor liegenden Zeitraum (Staudinger/*Wolfsteiner* Rn 11; RGRK/*Mattern* Rn 6). Sind mehrere Grundstücke durch einen einheitlichen Mietvertrag vermietet, aber nur eines hypothekarisch belastet, so ist nur der auf das belastete Grundstück entfallende Teil des Entgelts verhaftet; er ist ggf durch Schätzung zu ermitteln (BGH WM 2005, 474, 476; Staudinger/*Wolfsteiner* Rn 7). 3

2. Haftungsbeschränkung nach Abs II. Nachträgl fällig werdende Miet- und Pachtforderungen haften nur für die Dauer eines Jahres nach Fälligkeit (S 1). **Im Voraus fällige** Forderungen sind bei Beschlagnahme bis zum 15. eines Monats für diesen ganzen Monat, bei späterer Beschlagnahme auch noch für den nächten Monat haftungsfrei (S 2); auch wenn die Beschlagnahme später als ein Jahr nach Eintritt der Fälligkeit vorgenommen wird, gilt S 1 nicht für den nach Ende der Frist des S 2 eintretenden Zahlungsrückstand. 4

Beschlagnahme zugunsten des Grundpfandgläubigers durch Anordnung der **Zwangsverwaltung** (BGH WM 2011, 2369, 2371), nicht der Zwangsversteigerung, da sich diese nicht auf Miet- und Pachtforderungen erstreckt (§ 21 II, § 148 I 1 ZVG NK/*Zimmer* Rn 7; MüKo/*Lieder* Rn 20, 21). Die Anordnung wird dem Mieter ggü mit dessen Kenntnis oder mit Zustellung des Zahlungsverbots wirksam (§ 22 II, § 146, § 148 I ZVG); in Betracht kommt auch Zahlungsverbot durch einstw Verfügung. Die Zwangsverwaltung erfasst zugleich etwaige Sicherungsrechte des Grundeigentümers, zB Vermieterpfandrecht oder Anspruch aus Bürgschaft. Beschlagnahmewirkung tritt ein, wenn die Zwangsverwaltung aus einer persönlichen Forderung gegen den Grundstückseigentümer oder aus einem dinglichen Recht am Grundstück betrieben wird (BGH WM 2011, 2369, 2371; NJW 2008, 1599, 1600; NJW-RR 2005, 1466, 1468), bei einer Zwangsvollstreckung auf Grund einer Unterwerfungserklärung allein wegen einer persönlichen Forderung ist diese Voraussetzung nicht erfüllt (BGH NJW 2008, 1599, 1600; NK/*Zimmer* Rn 7). Bei mehreren Pfändungen entscheidet nicht deren Reihenfolge, sondern gem 5

§ 879 der Rang der Grundpfandrechte, es sei denn, dass die zeitl frühere Pfändung als Vorausverfügung nach § 1124 wirksam ist. Wird das Zwangsverwaltungsverfahren uneingeschränkt aufgehoben, erlöschen die Rechte eines Grundpfandrechtsgläubigers an dem Erlösüberschuss, der sich noch in der Hand des vormaligen Zwangsverwalters befindet; der Erlösüberschuss gebührt dem Eigentümer des bisher zwangsverwalteten Grundstücks (BGH NJW 2013, 3520, 3521; WM 2011, 2369, 2370; NK/*Zimmer* Rn 10; *Stöber* § 152 ZVG Rn 17.1; *Knees* ZInsO 2015, 2010, 2012).

6 **3. Insolvenz.** Ein nicht gekündigtes Miet- oder Pachtverhältnis über ein Grundstück bleibt gem § 108 I 1 InsO auch über die Eröffnung eines **Insolvenzverfahrens** hinaus bestehen. Das Miet- bzw. Pachtverhältnis wird nicht durch die Eröffnung des Insolvenzverfahrens beendet (BGH WM 2015, 581, 588; 2014, 2187; 2014, 1239; 2003, 894, 895; Schleswig NJW 2012, 2738; *K. Schmidt* NJW 2015, 1057, 1059). § 108 I InsO verdrängt insoweit § 103 I InsO (BGH WM 2014, 2187; 2014, 1239). § 108 I 1 InsO1 ist dabei unabhängig davon anwendbar, ob der Insolvenzschuldner als Vermieter/Verpächter oder als Mieter/Pächter an dem Rechtsverhältnis beteiligt ist (BGH WM 2015, 581, 584). Der für die weitere Grundstücksnutzung zu zahlende Miet- oder Pachtzins stellt eine Masseverbindlichkeit (§ 55 I Nr 2 Alt 2, § 108 I 1 InsO) dar (BGH WM 2015, 581, 588; 2014, 2187; 2013, 138, 139; Schleswig NJW 2012, 2738), wenn die Nutzung in der Zeit nach der Eröffnung des Insolvenzverfahrens erfolgt. Rückständige Ansprüche für die Zeit vor Eröffnung des Insolvenzverfahrens kann der Vermieter/Verpächter gem § 108 III InsO nur als Insolvenzgläubiger geltend machen (BGH WM 2015, 581, 585; NJW 2013, 1243, 1244). Gem § 109 I InsO hat der Insolvenzverwalter ein Sonderkündigungsrecht; gem § 109 II InsO können sowohl der Insolvenzverwalter als auch der Vermieter/Verpächter vom Miet- bzw Pachtvertrag zurücktreten, wenn der Vertragsgegenstand noch nicht überlassen wurde.

7 Bei **Nutzungsüberlassungen von Grundstücken eines Gesellschafters an die Gesellschaft nach Inkrafttreten des MoMiG** gibt es in **Insolvenzverfahren, die nach dem 1.11.2008 eröffnet wurden** (Art 103d EGInsO), keine Verpflichtung des Gesellschafters mehr, die unentgeltliche Nutzung des überlassenen Grundstücks bis zum Ablauf des Vertrags zu dulden (BGH WM 2015, 581, 585; *Eckardt*, Grundpfandrechte im Insolvenzverfahren, Rn 540; *Fischer/Knees* ZInsO 2009, 745, 746). Mit der Reform des Rechts der Gesellschafterdarlehen durch das MoMiG wurde das frühere Eigenkapitalersatzrecht inkl der Rspr-Regeln abgeschafft (BGH WM 2015, 581, 586); die §§ 32a, 32b GmbHG aF wurden aufgehoben. § 30 I 3 GmbHG bestimmt jetzt ausdrückl, dass das Auszahlungsverbot des § 30 I 1 GmbHG, das auch für die Bestellung einer Grundschuld auf einem Grundstück der Gesellschaft für Zwecke der Kreditbeschaffung eines Gesellschafters gilt (BGH WM 2017, 945, 946), nicht für die Rückgewähr eines Gesellschafterdarlehens oder wirtschaftl entspr Leistungen gilt. Voraussetzungen und Rechtsfolgen ergeben sich seither aus § 39 I Nr 5, IV, V; §§ 44a, 135, 143 III InsO. Das Recht der Gesellschafterdarlehen wurde abschließend in die InsO verlagert. Die Nutzungsüberlassung ist nicht mehr als darlehensartige Finanzierungsform iSd § 39 I Nr 5 InsO anzusehen (BGH WM 2015, 581, 585).

8 Nach Streichung des Eigenkapitalersatzrechts durch das MoMiG erleidet der Grundsatz, dass ein ungekündigtes Miet- oder Pachtverhältnis auch über die Eröffnung des Insolvenzverfahrens bestehen bleibt, keine Durchbrechung mehr, wenn ein Gesellschafter der insolventen Gesellschaft durch ein über die Verfahrenseröffnung fortwirkendes Miet- oder Pachtverhältnis verbunden ist (BGH WM 2015, 581, 588). Auch der Gesellschafter kann also nach Verfahrenseröffnung die vereinbarte Miete als Masseverbindlichkeit beanspruchen (BGH WM 2015, 581, 588; *K. Schmidt* NJW 2015, 1057, 1059). Dementspr ist bei einer **Zwangsverwaltung** die Miete oder Pacht als Masseverbindlichkeit uneingeschränkt ggü dem Zwangsverwalter zu begleichen. Im Fall der Nichtzahlung kann der Zwangsverwalter den Miet- oder Pachtvertrag entspr den zivilrechtl oder vertragl Bestimmungen kündigen. Dem Insolvenzverwalter steht seinerseits ein Kündigungsrecht gem § 109 I 1 InsO zu (*K. Schmidt* NJW 2015, 1057, 1059).

9 Im **Verhältnis zu einem Gesellschafter**, der der insolventen Gesellschaft das Grundstück zum Gebrauch überlassen hat, greift **§ 135 III InsO**, wenn der Gesellschafter sein Aussonderungsrecht (§ 47 InsO) ausübt (BGH WM 2015, 581, 588). Diese Vorschrift regelt allein das Verhältnis zw Gesellschaft und Gesellschafter (MüKo/*Lieder* Rn 15; *Fischer/Knees* ZInsO 2009, 745, 749; aA *Bitter* ZIP 2010, 1, 13). Sie entfaltet ggü einem Grundpfandrechtsgläubiger, der die Zwangsverwertung des Grundstücks im Wege der Zwangsverwaltung oder durch Zwangsversteigerung betreibt, keine Wirkung (MüKo/*Lieder* Rn 15; *Dahl/Schmitz* NZG 2006, 325, 331). Weder greift zu seinen Lasten eine Suspendierung seines Verwertungsrechts für ein Jahr, noch kann er an Stelle der vereinbarten Miete auf den – evtl geringeren – Ausgleichsanspruch des § 135 III 2 InsO verwiesen werden. Dies gilt auch dann, wenn der Gesellschafter während der Zwangsverwertung des Grundstücks durch den Grundpfandrechtsgläubiger seinen Aussonderungsanspruch geltend macht. In diesem Fall steht dem Insolvenzverwalter ein Ausgleichsanspruch gegen den Gesellschafter in Höhe der Differenz der von ihm an den Zwangsverwalter gezahlten Miete oder Pacht zu dem Ausgleichsanspruch des § 135 III 2 InsO zu. Dies ist allerdings umstritten (wie hier Staudinger/*Wolfsteiner* Rn 7; HamKom/*Schröder* § 135 InsO Rn 62; Uhlenbruck/*Hirte* § 135 InsO Rn 22; Ahrens/Gehrlein/Ringstmeier/*Gehrlein* § 135 InsO Rn 26; *Fischer/Knees* ZInsO 2009, 745, 749; *Poepping* BKR 2009, 150, 152; aA Graf-Schlicker/*Neußer* § 135 InsO Rn 45; *Göcke/Henkel* ZInsO 2009, 170, 174). Für die hier vertretene Ansicht spricht der Wortlaut des § 135 III InsO, in dem ausdrückl das Aussonderungsrecht des Gesellschafters und nicht das Absonderungsrecht des Grundpfandrechtsgläubigers suspendiert wird (*Fischer/Knees* ZInsO 2009, 745, 749; dies übersieht *Bitter* ZIP 2010, 1, 13). § 135 III InsO ist zudem als Ausnahmevorschrift eng auszulegen (BGH WM 2015, 581, 588). Darüber hinaus ist es fernliegend, § 135 III InsO, der ggü der früheren Rechtslage die Rechte des Gesellschafters ggü der insolventen Gesellschaft stärkt, indem er statt der Pflicht zur

dauerhaften, unentgeltlichen Überlassung des Grundstücks nunmehr lediglich eine einjährige Suspendierung des Aussonderungsanspruchs für betriebsnotwendige Grundstücke gegen Ausgleichszahlung vorsieht, so zu interpretieren, dass er die Rechtsstellung des gesellschaftsfremden Grundpfandrechtsgläubigers ggü der früheren Rechtslage verschlechtert (Ahrens/Gehrlein/Ringstmeier/*Gehrlein* § 135 InsO Rn 26; *Poepping* BKR 2009, 150, 152)

Zur Rechtslage vor Inkrafttreten des MoMiG Erman/*Wenzel*[15] Rn 10ff. 10

4. Grundschuld. § 1123 ist auf die Grundschuld entspr anwendbar (BGH WM 2019, 1798, 1799). 11

§ 1124 Vorausverfügung über Miete oder Pacht

(1) Wird die Miete oder Pacht eingezogen, bevor sie zugunsten des Hypothekengläubigers in Beschlag genommen worden ist, oder wird vor der Beschlagnahme in anderer Weise über sie verfügt, so ist die Verfügung dem Hypothekengläubiger gegenüber wirksam. Besteht die Verfügung in der Übertragung der Forderung auf einen Dritten, so erlischt die Haftung der Forderung; erlangt ein Dritter ein Recht an der Forderung, so geht es der Hypothek im Range vor.

(2) Die Verfügung ist dem Hypothekengläubiger gegenüber unwirksam, soweit sie sich auf die Miete oder Pacht für eine spätere Zeit als den zur Zeit der Beschlagnahme laufenden Kalendermonat bezieht; erfolgt die Beschlagnahme nach dem fünfzehnten Tage des Monats, so ist die Verfügung jedoch insoweit wirksam, als sie sich auf die Miete oder Pacht für den folgenden Kalendermonat bezieht.

(3) Der Übertragung der Forderung auf einen Dritten steht es gleich, wenn das Grundstück ohne die Forderung veräußert wird.

1. Haftungsverband. Abs I entzieht der Hypothekenhaftung diejenigen Miet- und Pachtforderungen, über die **vor der Beschlagnahme** durch Einziehung oder anderweitig verfügt worden ist (BGH WM 2020, 22, 24; 2010, 87, 89). **Abs II** hingegen schützt den betreibenden Gläubiger gegen Vorausverfügungen, die sich auf den Fälligkeitszeitraum **nach Beschlagnahme** erstrecken (BGH BeckRS 2011, 27243). Abs II will den Grundpfandrechtsgläubiger vor einer Aushöhlung des Wertes seiner Sicherheit durch Verfügung des Eigentümers schützen (BGH WM 2005, 1371, 1373). Mit Beschlagnahme setzt sich das Grundpfandrecht im Wege der Surrogation an dem eingezogenen Erlös nach Maßgabe der §§ 155, 156 ZVG fort (BGH WM 2013, 3520, 3521). Diese Wirkung endet mit Beendigung der Beschlagnahme bspw durch Aufhebung der Zwangsverwaltung. Unerheblich ist, ob der Zwangsverwalter darüber hinausgehende Mieten oder Pachten bereits eingezogen hat (BGH WM 2013, 3250, 3521). Verfügungen, die erst nach Beschlagnahme erfolgen, sind immer wirkungslos (§§ 135, 136; § 23 I 1 ZVG); der gutgläubig zahlende Mieter wird aber im Rahmen von § 22 II 2, § 148 I ZVG geschützt. Unter einer **Vorausverfügung** ist jedes Rechtsgeschäft zu verstehen, durch das die Miet- oder Pachtzinsforderung übertragen, belastet, geändert oder aufgehoben wird (BGH NJW-RR 2003, 1308, 1309). Die Vorausverfügung muss unmittelbar auf den Miet- bzw. Pachtzins einwirken (BGH NJW-RR 2003, 1308, 1309). Eine Vorausverfügung setzt die Existenz einer nach periodischen Zeitabschnitten bemessenen Miet- bzw Pachtzinsforderung voraus (BGH NJW 2016, 1242, 1244; WM 2014, 1728, 1729; NJW-RR 2011, 371, 372); sie ist daher von der Vereinbarung zu unterscheiden, die den Mietzins erst dem Grunde und der Höhe nach entstehen lässt (BGH NJW 2016, 1242, 1244; NJW-RR 2003, 1308, 1309). Eine Vereinbarung, nach der der Mieter von vorneherein keine Nettomiete, sondern nur einen Beitrag zu den dem Vermieter entstehenden Nebenkosten zahlen soll, ist keine Vorausverfügung iSd Abs II (BGH NJW 2016, 1242, 1244; NJW-RR 2013, 1097, 1098). 1

2. Verfügung. Einziehung iSv Abs I S 1 ist jede Art der Erfüllung und des Erfüllungsersatzes (BGH WM 1989, 270; MüKo/*Lieder* Rn 3; Soergel/*Konzen* Rn 4; Staudinger/*Wolfsteiner* Rn 6), also auch Leistung an Erfüllungs statt (§ 364), Aufrechnung (§ 387) und Aufrechnungsvereinbarung sowie Hinterlegung unter Ausschluss der Rücknahme (§ 378, § 376 II Nr 1), so dass spätere Beschlagnahme den hinterlegten Mietbetrag nicht erfasst (BGH WM 1989, 270). Der Auszahlungsanspruch des Grundeigentümers gegen die Hinterlegungsstelle bei schon vor Beschlagnahme erklärter Annahme gem § 376 II Nr 2 haftet demggü (NK/*Zimmer* Rn 2; aM Staudinger/*Wolfsteiner* Rn 7; MüKo/*Lieder* Rn 6), da dieser aus dem Miet- bzw Pachtverhältnis erwachsen ist. 2

Unter Abs I S 1 Alt 2 fallende **Verfügungen anderer Art** sind bspw Abtretung (BGH WM 2011, 2369, 2371; 2005, 1371, 1373; MüKo/*Lieder* Rn 10 oder Erlass der Forderung oder Inhaltsänderung (zB Stundung BGH NJW 1999, 577, 579; MüKo/*Lieder* Rn 8), nicht hingegen Aufgabe einer Forderungssicherheit (zB Bürgschaft), auch nicht Aufhebung oder Kündigung des Vertrags sowie Rücktritt, weil es sich dabei nicht um Verfügungen über die Forderung handelt. Erfasst sind **Belastungen** der Forderung durch **Verpfändung** oder durch **Nießbrauch** (§ 1068). Von dem Forderungsnießbrauch ist der **Nießbrauch am Grundstück** zu unterscheiden; dieser fällt ebenso wenig unter § 1124 wie dessen Überlassung zur Ausübung; maßgebend ist hier nur das Rangverhältnis zw Nießbrauch und Hypothek (§ 879; BGH NJW 2003, 2164); der nachrangige Nießbraucher kann bis zur Beschlagnahme die Miete (Pacht) einziehen (BGH WM 2015, 2325, 2327) und darüber verfügen (Abs I S 1), der vorrangige verdrängt von Anfang an spätere Grundpfandrechte (Staudinger/*Wolfsteiner* Rn 19, 20; MüKo/*Lieder* Rn 37; NK/*Zimmer* Rn 6). **Pfändung der Forderung** fällt auch dann unter § 1124, wenn sie ein persönlicher Gläubiger erwirkt; Überweisung zur Einziehung bringt mit Einzug, Überweisung an Zahlungs statt unmittelbar die Forderung zum Erlöschen. 3

4 **Abtretung** der Forderung (Abs I S 2) führt auch dann zum Erlöschen, wenn sie schon im Miet- oder Pachtvertrag ausbedungen war. Gleichgestellt ist nach Abs III die Veräußerung des Grundstücks ohne die Miet-/Pacht-Forderung, weil damit die haftungsrechtl Verbindung aufgelöst wird. Das Entgelt für die Abtretung haftet nicht. Die durch Abtretung einmal erloschene Haftung der Mieten lebt durch Rückabtretung nicht wieder auf (Karlsruhe OLGRp 2002, 328; Soergel/*Konzen* Rn 6).

5 **3. Wirkung. Verfügungen vor Beschlagnahme** sind dem Hypothekengläubiger ggü unwirksam (relative Unwirksamkeit, BGH WM 2012, 2369, 2371; 2011, 2369, 2371), soweit sie sich auf die Miete/Pacht für einen späteren als den in Abs II bestimmten Zeitpunkt nach der Beschlagnahme beziehen. Abs II räumt im Fall der Konkurrenz von Beschlagnahme des Grundstücks und vorausgegangener Abtretung künftiger Mietforderungen oder deren Pfändung dem die Beschlagnahmung betreibenden Gläubiger den Vorrang ein und weicht damit vom Prioritätsprinzip ab, weil die laufende Miete dem Grundpfandrechtsgläubiger als Haftungsobjekt dienen soll (BGH WM 2020, 22, 25; 2011, 2369, 2371; 2008, 801, 802). Die Vorschrift privilegiert nur den Hyphothekengläubiger wegen des Fehlens eines dinglichen Titels nicht aber einen Gläubiger einer Zwangssicherungshypothek (BGH WM 2008, 801, 802). Die Beschlagnahme der Mietforderung zugunsten des Hypothekengläubigers kann durch Anordnung der Zwangsverwaltung aber auch durch Pfändung bewirkt werden, sofern Grundlage der Pfändung der dingliche Anspruch ist (BGH WM 2008, 801, 802; BGHZ 163, 201, 208). Da Abs II nicht danach unterscheidet, ob die Vorausverfügung vor oder nach der Grundschuldbestellung geschieht (BGH WM 2005, 1371), hat bspw eine Abtretung der Mietforderung bei einem zunächst unbelasteten Grundstück nur begrenzte Wirkung (BankR-HdB/*Epp*[6] Rn 88, 89). Abtretung für eine darüber hinausgehende Fälligkeitszeit ist relativ unwirksam; insoweit wird der Mieter (Pächter) durch Zahlungen an den Zessionar nicht befreit (Gutglaubensschutz vgl § 1123 Rn 5), er hat aber einen (pfändbaren) Bereicherungsanspruch gegen den Zessionar; genehmigt der Hypothekengläubiger die Leistung, so kann dieser vom Zessionar nach § 816 II Herausgabe verlangen (Soergel/*Konzen* Rn 11; MüKo/*Lieder* Rn 31); mit Genehmigung wird der Mieter frei, ebenso bei Tilgung der Hypothek oder Aufhebung der Beschlagnahme. **Vorausverfügungen zugunsten eines Grundpfandgläubigers** (zB Abtretung, Verpfändung, Pfändung) werden nach Beschlagnahme zugunsten eines anderen Grundpfandgläubigers mit Ablauf der Frist des Abs II unwirksam, wenn das Recht des anderen Grundpfandgläubigers vorrangig ist. Erwirkt der rangschlechtere Hypothekengläubiger die Beschlagnahme, so findet Abs II auf frühere Verfügungen zugunsten des Vorgehenden, insb also auf eine Sicherungsabtretung Anwendung, wenn und solange der vorrangige Gläubiger nicht auch seinen dinglichen Anspruch geltend macht (BGH WM 2011, 2369, 2371; 2005, 1371, 1372). Die Wirkungen des Abs II in Bezug auf die Vorausverfügungen treten auch zulasten des Gläubigers ein, der die Beschlagnahme betrieben hat, so etwa dann, wenn ihm die Mieten abgetreten wurden (BGH WM 2011, 2369, 2371; aA MüKo/*Lieder* Rn 28; Staudinger/*Wolfsteiner* Rn 39). Es muss dann hinzukommen, dass die bislang an ihn abgetretenen Mietforderungen dem Einziehungsrecht des Zwangsverwalters unterfallen. Konkurrieren mehrere Pfändungen, so verdrängt ein dinglicher Gläubiger den persönlichen Gläubiger; die Pfändung aufgrund eines dinglichen Titels ist im Verhältnis zu einer späteren, auf Antrag eines nachrangigen Grundpfandrechtsgläubigers angeordneten Zwangsverwaltung unwirksam (LG Braunschweig ZIP 1996, 193, 194). Beschlagnahme durch Forderungspfändung aufgrund dinglichen Titels geht einer solchen seitens des nachrangigen Hypothekengläubigers vor (§ 879). Bei Anordnung der **Zwangsverwaltung** gebührt der Zins ohne Rücksicht auf die Zeitfolge der Pfändungen dem Zwangsverwalter nach Maßgabe der §§ 148, 155 ZVG, selbst wenn ein persönlicher Gläubiger die Anordnung herbeigeführt hat. Die dinglichen Gläubiger werden untereinander nach dem Rang ihres Rechts am Grundstück berücksichtigt.

6 **Vorauszahlungen** fallen nur dann nicht unter Abs II mit der Folge, dass sie ggü dem Grundpfandrechtsgläubiger wirksam sind, wenn und soweit für die ganze Vertragsdauer ein im Voraus fälliger Betrag geleistet wurde (BGH NJW 1998, 595, 596). Dies gilt jedoch nur dann, wenn dies bereits im ursprünglichen Mietvertrag vereinbart wurde (BGH BeckRS 2012, 01720; *Fischer* ZInsO 2014, 2189, 2200), wofür der Mieter die Beweislast trägt (BGH NJW-RR 2014, 11, 12) und der Mietvertrag auf Lebenszeit des Mieters geschlossen wurde. Dabei kommt es nicht darauf an, ob die Einmalzahlung vor oder nach Bestellung eines Grundpfandrechts vertragl vereinbart und gezahlt wird, sondern nur darauf, ob dies vor der Beschlagnahme geschieht (BGH NJW 2007, 2919, 2921). Ist jedoch die Miete/Pacht nach Zeitabschnitten (zB monatlich) bemessen, so gilt Abs II auch dann, wenn die Zahlung vereinbarungsgemäß in einer zusammengefassten Summe im Voraus entrichtet wird (BGH NJW 1998, 595, 596; BGHZ 37, 346, 351; BGH NJW 1967, 555; Frankfurt NJW-RR 2012, 911, 912; Staudinger/*Wolfsteiner* Rn 38); gleiches gilt im Falle einer Mietvorauszahlung, wenn ein Mietvertrag über eine feste Mietzeit abgeschlossen wurde. Eine Umrechnung des Einmalbetrages auf periodische, üblicherweise monatliche, Zeitabschnitte, ist hierbei möglich, was für eine Anwendbarkeit des Abs II mit der Folge genügt, dass die Vorauszahlung ggü dem Grundpfandrechtsgläubiger als unwirksam anzusehen ist für die fiktive anteilige Miete nach der Beschlagnahme (BGH WM 2014, 1728, 1729; NK/*Zimmer* Rn 9). An Letzterem fehlt es, wenn ein Einmalbetrag als Gegenleistung für ein Wohnen auf Lebenszeit des Mieters vereinbart ist, weshalb Abs II nicht anwendbar ist (BGH WM 2014, 1728, 1729; BeckRS 2012, 01720). Erforderlich ist eine Gestaltung, bei der eine Berechnung der Mietdauer nicht möglich ist, weil nicht feststeht, wie lange der Mieter lebt (BGH WM 2014, 1728, 1729; *Fischer* ZInsO 2014, 2189, 2200).

7 Anders verhält es sich bei einer Mietvorauszahlung in Form der Zahlung eines **Baukostenzuschuss**es durch den Mieter. Ist dieser bereits im Mietvertrag selbst vereinbart, ist zweifelhaft, ob es sich um eine „Verfügung" handelt und daher umstrittenen, ob § 1124 II auf Vereinbarungen über diese Art von Vorauszahlung des Mieters

(entspr) anwendbar ist (so Staudinger/*Wolfsteiner* Rn 35) oder es der Normzweck des § 1124 II gebietet, den Grundpfandrechtsgläubiger effektiv gegen missbräuchliche Gestaltungen des Eigentümers zu schützen (so MüKo/*Lieder* Rn 25). Mit dem BGH (NJW-RR 2012, 525) ist § 1124 II anzuwenden, allerdings nur, wenn der Baukostenzuschuss wirksam vereinbart wurde. Daran sind strenge Anforderungen zu stellen (s Rn 8). Ist der Baukostenzuschuss wirksam vereinbart, entfaltet er Wirkung auch ggü dem Grundpfandrechtsgläubiger im Rahmen einer Zwangsverwaltung sowie ggü dem Ersteher in der Zwangsversteigerung. Die früheren Bestimmungen des § 57c ZVG aF (Beschränkung des außerordentlichen Kündigungsrechts) und des § 57d ZVG aF (Ermittlung und Aufforderung der Mieter zur Anmeldung) sind seit dem 1.2.2007 entfallen (*Kindl/Meller-Hannich/Wolf*, § 57b ZVG Rn 11). Dies bedeutet, dass im Versteigerungstermin idR nicht mehr bekannt ist, ob ein solcher Anspruch des Mieters besteht. Kündigt der Ersteher das Mietverhältnis gem § 57a ZVG, kann er sich einem Erstattungsanspruch des Mieters ausgesetzt sehen. Der BGH hat nämlich entschieden, dass bei einer Kündigung eines Mietvertrags wegen Nichteinhaltung der Schriftform des § 550 der Vermieter für den Zeitraum zw Wirksamkeit der Kündigung und Ablauf der ursprünglichen Mietvertragsdauer ungerechtfertigt bereichert sein kann, weil mit der vorzeitigen Beendigung des Mietvertrags der Rechtsgrund für die vom Mieter vorgenommenen Investitionen entfallen ist (BGH WM 2009, 1381, 1382). Bei einem Vermieterwechsel infolge Grundstückveräußerung ist der neue Vermieter Schuldner des Bereichungsanspruchs (BGH WM 2009, 1381, 1382; 2006, 645, 647). Dies gilt auch für den **Ersteher in der Zwangsversteigerung** (BGH WM 2009, 1381, 1382). Bereichert ist der neue Vermieter nur dann und nur insoweit, als er die Mietsache vorzeitig zurückerhält und sie zu einem **höheren Mietzins als bisher vermieten** kann (BGH WM 2009, 1381, 1382). Nur wenn er mehr erlösen kann, als er nach dem bisherigen Vertrag erhalten hat, ist der Ersteher bereichert. Erlöst er nur das, was er bisher erhalten hat, besteht kein Anspruch gegen ihn (BGH WM 2009, 1381, 1382). Letzteres gilt auch dann, wenn eine höhere Miete auf anderen Umständen wie etwa der allg Marktentwicklung oder Verbesserungen der Mietsache durch den neuen Vermieter beruht.

Wirksam ist ein **abwohnbarer Baukostenzuschuss**, wenn kumulativ der Zuschuss vom Mieter/Pächter mit 8
Rücksicht auf sein Miet-/Pachtverhältnis (BGH NJW-RR 2012, 525) und aus dem Vermögen des Mieters (BGH NJW-RR 2012, 525; NJW 2009, 2312, 2313; MüKo/*Lieder* Rn 22) erbracht wird, er zum Auf- oder Anbau des Miet-/Pachtobjektes verwendet worden ist (BGH NJW-RR 2012, 525; Frankfurt NJW 2012, 911, 913; NK/*Zimmer* Rn 10; MüKo/*Lieder* Rn 22; aA Staudinger/*Wolfsteiner* Rn 37), er vor Durchführung der Instandhaltungsmaßnahme geleistet worden ist (BGH NJW-RR 2002, 1304), die Aufwendungen den Wert des Grundstücks erhöhen (BGH NJW-RR 2012, 525; NJW 2009, 2312, 2313; Rostock BeckRS 2006,10064) und eine Anrechnung auf den Mietzins beabsichtigt ist (*Fischer* ZfIR 2012, 686, 694). Berücksichtigungsfähig sind Geld- und Sachmittel sowie Arbeitsleistungen (BGH NJW-RR 2012, 525, 526; MüKo/*Lieder* Rn 22). Kosten für eine bei Mietvertragsschluss bereits erbrachte Leistung sind kein Baukostenzuschuss (BGH NJW-RR 2012, 525, 526). Die Zahlung muss also tatsächlich, wenigstens mittelbar, zum Bau verwendet worden sein (BGH NJW 1967, 555). Wie der Baukostenzuschuss im Vertrag bezeichnet ist, ist unerheblich. Die Beweislast für die genannten Voraussetzungen hat der Mieter/Pächter (BGH NJW-RR 2012, 1304; *Fischer* ZfIR 2012, 686, 694).

4. Grundschuld. § 1124 ist auf die Grundschuld entspr anwendbar (BGH WM 2019, 1798, 1799; 2005, 1371, 9
1372).

§ 1125 Aufrechnung gegen Miete oder Pacht

Soweit die Einziehung der Miete oder Pacht dem Hypothekengläubiger gegenüber unwirksam ist, kann der Mieter oder der Pächter nicht eine ihm gegen den Vermieter oder den Verpächter zustehende Forderung gegen den Hypothekengläubiger aufrechnen.

Schon § 392 schränkt die **Zulässigkeit der Aufrechnung** gegen eine beschlagnahmte Forderung ein. Eine weitere 1
Schranke setzt § 1125. Danach darf der Mieter/Pächter mit einer ihm gegen den Vermieter/Verpächter zustehenden Forderung dann nicht ggü der vom Hypothekengläubiger (Zwangsverwalter) nach Beschlagnahme geltend gemachten Miet-/Pachtforderung aufrechnen, wenn in dieser Lage auch der Eigentümer nicht wirksam über den Miet-/Pachtanspruch hätte verfügen können. Eine Aufrechnung gegen die Miet-/Pachtforderung für einen späteren als den in § 1124 II festgelegten Zeitraum ist mithin unzulässig. Gleiches gilt für eine schon im Miet-/Pachtvertrag im Voraus vereinbarte Aufrechnung; die nur relative Unwirksamkeit hat indes zur Folge, dass bei Aufhebung der Beschlagnahme die Aufrechnung wirksam bleibt. Vorauszahlung der Miete/Pacht als **Baukostenzuschuss** (§ 1124 Rn 6) lässt die vereinbarte Verrechnung soweit wirksam (§ 1124 Rn 7, 8) mit der laufenden Miete bis zur Abgeltung uneingeschränkt zu, nicht hingegen ein sich nachträgl ergebender Anspruch des Mieters aus wertsteigernden Verwendungen auf die Sache, wie zB im Fall des § 996 (Stuttgart BeckRS 2008, 07789; aA MüKo/*Lieder* Rn 6).

Zurückbehaltungsrechte sind durch § 1125 nicht betroffen, es sei denn, die Zurückbehaltung käme in der Wir- 2
kung einer unzulässigen Aufrechnung gleich. Unberührt bleibt auch die Möglichkeit der Aufrechnung mit einer dem Mieter gegen den Hypothekengläubiger selbst zustehenden Forderung.

§ 1125 ist auf die Grundschuld entspr anwendbar (BGH WM 2019, 1798, 1799). 3

§ 1126 Erstreckung auf wiederkehrende Leistungen

Ist mit dem Eigentum an dem Grundstück ein Recht auf wiederkehrende Leistungen verbunden, so erstreckt sich die Hypothek auf die Ansprüche auf diese Leistungen. Die Vorschriften des § 1123 Abs. 2 Satz 1, des § 1124 Abs. 1, 3 und des § 1125 finden entsprechende Anwendung. Eine vor der Beschlagnahme erfolgte Verfügung über den Anspruch auf eine Leistung, die erst drei Monate nach der Beschlagnahme fällig wird, ist dem Hypothekengläubiger gegenüber unwirksam.

1 **Subj-dingliche Rechte** sind Grundstücksbestandteile (§ 96) und deshalb in die Haftung des Grundstücks eingebunden. Soweit solche Rechte auf **wiederkehrende Leistungen** gerichtet sind, haften die Ansprüche ebenso wie Miet- und Pachtforderungen. Dazu gehören Reallasten (auch der eingetragene Erbbauzins), Notweg- und Überbaurenten, Unterhaltungsansprüche des Dienstbarkeitsberechtigten (§ 1021 II, § 1022 S 2) sowie Erträge aus der Teilhabe an altrechtl Gemeinschaften; das Entgelt für ein Dauerwohnrecht ist in § 40 WEG unmittelbar der Miethaftung zugeordnet, fällt also nicht unter § 1126; ebenso wenig werden Ansprüche aus § 987 II erfasst (BGH WM 2006, 1634, 1635); das subj dingliche Vorkaufsrecht begründet keinen Anspruch auf wiederkehrende Leistungen.

2 Die §§ 1123–1125 sind entspr anwendbar, jedoch mit folgenden Abweichungen: **§ 1123 II 2 gilt nicht** (§ 1126 S 2), so dass im Zeitpunkt der Beschlagnahme schon länger als ein Jahr rückständige Leistungen haftungsfrei werden; weiter gehend als nach § 1124 II sind **Vorausverfügungen** erst unwirksam, wenn sie eine mehr als drei Monate nach der Beschlagnahme fällig werdende Leistung betreffen (§ 1126 S 3).

3 § 1126 ist auf die Grundschuld entspr anwendbar (BGH WM 2019, 1798, 1799).

§ 1127 Erstreckung auf die Versicherungsforderung

(1) Sind Gegenstände, die der Hypothek unterliegen, für den Eigentümer oder den Eigenbesitzer des Grundstücks unter Versicherung gebracht, so erstreckt sich die Hypothek auf die Forderung gegen den Versicherer.

(2) Die Haftung der Forderung gegen den Versicherer erlischt, wenn der versicherte Gegenstand wiederhergestellt oder Ersatz für ihn beschafft ist.

1 **1. Haftungsgrundsatz.** Versicherungsforderungen treten im Schadensfall an die Stelle der ursprünglich haftenden Gegenstände. Das ist zwingendes Recht (Staudinger/*Wolfsteiner* Rn 20); der Versicherungsvertrag kann die Haftung nicht auschließen. Der Gesetzgeber hat diese Bestimmung nicht aus dem Prinzip der dinglichen Surrogation hergeleitet (BGH NJW 2006, 771, 772; BGHZ 107, 255, 256f; aA Frankfurt NJOZ 2006, 4176, 4177; Celle MittBayNot 1986, 126, 127; MüKo/*Lieder* Rn 1; *Plaßmann* ZfIR 2019, 859; *Hoes/Tetzlaff* ZfIR 2001, 354, 355), sondern als Ausnahme von dem Grundsatz formuliert, dass Pfandrechte mit dem Untergang der Sache selbst erlöschen (BGH NJW 2006, 771, 772; BGHZ 107, 255, 256f; NK/*Zimmer* Rn 1). Gem § 1127 hat der Hypothekengläubiger grds die Möglichkeit des Zugriffs auf Versicherungsforderungen sowohl aus Immobiliar- als auch Mobiliarversicherungen. Die §§ 1127ff sind auf Grundpfandrechte aller Art anwendbar, auch auf Reallasten (§ 1107), nicht dagegen auf öffentliche Lasten.

2 **Versicherungsforderungen** aus allen Verträgen, die sich auf das Grundstück und/oder auf die mithaftenden Gegenstände beziehen, sind von § 1127 erfasst, wobei § 1128 die Besonderheit der Gebäudeversicherung und §§ 142–149 VVG die der Gebäude-Feuer-Versicherung regelt (s § 1128 Rn 12ff sowie *Wenzel* BuB Rn 4/1982ff; *Schütz* VersR 1987, 134ff; zur Abschaffung der Monopolversicherungen *Renger* VersR 1993, 942). Der Vertrag bestimmt, gegen welche Gefahr Versicherungsschutz besteht. Bei Zubehöreigenschaft von Kraftfahrzeugen haftet die vom Eigentümer abgeschlossene Kaskoversicherung (MüKo/*Lieder* Rn 3).

3 **Sonstige Ersatzansprüche** des Eigentümers, zB aus § 823 wegen Beschädigung des Grundstücks oder Verschulden bei Vertragsschluss gegen den Versicherer haften nicht (BGH NJW 2006, 771, 772; BGHZ 107, 255; MüKo/*Lieder* Rn 2; NK/*Zimmer* Rn 1; aA Hamm NJW-RR 2003, 1612, 1614). Der Gläubiger der Hypothek oder Grundschuld hat jedoch gegen den Schädiger eigene Ansprüche nach § 823 I, II iVm § 1134, gegen den Grundeigentümer auch nach § 1134 II, § 1135.

4 **2. Voraussetzung der Haftung.** Der Anspruch entsteht unmittelbar mit dem Eintritt der Versicherungsfalls (BHG NJW-RR 2005, 1054, 1055). Ein im Zeitpunkt des Schadensfalles haftender Gegenstand muss versichert sein. Unerheblich ist, wann die Versicherung abgeschlossen wurde, wenn sie nur bei Schadenseintritt besteht (NK/*Zimmer* Rn 8; Staudinger/*Wolfsteiner* Rn 11). Die Versicherungsforderung haftet ab Entstehung der Hypothek; bei Hypothekenvormerkung beginnt die Haftung schon mit Eintragung der Vormerkung und kann dann mit Entstehung der Hypothek rückwirkend geltend gemacht werden (NK/*Zimmer* Rn 8; Staudinger/*Wolfsteiner* Rn 12); eine der Hypothek vorgehende Auflassungsvormerkung berechtigt deren Inhaber, nach Eigentumserwerb die vom Grundpfandgläubiger eingezogene Versicherung von diesem gem § 812 I 1 herauszuverlangen (BGHZ 99, 385; vgl dazu Anm *Kohler* JR 1987, 456).

5 Der **Eigentümer** oder **Eigenbesitzer** (§ 872) muss der Begünstigte der Versicherung sein (BGH WM 2019, 1798, 1799; Hamm NJW-RR 2003, 1612, 1614; MüKo/*Lieder* Rn 5; Staudinger/*Wolfsteiner* Rn 9); Abschluss der Versicherung durch einen Dritten für Rechnung des Eigentümers genügt (§§ 74ff VVG), zB durch eine WEG (Frankfurt NJOZ 2006, 4176, 4177), den Ehegatten, eine GbR (Hamm NJW-RR 2003, 1612, 1614) oder durch den

Nießbraucher (§ 1045 I). Der **Versicherungsvertrag** muss rechtsbeständig sein; begründete Vertragsanfechtung wirkt daher auch ggü dem Grundpfandgläubiger, ebenso eine der Verpflichtung entgegenstehende Einrede des Versicherers, auch Verwirkung. Der Anspruch ist damit einerseits durch die Höhe der Hypothek bzw den Nennbetrag der Grundschuld nebst Zinsen und Nebenleistungen und andererseits durch den vom Versicherer bedingungsgemäß zu ersetzenden Schaden begrenzt (BGH NJW-RR 2005, 1054, 1055; ZIP 1997, 232, 233). Bei der Hypothek ist die Höhe der Valutierung im Zeitpunkt des Eintritts des Versicherungsfalls maßgeblich (Saarbrücken NJW-RR 1998, 1486); eine spätere Valutierung der Hypothek führt nicht zu einer Erweiterung der Haftung. Für die Grundschuld gilt, dass die Haftung unabhängig von dem Zeitpunkt der Valutierung stets den Nennbetrag der Grundschuld umfasst, und zwar auch dann, wenn sie nicht oder nicht mehr oder nur teilw valutiert ist (BGH ZIP 1997, 232, 233; Hamm NJW-RR 1988, 217; NK/*Zimmer* Rn 9; Staudinger/*Wolfsteiner* § 1129 Rn 21; aA Saarbrücken NJW-RR 1998, 1486). Auf die Werthaltigkeit des Grundpfandrechts kommt es allerdings nicht an (BGH ZIP 1997, 232, 233).

3. Haftungsfolge. Das dingliche Verwertungsrecht des Gläubigers erstreckt sich auf die Forderung. Erfasst 6
wird auch der Anspruch auf den etwa hinterlegten Versicherungsbetrag (BGH NJW 1971, 1751), auch wenn das Versteigerungsgericht die ihm vom Versicherer geleistete Zahlung hinterlegt (BGHZ 46, 221, 223). § 1127 hat allerdings zur Folge, dass Versicherungsansprüche im Falle der Zwangsversteigerung gem § 20 ZVG durch eine **Beschlagnahme** erfasst werden. Gem § 55 I, § 90 II ZVG erwirbt der Ersteher neben dem Eigentum am Grundstück auch die Forderung gegen die Versicherung (BGH NJW 2006, 771, 772; 1981, 1671, 1672). Erst mit Beschlagnahme ist die Haftung durchsetzbar; bis dahin bleibt der Versicherte verfügungsbefugt (BGH WM 2019, 1798, 1799; MüKo/*Lieder* Rn 14), anders jedoch im Falle der Gebäudeversicherung (§ 1128), vgl auch § 1130. Beschlagnahme wird bewirkt durch Pfändung der Forderung aus dinglichem Titel, durch Zwangsversteigerung oder Zwangsverwaltung. Der Zwangsverwalter hat Einziehungsbefugnis.

4. Erlöschensgründe. Die Haftung der Forderung erlischt mit Wiederherstellung oder Ersatzbeschaffung 7
(Abs II), weil dann die erneuerte Sache selbst wieder haftet (Frankfurt NJOZ 2006, 4176, 4177; MüKo/*Lieder* Rn 15; Staudinger/*Wolfsteiner* Rn 16) und mithin das Sicherungsinteresse des Gläubigers gewahrt ist. Das gilt für alle Versicherungsarten, auch für den Anspruch aus §§ 102, 103 VVG und auch über den Zeitpunkt der Beschlagnahme hinaus; der Gläubiger kann dann folglich nicht mehr die Entschädigung geltend machen. Gleichgültig ist, aus welchen Mitteln Wiederherstellung oder Ersatzbeschaffung vorgenommen worden ist. Voraussetzung ist aber, dass hierdurch eine im Wert gleiche Sache wie vor der Zerstörung geschaffen wird. Wiederherstellung nur eines zur Sicherung des Gläubigers nicht ausreichenden Teils hat in der nicht gedeckten Höhe den Haftungsfortbestand der Forderung zur Folge; Weiterhaftung der Forderung auch dann, wenn und soweit die Hypothek in der Zwangsversteigerung nach Eintritt des Versicherungsfalles, aber vor Wiederherstellung ausfällt.

Sonstige Erlöschungsgründe: a) Enthaftung versicherter Bestandteile oder Zubehörsachen (§§ 1121, 1122) vor 8
Eintritt des Schadensfalles; **b)** Zahlung der Entschädigung an den Versicherten mit Zustimmung des Grundpfandgläubigers (vgl aber § 1128 II); **c)** Zahlung an den Versicherten nach Maßgabe des § 1128 I; **d)** Befriedigung des Grundpfandgläubigers; dann erlischt iHd ihm vom Versicherer geleisteten Entschädigung das Grundpfandrecht entspr § 1181 (vgl § 1181 Rn 3).

5. Grundschuld. § 1127 ist auf die Grundschuld entspr anwendbar (BGH WM 2019, 1798, 1799; NJW-RR 9
2001, 525, 526). Haftung ohne Rücksicht auf Werthaltigkeit in voller Höhe des Grundschuldbetrags (Rn 5).

§ 1128 Gebäudeversicherung

(1) Ist ein Gebäude versichert, so kann der Versicherer die Versicherungssumme mit Wirkung gegen den Hypothekengläubiger an den Versicherten erst zahlen, wenn er oder der Versicherte den Eintritt des Schadens dem Hypothekengläubiger angezeigt hat und seit dem Empfang der Anzeige ein Monat verstrichen ist. Der Hypothekengläubiger kann bis zum Ablauf der Frist dem Versicherer gegenüber der Zahlung widersprechen. Die Anzeige darf unterbleiben, wenn sie untunlich ist; in diesem Falle wird der Monat von dem Zeitpunkt an berechnet, in welchem die Versicherungssumme fällig wird.

(2) Hat der Hypothekengläubiger seine Hypothek dem Versicherer angemeldet, so kann der Versicherer mit Wirkung gegen den Hypothekengläubiger an den Versicherten nur zahlen, wenn der Hypothekengläubiger der Zahlung schriftlich zugestimmt hat.

(3) Im Übrigen finden die für eine verpfändete Forderung geltenden Vorschriften Anwendung; der Versicherer kann sich jedoch nicht darauf berufen, dass er eine aus dem Grundbuch ersichtliche Hypothek nicht gekannt habe.

1. Regelungsinhalt. Die Vorschrift verstärkt für den Fall der Gebäudeversicherung die Rechtsstellung des Hy- 1
pothekengläubigers; ein noch weiter gehender Schutz besteht nach den §§ 142ff VVG bei der Gebäudefeuerversicherung (Rn 12). Der Anwendungsbereich des § 1128 geht über §§ 142ff VVG hinaus. Abs I und II regeln die Voraussetzungen, unter denen der Versicherer mit befreiender Wirkung an den Versicherten leisten kann; bei vereinbarter **Wiederherstellung**, wie idR, **gilt** jedoch **§ 1130** vor Abs I und II (MüKo/*Lieder* Rn 3); Abs III gilt auch bei vereinbarter Wiederherstellungsklausel. Die eigentliche Bedeutung des § 1128 liegt in dessen Abs III. Hiernach ist der Gläubiger der Hypothek einem Pfandgläubiger gleichgestellt, und zwar schon vor der Beschlag-

nahme; der Eigentümer ist damit von vornherein gehindert, zum Nachteil des Gläubigers über die Versicherungsforderung zu verfügen (BGH WM 2019, 1798, 1799; Rn 8ff).

2 **2. Gebäudeversicherung.** § 1128 bezieht sich nur auf die Versicherung eines Gebäudes sowie auf die Versicherung des Zubehörs eines solchen, sofern es in die Gebäudeversicherung einbezogen ist. Ist das Zubehör als bewegliche Sache versichert worden, gilt § 1129 (MüKo/*Lieder* Rn 5). Versicherungsschutz besteht gegen Brand, Explosion und Blitzschlag. Für den tatsächlichen Umfang ist der Versicherungsvertrag maßgebend (NK/*Zimmer* Rn 2); danach können auch Bestandteile und Zubehör in die Gebäudeversicherung einbezogen sein (BGHZ 44, 1, 9ff; RGZ 69, 316), auch Glas- und Spiegelscheiben; soweit solche Gegenstände als bewegliche Sachen gesondert versichert sind, gilt § 1129 (MüKo/*Lieder* Rn 4). Waldbrand- und Hagelversicherung fallen nicht unter § 1128 (MüKo/*Lieder* Rn 5).

3 Eine Verpflichtung zum Abschluss einer Feuerversicherung folgt aus §§ 1133, 1134, weil dies zu den nach § 1134 II 2 erforderlichen Vorkehrungen gegen eine Beschädigung bei einem bebauten Grundstück gehört (BGH ZIP 1988, 1411, 1413). Auch der Insolvenzverwalter und der vorläufige Insolvenzverwalter sind verpflichtet, einen angemessenen Feuerversicherungsschutz zu gewährleisten (BGH ZIP 1988, 1411, 1413; *Lüke* ZIP 1988, 1, 3). § 1128 läuft allerdings leer, wenn keine Versicherungsforderung besteht (BGH WM 1988, 488, 490).

4 **3. Zahlung an den Versicherten. Befreiende Wirkung einer Zahlung an den Versicherten** setzt voraus, dass der Grundpfandgläubiger zustimmt oder auf Schadensanzeige schweigt (Abs I). Bei einem Buchrecht kann sich der Versicherer analog §§ 892, 893 darauf verlassen, dass der im Grundbuch eingetragene Grundpfandrechtsgläubiger berechtigt ist (MüKo/*Lieder* Rn 9); bei einem Briefrecht ist Briefvorlage erforderlich (BGH BeckRS 1980, 30371868). Bei Anmeldung der Hypothek ist schriftliche Zustimmung zur Auszahlung nötig (Abs II).

5 Die nach Abs I S 1 erforderliche **Schadensanzeige** des Versicherers oder des Versicherten ist Rechtshandlung. Für den Zeitpunkt des Zugangs, mit dem die Monatsfrist für den Widerspruch (Abs I S 2) beginnt, ist der Versicherer beweispflichtig (NK/*Zimmer* Rn 5).

6 Die Anzeige ist **„untunlich“** (Abs I S 3), wenn sie zwecklos erscheint. Das ist anzunehmen bei unbekanntem Aufenthaltsort (NK/*Zimmer* Rn 4) oder bei unbekannten Erben des eingetragenen Realgläubigers (MüKo/*Lieder* Rn 11), doch besteht dann jedenfalls ein Recht des Versicherers zur Hinterlegung.

7 **Widerspruch gegen die Zahlung** (Abs I S 2) ist formlos möglich. Die Frist von einem Monat seit Zugang der Anzeige (Abs I S 1) oder seit Fälligkeit (Abs I S 3) ist Ausschlussfrist. Zahlung an den Versicherten nach Fristablauf ist nur durch Beschlagnahme (Pfändung der Forderung), nicht durch Widerspruchsklage zu verhindern; anderenfalls erlischt mit der Zahlung die Versicherungsforderung und somit auch deren Haftung, dann aber Bereicherungsanspruch gegen den Versicherten. Widerspruch ohne Anzeige oder schon vorher ist wirksam. Bei mehreren Gläubigern der Hypothek genügt Widerspruch eines von ihnen (§ 432 I); bei mehreren Hypotheken muss jeder Hypothekar widersprechen.

8 **4. Rechtsstellung des Hypothekengläubigers. Der Hypothekengläubiger hat die Rechtsstellung eines Pfandgläubigers (Abs III)**, und zwar schon vor Beschlagnahme (BGH WM 2019, 1798, 1799) und auch, wenn eine Wiederherstellungsklausel vereinbart ist (MüKo/*Lieder* Rn 16). Er kann das Pfandrecht unabhängig von der Zwangsvollstreckung in das Grundstück verwerten (BGH WM 2019, 1798, 1800). Dabei richten sich die Folgen des Pfandrechts weiterhin nach der Fälligkeit der Hypothek (BGH WM 2019, 1798, 1800). § 1128 begründet zu Gunsten des Hypothekengläubigers ein relatives Veräußerungsverbot iSv § 135 an der Versicherungsforderung (BGH VersR 1984, 1337); er hat gegen Drittpfändung der Forderung Klage aus § 771 ZPO (BGH VersR 1984, 1137) und aus § 805 ZPO (§ 1120 Rn 2); der Versicherte hingegen muss die Pfändung gegen sich gelten lassen (BGH VersR 1984, 1137). Nicht eingeschränkt wird die Befugnis des Eigentümers, das Grundstück einem Dritten bei bestehenbleibender Hypothek ohne die Versicherungsforderung zu übertragen; die durch Abs III begründete Rechtsstellung des Hypothekengläubigers als Pfandgläubiger an der Versicherungsforderung wird davon nicht berührt (BGH WM 2019, 1798, 1800).

9 **Folgen des Pfandrechts.** Vor Fälligkeit der Hypothek ist an deren Gläubiger und an den Versicherten gemeinsam zu leisten oder für beide zu hinterlegen (§ 1281; BGH NJW-RR 2001, 525, 526), nach Fälligkeit hat allein der Hypothekengläubiger das Einziehungsrecht (§ 1282), bei Zustimmung des Versicherten schon vorher; für den Hypothekengläubiger, nicht für den Versicherer, besteht nach § 1285 II 2 die Pflicht zur Benachrichtigung des Versicherten. Bei mehreren Hypotheken berechtigt die vorgehende zur Einziehung (§ 1290), bei gleichem Rang kann Leistung nur an alle Berechtigten verlangt werden (§ 432 I); maßgebend ist der Grundbuchrang der Hypotheken (BGH NJW-RR 2005, 1054, 1055; NJW 1981, 1671); auf den Vorrang kann verzichtet und das Einziehungsrecht an einen nachrangigen Gläubiger übertragen werden (BGH NJW 1981, 1671, 1672; zur Wirkung einer der Hypothek vorgehenden Auflassungsvormerkung vgl § 1127 Rn 4. Die Höchstgrenze der Haftung bestimmt sich nach der Höhe der Hypothekenforderung am Tag des Versicherungsfalls; bei der Grundschuld ist der Grundschuldbetrag maßgeblich. Mit Zahlung des Versicherers an den Hypothekengläubiger erlischt die hypothekarisch gesicherte Forderung in entspr Höhe (§ 1181 analog, § 1181 Rn 3; zur Gebäudeversicherung s Rn 17.

10 Aus **§ 1276** folgt, dass der Versicherte nur mit Zustimmung des Grundpfandgläubigers die Forderung stunden, erlassen oder in sonstiger Weise darüber zum Nachteil des Gläubigers verfügen darf; auch die Aufrechnung ist zustimmungsbedürftig. Wird die Forderung abgetreten oder belastet, so bleibt das Pfandrecht bestehen, Handlungen des Versicherers hingegen fallen nicht unter § 1276, also nicht zB eine von ihm erklärte Aufrechnung, die aber voraussetzt, dass er bei Erwerb seiner Gegenforderung nicht Kenntnis nach § 1128 III hatte (§§ 1275, 406).

Zu beachten ist, dass die relative Unwirksamkeit nur Verfügungen über die **Forderung** erfasst, denn nur sie haftet der Hypothek; Einwirkungen auf den Versicherungsvertrag als solchen bleiben unberührt, zB Kündigung, Anfechtung, Aufhebung des Vertrags oder Rücktritt vom Vertrag.

5. Zwangsversteigerung. Der Anspruch auf die Brandentschädigung geht beim ungestörten Versicherungsverhältnis in der **Zwangsversteigerung** auf den Ersteher über, wenn der Versicherer leistungspflichtig ist (BGH WM 1981, 488, 489); er wird von der Beschlagnahme gem § 20 ZVG umfasst (BGH WM 2019, 1798, 1800). Ein vor der Beschlagnahme an der Forderung auf Brandentschädigung entstandenes Pfandrecht des Hypothekengläubigers (§ 1127 I, § 1128 III) entzieht die Forderung nicht der Beschlagnahme. Vielmehr erlischt das Pfandrecht durch die Beschlagnahme, wenn nichts anderes in den Versteigerungsbedingungen festgesetzt wird. Die Forderung auf Brandentschädigung geht lastenfrei auf den Ersteher über (BGH WM 1981, 488, 489). Demggü entsteht das Recht des Hypothekengläubigers gem § 143 VVG bei gestörtem Versicherungsverhältnis bereits mit dem Versicherungsfall und geht in der Zwangsversteigerung nicht auf den Ersteher über (BGH ZIP 1997, 232, 233; WM 1981, 488, 489; *Stöber* § 20 VZG Rn 37b). 11

6. Verhältnis zum VVG. Für die **Gebäudefeuerversicherung** werden die Bestimmungen des BGB um Regelungen zum Schutz des Grundpfandrechtsgläubigers im VVG ergänzt. Die entspr Bestimmungen, die ein gesetzl Schuldverhältnis zw Versicherer und Hypothekengläubiger begründen (NK/*Zimmer* Rn 11), finden sich seit dem 1.1.2008 in **§§ 142ff VVG.** Sie haben die früheren Bestimmungen der §§ 97ff VVG aF ersetzt, die insb in Gestalt des § 102 VVG aF eine deutliche Privilegierung des Grundpfandrechtsgläubigers vorgesehen hatten, die dem Gesetzgeber zu weit ging. Vgl zu Altverträgen und den Übergangsvorschriften Erman/*Wenzel*[14] § 1128 Rn 12ff. 12

Während § 102 VVG aF bei einem gestörten Versicherungsverhältnis und damit einhergehender Leistungsfreiheit des Versicherers ggü dem Versicherungsnehmer dem Grundpfandrechtsgläubiger ein selbständiges, nicht vom Versicherungsnehmer abgeleitetes Rechts auf Zahlung der Versicherungssumme zubilligte, wird der Versicherer nach heutigem Recht in Fällen der Leistungsfreiheit nicht nur ggü dem Versicherungsnehmer, sondern grds auch ggü dem Grundpfandrechts- und dem Beschlagnahmegläubiger frei (*Langheid* NJW 2007, 3745, 3747). Allerdings war das VVG aF von dem sog Alles-oder-Nichts-Prinzip geprägt: Handelte der Versicherungsnehmer leicht fahrlässig, so blieb sein Anspruch vollständig bestehen; bei grober Fahrlässigkeit und Vorsatz entfiel er dagegen vollständig. Demggü ist das VVG heute von einem Quotensystem geprägt (*Franz* DStR 2008, 303, 306). In Fällen der gänzlichen oder teilw Leistungsfreiheit ggü dem Versicherungsnehmer ist die Versicherung nicht nur ggü dem Versicherten, sondern auch ggü dem Grundpfandrechts- und dem Beschlagnahmegläubiger frei (*Fischinger* VersR 2009, 1032). 13

Führt der Versicherungsnehmer den Versicherungsfall vorsätzlich herbei, besteht gem § 81 I VVG kein Versicherungsschutz. Die grob fahrlässige **Verursachung** führt – anders als nach altem Recht – nicht zur vollständigen Leistungsfreiheit, sondern der Versicherer ist berechtigt, den Anspruch entspr dem Grad des Verschuldens zu kürzen (§ 81 II VVG). Bei nur einfacher Fahrlässigkeit verbleibt es bei dem vollen Versicherungsschutz. Die gleichen Regeln gelten nach §§ 23, 26 I VVG, wenn der Versicherungsfall nach einer gefahrerhöhenden Handlung des Versicherungsnehmers herbeigeführt wird. Handelte der Versicherungsnehmer hierbei fahrlässig kann der Versicherer mit einer Frist von einem Monat den Versicherungsvertrag kündigen (§ 24 VVG); die Leistungspflicht für bereits eingetretene Versicherungsfälle bleibt bestehen. Bei einer **Obliegenheitsverletzung** wird der Versicherer weder frei noch kann er den Vertrag kündigen, wenn der Versicherungsnehmer nur fahrlässig handelt. Ein Kündigungsrecht besteht hier bei Vorsatz und grober Fahrlässigkeit (§ 28 I VVG). Zudem wird der Versicherer bei Vorsatz von der Leistungspflicht frei und kann bei grober Fahrlässigkeit den Anspruch anteilig kürzen (§ 28 II VVG). Ist die Obliegenheitsverletzung allerdings nicht kausal, bleibt der Versicherer trotz des Verschuldens des Versicherungsnehmers zur Leistung verpflichtet, es sei denn, der Versicherte handelt arglistig (§ 28 III VVG). Bei Verletzung vorvertragl **Anzeigepflichten** kann der Versicherer unter Einhaltung einer Monatsfrist von dem Vertrag zurücktreten, wenn der Versicherungsnehmer fahrlässig handelte (§ 19 III VVG). Handelte der Versicherungsnehmer grob fahrlässig, besteht ein Recht zum sofortigen Rücktritt. Dies gilt allerdings nur, wenn der Versicherer den Vertrag bei Kenntnis der nicht angezeigten Umstände den Vertrag überhaupt nicht geschlossen hätte (§ 19 IV 1 VVG). Hätte er den Vertrag dagegen zu anderen Bedingungen geschlossen, hat er nur ein Vertragsanpassungsrecht (§ 19 IV 2 iVm Abs VI VVG). Bei arglistiger Täuschung kann der Versicherer den Vertrag anfechten (§ 22 VVG). 14

Da der Grundpfandrechtsgläubiger von der Verletzung von Pflichten des Versicherungsnehmers in aller Regel keine Kenntnis hat, sehen die §§ 142ff VVG einen gewissen Schutz vor, wenn er die Grundschuld bei der Versicherung anmeldet. Dies bewirkt, dass der Grundpfandrechtsgläubiger (§ 148 VVG) vom Gebäudeversicherer darüber unterrichtet wird, wenn eine Prämie nicht rechtzeitig gezahlt oder das Versicherungsverhältnis gekündigt wird (§ 142 I VVG), der Versicherer dem Grundpfandrechtsgläubiger den Eintritt des Versicherungsfalles anzuzeigen hat (§ 142 II VVG) und bei nicht rechtzeitiger Zahlung einer Folgeprämie, bei Beendigung des Versicherungsverhältnisses oder bei Nichtigkeit des Versicherungsvertrags die Leistungspflicht ggü dem Grundpfandrechtsgläubiger bis zur Mitteilung über die Leistungsstörung fortbesteht (§ 143 VVG). Durch die Anmeldung entsteht ein gesetzl Schuldverhältnis (Looschelders/Pohlmann/*Stagl*/*Brand* § 142 VVG Rn 5). 15

§ 143 VVG schafft ein **selbständiges, unmittelbares Recht des Realgläubigers** gegen die Versicherung, das als gesetzl Anspruch an die Stelle der pfandweisen Haftung der Versicherungsforderung gem § 1127 I tritt (BGH 16

MDR 2005, 990 zu § 102 VVG aF). Erfasst sind sämtliche Beendigungsgründe, soweit diese nicht ausdrückl nach § 143 Abs II Nr 2 VVG ausgenommen sind (Looschelders/Pohlmann/*Stagl*/*Brand* § 143 Rn 7). Der Anspruch entsteht unmittelbar mit dem Sicherungsfall (BGH MDR 2005, 990 zu § 102 VVG aF). Der Anspruch gegen den Versicherer geht in die Zwangsversteigerung nicht auf den Erwerber über (BGH NJW-RR 1997, 406). Er ist nicht an die Wiederherstellung gebunden und ist der Höhe nach begrenzt durch die aus dem Grundstück zu zahlende Summe (Hypothekenforderung bzw Grundstücknominalbetrag nebst Zinsen und Nebenleistung) einerseits und den vom Versicherer zu ersetzenden Schaden andererseits. Sind zulasten eines Grundstücks mehrere Grundschulden zugunsten von Gläubigern bestellt, die gem § 143 VVG privilegiert sind, steht allen die Versicherungsforderung als Teil des grundpfandrechtl Haftungsverbandes zur Verfügung (BGH MDR 2005, 990, 991 zu § 102 VVG aF). Reicht die Versicherungsleistung nicht für alle privilegierten Grundpfandrechtsgläubiger aus, beurteilt sich der Zugriff auf die Versicherungsleistung nach dem Rang des dinglichen Rechts (BGH MDR 2005, 990, 991 zu § 102 VVG aF).

17 **Befriedigt die Versicherung den Grundschuldgläubiger** gem § 143 VVG, geht dessen dingliches Recht auf die Versicherung über (§ 145 S 1 VVG). Es handelt sich um einen Übergang entspr § 1164 I, so dass der Übergang der Hypothek voraussetzt, dass der Versicherer Ansprüche gegen den Eigentümer hat, zu deren Sicherung die übergegangene Hypothek dienen kann (Staudinger/*Wolfsteiner* Rn 20, aA Looschelders/Pohlmann/*Stagl*/*Brand* § 145 VVG Rn 4: Hypothek wird Fremdgrundschuld). Allerdings kann der Übergang nicht zum Nachteil gleich- oder nachstehender Grundpfandrechtsgläubiger geltend gemacht werden, denen ggü die Leistungspflicht der Versicherung bestehen geblieben ist (§ 145 S 2 VVG). Dieser gesetzl angeordnete Rangrücktritt dient dem Schutz aller Gläubiger, die gem § 143 VVG privilegiert sind (BGH WM 2005, 1134, 1135 zu § 102 VVG aF; Hamm WM 2002, 2329, 2331; Staudinger/*Wolfsteiner* Rn 20). Die Versicherung soll mit ihren Rechten nicht neben oder vor die verbleibenden Gläubiger treten, obwohl sie dinglich die Stelle des Gläubigers einnimmt, der das ihm Zustehende bereits erhalten hat. § 145 VVG greift unabhängig davon ein, ob die Versicherung die von ihr geschuldete Leistung bereits ganz oder nur zT erbracht hat (BGH WM 2005, 1134, 1135 zu § 102 VVG aF; krit *Langheid* NJW 2008, 3745, 3747).

18 **7. Grundschuld.** § 1128 ist auf die Grundschuld entspr anwendbar (BGH WM 2019, 1798, 1799); §§ 142ff VVG gelten gem § 148 VVG für die Grundschuld entspr. Der Versicherer kann ggü dem Gläubiger einer Fremdgrundschuld nicht die Nichtvalutierung der Grundschuld einwenden (s § 1127 Rn 5).

§ 1129 Sonstige Schadensversicherung

Ist ein anderer Gegenstand als ein Gebäude versichert, so bestimmt sich die Haftung der Forderung gegen den Versicherer nach den Vorschriften des § 1123 Abs. 2 Satz 1 und des § 1124 Abs. 1, 3.

1 **Versicherungsforderungen**, die sich nicht auf ein Gebäude, sondern nur auf **andere Gegenstände** beziehen, zB auf selbständig versichertes Zubehör (Staudinger/*Wolfsteiner* § 1128 Rn 2; MüKo/*Lieder* Rn 2), Bestandteile, Erzeugnisse (vgl aber § 1128 Rn 2), behandelt das Gesetz ähnl wie die versicherten Gegenstände selbst. Erst mit Beschlagnahme wird die Haftung verwirklicht; bis dahin ist der Versicherte zur Einziehung der Forderung und zu sonstigen Verfügungen darüber berechtigt (§ 1124 I 1; BGH WM 2019, 1798, 1799; MüKo/*Lieder* Rn 5), auch Pfändung zur Beschlagnahme ist zulässig (§ 865 ZPO); bei Wiederherstellungsklausel gilt § 1130 (MüKo/*Lieder* Rn 9). **Beschlagnahme** wird herbeigeführt durch Zwangsversteigerung, Zwangsverwaltung oder durch Pfändung der Forderung aufgrund dinglichen Titels (vgl § 1123 Rn 5). Die Zwangsversteigerung erstreckt sich jedoch nicht auf die Versicherungsforderung für getrennt land- und forstwirtschaftl Erzeugnisse, wenn diese nicht Zubehör sind (§ 21 I ZVG), wohl aber die Zwangsverwaltung (§ 148 ZVG).

2 **Enthaftung der Forderung** ein Jahr nach Fälligkeit, wenn nicht vorher beschlagnahmt (§ 1123 II 1), ferner durch Abtretung (§ 1124 I 2) oder durch Veräußerung des Grundstücks ohne die Forderung (§ 1124 III; BGH WM 2019, 1798, 1799); ein Rechtserwerb Dritter an der Forderung (zB Pfandrecht, Nießbrauch) geht der Hypothekenhaftung vor (§ 1124 I 2 Hs 2). Wird der versicherte Gegenstand selbst enthaftet (§§ 1121, 1122), so wird auch die Forderung haftungsfrei; Veräußerung ohne Entfernung hindert aber die Abtretung der Forderung vor Beschlagnahme nicht.

3 § 1129 ist auf die Grundschuld entspr anwendbar.

§ 1130 Wiederherstellungsklausel

Ist der Versicherer nach den Versicherungsbestimmungen nur verpflichtet, die Versicherungssumme zur Wiederherstellung des versicherten Gegenstands zu zahlen, so ist eine diesen Bestimmungen entsprechende Zahlung an den Versicherten dem Hypothekengläubiger gegenüber wirksam.

1 **1. Allgemeines.** Gem § 1130 gehen Wiederherstellungsklauseln nach Maßgabe der §§ 93, 94 VVG dem § 1128 vor (BGH WM 1980, 1390; *Prölss*/*Martin* § 93 VVG Rn 1; *Hoes*/*Tetzlaff* ZfIR 2001, 354, 356). Grundgedanke der Vorschrift ist, dass eine Wiederherstellungsklausel ggü dem Hypothekengläubiger wirksam ist. Das Gesetz geht davon aus, dass den Interessen des Grundpfandrechtsgläubigers dadurch Genüge getan ist, dass der Versicherungsbetrag zur Herstellung des früheren Zustandes verwendet wird (MüKo/*Lieder* Rn 1; Soergel/*Konzen* Rn 2). Daher soll der Hypothekengläubiger nicht die Zahlung an sich verlangen können. Gem § 93 VVG ist allerdings

nur die Leistung der sog **Entschädigungsspitze** an das Erfordernis der Wiederherstellung gebunden (Düsseldorf NJW-RR 2004, 468, 469). Entschädigungsspitze ist der Schaden, der dem Versicherungsnehmer dadurch entsteht, dass er einen höheren Betrag als den Zeitwert aufwenden muss, wenn er das zerstörte Gebäude wiederherstellt (BGH WM 2016, 1250, 1251). Auf die übrige Versicherungsleistung ist nicht § 1130, sondern § 1128 anzuwenden (Staudinger/*Wolfsteiner* Rn 1; BankR-HdB/*Epp*[6] Rn 103). Der Schutz des Realgläubigers wird durch §§ 93, 94 VVG ggü § 1130 erweitert (Langheid/*Rixecker* § 93 VVG Rn 3). Nach § 1130 kann der Versicherer die Entschädigung bei Vereinbarung einer Wiederherstellungsklausel nämlich mit befreiender Wirkung ggü dem Realgläubiger schon dann an den Versicherungsnehmer zahlen, wenn er sie zum Zwecke der Wiederherstellung zahlt. Ob die Wiederherstellung gesichert ist oder überhaupt geschieht, ist dabei unerheblich. Demggü ist eine Zahlung des Versicherers gem § 93 VVG nur wirksam, wenn die Wiederherstellung gesichert ist.

2. Auslegungsregel des § 93 VVG. § 93 VVG selbst enthält keine Wiederherstellungsklausel, sondern nur eine Auslegungsregel für den Fall, dass eine solche Klausel in Versicherungsbedingungen enthalten und unklar formuliert ist. Ausdrückl Vereinbarung ist erforderlich (Stuttgart r+s 2011, 245, 248). Dies kann in Allgemeinen Vertragsbedingungen oder Individualabreden der Fall sein oder auf Landesrecht oder Satzung beruhen. Ist keine Wiederherstellungsklausel vereinbart oder diese nichtig oder obsolet, weil die Wiederherstellung unmöglich geworden ist, bleibt es bei § 1128 (*Prölss/Martin* § 93 VVG Rn 12). 2

3. Einfache Wiederherstellungsklausel. Bei den Wiederherstellungsklauseln wird zw einfachen und strengen unterschieden. §§ 93f VVG gelten nur für die strengen Wiederherstellungsklauseln (Looschelders/Pohlmann/*Heyer* § 94 VVG Rn 6). Bei **einfachen Wiederherstellungsklauseln**, die sich heute vorwiegend nur noch in **älteren Vertragsbedingungen** finden, ist die Wiederherstellung Fälligkeits- oder Empfangszuständigkeitsvoraussetzung (NK/*Zimmer* Rn 3). Das Entstehen des Versicherungsanspruchs hängt weder ganz noch teilw von der Wiederherstellung ab. Wenn die Zahlung den Versicherungsbedingungen entspr erfolgt ist, ist der Versicherer befreit (Soergel/*Konzen* Rn 2), auch ggü dem Realgläubiger. Dies gilt auch dann, wenn die Versicherungssumme tatsächlich nicht zur Wiederherstellung verwendet worden ist. Entspricht die Zahlung nicht den Versicherungsbedingungen, braucht der Hypothekengläubiger die Zahlung nicht gegen sich gelten zu lassen. Er kann nochmalige Zahlung, aber nur zur Wiederherstellung verlangen (Soergel/*Konzen* Rn 2). Ist die Wiederherstellung unmöglich, verliert die Wiederherstellungsklausel auch ggü dem Hypothekengläubiger ihren Sinn. Er kann dann unter den Voraussetzungen von § 1128 III, §§ 1281, 1281 Zahlung an sich verlangen (Staudinger/*Wolfsteiner* Rn 2; Soergel/*Konzen* Rn 2; Langheid/*Rixecker* § 93 VVG Rn 18). Dies gilt nicht, wenn die Wiederherstellung verweigert wird (MüKo/*Lieder* Rn 6; Soergel/*Konzen* Rn 2, aA RG 133, 117, 123). Der Hypothekengläubiger kann seine Belange dadurch wahren, dass er nach § 1134 II die Einsetzung eines Verwalters erwirkt, der für die Wiederherstellung sorgt (MüKo/*Lieder* Rn 6; Langheid/*Rixecker* § 93 VVG Rn 1; vgl § 1134 Rn 7). Auch dann, wenn der Realgläubiger bei einer einfachen Wiederherstellungsklausel auf die Wiederherstellung verzichtet, ist die volle Versicherungsleistung ohne den Wiederaufbau geschuldet (*Prölss/Martin* § 93 VVG Rn 5). 3

4. Strenge Wiederherstellungsklausel. Demggü entfällt bei den **strengen Wiederaufbauklauseln** (s dazu BGH WM 2016, 1250, 1251), die sich in **neueren Bedingungen** vorwiegend finden, der Versicherungsanspruch auf die Entschädigungsspitze, wenn nicht wiederaufgebaut wird (Staudinger/*Wolfsteiner* Rn 3). Mit Eintritt des Versicherungsfalls entsteht der Anspruch nur zT, nämlich zu einem Bruchteil oder iHd gemeinen Werts in der Zeitwertversicherung oder iHd Zeitwerts in der Neuwertversicherung. Der Restanspruch auf die sog Entschädigungsspitze (Neuwertanteil) entsteht gem § 93 I 1 VVG erst dadurch, dass die Wiederherstellung durchgeführt oder sichergestellt ist (BGH NJW-RR 2011, 1403, 1404; 2007, 606, 610; 2001, 525; *Prölss/Martin* § 93 VVG Rn 6). Diese Beschränkungen sind auch ggü dem Hypothekengläubiger wirksam (Staudinger/*Wolfsteiner* Rn 3). Ist die Wiederherstellung allerdings ausgeschlossen oder unmöglich, kann der Hypothekengläubiger auch bei einer strengen Wiederaufbauklausel die Auszahlung der Versicherungssumme an sich verlangen (Hamm NJOZ 2008, 758, 760; *Langheid/Rixecker* § 93 VVG Rn 18; *Hoes/Tetzlaff* ZfIR 2001, 354, 357). Ist die in den Versicherungsbedingungen festgelegte Frist für die Wiederherstellung abgelaufen, entfällt der Anspruch auf die Entschädigungsspitze; dies gilt auch im Verhältnis zu dem Hypothekengläubiger (Hamm NJOZ 2008, 758, 760; *Prölss/Martin* § 93 VVG Rn 11), der insofern nur durch ein Vorgehen gem § 1133 geschützt ist. **Verweigert der Grundstückseigentümer die Wiederherstellung**, kann der Grundpfandrechtsgläubiger die Zahlung des Zeitwertanteils an sich verlangen (*Hoes/Tetzlaff* ZfIR 2001, 354, 357; aA MüKo/*Lieder* Rn 6; Staudinger/*Wolfsteiner* Rn 9; NK/*Zimmer* Rn 6; Soegel/*Konzen* Rn 2). Das dagegen vorgetragene Argument, dass eine Wiederherstellung nicht möglich ist, wenn der Zeitwertanteil an den Grundpfandrechtsgläubiger ausgezahlt wird (MüKo/*Lieder* Rn 6), überzeugt nicht, da die Weigerung des Eigentümers die Wiederherstellung gerade verhindert. Vielmehr verliert die Wiederherstellungsklausel in diesem Fall ihren Sinn und es ist dem Interesse des Grundpfandrechtsgläubigers, wenigstens den Zeitwertanteil zu erhalten und nicht allein auf den Wiederaufbau im Rahmen einer Zwangsverwaltung (s Rn 7) verwiesen zu werden, ggü einer möglicherweise unwirtschaftl Wiederherstellung der Vorrang einzuräumen. Der in § 1130 postulierte Vorrang eines Wiederaufbaus vor dem Zugriff des Grundpfandrechtsgläubigers auf die Versicherungsforderung ist nämlich nur gerechtfertigt, wenn eine Wiederherstellung durchgeführt wird. 4

Eine Zahlung der Versicherungssumme ohne Sicherung der bestimmungsgemäßen Verwendung oder zu einer den Versicherungsbestimmungen nicht entspr Wiederherstellung ist gem § 94 VVG dem Hypothekengläubiger ggü unwirksam. Der Versicherer muss noch einmal leisten, kann sich ggf aber auf § 1127 II berufen (*Prölss/Martin* § 94 VVG Rn 8). **Ausnahmen: (1) Anzeige (§ 94 I, II VVG)**: Dem Hypothekengläubiger ist die geplante Zah- 5 lung ohne Sicherung oder unter Abweichung angezeigt worden und ein Monat ist verstrichen. Widerspricht innerhalb der Frist niemand, wird die Einwilligung des Gläubigers vermutet. Das Pfandrecht erlischt aber erst mit der Zahlung an den Versicherungsnehmer (*Prölss/Martin* § 94 VVG Rn 9). Ein Widerspruch nach Ablauf der Frist ist wirkungslos. Nicht erforderlich ist die Fälligkeit der Hypothek (*Prölss/Martin* § 94 VVG Rn 9). Sind mehrere Hypothekengläubiger vorhanden, ist der Versicherer bei Widerspruch auch nur eines Gläubigers verpflichtet, auf Verlangen des widersprechenden Gläubigers nach Maßgabe des Vertrags an den Versicherungsnehmer zum Zweck des Wiederaufbaus zu leisten (*Prölss/Martin* § 94 VVG Rn 9). Die Hypothek muss vor Eintritt des Versicherungsfalls im Grundbuch eingetragen oder zumindest gem § 883 vorgemerkt sein (*Prölss/Martin* § 94 VVG Rn 14). Zur Zeit der Mitteilung in der Zwangsversteigerung ausgefallene Hypotheken haben kein Recht an der Entschädigung mehr. (2) **Entbehrlichkeit der Anzeige (§ 94 III 2 VVG)**: Die Anzeige kann nach § 94 III 2 VVG unterbleiben, wenn sie unangemessene Kosten oder Mühe verursachen würde oder unmöglich ist. Dann genügt das Schweigen innerhalb der Monatsfrist seit Fälligkeit der Entschädigung. Bei Briefgrundschulden darf der Versicherer nicht darauf vertrauen, dass es sich um Eigentümergrundschulden des Versicherungsnehmers handelt; vielmehr muss er auf Briefvorlage bestehen (BGH WM 1980, 1390). **(3) Realrechtsanmeldung (§ 94 IV VVG)**: Hat der Hypothekengläubiger sein Recht dem Versicherer angemeldet, ist seine schriftlich Zustimmung erforderlich, wenn der Versicherer ohne Sicherung der Wiederherstellung an den Versicherungsnehmer leisten will.

6 Um Manipulationen auszuschließen, ist eine **bestimmungsgemäße Verwendung nur gesichert,** wenn keine vernünftigen Zweifel an der Wiederherstellung bestehen (BGH NJW-RR 2004, 753, 754; Bamberg BeckRS 2018, 20859 Rn 13; Hamm r+s 2016, 517, 518; vgl auch BGH NJW-RR 2011, 1403, 1404; *Prölss/Martin* § 93 VVG Rn 26). Dies bedarf strenger Vorkehrungen wie der Abtretung des noch nicht fälligen Anspruchs an den Bauunternehmer, der Auszahlung auf ein von einem Treuhänder verwaltetes Bausperrkonto oder der Auszahlung der Versicherungsleistung nach Baufortschritt (weniger streng BGH NJW-RR 2011, 1403, 1404; 2004, 753, 754; Hamm r+s 2016, 517, 518; Celle VersR 2010, 383; Celle NJOZ 2008, 1542, 1545 wie hier aber Looschelders/Pohlmann/*Heyers* § 94 VVG Rn 10; *Prölss/Martin* § 93 VVG Rn 27). War die bestimmungsgemäße Verwendung bei Auszahlung der Versicherungssumme an den Versicherungsnehmer gesichert, muss der Hypothekengläubiger die Auszahlung nach Maßgabe des § 93 VVG auch dann gegen sich gelten lassen, wenn der Versicherungsnehmer die Versicherungssumme für andere Zwecke verwendet (*Prölss/Martin* § 93 VVG Rn 29).

7 **5. Zwangsverwertung.** Die Entschädigungssumme ist zweckgebunden und daher nicht pfändbar, auch nicht durch den Grundpfandrechtsgläubiger (Staudinger/*Wolfsteiner* Rn 7; MüKo/*Lieder* Rn 21; Soergel/*Konzen* Rn 4). Der Hypothekengläubiger kann seinen Anspruch durch **Zwangsverwaltung** verwerten, durch die dem Versicherten die Legitimation zur Einziehung genommen wird (München NJOZ 2015, 1648, 1649; Staudinger/*Wolfsteiner* Rn 6). Der Hypothekengläubiger erhält dadurch kein Recht auf Befriedigung aus der Versicherungsforderung; vielmehr hat der Zwangsverwalter die Forderung einzuziehen und bestimmungsgemäß zur Wiederherstellung oder Wiederbeschaffung zu verwenden (Soergel/*Konzen* Rn 4; Staudinger/*Wolfsteiner* Rn 6; MüKo/*Lieder* Rn 4). Die Pfändung einer Versicherungsforderung der in § 1130 bezeichneten Art ist für den Hypothekengläubiger ausgeschlossen (Staudinger/*Wolfsteiner* Rn 7; Soergel/*Konzen* Rn 4; Langheid/*Rixecker* § 93 VVG Rn 3), da die Versicherungssumme sonst ihrem Zweck, die Wiederherstellung des Versicherungsobjekts zu ermöglichen, entzogen würde. Im Falle einer **Zwangsversteigerung** ist § 1130 nicht anzuwenden; eine Zahlung an den Eigentümer, der durch den Zuschlag sein Eigentum verliert, würde ihren Zweck verfehlen, da dieser idR nicht mehr zur Wiederherstellung in der Lage ist. Die Versicherungssumme ist beim ungestörten Versicherungsverhältnis (s zum leistungsgestörten § 143 VVG) vielmehr an den Ersteher zu zahlen, der die Forderung mit dem Zuschlag erwirbt (BGH NJW 1981, 1671, 1672; Staudinger/*Wolfsteiner* Rn 8; Soergel/*Konzen* Rn 4; MüKo/*Lieder* Rn 5).

8 **6. Grundschuld.** § 1130 ist auf die Grundschuld entspr anwendbar.

§ 1131 Zuschreibung eines Grundstücks

Wird ein Grundstück nach § 890 Abs. 2 einem anderen Grundstück im Grundbuch zugeschrieben, so erstrecken sich die an diesem Grundstück bestehenden Hypotheken auf das zugeschriebene Grundstück. Rechte, mit denen das zugeschriebene Grundstück belastet ist, gehen diesen Hypotheken im Rang vor.

1 **Veränderungen im Grundstücksbestand** sind auf bestehende Hypotheken grds ohne Einfluss. Das gilt insb für **Teilung.** Ohne ausdrückl Enthaftung, die Teilaufhebung ist (vgl § 875 Rn 1), haften die abgeschriebenen Teile fort, ohne dass es auf den Mithaftungsvermerk des § 48 GBO ankommt; vgl aber § 892. Auch bei der Vereinigung von Grundstücken gem § 890 I ändert sich an der bisherigen Belastung nichts (BGH WM 2006, 297, 298; *Bülow* Rn 133); die auf dem zuvor selbständigen Grundstück lastende Hypothek lastet auf dem Teil des Grundstücks, der bereits vor der Vereinigung Belastungsgegenstand war, und zwar auch dann, wenn dieser nach der Verschmelzung nicht mehr als Flurstück existiert (BGH WM 2006, 297, 298). Zur Bestandteilszuschreibung bei Zusammenführung von Grundstücks- und Gebäudeeigentum vgl *B. Schmidt* VIZ 1995, 377, 381ff. § 1131 macht hiervon für die Zuschreibung (§ 890 II) eine Ausnahme (*Bülow* Rn 133).

2 Die Voraussetzungen, unter denen ein Grundstück einem anderen zugeschrieben werden kann, ergeben sich aus § 890 II; das zugeschriebene Grundstück wird Bestandteil des anderen Grundstücks. Die **automatische Erstreckung der Hypothek** am Hauptgrundstück auf den zugeschriebenen Bestandteil erfolgt kraft Gesetzes (BGH WM 2014, 747, 749; MüKo/*Lieder* Rn 3, NK/*Zimmer* Rn 4). Sie entspricht i Erg einer Nachverpfändung des zu-

geschriebenen Grundstücks (NK/*Zimmer* Rn 1). Es entsteht kein Gesamtpfandrecht (Staudinger/*Wolfsteiner* Rn 3). Die Wirkung tritt auch ein, wenn die Hypothek am Hauptgrundstück zu Unrecht nicht eingetragen ist. Der dingliche Vollstreckungstitel erstreckt sich auf die neuen Bestandteile des Grundstücks (Staudinger/*Wolfsteiner* Rn 7). Der an einer Hypothek des Hauptgrundstücks etwa eingetragene Rangvorbehalt erstreckt sich auch auf das zugeschriebene Grundstück (Staudinger/*Wolfsteiner* Rn 6; MüKo/*Lieder* Rn 6; *Bleutge* Rpfleger 1974, 387; aA *Haegele* Rpfleger 1975, 158; ebenso wirkt eine eingetragene Unterwerfungsklausel, BayObLG 54, 258). Auch der gesetzl Löschungsanspruch (§ 1179a) erstreckt sich auf die Hypotheken des zugeschriebenen Teils. Eine bisher an beiden Grundstücken bestehende Gesamthypothek wird mit Zuschreibung Einzelhypothek.

Der **Rang** der Grundpfandrechte am zugeschriebenen Grundstück bleibt unangetastet (BGH WM 2014, 797, 799; Staudinger/*Wolfsteiner* Rn 5). Ihnen gehen alle ausgedehnten Grundpfandrechte nach, und zwar in dem Rangverhältnis, das sie am Hauptgrundstück haben; nicht etwa ist Gleichrang die Folge der Gleichzeitigkeit des Ausdehnungsaktes. 3

Eine **Erstreckung** der Lasten des zugeschriebenen Teils auf das Hauptgrundstück findet nicht statt (BGH WM 2014, 797, 799; NK/*Zimmer* Rn 4); daher ist für diese Hypotheken nur das zugeschriebene Grundstück Belastungsgegenstand; das führt ggf zur Einzelvollstreckung. Nur rechtsgeschäftlich (Einigung und Eintragung) können die Lasten des Bestandteils auf das Hauptgrundstück ausgedehnt werden; solche Erweiterung kommt einer Neubestellung gleich, so dass etwaige Genehmigungserfordernisse zu beachten sind; das zur Zeit der Ausdehnung bestehende Rangverhältnis gilt dann auch für die Nachbelastung des Hauptgrundstücks, ohne dass dies besonders im Grundbuch ausgedrückt werden müsste. 4

Ob eine Erklärung nach § 890 II mit der Folge des § 1131 als Verfügung anzusehen ist, beurteilt sich nach dem Zweck derjenigen Vorschrift, die den Begriff „Verfügung" verwendet und daran besondere Erfordernisse anknüpft. So enthält der Antrag des Testamentsvollstreckers, das Nachlassgrundstück einem anderen, jedoch belasteten Nachlassgrundstück zuzuschreiben, eine Verfügung gem § 2205; bei Neuerwerb des Bestandteils und Zuschreibung zum belasteten Grundstück des Gesamtguts ist Einwilligung des anderen Ehegatten (§ 1424) unnötig (LG Augsburg Rpfleger 1965, 369 m zust Anm *Haegele*), anders wenn das zugeschriebene Grundstück schon zum Gesamtgut gehörte, vgl § 1424 Rn 3. Gleiche Lage im Fall des § 1850 Nr 1: Die Bestellung eines Grundpfandrechts im Zusammenhang mit dem Grundstückserwerb eines Minderjährigen ist jedenfalls dann nicht gem § 1850 Nr 1 genehmigungspflichtig, wenn sich die Belastung bei wirtschaftl Betrachtung als Teil des Erwerbsvorgangs darstellt und die Auflassung und die dingliche Einigung über die Belastung gleichzeitig erfolgen (BGH WM 2021, 1964, 1965). 5

Aufhebung der Zuschreibung erfolgt durch Teilung (§ 7 GBO); alle bisher eingetragenen Hypotheken sind dann Gesamtrechte (§ 1132), so dass Gläubiger nicht zustimmen müssen, KG NJW 1969, 470. 6

§ 1131 ist auf die Grundschuld entspr anwendbar. 7

§ 1132 Gesamthypothek

(1) Besteht für die Forderung eine Hypothek an mehreren Grundstücken (Gesamthypothek), so haftet jedes Grundstück für die ganze Forderung. Der Gläubiger kann die Befriedigung nach seinem Belieben aus jedem der Grundstücke ganz oder zu einem Teil suchen.

(2) Der Gläubiger ist berechtigt, den Betrag der Forderung auf die einzelnen Grundstücke in der Weise zu verteilen, dass jedes Grundstück nur für den zugeteilten Betrag haftet. Auf die Verteilung finden die Vorschriften der §§ 875, 876, 878 entsprechende Anwendung.

1. Allgemeines. Gesamthypothek ist die zur Sicherung einer nach Grund und Höhe einheitlichen Forderung auf mehrere Grundstücke erstreckte Hypothek. Es handelt sich um ein einheitliches Grundpfandrecht an allen belasteten Grundstücken (Einheitstheorie, Staudinger/*Wolfsteiner* Rn 3; NK/*Zimmer* Rn 4; MüKo/*Lieder* Rn 5). 1

2. Voraussetzungen. a) Gleichartigkeit. Notwendig ist Identität des Schuldgrundes der gesicherten Forderung und des Gläubigers (BGH ZfIR 2010, 622, 625; NK/*Zimmer* Rn 7; Staudinger/*Wolfsteiner* Rn 31, 35; MüKo/*Lieder* Rn 6). Die Hypothek muss einheitlich entweder eine Brief- oder eine Buchhypothek, eine Verkehrs- oder eine Sicherungshypothek sein (BayObLG NJW 1962, 1725, 1726; NK/*Zimmer* Rn 5). Sie darf nicht an einem Grundstück rechtsgeschäftlich bestellte Hypothek und an dem anderen Zwangshypothek sein. Ausgeschlossen ist auch ein Gesamtrecht, das teils Hypothek, teils Grundschuld ist; hingegen kann es sich aus einem Eigentümer- und einem Fremdrecht zusammensetzen (BayObLG NJW 1962, 1725, 1726). 2

b) Zulässige Abweichungen. Zulässig sind Abweichungen bei der Forderungshöhe (MüKo/*Lieder* Rn 6; Staudinger/*Wolfsteiner* Rn 32), wobei das Gesamtrecht nur in dem Umfang besteht, wie die Forderungshöhen einheitlich sind, sowie unterschiedliche **Fälligkeits- und Zahlungsbedingungen** (BGH WM 2014, 791, 792; WM 2010, 1615, 1618; Staudinger/*Wolfsteiner* Rn 35; MüKo/*Lieder* Rn 10; NK/*Zimmer* Rn 5; Grü/*Herrler* Rn 4; *Schmidt-Räntsch* ZNotP 2014, 288, 292; anders KGJ 40, 299; RGRK/*Mattern* Rn 9), weil sie Bedeutung nur für die Befriedigung des Gläubigers haben, er aber nach Abs I S 2 ohnehin bestimmen kann, an welches Grundstück er sich hält. Dementspr ist auch eine sich nur auf einzelne Grundstücke beziehende **Vollstreckungsunterwerfung** (§ 800 ZPO) unschädlich (BGHZ 26, 344, 347). Ebenso kann die Gesamthypothek einen unterschiedlichen **Rang** an den Grundstücken haben (BGHZ 80, 119, 124; MüKo/*Lieder* Rn 10). Unerheblich ist, ob ihr nur hinsichtl *eines* Grundstücks der **gesetzl Löschungsanspruch** aus § 1179a zugutekommt (BGH ZfIR 2010, 622, 625; 3

BGHZ 80, 119, 124); umgekehrt kann das Gesamtrecht auch nur an *einem* Grundstück diesem Anspruch ausgesetzt sein; ein vertragl Ausschluss des Löschungsanspruchs braucht nicht für alle Grundstücke zu bestehen. Unerheblich ist ferner, ob die Gesamtgrundschuld an den einzelnen Grundstücken den gleichen Rang hat (BGH ZfIR 2010, 622, 625) und auch, ob für ein bzw einige Grundstücke eine Zwangsvollstreckungsunterwerfung vorliegt (BGH ZfIR 2010, 622, 625).

4 **c) Schuldner.** Bedeutungslos ist, ob die gesamtbelasteten Grundstücke demselben **Eigentümer** und ob sie dem persönlichen Schuldner oder einem Dritten gehören. Doch muss sich die gesicherte Forderung gegen denselben **Schuldner** richten. Sind mehrere Forderungen gegen verschiedene Schuldner gesichert, was die Hypothek ermöglicht (BayObLG 64, 32), so ist keine Gesamthypothek zulässig, wohl aber, wenn die Schuldner als Gesamtschuldner haften. Die mehrfache Sicherung derselben Forderung an verschiedenen Grundstücken führt in dem sich deckenden Umfang zur Gesamthypothek, iÜ zu einer Einzelhypothek. Zulässig ist eine unterschiedliche Höhe der Zinsen und der sonstigen Nebenleistungen (anders noch KGJ 40, 299; ähnl aber BGHZ 80, 119).

5 **d) Gläubiger.** Die gesicherte Forderung muss demselben **Gläubiger** zustehen (MüKo/*Lieder* Rn 8; Staudinger/*Wolfsteiner* Rn 37; NK/*Zimmer* Rn 7). Gläubiger kann auch eine in Rechtsgemeinschaft verbundene Mehrheit von Gläubigern sein, ohne dass es grds auf die Art des Gemeinschaftsverhältnisses ankommt (§ 1113 Rn 10).

6 **3. Belastungsgegenstand.** Eine Gesamthypothek entsteht, wenn mehrere Grundstücke oder auch nur, wenn mehrere Miteigentumsanteile eines Grundstücks belastet werden (BGH WM 2010, 854, 856; 2010, 210, 211; 1988, 446, 449; Frankfurt OLGRp 2008, 654, 655; NK/*Zimmer* Rn 3; Staudinger/*Wolfsteiner* Rn 18). Letzteres ist bspw der Fall, wenn eine Grundschuld auf einem Grundstück ruht, das Ehegatten in Miteigentum je zur Hälfte gehört (BGH MDR 2002, 833, 834; NJW 1983, 2499, 2450; Oldenburg ZIP 1996, 175, 176). Wird ein belastetes Grundstück geteilt, so verwandelt sich die eingetragene Hypothek kraft Gesetzes in eine Gesamthypothek an den einzelnen realen oder ideellen Teilen (BGH ZfIR 2012, 245; Schleswig FGPrax 2022, 15, 16); so etwa bei der Begründung von Wohnungseigentum. Einer Zustimmung des Grundpfandrechtsgläubigers bei der Aufteilung bedarf es nicht, da er durch die Entstehung des Gesamtgrundpfandrechts hinreichend geschützt ist (BGH ZfIR 2012, 245; München ZfIR 2011, 571, 572; KG ZfIR 2011, 255; *Heinemann* ZfIR 2011, 255, 256; aA *Kesseler* NJW 2010, 2317). Keine Gesamthypothek entsteht allerdings, wenn ein Gläubiger mehrere Grundstücke des Schuldners mit einer Zwangshypothek belastet (BGH WM 1991, 723). Denn gem § 867 II ZPO muss der Gläubiger hierbei den Betrag seiner Forderung auf die einzelnen Grundstücke verteilen. Gleiches gilt für die Arresthypothek.

7 **4. Entstehung. Entstehung der Gesamthypothek** erst mit Eintragung auf allen von Einigung und Eintragungsbewilligung erfassten Grundstücken (München DNotZ 1966, 371; Düsseldorf WM 1973, 794 Staudinger/*Wolfsteiner* Rn 10). Eintragung auf nur einem Grundstück lässt bis zu der auf dem anderen Grundstück eine Einzelhypothek dann entstehen, wenn dies unabhängig davon gewollt ist, ob es zum Gesamtvollzug kommt (Auslegungsfrage); Ermächtigung des Notars zum getrennten Vollzug kann auf diesen Willen hindeuten (aM Düsseldorf aaO). Unwirksamkeit der Bestellung hinsichtl eines Grundstücks (zB wegen Verfügungsbeschränkung des Eigentümers durch Eröffnung eines Insolvenzverfahrens) hat zwar nach § 139 im Zweifel Nichtigkeit auch der auf das andere Grundstück bezogenen Einigung zur Folge, doch ist bei Identität der Eigentümer idR auf den Willen zu schließen, dass der für sich allein wirksame Teil der Einigung Geltung behalten soll (BGH WM 1974, 972); hingegen kann es bei uneinheitlichem Eigentum so sein, dass der eine Eigentümer der Belastung seines Grundstücks erkennbar nur deswegen zugestimmt hat, weil er im Falle seiner Inanspruchnahme Rückgriff gegen den anderen hätte nehmen können (§ 1173 II). Der etwaige Einigungsmangel macht die Eintragung nicht inhaltlich unzulässig, so dass sich gutgläubiger Erwerb anschließen kann.

8 **5. Nachverpfändung.** Eine Hypothek kann auch nachträgl auf weitere Grundstücke erstreckt werden, wodurch ebenfalls eine Gesamthypothek begründet wird (BGH WM 2014, 791, 792; NJW 1986, 1487, 1488 Staudinger/*Wolfsteiner* Rn 12). Erforderlich bei einer Buchhypothek ist die Einigung zw dem Eigentümer des nachverpfändeten Grundstücks und dem Gläubiger sowie die Eintragung im Grundbuch mit dem Mithaftungsvermerk (§§ 44, 48 I 2 GBO). Die Gesamtgrundschuld auf dem weiteren Grundstück hat dann den Rang, der sich aus der Reihenfolge der Haupteintragungen in derselben Abteilung bzw aus den Eintragungsdaten der in verschiedenen Abteilungen stehenden Haupteintragungen ergibt (Hamm WM 1985, 289; BayObLG NJW 1960, 1155; MüKo/*Lieder* Rn 16). Falls gewünscht, kann sich der Eigentümer hinsichtl des nachbelasteten Grundstücks ebenfalls der sofortigen Zwangsvollstreckung wegen des dinglichen Anspruchs unterwerfen (*Gladenbeck/Samhat* Rn 313).

9 Soll eine **Eigentümergrundschuld auf ein weiteres Grundstück des Eigentümers erstreckt werden** und damit eine Gesamtgrundschuld entstehen, so ist zu unterscheiden (*Roemer* MittRhNotK 1991, 97, 105): Steht die Grundschuld noch dem Eigentümer zu, ist sie also noch nicht abgetreten worden, ergeben sich keine Besonderheiten. Für das durch die Nachverpfändung hinzukommende Grundstück ist die Pfanderstreckung materiellrechtl eine Neubestellung einer Eigentümergrundschuld. Sie entsteht durch einseitige Erklärung des Eigentümers ggü dem Grundbuchamt, dass das weitere Grundstück mit der eingetragenen Grundschuld mitbelastet werden soll, und Eintragung der Nachbelastung im Grundbuch (*Lwowski* DNotZ 1979, 328f). Ist die Eigentümergrundschuld bereits abgetreten (damit zur Fremdgrundschuld geworden) und die Abtretung im Grundbuch eingetragen, so ergeben sich ebenfalls keine Abweichungen ggü einer gewöhnlichen Nachverpfändung von Fremdgrundschulden. Materiell-rechtl sind Einigung zw Eigentümer und Gläubiger sowie die Eintragung der

Nachverpfändung im Grundbuch, bei Briefrechten ferner die Übergabe des Briefes, die durch Aushändigungsabrede gem § 1117 II ersetzt werden kann.

Ist die **Eigentümergrundschuld außerhalb des Grundbuchs abgetreten und die Abtretung** auch in der Folgezeit **nicht im Grundbuch eingetragen** worden, haben die Beteiligten mehrere Möglichkeiten, eine Nachverpfändung herbeizuführen. So können sie die Abtretung nachträgl im Grundbuch verlautbaren lassen und sodann die Pfandunterstellung in der soeben beschriebenen Weise vornehmen. Das Grundbuchamt trägt die Grundschuld dann im Grundbuch des nachverpfändeten Grundstücks als Fremdgrundschuld mit dem Mithaftungsvermerk ein. Außerhalb des Grundbuchs kann der Zessionar die Grundschuld treuhänderisch an den Eigentümer zurückübertragen, dieser anschließend das Grundstück nachverpfänden und sodann die Gesamteigentümergrundschuld – außerhalb des Grundbuchs – wieder an den Gläubiger abtreten. Nach Ansicht von Frankfurt Rpfleger 1989, 191, 192, reicht es auch aus, dass die Grundschuld nach Eintragung der Nachverpfändung treuhänderisch an den eingetragenen Gläubiger rückabgetreten wird. Dies gilt jedenfalls dann, wenn die Nachverpfändung vom Eigentümer nach der treuhänderischen Abtretung (nochmals) bewilligt oder bestätigt wird. Eine erneute Eintragung der Nachverpfändung ist nicht erforderlich. 10

Möglich ist auch, dass das nachzuverpfändende Grundstück dem mit der Grundschuld belasteten Grundstück als Bestandteil zugeschrieben wird (§ 890 II; *Ertl* DNotZ 1990, 684, 689). Die auf dem Hauptgrundstück lastenden Grundpfandrechte erstrecken sich sodann kraft Gesetzes auf das zugeschriebene Grundstück (§ 1131). Schließlich wird auch folgendes Verfahren einer Nachverpfändung diskutiert (*Roemer* MittRhNotK 1991, 97, 105; abl mit beachtl Gründen *Gladenbeck/Samhat* Rn 403f): Der Eigentümer kann als Buchberechtigter die Nachverpfändung bewilligen und beantragen. Der Zessionar muss ihm dabei zum ausschließlichen Zweck der Vorlage beim Grundbuchamt den Brief aushändigen. Das Grundbuchamt, dem die Abtretung nicht bekannt ist, wird sodann im Grundbuch des nachverpfändeten Grundstücks die Grundschuld als Eigentümergrundschuld unter Angabe der Mithaftstelle eintragen. Der Brief wird anschließend dem Zessionar wieder ausgehändigt. Reicht in einem solchen Fall allerdings der Gläubiger selbst den Brief beim Grundbuchamt mit der Auflage ein, diesen nur an ihn zurückzugeben, oder legt der Eigentümer den Brief mit der Auflage vor, diesen nur an den Gläubiger auszuhändigen, kann für das Grundbuchamt zweifelhaft sein, ob der Bewilligende Inhaber der Grundschuld ist. Diese Zweifel können das Grundbuchamt zu einer Zwischenverfügung und – wenn die Zweifel nicht ausgeräumt werden – zur Zurückweisung des Eintragungsantrages berechtigen (BayObLG Rpfleger 1983, 17). 11

6. Inhaltsänderung. Inhaltsänderungen müssen, soweit sie dem Erfordernis der Gleichartigkeit (Rn 2ff) widersprechen, an sämtlichen von der Gesamthypothek erfassten Grundstücken vollzogen werden; bis dahin ist die Einzeleintragung wirkungslos. Die **Abtretung** des dinglichen Rechts ist nur bzgl aller Grundstücke und nur an denselben Erwerber möglich; sie erlangt bei einer Buchhypothek erst mit Eintragung in allen Grundbüchern Wirkung. Auch **Pfändung** und **Verpfändung** sind in dieser Weise einheitlich zu bewirken; Pfandrechte müssen bei allen Grundstücken gleichen Rang haben; **Verfügungsbeschränkungen** dürfen nicht ein Grundstück ausnehmen. **Aufhebung** oder Teilaufhebung des Gesamtrechts ist auch hinsichtl eines einzelnen Grundstücks zulässig (BGH WM 2010, 834, 835; München BeckRS 2012, 21815); es handelt sich um einen Verzicht gem § 1175 I 2, so dass weder der Eigentümer des befreiten noch der des mitbelasteten Grundstücks zuzustimmen braucht (BGHZ 52, 93). 12

7. Haftung. Haftung jedes Grundstücks in vollem Umfang der Gesamthypothek; Zugriff des Gläubigers nach freier Wahl (Abs I), die auch noch im Verteilungstermin getroffen werden kann (Köln KTS 1958, 155). Bei der Vollstreckung braucht der Gläubiger nicht auf die Interessen anderer dinglich Berechtigter Rücksicht zu nehmen, es sei denn, er handelt bewusst nur zu deren Nachteil (BGH WM 1987, 356, 358). 13

8. Verteilung der Gesamthypothek. Verteilung der Gesamthypothek (Abs II) auf die belasteten Grundstücke steht, wenn nicht schuldrechtl abw geregelt, im Belieben des Gläubigers. Er kann deshalb bei Belastung von mehr als zwei Grundstücken auch stufenweise vorgehen, indem er an einem Grundstück in Höhe eines Forderungsteils eine Einzelhypothek belässt und in dem verbleibenden Umfang eine Gesamthypothek an den beiden anderen Grundstücken (BayObLG 81, 95), später aber auch dieses Gesamtrecht aufteilt. Die **Verteilungserklärung** ist entspr § 875 ggü dem Grundbuchamt oder dem Eigentümer abzugeben; sie bedarf der Eintragung (BGH WM 1976, 585); Zustimmung des Eigentümers ist nicht erforderlich, jedoch die eines Drittberechtigten an der Gesamthypothek (§ 876). Entspr anwendbar ist nach Abs II S 2 auch **§ 878**; demgemäß hat eine Verfügungsbeschränkung des Gläubigers, die erst nach einer iSv § 875 II bindend gewordenen Erklärung eintritt, keine Bedeutung. – **Folge der Verteilung** ist die Entstehung selbständiger Einzelhypotheken unter Auflösung des Haftungsverbundes (BGH WM 2010, 834, 835; *Renaud* ZNotP 2013, 140). Die Hypothek erlischt jew in dem darüber hinausgehenden Umfang der bisherigen Gesamthypothek (*Renaud* ZNotP 2013, 140). 14

9. Grundschuld. § 1132 ist auf die Grundschuld entspr anwendbar (BGH ZfIR 2010, 622, 624). Eine Zwangs- oder Arresthypothek kann gegen einen Eigentümer nicht als Gesamtzwangshypothek bestellt werden (BGH WM 2013, 1714, 1715; Schleswig FGPrax 2021, 255, 256; KG FGPrax 2020, 154, 155). Sollen mehrere Grundstücke des Schuldners mit einer Zwangssicherungshypothek belastet werden, so ist der Betrag der Hauptforderung auf die einzelnen Grundstücke zu verteilen (§ 867 II 1 ZPO). Eine Aufteilung ist auch für die Zinsen und andere Nebenforderungen vorzunehmen (KG FGPrax 2020, 154, 155). 15

§ 1133 Gefährdung der Sicherheit der Hypothek

Ist infolge einer Verschlechterung des Grundstücks die Sicherheit der Hypothek gefährdet, so kann der Gläubiger dem Eigentümer eine angemessene Frist zur Beseitigung der Gefährdung bestimmen. Nach dem Ablauf der Frist ist der Gläubiger berechtigt, sofort Befriedigung aus dem Grundstück zu suchen, wenn nicht die Gefährdung durch Verbesserung des Grundstücks oder durch anderweitige Hypothekenbestellung beseitigt worden ist. Ist die Forderung unverzinslich und noch nicht fällig, so gebührt dem Gläubiger nur die Summe, welche mit Hinzurechnung der gesetzlichen Zinsen für die Zeit von der Zahlung bis zur Fälligkeit dem Betrag der Forderung gleichkommt.

1 **Bedeutung.** §§ 1133–1135 bezwecken die wertbeständige Erhaltung der Sicherheit; § 1133 bezieht sich auf eine schon eingetretene, § 1134 auf drohende Verschlechterung des Grundstücks; diesem gleichgestellt ist nach § 1135 Zubehör. Eine Ausnahme gilt für Hypothekenbanken (§ 17 I HypBG).

2 **Schutzbereich.** § 1133 schützt gegen Wertbeeinträchtigungen des Grundstücks und seiner ungetrennten Bestandteile ab Entstehung der Hypothek, nicht schon mit deren Vormerkung. Mithaftende andere Gegenstände sind nicht einbezogen (vgl aber §§ 1134, 1135).

3 **Verschlechterung** liegt vor, wenn sich die Beschaffenheit des Grundstücks oder seiner Bestandteile so ändert, dass der Grundstückswert sinkt. Dazu ist idR eine Substanzveränderung nötig. Allg wirtschaftl Veränderungen oder eine negative Entwicklung der Immobilienpreise reichen nicht aus (Staudinger/*Wolfsteiner* Rn 8). Abriss eines Gebäudes oder von Teilen zum Zwecke eines Neu- oder Umbaus mag zwar in Anbetracht der dadurch nur vorübergehend eintretenden Wertminderung noch keine Verschlechterung bedeuten (MüKo/*Lieder* Rn 10; enger Soergel/*Konzen* § 1134 Rn 2; aA NK/*Zimmer* Rn 18), wohl aber eine Gefährdung der Sicherheit iSv § 1134, wenn die Durchführung der Baumaßnahmen nicht unzweifelhaft sichergestellt ist (MüKo/*Lieder* Rn 10) oder der Gläubiger dem Abbruch nicht zustimmt (BGHZ 65, 211, 213). Die Verschlechterung braucht nicht durch ein Verhalten des Eigentümers oder eines Dritten verursacht worden zu sein, auch ein Naturereignis kann die Ursache sein. Eine nur altersbedingte Entwertung, bei ansonsten ordnungsmäßiger Instandhaltung, fällt jedoch nicht unter § 1133, weil eine solche Entwicklung dem berechenbaren natürlichen Verlauf entspricht (MüKo/*Lieder* Rn 7; Staudinger/*Wolfsteiner* Rn 7; NK/*Zimmer* Rn 19; Grü/*Herrler* §§ 1133, 1134, 1135 Rn 1; aM RGRK/*Mattern* Rn 6). Auf Verschulden kommt es nicht an; ggf kann der Gläubiger aber Schadensersatz verlangen, da § 1133 Schutzgesetz iSv § 823 II (BGHZ 92, 292) und zudem das Grundpfandrecht ein nach § 823 I geschütztes „sonstiges Recht" ist (BGHZ 65, 212); ein Schaden entsteht erst mit Entwertung des Rechts (BGHZ 105, 230, 242; BGH NJW 1991, 695), vgl auch § 1134 Rn 8.

4 Eine **Gefährdung des Grundpfandrechts** muss sich als Folge der eingetretenen Verschlechterung ergeben. Maßgebend ist, ob deswegen bei einer Verwertung ein geringerer Erlös zu erwarten ist. Dafür kann nach Art und Ausmaß der Grundstücksbeeinträchtigung schon eine tatsächliche Vermutung sprechen, sofern nicht Rang und Valutierungsstand des Rechts eine Gewähr für weiterhin volle Sicherung bieten.

5 **Fristerfordernis.** Zur Beseitigung der Gefährdung ist dem Eigentümer durch formlos mögliche, empfangsbedürftige Erklärung des Gläubigers eine Frist zu setzen (§ 1148 gilt auch hier). Die Frist ist entbehrlich, wenn der Eigentümer die Beseitigung ernsthaft und endgültig ablehnt oder wenn er nach Abmahnung schon wiederholt vergebliche Nachbesserungsversuche vorgenommen hat. Eine zu kurze Frist setzt die angemessene in Lauf (MüKo/*Lieder* Rn 11); sie muss einer Dauer entsprechen, die normalerweise zur Wiederherstellung der Sicherheit notwendig ist. Ist die Frist erfolglos verstrichen, verliert der Gläubiger sein Recht auf vorzeitige Befriedung nicht dadurch, dass der Eigentümer die Gefährdung der Sicherheit der Hypothek nunmehr beseitigt (Staudinger/*Wolfsteiner* Rn 21; NK/*Zimmer* Rn 31; MüKo/*Lieder* Rn 19; aA Soergel/*Konzen* Rn 4). Anderenfalls wäre das gesetzl Fristsetzungserfordernis sinnlos.

6 Die **Wiederherstellung der Sicherheit** muss die Gefährdung des Grundpfandrechts beseitigen. Das kann nach Wahl des Eigentümers geschehen durch Verbesserung des Grundstücks (nicht nötig ist Herstellung des alten Zustands), durch zusätzl Bestellung eines Grundpfandrechts an einem anderen Grundstück oder auch durch Einräumung eines besseren Ranges (MüKo/*Lieder* Rn 16).

7 **Befriedigungsanspruch.** Er ergibt sich nach fruchtlosem Fristablauf als Rechtsfolge der Gefährdung des Sicherungsrechts, nicht als Folge einer Pflichtverletzung. Daher besteht nur ein Recht auf vorzeitige Befriedigung, ohne dass Verzugsfolgen eintreten; § 1133 betrifft nur den dinglichen, nicht auch den schuldrechtl Anspruch (NK/*Zimmer* Rn 2; MüKo/*Lieder* Rn 14). Wiederherstellung der Sicherheit kann der Gläubiger nicht verlangen (anders nach § 823 bei schuldhafter Verschlechterung, vgl Rn 3). Das Recht geht auf Befriedigung der vollen Hypothek nach Maßgabe des § 1147, nicht etwa nur des gefährdeten Teils (MüKo/*Lieder* Rn 13). Eine vorzeitige Fälligkeit der persönlichen Forderung wird durch § 1133 nicht herbeigeführt; darüber entscheidet der schuldrechtl Vertrag, der bspw vorsehen kann, dass der Darlehensgeber bei einer wesentlichen Verschlechterung einer grundpfandrechtl Sicherung zur Kündigung des Darlehens und erforderlichenfalls dann auch zur Realisierung der grundpfandrechtl Haftung berechtigt ist.

8 **Abzug des Zwischenzinses** bei unverzinslicher Hypothek (S 3) bedeutet, dass von dem gesicherten Kapital (K) der gesetzl Zinssatz (Z) für die Anzahl der Tage zw Zahlung und Fälligkeit (T) abzusetzen ist.
Formel: (K × Z × T) : 100 × 365 = Zwischenzins.

9 § 1133 ist auf die Grundschuld entspr anwendbar.

§ 1134 Unterlassungsklage

(1) Wirkt der Eigentümer oder ein Dritter auf das Grundstück in solcher Weise ein, dass eine die Sicherheit der Hypothek gefährdende Verschlechterung des Grundstücks zu besorgen ist, so kann der Gläubiger auf Unterlassung klagen.

(2) Geht die Einwirkung von dem Eigentümer aus, so hat das Gericht auf Antrag des Gläubigers die zur Abwendung der Gefährdung erforderlichen Maßregeln anzuordnen. Das Gleiche gilt, wenn die Verschlechterung deshalb zu besorgen ist, weil der Eigentümer die erforderlichen Vorkehrungen gegen Einwirkungen Dritter oder gegen andere Beschädigungen unterlässt.

1. Zweck. Der **Zweck** dieser Vorschrift entspricht dem des § 1133 (§ 1133 Rn 1). Im Unterschied zu § 1133 regelt § 1134 nicht die Rechtsfolgen einer schon eingetretenen Verschlechterung des Grundstücks, sondern die **Rechtsbehelfe zur Abwendung einer ihm drohenden Verschlechterung**; für Zubehör gilt § 1135; ähnl Vorschriften in §§ 25, 149 II ZVG. Es muss die ernsthafte Möglichkeit der Einhaltung beider Voraussetzungen des § 1133 I 1 bestehen, nämlich Verschlechterung des Grundstücks und Gefährdung der Sicherheit der Hypothek (NK/*Zimmer* Rn 10; MüKo/*Lieder* Rn 4). 1

2. Besorgnis der Verschlechterung. Besorgnis der Verschlechterung (§ 1133 Rn 3) besteht, sobald mit einer Beeinträchtigung des Zustands zu rechnen ist, zB Abriss des Gebäudes oder von Teilen trotz Absicht eines Neu- oder Umbaus (BGHZ 65, 211) oder Entfernung von Bestandteilen; anders wenn sofort eine ausreichende andere Sicherheit (§ 1133 Rn 6) angeboten wird. 2

Voraussetzung ist Besorgnis einer solchen Verschlechterung, die die Hypothek gefährden würde (vgl § 1133 Rn 3). **Anlass der Besorgnis** muss ein Verhalten des **Eigentümers** oder eines **Dritten** sein. Dritter kann jede Person sein, die eigenständig vom Eigentümer handelt; auch jemand, der (zB als Architekt) als Verrichtungsgehilfe des Eigentümers handelt (NK/*Zimmer* Rn 8; aA MüKo/*Lieder* Rn 7 Zurechnung zum Eigentümer). Nicht notwendig ist eine schon vorgenommene Einwirkung auf die Substanz, so dass auch ein erst drohender Eingriff genügt (RGRK/*Mattern* Rn 1). Der Insolvenzverwalter haftet wie ein Eigentümer (BGHZ 60, 267; BGH WM 1987, 1567, 1569; MüKo/*Lieder* Rn 7), ebenso der vorläufige Insolvenzverwalter (BGHZ 105, 230; MüKo/*Lieder* Rn 7). Verschulden ist nicht erforderlich. 3

Ein dem Gläubiger ggü **rechtmäßiges Handeln** fällt nicht unter § 1134, so im Falle seiner Zustimmung, ebenso (entspr § 1135) die Entfernung von Erzeugnissen oder Bestandteilen in den Grenzen ordnungsmäßiger Wirtschaft (§ 1122 I). 4

3. Unterlassen erforderlicher Vorkehrungen. Unterlassung erforderlicher Vorkehrungen gegen eine die Sicherheit des Grundpfandrechts gefährdende Verschlechterung des Grundstücks (Abs II S 2) ist selbständiger Anspruchsgrund. Dazu gehören auch Vorsorgemaßnahmen gegen Schadensgefahr durch Naturereignisse. Bei einem bebauten Grundstück ist Abschluss und Aufrechterhaltung einer Feuerversicherung notwendig, wenn eine Zerstörung des Gebäudes die Deckung des Grundpfandrechts mindern würde (BGH ZIP 1988, 1411, 1413 MüKo/*Lieder* Rn 10; Soergel/*Konzen* Rn 3; aA Staudinger/*Wolfsteiner* Rn 18; NK/*Zimmer* Rn 19). Die Feuerversicherung dient nämlich nicht dazu, die wirtschaftl Leistungsfähigkeit des Eigentümers im Brandfall sicherzustellen. Kein vernünftiger Eigentümer und sei er wirtschaftl noch so leistungsfähig, wird auf den Abschluss einer Feuerversicherung für sein Gebäude verzichten. Diese Versicherung wird abgeschlossen, um die Verschlechterung eines Grundstücks durch einen Brand auszugleichen und den Zustand des Gebäudes vor dem Eintritt des Versicherungsfalls wiederherzustellen. Eine weitergehende Gebäudeversicherung ist bei schadensgeneigter Lage (zB Hochwasser, Lawinen, Schneedruck) geboten, soweit dies möglich ist. Insolvenzverwalter und vorläufiger Verwalter sind verpflichtet, einen angemessenen Feuerversicherungsschutz zu gewährleisten (BGH ZIP 1988, 1411, 1413; *Lüke* ZIP 1988, 1, 3). Rein wirtschaftl Maßnahmen fallen nicht unter die Vorschrift, so dass keine allg Pflicht zu ordnungsgemäßer Verwaltung oder angemessener Vermietung besteht (Staudinger/*Wolfsteiner* Rn 17). 5

4. Rechtsfolgen. Der Gläubiger hat einen Unterlassungsanspruch gegen denjenigen, von dem die das Grundstück gefährdende Einwirkung ausgeht (Abs I), ggf also oder gegen den Eigentümer oder den Dritten. Der Anspruch folgt aus dem Grundpfandrecht, hängt aber nicht von dessen Fälligkeit ab. Ein Anspruch auf Beseitigung der Einwirkung besteht nur unter den Voraussetzungen des § 823 (Rn 8; NK/*Zimmer* Rn 26; aA Staudinger/*Wolfsteiner* Rn 11). 6

Eine vom **Eigentümer** ausgehende Einwirkung begründet (neben dem Unterlassungsanspruch) einen Anspruch auf **Duldung gerichtlicher Maßregeln** zur Abwendung der Gefährdung (Abs II S 1), ebenso bei Unterlassung erforderlicher Schutzvorkehrungen (Abs II S 2). In Betracht kommt zB Ermächtigung des Gläubigers zur Ersatzvornahme nach § 887 ZPO und auf diese Weise Herbeiführung der Feuerversicherung (BGHZ 105, 230, 238), ferner Veräußerungs- oder Entfernungsverbot, Sequestration (§ 938 ZPO), Anordnung der Zwangsverwaltung entspr §§ 146ff ZVG (Mot 3, 670). Die Wahl der Maßnahme kann in das Ermessen des Gerichts gestellt werden; Anordnung durch das Prozessgericht auf Klage des Gläubigers, auch durch einstw Verfügung. 7

5. Schadensersatz. Schadensersatzanspruch des Gläubigers besteht bei Verschulden des Eigentümers oder eines Dritten nach § 823 II iVm § 1134 als Schutzgesetz (BGHZ 65, 212; 92, 292 Staudinger/*Wolfsteiner* Rn 31; NK/*Zimmer* Rn 26); auch § 830 gilt (BGHZ 92, 292). Haftet der Dritte sowohl dem Eigentümer als auch dem Gläubiger, so sind diese bei Schadensidentität Gesamtgläubiger (MüKo/*Lieder* Rn 18; *Westermann/Gursky/Eickmann* § 98 Rn 3; aA Staudinger/*Wolfsteiner* Rn 32, wonach dem Gläubiger der Hypothek ein Pfandrecht am An- 8 spruch des Eigentümers zusteht); idR handelt es sich indessen um getrennte Ansprüche, da der Schaden am Grundstück mit dem Schaden am Grundpfandrecht nicht immer deckungsgleich ist, so bei Ausfall der Hypothek in der Zwangsversteigerung (BGHZ 65, 212, 213f). Ein Schaden am Grundpfandrecht entsteht erst mit dessen Wertminderung (§ 1133 Rn 3). Ersteigert der Gläubiger das Grundstück unter dem Verkehrswert, dann braucht er sich diesen „Vorteil" nicht auf den Schadensersatzanspruch anrechnen zu lassen (BGH WM 1974, 126, 128).

9 **6. Grundschuld.** § 1134 ist auf die Grundschuld entspr anwendbar.

§ 1135 Verschlechterung des Zubehörs

Einer Verschlechterung des Grundstücks im Sinne der §§ 1133, 1134 steht es gleich, wenn Zubehörstücke, auf die sich die Hypothek erstreckt, verschlechtert oder den Regeln einer ordnungsmäßigen Wirtschaft zuwider von dem Grundstück entfernt werden.

1 Werden Zubehörstücke innerhalb der Grenze einer ordnungsgemäßen Wirtschaft entfernt, so erlischt unter den Voraussetzungen des § 1122 II mit der dann regelmäßig vorliegenden Aufhebung der Zubehöreigenschaft ihre Zugehörigkeit zum Haftungsverband. Der Hypothekengläubiger muss dies dulden; Rechte aus §§ 1133, 1134, stehen ihm nicht zu (MüKo/*Lieder* Rn 3). Geschieht die Entfernung gegen die Regeln einer ordnungsgemäßen Wirtschaft, werden die Zubehörstücke nur nach Maßgabe des § 1121 von der Haftung frei. Darin liegt regelmäßig auch eine Gefährdung der Hypothek iSd § 1135 (Staudinger/*Wolfsteiner* Rn 1; MüKo/*Lieder* Rn 4). Auch wenn die Haftung trotz der Entfernung bestehen bleibt, bewirkt die Entfernung eine Verschlechterung iSd § 1135 (BGH NJW 1990, 695, 696; Frankfurt BeckRS 2000, 16702 Rn 20; aA MüKo/*Lieder* Rn 4).

2 Auch für den **Insolvenzverwalter** gilt § 1135 (vgl § 1122 Rn 1); bei wirtschaftsgemäßer Entfernung von Zubehör gebührt der Erlös der Insolvenzmasse, bei wirtschaftswidriger Entfernung dem Grundpfandgläubiger (BGHZ 60, 267, 273f). Ein Anspruch des Gläubigers auf **Rückschaffung** haftenden Zubehörs gegen Dritterwerber kommt nur unter den Voraussetzungen des § 823 in Betracht, dh wenn es die Absicht des Eigentümers und des Dritten war, die Sicherheit des Gläubigers zu gefährden oder das Recht des Hypothekengläubigers fahrlässig verletzt worden ist (MüKo/*Lieder* Rn 11; weitergehend Staudinger/*Wolfsteiner* Rn 6; RGRK/*Mattern* Rn 3, die einen Anspruch auf Rückschaffung ohne weitere Voraussetzungen annehmen). Aus der Einwilligung des Gläubigers in die Veräußerung widerrechtl entfernten Zubehörs ergibt sich nicht ohne weiteres ein Verzicht auf einen Schadensersatzanspruch aus § 823 II iVm § 1135 (BGH NJW 1991, 695).

3 § 1135 ist auf die Grundschuld entspr anwendbar.

§ 1136 Rechtsgeschäftliche Verfügungsbeschränkung

Eine Vereinbarung, durch die sich der Eigentümer dem Gläubiger gegenüber verpflichtet, das Grundstück nicht zu veräußern oder nicht weiter zu belasten, ist nichtig.

1 **Veräußerungs- und Belastungsverbote** sind nach § 137 S 1 ohne dingliche Wirkung. § 1136 schließt darüber hinaus die Wirkung der schuldrechtl Verpflichtung dazu aus, falls Gläubigerstellung aus der Hypothek mit der des Berechtigten aus dem Verfügungsverbot zusammenfallen. **Zweck** ist, den Eigentümer gegen übermäßige Beschränkungen seiner wirtschaftl Handlungsfreiheit im Verhältnis zum Hypothekengläubiger zu schützen (BGH NJW 1980, 1625, 1626 NK/*Zimmer* Rn 1). Das Verfügungsverbot muss aber gerade im Hinblick auf die Hypothek und damit zur Stärkung dieses dinglichen Rechts vereinbart sein (BGH WM 1966, 590; MüKo/*Lieder* Rn 4; aA Staudinger/*Wolfsteiner* Rn 10); einem Verbot aus anderem Anlass, etwa zur Sicherung eines Gläubigerrechts aus Pacht oder Ankaufsrecht, steht § 1136 auch dann nicht entgegen, wenn Hypothek und Verfügungsbeschränkung in derselben Urkunde vereinbart worden sind, BGH LM Nr 1. Es genügt auch nicht bloße Einengung des Handlungsspielraums; dem Eigentümer muss vielmehr gerade die rechtl Möglichkeit der Veräußerung oder Weiterbelastung seines Grundstücks genommen sein (BGH NJW 1980, 1625, 1626). Klauseln, wonach bei Verfügungen über das Grundstück die Hypothek fällig, die Forderung kündbar oder ein den aus der vorzeitigen Rückzahlung dem Gläubiger entstehenden Nachteil ausgleichendes Vorfälligkeitsentgelt geschuldet sein soll, sind daher wirksam (BGH NJW 1980, 1625, 1626; BayObLG DNotZ 1981, 128; Soergel/*Konzen* Rn 3; abl MüKo/*Lieder* Rn 8); das gilt auch bei Formularvereinbarung unter dem Gesichtspunkt des § 307 II Nr 1 (BGH NJW 1980, 1625, 1626; aM MüKo/*Lieder* Rn 9 wegen der Möglichkeit, das Grundstück belastet zu übertragen). Im Einzelfall ist dann allerdings zu prüfen, ob die Ausübung des Kündigungsrechts rechtsmissbräuchlich ist. Unzutr ist die Ansicht des BGH, § 1136 wolle verhindern, dass dem Grundstückseigentümer durch die grundpfandrechtl Absicherung des Darlehens mit fester Laufzeit eine anderweitige Verwertung der belasteten Immobilie faktisch während der Dauer der Kreditlaufzeit unmöglich gemacht wird (BGH WM 1997, 1747, 1749; aA *Wenzel* WM 1997, 2340, 2341). Diese „faktische" Beeinträchtigung resultiert aus der langfristigen Kreditbeziehung, die ein Darlehensnehmer eingegangen ist. Diesbzgl hatte der Gesetzgeber in § 609a I Nr 3 aF die klare Aussage getroffen, dass Bindungen bis zum Ablauf von zehn Jahren nach Darlehensempfang rechtl nicht zu beanstanden sind. Unstr ist der Ausgleich der unterschiedlichen Interessenlagen seit dem 1.1.2002 in § 490 II geregelt. Die Vereinbarung eines Vorkaufsrecht zugunsten des Hypothekengläubigers wird durch die Vorschrift nicht ausgeschlossen (NK/*Zimmer* Rn 5; MüKo/*Lieder* Rn 5; aA Staudinger/*Wolfsteiner* Rn 6), da weder das dingliche noch das schuldrechtl Vorkaufsrecht den Eigentümer verpflichtet, sein Grundstück nicht zu verkaufen. Allein die Möglichkeit,

wegen des Vorkaufsrechts nur einen geringeren Kaufpreis zu erzielen, reicht für die Anwendung des § 1136 nicht aus.

Bei Verstoß gegen § 1136 ist das schuldrechtl Veräußerungs- oder Belastungsverbot nichtig. Die Nichtigkeitsfolge ergreift auch eine das Verfügungsverbot sichernde Vertragsstrafe; für Schadensersatzansprüche des Gläubigers besteht keine Grundlage. Bei gleichzeitiger Hypothekenbestellung beurteilt sich deren Wirksamkeit nach § 139 (MüKo/*Lieder* Rn 2; aA Staudinger/*Wolfsteiner* Rn 10); der Parteiwille kann auf Entstehung der Hypothek auch ohne die nichtige Abrede gehen, etwa dann, wenn Verbot nur zusätzl Sicherung bezweckt (Soergel/*Konzen* Rn 2). Grundbuchamt muss bei Ersichtlichkeit des Verstoßes die Eintragung der Hypothek ablehnen (Hamm DNotZ 1979, 752; Soergel/*Konzen* Rn 2; enger Staudinger/*Wolfsteiner* Rn 11). 2

§ 1136 gilt auch für die Grundschuld (BGH WM 1966, 590). 3

§ 1137 Einreden des Eigentümers

(1) Der Eigentümer kann gegen die Hypothek die dem persönlichen Schuldner gegen die Forderung sowie die nach § 770 einem Bürgen zustehenden Einreden geltend machen. Stirbt der persönliche Schuldner, so kann sich der Eigentümer nicht darauf berufen, dass der Erbe für die Schuld nur beschränkt haftet.

(2) Ist der Eigentümer nicht der persönliche Schuldner, so verliert er eine Einrede nicht dadurch, dass dieser auf sie verzichtet.

1. Allgemeines. Als **Verteidigungsmöglichkeiten gegen die Hypothek** kommen in Betracht: Geltendmachen von Mängeln des dinglichen Rechts, vgl Rn 2, Einreden aus dem persönlichen Verhältnis zw dem Gläubiger und dem Eigentümer, Rn 3, und die dem persönlichen Schuldner gegen die Forderung zustehenden Einreden, deren Wirkung § 1137 auf die Hypothek ausdehnt, ohne Rücksicht darauf, ob Eigentümer und persönlicher Schuldner identisch sind (MüKo/*Lieder* Rn 5). Die Vorschrift gilt für alle Arten der Hypothek; Unterschiede nur bzgl der Stellung des Einzelnachfolgers. § 1137 betrifft nur die dingliche Klage des Gläubigers gegen den Eigentümer, dagegen sind Einreden gegen die Forderung bei Klage des Gläubigers gegen Dritte, zB aus § 1134 bedeutungslos. 1

Ist gegen den Voreigentümer ein rechtskräftiges Urteil ergangen, kann sich der neue Eigentümer nach Erwerb der streitbefangenen Sachen gem § 325 ZPO nicht auf eine darin ausgeschlossene Einrede berufen (MüKo/*Lieder* Rn 31). Gleiches gilt für Einreden gegen die Zwangshypothek, mit denen sein Vorgänger bereits nach Maßgabe der § 767 II, § 796 II ZPO präkludiert war (BGH WM 2013, 1791, 1792; Staudinger/*Wolfsteiner* Rn 13; MüKo/*Lieder* Rn 31). 1a

2. Dingliche Einwendungen. Einwendungen gegen den Bestand des dinglichen Rechts können (nach Maßgabe der §§ 892, 894) darauf gestützt werden, dass eine der Entstehungsvoraussetzungen des Rechts fehlt, zB Fehlen oder Nichtigkeit der Einigung, Fehlen der Briefübergabe, Verstoß gegen §§ 134, 138, Bedingtheit, wirksam erklärte Anfechtung; Verzicht des persönlichen Schuldners auf Anfechtungsrecht ist dem Eigentümer ggü wirksam (*Arndt* DNotZ 1963, 603; Soergel/*Konzen* Rn 6). Angesichts des § 1163 gehört auch die Behauptung hierher, dem als Gläubiger Eingetragenen stehe die durch die Hypothek gesicherte Forderung nicht oder nicht mehr zu. Dabei wirkt die Rechtskraft des Urteils zw Gläubiger und Schuldner nicht ggü dem Eigentümer. Ist Auswechselung der Forderung vereinbart, aber noch nicht durchgeführt, muss der Eigentümer die Geltendmachung der durch die Auswechselung zu sichernden Forderungen dulden. Der rechtsgeschäftliche Erwerber der Hypothek ist gem § 892 geschützt. 2

3. Persönliche Einwendungen. Einwendungen aus dem persönlichen Verhältnis zw Eigentümer und Gläubiger sind hauptsächlich bei Auseinanderfallen von Eigentümer und persönlichem Schuldner von Bedeutung. In Betracht kommen: Stundung der Hypothek, Abrede des vorherigen Vollstreckungsversuchs gegen den Schuldner, unzulässige Rechtsausübung. Der spätere Einzelnachfolger des Gläubigers hat den Schutz aus § 1157. Ein Einzelrechtsnachfolger des Eigentümers kann dessen Einreden nur bei Abtretung des betreffenden Anspruchs oder Rechts geltend machen (BGH LM § 1169 Nr 1). 3

4. Einreden des Schuldners. Dass **Verteidigung gegen die Hypothek mit den Einreden des persönlichen Schuldners** gegen die Forderung möglich ist, folgt aus dem Sicherungszweck der Hypothek. Auf die Art der Einreden kommt es nicht an (bei Einwendungen besteht die Forderung nicht, sie fallen daher unter Rn 2; wegen der Gestaltungsrechte vgl Rn 6), zB: Einrede der Stundung, des nicht erfüllten Vertrags, der Arglist, des Zurückbehaltungsrechts, der ungerechtfertigten Bereicherung, der Rechtskraft. Vorausgesetzt ist nur, dass ihre Wirkung nicht noch von einer Willenserklärung des Schuldners abhängt. Die Schuldnerschutzvorschriften der §§ 406–408 gelten für die Hypothek nicht, vgl auch § 1156. Ein gutgläubiger Erwerber der Hypothek wird nach § 1138 geschützt. Einreden, die erst nach Übertragung der Hypothek entstanden sind, sind durch § 1156 ausgeschlossen (BGHZ 85, 388, 391). 4

Ausgeschlossen sind folgende Verteidigungsmöglichkeiten: Verjährung des Kapitalanspruchs, § 216 I, anders für rückständige Zinsen und Nebenleistungen nach § 216 III (NK/*Zimmer* Rn 11); ausgeschlossen ist auch die Einrede beschränkter Erbenhaftung (Staudinger/*Wolfsteiner* Rn 10; NK/*Zimmer* Rn 11). 5

5. Gestaltungsrechte. Die dem persönlichen Schuldner zustehenden Gestaltungsrechte kann der Eigentümer **nicht geltend** machen (MüKo/*Lieder* Rn 18), da das einen Eingriff in die Rechte des persönlichen Schuldners bedeuten würde. § 1137 gibt dem Eigentümer durch Verweisung auf das Bürgschaftsrecht aber das Recht, 6 die Gestaltbarkeit der Hypothekenforderung einredeweise gegen die Hypothek geltend zu machen (NK/*Zimmer* Rn 12). Erfasst sind das Anfechtungsrecht des Schuldners und das Aufrechnungsrecht des Gläubigers gegen eine fällige Forderung des Schuldners (Staudinger/*Wolfsteiner* Rn 16). Ist nur der Schuldner aufrechnungsbefugt, ergibt dies gem § 770 II keine Einrede für den Eigentümer (Staudinger/*Wolfsteiner* Rn 16; aA MüKo/*Lieder* Rn 21; NK/*Zimmer* Rn 14). Das muss über den Wortlaut des § 770 hinaus auch für ein Rücktritts- oder Wandlungsrecht des Schuldners gelten (MüKo/*Lieder* Rn 23; aA Staudinger/*Wolfsteiner* Rn 17); die Einrede der Minderung hingegen dürfte unter Rn 4 fallen. Dagegen keine Einrede der Vorausklage wie nach § 771 (aber entspr Vereinbarung möglich); anders, falls der Hypothek eine nicht selbstschuldnerische Bürgschaftsschuld zugrunde liegt; für eine solche Bürgschaftsschuld gilt § 770 unmittelbar. Hat der Schuldner das Gestaltungsrecht geltend gemacht, zB angefochten oder aufgerechnet, kann sich der Eigentümer auf die Folgen berufen, selbst dann, wenn der Eigentümer dem Schuldner zur Befreiung von der Schuld verpflichtet war (Staudinger/*Wolfsteiner* Rn 16; *Westermann/Gursky/Eickmann* § 100 Rn 6). Zur Aufrechnung durch den Eigentümer mit einer eigenen Forderung als Aktivforderung vgl § 1142 II und § 1142 Rn 5.

7 **6. Verzicht. Keine Wirkung des Verzichts auf eine Einrede** seitens des persönlichen Schuldners für den Eigentümer (im Falle von Abs I S 1), anders aber für Einreden aus § 770 bei Verzicht auf Gestaltungsrechte (MüKo/*Lieder* Rn 33; Staudinger/*Wolfsteiner* Rn 23). Gilt auch für den Fall der späteren Trennung von Eigentümer und persönlichem Schuldner. Entspr auch keine Wirkung des dem Schuldner ungünstigen rechtskräftigen Urteils, sofern nicht Rechtskraft schon vor Bestellung der Hypothek eingetreten war. Abs II betrifft nur das materielle Recht (BGH WM 2013, 1791, 1792). Ob und welche materiell-rechtl Einwendungen der Grundstückseigentümer noch geltend machen kann, wenn der Gläubiger über einen vollstreckbaren Titel verfügt, der ihm die Vollstreckung aus der Hypothek gestattet, richtet sich nach den prozessualen Vorschriften, insb nach § 767 ZPO (BGH WM 2013, 1791, 1792; MüKo/*Lieder* Rn 34).

8 **7. Grundschuld.** § 1137 ist auf die Grundschuld nicht anwendbar.

§ 1138 Öffentlicher Glaube des Grundbuchs

Die Vorschriften der §§ 891 bis 899 gelten für die Hypothek auch in Ansehung der Forderung und der dem Eigentümer nach § 1137 zustehenden Einreden.

1 **1. Grundlagen.** Weil die Hypothek von der Forderung abhängt und die §§ 891–899 nur für die Hypothek und nicht für die Grundschuld gelten, besteht insoweit ein Bedürfnis, **den Rechtsschein des Grundbuchs soweit auf die Forderung auszudehnen**, als die Zuständigkeit des dinglichen Rechts von ihr abhängt. Dem trägt § 1138 Rechnung. Es entsteht eine forderungsentkleidende Hypothek (NK/*Zimmer* Rn 4; Staudinger/*Wolfsteiner* Rn 8). Damit gelten die §§ 891–899 auch für die Forderung und für die sie betreffenden Einreden aus § 1137, nicht indessen für solche Einreden, die erst nach Übertragung der Hypothek entstanden sind (§ 1156). Auf Einwendungen gegen den Bestand des dinglichen Rechts (§ 1137 Rn 2) sind die §§ 891ff unmittelbar anwendbar; Einreden gegen die Hypothek vgl § 1157. Ausgeschlossen ist § 1138 für die Hypothek für Rückstände von Zinsen und anderen Nebenleistungen, § 1159, und für die Sicherungshypothek, § 1185 II. Lässt man die Vereinbarung der Behandlung einer Verkehrshypothek als Sicherungshypothek für das Innenverhältnis zu, vgl § 1190 Rn 3, ist auch für diese Form § 1138 ausgeschlossen.

2 **2. Rechtsschein.** Der Rechtsschein gilt für die Forderungsverlautbarung **nur in Ansehung der Hypothek**, dh nur, um die Geltendmachung des dinglichen Rechts oder die Verteidigung gegen einen Berichtigungsanspruch zu ermöglichen. Somit ist § 1138 nur von Bedeutung für den Duldungsanspruch aus § 1113, nicht für den Zahlungsanspruch aus der Forderung (auch nicht für die Unterwerfungsklausel, BGH NJW 1980, 1048). Beweislast für die dingliche und persönliche Klage daher verschieden.

3 **3. Gesetzliche Vermutung. § 891** schafft eine **Vermutung für das Bestehen der Forderung**, soweit diese durch die Eintragung verlautbart wird. Danach ist die Vermutung auf die durch den Schuldgrund bestimmte Eintragung beschränkt; steht das Nichtbestehen dieser Forderung fest, muss der Gläubiger beweisen, dass die geltend gemachte mit der hypothekarisch gesicherten Forderung identisch ist oder dass zumindest die Verpflichtung des Eigentümers besteht, nach § 1180 die geltend gemachte Forderung zu sichern. Ist Darlehen als Schuldgrund angegeben, muss Eigentümer auch die Möglichkeit eines Vereinbarungsdarlehens widerlegen (BGH WM 1972, 384).

4 Vermutet wird der gegenwärtige **Bestand der Forderung** nicht nur für den Zeitpunkt der Eintragung. Es genügt daher nicht der Beweis, dass die Forderung bei Eintragung nicht bestand; der Eigentümer muss auch die Möglichkeit späterer Entstehung ausräumen (BGH NJW 1980, 1048). Die Vermutung umfasst auch die für eine wirksame Hypothekenbestellung str Umstände, zB Dissens, Vertretungsmacht (BGH NJW 1980, 1048), nicht aber Rechts- und Geschäftsfähigkeit; hier trifft den Schuldner aber allg Beweislast. Für den Gläubiger einer Briefhypothek gilt die Vermutung des § 891 nur dann, wenn er Briefbesitz hat (BayObLG WM 1982, 1369). **Widerlegung der Vermutung** erfordert vollen Beweis (NK/*Zimmer* Rn 8). Bzgl **Einreden** gegen die Forderung, die aus der Eintragung nicht hervorgehen, besteht keine Vermutung.

5 **4. Berichtigung.** §§ 1138, 891 gelten auch, falls der Eigentümer von dem als Gläubiger Eingetragenen **Berichtigung** verlangt; hierbei muss der Eigentümer auch beweisen, dass dem Gläubiger die gesicherte Forderung nicht aus einem anderen als dem eingetragenen Schuldgrund zusteht, weil es hier nicht nur um die Inanspruchnahme des Eigentümers aus der Hypothek, sondern um den Bestand der Eintragung geht.

5. Gutgläubiger Erwerb. Die Anwendung der §§ 892, 893 ermöglicht den gutgläubigen Erwerb, der bei der Briefhypothek durch § 1140 abgeschwächt wird (NK/*Zimmer* Rn 12). Der gutgläubige Erwerber einer Verkehrshypothek wird dagegen geschützt, dass dem Veräußerer das Recht wegen rechtshindernder oder rechtsvernichtender Einwendungen oder rechtshemmender Einreden, die nicht im Grundbuch eingetragen sind, infolge der Akzessorietät der Hypothek nicht zusteht. Zu diesem Zweck wird die Forderung im Umfang ihrer grundbuchmäßigen Verlautbarung fingiert. Die Wirkungslosigkeit der Einreden ggü dem Erwerber ist durch Bezugnahme auf § 1137 ausdrückl angeordnet. Schutz nicht nur gegen Nichtbestehen der Forderung, sondern auch dagegen, dass die bestehende Forderung einem anderen als dem als Gläubiger Eingetragenen zusteht; um Spaltung von Forderung und Hypothek mit Verdoppelung der Befriedigungsmöglichkeit zu verhindern, erwirbt in diesem Fall der Erwerber auch die Forderung (Soergel/*Konzen* Rn 7; aA Staudinger/*Wolfsteiner* Rn 10; MüKo/*Lieder* § 1153 Rn 17ff), vgl § 1153 Rn 3. Eine einredefrei erworbene Hypothek bleibt dies auch für einen nachfolgenden bösgläubigen Gläubiger (BGH WM 1986, 1386). 6

Auch die **§§ 894–899** gelten für die Forderungsverlautbarung, so dass zB Widerspruch und Berichtigungsanspruch auf Nichtbestehen der Forderung oder auf Nichteintragung einer Einrede gestützt werden können. 7

6. Grundschuld. § 1138 gilt nicht für die Grundschuld (BGH NJW 1996, 1207, 1208). 8

§ 1139 Widerspruch bei Darlehensbuchhypothek

Ist bei der Bestellung einer Hypothek für ein Darlehen die Erteilung des Hypothekenbriefs ausgeschlossen worden, so genügt zur Eintragung eines Widerspruchs, der sich darauf gründet, dass die Hingabe des Darlehens unterblieben sei, der von dem Eigentümer an das Grundbuchamt gerichtete Antrag, sofern er vor dem Ablauf eines Monats nach der Eintragung der Hypothek gestellt wird. Wird der Widerspruch innerhalb des Monats eingetragen, so hat die Eintragung die gleiche Wirkung, wie wenn der Widerspruch zugleich mit der Hypothek eingetragen worden wäre.

Um bei der Buchhypothek den Schutz zu ersetzen, den bei der Briefhypothek die Abhängigkeit der Verfügung von der Briefübergabe schafft, erleichtert § 1139 den **Widerspruch** für die **Buchhypothek.** Auf die Sicherungshypothek nicht anwendbar (wohl aber für die verdeckte, vgl § 1190 Rn 3). Auf andere Forderungen als solche aus Darlehen oder auf andere Einwendungen als jene der nicht bezahlten Valuta kann § 1134 als Ausnahmevorschrift nicht angewendet werden (Staudinger/*Wolfsteiner* Rn 9), also nicht auf eine Forderung aus einem abstrakten Schuldversprechen (aA NK/*Zimmer* Rn 3). Der Antrag bedarf der Form des § 29 GBO (NK/*Zimmer* Rn 11; aA MüKo/*Lieder* Rn 4). Nach Versäumung der Frist nur noch Widerspruch nach Maßgabe des § 899. Der Widerspruch wirkt, falls er innerhalb eines Monats nach der Eintragung der Hypothek eingetragen wird, auf die Eintragung der Hypothek zurück; ggü Fehlen der Forderung also kein gutgläubiger Erwerb. Ist der Antrag innerhalb eines Monats gestellt, aber nicht fristgemäß eingetragen, kann die Eintragung nachgeholt werden; sie hat dann aber keine Rückwirkung (NK/*Zimmer* Rn 12). § 1139 ist auf die Grundschuld nicht anwendbar. 1

§ 1140 Hypothekenbrief und Unrichtigkeit des Grundbuchs

Soweit die Unrichtigkeit des Grundbuchs aus dem Hypothekenbrief oder einem Vermerk auf dem Brief hervorgeht, ist die Berufung auf die Vorschriften der §§ 892, 893 ausgeschlossen. Ein Widerspruch gegen die Richtigkeit des Grundbuchs, der aus dem Brief oder einem Vermerk auf dem Briefe hervorgeht, steht einem im Grundbuch eingetragenen Widerspruch gleich.

Der Brief vermag zwar keine unrichtige Grundbucheintragung zu ersetzen und ermöglicht daher nicht einen gutgläubigen Erwerb der Hypothek; doch kann der Brief den öffentlichen Glauben des Grundbuchs zerstören. Voraussetzung dafür ist, dass der Inhalt des Briefes die Unrichtigkeit der Grundbucheintragung ergibt. Gleichgültig ist, ob ein Erwerber der Hypothek Kenntnis vom Briefinhalt hat. **Inhalt des Briefes** sind auch darauf angebrachte Privatvermerke (MüKo/*Lieder* Rn 10; NK/*Zimmer* Rn 6; Staudinger/*Wolfsteiner* Rn 6), zB eine Zahlungsquittierung. Durchstreichungen sind nur bei hierauf bezogener Unterschrift beachtlich (abw NK/*Zimmer* Rn 11; weniger streng MüKo/*Lieder* Rn 10, Soergel/*Konzen* Rn 3; strenger Staudinger/*Wolfsteiner* Rn 7), ebenso Ausradierungen. Eine mit dem Brief bloß äußerlich verbundene Urkunde ist nicht Briefinhalt. 1

Ein **Widerspruch** auf dem Brief (S 2) ist iSd § 892 dem Widerspruch im Grundbuch gleichgestellt. Der aus einem Privatvermerk hervorgehende Widerspruch hat nur Bedeutung nach § 1140 S 1, ist also nicht wie ein amtl Widerspruch zu behandeln. Entspr gilt bei Vermerk einer Verfügungsbeschränkung. 2

§ 1140 ist auf die Grundschuld entspr anwendbar. 3

§ 1141 Kündigung der Hypothek

(1) Hängt die Fälligkeit der Forderung von einer Kündigung ab, so ist die Kündigung für die Hypothek nur wirksam, wenn sie von dem Gläubiger dem Eigentümer oder von dem Eigentümer dem Gläubiger erklärt wird. Zugunsten des Gläubigers gilt derjenige, welcher im Grundbuch als Eigentümer eingetragen ist, als der Eigentümer.

(2) Hat der Eigentümer keinen Wohnsitz im Inland oder liegen die Voraussetzungen des § 132 Abs. 2 vor, so hat auf Antrag des Gläubigers das Amtsgericht, in dessen Bezirk das Grundstück liegt, dem Eigentümer einen Vertreter zu bestellen, dem gegenüber die Kündigung des Gläubigers erfolgen kann.

1 **1. Kündigung.** Die **Hypothek wird gekündigt** durch einseitige, formlos gültige, zugangsbedürftige Erklärung des Gläubigers ggü dem Eigentümer oder umgekehrt des Eigentümers ggü dem Gläubiger; sie führt zur Fälligkeit der Hypothek. Die Vorschrift soll sicherstellen, dass der vom persönlichen Schuldner verschiedene Eigentümer von der Kündigung erfährt (Köln FGPrax 2013, 151, 152). Kündigung ist regelmäßig Fälligkeitsvoraussetzung; aus § 1141 folgt aber nicht, dass die Fälligkeit einer Hypothek stets durch Kündigung herbeigeführt werden muss (Köln FGPrax 2013, 151, 152; NK/*Zimmer* Rn 1); die Vorschrift nimmt nur auf ein anderweitig begründetes Kündigungserfordernis Bezug; möglich auch automatische Fälligkeit durch Zeitablauf oder sonstige vertragsgemäße Umstände. Sofern keine Kündigungsgründe oder Kündigungsfristen vereinbart wurden, bleibt es bei § 271 I (Köln FGPrax 2013, 151, 152). Die Kündigung ist eine Verfügung über die Hypothek, nicht über das Grundstück (BGHZ 1, 294, 305); sie ist unwiderruflich (Hamburg Rpfleger 1959, 379).

2 Die **Kündigung der Forderung** ist von der der Hypothek zu unterscheiden. Trotz der Akzessorietät ist besondere Kündigung der Hypothek nötig; § 1141 ist zwingenden Rechts. Kündigung nur ggü dem persönlichen Schuldner ergreift nur die persönliche Forderung (Köln FGPrax 2013, 151, 153). Ausnahmen bei der Sicherungshypothek, § 1185 II. Nach hM auch isolierte Kündigung der Hypothek möglich (*Westermann/Gursky/Eickmann* § 100 I 2 mwN); vgl auch § 425.
Besondere Vorschriften für die Briefhypothek in § 1160; für belastete Hypothek vgl §§ 1074, 1077, 1080, 1283, 1286, 1291; zur Vorerbschaft vgl auch § 2114; zur Eigentümergrundschuld vgl § 1177 I 2.

3 **2. Kündigungsberechtigung.** Die **Kündigung muss** grds **vom Berechtigten ausgehen**; also zB bei Miteigentum von oder ggü allen Eigentümern, entspr bei Gesamthandseigentum, falls nicht einem der Eigentümer Verfügungsrecht zusteht. Berechtigt ist nur der wirkliche Eigentümer, nicht derjenige, der unwirksam erworben hat; keine rückwirkende Heilung bei Genehmigung. Die Kündigung durch oder ggü Rechtsvorgänger muss der Nachfolger ohne den Schutz des § 892 gegen sich gelten lassen. Kündigungsbedingungen als Teil des Rechtsinhaltes werden dagegen vom Rechtsschein der Grundbucheintragung erfasst.

4 **Bedeutung des Bucheintrags.** Kündigt der Gläubiger, wird als Eigentümer der Bucheigentümer unwiderleglich vermutet. Die gilt selbst dann, wenn der Gläubiger die Unrichtigkeit des Grundbuches kennt oder ein Widerspruch eingetragen ist (Staudinger/*Wolfsteiner* Rn 13; Soergel/*Konzen* Rn 5; NK/*Zimmer* Rn 9). Die Eigentumsfiktion gilt nur zugunsten des Gläubigers, nicht zu seinen Lasten (Staudinger/*Wolfsteiner* Rn 14). Er kann daher wirksam auch ggü dem wirklichen Eigentümer kündigen (Soergel/*Konzen* Rn 5; NK/*Zimmer* Rn 9). Hat der Gläubiger nach Abs I S 2 wirksam ggü dem Buchberechtigten gekündigt, kann er sich ggü dem wirklichen Eigentümer nicht auf die Unwirksamkeit der Kündigung berufen (Soergel/*Konzen* Rn 5; NK/*Zimmer* Rn 9; aA Staudinger/*Wolfsteiner* Rn 14: Frage des Einzelfalls). Erfolgt dagegen die Kündigung durch den nichtberechtigten Bucheigentümer, findet Abs I S 2 keine Anwendung (NK/*Zimmer* Rn 9), ebenso wenig bei einer Kündigung durch die Scheinhypothekar (Staudinger/*Wolfsteiner* Rn 10; MüKo/*Lieder* Rn 16).

5 **3. Vertreter.** Der nach Abs II bestellte **Vertreter** hat nur Vollmacht zur Entgegennahme der Kündigung. Kosten des Gläubigers fallen unter § 1118. Vertreterbestellung ersetzt die öffentliche Zustellung (auch für § 132 II). Verfahren nach FamFG. Ausschluss des unbekannten Gläubigers nach § 1171. Für die Sicherungshypothek gilt § 1141 II nicht (§ 1185 II). Abs II ist nicht anwendbar auf Personen oder Gesellschaften, die ihren (Wohn-)Sitz in einem EU-Mitgliedstaat haben (EuGH NJW 2013, 443, 444; MüKo/*Lieder* Rn 21).

6 **4. Grundschuld.** § 1141 gilt nicht für die Grundschuld (MüKo/*Lieder* Rn 24; aA für Abs II Staudinger/*Wolfsteiner* Rn 32); dafür gelten § 1177 I 2, § 1193. § 1193 II 2 ist auf die Hypothek nicht anwendbar (Köln FGPrax 2013, 151, 153).

§ 1142 Befriedigungsrecht des Eigentümers

(1) Der Eigentümer ist berechtigt, den Gläubiger zu befriedigen, wenn die Forderung ihm gegenüber fällig geworden oder wenn der persönliche Schuldner zur Leistung berechtigt ist.

(2) Die Befriedigung kann auch durch Hinterlegung oder durch Aufrechnung erfolgen.

1 **1. Allgemeines.** Das **Recht des Eigentümers, den Gläubiger zu befriedigen**, soll ihm ermöglichen, den Verlust des Grundeigentums durch Zwangsversteigerung zu verhindern. Ausübung daher nicht mehr möglich, falls Erlös an die Stelle des Eigentums getreten ist. Ist Eigentümer zugleich persönlicher Schuldner, gilt nicht § 1142, sondern §§ 362ff (Hamm BeckRS 2018, 39603 Rn 49; Staudinger/*Wolfsteiner* Rn 11; NK/*Zimmer* Rn 1; hA; aM RGRK/*Mattern* Rn 3). Die Vorschrift ist zwingend (Staudinger/*Wolfsteiner* Rn 19); eine entgegengesetzte Vereinbarung ist nicht eintragungsfähig (BGHZ 108, 372, 379) und wirkt nur persönlich.

2 § 1142 begründet für den Eigentümer nur ein **Recht**, nicht die Pflicht zur Befriedigung des Gläubigers (BGHZ 7, 126). Verzug kann daher nicht eintreten (vgl aber § 1146). Hat der Eigentümer irrig angenommen, persönlich zur Zahlung verpflichtet zu sein, so hat er gegen den Gläubiger einen Rückforderungsanspruch nach § 812 (BGHZ 7, 123; Staudinger/*Wolfsteiner* Rn 24).

2. Voraussetzungen. Das Recht zur Befriedigung nach § 1142 steht dem wahren Eigentümer zu, auch jedem Miteigentümer (BGH NJW-RR 1999, 504; NK/*Zimmer* Rn 3) und einem Gesamthandseigentümer zur Vermeidung der Zwangsversteigerung, unabhängig vom Innenverhältnis (vgl § 744 II), nicht jedoch einem Grundstückskäufer vor seiner Eintragung als Eigentümer (RGZ 141, 222; Staudinger/*Wolfsteiner* Rn 3). Der bloße **Bucheigentümer** hat das Recht nur unter den Voraussetzungen der §§ 1150, 268, ebenso ein sonstiger Dritter (vgl § 1150 Rn 2). Der Eigentümer kann auch dann zahlen, wenn der persönliche Schuldner widerspricht; im Unterschied zu § 267 II kommt hier der Gläubiger bei Ablehnung der Zahlung in Annahmeverzug. Die Forderung muss aber dem Eigentümer ggü fällig sein. **Fälligkeit** bestimmt sich nach dem Vertrag oder nach dem Gesetz; ist danach eine Kündigung erforderlich, so gilt § 1141. Unabhängig von Fälligkeit genügt auch **Erfüllungsrecht** des **Schuldners.** § 1141 gilt auch, wenn Gläubiger einen Bereitstellunganspruch auf Duldung der Zwangsvollstreckung in dem Grundbesitz nach den Vorschriften des AnfG geltend machen (BGH NJW-RR 2011, 451; NK/*Zimmer* Rn 4). 3

3. Art der Befriedigung. Dem Gläubiger ist der Betrag der Forderung mit den Nebenleistungen zuzuwenden; Teilzahlung genügt nicht (§ 266), wenn der Gläubiger widerspricht (BGHZ 108, 372, 379). Recht zur **Hinterlegung** (Abs II) besteht unter den Voraussetzungen der §§ 372ff; durch Ausschluss des Rücknahmerechts tritt Tilgungswirkung ein (§ 376 II Nr 1, § 378); auf diese Weise kann der Eigentümer auch dann, wenn der Gläubiger die Freigabe von der Zahlung einer höheren oder anderen als der gesicherten Forderung abhängig macht, Befriedigung mit der Folge aus § 1143 herbeiführen (BGH WM 1985, 953); bei Nichtausschluss der Rücknahme hingegen hat er bis zur Auszahlung an den Gläubiger nur eine Einrede gegen die dingliche Klage (§ 379). 4

Aufrechnung des Eigentümers mit einer ihm gegen den Grundschuldgläubiger (und zwar nur gegen diesen, BGH WM 2018, 636, 637) zustehenden Forderung ist zulässig (Ausnahme vom Erfordernis der Gleichartigkeit). Der Gläubiger seinerseits darf aber nicht gegen eine Forderung des Eigentümers aufrechnen (Staudinger/*Wolfsteiner* Rn 17), da für den Anspruch aus der Hypothek nur das Grundstück haftet (§ 1147) und mithin die nach § 387 nötige Gleichartigkeit fehlt (*Clemente* ZfIR 2018, 403, 404); Aufrechnung mit einer Forderung gegen den Schuldner scheitert mangels Gegenseitigkeit. Eine vom Schuldner erklärte Aufrechnung gibt dem Eigentümer nur eine Einrede nach § 1137 (vgl § 1137 Rn 6). 5

4. Grundschuld. § 1142 gilt für die Grundschuld grds entspr (BGH WM 2018, 636; 2010, 1757, 1759; NJW 1990, 258, 260). Die Ablösung kann nach Abs I durch Zahlung erfolgen. Der Eigentümer darf den Gläubiger erst nach Fälligkeit der Grundschuld (§ 1193) befriedigen; auf die Fälligkeit der gesicherten Forderung kommt es nicht an (BGH DNotZ 1990, 586, 589; MüKo/*Lieder* Rn 24; Staudinger/*Wolfsteiner* Rn 25; NK/*Zimmer* Rn 14). Eine Teilzahlung kann der Gläubiger ablehnen, Abs I iVm § 266 (BGH WM 2010, 1757, 1759). Daher sind der volle Nennbetrag der Grundschuld sowie die dinglichen Zinsen und die Nebenleistung zu befriedigen (Staudinger/*Wolfsteiner* Rn 27; MüKo/*Lieder* Rn 24). Abs II Alt 2 erweitert die Art der Befugnis des Eigentümers zur Ablösung um die Gestattung zur Aufrechnung, mithin die Verwendung einer Gegenforderung aus dem sonstigen Vermögen des Eigentümers zur Ablösung des Duldungsanspruchs (BGH WM 2018, 636, 637; 2010, 1757, 1759). Die Befugnis zur Ablösung ist jedoch insoweit beschränkt, als diese nur dann durch Aufrechnung erfolgen kann, wenn die Gegenforderung des Eigentümers so hoch ist, das die Aufrechnung zur Ablösung der Grundschuld führt (BGH WM 2010, 1757, 1759; 2005, 1271, 1272; MüKo/*Lieder* Rn 3; Staudinger/*Wolfsteiner* Rn 18; aA RGZ 79, 354, 360). Eine Befugnis zu Teilleistungen eröffnet Abs II Alt 2 dem Eigentümer nicht (BGH WM 2010, 1757, 1759; krit *Heinemann* ZfIR 2010, 768, 769), es sei denn, dass er die Restforderung zugleich auf andere Weise ablöst. 6

§ 1143 Übergang der Forderung

(1) Ist der Eigentümer nicht der persönliche Schuldner, so geht, soweit er den Gläubiger befriedigt, die Forderung auf ihn über. Die für einen Bürgen geltenden Vorschriften des § 774 Abs. 1 finden entsprechende Anwendung.

(2) Besteht für die Forderung eine Gesamthypothek, so gelten für diese die Vorschriften des § 1173.

1. Grundlagen. Die Vorschrift betrifft nur den **nicht persönlich schuldenden Eigentümer.** Tilgt der persönliche Schuldner die Forderung, so erlischt sie (Folge: Eigentümergrundschuld, § 1163 I 2, § 1177 I), sofern er nicht einen Ersatzanspruch hat (§ 1164 I). § 1143 gilt für jede Art der Hypothek. 1

Die Forderung und mit ihr die Hypothek (§ 1150) gehen unabhängig davon auf den Eigentümer über, ob ihm ein Ausgleichsanspruch gegen den persönlichen Schuldner zusteht. Insoweit besteht zw ihnen die gleiche Lage wie im Verhältnis zw Bürgen und Hauptschuldner (§ 774 I), da der mit dem persönlichen Schuldner nicht identische Eigentümer ebenso wie ein Bürge nur für eine fremde Schuld haftet, wenn auch beschränkt auf das Grundstück. 2

Ist der Eigentümer dem persönlichen Schuldner ggü zur Befriedigung des Gläubigers **verpflichtet** (vgl § 415 III), dann zahlt er idR für den Schuldner (*Westermann/Gursky/Eickmann* § 101 III 2). Das ist zB der Fall, wenn der Grundstückserwerber eine Hypothek unter Anrechnung auf den Kaufpreis übernommen, der Gläubiger die Übernahme aber nicht genehmigt hat. Mit Zahlung an den Gläubiger erlischt die Forderung (§ 362) und die Hypothek wird gem § 1163 I 1, § 1177 I zu einem forderungsentkleideten Eigentümergrundpfandrecht. Wenn aber der Eigentümer (ausdr oder nach den Umständen) im eigenen Namen leistet, kann der persönliche Schuldner einem Rückgriff aus der Forderung die rechtsvernichtende Einwendung der Befreiungspflicht entgegenset- 3 zen (BGH WM 1980, 253; RGZ 143, 287), ebenso wenn ein Rechtsvorgänger des Eigentümers zur Befreiung verpflichtet ist.

4 Leistet ein **Dritter** (im eigenen Namen), so findet § 1143 keine Anwendung (NK/*Zimmer* Rn 10) und so erwirbt er die Forderung nur unter den Voraussetzungen der §§ 268, 1150; sonst sichert ihn nur ein rechtsgeschäftlicher Erwerb von Forderung und Hypothek. Gläubiger kann aber nach Empfang der Schuldsumme angesichts des automatischen Übergangs der Hypothek auf den Eigentümer, § 1163, nicht mehr abtreten.

5 **2. Befriedigung.** Vorausgesetzt ist **Befriedigung durch den Eigentümer**, der **nicht zugleich Schuldner** ist, durch Leistung an den Gläubiger (§ 893 schützt bei Zahlung an den Buchgläubiger). Die Art der Befriedigung ist gleichgültig, so genügt zB auch einvernehmliche Freistellung des Gläubigers von einer ihm obliegenden Verbindlichkeit, BGH WM 1969, 1103. Befriedigung durch Zwangsvollstreckung steht hinsichtl der Forderung gleich; die Hypothek erlischt, § 1181. Leistung im Namen (oder für Rechnung) des Eigentümers reicht aus. Erforderlich ist Eigentum zur Zeit der Zahlung; ist in diesem Zeitpunkt der Eigentumserwerb noch nicht eingetreten, so wirkt die spätere Eintragung zurück, str. Hingegen gilt § 1143 nicht bei rückwirkendem Wegfall des Eigentums (zB § 142); es treten dann die Folgen des § 1163 I 2 ein. Zahlt ein bloßer Bucheigentümer, so leistet er als Dritter (vgl Rn 4). Bei Belastung von **Miteigentum** nach Bruchteilen besteht Gesamthypothek, folglich gilt § 1173. Ablösung durch Mitglied einer **Gesamthandsgemeinschaft**, die nicht persönlich schuldet, führt zum vollen Übergang auf den Leistenden (diff MüKo/*Lieder* Rn 14).

6 **3. Rechtsfolge.** Der Eigentümer **erwirbt Forderung und Hypothek** kraft Gesetzes, er hat nicht etwa nur einen schuldrechtl Anspruch. Das Grundbuch wird unrichtig, für den Brief gilt § 952 (vgl iÜ § 1144). Die Hypothek ist ein forderungsbekleidetes Eigentümergrundpfandrecht; zur Behandlung vgl § 1177 II. **Teilbefriedigung** (vgl aber § 266) führt zum Teilerwerb mit Vorrang des Gläubigers am ungetilgten Teil; zum Brief vgl § 1145. Die Hypothek – nicht die Forderung – für rückständige Nebenrechte erlischt, § 1178.

7 Die **Verteidigungsmöglichkeiten des Schuldners** werden durch den Übergang nicht geschmälert, vgl § 412; gutgläubiger Erwerb bzgl der Forderung ist nicht möglich. Die Verweisung auf § 774 I 3 gibt dem Schuldner auch die Einreden aus seinem Verhältnis zum Eigentümer, Hauptfall ist die Pflicht des Eigentümers zur Befreiung des Schuldners. Beweislast hat der Schuldner.

8 **4. Innenverhältnis zwischen Hypothekenschuldner und den aus anderen Sicherheiten Verpflichteten.** Tilgt der **nicht persönlich schuldende Eigentümer** die Hypothek, so geht auf ihn nach § 1143 I 1 iVm §§ 412, 401 I auch der Anspruch aus einer für die gesicherte Forderung bestehenden Bürgschaft oder sonstige akzessorische Sicherheit über. Umgekehrt erwirbt der Bürge, wenn er in Anspruch genommen wird, nach § 774 I 1, § 412, § 401 I die Hypothek. Damit hätte derjenige, der zuerst zahlt, die Möglichkeit des vollen Rückgriffs auf den anderen Sicherungsgeber. Das ist unbillig, sofern sich nicht aus der Sicherungsabrede oder aus dem Innenverhältnis zw den Sicherungsgebern ergibt, dass die eine ggü der anderen Sicherheit bevorzugt ist. Der BGH vertritt deshalb eine entspr Anwendung von § 426 auf das Verhältnis zw mehreren gleichrangig haftenden Sicherungsgebern, so dass der in Anspruch genommene Sicherungsgeber von den anderen Ausgleichung nach Köpfen entspr dem ggü dem Gläubiger übernommenen Haftungsrisiko verlangen kann (BGH WM 2009, 213, 214; MüKo/*Lieder* Rn 20; NK/*Zimmer* Rn 9; aA Staudinger/*Wolfsteiner* Rn 48f: Zufallsfolgen sind hinzunehmen). **Freigabe einer Sicherheit** durch den Gläubiger verhindert den Rückgriff nicht, weil das Ausgleichsverhältnis schon entsteht, sobald mehrere Sicherheiten für dieselbe Forderung bestellt sind (BGH WM 1991, 399, 400); doch wird mit Aufgabe des dinglichen Rechts (und mit nachfolgender Löschung oder Zession) der zunächst nur auf Befriedigung aus dieser Sicherheit, dh auf deren anteilmäßige Abtretung (*Bayer/Wandt* JuS 1987, 271, 274), gerichtete Ausgleichsanspruch zu einem dessen Wert entspr Zahlungsanspruch (BGH WM 1990, 1956).

9 **5. Gesamthypothek.** Auch bei der **Gesamthypothek** geht die Forderung auf den zahlenden Eigentümer über; er kann wählen, welchen von mehreren Gesamtschuldnern er in Anspruch nimmt. Das dingliche Recht aber erwirbt er nur nach Maßgabe des § 1173.

10 **6. Grundschuld.** § 1143 ist auf die Grundschuld nur eingeschränkt anwendbar (s § 1191 Rn 55ff).

§ 1144 Aushändigung der Urkunden

Der Eigentümer kann gegen Befriedigung des Gläubigers die Aushändigung des Hypothekenbriefs und der sonstigen Urkunden verlangen, die zur Berichtigung des Grundbuchs oder zur Löschung der Hypothek erforderlich sind.

1 **1. Zweck.** Die Vorschrift hat den **Zweck**, den Eigentümer gegen die Gefahr zu schützen, dass der Gläubiger nach Befriedigung über die ihm nicht mehr zustehende Hypothek verfügt. Er kann deshalb Zug um Zug gegen Befriedigung vom Gläubiger Aushändigung des Briefes und aller sonstigen zur Umschreibung oder zur Löschung der Hypothek notwendigen Unterlagen verlangen. Dieser Anspruch ist an das Ablösungsrecht des Eigentümers gebunden (Hamm BeckRS 2018, 39603 Rn 49), daher nicht isoliert abtretbar, verpfändbar oder pfändbar; Hilfspfändung mit dem Ziel, dem Gläubiger die Zwangsvollstreckung in das Grundstück zu ermöglichen (zB durch Eintragung des Schuldners), ist möglich (Köln OLG 1971, 151). Der Anspruch ist dinglicher Natur (MüKo/*Lieder* Rn 5), gibt also in der Insolvenz des Gläubigers Aussonderungsrecht. Für eine Klage auf Aushändigung gilt der dingliche Gerichtsstand des § 24 ZPO (BGHZ 54, 201), auch gegen einen Auslandsgläubiger (BGH WM 1977, 453).

Das Recht des Eigentümers auf Aushändigung der Urkunde ist nicht abdingbar. Wohl aber kann das spezielle Recht aus § 1144, die Aushändigung der Urkunde Zug-um-Zug gegen die Tilgung zu verlangen und die Zahlung bis zur Aushändigung zurückzubehalten, ausgeschlossen werden, und zwar wirksam auch in AGB (Hamm BeckRS 2018, 39603 Rn 51; Staudinger/*Wolfsteiner* Rn 9; NK/*Zimmer* Rn 1; MüKo/*Lieder* Rn 5; aA Soergel/*Konzen* Rn 1). Die Aushändigung der Beweisurkunde für die Zahlung ist nämlich keine Gegenleistung für die Tilgung. 1a

2. Parteien. Anspruchsberechtigt ist der Eigentümer auch dann, wenn er zugleich persönlich schuldet. Durch die Verweisung in den §§ 1150, 1167 gilt § 1144 auch für einen ablösungsberechtigten Dritten und weitgehend für den persönlichen Schuldner. **Verpflichtet** ist der Hypothekengläubiger, unabhängig von der Briefbesitzlage. Erst nach dessen Befriedigung besteht ein Herausgabeanspruch gegen einen Dritten gem § 952 II, § 985. 2

3. Anspruchsvoraussetzungen. Voraussetzung des Anspruchs ist Befriedigung des Gläubigers (München BeckRS 2018, 45157), gleich in welcher Art (zB Aufrechnung, Hinterlegung); in der Zwangsversteigerung gelten §§ 127, 130 II ZVG. Ist die Forderung durch Zwangshypothek gesichert, findet § 1144 Anwendung (Rostock BeckRS 2010, 21569; MüKo/*Lieder* Rn 3). Erforderlich ist volle Befriedigung mit Einschluss der Nebenforderungen. Bei Teilablösung (vgl § 266) kann der Eigentümer zwar nicht Briefaushändigung verlangen, da in diesem Falle § 1145 eingreift; für die sonstigen Urkunden gilt aber auch hier § 1144. 3

Ein **Zurückbehaltungsrecht** des Gläubigers wegen einer nicht durch die Hypothek gesicherten Forderung ist ausgeschlossen, auch bei endgültiger Nichtvalutierung, weil dies auf eine nachträgl Sicherung hinausliefe (BGHZ 71, 19); dies gilt auch dann, wenn die Gegenforderung auf demselben Verhältnis beruht wie die gesicherte Forderung (RGRK/*Mattern* Rn 6), ebenso ggü Berichtigungsanspruch wegen Nichtigkeit des Grundpfandrechts (BGH NJW 1988, 3260), anders aber uU bei einer Schadensersatzpflicht des Eigentümers aus einer von ihm ggü dem Gläubiger vorsätzlich begangenen unerlaubten Handlung (vgl BGH NJW 1966, 1452). 4

4. Art der Geltendmachung. Der Eigentümer kann die Urkunden Zug um Zug gegen Befriedigung verlangen. Weigerung des Gläubigers führt zum Annahmeverzug (§ 298) und berechtigt den Eigentümer zur Hinterlegung mit schuldbefreiender Wirkung (§§ 372, 378). Für die Klage aus der Hypothek ist vorheriges Anerbieten der Urkundenaushändigung nicht Voraussetzung; der Eigentümer hat aber ein Leistungsverweigerungsrecht, wenn der Gläubiger nicht seinerseits Befriedigung nur Zug um Zug gegen Aushändigung geltend macht (Rostock BeckRS 2010, 21569; Staudinger/*Wolfsteiner* Rn 25); klagt der Eigentümer aus § 1144, so besteht umgekehrt die gleiche Lage. Nach Befriedigung des Gläubigers kann der Eigentümer aus § 1144 uneingeschränkt vorgehen. 5

Nach Ansicht des BGH darf die Bank als Hypothekengläubigerin für die Erteilung einer löschungsfähigen Quittung oder die Löschungsbewilligung kein gesondertes Entgelt verlangen (BGH ZIP 1991, 857, 858; Köln WM 2002, 853, 855). Eine anders lautende Entgeltklausel sei mit wesentlichen Grundgedanken der gesetzl Regelung (§ 369 I, § 897, § 1144) nicht vereinbar und benachteilige den privaten Hypothekendarlehensnehmer in unangemessener Weise (§ 307 I). Allerdings hat das Kreditinstitut analog §§ 675, 670 Anspruch auf Ersatz seiner Drittkosten, dh auf Ersatz notarieller Beglaubigungsgebühren, Übersendungskosten und ähnl Aufwendungen (BGH ZIP 1991, 857, 858; NK/*Zimmer* Rn 17). 6

5. Inhalt des Anspruchs. Der Eigentümer kann **Aushändigung des Briefs** verlangen (bei Teilbefriedigung nur Vorlegung gem § 1145). Besitzt der Gläubiger den Brief nicht, hat er diesen zu beschaffen; kann er das nicht, so muss er den Brief unter den Voraussetzungen des § 1162 für kraftlos erklären und einen neuen herstellen lassen (§ 67 GBO); Kraftloserklärung allein genügt zur Löschung. 7

Zw **Löschung** und **Umschreibung** kann der Eigentümer wählen; danach richtet sich, welche **sonstigen Urkunden** ihm der Gläubiger übergeben muss. 8

In Betracht kommen folgende, der Form des § 29 I 1 GBO bedürftige Urkunden: **a) Löschungsbewilligung**, die indes keine Umschreibung ermöglicht (Soergel/*Konzen* Rn 9). Zahlungsvermerk auf dieser Urkunde genügt nicht (LG Aachen Rpfleger 1985, 489). – **b) Berichtigungsbewilligung**; sie muss ihrem Inhalt nach den Rechtsübergang schlüssig belegen. – **c) Löschungsfähige Quittung**; diese kann auch der einziehungsberechtigte Pfandgläubiger erteilen (Hamm Rpfleger 1985, 187). Ausreichend ist auch für die Quittung eine öffentlich beglaubigte Urkunde (BayObLG NJW-RR 1995, 852; NK/*Zimmer* Rn 11; *Schöner/Stöber* GrundbuchR[16] Rn 2729; MüKo/*Lieder* Rn 15). Eine zusätzl Löschungsbewilligung ist ohne Bedeutung, weil schon die quittierte Zahlung zum Rechtsübergang führt und somit der Gläubiger nicht mehr verfügungsbefugt ist (KG NJW 1973, 56). Die Quittung muss die Tatsache und den Zeitpunkt der Befriedigung bescheinigen, außerdem die Person desjenigen bezeichnen, der geleistet hat, weil die Hypothek auf einen ablösenden Dritten übergegangen sein kann (Celle DNotZ 1955, 317; Köln NJW 1961, 368). Bei Ablösung durch den Eigentümer ist ferner die Angabe nötig, ob er auch persönlicher Schuldner war, da in diesem Falle die Hypothek als Eigentümergrundschuld, sonst hingegen als Eigentümerhypothek übergeht. Bei Miteigentum am Grundstück ist anzugeben, ob der Zahlende auch für die anderen Miteigentümer oder nur für sich geleistet hat. Mehrere Gläubiger der Hypothek nach Bruchteilen können nur gemeinsam Quittung erteilen (§ 747 S 2); bei Gesamtberechtigten ist dazu jeder befugt, an den gezahlt worden ist (KG OLG 1965, 92). 9

Anspruch auf Aushändigung **weiterer Urkunden** besteht, soweit diese zur **Legitimation des Gläubigers** erforderlich sind. Dazu gehört die Abtretungserklärung auf den Gläubiger oder eine sie ersetzende Urkunde nach Maßgabe des § 1155, der Nachw seiner Berechtigung durch Erbfolge (§ 35 I GBO), die Zustimmung eines Nacherben, Belege für die Verfügungsbefugnis des Gläubigers nach §§ 32, 33, 35 II GBO, Einziehungsberechtigung 10 des Pfandgläubigers. Handelt für den Gläubiger ein Vertreter, so ist dessen Vertretungsmacht in der Form des § 29 I 1 GBO nachzuweisen.

11 **6. Grundschuld.** § 1144 ist auf die Grundschuld entspr anwendbar (BGH NJW 1988, 3260, 3261).

§ 1145 Teilweise Befriedigung

(1) Befriedigt der Eigentümer den Gläubiger nur teilweise, so kann er die Aushändigung des Hypothekenbriefs nicht verlangen. Der Gläubiger ist verpflichtet, die teilweise Befriedigung auf dem Brief zu vermerken und den Brief zum Zwecke der Berichtigung des Grundbuchs oder der Löschung dem Grundbuchamt oder zum Zwecke der Herstellung eines Teilhypothekenbriefs für den Eigentümer der zuständigen Behörde oder einem zuständigen Notar vorzulegen.

(2) Die Vorschrift des Absatzes 1 Satz 2 gilt für Zinsen und andere Nebenleistungen nur, wenn sie später als in dem Kalendervierteljahr, in welchem der Gläubiger befriedigt wird, oder dem folgenden Vierteljahr fällig werden. Auf Kosten, für die das Grundstück nach § 1118 haftet, findet die Vorschrift keine Anwendung.

1 Bei **Teilbefriedigung** (vgl § 266) kann der Eigentümer trotz Miteigentum am Brief nicht dessen Aushändigung verlangen, weil die restliche Hypothek weiterhin dem Gläubiger zusteht und ein Anspruch auf Mitbesitz nicht besteht (Staudinger/*Wolfsteiner* Rn 2; MüKo/*Lieder* Rn 10). Für den **Brief** trifft deshalb § 1145 eine spezielle Regelung; iÜ gilt **§ 1144** aber auch für den Fall teilw Befriedigung. – Entspr anwendbar ist § 1145 nach den §§ 1150, 1167, 1168 III. Die Vorschrift ist auch auf die Tilgungshypothek anwendbar (Brandenburg WM 2006, 1906, 1909; Staudinger/*Wolfsteiner* Rn 9; NK/*Zimmer* Rn 4; MüKo/*Lieder* Rn 8; aA Soergel/*Konzen* Rn 2). Sie ist abdingbar, auch in AGB (ähnl Staudinger/*Wolfsteiner* Rn 9; vgl auch MüKo/*Lieder* Rn 17: nicht dinglich, aber schuldrechtl abdingbar; aA Brandenburg WM 2006, 1906, 1909).

2 Der Eigentümer hat Anspruch auf einen die Teilbefriedigung bescheinigenden **Briefvermerk.** Dieser Vermerk schützt ihn gegen die Gefahr eines gutgläubigen Dritterwerbs (vgl § 1140 Rn 2). Weiter muss der Gläubiger, nach Wahl des Eigentümers, den Brief zum Zwecke der **Löschung** oder **Umschreibung** des getilgten Teils (§ 41 GBO) dem Grundbuchamt oder zur Bildung eines **Teilbriefs** (§ 61 GBO) dem Grundbuchamt oder dem Notar **vorlegen.** Vollstreckung nach §§ 883, 886 ZPO. Bis zur Herstellung des Teilbriefs hat der Eigentümer zwar Miteigentum, nicht aber Anspruch auf Mitbesitz, weil sonst dem Gläubiger dessen Legitimation entzogen würde; auch Einräumung des Mitbesitzes in der Weise, dass der Gläubiger den Stammbrief für sich und zugleich für den Eigentümer verwahrt, ist ausgeschlossen (BGHZ 85, 263).

3 Für den Fall endgültiger teilw Nichtvalutierung der Hypothek steht das Recht ebenfalls zu einem entspr Teil dem Eigentümer zu (§ 1163 I 1); hier gilt nicht § 1145, aber dessen Ergebnis ist über §§ 896, 952 erreichbar, ebenso bei Teilung der Forderung (§ 1152).

4 Die **Ausnahme** (Abs II) für nicht im laufenden Kalendervierteljahr fällige Zinsen und Nebenleistungen anderer Art ergibt sich daraus, dass insoweit ein gutgläubiger Erwerb nicht in Frage kommt (§ 1158). Die **Kosten** aus § 1118 fallen nicht unter Abs II.

5 § 1145 ist auf die Grundschuld entspr anwendbar.

§ 1146 Verzugszinsen

Liegen dem Eigentümer gegenüber die Voraussetzungen vor, unter denen ein Schuldner in Verzug kommt, so gebühren dem Gläubiger Verzugszinsen aus dem Grundstück.

1 Die Vorschrift betrifft nur die Fälle der **Verschiedenheit** von persönlichen Schuldnern und Eigentümern (MüKo/*Lieder* Rn 2; NK/*Zimmer* Rn 1). Für Verzugszinsen aus der persönlichen Forderung haftet das Grundstück nämlich bereits gem § 1118. Es haftet nach § 1146 ebenso, wenn der Eigentümer mit der Befriedigung der dinglichen Forderung in Verzug kommt.

2 **Verzug ggü dem Eigentümer** bedeutet nicht, dass er die dingliche Forderung persönlich schuldet (aA MüKo/*Lieder* Rn 1), denn dafür haftet nur das Grundstück (§ 1147). Vielmehr überträgt § 1146 die Pflicht zur Zahlung von Verzugszinsen auf einen Tatbestand, der nicht Verzug iSd § 286 ist. Ersatz eines weiter gehenden Verzugsschadens (§ 288 III, § 289 S 2, § 497 I 3) kann verlangt werden, nicht aber aus dem Grundstück (Soergel/*Konzen* Rn 3; *Westermann/Gursky/Eickmann* § 99 Rn 5; aA Staudinger/*Wolfsteiner* Rn 7; MüKo/*Lieder* Rn 11). Indessen kommt eine persönliche Haftung des Eigentümers in Betracht, wenn er schuldhaft die Befriedigung des Gläubigers verzögert (Köln JW 1933, 635; Staudinger/*Wolfsteiner* Rn 7; aA Soergel/*Konzen* Rn 3). Erfasst sind Verzugszinsen nur in gesetzl Höhe (§§ 247 iVm 288 bzw bei einem Immobilien-Verbraucherdarlehensvertrag: § 497), nicht Prozesszinsen (NK/*Zimmer* Rn 4).

3 **Voraussetzung** ist Fälligkeit der Hypothek (vgl § 1141) sowie Mahnung ggü dem Eigentümer. Wird der bloße Bucheigentümer gemahnt, gelten §§ 893, 892. Auch § 285 ist anwendbar. Die Mahnung erfordert nicht das Angebot zur Vorlage der Urkunden aus § 1144 (hM). Auch bei Unterwerfungsklausel muss der Gläubiger Befriedigung anmahnen (RGRK/*Mattern* Rn 3). Doppelzahlung der Zinsen durch Eigentümer und persönlichen Schuldner steht dem Gläubiger nicht zu.

4 § 1146 ist auf die Grundschuld entspr anwendbar.

§ 1147 Befriedigung durch Zwangsvollstreckung

Die Befriedigung des Gläubigers aus dem Grundstück und den Gegenständen, auf die sich die Hypothek erstreckt, erfolgt im Wege der Zwangsvollstreckung.

1. Duldungsanspruch. Das Grundpfandrecht gibt nur einen Anspruch auf Verwertung des Grundstücks und der mithaftenden Gegenstände. Der Eigentümer ist lediglich zur **Duldung** der Zwangsvollstreckung, nicht zur Zahlung verpflichtet (hM BGH ZfIR 2010, 765, 767; Staudinger/*Wolfsteiner* Rn 5; Soergel/*Konzen* Rn 2; NK/*Zimmer* Rn 2; anders MüKo/*Lieder* Rn 4ff, wonach der Eigentümer zur Leistung verpflichtet ist, wegen dieses Anspruchs aber nur in einem bestimmten Gegenstand vollstreckt werden darf). Zulässig sind vollstreckungsbeschränkende Vereinbarungen, zB vorrangige Verwertung anderer Sicherheiten (BGH NJW 1986, 1487, 1488; Brandenburg BeckRS 2013, 19332; MüKo/*Lieder* Rn 43), Beschränkung auf Zwangsverwaltung (MüKo/*Lieder* Rn 43; Staudinger/*Wolfsteiner* § 1113 Rn 3) oder nur auf mithaftende Gegenstände; eine sich daraus ergebende Einrede nach § 1157 ist, soweit inhaltlich zulässig, auch eintragungsfähig. Erweiterungen des Gläubigerrechts sind wirkungslos (vgl § 1149). – Kosten der Rechtsverfolgung fallen unter § 1118; vgl aber auch Rn 4. Der Anspruch aus § 1147 unterliegt nicht der Verjährung (Brandenburg WM 2006, 1906, 1909; NK/*Zimmer* Rn 6). Er setzt auch bei einer Sicherungsgrundschuld eine persönliche Forderung nicht voraus (BGH WM 2018, 1168, 1171). 1

2. Voraussetzungen. Voraussetzung ist ein **Titel** gegen den Eigentümer auf **Duldung der Zwangsvollstreckung in das Grundstück.** Ein Titel nur über die persönliche Forderung genügt nicht (München Rpfleger 1984, 325); die Rechtskraft eines solchen Titels wirkt nicht nach § 325 III ZPO gegen den Eigentümer (BGH NJW 1960, 1348). Der Gläubiger des Titels kann nicht einen anderen ermächtigen, daraus im eigenen Namen die Vollstreckung zu betreiben (BGHZ 92, 347, 349); nur Umschreibung auf einen Rechtsnachfolger (§ 727 ZPO) berechtigt diesen zur Vollstreckung. 2

Der Gläubiger einer **Zwangshypothek** bedarf zur Vollstreckung aus dieser Hypothek seit dem 1.1.1999 entgegen der früher hM (München Rpfleger 1984, 325; Düsseldorf WM 1986, 1345, 1346) keines dinglichen Titels mehr (§ 867 III ZPO). Es genügt der vollstreckbare Titel, auf dem gem § 867 I 1 Hs 2 ZPO die Eintragung der Zwangshypothek im Grundbuch vermerkt ist. Dies gilt auch für eine gem § 848 II 2 ZPO entstandene Sicherungshypothek (Brandenburg FGPrax 2017, 200). Mit dem Vermerk entsteht aber kein dinglicher Titel, der in entspr Anwendung des § 727 I ZPO auf einen Grundstückserwerber umgeschrieben werden könnte (BHG WM 2021, 1645, 1646; aA Staudinger/*Wolfsteiner* Rn 25). Ein dinglicher Titel ist weiterhin erforderlich, wenn der Gläubiger eine Arresthypothek erwirkt hat (BGH NJW 1997, 3230, 3233; Celle WM 1985, 547, 548); § 867 II ZPO ist insoweit nicht anwendbar (Soergel/*Konzen* Rn 3). 3

3. In Betracht kommende Titel. a) Duldungsurteil. Gerichtsstand § 24 ZPO (BayObLG ZInsO 2019, 2078, 2080), auch bei Verbindung mit persönlicher Klage. Die Kosten der dinglichen Klage (§ 91 ZPO) trägt bei Unterliegen der Gläubiger persönlich (also nicht § 1118). Zur Klage hat er keinen Anlass iSv **§ 93 ZPO**, wenn er nicht gemahnt (Karlsruhe MDR 1981, 939) oder wenn der Eigentümer nach Mahnung Unterwerfung gem § 794 I Nr 5 ZPO angeboten hatte (Düsseldorf JMBl NRW 1968, 262), auch dann nicht, wenn nur Zahlung per persönlichen Forderung angemahnt wurde (Saarbrücken MDR 1982, 499); nach verbreiteter OLG-Rspr soll der Gläubiger einer **Zwangshypothek** über Mahnung hinaus auch gehalten sein, vor Klage Unterwerfungserklärung zu verlangen (München OLG 1984, 248; Karlsruhe OLG 1987, 250; Schleswig SchlHA 87, 95; aM Köln NJW 1977, 256). 4

b) Vollstreckbare Urkunde (§ 794 I Nr 5, § 800 ZPO). Unterwerfung für die Hypothek gilt nicht mehr für die durch Tilgung entstandene Eigentümergrundschuld (Hamm Rpfleger 1987, 297), doch kann der Eigentümer für diese schon im Voraus Unterwerfung erklären (vgl § 1196 Rn 4). Für die eingetragene Klausel (§ 800 ZPO) gelten die §§ 891, 892 nicht (BGH NJW 1980, 1047; WM 1979, 866). 5

c) Sonstige Titel. Prozess- und Schiedsvergleiche (§ 794 I Nr 1, 4a), auch der Vollstreckungsbescheid (§ 794 I Nr 4 ZPO; Staudinger/*Wolfsteiner* Rn 28; Soergel/*Konzen* Rn 6; MüKo/*Lieder* Rn 18; aA NK/*Zimmer* Rn 10). – Besonderheiten gelten für Verwaltungszwangsverfahren; dort ist kein dinglicher Titel iSd ZPO erforderlich, vgl zB § 7 JBeitrG, § 77 AO. 6

4. Schuldner. Schuldner des Duldungsanspruchs ist der eingetragene Eigentümer, auch der bloße Bucheigentümer (§ 1148). Zur Zwangsverwaltung genügt nach § 147 I ZVG dinglicher Titel gegen den Eigenbesitzer (§ 872); dieser hat Widerspruchsrecht, wenn sich der Titel nur gegen den Eigentümer richtet. Zur Vollstreckung in getrennte Erzeugnisse, die dem Eigenbesitzer gehören (§ 955), ist ebenfalls Titel gegen ihn nötig. 7

5. Zwangsvollstreckung. Der Gläubiger kann wählen zw **Zwangsversteigerung** und **Zwangsverwaltung.** Die Eintragung einer Zwangshypothek (§ 866 ZPO) gewährt noch keine Befriedigung, sondern nur Sicherung (BGH ZIP 1995, 1425, 1426), so dass noch Duldungsklage erforderlich ist (Rn 3). Bis zur Beschlagnahme ist Vollstreckung auch durch **Pfändung** mithaftender Gegenstände möglich, ausgenommen Zubehör (§ 865 II ZPO); vgl auch § 1120 Rn 5, § 1123 Rn 5; für ungetrennte Früchte vgl § 810 ZPO; Einziehung von Versicherungsforderung vgl Erl zu § 1128. 8

6. Absonderung. In der Insolvenz hat der Hypothekengläubiger ein Recht auf abgesonderte Befriedigung (*Lwowski/Tetzlaff* WM 1999, 2336ff; §§ 49, 313 III InsO; vgl dazu *Wenzel* BuB Rn 4/2797ff). 9

7. Grundschuld. § 1147 ist auf die Grundschuld entspr anwendbar (BGH WM 2015, 230, 231); zur Eigentümergrundschuld vgl § 1197 I. 10

§ 1148 Eigentumsfiktion

Bei der Verfolgung des Rechts aus der Hypothek gilt zugunsten des Gläubigers derjenige, welcher im Grundbuch als Eigentümer eingetragen ist, als der Eigentümer. Das Recht des nicht eingetragenen Eigentümers, die ihm gegen die Hypothek zustehenden Einwendungen geltend zu machen, bleibt unberührt.

1 § 1148 hat den Zweck, dem Gläubiger die Ermittlung des Rechtsnachfolgers seines Schuldners im Interesse einer effektiven Zwangsvollstreckung zu ersparen (BGH WM 2011, 239, 240). Um dem Gläubiger die Rechtsverfolgung zu erleichtern, kann die Hypothekenklage auch gegen den zu Unrecht eingetragenen Bucheigentümer erhoben werden. Dieser kann nicht einwenden, dass er mangels Eigentums nicht passiv legitimiert sei (Soergel/*Konzen* Rn 1; NK/*Zimmer* Rn 1). An der gesetzl angeordneten Passivlegitimation, die eine unwiderlegliche Fiktion bestimmt (BGH WM 2011, 642, 644; MüKo/*Lieder* Rn 3; Staudinger/*Wolfsteiner* Rn 1) ändert selbst die Kenntnis des Hypothekengläubigers von der Unrichtigkeit des Grundbuchs oder die Eintragung eines Widerspruchs nichts. Stimmen bspw Titel und Grundbucheintragung überein, kann der wirkliche Eigentümer nicht einwenden, dass gegen ihn kein zur Zwangsvollstreckung geeigneter Titel vorliegt (BGH WM 2016, 748, 750). Dem Bucheigentümer stehen bei der Hypothekenklage auch die Rechte des wahren Eigentümers gegen die Hypothek zu (Zweibrücken OLGRp 2002, 438, 439; NK/*Zimmer* Rn 2; Staudinger/*Wolfsteiner* Rn 8), dies gilt auch für die Einwendungen und Einreden gegen die persönliche Forderung, die auf einer Vereinbarung zw Gläubiger und Bucheigentümer beruhen (NK/*Zimmer* Rn 2; Soergel/*Konzen* Rn 1; aA Staudinger/*Wolfsteiner* Rn 8) nicht aber die Befugnis zur Führung eines Aktivprozesses gegen den Hypothekengläubiger (Zweibrücken OLGRp 2002, 438, 439). § 1148 betrifft nur die dingliche Klage (Soergel/*Konzen* Rn 1). Die Vorschrift wirkt nur zu Gunsten des Gläubigers, dh er kann auch den wirklichen Eigentümer mit der Hypothekenklage belangen (Staudinger/*Wolfsteiner* Rn 16) und nach §§ 14, 22 GBO vorgehen, vgl auch § 147 ZVG.

2 Der **wahre Eigentümer** kann seine Rechte durch Feststellungsklage (§ 256 ZPO) oder, wenn der Gläubiger schon Vollstreckungstitel hat, durch Klage nach § 771 ZPO geltend machen (MüKo/*Lieder* Rn 15; Staudinger/*Wolfsteiner* Rn 11). Er hat alle Einwendungen und Einreden der in § 1137 Rn 2ff bezeichneten Art. Auf die Unrichtigkeit der Eigentümereintragung kann er nur den Einwand stützen, die Hypothek sei nicht entstanden; dadurch wird aber kein formaler Vollstreckungsmangel nach § 750 ZPO begründet. Bei Berichtigung des Grundbuchs nach Rechtshängigkeit kann der Titel umgeschrieben werden (entspr § 727 ZPO; Soergel/*Konzen* Rn 2). Der wahre Eigentümer wird hinsichtlich des Titels als Rechtsnachfolger des im Grundbuch Eingetragenen behandelt (Hamm NJW 1999, 1038, 1039; LG Rostock NJW-RR 2001, 1024, 1025; Soergel/*Konzen* Rn 2).

3 Bei einer **Gesellschaft bürgerlichen Rechts** sind gem § 47 II 1 GBO seit dem 18.8.2009 mit Inkrafttreten des ERVGBG neben dem eigentlichen und einzigen Rechtsträger, nämlich der teilrechts- und grundbuchfähigen GbR (BGH WM 2011, 239, 240), auch die Gesellschafter der GbR in das Grundbuch einzutragen. Allein der Name der GbR steht für das Grundbuchverfahren nicht mehr als taugliches Abgrenzungskriterium ggü anderen GbR zur Verfügung (BGH WM 2011, 1145, 1146). Die Identifizierung und Individualisierung erfolgt vielmehr über die notwendige zusätzl Benennung und Eintragung ihrer Gesellschafter (BGH WM 2011, 642, 644; 2011, 239, 240), wobei zwingend alle Gesellschafter eingetragen werden müssen. Eine Veränderung im Gesellschafterbestand ist gem § 82 S 3 GBO im Grundbuch nachzuvollziehen. Das Vertrauen des Rechtsverkehrs auf die Richtigkeit dieser identitätsstiftenden Eintragung wird durch § 899a geschützt (BGH WM 2011, 642, 644). Diese Vorschrift begründet öffentlichen Glauben nicht für das Eigentum der Gesellschafter an dem Gesellschaftsvermögen, sondern nur dafür, dass diese Gesellschafter der GbR sind. Diese Funktion übernimmt im Vollstreckungsrecht § 1148. Die Vorschrift ist nicht nur auf die Eintragung der GbR als Eigentümerin, sondern auch auf die Eintragung der Gesellschafter anzuwenden (BGH WM 2011, 642, 643).

4 Eine Zwangsversteigerung oder Zwangsverwaltung darf nur angeordnet werden, wenn entweder ein Titel gegen die Gesellschaft als solche vorliegt (BGH WM 2016, 748, 750) oder in dem **Titel** sämtliche Gesellschafter aufgeführt sind und diese mit den im Grundbuch eingetragenen übereinstimmen (BGH WM 2011, 239, 240; *Hintzen* Zwangsversteigerung von Immobilien, 88). Gem § 146 I, § 17 I ZVG darf eine Zwangsversteigerung oder Zwangsverwaltung nämlich nur angeordnet werden, wenn der Schuldner Eigentümer des Grundstücks ist, auf welches des Vollstreckungszugriff erfolgt. Diese Identität lässt sich nur feststellen, wenn die Bezeichnung der GbR im Grundbuch mit dem Titel übereinstimmt, was nur der Fall ist, wenn der Titel die Gesellschafter ausweist und diese mit den im Grundbuch eingetragenen übereinstimmen (BGH WM 2011, 239, 240; NK/*Zimmer* Rn 4). Hat sich der **Gesellschafterbestand geändert**, muss die Änderung nicht nur im Grundbuch vollzogen werden, sondern auch auf dem Titel. Bei dem Titel kann dieser Nachweis in entspr Anwendung des § 727 ZPO durch Erteilung einer Rechtsnachfolgeklausel erbracht werden (BGH WM 2011, 642, 643; WM 2011, 239, 240). Die **Zustellung** kann wirksam ggü dem zur Geschäftsführung befugten Gesellschafter oder ggü allen Gesellschaftern vorgenommen werden (BGH WM 2011, 642, 643; 2011, 239, 240). Allein die Zustellung an einen nicht zur Vertretung befugten Gesellschafter reicht nicht aus (BGH WM 2011, 239, 242). § 899a bezieht den öffentlichen Glauben des Grundbuchs nur auf die Namen und die Anzahl der Gesellschafter, nicht aber darauf, ob sie zur Geschäftsführung befugt sind (BGH WM 2014, 239, 242; krit *Wilhelm* NZG 2011, 801, 808). Ausdrückl offengelassen hat der BGH bislang die Frage, ob eine Änderung des Gesellschafterbestandes nach Titelerlangung eine entspr Grundbuchberichtigung erfordert, um die Immobiliarzwangsvollstreckung gegen die GbR betreiben zu können (BGH WM 2016, 86, 88; BeckRS 2013, 21011).

Bei der **Vollstreckung in das Grundstück einer GbR** gelten in entspr Anwendung von S 1 die eingetragenen Gesellschafter zugunsten des Gläubigers als Gesellschafter der Eigentümerin (BGH WM 2016, 86, 87; BGHZ 2011, 642, 644; BGH WM 2011, 239, 240; *Raymann* NJW 2011, 1412, 1413). Die Vorschrift könnte nämlich ihren Zweck, dem Gläubiger die Ermittlung des Rechtsnachfolgers seines Schuldners zu ersparen, nicht erfüllen, wenn der Gläubiger ausfindig machen müsste, welche Gesellschafter seine Schuldnerin hat, und dann ggf noch versuchen müsste, deren Eintragung zu erreichen (BGH WM 2011, 239, 240). Auf diese Weise wird dem Gläubiger die dingliche Klage und Vollstreckung durch die unwiderlegbare Vermutung erleichtert, dass die im Grundbuch verlautbarten Gesellschafter wirklich Gesellschafter der GbR sind. Weist das Grundbuch den aktualisierten Gesellschafterbestand bereits aus, kann der Nachweis der „Rechtsnachfolge" anhand des öffentlichen Glaubens des Grundbuchs geführt werden (*Raymann* NJW 2011, 1412, 1413). 5

S 1 gilt insb dann, wenn ein Gesellschafterwechsel noch nicht in das Grundbuch eingetragen ist (BGH WM 2016, 86, 87; 2011, 642, 644; 2011, 239, 240). Einer Rechtsnachfolgeklausel analog § 727 ZPO bedarf es nicht, wenn die in dem Titel aufgeführten Gesellschafter der GbR bei Anordnung der Zwangsversteigerung mit den im Grundbuch eingetragenen Gesellschaftern übereinstimmen (BGH WM 2016, 86, 87; WM 2011, 239, 240; WM 2011, 642). Dies gilt nach der Rspr des BGH jedenfalls unter der Voraussetzung, dass die GbR weiterhin besteht (BGH WM 2016, 86, 87; 2011, 642). Ob die erforderliche **Unterwerfung unter die Zwangsvollstreckung** in den belasteten Grundbesitz von der Schuldnerin als Verband oder von den für sie handelnden (sämtlichen) Gesellschaftern persönlich erklärt worden ist, ist ohne Bedeutung. Die Vollstreckung in das Gesellschaftsvermögen ist nämlich auch auf Grund einer durch diese persönlich erklärten Unterwerfung unter die Zwangsvollstreckung in das Gesellschaftsvermögen möglich (BGH WM 2016, 86, 87; 2011, 642, 643; 2011, 239, 240). 6

Die (noch) im Grundbuch eingetragenen (bisherigen) Gesellschafter gelten grds auch dann in entspr Anwendung von S 1 als Gesellschafter der GbR, wenn diese durch den **Tod eines eingetragenen Gesellschafters** gem § 727 I aufgelöst worden ist (BGH NGZ 2016, 107; WM 2016, 86, 87; BeckRS 2015, 20789). Die Folgen einer Auflösung der GbR gem § 727 I richten sich nämlich nach den §§ 730ff. Gem § 730 II 1gilt die Gesellschaft bis zum Abschluss der Liquidation als fortbestehend. Entgegen dem Wortlaut der Norm handelt es sich nicht lediglich um eine Fiktion (BGH NGZ 2016, 107; Soergel/*Hadding/Kießling* § 730 Rn 1). Vielmehr bewahrt die Gesellschaft ihre Identität in personen- und vermögensrechtl Hinsicht. Auch ihre Rechtsfähigkeit als Außengesellschaft besteht unverändert fort (BGH WM 2016, 86, 87; MüKo/*Schäfer* § 730 Rn 24). Lediglich der Gesellschaftszweck verändert sich, da er nunmehr auf Auseinandersetzung gerichtet ist (BGH WM 2016, 86, 87; 1966, 639, 640). Im Verhältnis zu Dritten treten deshalb, abgesehen von den Auswirkungen auf Geschäftsführung und Vertretung (s § 1155 Rn 1), keine Änderungen durch die Auflösung ein. Da die GbR fortbesteht, verändern sich die Anforderungen an den Nachw ihrer Identität nicht. Es geht insoweit nicht um den Nachw ihrer Existenz. Die Existenz der GbR ist jedenfalls dann, wenn noch mindestens zwei Gesellschafter verblieben sind, nicht zweifelhaft (BGH WM 2016, 86, 87). Ob etwas anderes gilt, wenn bei einer aus zwei Personen bestehenden GbR der verstorbene Gesellschafter von dem allein verbliebenen beerbt wird, was zu einem Erlöschen der Gesellschaft führt, hat der BGH ausdrückl offengelassen (BGH WM 2016, 86, 88). Im Interesse des von § 1148 bezweckten Interesses an einer effektiven Vollstreckung sowie im Lichte des § 899a, der eine Vermutung für die (Fort-)Existenz der GbR aufstellt (München NJW-RR 2011, 542, 543; NZG 2010, 342, 343; Staudinger/*Wolfsteiner* Rn 4; vgl insofern auch *Raymann* NJW 2011, 1412, 1413; aA MüKo/*Kohler* § 899a Rn 22), ist § 1148 auch auf die Existenz der GbR anzuwenden. 7

§ 1148 ist auf die Grundschuld entspr anwendbar (BGH WM 2016, 86, 87; 2011, 642, 645). 8

§ 1149 Unzulässige Befriedigungsabreden

Der Eigentümer kann, solange nicht die Forderung ihm gegenüber fällig geworden ist, dem Gläubiger nicht das Recht einräumen, zum Zwecke der Befriedigung die Übertragung des Eigentums an dem Grundstück zu verlangen oder die Veräußerung des Grundstücks auf andere Weise als im Wege der Zwangsvollstreckung zu bewirken.

1. Allgemeines. Die Gefahr einer Verfallabrede liegt darin, dass der Schuldner, um in der Gegenwart Kredit zu erhalten, in den Verlust des Grundstücks für den in der Zukunft liegenden und von ihm möglicherweise nicht hinreichend ernst genommenen Fall der Zahlungsschwierigkeiten einwilligt in der trügerischen Hoffnung, er werde vor dem Verfallstag durch Zahlung das Pfand einlösen können. Davor will die Vorschrift auch schützen. In erster Linie aber ist das Verbot der Verfallabrede gem § 1149 ein sachenrechtl Instrument zur Regelung der Art der Realisierung eines Pfandrechts (BGH WM 2003, 157, 158; Köln BeckRS 2005, 09802; BGH ZIP 1995, 1322, 1323 NK/*Zimmer* Rn 1; Staudinger/*Wolfsteiner* Rn 3). Das Verbot ist ein gesetzl Verbot iSd § 134 (München BeckRS 2014, 01744; Köln BeckRS 2005, 09802). Für die Anwendbarkeit des Verbotes ist es unerheblich, ob dem Gläubiger nur das Recht eingeräumt wurde, das Grundstück in Zahlung zu nehmen, oder ob er berechtigt sein soll, das Grundstück zu einem bestimmten Preis zu übernehmen und den etwaigen Überschuss herauszuzahlen (BGH ZIP 1995, 122, 1323). Erfasst wird auch die Einräumung eines Ankaufsrechts (BayObLG DNotZ 1993, 386, 388; NK/*Zimmer* Rn 3).Die Eigentumsübertragung muss zum Zweck der Befriedigung des Gläubigers erfolgen und der Zwang zur Sachverwertung durch die vereinbarte Sachübertragung ersetzt werden (BGH ZIP 1995, 1322, 1323; 2003, 107, 108), dh das Eigentum am Grundstück muss in seiner Eigenschaft als Sicherheit verfallen (BayObLG ZfIR 1997, 30, 34). Das Verbot der Verfallabrede ist auf entspr Vereinbarungen mit grund- 1 pfandrechtl nicht gesicherten Gläubigern nicht anwendbar (BGH ZIP 2003, 107, 108; 1995, 1322, 1324; BayObLG ZfIR 1997, 30, 34; NK/*Zimmer* Rn 5; aA MüKo/*Lieder* Rn 12), weil hier der Zweck der Vorschrift, die Art der Realisierung der Grundschuld zu sichern, nicht greift. § 1149 ist aber analog auf den der Umgehung dienenden Fall anwendbar, dass das Grundpfandrecht nicht dem Darlehensgeber, sondern einer Bank bestellt wird, bei der sich der Darlehensgeber refinanziert (Köln BeckRS 2005, 09802; Staudinger/*Wolfsteiner* Rn 8; aA BayObLG NJW-RR 1997, 590).

2 Von § 1149 nicht erfasst sind Vereinbarungen zw Eigentümer und Gläubiger im Zusammenhang mit einer Hypothekenbestellung, die einen betagten Kaufvertrag über das Grundstück zum Gegenstand haben, der nicht vom Verzug mit der Zahlungspflicht abhängig ist (BayObLG DNotZ 1993, 386, 388; Staudingr/*Wolfsteiner* Rn 11; Soergel/*Konzen* Rn 2; NK/*Zimmer* Rn 5), bspw bei entspr Sale-and-lease-back-Verträgen. Unbedenklich ist auch die Einräumung eines Rücktrittsrechts an den Verkäufer für den Fall der Nichtzahlung des Kaufpreises, zu dessen Sicherung eine Hypothek bestellt ist, weil dem Verkäufer und Hypothekengläubiger in diesem Fall der Anspruch auf das Grundstück nicht zum Zweck der Befriedigung seiner Forderung, die mit dem Rücktritt erlischt, eingeräumt wird (Staudinger/*Wolfsteiner* Rn 12).

3 **2. Zulässige Abreden. Nach Fälligkeit** ggü Eigentümer ist eine solche Klausel zulässig (BGH NJW 1995, 2635; MüKo/*Lieder* Rn 4, 11; Staudinger/*Wolfsteiner* Rn 16). Teilfälligkeit reicht aus. Die Klausel wirkt nur schuldrechtl, Form nach § 311b I. Sicherung durch Vormerkung bei Anfall an Gläubiger oder falls Käufer bei Vereinbarung des Privatverkaufs bekannt ist. Soweit es sich bei dem Gläubiger um ein Kreditinstitut, ein Versicherungsgeschäft oder eine vergleichbar zuverlässige und bonitätsmäßig einwandfreie Institution handelt, steht § 1149 der Möglichkeit nicht entgegen, dass der Eigentümer eine Verkaufsvollmacht für die auch grundpfandrechtl belastete Immobilie mit der Maßgabe erhält, davon nur im Fall der Fälligkeit mit der gesicherten Forderung und unter Anlegung banküblicher Sorgfaltspflichten Gebrauch zu machen (aA Staudiger/*Wolfsteiner* Rn 15). Die Gefahr der Verfallabrede besteht hier nicht, da der Gläubiger sicherstellt, von der Vollmacht nur insoweit Gebrauch zu machen, als er auch zur zwangsweisen Verwertung des Beleihungsobjekts berechtigt wäre.

4 **3. Grundschuld.** § 1149 ist auf die Grundschuld entspr anwendbar (BGH WM 2003, 157, 158; ZIP 1995, 1322; BayObLG NJW-RR 1997, 590).

§ 1150 Ablösungsrecht Dritter

Verlangt der Gläubiger Befriedigung aus dem Grundstück, so finden die Vorschriften der §§ 268, 1144, 1145 entsprechende Anwendung.

1 **1. Allgemeines.** § 1150 gibt dem nachrangigen Grundpfandgläubiger die Möglichkeit, den Verlust seines Rechts am Grundstück, der ihm aus dem Befriedigungsverlangen eines Grundpfandgläubigers droht, abzuwenden (BGH WM 2005, 1271, 1272). Die Ablösung ist hier ggü derjenigen nach § 268 durch Vorverlegung des Zeitpunkts erleichtert; dadurch können Verfahrenskosten erspart werden. IÜ gilt für die Fälle des § 1150 der § 268 einschl des Rechts zur Hinterlegung und Aufrechnung.

2 **2. Berechtigte. Ablösungsberechtigt** ist jeder Besitzer des Grundstücks, zB Mieter, Pächter (BGH WM 2013, 2072, 2073), Nießbraucher (Soergel/*Konzen* Rn 4; aM KG NJW 1973, 56, 57), der Besitzer mithaftender Sachen sowie jeder dinglich Berechtigte. Ein Grundpfandrechtsgläubiger ist berechtigt, den betreibenden Gläubiger bis unmittelbar vor der Zuschlagsentscheidung abzulösen (BGH WM 2013, 844, 847; 2010, 1703, 1704), und zwar auch aus einem erst nach der Beschlagnahme bestellten Recht (BGH WM 2010, 1703, 1704; NJW-RR 2007, 165, 166). Das Ablösungsrecht hängt nicht davon ab, ob der Ablösende mit einer Befriedigung aus dem Versteigerungserlös rechnen kann (BGH WM 2010, 1703, 1704). Auch die Zwangshypothek gibt ein Ablösungsrecht. Dem dinglichen Recht ist das familienrechtl Nutzungsrecht gleichzustellen; zB des Ehegatten an der Wohnung (MüKo/*Lieder* Rn 12; aA Staudinger/*Wolfsteiner* Rn 21; NK/*Zimmer* Rn 8).

3 Auch der Inhaber einer Auflassungsvormerkung (BGH NJW 1994, 1475; Hamburg OLGRp 2000, 292, 293; Celle OLGRp 2000, 292, 293; NK/*Zimmer* Rn 5) oder einer Belastungsvormerkung ist zur Ablösung befugt, nicht hingegen der Ersteher in der Zwangsversteigerung (MüKo/*Lieder* Rn 17), der Beschlagnahmegläubiger wegen einer persönlichen Forderung (Soergel/*Konzen* Rn 4; aA Staudinger/*Wolfsteiner* Rn 17; MüKo/*Lieder* Rn 11; NK/*Zimmer* Rn 5) und auch nicht derjenige, dem der Rückgewähranspruch abgetreten ist (*Freckmann* BKR 2012, 133). **Mehrere Ablösungsberechtigte** stehen nicht im Rangverhältnis, der Zahlende erwirbt das Recht (BGH WM 2012, 80, 82; Staudinger/*Wolfsteiner* Rn 25; MüKo/*Lieder* Rn 23). Bieten mehrere Berechtigte die Ablösung an, hat der Gläubiger die Wahl (MüKo/*Lieder* Rn 23; Staudinger/*Wolfsteiner* Rn 26). Der gutgläubige Buchberechtigte wird als Besitzer idR unter § 268 fallen; er erwirbt aber auch nach § 1150 (Staudinger/*Wolfsteiner* Rn 22). **Nicht ablösungsberechtigte Dritte** erwerben mit der Zahlung die Forderung nicht. Etwaige Ersatzansprüche aus Geschäftsführung oder Bereicherung sind nicht dinglich gesichert, wohl aber Übergang auf den zahlenden Bürgen (§ 774 I), auf den Pfandschuldner (§ 1225) und den ausgleichsberechtigten Gesamtschuldner (§ 426).

4 **3. Voraussetzungen. Voraussetzung** des Ablösungsrechts ist das Befriedigungsverlangen des Gläubigers aus dem Grundstück oder aus den mithaftenden Gegenständen. Nicht erforderlich ist, dass der Gläubiger seinen Anspruch bereits gerichtlich geltend gemacht hat (Staudinger/*Wolfsteiner* Rn 5; MüKo/*Lieder* Rn 3; aA Hamm BeckRS 2014, 00227). Es genügt, dass der Wille des Gläubigers ersichtlich ist, sein Recht geltend zu machen, insb dadurch, dass der Gläubiger die Zwangsversteigerung für den Fall ankündigt, dass die fällige Forderung nicht

ausgeglichen wird (Celle OLGRp 2000, 302, 303). Ausreichend ist es allerdings, wenn die Pfandfreigabe eines Grundstücks von der Zahlung der Ablösesumme abhängig gemacht wird (Hamburg OLGRp 2000, 292, 293). Der Besitzverlust muss grds im Zeitpunkt der Ablösung drohen (Celle OLGRp 2000, 302, 303). **Die Hypothek muss fällig sein**; denn erst damit entsteht die Gefahr für das Recht des Ablösungsbefugten. Zwangsverwaltung reicht nicht aus, da hier kein Rechtsverlust iSd Wirkung der §§ 52, 91 ZVG besteht (wohl BGH NJW 1994, 1475; aA NK/*Zimmer* Rn 1; Staudinger/*Wolfsteiner* Rn 6; MüKo/*Lieder* Rn 5). Die Ablösung muss in der Absicht erfolgen, die Gefahr einer Vollstreckung in das Grundstück abzuwenden. Maßgebend dafür ist Willensrichtung bei Zahlung; spätere Willensänderung ist unerheblich. Der Ablösungszweck kann über den Zweck der bloßen Vollstreckungsabwehr hinausgehen (*Storz* ZIP 1980, 159, 160), muss aber jedenfalls durch das Befriedigungsverlangen des Gläubigers mitveranlasst sein. Nach aA (BGH WM 2010, 1703, 1704; Celle OLGRp 2000, 302, 303; Staudinger/*Wolfsteiner* Rn 10) ist es dagegen nicht erforderlich, dass die ablösende Person die Beseitigung der Vollstreckungssituation beabsichtigt; ausreichend ist danach allein das Vorliegen des drohenden Rechts- oder Besitzverlustes. – Vollstreckt ein Gläubiger aus mehreren Grundpfandrechten in unterschiedlichen Rangklassen, liegen mehrere selbständige Einzelverfahren vor und damit voneinander unabhängige Vollstreckungen in dasselbe Grundstück. Für die Ablösung nach § 268 I ist jedes dieser Verfahren gesondert zu behandeln (BGH WM 2013, 2072, 2073; 2011, 2365, 2366; 2010, 1703, 1705; Staudinger/*Wolfsteiner* Rn 10). Ausreichend ist, dass der Ablösende eine Verbesserung seiner Rangklasse anstrebt (MüKo/*Lieder* Rn 6; Staudinger/*Wolfsteiner* Rn 10). **Teilablösung** genügt nur, sofern nur Teilbefriedigung verlangt wird (BGH WM 2013, 2072, 2073; DNotZ 2007, 675, 676; MüKo/*Lieder* Rn 32; *Wolfsteiner* DNotZ 2007, 678), so bspw bei einer Vollstreckung aus einer Unterwerfungserklärung „wegen eines zuletzt zu zahlenden Teilbetrages" (BGH DNotZ 2007, 675, 676). Eine Zahlung auf den titulierten Titel führt zum Titelverlust (BGH DNotZ 2007, 675, 677). Ablösung ist zulässig bis zum Zuschlag, aber nicht während einstw Einstellung (BGH WM 2010, 1703, 1705; aA Staudinger/*Wolfsteiner* Rn 6; MüKo/*Lieder* Rn 6). Ablösungsrecht auch dann, wenn der Ablösende selbst die Versteigerung betreibt, sofern sein Recht nicht in das geringste Gebot fällt (BGH WM 2011, 2365, 2366). Der Ablösende kann die Ablösewirkung seiner Zahlung von Bedingungen abhängig machen (BGH WM 1997, 1616, 1618).

Die Ablösung **öffentlicher Lasten** ist zulässig, jedoch nicht nach § 1150 (so aber Staudinger/*Wolfsteiner* Rn 7; 5
RGRK/*Mattern* Rn 1; MüKo/*Lieder* Rn 22; NK/*Zimmer* Rn 9), sondern nur nach § 268, weil kein Grundpfandrecht (*Fischer* NJW 1955, 1583, 1585).

4. Rechtsfolge. Folge ist der Übergang der Forderung und der Hypothek, §§ 268, 401, 412, 1153, und zwar 6
kraft Gesetzes, also nicht nur Entstehung eines Anspruchs auf Abtretung. Das abgelöste Recht geht mit seinem Inhalt und dem Rang auf den Ablösenden über (BGH WM 2013, 844, 847; Zweibrücken NJOZ 2014, 1694, 1695). Die Hypothek geht auch insoweit über als Zinsen und Kosten abgelöst werden (MüKo/*Lieder* Rn 30). Der ablösende Dritte muss sich alle Einreden und Einwendungen gegen die Forderung und die Hypothek entgegen halten lassen, da bei dem Übergang einer Grundschuld kraft Gesetzes der gute Glaube des Erwerbers an die Einredefreiheit nicht geschützt wird (BGH WM 2005, 1271, 1273; Zweibrücken NJOZ 2014, 1694, 1695; Staudinger/*Wolfsteiner* Rn 43; *Hertelt/Athie* JuS 2022, 1007, 1011). Der Inhaber eines Zwischenrechts muss sich die mit der Ablösung entstandene Rechtsänderung, die erst nach Eintragung seines Rechts in das Grundbuch wirksam geworden ist, nicht entgegenhalten lassen (BGH WM 2013, 844, 847; MüKo/*Lieder* Rn 16). Der Anspruch auf Auszahlung eines eventuellen Übererlöses steht dem Inhaber des Rückgewähranspruchs zu, nicht dem Ablösenden als solcher (BGH WM 2005, 1271, 1272). Der Ablösende kann Aushändigung oder Vorlegung der zur Grundbuchberichtigung nötigen Unterlagen verlangen, vgl §§ 1144, 1145. Bei Zahlung an den Scheingläubiger gilt § 893; zwar liegt kein rechtsgeschäftlicher Erwerb vor, aber die Interessenlage entspricht der in § 893 geregelten (vgl *Westermann/Gursky/Eickmann* § 102 III 4). Der nur gesetzl Übergang ermöglicht aber dem Ablösenden im Verhältnis zum Eigentümer keinen gutgläubigen einredefreien Erwerb nach § 857 S 2, § 892 (BGH WM 2005, 1271, 1273; 1996, 2197, 2198; NJW 1986, 1487; aA *Bülow* Rn 495; *Hager* ZIP 1997, 133; vgl auch § 1157 Rn 1). Bei **Teilbefriedigung** Teilübergang. Das dem Gläubiger verbleibende Recht behält den besseren Rang, §§ 268, 1176 (BGH BeckRS 1990, 01869; MüKo/*Lieder* Rn 35); das gilt auch für Nebenforderungen. Vorrang ist dinglicher Natur, nicht nur persönliches Recht des Gläubigers.

Bei der **Gesamthypothek** erwirbt der Ablösende, anders als der zahlende Eigentümer (vgl § 1173), die Hypothek 7
an allen Grundstücken. Voraussetzung ist, dass der Gläubiger sich gerade aus dem Grundstück befriedigen wollte, an dem der Ablösende ein Recht hatte. Auch **sonstige Nebenrechte**, zB Anspruch aus Bürgschaft, Pfand, gehen über (§§ 401, 412), nicht aber ein Anspruch auf Rückgewähr vorrangiger Grundschulden (BGH WM 1988, 564). Befriedigt der „Nebenschuldner", erwirbt er gem § 268 bzw § 774 die Forderung nebst Hypothek, § 1153, und kann dann mit Vorrang vor dem Ablösungsberechtigten ins Grundstück vollstrecken. Mitübergang der Vorrechte aus § 10 I ZVG, vgl *Storz* ZIP 1980, 162.

5. Grundschuld. § 1150 gilt für die Grundschuld entspr (BGH WM 2013, 2072, 2073; 2005, 1271, 1272; 8
Hamburg OLGRp 2000, 292, 293). Der Ablösungsberechtigte muss den die Befriedigung verlangenden Gläubiger in voller Höhe des dinglichen Rechts, dh des eingetragenen Nennbetrages, befriedigen (BGH WM 2013, 2072, 2073; 2011, 2365, 2366; 2005, 1271, 1273; MüKo/*Lieder* Rn 32; NK/*Zimmer* Rn 13), wegen dessen der Gläubiger die Zwangsvollstreckung betreibt (BGH WM 2013, 2072, 2073), selbst wenn die persönliche Forderung des betreibenden Gläubigers geringer ist (BGH WM 2005, 1271, 1272; 2005, 1268, 1269). Dazu gehören auch alle Zinsen, Nebenleistungen und die Kosten (BGH WM 2013, 2072, 2073; MüKo/*Lieder* Rn 27; Staudinger/*Wolfsteiner* Rn 34: nur die in Rangklasse 4 der §§ 10, 13 ZVG berücksichtigungsfähigen Zinsen). Der Gläubiger muss sich

nicht mit einer Teilzahlung begnügen (*Schmidt-Räntsch* ZNotP 2014, 288, 294). Rückgewähransprüche gehen nicht auf den Ablösenden über (BGH NJW 1988, 1665). Ein eventueller Übererlös steht dem Inhaber des Rückgewähranspruchs am abgelösten Grundpfandrecht zu (BGH WM 2005, 1271, 1272; MüKo/*Lieder* Rn 39). Der Gläubiger ist ggü dem Ablösungsberechtigten hinsichtlich der Höhe seines Anspruchs auskunftspflichtig, damit dieser in die Lage versetzt wird, von seinem Ablösungsrecht Gebrauch zu machen (BGH WM 2013, 2072, 2074). Der Ablösende erwirbt die Grundschuld, nicht aber die durch sie gesicherte Forderung (Staudinger/*Wolfsteiner* Rn 52; MüKo/*Lieder* Rn 39; NK/*Zimmer* Rn 13; aA Hamburg MDR 2000, 1186; s § 1191 Rn 88).

§ 1151 Rangänderung bei Teilhypotheken

Wird die Forderung geteilt, so ist zur Änderung des Rangverhältnisses der Teilhypotheken untereinander die Zustimmung des Eigentümers nicht erforderlich.

1 **Teilung der Forderung** hat Teilung der Hypothek zur Folge. Diese Wirkung tritt bei jeder Verselbständigung eines realen oder ideellen Teils der Forderung ein. **Teilung kann eintreten** durch Abtretung, Pfändung oder Verpfändung eines Teils der Forderung oder nur einer Nebenforderung, durch Teilerlöschen oder durch gesetzl Teilübergang (§ 1163 I 2, § 1177 I; §§ 1143, 774; 1150; 268; 426; 1176; 1182), durch Teilbelastung, auch durch Änderung des Forderungsinhalts für einen Teil der Forderung (zB bzgl Fälligkeit oder Zinshöhe), ebenso durch teilw Rangänderung (Zweibrücken Rpfleger 1985, 54). Vollstreckungsunterwerfung für einen rangmäßig bestimmten (zB „letztrangigen“) Teilbetrag setzt Teilung voraus (Hamm DNotZ 1988, 233, 234; BayObLG 85, 141), nicht aber Unterwerfung nur wegen „eines zuletzt zu zahlenden Teilbetrags“, denn damit ist in einer für die Eintragung der Unterwerfungsklausel zulässigen Weise nur eine Verrechnungsbestimmung getroffen (BGHZ 108, 372).

2 **Folge der Teilung** ist die Entstehung selbständiger Hypotheken. Dadurch können sich diese in verschiedenartige Grundpfandrechte umwandeln, zB teils Brief- teils Buchrecht, Hypothek und Grundschuld, Fremd- und Eigentümerrecht. Die **Teilhypotheken haben gleichen Rang** (BGH WM 2011, 90, 92; Hamm BeckRS 1992, 02551; Celle WM 1990, 860, 861; Staudinger/*Wolfsteiner* Rn 4; MüKo/*Lieder* Rn 5; NK/*Zimmer* Rn 8). Beim gesetzl Übergang hat der dem bisherigen Gläubiger verbleibende Teil jedoch Vorrang (BGH WM 1990, 860; Staudinger/*Wolfsteiner* Rn 4; § 1143 I 2, § 1164 II, § 1176, § 1182 S 2). Eine **Rangänderung** der Teilhypothek bedarf keiner Zustimmung des Eigentümers (Ausnahme von § 880 II 2), gleichgültig, ob die Änderung mit oder erst nach Vollzug der Teilung vorgenommen wird; iÜ aber gilt § 880 (vgl dazu Staudinger/*Wolfsteiner* Rn 12ff).

3 § 1151 ist auf die Grundschuld entspr anwendbar (Hamm BeckRS 1992, 02551).

§ 1152 Teilhypothekenbrief

Im Falle einer Teilung der Forderung kann, sofern nicht die Erteilung des Hypothekenbriefs ausgeschlossen ist, für jeden Teil ein Teilhypothekenbrief hergestellt werden; die Zustimmung des Eigentümers des Grundstücks ist nicht erforderlich. Der Teilhypothekenbrief tritt für den Teil, auf den er sich bezieht, an die Stelle des bisherigen Briefes.

1 **Teilhypothekenbriefe** können in allen Fällen gebildet werden, in denen die Hypothekenforderung in Teile zerfällt (Staudinger/*Wolfsteiner* Rn 2; NK/*Zimmer* Rn 2). Die Hauptfälle sind die Aufteilung und Verpfändung eines Teils der Forderung, aber bspw auch die Auseinandersetzung einer in Bruchteilsgemeinschaft gehaltenen Hypothek (BGH WM 2011, 90, 91). Der Teilhypothekenbrief ist für die Teilhypothek der allein maßgebende Brief. Der bisherige Brief behält Geltung nur noch für den Rest (Saarbrücken NJOZ 2020, 208, 209). Die Teilbriefbildung ist auf dem bisherigen Brief, dem Stammbrief, zu vermerken, § 48 GBV. Zur Bildung des Teilbriefes ist der Stammbrief vorzulegen (NK/*Zimmer* Rn 4), ebenso wie zur Teilabtretung. Abtretung auch ohne Teilbriefbildung (s § 1154 Rn 8). Zur Bildung des Teilhypothekenbriefs muss jedes Teil auf Verlangen des anderen Teils mitwirken und zu diesem Zweck auch den in seinem Besitz befindlichen Brief dem Grundbuchamt oder dem Notar vorlegen (Staudinger/*Wolfsteiner* Rn 7).

2 **Erteilung des Teilbriefes** nur auf Antrag, § 61 GBO; Zustimmung des Eigentümers nicht erforderlich, auch nicht die des bisherigen Gläubigers (Staudinger/*Wolfsteiner* Rn 7); Vorlagezwang des Stammbriefs sichert genügend. Ein Teilbrief ist auch bei Abtretung zukünftiger Zinsen zulässig, nicht hingegen bei Abtretung rückständiger Zinsen (vgl § 1159 Rn 2). Bei teilw Umwandlung der Hypothek in eine Eigentümergrundschuld ist auf Antrag ein Teilgrundschuldbrief, kein selbständiger Brief, zu erteilen. Bei Eintragung einer Hypothek für mehrere Gläubiger in Bruchteilsgemeinschaft kann für jeden Teil ein selbständiger Stammbrief gebildet werden.

3 Entspr Anwendung des § 1152 in §§ 1145, 1150, 1167.

4 § 1152 ist auf die Grundschuld entspr anwendbar (BGH BeckRS 1993, 31062593).

§ 1153 Übertragung von Hypothek und Forderung

(1) Mit der Übertragung der Forderung geht die Hypothek auf den neuen Gläubiger über.

(2) Die Forderung kann nicht ohne die Hypothek, die Hypothek kann nicht ohne die Forderung übertragen werden.

Der Grundsatz der **Untrennbarkeit von Hypothek und Forderung** ist Folge der Zweckbestimmung der Hypothek als ein akzessorisches Grundpfandrecht. **Trennung von Forderung und Hypothek** möglich für Zinsrückstände, § 1159, und bei der Höchstbetragshypothek, § 1190 IV, ferner mittels §§ 1168, 1180; vgl auch die gesetzl Forderungsauswechslung in §§ 1164, dazu § 1164 Rn 4, und nach § 1173 II, ferner durch Umwandlung der Hypothek in eine Grundschuld (§ 1198). 1

Der **Übergang der Hypothek mit der Forderung** ist, im Gegensatz zu §§ 401, 402, zwingendes Recht (MüKo/*Lieder* Rn 4; NK/*Zimmer* Rn 1). Auf die Art des Übergangs kommt es nicht an, Mitübergang auch bei gesetzl Forderungsübergang, zB §§ 1143, 1150. Eine Vereinbarung bei der Abtretung kann die Folge des § 1153 nicht hindern, vielmehr ist die ganze Abrede nichtig, wenn die Hypothek oder die Forderung allein übergehen sollen, hM. IdR werden die Beteiligten einen Übergang beider Rechte auch wollen. Möglich ist ferner Verbindung von Abtretung und Forderungsauswechslung gem § 1180. 2

Auch umgekehrt **geht die Forderung mit der Hypothek über.** Der Eigentümer, der zugleich persönlicher Schuldner ist, würde sonst doppelt in Anspruch genommen werden können. Wenn daher ein Nichtberechtigter die Hypothek an einen gutgläubigen Erwerber wirksam abtritt (§§ 1138, 892), geht auf ihn auch die Forderung über (Soergel/*Konzen* § 1138 Rn 7; NK/*Zimmer* Rn 8; aA Staudinger/*Wolfsteiner* § 1138 Rn 10; MüKo/*Lieder* Rn 17ff; *Petersen*/*Rothenfußer* WM 2000, 657, 658). Eine isolierte Übertragung der Forderung ist nach vorheriger Löschung der Hypothek möglich (NK/*Zimmer* Rn 5; Soergel/*Konzen* Rn 2). 3

§ 1153 ist auf die Grundschuld nicht entspr anwendbar. 4

§ 1154 Abtretung der Forderung

(1) Zur Abtretung der Forderung ist Erteilung der Abtretungserklärung in schriftlicher Form und Übergabe des Hypothekenbriefs erforderlich; die Vorschrift des § 1117 findet Anwendung. Der bisherige Gläubiger hat auf Verlangen des neuen Gläubigers die Abtretungserklärung auf seine Kosten öffentlich beglaubigen zu lassen.

(2) Die schriftliche Form der Abtretungserklärung kann dadurch ersetzt werden, dass die Abtretung in das Grundbuch eingetragen wird.

(3) Ist die Erteilung des Hypothekenbriefs ausgeschlossen, so finden auf die Abtretung der Forderung die Vorschriften der §§ 873, 878 entsprechende Anwendung.

1. Anwendungsbereich. Die Vorschrift regelt die Abtretung der Hypothekenforderung. Da die Hypothek nicht ohne die Forderung und die Forderung nicht ohne die Hypothek übertragen werden kann (§ 1153), unterstellt § 1154 die Übertragung der durch die Hypothek gesicherten Forderung in gewissem Umfang sachenrechtl Formen (Staudinger/*Wolfsteiner* Rn 2). Anders als in der Form des § 1154 kann die Forderung nicht abgetreten werden (Staudinger/*Wolfsteiner* Rn 3). § 1154 regelt nicht das dieser Verfügung zugrunde liegende Kausalgeschäft. Aus dem Verpflichtungsgeschäft kann Erfüllung durch formgerechte Abtretung verlangt werden (BGH NJW 1989, 3151). Der Anspruch auf Abtretung ist vormerkungsfähig (BayObLG Rpfleger 1983, 267). Anwendbar ist § 1154 nur auf rechtsgeschäftliche Übertragung, nicht auf Fälle gesetzl Übergangs (Staudinger/*Wolfsteiner* Rn 5; MüKo/*Lieder* Rn 2) oder die Universalsukzession (MüKo/*Lieder* Rn 5); ferner auf die Bestellung des Nießbrauchs oder eines Pfandrechts an der Hypothekenforderung oder an der Grundschuld (§§ 1069, 1274, 1291). 1

2. Abtretung. Die Abtretung der Hypothek (Grundschuld s Rn 12) vollzieht sich durch Abtretung der **Forderung**, die Hypothek folgt automatisch (§ 1153). Zur Abtretung der durch Briefhypothek gesicherten Forderung ist dingliche Einigung (Rn 3) sowie schriftliche Abtretungserklärung und Briefübergabe geboten; bloß formlose Abtretung macht zusätzl zur Briefübergabe konstitutive Grundbucheintragung erforderlich (§ 1154 II). Die schriftliche Abtretungserklärung ersetzt mithin die Eintragung, die nicht Wirksamkeitsvoraussetzung ist (Brandenburg BeckRS 2012, 11395); zweckmäßig ist Eintragung gleichwohl, weil dann der Erwerber Kenntnis von Grundbuchveränderungen und von Zwangsvollstreckung erhält (§ 55 GBO; § 9 Nr 1, §§ 41, 146 II ZVG). Die Forderung kann auch unter einer aufschiebenden oder auflösenden Bedingung oder unter einer Zeitbestimmung abgetreten werden (Staudinger/*Wolfsteiner* Rn 10). Immer aber ist Voraussetzung, dass die Hypothek besteht; ist sie zu Unrecht gelöscht, kann sie in der Form des § 1154 I schon vor erneuter Eintragung abgetreten werden. Eine zur Abtretung etwa nötige Genehmigung wirkt nicht auf einen vor Erteilung der schriftlichen Abtretungserklärung und Briefübergabe liegenden Zeitpunkt zurück. 2

3. Einigung. Die Abtretung erfordert **dingliche Einigung** nach Maßgabe des § 398. Die schriftliche Abtretungserklärung bezeugt nach (formloser) Annahme den Inhalt der Einigung. Die Möglichkeit der Abtretung kann ausgeschlossen, an die Zustimmung Dritter gebunden oder anderweitig erschwert werden (§ 399); mit Wirkung gegen Dritte (§§ 892, 1157) aber nur durch Eintragung. Vorbehalt des ausschließlichen und dauernden Einziehungsrechts für den Zedenten macht die Abtretung unwirksam; möglich ist befristete oder bedingte Einschränkung der Einziehungsbefugnis des Zessionars. 3

4. Abtretungserklärung. Die **Abtretungserklärung** ersetzt bei der briefhypothekarisch gesicherten Forderung die Grundbucheintragung (BGH WM 2014, 1969; München BeckRS 2018, 45157; NK/*Zimmer* Rn 21). Der durch sie bewirkte Gläubigerwechsel führt zur Unrichtigkeit des Grundbuchs iSd § 894 (München NJOZ 2015, 248, 249). Die Abtretungserklärung muss den vom Zedenten unterschriebenen Willen ausdrücken, das genau bezeichnete Recht an den namentlich bezeichneten Erwerber zu übertragen. Für die Annahme seitens des Zes- 4 sionars ist die Schriftform nicht erforderlich (BGH WM 1983, 173, 174); sie kann daher auch konkludent erfolgen, etwa in der Entgegennahme des Briefes. Eine Übergabe der Abtretungserklärung ist nicht erforderlich (Celle OLGRp 2008, 163, 164; aA *Gladenbeck/Samhat* Rn 449). Zur Auslegung der Abtretungserklärung darf auf Umstände, die außerhalb der Urkunde liegen und nicht jedem Leser ohne weiteres erkennbar sind, nicht zurückgegriffen werden (BGH WM 1991, 1872, 1873). Da die Abtretungserklärung die Grundbucheintragung ersetzt, müssen der Abtretungswille sowie die Bezeichnung der Grundschuld, des Zedenten und des Zessionars darin selbst enthalten und bestimmt und zweifelsfrei bezeichnet sein (BGH WM 1991, 1872, 1873; 1989, 995, 996; Köln BeckRS 2020, 32418). Insb muss der Zessionar soweit bezeichnet werden, dass er identifizierbar ist oder Zweifel über die Person des Berechtigten ausgeschlossen sind, da sich gem § 1155 S 1 das Gläubigerrecht des Briefberechtigten aus einer zusammenhängenden, auf einen eingetragenen Gläubiger zurückführbaren Reihe von öffentlich beglaubigten Abtretungserklärungen ergibt und dies nur möglich ist, wenn die jew Abtretungsempfänger in der Urkunde eindeutig bezeichnet werden (BGH ZIP 1997, 678; NK/*Zimmer* Rn 17). Die Anforderungen der höchstrichterlichen Rspr an die Bestimmtheit der notwendigen Angaben einer Abtretungserklärung sind durchaus streng. So genügt bspw nach Auffassung des BGH eine pauschale Umschreibung der Person des Abtretungsempfängers nicht (BGH WM 1989, 995, 996). Allerdings kann sich aus der schuldrechtl Vereinbarung über die Abtretung ein Anspruch der Zessionare gegen die Zedenten auf Ergänzung der Abtretungsurkunde ergeben (BGH WM 1989, 995, 996). Die strengen Bestimmtheitsanforderungen über die Parteien und den Inhalt der Zession gelten für diese schuldrechtl Vereinbarung nicht. Zudem führt nicht bereits jede Ungenauigkeit zur Unwirksamkeit der Abtretungserklärung (BGH ZIP 1997, 678; Köln BeckRS 2020, 32418). Für die genaue Bezeichnung des Rechts ist die Angabe des belasteten Grundstücks (aA Düsseldorf DNotZ 1981, 642) und des Ranges der Grundschuld nicht erforderlich, sofern Verwechslungsgefahr nicht besteht (Köln BeckRS 2020, 32418; MüKo/*Lieder* Rn 10; *Clemente* Rn 182; vgl BGH WM 1989, 995, 996; 1974, 905). – **Blankoabtretung** (mit Briefübergabe) überträgt das Recht erst für die Zeit ab Ausfüllung durch den Ermächtigten (BGH WM 1977, 457; MüKo/*Lieder* Rn 11); der Erwerber hat indessen schon vorher eine nach §§ 1134, 1135, 823 geschützte Anwartschaft. Der zur Ausfüllung Ermächtigte handelt als Vertreter des Zedenten, so dass § 166 gilt (BGH WM 1977, 457; krit *Baumgärtel* DNotZ 1957, 652, der nur Einwilligung annimmt). **Erteilung der Abtretungserklärung** erfordert nicht unbedingt Aushändigung; der Zedent muss sich aber der Urkunde in solcher Weise zugunsten des Zessionars entäußern, dass dieser darüber verfügen kann (BGH WM 1965, 664).

5 **5. Briefübergabe.** Für die **Übergabe des Briefes** ist die körperliche Übergabe erforderlich, und dass der Abtretungsempfänger den Brief vom Abtretenden und mit dessen Willen erlangt (BGH WM 1993, 285, 286 NK/*Zimmer* Rn 22; aA *Reinicke/Tiedtke* NJW 1994, 345, 346, die hervorheben, dass es eine Stellvertretung bei der Besitzübergabe nicht gibt; möglich sei nur ein **Geheißerwerb**). Das bedeutet zwar nicht, dass der Abtretende in jedem Fall in eigener Person mitwirken muss; die Briefübergabe kann vielmehr durch einen Vertreter bewirkt werden (Stuttgart OLGRp 2001, 349, 350), sofern dieser als Vertreter des Abtretenden handelt (BGH WM 1993, 285, 286). Bloßer Besitzübergang reicht nicht aus; erforderlich ist in jedem Fall, dass die Briefübergabe (noch) dem Willen des Abtretenden entspricht (BGH WM 1993, 285, 286; 1969, 208, 209). Sind mehrere Gläubiger Zedent, muss der Brief von sämtlichen übergeben werden. Ferner ist der BGH der Ansicht, dass ein gutgläubiger Erwerb einer Briefhypothek von einem nicht im Grundbuch eingetragenen Veräußerer gem §§ 892, 1155 voraussetzt, dass dieser zur Zeit der Abtretung der Hypothek unmittelbar oder mittelbar Besitzer des Briefes ist. Die Fähigkeit, dem Erwerber durch Einschaltung eines Dritten den Brief zu verschaffen, genüge nicht (BGH WM 1993, 285; abw Düsseldorf NJOZ 2021, 234, 235). Nach *Nobbe* (Neue höchstrichterliche Rspr zum Bankrecht[6] 1995, 459f) ist diese Rspr in zwei Punkten abzulehnen. Zum einen sei die Übergabe des Briefes ein Realakt, während eine Vertretung gem §§ 164ff nur bei der Abgabe von Willenserklärungen stattfinde. Eine Übergabe könne aber durch eine Geheißperson erfolgen. Zum anderen stehe die tatsächliche Besitzverschaffungsmacht des Veräußerers dessen Besitz nicht nur bei § 932, sondern auch im Rahmen des § 1155 gleich. Diese Vorschrift sei so auszulegen, dass ein Besitz des Abtretenden am Brief nicht erforderlich sei, wenn die Übergabe durch eine Geheißperson stattfinde und deshalb der Abtretende, dem die Übergabe durch die Geheißperson zugerechnet werde, nicht Besitzer des Briefes sei.

6 Die Übergabe des Briefes kann durch die Vereinbarung ersetzt werden, dass der abtretende Gläubiger den Brief für den Erwerber in Verwahrung nimmt (§ 930, § 1117 I 2, § 1154 I 1). Ist der Brief im Besitz eines Dritten, so kann die Übergabe auch dadurch ersetzt werden, dass der Abtretende seinen Herausgabeanspruch gegen den Dritten an den Zessionar abtritt (§ 931, § 1117 I 2, § 1154 I 1; BayObLG DNotZ 1988, 120). Die Vereinbarung eines Besitzkonstituts oder die Abtretung des Herausgabeanspruchs sind formlos möglich.

7 **6. Abtretung vor Eintragung.** Eine Hypothek kann **vor ihrer Eintragung abgetreten** werden (BGH WM 1970, 122, 123). Der Zessionar erwirbt das Recht allerdings nicht vor der Eintragung. Erforderlich ist, dass das abgetretene Recht hinreichend bestimmt ist (BGH WM 1970, 122, 123). Da die Kennzeichnung durch Angabe der Grundbuchstelle vor Eintragung in vielen Fällen nicht möglich ist, muss die Grundschuld in anderer Weise bezeichnet werden (*Gladenbeck/Samhat* Rn 462). Ausreichend dürfte dazu die Angabe des belasteten Grundstücks, des Betrags einschl eventueller Grundschuldzinsen sowie der Vorlasten sein. Der Hinw auf die notarielle Urkunde, in der die Grundschuld bestellt wurde, kann die Kennzeichnung erleichtern, aber im Zweifel allein nicht vollständig ausmachen. Die Einigung über die Übertragung einer **Buchhypothek** enthält regelmäßig die konkludente Einwilligung iSd § 185 I, dass der Erwerber die Hypothek ohne eigene Eintragung nicht nutzen darf (LG Detmold Rpfleger 2001, 299).

7. Teilabtretung. Teilabtretung der Briefhypothek (Briefgrundschuld) erfordert ebenfalls Briefübergabe. Diese kann geschehen durch Teilbriefbildung oder Vereinbarung nach § 1117 II, sofern das Grundbuchamt im unmittelbaren Besitz des zur Teilbriefherstellung nötigen Stammbriefes ist; der Zedent muss auf Verlangen der Herstellung des Teilbriefes zustimmen. Ausreichend ist aber auch Mitbesitz des Zessionars am Stammbrief in der Weise, dass entweder ein Dritter (zB Notar) den Brief für beide Beteiligten verwahrt (§ 868) oder dass der Zedent unter Aufgabe des Eigenbesitzes den Brief nur noch als unmittelbarer Fremdbesitzer für den Zessionar in Verwahrung hält (Zweibrücken FGPrax 2010, 127, 128; MüKo/*Lieder* Rn 23; NK/*Zimmer* Rn 13; *Lauer* MDR 1983, 635; *Rutke* WM 1987, 93). Wichtig ist, dass der abtretende Gläubiger seinen Eigenbesitzwillen vollständig aufgibt (*Gladenbeck/Samhat* Rn 473; *Rutke* WM 1987, 93, 94; *Lauer* MDR 1983, 635, 636). Denn bei der Abtretung eines Teils der Briefhypothek kann die Übergabe des Briefes nicht dadurch ersetzt werden, dass der Abtretende den – ungeteilten – Brief zugleich als Eigenbesitzer für sich selbst und als Fremdbesitzer für den Abtretungsempfänger besitzt (BGH WM 1986, 23, 24; 1982, 1431, 1432MüKo/*Lieder* Rn 23). Ein Übergabeersatz durch Besitzmittlungsverhältnis kommt hier nicht in Betracht, da die Möglichkeit der Einräumung ungleichstufigen Mitbesitzes von der Rspr abgelehnt wird (BGH WM 1986, 23, 24; 1982, 1431, 1432; MüKo/*Lieder* Rn 23). An dem **Stammbrief**, der bis zur Bildung eines Teilbriefes auch den abgetretenen Teil ausweist, haben die Teilgläubiger nach § 952 Miteigentum im Umfang ihrer Anteile. 8

Teilabtretung nur der **Zinsansprüche** (oder anderer Nebenleistungen) ist in der Form des § 1154 möglich, ebenso der Hauptforderung ohne die Zinsen. Rückständige Zinsen sind formlos abtretbar (§ 1159 I, § 398). Die Zinsforderung bleibt auch bei hierauf beschränkter Abtretung vom Bestand des Hauptanspruchs abhängig; bei Löschung der Kapitalhypothek erlischt auch die Zinshypothek (§ 876 schützt nicht). Die Abtretungserklärung muss erkennen lassen, ob, seit wann und in welcher Höhe Zinsen abgetreten werden; Abtretung der Forderung (oder der Hypothek) wird jedoch darauf schließen lassen, dass künftige Zinsen mitübertragen sein sollen (vgl BGHZ 35, 172), nicht aber bereits fällige. Die Abtretung von Zinsen „von Anfang an" (BayObLG DNotZ 1984, 562, 564) ist ebenso hinreichend bestimmt wie „seit dem Tage des Zinsbeginns" (Düsseldorf Rpfleger 1986, 468, 469), weil jew alle Zinsansprüche in vollem Umfang uneingeschränkt übertragen werden sollen. Nicht ausreichen dürfte etwa die Erklärung, dass die Hypothek „mit laufenden Zinsen" oder „samt Zinsen" abgetreten wird (Frankfurt DNotZ 1994, 186). Nicht wirksam abgetretene Zinsen oder andere Nebenleistungen verbleiben beim Zedenten. 9

Eintragung für sich allein abgetretener rückständiger Zinsen ist unzulässig, KGJ 42, 248, eintragungsfähig aber die Abtretung rückständiger zusammen mit laufenden Zinsen, KG aaO; RGZ 88, 163 (vgl auch § 1159 Rn 2). 9a

8. Beglaubigung. Beglaubigung der Abtretungserklärung zweckmäßig wegen §§ 1155, 1160, 1161 BGB, § 39 II GBO. Daher nach Abs I S 2 Anspruch auf nachträgl Beglaubigung als Folge der Abtretung, auch bei der Sicherungszession; somit muss Abtretung vollzogen sein; es besteht kein Zurückbehaltungsrecht des Zedenten wegen Gegenansprüchen (BGH NJW 1972, 44), und zwar auch nicht aus dem der Abtretung zugrunde liegenden Rechtsgeschäft. Der Anspruch auf Beglaubigung geht nach § 401 auf den Erwerber des Rechts über. Entgegen § 403 hat hier der Zedent die Kosten zu tragen. Zwangsvollstreckung erfolgt nach § 894 ZPO. 10

9. Buchhypothek. Abtretung der Buchhypothek durch Einigung und Eintragung (§ 873; BGH BeckRS 2014, 21079). Einigung bezieht sich auf die Abtretung der Forderung (§ 1153); §§ 26, 39 GBO gelten nicht; bei mehrfacher Abtretung kann gleichwohl der letzte Erwerber unmittelbar eingetragen werden. 11

10. Grundschuld. § 1154 ist auf die Grundschuld entspr anwendbar (BGH BeckRS 2014, 21079; München FGPrax 2014, 108; Celle OLGRp 2000, 227). Die Abtretung einer **Buchgrundschuld** erfolgt gem § 1154 III, § 873 I, § 1192 I durch formlos mögliche Einigung zw dem Zessionar und dem Zedenten und Eintragung der Abtretung im Grundbuch (BGH WM 2018, 1054, 1055; 2018, 636, 638; BeckRS 2014, 21079; WM 2010, 1865, 1865; Düsseldorf NJW-RR 2023, 88, 89). Mit der Abtretung einer Grundschuld und der Eintragungsbewilligung gibt der Zedent regelmäßig zu erkennen, dass sein Rechtsnachfolge über das Grundpfandrecht frei verfügen können soll, so dass hierin auch eine – konkludent mögliche – Einwilligung gem § 185 I gesehen werden kann (BGH WM 2010, 1864, 1865; Düsseldorf NJW-RR 2023, 88, 89; FGPrax 2010, 274; MüKo/*Lieder* Rn 31). Einer Eintragung bedarf es auch dann, wenn der Eigentümer eine auf ihn kraft Gesetzes übergegangene Grundschuld erneut an den Gläubiger abtreten will und dieser als früherer Gläubiger noch im Grundbuch eingetragen ist (*Gladenbeck/Samhat* Rn 425). Ohne erneute Eintragung wird der Gläubiger nicht Inhaber der Grundschuld werden. Auf die zeitl Reihenfolge von Eingang und Eintragung kommt es nicht an. Eine Abtretung kann bereits vor der Eintragung der Grundschuld und damit vor ihrer Entstehung erfolgen (Frankfurt NJOZ 2018, 1447, 1449). Eine Eigentümergrundschuld wird wie eine Fremdgrundschuld übertragen (BGH WM 2018, 636, 638; BeckRS 2014, 21079). Bei einer **Gesamtgrundschuld** kann die Abtretung nur insg und nur an denselben neuen Gläubiger erfolgen. Sie wird erst wirksam mit Eintragung in allen betroffenen Grundstücken (München FGPRax 2014, 108). Die **Einigung** zw dem alten und dem neuen Gläubiger über den Übergang des Rechts bedarf bei der grundbuchmäßigen Abtretung materiell-rechtl keiner Form, erfordert insb also keine schriftliche Abtretungserklärung (*Clemente* Rn 161). Für die Grundbucheintragung ist jedoch die Abtretungserklärung in öffentlich beglaubigter Form praktisch unumgänglich (§§ 19, 29 GBO; *Clemente* Rn 161). Die Einigung kann bis zur Eintragung grds frei widerrufen werden (*Gladenbeck/Samhat* Rn 432). Dass das Grundpfandrecht im Zeitpunkt der Abtretung noch nicht im Grundbuch eingetragen ist, steht der Wirksamkeit der Abtretung nicht entgegen (BGH NJW-RR 2007, 165, 166). Die **Eintragung** der Abtretung setzt einen Antrag voraus. Der Antrag muss im Zeitpunkt des Vollzugs im Grundbuch noch bestehen und kann bis dahin vom jew Antragsteller zurückgenommen werden. 12

Der neue Gläubiger ist allerdings selbst antragsbefugt (§ 13 II GBO) und kann durch einen eigenen Antrag verhindern, dass der Zedent seinen Antrag mit der Wirkung, dass eine Eintragung nicht vorgenommen wird, zurücknimmt. Der bisherige Gläubiger hat ferner die Eintragung des Gläubigerwechsels in öffentlich beglaubigter oder beurkundeter Form zu **bewilligen.** Der formalrechtl **Grundsatz der Voreintragung** (§ 39 GBO) erfährt bei der Abtretung der Grundschuld gem § 40 GBO eine Ausnahme, wenn die Person, deren Recht durch die Eintragung betroffen wird, Erbe des eingetragenen Berechtigten ist. § 40 GBO gilt aber nicht bei Eintragung der Grundschuld (Bremen NJW-RR 2022, 454; Oldenburg FGPrax 2021, 153, 154; KG FGPrax 2021, 4, 5; aA Karlsruhe FGPrax 2022, 5; Celle DNotZ 2020, 672, 676; Stuttgart FGPrax 2019, 13, 14). Ferner gilt der Grundsatz der Voreintragung nicht, soweit der Grundstückseigentümer ein auf ihn, insb durch Zahlung auf die Grundschuld, kraft Gesetzes übergegangenes Recht abtritt (München NJOZ 2015, 248, 249; Düsseldorf DNotZ 1996, 559, 560; *Clemente* Rn 188). In diesem Fall bedarf es keiner Voreintragung. Der Zessionar kann unmittelbar als neuer Gläubiger eingetragen werden. Gleiches gilt, wenn der eingetragene Gläubiger einer Buchgrundschuld mit seiner Abtretungserklärung dem Zessionar zugleich eine Berechtigung zur Umschreibung in der Form des § 29 GBO aushändigt (BGH WM 2010, 1864, 1865; MüKo/*Lieder* Rn 31). Zu beachten ist allerdings, dass die Möglichkeit der unmittelbaren Eintragung ohne Voreintragung des Betroffenen einen gutgläubigen Erwerb der Grundschuld ausschließt, wenn der Zedent in Wahrheit nicht Inhaber des Rechts war. Da umgekehrt die Voreintragung des Eigentümers einen Erwerb der Grundschuld kraft guten Glaubens ermöglicht, wenn sie zu Unrecht erfolgte, kein Widerspruch dagegen eingetragen ist und die Bank keine positive Kenntnis von der Unrichtigkeit dieser Eintragung hatte, kann es sich empfehlen, die Voreintragung des Eigentümers herbeizuführen. Aus der Verschwiegenheitspflicht einer Bank folgt kein dinglich wirkendes Abtretungsverbot (BGH BKR 2011, 291, 292).

13 Eine **Belastungsvollmacht**, nach der die Abtretbarkeit einer Grundschuld bei unvollständiger Kaufpreiszahlung auszuschließen ist, ist idR dahin auszulegen, dass der Abtretungsausschluss nach § 399 dinglichen Charakter hat (München DNotZ 2012, 457, 458).

§ 1155 Öffentlicher Glaube beglaubigter Abtretungserklärungen

Ergibt sich das Gläubigerrecht des Besitzers des Hypothekenbriefs aus einer zusammenhängenden, auf einen eingetragenen Gläubiger zurückführenden Reihe von öffentlich beglaubigten Abtretungserklärungen, so finden die Vorschriften der §§ 891 bis 899 in gleicher Weise Anwendung, wie wenn der Besitzer des Briefes als Gläubiger im Grundbuch eingetragen wäre. Einer öffentlich beglaubigten Abtretungserklärung steht gleich ein gerichtlicher Überweisungsbeschluss und das öffentlich beglaubigte Anerkenntnis einer kraft Gesetzes erfolgten Übertragung der Forderung.

1 Zweck der Vorschrift ist es, den **Gutglaubensschutz bei der Briefhypothek** so zu gestalten, dass der Brief seinem Verkehrszweck genügen kann. § 1155 fingiert gleichsam die Grundbucheintragung, wenn an ihrer Stelle das formal zu verstehende Kriterium der lückenlosen Kette öffentlich beglaubigter Abtretungserklärungen gegeben ist (Staudinger/*Wolfsteiner* Rn 1). Dementspr wird der nach § 1155 Ausgewiesene so behandelt, als ob er als Gläubiger im Grundbuch eingetragen wäre; bzgl aller sonstigen Fragen gilt der gewöhnliche Gutglaubensschutz der §§ 892, 893, 1138, 1157. § 1155 verweist nicht auf § 899a (vgl auch § 1148 Rn 3ff), so dass ein guter Glaube an die Vertretungsmacht der in der Abtretungserklärung vermerkten Gesellschafter nicht geschützt wird (aA *Lautner* DNotZ 2009, 650, 673).

2 Voraussetzung für die Legitimation ist **Eigenbesitz am Brief** (BGH WM 2010, 91, 93), denn die Abtretung erfordert nach § 1154 I 1 Übergabe an denjenigen, der sich auf § 1155 beruft. Mittelbarer Besitz genügt (§ 1154 I, § 1117 I S 2; BGH NJW-RR 1993, 369, 370; MüKo/*Lieder* Rn 2). Briefbesitz begründet nach § 1117 III die Vermutung, dass der Besitzer den Brief vom Vorgänger erhalten hat; Widerlegung dieser Vermutung schließt Berufung auf § 1155 aus; der Erwerber braucht aber die Rechtmäßigkeit des Besitzes seines Vorgängers bei Übergabe nicht zu prüfen; selbst wenn der Brief abhandengekommen war, treten die Wirkungen des § 1155 ein (BGH NJW-RR 1997, 910; Staudinger/*Wolfsteiner* Rn 11; NK/*Zimmer* Rn 4).

3 **Reihe der beglaubigten Abtretungserklärungen** bedeutet, dass das Gläubigerrecht des Briefbesitzers ohne Unterbrechung auf einen im Grundbuch als Gläubiger Eingetragenen zurückgeführt ist. § 1155 baut immer auf dem Grundbuch auf (Staudinger/*Wolfsteiner* Rn 2). Darunter fällt auch einmalige Abtretung. Zur Übergabe des Briefes unter Einschaltung eines Vertreters s § 1154 Rn 5. Eine gefälschte Urkunde bewirkt keinen Gutglaubensschutz (Braunschweig OLGZ 1983, 219, 220; NK/*Zimmer* Rn 8; aA Soergel/*Konzen* Rn 9; diff MüKo/*Lieder* Rn 12; Staudinger/*Wolfsteiner* Rn 19). Das Fälschungsrisiko kann nicht dem Berechtigten auferlegt werden, da er keine Möglichkeit hat, die Fälschung zu erkennen; es ist vom Erwerber zu tragen.

4 Die Kette beglaubigter Erklärungen muss bis zum Rechtsvorgänger des gutgläubigen Erwerbers führen; ob dieser selbst nur durch privatschriftliche Abtretung erworben hat, ist für **§ 892** ohne Belang (*Bülow* Rn 309, *Westermann/Gursky/Eickmann* § 104 Rn 13; MüKo/*Lieder* Rn 6; Staudinger/*Wolfsteiner* Rn 23); hingegen erfordern **§ 891** und § 1160 Beglaubigung auch der letzten Abtretung, vgl Rn 7. **Unterbrechung der Kette** durch eine unwirksame privatschriftliche Abtretungserklärung verhindert gutgläubigen Erwerb (Staudinger/*Wolfsteiner* Rn 32; MüKo/*Lieder* Rn 7; NK/*Zimmer* Rn 14; str). Bei wirksamer privatschriftlicher Abtretung sind die ihr vorgehenden beglaubigten Abtretungserklärungen von § 1155 erfasst, nicht aber auch die ihr nachfolgenden beglaubigten Erklärungen, weil nach dem Gesetz nur die auf den eingetragenen Gläubiger zurückgehende Kette beglaubigter Erklärungen Schutzwirkung entfaltet und jede Unterbrechung diesen Vertrauenstatbestand zerstört (MüKo/*Lie-*

der Rn 7; Grü/*Herrler* Rn 3; aA RGRK/*Mattern* Rn 15). Zur Legitimation ggü dem Grundbuchamt (§ 39 II GBO; Frankfurt BeckRS 2016, 112653 Rn 34) und zur Geltendmachung der Hypothek (§ 1160) muss der Erwerber die Beglaubigung aller Abtretungserklärungen vorweisen können. Ein Zwischenerwerb durch Erbfolge unterbricht nicht, weil hier der Erbe als Gesamtrechtsnachfolger des Gläubigers die Abtretung vornimmt.

Für die Beglaubigung gilt § 129 (auch Beurkundung ist statthaft). Der beglaubigten Abtretungserklärung **gleichgestellte Urkunden** sind nach **S 2: (1)** Überweisung an Zahlungs statt (§ 835 II ZPO), nicht die Überweisung nur zur Einziehung (BGHZ 24, 332). Der Gutglaubensschutz bezieht sich aber nur auf den Rechtsnachfolger des durch Überweisungsbeschluss ausgewiesenen Vollstreckungsgläubigers; dieser selbst kann sich für die Überweisung als Vollstreckungsakt nicht auf §§ 892, 893 berufen. – **(2)** Beglaubigtes Anerkenntnis des gesetzl Übergangs ist die rechtsgeschäftliche Erklärung, dass die Hypothek aufgrund bestimmt bezeichneter Tatsachen auf den neuen Gläubiger kraft Gesetzes übergegangen ist; Gegenstand des Anerkenntnisses sind allerdings nicht diese Tatsachen, sondern der durch sie bewirkte Übergang der Hypothek. Ob es sich um Übergang der Hypothek mit oder ohne Forderung handelt, ist nach hM gleichgültig; Anerkenntnis des als Gläubiger Ausgewiesenen genügt. Auch im Falle des § 1164 ist keine zusätzl Erklärung des Ersatzberechtigten nötig (str). – **(3)** Ferner genügen: Verurteilung zur Abtretung (§ 894 ZPO); Auseinandersetzungszeugnisse (§§ 36, 37 GBO); Zuschlagsprotokoll (§ 844 ZPO); Veräußerungsbeschluss (§ 844 ZPO). **Dagegen genügen nicht:** Ausschlussurteil nach § 1170ff (aA Staudinger/*Wolfsteiner* Rn 30); Entscheidungen nach § 868 ZPO (aA Staudinger/*Wolfsteiner* Rn 30); löschungsfähige Quittung (NK/*Zimmer* Rn 11; MüKo/*Lieder* Rn 16; aA Frankfurt NJW-RR 1997, 209, 211) oder Löschungsbewilligung, Erbscheine, öffentliche Testamente, Fusionsbescheinigung und sonstige Urkunden, aus denen sich der Übergang nur durch rechtl Folgerung ergibt. 5

Gutgläubigkeit ist die des § 892. Inhalt der Abtretungsurkunde steht Grundbuchinhalt nicht gleich. Ausschluss der Gutgläubigkeit also nicht ohne weiteres durch die Urkunde, sondern nur bei Kenntnis von ihrem Inhalt, auf die aber aus dem Besitz der Urkunde idR zu schließen sein wird; nur positive Kenntnis zerstört den guten Glauben (BGH NJW-RR 1993, 369, 370), bloßes Kennenmüssen genügt nicht. Der Erwerber muss bei nachträgl Beglaubigung der seinen Vorgänger ausweisenden Erklärung bis zur Beglaubigung gutgläubig sein. 6

§ 1155 **bewirkt**, dass der durch die Reihe der beglaubigten Übergänge Ausgewiesene einem im Grundbuch als Gläubiger Eingetragenen gleichsteht (Staudinger/*Wolfsteiner* Rn 38). In Ansehung der Gläubigerstellung ist die Vermutungswirkung des § 1155 vorrangig zu der Grundbucheintragung (*Böttcher* NJW 2019, 813, 816). Für § 891 muss auch der letzte Übergang beglaubigt sein. Für den gutgläubigen Erwerb ist jew der zum Übergang führende Rechtsvorgang maßgebend; fehlender Briefbesitz eines weiteren Vormanns oder Bösgläubigkeit des unmittelbaren Rechtsvorgängers werden geheilt. Die Vermutung des § 1155 schließt eine Vermutung zugunsten des als Gläubiger im Grundbuch Eingetragenen aus (BGH WM 2010, 91, 93; Frankfurt NJOZ 2018, 1447, 1450; Hamm FGPrax 2002, 195, 196). 7

§ 1155 ist auf die Grundschuld entspr anwendbar (Frankfurt NJOZ 2014, 161, 162). 8

§ 1156 Rechtsverhältnis zwischen Eigentümer und neuem Gläubiger

Die für die Übertragung der Forderung geltenden Vorschriften der §§ 406 bis 408 finden auf das Rechtsverhältnis zwischen dem Eigentümer und dem neuen Gläubiger in Ansehung der Hypothek keine Anwendung. Der neue Gläubiger muss jedoch eine dem bisherigen Gläubiger gegenüber erfolgte Kündigung des Eigentümers gegen sich gelten lassen, es sei denn, dass die Übertragung zur Zeit der Kündigung dem Eigentümer bekannt oder im Grundbuch eingetragen ist.

1. Grundsatz. § 1156 gewichtet im Verhältnis zw dem Eigentümer und dem neuen Gläubiger der Hypothek den Vertrauensschutz des Erwerbers des Grundpfandrechts höher als den in §§ 406–408 gewährleisteten Vertrauensschutz für den Schuldner (BGH WM 2018, 636, 637). Soweit nicht die Geltung der §§ 406–408 durch die Gutglaubensvorschrift der §§ 893, 892 eingeschränkt sind, schließt § 1156 sie – mit Ausnahme seines S 2 – aus (Staudinger/*Wolfsteiner* Rn 2). Der Eigentümer kann Einwendungen aus seinem Rechtsverhältnis zum bisherigen Gläubiger, die erst nach Abtretung entstanden sind, nicht dem neuen Gläubiger entgegenhalten. Ausgeschlossen sind insoweit alle Einwendungen, deren Entstehungstatbestand sich erst nach vollzogener Abtretung verwirklicht hat (BGHZ 85, 388, 391). Dieser Schutz des Erwerbers beschränkt sich auf den dinglichen Anspruch; für Einwendungen gegen die persönliche Forderung gelten die §§ 406–408; dingliche und persönliche Klage können daher zu entgegengesetzten Ergebnissen führen. 1

Anwendbar ist § 1156 auch dann, wenn die Übertragung der Grundschuld unentgeltlich erfolgt oder wenn Grundschuldzedent und Grundschuldzessionar in einer gegen die guten Sitten verstoßende Weise dem Eigentümer mit der Grundschuldabtretung vorsätzlich Schäden zufügen (BGH WM 2018, 636, 637; Staudinger/*Wolfsteiner* Rn 16; *Clemente* ZfIR 2018, 403, 404; aA MüKo/*Lieder* Rn 10). Anwendbar ist § 1156 auch auf Fälle des gesetzl Übergangs der Hypothek (MüKo/*Lieder* Rn 9; NK/*Zimmer* Rn 2; aA Staudinger/*Wolfsteiner* Rn 9). Für Nebenleistungen ergeben sich Einschränkungen durch §§ 1158, 1159. Entspr anwendbar ist § 1156 auf Belastungen des Grundpfandrechts mit Nießbrauch (§ 1070) oder mit Pfandrecht (§ 1275); § 1156 findet bei der Sicherungshypothek keine Anwendung (§ 1185 II). 2

2. Ausschluss des § 406. Ausschluss des § 406 bedeutet, dass der Eigentümer eine erst nach Abtretung erklärte Aufrechnung dem neuen Gläubiger auch dann nicht entgegenhalten kann, wenn die Aufrechnungslage schon 3 vorher bestand und der Erwerber davon Kenntnis hatte. Ein die Aufrechnung vereitelndes Zusammenwirken von altem und neuem Gläubiger kann aber zum Schadensersatz nach § 826 verpflichten.

4 **3. Ausschluss des § 407. Ausschluss des § 407 I** hat zur Folge, dass der Erwerber eine vom Eigentümer an den alten Gläubiger in Unkenntnis der Abtretung bewirkte Leistung oder ein die dingliche Forderung berührendes Rechtsgeschäft (zB Erlass, Stundung) nicht gegen sich gelten lassen muss. Gleichgültig ist, ob der Eigentümer auch persönlicher Schuldner ist; er kann sich bei Briefrechten nach §§ 1155, 1160, 1161 und bei Buchrechten aus dem Grundbuch Klarheit über die Person des Berechtigten verschaffen (dann Schutz nach § 893). Entspr gilt bei mehrfacher Abtretung im Hinblick auf den Ausschluss des **§ 408**.

5 Unanwendbar ist auch **§ 407 II**. Bei einer Abtretung nach Rechtshängigkeit kommt § 325 ZPO in Betracht (Staudinger/*Wolfsteiner* Rn 7; MüKo/*Lieder* Rn 13; NK/*Zimmer* Rn 10).

6 **4. Sonstige Einwendungen. Sonstige Einwendungen und Einreden sind zulässig**, also Einwendungen gegen den Bestand der Hypothek oder der Abtretung, Einreden nach § 1137 und nach § 1157, mithin auch solche aus §§ 404, 405, 409, 411, 412 (§ 410 ist erweitert durch §§ 1144, 1145). Der gutgläubige rechtsgeschäftliche Erwerber ist jedoch durch §§ 1138, 1157 S 2 geschützt.

7 **5. Kündigung. Kündigung** durch den Eigentümer wirkt auch dann ggü dem neuen Gläubiger, wenn sie nach Abtretung ggü dem bisherigen Gläubiger erklärt wird, sofern nicht der Rechtsübergang schon im Grundbuch eingetragen oder dem Eigentümer bekannt war (§ 1156 S 2). Zur Kündigung durch Gläubiger vgl § 1141.

8 **6. Grundschuld.** § 1156 ist auf die Grundschuld entspr anwendbar (für S 1 BGH WM 2018, 636, 637).

§ 1157 Fortbestehen der Einreden gegen die Hypothek

Eine Einrede, die dem Eigentümer aufgrund eines zwischen ihm und dem bisherigen Gläubiger bestehenden Rechtsverhältnisses gegen die Hypothek zusteht, kann auch dem neuen Gläubiger entgegengesetzt werden. Die Vorschriften der §§ 892, 894 bis 899, 1140 gelten auch für diese Einrede.

1 **1. Grundsatz.** Der Eigentümer kann Einreden aus seinem Rechtsverhältnis zum bisherigen Gläubiger auch dem neuen Gläubiger entgegenhalten. Diese Regelung ist aus § 404 abgeleitet; im Unterschied dazu ist § 1157 jedoch nur anwendbar, wenn sich im Zeitpunkt der Übertragung des Grundpfandrechts schon der gesamte Einredetatbestand verwirklicht hatte (BGHZ 85, 388, 391); für erst später entstandene Einreden gilt § 1156 (BGHZ 85, 388, 391). Erfasst sind nur solche Einreden, die gegen den dinglichen Anspruch bestehen. Einreden gegen die persönliche Forderung fallen unter §§ 1137, 1138. § 1157 S 1 gilt nicht nur für die rechtsgeschäftliche Übertragung, sondern ebenso für den gesetzl Übergang (anders S 2, vgl Rn 5). Es ist nicht Inhalt des § 1157, dass ein Rechtsnachfolger im Eigentum dem Gläubiger die ihm nicht abgetretenen Einreden seines Vorgängers entgegensetzen kann (BGH WM 2017, 2299, 2300; 2003, 1365, 1366; Staudinger/*Wolfsteiner* Rn 35; NK/*Zimmer* Rn 1; diff MüKo/*Lieder* Rn 5).

2 Einreden aus dem Verhältnis zw **altem und neuem Gläubiger** stehen dem Eigentümer nicht zu (BGHZ 85, 393). Ein **Einzelrechtsnachfolger des Eigentümers** kann auch nicht dessen Einreden gegen den bisherigen Gläubiger dem neuen Gläubiger entgegensetzen (BGH NJW 1986, 2108, 2110), sofern ihm nicht das Einrederecht oder der die Einrede begründende schuldrechtl Anspruch seines Vorgängers übertragen worden ist (BGH WM 2017, 2299, 2300; WM 2003, 1365, 1366); auch die Vereinbarung der Stundung oder einer Vollstreckungsbeschränkung wirkt als nur schuldrechtl Abrede nicht automatisch in der Person des Rechtsnachfolgers fort (aM MüKo/*Lieder* Rn 5). Der mit dem Eigentümer nicht identische persönliche Schuldner kann sich auf § 1157 nicht stützen, bei Identität hingegen kann die Einrede idR auch der persönlichen Forderung entgegengehalten werden.

3 **2. Einreden. Einreden** iSd § 1157 sind alle den dinglichen Anspruch (Brandenburg BeckRS 2016, 15388; MüKo/*Lieder* Rn 2) betreffenden Gegenrechte des Eigentümers. Davon zu unterscheiden sind Einwendungen gegen den Bestand des Grundpfandrechts oder gegen die Rechtszuständigkeit des neuen Gläubigers; insoweit gilt unmittelbar § 892 und auch § 891 (vgl § 1137 Rn 2).

4 Der **Rechtsgrund der Einrede** ist gleichgültig, wenn er nur auf dem Verhältnis zum bisherigen Gläubiger beruht. In Betracht kommen Einreden aus Vertrag, zB Rückgewähranspruch, Stundung, Beschränkung der Zwangsvollstreckung (BGH NJW 1986, 1487), Ausschluss oder Einschränkung der Abtretung; Einrede aus ungerechtfertigter Bereicherung oder aus unerlaubter Handlung; hierher gehört auch der Einwand unzulässiger Rechtsausübung (§ 242), ebenso Aufrechnung nach § 1142 II. Frage des Einzelfalls ist es, ob ein Einredetatbestand nur im Verhältnis zum bisherigen Gläubiger wirken soll; zw diesem und dem Eigentümer kann vereinbart werden, dass eine bestimmte Einrede nicht ggü dem Zessionar geltend gemacht werden darf.

5 **3. Gutgläubiger Erwerb.** Es gilt **§ 892**. Der Zessionar wird in der Weise geschützt, dass nur die positive Kenntnis des Erwerbers von der Unrichtigkeit des Grundbuchs einem gutgläubigen Erwerb des gebuchten Rechts von dem eingetragenen Berechtigten entgegen steht; bzgl der aus dem Rechtsverhältnis des Eigentümers zum Zedenten begründeten Einreden bedeutet dies, dass der Zessionar von dem Bestehen der Grundschuld und dem sich daraus ergebenden Anspruch ausgehen darf, sofern im Grundbuch nichts anderen verlautbart ist (BGH WM 2015, 230, 232; *Bülow* Rn 306). Den Zessionar kann ausnahmsw die Substantiierungslast treffen, wenn vom Eigentümer konkrete Tatsachen vorgetragen werden, die den Verdacht eines kollusiven Zusammenwirkens zw Zedenten und Zessionar zu Lasten des Eigentümers oder den des bewussten Hinwegsetzens über die

dem Zessionar bekannten Einrede begründen (BGH WM 2015, 230, 232). Damit ist der neue Gläubiger nur bei rechtsgeschäftlichem Erwerb geschützt, nicht aber bei gesetzl Übergang des Grundpfandrechts, wie zB im Falle der Ablösung nach §§ 268, 1150 (BGH WM 1996, 2197, 2198; NJW 1986, 1487 m abl Anm *Canaris*; aA auch Soergel/*Konzen* Rn 5; *Rimmelspacher* WM 1986, 809 und mit beachtlichen Arg Staudinger/*Wolfsteiner* Rn 17; wie hier NK/*Zimmer* Rn 7); zwar entspricht die Interessenlage des Ablösenden derjenigen des rechtsgeschäftlichen Erwerbers, der bisherige Gläubiger kann aber beim gesetzl Übergang dem neuen Gläubiger nicht die zum Schutz des Eigentümers nötige Kenntnis der Einredevoraussetzung verschaffen.

Bösgläubig ist der rechtsgeschäftliche Erwerber dann, wenn er die Einrede kennt oder wenn sie im Grundbuch eingetragen (Rn 8) oder auf dem Brief vermerkt (§ 1140) oder lediglich aus der Urkunde des § 1155 ersichtlich ist (Staudinger/*Wolfsteiner* Rn 10; Soergel/*Konzen* Rn 5; aA NK/*Zimmer* Rn 9). Maßgeblicher Zeitpunkt ist der Buchstand im Zeitpunkt der Vollendung des Erwerbs (BGH NJW 2015, 619, 620). Kenntnis des Buchstands ist ebenso wenig erforderlich wie ein Vertrauen auf den Buchstand oder eine Kausalität zw dem Buchstand und dem Erwerb (BGH NJW 2015, 619, 622; 1980, 2413, 2414). Kenntnis der Einredetatsachen ist aber bei einem unverschuldeten Rechtsirrtum unschädlich (BGHZ 25, 32). Für die Kenntnis des Erwerbes von bestehenden Einreden ist der Schuldner beweispflichtig (Brandenburg BeckRS 2015, 15388; MüKo/*Lieder* Rn 9). Auf eine Legitimation des Zedenten nach § 1155 kommt es für den guten Glauben des Zessionars nicht an, weil auch formlose Abtretung wirksam ist und durch § 892 geschützt wird. Ein einmal vollzogener einredefreier Erwerb wirkt auch zugunsten eines späteren bösgläubigen Einzelrechtsnachfolgers (BGH WM 2013, 2319, 2320; MDR 2001, 445; WM 1986, 1386; MüKo/*Lieder* Rn 14). Dies gilt auch bei einer weiteren Abtretung, die in den Anwendungsbereich des § 1192 Ia fällt (BGH WM 2013, 2319, 2320; *Schmidt-Räntsch* ZNotP 2014, 288, 291). 6

Unanwendbar sind §§ 891, 893 (BGH WM 2005, 1271, 1273; NK/*Zimmer* Rn 10; MüKo/*Lieder* Rn 16, 17; diff Staudinger/*Wolfsteiner* Rn 16ff). 7

4. Sicherung des Berechtigten. Der **Eigentümer** kann vom bisherigen Gläubiger die Eintragung der Einrede beanspruchen und sich bis dahin durch Widerspruch nach § 899 schützen; bei Briefrechten kann er auch Einredevermerk auf dem Brief verlangen (vgl § 1140). Eine zu Unrecht nicht eingetragene oder im Brief nicht vermerkte Einrede begründet einen Berichtigungsanspruch nach §§ 894ff. Die Sicherung eines Rückgewähranspruchs ist durch Vormerkung möglich. – Die Vermutung des **§ 891** gilt nicht. Der Eigentümer muss daher den Bestand der Einredevoraussetzungen nachweisen, mithin auch, dass ihm die Einredebefugnis eines früheren Eigentümers übertragen worden ist. Ist der nach § 1155 Ausgewiesene gleich aus welchem Grund nicht Inhaber der Hypothek geworden, hat der materiell Berechtigte gegen ihn einen Anspruch auf Berichtigung des Grundbuches und Eintragung eines Widerspruchs (Staudinger/*Wolfsteiner* § 1155 Rn 47; MüKo/*Lieder* Rn 19; *Bülow* Rn 306). Dem Grundstückseigentümer steht dieses Recht nicht zu, da sein Recht durch die unrichtige Eintragung des Hypothekengläubigers nicht beeinträchtigt wird (BGH WM 2000, 1057, 1058; MüKo/*Schäfer* § 894 Rn 21). 8

5. Grundschuld. § 1157 gilt auch für die Grundschuld und die Rentenschuld (Staudinger/*Wolfsteiner* Rn 23; NK/*Zimmer* Rn 11; offengelassen BGH WM 2003, 1365, 1366). Für Abtretungen von Sicherungsgrundschulden sind mit seinem Inkrafttreten nach dem 19.8.2008 die Besonderheiten des § 1192 Ia zu beachten (BGH NJW 2015, 619, 620; Staudinger/*Wolfsteiner* Rn 23; NK/*Zimmer* Rn 11). Für die Abtretungen davor oder von Grundschulden, die keine Sicherungsgrundschulden sind, bleibt es bei der Anwendung des § 1157 (BGH NJW 2015, 619, 620; Brandenburg BeckRS 2015, 15388); s zum Ganzen § 1191 Rn 54ff. 9

§ 1158 Künftige Nebenleistungen

Soweit die Forderung auf Zinsen oder andere Nebenleistungen gerichtet ist, die nicht später als in dem Kalendervierteljahr, in welchem der Eigentümer von der Übertragung Kenntnis erlangt, oder dem folgenden Vierteljahr fällig werden, finden auf das Rechtsverhältnis zwischen dem Eigentümer und dem neuen Gläubiger die Vorschriften der §§ 406 bis 408 Anwendung; der Gläubiger kann sich gegenüber den Einwendungen, welche dem Eigentümer nach den §§ 404, 406 bis 408, 1157 zustehen, nicht auf die Vorschriften des § 892 berufen.

1. Grundlagen. §§ 1158, 1159 enthalten als Ausnahme zu § 1156 I 1 Sondervorschriften für die **Abtretung von Ansprüchen auf Nebenleistungen**; die Vorschrift entbindet den Eigentümer von der Obliegenheit, sich vor jeder Zuzahlung Gewissheit über die Person des Berechtigten zu verschaffen (Soergel/*Konzen* Rn 1; MüKo/*Lieder* Rn 1); dabei regelt § 1158 nur die Abtretungsfolgen für zukünftige Ansprüche, § 1159 betrifft hingegen die rückständigen Leistungen. **Tilgungsleistungen** gehören nicht dazu (Staudinger/*Wolfsteiner* Rn 1). §§ 1158, 1159 gelten gleichmäßig für Abtretung *mit* der Hypothek und für die – hier mögliche – Abtretung ohne sie; die Vorschriften erfassen auch den gesetzl Übergang (Staudinger/*Wolfsteiner* Rn 2). 1

Zweck des § 1158. Mit der Vorauszahlung von Nebenleistungen ist zu rechnen; der Erwerber kann sich nicht auf den Schutz des § 1156 verlassen, er muss für Benachrichtigung des Eigentümers sorgen. Das Grundbuch gibt den einzelnen Zinsanspruch auch nicht so wieder, dass ein genügend tragfähiger Rechtsschein entsteht. Vgl auch § 902 I 2; § 1145 II; § 1160 II; § 1178. 2

2. Zeitraum. Für den **Zeitraum** entscheidet die Fälligkeit als der Zeitpunkt, zu dem der Gläubiger die Leistung verlangen kann (NK/*Zimmer* Rn 8); auf den Verrechnungszeitraum kommt es nicht an. Kenntnis zB am 3

31.3. hat zur Folge, dass die bis zum 30.6. fälligen Beträge unter § 1158 fallen; bei Erlangung der Kenntnis am 1.5. gilt § 1158 für die bis zum 30.9. fälligen Beträge.

4 **3. Einreden.** Bzgl der im ersten Halbjahr fällig werdenden Ansprüche hat der Eigentümer alle **Einreden**, die vor seiner Kenntnis von der Abtretung entstanden sind. §§ 406ff gelten, insb gilt für Zahlung § 407. Der Erwerber kann sich insoweit nicht auf § 892 berufen. Maßgebend ist die Kenntnis des Eigentümers, Kennenmüssen steht nicht gleich. Beweislast hat der Gläubiger.

5 **4. Nebenleistungsansprüche. Später fällig werdende Nebenleistungsansprüche** sind wie der Hauptanspruch zu behandeln. Für den gutgläubigen Erwerb entscheidet der Grundbuchstand, § 1156 gilt. Für Zahlung durch den Eigentümer vgl § 1145 II.

6 **5. Grundschuld.** § 1158 ist auf die Grundschuld entspr anwendbar, hat insoweit aber Bedeutung für den dinglichen Anspruch.

§ 1159 Rückständige Nebenleistungen

(1) Soweit die Forderung auf Rückstände von Zinsen oder anderen Nebenleistungen gerichtet ist, bestimmt sich die Übertragung sowie das Rechtsverhältnis zwischen dem Eigentümer und dem neuen Gläubiger nach den für die Übertragung von Forderungen geltenden allgemeinen Vorschriften. Das Gleiche gilt für den Anspruch auf Erstattung von Kosten, für die das Grundstück nach § 1118 haftet.

(2) Die Vorschrift des § 892 findet auf die im Absatz 1 bezeichneten Ansprüche keine Anwendung.

1 **1. Allgemeines.** Zur Grundlage der Vorschrift vgl § 1158 Rn 1. Die Vorschrift spaltet die Zins- bzw Nebenleistungshypothek von der Kapitalhypothek und unterstellt sie den Bestimmungen über Forderungen (Hamm NJOZ 2017, 428, 429). **Rückständig** sind die im Augenblick der Übertragung fälligen Ansprüche (MüKo/*Lieder* Rn 2), was nicht gleichbedeutend mit „Verzug" ist. Für die **Übertragungsform** gilt § 398, ebenso für die Belastung (§ 1274 I, § 1279, § 1280) und für die Pfändung und Überweisung (§ 829, § 830 III, § 837 II ZPO). Bzgl der Erstattung von Kosten (Abs I S 2) ist Rückstand nicht erforderlich (NK/*Zimmer* Rn 6; aA MüKo/*Lieder* Rn 2).

2 **2. Wirkung.** Da § 1153 nicht gilt, kann der Mitübergang der Hypothek (§ 401) ausgeschlossen werden; insoweit erlischt dann die Hypothek; anderenfalls haftet das Grundstück für den (abgetretenen) Zinsrückstand dem Erwerber, für das Kapital und die laufenden Zinsen dem Gläubiger dieser Ansprüche. Grundbucheintragung der Übertragung des Zinsrückstandes und Bildung eines Teilbriefes sind unzulässig (Nürnberg NJW-RR 2011, 1310); eintragungsfähiger Vermerk aber bei Abtretung der Hauptforderung mit laufenden und rückständigen Zinsen; Entspr gilt bei gesetzl Übergang von Zinsrückständen (zB §§ 268, 774, 426). Vorrangeinräumung für Zinsrückstände ist ohne Eintragung wirksam, Zustimmung des Eigentümers unnötig; Rangrücktritt von Zinsrückständen hinter nachstehendes Recht hingegen eintragungsfähig (str).

3 Ggü Ansprüchen auf rückständige Nebenleistungen sind schuldrechtl Einwendungen aus §§ 404ff möglich; unanwendbar sind §§ 1156, 1157; außer § 405 fehlt jeglicher Gutglaubensschutz für den Erwerber der Forderung; § 892 ist gesetzl ausgeschlossen; wohl aber kann sich ein **Grundstückserwerber** ggü einem Anspruch aus § 1159 auf § 892 berufen. Anwendbar ist § 891, solange die Hypothek für die Hauptforderung eingetragen ist. Der Gläubiger des Nebenleistungsanspruchs weist sich nicht nach § 1160 aus, sondern nach § 410 (§ 1160 III). Die Rückstandshypothek hängt in ihrem Bestand von der Haupthypothek ab (Nürnberg NJW-RR 2011, 1310; NK/*Zimmer* Rn 8; aA MüKo/*Lieder* Rn 10). Daraus folgt, dass die Löschung einer Grundschuld nicht von der Zustimmung des Gläubigers einer sog **Zinsgrundschuld** abhängig ist, die entsteht, wenn rückständige Zinsen bei Abtretung einer Grundschuld nicht mit abgetreten werden (Hamm NJOZ 2017, 428, 429; München BeckRS 2014, 10900; Nürnberg NJW-RR 2011, 1310; Staudinger/*Wolfsteiner* Rn 8; NK/*Zimmer* Rn 8; aA MüKo/*Lieder* Rn 10).

4 **3. Grundschuld.** § 1159 ist auf die Grundschuld (dinglicher Anspruch) entspr anwendbar (Hamm NJOZ 2017, 428, 429).

§ 1160 Geltendmachung der Briefhypothek

(1) Der Geltendmachung der Hypothek kann, sofern nicht die Erteilung des Hypothekenbriefs ausgeschlossen ist, widersprochen werden, wenn der Gläubiger nicht den Brief vorlegt; ist der Gläubiger nicht im Grundbuch eingetragen, so sind auch die im § 1155 bezeichneten Urkunden vorzulegen.

(2) Eine dem Eigentümer gegenüber erfolgte Kündigung oder Mahnung ist unwirksam, wenn der Gläubiger die nach Absatz 1 erforderlichen Urkunden nicht vorlegt und der Eigentümer die Kündigung oder die Mahnung aus diesem Grunde unverzüglich zurückweist.

(3) Diese Vorschriften gelten nicht für die im § 1159 bezeichneten Ansprüche.

1 **1. Allgemeines.** Die Regelung entspricht dem **Zweck des Hypothekenbriefs, den Gläubiger auszuweisen.** Bei der Buchhypothek Ausweisung nur durch Eintragung, § 1160 gilt nicht. § 1160 ist mit dinglicher Wirkung abdingbar (Frankfurt DNotZ 1977, 112; Staudinger/*Wolfsteiner* Rn 22; Soergel/*Konzen* Rn 1; MüKo/*Lieder* Rn 10; NK/*Krause* Rn 17).

2. Geltendmachung. Geltend gemacht wird die Hypothek nicht nur mit der Klage aus § 1147; auch Vorgehen des Gläubigers aus §§ 1133–1135 sowie Geltendmachung des Berichtigungsanspruchs nach § 894 und Aufrechnung durch Gläubiger fallen darunter. Ausnahme für rückständige Nebenleistungsansprüche iSd § 1159 (Folge der Abtretung nach § 398). § 1160 bezieht sich nicht auf die Forderung, vgl aber § 1161. 2

3. Briefvorlage. Der Eigentümer muss die Vorlage fordern. Er macht damit eine selbständige Einrede geltend; Vorlageverlangen und Bestreiten des Gläubigerrechts sind unabhängig voneinander. Die Vorlage muss dem Eigentümer die Einsicht ermöglichen, so dass er sich von der Legitimation des Besitzers überzeugen kann, daher auch Mitvorlage der Urkunde des § 1155. Die Befugnis zur Einsicht gem § 810 besteht nur bei Vorlagepflicht; der Gläubiger muss dann am Wohnsitz des Eigentümers Einsicht ermöglichen (nicht § 811 I), im Prozess ist dem Gericht vorzulegen. Vorlage des Ausschlussurteils (vgl § 1162 Rn 2) ersetzt die Briefvorlage, aber nicht die beglaubigte Abtretungsurkunde (BayObLG 1987, 97). 3

Kommt der Gläubiger (bis zur mündlichen Schlussverhandlung) dem Vorlageverlangen nicht nach, ist seine Klage abzuweisen und nicht etwa Verurteilung Zug um Zug gegen Vorlage möglich. – Eine **Kündigung** oder **Mahnung** wird unwirksam (Abs II); entspr auch daraus abgeleitete Rechtsfolgen. Spätere Nachholung der Vorlegung macht die unverzüglich (§ 121) zurückgewiesene Kündigung oder Mahnung nicht wirksam (MüKo/*Lieder* Rn 11; NK/*Krause* Rn 12). 4

4. Grundschuld. § 1160 ist auf die Grundschuld entspr anwendbar. 5

§ 1161 Geltendmachung der Forderung

Ist der Eigentümer der persönliche Schuldner, so findet die Vorschrift des § 1160 auch auf die Geltendmachung der Forderung Anwendung.

Die **Gleichbehandlung der persönlichen Forderung** ist davon abhängig, dass der Schuldner im Augenblick der Geltendmachung materiellrechtl und eingetragener Eigentümer ist. Für den zu Unrecht nicht eingetragenen Eigentümer gilt § 1148 (MüKo/*Lieder* Rn 2; NK/*Krause* Rn 5). Hat der Schuldner, der nicht zugleich Eigentümer ist, die Hypothek bestellt, kann er die Leistung auf die Forderung verweigern, wenn ihm nicht das Grundpfandrecht zurückgewährt wird. Unabhängig davon ferner Schutz nach §§ 371, 410, 810 und § 1167. § 1161 ist auf die Grundschuld nicht entspr anwendbar. 1

§ 1162 Aufgebot des Hypothekenbriefs

Ist der Hypothekenbrief abhanden gekommen oder vernichtet, so kann er im Wege des Aufgebotsverfahrens für kraftlos erklärt werden.

1. Aufgebot. Das Aufgebotsverfahren zur Kraftloserklärung eines abhandengekommenen Grundpfandrechtbriefes nach § 1162 dient der Wiederherstellung der Verkehrsfähigkeit des Grundpfandrechts (Karlsruhe NJOZ 2023, 157; Düsseldorf WM 2019, 2056, 2057), während das Aufgebotsverfahren zur Ausschließung unbekannter Gläubiger nach §§ 1170, 1171 dazu dient, dem Grundstückseigentümer den Nachweis der Grundbuchunrichtigkeit zu erleichtern (Karlsruhe NJOZ 2023, 167; Düsseldorf WM 2019, 2056, 2057). Die **Kraftloserklärung des Briefes** ist im Interesse des Gläubigers möglich; sie nimmt der für kraftlos erklärten Urkunde die Legitimationswirkung (Celle NJOZ 2021, 1492, 1493) und macht die Hypothek wieder verkehrsfähig (*Heckel* DNotZ 2017, 348). Dadurch Unterschied von Ausschluss des Gläubigers nach § 1170 II, § 1171 II, durch den der Brief automatisch kraftlos wird. Vorausgesetzt für § 1162 ist Vernichtung des Briefes, dh vollständiger Substanzverlust oder dass er derart beschädigt ist, dass wesentliche Unterscheidungsmerkmale nicht mehr zuverlässig feststellbar sind (Celle NJOZ 2021, 1492, 1493), oder Abhandenkommen, dh unfreiwilliger Verlust des unmittelbaren Besitzes, wobei der Inhaber den Besitz so verloren haben muss, dass er auf den Brief nicht mehr zugreifen (KG BeckRS 2015, 05630; NK/*Krause* Rn 3; *Wilsch* FGPrax 2012, 231) und ihn auch im Wege der Zwangsvollstreckung nicht mehr erlangen kann (Celle NJOZ 2021, 1492, 1493). Eine interessengerechte Wertung erfordert Anwendung des § 1162 in allen Fällen, in denen die Urkunde vom Gläubiger in absehbarer Zeit trotz Ausschöpfung aller zumutbaren Möglichkeiten nicht zurückerlangt werden kann, also auch dann, wenn zwar der Verbleib der Urkunde bekannt ist, die Besitzverschaffung aber auch durch Herausgabeklage nicht möglich erscheint (MüKo/*Lieder* Rn 2; NK/*Krause* Rn 4; Staudinger/*Wolfsteiner* Rn 3; aA Soergel/*Konzen* Rn 2). **Verfahren:** §§ 946–959, §§ 466–484 FamFG (München BeckRS 2017, 118274 Rn 13; ausf *Wilsch* FGPrax 2012, 231ff). Voraussetzung ist die materielle Berechtigung des Antragstellers; er muss Inhaber des Grundpfandrechts sein, wobei die Vermutung des § 981 I zugunsten des im Grundbuch Eingetragenen greift (*Heckel* DNotZ 2017, 348, 352) und die Hürden an den Nachweis seiner Berechtigung nicht so hoch angesetzt werden dürfen, dass für § 1162 praktisch kein Raum mehr bleibt (Düsseldorf BeckRS 2018, 28536; Düsseldorf FGPrax 2013, 134, 135; Staudinger/*Wolfsteiner* Rn 1; aA aber Düsseldorf FGPrax 2019, 191, 192). Bei der Pfändung einer Briefgrundschuld geht das Recht, den abhandengekommenen Brief für kraftlos erklären zu lassen, mit der Pfändung und Überweisung der Grundschuld auf den Pfändungsgläubiger über (BGH WM 2012, 704, 705; KG BeckRS 2015, 05630). 1

2. Wirkung. Der Brief wird mit Ausschlussurteil absolut unwirksam und ermöglicht daher nicht mehr gutgläubigen Erwerb, auch dann nicht, wenn ein Nichtberechtigter das Urteil erwirkt hat (NK/*Krause* Rn 13). Die Vorlage des Ausschlussurteils ersetzt nach § 1018 I ZPO den Brief bei Geltendmachung der Hypothek gegen den 2

Eigentümer und der gesicherten Forderung gegen den persönlichen Schuldner (§§ 1160, 1161), ebenso für den Löschungsantrag und für Umwandlung in Buchrecht (§ 41 II 2 GBO) sowie für die Erteilung eines neuen Briefes (§ 41 II 1, § 67 GBO). Unangetastet bleibt das Recht des Eigentümers auf Aushändigung des Briefes nach §§ 1144, 1145 und das entspr Recht des persönlichen Schuldners nach § 1167, so dass der Gläubiger Befriedigung nur erlangen kann, wenn er sich einen neuen Brief beschafft. Auch zur Abtretung der Hypothek ist Briefübergabe erforderlich (§ 1154 I), die jedoch durch Vereinbarung nach § 1117 II ersetzt werden kann, wenn ein Antrag auf Brieferteilung gestellt ist (BayObLG 1987, 97). Die Vermutung des § 1117 III greift für das Ausschlussurteil nicht ein; auch die Vermutung des § 891 gilt nur bei Briefbesitz (BayObLG WM 1982, 1369). Der aus dem Ausschlussurteil berechtigte Gläubiger muss also, wenn er nicht selbst im Grundbuch eingetragen ist oder sich nicht nach § 1155 legitimieren kann, die Rechtszuständigkeit seines Vorgängers nachweisen (MüKo/*Lieder* Rn 10).

3 **3. Aufhebung des Ausschlussurteils.** Diese ist nur durch Anfechtungsklage nach § 957 II ZPO und nur unter den dort genannten Voraussetzungen erreichbar (BGHZ 76, 169). Mit Erlass des aufhebenden Urteils wird der ursprüngliche Brief wieder wirksam und der neue wirkungslos. Zwischenzeitl Leistungen des gutgläubigen Eigentümers bleiben wirksam (§ 1018 II ZPO), ebenso Verfügungen des Gläubigers, die vor Aufhebung aufgrund eines neu erteilten Briefes ggü gutgläubigen Dritten getroffen worden sind; mit Aufhebung wird aber fortan der gute Glaube nicht mehr geschützt.

4 **4. Grundschuld.** § 1162 ist auf die Grundschuld entspr anwendbar; Ausnahme: Inhabergrundschuld (§ 1195).

§ 1163 Eigentümerhypothek

(1) Ist die Forderung, für welche die Hypothek bestellt ist, nicht zur Entstehung gelangt, so steht die Hypothek dem Eigentümer zu. Erlischt die Forderung, so erwirbt der Eigentümer die Hypothek.

(2) Eine Hypothek, für welche die Erteilung des Hypothekenbriefs nicht ausgeschlossen ist, steht bis zur Übergabe des Briefes an den Gläubiger dem Eigentümer zu.

1 **1. Allgemeines. Zweck** der Regelung ist, dem Eigentümer den Grundbuchrang der wirksam bestellten Hypothek zu erhalten, wenn die gesicherte Forderung nicht entsteht oder erlischt (Abs I) oder wenn bei der Briefhypothek die Übergabe des Briefes unterbleibt (Abs II). Dieser Zweck wird indes häufig nicht erreicht, weil der Gläubiger eines gleich- oder nachrangigen Grundpfandrechts grds einen gesetzl Löschungsanspruch hat (§ 1179a).

2 **2. Rechtswirkung.** Unter den Voraussetzungen des § 1163 ist die Hypothek eine **Eigentümergrundschuld** (§ 1177 I). Wird diese bei einer Veräußerung des Grundstücks oder bei einem sonstigen rechtsgeschäftlichen Eigentümerwechsel nicht mitübertragen, so verbleibt sie dem bisherigen Eigentümer als Fremdgrundschuld (BGH WM 2016, 799, 800). **Vollstreckungsunterwerfung** hinsichtl der Hypothek (§ 800 ZPO) erfasst auch die an deren Stelle tretende Eigentümergrundschuld, so dass im Falle ihrer Abtretung die eingetragene Klausel gegen den jew Eigentümer wirkt (*Gladenbeck/Samhat* Rn 253, MüKo/*Lieder* § 1198 Rn 7; aA Hamm Rpfleger 1987, 297; vgl auch § 1196 Rn 4).

3 **3. Anwendungsbereich.** Die Vorschrift ist **zwingendes Recht** (NK/*Krause* Rn 3). Davon abw Vereinbarungen sind nur mit schuldrechtl Wirkung möglich. Die Eigentümergrundschuld entsteht kraft Gesetzes und damit außerhalb des Grundbuchs. Solange sie noch als Hypothek eingetragen ist, ist ein **gutgläubiger Erwerb** möglich. Anders ist die Lage bei der **Briefhypothek** gem § 1154 I 1, § 1155. Bei einer **Sicherungshypothek** ist der Eigentümer durch § 1184 I geschützt.

4 **Verfügungen über die Eigentümergrundschuld** sind dem Eigentümer verschlossen, wenn sie noch als Buchhypothek eingetragen ist. Auch wenn ihm die Hypothek endgültig zusteht, muss er dieses in der Form des § 29 GBO nachweisen. Entspr gilt für den Pfändungsgläubiger.

5 **Abs I** ist anwendbar auf **jede Art der Hypothek**, auch auf die Zwangshypothek (BGH WM 1976, 719; *Schmidt-Räntsch* ZNotP 2012, 362, 365), die Arresthypothek (BGH WM 1978, 1130) und auf die rechtsgeschäftlich bestellte Höchstbetragshypothek (§ 1190 Rn 10, 11). Der Besonderheit einer Gesamthypothek trägt § 1172 Rechnung.

6 **4. Voraussetzungen.** Nur bei **wirksamer Bestellung** der eingetragenen Hypothek kann unter den Voraussetzungen des § 1163 ein Eigentümergrundpfandrecht entstehen. Dingliche Einigung und Eintragung müssen daher rechtsgültig sein (hM; NK/*Krause* Rn 3; Karlsruhe FGPrax 2013, 253, 254 bei Wucher). Nach anderer Auffassung sollen bei unwirksamer Einigung der Eintragungsantrag des Eigentümers (Staudinger/*Wolfsteiner* § 1196 Rn 6; MüKo/*Lieder* § 1196 Rn 5; Bremen DNotZ 1965, 566; diff Soergel/*Konzen* Rn 7) oder dessen Eintragungsbewilligung (*Kiefner* FS Hübner, 1984, 521ff), sofern diese Verfahrensakte an sich gültig waren, als Erklärungen iSd § 1196 II auszulegen sein. Die Interessenbewertung, insb der unbillige Rangverlust der eingetragenen Hypothek, mag in der Tat dafür sprechen, die Eintragungsbewilligung in diesem Sinne zu behandeln; das ist aber nach dem geltenden Rechtszustand dogmatisch nicht möglich (offengelassen in BGH NJW 1962, 265, 267). Denn die vom Eigentümer gewollte und erklärte Bestellung nur einer Fremdhypothek kann nicht nachträgl durch Auslegung oder Umdeutung als eine auf Eintragung eines Eigentümergrundpfandrechts gerichtete Willenserklärung verstanden werden.

5. Forderung. Entscheidend ist, dass die durch die Hypothek **zu sichernde Forderung nicht entsteht**, dh die mit der Hypothek nach dem erklärten Parteiwillen verbundene Forderung. Gleichgültig ist, aus welchem Grunde sie nicht entsteht, zB §§ 134, 138, 142, sofern nicht das unwirksame Grundgeschäft auch die dingliche Einigung über die Bestellung der Hypothek nichtig macht, zB bei wegen Wuchers nichtigem Darlehen (BGH NJW 1982, 2767). Bloß unrichtige Bezeichnung der Forderung im Grundbuch oder in Eintragungsbewilligung hindert nicht den Erwerb der Hypothek durch den Gläubiger, wenn die richtige Forderung entstanden ist (BayObLG JZ 1952, 89). Die entstandene, aber noch nicht fällige Forderung beeinträchtigt den Bestand der Fremdhypothek nicht. Wenn sich bereits aus den Eintragungsunterlagen ergibt, dass die Forderung nicht entstanden sein kann, ist die Hypothek nicht wirksam bestellt und nicht etwa eine Eigentümergrundschuld entstanden (Zweibrücken NJOZ 2001, 2200, 2203). 7

Auch **vorläufiges** (anfängliches) **Fehlen der Forderung** lässt Eigentümergrundschuld entstehen, und zwar als auflösend bedingte, vorläufige Eigentümergrundschuld (vgl Rn 11). Bei aufschiebend bedingter Forderung besteht also zunächst Eigentümergrundschuld, anders bei bedingter Einigung. Ist die der Hypothek zugrundeliegende **Forderung nichtig**, das Grundpfandrecht selbst aber wirksam, so kann nach dem Parteiwillen der Bereicherungsanspruch an die Stelle der eigentlich gesicherten Forderung treten; diese mögliche Auslegung der Einigung (vgl BGH NJW 1968, 1134 zu § 1204) muss in der Bewilligungserklärung hinreichenden Anhalt finden. 8

Der gesicherte Darlehensanspruch kann auch durch verabredete Zahlung an Dritten (BGH NJW 1978, 2294) oder dadurch entstehen, dass vereinbarungsgemäß an den Notar gezahlt wird, es sei denn, dass dieser allein oder doch überwiegend im Interesse des Darlehensgebers eingeschaltet ist und vom Darlehensgeber gestellte Bedingungen noch nicht eingetreten sind (BGH WM 1998, 1869; Stuttgart ZIP 1998, 1834, 1835). Das abstrakte Schuldversprechen oder Anerkenntnis begründen den Anspruch, auch wenn sie grundlos abgegeben sind; die Hypothek entsteht, Eigentümer hat aber Anspruch auf Rückgewähr aus § 812; mit Beseitigung des Anerkenntnisses erwirbt er auch das Grundpfandrecht. 9

Beweislast für die Nichtentstehung der Forderung hat der Eigentümer, §§ 891, 1138, vgl aber § 1185 II. 9a

6. Entstehen einer Eigentümergrundschuld. Die **Eigentümergrundschuld entsteht** in der Person dessen, der in dem Augenblick, in dem Einigung und Eintragung vorliegen, Eigentümer ist. Wann die Nichtentstehung festgestellt wird, ist gleichgültig (NK/*Krause* Rn 8). Die Rückwirkung des § 142 gilt. Bei Einigung nach der Eintragung und bei zwischenzeitl Eigentümerwechsel erwirbt nach hM der neue Eigentümer die Eigentümergrundschuld. Bei Belastung von Miteigentumsanteilen entsteht gemeinschaftl Eigentümergrundschuld, vgl § 1114 Rn 7, § 1172 Rn 4. Zu den Folgen der Befriedigung durch einen Gesamtschuldner vgl § 1143. Keine Eigentümergrundschuld entsteht an einem herrenlosen Grundstück (BGH WM 2012, 1451; MüKo/*Lieder* Rn 27). 10

7. Vorläufige Eigentümergrundschuld. Soweit es nur vorläufig an einer Forderung fehlt (vgl Rn 8), kann auch nur eine **vorläufige Eigentümergrundschuld** entstehen (BGH NJW 1973, 846, 847; Staudinger/*Wolfsteiner* Rn 31; Soergel/*Konzen* Rn 11; MüKo/*Lieder* Rn 14). Sie ist auflösend bedingt durch die Entstehung der Forderung, so dass ein Schwebezustand insofern vorliegt, als mit Entstehung der Forderung die Eigentümergrundschuld automatisch zur Fremdhypothek wird, und zwar auch dann, wenn inzwischen der Eigentümer gewechselt hat. Solange die gesicherte Forderung noch entstehen kann, hat der eingetragene Gläubiger ein **Anwartschaftsrecht** (Staudinger/*Wolfsteiner* Rn 32; MüKo/*Lieder* Rn 16), das der Anwartschaft aus einer aufschiebend bedingten Verfügung gem § 161 entspricht und in derselben Form wie das Vollrecht übertragbar ist, §§ 1153, 1154 (NK/*Krause* Rn 12); mit Valutierung erwirbt der Anwartschaftsberechtigte die Hypothek; auch gutgläubiger Erwerb (§ 1138) ist möglich; spätere Belastungen wirken nicht gegen den Erwerber. Unterbleibt die Valutierung endgültig, so wird die vorläufige zur endgültigen (unbedingten) Eigentümergrundschuld (BGH NJW 1973, 846, 847). 11

8. Vorläufige Eigentümergrundschuld in der Hand des Eigentümers. Einem Anspruch auf Grundbuchberichtigung steht die Erwerbsaussicht des eingetragenen Gläubigers und dessen Anspruch aus dem Grundgeschäft entgegen; die Eintragung der nur vorläufigen Eigentümergrundschuld ist deshalb unzulässig. Demgemäß kann die künftige Eigentümergrundschuld vor Erlöschen der Forderung – weil bis dahin nicht verwertungsfähig – nicht übertragen und verpfändet werden (BGHZ 53, 60; NK/*Krause* Rn 13); sie unterliegt auch nicht der Pfändung (Frankfurt NJW 1962, 640; Staudinger/*Wolfsteiner* Rn 106; Grü/*Herrler* Rn 17; s auch BayObLG MittBayNotK 1996, 435; str); die entgegen der Ordnungsvorschrift des § 39 GBO dennoch eingetragene Pfändung ist allerdings wirksam, wenn auch nur dem Eigentümer und nicht nach Entstehen der Fremdhypothek dem Hypothekengläubiger ggü. Auch eine Vormerkung auf Übertragung des Rechts ist ausgeschlossen, solange nicht der Nachw geführt ist (§ 29 GBO), dass die Grundschuld endgültig dem Eigentümer zusteht (BayObLG 1970, 233; Hamm OLG 1990, 3). 12

9. Erlöschen der Forderung. Im Zeitpunkt des Erlöschens der Forderung wird die Hypothek kraft Gesetzes zur Eigentümergrundschuld (BGH BeckRS 2014, 21079). Sie steht demjenigen zu, der im Zeitpunkt des Erlöschens der Forderung Eigentümer des belasteten Grundstücks ist (BGH WM 2012, 83; NJW 2009, 847, 848; Staudinger/*Wolfsteiner* Rn 53). Aus welchem **Grund** die **Forderung erlischt**, ist insofern nicht gleichgültig, als die Art des Erlöschens einen Übergang der Hypothek auf einen anderen als den Eigentümer bedingen kann. In Betracht kommt: Befriedigung des Gläubigers durch Erfüllung oder durch Erfüllungsersatz (Ausnahmen: Forderung geht auf den Zahlenden über in §§ 1143, 1150, 426 II, vgl auch § 774 und § 104 VVG), ferner Konfusion 13

(Ausnahmen in §§ 1976, 1991, 2143, 2175, 2377). Zum **Teilerlöschen** vgl § 1176. Vom Erlöschen der Forderung ist Abtretung der Forderung zu unterscheiden. Erteilung einer löschungsfähigen Quittung durch den Gläubiger bedeutet in aller Regel, dass durch Befriedigung der Forderung ggü dem eingetragenen Gläubiger die Forderung mit der Wirkung des § 1163 I 2 getilgt ist (BGH WM 2012, 83; KG NJW 1973, 56; *Schmidt-Räntsch* ZNotP 2012, 362, 365).

14 Bei Befriedigung nach Erlöschen der Hypothek durch den Zuschlagsbeschluss, aber vor Verteilung des Erlöses, geht der Anspruch auf den Anteil am Versteigerungserlös über. Bei Erlöschen der Forderung einer in den Versteigerungsbedingungen aufrechterhaltenen Hypothek erwirbt der Ersteher die Eigentümergrundschuld.

15 **Die Hypothek geht auf den Eigentümer über**; maßgebend ist der Zeitpunkt des Erlöschens der Forderung einschl der Rückwirkung der Aufrechnung, nicht etwa der ihrer Feststellung. Die Hypothek für rückständige Nebenleistungen geht zwar über, erlischt aber idR sofort, § 1178 I. Erlöschen bei Befriedigung durch Zwangsvollstreckung in die haftenden Gegenstände, § 1181. Fälle des Übergangs der Hypothek mit gleichzeitiger Forderungsauswechslung §§ 1164, 1173, 1174, § 145 S 1 VVG.

16 § 1163 I 2 ist nicht **abdingbar** (NK/*Krause* Rn 20; MüKo/*Lieder* Rn 35; Staudinger/*Wolfsteiner* Rn 12); wohl aber ist schuldrechtl Vereinbarung statthaft, dass die Zahlungen nur unter bestimmten Voraussetzungen auf die gesicherte Forderung verrechnet werden sollen (Soergel/*Konzen* Rn 4; NK/*Krause* Rn 20; aA MüKo/*Lieder* Rn 37), zB bei der Tilgungshypothek alle Zahlungen zuerst auf die Zinsen, erst nach Erfüllung der Jahreszinsleistung auf das Kapital. Sofern Zahlung nur auf das Kapital in Betracht kommt, erlischt die Forderung, ohne dass eine entgegenstehende Vereinbarung möglich ist. Wirksam ist aber eine Vereinbarung, dass Leistungen des Schuldners nicht auf die Schuld anzurechnen sind, sondern zunächst ein Guthaben bilden.

17 **10. Keine Briefübergabe. Fehlende Briefübergabe**, die auch nicht gem § 1117 ersetzt ist, ist selbständiger Tatbestand für Entstehung einer Eigentümergrundschuld. Nötig ist auch hier, dass die sonstigen Entstehungsvoraussetzungen vorliegen (vgl Rn 6). Außer dem Brief kann die Forderung fehlen. Die Eigentümergrundschuld wird Fremdhypothek erst mit Übergabe des Briefes oder mit einem Übergabeersatzmittel. Da hier durch den Briefbesitz der Eigentümer als Berechtigter der Grundschuld ausgewiesen wird, kann er auch über die vorläufige Eigentümergrundschuld verfügen, der Gläubiger hat nur einen schuldrechtl Anspruch auf Bestellung der Hypothek, aber kein Anwartschaftsrecht (Hamm Rpfleger 1980, 483).

18 **11. Grundschuld.** Für die Grundschuld gilt § 1163 II (Staudinger/*Wolfsteiner* Rn 121); nicht aber Abs I entspr (BayObLG MittBayNotK 1996, 435; Hamm OLGZ 90, 3, 5).

§ 1164 Übergang der Hypothek auf den Schuldner

(1) Befriedigt der persönliche Schuldner den Gläubiger, so geht die Hypothek insoweit auf ihn über, als er von dem Eigentümer oder einem Rechtsvorgänger des Eigentümers Ersatz verlangen kann. Ist dem Schuldner nur teilweise Ersatz zu leisten, so kann der Eigentümer die Hypothek, soweit sie auf ihn übergegangen ist, nicht zum Nachteil der Hypothek des Schuldners geltend machen.

(2) Der Befriedigung des Gläubigers steht es gleich, wenn sich Forderung und Schuld in einer Person vereinigen.

1 § 1164 bezweckt, den persönlichen **Schuldner** zu sichern. Ergänzung des Schutzes in §§ 1165–1167. § 1164 durchbricht die Regelung des § 1163. Den Ausgleichsanspruch des persönlichen Schuldners, den § 1164 voraussetzt, sieht das Gesetz als Ausnahme an (vgl § 1143 Rn 2). Das **Verhältnis von § 1143 zu § 1164** ist dadurch bestimmt, dass zwar § 1164, nicht aber § 1143 einen Ersatzanspruch voraussetzt; der im Verhältnis zum Schuldner letztlich verpflichtete Eigentümer kann also nicht mittels § 1143 gegen den Schuldner vorgehen, so zB, wenn der persönliche Schuldner das Grundstück veräußert hat, der Gläubiger aber die zw Schuldner und Erwerber des Grundstücks vereinbarte Schuldübernahme nicht genehmigt, § 415 III (vgl § 1143 Rn 3). Anwendbar ist § 1164 für jede Art von Hypothek; auch für Zinsrückstände (NK/*Krause* Rn 20).

2 Vorausgesetzt ist **Befriedigung des Gläubigers durch den persönlichen Schuldner**; dieser darf aber nicht Eigentümer sein (dann § 1163 I 2). Konfusion ist in Abs II ausdrückl gleichgestellt; Gleiches gilt bei Erlöschen der Forderung kraft Gesetzes. Ferner ist ein Erlass der Befriedigung gleichzustellen (Zweibrücken NJOZ 2014, 1694, 1695; MüKo/*Lieder* Rn 5; Staudinger/*Wolfsteiner* Rn 3). § 1164 setzt aber immer Erlöschen der Forderung voraus; bleibt die Forderung bestehen, kann Übergang von Hypothek und Forderung nach §§ 401, 413 die Folge sein. Steht dem persönlichen Schuldner eine Einrede zu, die die Geltendmachung des Anspruchs dauernd ausschließt, liegt kein Fall des § 1164 (so aber Staudinger/*Wolfsteiner* Rn 8; NK/*Krause* Rn 7), sondern des § 1169 vor (MüKo/*Lieder* Rn 14). Ist die Forderung nicht entstanden, ist für § 1164 kein Raum; hier steht die Hypothek demjenigen, der bei ihrer Bestellung Grundstückseigentümer war, als Grundschuld zu (Staudinger/*Wolfsteiner* Rn 8). Der **wirkliche Gläubiger** muss befriedigt werden, ohne dass der Schuldner sich auf § 893 berufen kann (Staudinger/*Wolfsteiner* Rn 9); da § 1164 die Befriedigung der Forderung und nicht die Leistung auf das dingliche Recht regelt. Befriedigt ein Grundschuldner den Gläubiger und geht die Forderung nach § 426 II auf ihn über, liegt kein Fall des § 1164 vor. Der Gesamtschuldner erwirbt die Hypothek in diesem Fall nach §§ 401, 412, 1153 (NK/*Krause* Rn 6).

3 Der **Ersatzanspruch des Schuldners** gegen den Eigentümer muss in einem besonderen Tatbestand begründet sein, da idR der Schuldner letztlich zahlen soll. Der Rechtsgrund des Anspruchs ist gleichgültig. Immer aber

muss es sich darum handeln, dass der Schuldner etwas geleistet hat, das im Verhältnis zum Eigentümer oder einem seiner Rechtsvorgänger diesem oblag. Übernimmt der Käufer die Hypothek in Anrechnung auf den Kaufpreis, ist im Zweifel auch die Übernahme der persönlichen Schuld gewollt; verweigert der Gläubiger die Genehmigung mit der Folge des § 415 III und zahlt der Verkäufer, so geht auf ihn aufgrund seines Ersatzanspruchs aus § 329 gegen den Käufer als neuem Eigentümer die Hypothek über. Der Ersatzanspruch des persönlichen Schuldners muss im Zahlungszeitpunkt bestehen; entsteht dieser Anspruch erst später, so wird die Hypothek mit Tilgung der gesicherten Forderung gem § 1163 I 2 zur Eigentümergrundschuld.

Folge ist der Übergang der Hypothek, verbunden mit einer Forderungsauswechslung, wobei beides kraft Gesetzes eintritt (Staudinger/*Wolfsteiner* Rn 19; NK/*Krause* Rn 11; Soergel/*Konzen* Rn 7). Die Ersatzforderung ist nunmehr mit der Folge des § 1153 gesicherte Forderung. **Einreden** gegen den ursprünglichen Anspruch sind jetzt nur insofern von Bedeutung, als sie geeignet sind, die Voraussetzungen des § 1164 auszuschließen. Einwendungen des Eigentümers gegen die Hypothek (§ 1157) gelten weiter; der Eigentümer kann sich auch auf die Einreden des Rechtsvorgängers (§ 1137) berufen (Soergel/*Konzen* Rn 7). IÜ ist für Einreden, Bedingungen usw die Ersatzforderung maßgebend. Bei **Teilbefriedigung** geht Resthypothek des Gläubigers vor (§ 1176), bei Teilersatzanspruch geht die Teilhypothek des ersatzberechtigten Schuldners der Eigentümergrundschuld vor (§ 1164 I 2). 4

§ 1164 ist auf die Grundschuld nicht anwendbar (Soergel/*Konzen* Rn 2). 5

§ 1165 Freiwerden des Schuldners

Verzichtet der Gläubiger auf die Hypothek oder hebt er sie nach § 1183 auf oder räumt er einem anderen Recht den Vorrang ein, so wird der persönliche Schuldner insoweit frei, als er ohne diese Verfügung nach § 1164 aus der Hypothek hätte Ersatz erlangen können.

1. Zweck. Befriedigt der persönliche Schuldner den Gläubiger, so ist ein Ersatzanspruch gegen den Eigentümer durch § 1164 gesichert. Verfügungen über die Hypothek, die diese Sicherung aufheben oder mindern würden, führen nach § 1165 zum Erlöschen der persönlichen Forderung. Diese Vorschrift dient nur dem Schutz des persönlichen Schuldners, nicht des Eigentümers. Abw Vereinbarungen über die persönliche Schuld sind möglich, aber nicht mit dinglicher Wirkung eintragungsfähig (Staudinger/*Wolfsteiner* Rn 15; NK/*Krause* Rn 12). 1

2. Voraussetzungen. Erfasst sind der **Verzicht** auf die Hypothek (§§ 1168, 1175 I 1), die **Aufhebung** der Hypothek (§ 1183) und ein **Rangrücktritt** (§ 880). Entspr anwendbar ist § 1165 nach seinem Zweck auf die Forderungsauswechslung (§ 1180), auf die Umwandlung der Hypothek in eine Grundschuld (§ 1198) und auf die Pfandentlassung eines realen Grundstücksteils (weil Teilverzicht Staudinger/*Wolfsteiner* Rn 5; Soergel/*Konzen* Rn 2; NK/*Krause* Rn 2). Handelt der Hypothekengläubiger in schuldloser Unkenntnis der Forderung, so bleibt diese bestehen (Soergel/*Konzen* Rn 2; aA kein Verschulden erforderlich: MüKo/*Lieder* Rn 5; Staudinger/*Wolfsteiner* Rn 4; NK/*Krause* Rn 3). Absichtliche Nichtverwertung der Hypothek oder das Unterlassen von Sicherungsmaßnahmen gem §§ 1133–1135 fällt nicht unter § 1165 (Staudinger/*Wolfsteiner* Rn 6; Soergel/*Konzen* Rn 2; aA NK/*Krause* Rn 8; offengelassen in BGH MDR 1958, 88), sondern nur unter § 826. 2

Die **Beweislast** für die Möglichkeit einer Befriedigung aus der Hypothek hat der persönliche Schuldner. Dass er sich aus dem sonstigen Vermögen des ersatzpflichtigen Eigentümers befriedigen könnte, ist bedeutungslos. 3

3. Folgen. Die persönliche Schuld erlischt kraft Gesetzes, soweit der Schuldner aus der Hypothek Befriedigung erlangt haben würde. Auch ein **Rangrücktritt** der Hypothek befreit den hierdurch benachteiligten Schuldner. Str ist, ob damit gem § 1163 I 2, § 1177 I eine Eigentümergrundschuld entsteht (so Staudinger/*Wolfsteiner* Rn 10; MüKo/*Lieder* Rn 20; Grü/*Herrler* Rn 3) oder ob die Hypothek nunmehr dem Gläubiger als Fremdgrundschuld zusteht (so Soergel/*Konzen* Rn 3). 4

Aus § 1165 ergibt sich kein **„allg Regressbehinderungsverbot"** in dem Sinne, dass ein Gläubiger, der mehrere Sicherheiten hat, durch Aufgabe der einen auch die andere insoweit verliert, als sich hieraus der forthaftende Eigentümer im Falle der Inanspruchnahme hätte schadlos halten können (BGH NJW 1983, 1423, 1424; Staudinger/*Wolfsteiner* Rn 2; aA MüKo/*Lieder* Rn 3). Verzichtet der Gläubiger eines Gesamtgrundpfandrechts auf das Recht an einem der Grundstücke, so kann ihm der nur dinglich haftende, nicht ausgleichberechtigte Eigentümer des anderen Grundstücks nicht entgegenhalten, dass dieses Recht ohne die Freigabe auf ihn übergegangen wäre (BGH NJW 1983, 1423, 1424; Soergel/*Konzen* Rn 1; NK/*Krause* Rn 9; aA MüKo/*Lieder* § 1175 Rn 7; *Schaubacher* WM 1998, 1806, 1809; s auch § 1175 Rn 2). Im Falle einer Ausgleichspflicht kann der Grundsatz von Treu und Glauben die Wahl des Gläubigers, welchen der Gesamtschuldner er in Anspruch nimmt, einschränken (BGH NJW 1983, 1423, 1424). 5

In der **Zwangsversteigerung** ist § 1165 nicht analog auf den Fall anwendbar, dass der Gläubiger auf die Rechte gegen den Ersteher aus der Übertragung der Forderung nach § 118 II 2 ZVG verzichtet und dadurch die Fiktion der Befriedigung aus dem Grundstück (§ 118 II 1 ZVG) verhindert, auch hier nur Arglisteinwand (BGH NJW 1983, 1423). 6

4. Grundschuld. § 1165 ist auf die Grundschuld nicht anwendbar (BGH NJW 1989, 1732, 1733; Celle FGPrax 2018, 250, 252). 7

§ 1166 Benachrichtigung des Schuldners

Ist der persönliche Schuldner berechtigt, von dem Eigentümer Ersatz zu verlangen, falls er den Gläubiger befriedigt, so kann er, wenn der Gläubiger die Zwangsversteigerung des Grundstücks betreibt, ohne ihn unverzüglich zu benachrichtigen, die Befriedigung des Gläubigers wegen eines Ausfalls bei der Zwangsversteigerung insoweit verweigern, als er infolge der Unterlassung der Benachrichtigung einen Schaden erleidet. Die Benachrichtigung darf unterbleiben, wenn sie untunlich ist.

1 **1. Erweiterung des Schutzes des ersatzberechtigten Schuldners.** Ausschluss nur mit schuldrechtl Wirkung möglich (Soergel/*Konzen* Rn 1), aber nicht eintragungsfähig. Die Voraussetzungen des § 1164 müssen gegeben sein. Über den Wortlaut hinaus genügt auch ein Anspruch gegen den Rechtsvorgänger des Eigentümers (Staudinger/*Wolfsteiner* Rn 4; NK/*Krause* Rn 2). § 1166 wirkt nicht zugunsten des Bürgen, es sei denn, der Anspruch gegen Bürgen ist die gesicherte Forderung. Der Gläubiger muss unverzüglich (§ 121) nach Anordnung (vorherige Anzeige genügt nicht) der Zwangsversteigerung oder des Beitritts benachrichtigen, und zwar bei Gesamtschuldnern jeden (Staudinger/*Wolfsteiner* Rn 3; NK/Krause Rn 7). Ausnahme nach S 2, wenn Anzeige untunlich ist, also zwecklos erscheint.

2 **2. Folge der Verletzung der Benachrichtigungspflicht.** Der Schuldner erhält iHd Schadens eine Einrede (Staudinger/*Wolfsteiner* Rn 6). Kein Schaden, falls das Grundstück zum wirklichen Wert zugeschlagen ist und die Hypothek ausfällt (Staudinger/*Wolfsteiner* Rn 7; NK/*Krause* Rn 9; Soergel/*Konzen* Rn 3; aA MüKo/*Lieder* Rn 9). Sonstige Befriedigungsmöglichkeit schließt den Schaden aus. Hat der Schuldner auf andere Weise rechtzeitig von der Versteigerung erfahren, ist die Einrede nicht gegeben (MüKo/*Lieder* Rn 8; NK/*Krause* Rn 11).

3 **3. Grundschuld.** § 1166 ist auf die Grundschuld nicht anwendbar.

§ 1167 Aushändigung der Berichtigungsurkunden

Erwirbt der persönliche Schuldner, falls er den Gläubiger befriedigt, die Hypothek oder hat er im Falle der Befriedigung ein sonstiges rechtliches Interesse an der Berichtigung des Grundbuchs, so stehen ihm die in den §§ 1144, 1145 bestimmten Rechte zu.

1 § 1167 ergänzt die Ansprüche des Schuldners aus §§ 368, 371, 410, 412, die nur auf Urkunden über die persönliche Schuld gerichtet sind. Die Vorschrift **erleichtert dem Schuldner, die Berichtigung des Grundbuchs** zu seinen Gunsten durchzusetzen. Der zahlende Dritte, §§ 1150, 268, ist auf §§ 894, 952 beschränkt. Für § 1167 ist Voraussetzung, dass der Schuldner die Hypothek erworben hat, vgl §§ 1164, 1174, 426 II, oder ein sonstiges rechtl Interesse an der Berichtigung hat, zB falls er dem Eigentümer ggü zur Löschung verpflichtet ist, § 442 II. Der Gläubiger muss den Brief übergeben und die Urkunden ausstellen, die die Eintragung des Schuldners als Gläubiger der Hypothek ermöglichen, bei löschungsfähiger Quittung also Angabe, dass Zahlender persönlicher Schuldner ist. Erklärung über den Ersatzanspruch nur, soweit der Ersatzanspruch vom Gläubiger abhängt, zB, falls er abgelehnt hat, die Schuldübernahme zu genehmigen. Auch Anspruch auf Anerkenntnis iSd § 1155, vgl § 1155 Rn 5, besteht nur dann, wenn der Gläubiger den Ersatzanspruch von sich aus bestätigen kann. Soll die Hypothek auf den Schuldner umgeschrieben werden, bedarf es neben der Berichtigung des Gläubigers auch der Zustimmung des Eigentümers (Staudinger/*Wolfsteiner* Rn 4).

2 Für **Teilbefriedigung** gilt § 1145; zu unterscheiden davon ist, dass Schuldner nur Teilersatzanspruch hat; für das Verhältnis zum Gläubiger gilt § 1144, also Aushändigung des Briefes an den Schuldner; für das Verhältnis Schuldner-Eigentümer vgl §§ 894, 952, 1152.

3 § 1167 ist auf die Grundschuld nicht anwendbar.

§ 1168 Verzicht auf die Hypothek

(1) Verzichtet der Gläubiger auf die Hypothek, so erwirbt sie der Eigentümer.

(2) Der Verzicht ist dem Grundbuchamt oder dem Eigentümer gegenüber zu erklären und bedarf der Eintragung in das Grundbuch. Die Vorschriften des § 875 Abs. 2 und der §§ 876, 878 finden entsprechende Anwendung.

(3) Verzichtet der Gläubiger für einen Teil der Forderung auf die Hypothek, so stehen dem Eigentümer die im § 1145 bestimmten Rechte zu.

1 **1. Grundlagen.** Der Verzicht auf die Hypothek ist ein Fall der Trennung von Grundpfandrecht und Forderung; für das Verzichtsgeschäft sind ausschließlich sachenrechtl Grundsätze maßgebend (Gegensatz zu § 1154). Zu unterscheiden vom Verzicht auf die Hypothek, der nicht auf die Forderung einwirkt, ist der sich ausschließlich nach Schuldrecht (§ 397) bestimmende Erlass der Forderung (Wirkung für die Hypothek nach § 1163 I 2) und die Aufhebung der Hypothek nach §§ 875, 1183. In der Wirkung ist dem Verzicht die **Schuldübernahme** ohne Mitwirkung des Eigentümers gleichgestellt, § 418; die Hypothek geht hier außerhalb des Grundbuchs automatisch über (BGH WM 2015, 1327, 1328; *Schmidt-Räntsch* ZNotP 2015, 402, 404). Dies gilt auch für die Sicherungsgrundschuld (BGH WM 2017, 1448, 1449; 2015, 1327, 1328; *Bülow* Rn 369). Diese Wirkung tritt aber gem § 418 I 3 nicht ein, wenn der Eigentümer der Schuldübernahme zustimmt. Diese Zustimmung ist formfrei möglich und kann auch konkludent erteilt werden (BGH WM 2015, 1327, 1328). Eigentümer ist der zum Zeit-

punkt der Schuldübernahme im Grundbuch eingetragene Eigentümer (BGH WM 2017, 1448, 1450); auf einen künftigen oder nur wirtschaftl Eigentümer ist auch dann nicht abzustellen, wenn zu dessen Gunsten eine Auflassungsvormerkung eingetragen ist, er den Kaufpreis bezahlt hat und eine Belastungsvollmacht zu seinen Gunsten bestellt wurde (BGH WM 2017, 1448, 1450).

Sonderregelung bei Hypothek für Rückstände von Nebenleistungen in § 1178 II. 2

2. Verzichtserklärung. Die **Verzichtserklärung** muss den Willen ausdrücken, das Gläubigerrecht zugunsten des Eigentümers aufzugeben; sie ist bedingungsfeindlich (Schleswig FGPrax 2021, 255, 257; Celle WM 1985, 1112 NK/*Krause* Rn 6; aA Staudinger/*Wolfsteiner* Rn 15; einschränkend auch Frankfurt NJW-RR 1996, 529, 530); Löschungsbewilligung oder löschungsfähige Quittung genügt nicht (Hamm NJW-RR 1999, 741, 742; NK/*Krause* Rn 6; aA Staudinger/*Wolfsteiner* Rn 16), sie können abgegeben sein, um die nachstehend Berechtigten aufrücken zu lassen. Zur Gesamthypothek vgl § 1175 Rn 2. Erklärungsempfänger ist das Grundbuchamt oder der Eigentümer. Verzicht ist Verfügung über die Hypothek (nicht über das Eigentum); Eine Verzichtserklärung ggü dem nicht berechtigten Bucheigentümer ist wirkungslos; § 892 findet keine Anwendung, auch wenn sich der Eingetragene selbst für den Eigentümer hält (Staudinger/*Wolfsteiner* Rn 10). Wirksam ist die Erklärung ggü dem wahren Eigentümer, auch wenn er nicht eingetragen ist (Staudinger/*Wolfsteiner* Rn 10). Nur der wahre Gläubiger kann wirksam verzichten (Staudinger/*Wolfsteiner* Rn 6; aA Celle NJW-RR 2015, 1501, 1502; MüKo/*Lieder* Rn 20). Bei **Rechten Dritter** an dem Grundpfandrecht ist Zustimmung nach § 876 nötig. Bei fehlender Zustimmung wird überwiegend absolute Unwirksamkeit angenommen, so dass auch der verzichtende Gläubiger einen Berichtigungsanspruch hat. 3

3. Eintragung. Eintragung des Verzichts, nicht des Rechtsübergangs auf den Eigentümer (so aber Staudinger/*Wolfsteiner* Rn 20), ist konstitutiv (BGH NJW-RR 1988, 1146, 1148; Schleswig FGPrax 2021, 255, 257; MüKo/*Lieder* Rn 15), auch falls Hypothek zu Unrecht gelöscht war (*Wendt/Pommerening* Rpfleger 1965, 178; aM für den Fall, dass Eigentümer sofort Löschung beantragt, Schleswig NJW 1964, 2022). 4

4. Folgen. Die Hypothek geht auf den Eigentümer als Grundschuld (§ 1177) über; Fall des gesetzl Erwerbs, daher ist § 892 unanwendbar; Miteigentümer erwerben entspr den Miteigentumsanteilen. Eigentum am Brief geht nach § 952 über. § 1144 ist gegenstandslos; bei Teilverzicht (Abs III) gilt § 1145 mit der Maßgabe, dass Briefvorlage für Umschreibung der Teileigentümergrundschuld gefordert werden kann (Staudinger/*Wolfsteiner* Rn 36). Übergang der Hypothek auf den Bucheigentümer ist grds ausgeschlossen, ausnahmsw aber dann anzunehmen, wenn die Verzichtserklärung Leistung des Gläubigers ggü dem Bucheigentümer sein soll. Die **Forderung** bleibt bestehen, falls sie nicht gleichzeitig nach § 1165 oder nach schuldrechtl Grundsätzen erlischt (Staudinger/*Wolfsteiner* Rn 27). In dem Verzicht auf die Hypothek kann ein Antrag auf Abschluss eines Erlassvertrages liegen, der vom Schuldner durch schlüssiges Verhalten angenommen werden kann (Celle WM 2015, 671, 672; Staudinger/*Wolfsteiner* Rn 27). Bei Teilverzicht hat die dem Gläubiger verbleibende Resthypothek Vorrang vor der Teileigentümergrundschuld (§ 1176). Nach hM gilt für Verzicht auf Belastung eines Teils des Grundstücks § 1175 entspr. Wird der (Teil-)Verzicht des Gläubigers nach Erteilung des Zuschlags in der Zwangsversteigerung erklärt, erwirbt der frühere Eigentümer analog §§ 1168, 1192 I am Erlös ein Eigentümererlöspfandrecht (BGH MDR 2005, 176). § 1179a I greift hierbei nicht (BGH MDR 2005, 176). 5

5. Grundschuld. § 1168 ist auf die Grundschuld entspr anwendbar (BGH WM 2017, 1448, 1449; 2015, 1327; Celle FGPrax 20018, 250, 252); Verzicht auf Eigentümergrundschuld ist Aufhebung. 6

§ 1169 Rechtszerstörende Einrede

Steht dem Eigentümer eine Einrede zu, durch welche die Geltendmachung der Hypothek dauernd ausgeschlossen wird, so kann er verlangen, dass der Gläubiger auf die Hypothek verzichtet.

1. Bedeutung. Bei einer der Hypothek auf Dauer entgegenstehenden Einrede hat der Eigentümer gegen den Gläubiger nach § 1169 einen dinglichen Verzichtsanspruch, dessen Durchsetzung mit Eintragung des Verzichts die Hypothek zur Eigentümergrundschuld macht (§ 1168 I, § 1177 I 1). Bis dahin hat ein gutgläubiger Dritter die Möglichkeit eines einredefreien rechtsgeschäftlichen Erwerbs, wenn die Einrede nicht eingetragen oder der Anspruch auf Verzicht nicht durch Vormerkung oder Widerspruch gesichert ist (Rn 5). Der Inhaber eines gesetzl Löschungsanspruchs und der Berechtigte aus einer Löschungsvormerkung haben kein Recht darauf, dass der Eigentümer seinen Verzichtsanspruch geltend macht (BGH NJW 1989, 2536, 2538). Ihnen selbst steht ein solcher Anspruch nicht zu (Staudinger/*Wolfsteiner* Rn 16; NK/*Krause* Rn 8). 1

2. Voraussetzung. Dem Eigentümer muss eine Einrede zustehen, welche die Geltendmachung des dinglichen Rechts dauernd ausschließt. Davon zu unterscheiden sind die Fälle des § 1163 I; hier besteht ein Berichtigungsanspruch nach § 894 (NK/*Krause* Rn 6). Dauernde Einreden sind solche iSd § 1137 und des § 1157. Dazu gehören zB die Einrede rechtsgrundlosen Erwerbs des Grundpfandrechts (§ 821) (BGH NJW 1975, 1126, 1127; Staudinger/*Wolfsteiner* Rn 7; NK/*Krause* Rn 2; MüKo/*Lieder* Rn 3), der unerlaubten Handlung (§ 853) (Staudinger/*Wolfsteiner* Rn 7, NK/*Krause* Rn 2), des Rücktritts oder der Minderung bei Kaufpreishypothek sowie der Verpflichtung zur Pfandentlassung (BGH NJW 1984, 169; NK/*Krause* Rn 2). Übernimmt der Erwerber eines Grundstücks in der Zwangsversteigerung eine Grundschuld als Teil des geringsten Gebotes, ist es für eine dingliche Haftung ohne Bedeutung, ob die Grundschuld im Zeitpunkt des Zuschlags valutiert ist oder nicht (BGH WM 2016, 452, 453; 2003, 1365, 1366). Er kann dem Grundschuldgläubiger keine Einrede entgegensetzen, die 2 sich aus dem zw dem Sicherungsgeber und dem Sicherungsnehmer abgeschlossenen Sicherungsvertrag ergeben (BGH WM 2018, 636, 639; 2003, 1365, 1366; NK/*Krause* Rn 5; *Gsell* BKR 629, 630; anders noch BGHZ 133, 51, 55; 64, 170, 172). Der Anspruch auf Rückgewähr der Grundschuld ist keine Einrede iSd § 1169. **Ausgeschlossen** ist die Einrede der beschränkten Erbenhaftung (§ 1137 I 2). Nicht in den Anwendungsbereich des § 1169 fallen Einwendungen (Staudinger/*Wolfsteiner* Rn 5; NK/*Krause* Rn 4) und aufschiebende Einreden (Soergel/*Konzen* Rn 4; NK/*Krause* Rn 4).

3 **3. Anspruch. Anspruchsberechtigt** ist der zu der Einrede befugte Eigentümer (Staudinger/*Wolfsteiner* Rn 4). Der Anspruch ist Folge des Eigentums. Der Anspruch ist aber nicht notwendig mit dem Eigentum verbunden, somit ebenso wie der Löschungsanspruch selbständig abtretbar (BGH NJW 1985, 800; Soergel/*Konzen* Rn 2; NK/*Krause* Rn 9; aA Staudinger/*Wolfsteiner* Rn 12; MüKo/*Lieder* Rn 8), auch stillschw an den Grundstückserwerber (BGH BeckRS 1951, 31196863; Soergel/*Konzen* Rn 2; NK/*Krause* Rn 9; vgl auch BGH NJW 1983, 2503).

4 **Durchsetzung des Anspruchs** durch Klage auf Abgabe der Verzichtserklärung (und auf Briefherausgabe). Statt Verzicht kann Aufhebung (§ 875) und Löschungsbewilligung verlangt werden, da in der Wirkung nicht weiter gehend, nicht hingegen Abtretung an Dritten; Übergang zur Berichtigungsklage ist möglich. Ggü der Klage des Grundpfandgläubigers hat der Eigentümer die Einrede aus § 1169. Nach Erlöschen des Grundpfandrechts durch Zuschlag kann der frühere Eigentümer Verzicht auf den darauf entfallenden Versteigerungserlös vom Gläubiger verlangen, soweit der Erlös die persönliche Forderung übersteigt; durch den Verzicht geht insoweit der Anspruch auf Befriedigung aus dem Erlös auf den früheren Eigentümer über (BGH LM ZVG § 91 Nr 14). Anmeldung des Verzichtsanspruchs nach § 37 Nr 4 ZVG ist nicht erforderlich (BGH WM 1978, 986).

5 **Sicherung des Verzichtsanspruchs** durch Vormerkung (§ 883) und bzgl der Einreden durch Widerspruch (§§ 899, 1157), falls die Einreden nicht als solche eingetragen sind (vgl § 1157 Rn 8). Vordem ist gutgläubiger Erwerb möglich, allerdings nur bei rechtsgeschäftlichem Erwerb (BGH NJW 1986, 1487). Der Verzichtsanspruch nach § 1169 ist als solcher nicht eintragungsfähig (Staudinger/*Wolfsteiner* Rn 19; NK/*Krause* Rn 14).

6 **4. Verjährung.** Der Verzichtsanspruch des § 1169 unterliegt gem § 902 I 1 **nicht der Verjährung** (MüKo/*Lieder* Rn 11; MüKo/*Schäfer* § 902 Rn 6; Staudinger/*Wolfsteiner* Rn 23; *Bülow* Rn 215; *Otte* DNotZ 2011, 897, 903; *Schäfer* WM 2009, 1308, 1307; *Dieckmann* RNotz 2008, 597, 602; aA NK/*Krause* Rn 12; *Hohmann* WM 2004, 757, 760: Verjährung gem § 196 in zehn Jahren; offengelassen BGH BeckRS2017, 104513 Rn 5). Der gesetzl Anspruch aus § 1169 folgt aus dem Eigentum am Grundstück und damit aus einem im Grundbuch eingetragenen Recht. Für die Anwendung des § 902 I 1 ist es nämlich ausreichend, dass das Grundbuch das dingliche Stammrecht verlautbart, nicht dagegen die aus dem Recht folgenden Ansprüche (BGH NJW 2011, 1068, 1069). Soweit die Gegenansicht demggü vertritt, der Anspruch auf Verzicht auf die Grundschuld werde nicht durch das Eigentum, sondern durch den Sicherungsvertrag begründet, verkennt sie, dass der Einwand der Nichtvalutierung nicht auf dem Rückgewähranspruch beruht, sondern auf der Vereinbarung des Sicherungszwecks. Diese ist der Grund des Rückgewähranspruchs und nicht seine Folge. Der Einwand aus der Sicherungsabrede verjährt aber nicht. Hinzu kommt, dass es keinen Sinn ergibt, wenn der Sicherungsnehmer eine nicht mehr valutierte Grundschuld behalten darf, die er nicht mehr verwerten kann. § 902 I 2 soll gerade sicherstellen, dass eine Grundbucheintragung nicht zu einer bloßen rechtl Hülle wird (BGH NJW-RR 2019, 590, 591; NJW 2011, 1068, 1069). Dem berechtigten Anspruch des Eigentümers auf Beseitigung der formalen Rechtshülse sowie dem Interesse des Rechtsverkehrs an der Richtigkeit des Grundbuchs (vgl auch §§ 886, 901) steht kein legitimes Interesse des Grundschuldgläubigers entgegen.

7 **5. Grundschuld.** § 1169 ist bzgl der Einreden gegen die Grundschuld auf die Grundschuld entspr anwendbar (BGH NJW-RR 2017, 847).

§ 1170 Ausschluss unbekannter Gläubiger

(1) Ist der Gläubiger unbekannt, so kann er im Wege des Aufgebotsverfahrens mit seinem Recht ausgeschlossen werden, wenn seit der letzten sich auf die Hypothek beziehenden Eintragung in das Grundbuch zehn Jahre verstrichen sind und das Recht des Gläubigers nicht innerhalb dieser Frist von dem Eigentümer in einer nach § 212 Abs. 1 Nr. 1 zum Neubeginn der Verjährung geeigneten Weise anerkannt worden ist. Besteht für die Forderung eine nach dem Kalender bestimmte Zahlungszeit, so beginnt die Frist nicht vor dem Ablauf des Zahlungstags.

(2) Mit der Rechtskraft des Ausschließungsbeschlusses erwirbt der Eigentümer die Hypothek. Der dem Gläubiger erteilte Hypothekenbrief wird kraftlos.

1 **1. Allgemeines.** Das Aufgebotsverfahren nach §§ 1170, 1171 dient dazu, dem Grundstückseigentümer den Nachweis der Unrichtigkeit des Grundbuchs zu erleichtern (KarlsruheNJOZ 2023, 167; Düsseldorf WM 2019, 2056, 2057). Dies ermöglicht dem Eigentümer, die Eintragung der Fremdhypothek zu beseitigen. Die Vorschrift ist eine sachenrechtl Ausformung des Verwirkungsgedanken ggü einem Gläubiger, der sich zehn Jahre nicht um sein Recht kümmert (BGH NJW 2014, 693, 695; MüKo/*Lieder* Rn 1). § 1170 lässt das Aufgebot ohne Rücksicht auf den Bestand der Forderung zu; der Eigentümer braucht also nicht darzulegen, dass die Forderung erloschen sei (BGH NJW 2014, 693, 695; München BeckRS 2017, 137368 Rn 16; MüKo/*Lieder* Rn 1; NK/*Krause* Rn 1). Im Unterschied dazu erlaubt § 1171 das Aufgebot nur bei gleichzeitiger Hinterlegung des Betrages der Forderung. Sonderregelungen in § 1188 II BGB, § 450 II FamFG. § 5 I GBBerG findet auf die Hypothek keine Anwendung,

es sei denn, sie ist ausnahmsw als unvererblich und unabtretbar ausgestaltet. Das Aufgebotsverfahren setzt nicht voraus, dass zuvor eine Grundbuchberichtigungs- oder sonstige Klage erfolglos war (BGH WM 2009, 756, 757; München BeckRS 2017, 137368 Rn 16; Staudinger/*Wolfsteiner* Rn 1). Umgekehrt nimmt die Möglichkeit des Ausschlusses unbekannter Gläubiger dem Grundstückseigentümer nicht das Rechtsschutzbedürfnis für eine Klage, mit der die Befriedigung der gesicherten Forderungen geltend gemacht wird (Brandenburg BeckRS 2005, 05065; NK/*Krause* Rn 2).

2. Unbekannter Gläubiger. Unbekannt ist der im Grundbuch **eingetragene Gläubiger** der Hypothek, wenn unklar ist, um wen es sich dabei handelt (BGH WM 2014, 1969; NJW-RR 2004, 664, 665; Hamm NJOZ 2013,1404; München NJOZ 2013, 967; MüKo/*Lieder* Rn 2), wenn unsicher ist, wem das Grundpfandrecht zusteht (BGH NJW 2014, 693, 694; NJW-RR 2004, 664, 665), wenn es sich bei dem eingetragenen Eigentümer um eine juristische Person handelt, die nicht mehr existiert und deren Rechtsnachfolge nicht aufzuklären ist (Hamm NJOZ 2013, 1404, 1405; aA KG NJW-RR 1998, 447, 450: Gläubiger muss existieren), wenn er verstorben und nicht festzustellen ist, wer ihn beerbt hat (BGH WM 2014, 1969; NJW 2014, 693, 694; NJW-RR 2009, 660), wenn eine Mehrzahl von Personen als Erblasser in Betracht kommt (München DNotZ 2013, 146, 147), wenn der Eingetragene (BGH NJW 2014, 693, 694) oder sein möglicher Erbe ihr Recht nicht nachweisen können (BGH WM 2014, 1969; KG OLGZ 1970, 323, 326; NK/*Krause* Rn 4) oder den Nachweis trotz Aufforderung ohne zureichenden Grund in angemessener Zeit nicht erbringen (BGH WM 2014, 1969; LG Düsseldorf NJW-RR 1995, 1232; NK/*Krause* Rn 4; Staudinger/*Wolfsteiner* Rn 6; aA MüKo/*Lieder* Rn 7: keine Nachforschungspflicht). Nicht unbekannt ist der Gläubiger allerdings schon dann, wenn nur sein Aufenthalt nicht ermittelt werden kann (BGH WM 2009, 757, 756; NJW-RR 2004, 664, 665; Schleswig BeckRS 2010, 23566; *Wenckstein* DNotZ 1993, 547, 549; aA LG Aachen NJW-RR 1998, 87). Nicht unbekannt ist der Gläubiger bei Erwerb der Hypothek gem § 1163 I 2, wenn Schwierigkeiten bestehen, Erfüllung zu beweisen (München FGPrax 2017, 47, 48; *Wilsch* FGPrax 2017, 48). 2

Bei einer **Briefhypothek** ist nicht auf den im Grundbuch eingetragenen Gläubiger, sondern auf denjenigen abzustellen, der den Hypothekenbrief besitzt. Ein dem Namen nach bekannter Gläubiger einer Briefhypothek, dessen Anschrift und Aufenthalt bekannt sind, ist nicht unbekannt iSd § 1170, nur weil der Grundschuldbrief abhandengekommen ist (Düsseldorf RNotZ 2013, 100, 103). Bei einer Briefhypothek kommt es nicht entscheidend darauf an, wer den Gläubiger beerbt hat und ob dessen Erbrecht nachweisbar oder nachgewiesen ist. Eine solche Hypothek kann nämlich nach §§ 1153, 1154 auch ohne Eintragung in das Grundbuch durch schriftliche Erklärung und Übergabe des Briefs wirksam rechtsgeschäftlich einem Dritten abgetreten werden und geht auf den Erben nach § 1922 I nur über, wenn es an einer solchen Abtretung fehlt. Deshalb ist der Gläubiger einer solchen Hypothek unbekannt, wenn der für sie erteilte Brief unauffindbar und der Aufenthalt des letzten bekannten Inhabers unbekannt ist (BGH WM 2014, 1969; NJW-RR 2009, 660; Düsseldorf BeckRS 2018, 28536; München BeckRS 2017, 137368 Rn 14; MüKo/*Lieder* Rn 2). Diese Voraussetzungen liegen nicht schon dann vor, wenn der Grundstückseigentümer selbst von dem Verbleib des Briefs und dem Aufenthalt des letzten Inhabers keine Kenntnis hat. Denn die Vorschrift eröffnet die Möglichkeit eines Aufgebots nicht schon, wenn der Gläubiger „dem Grundstückseigentümer" unbekannt ist, sondern nur, wenn er schlechthin unbekannt ist (BGH WM 2014, 1969; München BeckRS 2017, 137368 Rn 13; *Schmidt-Räntsch* ZNotP 2014, 288, 296; aA Staudinger/*Wolfsteiner* Rn 15; MüKo/*Lieder* Rn 7). Dies setzt allerdings nicht voraus, dass obj ausgeschlossen werden kann, die Umstände jemals in Erfahrung zu bringen. Entscheidend ist vielmehr, ob der Grundstückseigentümer alle naheliegenden und mit zumutbarem Aufwand zu erschließenden Erkenntnisquellen ausgeschöpft hat, um den Verbleib des Briefs und den Aufenthalt seines letzten Inhabers zu klären, und dies glaubhaft gemacht worden ist (BGH WM 2014, 1969). Nicht erforderlich ist, dass der Antragsteller für die unbekannten Erben eine Nachlasspflegschaft mit dem Ziel erwirkt, diese zu ermitteln (BGH WM 2014, 1969, 1970; MüKo/*Lieder* Rn 3). 3

Dem Fall der Unbekanntheit des Gläubigers ist der Fall gleichzusetzen, dass die sich als Gläubiger ausgebende Person ihr Recht nicht nachzuweisen vermag. Das Aufgebotsverfahren mit dem Ziel ihrer Ausschließung ist hier zulässig, weil mangels Nachweises ihre Gläubigerschaft unbekannt ist (BGH NJW 2014, 693, 694; München BeckRS 2017, 137368 Rn 15). 4

Ablauf der Frist von 10 Jahren seit der letzten sich auf die Hypothek beziehenden Eintragung betrifft nicht solche Eintragungen, die ohne jede Mitwirkung des Gläubigers erfolgt sind; die Eintragung muss ein Lebenszeichen des Gläubigers einschließen (MüKo/*Lieder* Rn 13; Staudinger/*Wolfsteiner* Rn 19; aM Soergel/*Konzen* Rn 3 offengelassen BGH NJW 2014, 693, 694). Andererseits ist unerheblich, in welcher Weise der Gläubiger an der Herbeiführung der Eintragung mitgewirkt hat; ausreichend ist daher schon, dass er den Brief vorgelegt hat, weil damit die Person des Gläubigers feststellbar war. **Anerkenntnis des Gläubigerrechts** iSv § 212 (auch bei Abgabe durch Vertreter des Eigentümers) unterbricht die Frist (BGH NJW 2014, 693, 694) und setzt neue Frist von 10 Jahren in Gang; diese Frist muss wiederum ohne Eintragungsvorgang und ohne Anerkenntnis verstreichen, ehe das Aufgebot beantragt werden kann (zur Glaubhaftmachung vgl § 986 I ZPO). Anerkannt werden kann das Recht des Gläubigers entspr § 212 I Nr 1 bspw durch Zinszahlungen, Abschlagszahlungen oder Sicherheitsleistung. Ferner durch jedes tatsächliche Verhalten des Grundstückseigentümers ggü dem Gläubiger, aus dem sich das Wissen von dem Bestehen der Schuld unzweideutig ergibt (BGH NJW 2014, 693, 694). Ein Anerkenntnis muss allerdings ggü dem Berechtigten erfolgen (BGH NJW 2014, 693, 694; NJW-RR 1994, 373). **Kalendermäßig bestimmte Fälligkeit** nach Abs I S 2 genügt für den Fristbeginn dann nicht, wenn Kündigung erforderlich ist (§ 1141). 5

6 **3. Verfahren.** Maßgebend sind die §§ 447ff FamFG. Antragsrecht hat der Eigentümer sowie nach § 448 II FamFG der aus einer Löschungsvormerkung (§ 1179) oder aus dem gesetzl Löschungsanspruch (§ 1179a) berechtigte gleich- oder nachrangige Gläubiger, bei Gesamtgrundpfandrecht außerdem derjenige, der aus einem gleich- oder nachstehenden Recht Befriedigung aufgrund vollstreckbaren Titels verlangen kann. Im Falle einer Veräußerung des Grundstücks nach Antragstellung kann der neue Gläubiger das Verfahren übernehmen oder der bisherige es zu Ende führen (Schleswig BeckRS 2010, 23566; NK/*Krause* Rn 13).

7 **4. Folgen.** Der Ausschließungsbeschluss bewirkt nach Abs II S 1, dass die Hypothek als Grundschuld (§ 1177) auf denjenigen übergeht, der bei Erlass des Urteils materiell-rechtl Eigentümer ist (BGH WM 2009, 752, 759; Karlsruhe NJOZ 2023, 167). Dem Ausschließungsbeschluss kommt gestaltende Wirkung zu (Karlsruhe NJOZ 2023, 167). Gleichzeitig wird nach Abs II S 2 der Hypothekenbrief kraftlos, so dass nun gutgläubiger rechtsgeschäftlicher Erwerb des Briefrechts nicht mehr möglich ist. Bei Buchrechten verhindert erst die Umschreibung auf den Eigentümer (§ 22 I GBO) einen gutgläubigen Erwerb; Sicherung durch Vormerkung oder Widerspruch kommt vor Erlass des Ausschlussurteils nicht in Betracht (MüKo/*Lieder* Rn 22).

8 **Rechte Dritter** an der Hypothek, zB Nießbrauch oder Pfandrecht, werden von der Ausschließungswirkung des Beschlusses miterfasst. Anmeldung des Rechts führt jedoch zu einem Urteil mit entspr Vorbehalt (§ 440 FamFG). Zur Umschreibung ist dann die Zustimmung des Dritten (analog §§ 877, 876) notwendig; notfalls muss Eigentümer auf Zustimmung klagen.

9 Auf die **persönliche Forderung** hat der Ausschließungsbeschluss keine Wirkung (KG OLG 1970, 323, 324). **Aufhebung des Beschlusses** auf Anfechtungsklage (RGZ 67, 95, 96) führt automatisch zur Wiederherstellung der Fremdhypothek; zwischenzeitl gutgläubiger Erwerb ist möglich.

10 **5. Grundschuld.** § 1170 ist auf die Grundschuld entspr anwendbar (BGH NJW-RR 2004, 664).

§ 1171 Ausschluss durch Hinterlegung

(1) Der unbekannte Gläubiger kann im Wege des Aufgebotsverfahrens mit seinem Recht auch dann ausgeschlossen werden, wenn der Eigentümer zur Befriedigung des Gläubigers oder zur Kündigung berechtigt ist und den Betrag der Forderung für den Gläubiger unter Verzicht auf das Recht zur Rücknahme hinterlegt. Die Hinterlegung von Zinsen ist nur erforderlich, wenn der Zinssatz im Grundbuch eingetragen ist; Zinsen für eine frühere Zeit als das vierte Kalenderjahr vor der Rechtskraft des Ausschließungsbeschlusses sind nicht zu hinterlegen.

(2) Mit der Rechtskraft des Ausschließungsbeschlusses gilt der Gläubiger als befriedigt, sofern nicht nach den Vorschriften über die Hinterlegung die Befriedigung schon vorher eingetreten ist. Der dem Gläubiger erteilte Hypothekenbrief wird kraftlos.

(3) Das Recht des Gläubigers auf den hinterlegten Betrag erlischt mit dem Ablauf von 30 Jahren nach der Rechtskraft des Ausschließungsbeschlusses, wenn nicht der Gläubiger sich vorher bei der Hinterlegungsstelle meldet; der Hinterleger ist zur Rücknahme berechtigt, auch wenn er auf das Recht zur Rücknahme verzichtet hat.

1 **1. Voraussetzung.** Der Gläubiger muss der Person nach unbekannt sein (s § 1170 Rn 2ff). Bei Unkenntnis nur des Aufenthalts kann der Eigentümer im Wege öffentlicher Zustellung kündigen (§ 132 II) und nach Hinterlegung Berichtigungsklage gem § 894 mittels öffentlicher Zustellung (§ 203 ZPO) erheben; insoweit besteht daher kein schutzwürdiger Aufgebotsgrund. Weitere Voraussetzung ist Kündigungs- oder Befriedigungsrecht (§ 1141 I 1, § 1142). Die Berechtigung zur Kündigung ergibt sich aus der eingetragenen Vereinbarung, sonst aus Gesetz. – Für das Aufgebotsverfahren gelten die §§ 447ff FamFG. Antragsberechtigt ist nur der Eigentümer.

2 **2. Hinterlegungserfordernis.** Mit dem Antrag muss der Eigentümer Hinterlegung anbieten (§ 451 I FamFG); vor Erlass des Urteils muss sie bewirkt sein (§ 451 IV FamFG). Erforderlich ist Hinterlegung unter Verzicht auf Rücknahme (§ 376 II Nr 1). Zu hinterlegen sind der Kapitalbetrag und die bis zum Urteil entstehenden Nebenleistungen, rückständige Zinsen jedoch nur für drei Jahre (Folge aus §§ 145, 216 III). Maßgebend ist der Grundbuchstand; soweit der Eigentümer aber schon frühere Tilgung nachweist, ist Hinterlegung nicht geboten.

3 **Folge der Hinterlegung:** Unter den (idR vorliegenden) Voraussetzungen des § 372 gilt der Gläubiger schon mit Hinterlegung als befriedigt (§ 378), ohne diese Voraussetzungen erst mit Erlass des Ausschlussurteils (§ 1171 II). Der Gläubiger kann sich dann nur noch an den hinterlegten Betrag halten. Dieses Recht verliert er nach 30 Jahren, ein weiteres Jahr später (§ 19 HintO) kann der Eigentümer den hinterlegten Betrag zurücknehmen (§ 1171 III).

4 **3. Wirkung auf die Hypothek.** In dem maßgebenden Zeitpunkt der Hinterlegung oder des Urteils erwirbt der Eigentümer die Hypothek (§ 1143 I 1, § 1177 II); ist er zugleich persönlicher Schuldner, erwirbt er die Hypothek gem § 1163 I 2, § 1177 I als Grundschuld (BGH WM 2009, 756, 759). An der Rechtsfolge des § 1171 II 1 ändert ein Eigentumswechsel vor dem Ausschlussurteil nichts (BGH WM 2009, 756, 759). Veräußerung des Grundstücks in der Zeit zw Hinterlegung und Ausschlussurteil führt zum Rechtsübergang auf den bisherigen Eigentümer, wenn dieser vom neuen Eigentümer Ersatz verlangen kann (§ 1164 I); ist das nicht der Fall, so geht das Recht auf den neuen Eigentümer über (§ 1163 I 2, § 1177 I). – Für die **Gesamthypothek** sind die §§ 1172, 1173 maßgebend. – In den neuen Bundesländern ermöglicht § 10 GBBerG die Löschung geringwertiger Grund-

pfandrechte nach Hinterlegung des um ein Drittel erhöhten Nennbetrags. § 10 GBBerG setzt nicht voraus, dass der Gläubiger des Grundpfandrechts unbekannt ist (KG Rpfleger 1996, 283; *Böhringer* Rpfleger 1995, 139, 140).

4. Grundschuld. § 1171 ist auf die Grundschuld entspr anwendbar. 5

§ 1172 Eigentümergesamthypothek

(1) Eine Gesamthypothek steht in den Fällen des § 1163 den Eigentümern der belasteten Grundstücke gemeinschaftlich zu.

(2) Jeder Eigentümer kann, sofern nicht ein anderes vereinbart ist, verlangen, dass die Hypothek an seinem Grundstück auf den Teilbetrag, der dem Verhältnis des Wertes seines Grundstücks zu dem Werte der sämtlichen Grundstücke entspricht, nach § 1132 Abs. 2 beschränkt und in dieser Beschränkung ihm zugeteilt wird. Der Wert wird unter Abzug der Belastungen berechnet, die der Gesamthypothek im Range vorgehen.

1. Bedeutung. Die §§ 1172–1175 passen die für die Einzelhypothek geltenden Vorschriften der §§ 1163, 1164, 1168 der Gesamthypothek an. Damit wird ein Zerfall der Gesamthypothek in mehrere die Summe des Gesamtrechts übersteigende Einzelhypotheken verhindert; das entspricht den Belangen nachrangiger Gläubiger. Erlangt der Eigentümer Befriedigung aus dem Grundstück, so gelten die §§ 1181, 1182. 1

2. Voraussetzung. Voraussetzung des § 1172 ist, dass die gesamtbelasteten Grundstücke oder Miteigentumsanteile verschiedenen Eigentümern gehören (Hamm NJW-RR 1999, 741, 743). Bei einheitlichem Eigentum gelten unmittelbar die §§ 1163, 1132 II. 2

3. Rechtsfolge. Ein Eigentümergesamtrecht entsteht, wenn die Forderung nicht entsteht (§ 1163 I 1) oder der Brief nicht übergeben wird (§ 1163 II) oder wenn die Forderung erlischt (§ 1163 I 2). Die Forderung erlischt, falls die Eigentümer gemeinsam den Gläubiger befriedigen (auch auf dem Weg des § 1171; München FGPrax 2011, 112, 113; MüKo/*Lieder* Rn 5); auch wenn jeder von ihnen nur einen Teilbetrag zahlt, kann nach den Umständen gemeinsame Tilgung gewollt sein (BGH NJW-RR 1986, 233, 234; MüKo/*Lieder* Rn 5; NK/*Krause* Rn 6). Zahlt hingegen nur einer der Eigentümer oder jeder für sich allein, kommt § 1173 zum Zuge (München FGPrax 2011, 112, 113). Befriedigung durch den persönlichen Schuldner, der von einem Eigentümer Ersatz verlangen kann, fällt unter § 1174, sonst erlischt die Gesamthypothek nach § 1163 I 2. Bei Verzicht auf die Gesamthypothek oder auf das Recht an einem der Grundstücke gilt § 1175. 3

Folge: Die Gesamthypothek steht den Eigentümern gemeinschaftl zu (Abs I). Zw den Eigentümern (Miteigentümern) besteht an dem Gesamtrecht eine Bruchteilsgemeinschaft nach §§ 741ff (BGH WM 2009, 501, 503; NJW-RR 1986, 233, 234; NK/*Krause* Rn 9; Staudinger/*Wolfsteiner* Rn 7; MüKo/*Lieder* Rn 9). Daher kann jeder Eigentümer über seinen Anteil verfügen (§ 747 S 1). Die Anteile bemessen sich nach § 1172 II (Frankfurt DNotZ 1961, 411); deshalb ist eine Berechnung vor Auseinandersetzung oft schwierig, nicht indes bei Miteigentumsanteilen, wenn nicht weitere Belastungen in ungleicher Höhe vorgehen, weil sonst der Anteil am Gesamtrecht dem Anteil am Grundstück entspricht. Die Anteile an dem Gesamtrecht sind pfändbar, soweit ihr Umfang feststeht; anderenfalls sind Pfändung und Überweisung des Auseinandersetzungsanspruchs zweckmäßig. Über das Gesamtrecht können die Eigentümer nur gemeinschaftl verfügen (§ 747 S 2). Das gilt auch für die Löschung an einem der gesamtbelasteten Grundstücke oder Miteigentumsanteile. Eine Veräußerung der Grundstücke belässt das Gesamtrecht in der Hand der Gemeinschaft. 4

4. Gesamteigentümerrecht. Verteilung des Gesamteigentümerrechts (§ 1132 II, § 747 S 2) können die Eigentümer frei vereinbaren, sofern nur die Summe der entstehenden Einzelrechte die Höhe des Gesamtrechts nicht übersteigt. Nach **§ 1172 II** hat jeder der Eigentümer Anspruch auf Aufhebung der Gemeinschaft in der Weise, dass ihm eine Einzelgrundschuld entspr dem Wertverhältnis der Grundstücke zugeteilt wird. 5

Gesetzl Teilungsmaßstab ist das Verhältnis des jew Grundstückswerts zu dem Gesamtwert aller Grundstücke nach Abzug der dem Gesamtrecht vorgehenden Lasten. Abzuziehen sind auch vorrangige Gesamtgrundpfandrechte und Eigentümergrundschulden, ebenso Belastungsvormerkungen, wenn der gesicherte Anspruch besteht, nicht hingegen Auflassungsvormerkungen (Soergel/*Konzen* Rn 4; NK/*Krause* Rn 16; MüKo/*Lieder* Rn; 15 aA Staudinger/*Wolfsteiner* Rn 9) und Rangvorbehalte, weil sie den Grundstückswert nicht beeinflussen. Maßgebender Bewertungszeitpunkt ist derjenige, zu dem das Eigentümergesamtrecht nach Abs I entsteht; spätere Änderungen der Miteigentumsanteile oder der Grundstückswerte sind unerheblich. Macht nur ein Eigentümer den Anspruch geltend, so kann für die übrigen Eigentümer an deren Grundstücken das Gesamtrecht in der noch verbleibenden Höhe fortbestehen. Durchsetzung des Anspruchs nach § 1132 II (vgl § 1132 Rn 14) entspr §§ 875, 876, 878; notfalls Klage auf Zustimmung gem § 894. 6

Ein anderweitiger Zuteilungsmaßstab kann vereinbart werden, mit dinglicher Wirkung (§§ 873, 875) jedoch nicht vor Übergang der Gesamthypothek auf die Eigentümer, weil sonst eine unzulässige Verfügung über eine künftige Eigentümergrundschuld vorläge. Ein Einzelrechtsnachfolger ist an die Teilungsvereinbarung oder an Ausschluss der Teilung (§ 751) nur bei Eintragung gebunden (vgl § 1010). 7

5. Grundschuld. § 1172 ist auf die Grundschuld nicht anwendbar (NK/*Krause* Rn 20; aA MüKo/*Lieder* Rn 22). 8

§ 1173 Befriedigung durch einen der Eigentümer

(1) Befriedigt der Eigentümer eines der mit einer Gesamthypothek belasteten Grundstücke den Gläubiger, so erwirbt er die Hypothek an seinem Grundstück; die Hypothek an den übrigen Grundstücken erlischt. Der Befriedigung des Gläubigers durch den Eigentümer steht es gleich, wenn das Gläubigerrecht auf den Eigentümer übertragen wird oder wenn sich Forderung und Schuld in der Person des Eigentümers vereinigen.

(2) Kann der Eigentümer, der den Gläubiger befriedigt, von dem Eigentümer eines der anderen Grundstücke oder einem Rechtsvorgänger dieses Eigentümers Ersatz verlangen, so geht in Höhe des Ersatzanspruchs auch die Hypothek an dem Grundstück dieses Eigentümers auf ihn über; sie bleibt mit der Hypothek an seinem eigenen Grundstück Gesamthypothek.

1 **1. Grundsatz.** § 1173 enthält Sonderregelungen ggü § 1163 und § 1172 (BGH WM 2010, 854, 856; NJW 1983, 2449, 2450). Dem Eigentümer, der den Gläubiger befriedigt, gebührt die am eigenen Grundstück bestehende Hypothek, während sie an den anderen Grundstücken im Interesse nachrangiger Gläubiger erlischt (§ 1173 I). Hat aber der zahlende Eigentümer einen Ersatzanspruch gegen die anderen Eigentümer, so erwirbt er auch die Hypothek an deren Grundstücken (§ 1173 II) als Fremdhypothek (BGH NJW-RR 1986, 233, 234).

2 **2. Voraussetzung. Voraussetzung** ist, dass die gesamtbelasteten Grundstücke oder Miteigentumsanteile (§ 1114) verschiedenen Eigentümern gehören (Hamm NJW-RR 1999, 741, 743; MüKo/*Lieder* Rn 1; Staudinger/*Wolfsteiner* Rn 2; NK/*Krause* Rn 2) und nur einer oder mehrere, nicht aber alle von ihnen den Gläubiger befriedigen. Gehören die Grundstücke ein und demselben Eigentümer, so erwirbt er die Hypothek an allen Grundstücken (§ 1163 I 2). Zahlen die verschiedenen Eigentümer alle gemeinsam, dann gilt § 1172 (BGH WM 1986, 101). § 1173 bestimmt nur das Schicksal des **dinglichen Rechts.** Die persönliche Forderung erlischt, falls der zahlende Eigentümer zugleich persönlicher Schuldner ist oder auch für diesen zahlt; anderenfalls geht nach § 1143 I die Forderung auf ihn über und damit nach § 1153 I auch die Hypothek.

3 **3. Befriedigung des Gläubigers.** Es genügt jede Art der freiwilligen Befriedigung. Auch Hinterlegung (§§ 372, 378, 1171) und Aufrechnung fallen unter § 1173, ebenso Erlass der Forderung ggü dem mit dem persönlichen Schuldner identischen Eigentümer, sofern auch etwaige weitere Schuldner einbezogen werden, weil sonst die Hypothek die fortbestehende fremde Schuld sichert (NK/*Krause* Rn 7; Staudinger/*Wolfsteiner* Rn 8; Grü/*Herrler* Rn 4; MüKo/*Lieder* Rn 20); zur Auswirkung des Verzichts auf die Hypothek an einem von mehreren mithaftenden Grundstücken vgl § 1165 Rn 5. **Befriedigung** aus dem Grundstück (§ 1147) hat die Folgen der §§ 1181, 1182.

4 **Der Befriedigung gleichgestellt** ist nach **Abs I S 2** die Übertragung des Gläubigerrechts auf einen der Eigentümer, sei es rechtsgeschäftlich oder kraft Gesetzes (MüKo/*Lieder* Rn 13; Staudinger/*Wolfsteiner* Rn 16). Gleiches gilt bei Zusammenfall von Forderung und persönlicher Schuld in der Person des Eigentümers, so zB wenn der Gläubiger Hypothek und gesicherte Forderung auf den persönlich schuldenden Eigentümer überträgt (BGHZ 40, 115, 121). Kein Fall von Abs I S 2 ist hingegen die Veräußerung des Grundstücks an den Gläubiger, wenn der bisherige Eigentümer nicht auch persönlicher Schuldner ist.

5 **4. Folgen.** Der Eigentümer erwirbt mit Befriedigung des Gläubigers die Hypothek am eigenen Grundstück kraft Gesetzes als Einzelhypothek in voller Höhe (BGH NJW 1983, 2449, 2451; NK/*Krause* Rn 11; Staudinger/*Wolfsteiner* Rn 5); sie wird nach § 1177 I zur Eigentümergrundschuld, wenn die gesicherte Forderung erlischt (BGH NJW 1983, 2449, 2451); bis dahin gilt § 1177 II. Teilzahlung hat den Vorrang der dem Gläubiger verbleibenden Resthypothek zur Folge (§ 1176). Im Umfang der Befriedigung erlischt die Hypothek an den anderen Grundstücken, soweit nicht ein Ersatzanspruch besteht; Berichtigung nach § 22 I, § 27 I GBO (Staudinger/*Wolfsteiner* Rn 13; NK/*Krause* Rn 13), wobei nachzuweisen ist, dass derjenige Eigentümer, der gezahlt hat, keinen Ersatzanspruch hat. Nachrangige Hypotheken rücken an diesen Grundstücken auf (NK/*Krause* Rn 13).

6 **5. Übergang der Hypothek.** Hat der den Gläubiger befriedigende Eigentümer einen Ersatzanspruch gegen den Eigentümer des mitbelasteten Grundstücks oder gegen einen Rechtsvorgänger dieses Eigentümers, so geht iHd Anspruchs die Hypothek auf ihn über. Sie sichert dann entspr § 1164 den Ersatzanspruch gegen den anderen Eigentümer. Der **Ersatzanspruch** muss sich aus einer rechtl Sonderbeziehung zu dem anderen Eigentümer ergeben, denn die Gesamthypothek selbst ist regresslos (BGH NJW-RR 1995, 589; NJW 1989, 2530, 2531; NK/*Krause* Rn 16; MüKo/*Lieder* Rn 9; Staudinger/*Wolfsteiner* Rn 23; Soergel/*Konzen* Rn 7; *Bülow* Rn 430). Sind die Eigentümer auch persönliche Gesamtschuldner, so bestimmt sich der Ersatzanspruch nach §§ 426, 774; 753 I (BGH WM 2010, 854, 856; MüKo/*Lieder* Rn 9); i Erg belanglos ist dann, ob die Hypothek an dem Grundstück des ausgleichspflichtigen Eigentümers schon nach §§ 412, 401, 1153 oder nach § 1173 II übergeht.

7 Die auf den leistenden Eigentümer übergehende Hypothek an den anderen Grundstücken wird zusammen mit der Hypothek, die am eigenen Grundstück fortbesteht (§ 1177 II), nach § 1173 II **Gesamthypothek.** Bei Teilübergang entsteht Teilgesamthypothek; iHd den Ersatzanspruch übersteigenden Teils wird die Hypothek am eigenen Grundstück Teileigentümergrundschuld (§ 1177 I) im Rang nach der Teilgesamthypothek (§ 1176), während sie an den anderen Grundstücken erlischt.

8 Die **Gesamthypothek** kann nur eine Forderung sichern. Zahlt ein nicht persönlich schuldender Eigentümer, dann erwirbt er die Forderung (§ 1143 I) und zugleich die Hypothek (§ 1153 I); hat er aber einen Ersatzanspruch gegen einen anderen Eigentümer, so ist insoweit nur dieser Anspruch und nicht mehr die übergegangene

Forderung gegen den persönlichen Schuldner gesichert; wenn kein Ersatzanspruch besteht, erlischt die Hypothek an dem anderen Grundstück (§ 1173 I 1). Sind die Eigentümer auch persönliche Gesamtschuldner und befriedigt einer von ihnen den Gläubiger, so ist der im Zweifel gegebene hälftige Ausgleichsanspruch (§ 426 I) durch Teilgesamthypothek in entspr Höhe nach §§ 412, 401, 1153 gesichert. Davon zu unterscheiden ist der Fall, dass eine Gesamthypothek auf dem Grundstück des persönlichen Schuldners und auf dem des nur dinglich haftenden Eigentümers lastet; zahlt dieser und hat er einen Ersatzanspruch gegen den Schuldner, gilt § 1173 II; hat er aber einen solchen Anspruch nicht, dann erwirbt er die Forderung des Gläubigers gegen den persönlichen Schuldner nach § 1143 I und zugleich nach § 1153 I die Hypothek an dessen Grundstück als Fremdhypothek, die nun zusammen mit seiner Eigentümerhypothek ein Gesamtrecht bildet (*Westermann/Gursky/Eickmann* § 107 V 4).

6. Grundschuld. § 1173 ist auf die Grundschuld – mit Ausnahme des Abs I S 2 Hs 2 – entspr anwendbar 9
(BGH NJW 1969, 1426; Hamm NJW-RR 1999, 741, 743; Soergel/*Konzen* Rn 2; NK/*Krause* Rn 20; aA Staudinger/*Wolfsteiner* Rn 35: Abs II ist nicht anwendbar, nur Anspruch auf Abtretung). Die für die Gesamthypothek geltende Vorschrift ist auf die Gesamtgrundschuld anwendbar, wenn das Grundpfandrecht durch Zahlung auf die Grundschuld abgelöst worden ist (BGH NJW-RR 1995, 589). Wurde dagegen auf die gesicherte Forderung gezahlt, ist § 1173 nicht einschlägig (BGH BeckRS 2011, 27336; MüKo/*Lieder* Rn 21); dem Zahlenden kann dann aber ein Anspruch auf Abtretung der Grundschuld zustehen (BGH NJW-RR 1995, 589).

§ 1174 Befriedigung durch den persönlichen Schuldner

(1) Befriedigt der persönliche Schuldner den Gläubiger, dem eine Gesamthypothek zusteht, oder vereinigen sich bei einer Gesamthypothek Forderung und Schuld in einer Person, so geht, wenn der Schuldner nur von dem Eigentümer eines der Grundstücke oder von einem Rechtsvorgänger des Eigentümers Ersatz verlangen kann, die Hypothek an diesem Grundstück auf ihn über; die Hypothek an den übrigen Grundstücken erlischt.

(2) Ist dem Schuldner nur teilweise Ersatz zu leisten und geht deshalb die Hypothek nur zu einem Teilbetrag auf ihn über, so hat sich der Eigentümer diesen Betrag auf den ihm nach § 1172 gebührenden Teil des übrig bleibenden Betrags der Gesamthypothek anrechnen zu lassen.

§ 1174 will dafür sorgen, dass die Gesamthypothek sich nicht in Einzelhypotheken auflöst, deren Summe die ur- 1
sprüngliche Gesamthypothek übersteigt (Vervielfältigungsverbot), passt daher § 1164 der Lage bei der Gesamthypothek an. §§ 1165–1167 sind entspr anwendbar.

Voraussetzungen. Der Schuldner ist nicht Eigentümer (sonst gilt § 1173); er hat einen Ersatzanspruch (vgl 2
§ 1164 Rn 3) nur gegen einzelne Eigentümer, bei Anspruch gegen alle gilt § 1164 (MüKo/*Lieder* Rn 5; Staudinger/*Wolfsteiner* Rn 3) mit dem Übergang der Hypothek an allen Grundstücken, verbunden mit der gesetzl Forderungsauswechslung. Fehlt der Ersatzanspruch, gilt § 1172.

Folgen. Die Hypothek am Grundstück der ersatzpflichtigen Eigentümer geht über; sie erlischt in dieser Höhe an 3
den Grundstücken der nicht ersatzpflichtigen Eigentümer (Staudinger/*Wolfsteiner* Rn 6; Soergel/*Konzen* Rn 2; NK/*Krause* Rn 10; aA MüKo/*Lieder* Rn 6). Für die danach bestehen bleibenden Teile gilt § 1172. Rangverhältnis nach § 1164 I 2. Teilw Übergang auf den Schuldner wirkt auf die Verteilung der restlichen Gesamthypothek unter die Eigentümer so ein, dass zunächst nach § 1172 II der Anteil des Eigentümers zu berechnen ist, alsdann ist vom Anteil des ersatzpflichtigen Eigentümers die auf den Schuldner übergegangene Hypothek abzuziehen.

§ 1174 ist auf die Grundschuld nicht anwendbar. 4

§ 1175 Verzicht auf die Gesamthypothek

(1) Verzichtet der Gläubiger auf die Gesamthypothek, so fällt sie den Eigentümern der belasteten Grundstücke gemeinschaftlich zu; die Vorschriften des § 1172 Abs. 2 finden Anwendung. Verzichtet der Gläubiger auf die Hypothek an einem der Grundstücke, so erlischt die Hypothek an diesem.

(2) Das Gleiche gilt, wenn der Gläubiger nach § 1170 mit seinem Recht ausgeschlossen wird.

Verzicht auf die Hypothek an allen Grundstücken setzt Erfüllung des § 1168 bei allen Grundstücken voraus. 1
Zu den Verzichtvoraussetzungen vgl § 1168 Rn 3, 4. Ein solcher Verzicht lässt Eigentümergesamtgrundschuld entstehen, § 1172. Zum Verzicht nur auf einen Teilbetrag der Gesamthypothek vgl § 1176. Der Erlass der Forderung eines persönlich haftenden Eigentümers fällt nicht unter § 1175; es gilt aber § 1172 (Hamm NJW-RR, 1999, 741, 742; NK/*Krause* Rn 6). **Dem Verzicht gleichgestellt** ist gem Abs II der Ausschluss des Gläubigers bzgl aller Grundstücke nach § 1170 (Fälle des § 1171 fallen unter § 1173). § 418 gilt mit der Maßgabe, dass bei den Grundstücken die Hypothek erlischt, deren Eigentümer nicht in die Schuldübernahme einwilligen (BGH WM 2015, 1327, 1328).

Ein **Verzicht auf die Hypothek an einzelnen Grundstücken** führt zum Erlöschen der Hypothek an diesen. Dies 2
folgt aus dem Recht des Gläubigers zur freien Verteilung, § 1132 II, und aus der Tatsache, dass der Eigentümer des aus der Haft entlassenen Grundstücks keinen Nachteil erleidet. Zur Löschung der erloschenen Hypothek im Grundbuch bedarf es weder der Zustimmung des Eigentümers des belasteten Grundstücks noch der Zustimmung des Eigentümers des mithaftenden Grundbesitzes (Celle FGPrax 2018, 250, 251; München FGPrax 2016,

150, 151). Der Verzicht kann auch in Form einer Teilfreigabe und auch bei den einzelnen Grundstücken bzw Miteigentumsanteilen inm unterschiedlichem Umfang erfolgen (BGH WM 2010, 834, 835). Das Erlöschen ist insofern unbillig, als es den anderen Eigentümern und dem persönlichen Schuldner die Sicherung eines eventuellen Ersatzanspruchs entzieht. Nach § 1165 wird der persönliche Schuldner nur bei Gesamtverzicht frei; der Rechtsgedanke dieser Vorschrift dürfte den Schutz des persönlichen Schuldners auch für den Fall gebieten, dass der Gläubiger den mithaftenden Eigentümer eines anderen Grundstücks (oder Anteils) freistellt, soweit nicht schon das Grundgeschäft die Freistellung ausschließt; indessen dürfte eine analoge Anwendung auch zugunsten des nur dinglich haftenden Eigentümers ausscheiden, weil § 1165 nur auf den Schutz des persönlichen Schuldners abzielt und als Sonderregelung, auch im Hinblick auf die Gläubigerbelange, nicht auf das andersartige Verhältnis zum bloß dinglich Haftenden ausgedehnt werden kann (BGHZ 52, 93; Soergel/*Konzen* § 1173 Rn 7; RGRK/*Joswig* Anm 14; aA Staudinger/*Wolfsteiner* Rn 10; MüKo/*Lieder* Rn 7; *Schanbacher* WM 1998, 1806, 1809). Aus dem Kausalverhältnis ergibt sich hier allerdings die – schadensersatzbeschwerte – Pflicht, den Verzicht zu unterlassen und auch einen eventuellen Zessionar entspr zu binden (BGHZ 52, 93; NK/*Krause* Rn 12). Verzicht kann auch in der Abgabe einer **Löschungsbewilligung** liegen, da i Erg gleichwirkend (BGH WM 2010, 834, 835; Hamm NJW-RR 1999, 741, 742; MüKo/*Lieder* Rn 5; NK/*Krause* Rn 6; vgl aber für § 1168 bei § 1168 Rn 3); deshalb auch Pfandfreigabe als Verzicht zu behandeln (MüKo/*Lieder* Rn 5).

3 § 1175 ist auf die Grundschuld entspr anwendbar (Hamm BeckRS 2013, 03722).

§ 1176 Eigentümerteilhypothek; Kollisionsklausel

Liegen die Voraussetzungen der §§ 1163, 1164, 1168, 1172 bis 1175 nur in Ansehung eines Teilbetrags der Hypothek vor, so kann die aufgrund dieser Vorschriften dem Eigentümer oder einem der Eigentümer oder dem persönlichen Schuldner zufallende Hypothek nicht zum Nachteil der dem Gläubiger verbleibenden Hypothek geltend gemacht werden.

1 **Grundgedanke** der Vorschrift ist, dass der **Gläubiger** den **Vorrang ggü** einem ohne sein Zutun **übergehenden Teilrecht** behalten muss. Das ist als allg Rechtsgedanke nicht auf das Grundpfandrecht beschränkt, vgl § 268 III 2; § 426 II 2; § 774 I 2; § 1235 S 2; § 1249 S 2 BGB; § 128 III 2 ZVG, zusätzl Vorschriften im Grundpfandrecht vgl § 1143 I 2; § 1150; § 1182 S 2. **Voraussetzung** ist gesetzl Übergang (MüKo/*Lieder* Rn 3); bei rechtsgeschäftlicher Übertragung haben die Teilrechte gleichen Rang (MüKo/*Lieder* Rn 4; Staudinger/*Wolfsteiner* Rn 5; hier Rangänderung nur nach § 880). Die Unterscheidung ist an Hand des materiellen Vorganges zu treffen, nicht nach der Form der für die Umschreibung im Grundbuch nötigen Urkunden. Teilübergang ist zu unterscheiden von dem Übergang der Gesamthypothek an einem Grundstück im Fall des § 1174 (Staudinger/*Wolfsteiner* Rn 3). Zum Rang beim Zerfall der Gesamthypothek vgl § 1174 Rn 3. § 1176 ist nicht (analog) anwendbar auf die teilw Abtretung der Verpfändung einer Hypothek oder auf das Rangverhältnis mehrerer Grundschulden (BGH WM 2002, 1643, 1644).

2 **Wirkung.** Das dem Gläubiger verbleibende Recht hat den Vorrang vor dem übergehenden Recht; dabei handelt es sich um ein dinglich wirkendes Rangverhältnis, nicht um ein schuldrechtl Recht des Gläubigers. Es wirkt auch nach dem Wechsel der Inhaber eines der Rechte (MüKo/*Lieder* Rn 6; Staudinger/*Wolfsteiner* Rn 11). Gem § 1176 wird das übergehende Recht nicht bei jeder Kollision mit Interessen des früheren Gläubigers als erloschen behandelt; es kann zB ggü einer anderen Hypothek des Gläubigers geltend gemacht werden. Für die **Tilgungshypothek** ergibt sich aus § 1176, dass jew der rangschlechteste Teil getilgt wird. Soll die Folge des § 1176 nicht eintreten, ist Eintragung nötig.

3 Soweit die in § 1176 genannten Vorschriften auf die Grundschuld anwendbar sind, gilt auch § 1176 entspr.

§ 1177 Eigentümergrundschuld, Eigentümerhypothek

(1) Vereinigt sich die Hypothek mit dem Eigentum in einer Person, ohne dass dem Eigentümer auch die Forderung zusteht, so verwandelt sich die Hypothek in eine Grundschuld. In Ansehung der Verzinslichkeit, des Zinssatzes, der Zahlungszeit, der Kündigung und des Zahlungsorts bleiben die für die Forderung getroffenen Bestimmungen maßgebend.

(2) Steht dem Eigentümer auch die Forderung zu, so bestimmen sich seine Rechte aus der Hypothek, solange die Vereinigung besteht, nach den für eine Grundschuld des Eigentümers geltenden Vorschriften.

1 § 1177 bestimmt die Rechtsfolgen einer Vereinigung von Hypothek und Eigentum; Regelung der Entstehung in §§ 889, 1143, 1163, 1168, 1170, 1171, 1173, 1175 BGB; §§ 868, 932 ZPO, also auch in dem Fall, dass bei einer Zwangssicherungshypothek der zugrundeliegende Vollstreckungstitel aufgehoben wird (München BeckRS 2019, 94,57 Rn 23; Köln FGPrax 2008, 193, 194) oder die Rückschlagsperre des § 88 InsO greift (BayObLG BayObLGZ 2000, 176, 177; NK/*Krause* Rn 3). Eine Hypothek, die eine auflösend bedingte Forderung sichert, wird zur Eigentümergrundschuld, wenn die Bedingung eintritt (Schleswig FGPrax 2010, 280, 282; NK/*Krause* Rn 3). Die **Unterscheidung** zw Eigentümergrundpfandrecht **mit und ohne gesicherte Forderung** folgt aus der Akzessorietät der Hypothek. Praktisch überwiegt die Grundschuld bei weitem, zB §§ 1163, 1168, 418, 1170, 1171, 1172, 1173, 1175 (falls nicht Ersatzforderung des Eigentümers gesichert wird, vgl § 1173 Rn 5ff); §§ 868, 932 II ZPO.

Die Eigentümergrundschuld steht demjenigen zu, der im Zeitpunkt des Erlöschens der Forderung Eigentümer des belasteteten Grundstücks ist (BGH WM 2009, 501, 502; MüKo/*Lieder* Rn 3). Im Falle einer Veräußerung geht eine Eigentümergrundschuld nicht ohne weiteres auf den Erwerber über; sie verbleibt vielmehr grds beim Veräußerer als Fremdgrundschuld (BGH WM 2009, 501, 503; Frankfurt FGPrax 2009, 255; MüKo/*Lieder* Rn 7; Staudinger/*Wolfsteiner* Rn 16). Der **Inhalt der Eigentümergrundschuld** bestimmt sich gem Abs I S 2 weitgehend nach der ursprünglichen Forderung; die §§ 1193, 1194 sind insoweit ausgeschlossen (BGH NJW 1978, 1579, 1580; MüKo/*Lieder* Rn 5). Der Zinsanspruch wird kraft Gesetzes dinglicher Bestandteil der Eigentümergrundschuld, kann allerdings für die Dauer der Vereinigung von Eigentum und Grundpfandrecht nicht ausgeübt werden, § 1197 II (ausgenommen bei Zwangsverwaltung). Auch die aus der Tilgungshypothek hervorgegangene Eigentümergrundschuld ist in dieser Weise zu behandeln; sie bleibt also mit den für die Hypothek eingetragenen Zinsen bestehen; verwandelt sich später das Recht in Fremdgrundschuld, so ist sie fortan zu verzinsen (BGHZ 67, 291). 2

Verfügungen über die Eigentümergrundschuld sind möglich, zB Abtretung, Belastung nach §§ 1069, 1274, 1291, Aufhebung, Inhaltsänderung und Umwandlung. Übertragen wird die Eigentümergrundschuld wie eine Fremdgrundschuld (BGH BeckRS 2014, 21079). Zur Verfügung über die nur vorläufige Eigentümergrundschuld vgl § 1163 Rn 12. Voreintragung des Eigentümers nicht erforderlich (BGH NJW 1968, 1674 – Abtretung; NK/*Krause* Rn 10; aA Soergel/*Konzen* Rn 4). Ist das Recht noch als Fremdrecht eingetragen, muss jedoch in der Form des § 29 GBO (zB durch Quittung) Entstehung des Eigentümergrundpfandrechts nachgewiesen werden. 3

Umwandlung der Eigentümergrundschuld ist nach § 1198 möglich. Als Inhaltsänderung (§ 877) ist in jedem Falle Einigung und Eintragung erforderlich (BGH NJW 1968, 1674), auch dann, wenn die auf den Eigentümer übergegangene Grundschuld auf den noch eingetragenen Gläubiger wieder als Hypothek umgeschrieben werden soll (hM). Formell genügt für Umwandlung Bewilligung des Eigentümers (§ 19 GBO); bei Umwandlung erst nach Abtretung muss auch der neue Gläubiger zustimmen. 4

Eine **Hypothek des Eigentümers** kann nach §§ 1143, 1173 (vgl § 1173 Rn 6), § 889 oder auch nach § 892 (der Bucheigentümer bestellt dem wirklichen Eigentümer eine Hypothek) entstehen. Vgl auch § 128 III 2 ZVG. Die Hypothek des Eigentümers ist wie die Eigentümergrundschuld zu behandeln, insb gilt auch § 1197. Zu beachten ist § 1153 mit der untrennbaren Verbindung von Hypothek und Forderung. 5

§ 1177 ist auf die Grundschuld nicht anwendbar. 6

§ 1178 Hypothek für Nebenleistungen und Kosten

(1) Die Hypothek für Rückstände von Zinsen und anderen Nebenleistungen sowie für Kosten, die dem Gläubiger zu erstatten sind, erlischt, wenn sie sich mit dem Eigentum in einer Person vereinigt. Das Erlöschen tritt nicht ein, solange einem Dritten ein Recht an dem Anspruch auf eine solche Leistung zusteht.

(2) Zum Verzicht auf die Hypothek für die im Absatz 1 bezeichneten Leistungen genügt die Erklärung des Gläubigers gegenüber dem Eigentümer. Solange einem Dritten ein Recht an dem Anspruch auf eine solche Leistung zusteht, ist die Zustimmung des Dritten erforderlich. Die Zustimmung ist demjenigen gegenüber zu erklären, zu dessen Gunsten sie erfolgt; sie ist unwiderruflich.

Grundsätzliches. Die dingliche Haftung für **Zinsrückstände** (§ 1159) erlischt nach Abs I, wenn die Hypothek zur Eigentümergrundschuld wird. Diese von §§ 889, 1177 abw Sonderregelung hat den Zweck, für Zinsrückstände keine Eigentümergrundschulden entstehen zu lassen, weil sie weder im Interesse nachstehend Berechtigter noch des Eigentümers selbst liegen. Die Vorschrift ist zwingend. Sie gilt auch, wenn über das Vermögen des Sicherungsgebers ein Insolvenzverfahren eröffnet wurde (LG Stuttgart NZI 2023, 46, 49; vgl auch BGH WM 2012, 301, 303). § 1178 gilt bei der Höchstbetragshypothek nur für die Kosten (MüKo/*Lieder* Rn 11; NK/*Krause* Rn 13), da sämtliche Zinsen und Nebenleistungen in den Höchstbetrag eingerechnet sind, auch nicht für eine Hypothek, die eigens zur Sicherung einer rückständigen Zinssumme bestellt worden ist, ebenso nicht für eine von vornherein mit rückständigen Zinsen eingetragene Eigentümergrundschuld, BayObLG 78, 136 (vgl aber § 1197 Rn 4). Durch § 1178 wird § 1164 nicht ausgeschlossen. Tilgt der persönliche Schuldner die Rückstandsforderung des Gläubigers, geht die Hypothek auf ihn nach § 1164 I über, falls ihm ggü dem Eigentümer oder einem Rechtsvorgänger des Eigentümers ein Ersatzanspruch zusteht, anderenfalls erlischt sie für die Rückstände nach Abs I S 1 (NK/*Krause* Rn 5), vgl § 1164 Rn 1. Rangänderung der Hypothek für Zinsrückstände ist ohne Zustimmung des Eigentümers möglich, da er ja insoweit keine Aussicht auf Erwerb einer Eigentümergrundschuld hat; aber die Änderung ist wegen der aus dem Grundbuch unersichtlichen einzelnen Zinsforderung nicht eintragungsfähig. Die Regelung des § 1178 erfasst Zinsen und Nebenleistungen aller Art, vgl § 1115 Rn 9. Rückständig sind die schon fälligen Zinsen, vgl § 1159 Rn 1. Mit „Kosten" sind nur die des § 1118 gemeint (MüKo/*Lieder* Rn 3; Staudinger/*Wolfsteiner* Rn 7). 1

Die Hypothek für die Rückstände von Zinsen und Kosten **erlischt bei Vereinigung von Hypothek und Eigentum** ohne Rücksicht auf die Art und den Grund der Vereinigung. **Ausnahme nach Abs I S 2:** Belastung der Hypothek mit Nießbrauch oder Pfandrecht, solange dieses Recht des Dritten besteht. Forderungsauswechselung (§ 1180) kommt nach Erlöschen der Hypothek nicht mehr in Frage. Hauptfall des Erlöschens ist Zahlung durch oder für den Eigentümer. Zahlt ein Dritter mit Erlöschensfolge (bei Ersatzanspruch Erwerb von Forderung und Hypothek) gilt ebenfalls § 1178 (MüKo/*Lieder* Rn 3; Staudinger/*Wolfsteiner* Rn 10). Zur Zahlung durch den per- 2 sönlichen Schuldner vgl § 1164. Kein Erlöschen bei Abtretung an den Dritten, selbst dann nicht, wenn der Gläubiger zu dieser Abtretung dem Eigentümer ggü verpflichtet war.

3 Für den **Verzicht** durchbricht § 1178 II den § 1168; die Hypothek erlischt insoweit. Die Verzichtserklärung und die etwa nach Abs II S 2 nötige Zustimmung des Dritten sind formlos gültig. Eine Eintragung des Verzichts ist unzulässig.

4 Die **Hypothek für zukünftige Nebenleistungen** wird nach allg Recht behandelt, also Übergang auf den Eigentümer (§ 1177), wobei für die Zinsen § 1177 I 2, § 1197 II gelten.

5 § 1178 ist auf die Grundschuld entspr anwendbar (BGH WM 2012, 301, 302; 2011, 596, 597; LG Stuttgart NZI 2023, 46, 49).

§ 1179 Löschungsvormerkung

Verpflichtet sich der Eigentümer einem anderen gegenüber, die Hypothek löschen zu lassen, wenn sie sich mit dem Eigentum in einer Person vereinigt, so kann zur Sicherung des Anspruchs auf Löschung eine Vormerkung in das Grundbuch eingetragen werden, wenn demjenigen, zu dessen Gunsten die Eintragung vorgenommen werden soll,
1. ein anderes gleichrangiges oder nachrangiges Recht als eine Hypothek, Grundschuld oder Rentenschuld am Grundstück zusteht oder
2. ein Anspruch auf Einräumung eines solchen anderen Rechts oder auf Übertragung des Eigentums am Grundstück zusteht; der Anspruch kann auch ein künftiger oder bedingter sein.

1 **1. Allgemeines.** Gläubiger von **Grundpfandrechten** haben nach §§ 1179a und 1179b einen mit Vormerkungswirkung ausgestatteten **gesetzl Löschungsanspruch** bei Vereinigung von gleich- oder vorrangigen Grundpfandrechten mit dem Eigentum. Für die Hypothek kommen daher vormerkungsfähige Löschungsvereinbarungen nicht in Betracht. Dementspr sind gem § 1179 Löschungsvormerkungen nur noch zugunsten solcher Grundstücksrechte zulässig, die **nicht Grundpfandrechte sind.** Die Regelung gilt seit dem **1.1.1978.**

2 **2. Voraussetzungen.** § 1179 erweitert § 883 durch Zulassung einer Löschungsvormerkung auch dann, wenn der Schuldner des Löschungsanspruchs noch nicht Inhaber des davon betroffenen Grundpfandrechts ist; demgemäß ist auch § 39 GBO ausgeschaltet. Damit ist das Aufrückungsinteresse von Gläubigern anderer gleich- oder nachrangiger Rechte gewahrt. Anwendbar ist § 1179 auch bei schon vor Eintragung der Vormerkung eingetretener Vereinigung von Grundpfandrecht und Eigentum, so dass in den Fällen des § 1163 I 1, II die noch eingetragene, aber bereits endgültig zur Eigentümergrundschuld gewordene Hypothek erfasst ist. Hier kommt zwar auch § 883 zum Zuge, indes ebenso § 1179 als eine den § 883 lediglich erweiternde Vorschrift. Bei einer Vormerkung nur gem § 883 wäre der Gläubiger schlechter gestellt, weil er erst die Umschreibung auf den Eigentümer herbeiführen müsste. Die Vormerkung muss auch nicht verlautbaren, ob sie auf der einen oder der anderen Bestimmung beruht. Zulässig ist daher eine Löschungsvormerkung nach § 1179 auch bei schon vollzogener Umschreibung der Hypothek als Eigentümergrundschuld, sofern diese noch dem Eigentümer zusteht (LG Augsburg NJW 1962, 592; Grü/*Herrler* Rn 8; Staudinger/*Wolfsteiner* Rn 19; MüKo/*Lieder* Rn 12).

3 **3. Gesicherter Anspruch.** Er muss auf die schuldrechtl Verpflichtung zur Löschung oder Teillöschung eines Grundpfandrechts gerichtet sein, dh auf dessen Aufhebung. Erforderlich ist eine dahingehende Vereinbarung, falls nicht ein gesetzl Löschungsanspruch besteht (so nach § 41 II WEG). In der schuldrechtl Ausgestaltung des Anspruchs sind die Beteiligten frei; er kann befristet oder bedingt vereinbart werden, auch lediglich zum Schutze eines anderen Rechts dienen und deshalb mit Erledigung dieses Zwecks gegenstandslos werden (BGH NJW 1980, 228). Sicherungsfähig durch Vormerkung ist aber stets nur ein den Erfordernissen des § 1179 entspr Löschungsanspruch. Darunter fällt nicht die Eintragung einer Löschungsvormerkung bzw einer Reallast (NK/*Krause* Rn 5; aA Staudinger/*Wolfsteiner* Rn 8), ein auf sonstige Rechtsänderung zielender Anspruch, wie zB derjenige auf Abtretung der künftigen Eigentümergrundschuld oder ein Anspruch auf Löschung bei Erwerb nach § 1164, auch nicht der Verzichtsanspruch aus § 1169 (BayObLG 75, 39; vgl § 1169 Rn 5) oder der Berichtigungsanspruch aus § 894 (NK/*Krause* Rn 11; aA *Stöber* Rpfleger 1977, 399). Hingegen ist § 1179 analog anwendbar bei einem Anspruch auf Rangrücktritt der Eigentümergrundschuld (nicht aber andere schuldrechtl Ansprüche auf Rangänderung), wenn Zwischenrechte nicht bestehen, weil der Rücktritt im Verhältnis zu dem begünstigten nachrangigen Gläubiger wie eine Aufhebung wirkt (NK/*Krause* Rn 7; MüKo/*Lieder* Rn 10; Grü/*Herrler* Rn 7; aM Staudinger/*Wolfsteiner* Rn 16: Zwischenrechte sind unschädlich; *Fischer* BWNotZ 1963, 45). Von diesem Sonderfall abgesehen, sind nur die echten Vereinigungsfälle erfasst, zB § 889, §§ 1143, 1163, 1168, 1170 II, §§ 1171, 1173 I, §§ 1172, 1175, auch § 418 I, ferner §§ 868, 932 ZPO.

4 Der **Sicherungsumfang** der Vormerkung bestimmt sich nach dem in der Eintragung und Eintragungsbewilligung (§ 874) zum Ausdruck gebrachten Parteiwillen (BGHZ 60, 226; BGH NJW 1973, 895). Im Zweifel erstreckt sich die Vormerkung auf jede Art der Vereinigung, aber nicht auf die bis zur Valutierung und Brieferteilung (§ 1163 I 1, II) nur vorläufige Eigentümergrundschuld; doch kann auch schon diese betroffen sein (BGH NJW 1973, 895 – Auslegungsfrage).

5 Löschungsvormerkung bei der **Fremdgrundschuld** sichert den Gläubiger eines nachrangigen Rechts für den Fall, dass der Eigentümer auf die Grundschuld zahlt, weil sie dadurch zur Eigentümergrundschuld wird, ebenso in den Fällen des § 889, eines Verzichts (§ 1168) oder der Abtretung an den Eigentümer. Hingegen wirkt die

Vormerkung nicht, wenn die gesicherte Forderung nicht entsteht oder wenn sie erlischt. Hier kann die Vormerkung nicht verhindern, dass der Eigentümer den ihm zustehenden Rückgewähranspruch zediert oder dass der Anspruch gepfändet wird. Der vorgemerkte Löschungsanspruch hat dann auch in der Zwangsversteigerung keine Wirkung. Dagegen kann sich ein nachrangiger Gläubiger nur schützen, wenn er sich von vornherein den (künftigen) Rückgewähranspruch abtreten lässt und durch Vormerkung nach § 883 sichert.

4. Gläubiger. Gläubiger nach **Nr 1** ist derjenige, dem ein dem betroffenen Grundpfandrecht gleich- oder nachrangiges dingliches Recht am Grundstück zusteht, das aber **nicht Grundpfandrecht** sein darf. Das Recht muss spätestens bei Eintragung der Vormerkung dem Begünstigten zustehen. Für einen bloß Buchberechtigten darf die Vormerkung nicht eingetragen werden (KG DNotZ 1980, 487). Entscheidend ist die **materielle Berechtigung**, so dass die Vormerkung auch dann schützt, wenn das begünstigte Recht versehentlich gelöscht ist; für den Bestand der Vormerkung gilt § 891, falls das gesicherte Recht bewiesen wird; gleiche Lage bei außerhalb des Grundbuchs erfolgter Abtretung des Rechts, vgl Rn 8. Umgekehrt geht auch eine versehentlich getilgte Vormerkung nicht unter, solange das gesicherte Recht besteht; aber gutgläubiger Zwischenerwerb nach § 892 möglich (BGHZ 60, 46). Grundpfandgläubiger, denen zugleich an anderes Recht am Grundstück (zB Nießbrauch) zusteht, können zwar zugunsten dieses Rechts Löschungsvormerkung erwirken, nicht aber zugunsten des Grundpfandrechts, auch nicht, wenn dafür kein gesetzl Löschungsanspruch (§ 1179a) besteht, wie im Falle der Arresthypothek (§ 932 I 2 ZPO), aM *Stöber* Rpfleger 1977, 399, 402. 6

Gläubiger nach **Nr 2** ist, wer einen, wenn auch nur künftigen oder bedingten, schuldrechtl Anspruch auf Einräumung eines unter Nr 1 genannten Rechts oder auf Eigentumsübertragung hat. Darunter fällt nicht der dingliche Berichtigungsanspruch aus § 894 (NK/*Krause* Rn 11; aA MüKo/*Lieder* Rn 19; Staudinger/*Wolfsteiner* Rn 31; *Stöber* Rpfleger 1977, 399, 402); er ermöglicht nur vorläufig sichernden Widerspruch (§ 899); der schuldrechtl Berichtigungsanspruch (§ 812) ist nur gem § 883 vormerkungsfähig, ebenso der Verzichtsanspruch aus § 1169. Wie im Falle von Nr 1, so ist auch hier die Vormerkung vom sachlich-rechtl Bestand des gesicherten Anspruchs abhängig; sie begründet keine Vermutung für den Anspruch; Gutgläubigkeit wird insoweit nicht geschützt. 7

Löschungsvereinbarung **zugunsten des jew Inhabers** des in Nr 1 genannten Rechts oder des in Nr 2 genannten Anspruchs ist nicht möglich (BayObLG NJW 1981, 2582; *Stöber* Rpfleger 1977, 399, 402). Schutz des Einzelrechtsnachfolgers ist gleichwohl gewährleistet, weil auf ihn mit Abtretung des begünstigten Rechts oder Anspruchs auch der Löschungsanspruch übergeht, sofern nicht besonders ausgeschlossen und die Vormerkung der Abtretung gem § 401 I folgt (BGHZ 25, 16, 23). Bei Teilabtretung kann jeder Inhaber den Löschungsanspruch insg und nicht nur im Umfang des abgetretenen Teils geltend machen (Hamburg OLG 1966, 288); es gilt § 432, nicht § 428. Im Falle eines **Rangrücktritts** des begünstigten Rechts ist Übergang des Anspruchs und der Löschungsvormerkung auf den vorrückenden Rechtsinhaber nur durch Abtretung möglich. 8

Schuldner des gesicherten Löschungsanspruchs ist der Grundstückseigentümer zur Zeit der Vormerkungsbestellung (jedoch nur, wenn diese dinglich wirksam ist, Soergel/*Konzen* Rn 9; Staudinger/*Wolfsteiner* Rn 36; NK/*Krause* Rn 12; aA LG Wuppertal MittRhNotK 1986, 198); die Eigentumslage im Zeitpunkt der Vereinigung ist gleichgültig; zwischenzeitl Veräußerung ohne Übernahme der Löschungsverpflichtung durch Erwerber ist daher bedeutungslos; es bleibt der ursprüngliche Eigentümer aus der Vereinbarung verpflichtet (Staudinger/*Wolfsteiner* Rn 36; Soergel/*Konzen* Rn 9; NK/*Krause* Rn 12). Davon zu unterscheiden ist die Wirksamkeit einer vormerkungswidrigen Verfügung (§ 883 II), vgl Rn 11ff. 9

5. Eintragung. Eintragung der Vormerkung erfolgt nach § 885. Voreintragung des Eigentümers als Inhaber des betroffenen Grundpfandrechts (§ 39 GBO) ist unnötig, auch wenn Vereinigung schon eingetreten ist; wohl aber muss bei Bestellung der Vormerkung das betroffene Recht als solches eingetragen sein, und zwar selbst dann, falls für das künftige Grundpfandrecht schon ein Rangvorbehalt oder eine Vormerkung eingetragen ist (BayObLG 74, 434). Der Brief braucht nicht vorgelegt zu werden (§ 41 I 3 GBO). Die Voraussetzungen von Nr 2 sind glaubhaft zu machen (§ 29a GBO). Bei nachträgl Erstreckung des betroffenen Rechts auf ein anderes Grundstück im Wege der **Nachverpfändung** ist Bewilligung des anderen Grundeigentümers nötig, sofern der Vormerkungsberechtigte auch am anderen Grundstück Gläubigerstellung nach § 1179 hat (LG Düsseldorf Rpfleger 1977, 167; LG Köln MittBayNot 1976, 176; Staudinger/*Wolfsteiner* Rn 43); anders bei **Zuschreibung** gem § 1131 (MüKo/*Lieder* Rn 51; Staudinger/*Wolfsteiner* Rn 43), weil sich dann die am Hauptgrundstück bestehenden Grundpfandrechte automatisch auf das zugeschriebene Grundstück ausdehnen, vgl § 1131 Rn 2. 10

6. Löschungsvormerkung. Die **Wirkung der Löschungsvormerkung** bestimmen § 883 II, § 888 mit der Folge nur relativer Unwirksamkeit vormerkungswidriger Verfügungen (Staudinger/*Wolfsteiner* Rn 51; MüKo/*Lieder* Rn 26). Die Vormerkung hindert daher nicht den Übergang der Hypothek auf den Eigentümer und ermöglicht ihm auch weiterhin Verfügungen über das Grundpfandrecht (KG NJW 1964, 1479); Abtretung, Verpfändung, Pfändung der Eigentümergrundschuld sind also möglich. Wird der gesicherte Anspruch geltend gemacht, muss der Eigentümer die Löschung bewilligen (aufgrund der Vereinbarung); der dem Vormerkungsberechtigten ggü unrichtig eingetragene (neue) Inhaber des Grundpfandrechts hat gem § 888 die nach § 19 GBO nötige Zustimmung zu erteilen. Der Schutz besteht ab Eintragung der Löschungsvormerkung, auch wenn die Vereinigung der Hypothek mit dem Eigentum erst später eintritt (MüKo/*Lieder* Rn 26). Die Löschung kann gem § 106 I 1 InsO auch in der **Insolvenz** durchgeführt werden (BGH WM 2012, 1077, 1079). Dies gilt auch dann, wenn sich das Grundpfandrecht erst nach der Eröffnung des Insolvenzverfahrens mit dem Eigentum in eine Person vereinigt hat (BGH WM 2012, 1077, 1079). 11

12 Relativ unwirksam ist auch **Umwandlung** nach §§ 1186, 1198, 1203 sowie **Rangänderung** (NK/*Krause* Rn 14; MüKo/*Lieder* Rn 32; *Schmidt* BWNotZ 1968, 277; aA Staudinger/*Wolfsteiner* Rn 46), die aber ohnehin Zustimmung des Vormerkungsberechtigten gem § 880 III, § 876 erfordert. Bei echter Forderungsauswechslung (§ 1180) entsteht der Löschungsanspruch nicht (aA MüKo/*Lieder* Rn 30; Soergel/*Konzen* Rn 11; NK/*Krause* Rn 14); für diesen Anspruch ist grds das Schicksal der neuen Forderung maßgebend; wird jedoch durch die Auswechselung der Vereinigungsfall hinausgeschoben, so liegt darin eine vormerkungswidrige Verfügung des Eigentümers über sein Anwartschaftsrecht.

13 **Veräußerung des Grundstücks** fällt auch dann unter § 1179, wenn Hypothek und Eigentum erst in der Person des neuen Grundeigentümers zusammenfallen. Erwirbt der frühere Eigentümer das Grundpfandrecht als Hypothek oder Fremdgrundschuld erst nach (nicht mit) dem Eigentumswechsel, so löst das den Löschungsanspruch nicht aus.

14 **7. Bedeutung in der Zwangsversteigerung.** Bleibt das betroffene, aber nicht das begünstigte Recht bestehen, wirkt die Löschungsvormerkung weiter, sofern nicht mit dem begünstigten Recht auch das Interesse an der Vormerkung entfällt. Wird dann die Vormerkung geltend gemacht, so ist der Ersteher nach § 50 II Nr 1 ZVG zur Ersatzzahlung verpflichtet, es sei denn, das gesicherte Recht wäre ohnehin ausgefallen (BGHZ 53, 47; NK/*Krause* Rn 17). Ist das betroffene Grundpfandrecht durch den Zuschlag erloschen, steht der hierauf entfallende Erlös dem Gläubiger des begünstigten Rechts insoweit zu, als er den Erlös (unter Berücksichtigung von Zwischenrechten) auch bei Löschung schon vor Zuschlag erhalten hätte (BGH WM 2004, 1786, 1787; NJW 1989, 2536, 2537). Nicht aber erhalten Zwischenberechtigte das, was sie bekommen hätten, wenn das von der Löschungsvormerkung betroffene Recht gelöscht gewesen wäre; sie müssen sich die vorgehende Eigentümergrundschuld in vollem Umfange anrechnen lassen (BGHZ 39, 242), auch dann, wenn der Gläubiger einer Sicherungsgrundschuld hierauf erst nach dem Zuschlag (folglich nach Erlöschen) verzichtet hat; insoweit gebührt der Erlösanteil mithin dem früheren Eigentümer (BGHZ 39, 242). War die Fremdgrundschuld nicht oder nicht mehr valutiert, so ist im Unterschied zur Hypothek (§ 1163 I, § 1177 I) keine Eigentümergrundschuld entstanden, deshalb greift der vorgemerkte Löschungsanspruch auch in der Zwangsversteigerung nicht ein; der Erlösanteil steht dem Grundschuldgläubiger zu; von ihm kann der frühere Eigentümer, der auf schuldrechtl Grundlage die Übertragung der Grundschuld hätte verlangen können, stattdessen diesen Erlös fordern (BGH WM 2004, 1786, 1787; BGHZ 25, 382; 39, 242; aM *Wörbelauer* NJW 1958, 1705).

15 **8. Grundschuld.** § 1179 ist auf die Grundschuld entspr anwendbar.

§ 1179a Löschungsanspruch bei fremden Rechten

(1) Der Gläubiger einer Hypothek kann von dem Eigentümer verlangen, dass dieser eine vorrangige oder gleichrangige Hypothek löschen lässt, wenn sie im Zeitpunkt der Eintragung der Hypothek des Gläubigers mit dem Eigentum in einer Person vereinigt ist oder eine solche Vereinigung später eintritt. Ist das Eigentum nach der Eintragung der nach Satz 1 begünstigten Hypothek durch Sondernachfolge auf einen anderen übergegangen, so ist jeder Eigentümer wegen der zur Zeit seines Eigentums bestehenden Vereinigungen zur Löschung verpflichtet. Der Löschungsanspruch ist in gleicher Weise gesichert, als wenn zu seiner Sicherung gleichzeitig mit der begünstigten Hypothek eine Vormerkung in das Grundbuch eingetragen worden wäre.

(2) Die Löschung einer Hypothek, die nach § 1163 Abs. 1 Satz 1 mit dem Eigentum in einer Person vereinigt ist, kann nach Absatz 1 erst verlangt werden, wenn sich ergibt, dass die zu sichernde Forderung nicht mehr entstehen wird; der Löschungsanspruch besteht von diesem Zeitpunkt ab jedoch auch wegen der vorher bestehenden Vereinigungen. Durch die Vereinigung einer Hypothek mit dem Eigentum nach § 1163 Abs. 2 wird ein Anspruch nach Absatz 1 nicht begründet.

(3) Liegen bei der begünstigten Hypothek die Voraussetzungen des § 1163 vor, ohne dass das Recht für den Eigentümer oder seinen Rechtsnachfolger im Grundbuch eingetragen ist, so besteht der Löschungsanspruch für den eingetragenen Gläubiger oder seinen Rechtsnachfolger.

(4) Tritt eine Hypothek im Range zurück, so sind auf die Löschung der ihr infolge der Rangänderung vorgehenden oder gleichstehenden Hypothek die Absätze 1 bis 3 mit der Maßgabe entsprechend anzuwenden, dass an die Stelle des Zeitpunkts der Eintragung des zurückgetretenen Rechts der Zeitpunkt der Eintragung der Rangänderung tritt.

(5) Als Inhalt einer Hypothek, deren Gläubiger nach den vorstehenden Vorschriften ein Anspruch auf Löschung zusteht, kann der Ausschluss dieses Anspruchs vereinbart werden; der Ausschluss kann auf einen bestimmten Fall der Vereinigung beschränkt werden. Der Ausschluss ist unter Bezeichnung der Hypotheken, die dem Löschungsanspruch ganz oder teilweise nicht unterliegen, im Grundbuch anzugeben; ist der Ausschluss nicht für alle Fälle der Vereinigung vereinbart, so kann zur näheren Bezeichnung der erfassten Fälle auf die Eintragungsbewilligung Bezug genommen werden. Wird der Ausschluss aufgehoben, so entstehen dadurch nicht Löschungsansprüche für Vereinigungen, die nur vor dieser Aufhebung bestanden haben.

1 **1. Grundsätzliches.** § 1179a gibt dem Gläubiger der Hypothek einen Löschungsanspruch gegen den Eigentümer, wenn bei Eintragung des Grundpfandrechts ein gleich- oder vorrangiges weiteres Grundpfandrecht mit dem Eigentum vereinigt ist oder sich damit später vereinigt. Die Vorschrift berücksichtigt das Interesse eines nach- oder gleichrangigen Hypothekengläubigers, im Range aufzurücken, wenn ein vor- oder gleichrangiges Recht –

etwa wegen Rückzahlung – nicht mehr valutiert (*Ganter* WM 2021, 709, 710; *Rein* NZI 2012, 758). Die Hypothek erlischt ja mit Rückzahlung nicht, sondern es entsteht eine Eigentümergrundschuld (§ 1163 I 2). Bis zum 1.1.1978 hatten nachrangige Gläubiger nur die Möglichkeit, sich eine Löschungsvormerkung eintragen zu lassen, um im Fall der Entstehung einer Eigentümergrundschuld deren Löschung erreichen zu können. Da von dieser Möglichkeit in aller Regel Gebrauch gemacht wurde, wollte der Gesetzgeber durch die Schaffung eines gesetzl Löschungsanspruchs die Belastung der Grundbücher reduzieren (*Rein* NZI 2012, 758). Dementspr bezweckt § 1179a nicht die Besserstellung nachrangiger Gläubiger, sondern soll der Entlastung der Grundbuchämter dienen (BGH WM 2014, 1719, 1721; krit *Ganter* WM 2021, 709, 710). Der Anspruch ist Inhalt der Hypothek (BGH ZIP 2006, 1141, 1142; WM 2004, 1786, 1787; BayObLG NJW-RR 1992, 306, 307; NK/*Krause* Rn 1), von ihrem Bestand abhängig und daher nicht isoliert abtretbar (Staudinger/*Wolfsteiner* Rn 25; Soergel/*Konzen* Rn 3; NK/*Krause* Rn 1). Er entfaltet seine Sicherungswirkung ab Eintragung des begünstigten Rechts (Köln OLGRp 1998, 433, 434; aA Hamm ZIP 2011, 188: ab Vereinigung von Eigentum und Grundschuld in einer Person) und hat gesetzl die Wirkung einer **Vormerkung**, so dass eine solche weder eintragungsbedürftig noch eintragungsfähig ist (BGHZ 80, 119, 125). Die Ranganwartschaft durch Aufrückung und der Löschungsanspruch werden so gesichert, als wäre gleichzeitig mit der begünstigten Grundschuld eine Löschungsvormerkung für den Grundschuldgläubiger in das Grundbuch eingetragen worden (BGH ZIP 2006, 1141, 1142; NJW-RR 2004, 1458). Der gesetzl Löschungsanspruch verpflichtet nicht, eine Vereinigungslage herbeizuführen (BGH ZIP 2006, 1141, 1142; BGHZ 108, 237, 244). § 1179a regelt nämlich gerade nicht die Rückgewähr, sondern nur deren Folgen (BGH WM 2014, 1719, 1721). Die Vorschrift ist auf alle Sonderarten von Grundpfandrechten, wie die Sicherungshypothek (vgl aber § 1187 S 4) und die Zwangshypothek anwendbar (BGH WM 2004, 1786, 1787; Hamburg NZI 2009, 556, 557; Staudinger/*Wolfsteiner* Rn 17; NK/*Krause* Rn 1; MüKo/*Lieder* Rn 10); ausgenommen ist nach § 932 I 2 ZPO die Arresthypothek. – **Geltung ab 1.1.1978**; nur das begünstigte Grundpfandrecht darf nicht vor diesem Zeitpunkt eingetragen worden sein (BGHZ 99, 363; abw München BeckRS 2012, 21815: auch das vor- bzw gleichrangige Recht).

2. Gläubiger. Gläubiger des Anspruchs nach **Abs I S 1** ist der jew Inhaber eines gleich- oder nachrangigen Grundpfandrechts. Dabei kann es sich auch um eine Eigentümergrundschuld handeln (Düsseldorf NJW 1988, 1798; BayObLG NJW-RR 1992, 306, 307; Braunschweig DNotZ 1987, 515, 517). Maßgebend ist seine materielle Berechtigung im Zeitpunkt der Geltendmachung (Braunschweig DNotZ 1987, 515), so dass der unrichtig Eingetragene nicht anspruchsberechtigt ist; er kann sich indessen auf § 891 berufen. Mit Abtretung des begünstigten Rechts geht der Löschungsanspruch automatisch über (Staudinger/*Wolfsteiner* Rn 47; MüKo/*Lieder* Rn 11; NK/*Krause* Rn 3); der Erwerber ist Gläubiger auch dann, wenn der Vereinigungsfall schon vor Abtretung entstanden ist. **Isolierte Übertragung** des Grundpfandrechts oder des Löschungsanspruchs ist ausgeschlossen. Der Anspruch ist isoliert auch nicht pfändbar oder verpfändbar, wohl aber die Ausübung des Löschungsanspruchs. Bei Teilung des begünstigten Rechts ist jeder Gläubiger Inhaber des vollen Löschungsanspruchs, vgl § 1179 Rn 8. 2

Abs III regelt den Fall, dass die begünstigte Hypothek zwar gem § 1163 Eigentümergrundschuld geworden, aber noch nicht auf den Eigentümer oder dessen Rechtsnachfolger umgeschrieben ist. Nach dem Gesetzeswortlaut steht in diesem Falle der Löschungsanspruch dem noch eingetragenen (früheren) Gläubiger oder seinem Rechtsnachfolger zu. Diese Regelung bedarf der Auslegungskorrektur. Die Durchsetzung des Anspruchs muss davon abhängig sein, dass der Buchberechtigte (oder sein Nachfolger) in diesem Zeitpunkt auch materiell berechtigter Inhaber des Grundpfandrechts ist, dann allerdings Rückwirkung des Löschungsanspruchs auf die Zeit der Eintragung des begünstigten Rechts (BayObLG NJW-RR 1992, 306, 307; MüKo/*Lieder* Rn 17; NK/*Krause* Rn 4; Soergel/*Konzen* Rn 8; Grü/*Herrler* Rn 2; *Stöber* Rpfleger 1977, 425, 427; aM Staudinger/*Wolfsteiner* Rn 44; *Jerschke* DNotZ 1977, 708, 715; *Schön* BWNotZ 1978, 50, 54; *H. Westermann* FS Hauß, 1978, 403). Dafür spricht das Wesen des Löschungsanspruchs als eines dinglichen Bestandteils des Grundpfandrechts (vgl Rn 1) und die Zuordnung des Anspruchs an die materielle Rechtszuständigkeit des Gläubigers; der Scheingläubiger hat auch kein schutzwürdiges Löschungsinteresse. 3

3. Schuldner. Schuldner des Löschungsanspruchs ist nach **Abs I S 1** der Grundeigentümer im Zeitpunkt der Eintragung des begünstigten Rechts, falls zu dieser Zeit eine Vereinigungslage noch besteht oder während der Dauer seines Eigentums eintritt. Er bleibt auch nach Übereignung des Grundstücks zur Löschung verpflichtet, wenn dabei die schon eingetretene Vereinigung aufgelöst wird, also die Eigentümergrundschuld nicht auf den Dritten übergeht (München BeckRS 2012, 21815; MüKo/*Lieder* Rn 20). Sowohl der bisherige als **auch der neue Eigentümer** sind nach **Abs I S 2** Schuldner, falls mit dem Eigentumswechsel auch die betroffene Eigentümergrundschuld übergeht (Soergel/*Konzen* Rn 10; NK/*Krause* Rn 5; MüKo/*Lieder* Rn 20; Staudinger/*Wolfsteiner* Rn 47); der Gläubiger hat dann ein gesetzl Wahlrecht, an wen von beiden er sich halten will; bei Inanspruchnahme des alten muss der neue Eigentümer nach § 888 zustimmen. Der neue Eigentümer allein ist Schuldner, wenn sich erst in seiner Person die Vereinigung vollzieht. Sondernachfolge iSv Abs I S 2 ist jede Art der Rechtsnachfolge, die zum Eigentumserwerb führt. Da der Grundstückseigentümer in aller Regel nicht zugleich auch der Grundpfandrechtsgläubiger ist, hat er sich die von diesem abzugebende Löschungsbewilligung zu beschaffen und dann den Löschungsantrag bei dem Grundbuchamt zu stellen (*Ganter* WM 2021, 709). 4

4. Vereinigung. Die **Art der Vereinigung** ist gleichgültig; sie kann auf gesetzl oder rechtsgeschäftlicher Grundlage eintreten; doch begründet eine Vereinigungslage den Löschungsanspruch nur mit folgenden **Einschränkungen:** 5

6 **a) Hypothek. Hypothek** im Falle des § 1163 I 1. Erst wenn feststeht, dass die Valutierung endgültig unterbleibt, erwächst der Löschungsanspruch, dann aber rückwirkend auf den Zeitpunkt der Vereinigung (Abs II S 1). Daher kann der Eigentümer nicht zwischenzeitl zum Nachteil des begünstigten Gläubigers verfügen; doch muss dieser jene Anspruchsvoraussetzung beweisen. Die **Briefhypothek** unterliegt nach Abs II S 2 bis zur Übergabe des Briefes keinem Löschungsanspruch; insofern handelt es sich um einen selbständigen Ausschlusstatbestand entspr dem Verhältnis zw § 1163 I 1 und § 1163 II; ein Löschungsanspruch entsteht aber, wenn die betroffene Hypothek endgültig nicht valutiert wird und daran die Briefübergabe scheitert, denn dann greift Abs II S 1 ein (MüKo/*Lieder* Rn 24; NK/*Krause* Rn 9; Grü/*Herrler* Rn 5; *Schön* BWNotZ 1978, 53; aM Staudinger/*Wolfsteiner* Rn 43, 44; *Stöber* Rpfleger 1977, 429; *Kollhosser* JA 1979, 180).

7 **b) Fremdgrundschuld.** Sie ist entspr Abs II S 1 dem Löschungsanspruch ausgesetzt, wenn auf die Grundschuld (und nicht nur auf die gesicherte Forderung) gezahlt wird, weil dadurch eine Eigentümergrundschuld entsteht (§ 1191 Rn 84ff), ebenso in den Fällen des § 889 sowie des Verzichts nach § 1168 oder der Abtretung an den Eigentümer. § 1179a greift nach Ansicht des BGH auch dann, wenn der Grundschuldgläubiger nach der Zwangsversteigerung des belasteten Grundstücks auf sein Erlöspfandrecht verzichtet und der frühere Eigentümer analog § 1168 I seinerseits ein Erlöspfandrecht erwirbt (BGH WM 2012, 1077, 1078, anders nach BGH WM 2004, 1786, 1787). Die Briefgrundschuld löst bis zur Briefübergabe den Anspruch nicht aus (Abs II S 2); unterbleibt aber die Übergabe, weil die zu sichernde Forderung endgültig nicht entsteht, dann ist Abs II S 1 anwendbar.

8 **c) Eigentümergrundschuld.** Sie ist nach **§ 1196 III** dem Löschungsanspruch erst dann unterworfen, wenn sie zumindest einmal Fremdgrundschuld geworden ist und dann wieder dem Eigentümer zufällt. Zweck dieser Regelung ist, die originäre Eigentümergrundschuld als, auch verdecktes, Sicherungsmittel zur Kreditaufnahme nutzen zu können. Pfändung und Verpfändung der Eigentümergrundschuld stehen einer Abtretung nicht gleich (Staudinger/*Wolfsteiner* § 1196 Rn 27; *Stöber* Rpfleger 1977, 432; *Kollhosser* JA 1979, 234); die Gegenmeinung (MüKo/*Lieder* § 1196 Rn 26) ist mit dem Gesetzeswortlaut unvereinbar, der in Anbetracht der ohnehin einschneidenden Auswirkungen keine ihn erweiternde Auslegung rechtfertigt.

9 **5. Rangrücktritt. Rangrücktritt** eines Grundpfandrechts begründet nach **Abs IV** für dessen Gläubiger einen Löschungsanspruch bzgl des vorrückenden Rechts unter der Voraussetzung, dass eine Vereinigungslage schon bei Eintragung der Rangänderung gegeben ist oder später entsteht.

10 **6. Löschungsanspruch. Inhalt des Löschungsanspruchs** ist die materielle Aufgabeerklärung (§ 875) des Eigentümers; erst mit dieser Erklärung (ggf auch Briefvorlage) und mit nachfolgender Löschung des betroffenen Rechts ist der Anspruch vollzogen. **Sicherung** des Anspruchs **kraft gesetzl Vormerkungsfiktion** (Abs I S 3), als wenn eine Löschungsvormerkung eingetragen wäre; Vormerkungswirkung ab Eintragung des begünstigten Rechts (Abs I–III; Köln OLGRp 1998, 433, 434), auch wenn der Gläubiger es etwa durch Valutierung erst später erwirbt (Grü/*Herrler* Rn 8), bzw der Rangänderung (Abs IV). Anspruchswidrige Verfügungen des Eigentümers sind dem jew Gläubiger des begünstigten Rechts ggü relativ unwirksam (§ 883 II; BGH 99, 367). Zustimmung des Gläubigers bindet diesen schuldrechtl; denn er kann sich verpflichten, den Löschungsanspruch nicht auszuüben; der Eigentümer hat dann eine dahingehende **Einrede**, die auch auf Einzelnachfolger übertragbar ist; sie wirkt aber ggü einem Rechtsnachfolger am begünstigten Recht nur nach Maßgabe der §§ 1157, 892, also bei Kenntnis der Einrede oder bei Eintragung (vgl § 1157 Rn 5ff); anderenfalls ist der Rechtsnachfolger des Gläubigers nicht gebunden, weil sein Vorgänger nicht isoliert über den Löschungsanspruch verfügen darf, dieser Anspruch also mit dem begünstigten Recht übergeht (*Schön* BWNotZ 1978, 55ff; *Kollhosser* JA 1979, 232; *Hadding/Welter* JR 1980, 91; aM *Wilke* WM 1978, 2). Bei Streit, ob eine Verfügung des Eigentümers noch vor Eintragung des begünstigten Rechts erfolgte und damit nicht vormerkungswidrig ist, trägt der Gläubiger die Beweislast (*Schön* BWNotZ 1978, 52, 53; aM *Jerschke* DNotZ 1977, 714). Die Vormerkungswirkung des § 1179a verhindert nicht Verfügungen des trotz Vereinigung noch eingetragenen früheren Gläubigers des betroffenen Rechts, vgl § 1179 Rn 11. Bei Grundstücksübereignung muss Erwerber den Löschungsanspruch unter der Voraussetzung von Abs I S 1 oder 2 gegen sich gelten lassen (Rn 4).

11 **7. Ausschluss des Löschungsanspruchs (Abs V).** Dieser kann schon bei Bestellung des Grundpfandrechts in Einschränkung seines gesetzl Inhalts vereinbart werden, dies auch bei der Eigentümergrundschuld (BayObLG NJW-RR 1992, 306, 307; Braunschweig DNotZ 1987, 515; Düsseldorf NJW 1988, 1798; NK/*Krause* Rn 16; MüKo/*Lieder* Rn 41); nachträgl Ausschluss erfasst auch eine bereits eingetretene Vereinigung. Es genügt formlose Einigung zw Eigentümer und Gläubiger (Köln MittRhNotK 1979, 39), bei der Eigentümergrundschuld die einseitige Erklärung des Eigentümers (Braunschweig DNotZ 1987, 515; Düsseldorf NJW 1988, 1798; BayObLG NJW-RR 1992, 306, 307). Erforderlich ist die Eintragung des Ausschlusses (Abs V S 2); etwaige Drittberechtigte an dem hiervon betroffenen Recht müssen zustimmen (§ 876); die von dem Ausschluss erfassten Grundpfandrechte sind mit der lfd Nr ihrer Eintragung zu kennzeichnen, auch wenn er sich auf sämtliche vorgehenden Rechte erstreckt (LG Nürnberg-Fürth MittBayNot 1980, 71); ungenaue Eintragung kann nur anhand der Eintragungsbewilligung ausgelegt werden.

12 **Beschränkung des Ausschlusses** auf einzelne vor- oder gleichrangige Grundpfandrechte oder auf Teile dieser Rechte ist zulässig, so auch auf das Recht nur an einem von mehreren gesamtbelasteten Grundstücken oder Miteigentumsanteilen (BGHZ 80, 125); doch ist der Umfang des Ausschlusses im Grundbuch anzugeben (Abs V S 2 Hs 1). Der Löschungsanspruch kann auch auf bestimmte Vereinigungsfälle beschränkt werden, sei es nach der Art oder nach dem Entstehungszeitpunkt der Vereinigung; hier genügt zur Bezeichnung der von dem Anspruch

ausgenommenen Fälle die Bezugnahme auf die Eintragungsbewilligung (Abs V S 2 Hs 2); der Ausschluss als solcher muss aber in der Eintragung verlautbart werden. **Rangänderung** (§ 880) hat nicht zur Folge, dass dem vorrückenden der für das zurücktretende Grundpfandrecht eingetragene Ausschluss zugutekommt; Löschung des vorgerückten Rechts führt aber zur Wiederherstellung der früheren Rangordnung (BayObLG 1981, 44), so dass auch der Ausschluss wieder wirksam wird. Für ein nachrangiges Recht kann unter der Bedingung, dass es vorrückt, durch Vereinbarung des Eigentümers mit dem Gläubiger des Zwischenrechts und durch Eintragung der Ausschluss herbeigeführt werden (*Schön* BWNotZ 1978, 55; aA *Stöber* Rpfleger 1977, 430); auch zugunsten eines aufgrund Rangvorbehalts erst noch einzutragenden Rechts ist der Ausschluss möglich.

Aufhebung des Ausschlusses oder Teilaufhebung bedeutet Inhaltsänderung (§ 877); eine schon eingetretene, aber nicht mehr bestehende Vereinigung bleibt unberührt (Abs V S 3). Voraussetzung ist die (formlos mögliche) Einigung des Eigentümers mit dem Gläubiger sowie die vom Eigentümer zu bewilligende Grundbucheintragung; im Falle der Eigentümergrundschuld genügt einseitige Aufhebungserklärung des Eigentümers und deren Eintragung mit dessen Bewilligung. Die Zustimmung sonstiger Realberechtigter am Grundstück, wie etwa vor- oder gleichrangige Gläubiger, ist nicht erforderlich (Staudinger/*Wolfsteiner* Rn 32; NK/*Krause* Rn 18), auch nicht die Einwilligung Dritter, die ein Recht an dem begünstigten Grundpfandrecht haben. 13

8. Zwangsversteigerung. In der **Zwangsversteigerung** wirkt der gesetzl Löschungsanspruch in gleicher Weise wie eine auf schuldrechtl Grundlage eingetragene Löschungsvormerkung, vgl § 1179 Rn 14. Erlöschen sowohl die vorrangige Eigentümergrundschuld als auch das begünstigte nachrangige Grundpfandrecht, dann kann dessen Gläubiger vom bisherigen Eigentümer denjenigen Erlösanteil beanspruchen, den der Gläubiger erhalten hätte, wenn die Eigentümergrundschuld schon vor dem Zuschlag gelöscht worden wäre (BGHZ 99, 363, 365). Erlischt durch den Zuschlag nur das begünstigte Recht und ist in diesem Zeitpunkt bei dem (in das geringste Gebot fallenden) betroffenen Recht eine Vereinigungslage gegeben, so bleibt der Löschungsanspruch bestehen, § 91 IV 1 ZVG, und kann im Verteilungsverfahren geltend gemacht werden (Folge: § 50 II Nr 1 ZVG); dies auch, wenn erst nach dem Zuschlag endgültige Vereinigung nach § 1179a II 1 eintritt, und sei es, weil der Gläubiger erst nach dem Zuschlag auf seine Rechte an dem Versteigerungserlös verzichtet, weil er schon vor dem Zuschlag befriedigt war (Köln OLGRp 1998, 433, 434). Demggü setzte nach früherer Ansicht des BGH das Weiterbestehen des Löschungsanspruchs gem § 91 IV 1 ZVG voraus, dass die Vereinigung von Eigentum und Grundpfandrecht bis zum Erlöschen des begünstigten Rechts durch den Zuschlag eintritt. Bei einem späteren Verzicht des Gläubigers des von dem Löschungsanspruch betroffenen Grundpfandrechts auf einen Teil des Erlöses in der Zwangsversteigerung stehe dieser Teil des Versteigerungserlöses nicht dem Berechtigten des Löschungsanspruchs zu (so noch BGH WM 2004, 1786, 1787; NK/*Krause* Rn 20). Dem kann nicht zugestimmt werden (so jetzt BGH WM 2012, 1077, 1078; MüKo/*Lieder* Rn 40; Staudinger/*Wolfsteiner* Rn 66; *Stöber* WM 2006, 607, 608). § 1179a trägt dem Interesse der am Grundstück im Rang nach dem Eigentümergrundpfandrecht Berechtigten auf Rangverbesserung Rechnung. Dem widerspricht es, wenn der löschungsverpflichtete Eigentümer einen Erlösanteil behalten kann, während der durch § 1179a geschützte nachrangige Grundpfandrechtsgläubiger einen Ausfall erleidet. Auch verkannte der BGH, dass auf den Versteigerungserlös das Sachenrecht des BGB Anwendung findet und sich im Wege der Surrogation der Versteigerungserlös statt des Grundstücks als Gegenstand der hypothekarischen Haftung erweist. Hierauf ist § 1179a anzuwenden. Dieser Ansicht hat sich der BGH (WM 2012, 1077, 1078) angeschlossen. 14

Wird der Gläubiger aus dem Erlös befriedigt, erlischt der Anspruch, § 91 IV 2 ZVG; anderenfalls muss Gläubiger spätestens im Verteilungstermin die Eintragung einer Vormerkung bei dem betroffenen Recht zur Sicherung des Löschungsanspruchs beantragen, § 130a II 1 ZVG, weil die nach § 130 I ZVG erfolgende Tilgung des begünstigten Rechts auch zum Wegfall der gesetzl Vormerkungswirkung führt, § 130a I ZVG. Die einzutragende Löschungsvormerkung sichert in gleicher Weise wie § 1179a I 3; wird sie zu Unrecht eingetragen, weil Anspruch aus § 50 ZVG nicht besteht, muss der Gläubiger die Löschung der Vormerkung auf seine Kosten bewilligen, § 130a II 3 ZVG. 15

9. Insolvenz. Abs I S 3 verschafft dem begünstigten Gläubiger in der **Insolvenz des Eigentümers** ein Befriedigungsrecht gem § 106 I 1 InsO, und zwar unabhängig davon, ob die Voraussetzungen des Löschungsanspruchs bereits vor der Eröffnung des Insolvenzverfahrens vorlagen oder erst danach, und unabhängig davon, ob sich das Eigentum vor Eröffnung des Insolvenzverfahrens erst zu einem späteren Zeitpunkt mit dem vorrangigen Grundpfandrecht in einer Person vereinigt hat (BGH WM 2012, 1077, 1078; Staudinger/*Wolfsteiner* Rn 63; *Windel* KTS 2012, 457, 461; *Schmidt-Räntsch* ZNotP 2012, 362, 363; *Rein* NZI 2012, 758; *Heinemann* ZfIR 2012, 554; *Reul* DNotZ 2012, 883, 891; krit *Kesseler* NJW 2012, 2240, 2242 unter Hinw auf § 91 InsO – in seinem Anwendungsbereich geht § 106 InsO allerdings § 91 InsO vor; so auch *Rein* NZI 2012; 758; krit auch *Ganter* WM 2021, 709, 710; abw die frühere, nach BGH WM 2012, 1077, 1079, Rn 21 aufgegebene Rspr des XI. Senats, BGH NZI 2006, 395, 396; dieser selbst zweifelnd BGH WM 2011, 2338, 2339; nach dieser Rspr war der Löschungsanspruch nicht insolvenzfest, wenn zwar die vorrangige Sicherungsgrundschuld im Zeitpunkt der Verfahrenseröffnung nicht mehr valutiert hat, das Eigentum am Grundstück und die Grundschuld aber zu diesem Zeitpunkt noch nicht zusammengefallen sind; abl dazu *Rein* NJW 2006, 3470, 3472). Dies gilt auch dann, wenn der vor- oder gleichrangige Grundpfandrechtsgläubiger auf sein Recht erst nach erfolgter Versteigerung des Grundstücks im Verteilungsverfahren verzichtet (BGH NZI 2012, 756, 757; krit *Schwarz/Doms* ZInsO 2013, 1292, 1294; anders noch die frühere, nach BGH WM 2012, 1077, 1079 Rn 21 aufgegebene Rspr des XI. Senats [BGH NJW-RR 2004, 1458]). Zwar erlischt die Grundschuld mit Erteilung des Zuschlags, so dass eine Vereinigungslage bezogen auf 16 das Grundpfandrecht nicht eintreten kann. Da infolge der Zuschlagserteilung allerdings der Versteigerungserlös im Wege der dinglichen Surrogation an die Stelle des Grundstücks getreten ist, setzen sich an ihm die erloschenen Rechte nach früheren Rechtsbeziehungen fort. Dies gilt auch für den Löschungsanspruch (BGH WM 2012, 1077, 1079). Die Insolvenzfestigkeit dieses Anspruchs kann durch eine mögliche Insolvenzanfechtung bedroht sein (*Kesseler* ZIP 2014, 110, 115; *Fischer* ZInsO 2013, 1978ff).

17 **10. Grundschuld.** § 1179a gilt für die Grundschuld entspr (BGH WM 2012, 1077, 1079). Der gesetzl Löschungsanspruch hat hier Bedeutung, wenn der Eigentümer auf die Grundschuld selbst zahlt oder der Gläubiger sie zurücküberträgt oder auf sie verzichtet, da nur hier eine Eigentümergrundschuld entsteht (München BeckRS 2012, 21815; *Rein* NZI 2012, 758).

§ 1179b Löschungsanspruch bei eigenem Recht

(1) Wer als Gläubiger einer Hypothek im Grundbuch eingetragen oder nach Maßgabe des § 1155 als Gläubiger ausgewiesen ist, kann von dem Eigentümer die Löschung dieser Hypothek verlangen, wenn sie im Zeitpunkt ihrer Eintragung mit dem Eigentum in einer Person vereinigt ist oder eine solche Vereinigung später eintritt.

(2) § 1179a Abs. 1 Satz 2, 3, Abs. 2, 5 ist entsprechend anzuwenden.

1 **Grundsätzliches.** Nach § 1179b hat der Hypothekengläubiger einen gesetzl Löschungsanspruch **am eigenen Recht**, wenn bei Eintragung der Hypothek eine Vereinigungslage bestand oder wenn sie später entsteht. Der Gläubiger wird dadurch des Risikos enthoben, vor Erteilung einer Löschungsbewilligung nachzuprüfen, wer die Forderung getilgt hatte und an wen folglich das Recht außerhalb des Grundbuchs übergegangen sein könnte (NK/*Krause* Rn 1). Der gesetzl Löschungsanspruch hat die Vormerkungswirkung des § 1179a I 3 und bezieht sich auf diejenigen Vereinigungsfälle, die von § 1179a erfasst sind. § 1179b ist nicht Inhalt des Grundpfandrechts, sondern ein eigenständiger, nicht selbständig abtretbarer Anspruch (Soergel/*Konzen* Rn 1; NK/*Krause* Rn 2). **Geltung** ab **1.1.1978.**

2 **Gläubiger** des Löschungsanspruchs ist der durch Eintragung oder nach § 1155 durch Abtretungsurkunden legitimierte (letzte) Inhaber des Fremdgrundpfandrechts. Es kommt also nur auf seine formelle Rechtsposition an; der Gläubiger braucht mithin nicht nachzuweisen, ob er auch materiell berechtigter Inhaber war; deshalb ist bedeutungslos, ob etwa die Hypothek nicht valutiert war und somit für den Buchberechtigten nicht entstanden ist. Ist für ihn das Recht nur noch zu einem Teil eingetragen, so erstreckt sich nur hierauf der Löschungsanspruch; wegen des übertragenen Rests kann Anspruch nach § 1179a in Betracht kommen. Kein Löschungsanspruch besteht für den Gläubiger einer Arresthypothek, § 932 I 2 ZPO.

3 **Schuldner** ist der Grundeigentümer oder dessen Rechtsnachfolger; nach Abs III ist § 1179a I 2 anwendbar, vgl § 1179a Rn 4.

4 **Inhalt** des Anspruchs und **Sicherungswirkung** entsprechen der Regelung des § 1179a I 1, II, I 3, vgl § 1179a Rn 10ff; **Einreden** des Eigentümers sind möglich, wirken gegen einen gutgläubigen Rechtsnachfolger aber nur bei Eintragung. Kein Löschungsanspruch besteht an Sicherungshypotheken für Inhaber- oder Orderpapiere (§ 1187 S 4), entspr auch nicht an Inhabergrundschulden (§ 1195); zur offenen Eigentümergrundschuld vgl § 1179a Rn 8. **Ausschluss** und Aufhebung des Ausschlusses richten sich gem Abs II nach § 1179a V, vgl § 1179a Rn 11ff. Der Eigentümer kann bei Bestellung einer Eigentümergrundschuld durch einseitige Erklärung ggü dem Grundbuchamt den Löschungsanspruch ausschließen (BayObLG NJW-RR 1992, 306, 307; Düsseldorf NJW 1988, 1798; NK/*Krause* Rn 9).

5 § 1179b gilt für die Grundschuld entspr. Für die Eigentümergrundschuld gem § 1196 ist § 1196 III zu beachten.

§ 1180 Auswechslung der Forderung

(1) An die Stelle der Forderung, für welche die Hypothek besteht, kann eine andere Forderung gesetzt werden. Zu der Änderung ist die Einigung des Gläubigers und des Eigentümers sowie die Eintragung in das Grundbuch erforderlich; die Vorschriften des § 873 Abs. 2 und der §§ 876, 878 finden entsprechende Anwendung.

(2) Steht die Forderung, die an die Stelle der bisherigen Forderung treten soll, nicht dem bisherigen Hypothekengläubiger zu, so ist dessen Zustimmung erforderlich; die Zustimmung ist dem Grundbuchamt oder demjenigen gegenüber zu erklären, zu dessen Gunsten sie erfolgt. Die Vorschriften des § 875 Abs. 2 und des § 876 finden entsprechende Anwendung.

1 **1. Grundsätzliches.** § 1180 unterscheidet die **Forderungsauswechslung mit** und **ohne Gläubigerwechsel.** Gleichgültig ist es hingegen, ob der **Schuldner** wechselt. Die Forderungsauswechselung ist ihrer Rechtsnatur nach Inhaltsänderung der Hypothek (§ 877). § 1180 gilt für alle Hypothekenarten (Ausnahme: § 1178), auch für die Sicherungshypothek (BGH NJW 2001, 3701, 3702; Staudinger/*Wolfsteiner* Rn 33; Soergel/*Konzen* Rn 11; NK/*Krause* Rn 31), die Höchstbetragshypothek und die Eigentümerhypothek des § 1177 II; unanwendbar auf Hypothekenvormerkung. Forderungsauswechselung kraft Gesetzes ergibt sich nach §§ 1164, 1173, 1174, 1182. Die Forderungsauswechslung bei einer Gesamthypothek bedarf der Einigung des Gläubigers mit sämtlichen Eigen-

tümern der mithaftenden Grundstücke bzw Miteigentumsanteile (Staudinger/*Wolfsteiner* Rn 31; NK/*Krause* Rn 31).

2. Neue Forderung. Die **neue Forderung** darf nicht höher sein als die alte, sonst handelt es sich insoweit um Neubestellung (MüKo/*Lieder* Rn 19; Staudinger/*Wolfsteiner* Rn 9). IHd bisherigen Betrages ist aber auch Sicherung mehrerer Forderungen möglich, auch für verschiedene Gläubiger und gegen andere Schuldner. Die **Eintragung** muss den neuen Gläubiger und die Forderung entspr § 1115 angeben; auch die Unterwerfungsklausel muss neu eingetragen werden, keine automatische Erstreckung der alten Klausel auf die neue Forderung (Soergel/*Konzen* Rn 13; MüKo/*Lieder* Rn 15; NK/*Krause* Rn 30; aA Staudinger/*Wolfsteiner* Rn 29; vgl BGH NJW 1980, 1050). Bei der **Höchstbetragshypothek** ist vor endgültiger Feststellung der Forderung Zustimmung des Bestellers nötig, bei der Gesamthypothek Einigung und Eintragung bzgl aller Grundstücke. 2

3. Forderungsauswechslung. Erfordernisse der Forderungsauswechselung sind Einigung zw dem Eigentümer und dem Gläubiger sowie Eintragung im Grundbuch (Staudinger/*Wolfsteiner* Rn 14; MüKo/*Lieder* Rn 13). §§ 873ff gelten, insb auch § 873 II und § 878. Gleich- und nachstehend Berechtigte und der persönliche Schuldner sind nicht beteiligt. Zur Bedeutung der Löschungsvormerkung vgl § 1179 Rn 11; zum gesetzl Löschungsanspruch vgl § 1179a. Grds ist die Einigung als Verfügung nicht nur über die Hypothek, sondern auch über das Grundstück zu behandeln (MüKo/*Lieder* Rn 1; Soergel/*Konzen* Rn 2; NK/*Krause* Rn 2; aA Staudinger/*Wolfsteiner* Rn 3). Bewilligen müssen der Gläubiger und der Eigentümer, §§ 19, 29 GBO, die Erklärung des Eigentümers ist Verfügung über das Grundstück. Zur Briefvorlage vgl § 65 II, § 58 I GBO. 3

4. Wirkung. Die neue Forderung wird gesichert, nach ihr bestimmt sich in jeder Hinsicht die Hypothek. Das gilt auch für die Einreden iSd § 1137. Besteht die Forderung nicht, ist die Hypothek Eigentümergrundschuld, § 1163 I. Einreden gegen die alte Forderung sind bedeutungslos. Die **alte Forderung** besteht als ungesicherte fort, bei der Höchstbetragshypothek kann die alte Forderung mitgesichert bleiben. Hat der vom Eigentümer verschiedene persönliche Schuldner nicht zugestimmt, ist § 1165 entspr anzuwenden. 4

5. Gläubigerwechsel. Besonderheit bei gleichzeitigem Gläubigerwechsel liegt darin, dass der bisherige Gläubiger der Einigung zw Eigentümer und neuem Gläubiger zustimmen muss. Es gelten § 875 II, § 876. 5

Der Übergang erfolgt automatisch, ohne dass zusätzl abgetreten werden muss. Schutz des guten Glaubens nach §§ 1138, 892; der neue Gläubiger erhält die Hypothek also auch dann, wenn sie nicht bestand (Staudinger/*Wolfsteiner* Rn 5; aA MüKo/*Lieder* Rn 3) oder nicht dem bisherigen Gläubiger zustand (Staudinger/*Wolfsteiner* Rn 5ff; MüKo/*Lieder* Rn 3; *Westermann/Gursky/Eickmann* § 106 IV 4); ebenso gilt § 892 bei einer mit Auswechselung (Abs I) verbundenen Abtretung an den neuen Gläubiger. – In den Fällen der §§ 1117, 1139, 1163 I, II bedeutet die Verbindung des Grundpfandrechts mit einer neuen Forderung die Neubestellung einer Hypothek. 6

6. Grundschuld. § 1180 ist auf die Grundschuld nicht anwendbar. Abs II ist bei Umwandlung einer Fremdgrundschuld in eine Hypothek entspr anwendbar (Staudinger/*Wolfsteiner* Rn 34; NK/*Krause* Rn 35). 7

§ 1181 Erlöschen durch Befriedigung aus dem Grundstück

(1) Wird der Gläubiger aus dem Grundstück befriedigt, so erlischt die Hypothek.

(2) Erfolgt die Befriedigung des Gläubigers aus einem der mit einer Gesamthypothek belasteten Grundstücke, so werden auch die übrigen Grundstücke frei.

(3) Der Befriedigung aus dem Grundstück steht die Befriedigung aus den Gegenständen gleich, auf die sich die Hypothek erstreckt.

Zweck des § 1181 ist, nachrangige Gläubiger aufrücken zu lassen, da die zwangsweise Befriedigung den Wert der haftenden Gegenstände mindert. § 1181 gilt nicht, wenn der Eigentümer die Mittel zur freiwilligen Befriedigung durch Veräußerung der haftenden Gegenstände beschafft hat. 1

Befriedigung aus dem Grundstück ist nur die durch Zwangsvollstreckung aus der Hypothek (Staudinger/*Wolfsteiner* Rn 5; MüKo/*Lieder* Rn 2); das ist auch die Mobiliarvollstreckung in die mithaftenden Gegenstände aus dinglichem Titel, vgl § 1147. Von § 91 I ZVG unterscheidet sich § 1181 dadurch, dass letztere Bestimmung die tatsächliche Befriedigung aus dem Grundbuch materiell-rechtl erfordert (NK/*Krause* Rn 2). Unter § 1181 fällt insb die Aushändigung des Versteigerungserlöses und gleichgestellte Hinterlegung gem § 117 I ZVG; §§ 157, 158 ZVG, einschl der Zahlung von Tilgungsraten durch den Verwalter; wie Befriedigung wirkt die Befriedigungsfiktion des § 114a ZVG und die Übertragung der Forderung gegen den Ersteher gem § 118 II ZVG. **Einziehung der Versicherungsforderung** durch den Gläubiger nach §§ 1128, 1282 wird nach verbreiteter Auffassung der Befriedigung durch Zwangsvollstreckung gleichgestellt (Staudinger/*Wolfsteiner* Rn 7; MüKo/*Lieder* Rn 12; *Schörling* ZHR 102, 17; aA RGZ 56, 322). Nicht unter § 1181 fällt freihändiger Verkauf und Verkauf durch den Insolvenzverwalter. 2

§ 1181 **bewirkt**, dass das Grundpfandrecht im Augenblick des Zuschlags (§ 52 I 2, § 91 I ZVG) automatisch erlischt (Staudinger/*Wolfsteiner* Rn 15). Bis zur Verteilung haftet der Erlös. Bei Teilbefriedigung Teilerlöschen. Das Grundbuch ist gem § 130 I 1, § 158 II ZVG zu berichtigen. Es entsteht keine Eigentümergrundschuld (Nürnberg FGPRax 2013, 113, 114). Nicht unter § 1181 fällt das Erlöschen der Hypothek durch Ausfall in der Zwangsversteigerung; vielmehr Fortbestand der Hypothek möglich. Die **persönliche Forderung** erlischt nicht durch den Zuschlag, sondern nur durch Befriedigung. Ist der bisherige Eigentümer nicht persönlicher Schuldner, dann 3 geht im Umfang der Befriedigung des Gläubigers die Forderung entspr § 1143 I auf den bisherigen Eigentümer über, nicht jedoch die nach § 1181 I erloschene Hypothek (Staudinger/*Wolfsteiner* Rn 20; MüKo/*Lieder* Rn 15; *Westermann/Gursky/Eickmann* § 102 III 6). Vereinbaren Gläubiger und Ersteher den Fortbestand der Hypothek (**Liegenbelassung**), gilt der Gläubiger im Verhältnis zum Eigentümer (Vollstreckungsschuldner) als befriedigt (§ 91 III 2 ZVG). Das dingliche Recht aber bleibt vereinbarungsgemäß bestehen, ob als Hypothek oder als Grundschuld ist davon abhängig, ob der Ersteher auch die persönliche Schuld übernimmt; im Zweifel ist die Übernahme der Schuld gewollt (BGH NJW 1981, 1601, 1602); damit wird der ursprüngliche persönliche Schuldner gem § 414 befreit; im Hinblick auf die Befriedigungsfiktion des § 91 III 2 ZVG wird durch die Schuldübernahme eine neue, abstrakte Verbindlichkeit begründet (MüKo/*Lieder* Rn 16). Ist der Hypothekengläubiger selbst Ersteher und erklärt er, die Hypothek solle bestehen bleiben, so hat er einen Bereicherungsanspruch gegen den persönlichen Schuldner, soweit die Erlöszuteilung nicht zur Befriedigung der Forderung geführt hat (BGH NJW 1981, 1601).

4 Die **Gesamthypothek** erlischt auch an den nicht mitversteigerten Grundstücken und Miteigentumsanteilen als Folge der Befriedigung des Gläubigers, und zwar auch im Fall des § 91 II, III ZVG; § 50 II 2 ZVG ist anzuwenden bei Zuschlag der gesamthaftenden Grundstücke zu Gesamtausgebot, wenn bei einem Grundstück das Gesamtrecht ins geringste Gebot kommt, beim anderen ausfällt (BGH NJW 1967, 567). Ausnahmen in § 1182. Insoweit ist zeitl aber die Befriedigung, nicht der Zuschlag entscheidend. Bzgl der mithaftenden Grundstücke wird das Grundbuch nur auf Antrag berichtigt. Die Löschung setzt den Nachweis voraus, dass der Gläubiger aus einem der anderen der mit der Grundschuld belasteten Grundstücke befriedigt ist und dass dem Eigentümer dieses Grundstücks kein Ersatzanspruch gegen den Eigentümer des Grundstücks zusteht, bei dem die Gesamthypothek zur Löschung gebracht werden soll (Nürnberg FGPrax 2013, 113, 114; Staudinger/*Wolfsteiner* Rn 26). Einer Eigentümerzustimmung bedarf die Löschung nicht (Nürnberg FGPRax 2013, 113, 114; Staudinger/*Wolfsteiner* Rn 26).

5 § 1181 ist auf die Grundschuld entspr anwendbar (Nürnberg FGPrax 2013, 113, 114).

§ 1182 Übergang bei Befriedigung aus der Gesamthypothek

Soweit im Falle einer Gesamthypothek der Eigentümer des Grundstücks, aus dem der Gläubiger befriedigt wird, von dem Eigentümer eines der anderen Grundstücke oder einem Rechtsvorgänger dieses Eigentümers Ersatz verlangen kann, geht die Hypothek an dem Grundstück dieses Eigentümers auf ihn über. Die Hypothek kann jedoch, wenn der Gläubiger nur teilweise befriedigt wird, nicht zum Nachteil der dem Gläubiger verbleibenden Hypothek und, wenn das Grundstück mit einem im Range gleich- oder nachstehenden Recht belastet ist, nicht zum Nachteil dieses Rechts geltend gemacht werden.

1 § 1182 ist eine **Ausnahme von § 1181 II** und entspricht § 1173, jedoch mit dem wesentlichen Unterschied, dass die den Ersatzanspruch sichernde Hypothek allen anderen Belastungen im Range nachgeht.

2 Die **Voraussetzungen des § 1181** müssen vorliegen. Weiter ist erforderlich, dass die gesamtbelasteten Grundstücke (oder Miteigentumsanteile) verschiedenen Eigentümern gehören, da sonst § 1181 II eingreift. Dem Eigentümer des versteigerten Grundstücks muss ein **Ersatzanspruch** gegen die anderen Eigentümer oder gegen einen von ihnen zustehen (vgl § 1172 Rn 5).

3 **Rechtsfolgen.** IHd Ersatzanspruchs geht die Hypothek an dem Grundstück des ersatzpflichtigen Eigentümers, bei mehreren betroffenen Grundstücken als Gesamthypothek, auf den Ersatzberechtigten über. Die übergegangene Hypothek sichert – wie im Falle des § 1173 – nur noch den Ersatzanspruch (Forderungsauswechslung kraft Gesetzes). Es entsteht hier aber keine sich auch auf das versteigerte Grundstück erstreckende Gesamthypothek, da die Hypothek an diesem Grundstück mit dem Zuschlag erlischt. Mit Befriedigung des Gläubigers, also nicht schon mit Zuschlag, erlischt auch die Gesamthypothek an den anderen Grundstücken, wenn und soweit gegen deren Eigentümer kein Ersatzanspruch besteht.

4 **Rang der Ersatzhypothek.** Diese geht bei Teilbefriedigung des Hypothekengläubigers dessen Resthypothek im Range nach (§ 1776). Darüber hinaus tritt die Ersatzhypothek stets hinter alle anderen dinglichen Rechte (nicht nur hinter Grundpfandrechte) im Rang zurück, sofern solche Rechte im Zeitpunkt der teilw oder vollständigen Befriedigung des Gläubigers bestehen (MüKo/*Lieder* Rn 13). **Grundbuchberichtigung** nur auf Antrag; die Voraussetzungen des § 1182 einschl des Ersatzanspruchs müssen in der Form des § 29 GBO nachgewiesen werden.

5 § 1182 ist auf die Grundschuld entspr anwendbar (MüKo/*Lieder* Rn 15; NK/*Krause* Rn 11; aA Staudinger/*Wolfsteiner* Rn 15). Die auf den Ersatzberechtigten übergehende Grundschuld wandelt sich nicht in eine Hypothek, sondern bleibt Grundschuld.

§ 1183 Aufhebung der Hypothek

Zur Aufhebung der Hypothek durch Rechtsgeschäft ist die Zustimmung des Eigentümers erforderlich. Die Zustimmung ist dem Grundbuchamt oder dem Gläubiger gegenüber zu erklären; sie ist unwiderruflich.

1 **1. Allgemeines.** Eine **rechtsgeschäftliche Aufhebung** der Hypothek ist nur mit Zustimmung des Eigentümers möglich; insoweit ergänzt § 1183 die §§ 875, 876. **Zweck** der Regelung ist es, das Interesse des Eigentümers am Erwerb des Rechts als Eigentümergrundpfandrecht zu schützen (BGH WM 2022, 612, 613; WM 2018, 30, 31; 2012, 1451; Celle FGPrax 2018, 250, 251; Naumburg BeckRS 2015; 19873; *Bülow* Rn 388); daher Sonderregelung

für rückständige Nebenleistungen in § 1178. § 1183 gilt für alle Hypotheken, nicht aber für Hypothekenvormerkung (MüKo/*Lieder* Rn 21). Das Zustimmungserfordernis gilt auch bei nur teilw Löschung des Grundpfandrechts (Celle FGPrax 2018, 250, 251; Staudinger/*Wolfsteiner* Rn 25). Zum **Begriff der Aufhebung** und zur Unterscheidung von anderen Erlöschungsgründen vgl § 875 Rn 1. Herabsetzung des Zinsfußes ist Teilaufhebung und fällt deshalb unter § 1183 (MüKo/*Lieder* Rn 6; Staudinger/*Wolfsteiner* Rn 25; NK/*Krause* Rn 4). Zum Verhältnis von Aufhebung und Verzicht vgl § 1168 Rn 1. Keine Aufhebung, sondern (nicht zustimmungsbedürftiger) Verzicht des Gläubigers ist bei Gesamthypothek die Freigabe einzelner Grundstücke (vgl auch § 1175 Rn 2).

2. Zustimmung des Eigentümers. Die **Zustimmung des Eigentümers** ist materielles Erfordernis. Sie ist formlos gültig; davon zu unterscheiden ist die verfahrensrechtl Form der Zustimmung nach § 27 GBO iVm §§ 29, 30 GBO. – Die Zustimmung ist **unwiderruflich.** Ein Insolvenzverwalter ist an die Zustimmungserklärung des Eigentümers vor Eröffnung des Insolvenzverfahrens gebunden (NK/*Krause* Rn 14; aA Staudinger/*Wolfsteiner* Rn 18). In der Erklärung muss deutlich der Wille des Eigentümers zum Ausdruck kommen, das Grundpfandrecht zu beseitigen. Die Zustimmung kann schon im Voraus und generell für alle Aufhebungsfälle erteilt werden (Köln DNotZ 1982, 260). Der formelle Löschungsantrag des Eigentümers ist schlüssige Zustimmung iSd § 1183 (BGH BeckRS 2014, 21079; BGHZ 60, 46, 52; Zweibrücken Rpfleger 1999, 533, 534; NK/*Krause* Rn 12). Sie kann auch durch Freistellungserklärung in der Auflassungsurkunde zum Ausdruck gebracht werden (BayObLG 1973, 220), aber nicht ohne weiteres bei Teilauflassung, weil dann Eigentümergrundpfandrecht denkbar ist. Bei Veräußerung eines von mehreren mit Gesamthypothek belasteten Grundstücken und gleichzeitiger Verpflichtung zur Lastenfreistellung bzgl des veräußerten Teils ist im Zweifel nicht darauf zu schließen, dass auch Zustimmung zur Löschung der Gesamthypothek auf allen Grundstücken erteilt ist (BayObLG DNotZ 1980, 481). **Erklärungsempfänger** ist der Gläubiger oder das Grundbuchamt. Die Zustimmung des Eigentümers und die Aufgabeerklärung des Gläubigers sind einseitige Willenserklärungen, selbst wenn sie innerhalb eines Vertrags abgegeben werden. Zu der Löschung einer Grundschuld an einem herrenlosen Grundstück bedarf es keiner Zustimmung des früheren Eigentümers (BGH WM 2012, 1451). 2

Der **materiellrechtl Eigentümer** zur Zeit der Aufhebung (BGH WM 2012, 1451) muss zustimmen. Zustimmung des Bucheigentümers (§ 892) reicht nicht aus (Staudinger/*Wolfsteiner* Rn 5); die Vermutung des § 891 greift jedoch ein (Düsseldorf NJW-RR 2015, 1429, 1430; Naumburg BeckRS 2015, 19873; NK/*Krause* Rn 7). Bei Mehrzahl von Eigentümern ist die Zustimmung aller erforderlich (Celle FGPrax 2018, 250, 251; Naumburg BeckRS 2015, 19873; Hamm NJOZ 2014, 1101; MüKo/*Lieder* Rn 3; NK/*Krause* Rn 7). Maßgebend ist der Zeitpunkt der Eintragung, so dass für Löschung nach vollzogener Auflassung die Zustimmung des neuen Eigentümers nötig ist (MüKo/*Lieder* Rn 7); bei gleichzeitiger Aufhebung und Veräußerung genügt die Zustimmung des Veräußerers. 3

3. Verfügung. Die Zustimmung ist einer **Verfügung** ähnl; eine Verfügung über das Grundstück liegt darin aber nicht (Staudinger/*Wolfsteiner* Rn 9; MüKo/*Lieder* Rn 9; NK/*Krause* Rn 6; aA BaRo/*Rohe* Rn 3), was im Hinblick auf **Verfügungsverbote** von Bedeutung ist; so schließt ein gerichtl Verbot, über das Grundstück zu verfügen, die Zustimmung gem § 1183 nicht aus. – Auf die Zustimmungserklärung findet § 878 keine Anwendung (NK/*Krause* Rn 8; MüKo/*Lieder* Rn 15). Ist der Eigentümer nur in Bezug auf das Grundstück in seiner Verfügungsmacht beschränkt, so hindert das die Zustimmung und damit die Aufhebung der Hypothek nicht (Staudinger/*Wolfsteiner* Rn 11). Ein Vormund oder Pfleger bzw. Betreuer des Eigentümers bedarf zur Zustimmung der familiengerichtlichen Genehmigung des § 1850 Nr. 1 (Hamm MittBayNot 2011, 242; MüKo/*Lieder* Rn 16). Das Recht zur Zustimmung ist nicht pfändbar (München MittBayNot 2017, 89, 90; Staudinger/*Wolfsteiner* Rn 14; MüKo/*Lieder* Rn 9; aA Saarbrücken BeckRS 2013, 17986; Dresden BeckRS 2010, 23359). 4

4. Grundschuld. § 1183 ist auf die Grundschuld entspr anwendbar (Naumburg BeckRS 2015, 19873). 5

§ 1184 Sicherungshypothek

(1) Eine Hypothek kann in der Weise bestellt werden, dass das Recht des Gläubigers aus der Hypothek sich nur nach der Forderung bestimmt und der Gläubiger sich zum Beweis der Forderung nicht auf die Eintragung berufen kann (Sicherungshypothek).

(2) Die Hypothek muss im Grundbuch als Sicherungshypothek bezeichnet werden.

1. Begriff. Die – *streng* akzessorische (BGH WM 2013, 1791, 1792) – Sicherungshypothek unterscheidet sich von der Regelhypothek dadurch, dass die den Rechtsverkehr schützenden §§ 891ff sich entgegen § 1138 nicht auf die Forderung und auf dagegen gerichtete Einreden (§ 1137) erstrecken. Daher ist die Sicherungshypothek kein zum Umlauf im Rechtsverkehr geeignetes, dafür aber auch nicht bestimmtes Rechtsinstitut; aus diesem Grunde ist sie auch nur als Buchrecht zulässig (§ 1185 I). IÜ jedoch sind die für die Verkehrshypothek geltenden Vorschriften auf die Sicherungshypothek uneingeschränkt anwendbar (Staudinger/*Wolfsteiner* Rn 4; NK/*Krause* Rn 1), einschl § 1163 I, § 1177. Auch eine Gesamtsicherungshypothek ist möglich (Düsseldorf Rpfleger 1981, 200; NK/*Krause* Rn 1). **Besondere Arten der Sicherungshypothek** sind die Wertpapierhypothek (§ 1187) und die Hypothek für Inhaberschuldverschreibungen (§ 1188) sowie die Höchstbetragshypothek (§ 1190). 1

2. Akzessorietät. Der Bestand der Sicherungshypothek ist vom Bestand der gesicherten Forderung abhängig. Die Forderung unterliegt, auch iVm der Hypothek, schuldrechtl Grundsätzen; bei einer zu Unrecht eingetragenen Auswechslung der Forderung ist die wirkliche Forderung maßgebend. Da die Bestandsvermutung 2

(§ 891) und der öffentliche Glaube des Grundbuchs (§ 892) hinsichtl der Forderung nicht eingreifen, ist ein gutgläubiger Erwerb der Sicherungshypothek ausgeschlossen, wenn der Forderung Einwendungen oder Einreden entgegenstehen. Dem Eigentümer stehen auch Einwendungen zu, die dem persönlichen Schuldner rechtskräftig abgesprochen worden sind (BGH NJW 1960, 1438; Grü/*Herrler* Rn 4; vgl aber Frankfurt NJW-RR 1988, 206). Davon zu unterscheiden sind solche Einwendungen und Einreden, die nur das dingliche Recht selbst betreffen; insoweit gelten die §§ 891ff. Die eingetragene Sicherungshypothek kann also, falls die zugrunde liegende Forderung besteht, gutgläubig erworben werden (BGHZ 64, 195, 197), so etwa bei Unwirksamkeit der Einigung über die Bestellung der Hypothek oder bei Nichtberechtigung des über die Hypothek verfügenden Gläubigers, dem die Forderung zusteht, ebenso wenn eine gegen das dingliche Recht bestehende Einrede (§ 1157) nicht eingetragen ist. Auch § 893 kommt nur zum Zuge, wenn die gesicherte Forderung existiert. Zahlung des Eigentümers an den bloßen Buchgläubiger befreit deshalb nur unter der Voraussetzung, dass diesem die Forderung zusteht. Zahlt hingegen der Eigentümer in Unkenntnis einer Abtretung an den alten Gläubiger, so wird er frei, da § 1156 durch § 1185 II ausgeschlossen ist und somit § 407 gilt; für Aufrechnung gilt § 406.

3 **3. Beweislast.** Die **Beweislast** für das Entstehen und die Höhe der Forderung hat der Gläubiger (BGH NJW 1986, 53; NK/*Krause* Rn 7; MüKo/*Lieder* Rn 13), es ist also die gleiche Lage gegeben, als wenn er nicht aus der Hypothek, sondern aus der gesicherten persönlichen Forderung vorginge. Eintragungsbewilligung reicht zum Beweis nicht ohne weiteres aus, sofern nicht darin auch Schuldanerkenntnis enthalten ist; sie kann aber Indiz sein. Der Gläubiger braucht jedoch, wenn die Forderung nachgewiesen ist, nicht auch sein Hypothekenrecht zu beweisen, auch nicht bei Abtretung; hier spricht die Vermutung des § 891 für den Eingetragenen. Den Eigentümer trifft die Beweislast, wenn er die Unrichtigkeit des eingetragenen Schuldgrundes behauptet, das Erlöschen der Forderung (BGH NJW 1986, 53) oder rechtshemmende Tatsachen geltend macht. Bei **Zwangshypothek** beweist der zugrunde liegende Titel die Forderung (BGH NJW 1988, 828, 829); Beschränkung auf die nach § 767 II, § 796 II ZPO zulässigen Einwendungen auch ggü der Duldungsklage des Gläubigers (BGH NJW 1988, 828, 829; NK/*Krause* Rn 9); vgl auch § 1147 Rn 2ff.

4 **4. Begründung der Sicherungshypothek.** Bei **rechtsgeschäftlicher Begründung der Sicherungshypothek** müssen Einigung und Eintragung sich auf den Charakter der Hypothek als Sicherungshypothek erstrecken (Staudinger/*Wolfsteiner* Rn 10; MüKo/*Lieder* Rn 14). Forderungsschuldner und Grundstückeigentümer müssen nicht identisch sein. Die Kennzeichnung als Sicherungshypothek im Grundbuch ist unentbehrlich (Bezugnahme nach § 874 genügt nicht); Ausnahmen in §§ 1187, 1190. Der Sicherungszweck kann noch nach der Eintragung vereinbart werden (BGHZ 36, 84), bis dahin Eigentümergrundschuld. Wird bei Einigung auf eine Verkehrshypothek eine Sicherungshypothek eingetragen, so ist als minderes Recht eine Sicherungshypothek entstanden (MüKo/*Lieder* Rn 21; Staudinger/*Wolfsteiner* Rn 12); damit ist den Interessen beider Beteiligten gedient, denn die Sicherungshypothek belastet den Eigentümer weniger als die Verkehrshypothek und der Gläubiger hat im Zweifel lieber das Weniger an Sicherheit als gar keine dingliche Absicherung (Staudinger/*Wolfsteiner* Rn 12). Der Gläubiger kann aufgrund der schuldrechtl Sicherungsabrede Umwandlung in eine Verkehrshypothek verlangen. Auch im umgekehrten Fall der ungewollten Eintragung als Verkehrs- statt als Sicherungshypothek und bei Dissens bzgl der Art der Hypothek ist entspr der Eintragung eine Verkehrshypothek anzunehmen. Die Parteien sind aber im Innenverhältnis so zu behandeln, wie sie sich geeinigt haben. Auch besteht eine Verpflichtung zur Umwandlung in das gewollte Recht (Soergel/*Konzen* Rn 9; NK/*Krause* Rn 15; Grü/*Herrler* Rn 6; aA Staudinger/*Wolfsteiner* Rn 12; MüKo/*Lieder* Rn 22: Entstehen einer Sicherungshypothek). Dies entspricht dem Willen der Parteien, eine dingliche Sicherheit zu bestellen.

5 **Entstehung kraft Gesetzes:** § 1287 S 2 BGB; § 848 II 2 ZPO, sog Surrogationshypothek, auch wenn im Grundbuch nicht als Sicherungshypothek bezeichnet. Anspruch auf Sicherungshypothek nach § 648. **Entstehung durch Zwangsvollstreckung:** §§ 867, 932 ZPO (dabei ist die Entstehungsart im Eintragungsvermerk anzugeben); §§ 128, 130 ZVG; auf Ersuchen einer Behörde, die ihre Forderung selbst vollstrecken kann, § 322 AO; nach Landesrecht auf Ersuchen der zuständigen Behörde wegen Förderungen öffentlich-rechtl Körperschaften, Art 91 EGBGB. Die im Wege des Arrestes eingetragene (Höchstbetrags-)Sicherungshypothek bietet den Gläubigern noch keine Befriedigungsmöglichkeit, sondern sichert nur rangwahrend seine – noch nicht titulierte – Forderung in Höhe ihrer Feststellung im Hauptprozess (BGH WM 1997, 1049). Sie gibt einen Duldungsanspruch gegen den jew Eigentümer (BGH WM 1997, 1049). Demggü ermöglicht die Zwangshypothek aufgrund eines persönlichen Titels eine Zwangsversteigerung (§ 867 III ZPO), nicht aber eine Pfändung von Mietansprüchen (BGH WM 2008, 801, 802; *Fischinger* WM 2009, 637, 640; *Zimmer* NJW 2008, 1600). § 867 III ZPO setzt Identität von Schuldner und eingetragenem Eigentümer voraus, so dass eine Zwangsversteigerung allein aus der Sicherungshypothek ausscheidet, wenn ein Eigentümerwechsel stattgefunden hat (BGH WM 2007, 947, 948). Ein rechtskräftiger Titel über eine Arrestforderung hat nicht zur Folge, dass aus der Arresthypothek kraft Gesetzes eine Zwangshypothek wird.

6 **5. Grundschuld.** § 1184 ist auf die Grundschuld nicht anwendbar.

§ 1185 Buchhypothek; unanwendbare Vorschriften

(1) Bei der Sicherungshypothek ist die Erteilung des Hypothekenbriefs ausgeschlossen.

(2) Die Vorschriften der §§ 1138, 1139, 1141, 1156 finden keine Anwendung.

§ 1185 hat im Wesentlichen nur klarstellende Bedeutung. Im Einz: Zum **Ausschluss des § 1138** vgl § 1184 Rn 1. § 1139 ist dementspr gegenstandslos. Unanwendbarkeit des § 1156 bedeutet für den Eigentümer den Schutz nach §§ 406–408. Der **Ausschluss des Briefes** ist entgegen § 1116 II 3 nicht eintragungsfähig. 1

Während der **Kündigung** nur durch oder ggü dem Schuldner der Verkehrshypothek nicht fällig werden lässt, ist bei der Sicherungshypothek nur die Kündigung der persönlichen Forderung entscheidend. Der Eigentümer muss sie auch dann gegen sich gelten lassen, wenn er sie nicht kennt; er steht also schlechter als bei der Verkehrshypothek. Bei Unkenntnis über die Person des Schuldners muss der Gläubiger nach § 132 II vorgehen. – § 1185 ist auf die Grundschuld nicht anwendbar. 2

§ 1186 Zulässige Umwandlungen

Eine Sicherungshypothek kann in eine gewöhnliche Hypothek, eine gewöhnliche Hypothek kann in eine Sicherungshypothek umgewandelt werden. Die Zustimmung der im Range gleich- oder nachstehenden Berechtigten ist nicht erforderlich.

Die **Umwandlungsmöglichkeit** folgt daraus, dass es sich bei allen Arten um Erscheinungsformen des Grundpfandrechts handelt. Vgl auch § 1198. Die Umwandlung kann mit einer Forderungsauswechslung verbunden werden; auch Umwandlung iVm Zusammenfassung zur Einheitshypothek möglich. Umwandlung auch in und von Höchstbetragshypothek und von Arresthypothek in Zwangshypothek (BGH WM 1997, 1045, 1049). 1

Die **Umwandlungserfordernisse** ergeben sich aus § 877. Gleich- und nachstehend Berechtigte sind nicht beteiligt (Staudinger/*Wolfsteiner* Rn 13; NK/*Krause* Rn 12; aA MüKo/*Lieder* Rn 4 bei Umwandlung Sicherungshypothek in Verkehrshypothek). Auch der persönliche Schuldner (NK/*Krause* Rn 13) und der Besteller der Hypothek (bei Eigentümerwechsel) sind nicht beteiligt, wohl aber der Inhaber einer Löschungsvormerkung (MüKo/*Lieder* Rn 4). 2

Wird eine Sicherungshypothek in eine Verkehrshypothek umgewandelt, entsteht eine Buchhypothek, falls nicht das Gegenteil vereinbart ist, vgl § 1116 III. Die Eintragung des Briefausschlusses ist zweckmäßig, aber nicht notwendig. – § 1886 ist auf die Grundschuld nicht anwendbar; vgl insoweit aber §§ 1198, 1203. 3

§ 1187 Sicherungshypothek für Inhaber- und Orderpapiere

Für die Forderung aus einer Schuldverschreibung auf den Inhaber, aus einem Wechsel oder aus einem anderen Papier, das durch Indossament übertragen werden kann, kann nur eine Sicherungshypothek bestellt werden. Die Hypothek gilt als Sicherungshypothek, auch wenn sie im Grundbuch nicht als solche bezeichnet ist. Die Vorschrift des § 1154 Abs. 3 findet keine Anwendung. Ein Anspruch auf Löschung der Hypothek nach den §§ 1179a, 1179b besteht nicht.

Zweck der besonderen Ausgestaltung der Wertpapierhypothek ist, eine **Sicherungsform** zu schaffen, deren technische Einzelheiten der Natur der wertpapierrechtl Ansprüche entspricht; leichte Umsatzfähigkeit, wertpapierrechtl Verbriefung, Ausschluss der Kollision von Hypothekenbrief und Wertpapier. Angesichts des weit gehenden Gutglaubensschutzes des Wertpapierrechts, der auch hier gilt, ist der Ausschluss der §§ 1138, 891, 892 durch § 1187 (Charakter der Wertpapierhypothek als Sicherungshypothek) nicht besonders wichtig. 1

Die zu sichernden Forderungen zählt § 1187 abschließend auf. Sie müssen begründet sein in: Inhaberschuldverschreibungen der §§ 793ff (nicht § 808), Wechsel (praktisch kommen Schecks nicht in Betracht), kaufmännische Anweisungen oder Verpflichtungsscheine. Gem § 1113 kann die Forderung nur auf Geld gehen. Gemeint in § 1187 sind nur die Ansprüche unmittelbar aus dem Papier. Bei den unter § 1187 fallenden Ansprüchen ist die Hypothek automatisch Wertpapierhypothek iSd § 1187. 2

Bestellung nach §§ 873, 1113; Ausnahmen in § 1188. Zur **Eintragung** vgl § 50 GBO. Bei Mehrheit der Ansprüche, zB bei Mehrheit von Inhaberschuldverschreibungen, bestehen so viele Hypotheken, wie Papiere ausgegeben sind, daher Bezeichnung der Schuldverschreibungen in der Eintragung nötig. Bezeichnung als Sicherungshypothek ist nicht nötig, aber die Forderung muss so bezeichnet werden, dass die Sonderform der Hypothek erkenntlich ist. Nach § 43 GBO soll die Eintragung nur bei Vorlage der Urkunde erfolgen; das gilt auch für die Ersteintragung der Hypothek (MüKo/*Lieder* Rn 11; Grü/*Herrler* Rn 3; aM Colmar OLG 6, 105). Einzutragen ist der erste Nehmer des Papiers, bei späterer Eintragung der Legitimierte. Zur Hypothek für Inhaberschuldverschreibungen vgl § 1188 Rn 1. Die Hypothek kann auch als Höchstbetragshypothek eingetragen werden. 3

Gutglaubensschutz. Bzgl der Forderung gelten §§ 1138, 892 nicht (vgl § 1184 Rn 1); aber die **wertpapierrechtl Beschränkung der Einreden** zugunsten des gutgläubigen Erwerbs gilt (vgl § 796 BGB; § 364 II HGB; Art 17 WG), ebenso wie die Möglichkeit **gutgläubigen** Erwerbs der Forderung (vgl § 932; Art 16 WG; § 365 HGB). Unterschied zur Verkehrshypothek danach nur dadurch, dass der wertpapierrechtl Gutglaubensschutz bei Geschäftsunfähigkeit des „Verpflichteten" und, wenn ihm das Papier abhandenkommt, versagt. Hier erwirbt der Gutgläubige dann auch die Hypothek nicht. Für die dingliche Seite gelten die §§ 891, 892, vgl § 1184 Rn 2. Dabei ist anzunehmen, dass die Eintragung des ersten Nehmers des Papiers ausreicht. Gutgläubiger Erwerb wird also nicht dadurch ausgeschlossen, dass der Verfügende nur durch die papiermäßige Legitimation (Besitz bei § 793, sonst Indossamentenkette) ausgewiesen ist. Für **§ 1157** ist der Inhalt des Grundbuchs entscheidend; dass 4 die Einrede aus dem Papier nicht ersichtlich ist, hilft dem Erwerber nicht. Wohl aber ist in Analogie zu § 1140 anzunehmen, dass die aus dem Papier ersichtliche Einrede absolut wirkt.

5 Die Wertpapierhypothek ist nach dem **allg Hypothekenrecht** zu behandeln. Ausgeschlossen ist jedoch durch **Satz 4** ein gesetzl Löschungsanspruch (§§ 1179a, 1179b) bei Vereinigung der Wertpapierhypothek mit dem Eigentum, was entspr auch für die Inhabergrundschuld gilt (§ 1195). Wertpapierrechtl Besonderheiten für das Erlöschen (Verjährung) der Verpflichtung aus einer Inhaberschuldverschreibung vgl § 801; zum Erwerb des Wechsels durch den Aussteller vgl Art 11 III WG.

6 Die Forderung und mit ihr die Hypothek (§ 1153) werden ausschließlich nach wertpapierrechtl Grundsätzen (also außerhalb des Grundbuchs) **übertragen**, vgl § 893 BGB; § 363 HGB; Art 11 WG; § 1154 III findet keine Anwendung. Werden Wertpapiere durch schlichte Forderungszession übertragen (vgl dazu BGH WM 2013, 1264, 1266), gilt dies auch für die durch eine Inhaberhypothek gesicherte Forderung (Staudinger/*Wolfsteiner* Rn 19; MüKo/*Lieder* Rn 13). Ausweis ggü dem Grundbuchamt erfordert gem § 29 GBO öffentliche Beglaubigung der Indossamente; für die Inhaberschuldverschreibung genügt Besitz am Papier. Grundbuchberichtigung auf den neuen Gläubiger kommt nicht in Betracht. Zum Vorlagezwang für die Urkunde vgl § 43 GBO. Der Übertragung entspr sind geregelt: Nießbrauchbestellung, vgl §§ 1069, 1081; Verpfändung, §§ 1205, 1292, 1293. Für die Pfändung vgl § 831, § 830 III 2, § 837 II 2 ZPO. – § 1187 ist auf die Grundschuld nicht anwendbar, vgl aber § 1195.

§ 1188 Sondervorschrift für Schuldverschreibungen auf den Inhaber

(1) Zur Bestellung einer Hypothek für die Forderung aus einer Schuldverschreibung auf den Inhaber genügt die Erklärung des Eigentümers gegenüber dem Grundbuchamt, dass er die Hypothek bestelle, und die Eintragung in das Grundbuch; die Vorschrift des § 878 findet Anwendung.

(2) Die Ausschließung des Gläubigers mit seinem Recht nach § 1170 ist nur zulässig, wenn die im § 801 bezeichnete Vorlegungsfrist verstrichen ist. Ist innerhalb der Frist die Schuldverschreibung vorgelegt oder der Anspruch aus der Urkunde gerichtlich geltend gemacht worden, so kann die Ausschließung erst erfolgen, wenn die Verjährung eingetreten ist.

1 Sondervorschriften für die **Bestellung.** Zur **Inhaberschuldverschreibung** vgl § 793 und die in § 1187 Rn 1 erwähnten Vorschriften. Einseitige Erklärung des Eigentümers genügt, die Hypothek entsteht als Eigentümergrundschuld, falls der Eigentümer die Schuldverschreibungen noch besitzt. Eingetragen wird der Inhaber als solcher. **Einschränkungen des Ausschlusses** im Interesse des Berechtigten, vgl § 801. Zur verfahrensrechtl Berücksichtigung vgl § 986 II ZPO. Verjährungsregelung in § 801 I S 2. – § 1188 ist auf die Inhabergrundschuld (§ 1195) entspr anwendbar.

§ 1189 Bestellung eines Grundbuchvertreters

(1) Bei einer Hypothek der im § 1187 bezeichneten Art kann für den jeweiligen Gläubiger ein Vertreter mit der Befugnis bestellt werden, mit Wirkung für und gegen jeden späteren Gläubiger bestimmte Verfügungen über die Hypothek zu treffen und den Gläubiger bei der Geltendmachung der Hypothek zu vertreten. Zur Bestellung des Vertreters ist die Eintragung in das Grundbuch erforderlich.

(2) Ist der Eigentümer berechtigt, von dem Gläubiger eine Verfügung zu verlangen, zu welcher der Vertreter befugt ist, so kann er die Vornahme der Verfügung von dem Vertreter verlangen.

1 **Zweck der Vertreterbestellung.** Bei der Vielzahl der Berechtigten, der Schwierigkeit ihrer grundbuchmäßigen Legitimation (vgl § 1187 Rn 6) und ihrer Ermittlung sollen Verfügungen durch einen Gläubigervertreter ermöglicht werden. Vgl auch § 74 SchiffsRG. Der Vertreter des § 1189 ist seiner **Rechtsstellung** nach rechtsgeschäftlich bestellter Vertreter der Gläubiger. Vertreter und Gläubigerstellung sind daher auseinander zu halten, selbst wenn sie zeitweise in einer Person zusammenfallen (Emissionshaus). Wo aber der Eingetragene nach außen Gläubiger, nach innen Treuhänder sein soll, trifft § 1189 nicht zu. Neben dem Vertreter bleiben die Gläubiger verfügungsberechtigt. **Andere Vertreter**, die neben dem Vertreter des § 1189 stehen, ohne seine Befugnisse einzuschränken, sind der **Gläubigervertreter** nach dem Schuldverschreibungsgesetz und der sog **Vertragsvertreter**, der aufgrund der Anleihebestimmungen bestellt wird. Keine Eintragung dieser Vertreter ins Grundbuch.

2 Die **Bestellung eines Vertreters** ist nicht zwingend; sie ist die Regel im Fall des § 1188. Die Bestellung ist Teil der Hypothekenbestellung, also Einigung und Eintragung erforderlich; im Falle des § 1188 genügt einseitige Erklärung. Anderweitige Vereinbarung zulässig, zB Recht des Vertreters, Nachfolger zu bestimmen; auch Wahl durch Gläubigerversammlung möglich. Der Vertreter ist im Grundbuch einzutragen; die Befugnisse können in der in bezug genommenen Eintragungsbewilligung bestimmt werden. Erst die Eintragung lässt die Vertretungsmacht entstehen. Für den Eingetragenen spricht die Vermutung des § 891.

3 Die **Vertretungsmacht** ist auf Verfügungen über die Hypothek beschränkt. Soll der Vertreter auch über die Forderung verfügen können, bedarf es einer besonderen Vollmacht. **Geltendmachung der Hypothek** ist: Kündigung, Mahnung, Klage (Einzelheiten bzgl der Stellung im Prozess str); sonst fallen zB unter § 1189: Löschungsbewilligung, Haftentlassung, Rangänderung. Sind mehrere Höchstbetragshypotheken bestellt, kann der Vertreter auch Befugnis zur Aufteilung haben. **Beschränkung auf bestimmte Verfügungen** möglich. Einschränkung der Geschäftsführungs- und der Vertretungsmacht sind zu unterscheiden (BayObLG 1941, 183). Entspr dem Zweck

der Vertreterbestellung für seine Verfügungen besteht kein Zwang zur Vorlage der Papiere, § 43 II GBO. **Erlöschen der Vertretungsmacht** nach §§ 877, 873, dh durch Einigung und Eintragung; ferner gem §§ 168, 673, 675 durch Beendigung des der Vertretung zugrunde liegenden Verhältnisses und durch Kündigung seitens des Vertreters; an Stelle des einseitigen Widerrufs durch den Gläubiger tritt Abberufung nach § 16 SchVG. Ist eine juristische Person Vertreter, geht bei Fusion die Vertretungsmacht ohne Grundbucheintragung über.

Die **Verpflichtung des Vertreters** (Ausnahme von § 164) aus Abs II ist von dem zugrunde liegenden Vertrag unabhängig, besteht also ggü jedem Erwerber des Grundstücks. – § 1189 ist auf die Inhabergrundschuld entspr anwendbar. 4

§ 1190 Höchstbetragshypothek

(1) Eine Hypothek kann in der Weise bestellt werden, dass nur der Höchstbetrag, bis zu dem das Grundstück haften soll, bestimmt, im Übrigen die Feststellung der Forderung vorbehalten wird. Der Höchstbetrag muss in das Grundbuch eingetragen werden.

(2) Ist die Forderung verzinslich, so werden die Zinsen in den Höchstbetrag eingerechnet.

(3) Die Hypothek gilt als Sicherungshypothek, auch wenn sie im Grundbuch nicht als solche bezeichnet ist.

(4) Die Forderung kann nach den für die Übertragung von Forderungen geltenden allgemeinen Vorschriften übertragen werden. Wird sie nach diesen Vorschriften übertragen, so ist der Übergang der Hypothek ausgeschlossen.

1. Allgemeines. Zweck ist die Sicherung einer der Höhe nach noch nicht feststehenden, sondern sich erst entwickelnden Forderung, so vor allem im Rahmen eines Kontokorrentverhältnisses oder einer ständigen Geschäftsverbindung. Die Verkehrshypothek ermöglicht dies nicht, weil sie eine bestimmte Forderung voraussetzt. 1

Die Höchstbetragshypothek ist eine besondere Art der **Sicherungshypothek.** Von dieser unterscheidet sie sich dadurch, dass nur der gesicherte Höchstbetrag einzutragen ist, die gesetzl oder rechtsgeschäftl Zinsen und anderen Nebenleistungen in den Höchstbetrag eingerechnet werden (Staudinger/*Wolfsteiner* Rn 44; MüKo/*Lieder* Rn 7; NK/*Krause* Rn 10) und die Forderung isoliert abgetreten werden kann. Auch Forderungen iSd §§ 1187, 1188 können gem § 1190 gesichert werden. Die **Arresthypothek** entsteht stets als Höchstbetragshypothek (§ 932 ZPO), ebenso die aufgrund Pfändung des Auflassungsanspruchs nach § 848 II ZPO erlangte Sicherungshypothek, wenn die Pfändung durch Arrestvollziehung erfolgte. 2

Eine **verdeckte Höchstbetragshypothek** ist in der Weise erreichbar, dass eine Verkehrs- oder eine Sicherungshypothek mit der fiduziarischen Abrede bestellt wird, das Recht solle nur als Höchstbetragshypothek gelten. Eine solche Abrede wirkt aber lediglich im Innenverhältnis (Brandenburg WM 1998, 283) und ist nicht eintragungsfähig (BayObLG NJW 1954, 1808). Für eine Forderung aus laufendem Kontokorrent ist diese Hypothek nicht geeignet, weil mit jeder periodischen Tilgung in entspr Höhe das dingliche Recht auf den Eigentümer übergeht (§ 1163 I 2) und erst nach Abtretung und Forderungsaustausch (§ 1180) erneut eine Fremdhypothek entsteht (aA Staudinger/*Wolfsteiner* § 1113 Rn 19). 3

2. Voraussetzungen. Voraussetzung der Höchstbetragshypothek ist die Bewilligung und Eintragung eines bestimmten Geldbetrags mit der Maßgabe, dass bis zu dessen Höhe das Grundstück haften soll. Die tatsächliche Forderungshöhe darf zum Zeitpunkt der Bestellung und Eintragung der Höchstbetragshypothek noch nicht unveränderlich feststehen (KG BeckRS 2019, 30947; BayObLG NJW-RR 1989, 1467, 1468; NK/*Krause* Rn 3; Soergel/*Konzen* Rn 12; MüKo/*Lieder* Rn 4). Für eine feststehende Forderung in bestimmter Höhe kann keine Höchstbetragshypothek bestellt werden. Die Ungewissheit, ob die Forderung künftig zur Entstehung kommt, genügt nicht (KG BeckRS 2019, 30947). Unschädlich ist, wenn ein Teilbetrag der Forderung bereits feststeht (Soergel/*Konzen* Rn 12). Typisch ist die Sicherung eines Kontokorrentrahmens oder die Sicherung von Forderungen aus einer laufenden Geschäftsbeziehung (NK/*Krause* Rn 3). Unbestimmtheit bloß der – in den Höchstbetrag aufzunehmenden – Zinsforderung genügt (Soergel/*Konzen* Rn 12; NK/*Krause* Rn 3). Möglich ist eine Höchstbetragshypothek auch mit dem Inhalt, bis zu der angegebenen Höhe den etwaigen Ausfall der ein anderes Grundstück belastenden Verkehrs- oder Sicherungshypothek in der Zwangsversteigerung aufzufangen. Eine trotz schon endgültig feststehender Forderung eingetragene Höchstbetragshypothek ist als gewöhnliche Sicherungshypothek anzusehen, so dass ein Klarstellungsvermerk im Grundbuch genügt; ist eine solche Umdeutung ausnahmsw nicht möglich, so ist die Eintragung inhaltlich unzulässig (Soergel/*Konzen* Rn 18). 4

Zinsen (folgerichtig auch sonstige Nebenkosten) müssen nach Abs II in den Höchstbetrag einbezogen werden; eine gesonderte Eintragung ist inhaltlich unzulässig. Die Einbeziehung in den Höchstbetrag ändert aber nichts an der Rechtsnatur der Zinsen als Nebenforderung. Auch **gesetzl** Zinsen (§ 1119) müssen in den Höchstbetrag eingestellt werden. Für die **Kosten** nach § 1118 hingegen haftet das Grundstück zusätzl. 5

3. Schuldgrund. Der **Schuldgrund** der Forderung muss noch nicht bestimmt, aber hinreichend bestimmbar sein, damit sich der Sicherungsbereich dem Höchstbetrag zuordnen lässt. Die individualisierbare Angabe des gesicherten Forderungskreises genügt. 6

4. Gläubiger. Gläubiger der Forderung muss der im Grundbuch eingetragene Gläubiger des dinglichen Rechts sein. Für mehrere Gläubiger, die nicht in einer Rechtsgemeinschaft verbunden sind (§ 1113 Rn 10ff), kann eine Höchstbetragshypothek nicht bestellt werden (MüKo/*Lieder* Rn 23; NK/*Krause* Rn 7); anders im Fall des 7

§ 1187 durch gemeinsamen Vertreter nach § 1189. Eine **Doppelsicherung** derselben Forderung ist inhaltlich unzulässig (§ 1113 Rn 6). Davon zu unterscheiden ist die **Ausfallsicherung** (Rn 4) sowie die **Aufspaltung** eines Forderungskreises auf mehrere Höchstbetragshypotheken dahingehend, dass die nachrangige den durch die vorgehende Hypothek nicht gedeckten Teil der Forderungen sichert (*Hornung* NJW 1991, 1653). Zulässig ist eine Höchstbetragshypothek auch dergestalt, dass der Gläubiger mit seiner Forderung erst an der Reihe ist, wenn die Forderung eines anderen Gläubigers befriedigt ist, sei es aus dem Grundstück oder durch den persönlichen Schuldner (aA NK/*Krause* Rn 7).

8 **5. Entstehung.** Die Höchstbetragshypothek **entsteht** durch dingliche Einigung und Eintragung (§ 873). Aus der Einigung muss der zu sichernde Höchstbetrag als Haftungsgrenze hervorgehen. Ist das der Fall, dann ist auch der Vorbehalt späterer Feststellung schlüssig zum Ausdruck gebracht. Die **Eintragung** muss verlautbaren, dass das Grundstück bis zu einem bestimmten Betrag haftet; der Feststellungsvorbehalt braucht nicht vermerkt zu werden, dgl ist die Bezeichnung als Sicherungshypothek nicht geboten (Abs III). **Zinsen** sind in den Höchstbetrag einzurechnen (Abs II) und daher nicht als Nebenforderung eintragungsfähig.

9 **Unterwerfung unter die Zwangsvollstreckung** (§ 800 ZPO) ist in Anbetracht des unbestimmten Umfanges der Forderung unwirksam (BGHZ 88, 62, 65). Zulässig und eintragungsfähig ist die Unterwerfungsklausel jedenfalls dann, wenn sie sich urkundlich auf einen schon festbestimmten Teil des Höchstbetrags der Forderung oder des Forderungskreises beschränkt (BGHZ 88, 62, 65; BayObLG NJW-RR 1989, 1467; Soergel/*Konzen* Rn 18; aA MüKo/*Lieder* Rn 32; Staudinger/*Wolfsteiner* Rn 51: Bestimmbarkeit der Forderungen genügt), also dieser Teil nicht erst noch feststellungsbedürftig ist. Sichern mehrere Hypotheken jew nur einen Teil desselben Forderungskreises bis zu einem Höchstbetrag, so kommt lediglich innerhalb der ersten Höchstbetragsgrenze ein bereits feststehender und deshalb unterwerfungsfähiger Forderungsteil in Betracht (*Hornung* NJW 1991, 1654).

10 **6. Entstehung der Forderung. Bis zur Entstehung der Forderung** ist die Hypothek gem § 1163 I 1, § 1177 I auflösend bedingte Eigentümergrundschuld, die sich im Umfang des Entstehens der Forderung in eine Fremdhypothek umwandelt, die wiederum im Umfang des Erlöschens der Forderung zu einer durch Neuvalutierung auflösend bedingten Eigentümergrundschuld wird (Karlsruhe FGPrax 2006, 53, 54; MüKo/*Lieder* Rn 8; Staudinger/*Wolfsteiner* Rn 11); das dingliche Recht selbst ist aber unbedingt bestellt; es verbleibt bei der Veräußerung des Grundstücks dem Besteller. Die vorläufige Eigentümergrundschuld kann nicht auf den Eigentümer umgeschrieben werden, solange die Forderung nach der Sicherungsabrede noch entstehen kann. Verfügungen über das Eigentümerrecht, auch dessen Verpfändung und Pfändung, sind zwar statthaft, aber im Grundbuch nicht vollziehbar, weil der Eigentümer nicht als Inhaber des Rechts eingetragen ist (§ 39 GBO); dennoch vorgenommene Eintragungen sind insofern indes nicht inhaltlich unzulässig.

11 **Auch § 1163 I 2 ist anwendbar.** Daher führt das **Erlöschen** eines im Rahmen der Höchstbetragsgrenze schon entstandenen Forderungsteils insoweit zu einer Eigentümergrundschuld (BGH WM 1978, 1130); endgültig getilgt wird dieser Teil nur, wenn und soweit der noch ungetilgte Teil des Höchstbetrags zur Deckung des insg gesicherten Forderungskreises ausreicht.

12 **7. Feststellung der Forderung. Feststellung der Forderung** wird durch Abrede oder durch Urteil herbeigeführt (Soergel/*Konzen* Rn 5; NK/*Krause* Rn 25). Dabei kann von vornherein vereinbart werden, dass die Feststellung anhand obj Kriterien erfolgt oder dem Gläubiger oder einem Dritten ein entspr Bestimmungsrecht eingeräumt wird (Staudinger/*Wolfsteiner* Rn 25, 26 aA Soergel/*Konzen* Rn 5). Möglich ist auch die Feststellung durch eine spätere Einigung. Zum Abschluss eines solchen Vertrags (§§ 780, 781) zw dem Eigentümer und dem Gläubiger verpflichtet die Sicherungsabrede, die sich, wenn eine solche nicht ausdrückl getroffen worden ist, aus der Art des gesicherten Forderungsverhältnisses schlüssig ergeben wird. Ist der Eigentümer **nicht persönlicher Schuldner**, so ist zw persönlichem Schuldner und dem Gläubiger der die Forderung feststellende Vertrag zu schließen (MüKo/*Lieder* Rn 12; NK/*Krause* Rn 25; aA Soergel/*Konzen* Rn 5: Eigentümer und Gläubiger); daran ist aber der Eigentümer nicht gebunden (NK/*Krause* Rn 25; MüKo/*Lieder* Rn 12). Feststellung durch **Urteil** wirkt nur zw den Prozessparteien (BGH NJW 1960, 1348); auch ein gegen den persönlichen Schuldner ergangenes Urteil hat Rechtskraftwirkung nicht gegen den personenverschiedenen Eigentümer, sondern nur Bedeutung als Beweismittel (NK/*Krause* Rn 25; MüKo/*Lieder* Rn 13). Die Hypothek kann schon vor Feststellung der Forderung geltend gemacht werden, auch wenn der Eigentümer nicht persönlicher Schuldner ist und gegen diesen die Forderung noch nicht festgestellt ist. Der Gläubiger muss immer beweisen, dass die Forderung in der geltend gemachten Höhe entstanden ist (§ 1184 Rn 3). Die Forderung kann sich nach dem Verteilungstermin nicht mehr ändern (RGZ 125, 136).

13 **Die Feststellung hat zur Folge**, dass insoweit die Hypothek endgültig dem Gläubiger zusteht, während sie im Umfang des nicht valutierten Teils endgültig zur Eigentümergrundschuld wird (§ 1163 I 2, § 1177 I), und zwar im Rang hinter der Hypothek (§ 1176). Diese bleibt trotz der Feststellung Höchstbetragshypothek. Bei Veräußerung des Grundstücks ist der nicht valutierte Teil der Hypothek Fremdgrundschuld in der Hand desjenigen früheren Eigentümers, der die Hypothek bestellt hatte. Er kann Berichtigung des Grundbuches verlangen (§ 894 BGB, § 22 GBO). Für das Grundbuchamt genügt die einseitige Erklärung des Gläubigers, dass die Forderung festgestellt ist. – Übersteigt die Forderung in ihrer festgestellten Höhe den eingetragenen, auf verschiedene Schuldgründe bezogenen Höchstbetrag, so kann der Gläubiger bestimmen, welche Forderung unter den Höchstbetrag fällt.

8. Umwandlung. Umwandlung der Höchstbetragshypothek in eine Verkehrs- oder in eine gewöhnliche Sicherungshypothek (§ 1186) setzt voraus, dass die unbestimmte gegen eine bestimmte Forderung nach § 1180 ausgewechselt oder bereits festgestellt ist. Auch Umwandlung in eine Grundschuld ist möglich (§ 1198), auch ohne vorherige Feststellung der Forderung bis zu einem Wechsel im Eigentum. Nach einem Eigentümerwechsel erfordert jede Art der Umwandlung die Zustimmung desjenigen Eigentümers, der die Hypothek bestellt hatte, falls nicht der Höchstbetrag schon gänzlich aufgefüllt ist und dies bewiesen wird. Eine Zustimmung des persönlichen Schuldners ist nicht erforderlich. 14

9. Abtretung. Abtretung der Höchstbetragshypothek vollzieht sich durch Übertragung der Forderung (§ 1153 I) mit Einigung und Grundbucheintragung (§ 1154 III, § 873). Eine vorherige Feststellung der Forderung ist nicht geboten, da die Forderung sowohl in der schon entstandenen als auch in der erst noch entstehenden Höhe einheitlich bis zu dem Höchstbetrag abtretbar ist. Wird sie in geringerer Höhe abgetreten, geht nur insoweit die Hypothek über, während sie im Umfang des Restbetrags dem bisherigen Gläubiger zur Sicherung des nicht abgetretenen Forderungsteils verbleibt. Bei Abtretung der Forderung bis zum Höchstbetrag sichert die Hypothek unverändert den davon erfassten Forderungskreis, also nicht auch andere Ansprüche des Erwerbers, auch wenn sie daraus entstehen, dass der Erwerber aufgrund Geschäftsübernahme die geschäftliche Beziehung des bisherigen Gläubigers zum Schuldner fortsetzt; doch kann die Hypothek von vornherein auch zur Sicherung solcher Ansprüche bestellt worden sein (MüKo/*Lieder* Rn 19; aA RGZ 125, 141). 15

Abtretung nur der Forderung ist abw von § 1153 I zulässig (Abs IV). Die Forderung ist dann nach §§ 398ff zu übertragen. Unerheblich ist, ob sie schon festgestellt ist. Die abgetretene Forderung ist nun ungesichert; die Hypothek deckt aber bis zum Höchstbetrag weiterhin alle sonstigen Ansprüche aus dem bisher gesicherten Forderungskreis, es sei denn, dass er durch die Abtretung erschöpft ist; in diesem Falle wird die Hypothek zu einer endgültigen Eigentümergrundschuld (§ 1163 I 2, § 1177 I), wenn nicht eine neue Valutierung gewählt wird. Da die Forderung (nicht die Hypothek, § 1153 II) isoliert abgetreten werden darf, kann auch entspr bei der **Pfändung** vorgegangen werden. Es kann also entweder die Forderung samt Hypothek gepfändet werden (§ 830 I 2 ZPO) oder die Forderung für sich allein (§ 837 III, § 829 ZPO). 16

10. Aufhebung. Aufhebung der Höchstbetragshypothek: Es gelten die §§ 875, 1183. Hat nach Bestellung der Eigentümer gewechselt, so ist auch die Zustimmung des bisherigen Eigentümers nötig, weil für diesen schon eine Eigentümergrundschuld entstanden sein kann. Gleiches gilt für einen **Verzicht** nach § 1168. 17

11. Grundschuld. § 1190 ist auf die Grundschuld nicht anwendbar. 18

Titel 2
Grundschuld, Rentenschuld (§§ 1191–1203)

Untertitel 1
Grundschuld (§§ 1191–1198)

§ 1191 Gesetzlicher Inhalt der Grundschuld

(1) Ein Grundstück kann in der Weise belastet werden, dass an denjenigen, zu dessen Gunsten die Belastung erfolgt, eine bestimmte Geldsumme aus dem Grundstück zu zahlen ist (Grundschuld).

(2) Die Belastung kann auch in der Weise erfolgen, dass Zinsen von der Geldsumme sowie andere Nebenleistungen aus dem Grundstück zu entrichten sind.

1 **I. Allgemeine Grundsätze. 1. Wesen der Grundschuld.** Die Grundschuld ist – auch nach Inkrafttreten des § 1192 Ia 1 – kein akzessorisches Recht (BGH WM 2018, 1168, 1171; 2017, 2299, 2300; MüKo/*Lieder* § 1192 Rn 7; Staudinger/*Wolfsteiner* § 1192 Rn 35; *Thöne* ZfIR 2019, 345; *Habersack* WM 2018, 1625; aA *Derleder* VuR 2016, 254, 256); sie ist ein **Grundpfandrecht ohne sachenrechtl Bindung an eine persönliche Forderung** (BGH WM 2016, 452). Das unterscheidet sie von der Hypothek. Zwar ist auch diese in ihrem Bestand als dingliches Recht von der gesicherten Forderung unabhängig; die Existenz der Forderung entscheidet aber grds darüber, ob das Recht dem Gläubiger als Hypothek oder dem Eigentümer als Grundschuld zusteht (§§ 1163, 1177). Auch wenn die Grundschuld, wie idR, zur Sicherung einer Forderung bestellt wird, sind Rechtszuständigkeit und dingliches Verwertungsrecht des Grundschuldgläubigers nicht an Entstehung und Fortbestand der Forderung gebunden. Die Unabhängigkeit von der Forderung hat in der Praxis dazu geführt, dass die Grundschuld die Hypothek als Kreditsicherungsinstrument verdrängt hat.

2 **2. Abstraktionsgrundsatz.** Die Bestellung der Grundschuld ist ein **abstraktes Geschäft.** Insoweit besteht kein Unterschied zur Hypothek. Wie alle dinglichen Verfügungsgeschäfte ist auch die Grundschuldbestellung unabhängig vom Kausalgeschäft. Nichtigkeit des Grundgeschäfts erfasst daher nicht die Bestellung der Grundschuld (Rn 51), anders bei einer Grundschuld zur Sicherung eines nach § 138 II wegen Wuchers nichtigen Darlehens (BGH WM 2018, 636, 638; 2000, 1580, 1582; NJW 1982, 2767; Schleswig ZfIR, 2012, 740, 741; MüKo/*Lieder* Rn 90), es sei denn, dass nach der Sicherungsabrede die Besicherung des nichtigen Darlehens nicht der alleinige Zweck der Sicherheitenbestellung war. Fehlen oder Wegfall des Rechtsgrundes rechtfertigen nur Rückgewähranspruch aus Bereicherung (Rn 53). Auch Leistungsstörungen innerhalb des Grundgeschäfts wirken sich nicht unmittelbar auf das dingliche Recht aus, können aber Rückgewähranspruch und Einrede aus der Sicherungsabrede zur Folge haben (Rn 54).

3 **3. Kausalgeschäft.** Als Kausalgeschäft für die Bestellung der Grundschuld kommt vor allem der im Zusammenhang mit einem Kreditgeschäft geschlossene Sicherungsvertrag in Betracht. Die Kausalabrede ist mit Bestellung der Grundschuld erfüllt (§ 362), ein dahingehendes Schenkungsversprechen folglich mit Bestellung vollzogen (§ 518 II), falls die Grundschuld selbst und nicht nur der gesicherte Geldbetrag Gegenstand des Versprechens ist. Wird die Grundschuld für eine Naturalobligation bestellt, so ist zu unterscheiden, ob das dingliche Recht nur der Sicherung dient (die Grundschuld entsteht, ist aber nach § 812 zurückzugewähren) oder ob es an Erfüllungs statt eingeräumt wird (dann ist die Naturalobligation erfüllt; § 812 scheidet aus). Wird die Grundschuld im Vorgriff auf eine später getroffene Rechtsgrundabrede bestellt, ist aber (nur) die Bestellung unwirksam, so muss der Eigentümer an der nachholbaren Bestellung einer gültigen Grundschuld mitwirken (BGH NJW 1990, 392).

4 **4. Bestellung, Verfügungen.** Bestellung der Grundschuld durch dingliche Einigung und Eintragung (§ 873 I), bei Briefrecht muss Briefübergabe hinzukommen (§ 1192 I, § 1117). Zur Bestellung durch einen Vertreter vgl § 1113 Rn 18. Einigung zugunsten eines Dritten ist unzulässig (BGHZ 41, 95, 96). **Übertragung** der Grundschuld entspr § 1154; **Pfändung** gem § 857 VI, §§ 830, 837 ZPO, Mitpfändung der gesicherten Forderung nach § 829 ZPO ist zweckmäßig; **Verpfändung** vgl § 1291; Grundschuldbelastung durch Nießbrauch vgl § 1080. **Verwertung der Grundschuld** durch Befriedigung aus dem Grundstück hat nach § 1181 Erlöschen des dinglichen Rechts zur Folge; freiwillige Befriedigung durch den Eigentümer führt zur Eigentümergrundschuld; Befriedigung durch ablösungsberechtigten Dritten bewirkt Rechtsübergang auf diesen.

5 **II. Sicherungsgrundschuld. 1. Sicherungsabrede.** Sicherungsgrundschuld (Legaldefinition in § 1192 Ia 1) ist eine Grundschuld mit fiduziarischer Zweckbindung (Saarbrücken OLGRp 2005, 139, 141; aA *Meyer* WM 2010, 58, 64 nach Inkrafttreten des § 1192 Ia 1). Diese beruht auf der schuldrechtl Vereinbarung (BGH WM 2018, 1054, 1061) zw dem Sicherungsgeber und dem Sicherungsnehmer, die Grundschuld solle eine persönliche Forderung des Gläubigers gegen den Sicherungsgeber oder gegen einen Dritten sichern. Diese **Sicherungsabrede**, nicht der sie in aller Regel veranlassende Kreditvertrag, ist Rechtsgrund der Grundschuldbestellung oder einer Abtretung der Grundschuld (BGH WM 2018, 1054, 1061; NJW-RR 1996, 234, 235; NJW 1989, 1732, 1733; MüKo/*Lieder* Rn 22; NK/*Krause* Rn 50; vgl dazu auch *Schrauder* WM 2022, 449ff; *Schrauder* JZ 2021, 388ff, gegen *Leitmeier* WM 2022, 14ff). Auch eine nicht vollwirksame Sicherungsabrede widmet als Bindeglied zw Grundschuld und Forderung erstere zur Sicherungsgrundschuld (*Olbrich* ZfIR 2013, 405, 406; *Dieckmann* NZM 2008, 865, 871; *Bülow* ZJS 2009, 1, 5). Die Sicherungsabrede begründet zw den Vertragsparteien auch ohne ausdrückl Vereinbarung kraft ihrer Rechtsnatur ein uneigennütziges **Treuhandverhältnis**, weil der Grundpfandrechtsgläubiger nach außen mehr Rechtsmacht erhält als er im Innenverhältnis, gebunden durch den Sicherungsvertrag, ausüben darf (BFH NJW 2020, 358, 360; BGH WM 2018, 1932, 1935; 2012, 1331, 1332; 2010, 1022, 1027; 2008, 603, 604; Brandenburg ZfIR 2014, 299, 300; MüKo/*Lieder* Rn 17; *Bülow* Rn 114; *Kesseler* ZIP 2007, 1297). Die Abrede ist im Allg nicht als gegenseitiger, sondern als unvollkommen zweiseitig verpflichtender Vertrag ausgestaltet (näher Staudinger/*Wolfsteiner* Vorb §§ 1191ff Rn 31; MüKo/*Lieder* Rn 21; NK/*Krause* Rn 54; *Bülow* ZJS 2009, 1, 2). Das gilt auch dann, wenn die Sicherungsabrede mit dem Kreditvertrag verknüpft wird, weil die synallagmatische Gegenleistung für das Darlehen die vereinbarte Verzinsungspflicht und nicht die Einräumung der Grundschuld ist (*Weber* AcP 109, 240; *Jäckle* JZ 1982, 50). Die Grundschuld gehört rechtl zum Vermögen des Treuhänders; dem Treugeber steht in der Insolvenz des Treuhänders ein Aussonderungsrecht (§ 47 InsO) zu, soweit die Grundschuld nach der Sicherungsabrede zurückzuübertragen ist (BGH ZIP 2012, 707, 709). Im Gegensatz zur Sicherungsgrundschuld liegt der sog **isolierten Grundschuld** keine Sicherungsabrede zugrunde, wohl aber eine Art Treuhandabrede zw Eigentümer und Grundschuldinhaber (Hamm BeckRS 2016, 16269).

2. Parteien des Sicherungsvertrags. Parteien des Sicherungsvertrags sind der Sicherungsnehmer und der Sicherungsgeber. **Sicherungsnehmer** ist der Erwerber der Grundschuld bei ihrer Bestellung (MüKo/*Lieder* Rn 26; *Clemente* Rn 289). Ein Zessionar tritt nicht ohne weiteres in der Position des Sicherungsnehmers ein, auch wenn er neben dem dinglichen Recht die Forderung übernimmt (BGH WM 2012, 1331; 2010, 1022, 1027; 1997, 13, 16; MüKo/*Lieder* Rn 26; *Gladenbeck/Samhat* Rn 634, 635). Vielmehr wird er nur dann Sicherungsnehmer und damit treuhänderisch gebunden und zur Rückgewähr verpflichtet, wenn er ausdrückl an die Stelle des Zedenten in dem Sicherungsvertrag eintritt. Dies kann durch einen dreiseitigen Vertrag, einen Vertrag zw der ausscheidenden und der eintretenden Vertragspartei mit Zustimmung der verbleibenden Partei oder durch einen Vertrag zugunsten Dritter erfolgen (BGH WM 2018, 1054, 1057; WM 2012, 1331; MüKo/*Lieder* Rn 26; *Gladenbeck/Samhat* Rn 636; s dazu Rn 138). 6

Sicherungsgeber ist der Grundstückseigentümer, der zugleich Kreditnehmer ist und der dem Sicherungsnehmer zur Sicherung eigener Verbindlichkeiten eine Grundschuld an seinem eigenen Grundstück bestellt. Schwieriger ist die Bestimmung des Sicherungsgebers, wenn dem Sicherungsnehmer verschiedene Personen gegenüberstehen, nämlich der Kreditnehmer und der von ihm personenverschiedene Eigentümer des belasteten Grundstücks. Zweifellos ist der Eigentümer dann Partei des dinglichen Bestellungsvertrags. Sicherungsgeber kann aber sowohl der Grundstückseigentümer als auch der persönliche Schuldner sein (BGH WM 2018, 1054, 1063; 2010, 210, 211). Die Vereinbarung, wer Sicherungsgeber der Grundschuld sein soll, obliegt den Parteien (MüKo/*Lieder* Rn 31). Um hier Missverständnisse oder Auslegungsschwierigkeiten zu vermeiden, sollte in der Sicherungsvereinbarung eine ausdrückl Festlegung der Person des Sicherungsgebers getroffen werden. 6a

Wird eine ausdrückl Festlegung nicht vereinbart, ist durch Auslegung zu ermitteln, wer Sicherungsgeber der Grundschuld ist. Dabei ist in erster Linie darauf abzustellen, wer dem Gläubiger die Grundschuld verschafft, dh wer sich als „Herr über die Grundschuld" ausweist (BGH WM 1991, 723, 724; Düsseldorf BeckRS 2011, 25496). Ob eine solche Auslegung idR zu dem Ergebnis führt, dass der **Kreditnehmer** der Sicherungsgeber ist, ist sehr str (dafür *Clemente* Rn 295; aA Staudinger/*Wolfsteiner* Vorb §§ 1191ff Rn 291; *Reinicke/Tiedtke* Kreditsicherung, 339f; *Ganter* WM 2021, 709, 713; *Samhat* WM 2019, 805, 806; *Volmer* ZfIR 2013, 645, 646). Für diese Auslegungsregel wird angeführt, dass in aller Regel allein der Kreditnehmer dem Sicherungsnehmer das Beleihungsobjekt als Sicherheit anbiete und die Beleihungsunterlagen beibringe. Auch sei allein der Darlehensnehmer nach erfolgter Darlehenszusage zur Sicherheitenbestellung verpflichtet. Habe der Kreditgeber im Zweifel keinen Einblick in das Innenverhältnis zw dem Kreditnehmer und dem Grundstückseigentümer, stelle sich die Grundschuldbestellung als auf Geheiß des Kreditnehmers erfolgt dar. Im Zweifel sei auch unerheblich, was der Kreditnehmer mit dem Grundstückseigentümer über Art und Umfang der zugunsten des Kreditgebers bestellten Grundschuld vereinbart hätte. Demggü wird von der Gegenansicht darauf hingewiesen, dass den Sicherungsvertrag derjenige schließen müsse, der das Vermögensopfer bringe. Dies sei aber der Eigentümer, der sein Grundstück belaste (MüKo/*Lieder* Rn 32; *Gladenbeck/Samhat* Rn 637; *Reinicke/Tiedtke* Kreditsicherung, 340; *Ganter* WM 2021, 709, 713; *Lettl* ZBB 2001, 37, 38). Er müsse dann auch über den Deckungsbereich der Grundschuld bestimmen können, selbst wenn er auf Veranlassung des persönlichen Schuldners tätig geworden sei. Hinzu komme, dass die Gegenmeinung dazu führe, dass nicht der Eigentümer, sondern der Kreditnehmer bei ordnungsmäßiger Kreditabwicklung die Grundschuld zurückerhalte. Damit würde die Grundschuld dem persönlichen Schuldner überlassen, was vom Leitbild einer Sicherheitenbestellung abweiche und daher nicht vermutet werden könne. 7

Der **BGH** stellt zur **Bestimmung des Sicherungsgebers** nicht auf sachenrechtl Gesichtspunkte, sondern darauf ab, wer den Sicherungsvertrag mit dem Sicherungsnehmer geschlossen und wer dem Sicherungsnehmer die Grundschuld beschafft hat (BGH WM 2017, 1448, 1450; 2014, 1719, 1720; 2010, 210, 211; NJW-RR 1996, 234; WM 1991, 723, 724; 1989, 210, 211; BGHZ 80, 228, 234; Bamberg BeckRS 2019, 38142; *Clemente* ZfIR 2010, 95, 96). Dabei kann der Darlehensgeber den Sicherungsvertrag auch dann mit dem Grundstückseigentümer schließen, wenn er die Darlehensgewährung im Vertrag mit dem Darlehensnehmer von der Sicherheitenbestellung durch den Eigentümer abhängig gemacht hat (BGH WM 1989, 210, 211). IdR ist nach Ansicht des BGH allerdings der Darlehensnehmer als Sicherungsgeber anzusehen, und zwar auch dann, wenn die Grundschuld auf einem Grundstück lastet, das einem Dritten gehört, weil der Darlehensnehmer dem Gläubiger die Grundschuld durch entspr schuldrechtl Abreden mit einem anderen beschafft (BGH NJW 2013, 2894, 2896; BeckRS 2011, 27336; WM 2010, 210, 211; 1991, 723, 724; 1989, 210, 211; *Schmidt-Räntsch* ZNotP 2013, 282, 286; *Rösler* WM 1998, 1377, 1378; *Wenzel* WiB 1996, 225). 8

Unstr ist, dass der Kreditnehmer im Zweifel Sicherungsgeber ist, wenn ihm die Grundschuld, welche der Sicherungsnehmer erhalten soll, bereits als Fremdgrundschuld zusteht oder von ihm als Fremdgrundschuld beschafft wird (BGH ZIP 1990, 439; WM 1989, 210, 211). Ferner wird man den Kreditnehmer regelmäßig als Sicherungsgeber ansehen können, wenn die Grundschuld, die den Kredit sichern soll, nicht ihm, sondern einem Dritten zusteht, er aber mit dem Dritten vereinbart, dass er die Grundschuld an den Kreditgeber abtritt. Der Erwerber eines mit einer Grundschuld belasteten Grundstücks wird dadurch nicht automatisch zum Sicherungsgeber (BGH WM 2014, 1719, 1722; MDR 2002, 709, 710). Die Auslegung der Sicherungsvereinbarung kann allerdings ergeben, dass der Erwerber in diese eingetreten ist (BGH NJW 2013, 2894, 2896). Dies kann auch stillschweigend geschehen (BGH NJW 2013, 2894, 2896), setzt aber die Mitwirkung des Sicherungsnehmers voraus (BGH WM 2014, 1719, 1722). 9

Ist der persönliche Schuldner nur Bruchteilseigentümer des insg belasteten Grundstücks, wird die Auslegung häufig ergeben, dass Sicherungsgeber nicht der einzelne Bruchteilseigentümer hinsichtl der auf seinem Mit- 10 eigentum lastenden Grundschuld ist, sondern Sicherungsgeber die Miteigentümer sind (BGH WM 2014, 1719, 1720; 2010, 210, 211; ZIP 1986, 900, 903). Der schuldrechtl Anspruch auf Rückgewähr der am ganzen Grundstück bestellten Grundschuld steht dann den Miteigentümern gem § 747 S 2 nur gemeinschaftl zu.

11 **3. Form der Abrede.** Die Sicherungsabrede ist **formfrei** (BGH WM 2018, 1054, 1061; 2016, 1218, 1219; 2008, 602, 604; 1997, 663, 664; München WM 1999, 1276, 1278; Staudinger/*Wolfsteiner* Vorb §§ 1191ff Rn 237; NK/*Krause* Rn 55). Sie kann konkludent vereinbart werden (BGH NJW 2013, 1676, 1677; WM 2008, 603, 604). § 492 gilt nicht (BGH NJW 1997, 1442, 1443; aA MüKo/*Lieder* Rn 62; Staudinger/*Wolfsteiner* Vorb §§ 1191ff Rn 238). Bestellt jemand im Hinblick auf seine gesamtschuldnerische Haftung eine Grundschuld und stellt sich später heraus, dass die Mitverpflichtung etwa wegen Verstoßes gegen § 494 unwirksam ist, so ist regelmäßig von einer konkludenten Zweckerklärung auszugehen, nach welcher die Grundschuld für die Verbindlichkeit des anderen Kreditschuldners hafte (BGH WM 1997, 663, 664). Nach Ansicht des BGH gilt allerdings für Sicherungsabreden über die Bestellung einer Grundschuld zugunsten einer Bank eine Schriftformvermutung iSd § 154 II (BGH WM 1989, 1926, 1928). Dies hat zur Folge, dass der Sicherungsvertrag im Zweifel erst mit Errichtung der privatschriftlichen Urkunde und nicht schon mit den mündlichen Absprachen geschlossen worden ist (BGH WM 1989, 1926, 1928; 1982, 443, 444; NK/*Krause* Rn 56; aA Staudinger/*Wolfsteiner* Vorb §§ 1191ff Rn 237). Ist die Grundschuld allerdings bestellt und das Darlehen zugunsten des Kreditnehmers valutiert, kann auf eine konkludent geschlossene Sicherungsabrede geschlossen werden (BGH WM 1991, 86, 87). In diesem Fall ergeben sich die Rechte und Pflichten der Beteiligten aus dem Inhalt und dem Zweck des Kreditverhältnisses, aus dem die durch die Grundschuld gesicherten Forderungen erwachsen (BGH WM 1991, 86, 87).

12 **4. Grundbucheintragung.** Die Sicherungsabrede ist **nicht eintragungsfähig** (BGH NJW 1986, 53, 54; Soergel/*Konzen* Rn 20; NK/*Krause* Rn 49), weil dadurch eine dingliche Verknüpfung der nicht akzessorischen Grundschuld mit dem schuldrechtl Sicherungszweck geschaffen würde (BGH NJW 1986, 53; *Huber*, 138; aM *Friedrich* NJW 1968, 1655; *Wilhelm* JZ 1980, 625, 629). Dies gilt auch nach Einfügung von § 1192 Ia (MüKo/*Lieder* Rn 93; Staudinger/*Wolfsteiner* Rn 10; *Olbrich* ZfIR 2013, 405, 406; aA *Nietsch* NJW 2009, 3606; *Bülow* ZJS 2009, 1, 6). Eintragungsfähig sind auch nicht Sicherungsklauseln, wonach zB die Verwertung der Grundschuld nur iHd jew Forderung zulässig ist (KG JW 1932, 1759 m Anm *Rheinstein*), die Fälligkeit der Grundschuld von der Forderungsfähigkeit abhängt (Celle DNotZ 1954, 473) oder bei Nichtigkeit des gesicherten Kredits sofortige Grundschuldzahlung verlangt werden darf (Hamm DNotZ 1956, 43). Hingegen können Einreden, die sich aus der Sicherungsabrede gegen die Grundschuld ergeben (§ 1157), eingetragen oder durch Widerspruch gesichert werden.

13 Umstr ist, ob eine Verknüpfung der Forderung der Grundschuld dadurch bewirkt werden kann, dass der Bestand der gesicherten Forderung zur aufschiebenden oder auflösenden **Bedingung der Grundschuldbestellung** gemacht wird (MüKo/*Lieder* Rn 24; Soergel/*Konzen* §§ 1191, Rn 17; RGRK/*Joswig* Rn 5; RG Warn 1910, 17; Celle DNotZ 1954, 473; *Huber*, 45; aM Staudinger/*Wolfsteiner* Vorb §§ 1191ff Rn 8; *Rheinstein* JW 1932, 1760). Praktische Bedeutung hat dieser Meinungsstreit nicht, da sich der Sicherungsnehmer, insb dann, wenn es sich um ein Kreditinstitut handelt, auf eine solche Konstruktion nicht einlässt.

14 **5. Sicherungszweck.** Der Sicherungsvertrag verpflichtet den Sicherungsgeber, die Grundschuld bis zur Erledigung des vereinbarten Zwecks dem Sicherungsnehmer zu belassen, auch wenn der Vertrag erst nach Grundschuldbestellung geschlossen wird (BGH NJW 1990, 392, 393). Dabei stellt die Zweckerklärung die Erklärung des Sicherungsgebers dar, welche Ansprüche durch die Grundschuld gesichert werden. Da die gesicherte Forderung nicht Teil des dinglichen Rechts ist, braucht sie nicht bestimmt zu sein; Bestimmbarkeit genügt (Saarbrücken OLGRp 2005, 139, 142). Die Grundschuld kann für eigene oder fremde, für schon bestehende oder künftige, für bedingte oder befristete Verbindlichkeiten bestellt werden. Es kann die Sicherung verschiedener, nach Grund und Höhe wechselnder Forderungen, auch eines ganzen Forderungskreises (zB aller Forderungen aus Bankverbindung) vereinbart werden (BGH WM 2017, 1152, 1154; 2011, 2338, 2340). Sicherungszweck muss nicht notwendig eine Geldforderung sein; so kann zB auch eine bloße Rangsicherung bezweckt sein (vgl *Eickmann* NJW 1981, 545).

15 Wird die Einbeziehung künftiger Forderungen in den Sicherungszweck formularmäßig vereinbart, ist dies grds weder unbillig iSd § 307 I noch überraschend iSd § 305c I, wenn der **Schuldner und der Sicherungsgeber identisch** sind (BGH WM 2002, 1117, 1118; 2000, 1328; 1997, 1280, 1282; Bremen OLGRp 2005, 51; Naumburg OLGRp 2001, 74, 75; Staudinger/*Wolfsteiner* Vorb §§ 1191ff Rn 67; NK/*Krause* Rn 85; Soergel/*Konzen* Rn 13; MüKo/*Lieder* Rn 47; enger unzutr Karlsruhe BeckRS 2012, 22936). Dasselbe gilt für Verbindlichkeiten, die den Sicherungsgeber als einen von mehreren Gesamtschuldnern treffen (BGH WM 2000, 1328). Der Sicherungsgeber, der die Eingehung neuer Verbindlichkeiten in der Hand hat, wird durch eine solche Klausel nicht unangemessen benachteiligt und vom Umfang der gesicherten Forderungen nicht überrascht. Hinzu kommt, dass die Klausel auch im Interesse des Sicherungsgebers liegt, weil sie die Abwicklung künftiger Kreditwünsche und ähnl Geschäftsvorgänge erleichtert und beschleunigt (BGH WM 1989, 88). Auch ist es jedermann klar, dass er für eigene Verbindlichkeiten mit seinem ganzen Vermögen haftet.

16 Hinzu kommt, dass Sicherheiten regelmäßig ein Kreditverhältnis insg absichern sollen, auch wenn die Erstreckung auf formularmäßig verwandten Klauseln beruht (BGH WM 1997, 136, 137). Eine Unwirksamkeit der weiten Sicherungszweckerklärung kann hier allenfalls angenommen werden, wenn die Sicherungsabrede sich auf alle nur irgendwie denkbaren Verbindlichkeiten des Sicherungsgebers ohne jede sachliche Begrenzung erstrecken würde (BGHZ 25, 318). Eine von einem Kreditinstitut verwandte Klausel, wonach die Grundschuld alle

Ansprüche „als jedem Rechtsgrund“ sichert, ist allerdings nach Treu und Glauben dahin auszulegen, dass die Sicherungsabrede nur Forderungen erfasst, die im Rahmen der bankmäßigen Geschäftsverbindung entstanden sind (BGH ZIP 1987, 829, 831). Zur bankmäßigen Geschäftsverbindung gehören bspw Ansprüche aus Darlehen, Zinsen, Kosten und alle Ansprüche, die sich aus laufendem Konto ergeben. Auch Bereicherungsansprüche sind gewahrt. Widerruft ein Darlehensnehmer gem §§ 312, 355 seinen grundpfandrechtl gesicherten Kreditvertrag, so ist auch der Anspruch des Kreditgebers auf Erstattung der Darlehensvaluta sowie auf marktübliche Verzinsung von der Grundschuld gewahrt (BGH ZIP 2003, 247, 249). Bei einer Forderung, die zunächst einem anderen Gläubiger zusteht, ist maßgebend darauf abzustellen, ob diese von dem Sicherungsnehmer in banküblicher Weise erworben wurde (MüKo/*Lieder* Rn 39), was bspw bei Einbeziehung von Ansprüchen aus einer Bürgschaft (München BeckRS 2015, 00901; Staudinger/*Wolfsteiner* Vorb §§ 1191ff Rn 67;) oder beim Unterdeckungnehmen fremder Forderungen nicht der Fall ist (MüKo/*Lieder* Rn 39). Die Erstattung von Prozesskosten der Bank gegen ihren im Pachtstreit unterlegenen Kunden hat ihren Grund grds nicht in der bankmäßigen Geschäftsbeziehung (BGH WM 1997, 2355), es sei denn, dass die Prozesskosten bspw aus der Durchsetzung der Grundschuld resultieren (BankR-HdB/*Epp*[6] Rn 316).

Unerheblich ist, ob der Sicherungsgeber für die spätere Verbindlichkeit allein oder etwa neben einem Dritten als Gesamtschuldner haftet (BGH WM 1987, 802). Dies gilt auch dann, wenn nur einer der Gesamtschuldner eine Grundschuld als Sicherheit bestellt, sofern er nur persönlich uneingeschränkt für die gesicherte Verbindlichkeit haftet (*Gladenbeck/Samhat* Rn 672). Wird die Sicherheit von mehreren Personen bestellt und besteht zw ihnen eine Gesamthandsgemeinschaft, so besteht Personengleichheit nur, wenn jew alle Sicherungsgeber Schuldner aller gesicherten Forderungen sind. Wie ein Drittsicherungsgeber ist allerdings der Bürge zu behandeln, der eine Grundschuld zur Sicherung seiner Bürgenhaftung bestellt (Köln OLGRp 2002, 443, 444). 17

Die Aufnahme von Ansprüchen Dritter in den Sicherungszweck einer Grundschuld ist rechtl möglich und setzt nicht voraus, dass zw dem Grundpfandrechtsgläubiger und dem begünstigten Dritten ein wirksamer Treuhandvertrag geschlossen wird (BGH ZInsO 2014, 1331; WM 2008, 602, 604). Wird die **Grundschuld von einem anderen als dem Schuldner der persönlichen Forderung bestellt**, ist es nicht zu beanstanden, wenn diese als Sicherheit für eine bestimmte Forderung einer Bank dienen soll (BGH NJW 1981, 765). Dann sind auch die Zinsen und evtl anfallende Kosten in den Sicherungszweck einbezogen (BGH NJW 1997, 522, 523; *Gladenbeck/Samhat* Rn 667; *Clemente* Rn 353), da auch der vom Schuldner personenverschiedene Sicherungsgeber weiß, dass für ein Darlehen Zinsen geschuldet werden und Kosten anfallen können. Ein Kreditinstitut ist nicht verpflichtet, einen Dritten, der eine Sicherheit zugunsten eines anderen Schuldners des Kreditinstituts bestellt, über die damit verbundenen Risiken aufzuklären (BGH ZIP 2006, 363, 365). 18

Differenzierter ist die Rechtslage, wenn eine Grundschuld aus Anlass einer bestimmten fremden Schuld bestellt und der Sicherungszweck auf ungewisse künftige Verbindlichkeiten des mit dem Sicherungsgeber nicht identischen persönlichen Schuldners formularmäßig ausgeweitet wird. Ausgangspunkt der Kontroverse in Lit und Rspr zur Wirksamkeit der formularmäßigen erweiterten Sicherungsabrede war eine Entscheidung des V. Senats des BGH v 29.1.1982 (WM 1982, 290f), mit welcher die sog **Anlass-Rspr** begründet wurde. 19

Nach Ansicht des BGH ist eine formularmäßig vereinbarte, weite Sicherungszweckerklärung grds **überraschend iSd § 305c I**, da sie von begründeten Erwartungen des Sicherungsgebers deutlich zu dessen Nachteil abweicht (BGH WM 2017, 22, 23; 2002, 1117, 1118; 1997, 1615 und 1280, 1282; Saarbrücken OLGRp 2005, 139, 142). Solche Erwartungen können durch eine bestimmte Darlehensgewährung geprägt sein, wenn zw dem Kredit und der Grundschuldbestellung ein unmittelbarer zeitl und sachlicher Zusammenhang besteht (BGH WM 1992, 563, 565). Eine weite Sicherungszweckerklärung ist daher überraschend, wenn sie den Sicherungszweck über den durch den Anlass des Geschäfts bestimmten Rahmen hinaus in einem nicht zu erwartenden Ausmaß erweitert (BGH WM 1992, 1648, 1649). 20

Der BGH begründet seine Rspr damit, dass es für den Sicherungsgeber ein unkalkulierbares Risiko sei, auch für erst nachträgl entstehende Verbindlichkeiten zu haften, wenn er auf deren Begründung keinen Einfluss habe (BGH WM 1989, 1926, 1928). Mit einem solchen Risiko rechne der Sicherungsgeber idR nicht. Damit sind im Ausgangspunkt zwei Fallgruppen zu unterscheiden. So kann es sein, dass der Eigentümer von vornherein die gesamten Forderungen des Kreditgebers gegen den Schuldner aus bankmäßiger Verbindung sichern will. Davon zu unterscheiden ist der Fall, dass der Sicherungsgeber einen bestimmten Kredit des Schuldners sichern will und der Sicherungsvertrag die formularmäßige Klausel enthält, dass die Grundschuld nicht nur diese Forderung, sondern auch alle anderen bestehenden sowie künftige erfasst. 21

Die **Erwartung des Sicherungsgebers**, die Grundlage seiner möglichen Überrumpelung iSd § 305c I ist, wird dabei von allg und individuellen Begleitumständen bestimmt (BGH WM 2017, 22, 23). Wesentlich ist insb der **Anlass der Sicherheitenbestellung** (BGH WM 2017, 22, 23). Hierzu gehört nicht nur der Grad an Abweichung der getroffenen Regelung vom dispositiven Gesetzesrecht und die für den Geschäftskreis übliche Gestaltung, sondern auch der Gang und der Inhalt der Vertragsverhandlungen sowie der äußere Zuschnitt des Vertrags (BGH WM 2001, 455, 456; 1995, 1397, 1399 und 790, 791). So braucht der Sicherungsgeber, der eine Grundschuld zwecks Sicherung einer bestimmten Forderung gegen einen Dritten bestellt, grds nicht damit zu rechnen, dass diese Sicherheit „für alle gegenwärtigen Ansprüche“ des Gläubigers gegen den Schuldner dienen soll (KG KGRp 2000, 172, 173; *Gladenbeck/Samhat* Rn 688). Erst recht braucht er nicht damit zu rechnen, „für alle künftigen Forderungen“, dh also auch für ungewisse, seiner Kenntnis und Einflussnahme entzogenen zukünftigen Schul- 22 den des Dritten haften zu müssen. Der Überrumpelungseffekt der weiten, formularmäßig vereinbarten Sicherungsabrede liegt in dem Widerspruch zw der durch den besonderen Anlass der Grundschuldbestellung zutage getretenen Zweckvorstellung des Sicherungsgebers und der davon in einem nicht zu erwartenden Ausmaß abw Ausweitung des Sicherungszwecks (BGH ZIP 1989, 85, 87). Die formularmäßige Erweiterung der Sicherungsabrede auf alle künftigen Verbindlichkeiten des Schuldners wird also wegen Verstoßes gegen § 305c I regelmäßig unwirksam sein, wenn vor oder bei Abschluss der Sicherungsabrede beim Sicherungsgeber der Eindruck erweckt wird, er stelle die Grundschuld als Sicherheit nur für eine bestimmte Forderung zur Verfügung (BGH WM 2001, 455, 456; 1987, 586). Dasselbe wird wohl auch gelten, wenn der Sicherungsgeber ohne Dazutun des Sicherungsnehmers redlicherweise diese Vorstellung haben durfte. Dementspr ist bei Sicherungsgrundschulden für Tilgungsdarlehen die formularmäßige Erweiterung der dinglichen Haftung auf alle bestehenden und künftigen Verbindlichkeiten des Dritten grds insoweit überraschend, als sie über den Anlass des Sicherungsvertrags hinausgehen (BGH WM 1995, 1397, 1399). Wird ein Sicherungsvertrag nicht aus Anlass der Gewährung eines bestimmten Darlehens geschlossen, macht allein das **Fehlen des Anlasskredits** die Erweiterung des Sicherungszwecks einer Grundschuld auf bestehende und künftige Verbindlichkeiten Dritter nicht überraschend (BGH WM 2017, 22, 23). Vielmehr sind dann die mit der Vereinbarung verbundenen Erwartungen des Sicherungsgebers nach den übrigen Umständen zu bestimmen (BGH WM 2014, 22, 23). Zu den für die Erwartungen des Sicherungsgebers maßgeblichen Umständen und Verhältnissen kann auch eine frühere Darlehensgewährung gehören, wenn zw ihr und der Zweckerklärung ein unmittelbarer zeitl und sachlicher Zusammenhang besteht (BGH WM 2001, 455, 456). Je größer der zeitl Abstand zw der Darlehensgewährung und der Zweckerklärung ist, desto weniger ist davon auszugehen, dass diese Darlehensgewährung als Anlass für die Sicherungszweckerklärung anzusehen ist (BGH WM 2001, 455, 456).

23 Offen ist in diesem Zusammenhang, ob die von § 305c I vorausgesetzte Überraschung erfordert, dass sich der Sicherungsgeber **konkrete Vorstellungen** über die Höhe der Verbindlichkeiten, die er sichern soll, gemacht hat. Immerhin forderte der IX. Senat des BGH insoweit bei der Bürgschaft, dass sich der Bürge wenigstens der Größenordnung nach Gedanken gemacht haben muss (BGH WM 1995, 1397, 1400). Denn habe er es daran fehlen lassen, könne er schwerlich überrascht sein, wenn sich seine Haftung durch die weite Sicherungszweckerklärung auch auf künftige Forderungen gegen den Schuldner erstrecke. Später hat der IX. Senat allerdings entschieden, dass der Anlass obj nach dem bei Eingehung der Bürgschaft bestehenden Sicherungsbedürfnis zu bestimmen ist, wenn sich der Bürge keine Gedanken mache (BGH ZIP 1999, 1480, 1481).

24 Sind im Lauf der Zeit für eine Grundschuld **mehrere Zweckerklärungen** vereinbart worden, so muss die Frage des zeitl und sachlichen Zusammenhangs mit der bestimmten Darlehensgewährung für jede Zweckerklärung gesondert geprüft werden (BGH WM 1995, 790, 791; Düsseldorf WM 1998, 1875, 1882). Dabei kann idR bei einer neuen Zweckerklärung für eine bereits vor Monaten bestellte Grundschuld nur noch auf den Anlass für die neue Sicherungsabrede abgestellt werden. Die Darlehensgewährung, die ursprünglich den Anlass für die Bestellung der Grundschuld gebildet hatte, hat insoweit grds keine Bedeutung mehr (BGH WM 2001, 623, 625; 2001, 445, 446; 1996, 2233, 2234; Köln ZIP 1999, 1840, 1841). Sind also in zeitl Abstand zur Grundschuldbestellung mehrere Sicherungsabreden getroffen worden, ist in aller Regel maßgeblich auf den Anlass der jüngsten Abrede abzustellen (BGH WM 2017, 22, 23). Wird daher zu einem späteren Zeitpunkt ohne Bezug zu einer bestimmten Darlehensgewährung ein neuer Sicherungszweck vereinbart, muss der Sicherungsgeber vernünftigerweise damit rechnen, dass der ursprüngliche, auf die Absicherung eines bestimmten Darlehens gerichtete Sicherungszweck durch einen anderen ersetzt oder erweitert werden soll (BGH WM 2017, 22, 24), mithin damit nicht nur die zu diesem Zeitpunkt bestehenden, sondern auch künftige Verbindlichkeiten besichert werden sollen (BGH WM 2017, 22, 24).

25 Da ein unkalkulierbares Risiko für den Sicherungsgeber nur besteht, wenn er auf die Begründung der gesicherten, künftigen Forderungen keinen Einfluss hat, **entfällt der überraschende Charakter** einer weiten Sicherungszweckerklärung, **wenn Sicherungsgeber und Dritter persönlich und wirtschaftlich** so **eng verbunden sind,** dass das Risiko künftiger, von der Grundschuldhaftung erfasster Verbindlichkeiten für den Sicherungsgeber berechenbar und vermeidbar ist (BGH ZIP 2001, 408, 409; WM 1995, 1663, 1664; Saarbrücken OLGRp 2005, 139, 142; NK/*Krause* Rn 88; Soergel/*Konzen* Rn 13; MüKo/*Lieder* Rn 50; aA *Weber* ZfIR 1999, 2, 6). So entfällt der überraschende Charakter einer weiten Zweckerklärung, wenn ein **Geschäftsführer** eine Grundschuld für die Schulden seiner **GmbH** bestellt (BGH ZIP 2009, 166, 167; Saarbrücken OLGRp 2005, 139, 143; Hamm OLGRp 2004, 317, 318; WM 1999, 2065, 1067; MüKo/*Lieder* Rn 50; aA Staudinger/*Wolfsteiner* Vorb §§ 1191ff Rn 79). Da der Grundstückseigentümer hier die Geschäfte der Hauptschuldnerin führt, hat er regelmäßig auch Einfluss auf die Art und Höhe ihrer Kreditverbindlichkeiten. Entscheidet nach der internen Geschäftsordnung die Gesellschafterversammlung über die Kreditaufnahme, so muss die Entscheidung vom Geschäftsführer umgesetzt werden. Er kann dann, wenn er eine Ausdehnung seiner Haftung verhindern will, die Sicherungszweckerklärung kündigen. Sind mehrere Geschäftsführer vorhanden, die nach der Satzung einzeln zur Geschäftsführung und Vertretung berufen sind, so kann jeder Geschäftsführer eine Ausweitung des Kredits, für den seine Grundschuld haftet, im Innenverhältnis von seiner Zustimmung abhängig machen. Hat der Grundschuldbesteller als Gesamtprokurist an der Ausweitung einer Kreditverpflichtung der GmbH mitgewirkt, zu deren Besicherung die Grundschuld dient, ist es jedenfalls treuwidrig, sich im Fall einer Inanspruchnahme auf die § 305c I, § 307 zu berufen (Hamm WM 1997, 1375, 1376 – zur Bürgschaft). Bestellt ein **Gesellschafter** einer GmbH ohne Geschäftsführerbefugnis eine Grundschuld zur Sicherung aller gegenwärtigen und künftigen Forderungen einer Bank gegen die

GmbH, kann er als Allein- oder Mehrheitsgesellschafter den Umfang der Kreditaufnahme bestimmen. Die weite Sicherungszweckerklärung verstößt daher nicht gegen § 305c I (BGH ZIP 2009, 166, 167). Verfügt der Gesellschafter nicht über die Mehrheit der Geschäftsanteile, ist darauf abzustellen, ob gesellschaftsrechtl sichergestellt ist, dass die Eingehung von Verbindlichkeiten der Gesellschaft ggü der Bank nicht ohne seine Mitwirkung erfolgen darf (BGH ZIP 1999, 1480, 1481 – zur Bürgschaft).

26 Der überraschende Charakter entfällt allerdings nicht allein deshalb, weil **der Dritte der Ehegatte des Sicherungsgebers** ist (BGH ZIP 2001, 408, 409; WM 1995, 1663, 1664; Saarbrücken OLGRp 2005, 139, 143; Hamm OLGRp 2004, 317, 318; WM 1999, 2065, 2067). Nach Auffassung des BGH rechnen Ehegatten, die eine Grundschuld an einem gemeinschaftl Grundstück aus Anlass der Sicherung gemeinsamer Verbindlichkeiten bestellen, nicht ohne weiteres damit, dass die Grundschuld jew am eigenen Anteil zugleich für alle künftigen Verbindlichkeiten des anderen Ehegatten haften soll (BGH MDR 2002, 33, 834; WM 1989, 88, 89). Nach Ansicht des BGH kann ferner eine enge persönliche und wirtschaftl Verbundenheit einer Ehefrau mit den geschäftlichen Aktivitäten ihres Ehemannes nicht allein aus dem Umstand abgeleitet werden, dass die Ehefrau zur alleinvertretungsberechtigten Geschäftsführerin einer von mehreren von ihrem Ehemann gegründeten Gesellschaften bestellt ist (BGH WM 1995, 1663, 1664). Bestellen mehrere **Bruchteilseigentümer** eines Grundstücks an diesem zur Sicherung eines gemeinsam aufgenommenen Darlehens, für das sie gesamtschuldnerisch haften, eine Sicherungsgrundschuld und bevollmächtigen sie sich formularmäßig gegenseitig, Willenserklärungen mit Wirkung für den anderen abzugeben und entgegenzunehmen, so ist diese Klausel einschränkend dahin auszulegen, dass sie jedenfalls keine Erklärung deckt, welche die Sicherungsabrede erweitern oder die Grundschuld von der Sicherungsabrede isolieren. Sonst wäre die Klausel überraschend iSd § 305c I (BGH WM 1988, 446).

27 Überraschend ist auch eine formularmäßige Sicherungsvereinbarung, derzufolge die von einer **GbR** bestellten Grundschulden über die aus Anlass ihrer Bestellung gewährten Kredite hinaus auch sonstige, von einem Gesellschafter persönlich aufgenommene Darlehen sichern sollen (BGH ZIP 1988, 12, 15). Entspr gilt für eine formularmäßige Zweckerklärung, wonach die von einem KG-Gesellschafter zur Absicherung einer bestimmten Darlehensschuld der KG bestellte Grundschuld der Sicherung aller gegenwärtigen und künftigen Ansprüche des Sicherungsnehmers der KG dienen soll (BGH WM 1991, 60). Ferner ist der Umstand, dass der Sicherungsgeber ein kaufmännisches Unternehmen ist, grds unerheblich, da § 305c I auch für Rechtsgeschäfte gilt, die auf Seiten des Sicherungsgebers Handelsgeschäft sind (BGH ZIP 1990, 299, 302). Etwas anderes gilt aber für die formularmäßige Erstreckung einer Grundschuld zur Sicherung aller künftigen Forderungen gegen einen Dritten, wenn die Grundschuld von einem mit Kreditgeschäften vertrauten Unternehmen bestellt wird (BGH WM 1995, 1663, 1664). Dazu reicht es aus, dass das Unternehmen von insoweit erfahrenen Gesellschaftern vertreten wird (BGH NJW 1991, 3141, 3142).

28 Der Überraschungseffekt entfällt auch dann, wenn der **Sicherungsgeber im Rahmen von Verhandlungen auf die Erweiterung der dinglichen Haftung hingewiesen worden ist** (BGH WM 1997, 1615, 1616; 1995, 1663, 1664; Düsseldorf WM 1998, 1875, 1882; Hamm WM 1999, 2065, 1067; Soergel/*Konzen* Rn 13; NK/*Krause* Rn 89). Auch eine besondere drucktechnische Gestaltung des Vordrucks (BGH MDR 2002, 833, 834; WM 1988, 12) oder der Umstand, dass es sich um eine kurz gefasste, überschaubare Erklärung mit eindeutigem Inhalt handelt (Düsseldorf WM 1985, 1595), konnte nach früherer Rspr das Überraschungsmoment entfallen lassen. Insoweit werden allerdings im Zweifel hohe Anforderungen gestellt. Der BGH hat nämlich entschieden, dass eine weite Zweckerklärung überraschend bleibt, wenn vom Sicherungsgeber eine zusätzl Formularerklärung unterschrieben wird, die auf die Zweckerweiterung hinweist (BGH WM 1995, 2133, 2134). Vielmehr bedürfe es eines individuellen Hinw, der die Gewähr dafür biete, dass der Sicherungsgeber sich der vollen Tragweite seiner Erklärung bewusst wird. Dazu reicht es im Zweifel nicht aus, dass ein Notar die Klausel über den Sicherungszweck vorgelesen hat (BGHZ 83, 56, 60; vgl auch BGH ZIP 2002, 932, 934). Denn das bloße Verlesen eines abstrakten Vertragstextes bietet keine Gewähr dafür, dass ein juristisch unkundiger Laie Tragweite und Auswirkungen der für ihn überraschenden Klausel voll erfasst. Der Überraschungseffekt ist daher erst zu verneinen, wenn der Notar über die Zweckerklärung ordnungsmäßig belehrt hat (Naumburg OLGRp 2001, 74, 75).

29 Nicht überraschend iSd § 305c I ist eine Einbeziehung aller Drittverbindlichkeiten in den Deckungsbereich der Grundschuld, wenn die Bestellung der Grundschuld **zur Sicherung einer bestimmten Geschäftsverbindung** erfolgt (MüKo/*Lieder* Rn 51; NK/*Krause* Rn 89; aA *Vollmer* WM 1998, 914, 915). So ist die weite formularmäßige Sicherungsabrede wirksam, wenn die Grundschuld zur Absicherung von Verbindlichkeiten in wechselnder Höhe aus laufender Geschäftsbeziehung eines Dritten, etwa zur Besicherung eines Kontokorrent-Kredits, der bis zum Limit in Anspruch genommen werden kann, hingegeben wurde. Denn dies schließt notwendigerweise und für den Sicherungsgeber ohne weiteres erkennbar gerade die Absicherung auch künftiger Forderungen mit ein (BGH ZIP 1987, 245, 246).

30 Beruft sich der Sicherungsgeber der Grundschuld auf § 305c I, so trifft ihn für die maßgeblichen Tatsachen die **Darlegungs- und Beweislast** (BGH WM 2017, 22, 23; 2001, 623, 625; 1995, 790, 791). Erst wenn diese Tatsachen dargelegt und bewiesen sind, muss der Grundschuldgläubiger darlegen und beweisen, dass er einen Hinw gegeben hat, der der Erweiterung des Sicherungszwecks den überraschenden Charakter nimmt (BGH WM 1992, 563, 564f; *Siol* WM 1996, 2217, 2224).

31 Ob aus dem **Verstoß** einer weiten Sicherungszweckerklärung **gegen § 305c I** die Unwirksamkeit der gesamten Klausel folgt, ist insoweit eine Frage der konkreten Gestaltung des Klauselwerks, als jedenfalls eine Zweckerklä-

rung, die nach ihrem Wortlaut aus sich heraus verständlich und sinnvoll in einen zulässigen und einen unzulässigen Regelungsteil trennbar ist, nach gefestigter Rspr aller zuständigen Senate des BGH mit ihrem zulässigen Teil gem § 306 I aufrechterhalten bleiben kann (BGH WM 2002, 1117, 1118; BGHZ 106, 19, 25f; Koblenz OLGRp 2001, 324, 325). Dies gilt auch für die Trennung des Haftungsumfangs für bestehende und zukünftige Verbindlichkeiten (BGH ZIP 1994, 861, 865). Darüber hinaus ist der IX. Senat der zutr Ansicht, dass eine inhaltlich und gegenständlich teilbare Zweckerklärung mit ihrem zulässigen Teil gem § 306 auch dann aufrechtzuerhalten ist, wenn eine vollständige sprachliche Trennung nicht möglich ist (BGH ZIP 2002, 932, 934; WM 1997, 1045, 1048; 1996, 436, 438, so auch KG BeckRS 2017, 149490 Rn 16; *Lettl* ZBB 2001, 37, 39; *Altvater* WiB 1996, 374, 376 und *Siol* WM 1996, 2217, 2219, die dieses Ergebnis durch erg Vertragsauslegung erreichen; aA *Schmitz/Herscheid* ZIP 1997, 1140, 1143). Die Totalnichtigkeit der Sicherungszweckerklärung und damit die Wertlosigkeit einer Sicherheitenbestellung wäre nämlich für den Sicherungsgeber ein unverdientes Geschenk.

32 Eine weite Sicherungszweckerklärung bei einer Drittgrundschuld verstößt allerdings nach gefestigter und zutr Rspr des IV., V. und XI. Senats nicht gegen **§ 307 I** (BGH WM 2002, 1117, 1118; 2001, 623, 625; 1997, 1280, 1282; 1996, 2233, 2234; 1995, 2133, 2134 und 790, 791f; Koblenz WM 1999, 2068, 2070; Hamm WM 1999, 2065, 2067; NK/*Krause* Rn 88; Soergel/*Konzen* Rn 13; *Lettl* ZBB 2001, 37, 40; *Weber* ZfIR 1999, 2, 9; BankR-HdB/*Epp*[6] Rn 323; *Gladenbeck/Samhat* Rn 689; *Siol* WM 1996, 2217, 2219f; *Rösler* WM 1998, 1377, 1378; *Rainer* WM 1988, 1657, 1659; aA Köln ZIP 1999, 1840, 1842; Staudinger/*Wolfsteiner* Vorb §§ 1191ff Rn 63; *Tiedtke* ZIP 1997, 1949, 1950; *Schmitz/Valckenberg* DNotZ 1998, 581, 584; *Clemente* Rn 488; *Clemente* NJW 1983, 6, 9). Da Inhalt und Umfang der schuldrechtl Zweckbindung von Grundschulden gesetzl nicht festgelegt sind, sondern der freien Vereinbarung unterliegen, ist die formularmäßig vereinbarte Erstreckung des Sicherungszwecks einer Grundschuld auf alle künftigen Forderungen des Gläubigers gegen einen mit dem Sicherungsgeber nicht identischen Kreditnehmer gem § 307 III 1 einer Überprüfung anhand der §§ 307ff entzogen. Hinzu kommt, dass es gem § 1113 II, § 1192 I dem gesetzl Leitbild der Grundschuld iSd § 307 II Nr 1 entspricht, auch für künftige Forderungen zu haften. Eine unangemessene Benachteiligung des Drittsicherungsgebers ist einer weiten Sicherungszweckerklärung also nicht zu entnehmen. Auch die Grundsätze, die der IX. ZS zT unter Aufgabe seiner früheren Rspr zur Beurteilung von Globalbürgschaften ohne Höchstbetragsabrede entwickelt hat (BGH WM 1997, 1045, 1048 mwN), ändern an diesem Ergebnis nichts (BGH WM 1997, 1615, 1616; näher *Wenzel* ZfIR 1997, 13ff). § 1192 Ia, der durch das Risikobegrenzungsgesetz eingeführt wurde, ändert daran nichts (*Heinze* DNotZ 2016, 255, 258; aA *Knops* NJW 2015, 3121, 3123). Er regelt weder seinem Wortlaut noch seinem Zweck nach eine Begrenzung der Sicherungsabrede auf die Anlassforderung, sondern nur den Erhalt von Einreden aus dem Sicherungsvertrag. Dementspr lässt sich auch ein gesetzl Leitbild der Sicherungsgrundschuld auf die Anlassforderung der Legaldefinition des § 1192 Ia nicht entnehmen. § 1192 Ia regelt den Sicherungsvertrag nicht, sondern setzt ihn voraus.

33 **6. Änderung des Sicherungsvertrags.** Der Sicherungsvertrag kann nachträgl und wiederholt nach freier Vereinbarung geändert werden (KG BeckRS 2017, 149490 Rn 12; Staudinger/*Wolfsteiner* Vorb §§ 1191ff Rn 243; MüKo/*Lieder* Rn 34). Dazu ist eine Vereinbarung zw den Parteien dieses Vertrags erforderlich, die keiner notariellen Form bedarf (BGH WM 1997, 1280, 1282; NK/*Krause* Rn 61), sondern formfrei getroffen werden kann (BGH ZInsO 2014, 1331; WM 2008, 602, 604; Brandenburg ZfIR 2014, 299, 300). Sicherungsgeber und Sicherungsnehmer müssen mitwirken, wenn der Sicherungszweck geändert werden soll, dh also der Kreis der gesicherten Forderungen erweitert, eingeschränkt (BGH WM 2010, 210, 211; NJW-RR 2002, 282, 283; WM 1988, 1259, 1260) oder erneuert wird (BGH WM 2015, 1005, 1007), wobei unerheblich ist, ob der Sicherungsgeber Eigentümer des belasteten Grundstücks ist oder nicht (BGH WM 1997, 1280, 1281). Die Erweiterung einer Sicherungsvereinbarung ist eine einer Verfügung iSd § 81 I 1 InsO gleichstehende Handlung des Schuldners (BGH WM 2018, 1054, 1062). §§ 892, 893 gelten nicht zugunsten eines gutgläubigen Sicherungsnehmers (BGH WM 2018, 1054, 1062). Haben Bruchteilseigentümer als Sicherungsgeber gemeinsam eine Sicherungsvereinbarung mit dem Sicherungsnehmer getroffen, können sie diese nur gemeinsam ändern (BGH WM 2010, 210, 211; NK/*Krause* Rn 61). Dies soll nach Ansicht des BGH auch ausschließen, dass einer der Bruchteilseigentümer den Sicherungszweck allein für seine eigene Sicherheit ändern will (BGH WM 2010, 210, 211; NK/*Krause* Rn 61; *Clemente* ZfIR 2010, 95, 96; aA Staudinger/*Wolfsteiner* Vorb §§ 1191ff Rn 244; MüKo/*Lieder* Rn 36). Dem ist zuzustimmen, da hierdurch das Risiko der Inanspruchnahme und eines möglichen Ausfalls auch für den anderen Bruchteilseigentümer erhöht wird. Die Möglichkeit des einen Bruchteilseigentümers, auch ohne Zustimmung des anderen eine weitere Grundschuld auf seinem Anteil zu bestellen, kann dagegen nicht vorgetragen werden, da diese neue Grundschuld der bestehenden im Rang nachgehen würde. Sicherungsgeber und Sicherungsnehmer müssen zusammenwirken, wenn die Möglichkeiten der Rückgewähr nachträgl eingeschränkt oder bestehende Beschränkungen aufgehoben oder gelockert werden sollen. Soweit nichts anderes vereinbart ist, ist eine Mitwirkung des persönlichen Schuldners, der nicht zugleich Sicherungsgeber ist, zur Änderung des Sicherungsvertrags nicht erforderlich. Auch der Umstand, dass für die durch die Grundschuld gesicherte Forderung eine weitere Sicherheit bestellt ist, hindert eine Änderung des Sicherungsvertrags nicht. Eine Mitwirkung der Sicherungsgeber anderer Sicherheiten ist nicht erforderlich (BGH WM 1989, 484, 488). Soweit nicht ausnahmsw etwas anderes vereinbart ist, soll nämlich durch die Grundschuld das Risiko des Gläubigers und nicht das der anderen Sicherungsgeber verringert werden (BGH ZIP 1994, 861, 863 – zur Bürgschaft). Der Sicherungszweck einer Grundschuld ändert sich durch die isolierte Abtretung der gesicherten Forderung nicht, wenn das Grund-

pfandrecht weiterhin der Sicherung des zedierten Anspruchs dient, den der Zedent dann ggf treuhänderisch für den Zessionar ggü dem Sicherungsgeber geltend zu machen hat (BGH DNotZ 2010, 117, 118).

Auf die Mitwirkung des Sicherungsgebers kann auch dann nicht verzichtet werden, wenn dieser den Rückgewähranspruch abgetreten hat (BGH WM 1991, 2019, 2020). Denn diese Zession lässt die Haftung fortbestehen und die Gefahr, bei Nichterfüllung der gesicherten Forderung in Anspruch genommen zu werden, wird durch die Abtretung der Rückgewähransprüche nicht verringert. 34

Wird der Kreis der durch die Grundschuld gesicherten Forderungen erweitert, führt dies zu einer Beeinträchtigung des Rückgewähranspruchs. Deshalb ist nach dessen Abtretung, Pfändung oder Verpfändung die Zustimmung des Zessionars bzw Pfandgläubigers erforderlich (BGH WM 2013, 1070, 1071; MüKo/*Lieder* Rn 35; NK/*Krause* Rn 63; *Gladenbeck/Samhat* Rn 1007; *Clemente* Rn 321; aA München OLGRp 1999, 281, 282; Soergel/*Konzen* Rn 53). Aus diesem Grund bedarf eine im Sicherungsvertrag nicht vorgesehene Neuvalutierung der Zustimmung des Zessionars. Sofern eine weitere Sicherungserklärung die Neuvalutierung gestattet, tritt mit dem Ende der Geschäftsverbindung die die Zustimmung des Zessionars erfordernde Rückgewährreife ein. Allerdings liegt die Entscheidung darüber, ob die Geschäftsverbindung beendet wird, regelmäßig beim Zedenten, da die Abtretung des Rückgewähranspruchs im Zweifel nicht das Kündigungsrecht für die Geschäftsverbindung umfasst (BGH WM 2013, 1070, 1071; *Knees* ZIP 20018, 1055, 1056). Auch die Auswechslung des Zedenten im Wege der Schuldübernahme ist nicht als Ende der Geschäftsverbindung anzusehen, so dass diese nicht der Zustimmung des Zessionars bedarf (BGH WM 2013, 1070, 1071). Gleiches gilt für alle anderen Änderungen des Sicherungsvertrags, durch die der Rückgewähranspruch beeinträchtigt wird. Eine Änderung der Sicherungsabrede ist während des Bestehens der Geschäftsverbindung nicht notwendig, wenn die Grundschuld mit anderen Forderungen revalutiert werden soll und eine weite Zweckerklärung wirksam vereinbart ist. Hat der Sicherungsnehmer im Zeitpunkt der Änderung der Sicherungsabrede keine Kenntnis von der Abtretung des Rückgewähranspruchs, so muss der Zessionar des Rückgewähranspruchs die Änderung gegen sich gelten lassen (§ 407 I). Der Zessionar kann dieses Risiko dadurch ausräumen, dass er dem Sicherungsnehmer die Abtretung anzeigt. 35

Der Zessionar kann im Einzelfall dem Sicherungsgeber ggü verpflichtet sein, der Änderung der Sicherungsabrede zuzustimmen, da er auf berechtigte Interessen des Sicherungsgebers Rücksicht zu nehmen hat und diesen nicht unbillig in seiner wirtschaftl Handlungsfreiheit behindern darf (*Clemente* Rn 947). Nachrangige Gläubiger können einer Änderung der Sicherungsabrede nicht widersprechen (BGH ZIP 1989, 1174, 1176). Selbst § 1179a soll nicht verhindern, dass einer ganz oder teilw nicht (mehr) valutierten Fremdgrundschuld andere Forderungen unterlegt werden, der Eigentümer also den durch den Rang des Grundpfandrechts mitbestimmten Sicherungsrahmen vollständig ausschöpft (BGH ZIP 1989, 1174, 1176). 36

7. Rechtsnachfolge. Der Gläubiger einer grundpfandrechtl gesicherten Forderung kann diese ganz oder teilw an einen Dritten abtreten (§ 398). Die Sicherungsgrundschuld geht in diesen Fällen nicht schon kraft Gesetzes (§ 401) auf den neuen Gläubiger über (Staudinger/*Wolfsteiner* Vorb §§ 1191ff Rn 311). Im Zweifel ist aber der Zedent nach dem Rechtsgedanken des § 401 verpflichtet, die bestehende grundpfandrechtl Sicherung auf den neuen Gläubiger zu übertragen, sofern nicht mit dem Sicherungsgeber ausdrückl und eindeutig eine anderweitige Vereinbarung getroffen wurde. 37

Setzt der neue Gläubiger/Sicherungsnehmer die Geschäftsverbindung fort, erstreckt sich der Deckungsbereich der Grundschuld nicht auf Forderungen, die der Zessionar durch eigene Kreditgewährung bereits begründet hatte (*Obermüller* BKR 2017, 221, 223) und idR auch nicht auf neue Forderungen, die der Einzelrechtsnachfolger etwa durch eigene Kreditgewährung begründet (BGHZ 26, 142, 147 zur Bürgschaft; *Clemente* Rn 423; *Obermüller* BKR 2017, 221, 223). Allerdings kann bereits bei Bestellung der Sicherheit vereinbart werden, dass diese bei einem Gläubigerwechsel auch für neue Forderungen des Zessionars haftet (BGHZ 26, 142, 147 zur Bürgschaft; *Räfle* WM 1983, 806, 807). In diesem Fall enthält die Sicherungsabrede neben der Bestimmung des Deckungsbereichs der Grundschuld ggü dem gegenwärtigen Gläubiger einen Vertrag zugunsten eines Dritten, nämlich des Rechtsnachfolgers des Gläubigers. Möglich ist es selbstverständlich auch, dass die Einbeziehung der neuen Verbindlichkeiten des Zessionars nachträgl mit diesem vereinbart wird. 38

Im Falle der **Gesamtrechtsnachfolge** haftet die Grundschuld auch für neue Ansprüche des die Geschäftsverbindung fortsetzenden Gesamtrechtsnachfolgers des Sicherungsnehmers, sofern der Sicherungszweck der Grundschuld die Einbeziehung auch künftiger Verbindlichkeiten vorsieht (BGH ZIP 1981, 596, 597; 1980, 534, 535 zur Bürgschaft; aA *Obermüller* BKR 2017, 221, 223). Denn bei der Gesamtrechtsnachfolge werden nicht nur alle bereits entstandenen Rechte und Pflichten, sondern auch die noch werdenden und schwebenden Rechtsbeziehungen übernommen. Der Gesamtrechtsnachfolger tritt als Partei der Verträge an die Stelle des Rechtsvorgängers. 39

Zur Rechtsnachfolge beim Schuldner finden sich in den Sicherungszweckvereinbarungen für Grundschulden Klauseln wie bspw: „Im Falle eines Wechsels des Inhabers oder einer Änderung der Rechtsform der Firma des Kreditnehmers dient die Grundschuld auch zur Sicherung aller Forderungen gegen den Rechtsnachfolger des Kreditnehmers." Zu beachten ist dabei, dass eine Rechtsnachfolge noch nicht vorliegt, wenn ein Kaufmann seine Firma ändert (§ 21 HGB), eine OHG oder KG mit den Erben eines Gesellschafters fortgesetzt wird oder alle Gesellschafter ihre Anteile auf Dritte übertragen, eine GbR in eine OHG oder KG umgewandelt wird oder umgekehrt, bei einer Erbengemeinschaft ein Erbanteil auf einen Dritten übertragen wird oder eine AG, KGaA oder GmbH in eine andere Kapitalform wechselt. 40

41 Ob eine in **AGB** niedergelegte Ausweitung des Sicherungszwecks auf den **Rechtsnachfolger des persönlichen Schuldners** ungewöhnlich und damit überraschend iSd § 305c I ist, ist eine Frage des Einzelfalles. Wer etwa für eine juristische Person des Privatrechts, insb eine GmbH, eine Sicherheit bestellt und dabei – zB als Kommanditist einer KG, die die Gesellschaftsanteile an der GmbH hält – weiß, dass diese GmbH zu einem Verbund verwandter Gesellschaften gehört, muss damit rechnen, dass die Gesellschaft, für die er Sicherheiten stellt, bei entspr wirtschaftl und steuerlicher Notwendigkeit uU mit einer anderen Gesellschaft desselben Firmenverbundes verschmolzen wird und die bestellten Sicherheiten nunmehr auch dem Rechtsnachfolger zugutekommen (Celle EWiR 1989, 353). Der Sicherungsgeber wird hierbei keinen unübersehbaren Risiken ausgesetzt, da die alte Gesellschaft verpflichtet ist, die Interessen des Sicherungsgebers bei der Rechtsnachfolgelösung mit zu berücksichtigen (*Vortmann* EWiR 1989, 353, 354).

42 Anders kann die Rechtslage bei Nachfolgern des Sicherungsgebers sein, wenn das Eigentum an dem belasteten Grundstück auf einen anderen übergeht und neben der Grundschuld vom Sicherungsgeber auch ein Schuldversprechen abgegeben wurde. Denn eine Nachfolgeklausel kann hier dazu führen, dass der Voreigentümer persönlich für die Schulden des Rechtsnachfolgers haftet. In diesen Fällen sollte der Grundpfandrechtsgläubiger sich an den Grundsätzen orientieren, die zur AGB-rechtl Wirksamkeit von Drittgrundschulden (Rn 18ff) herausgearbeitet wurden (*Rastätter* DNotZ 1987, 459, 467; *Reithmann* WM 1985, 441, 446).

43 **8. Kündigung der Sicherungsabrede.** Der **Sicherungsgeber**, der **zugleich Schuldner** der gesicherten Verbindlichkeit ist, hat kein Recht zur Kündigung der Sicherungsvereinbarung, wenn ein enger Sicherungszweck vereinbart wurde (NK/*Krause* Rn 64). Werden durch den Sicherungsvertrag allerdings auch künftige Verbindlichkeiten gesichert und ist eine Laufzeit des Sicherungsvertrags – wie allg üblich – nicht festgelegt, kann die Sicherungsabrede nach den für Dauerschuldverhältnisse geltenden Grundsätzen gekündigt werden (*Clemente* Rn 323; *Gladenbeck/Samhat* Rn 602). Die Kündigung kann ausdrückl oder konkludent erklärt werden (BGH WM 2022, 1471, 1474). Im Verlangen auf Rückgewähr einer nicht oder nicht mehr valutierten Grundschuld wird man regelmäßig die konkludente Kündigung einer weiten Sicherungsabrede sehen können (BGH WM 2022, 1471, 1474). Die Pfändung des Rückgewähranspruchs verschafft dem Vollstreckungsgläubiger kein Kündigungsrecht (BGH WM 2022, 1471, 1474; MüKo/*Lieder* Rn 83). Gleiches gilt für den Zessionar, sofern er nicht ausdrückl zur Kündigung ermächtigt ist.

43a Voraussetzung ist das Vorliegen eines wichtigen Grundes (MüKo/*Lieder* Rn 83; aA Staudinger/*Wolfsteiner* Vorb §§ 1191ff Rn 38; NK/*Krause* Rn 64), dh dem Kündigenden ist die weitere Durchführung des Vertrags nicht mehr zumutbar. Ob eine solche Kündigung auch auf **Gründe** gestützt werden kann, die wie eine Verschlechterung der Vermögenslage des Schuldners **aus der Sphäre des Kündigenden** stammen (so BGH NJW-RR 1993, 944, 945; *Gladenbeck/Samhat* Rn 605), dürfte von der Rechtsnachfolge abhängen, die eine solche Gestaltungserklärung auslöst. Hält man eine solche Kündigung nur mit Wirkung für die Zukunft für möglich (*Clemente* Rn 323, 414; *Gladenbeck/Samhat* Rn 603), so dass der Sicherungsgeber dem Sicherungsnehmer bereits begründete Sicherungsrechte nicht entziehen kann, und bemisst man die Kündigungsfrist so, dass es dem Sicherungsnehmer hinreichend möglich ist, das Entstehen künftiger, nicht mehr von der Grundschuld gesicherter Verbindlichkeiten zu verhindern, wird man eine Kündigung wohl auch auf Gründe stützen können, die nicht der Sphäre des Sicherungsnehmers entstammen. Auf diese Weise kann der Sicherungsgeber verhindern, dass künftige Verbindlichkeiten unter die Sicherungsabrede fallen, ohne dass er dem Sicherungsnehmer bereits begründete Sicherungsrechte entzieht.

44 Bei einer Grundschuld, die von einem **vom persönlichen Schuldner personenverschiedenen Dritten** bestellt wurde, hat der Drittsicherungsgeber ähnl dem Bürgen die Möglichkeit, die Sicherungsabrede zu kündigen (BGH ZIP 2002, 2123; WM 1993, 897, 898; MüKo/*Lieder* Rn 83; aA *Lettl* ZBB 2001, 37, 44). Ein Bürge, der es auf unbestimmte Zeit übernommen hat, für den einem Dritten eröffneten Kredit einzustehen, hat nach Treu und Glauben nach Ablauf eines gewissen Zeitraums (MüKo/*Lieder* Rn 83; aA Staudinger/*Wolfsteiner* Vorb § 1192 Rn 38: jederzeit kündbar) oder bei Eintritt besonders wichtiger Umstände das Recht, die Bürgschaft mit Wirkung für die Zukunft zu kündigen (BGH WM 1993, 897, 898).

45 Der **Zeitfaktor**, der die Eröffnung einer Kündigungsmöglichkeit geboten erscheinen lässt, hängt von den Umständen des einzelnen Falles ab. So hat es der BGH bei der Bürgschaft bspw verneint, das bloße Verstreichen von drei Jahren seit Übernahme der Bürgschaft als hinreichende Grundlage einer Kündigung anzusehen (BGH WM 1993, 897, 898; 1985, 969, 970). Insoweit kann nicht außer Acht gelassen werden, dass grundpfandrechtl gesicherte Darlehen typischerweise langfristig vereinbart werden, so dass an den Zeitfaktor im Zweifel hohe Anforderungen zu stellen sind. Die **wichtigen Umstände**, deren Eintritt ein Kündigungsrecht eröffnen kann, können bspw in einer erheblichen Verschlechterung der Vermögenslage des Schuldners der gesicherten Verbindlichkeit liegen (BGH WM 1993, 897, 898; NK/*Krause* Rn 66). Aber auch dann, wenn die Drittgrundschuld für alle Ansprüche aus bankmäßiger Geschäftsverbindung bestellt wurde und die gesicherten Forderungen weitgehend oder gar völlig getilgt sind, kann ein berechtigtes Interesse des Drittsicherungsgebers bestehen, die grundpfandrechtl Haftung mit Wirkung für die Zukunft zu beenden (BGH WM 1994, 784, 785 zur Bürgschaft). Zu den besonders wichtigen Umständen kann ferner das Ausscheiden des Sicherungsgebers aus einer Gesellschaft gehören, wenn die Gesellschafterstellung Anlass für die Bestellung der Grundschuld war (BGH ZIP 2002, 2123, 2124). Auch kann ein Ehegatte, der den Kredit des anderen ersichtlich aus Anlass der mit ihm bestehenden Ehe besichert hat, nach deren Scheidung die Sicherungsabrede kündigen (BGH ZIP 2002, 2123, 2124).

Die Kündigung lässt die **Haftung der Grundschuld für begründete Verbindlichkeiten unberührt** (BGH ZIP 2002, 2123, 2124). Die Haftung wird auf die gesicherten Verbindlichkeiten beschränkt, die im Zeitpunkt des Wirksamwerdens der Kündigung bestehen (BGH WM 1986, 850, 851 zur Bürgschaft; Staudinger/*Wolfsteiner* Vorb §§ 1191ff Rn 38; NK/*Krause* Rn 65). Hinsichtl der Haftung für künftige Verbindlichkeiten darf die Ausübung des Kündigungsrechts durch den Drittsicherungsgeber dabei allerdings nur unter billiger Rücksichtnahme auf die zw dem Gläubiger und dem persönlichen Schuldner bestehende Geschäftsverbindung erfolgen und ist nicht ohne weiteres mit der Wirkung zulässig, dass die Grundschuld vom Zeitpunkt des Zugangs der Kündigung für keine weitere Kreditgewährung mehr haftet. Vielmehr kann der Drittsicherungsgeber die Kündigung nur unter Wahrung einer Frist, die nach den Umständen des Einzelfalles angemessen ist, erklären (BGH WM 1985, 1059, 1061 – Fall einer Bürgschaft; *Gerth* BB 1990, 78, 81). Die **Kündigungsfrist** ist so zu bemessen, dass den Beteiligten ein angemessener Zeitraum verbleibt, um ihre wirtschaftl Dispositionen der durch die Kündigung geschaffenen veränderten Lage anzupassen (BGH WM 1985, 1059, 1061 – Fall einer Bürgschaft). Nur ausnahmsw ist die Kündigung mit sofortiger Wirkung möglich, wenn berechtigte Interessen des Gläubigers und des persönlichen Schuldners nicht entgegenstehen (BGH ZIP 2002, 2123, 2125; vgl auch § 312 II Nr 2). 46

9. Widerrufsrecht. Die **Grundschuldbestellung** seitens eines Verbrauchers unterliegt nicht einem Widerrufsrecht. Es handelt sich nämlich hierbei weder um einen Immobiliar-Verbraucherdarlehensvertrag noch sind die Vorschriften über den Widerruf von Verbraucherverträgen der §§ 312ff anwendbar (EuGH NJW 2002, 251, 252; Koblenz NJW-RR 1999, 1178; MüKo/*Lieder* Rn 76; Staudinger/*Wolfsteiner* Einl § 1113 Rn 74; NK/*Krause* Rn 57; *Gladenbeck/Samhat* Rn 584.2; *Samhat* WM 2019, 849, 854). Bei einer Grundschuldbestellung handelt es sich nämlich um ein dingliches Rechtsgeschäft, welches nicht als auf den Abschluss eines Vertrages über eine entgeltliche Leistung iSd § 312 I angesehen werden kann (Koblenz NJW-RR 1999, 1178). Zudem nimmt § 312 II Nr 2 Verträge über die Begründung von Rechten an einem Grundstück ausdrückl von den Widerrufsvorschriften der §§ 312ff aus (Staudinger/*Wolfsteiner* Einl § 1113 Rn 74; *Loewenich* NJW 2014, 1409, 1410). Als abstraktes Recht unterliegt auch das **abstrakte Schuldversprechen** nicht dem Widerruf (MüKo/*Lieder* Rn 76). 47

Die **Sicherungsvereinbarung** zw einem Verbraucher und einer Bank unterliegt ebenfalls nicht dem allg Widerrufsrecht des § 355 iVm § 491 I, § 495 I, da es sich auch insoweit nicht um einen Immobiliar-Verbraucherdarlehensvertrag handelt (BGH NJW 1997, 1442, 1443; Frankfurt BeckRS 1997, 12567; *Samhat* WM 2019, 849, 854; aA *Bülow* Rn 187). Die Verbraucherkreditrichtlinie, RL 2008/48/EG, ist auf grundpfandrechtl gesicherte Immobiliendarlehensverträge nicht anwendbar (EuGH NJW 2020, 1423, 1424; BGH BKR 2020, 255, 256; WM 2019, 864, 866). Die Verpflichtung zur Bestellung einer Grundschuld seitens des **persönlichen Schuldners** unterliegt **nicht dem Haustürwiderruf** (MüKo/*Lieder* Rn 76; Staudinger/*Wolfsteiner* Vorb §§ 1191ff Rn 254; *Gladenbeck/Samhat* Rn 584.1; aA NK/*Krause* Rn 58). Dies gilt jedenfalls seit dem 21.3.2016, da der Gesetzgeber mit Umsetzung der WohnimmobilienkreditRL die Rechte des Darlehensnehmers eines Immobiliar-Verbraucherdarlehensvertrages maßgeblich gestärkt hat. Damit wurde das Widerrufsrecht des Darlehensnehmers umfassend, aber auch abschließend erweitert. Dem Darlehensnehmer steht ein generelles Widerrufsrecht zu (§ 491 I, § 495 I, § 355). Ein darüberhinausgehendes Recht, auch die Sicherungsvereinbarung isoliert widerrufen zu können, hat der Gesetzgeber nicht geschaffen. Dafür besteht auch kein Bedarf, da mit dem Widerruf des Darlehensvertrages auch die Verpflichtung zu dessen grundpfandrechtl Besicherung entfällt. Ein isolierter Widerruf nur der Sicherungsvereinbarung nach den Vorschriften der §§ 312b, 312g, 355, 356 in den Fällen, in denen der Darlehensnehmer sein Recht zum Widerruf des Immobiliar-Verbraucherdarlehensvertrages nicht ausgeübt hat, ist daneben nicht zuzulassen. 48

Allerdings hatte der BGH (BGH NJW 1996, 55ff) nach altem Recht entschieden, dass das Haustürwiderrufsrecht auch auf die von einem **Drittsicherungsgeber** erklärte Verpflichtung zur Bestellung einer Grundschuld anwendbar ist. Bei der Sicherungsabrede handele es sich nämlich um einen Vertrag über eine entgeltliche Leistung (BGH NJW 1996, 55, 56). Dies gelte jedenfalls dann, wenn der Verpflichtete die Grundschuld in der dem anderen Teil erkennbaren Erwartung übernimmt, ihm selbst oder einem bestimmten Dritten werde daraus irgendein Vorteil erwachsen (BGH NJW 1996, 55, 56). Dazu zähle insb die Gewährung eines Kredites an den Dritten (BGH NJW 1996, 55, 56). Auch sprach der Schutzzweck des Haustürgeschäftswiderrufsgesetzes dafür, dieses Gesetz zum Schutz vor der durch das Überraschungsmoment ausgelösten Überrumpelungsgefahr auf Verträge anzuwenden, bei denen es um die Absicherung fremder Verbindlichkeiten durch die Bestellung einer Grundschuld ging (BGH NJW 1996, 55, 56; *Loewenich* NJW 2014, 1409, 1410). Dies galt auch dann, wenn die Grundschuld, auf die sich der Sicherungsvertrag bezieht, einen **gewerblichen Kredit** sichert (BGH WM 2007, 2106, 2109; 2006, 377; NJW 1995, 55, 56). Die Neufassung der Vorschriften über den Widerruf von Verträgen, die ein Verbraucher in einer Haustürsituation schließt (§ 312 I, §§ 312b, 312g, 355, 356) hat hieran nichts geändert (NK/*Krause* Rn 58; *Bülow* Rn 187; vgl auch *Kehl* WM 2018, 2027; aA MüKo/*Lieder* Rn 76; Staudinger/*Wolfsteiner*, Vorb § 1191 Rn 294, der § 312 II Nr 2 einen vollständigen Ausschluss des Widerrufsrechts auch für den Sicherungsvertrag entnimmt; *Gladenbeck/Samhat* Rn 584.2; aA auch *Loewenich* NJW 2014, 1409, 1411, mit dem Argument, dass die von einem Verbraucher gestellte Drittsicherheit zu einem Geldkredit keine Leistung eines Unternehmens gem § 312 I ist). Zwar ist die Formulierung des § 312 I, der nunmehr von der entgeltlichen Leistung *eines Unternehmers* spricht, nicht glücklich gewählt. Ein Übereilungsschutz in einer Haustürsituation ist aber geboten, sobald der Verbraucher eine Verbindlichkeit eingeht; ob sich auch der Unternehmer verpflichtet, das Geschäft mithin ein entgeltliches ist, ist demggü von untergeordneter Bedeutung (*Schürnbrand* WM 2014, 1157, 1160; aA *Loewenich* WM 2016, 2011, 2015). Ein Haustürwiderruf kommt daher in Betracht, wenn es sich um die Sicherungsverein- 49 barung für eine Drittgrundschuld handelt, der Sicherungsgeber Verbraucher ist und der Sicherungsvertrag in einer Haustürsituation zustande gekommen ist.

50 **10. Wegfall der Geschäftsgrundlage (§ 313).** des Sicherungsvertrags ist möglich. Die Voraussetzungen unterliegen aber einem strengen Maßstab. So kann in seltenen Ausnahmefällen die Gewährung weiterer Kredite Geschäftsgrundlage der Grundschuldbestellung sein. Voraussetzung ist, dass nach dem gemeinsamen Willen beider Vertragsparteien, der nicht zum Vertragsinhalt erhoben wurde, die Besicherung der Alt-Verbindlichkeiten nur vorgenommen wurde, um zugleich auch die Grundlage für einen weiteren Kredit zu schaffen (Düsseldorf WM 1997, 960, 962; Köln WM 1997, 963, 964). Geschäftsgrundlage kann auch die Vorstellung nur einer Vertragspartei werden, wenn sie dem Geschäftspartner erkennbar war und von ihm nicht beanstandet wurde. Allerdings reicht die allg Erwartung des Grundschuldbestellers, nach der Besicherung der Altschulden würden weitere Kredite gewährt, nicht aus. Erforderlich ist vielmehr eine als sicher in Aussicht gestellte Kreditgewährung für den Fall der Altschuldenbesicherung sowie eine Werthaltigkeit des Pfandobjekts, die signifikant höher ist als die Altverbindlichkeiten. Demggü ist allein die erkennbare (doch nicht gebilligte) Erwartung des Sicherungsgebers, er werde aus der für eine fremde Verbindlichkeit bestellten Grundschuld nicht in Anspruch genommen, keine Geschäftsgrundlage der Sicherungsvereinbarung (BGH ZIP 1987, 1519), auch nicht die Erwartung, der Gläubiger werde vorrangig aus anderen, insb aus vom persönlichen Schuldner gestellten Sicherheiten vorgehen (vgl BGH WM 1997, 1247, 1249).

51 **11. Sittenwidrigkeit; anfängliche Übersicherung.** Die Bestellung einer Grundschuld durch einen iÜ **einkommens- und vermögenslosen Sicherungsgeber** verstößt nicht gegen § 138 I (Celle OLGRp 2004, 604, 605). Dies gilt auch bei der Bestellung einer Drittgrundschuld (BGH ZIP 2002, 1439, 1440). § 138 I will den Sicherungsgeber nicht davor bewahren, einen Vermögensgegenstand als Sicherheit zu geben, bei dessen Verwertung er neben wirtschaftl auch persönliche Nachteile erleidet, wie etwa den Verlust des Eigenheimes (KG BeckRS 2017, 149490 Rn 21). Der Einsatz des einzigen oder letzten Vermögensgutes als Sicherungsmittel ist ohne weitere Umstände nicht sittenwidrig (BGH ZIP 2002, 1439, 1440). Die von der Rspr entwickelten Grundsätze zur Sittenwidrigkeit einer Bürgschaft oder Mithaftung eines einkommens- und vermögenslosen Verpflichteten (BGH ZIP 2002, 1482, 1483 mwN) finden auf die Sicherungsgrundschuld keine Anwendung (KG BeckRS 2017, 149490 Rn 20; NK/*Zimmer* Rn 90). Auch eine Sittenwidrigkeit des durch die Grundschuld **gesicherten Darlehens** berührt die Wirksamkeit der Grundschuldbestellung nicht (BGH WM 2000, 1580, 1582). Anders als beim Wuchertatbestand (vgl BGH WM 2018, 636, 638; NJW 1994, 1275) ergreift die Nichtigkeit des Darlehensvertrags wegen eines **sittenwidrigen** Missverhältnisses von Leistung und Gegenleistung iSd § 138 I nicht ohne weiteres die Bestellung von Sicherheiten. Diese bleiben vielmehr idR bestehen und dienen der Absicherung des bereicherungsrechtl Anspruchs auf Rückzahlung der Darlehensvaluta. Dies gilt auch dann, wenn gerade die grundpfandrechtl Absicherung des Darlehens wegen der bei Realkrediten niedrigeren marktüblichen Vergleichszinsen das Darlehen sittenwidrig erscheinen lässt (BGH WM 2000, 1580, 1582; MüKo/*Lieder* Rn 90). **Nichtigkeit der Sicherungsabrede** erfasst nicht den Bestand der abstrakten Grundschuld (Rn 2). Der Sicherungsvertrag kann auch nicht mit der dinglichen Einigung zu einem einheitlichen Rechtsgeschäft iSd § 139 verbunden werden. Geschäftseinheit kann aber zw Sicherungsabrede und Forderungsverhältnis bestehen (*Weber* AcP 169, 237; *Serick* I § 4 II 3, 4), auch bei Sicherung fremder Schuld.

52 Wegen **anfänglicher Übersicherung** kann eine Sicherungsabrede gem § 138 I unwirksam sein, wenn ein grobes Missverhältnis zw dem Sicherungswert und dem Sicherungsinteresse besteht und eine verwerfliche Gesinnung des Sicherungsnehmers vorliegt (BGH WM 2010, 834, 835; Hamm 15.1.2015 – 5 U 81/14, JurionRS 20157; MüKo/*Lieder* Rn 54 aA Staudinger/*Wolfsteiner* Vorb §§ 1191ff Rn 85: verwerfliche Gesinnung nicht erforderlich; aA *Bülow* Rn 189 nur bei Blockadesituationen). Dabei kommt es nicht darauf an, welchen Nominalbetrag die bestellten Grundpfandrechte im Verhältnis zu der gesicherten Forderung haben, sondern welcher Erlös sich im Zeitpunkt des Vertragsschlusses aus der Verwertung dieses Grundpfandrechts unter Berücksichtigung des Wertes des belasteten Grundstückes und des Ranges des Rechtes in einem ungewissen Verwertungsfall erwarten lässt und wie sicher dies bei Abschluss des Sicherungsvertrags zu beurteilen war (BGH WM 2010, 834, 845; Brandenburg BeckRS 2010, 07660; s auch BGH WM 1998, 2047 zur Sicherungsübereignung/-zession). Der Maßstab des doppelten Kaufpreises im Verhältnis zum Wert des Grundstücks, wie er im Kaufvertragsrecht als Vermutung für ein grobes Missverhältnis und als Voraussetzung für eine verwerfliche Gesinnung entwickelt worden ist, greift hier nicht (BGH WM 2010, 834, 835). Auch die verwerfliche Gesinnung muss hier also anhand der Umstände des konkreten Falles nachgewiesen werden (BGH WM 2010, 834, 835). Eine **nachträgl Übersicherung** führt nicht zur Unwirksamkeit der Sicherungsabrede, sondern löst Rückgewähransprüche des Sicherungsgebers aus (Staudinger/*Wolfsteiner* Vorb §§ 1191ff Rn 99; NK/*Krause* Rn 94).

53 Unwirksamkeit der Sicherungsabrede (oder Fehlen einer solchen Abrede) hat **Rückgewähranspruch nach § 812 I** zur Folge (BGH WM 1991, 86). Aus diesem Anspruch ergibt sich zugleich eine Einrede nach § 1157, die durch Widerspruch gesichert werden kann; mit der Einrede entsteht zudem der dingliche Verzichtsanspruch aus § 1192 I, § 1169 (BGH NJW 1985, 800); Abtretung des Rückgewähranspruchs erfasst auch die des Verzichtsanspruchs (BGHZ 1985, 800). Entreicherung des Grundschulderwerbers durch unentgeltliche Zession verpflichtet den Zessionar nach § 822 zur Rückgewähr an den Eigentümer (BGHZ 108, 237, 243). Die Löschungskosten (§ 875 BGB, § 29 GBO) trägt nach § 818 III der Eigentümer (BGH WM 1970, 964).

54 **Nichtigkeit der gesicherten Forderung** lässt die Grundschuld unberührt. Diese steht also ohne Rücksicht darauf, ob sie nicht oder nicht mehr valutiert ist, ihrem Inhaber zu (BGH NJW 1981, 1505); § 1163 I ist un-

anwendbar. Nichtigkeit eines wucherischen Darlehens ergreift jedoch auch die Sicherungsabrede und gem § 138 II die zu deren Erfüllung bestellte Grundschuld (BGH NJW 1982, 2767). Ist das Forderungsverhältnis nichtig, aber die Sicherungsabrede wirksam, so begründet sie einen Rückgewähranspruch gegen den Sicherungsnehmer, ebenso wenn infolge sonstiger rechtl Störung der Forderungsbeziehung die gesicherte Forderung endgültig nicht entsteht oder wegfällt (anders *Jäckle* JZ 1982, 50, wonach der vertragl Rückgewähranspruch auf den Fall planmäßiger Forderungstilgung beschränkt sein soll). Ob für den Fall der Nichtigkeit des gesicherten Kreditverhältnisses oder einer Leistungsstörung der dann entspr Bereicherungs- oder Schadensersatzanspruch des Sicherungsnehmers von vornherein mitgesichert ist, ist Auslegungssache. IdR wird der Parteiwille zu einer solchen Ersatzsicherung zu unterstellen sein (BGH NJW 1991, 1746, 1750; Schleswig ZIP 1982, 160; Köln NJW-RR 1986, 1052; Celle WM 1987, 1484; Grü/*Herrler* Rn 19; BGH NJW 1968, 1134 zum Pfandrecht; MüKo/*Lieder* Rn 86 betr Bereicherungsanspruch), auch bei Sicherung fremder Kreditschuld. Insb dann, wenn die Sicherungsabrede auch künftige Forderungen aus der Bankverbindung oder aus jedem Rechtsgrund einbezieht, ist der Bereicherungsanspruch bei nichtigem (BGH WM 1991, 954) oder widerrufenen Kreditvertrag (BGH NJW 2003, 885, 886; Brandenburg BeckRS 2008, 21865; MüKo/*Lieder* Rn 86) oder ein Schadensersatzanspruch wegen Nichtabnahme erfasst (BGH ZIP 1990, 29, 31; Frankfurt NJW-RR 2004, 137, 138; MüKo/*Lieder* Rn 86; aA Rostock WM 2001, 1377, 1379 m abl Anm *Wenzel* WuB I F 3–4.01). Gleiches gilt für Ansprüche wegen des Widerufes von Verbraucherverträgen (BGH WM 2003, 64, 65;MüKo/*Lieder* Rn 86).

12. Einreden und Einwendungen gegen die Grundschuld. Wegen der Abstraktheit von Grundschuld und gesicherter Forderung bleibt der Sicherungsnehmer Inhaber der Grundschuld auch dann, wenn die gesicherte Forderung nicht entstanden oder getilgt ist. Aufgrund des Sicherungsvertrags darf er aber die Grundschuld nicht geltend machen oder in sonstiger Weise darüber verfügen. 55

Der **Grundstückseigentümer** kann der Geltendmachung der Grundschuld durch den Sicherungsnehmer alle Einwendungen entgegensetzen, die den Bestand der Grundschuld betreffen. So kann er etwa geltend machen, die Grundschuld sei nicht wirksam bestellt oder inzwischen erloschen. 56

Die Rechte aus dem Sicherungsvertrag stehen allein dem **Sicherungsgeber** zu oder, wenn dieser seine Ansprüche abgetreten hat, dem Zessionar (BGH WM 2017, 2299, 2300). Der Grundstückseigentümer kann die Rechte aus dem Sicherungsvertrag gegen eine Inanspruchnahme aus der Grundschuld daher nur geltend machen, wenn der Sicherungsvertrag mit ihm abgeschlossen (*Clemente* Rn 736) oder ihm der Rückgewähranspruch abgetreten wurde (BGH WM 2017, 2299, 2300). Hat er das Eigentum rechtsgeschäftlich oder im Wege der Zwangsversteigerung erworben, ohne dass die Rückgewähransprüche auf ihn übergegangen sind oder er zur Ausübung des Rückgewähranspruchs ermächtigt ist, ist der Grundstückseigentümer nicht befugt, Einreden aus dem Sicherungsvertrag zu erheben (BGH WM 2017, 2299, 2300; 2003, 1365, 1366; MüKo/*Lieder* Rn 165; Staudinger/*Wolfsteiner*, Vor § 1191 Rn 315). Bei einem Eigentumswechsel am belasteten Grundstück geht der Rückgewähranspruch nicht ohne weiteres, sondern nur durch Mitübertragung auf den neuen Eigentümer über (s Rn 83). 57

Einreden aufgrund des Sicherungsvertrags bestehen gegen die Geltendmachung der Grundschuld vor allem dann, wenn die Grundschuld nicht oder nur teilw valutiert ist, der Sicherungsnehmer aber volle Befriedigung daraus beansprucht (BGH WM 1990, 305, 306). Eine Einrede besteht ferner, wenn die gesicherte Forderung noch nicht fällig ist (BGH ZIP 1985, 732, 733; NK/*Krause* Rn 112), denn auch dann wird die Grundschuld nicht in Übereinstimmung mit dem Sicherungszweck geltend gemacht. § 242 gibt dem Grundstückseigentümer allerdings keine Einrede gegen eine Inanspruchnahme iHd dem Sicherungszweck entspr Betrages, selbst wenn der Gläubiger ihn wegen einer über die Grundschuldsumme einschl dinglicher Zinsen hinausgehenden Forderung in Anspruch nehmen will. Der Anspruch auf Duldung der Zwangsvollstreckung aus der Grundschuld (§§ 1147, 1192 I) ist in diesem Fall nicht nach Treu und Glauben ausgeschlossen, weil der Grundstückseigentümer die Möglichkeit hat, den Gläubiger iHd Grundschuldsumme nebst Zinsen zu befriedigen (§§ 1142, 1192 I) und so die Vollstreckung aus der Grundschuld abzuwenden (BGH ZIP 1985, 732, 733). 58

Der **Grundstückseigentümer** kann dem **neuen Grundschuldgläubiger** eine Einrede, die ihm aufgrund des zw ihm und dem bisherigen Grundschuldgläubiger bestehenden Rechtsverhältnisses gegen die Grundschuld zusteht, unter den Voraussetzungen der §§ 1157, 1192 I entgegenhalten. § 1157 setzt voraus, dass die Einrede im Zeitpunkt der Abtretung dem Eigentümer zusteht. Der Gesetzeswortlaut unterscheidet sich insoweit von § 404 („begründet") und beschränkt sich im Gegensatz zu dieser Vorschrift auf solche Einreden, deren Tatbestand im Zeitpunkt der Grundschuldabtretung bereits vollständig verwirklicht ist (BGH WM 1983, 173, 174; Karlsruhe OLGRp 2003, 26, 28). Ist daher bspw zw Sicherungsgeber und Sicherungsnehmer keine wirksame Sicherungsabrede zustande gekommen und kann der Grundstückseigentümer daher gem §§ 1169, 821, 1192 I vom Sicherungsnehmer den Verzicht auf die Grundschuld verlangen, steht ihm diese Einrede gem §§ 1157, 1192 I auch ggü dem späteren Erwerber der Grundschuld zu (BGH WM 1983, 173, 174). Entspr gilt, wenn über einen Teil einer Grundschuld kein Sicherungsvertrag geschlossen wurde (BGH WM 1989, 1412, 1414). § 1157 greift aber bspw nicht ein, wenn die gesicherte Forderung erst nach Abtretung der Grundschuld getilgt wird (BGH ZIP 1986, 1454, 1455). Zwar steht dem Grundstückseigentümer eine Einrede iSd §§ 1169, 1192 I auch dann zu, wenn der Grundschuldgläubiger nach (teilw) Tilgung der gesicherten Verbindlichkeit aus dem Sicherungsvertrag zur Rückgewähr der Grundschuld bzw des nicht mehr valutierten Teils verpflichtet ist (BGH WM 1985, 12, 13). Der Einredetatbestand ist hier aber erst durch die (teilw) Tilgung der gesicherten Verbindlichkeiten verwirklicht. Eine Einrede iSd § 1157 begründet auch die Vereinbarung eines Miteigentümers mit dem Grundschuldgläubiger, dass dieser aus dem Anteil des Miteigentümers nur Befriedigung suchen darf, soweit er nicht 59 aus dem anderen Miteigentumsanteil Befriedigung findet (BGH WM 1986, 293, 294). Denn der vereinbarte schuldrechtl Anspruch des Miteigentümers begrenzt das dingliche Recht des Gesamtgrundschuldgläubigers, sich nach Belieben aus einem Miteigentumsanteil zu befriedigen.

60 **Rechtslage nach dem 19.8.2008.** Dient eine Grundschuld – wie in der Bankpraxis üblich – zur Sicherung eines Anspruchs, schließt § 1192 Ia iVm § 1157 die Möglichkeit eines **gutgläubigen einredefreien Erwerbs** dieser Grundschuld weitgehend aus (*Dieckmann* NZM 2008, 865, 868 aA *Kiehnle* BKR 2009, 157, 160). Dabei spielt es keine Rolle, ob es sich bei der gesicherten Forderung um eine solche aus einem Verbraucherdarlehen oder aus einem gewerblichen Kredit handelt (*Dörrie* ZBB 2008, 292, 305). Auch ist es unerheblich, ob der Erwerb auf einem Rechtsgeschäft, auf dem Gesetz oder auf einem Hoheitsakt beruht (*Olbrich* ZfIR 2013, 405, 407). Im Fall einer Gesamtrechtsnachfolge kommt die Vorschrift nicht nur Anwendung (Staudinger/*Wolfsteiner* § 1192 Rn 51). § 1192 Ia erfasst nicht nur den Ersterwerb der Grundschuld, sondern auch eventuelle Weiterveräußerungen (*Olbrich* ZfIR 2013, 405, 408); die Vorschrift gilt nur für die Grundschuld, nicht für die Hypothek (*Bülow* Rn 345; *Knops* WM 2008, 2185, 2189; *Habersack* NJW 2008, 3173, 3176). § 1192 Ia findet bei Buchgrundschulden auf diejenigen Rechte Anwendung, die nach dem 19.8.2008 abgetreten wurden; bei Briefgrundschulden auf die nach dem 20.8.2008 bestellten Rechte (näher *Bolhart* DNotZ 2010, 483, 493f). Bestellt ist ein Buchrecht mit Eintragung in das Grundbuch (BGH WM 2013, 2319, 2320).

61 Voraussetzung für den Ausschluss eines gutgläubigen einredefreien Erwerbes iSd § 1192 Ia ist das Vorliegen eines **Sicherungsvertrags**. Bei fehlender personeller Identität vom Eigentümer und Sicherungsgeber ist § 1192 Ia nicht (analog) anwendbar (MüKo/*Lieder* § 1192 Rn 10; Staudinger/*Wolfsteiner* § 1192 Rn 37; aA *Bülow* Rn 338). Dem Grundstückseigentümer stehen die Einreden und Einwendungen trotz Gutgläubigkeit des Grundschulderwerbers nur zu, wenn er selbst Partei des Sicherungsvertrags geworden, er also der Sicherungsgeber ist (*Olbrich* ZfIR 2013, 405, 406; *Milzer* BWNotZ 2011, 62, 65; *Nietsch* NJW 2009, 3606, 3608). Dies ist bei der Drittgrundschuld regelmäßig nicht der Fall. Die in § 1192 Ia bestimmte Möglichkeit, eine Einrede oder Einwendung gegen die Geltendmachung der Grundschuld zu erheben, führt als solche nicht zu einem Sicherungsvertrag zw dem Sicherungsgeber und dem neuen Gläubiger der Grundschuld (*Clemente* ZfIR 2008, 589, 595). Erwachsen dem Sicherungsgeber daher bspw aufgrund einer Verletzung des Sicherungsvertrags Schäden, muss sich der Sicherungsgeber diesbzgl weiterhin an den Sicherungsnehmer der Grundschuld halten. Fehlt es an einem Sicherungsvertrag, etwa infolge **Nichtigkeit**, fehlt es auch an einem Rechtsgrund für die Grundschuld. Der Sicherungsgeber kann die Grundschuld aus ungerechtfertigter Bereicherung zurückfordern. Die sich hieraus ergebende Einrede der ungerechtfertigten Bereicherung gem §§ 812, 821 ist keine aufgrund des Sicherungsvertrags. Ein gutgläubiger Erwerb ist insoweit möglich (Grü/*Herrler* § 1192 Rn 4; *Dieckmann* NZM 2008, 865, 871 und BWNotZ 2008, 166, 176; *Müller* RNotZ 2012, 199, 206; aA *Bülow* Rn 341; *Bülow* WM 2012, 289, 290; *Bülow* ZJS 2009, 1, 5; *Olbrich* ZfIR 2013, 405, 408; *Wellenhofer* JZ 2009, 1077, 1081; *Zetzsche* AcP 209, 543, 564; *Bülow* WM 2012, 289, 290). Gleiches gilt, wenn infolge einer Zahlung auf die Grundschuld eine Eigentümergrundschuld entsteht, die sodann an einen gutgläubigen Erwerber abgetreten wird (*Bosch* ZfIR 2009, 801, 803; *Habersack* NJW 2008, 3173, 3176).

62 Der Grundstückseigentümer kann dem Erwerber einer Sicherungsgrundschuld nicht nur diejenigen Einreden aus dem Sicherungsvertrag entgegensetzen, deren Tatbestand im Zeitpunkt des Übergangs bereits erfüllt waren, sondern auch diejenigen, die sich aus dem Sicherungsvertrag ergeben, die also im Zeitpunkt des Übergangs der Sicherungsgrundschuld im Sicherungsvertrag bereits **begründet** waren, deren Tatbestand aber erst später vollständig verwirklicht ist (BGH WM 2018, 1168, 1171; Staudinger/*Wolfsteiner* § 1192 Rn 43; *Böttcher* NJW 2010, 1647, 1648; *Redeker* ZIP 2009, 208, 210; *Wellenhofer* JZ 2009, 1077, 1082; *Thöne*, ZfIR 2010, 448; *Schmid*/*Voss* DNotZ 2008, 740, 744; *Clemente* ZfIR 2008, 589, 595). Das Privileg umfasst alle Einwendungen gegen den (Fort-)Bestand und die Fälligkeit der gesicherten Forderung (BGH WM 2018, 1168, 1171) und auch vollstreckungsbeschränkende Abreden (Staudinger/*Wolfsteiner* § 1157 Rn 31; *Volmer* ZfIR 2014, 301, 302; aA Brandenburg ZfIR 2014, 299, 301; *Fischer* ZInsO 2014, 2125, 2126). Unerheblich ist dabei, ob die eine Einrede begründende Vereinbarung bei Abschluss des Sicherungsvertrags getroffen wurde oder nachträgl (*Volmer* ZfIR 2014, 301, 302; aA Brandenburg ZfIR 2014, 299, 301). Privilegiert ist bspw die Einrede der Nichtvalutierung (BGH WM 2018, 1168, 1171; 2013, 2319, 2320), die des vollständigen oder teilw Erlöschens der gesicherten Forderung vor Übertragung der Grundschuld (BGH WM 2018, 1168, 1171), die der fehlenden Fälligkeit der gesicherten Forderung (BGH WM 2018, 1932, 1935; 2018, 1168, 1171) oder auch der Einwand, dass die gesicherte Forderung nach der Übertragung der Sicherungsgrundschuld ganz oder teilw getilgt worden ist (BGH WM 2018, 1168, 1171; *Böhringer* BWNotZ 2009, 61; *Clemente* ZfIR 2008, 589, 595). Gleiches gilt für die Vereinbarung anlässlich der Bestellung einer Belastungsvollmacht für den Grundstückserwerber, das Grundstück des Verkäufers nur mit einer Grundschuld zu belasten, wenn die daraus berechtigte Bank den gesicherten Kredit vorrangig zur Zahlung auf den Kaufpreis verwendet (Hamm BeckRS 2015, 14618). Der Begriff des **bisherigen Gläubigers** ist weit zu verstehen. Damit ist nicht nur der letzte Veräußerer gemeint, der die Grundschuld an den jetzigen Gläubiger abgetreten hat, sondern bei Mehrfachabtretungen auch alle früheren Gläubiger (BGH WM 2013, 2319, 2320; *Wellenhofer* JZ 2009, 1077, 1081; aA *Diekmann* NZM 2008, 865, 870). § 1192 Ia setzt eine **Kenntnis vom Charakter der Sicherungsgrundschuld nicht** voraus (*Böttcher*, NJW 2010, 1647, 1648; *Böhringer* BWNotZ 2009, 61). Der Erwerber einer Grundschuld muss sich die Einreden und Einwendungen daher auch dann entgegenhalten lassen, wenn er glaubte, es liege eine isolierte Grundschuld vor (*Dörrie* ZBB 2008, 292, 305; *Diekmann* NZM 2008, 865, 870). Unberührt bleibt aber die Möglichkeit eines gutgläubigen einredefreien Erwerbs

hinsichtl solcher Einreden, die sich nicht aus dem Sicherungsvertrag ergeben, wie etwa eine Stundung des Grundschuldkapitals (Brandenburg ZfIR 2014, 299, 300; *Wellenhofer* JZ 2009, 1077, 1082; *Dörrie* ZBB 2008, 292, 305; *Bülow* ZJS 2009, 1, 5). Für eine solche Einrede bleibt es bei § 1157 (Brandenburg ZfIR 2014, 299, 300; NK/*Krause* § 1192 Rn 6a).

Nicht zu den Einwendungen, die gegen die Geltendmachung des Duldungsanspruchs gem § 1147 erhoben werden können, gehört der Einwand, dass der Grundschuldgläubiger die gesicherte Forderung nicht erworben hat oder dass der gesicherte Anspruch oder die Grundschuld nach Eintritt des Sicherungsfalles an einen anderen Gläubiger abgetreten wurde (BGH WM 2018, 1168, 1171; *Samhat* WM 2019, 805, 808; krit *Thöne* ZfIR 2019, 345, 346). Aus dem isolierten Erwerb einer Sicherungsgrundschuld ergibt sich keine Einwendung gegen ihre Durchsetzbarkeit. Der Gesetzgeber wollte den Eigentümer-Schuldner nur vor einer *doppelten* Inanspruchnahme schützen. 62a

Rechtslage bis zum 19.8.2008. Hat der Zessionar die Grundschuld bis zum 19.8.2008 erworben, kann der Grundstückseigentümer dem neuen Grundschuldgläubiger eine Einrede, die ihm aufgrund des zw ihm und dem bisherigen Grundschuldgläubiger bestehenden Rechtsverhältnisses gegen die Grundschuld zusteht, nur unter den Voraussetzungen von § 1157 iVm § 1192 I entgegenhalten (BGH WM 2015, 230, 231; BKR 2011, 291, 292); § 1192 Ia ist nicht anwendbar (Art 229 § 18 II EGBGB; BGH NJW 2015, 619, 620). 63

Gem § 1157 S 2, § 1192 I, §§ 892, 894–899, 1140 kann der Zessionar nämlich in **Altfällen** die **Grundschuld gutgläubig** frei von den ihm gem § 1157 S 1, § 1192 I entgegenhaltbaren Einreden **erwerben.** Bösgläubigkeit ist gegeben, wenn der Zessionar den Sicherungszweck der Grundschuld und die Einrede im Zeitpunkt der Abtretung kennt (BGH NJW 2015, 619, 620; WM 2010, 1022, 1027) oder sie aus dem Grundbuch ersichtlich ist (§§ 1157, 892, 1192 I). Allein die Kenntnis des Sicherungscharakters der Grundschuld reicht nicht aus (BGH WM 2015, 230, 231; WM 2013, 2319, 2320; MüKo/*Lieder* Rn 103; Soergel/*Konzen* § 1157 Rn 5; aA *Bülow* Rn 329); die Kenntnis des Sicherungscharakters der Grundschuld löst auch keine Nachforschungspflichten hinsichtlich eventueller Einreden aus (BGH NJW 2015, 619, 620). Erforderlich ist, dass der Zessionar im Zeitpunkt der Abtretung positiv weiß, dass die gesicherte Forderung nicht besteht oder die Grundschuld aus einem anderen Grund einredebehaftet ist (BGH WM 1990, 305, 306f; 1988, 446, 450; 1986, 763, 767; anders noch RGZ 91, 218, 224f). Voraussetzung ist positive Kenntnis von der Unrichtigkeit des Grundbuchs (BGH WM 2015, 230, 231); es reicht nicht aus, dass der Zessionar mit Einreden aus dem Sicherungsvertrag rechnen musste (BGH WM 1988, 446, 450). Ein bewusstes Sichverschließen kann in Ausnahmefällen bei einem begründeten Verdacht einer positiven Kenntnis gleichgestellt sein (BGH WM 2015, 230, 232). Wurde eine Grundschuld einmal einredefrei erworben, so entsteht auch durch spätere Ereignisse wie etwa nachträgl Bösgläubigkeit keine Einrede (BGH ZIP 1986, 1454, 1455). Ein einmal vollzogener einredefreier Erwerb wirkt für einen Rechtsnachfolger des Zessionars, selbst wenn dieser bösgläubig ist (BGH WM 2001, 453, 454; ZIP 1986, 1454, 1455). Ein gutgläubiger einredefreier Erwerb setzt aber voraus, dass der neue Gläubiger das Grundpfandrecht durch ein Rechtsgeschäft vom bisherigen Gläubiger erworben hat (BGH WM 1986, 293, 294). Gehen die dinglichen Rechte bspw gem §§ 1150, 268 III 1, § 1192 I kraft Gesetzes auf den neuen Gläubiger über, scheidet ein gutgläubiger einredefreier Erwerb gem §§ 1157, 1192 I aus (BGH WM 1986, 293, 294). Im Zusammenhang mit einem gutgläubigen einredefreien Erwerb gem §§ 1157, 1192 I spielt es keine Rolle, ob sich der Zessionar die gesicherte Forderung mitabtreten lässt. Diese – etwa infolge Tilgung erloschene – Forderung kann der Zessionar zwar nicht gutgläubig bzw nicht gutgläubig einredefrei erwerben. Auch in einem solchen Fall können dem Erwerber aber aus dem Sicherungsvertrag Einreden gegen die Grundschuld nur insoweit entgegengesetzt werden, als sie zur Zeit der Abtretung entstanden waren und er bösgläubig war (BGH WM 1988, 446, 450). Der Zessionar, der sich zusätzl die Forderung abtreten lässt, soll nicht schlechter gestellt werden, als er stehen würde, wenn er die Grundschuld allein erworben hätte. 64

Da Grundschulden im Gegensatz zu Hypotheken eine zu sichernde Forderung nicht voraussetzen, trifft den aus einer Grundschuld in Anspruch genommenen Eigentümer auch bei einer Drittgrundschuld grds die **Darlegungs- und Beweislast** für aus einer Sicherungsabrede abgeleitete Einwendungen (BGH WM 2000, 186, 187; MüKo/*Lieder* Rn 107; NK/*Krause* Rn 110; Soergel/*Konzen* Rn 12) und damit auch für das Vorhandensein der Sicherungsabrede selbst (BGH WM 1992, 566; 1991, 954, 958f; Koblenz WM 1999, 2068, 2071). Eine Ausnahme gilt nach st Rspr aber dann, wenn die Höhe der zu sichernden Forderung bei Bestellung der Grundschuld noch nicht feststand (Koblenz WM 1999, 2068, 2071). Das ist insb der Fall, wenn die Grundschuld für eine künftige Kontokorrentschuld bestellt wurde (BGH WM 1992, 566; 1991, 60, 61; 1986, 1355, 1356) oder – wie im Fall einer weiten Sicherungszweckerklärung – außer einer der Höhe nach feststehenden auch alle künftigen Forderungen des Sicherungsnehmers aus einer bestimmten Geschäftsverbindung sichern soll. In derartigen Fällen muss der Grundschuldgläubiger den Umfang und die Höhe der gesicherten Forderungen darlegen und ggf beweisen. Für die zugunsten einer Kontokorrentschuld bestellte Bürgschaft ist der IX. Senat des BGH von dieser Beweislastumkehr jedoch unter Aufgabe seiner früheren Rspr abgerückt (BGH NJW 1986, 719). Aus der Akzessorietät der Bürgschaft folge, dass der Bürge im Falle einer Inanspruchnahme in gleicher Weise beweisbelastet sei wie der Hauptschuldner. Für den Fall des Kontokorrentkredits bestehe, solange nicht ein bestimmter Tagessaldo anerkannt sei, kein Grund, den Bürgen besser zu stellen als den Hauptschuldner. Diese auf die Akzessorietät der Bürgschaft gestützte Argumentation muss dann aber erst recht für die Grundschuld gelten, die eine zu sichernde Forderung nicht zwingend voraussetzt. 65

13. Rückgewähranspruch. Wenn sich der Sicherungszweck erledigt hat, ist der Sicherungsnehmer verpflichtet, die Grundschuld an den Sicherungsgeber zurückzugewähren (BGH WM 2022, 1471, 1472; WM 2018, 1932, 66

1935; 2017, 2299, 2300; Soergel/*Konzen* Rn 50; NK/*Krause* Rn 96). Dieser Anspruch ergibt sich aus der Sicherungsabrede (BGH WM 2022, 1471, 1472; WM 2016, 799, 800; NJW 2013, 2894, 2895; Hamm NJW-RR 2016, 1253, 1255; Staudinger/*Wolfsteiner* Vorb §§ 1191ff Rn 155) und besteht auch dann, wenn er im Sicherungsvertrag nicht ausdrückl erwähnt wird (BGH WM 2015, 1327; WM 1998, 227, 230). Bei rechtsgrundlosem Erwerb der Grundschuld, dh bei unwirksamer oder fehlender Sicherungsabrede, ergibt sich der Anspruch auf Rückgewähr aus den Vorschriften über die ungerechtfertigte Bereicherung (BGH NJW 1990, 392; Frankfurt BeckRS 2012, 21023; Soergel/*Konzen* Rn 50; NK/*Krause* Rn 96; Staudinger/*Wolfsteiner* Vorb §§ 1191ff Rn 155). Fehlt eine Sicherungsvereinbarung von Anfang an, stehen dem Sicherungsgeber keine Bereicherungsansprüche (§ 812) oder Abwehrrechte (§ 821) zu, wenn er sich dieser Situation bewusst (§ 814) war (Koblenz BeckRS 2012, 02372). Der Rückgewähranspruch entsteht mit Abschluss des Sicherungsvertrags und Eintragung der Grundschuld im Grundbuch. Er ist aufschiebend bedingt durch den Wegfall des Sicherungszwecks (BGH WM 2022, 1471, 1472; BGH WM 2017, 1152, 1154; BeckRS 2017, 101781 Rn 7; WM 2016, 799, 800; 2016, 452, 453; 2014, 1719, 1720; NJW 2013, 2894; WM 2011, 2338, 2339; 1996, 476, 479; 1993, 849; Celle WM 2015, 671, 672; *Volmer* ZfIR 2013, 654; aA Staudinger/*Wolfsteiner* Vorb §§ 1191ff Rn 161: mit Wegfall des Sicherungszwecks tritt Fälligkeit ein). Voraussetzung ist, dass sich der Sicherungszweck **endgültig**, dh nicht nur vorübergehend, erledigt hat (BGH WM 2022, 1471, 1472; WM 2018, 1054, 1061; 2016, 452, 453; NJW 2013, 2894; WM 2011, 2338, 2340; NJW 1996, 2092, 2093; Karlsruhe OLGRp 2001, 110, 113). Eine Revalutierung oder das Entstehen sonstiger zu sichernder Forderungen gegen den Sicherungsgeber müssen nicht konkret absehbar sein oder bevorstehen (BGH WM 2022, 1471, 1473). Dem steht es gleich, wenn die zu sichernde Forderung von Anfang an nicht entstanden ist (BGH WM 2018, 1054, 1061; Staudinger/*Wolfsteiner* Vorb §§ 1191ff Rn 155; MüKo/*Lieder* Rn 23). Bei einer engen Sicherungszweckerklärung tritt die aufschiebende Bedingung mit der Tilgung der Anlassverbindlichkeit ein (BGH WM 2022, 1471, 1472; BGH WM 2018, 1054, 1061; 2014, 1719, 1722; NJW 2013, 2894, 2895). Ist dagegen eine weite Zweckerklärung vereinbart, die eine Revalutierung der Grundschuld erlaubt, kann eine Rückgewähr erst dann verlangt werden, wenn eine solche Revalutierung endgültig nicht mehr in Betracht kommt (BGH WM 2022, 1471, 1472; BGH WM 2018, 1054, 1061; NJW 2013, 2894, 2895), etwa wenn die Geschäftsverbindung endet oder wenn der Sicherungsvertrag geändert oder gekündigt wird (BGH WM 2022, 1471, 1472) und die verbliebenen gesicherten Forderungen getilgt sind. Eine weite Sicherungszweckerklärung deckt aus Sicht des Inhabers des Rückgewähranspruchs allerdings nur eine Neuvalutierung durch den Sicherungsnehmer, der den Sicherungsvertrag geschlossen hat, nicht aber eine durch einen neuen Grundschuldgläubiger, der selbst kein Vertragspartner des Sicherungsvertrags ist, aus dem der Rückgewähranspruch entspringt (BGH NJW 2013, 2894, 2895; *Wolfsteiner* NJW 2013, 2896). IdR löst die teilw Tilgung der gesicherten Forderung einen Anspruch auf Rückgewähr eines entspr rangletzten Teils der Grundschuld aus, sofern sich die Übersicherung als endgültig erweist (BGH WM 2022, 1471, 1473; WM 2018, 1051, 1061; 2014, 1719, 1722; NJW 2013, 2894, 2895; MDR 2003, 943; WM 1996, 476, 479; 1993, 1919 und 849, 854; Koblenz OLGRp 2001, 110, 113; *Müller* RNotZ 2012, 199, 200). Da der Rückgewähranspruch ein aufschiebend bedingtes Recht ist, kann der Sicherungsgeber Rückgewähr erst nach endgültiger Tilgung der gesicherten Forderungen verlangen. Seine **Vorleistungspflicht** schließt nicht aus, dass Zahlung auf die gesicherte Forderung nur Zug um Zug gegen die Rückgewähr der Grundschuld an den Sicherungsgeber angeboten wird, da es für die Begründung eines Zurückhaltungsrechts ausreicht, dass die aufschiebende Bedingung mit der Zahlung eintritt. (BGH WM 2018, 1932, 1935; BeckRS 2017, 101781 Rn 7; WM 2014, 1719, 1722; NJW 1991, 1821; 1987, 838, 839; Hamm BeckRS 2018, 39603 Rn 47; aA Hamm BeckRS 2016, 03258 Rn 6; LG Kleve BeckRS 2016, 06607; *Clemente* Rn 566). Ggü dem Rückgewähranspruch kann der Sicherungsnehmer kein Zurückbehaltungsrecht wegen einer durch die Grundschuld nicht gesicherten Forderung geltend machen (BGH WM 2000, 1443). Ebenso wenig steht dem Sicherungsnehmer ein in seinen AGB ausbedungenes Pfandrecht an der Grundschuld zur Sicherung anderer Ansprüche zu, wenn sich die von der Grundschuld gesicherten Ansprüche erledigt haben (BGH WM 1999, 484, 488). Der Rückgewähranspruch ist schuldrechtl Natur (BGH WM 1989, 1412, 1415) und gibt kein dingliches Recht am Grundstück; er ist ein selbständiges Recht des Sicherungsgebers, das nicht akzessorisch mit der Forderung verbunden ist (BGH WM 2017, 2299, 2300; 1988, 564, 565). Der Rückgewähranspruch gibt ein Widerspruchsrecht gem § 115 ZVG (BGH WM 2017, 2299, 2300) und kann mit der Vollstreckungsabwehrklage gem § 767 ZPO geltend gemacht werden (BGH WM 2017, 2299, 2300). Nachrangige Grundpfandrechtsgläubiger werden durch den Rückgewähranspruch nicht begünstigt (BGH WM 1993, 887, 888). Die **Beweislast** für die Voraussetzungen des Rückgewähranspruchs trägt der Sicherungsgeber (BGH ZIP 2002, 407, 410; München BeckRS 2015, 11165). Dies gilt auch für einen Drittsicherungsgeber (BGH WM 2000, 186, 188). Steht die Höhe der gesicherten Forderung bei Bestellung der Grundschuld nicht fest, muss der Sicherungsnehmer Umfang und Höhe der gesicherten Forderung darlegen und beweisen (BGH DNotZ 1993, 112; München BeckRS 2015, 11165). Soweit eine teilw Tilgung der gesicherten Forderung einen Anspruch auf Rückgewähr eines entspr rangletzten Teils der Grundschuld auslöst, wird sich ein Kreditinstitut als Sicherungsnehmer gem § 242 wohl nicht auf den Einwand der Verjährung berufen können. Hat der Sicherungsnehmer die Erfüllung des Rückgewähranspruchs pflichtwidrig unmöglich gemacht, etwa indem er über die Grundschuld anderweitig verfügt hat, ist er dem Sicherungsgeber zum **Schadensersatz** verpflichtet (BGH WM 2016, 452, 453; 2013, 1070; Saarbrücken OLGRp 2005, 627; Frankfurt OLGRp 2003, 469, 470). Dies ist bspw dann der Fall, wenn der Sicherungsnehmer einen Übererlös in der Zwangsversteigerung einem Grundstückseigentümer auskehrt, der nicht Inhaber des Rückgewähranspruchs ist (BGH WM 2017, 2299, 2301).

67 Nach **früherer Rspr** gewährte der zur Sicherheit abgetretene Rückgewähranspruch dem Gläubiger in der **Insolvenz des Grundstückseigentümers** stets ein **Absonderungsrecht** (BGH NJW 1977, 247; so auch *Lüke* in Küb-

ler/Prütting/Bork, § 91 InsO Rn 26). Demggü hat der XI. Senat des BGH die generelle Insolvenzfestigkeit der Abtretung des zukünftigen Rückgewähranspruchs verneint (BGH WM 2011, 2338, 2339f; abl *Clemente* ZfIR 2012, 317, unter Hinw auf § 114 InsO, der die Wirksamkeit der Abtretung von künftigen Bezügen aus einem Arbeitsverhältnis ausdrückl anerkennt; dem zust *Kesseler* NJW 2012, 577, 578; *Reul* DNotZ 2012, 883, 889). Das Gericht stellt in Anlehnung an die Rechtsfigur des Anwartschaftsrechts fest, dass die Sicherungsabtretung dem Abtretungsempfänger nur dann eine dem Erwerbsverbot des § 91 I InsO nicht zuwiderlaufende, gesicherte Rechtsposition in Form des Rechts auf abgesonderte Befriedigung gewährt, wenn die Verfügungsfreiheit des Schuldners über das zugrunde liegende Vertragsverhältnis gehindert ist, mithin also eine Revalutierung der Grundschuld ohne Zustimmung des Abtretungsempfängers nicht oder nicht mehr in Betracht kommt (BGH WM 2017, 2299, 2302; 2016, 799, 802; 2014, 2144, 2146; 2011, 2338, 2339; *Schmidt-Räntsch* ZNotP 2012, 362, 363). Zur Begründung erinnert der BGH daran, dass es sich bei dem Rückgewähranspruch um ein – durch den Wegfall des Sicherungszwecks – aufschiebend bedingtes Recht handelt. Das Erwerbsverbot des § 91 InsO könne also noch eingreifen, obwohl der Verfügungstatbestand bereits abgeschlossen ist, solange sich der Rechtserwerb nicht vollendet hat. Der Abtretungsempfänger des Anspruchs auf Rückgewähr einer Sicherungsgrundschuld ist in seiner Rechtsposition ggü dem Schuldner erst dann gesichert, wenn der abgetretene Anspruch durch Wegfall des Sicherungszwecks bereits entstanden war, bevor das Erwerbsverbot des § 91 I InsO eingreifen konnte. Der V. Senat des BGH hat bislang nicht entschieden, ob er sich dieser Rspr des XI. Senats anschließt (offengelassen in BGH NZI 2012, 756, 758 Rn 20). Seine in dieser Entscheidung vorgenommene Neubewertung der Insolvenzfestigkeit des Anspruchs auf § 1179a I 3 gibt aber keinen hinreichend Anlass, an einer Zustimmung zu zweifeln, da die Entscheidung auf sachenrechtl Grundsätzen und § 106 InsO beruht, während vorliegend die Auslegung des § 91 InsO in Rede steht (*Rein* NZI 2012, 758).

Relevanz hat die Entscheidung des XI. Senats vor allem in den Fällen, in denen ein Grundstück mit mehreren Grundschulden belastet ist, wobei die durch die vorrangige Grundschuld gesicherte Forderung geringer ist als die dingliche Forderung aus der Grundschuld und sich die gesicherte Forderung zugleich als nicht wertausschöpfend erweist. Der Differenzbetrag zw geschuldeter Forderung und dinglichem Recht fällt dann in die Insolvenzmasse, wenn dem nachrangigen Grundpfandrechtsgläubiger kein – wirksam abgetretener – Anspruch auf Rückgewähr des vorrangigen Rechtes zusteht (*Büchler* ZInsO 2011, 802, 803). Diesbzgl sind der Grundlage der Entscheidung des XI. Senats folgende **Fallgruppen** zu unterscheiden (s auch *Eckardt*, Grundpfandrechte im Insolvenzverfahren[15] Rn 181f): Die Abtretung ist gem § 91 InsO unwirksam, wenn der Sicherungsnehmer nach dem Sicherungsvertrag allein oder im Einvernehmen mit dem Sicherungsgeber bzw dessen Insolvenzverwalter berechtigt ist, die Grundschuld erneut zu revalutieren. Dies ist insb dann der Fall, wenn eine weite Sicherungszweckerklärung vereinbart worden ist. Die Abtretung ist ferner dann gem § 91 InsO unwirksam, wenn der Rückgewähranspruch erst nach Verfahrenseröffnung entstanden ist (*Kesseler* NJW 2012, 577, 578; *Freckmann* BKR 2012, 133, 139 einschränkend *Eckardt*, Grundpfandrechte im Insolvenzverfahren, Rn 181; aA *Müller* RNotZ 2012, 199, 207, wonach die Abtretung des Regelgewähranspruchs bei enger Sicherungszweckerklärung stets insolvenzfest ist). Insoweit ist es unerheblich, ob eine enge oder weite Sicherungszweckerklärung vereinbart war. Demggü ist die Abtretung des Rückgewähranspruchs insolvenzfest, wenn die Grundschuld nur eine einzige Forderung gesichert hat und diese Forderung vor Verfahrenseröffnung ganz oder teilw getilgt worden ist (BGH WM 2011, 2338, 2339 Rn 13). Gleiches wird gelten, wenn durch die Sicherungsvereinbarung mehrere konkrete Forderungen gesichert sind und sich diese ganz oder teilw vor Verfahrenseröffnung endgültig erledigt haben, sowie in dem Fall, dass bei Vereinbarung einer weiten Sicherungszweckerklärung die Geschäftsverbindung – bspw durch Kündigung – beendet ist und die Grundschuld bei Verfahrenseröffnung nur noch teilw oder gar nicht mehr valutiert (*Kesseler* NJW 2012, 577, 578; *Freckmann* BKR 2012, 133, 139; *Clemente* ZfIR 2012, 317, 318). Durch eine Einmalvalutierungserklärung des Vorranggläubigers kann der Inhaber des Rückgewähranspruchs eine ursprünglich weite Sicherungszweckerklärung auf eine enge reduzieren. Zumindest dann, wenn der Sicherungsgeber ebenfalls in die Einmalvalutierungserklärung eingebunden und die gesicherte Forderung zur Verfahrenseröffnung ganz oder teilw getilgt ist, ist auch hier der Rückgewähranspruch insolvenzfest (*Eckardt*, Grundpfandrechte im Insolvenzverfahren[15] Rn 182; *Freckmann* BKR 2012, 133, 139). 68

Vor Inkrafttreten des SchuldRModG am 1.1.2002 (Art 229 § 6 EGBGB) **verjährte** der Anspruch auf Rückgewähr in 30 Jahren von der Beendigung des Sicherungsvertrags an. Mit der dreißigjährigen Verjährungsfrist stellte sich in der Praxis kaum jemals ein Abwicklungsproblem bei sog **stehengelassenen Grundschulden**, bei denen es der Grundstückseigentümer versäumt, die Grundschuld nach Beendigung der Kreditbeziehung löschen zu lassen. Auch hat sich die Frage nach den verjährungsrechtl Rechtsfolgen nicht gestellt, wenn durch abschnittsweise Tilgung der gesicherten Forderung auch der Rückgewähranspruch abschnittsweise entsteht. Die Schuldrechtsreform hat die Verjährungsfrist für den Rückgewähranspruch gem § 196 **auf 10 Jahre verkürzt** (Staudinger/*Wolfsteiner* Vorb §§ 1191ff Rn 169; NK/*Krause* Rn 100; MüKo/*Lieder* Rn 169; *Samhat* MDR 2014, 1297, 1300; *Müller* RNotZ 2012, 199, 206; *Schäfer* WM 2009, 1308; *Wolfsteiner* DNotZ 2001, 902). Falls der Rückgewähranspruch bereits vor dem 1.1.2002 entstanden ist, gilt für ihn nach der Übergangsregelung des Art. 229 § 6 I und IV EGBGB statt der alten dreißigjährigen Verjährungsfrist grds die zehnjährige Verjährungsfrist, und zwar in der Weise, dass die kürzere Frist von dem 1.1.2002 an berechnet wird. Ist nach altem Recht die Verjährung im konkreten Fall früher eingetreten, bleibt es bei dieser Verjährung (Art 229 § 6 IV EGBGB). Die mit der Verkürzung der Verjährungsfrist verbundenen Rechtsfolgen für stehengelassene Grundschulden werden in der Lit teilw als unbefriedigend betrachtet (*Schäfer* WM 2009, 1308, 1309ff; *Amann* DNotZ 2002, 94, 121ff). Teilw wird vertreten, dass der Rück- 69 gewähranspruch erst mit der Geltendmachung verjähren soll (*Amann* DNotZ 2002, 94, 122). Dies ist allerdings mit dem Wortlaut des § 196 kaum vereinbar, der ausdrückl die Verjährung von Ansprüchen auf Übertragung oder Aufhebung eines Rechts an einem Grundstück bestimmt. Allerdings ist der Verzichtsanspruch gem §§ 1192, 1169 unverjährbar (s § 1169 Rn 7).

70 Der Rückgewähranspruch ist **darauf gerichtet**, dass **die Gläubigerstellung des Sicherungsnehmers zugunsten des Sicherungsgebers beseitigt wird.** Um dies zu erreichen, gibt es drei Möglichkeiten (BGH WM 2022, 1471, 1472; WM 2018, 1501, 1502; 2017, 1152, 1154; 2016, 799, 800; 2014, 1719, 1720; ZIP 2011, 180, 181; Staudinger/*Wolfsteiner* Vorb §§ 1191ff Rn 170; *Müller* RNotZ 2012, 199, 201), nämlich die Rückgewähr durch Aufhebung (**Löschung**) der Grundschuld (§§ 875, 1183, 1192 I), die Rückgewähr durch Abgabe einer **Verzichtserklärung**, wodurch eine Eigentümergrundschuld entsteht (§ 1168 I, § 1192 I) und die Rückgewähr durch **Abtretung** (§§ 1154, 1192 I) an den Sicherungsgeber oder auf seine Anweisung an einen Dritten (BGH ZIP 2002, 932, 934f; Frankfurt OLGRp 2008, 654, 655). Gegen den dinglichen Titel gem § 800 ZPO hat der Sicherungsgeber die Abwehrklage des § 767 ZPO (BGH ZIP 2011, 180, 181). Ein angeordnetes Zwangsversteigerungsverfahren ist einzustellen. Im Verteilungsverfahren besteht ein Widerspruchsrecht gem § 115 I ZVG, § 876 ZPO, obwohl es sich bei dem Rückgewähranspruch um einen schuldrechtl und keinen dinglichen Anspruch handelt (BGH ZIP 2011, 180, 181; 2000, 407, 408); nach Erlöschen der Grundschuld **in der Zwangsversteigerung** wandelt sich der Rückgewährungsanspruch in einen Anspruch auf **Herausgabe des Übererlöses** (BGH WM 2017, 2299, 2300; 2017, 1152, 1154; ZInsO 2008, 317, 318; ZIP 1992, 389; Hamm OLGRp 2004, 317, 318). Gleiches gilt bei freihändiger Verwertung des Grundstücks (BGH ZInsO 2008, 317, 318). Grds werden die drei Rückgewährarten nebeneinander geschuldet; es handelt sich um eine alternative Gläubigerberechtigung in Form einer Wahlschuld (§§ 262ff). Entgegen der gesetzl Vermutung des § 262 steht das **Wahlrecht** aber nicht dem Sicherungsnehmer als Schuldner des Rückgewähranspruchs, sondern dem **Sicherungsgeber** zu (BGH WM 2015, 1327; 2014, 1719, 1720; ZIP 2002, 932, 934; NJW-RR 1994, 847; WM 1989, 1412, 1415; Staudinger/*Wolfsteiner* Vorb §§ 1191ff Rn 170), da es für den Grundschuldgläubiger grds gleichgültig ist, in welcher Weise er den Anspruch erfüllt, dies aber für den Sicherungsgeber insb bei Bestehen von Löschungsansprüchen gleich- oder nachrangiger Gläubiger einen erheblichen Unterschied machen kann. Mit einem Antrag auf „Freigabe der Grundschuld" beansprucht der Sicherungsgeber im Zweifel die Abtretung der Grundschuld (BGH BeckRS 2017, 101781 Rn 7). Der Anspruch ist bis zur Wahl unbestimmt. Danach konkretisiert er sich auf die gewählte Möglichkeit (§ 263). Nach überwiegender Meinung bleibt der Rückgewährberechtigte an seine Wahl gebunden (NK/*Krause* Rn 104; Staudinger/*Wolfsteiner* Vorb §§ 1191ff Rn 170; *Gladenbeck/Samhat* Rn 748; aA *Huber*, 172f); dementspr ist diese Festlegung auch für den neuen Anspruchsinhaber bindend, wenn der Rückgewährberechtigte den Anspruch nach erfolgter Wahl abtritt (Staudinger/*Wolfsteiner* Vorb §§ 1191ff Rn 245). Die Inhaber von Löschungsansprüchen (§§ 1179a, 1179 aF) haben kein Mitspracherecht bei der Wahl des Sicherungsgebers zw den verschiedenen Rückgewährarten (BGH WM 1989, 1412, 1415). § 1179a gibt dem gleich- oder nachrangigen Grundpfandrechtsgläubiger keinen Anspruch gegen den Eigentümer, sich so zu verhalten, dass ein Rückgewähranspruch überhaupt entsteht oder dass nach seiner Entstehung die Grundschuld auf den Eigentümer übergeht und so der Löschungsanspruch ausgelöst wird.

71 Im Sicherungsvertrag kann das **Wahlrecht** des Sicherungsnehmers unter bestimmten Voraussetzungen dadurch **eingeschränkt** werden, dass einzelne Rückgewährarten ausgeschlossen werden. Eine wirksame Einschränkung des Rückgewähranspruchs wirkt auch gegen den Zessionar des Anspruchs und gegen einen Pfandgläubiger. Die (formularmäßige) Verkürzung des Rückgewähranspruchs auf Aufhebung der Grundschuld oder Verzicht auf die Grundschuld bei Ausschluss des Anspruchs auf Abtretung ist rechtl allerdings nicht unproblematisch, wenn Sicherungsgeber und Grundstückseigentümer personenverschieden sind. So hat der BGH entschieden, dass eine Formularklausel, wonach dem Grundschuldbesteller auch in den Fällen, in denen der anspruchsberechtigte Sicherungsgeber sein Eigentum an dem belasteten Grundstück durch Zwangsversteigerung verloren hat, nur ein nach Wahl des Gläubigers durch Verzicht auf die Grundschuld oder durch Erteilung einer Löschungsbewilligung zu erfüllender Rückgewähranspruch zusteht, dem Leitbild der Bestellung einer Sicherungsgrundschuld grob widerspricht (BGH WM 1989, 490, 492; Celle WM 2015, 671, 672; NK/*Krause* Rn 102). In einer späteren Entscheidung hat der BGH dies dahingehend verallgemeinert, dass eine Klausel, die den Rückgewähranspruch auf die Löschung der Grundschuld beschränkt, gem § 307 I, II Nr 1 und 2 unwirksam ist, wenn der Sicherungsgeber nicht (mehr) zugleich Grundstückseigentümer ist (BGH WM 2014, 1719, 1720; zust *Wolfsteiner* ZfIR 2014, 776). Gleiches dürfte gelten, wenn der Sicherungsgeber zu keinem Zeitpunkt Grundstückseigentümer war (*Wolfsteiner* ZfIR 2014, 776).

72 Zur Begründung führt der BGH aus, dass nach Verlust des Eigentums am belasteten Grundstück in der Zwangsversteigerung die Erfüllung des Rückgewähranspruchs durch Aufhebung oder Verzicht nicht mehr möglich ist. Denn eine Rückgewähr, dh die Beseitigung der Gläubigerstellung, käme bei diesen beiden Rückgewährarten allein dem neuen Eigentümer und nicht mehr dem Sicherungsgeber zugute (BGH WM 2014, 1719, 1720; 1990, 1253, 1255; 1989, 490, 491; Jena WM 2018, 2321, 2322). Selbst wenn in der Zwangsversteigerung eine Teilgrundschuld bestehen bliebe, wäre eine Rückgewähr zugunsten des Sicherungsgebers durch Verzicht auf die Teilgrundschuld oder Erteilung der Löschungsbewilligung nicht mehr möglich. Ein Verzicht würde nämlich dazu führen, dass der neue Eigentümer die (Teil-)Grundschuld erwirbt. Eine Löschung des nicht valutierten Teils der Grundschuld würde das nunmehr dem neuen Eigentümer gehörende Grundstück entlasten. Der Rückgewähranspruch kann also in einem solchen Fall nur noch durch eine Abtretung der nicht valutierten (Teil-)Grundschuld an den

Sicherungsgeber erfüllt werden (BGH WM 1993, 849; 1990, 1253, 1255; Frankfurt OLGRp 2008, 654, 656), der mithin nicht ausgeschlossen werden darf.

Umstr ist die höchstrichterlich noch nicht entschiedene Frage, ob die Beschränkung des Rückgewähranspruchs auf Löschung oder Verzicht – durch Formularvertrag – wirksam für den Fall vereinbart werden kann, dass **Sicherungsgeber und Grundstückseigentümer identisch** sind (offengelassen BGH WM 2014, 1719, 1720; WM 2011, 596, 597). Während nach einer Ansicht auch in diesen Fällen grds von einer Unwirksamkeit der getroffenen Abrede auszugehen ist, wobei für bestimmte Fallgruppen wie etwa Bauträgerfinanzierungen eine Ausnahme gemacht wird (MüKo/*Lieder* Rn 153; Staudinger/*Wolfsteiner* Vorb §§ 1191ff Rn 174f; *Clemente* Rn 396; *Weber* DNotZ 2014, 884, 886; *Wolfsteiner* NJW 2013, 2896; *Müller* RNotZ 2012, 199, 202; krit auch *Kesseler* NJW 2012, 577, 580), ist die Gegenmeinung der Auffassung, dass in diesem Fall gegen eine solche Einschränkung des Rückgewähranspruchs keine Bedenken bestünden (*Gladenbeck/Samhat* Rn 758; BankR-HdB/*Epp*[6] Rn 417; *Samhat* MDR 2014, 1297, 1300; *Wenzel* ZNotP 1998, 6, 8). 73

Zur Begründung der Unwirksamkeit der Beschränkung des Rückgewähranspruchs wird vorgetragen, diese würde die Rechte des Sicherungsgebers auch dann unangemessen verkürzen, wenn er Grundstückseigentümer sei. Denn der Ausschluss des Rechts auf Abtretung der Grundschuld vereitele in vielen Fällen den damit verfolgten Zweck, die Grundschuld zur wiederholten Verwendung als Kreditsicherungsmittel zu nutzen. Bei der Aufhebung gehe die Grundschuld ersatzlos unter, und bei einem Verzicht sei die entstehende Eigentümergrundschuld regelmäßig Löschungsansprüchen ausgesetzt (*Clemente* Rn 578, 533). Dem ist allerdings entgegenzuhalten, dass der Rückgewähranspruch durch Verzicht oder Löschung „erfüllt" werden kann, solange der Sicherungsgeber Grundstückseigentümer ist (BGH WM 1989, 490, 491). Die Gesichtspunkte, die nach Ansicht des BGH zur Unwirksamkeit der Verkürzung des Rückgewähranspruchs bei Personenverschiedenheit von Sicherungsgeber und Grundstückseigentümer führen, liegen hier gerade nicht vor. Hinzu kommt, dass der Ausschluss der Erfüllung des Rückgewähranspruchs durch Abtretung nicht typischerweise den Interessen des Sicherungsgebers/Grundstückseigentümers entspricht. Denn er wird seinen Rückgewähranspruch gerade in den Fällen einer mehrfachen Belastung des Grundstücks mit Grundschulden verschiedener Sicherungsnehmer idR an die Gläubiger der nachrangigen Grundschulden abgetreten haben. Verzicht und Löschung kommen dann in erster Linie dem Grundstückseigentümer zugute, die Abtretung aber dem Inhaber des Rückgewähranspruchs (*Gladenbeck/Samhat* Rn 757). Gerade auch im Interesse des Sicherungsgebers/Grundstückseigentümers, der eine Abtretung der Grundschuld an nachrangige Grundpfandrechtsgläubiger nicht wünscht, ist daher der Gegenansicht zu folgen. 74

Der Rückgewähranspruch steht dem Sicherungsgeber gegen den Sicherungsnehmer zu. Ein **späterer Gläubiger der Grundschuld** wird nur dann Rückgewährschuldner, wenn er in die Rückgewährpflicht eingetreten (s Rn 6). ist. 75

Der Besteller einer Sicherungsgrundschuld hat aber in einem solchen Fall – und auch dann, wenn es an einer wirksamen Sicherungsabrede fehlt – mit dem ihm ggü dem ursprünglichen Grundschuldgläubiger zustehenden Rückgewähranspruch zugleich eine **Einrede** gem §§ 1169, 1192 I, durch welche die Geltendmachung der Grundschuld dauernd ausgeschlossen ist (BGH WM 1990, 305, 306). Diese Einrede kann der Grundstückseigentümer unter den Voraussetzungen der §§ 892, 1157, 1192 I auch dem Erwerber der Grundschuld entgegengehalten (BGH WM 1995, 523), dh dann, wenn der neue Gläubiger der Grundschuld die Einrede bei Erwerb gekannt hat. 76

Steht der Rückgewähranspruch **mehreren Sicherungsgebern** zu, müssen sie ihr Wahlrecht gemeinschaftl ausüben (BGH WM 2014, 1719, 1722). Ist einer der Berechtigten nicht mehr Grundstückseigentümer, kommen weder Löschung noch Verzicht als Wahlmöglichkeit in Betracht. Vielmehr ist allein die Rückübertragung an die Sicherungsgeber gemeinschaftl interessengerecht und entspricht billigem Ermessen iSd § 745 II (BGH WM 2014, 1719, 1722). Fehlen besondere Vereinbarungen zw den Parteien hinsichtl ihrer gemeinsamen Berechtigung, so bestimmt sich das Rechtsverhältnis im Innenverhältnis grds nach dem Recht der Bruchteilsgemeinschaft (BGH WM 2014, 1719, 1720; 1986, 763, 766; ZIP 1982, 154; Frankfurt OLGRp 2008, 654, 652). Der Rückgewähranspruch steht den Berechtigten im selben Verhältnis zu, in dem ihnen das Grundstück gehört (BGH WM 1986, 763, 766). Jeder Teilhaber kann seinen Anteil abtreten (§ 747); jeder Anteil unterliegt der Pfändung (§ 857 I, § 851 I ZPO). Jeder Teilhaber kann auch die Auseinandersetzung der Bruchteilsgemeinschaft gem §§ 749ff fordern. Eine Teilung der Grundschuld in Natur (§ 752) ist möglich, ohne dass eine Minderung ihres Wertes eintritt, da die an die Gemeinschaft zurückzugewährende Grundschuld sich in entspr Teile mit gleichem Rang zerlegen lässt (§§ 877, 873). 77

Für das **Außenverhältnis ggü dem Sicherungsnehmer** ist § 432 I (Mitgläubigerschaft) maßgebend (BGH WM 1995, 523). Die auf Rückgewähr der Grundschuld gerichtete Leistung ist nach außen hin, dh im Verhältnis zum Sicherungsnehmer, unteilbar iSd § 432 I 1 (BGH WM 2014, 1719, 1720; 2010, 90, 91; *Clemente* Rn 407; *Gladenbeck/Samhat* Rn 769). Es bleibt den Rückgewährberechtigten überlassen, wie sie sich im Innenverhältnis hinsichtl der zurückzuübertragenden Grundschuld auseinandersetzen. Auch das Wahlrecht über die Art der Rückgewähr können sie nur gemeinschaftl ausüben. Erfolgt daher die Rückgewähr bspw durch Abtretung, so ist – soweit die Berechtigten nicht übereinstimmend etwas anderes erklären – die Grundschuld am ganzen Grundstück an alle Rückgewährberechtigten abzutreten. Eine Abtretung etwa in der Weise, dass an jeden Miteigentümer die Grundschuld an seinem Miteigentumsanteil übertragen wird, ist aus Rechtsgründen nicht möglich, da die eine Grundschuld sonst vervielfacht würde. Abw Vereinbarungen zw allen Sicherungsgebern und dem Siche- 78 rungsnehmer sind möglich (BGH WM 1981, 691, 692). Zu beachten ist, dass der aus der Sicherungsabrede folgende vertragl Anspruch auf Rückgewähr der Grundschuld, der mehreren Sicherungsgebern gemeinschaftl zusteht, von dem gesetzl Anspruch auf Abtretung der Sicherungsgrundschuld, den ein ausgleichspflichtiger Gesamtschuldner analog §§ 412, 401, 426 II 1 nach Befriedigung der Gläubiger hat, zu unterscheiden ist (BGH WM 1995, 523; 1981, 691, 692).

79 Haben Eigentümer verschiedener Grundstücke oder Miteigentümer eines Grundstücks ein Darlehen aufgenommen und dafür als Sicherheiten eine **Gesamtgrundschuld** bestellt, sind zwei Ansprüche zu unterscheiden, wenn einer der Miteigentümer den Gläubiger befriedigt. Zum einen folgt aus der Sicherungsabrede ein vertragl Anspruch auf Rückgewähr der Grundschuld, der den Sicherungsgebern gem § 432 I gemeinschaftl zusteht (BGH WM 2010, 834, 835; *Siol* WM 1996, 2217, 2224). Zum anderen kann der Eigentümer jedes von mehreren für eine Gesamtgrundschuld haftenden Grundstücks oder eines haftenden Miteigentumsanteils die Löschung der Gesamtgrundschuld auf seinem Grundstück oder Miteigentumsanteil verlangen, wenn entweder alle anderen Eigentümer/Miteigentümer zustimmen oder er von den anderen Zustimmung verlangen kann (BGH WM 2010, 835, 836; 2009, 501, 504), weil es zu einer Auseinandersetzung der Gemeinschaft kommt und die Löschung die einzig in Betracht kommende Möglichkeit der Auseinandersetzung ist. Auch hat der ausgleichsberechtigte Gesamtschuldner nach Befriedigung des Gläubigers entspr §§ 412, 401 iVm § 426 II einen gesetzl Anspruch auf Abtretung der Sicherungsgrundschuld. Dieser steht einem Gesamtschuldner auch dann zu, wenn er nach Erfüllung der gesicherten Forderung zur Hälfte ausgleichsberechtigt ist und die auf den Miteigentumsanteilen lastenden Grundschulden mitbestellt hat. Zwar sind Sicherungsgrundschulden an sich regresslos ausgestaltet (BGHZ 108, 179, 186). Dies jedoch nur für das dingliche Recht. Soweit dem zahlenden Miteigentümer ein Ausgleichsanspruch nach § 426 I zusteht, erwirbt er bei Zahlung der Gesamtschuld auch auf das dem Miteigentum des Ausgleichspflichtigen lastende Recht (§ 1173 II), bei Zahlung auf die gesicherte Forderung einen Anspruch gegen den Gläubiger auf Abtretung (*Siol* WM 1996, 2217, 2224). Eine andere Beurteilung würde zu dem nicht hinnehmbaren Ergebnis führen, dass der ausgleichsberechtigte Gesamtschuldner nach Tilgung der Gesamtschuld tatenlos zusehen müsste, wie der Ausgleichspflichtige den Anspruch auf Rückgewähr der Grundschuld an beide Gesamtschuldner geltend macht (§ 432 I) und ihm damit entgegen der Zweckbestimmung des § 426 II 1 die Möglichkeit nimmt, sich aus der Grundschuld am Miteigentumsanteil des Ausgleichspflichtigen zu befriedigen (BGH WM 1995, 523).

80 Der schuldrechtl Anspruch auf Rückgewähr der am ganzen Grundstück eingetragenen Grundschuld steht den Rückgewährberechtigten auch dann nur gemeinschaftl zu, wenn ihnen das **belastete Grundstück nach Bruchteilen gehört** (BGH WM 1990, 1253, 1255). Für das Innenverhältnis gelten auch hier bei Fehlen anderweitiger Abreden die §§ 741f und für das Außenverhältnis § 432. An der gemeinschaftl Berechtigung am Anspruch auf Rückgewähr der Grundschuld tritt keine Änderung ein, wenn einem Miteigentümer in der Teilungsversteigerung das belastete Grundstück zugeschlagen wird (BGH WM 1990, 1253, 1255) oder wenn sich die Miteigentumsanteile am Grundstück in einer Hand vereinigen. Hat der eine Miteigentümer durch den Zuschlag sein Miteigentum verloren, kann der Rückgewährverpflichtete ihm ggü den Rückgewähranspruch nur noch durch Abtretung der nicht valutierten Teilgrundschuld erfüllen, da jede andere Form der Rückgewähr (Aufhebung, Verzicht) allein dem jetzigen Alleineigentümer des Grundstücks zugutekämen (BGH WM 1990, 1253, 1255).

81 Der Anspruch auf Rückgewähr der Grundschuld kann bereits vor Bedingungseintritt gepfändet (BGH WM 2022, 1471, 1472) oder abgetreten werden (BGH WM 2022, 1471, 1472; BGH WM 2016, 799, 800; NJW 1986, 2108, 2110). In der Kreditpraxis lassen sich vor allem die Inhaber nachrangiger Grundpfandrechte die Rückgewähransprüche gegen die Inhaber vorrangiger Grundschulden abtreten. Die **Abtretung des Rückgewähranspruchs** oder dessen Pfändung beeinträchtigt die Rechte des Grundschuldgläubigers nicht. Sie gibt dem Zessionar keinen Anspruch darauf, dass der Sicherungsgeber den Eintritt der aufschiebenden Bedingung herbeiführt (BGH WM 2022, 1471, 1473; WM 2014, 1719, 1721; NJW 2013, 2894, 2895). Soweit dies nach der Sicherungszweckerklärung möglich ist, kann er die Grundschuld bspw revalutieren (BGH WM 2022, 1471, 1473) oder den Zedent im Wege einer Schuldübernahme auswechseln (BGH WM 2014, 1719, 1721; NJW 2013, 2894, 2895), solange nicht die Rückgewährreife eingetreten ist (BGH NJW 2013, 2894, 2895; WM 1988, 723, 724). Ebensowenig kann sich der Gläubiger des Rückgewähranspruchs einer nach dem Sicherungsvertrag zulässigen freihändigen Verwertung der Grundschuld widersetzen, obwohl sein Rückgewähranspruch dadurch erlischt (BGH NJW 2013, 2894, 2895). Auch schließt die Abtretung die Möglichkeit des Eigentümers oder eines ablösungsberechtigten Dritten, auf die Grundschuld zu zahlen, nicht aus (BGH WM 1991, 2019, 2021). Mit Entstehung der Eigentümergrundschuld wird der Rückgewähranspruch gegenstandslos (BGH WM 1991, 2019, 2021; BGHZ 110, 241, 246). Gleiches gilt, wenn der Grundschuldgläubiger, der auch im Fall der Abtretung der Rückgewähransprüche über die Grundschuld verfügen kann, auf die Grundschuld gem § 1168 I 2, § 1192 I (BGH WM 1991, 2019, 2021; BGHZ 110, 241, 246).

82 Nach Abtretung des Rückgewähranspruchs kann die Sicherungsvereinbarung ohne Mitwirkung des Zessionars inhaltlich nicht geändert werden, wenn der Rückgewährungsanspruch dadurch beeinträchtigt wird (s Rn 35). Die Abtretung oder Pfändung des Rückgewähranspruchs umfasst, sofern nicht etwas anderes vereinbart ist, nicht das Recht zur Kündigung der gesicherten Forderung oder der Sicherungsvereinbarung (BGH WM 2022, 1471, 1473) oder der der Besicherung zugrunde liegenden Geschäftsverbindung (BGH WM 2022, 1471, 1473; BGH WM 2013, 1070, 1071; *Knees* ZIP 2018, 1055, 1056).

Die Abtretung des Rückgewähranspruchs ist **formfrei** möglich (§ 398; BGH WM 1991, 779, 780; Schleswig WM 1997, 965, 967). Da der Rückgewähranspruch nicht aus der Eigentümerstellung an dem belasteten Grundstück resultiert, geht er bei einem **Eigentumswechsel am belasteten Grundstück** nicht ohne weiteres auf den neuen Eigentümer über (Rostock BeckRS 2019, 22414; *Clemente* ZfIR 2011, 873, 874), sondern nur, wenn er abgetreten wird oder der neue Grundstückseigentümer anstelle des bisherigen Sicherungsgebers in den Sicherungsvertrag eintritt (BGH WM 2017, 2299, 2301; ZIP 2002, 656, 657; WM 1989, 1926, 1927; 1986, 763, 765; Staudinger/*Wolfsteiner* Vorb §§ 1191ff Rn 271; *Knees* ZIP 2018, 1055, 1056; *Reithmann* DNotZ 1994, 168, 169). Die Übertragung des Rückgewähranspruchs ist auch durch schlüssiges Verhalten möglich (BGH WM 1989, 1626, 1627; Karlsruhe ZfIR 2011, 870, 871). Wenn beim Verkauf eines Grundstücks der Käufer Grundschulden übernimmt und gleichzeitig eine Erfüllungsübernahme für die persönliche Forderung gegen den Verkäufer vereinbart wird, ist der Kaufvertrag idR dahin auszulegen, dass gleichzeitig stillschw eine Abtretung der Rückgewähransprüche an den Käufer vereinbart ist (BGH WM 2017, 2299, 2301; 2014, 1719, 1720; NJW 1991, 1821, 1822; Karlsruhe ZfIR 2011, 870, 872). Eine stillschweigende Abtretung des Rückgewähranspruchs ist im Zweifel auch dann anzunehmen, wenn der Käufer vertragsgemäß die Schuld des Verkäufers mit eigenen Mitteln tilgt (BGH WM 2017, 2299, 2301). In beiden Fällen liegt es nahe, die konkludente Abtretung dahin auszulegen, dass sie nur unter der aufschiebenden Bedingung der Ablösung der persönlichen Forderung der Bank gegen den Verkäufer erfolgt (Karlsruhe ZfIR 2012, 870, 872; *Clemente* ZfIR 2012, 873, 874). Bleibt der Veräußerer persönlich zur Tilgung der Schuld verpflichtet, verbleibt der Rückgewähranspruch demggü im Zweifel bei ihm (BGH WM 2017, 2299, 2301; 2014, 1719, 1720; MüKo/*Lieder* Rn 166). Abgetreten werden kann nur der einheitliche Rückgewähranspruch, nicht jedoch einzelne Rückgewährarten (Abtretung, Verzicht, Aufhebung). In der Einschränkung der Abtretung kann aber die Ausübung des Wahlrechts liegen. Wird ein Anspruch auf Rückgewähr einer Grundschuld mehrfach abgetreten, gilt das Prioritätsprinzip. Die zeitl erste Abtretung ist wirksam; die spätere Abtretung geht ins Leere (BGH WM 1988, 564, 565). 83

Eine Abtretung von Rückgewähransprüchen kann grds **zur Verstärkung einer nachrangigen Grundschuld oder als eigenständige Sicherheit dienen** (BGH WM 1990, 345, 346; NJW 1988, 1665; Stuttgart OLGRp 2003, 296, 297; *Kesseler* ZIP 2007, 1297; aA Staudinger/*Wolfsteiner* Vorb §§ 1191ff Rn 194: Unzulässigkeit einer eigenständigen Sicherheit). Werden die Rückgewähransprüche nur zur Verstärkung einer gleich- oder nachrangigen Grundschuld abgetreten, ist die Sicherung der dinglichen Ansprüche aus der Grundschuld Sicherungszweck des Rückgewähranspruchs. Die Rückgewähransprüche sind dann an den Zedenten zurückabzutreten, sobald der Grundschuldgläubiger als Zessionar iHd dinglichen Ansprüche aus der Grundschuld voll befriedigt ist, und zwar auch dann, wenn die gesicherten schuldrechtl Forderungen höher sind. Werden die Rückgewähransprüche dagegen als eigenständige Sicherheit abgetreten, ist Sicherungszweck die Sicherung bestimmter schuldrechtl Forderungen des Gläubigers. Der Zessionar kann daher im Rahmen des Sicherungszwecks auch dann noch Befriedigung daraus suchen, wenn er wegen der dinglichen Ansprüche aus seiner Grundschuld befriedigt ist (BGH WM 1990, 345, 346; 1988, 564, 565). Ob mit einer Abtretung der Rückgewähransprüche an den Gläubiger einer nachrangigen Grundschuld nur die Verstärkung der nachrangigen Sicherheit oder eine Erhöhung des Sicherheitenumfangs gewollt ist, beurteilt sich nach dem Inhalt der getroffenen Abrede (BGH WM 1990, 345, 346). Im Zweifel ist nur die Verstärkung der eigenen Grundschuldsicherheit gewollt (BGH WM 1990, 345, 346; MüKo/*Lieder* Rn 161; *Knees* ZIP 2018, 1055, 1056). Allein die Formulierung, die vorrangigen Grundschulden seien eine „weitere" Sicherheit, steht der Auslegung nicht entgegen, dass diese Sicherheit nur zur Verstärkung der nachrangigen Grundschuld dient (BGH WM 1990, 345, 346). 84

Die **formularmäßige Abtretung der Rückgewähransprüche an einen nachrangigen Gläubiger** begegnet nach Ansicht des BGH jedenfalls dann keinen Bedenken gem §§ 305ff, wenn sie sich darauf beschränkt, dass der nachrangige Gläubiger nur den Vorrang ausnutzen darf, nicht aber über die Höhe seiner nachrangigen Grundschuld hinaus Befriedigung verlangen kann (BGH WM 1990, 345, 346; vgl auch Stuttgart OLGRp 2003, 296, 297). Dies gilt auch dann, wenn von der Grundschuld, deren Verstärkung die Abtretung dient, fremde Verbindlichkeiten gesichert werden. Insoweit wird allerdings die Ansicht vertreten, derjenige, der zur Sicherung eines fremden Darlehens eine Grundschuld bestelle, brauche gem § 305c I billigerweise nicht damit zu rechnen, dass aufgrund der Abtretung die vor- oder gleichrangige Grundschuld als weitere Sicherheit dient (*Clemente* Rn 396ff; *Paschke* JR 1990, 467, 468). Denn der Sicherungsgeber habe sich bei Hereinnahme und Prüfung der Grundschuld als Sicherungsmittel mit dem Vor- oder Gleichrang der anderen Grundschulden einverstanden erklärt. Dies vermag nicht zu überzeugen. Wer einer Bank eine nachrangige Grundschuld bestellt, rechnet damit, dass diese nach Erfüllung der vorrangig gesicherten Forderungen im Rang aufrückt und sich auf diese Weise der Sicherungswert der nachrangigen Grundschuld erhöht. Insb derjenige Sicherungsgeber, der ein Grundstück über den Verkehrs- oder Beleihungswert hinaus belastet hat, weiß, dass diese Form der Besicherung von der Bank nicht zuletzt deshalb akzeptiert wurde, weil sie mit einem Aufrücken ihrer Grundschuld rechnet. Er kann dann aber selbst als Drittsicherungsgeber nicht überrascht sein, wenn der nachrangige Sicherungsnehmer statt im Rang aufzurücken als Folge der Abtretung der Rückgewähransprüche – iHd nachrangigen Grundschuld – unmittelbar aus dem vorrangigen Grundpfandrecht vorgeht. Die allenfalls enttäuschte Hoffnung, der nachrangige Grundpfandrechtsgläubiger würde mit seiner Sicherheit (teilw) ausfallen, kann nicht Grundlage der Annahme einer Unwirksamkeit der formularmäßigen Abtretung von Rückgewähransprüchen gem § 305c I sein. 85

Auch die **Abtretung der Rückgewähransprüche als eigenständige, haftungserweiternde Sicherheit** kann den Sicherungsgeber, der zugleich persönlicher Schuldner der gesicherten Forderung ist, weder überraschen (§ 305c I) 86 noch unangemessen benachteiligen (§ 307 I; *Bülow* Rn 362). Der persönliche Schuldner haftet ohnehin mit seinem gesamten Vermögen. Durch die Abtretung der Rückgewähransprüche mit der Möglichkeit, sich daraus auch dann zu befriedigen, wenn der Sicherungsnehmer wegen seiner dinglichen Ansprüche aus der bestellten Grundschuld bereits befriedigt wurde, erweitert sich die Vermögensmasse, in die der Gläubiger prinzipiell vollstrecken kann, nicht. Der Zugriff kann nur einfacher erfolgen und verwehrt dem Sicherungsgeber die Möglichkeit, die vor- oder gleichrangigen Grundschulden anderweitig zum Zweck der Kreditsicherung einzusetzen. Im Vergleich zu diesem möglichen Bestreben des Sicherungsgebers ist aber das Sicherungsinteresse des Sicherungsnehmers mindestens gleichwertig.

87 Die formularmäßige Abtretung der Rückgewähransprüche ist auch dann nicht prinzipiell überraschend (§ 305c; aA *Clemente* Rn 396ff; *Reithmann* DNotZ 1994, 1985, 1986) oder unangemessen (§ 307 I), wenn die formularmäßige Abtretung **zur Sicherung fremder Verbindlichkeiten dient.** Denn ebenso wenig wie es überraschend oder unangemessen ist, eine Grundschuld als Sicherheit für fremde Verbindlichkeiten zur Verfügung zu stellen, ist es zu beanstanden, wenn eine bereits bestellte Grundschuld subsidiär auch noch als Sicherheit für weitere oder andere Verbindlichkeiten dienen soll. Dies gilt jedenfalls dann, wenn die Abtretung in einer eigenen Urkunde mit einer ausdrückl Vereinbarung über den Sicherungszweck und deutlichem Hinw darauf, dass es sich um eine zusätzl Sicherheit handelt, vorgenommen wird. Im Hinblick auf die mit der Abtretung der Rückgewähransprüche als eigenständiger Sicherheit verbundene Erweiterung der Haftung über die Höhe der nachrangigen Grundschuld hinaus ist allerdings im Hinblick auf § 305c I Vorsicht geboten, wenn diese Abtretung formularmäßig in der Sicherungszweckerklärung für die nachrangige Grundschuld aufgenommen werden soll. Ein Verstoß gegen § 305c I scheidet aber in jedem Fall aus, wenn dem Sicherungsgeber ein individueller Hinw gegeben wird, der die Gewähr dafür bietet, dass er sich der vollen Tragweite seiner Erklärung bewusst wird (zur Dokumentation BankR-HdB/*Epp*[6] Rn 359).

88 Die **Abtretbarkeit** des Rückgewähranspruchs kann durch Vereinbarung gem § 399 zw Sicherungsnehmer und Sicherungsgeber **ausgeschlossen** werden (*Bülow* Rn 359). Folge ist, dass eine gleichwohl vorgenommene Abtretung nicht nur dem Schuldner, sondern jedem Dritten ggü unwirksam ist (BGH WM 1990, 464, 465). Möglich ist ferner, dass die Abtretung dieser Ansprüche von der Zustimmung des Schuldners abhängig gemacht wird. Ein solcher Zustimmungsvorbehalt hat die gleichen Rechtswirkungen wie der Ausschluss der Abtretbarkeit.

89 Ein solcher **Zustimmungsvorbehalt** ist nach Ansicht des BGH jedenfalls dann auch **formularmäßig vereinbart** rechtswirksam (BGH WM 2022, 976, 978; WM 2014, 1719, 1721; 1990, 464, 465), wenn der Sicherungsgeber nicht der Eigentümer des belasteten Grundstücks ist. Dem BGH ist zuzustimmen (so auch *Clemente* Rn 599; *Gladenbeck/Samhat* Rn 759; *Lettl* WM 2002, 788, 797). Das gegen seinen Standpunkt vorgetragene Arg, die Kreditinstitute dürften sehr wohl imstande sein, organisatorische Vorkehrungen zu treffen, so dass sie des verstärkten Schuldnerschutzes nicht bedürften, überzeugt nicht. Es übersieht, dass gerade erstrangige Grundschulddarlehen oft auf eine Laufzeit bis zu 30 Jahren angelegt sind und sich die Frage nach dem Rückgewährberechtigten regelmäßig erst aE der Laufzeit stellt. Um die endgültige Abwicklung des Darlehensverhältnisses nicht nach so langer Zeit mit den Kosten für die Nachforschung nach dem wahren Gläubiger zu belasten, ist es sachgerecht, die Abtretung des Rückgewähranspruchs von der Zustimmung der Bank abhängig zu machen (Köln WM 1998, 1924, 1926; *Beckers* WuB I F 3.–8.90). Aus diesem Grunde ist die formularmäßige Vereinbarung eines Zustimmungsvorbehalts auch dann wirksam, wenn der Sicherungsgeber mit dem Grundstückseigentümer identisch ist (BGH WM 2022, 976, 978; MüKo/*Lieder* Rn 152; *Clemente* Rn 600; *Gladenbeck/Samhat* Rn 759; *Samhat* WM 2019, 805, 810; *Serick* EWiR 1990, 341; *Reithmann* WM 1990, 1985, 1987; abw Staudinger/*Wolfsteiner* Vorb §§ 1191ff Rn 180; *Lettl* WM 2002, 788, 797: wirksam, wenn ein ausdrückl Anspruch auf Zustimmung eingeräumt ist). Der ausdrückl Einräumung eines Anspruchs des Sicherungsgebers auf Zustimmung des Sicherungsnehmers für den Fall eines berechtigten Interesses des Sicherungsgebers in den Allgemeinen Geschäftsbedingungen bedarf es nicht, da die Bank ihre Zustimmung nicht unbillig verweigern darf (BGH WM 2022, 976, 979). Der Sicherungsgeber hat jedenfalls dann einen Anspruch auf Zustimmung, wenn ein schützenswertes Interesse der Bank an der Verweigerung der Zustimmung nicht besteht oder seine berechtigten Belange an der Abtretung des Rückgewähranspruchs überwiegen (BGH WM 2022, 976, 979). Auch in ergänzender Auslegung des Sicherungsvertrages ergibt sich ein Zustimmungsanspruch, sofern nicht eigene berechtigte Belange des Sicherungsnehmers entgegenstehen (BGH WM 2022, 976, 979; MüKo/*Lieder* Rn 152).

90 Der Anspruch auf Rückgewähr der Grundschuld ist gem § 857 I, § 851 I, §§ 829ff ZPO pfändbar (BGH WM 2016, 799, 800; 1989, 1412, 1415). Durch die Pfändung des Rückgewähranspruchs wird kein Pfandrecht an den Grundschulden selbst begründet (BGH WM 2017, 1152, 1154; 2016, 799, 800; *Knees* ZIP 2018, 1055, 1057). Die Verpfändung richtet sich nach den §§ 1273ff.

91 **14. Freigabe einer Schornsteinhypothek/„Lästigkeitsprämie“.** Umstr ist, ob der Gläubiger einer wirtschaftl wertlosen Schornsteinhypothek in einer besonderen Ausnahmesituation verpflichtet sein kann, sein Grundpfandrecht freizugeben, um eine freihändige Veräußerung des belasteten Grundstücks zu ermöglichen. Nimmt man eine solche Pflicht an, ist es dem Grundpfandrechtsgläubiger versagt, die Freigabe seines Grundpfandrechts von einer sog Lästigkeitsprämie abhängig zu machen, dh also von der Zahlung eines Geldbetrags, der zwar nicht annähernd der gesicherten Forderung entspricht, aber höher liegt als der Erlös, der auf den Gläubiger im Falle einer Zwangsversteigerung entfallen würde, wobei bei wertausschöpfender Belastung eines Grundstücks mit vorrangigen Grundpfandrechten in aller Regel mit keinem Verwertungserlös zu rechnen ist.

Zu dieser Fragestellung liegen drei **Entscheidungen des BGH** vor. 2008 (BGH NZI 2008, 365) hat der BGH entschieden, dass das Versprechen einer Geldleistung seitens des Insolvenzverwalters an den Nachranggläubiger für die Löschung seines Rechts offensichtlich insolvenzrechtswidrig und damit nichtig ist, wenn die Zahlung aus der Insolvenzmasse erbracht wird, ohne dass hiermit irgendein korrespondierender Vorteil für die Gesamtheit der Insolvenzgläubiger verbunden ist. Im konkreten Fall hatte der Insolvenzverwalter eine Lästigkeitsprämie aus der Insolvenzmasse gezahlt, um die rechtsgeschäftliche Veräußerung an den Erstranggläubiger zu ermöglichen, ohne dass die Insolvenzmasse hieraus eine Leistung erhalten hatte (vgl Sachverhaltsdarstellung in der Entscheidung der Vorinstanz Hamburg 10.3.2006 – 11 U 224/05). 2014 (BGH WM 2014, 954, 955) hat der BGH klargestellt, dass weder die Vereinbarung einer solchen Zahlung noch ihre Leistung selbst insolvenzrechtswidrig sind, wenn der Insolvenzverwalter mit dem Nachranggläubiger eine solche Prämie vereinbart, aber die Zahlung ausschließlich zu Lasten eines vorrangigen Grundpfandrechtsgläubigers geht, der mit dieser Vereinbarung einverstanden ist. In beiden Entscheidungen hat der BGH offengelassen, ob die Vereinbarung einer Lästigkeitsprämie zu Lasten der Insolvenzmasse auch dann insolvenzrechtswidrig ist, wenn es durch die damit ermöglichte freihändige Veräußerung des Grundstücks zu einem Massezuwachs kommt, der höher ist als die Prämie. 92

2015 hat der BGH (WM 2015, 1067) entschieden, dass der auch im Zwangsvollstreckungsverfahren geltende Grundsatz von Treu und Glauben einen nachrangigen Gläubiger einer **Zwangssicherungshypothek**, der angesichts wertausschöpfender Vorlasten in einer Zwangsversteigerung keine Aussicht auf einen Erlösanteil hat, nicht verpflichtet, die Löschung seines Rechtes zu bewilligen, um die von dem Insolvenzverwalter über das Vermögen des Grundstückseigentümers beabsichtigte freihändige Veräußerung des Grundstücks zu ermöglichen. Da eine rechtmäßig erworbene Zwangssicherungshypothek dem Gläubiger ein wirksames dingliches Recht gibt, welches unabhängig von seinem wirtschaftl Wert besteht, war von dem Gericht nur zu erörtern, ob der auch im Zwangsvollstreckungsrecht geltende, allerdings bereits durch § 765a ZPO weitgehend kodifizierte und dahinter nur noch in seltene Ausnahmefällen eingreifende Grundsatz von Treu und Glauben eine Weigerung der Mitwirkung an einer freihändigen Veräußerung des Grundstücks disqualifizieren kann. Dem ist nicht so. So hindert die unterlassene Mitwirkung in rechtl Hinsicht weder eine Zwangsversteigerung noch einen Verkauf der dann allerdings weiterhin belasteten Immobilie. In wirtschaftl Hinsicht steht zwar zu erwarten, dass im letzten Fall der Verkaufserlös deutlich geringer ausfallen wird als bei Veräußerung einer unbelasteten Immobilie. Gründe wirtschaftl Zweckmäßigkeit schränken aber das im Wege der Zwangsvollstreckung rechtmäßig erworbene Sicherungsmittel nicht ein, zumal ein geringer Verkaufserlös in erster Linie zu Lasten der vorrangig gesicherten Gläubiger geht. Denen verleiht ihr Sicherungsrecht aber weder einen Anspruch auf eine freihändige lastenfreie Veräußerung des belasteten Grundstücks noch ist der nachrangige Gläubiger den Interessen der vorrangigen Gläubiger verpflichtet. Ausdrückl offengelassen hat das Gericht die Frage, ob bei rechtsgeschäftlich bestellten Grundpfandrechten etwas anderes gelten kann. 93

Letzteres ist umstritten. Eine solche Pflicht wird teilw bejaht (Schleswig WM 2011, 1128, 1130; Köln WM 1995, 1801, 1803; LG Leipzig BeckRS 2014, 02720; LG Regensburg WM 2010, 316, 317; *Tetzlaff* ZinsO 2012, 726, 727), überwiegend aber verneint (Köln ZInsO 2016, 514, 516; Koblenz ZfIR 2015, 453; Hamburg WM 2001, 2124, 2157 zur Insolvenzanfechtung; BankR-HdB/*Epp*[6] Rn 384; *Eckardt* Grundpfandrechte im Insolvenzverfahren, Rn 218; *Lieder* NZI 2016, 105, 107; *Wenzel* DZWIR 2015, 395, 399; *Gladenbeck* ZfIR 2014, 643; *Lange* NZI 2014, 161, 162; *Volmer* WuB I F 3.-2.11; *Frege/Keller* NZI 2009, 11, 12). Eine weitere Ansicht bejaht diese Pflicht nur ggü einem Insolvenzverwalter, nicht jedoch ggü einem nicht insolventen Sicherungsgeber (*Gladenbeck/Samhat* Rn 1097, 1097.1; *Wipperfürth/Deppe* ZinsO 2016, 78, 81). Die Pflicht zur Freigabe wird dabei aus der sich aus dem Sicherungsvertrag für den Grundpfandrechtsgläubiger ergebenden Treuepflicht (§ 242 BGB) abgeleitet (Schleswig WM 2011, 1128, 1130). Ferner wird auf das Schikaneverbot bei Ausnutzen einer formalen Rechtsposition verwiesen (Schleswig WM 2011, 1128, 1130) und unter Berufung auf die Entscheidung v 20.3.2008 (BGH NZI 2008, 365) der insolvenzwidrige Charakter der Vereinbarung einer Lästigkeitsprämie statuiert (*Gladenbeck/Samhat* Rn 1097.1; *Rein* NZI 2008, 365, 366). Dies vermag nicht zu überzeugen. So verkennt die Ansicht, die nach Vorliegen oder Nichtvorliegen eines Insolvenzverfahrens differenziert, dass einem Insolvenzverwalter, der freihändig ein Grundstück aus der Insolvenzmasse veräußern will, nicht mehr Rechte zustehen als einem Grundstückseigentümer, der ohne Insolvenz einen solchen Verkauf beabsichtigt (*Frege/Keller* NZI 2009, 11, 12). Mit Eröffnung des Insolvenzverfahrens geht das Verwaltungs- und Verfügungsrecht über das zur Insolvenzmasse gehörende Vermögen auf den Insolvenzverwalter über (§ 80 I 1 InsO). Damit tritt der Insolvenzverwalter in die Rechtsstellung des Insolvenzschuldners ein. Weitergehende Rechte als dieser hat der Verwalter nur in den Fällen, die in der InsO ausdrückl festgelegt sind (Ahrens/Gehrlein/Ringstmeier/*Piekenbrock* § 80 InsO Rn 14; *Lieder* NZI 2016, 105, 107). Eine solche Regelung hat der Gesetzgeber aber nicht getroffen, so dass für die geforderte Differenzierung kein Raum ist. 94

Aus der Entscheidung v 20.3.2008 (BGH NZI 2008, 365) kann eine Freigabepflicht des Grundpfandrechtsgläubigers bereits deshalb nicht abgeleitet werden, weil der BGH durch Urteil v 20.3.2014 ausdrückl klargestellt hat, dass die Vereinbarung einer Lästigkeitsprämie nicht schlechthin insolvenzwidrig ist, sondern von dem Insolvenzverwalter wirksam vereinbart werden kann, wenn die Abgabe von einem vorrangigen Grundpfandrechtsgläubiger entrichtet wird (BGH WM 2014, 954, 955). Die Begründung des Gerichts, dass eine Insolvenzwidrigkeit nicht vorliegen kann, wenn der Bestand der Masse nicht beeinträchtigt wird, lässt zudem erwarten, dass der BGH die in der Entscheidung offengelassene Frage, ob eine Lästigkeitsprämie wirksam zu Lasten der Masse vereinbart werden kann, wenn die freihändige Veräußerung des Grundstücks einen gleichen oder höheren Masse- 95 zuwachs erwarten lässt als die Zahlung der Prämie die Masse belastet, iSd Wirksamkeit einer solchen Vereinbarung beantworten wird (*Eckardt* Grundpfandrechte im Insolvenzverfahren[15] Rn 216; *Lieder* NZI 2016, 105, 108). Selbst aber wenn der BGH in bestimmten Fallkonstellationen die Insolvenzwidrigkeit der Vereinbarung einer Lästigkeitsprämie feststellen würde, richteten sich die maßgeblichen Pflichten an den Insolvenzverwalter. Er darf dann einem nachrangigen Gläubiger kein Geld für die Freigabe seines Grundpfandrechts zahlen; der nachrangige Gläubiger ein erhaltenes Entgelt evtl nicht behalten. Dies lässt aber den Bestand des nachrangigen Recht unberührt. Eine Pflicht zur Freigabe einer Schornsteinhypothek folgt daraus nicht.

96 Aus dem Sicherungsvertrag folgt nichts anderes. Der Sicherungsvertrag verpflichtet den Sicherungsgeber, dem Sicherungsnehmer die Grundschuld bis zur Erledigung des Sicherungszwecks zu belassen. Demnach bedarf es der ungeschuldeten Zustimmung des Sicherungsnehmers zur Aufgabe seines Rechts, der frei ist in seiner Entscheidung, ob und unter welchen Umständen er bereit ist, sein wirtschaftl werthaltiges oder wertloses Pfand aufzugeben. Demggü verweist die Gegenansicht auf einen auf Treu und Glauben gestützten Anspruch im Einzelfall (Schleswig WM 2011, 1128, 1130; Köln WM 1995, 1801, 1803; *Tetzlaff* ZInsO 2012, 726, 727). Man wird aber kaum von einer vertragl Nebenpflicht zur Aufgabe eines Rechts sprechen können, wenn der Sicherungsgeber eine nachrangige Grundschuld sehenden Auges in Kenntnis der bestehenden Vorlasten und in jedenfalls überschlägiger Kenntnis vom Objektwert bestellt und sich damit freiwillig bei einer freihändigen Verwertung auch der Mitwirkung dieses Gläubigers aussetzt (*Volmer* WuB I F 3.-2.11.) Vielmehr verhält sich gerade der Sicherungsgeber treuwidrig, wenn er die Aufgabe des Rechts genau dann verlangt, wenn es dem Sicherungsnehmer darauf ankommt (*Gladenbeck* ZfIR 2014, 643). Treuepflichten sind Sekundärpflichten, die dem Sicherungsrecht selbst unter- und nicht übergeordnet sind. Zudem ist für aus Treu und Glauben abgeleitete Pflichten kein Raum, wenn der Gesetzgeber einen Weg gibt, den zugrundeliegenden Konflikt zu lösen. Der gesetzl Weg, um nachrangige Grundpfandrechte zur Löschung zu bringen, ist der im Rahmen der Zwangsversteigerung (*Lange* NZI 2014, 161, 162; *Volmer* WuB I F 3.-2.11). Daneben besteht für ein schützenswertes Vertrauen, bei einer wertangemessenen Offerte freihändig verkaufen zu können, kein Raum (*Volmer* WuB I F 3.-2.11). Dass eine Zwangsversteigerung evtl einen geringen Erlös verspricht, ist kein Argument, um Gläubiger aus ihrer rechtmäßig erworbene Grundbuchposition auf Grund von Billigkeitsgesichtspunkten heraus zu drängen (*Lange* NZI 2014, 161, 162). Vielmehr ist es durchaus legitim, wenn der nachrangige Gläubiger die Mitwirkung an diesem Verfahren davon abhängig macht, einen Teil des angestrebten Mehrerlöses zu erhalten. Hinzu kommt, dass im Fall einer wertausschöpfenden Belastung eines Grundstücks in erster Linie die Vorranggläubiger und nicht der hochverschuldete Sicherungsgeber von einer Freigabepflicht des Nachranggläubigers profitieren würden. Zur Wahrung von deren Interessen ist der Nachranggläubiger aber, wie der BGH zu Recht festgestellt hat, nicht verpflichtet (*Lieder* NZI 2016, 1105).

97 **15. Befriedigung des Gläubigers.** Während der Schuldner oder der von ihm personenverschiedene Eigentümer eines mit einer Hypothek belasteten Grundstücks nur auf die Forderung leisten kann und sich dadurch die Hypothek kraft Akzessorietät verändert (*Bülow* Rn 213), ist es bei der Grundschuld von Bedeutung, ob auf die Grundschuld oder auf die gesicherte Forderung oder auf beide zugleich gezahlt wird. Mangels Akzessorietät bewirkt die Tilgung der gesicherten Forderung unmittelbar keine Veränderung der Grundschuld; Leistungen auf die Grundschuld führen unmittelbar zu keiner Veränderung in Bestand und Zuordnung der gesicherten Forderung. Allerdings werden je nach Konstellation Ansprüche ausgelöst, die aber voraussetzen, dass der Zahlende zur Leistung berechtigt ist. Auch bei der Zahlung von Zinsen kommt es darauf an, ob auf die Zinsen der Grundschuld oder der gesicherten Forderung gezahlt wird, da durch § 1192 II keine Abhängigkeit zw beiden geschaffen wird (BGH WM 1965, 1197). Im Einz sind folgende Fälle zu unterscheiden:

98 **a) Zahlt der persönlich schuldende Eigentümer nur auf die Grundschuld**, so entsteht kraft Gesetzes eine Eigentümergrundschuld (BGH WM 2004, 1786, 1788; ZIP 2002, 2033, 2034; NJW 1986, 2108, 2111; Frankfurt NJOZ 2017, 526, 527; MüKo/*Lieder* Rn 126; *Bülow* Rn 225). Teiltilgung der Grundschuld hat den Übergang dieses Teils zur Folge (BGH WM 1969, 810), jedoch im Rang nach dem als Fremdgrundschuld fortbestehenden Teil (§ 1176). Rückständige Grundschuldzinsen erlöschen nach § 1192 I, § 1178 (BGH WM 1965, 1197, 1198). Der Bestand der Forderung bleibt unberührt (BGH NJW 1987, 838, 839; Schleswig WM 2007, 2326, 2328; *Bülow* Rn 224; aA MüKo/*Lieder* Rn 144). Der persönlich schuldende Eigentümer hat aber einen Anspruch auf die Abtretung der gesicherten Forderung, die dadurch wegen Konfusion erlischt, oder wahlweise auf Abschluss eines Erlassvertrages, wodurch die Forderung ebenfalls erlischt (*Bülow* Rn 226). Zahlung des persönlichen Schuldners **nur auf die Forderung** führt zu deren Erlöschen (§ 362) und lässt die Grundschuld als abstraktes Recht bestehen (BGH WM 2004, 1786, 1787; Karlsruhe NJOZ 2023, 167, 168; München BeckRS 2017, 118274 Rn 17), begründet aber einen Rückgewähranspruch des Sicherungsgebers (s Rn 66ff). Dies gilt unabhängig davon, ob der persönliche Schuldner Sicherungsgeber ist oder nicht. Gegen eine Inanspruchnahme aus der Grundschuld, die keine Ansprüche mehr sichert, steht der Einwand des Rechtsmissbrauchs (BGH WM 2002, 2237, 2238). Der persönlich schuldende Eigentümer hat aber auch die Möglichkeit, **zugleich auf die Forderung und die Grundschuld zu leisten.** In der Folge erlischt die Forderung und die Grundschuld wird kraft Gesetzes eine Eigentümergrundschuld (*Bülow* Rn 227). Auch ohne ausdrückl Tilgungsbestimmung ist idR davon auszugehen, dass von dem persönlich schuldenden Eigentümer zugleich auf die Forderung und die Grundschuld gezahlt wird (s Rn 107).

99 **b) Zahlt der nicht persönlich schuldende Eigentümer nur auf die Grundschuld,** etwa indem der Erwerber eines Grundstücks in der Zwangsversteigerung eine bestehen gebliebene Grundschuld in voller Höhe ablöst, geht

die Grundschuld auf ihn als Eigentümergrundschuld über (BGH WM 2016, 452, 453; NJW-RR 2004, 1458, 1459; NJW-RR 1999, 504; NJW 1986, 2108, 2111; WM 1985, 953; MüKo/*Lieder* Rn 139; NK/*Krause* Rn 121; Staudinger/*Wolfsteiner* § 1192 Rn 18; *Gladenbeck/Samhat* Rn 824; *Clemente* Rn 713). Grundlage ist die entspr Anwendung der §§ 1142, 1143. Da der Eigentümer berechtigt ist, den Grundschuldgläubiger wegen der Grundschuld zu befriedigen (§ 1142), ist auch § 1143 anzuwenden. Diese Bestimmung regelt nämlich die sich aus der Ablösung des Grundpfandrechts ergebenden Folgen. Die Tilgung der Grundschuldzinsen führt zu ihrem Untergang (§ 1178). Der gutgläubige Eigentümer wird bei Zahlung an den Buchberechtigten gem §§ 892, 893 geschützt (*Clemente* Rn 714).

Die **Forderung** bleibt, soweit nicht auch auf sie geleistet wird, bestehen (BGH WM 1991, 723, 724; NJW 1989, 2530, 2531; 1988, 2730; Saarbrücken OLGRp 2005, 139, 144; Celle OLGRp 2000, 233, 234; MüKo/*Lieder* Rn 146; NK/*Krause* Rn 121; *Lettl* ZBB 2001, 37, 42; aA *Reinicke/Tiedtke* WM 1987, 485). Ein gesetzl Forderungsübergang auf den zahlenden Eigentümer findet nicht statt, da § 1143 I auf die durch eine Grundschuld gesicherte Forderung nicht anwendbar ist (BGH NJW 1988, 2730, 2731; Brandenburg BKR 2012, 158, 160; Karlsruhe OLGRp 2008, 689; Celle OLGRp 2000, 233, 234 aA MüKo/*Lieder* Rn 146). Der Eigentümer kann aber auch ohne ausdrückl Regelung vom Sicherungsnehmer die **Abtretung der Forderung** verlangen, wenn und soweit er einen Rückgriffanspruch gegen den persönlichen Schuldner hat (BGH NJW-RR 1999, 504, 505; Brandenburg BKR 2012, 158, 159; NK/*Krause* Rn 121; *Lettl* ZBB 2001, 37, 42). Zur Abtretung berechtigt ist der Gläubiger auch dann, wenn kein Rückgriffsanspruch besteht (BGH NJW 1981, 1554, 1555); in diesem Fall kann der Schuldner bei Inanspruchnahme aus der Forderung jedoch geltend machen, dass im Innenverhältnis der Eigentümer zur Ablösung verpflichtet war (RGZ 143, 287); diese Einrede steht ihm gem § 404 auch bei Weiterzession zu (BGH NJW 1981, 1554, 1555). Wird dem Eigentümer die Forderung abgetreten, ohne dass ihm ein Rückgriffsanspruch zusteht, kann der Schuldner auf diese Weise eine Inanspruchnahme verhindern. 100

Dabei ist zu unterscheiden, ob der persönliche Schuldner **Sicherungsgeber** war oder nicht (s Rn 6a ff). Im ersteren Fall kann er aus der Sicherungsabrede einwenden – nach § 404 auch ggü dem Zessionar der Forderung –, dass er nur Zug um Zug gegen Rückgewähr der vollen Grundschuld zur Zahlung verpflichtet ist (BGH WM 2018, 1932, 1935; 2014, 1719, 1722; NJW 1991, 1821; 1987, 838, 839); das gilt auch bei Einklagung nur eines Teilbetrags der Forderung (BGH NJW 1982, 2768). War der Schuldner nicht Sicherungsgeber, so kann er gem § 404 auch ggü dem Eigentümer als Zessionar der formal fortbestehenden Forderung nach § 242 entgegenhalten, dass der schon aus der Grundschuld befriedigte Zedent doppelte Befriedigung erhalten würde (BGH NJW 1991, 1821; 1988, 2730, 2731). Der Schuldner kann hier aber nicht verhindern, dass die Grundschuldzahlung mit Zustimmung des Sicherungsgebers auf eine andere als die gesicherte Forderung verrechnet wird (BGH NJW 1988, 2730, 2731). Zahlt der persönlich nicht schuldende Eigentümer, ist nicht § 1143, sondern § 267 I anwendbar, so dass die Forderung gem § 362 I erlischt und die Grundschuld zur Eigentümergrundschuld wird (*Bülow* Rn 233). 101

c) Zahlt der persönliche **Schuldner, der weder Sicherungsgeber noch Eigentümer** ist, nur auf seine persönliche Schuld, erlischt diese und der Eigentümer hat einen Anspruch auf Rückgewähr der Grundschuld. Steht dem persönlichen Schuldner im Innenverhältnis ein Ersatzanspruch gegen den Eigentümer zu, dann gilt nicht § 1164 (Soergel/*Konzen* Rn 48; *Reinicke/Tiedtke* WM-Sonderbeilage 5/1991; aA *Dieckmann* WM 1990, 1481; 1992, 1257), aber der Schuldner kann insoweit vom Eigentümer Abtretung des Rückgewähranspruchs oder, wenn schon rückgewährt, der Eigentümergrundschuld verlangen (Soergel/*Konzen* Rn 48), nicht aber vom Sicherungsnehmer Abtretung der Grundschuld (NK/*Krause* Rn 120; aA *Dieckmann* WM 1990, 1481); die Zahlung an den Gläubiger kann er in diesem Falle entspr § 1167 von der Aushändigung der in § 1144 genannten Urkunden abhängig machen (Soergel/*Konzen* Rn 48). Zahlt der Schuldner, der weder Sicherungsgeber noch Eigentümer ist, nur auf die Grundschuld, entsteht eine Eigentümergrundschuld; die persönliche Forderung bleibt bestehen; die Zahlung tritt als Sicherheit an die Stelle der Grundschuld Staudinger/*Wolfsteiner* Vorb §§ 1191ff Rn 150). 102

d) Zahlt ein ablösungsberechtigter Dritter auf die Grundschuld, erwirbt er diese kraft Gesetzes (§ 1192 I, § 1150, § 268 III), aber nicht die gesicherte Forderung und auch nicht den Rückgewähranspruch (BGH NJW 1988, 1665). Diese erlöschen auch nicht (Celle OLGRp 2000, 302, 304; NK/*Krause* Rn 122; Staudinger/*Wolfsteiner* Vorb §§ 1191ff Rn 153; aM Soergel/*Konzen* Rn 49; MüKo/*Lieder* Rn 147; offengelassen BGH WM 2001, 623, 624); der Gläubiger ist jedoch im Verhältnis zum persönlichen Schuldner zur Anrechnung der Zahlung auf die Forderung verpflichtet (aA NK/*Krause* Rn 122; Staudinger/*Wolfsteiner* Vorb §§ 1191ff Rn 153: Ablösebetrag tritt an die Stelle der Grundschuld), was einem Zessionar entgegengehalten werden kann (§ 404). Beschränkt sich das Ablösungsrecht auf die **Forderung**, so geht nur diese über (§ 268 III), da § 401 nicht für die Grundschuld gilt. 103

e) Zahlt ein sonstiger Dritter auf die Grundschuld, so entsteht eine Eigentümergrundschuld (BGH LM § 1192 Nr 7). Die Forderung erlischt nicht, es sei denn, dass auch deren Erfüllung bezweckt ist (BGH ZIP 1988, 1096, 1097). Eine Zahlung nur auf die **Forderung** lässt die Grundschuld unberührt; der Sicherungsgeber hat aber einen Rückgewähranspruch. 104

16. Leistungsbestimmung. Was der persönliche Schuldner oder Eigentümer des belasteten Grundstücks mit seiner Zahlung an den Gläubiger bezweckt, kann er grds selbst bestimmen (sog Leistungsbestimmung bzw Tilgungsbestimmung, wenn eine Forderung getilgt werden soll). Die Parteien können im Voraus Vereinbarungen über die Tilgungsbestimmung treffen (sog Verrechnungsvereinbarung, s Rn 110). Bestimmt der Leistende die 105

Leistung absprachewidrig entgegen der Verrechnungsvereinbarung, kommt es auf die konkrete Bestimmung bei der Leistung an (*Bülow* Rn 237). Eine vereinbarungswidrige Bestimmung bei der Leistung gibt dem Gläubiger das Recht, die Leistung zurückzuweisen (MüKo/*Lieder* Rn 132; Staudinger/*Wolfsteiner* Vorb §§ 1191ff Rn 90). Nimmt der Gläubiger allerdings eine solche Leistung an, gilt der angegebene Verrechnungsgegenstand (MüKo/*Lieder* Rn 132).

106 Eine Leistungsbestimmung ist eine **rechtsgeschäftsähnl Handlung** (*Bülow* Rn 237), auf die die Vorschriften über das Rechtsgeschäft anwendbar sind. Die Leistungsbestimmung bedarf demgemäß des Zugangs beim Gläubiger und kann auch stillschw getroffen werden (BGH WM 1997, 948, 949). Sie kann durch Auslegung zu bestimmen sein, wobei dann maßgeblich ist, wie sich die Leistung aus der Sicht des Gläubigers darstellt (*Bülow* Rn 237). Dabei ist aus den Umständen des Einzelfalls und insb vor dem Hintergrund der Interessenlage zu ermitteln, worauf die Leistung vernünftigerweise erbracht sein soll (BGH WM 1997, 948, 949; 1995, 1663, 1664; 1987, 1213, 1214; Saarbrücken OLGRp 2005, 139, 144). Die gesetzl Vermutungen des § 366 I helfen hierbei nur, wenn mehrere völlig selbständig nebeneinander und unabhängig voneinander zu tilgenden Forderungen bestehen und das Geleistete nicht zur Tilgung sämtlicher Verbindlichkeiten ausreicht (s Rn 108). Demggü dürfen aber Sicherheit und die gesicherte Forderung nur alternativ realisiert werden, so dass § 366 I insofern nicht einschlägig ist.

107 Sind **Grundstückseigentümer und Schuldner personengleich** und besteht **keine Verrechnungsvereinbarung** und erfolgt die Zahlung nicht in der Zwangsvollstreckung, so kann und darf der Zahlende frei bestimmen, ob seine Leistung auf die Grundschuld oder auf die gesicherte Forderung zu verrechnen ist (BGH WM 2004, 1786, 1788; 2003, 1365, 1366; 1997, 1012, 1013; 1995, 1663). Zahlt der Schuldner ohne ausdrückl Leistungsbestimmung den vollen Betrag an den Gläubiger, geht die Rspr davon aus, dass er Forderung und Grundschuld tilgen will (BGH WM 1992, 1893, 1894; 1988, 1259, 1260; Düsseldorf WM 1998, 1875, 1880). Zahlt der Schuldner in Raten, so ist grds davon auszugehen, dass nur die Forderung getilgt wird (BGH WM 2003, 1365, 1366; WM 1993, 849, 854; MüKo/*Lieder* Rn 135; Staudinger/*Wolfsteiner* Vorb §§ 1191ff Rn 149). Zahlt der Schuldner auf die Grundschuld, so ist nach dem Sinn der Sicherungsabrede idR anzunehmen, dass damit auch die Forderung erlöschen soll, wenn diese im Zeitpunkt der Tilgung fällig ist (BGH WM 1987, 202, 203). Im Zweifel ist davon auszugehen, dass der Schuldner nur auf die Forderung zahlt, wenn ein Kredit in laufender Rechnung gesichert ist (MüKo/*Lieder* Rn 135). In den übrigen Fällen ist im Zweifel ebenfalls davon auszugehen, dass eine Zahlung nur auf die gesicherte Forderung und nicht auf die Grundschuld erfolgt. Denn es entspricht der Lebenserfahrung und der Wahl der Kreditsicherheit Grundschuld statt einer Hypothek, dass im Rechtsverkehr mit Kreditinstituten als Sicherungsnehmer der Grundschuld bei ungestörtem Kreditverhältnis grds von einer Zahlung auf die gesicherte Forderung und nicht auf die Grundschuld auszugehen ist. Die Zahlung auf die Grundschuld schränkt nämlich eine weitere Kreditgewährung ein, da es zur Bildung von Teileigentümergrundschulden kommt. Leistet der mit dem Schuldner identische Eigentümer auf die Grundschuld, die neben der persönlichen Verpflichtung des Eigentümers auch noch eine Forderung gegen einen Dritten sichert, ist der Zahlung konkludent idR der Wille zu entnehmen, zunächst die eigenen und nicht die fremden Schulden tilgen zu wollen (BGH WM 1999, 948, 949).

108 Ergibt die Auslegung, dass eine **Zahlung auf die gesicherte Forderung** vorliegt, und **reicht die Zahlung nicht aus**, um die ganze Forderung zu tilgen, so bestimmt sich die Reihenfolge der Tilgung nach § 367 I (vgl auch § 497 III). Sind mehrere Forderungen gesichert und reicht der Betrag zur Tilgung aller Forderungen nicht aus, so kann der Zahlende bei Leistung auf die Forderung bestimmen, welche Forderung getilgt werden soll (§ 366 I; BGH WM 1997, 1012, 1013). Das gilt auch dann, wenn es sich um Forderungen handelt, die gegen verschiedene Schuldner bestehen (BGH WM 1999, 948, 949) oder unterschiedlich gesichert sind, wenn also bspw einzelne der durch die Grundschuld gesicherten Forderungen zusätzl verbürgt sind oder einzelne Forderungen nicht grundpfandrechtl gesichert sind. Nur wenn der Leistende keine Bestimmung trifft – auch nicht konkludent –, wird die Zahlung nach § 366 II verrechnet (BGH NJW 1999, 2043, 2044; *Bülow* Rn 238; *Lettl* ZBB 2001, 37, 41). Das Tilgungsbestimmungsrecht des Schuldners nach § 366 I kann durch AGB nicht ausgeschlossen werden (BGH NJW 1999, 2043, 2044).

109 In der **Zwangsvollstreckung** steht dem Schuldner das Recht zur Tilgungsbestimmung gem § 366 I allerdings nicht mehr zu (BGH WM 2014, 2187, 2188; BeckRS 2000, 06412; WM 1999, 684, 685). Die in dem Tilgungsbestimmungsrecht liegende Vergünstigung steht dem Schuldner, der pflichtwidrig nicht leistet, nicht mehr zu. Reicht ein an die Stelle der Grundschuld getretener Geldbetrag nicht aus, um den Gläubiger wegen aller durch die Grundschuld gesicherten, fälligen oder jedenfalls erfüllbaren Forderungen zu befriedigen, wird der Erlös gem § 366 II auf die gesicherten Forderungen verrechnet, soweit im Sicherungsvertrag nichts Abw vereinbart wurde (BGH WM 1999, 948, 949).Die Verteilung gem § 366 II ist für den Erlös aus der Zwangsverwertung einer für mehrere Forderungen haftenden Sicherheit anerkannt (BGH WM 1991, 723) wobei nur titulierte Forderungen, wegen derer die Zwangsvollstreckung betrieben wird, berücksichtigt werden (BGH BeckRS 2017, 110714), gilt aber auch für den durch Zahlung auf die Grundschuld an deren Stelle tretenden Geldbetrag. Denn in beiden Fällen geht es darum, das an die Stelle der Grundschuld tretende Surrogat den im Rahmen der Sicherungsabrede gesicherten Forderungen zuzuordnen. Unerheblich ist insoweit, ob die Surrogation durch Zwangsversteigerung oder durch Zahlung eingetreten ist. Eine Klausel, wonach dem Sicherungsnehmer bei Zahlungen auf die Grundschuld, die nicht zur Befriedigung sämtlicher damit gesicherter Ansprüche ausreicht, eine Verrechnung nach billigem Ermessen eingeräumt wird, ist nach Ansicht des BGH wegen Verstoßes gegen § 307 I unwirksam (BGH WM 2001, 623, 624; 1999, 948, 949). Es sei eine unangemessene Benachteiligung des Sicherungsgebers, wenn

der Klauselverwender das dem Schuldner gem § 366 I zustehende Tilgungsbestimmungsrecht ausschließe und die ohnehin sehr gläubigerfreundliche Vorschrift des § 366 II noch zu seinen Gunsten modifiziere.

Häufig wird bei Bankkrediten vereinbart, dass Zahlungen auf die Forderung und nicht auf die Grundschuld angerechnet werden (BGH NJW 1997, 2046, 2047; sog **Verrechnungsvereinbarung**). Eine solche Verrechnungsklausel verstößt nicht gegen das AGB-Recht (MüKo/*Lieder* Rn 73; NK/*Krause* Rn 119; *Samhat* WM 2019, 805, 809). Eine Verrechnungsabrede kann auch stillschw getroffen werden. Dies ist etwa der Fall, wenn der Schuldner eine Anrechnungserklärung des Gläubigers widerspruchslos hinnimmt (BGH WM 1995, 1663, 1664; vgl auch BGHZ 97, 341, 343). Auch nachträgl ist dies möglich, wenn der Gläubiger dem Schuldner mitteilt, wie er die Zahlung verrechnet hat und dieser nicht widerspricht (BGH WM 1995, 1663, 1664). 110

Haben die Parteien eine Verrechnungsvereinbarung getroffen und bestimmt der Leistende bei der Leistung hiervon nichts Abweichendes, ist die Leistung entspr der Verrechnungsvereinbarung zu behandeln. Die in der Verrechnungsvereinbarung niedergelegte Verpflichtung des Schuldners oder des von ihm personenverschiedenen Eigentümers, auf die gesicherte Forderung zu zahlen, entfällt, wenn der **Gläubiger das dingliche Recht geltend macht** (BGH WM 2001, 623, 624; MüKo/*Lieder* Rn 72). Dies ist dann der Fall, wenn der Gläubiger ausdrückl Leistung aus der Grundschuld fordert oder die Zwangsvollstreckung daraus androht bzw einleitet (BGH WM 1992, 1502, 1505; 1990, 1927, 1929). Denn wenn der Gläubiger Leistung aus der Grundschuld fordert, muss er auch bereit sein, diese entgegenzunehmen. Dies gilt sowohl für den Sicherungsgeber als auch dann, wenn ein Dritter gem § 268 zur Abwendung der Zwangsversteigerung leistet (BGH WM 2001, 623, 624; Celle NJW-RR 2015, 1501; Staudinger/*Wolfsteiner* Vorb §§ 1191ff Rn 153; NK/*Krause* Rn 122). Auch in der **Insolvenz des Schuldners**, der zugleich Eigentümer des mit der Grundschuld belasteten Grundstücks ist, werden Zahlungen des Insolvenzverwalters stets auf die Grundschuld und nicht auf die gesicherte Forderung geleistet, weil der Verwalter nur das mit der Grundschuld verbundene Absonderungsrecht zu berücksichtigen hat (BGH WM 1995, 1517; Brandenburg BKR 2012, 158, 160). 111

Dafür, ob eine wirtschaftl mit einer Grundschuld zusammenhängende Zahlung des mit deren persönlichen Schuldner nicht identischen Eigentümers auf die Grundschuld oder auf die persönliche Forderung geleistet ist, kommt es ebenfalls entscheidend auf seinen bei der Zahlung erklärten Willen an (BGH NJW 1976, 2340, 2341). Sofern nicht der Gläubiger das dingliche Recht geltend macht (Rn 111), wird die Zahlung nur auf die persönliche Forderung erfolgen, wenn der zahlende Eigentümer nicht zweifelsfrei etwas anderes bestimmt. Der Sicherungsvertrag verbietet es nämlich, dass der Sicherungsgeber von sich aus Zahlungen auf die Grundschuld leistet, wenn er dazu nicht berechtigt ist (Staudinger/*Wolfsteiner* Vorb §§ 1191ff Rn 90). Will der Sicherungsgeber trotzdem auf die Grundschuld leisten, kann der Gläubiger die Leistung zurückweisen (Staudinger/*Wolfsteiner* Vorb §§ 1191ff Rn 90). Dementspr ist eine Vereinbarung mit dem Inhalt, dass Zahlungen auf die gesicherte Schuld und nicht auf die dingliche Sicherheit verrechnet werden, auch bei **Drittgrundschulden** möglich, die von einem anderen als dem persönlichen Schuldner bestellt werden. Eine solche Abrede kann auch formularmäßig wirksam getroffen werden. Sie ist weder unbillig (§ 307 I) noch überraschend (§ 305c I; MüKo/*Lieder* Rn 138; Staudinger/*Wolfsteiner* Vorb §§ 1191ff Rn 98; BankR-HdB/*Epp*[6] Rn 438). Denn auch der Eigentümer hat idR ein Interesse daran, dass nicht vorzeitig auf die Grundschuld geleistet wird. 112

17. Freihändige Verwertung. Unter der **freihändigen Verwertung der Grundschuld** versteht man im Gegensatz zur Zwangsvollstreckung den Verkauf der Grundschuld gegen ein Entgelt an einen Dritten. Sofern im Sicherungsvertrag nichts Abw vereinbart wird, darf der Gläubiger die Grundschuld dadurch verwerten, dass er sie veräußert, sofern die **gesicherte Forderung** fällig ist (MüKo/*Lieder* Rn 119; *Gladenbeck/Samhat* Rn 1282f; *Clemente* Rn 546; *Obermüller* BKR 2017, 221, 222). Die Fälligkeit der Grundschuld selbst braucht nicht eingetreten zu sein. 113

Bei der **isolierten Verwertung der Grundschuld** erwirbt der Zessionar allein dieses Grundpfandrecht ohne die gesicherten Forderungen, die beim bisherigen Grundschuldgläubiger verbleiben. Die Bindung zw Grundschuld und gesicherter Forderung, die durch den Sicherungsvertrag hergestellt worden war, wird gelöst, da der Sicherungsvertrag mit der freihändigen Verwertung der Grundschuld abgewickelt und beendet wird (BGH ZIP 1989, 359, 363; NJW 1979, 717). Ein Rückgewähranspruch des Sicherungsgebers gegen den bisherigen Grundschuldgläubiger kommt nicht mehr in Betracht (BGH ZIP 1989, 359, 363; NJW 1979, 717). Der Verkaufserlös wird auf die gesicherten Forderungen verrechnet (BGH ZIP 1989, 359, 363; NJW 1982, 2768, 2769), die in entspr Höhe erlöschen (MüKo/*Lieder* Rn 119). 114

Die isolierte Verwertung der Grundschuld birgt für den persönlichen Schuldner/Sicherungsgeber die **Gefahr einer doppelten Inanspruchnahme** aus persönlicher Forderung und Grundschuld durch zwei verschiedene Berechtigte (BGH WM 1986, 1386, 1387; NJW 1982, 2768, 2769). Die Gefahr verwirklicht sich, wenn nach Abtretung der Grundschuld Zahlungen auf die persönliche Forderung erfolgen, die dem Zessionar der Grundschuld nicht entgegengehalten werden können, da die daraus resultierende Einrede dem Schuldner im Zeitpunkt der Abtretung nicht zustand. Der Grundschuldgläubiger ist daher vor Eintritt des Sicherungsfalles nur mit Zustimmung des Sicherungsgebers zu einer isolierten Verwertung der Grundschuld berechtigt (BGH WM 1986, 1386, 1387; Schleswig WM 1997, 965, 967; MüKo/*Lieder* Rn 116; NK/*Krause* Rn 126; aA *Meyer* WM 2010, 58, 64, unter Hinw darauf, dass nach Inkrafttreten des § 1192 Ia die Gefahr einer doppelten Inanspruchnahme nicht mehr besteht), es sei denn, ihm ist die isolierte Verwertung bereits im Sicherungsvertrag gestattet worden (BGH ZIP 1989, 359, 363). Gleiches gilt auch nach Eintritt des Sicherungsfalles (MüKo/*Lieder* Rn 119: isolierte Abtretung 115 ohne Zustimmung des Sicherungsgebers zulässig, wenn Zweckbindung gesichert bleibt). Sofern dem Sicherungsvertrag kein ausdrückl Abtretungsverbot zu entnehmen ist (§§ 399, 413), ist die ohne Zustimmung des Sicherungsgebers vorgenommene isolierte Abtretung der Grundschuld allerdings dinglich wirksam (BGH NJW 1982, 2768, 2769). Überträgt der Sicherungsnehmer die Grundschuld zwecks Absicherung eigener Kredite auf einen Dritten, so liegt in einer solchen Übertragung allein noch keine Verwertung der Grundschuld (BGH NJW 1982, 2768, 2769).

116 Sofern keine besonderen Vereinbarungen getroffen sind, ist der Gläubiger berechtigt, bei der freihändigen Verwertung der **Sicherungsgrundschuld zusammen mit den gesicherten Forderungen abzutreten** (BGH WM 1986, 1386, 1387; MüKo/*Lieder* Rn 115). Forderung und Grundschuld einschl der dinglichen Zinsen dürfen dabei grds nur in angemessener Höhe abgetreten werden; der überschießende Teil ist an den Sicherungsgeber bzw den Inhaber des Rückgewähranspruchs zurück zu gewähren (*Gladenbeck/Samhat* Rn 1283; *Clemente* Rn 640).

117 Der bei der Verwertung erzielte Erlös ist bei der gemeinsamen Veräußerung von Grundschuld und gesicherter Forderung nicht auf die gesicherte Forderung anzurechnen (*Gladenbeck/Samhat* Rn 1284). Diese Forderung steht dem bisherigen Gläubiger nicht mehr zu. Gläubiger der gesicherten Forderung und der Grundschuld wird aufgrund der Abtretung der Erwerber. Ihm steht die Forderung in vollem Umfang zu, wobei er die Grundschuld nur iHd gesicherten Forderung geltend machen kann (aA MüKo/*Lieder* Rn 120: in voller Höhe). Die Abtretung von Grundschuld und Forderung bewirkt keinen Übergang des Sicherungsvertrags auf den Erwerber. Der Sicherungsnehmer wird vielmehr aus seiner Rückgewährpflicht frei, da er die Grundschuld übertragen und damit entspr dem Sicherungsvertrag verwertet hat. Sofern der Sicherungsgeber oder persönliche Schuldner an den Zessionar Zahlungen erbringt, kann er von dem bisherigen Sicherungsnehmer die Rückgewähr der Grundschuld nicht verlangen.

118 **18. Grundschuldzinsen.** Durch eine Grundschuld kann ein Grundstück in der Weise belastet werden, dass Zinsen von der Grundschuldsumme zu entrichten sind (§ 1191 II). Die **Grundschuldzinsen** sind wiederkehrende Leistungen (BGH WM 2016, 2381, 2383) und ebenso abstrakt wie die Grundschuld als solche (BGH NJW 1996, 253, 256; München ZfIR 2023, 40, 42; NK/*Krause* Rn 8) und dienen nicht nur zur Sicherung der Zinsforderungen, sondern erhöhen den Betrag der Sicherung (BFH NJW-RR 2012, 1039, 1041; 101; BGH ZIP 1999, 705, 707; Köln OLGRp 2005; *Reithmann* WM 1985, 441, 444). Die Grundschuldzinsen sind Inhalt des dinglichen Rechts (*Gladenbeck/Samhat* Rn 279). Sie sind Lasten des Grundstücks iSd § 103 (BGH NJW 1986, 2438, 2439; München ZfIR 2023, 40, 42) und unter Beachtung der Anforderungen des Bestimmtheitsgrundsatzes im Grundbuch einzutragen (§ 1115 I, § 1192 II) und ebenso wenig akzessorisch wie der Grundschuld-Kapitalbetrag. Wie die Grundschuldsumme verleihen sie dem Gläubiger das von einer Forderung unabhängige Recht auf Zahlung aus dem Grundstück. Die Vereinbarung dinglicher Zinsen ist üblich (oft 15–20 %) und stellt auch im Falle einer formularmäßigen Vereinbarung keine unangemessene Benachteiligung des Sicherungsgebers dar, da diese nur in Übereinstimmung mit der Sicherungszweckerklärung geltend gemacht werden dürfen (Brandenburg BeckRS 2010, 07660; Köln OLGRp 2003, 101, 102; aA Staudinger/*Wolfsteiner* Vorb §§ 1191ff Rn 109; MüKo/*Lieder* Rn 59; *Kessler* NJW 2017, 2442, 2443 und MittBay Not 2012, 493, 496). Der Höhe nach unzulässig können dingliche Zinsen im Falle einer Übersicherung sein, zB im Fall von 48 % pa (Schleswig ZfIR 2012, 740, 741 – fälschlich auf § 138 gestützt; wie hier *Zimmer* ZfIR 2012, 743, 744). Ist der Zinssatz im Grundbuch unwirksam, ist die Forderung aus dem Grundpfandrecht unverzinslich (BGH WM 1975, 596, 597). Die dinglichen Zinsen laufen in der Insolvenz des persönlichen Schuldners oder des Grundstückseigentümers weiter (BGH NZI 2001, 588; NJW 1987, 946, 947). Es ist auch unerheblich, wann die Grundschuld gekündigt wird (§ 1193), denn eine solche Kündigung hat nicht zur Folge, dass von diesem Zeitpunkt an keine Grundschuldzinsen mehr anfallen (BGH NJW 1987, 946, 947). Ebenso wenig endet die Verzinsung mit dem Zuschlag in der Zwangsversteigerung (*Volmer* NJW 2011, 1502, 1503; unklar BGH WM 2011, 596, 598 Rn 15). Dem Gläubiger einer Grundschuld stehen ggü nachrangigen Berechtigten die eingetragenen Zinsen in voller Höhe zu, auch wenn die grundschuldgesicherte Forderung selbst mit einem geringeren Satz als die Grundschuldsumme selbst verzinslich ist (BGH WM 1981, 581, 582, gegen *Vollkommer* NJW 1980, 1052, 1053). Mit den überschießenden Grundschuldzinsen kann der Sicherungsnehmer einen Teil der gesicherten Hauptforderung abdecken, wenn die Sicherungsabrede – wie allg üblich – eine Haftung auch der Grundschuldzinsen für alle gesicherten Forderungen vorsieht (BGH WM 1982, 839, 841).

119 Der Gläubiger der Grundschuld kann alle **rückständigen dinglichen Zinsen in der Zwangsversteigerung** auch dann geltend machen, wenn er sie nicht zur Deckung seiner gesicherten Forderung benötigt (BGH WM 2011, 596, 597; ZIP 1981, 487, 489; MüKo/*Lieder* Rn 180); also auch, wenn die Zinsen auf die gesicherte Forderung jew gezahlt worden sind (BGH ZIP 1993, 257, 258; WM 1981, 581, 582; München ZfIR 2010, 632, 633). Dies gilt nur dann nicht, wenn ausnahmsw etwas anderes vereinbart oder die Zahlung auf den dinglichen Anspruch erbracht worden ist. Erbringt der Grundstückseigentümer eine Zahlung auf die Grundschuld, geht das getilgte Grundschuldkapital analog § 1143 auf ihn über; soweit die Grundschuldzinsen getilgt sind, erlöschen sie (§ 1178 I).

120 **Grundschuldzinsen** sind wiederkehrende Leistungen (BGH WM 2016, 2381, 2383). **Rückständige Grundschuldzinsen** können in der Zwangsversteigerung nachrangigen Gläubigern ggü in der bevorrechtigten Klasse nach § 10 I Nr 4 ZVG nur für zwei Jahre geltend gemacht werden (s zur vermeintlichen Pflicht zur Geltendmachung Rn 122). Diese Begrenzung gilt aber nicht ggü dem Eigentümer. Hier findet sich eine Grenze nur durch **Verjährung.** Die Grundschuldzinsen verjähren gem §§ 195, 197 II in drei Jahren (BGH WM 2017, 1149, 1151;

NK/*Krause* Rn 10), beginnend mit dem Schluss des Jahres, in welchem sie fällig sind (Köln OLGRp 2005, 101, 102; Staudinger/*Wolfsteiner* Einl §§ 1113ff Rn 249; *Weis/Klassen* BKR 2003, 51, 52). Die Fälligkeit der Grundschuldzinsen ist analog § 488 II zu beurteilen (BGH WM 2017, 1149; Stuttgart WM 2001, 2206; Köln MDR 1994, 645, 646; MüKo/*Lieder* § 1193 Rn 12; Staudinger/*Wolfsteiner* § 1193 Rn 5; NK/*Krause* § 1193 Rn 10). Danach sind Zinsen nach Ablauf eines Jahres zu entrichten, sofern die Parteien nichts abw vereinbart haben. Gem § 205 ist allerdings die Verjährung gehemmt, solange der Schuldner aufgrund einer Vereinbarung mit dem Gläubiger vorübergehend zur Verweigerung der Leistung berechtigt ist. Ob eine solche Hemmung der Verjährung von Grundschuldzinsen einer Sicherungsgrundschuld besteht, solange der Sicherungsfall nicht eingetreten ist, war zw dem IX. und dem XI. ZS des BGH umstr. Heute besteht Einigkeit in der höchstrichterlichen Rspr, dass die Verjährung des Anspruchs auf Zinsen aus einer Sicherungsgrundschuld nicht bis zum Eintritt des Sicherungsfalles gehemmt ist (BGH WM 2017, 1149, 1151; 2016, 2381, 2383; Köln MDR 1994, 645, 647; s auch Staudinger/*Wolfsteiner* Vorb §§ 1191ff Rn 107). Im Hinblick auf die angesichts der üblichen Dauer von Zwangsversteigerungsverfahren vergleichsweise kurze Verjährungsfrist gem §§ 195, 199 werden Grundpfandrechtsgläubiger nach Aufhebung des § 209 II Nr 5 aF zuweilen Maßnahmen zur Hemmung der Verjährung gem § 204 ergreifen müssen.

Betreibt ein Gläubiger die Zwangsversteigerung aus verjährten Grundschuldzinsen, steht dem Schuldner die Vollstreckungsabwehrklage zur Verfügung (BGH WM 2016, 2381, 2382). Zur Obstruktion eines laufenden Zwangsversteigerungsverfahrens haben Vollstreckungsschuldner die Taktik angewendet, zumeist kurz vor dem Versteigerungstermin die **Einrede des Verjährung von Grundschuldzinsen** zu erheben und diese sodann mittels Prozesskostenhilfe im Rahmen der Vollstreckungsabwehrklage (§ 767 ZPO) zu verfolgen (*Würdinger* NJW 2017, 676; *Clemente* ZfIR 2017, 285; *Clemente* ZfIR 2013, 559). Dabei wurde sich zu Nutze gemacht, dass Grundschuldzinsen der regelmäßigen Verjährungsfrist von drei Jahren unterliegen, auch wenn sie vollstreckbar sind. Dem ist der **BGH** zu Recht entgegen getreten. Er hat entschieden, dass einer Vollstreckungsabwehrklage das **Rechtsschutzbedürfnis** fehlt, wenn sie ausschließlich **prozessfremde Ziele** verfolgt (BGH BeckRS 2017, 105581 Rn 3; ZfIR 2017, 292, 293; WM 2016, 2381, 2383). Dies setzt voraus, dass nicht wegen der verjährten Zinsen vollstreckt wird, weil der Gläubiger die verjährten Zinsen von dem Vollstreckungsauftrag ausnimmt, und Indizien vorliegen, die den Schluss erlaubt, dass mit der Klage prozessfremde Ziele verfolgt werden (BGH WM 2016, 2381, 2384). Prozessfremd ist das Ziel des Schuldners, die Vollstreckung aus der Hauptforderung und den nicht verjährten Zinsen behindern zu wollen (BGH WM 2016, 2381, 2384). Voraussetzung für eine solche Behinderung ist die Erhebung des Verjährungseinwands und der darauf gestützten Vollstreckungsabwehrklage während des laufenden Versteigerungsverfahrens zur Unzeit (BGH ZfIR 2017, 292; WM 2016, 2381, 2384). Dies ist der Fall, wenn es zu einer Verzögerung des Versteigerungsverfahrens kommt, etwa, weil der Gläubiger gezwungen ist, sich den Titel vom Versteigerungsgericht zurückgeben zu lassen, damit ihm eine – beschränkte – vollstreckbare Ausfertigung des Titels erteilt werden kann. Das erforderliche Indiz für die Verfolgung prozessfremder Ziele durch den Schuldner kann bspw der Verzicht des Gläubigers gem § 1178 II auf die verjährten Zinsansprüche darstellen oder die Prognose, dass der zu erwartende Vollstreckungserlös nicht annähernd die Summe aus Hauptforderung und unverjährten Zinsen erreicht (BGH ZfIR 2017, 292; WM 2016, 2381, 2384). 120a

Außer den Zinsen können gem § 1191 II auch sonstige **Nebenleistungen** vereinbart und eingetragen werden. Diese Nebenleistungen sind, ebenso wie die Grundschuldzinsen, rein dingliche Ansprüche, die dem Gläubiger das sachenrechtl von einer Forderung unabhängige Recht auf Zahlung aus dem Grundstück verleihen (*Stöber* ZIP 1980, 613, 614). Um Nebenleistungen einer Grundschuld handelt es sich nur dann, wenn das Recht auf ihre Leistung aus dem Grundstück zu dem Grundschuldhauptsacheanspruch im Verhältnis eines das rechtl Schicksal teilenden Nebenrechts steht (Düsseldorf BB 1995, 2607, 2608; Stuttgart ZIP 1986, 1377, 1378; MüKo/*Lieder* § 1115 Rn 30). Wegen ihres rein dinglichen Charakters genügt es, wenn die Eintragungsunterlagen lediglich eine „Nebenleistung" ausweisen; es ist daher nicht erforderlich, die konkrete Art der Nebenleistung anzugeben (aA MüKo/*Lieder* § 1115 Rn 32; Staudinger/*Wolfsteiner* Rn 30). 121

19. Pflicht zur Geltendmachung dinglicher Rechte bei der Erlösverteilung in der Zwangsversteigerung. 122
Das durch den Sicherungsvertrag begründete Treuhandverhältnis zw Grundschuldgläubiger und Sicherungsgeber verpflichtet den Grundschuldgläubiger, die Belange des Sicherungsgebers in angemessener und zumutbarer Weise zu berücksichtigen. Bei der Verwertung der Grundschuld muss er deshalb bestrebt sein, das bestmögliche Verwertungsergebnis zu erzielen, soweit nicht seine eigenen schutzwürdigen Interessen entgegenstehen (BGH WM 2012, 591, 592; 2012, 301, 303; 2011, 596, 597). Dieser Obliegenheit kommt der Gläubiger nach, wenn er für die Verwertung der Grundschuld in der Weise sorgt, dass der Sicherungsgeber von der gesicherten persönlichen Forderung befreit wird, indem er einen zur Tilgung seiner persönlichen Forderung ausreichenden Betrag geltend macht (BGH WM 2011, 596, 597; *Böttcher* § 180 ZVG Rn 109). Geht der **Nominalbetrag der bestehen gebliebenen Grundschuld** darüber hinaus, muss der Grundschuldgläubiger dafür Sorge tragen, dass die Differenz dem Sicherungsgeber zugute kommt; sei es dadurch, dass der Sicherungsnehmer den vollen Betrag von dem Ersteher verlangt und ggü dem Sicherungsgeber abrechnet (BGH WM 2016, 452, 453; FG Berlin DGVZ 2022, 63, 67); sei es durch die Rückgewähr des nicht valutierten Teils der Grundschuld an den Sicherungsgeber. Im laufenden Zwangsversteigerungsverfahren kann es insoweit nicht zu Besonderheiten kommen, da das Vollstreckungsgericht die dingliche Rechtslage zu beachten hat und den Kapitalanspruch in voller Höhe berücksichtigt. Bleibt die Grundschuld dagegen bestehen, haftet der Ersteher für den Nennbetrag der Grundschuld dinglich; die Übernahme der Grundschuld ist – neben dem bar zu zahlenden Betrag – ein Teil des Versteigerungserlöses.

Ob und in welcher Höhe die Grundschuld zum Zeitpunkt des Zuschlages valutiert, ist für die dingliche Haftung des Erwerbers ohne Bedeutung (BGH WM 2016, 452, 453). Will der Ersteher die Grundschuld ablösen, muss der Grundpfandrechtsgläubiger den vollen Nominalbetrag geltend machen. Bewilligt der Grundschuldgläubiger die Löschung der Grundschuld gegen einen geringeren Betrag, macht er sich ggü dem persönlichen Schuldner schadenersatzpflichtig, da er dessen Rückgewähranspruch auf den letztrangigen Teil der Grundschuld bzw den Übererlös vereitelt (BGH WM 2016, 452, 453; *Schmidt-Räntsch* ZNotP 2016, 294, 297). Der Grundschuldgläubiger verstößt nämlich gegen seine Pflichten aus dem Sicherungsvertrag, wenn er in sich in Ansehung des Grundschuldnominalbetrags darauf beschränkt, die werthaltige Grundschuld in der Weise zu verwerten, dass der Sicherungsgeber nur von seiner persönlichen Schuld ihm ggü befreit wird. Der wirtschaftl Wert der Grundschuld ist bzgl ihres Nominalbetrags nach dem Gesetz dem Sicherungsgeber zugewiesen. Der Grundschuldgläubiger darf und muss ihn zur Befriedigung der gesicherten Forderung einsetzen. Den darüberhinausgehenden Erlös darf der Grundpfandrechtsgläubiger nicht vereiteln oder vernichten.

123 Darüber hinaus hat der Grundschuldgläubiger die Pflicht, ihm zustehende, **werthaltige Grundschuldzinsen** geltend machen, wenn der Sicherungsgeber anderenfalls nicht von seiner **persönlichen Schuld befreit** würde (BGH WM 2012, 301, 303). Hierbei geht es um die Berücksichtigung der bis zur Zuschlagserteilung in der Zwangsversteigerung fälligen bzw rückständigen Zinsen der Grundschuld bei der Erlösverteilung. Die bis zur Zuschlagserteilung fälligen oder rückständigen Zinsen erlöschen nämlich stets mit dem Zuschlag, unabhängig davon, ob die Grundschuld selbst erlischt oder bestehen bleibt. Erlischt die Grundschuld, erlöschen gem § 52 I 2 ZVG auch die dinglichen Rechte einschl der Zinsen, die nicht im geringsten Gebot berücksichtigt sind. Bleibt die Grundschuld bestehen, ergibt sich das Erlöschen der bis zum Zuschlag fälligen Grundschuldzinsen aus § 56 II ZVG (BGH WM 2012, 301, 302). Nach dieser Vorschrift trägt der Ersteher die Lasten des Grundstücks, also auch die Grundschuldzinsen, erst von dem Zuschlag an. Der Grundschuldgläubiger kann daher nicht verhindern, dass die bis zur Zuschlagserteilung aufgelaufenen Zinsen erlöschen; er hat aber Einfluss darauf, ob diese bei der Erlösverteilung berücksichtigt werden. Im Zeitpunkt der Beschlagnahme rückständige Zinsen müssen angemeldet werden, da es sich nicht um aus dem Grundbuch ersichtliche Rechte (§ 45 II, § 114 II ZVG) handelt. Werden sie nicht spätestens im Verteilungstermin angemeldet, bleiben sie bei der Erlösverteilung außer Betracht. Die laufenden Zinsen werden als aus dem Grundbuch ersichtliche Rechte ohne Anmeldung berücksichtigt; möglich ist aber eine sog Minderanmeldung oder ein Hebeverzicht des Gläubigers.

124 Umstr ist aber, ob der Grundschuldgläubiger in der Zwangsversteigerung ggü dem Sicherungsgeber oder einem nachrangigen Gläubiger, dem die Rückgewähransprüche abgetreten wurden, zu einer Geltendmachung der dinglichen Zinsen verpflichtet ist, wenn er diese **zur Deckung seiner eigenen gesicherten Forderung nicht benötigt**. Während München (ZfIR 2023, 40, 42; NJW 1980, 1051, 1052), Köln (ZIP 1980, 112, 113) und Hamm (BeckRS 1992, 06644) eine solche Pflicht verneinen (so auch *Volmer* ZfIR 2012, 222, 223; *Volmer* NJW 2011, 1502, 1503; *Freckmann* GWR 2012, 111; *Freckmann* BKR 2012, 133, 136; *Bevern* BKR 2010, 453, 457; *Vollkommer* NJW 1980, 1052), wird sie von Teilen der Lit angenommen (MüKo/*Lieder* Rn 180; Staudinger/*Wolfsteiner* Vorb §§ 1191ff Rn 137; *Clemente* Rn 471f, 589ff, 823; *Alff* ZfIR 2017, 76, 77; *Wolfsteiner* ZfIR 2016, 323; *Kessler* DNotZ 2016, 702, 797; *Schmidt-Räntsch* ZNotP 2011, 402, 404; *Eckelt* WM 1980, 454, 455; *Kolbenschlag* WM 1958, 1434f; unklar NK/*Krause* Rn 125). Der BGH hat noch nicht abschließend entschieden, ob und unter welchen Voraussetzungen der Grundschuldgläubiger verpflichtet ist, die zur Tilgung seiner gesicherten Schuld nicht benötigten Grundschuldzinsen zugunsten des Sicherungsgebers geltend zu machen (so ausdrückl BGH WM 2012, 591, 592; WM 2011, 596, 597). Verneint hat der BGH eine solche Pflicht aber für Zinsen aus einer stehengebliebenen Grundschuld, die in einem Teilungsversteigerungsverfahren nach dem Zuschlag neu entstehen (BGH WM 2011, 596, 597), sowie für die Anmeldung der in einem Zwangsversteigerungsverfahren bis zum Zuschlag entstehenden Grundschuldzinsen durch einen vorrangigen Gläubiger, der das Versteigerungsverfahren selbst nicht betreibt (BGH WM 2012, 301, 302; *Knees* ZIP 2018, 1055, 1061). In diesem Fall hat der Grundschuldgläubiger – anders als bei der Verwertung seiner eigenen Grundschuld – mit der Versteigerung und der Erlösverteilung nichts zu tun. Hielte man ihm nämlich für verpflichtet, die Grundschuldzinsen zugunsten des Sicherungsgebers anzumelden und später ggf an diesen auszukehren, würde man von ihm eine Verfahrensbeteiligung verlangen, welche ausschließlich dem Vermögensinteresse des Sicherungsgebers dient. Zu einem derartigen Inkasso ist der Grundschuldgläubiger aufgrund des Sicherungsvertrags aber nicht verpflichtet. In einem von dem Gläubiger selbst betriebenen Versteigerungsverfahren ist der Sicherungsnehmer zumindest dann nicht zur Geltendmachung der bis zum Zuschlag laufenden Zinsen verpflichtet, wenn seine schutzwürdigen Sicherungsinteressen entgegenstehen (BGH WM 2012, 591, 592). Letzteres ist der Fall, wenn sich der Grundschuldgläubiger der Situation ausgesetzt sieht, dass sowohl der Grundstückseigentümer (oder ein Insolvenzverwalter über dessen Vermögen) als auch ein nachrangiger Gläubiger Ansprüche an dem Mehrerlös geltend machen (BGH WM 2012, 591, 592). Im Urteil v 29.1.2016 hat der BGH (WM 2016, 452, 453) ausgeführt, maßgeblich für seine Entscheidungen, in denen er eine Verpflichtung zur Anmeldung nicht valutierender dinglicher Zinsen abgelehnt hat, sei die hypothetische Betrachtung, welche Rechte dem Sicherungsgeber bestenfalls zukommen würden. Da § 1178 I 2 aber das Erlöschen dinglicher Zinsen bestimmt, wenn das Grundpfandrecht dem Grundstückseigentümer zusteht, ist davon auszugehen, dass der BGH die hier vertretene Ansicht (s Rn 124) teilt.

125 Diejenigen, die eine Pflicht des Sicherungsnehmers ggü dem Sicherungsgeber zur Anmeldung nicht benötigter Grundschuldzinsen annehmen, berufen sich auf den fiduziarischen Charakter des Rechtsverhältnisses zw Sicherungsgeber und -nehmer. Aus dieser Treuepflicht folgt für den Sicherungsnehmer im Zweifel die Pflicht eines

Beauftragten, dem es obliegt, für einen anderen ein Geschäft zu besorgen, insb ein solches, welches der Treugeber wegen der Übertragung des Vollrechts nicht mehr selbst verwirklichen kann (*Clemente* ZfIR 2012, 317, 318). Dazu gehöre dann auch die Pflicht, das bestmögliche Verwertungsergebnis zu erzielen, selbst wenn die Verwertung der Sicherheit einen Erlös verspricht, der höher ist als die gesicherten Ansprüche des Grundschuldgläubigers selbst. Daraus folge dann die Pflicht zur Geltendmachung von dinglichen Zinsen im fremden Interesse (vgl auch *Kesseler* DNotZ 2012, 405, 410).

Dem kann nicht zugestimmt werden. So ist nämlich die vom BGH zu Recht postulierte Bestverwertungspflicht vorrangig wirtschaftl und nicht rechtl zu verstehen (BGH NJW 1997, 2672, 2673: „Belange ihres Schuldners aus einem möglichst günstigen Verkauf"; s auch BGH NJW 1997, 1063, 1066: Bewirken einer günstigeren Veräußerung; BGH WM 2000, 68, 69: günstigere Verwertungsmöglichkeit). Sie soll eine Verschleuderung von Schuldnervermögen verhindern, die eintreten kann, wenn ein auskömmlich gesicherter Gläubiger sich mit einem unangemessenen Verwertungsergebnis zufrieden gibt, weil er den Schuldner schädigen oder sich selbst einen Sondervorteil verschaffen will. Eine Pflicht zu überobligatorischen Anstrengungen bei der Verwertung oder zur Hintanstellung seiner eigenen Interessen oder zum Eingehen zusätzl Risiken folgt daraus nicht. Hinzu kommt, dass es im Rahmen der Zwangsverwertung aus einer Grundschuld gerade zu einem Interessengegensatz zw Grundschuldgläubiger und Grundstückseigentümer kommt und beide Seiten prinzipiell das Recht haben, hierbei ihre eigenen Interessen zu verfolgen. Das Gebot der Rücksichtnahme bzw das Verbot rechtsmissbräuchlichen Verhaltens verhindert nur, dass die andere Seite mehr als nötig und mit Benachteiligungsabsicht beeinträchtigt wird. Denn die aus der Sicherungsabrede folgenden Treuepflicht des Grundpfandrechtsgläubigers bedeutet bei der Verwertung des Grundpfandrechts zunächst ja gerade, dass der Gläubiger das Pfandrecht nicht in größerem Umfang ggü dem Sicherungsgeber geltend machen darf, als dies zur Befriedigung seiner gesicherten Forderung erforderlich ist. Den nicht benötigten Teil muss er dem Sicherungsgeber zurückgewähren. Im Falle der Rückgewähr wäre der Zinsanspruch bei Verzicht oder Aufhebung aber erloschen, bei Abtretung könnte der Grundstückseigentümer aus der Eigentümergrundschuld gem § 1197 I, § 1178 I keine Zinsen verlangen. Anders als bei dem Grundschuldkapital sind die dinglichen Zinsen in Folge der Regelung des § 1178 I nicht dem Sicherungsgeber zugewiesen. Da die Erfüllung einer Nebenpflicht zur Interessenwahrung den Sicherungsgeber jedoch nicht besser stellen kann als er stünde, wenn der Rückgewähranspruch als Hauptanspruch erfüllt würde, verletzt der Grundpfandrechtsgläubiger ggü dem Sicherungsgeber keine Pflicht, wenn er nicht benötigte Zinsen nicht anmeldet (*Gladenbeck/Samhat* Rn 1155; *Vollkommer* NJW 1980, 1052). Dabei ist es unerheblich, ob die dinglichen Zinsen aus einer Zeit herrühren, zu der die Grundschuld ein Fremdrecht ist und daher der Zinsausschluss des § 1197 II nicht greift (so aber BGH WM 2012, 301, 302). Gleiches gilt für die Zinsbeschränkung des § 1178 I 1 (so auch BGH WM 2012, 301, 302; aA *Kesseler* DNotZ 2011, 369, 374; *Volmer* NJW 2011, 1500, 1502; *Zimmer* ZfIR 2011, 407, 408). Entscheidend ist, dass der Zinsausschluss eingegriffen hätte, wenn der Grundpfandrechtsgläubiger den Anspruch auf teilw Rückgewähr der nicht benötigten dinglichen Zinsen unverzüglich nach Fälligkeit erfüllt hätte. Der Grundpfandrechtsgläubiger kann aber nicht verpflichtet sein, die Grundschuld in der Zwangsversteigerung so geltend zu machen, dass der Sicherungsgeber besser gestellt ist, als er bei rechtzeitiger Rückgewähr gestanden hätte (BGH WM 2012, 301, 302; *Gladenbeck/Samhat* Rn 1155). Unerheblich ist ferner, ob der Sicherungsgeber zugleich auch der Grundstückseigentümer ist oder nicht, da dem Sicherungsgeber auch im Fall einer Drittgrundschuld die dinglichen Zinsen bzw der auf sie entfallende Erlösanteil nicht zusteht (*Zimmer* ZfIR 2011, 407, 408). 126

20. Vollstreckbarkeit der Grundschuld. Die **Unterwerfung des Grundstückseigentümers** unter die **sofortige Zwangsvollstreckung** aus der Grundschuld macht den dinglichen Anspruch sofort durchsetzbar, ohne dass der Gläubiger zuvor Klage zu erheben braucht. Es handelt sich dabei um eine ausschließlich auf die Schaffung eines Vollstreckungstitels gerichtete, einseitige prozessuale Erklärung, die lediglich prozessrechtl Grundsätzen unterliegt (BGH WM 1989, 1760, 1761; *Olzen* DNotZ 1993, 211, 212). Nach **§ 794 I Nr 5 ZPO** kann aus der Notarurkunde vollstreckt werden, wenn sich der Schuldner darin „wegen des zu bezeichnenden Anspruchs" der sofortigen Zwangsvollstreckung unterworfen hat. Erforderlich ist damit die konkrete Bezeichnung eines jeden in der Urkunde begründeten oder erwähnten Anspruchs, dem die Vollstreckbarkeit verliehen werden soll (BGH WM 2012, 1965, 1966). Der Anspruch ist idS nur bezeichnet, wenn die Unterwerfungserklärung dem allg prozessualen **Bestimmtheitsgebot** genügt (BGH WM 2015, 985, 986). Diesem Gebot entspricht bspw eine Erklärung, in welcher sich der Schuldner wegen „aller" oder wegen „der Zahlungsverpflichtungen aus der Urkunde" der sofortigen Zwangsvollstreckung unterwirft (BGH WM 2015, 985, 986). § 794 I Nr 5 ZPO sieht mit dem Erfordernis der Bezeichnung des Anspruchs darüber hinaus ein **Konkretisierungsgebot** vor, das mit dem Bestimmtheitsgebot nicht gleichzusetzen ist, sondern eine zusätzl formelle Voraussetzung für die Erteilung der Vollstreckungsklausel darstellt. Nicht zu beanstanden ist eine Klausel, wonach sich der Besteller wegen „des Grundschuldbetrages und der Zinsen" der sofortigen Zwangsvollstreckung unterwirft. Das Konkretisierungsgebot ist nicht erfüllt bei einer Unterwerfung unter die sofortige Zwangsvollstreckung wegen „etwaiger Verpflichtungen zur Zahlung bestimmter Geldbeträge" (BGH WM 2015, 985, 986; 2012, 1965, 1966). Aus der Erklärung selbst lässt sich in diesem Fall nämlich nicht entnehmen, um welche Zahlungspflichten es sich handelt. Ein Verstoß gegen das Konkretisierungsgebot führt zur Nichtigkeit der Unterwerfungserklärung (BGH WM 2015, 985, 986; Hamm BeckRS 2016, 16269), die mit der Titelgegenklage geltend gemacht werden kann (BGH WM 2015, 985, 986). Der Grundstückseigentümer kann auch bei der Bestellung einer Eigentümergrundschuld **den jeweiligen Eigentümer der sofortigen Zwangsvollstreckung aus der Grundschuld unterwerfen** (BGH 127

WM 2016, 799, 801; NJW 1975, 1356, 1357). Die Unterwerfungserklärung selbst muss **notariell beurkundet** werden (§ 794 I Nr 5, § 800 ZPO); soll die Vollstreckung gegen den jeweiligen Eigentümer zulässig sein, so bedarf die Vollstreckungserklärung zudem der Eintragung in das Grundbuch (§ 800 I ZPO). Der Eintragungsvermerk kann „sofort vollstreckbar nach § 800 ZPO" lauten (Schleswig BeckRS 2014, 05597). § 800 I 2 ZPO soll es dem Berechtigten eines Grundpfandrechts ermöglichen, auch gegen einen Rechtsnachfolger des Eigentümers des Grundstücks zu vollstrecken (BGH WM 2018, 1222). Mit dem Erfordernis einer entspr Eintragung in das Grundbuch wird der Erwerber davor geschützt, das Grundstück ohne Kenntnis von der Unterwerfungserklärung zu erwerben (BGH WM 2018, 1222, 1223). § 800 ZPO ist kein lex specialis zu § 750 I ZPO, wonach der Vollstreckungsschuldner und der betreibende Gläubiger in dem Titel, aus dem die Vollstreckung erfolgen soll, namentlich zu bezeichnen sind. Daher bedarf es für eine Zwangsvollstreckung aus einer nach § 800 ZPO vollstreckbaren Urkunde gegen den neuen Eigentümer des Grundstücks der Erteilung und Zustellung einer Rechtsnachfolgeklausel nach § 727 ZPO (BGH WM 2018, 1122, 1123; *Volmer* ZfIR 2018, 628). Das Erfordernis der Erteilung und Zustellung der Rechtsnachfolgeklausel besteht auch, wenn der Gläubiger die Vollstreckung zugleich auch wegen der persönlichen Haftung des neuen Eigentümers aus einem abstrakten Schuldanerkenntnis betreiben kann (BGH WM 2018, 1222, 1223). Unterwirft sich der Eigentümer der Zwangsvollstreckung bei einer bereits bestellten Grundschuld, so bedarf nur diese Vollstreckungsunterwerfung der notariellen Beurkundung. Die Grundschuld muss in der Urkunde genau bezeichnet werden. Gegenstand der Unterwerfungserklärung ist das dingliche Recht (BGH WM 2015, 1005, 1007; 1997, 1280, 1282), nicht dagegen die Sicherungsabrede oder die gesicherte Forderung. Durch eine spätere **Änderung des Sicherungszwecks** der Grundschuld oder eine Änderung des abstrakten Schuldversprechens wird daher der Inhalt der Unterwerfungserklärung nicht berührt; die Änderung bedarf daher nicht der notariellen Beurkundung (BGH WM 2015, 1005, 1007; 1997, 1280, 1282; MüKo/*Wolfsteiner* § 794 ZPO Rn 260; *Gladenbeck/Samhat* Rn 307). So kann eine materiell-rechtl erledigte vollstreckbare Grundschuld allein durch eine entspr Vereinbarung wieder uneingeschränkt als Sicherungsmittel einsatzfähig werden (BGH WM 2015, 1005, 1007; *Schmidt-Räntsch* ZNotP 2015, 362, 365). Wenn der in der neuen Sicherungsvereinbarung bestimmte Sicherungsfall eintritt, kann der Gläubiger aus einer solchen reaktivierten Sicherungsgrundschuld gegen den Schuldner vollstrecken.

128 Die Verpflichtung zur Abgabe einer Unterwerfungserklärung kann **formularmäßig wirksam** erklärt werden (BGH WM 2018, 1932, 1933; 2010, 1022, 1025; ZIP 2008, 1669, 1672; WM 1987, 228, 230; *Gladenbeck/Samhat* Rn 308; *Schmidt-Räntsch* ZNotP 2013, 282, 283). Europarechtl Zweifel bestehen nicht (aA *Clemente* ZfIR 2021, 349; *Clemente* ZfIR 2021, 258). Die ZPO gestattet nämlich die Zwangsvollstreckung aus vollstreckbaren notariellen Urkunden (§ 794 I Nr 5 ZPO), so dass es sich nicht um eine nach den nationalen Vorschriften nicht vorgesehene Verpflichtung handelt (das übersieht *Clemente* ZfIR 2021, 349, 352). Diese Gestattung entspricht der der Zwangsvollstreckung aus Urteilen, so dass § 794 I Nr 5 ZPO zum Ausdruck bringt, dass der Durchführung eines Erkenntnisverfahrens vor Titulierung keine gesetzl Leitbildfunktion iSd§ 307 II 1 zukommt (BGH WM 2010, 1022, 1025). Unzutreffend ist die Einschätzung, dass der Sicherungsnehmer der Grundschuld bei loyalem und billigem Verhalten ggü dem Verbraucher vernünftigerweise nicht erwarten darf, dass dieser sich nach individueller Verhandlung auf eine Vollstreckungsunterwerfung einlässt (so aber ohne Begründung *Clemente* ZfIR 2021, 349, 352). Vielmehr verfolgt eine Bank mit der Vollstreckungsunterwerfung das legitime Ziel, sich im Falle einer Säumigkeit des Kreditnehmers einen raschen Zugriff auf das Schuldnervermögen zu verschaffen und so eine gewisse Vorsorge gegen einen Vermögensverfall ihres Schuldners zu erreichen (BGH WM 2010, 1022, 1025). Gegen das demggü geringe Risiko einer ungerechtfertigten Inanspruchnahme wird der Schuldner durch die vollstreckungsrechtl Rechtbehelfe hinreichend geschützt (BGH WM 2010, 1022, 1025; aA ohne Begründung *Clemente* ZfIR 2021, 349, 355; *Clemente* ZfIR 2021, 258, 266). Auch soweit dritte, mit dem Kreditnehmer nicht identische Sicherungsgeber sich verpflichten, sich hinsichtl der dinglichen Haftung formularmäßig der sofortigen Zwangsvollstreckung zu unterwerfen, verstößt dies nicht gegen §§ 305ff (BGH WM 1991, 758, 759; BankR-Hdb/*Epp*[6] Rn 225). Auch wenn sich eine Bank das Recht einräumen lässt, sich ohne Fälligkeitsnachweis eine vollstreckbare Ausfertigung der notariellen Urkunde erteilen zu lassen, liegt hierin keine unangemessene Benachteiligung iSd § 307 I (BGH ZIP 2008, 1669, 1672). Mit der Vollstreckungsunterwerfung werden nur die Grundschuldansprüche aus einer treuhänderisch gebundenen Grundschuld tituliert (BGH ZIP 2010, 1072, 1076), nicht aber eine ungebundene, isolierte Grundschuld (*Clemente* ZfIR 2010, 441, 444). So hat der BGH in einer Grundsatzentscheidung (BGH ZIP 2010, 1072, 1076f) festgestellt, dass gem § 305c eine von der Sicherungsabrede der Grundschuld losgelöste Vollstreckungsunterwerfung von den Beteiligten weder gewollt ist, noch ihren berechtigten Interessen entspricht.

129 Die Zwangsvollstreckungsunterwerfung kann auch auf einen **Teilbetrag der Grundschuld** beschränkt werden (BGH WM 1989, 1760, 1761). Ob und inwieweit dies eine Teilung der Grundschuld voraussetzt, wird in der Rspr uneinheitlich beantwortet. Unterwirft sich der Schuldner hinsichtl des erst- bzw letztrangigen Teilbetrags der sofortigen Zwangsvollstreckung, wird man wohl vom Erfordernis auch einer Teilung der Grundschuld auszugehen haben (so auch Hamm DNotZ 1988, 233, 234; vgl auch BayObLG DNotZ 1985, 476, 477). Denn ohne eine Teilung der Grundschuld gibt es keinen letzt- bzw erstrangigen Teil. Unterwirft sich der Grundstückseigentümer dagegen hinsichtl eines bestimmten Teilbetrags der sofortigen Zwangsvollstreckung, ohne eine Bestimmung über den Rang dieses Teilrechts zu treffen (vgl zur Zulässigkeit BGH WM 1989, 1760, 1761), etwa indem er sich wegen des zuletzt zu zahlenden Teilbetrags der Zwangsvollstreckung unterwirft, ist für die Eintragung der Unterwerfungsklausel (§ 800 I ZPO) weder die vorherige Teilung der Grundschuld noch die Bewilligung des

Grundpfandrechtsgläubigers erforderlich. Der Zahlungsanspruch muss lediglich iSd § 791 I Nr 5 ZPO bestimmt sein, dh betragsmäßig festgelegt oder aus der Urkunde ohne weiteres errechenbar sein (BGH WM 1989, 1760, 1761). Der Zusatz „zuletzt zu zahlender" bedeutet in diesem Zusammenhang, dass freiwillige Zahlungen des Schuldners zuerst auf den nicht titulierten Teil der Grundschuld angerechnet werden. Zahlungen auf den vollstreckbaren Teilbetrag werden solange und soweit ausgeschlossen, als der nicht vollstreckbare Teil noch offen steht (BGH MDR 2007, 1038; WM 1989, 1760, 1761; BankR-HdB/*Epp*[6] Rn 229). Macht der Gläubiger von seinem Titel aus der Unterwerfungserklärung Gebrauch, sind auch die Zahlungen des Schuldners oder eines zur Ablösung berechtigten Dritten auf den titulierten Titel zu verrechnen (BGH MDR 2007, 1038). Eine Zahlung in titulierter Höhe führt daher zum Titelverlust. Der Gläubiger, der eine Teilforderung geltend macht, muss nämlich deren Erfüllung annehmen, auch wenn der Schuldner an sich zu Teilleistungen nicht berechtigt ist (BGH MDR 2007, 1038).

Zu prüfen sind die Erteilung und der Umfang einer **Vollmacht zur Erklärung der Unterwerfung** unter die Zwangsvollstreckung im Klauselerteilungs-, nicht im Zwangsvollstreckungsverfahren (BGH WM 2012, 1734). Die – üblicherweise in einem Kaufvertrag – erteilte Vollmacht zur Abgabe der persönlichen Vollstreckungsunterwerfung unterfällt nicht dem **RDG**, weil der Käufer diese Vollmacht im eigenen Interesse nutzen will und nicht iSd § 2 I RDG als fremde Angelegenheit (Staudinger/*Wolfsteiner* § 1149 Rn 20); gleiches galt auch für das **frühere RBerG** (BGH WM 2008, 1679, 1681). Die Tätigkeit eines **Treuhänders**, der es in einem **Geschäftsbesorgungsvertrag** übernommen hat, sämtliche zum Erwerb einer Immobilie abzuschließenden Kauf-, Finanzierungs-, Miet- und sonstigen Verträge abzuschließen, unterfällt ebenfalls nicht dem RDG. Das RDG soll nämlich nur dann zur Anwendung kommen, wenn der Anleger beim Abschluss des Geschäftsbesorgungsvertrags erkennbar zum Ausdruck bringt, dass er nicht lediglich die Durchführung des Vertrages durch den Treuhänder, sondern eine besondere rechtl Prüfung, Beratung und Betreuung wünscht (BT-Drs 16/3655, 46). Dies ist aber bei Beteiligungs- und Anlagemodellen, bei denen angesichts der durch Musterverträge fest vorgegebenen Erklärungen und Vertragsklauseln eine individuelle Erledigung von Rechtsangelegenheiten für den Anleger nicht in Rede steht, nicht der Fall (*Deckenbrock/Henssler* § 2 RDG Rn 48; aA *Kenzler* § 2 RDG Rn 35). Darauf, ob rechtl Beratung bei der Entscheidung über die Erteilung des Treuhandauftrages geboten ist, kommt es bei der Erlaubnispflicht des § 2 RDG nicht an. Dementspr kann der Treuhänder die Unterwerfungserklärung wirksam im Namen des Erwerbers erklären (zur Rechtslage nach dem RBerG s Erman/*Wenzel*[14] Rn 107c). Die unter der Geltung des RBerG entwickelte Rspr ist ungeachtet des Außerkrafttretens dieses Gesetzes am 1.7.2008 für die zuvor abgeschlossenen Verträge unverändert anzuwenden (BGH NJW 2012, 3424, 3425). 130

21. Wechsel des Gläubigers der Zwangsvollstreckungsunterwerfung. Der Gläubiger einer Grundschuld kann diese und auch das abstrakte Schuldversprechen durch Abtretung auf einen neuen Gläubiger übertragen. Die Anforderungen an einen damit verbundenen **Wechsel des Gläubigers der Zwangsvollstreckungsunterwerfung** sind sehr umstritten. Der XI. Senat des BGH hat im März 2010 (WM 2010, 1072ff) unter Aufgabe der früheren Rspr entschieden, dass die Rechtsnachfolge vom Eintritt des Zessionars in den Sicherungsvertrag abhängt. Dieser Ansicht, die ohnehin nur für die Zeit vor Inkrafttreten des § 1192 Ia Geltung beanspruchen kann, ist zu widersprechen. Der XI. Senat ist ferner der Ansicht, der Notar müsse im Klauselerteilungsverfahren prüfen, ob der Eintritt in den Sicherungsvertrag erfolgt sei. Dem widerspricht zu Recht der VII. Senat, der den Schuldner auf die Möglichkeit einer Klage gem § 768 ZPO verweist. Im Einz: 131

Vor der in Form eines obiter dictums verfassten **Grundsatzentscheidung des XI. Senats** haben die **Notare** ohne weitere Prüfung die Unterwerfungserklärung umgeschrieben, wenn ihnen die Rechtsfolge mittels öffentlicher Urkunden nachgewiesen worden war (*Clemente* ZfIR 2010, 441, 443). Hierzu genügte die Abtretungserklärung des Zedenten in der in § 727 ZPO bestimmten Form. Der Nachw der Annahmeerklärung des Zessionars und deren Zugang beim Zedenten musste nicht geführt werden (DNotI Report 2010, 93, 94). Denn gem § 727 ZPO ist eine vollstreckbare Ausfertigung für den Rechtsnachfolger des in einem Urteil bezeichneten Gläubigers zu erteilen, sofern die Rechtsnachfolge offenkundig ist oder durch öffentliche oder öffentlich beglaubigte Urkunden nachgewiesen ist. § 727 ZPO gilt gem § 795 ZPO auch für die vollstreckbaren Urkunden iSd § 794 I Nr 5 ZPO. Noch im Jahre 2009 hatte der BGH entschieden, dass dem Notar eine weitergehende Prüfungsbefugnis nicht zusteht (BGH ZIP 2009, 855, 856). 132

In der genannten Grundsatzentscheidung hat der **XI. Senat des BGH** dann aber festgestellt, dass eine **Rechtsnachfolge in die Unterwerfungserklärung** (vgl zur Ermächtigung des Zedenten zur Vollstreckung Rn 138a) vom **Eintritt des Zessionars in den Sicherungsvertrag** abhängt. Zur Begr erklärt der Senat, dass ein Grundschuldbestellter mit der Vollstreckungsunterwerfung zu einer Grundschuld nur Ansprüche aus seiner treuhänderisch gebundenen Sicherungsgrundschuld titulieren lässt. Mit Anspruch „aus der Grundschuld" könne nicht eine ungebundene, isolierte Grundschuld gemeint sein (BGH WM 2010, 1022, 1026; krit *Gladenbeck/Samhat* Rn 306.2; *Clemente* ZfIR 2011, 415, 416). Auch sei bei einer formularmäßig erteilten Vollstreckungsunterwerfung die Erklärung des Grundstückseigentümers dabei zu seinen Gunsten dahin auszulegen, dass sich die Vollstreckungsunterwerfung nur auf Ansprüche aus einer treuhänderisch gebundenen Grundschuld erstrecke. Der Senat postuliert vor diesem Hintergrund den Grundsatz, dass der **Notar** bei Sicherungsgrundschulden vor einer Umschreibung der Vollstreckungsklausel **im Klauselerteilungsverfahren von Amts wegen zu prüfen habe, ob der neue Gläubiger der Grundschuld in den Sicherungsvertrag eingetreten sei** (BGH WM 2012, 1331, 1333; 2010, 1022, 1016), da anderenfalls der fiduziarische Charakter der Sicherungsgrundschuld verlorengehen würde (BGH WM 2010, 1022, 1026). Fehle diese Prüfung oder erfolge kein Eintritt in den Sicherungsvertrag, so könne 133 der Grundschuldbesteller dies mit den Rechtsbehelfen gem § 732 ZPO (Klauselerinnerung) oder § 768 ZPO (Klage gegen die Vollstreckungsklausel) geltend machen. In dem entschiedenen Fall war die Grundschuld im Jahre 1989 bestellt und in den Jahren 2004–2007 mehrfach abgetreten worden. In der Entscheidung v 30.3.2010 äußert sich der XI. Zivilsenat nicht zu der Frage, ob der Eintritt in den Sicherungsvertrag auch dann erforderlich ist, wenn ein **Gläubigerwechsel des abstrakten Schuldversprechens** mit Umschreibung der vollstreckbaren Ausfertigung in Rede steht. Da der Schuldner gem § 404 gegen einen gutgläubigen einredefreien Erwerb der Rechte aus dem abstrakten Schuldanerkenntnis geschützt ist, bedarf es hier keines Eintritts des neuen Gläubigers in den Sicherungsvertrag (*Milzer* BWNotZ 2011, 62, 64; *Freckmann* GWR 2011, 106; *Bork* WM 2010, 2057, 2021; DNotI Report 2010, 93, 103).

134 Auf der Grundlage dieser **Rspr des XI. Senats** hatte der Notar vor der Klauselumschreibung von Amts wegen zu prüfen, ob in der Form des § 727 I ZPO der Nachw erbracht war, dass der neue Grundschuldinhaber in den Sicherungsvertrag eingetreten ist. Voraussetzung war das Vorliegen einer Sicherungsgrundschuld iSd § 1192 Ia. Ob eine Grundschuld eine Sicherungsgrundschuld ist, kann der Grundschuldbestellungsurkunde allerdings nicht entnommen werden, wenn die Sicherungsabrede dort – wie allg üblich – nicht niedergelegt ist. Auch das Grundbuch gilt keine Auskunft darüber, ob die Grundschuld zur Sicherung eines Anspruchs verschafft worden ist. Zudem kann sich der Charakter einer Grundschuld als Sicherungsgrundschuld ändern. Dies entband den Notar allerdings nach Ansicht des XI. Senats nicht von seinen Prüfungspflichten. Vielmehr hatte er im Klauselerteilungsverfahren im Zweifel von einer treuhänderischen Bindung der Grundschuld auszugehen (*Clemente* ZfIR 2010, 441, 445; DNotI Report 2010, 93, 97).

135 Die Ansicht des XI. Senats, wonach die Rechtsnachfolge in die Unterwerfungserklärung vom **Eintritt in den Sicherungsvertrag abhängt** (s Rn 138), hat sich der V. Senat angeschlossen (BGH WM 2018, 1932, 1934; 2015, 230, 233; MittBayNot 2014, 268, 269; ZfIR 2012, 707, 708; BKR 2011, 291, 293; distanzierter der VII. Senat, BGH WM 2011, 1460, 1464 unter Rn 30). Sie findet in der Lit vereinzelt Zustimmung (*Schmdit-Räntsch* ZNotP 2013, 282, 283; *Bolkart* DNotZ 2010, 483, 505; *Knops* WM 2010, 2063, 2068), ist aber abzulehnen (Hamm BeckRS 2012, 07031; *Wolfsteiner* ZfIR 2012, 681, 685; *Heer* BKR 2012, 45, 50; *Dieckmann* BWNotZ 2011, 42, 61; *Clemente* ZfIR 2011, 415; krit auch *Schmidt-Räntsch* ZNotP 2012, 362, 364; *Herrler* NJW 2011, 2762, 2663). Die vom XI. Senat vorgenommene kundenfeindlichste Auslegung setzt nämlich voraus, dass eine Klausel mehrdeutig und damit eine Auslegung überhaupt möglich ist. Bei der Auslegung der gängigen Unterwerfungserklärungen zu Grundschulden und abstrakten Schuldversprechen besteht aber nicht der geringste Zweifel an ihrem Inhalt und ihrer Bedeutung. Sie sind eindeutig in dem Sinne, dass keine Vollstreckungsvoraussetzungen gesetzt sind. Der XI. Senat kehrt die Unklarheitenregelung des § 305c II gerade in ihr Gegenteil um, indem er einer klaren und eindeutigen Unterwerfungserklärung im Wege der Auslegung eine nicht enthaltene Vollstreckungsvoraussetzung hinzufügt.

136 Die Ansicht des XI. Senats, wonach der Notar im **Klauselerteilungsverfahren** gem § 772 ZPO verpflichtet ist, den Eintritt des Zessionars in den Sicherungsvertrag zu prüfen, hat in der Lit einen Sturm der Entrüstung hervorgerufen (*Stürner* JZ 2010, 774; *Bork* WM 2010, 2057; *Dieckmann* BWNotZ 2011, 42; *Kesseler* WM 2011, 486; *Wolfsteiner* ZNotP 2010, 322; *Skauradszun* MDR 2010, 845). Ihr ist der **VII. Senat** in einer **Grundsatzentscheidung v 29.6.2011 zu Recht entgegengetreten** (BGH WM 2011, 1460, 1462; so auch BGH BeckRS 2018, 27105; WM 2018, 1168, 1170; BeckRS 2012, 22874; BeckRS 2012, 19156; BeckRS 2011, 28783, BeckRS 2011, 26715; BeckRS 2011, 21370; so auch Hamm BeckRS 2012, 07031; offengelassen Schleswig BeckRS 2013, 06559; zust *Deutscher* BKR 2012, 58, 61; *Herrler* NZM 2012, 7, 10; *Herrler* NJW 2011, 2762; *Heinze* ZNotP 2011, 332, 334; *Kolling* BKR 2011, 501, 504). Nach seiner Ansicht ist nicht die prozessuale Unterwerfungserklärung sicherungsvertragl gebunden, sondern allein die Grundschuld und das Schuldversprechen. Der Eintritt des Zessionars in den Sicherungsvertrag, sofern überhaupt zu fordern, ist lediglich eine Bedingung für die Vollstreckung aus der notariellen Urkunde. Auf der Grundlage der Rspr des VII. Senats muss der Notar die Vollstreckungsklausel erteilen, wenn die Rechtsnachfolge nachgewiesen ist und keine sonstigen im Klauselerteilungsverfahren zulässigen Einwendungen bestehen und sich aus dem Titel selbst nichts anderes ergibt (BGH WM 2011, 1460, 1464). Ob der Abtretung ein Fall zugrundeliegt, in dem ein Eintritt des Zessionars in den Sicherungsvertrag vorliegen muss, ist vielmehr erst im **Verfahren nach § 768 ZPO** zu klären (BGH WM 2018, 1932, 1934; BeckRS 2018, 27105; WM 2018, 1168, 1170; WM 2011, 1460, 1464; Hamm BeckRS 2018, 28956 Rn 64). Der Notar muss daher dem Zessionar einer Sicherungsgrundschuld die Klausel als Rechtsnachfolge ohne Nachw des Eintritts in den Sicherungsvertrag erteilen, wenn die Rechtsnachfolge in die Ansprüche durch öffentliche oder öffentlich beglaubigte Urkunden nachgewiesen ist. Einer Zustellung von Unterlagen über den Eintritt des neuen Gläubigers in den Sicherungsvertrag bedarf es nicht (BGH BeckRS 2018, 27105).

137 Zur Begründung verweist der VII. Senat auf § 727 ZPO, wonach Rechtsnachfolger des Gläubigers derjenige ist, der anstelle des im Titel genannten Gläubigers den nach dem Titel zu vollstreckenden Anspruch selbst oder jedenfalls die Berechtigung erworben hat, den Anspruch geltend zu machen. Die Rechtsnachfolge nach dieser Vorschrift folgt dem rechtsgeschäftlichen Übertragungstatbestand. Die Unterwerfungserklärung zugunsten des Gläubigers selbst bedarf demnach keiner rechtsgeschäftlichen oder sonstigen Überleitung auf den neuen Gläubiger mehr (BGH WM 2011, 1460, 1462). Dementspr findet die Ansicht des XI. Senats, wonach die Rechtsnachfolge in die Unterwerfung vom Eintritt des Zessionars in den Sicherungsvertrag abhänge, im Gesetz keine Stütze, wenn die Grundschuld und der Anspruch aus der persönlichen Haftungsübernahme durch die Abtretung erworben werden. Bei dem geforderten Eintritt in den Sicherungsvertrag handele es sich in der Sache vielmehr

um eine **Vollstreckungsbedingung.** Eine solche ist aber im Klauselerteilungsverfahren, in dessen Rahmen auch vor dem Notar als Vollstreckungsorgan nur die formelle Vollstreckungsfähigkeit eines Titels, nicht aber eine materiellrechtl Bewertung stattfindet, nur zu beachten, wenn sie sich aus dem Titel selbst ergibt (BGH WM 2011, 1460, 1464; vgl hierzu aber die beachtliche Kritik von *Wolfsteiner* ZfIR 2012, 681, 682: eine Vollstreckungsvoraussetzung, die im Klauselerteilungsverfahren nach §§ 724, 726 ZPO unbeachtlich bleibt, und nur durch Klauselgegenklage zur Geltung zu bringen ist, kennt das Gesetz nicht). Dies ist aber in aller Regel nicht der Fall. Die vom XI. Senat anhand der obj Interessenlage erkannte Abhängigkeit der Zwangsvollstreckungsunterwerfungserklärung davon, dass diese sich nur auf die Ansprüche aus der treuhänderisch gebundenen Sicherungsgrundschuld erstreckt und der neue Gläubiger deshalb seinen Eintritt in den Sicherungsvertrag nachweisen muss, kann nämlich weder dem üblichen Wortlaut der Unterwerfungserklärung noch den ihr üblicherweise beigefügten Unterlagen entnommen werden. Der Schuldner, der dadurch aber nicht gezwungen werden darf, eine materiellrechtl ungerechtfertigte Zwangsvollstreckung zu dulden, ist auf eine **Klage gegen die Vollstreckungsklausel gem § 768 ZPO** verwiesen. In diesem Verfahren ist dann zu klären, ob ein Fall vorliegt, in dem ein Eintritt des Zessionars in den Sicherungsvertrag zu fordern, aber nicht erfolgt ist. Dies ist dem Schuldner zumutbar, da er den Titel mit der Abgabe einer ihrem Wortlaut nach unbedingten notariellen Unterwerfungserklärung selbst geschaffen hat (BGH WM 2011, 1460, 1464). Die Erwägungen des VII. Senats gelten sowohl für die Unterwerfungserklärung bzgl der Zwangsvollstreckung aus der Grundschuld wie auch bzgl der Unterwerfungserklärung wegen der Zwangsvollstreckung aus dem abstrakten Schuldversprechen (BGH WM 2011, 1460, 1465).

Nach der **Rspr des XI. und V. Senats** ist es erforderlich, dass der neue Gläubiger in den Sicherungsvertrag **eintritt.** Verfahrenstechnisch muss der Eintritt in den Sicherungsvertrag dem Notar in öffentlicher oder öffentlich beglaubigter Form nachgewiesen werden oder offenkundig sein (§ 727 ZPO). Wird der Nachw durch Vorlage einer Urkunde erbracht, muss sich der Eintritt mit hinreichender Deutlichkeit aus der Urkunde selbst ergeben (*Clemente* ZIP 2010, 441, 445). Die Abtretung der Grundschuld umfasst nicht als solche und auch nicht ohne weiteres die Vereinbarung einer Übernahme der Verpflichtungen aus der Sicherungsabrede (s Rn 6). Erforderlich ist vielmehr eine gesonderte Vereinbarung über den Eintritt in den Sicherungsvertrag (BGH WM 2012, 1391). Möglich ist der Übergang der Rechte aus einer Vollstreckungsunterwerfung im Wege der Vertragsübernahme, des Schuldbeitritts, des Abschlusses eines Vertrags zw dem Zessionar und dem Zedenten zugunsten des Sicherungsgebers oder durch vergleichbare Vereinbarung (BGH WM 2018, 1054, 1057; MittBayNot 2014, 268, 269; ZfIR 2012, 707, 708). Bei einer **Vertragsübernahme** handelt es sich um einen dreiseitigen Vertrag oder um einen zweiseitigen, dem die dritte Partei zustimmt, so dass die Mitwirkung des Sicherungsgebers erforderlich ist (BGH MittBayNot 2014, 268, 269; WM 2012, 1331; BGH ZInsO 2008, 317, 318). Eine Verpflichtung des Sicherungsgebers, sein Einverständnis zu einer solchen Vertragsübernahme zu erklären, besteht allerdings nicht, da niemand gegen seinen Willen einen anderen als den von ihm gewählten Vertragspartner akzeptieren muss (*Clemente* ZfIR 2010, 441, 445; aA *Bork* WM 2010, 2057, 2059; s hierzu aber *Schmidt-Räntsch* DNotZ 2012, 362, 364). Möglich ist aber auch ein **Schuldbeitritt**, der auch ohne Mitwirkung des Sicherungsgebers vereinbart werden kann (BGH MittBayNot 2014, 268, 269; WM 2012, 1331; aA *Knops* WM 2010, 2063, 2066: nicht ohne Zustimmung des Sicherungsgebers oder eine Schuldübernahme (BGH MittBayNot 2014, 268, 269). Eine Entpflichtung des bisherigen Grundschuldgläubigers ist ohne Mitwirkung des Sicherungsgebers allerdings nicht wirksam. Spätestens nach **Eintritt des Sicherungsfalls** darf der Sicherungsgeber das Angebot zum Schuldbeitritt bzw. zur Schuldübernahme nicht mehr ablehnen (BGH MittBayNot 2014, 268, 269), da er den Eintritt des neuen Gläubigers in die Vollstreckungsunterwerfung nicht vereiteln darf. Der Sicherungsgeber verhält sich treuwidrig, wenn er zunächst den Vertrauenstatbestand schafft, dass jeder Zessionar aus der Unterwerfungsklausel vorgehen kann und dann verhindern will, dass der neue Gläubiger von diesem Recht im Umfang des bisherigen Gläubigers Gebrauch macht. Folge des Vorstoßes gegen Treu und Glauben ist nicht, dass der Sicherungsgeber verpflichtet wäre, der Schuldübernahme bzw dem Schuldbeitritt zuzustimmen (*Schmidt-Räntsch* ZNotP 2013, 282, 284), wohl aber, dass sich der Sicherungsgeber analog § 162 so behandeln lassen muss, als sei die Bedingung eingetreten, mithin also so, als habe er dem Schuldbeitritt bzw der Schuldübernahme zugestimmt (BGH MittBayNot 2014, 268, 270). Wirkt der Sicherungsgeber nicht mit, so handelt es sich um einen **Vertrag zugunsten Dritter** (*Clemente* ZfIR 2010, 441, 445). Der Zessionar tritt als Gesamtschuldner in die Verbindlichkeit ein, so wie sie im Zeitpunkt des Beitritts besteht. Auf diese Weise kann auch ohne Mitwirkung des Sicherungsgebers der vom BGH geforderte Eintritt des neuen Gläubigers in den Sicherungsvertrag herbeigeführt werden (Schleswig BeckRS 2013, 06559). Die Anforderung des BGH, dass der neue Grundschuldgläubiger in den Sicherungsvertrag eintritt, ist nämlich untechnisch gemeint. Entscheidend ist, dass der neue Gläubiger alle Pflichten des Zedenten aus dem Sicherungsantrag übernimmt und sich diesem ohne Zustimmung des Sicherungsgebers nicht entziehen kann. Dies ist auch bei einem Vertrag zugunsten Dritter der Fall (BGH WM 2012, 1331, 1332). Bei einem solchen Vertrag zugunsten des Sicherungsgebers sind ja der bisherige und der neue Grundschuldgläubiger verpflichtet, die Sicherungsvereinbarung einzuhalten (BGH WM 2012, 1331, 1332). Der Sicherungsgeber kann dies gem § 328 I von dem neuen Gläubiger unmittelbar selbst fordern. Weist der Sicherungsgeber das Recht gem § 333 zurück (was treuwidrig ist, *Schmidt-Räntsch* ZNotP 2012, 362, 365; *Bork* WM 2010, 2057, 2059; aA *Clemente* ZfIR 2010, 441, 446: Zurückweisung ist unbeachtlich; offengelassen BGH WM 2012, 1331, 1333), kann der bisherige Grundschuldgläubiger von dem neuen Gläubiger die Einhaltung der Verpflichtungen aus dem Sicherungsvertrag fordern (BGH WM 2010, 1331, 1333). Da er in diesem Fall dem Grundschuldgläubiger ggü zur Einhaltung der Pflichten aus der Sicherungsvereinbarung verpflichtet ist, kann und muss er auf diese Weise sicherstellen, dass die Grundschuldsicherung vertragskonform behandelt wird (BGHWM 2012, 1331, 1333). Der 138 vom XI. Senat geforderte **Nachw**, dass der Zessionar in die Verpflichtungen aus dem Sicherungsvertrag eingetreten ist, kann durch eine globale Mithafterklärung geführt werden, sog catch-all-Klausel (DNotI Report 2010, 93, 98). Wird der Schuldbeitritt zw Zedent und Zessionar als **unechter Vertrag zugunsten Dritter** abgeschlossen, ist es erforderlich, aber auch ausreichend, dem Notar die Unterschriften von Zessionar und Zedent in öffentlich beglaubigter Form nachzuweisen (DNotI Report 2010, 93, 99). In den Fällen einer **Umschuldung oder einer Neufinanzierung**, in Fällen also, in denen die Abtretung mit Wissen und Wollen des Sicherungsgebers erfolgt, ist der Nachw des Abschlusses eines neuen Sicherungsvertrags zw Schuldner und Zessionar ausreichend, um den Anforderungen an die Aufrechterhaltung des fiduziarischen Charakters der Sicherungsgrundschuld zu genügen (LG Weiden ZfIR 2010, 866; LG Heidelberg ZfIR 2010, 798; AG Heidelberg ZfIR 2010, 799; *Everts* NJW 2011, 567, 570; *Clemente* ZfIR 2010, 801, 802; DNotI Report 2010, 93, 100; aA LG Frankenthal ZfIR 2010, 866, 867; LG Regensburg ZfIR 2010, 816) Schließt der Schuldner nämlich selbst einen neuen Sicherungsvertrag mit dem Zessionar ab, ist er nicht schutzwürdig in Ansehung der Einreden aus dem alten Sicherungsvertrag ggü dem neuen Sicherungsnehmer. Gleiches gilt dann, wenn der Eigentümer die Abtretung im Rahmen einer sog Finanzierung aus einer Hand selbst veranlasst (LG Bielefeld ZfIR 2010, 816; aA LG Frankenthal ZfIR 2010, 816).

138a Hat der Zessionar, dem eine Grundschuld abgetreten wurde, den **Zedenten als Titelgläubiger materiell-rechtl zur Einziehung der Grundschuld ermächtigt**, kann der Titelgläubiger aus der Unterwerfungserklärung des Schuldners gegen diesen vollstrecken, ohne dass der Zessionar in den Sicherungsvertrag eingetreten ist (BGH WM 2018, 1932, 1934). Hierbei muss sich der Titelgläubiger aber die Einrede und Einwendungen entgegenhalten lassen, die dem Schuldner aus dem Sicherungsvertrag zustehen (BGH WM 2018, 1932, 1934; *Gladenbeck* ZfIR 2019, 23, 24). Der Titelgläubiger, der die Grundschuld an einen Dritten abtritt, bleibt nämlich Partei des Sicherungsvertrages, weil der Zessionar nicht im Wege der (befreienden) Schuldübernahme in diesen eintritt (BGH WM 2018, 1932, 1934).

139 Umstr ist, ob der Eintritt des neuen Grundschuldinhabers in den Sicherungsvertrag auch erforderlich ist, wenn der Sachverhalt in den – zeitl – Anwendungsbereich des § 1192 Ia fällt (**Neufälle nach dem 19.8.2008**). Letzteres ist dann der Fall, wenn die Grundschuldbestellung nach dem 19.8.2008 erfolgt ist oder eine Buchgrundschuld zwar vor dem 20.8.2008 bestellt, aber ausweislich des Grundbuchs erstmals nach dem 19.8.2008 abgetreten worden ist. Gem § 1192 Ia ist ein gutgläubiger einredefreier Erwerb der Grundschuld ausgeschlossen. Einreden, die dem Eigentümer aufgrund des Sicherungsvertrags mit dem bisherigen Gläubiger zustehen oder die sich aus dem Sicherungsvertrag ergeben, können jedem Erwerber der Grundschuld ggü entgegengesetzt werden. Dies spricht dafür, dass darüber hinaus ein Eintritt des neuen Grundschuldgläubigers in den Sicherungsvertrag nicht erforderlich ist. Ob in dieser Weise zw Alt- und Neufällen zu differenzieren ist, hat der XI. Senat des BGH in seinem Grundsatzurteil v 30.3.2010 nicht entschieden. Hierfür spricht aber, dass das Gericht den neuen Prüfungsauftrag an den Notar im Klauselerteilungsverfahren damit begründet hat, dass durch das Klauselerteilungsverfahren der Erhalt der fiduziarischen Zweckbindung der Grundschuld auch nach deren Abtretung sichergestellt werden soll. Durch § 1192 Ia ist der Eigentümer aber gerade in gleichwertiger Weise vor einem Verlust von Einreden und dem Verlust des Rückgewähranspruchs geschützt (so Hamm BeckRS 2018, 28956 Rn 97; *Gladenbeck/Samhat* Rn 306.2; *Gladenbeck* ZfIR 2019, 23, 24; *Milzer* BWNotZ 2011, 62, 65; *Kolling* BKR 2011, 501, 505; *Dieckmann* BWNotZ 2011, 42, 48; *Reckmann* GwR 2011, 106; *Bolkart* DNotZ 2010, 483, 492; *Bork* WM 2010, 2057, 2061; DNotI Report 2010, 93, 102; aA *Schmidt-Räntsch* ZNotP 2013, 282, 283; *Clemente* ZfIR 2010, 441, 446).

140 **22. Persönliches Schuldversprechen und Unterwerfung unter die sofortige Zwangsvollstreckung.** In der Kreditsicherungspraxis ist es üblich, dass der persönliche Schuldner hinsichtl der durch ein Grundpfandrecht gesicherten Forderung ein abstraktes Schuldversprechen (§ 780) oder -anerkenntnis (§ 781) erklärt, welches dem Gläubiger die Beitreibung seiner Forderung erleichtern soll und das erfüllungshalber (§ 364 II) abgegeben wird (*Clemente* Rn 230). Die Bank als Sicherungsnehmer erhält bei Weiterbestehen der gesicherten Forderung eine weitere zusätzl Forderung als Sicherheit (BGH ZIP 2007, 570, 571), hinsichtl deren sich der Schuldner regelmäßig der sofortigen Zwangsvollstreckung in das gesamte Vermögen unterwirft (§ 794 I Nr 5 ZPO; vgl zur Unterwerfungserklärung einer GbR BGH ZIP 2004, 1775ff). Das abstrakte Schuldversprechen ist in seinem Bestand nicht von dem Bestand der Grundschuld abhängig, so dass es bspw auch bestehen bleibt, wenn die Grundschuld in der Zwangsversteigerung erloschen ist (Saarbrücken OLGRp 2004, 113, 114). Bei dem Schuldanerkenntnis des Darlehensnehmers mit Vollstreckungsunterwerfung handelt es sich um eine Sicherung eigener Art, also ein **atypisches Sicherungsrecht** (Dieckmann RNotZ 2008, 597, 603). Es handelt sich nämlich weder um eine Realsicherheit, da ein besonderes Verwertungsrecht des Gläubigers an einem Gegenstand – anders als etwa bei der Grundschuld – nicht begründet wird. Es handelt sich aber auch nicht – anders als bei einem Schuldanerkenntnis eines Dritten – um eine Personalsicherheit, denn der Gläubiger erhält keinen zusätzl Schuldner. Der Darlehensnehmer haftet ja bereits aus dem Darlehensvertrag für die Rückzahlung mit seinem ganzen Vermögen.

141 Das abstrakte Schuldversprechen hat ebenso wie die Grundschuld nur eine Sicherungsfunktion (BGH WM 1987, 1467); es tritt neben die jew bestehenden Ansprüche, dh neben den persönlichen Anspruch aus dem Darlehen und den dinglichen Anspruch aus der Grundschuld (Saarbrücken OLGRp 2004, 113, 115). Die Tilgung der gesicherten Forderung führt nicht zum Erlöschen des abstrakten Schuldversprechens (Brandenburg NJOZ 2016, 1273, 1275). Seine Abgabe muss eigenständig vereinbart sein; allein aus der Abrede, dass zur Sicherung einer Forderung eine Grundschuld bestellt wird, verpflichtet den Sicherungsgeber nicht automatisch zum Schuldversprechen (Saarbrücken OLGRp 2004, 113, 115). Ist das abstrakte Schuldversprechen in einem **Verbraucherkreditvertrag** nicht als zu bestellende Sicherheit angegeben (§ 492 II iVm Art 247 § 4 I Nr 2 EGBGB), kann es

vom Darlehensgeber ggü dem Darlehensnehmer bei einem Immobilien-Verbraucherdarlehensvertrag nicht gefordert werden (§ 494 VI 2). Gibt es der Verbraucher trotzdem ab, kann es von ihm nicht zurückgefordert werden, solange eine wirksame Darlehensverpflichtung gesichert wird (BGH ZIP 2008, 1669, 1671; MüKo/*Weber* § 494 Rn 39). Als Personalsicherheit trägt das Schuldversprechen seinen Rechtsgrund nämlich in sich (BGH WM 2005, 828, 831).

Die Abstraktheit des selbständigen Schuldversprechens hat zur Folge, dass der Gläubiger ohne Rücksicht auf Einwendungen aus der Grundschuld Erfüllung verlangen kann. Da das abstrakte Schuldversprechen in aller Regel als **sofort fällig und vollstreckbar** vereinbart wird, kann die Bank daher bspw die Vollstreckung in das Vermögen des Schuldners betreiben, auch wenn die Grundschuld noch nicht fällig gem § 1191 I ist. Allerdings ist die Geltendmachung des vollstreckbaren Anspruchs aus dem Schuldversprechen dem Sicherungsnehmer nur in Übereinstimmung mit der Sicherungsabrede gestattet, so dass also insb der Sicherungsfall eingetreten sein muss. Eine darüber hinaus gehende Einschränkung, wonach die Bank die Zwangsvollstreckung aus dem Schuldversprechen erst betreiben darf, wenn sie die Grundschuld gekündigt hat, ist dem Sicherungsvertrag jedoch nicht zu entnehmen. Im Gegenteil: Da eine Bank bei der Vergabe eines Grundschulddarlehens sowohl auf die Bonität des Darlehensnehmers als auch auf die Werthaltigkeit des Grundstücks als Beleihungsobjekts abstellt, hat sie ein berechtigtes Interesse sowohl an dem schnellen Zugriff auf das persönliche Vermögen des Schuldners als auch an der – langwidrigen – Verwertung des Grundpfandrechts. 142

Dem kann nicht entgegenhalten werden, dass das Rechtsverhältnis zw dem Gläubiger und dem Schuldner in erster Linie durch die mit der Immobilie gewährte Sicherheit geprägt ist, so dass es gerechtfertigt wäre, den Sicherungsvertrag dahin zu verstehen dass zunächst einmal die Grundschuld geltend gemacht werden muss und erst sekundär das Schuldversprechen (so aber *Bülow* Rn 197; *Derleder* ZIP 2009, 2222, 2227). Die mit der zwingenden Kündigungsfrist durch § 1193 II 2 eingeführte Warnfrist für den Schuldner ist bei der Grundschuld gerechtfertigt, da dem Gläubiger der Zugriff auf die Grundschuld gewahrt bleibt und der Schuldner kaum Möglichkeiten für eine Vermögensverschiebung hat. Dies ist bei seinem liquiden oder beweglichen Vermögen anders, so dass auch der grundpfandrechtl gesicherte Gläubiger im Falle der Leistungsstörung des Darlehensverhältnisses ein berechtigtes Interesse an einem schnellen vollstreckungsrechtl Zugriff hat. Weder der vertragsuntreue Darlehensnehmer noch seine eventuellen übrigen Gläubiger verdienen den Vorteil aus einer Benachteiligung des Grundpfandrechtsgläubigers. 143

Hinzu kommt, dass auch der Darlehensnehmer ein berechtigtes Interesse hat, dass seine Bonität auch bei einem grundpfandrechtl gesicherten Darlehen bspw bei der Höhe des gewährten Kredits berücksichtigt wird. Dies kann eine Bank aber nur dann in ihre Kreditentscheidung einbeziehen, wenn ihr im Fall einer Leistungsstörung der Zugriff auf die Bonität nicht verwehrt bzw prohibitiv verzögert wird. Sollte sich demggü die Gegenmeinung durchsetzen, könnte die Bank Grundschuldkredite nur noch in Höhe sehr moderater Beleihungsausläufe gewähren. Die damit verbundenen Forderungen nach Eigenkapitaleinsatz der Darlehensnehmer wären für viele, vor allem private Kreditnehmer nicht erfüllbar. 144

§ 496 ist auf das notarielle Schuldanerkenntnis nicht (analog) anzuwenden (BGH WM 2005, 1076, 1078; KG KGRp 2006, 190; Hamm BeckRS 2005, 14428). Wird der Anspruch aus dem abstrakten Schuldverhältnis an einen neuen Gläubiger abgetreten, muss der **Notar** nicht nach Maßgabe des **§ 727 I ZPO** prüfen, ob der Eintritt des neuen Gläubigers in den Sicherungsvertrag nachgewiesen ist, wenn ihm eine vollstreckbare Ausfertigung über den Anspruch aus dem abstrakten Schuldanerkenntnis erteilt werden soll (*Gladenbeck/Samhat* Rn 306.1; DNotI-Report 2010, 93, 103). Dies folgt auch nicht aus der Grundsatzentscheidung des BGH v 30.3.2010 (ZIP 2010, 1071, 1077f) zu einer entspr Pflicht bei Umschreibung der Vollstreckungsklausel bei Abtretung einer vollstreckbaren Grundschuld. Grundgedanke der BGH-Entscheidung ist nämlich, dass der fiduziarische Charakter der Sicherungsgrundschuld auch ggü jedem künftigen Grundschuldgläubiger erhalten bleiben soll (BGH ZIP 2010, 1072, 1077). Bei dem vollstreckbaren abstrakten Schuldversprechen bleiben dem Schuldner aber gem § 404 ohnehin alle wesentlichen Einwendungen erhalten. 145

Unterwirft sich der Schuldner der persönlichen Zwangsvollstreckung (§ 794 I Nr 5 ZPO), bezieht diese sich auf das abstrakte Schuldversprechen und nicht auf den dadurch gesicherten Anspruch. Die Auswechslung der gesicherten Forderung berührt daher die Unterwerfungserklärung nicht (BGH WM 2015, 1005, 1007). Bei der Unterwerfung muss der Zahlungsanspruch aus der vollstreckbaren Urkunde hinreichend bestimmt sein. Dies ist dann der Fall, wenn der vollstreckbare Zahlungsanspruch betragsmäßig feststeht oder sich aus der Urkunde ohne weiteres errechnen lässt (BGH WM 1980, 189, 191). Es genügt, wenn die Berechnung mit Hilfe offenkundiger, insb aus dem Grundbuch ersichtlicher Umstände möglich ist (BGH WM 1995, 684, 685). Sollen mehrere Gläubiger berechtigt sein und hilft die Regel des § 420 nicht weiter, muss die Urkunde Angaben dazu enthalten, wie sich die Berechtigungen zueinander verhalten (BGH WM 1995, 684, 685). Die Zwangsvollstreckung aus einem vollstreckbaren abstrakten Schuldversprechen wird nicht dadurch unzulässig, dass es nicht zur Eintragung der Grundschuld kommt (BGH WM 1992, 132, 133); ferner nicht dadurch, dass die Grundschuld in der Zwangsversteigerung gem § 91 I ZVG erloschen ist, der Gläubiger aber keine Befriedigung aus dem Erlös erlangt hat (BGH WM 1990, 1927, 1928f). Wird der Gläubiger im Zwangsversteigerungsverfahren nur teilw befriedigt, so kann er aus dem abstrakten Schuldversprechen in aller Regel nur noch die Höhe des offen gebliebenen Restbetrags vollstrecken (BGH WM 1986, 1032, 1033f). 146

147 In zwei Entscheidungen hat sich der BGH mit den Anforderungen an die **Aktivlegitimation der Vollstreckungsklausel** befasst. Der Entscheidung v 12.12.2007 (WM 2008, 411f) lag eine Urkunde zugrunde, in der festgelegt war, „dass der jew Gläubiger der Grundschuld sie (*Anm d Verf:* die Schuldner) aus dieser Haftung schon vor der Vollstreckung in den Grundbesitz und schon vor und unabhängig von der Eintragung der Grundschuld in Anspruch nehmen kann" (mitgeteilt bei *Everts* DNotZ 2012, 245). Daraus schließt das Gericht, dass die Schuldner die persönliche Haftung in der Weise übernommen hätten, dass nur der jew Gläubiger der Grundschuld sie daraus in Anspruch nehmen könne und sie sich auch nur insoweit der sofortigen Zwangsvollstreckung aus der notariellen Urkunde in ihr gesamtes Vermögen unterworfen hätten (BGH WM 2008, 411, 412). **Rechtsnachfolger** der in der notariellen Urkunde genannten Gläubiger könne mithin ebenfalls nur derjenige sein, der nicht nur Gläubiger des Anspruchs aus dem Schuldversprechen, sondern gleichzeitig auch Gläubiger der Grundschuld sei (BGH WM 2008, 411, 412). Immerhin war in der notariellen Urkunde von dem „jeweiligen Gläubiger der Grundschuld" die Rede. Einen Schritt weiter geht der BGH in dem Beschl v 24.11.2011 (WM 2012, 74). Zugrunde lag eine Urkunde, in der es hieß, dass der Schuldner „für die Zahlung eines Geldbetrages in Höhe des Grundschuldbetrages und der Zinsen die persönliche Haftung übernimmt und dass der jew Gläubiger ihn schon vor der Vollstreckung in den Grundbesitz in Anspruch nehmen kann". Diesbzgl unterwarf der Schuldner sich der Zwangsvollstreckung aus der Urkunde in sein gesamtes Vermögen. Auch ohne die Formulierung „jeweiliger Gläubiger der Grundschuld" entschied der BGH, dass diese Klausel in einem solchen Sinne zu verstehen sei (BGH WM 2012, 74, 75). Da demnach nur der jew Inhaber der Grundschuld berechtigt sein solle, wegen der persönlichen Forderung gegen den Schuldner zu vollstrecken, liege eine Vollstreckungsbedingung iSd § 726 I ZPO dergestalt vor, dass die Vollstreckung jedes Rechtsnachfolgers des in der Schuldurkunde bezeichneten Gläubigers von dem Erwerb der Grundschuld abhänge (BGH WM 2012, 74, 75). Dem kann nicht zugestimmt werden (so auch *Wolfsteiner* DNotZ 2008, 834; diff *Everts* DNotZ 2012, 245, 246; *Everts* MittBayNot 2008, 356, 357f; offen *Volmer* MittBayNot 2012, 313). Die Ansicht des BGH ist mit den Grundsätzen der Auslegung von – formularmäßig niedergelegten – Willenserklärungen nicht vereinbar. In den beiden Klauseln kommt hinreichend klar zum Ausdruck, dass die Haftungsübernahme gerade vom Bestand der Grundschuld und damit auch von ihrer Inhaberschaft unabhängig sein sollte. Die Bank wollte die Vollstreckungsmöglichkeit gerade unabhängig davon erwerben, dass sie sich in dem Wege der Immobiliarzwangsvollstreckung schadlos zu halten versucht. Mit dem Begriff „Gläubiger" in einer Grundschuldbestellungsurkunde ist nämlich nicht stets und zwangsläufig der Gläubiger der Grundschuld, sondern jew der Gläubiger des jew geregelten Sicherungsinstrumentes gemeint.

148 Ein **vollstreckbares Schuldversprechen** ist, auch wenn es **formularmäßig** erteilt wird, gem §§ 305ff nicht zu beanstanden, wenn es vom **persönlichen Schuldner** abgegeben wird (BGH BKR 2011, 291, 293; MittBayNot 2008, 204, 205; ZIP 2008, 1669, 1682; 2006, 119, 120; Celle OLGRp 2004, 604, 605; BGH ZIP 2003, 247, 249; WM 2000, 1328, 1329; 1992, 132; 1990, 1927, 1928; krith MüKo/*Lieder* Rn 89). Dabei ist es unerheblich, ob der persönliche Schuldner die Grundschuld selbst bestellt und Unterwerfungserklärungen selbst abgibt oder sich bspw von einem Notarangestellten vertreten lässt (BGH ZIP 2006, 119, 120; Celle OLGRp 2004, 604, 605; Naumburg OLGRp 2001, 75; BGH ZIP 2003, 247, 249); unerheblich ist insoweit auch, ob der Schuldner von dem Notar belehrt wurde oder nicht (BGH ZIP 2003, 247, 249; vgl zum bevollmächtigten Treuhänder Rn 130). Ob der persönliche Schuldner zugleich Eigentümer des mit der Grundschuld belasteten Grundstücks ist, spielt keine Rolle. Durch das abstrakte Schuldversprechen wird die Vermögensmasse, in die der Gläubiger vollstrecken kann, nicht erweitert; der Zugriff kann nur, falls nötig, schneller erfolgen, weil der Gläubiger sofort einen Vollstreckungstitel erhält. Aus der Entscheidung des BGH v 27.9.2001 (WM 2001, 2352ff) zur Vollstreckungsunterwerfung im Bauträgervertrag folgt nichts anderes. In diesem Urteil hat der BGH die formularmäßige Unterwerfung des Erwerbers unter die sofortige Zwangsvollstreckung mit Nachweisverzicht ggü einem Bauträger gem § 307 I für unwirksam erklärt, weil in ihrer Folge der Erwerber im Falle einer Zwangsvollstreckung sowohl das Risiko der zweckwidrigen Verwendung der für die Zwangsmaßnahme erlangten Vermögenswerte als auch das Risiko des Vermögensverfalls des Bauträgers zu tragen hatte (BGH WM 2001, 2352ff; vgl auch BGH NJW 1999, 51, 52). Beide Risiken bestehen bei einer Finanzierung durch ein Kreditinstitut jedoch nicht. So stellt die Sicherungszweckerklärung sicher, dass die Bank von der Vollstreckungsunterwerfung nur unter strengen Voraussetzungen Gebrauch macht und die durch die Vollstreckungsmaßnahme erlangten Vermögenswerte nur zur Bedienung der gesicherten Forderungen einsetzt. Hinzu kommt, dass ein Risiko des Vermögensverfalls der Bank nahezu ausgeschlossen ist. Die Entscheidung v 27.9.2001 beruhte insoweit auf den spezifischen Besonderheiten und Gefahren des Erwerbs vom Bauträger. Bestellt allerdings ein Grundstückseigentümer, der **nicht** mit **dem persönlichen Schuldner identisch** ist, eine Grundschuld zur Sicherung von Forderungen einer Bank, so verstößt eine in dem Grundschuldbestellformular enthaltene Klausel, durch die der Eigentümer auch die persönliche Haftung für die gesicherte Forderung übernimmt, gegen § 307 I Nr 1 (BGH NJW 1991, 1677, 1678; Karlsruhe OLGRp 2008, 689, 690; Naumburg OLGRp 2001, 74, 75; MüKo/*Lieder* Rn 89; BankR-HdB/*Epp*[6] Rn 245; *Hahn* ZIP 1996, 1233, 1236; *Eickmann* ZIP 1989, 137, 142; aA *Roemer* MittRhNotK 1991, 97, 100). Dies gilt auch dann, wenn der Dritte sich für die gesicherte Forderung verbürgt hat (Köln OLGRp 2002, 443). Wurde die Grundschuld bei Identität von Grundstückseigentümer und Kreditnehmer bestellt und dann das Eigentum auf einen Dritten übertragen, so bleibt die Verpflichtung des ursprünglichen Grundstückseigentümers davon unberührt.

149 Der dargestellten Meinung ist das **LG Hamburg** (ZIP 2008, 1466; aufgehoben durch BGH ZIP 2009, 855) entgegengetreten. Zwar sei die Abtretung einer Grundschuld an einen anderen Gläubiger wirksam, da ihr weder ein vertragl noch ein gesetzl Abtretungsverbot entgegenstehe (so auch BGH ZIP 2010, 1072, 1074; aA *Reifner* BKR

2005, 142, 148). Die Unterwerfung des Darlehensnehmers unter die sofortige Zwangsvollstreckung in einem Formularvertrag verstoße aber gegen § 307 I, wenn die Bank das Recht hat, die Darlehensforderung bzw die Unterwerfungserklärung frei an Dritte abzutreten. Das LG Hamburg schließt sich insoweit der Meinung von *Schimansky* (WM 2008, 1049, 1050) an. Dieser vertritt die Ansicht, dass das berechtigte Interesse der Bank an einem raschen Gläubigerzugriff, welches in der Vergangenheit im Rahmen der Abwägung des § 307 I dafür gesprochen hat, einer formularmäßigen Unterwerfungserklärung die Wirksamkeit nicht zu nehmen, nicht mehr anzuerkennen sei. Der massenhafte Verkauf von Krediten durch Banken an Finanzinvestoren habe dieser Abwägung nämlich die Grundlage entzogen. In den Händen eines Finanzinvestors, dem anders als einer Bank nicht an einer langfristigen Geschäftsbeziehung gelegen sei, verwandelte sich die Möglichkeit einer Vollstreckung ohne vorherige Nachprüfung in einem Erkenntnisverfahren um ein wirksames Druckmittel mit erheblichem Missbrauchspotential.

Dieser Auffassung, der auch der BGH entgegengetreten ist (ZIP 2010, 1072, 1074), kann nicht gefolgt werden 150
(so auch Schleswig ZIP 2009, 1802, 1803; Celle ZIP 2009, 1515, 1516; BNotK ZfIR 2008, 696, 697; *Habersack* NJW 2008, 3173, 3177; *Bachner* DNotZ 2008, 644, 650; *Volmer* MittBayNotK 2009, 1, 5; *Buschmann* BKR 2008, 415, 416; *Bork* ZIP 2008, 2049, 2052ff; *Schulz* ZIP 2008, 1858, 1861ff). Eine unangemessene Benachteiligung des Schuldners ist mit einer formularmäßigen Vollstreckungsunterwerfung nicht verbunden, auch wenn die Bank berechtigt ist, die Darlehensforderung oder die Vollstreckungsunterwerfung und die Grundschuld frei an Dritte abzutreten. Ist ein Kredit notleidend, muss der Schuldner damit rechnen, dass sein Gläubiger die gewährten Sicherheiten verwertet. Das Interesse des Gläubigers, nach Eintritt der Leistungsstörung möglichst schnell zu verwerten, bevor sich die Vermögenslage des Schuldners weiter verschlechtert und nicht erst ein kostspieliges und zeitraubendes Erkenntnisverfahren durchzuführen, ist als solches anerkennenswert (BGH ZIP 2010, 1072, 1075; *Nobbe* ZIP 2008, 97, 98). Berechtigt ist auch das Interesse einer Bank an der Abtretbarkeit, um sich zu refinanzieren, Kreditrisiken zu verlagern, Eigenkapitalbindung zu reduzieren oder sich die Bearbeitung notleidender Kredite zu ersparen (BGH ZIP 2010, 1072, 1076). Der Darlehensnehmer hat es in der Hand, die Vollstreckung durch Vertragstreue zu vermeiden. Vor allem aber widerspricht die Ansicht des LG Hamburg der Wertung des Gesetzgebers im Zusammenhang mit dem Erlass des am 19.8.2008 in Kraft getretenen Risikobegrenzungsgesetzes (BGH ZIP 2010, 1072, 1076). Hierin hat der Gesetzgeber gerade vor dem Hintergrund des Verkaufs von Kreditforderungen durch Banken entschieden, auf welche Weise der Darlehensnehmer zu schützen ist. Dabei wurden ua die Anforderungen an die Fälligstellung leistungsgestörter Immobiliardarlehensverträge bestimmt (§ 498 III), der gutgläubige einredefreie Erwerb von Grundschulden abgeschafft (§ 1192 Ia 1) und die Rechtsfolgen unzulässiger Vollstreckungsmaßnahmen neu geregelt (§§ 769, 799a ZPO). Ein darüber hinaus gehender Schutz durch die Negierung der Vollstreckungsunterwerfung ist daher weder erforderlich noch zulässig. Dafür spricht auch, dass diese Frage im Gesetzgebungsverfahren diskutiert wurde, jedoch keinen Eingang in das Gesetz gefunden hat. Im Gegenteil: Der neu gefasste § 799a ZPO setzt die Abtretung vollstreckbarer Grundschulden voraus.

Unabhängig davon liegt auch in der Sache keine unangemessene Benachteiligung des Schuldners iSd § 307 I vor. 151
Eine unangemessene Benachteiligung liegt dann vor, wenn der Verwender eine AGB-Klausel bei der Vertragsgestaltung keine hinreichende Rücksicht auf die berechtigten Belange des Vertragspartners nimmt, sondern einseitig seine eigenen Interessen durchzusetzen versucht. Um dies festzustellen, bedarf es einer umfassenden Interessenabwägung. In allen denkbaren Konstellationen der Vollstreckung aus einer Unterwerfungserklärung kann aber eine unangemessene Benachteiligung des Schuldners nicht festgestellt werden:

Vollstreckt die darlehensgebende Bank bei Verwertungsreife, handelt sie in Übereinstimmung mit dem Siche- 152
rungsvertrag. Hieran ist nichts zu beanstanden (*Schulz* ZIP 2008, 1858, 1864). Ein Recht auf wohlwollende Behandlung oder Schonung hat der vertragsuntreue Schuldner nicht (*Habersack* NJW 2008, 3173, 3177). Vollstreckt die darlehensgebende Bank vor Verwertungsreife, also trotz eines störungsfreien Kreditverhältnisses, kann sich der Schuldner hiergegen mit der Vollstreckungsgegenklage wehren. Auch dies ist nicht unangemessen, obwohl die Initiativlast für das Rechtsmittel beim Darlehensnehmer liegt. Tritt die Bank die Darlehensforderung und die Grundschuld an einen Dritten ab und betreibt der Zessionar bei Verwertungsreife die Zwangsvollstreckung, so erfolgt auch dieses in Übereinstimmung mit dem Sicherungsvertrag. Eine unangemessene Benachteiligung des Darlehensnehmers ist nicht erkennbar (*Borg* ZIP 2008, 2049, 2054; *Nobbe* ZIP 2008, 97, 98). Gleiches gilt, wenn der Zessionar, der an den Sicherungsvertrag gebunden ist, vor Verwertungsreife vollstreckt. Dem Schuldner stehen dieselben Einreden zu wie ggü der ursprünglich das Darlehen gewährenden Bank. Aufwand und Erfolgsaussichten sind gleich.

Schließlich ist der Fall zu beurteilen, dass der Zessionar vor Vollstreckungsreife vollstreckt, ohne an den Siche- 153
rungsvertrag gebunden zu sein. Eine solche Situation war vor Inkrafttreten des Risikobegrenzungsgesetzes möglich, da gem § 1157 S 2 iVm § 1192 aF die Möglichkeit bestand, die Grundschuld einredefrei zu erwerben. Diese Möglichkeit war allerdings eher theoretischer Natur, da die Bank aus dem Sicherungsvertrag heraus verpflichtet ist, dem Zessionar die ihr im Sicherungsvertrag auferlegten Einschränkungen weiterzugeben. Anderenfalls macht sich die Bank dem Schuldner ggü schadensersatzpflichtig. Selbst in einem solchen Fall aber resultieren die sich damit für den Schuldner ergebenden Probleme nicht aus der Unterwerfungsklausel, sondern aus dem materiellen Recht, welches bis zum Inkrafttreten des Risikobegrenzungsgesetzes den gutgläubigen einredefreien Erwerb einer Grundschuld ermöglicht hat (*Bork* ZIP 2008, 2049, 2055; ähnl *Fromm* ZfIR 2008, 664, 666). Selbst wenn nämlich der Vollstreckung ein Erkenntnisverfahren vorangegangen wäre, wäre das Ergebnis dasselbe: Der Zessionar, der gutgläubig einredefrei erworben hat, kann aus der Grundschuld vollstrecken, obwohl das Darlehen

nicht leistungsgestört ist (*Bork* ZIP 2008, 2049, 2055). Die in diesem Fall als unangemessen zu bewertende Benachteiligung des Schuldners rührt nicht aus dem Vollstreckungstitel, sondern aus dem materiellen Recht. Dies zu ändern ist aber nicht Sache der Gerichte, sondern des Gesetzgebers, der ja mit dem Risikobegrenzungsgesetz entspr tätig geworden ist und die Möglichkeit des gutgläubigen einredefreien Erwerbs von Sicherungsgrundschulden abgeschafft hat (§ 1192 Ia).

154 In Art 229 § 18 EGBGB hat der Gesetzgeber ausdrückl bestimmt, dass § 1192 Ia nur Anwendung findet, sofern der Erwerb der Grundschuld nach dem 18.8.2008 erfolgt ist. Für Grundschulderwerbe vor diesem Zeitpunkt bleibt es damit bei der Möglichkeit des gutgläubigen einredefreien Erwerbs (Celle ZIP 2009, 1515, 1519). Wegen des klaren Wortlauts des Art 229 § 18 EGBGB („nur“) und des verfassungsrechtl Rückwirkungsverbots bleibt es der Rspr verwehrt, die früher materiellrechtl bestehende Möglichkeit des gutgläubigen einredefreien Erwerbs einer Grundschuld als unangemessen iSd § 307 I zu bewerten und aus diesem Grund die formularmäßige Unterwerfung unter die sofortige Zwangsvollstreckung als unwirksam zu erklären. Dementspr hat der BGH in seiner Grundsatzentscheidung v 31.3.2010 (BGH ZIP 2010, 1072, 1074) festgestellt, dass eine formularmäßige Unterwerfungserklärung selbst dann nicht angemessen iSd § 307 I 1 ist, wenn die Vollstreckungsunterwerfung für sämtliche Grundschuldansprüche unabhängig von der Bindung an einen Sicherungszweck abgegeben wird.

155 **23. Beendigung des Sicherungsvertrags.** Der Sicherungsvertrag endet mit dem endgültigen Wegfall des Sicherungszwecks (MüKo/*Lieder* Rn 84). Soll die Grundschuld zur Absicherung einer außerhalb des vereinbarten Sicherungszwecks liegenden Forderung eingesetzt werden, muss eine neue Sicherungsabrede getroffen werden. Ein Sicherungsvertrag mit **weiter Sicherungszweckabrede** tritt mit der Beendigung der Geschäftsverbindung zw Darlehensgeber und Schuldner in ein Abwicklungsstadium (*Gladenbeck/Samhat* Rn 610). Er ist nicht schon dann endgültig erledigt, wenn die Verbindlichkeit, die Anlass für die Bestellung der Grundschuld war, getilgt ist. Denn solange die Geschäftsverbindung besteht und die Sicherungsabrede nicht gekündigt ist, kann jederzeit eine Verbindlichkeit entstehen, die dann durch die Grundschuld gesichert ist. Die nach Beendigung der Geschäftsverbindung mit dem Schuldner von Dritten erworbenen Forderungen gegen den Schuldner sind nicht mehr gesichert (*Gladenbeck/Samhat* Rn 680).

156 Grundschuld und abstraktes Schuldversprechen sind **verjährungsrechtl** gleich zu behandeln. § 216 II 1 gilt nicht unmittelbar, aber analog (BGH WM 2010, 308, 311; 2010, 28, 31; Brandenburg NJOZ 2016, 1273, 1274). Während für den Darlehensrückzahlungsanspruch die Regelverjährung des § 195 in drei Jahren gilt, verjährt der Anspruch aus dem notariellen Schuldversprechen in dreißig Jahren gem § 197 I Nr 4 (BGH WM 2010, 28, 30).

157 Eine Beendigung des Sicherungszwecks tritt ferner ein, wenn der Sicherungsnehmer die **Grundschuld auf Verlangen des Sicherungsgebers zurückgibt**. Im Verlangen der Rückgewähr und in der Aushändigung der für die gewünschte Art der Rückgewähr erforderlichen Unterlagen liegt eine stillschw vertragl Aufhebung des Sicherungsvertrags, auch wenn der Sicherungszweck zu diesem Zeitpunkt noch nicht weggefallen sein sollte. Dies gilt unabhängig davon, ob der Grundstückseigentümer bspw von den Löschungsunterlagen Gebrauch macht. Die Beendigung tritt ein, wenn der Gläubiger das seinerseits zur Rückgabe erforderliche tut (*Gladenbeck/Samhat* Rn 613). Soll die Grundschuld erneut als Sicherheit dienen, muss eine neue Sicherungsvereinbarung getroffen werden. Gleiches gilt, wenn auf die Grundschuld selbst – und nicht auf die gesicherte Forderung – gezahlt und der Betrag vereinbarungsgemäß verwendet worden ist.

158 Der Sicherungsvertrag endet auch bei Erlöschen der Grundschuld durch Zuschlag in der Zwangsversteigerung bzw bei freihändiger Veräußerung. Dadurch wird die Grundschuld verwertet; ihre Rückgewähr kann nicht mehr verlangt werden. Der Rückgewähranspruch kann sich in einem solchen Fall aber an einem eventuellen Übererlös fortsetzen (s Rn 70). Dies gilt allerdings nicht, wenn die Grundschuld in der Zwangsversteigerung als Teil des geringsten Gebotes bestehen bleibt. Sie ist dann nämlich nicht verwertet worden. Dagegen wird die Grundschuld verwertet, wenn sie nicht in das geringste Gebot fällt, aber dennoch bestehen bleibt, weil Gläubiger und Ersteher des Grundstücks eine Liegenbelassung vereinbaren. Der aus dem bisherigen Sicherungsvertrag erwachsende Rückgewähranspruch geht in diesem Fall infolge der Verwertung unter. Der Gläubiger muss mit dem Ersteher des Grundstücks einen neuen Sicherungsvertrag schließen, der die Grundlage für den Fortbestand der Grundschuld bildet (BGH WM 1984, 1579).

159 Zur Beendigung des Sicherungsvertrags infolge Kündigung s Rn 43ff. Hatte sich der Sicherungszweck einer Grundschuld durch eine Leistung erledigt, die später von einem Insolvenzverwalter über das Vermögen des Schuldners erfolgreich **angefochten** wird, und gewährt der Empfänger der anfechtbaren Leistung das erlangte zurück, so lebt gem § 144 I InsO seine Forderung gegen den Schuldner wieder auf. Folge dieses Wiederauflebens ist, dass die vom Schuldner gestellte Grundschuld wiederherzustellen ist (Brandenburg WM 2001, 626, 628); dies gilt auch dann, wenn die Grundschuld aus dem Vermögen eines Dritten stammt (*Jacoby* in Kübler/Prütting § 144 InsO Rn 16; vgl Naumburg ZVI 2010, 150, 152 – Lebensversicherung). Falls die Wiederherstellung der Grundschuld nicht mehr möglich ist, ist die Masse gem § 55 I InsO ungerechtfertigt bereichert.

§ 1192 Anwendbare Vorschriften

(1) Auf die Grundschuld finden die Vorschriften über die Hypothek entsprechende Anwendung, soweit sich nicht daraus ein anderes ergibt, dass die Grundschuld nicht eine Forderung voraussetzt.

(1a) Ist die Grundschuld zur Sicherung eines Anspruchs verschafft worden (Sicherungsgrundschuld), können Einreden, die dem Eigentümer aufgrund des Sicherungsvertrags mit dem bisherigen Gläubiger gegen die Grundschuld zustehen oder sich aus dem Sicherungsvertrag ergeben, auch jedem Erwerber der Grundschuld entgegengesetzt werden; § 1157 Satz 2 findet insoweit keine Anwendung. Im Übrigen bleibt § 1157 unberührt.

(2) Für Zinsen der Grundschuld gelten die Vorschriften über die Zinsen einer Hypothekenforderung.

1. Allgemeines. Die weitgehende Ähnlichkeit von Grundschuld und Hypothek rechtfertigt deren grds Gleichbehandlung. **Unanwendbar** sind nur diejenigen Vorschriften, welche auf der **Akzessorietät** der Hypothek beruhen; sie gelten auch nicht für die Sicherungsgrundschuld, denn diese ist echte Grundschuld mit nur schuldrechtl Zweckbindung. Insoweit ist auch die Möglichkeit, die Grundschuld durch vertragl Regelung der Hypothek anzunähern, durch die zwingende Ausgestaltung der dinglichen Rechte begrenzt. Unzulässig ist etwa die Eintragung einer Grundschuld mit dem Inhalt, dass sie nur iHd jew Bestandes der gesicherten Forderung verwertbar sei. 1

2. Anwendbare Vorschriften. Uneingeschränkt gleichgestellt sind Grundschuld und Hypothek hinsichtl des Belastungsgegenstandes und des Haftungsumfanges. Es gelten die §§ 1114, 1120–1131, die §§ 1118 und 1119 in Bezug auf die Grundschuld (statt Forderung), ferner die §§ 1133–1136, 1141, 1142, 1144–1149, 1156, 1160, 1168–1171, für den **Brief** gelten die §§ 1116, 1117, 1140, 1154 (aber nur in Ansehung der Grundschuld), ebenso gilt § 1155; das **Erlöschen** der Grundschuld bestimmt sich nach §§ 1178, 1179, §§ 1179a und 1179b (besondere Lage bei ursprünglicher Eigentümergrundschuld gem § 1196 III, vgl § 1196 Rn 9), §§ 1181–1183. 2

Sinnentsprechend anzuwenden sind die §§ 1113, 1115; aber keine Eintragung der gesicherten Forderung und des Schuldgrundes; iÜ ist die Grundschuldsumme wie die Forderung zu behandeln; § 1132 gilt mit der Maßgabe, dass auf Einheit der Grundschuldsumme statt auf Einheit der Forderung abzustellen ist; ferner gelten analog die §§ 1151, 1152, 1158, 1159, 1172, 1173, 1175, 1177, 1180. 3

Gegenstandslos sind für die Grundschuld die §§ 1137, 1138, 1153, 1161, 1163 I, §§ 1164–1166, 1173 I 2, §§ 1174, 1184–1190 (jedoch gelten § 1187 S 4, §§ 1188, 1189 für Inhabergrundschuld, vgl § 1195). **Die den gesetzl Übergang von Forderung und Hypothek betreffenden Vorschriften** sind insoweit unanwendbar, als sie auf der untrennbaren Verbindung von Forderung und dinglichem Recht beruhen (zu den Rechtsfolgen zur Zahlung vgl § 1191 Rn 97ff). 4

3. Einreden und Einwendungen (Abs Ia). In Abs Ia wird erstmals im Gesetz der Begriff der Sicherungsgrundschuld verwendet (*Olbrich* ZfIR 2013, 405). Die Bestimmung ist durch das Risikobegrenzungsgesetz eingefügt worden und am 20.8.2008 in Kraft getreten. Der Grundstückseigentümer kann dem neuen Grundschuldgläubiger Einreden, die ihm aufgrund des zw ihm und dem bisherigen Grundschuldgläubiger bestehenden Rechtsverhältnisses gegen die Grundschuld zustehen, unter den Voraussetzungen der §§ 1157, 1192 Ia entgegenhalten (s ausf § 1191 Rn 60ff). Abs Ia gilt nur für den **Erwerb von Grundschulden nach dem 19.8.2008** (Art 229 § 18 II EGBGB). Maßgeblich ist, wann der dingliche Rechtserwerb vollendet ist, bei einem Buchrecht also, wann die Eintragung im Grundbuch erfolgt (BGH WM 2013, 2319, 2320). Hat der Zessionar die Grundschuld **bis zum 19.8.2008** erworben, kann der Grundstückseigentümer dem neuen Grundschuldgläubiger eine Einrede, die ihm aufgrund des zw ihm und dem bisherigen Grundschuldgläubiger bestehenden Rechtsverhältnisses gegen die Grundschuld zusteht, nur unter den Voraussetzungen von § 1157 iVm § 1192 I entgegenhalten (s ausf § 1191 Rn 58); Abs Ia ist nicht anwendbar (Art 229 § 18 II EGBGB). Abs Ia ist auf die **Hypothek** nicht (analog) anwendbar (*Redeker* ZIP 2009, 208, 212; *Knops* WM 2008, 2187, 2189). Dies kann zwar dazu führen, dass ein Zessionar eine Hypothek gem § 1138 gutgläubig erwirbt, nachdem die gesicherte Darlehensforderung durch Tilgung erfüllt worden ist. Gegen eine Anwendung des Abs Ia spricht aber dessen Wortlaut; gegen eine Analogie der Publizitätsgrundsatz als fundamentales Prinzip des Sachenrechts, dessen zentrale Folge die Anerkennung eines Gutglaubensschutzes ist. 5

4. Grundschuldzinsen. Nach **Abs II** gelten § 1115 I Hs 1, §§ 1118, 1119 I, § 1145 II, §§ 1146, 1158, 1159, 1160 III, § 1171 I 2, § 1178. Eine unmittelbare Zinsregelung für die Grundschuld enthalten § 1194 (Zahlungsort) und § 1197 II (Eigentümergrundschuld). Zu Grundschuldzinsen s § 1191 Rn 118ff. **Sonstige Nebenleistungen** sind in Abs II zwar nicht erwähnt; für sie gelten jedoch schon nach § 1191 II iVm § 1192 I die Hypothekenvorschriften entspr (NK/*Krause* Rn 9). 6

§ 1193 Kündigung

(1) Das Kapital der Grundschuld wird erst nach vorgängiger Kündigung fällig. Die Kündigung steht sowohl dem Eigentümer als dem Gläubiger zu. Die Kündigungsfrist beträgt sechs Monate.

(2) Abweichende Bestimmungen sind zulässig. Dient die Grundschuld der Sicherung einer Geldforderung, so ist eine von Absatz 1 abweichende Bestimmung nicht zulässig.

1. Grundschuldkapital. Gem Abs I S 1 ist das **Kapital der Grundschuld** erst nach einer Kündigung und Fristablauf fällig (Schleswig BeckRS 2014, 05597). Das Recht zur Kündigung steht sowohl dem Eigentümer als auch dem Gläubiger zu (analog § 1141 I; BGH WM 2018, 636, 638; NK/*Krause* Rn 4; Soergel/*Konzen* Rn 2). Enthält die Eintragungsbewilligung keine Fälligkeitsbestimmung, so gelten die gesetzl Fälligkeitsbedingungen (BGH WM 2014, 791, 792). Eine davon abweichende Fälligkeit bedarf der Verlautbarung im Grundbuch durch Bezug- 1 nahme auf die Eintragungsbewilligung (BGH WM 2014, 791, 792). Nach **§ 1192 II aF** waren abw Vereinbarungen zulässig. Dementspr wurde früher anlässlich der Grundschuldbestellung regelmäßig vereinbart, dass die Grundschuld sofort fällig ist. Solche Vereinbarungen sind nach geltendem Recht bei der Sicherungsgrundschuld unzulässig und gem § 134 nichtig (*Derleder* ZIP 2009, 2222, 2223), da § 1193 II 2 insoweit eine von Abs I abw Bestimmung unterbindet. Die Grundschuld iÜ bleibt wirksam (*Böhringer* BWNotZ 2009, 61, 62). Um in diesem Fall aus dem dinglichen Recht vollstrecken zu können, ist es nunmehr erforderlich, zunächst die Fälligkeit der Grundschuld durch Kündigung herbeizuführen (*Kalkbrenner* ZNotP 2008, 401). Das Grundbuchamt darf eine gegen Abs II S 2 verstoßende Fälligkeitsregelung nicht in das Grundbuch eintragen (BGH WM 2014, 791, 792; Düsseldorf BeckRS 2010, 29282; *Böhringer* BWNotZ 2009, 61, 63). Die Kündigungsfrist gilt nicht für einen Ersteher bei Erwerb in der Zwangsversteigerung; er kann eine bestehen gebliebene Grundschuld auch vor Ablauf der Frist ablösen (*Fischer* ZInsO 2014, 2125, 2132).

2 Abs II S 2 greift nicht die Legaldefinition der Sicherungsgrundschuld (§ 1192 Ia 1) auf, wonach die Grundschuld zur Sicherung eines Anspruchs verschafft wird, sondern bestimmt als Anwendungsbereich die Grundschuld, die zur Sicherung einer Geldforderung dient (aA MüKo/*Lieder* § 1192 Rn 6; Staudinger/*Wolfsteiner* Rn 6; *Olbrich* ZfIR 2013, 405, 406: Redaktionsversehen). Von dem Sicherungscharakter hat das Grundbuchamt auszugehen, wenn die eingereichte Bestellungsurkunde zugleich eine Sicherungsabrede enthält oder aus ihr die Einschränkung des Sicherungszwecks auf die Kaufpreisfinanzierung zu entnehmen ist (BGH WM 2014, 791, 792; *Böhringer* BWNotZ 2009, 61, 62). Das Gleiche gilt, wenn eine Bank als Grundschuldgläubiger eingetragen werden soll, da nach der Lebenserfahrung Banken Grundschulden nicht isoliert, sondern nur zur Absicherung von Forderungen erhalten (BGH WM 2014, 791, 792; *Böhringer* BWNotZ 2009, 61, 62). Abs II S 2 findet aber keine Anwendung, wenn ein Eigentümer anlasslos bzw nur mit allg Verwendungswillen eine Eigentümergrundschuld bestellt (Staudinger/*Wolfsteiner* Rn 6; *Derleder* ZIP 2009, 2222, 2223; *Volmer* MittBayNot 2009, 1, 3); eine solche kann der Eigentümer weiterhin als sofort fällige Grundschuld bestellen. Wird diese Grundschuld allerdings an eine Bank abgetreten und valutiert, verliert sie ihre sofortige Fälligkeit.

2a Bei dem Kündigungserfordernis des Abs Abs I S 1 handelt es sich um eine Vollstreckungsbedingung iSd § 726 I ZPO, wenn sich der Schuldner in der notariellen Grundschuldbestellungsurkunde der sofortigen Zwangsvollstreckung unterworfen hat, so dass der Notar grds gehalten ist, eine qualifizierte Vollstreckungsklausel frühestens nach entspr Nachweis der Kündigung zu erteilen (BGH WM 2020, 2113; BKR 2021, 168, 169). Gem Abs I S 3 beträgt die **Kündigungsfrist** sechs Monate. Durch diese zwingend einzuhaltende Kündigungsfrist soll dem Grundstückseigentümer der zeitl Handlungsdruck genommen werden. Dieses gilt unabhängig davon, ob die Grundschuld zur Sicherung von Verbraucherdarlehen oder zur Sicherung gewerblicher Darlehen bestellt wird oder ob es sich um eine Eigen- oder um eine Drittsicherheit handelt (*Dörrie* ZBB 2008, 292, 302; *Schmid/Voss* DNotZ 2008, 740, 744). Dem Wortlaut von Abs I ist nicht zu entnehmen, dass die Kündigung des Grundschuldkapitals an besondere Kündigungsvoraussetzungen geknüpft ist. Eines **Kündigungsgrundes** bedarf es nicht (MüKo/*Lieder* Rn 7; Staudinger/*Wolfsteiner* Rn 8; *Gladenbeck/Samhat* Rn 278.2; *Böhringer* BWNotZ 2009, 61, 62; *Derleder* ZIP 2009, 2222, 2225; *Dieckmann* BWNotZ 2008, 166, 168; *Schmid/Voss* DNotZ 2008, 740, 746; *Kalkbrenner* ZNotP 2008, 401; aA *Köchling* ZInsO 2008, 848, 850). Die Grundschuldfälligkeit ist insb nicht von der Fälligkeit des gesicherten Kredits abhängig (aA *Gladenbeck/Samhat* Rn 278.2: Eintritt von Leistungsstörungen). Da die Grundschuld als nichtakzessorisches Sicherungsrecht sowohl in ihrem Bestand als auch in ihrer Fälligkeit von der gesicherten Forderung unabhängig ist, wird die Fälligstellung des Grundschuldkapitals nicht über die Sicherungszweckerklärung bspw an die besonderen Kündigungsvoraussetzungen des § 498 iVm § 503 III geknüpft (*Dörrie* ZBB 2008, 292, 302). Ist die gesicherte Forderung noch nicht fällig, kann der Sicherungsgeber einer Verwertung allerdings eine entspr Einrede aus dem Sicherungsvertrag entgegenhalten (*Schmid/Voss* DNotZ 2008, 740, 747). Eine besondere **Form** ist für die Kündigungserklärung nicht vorgeschrieben (MüKo/*Lieder* Rn 5; *Böhringer* BWNotZ 2009, 61), so dass sie auch konkludent erklärt werden kann.

3 Wird eine abw Fälligkeitsbestimmung vereinbart, ist diese unwirksam (Abs II S 1). Die Wirksamkeit der Grundschuldbestellung iÜ bleibt aber wirksam (*Wellenhofer* JZ 2009, 1077, 1085), da es gem § 139 bei der **Teilnichtigkeit** anstelle einer Gesamtnichtigkeit bleibt, wenn anzunehmen ist, dass das Rechtsgeschäft auch ohne den nichtigen Teil vorgenommen worden wäre. Dies gilt jedenfalls dann, wenn die entspr Klausel aufgrund eines Bearbeitungsfehlers bei der Bank oder bei dem Notar verwendet wurde, da dies zeigt, dass der nichtigen Fälligkeitsbestimmung nicht die Bedeutung zukommt, dass die Bank ansonsten von der Grundschuldbesicherung insg Abstand genommen hätte. Dies dürfte auch dem Besteller der Grundschuld ohne weiteres erkennbar sein. Wurde eine nach dem 19.8.2008 bestellte Grundschuld mit einer unwirksamen Fälligkeitsregelung in das Grundbuch eingetragen, liegt eine gem § 53 I 2 GBO unrichtige Eintragung vor, die das Grundbuchamt von Amts wegen löschen muss. Dies wird idR durch einen positiven Vermerk geschehen, wonach für die Fälligkeit der Grundschuld die gesetzl Regelung des § 1193 gilt (BGH WM 2014, 791, 793; MüKo/*Lieder* Rn 3).

4 Umstr ist, ob der Sicherungsgeber in der Grundschuldbestellungsurkunde auf den Nachw der Fälligkeit des Grundschuldkapitals verzichten kann (**Nachweisverzicht).** Mit dem Nachweisverzicht befreit der Grundschuldbesteller den Grundschuldgläubiger von der Nachweispflicht der §§ 724, 726 ZPO bei der Erteilung der vollstreckbaren Ausfertigung. Es ist Ausdruck der prozessualen Dispositionsbefugnis des Schuldners, auf Vollstreckungsvoraussetzungen zu verzichten (*Lindemeier* RNotZ 2020, 86, 88). Davon zu trennen ist die Frage, ob der Schuldner auf die materielle Voraussetzung verzichten kann (MüKo/*Lieder* Rn 10). Dass auf die materielle Voraussetzung der Kündigung nicht mehr verzichtet werden kann, ist nunmehr geltendes Recht (*Roth* JZ 2021,

133, 138). Daraus folgt mit der hA aber keine Einschränkung der prozessualen Dispositionsbefugnis (BGH WM 2020, 2113, 2114; WM 2008, 1679, 1682; MittBayNot 2008, 204, 206; WM 2006, 329, 330; München BeckRS 2016, 11673; Zweibrücken WM 1999, 2022, 2024; Celle NJW RR 1991, 667; Hamm BB 1991, 865; München NJW-RR 1992, 125; LG Frankenthal BeckRS 2014, 18679; LG Meiningen BeckRS 2013, 20901; MüKo/*Lieder* Rn 10; NK/*Krause* Rn 8c; Staudinger/*Wolfsteiner* Rn 11; *Gössl* BKR 2021, 158, 161; *Rebhan* ZNotP 2018, 132, 136; *Schmieszek* WM 2014, 1804, 1808; *Böhringer* BWNotZ 2009, 61, 62; *Schmid/Voss* DNotZ 2008, 740, 756; *Hinrich/Jaeger* ZfIR 2008, 745, 749; *Kalkbrenner* ZNotP 2008, 401, 403; *Raststätter* NJW 1991, 392; *Wolfsteiner* DNotZ 1990, 531, 544ff; *Koch* ZBB 2008, 232, 236; aA Koblenz BauR 1988, 748; LG Münster BeckRS 2018, 34763 Rn 15; LG Mainz DNotZ 1990, 567; LG Köln DNotZ 1990, 570, 571; LG Waldshut-Tiengen NJW 1990, 192; *Derleder* ZIP 2009, 2222, 2224). Völlig fehl geht die Ansicht, jede Form der Befreiung von einer Nachweispflicht bei Klauselerteilung sei in entspr Anwendung des § 134 als Verstoß gegen ein Verbotsgesetz mit entspr Nichtigkeitsfolge zu sehen (so aber LG Hamburg BeckRS 2015, 11147; *Stöber* § 15 ZVG Rn 15). Eine Norm, die zwingendes Recht schafft, ist nämlich kein Verbotsgesetz; die bloße Einschränkung rechtsgeschäftlicher Verfügungsmacht führt nicht zur Anwendung des § 134 (*Everts* DNotZ 2013, 730, 723). Weder der Wortlaut des § 1193 II 2 noch die systematische Stellung der Vorschrift sprechen dafür, dass diese ein gesetzl Verbot des Nachweisverzichts beinhaltet (*Schindeldecker* RNotZ 2016, 440, 444). Den Gefahren für den Schuldner, die darauf beruhen, dass das rechtl Können des Gläubigers weiterreichen kann als das rechtl Dürfen ist der Gesetzgeber mit der Normierung des § 799a ZPO entgegentreten; nicht durch eine Ausformung des § 1193 II 2 als Verbotsgesetz (*Schindeldecker* RNotZ 2016, 440, 444). Hinzu kommt, dass der prozessuale Anspruch auf Zwangsvollstreckung von dem materiellen Anspruch auf das Grundschuldkapital zu unterscheiden ist. Auf der prozessualen Ebene der Klauselerteilung ist aber nicht § 1193 II 2, sondern § 726 ZPO einschlägig (*Schmieszeck* WM 2014, 1804, 1806; *Everts* DNotZ 2013, 730, 733). Die ZPO lässt einen Nachweisverzicht gerade zu; dieser bezweckt nicht, materiellrechtl Einwände abzuschneiden, sondern es geht ausschließlich darum, einen unbedingten Titel zu schaffen (*Schmieszeck* WM 2014, 1804, 1806). Zudem überspannt die Gegenansicht die Anforderungen an die Prüfungspflichten der Vollstreckungsorgane. Bei § 1193 I geht es um die Prüfung von Fälligkeitsvoraussetzungen einschl einer Frist nach materiellem Recht. Die Prüfung materiellrechtl Fristen gehört aber nicht zu den Aufgaben der Vollstreckungsorgane (*Everts* DNotZ 2013, 730, 738).

Wenn also Nichtigkeit nicht angenommen werden kann, gibt es Stimmen, die sich dafür aussprechen, dass ein Nachweisverzicht in **AGB** nicht mehr wirksam vereinbart werden kann, da nach dem Willen des Gesetzgebers mit der **Neufassung des § 1193** gerade ein vorschneller Zugriff auf das Belastungsobjekt verhindert werden soll (LG Düsseldorf BKR 2020, 300; LG Münster ZfIR 2020, 211, 212; Hamburg BeckRS 2015, 11147; *Clemente* ZfIR 2008, 589, 596). Dem kann nicht zugestimmt werden (BGH WM 2020, 2113, 2114; BKR 2021, 168, 169; WM 2008, 1679, 1682; MittBayNot 2008, 204, 206; WM 2006, 329, 330; München DNotZ 2017, 371, 374; LG Hamburg BeckRS 2020, 35354; LG Meiningen BeckRS 2013, 20901; LG Essen BeckRS 2011, 09934; Staudinger/*Wolfsteiner* Rn 11; MüKo/*Lieder* Rn 11; *Roth* JZ 2021, 133, 136; *Freckmann* BKR 2020, 301, 203; *Evertz* DNotZ 2017, 343, 345). Solchen Bedenken lässt sich nämlich entgegenhalten, dass sich der Nachweisverzicht nur auf das Klauselerteilungsverfahren bezieht und damit lediglich der Vereinfachung des Nachweises der Vollstreckungsvoraussetzung dient. Eine materiellrechtl Wirkung geht damit nicht einher; Einwendungen gegen den Anspruch selbst bleiben dem Schuldner erhalten (BGH WM 2020, 2113, 2114). Zudem ist es auch nicht die Neureglung des § 1193 II, die dem Grundstückseigentümer effektiven Schutz verschafft, vielmehr erlauben die Vorschriften der §§ 1157, 1192 I es dem Grundstückseigentümer, auch einem Erwerber der Grundschuld alle Einwendungen aus dem Sicherungsvertrag entgegenzuhalten und sich damit gegen die vorzeitige Verwertung der Grundschuld im Rahmen einer Vollstreckungsabwehrklage (§ 767 I ZPO) zur Wehr zu setzen; diesen Vollstreckungsschutz hat der Gesetzgeber in § 769 I, § 799a ZPO zudem noch verstärkt. An der **Beweislastverteilung** ändert § 1193 II nichts, so dass es weiterhin dem Vollstreckungsgläubiger obliegt, die Fälligkeit der Grundschuld im Rahmen einer Vollstreckungsabwehrklage darzulegen. 4a

Der Nachweisverzicht führt dementsp dazu, dass das Klauselerteilungsorgan ohne Prüfung des Eintritts der betreffenden Tatsache eine einfache Vollstreckungsklausel zu erteilen hat (BGH WM 2020, 2113, 2114; BKR 2021, 168, 169). Weder der Notar noch der Urkundsbeamte der Geschäftsstelle ist zu einer materiellrechtl Prüfung berufen (BGH WM 2020, 2113, 2114; BKR 2021, 168, 169; aA *Volmer* ZfIR 2020, 213, 214). Die materielle Bedingung verliert hierdurch ihren Charakter als Vollstreckungsbedingung (BGH WM 2020, 2113, 2114). Eine fehlende materiellrechtl Fälligkeit des Anspruchs wegen noch nicht erfolgtem Ablauf der Kündigungsfrist ist mit der Vollstreckungsabwehrklage nach § 767 ZPO geltend zu machen. 5

2. Fälligkeit/Verwertungsreife. Die **Fälligkeit dinglicher Zinsen** (s § 1191 Rn 118ff) **und sonstiger Nebenleistungen** kann unabhängig von der Fälligkeit der Grundschuld vereinbart werden (Soergel/*Konzen* Rn 1; NK/*Krause* Rn 10). Abs II steht dem nicht entgegen (BGH WM 2017, 1149, 1151; LG Stuttgart NZI 2023, 46, 49; *Böhringer* BWNotZ 2009, 61, 62; *Derleder* ZIP 2009, 2222, 2224; *Dieckmann* RNotZ 2008, 597, 602; *Bachner* DNotZ 2008, 644, 647; *Schmid/Voss* DNotZ 2008, 740, 744; *Volmer* MittBayNot 2009, 1, 4; *Dörrie* ZBB 2008, 292, 302; *Wellenhofer* JZ 2009, 1077, 1083; *Hinrich/Jaeger* ZfIR 2008, 745, 751; *Langenbucher* NJW 2008, 3169, 3172), da hierin das Erfordernis einer Kündigung ausdrückl nur für das Grundschuldkapital postuliert wird. Hinge zudem die Fälligkeit von Grundschuldzinsen von der vorherigen Kündigung der Grundschuld und dem Ablauf der Kündigungsfrist ab, würde die Verjährung der Grundschuldzinsen erst ab diesem Zeitpunkt beginnen. Der Schuldner hätte zwar einen zeitl Aufschub gewonnen; zu seinen Lasten liefen aber währenddessen die dinglichen 6

Zinsen auf. In einer **Grundsatzentscheidung** v 30.3.2017 hat der BGH allerdings entscheiden, dass für die Vollstreckung wegen Grundschuldzinsen und der sonstigen Nebenleistungen neben der Fälligkeit zusätzl auch **Verwertungsreife** vorliegen muss (BGH WM 2017, 1149, 1150). Bei Sicherungsgrundschulden, auf die § 1193 in seiner Fassung durch das Risikobegrenzungsgesetz anwendbar ist, setze die Zwangsversteigerung aus einer vollstreckbaren Grundschuld wegen der dinglichen Zinsen oder den sonstigen Nebenleistungen in Analogie zu § 1234 entweder die Kündigung des Kapitals der Grundschuld oder die Androhung der Zwangsversteigerung und das Verstreichen einer Wartefrist von sechs Monaten voraus. Dies sei nicht abdingbar und gelte auch, wenn der Gläubiger einer Grundschuld die Zwangsversteigerung wegen einer persönlichen Forderung auf Grund eines vollstreckbaren abstrakten Schuldversprechens zu seinen Gunsten betreibt (BGH WM 2017, 1149, 1152). Zur Begr führt der BGH aus, dass Art 6 Nr 8 des RisikobegrenzungsG eine planwidrige Unvollständigkeit aufweist. Das vom Gesetzgeber mit der Einführung des Abs I S 2 bezweckte Ziel lasse sich nur durch das Verbot der sofortigen Fälligkeit des Grundschuldkapitals nicht erreichen, da der Schuldner durch das Betreiben der Zwangsversteigerung aus den Grundschuldzinsen unter den gleichen Handlungsdruck gerate (BGH WM 2017, 1149, 1150).

Dieser Rspr, die nur auf Grundschulden anwendbar ist, die nach dem 18.8.2008 bestellt worden sind (*Samhat* WM 2019, 849, 850; aA *Clemente* ZfIR, 523, 528), kann nicht zugestimmt werden (MüKo/*Lieder* Rn 15; Staudinger/*Wolfsteiner* Rn 9; *Lindemeier* RNotZ 2020, 86, 90; aA *Rebhan* MittBayNot 2019, 186; *Böttcher* ZfIR 2018, 121, 124; *Rebhan* ZNotP 2018, 132, 134; *Clemente* ZfIR 2017, 523, 526; *Kessler* NJW 2017, 2442, 2443; diff *Volmer* MittBayNot 2017, 560, 562ff), da der BGH die für eine Analogie erforderliche planwidrige Lücke im Gesetz nicht nachweist. Dass § 1193 II 2 gerade wegen der Zinsen nicht wirken oder jedenfalls unterlaufen werden kann, ist so offensichtlich, dass dem Gesetzgeber nicht unterstellt werden kann, dass er dies nicht gesehen hat. Auch überschreitet die vom BGH aus zwei unterschiedlichen Vorschriften zusammengesetzte Regelung die Grenzen einer richterlichen Analogiebildung. Hinzu kommt, dass das Verfahren der Mobiliarverwertung und der Immobiliarzwangsvollstreckung zu verschieden gelagert sind, um die für einen Lückenschluss verlangte Gleichartigkeit aufzuweisen (*Volmer* MittBayNot 2017, 560, 562). Dies zeigt gerade die abdingbare Vorschrift des § 1234, die den Verpfänder frühzeitig vom Verkauf des Pfandgutes in Kenntnis setzen will. Dies hat mit dem Erfordernis der Titelzustellung und der Beschlagnahme im Zwangsversteigerungsverfahren keine Rechtsähnlichkeit (*Volmer* MittBayNot 2017, 560, 562). Auch handelt es sich bei § 1243 II um eine reine Ordnungsvorschrift, deren Nichteinhaltung die Pfandverwertung nicht hindert, sondern nur Schadensersatzansprüche begründen kann (*Lindemeier* RNotZ 2020, 86, 90). Ferner vermag der unklare Begriff des „Handlungsdrucks" des Schuldners, den der BGH mildern möchte, einen Eingriff in die Rechte des Sicherungsnehmers nicht zu rechtfertigen, zumal der Vollstreckungsdruck auf den Schuldner durch andere Vollstreckungsmaßnahmen wie eine Konto- oder sonstige Pfändung wesentlich stärker ist als die Grundstücksbeschlagnahme zum Zwecke der Versteigerung (*Volmer* MittBayNot 2017, 560, 564).

6a Auf der Grundlage der Entscheidung des BGH muss die Einhaltung der Kündigungsfrist des Abs I S 3 bei der **Erteilung** der qualifizierten Vollstreckungsklausel **geprüft** werden, also regelmäßig von dem Notar, der die vollstreckbare Ausfertigung der Urkunde erteilt, in welcher sich der Grundstückseigentümer oder dessen Rechtsvorgänger der sofortigen Vollstreckung in das Grundstück unterwirft.

7 Das **abstrakte Schuldversprechen** mit Vollstreckungsunterwerfung kann weiterhin – formularmäßig – sofort fällig vereinbart werden (München ZfIR 2018, 740, 741; Nürnberg FGPrax 2018, 14; LG Lübeck 4.12.2008 – 7 T 548/08; Staudinger/*Wolfsteiner* Rn 10; MüKo/*Lieder* Rn 18, 19; *Rebhan* MittBayNot 2019, 186, 187; *Böttcher* NJW 2019, 813, 818; *Böttcher* ZfIR 2018, 121, 124; *Giesen* ZfIR 2018, 743, 744; *Rebhan* ZNotP 2018, 132, 135; *Volmer* MittBayNot 2017, 560, 563; *Kessler* NJW 2017, 2442, 2444; *Böhringer* BWNotZ 2009, 61, 62; *Bachner* DNotZ 2008, 644, 647; *Schmid/Voss* DNotZ 2008, 740, 752; *Dieckmann* NZM 2008, 865, 868). Dementspr kann auch der Gläubiger der Grundschuld aus der persönlichen Forderung mit Vollstreckungsunterwerfung ohne Kündigungsfrist vorgehen und bspw die Eintragung einer Sicherungshypothek erwirken (München ZfIR 2018, 740, 741; NJW 2018, 2134, 2136; *Volmer* MittBayNot 2017, 560, 563) oder Mietzinsen pfänden (*Clemente* ZfIR 2017, 523, 528). Dem steht die Grundsatzentscheidung des BGH v 30.3.2017 nicht entgegen. Diese Entscheidung betrifft nämlich nur den Fall, dass der Gläubiger einer Grundschuld die Zwangsversteigerung wegen einer persönlichen Forderung auf Grund eines vollstreckbaren Schuldzusprechens zu seinen Gunsten betreibt (BGH WM 2017, 1149 Rn 31). Wegen der Vollstreckung in das übrige Vermögen besteht kein rechtl Grund, den Gläubiger, der zugleich auch durch eine Grundschuld gesichert ist, ggü dem ungesicherten Gläubiger zu benachteiligen. Abs I S 3 als speziell für die Grundschuld eingeführte Kündigungsvorschrift hat keine Leitbildfunktion für Personalsicherheiten (*Derleder* ZIP 2009, 2222, 2224; aA *Clemente* ZfIR 2008, 589, 596). Man kann nicht eine Vorschrift des Grundschuldrechts, die nicht einmal für die Hypothek gilt, analog auf das Rechtsinstitut des abstrakten Schuldversprechens übertragen. Eine Erstreckung der Aussagen des BGH zur Zwangsversteigerung auf die Eintragung einer **Zwangshypothek** ist wegen der Verschiedenartigkeit dieser beiden Rechtsinstitute ebenfalls nicht angezeigt. Denn während die Zwangsversteigerung dem Gläubiger Befriedigung aus dem Verwertungserlös verschafft, bewirkt die Zwangshypothek lediglich eine Sicherung zugunsten des Gläubigers (München NJW 2018, 2134, 2137; Nürnberg FGPrax 2018, 14; *Samhat* WM 2019, 849, 850; *Rebhan* MittBayNot 2019, 186, 187). Zudem besteht ein berechtigtes Bedürfnis des Gläubigers an einem schnellen Vollstreckungszugriff auf das Grundstück, um dessen Übertragung oder weitere Belastung zu verhindern (München NJW 2018, 2134, 2137).

Auch die **Zwangsverwaltung** aus Zinstiteln kann weiterhin sofort betrieben werden (*Rebhan* MittBayNot 2019, 186; *Samhat* WM 2019, 849, 850; *Stapper/Böhme* ZfIR 2018, 442, 443). Die Zwangsverwaltung hat den Charakter einer Sicherungsmaßnahme und dient auch der Erhaltung einer Immobilie. Erhaltungsmaßnahmen wie Beheizung oder Stromversorgung können nicht sechs Monate warten. 7a

3. Altfälle. Abs II ist jedoch nur auf **Grundschulden** anzuwenden, **die nach dem 19.8.2008 bestellt werden (Art 229 § 18 III EGBGB).** Früher bestellte Grundschulden bleiben – auch nach einer Revalutierung – bei einer entspr Vereinbarung sofort fällig (BGH ZfIR 2010, 622, 624; Hamm BeckRS 2018, 28956 Rn 90; Brandenburg BeckRS 2015, 15388; Celle ZIP 2009, 1515, 1519; Staudinger/*Wolfsteiner* Rn 12) und müssen nicht gekündigt werden. **Bestellungszeitpunkt** iSd Übergangsvorschrift ist der Zeitpunkt der Beurkundung der Grundschuld bzw der Beglaubigung der Unterschrift des Grundschuldbestellers (MüKo/*Lieder* Rn 8; Hamm BeckRS 2018, 28956 Rn 91; *Böttcher* NJW 2010, 1647, 1649; *Volmer* MittBayNot 2009, 1; *Kalkbrenner* ZNotP 2008, 401, 403; aA Staudinger/*Wolfsteiner* Rn 13: ab Eintragung). Der Gesetzeswortlaut ist allerdings nicht eindeutig, da das BGB den Begriff der Bestellung uneinheitlich verwendet (vgl § 1113 II, § 1105 II, §§ 1032, 1205 und § 1189 I 2), so dass auch daran zu denken wäre, auf den Zeitpunkt der Einigung der Parteien (so *Dörrie* ZBB 2009, 292, 302) oder den der Eintragung im Grundbuch abzustellen. Da die Parteien aber auf den Zeitpunkt der Eintragung im Grundbuch keinen Einfluss haben, ist es sachgerecht, zur Vermeidung einer Rückwirkung des Gesetzes auf das untechnische „Bestellen" der Sicherheit bei dem Notar abzustellen. 8

Keine Bestellung einer Grundschuld iSd Art 299 § 18 EGBGB liegt bei einer Bestandteilszuschreibung gem § 890 II vor, da sich die Haftung kraft Gesetzes auf das zugeschriebene Grundstück erstreckt (*Böhringer* Rpfleger 2010, 406, 412; Staudinger/*Wolfsteiner* Rn 15; *Böttcher* NJW 2010, 1647, 1649; *Volmer* MittBayNotK 2009, 1, 2). Demggü ist bei einer **Nachverpfändung** nach dem 19.8.2008 die Kündigungsvorschrift des Abs I auf das hinzugekommene Grundstück anwendbar, nicht aber auf das vor dem 19.8.2008 bestellte Recht (BGH WM 2014, 791, 792; ZfIR 2010, 622, 624; Hamm BeckRS 2018, 28056 Rn 91; *Böttcher* NJW 2010, 1647, 1649; MüKo/*Lieder* Rn 9; *Böhringer* Rpfleger 2010, 406, 411; aA LG Berlin NJW 2009, 1680). In die Bewilligung der Nachverpfändung ist der Hinweis auf die abweichende Fälligkeit aufzunehmen (BGH WM 2014, 791, 793; NK/*Krause* Rn 8b). 9

Abs II S 2 ist auf die Hypothek nicht (analog) anwendbar (Köln FGPrax 2013, 151, 152). 10

§ 1194 Zahlungsort

Die Zahlung des Kapitals sowie der Zinsen und anderen Nebenleistungen hat, soweit nicht ein anderes bestimmt ist, an dem Orte zu erfolgen, an dem das Grundbuchamt seinen Sitz hat.

§ 1194 ist wie § 1193 eine subsidiäre Vorschrift. Sie bestimmt den **Zahlungsort**, § 270 gilt, rechtzeitige Absendung vom Zahlungsort genügt. Die Bestimmung der Zahlstelle innerhalb des Orts erfolgt nach allg Grundsätzen, § 269. § 1194 gilt nicht für die aus einer Hypothek hervorgegangene Eigentümergrundschuld (§ 1177 I 2). 1

§ 1195 Inhabergrundschuld

Eine Grundschuld kann in der Weise bestellt werden, dass der Grundschuldbrief auf den Inhaber ausgestellt wird. Auf einen solchen Brief finden die Vorschriften über Schuldverschreibungen auf den Inhaber entsprechende Anwendung.

Inhabergrundschuld entspricht der Hypothek für Inhaberschuldverschreibungen gem § 1187. Inhabergrundschuld ist immer Briefgrundschuld. Ordergrundschuld gibt es nicht. Praktische Bedürfnisse für derartige verbriefte, isolierte Grundstückshaftung bestehen nicht (vgl aber *Damran* WM 2021, 1421, 1422). **Entstehung** entspr § 1188 durch einseitige Erklärung und Eintragung (Staudinger/*Wolfsteiner* Rn 4); die Inhabergrundschuld steht bei ihrer Entstehung stets dem Eigentümer zu (BGH WM 2018, 657, 660; KG BeckRS 2019, 448 Rn 5; Staudinger/*Wolfsteiner* Rn 11). Brieferteilung wie bei der Hypothek, vgl § 70 GBO. § 1192 Ia (Staudinger/*Wolfsteiner* Rn 3; MüKo/*Lieder* Rn 3) und § 1193 II 2 (Staudinger/*Wolfsteiner* Rn 3; aA MüKo/*Lieder* Rn 2) finden keine Anwendung. **Behandlung:** Der Grundschuldbrief ist ein Inhaberpapier (BGH WM 2018, 657, 660; Staudinger/*Wolfsteiner* Rn 9). Verfügung nach Maßgabe des Rechts der beweglichen Sachen (BGH WM 2018, 657, 660; FG Berlin DGVZ 2022, 63, 67; MüKo/*Lieder* Rn 4; Staudinger/*Wolfsteiner* Rn 12). § 1189 ist anwendbar; zur Briefvorlage vgl §§ 41, 42, 53 II GBO; zur Löschung bedarf es der Vorlage des Grundschuldbriefes, der durch die Kraftloserklärung des Briefes ersetzt werden kann, wenn derjenige, der die Löschung bewilligt die Erteilung eines neuen Briefes beantragen könnte (KG BeckRS 2019, 448 Rn 4). Für Einreden gelten die §§ 793ff mit der Maßgabe, dass Mängel der Ausstellung (§ 796) durch den öffentlichen Glauben des Grundbuchs, § 892, heilbar sind. 1

§ 1196 Eigentümergrundschuld

(1) Eine Grundschuld kann auch für den Eigentümer bestellt werden.

(2) Zu der Bestellung ist die Erklärung des Eigentümers gegenüber dem Grundbuchamt, dass die Grundschuld für ihn in das Grundbuch eingetragen werden soll, und die Eintragung erforderlich; die Vorschrift des § 878 findet Anwendung.

(3) Ein Anspruch auf Löschung der Grundschuld nach § 1179a oder § 1179b besteht nur wegen solcher Vereinigungen der Grundschuld mit dem Eigentum in einer Person, die eintreten, nachdem die Grundschuld einem anderen als dem Eigentümer zugestanden hat.

1 **1. Allgemeines.** Der Eigentümer kann für sich eine Grundschuld an dem eigenen Grundstück bestellen. Diese umschließt grds alle Rechte, die eine Fremdgrundschuld gewährt (BGH WM 2016, 799, 801; NJW 1988, 1026, 1027; 1975, 1356, 1357). Damit hat der Eigentümer insb die Möglichkeit, die Eigentümergrundschuld durch spätere Abtretung oder Verpfändung als Kreditsicherungsmittel zu nutzen (BGH WM 2016, 799, 801; Hamm BeckRS 2016, 16269). Zulässig ist Buch- und Briefgrundschuld, nicht hingegen eine Hypothek für den Eigentümer. Ihrem Wesen nach ist die Eigentümer- der Fremdgrundschuld gleichgestellt (BGHZ 64, 316); Einschränkung des Verwertungsrechts durch § 1197.

2 **2. Bestellung. Bestellung der Eigentümergrundschuld** durch einseitige Erklärung des Eigentümers ggü Grundbuchamt und durch Eintragung; davon ist die Eintragungsbewilligung in öffentlich beglaubigter Form zu unterscheiden (MüKo/*Lieder* Rn 3; aA Staudinger/*Wolfsteiner* Rn 5). Die Bestellungserklärung muss den Willen zur Schaffung einer Eigentümergrundschuld deutlich machen; Umdeutung einer nichtigen Hypothek oder Fremdgrundschuld in eine Eigentümergrundschuld ist ausgeschlossen (§ 1163 Rn 6; NK/*Krause* Rn 10; aA Frankfurt BeckRS 2003, 16175; MüKo/*Lieder* Rn 5; Staudinger/*Wolfsteiner* Rn 6: Eigentümergrundschuld entsteht). Auch als Briefrecht entsteht die Eigentümergrundschuld bereits mit Eintragung; § 1116 II 3, § 1117, § 1163 II sind nicht anwendbar (NK/*Krause* Rn 14).

3 **Miteigentümer** nach Bruchteilen (§ 1114) können jew den eigenen Anteil belasten. Die Belastung des ganzen Grundstücks für alle Miteigentümer im gleichen Beteiligungsverhältnis führt zur Gesamteigentümergrundschuld an den Miteigentumsanteilen (BayObLG 1962, 189; vgl auch BGHZ 40, 115, 120; Hamm BeckRS 2016, 16269; NK/*Krause* Rn 8); ist das Gesamtrecht für die Miteigentümer als Gesamtgläubiger (§ 428) bestellt, so ist es für jeden von ihnen am eigenen Anteil Eigentümergrundschuld und am fremden Anteil Fremdgrundschuld (BGH WM 1981, 199, 200; Brandenburg BeckRS 2012, 11395; Soergel/*Konzen* Rn 2; MüKo/*Lieder* Rn 13; vgl auch § 1114 Rn 5). **Gesamthandseigentümer** können nur das ganze Grundstück belasten; einen verfügbaren Anteil gibt es nicht. Im Falle einer Gesamtgläubigerberechtigung bei der Grundschuld gilt § 429 II, nach welchem bei der Vereinigung von Forderung und Schuld in der Person eines Gesamtgläubigers die Rechte der übrigen Gläubiger gegen den Schuldner erlöschen, nicht (BGH WM 2010, 1475, 1476). Wenn einer der Gesamtgläubiger Eigentümer des belasteten Grundstücks wird, bleibt die Grundschuld für ihn als Eigentümergrundschuld und für die anderen Gläubiger als Fremdgrundschuld bestehen (BGH WM 2010, 1475, 1476).

4 **3. Zwangsvollstreckungsunterwerfung.** Mit der Bestellung der Eigentümergrundschuld kann sich der Eigentümer mit Wirkung für den jeweiligen Eigentümer sogleich der **sofortigen Zwangsvollstreckung** in das Grundstück **unterwerfen** (BGH WM 2016, 799, 801; NJW 1975, 1356, 1357; MüKo/*Lieder* Rn 16; NK/*Krause* Rn 22; Soergel/*Konzen* Rn 1; Staudinger/*Wolfsteiner* Rn 15). Dies ist unproblematisch in dem Zeitpunkt möglich, in dem der Eigentümer die Grundschuld an einen Dritten abtreten will (*Rein* Die Verwertbarkeit der Eigentümergrundschuld trotz des Löschungsanspruchs gem § 1179a BGB, 1994, 37). Denn gleichzeitig mit der Unterwerfungserklärung entsteht – durch die Abtretung – eine Fremdgrundschuld des Gläubigers. Aber auch im Zeitpunkt der Bestellung der Eigentümergrundschuld kann sich der Eigentümer ggü dem späteren Gläubiger der sofortigen Zwangsvollstreckung unterwerfen. Dem steht § 1197 I nicht entgegen (*Roemer* MittRhNotK 1991, 97, 101). Denn diese Vorschrift enthält lediglich eine persönliche Beschränkung der verfahrensrechtl Rechtsstellung des Eigentümers als Inhaber der Grundschuld (BGHZ 64, 316, 319). Er ist damit verfahrensrechtl gehindert, selbst die Zwangsvollstreckung zu betreiben. Dies berührt jedoch nicht seine Befugnis, sich selbst bzw jeden anderen Eigentümer bereits bei der Bestellung der Eigentümergrundschuld der sofortigen Zwangsvollstreckung zu unterwerfen.

5 Soweit vereinzelt insoweit Bedenken gegen die Zulassung der dinglichen Unterwerfungsklausel „auf Vorrat" erhoben worden sind (*Wolfsteiner* Die vollstreckbare Urkunde § 70.6), vermögen sie nicht zu überzeugen (*Rein*, Verwertbarkeit der Eigentümergrundschuld, 38; *Reithmann* DNotZ 1982, 67, 86). Diese Bedenken stützen sich auf die Überlegung, dass die Vollstreckbarkeit bei der Eigentümergrundschuld mit dinglicher Vollstreckungsklausel noch von der Bedingung der Abtretung der Grundschuld abhängt und bei Herbeiführung dieser Bedingung auf die Form der Zwangsvollstreckungsunterwerfung verzichtet wird. Dem steht aber entgegen, dass das Prozessrecht der Durchsetzung des materiellen Rechts dient. Wenn daher das materielle Recht die Begründung von Vorratsgrundschuld zulässt, kann das Prozessrecht nicht die Vorratsunterwerfung unter die Zwangsvollstreckung bemängeln, sondern muss diese Möglichkeit im Einklang mit dem materiellen Recht gewähren.

6 Ferner kann der Besteller/Eigentümer die **persönliche Haftung** für den Eingang des Grundschuldbetrags **ggü dem ersten Zessionar** und dessen Rechtsnachfolger **übernehmen** und sich wegen dieser Verbindlichkeit der **sofortigen Zwangsvollstreckung** in sein gesamtes Vermögen **unterwerfen** (Soergel/*Konzen* Rn 1; NK/*Krause* Rn 23; MüKo/*Lieder* Rn 16; aA Staudinger/*Wolfsteiner* Rn 16). Bei der Eigentümergrundschuld geht der BGH davon aus, dass die Erklärung, für den Eingang des Grundschuldbetrags haften zu wollen, als Angebot zu einem abstrakten Schuldversprechen gem § 780 in der Weise anzusehen ist, dass sich der Eigentümer als zur Zahlung des Grundschuldbetrags selbständig, dh unabhängig von der gesicherten Forderung, verpflichten will (BGH MittRhNotK 1999, 383; 384; WM 1991, 20, 21). Die Annahme dieses Angebots liegt entweder in der widerspruchs-

losen Entgegennahme einer Ausfertigung der notariellen Urkunde, in dem Antrag auf Erteilung der Vollstreckungsklausel oder spätestens in der Erteilung des Vollstreckungsauftrages.

Vereinzelt wird im Schrifttum die Auffassung vertreten, dass die Unterwerfung unter die persönliche Haftung mit dem ganzen Vermögen ggü einem künftigen Gläubiger nicht möglich sein soll (KG DNotZ 1975, 718; Staudinger/*Wolfsteiner* Rn 17; *Wolfsteiner* Die vollstreckbare Urkunde, § 70.16f). Zur Begründung wird darauf verwiesen, dass der künftige Angebotsempfänger und Gläubiger des Schuldanerkenntnisses noch nicht bestimmt sei und es allein dem freien Willen des Schuldners unterliege, die Person des Gläubigers durch eigene Willenserklärung zu bestimmen. Ein erst künftiger Anspruch sei aber nicht unterwerfungsfähig, wenn sein wesentlicher Inhalt noch von Erklärungen des Schuldners abhängig sei, die in seinem Belieben stünden. Würde man dies gleichwohl ermöglichen, bedeutete dies die Schaffung eines persönlichen „Vorrats-Zwangsvollstreckungsunterwerfungs-Papiers", welches der Schuldner ohne Wahrung der Form des § 794 I Nr 5 ZPO an beliebige Gläubiger abtreten könne. Dem kann – in Übereinstimmung mit der ganz hM – nicht zugestimmt werden (BGH WM 1991, 20, 21; MüKo/*Lieder* Rn 16; *Rein* Verwertbarkeit der Eigentümergrundschuld, 43; *Roemer* MittRhNotK 1991, 97, 101; offengelassen BGH WM 2010, 1022, 1024). Denn der wesentliche Inhalt des Anspruchs, insb Betrag und Fälligkeit, sind von vornherein bestimmt. Dies ist aber hinreichend für § 794 I Nr 5 ZPO, da nur die Bestimmtheit des Anspruchs, nicht aber die des Gläubigers erforderlich ist. Auch darf nicht verkannt werden, dass die persönliche Vollstreckungsklausel bei der Eigentümergrundschuld ohnehin erst mit der Abtretung Bedeutung erlangt und in diesem Zeitpunkt der Gläubiger genügend bestimmt ist. Da der Eigentümer eine Zwangsvollstreckung in das Grundstück nicht betreiben kann (§ 1197 I), ist die Bestimmbarkeit des Gläubigers des abstrakten Schuldversprechens bereits bei der Bestellung der Eigentümergrundschuld gar nicht erforderlich. Sie muss vielmehr erst dann gegeben sein, wenn der Eigentümer die Grundschuld an einen Dritten abtritt. 7

4. Übertragung und Belastung. Übertragung und **Belastung** der Eigentümergrundschuld erfolgen so wie bei der Fremdgrundschuld (MüKo/*Lieder* Rn 17); Abtretung des Briefrechts vollzieht sich außerhalb des Grundbuchs (§ 1154) und ermöglicht daher verdeckte Kreditsicherung (Frankfurt NJOZ 2014, 161, 162). **Eigentumswechsel** bewirkt Fremdgrundschuld in der Hand des bisherigen Eigentümers. **Inhaltsänderungen** können ebenso wie die Bestellung des Rechts durch einseitige Erklärung des Eigentümers vorgenommen werden. **Pfändung** der Eigentümergrundschuld erfolgt nach § 857 VI, § 830 ZPO (BGH NJW 1961, 601; NK/*Krause* Rn 27; MüKo/*Lieder* Rn 22); Pfändung des Briefrechts erfordert über den Pfändungsbeschluss hinaus auch Erlangung des Briefbesitzes (durch Wegnahme nach § 883 ZPO); ist der Brief im Besitz eines nicht herausgabebereiten Dritten, muss der Gläubiger den Herausgabeanspruch des Eigentümers pfänden und sich zur Einziehung überweisen lassen (§ 866 ZPO) und dann gerichtlich durchsetzen (BGH NJW 1979, 2045). **Verpfändung** richtet sich nach §§ 1273ff. 8

5. Gesetzlicher Löschungsanspruch. Nach **Abs III** ist die Eigentümergrundschuld von dem **gesetzl Löschungsanspruch aus §§ 1179a, 1179b** erst betroffen, wenn sie zumindest einmal durch Abtretung Fremdgrundschuld war, also einmal zur Kreditsicherung ausgenutzt werden konnte. § 1196 III gilt analog für die nachträgl Eigentümergrundschuld, dh dann, wenn die Grundschuld im Grundbuch vor Eintragung eines nachrangigen Grundpfandrechts auf den Eigentümer umgeschrieben worden ist, sowie dann, wenn sich alle bestehenden Grundpfandrechte nachträgl mit dem Eigentum in einer Person vereinigt haben (NK/*Krause* Rn 18; Staudinger/*Wolfsteiner* Rn 30) und der Eigentümer auch im Grundbuch als Inhaber aller Grundpfandrechte eingetragen worden ist (BGH WM 1997, 1617, 1618). 9

§ 1197 Abweichungen von der Fremdgrundschuld

(1) Ist der Eigentümer der Gläubiger, so kann er nicht die Zwangsvollstreckung zum Zwecke seiner Befriedigung betreiben.

(2) Zinsen gebühren dem Eigentümer nur, wenn das Grundstück auf Antrag eines anderen zum Zwecke der Zwangsverwaltung in Beschlag genommen ist, und nur für die Dauer der Zwangsverwaltung.

1. Allgemeines. § 1197 I bewirkt, dass erst die Umwandlung einer Eigentümergrundschuld in eine Fremdgrundschuld die Möglichkeit der Vollstreckung in das belastete Grundstück eröffnet (BGH WM 2016, 799, 801). Die Regelung betrifft sowohl die originäre (§ 1196) als auch die aus einer Fremdgrundschuld oder aus einer Hypothek (§ 1177) entstandene Eigentümergrundschuld (Soergel/*Konzen* Rn 5; NK/*Krause* Rn 1). Sie gilt nur für die Dauer der Vereinigung von Eigentum und Grundpfandrecht. Hat ein Miteigentümer eine Grundschuld am ganzen Grundstück (§ 1009), so darf er sie nicht an dem eigenen, jedoch uneingeschränkt an den anderen Miteigentumsanteilen verwerten. Gleiches gilt bei Gesamtbelastung des eigenen und eines fremden Grundstücks. Die für die Gesamthand an deren Grundstück eingetragene Grundschuld ist Eigentümergrundschuld, die für einen einzelnen Gesamthänder bestellte Grundschuld hingegen Fremdgrundschuld. 1

2. Vollstreckungsausschluss (Abs I). Nur dem Eigentümer selbst ist die Zwangsvollstreckung in sein Grundstück oder in seinen Miteigentumsanteil versagt (BGHZ 64, 316; 103, 30, 37; NK/*Krause* Rn 3; Soergel/*Konzen* Rn 1; Staudinger/*Wolfsteiner* Rn 3). Diese Beschränkung der verfahrensrechtl Rechtsstellung des Eigentümers dient dem Interesse nachrangiger Gläubiger, deren Rechte sonst ausfallen könnten (BGH WM 2016, 799, 801; NJW 1988, 1026, 1027). Sein Verfügungsrecht über die Grundschuld aber bleibt unangetastet; auch ein Rangrücktritt ist ihm erlaubt (BGHZ 64, 316). Dem Vollstreckungsverbot unterliegen auch die nach §§ 1120ff mit- 2 haftenden Gegenstände. In der von einem anderen Gläubiger betriebenen Zwangsversteigerung erlischt die Eigentümergrundschuld, wenn sie nicht in das geringste Gebot fällt (§ 52 I, § 91 I ZVG); dem Eigentümer gebührt aber nach Zuschlag der auf sein Recht entfallende Anteil am Erlös, es sei denn, dass für einen gleich- oder nachrangigen Grundpfandgläubiger der gesetzl Löschungsanspruch nach § 1179a besteht, dann steht diesem Gläubiger der Erlös zu (BGHZ 99, 363, 365). Im Falle des Fortbestands wird die Eigentümergrundschuld zur Fremdgrundschuld und ist ab Zuschlag zu verzinsen (BGHZ 67, 291). Für den **Pfändungsgläubiger** gilt der Vollstreckungsausschluss nicht (BGH WM 2016, 799, 801; 103, 30; Celle OLGRp 2003, 193, 194; Staudinger/*Wolfsteiner* Rn 5), auch nicht für den vertragl **Pfandgläubiger** oder den Insolvenzverwalter des Eigentümers (BGH WM 2016, 799, 801; MüKo/*Lieder* Rn 8; Soergel/*Konzen* Rn 2; NK/*Krause* Rn 4; Staudinger/*Wolfsteiner* Rn 5, 6).

3 **3. Zinsausschluss (Abs II).** Zinsen der Eigentümergrundschuld gebühren dem Eigentümer nicht, da ihm schon das Eigentum alle Nutzungsvorteile des Grundstücks verschafft. Der Zinsausschluss greift erst ab dem Zeitpunkt, zu dem die Grundschuld dem Eigentümer zusteht. Ältere dingliche Zinsen aus der Zeit, als die Grundschuld noch ein Fremdrecht war, werden davon nicht erfasst (BGH WM 2012, 301, 303). Die Zwangsverwaltung ist ausgenommen, weil sie ihm die Nutzung entzieht; aber keine Beschränkung auf die Teilhabe an der Zwangsverwaltungsmasse (LG Stuttgart NZI 2023, 46, 49); Zinsausschluss aber für die Dauer der **Zwangsversteigerung**, so dass der Erlösanteil des Eigentümers auf die durch Zuschlag erloschene Eigentümergrundschuld unverzinslich ist (aA Staudinger/*Wolfsteiner* Rn 13; MüKo/*Lieder* Rn 4); fällt sie in das geringste Gebot, dann wird sie Fremdgrundschuld und ist ab Zuschlag vom Ersteher zu verzinsen (BGHZ 67, 291).

4 Bei Abtretung einer Eigentümergrundschuld können die rückständigen Zinsen übertragen werden. Dem steht § 1197 II nicht entgegen. Denn bei § 1197 II handelt es sich nur um eine für den Eigentümer geltende Beschränkung, die mit der Abtretung entfällt. Der Zinsanspruch ist während der Dauer der Vereinigung lediglich suspendiert (München ZfIR 2010, 632, 636). Die in der Zeitspanne, in der die Grundschuld und das Grundstückseigentum in einer Hand waren, angefallenen dinglichen Zinsen können daher übertragen und dann vom neuen Gläubiger auch geltend gemacht werden (Düsseldorf WM 1989, 1814; Celle Rpfleger 1989, 322, 323; BayObLG Rpfleger 1987, 364, 365; Köln WM 1984, 1475; Soergel/*Konzen* Rn 3; NK/*Krause* Rn 7; Staudinger/*Wolfsteiner* Rn 9; vgl auch BGH NJW 1988, 1026, 1027, für § 1197 I; offengelassen in BGH NJW 1986, 314, 315). Demggü vermag die Gegenansicht nicht zu überzeugen. Sie stützt sich vor allem auf den Wortlaut des § 1197 II und liest dabei das Wort „gebühren" iSv „einen Anspruch haben". Daraus leitet sie ab, dass die Unverzinslichkeit zum Inhalt des dinglichen Rechts selbst gehöre, der Eigentümer also keinen Anspruch auf Zinsen habe und er sie daher auch nicht abtreten könne (*Bayer* AcP 189, 470, 472). Selbst wenn dies zuträfe, sagte es jedoch noch nichts darüber aus, ob das Zinsrecht nicht in der Person des neuen Fremdgläubigers für die Vergangenheit begründet werden darf. Dafür spricht aber der Grundsatz der Gleichbehandlung von Eigentümer- und Fremdgrundschuld (*Rein* Verwertbarkeit der Eigentümergrundschuld, 35). Hinzu kommt, dass nicht einsichtig ist, auf der einen Seite die Eintragung der Grundschuldzinsen bereits mit der Eintragung der Eigentümergrundschuld zuzulassen, es aber andererseits nicht zu gestatten, die eingetragenen Grundschuldzinsen später an einen Fremdgläubiger abzutreten.

5 War die Grundschuld unverzinslich bestellt, können im Zusammenhang mit der Abtretung auch rückwirkend Zinsen vereinbart werden (BGH NJW 1986, 314, 315). Soweit dabei allerdings der gesetzl vorgesehene Satz von 5 % pa überschritten wird (§ 1119 I), ist die Zustimmung etwaiger gleich- oder nachrangiger Gläubiger erforderlich.

§ 1198 Zulässige Umwandlungen

Eine Hypothek kann in eine Grundschuld, eine Grundschuld kann in eine Hypothek umgewandelt werden. Die Zustimmung der im Range gleich- oder nachstehenden Berechtigten ist nicht erforderlich.

1 Die **Umwandlungsmöglichkeit** folgt aus der **Einheitlichkeit der Grundpfandrechtsarten**; vgl auch § 1186 Rn 1. Umwandlung in und von jeder Hypothekenart ist zulässig; zur Höchstbetragshypothek vgl § 1190 Rn 14. Auch Teilumwandlung ist möglich. Da die Bestellung einer Hypothek für den Eigentümer ausgeschlossen ist (vgl § 1196 Rn 1), ist auch Umwandlung einer Grundschuld in eine Hypothek des Eigentümers nicht möglich (aA BeckOK/*Rohe* Rn 5). Erhöhung des Belastungsumfangs bedeutet insoweit Neubestellung.

2 Die Umwandlung ist Inhaltsänderung (§ 877), erfordert daher Einigung und Eintragung (vgl § 1186 Rn 2). Einigen müssen sich der Gläubiger und der Eigentümer; soll eine Eigentümergrundschuld in eine Hypothek oder eine Fremdgrundschuld in eine Hypothek eines anderen Gläubigers umgewandelt werden, ist auch die Mitwirkung des Erwerbers erforderlich, gleichgültig, ob die Parteien den Weg des § 1198 oder des § 1180 wählen. Die Umwandlung einer Grundschuld in eine Hypothek macht die dingliche Bindung an eine Forderung notwendig. Die Forderung kann auch bedingt oder befristet sein. Gleich- oder nachstehende Berechtigte sind nicht beteiligt, auch nicht der persönliche Schuldner bei Umwandlung der Hypothek in eine Grundschuld, vgl aber § 1165.

3 **Wirkung der Umwandlung.** Das Recht bleibt erhalten, dies gilt insb für die Rangverhältnisse. Der Charakter als Brief- oder Buchpfandrecht ändert sich nicht, falls nicht zugleich Umwandlung nach § 1116 III erfolgt. Auch die Zins- und Rückzahlungsbedingungen der Forderung gelten für die umgewandelte Grundschuld, falls nichts anderes vereinbart wird, auch die Unterwerfungsklausel (LG Bonn Rpfleger 1988, 34; Soergel/*Konzen* Rn 5; NK/*Krause* Rn 13; aA Staudinger/*Wolfsteiner* Rn 15). Für die Hypothek gelten die Bedingungen der Forderung, soweit nicht die alten Zins- und Rückzahlungsbedingungen eingetragen bleiben.

Untertitel 2
Rentenschuld (§§ 1199–1203)

§ 1199 Gesetzlicher Inhalt der Rentenschuld

(1) Eine Grundschuld kann in der Weise bestellt werden, dass in regelmäßig wiederkehrenden Terminen eine bestimmte Geldsumme aus dem Grundstück zu zahlen ist (Rentenschuld).

(2) Bei der Bestellung der Rentenschuld muss der Betrag bestimmt werden, durch dessen Zahlung die Rentenschuld abgelöst werden kann. Die Ablösungssumme muss im Grundbuch angegeben werden.

1. Begriff. Die Rentenschuld ist eine besondere Art der Grundschuld, also nicht akzessorisch. Sie gibt dem Gläubiger das Recht auf regelmäßig wiederkehrende Geldleistungen. Ihr Zweck ist zumeist die Sicherung einer langfristigen schuldrechtl Verpflichtung auf fortlaufende Zahlungen, wie Kaufpreisrente, vertragl Ruhegeld, Leibrente. Durch die nach Abs II festzulegende Ablösungssumme kann der Eigentümer die Rentenschuld tilgen (§§ 1201, 1202). Rente und Ablösungssumme stehen bis dahin nebeneinander. Eine Anrechnung der Rentenleistungen auf die Ablösungssumme kann nicht vereinbart werden (hM, vgl Bremen OLG 1965, 74; Soergel/*Konzen* Rn 2). Der Rentenanspruch kann bedingt sein und die Rentenhöhe wechseln (NK/*Krause* Rn 3); auch Befristung ist zulässig (zB auf Lebenszeit des Gläubigers oder für Tilgungsdauer des Kaufpreises). 1

Einreden aus dem Grundgeschäft können, wie bei gewöhnlicher Grundschuld, nach § 1157 geltend gemacht werden (Soergel/*Konzen* Rn 2; NK/*Krause* Rn 9). Bei Sicherungsrentenschuld bestimmen sich die Einreden, wie im Falle der Sicherungsgrundschuld, also auch nach § 1192 Ia (BGH NJW 1980, 2198; MüKo/*Lieder* Rn 2; aA Staudinger/*Wolfsteiner* Rn 12). – Die §§ 1195, 1196 gelten. 2

2. Allgemeines. Die **Ablösungssumme** und die Rente stehen nicht etwa im gleichen Verhältnis wie Grundschuldkapital und Zinsen. Vielmehr ist die Ablösungssumme nur der Betrag, durch dessen Zahlung der Eigentümer die Rentenschuld ablösen kann und der im Fall der Zwangsversteigerung bei Erlöschen der Rentenschuld zuzuteilen und im Fall des § 1133 S 2 zu zahlen ist (vgl §§ 1201, 1202; §§ 91, 92 I, III ZVG). Für die Zwangsverwaltung vgl § 158 I ZVG. Die Ablösungssumme muss fest bestimmt sein, unterschiedliche Höhe nach dem Zeitpunkt der Ablösung sollte zugelassen werden. Die Höhe der Summe haben die Beteiligten nach freiem Belieben festzusetzen. Nachträgl Erhöhung bedeutet Neubestellung (Soergel/*Konzen* Rn 3; NK/*Krause* Rn 6; ähnl Staudinger/*Wolfsteiner* Rn 10). 3

3. Entstehung. Entstehung wie die Grundschuld, aber Ablösungssumme muss im Grundbuch eingetragen werden, Bezugnahme ist nicht ausreichend. Umdeutung in eine Reallast (§ 140) scheitert an der Bezeichnung im Grundbuch; wohl aber ist dahingehende Auslegung uU vor der Eintragung möglich (BGH WM 1970, 92). Zur Behandlung des Briefes vgl § 70 GBO. 4

§ 1200 Anwendbare Vorschriften

(1) Auf die einzelnen Leistungen finden die für Hypothekenzinsen, auf die Ablösungssumme finden die für ein Grundschuldkapital geltenden Vorschriften entsprechende Anwendung.

(2) Die Zahlung der Ablösungssumme an den Gläubiger hat die gleiche Wirkung wie die Zahlung des Kapitals einer Grundschuld.

Behandlung der Einzelleistung als Zinsen, der **Ablösungssumme** als Kapital, bedeutet nicht, dass Rente und Summe im Verhältnis von Kapital und Zinsen stehen. § 1192 verweist auf das Recht der Hypothek. 1

Für die **Renten** gelten §§ 195, 289, 1115 I, § 1145 II, §§ 1158, 1159, 1160 III, §§ 1178, 1194, 1197 II. Auch Erhöhung nach § 1119 möglich, idR gelten auch die gesetzl Zinssenkungsvorschriften. 2

Zahlung der Ablösungssumme ist grds wie Zahlung des Hypothekenkapitals zu behandeln. Sie führt daher stets zur Tilgung des dingl Rentenanspruchs; Gläubiger kann nicht etwa im Hinblick auf höheren Kapitalwert der persönl Rentenforderung Aufrechterhaltung der Rentenschuld verlangen (BGH NJW 1980, 2198). Ablösevoraussetzungen müssen aber vorliegen, § 1202. Zahlung der Ablösungssumme besagt indessen nicht, dass damit auch die persönl Forderung vollständig getilgt ist. Aus dem Grundgeschäft, insb der Sicherungsabrede, ist zu entnehmen, ob auch der persönl Rentenanspruch (vorzeitig) erfüllt werden darf, im Zweifel nicht bei vertragl Ruhegeld oder mit Wertsicherungsklausel verbundener Kaufpreisrente (vgl BGH NJW 1980, 2198 und NJW 1972, 154). Zahlung der Ablösungssumme hat Übergang auf den zahlenden Eigentümer zur Folge, und zwar als Eigentümerrentenschuld mit dem ursprünglichen Inhalt; Umwandlung in gewöhnliche Eigentümergrundschuld nach § 1203 ist möglich. 3

§ 1201 Ablösungsrecht

(1) Das Recht zur Ablösung steht dem Eigentümer zu.

(2) Dem Gläubiger kann das Recht, die Ablösung zu verlangen, nicht eingeräumt werden. Im Falle des § 1133 Satz 2 ist der Gläubiger berechtigt, die Zahlung der Ablösungssumme aus dem Grundstück zu verlangen.

1 Ausschluss des **Ablösungsrechts** des Eigentümers nicht möglich (Verhinderung immer währender Grundstücksbelastungen); Regelung im Einz in § 1202.

2 Dem Berechtigten kann das Kündigungsrecht nicht eingeräumt werden. Entgegenstehende Vereinbarungen sind mit der Folge des § 139 nichtig. Auch kein Kündigungsrecht bei „Verzug mit Einzelleistungen". Wohl aber Ansprüche nach Kündigung durch den Eigentümer (auch keine Rücknahme der Kündigung ohne den Willen des Gläubigers möglich), Recht des Gläubigers auf Zahlung nach § 1133 S 2.

§ 1202 Kündigung

(1) Der Eigentümer kann das Ablösungsrecht erst nach vorgängiger Kündigung ausüben. Die Kündigungsfrist beträgt sechs Monate, wenn nicht ein anderes bestimmt ist.

(2) Eine Beschränkung des Kündigungsrechts ist nur soweit zulässig, dass der Eigentümer nach 30 Jahren unter Einhaltung der sechsmonatigen Frist kündigen kann.

(3) Hat der Eigentümer gekündigt, so kann der Gläubiger nach dem Ablauf der Kündigungsfrist die Zahlung der Ablösungssumme aus dem Grundstück verlangen.

1 **Ausschluss des Kündigungsrechts nicht möglich**; Beschränkung nur im Rahmen des Abs II. Weitergehende landesrechtl Regelungen hält Art 117 II EGBGB aufrecht. Auch Vereinbarung, dass die Ablösungssumme ohne Kündigung fällig wird, ist ausgeschlossen. Ggü Dritten wirkt von der gesetzl Kündigungsregelung abw Bestimmung nur bei Eintragung. Bezugnahme auf Eintragungsbewilligung genügt (Soergel/*Konzen* Rn 1; NK/*Krause* Rn 6; MüKo/*Lieder* Rn 3). Die Kündigung ist Verfügung; nach Beschlagnahme des Grundstücks nicht mehr zulässig, wenn die Ablösungssumme den Rentenwert übersteigt.

§ 1203 Zulässige Umwandlungen

Eine Rentenschuld kann in eine gewöhnliche Grundschuld, eine gewöhnliche Grundschuld kann in eine Rentenschuld umgewandelt werden. Die Zustimmung der im Range gleich- oder nachstehenden Berechtigten ist nicht erforderlich.

1 Umwandlung wie in § 1198, 1186. Auch unmittelbare Umwandlung in Hypothek bei Zugrundelegung einer persönlichen Forderung ist zulässig. Erhöhung der Belastung ist nicht zulässig. Daher darf bei Umwandlung einer Hypothek oder Grundschuld in Rentenschuld die Ablösungssumme nicht das bisherige Kapital, die Rentenbelastung nicht die Zinshöhe (einschl § 1119) übersteigen. Umgekehrt bildet die Ablösungssumme die Grenze für das Kapital und die Rentenpflicht die Grenze für die Zinspflicht (§ 1119 gilt).

Abschnitt 8
Pfandrecht an beweglichen Sachen und an Rechten (§§ 1204–1296)

Einleitung vor § 1204

1 **1. Wirtschaftliche Bedeutung.** Wie Hypothek und Grundschuld soll auch das Pfandrecht eine Forderung durch Belastung eines Gegenstandes dinglich sichern. Im Gegensatz zu den genannten Grundpfandrechten hat das Pfandrecht jedoch nur eine geringe wirtschaftl Bedeutung erlangt. Das liegt in erster Linie an der vom Gesetz geforderten Publizität: Übergabe des Pfandes an den Pfandgläubiger (§ 1205) bzw Anzeige an den Schuldner (§ 1280). Dies ist wirtschaftl schwerfällig, es war schon während des Gesetzgebungsverfahrens umstr (s dazu *Hromadka*, Die Entwicklung des Faustpfandprinzips im 18. und 19. Jh, 1971, 167ff; *R. Leonhardt* Gruchot 25, 177ff; zur Reform s *Drobnig*, Empfehlen sich Gesetzliche Maßnahmen zur Reform der Mobiliarsicherheiten? Gutachten F für den 57. DJT 1976). Heute haben die Sicherungsübereignung (s Anh § 931 Rn 1ff), die Sicherungsabtretung (§ 398 Rn 35ff) und der Eigentumsvorbehalt (§ 449 Rn 1ff) das Pfandrecht stark zurückgedrängt.

2 Das **vertragl Pfandrecht** spielt als Lombardgeschäft der Banken (Kreditgewährung gegen Verpfändung von Wertpapieren, Edelmetallen oder anderen Waren) und als Pfandrecht der Banken (Nr 14 AGB Banken, Nr 21 AGB Sparkassen) eine Rolle (dazu noch Vor § 1204 Rn 15). Das **gesetzl Pfandrecht** wird häufiger praktisch, zB im BGB: des Vermieters (§§ 562ff), Verpächters (§ 581 II iVm §§ 562ff), Pächters (§ 583), Werkunternehmers (§ 647), Gastwirts (§ 704), im HGB: des Kommissionärs (§ 397), Spediteurs (§ 464), Lagerhalters (§ 475b), Frachtführers (§ 440), Verfrachters (§ 495). Schließlich hat die **Pfandleihe** eine gewisse Bedeutung erlangt.

3 **2. Entwicklung im deutschen Recht.** Das Pfandrecht war ursprünglich ein an den Besitz (leibliche Gewere) der Sache geknüpftes Faustpfand; es konnte entstehen durch rechtsgeschäftliche Pfandsetzung, Privatpfändung, richterliche Pfändung; es war zunächst grds Verfallpfand, wurde später Verkaufspfand. Mit zunehmender Geld- und Kreditwirtschaft entwickelte sich das Pfandrecht ohne Besitz, meist in Form eines Registerpfandrechts (Bestellung vor Rat und Gericht und Eintragung in öffentlichem Buch). Nach Aufnahme des römischen Rechts gab es im gemeinen Recht neben dem weiter bestehenden Faustpfandrecht ein besitzloses Vertragspfand und ein ge-

setzl Pfandrecht. In den Landesrechten hat sich dt Recht erhalten und in den großen Gesetzbüchern Raum gewonnen. Das **BGB** knüpft im Wesentlichen an das dt Recht an: **Gesetzl Regelfall ist das Faustpfand**; wo ausnahmsw kein Besitz erforderlich ist, sind stattdessen andere Publizitätsmittel vorgesehen, vgl Rn 6. Näher Staudinger/*Wiegand* Vor §§ 1204–1272 Rn 3ff.

3. Begriff. Das Pfandrecht ist ein **dingliches, unmittelbar der Sicherung einer Forderung dienendes Recht** an einer fremden beweglichen Sache oder einem fremdem Recht, kraft dessen der Gläubiger berechtigt ist, sich notfalls aus dem belasteten Gegenstand zu **befriedigen** (§§ 1204, 1273). Es geht dem eigentlichen Zweck nach nicht auf Nutzung. Wo der Gläubiger Nutzungen ziehen darf (§§ 1213f), soll dies nur der Wertverschaffung und damit einer Verringerung der Schuld dienen. Keine Aneignungsbefugnis; Verfallklausel (lex commissoria) wie im römischen, kanonischen und gemeinen Recht grds verboten (§§ 1229, 1277). Verwertung zum Zweck der Befriedigung erfolgt bei beweglichen Sachen regelmäßig ohne Vollstreckungstitel durch Pfandverkauf (§ 1228); bei Rechten regelmäßig aufgrund Vollstreckungstitels im Weg der Zwangsvollstreckung; bei Forderungen, Grund- und Rentenschulden auch durch Einziehung (§§ 1282, 1291). Der Eigentümer und der Pfandgläubiger können eine abw Art des Pfandverkaufs vereinbaren (§ 1245), uU auch verlangen (§ 1246). Kommt letzterenfalls eine Einigung nicht zustande, so entscheidet das Gericht (§ 1246 II). 4

4. Grundprinzipien. a) Dingliches Recht. Als **dingliches**, gegen jedermann wirkendes, bestimmt begrenztes **Herrschaftsrecht** am Pfandgegenstand, das als wesentlichen, nicht aber einzigen Inhalt das Verwertungsrecht in sich schließt, ist das Pfandrecht wegen seiner zuordnenden Wirkung unabhängig davon, ob der Eigentümer wechselt (*Westermann/Gursky/Eickmann*, § 125 Rn 1). Es unterscheidet sich damit vom persönlichen Befriedigungsrecht des § 1003 I 2 sowie vom Zurückbehaltungsrecht des BGB (§§ 273f) und des HGB (§§ 369ff). In der Zwangsvollstreckung gewährt es dem Pfandgläubiger ein Widerspruchsrecht (§ 771 ZPO), in der Insolvenz gibt es ihm ein Absonderungsrecht (§ 50 InsO). 5

b) Publizität. Das Pfandrecht muss nach außen hin erkennbar sein. Seine Offenkundigkeit wird idR durch Besitz verwirklicht (§ 1205 I 1). Gesetzl Pfandrechte setzen ebenfalls Besitz oder wenigstens besitzähnl Verhältnisse voraus. Soweit ein Pfandrecht auch ohne Besitz entsteht, wird Publizität durch Eintragung in ein Register oder auf ähnl Weise gewährleistet, zB bei registrierten Schiffen und Schiffsbauwerken gem SchiffsRG v 15.11.1940 (RGBl I 1499, BGBl III 403–4) durch Eintragung in das Schiffsregister, bei eingetragenen Luftfahrzeugen durch Eintragung im Pfandrechtsregister gem LuftFzgG v 26.2.1959 (BGBl I 1959, 57, 223); beim Inventar landwirtschaftl Pächter nach PachtKG v 5.8.1951 (BGBl I 1951, 494) durch Niederlegung des schriftlichen Verpfändungsvertrags beim zuständigen AG. Bei Verpfändung von Forderungen wird Publizität durch Anzeige gewahrt (§ 1280). 6

c) Akzessorietät. Das Pfandrecht ist streng akzessorisch, dh es ist vom Bestehen der Forderung, die es sichern soll, abhängig; ohne sie kann es weder entstehen, noch fortbestehen oder übertragen werden (§§ 1204, 1250, 1252, 1273, vgl BGH NJW 1957, 672). Grds erfolgt keine Ersetzung der ursprünglichen, nichtigen Forderung durch eine an ihre Stelle getretene (zB der wegen Geisteskrankheit des Käufers nicht wirksam entstandenen Kaufpreisforderung des Verkäufers aus § 433 durch den diesem aus § 812 erwachsenden Bereicherungsanspruch). Ist ein Pfandrecht für eine nichtige Darlehensforderung bestellt, so kann es nicht ohne weiteres, sondern nur bei entspr Parteiwillen die Forderung aus ungerechtfertigter Bereicherung sichern (BGH NJW 1968, 1134; NZI 2017, 623 Rn 15). Aus der Anlehnung an die Forderung folgt: (1) Der Verpfänder kann dem Pfandgläubiger im Allg die dem persönlichen Schuldner gegen die Forderung zustehenden Einreden entgegensetzen (§ 1211); (2) der Umfang der Pfandhaftung bestimmt sich idR nach dem Ausmaß der Haftung des persönlichen Schuldners (§§ 1210, 1273). Somit gelten ähnl Grundsätze wie bei der Bürgschaft; Verpfänder hat jedoch keine Einrede der Vorausklage, sondern nur die verzögerlichen Einreden aus § 770 (§ 1211). Zum Verhältnis des Drittverpfänders und Bürgen vgl § 1225 Rn 11. Die gesicherte Forderung braucht anders als bei Hypotheken (§ 1113) keine Geldforderung zu sein, muss aber spätestens bis zum Pfandverkauf in eine solche übergegangen sein (§ 1228 II). Ist der Verpfänder zugleich der persönliche Schuldner, so kann er den Gläubiger, der in sonstiges Vermögen vollstreckt, auf das Pfand verweisen (§ 777 ZPO). 7

5. Beteiligte. Beteiligt sind im einfachsten Fall zwei Personen: Der Schuldner als **Verpfänder** eigener Sache und der **Pfandgläubiger**. Persönliche Schuld und dingliche Haftung können jedoch auch verschiedene Personen treffen. Dann sind, wenn eine eigene Sache für eine fremde Schuld verpfändet wird, drei Personen beteiligt. Wenn eine fremde Sache für eine fremde Schuld verpfändet wird (vgl § 1207), sind vier Personen beteiligt: (1) Der Pfandgläubiger, dessen Forderung durch das Pfand gesichert wird; (2) der Verpfänder, der an der Sache ein Pfand bestellt; (3) der Eigentümer der Pfandsache; (4) der persönliche Schuldner. Die Beteiligten können von Beginn an oder aufgrund späteren Ereignisses auseinanderfallen oder eins werden. Jedoch erlischt das Pfandrecht idR, wenn es mit dem Eigentum zusammentrifft (§ 1256 I), es sei denn, dass der Eigentümer ein rechtl Interesse am Fortbestand hat (§ 1256 II), zB weil an der pfandgesicherten Forderung Rechte Dritter bestehen. Bei gesetzl Pfandrecht und Pfändungspfandrecht entfällt der Verpfänder. 8

6. Gegenstand. Gegenstand des Pfandrechts können **bewegliche Sachen** (§§ 1204–1257) oder **Rechte** (§§ 1273–1296) (mit Ausnahme der grundstücksgleichen Rechte) sein. 9

Zu den beweglichen Sachen gehören auch **nicht registrierte Schiffe**. Für **registrierte** Schiffe gilt das **SchiffsRG** v. 15.11.1940 (RGBl I 1499, BGBl III 403–4). Danach werden registrierte Schiffe und Schiffsbauwerke im Allg 10 wie Grundstücke behandelt: Belastung durch Schiffshypothek, die ins Schiffsregister einzutragen ist (§§ 8, 76 SchiffsRG); Gläubiger kann sich nur durch Zwangsvollstreckung befriedigen (§ 47 SchiffsRG).

11 Die Belastung von **Luftfahrzeugen** richtete sich früher schlechthin nach dem BGB, seit dem 1.4.1959 gilt jedoch das **LuftFzgG** v. 26.2.1959 (BGBl I 1959, 57, 223). Es ermöglicht für in der Luftfahrzeugrolle eingetragene Luftfahrzeuge die Bestellung eines Registerpfandrechts, das der Schiffshypothek nachgebildet ist (zum Ganzen: *Schladebach/Kraft* BKR 2012, 270ff; *Grädler/Zintl* RdTW 2014, 261ff). Bzgl der übrigen Luftfahrzeuge bleibt weiterhin nur das Besitzpfandrecht nach §§ 1204ff, das jedoch wenig praktisch ist (das Luftfahrtunternehmen kann das Luftfahrzeug mangels Besitzes nicht mehr gewinnbringend verwenden, der Gläubiger aber muss für eine sachgemäße, kostspielige Verwahrung sorgen). Eigentumsvorbehalt und Sicherungsübereignung sind bei Luftfahrzeugen jeder Art zulässig, können aber ggf IPR-rechtl problematisch sein.

12 **7. Arten und Entstehung. a) Vertragspfandrecht.** Das Vertragspfandrecht **entsteht durch Verpfändungsrechtsgeschäft** unter Lebenden und ist im BGB erschöpfend geregelt (§§ 1204–1256, 1258 für das Pfandrecht an beweglichen Sachen, §§ 1273–1296 für das Pfandrecht an Rechten). In bestimmten Fällen setzt sich das Vertragspfandrecht kraft Surrogation an anderen Gegenständen fort, vgl § 1219 II 1, § 1247 S 2, § 1258 III, § 1287.

13 **b) Gesetzliches Pfandrecht.** Das gesetzl Pfandrecht **entsteht kraft Gesetzes**, s bei § 1257.

14 **c) Pfändungspfandrecht.** Es entsteht durch hoheitlichen Akt bei Zwangsvollstreckung und ist primär in §§ 803ff, 930f ZPO geregelt. Jede ordnungsmäßige Pfändung bewirkt grds eine staatliche Beschlagnahme, die sog Verstrickung. Etwas anderes gilt nur dann, wenn der Vollstreckungsakt ganz ausnahmsw nichtig ist. Sonstige Verfahrensfehler lassen die Wirksamkeit der Verstrickung unberührt. Vgl nur *Musielak/Voit*, Grundkurs ZPO Rn 1169. Str sind jedoch Rechtsnatur und Entstehung eines Pfändungspfandrechts:

15 **aa) Privatrechtl Auffassung** (früher in Rspr und Lehre vorherrschend, vgl etwa RGZ 60, 70, 72; *Endemann*, Lehrbuch des Bürgerlichen Rechts[6] 1900, Bd 2, § 114 2a, § 146): Sie sieht das Pfändungspfandrecht als dritte Art des privatrechtl Pfandrechts; es entstehe daher nur, wenn die zugrunde liegende Forderung besteht, alle Verfahrensvorschriften beachtet wurden und eine schuldnereigene Sache gepfändet wurde.

16 **bb) Rein öffentlich-rechtl Theorie** (Anders/Gehle/*Vogt-Beheim* Vor II § 803 ZPO Rn 19; Stein/Jonas/*Münzberg* § 804 ZPO Rn 4; *Pagenstecher* Gruchot 50, 274ff; *Lücke* JZ 1957, 239; Frankfurt NJW 1954, 1083): Sie sieht Verstrickung und Pfändungspfandrecht als untrennbar miteinander verbunden an („schicksalsverbunden"); da die Verstrickung ein hoheitlicher öffentlicher Akt ist, lasse sie immer automatisch ein Pfändungspfandrecht entstehen, dh insb auch, wenn die Forderung nicht besteht oder der Pfandgegenstand nicht dem Schuldner gehört.

17 **cc) Gemischt privat-öffentlich-rechtl Theorie** (RGZ 156, 395, 397; Stuttgart BeckRS 2017, 151149; *Baur/Stürner*, SachenR § 55 Rn 47; *Brox/Walker*, ZVR § 14 Rn 36; Musielak/Voit/*Flockenhaus* § 804 ZPO Rn 4; BeckOGK/*Förster* § 1204 Rn 30.2; MüKo/*Gruber* § 804 ZPO Rn 11ff; *Seiler* in Thomas/Putzo § 803 ZPO Rn 8, § 804 ZPO Rn 2f; vgl auch BGH NJW 1971, 1938, 1941f; 1992, 2570, 2573f). Sie trennt zw Verstrickung und Pfändungspfandrecht: Die Verstrickung entsteht aufgrund des hoheitlichen Aktes grds immer (Ausnahme: nichtige Vollstreckungsakte), dh auch wenn die Forderung nicht besteht oder es sich um eine schuldnerfremde Sache handelt; das Pfändungspfandrecht als privatrechtl Folge hingegen nur dann, wenn die Pfändung insg ordnungsgemäß durchgeführt worden ist. Soweit sich aus der ZPO nichts anderes ergibt, sind die Vorschriften des BGB anzuwenden (vgl RGZ 156, 395, 397); anwendbar sind insb §§ 1212, 1222, 1227, 1242, 1244, 1249f, 1256.

18 **dd) Vorzugswürdig** erscheint die **gemischt privat-öffentlich-rechtl Theorie.** Die rein privatrechtl Theorie übersieht den Charakter der Zwangsvollstreckung als staatliches Verfahren. Nach der rein öffentlich-rechtl Theorie verbleibt dem Pfändungspfandrecht neben der Verstrickung keinerlei eigene Funktion mehr; zudem ist sie insofern inkonsequent, als sie zwar ein Pfändungspfandrecht entstehen lässt, dieses dann aber nur eine formelle Verwertungsbefugnis und kein materielles Befriedigungsrecht begründen soll. Die gemischte Theorie trägt hingegen nicht nur dem Wortlaut des § 804 ZPO, sondern auch den Besonderheiten des staatlichen Vollstreckungszugriffs Rechnung und erklärt stimmig die Bedeutung, die dem Pfändungspfandrecht nach § 804 II, III ZPO, § 50 I InsO zukommt.

19 **d) Besondere Entstehungsgründe.** Durch **Staatsakt**, zB Sachhaftung des § 76 AO oder nach Landesrecht durch Privatpfändung zum Schutz des Grundstücks und der Grundstückserzeugnisse nach Art 89 EGBGB.

20 **8. Landesrechtliche Vorbehalte.** Art 89 EGBGB (Privatpfändung), Art 94 EGBGB (Pfandleihgewerbe; für gewerbliche Pfandleiher gilt aber PfandlV v. 1.2.1961 idF v 1.6.1976, BGBl I 1976, 1334), Art 97 EGBGB (Verpfändung im Staatsschuldbuch eingetragener Forderungen). **Übergangsvorschrift** in Art 184 EGBGB. Zur **Überleitung des Rechts der DDR** vgl Art 233 § 3 EGBGB.

Titel 1
Pfandrecht an beweglichen Sachen (§§ 1204–1272)

Vorbemerkung vor § 1204

1. Bestellung des Pfandrechts. Bestellung durch Rechtsgeschäft (Vertragspfand) erfordert (1) dinglichen Vertrag (Einigung), und (2) grds Übergabe (Ausnahme § 1205 I 2) oder bestimmte Arten des Übergabeersatzes (§§ 1205f); Besitzkonstitut ist ausgeschlossen, vgl § 1205 Rn 1. Schutz des guten Glaubens gem §§ 1207f. Durch Verpfändung entsteht zw Pfandgläubiger und Verpfänder – nicht auch, wie beim Nießbrauch, dem Eigentümer (RG Recht 1910 Nr 1590) – ein **gesetzl Schuldverhältnis** (RGZ 74, 151, 154; Staudinger/*Wiegand* § 1215 Rn 1), dessen Ausprägungen speziell die §§ 1215ff sind. Eine Bestellung zugunsten Dritter ist nicht möglich (RGZ 124, 217, 221). 1

2. Ausgestaltung. a) Nutzungs- und schlichtes Pfandrecht. Regelfall ist ein **schlichtes Pfandrecht** ohne Nutzungsbefugnis. Das **Nutzungspfandrecht** (§§ 1213f) ist die Ausnahme. 2

b) Besitzpfand und besitzloses Pfand. Regelfall ist das **Besitzpfand** (Faustpfand). Es gibt aber auch ein **besitzloses Pfand** (zB gesetzl Pfandrecht des Vermieters, § 562, Verpächters, § 581 II iVm § 562 oder Gastwirts, § 704). 2a

3. Rang. Der Rang richtet sich trotz Anlehnung des Pfandrechts an die Forderung, selbst wenn diese eine künftige oder bedingte ist, nach der **Zeit der Bestellung** (§ 1209). Ausnahme zugunsten gutgläubiger Erwerber des späteren Rechts nach §§ 1208, 1232. Bevorzugte Pfandrechte sind dem BGB fremd. 3

4. Umfang der Haftung. Der **Umfang** der **Haftung** ergibt sich aus §§ 1210, 1222. Die §§ 1127ff sind nicht entspr anzuwenden (RG HRR 1934 Nr 1677). Neben der Pfandsache haften die von ihr getrennten Erzeugnisse (§ 1212). Nutzungen darf der Pfandgläubiger aber nur dann ziehen, wenn ihm dieses Recht eingeräumt ist (§§ 1213f, vgl § 1213 Rn 1ff, § 1214 Rn 1ff). 4

5. Rechtsschutz. Pfandgläubiger hat Ansprüche aus **Besitz** (§§ 859ff, 1007) sowie gem § 1227 aus **Eigentum** (vgl § 1227 Rn 1ff). Wer durch Veräußerung des Pfandes ein Recht an diesem verlieren würde (zB Eigentümer, anderer Pfandgläubiger), darf ablösen, sobald der Schuldner zur Leistung berechtigt ist (§ 1249). Eigentümer, der nicht Verpfänder ist, hat ferner Anspruch aus §§ 985ff, sowie Einrederecht aus § 1254 S 2. 5

6. Befriedigung des Pfandgläubigers. a) Kraft persönlichen Titels. Die **Befriedigung** des Pfandgläubigers kann zum einen dadurch erfolgen, dass er die dem Schuldner gehörende Pfandsache aufgrund eines gegen diesen erwirkten **persönlichen Titels** auf Zahlung der Schuld nach ZPO pfändet und verwertet. 6

b) Kraft dinglichen Titels. Zudem kann die Befriedigung des Pfandgläubigers aufgrund eines gegen den Eigentümer der Pfandsache gem § 1233 II erwirkten **dinglichen Titels** auf Duldung der Pfandverwertung durch (privaten) Pfandverkauf nach §§ 1234–1240 oder ohne Pfändung (!) durch (gerichtlichen) Pfandverkauf nach ZPO erfolgen. 7

c) Pfandverkauf (§§ 1234-1240). Der (private) **Pfandverkauf** nach §§ 1234–1240 erfolgt ohne Vollstreckungstitel oder gerichtliche Ermächtigung (§§ 1228, 1233). Verkaufsberechtigt sind der erste und nach Maßgabe des § 1232 auch nachstehende Pfandgläubiger, sobald Pfandreife eingetreten ist (§ 1228 II). Der Pfandverkauf erfolgt idR durch öffentliche Versteigerung (§ 1235 I), ausnahmsw durch freihändigen Verkauf (§ 1235 II, § 1221, § 1240 II). 8

d) Verstoß gegen Verwertungsvorschriften. Hier ist zu differenzieren: (1) Bei Nichtwahrung der Pfandverkaufsarten der § 1233 II, § 1235, § 1240 II erlangt der Erwerber selbst dann kein Recht, wenn er gutgläubig war (§§ 1242ff); (2) Bei Verstoß (nur) gegen § 1228 II (Pfandreife), § 1230 S 2, § 1237 S 1, § 1240 I ist Veräußerung der Sache als Pfand ebenfalls rechtswidrig (§ 1243 I), der gutgläubige Erwerber wird jedoch Eigentümer (§ 1244); (3) Verstöße gegen bloße Ordnungsvorschriften (§§ 1234f; 1236; 1237 S 2, §§ 1239, 1241) berühren die Rechtmäßigkeit nicht, bei Verschulden ist der Pfandgläubiger aber zum Schadensersatz verpflichtet (§ 1243 II). Die gesetzl Vorschriften des Pfandverkaufs können in beschränktem Umfang durch Vereinbarung, notfalls durch gerichtliche Entscheidung abgeändert werden (§§ 1245f). 8a

7. Rechtsstellung des Erwerbers. Der **Erwerber** erlangt bei rechtmäßigem Pfandverkauf lastenfreies Eigentum (§ 1242). Erstrangiger Nießbrauch erlischt jedoch nur bei Gutgläubigkeit (§ 936). Rechte Dritter setzen sich uU an dem Erlös fort (§ 1247). 9

8. Erlöschensgründe. Untergang der Forderung (§ 1252); Aufgabeerklärung (§ 1255); Ausschluss des Übergangs bei Abtretung der Forderung (§ 1250 II); rechtmäßiger Pfandverkauf (§ 1242 II); gutgläubiger Erwerb der Pfandsache (§ 1244); Rückgabe des Pfandes an Verpfänder oder Eigentümer, auch bei Vorbehalt der Fortdauer (§§ 1253f); idR Vereinigung mit dem Eigentum in derselben Person, sog Konsolidation (§ 1256); Schuldübernahme ohne Einwilligung des Eigentümers (§ 418); Untergang der Pfandsache. Hinzu treten die allg Beendigungsgründe von Rechten an Sachen, §§ 158, 163, 945, 949, 950 II, §§ 964, 973 I, insb gutgläubiger lastenfreier Erwerb der Pfandsache (§ 936). 10

11 **9. Sondervorschriften. a) LuftFzgG.** Das **LuftFzgG** v 26.2.1959 (BGBl I 1959, 57, 223) für Registerpfandrecht an in der Luftfahrzeugrolle eingetragenen Luftfahrzeugen. Überblick bei *Schladebach/Kraft* BKR 2012, 270ff; *Grädler/Zintl* RdTW 2014, 261ff (jew mwN).

11a **b) SchiffsRG.** Das **SchiffsRG** v 15.11.1940 (RGBl I 1499, BGBl III 403–4) für Registerpfandrecht an **eingetragenen Schiffen** und **Schiffsbauwerken.** Ausf Komm bei Staudinger/*Nöll* SchiffsRG.

12 **c) PachtKG.** Das **PachtKG** v 5.8.1951 (BGBl I 1951, 494, BGBl III 7813–1) regelt das besitzlose Pfandrecht am **Inventar** des **Pächters landwirtschaftlicher Grundstücke** zur Sicherung eines ihm von einem Kreditinstitut gewährten Darlehens (§ 1); dieses muss allerdings nicht für landwirtschaftl Zwecke verwendet werden (BGH NJW 1970, 2212). Das Pfandrecht entsteht durch Einigung zw Pächter und Gläubiger sowie Niederlegung des schriftlichen Verpfändungsvertrags beim zuständigen AG (§ 2 I PachtKG); zu diesem Zeitpunkt braucht das Inventar noch nicht vorhanden zu sein (BGH NJW 1970, 2212). Das Pfandrecht erstreckt sich gem § 3 PachtKG nicht nur auf die zur Zeit der Niederlegung des Verpfändungsvertrags vorhandenen, sondern auch auf die später einverleibten Inventarstücke, sofern sie dem Pächter gehören. Es entsteht, sobald die beiden Tatbestandserfordernisse Eigentum des Pächters und Einverleibung ins Inventar, egal in welcher Reihenfolge verwirklicht sind (BGH NJW 1961, 1259; LM Nr 3 PachtKG). Hat der Pächter bisher an dem Inventarstück nur ein Anwartschaftsrecht erworben, so erfasst das Pfandrecht nur dieses (BGH NJW 1970, 2212). Den Vertragsteilen steht es frei, einzelne Inventarstücke auszuschließen (§ 3 II 2, 3 PachtKG). Ein gutgläubiger Pfandrechtserwerb ist nach BGH NJW 1961, 1259 nur an im Zeitpunkt der Niederlegung des Verpfändungsvertrags bereits einverleibten, nicht an später hinzugefügten Inventarstücken möglich. Gem § 2 II PachtKG soll der Pfandgläubiger den Verpächter von bevorstehender Verpfändung zu benachrichtigen; unterlässt er dies, so wird ihm idR bzgl der Zugehörigkeit des Inventarstücks grobe Fahrlässigkeit zur Last fallen. Nach § 5 II PachtKG werden einzelne Inventarstücke von der Haftung frei, wenn der Pächter über sie innerhalb der Grenzen ordnungsmäßiger Wirtschaft verfügt und sie vom Grundstück entfernt, bevor der Pfandgläubiger sein Pfandrecht gerichtlich geltend macht (vgl dazu BGH LM Nr 3 PachtKG). Ist das nicht der Fall, so scheitert ein pfandrechtsfreier Erwerb aufgrund guten Glaubens, sobald der Pfändungsvertrag niedergelegt ist, an § 5 I PachtKG, der alsdann den bösen Glauben des Erwerbers fingiert. Das gilt jedoch nach BGH (LM Nr 4 PachtKG m Anm *Mormann*) dann nicht, wenn der Pächter ein Inventarstück erst veräußert, nachdem er die Pachtstelle aufgegeben und das Inventar von ihr entfernt hatte; dann kommt § 936 in Betracht; insoweit ist der Erwerber aber nur bösgläubig, wenn er weiß oder aus grober Fahrlässigkeit nicht weiß, dass der Veräußerer eine bestimmte Pachtstelle innehatte und dass der angebotene Gegenstand zu dem Inventar dieser Pachtstelle gehört hatte. Das Pfandrecht des gutgläubigen Kreditgebers geht Rechten Dritter an den Inventarstücken vor, nicht aber Grundpfandrechten, die sich auf das Inventar erstrecken, vgl § 4 II, § 7 PachtKG. Will der Pfandgläubiger Pfandstücke gem §§ 1228ff verwerten, muss der Verpächter einwilligen, falls er von einer öffentlichen Versteigerung absieht; macht dieser von seinem gesetzl Pfandrecht am Inventar Gebrauch (§ 581 II, § 562), haben die Pfandrechte gleichen Rang; der Erlös wird geteilt (§ 11 PachtKG).

13 **d) SaatVersSiG.** Das **SaatVersSiG** v 19.1.1949 (WiGBl 1949,8) regelt das sog **Früchtepfandrecht** an vom Grundstück noch nicht getrennten **Früchten** zugunsten der Lieferanten von Düngemitteln und Saatgut (§ 1 SaatVersSiG). Dieses gesetzl Pfandrecht geht allen anderen an den Früchten bestehenden dinglichen Rechten vor (§ 2 IV SaatVersSiG). Es erlischt, wenn die Früchte vom Grundstück entfernt werden, es sei denn, dies geschieht ohne Wissen oder unter Widerspruch des Pfandgläubigers; dieser hat kein Widerspruchsrecht, wenn die Entfernung im Rahmen einer ordnungsmäßigen Wirtschaftsweise erfolgt oder die verbleibenden Früchte zur Sicherung offenbar ausreichen (§ 2 I SaatVersSiG). Zur Konkurrenz mit dem Inventarpfandrecht des PachtKG (BGH LM Nr 2 PachtKG m Anm *Mormann*): IdR erfasst das Inventarpfandrecht nur das Inventar, also nicht die Verkaufsfrüchte (§ 98 Nr 2), das Früchtepfandrecht hingegen nur die Verkaufsfrüchte, nicht aber die zur Fortführung des Betriebs erforderlichen Wirtschaftsfrüchte (§ 811 Nr 4 ZPO); gibt der Pächter den Betrieb auf, ändert sich an diesem Verhältnis nichts, dh das Pachtkreditinstitut behält das Pfandrecht an den Wirtschaftsfrüchten, die bei Entstehung seines Pfandrechts zur Fortführung des Betriebs erforderlich waren.

14 **e) PfandlV.** Die **PfandlV** v 1.6.1976 (BGBl I 1976, 1334) betreffend die gewerbliche Pfandleihe. Sie enthält primär eine Reihe öffentlich-rechtl Ordnungsvorschriften für die Ausübung des Pfandleihgewerbes, zB betreffend Pfandschein (§ 6), Aufbewahrung (§ 7), Versicherung (§ 8) und Verwertung (§ 9). Überblick bei Staudinger/*Wiegand* Anh zu § 1257 Rn 30ff.

15 **f) AGB Banken und Sparkassen.** Praktisch bedeutsam ist das Pfandrecht der Banken und Sparkassen an den in ihren Besitz oder ihre Verfügungsgewalt gelangten Werten der Kunden gem Nr 14 AGB Banken bzw Nr 21 AGB Sparkassen; dazu BankR-Hdb/*Hadding/Häuser* § 19.

§ 1204 Gesetzlicher Inhalt des Pfandrechts an beweglichen Sachen

(1) Eine bewegliche Sache kann zur Sicherung einer Forderung in der Weise belastet werden, dass der Gläubiger berechtigt ist, Befriedigung aus der Sache zu suchen (Pfandrecht).

(2) Das Pfandrecht kann auch für eine künftige oder eine bedingte Forderung bestellt werden.

1 **1. Ratio.** Die Vorschrift normiert qua **Legaldefinition** die Begriffsmerkmale des Pfandrechts an beweglichen Sachen. Der Pfandgegenstand (Rn 2–10) wird mit einem **dinglichen Recht** des Gläubigers belastet und dient

damit der Sicherung einer Forderung (**akzessorisches Recht**, Rn 11–16) durch das Recht des Gläubigers, die Befriedigung aus der Sache zu suchen (**Verwertungsrecht**, Rn 17). Vgl auch Einl § 1204 Rn 1ff.

2. Gegenstand des Pfandrechts. a) Grundsatz. Gegenstand des Pfandrechts sind **bewegliche Sachen** (§ 90) sowie gem § 90a auch Tiere (s § 90a Rn 4; vgl MüKo/*Schäfer* Rn 21; NK/*Bülow* Rn 10, die einer selbständigen Rechtsbeziehung und ihrer Natur nach einer Verwertung fähig sind (Staudinger/*Wiegand* Rn 31). Verpfändbar sind auch: vertretbare (§ 91) und verbrauchbare (§ 92) Sachen (NK/*Bülow* Rn 10; Grü/*Wicke* Rn 5; Staudinger/*Wiegand* Rn 42), unpfändbare Sachen (§ 811 ZPO) (NK/*Bülow* Rn 10; MüKo/*Schäfer* Rn 22; BeckOGK/*Förster* Rn 71; Grü/*Wicke* Rn 5; Staudinger/*Wiegand* Rn 47). 2

b) Einzelheiten. aa) Bestandteile, Zubehör. Wesentliche Bestandteile können, solange die Bestandteilseigenschaft andauert, mangels Sonderrechtsfähigkeit (s § 93 Rn 11f) nicht Gegenstand eines selbständigen Pfandrechts sein (NK/*Bülow* Rn 12; MüKo/*Schäfer* Rn 22; BeckOGK/*Förster* Rn 75; Staudinger/*Wiegand* Rn 32); Ausnahmen: § 1 I 1 SaatVersSiG (Vor § 1204 Rn 13); Pfändungspfandrecht gem § 810 ZPO. Nicht selbständig verpfändbar sind auch unausgeschiedene Teilstücke/-mengen einer im Alleineigentum stehenden Sache oder Sachmenge, zB die Hälfte des Weins in einem Fass (Staudinger/*Wiegand* Rn 37). Möglich ist hingegen die Verpfändung eines Miteigentumsanteils (s § 1258 Rn 1ff). Zulässig ist ferner auch die Verpfändung nicht wesentlicher Bestandteile, da diese sonderrechtsfähig sind (RGZ 69, 117, 120; NK/*Bülow* Rn 12; MüKo/*Schäfer* Rn 22; BeckOGK/*Förster* Rn 76; BeckOK/*Schärtl* Rn 43; Staudinger/*Wiegand* Rn 33); ebenso auch von Scheinbestandteilen (NK/*Bülow* Rn 12; MüKo/*Schäfer* Rn 21 BeckOGK/*Förster* Rn 77; Staudinger/*Wiegand* Rn 34; s auch § 95 Rn 19) und Zubehör (§§ 97f) (NK/*Bülow* Rn 14; MüKo/*Schäfer* Rn 24; BeckOGK/*Förster* Rn 77; Staudinger/*Wiegand* Rn 34; vgl dazu auch bereits § 97 Rn 28 sowie noch § 1212 Rn 5). 3

bb) Geld. Geld kann als bewegliche Sache grds verpfändet werden; allerdings ist zu **differenzieren**: (1) Will der „Verpfänder" Eigentum an dem Geld behalten, so ist ein **echtes vertragl Pfandrecht** anzunehmen (Bsp: Geld in verschlossenem Umschlag; Sammlermünzen). Dann gelten die §§ 1204ff grds in vollem Umfang; nicht anwendbar sind allerdings §§ 1128, 1233ff, sondern der Pfandgläubiger ist befugt, sich das Geld iHd Forderung anzueignen (MüKo/*Schäfer* Rn 26, § 1228 Rn 5; Staudinger/*Wiegand* Rn 53). (2) IdR soll der Empfänger jedoch sofort Eigentum am Geld erhalten; ein Indiz hierfür ist die Verzinsung; wichtiges Beispiel: Barkaution. Nach zutreffender hM entsteht dann ein sog **irreguläres Pfandrecht** (BGH NZM 2010, 279 Rn 8; Hamm BB 1963, 1117; BayObLG NJW 1981, 994, 995; LG Kassel NJW 1976, 1544; NK/*Bülow* Rn 21; BeckOGK/*Förster* Rn 87; Grü/*Wicke* Überbl v § 1204 Rn 6; Staudinger/*Wiegand* Rn 54ff). Die Vorschriften über das reguläre Pfandrecht (§§ 1204ff) sind entspr anzuwenden; die abw dingliche Rechtslage kann jedoch eine Modifikation erforderlich machen, zB richtet sich der Anspruch aus § 1223 auf Übereignung gleichartiger Sachen, wenn die gesicherte Forderung erloschen ist (Grü/*Wicke* Überbl v § 1204 Rn 5). Nach aA (MüKo/*Schäfer* Rn 26) soll dagegen ein Darlehen vorliegen; damit wird jedoch der Sicherungscharakter des irregulären Pfandrechts verkannt (Staudinger/*Wiegand* Rn 55). 4

cc) Anwartschaftsrecht. Die Verpfändung des Anwartschaftsrechts erfolgt aufgrund seines Charakters als wesensgleiches Minus zum Eigentum nicht nach §§ 1273ff, sondern nach §§ 1204ff (BGH NJW 1961, 1349, 1351; NK/*Bülow* Rn 24; MüKo/*Schäfer* Rn 34; BeckOGK/*Förster* Rn 85; BeckOK/*Schärtl* Rn 51; Staudinger/*Wiegand* Rn 44). Erstarkt das Anwartschaftsrecht zum Vollrecht, setzt sich das Pfandrecht entspr § 1287 S 1 an diesem fort (NK/*Bülow* Rn 24; MüKo/*Schäfer* Rn 34; BeckOGK/*Förster* Rn 86; Staudinger/*Wiegand* Rn 44). Str ist die analoge Anwendung des § 1276, dazu § 1276 Rn 10. 5

dd) Flaschenpfand. Umstr ist Behandlung des **Flaschenpfandes** (ausf *Hartmann/Henn* JURA 2008, 691ff; *Martinek* JuS 1987, 514ff; *Martinek* JuS 1989, 268ff; *Kollhosser/Bork* BB 1987, 909ff; *Schäfer/Schäfer* ZIP 1983, 656ff; *Smid/Novid* DZWiR 2017, 461ff; *Weber* NJW 2008, 948ff; *Wolf* JA 2007, 737ff). Hier ist zu differenzieren: **(1)** Bei **Einheitsflaschen**, die keine Individualisierungsmerkmale aufweisen und von unbestimmt vielen Herstellern verwendet werden, erstreckt sich der Eigentumsübergang nicht nur auf den Inhalt, sondern auch auf die Flasche selbst, und zwar auf allen Vertriebsstufen und selbst dann, wenn der Eigentumserwerb in AGB ausdrückl ausgeschlossen wurde, denn durch die Vermengung der Flaschen verschiedener Hersteller kommt es gem § 948 I, § 947 I zwangsläufig zu einem Eigentumsverlust des einzelnen Herstellers (BGH NJW 2007, 2913 Rn 10; 2018, 3598 Rn 7). Der „Pfand"-betrag ist Teil des Kaufpreises, der Verkäufer verpflichtet sich, gleichwertige Flaschen zu diesem Betrag zurückzukaufen (BeckOGK/*Förster* Rn 94.1; BeckOK/*Schärtl* Rn 6.5; Grü/*Wicke* Überbl v § 1204 Rn 7; für die letzte Abnehmerstufe einheitlich für alle Flaschentypen von einem Wiederkauf ausgehend: MüKo/*Schäfer* Rn 30). **(2)** Bei **Individualflaschen** verbleibt das Eigentum an den Flaschen beim Hersteller/Vertreiber und wird auch auf den nachfolgenden Handelsstufen nicht an den Erwerber des Flascheninhalts übertragen (BGH NJW 2007, 2913 Rn 11; 2018, 3598 Rn 7). Die Überlassung der Flaschen stellt sich hier als Leihe dar (vgl BGH NJW 2007, 2913 Rn 15: „leiheähnl Gebrauchsüberlassung";BeckOK/*Schärtl* Rn 6.6 – Miete oder Leihe). Der Pfandbetrag sichert den Anspruch auf Rückgabe der Flaschen; es handelt sich um ein irreguläres Pfand im Falle einer Barkaution (BeckOGK/*Förster* Rn 94.2; BeckOK/*Schärtl* Rn 6.6; Grü/*Wicke* Überbl v § 1204 Rn 7; Staudinger/*Wiegand* Rn 59; aA MüKo/*Schäfer* Rn 30 [nicht vom Eigentumsverbleib ausgehend]). In der Kennzeichnung als Pfandflasche (zB auf Banderole) liegt das Angebot des genannten Herstellers/Vertreibers ad incertas personas, die Flasche gegen Zahlung des Pfandbetrags zurückzunehmen (BGH NJW 2007, 2912 Rn 9; NJW-RR 2010, 1432 Rn 15ff). **(3)** Bei **Gruppenflaschen**, dh solchen, die nicht einem bestimmten Hersteller/Vertreiber, sondern nur einer Herstellergruppe zuzuordnen sind, hat der BGH die sachenrechtl Konstruktion explizit offengelassen (BGH NJW 2007, 2913 Rn 12); mangels Möglichkeit der Zuordnung zu einem konkreten 6

Hersteller/Vertreiber muss hier richtiger Ansicht nach jedoch dasselbe gelten wie bei Einheitsflaschen, dh das Eigentum geht über (Köln ZIP 1980, 1098; LG Darmstadt ZIP 1980, 113; *Hellmann* JuS 2001, 353, 354; *Martinek* JuS 1989, 268, 272; Grü/*Wicke* Überbl v § 1204 Rn 7; aA BFH DStR 2013, 957 Rn 20; München GRUR 1980, 1010, 1011f; Köln NJW-RR 1988, 373; *Kollhosser/Bork* BB 1987, 909, 912ff; *Schäfer/Schäfer* ZIP 1983, 656, 659f).

7 **ee) Verwertbarkeit.** Aufgrund des Charakters des Pfandrechts als Verwertungsrecht (Rn 1, 17) muss der Pfandgegenstand verwertbar sein (MüKo/*Schäfer* Rn 25; Grü/*Wicke* Rn 6; Staudinger/*Wiegand* Rn 48).

7a **(1) Nicht verpfändbar** sind daher **Urkunden und sonstige Papiere ohne selbständigen Vermögenswert.** Dies sind insb alle **Rektapapiere**, dh die in § 952 genannten und ihnen gleichstehenden Papiere, zB Hypotheken- und Grundschuldbriefe (RGZ 66, 24, 27; 149, 93, 95; BGH NJW 1973, 514f); Leihhausscheine (Dresden OLG 43, 155); Pfandscheine (München OLG 18, 193); Sparbücher (RGZ 68, 277, 282); Zulassungsbescheinigung Teil II (vormals Kfz-Brief) (NK/*Bülow* Rn 19; BeckOGK/*Förster* Rn 69.1; Grü/*Wicke* Rn 6; Staudinger/*Wiegand* Rn 49; vgl auch BGH NJW 1978, 1854); Versicherungspolice (RGZ 51, 83, 86). Nicht verpfändbar sind mangels Dispositionsbefugnis und Verwertbarkeit auch Personalausweis (NK/*Bülow* Rn 19; Grü/*Wicke* Rn 6), Reisepass (AG Heilbronn NJW 1974, 2182, 2183; BeckOGK/*Förster* Rn 69.1) und Führerschein (AG Essen-Steele DAR 1984, 120; BeckOGK/*Förster* Rn 69.1). Eine „Verpfändung" solcher Papiere lässt sich aber uU gem § 140 umdeuten in: (a) eine Verpfändung des verbrieften Rechts, (b) Einräumung eines schuldrechtl Zurückbehaltungsrechts (vgl RGZ 51, 83, 86f; 68, 277, 282), oder (c) Ermächtigung des Gläubigers, sich durch Verwertung der Urkunde (zB Abhebung des Sparbetrags) bezahlt zu machen (vgl KG OLG 26, 204, 205; MüKo/*Schäfer* Rn 25; Staudinger/*Wiegand* Rn 50). **(2)** Verpfändbar sind dagegen **Urkunden und sonstige Papiere**, die **selbständige Vermögenswerte verkörpern.** Dazu gehören etwa Briefmarken, historische Briefe und Urkunden, Autogramme (MüKo/*Schäfer* Rn 25; BeckOGK/*Förster* Rn 69.1; BeckOK/*Schärtl* Rn 57.1; Staudinger/*Wiegand* Rn 51). Möglich ist gem §§ 1292, 1293 (s dort) ferner auch die Pfandrechtsbestellung an Inhaber- und Orderpapieren.

8 **ff) Sachgesamtheiten.** Sachgesamtheiten (Sachinbegriffe) sind als solche nicht verpfändbar, möglich ist nur eine Verpfändung der sie bildenden Einzelsachen, vgl RGZ 53, 218, 220 (Holzlager); 68, 49, 54 (Verlagsunternehmen); 77, 201 (Warenlager); 95, 235, 237 (Gewerbe- und Handelsunternehmen); BGH NJW 1968, 392, 393 (Zeitschriftenunternehmen). Wenn sie auch bei der Pfandbestellung unter verkehrsüblicher Bezeichnung zusammengefasst werden können (vgl RGZ 53, 218, 220; 68, 49, 54), so müssen doch bzgl jeder einzelnen Sache die Voraussetzungen der Entstehung des Pfandrechts vorliegen und gesondert festgestellt werden (RGZ 53, 218, 220; 95, 235, 237f; MüKo/*Schäfer* Rn 32). Möglich ist (zB bei Warenlagern) auch eine sog Surrogationsabrede, dh eine Vereinbarung, dass bestimmungsgemäß veräußerte Sachen von der Haftung frei werden (auflösend bedingtes Pfand) und neu hinzukommende Sachen vom Pfandrecht ergriffen werden (was freilich voraussetzt, dass insoweit die allg Voraussetzungen für die Pfandrechtsentstehung erfüllt sind) (vgl RGZ 53, 218, 220; 77, 201, 202; MüKo/*Schäfer* Rn 32; Staudinger/*Wiegand* Rn 36).

9 **gg) Künftige Sachen.** Künftig entstehende oder hinzukommende Sachen können nicht schon für die Gegenwart verpfändet werden (MüKo/*Schäfer* Rn 33; BeckOGK/*Förster* Rn 83; Staudinger/*Wiegand* Rn 43). Zulässig ist jedoch antizipierte Einigung; das Pfandrecht entsteht aber erst dann, wenn die Sache entsteht bzw hinzukommt, eines der Besitzerfordernisse der §§ 1205f erfüllt ist und die antizipierte Einigung dann noch fortbesteht (MüKo/*Schäfer* Rn 33; BeckOGK/*Förster* Rn 83; Grü/*Wicke* Rn 8; Staudinger/*Wiegand* Rn 43; vgl auch RGZ 53, 218, 220).

10 **hh) Eigene Sachen.** Eine Verpfändung eigener Sachen des Gläubigers ist unzulässig; die §§ 1204ff enthalten gerade keine dem § 1163 I 1 entspr Regelung (Bamberg SeuffA 58 Nr 66; NK/*Bülow* Rn 22; MüKo/*Schäfer* Rn 35; BeckOGK/*Förster* Rn 82; Staudinger/*Wiegand* Rn 46). § 1256 lässt lediglich das Pfandrecht an den ins Eigentum des Gläubigers fallenden Sachen uU fortbestehen. § 398 HGB enthält hiervon keine Ausnahme, denn die Norm gibt nach hM nur ein pfandrechtsähnl Befriedigungsrecht (vgl Oetker/*Bergmann* § 398 HGB Rn 1; Hopt/*Kumpan* § 398 HGB Rn 1; s ferner auch MüKo/*Schäfer* Rn 35; Staudinger/*Wiegand* Rn 46).

11 **3. Zu sichernde Forderung. a) Akzessorietät.** Das Pfandrecht ist streng akzessorisch, dh es ist vom Bestehen der Forderung, die es sichern soll, abhängig, vgl Einl § 1204 Rn 7.

12 **b) Nichtige Forderung.** Ist eine Forderung infolge eines nichtigen schuldrechtl Vertrags nicht entstanden, so entsteht kein Pfandrecht; ist aber die beabsichtigte Forderung in eine andere umzudeuten (§ 140), so gilt das Pfandrecht als für diese bestellt (MüKo/*Schäfer* Rn 37; Staudinger/*Wiegand* Rn 21). Ist zB ein Pfandrecht für eine nichtige Darlehensforderung bestellt, so kann es nicht ohne Weiteres, sondern nur bei entspr Parteiwillen, die Forderung aus ungerechtfertigter Bereicherung sichern (BGH NJW 1968, 1134; NZI 2017, 623 Rn 15). Nicht zulässig ist hingegen der Austausch der ursprünglichen Forderung durch eine neue, völlig selbständige Forderung (Karlsruhe OLG 15, 393, 394; MüKo/*Schäfer* Rn 46; BeckOGK/*Förster* Rn 47.1; Grü/*Wicke* Rn 10; Staudinger/*Wiegand* Rn 21).

13 **c) Untilgbare und unvollkommene Verbindlichkeiten.** Eine Pfandrechtsbestellung ist nicht möglich, wenn vereinbart wird, dass der Schuldner nicht berechtigt ist, die Forderung zu tilgen, denn dann besteht schon kein Schuldverhältnis (BGH NJW 1957, 672). Nicht durch Pfandrecht gesichert werden können auch unvollkommene Verbindlichkeiten aus Heiratsvermittlung (§ 656) sowie aus Spiel und Wette (§ 762) (NK/*Bülow* Rn 33; MüKo/*Schäfer* Rn 38; BeckOGK/*Förster* Rn 54; Grü/*Wicke* Rn 10; Staudinger/*Wiegand* Rn 16). Unzulässig ist die Pfandrechtsbestellung ferner, wenn sie ein sittenwidriges Verhalten bekräftigen würde (NK/*Bülow* Rn 34; Grü/*Wicke* Rn 10; Staudinger/*Wiegand* Rn 17f). Str sind die Fälle des § 814; entgegen der wohl hL (NK/*Bülow* Rn 34;

MüKo/*Schäfer* Rn 38; BeckOGK/*Förster* Rn 55; BeckOK/*Schärtl* Rn 62.4; Grü/*Wicke* Rn 10; Staudinger/*Wiegand* Rn 17) wird man die Pfandrechtsbestellung hier jedoch für zulässig ansehen müssen, da nur eine sittliche bzw Anstandspflicht verstärkt wird (vgl auch RGRK/*Kregel* Rn 8).

d) Verjährte Forderung. Dass die Forderung verjährt ist, steht der Pfandbestellung selbst dann nicht entgegen, wenn dies dem Verpfänder entgangen ist (arg e §§ 214, 216) (NK/*Bülow* Rn 32; MüKo/*Schäfer* Rn 40; BeckOGK/*Förster* Rn 53; Grü/*Wicke* Rn 10; Staudinger/*Wiegand* Rn 16). 14

e) Vermögensrechtliche Forderung. Sicherungsfähig sind nur vermögensrechtl Forderungen, die entweder von Anfang an auf Geld gerichtet sind oder in eine Geldforderung übergehen können (arg e § 1228 II 2) (Mot III, 797f MüKo/*Schäfer* Rn 39; Grü/*Wicke* Rn 9; Staudinger/*Wiegand* Rn 12). Nicht sicherungsfähig sind somit Ansprüche, die keine Forderungen sind, zB Ausgleichsanspruch aus § 2050 (RG Recht 1912 Nr 1904); ebenso wenig dingliche Rechte (zB Hypothek, Grundschuld) (MüKo/*Schäfer* Rn 39; BeckOK/*Schärtl* Rn 62; Staudinger/*Wiegand* Rn 13). Eine Pfandrechtssicherung ist hier jedoch mittelbar möglich, indem eine Vertragsstrafe vereinbart und der Anspruch hieraus durch Pfandrecht gesichert wird (MüKo/*Schäfer* Rn 39; Staudinger/*Wiegand* Rn 13). 15

4. Künftige und bedingte Forderung (Abs II). Abs II lässt auch die Pfandrechtsbestellung für künftige und bedingte Forderungen zu. Der Grundsatz der Akzessorietät ist insoweit mit Blick auf praktische Bedürfnisse bewusst gelockert (vgl Mot III, 798). Es genügt, dass die Forderung zumindest bestimmbar ist (BGH NJW 1983, 1123, 1125; 1985, 863, 864; NJW-RR 2007, 982 Rn 14). Zulässig ist etwa auch die Sicherung aller gegenwärtigen und künftigen Forderung eines bestimmten Gläubigers gegen einen bestimmten Schuldner (MüKo/*Schäfer* Rn 44; Staudinger/*Wiegand* Rn 24). Das Pfandrecht entsteht bereits mit Einigung und Übergabe der Pfandsache und nicht erst mit dem Entstehen der gesicherten Forderung (BGH NJW 1983, 1123, 1125; 1985, 863, 864; NZI 1999, 116; NJW-RR 2007, 982 Rn 14); dieser Zeitpunkt ist nach § 1209 insb auch für den Rang maßgebend (s § 1209 Rn 1ff). Von dieser in § 1204 II geregelten Bestellung des Pfandrechts für eine bedingte oder zukünftige Forderung zu unterscheiden ist einerseits die Verpfändung einer künftigen oder bedingten Forderung nach §§ 1273, 1279ff und andererseits die Bedingung oder Befristung der Bestellung (dinglichen Einigung) des Pfandrechts selbst. 16

5. Recht zur Befriedigung aus der Sache. Wesensgehalt des Pfandrechts ist das Recht zur Befriedigung aus der Sache selbst. Eine Vereinbarung, dass der Gläubiger sich nur an die Früchte halten dürfe, verhindert daher a priori die Entstehung eines Pfandrechts (MüKo/*Schäfer* Rn 50; Grü/*Wicke* Rn 1; Staudinger/*Wiegand* Rn 6); zulässig ist dagegen die Abrede, dass der Pfandgläubiger sich zunächst aus den Früchten und nur subsidiär durch Verwertung der Pfandsache selbst befriedigen solle (MüKo/*Schäfer* Rn 50; BeckOGK/*Förster* Rn 6.1; Staudinger/*Wiegand* Rn 6). Zulässig ist auch ein Pfandrecht auf Zeit (vgl RGZ 68, 141, 45) oder die Abrede, dass das Pfand nur bis zu einer bestimmten Höhe für die Forderung haften soll (MüKo/*Schäfer* Rn 47; BeckOGK/*Förster* Rn 6.1). Ebenso können persönlicher Schuldner und Gläubiger vereinbaren, dass nur die Pfandsache – und nicht wie im Regelfall auch das übrige persönliche Vermögen des Schuldners – haften soll (MüKo/*Schäfer* Rn 41; Staudinger/*Wiegand* Rn 7); nach § 5 I 1 Nr 1 PfandlV ist dies für die gewerbliche Pfandleihe sogar vorgeschrieben. 17

§ 1205 Bestellung

(1) Zur Bestellung des Pfandrechts ist erforderlich, dass der Eigentümer die Sache dem Gläubiger übergibt und beide darüber einig sind, dass dem Gläubiger das Pfandrecht zustehen soll. Ist der Gläubiger im Besitz der Sache, so genügt die Einigung über die Entstehung des Pfandrechts.

(2) Die Übergabe einer im mittelbaren Besitz des Eigentümers befindlichen Sache kann dadurch ersetzt werden, dass der Eigentümer den mittelbaren Besitz auf den Pfandgläubiger überträgt und die Verpfändung dem Besitzer anzeigt.

1. Ratio und Überblick. Die Norm legt die **Voraussetzungen** für die wirksame **Entstehung des Pfandrechts** fest. Der Gesetzgeber hat sich dabei bewusst eng an §§ 929ff und 1032 angelehnt (vgl Mot III, 800ff). Allen drei Vorschriften sind zwei Voraussetzungen gemeinsam: **Einigung** (Rn 2–5) und **Übergabe** bzw Übergabeersatz (Rn 6–14 und § 1206 Rn 1ff). Anders als bei Eigentumsübertragung und Nießbrauchsbestellung ist bei der Bestellung eines Pfandrechts jedoch das **Besitzkonstitut als Übergabeersatz unzulässig**; der Gesetzgeber hielt diese dem früheren Recht entspr „Verschärfung des Übergabeerfordernisses" für notwendig, weil die mit der Zulassung des Besitzkonstituts verbundene „Unübersichtlichkeit der Rechtsverhältnisse" gerade beim Mobiliarpfandrecht mit besonderen Gefahren verbunden sei, da es dazu benutzt werden könnte „geheime, die Sicherheit des Verkehres, namentlich auf den Fall des Konkurses hin, beeinträchtigende Pfandrechte zu schaffen" (Mot III, 801). Diese Gesetzeslage hat dazu geführt, dass bei beweglichen Sachen die Sicherungsübereignung (Anh § 931) im praktischen Rechtsleben eine wesentlich größere Bedeutung erlangt hat als das Pfandrecht. 1

2. Einigung. a) Rechtsnatur. Die Einigung ist ein abstrakter dinglicher Vertrag und streng zu trennen von dem zur Verpfändung verpflichtenden obligatorischen Grundgeschäft (sofern ein solches existiert). Die dingliche Einigung als solche gewährt keinen Anspruch auf Übergabe (Königsberg OLG 5, 157). Nach hM ist die Einigung wie bei § 929 (§ 929 Rn 4) nicht bindend (Saarbrücken MDR 2006, 824, 825; Jauernig/*Berger* Rn 2 iVm § 929 Rn 6; MüKo/*Schäfer* Rn 2; Staudinger/*Wiegand* Rn 8; aA zu § 929 mit beachtlichen Argumenten jedoch dezidiert *Lieder*, Die rechtsgeschäftliche Sukzession, 2013, § 6 IV; krit ggü der hM auch NK/*Bülow* Rn 12). Die 2

Einigung kann bedingt und befristet werden (RGZ 68, 141, 145). Sie kann jedoch nicht zugunsten eines Dritten erfolgen (RGZ 124, 217, 221). Stellvertretung ist auf beiden Seiten zulässig (NK/*Bülow* Rn 13; BeckOGK/*Förster* Rn 11; Staudinger/*Wiegand* Rn 5).

3 **b) Inhalt.** Die Einigung geht dahin, dass dem Gläubiger zur Sicherung einer bestimmten Forderung ein Pfandrecht zustehen solle. Ob dies der Fall ist, ist durch Auslegung nach allg Regeln zu ermitteln; der Begriff „Verpfändung" braucht nicht verwendet zu werden (vgl BeckOGK/*Förster* Rn 9; Staudinger/*Wiegand* Rn 3). Fehlt es an der Verwertungsbefugnis des Gläubigers (vgl § 1204 Rn 17), kommt nur ein Zurückbehaltungsrecht in Betracht (MüKo/*Schäfer* Rn 5; Staudinger/*Wiegand* Rn 3).

4 **c) Formfreiheit.** Die Einigung ist formfrei, auch bei Verpfändung für fremde Schuld; für eine Analogie zu § 766 besteht kein Bedürfnis, da der Verpfänder durch das Übergabeerfordernis hinreichend geschützt ist (Dresden OLG 5, 323; MüKo/*Schäfer* Rn 2; BeckOGK/*Förster* Rn 10; Staudinger/*Wiegand* Rn 3). Sie kann insb **auch in AGB** erfolgen. Typische Bsp: Nr 14 AGB Banken, Nr 21 AGB Sparkassen (dazu bereits Vor § 1204 Rn 15); AGB-Werkunternehmerpfandrecht (vor dem Hintergrund der Kontroverse um die Möglichkeit eines gutgläubigen Erwerbs, vgl § 647 Rn 5, § 1257 Rn 7).

5 **d) Verhältnis von Einigung und Übergabe.** Einigung und Übergabe sind selbständige Erfordernisse, ihre Reihenfolge ist beliebig (RGZ 84, 1, 5). Erfolgt die Übergabe zeitl erst nach der Einigung, muss diese aber in diesem Zeitpunkt noch fortbestehen (RGZ 84, 1, 5). Der Fortbestand der Einigung wird jedoch vermutet (NK/*Bülow* Rn 12; MüKo/*Schäfer* Rn 2; BeckOGK/*Förster* Rn 14; Staudinger/*Wiegand* Rn 8; zu § 929: RGZ 135, 366, 367; BGH NJW 1960, 1223, 1227; WM 1977, 218; NJW 1978, 696, 697). Scheitert die Bestellung eines Pfandrechts am unmittelbaren Besitz des Gläubigers oder aus sonstigen Gründen, so kommt uU eine Umdeutung in ein Zurückbehaltungsrecht in Betracht (RGZ 66, 24, 27f; OGH NJW 1950, 784, 785).

6 **3. Übergabe. a) Überblick.** Die Übergabe kann gem § 1205 erfolgen durch (1) Besitzübertragung (§ 1205 I 1, § 929 S 1, dazu Rn 7ff), (2) traditio brevi manu (§ 1205 I 2, § 929 S 2, dazu Rn 10), (3) Abtretung des Herausgabeanspruchs und Anzeige (§ 1205 II, angelehnt an § 931, dazu Rn 11ff). § 1206 lässt als Übergabesurrogat ferner die Einräumung von Mitbesitz zu (s § 1205 Rn 1ff). Das Besitzkonstitut ist hingegen – anders als gem § 930 – nicht als Übergabesurrogat zugelassen (s Rn 1).

7 **b) Übergabe iSd Abs I S 1. aa) Tatbestandsmerkmale** der Übergabe iSd Abs I S 1 sind – korrespondierend – derjenigen iSd § 929 S 1 (BeckOGK/*Förster* Rn 21; Staudinger/*Wiegand* Rn 12; zu § 929 S 1: *Baur/Stürner*, SachenR § 51 Rn 12): (1) völlige Besitzaufgabe seitens des Veräußerers (vgl RGZ 57, 323, 324; 68, 258, 261f), (2) Besitzerwerb seitens des Erwerbes, (3) auf Veranlassung des Veräußerers (vgl RGZ 53, 218, 220). Die Besitzübertragung kann sowohl nach § 854 I (§ 854 Rn 4ff) als auch nach § 854 II (§ 854 Rn 14) erfolgen (RGZ 74, 146, 149; RG DJZ 1912, 1470; MüKo/*Schäfer* Rn 16; BeckOGK/*Förster* Rn 21, 23; BeckOK/*Schärtl* Rn 12; Grü/*Wicke* Rn 3). Möglich ist auf beiden Seiten auch die Einschaltung eines Besitzmittlers; es genügt, wenn die Übergabe durch einen Besitzmittler erfolgt (NK/*Bülow* Rn 28; MüKo/*Schäfer* Rn 17; BeckOGK/*Förster* Rn 22; Staudinger/*Wiegand* Rn 13) und/oder der Gläubiger nur mittelbaren Besitz erlangt (RGZ 118, 250, 253; MüKo/*Schäfer* Rn 18; Grü/*Wicke* Rn 3; Staudinger/*Wiegand* Rn 13). Als Übergabe iSd § 1205 I 1 und nicht etwa als Fall des § 1205 II (so aber etwa RG Recht 1926 Nr 1109; BeckOGK/*Förster* Rn 28) zu qualifizieren ist ferner, dass der unmittelbare Besitzer auf Anweisung des Verpfänders das Besitzmittlungsverhältnis beendet und ein neues mit dem Pfandgläubiger begründet (*Tiedtke* WM 1987, 157, 160; Grü/*Wicke* Rn 6; MüKo/*Schäfer* Rn 25, Staudinger/*Wiegand* Rn 24; *Westermann/Gursky/Eickmann*, § 127 Rn 1; vgl für § 929 S 1: RGZ 103, 151, 153; BGH NJW 1959, 1536, 1539; NJW 1985, 376, 378; NJW-RR 2010, 983 Rn 23; JZ 2013, 305 Rn 25). Ausreichend ist weiterhin auch die Übergabe durch (RGZ 67, 421, 422; NK/*Bülow* Rn 28; MüKo/*Schäfer* Rn 17; BeckOK/*Schärtl* Rn 12; Staudinger/*Wiegand* Rn 13) oder an einen Besitzdiener (§ 855) (RGZ 67, 421, 422; 77, 201, 209; MüKo/*Schäfer* Rn 18; BeckOGK/*Förster* Rn 22; BeckOK/*Schärtl* Rn 12; Grü/*Wicke* Rn 3; Staudinger/*Wiegand* Rn 13). Ferner kann die Übergabe auch durch einen Dritten auf Geheiß des Verpfänders erfolgen (MüKo/*Schäfer* Rn 17; BeckOGK/*Förster* Rn 22; BeckOK/*Schärtl* Rn 12; Staudinger/*Wiegand* Rn 13).

8 **bb) Einzelfälle.** Übergabe des Schlüssels zu verschlossenem Lagerraum der Pfandsachen (vgl RGZ 66, 258, 265), selbst wenn Verpfänder zweiten passenden Schlüssel besitzt (RGZ 103, 100, 101), oder ihm oder einem seiner Leute der übergebene Schlüssel zeitweilig für bestimmte Zwecke überlassen wird (RGZ 67, 421, 422). Nicht dagegen: Wenn Verpfänder oder dessen Leute den Raum erkennbar auch ohne Mitwirkung des Gläubigers mit Hilfe eines zurückbehaltenen Schlüssels jederzeit betreten können (RGZ 66, 258, 265) oder in ihn auf andere Weise wenigstens zu gewissen Zeiten gelangen können (RGZ 77, 201, 207f). Ebenso wenig genügt die gesonderte Lagerung durch Pfandtafeln gekennzeichneter Sachen auf dem Grundstück des Verpfänders inmitten eines unverschlossenen Zauns (RGZ 74, 146, 148f). Ausreichend ist hingegen eine solche Stapelung hinter einem verschlossenen Zaun oder wenn sie durch Angestellte des Gläubigers scharf bewacht werden (RG WarnR 1912 Nr 433). Bei Pfandbestellung mittels Hinterlegung erlangt der Gläubiger das Pfandrecht, sobald das Hinterlegungsrecht nach § 376 II ausgeschlossen ist, denn dann vermittelt die Hinterlegungsstelle dem Gläubiger gem § 378 den Besitz (RGZ 135, 272, 274f).

9 **cc) Traditionspapiere.** Die Aushändigung eines Traditionspapiers Ladeschein (§ 448 HGB), Lagerschein (§ 475g HGB) oder Konnossement (§ 524 HGB) steht der Übergabe der verbrieften Ware gleich.

10 **c) Traditio brevi manu, Abs I S 2.** Gem Abs I S 2 (§ 929 I 2) genügt die Einigung, wenn der Gläubiger bereits in den unmittelbaren oder mittelbaren (RGZ 118, 250, 253; BGH NJW 1997, 2110, 2111; NZG 2016, 187 Rn 13)

Besitz der zu verpfändenden Sache gelangt ist. Bei mittelbarem Besitz des Gläubigers darf aber der Verpfänder nicht Besitzmittler sein (RGZ 118, 250, 253). Das trifft zB den Fall, dass der Miteigentumsanteil an im Girosammeldepot ruhenden Wertpapieren verpfändet wird (BGH NJW 1997, 2110, 2111; NZG 2016, 187 Rn 17). Die Einigung iSd Abs I S 2 betreffend die Pfandrechtsbestellung ist streng zu trennen von der Möglichkeit, den Besitz nach § 854 II durch bloße Einigung zu übertragen (Rn 7). Beides kann jedoch kombiniert werden, wobei beide Einigungen erfolgen können, bevor der Gläubiger die tatsächliche Gewalt erlangt; dann müssen aber beide Einigungen zu diesem Zeitpunkt noch fortdauern, damit das Pfandrecht wirksam entsteht (RG DJZ 1912, 1470; Staudinger/*Wiegand* Rn 21).

d) Abtretung des Herausgabeanspruchs und Anzeige als Übergabesurrogat, Abs II. aa) Abs II lässt – in Anlehnung an § 931 – als Übergabesurrogat die Abtretung des Herausgabeanspruchs zu. Es bestehen allerdings **zwei signifikante Unterschiede zu § 931**: (1) Der Verpfänder muss **mittelbarer Besitzer** sein, und (2) es ist zusätzl eine **Anzeige** erforderlich. Kein Fall des Abs II, sondern vielmehr eine Übergabe iSd Abs I S 1 liegt richtiger Ansicht nach vor, wenn der unmittelbare Besitzer auf Anweisung des Verpfänders das Besitzmittlungsverhältnis beendet und ein neues mit dem Pfandgläubiger begründet (s bereits Rn 7). 11

bb) Der Verpfänder muss **mittelbarer Besitzer** sein. Bei Eigenbesitz kommt nur die Verpfändung des dinglichen Herausgabeanspruchs (§ 985) gem § 1280 in Betracht (MüKo/*Schäfer* Rn 23; Staudinger/*Wiegand* Rn 23). 12

cc) § 1205 II erfordert zum einen die Übertragung des mittelbaren Besitzes des Verpfänders (§ 868) durch **Abtretung** des diesem **aus dem Besitzmittlungsverhältnis** zustehenden obligatorischen **Herausgabeanspruchs** (§ 870) (nicht etwa des Herausgabeanspruchs aus § 985, dieser ist nicht selbständig abtretbar, vgl § 985 Rn 9). Der Herausgabeanspruch muss sich auf eine bzw mehrere individuell bestimmte Sache(n) – und nicht etwa nur den Bruchteil einer Sachmenge – beziehen (RGZ 52, 385, 389; Grü/*Wicke* Rn 6; Staudinger/*Wiegand* Rn 25). 13

dd) Abs II erfordert zudem die **Anzeige** der Verpfändung an den Besitzer; anderweitige Kenntniserlangung durch den Besitzer ist nicht ausreichend (RGZ 85, 431, 435f; MüKo/*Schäfer* Rn 29; BeckOGK/*Förster* Rn 31; Grü/*Wicke* Rn 7; zur Parallelnorm des § 1280: RGZ 89, 289, 290). Sie ermächtigt und verpflichtet Besitzmittler zur Herausgabe an Pfandgläubiger (RGZ 85, 431, 436). Die Anzeige ist eine formfreie empfangsbedürftige Willenserklärung (§ 130), die auch konkludent erfolgen kann (RGZ 89, 289, 291; NK/*Bülow* Rn 41; MüKo/*Schäfer* Rn 27; BeckOGK/*Förster* Rn 32; Grü/*Wicke* Rn 7; Staudinger/*Wiegand* Rn 27f). Sie muss durch den Verpfänder selbst erfolgen, der hierzu aber auch den Pfandgläubiger oder einen Dritten bevollmächtigen kann (Posen OLG 34, 218; MüKo/*Schäfer* Rn 28; BeckOGK/*Förster* Rn 35; Grü/*Wicke* Rn 7; Staudinger/*Wiegand* Rn 29); eine solche Bevollmächtigung liegt aber nicht schon per se im Verpfändungsvertrag (RGZ 85, 431, 43; MüKo/*Schäfer* Rn 28; Grü/*Wicke* Rn 7; Staudinger/*Wiegand* Rn 29); möglich ist auch die Genehmigung einer ohne Vollmacht erfolgten Anzeige, wozu allerdings bloßes Schweigen idR nicht genügt (RG LZ 1932, 884, 886; RG SeuffA 86 Nr 118; Grü/*Wicke* Rn 7). Adressat ist derjenige, der dem Verpfänder den Besitz direkt vermittelt (BGH JZ 2013, 305 Rn 33; Karlsruhe WM 1999, 2451, 2455; MüKo/*Schäfer* Rn 29; BeckOGK/*Förster* Rn 36; Grü/*Wicke* Rn 7; Staudinger/*Wiegand* Rn 30); dh idR der unmittelbare Besitzer; bei mehrstufigem mittelbaren Besitz derjenige, der dem Verpfänder direkt den Besitz mittelt (dh der nächste in der Kette); bei mehreren Mitbesitzern alle. Inhaltlich ist nicht erforderlich, dass auf Verpfändung durch Abtretung des Herausgabeanspruchs hingewiesen wird, wenn nur der Besitzmittler erkennen kann, dass er fortan für den Pfandgläubiger als mittelbarer Besitzer Besitz vermittelt (Hamburg HRR 1933 Nr 1013), dh dass diesem nunmehr das Verfügungsrecht zusteht (RG HRR 1930 Nr 709). Ausreichend ist etwa auch ein Schreiben mit dem Vermerk „held for [Pfandgläubiger]" (BGH JZ 2013, 305 Rn 33). Gegenstand der Anzeige muss aber jedenfalls die bereits erfolgte Verpfändung sein. Die Anzeige einer nur beabsichtigten Verpfändung ist unwirksam (RG HRR 1929 Nr 497; Staudinger/*Wiegand* Rn 30). Die vorherige Anzeige einer (angeblich) bereits erfolgten Verpfändung ist dagegen nicht schlechthin unwirksam, ein Pfandrecht kann aber dadurch erst dann entstehen, wenn sämtliche anderen Voraussetzungen erfüllt sind (RG HRR 1929 Nr 497; MüKo/*Schäfer* Rn 27; BeckOGK/*Förster* Rn 38; BeckOK/*Schärtl* Rn 15.3; Staudinger/*Wiegand* Rn 30). 14

4. Verpfändung durch Nichteigentümer. Die **Verpfändung durch Nichteigentümer** richtet sich nach §§ 185, 1207. 15

§ 1206 Übergabeersatz durch Einräumung des Mitbesitzes

Anstelle der Übergabe der Sache genügt die Einräumung des Mitbesitzes, wenn sich die Sache unter dem Mitverschluss des Gläubigers befindet oder, falls sie im Besitz eines Dritten ist, die Herausgabe nur an den Eigentümer und den Gläubiger gemeinschaftlich erfolgen kann.

1. Ratio. Die Norm lässt als weiteres **Übergabesurrogat** die Einräumung von Mitbesitz zu und normiert damit zugleich eine Ausnahme von dem Grundsatz, dass der Verpfänder den Besitz an der Pfandsache aufzugeben hat (s § 1205 Rn 7) (vgl MüKo/*Schäfer* Rn 1; Staudinger/*Wiegand* Rn 2). Der Gesetzgeber hat jedoch bewusst nur eine „qualifizierte Gestaltung der Mitinnehabung, welche eine unmittelbare und selbständige thatsächliche Verfügung des Eigenthümers über das Pfand ausschließt" ausreichen lassen (vgl Mot III, 802): Voraussetzung ist, dass entweder (1) Mitverschluss von Verpfänder und Pfandgläubiger vorliegt (Alt 1, dazu Rn 2ff) oder (2) die Herausgabe nur an Verpfänder und Pfandgläubiger gemeinschaftl erfolgen kann (Alt 2, sog „Pfandhaltervertrag", dazu Rn 5ff). Anwendungsfälle sind etwa die Verpfändung von Warenlagern oder die Sicherung von Kautionsbestel- 1 lungen; ihre wirtschaftl Bedeutung ist jedoch heute aufgrund der praktischen Verbreitung der Sicherungsübereignung gering.

2 **2. Mitverschluss (Alt 1). a) Begriff.** Mitverschluss als qualifizierte Form des Mitbesitzes setzt voraus, dass **keiner der Mitbesitzer** die **tatsächliche Sachherrschaft allein** ausüben kann, sondern hierfür stets die Mitwirkung des anderen benötigt (RG JW 1906, 224, 225; Recht 1907, Nr 462; Recht 1908 Nr 1208; BGH LM Nr 7 zu § 987; NJW 1983, 1123, 1124; KG OLG 12, 136; MüKo/*Schäfer* Rn 3; BeckOGK/*Förster* Rn 7; BeckOK/*Schärtl* Rn 2; Grü/*Wicke* Rn 2; Staudinger/*Wiegand* Rn 4). Dass ein Mitbesitzer nur rechtl gehindert ist, allein zu verfügen, genügt nicht (BGH LM Nr 7 zu § 987; MüKo/*Schäfer* Rn 3; Grü/*Wicke* Rn 2). Andererseits muss der Pfandgläubiger aber auch in der Lage sein, die tatsächliche Gewalt an der Sache auszuüben, dh sie darf nicht im alleinigen Gewahrsam des Verpfänders bleiben (RG JW 1906, 224, 225).

3 **b) Einzelfälle.** Klassische Fälle des Mitverschlusses sind die Tür mit zwei Schlössern oder ein Schloss mit zweifacher Schließmöglichkeit, wobei Verpfänder und Gläubiger jew einen der Schlüssel erhalten (BeckOGK/*Förster* Rn 7; Staudinger/*Wiegand* Rn 4). Kein Mitverschluss liegt hingegen vor, wenn jeder einen gleichen Schlüssel zu demselben Schloss besitzt (RG SeuffA 62 Nr 57; Recht 1907 Nr 462); ebenso wenig, wenn der Gläubiger von der Möglichkeit des Mitverschlusses keinen Gebrauch macht und dem Verpfänder durch dessen Offenlassen freien Zutritt gewährt (RGZ 77, 201, 207). Unschädlich ist hingegen eine bloß vorübergehende Überlassung des zweiten (verschiedenen) Schlüssels an den Verpfänder für Kellerarbeiten oder das Einbringen oder Herausnehmen von Waren (RG SeuffA 62 Nr 57). Ein heimliches Zurückbehalten oder späteres Verschaffen eines weiteren Schlüssels schadet nach hM ebenfalls nicht (RGZ 103, 100, 101 zu § 1205 I 1; MüKo/*Schäfer* Rn 5; aA BeckOGK/*Förster* Rn 8.2; Staudinger/*Wiegand* Rn 4; *Westermann/Gursky/Eickmann*, § 127 Rn 7). Wenn das Pfandrecht auch zukünftige Zugänge zu einem Warenlager erfassen soll, das sich in unter Mitverschluss stehenden Mieträumen befindet, so entsteht beim Einbringen zugleich mit dem Vertragspfandrecht ein gleichrangiges Vermieterpfandrecht (MüKo/*Schäfer* Rn 5); überlässt hingegen der Pfandgläubiger dem Verpfänder seinen Schlüssel zu alleinigem Einbringen der Ware, so hat das Vermieterpfandrecht Vorrang, weil das Vertragspfandrecht erst mit der Rückgabe des Schlüssels entsteht (MüKo/*Schäfer* Rn 5).

4 **c) Sonderfall: Bankschließfach.** Kein Fall des § 1206 Alt 1 ist nach allg M trotz des üblichen Doppelverschlusses das Bankschließfach (Stahlkammerfach) (MüKo/*Schäfer* Rn 6; BeckOGK/*Förster* Rn 8.5; BeckOK/*Schärtl* Rn 2.2; Grü/*Wicke* Rn 2; Staudinger/*Wiegand* Rn 5; BankR-Hdb/*Klanten* § 48 Rn 18). Denn hier hat der Doppelverschluss ausschließlich Sicherungsfunktion (*Zahrte*, AGB-Banken 4. Teil IX A Rn 3; BeckOGK/*Förster* Rn 8.5; Staudinger/*Wiegand* Rn 5). Es handelt sich nicht um einen Verwahrungs-, sondern um einen Mietvertrag (RGZ 141, 99, 101ff; Düsseldorf NJW-RR 1996, 839, 840; Koblenz VersR 1998, 724); an den im Schließfach befindlichen Gegenständen hat der Kunde Alleinbesitz (RGZ 141, 99, 101; Düsseldorf NJW-RR 1996, 839, 840; NK/*Bülow* Rn 8; Staudinger/*Wiegand* Rn 5; offenlassend BGH NJW 2014, 1095 Rn 11). An ihnen entsteht deshalb auch kein Vertragspfandrecht nach Nr 14 AGB Banken, Nr 21 AGB Sparkassen (MüKo/*Schäfer* Rn 6; BeckOGK/*Förster* Rn 8.5; BankR-Hdb/*Klanten* § 48 Rn 18; BeckOK/*Schärtl* Rn 2.2; Grü/*Wicke* Rn 2; Staudinger/*Wiegand* Rn 5); die Bank hat jedoch das Vermieterpfandrecht gem § 562 (MüKo/*Schäfer* Rn 6; BeckOGK/*Förster* Rn 8.5; *Klanten* aaO § 73 Rn 19; BeckOK/*Schärtl* Rn 2.2; Grü/*Wicke* Rn 2).

5 **3. Pfandhaltervertrag (Alt 2).** Gem § 1206 Alt 2 ist als Übergabesurrogat auch mittelbarer Mitbesitz dergestalt zulässig, dass der unmittelbare Besitzer aufgrund einer schuldrechtl Vereinbarung (sog Pfandhaltervertrag) verpflichtet ist, die Sache nur an Verpfänder und Gläubiger gemeinschaftl herauszugeben (RGZ 85, 431, 439; 87, 36, 41f; 118, 34, 37; RG JW 1938, 867, 869). Eine Vereinbarung nur zw dem unmittelbaren Besitzer und dem Pfandgläubiger genügt nicht, da sie dem Eigentümer ggü wirkungslos wäre, dieser also gleichwohl allein die Herausgabe verlangen könnte (RGZ 85, 431, 439f; Posen OLG 34, 218, 219). Pfandhaltervertrag kann vielmehr entweder nur eine Vereinbarung zw allen Beteiligten unmittelbarer Besitzer (Pfandhalter) einerseits; Verpfänder und Pfandgläubiger andererseits (RGZ 85, 431, 439; RG SeuffA 85 Nr 115; MüKo/*Schäfer* Rn 9f; BeckOGK/*Förster* Rn 11; BeckOK/*Schärtl* Rn 3; Grü/*Wicke* Rn 3; Staudinger/*Wiegand* Rn 6f) oder ein Vertrag zw unmittelbarem Besitzer und Verpfänder zugunsten des Gläubigers (§ 328) sein (RGZ 85, 431, 439; NK/*Bülow* Rn 11; MüKo/*Schäfer* Rn 9; BeckOGK/*Förster* Rn 11; BeckOK/*Schärtl* Rn 3; Grü/*Wicke* Rn 3; Staudinger/*Wiegand* Rn 7). Nicht ausreichend sein dürfte hingegen eine bloße Weisung des Verpfänders an den Besitzmittler, dass dieser künftig nur an ihn und den Pfandgläubiger gemeinsam herausgeben solle (Grü/*Wicke* Rn 3; aA Stuttgart HRR 1929 Nr 1214; NK/*Bülow* Rn 11; MüKo/*Schäfer* 9; BeckOGK/*Förster* Rn 11; BeckOK/*Schärtl* Rn 4). Pfandhalter können auch mehrere Mitbesitzer sein; der Verpfänder darf aber keinen unmittelbaren Mitbesitz behalten (Stettin OLG 5, 323, 324f). Der Pfandhalter braucht aber keine Kenntnis von der Pfandrechtsbegründung als Zweck der Vereinbarung haben (RG JW 1938, 867, 869); der Begriff „Pfandhaltervertrag" ist insoweit etwas missverständlich (vgl Staudinger/*Wiegand* Rn 6; s ferner auch NK/*Bülow* Rn 11).

6 **4. Rechtsrahmen und Wirkungen des Pfandrechts nach § 1206.** Für das gem § 1206 bestellte Pfandrecht gilt grds dasselbe wie für das gem § 1205 (Staudinger/*Wiegand* Rn 8). Punktuell existieren aufgrund seiner Spezifika allerdings Besonderheiten: § 1213 II ist nicht anwendbar (s auch § 1213 Rn 4); bzgl Verkauf gilt lex specialis des § 1231 (s § 1231 Rn 2).

§ 1207 Verpfändung durch Nichtberechtigten

Gehört die Sache nicht dem Verpfänder, so finden auf die Verpfändung die für den Erwerb des Eigentums geltenden Vorschriften der §§ 932, 934, 935 entsprechende Anwendung.

1. Ratio und Systematik. § 1207 ermöglicht den **gutgläubigen Erwerb des Pfandrechts vom Nichteigentümer**, indem die §§ 932, 934, 935 betreffend den gutgläubigen Erwerb des Eigentums vom Nichtberechtigten für entspr anwendbar erklärt werden. Dem BGB-Gesetzgeber schien dies aufgrund des Charakters des Faustpfandrechts als Verkehrsgeschäft geradezu geboten (vgl Mot III, 802). Nicht für entspr anwendbar erklärt wurde aufgrund des Ausschlusses des Besitzkonstituts als Übergabesurrogat (vgl § 1205 Rn 1) konsequenterweise § 933 (vgl MüKo/*Schäfer* Rn 1; BeckOGK/*Förster* Rn 7). An die Stelle des § 936 tritt beim Mobiliarpfandrecht § 1208 (vgl BeckOGK/*Förster* Rn 7; BeckOK/*Schärtl* Rn 1 sowie § 1208 Rn 1). 1

2. Anwendungsbereich. § 1207 gilt für das vertragl **Pfandrecht an beweglichen Sachen**, ohne Rücksicht auf die Verpfändungsart (§ 1205f); ferner auch für das an Inhaberpapieren (§ 1293); nicht dagegen von Orderpapieren, selbst bei Blankoindossament (vgl § 1292 Rn 10). § 1207 gilt dagegen aufgrund seiner Anknüpfung an den Besitz als Rechtsscheinstatbestand **grds nicht** für das **Pfandrecht an Rechten** (MüKo/*Schäfer* Rn 2; Staudinger/*Wiegand* Rn 2; vgl – auch zu Ausnahmen – § 1273 Rn 11); ferner wegen dessen öffentlich-rechtl Charakters auch nicht für das **Pfändungspfandrecht** (vgl zu diesem bereits näher Einl § 1204 Rn 14ff; BGH NJW 1992, 2570, 2574; NK/*Bülow* Rn 9; MüKo/*Schäfer* Rn 2; BeckOGK/*Förster* Rn 6; BeckOK/*Schärtl* Rn 4; Grü/*Wicke* Rn 1). **Umstr** ist die Möglichkeit eines gutgläubigen Erwerbs **gesetzl Pfandrechte**; dazu näher § 1257 Rn 5ff. 2

3. Leges speciales. § 1244 bzgl des gutgläubigen Erwerbs bei der Pfandveräußerung (§ 1244 Rn 1ff); **§ 366 HGB** bzgl des guten Glaubens an die Verfügungsbefugnis; **§ 367 HGB** bzgl Gutgläubigkeit bei Verpfändung bestimmter Wertpapiere. **§ 4 DepotG** (Fremdvermutung) und **§ 12 DepotG** (Ermächtigung zur Verpfändung); **§§ 4, 5, 7 PachtKG** (vgl dazu Staudinger/*Wiegand* Anh zu § 1257 Rn 27f; s auch bereits Vor § 1204 Rn 12); **§§ 15ff LuftFzgG**, dazu *Grädler/Zintl* RdTW 2014, 261ff; *Schladebach/Kraft* BKR 2012, 270, 271f mwN. 3

4. Allgemeine Voraussetzungen des gutgläubigen Erwerbs gem § 1207. a) Rechtsgeschäft, Verkehrsgeschäft. Erforderlich ist zunächst ein Rechtsgeschäft (vgl Rn 2); zum Streit um die Anwendung auf gesetzl Pfandrechte § 1257 Rn 5ff. Ebenso wie §§ 932ff gilt auch § 1207 nur bei Vorliegen eines Verkehrsgeschäfts (dazu ausf in Bezug auf §§ 932ff Staudinger/*Wiegand* Vor §§ 932ff Rn 42ff mwN). 4

b) Guter Glaube. aa) Bezugspunkt des guten Glaubens ist das **Eigentum des Verpfänders** (NK/*Bülow* Rn 21; MüKo/*Schäfer* Rn 6; Grü/*Wicke* Rn 3; Staudinger/*Wiegand* Rn 7). Nicht geschützt ist durch § 1207 hingegen der gute Glaube an die Verfügungsbefugnis (NK/*Bülow* Rn 3; MüKo/*Schäfer* Rn 6; Staudinger/*Wiegand* Rn 5, 7) oder die Geschäftsfähigkeit (MüKo/*Schäfer* Rn 6). 5

bb) Bösgläubigkeit liegt analog § 932 II vor, wenn dem Gläubiger bekannt oder infolge grober Fahrlässigkeit unbekannt ist, dass die Sache nicht dem Verpfänder gehört. Unter grober Fahrlässigkeit wird im Allg ein Handeln verstanden, bei dem die erforderliche Sorgfalt den gesamten Umständen nach in ungewöhnlich großem Maße verletzt worden ist und bei dem dasjenige unbeachtet geblieben ist, was im gegebenen Fall jedem hätte einleuchten müssen (RGZ 141, 129, 131; BGH NJW 1953, 1139; 1980, 2245, 2246; 1981, 227, 228; 2005, 1365, 1366; NJW-RR 2017, 146 Rn 19; NJW 2019, 3147 Rn 45). Maßgeblich sind die jew Umstände des Einzelfalls (RGZ 141, 129, 131f; BGH NJW 1953, 1139; 1977, 1240; 2005, 1365, 1366; Hamm NJW-RR 2014, 277, 279). Es besteht keine allg Erkundigungspflicht nach der Eigentümerstellung bzw einer etwaigen Sicherungsübereignung an Dritte, auch nicht bei allg Liquiditätsschwäche der Branche (RGZ 141, 129, 131f; BGH NJW 1983, 1114, 1115f); anders verhält es sich nur bei konkreten Anhaltspunkten für Nichteigentum (RGZ 141, 129, 131f; BGH NJW 1981, 227, 228; 1983, 1114, 1115f). Kasuistik s Rn 9. 6

cc) Maßgeblicher Zeitpunkt ist derjenige der letzten Erwerbshandlung (BGH NJW 1953, 1099; 1960, 34, 35; NK/*Bülow* Rn 22; BeckOGK/*Förster* Rn 23; BeckOK/*Schärtl* Rn 11; Staudinger/*Wiegand* Rn 7). 7

dd) Beweislast. Gutgläubigkeit wird vermutet, dh die Beweislast trifft denjenigen, der den Rechtserwerb bestreitet (RGZ 133, 187, 188f; BGH NJW 1982, 38, 39; Hamm NJW-RR 2014, 277, 279; NK/*Bülow* Rn 24; BeckOGK/*Förster* Rn 26; BeckOK/*Schärtl* Rn 20; Grü/*Wicke* Rn 4; Staudinger/*Wiegand* Rn 7). 8

ee) Kasuistik. Nachforschungspflicht besteht bei Anhaltspunkten für besondere finanzielle Schwierigkeiten des Verpfänders (BGH NJW 1983, 1114, 1117). Der Inhaber einer Kfz-Werkstatt braucht sich die Zulassungsbescheinigung Teil II (vormals Kfz-Brief) nur vorlegen zu lassen, wenn er Anlass zur Annahme hat, dass der Auftraggeber nicht Eigentümer ist, denn die Interessenlage ist hier eine andere als bei der Veräußerung (BGH NJW 1977, 1240; 1983, 2140, 2141; 1987, 1880, 1881; 1992, 2570, 2574; Düsseldorf OLGRp 1993, 25); Indizien hierfür können etwa sein, wenn zB im gewerblichen Bereich, speziell im Transportwesen eine Finanzierung bei der Anschaffung von Kfz üblich ist, oder wenn Auftraggeber und im Kfz-Brief ausgewiesene Person nicht identisch sind (BGH NJW 1977, 1240, 1241f; Düsseldorf OLGRp 1993, 25). Eine Bank muss bei Annahme zum Nachlass gehörender Wertpapiere nicht die Verfügungsberechtigung der Erben prüfen (RGZ 67, 27, 29f); keine Bösgläubigkeit auch, wenn eine Bank mündelsichere Wertpapiere von einem finanzschwachen Unternehmen annimmt, ohne die Eigentumsverhältnisse zu prüfen (RG Recht 1919 Nr 1110). Bösgläubigkeit kann vorliegen, wenn der Pfandgläubiger ein ihm bekanntes kaufmännisch inkorrektes Verhalten des Verpfänders außer Acht lässt (BGH NJW 1981, 227; Hamburg MDR 1989, 66). Eine Prüfung der Eigentumsverhältnisse ist ferner geboten bei Sachen, die üblicherweise unter Eigentumsvorbehalt von Herstellern an Händler geliefert werden (BGH NJW 9

1981, 227, 228; Nürnberg WM 1962, 95, 96). Besondere Anforderungen an die Sorgfaltspflicht des Pfandgläubigers sind im Pfandleihgewerbe zu stellen, weil hier erfahrungsgemäß mit einer Verpfändung durch Nichtberechtigte zu rechnen ist (BGH NJW 1982, 38, 39; Hamburg MDR 1989, 66; LG Hamburg MDR 1958, 690; LG Bochum NJW 1961, 1971). Höhere Sorgfaltsanforderungen können ggf auch in Krisenzeiten bestehen (vgl RGZ 141, 129, 132 bzgl Verpfändung im Jahr 1931).

10 **5. Die Tatbestände im Einzelnen. a) Verpfändung gem § 1205 I 1.** Bei Verpfändung gem § 1205 I 1 gilt § 932 I 1 analog (MüKo/*Schäfer* Rn 3; BeckOGK/*Förster* Rn 27; BeckOK/*Schärtl* Rn 11; Staudinger/*Wiegand* Rn 9).

11 **b) Traditio brevi manu (§ 1205 I 2).** Bei traditio brevi manu gem § 1205 I 2 gilt § 932 I 2 analog (NK/*Bülow* Rn 26; MüKo/*Schäfer* Rn 4; BeckOGK/*Förster* Rn 29; BeckOK/*Schärtl* Rn 14; Staudinger/*Wiegand* Rn 10). Erforderlich ist daher, dass der Gläubiger den Besitz vom Verpfänder erlangt hat (RG WarnR 1929 Nr 182).

12 **c) Verpfändung gem § 1205 II.** Bei Verpfändung durch Abtretung des Herausgabeanspruchs und Pfandanzeige (§ 1205 II) gilt § 934 Alt 1 analog (NK/*Bülow* Rn 27; MüKo/*Schäfer* Rn 5; BeckOGK/*Förster* Rn 30; BeckOK/*Schärtl* Rn 15; Grü/*Wicke* Rn 2; Staudinger/*Wiegand* Rn 11); § 934 Alt 2 ist nicht anwendbar, weil § 1205 II voraussetzt, dass der Verpfänder mittelbarer Besitzer ist (vgl § 1205 Rn 12; s auch BeckOGK/*Förster* Rn 30; Staudinger/*Wiegand* Rn 11). Im Rahmen der analogen Anwendung des § 934 Alt 1 ist zu berücksichtigen, dass § 1205 II neben Abtretung des Herausgabeanspruchs auch Pfandanzeige voraussetzt (vgl § 1205 Rn 14); nach hM muss Gutgläubigkeit daher solange fortbestehen, bis alle diese Tatbestandsmerkmale erfüllt sind (NK/*Bülow* Rn 27; MüKo/*Schäfer* Rn 5; BeckOGK/*Förster* Rn 31; BeckOK/*Schärtl* Rn 15; aA Staudinger/*Wiegand* Rn 11: nur bis zum Zeitpunkt der Einigung und Abtretung des Herausgabeanspruchs).

13 **d) Verpfändung gem § 1206. aa)** Bei Verpfändung gem **§ 1206 Alt 1** (§ 1206 Rn 2ff) gilt § 932 I 1 analog (NK/*Bülow* Rn 28; MüKo/*Schäfer* Rn 3; BeckOK/*Schärtl* Rn 16; Grü/*Wicke* Rn 2; abw BeckOGK/*Förster* Rn 32; Staudinger/*Wiegand* Rn 11). **bb)** Bei Verpfändung gem **§ 1206 Alt 2** (§ 1206 Rn 5) gilt § 934 Alt 1 analog (NK/*Bülow* Rn 29; MüKo/*Schäfer* Rn 5; BeckOK/*Schärtl* Rn 17; Grü/*Wicke* Rn 2; abw Staudinger/*Wiegand* Rn 11). Guter Glaube muss konsequenterweise (vgl allg Rn 7) bis zum Zustandekommen des Pfandhaltervertrags vorliegen (vgl NK/*Bülow* Rn 29; MüKo/*Schäfer* Rn 5). Kein gutgläubiger Erwerb jedoch, wenn der Verpfänder lediglich über gesamthänderisch gebundenen mittelbaren Besitz verfügt und diesen zwecks Pfandrechtsbestellung an den Gläubiger abtritt, da unmittelbarer Alleinbesitz erforderlich ist (MüKo/*Schäfer* Rn 5; BeckOK/*Schärtl* Rn 17; Grü/*Wicke* Rn 2; offengelassen von RGZ 118, 34, 40).

14 **6. Abhanden gekommene Sachen: § 935 analog.** Bzgl der Verpfändung gestohlener, verlorener oder sonst abhanden gekommener Sachen gilt § 935 analog (Hamm BeckRS 1998, 04254; NK/*Bülow* Rn 20; MüKo/*Schäfer* Rn 12; BeckOGK/*Förster* Rn 25; BeckOK/*Schärtl* Rn 9; Grü/*Wicke* Rn 2). Ggf aber Sondervorschriften für Pfandleihgewerbe gem Art 94 EGBGB. Weitere Sonderregeln bzgl Ausschluss des guten Glaubens: § 367 HGB, § 4 I 1 DepotG.

15 **7. Rechtsfolgen.** Ein gutgläubiger Erwerb bewirkt **vollwirksamen Rechtserwerb** (BeckOGK/*Förster* Rn 33; Staudinger/*Wiegand* Rn 16); es entstehen aber idR schuldrechtl Ausgleichsansprüche (näher BeckOGK/*Förster* Rn 35ff; Staudinger/*Wiegand* Rn 17 mwN). Das gesetzl Schuldverhältnis (Vor § 1204 Rn 1; § 1215 Rn 1) entsteht auch hier zw Verpfänder und Pfandgläubiger (MüKo/*Schäfer* Rn 12; BeckOGK/*Förster* Rn 33; Staudinger/*Wiegand* Rn 18).

§ 1208 Gutgläubiger Erwerb des Vorrangs

Ist die Sache mit dem Recht eines Dritten belastet, so geht das Pfandrecht dem Recht vor, es sei denn, dass der Pfandgläubiger zur Zeit des Erwerbs des Pfandrechts in Ansehung des Rechts nicht in gutem Glauben ist. Die Vorschriften des § 932 Abs. 1 Satz 2, des § 935 und des § 936 Abs. 3 finden entsprechende Anwendung.

1 **1. Ratio.** § 1208 regelt – parallel zu § 936 – den Vorrang kraft guten Glaubens.

2 **2. Anwendungsbereich.** § 1208 gilt für den rechtsgeschäftlichen Erwerb gem §§ 1205, 1206 (vom Berechtigten) und gem § 1207 (vom Nichtberechtigten) (NK/*Bülow* Rn 1; MüKo/*Schäfer* Rn 1; BeckOK/*Schärtl* Rn 1; Staudinger/*Wiegand* Rn 9). Es gilt hingegen nicht für das Pfandrecht an Rechten (§ 1273 II 2, s § 1273 Rn 12) und das Pfändungspfandrecht (NK/*Bülow* Rn 2; MüKo/*Schäfer* Rn 1; BeckOGK/*Förster* Rn 3; BeckOK/*Schärtl* Rn 1; s auch § 1207 Rn 2). Zu gesetzl Pfandrechten s § 1257 Rn 8.

3 **3. Leges speciales. § 366 II HGB** (Schutz des guten Glaubens an die Befugnis des Veräußerers ungeachtet des Rechts eines Dritten zu verfügen); **§ 4 II, III, §§ 5, 11, 15 I PachtKG** (vgl Staudinger/*Wiegand* Anh zu § 1257 Rn 28; s auch Vor § 1204 Rn 12).

4 **4. Belastung mit dem Recht eines Dritten.** Erfasst werden sämtliche belastenden dinglichen Rechte (zB Pfandrecht, Nießbrauch, Hypothek, Schiffsregisterpfandrecht, RGZ 77, 1, 4), sowohl rechtsgeschäftlich begründete als auch durch Gesetz oder Zwangsvollstreckung begründete (MüKo/*Schäfer* Rn 2; BeckOGK/*Förster* Rn 7; BeckOK/*Schärtl* Rn 2; Staudinger/*Wiegand* Rn 7); nach dem Schutzzweck der Norm sind auch Rechte des Eigentümers an der eigenen Sache erfasst (MüKo/*Schäfer* Rn 2; BeckOGK/*Förster* Rn 8; BeckOK/*Schärtl* Rn 2). Falls der Gläubiger bereits ein Recht an der Sache besitzt, bewirkt der Pfandrechtserwerb hingegen keine Rangänderung (MüKo/*Schäfer* Rn 2; BeckOK/*Schärtl* Rn 2).

5. Guter Glaube. Bezugspunkt des guten Glaubens ist die **Unbelastetheit des Eigentums**, nicht das Eigentum; dieser wird nur relevant, wenn der Verpfänder nicht Eigentümer ist, dh §§ 1207, 1208 kombiniert zur Anwendung gelangen (MüKo/*Schäfer* Rn 3; BeckOGK/*Förster* Rn 9; BeckOK/*Schärtl* Rn 3; Staudinger/*Wiegand* Rn 4). Bösgläubigkeit liegt vor, wenn der Pfandgläubiger weiß oder infolge grober Fahrlässigkeit nicht weiß, dass andere Rechte bestehen (MüKo/*Schäfer* Rn 3; Grü/*Wicke* Rn 2; Staudinger/*Wiegand* Rn 4); insoweit gelten § 1207 Rn 6, 9 entspr. Ist der Pfandgläubiger zwar bösgläubig bzgl des Bestands eines Rechts, aber gutgläubig bzgl dessen Art und/oder Umfang, so kommt es zu einer entspr Aufspaltung des Rechts in einen vor- und einen nachrangigen Teil (MüKo/*Schäfer* Rn 3; BeckOK/*Schärtl* Rn 3; Grü/*Wicke* Rn 2; abw NK/*Bülow* Rn 6; BeckOGK/*Förster* Rn 10; Staudinger/*Wiegand* Rn 4). Maßgeblicher Zeitpunkt ist wie bei § 1207 (vgl § 1207 Rn 7) derjenige der letzten Erwerbshandlung (NK/*Bülow* Rn 9; MüKo/*Schäfer* Rn 3; BeckOGK/*Förster* Rn 13; Staudinger/*Wiegand* Rn 4); guter Glaube wird auch hier (vgl auch § 1207 Rn 8) vermutet (NK/*Bülow* Rn 10; MüKo/*Schäfer* Rn 9; BeckOGK/*Förster* Rn 15; Staudinger/*Wiegand* Rn 4). 5

6. Analoge Anwendung von § 932 I 2, § 935, § 936 III (Hs 2). Bei traditio brevi manu (§ 1205 I 2) wird der Pfandgläubiger analog **§ 932 I 2** nur geschützt, wenn er den Besitz vom Verpfänder erlangt. **Analog § 935** ist ein gutgläubiger Erwerb bei gestohlenen, verlorenen oder sonst abhandengekommenen Sachen grds ausgeschlossen (Ausnahmen: Geld, Inhaberpapiere). Bei Erwerb nach § 1205 II werden etwa vorgehende Rechte des unmittelbaren Besitzers nicht betroffen (**§ 936 III analog**). 6

7. Rechtsfolgen. Rechtsfolge ist der **gutgläubige Erwerb des Vorrangs** des Pfandrechts, dh beeinträchtigt wird nicht der Bestand, sondern nur der Rang und Umfang älterer dinglicher Recht ggü dem Pfandnehmer. Die Rangfolge älterer dinglicher Rechte untereinander bleibt unberührt (MüKo/*Schäfer* Rn 4; Staudinger/*Wiegand* Rn 6). Bestehen mehrere ältere Rechte und ist der Erwerber nur bzgl eines bzw eines Teils von ihnen bösgläubig, bzgl der anderen aber gutgläubig, so geht er jenem nach, letzteren aber vor; das führt zu einem relativen Rangverhältnis (NK/*Bülow* Rn 7; MüKo/*Schäfer* Rn 4; BeckOGK/*Förster* Rn 17; Staudinger/*Wiegand* Rn 6). 7

§ 1209 Rang des Pfandrechts

Für den Rang des Pfandrechts ist die Zeit der Bestellung auch dann maßgebend, wenn es für eine künftige oder eine bedingte Forderung bestellt ist.

1. Ratio. § 1209 normiert bzgl des Rangs des Pfandrechts das **Prioritätsprinzip**, und zwar dergestalt, dass es auf den **Zeitpunkt der Bestellung** ankommt; der Gesetzgeber wollte hier angesichts des insoweit im gemeinen Recht bestehenden Streits Klarheit schaffen (vgl Mot III, 805). 1

2. Das Prioritätsprinzip im Einzelnen. a) Pfandrechte aller Art. Das in § 1209 normierte Prioritätsprinzip iSd Maßgeblichkeit der Bestellungszeit gilt nicht nur für den Rang mehrerer Pfandrechte untereinander, sondern auch für das Rangverhältnis zw Pfandrechten und anderen dinglichen Rechten (BGH LM Nr 1 zu § 559; NJW 1986, 2426, 2427; Hamm OLG 27, 153, 154). Erfasst sind somit zB auch Zusammentreffen von Vertragspfandrecht und Vermieterpfandrecht (RG JW 1906, 224); Vermieter-/Verpächterpfandrecht und Haftung als Zubehör für Hypothek (BGH LM Nr 1 zu § 559; Hamm OLG 27, 153, 154); Vertragspfandrecht und Pfändungspfandrecht (für dieses ist es in § 804 III ZPO nochmals explizit geregelt) (BGH NJW 1969, 1347; NJW 1985, 863, 864); Vermieter- und Pfändungspfandrecht (BGH NJW 1986, 2426, 2427). Bei Vermieter-/Verpächterpfandrecht ist Zeitpunkt der „Bestellung" derjenige der Einbringung (BGH LM Nr 1 zu § 559; NJW 2014, 3775 Rn 19). Die Norm gilt gem § 1273 II auch für das Pfandrecht an Rechten (vgl § 1273 Rn 7). 2

b) Künftige oder bedingte Forderung. Das Prioritätsprinzip gilt explizit auch dann, wenn das Pfandrecht eine künftige (betagte) oder bedingte Forderung sichert, dh ein später bestelltes Pfandrecht für eine bereits bestehende Forderung ist auch dann nachrangig, wenn die Forderung für das zuerst bestellte Pfandrecht erst nach Bestellung des zweiten entsteht (RG Gruchot 56, 995, 996; BGH NJW 1993, 2876, 2878; 1997, 2322, 2323). Ist nicht die gesicherte Forderung, sondern das Pfandrecht selbst betagt oder bedingt, so ist § 1209 analog anzuwenden (BGH NJW 1993, 2876, 2878; Grü/*Wicke* Rn 2; Staudinger/*Wiegand* Rn 6; s ferner BeckOGK/*Förster* Rn 8). 3

3. Rangvereinbarungen. § 1209 ist nach zutreffender, ganz hM **zwingend**, da gerade keine § 880 entspr Regelung existiert (Jauernig/*Berger* Rn 2; MüKo/*Schäfer* Rn 2; Grü/*Wicke* Rn 1; Staudinger/*Wiegand* Rn 9; aA NK/*Bülow* Rn 3; BeckOK/*Schärtl* Rn 3). Abw Vereinbarungen können die Parteien daher nicht mit dinglicher, sondern nur mit schuldrechtl Wirkung treffen. IÜ bleibt nur der Weg der Aufhebung des älteren Rechts und seiner Neubestellung, sodass es dann an letzter Rangstelle steht (vgl Jauernig/*Berger* Rn 2; NK/*Bülow* Rn 3; MüKo/*Schäfer* Rn 2; Grü/*Wicke* Rn 1). 4

4. Ausnahmen. Das Prioritätsprinzip wird durchbrochen durch gutgläubigen Erwerb gem **§ 1208 BGB, § 366 II HGB.** 5

5. Leges speciales. § 442 HGB: Posterioritätsprinzip bei Zusammentreffen mehrere Pfandrechte nach §§ 397, 440, 464, 475b, 495 HGB; **§ 804 ZPO:** Prioritätsprinzip bzgl Pfändungspfandrecht; **§ 282 III AO:** Prioritätsprinzip; **PachtKG** enthält keine § 1209 entsprechende Regelung, nach Gesamtkonzeption ist nur Verpfändung an ein Kreditinstitut zulässig (RGZ 143, 7); **§ 2 IV SaatVersSiG**, vgl dazu Vor § 1204 Rn 13; **§ 7 LuftFzgG;§ 357 S 1 HGB:** Erwirbt kontokorrentführende Bank erst nach Pfändung des Kontokorrentsaldos durch einen Gläubiger des Bankkunden eine Forderung gegen diesen, so kann sie den „Zustellungssaldo" auch nicht aufgrund ihres 6

AGB-Pfandrechts über § 1209 mit Wirkung ggü dem Pfändungsgläubiger um den Betrag der Forderung verringern (BGH NJW 1997, 2322, 2323; Düsseldorf ZIP 1984, 566).

§ 1210 Umfang der Haftung des Pfandes

(1) Das Pfand haftet für die Forderung in deren jeweiligem Bestand, insbesondere auch für Zinsen und Vertragsstrafen. Ist der persönliche Schuldner nicht der Eigentümer des Pfandes, so wird durch ein Rechtsgeschäft, das der Schuldner nach der Verpfändung vornimmt, die Haftung nicht erweitert.

(2) Das Pfand haftet für die Ansprüche des Pfandgläubigers auf Ersatz von Verwendungen, für die dem Pfandgläubiger zu ersetzenden Kosten der Kündigung und der Rechtsverfolgung sowie für die Kosten des Pfandverkaufs.

1 **1. Ratio.** § 1210 enthält eine an § 767 angelehnte (vgl Mot III, 803; Prot III, 446ff) Regelung des Umfangs der Haftung.

2 **2. Anwendungsbereich.** § 1210 gilt auch für gesetzl Pfandrechte (§ 1257) (MüKo/*Schäfer* § 1257 Rn 7; BeckOGK/*Förster* Rn 5; Staudinger/*Wiegand* § 1257 Rn 20), das Pfandrecht an Rechten (§ 1273 II) (vgl § 1273 Rn 7); ferner grds auch für das Pfändungspfandrecht (RGZ 114, 384, 386; 156, 395, 397). Wenn die Pfändung aufgrund eines auf den Erfüllungsanspruch lautenden Titels erfolgt ist, haftet das Pfand jedoch nicht für den Anspruch auf Schadensersatz wegen Nichterfüllung (RGZ 114, 384, 386).

3 **3. Dispositivität.** § 1210 ist vollumfänglich dispositiv, gilt also nur, wenn und insoweit als die Parteien keine abw Regelung getroffen haben (Mot III, 803; RG LZ 1927, 606, 608; LZ 1928, 828).

4 **4. Ausgestaltung des Haftungsumfangs. a) Verpfändung für eigene Schuld (Abs I S 1).** Gem Abs I S 1 richtet sich der Umfang als Ausprägung des Gedankens der Akzessorietät (Einl § 1204 Rn 7) nach dem **jew Bestand der Forderung**. Auswirkungen auf die Pfandhaftung haben also einerseits **Verringerungen** – zB durch Zahlung, Aufrechnung, Erlassung etc –, andererseits aber auch Erhöhungen der Forderung – zB durch Zinsen, Vertragsstrafen, Verzugsschaden, Schadensersatzforderungen etc (vgl MüKo/*Schäfer* Rn 2; BeckOGK/*Förster* Rn 6; BeckOK/*Schärtl* Rn 2; Grü/*Wicke* Rn 1; Staudinger/*Wiegand* Rn 4). Bei Verpfändung für eigene Schuld haftet das Pfand ferner **auch** für eine **rechtsgeschäftlich** zw Schuldner und Gläubiger **vereinbarte Erweiterung** der Forderung (arg e contrario e Abs I S 2) (NK/*Bülow* Rn 5; MüKo/*Schäfer* Rn 2; BeckOGK/*Förster* Rn 7; BeckOK/*Schärtl* Rn 2; Staudinger/*Wiegand* Rn 5). Solche wirken nach zutreffender hM auch ggü nachrangigen Pfandgläubigern (Jauernig/*Berger* Rn 2; NK/*Bülow* Rn 5; MüKo/*Schäfer* Rn 2; BeckOGK/*Förster* Rn 8; BeckOK/*Schärtl* Rn 2; Grü/*Wicke* Rn 2; Staudinger/*Wiegand* Rn 5; aA *Westermann/Gursky/Eickmann*, § 128 Rn 5), denn diese müssen bei Kenntnis des Pfandrechts mit Erweiterungen rechnen und sind iÜ durch § 1208 geschützt (BeckOGK/*Förster* Rn 8; Staudinger/*Wiegand* Rn 6).

5 **b) Verpfändung für fremde Schuld (Abs I S 2).** Bei Verpfändung für fremde Schuld gilt zwar grds ebenfalls die Grundregel des Abs I S 1 (Rn 4). Gem Abs I S 2 wird die Haftung aber durch ein Rechtsgeschäft, das der Schuldner nach der Verpfändung vornimmt nicht erweitert (**Verbot der Fremddisposition**, welches hier freilich dispositiv ist, vgl Rn 3). Ratio ist – wie bei der Parallelnorm des § 767 I 3 – der Schutz des nicht persönlich schuldenden Eigentümers vor für ihn nachteiligen und ggf zu unübersehbaren Haftungsrisiken führenden rechtsgeschäftlichen Vereinbarungen zw persönlichem Schuldner und Pfandgläubiger (vgl Mot III, 804; NK/*Bülow* Rn 16; Staudinger/*Wiegand* Rn 7). Wenn der Schuldner jedoch zunächst ein Pfandrecht an einer eigenen Sache bestellt und diese später veräußert, gilt Abs I S 2 nicht, dh es bleibt bei der Grundregel des Abs I S 1 (BeckOGK/*Förster* Rn 11.1; BeckOK/*Schärtl* Rn 4; Grü/*Wicke* Rn 2; Staudinger/*Wiegand* Rn 8; abw MüKo/*Schäfer* Rn 4). Hält der Pfandgläubiger den Verpfänder gutgläubig für den Eigentümer, so folgt aus § 1207, dass die Grundregel des § 1210 I 1 gilt, dh rechtsgeschäftliche Erweiterung ist zulässig (Mot III, 804; Jauernig/*Berger* Rn 2; NK/*Bülow* Rn 19; BeckOGK/*Förster* Rn 11.3; Grü/*Wicke* Rn 2). Erlangt der Gläubiger jedoch später Kenntnis vom Eigentum des Dritten, so ist er nicht mehr schutzwürdig; ab diesem Zeitpunkt gilt daher § 1210 I 2 (so zutr NK/*Bülow* Rn 19; MüKo/*Schäfer* Rn 5; BeckOGK/*Förster* Rn 11.3; BeckOK/*Schärtl* Rn 5; Staudinger/*Wiegand* Rn 10).

6 **c) Haftungserweiterung gem Abs II.** Abs II erweitert die Haftung – in Parallele zu § 767 II – auf Kosten des Gläubigers, die sich aus Verwahrung und Verwertung des Pfands ergeben: (1) Ansprüche des Pfandgläubigers auf **Verwendungen** (s § 1216 Rn 1ff); (2) dem Pfandgläubiger zu ersetzende Kosten der Kündigung und Rechtsverfolgung sowie des Pfandverkaufs (§§ 1233–1240, s dort). Zu den Kosten der Rechtsverfolgung gehören auch diejenigen einer persönlichen Klage gegen den Schuldner (Hamburg MDR 1959, 581), nicht dagegen diejenigen für die Verteidigung gegen eine Klage des Schuldners auf Herausgabe des Pfands (Dresden AnnSächsOLG 32 [1911], 78).

7 **5. Lex specialis. § 356 HGB** ist lex specialis für das Kontokorrent.

§ 1211 Einreden des Verpfänders

(1) Der Verpfänder kann dem Pfandgläubiger gegenüber die dem persönlichen Schuldner gegen die Forderung sowie die nach § 770 einem Bürgen zustehenden Einreden geltend machen. Stirbt der persönliche Schuldner, so kann sich der Verpfänder nicht darauf berufen, dass der Erbe für die Schuld nur beschränkt haftet.

(2) Ist der Verpfänder nicht der persönliche Schuldner, so verliert er eine Einrede nicht dadurch, dass dieser auf sie verzichtet.

1. Ratio und Gegenstand. Gegenstand des § 1211, der sich in Struktur und Konzeption an den entsprechenden Regelungen im Bürgschafts- und Hypothekenrecht (§§ 768, 770, 1137) orientiert (Mot III, 804, 814f; BeckOGK/*Förster* Rn 2; Staudinger/*Wiegand* Rn 1), sind die Verteidigungsmöglichkeiten des Verpfänders gegen die Inanspruchnahme des Pfands durch den Pfandgläubiger. Die Norm regelt diese allerdings nur partiell unmittelbar (Rn 6ff), partiell werden sie auch als selbstverständlich vorausgesetzt (Rn 3ff). 1

2. Anwendungsbereich. § 1211 gilt auch für das gesetzl Pfandrecht (§ 1257) (MüKo/*Schäfer* § 1257 Rn 7; BeckOGK/*Förster* Rn 8; Staudinger/*Wiegand* § 1257 Rn 20) und das Pfandrecht an Rechten (§ 1273 II) (vgl § 1273 Rn 7). 2

3. Vorausgesetzte Einwendungen und Einreden des Verpfänders. a) Einwendungen. aa) Gegen den Bestand des Pfandrechts als solches. Bsp: Nichtigkeit der Einigung gem § 1205 I wegen Geschäftsunfähigkeit (§ 104) oder aufgrund von Anfechtung (§ 142 I); kein ordnungsgemäßes Übergabesurrogat gem § 1205 II; Eintritt einer auflösenden oder Nichteintritt einer aufschiebenden Bedingung (§ 158 I). 3

bb) Gegen den Bestand der Forderung. Bsp: Forderung nicht entstanden oder inzwischen erloschen. Sofern der Verpfänder nicht zugleich persönlicher Schuldner ist, handelt es sich zwar an sich um Einwendungen aus dem Recht eines Dritten; da sie jedoch aufgrund der Akzessorietät des Pfandrechts (Einl § 1204 Rn 7) mittelbar den Bestand des Pfandrechts selbst betreffen (§§ 1204, 1252), kann der Verpfänder sie aus eigenem Recht vorbringen (vgl MüKo/*Schäfer* Rn 1; Staudinger/*Wiegand* Rn 5). 4

b) Einreden aus dem persönlichen Verhältnis zum Pfandgläubiger. Bsp: Stundung aufgrund Versprechens, von Pfandrecht zeitweilig keinen Gebrauch zu machen oder Pfandverkauf erst nach Ablauf einer Schonfrist vorzunehmen. 5

4. Zusätzliche Einreden des Verpfänders, der nicht zugleich persönlicher Schuldner ist. a) Einreden des persönlichen Schuldners. Abs I S 1 verleiht dem Verpfänder, der nicht zugleich persönlicher Schuldner ist, die Befugnis zur Geltendmachung von **Einreden des persönlichen Schuldners gegen die Forderung.** Bsp: Stundung; Zurückbehaltungsrecht (§ 273); Einrede des nicht erfüllten Vertrags (§ 320); Herabsetzung (§§ 343, 655); Verstoß gegen Treu und Glauben (§ 242) (BGH BB 1956, 159); Einrede der Rechtskraft. Ein Urteil, das dem Schuldner in einem Rechtsstreit zw ihm und dem Gläubiger eine Einrede aberkennt, wirkt jedoch nicht gegen den Verpfänder (RG WarnR 1933 Nr 35). 6

b) Einreden des Bürgen gem § 770. aa) Einrede der Anfechtbarkeit (§ 770 I): wenn dem persönlichen Schuldner ein Anfechtungsrecht zusteht, dieser aber noch nicht angefochten hat. **bb) Einrede der Aufrechenbarkeit (§ 770 II):** Nach dem Wortlaut gilt § 770 II nur, wenn sich der Gläubiger durch Aufrechnung befriedigen kann; str ist, ob § 770 II analog gilt, wenn Aufrechnungsbefugnis nur dem Schuldner zusteht (§ 770 Rn 6). **cc) Bei sonstigen Gestaltungsrechten gilt § 770 analog** (§ 770 Rn 7); dies gilt auch bei Anwendung qua Verweisung in § 1211 I 1 (NK/*Bülow* Rn 7; MüKo/*Schäfer* Rn 4; BeckOGK/*Förster* Rn 13; BeckOK/*Schärtl* Rn 8; Grü/*Wicke* Rn 6; Staudinger/*Wiegand* Rn 15). Bsp: Rücktritt (§§ 346ff); Widerruf (§ 355f); Minderung (§§ 441, 638). 6a

5. Dem Verpfänder nicht zustehende Einreden. Die Berufung des Verpfänders auf gewisse Einreden ist jedoch ausgeschlossen. Dies sind: **a)** Einrede der **Verjährung (§ 216 I, III)**, **b)** Einrede der **beschränkten Erbenhaftung (§ 1211 I 2** iVm §§ 1973ff), **c)** Berufung auf **Insolvenzplan (§ 254 II InsO)**. 7

6. Kein Einredeverlust durch Verzicht des Schuldners (Abs II). Gem Abs II verliert der Verpfänder eine ihm durch § 1211 zusätzl gewährte Einrede nicht dadurch, dass der Schuldner auf sie verzichtet. Dies betrifft nach Wortlaut und Telos nur die Einreden des persönlichen Schuldners gegen die Forderung iSd § 1211 I 1 Alt 1 (Rn 6), nicht dagegen die Einreden des Bürgen gem § 770 (analog) (§ 1211 I 1 Alt 2, dazu Rn 6a) (MüKo/*Schäfer* Rn 7; BeckOGK/*Förster* Rn 15; BeckOK/*Schärtl* Rn 9; Grü/*Wicke* Rn 6; Staudinger/*Wiegand* Rn 13; aA RGRK/*Kregel* Rn 5; NK/*Bülow* Rn 18). Denn in den Fällen des § 770 hat der Schuldner keine Einrede, sondern der Bürge (bzw Verpfänder) hat eine Einrede, solange ein Anfechtungs-/Aufrechnungs-/Gestaltungsrecht besteht, das (noch) nicht ausgeübt worden ist; allenfalls auf dieses selbst kann verzichtet werden. 8

7. § 1211 als Berechtigung. Abs I S 1 gibt dem Verpfänder nur das Recht, die Einreden zu erheben; ob und inwieweit er dazu ggü dem Schuldner auch verpflichtet ist, bestimmt sich nach dem jew Rechtsverhältnis (vgl MüKo/*Schäfer* Rn 6). 9

8. Geltendmachung der Einwendungen und Einreden. a) Einwendungen. Einwendungen (Rn 3ff) kann der Verpfänder entweder einredeweise gegen die Klage aus § 1231 geltend machen oder auch unmittelbar auf Herausgabe des Besitzes klagen (MüKo/*Schäfer* Rn 8; BeckOK/*Schärtl* Rn 11). 10

b) Aufschiebende Einreden. Befindet sich der Pfandgläubiger nicht im Alleinbesitz, kann der Verpfänder dem Herausgabeverlangen des Pfandgläubigers aus § 1231 mit der Einrede widersprechen. Ist der Pfandgläubiger dagegen bereits im Alleinbesitz der Pfandsache, so muss er klageweise vorgehen, um einen Pfandverkauf zu verhindern, und zwar nach hM durch Klage auf einstweilige Unterlassung des Pfandverkaufs (MüKo/*Schäfer* Rn 8; BeckOGK/*Förster* Rn 20; BeckOK/*Schärtl* Rn 12; Grü/*Wicke* Rn 1; aA Staudinger/*Wiegand* Rn 20 – eine dem § 767 ZPO nachgebildete Klage). 11

12 **c) Dauernde Einreden.** Eigentümer und Verpfänder können Herausgabe des Pfands verlangen (§ 1254), wodurch das Pfandrecht erlischt (§ 1253).

13 **9. Mit dem Verpfänder nicht identischer Eigentümer.** § 1211 gilt analog auch für den Eigentümer, der weder Verpfänder noch persönlicher Schuldner ist; denn auch bei diesem erscheint es gerechtfertigt, ihm die zusätzl Einreden nach Abs I S 1 und den Schutz des Abs II zuzubilligen (RG JW 1912, 749 = WarnR 1912 Nr 303).

§ 1212 Erstreckung auf getrennte Erzeugnisse

Das Pfandrecht erstreckt sich auf die Erzeugnisse, die von dem Pfande getrennt werden.

1 **1. Ratio.** § 1212 regelt – als Pendant zu § 1210 bzgl der Forderung – den **Umfang der Haftung des Pfandgegenstandes.** Die Norm ist Ausprägung des auch dem § 953 zugrunde liegenden Prinzips, dass die körperliche Zerlegung einer Sache auf den dinglichen Rechtszustand idR keinen Einfluss hat (vgl Mot III, 805).

2 **2. Anwendungsbereich.** § 1212 gilt auch für gesetzl (§ 1257) und Pfändungspfandrecht (Staudinger/*Wiegand* Rn 6), nicht dagegen für das Pfandrecht an Rechten (§ 1273 II) (vgl § 1273 Rn 13). Eine Ausnahme enthält § 1213 bzgl des Nutzungspfands.

3 **3. Umfang der Haftung des Pfandgegenstandes. a) Bestandteile.** Das Pfandrecht erstreckt sich auf die wesentlichen **Bestandteile** der Pfandsache (§ 93); nach Abtrennung besteht es an denselben als nun selbständige Sachen fort. Gleiches gilt im Zweifel auch für unwesentliche Bestandteile, sofern nichts anderes vereinbart ist (MüKo/*Schäfer* Rn 1; BeckOGK/*Förster* Rn 9; BeckOK/*Schärtl* Rn 2; Grü/*Wicke* Rn 1). Pfandfrei werden können sie aber durch gutgläubigen Erwerb (§§ 936, 955), Ersitzung (§ 945), Verzicht des Gläubigers (§ 1255) oder Herausgabe an den Eigentümer (§ 1253).

4 **b) Erzeugnisse. § 1212** bestätigt ausdrückl (vgl Rn 1), dass sich das Pfandrecht auch auf **Erzeugnisse** (zum Begriff § 99 Rn 2) erstreckt, die von der Pfandsache getrennt werden. Diese gesetzl Regel kann mit dinglicher Wirkung rechtsgeschäftlich nicht abgeändert werden, der Pfandgläubiger kann sich aber schuldrechtl zur Freigabe verpflichten (MüKo/*Schäfer* Rn 3; BeckOK/*Schärtl* Rn 3; Grü/*Wicke* Rn 1; Staudinger/*Wiegand* Rn 1). **Andere Früchte** (dh solche iSd § 99 I Alt 2, II, III, dazu § 99 Rn 3ff) erfasst das Pfandrecht dagegen grds **nicht**, sondern nur im Falle besonderer Vereinbarung.

5 **c) Zubehör.** Zubehör (§ 97 Rn 2ff) wird vom Pfandrecht (anders als von der Hypothek, vgl § 1120) nur erfasst, falls dies vereinbart ist. Gem § 311c wird jedoch vermutet, dass sich eine schuldrechtl Verpflichtung zur Pfandrechtsbestellung auch auf das Zubehör erstreckt.

6 **4. Dingliche Surrogation.** Eine dingliche Surrogation erfolgt nur in den gesetzl ausdrückl geregelten Fällen (§§ 1219, 1247, Art 52 EGBGB); es existiert kein entspr allg Rechtsgrundsatz (vgl BGH NJW 2008, 1732 Rn 20; RGZ 94, 20, 22; MüKo/*Schäfer* Rn 5; Grü/*Wicke* Rn 4; Staudinger/*Wiegand* Rn 5). Das Pfandrecht erstreckt sich daher nicht auf: Ersatzanspruch des Eigentümers gegen den Zerstörer der Sache oder eine bereits geleistete Entschädigung (RGZ 94, 20, 22); Versicherungsanspruch aus Zerstörung der Sache gegen dritten Versicherer (RG HRR 1934 Nr 1677); Erlös bei freihändigem Verkauf unter Verstoß gegen § 1235 II (Königsberg JW 1933, 715).

§ 1213 Nutzungspfand

(1) Das Pfandrecht kann in der Weise bestellt werden, dass der Pfandgläubiger berechtigt ist, die Nutzungen des Pfandes zu ziehen.

(2) Ist eine von Natur fruchttragende Sache dem Pfandgläubiger zum Alleinbesitz übergeben, so ist im Zweifel anzunehmen, dass der Pfandgläubiger zum Fruchtbezug berechtigt sein soll.

1 **1. Ratio.** Das Pfandrecht gewährt grds kein Nutzungsrecht. Abs I ermöglicht es den Parteien aber, das Pfandrecht zu erweitern und dem Pfandgläubiger die Berechtigung zur Ziehung von Nutzungen (§ 100) einzuräumen (sog **Nutzungspfandrecht** oder Antichrese); Abs II enthält eine Vermutung. Die Vorschrift ist damit Ausnahme zu § 1212 (s § 1212 Rn 2).

2 **2. Anwendungsbereich.** § 1213 gilt auch für gesetzl Pfandrechte (§ 1257) (RGZ 105, 408, 409; BeckOGK/*Förster* Rn 4; BeckOK/*Schärtl* Rn 1; Staudinger/*Wiegand* Rn 10; aA NK/*Bülow* Rn 4), nicht jedoch für das Pfändungspfandrecht (NK/*Bülow* Rn 4; BeckOGK/*Förster* Rn 4; BeckOK/*Schärtl* Rn 1; Staudinger/*Wiegand* Rn 10). Abs I gilt auch für das Pfandrecht an Rechten (§ 1273 II), nicht hingegen Abs II (§ 1273 II 2; vgl § 1273 Rn 7, 12).

3 **3. Vereinbartes Nutzungspfandrecht (Abs I).** Die Vereinbarung des Nutzungspfandsrechts kann sowohl ausdrückl als auch konkludent erfolgen (BGH NJW 1994, 3287; NK/*Bülow* Rn 7; BeckOGK/*Förster* Rn 5; BeckOK/*Schärtl* Rn 2). In Betracht kommen grds alle Nutzungen, es können aber auch einzelne ausgenommen oder nur einzelne eingeräumt werden (NK/*Bülow* Rn 7; MüKo/*Schäfer* Rn 1; BeckOGK/*Förster* Rn 6; BeckOK/*Schärtl* Rn 2; Grü/*Wicke* Rn 1; Staudinger/*Wiegand* Rn 3). Die Parteien können ein Pfandrecht auch erst nachträgl in ein Nutzungspfandrecht umwandeln und umgekehrt oder den Umfang der erfassten Nutzungen später modifizieren (NK/*Bülow* Rn 7; MüKo/*Schäfer* Rn 1; BeckOGK/*Förster* Rn 5; BeckOK/*Schärtl* Rn 2; Grü/*Wicke* Rn 1; Staudinger/*Wiegand* Rn 2). Die Fruchtverteilung richtet sich grds nach § 101 (s auch § 101 Rn 1ff). Das Ziehen

von Nutzungen ohne Vereinbarung verpflichtet gem §§ 823ff zum Schadensersatz und zur Herausgabe der Nutzungen nach § 816 I 1 analog oder § 1214 analog (Frankfurt NJW-RR 1996, 585).

4. Vermutetes Nutzungspfandrecht (Abs II). Im Einklang mit dem mutmaßlichen Willen der Beteiligten (vgl Mot III, 809) wird bei von Natur aus fruchttragenden Sachen ein Nutzungspfand vermutet. Erfasst sind nur unmittelbare Sachfrüchte iSd § 99 I (§ 99 Rn 2ff), zB Wolle, Eier, Milch, Jungtiere etc. Geld ist keine von Natur aus fruchttragende Sache iSd Norm (BGH NJW 1982, 2186; 1984, 1749, 1750; 1994, 3287; NJW-RR 2010, 633 Rn 8). Die Vermutung gilt nicht für Rechte (§ 1273 II 2, § 1273 Rn 12). Sie gilt aber nicht nur in den Fällen des § 1205 I 1, sondern auch in denen des § 1205 I 2 und II, allerdings nur dann, wenn die Sache dem Gläubiger zum Alleinbesitz übergeben wird (MüKo/*Schäfer* Rn 3; BeckOGK/*Förster* Rn 11; BeckOK/*Schärtl* Rn 4; Grü/*Wicke* Rn 1; Staudinger/*Wiegand* Rn 7). Wegen des Erfordernisses des Alleinbesitzes gilt die Vermutung auch nicht in den Fällen des § 1206 (NK/*Bülow* Rn 9; MüKo/*Schäfer* Rn 3; BeckOGK/*Förster* Rn 11; BeckOK/*Schärtl* Rn 4; Grü/*Wicke* Rn 1; Staudinger/*Wiegand* Rn 6); ferner auch nicht bei Herausgabe zum Verkauf gem § 1231 (NK/*Bülow* Rn 9; BeckOK/*Schärtl* Rn 4; Grü/*Wicke* Rn 1; Staudinger/*Wiegand* Rn 7). 4

5. Mietkaution. Bei der Mietkaution handelt es sich nach hM um ein irreguläres Pfandrecht (s § 1204 Rn 4). Da Geld keine von Natur aus fruchttragende Sache ist (s Rn 4), ist zumindest eine konkludente Nutzungsvereinbarung iSd § 1213 I erforderlich (BGH NJW 1982, 2186; 1984, 1749, 1750; 1994, 3287). Für die Wohnraummiete gilt § 551 III (§ 551 Rn 11). Bei einem gewerblichen Mietvertrag ist im Wege der ergänzenden Vertragsauslegung idR ebenfalls anzunehmen, dass der Vermieter die Mietkaution vom Empfang an zu dem für Spareinlagen mit dreimonatiger Kündigungsfrist üblichen Zinssatz zu verzinsen hat, sofern nicht Abweichendes geregelt ist (BGH NJW 1994, 3287). 5

§ 1214 Pflichten des nutzungsberechtigten Pfandgläubigers

(1) Steht dem Pfandgläubiger das Recht zu, die Nutzungen zu ziehen, so ist er verpflichtet, für die Gewinnung der Nutzungen zu sorgen und Rechenschaft abzulegen.

(2) Der Reinertrag der Nutzungen wird auf die geschuldete Leistung und, wenn Kosten und Zinsen zu entrichten sind, zunächst auf diese angerechnet.

(3) Abweichende Bestimmungen sind zulässig.

1. Ratio. § 1214 regelt in Anknüpfung an § 1213 das obligatorische Rechtsverhältnis zw Verpfänder und Nutzungspfandgläubiger. Die Vorschrift ist ausdrückl dispositiv (Abs III, vgl auch Mot III, 809). 1

2. Anwendungsbereich. § 1214 gilt in den Fällen des § 1213. Wenn der Pfandgläubiger ohne vertragl Ermächtigung Nutzungen zieht, so ist zwar allg anerkannt, dass die gezogenen Nutzungen wirtschaftl dem Pfandgläubiger zustehen; str ist jedoch, ob dies auf einer direkten (vgl RGZ 105, 408, 409) oder analogen (BGH NJW 2007, 213 Rn 23 obiter; Frankfurt NJW-RR 1996, 585; Rostock BeckRS 2013, 07306) Anwendung von § 1214 II beruht oder ob sich dies aus den Regeln über die GoA (§ 681 S 2, § 667) ergibt (BGH NJW 2014, 3570 Rn 19; NK/*Bülow* § 1213 Rn 4, 7; vgl auch bereits RGZ 105, 408, 409). 2

3. Pflichten des Nutzungspfandgläubigers (Abs I). Der Nutzungspfandgläubiger ist verpflichtet, nach Maßgabe ordnungsmäßiger Geschäftsführung für die **Gewinnung der Nutzungen** zu sorgen. Nachlässigkeit oder übermäßig schädigende Nutzung machen schadensersatzpflichtig (MüKo/*Schäfer* Rn 1; BeckOGK/*Förster* Rn 4; Grü/*Wicke* Rn 2). Ferner muss er **Rechenschaft ablegen** (§§ 259, 261), denn das Ziehen von Nutzungen ist zugleich eigene und fremde Angelegenheit (RGZ 73, 286, 288). Rechenschaft ist grds jederzeit auf Verlangen zu leisten, nicht aber unnütz oder zur Unzeit; bei längerer Zeitdauer mindestens einmal jährlich (NK/*Bülow* Rn 3; BeckOGK/*Förster* Rn 5; BeckOK/*Schärtl* Rn 3; Grü/*Wicke* Rn 2; abw [nach billigem Ermessen] MüKo/*Schäfer* Rn 2; Staudinger/*Wiegand* Rn 2). 3

4. Anrechnung des Reinertrags (Abs II). Reinertrag der Nutzungen ist der gemeine Verkaufswert oder Verkaufspreis abzüglich Kosten für gewöhnliche Unterhaltung der Pfandsache und Gewinnung und Verwertung der Nutzungen (MüKo/*Schäfer* Rn 3; BeckOGK/*Förster* Rn 7; Grü/*Wicke* Rn 3; Staudinger/*Wiegand* Rn 3). Er ist kraft Gesetzes (also ohne dass es besonderer Geltendmachung bedarf) entspr § 367 I anzurechnen: (1) zunächst auf die Kosten iSd § 1210 II (§ 1210 Rn 6), (2) dann auf die Zinsen (§ 1210 I 1, dazu § 1210 Rn 4), (3) dann auf die Hauptleistung. 4

§ 1215 Verwahrungspflicht

Der Pfandgläubiger ist zur Verwahrung des Pfandes verpflichtet.

1. Ratio. § 1215 normiert als Ausfluss des gesetzl Schuldverhältnisses zw Pfandgläubiger und Verpfänder (Vor § 1204 Rn 1) die **Verwahrungspflicht des Pfandgläubigers.** 1

2. Anwendungsbereich. § 1215 gilt auch für das gesetzl Pfandrecht (§ 1257) (RG JW 1913, 101, 103; Düsseldorf HRR 1936 Nr 726) sowie beim Pfandrecht an Rechten in den Fällen der §§ 952, 1274 I 2 (§ 1273 II) (vgl § 1273 Rn 8); nicht dagegen beim Pfändungspfandrecht, hier obliegt dem Gerichtsvollzieher eine öffentlichrechtl Pflicht zur Verwahrung (RG JW 1913, 101, 103). 2

3 **3. Verwahrungspflicht des Pfandgläubigers. a) Entstehung.** Die Verwahrungspflicht besteht kraft Gesetzes (s Rn 1), wird aber erst aktuell, wenn der Pfandgläubiger oder ein Dritter für ihn unmittelbaren Alleinbesitz am Pfand erlangt (NK/*Bülow* Rn 7; MüKo/*Schäfer* Rn 1; Grü/*Wicke* Rn 1; abw Staudinger/*Wiegand* Rn 15ff). Hinterlegt der Pfandgläubiger das Pfand erlaubtermaßen bei einem Dritten, so hat er nur für Verschulden bei der Auswahl einzustehen (BeckOGK/*Förster* Rn 8). Solange der Pfandgläubiger nur mittelbaren Besitz (§ 1205 II) oder Mitbesitz (§ 1206) hat, wird die Verwahrungspflicht nicht aktuell (MüKo/*Schäfer* Rn 1; Grü/*Wicke* Rn 1; abw Staudinger/*Wiegand* Rn 15ff). Bei mittelbarem Besitz (§ 1205 II) kann sich aber uU aus dem gesetzl Schuldverhältnis iVm § 242 die Pflicht ergeben, dem unmittelbaren Besitzer Weisungen bzgl der Verwahrung zu erteilen (MüKo/*Schäfer* Rn 1; BeckOGK/*Förster* Rn 11; ebenso i Erg, aber mit anderer Konzeption, auch Staudinger/*Wiegand* Rn 18; s ferner auch NK/*Bülow* Rn 7).

4 **b) Ende.** Die Verwahrungspflicht endet mit dessen Aufgabe beim Pfandverkauf oder der Rückgabe an den Verpfänder; nicht dagegen beim Erlöschen des Pfandrechts, dh sie kann das Pfandrecht überleben (NK/*Bülow* Rn 6; BeckOGK/*Förster* Rn 12; Staudinger/*Wiegand* Rn 15).

5 **c) Inhalt. aa) Grds: § 688ff analog.** Grds sind die §§ 688ff analog anzuwenden (RGZ 103, 171, 173; BGH WM 1967, 343). **bb) Besonderheiten/Abweichungen.** Aufgrund des Wesens des Faustpfandrechts und der Interessenlage ergeben sich jedoch eine Reihe von Abweichungen: **(1)** Haftungsmaßstab ist der des § 276, nicht des § 690 (RG DJZ 1924, 908; KG OLG 29, 380). **(2)** Der Pfandgläubiger ist entgegen § 691 S 1 grds zur Hinterlegung bei einem Dritten berechtigt (MüKo/*Schäfer* Rn 2; BeckOGK/*Förster* Rn 8; BeckOK/*Schärtl* Rn 2; Grü/*Wicke* Rn 1; Staudinger/*Wiegand* Rn 9), haftet dann aber nur gem § 691 S 2 (MüKo/*Schäfer* Rn 2; Grü/*Wicke* Rn 1; aA NK/*Bülow* Rn 9; BeckOK/*Schärtl* Rn 2; Staudinger/*Wiegand* Rn 9). **(3)** Für Verwendungen gilt statt § 693 die Sonderbestimmung des § 1216 (§ 1216 Rn 1ff) (Düsseldorf HRR 1936 Nr 726). **(4)** Der Ort der Rückgabe richtet sich nicht nach § 697, sondern nach § 1223 I (§ 1223 Rn 3ff) (MüKo/*Schäfer* Rn 2; Staudinger/*Wiegand* Rn 14). **(5)** Die Verwahrungspflicht begründet **keine allg Erhaltungspflicht** (NK/*Bülow* Rn 11; MüKo/*Schäfer* Rn 3; BeckOK/*Schärtl* Rn 3; Grü/*Wicke* Rn 1; Staudinger/*Wiegand* Rn 13). Es besteht daher idR keine Pflicht, das Pfand zu versichern (KG OLG 29, 380; Karlsruhe NJOZ 2017, 15) (anders aber bei gewerblichen Pfandleihern gem § 8 PfandlV). Wer ein Tier als Pfand in eigenen Gewahrsam nimmt, hat dieses aber freilich ausreichend zu füttern (NK/*Bülow* Rn 11; BeckOGK/*Förster* Rn 9; Staudinger/*Wiegand* Rn 13). Zudem wird der Pfandgläubiger im Einzelfall verpflichtet sein, von sich aus Maßnahmen zu ergreifen, um einen der Pfandsache drohenden Schaden zu verhindern (vgl RGZ 109, 181, 182f; RG LZ 1927, 1339). Der Gläubiger darf auch nicht zu hohe Lagerkosten entstehen lassen, speziell wenn der Pfandgegenstand veraltet ist (Düsseldorf HRR 1936 Nr 726).

6 **d) Pflichtverletzung.** Verletzt der Gläubiger die Sorgfaltspflichten, so kann der Verpfänder nach § 1217 vorgehen. Bei Verschulden hat der Verpfänder einen Schadensersatzanspruch gem § 280 I (vgl MüKo/*Schäfer* § 1217 Rn 5; BeckOGK/*Förster* Rn 13). Str ist, welche Ansprüche dem Eigentümer, der nicht zugleich Verpfänder ist, zustehen: Einige wollen ihn auf Ansprüche aus §§ 823ff, 1004 beschränken (Planck/*Flad* Anm 1; Soergel/*Habersack* 1); andere wollen ihm unmittelbar aus § 1215 einen Anspruch gewähren (*Wieling/Finkenauer* I § 15 V 2); am sach- und interessengerechtesten erscheint indes die Lösung, dem Verpfänder zu gestatten, den Schaden des Eigentümers im Wege der Drittschadensliquidation geltend zu machen (BeckOGK/*Förster* Rn 14; BeckOK/*Schärtl* Rn 5; Grü/*Wicke* Rn 1; Staudinger/*Wiegand* Rn 20). Die Verjährung sämtlicher Ansprüche richtet sich nach § 1226.

§ 1216 Ersatz von Verwendungen

Macht der Pfandgläubiger Verwendungen auf das Pfand, so bestimmt sich die Ersatzpflicht des Verpfänders nach den Vorschriften über die Geschäftsführung ohne Auftrag. Der Pfandgläubiger ist berechtigt, eine Einrichtung, mit der er das Pfand versehen hat, wegzunehmen.

1 **1. Ratio.** § 1216 trifft eine Regelung zu den **Ausgleichsfragen**, die sich im Falle von **Verwendungen des Pfandgläubigers** auf das Pfand stellen. Es besteht grds keine gesetzl Pflicht, Verwendungen zu machen (BeckOGK/*Förster* Rn 2; BeckOK/*Schärtl* Rn 1; Staudinger/*Wiegand* Rn 1; vgl auch bereits § 1215 Rn 5); Ausnahmen: § 1214 I Alt 1 (§ 1214 Rn 3) oder kraft Vereinbarung (diese wird dann aber idR zugleich auch die Grundlage der Ersatzpflicht bilden, vgl MüKo/*Schäfer* Rn 2; BeckOGK/*Förster* Rn 2; Staudinger/*Wiegand* Rn 1).

2 **2. Anwendungsbereich.** § 1216 gilt auch für das gesetzl Pfandrecht (§ 1257) (Düsseldorf HRR 1936 Nr 726; MüKo/*Schäfer* Rn 6; BeckOGK/*Förster* Rn 4) und das Pfändungspfandrecht (BeckOGK/*Förster* Rn 4; BeckOK/*Schärtl* Rn 1) sowie in den Fällen der §§ 952, 1274 I 2 auch für das Pfandrecht an Rechten (§ 1273 II; vgl § 1273 Rn 8).

3 **3. Verwendungsersatz (S 1). Verwendungen** sind Vermögensaufwendungen, die der Erhaltung, Wiederherstellung oder Verbesserung der Sache dienen (vgl BGH NJW 1996, 931; 2002, 3478, 3479; ZIP 2013, 890 Rn 22). Verwendungen sind zB: Kosten für Reparatur oder Versicherung (MüKo/*Schäfer* Rn 2); Lagerkosten (Düsseldorf HRR 1936 Nr 726); nicht dagegen Kosten der Befriedigung eines vorgehenden Pfandgläubigers (Stuttgart WürttJb 1926, 164). Vgl auch die Einzelheiten bei § 994 Rn 3ff.

4 Der Pfandgläubiger kann **Ersatz** seiner Verwendungen **nach den Vorschriften über die GoA** verlangen. Es handelt sich um eine Rechtsgrundverweisung, dh der Pfandgläubiger hat nur dann Anspruch auf Aufwendungs-

ersatz, wenn die Verwendungen dem Interesse und dem wirklichen oder mutmaßlichen Willen des Verpfänders entsprachen (§ 683 S 1, § 670) oder der Verpfänder sie genehmigt (§ 684 S 2, § 683 S 1, § 670); andernfalls hat er nur einen Anspruch aus ungerechtfertigter Bereicherung (§ 684 S 1) (NK/*Bülow* Rn 4; MüKo/*Schäfer* Rn 3; BeckOGK/*Förster* Rn 9; Staudinger/*Wiegand* Rn 3). IRd Feststellung, ob die Voraussetzungen des § 683 S 1 vorliegen, ist der Sicherungszweck des Pfands zu berücksichtigen (vgl näher MüKo/*Schäfer* Rn 3; BeckOGK/*Förster* Rn 6; Staudinger/*Wiegand* Rn 4). Die Ersatzforderung ist gem § 256 zu verzinsen (NK/*Bülow* Rn 2; MüKo/*Schäfer* Rn 3; BeckOGK/*Förster* Rn 10; Staudinger/*Wiegand* Rn 7); das Pfand haftet dafür gem § 1210 II (vgl § 1210 Rn 6); Verjährung gem § 1226.

4. Wegnahmerecht (S 2). Gem S 2 hat der Pfandgläubiger ein Wegnahmerecht, vgl dazu § 258; Verjährung gem § 1226. 5

5. Mit dem Verpfänder nicht identischer Eigentümer. Der mit dem Verpfänder nicht identische Eigentümer haftet gem §§ 683ff, wenn in seiner Person die Voraussetzungen dieser Vorschriften erfüllt sind (NK/*Bülow* Rn 7; MüKo/*Schäfer* Rn 4; BeckOGK/*Förster* Rn 11; Grü/*Wicke* Rn 1; Staudinger/*Wiegand* Rn 8). §§ 994ff kommen entgegen Teilen der Lehre (RGRK/*Kregel* Rn 1) nur in Betracht, wenn ein gültiges Pfandrecht überhaupt nicht oder nicht mehr bestand, als Verwendungen gemacht wurden; der Umfang des Ersatzes richtet sich aber jedenfalls nach § 1216 iVm GoA, denn der unrechtmäßige Besitzer soll nicht besser behandelt werden als der rechtmäßige (NK/*Bülow* Rn 7; MüKo/*Schäfer* Rn 4). 6

§ 1217 Rechtsverletzung durch den Pfandgläubiger

(1) Verletzt der Pfandgläubiger die Rechte des Verpfänders in erheblichem Maße und setzt er das verletzende Verhalten ungeachtet einer Abmahnung des Verpfänders fort, so kann der Verpfänder verlangen, dass das Pfand auf Kosten des Pfandgläubigers hinterlegt oder, wenn es sich nicht zur Hinterlegung eignet, an einen gerichtlich zu bestellenden Verwahrer abgeliefert wird.
(2) Statt der Hinterlegung oder der Ablieferung der Sache an einen Verwahrer kann der Verpfänder die Rückgabe des Pfandes gegen Befriedigung des Gläubigers verlangen. Ist die Forderung unverzinslich und noch nicht fällig, so gebührt dem Pfandgläubiger nur die Summe, welche mit Hinzurechnung der gesetzlichen Zinsen für die Zeit von der Zahlung bis zur Fälligkeit dem Betrag der Forderung gleichkommt.

1. Ratio. § 1217 gewährt dem Verpfänder – analog § 1054 – neben den allg Rechtsbehelfen (zB §§ 823ff, 1004) einen besonderen Schutz gegen die Gefährdung des Pfands durch den Pfandgläubiger (vgl Mot III, 811; Staudinger/*Wiegand* Rn 1). 1

2. Anwendungsbereich. § 1217 gilt auch für das gesetzl Pfandrecht (§ 1257), nicht aber für das Pfändungspfandrecht (NK/*Bülow* Rn 2; BeckOGK/*Förster* Rn 3; BeckOK/*Schärtl* Rn 1; Staudinger/*Wiegand* Rn 9). Zur Anwendung auf das Pfandrecht an Rechten vgl § 1273 Rn 7, 9. 2

3. Voraussetzungen. a) Erhebliche Verletzung der Rechte des Verpfänders. Erforderlich ist zunächst eine **erhebliche Verletzung der Rechte des Verpfänders.** Sie kann sowohl in der Nicht- oder Schlechterfüllung gesetzl (zB Nutzungs- [§ 1214], Verwahrungspflicht [§ 1215]) als auch vertragl Pflichten (zB Tierpflege, Nutzungsrechte etc) liegen (vgl NK/*Bülow* Rn 4; BeckOGK/*Förster* Rn 4; Grü/*Wicke* Rn 1; Staudinger/*Wiegand* Rn 2). Die Pflichtverletzung muss erheblich sein, dh sie darf nicht so geringfügig sein, dass sie im Missverhältnis zu den Rechtsfolgen des § 1217 stünde (vgl MüKo/*Schäfer* Rn 1; BeckOGK/*Förster* Rn 5; Staudinger/*Wiegand* Rn 3). Ein Verschulden ist jedoch nicht erforderlich (NK/*Bülow* Rn 6; MüKo/*Schäfer* Rn 1; BeckOGK/*Förster* Rn 6; BeckOK/*Schärtl* Rn 2; Grü/*Wicke* Rn 1; Staudinger/*Wiegand* Rn 3). 3

b) Fortsetzung trotz Abmahnung. Erforderlich ist ferner die **Fortsetzung trotz Abmahnung.** Die Abmahnung ist die formfreie, aber zugangsbedürftige Aufforderung, das Verhalten zu unterlassen (NK/*Bülow* Rn 7; MüKo/*Schäfer* Rn 1; Staudinger/*Wiegand* Rn 3). Die Androhung einer Rechtsfolge ist nicht erforderlich (NK/*Bülow* Rn 7; MüKo/*Schäfer* Rn 1; BeckOGK/*Förster* Rn 8; BeckOK/*Schärtl* Rn 3; Grü/*Wicke* Rn 1; Staudinger/*Wiegand* Rn 3), die einer unzutreffenden unschädlich (MüKo/*Schäfer* Rn 1; BeckOK/*Schärtl* Rn 3). 4

4. Rechte des Verpfänders. Der Verpfänder hat die Wahl zw Hinterlegung oder Ablieferung an einen Verwahrer (er ist an seine Wahl nicht gebunden und kann vor Vollzug noch von einem zum anderen übergehen, vgl NK/*Bülow* Rn 8; BeckOGK/*Förster* Rn 9; BeckOK/*Schärtl* Rn 4; Grü/*Wicke* Rn 2; Staudinger/*Wiegand* Rn 4): 5

a) Hinterlegungsanspruch. Der Verpfänder kann die Herausgabe an eine Hinterlegungsstelle (§§ 372ff) verlangen; ein Urteil auf Hinterlegung ist gem § 883 ZPO vollstreckbar. Ist die Pfandsache nicht hinterlegungsfähig, kann er Ablieferung an einen gem § 410 Nr 3, § 411 III FamFG bestellten Verwahrer verlangen. Geht hinterlegtes Geld nach dem maßgeblichen Landesrecht ins Eigentum des Staates über (so etwa § 11 I ThürHintG), setzt sich das Pfandrecht analog § 233 am Herausgabeanspruch fort (NK/*Bülow* Rn 9; BeckOGK/*Förster* Rn 11.1; BeckOK/*Schärtl* Rn 5; Staudinger/*Wiegand* Rn 5; aA MüKo/*Schäfer* Rn 2). Die Kosten von Hinterlegung/Verwahrung trägt der Pfandgläubiger. 6

b) Vorzeitige Einlösung des Pfands. Gem Abs II hat der Verpfänder das Recht, das Pfand abw von § 1223 II (§ 1223 Rn 8ff) vorzeitig einzulösen, und zwar bei unverzinslicher Forderung entgegen § 272 mit Recht zum Abzug von Zwischenzinsen. Ist der Verpfänder nicht persönlicher Schuldner, so gilt § 1225. 7

8 **5. Exkurs: Rechte des mit dem Verpfänder nicht identischen Eigentümers.** Dem Eigentümer, der nicht zugleich Verpfänder ist, stehen die Rechte aus § 1217 nicht zu (MüKo/*Schäfer* Rn 4; BeckOGK/*Förster* Rn 10; BeckOK/*Schärtl* Rn 4; *Westermann/Gursky/Eickmann*, § 128 Rn 11; aA *Heck*, SachenR § 105 II [§ 1217 anwendbar]; Staudinger/*Wiegand* Rn 8 [§ 1217 II analog]). Er hat jedoch Ansprüche aus §§ 1004, 823ff, aber nur iRd § 991 II (MüKo/*Schäfer* Rn 4; Staudinger/*Wiegand* Rn 8).

§ 1218 Rechte des Verpfänders bei drohendem Verderb

(1) Ist der Verderb des Pfandes oder eine wesentliche Minderung des Wertes zu besorgen, so kann der Verpfänder die Rückgabe des Pfandes gegen anderweitige Sicherheitsleistung verlangen; die Sicherheitsleistung durch Bürgen ist ausgeschlossen.

(2) Der Pfandgläubiger hat dem Verpfänder von dem drohenden Verderb unverzüglich Anzeige zu machen, sofern nicht die Anzeige untunlich ist.

1 **1. Ratio und Gegenstand der §§ 1218–1221.** Die §§ 1218–1221 regeln besondere Rechte des Verpfänders (§ 1218) und des Pfandgläubigers (§§ 1219–1221), wenn Verderb oder eine wesentliche Wertminderung der Pfandsache drohen.

2 **2. Ratio und Gegenstand des § 1218.** § 1218 regelt die Rechtsfolgen eines drohenden Verderbs oder einer drohenden Wertminderung aus der Perspektive des Verpfänders; die Norm ist Ausprägung von Treu und Glauben (vgl RGZ 74, 151, 154; 101, 47, 49; BGH MMR 2013, 708 Rn 13).

3 **3. Anwendungsbereich.** § 1218 ist analog auch auf den Eigentümer anzuwenden; denn die Möglichkeit, die Pfandsache bei Wertverlust rechtzeitig zu bewahren und zu verwerten, ist auch dem Eigentümer zuzubilligen (MüKo/*Schäfer* Rn 1; BeckOGK/*Förster* Rn 12; *Westermann/Gursky/Eickmann*, § 128 Rn 13; Staudinger/*Wiegand* Rn 9; aA Planck/*Flad* Anm 6; RGRK/*Kregel* Rn 1; BeckOK/*Schärtl* Rn 1; Grü/*Wicke* Rn 1). Er gilt auch für das gesetzl Pfandrecht (§ 1257) (Kiel SchlHA 1956, 111) sowie in den Fällen der §§ 952, 1274 I 2 auch für das Pfandrecht an Rechten (§ 1273 II; vgl § 1273 Rn 8).

4 **4. Voraussetzung: Verderb oder wesentliche Wertminderung. Verderb** ist auf Veränderung des Pfands beruhendes Unbrauchbarwerden (Grü/*Wicke* Rn 1; etwas weiter NK/*Bülow* Rn 3; BeckOGK/*Förster* Rn 6; BeckOK/*Schärtl* Rn 2; Staudinger/*Wiegand* Rn 1). **Wertminderung** kann auf Veränderung des Pfands oder auf äußeren Umständen (zB Kurssturz, Sinken der Preise) beruhen (vgl RGZ 74, 151, 153; 101, 47, 49; NK/*Bülow* Rn 4; Staudinger/*Wiegand* Rn 3). Sie muss wesentlich sein, dh es ist ein gewisses Ausmaß mit zu erwartender Nachhaltigkeit erforderlich (LG Nürnberg-Fürth NJW-RR 2003, 184).

5 **5. Anspruch auf Rückgabe gegen Sicherheitsleistung.** Der Verpfänder kann Rückgabe des Pfands Zug um Zug gegen anderweitige **Sicherheitsleistung** verlangen. Für die Höhe ist der **Wert des Pfands** zur Zeit der Rückgabe (BGH MMR 2013, 708 Rn 13; MüKo/*Schäfer* Rn 3; BeckOGK/*Förster* Rn 11; Grü/*Wicke* Rn 2; Staudinger/*Wiegand* Rn 6) maßgeblich; Obergrenze ist jedoch der Wert der Forderung (BGH MMR 2013, 708 Rn 13; BeckOK/*Schärtl* Rn 5; Grü/*Wicke* Rn 2; Staudinger/*Wiegand* Rn 6; aA MüKo/*Schäfer* Rn 3; BeckOGK/*Förster* Rn 11, 11.1; *Westermann/Gursky/Eickmann*, § 128 Rn 13). Art der Sicherheitsleistung: § 232 I (BGH MMR 2013, 708 Rn 13) (nicht § 232 II, vgl § 1218 I Hs 2); Verfahren §§ 233–238, 240.

6 Ist der **Verpfänder zur Sicherheitsleistung außerstande**, so kann er nach **Treu und Glauben** (§ 242) verlangen, dass der Pfandgläubiger die Pfandsache zum Markt- oder Börsenpreis verkauft und sich aus dem Erlös befriedigt oder sichert (RGZ 74, 151, 153ff; 101, 47, 49). Der Pfandgläubiger kann nach Treu und Glauben hierzu auch von sich aus verpflichtet sein, insb bei drohender Entwertung verpfändeten Geldes oder verpfändeter Wertpapiere (RGZ 109, 181, 183; RG LZ 1927, 1339; Düsseldorf HRR 1936 Nr 726).

7 **6. Anzeigepflicht (Abs II).** Gem Abs II trifft den Pfandgläubiger bei **drohendem Verderb** eine Pflicht zur unverzüglichen (§ 121 I 1) Anzeige an den Verpfänder, sofern dies nicht untunlich ist. Eine ausnahmsw Untunlichkeit ist als unbestimmter Rechtsbegriff eine Frage der Gesamtumstände des Einzelfalls (vgl Staudinger/*Wiegand* § 1220 Rn 8). Bei Verletzung der Anzeigepflicht hat der Verpfänder die Rechte aus § 1217 (§ 1217 Rn 1ff), bei Verschulden kann er gem § 280 I Schadensersatz verlangen (NK/*Bülow* Rn 17; MüKo/*Schäfer* Rn 5; BeckOGK/*Förster* Rn 16; BeckOK/*Schärtl* Rn 8; Grü/*Wicke* Rn 4; Staudinger/*Wiegand* Rn 8). Keine Anzeigepflicht besteht hingegen bei drohender Wertminderung, da diesbezgl – anders als beim Verderb – idR keine Informationsasymmetrie zw Verpfänder und Gläubiger besteht (vgl Prot III, 458; Staudinger/*Wiegand* Rn 8; für eine Anzeigepflicht für den für den Fall, dass der Verpfänder die Wertminderung nicht kennt und der Pfandgläubiger dies weiß oder wissen musste, jedoch NK/*Bülow* Rn 16).

§ 1219 Rechte des Pfandgläubigers bei drohendem Verderb

(1) Wird durch den drohenden Verderb des Pfandes oder durch eine zu besorgende wesentliche Minderung des Wertes die Sicherheit des Pfandgläubigers gefährdet, so kann dieser das Pfand öffentlich versteigern lassen.

(2) Der Erlös tritt an die Stelle des Pfandes. Auf Verlangen des Verpfänders ist der Erlös zu hinterlegen.

1. Ratio und Verhältnis zu § 1218. § 1219 gibt dem Pfandgläubiger in Anknüpfung an § 1218 bei Drohen von Verderb oder wesentlicher Wertminderung, durch die seine Sicherheit gefährdet wird, das Recht, die Pfandsache versteigern zu lassen. Liegen die Voraussetzungen beider Normen vor, so hat § 1218 Vorrang (arg e § 1220 I 2) (NK/*Bülow* Rn 1; MüKo/*Schäfer* Rn 1; BeckOGK/*Förster* Rn 2; BeckOK/*Schärtl* Rn 1; Staudinger/*Wiegand* Rn 2). § 1219 regelt nur die materiellen Voraussetzungen des Versteigerungsrechts; § 1220 regelt weitere formelle Voraussetzungen, § 1221 eröffnet in bestimmten Fällen die Möglichkeit eines freihändigen Verkaufs. 1

2. Anwendungsbereich. § 1219 gilt auch für das gesetzl Pfandrecht (§ 1257) (NK/*Bülow* Rn 11; BeckOGK/*Förster* Rn 3; Staudinger/*Wiegand* § 1257 Rn 17), aber idR nicht beim Pfandrecht an Rechten (vgl § 1273 Rn 10). 2

3. Voraussetzungen. a) Verderb oder wesentliche Wertminderung. Erforderlich ist zunächst das Drohen **von Verderb oder wesentlicher Wertminderung** iSd § 1218 (§ 1218 Rn 4). Der Entschädigungsfall iSd § 3 I EAEG aF (= § 5 EinSiG) ist hingegen kein Anwendungsfall des § 1219 (BGH NJW 2008, 1732 Rn 22). 3

b) Gefährdung der Sicherheit des Pfandgläubigers. Durch den Verderb oder die wesentliche Wertminderung, dh nicht nur durch ein bloßes Anwachsen der Forderung (NK/*Bülow* Rn 3; MüKo/*Schäfer* Rn 3; BeckOGK/*Förster* Rn 5; BeckOK/*Schärtl* Rn 2; Staudinger/*Wiegand* Rn 3), muss eine **Gefährdung der Sicherheit des Pfandgläubigers** gegeben sein. Dies wird analog § 237 S 1 anzunehmen sein, wenn der Wert der Pfandsache unter ⅔ des Schätzungswerts des gegenwärtigen Umfangs der Forderung (§ 1210) herabsinkt (NK/*Bülow* Rn 3; MüKo/*Schäfer* Rn 3; BeckOGK/*Förster* Rn 6; BeckOK/*Schärtl* Rn 2; Grü/*Wicke* Rn 1; etwas abw Staudinger/*Wiegand* Rn 3 [keine generellen Maßstäbe, allenfalls § 237]). Etwaige anderweitige Sicherheiten (zB andere Pfandrechte, Hypotheken, Bürgschaften etc) bleiben außer Betracht (BeckOGK/*Förster* Rn 5; BeckOK/*Schärtl* Rn 2; Grü/*Wicke* Rn 1; Staudinger/*Wiegand* Rn 3; aA MüKo/*Schäfer* Rn 4). Keine Gefährdung liegt jedoch vor, wenn mehrere für eine Forderung verpfändete Sachen (§ 1222) ihrem Gesamtwert nach genügen (NK/*Bülow* Rn 4; MüKo/*Schäfer* Rn 4; BeckOGK/*Förster* Rn 5; BeckOK/*Schärtl* Rn 2; Grü/*Wicke* Rn 1; Staudinger/*Wiegand* Rn 3). 4

4. Rechtsfolgen. a) Recht zur öffentlichen Versteigerung (Abs I). Liegen die in Rn 3 genannten Voraussetzungen vor, so gibt § 1219 dem **Pfandgläubiger** die gesetzl Ermächtigung (vgl Staudinger/*Wiegand* Rn 5), das Pfand öffentlich versteigern zu lassen (zur uU bestehenden Alternative des freien Verkaufs: § 1221). Für die öffentliche Versteigerung gelten § 383 III, erg aber die pfandrechtl Sonderregeln der §§ 1220, 1236ff (BayObLG Recht 1903 Nr 2549; BeckOGK/*Förster* Rn 9; BeckOK/*Schärtl* Rn 3; MüKo/*Schäfer* Rn 5; Grü/*Wicke* Rn 1; Staudinger/*Wiegand* Rn 4). 5

b) Versteigerungserlös (Abs II). aa) Der Erlös tritt gem § 1219 II 1 im Wege **dinglicher Surrogation** an die Stelle des Pfands (RGZ 94, 20, 24), dh der Eigentümer des Pfands erlangt Eigentum am Erlös, der Gläubiger ein Pfandrecht hieran; er darf sich aber aus dem Erlös nicht vorzeitig befriedigen. 6

bb) Gem § 1219 II 2 kann der **Verpfänder** wegen der mit Geld verbundenen besonderen Risiken (vgl Mot III, 812) die **Hinterlegung verlangen**; die Kosten hierfür trägt er (NK/*Bülow* Rn 10; MüKo/*Schäfer* Rn 7; BeckOGK/*Förster* Rn 11; BeckOK/*Schärtl* Rn 5; Grü/*Wicke* Rn 2). Über den Wortlaut hinaus wird man dieses Recht auf Grund der vergleichbaren Interessenlage auch dem mit dem Verpfänder nicht identischen **Eigentümer** zugestehen müssen (NK/*Bülow* Rn 9; MüKo/*Schäfer* Rn 7; BeckOGK/*Förster* Rn 12; Staudinger/*Wiegand* Rn 8; aA BeckOK/*Schärtl* Rn 5; Grü/*Wicke* Rn 2). 7

§ 1220 Androhung der Versteigerung

(1) Die Versteigerung des Pfandes ist erst zulässig, nachdem sie dem Verpfänder angedroht worden ist; die Androhung darf unterbleiben, wenn das Pfand dem Verderb ausgesetzt und mit dem Aufschub der Versteigerung Gefahr verbunden ist. Im Falle der Wertminderung ist außer der Androhung erforderlich, dass der Pfandgläubiger dem Verpfänder zur Leistung anderweitiger Sicherheit eine angemessene Frist bestimmt hat und diese verstrichen ist.

(2) Der Pfandgläubiger hat den Verpfänder von der Versteigerung unverzüglich zu benachrichtigen; im Falle der Unterlassung ist er zum Schadensersatz verpflichtet.

(3) Die Androhung, die Fristbestimmung und die Benachrichtigung dürfen unterbleiben, wenn sie untunlich sind.

1. Ratio. § 1221 regelt die formellen Voraussetzungen für die öffentliche Versteigerung, wenn der Pfandgläubiger hierzu gem § 1219 materiell berechtigt ist (vgl auch § 1219 Rn 1). 1

2. Anwendungsbereich. § 1220 gilt auch beim gesetzl Pfandrecht (§ 1257), nicht hingegen beim Pfändungspfandrecht (BeckOGK/*Förster* Rn 3; Staudinger/*Wiegand* Rn 10); ferner idR nicht beim Pfandrecht an Rechten (vgl § 1273 Rn 10). 2

3. Androhung und Fristbestimmung (Abs I). Die Versteigerung ist vorher **anzudrohen**; dies darf nur unterbleiben, wenn das Pfand dem Verderb ausgesetzt ist oder mit dem Aufschub der Versteigerung Gefahr verbunden ist (S 1). Im Falle der Wertminderung ist zusätzl die Setzung einer angemessenen **Frist** und deren fruchtloser Ablauf erforderlich (S 2). Androhung und Fristsetzung sind einseitige, empfangsbedürftige Willenserklärungen (MüKo/*Schäfer* Rn 1; BeckOK/*Schärtl* Rn 2; Grü/*Wicke* Rn 1). 3

Androhung und – soweit erforderlich – Fristsetzung sind **Zulässigkeitsvoraussetzungen**; ihr Fehlen macht die Versteigerung analog § 1243 unwirksam, sodass nur ein gutgläubiger Eigentumserwerb analog § 1244 in Be- 4 tracht kommt (NK/*Bülow* Rn 3; BeckOK/*Schärtl* Rn 3; *Westermann/Gursky/Eickmann*, § 128 Rn 128; Grü/*Wicke* Rn 1; Staudinger/*Wiegand* Rn 5; aA MüKo/*Schäfer* Rn 1 [bloße Ordnungsvorschrift]). Überdies ist der Pfandgläubiger bei Verschulden gem § 280 I schadensersatzpflichtig (BeckOK/*Schärtl* Rn 3; Grü/*Wicke* Rn 1; Staudinger/*Wiegand* Rn 5).

5 **4. Benachrichtigung (Abs II).** Der Pfandgläubiger hat den **Verpfänder** von der bevorstehenden Versteigerung (Ort, Zeit, vgl § 1237 S 1) unverzüglich (§ 121 I 1) zu benachrichtigen, damit dieser sich beteiligen kann (NK/*Bülow* Rn 7; MüKo/*Schäfer* Rn 2; BeckOGK/*Förster* Rn 11; BeckOK/*Schärtl* Rn 4; Grü/*Wicke* Rn 2; Staudinger/*Wiegand* Rn 6). Unterlässt er dies, so ist er zum Schadensersatz verpflichtet (Hs 2). Die Versteigerung bleibt aber nach allg M gleichwohl wirksam (NK/*Bülow* Rn 7; MüKo/*Schäfer* Rn 2; BeckOGK/*Förster* Rn 12; BeckOK/*Schärtl* 6; Grü/*Wicke* Rn 2; Staudinger/*Wiegand* Rn 7). Sofern der Pfandgläubiger weiß, dass der Eigentümer nicht mit dem Verpfänder identisch ist und den Eigentümer kennt, wird man ihn über den Wortlaut hinaus für verpflichtet halten müssen, auch den Eigentümer entspr zu benachrichtigen (NK/*Bülow* Rn 4; MüKo/*Schäfer* Rn 1; BeckOGK/*Förster* Rn 13; *Westermann/Gursky/Eickmann*, § 128 Rn 13; Staudinger/*Wiegand* Rn 9). Analog § 1241 hat der Pfandgläubiger den Eigentümer zudem vom Ergebnis der Versteigerung zu benachrichtigen.

6 **5. Entbehrlichkeit gem Abs III.** Androhung, Fristbestimmung und Benachrichtigung sind gem Abs III entbehrlich, wenn sie untunlich (§ 1218 Rn 7) sind oder Verderb (§ 1218 Rn 4) droht.

7 **6. Beweislast.** Das Vorliegen der formellen Voraussetzungen hat der Pfandgläubiger zu beweisen (MüKo/*Schäfer* Rn 3; BeckOK/*Schärtl* Rn 9); Gleiches gilt für eine etwaige Untunlichkeit (NK/*Bülow* Rn 10; MüKo/*Schäfer* Rn 3; BeckOGK/*Förster* Rn 14; BeckOK/*Schärtl* Rn 9; Staudinger/*Wiegand* Rn 8).

8 **7. § 1220 analog bei Sicherungsübereignung.** Bei der Sicherungsübereignung kann § 1220 analog anwendbar sein; maßgeblich sind Vertragsinhalt und die Umstände des Einzelfalls (RG Gruchot 64, 482; Staudinger/*Wiegand* Rn 10).

§ 1221 Freihändiger Verkauf

Hat das Pfand einen Börsen- oder Marktpreis, so kann der Pfandgläubiger den Verkauf aus freier Hand durch einen zu solchen Verkäufen öffentlich ermächtigten Handelsmakler oder durch eine zur öffentlichen Versteigerung befugte Person zum laufenden Preis bewirken.

1 **1. Ratio.** § 1221 ermöglicht nach dem Vorbild des § 385 als Verwertungserleichterung in bestimmten Fällen den freihändigen Verkauf (vgl Prot VI, 166; Staudinger/*Wiegand* Rn 1).

2 **2. Voraussetzungen. a) Voraussetzungen der §§ 1219, 1220.** Da § 1221 nur eine alternative Verwertungsmöglichkeit eröffnet (zum Anwendungsbereich vgl daher § 1219 Rn 2, § 1220 Rn 2 entspr), müssen zunächst die Voraussetzungen von § 1219 I, § 1220 erfüllt sein (NK/*Bülow* Rn 1; MüKo/*Schäfer* Rn 1; BeckOGK/*Förster* Rn 3; BeckOK/*Schärtl* Rn 1; Staudinger/*Wiegand* Rn 1).

3 **b) Börsen- oder Marktpreis.** Ein **Marktpreis** besteht, wenn Sachen von der Art des Pfands am Verkaufsort so häufig umgesetzt werden, dass sich ein Durchschnittspreis zu bilden vermag (RGZ 34, 117, 121; RG JW 1907, 5, 6). Ein **Börsenpreis** ist ein Preis, der während der Börsenzeit an einer Börse oder im Freiverkehr festgestellt wird (§ 24 I BörsG).

4 **3. Zum freihändigen Verkauf befugte Personen. a) Handelsmakler (§ 93 HGB).** Ihre Ermächtigung ergibt sich aus dem Landesrecht. Ihnen gleichgestellt sind gem § 27 BörsG **Skontroführer** (früher: Kursmakler, § 30 BörsG aF).

5 **b) Zur öffentlichen Versteigerung befugte Personen.** Gerichtsvollzieher (§ 383 III), Notare (§ 20 III BNotO); öffentliche Versteigerer gem § 34b V GewO.

6 **4. Durchführung und Rechtsfolgen des freihändigen Verkaufs.** Durch die Veräußerung geht das Eigentum auf den Erwerber über, sofern das Pfandrecht besteht oder gutgläubiger Erwerb analog § 1244 stattfindet (Staudinger/*Wiegand* Rn 4). Das Pfand kann auch an den Pfandgläubiger verkauft werden; dieser kann es jedoch nicht einfach zum Tagespreis übernehmen (RG JW 1930, 134; Grü/*Wicke* Rn 1; Staudinger/*Wiegand* Rn 4). Möglich ist ferner auch ein Verkauf an den Eigentümer (RG JW 1930, 134; Grü/*Wicke* Rn 1; Staudinger/*Wiegand* Rn 4); dieser erlangt dann Lastenfreiheit (Grü/*Wicke* Rn 1; Staudinger/*Wiegand* Rn 4). Im Falle des Verkaufs unter Markt-/Börsenpreis ist die Veräußerung zwar gleichwohl rechtmäßig, dh es treten die genannten Rechtsfolgen ein (NK/*Bülow* Rn 4; MüKo/*Schäfer* Rn 1; BeckOGK/*Förster* Rn 9; Grü/*Wicke* Rn 1; Staudinger/*Wiegand* Rn 4; aA BeckOK/*Schärtl* Rn 3); der Pfandgläubiger kann sich aber gem § 280 I, §§ 823ff, 990ff schadensersatzpflichtig machen (NK/*Bülow* Rn 4; MüKo/*Schäfer* Rn 1; BeckOGK/*Förster* Rn 9; Grü/*Wicke* Rn 1; Staudinger/*Wiegand* Rn 4).

§ 1222 Pfandrecht an mehreren Sachen

Besteht das Pfandrecht an mehreren Sachen, so haftet jede für die ganze Forderung.

1 **1. Ratio.** Die Vorschrift normiert – ebenso wie § 1132 I 1 für die Hypothek – das Prinzip der ungeteilten Pfandhaftung, dh dass jede Sache für die gesamte Forderung haftet (vgl Mot III, 805; Prot III, 449; NK/*Bülow* Rn 1; BeckOGK/*Förster* Rn 2; Staudinger/*Wiegand* Rn 1).

2. Anwendungsbereich. § 1222 gilt auch für das gesetzl Pfandrecht (§ 1257) (BGH MMR 2013, 708 Rn 10; MüKo/*Schäfer* § 1257 Rn 7; BeckOGK/*Förster* Rn 3; Grü/*Wicke* § 1257 Rn 4) sowie für das Pfandrecht an Rechten (§ 1273 II; vgl § 1273 Rn 7). 2

3. Pfandrecht an mehreren Sachen. § 1222 ist anwendbar, wenn mehrere Pfandrechte für **ein und dieselbe Forderung** bestehen, gleichgültig, ob dies von Anfang der Fall war oder die Pfandrechte erst nacheinander entstanden und ob von einem oder von mehreren Verpfändern bestellt; erfasst ist ferner auch der Fall, dass eine Pfandsache aufgeteilt wird und das Pfandrecht sich an den Teilen fortsetzt (NK/*Bülow* Rn 2; MüKo/*Schäfer* Rn 1; BeckOGK/*Förster* Rn 4f; BeckOK/*Schärtl* Rn 2; Grü/*Wicke* Rn 1; Staudinger/*Wiegand* Rn 1). 3

4. Haftung. Der Gläubiger ist – anders als bei der Gesamthypothek (§ 1132 II) – nicht befugt, die Pfandhaftung auf die einzelnen Pfänder zu verteilen (NK/*Bülow* Rn 1; MüKo/*Schäfer* Rn 1; BeckOK/*Schärtl* Rn 3; Grü/*Wicke* Rn 2; Staudinger/*Wiegand* Rn 3). Zulässig sein dürften aber Vereinbarungen, dass einzelne Sachen nur in bestimmter Höhe haften (MüKo/*Schäfer* Rn 1; BeckOGK/*Förster* Rn 8; BeckOK/*Schärtl* Rn 3; Grü/*Wicke* Rn 2; aA Staudinger/*Wiegand* Rn 4 [nur schuldrechtl Wirkung]). Zudem hat der Gläubiger beim Pfandverkauf ein Wahlrecht gem § 1230 (s § 1230 Rn 1ff). 4

5. Übersicherung. Ungeachtet des Akzessorietätsgrundsatzes ist bei einer Mehrheit von Pfändern eine anfängliche oder nachträgl **Übersicherung** des Gläubigers möglich; die für die Sicherungsübereignung geltenden Grundsätze über den Freigabeanspruch des Sicherungsnehmers (Anh § 931 Rn 28) sind auf das Gesamtpfandrecht nicht übertragbar (Staudinger/*Wiegand* Rn 2). Der Verpfänder ist hinreichend geschützt durch den Akzessorietätsgrundsatz und die dingliche Surrogation sowie durch die Beschränkung des Verwertungsrechts des Gläubigers gem § 1230 S 2 (§ 1230 Rn 4). Insb aus § 1230 S 2 ergibt sich, dass der/die Verpfänder nicht befugt ist/sind, **Rückgabe eines Pfands** zu verlangen, solange der Pfandgläubiger nicht ganz befriedigt ist, auch wenn eine Sache oder ein Teil der Pfänder zur Sicherheit ausreicht (BGH BB 1966, 179; Königsberg OLG 5, 157, 158). Etwas anderes gilt nach § 242 ausnahmsw dann, wenn die Deckung der Schuld durch mehrere Sachen ersichtlich ausreicht und sich die Weigerung des Pfandgläubigers, einen Teil der Pfandsachen freizugeben, als unzulässige Rechtsausübung darstellt (BGH BB 1956, 159; NJW 1995, 1085, 1086). 5

6. Sicherungsübereignung. Das RG hat den Rechtsgedanken des § 1222 auch auf die Sicherungsübereignung angewendet (RG WarnR 1912 Nr 58; WarnR 1932 Nr 86). Dies ist jedoch durch die neue Rspr des BGH zur Übersicherung (Anh § 931 Rn 28) überholt. 6

§ 1223 Rückgabepflicht; Einlösungsrecht

(1) Der Pfandgläubiger ist verpflichtet, das Pfand nach dem Erlöschen des Pfandrechts dem Verpfänder zurückzugeben.

(2) Der Verpfänder kann die Rückgabe des Pfandes gegen Befriedigung des Pfandgläubigers verlangen, sobald der Schuldner zur Leistung berechtigt ist.

1. Ratio und Überblick. § 1223 konkretisiert die sich aus dem gesetzl Schuldverhältnis zw Pfandgläubiger und Verpfänder (Vor § 1204 Rn 1; § 1215 Rn 1) bestehende Rückgabepflicht. Abs I normiert die Verpflichtung des Pfandgläubigers, das Pfand nach Erlöschen des Pfandrechts zurückzugeben, während Abs II dem Verpfänder ein Einlösungsrecht Zug um Zug gegen Befriedigung des Pfandgläubigers gewährt. 1

2. Anwendungsbereich. § 1223 gilt auch für das gesetzl Pfandrecht (§ 1257) (BGH MMR 2013, 708 Rn 10; Hamburg BeckRS 2010, 04302; AG Hamburg-St. Georg BeckRS 2014, 08774; NK/*Bülow* Rn 3; MüKo/*Schäfer* § 1257 Rn 7; BeckOGK/*Förster* Rn 3); vgl zur Anwendung beim Pfandrecht an Rechten § 1273 Rn 8f. 2

3. Rückgabepflicht des Pfandgläubigers (Abs I). a) Entstehung. Die Rückgabepflicht entsteht **mit dem Erlöschen des Pfandrechts.** Der Grund des Erlöschens (§ 1250 II, §§ 1252, 1253, 1255, 1256, 158 II, §§ 163, 418) ist irrelevant; nach zutreffender hM gehört dazu insb auch die Befriedigung des Gläubigers (BeckOK/*Schärtl* Rn 2; Staudinger/*Wiegand* Rn 4; aA MüKo/*Schäfer* Rn 2; Planck/*Flad* Anm 1). Die Beweislast für das Erlöschen trägt der Verpfänder (RG Recht 1907, 1655; NK/*Bülow* Rn 11; MüKo/*Schäfer* Rn 5; BeckOGK/*Förster* Rn 5; BeckOK/*Schärtl* Rn 2; Grü/*Wicke* Rn 1; Staudinger/*Wiegand* Rn 4). Abs I gilt auch für die Rückgabe des Erlösteils, der die Forderung übersteigt, denn gem § 1247 S 2 (§ 1247 Rn 1ff) tritt er an die Stelle des Pfandes (Hamburg OLG 35, 131; Grü/*Wicke* Rn 1). 3

b) Inhalt der Rückgabepflicht. Der **Inhalt der Rückgabepflicht** richtet sich nach der Art der Pfandrechtsbegründung, dh der Pfandgläubiger schuldet idR Wiedereinräumung des Alleinbesitzes, bei Mitverschluss Rückgabe des Verschlussmittels, in den Fällen der § 1205 II, § 1206 Alt 2 Wiederabtretung des Herausgabeanspruchs (NK/*Bülow* Rn 8; BeckOGK/*Förster* Rn 8; Staudinger/*Wiegand* Rn 5). Es handelt sich gem § 269 grds um eine Holschuld; eine allg Übersendungspflicht besteht nicht (Karlsruhe OLG 43, 18; AG Hamburg-St. Georg BeckRS 2014, 08774). In der Insolvenz des Pfandgläubigers begründet der Herausgabeanspruch aus § 1223 I ein Aussonderungsrecht (BGH NJW-RR 2018, 747 Rn 19). 4

c) Zurückbehaltungsrecht. Dem Pfandgläubiger kann nach allg Regeln (§ 273 BGB, § 369 HGB, ggf qua Sicherungsabrede) ein **Zurückbehaltungsrecht** zustehen. Eine Bank braucht Pfänder, die ihr aus Anlass der Übernahme einer Prozessbürgschaft gegeben worden sind, grds erst zurückgeben, wenn ihr die Bürgschaftsurkunde 5 ausgehändigt wird oder eine Erklärung des Bürgschaftsgläubigers vorliegt, dass sie aus der Bürgschaft entlassen ist (BGH NJW 1971, 701).

6 **d) Anspruchsinhaber.** Anspruchsinhaber ist allein der **Verpfänder** (NK/*Bülow* Rn 5; MüKo/*Schäfer* Rn 3; BeckOGK/*Förster* Rn 6; BeckOK/*Schärtl* Rn 3; Staudinger/*Wiegand* Rn 7). Nicht dagegen der mit dem Verpfänder nicht identische **Eigentümer**; dieser hat Anspruch auf Rückgabe gem §§ 985ff, ferner auf Ablösung gem § 1249 (MüKo/*Schäfer* Rn 3; BeckOK/*Schärtl* Rn 4; Grü/*Wicke* Rn 1; Staudinger/*Wiegand* Rn 13ff). Nicht anspruchsberechtigt ist auch der persönliche Schuldner (RG JW 1914, 76; 1927, 1467, 1468). Der Pfandgläubiger hat das Pfand grds auch dann an den Verpfänder zurückzugeben, wenn er weiß, dass dieser nicht Eigentümer ist; etwas anderes kann sich nur ausnahmsw aus § 242 ergeben (BGH NJW 1979, 1203, 1204f).

7 **e) Schadensersatz.** Im Falle der **Unmöglichkeit der Rückgabe** hat der Pfandgläubiger bei Vertretenmüssen Schadensersatz zu leisten (RGZ 117, 51, 57); Anspruchsgrundlage dafür ist heute § 280 I, III, § 283. Anspruchshöhe und Inhalt richten sich grds nach den allg Regeln, dh zu ersetzen ist grds der Wert des Pfands (RGZ 117, 51, 57f); dem Verpfänder fremder Sachen jedoch nur der Besitzwert (RGZ 116, 266, 267f).

8 **4. Einlösungsrecht des Verpfänders (Abs II). a) Entstehung.** Das Einlösungsrecht des Verpfänders entsteht, sobald der **Schuldner** gem § 271 **zur Leistung berechtigt** ist; der Pfandgläubiger hat kein Ablehnungsrecht gem § 267 II (NK/*Bülow* Rn 13; MüKo/*Schäfer* Rn 13; BeckOK/*Schärtl* Rn 9; Staudinger/*Wiegand* Rn 9).

9 **b) Ausübung.** Der Verpfänder kann die **Rückgabe des Pfandes Zug um Zug gegen die Befriedigung** verlangen (BGH NJW 1979, 1203; 1999, 3716, 3717). An das Befriedigungsanerbieten sind geringe Ansprüche zu stellen (NK/*Bülow* Rn 14; Staudinger/*Wiegand* Rn 10). Bei Klage auf Rückgabe braucht der Verpfänder die Forderung des Pfandgläubigers grds nicht zu beziffern (RGZ 92, 280, 283; 140, 345, 346). Es genügt, dass der Verpfänder, der in erster Linie seine Schuld leugnet, sich wenigstens hilfsweise erbietet, die gerichtlich festgestellte Schuld zu begleichen (RGZ 140, 345, 346). Immerhin kann er Herausgabe des Pfandes nur Zug um Zug gegen Zahlung der Schuld verlangen (RGZ 92, 280, 281). Der Pfandgläubiger, der Leistung verlangt, braucht dagegen die Rückgabe nicht anzubieten; es bleibt dem Verpfänder überlassen, eine Verurteilung nur Zug um Zug zu erwirken (BGH NJW 1979, 1203).

10 **c) Berechtigter. Berechtigter** des Einlösungsrechts ist der **Verpfänder**, und zwar auch dann, wenn er zugleich persönlicher Schuldner ist (RGZ 90, 69, 72; RG LZ 1926, 698). Der persönliche Schuldner, der nicht zugleich Verpfänder ist, hat hingegen kein Einlösungsrecht, da seine Interessen nach Auffassung des Gesetzgebers durch die dem Eigentümer oder dem Verpfänder zustehenden Rechte idR hinreichend gewahrt sind (vgl Prot III, 459). Ebenso wenig hat auch der Eigentümer, der nicht zugleich Verpfänder ist, ein Einlösungsrecht (RG LZ 1926, 698). Er kann aber nach § 1249 vorgehen (MüKo/*Schäfer* Rn 17; BeckOGK/*Förster* Rn 16; BeckOK/*Schärtl* Rn 11; Grü/*Wicke* Rn 2; Staudinger/*Wiegand* Rn 14). Zudem kann das Einlösungsrecht vom Verpfänder abgetreten werden (RG LZ 1926, 698). Abtretungsfähig ist nur das Ablösungsrecht als Ganzes, nicht lediglich einzelne sich aus ihm ergebende Rechte, zB abtretbares Recht auf Rückübertragung verpfändeter Grundschuld, nicht dagegen Recht auf Rückgabe des Grundschuldbriefes (RG DJZ 1929, 442).

§ 1224 Befriedigung durch Hinterlegung oder Aufrechnung

Die Befriedigung des Pfandgläubigers durch den Verpfänder kann auch durch Hinterlegung oder durch Aufrechnung erfolgen.

1 **1. Ratio.** § 1224 verbessert die Rechtsstellung des Verpfänders, der nicht zugleich persönlicher Schuldner ist, indem er ihm dieselben Erfüllungssurrogate wie diesem einräumt.

2 **2. Anwendungsbereich.** § 1224 gilt auch für das gesetzl Pfandrecht (§ 1257) (MüKo/*Schäfer* § 1257 Rn 7; Staudinger/*Wiegand* § 1257 Rn 20) sowie für das Pfandrecht an Rechten (§ 1273 II; vgl § 1273 Rn 7).

3 **3. Aufrechnung.** Der Verpfänder, der nicht zugleich persönlicher Schuldner ist, kann mit Forderungen aufrechnen, die ihm ggü dem Pfandgläubiger zustehen; insofern gilt – wie nach § 1142 II – eine Ausnahme vom Erfordernis der Gegenseitigkeit iSd § 387 (vgl § 1142 Rn 5). Der Verpfänder kann aber nicht aufrechnen mit einer Forderung des Schuldners; deren Vorliegen gibt ihm nur eine Einrede (vgl § 1211 Rn 6).

4 **4. Hinterlegung.** Der Verpfänder ist abw von § 372, der dazu grds nur den Schuldner berechtigt auch berechtigt, die Forderung durch Hinterlegung zu tilgen.

§ 1225 Forderungsübergang auf den Verpfänder

Ist der Verpfänder nicht der persönliche Schuldner, so geht, soweit er den Pfandgläubiger befriedigt, die Forderung auf ihn über. Die für einen Bürgen geltende Vorschrift des § 774 findet entsprechende Anwendung.

1 **1. Ratio.** § 1225 regelt die Rechtsfolgen der Befriedigung des Pfandgläubigers durch den Verpfänder, der nicht zugleich persönlicher Schuldner ist, indem er – ebenso wie beim Bürgen (vgl Mot III, 816) – eine cessio legis anordnet und zudem § 774 explizit für entspr anwendbar erklärt. Die Vorschrift hat darüber hinaus aber auch Bedeutung für den Ausgleich mehrerer Sicherungsgeber untereinander (vgl Staudinger/*Wiegand* Rn 1).

2. Anwendungsbereich. § 1225 gilt auch für das gesetzl Pfandrecht (§ 1257) (MüKo/*Schäfer* § 1257 Rn 7; BeckOGK/*Förster* Rn 3; Staudinger/*Wiegand* § 1257 Rn 20) sowie für das Pfandrecht an Rechten (§ 1273 II; vgl § 1273 Rn 7). 2

3. Gesetzlicher Forderungsübergang (S 1). a) Befriedigung durch den Verpfänder, der nicht persönlicher Schuldner ist. Die **Befriedigung durch** den **Verpfänder**, der **nicht persönlicher Schuldner** ist, bewirkt, dass die Forderung kraft Gesetzes auf den Verpfänder übergeht. Befriedigung ist jede Leistung, die zur Tilgung der Schuld führt, dh zB auch Aufrechnung und Hinterlegung (MüKo/*Schäfer* Rn 4; BeckOGK/*Förster* Rn 4; Staudinger/*Wiegand* Rn 3). Zur Verwertung s Rn 5. Mit der Forderung geht gem §§ 401, 412, 1250 grds auch das Pfandrecht über; etwas anderes gilt jedoch gem § 1256 grds, wenn der Verpfänder zugleich Eigentümer ist (vgl dazu auch noch § 1256 Rn 1ff). War der Verpfänder nicht Eigentümer, so ist es irrelevant, ob er bei der Verpfändung gutgläubig war; maßgeblich ist allein, dass damals ein gutgläubiger Pfandgläubiger das Pfandrecht erwarb (Planck/*Flad* Anm 1; Staudinger/*Wiegand* Rn 4). Der Verpfänder kann auf das Recht aus § 1225 auch schon vorher ausdrückl oder konkludent verzichten (RGZ 71, 324, 329; RG Recht 1914 Nr 1433). 3

b) Abgrenzung: Befriedigung durch sonstige Personen. aa) Im Falle der Befriedigung durch den **persönlichen Schuldner** erlöschen Forderung und Pfandrecht (§§ 362, 1152). Bsp: persönlich haftender Gesellschafter, der für eine Gesellschaftsschuld ein Pfand bestellt hat, befriedigt den Gläubiger; die Forderung kann hier jedoch aus einem sonstigen Grund übergehen (RGZ 91, 277). **bb)** Befriedigen des **Eigentümers**, der nicht zugleich Verpfänder oder persönlicher Schuldner ist, oder ein **Dritter**, den Pfandgläubiger, so gilt zwar § 1225 nicht, der Eigentümer kann die Forderung jedoch nach allg Regeln (§ 268 III, §§ 426, 774, 1249) erwerben, womit dann nach Maßgabe des § 1256 (§ 1256 Rn 1ff) ggf auch das Pfandrecht mit übergeht (MüKo/*Schäfer* Rn 3; BeckOK/*Schärtl* Rn 2; Grü/*Wicke* Rn 1). 4

c) Sonderproblem: Verwertung. Umstr sind die Rechtsfolgen der Verwertung. Einer Ansicht nach erfolgt auch hier ein Rechtsübergang auf den Verpfänder, wobei str ist, ob sich dies aus § 1225 (so Staudinger/*Wiegand* Rn 3) oder § 1288 II ergibt (RG Recht 1918 Nr 244; RGRK/*Kregel* 2); damit wird jedoch nicht berücksichtigt, dass die Forderung gem § 1247 als vom Eigentümer berichtigt gilt; zutr Ansicht nach geht die Forderung daher analog § 1249 S 2, § 268 III auf den Eigentümer über (MüKo/*Schäfer* Rn 4; Planck/*Flad* Anm 1b; BeckOK/*Schärtl* Rn 2). 5

4. Entsprechende Anwendung des § 774 I (S 2). a) § 774 I 2. Konsequenzen der entspr Anwendung des § 774 I sind: Der Forderungsübergang darf nicht zum Nachteil des Pfandgläubigers geltend gemacht werden (§ 774 I 2). So kann der Pfandgläubiger dem Herausgabeanspruch des Verpfänders ein ihm dem Schuldner ggü zustehendes Zurückbehaltungsrecht entgegensetzen (Prot III, 465f; MüKo/*Schäfer* Rn 6; BeckOK/*Schärtl* Rn 3; Staudinger/*Wiegand* Rn 7). Bei teilw Befriedigung geht das dem Pfandgläubiger wegen seiner Restforderung verbleibende Pfandrecht vor (MüKo/*Schäfer* Rn 5; BeckOK/*Schärtl* Rn 3; Staudinger/*Wiegand* Rn 8). Im Falle der Insolvenz des Schuldners ist zu differenzieren (vgl MüKo/*Schäfer* Rn 5; BeckOK/*Schärtl* Rn 3; Staudinger/*Wiegand* Rn 9): Hat der Verpfänder nach Eröffnung des Insolvenzverfahrens teilw geleistet, so bleibt der Pfandgläubiger wegen seiner ganzen Forderung Insolvenzgläubiger, der Verpfänder kann nur einen bedingten Anspruch auf einem dem Pfandgläubiger ggf zufallenden Überschuss zur Tabelle anmelden (vgl § 77 III Nr 1 InsO) (RG LZ 1917, 472f); befriedigt der Verpfänder den Pfandgläubiger dagegen vor Insolvenzeröffnung teilw, ist der Verpfänder bzgl der auf ihn übergegangenen Teilforderung anmeldeberechtigt, der Pfandgläubiger kann sich nur noch mit der Restforderung an der Insolvenz beteiligen (vgl RGZ 83, 401, 403ff zur Bürgschaft). 6

b) § 774 I 3. Einwendungen des Schuldners aus dem zw ihm und dem Verpfänder bestehenden Rechtsverhältnis bleiben unberührt (vgl RGZ 85, 72); vgl zum Einwand, dass der Verpfänder wegen Gegenforderung des persönlichen Schuldners den Pfandgläubiger nicht hätte befriedigen dürfen, RGZ 59, 207. 7

5. Verweisung auf § 774 II und Ausgleich zwischen mehreren Sicherungsgebern. a) Grundproblematik. Umstr ist, welche Bedeutung die Verweisung des § 1225 S 2 auf § 774 II hat, wonach mehrere Mitbürgen als Gesamtschuldner haften. Es wäre jedenfalls evident unbillig, schlicht darauf abzustellen, wer den Gläubiger als erster befriedigt, denn dies würde zu einem „Wettlauf der Sicherungsgeber" führen (vgl auch BGH NJW 1989, 2530, 2531). Maßgeblich sein müssen vielmehr primär etwaige besondere Vereinbarungen zw den Beteiligten (vgl nur NK/*Bülow* Rn 11; BeckOK/*Schärtl* Rn 4; Staudinger/*Wiegand* Rn 13). IÜ ist zu differenzieren: 8

b) Mehrere Verpfänder. Befriedigt ein Verpfänder den Gläubiger, so erwirbt er gem § 1225 S 2, § 774 II, § 426 einen durch Pfandrecht gesicherten **kopfteiligen Ausgleichsanspruch** (sog Ausgleichslehre) (BGH NJW 1989, 2530; *Baur/Stürner*, SachenR18 2009, § 55 Rn 23; Soergel/*Habersack* Rn 10; BeckOGK/*Förster* Rn 17; BeckOK/*Schärtl* Rn 4; Grü/*Wicke* Rn 3; Staudinger/*Wiegand* Rn 18ff). Die Auffassung, dass die Aufteilung am Wert der einzelnen Pfandsachen zu orientieren sei (so etwa Frankfurt JW 1931, 2751; *Bredemeyer* JURA 2012, 612, 613; *Westermann/Gursky/Eickmann*, § 128 Rn 21; wohl auch MüKo/*Schäfer* Rn 8) ist abzulehnen; Gründe der Praktikabilität und die idR bestehende Interessenlage sprechen vielmehr entscheidend für die Aufteilung nach Kopfteilen (vgl BGH NJW 1989, 2530, 2531f; Staudinger/*Wiegand* Rn 22). § 776 ist auf das Verhältnis des Pfandgläubigers zum Verpfänder nicht entspr anwendbar (BGH NJW-RR 1991, 499; BeckOK/*Schärtl* Rn 4; Grü/*Wicke* Rn 3; aA NK/*Bülow* Rn 12; MüKo/*Schäfer* Rn 9; *Westermann/Gursky/Eickmann*, § 128 Rn 21). 9

c) Pfandrecht und Hypothek. Hier gilt nach hM aufgrund der vergleichbaren Interessenlage dasselbe wie im Verhältnis mehrerer Verpfänder (BGH NJW 1989, 2530, 2531f; MüKo/*Schäfer* Rn 11; Soergel/*Habersack* Rn 12; BeckOGK/*Förster* Rn 19; BeckOK/*Schärtl* Rn 5; Grü/*Wicke* Rn 3; Staudinger/*Wiegand* Rn 25). 10

11 **d) Pfandrecht und Bürgschaft.** Hier nehmen einige unter Berufung auf § 776 ein einseitiges Rückgriffsrecht allein des Bürgen an (so etwa *Baur/Stürner*, SachenR § 55 Rn 23; RGRK/*Kregel* Rn 6). Richtiger Ansicht nach lässt sich eine solche Bevorzugung des Bürgen aus § 776 jedoch nicht ableiten, die Norm regelt vielmehr allein das Verhältnis zw Gläubiger und Bürgen (vgl *Westermann/Gursky/Eickmann*, § 128 Rn 22; Staudinger/*Wiegand* Rn 29). Nach hM gilt vielmehr auch hier der Grundsatz des kopfteiligen Ausgleichs analog § 426 (BGH NJW 1989, 2530, 2531f; MüKo/*Schäfer* Rn 10; BeckOGK/*Förster* Rn 19; BeckOK/*Schärtl* Rn 5; *Westermann/Gursky/Eickmann*, § 128 Rn 22; Grü/*Wicke* Rn 3; Staudinger/*Wiegand* Rn 29).

12 **e) Pfandrecht und selbständige, nichtakzessorische Sicherheiten.** Auf das Verhältnis zw Pfandrecht und selbständigen, nichtakzessorischen Sicherheiten (zB Sicherungseigentum, -zession, Grundschulden etc) sind die §§ 1225, 412, 401 nicht anwendbar (MüKo/*Schäfer* Rn 12; BeckOK/*Schärtl* Rn 6). Nach hM ergibt sich jedoch aus dem Sicherungsvertrag eine Verpflichtung des Pfandgläubigers, solche Sicherheiten auf den Verpfänder zu übertragen (RGZ 89, 193, 195; 91, 277, 280; NK/*Bülow* Rn 13; MüKo/*Schäfer* Rn 12; BeckOK/*Schärtl* Rn 6). Im Innenverhältnis ist, sofern die Sicherungsgeber auf gleicher Stufe stehen, wiederum vom Grundsatz des kopfteiligen Ausgleichs analog § 426 auszugehen (BGH NJW 1989, 2530, 2531f; MüKo/*Schäfer* Rn 12; BeckOK/*Schärtl* Rn 6; Staudinger/*Wiegand* Rn 36ff).

§ 1226 Verjährung der Ersatzansprüche

Die Ersatzansprüche des Verpfänders wegen Veränderungen oder Verschlechterungen des Pfandes sowie die Ansprüche des Pfandgläubigers auf Ersatz von Verwendungen oder auf Gestattung der Wegnahme einer Einrichtung verjähren in sechs Monaten. Die Vorschrift des § 548 Abs. 1 Satz 2 und 3, Abs. 2 findet entsprechende Anwendung.

1 **1. Ratio.** § 1226 bezweckt – ebenso wie §§ 548, 606, 1057 –, eine rasche Klärung der Verhältnisse herbeizuführen (vgl Prot II, 177, 194, 2132; Prot III, 407, 460).

2 **2. Anwendungsbereich.** § 1226 gilt auch für das gesetzl Pfandrecht (§ 1257) (MüKo/*Schäfer* § 1257 Rn 7; Staudinger/*Wiegand* § 1257 Rn 20) sowie in den Fällen der §§ 952, 1274 I 2 auch für das Pfandrecht an Rechten (§ 1273 II; vgl § 1273 Rn 8).

3 **3. Verjährungsfrist und -beginn.** § 1226 S 1 normiert für die Ersatzansprüche des Verpfänders (§ 1215) und die Ansprüche des Pfandgläubigers (§ 1216) eine sechsmonatige Verjährungsfrist. Diese beginnt für die Ersatzansprüche des Verpfänders mit der Rückgabe des Pfands (§ 1226 S 2, § 548 I 2); Verjährung tritt aber jedenfalls mit Verjährung des Anspruchs auf Rückgabe ein (§ 1226 S 2, § 548 I 3). Für die Ansprüche des Pfandgläubigers beginnt die Verjährung mit der Beendigung des durch die Verpfändung zw Verpfänder und Pfandgläubiger begründeten Rechtsverhältnisses (§ 1226 S 2, § 548 II).

4 **4. Abgrenzung.** Für Ansprüche des Eigentümers, der nicht Verpfänder ist, gelten die allg Verjährungsvorschriften (NK/*Bülow* Rn 1; MüKo/*Schäfer* Rn 3; Grü/*Wicke* Rn 1; Staudinger/*Wiegand* Rn 3).

§ 1227 Schutz des Pfandrechts

Wird das Recht des Pfandgläubigers beeinträchtigt, so finden auf die Ansprüche des Pfandgläubigers die für die Ansprüche aus dem Eigentum geltenden Vorschriften entsprechende Anwendung.

1 **1. Ratio.** § 1227 gewährt dem Pfandgläubiger Schutz gegen Beeinträchtigungen seines Rechts, indem – entspr dem Charakter des Pfandrechts als dinglichem Recht – die für Ansprüche aus dem Eigentum geltenden Vorschriften für entspr anwendbar erklärt werden (vgl Mot III, 809; Staudinger/*Wiegand* Rn 1).

2 **2. Anwendungsbereich.** § 1227 gilt auch für das gesetzl Pfandrecht (§ 1257) (NK/*Bülow* Rn 1; MüKo/*Schäfer* § 1257 Rn 7; BeckOGK/*Förster* Rn 3; Staudinger/*Wiegand* § 1257 Rn 20). In den Fällen der §§ 952, 1274 I 2 gilt er ferner auch für das Pfandrecht an Rechten (§ 1273 II; vgl § 1273 Rn 8). § 1227 schützt aber nur vor Beeinträchtigungen der dinglichen Rechtsposition, sodass derjenige, dem eine Hypothek verpfändet wurde, nur gem §§ 1219ff vorgehen kann, wenn das Gut heruntergewirtschaftet wird (RGRK/*Kregel* Rn 4; Staudinger/*Wiegand* Rn 19; aA Breslau JW 1928, 2474). Ferner gilt § 1225 entspr auch für das Pfändungspfandrecht (RGZ 161, 109, 120; BGH WM 1956, 158, 161).

3 **3. Ansprüche aus § 1227. a) Herausgabe der Pfandsache.** Bei Besitzentziehung hat der Pfandgläubiger Anspruch auf Herausgabe gem § 985, sofern dem Besitzer kein Recht zum Besitz iSd § 986 zusteht (RG Recht 1908 Nr 3427; BGH WM 1956, 158, 161; JZ 2013, 305 Rn 34). Der Anspruch richtet sich auch gegen den Eigentümer oder den Verpfänder; zu ihren Gunsten greift aber die Vermutung des § 1253 II (Erlöschen des Pfandrechts durch Rückgabe, § 1253 Rn 11f); zudem können sie § 1254 (§ 1254 Rn 1) einredeweise geltend machen (NK/*Bülow* Rn 4; BeckOGK/*Förster* Rn 5; BeckOK/*Schärtl* Rn 2; Staudinger/*Wiegand* Rn 4). Der Verpfänder kann sich jedoch nicht auf die Einreden des § 1211 (§ 1211 Rn 6ff) stützen, da sich diese nur gegen Verwertung, nicht aber gegen Herausgabe nach §§ 1227, 985 richten (NK/*Bülow* Rn 4; BeckOGK/*Förster* Rn 5; BeckOK/*Schärtl* Rn 2; Staudinger/*Wiegand* Rn 4). Der Herausgabeanspruch geht auf Wiedereinräumung des dem Gläubiger bei der Pfandrechtsbegründung gewährten Besitzes (NK/*Bülow* Rn 3; MüKo/*Schäfer* Rn 1; BeckOGK/*Förster* Rn 6; BeckOK/*Schärtl* Rn 2; Staudinger/*Wiegand* Rn 4).

b) Herausgabe/Ersatz von Nutzungen und Erzeugnissen. Der Pfandgläubiger hat Anspruch auf Herausgabe von Nutzungen gem §§ 987ff, sofern er ein Nutzungspfandrecht iSd § 1213 hat (§ 1213 Rn 1ff); Erzeugnisse kann er hingegen in jedem Fall gem §§ 987ff herausverlangen, da sich das Pfandrecht gem § 1212 auch hierauf erstreckt (vgl § 1212 Rn 4) (NK/*Bülow* Rn 7; MüKo/*Schäfer* Rn 4; BeckOGK/*Förster* Rn 8; BeckOK/*Schärtl* Rn 3; Staudinger/*Wiegand* Rn 11f). 4

c) Schadensersatz. Ggf Schadensersatz wegen der Unmöglichkeit der Herausgabe gem §§ 989ff; vor Pfandreife kann aber nur die Bestellung eines Pfandrechts an der Schadensersatzforderung verlangt werden (NK/*Bülow* Rn 7; MüKo/*Schäfer* Rn 3; BeckOGK/*Förster* Rn 9; BeckOK/*Schärtl* Rn 3; Staudinger/*Wiegand* Rn 13). 5

d) Verwendungsersatz. Verwendungsersatz gem §§ 994ff ist möglich, sofern die Verwendungen den Verkaufswert gesteigert haben (MüKo/*Schäfer* Rn 3; BeckOK/*Schärtl* Rn 3; Staudinger/*Wiegand* Rn 14); etwaige vertragl Vereinbarungen genießen jedoch Vorrang (RGZ 142, 417, 422f). 6

e) §§ 1004, 1005. Dem Pfandgläubiger steht ferner der Beseitigungs- und Unterlassungsanspruch gem § 1004 sowie das Verfolgungsrecht gem § 1005 zu (NK/*Bülow* Rn 9; MüKo/*Schäfer* Rn 1f; BeckOGK/*Förster* Rn 10f; BeckOK/*Schärtl* Rn 3; Grü/*Wicke* Rn 1; Staudinger/*Wiegand* Rn 17). 7

f) § 1006. Dem Pfandgläubiger kommt bei allen genannten Ansprüchen/Rechten die Vermutung des § 1006 zugute, auch ggü dem Eigentümer (Hamburg OLG 8, 193; Stuttgart Justiz 1972, 311; NK/*Bülow* Rn 10; MüKo/*Schäfer* Rn 5; BeckOK/*Schärtl* Rn 3; Grü/*Wicke* Rn 1; Staudinger/*Wiegand* Rn 18). 8

g) § 1011. Im Falle eines gemeinschaftl Pfandrechts kann jeder Pfandgläubiger die vorgenannten Rechte bzgl der ganzen Sache geltend machen (MüKo/*Schäfer* Rn 7; BeckOK/*Schärtl* Rn 2; Grü/*Wicke* Rn 1; Staudinger/*Wiegand* Rn 6). 9

4. Sonstige Schutzinstrumente zugunsten des Pfandgläubigers. Schutzrechte des Besitzers gem **§§ 858ff** (vgl RGZ 57, 323, 325) und **§ 1007** (MüKo/*Schäfer* Rn 2; BeckOGK/*Förster* Rn 12; BeckOK/*Schärtl* Rn 4; Grü/*Wicke* Rn 2; Staudinger/*Wiegand* Rn 2); Ansprüche aus **§§ 812ff** (Stuttgart OLG 41, 185; NK/*Bülow* Rn 12; MüKo/*Schäfer* Rn 6; BeckOGK/*Förster* Rn 12; BeckOK/*Schärtl* Rn 4; Grü/*Wicke* Rn 2; Staudinger/*Wiegand* Rn 2); Ansprüche aus **§§ 823ff** (vgl RGZ 100, 274, 278; Stuttgart OLG 41, 185; NK/*Bülow* Rn 12; MüKo/*Schäfer* Rn 6; BeckOGK/*Förster* Rn 12; BeckOK/*Schärtl* Rn 4; Grü/*Wicke* Rn 2; Staudinger/*Wiegand* Rn 2); Rechte aus dem **Pfandvertrag** und aus dem **gesetzl Schuldverhältnis** (Vor § 1204 Rn 1; § 1215 Rn 1) (BeckOGK/*Förster* Rn 13; BeckOK/*Schärtl* Rn 4; Grü/*Wicke* Rn 2; Staudinger/*Wiegand* Rn 2). 10

§ 1228 Befriedigung durch Pfandverkauf

(1) Die Befriedigung des Pfandgläubigers aus dem Pfand erfolgt durch Verkauf.

(2) Der Pfandgläubiger ist zum Verkauf berechtigt, sobald die Forderung ganz oder zum Teil fällig ist. Besteht der geschuldete Gegenstand nicht in Geld, so ist der Verkauf erst zulässig, wenn die Forderung in eine Geldforderung übergegangen ist.

1. Ratio. § 1228 konkretisiert das **Verwertungsrecht des Pfandgläubigers** (vgl schon § 1204 Rn 1, 17) in Bezug auf die Art und Weise (Abs I) sowie die Voraussetzungen (Abs II) (vgl Mot III, 817). 1

2. Anwendungsbereich. § 1228 gilt auch für das gesetzl Pfandrecht (§ 1257) (BGH NJW-RR 2005, 916, 918; Karlsruhe NJW-RR 2005, 402, 404; Köln BeckRS 2008, 12153; MüKo/*Schäfer* § 1257 Rn 7; BeckOGK/*Förster* Rn 3; Staudinger/*Wiegand* § 1257 Rn 20). Vgl zur Anwendung auf das Pfandrecht an Rechten § 1273 Rn 7, 10. 2

3. Verwertungsmöglichkeiten des Pfandgläubigers im Überblick. a) Privater Pfandverkauf gem §§ 1234–1240: Dies ist nach der legislatorischen Konzeption der Regelfall (vgl Mot I, 822). **b)** Erwirkung eines **persönlichen Titels** gegen den Schuldner auf Zahlung der Schuld und Pfändung und Verwertung der dem Schuldner gehörenden Pfandsache nach ZPO. **c)** Erwirkung eines **dinglichen Titels** gem § 1233 II gegen den Eigentümer (bzw den nach § 1248 als Eigentümer geltenden Verpfänder) der Pfandsache auf Duldung der Pfandverwertung durch (privaten) Pfandverkauf nach §§ 1234–1240 oder ohne Pfändung (!) durch gerichtlichen Pfandverkauf nach ZPO. **d)** Anderweitige Verwertung aufgrund einer **Vereinbarung gem § 1245** (§ 1245 Rn 1ff). **e)** Anderweitige Verwertung aufgrund einer **gerichtlichen Anordnung gem § 1246** (§ 1246 Rn 1ff). 3

4. Pfandverkauf (Abs I). Sobald Pfandreife (Abs II, dazu Rn 5f) eingetreten ist, ist jeder Pfandgläubiger, auch ein nachstehender Pfandgläubiger, berechtigt, sich durch privaten Pfandverkauf gem §§ 1234–1240 zu befriedigen (RGZ 87, 321, 325; 97, 34, 42). Ist Pfandverkauf vertragl ausgeschlossen, so liegt keine wirksame Verpfändung vor (vgl § 1204 Rn 17). Der Pfandgläubiger ist zum Verkauf grds nur berechtigt, nicht verpflichtet (Mot III, 817; RG Recht 1914 Nr 3013); ausnahmsw kann sich im Einzelfall aus § 242 aber eine Verkaufspflicht ergeben (vgl § 1218 Rn 6). Gem § 777 ZPO darf der Schuldner aber der Zwangsvollstreckung in sein übriges Vermögen widersprechen, solange sich der Gläubiger aus dem Pfand befriedigen kann. Gem § 772 II muss der Gläubiger, dem ein Pfandrecht an einer Sache des Schuldners zusteht, zunächst aus der Sache Befriedigung suchen, bevor er aus einer Bürgschaft vorgeht. Gem § 173 II InsO kann gerichtlich eine Verwertungsfrist bestimmt werden. Ist Geld verpfändet, so befriedigt sich der Gläubiger durch dessen Aneignung (Bamberg SeuffA 64 Nr 48; Hamburg Recht 1923, 349). 4

5. Pfandreife (Abs II). a) Geldforderung (Abs II S 1). Bei Geldforderungen tritt Pfandreife ein, sobald die **Forderung ganz oder zum Teil** (zB Zinsen) fällig ist. Hängt die Fälligkeit von Kündigung ab, so ist die Kündi- 5 gung dem persönlichen Schuldner ggü auszusprechen (MüKo/*Schäfer* Rn 8). Mahnung, Verzug, Vollstreckungstitel oder Beitreibungsversuch sind nicht erforderlich. Ebenso wenig stehen Einreden oder ein Bestreiten der Forderung der Pfandreife entgegen (Düsseldorf RdTW 2013, 206 Rn 28; BeckOGK/*Förster* Rn 14; BeckOK/*Schärtl* Rn 4; Staudinger/*Wiegand* Rn 4). Ein Annahmeverzug des Pfandgläubigers macht den Pfandverkauf zwar nicht unrechtmäßig, verpflichtet aber zum Schadensersatz (RG LZ 1930, 118, 120). Den Pfandverkauf von zusätzl Bedingungen (zB Mahnung, Verzug, Titel etc) abhängig machende Vereinbarungen sind zulässig; sie wirken aber nur schuldrechtl, nicht dinglich; ein ihnen zuwiderlaufender Pfandverkauf ist gleichwohl rechtmäßig (MüKo/*Schäfer* Rn 9; BeckOGK/*Förster* Rn 16; BeckOK/*Schärtl* Rn 6; Grü/*Wicke* Rn 2; Staudinger/*Wiegand* Rn 5). Eine Vereinbarung, dass der Pfandverkauf auch schon vor Fälligkeit möglich sein soll, ist dagegen nicht zulässig; ein solcher Verkauf wäre nicht rechtmäßig iSd §§ 1242f (MüKo/*Schäfer* Rn 10; BeckOGK/*Förster* Rn 17; BeckOK/*Schärtl* Rn 6; Grü/*Wicke* Rn 2; Staudinger/*Wiegand* Rn 5); Abrede jederzeitiger Verwertbarkeit kann aber ggf dahin umgedeutet werden, dass der Gläubiger die Forderung jederzeit fällig stellen kann (KGJ 40, 285, 293f).

6 **b) Keine Geldforderung (Abs II S 2).** Besteht der geschuldete Gegenstand nicht in Geld, so tritt Pfandreife hingegen gem Abs II S 2 erst ein, wenn die Forderung **in eine Geldforderung übergegangen** ist. In den Fällen der §§ 281, 284 muss der Gläubiger deshalb abwarten, bis die Forderung sich in einen Schadensersatzanspruch verwandelt hat (MüKo/*Schäfer* Rn 12; Staudinger/*Wiegand* Rn 6). Die Umwandlung kann auch auf einer Abrede beruhen, zB bei einer Vertragsstrafe (§§ 339ff) (MüKo/*Schäfer* Rn 12). Darf der Pfandgläubiger nach dem Vertrag zw Geld oder einer anderen Leistung wählen oder hat der Schuldner im Fall der Nichtleistung des Geschuldeten eine Geldsumme zu zahlen, so tritt die Verkaufsberechtigung sofort bei Fälligkeit der Forderung ein (RGRK/*Kregel* Rn 4; NK/*Bülow* Rn 12; Staudinger/*Wiegand* Rn 6). Der Anspruch des Bürgen auf Befreiung (§ 775) geht mit Inanspruchnahme in einen Zahlungsanspruch über und auch nur, sofern der Bürge den Gläubiger tatsächlich befriedigt; erst dann darf sich der Bürge aus einem Pfand, das ihm der Hauptschuldner bestellt hat, befriedigen (RGZ 78, 26, 34; 143, 192, 194).

7 **c) Rechtsfolgen bei Verstoß.** Ein Pfandverkauf vor Pfandreife ist unrechtmäßig (§ 1243 I; vgl § 1243 Rn 3). Unzulässig ist der Pfandverkauf ferner auch nach – wenn ggf auch verspäteter – Tilgung der Forderung, denn er darf nur der Befriedigung dienen (RGZ 100, 274, 276).

8 **6. Leges speciales.** § 10 PachtKG; § 3 II SaatVersSiG; § 9 PfandlV.

§ 1229 Verbot der Verfallvereinbarung

Eine vor dem Eintritt der Verkaufsberechtigung getroffene Vereinbarung, nach welcher dem Pfandgläubiger, falls er nicht oder nicht rechtzeitig befriedigt wird, das Eigentum an der Sache zufallen oder übertragen werden soll, ist nichtig.

1 **1. Ratio.** § 1229 erklärt sog Verfallsvereinbarungen (lex commissoria) vor Pfandreife für nichtig, weil diese als „Mittel zur Bedrückung des unvorsichtigen oder in einer Nothlage befindlichen Schuldners" angesehen wurden (Mot III, 820).

2 **2. Anwendungsbereich.** § 1229 gilt auch für das gesetzl Pfandrecht (§ 1257) (Hamburg SeuffA 65 Nr 244; MüKo/*Schäfer* Rn 8; BeckOGK/*Förster* Rn 3; Staudinger/*Wiegand* Rn 13) sowie für das Pfandrecht an Rechten (§ 1273 II; vgl § 1273 Rn 7).

3 **3. Unzulässige Verfallvereinbarungen iSd § 1229. a) Inhaltliche Voraussetzungen.** Eine Verfallvereinbarung iSd § 1229 liegt vor, wenn sie darauf abzielt, dem Pfandgläubiger **im Falle der Nichtbefriedigung das Eigentum an dem Pfandgegenstand zu verschaffen** (RG Gruchot 48, 409, 414; JW 1935, 2886; BGH NJW 1995, 2635; MüKo/*Schäfer* Rn 2; BeckOGK/*Förster* Rn 5; BeckOK/*Schärtl* Rn 2; Staudinger/*Wiegand* Rn 4). § 1229 erfasst dabei nach Wortlaut und Telos sowohl die dingliche Verfallsabrede (lex commissoria ieS, dh aufschiebend bedingte Übereignung) als auch die auf den gleichen Zweck abzielende schuldrechtl Verfallsabrede (aufschiebend bedingtes Versprechen der Übereignung) (vgl Mot III, 821; NK/*Bülow* Rn 7; MüKo/*Schäfer* Rn 2; BeckOGK/*Förster* Rn 5; BeckOK/*Schärtl* Rn 2; Grü/*Wicke* Rn 1; Staudinger/*Wiegand* Rn 5). Eine unzulässige Verfallsabrede liegt zudem nicht nur dann vor, wenn der Verfall schlechthin erfolgen soll, sondern auch dann, wenn vereinbart wird, dass das Pfand dem Pfandgläubiger zu einem bestimmten Preis (zB Börsen- oder Marktpreis) überlassen werden soll (Mot III, 821; RGZ 130, 227, 229; BGH NJW 1995, 2635; vgl auch RGZ 92, 101, 104 zu § 1149). § 1229 greift dagegen nach seinem Telos nicht ein, wenn dem Pfandgläubiger unabhängig davon, ob die Schuld bei Fälligkeit zurückgezahlt wird oder nicht, das Recht eingeräumt wird, die Pfandsache zu erwerben (RG SeuffA 81 Nr 8; RGZ 92, 101, 105; 130, 227, 229; BGH NJW 1995, 2635); ebenso wenig bei einer Vereinbarung, die dem Pfandgläubiger nur die Möglichkeit eines freihändigen Verkaufs einräumt (RG Gruchot 48 [1904] 409, 414).

4 **b) Zeitpunkt.** § 1229 erfasst jedoch nur Verfallsvereinbarungen, die **vor Pfandreife** (§ 1228 II, dazu § 1228 Rn 5f) getroffen werden; irrelevant ist indes, ob dies vor oder nach Entstehung des Pfandrechts geschieht (Hamburg SeuffA 65 Nr 244); zudem ist eine Verfallsabrede auch dann nichtig, wenn das Pfandrecht mangels Erfüllung der Voraussetzungen nicht zur Entstehung gelangt (Hamburg SeuffA 65 Nr 244). **Nach** Eintritt der **Pfandreife** getroffene Verfallsvereinbarungen sind zulässig, sofern sie nicht ausnahmsw gegen § 138 BGB oder sonstige allg Regeln verstoßen (BeckOGK/*Förster* Rn 8; Staudinger/*Wiegand* Rn 9). Dies gilt selbst dann, wenn die Forderung erst zum Teil fällig ist, da § 1229 nur auf den Eintritt der Verkaufsberechtigung abstellt (Staudinger/*Wiegand* Rn 9).

4. Ausnahmen. Ausnahmen von § 1229 sehen vor: § 1259 (gewerbliches Pfand, dazu § 1259 Rn 1ff) und § 1282 I 3 (Abtretung an Zahlungs statt, dazu § 1282 Rn 8, vgl auch § 1284 Rn 3). 5

5. Rechtsfolgen. Eine unzulässige Verfallsvereinbarung ist nichtig. § 1229 ist zwingend von Amts wegen zu beachten (Hamburg SeuffA 65 Nr 244). Ob auch die Verpfändung von der Nichtigkeit betroffen ist, richtet sich nach § 139; im Zweifel ist dies jedoch nicht anzunehmen (vgl RG SeuffA 65, 62). Eine gem § 1229 nichtige Abrede kann aber die Annahme rechtfertigen, dass die Parteien bei Nichtigkeit der Darlehensforderung wenigstens den Bereicherungsanspruch gesichert haben wollten (BGH NJW 1968, 1134). 6

6. Analoge Anwendung auf Sicherungsübereignung etc? § 1229 ist nach zutreffender hM **nicht** analog anzuwenden auf Sicherungsübereignung und -abtretung (RGZ 83, 50, 53; BGH WM 1960, 771; NJW 1980, 226, 227; NK/*Bülow* Rn 9; Planck/*Flad* Anm 1a; BeckOK/*Schärtl* Rn 6.1; aA *Gaul* AcP 168, 351ff; Staudinger/*Wiegand* Rn 15); ebenso wenig auch auf Vereinbarungen mit dinglich (pfandrechtl) nicht gesicherten Gläubigern, etwa Vereinbarung eines Bürgen mit Darlehensschuldner, ein Grundstück unter bestimmten Voraussetzungen zu übertragen (BGH NJW 1995, 2635). 7

§ 1230 Auswahl unter mehreren Pfändern

Unter mehreren Pfändern kann der Pfandgläubiger, soweit nicht ein anderes bestimmt ist, diejenigen auswählen, welche verkauft werden sollen. Er kann nur so viele Pfänder zum Verkauf bringen, als zu seiner Befriedigung erforderlich sind.

1. Ratio. § 1230 knüpft an § 1222 an: Weil danach jedes Pfand für die ganze Forderung haftet, darf der Pfandgläubiger unter mehreren Pfändern grds frei wählen. 1

2. Anwendungsbereich. § 1230 gilt auch für das gesetzl Pfandrecht (§ 1257) (BGH BB 1966, 179; Köln BeckRS 2008, 12153; MüKo/*Schäfer* § 1257 Rn 7; BeckOGK/*Förster* Rn 3; Staudinger/*Wiegand* § 1257 Rn 20), aber idR nicht für das Pfandrecht an Rechten (vgl § 1273 Rn 10). 2

3. Auswahlrecht des Pfandgläubigers (S 1). Gem S 1 hat der Pfandgläubiger grds ein freies Auswahlrecht zw mehreren Pfändern, das grds nur unter dem Vorbehalt des Rechtsmissbrauchs steht (vgl RGZ 98, 70, 74; BGH BB 1966, 179; LG Bonn NJW-RR 1997, 184, 185). Selbst dann, wenn persönlicher Schuldner und ein Bürge Pfänder bestellt haben, steht es dem Pfandgläubiger frei, zunächst die vom Schuldner gestellten Pfänder in Anspruch zu nehmen (RG HRR 1942 Nr 64; zweifelnd LG Bonn NJW-RR 1997, 184, 185). Etwaige abw Abreden wirken nur schuldrechtl; Verkauf daher nicht unrechtmäßig, verpflichtet aber ggf zum Schadensersatz (§ 1243 II) (NK/*Bülow* Rn 3; MüKo/*Schäfer* Rn 1; BeckOGK/*Förster* Rn 5; BeckOK/*Schärtl* Rn 3; Grü/*Wicke* Rn 1; Staudinger/*Wiegand* Rn 4). 3

4. Beschränkung des Befriedigungsrechts gem S 2. S 2 beschränkt das Verkaufsrecht auf die Zahl der Pfandstücke, deren Verwertung zur Befriedigung des Pfandgläubigers erforderlich ist. Er gilt entspr auch für Sachmengen (Köln BeckRS 2008, 12153). S 2 hat dinglichen Charakter (Mot III, 829); ein Verstoß macht den Pfandverkauf unrechtmäßig (§ 1243 I), dh es erfolgt kein Eigentumsübergang, sofern kein gutgläubiger Erwerb gem § 1244 vorliegt (vgl RGZ 118, 250, 252; 145, 204, 212; Köln BeckRS 2008, 12153). Der Pfandgläubiger ist aber ggf zum Schadensersatz verpflichtet (vgl RGZ 118, 250, 252; NK/*Bülow* Rn 4; MüKo/*Schäfer* Rn 2; Staudinger/*Wiegand* Rn 7). Da sich Kosten und Erlös eines Pfandverkaufs im Voraus häufig nicht genau abschätzen lassen, wird jedoch ein gewisses Überschreiten noch nicht per se einen Verschuldensvorwurf begründen (Hamburg VersR 1982, 859; MüKo/*Schäfer* Rn 3). Der Erwerber macht sich im Falle eines Verstoßes gegen S 2 hingegen nicht schadensersatzpflichtig (LG Krefeld BeckRS 2012, 21622). S 2 ist dispositiv (RG JW 1908, 142, 143). IdR ist von einer konkludenten Abbedingung auszugehen, wenn eine nicht leicht aufteilbare Sachmenge verkauft wird, zB ein Behälter mit 100 l Benzin (MüKo/*Schäfer* Rn 3; BeckOGK/*Förster* Rn 8; BeckOK/*Schärtl* Rn 6.2). 4

5. Leges speciales. Sonderregeln enthalten § 10 I 2 PachtKG (Verweis auf § 1230) und § 3 SaatVersSiG. 5

§ 1231 Herausgabe des Pfandes zum Verkauf

Ist der Pfandgläubiger nicht im Alleinbesitz des Pfandes, so kann er nach dem Eintritt der Verkaufsberechtigung die Herausgabe des Pfandes zum Zwecke des Verkaufs fordern. Auf Verlangen des Verpfänders hat anstelle der Herausgabe die Ablieferung an einen gemeinschaftlichen Verwahrer zu erfolgen; der Verwahrer hat sich bei der Ablieferung zu verpflichten, das Pfand zum Verkauf bereitzustellen.

1. Ratio. § 1231 gibt dem Pfandgläubiger, der nicht im Alleinbesitz des Pfandes ist, zwecks Realisierung seines Verkaufsrechts einen Herausgabeanspruch. 1

2. Anwendungsbereich. § 1231 betrifft nach Genese und Telos ausschließlich die Fälle der **Verpfändung gem § 1206**; dem Verpfänder soll es nicht möglich sein, sich unter Berufung auf seinen Mitbesitz gegen den Verkauf zu wehren (vgl BGH JZ 2013, 305 Rn 35; NK/*Bülow* Rn 1; MüKo/*Schäfer* Rn 1; BeckOGK/*Förster* Rn 5; BeckOK/*Schärtl* Rn 1; Staudinger/*Wiegand* Rn 1). Im Falle der Verpfändung gem **§ 1205 II** (§ 1205 Rn 11ff) ist § 1231 nach Ratio und Telos **nicht** anwendbar; ob der Pfandgläubiger vom unmittelbaren Besitzer die Herausgabe der Sache verlangen kann, bestimmt sich hier vielmehr nach dem zw dem Pfandgläubiger und seinem Besitzmittler bestehenden Rechtsverhältnis (BGH JZ 2013, 305 Rn 35; NK/*Bülow* Rn 1; MüKo/*Schäfer* Rn 4; BeckOK/*Schärtl* 2

Rn 3; Grü/*Wicke* Rn 1; Staudinger/*Wiegand* Rn 2). § 1231 bezieht sich ferner auch **nicht** auf den Fall, dass **mehrere Pfandgläubiger** die Pfandsache gemeinsam besitzen; diese können den Pfandverkauf nur gemeinschaftl durchführen (§ 747 S 2) (NK/*Bülow* Rn 1; MüKo/*Schäfer* Rn 5; BeckOK/*Schärtl* Rn 3; Staudinger/*Wiegand* Rn 3).

3 § 1231 ist auf die gesetzl **besitzlosen Pfandrechte** entspr anzuwenden (§ 1257) (MüKo/*Schäfer* Rn 9; BeckOGK/*Förster* Rn 3; BeckOK/*Schärtl* Rn 1.1; Staudinger/*Wiegand* Rn 8), gilt aber idR nicht für das Pfandrecht an Rechten (vgl § 1273 Rn 10).

4 **3. Herausgabeanspruch (S 1).** Voraussetzung für den Herausgabeanspruch ist der Eintritt der Pfandreife (§ 1228 II, dazu § 1228 Rn 5f). Ziel des Anspruchs ist die Einräumung des Alleinbesitzes, dh im Falle des § 1206 Alt 1 (§ 1206 Rn 2ff). ist ein etwaiger Mitverschluss zu beenden, im Falle des § 1206 Alt 2 (§ 1206 Rn 5) ist dem Pfandgläubiger der mittelbare Alleinbesitz zu übertragen oder der Drittbesitzer ist zu ermächtigen, das Pfand an den Pfandgläubiger allein zum Zwecke des Pfandverkaufs herauszugeben (RG JW 1938, 867, 869; MüKo/*Schäfer* Rn 3; Staudinger/*Wiegand* Rn 4, 7). Anspruchsgegner ist allein der Verpfänder bzw dessen Rechtsnachfolger; ggü allein- oder mitbesitzenden Dritten gelten die allg Vorschriften (MüKo/*Schäfer* Rn 2; BeckOGK/*Förster* Rn 7; BeckOK/*Schärtl* Rn 2f; Grü/*Wicke* Rn 1; Staudinger/*Wiegand* Rn 1). Der Verpfänder kann dem Herausgabeanspruch zwar nicht seinen Mitbesitz, aber sonstige Einreden und Einwendungen entgegenhalten (MüKo/*Schäfer* Rn 6; BeckOK/*Schärtl* Rn 3; Grü/*Wicke* Rn 1; Staudinger/*Wiegand* Rn 5).

5 **4. Ablieferungsanspruch (S 2).** S 2 gibt dem Verpfänder das Recht, anstelle der Herausgabe die Ablieferung an einen gemeinschaftl Verwahrer zu verlangen; dieser hat sich bei der Ablieferung zu verpflichten, das Pfand zum Verkauf bereitzustellen. Sofern sich Pfandgläubiger und Verpfänder nicht über die Person des Verwahrers einigen können, muss der Pfandgläubiger auf Herausgabe an eine ihm geeignet erscheinende Person klagen; das Prozessgericht entscheidet dann inzident über deren Geeignetheit (MüKo/*Schäfer* Rn 7; BeckOGK/*Förster* Rn 8; BeckOK/*Schärtl* Rn 6; Grü/*Wicke* Rn 2).

6 **5. Lex specialis.** § 10 III PachtKG ist lex specialis (MüKo/*Schäfer* Rn 8; BeckOGK/*Förster* Rn 3.1; BeckOK/*Schärtl* Rn 5.1; Staudinger/*Wiegand* Rn 9).

§ 1232 Nachstehende Pfandgläubiger

Der Pfandgläubiger ist nicht verpflichtet, einem ihm im Range nachstehenden Pfandgläubiger das Pfand zum Zwecke des Verkaufs herauszugeben. Ist er nicht im Besitz des Pfandes, so kann er, sofern er nicht selbst den Verkauf betreibt, dem Verkauf durch einen nachstehenden Pfandgläubiger nicht widersprechen.

1 **1. Ratio.** § 1232 regelt die Ausübung der Verkaufsbefugnis im Falle des Zusammentreffens **mehrerer rangverschiedener Pfandrechte** durch Etablierung von zwei Regeln: (1) Ein besitzender vorrangiger Pfandgläubiger ist nicht verpflichtet, das Pfand einem nachrangigen zur Verwertung herauszugeben (S 1, dazu Rn 3); (2) ein nichtbesitzender vorrangiger Pfandgläubiger kann der Verwertung durch einen nachrangigen nicht widersprechen (S 2, dazu Rn 4).

2 **2. Anwendungsbereich.** § 1232 gilt auch für das gesetzl Pfandrecht (§ 1257) (Frankfurt Rpfleger 1974, 430; NK/*Bülow* Rn 1; MüKo/*Schäfer* § 1257 Rn 7; BeckOGK/*Förster* Rn 3), aber idR nicht für das Pfandrecht an Rechten (vgl § 1273 Rn 10). Ggü Pfändungspfandrecht: Anspruch auf vorzugsweise Befriedigung, § 805 ZPO.

3 **3. Zusammentreffen rangverschiedener Pfandrechte. a) Besitz des vorrangigen Pfandgläubigers (S 1).** Der vorrangige Pfandgläubiger hat in jedem Fall die bessere Rechtsstellung: Ist der vorrangige Pfandgläubiger im Besitz der Sache, so kann er bei Pfandreife verkaufen. Er kann dies jedoch auch unterlassen, ungeachtet eines etwaigen nachrangigen Pfandgläubigers; dieser kann die Pfandverwertung durch den vorrangigen nicht erzwingen und insb auch nicht die Herausgabe des Pfands verlangen. Er hat nur die Möglichkeit, sich dem Pfandverkauf des vorrangigen anzuschließen und den überschießenden Teil des Erlöses zu beanspruchen (§ 1247 S 1) oder er kann das vorrangige Pfandrecht ablösen (§§ 1249, 268 III, §§ 412, 401) und dann nach Herausgabe der Sache an sich den Pfandverkauf betreiben (vgl zum Ganzen MüKo/*Schäfer* Rn 2; BeckOGK/*Förster* Rn 5; BeckOK/*Schärtl* Rn 2; Staudinger/*Wiegand* Rn 6ff).

4 **b) Kein Besitz des vorrangigen Pfandgläubigers (S 2).** Ist der vorrangige Pfandgläubiger nicht im Besitz des Pfandes, so kann er bei Pfandreife vom nachrangigen Pfandgläubiger das Pfand herausverlangen, um es zu verkaufen. Anspruchsgrundlage hierfür ist §§ 1227, 985 bei Verpfändung gem § 1205 bzw § 1231 bei Verpfändung gem § 1206 (NK/*Bülow* Rn 4; MüKo/*Schäfer* Rn 3; BeckOGK/*Förster* Rn 7; BeckOK/*Schärtl* Rn 3; aA Staudinger/*Wiegand* Rn 7: arg e contrario e § 1232). Will oder kann er den Pfandverkauf nicht vornehmen, so muss er die Pfandsache dem nachrangigen zum Verkauf belassen (RGZ 87, 321, 325; 97, 34, 42). Wird der Verkauf durchgeführt, so erlischt auch das Pfandrecht des vorrangigen Pfandgläubigers; der Erlös tritt an die Stelle des Pfandes (§ 1247 S 2).

5 **4. Leges speciales.** §§ 11, 12 PachtKG sind leges speciales.

6 **5. Exkurs: Zusammentreffen ranggleicher Pfandrechte.** Bei gemeinschaftl Besitz sind §§ 741ff maßgebend (Grü/*Wicke* Rn 2; vgl auch § 1231 Rn 2). Bei Besitz nur eines Pfandgläubigers haben die Übrigen mindestens die Rechte nachstehender Pfandgläubiger; zudem haben sie nach Pfandreife das Recht, am Verkauf mitzuwirken

(vgl Grü/*Wicke* Rn 2; Staudinger/*Wiegand* Rn 10). Der Erlös steht ihnen im Verhältnis ihrer Forderungen zu (RGZ 60, 70, 73f).

§ 1233 Ausführung des Verkaufs

(1) Der Verkauf des Pfandes ist nach den Vorschriften der §§ 1234 bis 1240 zu bewirken.

(2) Hat der Pfandgläubiger für sein Recht zum Verkauf einen vollstreckbaren Titel gegen den Eigentümer erlangt, so kann er den Verkauf auch nach den für den Verkauf einer gepfändeten Sache geltenden Vorschriften bewirken lassen.

1. Ratio. Abs I regelt den privaten Pfandverkauf als Regelfall der Verwertung (vgl Mot I, 822), Abs II den Pfandverkauf nach der ZPO (vgl zu den verschiedenen Verwertungsmöglichkeiten § 1228 Rn 3). Mit der Normierung des privaten Pfandverkaufs als Regelfall und den detaillierten Verfahrensregeln in §§ 1233–1240 bezweckte der Gesetzgeber den Schutz des Eigentümers vor einer Veräußerung des Pfandes unter Wert (vgl Mot I, 822; Staudinger/*Wiegand* Rn 3). 1

2. Anwendungsbereich. § 1233 gilt auch für gesetzl Pfandrechte (§ 1257) (RGZ 104, 300, 301 – Vermieterpfandrecht; Hamm BeckRS 1998, 04254; Oldenburg BeckRS 2010, 03862; MüKo/*Schäfer* Rn 2, 5; BeckOGK/*Förster* Rn 3), aber idR nicht für das Pfandrecht an Rechten (vgl § 1273 Rn 10). 2

3. Privater Pfandverkauf (Abs I). Regelfall der Verwertung ist gem Abs I der private Pfandverkauf gem §§ 1234–1240 (vgl Mot I, 822). Das dem Pfandrecht inhärente Verwertungsrecht (vgl § 1204 Rn 1, 17) ermächtigt den Pfandgläubiger zur Veräußerung (MüKo/*Schäfer* Rn 1; Grü/*Wicke* Rn 1). Der Pfandgläubiger, ggf vertreten durch die Versteigerungsperson, verkauft und übereignet das Pfand im eigenen Namen, aber für Rechnung des Verpfänders (Mot IIII, 822f; MüKo/*Schäfer* Rn 1; BeckOGK/*Förster* Rn 6; BeckOK/*Schärtl* Rn 2; Grü/*Wicke* Rn 1; Staudinger/*Wiegand* Rn 4ff). Für Sachmängel haftet der Pfandgläubiger gem § 445 nur, wenn er den Mangel arglistig verschwiegen oder eine Garantie für die Beschaffenheit der Sache übernommen hat; die Haftungsbegrenzung des § 445 gilt allerdings gem § 475 III 2 nicht bei Verbrauchsgüterkäufen (wozu indes gem § 474 II 2 nicht der Verkauf gebrauchter Sache in öffentlicher Versteigerung gehört). Eine Haftung für Rechtsmängel kommt wegen § 1242 II, § 1244, § 442 I praktisch kaum in Betracht (BeckOGK/*Förster* Rn 8; BeckOK/*Schärtl* Rn 3; Staudinger/*Wiegand* Rn 9). Die §§ 1233–1240 sind grds dispositiv (vgl §§ 1245, 1246; Grenze: § 1245 II). 3

4. Pfandverkauf nach ZPO-Regeln (Abs II). a) Alternative. § 1233 II gibt dem Pfandgläubiger **alternativ** die Möglichkeit, den Verkauf nach den ZPO-Vorschriften über die Zwangsvollstreckung vorzunehmen. Ratio ist, es dem Pfandgläubiger zu ermöglichen, sich von den „beengenden Vorschriften" der §§ 1234–1240 zu „befreien" und stattdessen nach den ZPO-Regeln zu verkaufen (Mot III, 823). Die Wirkungen des Pfandverkaufs richten sich aber auch hier nach Privatrecht, dh nach §§ 1242, 1244 (vgl MüKo/*Schäfer* Rn 5; BeckOGK/*Förster* Rn 13; BeckOK/*Schärtl* Rn 7; Staudinger/*Wiegand* Rn 10). Ein Vorgehen gem § 1233 II ist in der Praxis selten (vgl Staudinger/*Wiegand* Rn 10); Bsp: RGZ 104, 300, 301 (dem Vermieterpfandrecht unterliegende Sachen sind in das Eigentum eines anderen übergegangen). 4

b) Voraussetzung. Voraussetzung für das Vorgehen nach § 1233 II ist, dass der Pfandgläubiger gegen den Eigentümer bzw den gem § 1248 als Eigentümer geltenden Verpfänder einen **dinglichen Titel auf Duldung der Pfandverwertung** (vgl RG LZ 1916, 1427, 1428; BGH NJW 1977, 1240, 1242). Grundlage der Klage ist das Pfandrecht, die Forderung ist zur Klarstellung im Hinblick auf § 1247 zu bezeichnen (BGH NJW 1977, 1240, 1242). Die Art des Titels (zB auch Prozessvergleich, vollstreckbare Urkunde) ist irrelevant (MüKo/*Schäfer* Rn 5; BeckOK/*Schärtl* Rn 8; Staudinger/*Wiegand* Rn 13). Nicht ausreichend ist hingegen ein Titel gegen den persönlichen Schuldner (NK/*Bülow* Rn 4; MüKo/*Schäfer* Rn 5; Staudinger/*Wiegand* Rn 13). Andererseits ist jedoch nicht erforderlich, dass der Pfandgläubiger im Besitz der Sache ist (RGZ 104, 300, 301; MüKo/*Schäfer* Rn 5; BeckOK/*Schärtl* Rn 8). 5

c) Anzuwendende ZPO-Vorschriften. §§ 803–805, 807–813 ZPO entfallen, da der Verkauf gerade ohne Pfändung erfolgt. Anzuwenden sind §§ 814, 815, 816 I, III–V, § 817 I–III, §§ 820–823, 825 ZPO. Frist des § 816 I ZPO läuft ab Erlangung des Duldungstitels (MüKo/*Schäfer* Rn 7; BeckOGK/*Förster* Rn 13.1; BeckOK/*Schärtl* Rn 9; Grü/*Wicke* Rn 2). Verdrängt werden: § 806 ZPO durch § 1242 (Grü/*Wicke* Rn 2; Staudinger/*Wiegand* Rn 14; aA Planck/*Flad* Anm 2b; MüKo/*Schäfer* Rn 7; BeckOK/*Schärtl* Rn 9); § 816 II ZPO durch § 1236; § 817 IV ZPO durch § 1239; § 818 ZPO durch § 1230; § 819 ZPO durch § 1247. Die Wirkungen des Verkaufs bestimmen sich nicht nach ZPO, sondern nach §§ 1242, 1244 (vgl Rn 4). 6

5. Leges speciales. § 9 PfandlV für gewerbliche Pfandleiher; ggf besondere landesrechtl Vorschriften aufgrund von Art 94 EGBGB; § 10 II 1 PachtKG entspricht § 1233. 7

§ 1234 Verkaufsandrohung; Wartefrist

(1) Der Pfandgläubiger hat dem Eigentümer den Verkauf vorher anzudrohen und dabei den Geldbetrag zu bezeichnen, wegen dessen der Verkauf stattfinden soll. Die Androhung kann erst nach dem Eintritt der Verkaufsberechtigung erfolgen; sie darf unterbleiben, wenn sie untunlich ist.

(2) Der Verkauf darf nicht vor dem Ablauf eines Monats nach der Androhung erfolgen. Ist die Androhung untunlich, so wird der Monat von dem Eintritt der Verkaufsberechtigung an berechnet.

1 **1. Ratio.** § 1234 normiert zum **Schutz des Eigentümers** das Erfordernis einer Verkaufsandrohung und eine Wartefrist; der Eigentümer soll dadurch die Möglichkeit erhalten, sich gegen eine unberechtigte Verwertung zu wehren und ggf von seinem Ablösungsrecht gem § 1249 Gebrauch zu machen (vgl Mot III, 823f; BGH NJW 2017, 2469 Rn 29; NK/*Bülow* Rn 1; MüKo/*Schäfer* Rn 1; BeckOGK/*Förster* Rn 2; BeckOK/*Schärtl* Rn 1; Staudinger/*Wiegand* Rn 1).

2 **2. Anwendungsbereich.** § 1234 gilt auch für gesetzl Pfandrechte (§ 1257) (BGH NJW 1995, 1350, 1351; Hamm BeckRS 1998, 04254; Oldenburg BeckRS 2010, 03862; BeckOGK/*Förster* Rn 4; Staudinger/*Wiegand* § 1257 Rn 20), aber idR nicht für das Pfandrecht an Rechten (vgl § 1273 Rn 10). § 1234 findet entspr Anwendung auf die Verwertung der Sicherungsgrundschuld (BGH NJW 2017, 2469 Rn 29ff).

3 **3. Androhung (Abs I).** Die Androhung (Abs I) ist eine formfreie, empfangsbedürftige Willenserklärung (MüKo/*Schäfer* Rn 3; BeckOGK/*Förster* Rn 5; BeckOK/*Schärtl* Rn 2). Sie muss den Geldbetrag der Pfandschuld enthalten; die Angabe von Ort und Zeit der Versteigerung ist nicht erforderlich, sie erfolgt gem § 1237 S 2 (vgl NK/*Bülow* Rn 2; MüKo/*Schäfer* Rn 3; BeckOGK/*Förster* Rn 6; BeckOK/*Schärtl* Rn 2; Grü/*Wicke* Rn 1; Staudinger/*Wiegand* Rn 2). Adressat der Androhung ist der Eigentümer (nicht der Verpfänder oder persönliche Schuldner) (vgl MüKo/*Schäfer* Rn 2; BeckOGK/*Förster* Rn 5). Die Androhung darf erst nach Eintritt der Pfandreife (§ 1228 II, dazu § 1228 Rn 5f) erfolgen (Abs I S 1 Hs 1). Die Pflicht zur Androhung entfällt, wenn sie untunlich ist (Abs I S 2 Hs 2); maßgeblich sind insoweit die Umstände des Einzelfalls (vgl Grü/*Wicke* Rn 1). Untunlichkeit kommt zB in Betracht, wenn der Eigentümer unbekannt ist (vgl RGZ 145, 204, 212). Die Beweislast für die Untunlichkeit trägt der Pfandgläubiger (NK/*Bülow* Rn 3; MüKo/*Schäfer* Rn 4; BeckOGK/*Förster* Rn 7; BeckOK/*Schärtl* Rn 3; Grü/*Wicke* Rn 1; Staudinger/*Wiegand* Rn 2).

4 **4. Wartefrist (Abs II).** Abs II normiert eine Wartefrist von einem Monat; sie ist nach §§ 186ff nach Zugang der Androhung zu berechnen (MüKo/*Schäfer* Rn 6; BeckOK/*Schärtl* Rn 5). Spezialvorschriften (s Rn 7) normieren teils kürzere Fristen.

5 **5. Dispositivität.** Abw Vereinbarungen sind zulässig (§ 1245), auch schon vor Eintritt der Pfandreife (arg e § 1245 II) (NK/*Bülow* Rn 1; MüKo/*Schäfer* Rn 5f; BeckOK/*Schärtl* Rn 1; Grü/*Wicke* Rn 1; Staudinger/*Wiegand* Rn 2f). Eine Abbedingung durch AGB verstößt jedoch nach hM gegen § 307 (BGH NJW 1992, 2626 für Sicherungszession; NK/*Bülow* Rn 1; BeckOK/*Schärtl* Rn 6; Staudinger/*Wiegand* Rn 3; aA MüKo/*Schäfer* Rn 5). Entspr früher in den AGB-Banken enthaltene Regelungen sind inzwischen gestrichen worden; Nr 21 (5) S 1 AGB-Sparkassen verweist sogar explizit auf § 1234.

6 **6. Rechtsfolgen von Verstößen.** § 1234 ist eine reine **Ordnungsvorschrift**; ein Verstoß macht den Pfandverkauf nicht unrechtmäßig, verpflichtet aber ggf zum Schadensersatz (RGZ 109, 324, 327; BGH NJW 1995, 1350, 1351; Frankfurt NJW-RR 1986, 44; KG BeckRS 2003, 30327437; LG Osnabrück WM 1993, 1628). Den Pfandgläubiger trifft die Beweislast, dass auch bei Beachtung des § 1234 der Pfandverkauf nicht vermieden und kein höherer Preis erzielt worden wäre; auf mitwirkendes Verschulden des Eigentümers kann er sich nicht berufen (RG JW 1930, 134, 135).

7 **7. Leges speciales.** § 368 I, § 371 II 2 HGB (Frist: eine Woche); § 440 IV, § 464 S 3 HGB (abw Adressat). In den Fällen des § 1259 findet § 1234 keine Anwendung (s § 1259 Rn 1, 6).

§ 1235 Öffentliche Versteigerung

(1) Der Verkauf des Pfandes ist im Wege öffentlicher Versteigerung zu bewirken.

(2) Hat das Pfand einen Börsen- oder Marktpreis, so findet die Vorschrift des § 1221 Anwendung.

1 **1. Ratio.** Abs I normiert die öffentliche Versteigerung als Regelfall der Pfandverwertung. Zugrunde liegt der Gedanke, dass der wahre Wert am ehesten als Erlös erzielt wird, wenn ein möglichst großer Kreis von Bietern herangezogen wird (vgl RG WarnR 1919 Nr 194), was indes in der Praxis längst nicht immer zutrifft (NK/*Bülow* Rn 1; BeckOGK/*Förster* Rn 2; BeckOK/*Schärtl* Rn 1; Staudinger/*Wiegand* Rn 1). Sofern das Pfand einen Börsen- oder Marktpreis hat, ermöglicht Abs II wahlweise auch einen freihändigen Verkauf.

2 **2. Anwendungsbereich.** § 1235 gilt auch für gesetzl Pfandrechte (§ 1257) (BGH NJW 1995, 1350, 1351; Hamm BeckRS 1998, 04254; Oldenburg BeckRS 2010, 03862; BeckOGK/*Förster* Rn 3; Staudinger/*Wiegand* § 1257 Rn 20), aber idR nicht für das Pfandrecht an Rechten (vgl § 1273 Rn 10).

3 **3. Öffentliche Versteigerung (Abs I).** Die Versteigerung hat gem § 383 III durch einen für den Versteigerungsort bestellten Gerichtsvollzieher oder zu Versteigerungen befugten anderen Beamten oder öffentlich angestellten Versteigerer öffentlich zu erfolgen, s § 383 Rn 3. Durch den Zuschlag durch die Versteigerungsperson an den Meistbietenden (§ 156) kommt ein Kaufvertrag zw dem Pfandgläubiger und dem Käufer zustande (Hamm NZG 2011, 137, 141; MüKo/*Schäfer* Rn 1; BeckOGK/*Förster* Rn 5). Bieten kann – vorbehaltlich der gem § 450 II ausgeschlossenen Personen (§ 450 Rn 5) – grds jeder. Der Gerichtsvollzieher handelt als Amtsperson (RGZ 144, 262, 267; 156, 395, 398). Wenn er die Durchführung einer öffentlichen Versteigerung ablehnt, so ist dagegen ein Antrag auf gerichtliche Entscheidung gem §§ 23ff EGGVG möglich (Frankfurt DGVZ 1998, 121; Düsseldorf MDR 2008, 1365).

4 **4. Freihändiger Verkauf (Abs II).** Wenn das Pfand einen Börsen- oder Marktpreis hat, findet gem Abs II § 1221 Anwendung, dh es ist ein freihändiger Verkauf möglich (§ 1221 Rn 1ff). Der Pfandgläubiger kann aber

auch in diesem Fall den Verkauf im Wege der öffentlichen Versteigerung wählen, macht sich aber ggf schadensersatzpflichtig, wenn der Börsen-/Marktpreis nicht erzielt wird, sowie für die Mehrkosten der Versteigerung (NK/*Bülow* Rn 4; MüKo/*Schäfer* Rn 4; BeckOGK/*Förster* Rn 9; BeckOK/*Schärtl* Rn 1; Staudinger/*Wiegand* Rn 4).

5. Abweichende Abreden. Verzicht auf Schutz des § 1235 und abw Abreden sind grds erst nach Pfandreife zulässig (§ 1245 II). 5

6. Ausnahmen. In den Fällen des § 1259 findet § 1235 keine Anwendung (s § 1259 Rn 1, 6). 6

7. Rechtsfolgen von Verstößen. Ein Verstoß gegen § 1235 macht die Pfandveräußerung rechtswidrig (§ 1243 I), auch ein gutgläubiger Erwerb ist nicht möglich (§ 1244). Bei Verschulden ist der Pfandgläubiger zum Schadensersatz verpflichtet (§ 1243 II), vgl dazu auch RG WarnR 1919 Nr 194; JW 1930, 134f. 7

§ 1236 Versteigerungsort

Die Versteigerung hat an dem Orte zu erfolgen, an dem das Pfand aufbewahrt wird. Ist von einer Versteigerung an dem Aufbewahrungsort ein angemessener Erfolg nicht zu erwarten, so ist das Pfand an einem geeigneten anderen Orte zu versteigern.

1. Ratio. § 1236 bestimmt aus Zweckmäßigkeitserwägungen (vgl Mot III, 825) grds den Aufbewahrungsort des Pfands zum Versteigerungsort. 1

2. Anwendungsbereich. § 1236 gilt auch für gesetzl Pfandrechte (§ 1257) (Oldenburg BeckRS 2010, 03862; Staudinger/*Wiegand* § 1257 Rn 20), aber idR nicht für das Pfandrecht an Rechten (vgl § 1273 Rn 10). 2

3. Versteigerungsort. Gem § 1236 S 1 hat die Versteigerung grds an dem Ort zu erfolgen, an dem das Pfand aufbewahrt wird. „Ort" meint – analog § 816 II ZPO – die Gemeinde (Mot III, 825; Prot III, 478; BeckOGK/*Förster* Rn 4; Grü/*Wicke* Rn 1; Staudinger/*Wiegand* Rn 2). Bei Pfandsachen mit Börsen- oder Marktpreis ist an der Börse bzw dem Markt zu verkaufen, die/der als Börse/Markt des Aufbewahrungsortes anzusehen ist (RG JW 1907, 5, 6; NK/*Bülow* Rn 1; BeckOGK/*Förster* Rn 4; Staudinger/*Wiegand* Rn 2). Ob von der Versteigerung am Aufbewahrungsort kein angemessener Erfolg zu erwarten ist und daher ein geeigneter anderer Ort zu wählen ist, entscheidet der Pfandgläubiger nach Treu und Glauben (§ 242) mit Rücksicht auf die Verkehrssitte (Prot III, 478f; RGZ 15, 1, 3; NK/*Bülow* Rn 2; MüKo/*Schäfer* Rn 1; BeckOGK/*Förster* Rn 5; BeckOK/*Schärtl* Rn 1; Grü/*Wicke* Rn 1; Staudinger/*Wiegand* Rn 3); im Streitfall kann gem § 1246 II (§ 1246 Rn 7) eine gerichtliche Entscheidung herbeigeführt werden. 3

4. Dispositivität. Abw Vereinbarungen sind möglich (§ 1245); die Vereinbarung eines abw Aufbewahrungsorts wirkt sich wegen des grds Gleichlaufs (vgl Rn 3) grds auch auf den Versteigerungsort aus (vgl MüKo/*Schäfer* Rn 1; BeckOK/*Schärtl* Rn 2; Grü/*Wicke* Rn 1; Staudinger/*Wiegand* Rn 2). 4

5. Rechtsfolgen von Verstößen. Ein Verstoß gegen § 1236 macht die Veräußerung nicht unrechtmäßig (§ 1243 I), begründet aber uU eine Schadensersatzpflicht des Pfandgläubigers (§ 1243 II). 5

6. Ausnahmen. In den Fällen des § 1259 findet § 1236 keine Anwendung (s § 1259 Rn 1, 6). 6

§ 1237 Öffentliche Bekanntmachung

Zeit und Ort der Versteigerung sind unter allgemeiner Bezeichnung des Pfandes öffentlich bekannt zu machen. Der Eigentümer und Dritte, denen Rechte an dem Pfande zustehen, sind besonders zu benachrichtigen; die Benachrichtigung darf unterbleiben, wenn sie untunlich ist.

1. Ratio. S 1 normiert entspr dem Wesen der öffentlichen Versteigerung (vgl Staudinger/*Wiegand* Rn 1) und analog § 816 III ZPO (vgl Mot III, 825) das Erfordernis der öffentlichen Bekanntmachung; S 2 verlangt zur Wahrung der Interessen von Eigentümer und Dritten mit Rechten am Pfand deren besondere Benachrichtigung (vgl Mot III, 825). 1

2. Anwendungsbereich. § 1237 gilt auch für gesetzl Pfandrechte (§ 1257) (arg e § 440 IV, § 495 IV HGB; Oldenburg BeckRS 2010, 03862; Staudinger/*Wiegand* § 1257 Rn 20), aber idR nicht für das Pfandrecht an Rechten (vgl § 1273 Rn 10). 2

3. Öffentliche Bekanntmachung (S 1). Die öffentliche Bekanntmachung hat Zeit und Ort der Versteigerung und eine allg Bezeichnung des Pfands zu enthalten. Art und Weise richten sich nach den örtlichen Gepflogenheiten (Frankfurt MDR 2018, 887; BeckOGK/*Förster* Rn 3; BeckOK/*Schärtl* Rn 1; Grü/*Wicke* Rn 1; Staudinger/*Wiegand* Rn 2); zudem sind etwaige Sondervorschriften (Rn 6) zu beachten. Ein Verzicht ist erst nach Pfandreife zulässig (§ 1245 II). 3

4. Benachrichtigung (S 2). Gem S 2 sind der Eigentümer sowie Dritte, denen Rechte am Pfand zustehen zB Pfandgläubiger, Nießbraucher, Hypothekengläubiger, Inhaber eines Anwartschaftsrechts (vgl NK/*Bülow* Rn 3; MüKo/*Schäfer* Rn 2; BeckOGK/*Förster* Rn 5; BeckOK/*Schärtl* Rn 4), besonders zu benachrichtigen. Ob ihre Rechte durch den Pfandverkauf erlöschen (vgl § 1242 II), ist irrelevant (MüKo/*Schäfer* Rn 2; BeckOGK/*Förster* Rn 5; Staudinger/*Wiegand* Rn 4). Die Benachrichtigung darf nur unterbleiben, wenn sie untunlich (§ 1218 Rn 7, § 1234 Rn 3) ist. Ein Verzicht ist jederzeit möglich (§ 1245). 4

5 **5. Rechtsfolgen von Verstößen.** Ein Verstoß gegen § 1237 S 1 macht die Veräußerung unrechtmäßig (§ 1243 I); gutgläubiger Erwerb ist jedoch möglich (§ 1244). Ein Verstoß gegen § 1237 S 2 lässt die Rechtmäßigkeit der Veräußerung unberührt (§ 1243 I), begründet aber uU eine Schadensersatzpflicht des Pfandgläubigers (§ 1243 II).

6 **6. Ausnahmen; leges speciales.** In den Fällen des § 1259 findet § 1237 keine Anwendung (s § 1259 Rn 1, 6). § 9 IV PfandlV enthält für gewerbliche Pfandleiher eine Sonderregelung bzgl der Bekanntmachung; § 440 IV, § 495 IV HGB enthalten für das gesetzl Pfandrecht des Frachtführers bzw Verfrachters Sonderregeln bzgl des Adressaten.

§ 1238 Verkaufsbedingungen

(1) Das Pfand darf nur mit der Bestimmung verkauft werden, dass der Käufer den Kaufpreis sofort bar zu entrichten hat und seiner Rechte verlustig sein soll, wenn dies nicht geschieht.

(2) Erfolgt der Verkauf ohne diese Bestimmung, so ist der Kaufpreis als von dem Pfandgläubiger empfangen anzusehen; die Rechte des Pfandgläubigers gegen den Ersteher bleiben unberührt. Unterbleibt die sofortige Entrichtung des Kaufpreises, so gilt das Gleiche, wenn nicht vor dem Schluss des Versteigerungstermins von dem Vorbehalt der Rechtsverwirkung Gebrauch gemacht wird.

1 **1. Ratio.** Abs I normiert als Verkaufsbedingung die Barzahlung, Abs II die Rechtsfolgen ihrer Nichtbeachtung; Ratio ist der Schutz des Pfandeigentümers und sonstiger Personen, die ein Interesse an der Pfandveräußerung haben (vgl MüKo/*Schäfer* Rn 1; BeckOGK/*Förster* Rn 2; BeckOK/*Schärtl* Rn 1; Staudinger/*Wiegand* Rn 1).

2 **2. Anwendungsbereich.** § 1238 gilt auch für gesetzl Pfandrechte (§ 1257) (Oldenburg BeckRS 2010, 03862; BeckOGK/*Förster* Rn 3; Staudinger/*Wiegand* § 1257 Rn 20), aber idR nicht für das Pfandrecht an Rechten (vgl § 1273 Rn 10).

3 **3. Barzahlung als Verkaufsbedingung (Abs I).** Gem Abs I darf der Pfandverkauf nur unter der Bedingung der sofortigen Barzahlung des Kaufpreises und unter Vorbehalt des sonst eintretenden Rechtsverlusts (dh der Pfandgläubiger hat dann ein Rücktrittsrecht, vgl § 354) erfolgen. Anders als im Rahmen des § 817 II ZPO gilt die Barzahlungspflicht nicht automatisch, sondern der Pfandgläubiger muss für die Aufnahme einer entspr Klausel in die Vertragsbedingungen sorgen.

4 **4. Rechtsfolgen. a) Abschließende Regelung in Abs II.** Die Nichtaufnahme einer Barzahlungsklausel iSd Abs I lässt die Rechtmäßigkeit der Veräußerung unberührt (§ 1243 I) und begründet auch keine Schadensersatzpflicht (§ 1243 II); die Rechtsfolgen bestimmen sich **ausschließlich nach Abs II** (vgl Mot III, 828; MüKo/*Schäfer* Rn 4; BeckOGK/*Förster* Rn 5; BeckOK/*Schärtl* Rn 5; Staudinger/*Wiegand* Rn 3).

5 **b) Fiktionswirkung.** Erfolgt der Verkauf ohne die Barzahlungsklausel iSd Abs I, so wird gem Abs II S 1 fingiert, dass der Pfandgläubiger den Kaufpreis empfangen hat. Nach Sinn und Zweck des § 1238 tritt die **Fiktionswirkung** allerdings erst dann ein, wenn die Sache an den Ersteher übereignet wurde, denn erst dann realisiert sich das Risiko, auf das die Norm abzielt (NK/*Bülow* Rn 5; MüKo/*Schäfer* Rn 5; BeckOGK/*Förster* Rn 7, 7.1; BeckOK/*Schärtl* Rn 3; Staudinger/*Wiegand* Rn 3; aA *Emmerich*, Pfandrechtskonkurrenzen, 1909, 366ff). Gem Abs II S 2 greift dieselbe Fiktion, wenn der Pfandgläubiger nicht vor dem Schluss des Versteigerungstermins von seinem Rücktrittsrecht Gebrauch macht. Der Pfandgläubiger trägt somit das Risiko der verspäteten oder gar nicht erfolgenden Zahlung des Kaufpreises (vgl Mot III, 828; MüKo/*Schäfer* Rn 7; BeckOGK/*Förster* Rn 8; BeckOK/*Schärtl* Rn 1). Gem § 1247 gilt die Forderung iHd Kaufpreises als vom Eigentümer berichtigt; vgl zur Situation im Fall eines Übererlöses § 1247 Rn 4.

6 **c) Rechte des Pfandgläubigers ggü dem Ersteher.** Die **Rechte** des Pfandgläubigers **ggü dem Ersteher** bleiben **unberührt** (Abs II S 1 Hs 2), dh er hat Anspruch auf die Zahlung des Kaufpreises (§ 433 II) bzw kann Schadensersatzersatz wegen Nichterfüllung (§§ 280, 281) geltend machen oder Rücktritt erklären (§ 323) (NK/*Bülow* Rn 6; MüKo/*Schäfer* Rn 7; BeckOK/*Schärtl* Rn 6). Insb kann er auch noch nach Versteigerungsschluss von seinem vertragl (Rn 3) oder gesetzl Rücktrittsrecht Gebrauch machen, die einmal eingetretene Fiktionswirkung wird hiervon jedoch nicht berührt (MüKo/*Schäfer* Rn 9; BeckOGK/*Förster* Rn 9; BeckOK/*Schärtl* Rn 7; Staudinger/*Wiegand* Rn 3).

7 **5. Dispositivität.** Abw Abreden sind nach § 1245 zulässig (BGH WM 1960, 171, 172).

8 **6. Ausnahmen.** In den Fällen des § 1259 findet § 1238 keine Anwendung (s § 1259 Rn 1, 6).

§ 1239 Mitbieten durch Gläubiger und Eigentümer

(1) Der Pfandgläubiger und der Eigentümer können bei der Versteigerung mitbieten. Erhält der Pfandgläubiger den Zuschlag, so ist der Kaufpreis als von ihm empfangen anzusehen.

(2) Das Gebot des Eigentümers darf zurückgewiesen werden, wenn nicht der Betrag bar erlegt wird. Das Gleiche gilt von dem Gebot des Schuldners, wenn das Pfand für eine fremde Schuld haftet.

1 **1. Ratio.** § 1239 lässt explizit auch Pfandgläubiger, Eigentümer und persönlichen Schuldner als Bieter zu, da auch diese ein legitimes Interesse hieran haben können. Zugleich gestaltet die Norm ihre Stellung als Bieter aber mit Blick auf die involvierten Interessen besonders aus: Der Pfandgläubiger wird als Bieter privilegiert, er kann

ohne effektive Zahlung erwerben (Abs I S 2). Hingegen müssen Eigentümer und Schuldner den Betrag des Gebots bar erlegen (Abs II), da hier aus Sicht des Gesetzgebers die Gefahr naheliegt, dass sie nicht über die nötigen Mittel verfügen (vgl Mot III, 826).

2. Anwendungsbereich. § 1239 gilt auch für gesetzl Pfandrechte (§ 1257) (Oldenburg BeckRS 2010, 03862; Staudinger/*Wiegand* § 1257 Rn 20), aber idR nicht für das Pfandrecht an Rechten (vgl § 1273 Rn 10). 2

3. Zum Mitbieten Berechtigte. Der **betreibende Pfandgläubiger** darf nicht nur mitbieten (Abs I S 1), sondern er wird durch die Fiktion des Abs I S 2 privilegiert (Rn 4). **Andere** (vor- oder nachrangige) **Pfandgläubiger** dürfen ebenfalls mitbieten, kommen aber nicht in den Genuss dieser Privilegierung (MüKo/*Schäfer* Rn 3; BeckOK/*Schärtl* Rn 2; Grü/*Wicke* Rn 1; Staudinger/*Wiegand* Rn 2). Mitbieten darf weiterhin auch der **Eigentümer** (Abs I S 1), er muss allerdings das Gebot bar erlegen (Abs II; dazu Rn 5); mit dem Zuschlag erwirbt er indes nicht etwa (erneut) Eigentum, sondern die Befreiung von der Pfandbelastung (Mot III, 826; MüKo/*Schäfer* Rn 4; BeckOGK/*Förster* Rn 8; BeckOK/*Schärtl* Rn 3; Grü/*Wicke* Rn 1; Staudinger/*Wiegand* Rn 3). Der **persönliche Schuldner** darf ebenfalls mitbieten; auch er muss das Gebot jedoch bar erlegen (Abs II, dazu Rn 5). Ferner dürfen mitbieten auch der **Verpfänder** sowie **Dritte**; für sie gilt jedoch keine Barerlegungspflicht (MüKo/*Schäfer* Rn 5; BeckOK/*Schärtl* Rn 2; Grü/*Wicke* Rn 1). **Nicht** mitbieten dürfen jedoch die **Versteigerungspersonen** und ihre Gehilfen (§ 450 II; dazu § 450 Rn 5). 3

4. Befreiung des Pfandgläubigers von der Barzahlungspflicht (Abs I S 2). Gem der Fiktion des Abs I S 2 gilt der Kaufpreis als mit dem Zuschlag vom Pfandgläubiger empfangen. Ohne diese Fiktion müsste der Gläubiger den Kaufpreis zunächst zahlen, um ihn dann sofort wieder zu erhalten, was evident sinnwidrig wäre (vgl Mot III, 826; Staudinger/*Wiegand* Rn 2). Ist der Kaufpreis höher als die Forderung, hat der Eigentümer gegen den Pfandgläubiger einen Anspruch auf den Übererlös, an dem sich ggf weitere bestehende dingliche Belastungen fortsetzen (vgl Mot III, 826; MüKo/*Schäfer* Rn 2; BeckOK/*Schärtl* Rn 2; Staudinger/*Wiegand* Rn 2; vgl auch § 1247 Rn 4). 4

5. Barerlegungspflicht von Eigentümer und Schuldner (Abs II). Der Eigentümer (bzw derjenige, der gem § 1248 als solcher gilt) und der Schuldner müssen den Betrag ihres Gebots gem Abs II „bar erlegen", dh Barzahlung anbieten. Andernfalls kann ihr Gebot bis zum Zuschlag unmittelbar zurückgewiesen werden (dh es muss nicht erst – wie bei sonstigen Bietern – der Zuschlag erteilt werden und dann kann der Pfandgläubiger ggf zurücktreten, vgl § 1238 Rn 3). Macht der Pfandgläubiger von seinem Recht zur Zurückweisung keinen Gebrauch, so ist die Veräußerung gleichwohl wirksam (arg e § 1243 I); allerdings gilt die Fiktion des § 1238 II (§ 1238 Rn 5) analog, dh er trägt das Risiko der verspäteten oder gar nicht erfolgenden Zahlung (MüKo/*Schäfer* Rn 8; BeckOGK/*Förster* Rn 13; BeckOK/*Schärtl* Rn 3; Grü/*Wicke* Rn 2; Staudinger/*Wiegand* Rn 3). 5

6. Dispositivität. Abw Abreden sind nach § 1245 zulässig. 6

7. Ausnahmen. In den Fällen des § 1259 findet § 1239 keine Anwendung (s § 1259 Rn 1, 6). 7

8. Rechtsfolgen von Verstößen. Werden Gebote ungerechtfertigt zurückgewiesen, ist die Öffentlichkeit der Versteigerung (§ 1235) verletzt (vgl MüKo/*Schäfer* Rn 6, § 1243 Rn 2; BeckOK/*Schärtl* Rn 6, § 1235 Rn 2; Staudinger/*Wiegand* § 1243 Rn 2), sodass die Pfandveräußerung rechtswidrig ist (vgl § 1235 Rn 7). 8

§ 1240 Gold- und Silbersachen

(1) Gold- und Silbersachen dürfen nicht unter dem Gold- oder Silberwert zugeschlagen werden.

(2) Wird ein genügendes Gebot nicht abgegeben, so kann der Verkauf durch eine zur öffentlichen Versteigerung befugte Person aus freier Hand zu einem den Gold- oder Silberwert erreichenden Preis erfolgen.

1. Ratio. § 1240 normiert – im Einklang mit § 817a III ZPO (vgl Mot III, 827) – für Gold- und Silbersachen den Gold-/Silberwert als „Mindestpreis", um eine Verschleuderung solcher Wertgegenstände zu verhindern (vgl BeckOK/*Schärtl* Rn 1; Staudinger/*Wiegand* Rn 1). 1

2. Anwendungsbereich. § 1240 gilt auch für gesetzl Pfandrechte (§ 1257) (Oldenburg BeckRS 2010, 03862; Staudinger/*Wiegand* § 1257 Rn 20), aber idR nicht für das Pfandrecht an Rechten (vgl § 1273 Rn 10). 2

3. Gold- oder Silbersachen. Maßgeblich für die Qualifikation als **Gold- oder Silbersache** iSd § 1240 ist nicht der Feingehalt, sondern ob die Sache der Verkehrsauffassung nach in der Hauptsache aus Gold oder Silber besteht; dies gilt auch bei Juwelen in Gold-/Silberfassung (RG Recht 1935 Nr 7996; NK/*Bülow* Rn 2; MüKo/*Schäfer* Rn 1; BeckOGK/*Förster* Rn 4; BeckOK/*Schärtl* Rn 3; Grü/*Wicke* Rn 1; Staudinger/*Wiegand* Rn 2). 3

Nach Sinn und Zweck gilt § 1240 **analog** auch für **sonstige Edelmetalle**, zB Platin oder Palladium (NK/*Bülow* Rn 3; BeckOGK/*Förster* Rn 5; BeckOK/*Schärtl* Rn 3; Staudinger/*Wiegand* Rn 4; ebenso für § 817a ZPO auch Musielak/Voit/*Flockenhaus* § 817a ZPO Rn 5; MüKo/*Gruber* § 817a ZPO Rn 7; aA MüKo/*Schäfer* Rn 1; P Grü/*Wicke* Rn 1). 4

4. Metallwert als Mindestpreis. Gold-, Silber- oder sonstige Edelmetallsachen (Rn 3f) dürfen gem Abs I nicht unter ihrem Metallwert zugeschlagen werden. Maßgeblich ist der Metallwert zZt der Versteigerung (BeckOGK/*Förster* Rn 4; BeckOK/*Schärtl* Rn 3; Grü/*Wicke* Rn 1). Eine Schätzung muss – anders als gem § 813 I ZPO – nicht erfolgen, ist wegen der Rechtsfolgen (Rn 6) aber anzuraten (MüKo/*Schäfer* Rn 1; BeckOGK/*Förster* Rn 4; BeckOK/*Schärtl* Rn 3; Grü/*Wicke* R. 1; Staudinger/*Wiegand* Rn 3). Wird dieser Mindestpreis bei der Versteige- 5 rung nicht geboten, so kann der Verkauf durch eine zur öffentlichen Versteigerung befugte Person (§ 1221 Rn 4) aus freier Hand erfolgen, allerdings wiederum nur zu diesem Mindestpreis.

6 **5. Rechtsfolgen von Verstößen.** Bei **Verstoß** ist der Verkauf unrechtmäßig (§ 1243 I). Bei Verkauf im Rahmen einer öffentlichen Versteigerung kann der Ersteigerer aber gutgläubig Eigentum erwerben, wenn er gutgläubig annahm, dass sein Gebot den Metallwert erreicht (§ 1244; MüKo/*Schäfer* Rn 3; BeckOGK/*Förster* Rn 6; BeckOK/*Schärtl* Rn 4; Grü/*Wicke* Rn 2; Staudinger/*Wiegand* Rn 3). Bei Verletzung des Abs II ist gutgläubiger Erwerb hingegen ausgeschlossen (§ 1244; BeckOGK/*Förster* Rn 6; BeckOK/*Schärtl* Rn 5; Grü/*Wicke* Rn 2; Staudinger/*Wiegand* Rn 3; abw MüKo/*Schäfer* Rn 3: gutgläubiger Erwerb möglich, wenn der Verstoß lediglich in Veräußerung unter Metallwert besteht und Ersteher diesbzgl gutgläubig ist).

7 **6. Dispositivität.** Ein Verzicht auf den Schutz des § 1240 ist vor Pfandreife unzulässig (§ 1245 II).

§ 1241 Benachrichtigung des Eigentümers

Der Pfandgläubiger hat den Eigentümer von dem Verkauf des Pfandes und dem Ergebnis unverzüglich zu benachrichtigen, sofern nicht die Benachrichtigung untunlich ist.

1 **1. Ratio.** Um dem Eigentümer Gelegenheit zu geben, seine Rechte geltend zu machen, statuiert § 1241 eine Benachrichtigungspflicht bzgl des Verkaufs des Pfands (Planck/*Flad* Anm 1; Staudinger/*Wiegand* Rn 1).

2 **2. Anwendungsbereich.** § 1241 gilt auch für gesetzl Pfandrechte (§ 1257) (arg e § 440 IV, § 495 IV HGB; MüKo/*Schäfer* § 1257 Rn 7; Staudinger/*Wiegand* § 1257 Rn 20), aber idR nicht für das Pfandrecht an Rechten (vgl § 1273 Rn 10).

3 **3. Benachrichtigungspflicht.** Adressat der Benachrichtigung ist der Eigentümer bzw der gem § 1248 als Eigentümer geltende Verpfänder. „Verkauf" iSd § 1241 ist sowohl der im Wege der öffentlichen Versteigerung (§ 1235 I) als auch der freihändige (§ 1235 II), der nach ZPO (§ 1233 II) und der vorzeitige (§§ 1219–1221). Die Benachrichtigung muss die Tatsache des erfolgten Verkaufs sowie das Ergebnis enthalten. Abgebrochene oder fruchtlose Versteigerungsversuche brauchen nicht mitgeteilt zu werden (MüKo/*Schäfer* Rn 1; Grü/*Wicke* Rn 1; Staudinger/*Wiegand* Rn 2). Die Benachrichtigung ist formfrei (BeckOGK/*Förster* Rn 3; BeckOK/*Schärtl* Rn 1; Staudinger/*Wiegand* Rn 2). Sie hat unverzüglich, dh ohne schuldhaftes Zögern (§ 121 I 1) zu erfolgen. Sie darf nur unterbleiben, wenn sie untunlich (§ 1218 Rn 7, § 1234 Rn 3) ist.

4 **4. Rechtsfolgen von Verstößen.** Ein Verstoß gegen § 1241 lässt die Rechtmäßigkeit der Veräußerung unberührt (§ 1243 I), begründet aber uU eine Schadensersatzpflicht des Pfandgläubigers (§ 1243 II).

5 **5. Dispositivität.** Obgleich § 1241 in § 1245 nicht genannt ist, ist nach Sinn und Zweck der Norm nach allg M ein Verzicht möglich, auch bereits vor Pfandreife (MüKo/*Schäfer* Rn 2; BeckOGK/*Förster* Rn 4; BeckOK/*Schärtl* Rn 3; Grü/*Wicke* Rn 2; Staudinger/*Wiegand* Rn 2).

6 **6. Leges speciales.** § 440 IV, § 495 IV HGB enthalten für das gesetzl Pfandrecht des Frachtführers bzw Verfrachters Sonderregeln bzgl des Adressaten.

§ 1242 Wirkungen der rechtmäßigen Veräußerung

(1) Durch die rechtmäßige Veräußerung des Pfandes erlangt der Erwerber die gleichen Rechte, wie wenn er die Sache von dem Eigentümer erworben hätte. Dies gilt auch dann, wenn dem Pfandgläubiger der Zuschlag erteilt wird.

(2) Pfandrechte an der Sache erlöschen, auch wenn sie dem Erwerber bekannt waren. Das Gleiche gilt von einem Nießbrauch, es sei denn, dass er allen Pfandrechten im Range vorgeht.

1 **1. Ratio.** § 1242 regelt die dinglichen Wirkungen der rechtmäßigen Pfandveräußerung. Abs I stellt klar, dass der das Pfand veräußernde Pfandgläubiger infolge seines Pfandrechts wirksam über fremdes Eigentum verfügen kann (vgl Mot III, 830f); Abs II regelt die Folgen für andere an der Sache bestehende dingliche Rechte.

2 **2. Anwendungsbereich.** § 1242 gilt auch für das gesetzl Pfandrecht (§ 1257) (BGH NJW-RR 1998, 543, 544; NK/*Bülow* Rn 1; BeckOGK/*Förster* Rn 3; Staudinger/*Wiegand* Rn 9) sowie für das Pfändungspfandrecht (RGZ 61, 330, 333; 87, 321, 325), aber idR nicht für das Pfandrecht an Rechten (vgl § 1273 Rn 10). Nicht anzuwenden ist § 1242 auf Erwerb von Sicherungseigentum (RG SeuffA 84 Nr 83; BeckOGK/*Förster* Rn 3; Staudinger/*Wiegand* Rn 9).

3 **3. Voraussetzungen für die rechtmäßige Veräußerung. a) Pfandrecht.** Dem betreibenden Pfandgläubiger muss ein gültiges **Pfandrecht zustehen** (RGZ 100, 274, 277; BGH NJW-RR 1987, 317).

4 **b) Grundgeschäft.** Erforderlich ist zudem ein **Grundgeschäft**, dh der Abschluss eines Kaufvertrags (bei Versteigerung Erteilung des Zuschlags) durch den Pfandgläubiger (BeckOGK/*Förster* Rn 4; Staudinger/*Wiegand* Rn 2).

5 **c) Erfüllungsgeschäft.** Das **Erfüllungsgeschäft** erfolgt entspr §§ 929ff, dh Einigung und Übergabe, sofern Käufer nicht bereits im Besitz (§ 929 II) ist oder Übergabesurrogat vorliegt (§§ 930, 931) (BeckOGK/*Förster* Rn 4; Staudinger/*Wiegand* Rn 2). Bei Verkauf nach § 1233 II iVm 825 ZPO erlangt der Ersteher Eigentum ebenfalls erst mit der Übergabe (RGZ 126, 21; BeckOGK/*Förster* Rn 4; Staudinger/*Wiegand* Rn 2).

d) Beachtung der Rechtmäßigkeitsvoraussetzungen des § 1243 I. Jedoch wird bisweilen mangelnde Rechtmäßigkeit durch guten Glauben wettgemacht (§ 1244). 6

4. Rechtsfolgen. a) Eigentumserwerb am Pfand (Abs I). Der Erwerber erlangt Eigentum am Pfand, das Eigentum des bisherigen Eigentümers erlischt (Abs I S 1). Abs I S 2 stellt klar, dass dies auch dann gilt, wenn der Zuschlag dem Pfandgläubiger erteilt wird (vgl Mot III, 831). Erhält der Eigentümer den Zuschlag, so erwirbt er nicht etwa (erneut) Eigentum, sondern die Befreiung von der Pfandbelastung (vgl § 1239 Rn 3). 7

b) Folgen für andere an der Sache bestehende dingliche Rechte. Gem Abs II S 1 **erlöschen sämtliche Pfandrechte** (egal ob vor- oder nachrangig). Dies gilt selbst dann, wenn sie dem Erwerber bekannt waren. Die Vorschrift geht insofern bewusst weiter als § 936 (der guten Glauben voraussetzt), weil den Interessen des dinglich Berechtigten bereits dadurch Rechnung getragen wird, dass sich das erloschene Recht am Erlös fortsetzt (dazu sogleich) (vgl Mot III, 830f). Ebenso erlischt gem Abs II S 2 Hs 1 grds auch ein **Nießbrauch**. Nur ein allen Pfandrechten im Rang vorgehender Nießbrauch bleibt gem Abs II S 2 Hs 2 bestehen, auch er kann jedoch ggf gem § 936 erlöschen (NK/*Bülow* Rn 9; MüKo/*Schäfer* Rn 4; BeckOGK/*Förster* Rn 11; BeckOK/*Schärtl* Rn 3; Grü/*Wicke* Rn 2; Staudinger/*Wiegand* Rn 5). § 935 ist nach allg M unanwendbar (arg e § 1244; Grü/*Wicke* Rn 2; NK/*Bülow* Rn 7; MüKo/*Schäfer* Rn 4; BeckOGK/*Förster* Rn 12; BeckOK/*Schärtl* Rn 4; Staudinger/*Wiegand* Rn 6). Die erloschenen Rechte setzen sich jedoch an dem Erlös fort (§ 1247 S 2) (Mot III, 830f; Grü/*Wicke* Rn 2; NK/*Bülow* Rn 8; MüKo/*Schäfer* Rn 4f; BeckOK/*Schärtl* Rn 3; Staudinger/*Wiegand* Rn 5; vgl auch § 1247 Rn 4). 8

§ 1243 Rechtswidrige Veräußerung

(1) Die Veräußerung des Pfandes ist nicht rechtmäßig, wenn gegen die Vorschriften des § 1228 Abs. 2, des § 1230 Satz 2, des § 1235, des § 1237 Satz 1 oder des § 1240 verstoßen wird.

(2) Verletzt der Pfandgläubiger eine andere für den Verkauf geltende Vorschrift, so ist er zum Schadensersatz verpflichtet, wenn ihm ein Verschulden zur Last fällt.

1. Ratio. § 1243 legt fest, wann eine Pfandveräußerung rechtmäßig ist und somit die Wirkungen gem § 1242 eintreten. Dabei wird differenziert zw: (1) wesentlichen Verfahrensvorschriften, deren Verletzung die Pfandveräußerung unrechtmäßig machen (Abs I) und (2) bloßen Ordnungsvorschriften, deren Verletzung die Rechtmäßigkeit unberührt lässt und nur (bei Verschulden) eine Schadensersatzpflicht begründen (Abs II) (vgl Mot III, 831; BeckOGK/*Förster* Rn 2; Staudinger/*Wiegand* Rn 1). 1

2. Anwendungsbereich. § 1243 ist gilt auch für das gesetzl Pfandrecht (§ 1257) (BGH NJW 1995, 1350, 1351; Staudinger/*Wiegand* § 1257 Rn 20), aber idR nicht für das Pfandrecht an Rechten (vgl § 1273 Rn 10). 2

3. Rechtmäßigkeitsvoraussetzungen (Abs I). Abs I zählt die Verfahrensvorschriften, deren Verletzung die Pfandveräußerung rechtswidrig macht, **grds abschließend** auf (vgl LG Krefeld BeckRS 2012, 21622; MüKo/*Schäfer* Rn 1; Staudinger/*Wiegand* Rn 1; unten § 1245 Rn 4; abw BeckOGK/*Förster* Rn 4). Genannt sind: (1) Verkauf vor Pfandreife (**§ 1228 II**, vgl § 1228 Rn 5f); (2) übermäßiger Verkauf (**§ 1230 S 2**, vgl § 1230 Rn 4); (3) Fehlen einer öffentlichen Versteigerung oder des Verkaufs durch eine zum freihändigen Verkauf ermächtigte Person (**§ 1235**, vgl § 1235 Rn 3ff); auch die Zurückweisung eines Gebots unter Verstoß gegen § 1239 stellt eine Verletzung des § 1235 dar (vgl § 1239 Rn 8); (4) mangelnde Bekanntmachung von Zeit und Ort der Versteigerung (**§ 1237 S 1**, vgl § 1237 Rn 3, 5); (5) Zuschlag von Gold- und Silbersachen oder deren freihändiger Verkauf durch öffentlichen Versteigerer unter dem Gold- oder Silberwert (**§ 1240**, vgl § 1240 Rn 1ff). Allg Rechtmäßigkeitsvoraussetzung ist ferner das **Bestehen eines wirksamen Pfandrechts** („des Pfandes", arg e § 1244 S 1) (RGZ 100, 274, 277; BGH NJW-RR 1987, 317; NK/*Bülow* Rn 2; BeckOGK/*Förster* Rn 3; BeckOK/*Schärtl* Rn 2; Staudinger/*Wiegand* Rn 1). 3

4. Rechtsfolgen eines Verstoßes gegen eine Rechtmäßigkeitsvoraussetzung. Die **Wirkungen des § 1242 I** (§ 1242 Rn 7f) treten nicht ein, dh der Ersteher erwirbt (außer in den Fällen des gutgläubigen Erwerbs gem § 1244, dazu Rn 5 sowie § 1244 Rn 1ff) kein Eigentum, und dingliche Rechte an der Pfandsache bleiben bestehen (RGZ 100, 274, 277; MüKo/*Schäfer* Rn 3; BeckOGK/*Förster* Rn 6; Grü/*Wicke* Rn 2; Staudinger/*Wiegand* Rn 3; BeckOK/*Schärtl* Rn 3). 4

In Betracht kommt jedoch **ggf gutgläubiger Erwerb gem § 1244** (näher § 1244 Rn 1ff). In diesem Fall besteht jedoch ggf eine Schadensersatzpflicht des Pfandgläubigers ggü dem Eigentümer und dem dinglich Berechtigten (§ 1244 Rn 8). 5

5. Ordnungsvorschriften iSd Abs II. Unter Abs II fallen Verstöße gegen folgende Schutzvorschriften: (1) Androhung (**§ 1234**, vgl LG Osnabrück WM 1993, 1628; § 1234 Rn 6); (2) Ort der Versteigerung (**§ 1236**; vgl § 1236 Rn 5); (3) Benachrichtigung des Eigentümers und dinglich Berechtigter von Zeit und Ort der Versteigerung (**§ 1237 S 2**, vgl § 1237 Rn 5); (4) Benachrichtigung des Eigentümers vom Verkauf des Pfandes (**§ 1241**, vgl § 1241 Rn 4); (5) Verstoß gegen vereinbarte (**§ 1245**) oder vom Gericht bestimmte Verkaufsvorschriften (**§ 1246**) (vgl § 1245 Rn 8, § 1246 Rn 6). 6

6. Rechtsfolgen von Verstößen gegen Ordnungsvorschriften. Verstöße gegen diese Ordnungsvorschriften **berühren die Rechtmäßigkeit nicht** (RGZ 100, 274, 278). Der Pfandgläubiger macht sich jedoch gem § 1243 II bei Verschulden **schadensersatzpflichtig.** Der zu ersetzende Schaden besteht allerdings nicht im Rechtsverlust infolge der Pfandverwertung, sondern in der Vermögenseinbuße, die der Schuldner ggü einer formal ordnungs- 7 gemäßen Verwertung erleidet (BGH NJW-RR 1998, 543, 544; Frankfurt NJW-RR 1986, 44). Die Beweislast für Verstoß und Schaden trägt nach allg Grundsätzen der Kläger (RG LZ 1924, 200, 201f); der Pfandgläubiger hat jedoch sein Nichtverschulden zu beweisen (MüKo/*Schäfer* Rn 7; BeckOGK/*Förster* Rn 16; BeckOK/*Schärtl* Rn 9; Staudinger/*Wiegand* Rn 6). Der Schadensersatzanspruch entfällt, wenn der Pfandgläubiger nachweist, dass auch bei ordnungsgemäßer Veräußerung kein besserer Erlös erzielt worden wäre (RGZ 77, 201, 205; LZ 1924, 200, 201f; JW 1934, 130f; Frankfurt NJW-RR 1986, 44).

8 **7. Heilung von Verstößen durch Genehmigung.** Ein Verstoß gegen Abs I und II kann **durch Genehmigung des Pfandeigentümers geheilt** werden; es tritt dann die gleiche Rechtslage ein, wie sie bei ordnungsgemäßer Verwertung bestehen würde (BGH NJW 1995, 1350; NJW-RR 1998, 543, 544; Celle OLGRp 2003, 407, 409). Eine Heilung durch Anordnung gem § 1246 II ist hingegen nicht möglich, da eine solche nicht nachträgl nach durchgeführtem Verkauf vorgenommen werden kann (BGH NJW 2011, 2960 Rn 42; Köln EWiR 1995, 753f; NK/*Bülow* Rn 8; MüKo/*Schäfer* Rn 5; BeckOGK/*Förster* Rn 14; BeckOK/*Schärtl* Rn 7; Staudinger/*Wiegand* § 1244 Rn 8).

§ 1244 Gutgläubiger Erwerb

Wird eine Sache als Pfand veräußert, ohne dass dem Veräußerer ein Pfandrecht zusteht oder den Erfordernissen genügt wird, von denen die Rechtmäßigkeit der Veräußerung abhängt, so finden die Vorschriften der §§ 932 bis 934, 936 entsprechende Anwendung, wenn die Veräußerung nach § 1233 Abs. 2 erfolgt ist oder die Vorschriften des § 1235 oder des § 1240 Abs. 2 beobachtet worden sind.

1 **1. Ratio.** § 1244 ermöglicht den **gutgläubigen Erwerb** des Eigentums an der Pfandsache bei der Verwertung (§ 1207 bezieht sich auf den gutgläubigen Erwerb des Pfandrechts). Zugrunde liegt die Erwägung, dass die ohne einen solchen Gutglaubensschutz bestehende Ungewissheit potentielle Erwerber vom Bieten abhalten und somit das Ergebnis des Pfandverkaufs nachteilig beeinflussen könnte; der gutgläubige Erwerber der Pfandsache wird daher ähnl geschützt wie der gutgläubige Erwerber einer Sache (vgl Mot III, 832). Allerdings knüpft das Gesetz die Möglichkeit eines gutgläubigen Erwerbs an die Wahrung gewisser Mindestanforderungen bzgl der Ordnungsmäßigkeit der Veräußerung (Rn 3ff), da der Erwerber nur dann als schutzwürdig erachtet wird (vgl Mot III, 832).

2 **2. Anwendungsbereich.** § 1244 gilt sowohl beim Pfandverkauf gem §§ 1233ff als auch gem §§ 1219ff (MüKo/*Schäfer* Rn 1; BeckOK/*Schärtl* Rn 2; Staudinger/*Wiegand* Rn 1). § 1244 ist auch auf das gesetzl Pfandrecht anzuwenden (§ 1257) (Köln EWiR 1995, 753; LG Detmold BeckRS 2008, 11481; AG Lemgo BeckRS 2006, 12901; NK/*Bülow* Rn 3; BeckOGK/*Förster* Rn 4; BeckOK/*Schärtl* Rn 2; Staudinger/*Wiegand* Rn 9); nicht dagegen auf das Pfändungspfandrecht (RGZ 156, 395, 397; BGH NJW 1971, 799, 800; NJW 1992, 2570; Musielak/Voit/*Flockenhaus* § 817 ZPO Rn 4; MüKo/*Gruber* § 817 ZPO Rn 16; aA BeckOK/*Schärtl* Rn 2 – allerdings unter fehlerhaftem Verweis auf BGH NJW 1992, 2570; Staudinger/*Wiegand* Anh zu § 1257 Rn 21); ferner idR nicht für das Pfandrecht an Rechten (vgl § 1273 Rn 10).

3 **3. Voraussetzungen. a) Veräußerung der Sache aufgrund eines (angeblichen) Pfandrechts.** Die Veräußerung (auch vorzeitige nach §§ 1219–1221) muss in Ausübung eines vorhandenen oder vorgeblichen Pfandrechts erfolgen; veräußert dagegen der Pfandgläubiger die Sache als seine eigene, ohne ein Pfandrecht zu behaupten, so gelten die §§ 932–936 (auch § 935!) unmittelbar (Karlsruhe 16.12.2020 – 7 U 69/20, juris Rn 59; MüKo/*Schäfer* Rn 5; BeckOK/*Schärtl* Rn 3; Grü/*Wicke* Rn 1; Staudinger/*Wiegand* Rn 2).

4 **b) Erfasste Veräußerungsart.** Es muss eine der drei besonderen Veräußerungsarten vorliegen: (1) öffentliche Versteigerung (§ 1235 I), auch die aufgrund dinglichen Titels (§ 1233 II); (2) freihändiger Verkauf zum Markt- und Börsenpreis durch eine befugte Person (§ 1235 II, § 1221); (3) freihändiger Verkauf durch eine befugte Person zum Gold- und Silberpreis (§ 1240 II). Liegt keine dieser Mindestvoraussetzungen vor, so ist ein gutgläubiger Erwerb nicht möglich (RGZ 100, 274, 274; BeckOGK/*Förster* Rn 6; Staudinger/*Wiegand* Rn 3).

5 **c) Gutgläubigkeit des Erwerbers.** Der Erwerber muss **gutgläubig** sein. Bezugspunkt des guten Glaubens sind (anders als bei § 932) nicht das Eigentum, sondern: (1) das Bestehen des Pfandrechts, und/oder (2) die Rechtmäßigkeitsvoraussetzungen gem § 1243 I (soweit sie nicht zu den in Rn 3 genannten Mindestvoraussetzungen zählen) (RGZ 100, 274, 276f; BGH NJW 1992, 2570, 2574; NK/*Bülow* Rn 5; MüKo/*Schäfer* Rn 4; BeckOK/*Schärtl* Rn 3; Grü/*Wicke* Rn 1; Staudinger/*Wiegand* Rn 4). Guter Glaube liegt vor, wenn der Erwerber den Mangel nicht kennt und seine Unkenntnis auch nicht auf grober Fahrlässigkeit beruhte (RGZ 100, 274, 277; BGH NJW 1992, 2570, 2574; MüKo/*Schäfer* Rn 6; BeckOGK/*Förster* Rn 13; BeckOK/*Schärtl* Rn 4; Grü/*Wicke* Rn 1; Staudinger/*Wiegand* Rn 4). Maßgeblicher Zeitpunkt ist derjenige der letzten Erwerbshandlung (MüKo/*Schäfer* Rn 7; BeckOGK/*Förster* Rn 14; Staudinger/*Wiegand* Rn 5). Der gute Glaube wird vermutet (NK/*Bülow* Rn 9; MüKo/*Schäfer* Rn 6; BeckOGK/*Förster* Rn 14; Grü/*Wicke* Rn 1).

6 **4. Rechtsfolgen. a) Erwerb lastenfreien Eigentums.** Der Erwerber erlangt entspr § 1242 (§ 1242 Rn 7f) (grds) lastenfreies Eigentum an der Pfandsache. Dies gilt selbst dann, wenn die Sache abhandengekommen ist, denn § 1244 verweist gerade nicht auf § 935 (NK/*Bülow* Rn 7; MüKo/*Schäfer* Rn 11; BeckOGK/*Förster* Rn 12; BeckOK/*Schärtl* Rn 6; Grü/*Wicke* Rn 1; Staudinger/*Wiegand* Rn 7). Erwerber kann auch der Pfandgläubiger sein, der wegen § 1207 kein Pfandrecht erlangte (RGZ 104, 300, 301f).

7 **b) Schicksal des Erlöses.** Zum Schicksal des **Erlöses** s § 1247 Rn 4ff.

c) Ggf Schadensersatzpflicht des Pfandgläubigers. Der bisherige Eigentümer und der dinglich Berechtigte haben ggf einen **Schadensersatzanspruch** aus unerlaubter Handlung (BGH NJW-RR 2010, 1546 Rn 43; RG JW 1926, 2047; RGZ 100, 274, 278); aus § 280 I, III, § 282, denn die Pfandrechtsvorschriften sind idR als Inhalt des Verpfändungsvertrags anzusehen (Frankfurt NJW-RR 1986, 44); schließlich uU gem §§ 987ff (NK/*Bülow* Rn 12; MüKo/*Schäfer* Rn 13; Grü/*Wicke* § 1243 Rn 2; Staudinger/*Wiegand* § 1243 Rn 3; *Wolff/Raiser* § 166 Fn 13). Bei Gattungssachen hat der Eigentümer Anspruch auf Lieferung von Sachen gleicher Art und Güte (RGZ 106, 86, 88; LZ 1924, 200). Trifft den Veräußerer kein Verschulden, so verbleiben lediglich ggf Bereicherungsansprüche (RGZ 77, 201, 207; Staudinger/*Wiegand* § 1243 Rn 3; aA MüKo/*Schäfer* Rn 14). Die Ersatzpflicht entfällt freilich mangels ersatzfähigen Schadens, wenn der Pfandgläubiger nachweist, dass auch bei rechtmäßiger Veräußerung kein höherer Erlös erzielt worden wäre (RGZ 77, 201, 205; RG LZ 1924, 200, 201; JW 1934, 130f; Frankfurt NJW-RR 1986, 44). 8

§ 1245 Abweichende Vereinbarungen

(1) Der Eigentümer und der Pfandgläubiger können eine von den Vorschriften der §§ 1234 bis 1240 abweichende Art des Pfandverkaufs vereinbaren. Steht einem Dritten an dem Pfand ein Recht zu, das durch die Veräußerung erlischt, so ist die Zustimmung des Dritten erforderlich. Die Zustimmung ist demjenigen gegenüber zu erklären, zu dessen Gunsten sie erfolgt; sie ist unwiderruflich.

(2) Auf die Beobachtung der Vorschriften des § 1235, des § 1237 Satz 1 und des § 1240 kann nicht vor dem Eintritt der Verkaufsberechtigung verzichtet werden.

1. Ratio. Als Ausfluss der Privatautonomie gestattet § 1245 den Parteien, das Verfahren des Pfandverkaufs innerhalb bestimmter Grenzen abw von §§ 1234–1240 zu gestalten, um so eine Anpassung an ihre spezifischen Bedürfnisse zu ermöglichen (vgl Mot III, 828). 1

2. Anwendungsbereich. § 1245 gilt auch für das gesetzl Pfandrecht (§ 1257) (BGH NJW 1995, 1350, 1351; NK/*Bülow* Rn 15; BeckOGK/*Förster* Rn 3; Staudinger/*Wiegand* § 1257 Rn 20) sowie für das Pfandrecht an Rechten (vgl § 1273 Rn 7). 2

3. Zulässigkeit und Grenzen abweichender Vereinbarungen. a) Parteien. Parteien können nur der **Eigentümer** bzw der gem § 1248 als solcher Geltende oder der Insolvenzverwalter des Eigentümers (RGZ 84, 68, 70) und der **Pfandgläubiger** sein, nicht hingegen der Verpfänder (NK/*Bülow* Rn 3; MüKo/*Schäfer* Rn 1; BeckOGK/*Förster* Rn 4; BeckOK/*Schärtl* Rn 2; Grü/*Wicke* Rn 1; Staudinger/*Wiegand* Rn 2). 3

b) Inhalt. Inhalt können **Erleichterungen oder Erschwerungen** der Art des Pfandverkaufs sein (Mot III, 828; MüKo/*Schäfer* Rn 4f; BeckOGK/*Förster* Rn 9ff; BeckOK/*Schärtl* Rn 4; Grü/*Wicke* Rn 1; Staudinger/*Wiegand* Rn 4). Erschwerungen begründen jedoch entgegen teils vertretener Auffassung (NK/*Bülow* Rn 12; BeckOK/*Schärtl* Rn 4; Grü/*Wicke* Rn 1), keine weiteren Rechtmäßigkeitsvoraussetzungen, denn diese sind in § 1243 I abschließend aufgezählt (vgl auch bereits § 1243 Rn 3); sie haben vielmehr nur den Charakter von Ordnungsvorschriften iSd § 1243 II (MüKo/*Schäfer* Rn 5; Planck/*Flad* Anm 3; BeckOGK/*Förster* Rn 11; *Westermann/Gursky/Eickmann*, § 129 Rn 18; Staudinger/*Wiegand* Rn 4). 4

c) Ggf Zustimmung Dritter (Abs I S 2 und 3). Sofern einem Dritten an dem Pfand ein Recht zusteht, das durch die Veräußerung erlischt (vgl § 1242 II, dazu § 1242 Rn 8) verlangt Abs I S 2 – im Einklang mit dem Rechtsgedanken der §§ 876, 877, 1255 II – die Zustimmung des Dritten. Die Zustimmung kann als Einwilligung (§ 183) oder Genehmigung (§ 184) erteilt werden (NK/*Bülow* Rn 9; BeckOGK/*Förster* Rn 14; BeckOK/*Schärtl* Rn 5; Grü/*Wicke* Rn 2; Staudinger/*Wiegand* Rn 6) und ist unwiderruflich (S 3 Hs 2). Adressat ist derjenige, zu dessen Gunsten sie erfolgt, dh bei Erschwerungen der Eigentümer, bei Erleichterungen der Pfandgläubiger (NK/*Bülow* Rn 9; MüKo/*Schäfer* Rn 9; BeckOGK/*Förster* Rn 13; BeckOK/*Schärtl* Rn 5; Grü/*Wicke* Rn 2; Staudinger/*Wiegand* Rn 6). 5

d) Eingeschränkte Parteiautonomie vor Pfandreife (Abs II). Gem Abs II ist ein Verzicht auf die §§ 1235, 1237 S 1, § 1240 erst ab Pfandreife (§ 1228 II, dazu § 1228 Rn 5f) zulässig. Dies dient dem Schutz des Eigentümers, dem die Tragweite eines Verzichts vor Pfandreife häufig gar nicht richtig bewusst sein wird (vgl BeckOGK/*Förster* Rn 15; Staudinger/*Wiegand* Rn 10). 6

4. Rechtsfolgen. a) Wirkungen der Vereinbarungen. Vereinbarungen iSd § 1245 haben dingliche Wirkung: Sie binden nicht nur die Parteien, sondern wirken auch für und gegen Rechtsnachfolger (Mot III, 828). Zudem bleiben sie auch in der Insolvenz verbindlich (RG Gruchot 48, 409, 413; JW 1902, 444, 445). Wenn und soweit Abweichungen von den gesetzl Vorschriften durch eine gültige Vereinbarung iSd § 1245 gedeckt sind, ist die Veräußerung – vorbehaltlich der Wahrung der sonstigen Rechtmäßigkeitsanforderungen iSd § 1243 I – rechtmäßig (BGH NJW 2011, 2960 Rn 42; BeckOGK/*Förster* Rn 17; BeckOK/*Schärtl* Rn 6; Staudinger/*Wiegand* Rn 7). 7

b) Rechtsfolgen von Verstößen gegen eine Vereinbarung. Bzgl der Rechtsfolgen ist zu differenzieren: Ist Gegenstand der Vereinbarung auch eine Rechtmäßigkeitsvoraussetzung iSd § 1243 I, so macht ein Verstoß die Veräußerung rechtswidrig; ist Gegenstand hingegen nur eine Ordnungsvorschrift iSd § 1243 II, werden dadurch allenfalls Schadensersatzansprüche begründet (BeckOGK/*Förster* Rn 18; Staudinger/*Wiegand* Rn 8). 8

5. Vereinbarungen außerhalb des § 1245. Außerhalb des § 1245 wirken abw Abreden nur schuldrechtl (MüKo/*Schäfer* Rn 2; Grü/*Wicke* Rn 1); nur bei § 1230 S 2 aber ausnahmsw dinglich (vgl § 1230 Rn 4). 9

§ 1246 Abweichung aus Billigkeitsgründen

(1) Entspricht eine von den Vorschriften der §§ 1235 bis 1240 abweichende Art des Pfandverkaufs nach billigem Ermessen den Interessen der Beteiligten, so kann jeder von ihnen verlangen, dass der Verkauf in dieser Art erfolgt.

(2) Kommt eine Einigung nicht zustande, so entscheidet das Gericht.

1 **1. Ratio.** § 1246 begründet aus Billigkeitserwägungen (vgl Mot III, 829) einen Anspruch der am Pfandverkauf Beteiligten auf Einwilligung in eine von den §§ 1235–1240 abw Art des Pfandverkaufs, wenn diese nach billigem Ermessen den Interessen der Beteiligten entspricht (Abs I), und ermöglicht im Streitfall ggf die Herbeiführung einer entspr gerichtlichen Entscheidung (Abs II).

2 **2. Anwendungsbereich.** § 1246 gilt auch für das gesetzl Pfandrecht (§ 1257) (BGH NJW-RR 2005, 916, 918; NK/*Bülow* Rn 6; BeckOGK/*Förster* Rn 3; Staudinger/*Wiegand* § 1257 Rn 20); nicht hingegen für das Pfandrecht an Rechten (vgl § 1273 Rn 13).

3 **3. Anspruch auf Abweichung (Abs I). a) Anspruchsberechtigte.** Anspruchsberechtigt sind die am Pfandverkauf **Beteiligten**, dh Pfandgläubiger; Eigentümer (bzw wer gem § 1248 als solcher gilt); Dritte, deren Rechte durch die Veräußerung erlöschen würden (vgl § 1242 II, dazu § 1242 Rn 8); nicht hingegen: Verpfänder, persönlicher Schuldner (NK/*Bülow* Rn 1; MüKo/*Schäfer* Rn 2; BeckOGK/*Förster* Rn 4; BeckOK/*Schärtl* Rn 2; Grü/*Wicke* Rn 1; Staudinger/*Wiegand* Rn 3). Im Falle der Insolvenz tritt der Insolvenzverwalter an die Stelle des jew Beteiligten (RG Recht 1935 Nr 160).

4 **b) Interessengemäßheit.** Voraussetzung ist, dass die Abweichung **nach billigem Ermessen den Interessen der Beteiligten** entspricht. Dies ist der Fall, wenn hierdurch keiner einen Nachteil, aber mindestens einer einen Vorteil hat (BayObLG Rpfleger 1983, 393, 394; vgl auch BGH NJW-RR 2005, 916, 918).

5 **c) Bezugspunkt.** Verlangt werden kann nur eine Abweichung von **§§ 1235–1240**, dagegen insb nicht von § 1234.

6 **d) Einigung.** Kommt eine **Einigung** zustande, so handelt es sich um eine abw Vereinbarung iSd **§ 1245** mit den entspr Wirkungen (s § 1245 Rn 7).

7 **4. Gerichtliche Durchsetzung (Abs II).** Kommt eine Einigung nicht zustande, so ist jeder Beteiligte gem Abs II zur Anrufung des Gerichts befugt. Zuständig ist das AG des Aufbewahrungsorts im fG-Verfahren (§ 410 Nr 4, § 411 IV FamFG); funktionell zuständig ist der Rechtspfleger (§ 3 Nr 1 lit b RPflG). Das Gericht entscheidet nur über die Art der Veräußerung, nicht über die Befugnis zum Pfandverkauf (KGJ 24, 3). Gegen den Beschluss ist Beschwerde statthaft (§§ 58ff FamFG). Erfolgt der Verkauf nach und im Einklang mit der gerichtlichen Anordnung, so hat er die Wirkungen des § 1242 (§ 1242 Rn 7f) (BeckOK/*Schärtl* Rn 5; Staudinger/*Wiegand* Rn 6). Eine gerichtliche Entscheidung mit dieser Wirkung ist nur vor, nicht aber mehr nachträgl als „Genehmigung" nach einem bereits durchgeführten Verkauf möglich (BGH NJW 2011, 2960 Rn 42; Köln EWiR 1995, 753f; vgl auch bereits § 1243 Rn 8).

§ 1247 Erlös aus dem Pfand

Soweit der Erlös aus dem Pfande dem Pfandgläubiger zu seiner Befriedigung gebührt, gilt die Forderung als von dem Eigentümer berichtigt. Im Übrigen tritt der Erlös an die Stelle des Pfandes.

1 **1. Ratio.** § 1247 regelt die **Zuordnung des Erlöses** aus der Veräußerung der Pfandsache, wobei sich der Gesetzgeber vor dem Hintergrund der widerstreitenden Interessen bewusst für einen „**Mittelweg**" entschieden hat (vgl Mot III, 833f). **S 1** beruht auf dem **Traditionsprinzip**: Der Pfandgläubiger erwirbt im Umfang seiner Forderung gem § 929 S 1 Eigentum am Erlös vom Ersteher; aufgrund der Fiktion des § 1247 S 1 hat dieser Erwerb die Wirkung einer Leistung des Eigentümers. **S 2** basiert hingegen auf dem **Surrogationsprinzip**: Soweit der Erlös dem Pfandgläubiger nicht gebührt, setzen sich das Eigentum und andere am Pfand bestehende dingliche Rechte am Erlös fort. Vgl zum Ganzen auch MüKo/*Schäfer* Rn 1; BeckOGK/*Förster* Rn 2ff; BeckOK/*Schärtl* Rn 1f; *Westermann*/*Gursky*/*Eickmann*, § 129 Rn 9; Staudinger/*Wiegand* Rn 1ff.

2 **2. Anwendungsbereich.** § 1247 gilt auch für den Verkauf nach § 1233 II (§ 1233 Rn 4ff; NK/*Bülow* Rn 14; BeckOGK/*Förster* Rn 5; BeckOK/*Schärtl* Rn 2; Staudinger/*Wiegand* Rn 27). Die Norm gilt zudem auch für das gesetzl Pfandrecht (§ 1257) (RGZ 119, 265, 269; BGH NJW 1995, 1350, 1351), aber idR nicht für das Pfandrecht an Rechten (vgl § 1273 Rn 10). Beim Pfändungspfandrecht gilt primär § 819; nach allg M setzen sich aber auch hier Rechte an den versteigerten Gegenständen kraft dinglicher Surrogation am Erlös fort; str ist lediglich, ob sich dies aus § 1247 S 2 ergibt (so etwa RGZ 156, 395, 399; Musielak/Voit/*Flockenhaus* § 819 ZPO Rn 3; BeckOGK/*Förster* Rn 5; BeckOK/*Schärtl* Rn 2; Staudinger/*Wiegand* Rn 27; aA Stein/Jonas/*Münzberg* § 819 Rn 1 iVm § 814 ZPO Rn 2; ohne Bezug auf § 1247 S 2 auch MüKo-ZPO/*Gruber* § 819 Rn 5 iVm § 803 Rn 39).

3 **3. Gebühren des Erlöses.** Der Erlös gebührt dem Pfandgläubiger nicht, (1) soweit ihm Rechte vorgehen, (2) soweit er die Forderung übersteigt, (3) bei Fehlen eines Pfandrechts (vgl auch MüKo/*Schäfer* Rn 2f).

4 **4. Rechtsfolgen einer wirksamen Pfandveräußerung. a) „Normalfall": Rechtmäßige Pfandveräußerung und Barerlös.** Im „Normalfall" der rechtmäßigen Pfandveräußerung mit Barerlös gilt Folgendes (vgl auch MüKo/*Schäfer* Rn 5; BeckOK/*Schärtl* Rn 3ff; Grü/*Wicke* Rn 2; Staudinger/*Wiegand* Rn 7ff): Der Pfandgläubiger

erwirbt gem dem Traditionsprinzip (Rn 1) Eigentum am Erlös, soweit er ihm gebührt. IÜ dh soweit der Erlös die Forderung übersteigt oder dem Pfandrecht des veräußernden Pfandgläubigers dingliche Rechte Dritter vorgehen (vgl Rn 3) entsteht Miteigentum von Pfandgläubiger und Pfandeigentümer (vgl RGZ 63, 16, 17); am Miteigentumsanteil des ehemaligen Pfandeigentümers setzen sich kraft dinglicher Surrogation (S 2) dingliche Rechte Dritter fort (vgl RGZ 119, 265, 269; Dresden OLG 6, 126). Dem Pfandgläubiger steht bzgl seines Miteigentumsanteils am Erlös ein Aneignungsrecht bzgl des ihm zustehenden Betrags zu; mit der Trennung entsteht Alleineigentum des Pfandgläubigers und des ehemaligen Pfandeigentümers bzgl des jew Teils. Besonderheiten gelten im Falle eines Nießbrauchs: Erlischt der Nießbrauch gem § 1242 II 2 bzw § 936 (§ 1242 Rn 8), so setzt er sich gem S 2 am Erlös fort, mit der Folge, dass der Nießbraucher an dem auf ihn entfallenden Teil des Erlöses gem § 1067 I Eigentum erwirbt; besteht er hingegen gem § 1242 II 2 fort, so kommt ein Nießbrauch am Erlös nicht in Betracht. Vermischt der Pfandgläubiger den Erlös mit eigenem Geld, so gelten §§ 948, 947. Verliert der bisherige Eigentümer das Eigentum am Geld, weil der Pfandgläubiger es ausgibt, so setzen sich die Rechte Dritter an der Ersatzforderung fort.

b) Unrechtmäßige Pfandveräußerung und Barerlös. aa) Rechtslage bei fehlendem Pfandrecht. (1) Kein Eigentumserwerb des Erstehers. Wenn der Ersteher wegen Bösgläubigkeit kein Eigentum erworben hat, ändert sich an der Zuordnung des Eigentums an der Sache nichts; etwaige Rechte Dritter an der Sache bleiben bestehen. Der Ersteher muss gem § 985 die Sache an den Eigentümer herausgeben, der „Pfandgläubiger" muss dem Ersteher den vereinnahmten Erlös erstatten. 5

(2) Eigentumserwerb des Erstehers. Hat der Ersteher gem § 1244 gutgläubig Eigentum erworben, so erwirbt der bisherige Pfandeigentümer kraft dinglicher Surrogation Eigentum am Erlös. Er kann diesen gem § 985 vom „Pfandgläubiger" herausverlangen, nach Vermischung gem § 951 Vergütung fordern. Etwaige Rechte Dritter setzen sich am Erlös oder der Vergütungsforderung fort. 6

bb) Fehlen einer Rechtmäßigkeitsvoraussetzung iSd § 1243 I. (1) Kein Eigentumserwerb des Erstehers. Hat der Ersteher kein Eigentum erworben, so gilt Rn 5 entspr mit der Maßgabe, dass der Ersteher die Sache an den Pfandgläubiger herauszugeben hat, weil das Pfandrecht an ihr bestehen geblieben ist. 7

(2) Eigentumserwerb des Erstehers. Hat der Ersteher Eigentum erworben, ist zu differenzieren (vgl Staudinger/*Wiegand* Rn 17; abw MüKo/*Schäfer* Rn 3): **(aa)** Vor Pfandreife erwirbt der Pfandgläubiger nur ein Pfandrecht am gesamten Erlös mit dem Recht, sich aus ihm nach der Pfandreife zu befriedigen. **(bb)** Nach Pfandreife erwirbt der Pfandgläubiger Miteigentum am Erlös, soweit er ihm gebührt; am übrigen **Erlös** setzen sich etwaige Rechte Dritter fort. 8

c) Tilgungswirkung. Soweit der Erlös aus dem Pfand dem Pfandgläubiger zu seiner Befriedigung gebührt, gilt die Forderung gem S 1 als vom Eigentümer berichtigt. Ob der Pfandeigentümer zugleich auch Verpfänder oder persönlicher Schuldner ist, ist irrelevant (vgl BeckOGK/*Förster* Rn 19; Staudinger/*Wiegand* Rn 18). Je nachdem, ob dies der Fall ist, ergeben sich indes unterschiedliche Konsequenzen: **(1)** Ist der Eigentümer zugleich persönlicher Schuldner, erlischt die Forderung (BeckOGK/*Förster* Rn 20; Staudinger/*Wiegand* Rn 19). **(2)** Ist der Eigentümer nicht zugleich persönlicher Schuldner (Pfandrecht für fremde Schuld), so geht die Forderung gegen den persönlichen Schuldner auf den Eigentümer über. Str ist allerdings die dogmatische Grundlage: Nach zutreffender hM ist sie in § 1225 zu sehen (RG Recht 1918 Nr 244; RGRK/*Kregel* Rn 4; BeckOK/*Schärtl* Rn 4; Grü/*Wicke* Rn 1); andere ziehen § 1249 S 2, § 268 III analog heran (Frankfurt JW 1931, 2751; *Baur/Stürner*, SachenR § 55 Rn 29; MüKo/*Schäfer* Rn 4; Planck/*Flad* Anm 3a; BeckOGK/*Förster* Rn 20.1); teils wird die Basis auch im gemeinsamen Gedanken dieser Vorschriften verortet (Staudinger/*Wiegand* Rn 20). In dem Sonderfall, dass mehrere gleichrangige Pfandrechte vorliegen und der Erlös nicht ausreicht, um alle voll abzudecken, ist der Erlös nach dem Wert der Forderungen zu verteilen (RGZ 60, 70, 74; MüKo/*Schäfer* Rn 9; Staudinger/*Wiegand* Rn 22). 9

d) Sonderfall: Keine Barzahlung. aa) Im Falle des **Verkaufs auf Kredit aufgrund einer Vereinbarung oder Anordnung** des Gerichts (§§ 1245f) besteht der „Erlös" in einer Forderung des Pfandgläubigers gegen den Käufer. Soweit der Kaufpreis dem Pfandgläubiger nicht gebührt, ist der bisherige Pfandeigentümer zumindest im Innenverhältnis an der Kaufpreisforderung mitberechtigt. Zieht der Pfandgläubiger (wozu er grds befugt ist) die Forderung ein, so tritt das Geld als endgültiger Erlös an die Stelle des Pfands und es treten die oben Rn 4ff dargelegten Rechtsfolgen ein (vgl zum Ganzen MüKo/*Schäfer* Rn 9; BeckOGK/*Förster* Rn 16ff; Grü/*Wicke* Rn 3; Staudinger/*Wiegand* Rn 24). 10

bb) In den Fällen der **§ 1238 I, II 2, § 1239 I 2** gilt der Kaufpreis als vom Pfandgläubiger empfangen (vgl § 1238 Rn 5, § 1239 Rn 4), der „Erlös" besteht somit in einer Forderung gegen den Pfandgläubiger. Soweit der Erlös dem Pfandgläubiger nicht gebührt, hat der Eigentümer gegen den Pfandgläubiger einen Anspruch auf Auszahlung, und an dieser Forderung setzen sich etwaige dingliche Rechte Dritter fort. Wird der Kaufpreis bezahlt, so tritt das Geld als endgültiger Erlös an die Stelle des Pfandes (vgl zum Ganzen MüKo/*Schäfer* Rn 9; Grü/*Wicke* Rn 3; Staudinger/*Wiegand* Rn 24). 11

e) Sonderfall: Verwertung gem § 166 InsO. Im Falle der Verwertung des Pfandes durch den Insolvenzverwalter gem § 166 InsO erstreckt sich das Pfandrecht gem § 1247 auf den Verwertungserlös; dies gilt ungeachtet des Umstands, dass § 166 InsO die Erstreckung (anders als noch § 127 I 2 KO, dazu BGHZ 29, 280, 289) nicht explizit anordnet (Dresden NZM 2012, 84, 88; MüKo/*Schäfer* Rn 7; BeckOK/*Schärtl* Rn 3; Staudinger/*Wiegand* Rn 26). 12

§ 1248 Eigentumsvermutung

Bei dem Verkauf des Pfandes gilt zugunsten des Pfandgläubigers der Verpfänder als der Eigentümer, es sei denn, dass der Pfandgläubiger weiß, dass der Verpfänder nicht der Eigentümer ist.

1 **1. Ratio.** Um dem Pfandgläubiger Nachforschungen zu ersparen (vgl Mot III, 843), normiert § 1248 zu seinen Gunsten eine **Fiktion** (Mot III, 843; MüKo/*Schäfer* Rn 2; BeckOK/*Schärtl* Rn 1; Staudinger/*Wiegand* Rn 1; aA Grü/*Wicke* Rn 1 [Vermutung], dass der Verpfänder Eigentümer ist.

2 **2. Anwendungsbereich.** § 1248 ist auch auf das gesetzl Pfandrecht anwendbar (§ 1257), soweit ein solches an schuldnerfremden Sachen erworben werden kann (NK/*Bülow* Rn 1; MüKo/*Schäfer* § 1257 Rn 7; BeckOGK/*Förster* Rn 4; Staudinger/*Wiegand* § 1257 Rn 20); aber idR nicht auf das Pfandrecht an Rechten (vgl § 1273 Rn 10, vgl aber auch § 1277 Rn 2); er gilt auch nicht für das Pfändungspfandrecht (BeckOGK/*Förster* Rn 4; BeckOK/*Schärtl* Rn 2; Staudinger/*Wiegand* Rn 6).

3 **3. Anwendungsbereich/Voraussetzungen.** § 1248 gilt nur beim **Verkauf des Pfands** – und zwar einschl dem gem 1233 II (NK/*Bülow* Rn 2; MüKo/*Schäfer* Rn 2; BeckOGK/*Förster* Rn 5; BeckOK/*Schärtl* Rn 3; Grü/*Wicke* Rn 1; Staudinger/*Wiegand* Rn 2) – sowie bei der Aushändigung des Erlösüberschusses (MüKo/*Schäfer* Rn 2; BeckOGK/*Förster* Rn 5; BeckOK/*Schärtl* Rn 3; Grü/*Wicke* Rn 1; Staudinger/*Wiegand* Rn 2). Die Fiktion gilt dagegen nicht für den Erwerb des Pfandrechts (dieser richtet sich nach §§ 1207, 1208) und die Rückgabe (§ 1223) (NK/*Bülow* Rn 2; MüKo/*Schäfer* Rn 2; BeckOGK/*Förster* Rn 6; BeckOK/*Schärtl* Rn 3; Grü/*Wicke* Rn 1; Staudinger/*Wiegand* Rn 2).

4 Die Fiktion ist **ausgeschlossen**, wenn der Pfandgläubiger **positive Kenntnis** hat, dass der Verpfänder nicht Eigentümer ist; grob fahrlässige Unkenntnis schadet nicht (NK/*Bülow* Rn 4; MüKo/*Schäfer* Rn 3; BeckOGK/*Förster* Rn 7f; BeckOK/*Schärtl* Rn 4; Grü/*Wicke* Rn 2; Staudinger/*Wiegand* Rn 3). Die Beweislast trägt derjenige, der sich auf die Kenntnis beruft (NK/*Bülow* Rn 5; MüKo/*Schäfer* Rn 6; BeckOGK/*Förster* Rn 9; BeckOK/*Schärtl* Rn 4; Grü/*Wicke* Rn 2; Staudinger/*Wiegand* Rn 3).

5 Die Fiktion gilt **nur zugunsten des Pfandgläubigers**, nicht dagegen zugunsten des Verpfänders (dieser kann sich auf § 1006 berufen) oder zugunsten des Eigentümers (NK/*Bülow* Rn 3; BeckOGK/*Förster* Rn 10f; BeckOK/*Schärtl* Rn 5; MüKo/*Schäfer* Rn 5; Staudinger/*Wiegand* Rn 4).

§ 1249 Ablösungsrecht

Wer durch die Veräußerung des Pfandes ein Recht an dem Pfande verlieren würde, kann den Pfandgläubiger befriedigen, sobald der Schuldner zur Leistung berechtigt ist. Die Vorschrift des § 268 Abs. 2, 3 findet entsprechende Anwendung.

1 **1. Ratio.** § 1249 gewährt dinglich Berechtigten die Möglichkeit, den Verlust ihres eigenen Rechts dadurch abzuwehren, dass sie den Pfandgläubiger befriedigen (vgl Mot III, 815f; Staudinger/*Wiegand* Rn 1).

2 **2. Anwendungsbereich.** § 1249 gilt auch für das gesetzl Pfandrecht (§ 1257) (RGZ 67, 214, 221; 70, 405, 409; 135, 25, 27; BGH NJW 1956, 1197; Celle NJW 1968, 1139); ferner auch für das Pfandrecht an Rechten (vgl § 1273 Rn 7).

3 **3. Voraussetzungen des Ablösungsrechts. a) Berechtigte.** Berechtigter ist gem S 1 jeder, der durch die Veräußerung des Pfands ein **Recht an dem Pfand verlieren würde** (vgl § 1242). „Recht" ist grds nur ein dingliches Recht (RGZ 167, 298, 299). Berechtigt sind somit: Der Eigentümer des Pfands; Pfandgläubiger; Nießbraucher (vgl § 1242 II) (NK/*Bülow* Rn 5; MüKo/*Schäfer* Rn 1; BeckOK/*Schärtl* Rn 3; Grü/*Wicke* Rn 2; Staudinger/*Wiegand* Rn 2). Angesichts der vergleichbaren Interessen ist ferner auch der Inhaber eines kaufmännischen Zurückbehaltungsrechts (wenngleich dies kein dingliches Recht ist) ablöseberechtigt (NK/*Bülow* Rn 5; MüKo/*Schäfer* Rn 1; BeckOGK/*Förster* Rn 7; BeckOK/*Schärtl* Rn 3; Grü/*Wicke* Rn 2; Staudinger/*Wiegand* Rn 3; aA Planck/*Flad* Anm 1a). Sind mehrere Sachen verpfändet, so kann der Eigentümer jeder Sache durch Zahlung der ganzen Forderung ein Pfandrecht an allen Sachen erwerben (RGZ 83, 390, 391f). Die Ablöseberechtigung besteht auch dann, wenn der Betreffende für die Forderung als Mitverpflichteter oder Bürge mithaftet (RGZ 53, 403, 404; 70, 405, 409; BGH NJW 1956, 1197; BeckOGK/*Förster* Rn 6; Staudinger/*Wiegand* Rn 2). Sie entfällt aber, wenn der Betreffende zugleich alleiniger persönlicher Schuldner ist, denn dann würde mit der Zahlung die Forderung (§ 362 I) und damit das Pfandrecht erlöschen (§ 1252) (MüKo/*Schäfer* Rn 1; BeckOGK/*Förster* Rn 5; BeckOK/*Schärtl* Rn 3; Staudinger/*Wiegand* Rn 2). **Nicht** ablösungsberechtigt sind hingegen: Der Bürge (RGZ 53, 403, 404); der Besitzer als solcher (anders als gem § 1150 bei der Hypothek) (RG HRR 1933 Nr 994); der Grundstückseigentümer bei Pfandrecht an einer Hypothek, weil deren Veräußerung sein Recht nicht beeinträchtigt (RG JW 1903, Beilage Nr 126); ein Miterbe bzgl eines am Erbteil eines anderen Miterben bestehenden Pfandrechts, da das Vorkaufsrecht gem § 2034 trotz gewisser dinglicher Wirkungen nicht als Recht am Erbteil angesehen werden kann (RGZ 167, 298, 299f).

4 **b) Zeitraum.** Das Ablösungsrecht kann gem S 1 ausgeübt werden, sobald der Schuldner zur Leistung berechtigt ist (vgl § 271). Pfandreife (§ 1228 II, dazu § 1228 Rn 5f) ist nicht erforderlich (NK/*Bülow* Rn 8; MüKo/*Schäfer* Rn 3; BeckOGK/*Förster* Rn 9; Staudinger/*Wiegand* Rn 4). Das Ablösungsrecht endet, wenn die Pfandsache dem Ersteher übergeben worden ist (NK/*Bülow* Rn 9; MüKo/*Schäfer* Rn 3; BeckOGK/*Förster* Rn 10; Staudinger/

Wiegand Rn 4). Wenn Teilleistung möglich ist, ist auch Teilablösung zulässig (NK/*Bülow* Rn 7; MüKo/*Schäfer* Rn 6; BeckOK/*Schärtl* Rn 7; Staudinger/*Wiegand* Rn 4).

4. Ausübung des Ablösungsrechts. Die Befriedigung des Pfandgläubigers ist **auch gegen den Widerspruch von Gläubiger und Schuldner** möglich; § 1249 ist insofern lex specialis zu § 267 (RGZ 83, 390, 392f). Sie kann gem § 1249 S 2 iVm § 268 II auch durch Hinterlegung oder Aufrechnung erfolgen. Das Ablösungsrecht ist dinglicher Natur und ein sonstiges Recht iSd § 823 I (RGZ 83, 390, 393). 5

5. Rechtsfolgen. Soweit der Ablösungsberechtigte den Gläubiger befriedigt, **geht die Forderung und mit ihr das Pfandrecht** gem § 1249 S 2, § 268 III 1, §§ 412, 401, 1250 auf ihn **über**; mit der Forderung geht auch das Pfandrecht über. Die cessio legis erfolgt unabhängig vom inneren Willen des Berechtigten bzgl des Erwerbs von Forderung und Pfandrecht (BGH NJW 1956, 1197). Der Übergang kann nicht zum Nachteil des Pfandgläubigers geltend gemacht werden (§ 1249 S 2, § 268 III 2), dh diesem kann zB nicht ein Zurückbehaltungsrecht entzogen werden (vgl RGZ 126, 178, 181f). Der Ablösende kann Herausgabe des Pfands verlangen, allerdings nicht wie nach § 1223 II Zug um Zug (vgl § 1223 Rn 9), sondern erst nach Befriedigung (§ 1251) (MüKo/*Schäfer* Rn 7; BeckOGK/*Förster* Rn 15; BeckOK/*Schärtl* Rn 8; Staudinger/*Wiegand* Rn 7). Sind mehrere Pfänder für die gleiche Forderung bestellt worden, kann der Ablösende alle, die kraft Gesetzes auf ihn übergegangen sind, herausverlangen (nicht nur das vom Pfandverkauf bedrohte) (RGZ 83, 390, 391f). 6

§ 1250 Übertragung der Forderung

(1) Mit der Übertragung der Forderung geht das Pfandrecht auf den neuen Gläubiger über. Das Pfandrecht kann nicht ohne die Forderung übertragen werden.

(2) Wird bei der Übertragung der Forderung der Übergang des Pfandrechts ausgeschlossen, so erlischt das Pfandrecht.

1. Ratio. § 1250 konkretisiert in Anknüpfung an die schuldrechtl Norm des § 401 das Akzessorietätsprinzip für das Pfandrecht als zwingendes Recht (vgl Mot III, 836; BeckOGK/*Förster* Rn 1f; BeckOK/*Schärtl* Rn 1; Staudinger/*Wiegand* Rn 1). 1

2. Anwendungsbereich. § 1250 gilt auch für das gesetzl Pfandrecht (§ 1257) (Hamburg RdTW 2013, 144 Rn 23; NK/*Bülow* Rn 3; BeckOGK/*Förster* Rn 3; BeckOK/*Schärtl* Rn 3; Staudinger/*Wiegand* Rn 11); ferner auch für das Pfandrecht an Rechten (vgl § 1273 Rn 7); nicht jedoch – mangels Akzessorietät – für die Sicherungsübereignung oder -abtretung (RGZ 135, 272, 274; NK/*Bülow* Rn 3; BeckOGK/*Förster* Rn 3; BeckOK/*Schärtl* Rn 3; Staudinger/*Wiegand* Rn 11). 2

3. Übergang des Pfandrechts mit der Forderung (Abs I S 1). a) Akzessorietät. Gem Abs I S 1 **folgt das Pfandrecht** auch ohne Übertragung des Pfandbesitzes **zwangsläufig der Forderung**, egal ob diese durch Rechtsgeschäft (§§ 398ff), kraft Gesetzes (§ 412) oder durch gerichtliche Überweisung (§ 835 ZPO) übergeht (NK/*Bülow* Rn 4; MüKo/*Schäfer* Rn 1; BeckOGK/*Förster* Rn 4; BeckOK/*Schärtl* Rn 4; Staudinger/*Wiegand* Rn 2). Wenn die Forderung nur teilw übertragen wird, kommt es nicht etwa zu einem gemeinsamen Pfandrecht (so aber etwa *Westermann/Gursky/Eickmann*, § 131 Rn 5; Staudinger/*Wiegand* Rn 5), sondern zu einer Aufspaltung des Pfandrechts, wobei beide Pfandrechte grds ranggleich sind, soweit nicht abw Regelungen (zB § 1249, § 268 III 2) oder eine Vereinbarung der Beteiligten eingreifen (MüKo/*Schäfer* Rn 2; BeckOGK/*Förster* Rn 7; Grü/*Wicke* Rn 1; BeckOK/*Schärtl* Rn 5). Der Zessionar erwirbt das Pfandrecht mit dem status quo, wie es der Zedent innehatte; er erwirbt deshalb ein Pfandrecht, das der Pfandgläubiger gutgläubig erworben hat, auch dann, wenn er weiß, dass der Verpfänder nicht Eigentümer war (MüKo/*Schäfer* Rn 3; BeckOGK/*Förster* Rn 9; BeckOK/*Schärtl* Rn 6; Staudinger/*Wiegand* Rn 4). 3

b) Kein gutgläubiger (Zweit-)Erwerb. Sofern das **Pfandrecht** gar **nicht existiert**, fehlt es an jeglicher gesetzl Grundlage hierfür (NK/*Bülow* Rn 5; MüKo/*Schäfer* Rn 3; BeckOGK/*Förster* Rn 8; BeckOK/*Schärtl* Rn 6; Grü/*Wicke* Rn 1; Staudinger/*Wiegand* Rn 4). **Existiert** die **Forderung nicht**, so ist ein gutgläubiger Forderungserwerb grds nicht möglich und konsequenterweise auch kein gutgläubiger Erwerb des Pfandrechts (NK/*Bülow* Rn 5; MüKo/*Schäfer* Rn 3; BeckOGK/*Förster* Rn 8; BeckOK/*Schärtl* Rn 6; *Westermann/Gursky/Eickmann*, § 131 Rn 3; Staudinger/*Wiegand* Rn 4). Doch auch sofern ausnahmsw ein gutgläubiger Forderungserwerb erfolgt (zB gem § 405 oder Art 16 II WG), ist ein gutgläubiger Zweiterwerb des Pfandrechts entgegen teilw vertretener Auffassung (NK/*Bülow* Rn 5; MüKo/*Schäfer* Rn 3; BeckOGK/*Förster* Rn 8.1; BeckOK/*Schärtl* Rn 6) ausgeschlossen, denn der Pfandrechtsübergang gem § 1250 erfordert gerade keine Besitzverschaffung, sodass es an einem den gutgläubigen Erwerb legitimierenden Rechtsscheinsträger fehlt (*Westermann/Gursky/Eickmann*, § 131 Rn 3; Grü/*Wicke* Rn 1; Staudinger/*Wiegand* Rn 4). 4

c) Sonderfall: mehrere Forderungen. In dem Sonderfall, dass das Pfand für eine **Mehrzahl von Forderungen** haftet, aber nur eine einzelne Forderung übertragen wird und das Rechtsverhältnis, aus dem die abgetretene Forderung stammt, iÜ unberührt bleibt, geht das Pfandrecht nach Sinn und Zweck des § 1250 nicht mit über (*Westermann/Gursky/Eickmann*, § 131 Rn 2; MüKo/*Schäfer* Rn 5; BeckOGK/*Förster* Rn 7.1; Staudinger/*Wiegand* Rn 6). 5

4. Keine isolierte Übertragung des Pfandrechts (Abs I S 2). Ausdruck der Akzessorietät ist auch Abs I S 2 (vgl BGH NJW-RR 1990, 817, 818), wonach das Pfandrecht nicht ohne die Forderung übertragen werden kann. Eine entspr Vereinbarung ist nichtig, soweit sie nicht ausnahmsw als eine Abtretung der Forderung (mit der Fol- 6 ge des Übergangs des Pfandrechts) ausgelegt werden kann (RG JW 1938, 44; MüKo/*Schäfer* Rn 4; BeckOK/*Schärtl* Rn 7; Grü/*Wicke* Rn 1).

7 **5. Übertragung der Forderung ohne das Pfandrecht (Abs II).** Im Gegensatz zur Hypothek (§ 1153 II) ist der Ausschluss der Übertragung des Pfandrechts zwar grds zulässig, hat aber zur Konsequenz, dass das Pfandrecht erlischt. Sofern ein Dritter Rechte an dem Pfandrecht hat, ist deshalb analog § 1255 II seine Zustimmung erforderlich; fehlt diese, ist der Ausschluss nichtig, und das Pfandrecht geht dennoch mit über (MüKo/*Schäfer* Rn 5; BeckOGK/*Förster* Rn 13; BeckOK/*Schärtl* Rn 8; Grü/*Wicke* Rn 2; Staudinger/*Wiegand* Rn 9). Behält sich der Abtretende bei der Abtretung die Verwertung des Pfands im eigenen Interesse vor, so ist nur der Teil der Forderung abgetreten, der bei der Pfandverwertung nicht gedeckt ist (RGZ 135, 272, 274).

§ 1251 Wirkung des Pfandrechtsübergangs

(1) Der neue Pfandgläubiger kann von dem bisherigen Pfandgläubiger die Herausgabe des Pfandes verlangen.

(2) Mit der Erlangung des Besitzes tritt der neue Pfandgläubiger anstelle des bisherigen Pfandgläubigers in die mit dem Pfandrecht verbundenen Verpflichtungen gegen den Verpfänder ein. Erfüllt er die Verpflichtungen nicht, so haftet für den von ihm zu ersetzenden Schaden der bisherige Pfandgläubiger wie ein Bürge, der auf die Einrede der Vorausklage verzichtet hat. Die Haftung des bisherigen Pfandgläubigers tritt nicht ein, wenn die Forderung kraft Gesetzes auf den neuen Pfandgläubiger übergeht oder ihm aufgrund einer gesetzlichen Verpflichtung abgetreten wird.

1 **1. Ratio.** § 1250 knüpft an § 1251 an. Abs I gibt dem neuen Pfandgläubiger einen Herausgabeanspruch, Abs II regelt die Rechtsstellung des neuen und des alten Pfandgläubigers infolge der Herausgabe.

2 **2. Anwendungsbereich.** § 1251 gilt auch für das gesetzl Pfandrecht (§ 1257) (MüKo/*Schäfer* § 1257 Rn 7; Staudinger/*Wiegand* § 1257 Rn 20); in den Fällen der § 952, § 1274 I 2 auch für das Pfandrecht an Rechten (vgl § 1273 Rn 8).

3 **3. Herausgabeanspruch (Abs I).** Abs I gibt dem **neuen Pfandgläubiger gegen den bisherigen** einen Anspruch auf Herausgabe des Pfands. Ein solcher Anspruch ergibt sich zwar an sich bereits aus §§ 1227, 985 (vgl § 1227 Rn 3); der Gesetzgeber hielt jedoch eine entspr ausdrückl Regelung für erforderlich, um klarzustellen, dass der bisherige Pfandgläubiger durch die Herausgabe keine Pflichtverletzung begeht (vgl Mot III, 837; BeckOGK/*Förster* Rn 2; Staudinger/*Wiegand* Rn 1). Der neue Pfandgläubiger kann nur den Besitz beanspruchen, den der bisherige innehatte, also ggf nur mittelbaren Besitz (§ 1205 II) oder Mitbesitz (§ 1206; NK/*Bülow* Rn 2; MüKo/*Schäfer* Rn 1; BeckOGK/*Förster* Rn 5; BeckOK/*Schärtl* Rn 3; Grü/*Wicke* Rn 1; Staudinger/*Wiegand* Rn 3). Ist das Pfand hinterlegt oder an den Verwahrer abgeliefert (§ 1217), so ist der bisherige Pfandgläubiger nur verpflichtet, seine Rechtsstellung ggü der Hinterlegungsstelle oder dem Verwahrer einzuräumen (NK/*Bülow* Rn 2; BeckOGK/*Förster* Rn 5; BeckOK/*Schärtl* Rn 3; Grü/*Wicke* Rn 1; Staudinger/*Wiegand* Rn 3). Die Herausgabe kann verweigert werden, wenn die Beteiligten eine abw Abrede getroffen haben; eine solche wirkt indes jew nur obligatorisch im jew Verhältnis (MüKo/*Schäfer* Rn 1; BeckOGK/*Förster* Rn 6; BeckOK/*Schärtl* Rn 3; Staudinger/*Wiegand* Rn 4).

4 **4. Rechtsstellung des neuen Pfandgläubigers ab Besitzerlangung (Abs II S 1).** Gem Abs II S 1 tritt der neue Pfandgläubiger mit der Erlangung des Besitzes (also nicht bereits mit dem Übergang der Forderung oder des Pfandrechts) in die mit dem Pfandrecht verbundenen Verpflichtungen gegen den Verpfänder ein, dh insb in die Pflichten aus dem gesetzl Schuldverhältnis (Vor § 1204 Rn 1; § 1215 Rn 1) (vgl NK/*Bülow* Rn 4ff; MüKo/*Schäfer* Rn 2; BeckOGK/*Förster* Rn 8; BeckOK/*Schärtl* Rn 4; Grü/*Wicke* Rn 2; Staudinger/*Wiegand* Rn 8; vgl auch BGH NJW 1962, 487, 488), aber auch aus etwaigen ergänzenden Vereinbarungen (vgl Staudinger/*Wiegand* Rn 8). Nach Konzeption und Telos der Regelung haftet der neue Pfandgläubiger jedoch nur, wenn er selbst eine der sich damit für ihn ergebenden Pflichten verletzt; nicht hingegen für Pflichtverletzungen des bisherigen Pfandgläubigers (NK/*Bülow* Rn 5f; MüKo/*Schäfer* Rn 2; BeckOGK/*Förster* Rn 10; BeckOK/*Schärtl* Rn 4; Grü/*Wicke* Rn 2; Staudinger/*Wiegand* Rn 9; vgl ferner auch BGH NJW 1962, 487, 488).

5 **5. Haftung des bisherigen Pfandgläubigers (Abs II S 2, 3). a) Haftung wie selbstschuldnerischer Bürge (S 2).** Gem Abs II S 2 haftet der **bisherige Pfandgläubiger** ggü dem Verpfänder **wie ein selbstschuldnerischer Bürge** (§ 773 I Nr 1, § 767) für etwaige Pflichtverletzungen des neuen Pfandgläubigers. Grund für diese Haftung ist, dass der bisherige Pfandgläubiger den Erwerber der durch das Pfandrecht gesicherten Forderung aussucht und deshalb für dessen Zuverlässigkeit einstehen soll (vgl NK/*Bülow* Rn 9; BeckOGK/*Förster* Rn 13; BeckOK/*Schärtl* Rn 5; Staudinger/*Wiegand* Rn 10; s ferner auch Mot III, 837).

6 **b) Ausnahmen (S 3).** Aus der Ratio der Haftung (Rn 5) erklären sich auch die in S 3 normierten **Ausnahmen** für den Fall des gesetzl Forderungsübergangs (zB § 268 III, §§ 774, 1249) und der Abtretung aufgrund einer gesetzl Verpflichtung (zB § 285), denn hier verliert der bisherige Pfandgläubiger das Pfandrecht, ohne sich dies aussuchen oder sich schützen zu können (vgl Mot III, 837f; NK/*Bülow* Rn 10; BeckOGK/*Förster* Rn 14; BeckOK/*Schärtl* Rn 6; Staudinger/*Wiegand* Rn 10).

7 **c) Mehrfache Abtretung.** Im Falle **mehrfacher Abtretung** haftet jeder Zedent für alle seine Nachfolger (NK/*Bülow* Rn 9; MüKo/*Schäfer* Rn 3; BeckOK/*Schärtl* Rn 5; Grü/*Wicke* Rn 2; Staudinger/*Wiegand* Rn 10).

d) Keine Haftung gegenüber dem Eigentümer. Eine Haftung des bisherigen Verpfänders **ggü dem Eigentümer** besteht hingegen **nicht** (MüKo/*Schäfer* Rn 4; BeckOGK/*Förster* Rn 16; BeckOK/*Schärtl* Rn 5; Staudinger/*Wiegand* Rn 11). 8

§ 1252 Erlöschen mit der Forderung

Das Pfandrecht erlischt mit der Forderung, für die es besteht.

1. Ratio. § 1252 stellt klar, dass das Pfandrecht entspr seiner akzessorischen Natur erlischt, wenn die Forderung erlischt (vgl Mot III, 840; NK/*Bülow* Rn 1; MüKo/*Schäfer* Rn 1; BeckOGK/*Förster* Rn 2; BeckOK/*Schärtl* Rn 1; Staudinger/*Wiegand* Rn 2). 1

2. Anwendungsbereich. § 1252 findet auch auf das gesetzl Pfandrecht Anwendung (§ 1257) (BGH NJW 1999, 3716, 3717; NK/*Bülow* Rn 2; BeckOGK/*Förster* Rn 3; Staudinger/*Wiegand* § 1257 Rn 19) sowie auf das Pfandrecht an Rechten (§ 1273 II; vgl § 1273 Rn 7); ferner auch auf das Pfändungspfandrecht (München OLG 21, 105, 106; BeckOGK/*Förster* Rn 3; BeckOK/*Schärtl* Rn 2; Staudinger/*Wiegand* Rn 5); nicht jedoch – mangels Akzessorietät – auf die Sicherungsübereignung (NK/*Bülow* Rn 3; BeckOGK/*Förster* Rn 3; BeckOK/*Schärtl* Rn 2; Staudinger/*Wiegand* Rn 5). 2

3. Einzelfälle des Erlöschens. Regelfall des **Erlöschens** ist die **Erfüllung** der gesicherten Forderung durch den Schuldner oder einen auf die Forderung leistenden Dritten; sie erlischt ferner zB bei Zusammenfallen von Schuldner- und Gläubigerstellung (Konfusion). Bei teilw Erlöschen der Forderung erlischt auch das Pfandrecht in diesem Umfang (MüKo/*Schäfer* Rn 2; BeckOK/*Schärtl* Rn 3). Ist das Pfandrecht für eine künftige Forderung bestellt (§ 1204 II, dazu § 1204 Rn 16), so erlischt es, wenn feststeht, dass die Forderung nicht mehr entstehen kann (RGZ 145, 329, 336; BGH NJW 1983, 1120, 1123). Ein für eine Bürgschaft bestelltes Pfandrecht erlischt, wenn Hauptschuld und Bürgschaft erloschen sind (RGZ 153, 338, 347). Zu weiteren Erlöschensgründen für das Pfandrecht s Vor § 1204 Rn 10. 3

Kein Erlöschen tritt hingegen ein, wenn der Pfandverkauf unrechtmäßig (§ 1243 I) (MüKo/*Schäfer* Rn 8; BeckOGK/*Förster* Rn 11; BeckOK/*Schärtl* Rn 2; Staudinger/*Wiegand* Rn 3) oder die Forderung verjährt ist (BeckOK/*Schärtl* Rn 3; Staudinger/*Wiegand* Rn 3). Bei Wiederaufleben einer zunächst erloschenen Forderung mit ex tunc-Wirkung (zB Anfechtung eines Erlassvertrags) ist das Pfandrecht nicht nach § 1252 erloschen (MüKo/*Schäfer* Rn 7; BeckOGK/*Förster* Rn 12). 4

4. Rechtsfolgen. Wenn die Forderung und mit ihr auch das Pfandrecht erloschen sind, hat der Pfandgläubiger die Pfandsache idR gem § 1223 I (§ 1223 Rn 3ff) an den Verpfänder **zurückzugeben**; damit erlischt das Pfandrecht jedenfalls gem § 1253 I (§ 1253 Rn 3ff) (vgl BeckOK/*Schärtl* Rn 4; Staudinger/*Wiegand* Rn 4). 5

5. Beweislast. Die Beweislast für das Erlöschen der Forderung trägt derjenige, der sich darauf beruft (BGH NJW 1986, 2426; BeckOGK/*Förster* Rn 6; BeckOK/*Schärtl* Rn 3; Grü/*Wicke* Rn 1; Staudinger/*Wiegand* Rn 3). 6

6. Lex specialis. Für das Kontokorrent gilt die lex specialis des **§ 356 HGB** (vgl MüKo/*Schäfer* Rn 3; BeckOGK/*Förster* Rn 8.1; BeckOK/*Schärtl* Rn 3; Staudinger/*Wiegand* Rn 5). 7

§ 1253 Erlöschen durch Rückgabe

(1) Das Pfandrecht erlischt, wenn der Pfandgläubiger das Pfand dem Verpfänder oder dem Eigentümer zurückgibt. Der Vorbehalt der Fortdauer des Pfandrechts ist unwirksam.

(2) Ist das Pfand im Besitz des Verpfänders oder des Eigentümers, so wird vermutet, dass das Pfand ihm von dem Pfandgläubiger zurückgegeben worden sei. Diese Vermutung gilt auch dann, wenn sich das Pfand im Besitz eines Dritten befindet, der den Besitz nach der Entstehung des Pfandrechts von dem Verpfänder oder dem Eigentümer erlangt hat.

1. Ratio. In Anbetracht des Umstands, dass die Besitzüberlassung nach der Konzeption des BGB wesentliche Voraussetzung für die Entstehung eines Pfandrechts ist (vgl § 1205f), bezweckt § 1253, die nachträgl Entstehung eines besitzlosen Pfandrechts zu verhindern (vgl Mot III, 839): Die bloße Tatsache der Rückgabe des Pfands durch den Pfandgläubiger an den Verpfänder oder Eigentümer führt daher unabhängig vom Willen der Parteien zum Erlöschen des Pfandrechts (Abs I); Abs II ergänzt dies durch die Vermutung, dass der Eigentümer/Verpfänder den Besitz durch Rückgabe erlangt hat, denn andernfalls könnte der Pfandrechtsgläubiger die Sache schon dann wieder herausverlangen, wenn er die Entstehung des Pfandrechts beweist (Mot III, 839; Staudinger/*Wiegand* Rn 1). 1

2. Anwendungsbereich. § 1253 ist auch anwendbar auf gesetzl Pfandrechte, soweit diese Besitz voraussetzen (§ 1257); nicht hingegen auf die besitzlosen Pfandrechte (MüKo/*Schäfer* Rn 8; BeckOGK/*Förster* Rn 4; BeckOK/*Schärtl* Rn 3; Staudinger/*Wiegand* § 1257 Rn 20; vgl auch RGZ 134, 116, 118f; BGH NJW 1983, 2140, 2141); er ist ferner auch auf das Pfändungspfandrecht anwendbar (RGZ 57, 323, 325; BeckOGK/*Förster* Rn 4; BeckOK/*Schärtl* Rn 2) sowie in den Fällen der §§ 952, 1274 I 2 auch auf das Pfandrecht an Rechten (§ 1273 II; vgl § 1273 Rn 8). 2

3. Erlöschen des Pfandrechts durch Rückgabe (Abs I). a) Allgemeines. Rückgabe ist der **actus contrarius zur Erlangung der Besitzposition** iSd §§ 1205f durch den Pfandgläubiger; der Pfandgläubiger muss seine Be- 3 sitzposition aufgeben und die Pfandsache muss mit seinem Willen in den Machtbereich des Verpfänders/Eigentümers gelangen (vgl BeckOGK/*Förster* Rn 5ff; Staudinger/*Wiegand* Rn 2). Die Dauer der Rückgabe ist irrelevant; bei relativ kurzfristiger Überlassung kann es jedoch ggf an einer Besitzerlangung fehlen (Bremen BeckRS 2007, 06340; MüKo/*Schäfer* Rn 8; BeckOGK/*Förster* Rn 16f; BeckOK/*Schärtl* Rn 5; Grü/*Wicke* Rn 4; Staudinger/*Wiegand* Rn 12).

4 **b) Verlust der Besitzposition des Pfandgläubigers.** Hatte der Pfandgläubiger Alleinbesitz, so liegt Rückgabe vor, wenn er diesen Alleinbesitz ganz aufgibt, aber auch wenn er dem Verpfänder/Eigentümer Mitbesitz einräumt; bei Mitverschluss (§ 1206 Alt 1) genügt es, wenn der Pfandgläubiger zum einfachen Mitbesitzer herabsinkt; bei mittelbarem Besitz des Pfandgläubiger genügt im Fall des § 1205 II die Abtretung des Herausgabeanspruchs, im Fall des § 1206 Alt 2 die Vereinbarung und entspr Anweisung an den Pfandhalter, dass der Verpfänder/Eigentümer die Herausgabe nunmehr allein verlangen darf (BeckOGK/*Förster* Rn 5f; BeckOK/*Schärtl* Rn 4; Grü/*Wicke* Rn 2; Staudinger/*Wiegand* Rn 3).

5 **c) Besitzerlangung auf Seiten des Verpfänders/Eigentümers.** Der Eigentümer oder Verpfänder muss den Besitz erlangen. Dies muss nicht notwendig Alleinbesitz sein, vielmehr genügen auch Mitbesitz oder mittelbarer Besitz (BeckOGK/*Förster* Rn 7; Grü/*Wicke* Rn 2; Staudinger/*Wiegand* Rn 4; vgl auch RGZ 92, 265, 267f). Ausreichend ist auch die Besitzerlangung durch einen Dritten auf „Geheiß" oder mit Zustimmung des Eigentümers/Verpfänders (RGZ 108, 163, 164; RG JW 1912, 459; RGZ 92, 265, 267). Der Rückgabe steht es gleich, wenn der Eigentümer/Verpfänder den Besitz mit Gestattung bzw Genehmigung des Pfandgläubigers selbst ergreift (RGZ 67, 421, 423). Nicht ausreichend ist hingegen, wenn der Eigentümer/Verpfänder nur oder gleichzeitig Besitzdiener (§ 855) oder Vertreter des Pfandgläubigers ist (RGZ 92, 265, 267; Staudinger/*Wiegand* Rn 5).

6 **d) Rückgabewille und Rechtsnatur der Rückgabe. aa)** Die Rückgabe muss mit dem Willen des Pfandgläubigers erfolgen (RGSt 48, 244, 245; RG WarnR 1914 Nr 58; RGZ 108, 163, 164). Str ist indes, welche Rechtsnatur der Rückgabe zukommt und welche Anforderungen sich damit an den Rückgabewillen ergeben. Auf der Basis einer Qualifikation als Rechtsgeschäft (so etwa *Endemann*, Lehrbuch des bürgerlichen Rechts[6] 1900, § 141 Fn 17) oder rechtsgeschäftlicher Handlung (RGRK/*Kregel* Rn 2) wird teilw Geschäftsfähigkeit verlangt; die wohl hM qualifiziert sie hingegen als Realakt oder auch „gemischten Realakt" und lässt einen natürlichen Willen genügen (Jauernig/*Berger* Rn 1; NK/*Bülow* Rn 2; MüKo/*Schäfer* Rn 4; BeckOGK/*Förster* Rn 11ff; BeckOK/*Schärtl* Rn 5; *Westermann/Gursky/Eickmann*, § 131 Rn 9; Grü/*Wicke* Rn 2); teilw wird indes auch auf der Basis einer Qualifikation als Realakt Geschäftsfähigkeit gefordert (Staud/*Wiegand* Rn 8). Wenngleich auch die Motive (Mot III, 839) in diesem Kontext von einer „Willenserklärung" sprechen, so handelt es sich doch nach zutreffender hM um einen **Realakt.** Dafür, gleichwohl Geschäftsfähigkeit zu verlangen, mag zwar der Schutz des nicht voll Geschäftsfähigen sprechen. Das Erfordernis der Geschäftsfähigkeit würde indes dazu führen, dass bei nicht voll Geschäftsfähigen doch ein besitzloses Pfandrecht entstehen könnte, was § 1253 jedoch gerade verhindern soll. Mit der hM ist deshalb ein **natürlicher Wille** als ausreichend zu erachten.

7 **bb) Motiv und Zweck** der Rückgabe sind hingegen irrelevant (Dresden BKR 2010, 27, 28; NK/*Bülow* Rn 2; MüKo/*Schäfer* Rn 7; BeckOGK/*Förster* Rn 14; BeckOK/*Schärtl* Rn 5; Grü/*Wicke* Rn 4), zB Überlassen verpfändeter Aktien an Verpfänder zur Teilnahme an der Generalversammlung (vgl Planck/*Flad* Rn 2b), leihweise Überlassung (KG OLG 2, 80). Eine Rückgabe liegt insb auch vor im Falle eines Irrtums, zB bzgl des Erlöschens der Forderung (RG JW 1929, 2514; Dresden BKR 2010, 27, 28), oder im Falle arglistiger Täuschung (RG JW 1912, 459); hier kann jedoch ggf gem § 812 oder § 823 ein Anspruch auf Wiederherstellung des Pfandrechts bestehen (vgl RG JW 1912, 459; JW 1929, 2514; KG JW 1931, 544; Dresden BKR 2010, 27, 28). Eine Anfechtung ist aufgrund des Charakters als Realakt grds nicht möglich (NK/*Bülow* Rn 2; MüKo/*Schäfer* Rn 7; BeckOGK/*Förster* Rn 15; BeckOK/*Schärtl* Rn 5; Grü/*Wicke* Rn 4); sofern in der Rückgabe zugleich eine Verzichtserklärung iSd § 1255 liegt, kann allerdings (nur) diese angefochten werden (BeckOGK/*Förster* Rn 15; Staud/*Wiegand* Rn 10). Keine Rückgabe liegt hingegen vor, wenn der Pfandgläubiger die Pfandsache verwechselt oder nicht weiß, dass derjenige, an den er sie aushändigt, der Eigentümer/Verpfänder ist (NK/*Bülow* Rn 3; BeckOGK/*Förster* Rn 13; BeckOK/*Schärtl* Rn 6; Grü/*Wicke* Rn 4; Staud/*Wiegand* Rn 11).

8 **cc)** Ein **Vorbehalt der Fortdauer** ist gem Abs I S 2 unwirksam; nach dem eindeutigen Willen des Gesetzgebers sollte es der Pfandrechtsgläubiger gerade nicht in der Hand haben, den Fortbestand des Pfandrechts durch einen derartigen Vorbehalt zu „verdunkeln" (Mot III, 839). Dies gilt sowohl für den einseitigen Vorbehalt als auch für entspr Vereinbarungen (Staud/*Wiegand* Rn 12).

9 **dd)** Im Falle der Wegnahme und Aushändigung der Pfandsache an den Verpfänder/Eigentümer durch den **Gerichtsvollzieher** gem § 883 ZPO wird der Wille des Verpfänders durch den staatlichen Hoheitsakt substituiert; es liegt folglich eine Rückgabe vor (MüKo/*Schäfer* Rn 3; BeckOK/*Schärtl* Rn 5; Grü/*Wicke* Rn 2; Staud/*Wiegand* Rn 6; aA NK/*Bülow* Rn 3; krit auch BeckOGK/*Förster* Rn 8.1). Keine Rückgabe liegt hingegen vor, wenn das Pfand unter Vorbehalt an einen von einem Gläubiger beauftragten Gerichtsvollzieher zum Zwecke der Verwertung herausgegeben wird (RG Recht 1927 Nr 104; Dresden OLG 12, 295, 296).

10 **4. Rechtsfolgen.** Mit der Rückgabe **erlischt** das **Pfandrecht** (Abs I S 1). Wenn der Pfandgläubiger die Pfandsache später wiedererlangt, lebt das Pfandrecht nicht wieder auf; darin kann aber ggf eine Neubestellung liegen (NK/*Bülow* Rn 5; MüKo/*Schäfer* Rn 8; BeckOGK/*Förster* Rn 19; Staudinger/*Wiegand* Rn 13; vgl auch RG JW 1929, 2514; KG JW 1931, 544). Ggf kann aufgrund von §§ 812, 823 (vgl Rn 7) oder kraft Vereinbarung auch ein An-

spruch auf Neubestellung bestehen (vgl MüKo/*Schäfer* Rn 8f; BeckOGK/*Förster* Rn 20; Staudinger/*Wiegand* Rn 13).

5. Vermutung der Rückgabe (Abs II). a) Voraussetzungen. Die Vermutung des Abs II greift ein, wenn unmittelbarer oder mittelbarer (aber nicht durch den Pfandgläubiger vermittelter) Besitz des Verpfänders oder Eigentümers besteht (S 1) oder Besitz eines Dritten, der ihn nach der Pfandbestellung vom Verpfänder oder Eigentümer erworben hat. Sie greift hingegen nicht, wenn entspr Besitz nur zeitweise vorlag und der Pfandgläubiger anschließend erneut Besitz iSd §§ 1205f erlangt, denn § 1253 II enthält gerade keine dem § 1006 II entspr Regelung (RG JW 1912, 911). 11

b) Rechtsfolgen. Abs II begründet eine ggü jedermann geltende (Staudinger/*Wiegand* Rn 14) widerlegliche Vermutung, dh der Pfandgläubiger muss ggf darlegen und beweisen, dass keine Rückgabe iSd Abs I erfolgt ist. 12

6. Leges speciales. § 440 III, § 495 III HGB (ausnahmsw Fortbestand des Pfandrechts des Frachtführers/Verfrachters unter bestimmten Voraussetzungen; sog Folgerecht). 13

§ 1254 Anspruch auf Rückgabe

Steht dem Pfandrecht eine Einrede entgegen, durch welche die Geltendmachung des Pfandrechts dauernd ausgeschlossen wird, so kann der Verpfänder die Rückgabe des Pfandes verlangen. Das gleiche Recht hat der Eigentümer.

1. Ratio. § 1254 ermöglicht es – ähnl wie § 1169 – dem Verpfänder (S 1) und dem Eigentümer (S 2) des Pfands, ein Pfandrecht, dem eine dauernde Einrede entgegensteht, herauszuverlangen und damit zu beseitigen, da an der „formalen Aufrechterhaltung" eines „inhaltslose(n) Rechts" kein berechtigtes Interesse bestehen kann (vgl Mot III, 841 iVm 724). 1

2. Anwendungsbereich. § 1254 gilt auch für das gesetzl Pfandrecht (§ 1257) (MüKo/*Schäfer* § 1257 Rn 7; BeckOGK/*Förster* Rn 3); ferner in modifizierter Form auch für das Pfandrecht an Rechten (vgl § 1273 Rn 9). 2

3. Voraussetzungen. a) Peremptorische Einrede. Es muss eine Einrede existieren, welche die Geltendmachung des Pfandrechts dauernd ausschließt. Dabei kann es sich sowohl um peremptorische Einreden gegen das Pfandrecht selbst handeln (zB §§ 821, 853) als auch um solche, die dem Verpfänder gem § 1211 zustehen (§ 1211 Rn 6ff) (MüKo/*Schäfer* Rn 2; BeckOGK/*Förster* Rn 4; BeckOK/*Schärtl* Rn 3; Grü/*Wicke* Rn 1; Staudinger/*Wiegand* Rn 2). Explizit ausgeschlossen ist hingegen durch § 216 I die Berufung auf die Einrede der Verjährung (vgl bereits § 1211 Rn 7; LG Berlin BeckRS 2010, 13689). Der Verzicht des persönlichen Schuldners macht die Einrede nicht hinfällig (§ 1211 II, vgl § 1211 Rn 8). 3

b) Anspruchsberechtigte. Anspruchsberechtigte sind der **Verpfänder** (S 1) und der **Eigentümer** (S 2). Sie sind Gesamtgläubiger (§ 428), dh der Pfandgläubiger kann nach Belieben an jeden von beiden herausgeben (MüKo/*Schäfer* Rn 3; BeckOGK/*Förster* Rn 7; BeckOK/*Schärtl* Rn 4; Grü/*Wicke* Rn 2; Staudinger/*Wiegand* Rn 6). Auf Leistung an sich kann – analog § 986 I 2 – jew nur klagen, wer dem anderen ggü ein Recht zum Besitz hat (MüKo/*Schäfer* Rn 5; BeckOGK/*Förster* Rn 7; Grü/*Wicke* Rn 2; Staudinger/*Wiegand* Rn 6). Dritte, insb nachrangige Pfandgläubiger, sind nicht anspruchsberechtigt; ihre Rechtsstellung wird durch § 1254 jedoch andererseits auch nicht berührt (MüKo/*Schäfer* Rn 4; BeckOGK/*Förster* Rn 8; BeckOK/*Schärtl* Rn 5; Staudinger/*Wiegand* Rn 8). Hält der Pfandgläubiger den Verpfänder gutgläubig für den Eigentümer, so wird er diesem ggü befreit (Staudinger/*Wiegand* Rn 6; *Wolff/Raiser* § 171 I 3e). 4

4. Rechtsfolgen. Anspruchsinhalt ist die Herausgabe der Pfandsache. Mit der Rückgabe erlischt gem § 1253 I 1 (vgl § 1253 Rn 3ff, 10) das Pfandrecht, sodass der Normzweck (Rn 1) erreicht ist. 5

5. Beweislast. Die Beweislast für das Bestehen der Einrede trägt, wer sich darauf beruft (MüKo/*Schäfer* Rn 6). Klagt der Eigentümer aus § 985, so muss er die Einrede erst beweisen, wenn der Pfandgläubiger sich gem § 986 auf das Pfandrecht beruft (Staudinger/*Wiegand* Rn 7). 6

§ 1255 Aufhebung des Pfandrechts

(1) Zur Aufhebung des Pfandrechts durch Rechtsgeschäft genügt die Erklärung des Pfandgläubigers gegenüber dem Verpfänder oder dem Eigentümer, dass er das Pfandrecht aufgebe.

(2) Ist das Pfandrecht mit dem Recht eines Dritten belastet, so ist die Zustimmung des Dritten erforderlich. Die Zustimmung ist demjenigen gegenüber zu erklären, zu dessen Gunsten sie erfolgt; sie ist unwiderruflich.

1. Ratio. § 1255 regelt die **rechtsgeschäftliche Aufhebung** des Pfandrechts (vgl auch die Parallelnormen der §§ 876, 1183): Gem Abs I genügt grds eine einseitige Verzichtserklärung des Gläubigers; ist das Pfandrecht mit dem Recht eines Dritten belastet, verlangt Abs II jedoch zusätzl dessen Zustimmung. 1

2. Anwendungsbereich. § 1255 gilt auch für das gesetzl Pfandrecht (§ 1257) (vgl Jauernig/*Berger* § 1257 Rn 3; NK/*Bülow* Rn 6; BeckOGK/*Förster* Rn 3) sowie das Pfandrecht an Rechten (vgl § 1273 Rn 7) und das Pfändungspfandrecht (Königsberg OLG 6, 275). 2

3 **3. Verzicht auf das Pfandrecht.** Die Aufgabeerklärung ist eine einseitige, empfangsbedürftige **Willenserklärung** (NK/*Bülow* Rn 2; MüKo/*Schäfer* Rn 1; BeckOGK/*Förster* Rn 4; BeckOK/*Schärtl* Rn 1; Grü/*Wicke* Rn 1; Staudinger/*Wiegand* Rn 2). Sie ist **formlos** und kann – sofern ein unzweideutiges Verhalten festgestellt werden kann, das vom Erklärungsgegner als Aufgabe des Rechts verstanden werden kann – auch konkludent erfolgen (RG SeuffA 89 Nr 80; BGH NJW 1997, 2110, 2111; Brandenburg 24.2.2021 – 4 U 26/20, juris Rn 46). Erklärungsgegner ist der Eigentümer oder Verpfänder, nicht hingegen der persönliche Schuldner. Ob der Eigentümer und/oder Verpfänder einverstanden ist, ist irrelevant (BeckOGK/*Förster* Rn 6; Staudinger/*Wiegand* Rn 2). Bei einer Mehrheit von Eigentümern oder Verpfändern ist der Verzicht grds allen ggü zu erklären (Königsberg OLG 6, 275). Die physische Rückgabe ist nicht erforderlich (MüKo/*Schäfer* Rn 1; BeckOGK/*Förster* Rn 6).

4 **4. Rechtsfolgen des Verzichts.** Mit Wirksamkeit der Verzichtserklärung erlischt das Pfandrecht. Der Verpfänder kann das Pfand gem § 1223 herausverlangen, der Eigentümer gem § 985.

5 **5. Zustimmung Dritter (Abs II).** Sofern das Pfandrecht mit dem Recht eines Dritten belastet ist (zB Nießbrauch, Pfandrecht) bedarf der Verzicht gem Abs II S 1 dessen Zustimmung. Die **Zustimmung** ist eine einseitige empfangsbedürftige, formlose Willenserklärung (MüKo/*Schäfer* Rn 5; BeckOGK/*Förster* Rn 9; Grü/*Wicke* Rn 2; Staudinger/*Wiegand* Rn 5); sie kann (abw von §§ 182f) nur dem Begünstigten ggü erklärt werden und ist unwiderruflich (S 2). Str ist, wer „Begünstigter" idS ist. Nach der legislatorischen Konzeption sollte durch S 2 der Pfandgläubiger (der nach § 182 I potentieller Erklärungsgegner wäre) als Adressat ausgeschlossen werden (vgl Planck/*Flad* Anm b; BeckOK/*Schärtl* Rn 3); nach der Gesamtkonzeption der Vorschrift ist „Begünstigter" der Eigentümer oder Verpfänder (vgl Abs I) (insoweit i Erg ebenso NK/*Bülow* Rn 4; Planck/*Flad* Anm b; Staudinger/*Wiegand* Rn 5; BeckOGK/*Förster* Rn 10; BeckOK/*Schärtl* Rn 5; abw MüKo/*Schäfer* Rn 5: nur Eigentümer), unabhängig davon, welchem von beiden ggü der Pfandgläubiger den Verzicht erklärt (insoweit i Erg ebenso Planck/*Flad* Anm b; Staudinger/*Wiegand* Rn 5; aA BeckOK/*Schärtl* Rn 5). Etwaige nachrangig Berechtigte sind hingegen nicht „Begünstigte" (so aber Planck/*Flad* Anm b; Staudinger/*Wiegand* Rn 5), da ihnen der Verzicht nur mittelbar zugutekommt (vgl NK/*Bülow* Rn 4; BeckOK/*Schärtl* Rn 3; MüKo/*Schäfer* Rn 5).

6 **Fehlt** eine wirksame **Zustimmung**, so ist der **Verzicht** nicht nur relativ ggü dem Dritten (so aber NK/*Bülow* Rn 5; *Wolff/Raiser* § 171 I 1a), sondern generell **unwirksam** (MüKo/*Schäfer* Rn 5; BeckOGK/*Förster* Rn 11; BeckOK/*Schärtl* Rn 4; *Westermann/Gursky/Eickmann*, § 131 Rn 8; Grü/*Wicke* Rn 2; Staudinger/*Wiegand* Rn 6). Der Pfandgläubiger kann aber uU gem § 242 verpflichtet sein, das Pfandrecht nicht mehr geltend zu machen (BeckOGK/*Förster* Rn 11; *Westermann/Gursky/Eickmann*, § 131 Rn 8; Staudinger/*Wiegand* Rn 6). Der Pfandgläubiger kann das Zustimmungserfordernis zwar dadurch umgehen, dass er das Pfand zurückgibt, mit der Folge des Erlöschens gem § 1253 I 1; der Dritte kann dann aber uU Schadensersatzansprüche gegen den Pfandgläubiger (§ 823 I) und Bereicherungsansprüche gegen den Eigentümer oder nachrangig Berechtigten haben (MüKo/*Schäfer* Rn 5; BeckOGK/*Förster* Rn 12; Staudinger/*Wiegand* Rn 8).

§ 1256 Zusammentreffen von Pfandrecht und Eigentum

(1) Das Pfandrecht erlischt, wenn es mit dem Eigentum in derselben Person zusammentrifft. Das Erlöschen tritt nicht ein, solange die Forderung, für welche das Pfandrecht besteht, mit dem Recht eines Dritten belastet ist.

(2) Das Pfandrecht gilt als nicht erloschen, soweit der Eigentümer ein rechtliches Interesse an dem Fortbestehen des Pfandrechts hat.

1 **1. Ratio.** Da das BGB – anders als bei der Hypothek (§ 1177) – grds kein Pfandrecht an eigenen Sachen kennt (vgl § 1204 Rn 10), bestimmt § 1256 I 1 – ebenso wie § 1063 für den Nießbrauch –, dass das Pfandrecht erlischt, wenn es mit dem Eigentum in derselben Person zusammentrifft (Konsolidation); Abs I S 2 und Abs II normieren im Interesse Dritter bzw des Eigentümers zwei Ausnahmetatbestände (vgl Mot III, 842).

2 **2. Anwendungsbereich.** § 1256 gilt auch für das gesetzl Pfandrecht (§ 1257) (BGH NJW 1958, 1262, 1264; NK/*Bülow* Rn 11; BeckOGK/*Förster* Rn 3; BeckOK/*Schärtl* Rn 2; MüKo/*Schäfer* Rn 6); ferner auch für das Pfandrecht an Rechten (vgl § 1273 Rn 7). Vgl zur Problematik der Pfändung eigener Sachen MüKo-ZPO/*Gruber* § 804 ZPO Rn 20 mwN.

3 **3. Grundsatz: Erlöschen des Pfandrechts durch Konsolidation (Abs I S 1).** Gem Abs I S 1 führt das Zusammentreffen von Pfandrecht und Eigentum in einer Person (Konsolidation) grds zum Erlöschen des Pfandrechts. Konsolidation ist in zwei Varianten denkbar: (1) Der Eigentümer erwirbt die Forderung (und damit gem § 1250 I 1 auch das Pfandrecht, vgl § 1250 Rn 3); dies gilt freilich nur, soweit er nicht zugleich persönlicher Schuldner ist, denn dann erlischt das Pfandrecht gem § 1252 (vgl § 1252 Rn 3); (2) der Pfandgläubiger wird Eigentümer; Miteigentum genügt hingegen nicht (NK/*Bülow* Rn 2; MüKo/*Schäfer* Rn 2; BeckOGK/*Förster* Rn 4; BeckOK/*Schärtl* Rn 3; Grü/*Wicke* Rn 1).

4 **4. Ausnahmsweise Fortbestand. a) Im Drittinteresse (Abs I S 2).** Gem Abs I S 2 bleibt das Pfandrecht bestehen, solange die **Forderung**, für die es besteht, **mit dem Recht eines Dritten belastet** ist. Als solches Recht kommt zB ein (Pfändungs-)Pfandrecht oder Nießbrauch in Betracht. Dies gilt selbst dann, wenn der Eigentümer zugleich persönlicher Schuldner ist (MüKo/*Schäfer* Rn 3; BeckOGK/*Förster* Rn 7; BeckOK/*Schärtl* Rn 4; Grü/*Wicke* Rn 2; Staudinger/*Wiegand* Rn 5); für den Gesetzgeber war dies quasi selbstverständlich (vgl Staudinger/*Wiegand* Rn 5). Der Fortbestand wird nicht etwa nur im Verhältnis zum Dritten fingiert (so aber NK/*Bülow*

Rn 5; *Wolff/Raiser* § 171 I 1b iVm § 39 IV), sondern das Pfandrecht besteht tatsächlich fort (Planck/*Flad* Anm 2; BeckOGK/*Förster* Rn 6; BeckOK/*Schärtl* Rn 4; Staudinger/*Wiegand* Rn 4). Es erlischt jedoch, sobald das Recht des Dritten erlischt (NK/*Bülow* Rn 6; MüKo/*Schäfer* Rn 3; BeckOGK/*Förster* Rn 6; BeckOK/*Schärtl* Rn 4).

b) Im Interesse des Eigentümers (Abs II). Gem Abs II „gilt" das Pfandrecht „als nicht erloschen", soweit der 5
Eigentümer ein rechtl Interesse am Fortbestand hat. **aa) Rechtl Interesse am Fortbestand** hat der Eigentümer insb, wenn weitere dingliche Rechte (Pfandrecht, Nießbrauch) bestehen, denn das Erlöschen des Pfandrechts würde dann zum Aufrücken dieser Rechte führen und so ggf seine Rechtsposition verschlechtern (vgl Mot III, 842; RG LZ 1927, 393, 395; NK/*Bülow* Rn 7; MüKo/*Schäfer* Rn 4; BeckOGK/*Förster* Rn 8; BeckOK/*Schärtl* Rn 5; Staudinger/*Wiegand* Rn 6). Ferner liegt ein rechtl Interesse vor, wenn der Eigentümer die Forderung mitsamt dem Pfandrecht weiterübertragen will (NK/*Bülow* Rn 7; MüKo/*Schäfer* Rn 4; BeckOGK/*Förster* Rn 11; BeckOK/*Schärtl* Rn 5; Grü/*Wicke* Rn 2; Staudinger/*Wiegand* Rn 9) oder wenn der Eigentumserwerb nach dem AnfG anfechtbar ist (RGZ 154, 378, 382).

bb) Nach Wortlaut und Ratio besteht das Pfandrecht in den Fällen des Abs II nicht tatsächlich fort (so etwa 6
Planck/*Flad* Anm 3), sondern es wird nur **fingiert**, soweit der Eigentümer ein rechtl Interesse daran hat (BGH NJW 1958, 1282, 1284; NK/*Bülow* Rn 7; MüKo/*Schäfer* Rn 5; BeckOGK/*Förster* Rn 8; BeckOK/*Schärtl* Rn 5; Grü/*Wicke* Rn 2; Staudinger/*Wiegand* Rn 7). Einem Dritten ist es verwehrt, sich auf § 1256 II zu berufen (BGH NJW 1958, 1282, 1284).

§ 1257 Gesetzliches Pfandrecht

Die Vorschriften über das durch Rechtsgeschäft bestellte Pfandrecht finden auf ein kraft Gesetzes entstandenes Pfandrecht entsprechende Anwendung.

1. Ratio. Die erst im 2. Entwurf eingefügte Norm betrifft die entspr Anwendung der für das durch Rechts- 1
geschäft bestellte Pfandrecht geltenden Vorschriften auf das kraft Gesetzes entstandene Pfandrecht.

2. Gesetzliche Pfandrechte. BGB: § 233 (aus Hinterlegung Berechtigter); §§ 562ff (Vermieter), § 581 II iVm 2
§§ 562ff, § 592 (Verpächter); § 583 (Pächter); § 647 (Werkunternehmer); § 704 (Gastwirt). **HGB:** § 397 (Kommissionär); § 440 (Frachtführer); § 464 (Spediteur); § 475b (Lagerhalter); § 495 (Verfrachter); § 552 (Beförderer von Personen auf See); § 566 (Zeitvercharterer); § 585 (Gläubiger einer Forderung auf Bergelohn oder Bergungskosten); § 594 (Vergütungsberechtigter im Falle der Großen Haverei). **Sonstige:** §§ 77, 103, 105 BinSchG; § 76 AO; § 1 SaatVersSiG.

3. Differenzierung zwischen Besitzpfandrechten und besitzlosen Pfandrechten. Bei den gesetzl Pfandrech- 3
ten kann differenziert werden zw (vgl BeckOGK/*Förster* Rn 4; BeckOK/*Schärtl* Rn 4; Staudinger/*Wiegand* Rn 2): (1) sog **Besitzpfandrechten**, dh solchen, deren Entstehung die Besitzerlangung des Pfandgläubigers voraussetzt (zB §§ 233, 647, 583 BGB; §§ 397, 440, 464, 475b, 495 HGB); und (2) sog **besitzlosen Pfandrechten**, bei denen dies nicht der Fall ist (zB §§ 562ff [ggf iVm § 581 II], 592, 704 BGB; §§ 552, 566 HGB; § 1 SaatVersSiG).

4. Anwendbare Vorschriften. a) Allgemeines. Die **Entstehung** der gesetzl Pfandrechte richtet sich grds aus- 4
schließlich nach den jew Spezialvorschriften; § 1257 ist insoweit nicht anwendbar („entstandenes Pfandrecht") (MüKo/*Schäfer* Rn 2; BeckOGK/*Förster* Rn 10; BeckOK/*Schärtl* Rn 5; Grü/*Wicke* Rn 2; Staudinger/*Wiegand* Rn 5). Zudem haben etwaige Spezialbestimmungen generell Vorrang vor einer etwaigen entspr Anwendung der §§ 1204ff (MüKo/*Schäfer* Rn 2; BeckOK/*Schärtl* Rn 5; Grü/*Wicke* Rn 2; Staudinger/*Wiegand* Rn 3). Doch auch wenn und soweit keine speziellen Regelungen existieren, ist stets zu berücksichtigen, dass § 1257 nur die **entspr Anwendung** der Vorschriften über das durch Rechtsgeschäft entstandene Pfandrecht anordnet, dh diese kommen nur dann und insoweit zur Anwendung, als sie „passen", wobei ggf auch nach der Struktur des betreffenden Pfandrechts (Besitz- bzw besitzloses Pfandrecht, vgl Rn 3) zu differenzieren ist (vgl MüKo/*Schäfer* Rn 2; BeckOGK/*Förster* Rn 9; BeckOK/*Schärtl* Rn 5; Staudinger/*Wiegand* Rn 3).

b) Sonderproblem: gutgläubiger Erwerb. Seit langem höchst str ist die Problematik des gutgläubigen Erwerbs 5
gesetzl Pfandrechte. **aa)** Möglich ist ein solcher jedenfalls kraft ausdrückl gesetzl Regelung iRd **§ 366 III HGB.**

bb) Konsens besteht weiterhin dahin, dass ein gutgläubiger Erwerb aufgrund einer entspr Anwendung des 6
§ 1207 jedenfalls bei **besitzlosen Pfandrechten** (vgl Rn 3) nicht in Betracht kommt, da es hier an der für § 1207 notwendigen Legitimationsfunktion des Besitzes fehlt (BGH NJW 1961, 502, 503; *Baur/Stürner*, SachenR § 55 Rn 40; MüKo/*Schäfer* Rn 3; BeckOGK/*Förster* Rn 12; BeckOK/*Schärtl* Rn 6; *Westermann/Gursky/Eickmann*, § 132 Rn 2; Staudinger/*Wiegand* Rn 6).

cc) Im Fokus des Streits stehen damit die **gesetzl Besitzpfandrechte**, speziell das Werkunternehmerpfandrecht 7
gem **§ 647**. Die Rspr (BGH NJW 1961, 499; 1961, 502; 1969, 606; 1977, 1240; 1983, 2140, 2141; 1987, 1880, 1881; 1992, 2570, 2574; NJW 2014, 3775 Rn 19) und ein Teil der Lehre (NK/*Bülow* Rn 6; MüKo/*Busche* § 647 Rn 11; Staudinger/*Peters/Jacoby* § 647 Rn 14; *Westermann/Gursky/Eickmann*, § 132 Rn 2; Grü/*Wicke* Rn 2; *Wellenhofer*, SachenR, § 16 Rn 43) lehnen einen gutgläubigen Erwerb ab: § 1257 beziehe sich explizit nur auf „entstandene" Pfandrechte; § 366 III HGB sei eine nicht analogiefähige Sonderregelung; zudem erfolge die Besitzübergabe hier nicht zum Zwecke der Verfügung über das Eigentum und habe damit nicht die gleiche Legitimationswirkung wie bei § 1207. Gewichtige Stimmen im Schrifttum bejahen hingegen die Möglichkeit eines gutgläubigen Erwerbs gem §§ 1257, 1207 (*Baur/Stürner*, SachenR § 55 Rn 40; MüKo/*Schäfer* Rn 3; RGRK/*Kregel*

Rn 2; BeckOGK/*Förster* Rn 13; BeckOK/*Schärtl* Rn 6; *Wolff/Raiser* § 163 I 2; *K. Schmidt* NJW 2014, 1ff) bzw analog § 366 III HGB (*Canaris*, HandelsR § 27 Rn 37; Staudinger/*Wiegand* Rn 14). Andere nehmen an, dass in der vertragl Verpflichtung zur Reparatur zugleich auch eine Einwilligung des Eigentümers gem § 185 (analog) in die zur Begründung eines Unternehmerpfandrechts erforderliche Situation liege (*Benör* ZHR 135, 144ff; *Medicus/Petersen*, BürgR, Rn 594). Indes lässt auch die Rspr den Werkunternehmer letztlich nicht völlig schutzlos: Denn zum einen gewährt sie ihm Verwendungsersatzansprüche gem §§ 994ff und ein hieran anknüpfendes Zurückbehaltungsrecht (vgl BGH NJW 1961, 499; 1969, 606), zum anderen ermöglicht sie einen gutgläubigen Erwerb eines Pfandrechts aufgrund einer entspr Pfandklausel in den AGB des Werkunternehmers, ohne hierfür die Vorlage der Zulassungsbescheinigung Teil II (vormals Kfz-Brief) zu verlangen (BGH NJW 1977, 1240; 1981, 227; 1987, 2818; vgl dazu auch bereits § 1207 Rn 9). Ist man sich also in der Sache im Grunde einig, dass auch der Werkunternehmer (bzw Inhaber eines sonstigen Besitzpfandrechts) schutzbedürftig ist, so spricht letztlich viel dafür, anstelle der von der Rspr verwendeten, dogmatisch durchaus fragwürdigen „Ausweichbewegungen" und „Hilfskonstrukte" (vgl nur MüKo/*Schäfer* Rn 3; Staudinger/*Wiegand* Rn 14) oder des dogmatisch ebenfalls zweifelhaften Wegs über § 185 (analog) (vgl krit etwa auch *Baur/Stürner*, SachenR § 55 Rn 40; MüKo/*Schäfer* Rn 4) besser gleich einen gutgläubigen Erwerb gem §§ 1257, 1207 zuzulassen. In der Tat ergibt zumindest allein der Verweis auf den Wortlaut des § 1257 („entstanden") kaum ein zwingendes Gegenargument; dies schon deshalb, weil § 366 III HGB einen gutgläubigen Erwerb eines gesetzl Pfandrechts als selbstverständlich voraussetzt (vgl nur *Baur/Stürner*, SachenR § 55 Rn 40). Etwas anderes ergibt sich auch nicht aus der Neufassung der §§ 377, 397, 440, 464, 475b, 495 HGB durch das SeehandelsrechtsRefG (BGBl I 2013, 831) (vgl *K. Schmidt* NJW 2014, 1ff). Zudem besteht kein innerer Grund, nur in den Fällen des § 366 III HGB einen gutgläubigen Erwerb zu ermöglichen; vielmehr sind – wie ja schließlich auch der BGH im Grunde anerkennt – die Berechtigten sonstiger gesetzl Besitzpfandrechte, wie speziell der Werkunternehmer, gleichermaßen schutzwürdig (vgl nur MüKo/*Schäfer* Rn 4; BeckOGK/*Förster* Rn 13.2).

8 **dd**) Aus der Positionierung zu § 1207 ergibt sich zugleich auch die Lösung bzgl **§ 1208**: Folgt man der hier vertretenen Ansicht, dass ein gutgläubiger Erwerb gem §§ 1257, 1207 möglich ist, so muss dies konsequenterweise auch für den gutgläubigen Erwerb des Vorrangs gem § 1208 gelten (ebenso MüKo/*Schäfer* Rn 6; BeckOGK/*Förster* Rn 14; BeckOK/*Schärtl* Rn 8; Staudinger/*Wiegand* Rn 15; aA etwa Grü/*Wicke* Rn 3).

9 **ee**) Selbst wenn man einen gutgläubigen Erwerb eines Pfandrechts am Eigentum ablehnt, so erwirbt der Werkunternehmer (bzw Berechtigte eines sonstigen Besitzpfandrechts) aber ggf zumindest ein **Pfandrecht am Anwartschaftsrecht** als wesensgleichem Minus zum Eigentum, das sich dann im Falle des Eigentumserwerbs analog § 1287 am Eigentum fortsetzt (NK/*Bülow* Rn 6; MüKo/*Schäfer* Rn 5; BeckOGK/*Förster* Rn 15, 15.1; BeckOK/*Schärtl* Rn 7; Grü/*Wicke* Rn 2; Staudinger/*Wiegand* Rn 16).

10 **c) Übersicht zur Anwendung der einzelnen Vorschriften. aa**) Gem § 1257 entspr **anwendbar** sind (teils indes nur unter bestimmten Voraussetzungen): §§ 1207, 1208 (str, s Rn 5ff); § 1209 (vgl § 1209 Rn 2); § 1210 (vgl § 1210 Rn 2); § 1211 (vgl § 1211 Rn 2); § 1212 (vgl § 1212 Rn 2); § 1213 (vgl § 1213 Rn 2); § 1214 (vgl § 1214 Rn 2); § 1215 (vgl § 1215 Rn 2); § 1216 (vgl § 1216 Rn 2); § 1217 (vgl § 1217 Rn 2); § 1218 (vgl § 1218 Rn 3); § 1219 (vgl § 1219 Rn 2); § 1220 (vgl § 1220 Rn 2); § 1221 (vgl § 1221 Rn 2 iVm § 1220 Rn 2); § 1222 (vgl § 1222 Rn 2); § 1223 (vgl § 1223 Rn 2); § 1224 (vgl § 1224 Rn 2); § 1225 (vgl § 1225 Rn 2); § 1226 (vgl § 1226 Rn 2); § 1227 (vgl § 1227 Rn 2); § 1228 (vgl § 1228 Rn 2); § 1229 (vgl § 1229 Rn 2); § 1230 (vgl § 1230 Rn 2); § 1231 (vgl § 1231 Rn 3); § 1232 (vgl § 1232 Rn 2); § 1233 (vgl § 1233 Rn 2); § 1234 (vgl § 1234 Rn 2); § 1235 (vgl § 1235 Rn 2); § 1236 (vgl § 1236 Rn 2); § 1237 (vgl § 1237 Rn 2); § 1238 (vgl § 1238 Rn 2); § 1239 (vgl § 1239 Rn 2); § 1240 (vgl § 1240 Rn 2); § 1241 (vgl § 1241 Rn 2); § 1242 (vgl § 1242 Rn 2); § 1243 (vgl § 1243 Rn 2); § 1244 (vgl § 1244 Rn 2); § 1245 (vgl § 1245 Rn 2); § 1246 (vgl § 1246 Rn 2); § 1247 (vgl § 1247 Rn 2); § 1248 (vgl § 1248 Rn 2); § 1249 (vgl § 1249 Rn 2); § 1250 (vgl § 1250 Rn 2); § 1251 (vgl § 1251 Rn 2); § 1252 (vgl § 1252 Rn 2); § 1253 (vgl § 1253 Rn 2); § 1254 (vgl § 1254 Rn 2); § 1255 (vgl § 1255 Rn 2); § 1256 (vgl § 1256 Rn 2); § 1258 (vgl § 1258 Rn 2).

11 **bb**) **Nicht** anwendbar sind: §§ 1204, 1205, 1206 (vgl Rn 4).

§ 1258 Pfandrecht am Anteil eines Miteigentümers

(1) Besteht ein Pfandrecht an dem Anteil eines Miteigentümers, so übt der Pfandgläubiger die Rechte aus, die sich aus der Gemeinschaft der Miteigentümer in Ansehung der Verwaltung der Sache und der Art ihrer Benutzung ergeben.

(2) Die Aufhebung der Gemeinschaft kann vor dem Eintritt der Verkaufsberechtigung des Pfandgläubigers nur von dem Miteigentümer und dem Pfandgläubiger gemeinschaftlich verlangt werden. Nach dem Eintritt der Verkaufsberechtigung kann der Pfandgläubiger die Aufhebung der Gemeinschaft verlangen, ohne dass es der Zustimmung des Miteigentümers bedarf; er ist nicht an eine Vereinbarung gebunden, durch welche die Miteigentümer das Recht, die Aufhebung der Gemeinschaft zu verlangen, für immer oder auf Zeit ausgeschlossen oder eine Kündigungsfrist bestimmt haben.

(3) Wird die Gemeinschaft aufgehoben, so gebührt dem Pfandgläubiger das Pfandrecht an den Gegenständen, welche an die Stelle des Anteils treten.

(4) Das Recht des Pfandgläubigers zum Verkauf des Anteils bleibt unberührt.

1. Ratio. § 1258 regelt die Rechtsfolgen, die sich für den Fall, dass **an einem Miteigentumsanteil ein Pfandrecht** besteht, für die Verwaltung und Aufhebung der Bruchteilsgemeinschaft gem §§ 1008ff ergeben. Das BGB behandelt das Pfandrecht am Miteigentumsanteil somit nicht als Pfandrecht an einem Recht, sondern an einer Sache (vgl RGZ 146, 334, 335f). 1

2. Anwendungsbereich. § 1258 gilt auch für das gesetzl Pfandrecht (§ 1257; RGZ 146, 334, 335f). Auf das Pfändungspfandrecht finden jedenfalls Abs I (BeckOGK/*Förster* Rn 3; BeckOK/*Schärtl* Rn 3; Staudinger/*Wiegand* Rn 12) und Abs III (BGH NJW 2017, 2768 Rn 40) Anwendung; nicht hingegen Abs II (BGH NJW 2017, 2768 Rn 38ff). § 1258 gilt ferner auch für das Pfandrecht am Anteil an einer Miterbengemeinschaft als Gesamthandsgemeinschaft (§ 1273 II; RGZ 83, 27, 30; 84, 395, 396f; BGH NJW 1969, 1347; LG Stuttgart ZEV 2010, 578, 579; s auch § 1273 Rn 4, § 1274 Rn 20). § 1258 I gilt jedoch grds nicht entspr für Gesellschaftsanteile (BGH NZG 2016, 187 Rn 14 mwN). 2

3. Entstehung. Die Entstehung eines Pfandrechts an einem Miteigentumsanteil, die in § 1258 nicht geregelt ist, kann rechtsgeschäftlich oder kraft Gesetzes erfolgen (vgl bereits Rn 2). Die **rechtsgeschäftliche** Entstehung richtet sich nach §§ 1205–1208, dh sie erfolgt durch Einräumung der Besitzstellung, die der Miteigentümer bis dato innehatte (in den Fällen des § 1205 II ist zudem zusätzl die Anzeige erforderlich, vgl § 1205 Rn 14) (MüKo/*Schäfer* Rn 2; BeckOGK/*Förster* Rn 4; Grü/*Wicke* Rn 2; Staudinger/*Wiegand* Rn 4). Wie sich aus der Entstehungsgeschichte ergibt, kann nach zutreffender hM auch ein **Alleineigentümer ein Pfandrecht an einem Bruchteil** seines Eigentums begründen (MüKo/*Schäfer* Rn 11; BeckOGK/*Förster* Rn 4; Grü/*Wicke* Rn 2; Staudinger/*Wiegand* Rn 2; aA *Westermann/Gursky/Eickmann*, § 125 Rn 2). **Kraft Gesetzes** kann ein Pfandrecht an einem Miteigentumsanteil zB entstehen, wenn ein Mieter Sachen einbringt, an denen er nur Miteigentum hat (vgl RGZ 146, 334, 335f) oder wenn eine verpfändete Sache mit einer anderen verbunden oder vermischt wird (§§ 947ff) (vgl RGZ 67, 421, 425; NK/*Bülow* Rn 2; MüKo/*Schäfer* Rn 3; BeckOGK/*Förster* Rn 5; Staudinger/*Wiegand* Rn 2, 5). 3

4. Rechte des Pfandgläubigers am Miteigentumsanteil (Abs I). Damit er sein Besitzrecht tatsächlich effektiv ausüben kann (vgl Mot III, 834) stehen dem Pfandgläubiger gem Abs I die Teilhaberechte bzgl der Verwaltung (§§ 744–746) und der Art der Benutzung (§§ 745f) zu. Die Nutzung steht dem Pfandgläubiger hingegen nur dann zu, wenn es sich um ein Nutzungspfand gem §§ 1213f handelt (NK/*Bülow* Rn 3; MüKo/*Schäfer* Rn 4; BeckOK/*Schärtl* Rn 5; Grü/*Wicke* Rn 3; Staudinger/*Wiegand* Rn 7). Haben die Miteigentümer gem § 746 eine abw Regelung getroffen, so ist der Pfandgläubiger hieran gebunden (RGZ 146, 334, 337). 4

5. Aufhebung der Gemeinschaft (Abs II). Bzgl der Aufhebung der Gemeinschaft differenziert Abs II mit Blick auf die Interessenlage (vgl Mot III, 834f) danach, ob bereits Pfandreife (§ 1228 II, dazu § 1228 Rn 5f) eingetreten ist. 5

a) Vor Pfandreife. Vor Pfandreife steht der Anspruch auf Aufhebung der Gemeinschaft (§ 749) dem Miteigentümer und Pfandgläubiger gem Abs II S 1 nur gemeinschaftl zu. Umgekehrt können auch die anderen Miteigentümer ihren Aufhebungsanspruch nur gegen beide gemeinsam geltend machen (NK/*Bülow* Rn 5; MüKo/*Schäfer* Rn 5; BeckOGK/*Förster* Rn 10; BeckOK/*Schärtl* Rn 6). 6

b) Nach Pfandreife. Nach Pfandreife kann der Pfandgläubiger hingegen gem Abs II S 2 allein und insb ohne dass es hierfür der Zustimmung und/oder Mitwirkung des Miteigentümers bedürfte die Aufhebung der Gemeinschaft verlangen; dabei ist er auch nicht an etwaige Vereinbarungen der Miteigentümer betreffend eine Beschränkung des Aufhebungsrechts gebunden. Es handelt sich dabei um ein selbständiges, aus dem dinglichen Recht des Pfandgläubigers folgendes Recht (und nicht etwa um eine Übertragung des persönlichen, dem Miteigentümer zustehenden Teilungsanspruchs) (vgl Mot III, 835). Anders als nach § 751 S 2 bedarf es hierfür auch keines rechtskräftigen Schuldtitels (NK/*Bülow* Rn 4; MüKo/*Schäfer* Rn 6; BeckOGK/*Förster* Rn 11). 7

6. Dingliche Surrogation (Abs III). Wird die Gemeinschaft aufgehoben (ob nach Abs II oder in sonstiger Weise), so erwirbt der Pfandgläubiger gem Abs III nicht nur einen Anspruch auf Bestellung eines Pfandrechts an den an die Stelle des Anteils tretenden Gegenständen (so aber RGZ 84, 395, 397; KGJ 43, 268, 269f), sondern unmittelbar kraft Gesetzes ein Pfandrecht am Surrogat (BGH NJW 1969, 1347, 1348f m krit Anm *Wellmann* NJW 1969, 1903; NJW 1972, 1045, 1046; Jena OLG-NL 2001, 151, 152; Jauernig/*Berger* Rn 2; NK/*Bülow* Rn 6; MüKo/*Schäfer* Rn 7; BeckOGK/*Förster* Rn 12, 12.1; BeckOK/*Schärtl* Rn 8; Grü/*Wicke* Rn 4; Staudinger/*Wiegand* Rn 11). Denn ungeachtet des Wortlauts „gebührt" spricht der Telos der Norm maßgeblich für eine dingliche Surrogation, denn andernfalls würde das Pfandrecht seine rangwahrende Wirkung verlieren und häufig überhaupt wertlos werden. Zudem käme es andernfalls zu einer ungerechtfertigten Ungleichbehandlung von Vertrags- und Pfändungspfandrecht an einem Miteigentumsanteil, denn bei Letzterem ist die dingliche Surrogation unstreitig. 8

7. Verkauf des Anteils (Abs IV). Abs IV stellt klar, dass der Pfandgläubiger nach Pfandreife (§ 1228 II, dazu § 1228 Rn 5f) statt nach Abs II S 2 die Auflösung der Gemeinschaft zu betreiben (Rn 6) selbstverständlich auch das Recht hat, den Miteigentumsanteil gem §§ 1228ff zu verkaufen. 9

8. Leges speciales. Im Falle der Verpfändung des Miteigentumsanteils, der gem § 6 DepotG an Wertpapieren im Sammeldepot besteht, hat der Pfandgläubiger keinen Anspruch auf Aufhebung der Gemeinschaft gem § 1258 II, sondern gem **§§ 7, 8 DepotG** nur einen Anspruch auf Auslieferung von Wertpapieren entspr seinem Anteil. Gem **§ 99 V KAGB** kann auch bei Investmentanteilen die Aufhebung der Gemeinschaft nicht verlangt werden. 10

§ 1259 Verwertung des gewerblichen Pfandes

Sind Eigentümer und Pfandgläubiger Unternehmer, juristische Personen des öffentlichen Rechts oder öffentlich-rechtliche Sondervermögen, können sie für die Verwertung des Pfandes, das einen Börsen- oder Marktpreis hat, schon bei der Verpfändung vereinbaren, dass der Pfandgläubiger den Verkauf aus freier Hand zum laufenden Preis selbst oder durch Dritte vornehmen kann oder dem Pfandgläubiger das Eigentum an der Sache bei Fälligkeit der Forderung zufallen soll. In diesem Fall gilt die Forderung in Höhe des am Tag der Fälligkeit geltenden Börsen- oder Marktpreises als von dem Eigentümer berichtigt. Die §§ 1229 und 1233 bis 1239 finden keine Anwendung.

1 **1. Ratio.** § 1259 ist eine **Ausnahmevorschrift**, die in ihrem Anwendungsbereich sowohl den freihändigen Verkauf ohne die Einschränkungen der §§ 1221, 1234ff als auch – abw von § 1229 – die Vereinbarung einer Verwertung durch Aneignung ermöglicht. Sie wurde in ihrer jetzigen Fassung eingefügt durch Gesetz v 5.4.2004 (BGBl I 2004, 502) zur Umsetzung von Art 4 I, IV lit c FinanzsicherheitenRL (ABl EG 2002 L 168/43), deren Ziel es ist, rasche und unbürokratische Verwertungsverfahren zu schaffen, um die finanzielle Stabilität zu sichern und so „Dominoeffekte" zu begrenzen (vgl Erwägungsgrund 17).

2 **2. Anwendungsbereich. a) Persönlicher Anwendungsbereich.** Pfandgläubiger und Eigentümer müssen Unternehmer (§ 14), jur Personen des öffentlichen Rechts oder öffentlich-rechtl Sondervermögen sein. Verbraucher (§ 13) hat der Gesetzgeber bewusst ausgenommen, um sie vor Nachteilen zu schützen (BT-Drs 15/1853, 17). Die Fiktion des § 1248 ist nicht anwendbar, denn sie gilt gerade nur beim Verkauf und nicht beim Erwerb des Pfandrechts (vgl § 1248 Rn 3); die Anwendung iRd § 1259 würde indes gerade dazu führen, dass der vom Eigentümer verschiedene Verpfänder dessen Rechtsstellung schon beim Erwerb durch vertragl Vereinbarungen verschlechtern könnte (überzeugend BeckOGK/*Förster* Rn 7.2; Staudinger/*Wiegand* 6; aA offenbar Grü/*Wicke* Rn 1). Schuldner und Verpfänder, die nicht mit dem Eigentümer identisch sind, können die Vereinbarung nur treffen, wenn sie als Vertreter des Eigentümers handeln (NK/*Bülow* Rn 6f; MüKo/*Schäfer* Rn 16; BeckOGK/*Förster* Rn 7.1; Staudinger/*Wiegand* Rn 6).

3 **b) Sachlicher Anwendungsbereich. aa)** Der Gesetzgeber hat den Anwendungsbereich bewusst über die Vorgaben der Finanzsicherheiten-RL hinaus nicht nur auf Pfandrechte an Finanzsicherheiten, sondern auf sämtliche **Pfandrechte** erstreckt (vgl BT-Drs 15/1853, 17); eine teleologische Reduktion auf Finanzsicherheiten (dafür etwa *Bürge*, FS Nobel, 2006, 495, 512) verbietet sich daher (vgl NK/*Bülow* Rn 17; MüKo/*Schäfer* Rn 1, 10; BeckOGK/*Förster* Rn 13; Staudinger/*Wiegand* Rn 10f).

4 **bb)** Das Pfand muss einen **Börsen- oder Marktpreis** (vgl dazu bereits § 1221 Rn 3) haben. Ein **Börsenpreis** ist ein Preis, der während der Börsenzeit an einer Börse oder im Freiverkehr festgestellt wird (§ 24 I BörsG). Ein **Marktpreis** besteht, wenn Sachen von der Art des Pfands am Verkaufsort so häufig umgesetzt werden, dass sich ein Durchschnittspreis zu bilden vermag (RGZ 34, 117, 121; RG JW 1907, 5, 6). Dies ist zB der Fall bei: Wertpapieren, die zum Handel an der Börse nicht zugelassen sind oder dort wegen ihres geringen Umsatzes, ihrer kurzen Laufzeit oder ihrer Stücklung nicht täglich gehandelt werden (vgl BT-Drs 15/1853, 17); Kfz, die in der Schwacke- oder DAT-Liste aufgeführt sind (NK/*Bülow* Rn 17; MüKo/*Schäfer* Rn 10; BeckOGK/*Förster* Rn 12f; BeckOK/*Schärtl* Rn 8; Staudinger/*Wiegand* Rn 15).

5 **3. Verwertungsvereinbarungen iSd § 1259 und ihr zulässiger Inhalt. a) Verwertungsvereinbarung.** Die Vereinbarung hat ebenso wie die nach § 1245 dingliche Wirkung (vgl § 1245 Rn 7; Grü/*Wicke* Rn 2; Staudinger/*Wiegand* Rn 4). Sie ist formfrei und kann sowohl individualvertragl als auch in AGB erfolgen (NK/*Bülow* Rn 5; Staudinger/*Wiegand* Rn 16); sie kann sowohl bei als auch nach der Verpfändung getroffen werden (NK/*Bülow* Rn 5; Grü/*Wicke* Rn 2; Staudinger/*Wiegand* Rn 16). Inhaltlich steht es den Parteien frei, ob sie von den durch § 1259 eingeräumten Möglichkeiten vollumfänglich oder nur partiell Gebrauch machen (BeckOGK/*Förster* Rn 14; BeckOK/*Schärtl* Rn 10; Grü/*Wicke* Rn 2; Staudinger/*Wiegand* Rn 16); zudem können sie natürlich zusätzl auch sonstige, nach der allg Norm des § 1245 dispositive Regeln (vgl § 1245 Rn 1ff), abbedingen (Staudinger/*Wiegand* Rn 16). Den Parteien steht es ferner auch frei zu vereinbaren, dass der Pfandgläubiger oder der Eigentümer erst später entscheiden soll, ob ein freihändiger Verkauf oder eine Aneignung erfolgen soll (MüKo/*Schäfer* Rn 21; BeckOK/*Schärtl* Rn 10).

6 **b) Freihändiger Verkauf (S 1 Alt 1).** Die Parteien können vereinbaren, dass der Pfandgläubiger den Verkauf aus freier Hand zum laufenden Preis selbst oder durch Dritte vornehmen kann. § 1259 ist somit lex specialis zu § 1235 II, § 1221 (wonach der freihändige Verkauf nur durch die entspr befugten Personen zulässig ist, vgl § 1235 Rn 4, § 1221 Rn 4). Gem S 3 finden die §§ 1233–1239 keine Anwendung, dh es bedarf keiner Androhung oder Wartefrist (§ 1234); §§ 1235–1237, 1239 sind mangels Versteigerung gegenstandslos; es besteht keine Barzahlungspflicht (§ 1238). Nicht ausgeschlossen sind hingegen die §§ 1240, 1241, 1243 I.

7 **c) Aneignung (S 1 Alt 2).** Ferner können die Parteien schon vor Pfandreife (§ 1228 II, dazu § 1228 Rn 5f) vereinbaren, dass dem Pfandgläubiger das Eigentum an der Sache bei Fälligkeit der Forderung zufallen soll (sog Verfallabrede); § 1259 ist insofern lex specialis zu § 1229 (§ 1229 Rn 1ff). Der genaue Inhalt einer solchen Vereinbarung ist durch Auslegung zu ermitteln (vgl Staudinger/*Wiegand* Rn 17). Denkbar sind: (1) aufschiebend bedingte Übereignung; (2) bindendes Angebot des Eigentümers auf Übereignung, das der Pfandgläubiger bei Fälligkeit oder auch später annehmen kann (vgl NK/*Bülow* Rn 23; MüKo/*Schäfer* Rn 19f; BeckOGK/*Förster* Rn 16.1, 16.2; Grü/*Wicke* Rn 2; Staudinger/*Wiegand* Rn 17). Wollten die Parteien hingegen, dass der Sicherungsnehmer

von Anfang an über die Sache verfügen können soll, dh ein sofortiger Eigentumsübergang gewollt ist, so handelt es sich nicht um eine Verfallabrede, sondern vielmehr um ein sog irreguläres Pfand (§ 1204 Rn 4) (vgl BeckOGK/*Förster* Rn 16.3; Staudinger/*Wiegand* Rn 17; s ferner auch *Kollmann* WM 2001, 1012, 1019f).

4. Rechtsfolgen des Verkaufs. a) Freihändiger Verkauf. Im Falle des freihändigen Verkaufs gelten die allg Regeln, soweit sie die Parteien nicht zulässigerweise abbedungen haben; dh für den Erlös gilt § 1247 (NK/*Bülow* Rn 28; MüKo/*Schäfer* Rn 28; Staudinger/*Wiegand* Rn 18). Verkauft der Pfandgläubiger das Pfand unter Wert, so sanktioniert die hM dies mit einem Schadensersatzanspruch (als Grundlage kommen § 280 I, §§ 823ff in Betracht; BT-Drs 15/1853, 18; MüKo/*Schäfer* Rn 42; BeckOGK/*Förster* Rn 20; BeckOK/*Schärtl* Rn 16); systemkonformer und interessengerechter erscheint indes, auch in diesem Fall die Berichtigungsfiktion des S 2 analog anzuwenden (so Staudinger/*Wiegand* Rn 21). Die Beweislast dafür, dass der laufende Preis unterschritten wurde, trägt entgegen der Gesetzesbegründung (BT-Drs 15/1853, 17) nicht der Pfandgläubiger, sondern nach allg Grundsätzen der Eigentümer (MüKo/*Schäfer* Rn 42; BeckOGK/*Förster* Rn 20; BeckOK/*Schärtl* Rn 16; Staudinger/*Wiegand* Rn 21). 8

b) Aneignung. Im Falle der Aneignung gilt die Forderung gem S 2 in Höhe des am Tag der Fälligkeit geltenden Börsen- oder Marktpreises als von dem Eigentümer berichtigt (sog **Berichtigungsfiktion**); soweit die Forderung hierdurch nicht getilgt ist, besteht sie fort. Str ist hingegen, was gilt, wenn der maßgebliche Börsen-/Marktpreis die Forderung übersteigt: Teils wird unter Rekurs auf § 1247 S 2 Miteigentum nach Quoten angenommen (NK/*Bülow* Rn 30; MüKo/*Schäfer* Rn 29; BeckOGK/*Förster* Rn 18; BeckOK/*Schärtl* Rn 14); mit Blick auf die Ratio der RL und des § 1259 sowie die Interessen der Parteien erscheint es jedoch überzeugender, Alleineigentum des Pfandgläubigers und einen Zahlungsanspruch des Eigentümers in Höhe der Differenz anzunehmen (jurisPK/*Protz* Rn 18; Grü/*Wicke* Rn 2; Staudinger/*Wiegand* Rn 20). 9

5. Problem: Fehlen der Anwendungsvoraussetzungen. Sofern die persönlichen oder sachlichen Anwendungsvoraussetzungen obj nicht vorliegen, ist die Vereinbarung unwirksam, dh es gelten die allg Regeln (NK/*Bülow* Rn 32; BeckOGK/*Förster* Rn 19; BeckOK/*Schärtl* Rn 15; Staudinger/*Wiegand* Rn 21). Wenn sich eine Privatperson als Pfandgläubiger oder Eigentümer jedoch lediglich als Unternehmer geriert, wird man davon ausgehen müssen, dass sie sich hieran ggü dem gutgläubigen anderen Teil gem § 242 festhalten lassen muss (vgl für den Fall, dass ein Verbraucher beim Kauf die Unternehmereigenschaft vortäuscht, BGH NJW 2005, 1045; s ferner auch NK/*Bülow* Rn 10; zumindest in der Grundtendenz ähnl, aber nicht wirklich passend auch MüKo/*Schäfer* Rn 40f, der mit § 344 HGB analog- und ggf der Lehre vom Scheinkaufmann helfen will). 10

§§ 1260–1272 (weggefallen)

Diese Bestimmungen betrafen das Registerpfandrecht an Schiffen. Sie wurden aufgehoben und ersetzt durch das SchiffsRG v. 15.11.1940 (RGBl I 1940, 1499, BGBl III 403–4). 1

Titel 2
Pfandrecht an Rechten (§§ 1273–1296)

Vorbemerkung vor § 1273

1. Wesen. Das Pfandrecht am Recht gewährt dem Pfandgläubiger die Befugnis, die Rechte des Verpfänders auszuüben, um hierdurch seine Forderung zu sichern und sich ggf auch wegen seiner Forderung aus dem verpfändeten Recht zu befriedigen (vgl MüKo/*Schäfer* § 1273 Rn 1). 1

2. Rechtsnatur. Der BGB-Gesetzgeber hat die im 19. Jh kontrovers diskutierte Frage nach der Zulässigkeit von Rechten an Rechten im Allg und der Rechtsnatur eines Pfandrechts an Rechten im Speziellen als rein „theoretischer Natur" bewusst dahingestellt gelassen und schlicht bestimmt, dass auch ein Pfandrecht an Rechten möglich ist (vgl Mot III, 539, 851ff; Staudinger/*Wiegand* Rn 4f). Heute besteht Konsens, dass das Pfandrecht einerseits den **Charakter des belasteten Rechts teilt** (ein Pfandrecht an einer Forderung also idS ein schuldrechtl Recht ist); andererseits aber doch zugleich ein **dingliches Recht** ist (*Baur/Stürner*, SachenR § 60 Rn 3; Staudinger/*Wiegand* Rn 5; *Westermann/Gursky/Eickmann*, § 135 Rn 4). Denn es gewährt dem Berechtigten nicht lediglich schuldrechtl Befugnisse ggü dem Verpfänder, sondern es räumt ihm Dritten ggü eine dingliche Rechtsstellung ein: Der Pfandgläubiger kann Eingriffe Dritter abwehren, das Pfandrecht bleibt bei Übertragungen des Rechts bestehen (vgl Rn 10); bei Zugriff anderer Gläubiger hat der Pfandgläubiger die Klage auf vorzugsweise Befriedigung (§ 805 ZPO); in der Insolvenz ein Recht auf abgesonderte Befriedigung (§ 50 InsO). 2

3. Praktische Bedeutung. Die vom Gesetzgeber als Regelfall konzipierte Verpfändung von Forderungen ist heute wegen des Erfordernisses der Anzeige (§ 1280) und der hiermit verbundenen, meist unerwünschten Publizität weitgehend durch die Sicherungsabtretung verdrängt. Eine wichtige Rolle spielen in der wirtschaftl Praxis jedoch die Verpfändung von Wertpapieren sowie sonstiger Rechte wie etwa insb von Gesellschaftsanteilen (vgl zum Ganzen Staudinger/*Wiegand* Rn 1). 3

4 **4. Maßgebliche Rechtsvorschriften.** Grds sind die für das Pfandrecht an beweglichen Sachen geltenden Bestimmungen entspr anzuwenden (§ 1273 I). Ausdrückl ausgenommen sind: § 1208 (Vorrang des gutgläubigen Erwerbers), § 1213 II (Fruchtbezugsrecht an von Natur aus Frucht tragenden Sachen). Näher § 1273 Rn 7ff.

5 **5. Arten des Pfandrechts an Rechten.** Die §§ 1273ff sind primär für das **rechtsgeschäftlich bestellte Pfandrecht** an Rechten konzipiert. Gem § 1273 II, § 1257 gelten die Vorschriften jedoch entspr auch für das **gesetzl Pfandrecht** an Rechten (näher § 1273 Rn 7ff). Vgl zu den einzelnen gesetzl Pfandrechten § 1257 Rn 2. Subsidiär gelten die §§ 1273ff ferner auch für das **Pfändungspfandrecht** an Rechten (vgl Staudinger/*Wiegand* Rn 3; s ferner auch Einl § 1204 Rn 14ff).

6 **6. Systematik der §§ 1273ff.** §§ 1274–1278 enthalten allg Regeln für das Pfandrecht an Rechten. §§ 1279–1290 regeln dann als Grundfall das Pfandrecht an einer Forderung; § 1291 das Pfandrecht an Grund- und Rentenschulden, §§ 1292–1296 die Verpfändung von Wertpapieren.

7 **7. Überblick über den Rechtsrahmen. a) Rechtsgeschäftliche Begründung.** Die rechtsgeschäftliche Begründung des Pfandrechts an Rechten erfolgt durch dinglichen Verpfändungsvertrag nach den für die Übertragung des Rechts geltenden Vorschriften (§ 1274 I 1, s § 1274 Rn 2ff). Beim Forderungspfandrecht tritt als weitere Wirksamkeitsvoraussetzungen zwecks Schaffung von Publizität die Anzeige des Gläubigers an den Schuldner hinzu (§ 1280, s § 1280 Rn 1ff). Für Orderpapiere gilt die lex specialis des § 1292 (§ 1292 Rn 1ff), für Inhaberpapiere verweist § 1293 hingegen auf die Vorschriften über das Pfandrecht an beweglichen Sachen (§ 1293 Rn 1ff).

7a **b) Wirkung.** Aufgrund der Begründung des Pfandrechts entsteht auch im Falle eines Pfandrechts an einem Recht – ebenso wie bei dem an einer Sache (Vor § 1204 Rn 1; § 1215 Rn 1) – ein gesetzl Schuldverhältnis zw Verpfänder und Pfandgläubiger (Staudinger/*Wiegand* Rn 9). Das Pfandrecht an einem Recht gewährt grds kein Recht auf Besitz; etwas anderes gilt nur, wenn es zur Verpfändung der Übergabe der Sache bedarf (§§ 1274, 1292f) oder wenn das Pfandrecht sich auf eine Sache erstreckt (§§ 952, 1296). Es gewährt ferner grds auch kein Recht auf Nutzungen, selbst bei Rechten, die von Natur aus Frucht tragen; Ausnahmen gelten nur im Falle besonderer Vereinbarung sowie gem § 1289 (Erstreckung des Pfandrechts an einer gepfändeten Forderung auf die Zinsen; aber: Rückausnahme in § 1296) (s § 1289 Rn 1ff, § 1296 Rn 1ff). Ein verpfändetes Recht kann durch Rechtsgeschäft nur mit Zustimmung des Pfandgläubigers aufgehoben oder beeinträchtigt werden (§ 1276, dazu § 1276 Rn 1ff). Der gute Glaube des Erwerbers wird nicht geschützt; wenn das verpfändete Recht nicht besteht, erwirbt er kein Pfandrecht (§ 1273 II 2, dazu § 1273 Rn 11f).

8 **c) Verwertung. aa) Grundsatz: § 1277.** Die Verwertung erfolgt grds nur aufgrund eines vollstreckbaren dinglichen Titels zur Duldung der Pfandverwertung gem § 1277 (§ 1277 Rn 1ff). **bb) Andere Verwertungsarten.** Bei Forderungen (§ 1282) sowie Grund- und Rentenschulden (§§ 1291, 1282) hat der Pfandgläubiger nach Pfandreife (§ 1228 II, dazu § 1228 Rn 5f) ein Einziehungsrecht, bei Orderpapieren auch schon vorher (§ 1294). Bei Inhaberpapieren (§ 1293, dazu § 1293 Rn 1ff) sowie bei Orderpapieren, die einen Börsen- oder Marktpreis haben (§ 1295, dazu § 1295 Rn 1ff), steht dem Pfandgläubiger eine Verkaufsbefugnis zu. Bei letzteren ist auch eine Verfallsvereinbarung möglich (§ 1295 S 2, § 1259, dazu § 1295 Rn 4). Gem § 1277 S 2, § 1284 sind ferner abw Vereinbarungen zulässig (§ 1277 Rn 5, § 1284 Rn 1ff). Möglich ist schließlich auch die Zwangsvollstreckung in den Pfandgegenstand aufgrund eines Zahlungstitels gegen den persönlichen Schuldner.

9 **d) Erlöschen.** Das Pfandrecht an einem Recht erlischt durch: (1) Erlöschen der pfandgesicherten Forderung; (2) Erlöschen des belasteten Rechts (vgl § 1276 I, dazu § 1276 Rn 1ff); (3) **Verzicht** auf das Pfandrecht; (4) **Rückgabe der Sache, deren Übergabe Wirksamkeitsvoraussetzung war** (§§ 1278, 1253); (5) idR auch durch Zusammentreffen von Voll- und Pfandrecht (**Konsolidation**, § 1256); vereinigen sich dagegen aufgrund eines Rechtsgeschäfts oder Erbfalls Forderung und Schuld in einer Person, so berührt dies das Pfandrecht nicht (KGJ 44, 292, 295).

10 **e) Übertragung der gesicherten Forderung. aa)** Wird eine durch ein Pfandrecht an einem Recht gesicherte Forderung **übertragen**, gilt **§ 1250** (Staudinger/*Wiegand* Rn 11).

11 **bb) Verpfändung einer durch Sachpfand gesicherten Forderung.** Für den Fall der Verpfändung einer durch Sachpfand gesicherten Forderung (Bsp: F verpfändete seine durch Pfandrecht an einem Schmuckstück gesicherte, gegen S gerichtete Schadensersatzforderung dem G) fehlt es hingegen an einer Regelung. Einfachste Lösung: G lässt sich gem § 1282 I 3 die Forderung an Zahlungs statt abtreten; mit ihr geht das Pfandrecht am Schmuckstück über (§ 1250), sodass er gem §§ 1233ff das Sachpfand verwerten kann, wenn für dieses die Pfandreife eingetreten ist. Anderer Weg: G verlangt nach Pfandreife von F gem dem entspr anwendbaren § 1231 Herausgabe des Sachpfandes; denn das Recht, die verpfändete Forderung einzuziehen, erstreckt sich sinngemäß darauf, das für die Forderung haftende Sachpfand zu verwerten, wenn auch für das Sachpfand die Pfandreife eingetreten ist. Für den Erlös sind dann die §§ 1247, 1287, 1288 II maßgeblich. Zum Ganzen: *Westermann/Gursky/Eickmann*, § 136 II 6; Staudinger/*Wiegand* Rn 11.

§ 1273 Gesetzlicher Inhalt des Pfandrechts an Rechten

(1) Gegenstand des Pfandrechts kann auch ein Recht sein.

(2) Auf das Pfandrecht an Rechten finden die Vorschriften über das Pfandrecht an beweglichen Sachen entsprechende Anwendung, soweit sich nicht aus den §§ 1274 bis 1296 ein anderes ergibt. Die Anwendung der Vorschriften des § 1208 und des § 1213 Abs. 2 ist ausgeschlossen.

1 **1. Ratio.** § 1273 entspricht der Parallelregelung für den Nießbrauch an Rechten in § 1068 (vgl Mot III, 852): Abs I stellt klar, dass Gegenstand des Pfandrechts auch ein Recht sein kann (vgl zum Streit hierum im 19. Jh Vor § 1273 Rn 2); Abs II bestimmt die auf das Pfandrecht an einem Recht anwendbaren Vorschriften.

2 **2. Anwendungsbereich.** § 1273 gilt auch für das gesetzl Pfandrecht (§ 1273 II, § 1257; NK/*Bülow* Rn 3; BeckOGK/*Leinenweber* Rn 4; BeckOK/*Schärtl* Rn 2); ferner auch für das Pfändungspfandrecht (vgl Vor § 1273 Rn 5).

3 **3. Gegenstand des Pfandrechts (Abs I). a) Allgemeines.** Ungeachtet der allg Formulierung des § 1273 I kann nicht jegliches Recht Gegenstand eines Pfandrechts sein. Aus dem Zweck des Pfandrechts (Sicherung und Verwertung, vgl Vor § 1273 Rn 1) sowie aus § 1274 II (§ 1274 Rn 5ff) ergibt sich vielmehr, dass Gegenstand eines Pfandrechts nur solche Rechte sein können, die **übertragbar und verwertbar** sind (BeckOGK/*Leinenweber* Rn 14; BeckOK/*Schärtl* Rn 3; Grü/*Wicke* Rn 1; Staudinger/*Wiegand* Rn 2ff).

4 **b) Verpfändbare Rechte.** Verpfändbar sind: Forderungen (vgl §§ 1279ff), auch solche gegen den Pfandgläubiger (sog Pfandrecht an eigener Schuld oder pignus debiti) (RGZ 116, 198, 207; BGH LM Nr 1 zu § 610 BGB; NJW 1983, 2701, 2702; NJW 1988, 3260, 3262; Düsseldorf WM 1992, 1937; Dresden BKR 2010, 27); Grund- und Rentenschulden (vgl § 1291); Patentrechte (vgl § 15 PatG); Markenrechte (vgl § 29 I Nr 1 MarkenG); Gebrauchsmusterrechte (§ 22 I GebrMG); Designs (§ 30 I Nr 1 DesignG); urheberrechtl Nutzungsrechte (§ 34 I UrhG; nicht aber das Urheberrecht als Ganzes, vgl § 29 I UrhG); Aktien (RGZ 86, 154, 155f); GmbH-Geschäftsanteile (RGZ 100, 274, 275f; 157, 52, 54); Bezugsrechte des Aktionärs (ausf *Nodoushani* WM 2011, 1ff); Gesellschaftsanteile an einer GbR, wenn der Gesellschaftsvertrag dies zulässt oder sämtliche Gesellschafter zustimmen (RGZ 57, 414, 415; BGH NZG 2010, 356; vgl § 1274 Rn 23); Gewinnbezugsrechte eines GbR-Gesellschafters (BGH NZG 2010, 356f); Anspruch eines Genossen (BGH NJW-RR 2009, 755f; Braunschweig WM 1997, 487) oder GbR/OHG-Gesellschafters (BGH MDR 1972, 414; NZG 2010, 356) auf Auseinandersetzungsguthaben; Bankguthaben (BGH NZI 2003, 320; BAG NZA 2009, 105; LG Hamburg BB 65, 221); offene Kreditlinie (BGH NJW 2004, 1444); Bundesschatzbriefe (BGH NJW 2012, 3032, 3034; LG Konstanz NJW-RR 1988, 1393; AG Halle WiR 1998, 1079); Nacherbenrecht (RGZ 80, 377, 384; 83, 434, 437); Anteil eines Miterben am ungeteilten Nachlass (RGZ 83, 27, 30; 84, 395, 396f; BGH NJW 1969, 1347; LG Stuttgart ZEV 2010, 578, 579); Pflichtteilsanspruch (BSG NZS 2011, 392 Rn 16; MüKo/*Schäfer* Rn 4).

5 **c) Nicht verpfändbare Rechte. (1) Eigentum** an der Sache, weil dieses selbst Gegenstand des Pfandrechts ist (Verpfändung beweglicher Sachen gem §§ 1204ff; Belastung von Grundstücken gem §§ 1113ff) (BeckOGK/*Leinenweber* Rn 20; BeckOK/*Schärtl* Rn 4; Staudinger/*Wiegand* Rn 5); ebenso – weil wesensgleiches Minus zum Eigentum – das **Anwartschaftsrecht** (MüKo/*Schäfer* Rn 3; BeckOGK/*Leinenweber* Rn 20; BeckOK/*Schärtl* Rn 4); **Miteigentumsanteil**, weil dieser der Sache gleichgeachtet wird (vgl § 1258); **grundstücksgleiche Rechte** wie Wohnungseigentum, Erbbaurecht (vgl § 11 ErbbauRG), Erbpachtrecht (Art 63 EGBGB), Abbaurecht (Art 68 EGBGB), selbständiges Nutzungsrecht (Art 196 EGBGB) (sie sind aber mit einem Grundpfandrecht belastbar gem §§ 1113ff) (MüKo/*Schäfer* Rn 3; BeckOGK/*Leinenweber* Rn 20; BeckOK/*Schärtl* Rn 4; Staudinger/*Wiegand* Rn 5). **(2) Nicht selbstselbständig verkehrsfähige Rechte**, zB subj-dingliche Rechte wie Grunddienstbarkeiten (MüKo/*Schäfer* Rn 2; BeckOGK/*Leinenweber* Rn 21); Hypothek und Pfandrecht (verpfändbar ist nur die gesicherte Forderung) (MüKo/*Schäfer* Rn 3; BeckOGK/*Leinenweber* Rn 20); Titel einer Zeitschrift (RGZ 68, 49, 55; 95, 235, 236); Firma (RGZ 68, 49, 55; BGH NJW 1960, 1008f; 1983, 755, 756). **(3) Unselbständige einzelne Befugnisse**, zB Herausgabeanspruch des Nacherben gem § 2130 (BayObLG BayZ 1913, 480); Teilungsanspruch bei ehelicher Gütergemeinschaft (BayObLG Recht 1909 Nr 477); Auseinandersetzungsanspruch der Miterben (MüKo/*Schäfer* Rn 2; BeckOGK/*Leinenweber* Rn 21); Anspruch auf Rechnungslegung (RG JW 1931, 525); Anspruch auf Herausgabe des Hypothekenbriefs (RGZ 66, 24, 27; 74, 78, 79f; RG SeuffA 83 Nr 84); Informationsrecht des GmbH-Gesellschafters gem § 51a GmbHG (BGH NZG 2013, 665 Rn 11ff). **(4) Unternehmen als solches**, verpfändbar sind vielmehr nur die einzelnen dazu gehörenden Sachen und Rechte nach den jew maßgeblichen Vorschriften (RGZ 68, 49, 55; 95, 235, 237f; BGH NJW 1968, 392, 393).

6 **d) Künftige Rechte.** Die Verpfändung künftiger Rechte ist möglich, wenn sie zumindest bestimmbar sind, insoweit gelten dieselben Grundsätze wie bei der Abtretung künftiger Forderungen (vgl RG JW 1911, 367; RGZ 82, 227, 229; BVerwG NJW 1957, 314, 315; BGH NJW 2003, 3774, 3775; DZWiR 2022, 378 Rn 16; MüKo/*Schäfer* Rn 6; BeckOGK/*Leinenweber* Rn 25f; BeckOK/*Schärtl* Rn 5; Grü/*Wicke* Rn 1; Staudinger/*Wiegand* Rn 14). Rechtswirksamkeit kann die Verpfändung einer künftigen Forderung bzw eines künftigen Rechts aber erst entfalten, wenn diese(s) selbst entsteht (RGZ 68, 49, 55; BGH ZIP 1996, 2080, 2082; NZG 2010, 356 Rn 18).

7 **4. Anzuwendende Vorschriften. a) Generell anwendbare Vorschriften. Schlechthin anzuwenden** sind insb folgende Vorschriften des Sachpfandrechts: § 1204 (vgl RGZ 136, 422, 424; KGJ 40, 285, 292); § 1209 (BGH NJW 1997, 2322, 2323); § 1210 (vgl RG LZ 1927, 606, 608; KGJ 40, 285, 292); § 1211 (BGH BB 1956, 159; NJW 1986, 1038, 1039; NZG 2007, 464, 466); § 1213 I (MüKo/*Schäfer* Rn 10; BeckOGK/*Leinenweber* Rn 10; BeckOK/*Schärtl* Rn 8; Grü/*Wicke* Rn 2; Staudinger/*Wiegand* Rn 21); § 1214 (MüKo/*Schäfer* Rn 10; BeckOGK/*Leinenweber* Rn 10; BeckOK/*Schärtl* Rn 8; Grü/*Wicke* Rn 2; Staudinger/*Wiegand* Rn 21); § 1217 I (MüKo/*Schäfer* Rn 10; BeckOGK/*Leinenweber* Rn 10; Staudinger/*Wiegand* Rn 21; vgl auch noch § 1275 Rn 1, 6); § 1222 (MüKo/*Schäfer* Rn 11; BeckOGK/*Leinenweber* Rn 10; BeckOK/*Schärtl* Rn 8; Grü/*Wicke* Rn 2; Staudinger/*Wiegand* Rn 21); § 1224 (MüKo/*Schäfer* Rn 11; BeckOGK/*Leinenweber* Rn 10; BeckOK/*Schärtl* Rn 8; Grü/*Wicke* Rn 2; Staudinger/*Wiegand* Rn 21); § 1225 (RG Recht 1918 Nr 244); § 1228 II (KGJ 40, 285, 292; KG OLG 29, 377, 378); § 1229 (vgl § 1277 II); § 1245 (vgl § 1277 S 2); § 1249 (RGZ 167, 298, 299); § 1250 (vgl Vor § 1273 Rn 10); § 1252 (vgl

RGZ 100, 274, 277; KGJ 40, 285, 292; Karlsruhe BeckRS 2012, 20796); § 1255 (MüKo/*Schäfer* Rn 13; BeckOGK/*Leinenweber* Rn 10; BeckOK/*Schärtl* Rn 8; Grü/*Wicke* Rn 2; Staudinger/*Wiegand* Rn 21); § 1256 (RGZ 154, 378, 383; Braunschweig OLG 17, 20, 21); § 1257 (vgl Rn 2 sowie Vor § 1273 Rn 5); § 1258 (vgl (RGZ 83, 27, 30; 84, 395, 396f; BGH NJW 1969, 1347; LG Stuttgart ZEV 2010, 578, 579; vgl auch § 1258 Rn 2); § 1259 (vgl § 1279 S 2, § 1295 S 2).

8 **b) Eingeschränkte Anwendbarkeit.** Bestimmte Vorschriften sind **anwendbar, wenn das Pfandrecht zum Besitz der Sache berechtigt (§ 952) oder zur Pfandrechtsbestellung gem § 1274 I 2 die Übergabe der Sache erforderlich ist:** § 1205 (vgl BGH NJW 1969, 1903); § 1206 (vgl BeckOGK/*Leinenweber* Rn 12; Grü/*Wicke* Rn 4; Staudinger/*Wiegand* Rn 22); § 1215 (NK/*Bülow* Rn 15; MüKo/*Schäfer* Rn 10; BeckOGK/*Leinenweber* Rn 12; BeckOK/*Schärtl* Rn 9; Grü/*Wicke* Rn 4; Staudinger/*Wiegand* Rn 22); § 1216 (NK/*Bülow* Rn 15; MüKo/*Schäfer* Rn 10; BeckOGK/*Leinenweber* Rn 12; BeckOK/*Schärtl* Rn 9; Staudinger/*Wiegand* Rn 22); § 1218 (NK/*Bülow* Rn 15; MüKo/*Schäfer* Rn 10; BeckOGK/*Leinenweber* Rn 12; Grü/*Wicke* Rn 4; Staudinger/*Wiegand* Rn 22); § 1223 I (RGZ 100, 274, 277); § 1226 (BeckOK/*Schärtl* Rn 9; Grü/*Wicke* Rn 4; Staudinger/*Wiegand* Rn 22); § 1227 (Breslau JW 1928, 2474; MüKo/*Schäfer* Rn 11; BeckOGK/*Leinenweber* Rn 12; BeckOK/*Schärtl* Rn 9; Grü/*Wicke* Rn 4; Staudinger/*Wiegand* Rn 22); § 1251 (MüKo/*Schäfer* Rn 13; BeckOGK/*Leinenweber* Rn 12; BeckOK/*Schärtl* Rn 9; Grü/*Wicke* Rn 4; Staudinger/*Wiegand* Rn 22); § 1253 (vgl § 1278; RGZ 92, 265, 266f; Karlsruhe WM 2000, 521f).

9 **c) Modifizierte Anwendbarkeit. Modifiziert anzuwenden** sind: § 1217 II (Verzicht auf das Pfandrecht statt Rückgabe der Pfandsache, vgl MüKo/*Schäfer* Rn 10); § 1223 II (Verzicht auf das Pfandrecht statt Rückgabe der Pfandsache, vgl RGZ 121, 73, 77; RG SeuffA 83 Nr 84); § 1254 (Verzicht auf das Pfandrecht statt Rückgabe; in den Fällen der §§ 952, 1274 I 2 aber auch Rückgabe der Sache; vgl MüKo/*Schäfer* Rn 13).

10 **d) Unanwendbarkeit. IdR unanwendbar** sind, da der Pfandgläubiger grds kein Recht zum Pfandverkauf hat (vgl Vor § 1273 Rn 8): §§ 1219–1221 (NK/*Bülow* Rn 11; MüKo/*Schäfer* Rn 10; Planck/*Flad* Anm 2l; BeckOGK/*Leinenweber* Rn 11; BeckOK/*Schärtl* Rn 11; aA Grü/*Wicke* Rn 2; Staudinger/*Wiegand* Rn 21); § 1228 I (MüKo/*Schäfer* Rn 11; BeckOGK/*Leinenweber* Rn 11; Staudinger/*Wiegand* Rn 23); §§ 1230, 1231 (MüKo/*Schäfer* Rn 11; BeckOGK/*Leinenweber* Rn 11; BeckOK/*Schärtl* Rn 10; Grü/*Wicke* Rn 4; Staudinger/*Wiegand* Rn 23); § 1232 (die Entscheidungen RGZ 87, 321, 325; 97, 34, 42, in denen eine Anwendung bejaht wurde, setzten jew voraus, dass eine Verwertung durch Verkauf erfolgt, dazu sogleich; vgl auch MüKo/*Schäfer* Rn 11; BeckOGK/*Leinenweber* Rn 11; zumindest missverständlich insoweit BeckOK/*Schärtl* Rn 6; Staudinger/*Wiegand* Rn 21); §§ 1233–1240 (MüKo/*Schäfer* Rn 12; BeckOGK/*Leinenweber* Rn 11; Grü/*Wicke* Rn 4; Staudinger/*Wiegand* Rn 23); §§ 1241–1244 (MüKo/*Schäfer* Rn 10; Grü/*Wicke* Rn 4; abw Staudinger/*Wiegand* Rn 21); § 1247 (MüKo/*Schäfer* Rn 12; BeckOGK/*Leinenweber* Rn 11; Grü/*Wicke* Rn 4; Staudinger/*Wiegand* Rn 23); § 1248 (MüKo/*Schäfer* Rn 12; BeckOGK/*Leinenweber* Rn 11; vgl aber noch § 1277 Rn 2). Etwas anderes gilt nur, (1) soweit auf sie verwiesen wird (§ 1295 auf § 1221); (2) wenn dies gem §§ 1277, 1284 entspr vereinbart wurde (vgl KGJ 40, 285, 292); (3) wenn die Befriedigung gem § 1293 durch Pfandverkauf erfolgen darf.

11 **Grds unanwendbar** ist ferner auch **§ 1207**, dh es gibt grds keinen gutgläubigen Erwerb vom Nichtberechtigten; etwas anderes gilt nur dann, wenn das verpfändete Recht selbst gutgläubig erworben werden kann (zB gem §§ 405, 892, 1138, 1155, 2366; Art 16 II WG; § 16 III GmbHG) (MüKo/*Schäfer* Rn 9; BeckOGK/*Leinenweber* Rn 11, 13; Grü/*Wicke* § 1274 Rn 1; Staudinger/*Wiegand* § 1274 Rn 11).

12 **Gem § 1273 II 2 ausdrückl für unanwendbar erklärt** sind: § 1208 (dh es gibt keinen gutgläubigen Erwerb des Vorrangs; möglich ist ein gutgläubiger Erwerb des Vorrangs jedoch ausnahmsw bei im Grundbuch eingetragenen Rechten gem §§ 892, 1138, 1155; vgl Staudinger/*Wiegand* § 1274 Rn 11); § 1213 II (vermutetes Nutzungspfandrecht).

13 **Unanwendbar, weil** beim Pfandrecht an einem Recht **ins Leere gehend** sind: § 1212 (da Rechte keine Erzeugnisse haben, vgl MüKo/*Schäfer* Rn 10; BeckOGK/*Leinenweber* Rn 11); § 1246 (erübrigt sich, weil diese Funktion § 1277 übernimmt, vgl MüKo/*Schäfer* Rn 12, § 1277 Rn 4; BeckOGK/*Leinenweber* Rn 11).

§ 1274 Bestellung

(1) Die Bestellung des Pfandrechts an einem Recht erfolgt nach den für die Übertragung des Rechts geltenden Vorschriften. Ist zur Übertragung des Rechts die Übergabe einer Sache erforderlich, so finden die Vorschriften der §§ 1205, 1206 Anwendung.

(2) Soweit ein Recht nicht übertragbar ist, kann ein Pfandrecht an dem Recht nicht bestellt werden.

1 **1. Ratio.** § 1274 regelt die rechtsgeschäftliche Bestellung des Pfandrechts an Rechten. Im Interesse einer einfachen Lösung (vgl Mot III, 853) erklärt Abs I S 1 die für die Übertragung des Rechts geltenden Vorschriften für entspr anwendbar. Sofern danach die Übergabe einer Sache erforderlich ist, finden allerdings – im Interesse der systematischen Konsistenz mit dem Pfandrecht an beweglichen Sachen – gem Abs I S 2 die §§ 1205, 1206 (und nicht die §§ 929ff, dh insb nicht § 930) entspr Anwendung. Abs II schließt – im Einklang mit § 1069 für den Nießbrauch – die Bestellung eines Pfandrechts aus, soweit ein Recht nicht übertragbar ist (vgl Mot III, 853).

2 **2. Voraussetzungen für die Bestellung eines Pfandrechts an einem Recht (Abs I). a) Verpfändungsvertrag. aa) Inhalt.** Die Pfandrechtsbestellung erfolgt durch einen dinglichen Verpfändungsvertrag, der auf die Bestellung eines Pfandrechts gerichtet ist (RG JW 1928, 174; Gruchot 49, 97, 102). Mindestinhalt sind: (1) die zu si-

chernde(n) Forderung(en); hierzu müssen indes nicht alle Einzelheiten angegeben werden, insb ist auch die Angabe von (Höchst-)Betrag und Verzinsung der Forderung nicht erforderlich (vgl KGJ 44, 269, 274); die Forderung(en) muss/müssen aber zumindest hinreichend bestimmbar sein (vgl RG JW 1937, 2159; RGZ 136, 422, 425f); (2) der Pfandgegenstand, dh das zu verpfändende Recht; dies kann auch ein künftiges sein (vgl § 1273 Rn 6); (3) dass ein Pfandrecht bestellt werden soll (vgl zum Ganzen auch MüKo/*Schäfer* Rn 3; BeckOK/*Schärtl* Rn 3; Grü/*Wicke* Rn 2; Staudinger/*Wiegand* Rn 3). Ob dies der Fall ist, ist durch Auslegung zu ermitteln, uU kommt auch eine Umdeutung gem § 140 in Betracht (vgl MüKo/*Schäfer* Rn 4; Grü/*Wicke* Rn 1; Staudinger/*Wiegand* Rn 4). So zB bei einer Abtretungserklärung (vgl RG JW 1928, 174), einem Vertrag über die Hinterlegung des Hypothekenbriefs beim Notar (RG HRR 1932 Nr 1748), einem schriftlichen Einverständnis des Bankkunden mit AGB, nach denen alle in den Besitz der Bank gelangenden Hypothekenbriefe als Pfand haften (vgl RG LZ 1933, 932) oder einer Vorrangeinräumung (RG JW 1934, 221). Nicht möglich ist eine Umdeutung jedoch im Falle einer Vereinbarung zw dem Inhaber eines Sparkassenbuchs und der Sparkasse bzgl der Sperrung des Sparkassenbuchs zugunsten eines Gläubigers, weil ein dinglicher Vertrag zugunsten Dritter unzulässig ist (vgl RGZ 124, 217, 221; s ferner auch BGH NJW 1984, 1749, 1750); anders hingegen im Falle einer Kautionsvereinbarung zw Mieter und Vermieter, dass der Mieter ein Sparkonto einrichten und dieses mit einem Sperrvermerk zugunsten des Vermieters versehen soll (vgl BGH NJW 1984, 1749, 150).

bb) Form. Die Einigung bedarf gem § 1274 I 1 der für die Abtretung des Rechts erforderlichen Form (zB 3
Schriftform, notarielle Beurkundung etc; Einzelfälle s Rn 11ff) (vgl MüKo/*Schäfer* Rn 3; BeckOGK/*Leinenweber* Rn 9, 22ff; BeckOK/*Schärtl* Rn 5; Grü/*Wicke* Rn 2; Staudinger/*Wiegand* Rn 14).

b) Weitere Erfordernisse. Sofern es für die Rechtsübertragung weiterer Voraussetzungen bedarf, gilt dies gem 4
§ 1274 I 1 auch für die Verpfändung. So ist etwa bei der Verpfändung einer Forderung eine Anzeige an den Schuldner erforderlich (§ 1280, vgl Rn 11 sowie § 1280 Rn 1ff); weiterhin können zB erforderlich sein die Zustimmung Dritter (vgl Rn 21, 23) oder die Eintragung ins Grundbuch oder ein sonstiges Register (vgl Rn 14ff). Sofern nach den Vorschriften für die Übertragung des jew Rechts die Übergabe einer Sache erforderlich ist, finden gem § 1274 I 2 die §§ 1205, 1206 entspr Anwendung (vgl bereits Rn 1; Bsp in Rn 14).

3. Ausschluss der Verpfändbarkeit bei Unübertragbarkeit (Abs II). a) Überblick. Gem Abs II ist die Bestel- 5
lung eines Pfandrechts ausgeschlossen, soweit ein Recht nicht übertragbar ist. Die Unübertragbarkeit kann basieren auf: (1) Inhaltsänderung im Falle der Übertragung (§ 399 Alt 1, § 413); (2) Vereinbarung (§ 399 Alt 2, § 413); (3) Unpfändbarkeit (§§ 400, 413); (4) spezialgesetzl Regelung. Ein Sonderfall sind Rechte, die zwar nicht übertragbar sind, deren Ausübung jedoch einem anderen überlassen werden kann, vgl Rn 10.

b) Ausschluss der Übertragbarkeit wegen Inhaltsänderung (§ 399 Alt 1, § 413). Abtretung und damit auch 6
Verpfändung sind gem § 399 Alt 1, § 413 ausgeschlossen, wenn die Leistung an einen anderen als den ursprünglichen Gläubiger nicht ohne Veränderung ihres Inhalts erfolgen kann. Bsp: Höchstpersönliche Forderungen und Rechte; zweckgebundene Ansprüche; grds auch Freistellungsansprüche; ausf § 399 Rn 3ff.

c) Ausschluss der Übertragbarkeit kraft Vereinbarung (§ 399 Alt 2, § 413). Gem § 399 Alt 2, § 413 ist die 7
Abtretung und damit auch die Verpfändung ausgeschlossen, wenn und soweit dies entspr vereinbart wurde. Vereinbart werden kann insb auch nur ein teilw Ausschluss bzw eine Beschränkung (zB Erfordernis einer bestimmten Form oder der Zustimmung eines Dritten) (vgl MüKo/*Schäfer* Rn 14; Staudinger/*Wiegand* Rn 30; s zum Ganzen § 399 Rn 15ff). Eine der Vereinbarung widersprechende Verpfändung ist absolut unwirksam (BGH NJW 1964, 243; 1978, 813, 814); stimmt der Schuldner nachträgl zu, so wirkt dies nur ex nunc (BGH NJW 1978, 813, 814; 2006, 1800 Rn 31).

d) Ausschluss wegen Unpfändbarkeit (§ 400). Gem §§ 400, 413 ist die Abtretung und damit auch die Ver- 8
pfändung ausgeschlossen, soweit das Recht nicht der Pfändung unterworfen ist. Solche Pfändungsverbote finden sich insb in §§ 850ff ZPO. Näher zum Ganzen § 400 Rn 4ff.

e) Ausschluss kraft spezieller gesetzl Regelung. In einer Reihe von Fällen ist die Abtretung (und damit die 9
Verpfändung) bzw explizit die Verpfändung selbst durch Spezialnormen ausgeschlossen. Bsp: § 38 (Vereinsmitgliedschaft); § 473 S 1 (Vorkaufsrecht, soweit nichts anderes vereinbart); § 613 S 2 (im Zweifel Anspruch auf Dienste); § 664 II (im Zweifel Anspruch auf Ausführung des Auftrags); § 717 (Ansprüche aus dem Gesellschaftsverhältnis); § 719 (GbR-Mitgliedschaft; aber dispositiv, vgl RGZ 92, 398, 400; BGH NJW 1954, 1155); § 1059 S 1, § 1059b (Nießbrauch, vgl aber Rn 10); § 1092 I 1 (Dienstbarkeit, vgl aber Rn 10); § 1098 I 1, § 473 S 1 (dingliches Vorkaufsrecht); § 1103 I (subjektiv-dingliches Vorkaufsrecht); § 1110 (subjektiv-dingliche Reallast); § 1378 III (Zugewinnforderung vor Beendigung des Güterstands); § 1419 (Anteil am Gesamtgut); § 1487 (Rechte am Gesamtgut der fortgesetzten Gütergemeinschaft); § 2033 II (Anteil des Miterben an einzelnen Nachlassgegenständen; der Anteil am Nachlass kann hingegen gem § 2033 I verpfändet werden). Weitere Bsp außerhalb des BGB: § 29 I UrhG (Urheberrecht als solches); § 53 I SGB I (Ansprüche auf Dienst- und Sachleistungen); § 51 III BeamtVG (Beamtenversorgung).

f) Sonderfall: Rechte, deren Ausübung übertragen werden kann. Bei Rechten, die zwar nicht übertragbar 10
sind, deren Ausübung jedoch einem anderen überlassen werden kann (zB Nießbrauch – § 1059 S 2, Dienstbarkeit – § 1092 I 2), kann nach allgM der **Anspruch auf Ausübung verpfändet** werden (vgl Prot III, 517; KGJ 40, 254; MüKo/*Schäfer* Rn 12; BeckOGK/*Leinenweber* Rn 40; Staudinger/*Wiegand* Rn 27). Im Falle der Pfändung entspricht es hingegen wegen § 857 III ZPO heute der ganz hM, dass nicht nur der obligatorische Ausübungsanspruch (so die früher hM), sondern das Recht selbst gepfändet werden kann (vgl BGH NJW 1974, 796; 2006,

1124 Rn 11; RNotZ 2007, 28 Rn 11; vgl auch BGH NJW 2011, 1009; Musielak/Voit/*Flockenhaus* § 857 ZPO Rn 14f; vgl auch § 1059 Rn 2). Dies sollte – zumindest de lege ferenda – konsequenterweise auch für die Verpfändung gelten, wobei man dann freilich auch die gleichen Einschränkungen bzgl der zulässigen Verwertungsmöglichkeiten (vgl § 1059 Rn 2) machen müsste.

11 **4. Wichtigste Einzelfälle. a) Forderung.** Für die Verpfändung einer Forderung genügt grds ein formloser Vertrag (§ 398), es besteht aber die Anzeigepflicht gem § 1280 (s § 1280 Rn 1ff). Dies gilt auch dann, wenn die verpfändete Forderung ihrerseits durch akzessorische Rechte gesichert ist (vgl aber noch Rn 13ff zur Hypothek).

12 **b) Versicherungsforderungen.** Versicherungsforderungen werden grds ebenfalls durch Einigung und Anzeige (§ 1280) verpfändet; zu beachten sind jedoch die Einschränkungen aus § 17 VVG sowie den jew AVB (vgl NK/*Bülow* Rn 17; MüKo/*Schäfer* Rn 78ff; BeckOGK/*Leinenweber* Rn 197ff; Staudinger/*Wiegand* Rn 51f).

13 **c) Hypothekarisch gesicherte Forderung. aa)** Die Verpfändung einer hypothekarisch gesicherten Forderung ist wegen § 1153 **nur zugleich mit der Hypothek** möglich (RG WarnR 1918 Nr 56). Das Pfandrecht an der Forderung erstreckt sich ohne weiteres auf eine nachträgl eingetragene Hypothek (BayObLG DJZ 1932, 153). Gem § 1274 I 1 gelten für die Verpfändung die Anforderungen des **§ 1154** (NK/*Bülow* Rn 10; BeckOGK/*Leinenweber* Rn 48; Staudinger/*Wiegand* Rn 41), dh eine Anzeige nach § 1280 ist entbehrlich (vgl § 1280 Rn 3).

14 **bb) Briefhypothek**: Erforderlich sind: (1) eine schriftliche Verpfändungserklärung (deren Annahme durch Pfandgläubiger kann formlos und nachträgl erfolgen, vgl RGZ 136, 422, 424) oder die Eintragung im Grundbuch, sowie (2) die Übergabe des Briefs (§ 1154 I, II). Teilverpfändung nur, wenn Teilbrief gebildet wird (KGJ 24, 132). Für die Übergabe des Briefs gelten gem § 1274 I 2 die §§ 1205, 1206. An die Stelle der Übergabe des Briefs (§ 1205 I 1) kann daher als Übergabesurrogat auch die Abtretung des Herausgabeanspruchs und Anzeige treten (§ 1205 II). Wird die Übergabe des Briefs durch eine Vereinbarung gem § 1154 I 1, § 1117 II ersetzt, so muss die Anzeige an das Grundbuchamt erfolgen (NK/*Bülow* Rn 10; BeckOGK/*Leinenweber* Rn 49; Grü/*Wicke* Rn 5; Staudinger/*Wiegand* Rn 45). Ist die Briefhypothek bereits verpfändet, so ist die Abtretung des Herausgabeanspruchs an den zweiten Pfandgläubiger und die Anzeige an den ersten erforderlich (RG HRR 1929 Nr 497). Möglich ist ferner auch die Einräumung des Mitbesitzes (§ 1206), insb auch durch Übergabe an einen Notar oder sonstige Person als Treuhänder (RGZ 85, 431, 438ff; RG WarnR 1914 Nr 58). Schließlich ist gem § 1205 I 2 auch eine traditio brevi manu möglich (NK/*Bülow* Rn 10; Staudinger/*Wiegand* Rn 45). Die bloße Verpfändung des Briefs ist wirkungslos (RG JW 1904, 555; WarnR 1918 Nr 56); sie kann jedoch uU (wenn schriftlich) in eine Verpfändung der Hypothek oder die Einräumung eines vertragl Zurückbehaltungsrechts umgedeutet werden (vgl RG Recht 1912, 2846; Staudinger/*Wiegand* Rn 44).

15 **cc) Buchhypothek**: Erforderlich sind die Einigung über die Pfandrechtsbestellung und die Grundbucheintragung (§ 1154 III, § 873). Bei einer Gesamtbuchhypothek entsteht das Pfandrecht erst nach Eintragung auf allen Grundbuchblättern (RGZ 63, 74, 76).

16 **d) Grundschuld, Rentenschuld.** Für die Verpfändung einer Grund- oder Rentenschuld gilt grds dasselbe wie für die Verpfändung einer hypothekarisch gesicherten Forderung (vgl auch § 1291), nur dass hier eben die Grundschuld bzw Rentenschuld selbst verpfändet wird (vgl NK/*Bülow* Rn 18; MüKo/*Schäfer* Rn 25; BeckOGK/*Leinenweber* Rn 54; Staudinger/*Wiegand* Rn 46). Verpfändbar ist auch eine Eigentümergrundschuld, auch eine vorläufige (NK/*Bülow* Rn 19; MüKo/*Schäfer* Rn 26; BeckOGK/*Leinenweber* Rn 57, 59; BeckOK/*Schärtl* Rn 17; Staudinger/*Wiegand* Rn 47); nach zutr hM hingegen nicht eine zukünftige Eigentümergrundschuld (RGZ 145, 343, 353; BGH NJW 1970, 322, 323; *Baur/Stürner*, SachenR § 46 Rn 30; BeckOK/*Schärtl* Rn 17; Staudinger/*Wiegand* Rn 47; aA RG WarnR 1929 Nr 151; JW 1933, 2764; NK/*Bülow* Rn 19; MüKo/*Schäfer* Rn 26; BeckOGK/*Leinenweber* Rn 58). Verpfändbar ist ferner auch der Anspruch auf Rückübertragung einer Fremdgrundschuld (MüKo/*Schäfer* Rn 27; BeckOGK/*Leinenweber* Rn 60; BeckOK/*Schärtl* Rn 17).

17 **e) Auflassungsanspruch und Anwartschaft aus der Auflassung. aa) Auflassungsanspruch. (1)** Die Verpfändung des Auflassungsanspruchs bedarf **nicht der Form des § 311b I** (RGZ 111, 298, 300; BayObLG NJW 1976, 1895; NK/*Bülow* Rn 14; MüKo/*Schäfer* Rn 28; BeckOGK/*Leinenweber* Rn 66; BeckOK/*Schärtl* Rn 18; Staudinger/*Wiegand* § 1287 Rn 12; aA *Ertl* DnotZ 1977, 81ff; *Huhn* Rpfleger 1974, 2), ebenso wenig die Verpflichtung hierzu (BGH NJW 1984, 973; MüKo/*Schäfer* Rn 28; BeckOK/*Schärtl* Rn 18). Die Verpfändung erfolgt durch formfreien Abtretungsvertrag und Anzeige gem § 1280 (MüKo/*Schäfer* Rn 28; BeckOGK/*Leinenweber* Rn 66; BeckOK/*Schärtl* Rn 18). Im Grundbuch kann sie nur dann vermerkt werden, wenn eine Auflassungsvormerkung eingetragen worden ist (BayObLG 1967, 295, 297; NJW 1976, 1895; BayObLG 1995, 171, 173; *Hieber* DnotZ 1954, 173). Vor Pfandreife (§ 1228 II, dazu § 1228 Rn 5f) kann der Pfandgläubiger nur verlangen, dass der Veräußerer an ihn und den Gläubiger gemeinschaftl leistet (§ 1281), beide sind Auflassungsempfänger (MüKo/*Schäfer* Rn 31; BeckOGK/*Leinenweber* Rn 75; Staudinger/*Wiegand* § 1287 Rn 13). Nach Pfandreife ist allein der Pfandgläubiger Auflassungsempfänger (MüKo/*Schäfer* Rn 31; BeckOGK/*Leinenweber* Rn 75; Staudinger/*Wiegand* § 1287 Rn 14). Die Auflassungserklärung geht jedoch stets dahin, dass das Eigentum auf den Gläubiger übergehen soll. Zur Bestellung eines Verwahrers s § 1281 Rn 4. Zulässig ist aber in beiden Fällen auch, dass die Auflassung (wie sonst üblich) zw dem Grundstückseigentümer und dem Erwerber erklärt wird und der Pfandgläubiger dem gem § 185 (in der Form des § 29 GBO) zustimmt (vgl *Hieber* DnotZ 1954, 171, 173f; MüKo/*Schäfer* Rn 30; Staudinger/*Wiegand* § 1287 Rn 13f). Der Pfandgläubiger (bzw Verwahrer) kann dann die Eintragung des Gläubigers beantragen; mit ihr entsteht kraft Gesetzes eine Sicherungshypothek (§ 1287 S 2) (Nürnberg FGPrax 2013, 161; MüKo/*Schäfer* Rn 30f; Staudinger/*Wiegand* § 1287 Rn 15). Ist ein Auflassungsanspruch unter der auflösenden

Bedingung der Eintragung einer Grundschuld für den Pfandgläubiger verpfändet, kann der bei der Auflassungsvormerkung eingetragene Verpfändungsvermerk mit Eintragung der Grundschuld im Wege der Grundbuchberichtigung nur mit Bewilligung des Pfandgläubigers gelöscht werden (BayObLG 1995, 171).

(2) Eine besondere Problematik ergibt sich, wenn der **Verkäufer bereits aufgelassen hat.** Die Judikatur ist insofern uneinheitlich, teils wurde die Möglichkeit einer (Ver-)Pfändung verneint (BayObLG JFG 9, 233, 234; KG JFG 14, 131, 132); zutr Ansicht nach erlischt der Anspruch auf Eigentumsübertragung jedoch erst dann durch Erfüllung (§ 362 I), wenn der Leistungserfolg eingetreten ist, sodass der Anspruch bis dahin auch verpfändbar ist (BayObLG Rpfleger 1976, 421; KG JFG 3, 297, 300; 4, 339, 345; 7, 328, 331; NK/*Bülow* Rn 15; MüKo/*Schäfer* Rn 40; Staudinger/*Wiegand* § 1287 Rn 15). Der Auflassungsempfänger hat indes auch die Möglichkeit, das ihm zustehende Anwartschaftsrecht zu verpfänden (vgl MüKo/*Schäfer* Rn 39) (Rn 19). Die (Ver-)Pfändung des Anwartschaftsrechts bewirkt aber nicht automatisch auch zugleich eine Pfändung des schuldrechtl Eigentumsverschaffungsanspruchs (Hamm FGPrax 2008, 9; München NotBZ 2010, 469; Rostock FGPrax 2016, 15, 16). 18

bb) Auflassungsanwartschaft. Die Verpfändung des Anwartschaftsrechts des Auflassungsempfängers richtet sich gem § 1274 I 1 nach **§ 925** (MüKo/*Schäfer* Rn 36; BeckOGK/*Leinenweber* Rn 85; BeckOK/*Schärtl* Rn 18; Staudinger/*Wiegand* § 1287 Rn 17; vgl auch BGH NJW 1968, 493, 494; 1991, 2019). Eine Anzeige gem § 1280 ist nicht erforderlich, da das Anwartschaftsrecht keine Forderung ist (MüKo/*Schäfer* Rn 36; BeckOGK/*Leinenweber* Rn 85; BeckOK/*Schärtl* Rn 18; Staudinger/*Wiegand* § 1287 Rn 17). Im Grundbuch kann die Verpfändung nur vermerkt werden, wenn eine Auflassungsvormerkung eingetragen ist (BayObLG NJW 1968, 705; BayObLG 1995, 171, 173; *Hieber* DnotZ 1954, 170, 176; *Hoche* NJW 1955, 651, 654; BeckOGK/*Leinenweber* Rn 86). Mit der Eigentumsumschreibung entsteht analog § 1287 S 2 eine Sicherungshypothek (BGH NJW 1968, 493, 495; BayObLG 1990, 318, 319f; MüKo/*Schäfer* Rn 37f; BeckOGK/*Leinenweber* Rn 91; Staudinger/*Wiegand* § 1287 Rn 18). Deren Rang bestimmt sich grds nach dem Zeitpunkt des Eigentumsübergangs, dh sie geht anderen vom Auflassungsempfänger für sich selbst oder Dritte bewilligten dinglichen Belastungen vor, weil diese erst mit ihrer Eintragung und damit nach der Eigentumseintragung (mit welcher die Sicherungshypothek entsteht) entstehen (vgl BGH NJW 1968, 493, 494; BayObLG 1990, 318, 319f; MüKo/*Schäfer* Rn 34; BeckOGK/*Leinenweber* Rn 91; Staudinger/*Wiegand* § 1287 Rn 16). Eine Ausnahme gilt jedoch im Falle einer gleichzeitig beantragten Restkaufgeldhypothek: sie geht im Rang vor, weil sie einen Teil der Gegenleistung des Käufers darstellt (BayObLG 1972, 46; MüKo/*Schäfer* Rn 34; Staudinger/*Wiegand* § 1287 Rn 16). Veräußerer und Erwerber können die Eigentumsumschreibung analog § 1276 nur mit Zustimmung des Pfandgläubigers beantragen (*Hoche* NJW 1955, 651, 654; Staudinger/*Wiegand* § 1287 Rn 19; aA *Hieber* DnotZ 1954, 170, 176). 19

f) Miterbenanteil. Die Verpfändung eines Miterbenanteils erfolgt durch notariell beurkundeten Vertrag (§ 1274 I 1, § 2033 I); eine Anzeige gem § 1280 ist – da keine Forderung – nicht erforderlich (RGZ 90, 232, 234; KGJ 33, 226, 228; NK/*Bülow* Rn 20; MüKo/*Schäfer* Rn 41; BeckOGK/*Leinenweber* Rn 93; BeckOK/*Schärtl* Rn 19). 20

g) Gesellschaftsanteile. aa) Aktien. Bei **Inhaberaktien** erfolgt die Verpfändung gem § 1293 nach den Vorschriften über das Pfandrecht an beweglichen Sachen (BGH NZG 2016, 187 Rn 11; *Nodoushani* WM 2007, 289, 292; BeckOGK/*Leinenweber* Rn 196; BeckOK/*Schärtl* Rn 20; Staudinger/*Wiegand* Rn 60). **Namensaktien** (gem § 68 I 1 AktG Orderpapiere) können gem § 1292 durch Einigung, Übergabe bzw Übergabesurrogat und Indossament verpfändet werden (*Nodoushani* WM 2007, 289, 292; NK/*Bülow* Rn 34; BeckOGK/*Leinenweber* Rn 196; BeckOK/*Schärtl* Rn 20; Staudinger/*Wiegand* Rn 60; s § 1292 Rn 3ff). Bei vinkulierten Namensaktien ist § 68 II AktG zu beachten (MüKo/*Bayer* § 68 AktG Rn 56 mwN; NK/*Bülow* Rn 34; BeckOK/*Schärtl* Rn 20; Staudinger/*Wiegand* Rn 60). Möglich ist daneben auch die Verpfändung der Mitgliedschaft gem § 1274 I 1, §§ 413, 398 (*Nodoushani* WM 2007, 289, 292f; *Perwein* AG 2012, 611f; NK/*Bülow* Rn 34; BeckOK/*Schärtl* Rn 20; Staudinger/*Wiegand* Rn 61). Nach der Rspr bedarf es hierzu neben der Einigung auch der Übergabe der Aktienurkunde (so die Rspr, vgl RGZ 88, 290, 292 – Wechsel; JW 1932, 2599 – Namensaktie; BGH NJW 1958, 302 – Wechsel; 1988, 1979, 1880 – Wechsel; KG NZG 2003, 226 – Namensaktie; FG München BeckRS 2012, 94094 – Zwischenschein); nach überzeugender hL ist dies hingegen nicht erforderlich, denn aus §§ 413, 398 lässt sich dies nicht herleiten (vgl MüKo/*Bayer* § 68 Akt Rn 30; BeckOGK/*Cahn* § 68 AktG Rn 24; Koch/*Koch* § 68 AktG Rn 3; NK/*Bülow* Rn 34; zum Streitstand auch *Perwein* AG 2012, 611ff). Die Mitgliedschaftsrechte, insbesondere das Stimmrecht (Celle AG 2015, 363; *Spindler* in K. Schmidt/Lutter, § 134 AktG Rn 7 mwN) sowie das Bezugsrecht (*Veil* in K. Schmidt/Lutter, § 186 AktG Rn 6 mwN), stehen weiterhin dem Aktionär zu (BGH NZG 2016, 187 Rn 28). Der Anspruch auf Dividende steht dem Pfandgläubiger nur zu, wenn ein Nutzungspfand (§ 1273 II, § 1213 I) vereinbart ist (BeckOGK/*Vatter* § 10 AktG Rn 73 mwN). Zu Besonderheiten bei Aktien im Depot s § 1293 Rn 8. 21

bb) GmbH-Geschäftsanteile. GmbH-Geschäftsanteile werden gem § 1274 I 1 iVm § 15 III GmbHG durch notariell beurkundeten Verpfändungsvertrag verpfändet (RGZ 53, 107, 110; *Bayer* in Lutter/Hommelhoff § 15 GmbHG Rn 111 mwN). Gem § 1274 I 1 iVm § 15 V GmbHG müssen ferner ggf bestehende statutarische Schranken beachtet werden (*Bayer* aaO; *Seibt* in Scholz § 15 GmbHG Rn 172f). Eine Anzeige gem § 1280 ist nicht erforderlich, da es sich nicht um eine Forderung handelt (vgl RGZ 57, 414, 415f; *Bayer* aaO). Soweit der Pfandgläubiger jedoch Rechte ggü der Gesellschaft geltend machen will, bedarf es hierfür einer Anzeige an diese (*Bayer* aaO; *Bayer* GmbHR 2012, 1, 5; *Ebbing* in Michalski/Heidinger/Leible/J. Schmidt § 15 GmbHG Rn 220; NK/*Bülow* Rn 32; BeckOK/*Schärtl* Rn 21; *Seibt* in Scholz § 15 GmbHG Rn 175; *Wicke*, GmbHG § 15 Rn 28; aA Staudinger/*Wiegand* Rn 73). Das Kausalgeschäft bedarf hingegen nicht der Form des § 15 IV GmbHG (RGZ 58, 223, 225; RG JW 1937, 2118; *Bayer* aaO mwN). Die Verwaltungsrechte einschl des Stimmrechts bleiben nach zu- 22 treffender hM beim Gesellschafter, vgl BGH GmbHR 1992, 656; NZG 2016, 1223 Rn 14; näher dazu sowie zu bestimmten Ausnahmen *Bayer* in Lutter/Hommelhoff § 15 GmbHG Rn 113 mwN; s auch noch § 1276 Rn 8.

23 **cc) Personengesellschaften.** Gesellschaftsanteile an Personengesellschaften (GbR, oHG, KG) sind nur dann übertragbar und damit verpfändbar, wenn der Gesellschaftsvertrag dies zulässt oder sämtliche Gesellschafter zustimmen (RGZ 57, 414, 415; BGH NZG 2010, 356 Rn 11; ab 1.1.2024: § 711 I 1). Die Verpfändung erfolgt gem § 1274 I 1, §§ 398, 413 durch formlose Einigung (MüKo/*Schäfer* § 719 Rn 33; Staudinger/*Wiegand* Rn 54). Eine Anzeige gem § 1280 ist nicht erforderlich, da es sich nicht um die Verpfändung einer Forderung handelt (RGZ 57, 414, 415f; BGH NZG 2010, 356 Rn 12). Das Pfandrecht gewährt dem Pfandgläubiger grds keinen Einfluss auf die Gesellschafterstellung des Verpfändenden (BGH NZG 2016, 1223 Rn 14).

24 **h) Immaterialgüterrechte. aa) Patente.** Gem § 15 I 2 PatG können sowohl das Recht auf das Patent, der Anspruch auf Erteilung des Patents als auch das Recht aus dem Patent übertragen und damit auch verpfändet werden. Die Verpfändung erfolgt gem § 1274 I 1, §§ 398, 413 durch formlosen Vertrag zw Inhaber und Pfandgläubiger (RGZ 75, 225, 227; vgl auch RGZ 126, 280, 284); eine Anzeige gem § 1280 ist, da keine Forderung, nicht erforderlich (Staudinger/*Wiegand* Rn 87; *Heuer* BKR 2020, 559, 561). Die Eintragung in die Patentrolle ist nicht notwendig, aber zulässig (NK/*Bülow* Rn 24; MüKo/*Schäfer* Rn 84; BeckOK/*Schärtl* Rn 25; Staudinger/*Wiegand* Rn 91).

25 **bb) Gebrauchsmuster, Designs.** Das zum Patent Gesagte gilt entspr für Gebrauchsmuster (§ 22 I 2 GebrMG) und Designs (§ 30 I Nr 1 DesignG); die Verpfändung erfolgt ebenfalls gem § 1274 I 1, §§ 398, 413 durch formlosen Vertrag (vgl MüKo/*Schäfer* Rn 85; BeckOK/*Schärtl* Rn 26; Staudinger/*Wiegand* Rn 93).

26 **cc) Marken.** Gem § 29 I Nr 1 MarkenG können auch **Marken** sowie gem § 31 MarkenG auch das durch die Anmeldung einer Marke entstehende **Markenanwartschaftsrecht** verpfändet werden; die Verpfändung erfolgt gem § 1274 I 1, §§ 398, 413 durch formlosen Vertrag; es ist weder eine Anzeige nach § 1280 noch eine Übergabe der Markenurkunde erforderlich (vgl NK/*Bülow* Rn 27; MüKo/*Schäfer* Rn 85; Ingerl/Rohnke/Nordemann/*Czychowski*, MarkenG § 29 Rn 5, § 31 Rn 1; Staudinger/*Wiegand* Rn 94). Die Verpfändung von **Unionsmarken** bedarf hingegen der Schriftform (vgl Art 17 III, 19 UMV; BeckOK/*Schärtl* Rn 27).

27 **dd) Lizenzen.** Bzgl der Verpfändung von Lizenzen ist zu differenzieren: Eine **einfache** (nicht exklusive) **Lizenz** ist im Zweifel nicht übertragbar und damit auch nicht verpfändbar (MüKo/*Schäfer* Rn 85; Staudinger/*Wiegand* Rn 95); in Betracht kommt hier aber ggf eine Verpfändung der Forderung des Lizenznehmers gem §§ 1279ff (Staudinger/*Wiegand* Rn 95). Eine **exklusive Lizenz** hat hingegen im Zweifel dinglichen Charakter und ist daher (soweit nichts Abw vereinbart ist) übertragbar und somit gem § 1274 I 1, §§ 398, 413 durch formlosen Vertrag verpfändbar (Staudinger/*Wiegand* Rn 95).

28 **ee) Internet-Domain.** Eine Internet-Domain ist als solche nach hM nicht verpfändbar; verpfändet werden kann aber der zugrunde liegende schuldrechtl Konnektierungsanspruch (BGH NJW 2005, 3353 zur Pfändung; NK/*Bülow* Rn 27; MüKo/*Schäfer* Rn 85; BeckOGK/*Leinenweber* Rn 209f; *Maume* NZG 2017, 249, 250; Staudinger/*Wiegand* Rn 97).

§ 1275 Pfandrecht an Recht auf Leistung

Ist ein Recht, kraft dessen eine Leistung gefordert werden kann, Gegenstand des Pfandrechts, so finden auf das Rechtsverhältnis zwischen dem Pfandgläubiger und dem Verpflichteten die Vorschriften, welche im Falle der Übertragung des Rechts für das Rechtsverhältnis zwischen dem Erwerber und dem Verpflichteten gelten, und im Falle einer nach § 1217 Abs. 1 getroffenen gerichtlichen Anordnung die Vorschrift des § 1070 Abs. 2 entsprechende Anwendung.

1 **1. Ratio.** § 1275 entspricht der Parallelregelung in § 1070 für den Nießbrauch (Mot III, 853). Die Norm regelt für den Fall des Pfandrechts an einem Recht auf Leistung das Rechtsverhältnis zw dem Pfandgläubiger und dem zur Leistung verpflichteten **Schuldner**; dieser soll im Falle der Verpfändung **nicht schlechter stehen als im Falle der Übertragung** des Rechts (vgl BeckOK/*Schärtl* Rn 1; Staudinger/*Wiegand* Rn 1; vgl auch Mot III, 853 iVm 540). Hs 1 erklärt deshalb die im Falle der Zession geltenden Vorschriften für entspr anwendbar, Hs 2 ordnet für die Fälle einer Anordnung gem § 1217 I die entspr Anwendung des § 1070 an.

2 **2. Anwendungsbereich.** § 1275 gilt auch für das gesetzl Pfandrecht an Rechten (§ 1273 II, § 1257) (Mot III, 853; NK/*Bülow* Rn 11; BeckOGK/*Leinenweber* Rn 4; Staudinger/*Wiegand* Rn 9) und, soweit die ZPO keine Sonderregelungen enthält, auch für das Pfändungspfandrecht (Mot III, 853; RGZ 87, 412, 415f; NK/*Bülow* Rn 11; BeckOGK/*Leinenweber* Rn 4; Staudinger/*Wiegand* Rn 9).

3 **3. Anzuwendende Vorschriften (Hs 1). a) Generell.** Die **§§ 404–411** finden entspr Anwendung (NK/*Bülow* Rn 4; MüKo/*Schäfer* Rn 2; BeckOGK/*Leinenweber* Rn 5; BeckOK/*Schärtl* Rn 3; Grü/*Wicke* Rn 2; Staudinger/*Wiegand* Rn 2); § 408 hat allerdings bei der Verpfändung keinen Anwendungsbereich (vgl NK/*Bülow* Rn 4; MüKo/*Schäfer* Rn 2; BeckOGK/*Leinenweber* Rn 5). Der Schuldner kann dem Pfandgläubiger also alle Einwendungen entgegenhalten, die zur Zeit der Verpfändung begründet waren (§ 404) (RG WarnR 1914 Nr 245; BGH NJW-RR 2012, 502 Rn 12). Gem § 405 kann sich der Schuldner bei Vorlage einer Urkunde dem gutgläubigen Pfandgläubiger ggü nicht auf ein Scheingeschäft oder ein Verpfändungs-/Abtretungsverbot berufen (RG WarnR 1914 Nr 245). Gem § 406 kann der Schuldner auch mit einer Forderung gegen den Gläubiger ggü dem Pfand-

gläubiger aufrechnen (Naumburg BeckRS 2012, 21419); der Schuldner kann aber hierauf verzichten, zB durch ein Schuldanerkenntnis in Kenntnis und zum Zweck der Verpfändung (RGZ 87, 184, 187). Im Rahmen des § 407 kann der Schuldner mit befreiender Wirkung an den Gläubiger leisten; dabei kommt es bzgl der Kenntnis von der Verpfändung nicht darauf an, wie der Schuldner diese erlangt hat (RGZ 52, 141, 143); sofern eine Anzeige nach § 1280 erfolgt ist, wird die Kenntnis aber idR vorliegen (vgl RGZ 89, 289, 290; BeckOGK/*Leinenweber* Rn 5; Staudinger/*Wiegand* Rn 3). Gem § 409 kann der Schuldner nach Anzeige von der Verpfändung gem § 1280 (oder falls § 1280 nicht gilt, der Gläubiger die Verpfändung sonst angezeigt hat, vgl MüKo/*Schäfer* Rn 2) und Pfandreife auch dann mit befreiender Wirkung an den Pfandgläubiger leisten, wenn das Pfandrecht nicht besteht oder erloschen ist (*v Tuhr* DJZ 1907, 605). Gem § 410 kann der Schuldner vom Pfandgläubiger die Aushändigung einer Urkunde über die Verpfändung verlangen, wenn keine schriftliche Anzeige von der Verpfändung erfolgt ist (MüKo/*Schäfer* Rn 2). Ferner gilt auch der besondere Schutz gem § 411 zugunsten des Fiskus als Gehaltsschuldner entspr.

b) Besonderheiten bei Grundpfandrechten. aa) Im Falle der Verpfändung einer **hypothekarisch gesicherten Forderung** gelten die §§ 404ff nur für die persönliche Forderung und die rückständigen Zinsen und andere Nebenleistungen, nicht hingegen für den dinglichen Anspruch (RG WarnR 1914 Nr 245). Zudem werden §§ 406–408 durch § 1156 S 1 ausgeschlossen und die übrigen Vorschriften durch §§ 1138, 1156, 1157, 892 modifiziert (BeckOK/*Schärtl* Rn 4; MüKo/*Schäfer* Rn 3; BeckOGK/*Leinenweber* Rn 6; Staudinger/*Wiegand* Rn 7). 4

bb) Eine **Grundschuld** ist ebenfalls ein Recht, kraft dessen eine Leistung gefordert werden kann, und fällt daher unter § 1275 (RG LZ 1916, 947). Allerdings werden die §§ 404ff hier weitgehend durch §§ 1192, 1157, 892 verdrängt: Einwendungen aus dem Rechtsverhältnis zw Grundstückseigentümer und Grundschuldgläubiger können dem Pfandgläubiger nur entgegengehalten werden, wenn er sie beim Pfandrechtserwerb kannte (vgl RG WarnR 1934 Nr 157; BeckOK/*Schärtl* Rn 5; MüKo/*Schäfer* Rn 4; BeckOGK/*Leinenweber* Rn 9; Staudinger/*Wiegand* Rn 8). Sofern jedoch eine rechtszerstörende Einrede besteht, kann der Eigentümer gem §§ 1275, 1169 Verzicht auf das Pfandrecht verlangen (RG LZ 1916, 947 bzgl Nichtentstehung der Forderung im Falle einer Sicherungsgrundschuld). 5

4. Verwalterbestellung (Hs 2). Wird gem § 1273 II, § 1217 I (vgl zur Anwendbarkeit § 1273 Rn 7) gem § 410 Nr 3 FamFG ein Verwalter zur Ausübung des Pfandrechts bestellt, so gilt § 1070 II entspr, dh dem Schuldner ggü wird die Übertragung erst wirksam, wenn er von ihr Kenntnis erlangt oder wenn ihm eine Mitteilung von der Anordnung zugestellt wird (vgl NK/*Bülow* Rn 10; MüKo/*Schäfer* Rn 7; Staudinger/*Wiegand* Rn 6). 6

§ 1276 Aufhebung oder Änderung des verpfändeten Rechts

(1) Ein verpfändetes Recht kann durch Rechtsgeschäft nur mit Zustimmung des Pfandgläubigers aufgehoben werden. Die Zustimmung ist demjenigen gegenüber zu erklären, zu dessen Gunsten sie erfolgt; sie ist unwiderruflich. Die Vorschrift des § 876 Satz 3 bleibt unberührt.

(2) Das Gleiche gilt im Falle einer Änderung des Rechts, sofern sie das Pfandrecht beeinträchtigt.

1. Ratio. § 1276 entspricht §§ 876, 1071 (vgl Mot III, 856; NK/*Bülow* Rn 1; Staudinger/*Wiegand* Rn 1) und bezweckt den Schutz des Pfandgläubigers vor einer Beeinträchtigung seiner Rechtsstellung durch rechtsgeschäftliche Aufhebung (Abs I) oder Änderung (Abs II) des Rechts; beides wird daher von seiner Zustimmung abhängig gemacht (vgl Mot III, 856; NK/*Bülow* Rn 1; MüKo/*Schäfer* Rn 1; BeckOGK/*Leinenweber* Rn 2; BeckOK/*Schärtl* Rn 1; Staudinger/*Wiegand* Rn 1). 1

2. Abgrenzung zu § 1275. § 1276 betrifft ausschließlich Rechtsgeschäfte, die vom **Inhaber des verpfändeten Rechts** vorgenommen werden; ob und inwieweit ein Rechtsgeschäft, das vom Verpflichteten vorgenommen wird, zur Aufhebung bzw Änderung des belasteten Rechts führt, richtet sich hingegen nach §§ 1275 iVm §§ 404ff (jurisPK/*Metzger* Rn 3; Staudinger/*Wiegand* Rn 2). 2

3. Anwendungsbereich. Nicht unter § 1276 fallen der Untergang des Rechts infolge **gutgläubigen Erwerbs** eines Dritten (Mot III, 857; RGZ 84, 395, 399) sowie Fälle, in denen ein Rechtsgeschäft **nur mittelbar** zur Aufhebung/Änderung des belasteten Rechts führt (NK/*Bülow* Rn 2; MüKo/*Schäfer* Rn 2; BeckOK/*Schärtl* Rn 2; Staudinger/*Wiegand* Rn 3; Bsp s Rn 5ff). 3

4. Zustimmung. Die Zustimmung des Pfandgläubigers kann als Einwilligung (§ 183) oder als Genehmigung (§ 184) erfolgen, muss jedoch (abw von § 182 I) dem Begünstigten ggü erklärt werden (Abs I S 2 Hs 1); bei im Grundbuch eingetragenen Rechten kann sie jedoch auch ggü dem Grundbuchamt erklärt werden (Abs I S 3 iVm § 876 S 3). Sie ist (abw von § 183 S 2) generell unwiderruflich (Abs I S 2 Hs 2). Ohne wirksame Zustimmung ist die Verfügung dem Pfandgläubiger ggü relativ unwirksam (RGZ 90, 232, 236f; BGH NJW 1967, 200, 201; BayObLG NJW 1959, 1780, 1781). 4

5. Einzelfälle. a) Mietforderungen. Im Falle der Veräußerung der Mietsache greift § 1276 a priori nicht ein, da hier über die Mietsache und nicht über das Recht verfügt wird (München OLG 33, 318, 319). Gleiches gilt für die Aufhebung/Kündigung des Mietvertrags (Posen OLG 31, 358f). Der Pfandgläubiger kann aber die bereits entstandenen Mietzinsen geltend machen (Posen OLG 31, 358, 359). 5

6 **b) Schadensersatzanspruch aus § 717 II ZPO.** Die Verpfändung eines Schadensersatzanspruchs aus **§ 717 II ZPO** hindert die Prozessparteien nicht, sich über den Streitgegenstand zu vergleichen, denn auch insoweit handelt es sich nicht um eine unmittelbare Einwirkung auf das gepfändete Recht (RGZ 145, 328, 335f).

7 **c) Erbteil.** Ein Miterbe kann über einen **verpfändeten Erbteil** verfügen (zB ihn veräußern), ohne dass es hierfür der Zustimmung des Pfandgläubigers bedarf, da der Bestand des Pfandrechts hierdurch nicht berührt wird (KG HRR 1934 Nr 265). § 1276 I greift jedoch im Falle der Übertragung sämtlicher Miterbenanteile auf einen Miterben oder Dritter oder im Falle der anderweitigen Auseinandersetzung der Erbengemeinschaft, da hiermit das Pfandrecht am Miterbenanteil hinfällig wird (BayObLG NJW 1959, 1780, 1781; vgl zum Erwerb des Pfandrechts am Surrogat in diesem Fall § 1258 Rn 8). Ferner stellt eine Verfügung über einzelne Nachlassgegenstände eine zustimmungspflichtige Inhaltsänderung iSd § 1276 II dar, denn jene geben dem Erbteil seinen Inhalt und Wert; andernfalls könnten die Miterben den verpfändeten Erbteil völlig aushöhlen (RGZ 90, 232, 236). Bei Nachlassgrundstücken kann die Erbteilsverpfändung angesichts der Gefahr eines gutgläubigen Erwerbs ins Grundbuch eingetragen werden (RGZ 90, 232, 235; KGJ 33, 226, 229).

8 **d) GmbH-Geschäftsanteile.** Der Inhaber eines verpfändeten GmbH-Geschäftsanteils kann weiterhin zustimmungsfrei über diesen verfügen, denn de lege lata ist ein gutgläubiger lastenfreier Erwerb nicht möglich (vgl nur *Bayer* in Lutter/Hommelhoff § 16 GmbHG Rn 74 mwN). Ferner verbleiben ihm auch die Verwaltungsrechte einschl des Stimmrechts (vgl bereits § 1274 Rn 22). Ein Zustimmungserfordernis gem § 1276 besteht richtiger Ansicht nach mit Blick auf die gesellschaftsrechtl Spezifika nur in Ausnahmefällen, insb bei der Zustimmung zur (freiwilligen) Einziehung oder bei der gesellschaftsvertragl zugelassenen Kündigung ohne wichtigen Grund (vgl *Bayer* in Lutter/Hommelhoff § 15 GmbHG Rn 113; MüKo-GmbHG/*Reichert/Weller* § 15 Rn 297, jew mwN).

9 **e) Anwartschaftsrecht. aa)** Vgl zur analogen Anwendung des § 1276 bei der **Auflassungsanwartschaft** § 1274 Rn 19.

10 **bb)** Höchst **str** ist die (analoge) Anwendung des § 1276 im Fall der Übertragung des **Anwartschaftsrechts aus bedingter Übereignung einer beweglichen Sache**. Der BGH (NJW 1985, 376, 379) und ein Teil der Lehre (*Wilhelm* NJW 1987, 1785ff; Staudinger/*Wiegand* Rn 11) lehnen sie ab; § 1276 sei Teil eines andersartigen und weitergehenden Schutzsystems zugunsten des Rechtspfandgläubigers, dessen Anwendung beim Anwartschaftsrecht aus bedingter Übereignung einer beweglichen Sache – als „wesensgleiches Minus" zum Eigentum an einer solchen – weder system- noch interessengerecht sei; zumal der Grundpfandgläubiger speziell bei Zubehörstücken ohnehin in weitem Umfang mit einer Enthaftung derselben rechnen müsse. Große Teile der Lehre bejahen hingegen eine analoge Anwendung des § 1276 (NK/*Bülow* Rn 6; MüKo/*Schäfer* § 1204 Rn 34; *Kollhosser* JA 1984, 196ff; BeckOGK/*Leinenweber* Rn 13; *Marotzke* AcP 186, 490ff; *Tiedke* NJW 1985, 1305ff; *Tiedke* NJW 1988, 28f; Grü/*Wicke* Rn 5; diff BeckOK/*Schärtl* Rn 7 – grds ja, aber nicht wenn Anwartschaftsrecht in die Zubehörhaftung gem § 1120 fällt). In der Tat spricht viel dafür, dass der Rechtsgedanke des § 1276 auch hier gelten muss, da sonst eine wesentliche Schutzlücke entstünde. Dass das Anwartschaftsrecht ein „wesensgleiches Minus" zum Eigentum ist, steht dem nicht entgegen, denn die Gefahr, vor der § 1276 schützen soll, besteht im Falle des Pfandrechts an der Sache selbst gerade nicht (vgl *Tiedke* NJW 1985, 1305, 1306ff).

§ 1277 Befriedigung durch Zwangsvollstreckung

Der Pfandgläubiger kann seine Befriedigung aus dem Recht nur aufgrund eines vollstreckbaren Titels nach den für die Zwangsvollstreckung geltenden Vorschriften suchen, sofern nicht ein anderes bestimmt ist. Die Vorschriften des § 1229 und des § 1245 Abs. 2 bleiben unberührt.

1 **1. Ratio.** Bei Rechten hielt der Gesetzgeber einen privaten Verkauf wegen der Unsicherheiten bzgl der Bewertung nicht für angemessen; um den Berechtigten vor einer „Verschleuderung" zu schützen (vgl Mot III, 859), bestimmt § 1277 daher als Regelfall die Verwertung aufgrund eines vollstreckbaren Titels nach den für die Zwangsvollstreckung geltenden Vorschriften. Die rechtstechnische Grundregel wird allerdings durch eine ganze Reihe praktisch wichtiger Ausnahmen durchbrochen (Rn 4f).

2 **2. Vollstreckbarer Titel.** Erforderlich ist ein dinglicher Titel, der entweder auf Duldung der Zwangsvollstreckung oder auf Gestattung der Befriedigung aus dem verpfändeten Recht lauten muss (vgl RGZ 103, 137, 139; KG HRR 1931 Nr 703; BGH BeckRS 2004, 05940). Ausreichend ist natürlich auch hier eine vollstreckbare Urkunde oder ein Prozessvergleich (§ 794 I Nr 1, 5 ZPO) (NK/*Bülow* Rn 2; MüKo/*Schäfer* Rn 3; BeckOGK/*Leinenweber* Rn 4; BeckOK/*Schärtl* Rn 3; Grü/*Wicke* Rn 2; Staudinger/*Wiegand* Rn 2). Ein persönlicher Zahlungstitel genügt selbst dann nicht, wenn der Schuldner zugleich Inhaber des verpfändeten Rechts ist (KG HRR 1931 Nr 703). Nach hM gilt allerdings gem § 1273 II die Vermutung des § 1248 (MüKo/*Schäfer* Rn 2; BeckOGK/*Leinenweber* Rn 9; *Westermann/Gursky/Eickmann*, § 135 Rn 13; aA Staudinger/*Wiegand* Rn 2). Bei einer Mietforderung eines mit einem Nießbrauch belasteten Grundstücks ist ein Titel gegen den Nießbraucher erforderlich, weil diesem die Mietforderung aus eigenem Recht zusteht (RGZ 93, 121, 124).

3 **3. Verwertung.** Die Verwertung erfolgt gem **§§ 828ff, 844, 857 ZPO.** Obgleich bereits ein Pfandrecht besteht, ist daher ein **Pfändungsbeschl erforderlich** (RGZ 103, 137, 139; MüKo/*Schäfer* Rn 4; BeckOGK/*Leinenweber* Rn 14; BeckOK/*Schärtl* Rn 4; Grü/*Wicke* Rn 2; Staudinger/*Wiegand* Rn 4; aA *Wolff/Raiser* § 175 V 3 Fn 33). Die konkrete Art der Verwertung richtet sich nach den für das jew Recht maßgeblichen ZPO-Vorschriften (näher BeckOGK/*Leinenweber* Rn 16f; Staudinger/*Wiegand* Rn 5). Bzgl der Rechtswirkungen der Verwertung sind die

§§ 1242–1244 grds nicht entspr anwendbar (MüKo/*Schäfer* Rn 4; BeckOGK/*Leinenweber* Rn 18; BeckOK/*Schärtl* Rn 4; Staudinger/*Wiegand* Rn 6); sie gelten vielmehr nur dann, wenn das Vollstreckungsgericht die Versteigerung oder den freihändigen Verkauf durch eine Privatperson angeordnet hat (BGH MDR 1964, 999), der Pfandverkauf gem §§ 1293, 1295 erfolgt (RGZ 100, 274, 277ff; KGJ 40, 285, 293) oder wenn eine entspr abw Verwertung vereinbart ist (KGJ 40, 285, 292; vgl MüKo/*Schäfer* Rn 4; BeckOGK/*Leinenweber* Rn 18; BeckOK/*Schärtl* Rn 4; Staudinger/*Wiegand* Rn 6).

4. Ausnahmen. a) Kraft Gesetzes. Bei Forderungen (**§ 1282**) sowie Grund- und Rentenschulden (**§§ 1291, 1282**) hat der Pfandgläubiger nach Pfandreife (§ 1228 II, dazu § 1228 Rn 5f) ein Einziehungsrecht, bei Orderpapieren auch schon vorher (**§ 1294**). Bei Inhaberpapieren (§ 1293, dazu § 1293 Rn 3) sowie bei Orderpapieren, die einen Börsen- oder Marktpreis haben (§ 1295, dazu § 1295 Rn 2ff), steht dem Pfandgläubiger eine Verkaufsbefugnis zu. Bei Letzteren ist auch eine Verfallsvereinbarung möglich (§ 1295 S 2, § 1259, dazu § 1295 Rn 4). 4

b) Kraft Vereinbarung (S 2). Gem S 2 sind abw Vereinbarungen zulässig. Dabei müssen allerdings die Grenzen des § 1229 (§ 1229 Rn 1ff) und des § 1245 II (§ 1245 Rn 6) gewahrt werden; diese Einschränkungen werden insb auch durch § 1284 nicht aufgehoben (RGZ 90, 255, 256; KGJ 31, 315, 319; 40, 285, 286; vgl auch § 1284 Rn 3). 5

§ 1278 Erlöschen durch Rückgabe

Ist ein Recht, zu dessen Verpfändung die Übergabe einer Sache erforderlich ist, Gegenstand des Pfandrechts, so findet auf das Erlöschen des Pfandrechts durch die Rückgabe der Sache die Vorschrift des § 1253 entsprechende Anwendung.

1. Ratio. Für den Fall, dass zur Bestellung eines Pfandrechts an einem Recht die Übergabe einer Sache erforderlich ist (§ 1274 I 2, s § 1274 Rn 1, 4), ordnet § 1278 konsequenterweise die entspr Anwendung des § 1253 an (vgl Mot III, 859), um auch hier die nachträgl Entstehung besitzloser Pfandrechte zu verhindern (vgl § 1253 Rn 1). 1

2. Tatbestand und Rechtsfolgen. Das Pfandrecht erlischt folglich durch die bloße Tatsache der Rückgabe der Sache an den Verpfänder oder Rechtsinhaber. Vgl zum Begriff der Rückgabe § 1253 Rn 3ff; zur Unwirksamkeit eines Vorbehalts § 1253 Rn 8; zur Rückgabevermutung des § 1253 II § 1253 Rn 11; zum Nichtwiederaufleben im Falle der erneuten **Übergabe** § 1253 Rn 10. 2

§ 1279 Pfandrecht an einer Forderung

Für das Pfandrecht an einer Forderung gelten die besonderen Vorschriften der §§ 1280 bis 1290. Soweit eine Forderung einen Börsen- oder Marktpreis hat, findet § 1259 entsprechende Anwendung.

1. Ratio. S 1 bestimmt, dass für das Pfandrecht an einer Forderung die leges speciales **der §§ 1280–1290** gelten, die teils Ergänzungen, teils aber auch Modifikationen der allg Regeln enthalten. Der zur Umsetzung der FinanzsicherheitenRL (Abl EG 2002 L 168/43) durch G v 5.4.2004 (BGBl I 2004, 502) eingefügte **S 2** stellt klar, dass § 1259 entspr anwendbar ist, soweit eine Forderung einen Börsen- oder Marktpreis hat (vgl BT-Drs 15/1853, 18). 1

2. Forderung iSd §§ 1279. Die §§ 1279ff gelten für Forderungen jeder Art, soweit sie verpfändbar sind (NK/*Bülow* Rn 2; MüKo/*Schäfer* Rn 3; BeckOGK/*Leinenweber* Rn 4; BeckOK/*Schärtl* Rn 2; Grü/*Wicke* Rn 1; Staudinger/*Wiegand* Rn 5). Keine Forderungen sind zB: Gesellschaftsanteile (RGZ 57, 414, 415; 67, 331, 332; BGH NZG 2010, 356 Rn 12; vgl auch bereits § 1274 Rn 21ff); Erbteile (RGZ 84, 395, 398; BayObLG NJW 1959, 1780, 1781); Immaterialgüterrechte (vgl § 1274 Rn 24ff). Zulässig ist auch eine Verpfändung einer Forderung des Verpfänders gegen den Pfandgläubiger (sog Pfandrecht an eigener Schuld, sog pignus debiti) (RGZ 116, 198, 207; JW 1931, 3101; BGH LM Nr 1 zu § 610 BGB; NJW 1983, 2701, 2702; 1988, 3260, 3262; BB 2004, 732, 734; Düsseldorf WM 1992, 1937; Dresden BKR 2010, 27). Zulässig ist ferner auch eine teilw Verpfändung, sofern die Forderung teilbar ist; ist die verpfändete Forderung höher als die gesicherte, so ist aber im Zweifel gleichwohl die ganze Forderung verpfändet (NK/*Bülow* Rn 3; MüKo/*Schäfer* Rn 5; BeckOGK/*Leinenweber* Rn 6; Grü/*Wicke* Rn 1; Staudinger/*Wiegand* Rn 6; *Zunft* NJW 1955, 441, 442). 2

3. Anwendbare Vorschriften. Für das Pfandrecht an Forderungen gelten gem S 1 primär die §§ 1280–1290; sekundär die §§ 1273–1279, sowie subsidiär – qua § 1273 II – die §§ 1204ff. Soweit die Forderung einen Börsen- oder Marktpreis hat, gelten gem S 2 die Erleichterungen gem § 1259 (§ 1259 Rn 1ff). 3

§ 1280 Anzeige an den Schuldner

Die Verpfändung einer Forderung, zu deren Übertragung der Abtretungsvertrag genügt, ist nur wirksam, wenn der Gläubiger sie dem Schuldner anzeigt.

1. Ratio. § 1280 verlangt bei Forderungen, die durch einfachen Abtretungsvertrag übertragen werden können, in Ausnahme zu § 1274 I 1 (vgl § 1274 Rn 2ff) als zusätzl Wirksamkeitserfordernis für die Verpfändung eine Verpfändungsanzeige des Gläubigers an den Schuldner. Damit soll – ebenso wie durch die Übergabe im Falle der Verpfändung beweglicher Sachen (vgl § 1205 Rn 1) – Publizität bzgl des Pfandrechtsbestands geschaffen werden (Mot III, 855; RG JW 1904, 485; JW 1920, 558, 559; NK/*Bülow* Rn 1; MüKo/*Schäfer* Rn 1; BeckOGK/*Lei-* 1 *nenweber* Rn 2ff; BeckOK/*Schärtl* Rn 1; Staudinger/*Wiegand* Rn 1). Zudem soll sie auch den Gefahren, die sich im Falle der Verpfändung einer Mehrheit von Forderungen aufgrund ungenügender Individualisierung ergeben könnten, vorbeugen (Mot III, 856). Schließlich verringert sie auch die Gefahr, dass der Schuldner gem §§ 1275, 407 (vgl § 1275 Rn 3) mit befreiender Wirkung an den Verpfänder leistet (vgl NK/*Bülow* Rn 2; MüKo/*Schäfer* Rn 1; BeckOGK/*Leinenweber* Rn 3; BeckOK/*Schärtl* Rn 1; Staudinger/*Wiegand* Rn 1). § 1280 ist zwingend (Mot III, 856; arg e § 1284; vgl auch § 1284 Rn 1).

2 **2. Anwendungsbereich. a) Erfasste Forderungen.** § 1280 gilt für **alle Forderungen, die durch einfachen Abtretungsvertrag übertragen werden können.** Dies gilt auch dann, wenn über die Forderung ein einfaches oder qualifiziertes Legitimationspapier ausgestellt ist (denn dessen Übergabe ist für die Abtretung/Verpfändung gerade weder ausreichend noch erforderlich), zB bei: Sparguthaben mit Sparbuch (RGZ 68, 277, 281; 124, 217, 220); Versicherungsansprüchen, auch wenn eine Versicherungspolice ausgestellt ist (RGZ 79, 306, 307); Forderung gegen Leihamt auf Rückgabe der versetzten Sache trotz Leihscheins (KG OLG 26, 207f).

3 **b) Nicht erfasste Fälle. aa)** § 1280 gilt von vornherein nicht für Rechte, die **keine Forderungen** sind, zB Gesellschaftsanteile (vgl § 1274 Rn 21ff, § 1279 Rn 2), Erbteile (vgl § 1279 Rn 2), Immaterialgüterrechte (vgl § 1274 Rn 24ff, § 1279 Rn 2). **bb)** Nicht von § 1280 erfasst sind zudem Forderungen, zu deren **Übertragung mehr als ein einfacher Abtretungsvertrag erforderlich** ist, zB Forderungen aus Anweisung (§ 1274 I 1, § 792 I 2: schriftliche Verpfändungserklärung); aus Order- oder Inhaberpapieren (§§ 1292f, s § 1292 Rn 2, § 1293 Rn 3); hypothekarisch gesicherte Forderung (vgl § 1274 Rn 13). **cc)** Entbehrlich ist die Anzeige nach § 1280 schließlich nach Sinn und Zweck im Falle des **Pfandrechts an eigener Schuld** (sog pignus debiti) (RG LZ 1922, 557; RGZ 116, 198, 207; BGH LM Nr 1 zu § 610 BGB; BB 2004, 732, 734).

4 **3. Anzeige. a) Bedeutung.** Die Anzeige ist (neben der Einigung) **Wirksamkeitsvoraussetzung**, ohne sie gelangt das Pfandrecht nicht zur Entstehung (RG JW 1904, 485; RGZ 79, 306, 308; 89, 289; BGH ZIP 1998, 171, 172; NJW 2007, 3425 Rn 12; NZG 2010, 356 Rn 13; Köln NJW-RR 1990, 485). Eine anderweitige Kenntniserlangung des Schuldners genügt nicht (RGZ 68, 278, 281f; 89, 289, 290; NK/*Bülow* Rn 10; MüKo/*Schäfer* Rn 5; BeckOGK/*Leinenweber* Rn 10; Grü/*Wicke* Rn 1; Staudinger/*Wiegand* Rn 7). Die Anzeige hat gem § 1275 die Wirkung des § 409 (vgl § 1275 Rn 3). Der Gläubiger ist dem Pfandgläubiger ggü aus dem Pfandvertrag zur Abgabe der Anzeige verpflichtet (RGZ 85, 431, 437; HRR 1930 Nr 216).

5 **b) Rechtsnatur und Inhalt.** Die Anzeige ist eine einseitige, empfangsbedürftige **Willenserklärung** (RGZ 89, 289, 291). Sie ist **formfrei** und kann auch konkludent erfolgen (RGZ 89, 289, 290f; Köln NJW-RR 1990, 485, 486; Hamburg VersR 2003, 630). Sie muss den Willen des Gläubigers zum Ausdruck bringen, dass er die Verpfändung gegen sich gelten lassen will, und in der Absicht erfolgen iSd § 1280 anzuzeigen (RG JW 1904, 485; RGZ 89, 289, 291; RG LZ 1933, 521, 523; Köln NJW-RR 1990, 485, 486). Eine konkludente Anzeige wurde zB bejaht im Falle der Übermittlung einer Kopie des Verpfändungsvertrags (Köln NJW-RR 1990, 485, 486) oder im Falle des Schweigens des Gläubigers auf eine entspr Mitteilung des Schuldners (RGZ 89, 289, 291; Hamburg VersR 2003, 630; BeckOGK/*Leinenweber* Rn 14; Staudinger/*Wiegand* Rn 7; krit RGRK/*Kregel* Rn 4; aA BeckOK/*Schärtl* Rn 3; MüKo/*Schäfer* Rn 5). In jedem Fall muss aber die verpfändete Forderung hinreichend genau bezeichnet bzw bestimmbar sein (RG JW 1920, 558f; vgl auch Mot III, 856).

6 **c) Abgabe der Erklärung.** Die Erklärung muss **durch den Gläubiger** erfolgen, der sich hierbei jedoch nach allg Regeln vertreten lassen kann (RGZ 79, 306, 308; 89, 289, 290; Köln NJW-RR 1990, 485, 486); eine entspr Bevollmächtigung kann jedoch idR nicht schon im Verpfändungsvertrag selbst gesehen werden (vgl RGZ 79, 306, 308; Köln NJW-RR 1990, 485, 486; NK/*Bülow* Rn 11; MüKo/*Schäfer* Rn 8; BeckOGK/*Leinenweber* Rn 17; Grü/*Wicke* Rn 2). Die Anzeige ist **jederzeit** möglich, solange der Anzeigende über die Forderung verfügen kann (RG JW 1904, 485; RGZ 79, 306, 309; 89, 289, 292).

7 **d) Adressat und Zugang.** Adressat der Anzeige ist der Schuldner bzw sein Stellvertreter (Grü/*Wicke* Rn 2; Staudinger/*Wiegand* Rn 9). Sie wird nach allg Regeln gem § 130 mit Zugang (dh nicht erst mit tatsächlicher Kenntnisnahme) wirksam (NK/*Bülow* Rn 8; MüKo/*Schäfer* Rn 9; BeckOGK/*Leinenweber* Rn 18; Staudinger/*Wiegand* Rn 10).

§ 1281 Leistung vor Fälligkeit

Der Schuldner kann nur an den Pfandgläubiger und den Gläubiger gemeinschaftlich leisten. Jeder von beiden kann verlangen, dass an sie gemeinschaftlich geleistet wird; jeder kann statt der Leistung verlangen, dass die geschuldete Sache für beide hinterlegt oder, wenn sie sich nicht zur Hinterlegung eignet, an einen gerichtlich zu bestellenden Verwahrer abgeliefert wird.

1 **1. Ratio.** § 1281 entspricht § 1077 (vgl Mot III, 860f) und regelt die Leistung vor Eintritt der Pfandreife (ab deren Eintritt gilt § 1282) dergestalt, dass nur eine **gemeinschaftl Berechtigung von Gläubiger und Pfandgläubiger** besteht. Dadurch soll der Pfandgläubiger davor geschützt werden, dass der Pfandschuldner die verpfändete Forderung einzieht und den Erlös verbraucht (BGH ZIP 2013, 987 Rn 20). Die Vorschrift ist allerdings abdingbar (vgl § 1284).

2 **2. Anwendungsbereich, leges speciales.** § 1281 gilt grds für Forderungen aller Art (vgl § 1279 Rn 2). Für Wertpapiere enthält § 1294 jedoch eine Sonderregelung. § 1281 gilt jedoch entspr auch für das Pfändungspfand-

recht, solange die Forderung dem Pfandgläubiger noch nicht überwiesen ist; relevant ist dies speziell beim Arrestpfandrecht (vgl RG JW 1912, 753; RGZ 104, 34, 35; 108, 318, 320).

3. Leistung des Schuldners nur an Gläubiger und Pfandgläubiger gemeinschaftl (S 1). Vor Pfandreife (§ 1228 II, dazu § 1228 Rn 5f) kann der Schuldner gem S 1 nur an den Gläubiger und Pfandgläubiger gemeinschaftl leisten. Dabei ist nach der Art des Anspruchs zu differenzieren: **a)** Vgl zu **Geldleistungen** § 1288 Rn 1ff. **b)** Ist der verpfändete Anspruch auf **Übereignung einer beweglichen Sache** gerichtet, so beschränkt sich die „gemeinschaftl Leistung" darauf, dass der Schuldner dem Pfandgläubiger und Gläubiger Mitbesitz verschafft; Eigentum überträgt er nur auf den Gläubiger (NK/*Bülow* Rn 9; MüKo/*Schäfer* Rn 2; BeckOGK/*Henn* Rn 4; BeckOK/*Schärtl* Rn 4; Grü/*Wicke* Rn 2; Staudinger/*Wiegand* Rn 5). Dabei genügt einfacher Mitbesitz (*Westermann/Gursky/Eickmann*, § 136 Rn 4; Grü/*Wicke* Rn 2; Staudinger/*Wiegand* Rn 5), denn qualifizierter Mitbesitz (dafür MüKo/*Schäfer* Rn 2; BeckOGK/*Henn* Rn 4.1; BeckOK/*Schärtl* Rn 2) würde die Rechtsstellung des Schuldners nachteilig verändern. **C)** Im Falle eines Anspruchs auf **Übereignung eines Grundstücks** genügt hingegen die Übergabe an den Gläubiger; der Pfandgläubiger hat hier keinen Anspruch auf Einräumung des Mitbesitzes, da er durch die gem § 1287 S 2 entstehende Sicherungshypothek (§ 1287 Rn 10) hinreichend geschützt ist (MüKo/*Schäfer* Rn 2; BeckOGK/*Henn* Rn 4.4; BeckOK/*Schärtl* Rn 2; Grü/*Wicke* Rn 2; Staudinger/*Wiegand* Rn 5). 3

4. Einziehungsrecht (S 2). S 2 gibt sowohl dem **Gläubiger** als auch dem **Pfandgläubiger** das Recht, die Forderung unabhängig voneinander selbständig geltend zu machen (vgl BGH NJW 1952, 786, 787; NK/*Bülow* Rn 10; BeckOGK/*Henn* Rn 5f; Staudinger/*Wiegand* Rn 6). Jeder von ihnen kann jedoch nur Leistung an beide gemeinschaftl verlangen (Hs 1) oder stattdessen Hinterlegung bzw Ablieferung an einen gerichtlich bestellten Verwahrer (Hs 2). Ist die Forderung fällig, so sind beide gem § 1285 verpflichtet, an der Einziehung mitzuwirken (vgl § 1285 Rn 2). Im Falle der Identität von Schuldner und Pfandgläubiger kann der Gläubiger nicht Leistung an sich allein verlangen (BGH LM Nr 1 zu § 610 BGB; NJW 2004, 1660, 1661). Sofern ein entspr Sicherungsbedürfnis besteht, kann eine Bank von ihrem Pfandrecht an den Forderungen eines Kunden aus einem Kontoguthaben aber auch schon vor Pfandreife Gebrauch machen, indem sie zur Sicherung einer späteren Verwertung keine Verfügungen des Kunden mehr zulässt (sog Kontosperre) (BGH NJW 2004, 1660). 4

5. Rechtsfolgen von Verstößen gegen § 1281. a) Leistung nur an Gläubiger in Unkenntnis der Verpfändung. Ist der Schuldner gutgläubig, wird er gem §§ 1275, 407 (vgl § 1275 Rn 3) auch dann frei, wenn er nur an den Gläubiger leistet (MüKo/*Schäfer* Rn 7; BeckOGK/*Henn* Rn 8; Staudinger/*Wiegand* Rn 7; *Westermann/Gursky/Eickmann*, § 136 Rn 7; Grü/*Wicke* Rn 4). Hier ist § 1287 entspr anzuwenden (vgl auch § 1287 Rn 5; NK/*Bülow* Rn 8; *Westermann/Gursky/Eickmann*, § 136 Rn 7; Grü/*Wicke* Rn 4; Staudinger/*Wiegand* Rn 7; aA MüKo/*Schäfer* Rn 7; Planck/*Flad* § 1287 Anm 1; BeckOK/*Schärtl* § 1287 Rn 2). 5

b) Leistung nur an Gläubiger in Kenntnis der Verpfändung. aa) Leistet der Schuldner hingegen in Kenntnis der Verpfändung an den Gläubiger allein, so hat die erbrachte Leistung **keine Erfüllungswirkung**, dh die Forderung besteht fort (vgl RGZ 64, 28, 29f; 77, 250, 254; BGH NJW-RR 2012, 502 Rn 10; Dresden OLG-NL 1996, 208; Bamberg ZIP 2007, 571, 572; LG Köln MDR 2023, 106 Rn 17; BeckOGK/*Henn* Rn 8; BeckOK/*Schärtl* Rn 5; *Westermann/Gursky/Eickmann*, § 136 Rn 7; Grü/*Wicke* Rn 3; Staudinger/*Wiegand* Rn 7). 6

bb) Handelt es sich um eine **Geld- oder Gattungsschuld**, erwirbt der Gläubiger rechtswirksam Eigentum an dem Geld bzw den sonstigen Gattungssachen (vgl BayObLG NJW 1968, 705, 707; MüKo/*Schäfer* Rn 5). § 1287 ist – da eine Leistung in Gemäßheit der §§ 1281, 1282 voraussetzend (§ 1287 Rn 3ff) – nicht anwendbar, dh der Pfandgläubiger erlangt kein Pfandrecht am geleisteten Geld bzw den geleisteten Gattungssachen (Dresden OLG-NL 1996, 208; *Westermann/Gursky/Eickmann*, § 136 Rn 7; BeckOK/*Schärtl* Rn 5; Grü/*Wicke* Rn 3; Staudinger/*Wiegand* § 1287 Rn 2). 7

cc) Handelt es sich hingegen um eine **Speziesschuld**, wird vielfach angenommen, dass die gegen § 1281 verstoßende Übereignung dem Pfandgläubiger ggü relativ unwirksam ist (BayObLG NJW 1968, 705, 707; Staudinger/*Wiegand* § 1287 Rn 9; Erman/*Michalski*[13] Rn 3). Damit wird jedoch übersehen, dass sich das „kann nur" lediglich auf die Erfüllungswirkung, nicht aber auf die dingliche Rechtslage bezieht (Abstraktionsprinzip!) (vgl MüKo/*Schäfer* Rn 5; *Westermann/Gursky/Eickmann*, § 136 Rn 7; Grü/*Wicke* Rn 3). Richtiger Ansicht nach erwirbt der Gläubiger somit Eigentum an der geleisteten Speziessache (und zwar vollwirksam auch dem Pfandgläubiger ggü); § 1287 ist – da eine Leistung in Gemäßheit der §§ 1281, 1282 voraussetzend (vgl § 1287 Rn 3ff) – nicht anwendbar (vgl MüKo/*Schäfer* Rn 5; BeckOK/*Schärtl* § 1287 Rn 2; *Westermann/Gursky/Eickmann*, § 136 Rn 7; Grü/*Wicke* Rn 3). Der Pfandgläubiger hat aber ggf Anspruch auf Schadensersatz sowie auf Bestellung eines Ersatzpfandrechts (MüKo/*Schäfer* Rn 5; BeckOK/*Schärtl* § 1287 Rn 2; Grü/*Wicke* Rn 3). Zudem ist anzunehmen, dass er die Leistung durch nachträgl Genehmigung zu einer solchen „in Gemäßheit des § 1281" machen und damit einen Surrogatserwerb gem § 1287 S 2 herbeiführen kann (vgl § 1287 Rn 3; BeckOK/*Schärtl* § 1287 Rn 7; *Westermann/Gursky/Eickmann*, § 136 Rn 7 mwN; aA MüKo/*Schäfer* § 1287 Rn 8). 8

§ 1282 Leistung nach Fälligkeit

(1) Sind die Voraussetzungen des § 1228 Abs. 2 eingetreten, so ist der Pfandgläubiger zur Einziehung der Forderung berechtigt und kann der Schuldner nur an ihn leisten. Die Einziehung einer Geldforderung steht dem Pfandgläubiger nur insoweit zu, als sie zu seiner Befriedigung erforderlich ist. Soweit er zur Einziehung berechtigt ist, kann er auch verlangen, dass ihm die Geldforderung an Zahlungs statt abgetreten wird.

(2) Zu anderen Verfügungen über die Forderung ist der Pfandgläubiger nicht berechtigt; das Recht, die Befriedigung aus der Forderung nach § 1277 zu suchen, bleibt unberührt.

1 **1. Ratio.** § 1282 ist lex specialis zu § 1277 und regelt die Leistung nach Eintritt der Pfandreife (vorher gilt § 1281): Dann steht dem Pfandgläubiger ein alleiniges **Einziehungsrecht** zu, bei Geldforderungen allerdings nur bzgl des zur Befriedigung erforderlichen Betrags. Die Rechtslage bezüglich der vom Schuldner erbrachten Leistungen wird durch §§ 1287, 1288 II geregelt. Bei mehrfacher Verpfändung gilt § 1290. Gem § 1284 sind abw Vereinbarungen zulässig. IÜ bleibt auch das Recht des Pfandgläubigers, gem § 1277 vorzugehen, unberührt (Abs II Hs 2); ein Vorgehen nach § 1277 bietet zusätzl Rechtsschutz, etwa die Feststellung des Pfandrechts (vgl BGH NZI 2016, 603 Rn 17).

2 **2. Einziehungsrecht des Pfandgläubigers. a) Voraussetzungen.** Voraussetzung für das Einziehungsrecht des Pfandgläubigers ist der Eintritt der Pfandreife (§ 1228 II, dazu § 1228 Rn 5f; vorher gilt § 1281); die Beweislast hierfür obliegt ihm (RGZ 78, 26, 34; Recht 1907 Nr 1655; NK/*Bülow* Rn 5; Staudinger/*Wiegand* Rn 3). Ein Vollstreckungstitel ist nicht erforderlich.

3 **b) Rechtsnatur.** Das Einziehungsrecht ist als unselbständiges Nebenrecht zum Pfandrecht gem § 1274 II **nicht** separat **verpfändbar** (NK/*Bülow* Rn 3; MüKo/*Schäfer* Rn 3; Grü/*Wicke* Rn 3; aA RGRK/*Kregel* Rn 2; BeckOGK/*Henn* Rn 4.1; BeckOK/*Schärtl* Rn 4; Staudinger/*Wiegand* Rn 4 – soweit als Beleg hierfür auf Dresden SeuffA 57 Nr 96 und Karlsruhe OLG 15, 395, 396 verwiesen wird, geht dies fehl, da es dort jew nur um die Pfändung ging, dazu sogleich). Es kann jedoch **zur Ausübung überlassen** werden (RG LZ 1921, 380; Dresden SeuffA 57 Nr 96; Karlsruhe OLG 15, 395, 396; NK/*Bülow* Rn 3; MüKo/*Schäfer* Rn 3; Planck/*Flad* Anm 1b; Grü/*Wicke* Rn 3; Staudinger/*Wiegand* Rn 4), und dieses Ausübungsrecht ist dann verpfändbar (vgl § 1274 Rn 10). Aufgrund der Zulässigkeit der Überlassung zur Ausübung ist das Einziehungsrecht zudem gem § 857 III ZPO **pfändbar** (Dresden SeuffA 57 Nr 96; Karlsruhe OLG 15, 395, 396; MüKo/*Schäfer* Rn 3; Planck/*Flad* Anm 1b).

4 **c) Inhalt und Umfang. aa) Grundsatz (Abs I S 1).** Der Pfandgläubiger ist grds befugt, die Forderung in vollem Umfang einzuziehen (zu den Besonderheiten bei Geldforderungen s Rn 5). Aufgrund dieses Einziehungsrechts darf er die Forderung kündigen (§ 1283 III, vgl § 1283 Rn 3). Er darf mahnen und den Schuldner in Verzug setzen und in eigenem Namen klagen (NK/*Bülow* Rn 5; MüKo/*Schäfer* Rn 2, 14; BeckOGK/*Henn* Rn 5, 13; BeckOK/*Schärtl* Rn 4; Grü/*Wicke* Rn 4; Staudinger/*Wiegand* Rn 5). Weiterhin darf er auch etwaige Sicherheiten (Pfandrechte, Hypotheken, Bürgschaften etc) geltend machen (MüKo/*Schäfer* Rn 2; BeckOGK/*Henn* Rn 5; BeckOK/*Schärtl* Rn 4; Grü/*Wicke* Rn 4; Staudinger/*Wiegand* Rn 5) sowie mit der verpfändeten Forderung gegen eine Forderung des Schuldners aufrechnen (RGZ 58, 105, 108f; 97, 34, 39; MüKo/*Schäfer* Rn 6; BeckOGK/*Henn* Rn 5; BeckOK/*Schärtl* Rn 4; Staudinger/*Wiegand* Rn 5). Im Falle der Verpfändung einer hypothekarisch gesicherten Forderung oder einer Grund-/Rentenschuld darf er die Zwangsvollstreckung betreiben (RG Recht 1909 Nr 1518); zudem darf er eine löschungsfähige Quittung erteilen (KGJ 23, 147; BayObLG Recht 1912 Nr 1181; KGJ 31, 315, 316; Schleswig SchlHA 1958, 49). Ihm steht ferner auch die Klage aus § 771 ZPO zu (NK/*Bülow* Rn 5; MüKo/*Schäfer* Rn 2; BeckOK/*Schärtl* Rn 2; Staudinger/*Wiegand* Rn 5). Sofern bereits ein Titel existiert, kann er die Erteilung einer Vollstreckungsklausel gem § 727 ZPO verlangen (KGJ 42, 4, 7; BayObLG SeuffA 66 Nr 62). Gem § 13 I 2 InsO ist er berechtigt, einen Insolvenzantrag zu stellen (NK/*Bülow* Rn 5; BeckOGK/*Henn* Rn 5; MüKo-InsO/*Schmahl*/*Vuia* § 13 Rn 39; BeckOK/*Schärtl* Rn 2; Staudinger/*Wiegand* Rn 7). Im Falle eines Pfandrechts an eigener Schuld wird das Einziehungsrecht durch einfache Erklärung ausgeübt (RG JW 1931, 3101, 3102; Düsseldorf WM 1992, 1937).

5 **bb) Geldforderungen (Abs I S 2).** Zur Einziehung einer Geldforderung ist der Pfandgläubiger gem Abs I S 2 **nur insoweit** berechtigt, **als** sie **zu seiner Befriedigung erforderlich** ist. Maßgeblich ist Umfang der Pfandhaftung gem § 1210 (§ 1210 Rn 1ff; BeckOGK/*Henn* Rn 8; BeckOK/*Schärtl* Rn 5; Staudinger/*Wiegand* Rn 8). Bei Geldforderungen ist der Terminus „Einziehung" nach allg Meinung trotz Abs II Hs 1 (Rn 9) extensiv zu verstehen (vgl RGZ 58, 105, 108; 97, 34, 39; Staudinger/*Wiegand* Rn 16): Der Pfandgläubiger darf nicht nur aufrechnen (vgl Rn 4), sondern zulässig sind auch Annahme an Zahlungs statt (RGZ 58, 105, 108) sowie Abtretung, Erlass oder Vergleich (MüKo/*Schäfer* Rn 6; BeckOGK/*Henn* Rn 10; BeckOK/*Schärtl* Rn 5; vgl auch Staudinger/*Wiegand* Rn 16). Zum Schutz des Gläubigers ist dann aber § 1288 II (§ 1288 Rn 5ff) analog anzuwenden, dh die Forderung ist in entspr Höhe als getilgt anzusehen (MüKo/*Schäfer* Rn 6; BeckOGK/*Henn* Rn 10; BeckOK/*Schärtl* Rn 5; vgl auch Staudinger/*Wiegand* Rn 16).

6 **3. Rechtsstellung des Schuldners.** Der Schuldner kann (sofern kein Fall der §§ 1275, 407 – dazu § 1275 Rn 3 – vorliegt) mit befreiender Wirkung nur an den Pfandgläubiger leisten (Bamberg ZIP 2007, 571, 573; NK/*Bülow* Rn 10; MüKo/*Schäfer* Rn 7; BeckOGK/*Henn* Rn 12; BeckOK/*Schärtl* Rn 9; Staudinger/*Wiegand* Rn 12); bei Geldschulden gilt dies freilich nur in Höhe des Haftungsumfangs der Forderung (MüKo/*Schäfer* Rn 7; BeckOK/*Schärtl* Rn 9). Dem Schuldner stehen gegen den Pfandgläubiger gem §§ 1275, 404 die Einwendungen zu, die zur Zeit der Verpfändung begründet waren (vgl § 1275 Rn 3; vgl auch RGZ 122, 131, 133). Er kann gem § 406 auch mit einer Forderung gegen den Gläubiger ggü dem Pfandgläubiger aufrechnen (§ 1275 Rn 3). Zudem kann er selbstverständlich auch mit einer Forderung gegen den Pfandgläubiger aufrechnen (RGZ 58, 105, 108), und zwar auch dann, wenn dieser die Ausübung des Einziehungsrechts dem Gläubiger überlässt (RG LZ 1921, 380).

7 **4. Rechtsstellung des Gläubigers.** Der Gläubiger kann nur noch Leistung an den Pfandgläubiger verlangen; er kann entspr in Verzug setzen und auf Leistung an den Pfandgläubiger klagen (vgl RG Gruchot 49, 1061, 1065f; RGZ 77, 141, 145; BGH NJW-RR 1991, 537; BverwG NJW 1957, 1891). Eine gesetzl Pflicht, die Forde-

rung geltend zu machen, besteht indes nicht (vgl RGZ 77, 141, 145; BverwG NJW 1957, 1891; MüKo/*Schäfer* Rn 8; BeckOGK/*Henn* Rn 13; BeckOK/*Schärtl* Rn 10; Grü/*Wicke* Rn 7; Staudinger/*Wiegand* Rn 13); eine Pflicht kann sich jedoch uU aus einer vertragl Abrede ergeben (MüKo/*Schäfer* Rn 8; BeckOGK/*Henn* Rn 13; BeckOK/*Schärtl* Rn 10).

5. Abtretung an Zahlungs statt (Abs I S 3). Bei Geldforderungen kann der Pfandgläubiger gem Abs I S 3, soweit er zur Einziehung berechtigt ist, auch Abtretung an Zahlungs statt verlangen. Mit der Abtretung gilt der Pfandgläubiger als vom Gläubiger befriedigt, soweit ihm der Betrag zu seiner Befriedigung gebührt (§ 1288 II, § 364 I); er trägt somit das Bonitätsrisiko (BeckOGK/*Henn* Rn 11; BeckOK/*Schärtl* Rn 6; Staudinger/*Wiegand* Rn 9). Die Norm bildet eine Ausnahme zu § 1229 (vgl § 1229 Rn 5, § 1284 Rn 3). Lässt sich der Pfandgläubiger eine verpfändete Hypothek abtreten, so wird sein guter Glaube nicht dadurch beeinträchtigt, dass nach Verpfändung und Pfandreife, aber vor Abtretung ein Widerspruch gegen die Richtigkeit des Grundbuchs eingetragen wird (NK/*Bülow* Rn 8; MüKo/*Schäfer* Rn 13; Grü/*Wicke* Rn 8; Staudinger/*Wiegand* Rn 10). Im Falle der Eigentümergrundschuld wird zwar unter Hinweis auf § 1197 teils angenommen, dass der Pfandgläubiger die Abtretung an Zahlungs statt gem Abs I S 3 verlangen müsse, um die Zwangsvollstreckung ins Grundstück betreiben zu können (RG Recht 1916 Nr 1910; Hamburg HRR 1936 Nr 20; KG JW 1938, 2494; Düsseldorf NJW 1960, 1723). Die heute hM verneint dies indes zu Recht, denn § 1197 begründet lediglich eine rein persönliche Beschränkung für den Eigentümer, um Missbräuche zu verhindern; diese Interessen- und Gefährdungslage besteht im Falle der Zwangsvollstreckung durch den Pfandgläubiger aber gerade nicht (BGH NJW 1988, 1026, 1027; Köln NJW 1959, 2167, 2168; NK/*Bülow* Rn 8; MüKo/*Schäfer* Rn 12; BeckOGK/*Henn* Rn 11.1; BeckOK/*Schärtl* Rn 6; Staudinger/*Wiegand* Rn 10). 8

6. Unzulässigkeit sonstiger Verfügungen (Abs II Hs 1). Abs II Hs 1 negiert explizit die Berechtigung des Pfandgläubigers zu anderen Verfügungen über die Forderung als Einziehung bzw Verlangen von Abtretung an Zahlungs statt. Unzulässig sind damit insb Abtretung, Erlass, Vergleich, Annahme an Erfüllungs statt oder erfüllungshalber (vgl MüKo/*Schäfer* Rn 3; BeckOK/*Schärtl* Rn 8; Grü/*Wicke* Rn 6; Staudinger/*Wiegand* Rn 15); vgl aber zu Geldforderungen Rn 5. 9

§ 1283 Kündigung

(1) Hängt die Fälligkeit der verpfändeten Forderung von einer Kündigung ab, so bedarf der Gläubiger zur Kündigung der Zustimmung des Pfandgläubigers nur, wenn dieser berechtigt ist, die Nutzungen zu ziehen.

(2) Die Kündigung des Schuldners ist nur wirksam, wenn sie dem Pfandgläubiger und dem Gläubiger erklärt wird.

(3) Sind die Voraussetzungen des § 1228 Abs. 2 eingetreten, so ist auch der Pfandgläubiger zur Kündigung berechtigt; für die Kündigung des Schuldners genügt die Erklärung gegenüber dem Pfandgläubiger.

1. Ratio. § 1283 regelt die Verteilung der Befugnis zur Ausübung des aktiven und passiven **Kündigungsrechts** zw Gläubiger und Pfandgläubiger (sie begründet kein originäres Kündigungsrecht, vgl Düsseldorf WM 1992, 1937, 1940) und differenziert dabei – parallel zu §§ 1281f – danach, ob bereits Pfandreife eingetreten ist. Die Vorschrift ist abdingbar (§ 1284). Sie wird ergänzt durch die in bestimmten Fällen gem § 1286 bestehende Kündigungspflicht. Für Inhaber- und Orderpapiere gilt die lex specialis des § 1294. 1

2. Kündigung vor Pfandreife. Vor Pfandreife (§ 1228 II, dazu § 1228 Rn 5f) ist grds allein der **Gläubiger** zur Kündigung berechtigt (Abs I). Eine Ausnahme gilt nur, wenn der Pfandgläubiger gem § 1273 II, § 1213 I nutzungsberechtigt ist; dann bedarf der Gläubiger dessen Zustimmung (§§ 182–184). Im Falle einer Gefährdung der Forderung ist der Gläubiger dem Pfandgläubiger ggf zur Erklärung der Kündigung verpflichtet (vgl § 1286 Rn 1ff). Eine Kündigung des **Schuldners** hat an Gläubiger und Pfandgläubiger gemeinsam zu erfolgen (Abs II). 2

3. Kündigung nach Pfandreife. Nach Eintritt der **Pfandreife** kann auch der Pfandgläubiger eigenständig die Kündigung erklären; daneben besteht aber weiterhin auch das Recht des Gläubigers zur Erklärung der Kündigung (Düsseldorf WM 1992, 1937, 1940). Im Falle der Verpfändung eines Anspruchs aus Lebensversicherung ist der Pfandgläubiger indes nicht zur Kündigung gem § 168 VVG berechtigt (RGRK/*Kregel* Rn 5; Grü/*Wicke* Rn 1; Staudinger/*Wiegand* Rn 4; offengelassen von BGH NJW 1991, 1946; aA NK/*Bülow* Rn 5; MüKo/*Schäfer* Rn 4; BeckOGK/*Henn* Rn 6.1; BeckOK/*Schärtl* Rn 4), da es sich hierbei um ein unselbständiges Nebenrecht (allg § 1273 Rn 5) handelt (vgl Staudinger/*Wiegand* Rn 4). Zur Kündigung seitens des **Schuldners** genügt die Erklärung ggü dem Pfandgläubiger allein (Abs III Hs 2) oder – a maiore ad minus und arg e Abs II – ggü Pfandgläubiger und Gläubiger gemeinsam; nicht jedoch ggü dem Gläubiger allein. 3

§ 1284 Abweichende Vereinbarungen

Die Vorschriften der §§ 1281 bis 1283 finden keine Anwendung, soweit der Pfandgläubiger und der Gläubiger ein anderes vereinbaren.

1. Ratio. § 1284 gewährt den Parteien als Ausdruck der Privatautonomie die Möglichkeit, von den §§ 1281–1283 abzuweichen. 1

2. Abweichende Vereinbarungen. Eine Vereinbarung gem § 1284 kann **nur zw Pfandgläubiger und Gläubiger** getroffen werden. Sie bedarf weder der Zustimmung des Schuldners noch ist eine Anzeige an diesen gem 2

§ 1280 erforderlich; hinreichender Schutz für ihn ist bereits durch §§ 1275, 409 (§ 1275 Rn 3) sowie § 94 ZPO gewährleistet (NK/*Bülow* Rn 2; MüKo/*Schäfer* Rn 4; BeckOK/*Schärtl* Rn 2; Grü/*Wicke* Rn 1; Staudinger/*Wiegand* Rn 2). Die Vereinbarung ist **formfrei**, auch wenn die Verpfändung formbedürftig ist (Staudinger/*Wiegand* Rn 2; aA NK/*Bülow* Rn 2; MüKo/*Schäfer* Rn 3; BeckOK/*Schärtl* Rn 2; Grü/*Wicke* Rn 1). Vereinbart werden kann zB: öffentliche Versteigerung oder (vorbehaltlich § 1245 II, vgl Rn 3) freihändiger Verkauf (KGJ 31, 315, 319); freiwillige Versteigerung durch den Gerichtsvollzieher (KGJ 40, 285, 286f); dass der Pfandgläubiger die verpfändete Forderung schon vor Eintritt der Pfandreife kündigen und einziehen darf (BGH DZWiR 2022, 378 Rn 31).

3 **3. Schranken.** Für Vereinbarungen gem § 1284 gelten gem § 1277 S 2 ebenfalls die Grenzen des § 1229 (§ 1229 Rn 1ff) und des § 1245 II (§ 1245 Rn 6) (RGZ 90, 255, 256; KGJ 31, 315, 319; 40, 285, 286). Eine partielle Rückausnahme zu § 1229 bildet jedoch § 1282 I 3 (§ 1282 Rn 8); deshalb können die Parteien auch schon vor Pfandreife vereinbaren, dass die verpfändete Forderung bei Nichtzahlung automatisch auf den Pfandgläubiger übergehen soll (MüKo/*Schäfer* Rn 2; BeckOK/*Schärtl* Rn 3; Staudinger/*Wiegand* Rn 4, § 1282 Rn 11).

§ 1285 Mitwirkung zur Einziehung

(1) Hat die Leistung an den Pfandgläubiger und den Gläubiger gemeinschaftlich zu erfolgen, so sind beide einander verpflichtet, zur Einziehung mitzuwirken, wenn die Forderung fällig ist.

(2) Soweit der Pfandgläubiger berechtigt ist, die Forderung ohne Mitwirkung des Gläubigers einzuziehen, hat er für die ordnungsmäßige Einziehung zu sorgen. Von der Einziehung hat er den Gläubiger unverzüglich zu benachrichtigen, sofern nicht die Benachrichtigung untunlich ist.

1 **1. Ratio.** § 1285 regelt das **obligatorische Rechtsverhältnis zw Pfandgläubiger und Gläubiger bzgl der Einziehung** der Forderung und flankiert damit die §§ 1281, 1282 betreffend das Außenverhältnis zw Pfandgläubiger/Gläubiger einerseits und Schuldner andererseits (vgl NK/*Bülow* Rn 1; MüKo/*Schäfer* Rn 1; BeckOGK/*Henn* Rn 2; BeckOK/*Schärtl* Rn 1; Staudinger/*Wiegand* Rn 1). § 1285 I ist Pendant zu § 1281 und entspricht § 1078 I; § 1285 II ist Pendant zu § 1282, S 1 entspricht § 1074 S 2, S 2 entspricht § 1241 (MüKo/*Schäfer* Rn 1; BeckOGK/*Henn* Rn 2).

2 **2. Pflichten im Falle gemeinschaftlicher Einziehung (Abs I).** Abs I etabliert eine wechselseitige Mitwirkungspflicht von Pfandgläubiger und Gläubiger für den Fall, dass die Leistung – entweder gem § 1281 oder aufgrund einer Abrede gem § 1284 – an beide gemeinschaftl zu erfolgen hat. Bsp für Mitwirkungshandlungen: Einreichung und Gutschrift eines Schecks (Bamberg ZIP 2007, 571, 572); Errichtung eines Gemeinschaftskontos für Geldforderungen (NK/*Bülow* Rn 2; BeckOGK/*Henn* Rn 4.1); Bestimmung eines Treuhänders (MüKo/*Schäfer* Rn 2; BeckOGK/*Henn* Rn 4.1; BeckOK/*Schärtl* Rn 2); Klageerhebung (NK/*Bülow* Rn 2; MüKo/*Schäfer* Rn 2; BeckOGK/*Henn* Rn 5; BeckOK/*Schärtl* Rn 2; aA Planck/*Flad* Anm 1 iVm § 1078 Anm 1). Kommt einer von beiden seiner Mitwirkungspflicht nicht nach, so kann der andere auf Vornahme der konkret verlangten Handlung klagen (MüKo/*Schäfer* Rn 2; BeckOGK/*Henn* Rn 6, 13; BeckOK/*Schärtl* Rn 3; Staudinger/*Wiegand* Rn 2) oder gem § 1281 S 2 Hinterlegung oder Ablieferung an einen Verwahrer verlangen (BeckOGK/*Henn* Rn 6; BeckOK/*Schärtl* Rn 3; Staudinger/*Wiegand* Rn 2).

3 **3. Pflichten im Falle der alleinigen Einziehung durch den Pfandgläubiger (Abs II). a) Pflicht zur ordnungsmäßigen Einziehung (S 1).** Wenn der Pfandgläubiger gem § 1282, § 1294 oder aufgrund einer Abrede gem § 1284 allein zur Einziehung berechtigt ist, statuiert Abs II S 1 eine **Pflicht zur ordnungsmäßigen Einziehung.** Der Pfandgläubiger ist somit verpflichtet, alle zur ordnungsmäßigen Einziehung erforderlichen Maßnahmen zu treffen und dabei die Interessen des Gläubigers zu wahren, allerdings nur im Rahmen des Zumutbaren (vgl RG JW 1910, 20; BeckOK/*Schärtl* Rn 3; Staudinger/*Wiegand* Rn 3). Diese Pflicht bezieht sich nicht nur auf die (rechtzeitige) Geltendmachung der Forderung, sondern auch auf die Annahme der Leistung (zB Prüfung der Ordnungsmäßigkeit, ggf Rüge) sowie die Prozessführung (vgl MüKo/*Schäfer* Rn 3; BeckOK/*Schärtl* Rn 4; Staudinger/*Wiegand* Rn 3). Der Pfandgläubiger muss zB auch etwaige steuerliche Nachteile für den Gläubiger bzgl des Zeitpunkts der Verwertung berücksichtigen (AG Halle EWiR 1998, 1079). Sofern er zwecks Einziehung klagt, ist er zwar gem § 72 ZPO zur Streitverkündung an den Gläubiger berechtigt, aber (anders als nach § 841 ZPO) nicht gezwungen (MüKo/*Schäfer* Rn 3; BeckOGK/*Henn* Rn 9; BeckOK/*Schärtl* Rn 4; Staudinger/*Wiegand* Rn 4). Er ist zudem grds nicht verpflichtet, Aufwendungen zur Beitreibung der Forderung zu machen (RG JW 1910, 20); soweit nichts anderes vereinbart ist, hat vielmehr ggf der Gläubiger solche Kosten vorzuschießen (BeckOK/*Schärtl* Rn 4; Staudinger/*Wiegand* Rn 4). So braucht der Pfandgläubiger zB auch nicht auf eigene Kosten bei der Versteigerung einer verpfändeten Hypothekenforderung mitzubieten (RG JW 1910, 20). Ferner begründet § 1285 II für ihn keine Rechenschaftspflicht wegen außerhalb des Pfands liegender Beitreibungsversuche, zB bei Vollstreckungsversuchen ins übrige Vermögen des Schuldners (RGZ 169, 321, 323).

4 **b) Benachrichtigungspflicht (S 2).** Gem Abs II S 2 hat der Pfandgläubiger den Gläubiger unverzüglich (§ 121 I 1) von der Einziehung zu benachrichtigen, dh das Einziehungsergebnis (speziell den erzielten Betrag) mitzuteilen (vgl Kiel SchlHA 1932, 5). Diese Pflicht entfällt nur bei Untunlichkeit (vgl § 1218 Rn 7, § 1234 Rn 3), wofür der Pfandgläubiger nach der Formulierung des S 2 die Beweislast trägt (BeckOK/*Schärtl* Rn 5; Staudinger/*Wiegand* Rn 5). Der Schuldner ist hingegen nicht verpflichtet, den Gläubiger von der Zahlung an den Pfandgläubiger zu benachrichtigen (KG Recht 1937 Nr 2004).

4. Rechtsfolgen bei Pflichtverletzung. Verletzen der Gläubiger oder der Pfandgläubiger eine Pflicht aus 5
§ 1285, so sind sie dem anderen Teil ggf gem § 280 I zum Schadensersatz verpflichtet (MüKo/*Schäfer* Rn 6; Planck/*Flad* Anm 2; BeckOGK/*Henn* Rn 12; BeckOK/*Schärtl* Rn 3, 6; Staudinger/*Wiegand* Rn 6).

§ 1286 Kündigungspflicht bei Gefährdung

Hängt die Fälligkeit der verpfändeten Forderung von einer Kündigung ab, so kann der Pfandgläubiger, sofern nicht das Kündigungsrecht ihm zusteht, von dem Gläubiger die Kündigung verlangen, wenn die Einziehung der Forderung wegen Gefährdung ihrer Sicherheit nach den Regeln einer ordnungsmäßigen Vermögensverwaltung geboten ist. Unter der gleichen Voraussetzung kann der Gläubiger von dem Pfandgläubiger die Zustimmung zur Kündigung verlangen, sofern die Zustimmung erforderlich ist.

1. Ratio. § 1286 entspricht § 1078 S 2 und gibt dem Pfandgläubiger, sofern er nicht allein zur Kündigung be- 1
rechtigt ist, einen Anspruch auf Kündigung (S 1) und dem Gläubiger, sofern dieser für die Kündigung der Zustimmung des Pfandgläubigers bedarf, einen Anspruch hierauf (S 2), wenn die Sicherheit der Forderung gefährdet ist.

2. Voraussetzungen. a) Alleiniges Kündigungsrecht des Gläubigers (S 1). S 1 setzt voraus, dass **nur der** 2
Gläubiger zur Kündigung berechtigt ist. Dies ist (sofern nichts Abw vereinbart ist) vor Pfandreife der Fall (§ 1283 I, dazu § 1283 Rn 2) sowie nach Pfandreife kraft Vereinbarung gem § 1284 (§ 1284 Rn 1ff).

b) Kündigungsrecht nur mit Zustimmung des Pfandgläubigers (S 2). S 2 setzt voraus, dass der **Gläubiger** 3
zur Kündigung der Zustimmung des Pfandgläubigers bedarf; dies ist der Fall beim Nutzungspfand (§ 1283 I, dazu § 1283 Rn 2) sowie soweit dies speziell gem § 1284 vereinbart ist (§ 1284 Rn 1ff).

c) Gefährdung der Sicherheit der Forderung. Weiterhin muss sowohl für S 1 als auch für S 2 eine **Gefähr-** 4
dung der Sicherheit der Forderung in dem Sinne vorliegen, dass ihre Einziehung nach den Regeln einer ordnungsmäßigen Vermögensverwaltung geboten ist. Maßgeblich sind insoweit die Gesamtumstände des jew Einzelfalls (Staudinger/*Wiegand* Rn 2). Ob die gefährdenden Umstände vor oder nach Pfandbestellung eingetreten sind, ist irrelevant (MüKo/*Schäfer* Rn 3; BeckOGK/*Henn* Rn 5; BeckOK/*Schärtl* Rn 3; Grü/*Wicke* Rn 1; Staudinger/*Wiegand* Rn 2). Die Kündigung ist idR geboten, wenn die Vermögens- und Liquiditätssituation des Schuldners derart schlecht ist, dass weiteres Zuwarten das Ausfallrisiko unvertretbar erhöhen würde (vgl BeckOGK/*Henn* Rn 4.1; Staudinger/*Wiegand* Rn 2; s ferner auch MüKo/*Schäfer* Rn 3; BeckOK/*Schärtl* Rn 3). Die bloße Existenz einer besseren Anlagemöglichkeit genügt indes nicht (MüKo/*Schäfer* Rn 3; BeckOGK/*Henn* Rn 5; BeckOK/*Schärtl* Rn 3; Staudinger/*Wiegand* Rn 2).

3. Durchsetzung und Rechtsfolgen bei Verletzung. Weigert sich der Gläubiger zu kündigen bzw der Pfand- 5
gläubiger zuzustimmen, kann der jew andere auf Abgabe der Kündigungserklärung (S 1) bzw Zustimmung (S 2) klagen (MüKo/*Schäfer* Rn 4; BeckOGK/*Henn* Rn 8; BeckOK/*Schärtl* Rn 4; Grü/*Wicke* Rn 1; Staudinger/*Wiegand* Rn 4). Die Vollstreckung erfolgt nach § 894 ZPO (NK/*Bülow* Rn 4; MüKo/*Schäfer* Rn 4; BeckOK/*Schärtl* Rn 4; Grü/*Wicke* Rn 1; Staudinger/*Wiegand* Rn 4); die Ansicht, dass in den Fällen des S 1 § 888 ZPO maßgeblich sei (Planck/*Flad* Anm 1; RGRK/*Kregel* Rn 2; Erman/*Michalski*[13] Rn 1), überzeugt nicht, da § 894 ZPO auch für die Vollstreckung von Willenserklärungen, die ggü Dritten abzugeben sind, gilt (vgl MüKo/*Schäfer* Rn 4; s ferner allg nur BGH NJW 1993, 925, 927; Musielak/Voit/*Lackmann* § 894 ZPO Rn 3). Die Verzögerung bzw Verweigerung der Kündigung/Zustimmung kann ferner ggf auch eine Schadensersatzpflicht gem § 280 I begründen (MüKo/*Schäfer* Rn 6; BeckOGK/*Henn* Rn 7; BeckOK/*Schärtl* Rn 5; Grü/*Wicke* Rn 1; Staudinger/*Wiegand* Rn 4).

§ 1287 Wirkung der Leistung

Leistet der Schuldner in Gemäßheit der §§ 1281, 1282, so erwirbt mit der Leistung der Gläubiger den geleisteten Gegenstand und der Pfandgläubiger ein Pfandrecht an dem Gegenstand. Besteht die Leistung in der Übertragung des Eigentums an einem Grundstück, so erwirbt der Pfandgläubiger eine Sicherungshypothek; besteht sie in der Übertragung des Eigentums an einem eingetragenen Schiff oder Schiffsbauwerk, so erwirbt der Pfandgläubiger eine Schiffshypothek.

1. Ratio. § 1287 entspricht § 1075 und knüpft an die §§ 1281, 1282 an. Während diese regeln, wer die Leis- 1
tung wann verlangen kann, regeln die §§ 1287, 1288 die Rechtsverhältnisse nach erfolgter Leistung. Dabei ist § 1287 die Grundregel, § 1288 die lex specialis für Geldleistungen. Quintessenz des § 1287 ist das **Prinzip der dinglichen Surrogation** (vgl Mot III, 864): Mit der Leistung erlischt die Forderung (§ 362 I) und mit dieser das Pfandrecht (§ 1250), der Gläubiger wird Eigentümer des geleisteten Gegenstands; zum Schutz des Pfandgläubigers setzt sich das Pfandrecht jedoch kraft dinglicher Surrogation an dem geleisteten Gegenstand fort.

2. Grundvoraussetzungen. a) Bestehen eines wirksamen Pfandrechts. Grundvoraussetzung für § 1287 ist 2
zunächst, dass an der erfüllten Forderung ein **wirksames Pfandrecht** bestand, denn Grundgedanke der Norm ist es ja, dass sich ein vorher bestehendes Pfandrecht an der Forderung zum Schutz des Pfandgläubigers am Surrogat fortsetzen soll (NK/*Bülow* Rn 11; MüKo/*Schäfer* Rn 3; BeckOGK/*Henn* Rn 5; BeckOK/*Schärtl* Rn 2; Staudinger/*Wiegand* Rn 6). Bestand kein wirksames Pfandrecht an der Forderung, so erwirbt der Gläubiger unbelastetes Eigentum an dem geleisteten Gegenstand; dem Pfandgläubiger kann aber uU aufgrund des Kausalverhältnisses ein obligatorischer Anspruch auf Pfandbestellung (vgl NK/*Bülow* Rn 11; MüKo/*Schäfer* Rn 3; BeckOGK/*Henn*

Rn 6; BeckOK/*Schärtl* Rn 2; Staudinger/*Wiegand* Rn 6) oder ein Zurückbehaltungsrecht (vgl RGZ 51, 83, 86; 66, 24, 28) zustehen.

3 **b) Leistung gem §§ 1281, 1282. aa)** § 1287 setzt voraus, dass die Leistung **„in Gemäßheit der §§ 1281, 1282"** erfolgt (§ 1281 Rn 1ff, § 1282 Rn 1ff). Leistet der Schuldner entgegen § 1281 allein an den Gläubiger, so kann der Pfandgläubiger die Leistung jedoch richtiger Ansicht nach durch Genehmigung zu einer solchen gem §§ 1281, 1282 machen (BeckOK/*Schärtl* Rn 7; *Westermann/Gursky/Eickmann*, § 136 Rn 7 mwN; vgl auch § 1281 Rn 8; aA MüKo/*Schäfer* Rn 8).

4 **bb)** Obgleich § 1287 nicht auf **§ 1284** Bezug nimmt, gilt die Norm auch, wenn die Leistung entspr einer abw Vereinbarung gem § 1284 erfolgt, denn auch dann erfolgt die Leistung ja „pfandrechtsgemäß" (MüKo/*Schäfer* Rn 11; BeckOGK/*Henn* Rn 3; *Ludwig* DNotZ 1992, 339, 348; BeckOK/*Schärtl* Rn 1; Staudinger/*Wiegand* Rn 3).

5 **cc)** Schließlich ist **§ 1287 analog** anzuwenden, wenn der Schuldner gem §§ 1275, 407 in Unkenntnis der Verpfändung allein an den Gläubiger leistet, denn auch in diesem Fall verliert der Pfandgläubiger sein Pfandrecht aufgrund einer kraft Gesetzes wirksamen Leistung und ist damit ebenfalls schutzwürdig (vgl auch § 1281 Rn 5; *Westermann/Gursky/Eickmann*, § 136 Rn 7; Grü/*Wicke* § 1281 Rn 4; Staudinger/*Wiegand* Rn 8; aA MüKo/*Schäfer* Rn 7; Planck/*Flad* Anm 1; BeckOGK/*Henn* Rn 7; BeckOK/*Schärtl* Rn 2).

6 **3. Wirkung des § 1287 im Einzelnen. a) Leistung beweglicher Sachen. aa) Besitzverhältnisse. (1)** Im Falle der Leistung an Gläubiger und Pfandgläubiger gemeinschaftl gem **§ 1281** genügt richtiger Ansicht nach die Verschaffung **einfachen Mitbesitzes** (vgl § 1281 Rn 3; *Westermann/Gursky/Eickmann*, § 136 Rn 4; Grü/*Wicke* § 1281 Rn 2; Staudinger/*Wiegand* § 1281 Rn 5). Im Schrifttum wird indes teils qualifizierter Mitbesitz gefordert (dafür NK/*Bülow* Rn 5; MüKo/*Schäfer* § 1281 Rn 2; BeckOGK/*Henn* Rn 10, 10.1; BeckOK/*Schärtl* § 1281 Rn 4), wobei allerdings teils angenommen wird, dass auch einfacher Mitbesitz eine Leistung iSd § 1281 darstellt, sodass dann doch ein Ersatzpfandrecht gem § 1287 S 1 entsteht (so MüKo/*Schäfer* Rn 4; aA BeckOK/*Schärtl* Rn 3). Teils wird aber auch vertreten, dass der Pfandgläubiger zwar auch bei Verschaffung von einfachem Mitbesitz zunächst ein Ersatzpfandrecht erlange, dieses aber analog § 1253 erlösche, wenn er nicht die Einräumung von qualifiziertem Mitbesitz verlangt (Planck/*Flad* Anm 2a; Staudinger/*Wiegand* Rn 10; *Wolff/Raiser* § 176 I aE). Dies vermag indes nicht zu überzeugen, denn damit würde mangels klarer Frist für das Verlangen von qualifiziertem Mitbesitz ein unerträglicher Schwebezustand geschaffen; zudem bedeutet das Erfordernis des qualifizierten Mitbesitzes für die Entstehung eines Pfandrechts gem § 1206 nicht notwendig, dass auch für die Fortsetzung eines bereits – ggf auch auf andere Weise – entstandenen Pfandrechts als Ersatzpfandrecht entspr strenge Anforderungen zu stellen sind (vgl MüKo/*Schäfer* Rn 4; *Westermann/Gursky/Eickmann*, § 136 Rn 5). **(2)** Im Falle der Leistung allein an den Pfandgläubiger gem **§ 1282** wird dieser unmittelbarer Besitzer (Staudinger/*Wiegand* Rn 10).

7 **bb) Eigentumsverhältnisse und Pfandrecht.** Leistet der Schuldner als Berechtigter, so erwirbt der Gläubiger das Eigentum an der Sache und der Pfandgläubiger gem. § 1287 S 1 ein Pfandrecht daran. Im Falle der Leistung eines Nichtberechtigten erwirbt der Pfandgläubiger **nur dann ein Pfandrecht** an der Sache, **wenn der Gläubiger Eigentümer wird** (MüKo/*Schäfer* Rn 9; BeckOK/*Schärtl* Rn 4; Staudinger/*Wiegand* Rn 5); wird er dies nicht, erlischt die Forderung mangels Eigentumserwerbs nicht durch Erfüllung, dh auch das Pfandrecht besteht fort, sodass der Schutzzweck des § 1287 nicht greift (vgl Staudinger/*Wiegand* Rn 5). §§ 1207, 1208 sind zugunsten des Pfandgläubigers ebenfalls nicht anwendbar, da es sich um einen Erwerb kraft Gesetzes handelt (MüKo/*Schäfer* Rn 9; BeckOK/*Schärtl* Rn 4; aA *Düringer/Hachenburg/Hoeniger*[3] 1932, Vor § 386 HGB Rn 109). Bzgl des gutgläubigen Eigentumserwerbs durch den Gläubiger kommt es vor Pfandreife allein auf den guten Glauben des Gläubigers an; der Pfandgläubiger wirkt zwar mit, sein Wille ist jedoch allein auf den Besitzerwerb gerichtet (MüKo/*Schäfer* Rn 9; BeckOK/*Schärtl* Rn 4; Staudinger/*Wiegand* Rn 4). **Nach Pfandreife** ist hingegen **§ 166 analog** anzuwenden, weil der Pfandgläubiger bei der Einziehung bzgl des Eigentumserwerbs quasi als gesetzl Vertreter des Gläubigers handelt; maßgeblich ist also analog § 166 I grds der gute Glaube des Pfandgläubigers, analog § 166 II schließt aber auch der böse Glaube des Gläubigers einen gutgläubigen Eigentumserwerb aus (NK/*Bülow* Rn 6; MüKo/*Schäfer* Rn 9; *Hoche* NJW 1955, 161f; BeckOK/*Schärtl* Rn 4; Staudinger/*Wiegand* Rn 5).

8 **b) Leistung von Forderungen und Rechten.** Mit dem Erwerb der Forderung bzw des Rechts entsteht gem § 1287 S 1 ein Pfandrecht des Pfandgläubigers hieran; eine Anzeige gem § 1280 ist nicht erforderlich (NK/*Bülow* Rn 9; MüKo/*Schäfer* Rn 12).

9 **c) Leistung von Handlungen.** Handelt es sich bei der verpfändeten Forderung um eine solche auf Vornahme von **Handlungen** (zB aus Dienst- oder Werkvertrag, Auftrag, soweit solche Forderungen überhaupt wirksam verpfändbar sind, vgl § 1274 Rn 9), so ist § 1287 – ebenso wie §§ 1281, 1282 – nicht anwendbar (Mot III, 864; MüKo/*Schäfer* Rn 13). Haben sich die Beteiligten nicht gem § 1284 über die Verwertung geeinigt (dies empfehlen explizit Mot III, 864), gilt § 1277 S 1 (MüKo/*Schäfer* Rn 13).

10 **d) Leistung von Grundstücken (S 2 Alt 1).** Ist der verpfändete Anspruch auf Übertragung des Eigentums an einem **Grundstück** gerichtet, so erwirbt der Pfandgläubiger mit dem Eigentumsübergang auf den Gläubiger gem § 1287 S 2 kraft Gesetzes eine Sicherungshypothek, ohne dass es hierfür der Einigung und Eintragung bedarf. Näher bereits § 1274 Rn 17.

11 **e) Leistung von Schiffen (S 2 Alt 2).** Ist der verpfändete Anspruch auf Übertragung des Eigentums an einem eingetragenen **Schiff** oder Schiffsbauwerk gerichtet, so gelten dieselben Grundsätze wie bei Grundstücken: Gem § 1287 S 2 Alt 2 erwirbt der Pfandgläubiger mit dem Eigentumsübergang auf den Gläubiger eine Sicherungshypothek.

4. Weitere Fälle der (analogen) Anwendung des § 1287. a) Luftfahrzeuge. Gem § 98 II LuftFzgG gilt § 1287 sinngemäß auch für **Luftfahrzeuge**, die in der Luftfahrzeugrolle oder im Register für Pfandrechte an Luftfahrzeugen eingetragen sind. 12

b) Rechte an Grundstücken und grundstücksgleiche Rechte. § 1287 gilt auch im Falle der Verpfändung von **Rechten an Grundstücken und grundstücksgleichen Rechten** (MüKo/*Schäfer* Rn 15; BeckOGK/*Henn* Rn 13, 16; BeckOK/*Schärtl* Rn 9; Staudinger/*Wiegand* Rn 21). Ist zB der Anspruch auf Bestellung eines Erbbaurechts verpfändet, so entsteht mit dem Erwerb gem § 11 I 1 ErbbauRG iVm § 1287 S 2 eine Sicherungshypothek für den Pfandgläubiger (MüKo/*Schäfer* Rn 15; vgl auch Köln RNotZ 2001, 391). Wurde ein Anspruch auf Bestellung einer Hypothek verpfändet, entsteht mit der Eintragung des Gläubigers im Grundbuch gem § 1287 S 1 ein Pfandrecht an der Hypothek (Celle JR 1956, 145f). Ist der Anspruch auf Rückübertragung einer Sicherungsgrundschuld verpfändet, so verwandelt sich diese mit der Rückübertragung in eine Eigentümergrundschuld und der Pfandgläubiger erlangt gem § 1287 S 1 ein Pfandrecht hieran (MüKo/*Schäfer* Rn 15; BeckOK/*Schärtl* Rn 9; Staudinger/*Wiegand* Rn 21). 13

c) Sonstige Fälle der (analogen) Anwendung. Erstarkt das **Anwartschaftsrecht** bzgl einer beweglichen Sache zum Eigentum, so setzt sich das Pfandrecht analog § 1287 S 1 an diesem fort (vgl § 1204 Rn 5, § 1257 Rn 9). Ist eine Auflassungsanwartschaft verpfändet, entsteht mit dem Eigentumserwerb analog § 1287 S 2 eine Sicherungshypothek (vgl § 1274 Rn 19). Das Pfandrecht an der durch die Patentanmeldung begründeten Anwartschaft setzt sich nach Erteilung des Patents analog § 1287 an diesem fort (BGH NJW 1994, 3099). Das Pfandrecht an einer Inhaberschuldverschreibung setzt sich analog § 1287 an dem nach Fälligkeit erzielten Einlösungsbetrag fort (BGH NJW 1997, 2110). Das Pfandrecht an einem GmbH-Geschäftsanteil setzt sich analog § 1287 am Anspruch auf Liquidationserlös, Abfindung oder Einziehungsentgelt fort (RGZ 142, 373, 378f; BGH NJW 1994, 3099, 3101; 1997, 2110, 2111); im Falle einer gleichzeitigen Kapitalherabsetzung und -erhöhung (Kapitalschnitt) setzt sich das Pfandrecht an einem „alten" GmbH-Geschäftsanteil jedoch nicht an den neu geschaffenen GmbH-Anteilen fort (LG Kiel GmbHR 2015, 1044; *Ebbing* in Michalski/Heidinger/Leible/J. Schmidt § 15 GmbHG Rn 232 mwN). Das Pfandrecht an den in das Eigentum eines Miterben fallenden Gegenständen setzt sich am späteren Teilungserlös gegen die Hinterlegungsstelle fort (BGH NJW 1969, 1347, 1349; 1997, 2110, 2111). Erlischt eine verpfändete Hypothek infolge Zwangsversteigerung, erlangt der Pfandgläubiger nicht nur ein Pfandrecht am Anspruch des Hypothekengläubigers am Versteigerungserlös, sondern auch (ohne Eintragung) an der gem § 128 ZVG eingetragenen Sicherungshypothek (RGZ 60, 221, 223ff). 14

§ 1288 Anlegung eingezogenen Geldes

(1) Wird eine Geldforderung in Gemäßheit des § 1281 eingezogen, so sind der Pfandgläubiger und der Gläubiger einander verpflichtet, dazu mitzuwirken, dass der eingezogene Betrag, soweit es ohne Beeinträchtigung des Interesses des Pfandgläubigers tunlich ist, der Rechtsverordnung nach § 240a entsprechend angelegt und gleichzeitig dem Pfandgläubiger das Pfandrecht bestellt wird. Die Art der Anlegung bestimmt der Gläubiger.

(2) Erfolgt die Einziehung in Gemäßheit des § 1282, so gilt die Forderung des Pfandgläubigers, soweit ihm der eingezogene Betrag zu seiner Befriedigung gebührt, als von dem Gläubiger berichtigt.

1. Ratio. § 1288 ist für Geldforderungen ergänzende lex specialis **zu § 1287** und regelt in Anknüpfung an §§ 1281, 1282 das Rechtsverhältnis von Gläubiger und Pfandgläubiger bzgl des gezahlten Geldes. Obgleich die Norm nicht explizit auf § 1284 verweist, gilt sie entspr auch, wenn Leistung aufgrund einer abw Vereinbarung gem § 1284 nach den Modi von § 1281 (dann Abs I) bzw § 1282 (dann Abs II) erfolgt (vgl bzgl Abs II auch BeckOK/*Schärtl* Rn 6ff; Staudinger/*Wiegand* Rn 5 sowie München NJOZ 2013, 304, 305). 1

2. Einziehung vor Pfandreife (Abs I). Im Falle der Einziehung durch Pfandgläubiger und Gläubiger gemeinschaftl vor Pfandreife (§ 1281) oder aufgrund einer entspr Vereinbarung (§ 1284) erwirbt der Gläubiger bei Barzahlung das Eigentum, der Pfandgläubiger gem **§ 1287 S 1** ein Pfandrecht an dem eingezogenen Geld (MüKo/*Schäfer* Rn 2; BeckOGK/*Henn* Rn 3; BeckOK/*Schärtl* Rn 3; Grü/*Wicke* Rn 1; Staudinger/*Wiegand* Rn 2). Im Falle der Überweisung erwirbt der Gläubiger zunächst einen Anspruch aus § 675t I 1 und dann mit der Gutschrift ein abstraktes Schuldversprechen iSd §§ 780, 781, und der Pfandgläubiger erlangt ein Pfandrecht hieran (vgl Staudinger/*Wiegand* Rn 2). 2

Abs I S 1 Hs 1 statuiert eine wechselseitige **Mitwirkungspflicht** von Gläubiger und Pfandgläubiger, dass der eingezogene Betrag **der Rechtsverordnung nach § 240a entspr** (näher § 240a Rn 1ff) **angelegt** wird, soweit es ohne Beeinträchtigung des Interesses des Pfandgläubigers tunlich ist. Die Art der Anlage bestimmt gem Abs I S 1 (anders als nach § 1079 S 2) der Gläubiger. Aus der Norm ergibt sich jedoch kein Recht des Gläubigers zur Bestimmung darüber, in welcher Weise der Erlös aus der gepfändeten Geldforderung auf die Hauptforderung angerechnet wird (Brandenburg BeckRS 2008, 09551). 3

Abs I S 1 aE erstreckt die Mitwirkungspflicht auf die **Bestellung eines Pfandrechts bei der Neuanlage** des Geldes. Dieses entsteht nicht gem § 1287 oder sonst kraft Gesetzes, sondern muss rechtsgeschäftlich nach den allg Vorschriften bestellt werden. 4

3. Einziehung nach Pfandreife (Abs II). a) Berichtigungsfiktion. Abs II betrifft die Einziehung durch den Pfandgläubiger allein nach Pfandreife (§ 1282) bzw aufgrund einer entspr Vereinbarung (§ 1284) und statuiert 5 eine dem § 1247 S 1 (näher § 1247 Rn 9) entspr (vgl Mot III, 865) **Berichtigungsfiktion:** Soweit der eingezogene Betrag dem Pfandgläubiger zu seiner Befriedigung gebührt, gilt seine Forderung als vom Gläubiger berichtigt. Dabei ist wie folgt zu differenzieren:

6 **b) Eingezogener Betrag gebührt Gläubiger in voller Höhe.** Wenn der eingezogene **Betrag dem Pfandgläubiger in voller Höhe gebührt**, so wird er im Falle der Barzahlung Alleineigentümer des geleisteten Geldes (insofern ist § 1288 lex specialis zu § 1287 I, vgl BeckOGK/*Henn* Rn 6; Staudinger/*Wiegand* Rn 5); im Falle der Überweisung erwirbt er zunächst einen Anspruch aus § 675t I 1 und dann mit der Gutschrift ein abstraktes Schuldversprechen iSd §§ 780, 781. Die verpfändete Forderung erlischt durch Erfüllung (§ 362 I) und mit ihr ggf existierende nachrangige Belastungen (BayObLG Recht 1912 Nr 1181; MüKo/*Schäfer* Rn 4; BeckOK/*Schärtl* Rn 7; Grü/*Wicke* Rn 2; Staudinger/*Wiegand* Rn 5). Aufgrund der Berichtigungsfiktion des Abs II erlischt grds auch die gesicherte Forderung; etwas anderes gilt jedoch, wenn der Gläubiger der verpfändeten Forderung nicht zugleich persönlicher Schuldner der gesicherten Forderung ist: Dann geht die gesicherte Forderung (des Pfandgläubigers gegen den persönlichen Schuldner) gem § 1273 II, § 1225 auf ihn über (RG Recht 1918 Nr 244–246; KG JW 1926, 831, 832).

7 **c) Eingezogener Betrag gebührt Gläubiger teilweise.** Str ist, was gilt, wenn der eingezogene **Betrag dem Pfandgläubiger nur teilw gebührt.** Ein Teil der Lehre (Erman/*Michalski*[13] Rn 2; Grü/*Wicke* Rn 3; Staudinger/*Wiegand* Rn 6; *Wolff*/*Raiser* § 176 II 2) will hier in den Fällen, in denen der Schuldner die Nichtberechtigung des Pfandgläubiger bzgl des überzahlten Teils nicht kannte, unter Rekurs auf den Rechtsgedanken von § 1275 iVm §§ 407–409 (§ 1275 Rn 3) den § 1247 S 2 (näher § 1247 Rn 1ff) analog anwenden: Pfandgläubiger und Gläubiger würden im Falle der Barzahlung analog § 1247 S 2 Miteigentümer des Geldes; mit Trennung (dem Pfandgläubiger wird insoweit bzgl seines Anteils ein Aneignungsrecht zugebilligt) entstehe Alleineigentum des Pfandgläubigers und Gläubigers bzgl des jew Teils; etwaige Rechte Dritter setzten sich am Miteigentumsanteil bzw dann Alleineigentum des Gläubigers am überschießenden Betrag fort. Habe der Schuldner hingegen Kenntnis von der Nichtberechtigung des Pfandgläubigers bzgl des überschießenden Teils, so blieben ihm lediglich Bereicherungsansprüche. Eine **Analogie zu § 1247 S 2 verbietet sich** indes schon deshalb, weil in § 1288 II bewusst (vgl Mot III, 864) gerade nur eine dem S 1 – und nicht auch eine dem S 2 – des § 1247 entspr Regelung aufgenommen wurde (vgl MüKo/*Schäfer* Rn 5; Planck/*Flad* Anm 2). Nach zutreffender hM entsteht vielmehr auch im Falle der Überzahlung des Schuldners Alleineigentum des Pfandgläubigers am geleisteten Geld (bzw im Falle der Überweisung zunächst ein Anspruch aus § 675t I 1, mit der Gutschrift ein abstraktes Schuldversprechen iSd §§ 780, 781); dem Schuldner steht in Höhe des überzahlten Betrags ein Anspruch aus § 812 I 1 Alt 1 zu (Hamburg Recht 1922 Nr 1567; MüKo/*Schäfer* Rn 5; BeckOGK/*Henn* Rn 7.2; Jauernig/*Berger* Rn 2; Planck/*Flad* Anm 2; Soergel/*Habersack* Rn 5; RGRK/*Kregel* Rn 2; BeckOK/*Schärtl* Rn 8; jurisPK/*Metzger* Rn 5). Dies ist ggü dem Schuldner auch nicht unbillig, denn dieser kann sich bzgl der Höhe der Forderung informieren und notfalls hinterlegen (vgl MüKo/*Schäfer* Rn 5; Soergel/*Habersack* Rn 5).

8 **d) Kein Pfandrecht. Bestand kein Pfandrecht**, so wird der Schuldner nur unter den Voraussetzungen der §§ 1275, 409 (§ 1275 Rn 3) frei; in diesem Fall hat der Gläubiger einen Anspruch gegen den „Pfandgläubiger" gem § 816 II (NK/*Bülow* Rn 7; MüKo/*Schäfer* Rn 5; BeckOGK/*Henn* Rn 8; BeckOK/*Schärtl* Rn 9; insoweit auch Staudinger/*Wiegand* Rn 6). Andernfalls bleibt die verpfändete Forderung bestehen, und der Schuldner kann gem § 812 I 1 Alt 1 vom Pfandgläubiger kondizieren (BeckOK/*Schärtl* Rn 9).

9 **e) Nichtbestehen der verpfändeten Forderung. Bestand auch die verpfändete Forderung nicht** (zB infolge Anfechtung), kann der Schuldner gem § 812 I 1 Alt 1 vom Pfandgläubiger kondizieren (MüKo/*Schäfer* Rn 6; BeckOGK/*Henn* Rn 9; RGRK/*Kregel* Rn 2; Grü/*Wicke* Rn 2; Staudinger/*Wiegand* Rn 7; aA KG Recht 1935 Nr 2065 [Kondiktion vom Gläubiger]).

§ 1289 Erstreckung auf die Zinsen

Das Pfandrecht an einer Forderung erstreckt sich auf die Zinsen der Forderung. Die Vorschriften des § 1123 Abs. 2 und der §§ 1124, 1125 finden entsprechende Anwendung; an die Stelle der Beschlagnahme tritt die Anzeige des Pfandgläubigers an den Schuldner, dass er von dem Einziehungsrecht Gebrauch mache.

1 **1. Ratio.** § 1289 erstreckt das Pfandrecht grds auch auf die Zinsen der Forderung, da dies nach Auffassung des Gesetzgebers idR dem Parteiwillen entspricht (vgl Mot III, 866f; Planck/*Flad* Anm 1).

2 **2. Dispositivität.** § 1289 ist nicht nur mit schuldrechtl (RG Gruchot 59, 129, 134), sondern auch mit dinglicher Wirkung **abdingbar** (RG WarnR 1914 Nr 245; KG OLG 12, 286, 287). Wenn die Parteien die Haftung für Zinsen zunächst ausgeschlossen haben, so können sie sie dem Pfandrecht später nur dadurch unterwerfen, dass sie sie ordnungsgemäß verpfänden (BayObLG 18, 52; NK/*Bülow* Rn 3; BeckOGK/*Henn* Rn 7; Staudinger/*Wiegand* Rn 4). Im Falle einer Hypothek bedeutet eine Vereinbarung über den Ausschluss der Zinsen nicht, dass auch die Tilgungsbeträge pfandfrei sein sollen (RG Recht 1914 Nr 3015). Im Falle der Zwangsversteigerung hat der Zinsausschluss zur Folge, dass dem Pfandgläubiger auch an dem Teil des Erlöses, der auf die Zinsen entfällt, kein Recht zusteht (RG Gruchot 59, 129).

3 **3. Anwendungsbereich.** § 1289 gilt sowohl für kraft Gesetzes als auch für kraft Vereinbarung geschuldete Zinsen (NK/*Bülow* Rn 2; MüKo/*Schäfer* Rn 1; Grü/*Wicke* Rn 1; Staudinger/*Wiegand* Rn 1f). Nicht anwendbar ist § 1289, wenn die Zinsen eigenständig verpfändet worden sind (RG Gruchot 59, 129, 135), im Falle einer Höchst-

betragshypothek mit eingerechneten Zinsen (RG Recht 1914 Nr 2877), sowie beim Nutzungspfand, denn hier stehen dem Pfandgläubiger die Zinsen aufgrund eigenen Rechts zu (RG WarnR 1914 Nr 245). Zinsrückstände aus der Zeit vor der Verpfändung werden nur erfasst, wenn dies besonders vereinbart ist (Düsseldorf WM 1984, 1431). Für Wertpapiere gilt die lex specialis des § 1296. Im Falle der Verpfändung eines Gesellschaftsanteils erstreckt sich das Pfandrecht nicht analog § 1289 auch auf das Gewinnbezugsrecht (BGH NZG 2010, 356 Rn 13).

4. Wirksamkeit mit Anzeige. Die Haftung der Zinsen wird erst mit der Anzeige des Pfandgläubigers an den Schuldner, dass er von dem Einziehungsrecht Gebrauch mache, wirksam (NK/*Bülow* Rn 4; MüKo/*Schäfer* Rn 1; BeckOGK/*Henn* Rn 5; Grü/*Wicke* Rn 2; Staudinger/*Wiegand* Rn 2); dies gilt auch, wenn die Zinsen (was an sich überflüssig ist) ausdrückl mitverpfändet wurden (RG WarnR 1914 Nr 245). Statt einer Beschlagnahme iSd § 1123 lässt das Gesetz hier gem S 2 Hs 2 bewusst eine Anzeige genügen, da dies sachgerechter und lebensnäher erschien (vgl Prot III, 535). Die Anzeige ist eine empfangsbedürftige Willenserklärung (NK/*Bülow* Rn 7; MüKo/*Schäfer* Rn 9; BeckOGK/*Henn* Rn 5; BeckOK/*Schärtl* Rn 2; Staudinger/*Wiegand* Rn 2). Der Pfandgläubiger kann eine bereits erfolgte Anzeige widerrufen (NK/*Bülow* Rn 7; MüKo/*Schäfer* Rn 9; BeckOGK/*Henn* Rn 5; *Klein* ArchBürgR 33, [1909], 245, 266ff; Staudinger/*Wiegand* Rn 2); darin kann – muss aber nicht (so aber wohl MüKo/*Schäfer* Rn 9) – ein Verzicht auf das Pfandrecht liegen (*Klein* ArchBürgR 33 [1909], 245, 266ff; NK/*Bülow* Rn 7; Staudinger/*Wiegand* Rn 2). 4

5. Haftungsumfang. Der Umfang der Haftung ergibt sich gem S 2 Hs 1 aus **§ 1123 II, §§ 1124, 1125.** Erfasst werden die künftig anfallenden Zinsen sowie die innerhalb eines Jahres vor der Anzeige fällig gewordenen Zinsen (§ 1123 II). Frei werden die Zinsen: (1) mit Ablauf eines Jahres seit Fälligkeit (§ 1123 II); (2) durch Einziehung oder sonstige Verfügung des Gläubigers vor Anzeige; allerdings bleiben sie grds für die spätere Zeit als den zZ der Anzeige laufenden Kalendermonats bzw, sofern die Anzeige nach dem 15. Tag des Monats erfolgt, den folgenden Kalendermonat erfasst (§ 1124). Soweit die Zinszahlung dem Pfandgläubiger ggü unwirksam ist, kann der Schuldner nicht eine ihm gegen den Gläubiger zustehende Forderung gegen den Pfandgläubiger aufrechnen (§ 1125). Daraus ergibt sich: Solange dem Schuldner keine Anzeige zugegangen ist, kann er die Zinsen ohne Risiko an seinen Gläubiger zahlen; im Voraus kann er Zinsen für den Monat entrichten, in dem ihm die Anzeige zugeht, bzw, falls dies nach dem 15. des Monats erfolgt, noch für den Folgemonat. Das Recht des Gläubigers, Zinsen einzuziehen, bestimmt sich nach §§ 1281, 1282. 5

§ 1290 Einziehung bei mehrfacher Verpfändung

Bestehen mehrere Pfandrechte an einer Forderung, so ist zur Einziehung nur derjenige Pfandgläubiger berechtigt, dessen Pfandrecht den übrigen Pfandrechten vorgeht.

1. Ratio. § 1290 regelt den Fall, dass an einer Forderung **mehrere nicht gleichrangige** rechtsgeschäftlich oder gesetzl begründete **Pfandrechte** bestehen, und weist das **Einziehungsrecht** für diesen Fall **allein dem erstrangigen Pfandgläubiger** zu. Hintergrund ist der Gedanke, dass ein nachrangiger Pfandgläubiger nicht mehr Rechte haben kann als sein „Rechtsurheber", der Gläubiger, nach Bestellung des vorrangigen Pfandrechts noch hat; genau dieser Fehlschluss könnte sich jedoch ohne den § 1290 aus § 1232 ergeben (vgl Mot III, 863). 1

2. Dispositivität. § 1290 ist dispositiv, dh aufgrund einer entspr Vereinbarung mit dem erstrangigen Pfandgläubiger kann auch anders verfahren werden (vgl RG SeuffA 69 Nr 68; BGH NJW 1981, 1670, 1671; NK/*Bülow* Rn 2; MüKo/*Schäfer* Rn 2; BeckOGK/*Henn* Rn 6; BeckOK/*Schärtl* Rn 3; Staudinger/*Wiegand* Rn 4). 2

3. Anwendungsbereich. § 1290 betrifft ausschließlich den Fall, dass an einer verpfändeten **Forderung mehrere nicht gleichrangige rechtsgeschäftliche oder gesetzl (§ 1273 II, § 1257) Pfandrechte** bestehen. Er gilt hingegen nicht bei Zusammentreffen mehrerer gleichrangiger Pfandrechte (Rn 6) oder bei Zusammentreffen eines rechtsgeschäftlich oder gesetzl begründeten Pfandrechts mit einem Pfändungspfandrecht (Rn 7) (vgl auch Hamm NJW-RR 1990, 233). § 1290 gilt ferner auch nicht für den Fall, dass die gesicherte Forderung ver- oder gepfändet wird (Rn 8). 3

§ 1290 betrifft zudem allein das **Einziehungsrecht** (BeckOGK/*Henn* Rn 4; BeckOK/*Schärtl* Rn 2; Staudinger/*Wiegand* Rn 2). Er gilt hingegen nicht für den Forderungskauf (RGZ 97, 34, 39). Nicht erfasst sind ferner: die Aufhebung/Änderung der Forderung, hier gilt § 1276 (BeckOGK/*Henn* Rn 4; BeckOK/*Schärtl* Rn 2; Staudinger/*Wiegand* Rn 2); die Rechtsverhältnisse nach erfolgter Leistung, hier gelten §§ 1287, 1288 (MüKo/*Schäfer* Rn 3; Staudinger/*Wiegand* Rn 2; partiell abw Erman/*Michalski*[13] Rn 1). 4

4. Rechtslage gem § 1290. Gem § 1290 ist bei mehreren nicht gleichrangigen rechtsgeschäftlich oder gesetzl begründeten Pfandrechten **ausschließlich der erstrangige Pfandgläubiger einziehungsberechtigt**, vor Pfandreife bzw bei entspr Vereinbarung (§§ 1282, 1284) allein, nach Pfandreife bzw bei entspr Vereinbarung (§§ 1281, 1284) gemeinsam mit dem Gläubiger (MüKo/*Schäfer* Rn 2; BeckOGK/*Henn* Rn 5; BeckOK/*Schärtl* Rn 4; Staudinger/*Wiegand* Rn 4). Ein nachrangiger Pfandgläubiger kann nur Leistung an den erstrangigen (§§ 1282, 1284) bzw an den erstrangigen und den Gläubiger gemeinschaftl (§§ 1281, 1284) verlangen (MüKo/*Schäfer* Rn 2; BeckOGK/*Henn* Rn 5; BeckOK/*Schärtl* Rn 4; Staudinger/*Wiegand* Rn 4). Ebenso ist auch im Rahmen der §§ 1283, 1286 allein der erstrangige Pfandgläubiger berechtigt bzw verpflichtet, da das Kündigungsrecht gerade der Ermöglichung der Einziehung dient (MüKo/*Schäfer* Rn 2; BeckOGK/*Henn* Rn 5; BeckOK/*Schärtl* Rn 4; Staudinger/*Wiegand* Rn 4). 5

6 **5. Exkurs 1: Zusammentreffen mehrerer Pfandrechte an der verpfändeten Forderung außerhalb des Anwendungsbereichs von § 1290. a) Mehrere gleichrangige rechtsgeschäftlich oder gesetzlich begründete Pfandrechte.** Wenn mehrere gleichrangige rechtsgeschäftlich oder gesetzl begründete Pfandrechte bestehen, ist zu differenzieren: Ist die **Leistung unteilbar**, kann gem § 432 nur Leistung an alle verlangt werden (MüKo/*Schäfer* Rn 4; BeckOGK/*Henn* Rn 8; BeckOK/*Schärtl* Rn 5; Grü/*Wicke* Rn 1; Staudinger/*Wiegand* Rn 5). Handelt es sich hingegen um eine **teilbare Leistung** (zB Geldforderung), will ein Teil der Lehre ebenfalls § 432 anwenden (Planck/*Flad* Anm 3; RGRK/*Kregel* Rn 3; Grü/*Wicke* Rn 1), weil ein selbständiges Einziehungsrecht jedes Gläubigers ggf zu einem „Wettrennen" führen könnte, bei dem „langsamere" Gläubiger im Falle von Liquiditätsproblemen oder Insolvenz den Kürzeren ziehen könnten. Dieser Fall dürfte indes eher selten sein und rechtfertigt es jedenfalls nicht, die generelle Systematik der allg Regeln §§ 420ff zu durchbrechen; die wohl hM wendet daher zu Recht § 420 an, dh jeder Gläubiger kann den ihm gebührenden Teil selbst einziehen (Jauernig/*Berger* Rn 2; MüKo/*Schäfer* Rn 4; Soergel/*Habersack* Rn 4; jurisPK/*Metzger* Rn 8; PWW/*Gehrlein* Rn 2; BeckOK/*Schärtl* Rn 5; Staudinger/*Wiegand* Rn 5).

7 **b) Zusammentreffen mit Pfändungspfandrecht.** Im Falle des Zusammentreffens eines rechtsgeschäftlich oder gesetzl begründeten Pfandrechts mit einem Pfändungspfandrecht steht das **Einziehungsrecht** nach Überweisung gem § 835 ZPO ausschließlich dem **Pfändungspfandgläubiger** zu (NK/*Bülow* Rn 7; MüKo/*Schäfer* Rn 5; Staudinger/*Wiegand* Rn 6). Das vertragl/gesetzl Pfandrecht setzt sich am Erlös fort (vgl RGZ 87, 321, 325), nach Auszahlung kann ein Bereicherungsanspruch gegen den Pfändungspfandgläubiger bestehen (Grü/*Wicke* Rn 2; Staudinger/*Wiegand* Rn 6). Str ist, ob der Pfandgläubiger Drittwiderspruchsklage nach § 771 ZPO erheben kann; die wohl hM bejaht dies (RG JW 1902, 532; RGZ 87, 321, 322f; MüKo-ZPO/*Gruber* § 805 Rn 7; Saenger/*Kindl* § 771 ZPO Rn 8; MüKo-ZPO/*K. Schmidt*/*Brinkmann* § 771 Rn 34); aA nach soll ihm die Klage nach § 771 nur zustehen, wenn er ein Nutzungspfand hat oder wenn der Pfändungspfandgläubiger zugleich nachrangiger Vertragspfandgläubiger ist; sonst bleibe nur § 805 ZPO (NK/*Bülow* Rn 7; MüKo/*Schäfer* Rn 5; Grü/*Wicke* Rn 2; Staudinger/*Wiegand* Rn 6; vgl auch Hamm NJW-RR 1990, 233).

8 **6. Exkurs 2: (Ver-)Pfändung der gesicherten Forderung.** Wird die gesicherte Forderung (einschl des akzessorischen Pfandrechts) ihrerseits ver- oder gepfändet, kann der Pfandgläubiger bzw der Pfändungspfandgläubiger, dem sie zur Einziehung überwiesen ist, auch die Rechte des Pfandgläubigers „1. Stufe" gem §§ 1281, 1282 geltend machen (MüKo/*Schäfer* Rn 6).

§ 1291 Pfandrecht an Grund- oder Rentenschuld

Die Vorschriften über das Pfandrecht an einer Forderung gelten auch für das Pfandrecht an einer Grundschuld und an einer Rentenschuld.

1 **1. Ratio.** § 1291 bestimmt (in Parallele zu § 1080), dass die **Sondernormen für das Pfandrecht an Forderungen** auch für das Pfandrecht an Grund- und Rentenschulden **gelten**. Für die Hypothek ergibt sich dies schon daraus, dass hier nicht die Hypothek selbst, sondern vielmehr die hypothekarisch gesicherte Forderung verpfändet wird (vgl § 1274 Rn 13). Grund- und Rentenschulden setzen hingegen gerade keine Forderung voraus, die Interessenlage ist indes vergleichbar, nur der „Realisierungsmodus" ist anders, sodass dem Gesetzgeber eine entspr Anwendung der Regeln für Forderungen angemessen erschien (vgl Mot III, 868 iVm 555).

2 **2. Anwendungsbereich.** § 1291 gilt auch für die Eigentümergrundschuld (§ 1196), auch für die vorläufige (BeckOGK/*Henn* Rn 5; BeckOK/*Schärtl* Rn 2; Staudinger/*Wiegand* Rn 2; vgl auch § 1274 Rn 16, § 1282 Rn 8). Nicht unter § 1291 fällt hingegen die Sicherungsgrundschuld, denn hier handelt es sich nicht um ein Pfandrecht an einer Grundschuld, sondern um die Bestellung einer Grundschuld zu Sicherungszwecken (RGZ 143, 113, 118). Für Inhabergrundschuldbriefe (§ 1195) gelten gem § 1293 die Regeln über das Sachpfand (vgl auch § 1293 Rn 3).

3 **3. Anwendung der Regeln über das Pfandrecht an Forderungen.** Der Grundstückseigentümer ist als Schuldner anzusehen, bei der Rentenschuld werden die Renten als Zinsen angesehen (MüKo/*Schäfer* Rn 2; Grü/*Wicke* Rn 1; Staudinger/*Wiegand* Rn 1). Zur Bestellung eines Pfandrechts an einer Grund- oder Rentenschuld s § 1274 Rn 16; zur Einziehung einer Eigentümergrundschuld § 1282 Rn 8.

§ 1292 Verpfändung von Orderpapieren

Zur Verpfändung eines Wechsels oder eines anderen Papiers, das durch Indossament übertragen werden kann, genügt die Einigung des Gläubigers und des Pfandgläubigers und die Übergabe des indossierten Papiers.

1 **1. Vorbemerkung: Verpfändung von Wertpapieren im Überblick. §§ 1292–1296** enthalten Sonderregeln für die Verpfändung von **Order-** (§ 1292) **und Inhaberpapieren** (§ 1293) sowie ihre Verwertung (§§ 1294–1296), um die Verkehrsfähigkeit dieser Wertpapiere zu gewährleisten (vgl BeckOGK/*Henn* Rn 2; Staudinger/*Wiegand* Rn 2). Im Falle der Verbriefung von Rechten in **Rektapapieren** (Vor § 793 Rn 4) oder **Legitimationspapieren** (Vor § 793 Rn 6a f, § 808 Rn 1ff) gelten die allg Regeln der §§ 1273ff (vgl MüKo/*Schäfer* Rn 2; Staudinger/*Wiegand* Rn 3). Soweit für die Übertragung des verbrieften Rechts eine schlichte Einigung genügt, erfolgt die Verpfändung durch Einigung und Anzeige gem § 1280; bedarf es hingegen für die Übertragung des Rechts der Übergabe des Papiers (Bsp: Anweisung – § 783, Briefgrundschuld [s § 1274 Rn 16]), so ist dies auch für die Ver-

pfändung erforderlich, es entfällt allerdings die Anzeige gem § 1280 (vgl § 1280 Rn 3, Staudinger/*Wiegand* Rn 3). Gem § 952 I 2 folgt das Recht am Papier dem Recht aus dem Papier, dh mit Verpfändung des Rechts erstreckt sich das Pfandrecht auch auf das Papier (MüKo/*Schäfer* § 1274 Rn 8; Staudinger/*Wiegand* Rn 3). S auch noch § 1204 Rn 7, § 1280 Rn 2f.

2. Ratio. § 1292 ist lex specialis für die Verpfändung von Orderpapieren. Hier bedurfte es nach Auffassung des Gesetzgebers einer Sonderregelung, um klarzustellen, dass eine Verpfändung nicht lediglich im Handelsrecht (vgl Art 309 Abs 2 Nr 2 ADHGB) sowohl gem § 1274 als auch (vereinfacht, dh insb ohne Anzeige) durch Einigung, Übergabe und Indossament möglich ist (vgl Prot III, 528ff; MüKo/*Schäfer* Rn 1; BeckOK/*Schärtl* Rn 1). Das Gesetz eröffnet hier also **zwei Optionen**: (1) die reguläre **Rechtsverpfändung gem § 1274**, oder (2) **die wertpapierrechtl Verpfändung gem § 1292** (vgl NK/*Bülow* Rn 5, 12; MüKo/*Schäfer* Rn 1; BeckOGK/*Henn* Rn 7; BeckOK/*Schärtl* Rn 1; Grü/*Wicke* Rn 2ff; Staudinger/*Wiegand* Rn 4f). 2

3. Orderpapiere iSd § 1292. Orderpapiere iSd § 1292, dh solche, die durch Indossament übertragen werden können, sind zum einen die sog **geborenen Orderpapiere** (die indossabel sind, sofern sie keine negative Orderklausel enthalten), insb Wechsel (Art 11 WG), Scheck (Art 14 ScheckG), Namensaktie (§ 68 I 2 AktG), Zwischenscheine (§ 68 IV AktG), Namensinvestmentanteilsscheine (§ 95 I 2 Alt 2 KAGB). Ebenso erfasst sind aber sog **gekorene Orderpapiere** (die erst durch eine positive Orderklausel indossabel werden); dies sind die kaufmännischen Orderpapiere gem § 363 HGB, dh kaufmännische Anweisungen (§ 363 I 1 HGB) und Verpflichtungsscheine (§ 363 I 2 HGB), Konnossement (§ 513 HGB), Ladeschein (§ 443 HGB), Lagerschein (§ 475c HGB), Transportversicherungspolice (§§ 3, 130ff VVG). Eine **Sonderstellung** haben dabei die sog **Traditionspapiere** (Konnossement, Lade-, Lagerschein), da bei ihnen die Aushändigung der Übergabe der verbrieften Ware gleichsteht (§§ 448, 475g, 524 HGB, vgl auch § 1205 Rn 9); deshalb ist hier im Falle der Übergabe des Papiers zu Verpfändungszwecken stets zu prüfen, ob es sich um eine Verpfändung der Sachen gem § 1205 I oder um eine Verpfändung des im Papier verbrieften Anspruchs auf Auslieferung der Sachen handelt (vgl MüKo/*Schäfer* Rn 3; BeckOGK/*Henn* Rn 7.2; BeckOK/*Schärtl* Rn 3). 3

4. „Wertpapierrechtl" Verpfändung gem § 1292. a) Voraussetzungen. Voraussetzungen für die „wertpapierrechtl" Verpfändung gem § 1292 sind: (1) Einigung, (2) Übergabe und (3) Indossament. **aa) Einigung.** Erforderlich ist zunächst eine **Einigung** zw Gläubiger und Pfandgläubiger, die darauf gerichtet ist, dass (1) dem Pfandgläubiger an der in dem Papier verkörperten Forderung ein Pfandrecht zustehen soll und (2) das Papier nur zu Pfandzwecken übergeben wird (MüKo/*Schäfer* Rn 4). Die Einigung ist grds formfrei (BeckOGK/*Henn* Rn 11; BeckOK/*Schärtl* Rn 4; Staudinger/*Wiegand* Rn 6). 4

bb) Übergabe. Die **Übergabe** erfolgt gem der Modi der §§ 1205, 1206 (NK/*Bülow* Rn 7; MüKo/*Schäfer* Rn 6; BeckOGK/*Henn* Rn 12; BeckOK/*Schärtl* Rn 5; *Westermann/Gursky/Eickmann*, § 137 Rn 4; Staudinger/*Wiegand* Rn 7; vgl auch RGZ 126, 348, 352). 5

cc) Indossament. Indossament ist die einseitige schriftliche Erklärung des Indossanten (idR auf der Rückseite des Papiers), aus der die Übertragung des Orderpapiers auf einen anderen hervorgeht (*Brox/Henssler*, HandelsR Rn 549; MüKo-HGB/*Langenbucher* § 364 Rn 2). Zulässig sind sowohl das offene (Rn 7) als auch das verdeckte (Rn 8) Indossament (NK/*Bülow* Rn 8ff; MüKo/*Schäfer* Rn 7; BeckOGK/*Henn* Rn 13; BeckOK/*Schärtl* Rn 6; Grü/*Wicke* Rn 3f; Staudinger/*Wiegand* Rn 8), wobei jew auch ein Blankoindossament genügt (NK/*Bülow* Rn 7; MüKo/*Schäfer* Rn 10; BeckOK/*Schärtl* Rn 6; Grü/*Wicke* Rn 3f; Staudinger/*Wiegand* Rn 8). Str ist hingegen, ob auch ein Vollmachtsindossament möglich ist (Rn 9). 6

Beim **offenen Pfandindossament** ist aus der Formulierung ersichtlich, dass es sich lediglich um eine Verpfändung handelt (vgl Art 19 I WG: „Wert zur Sicherheit", „Wert zum Pfande"); es ist zwar nur für den Wechsel speziell geregelt (Art 19 WG), aber auch sonst gewohnheitsrechtl anerkannt (vgl MüKo/*Schäfer* Rn 8). Der Verpfänder/Indossant bleibt Rechtsinhaber, der Indossatar wird Pfandgläubiger und ist insb zur Einziehung gem §§ 1294, 1282 (dazu noch § 1294 Rn 1ff) berechtigt (vgl RGZ 120, 205, 210; MüKo/*Schäfer* Rn 8). Zu Rechtshandlungen außerhalb des Verpfändungszwecks (zB Verzicht, Erlass, Veräußerung) ist der Pfandgläubiger jedoch grds nicht befugt (vgl § 1282 II, dazu § 1282 Rn 9) (Ausnahmen: § 1295, besondere Abrede) (vgl MüKo/*Schäfer* Rn 8; Grü/*Wicke* Rn 3). Er kann den Verpfänder/Indossanten auch nicht aus dem verpfändeten Wechsel in Anspruch nehmen (vgl RGZ 120, 205, 210; MüKo/*Schäfer* Rn 8; Grü/*Wicke* Rn 3; Staudinger/*Wiegand* Rn 14). Zudem hat sein Indossament nur die Wirkung eines Vollmachtsindossaments (vgl Art 19 I WG) (NK/*Bülow* Rn 8; MüKo/*Schäfer* Rn 8; BeckOGK/*Henn* Rn 15; BeckOK/*Schärtl* Rn 3; Grü/*Wicke* Rn 3; Staudinger/*Wiegand* Rn 9). 7

Beim **verdeckten Pfandindossament** fehlt jeglicher Hinweis auf die Verpfändung, sodass es nach außen hin als Vollindossament erscheint. Da der Inhalt der Einigung jedoch lediglich auf Verpfändung gerichtet ist, handelt es sich realiter um eine Verpfändung und nicht um eine fiduziarische Übertragung; der Verpfänder/Indossatar bleibt Inhaber des Rechts und Eigentümer des Orderpapiers (RG SeuffA 80 Nr 47; RGZ 117, 69, 71f; KG JW 1925, 1523, 1524). Der Pfandgläubiger erlangt deshalb im Wesentlichen nur die gleichen Rechtsbefugnisse wie bei einem offenen Pfandindossament, insb erwirbt er ebenfalls keinen wechselmäßigen Anspruch gegen den Verpfänder/Indossanten (RGZ 120, 205, 210; KG JW 1925, 1523, 1524). Ein Unterschied ergibt sich jedoch daraus, dass er nach außen als Rechtsinhaber und Eigentümer erscheint: Wenn er an einen gutgläubigen Erwerber indossiert, erwirbt dieser das Vollrecht (Art 16 II WG, Art 21 ScheckG, § 365 I HGB); der Pfandgläubiger macht sich aber ggf schadensersatzpflichtig (vgl MüKo/*Schäfer* Rn 12; BeckOGK/*Henn* Rn 17). 8

9 **Str** ist, ob die Verpfändung auch durch **Vollmachtsindossament** (Art 18 WG) erfolgen kann. Ein Teil der Lehre verneint dessen Eignung zur Verpfändung, weil dem Vollmachtsindossator hier keine eigenen Rechte erwachsen, was für die Verpfändung als Zuordnungsänderung jedoch notwendig sei (MüKo/*Schäfer* Rn 13; Planck/*Flad* Anm 3b; BeckOGK/*Henn* Rn 18; BeckOK/*Schärtl* Rn 6; *Westermann/Gursky/Eickmann*, § 137 Rn 4). Andere qualifizieren dies jedoch als Verpfändung gem § 1274, wobei das Vollmachtsindossament dem Pfandgläubiger zusätzl einen formalen wechselmäßigen Ausweis zur Geltendmachung der Rechte aus dem Wechsel im Namen des Vollmachtsindossanten gebe (Grü/*Wicke* Rn 5; Staudinger/*Wiegand* Rn 11; s ferner auch NK/*Bülow* Rn 11).

10 **b) Spezifische Wirkungen der wertpapierrechtl Verpfändung.** Durch die Verpfändung gem § 1292 erlangt der Pfandgläubiger eine **im Vergleich zur Verpfändung nach §§ 1273ff günstigere Rechtsstellung:** Er kann im eigenen Namen Rechte aus dem Wechsel ggü den anderen Wechselverpflichteten geltend machen (vgl Art 19 I WG); ihm kommt die Vermutung der rechtmäßigen Inhaberschaft zugute (vgl Art 16 I WG, Art 19 ScheckG, § 365 I HGB) und bei ununterbrochener Indossamentenkette kann er das Pfandrecht gutgläubig vom nichtberechtigten Verpfänder erwerben (Art 16 II WG, 21 ScheckG, § 365 I HGB; BeckOGK/*Henn* Rn 19; BeckOK/*Schärtl* Rn 7; Grü/*Wicke* Rn 3; Staudinger/*Wiegand* Rn 12). Zudem kann er sich auf den wertpapierrechtl Einwendungsausschluss (Art 19 II WG, Art 22 ScheckG, § 364 II HGB) berufen, nach zutreffender hL wegen der Limitierung durch den Pfandzweck allerdings nur bis zur Höhe der gesicherten Forderung (BeckOGK/*Henn* Rn 20; BeckOK/*Schärtl* Rn 7; Staudinger/*Wiegand* Rn 13).

11 **5. Rechtsverpfändung gem § 1274.** Nach allg M ist neben der speziellen wertpapierrechtl Verpfändung gem § 1292 auch die Rechtsverpfändung gem § 1274 möglich (vgl Rn 2), die dem Pfandgläubiger jedoch gerade nicht die Vergünstigungen verschafft, die er durch die Verpfändung gem § 1292 erlangt (Rn 10). Str ist jedoch, ob hier für die formlose Einigung genügt (so die überzeugende, inzwischen hL) oder ob zusätzl die Übergabe der Urkunde erforderlich ist (so nach wie vor die Rspr), vgl zum Ganzen bereits § 1274 Rn 21 in Bezug auf die Namensaktie.

12 **6. Exkurs: Sicherungsübertragung.** Statt einer Verpfändung nach § 1274 oder § 1292 können die Beteiligten an indossablen Papieren auch eine **Sicherungsübertragung** vereinbaren. Ob sie gewollt ist, richtet sich nach dem Inhalt der Einigung. Ist dies zu bejahen, so erlangt der Sicherungsnehmer das verbriefte Recht nach außen und innen mit dinglicher Wirkung; der Sicherungszweck äußert sich lediglich in der schuldrechtl Bindung des Sicherungsnehmers. Vgl auch NK/*Bülow* Rn 14; BeckOK/*Schärtl* Rn 9; Staudinger/*Wiegand* Rn 18.

13 **7. AGB-Pfandrecht der Banken und Sparkassen.** Nr 14 Abs 1 AGB-Banken bzw Nr 21 Abs 1 AGB-Sparkassen sehen ein Pfandrecht der Banken/Sparkassen an den in ihren Besitz gelangten Wertpapieren vor; darin liegt mangels Indossament zwar keine Verpfändung gem § 1292, jedoch **gem § 1274** (MüKo/*Schäfer* Rn 22; BeckOGK/*Henn* Rn 30; BeckOK/*Schärtl* Rn 10; aA Staudinger/*Wiegand* Rn 19). Kein Pfandrecht entsteht hingegen an den einer Bank/Sparkasse zur Diskontierung übergebenen und deshalb auf sie indossierten, aber nicht übernommenen Wechseln, denn hier fehlt es aufgrund des Diskontierungsverlangens an einem Begebungsvertrag (RGZ 126, 348, 352; BGH WM 1968, 695; vgl Nr 14 Abs 3 AGB-Banken, Nr 21 Abs 2 AGB-Sparkassen).

14 **8. Gesetzliches Pfandrecht an Orderpapieren gem § 1292.** Der Erwerb eines gesetzl Pfandrechts an Orderpapieren gem § 1292 ist wegen des Erfordernisses des Indossaments nur im Falle eines Blankoindossaments möglich (vgl MüKo/*Schäfer* Rn 24; BeckOGK/*Henn* Rn 32; Staudinger/*Wiegand* Rn 20).

§ 1293 Pfandrecht an Inhaberpapieren

Für das Pfandrecht an einem Inhaberpapier gelten die Vorschriften über das Pfandrecht an beweglichen Sachen.

1 **1. Ratio.** § 1293 regelt die Verpfändung von Inhaberpapieren; diese ist zwar nach der Konzeption des BGB Verpfändung eines Rechts, wird aber aufgrund der untrennbaren Verbindung des Rechts aus dem Papier mit dem Recht am Papier nach den **Vorschriften über das Pfandrecht an beweglichen Sachen** behandelt (vgl Mot III, 868; RGZ 58, 8, 10).

2 **2. Anwendungsbereich.** § 1293 gilt qua § 1257 **auch** für das **gesetzl Pfandrecht** (MüKo/*Schäfer* Rn 8; BeckOGK/*Henn* Rn 3; BeckOK/*Schärtl* Rn 1; Staudinger/*Wiegand* Rn 2). So erstrecken sich zB auch das Pfandrecht des Vermieters gem § 562 (vgl § 562 Rn 10) oder das Pfandrecht des Kommissionärs gem § 397 HGB (vgl nur Oetker/*Bergmann*, HGB, § 397 Rn 4 mwN) auch auf Inhaberpapiere.

3 **3. Inhaberpapiere iSd § 1293.** Inhaberpapiere sind dadurch charakterisiert, dass das **verbriefte Recht dem jew Inhaber zusteht und von ihm geltend gemacht werden kann** (BeckOGK/*Henn* Rn 4; BeckOK/*Schärtl* Rn 2; Staudinger/*Wiegand* Rn 3; vgl Vor § 793 Rn 6). Zu ihnen gehören: Inhaberscheck (Art 5 ScheckG), Inhabergrundschuld- (§ 1195) und Inhaberrentenschuldbrief (§ 1199); Inhaberaktie (§ 10 I 2 AktG, dazu noch Rn 8f); Inhaberinvestmentanteilsscheine (§ 95 I 2 Alt 1 KAGB); Inhaberschuldverschreibung (§ 793); Bundesanleihen (BGH NJW 1996, 1675, 1676); auf den Inhaber lautenden Zins-, Renten- und Gewinnanteilsscheine (vgl § 1296) (vgl RG JW 1911, 1016; RGZ 74, 339, 341); Inhaberzeichen iSd § 807. **Keine** Inhaberpapiere sind hingegen Legitimationspapiere iSd § 808 (vgl § 808 Rn 1); ebenso wenig werden Orderpapiere durch Blankoindossament zu Inhaberpapieren (vgl MüKo/*Schäfer* Rn 3; BeckOGK/*Henn* Rn 4.1).

4. Anwendung der §§ 1204ff. a) Bestellung. Die **Bestellung des Pfandrechts** erfolgt gem **§§ 1205, 1206**; es bedarf weder eines Indossaments noch einer Anzeige gem § 1280 (LG Frankfurt NZG 2022, 1000 Rn 96; MüKo/*Schäfer* Rn 4; BeckOGK/*Henn* Rn 6; BeckOK/*Schärtl* Rn 3; Grü/*Wicke* Rn 2; Staudinger/*Wiegand* Rn 4). Die Verpfändung und Aushändigung bislang noch nicht in den Verkehr gebrachter Inhaberpapiere an den Pfandgläubiger ist als Begebungsvertrag anzusehen (RG JW 1913, 200). Möglich ist auch **gutgläubiger Erwerb**, und zwar auch an abhandengekommenen Inhaberpapieren (§§ 1207, 935 II und §§ 366f HGB). 4

b) Gesetzliches Schuldverhältnis. Zw Verpfänder und Pfandgläubiger entsteht auch hier ein gesetzl **Schuldverhältnis** (Vor § 1204 Rn 1; § 1215 Rn 1), dessen Inhalt sich nach **§§ 1215ff** sowie etwaigen ergänzenden Vereinbarungen bestimmt (NK/*Bülow* Rn 4; Soergel/*Habersack* Rn 3; BeckOGK/*Henn* Rn 9; Staudinger/*Wiegand* Rn 8). So ist der Pfandgläubiger etwa grds zur Zinserhebung und Einforderung neuer Zinsbögen verpflichtet (MüKo/*Schäfer* Rn 4; BeckOGK/*Henn* Rn 9; Staudinger/*Wiegand* Rn 8). Ggü Dritten hat der Pfandgläubiger die Ansprüche aus **§ 1227** (§ 1227 Rn 3ff; Grü/*Wicke* Rn 2; Staudinger/*Wiegand* Rn 8). 5

c) Verwertung. Bzgl der **Verwertung** bestehen folgende Optionen: **(1)** Verkauf gem §§ 1228ff; bei Inhaberpapieren mit Markt- oder Börsenpreis auch freihändiger Verkauf gem § 1235 II, § 1221; **(2)** freihändiger Verkauf oder Verfall kraft Vereinbarung gem §§ 1229, 1245 bzw bei gewerblichem Pfand § 1259; **(3)** Einziehung gem § 1294 (§ 1294 Rn 1ff); **(4)** Verwertung im Wege der Zwangsvollstreckung gem § 1277 (*Westermann/Gursky/Eickmann*, § 137 Rn 9; Grü/*Wicke* Rn 3; Staudinger/*Wiegand* Rn 9; aA, § 1233 II: *Baur/Stürner*, SachenR § 62 Rn 4; NK/*Bülow* Rn 5; MüKo/*Schäfer* Rn 5; BeckOGK/*Henn* Rn 14; Planck/*Flad* Anm 3d; Soergel/*Habersack* Rn 3; BeckOK/*Schärtl* Rn 3). 6

d) Erlöschen. Es gelten grds dieselben **Erlöschensgründe** wie beim Pfandrecht an beweglichen Sachen (Vor § 1204 Rn 10) (Staudinger/*Wiegand* Rn 10). Im Falle der Einlösung einer Inhaberschuldverschreibung setzt sich das Pfandrecht analog § 1287 am erzielten Einlösungsbetrag fort (BGH NJW 1997, 2110). Eine Vernichtung der Urkunde bewirkt hingegen kein Erlöschen des verkörperten Rechts (vgl Staudinger/*Stieper* § 90 Rn 55) und damit auch kein Erlöschen des Pfandrechts (Staudinger/*Wiegand* Rn 10). 7

5. Besonderheiten bei Aktien und sonstigen Wertpapieren im Depot. a) Sammeldepot. Bei Aktien und sonstigen Wertpapieren im Sammeldepot besteht gem § 6 DepotG Miteigentum nach Bruchteilen; hier wird gem § 1258 (§ 1258 Rn 1ff) der Miteigentumsanteil verpfändet (MüKo/*Schäfer* Rn 6; Soergel/*Habersack* Rn 4; *Hirte/Knof* WM 2008, 7, 10; *Huber* ZIP 2021, 1573, 1579; Staudinger/*Wiegand* Rn 5; näher *Nodoushani* WM 2007, 289, 294ff). Bei der Verpfändung durch den Verwahrer sind die leges speciales der §§ 12, 12a DepotG zu beachten (dazu *Nodoushani* WM 2007, 289, 294f; Scherer/*Walz/Frey*, DepotG, 2012, § 12 Rn 1ff, § 12a Rn 1ff). 8

b) Globalurkunde. Sofern die Verbriefung in einer **Globalurkunde** erfolgt ist (zB Globalaktienurkunde gem § 10 V AktG), erklärt § 9a II DepotG die §§ 6–9 DepotG für entspr anwendbar. Hier ist – speziell vor dem Hintergrund von § 9a III 3 DepotG – str, wie die Verpfändung erfolgt. Einer Ansicht nach ist hier nur eine Verpfändung des verbrieften Rechts gem § 1274 I 1, § 398 möglich (so etwa NK/*Bülow* Rn 7; MüKo/*Schäfer* Rn 11; Soergel/*Habersack* Rn 5); nach zutreffender hM ist jedoch auch eine Verpfändung des Miteigentumsanteils gem §§ 1293, 1204ff, 1258 möglich (BGH NZG 2016, 187 Rn 12ff m Anm *Mock* LMK 2016, 377720; *Berger* WM 2009, 577ff; *Berger* ZInsO 2016, 474, 475; *Hofmann* WM 2007, 1547, 1549ff; KK-AktG/*Lutter/Drygala* § 68 Rn 45; BeckOGK/*Vatter* § 10 AktG Rn 72; Staudinger/*Wiegand* Rn 5; vgl auch *Hirte/Knof* WM 2008, 7, 12ff). 9

§ 1294 Einziehung und Kündigung

Ist ein Wechsel, ein anderes Papier, das durch Indossament übertragen werden kann, oder ein Inhaberpapier Gegenstand des Pfandrechts, so ist, auch wenn die Voraussetzungen des § 1228 Abs. 2 noch nicht eingetreten sind, der Pfandgläubiger zur Einziehung und, falls Kündigung erforderlich ist, zur Kündigung berechtigt und kann der Schuldner nur an ihn leisten.

1. Ratio. § 1294 enthält im Interesse der Verkehrsfähigkeit und Praktikabilität (vgl MüKo/*Schäfer* Rn 1; Soergel/*Habersack* Rn 1) eine Privilegierung des Pfandgläubigers ggü den §§ 1281, 1283: Er darf bereits vor Pfandreife allein und ausschließlich einziehen und kündigen. 1

2. Anwendungsbereich. § 1294 gilt sowohl für Orderpapiere iSd § 1292 (§ 1292 Rn 3) als auch für Inhaberpapiere iSd § 1293 (§ 1293 Rn 3), und zwar nach zutreffender hM auch dann, wenn die verbriefte Forderung gem § 1274 verpfändet wurde (NK/*Bülow* Rn 1, 3; Planck/*Flad* Anm 2a; MüKo/*Schäfer* Rn 1; BeckOGK/*Henn* Rn 2; BeckOK/*Schärtl* Rn 1; Grü/*Wicke* Rn 1; aA Soergel/*Habersack* Rn 1; Staudinger/*Wiegand* Rn 1). Die Norm ist aber ihrem Inhalt nach nur insoweit anwendbar, als eine Forderung verbrieft wird, dh im Falle der Verbriefung von Mitgliedschaftsrechten nur insoweit, als damit auch Geldansprüche verbunden sind (Planck/*Flad* Anm 2a; Staudinger/*Wiegand* Rn 2). 2

3. Dispositivität. § 1294 ist gem § 1284 abdingbar; abw Vereinbarungen wirken jedoch nur inter partes zw Verpfänder und Pfandgläubiger (MüKo/*Schäfer* Rn 5; Soergel/*Habersack* Rn 1; BeckOGK/*Henn* Rn 2; BeckOK/*Schärtl* Rn 2; Grü/*Wicke* Rn 1; Staudinger/*Wiegand* Rn 3). 3

4. Einzelheiten des Einziehungsrechts. Dem Pfandgläubiger steht sowohl vor als auch nach Pfandreife (§ 1228 II, dazu § 1228 Rn 5f) das **alleinige Einziehungs- und Kündigungsrecht** zu, und der Schuldner kann nur an ihn leisten. Für die Kündigung seitens des Schuldners verbleibt es hingegen bei § 1283 II, III (§ 1283 4

Rn 2f; MüKo/*Schäfer* Rn 2; Soergel/*Habersack* Rn 2; BeckOGK/*Henn* Rn 3; BeckOK/*Schärtl* Rn 4; abw Staudinger/*Wiegand* Rn 4 [nur Abs III]). Hatte der Verpfänder nur den Mitbesitz eingeräumt, kann der Pfandgläubiger zwecks Ausübung der Rechte aus § 1294 analog § 1231 den Alleinbesitz fordern (MüKo/*Schäfer* Rn 3; Soergel/*Habersack* Rn 2; BeckOGK/*Henn* Rn 3.1; BeckOK/*Schärtl* Rn 3; Staudinger/*Wiegand* Rn 6). Bei Geldforderungen darf der Pfandgläubiger abw von § 1281 I 2 die gesamte Forderung einziehen, selbst wenn nur ein Teil zu seiner Befriedigung genügen würde (MüKo/*Schäfer* Rn 3; Planck/*Flad* Anm 2a; Soergel/*Habersack* Rn 2; Staudinger/*Wiegand* Rn 5).

5 Anstelle der Einziehung kann der Pfandgläubiger – dies allerdings dann erst nach Pfandreife – auch gem **§ 1282 I 3** (§ 1282 Rn 8) Abtretung an Zahlungs statt verlangen (NK/*Bülow* Rn 5; MüKo/*Schäfer* Rn 4; Soergel/*Habersack* Rn 2; BeckOGK/*Henn* Rn 6; BeckOK/*Schärtl* Rn 3; Grü/*Wicke* Rn 1; Staudinger/*Wiegand* Rn 5). Unberührt bleibt von § 1294 auch die Pflicht des Pfandgläubigers zur ordnungsmäßigen Einziehung und Benachrichtigung gem **§ 1285 II** (KG OLG 26, 206, 207).

6 Die **Rechtsfolgen** der Einziehung richten sich nach §§ 1287, 1288 (BGH NJW 1997, 2110, 2111; MüKo/*Schäfer* Rn 3; BeckOGK/*Henn* Rn 7; BeckOK/*Schärtl* Rn 5; Grü/*Wicke* Rn 1; Staudinger/*Wiegand* Rn 7).

§ 1295 Freihändiger Verkauf von Orderpapieren

Hat ein verpfändetes Papier, das durch Indossament übertragen werden kann, einen Börsen- oder Marktpreis, so ist der Gläubiger nach dem Eintritt der Voraussetzungen des § 1228 Abs. 2 berechtigt, das Papier nach § 1221 verkaufen zu lassen. § 1259 findet entsprechende Anwendung.

1 **1. Ratio.** § 1295 eröffnet dem Pfandgläubiger bei Orderpapieren, die einen Börsen- oder Marktpreis haben, zwecks Erleichterung der Verwertung (vgl Mot III, 868) als weitere Möglichkeit (neben § 1277 und § 1294) den freihändigen Verkauf. Der zur Umsetzung der FinanzsicherheitenRL (ABl EG 2002 L 168/43) durch Gesetz v 5.4.2004 (BGBl I 2004, 502) eingefügte S 2 stellt klar, dass § 1159 entspr anwendbar ist, soweit eine Forderung einen Börsen- oder Marktpreis hat (vgl BT-Drs 15/1853, 18).

2 **2. Freihändiger Verkauf gem S 1. a) Voraussetzungen.** S 1 setzt voraus, dass es sich um ein **Orderpapier** iSd § 1292 (§ 1292 Rn 3) handelt; ob die Verpfändung nach § 1292 oder nach § 1274 erfolgt ist, ist irrelevant (Planck/*Flad* Anm 1a; BeckOGK/*Henn* Rn 3; RGRK/*Kregel* Rn 1; BeckOK/*Schärtl* Rn 1; aA [nur bei Legitimierung durch Indossament] MüKo/*Schäfer* Rn 1; Soergel/*Habersack* Rn 1; Staudinger/*Wiegand* Rn 2). Es muss ein **Börsen- oder Marktpreis** existieren (§ 1221 Rn 3, § 1259 Rn 4). Voraussetzung ist weiterhin der Eintritt der Pfandreife (§ 1228 II, dazu § 1228 Rn 5f).

3 **b) Durchführung des Verkaufs.** Beim freihändigen Verkauf gem § 1295 S 1, § 1221 sind §§ 1234ff betreffend den Pfandverkauf – insb Androhung und Wartefrist (§ 1234) sowie Benachrichtigung (§ 1241) – zu beachten; denn durch die Verweisung direkt auf § 1221 (statt auf § 1235 II) sollte nur eine doppelte Verweisung vermieden werden (MüKo/*Schäfer* Rn 2; BeckOGK/*Henn* Rn 4.1; BeckOK/*Schärtl* Rn 2; Grü/*Wicke* Rn 1; Staudinger/*Wiegand* Rn 5). Gem § 1244 ist auch gutgläubiger Erwerb möglich (RGZ 61, 330, 333). Der Pfandgläubiger kann die Wertpapiere im Rahmen des freihändigen Verkaufs auch selbst erwerben, darf sie aber nicht einfach selbst behalten; dies ist nur aufgrund einer – grds erst nach Pfandreife zulässigen – Vereinbarung möglich (§§ 1284, 1277, 1273, 1229) (MüKo/*Schäfer* Rn 2; Soergel/*Habersack* Rn 2; BeckOGK/*Henn* Rn 5; BeckOK/*Schärtl* Rn 2).

4 **3. Entsprechende Anwendung des § 1259 (S 2).** Im Anwendungsbereich des § 1259 (§ 1259 Rn 2ff) sind Vereinbarungen über den freihändigen Verkauf zum laufenden Preis durch den Pfandgläubiger selbst oder Dritte zulässig (§ 1259 Rn 6); ferner kann hier auch schon vor Pfandreife als weitere Verwertungsmöglichkeit die Aneignung durch den Pfandgläubiger vereinbart werden (sog Verfallabrede) (§ 1259 Rn 7).

§ 1296 Erstreckung auf Zinsscheine

Das Pfandrecht an einem Wertpapier erstreckt sich auf die zu dem Papier gehörenden Zins-, Renten- oder Gewinnanteilscheine nur dann, wenn sie dem Pfandgläubiger übergeben sind. Der Verpfänder kann, sofern nicht ein anderes bestimmt ist, die Herausgabe der Scheine verlangen, soweit sie vor dem Eintritt der Voraussetzungen des § 1228 Abs. 2 fällig werden.

1 **1. Ratio.** § 1296 enthält bzgl der Erstreckung des Pfandrechts auf sog **Nebenpapiere** eine Sonderregelung ggü § 1289, um insoweit einen zweckmäßigen und den Verkehrsbedürfnissen entsprechenden Rechtsrahmen zu schaffen (vgl Prot III, 535).

2 **2. Anwendungsbereich.** § 1296 gilt nicht nur im Falle der Verpfändung von Inhaber- und Orderpapieren (so aber Soergel/*Habersack* Rn 2), sondern auch von Rektapapieren (NK/*Bülow* Rn 4; MüKo/*Schäfer* Rn 2; BeckOGK/*Henn* Rn 5; BeckOK/*Schärtl* Rn 2; Grü/*Wicke* Rn 1; Staudinger/*Wiegand* Rn 3). Erfasste Nebenpapiere sind **Zins-, Renten- und Gewinnanteilsscheine**; diese sind selbständige Inhaberpapiere (MüKo/*Schäfer* Rn 1). **Nicht** erfasst sind hingegen Zinserneuerungsscheine (**Talons**) (§ 805 Rn 1f), denn diese sind lediglich Legitimationspapiere (RGZ 74, 339, 341); sofern nichts Abw vereinbart ist, erstreckt sich das Pfandrecht auch auf sie (RGZ 58, 162, 165; RG Recht 1917 Nr 1072).

3. Erstreckung des Pfandrechts (S 1). Gem S 1 erstreckt sich das Pfandrecht kraft Gesetzes (Soergel/*Habersack* Rn 2; BeckOK/*Schärtl* Rn 2; abw [unwiderlegliche Vermutung] MüKo/*Schäfer* Rn 2; BeckOGK/*Henn* Rn 3) auf Zins-, Renten- und Gewinnanteilsscheine, **wenn sie dem Pfandgläubiger übergeben sind**. Nicht übergebene Nebenpapiere werden vom Pfandrecht hingegen nicht erfasst. Ein Anspruch auf Übergabe besteht nur, wenn dies speziell vereinbart ist (MüKo/*Schäfer* Rn 2; BeckOGK/*Henn* Rn 4; BeckOK/*Schärtl* Rn 2; Staudinger/*Wiegand* Rn 2). 3

4. Herausgabeanspruch (S 2). S 2 gibt dem Verpfänder einen Anspruch auf Herausgabe der Nebenpapiere, wenn sie vor Eintritt der Pfandreife (§ 1228 II, dazu § 1228 Rn 5f) fällig geworden sind. Mit der Rückgabe (vgl § 1273 II, § 1253 I) – nicht bereits mit Fälligkeit (so aber MüKo/*Schäfer* Rn 4; Grü/*Wicke* Rn 1) – entfällt die Pfandhaftung (Planck/*Flad* Anm 2; Soergel/*Habersack* Rn 3; BeckOGK/*Henn* Rn 6; BeckOK/*Schärtl* Rn 3; Staudinger/*Wiegand* Rn 5). Entspr Anwendung findet S 2 auch bei der Hinterlegung von Wertpapieren zu Sicherungszwecken (§§ 232ff, §§ 108ff ZPO) (RGZ 72, 264, 265; Soergel/*Habersack* Rn 2; BeckOGK/*Henn* Rn 6.1; BeckOK/*Schärtl* Rn 3; Grü/*Wicke* Rn 1; Staudinger/*Wiegand* Rn 5; zw Staudinger/*Repgen* § 234 Rn 3). S 2 ist ausdrückl dispositiv und zB abbedungen durch Nr 14 Abs 4 AGB-Banken. 4

5. Selbständige Verpfändung. Zins-, Renten- und Gewinnanteilscheine, die nicht übergeben oder herausgegeben worden sind, können als Inhaberpapiere selbständig verpfändet werden (RGZ 77, 333, 335; RG JW 1911, 1016). 5

Buch 4
Familienrecht (§§ 1297–1921)

Einleitung vor § 1297

Allg Schrifttum zum Familienrecht: *Dethloff*, Familienrecht, 33. Aufl 2022; *Dethloff*, Unterhalt, Zugewinn- und Versorgungsausgleich – Sind unsere familienrechtl Ausgleichssysteme noch zeitgemäß? Gutachten A zum 67. Deutschen Juristentag, 2008; *Gerhardt/v Heintschel-Heinegg/Klein*, Handbuch des Fachanwalts Familienrecht, 12. Aufl 2021; *Gernhuber/Coester-Waltjen/Lugani*, Familienrecht, 7. Aufl 2020; *Hoppenz*, Familiensachen, 9. Aufl 2009; *Johannsen/Henrich*, Familienrecht, 7. Aufl 2020; *Lettmaier*, Familienrecht, 2022; *Münch*, Ehebezogene Rechtsgeschäfte, 5. Aufl 2020; *Muscheler*, Familienrecht, 4. Aufl 2017; *Rauscher*, Familienrecht, 2. Aufl 2008; *Schlüter*, Familienrecht, 14. Aufl 2013; *Schulz/Hauß*, Familienrecht, 3. Aufl 2018; *Schwab*, Familienrecht, 30. Aufl 2022; *Seidl*, Familienrecht, 7. Aufl 2010; *Weinreich/Klein*, Familienrecht Kommentar, 7. Aufl 2021 (zit.: FamR-Komm/*Bearbeiter*); *Wellenhofer*, Familienrecht, 7. Aufl 2021.

I. Allgemeines. 1. Entwicklung. Keines der Bücher des BGB hat seit dessen Inkrafttreten am 1.1.1900 mit steigender Intensität und in immer kürzeren Intervallen so häufige und grundlegende Änderungen, Aus-, Um- und (Wieder-)Eingliederungen erfahren wie das Familienrecht. Dies liegt im Wesentlichen daran, dass die Familie als soziale Einheit, in ihrer Struktur sowie ihrer gesellschaftlichen und kulturellen Bedeutung einem vielfältigen Wandel unterworfen ist. In rechtstatsächlicher Hinsicht stellen steigende Scheidungszahlen, die Zunahme nichtehelicher Lebensgemeinschaften und neuer Lebensformen sowie der demografische Wandel den Gesetzgeber vor neue Herausforderungen. So hat die Zahl der Eheschließungen stetig abgenommen. Waren es 1950 noch ca 750 000 Eheschließungen pro Jahr, sank die Zahl 2017 auf ca 407 000. Die Quote der nichtehelichen Lebensgemeinschaften mit Kindern in den Familien ist ggü 1996 um ca 103 % (Zahlen aus 2018) angestiegen. Damit werden mittlerweile über 10 % der Kinder außerhalb der Ehe geboren, 1996 waren es dagegen lediglich 4 % (Quelle: Statistisches Jb 2019, Kap 2 Bevölkerung). 1

2. Familie. Die Schwierigkeiten des Gesetzgebers ergeben sich auch daraus, dass sich die Familie als soziale Einheit einer umfassenden rechtl Regelung entzieht. Regelungsbezug des Gesetzes sind vielmehr die Familienmitglieder als Einzelpersonen. Das Gesetz verwendet auch keinen einheitlichen, fest konturierten Begriff der Familie. Im weitesten Sinne versteht es darunter den Kreis der durch **Ehe**, **Verwandtschaft** (Abstammung, § 1589, und Adoption, § 1770) und **Schwägerschaft** (§ 1590, § 11 II LPartG) verbundenen Personen, vielfach meint es aber auch die aus den Ehegatten und ihren Kindern bestehende Kleinfamilie (vgl zB §§ 1360ff). Der jew betroffene Personenkreis wird durch Sinn und Zweck der einzelnen Normen bestimmt. Einen noch weiteren Personenkreis als den der Familie umfasst der ebenfalls unterschiedlich verwendete Begriff der **Angehörigen** (vgl „naher Angehöriger“: §§ 530, 1611; „Familienangehöriger im gemeinsamen Haushalt“ §§ 563, 1969; zum weiten Angehörigenbegriff im Strafrecht: § 11 I Nr 1 StGB). Zur Haftung mittelloser Angehöriger vgl § 1353 Rn 15ff. Auch der homosexuelle **Lebenspartner** einer eingetragenen Lebenspartnerschaft zählt zu den Angehörigen, § 11 I LPartG. Hingegen sind die heterosexuellen Partner einer **nichtehelichen Lebensgemeinschaft** (dazu ausf Vor § 1353 Rn 18a) keine Angehörigen. 2

Von der Familie ist die **„häusliche Gemeinschaft“**, §§ 617, 618; § 116 VI SGB X, § 247 StGB, zu unterscheiden. Die Familienmitglieder können, brauchen aber nicht zu ihr zu gehören, während Personen außerhalb der Familie der Hausgemeinschaft angehören können. Zuweilen spricht das Gesetz auch von **„Hausstand“**, §§ 1619, 1620, 1969, oder von **„Haushaltsgemeinschaft“**, § 39 S 1 SGB XII. Familienrechtl Beziehungen werden durch die Haushaltsgemeinschaft nicht begründet. 2a

3. Begriff des Familienrechts. Familienrecht ist die **Zusammenfassung der Vorschriften**, die die Rechtsverhältnisse des unter Rn 2 genannten Personenkreises regeln. Die wesentlichen Bereiche des **Familienrechts (ieS)** sind im **4. Buch des BGB** normiert. Der erste Abschnitt (§§ 1297–1588) behandelt die Bürgerliche Ehe. Der zweite Abschnitt (§§ 1589–1772) regelt die Verwandtschaft. Auch der dritte Abschnitt, §§ 1773–1921, der Vormundschaft, rechtl Betreuung und Pflegschaft regelt, gehört zum Familienrecht, obwohl diese Bereiche gerade keine Verwandtschaft begründen und keine Familie entstehen lassen. Die Zusammenfassung im 4. Buch rechtfertigt sich durch die gemeinsame Wurzel in der „munt“ des dt Rechts und den Zusammenhang der Vormundschaft über Minderjährige mit der elterlichen Sorge sowie der Betreuung und der Pflegschaft mit der Vormundschaft. Als **Familienrecht (iwS)** können daneben auch alle Regelungen verstanden werden, die die rechtl Verhältnisse der Mitglieder einer Familie oder der Familie als solcher nach außen betreffen. Dazu gehören die **verfassungsrechtl** (dazu Rn 10ff), **verfahrensrechtl** (dazu Rn 6), **sozialrechtl** und **steuerrechtl** Bestimmungen (dazu § 1353 Rn 22ff), die Sonderregelungen für familienbezogene Bereiche vorsehen, schließlich das **Völkerrecht** mit seinen **internationalen Abkommen**, insb der EMRK, das **EU-Recht** und das **IPR**, soweit diese Regelungen familienrechtl Bestimmungen enthalten (dazu Rn 26ff). 3

4. Anwendungsbereich. Das Familienrecht des BGB gehört grds dem Privatrecht an. Soweit es aber um zwingende öffentliche Belange geht, enthält es auch öffentliches Recht, zB bei Schließung, Aufhebung und Scheidung der Ehe sowie bei Sorge, Vormundschaft, Betreuung und Pflegschaft. In diesem öffentlich-rechtl Bereich erhalten Rechtsklarheit und Rechtssicherheit durch zwingende Formvorschriften sowie die Höchstpersönlichkeit und 4

Bedingungsfeindlichkeit der rechtsgeschäftlichen Erklärungen und durch die Unübertragbarkeit, Unvererblichkeit und Unverzichtbarkeit der subj Familienrechte erhöhten Stellenwert.

5 **5. Typenzwang.** Familienrecht unterliegt besonders stark historischen und gesellschaftlichen Veränderungen. Es herrscht der **Grundsatz des Typenzwangs**. Familienrechtl Vorschriften haben daher vielfach einen zwingenden Charakter, so dass sie weder übertragbar noch verzichtbar sind. Rechtssicherheit, Rechtsklarheit und Offenkundigkeit haben im Familienrecht eine erhöhte Bedeutung, die sich in der Formenstrenge und in der Bedingungsfeindlichkeit der familienrechtl Rechtsgeschäfte sowie in der erhöhten Mitwirkung der Gerichte bei ihrem Abschluss, ihrer Änderung und ihrer Aufhebung ausdrückt. Jedenfalls im vermögensrechtl Bereich sind viele Regelungen aber mittlerweile dispositiv; sie unterliegen der verfassungsrechtl garantierten Privatautonomie der Eheleute aus Art 6 I bzw 2 I GG. Allerdings soll die Ehevertragsfreiheit der Parteien nach Ansicht des BVerfG (NJW 2001, 957) dort ihre Grenze finden, wo der Vertrag nicht Ausdruck und Ergebnis gleichberechtigter Lebenspartnerschaft ist, sondern eine auf ungleichen Verhandlungspositionen basierende einseitige Dominanz eines Ehepartners widerspiegelt. In diesem Fall ist den Grundrechten über die Generalklauseln der §§ 138, 242 zur Geltung zu verhelfen. Der BGH hat dies iS einer sog Kernbereichslehre (Grundsatzentscheidung: FamRZ 2004, 601) weiterentwickelt. Danach sind Eheverträge einer **Inhaltskontrolle** am Maßstab von § 138 (Wirksamkeitskontrolle) und § 242 (Ausübungskontrolle) zu unterziehen (§ 1408 Rn 5ff). Dabei ist eine Rangabstufung der gesetzl Scheidungsfolgen, angefangen beim Betreuungsunterhalt gem § 1570 bis hin zum Zugewinnausgleich auf der letzten Stufe vorzunehmen. Je höherrangig die Scheidungsfolge ist, die die Parteien in einem Ehevertrag ausschließen, und je weiter sie in den Kernbereich eingreift, desto eher besteht ein Bedarf für eine gerichtliche Inhaltskontrolle des Vertrags. Nach neuester Rspr (BGH NZFam 2021, 587 m Anm *Graba*; NZFam 2020, 772 m Anm *Milzer*; NJW 2019, 2020 m Anm *Szalai*, NZFam 2019, 501; NJW 2018, 1015 m Anm *Grziwotz*; NJW 2017, 1883; Celle NZFam 2021 m Anm *Ruetten*; Karlsruhe NZFam 2021, 461; NZFam 2021 m Anm *Siede*; Brandenburg NZFam 2021, 1024 m Anm *Milzer*; Celle NJW 2019, 3462; Brandenburg NZFam 2019, 224 m Anm *Milzer*) reicht es für das Verdikt der Sittenwidrigkeit eines Ehevertrags nicht aus, wenn lediglich eine obj einseitige, durch die ehelichen Lebensverhältnisse nicht gerechtfertigte Lastenverteilung vorliegt; vielmehr muss auch eine **„subjektive Imparität"** hinzukommen. Diese wird etwa dann bejaht, wenn der mit dem Verlangen auf Abschluss eines Ehevertrags konfrontierte Ehegatte erkennbar ohne den ökonomischen Rückhalt der Ehe einer ungesicherten wirtschaftl Zukunft entgegensehen würde (vgl BGH NJW 2014, 1101). In die Beurteilung einzubeziehen sind zB die von den Ehegatten mit der Abrede verfolgten Zwecke und ihre Beweggründe, die zur Vereinbarung der Klausel geführt haben (vgl etwa BGH NJW 2018, 1015).

6 **6. Verfahren.** Am 1.9.2009 ist das **Gesetz über das Verfahren in Familiensachen und in den Angelegenheiten der freiwilligen Gerichtsbarkeit** (FamFG; BGBl I 2008, 2586, 2587) in Kraft getreten. Das Verfahren in Familiensachen ist im Zweiten Buch des FamFG geregelt und enthält neben allg Vorschriften (§§ 111ff FamFG) insb Regelungen zu den Ehe- (§§ 121ff FamFG), Kindschafts- (§§ 151ff FamFG) und Abstammungssachen (§§ 169ff FamFG). Die sog Familienstreitsachen in den Abschnitten 9–11 enthalten im Wesentlichen die Regelungen zu den Unterhalts- und Güterrechtssachen. Zu Einzelheiten s nur *Bruns*, Die Entwicklung des Familienverfahrensrechts im Jahr 2021, NZFam 2022, 149; *Frank*, 10 Jahre FamFG, FamRZ 2019, 1301; *Sternal*, FamFG[21] 2023; *Prütting/Helms*, FamFG[6] 2022; *Bumiller/Harders/Schwamb*, FamFG[13] 2022; *Musielak/Borth*, FamFG[7] 2022.

7 Neben dem gerichtlichen Verfahren hat sich die **Familienmediation** als Alternative zur Konfliktbeseitigung etabliert. Die EU hat seit Inkrafttreten des Lissabon-Vertrags am 1.12.2009 eine ausdrückl Kompetenz für die Entwicklung alternativer Methoden zur Streitbeilegung gem Art 81 Abs II lit g AEUV. Die Förderung konsensualer Konfliktlösungen in den Mitgliedstaaten ist auch durch die RL 2008/52/EG des Europäischen Parlaments und des Rates v 21.5.2008 über bestimmte Aspekte der Mediation in Zivil- und Handelssachen (MediationsRL) angeregt worden (umgesetzt durch G zur Förderung der Mediation und anderer Verfahren der außergerichtlichen Konfliktbeilegung v 21.7.2012, BGBl I 2012, 1577). Die Mediation kommt im Grundsatz auch im Bereich des Familienrechts zum Einsatz, wobei hier – insb bei Sorge- und Umgangsverfahren – die besondere familienrechtl Ausgangslage zu beachten ist (jüngst KG NJW 2021, 867). Allg dazu *Wegener* NZFam 2022, 621. Im dt Recht ist die seit Geltung des FamFG bestehende Möglichkeit des Gerichts, die Teilnahme an einem Informationsgespräch über Möglichkeiten der Mediation gem § 135 FamFG anzuordnen, zu beachten. Gem § 36a FamFG (eingefügt durch Art 3 G z Förderung der Mediation v 21.7.2012, BGBl I 2012, 1577) kann das Gericht den Beteiligten eine außergerichtliche Konfliktbeilegung vorschlagen. Dies gilt insb für den Fall, dass in einem Verfahren Konfliktbereiche auftreten, die dessen Regelungsbereich überschreiten, zB wenn persönliche Konflikte der Eltern eine das Kindeswohl berücksichtigende Regelung der elterlichen Sorge oder des Umgangsrechts erschweren bzw verhindern (vgl Musielak/Borth/*Frank*/*Borth* § 36a FamFG Rn 1).

8 **7. Personenstandsrecht.** Familienrechtl Geschehnisse wie Eheschließung, Geburt und Tod, Abstammung und Verwandtschaft usw werden schließlich in Personenstandsbüchern – Geburten-, Sterbe-, Heirats- und Familienbuch – beurkundet, und zwar in digitalisierter Form, die von den Standesämtern geführt werden. Rechtsgrundlage ist das **Personenstandsgesetz** (v 19.2.2007, BGBl I 2007, 122, in Kraft seit 1.1.2009; zuletzt geändert durch Art 3 G v 17.7.2023, BGBl I 2023 Nr 190).

9 **8. Bezüge zum Strafrecht. Strafrechtl Schutz** finden familienrechtl Beziehungen insb in den Vorschriften des zwölften Abschnitts des StGB, der „Straftaten gegen den Personenstand, die Ehe und die Familie" umfasst und zu welchem die folgenden Vorschriften gehören: §§ 169 (Personenstandsfälschung), 170 (Verletzung der Unterhaltspflicht), 171 (Verletzung der Fürsorge- und Erziehungspflicht), 172 (Doppelehe; doppelte Partnerschaft),

173 (Beischlaf zw Verwandten). Familienrechtl Bezug haben zudem §§ 174 (sexueller Missbrauch von Schutzbefohlenen), 180 und 184. Zu Straftaten gegen das Leben mit Familienbezug gehört im StGB § 221 II (Aussetzung). Nach vier gesetzgeberischen Versuchen zur Einschränkung der ursprünglich generellen Strafbarkeit des Schwangerschaftsabbruchs und zum stärkeren Schutz ungeborenen Lebens auf andere Weise ist diese Materie durch das Schwangeren- und Familienhilfeänderungsgesetz v 21.8.1995 (BGBl I 1995, 1050) in den §§ 218–219b StGB geregelt worden; das Verbot der Werbung für den Schwangerschaftsabbruch in § 219a StGB wurde jüngst durch G v. 11.7.2022 (BGBl I 2022, 1082) aufgehoben. Unter den Straftaten gegen die körperliche Integrität und die persönliche Freiheit haben im StGB die §§ 225 (Misshandlung von Schutzbefohlenen) und 235 (Kindesentziehung) sowie 236 (Kinderhandel) Familienrechtsbezug. Im **Nebenstrafrecht** ist noch die Vorschrift gegen Ersatzmuttervermittlung (§ 14b AdVermiG) sowie das Verbot der Leihmutterschaft (§ 1 I Nr 1 ESchG) zu beachten.

Mit Rücksicht auf die innerfamiliären Sonderbeziehungen werden bestimmte Straftaten gegen Angehörige nur auf deren Antrag verfolgt (vgl § 247, § 259 II, § 263 IV, § 263a II, § 265a III, § 266 III, § 294 StGB) oder bei Straftaten von Angehörigen besondere Zwangslagen privilegiert (§ 139 III, § 157 I, § 258 VI StGB). 9a

Das Zeugnisverweigerungsrecht aus persönlichen Gründen ist in § 52 StPO geregelt. 9b

II. Familienrecht und Grundgesetz. 1. Art 6 I GG. a) Das **Fundament des Familienrechts** ist Art 6 I GG: „Ehe und Familie stehen unter dem besonderen Schutze der staatlichen Ordnung". Unveräußerlicher Kern dieser Ordnung ist die **Ehe.** Das GG selbst enthält keine Definition der Ehe; vielmehr wird sie als besondere Form menschlichen Zusammenlebens vorausgesetzt (BVerfG NJW 1971, 1509; 1974, 545; 1990, 175; 2002, 2543). Die Verwirklichung des verfassungsrechtl Schutzes bedarf insoweit einer rechtl Regelung, die im Einz ausgestaltet und abgrenzt, welche Lebensgemeinschaft als Ehe den Schutz der Verfassung genießt (BVerfG NJW 2002, 2543). Dabei hat der Gesetzgeber einen erheblichen Gestaltungsspielraum, um Form und Inhalt der Ehe zu bestimmen (BVerfG NJW 2002, 2543). Zum Gehalt der Ehe, wie er sich aus Art 6 I ergibt, gehört nach st Rspr des BVerfG die Vereinigung eines **Mannes mit einer Frau** zu einer **auf Dauer** angelegten Lebensgemeinschaft, die auf einem **freien Entschluss** unter Mitwirkung des Staates beruht (s nur BVerfG NJW 1959, 1483). Nach Auffassung des BVerfG ist die eingetragene Lebenspartnerschaft iSd LPartG angesichts der Gleichgeschlechtlichkeit der Partner daher keine „Ehe" gem Art 6 I GG (BVerfG NJW 2002, 2543; 2013, 2257). Der Gesetzgeber hat mit dem G zur Einführung des Rechts auf Eheschließung für Personen gleichen Geschlechts v 20.7.2017 (BGBl I 2017, 2787) die sog „Ehe für alle" eingeführt. § 1353 I wurde dahingehend geändert, dass die Ehe von „zwei Personen verschiedenen oder gleichen Geschlechts auf Lebenszeit geschlossen" wird (Vor § 1353 Rn 1a). Eine verfassungsrechtl Implikation ist damit indes nicht verbunden. **„Familie"** iSd Art 6 I GG ist die Verbindung von Eltern und Kindern unter Einbezug von Stief-, Adoptiv- und Pflegekindern (BVerfG FamRZ 1990, 363; 1993, 1420) in den von der Rechtsordnung bestimmten oder anerkannten Lebensbereichen. Nach BVerfG NJW 2013, 847 ist auch die sozial-familiäre Gemeinschaft aus eingetragenen Lebenspartnern und dem leiblichen oder angenommenen Kind eines Lebenspartners eine durch Art 6 I GG geschützte Familie. Auch der biologisch-leibliche, wenn auch nicht rechtl Vater bildet mit dem Kind eine von Art 6 I GG geschützte Familie, wenn zw ihm und dem Kind eine sozial-familiäre Beziehung besteht, so dass ein Umgangsausschluss gegen Art 6 I GG verstößt, wenn der Umgang dem Wohl des Kindes dient (BVerfGE 108, 82). 10

b) Anders als sein Vorläufer in der WRV ist Art 6 I GG kein bloßer Programmsatz, sondern eine wertentscheidende „**Grundsatznorm** für das gesamte Ehe- und Familienrecht", die Maßstab und Grenzlinie für Gesetzgebung und Gesetzesanwendung setzt (BVerfG FamRZ 1980, 319, 324; Dürig/Herzog/Scholz/*Badura* Art 6 GG Rn 6; *Kirchhof* FamRZ 2007, 241). Zudem garantiert Art 6 I GG, dass Ehe und Familie als wesentliche Einrichtungen des dt Familienrechts erhalten bleiben, sog **Institutsgarantie.** Es ist dies ein Auftrag des Grundgesetzes an den Gesetzgeber, den in erster Linie und im Wesentlichen das vierte Buch des BGB erfüllt. Dies geschieht in schonender Berücksichtigung der vorgefundenen außerrechtl familiären Gegebenheiten, ohne jedoch einen Wunsch der Gesellschaft nach Verfassungswandel zu verhindern: in Bewahrung der überkommenen Strukturprinzipien, ohne sich der gesellschaftlichen Entwicklung zu verschließen (BVerfGE 105, 313). 11

c) Daneben verpflichtet Art 6 I GG den Staat zu **Förderung und Schutz** von Ehe und Familie. Um dem verfassungsrechtl Schutzauftrag Genüge zu tun, muss der Staat es insoweit einerseits unterlassen, alles zu tun, was die Ehe schädigt oder beeinträchtigt, und muss sie andererseits durch geeignete Maßnahmen fördern (st Rspr BVerfG, s nur NJW 1957, 417). Die **Förderungspflicht** normiert sowohl Differenzierungs**gebote** (ua die Pflicht des Staates, Ehen mit Kindern eine verstärkte Förderung ggü kinderlosen Ehen zukommen zu lassen, vgl *Robbers* in v Mangoldt/Klein/Starck I Art 6 GG Rn 9) als auch Differenzierungs**verbote** (ua ist die Schlechterstellung von Verheirateten im Verhältnis zu Unverheirateten untersagt, vgl *Robbers* in v Mangoldt/Klein/Starck I Art 6 GG Rn 9 und BVerfG NJW 1985, 374 zu § 139 AFG aF). Aus der **Schutzpflicht** begründen sich **Abwehrrechte** gegen **Eingriffe** oder **Maßnahmen**, die die Ehe und Familie stören oder beeinträchtigen können, zB in die Intimsphäre der Ehegatten (vgl BVerfGE 6, 55), oder die in die Gestaltung des ehelichen und familiären Zusammenlebens, insb die steuerliche oder versorgungsrechtl Lastenverteilung, eingreifen (BVerfGE 99, 216 ua). 12

d) Unter den **Schutzbereich von Art 6 I GG** fallen nicht alle im bürgerlichen Recht vorhandenen Einzelregelungen über Ehe und Familie, sondern nur der **og Kernbestand** (die sog „**Strukturprinzipien**") der Ehe und der Ehevoraussetzungen im traditionellen abendländischen Verständnis (dazu Dürig/Herzog/Scholz/*Badura* Art 6 GG Rn 45). Dazu gehören vor allem die **Einehe** und die grds **Eheschließungsfreiheit** (BVerfGE 31, 58, 67, 78; 13

36, 146, 162; 53, 224, 225), die es erfordert, Ehehindernisse auf Unumgängliches zu beschränken (BVerfGE 36, 146, 162ff); die **Geschlechterverschiedenheit** (s Rn 10; BVerfG NJW 2002, 2543; FamRZ 1959, 416; 1993, 1419 und 164; BSG NJW 1997, 2620; BAG FamRZ 1998, 545), sowie der in § 1353 I verankerte Grundsatz der **Lebenslänglichkeit der Ehe** als „Leitprinzip des Eherechts" (vgl BVerfG FamRZ 1980, 319, 323; für BVerfG FamRZ 2007, 529 ist die auf Lebenszeit angelegte Gemeinschaft der sachliche Grund für eine Differenzierung bei der Leistungsgewährung von medizinischen Maßnahmen zur künstlichen Befruchtung). Dies bedeutet aber nicht, dass die Bindung auf Lebenszeit absolut ist. Es gilt das Bild der **„verweltlichten Ehe"**. Der Gesetzgeber ist nicht gehindert, die Scheidung gescheiterter Ehen zu ermöglichen, und besitzt einen weiten Spielraum, um die hier kollidierenden Interessen von scheidungswilligem, die Scheidung abl Ehegatten und den Kindern auszutarieren. Bei zweifelhafter Auslegung soll die Scheidung die Ausnahme bleiben, im Scheidungsverfahren darf es an eheerhaltenden Elementen nicht fehlen, BVerfGE 53, 224. Art 6 I GG steht auch der Einführung der vereinbarten Scheidung (**Konventionalscheidung**) bei übereinstimmendem Scheidungswillen beider Ehegatten nicht entgegen, nicht zuletzt angesichts der vielen Rechtsordnungen im EU-Ausland, die sich dem nicht in den Weg stellen (zum Rechtsvergleich s *Dethloff* § 6 Rn 164ff).

13a Die **rechtl vorgeschriebenen Form** der Eheschließung ist dagegen kein Teil des unverzichtbaren Kerns der Ehe. Dies zeigt schon die **Abschaffung des sog Voraustrauungsverbots** in § 67 PStG aF durch die Reform des Personenstandsrechts seit 1.1.2009 (s Rn 8). Damit wird es ermöglicht, eine religiöse Trauung ohne vorherige standesamtliche Eheschließung vorzunehmen. Eine solche Ehe entfaltet freilich keine zivilrechtl Wirkungen (s *Schüller* NJW 2008, 2745; *Koch* StAZ 2010, 129).

14 **2. Art 6 II–V GG. a) Art 6 II GG** betrifft das Verhältnis der Eltern zu ihren Kindern und den Schutz vor staatlichen Übergriffen in diesem Bereich. Für Pflege und Erziehung der Kinder zu sorgen ist das **„natürliche Recht der Eltern und ihnen obliegende Pflicht"** (BVerfG FamRZ 2007, 335). Den Eltern ist Selbstverantwortlichkeit bei der Erziehung und Pflege der Kinder eingeräumt. Sind die Eltern nicht miteinander verheiratet, stand ihnen gem § 1626a aF die gemeinsame Sorge nur bei entspr Einigung zu; andernfalls hatte die Mutter die alleinige Sorge. In seiner Entscheidung „Zaunegger" hat der EGMR (NJW 2010, 501) in der Vorschrift einen Verstoß gegen Art 8, 14 EMRK erblickt. Dem ist das BVerfG mit seinem Beschl v 21.7.2010 (NJW 2010, 3008) gefolgt und hat § 1626a I Nr 1 aF (sowie § 1672 I aF) wegen Verstoßes gegen Art 6 II GG für **verfassungswidrig** erklärt. Der Gesetzgeber hat daraufhin eine Neuregelung des § 1626a erlassen, wonach die gemeinsame Sorge auf Antrag eines Elternteils zum Familiengericht erteilt werden kann, wenn zu erwarten ist, dass dies dem Kindeswohl nicht widerspricht (G zur Reform der elterlichen Sorge nicht miteinander verheirateter Eltern v 16.4.2013, BGBl I 2013, 795), vgl zum Ganzen nur *Löhnig/Etzold*, NZFam 2016, 769; *Finger* FuR 2015, 139. Die „soziale Elternschaft" begründet demggü keine iRd Grundrechts geschützte Elternposition. Somit ist ein Stiefelternteil vor der Adoption selbst dann nicht Träger des Grundrechts, wenn er mit dem anderen Elternteil und dessen Kind in sozial-familiärer Gemeinschaft lebt. Art 6 II GG vermittelt kein Recht auf Adoption (vgl BVerfG NZFam 2019, 473 m Anm *Löhnig*).

14a Staatliche Gestaltung und insb staatliche Eingriffe sind nur im Rahmen des durch Art 6 II 2 GG zugewiesenen **Wächteramtes** zulässig. Dieses kann dann eingreifen, wenn Missbräuche der Rechte oder Vernachlässigungen der Pflichten durch die Eltern vorliegen. Für die Entziehung des Sorgerechts muss eine Gefährdung des Kindeswohls vorliegen, dh „ein bereits eingetretener Schaden des Kindes oder eine gegenwärtige, in einem solchen Maße vorhandene Gefahr, dass sich bei seiner weiteren Entwicklung eine erhebliche Schädigung mit ziemlicher Sicherheit voraussehen lässt" (BVerfG NJW 2022, 212; NZFam 2021, 953; NJW 2010, 2333; s dazu Komm zu §§ 1666, 1666a). Von praktischer Relevanz sind gesundheitsrelevante Entscheidungen der Eltern, zB über die Beschneidung des Kindes (vgl G v 20.12.2012, BGBl I 2012, 2749) oder die Vornahme von Impfungen (BVerfG NJW 2022, 2904) sowie Fragen des Umfangs des Elternrechts im schulischen Bereich (dazu zB BVerfG NJW 2009, 3151; FamRZ 1986, 1079). Beschneidungen des letztgenannten Elternrechts standen jüngst aufgrund der Schulschließungen zur Eindämmung der Corona-Pandemie auf dem Prüfstand des BVerfG (NJW 2022, 167).

15 **b) Art 6 III GG** regelt die **gesetzl Möglichkeit der Trennung von Familie und Kind** als speziellen Fall des Eingriffs in das Elternrecht, wenn die zur Erziehung primär Aufgerufenen versagen.

16 **c) Art 6 IV GG** gewährt jeder **Mutter Anspruch auf Schutz und Fürsorge der Gemeinschaft**, ein Anspruch, der in erster Linie durch den arbeitsrechtl Mutterschutz erfüllt wird, dessen Lasten sich ArbGeb und Krankenversicherung teilen.

17 **d) Art 6 V GG** schließlich ist vor allem ein Gesetzgebungsauftrag zur Regelung des Nichtehelichenrechts, daneben auch wertentscheidende Grundsatznorm. Diesen Verfassungsauftrag hat der Gesetzgeber nach eindringlichen Hinweisen des BVerfG (FamRZ 1969, 196) in einer ganzen Reihe von Vorhaben weitgehend erfüllt. Dies gilt für die im Rahmen des UÄndG erfolgte Angleichung der Unterhaltsansprüche für die Betreuung ehelicher und nichtehelicher Kinder in §§ 1615l und 1570, die allerdings ebenfalls zunächst den Richterspruch aus Karlsruhe erforderte (BVerfG NJW 2007, 1735). Dass der gesetzgeberische Auftrag zur Herstellung **vollständiger Gleichberechtigung** noch nicht als abgeschlossen gelten kann, zeigt ein Blick auf das Erbrecht. So wurden Kinder, die vor dem 1.7.1949 geboren wurden, seit Erlass des Gesetzes über die rechtl Stellung nichtehelicher Kinder v 19.8.1969 (NEhelG) erbrechtl weiterhin ungleich ggü ehelichen Kindern behandelt. Zwar wurde nach einer Entscheidung des EGMR v 28.5.2009, wonach die einschlägige Vorschrift im NEhelG für konventionswidrig erklärt wurde, eine Gesetzesänderung (Gesetz zur erbrechtl Gleichstellung nichtehelicher Kinder, BGBl I 2011, 615)

vorgenommen. Die bisherige Unterscheidung zwischen ehelichen und nichtehelichen Kindern blieb allerdings auch danach für Erbfälle, die vor dem 29.5.2009 eingetreten sind, vorhanden. Nach einer erneuten Entscheidung des EGMR aus dem Jahr 2017 (FamRZ 2017, 656) hat der BGH (ZEV 2017, 510) entschieden, dass für Kinder, die vor dem 1.7.1949 geboren wurden, deren Erb- und Pflichtteilsansprüche auch dann anzuerkennen seien, wenn der Erbfall vor dem 29.5.2009 eingetreten ist, jedenfalls dann, wenn andernfalls eine Verletzung der EMRK drohen würde (zum Ganzen s Burandt/Rojahn/*Große-Boyman*, ErbR § 1924 Rn 9; MüKoBGB/*Leipold* Einl ErbR Rn 98ff).

3. Art 3 II GG. Den wohl größten Wandel im Familienrecht seit 1900 hat Art 3 II 1 GG (**„Männer und Frauen sind gleichberechtigt“**) bewirkt. Nach dem Sozialmodell des BGB von 1900 hatte der Ehemann den Stichentscheid „in allen das Familienleben betreffenden Fragen“, insb bei der Bestimmung des Wohnsitzes und die elterliche Gewalt über die Kinder. Die Frau führte den Namen des Mannes, sie war „berechtigt und verpflichtet, das gemeinschaftl Hauswesen zu leiten“, § 1356 aF. Von einer Berufstätigkeit der Frau war nicht die Rede, vielmehr konnte der Mann den Arbeitsvertrag der Frau „ohne Einhaltung einer Kündigungsfrist“ kündigen, § 1358 aF. Dies war der Zustand, den das GG vorgefunden hat. Er sollte bis zum 31.3.1953 durch ein Gleichberechtigungsgesetz abgelöst werden, Art 117 GG, das jedoch erst 1957 erlassen wurde und mit der Einführung der Zugewinngemeinschaft eine Gleichstellung in vermögensrechtl Hinsicht bewirkte (*Dethloff* § 1 Rn 28). Weitere gleichberechtigungsrelevante Gesetze waren zB das **1. EheRG** (Erstes Gesetz zur Reform des Ehe- und Familienrechts) v 14.6.1976, das die Abkehr von der Hausfrauenehe und deren Ersetzung durch das Modell der partnerschaftlichen Gestaltung und zudem zentrale Änderungen in den persönlichen Ehewirkungen und beim Namensrecht brachte. Bei der Scheidung wurde das Verschuldens- durch das Zerrüttungsprinzip abgelöst und die Scheidung an den Tatbestand des Scheiterns der Ehe geknüpft. Der Unterhaltsanspruch orientiert sich seither stärker an der Eigenverantwortlichkeit der Partner. Zu nennen ist auch das **SorgeRG** (Gesetz zur Neuregelung des Rechts der elterlichen Sorge) v 18.7.1979. Der Vorrang des männlichen Namens wurde durch das FamNamRG (Gesetz zur Neuordnung des Familiennamensrechts) v 16.12.1993 beseitigt. Das **Gesetz zur Änderung des Ehe- und Lebenspartnerschaftsnamensrechts** v 6.2.2005 setzte schließlich eine Entscheidung des BVerfG (FamRZ 2004, 515) um und gibt dem Ehegatten nunmehr das Recht, erworbene Namen zum Ehenamen zu bestimmen. Vgl im Einz die Komm zu § 1355. 18

4. Art 1 und 2 GG. Menschenwürde und **freie Entfaltung der Persönlichkeit** spielen auch im Familienrecht eine sichtbare Rolle. Das BVerfG hatte bspw unter dem Gesichtspunkt der Menschenwürde das Recht des nichtehelichen Kindes, seinen leiblichen Vater zu kennen, gegen das Persönlichkeitsrecht der Mutter abzuwägen, die Umstände der Zeugung geheim zu halten, BVerfGE 96, 56. Auch in den Entscheidungen zum Namensrecht und dem zum Namenswechsel bei der Eheschließung (BVerfGE 78, 38) spielt das Persönlichkeitsrecht die entscheidungserhebliche Rolle, dazu auch § 1355 Rn 2. Der BGH (BGHZ 6, 360f) hat schließlich bereits bei der Anerkennung des räumlich-gegenständlichen Bereichs der Ehe als absolutes Recht iSd § 823 I seine Entscheidungsgründe maßgeblich auf das Persönlichkeitsrecht gestützt. 19

III. Wichtige Familienrechtsreformen. Das vierte Buch des BGB hat zahlreiche und einschneidende Änderungen und Umgestaltungen in allen Abschnitten und Titeln erfahren. Nur einige zentrale Reformen sollen an dieser Stelle genannt werden, Näheres s *Dethloff* § 1 Rn 37ff. 20

Im Bereich des Eherechts ist neben dem bereits angesprochenen (s Rn 18) **Gleichberechtigungsgesetz** v 18.6.1957 (BGBl I 1957, 609), **dem 1. EheRG** v 14.6.1976 (BGBl I 1976, 1421) und dem SorgeRG v 18.7.1979 (BGBl I 1979, 1061) auch das **Gesetz zur Neuordnung des Eheschließungsrechts** (EheschlRG) v 4.5.1998 (BGBl I 1998, 833) zu nennen, das das Eheschließungsrecht aus dem EheG (wieder) in das BGB einstellte, die Sanktionen für Ehemängel vereinfachte und das Verfahrensrecht angepasste (s Komm zu §§ 1303ff). Der Gesetzgeber hat mit dem G zur Einführung des Rechts auf Eheschließung für Personen gleichen Geschlechts v 20.7.2017 (BGBl I 2017, 2787) die sog **„Ehe für alle“** eingeführt. § 1353 I wurde dahingehend geändert, dass die Ehe von „zwei Personen verschiedenen oder gleichen Geschlechts auf Lebenszeit geschlossen“ wird (s Rn 10). Durch das am 1.1.2008 in Kraft getretene **UÄndG** v 21.12.2007 (BGBl I 2007, 3189) ist das Unterhaltsrecht durch die Stärkung des Grundsatzes der Eigenverantwortung an die geänderten gesellschaftlichen Verhältnisse und den eingetretenen Wertewandel angepasst worden, s dazu im Einz die Komm zu §§ 1569ff. Ebenfalls neu gefasst wurden die Vorschriften über den Versorgungsausgleich (G zur Strukturreform des Versorgungsausgleichs v 3.4.2009, BGBl I 2009, 700), die aus dem BGB ausgegliedert und in einem eigenen VersAusglG zusammengefasst wurden (s im Einz die Komm dort). Wesentliche – wenngleich eher technische – Veränderungen brachte auch das G zur Änderung des Zugewinnausgleichs- und Vormundschaftsrechts v 14.5.2009 (BGBl I 2009, 1696) mit sich. Dies gilt insb für die Berücksichtigung des negativen Anfangsvermögens in § 1374 bzw von illoyalen Vermögensminderungen in § 1375, s Komm dort. Durch das G zur Reform der elterlichen Sorge nicht miteinander verheirateter Eltern v 16.4.2013 (BGBl I 2013, 795) hat der Gesetzgeber – nach Urteilen des EGMR und BVerfG – die Rechte des Vaters zur Erlangung der gemeinsamen Sorge über ein nichteheliches Kind gestärkt (s Rn 14). Ebenfalls auf Grundlage von Urteilen des EGMR wurde dem leiblichen (unverheirateten) Vater, dessen Kind mit den rechtl Eltern in einer sozialen Familie lebt und der zu seinem Kind bislang keine enge persönliche Beziehung aufbauen konnte, durch das G zur Stärkung der Rechte des leiblichen, nicht rechtl Vaters v 4.7.2013 (BGBl I 2013, 2176) ein Umgangs- und Auskunftsrecht eingeräumt (vgl § 1686a, s Komm dort). 21

Neue Wege innerhalb des Familienrechts ist der Gesetzgeber mit der Schaffung des **Lebenspartnerschaftsgesetzes** (LPartG) v 16.2.2001 (BGBl I 2001, 122) gegangen. Es hat ein der Ehe vergleichbares Rechtsinstitut für Paare 22 gleichen Geschlechts eingeführt. Eine weitere Annäherung an die Ehevorschriften erfolgte durch das Gesetz zur Überarbeitung des Lebenspartnerschaftsgesetzes (LPartÜG) v 15.12.2004 (BGBl I 2004, 3396). Seit der Verabschiedung des G zur Einführung des Rechts auf Eheschließung für Personen gleichen Geschlechts im Jahr 2017 (s Vor § 1353 Rn 1a) besteht indes kein Bedürfnis mehr für den Neuabschluss von Lebenspartnerschaften. § 1 I 1 LPartG bestimmt daher seit dem 22.12.2018, dass seit dem 1.10.2017 keine Lebenspartnerschaften mehr begründet werden können (s Vor § 1353 Rn 39ff.).

23 Im Bereich des **Kindschaftsrechts** spielen neben dem NEhelG v 19.8.1969 (BGBl I 1969, 1243) auch das **G zur erbrechtl Gleichstellung nichtehelicher Kinder** (ErbGleichG) v 16.12.1997 (BGBl I 1997, 2968), das Zweite Erbrechtsgleichstellungsgesetz (ZwErbGleichG) v 12.4.2011 (BGBl I 2011, 615) sowie das **Kindschaftsrechtsreformgesetz** (KindRG) v 16.12.1997 (BGBl I 1997, 2942), das die Unterscheidung zw ehelichen und nichtehelichen Kindern abschaffte, eine entscheidende Rolle. Das Recht der Kinder auf eine gewaltfreie Erziehung wurde durch das **G zur Ächtung der Gewalt in der Erziehung und zur Änderung des Kindesunterhaltsrechts** (KindU) v 1.1.2002 (BGBl I 2000, 1479; ausf dazu Erman/*Heckelmann*[11] Rn 54) sowie das **G zur weiteren Verbesserung von Kinderrechten** (KinderrechteverbesserungsG) v 9.4.2002 (BGBl I 2002, 1239) weiter präzisiert. Das letztgenannte Gesetz verbesserte zudem die Rechtsstellung durch künstliche Befruchtung gezeugter Kinder. Im Januar 2021 wurde ein Gesetzentwurf zur Änderung des Art 6 II GG verabschiedet, wonach die „verfassungsmäßigen Rechte der Kinder einschl ihres Rechts auf Entwicklung zu eigenverantwortlichen Persönlichkeiten […] zu achten und zu schützen [sind] …". Bislang wurde das Gesetz noch nicht verabschiedet (https://www.bmfsfj.de/bmfsfj/themen/kinder-und-jugend/kinderrechte/kinderrechte-ins-grundgesetz).

24 Im Bereich des Vormundschaftsrechts sind das **G zur Reform der Vormundschaft und Pflegschaft für Volljährige (Betreuungsgesetz – BtG)** v 12.9.1990 (BGBl I 1990, 2002; s auch G zur Änderung des Betreuungsrechts sowie weiterer Vorschriften, BtÄndG v 25.6.1998, BGBl I 1998, 1580), das **2. BtÄndG** v 21.4.2005 (BGBl I 2005, 1073), das 3. BtÄndG v 29.7.2009 (BGBl I 2009, 2286) sowie das G zur Änderung des Vormundschafts- und Betreuungsrechts v 29.6.2011 (BGBl I 2011, 1306) zu nennen. Am 4.5.2021 wurde das **G zur Reform des Vormundschafts- und Betreuungsrechts** verabschiedet (BGBl I 2021, 882; in Kraft seit 1.1.2023). Hierbei handelt es sich um die größte und tiefgreifende Reform des Vormundschafts- und Betreuungsrechts seit über 30 Jahren. Zwar wurde die systematische Trennung der beiden Rechtsmaterien beibehalten; inhaltlich fanden indes zahlreiche Annäherungen statt, die insb dadurch verwirklicht wurden, dass §§ 1798–1801 nF im Vormundschaftsrecht im Wesentlichen auf die entspr Normen im Betreuungsrecht (§§ 1835–1860 nF) verweisen. Es hat dadurch eine Reduktion der vormundschaftlichen Vermögenssorge von ursprüngl mehr als 30 auf nunmehr lediglich sechs Vorschriften stattgefunden. Im Betreuungsrecht bilden nunmehr die Wünsche und der mutmaßliche Wille des Betreuten den entscheidenden Maßstab (§ 1821 II–IV nF), dazu nur *Schwedler* NZFam 2022, 1011; *Dodegge* FamRZ 2022, 844; *Grziwotz* ZRP 2020, 248.

25 Im Bereich des Abstammungsrechts hat zunächst das KindRG zu Änderungen geführt, zB durch die Abschaffung der Unterteilung in eheliche und nichteheliche Abstammung. Auch hat das **G zur Klärung der Vaterschaft unabhängig vom Anfechtungsverfahren v** 26.3.2008 (BGBl I 2008, 441) Bedeutung erlangt. Es hat ein eigenständiges Verfahren zur Feststellung der genetischen Abstammung eines Kindes geschaffen (§ 1598). S Komm zu § 1598a. Eine weitere große Reform des Abstammungsrechts, die im Koalitionsvertrag 2021 angeregt wurde, wird aktuell vom BMJ vorbereitet (https://www.bmj.de/DE/Themen/FamilieUndPartnerschaft/Abstammungsrecht/Abstammungsrecht_node.html).

IV. Familienrecht und internationales bzw supranationales Recht

Schrifttum: *Andrae*, Internationales Familienrecht, 4. Aufl 2019; *Boele-Woelki/Martiny*, Die CEFL und ihre Prinzipien zum europäischen Familienrecht betreffend Vermögen, Unterhalt und Erbrecht für Paare in faktischen Lebensgemeinschaften, ZEuP 2020, 543; *Dethloff*, Familienrecht in Europa, quo vadis?, NJW 2018, 23; *Dutta*, Das internationale Familien- und Erbrecht in der Rechtsprechung des Gerichtshofs der Europäischen Union – die vergangenen fünf Jahre, ZEuP 2020, 897; *Gössl*, Rechtsaktbezogene Einzigartigkeit und subjektive Komponenten – einige Notizen zum gewöhnlichen Aufenthalt im europäischen Kollisions- und Verfahrensrecht, IPRax 2022, 489; *Kohler*, Vertrauen und Kontrolle im europäischen Justizraum für Zivilsachen, ZEuS 2016, 135; *Kohler/Pintens*, Entwicklungen im europäischen Personen-, Familien- und Erbrecht 2021-2022, FamRZ 2022, 1405; *Kohler*, Gelebte Rechtsvergleichung am EuGH – Europäisches Kollisionsrecht in Theorie und Praxis, ZEuP 2019, 337; *Kohler/Puffer-Mariette/Seyr*, Unionsrecht und Privatrecht, ZEuP 2019, 126; *Kroll-Ludwigs*, Die Rolle der Parteiautonomie im europäischen Kollisionsrecht, 2013; *Mansel/Thorn/Wagner*, Europäisches Kollisionsrecht 2021: Digitalisierung als Aufgabe, IPRax 2022, 97; *Rauscher*, Internationales Privatrecht mit internationalem und europäischem Verfahrensrecht, 3. Aufl 2009; *Rauscher* (Hrsg), EuZPR/EuIPR, 4. Aufl 2015; *Strauß*, Praxisupdate IPR, MittBayNot 2022, 429; *Uerpmann-Wittzack*, Rechtsprechung des Europäischen Gerichtshofs für Menschenrechte zum Familienrecht in den Jahren 2020, 2021, FamRZ 2022, 749; *Wagner*, Aktuelle Entwicklungen in der justiziellen Zusammenarbeit in Zivilsachen, NJW 2022, 1861; *Yassari*, Der Grundsatz der engsten Verbindung im internationalen Unterhaltsrecht, NJW 2022, 2372.

26 **1. Völkerrechtliche Übereinkommen. a) EMRK.** Wesentliche Bedeutung für das dt Familienrecht kommt mittlerweile der Europäischen Konvention zum Schutze der Menschenrechte und Grundfreiheiten (**EMRK**) v 4.11.1950 (BGBl II 1952, 686ff) zu. Da es sich hierbei um einen völkerrechtl Vertrag handelt, der von der EU bislang nicht unterzeichnet wurde, entfaltet die EMRK derzeit keine unmittelbare Wirkung ggü den Unionsorganen. Vielmehr besteht eine Bindung lediglich indirekt über die völkervertragl Verpflichtungen der Mitgliedstaaten. Im dt Recht steht sie im Rang eines einfachen Gesetzes, vgl im Einz Dürig/Herzog/Scholz/*Herdegen* Art 25 GG Rn 22. Daran hat auch die Ermächtigung bzw Verpflichtung der Union in Art 6 II EUV (idF des Vertrags v Lissabon), der EMRK beizutreten, nichts geändert. Ein solcher Beitritt ist allerdings durch das Gutachten

des EuGH v 18.12.2014 (JZ 2015, 773), in welchem der EuGH den Beitritt in zahlreichen Punkten für unionsrechtswidrig erklärte, erheblich erschwert worden (vgl dazu *Wendel* NJW 2015, 921). Für das Familienrecht von Bedeutung sind insb das in Art 12 EMRK verankerte Recht auf Eheschließung sowie das in Art 8 EMRK enthaltene Recht auf Achtung des Privat- und Familienlebens. Dabei ist der Begriff der Familie, anders als in Art 6 I GG, von der Ehe entkoppelt, so dass davon auch nichteheliche Lebensgemeinschaften erfasst werden können (dazu *Dethloff* § 1 Rn 34). Ein aus einer solchen Beziehung hervorgegangenes Kind gilt von Geburt an und durch den bloßen Umstand der Geburt als Teil des „Familienverbandes" (EGMR NJW 2010, 501; 1995, 2153). Dabei wird Art 8 EMRK regelmäßig iVm dem Diskriminierungsverbot in Art 14 EMRK geprüft, der die in der Konvention enthaltenen Rechte und Freiheiten vor unterschiedlicher Behandlung von Personen in vergleichbarer Lage schützt, wenn es für eine Ungleichbehandlung keinen sachlichen und vernünftigen Grund gibt (EGMR 1993, Serie A, Bd 255, S 58 Nr 31 – Hoffmann./. Österreich). Die Grundrechte der EMRK werden ausgelegt und weiterentwickelt durch den Europäischen Gerichtshof für Menschenrechte (**EGMR**). Dessen Urteile entfalten auch Bindungswirkung ggü sämtlichen staatlichen Organen (BVerfG NJW 2004, 3407 – Görgülü), wie die Rspr des BVerfG zu § 1629a zeigt (NJW 2010, 3008 – Zaunegger); Überblick zur aktuellen Rspr des EGMR im Familienrecht: *Uerpmann-Wittzack* FamRZ 2022, 749.

b) Von besonderer Bedeutung ist auch die **UN-Kinderrechtskonvention**, die am 20.11.1989 von der Generalversammlung der Vereinten Nationen angenommen wurde. Deutschland hatte bei der Ratifizierung am 5.4.1992 zunächst Vorbehalte eingelegt. Am 3.5.2010 hat die BReg die Rücknahme der Vorbehaltserklärungen vorgenommen und bei der UN hinterlegt. 27

c) Völkerrechtl Verträge mit innerstaatlicher Bindungswirkung sind auch die **Abkommen zw den Mitgliedstaaten des Europarats.** Hierzu zählen die **Europäische Sozialcharta** v 18.10.1961 (BGBl II 1964, 1261) mit ihren sozialen und wirtschaftl Schutzbezügen für Kinder, Jugendliche, Frauen, Mütter und Familien, ferner das Europäische Übk über die Anerkennung und Vollstreckung von Entscheidungen über das Sorgerecht für Kinder und die Wiederherstellung der Sorgeverhältnisse (Europäisches Sorgerechtsübereinkommen) v 20.5.1980 (BGBl II 1990, 206, 220 mit AusfG in BGBl I 1990, 701). 28

d) Haager Übereinkommen. Bis zum Inkrafttreten des Amsterdamer Vertrags am 1.5.1999, der der EG/EU erstmals eine Gesetzgebungskompetenz auf dem Gebiet der Justiziellen Zusammenarbeit in Zivilsachen (Art 61 lit c, 65 EGV) einräumte, besaß die Haager Konferenz für IPR in Europa gleichsam ein „Monopol zur Rechtsvereinheitlichung" (vgl dazu *R. Wagner* RabelsZ 73 [2009], 216). Sie hat, insb im Bereich des Familien- und Erbrechts, zahlreiche völkerrechtl Übk erlassen, die Familienbeziehungen mit grenzüberschreitendem Bezug regeln. Zu nennen sind etwa auf dem Gebiet des **Kindschaftsrechts** das Übk über die zivilrechtl Aspekte internationaler Kindesentführung (**HKÜ**) v 25.10.1980 und das in Deutschland am 1.1.2011 in Kraft getretene Haager Kinderschutzübereinkommens (**KSÜ**, vgl Grü/*Thorn* Art 21 EGBGB Rn 2, 6; s auch unten Art 21 EGBGB Rn 10ff), das nach Art 51 KSÜ im Verhältnis zw den Vertragsstaaten das Haager Minderjährigenschutzabkommen v 5.10.1961 (MSA) ersetzt. MWz 27.10.2001 ist das **Übk** v 29.5.1993 über den Schutz von Kindern und die Zusammenarbeit auf dem **Gebiet der internationalen Adoption** in Kraft getreten (BGBl II 2001, 1034). Das Übk gilt grds nur für die Annahme Minderjähriger und greift nur partiell in das Kollisionsrecht ein. Erg hierzu ist am 1.1.2002 das Gesetz zur Regelung von Rechtsfragen auf dem Gebiet der internationalen Adoption und zur Weiterentwicklung des Adoptionsvermittlungsrechts (BGBl I 2001, 2949) in Kraft getreten; es enthält neben Änderungen des AdVermG zwei neue Gesetze mit dem Adoptionsübereinkommens-Ausführungsgesetz (AdÜbAG) und dem Gesetz über Wirkungen der Annahme als Kind nach ausl Recht (Adoptionswirkungsgesetz – AdWirkG). MWz 1.1.2009 ist das Haager Übereinkommen über den internationalen Schutz Erwachsener v 13.1.2000 (**ESÜ**) in Deutschland in Kraft getreten. Das Übereinkommen ist gem Art 3 auf Maßnahmen zum Schutz der Person oder des Vermögens des Erwachsenen anwendbar. Derartige Maßnahmen sind insb die Vormundschaft, die Pflegschaft und entspr Einrichtungen (Art 3 lit c ESÜ); ferner erfasst sind die Verwaltung und Erhaltung des Vermögens des Erwachsenen oder die Verfügung darüber (Art 3 lit f ESÜ). 29

e) Im **Unterhaltsrecht** haben das Übk über die internationale Geltendmachung der Unterhaltsansprüche von Kindern und anderen Familienangehörigen v 23.11.2007 sowie das Haager Unterhaltsprotokoll vom selben Tage (UnthProt) Bedeutung erlangt. Am 8.4.2010 hat die EU das UnthProt ratifiziert. Das UnthProt konnte aber erst in Kraft treten, wenn eine zweite Ratifikations- bzw Beitrittsurkunde vorlag (Art 25 UnthProt). Daran fehlte es zunächst. Seit dem 18.6.2011 (Art 218 V AEUV), dh am Tag der Anwendbarkeit der EuUnthVO (VO EG Nr 4/2009 über die Zuständigkeit, das anwendbare Recht, die Anerkennung und Vollstreckung von Entscheidungen und die Zusammenarbeit in Unterhaltssachen v 30.1.2009), fand es im Verhältnis zw den Mitgliedstaaten aber bereits vorläufige Anwendung. Nach dem Beitritt Serbiens konnte das Protokoll gem Art 25 UnthProt zum 1.8.2013 endgültig in Kraft treten. Am 12.7.2022 hat die EU beschlossen, dem Haager Übk über die Vollstreckung und Anerkennung ausländischer Urteile in Zivil- und Handelssachen v 2.7.2019 beizutreten (ABl 2022 L 187/1). 30

2. EU-Recht. a) Grundrechte-Charta (GRCh). Seit dem Inkrafttreten des Lissabon-Vertrags am 1.12.2009 existiert mit der GRCh erstmals ein geschriebener Grundrechtekatalog auf EU-Ebene, der maßgeblich den Gewährleistungen der EMRK nachgebildet ist. Art 52 III GRCh bestimmt insoweit ausdr, dass die Grundrechte der GRCh nicht hinter dem Schutzniveau der EMRK zurückbleiben dürfen. Gem Art 51 I 1 GRCh richten sich die Unionsgrundrechte an die Mitgliedstaaten bei der Durchführung des Rechts der Union. Dies betrifft die Umsetzung von Sekundärrecht in nationales Recht ebenso wie den Vollzug von EU-Recht. Private sind dagegen nicht 31

Adressaten der Grundrechte. Anders als die EMRK, der bis zum rechtsgültigen Beitritt der EU lediglich die Bedeutung einer Rechtserkenntnisquelle zukommt, gilt die GRCh unmittelbar. Gem Art 6 I 1 EUV ist sie damit integraler Bestandteil des Primärrechts und der europäischen Rechtsordnung (vgl nur *Pache/Rösch* EWS 2009, 393).

32 **b) Kollisions- und Prozessrechtsvereinheitlichung.** Seit Inkrafttreten des Amsterdamer Vertrags am 2.10.1997 verfügt die EU über eine originäre Zuständigkeit für die Vereinheitlichung des Kollisionsrechts in Europa; ihre Grundlage findet sich nunmehr in Art 81 II AEUV. Maßnahmen zum Familienrecht bedürfen gem Art 81 III AEUV der Einstimmigkeit. Auf dieser Grundlage ist die Union nach Schaffung einheitlicher Verfahrens- und Kollisionsnormen im Bereich der vertragl und außervertragl Schuldverhältnisse (VO EG Nr 593/2008 v 17.6.2008 über das auf vertragl Schuldverhältnisse anzuwendende Recht – „Rom I-VO", VO EG Nr 864/2007 v 11.7.2007 über das auf außervertragl Schuldverhältnisse anzuwendende Recht – „Rom II-VO") in den letzten Jahren vermehrt dazu übergegangen, auch den nicht wirtschaftl Personenverkehr in Europa durch einheitliche Vorschriften, die in allen Mitgliedstaaten gleichermaßen gelten, zu erleichtern. Im Bereich des Familienrechts ist diese Entwicklung zunächst im verfahrensrechtl Bereich mit der 2004 neu gefassten VO (EG) Nr 2201/2003 (Brüssel IIa) verwirklicht worden. Ihr sachlicher Anwendungsbereich umfasst die internationale Zuständigkeit und Anerkennung von Entscheidungen in Ehesachen sowie für Verfahren zur elterlichen Verantwortung. Am 2.7.2019 wurde eine Neufassung (Brüssel IIb-VO) erlassen (VO (EU) 2019/1111 des Rates v 25.6.2019 über die Zuständigkeit, die Anerkennung und Vollstreckung von Entscheidungen in Ehesachen und in Verfahren betreffend die elterliche Verantwortung und über internationale Kindesentführungen, ABl L 178/1), die am 1.8.2022 in Kraft getreten ist; vgl dazu nur *Flindt* NZFam 2022, 669; *Garber/Lugani* NJW 2022, 2225. Am 1.1.2009 ist die EuUnthVO v 18.12.2008 in Kraft getreten (s Rn 30), die verfahrensrechtl Vorschriften in Unterhaltssachen enthält.

33 Im Bereich des **Kollisionsrechts** hat sich die EU gegen die Schaffung eines eigenen Rechtsaktes im Unterhaltsrecht entschieden. Vielmehr verweist Art 15 **EuUnthVO** für die Frage des anwendbaren Rechts auf das UnthProt; beide Rechtsakte finden seit dem 18.6.2011 Anwendung (s Rn 30). Durch den Beitritt der EU zum UnthProt ist in diesem Zeitpunkt die direkte Geltung des UnthProt in allen Mitgliedstaaten sichergestellt. Im **Scheidungsrecht** erfolgte die Vereinheitlichung erstmals in der Geschichte der EU im Wege der **verstärkten Zusammenarbeit** (Art 328 I AEUV) von 14 Mitgliedstaaten. Die VO (EG) Nr 1259/2010 zur Durchführung einer verstärkten Zusammenarbeit im Bereich des auf die Ehescheidung und Trennung ohne Auflösung des Ehebandes anzuwendenden Rechts („Rom III-VO") v 20.12.2010 (ABl L 343/10) gilt seit dem 21.6.2012. Die wesentlichen Neuerungen im Vergleich zum mitgliedstaatlichen Recht bestehen zum einen im Übergang vom Staatsangehörigkeits- zum Aufenthaltsprinzip, zum anderen in der Einführung beschränkter Rechtswahlmöglichkeiten der Eheleute, die das auf ihre Scheidung anwendbare Recht in bestimmten Grenzen wählen können. Im **Güterrecht** existieren seit dem 24.6.2016 die EU-Güterrechts- (ABl 2016 L 183/1; EuGüVO) und die EU-Partnerschaftsverordnung (ABl 2016 L 183/30). Die Verordnungen, die ebenfalls im Verfahren der verstärkten Zusammenarbeit erlassen wurden sind am 28.7.2016 in Kraft getreten (vgl dazu auch G zum internationalen Güterrecht und zur Änderung von Vorschriften des Internationalen Privatrechts v 17.12.2018, BGBl I 2018, 2573); ihre Bestimmungen sind aber erst seit dem 29.1.2019 anwendbar (Art 69 I EuGüVO, Art 69 I EuPartVO). Die Kollisionsnormen gelten dabei nur für nach dem 29.1.2019 geschlossene Ehen/Partnerschaften (Art 69 III EuGüVO). Die Verordnungen enthalten sowohl Regelungen zur internationalen Zuständigkeit als auch zum anwendbaren Recht. Neben der primären Anknüpfung an den ersten gemeinsamen gewöhnlichen Aufenthalt der Ehegatten/Lebenspartner ist die besondere Stellung der Parteiautonomie hervorzuheben (zu Einzelheiten s nur *Mankowski* NZFam 2021, 757; *Dörner* ZEV 2019, 309).

34 **3. Nationales Recht.** Nur in den unvereinheitlichten Bereichen des Familienrechts, wie insb dem **Eheschließungs-** und Teilen des **Ehewirkungsrechts** (vgl jüngst *Coester-Waltjen* IPRax 2022, 29; *Gössl* StAZ 2022, 97; *Wagner* FamRZ 2022, 245), gilt weiterhin nationales Recht. In Deutschland finden sich Regelungen zum IPR im EGBGB. Für das Familienrecht maßgeblich sind Art 13 (Eheschließung), Art 14 (Ehewirkungen), Art 17a (Ehewohnung), Art 17b (Eingetragene Lebenspartnerschaft und gleichgeschlechtliche Ehe, beachte aber Neufassung ab 1.1.2023). Auf den Bereich des Kindschaftsrechts finden die Art 19 (Abstammung) bis 23 (Zustimmung) Anwendung. Gem Art 3 EGBGB sind die Vorschriften des EGBGB nur dann anwendbar, wenn keine Regelungen in völkerrechtl Vereinbarungen (Rn 28ff) bzw keine vorrangigen Rechtsakte der EU (Rn 32ff) existieren. Voraussetzung ist stets die Verbindung des konkreten Sachverhalts zum Recht eines ausl Staates (grenzüberschreitendes Element). Vorherrschender Anknüpfungspunkt, der die Verbindung zw dem konkreten Lebenssachverhalt (Anknüpfungsgegenstand/-moment) und dem anwendbaren Recht herstellt, ist (noch) die gemeinsame Staatsangehörigkeit der Ehegatten. Dies hat sich in den der Vereinheitlichung unterliegenden Bereichen mit Inkrafttreten der EU-Verordnungen (Rn 33) zugunsten der primären Anknüpfung an den gewöhnlichen Aufenthalt geändert (s zum Ganzen *Kroll-Ludwigs*, Parteiautonomie, 303ff). Zu Einzelheiten s jew die Komm zu den Vorschriften des EGBGB.

Abschnitt 1
Bürgerliche Ehe (§§ 1297–1588)

Titel 1
Verlöbnis (§§ 1297–1302)

Vorbemerkung vor § 1297

Schrifttum: *Beitzke*, Zur rechtl Qualifikation der Verlöbnisfolge, FS Ficker, 1967, 78; *Braun*, Ausgleichsanspruch bei vorehelichen Sach- und Arbeitsleistungen, NJW-Spezial 2020, 4; *Canaris*, Das Verlöbnis als „gesetzl Rechtsverhältnis", AcP 165, 1; *Clausius*, Schadensersatz nach Rücktritt von einem Verlöbnis, AnwZert FamR 3/2017 Anm 1; *Erbarth*, Ansprüche bei Beendigung eines Verlöbnisses, FPR 2011, 89; *Gamillscheg*, Das Verlöbnis im deutschen internationalen Privatrecht, RabelsZ 68, 473; *Knütel*, Verlöbnis einst und heute, FS Jayme II, 2004, 1487; *Röthel*, Rückgewähr von Zuwendungen durch Verlobte, Ehegatten Lebenspartner, Jura 2006, 641; *Wever*, Vermögensauseinandersetzungen der Ehegatten außerhalb des Güterrechts, 7. Aufl 2018.

1. Geschichtliche Entwicklung. Nachdem das **germanische Recht** zur Kaufehe übergegangen war, zerfiel die Eheschließung in zwei Teile: den Kaufvertrag (die Verlobung) und die Übergabe der Braut (traditio, Trauung). Aus dem Kaufvertrag wurde ein Vertrag, der zw den Ehegatten selbst zu tätigen war und sie verpflichtete, die Ehe miteinander zu schließen. Diese Verpflichtungen waren klagbar und konnten durch Zwangsvollstreckung erzwungen werden (vgl *Conrad*, Dt Rechtsgeschichte, Bd I 1962). Das **römische Recht** kannte den Vertrag auf gegenwärtige Eheschließung (sponsalia de praesenti) und auf künftige Eheschließung (sponsalia de futuro, Verlöbnis). Letzterer war formlos. Aus dem Verlöbnisvertrag konnte nicht auf die Eheschließung geklagt werden. In der **Neuzeit** hat der Gesetzgeber die Verpflichtung zur Eheschließung unvollstreckbar gemacht, aber dem unberechtigt verlassenen Verlobten Schadensersatzansprüche zugebilligt (Preußisches ALR II 1 § 82; Sächsisches BGB § 1579). 1

2. Rechtsnatur. Nach **geltendem Recht** ist das Verlöbnis nicht mehr ein notwendiger Teil der Eheschließung, sondern lediglich eine **Vorstufe zur Ehe.** Das Gesetz verwendet den Begriff des „Verlöbnisses" in **doppelter Bedeutung:** Zum einen ist das Verlöbnis nach hA ein **Vertrag**, mit welchem sich die Verlobten wechselseitig die Eingehung der Ehe versprechen (RGZ 61, 267, 270f; BGHZ 28, 376f; LG Marburg 30.4.2020 – 7 O 11/20 (auch konkludenter Vertragsschluss möglich); *Gernhuber/Coester-Waltjen* § 8 Rn 5ff; Grü/*Siede* Rn 1; MüKo/*Roth* § 1297 Rn 5ff). Es besteht die Möglichkeit zum Rücktritt (§§ 1298f) mit der Pflicht zur Rückgabe der Geschenke (§ 1301). Auf die Eingehung der Ehe kann nicht geklagt werden (§ 1297). Für die „Vertragstheorie" spricht der übereinstimmende Willensentschluss der Parteien, der eine Verpflichtung zur Eheschließung begründet. Dies bedeutet aber nicht, dass das Verlöbnis ohne Weiteres den schuldrechtl Regelungen unterliegt; vielmehr sollen diese gem familienrechtl Besonderheiten, zB was die Anfechtung angeht (s Rn 11), zu modifizieren sein (Staudinger/*Voppel* Rn 19). Zum anderen werden durch das abgegebene Eheversprechen familienrechtl Beziehungen zw den Verlobten als Dauerrechtsverhältnis begründet, der sog **Brautstand** (MüKo/*Roth* § 1297 Rn 3 mwN). Damit werden den Verlobten bestimmte Fürsorgepflichten, wie die Pflicht, den anderen vor erkennbaren Schädigungen zu schützen, begründet. Dem Verlöbnis kommt damit eine weit über den Rahmen einer rein gesellschaftlichen Konvention hinausgehende rechtl Bedeutung zu. Ein einseitiges Eheversprechen, das nur einen Partner bindet, kennt das dt Recht nicht. 2

Nach **anderer, vorzugswürdiger Ansicht** handelt es sich bei dem Eheversprechen um ein gesetzl Rechtsverhältnis, das einen **Vertrauenstatbestand** begründet (*Canaris* AcP 165, 1, 18f; *Dethloff* § 2 Rn 5ff; *Rauscher* Rn 107). Danach ist das Verlöbnis ein „eigenständiges, unabhängig vom Willen der Parteien entstehendes Schuldverhältnis". Der insoweit erforderliche Vertrauenstatbestand setzt die „erkennbare Bereitschaft zur Eheschließung" einerseits und das „erkennbare Vertrauen des Partners hierauf" andererseits voraus (*Canaris* AcP 165, 1, 15). Eine Vertrauenshaftung ist vor dem Hintergrund gerechtfertigt, dass der verlassene Teil geschützt werden soll, „weil und soweit er auf den Abschluss der Ehe vertraut hat" (*Canaris* AcP 165, 1, 11). Zwar bereitet die Begründung eines Eheversprechens ohne den Willen der Verlobten Schwierigkeiten (Staudinger/*Voppel* Rn 34). Indes ist zu bedenken, dass die besondere Qualität der persönlichen Nähe- und Vertrauensbindung zw den Parteien bereits von Gesetzes wegen (§§ 1297ff) anerkannt wird. Eines Nachw der tatsächlichen Inanspruchnahme von Vertrauen im Einzelfall bedarf es daher nicht. Vielmehr ist das Näheverhältnis zw den Parteien bereits gesetzl mit besonderen Rechten und Pflichten ausgestattet. Erforderlich ist somit lediglich das Faktum eines gemeinsamen Eheversprechens, das sich anhand bestimmter Indizien wie Kauf/Miete einer gemeinsamen Wohnung, Zusammensein, gemeinsame Zukunftspläne, Ring, Verlobungsanzeige usw manifestiert. 3

Dass sich der Zeitpunkt für die Vertrauenshaftung insofern nicht ohne Schwierigkeiten ermitteln lässt (Staudinger/*Voppel* Rn 35) steht der „Vertrauenshaftungslehre" nicht entgegen. Denn insoweit ist zu bedenken, dass das Verlöbnis nach der „Vertragstheorie" formlos möglich ist. Die Formfreiheit, die den Verlobten auch konkludente Erklärungen gestattet (AG Neumünster FamRZ 2000, 817) erschwert es ebenfalls festzustellen, ob und seit wann ein Verlöbnis anzunehmen ist. Geschenke und Ringe können allenfalls Anzeichen eines Verlöbnisses sein. Der Wille beider Verlobten, miteinander die Ehe zu schließen, muss nach außen erkennbar in Erscheinung getreten sein, ohne dass es auf eine Anzeige (etwa in Zeitung) ankäme. Es besteht die Gefahr der bloßen Unterstellung ei- 4 nes entspr Willens. Kommt es i Erg aber maßgeblich auf äußere Umstände an, erscheint es konsequenter, diese als Ausgangspunkt eines gesetzl Vertrauensverhältnisses anzusehen.

5 Die Grundsätze zum Verlöbnis gelten seit dem 1.1.2005 entspr im Lebenspartnerschaftsrecht (§ 1 III 1 aF LPartG). So konnten sich Partner nach dem Vorbild des § 1297 versprechen, eine eingetragene Lebenspartnerschaft zu begründen. Zwar sprach das LPartG selbst nicht von einem „Verlöbnis"; vielmehr ist dieses lediglich als Vorstufe zur Ehe normiert. Indes wurde in § 1 III 2 aF LPartG auf die Vorschriften der §§ 1297 II, 1298–1302 verwiesen. Zudem verweisen verschiedene andere Gesetze klarstellend auf die „Verlobten, auch iSd Lebenspartnerschaftsgesetzes", so zB § 11 I Nr 1a StGB in seiner Definition für „Angehörige". Da eine Lebenspartnerschaft nicht mehr begründet werden kann (§ 1 LPartG), können gleichgeschlechtliche Partner **seit dem 1.10.2017 kein Lebenspartnerschaftsverlöbnis** mehr eingehen, sondern einander gem § 1297 nur die Ehe als davon verschiedenes Rechtsinstitut versprechen (näher *Kaiser* FamRZ 2017, 1985, 1995).

6 **3. Voraussetzungen. a) Form.** Nach der „Vertragstheorie" ist der Verlöbnisvertrag **formfrei** möglich (Rn 4). Nach der „Vertrauenshaftungslehre" bedarf es lediglich eines „auf die Eingehung der Ehe ausgerichteten Verhaltens" (*Rauscher* Rn 107). Das Verlöbnis iS eines Vertrags erfordert **Geschäftsfähigkeit** der Verlobten. Das Verlöbnis eines Geschäftsunfähigen (§ 104) ist nichtig (§ 105 I), ebenso das Verlöbnis, das bei vorübergehender Störung der Geistestätigkeit eingegangen wird (§ 105 II). Der Betreute ist hinsichtl der Eingehung einer Ehe nicht einem Einwilligungsvorbehalt durch den Betreuer unterstellbar, vgl § 1903 I, II. Gleiches ist für die Verlöbniserklärung als einem Minus ggü der Eheeingehung anzunehmen, so dass ein Betreuter sich ohne Einschränkung zu verloben vermag.

7 **Minderjährige** bedürfen der Zustimmung des gesetzl Vertreters, § 107, da das Verlöbnis Pflichten schafft (§§ 1298ff). Das Verlöbnis eines Minderjährigen ohne Einwilligung des gesetzl Vertreters ist schwebend unwirksam (§ 108 I). Durch die Genehmigung des gesetzl Vertreters oder des später volljährig gewordenen Verlobten (§ 108 II) gilt das Verlöbnis als von Anfang an wirksam, § 184 I. Verweigert der gesetzl Vertreter oder auch nur einer der beiden sorgeberechtigten Elternteile (§§ 1628, 1629) die Genehmigung, so ist das Verlöbnis des Minderjährigen nach der Vertragstheorie von Anfang an nichtig; es braucht nicht widerrufen zu werden. Ersatzansprüche des Minderjährigen können nur aus Delikt folgen. Waren beide Partner bei der Verlobung minderjährig, so bedarf es der Genehmigung der gesetzl Vertreter beider Teile, damit Ansprüche aus §§ 1298ff geltend gemacht werden können (*Gernhuber/Coester-Waltjen* § 8 Rn 11).

8 **b) Geschäftsfähigkeit.** Nach der „Vertrauenshaftungslehre" ist die Geschäftsfähigkeit der Verlobten nicht erforderlich. Das Verlöbnis des Minderjährigen ist wirksam (*Dethloff* § 2 Rn 9). Teilw wird indes ein Vorrang des Minderjährigenschutzes vor dem Vertrauensschutz dahingehend statuiert, dass der Minderjährige Ansprüchen aus §§ 1297ff nicht ausgesetzt sein soll (*Canaris* AcP 165, 1, 19; *Dethloff* § 2 Rn 9). Für ein solches Verständnis spricht die Parallele zur Eheschließung (§ 1303 I). Andererseits gibt § 1303 III dem Eheschließenden die Macht, sich gegen untriftige Einwände des gesetzl Vertreters durchzusetzen. Dann erscheint es aber gerechtfertigt, dem Minderjährigen für ein gebrochenes Eheversprechen Verantwortung aufzuerlegen. Der Minderjährige haftet gem § 1298 III aber nur soweit das Eheschließungsrecht von seiner selbstverantwortlichen Entscheidung ausgeht (zu Einzelheiten s *Rauscher* Rn 109). Umgekehrt kann der Minderjährige Ansprüche gegen den Volljährigen aus §§ 1298ff geltend machen, da das Verlöbnis insoweit – trotz Minderjährigkeit – als wirksam gilt.

9 **c) Vorvertragliches Schuldverhältnis.** Nach beiden Theorien kommen Ansprüche des Minderjährigen wegen fehlgeschlagener Vorbereitung aus § 311 II, § 280 I (cic) in Betracht. Nach der Vertragslehre schafft die Verlöbniserklärung des Volljährigen ein vorvertragl Rechtsverhältnis, das insoweit Bindungen enthält, als dies erforderlich ist, um zum Schutz des Minderjährigen Nichtigkeitsfolgen zu vermeiden. Tritt also der Volljährige grundlos vom Verlöbnis zurück oder gibt er dem Minderjährigen einen wichtigen Grund zum Rücktritt, so können gegen den Volljährigen die Ansprüche aus den §§ 1298ff über § 311 II, § 280 I gerichtet werden, obwohl der Minderjährige selbst von gleichen Ansprüchen des volljährigen Verlobten verschont bleibt. Es kann als anerkannt gelten, dass die sich aus cic ergebenden Sorgfaltspflichten (§ 241 II) einem Minderjährigen ggü ebenso bestehen wie ggü einem Volljährigen. Aber auch nach der Vertrauenshaftungslehre lassen sich derartige Ansprüche bejahen, wenn man bereits in dem Nähe- und Vertrauensverhältnis zw den Verlobten eine ausreichende Grundlage für eine vorvertragl Pflichtenstellung sieht.

10 **d) Stellvertretung. Stellvertretung jeder Art ist ausgeschlossen**, da die Verlobung ein höchstpersönliches Rechtsgeschäft ist. Dies gilt auch für minderjährige Verlobte. Dagegen kann ein Bote die Willenserklärungen zum Abschluss des Verlöbnisses übermitteln (RGZ 98, 13).

11 **e) Willensmängel.** Nach der Vertragstheorie ist die Anfechtung nach §§ 119, 123 ausgeschlossen, da das Verlöbnis kein schuldrechtl Rechtsverhältnis darstellt. Die Sonderregelungen des Rücktritts (§§ 1298ff) gehen vor (Staudinger/*Voppel* Rn 27; *Gernhuber/Coester-Waltjen* § 8 II Rn 19ff).

12 Für die Vertrauenshaftungslehre ist ein Irrtum ohne Belang, da die Begründung des Vertrauenstatbestandes unabhängig von der Äußerung eines rechtgeschäftlichen Willens ist. Zudem kann ein gesetzl Vertrauenstatbestand nicht rückwirkend beseitigt werden. Insofern kann auch das Problem des fehlenden Erklärungsbewusstseins nicht auftreten. Die §§ 1297ff gelten insofern abschließend, so dass i Erg keine Unterschiede zur Vertragstheorie bestehen (*Canaris* AcP 165, 1, 30; *Rauscher* Rn 110). Auch eines Rückgriffs auf §§ 116ff bedarf es nicht: So steht ein geheimer Vorbehalt einem Vertrauenstatbestand nicht entgegen; erfolgt die Verlobung nur zum Schein, so kann keiner der Verlobten Vertrauen geltend machen (*Rauscher* Rn 110).

4. Nichtigkeit. Nach der Vertragstheorie ist ein Verlöbnis wegen Verstoßes gegen die guten Sitten (§ 138) nichtig, wenn einer der Verlobten noch verheiratet ist (RGZ 170, 72; BGH FamRZ 1984, 386), und zwar auch dann, wenn er die Scheidung seiner Ehe verlangen kann und das gerichtliche Scheidungsverfahren bereits betreibt (BayObLG JR 1984, 125) oder wenn die Ehe im ersten Rechtszug zwar bereits geschieden, das Urteil jedoch noch nicht rechtskräftig ist (Celle MDR 1983, 1045; Karlsruhe NJW 1988, 3023). IdR macht ein bereits bestehendes Verlöbnis ein zweites Verlöbnis derselben Person sittenwidrig und daher nichtig, es sei denn, dass im zweiten Verlöbnis der Rücktritt vom ersten Verlöbnis gesehen werden kann (RGZ 105, 245); dazu § 1298 Rn 3. 13

Legt man demggü die Vertrauenshaftungslehre zugrunde, so kommt § 138 schon mangels rechtsgeschäftlichen Charakters der Verlobung nicht in Betracht (*Dethloff* § 2 Rn 10). Hinsichtl der Annahme der Nichtigkeit ist zu unterscheiden: Schutzwürdig ist derjenige, der sich ohne Kenntnis des Bestehens einer Ehe mit dem Verheirateten verlobt, sowie beide Verlobten, wenn sie sich die Ehe in Erwartung einer Scheidung versprechen. Für diesen Fall erscheint die Bejahung von Sittenwidrigkeit durch die hM nicht überzeugend (*Rauscher* Rn 111). Anderes gilt ausnahmsw nur dann, wenn die versprochene Ehe an dem Fortbestand der ersten Ehe, von der der Verlassene wusste, scheitert (*Canaris* AcP 165, 1, 23). 14

5. Wirkungen. a) Nicht einklagbare Verpflichtung zur Eheschließung. Das Verlöbnis begründet nach der Vertragstheorie die zwar **erfüllbare, aber nicht klagbare** (§ 1297 I), durch ein Strafversprechen nicht sicherbare (§ 1297 II) und erst recht nicht erzwingbare (§ 120 III FamFG) Verpflichtung, die Ehe zu schließen (*Gernhuber/Coester-Waltjen* § 8 Rn 27). Dagegen besteht eine solche Verpflichtung bei Zugrundelegung eines gesetzl Vertrauensverhältnisses nicht (*Rauscher* Rn 112). Anders als die Ehe statuiert das Verlöbnis kein absolutes Recht iSv § 823 I (vgl § 823 Rn 45); zw den Verlobten besteht keine Unterhaltspflicht, so dass § 844 II nicht angewendet werden kann (KG NJW 1967, 1089). 15

b) Privilegierung von Verlobten. Das Gesetz nimmt Rücksicht auf die **engen Beziehungen**, die unter Verlobten bestehen. Vielfach werden die Verlobten wie **„Angehörige"** behandelt. Sie können Eheverträge schließen (§ 1408), die mit der Eheschließung wirksam werden (RGZ 133, 20). Erleichternde Vorschriften für Erb- und Erbverzichtsverträge, die für Ehegatten gelten, sind auch auf Verlobte anwendbar (§§ 2275 III, 2276 II, 2347 I). Verlobte können allerdings nicht wirksam ein gemeinschaftl Testament (§ 2265) errichten; auch eine Konvaleszierung bei späterer Heirat scheidet aus (hM, MüKo/*Musielak* § 2265 Rn 2; *Kanzleiter* FamRZ 2001, 1198; aA *Wacke* FamRZ 2001, 457). In Betracht kommt aber eine Umdeutung gem § 140 als Einzeltestamente und zwar auch dann, wenn diese wechselbezüglich sind iSv § 2270 I (BGH NJW-RR 1987, 1410; MüKo/*Musielak* § 2265 Rn 4ff; *Lutter* FamRZ 1959, 274). Die Grundsätze über die **Ehegattenmitarbeit** (vgl § 1356 Rn 14ff) sind auf Verlobte grds anwendbar. Das BAG hat einer Frau, die in Erwartung des Eheschlusses im Betrieb des Vaters ihres Verlobten gearbeitet hatte, einen Anspruch aus § 612 auf volle Vergütung ihrer Dienste gegen den ehemaligen Verlobten zugebilligt, nachdem die Eheschließung unterblieben war (BAG FamRZ 1960, 361; BGH NJW 1961, 1716 zum Anspruch aus § 1298). 16

c) Zeugnis-/Aussageverweigerungsrecht. Verlobte iSd BGB und des LPartG können als Zeugen das Zeugnis und als Sachverständige das Gutachten verweigern, §§ 29 II FamFG, 52 I Nr 1, 55, 76 StPO. Das Gericht kann von ihrer Vereidigung absehen, § 61 I Nr 2 StPO. Nach § 63 StPO haben Verlobte das Recht, die Beeidigung zu verweigern. Das Strafrecht setzt sie den engen Verwandten gleich, §§ 11 I Nr 1, 35, 247 (Haus- und Familiendiebstahl), 258 (Strafvereitelung), 259 (Hehlerei), 263 IV StGB. Auch nach § 15 AO sind Verlobte als Angehörige zu betrachten. 17

§ 1297 Kein Antrag auf Eingehung der Ehe, Nichtigkeit eines Strafversprechens

(1) Aus einem Verlöbnis kann kein Antrag auf Eingehung der Ehe gestellt werden.

(2) Das Versprechen einer Strafe für den Fall, dass die Eingehung der Ehe unterbleibt, ist nichtig.

1. Kein Zwang zur Ehe. Das Verlöbnis verpflichtet die Verlobten rechtl dazu, die Ehe zu schließen. Diese Verpflichtung kann allerdings nur freiwillig erfüllt und nicht zwangsweise durchgesetzt werden, Abs I; vgl auch § 120 III FamFG. Zulässig ist dagegen die Klage auf Feststellung, dass ein Verlöbnis besteht oder nicht besteht, § 256 ZPO (Grü/*Siede* Rn 1). 1

2. Kein mittelbarer Zwang. Abs II verbietet den **mittelbaren Zwang** zur Eheschließung, indem er vereinbarte Strafen für nichtig erklärt, die für den Fall versprochen werden, dass die Ehe nicht geschlossen wird (BGH FamRZ 1963, 83). Das gilt für Strafabreden, die zw den Verlobten selbst oder zw einem Verlobten und Dritten, zB den Eltern des anderen Teils vereinbart werden. Soweit ausl Rechte Urteile auf Eingehung einer Ehe zulassen, können diese in Deutschland nach §§ 722f, 328 I Nr 4 ZPO wegen Verstoßes gegen den ordre public nicht vollstreckt werden; s MüKo/*Roth* Rn 14. 2

Die Überschrift sowie Abs I wurden – ohne inhaltliche Änderungen – durch das Gesetz zur Bereinigung des Rechts der Lebenspartner v 20.11.2015 (BGBl I 2015, 2010, in Kraft getreten am 26.11.2015) neu gefasst. Insb wurde das Wort „Unklagbarkeit" durch „Antrag auf Eingehung der Ehe" ersetzt. Damit sollte dem Umstand Rechnung getragen werden, dass nach Maßgabe des FamFG nunmehr keine Klagen mehr erhoben, sondern nur noch Anträge gestellt werden (s BT-Drs 18/5901). 3

§ 1298 Ersatzpflicht bei Rücktritt

(1) Tritt ein Verlobter von dem Verlöbnis zurück, so hat er dem anderen Verlobten und dessen Eltern sowie dritten Personen, welche anstelle der Eltern gehandelt haben, den Schaden zu ersetzen, der daraus entstanden ist, dass sie in Erwartung der Ehe Aufwendungen gemacht haben oder Verbindlichkeiten eingegangen sind. Dem anderen Verlobten hat er auch den Schaden zu ersetzen, den dieser dadurch erleidet, dass er in Erwartung der Ehe sonstige sein Vermögen oder seine Erwerbsstellung berührende Maßnahmen getroffen hat.

(2) Der Schaden ist nur insoweit zu ersetzen, als die Aufwendungen, die Eingehung der Verbindlichkeiten und die sonstigen Maßnahmen den Umständen nach angemessen waren.

(3) Die Ersatzpflicht tritt nicht ein, wenn ein wichtiger Grund für den Rücktritt vorliegt.

1 **1. Wirksames Verlöbnis.** § 1298 setzt ein **wirksames Verlöbnis** voraus. Dies besteht so lange, wie die Verlobten selbst an ihm festhalten. Ihr Verhalten Dritten ggü ist bedeutungslos (RGZ 141, 358). §§ 1298ff können auch in einer nichtehelichen Lebensgemeinschaft zur Anwendung kommen (*Hachenberg* NZFam 2020, 643). Ein gültiges Verlöbnis **endet** durch Eheschließung der Partner (Erfüllung gem § 362 I bzw des in Anspruch genommenen Vertrauens), durch vereinbarte Aufhebung (Entlobung), durch Tod eines Verlobten und durch einseitigen Rücktritt.

2 **2. Rücktritt.** Der **einseitige Rücktritt** erfolgt aus Sicht der Vertragslehre durch einseitige empfangsbedürftige Willenserklärung (§ 130 I), die keiner Form bedarf. Er kann also ausdrückl oder durch schlüssiges Verhalten (zB durch Verlobung oder Eheschließung mit einem anderen, Abreise, Rückgabe des Verlobungsringes) erklärt werden. Der Rücktritt braucht nicht vorher angedroht zu werden. Mit dem Zugang der Rücktrittserklärung ist das Verlöbnis aufgelöst. Erst dann beginnt die Verjährungsfrist des § 1302 zu laufen. Der wirksame Rücktritt beendet das Verlöbnis ex nunc; die Vorschriften der §§ 346ff sind nicht anwendbar (MüKo/*Roth* Rn 3). Der **Minderjährige** soll nicht gegen seinen Willen gebunden bleiben. Er kann daher ohne Zustimmung der gesetzl Vertreter zurücktreten (Grü/*Siede* Rn 1), obwohl er sich dadurch uU mit Ersatzansprüchen (§§ 1298f) belastet. Der Minderjährige kann allerdings auf entstandene Ersatzansprüche nicht ohne Zustimmung der gesetzl Vertreter verzichten (RGZ 98, 13). Ein einseitiger Widerruf der Rücktrittserklärung ist nicht möglich (Grü/*Siede* Rn 1). Eine **Stellvertretung** ist wegen der Höchstpersönlichkeit des Rechtsgeschäfts nicht möglich. Eine Rücktrittserklärung durch **Boten** ist dagegen zulässig.

3 Nach der hier vertretenen Vertrauenshaftungslehre erfolgt der Rücktritt ebenso wenig wie das Verlöbnis durch Rechtsgeschäft, sondern durch Rücknahme des Eheversprechens mit Wirkung ex nunc (*Rauscher* Rn 114). Dies kann demnach, ohne dass es eines Rückgriffs auf §§ 107ff bedürfte, unproblematisch auch durch einen Minderjährigen erfolgen.

4 **3. Rücktrittsgründe.** Der **Rücktritt ist dann berechtigt**, wenn bei Abgabe der Rücktrittserklärung ein **wichtiger Grund** in der Person des Zurücktretenden vorliegt (Abs III). Ist dies der Fall, macht sich der Zurücktretende nicht schadensersatzpflichtig; andernfalls haftet er auf das negative Interesse (Grü/*Siede* Rn 2). Als **wichtiger Grund** gelten nur Tatsachen, die bei obj Würdigung der Umstände des Einzelfalls geeignet sind, den Zurücktretenden von der Fortsetzung des Verlöbnisses und der Eingehung der Ehe abzuhalten (MüKo/*Roth* Rn 10; Grü/*Siede* Rn 8; Staudinger/*Voppel* § 1299 Rn 14ff). Dabei kann es sich um Handlungen, Unterlassungen oder Eigenschaften der Verlobten oder um äußere Ereignisse handeln. Auf ein Verschulden des anderen Teils kommt es nicht an. Daher kann ein Verlobter auch zurücktreten, wenn der andere Teil durch einen unverschuldeten Unfall schwer entstellt ist (*Dethloff* § 2 Rn 13f).

5 Wichtige Gründe sind etwa der **Bruch der Verlöbnistreue** (Koblenz NJW-RR 1995, 899), schwere Misshandlung, Freiheitsstrafen, aber auch leichter wiegende Tatsachen, zB ungebührliches Hinauszögern der Hochzeit (RG WarnRsp 1925 Nr 132), schwere Krankheit des Verlobten (BGH FamRZ 2005, 1151, 1154). Das RG sah den Rücktritt auch aus jenen Tatsachen als berechtigt an, die eine **Anfechtung** nach den §§ 119, 123 begründen würden (so auch Grü/*Siede* Rn 9). Das kann jedoch für den Rücktritt nicht gelten, denn sonst würde im Parallelfall der Anfechtung wegen Irrtums die Ersatzpflicht aus § 122 durch § 1298 derartig modifiziert, dass sie gänzlich entfallen würde.

6 Nicht ausreichen soll demggü die glaubhafte Überzeugung, dass die Ehe nicht glücklich wird bzw die Verlobten nicht zueinander passen. Abgesehen von den damit verbundenen Beweisschwierigkeiten, könnte auf diese Weise andernfalls jeder die Bindung an den Eheschließungswillen folgenlos erschüttern (MüKo/*Koch* Rn 10; Staudinger/*Voppel* Rn 16). Dabei dürfte es sich freilich um den praktisch wichtigsten Rücktrittsgrund handeln (zu diesem Paradox Staudinger/*Voppel* Rn 16). An diesem Fall zeigt sich das Problem einer rein obj Bewertung des Rücktrittsgrundes, die innerhalb des stark emotional geprägten Rechtsverhältnisses der Verlobung nicht immer weiterhilft (*Rauscher* Rn 119). Aus diesem Grund wird vereinzelt, ähnl wie bei § 1299 auf ein Verschulden abgestellt (*Rauscher* Rn 118ff). Dagegen spricht aber zum einen, dass Verschulden in § 1298 ausdrückl nicht vorausgesetzt wird. Zum anderen dient das in § 1299 vorausgesetzte Verschulden allein als Zurechnungserfordernis. Schließlich ist zu bedenken, dass auch die Auflösung der Ehe durch Scheidung ein Verschulden nicht voraussetzt. Zwar ist das Verlöbnis keine Lebensgemeinschaft, so dass der Begriff „Zerrüttung" hier nicht passt (Staudinger/*Voppel* Rn 18). Vergleichbarkeit besteht aber bei Annahme eines Vertrauensverhältnisses, das durch einseitiges Verhalten erschüttert werden kann, wenn eine Verletzung der beiderseitigen Rücksichtpflicht vorliegt.

Der wichtige Grund kann auch in der eigenen Person des Zurücktretenden liegen, zB wenn dieser schwer erkrankt ist (*Dethloff* § 2 Rn 13). Liegt der wichtige Grund im Lebensbereich des anderen (zB Krankheit), muss er zusatzl dessen Verschulden, dh seine personliche Verantwortlichkeit, darlegen (§ 1299), vgl Staudinger/*Voppel* § 1299 Rn 27f; *Gernhuber/Coester-Waltjen* § 8 IV Rn 38. Haben beide Verlobte Gründe zum Rücktritt, so ist keiner ersatzberechtigt (Soergel/*Lange* Rn 2). 7

Beweispflichtig im Hinblick auf den wichtigen Grund ist der Zurücktretende (RGZ 170, 82). Der Antragsteller hat das Vorliegen eines wirksamen Verlöbnisses, den Rücktritt des Partners und den Schaden sowie die Angemessenheit zu beweisen (Grü/*Siede* Rn 10). 8

4. Schadensersatzpflicht. Unberechtigter Rücktritt verpflichtet zum Schadensersatz, ist aber als solcher keine unerlaubte Handlung (RGZ 163, 280); der Anspruch stammt vielmehr aus der Verletzung einer vertragl Pflicht oder einer Pflicht aus dem vorgeschalteten Schutzbereich. § 254 kann die Ansprüche mindern oder ausschließen (vgl *Canaris* AcP 165, 1, 30). Der Schadensersatz soll nach dem Willen des Gesetzgebers weder eine Strafe noch eine Abfindung sein, da jeder Zwang zur Eheschließung vermieden werden soll. Es ist daher nach § 1298 nur das **negative Interesse**, nicht das Erfüllungsinteresse zu ersetzen (Grü/*Siede* Rn 2). Der Anspruch ist übertragbar und vererblich. Ein Verzicht ist möglich, soweit § 138 nicht entgegensteht. 9

a) Allgemeine Regeln zum Schadensersatz aus § 1298. Ersetzt wird dem Anspruchssteller, dessen Eltern bzw Dritten, soweit sie anstelle der Eltern gehandelt haben, der Schaden, der durch die in Erwartung der Ehe getätigten Aufwendungen oder eingegangenen Verbindlichkeiten entstanden ist, Abs I 1. **Aufwendungen** sind Leistungen, die der Leistende aus seinem Vermögen erbracht hat (RGZ 122, 303; BGH FamRZ 1961, 424; AG Neumünster FamRZ 2000, 817 – Kosten für Einladungskarten und Brautkleid), darunter auch Dienste, die ein Verlobter dem anderen geleistet hat, soweit sie mit dem Beruf oder dem Gewerbe des Leistenden zusammenhängen (BGH FamRZ 1961, 424). Die Aufwendungen müssen in Erwartung der künftigen Eheschließung gemacht worden sein. Das ist der Fall, wenn sie bei Kenntnis des späteren Rücktritts unterblieben wären (RG Recht 1914 Nr 2673). Wer weiß, dass der andere Teil bereits mit einem Dritten verlobt ist, hat keine Ersatzansprüche. Nach § 1298 brauchen Aufwendungen nicht ersetzt zu werden, die ein Verlobter während des Verlöbnisses für den persönlichen Bedarf des anderen gemacht hat, um mit ihm in einer nichtehelichen Lebensgemeinschaft zusammenleben zu können. Denn diese wurden nicht „in Erwartung der Ehe" getätigt (*Gernhuber/Coester-Waltjen* § 8 V Rn 47). Nicht ersatzfähig ist ferner der Kaufpreis für einen Pkw, der Verlobten ermöglichen soll, zu ihrer Arbeitsstelle zu gelangen, um für den gemeinsamen Haushalt Geld zu verdienen (Oldenburg FamRZ 1996, 281). Ebenfalls nicht die Kosten für die Anschaffung eines Hundes, wenn nicht hinreichend dargetan oder ersichtlich ist, dass der Hund in Erwartung der Ehe angeschafft wurde (Brandenburg NZFam 2016, 336 m Anm *Struck*). Die **Aufwendungen müssen einen Schaden** verursacht haben, und nur dieser ist zu ersetzen, nicht die Aufwendungen selbst. Nach dem Prinzip der Vorteilsausgleichung verringert sich die Höhe des Schadensersatzanspruchs, wenn die Aufwendung (zB angeschaffter Hausrat) anderweitige Verwendung finden kann (MüKo/*Roth* Rn 7). Einer Frau, die Aufwendungen im Vertrauen auf ein Verlöbnis getätigt hat, steht ein Schadensersatzanspruch und ggf ein Anspruch auf Ersatz des immateriellen Schadens wegen Verletzung des allg Persönlichkeitsrechts zu, wenn ein verheirateter Mann sich mit ihr „verlobt" (Oldenburg NJW 2016, 3185 m Anm *Löhnig* FamRZ 2016, 2103). 10

Die Aufwendungen müssen **angemessen** sein (Abs II). Ob dies der Fall ist, ist anhand einer Gesamtwürdigung der Umstände, insb unter Berücksichtigung des künftigen Lebensstandards in der Ehe, zu ermitteln (MüKo/*Roth* Rn 9). Die Angemessenheit bemisst sich nach den persönlichen und wirtschaftl Verhältnissen der Verlobten, der Dauer der Verlobung und der zeitl Nähe des Hochzeitstermins (Oldenburg NJW-RR 2009, 938f). Hierunter fallen etwa die Auslagen für ein Festessen (aA bzgl der Kosten der Verlobungsfeier Staudinger/*Voppel* § 1299 Rn 53), Vermählungsanzeigen, Aussteuer, ständige Verpflegung (RG LZ 1917, 869; BGH FamRZ 1956, 179); nicht aber die allg Kosten der gemeinsamen Haushaltsführung des vorehelichen Zusammenlebens wie Miete, Reisen usw, Düsseldorf FamRZ 1981, 770. Keine Angemessenheit, wenn der Antragsteller für die Ersteigerung eines Hauses einen wesentlichen Teil seines Vermögens zur Verfügung gestellt hat und der Hochzeitstermin zu diesem Zeitpunkt noch in weiter Ferne lag (Oldenburg NJW-RR 2009, 938f). Kein Schadensersatz aus § 1298 für seelische Leiden, anders bei unerlaubten Handlungen (§ 847), RG LZ 1925, 594, kein Ersatz auch von Aufwendungen für eine Sterilisation oder eine psychotherapeutische Behandlung (Düsseldorf FamRZ 1981, 355). Weitere Bsp s Grü/*Siede* Rn 6. 11

b) Ansprüche Dritter. Anspruchsberechtigte Dritte können die Eltern der Verlobten sowie Personen sein, die an Stelle der Eltern gehandelt haben, Pflegeeltern, Angehörige, Freunde, nicht aber jeder, der im Vertrauen auf die Eheschließung einem Verlobten etwas geschenkt hat. Dritte haben nur Anspruch auf Ersatz des Schadens, der aus ihren Aufwendungen oder aus der Eingehung von Verbindlichkeiten entstanden ist. Abs I S 2 gibt nur dem anderen Verlobten, nicht dritten Personen Ansprüche. Dogmatisch ist die Regelung nur schwer erklärbar: Folgt man der Vertragstheorie, lässt sie sich jedenfalls nicht mit den einschlägigen schuldrechtl Instituten (Vertrag zugunsten Dritter, Vertrag mit Schutzwirkung für Dritte) erklären. Insoweit ist insb zu bedenken, dass § 1298 keine Schadensverlagerung, sondern eine -erweiterung auf die Eltern vornimmt, zudem sind die Eltern nicht statt des Anspruchsstellers, sondern neben ihm berechtigt (*Canaris* AcP 165, 1, 3). Überzeugender erscheint demggü die Bejahung einer eigenen familienrechtl Interessenwertung (*Gernhuber/Coester-Waltjen* § 8 V Rn 50). Aus Sicht der Vertrauenstheorie werden die Eltern in das gesetzl Vertrauensverhältnis zw den Verlobten mit einbezogen (*Canaris* AcP 165, 1, 14). Dies ist bei den Eltern angesichts der besonderen Nähe im Hinblick auf das künfti- 12 ge Rechtsverhältnis der Schwägerschaft nachvollziehbar (*Canaris* AcP 165, 1, 14), wirft in Bezug auf Freunde dagegen Zweifel auf. Hier muss es entscheidend darauf ankommen, ob diese „anstelle der Eltern" gehandelt haben.

13 **c) Ansprüche der Verlobten.** Verlobte haben zunächst dieselben Ansprüche wie Dritte, darüber hinaus aber auch Anspruch auf Schadensersatz wegen **vermögensschädigender Maßnahmen** nach Abs I S 2. Darunter fallen die Aufgabe einer Wohnung, die Ablehnung oder Aufgabe einer beruflichen Stellung unter Einschluss des Verdienstausfalls bis zur Wiedererlangung einer gleichwertigen Stellung nach Auflösung des Verlöbnisses (RG LZ 1917, 868). Keine vermögensschädigende Maßnahme liegt vor, wenn die Verlobte ihre Stelle nicht in Erwartung der Ehe, sondern wegen einer Schwangerschaft aufgegeben hat (Hamm FamRZ 1995, 296; krit *Bosch* FamRZ 1995, 483). Auch im Rahmen des § 1298 ist mitwirkendes Verschulden (§ 254 II) zu beachten, wenn sich der Geschädigte schuldhaft nicht rechtzeitig um eine neue Stellung bemüht hat (RG Warn Rspr 1914, Nr 254). Nicht hierunter fällt die Ablehnung eines anderen Heiratsantrages, da dieses keine Vermögensmaßnahme sein dürfte (*Gernhuber/Coester-Waltjen* § 8 V Rn 47). Auch diese Maßnahmen müssen angemessen sein. Daran fehlt es, wenn ein Mann wenige Wochen nach der Verlobung mit einer Frau, die er kurz zuvor kennengelernt hatte, seine gut gehende Praxis als Steuerberater aufgibt, um die Vermögensangelegenheiten seiner Verlobten zu regeln (BGH NJW 1961, 1716).

14 **5. Ansprüche aus unerlaubter Handlung (§§ 823ff).** Diese sind neben § 1298 denkbar, zB ggü einem Heiratsschwindler oder bei Gesundheitsschäden aufgrund Beendigung des Verlöbnisses, sofern sie nicht Schäden iSv §§ 1298ff betreffen (*Gernhuber/Coester-Waltjen* § 8 V Rn 52–54; Staudinger/*Voppel* § 1299 Rn 63). Sie gehen auf vollen Schadensersatz. Die Praxis ist sehr zurückhaltend: Düsseldorf FamRZ 1962, 429 hält §§ 823ff nur dann für anwendbar, wenn sich der Sachverhalt nicht mit dem speziell beim Verlöbnis geregelten Anspruch deckt, sondern über den Bruch der Verlöbnistreue hinaus eine unerlaubte Handlung des Verlöbnispartners ergibt. Macht der Zurücktretende die Gründe seines Rücktritts nicht bekannt, so reicht dieses noch nicht zur Bejahung des § 826 (RG WarnRsp 1935, 69). Auch gegen Dritte, die das Verlöbnis stören, sind Ansprüche aus unerlaubter Handlung möglich, so gegen den Schwiegervater, der seine Einwilligung zur Eheschließung böswillig zurückzieht, aber nur aus dem selten vorliegenden § 826 (RGZ 58, 255; Staudinger/*Voppel* § 1299 Rn 61). Ein absolutes Persönlichkeitsrecht auf ungestörte Verlöbnisbeziehungen zum anderen Verlobten gem § 823 I ist nicht anzuerkennen. Einen absoluten Schutz des Verlöbnisses, der der Ehestörungsklage vergleichbar wäre, gibt es nicht (Staudinger/*Voppel* § 1299 Rn 61).

15 **6. Ansprüche aus Bereicherungsrecht und Geschäftsführung ohne Auftrag. Ansprüche aus ungerechtfertigter Bereicherung** (§§ 812ff) **und Geschäftsführung ohne Auftrag** können ebenfalls mit dem Schadensersatzanspruch aus § 1298 zusammentreffen, BGH FamRZ 1961, 424.

16 **a) Bereicherungsrecht.** Ein **Bereicherungsanspruch** wird jedoch meist ausgeschlossen sein, weil Zuwendungen in Schenkungsabsicht und daher mit causa erfolgten, Frankfurt NJW 1971, 470, oder zum Ausgleich für gleichwertige Unterhaltsleistungen des Partners erbracht wurden. Geschenke iSd § 1301 sind solche Unterhaltsleistungen nicht (MüKo/*Roth* § 1301 Rn 3). Der Wert für erbrachte Arbeitsleistungen wird nur dann ersetzt, wenn der verfolgte und durch die Auflösung der Verlobung fehlgeschlagene Zweck in einer Abrede zw den Verlobten festgehalten wurde.

17 **b) Geschäftsführung ohne Auftrag.** Ansprüche aus **Geschäftsführung ohne Auftrag** schlagen idR fehl, weil die Verlobten mit gegenseitigem Wissen und Einverständnis tätig werden.

18 **c) Gesellschaftsverhältnis.** Ob Ansprüche aus einem **Gesellschaftsverhältnis** gegeben sind, müssen die besonderen Umstände des Einzelfalls ergeben. Denkbar ist auch ein Anspruch aus Auseinandersetzung einer Innengesellschaft (AG Augsburg FamRZ 1987, 1141f).

19 **7. Gerichtliche Zuständigkeit. Zuständig** für die Geltendmachung von Ansprüchen aus § 1298 ist das Gericht am gewöhnlichen Aufenthalt des Beklagten (§§ 12ff ZPO, § 267 II FamFG). Verfahrensmäßig ist es zulässig, den Anspruch aus § 1298 hilfsweise auf § 1299 zu stützen.

20 Weist der Sachverhalt einen grenzüberschreitenden Bezug auf, unterliegen die Rückforderungs- und Ersatzansprüche nach hM dem Heimatrecht des Verpflichteten (zu Einzelheiten und Kritik s Vor Art 13 EGBGB Rn 13ff).

§ 1299 Rücktritt aus Verschulden des anderen Teils

Veranlasst ein Verlobter den Rücktritt des anderen durch ein Verschulden, das einen wichtigen Grund für den Rücktritt bildet, so ist er nach Maßgabe des § 1298 Abs. 1, 2 zum Schadensersatz verpflichtet.

1 Hat der eine **Verlobte schuldhaft** einen berechtigten **Rücktritt des anderen veranlasst**, so stehen diesem dieselben Ersatzansprüche zu, wie wenn der andere grundlos zurückgetreten wäre, vgl § 1298 Rn 11-15. Es muss ein **ursächlicher Zusammenhang** zw dem Rücktritt und dem schuldhaften Verhalten des ersatzpflichtigen Verlobten bestehen: er muss durch sein Verhalten den Rücktritt des anderen „veranlasst" haben (RG Warn Rspr 1914 Nr 164). Der allg Verschuldensbegriff des § 276 ist insb wegen des Mindesterfordernisses der Fahrlässigkeit zu eng (MüKo/*Roth* Rn 3). Eine Absicht, den Partner zum Rücktritt zu bewegen, ist aber nicht erforderlich (MüKo/*Roth* Rn 3). Dem Anspruch aus § 1299 kann der schuldhaft handelnde Verlobte nicht dadurch entgehen, dass er nachträgl seine **Ehebereitschaft** zeigt (MüKo/*Roth* Rn 5).

Für das Verhalten seiner gesetzl Vertreter ist der minderjährige Verlobte angesichts der Höchstpersönlichkeit des Verlöbnisses nicht nach § 278 verantwortlich (ebenso Staudinger/*Voppel* Rn 38; MüKo/*Roth* Rn 3). 2

Der Verlobte, der auf Schadensersatz klagt, ist mit dem Beweis für das schuldhafte Verhalten des anderen und dafür belastet, dass er selbst wegen dieses Verhaltens vom Verlöbnis zurückgetreten ist. 3

§ 1300 (weggefallen)

§ 1301 Rückgabe der Geschenke

Unterbleibt die Eheschließung, so kann jeder Verlobte von dem anderen die Herausgabe desjenigen, was er ihm geschenkt oder zum Zeichen des Verlöbnisses gegeben hat, nach den Vorschriften über die Herausgabe einer ungerechtfertigten Bereicherung fordern. Im Zweifel ist anzunehmen, dass die Rückforderung ausgeschlossen sein soll, wenn das Verlöbnis durch den Tod eines der Verlobten aufgelöst wird.

1. Besonderer Bereicherungsanspruch. Die Vorschrift gewährt unabhängig von den Schadensersatzansprüchen gem §§ 1298f einen Bereicherungsanspruch. Es ist unerheblich, aus welchen Gründen die Verlobung gescheitert ist. § 1301 enthält eine Rechtsfolgenverweisung auf die §§ 812ff (aA BGHZ 132, 108; *Gernhuber/Coester-Waltjen* § 8 Rn 55 – selbständiger Bereicherungstatbestand), deren direkte Anwendung daran scheitern würde, dass die Leistungen einen Rechtsgrund in der gültigen Schenkungsabrede besitzen. Der Umfang des Anspruchs richtet sich nach § 818 III, § 819 I, § 822 (MüKo/*Roth* Rn 5). Nur unter den besonderen Voraussetzungen des § 818 II kann Wertersatz verlangt werden (Oldenburg NJW-RR 2009, 938). Keine (analoge) Anwendung findet § 815; der Verlobte darf die Geschenke demnach nicht mit Verweis darauf, der andere habe die Eheschließung nach Treu und Glauben verhindert, behalten. Ein entspr Billigkeitsdenken ist für das Verlöbnis unpassend, der Rücktritt kann nicht als treuwidrig angesehen werden (Staudinger/*Voppel* § 1299 Rn 14; MüKo/*Roth* Rn 6; aA *Gernhuber/Coester-Waltjen* § 8 V Rn 55). 1

2. Voraussetzungen. a) Eheversprechen. Im Zeitpunkt der **Schenkung** muss ein Eheversprechen (sei es durch Vertrag oder Vertrauenstatbestand) gegeben sein (Grü/*Siede* Rn 2). Die Vorschrift wird entspr angewendet, wenn dem schenkenden Verlobten die Unwirksamkeit des Verlöbnisses bei der Schenkung nicht bekannt war (BGH FamRZ 1969, 474). 2

b) Erlöschen des Verlöbnisses. Die **Eheschließung** muss aus einem beliebigen Grund **unterblieben** sein, das wirksam geschlossene Verlöbnis muss daher durch Rücktritt, Aufhebung oder Unmöglichkeit erloschen sein. Wird es durch Tod, auch Selbstmord, beendet, so ist die Rückforderung im Zweifel aus Pietätsgründen ausgeschlossen, S 2. Dem überlebenden Verlobten und den Erben des Verstorbenen verbleiben dann die Gaben als Andenken. Es sind nur die Geschenke herauszugeben, von denen der Schenker selbst gewollt hätte, dass sie den Tod nicht überdauern. Das kann bei wertvollem Familienschmuck angenommen werden, der traditionell von Generation an Generation weitergegeben wird. Entscheidend ist der Wille des Schenkers, nur im Hinblick auf die Eheschließung zu schenken oder als äußeres Zeichen der Verlobung ohne Rücksicht auf die spätere Erfüllung des Verlöbnisversprechens. S 2 gibt nur eine Auslegungsregel. „Im Zweifel" wird das Gegenteil angenommen: Wer etwas zurückfordert muss beweisen, dass das in der Intention des Schenkers gelegen hat. 3

3. Gegenstand des Anspruchs. Der Bereicherungsanspruch umfasst das, was sich die Verlobten gegenseitig während der Verlobungszeit geschenkt oder zum Zeichen des Verlöbnisses gegeben haben. 4

a) Schenkungsbegriff. Der **Schenkungsbegriff** ist weit auszulegen, so dass darunter neben unentgeltlichen Sachzuwendungen auch Schadensersatzforderungen aus unerlaubter Handlung fallen können (MüKo/*Roth* Rn 3; BGH FamRZ 2005, 1152). Es sind alle Geschenke zurückzugeben, die ihren Grund mit der Auflösung des Verlöbnisses verlieren (BGH FamRZ 2005, 1151). Geschenke iSd Vorschrift sind nur solche Zuwendungen, die mit der Auflösung der Verlobung ihre Grundlage verlieren, nicht dagegen Unterhaltsbeiträge von Verlobten, die vor der Heirat einen gemeinsamen Hausstand führen (BGH FamRZ 2005, 1151; Grü/*Siede* Rn 4). Sie werden nicht in Erwartung der Ehe, sondern im Hinblick auf das gegenwärtige Zusammenleben der Parteien gemacht. Dazu gehört die Anschaffung eines Pkw, der der Verlobten dazu dient, zu ihrer Arbeitsstelle zu gelangen und Einkäufe für den gemeinsamen Haushalt zu tätigen (Oldenburg FamRZ 1996, 281). Auch die Übernahme von Zahnbehandlungskosten ist kein Geschenk (BGH FamRZ 2005, 1152). Ebenso wenig der Ausgleich eines Kontos der nichtehelichen Lebensgefährtin, da sich dies als ein Beitrag zum Erhalt und zur Finanzierung des gemeinsamen Zusammenlebens darstellt, wobei ein unmittelbarer Bezug zur bevorstehenden Eheschließung nicht ersichtlich war (Brandenburg NZFam 2016, 336 m Anm *Struck*). Geringfügige Aufwendungen, etwa für Blumen, eine Konzert- oder Kinokarte, sind nicht zu ersetzen, sie haben ihre Grundlage nicht im Verlöbnis, sondern in den Gepflogenheiten menschlichen Umgangs. IÜ schließt meistens § 818 III ihre Herausgabe aus. 5

b) Gegenstände zum Zeichen des Verlöbnisses. Zum **Zeichen des Verlöbnisses** gehören die Ringe und Schmucksachen und, in entspr Anwendung der Vorschrift, Briefe (MüKo/*Roth* Rn 3; Grü/*Siede* Rn 4). 6

4. Umfang des Ersatzanspruchs. Für den Umfang des Ersatzanspruchs sind die §§ 818ff anzuwenden. Wer also bei Empfang des Geschenks weiß, dass der Eheschluss unmöglich ist, oder wer dieses später erfährt oder vom Rücktritt des anderen Kenntnis erlangt, haftet von diesem Zeitpunkt an verschärft. Nicht anwendbar dagegen sind die § 819 II, § 820 sowie § 815 (s Rn 1). 7

8 **5. Unbenannte Zuwendungen.** Haben die Verlobten einander in der Zeit vor der Eheschließung Zuwendungen gemacht, können Ausgleichsansprüche nach den vom BGH entwickelten Grundsätzen für ehebedingte Zuwendungen geltend gemacht werden (Oldenburg NJW-RR 2009, 938f; *Wellenhofer* NZFam 2021, 381; *Wever* Vermögensauseinandersetzungen Rn 536). Dafür spricht zum einen, dass Verlobte bereits in einem rechtl erheblichen Verhältnis zueinanderstehen. Es besteht insofern bereits die Möglichkeit zum (stillschw) Abschluss eines familienrechtl Vertrags sui generis, auf dessen Grundlage Ausgleichsansprüche beim Scheitern des Verlöbnisses wegen Wegfalls der Geschäftsgrundlage (§ 313) geltend gemacht werden können (Oldenburg NJW-RR 2009, 938f; *Wever* Vermögensauseinandersetzungen Rn 536). Zum anderen hat der BGH entspr Ansprüche wegen unbenannter Zuwendungen mittlerweile auch für die nichteheliche Lebensgemeinschaft anerkannt, Vor § 1353 Rn 10ff. Dies muss dann erst recht auch für Verlobte, die durch das gesetzl Schuldverhältnis der Verlobung miteinander verbunden sind, gelten.

9 Die Voraussetzungen des § 313 werden als erfüllt angesehen, wenn ein angemessener Ausgleich über die Regelungen der §§ 1298ff nicht erlangt werden kann (zB weil die Aufwendungen unangemessen sind, § 1298 II, und/oder im Rahmen des § 1301 Wertersatz statt Rückgewähr beansprucht wird). In diesem Fall erschiene es unbillig, dem anderen Teil erhebliche Vermögenswerte, die in Erwartung einer Eheschließung vom Antragsteller geleistet wurden, zu belassen (Oldenburg NJW-RR 2009, 938f). Allerdings kann über § 313 nicht der volle Wertersatz verlangt werden, es hat lediglich eine Anpassung an veränderte Umstände zu erfolgen (*Wellenhofer* NZFam 2021, 381, 383). Insoweit ist insb zu beachten, ob sich der mit der Zuwendung erfolgte Zweck bereits (teilw) erfüllt hat. Dies ist bei einer Ersteigerung eines Hauses, in dem die Parteien bis zur Beendigung des Verlöbnisses gewohnt haben, bejaht worden (Oldenburg NJW-RR 2009, 938f).

§ 1302 Verjährung

Die Verjährungsfrist der in den §§ 1298 bis 1301 bestimmten Ansprüche beginnt mit der Auflösung des Verlöbnisses.

1 Es kommt nicht auf den **Grund der Auflösung** an. Endet das Verlöbnis durch Rücktritt, so beginnt die Verjährungsfrist mit dem Zugang der Rücktrittserklärung (§ 130 I). Ansonsten mit der Auflösung des Verlöbnisses aus anderen Gründen. Die Eheschließung mit einem Dritten setzt den Lauf der Verjährung in Gang, ohne dass der andere Verlobte davon zwingend in Kenntnis gesetzt ist.

2 Für Ansprüche aus **unerlaubten Handlungen**, etwa aus einem Betrug oder einer Nötigung zum Verlöbnis, tritt Verjährung nach § 199 II und III, § 852 ein.

Titel 2
Eingehung der Ehe (§§ 1303–1312)

Vorbemerkung vor § 1303

Schrifttum zum EheschlRG: *Barth/Wagenitz*, Zur Neuordnung des Eheschließungsrechts, FamRZ 1996, 833; *Bornhofen*, Die Reform des Kindschaftsrechts und die Neuordnung des Eheschließungsrechts in der standesamtlichen Praxis, StAZ 1997, 362; *Bosch*, Die geplante Neuregelung des Eheschließungsrechts, FamRZ 1997, 65, 138; *Bosch*, Neuordnung oder nur Teil-Reform des Eheschließungsrechts?, NJW 1998, 2004; *Gaaz*, Ausgewählte Probleme des neuen Eheschließungs- und Kindschaftsrechts, StAZ 1998, 241; *Hepting*, Neuerungen im Eheschließungsrecht, StAZ 1996, 257; *Hepting*, Das Eheschließungsrecht nach der Reform, FamRZ 1998, 713; *Hepting/Dutta*, Familie und Personenstand: Ein Handbuch zum deutschen und internationalen Privatrecht, 2019; *Muscheler*, Der Entwurf eines Gesetzes zur Neuordnung des Eheschließungsrechts, JZ 1997, 1142; *Wagenitz/Bornhofen*, Handbuch des Eheschließungsrechts, 1998.

Materialien zum EheschlRG: S 11. Aufl.

1 **1. Entstehung.** Das am 1.7.1998 in Kraft getretene **Gesetz zur Neuordnung des Eheschließungsrechts (EheschlRG)** v 4.5.1998 (BGBl I 1998, 833) hat zu Änderungen sowohl des materiellen als auch des formellen Rechts geführt. Es hat das materielle Eheschließungsrecht durch Aufhebung des EheG wieder systemgerecht in das Bürgerliche Gesetzbuch zurückgeführt. Das **EheG 1938** war nach der Eingliederung Österreichs geschaffen worden, um das Eheschließungs- und Scheidungsrecht in Österreich und im übrigen Reichsgebiet zu vereinheitlichen und die nationalsozialistische Ideologie im Eherecht durchzusetzen. Das Eheschließungs- und Scheidungsrecht wurde aus dem BGB, das in Österreich nicht galt, herausgenommen und in einem eigenständigen Ehegesetz geregelt. Nach der **Streichung** spezifisch **nationalsozialistischer Unrechtsnormen** wurde ein Großteil des EheG 1938 **durch das Kontrollratsgesetz Nr 16 v 20.2.1946 (EheG 1946)** übernommen. Während das EheG in den westlichen Zonen seine Geltung behielt, wurde es in der DDR durch die Verordnung über die Eheschließung und Auflösung v 24.11.1955 und später durch das **Familiengesetz der DDR v 1.4.1966** ersetzt.

2 **2. Übergangsvorschriften.** Das EheSchlRG trat am 1.7.1998 in Kraft, gilt also für Eheschließungen ab diesem Zeitpunkt. Gem Art 226 III EGBGB gilt das neue Eheschließungsrecht hinsichtl einer Eheaufhebung grds auch für Ehen, die vor dem 1.7.1998 geschlossen worden sind, jedoch mit zwei Einschränkungen: Zum einen ist eine Aufhebung einer solchen Ehe dann ausgeschlossen, wenn sie nach dem vorherigen Recht weder nichtig noch

aufhebbar war (Art 226 I EGBGB); zum anderen gilt Art 226 III EGBGB nach Abs II auch nicht bei zum Stichtag 1.7.1998 bereits anhängigen Nichtigkeits- oder Aufhebungsverfahren. Zu beachten ist, dass für die Wirksamkeit von Ehen, die im Gebiet der DDR geschlossen wurden, laut Einigungsvertrag (Anl I Kap III Sachgebiet B Abschn III Nr 11, BGBl II 1990, 954) das frühere Recht der DDR gilt.

Die **Formvorschriften** sind im PStG (idF v 19.2.2007, BGBl I 2007, 122) und in der PStV (v 22.11.2008, BGBl I 2008, 2263) geregelt. 3

3. Änderungen. Das am 22.7.2017 in Kraft getretene **Gesetz zur Bekämpfung von Kinderehen** (BGBl I 2017, 2429) hat im Interesse des Kindeswohls die Ehemündigkeit fest an die Volljährigkeit gekoppelt, ohne die Möglichkeit einer Befreiung vorzusehen. Ehen von unter 16-Jährigen sind unwirksam, solche von 16 bis 18-Jährigen aufhebbar. Mit G v 17.7.2017 wurde die Ehe auch für gleichgeschlechtliche Paare geöffnet. Die unausgesprochen vorausgesetzte Verschiedengeschlechtlichkeit ist damit keine Voraussetzung mehr für eine Eheschließung (s Vor § 1353 Rn 1a). 4

Untertitel 1
Ehefähigkeit (§§ 1303–1305)

§ 1303 Ehemündigkeit

Eine Ehe darf nicht vor Eintritt der Volljährigkeit eingegangen werden. Mit einer Person, die das 16. Lebensjahr nicht vollendet hat, kann eine Ehe nicht wirksam eingegangen werden.

Schrifttum: *Antomo*, Verbot von Kinderehen?, ZRP 2017, 79; *Coester*, Kinderehen in Deutschland. Stellungnahme der Kinderrechtekommission des DFGT v 29.11.2016, FamRZ 2017, 77; *Schwab*, Die verbotene Kinderehe, FamRZ 2017, 1369.

1. Geschichte. Nach dem früheren Abs II konnte vom Erfordernis der Volljährigkeit **Befreiung** erteilt werden, wenn der minderjährige Antragsteller mindestens 16 Jahre alt und sein künftiger Ehepartner volljährig war. Waren beide minderjährig, konnte keinem von ihnen Befreiung erteilt werden, selbst wenn sie iÜ die nötige Reife besaßen. Die Befreiung vom Ehemündigkeitsalter der Volljährigkeit wurde **vom FamG** erteilt. Da die Verlobten nach weniger als zwei Jahren ohnehin heiraten konnten, war die Frage der Befreiung meist nicht von großer Brisanz. Der praktisch häufigste Fall für einen Befreiungsantrag war die **Schwangerschaft** der Braut. Die jetzige Fassung beruht auf dem Gesetz zur Bekämpfung von Kinderehen v. 17.7.2017 (BGBl I 2017, 2429). S 1 wurde von einer Soll-Vorschrift zu einem festen Verbot von Ehen Minderjähriger, Abs II–IV aF wurden gestrichen. 1

2. Ehemündigkeit. Eine Eheschließung setzt die **Ehemündigkeit** voraus, die an die **Volljährigkeit**, also die Vollendung des 18. Lebensjahres gekoppelt ist (S I). Der für die Altersberechnung maßgebende Zeitpunkt ist der der Eheschließung. Ehen Minderjähriger, die bisher ausnahmsw zulässig waren, sind nicht mehr möglich, das bisherige Befreiungsverfahren (§ 1303 II–IV aF) ist abgeschafft. Der Gesetzgeber begründet seine Änderung mit dem Schutz der Minderjährigen, der durch die nunmehr geschaffene Rechtsklarheit verwirklicht werde. Ehen Minderjähriger würden zunehmend kritisch gesehen, zum einen wegen der größeren Scheidungshäufigkeit solcher Ehen, zum anderen weil Minderjährige leichter beeinflussbar seien. Ferner verweist der Gesetzgeber darauf, dass vermehrt minderjährige bereits verheiratete Flüchtlinge nach Deutschland eingereist seien und im Umgang mit diesen Kinderehen Rechtsunsicherheit bestanden habe. Die Auseinandersetzung um die Anerkennung einer Ehe eines 14 Jahre alten Mädchens aus Syrien (*Bamberg* FamRZ 2016, 1270) hatte zu heftigen Diskussionen geführt. Die Neuregelung verwirkliche iÜ die Forderung der Agenda 2030 der UN v 25.9.2015. Auch in der Lit war ein Bedürfnis für die bisherige Ausnahmemöglichkeit bestritten worden (*Dethloff/Maschwitz* StAZ 2010, 167ff; *Coester* FamRZ 2017, 78; aA Stellungnahme des DAV). 2

3. Rechtsfolgen. Ehen, die unter Verstoß gegen die Ehemündigkeitsvorschriften geschlossen werden, sind unwirksam, wenn einer der Ehegatten das 16. Lebensjahr nicht vollendet hat (krit ggü der Nichtigkeitsfolge *Antomo* ZRP 2017, 81; zur grds Kritik an dem Gesetz *Schwab* FamRZ 2017, 1369ff). Das BVerfG hat allerdings die Unwirksamkeit im Ausland geschlossener Ehen insoweit für verfassungswidrig erklärt, als es an Regelungen der Scheidungsfolgen fehlt (BVerfG FamRZ 2023, 837, 852f). Hat einer der Ehegatten das 16., aber noch nicht das 18. Lebensjahr vollendet, ist die Ehe wirksam, aber aufhebbar. Das bußgeldbewehrte Voraustrauungsverbot, das 2009 abgeschafft worden war, wird hinsichtl der Kinderehen wieder eingeführt (§ 11 II PStG). 3

4. Übergangsrecht. Für die nach inl Recht zu schließenden Ehen gilt das neue Recht unmittelbar. Für die vor dem Inkrafttreten des Gesetzes geschlossenen Ehen bleibt es beim alten Recht (Art 229 § 44 I EGBGB). Sie sind wirksam und können nicht aufgehoben werden, wenn eine gerichtliche Befreiung vom Erfordernis der Volljährigkeit nach § 1303 II aF erteilt worden war (Art 229 § 44 II EGBGB). Fehlte es an einer Befreiung oder hatte eine noch nicht 16-jährige Person geheiratet, bleibt die Ehe aufhebbar, es sei denn, es liegt eine wirksame Bestätigung vor (§ 1315). Zum Zeitpunkt des Inkrafttretens noch anhängige Verfahren auf Befreiung sind erledigt (Art 229 § 44 III EGBGB). 4

§ 1304 Geschäftsunfähigkeit

Wer geschäftsunfähig ist, kann eine Ehe nicht eingehen.

1 **1. Geschäftsunfähigkeit.** Geschäftsunfähig und damit eheunfähig sind nach § 104 Kinder unter sieben Jahren (Nr 1) und Personen, die sich in einem die freie Willensbestimmung ausschließenden Zustand krankhafter Störung der Geistestätigkeit befinden, sofern nicht der Zustand seiner Natur nach ein vorübergehender ist (Nr 2). Ihnen sind Personen gleichzustellen, die sich zur Zeit der Eheschließung in einem die freie Willensbestimmung ausschließenden Zustand der Bewusstlosigkeit oder vorübergehender Störung der Geistestätigkeit befinden (§ 1314 II Nr 1); die Rechtsfolge ist die gleiche (vgl Rn 3).

2 **2. Keine Auswirkung einer Betreuung.** Nach Aufhebung des § 104 Nr 3 aF gibt es keine Geschäftsunfähigkeit durch Entmündigung mehr, eine Betreuung gem § 1814 beeinträchtigt nicht automatisch die Ehefähigkeit, auch wenn ein Einwilligungsvorbehalt angeordnet wurde (§ 1825). Der **Standesbeamte** muss daher in Zweifelsfällen notfalls **aufgrund eigener Ermittlungen** prüfen, ob ggf eine natürliche Geschäftsunfähigkeit iSd § 104 Nr 2 vorliegt (vgl dazu AG Rottweil FamRZ 1990, 626; *Schwab*, FS Rebmann, 1989, 691), was meist nur mit Hilfe eines Sachverständigengutachtens zu ermitteln sein wird. Bei teilw Geschäftsunfähigkeit, die sich nur auf ein bestimmtes Gebiet erstreckt (RGZ 162, 223), kann Geschäftsfähigkeit in Bezug auf die Eingehung einer Ehe und damit Ehefähigkeit bestehen. Die Praxis hat – in Parallele zu § 2229 IV (Testierfähigkeit) – den Begriff der **Ehegeschäftsfähigkeit** entwickelt (BVerfG FamRZ 2003, 360; BayObLG FamRZ 1997, 294; Brandenburg FamRZ 2011, 216f; FamRZ 2017, 1747), der abstellt auf die Fähigkeit der Einsicht in das Wesen der Ehe und auf die Freiheit des Willensentschlusses zur Eingehung einer Ehe. Meist werden eine persönliche Anhörung zur Feststellung der Ehegeschäftsfähigkeit (BayObLG FamRZ 2003, 373) oder ein gerichtlich eingeholtes Sachverständigengutachten (vgl BVerfG FamRZ 2003, 359) geboten sein. Es geht nicht darum, ob der Betroffene die rechtl Konsequenzen einer Ehe erfasst, sondern ob er die mit einer Eheschließung verbundenen Veränderungen für das eigene Leben begreift (Brandenburg FamRZ 2011, 216).

3 **3. Rechtsfolge. Eheunfähige** können keine Ehe eingehen, auch nicht mit Einwilligung des gesetzl Vertreters, eine Befreiung kann nicht erteilt werden. Die gleichwohl geschlossene Ehe ist nach § 1314 aufhebbar, ohne eine gestalterische Entscheidung also – im Gegensatz zu anderen Willenserklärungen eines Geschäftsunfähigen – wirksam. Sie kann iÜ durch Bestätigung geheilt werden, wenn der Ehegatte nach Wegfall der Geschäftsunfähigkeit zu erkennen gibt, dass er die Ehe fortsetzen will (§ 1315 I Nr 2, 3).

§ 1305 (weggefallen)

Untertitel 2
Eheverbote (§§ 1306–1308)

Vorbemerkung vor § 1306

1 Das **Eheverbot der Schwägerschaft** wurde durch das EheschlRG **fallengelassen**, da weder medizinische noch erbbiologische Gründe ein solches Verbot rechtfertigten und ohnehin in erheblichem Umfang Befreiung gewährt wurde (BR-Drs 79/86, 33). Die Forderung nach seiner Abschaffung war schon früh erhoben worden (*Böhmer* StAZ 1975, 8), aber auch die Abschaffung wird kritisiert (*Bosch* FamRZ 1997, 75), weil sie ethisch elementare Werte aufgebe (für ein eingeschränktes Eheverbot der Schwägerschaft *Muscheler* JZ 1997, 1146 im Hinblick auf Missbrauchsfälle) und letztlich Ausdruck der Resignation vor dem Funktionsverlust der Eheverbote sei. Die **Eheverbote** der **Doppelehe** und der **Verwandtschaft** sowie das lediglich aufschiebende Ehehindernis der **Adoptionsverwandtschaft** (gegen das zu verstoßen sanktionslos bleibt) sind nur sprachlich modifiziert, inhaltlich aber vom EheschlRG unverändert **übernommen** worden. Weggefallen sind die Eheverbote der Schwägerschaft, des Trennungsjahres und des fehlenden Auseinandersetzungszeugnisses. Das sanktionslose **Ehehindernis** der **Wartezeit** hatte insoweit geringe Bedeutung, als von ihm fast ausnahmslos Befreiung erteilt worden war, was die häufige Forderung nach seiner **Abschaffung** bestärkte (*Gernhuber/Coester-Waltjen* § 10 I 2). Überdies sei es insoweit obsolet geworden, als sein Zweck, konkurrierende Ehelichkeitsvermutungen zu verhindern, durch die Neuregelung der § 1593 I, § 1600 hinfällig geworden sei (BT-Drs 13/4898, 13).

§ 1306 Bestehende Ehe oder Lebenspartnerschaft

Eine Ehe darf nicht geschlossen werden, wenn zwischen einer der Personen, die die Ehe miteinander eingehen wollen, und einer dritten Person eine Ehe oder eine Lebenspartnerschaft besteht.

1 **1. Inhalt.** Die Vorschrift bringt zum Ausdruck, dass es sich um ein **„zweiseitiges Ehehindernis"** handelt, und stellt klar, dass das Verbot eine bestehende Ehe oder eine Lebenspartnerschaft mit einer dritten Person voraussetzt. Eine zweite Eheschließung desselben Ehepaares wird also nicht durch die Vorschrift gehindert. MWv 1.1.2005 wurden die Worte „oder Lebenspartnerschaft" eingefügt; zuvor stand eine eingetragene Lebenspartnerschaft einer Eheschließung nicht entgegen. Nunmehr gilt das Eheverbot der Doppelehe auch für den Fall einer bereits bestehenden Lebenspartnerschaft. Eine unter Verstoß gegen dieses Verbot geschlossene Ehe ist aufhebbar

(§ 1314 I). Das Ehehindernis besteht nicht, wenn die Lebenspartnerschaft mit derselben Person besteht, die (nach einer Geschlechtsumwandlung) geheiratet werden soll (Nürnberg NJW 2016, 255; LG Berlin NJW RR 2008, 1318; *Windel* JR 2006, 265, 268).

2. Grundsatz der Einehe. Das **Eheverbot** der **Doppelehe** ist notwendige Folge des Grundsatzes der Einehe, der durch § 172 StGB auch strafrechtl geschützt wird. Wer verheiratet ist, darf eine neue Ehe mit einer anderen Person nicht eingehen, bevor die frühere Ehe durch Tod, Scheidung oder Aufhebung (bzw früher: Nichtigerklärung) aufgelöst ist. Auch ein erschlichener Beschl löst die Ehe auf (RG JW 1938, 1262). **Todeserklärung** eines Ehegatten nach § 9 VerschG begründet zwar nur eine Vermutung für den Tod, gibt aber dem anderen Ehegatten die **Möglichkeit der Wiederverheiratung.** Mit Eingehung der neuen Ehe wird die frühere Ehe aufgelöst, auch wenn der für tot Erklärte noch lebt, vorausgesetzt, dass wenigstens ein Ehegatte der neuen Ehe gutgläubig ist, dh nicht weiß, dass der erste Gatte die Todeserklärung überlebt hat (§ 1319 II). Diese Ausnahme von § 1306 wahrt jedoch den Grundsatz der Einehe, dadurch, dass die frühere Ehe durch den Abschluss der neuen Ehe aufgelöst wird. Grds ist die Rechtskraft des Beschl bzgl der Scheidung oder Aufhebung der früheren Ehe erforderlich. Die neue Ehe, die zwar nach einem Scheidungs- oder Aufhebungsbeschluss, aber vor dessen Rechtskraft geschlossen wird, ist zunächst aufhebbar, mit Rechtskraft des Scheidungs- bzw Aufhebungsbeschlusses jedoch nicht mehr. Eine Doppelehe ist iÜ während der Zeit bis zur rechtskräftigen Aufhebung wirksam (vgl Naumburg NJW-RR 2015, 1025). 2

3. Rechtsfolge nach Beendigung der Ehe. Wird ein **Beschl**, der die frühere Ehe geschieden oder aufgehoben hat, im **Wiederaufnahmeverfahren aufgehoben** (§ 118 FamFG iVm §§ 578f ZPO) – was allerdings idR nur innerhalb von fünf Jahren seit Rechtskraft dieses Beschl möglich ist (§ 118 FamFG iVm § 586 II 2, III ZPO) –, so wird eine inzwischen geschlossene Ehe als Doppelehe aufhebbar (§ 1314 I). Die gleiche Wirkung wie die Aufhebung des Beschl im Wiederaufnahmeverfahren hat die **Wiedereinsetzung in den vorigen Stand** nach § 117 V FamFG iVm § 233 ZPO (BGHZ 8, 287; *Gernhuber/Coester-Waltjen* § 10 II 5; krit dazu *Bruns* JZ 1959, 149; *Peters* MDR 1959, 533). Wird der ursprüngliche Beschl bestätigt, ist die zweite Ehe nicht mehr aufhebbar. 3

4. Auslandsbezug. Eine **im Ausland ergangene Entscheidung** auf Nichtigerklärung, Scheidung oder Aufhebung einer Ehe ist im Inland nur wirksam, wenn nach § 328 ZPO die gesetzl Voraussetzungen für die **Anerkennung der Entscheidung** gegeben sind. Ob dies zutrifft, wird **durch die Landesjustizverwaltungen** für Gerichte und Verwaltungsbehörden gem § 107 FamFG bindend festgestellt (speziell zur Anerkennung von in Drittstaaten ergangenen Scheidungsurteilen vgl Düsseldorf FamRZ 1975, 584; BayObLG FamRZ 1975, 582; *Otto* StAZ 1975, 183). Die Echtheit ausl öffentlicher Urkunden, bspw einer Scheidungsurkunde, kann durch Legalisierungsurkunde (§ 438 II ZPO) festgestellt werden (vgl AG Tempelhof-Kreuzberg 29.10.2003 – 1729 680/01). Ein Ausländer, dessen Ehe im Inland für nichtig erklärt, aufgehoben oder geschieden worden ist, kann nach Art 13 II Nr 3 EGBGB im Inland eine neue Ehe eingehen, auch wenn der Beschl in seinem Heimatstaat nicht anerkannt wird. Begründete Anhaltspunkte, dass einer der beiden Verlobten im Ausland verheiratet ist, begründen bereits das Ehehindernis (Hamm FamRZ 2022,1459). 4

5. DDR. In der DDR ergangene Scheidungsurteile sind in der Bundesrepublik grds ohne Weiteres wirksam. Einem durch ein solches Urteil Geschiedenen darf die Eingehung einer neuen Ehe nur verweigert werden, wenn im Verfahren nach § 121 FamFG festgestellt ist, dass das Urteil aus besonderen Gründen als unwirksam angesehen werden muss. Solange diese Feststellung nicht erfolgt ist, kann sich niemand auf die Unwirksamkeit des DDR-Scheidungsurteils berufen (entspr Anwendung des Rechtsgedankens der §§ 23ff EheG aF; vgl BGHZ 34, 134, 145f; Frankfurt NJW 1964, 730). 5

6. Zweiseitiges Eheverbot. Der Wortlaut stellt klar, dass das Eheverbot der Doppelehe ein sog **zweiseitiges Eheverbot** ist, das sich also auch an den nicht verheirateten Ehewilligen richtet. Ein Deutscher darf daher eine Ehe mit einem Ausländer, der mit einem Dritten in gültiger Ehe lebt, auch dann nicht eingehen, wenn das ausl Recht dieses konkrete Eheverbot nicht kennt (RGZ 151, 313, 317; Zweibrücken FamRZ 2004, 950; s auch *Hepting/Dutta* III-252). In einem Eheaufhebungsverfahren sind die Eheleute notwendige Streitgenossen gem § 113 I FamFG iVm § 62 ZPO (Dresden FamRZ 2004, 952). 6

7. Wiederholung der Eheschließung. Die sprachliche Fassung macht ferner deutlich, dass Eheleute, die Zweifel an der Gültigkeit oder dem Fortbestand ihrer Ehe haben, ihre **Eheschließung wiederholen können** (das ist keine Doppelehe – KG FamRZ 2022,1017). Der Standesbeamte hat die Zweifel der Ehegatten an der Gültigkeit ihrer Ehe nicht nachzuprüfen (aA MüKo/*Wellenhofer* Rn 11), für die Wiederholung gelten sachlich und formell die gleichen Voraussetzungen wie für die erste Eheschließung. Die Wiederholung hat keine rückwirkende Kraft, heilt also etwaige Mängel nur für die Zukunft, soweit sie nicht zugleich eine zulässige Bestätigung enthält. 7

Ob trotz erneuter Eheschließung die erste Ehe für nichtig erklärt werden konnte, war umstr (s Erman/*Aderhold*[9] § 5 EheG Rn 9); nunmehr stellt sich dieses Problem hinsichtl einer Aufhebbarkeit gem § 1314. Soweit in der Wiederholung der Eheschließung (oder im Zusammenleben) einer der Ausschlussgründe des § 1315 (Bestätigung!) verwirklicht ist, kommt eine Aufhebung nicht in Betracht. 8

§ 1307 Verwandtschaft

Eine Ehe darf nicht geschlossen werden zwischen Verwandten in gerader Linie sowie zwischen vollbürtigen und halbbürtigen Geschwistern. Dies gilt auch, wenn das Verwandtschaftsverhältnis durch Annahme als Kind erloschen ist.

1 **1. Entstehung.** Die Vorschrift ersetzt den früheren § 4 EheG aF und beschränkt sich auf das Eheverbot der Verwandtschaft (zur Aufhebung des Eheverbots der Schwägerschaft vgl Vor § 1306 Rn 1).

2 **2. Verbot der Ehe in gerader Linie Verwandter.** Das (strafbewehrte – § 173 StGB) **Inzestverbot** (zur Vereinbarkeit mit dem GG BVerfGE 120, 224) des § 1307, das vor allem auf eugenischen Gründen beruht, verbietet die **Ehe zw Verwandten in gerader Linie.** Gem § 1589 sind das Personen, deren eine von der anderen abstammt, unabhängig vom Grad der Verwandtschaft. Betroffen sind also Ehen zw Vater und Tochter, Mutter und Sohn, Großeltern und Enkeln. Es kommt **sowohl** auf die **genetische als auch die vermutete Abstammung** an, sodass das Verbot für den sog Scheinvater, der mit der Mutter verheiratet ist, gilt, soweit § 1592 reicht, immer aber auch für den wirklichen Erzeuger. Das hat auch Bedeutung im Falle der Eispende, da nunmehr gem § 1591 Mutter eines Kindes die Frau ist, die es geboren hat. **Das Eheverbot** gilt somit **für die austragende Mutter**, aber natürlich **auch für die Eispenderin**, sodass beide Mütter von dem Eheverbot betroffen sein können. Hinsichtl der gebärenden Mutter (und vor allem ihrer anderen Kinder) wird das Eheverbot als zu weitgehender, weil nicht begründbarer, Eingriff in die Eheschließungsfreiheit kritisiert, und es werden verfassungsrechtl Bedenken angemeldet (*Hepting/Dutta* III-83; *Wagenitz/Bornhofen*, Abschnitt 1 Rn 82), vor allem angesichts der Tatsache, dass eine Anfechtung nicht möglich und die Zulässigkeit eines – negativen – Statusverfahrens fraglich ist (dazu Rn 3).

3 **3. Seitenlinie.** In der Seitenlinie erstreckt sich das **Eheverbot** lediglich auf **Geschwister**, die beide Eltern oder einen Elternteil gemeinsam haben. Soweit Kinder nach §§ 1591–1593 als ehelich gelten, gelten sie als Verwandte sowohl der Eltern als auch deren Abkömmlinge, auch wenn eine blutsmäßige Verwandtschaft nicht besteht (Staudinger/*Löhnig* Rn 9). Das Eheverbot entfällt (bzgl des Vaters) erst, wenn die Ehelichkeit des Kindes auf einen Anfechtungsantrag hin mit allg bindender Wirkung beseitigt worden ist. Die Mutterschaft ist aber nicht anfechtbar. Die Frau, die das Kind als Tragemutter geboren hat, ist und bleibt rechtl Mutter des ausgetragenen Kindes (§ 1591), das genetisch nicht von ihr abstammt und daher ein anderes leibliches Kind der Tragemutter nicht heiraten darf. Da es eine Befreiungsmöglichkeit nicht gibt, hilft in diesem Fall nur ein Feststellungsantrag mit dem Ziel, feststellen zu lassen, dass die beiden genetisch nicht miteinander verwandten Geschwister heiraten dürfen. Auch hinsichtl der (Schein-)Vaterschaft ist dieser Weg zuzulassen, da die Anfechtung der Vaterschaft eine unverhältnismäßige Alternative darstellt, wenn lediglich eine Heirat zweier genetisch nicht verwandter Geschwister angestrebt wird, aber die mit der Anfechtung verbundenen Statuswirkungen nicht gewollt sind (wie hier *Hepting/Dutta* III-85). Auch wenn man das Eheverbot sozial-psychologisch als Stabilisierungsfaktor der familiären Rollen für gerechtfertigt hält, sollte man den Feststellungsantrag gleichwohl zulassen, da auch bei dem ähnl zu rechtfertigenden Eheverbot der Adoptivverwandtschaft ein Dispens möglich ist (§ 1308 II).

4 Das Eheverbot erstreckt sich nicht auf das Verhältnis zw Onkel und Nichte oder Vetter und Base. Ebenso wenig sind bspw der nichteheliche oder voreheliche Sohn eines Ehegatten und die voreheliche oder nichteheliche Tochter des anderen Ehegatten von der Vorschrift betroffen. Nach § 1307 I 2 bleibt das Eheverbot bestehen, wenn das Verwandtschaftsverhältnis im rechtl Sinn durch Annahme als Kind erloschen ist. Die Adoption ändert nämlich nichts an der Anstößigkeit einer Ehe zw Blutsverwandten.

5 **4. Nachweise.** Hinsichtl des **Nachw** des **Nichtbestehens eines Verwandtschaftsverhältnisses** iSd § 1307 haben die Verlobten bei der Anmeldung der Eheschließung dem Standesbeamten ihre Abstammungsurkunden und beglaubigte Abschriften des Familienbuches vorzulegen (§ 5 I PStG); dabei handelt es sich um eine zwingende Vorschrift, von der nur unter den engen Voraussetzungen des § 5 III PStG abgewichen werden kann (Köln StAZ 2005, 232). In Fällen, in den die Verlobten keine erstmalige Eheschließung beabsichtigen, ist jedoch in jedem Fall eine Abstammungsurkunde vorzulegen. Ein Auszug aus dem Familienbuch der Eltern ist zur Prüfung des Eheverbots der leiblichen Verwandtschaft ungeeignet, weil es nach der Eheschließung eines Kindes für dieses nicht mehr fortgesetzt wird und nachträgl Veränderungen im Personenstand des Kindes deshalb nicht überprüft werden können (Köln StAZ 2005, 232).

6 **5. Rechtsfolge.** Das **Eheverbot** ist **trennend**, die gleichwohl verbotswidrig geschlossene **Ehe** gem § 1314 I **aufhebbar.**

7 **6. Übergangsrecht.** Ein vor dem 1.7.1998 anhängiges Nichtigkeitsverfahren konnte weitergeführt werden (Art 226 II EGBGB). Ein Aufhebungsantrag nach diesem Datum kann nicht auf das Eheverbot der Schwägerschaft gestützt werden, auch wenn die Ehe zum Zeitpunkt der Geltung des Eheverbots geschlossen worden war.

§ 1308 Annahme als Kind

(1) Eine Ehe soll nicht geschlossen werden zwischen Personen, deren Verwandtschaft im Sinne des § 1307 durch Annahme als Kind begründet worden ist. Dies gilt nicht, wenn das Annahmeverhältnis aufgelöst worden ist.

(2) Das Familiengericht kann auf Antrag von dieser Vorschrift Befreiung erteilen, wenn zwischen dem Antragsteller und seinem künftigen Ehegatten durch die Annahme als Kind eine Verwandtschaft in der Seiten-

linie begründet worden ist. Die Befreiung soll versagt werden, wenn wichtige Gründe der Eingehung der Ehe entgegenstehen.

1. Wirkung der Adoption. Wenn ein Minderjähriger als Kind angenommen wird, erhält er die Stellung eines ehelichen Kindes des oder der Annehmenden (§ 1754). Der angenommene Minderjährige wird folglich mit den Verwandten des oder der Annehmenden ebenfalls verwandt. In diesem durch die Annahme als Kind begründeten Verhältnis soll eine Ehe dann nicht geschlossen werden, wenn die Verwandtschaft den in § 1307 geregelten Beziehungen entspricht. Das Verbot ist sozialpsychologisch begründet und soll die familiäre Rollenverteilung stabilisieren. 1

2. Annahme Volljähriger. Da bei einer **Volljährigenadoption** normalerweise kein Verwandtschaftsverhältnis zu den Verwandten des Annehmenden begründet wird (Ausnahme: § 1772), **greift** auch das **Eheverbot des § 1308 nicht** ein, sodass die Angenommene einen leiblichen Sohn des Annehmenden heiraten kann (AG Bad Hersfeld StAZ 2007, 275). Allerdings erlangt der Volljährige durch die Annahme die rechtl Stellung eines ehelichen Kindes des Annehmenden (§§ 1754, 1767 II), sodass sich das Eheverbot auf den Annehmenden und den Angenommenen und seine Abkömmlinge erstreckt. 2

3. Auflösung der Adoption. Nach Abs I S 2 besteht kein Eheverbot mehr, wenn das Annahmeverhältnis durch Aufhebung aufgelöst wird, was bei der Annahme von Minderjährigen nur unter besonderen Voraussetzungen nach §§ 1760, 1763 erfolgen kann. 3

4. Befreiung. Das **FamG kann** nach Abs II von dem Eheverbot wegen Verwandtschaft in der Seitenlinie **Befreiung erteilen.** Dadurch wird zB eine Ehe zw dem Angenommenen und einem leiblichen Kind des Annehmenden möglich. Die **Befreiung darf** nur **versagt werden**, wenn **wichtige Gründe** der Eingehung der Ehe **entgegenstehen.** Die Befreiung vom Eheverbot ist dabei die Regel, die Versagung die Ausnahme, da sich die moralischen Gründe, die allein dieses Eheverbot tragen, bei künstlicher Verwandtschaft schneller verflüchtigen als bei biologischer (*Gernhuber/Coester-Waltjen* § 10 IV 3). Bei Annahme eines Erwachsenen wird wegen § 1740 ohnehin kein Eheverbot begründet (Naumburg StAZ 2015, 346). 4

Die Entscheidung über das Vorliegen wichtiger Gründe ist keine Ermessensentscheidung, sondern Anwendung eines **unbestimmten Rechtsbegriffs**, an dessen Vorliegen strenge Anforderungen zu stellen sind. Die Versagungsgründe müssen mit Sinn und Zweck des Eheverbots im inneren Zusammenhang stehen; persönliche Eigenschaften oder eine ungünstige Eheprognose reichen nicht als Versagungsgrund (KG FamRZ 1986, 993). Ein zu geringer zeitl Abstand zw Adoption und Eheschließung kann uU einen Versagungsgrund bilden, eventuell iVm einer langen Dauer des Annahmeverhältnisses. 5

5. Zuständigkeit. Für die Befreiung ist das **FamG funktional zuständig**, örtlich dasjenige, in dessen Bezirk einer der Verlobten seinen gewöhnlichen Aufenthalt hat. Es entscheidet der Richter (§ 14 Nr 15 RPflG) im Verfahren der freiwilligen Gerichtsbarkeit (vgl § 198 III FamFG). Gegen die Versagung der Befreiung haben die antragstellenden Verlobten das Recht der Beschwerde (§ 59 II FamFG). Die Befreiung selbst ist unanfechtbar (§ 198 III 1 FamFG), sie kann nur noch bis zur Eheschließung geändert werden (§ 198 III 2 FamFG). 6

6. Rechtsfolge. Das Eheverbot des Abs I ist ein aufschiebendes, eine **gleichwohl geschlossene Ehe ist wirksam und nicht aufhebbar.** Die Ehe zw dem Annehmenden und seinem Adoptivkind geht dem durch die Annahme begründeten Rechtsverhältnis vor; Letzteres wird aufgehoben und bleibt es, auch wenn die Ehe später (aus anderem Grunde) aufgehoben werden sollte. 7

Untertitel 3
Ehefähigkeitszeugnis (§ 1309)

§ 1309 Ehefähigkeitszeugnis für Ausländer

(1) Wer hinsichtlich der Voraussetzungen der Eheschließung vorbehaltlich des Artikels 13 Abs. 2 des Einführungsgesetzes zum Bürgerlichen Gesetzbuche ausländischem Recht unterliegt, soll eine Ehe nicht eingehen, bevor er ein Zeugnis der inneren Behörde seines Heimatstaats darüber beigebracht hat, dass der Eheschließung nach dem Recht dieses Staates kein Ehehindernis entgegensteht. Als Zeugnis der inneren Behörde gilt auch eine Urkunde im Sinne von Artikel 3 Nummer 1 Buchstabe e der Verordnung (EU) 2016/1191 des Europäischen Parlaments und des Rates vom 6. Juli 2016 zur Förderung der Freizügigkeit von Bürgern durch die Vereinfachung der Anforderungen an die Vorlage bestimmter öffentlicher Urkunden innerhalb der Europäischen Union und zur Änderung der Verordnung (EU) Nr. 1024/2012 (ABl. L 200 vom 26.7.2016, S. 1) sowie eine Bescheinigung, die von einer anderen Stelle nach Maßgabe eines mit dem Heimatstaat des Betroffenen geschlossenen Vertrags erteilt ist. Das Zeugnis verliert seine Kraft, wenn die Ehe nicht binnen sechs Monaten seit der Ausstellung geschlossen wird; ist in dem Zeugnis eine kürzere Geltungsdauer angegeben, ist diese maßgebend.

(2) Von dem Erfordernis nach Absatz 1 Satz 1 kann der Präsident des Oberlandesgerichts, in dessen Bezirk das Standesamt, bei dem die Eheschließung angemeldet worden ist, seinen Sitz hat, Befreiung erteilen. Die Befreiung soll nur Staatenlosen mit gewöhnlichem Aufenthalt im Ausland und Angehörigen solcher Staaten erteilt werden, deren Behörden keine Ehefähigkeitszeugnisse im Sinne des Absatzes 1 ausstellen. In beson-

deren Fällen darf sie auch Angehörigen anderer Staaten erteilt werden. Die Befreiung gilt nur für die Dauer von sechs Monaten.

1 **1. Entstehung.** Die ggü dem früheren § 10 EheG leicht geänderte Fassung beruht auf dem RegE. Die Vorschrift hat mit dem EheschlRG einen eigenen Gliederungspunkt erhalten, nachdem sie vorher unter die Eheverbote eingeordnet war, was kritisiert worden war. Systematisch wäre der richtige Standort wohl das PStG (so zu Recht *Hepting* FamRZ 1998, 718).

2 **2. Zweck der Norm.** Da die Eheschließungsvoraussetzungen nur gelten, soweit dt Recht anwendbar ist, soll die Vorschrift für **nicht dem dt Recht unterliegende Personen** sicherstellen, dass ein **Ehehindernis nach dem Heimatrecht** nicht besteht. Insoweit umschreibt Abs I genauer den betroffenen Personenkreis, während seine Vorgängernorm (§ 10 EheG aF) ungenau auf „Ausländer" abstellte; dies war deshalb zu weit, weil bspw für heimatlose Ausländer, ausl Flüchtlinge oder Asylberechtigte die Beibringung eines Ehefähigkeitszeugnisses schon vorher nicht verlangt oder regelmäßig Befreiung erteilt wurde. Nach der Begr des RegE (BT-Drs 13/4898, 16) unterliegt der genannte Personenkreis dt Personalstatut, weshalb sich auch die Ehefähigkeit nach dt Recht bestimmt. Da aber bisher nicht auf das Personalstatut abgestellt wurde, sei die Herleitung des richtigen Ergebnisses bislang aufwendig und problematisch gewesen. Nunmehr ist klargestellt, dass dieser Personenkreis ein Ehefähigkeitszeugnis nicht benötigt.

3 **3. Inhalt.** Die Vorschrift regelt das **Ehefähigkeitszeugnis**, das einem Verlobten bescheinigt, dass für ihn ein heimatrechtl Ehehindernis der konkreten Eheschließung nicht entgegensteht. Verlangt wird dieses Zeugnis von Verlobten, die hinsichtl der Voraussetzung der Eheschließung **ausl Recht unterliegen.** Darin ist **auch das ausl Kollisionsrecht** eingeschlossen, sodass ein Ehefähigkeitszeugnis auch dann erforderlich ist, wenn das ausl Recht auf das dt Sachrecht zurückverweist (*Hepting* FamRZ 1998, 718; *Barth/Wagenitz* FamRZ 1996, 837).

4 Da das Zeugnis dem Anmeldungsbeamten die Prüfung der Ehefähigkeit erleichtern soll, muss es **vor der Eheschließung** vorgelegt werden. Die Beschaffung obliegt grds dem ausl Verlobten. Ist die für ausl Urkunden durchzuführende Legalisierung durch die dt Botschaft in dem betreffenden ausl Staat nachvollziehbar nicht möglich, kann die dt Botschaft im Rahmen der Amtshilfe um Überprüfung der Urkunde durch einen Vertrauensanwalt ersucht werden. Hierfür ist von dem Verlobten ein Kostenvorschuss zu verlangen. Das Zeugnis bindet den Standesbeamten nicht. Er hat bspw trotz Vorliegens eines Zeugnisses von Amts wegen zu berücksichtigen, dass ein Verlobter aufgrund einer in der Familie durchgeführten Eheschließung nach seinem Heimatrecht wirksam verheiratet ist (BayObLG FamRZ 1999, 439 – Zaire). Das Ehefähigkeitszeugnis begründet aber die Vermutung dafür, dass ein Ehehindernis nicht besteht. Hat hingegen das Gericht den Standesbeamten auf dessen Antrag hin (§ 49 II PStG) angewiesen, von seinen Bedenken hinsichtl der Ehefähigkeit (zB wegen Verdachts der Doppelehe) Abstand zu nehmen, so ist dieser Beschl für den Standesbeamten bindend; einem Antrag des Verlobten auf Befreiung vom Erfordernis der Beibringung eines Ehefähigkeitszeugnisses fehlte in einem solchen Fall sogar das Rechtsschutzbedürfnis (Braunschweig StAZ 1996, 85f).

5 **4. Praxis.** Mit der erfolgten Ratifikation (G v 5.6.1997, BGBl II 1997, 1086; s *Hepting* FamRZ 1998, 718) eines von der intern Zivilstandskommission aufgelegten Übk (CIEC) über die Ausstellung von Ehefähigkeitszeugnissen ist der Anwendungsbereich der Norm erweitert: Nunmehr können **konsularische Ehefähigkeitszeugnisse** in größtmöglichem Umfang anerkannt werden, zumal die Zuverlässigkeit gewährleistet erscheint, weil die CIEC-Übk nur von Staaten mit einem hoch entwickelten Personenstandswesen ratifiziert zu werden pflegen (*Barth/Wagenitz* FamRZ 1996, 838).

6 Zu den **Ländern, die Ehefähigkeitszeugnisse ausstellen**, s § 166 IV der Dienstanweisung für Standesbeamte. Sind beide Ehewilligen Staatsangehörige desselben ausl Staates, so ist die Beibringung eines gemeinschaftl Zeugnisses grds als genügend anzusehen (vgl *Marquardt* StAZ 1965, 263).

7 Das Zeugnis **verliert seine Wirkung**, wenn nicht **innerhalb von sechs Monaten** oder einer im Zeugnis bestimmten kürzeren Frist die Ehe geschlossen wird (Abs I S 3).

8 **5. Befreiungsmöglichkeit. a) Zuständigkeit.** Abs II regelt die bisher schon bestehende Möglichkeit, von dem Erfordernis der Beibringung eines Ehefähigkeitszeugnisses eine **Befreiung zu erteilen.** Zuständig ist der OLG-Präsident des Bezirks, in dem die Eheschließung angemeldet wurde. Die Anknüpfung an den Anmeldungsort ist auch systematisch gerechtfertigt, weil die Befreiung Teil des Anmeldeverfahrens und nicht der Eheschließung ist. Der Antrag des ausl Verlobten auf Befreiung ist beim Standesbeamten zu stellen, der die Entscheidung vorbereitet (§ 12 III PStG).

9 **b) Befreiungsberechtigte.** Gem S 2 soll die Befreiung nur **Staatenlosen mit gewöhnlichem Aufenthalt im Ausland** und **Angehörigen solcher Staaten** erteilt werden, **deren Behörden keine Ehefähigkeitszeugnisse iSd Abs I ausstellen.** Früher war – entgegen der gesetzgeberischen Konzeption – die Erteilung eines Ehefähigkeitszeugnisses die Ausnahme, das Befreiungsverfahren aber die Regel. Das lag nicht zuletzt daran, dass das dt Recht zu strenge Kriterien für die Zulässigkeit ausl Zeugnisse aufstellte und auf die tatsächliche Situation im Ausland keine Rücksicht nahm. In besonderen Fällen kann die Befreiung auch anderen als dem genannten Personenkreis gewährt werden (Rn 14). Die Identität des Antragstellers und (ggf) seine Staatsangehörigkeit sind zuvor festzustellen (Rostock FamRZ 2009, 1324).

10 **c) Befreiungsverfahren. In dem Befreiungsverfahren wird geprüft**, ob das Heimatrecht des Verlobten der geplanten Eheschließung entgegensteht (BGHZ 41, 136), auch wenn die gleichwohl geschlossene Ehe gültig wäre

(BGH FamRZ 1971, 366). Dem OLG-Präsidenten steht **kein Ermessen** zu; Befreiung muss erteilt werden, wenn nach den Gesetzen des Heimatlandes und auch nach dt Recht (KG FamRZ 1976, 353; Düsseldorf StAZ 1980, 239) kein Ehehindernis besteht (BGHZ 56, 180) oder wenn das ausl Ehehindernis mit dem dt ordre public (Art 6 EGBGB) nicht zu vereinbaren ist (vgl im Einz *Zimmermann* StAZ 1980, 137; Düsseldorf StAZ 1980, 308). Der Amtsermittlungsgrundsatz gilt zwar grds auch in dieser Frage, ist jedoch eingeschränkt: Es ist nicht Aufgabe der dt Behörden oder Gerichte, durch Nachforschungen im Heimatland des Antragstellers dessen Personenstand zu ermitteln. Insoweit ist er zur Beibringung verpflichtet (§ 12 III PStG, § 1309 II). Zum Umfang der Amtsermittlungspflicht über die tatsächlichen Grundlagen von Ehehindernissen im Ausland vgl Düsseldorf StAZ 1980, 239 m differenzierter Anm *Gottwald*; Düsseldorf 21.9.2017 – I-3 Va 3/16 juris; zur Beweiswürdigung bei ausl Urkunden vgl BayObLG FamRZ 1997, 817f. Von einem dispensablen Eheverbot kann nicht befreit werden (Hamm FamRZ 1969, 336). Dass die Heiratswilligen mit der Eheschließung ausschließlich ehefremde Zwecke verfolgen (Scheinehe), rechtfertigt die Zurückweisung des Antrags auf Befreiung nicht ohne Weiteres (Düsseldorf FamRZ 1996, 1145f; *Gernhuber/Coester-Waltjen* § 11 III 2; aA Hamburg StAZ 1996, 139ff; Celle FamRZ 1998, 1108; Dresden StAZ 2001, 35; KG StAZ 2001, 298; Naumburg StAZ 2003, 112; FamRZ 2008, 276). Diese Frage ist gem § 1310 I 3 Nr 1 der Prüfung des Standesbeamten zugewiesen, während der Präsident des OLG lediglich die formellen Voraussetzungen prüft, nicht aber im Wege einer präventiven Kontrolle die materiellen Voraussetzungen, die erst im Zeitpunkt der Eheschließung vorliegen müssen (Dresden ZAR 2005, 208). Konkrete Anhaltspunkte für eine sog Scheinehe wird in der Praxis ohnehin der Standesbeamte, nicht der OLG-Präsident haben. Sollte letzterer einen entspr Verdacht hegen, hat er dem Standesbeamten Mitteilung zu machen und dessen Entscheidung abzuwarten, nicht aber in der Sache selbst zu entscheiden (wie hier auch *Hepting/Gaaz* § 5a PStG Rn 93; aA Grü/*Siede* Rn 15). Umgekehrt ist der Standesbeamte verpflichtet, den Antrag auf Befreiung dem Präsidenten des OLG vorzulegen, auch wenn er Bedenken gegen die Ehefähigkeit des ausl Verlobten hat. Der Standesbeamte kann seine Bedenken schriftlich festhalten, jedoch ist er nicht befugt, seine Entscheidung an die Stelle derjenigen des OLG-Präsidenten zu setzen (LG Rostock 17.7.2003 – 2 T 345/01). Zweifel an der Identität des Antragstellers gehen zu dessen Lasten (Düsseldorf StAZ 1998, 257f; Rostock FamRZ 2009, 1324). Will ein ausl Verlobter nach einer Geschlechtsumwandlung in Deutschland die Ehe mit einem Angehörigen seines früheren Geschlechts eingehen und wird die Geschlechtsumwandlung nach dem maßgeblichen Heimatrecht nicht anerkannt, kann keine Befreiung erteilt werden, wenn das maßgebliche Heimatrecht die Ehe von Gleichgeschlechtlichen verbietet (Karlsruhe FamRZ 2003, 1663).

6. Ausnahme für gleichgeschlechtliche Paare. Der frühere Abs III machte eine Ausnahme vom Erfordernis des Ehefähigkeitszeugnisses für Personen, die eine gleichgeschlechtliche Ehe eingehen wollen, deren Heimatstaat aber eine solche Ehe nicht vorsieht. Der Gesetzgeber begründete dies mit der Tatsache, dass viele ausländische Rechtsordnungen eine solche Ehe nicht kennen (BT-Drs 18/6665). Da jedoch gem Art 17b IV EGBGB auf eine solche Eheschließung ohnehin dt Recht anzuwenden ist, wurde Abs III wieder gestrichen (BGBl I 2018, 2639). 11

7. Einfluss der Grundrechte. Während die frühere Rspr es ablehnte, auch bei starker Inlandsbeziehung **ausl Normen** an den **Grundrechten** zu messen, hat das BVerfG in der berühmten „Spanier"-Entscheidung (BVerfGE 31, 58, 74f) klargestellt, dass die Vorschriften des IPR und die Anwendung des durch sie berufenen ausl Rechts im Einzelfall mit den Grundrechten im Einklang stehen müssen, wobei allein zu prüfen ist, ob und wieweit das betroffene Grundrecht nach Wortlaut, Sinn und Zweck innerhalb der Bundesrepublik stets Geltung beansprucht oder bei Sachverhalten mit mehr oder weniger starker Auslandsbeziehung eine Differenzierung verlangt. Befreiung sei bspw zu erteilen, wenn das Heimatrecht eine von einem dt Gericht ausgesprochene Scheidung nicht anerkennt, obwohl es sich um eine Ehe zw dt Partnern handelt. Dementspr wurde der notwendige **Inlandsbezug** auch bei einer durch ein dt Gericht geschiedenen Ehe einer Deutschen mit einem Ausländer (Spanier) angenommen, wenn die Ehe in der Bundesrepublik geschlossen worden war, der Ausländer hier ständig lebt und seine (neue) Verlobte ebenfalls Deutsche ist (BGH FamRZ 1972, 360 unter Aufgabe von BGHZ 41, 136; vgl generell *Müller-Freienfels*, FS Kegel, 55 mN). Ein im Heimatrecht begründetes Ehehindernis der Doppelehe sei jedoch zu berücksichtigen, wenn der dt Scheidungsbeschl noch im Heimatstaat anerkannt werden kann (für Italiener: Karlsruhe FamRZ 1972, 507; Hamm StAZ 2003, 169; Köln StAZ 1989, 260) oder eine Scheidung auch noch nach dem Heimatrecht erfolgen kann (Hamm FamRZ 1972, 140, 143). 12

Da die Fälle, in denen das Heimatrecht der Verlobten die Inlandsscheidung nicht anerkennt, durch **Art 13 II EGBGB** seit 1986 von diesem erfasst sind, ist ein Ehefähigkeitszeugnis nicht mehr erforderlich, sodass in diesen Fällen auch das Problem der Befreiung obsolet geworden ist. Überdies hat die sich allg durchsetzende **Tendenz zur Scheidungserleichterung** (oder jedenfalls zur Anerkennung ausl Ehescheidungen) in den meisten Staaten die Probleme wesentlich entschärft. 13

Auch wenn die spezialisierte ordre-public-Klausel des Art 13 II EGBGB einen großen Teil der Sachverhalte erfasst, wird man auch in Zukunft noch **in Einzelfällen auf Art 6 EGBGB** (und in dessen Rahmen auch auf die Werteordnung der Grundrechte) zurückgreifen müssen. So verstößt das Eheverbot der Religionsverschiedenheit, dem schon vom BGH (BGHZ 56, 180, 188) die Anerkennung versagt wurde, so eklatant gegen unsere Wertvorstellungen, dass man die in Art 13 II EGBGB gestellten Anforderungen an den Inlandsbezug noch weiter lockern kann (vgl Hamm FamRZ 1977, 323). Ähnl wird zu gelten haben bei dem ausl Eheverbot der geistigen Verwandtschaft, so zw Patenonkel und Patenkind (Staudinger/*Mankowski* Art 13 EGBGB Rn 392). In allen Fällen ist jedoch der in Art 13 II Nr 2 EGBGB normierte Grundsatz zu beachten, dass den Ehewilligen die zumutbaren Schritte zur Erfüllung der Ehevoraussetzung nach ihrem Heimatland abverlangt werden können (vgl Hamm StAZ 2003, 169 14 für Kosovo). So ist bspw bei dem Eheverbot der höheren Weihen grds eine Befreiung durch den Heiligen Stuhl möglich, die daher zunächst beantragt werden muss (anders Hamm FamRZ 1974, 93 m abl Anm *Brodach/Jayme* FamRZ 1974, 600). Das (türkische) Eheverbot der Schwägerschaft ist grds zu beachten (Stuttgart FamRZ 2000, 821). Das ausl Eheverbot der Gleichgeschlechtlichkeit ist auch dann zu beachten, wenn der Verlobte sich einer Geschlechtsumwandlung unterzogen hat und das ausl Recht diese nicht anerkennt. Eine Befreiung ist dann nicht möglich (Karlsruhe FamRZ 2003, 1663).

15 **8. Unzumutbarkeit.** Ein **besonderer Fall iSd Abs II S 3** liegt dann vor, wenn dem Antragsteller die Einholung des Ehefähigkeitszeugnisses **nicht zuzumuten** ist (Einzelheiten bei *Hepting/Gaaz* Bd 1 § 5a PStG Rn 86ff), etwa wegen Krieges oder Naturkatastrophen im Heimatland, oder weil das Zeugnis ihm aus politischen Gründen oder wegen Nichterfüllung der Wehrpflicht verweigert wird (vgl Köln FamRZ 1969, 335; Hamm NJW 1974, 1626; Oldenburg StAZ 1989, 75). Stellt die Nichtableistung des Wehrdienstes im Heimatland des Verlobten ohnehin kein Ehehindernis dar, darf die Befreiung nicht von der Vorlage einer entspr Bescheinigung der zuständigen Behörde des Heimatstaates abhängig gemacht werden (für Belgien Düsseldorf StAZ 1980, 308). Ein besonderer Fall kann ferner zu bejahen sein, wenn Rechtslage und Verwaltungspraxis hinsichtl des Aufgebotsverfahrens im Herkunftsland des Heiratswilligen sich auf keinem zumutbaren Weg ermitteln lassen (Zweibrücken StAZ 1977, 16f). Eilbedürftigkeit der Eheschließung aus persönlichen Gründen stellt keinen besonderen Fall dar (möglicherweise anders bei Gefahr des Todes eines Verlobten). Die Befreiungsmöglichkeit soll nicht dazu dienen, dem Antragsteller die zur Erlangung des Zeugnisses erforderlichen Formalitäten sowie Zeit und Kosten zu ersparen. Dementspr kommt eine Befreiung nicht in Betracht, solange der Antragsteller um die Anerkennung des seine frühere Ehe auflösenden Urteils im Herkunftsland noch nicht einmal bemüht war (Köln NJW 1990, 644f). Unbegründet ist der Antrag, wenn die Verlobten bereits nach ausl Recht eine registrierte Partnerschaft eingegangen sind und diese in eine Ehe umsetzen könnten (KG FGPrax 2012, 113), allerdings nur, wenn der Aufwand zumutbar ist (BGH FamRZ 2012, 1635).

16 **9. Verfahren.** Die **Befreiung** ist **auf sechs Monate begrenzt** (Abs II S 4), es entscheidet der **OLG-Präsident durch Justizverwaltungsakt** (BGHZ 41, 136; zur Zuständigkeit s Rn 8). Gegen die Ablehnung der Befreiung kann gerichtliche Entscheidung durch das OLG beantragt werden (gem §§ 23ff EGGVG), bei der der OLG-Präsident nicht mitwirken darf (BGH FamRZ 1963, 556; *Habscheid* FamRZ 1964, 1983). Wenn der Antrag auf gerichtliche Entscheidung nach Ansicht des Gerichts ausschließlich ehefremden Zwecken (sog Aufenthaltsehe) dient, so kann er gleichwohl nicht mangels Rechtsschutzbedürfnisses als unzulässig zurückgewiesen werden (aA Jena StAZ 1998, 177ff), da diese Frage nicht Gegenstand des Befreiungsverfahrens ist (Rn 10). Die Erteilung der Befreiung ist nicht anfechtbar.

17 **10. Wirkung.** Die Befreiung enthält zwar die Feststellung der Ehefähigkeit des Antragstellers. Da aber die Befreiung auf die materielle Rechtslage ohne Einfluss ist, kann der Standesbeamte weiterhin Bedenken gegen die Eheschließung geltend machen. Das Vorliegen eines Ehehindernisses ist dann im Verfahren nach § 49 II PStG zu prüfen (BGHZ 46, 87; Bremen MDR 1964, 56; *Göppinger* FamRZ 1965, 12).

18 **11. Ausland.** Soweit **dt Staatsangehörige** zur Eheschließung im Ausland nach Maßgabe des ausl Rechts entspr **Ehefähigkeitszeugnisse** benötigen, regelt sich die Ausstellung durch das Standesamt nach § 39 PStG (zur Eheschließung in Polen AG Flensburg StAZ 1982, 47f; Verweigerung der Ausstellung des Ehefähigkeitszeugnisses zur Eheschließung in Indien bei Verdacht auf Scheinehe: AG Bonn IPRax 1984, 42; zum Prüfungsumfang AG Paderborn StAZ 1986, 45).

Untertitel 4
Eheschließung (§§ 1310–1312)

Vorbemerkung vor § 1310

Schrifttum: S auch Vor § 1303; *Henrich*, Scheinehen im internationalen Privatrecht, FS Rolland, 1999, 167; *Kern-Eimann*, Das neue Bild des EheschlRG, 2003; *Otte*, „Wenn der Schein trügt" – zum zivil-, verfahrens- und kollisionsrechtlichen Umgang mit der sog „Aufenthaltsehe" in Deutschland und Europa, JuS 2000, 148; *Sturm*, Zum neuen § 1310 III BGB, FS Rolland, 1999, 373; *Wagenitz*, Wider die Verantwortungslosigkeit im Eherecht, FS Rolland, 1999, 379.

1 **1. Grundsätze.** Der Untertitel 4 stellt in § 1310 den **Grundsatz der obligatorischen Zivilehe** voran, der in Deutschland seit der Kulturkampfgesetzgebung von 1875 gilt, und regelt in §§ 1311, 1312 die weiteren Formerfordernisse der Eheschließung. Ferner enthält § 1310 I den Grundsatz, dass die Ehe durch den Eheschließungs**konsens** zustande kommt, ein Prinzip, das die katholische Kirche im Mittelalter durchsetzte. Während das protestantische Kirchenrecht mitunter die Ehe durch den – konstitutiven – Akt der Trauungsperson begründete, ebenso § 52 PStG von 1875 als Frucht des sog Kulturkampfes, kehrte das BGB zum Vertragsprinzip zurück (zur Geschichte genauer Staudinger/*Löhnig* § 1310 Rn 12).

2 Gem § 12 PStG ist die beabsichtigte Eheschließung durch die Verlobten beim zuständigen Standesamt **anzumelden**, das **Aufgebotsverfahren** (§ 12 EheG aF, § 5 PStG aF) **ist abgeschafft.** Begründet wurde diese Änderung damit, dass das Aufgebot als nicht mehr zeitgemäß angesehen würde, die Bevölkerung von ihm keine Kenntnis genommen hätte und der Datenschutz gegen den öffentlichen Aushang spreche (RegE BT-Drs 13/4898, 33). Die

Vorschrift des früheren § 13a EheG aF, wonach der Standesbeamte die Verlobten vor der Eheschließung fragen soll, ob sie einen Ehenamen bestimmen wollen, ist in § 14 I PStG enthalten.

2. Anmeldung. Das Anmeldungsverfahren besteht aus einem **Antrag** der Verlobten auf Durchführung der Eheschließung, einer **Prüfung der Voraussetzungen** durch den Standesbeamten (§ 13 I PStG) und einer **Mitteilung** des Standesbeamten an die Antragsteller (§ 13 IV PStG). Die Anmeldung enthält einen Antrag iSd VwVfG, dessen Rücknahme das Verfahren beendet (Frankfurt OLGRp 2006, 199). Ein Widerruf einer solchen Rücknahme ist nicht möglich, vielmehr bedarf es eines neuen Antrags, um das Verfahren weiter zu betreiben. Rein theoretisch kann unmittelbar im Anschluss an die Antragstellung geheiratet werden, ein Anspruch darauf besteht jedoch nicht (*Bornhofen* StAZ 1997, 368); in der Praxis wird wohl die Zeit, die der Standesbeamte für seine Prüfung benötigt, nicht wesentlich kürzer sein als das bisherige Aufgebotsverfahren. Zuständig ist der Standesbeamte am Wohnsitz oder gewöhnlichen Aufenthaltsort der Verlobten. Die Eheschließung selbst kann dann vor einem anderen Standesamt geschehen. Zu den Förmlichkeiten der Eheschließung s § 14 PStG. 3

An die Stelle des **weggefallenen Eheverbots** des **fehlenden Auseinandersetzungszeugnisses** (§ 9 EheG aF) ist eine **Mitteilungspflicht des Standesbeamten** an das FamG (§ 14 III PStG) getreten, um diesem die Wahrnehmung seiner Aufgaben gem § 1493 zu ermöglichen. 4

Die Formvorschriften, an denen sich inhaltlich nichts geändert hat, gelten grds für die im Inland geschlossenen Ehen; eine Ausnahme macht Art 13 IV EGBGB für eine Eheschließung zw Verlobten, von denen keiner Deutscher ist: Diese können vor einer von der Regierung des Staates, dem einer der Verlobten angehört, ermächtigten Person in der nach dem Recht dieses Staates vorgeschriebenen Form heiraten. 5

IÜ ist eine **ohne Mitwirkung eines Standesbeamten** geschlossene Ehe **keine Ehe** im Rechtssinne; sie braucht nicht aufgehoben zu werden, sondern jeder kann sich auf ihre von vornherein fehlende Gültigkeit berufen. Dagegen hat ein Verstoß gegen die in § 1311 aufgestellten zwingenden Formvorschriften lediglich die Aufhebbarkeit der Ehe zur Folge, sodass sie durch gerichtlichen Beschl aufgehoben werden kann, zuvor aber als gültig zu behandeln ist. Auch wird die Fehlerhaftigkeit (nach § 1315 II Nr 2) geheilt, wenn die Ehegatten nach der Eheschließung fünf Jahre oder, falls einer von ihnen vorher verstorben ist, bis zu dessen Tod (jedoch mindestens drei Jahre) als Ehegatten miteinander gelebt haben. § 1310 III normiert eine dem früheren Recht nicht bekannte weiter gehende Heilungsmöglichkeit von Nichtehen. 6

3. Nottrauungen. Zur **Anerkennung von Nottrauungen** während des Zweiten Weltkrieges **und freier Ehen rassisch und politisch Verfolgter** in den 1950er Jahren s 14. Aufl. 7

§ 1310 Zuständigkeit des Standesbeamten, Heilung fehlerhafter Ehen

(1) Die Ehe wird nur dadurch geschlossen, dass die Eheschließenden vor dem Standesbeamten erklären, die Ehe miteinander eingehen zu wollen. Der Standesbeamte darf seine Mitwirkung an der Eheschließung nicht verweigern, wenn die Voraussetzungen der Eheschließung vorliegen. Der Standesbeamte muss seine Mitwirkung verweigern, wenn

1. offenkundig ist, dass die Ehe nach § 1314 Absatz 2 aufhebbar wäre, oder

2. nach Artikel 13 Absatz 3 des Einführungsgesetzes zum Bürgerlichen Gesetzbuche die beabsichtigte Ehe unwirksam wäre oder die Aufhebung der Ehe in Betracht kommt.

(2) Als Standesbeamter gilt auch, wer, ohne Standesbeamter zu sein, das Amt eines Standesbeamten öffentlich ausgeübt und die Ehe in das Eheregister eingetragen hat.

(3) Eine Ehe gilt auch dann als geschlossen, wenn die Ehegatten erklärt haben, die Ehe miteinander eingehen zu wollen, und

1. der Standesbeamte die Ehe in das Eheregister eingetragen hat,

2. der Standesbeamte im Zusammenhang mit der Beurkundung der Geburt eines gemeinsamen Kindes der Ehegatten einen Hinweis auf die Eheschließung in das Geburtenregister eingetragen hat oder

3. der Standesbeamte von den Ehegatten eine familienrechtliche Erklärung, die zu ihrer Wirksamkeit eine bestehende Ehe voraussetzt, entgegengenommen hat und den Ehegatten hierüber eine in Rechtsvorschriften vorgesehene Bescheinigung erteilt worden ist

und die Ehegatten seitdem zehn Jahre oder bis zum Tode eines der Ehegatten, mindestens jedoch fünf Jahre, als Ehegatten miteinander gelebt haben.

1. Erklärung der Verlobten. Abs I S 1 stellt den Grundsatz der obligatorischen Zivilehe auf und ergibt zugleich den Unterschied zw einer Nichtehe und einer aufhebbaren Ehe. Ferner macht der Wortlaut („vor") deutlich, dass die Eheschließung durch die **Erklärungen der beiden Verlobten** zustande kommt. Diese Erklärung ist das wesentliche Element der Eheschließung und bewirkt die rechtl Bindung (BGH FamRZ 1983, 450). Fehlt sie, ist eine Nichtehe gegeben, die auch einer Heilung nicht zugänglich ist. Die Erklärung muss auf eine Eheschließung gerichtet sein, es genügt allerdings, wenn die Beteiligten eine nichtige bzw vermeintlich nichtige Eheschließung bestätigen wollen. Die Willenserklärungen müssen nicht darauf gerichtet sein, eine eheliche Lebensgemeinschaft iSd § 1353 begründen zu wollen (zur Scheinehe § 1314 Rn 11f). 1

2. Standesamt. Die Mitwirkung des Standesbeamten ist für die Ehe existentiell und daher mehr als „nur" ein Formerfordernis. Eine kirchliche Trauung, die nach der Aufhebung des § 67 PStG aF vor oder nach der **standesamtlichen Eheschließung** vorgenommen werden kann, führt auch dann nicht zu einer gültigen Ehe, wenn einer 2 der Verlobten lebensgefährlich erkrankt und ein Aufschub nicht mehr möglich ist (zur Anerkennung der sog „Notklerikalehe" de lege ferenda *Bosch* FamRZ 1982, 872). Der Reformvorschlag, den Eheschließenden eine Auswahlfreiheit zw kirchlicher und ziviler Trauung zuzubilligen (*Bosch/Hegnauer/Hoyer* FamRZ 1997, 1313f), wurde vom Gesetzgeber nicht aufgegriffen.

3 **3. Mitwirkung des Standesbeamten.** Die Eheschließung findet nur dann **vor dem Standesbeamten** statt, wenn dieser bereit ist, die Eheschließungserklärungen entgegenzunehmen. Andernfalls kann durch die Erklärung eine wirksame Ehe nicht zustande kommen, es liegt dann vielmehr eine Nichtehe vor (RGZ 133, 166; 166, 341; Soergel/*Heintzmann* § 11 EheG Rn 3). Es genügt jedoch, wenn die Bereitschaft des Standesbeamten nach seinem äußeren Verhalten von den Beteiligten anzunehmen war. Eine gültige Ehe kommt daher auch zustande, wenn der Standesbeamte nicht erkennbar geschäftsunfähig war, einem Irrtum unterlag oder einen seinem äußeren Verhalten entgegenstehenden inneren Vorbehalt hatte. Zur Diskussion über die Rechtsfolgen bei Volltrunkenheit des Standesbeamten während der Trauung vgl *Meier* StAZ 1985, 272.

4 Zum Standesbeamten darf nur bestellt werden, wer nach Ausbildung und Persönlichkeit die für das Amt erforderliche Eignung besitzt, deren Fehlen die Wirksamkeit der Bestellung allerdings nicht berührt. Bei der Wahrnehmung seiner Aufgaben als Urkundsperson ist er nicht an Weisungen gebunden (§ 2 II PStG). Der Standesbeamte ist nur für einen bestimmten Standesamtsbezirk zuständig und kann außerhalb dieses Bezirks nicht wirksam als solcher tätig werden. Eheschließungserklärungen innerhalb seines Bezirks kann er allerdings auch außerhalb des Standesamtes entgegennehmen, zB bei Erkrankung eines Verlobten auch in einer Privatwohnung.

5 **4. Pflicht zur Trauung.** Abs I S 2 stellt klar, dass dem Standesbeamten **kein Ermessen** zusteht: Er hat an der Eheschließung mitzuwirken, wenn die Voraussetzungen vorliegen. Abs I S 3 Nr 1 untersagt dem Standesbeamten die Mitwirkung für den Fall, dass bei Eheschluss offenkundig ein Aufhebungsgrund iSd § 1314 II vorliegt.

6 Praktisch bedeutsam ist insb der Aufhebungsgrund des § 1314 II Nr 5, der die sog **Scheinehe** regelt (zur Problematik der Definition s § 1314 Rn 11f). Eine Verweigerung der Mitwirkung des Standesbeamten war seit dem verstärkten Aufkommen von Aufenthaltsehen in den 1980er Jahren umstr und wurde von Rspr und Lit überwiegend bejaht (AG Freiburg StAZ 1981, 275; Karlsruhe FamRZ 1982, 1210; BayObLG FamRZ 1985, 475; Frankfurt StAZ 1995, 140), falls die Eheschließung ausschließlich zur Erlangung aufenthaltsrechtl Vorteile missbraucht wurde. Laut Gesetz kommt die Mitwirkungsverweigerung nur in Betracht, wenn das Vorliegen der Voraussetzungen des § 1314 II Nr 5 für den Standesbeamten offenkundig ist. Hinsichtl der **Offenkundigkeit** wird zT auf die Leichtigkeit abgestellt, mit welcher man sich die Gewissheit verschaffen kann; der Standesbeamte dürfe nur solche Beweise sammeln, die „offenkundig", dh leicht zugänglich sind (*Hepting* FamRZ 1998, 721; Grü/*Siede* Rn 8). Nach aA bezieht sich die Offenkundigkeit auf den Grad der Gewissheit, nicht auf die dem zugrunde liegenden Erhebungen (MüKo/*Wellenhofer* Rn 22f; *Wagenitz/Bornhofen* S 106 Rn 120), da anderenfalls § 13 II PStG kaum einen Anwendungsbereich hätte. Das ist überzeugend. Allerdings ist § 13 II PStG restriktiv zu interpretieren; der Standesbeamte darf bei seinen Ermittlungen nicht unzumutbar weit in die Privat- und Intimsphäre der Betroffenen eindringen, sodass er sich letztlich schon aus verfassungsrechtl Gründen auf leicht zugängliche Beweise beschränken muss. Bei Zweifeln an der Ernstlichkeit des Willens zur ehelichen Lebensgemeinschaft kann der Standesbeamte zwar versuchen, sich durch Befragen der Verlobten Klarheit zu verschaffen oder die Beibringung geeigneter Nachw aufgeben (§ 13 II PStG). Notfalls kann er eine eidesstattliche Versicherung verlangen über Tatsachen, die für das Vorliegen oder Nichtvorliegen von Aufhebungsgründen von Bedeutung sind. Fragen nach dem Geschlechtsleben und der Treue, also zum Intimbereich, dürften sich genauso verbieten wie Hausbesuche gegen den Willen der Verlobten. Werden insofern allerdings freiwillig Aussagen seitens der Ehegatten gemacht, wird man sie uU zugunsten der Ehegatten als Indiz werten dürfen, dass eine eheliche Lebensgemeinschaft als Verantwortungsgemeinschaft gewollt ist. Nachforschungen sind allerdings nicht schon aufgrund eines vagen Verdachts zulässig, sondern nur bei konkreten Anhaltspunkten.

6a Konkrete **Anhaltspunkte für eine geplante Scheinehe** sind: mangelnde Verständigungsfähigkeit der Ehegatten, Zahlung eines Geldbetrags für die Eheschließung, der Umstand, dass die Ehegatten sich vor der Eheschließung kaum gesehen haben, weit auseinander liegende Aufenthaltsorte, Zusammenleben eines Partners mit einem weiteren Partner, widersprechende Angaben über Personalien oder Umstände des Kennenlernens, kürzlich vorausgegangene Anmeldung der Eheschließung mit einem anderen Partner etc (Grü/*Siede* Rn 8; für die Aufenthaltsehe: AG Flensburg StAZ 2000, 49f; AG Heilbronn StAZ 2000, 177). Ein einzelner der genannten Umstände genügt nicht, um Offenkundigkeit des fehlenden Willens zur ehelichen Lebensgemeinschaft anzunehmen; entscheidend ist das Gesamtbild (MüKo/*Wellenhofer* Rn 24). Auch allein die Tatsache, dass die Verlobten sich nicht persönlich kennengelernt haben, sondern über andere Kommunikationsformen, genügt als Indiz nicht (KG Berlin StAZ 2012, 370). Danach muss zur Überzeugung des Standesbeamten feststehen, dass die Ehegatten die Verpflichtung zur ehelichen Lebensgemeinschaft nicht erfüllen wollen. Dies wird er nur dann annehmen können, wenn die Ehegatten nach dem Ergebnis seiner Ermittlungen keine Gemeinsamkeiten und näheren Kontakte beabsichtigen außer Eheschließung und -scheidung. In solchen Fällen wird man davon ausgehen können, dass sie eine eheliche Lebensgemeinschaft als Einstands- und Beistandsgemeinschaft nicht anstreben.

7 Hat der Standesbeamte nach Abschluss der Ermittlungen **Zweifel**, ob eine Scheinehe vorliegt, sind die Voraussetzungen des § 1310 I 3 Nr 1 nicht erfüllt, da das Gesetz „Offenkundigkeit" verlangt. Angesichts des hohen Werts der Eheschließungsfreiheit sind zu Recht an eine Weigerung des Standesbeamten hohe Anforderungen gestellt. Bei bloßen Zweifeln wird der Standesbeamte das Paar idR trauen müssen (vgl Düsseldorf FamRZ 2008,

277). Zweifelsvorlagen des Standesbeamten gem § 49 II PStG sind nach hM nicht zulässig, da nur die Offenkundigkeit der beabsichtigten Scheinehe die Ablehnung der Mitwirkung des Standesbeamten fordere, nicht jedoch schon bloße Zweifel (*Hepting* FamRZ 1998, 721; Köln FGPrax 2005, 260; MüKo/*Wellenhofer* Rn 20; Düsseldorf FamRZ 1999, 225; aA Jena FamRZ 2000, 1365, Vorlagebeschl; *Otto* FamRZ 1999, 791; Grü/*Siede* Rn 8). Verweigert der Standesbeamte seine Mitwirkung an einer Eheschließung und rufen die Verlobten das Gericht an, so hat dieses die erforderlichen Tatsachen selbständig zu würdigen und kann sich nicht auf die Überprüfung des Standesbeamten verlassen. IdR ist die Verschaffung eines persönlichen Eindrucks erforderlich (Frankfurt StAZ 2004, 368).

Die Prüfungspflicht des Standesbeamten greift ein, wenn einer der beiden Verlobten Deutscher ist, da dann dt Recht und damit auch § 1310 gilt (s Art 13 I EGBGB). Fraglich ist die Rechtslage, wenn **für keinen der Verlobten dt Recht maßgebend** ist und das Heimatrecht der beiden den Tatbestand der Scheinehe als einen Hinderungsgrund für die Eheschließung nicht kennt. Überlegt wird, ob in diesen Fällen der dt ordre public gleichwohl eine Anwendung des in § 1310 I 3 Nr 1 verwirklichten Gedankens gebietet (*Hepting* FamRZ 1998, 717; *Henrich*, FS Rolland, 172). Erwogen wird eine solche Anwendung allenfalls auf die Aufenthaltsehe, aber nicht für alle von der generalklauselartig formulierten Scheinehenregelung des § 1314 II erfassten Fälle (Bsp: Namensehe, *Henrich*, FS Rolland, 172). Der von *Henrich* angestellte Vergleich der Scheinehe mit der bigamischen Ehe hinkt allerdings, da die Monogamie eines der Grundprinzipien des dt Eheschließungsrechts darstellt, während die Abwehr von Scheinehen durch den Standesbeamten vor der gesetzgeberischen Änderung des Jahres 1998 in Deutschland nicht gesetzl geregelt und ihre Zulässigkeit höchst umstr war (Nachw Erman/*Aderhold*[9] § 13 EheG Rn 2). Bei dem insoweit fehlenden Konsens wird man kaum von einem Grundsatz des ordre public ausgehen können. 7a

Fraglich ist, ob auch bei einem **Verstoß gegen §§ 1303, 1304, 1306, 1307 und 1311** der Standesbeamte seine Mitwirkung verweigern muss (und darf), da § 1310 I 3 Nr 1 nicht auf § 1314 I verweist. Da die Vorschrift erst im Rechtsausschuss geschaffen wurde, ist insoweit ein Redaktionsversehen wahrscheinlich und die Verweisung auch auf § 1314 I auszudehnen (MüKo/*Wellenhofer* Rn 16). 8

5. Eheschließung Minderjähriger. Die neu eingefügte Nr 2 des Abs I verpflichtet den Standesbeamten, die Eheschließung zu verweigern, wenn nach dem neuen Art 13 III EGBGB die beabsichtigte **Ehe eines Minderjährigen** aufhebbar oder unwirksam wäre. Es soll vermieden werden, dass der Standesbeamte an einer nach ausl Recht zulässigen Eheschließung mitwirken muss, obwohl diese nach dt Recht unwirksam oder aufhebbar wäre. Eine nach ausl Recht geschlossene Ehe ist gem § 1303 S 2 unwirksam, wenn einer der Eheschließenden das 16. Lebensjahr noch nicht vollendet hat. Sie ist aufhebbar, wenn ein Ehegatte das 16., aber noch nicht das 18. Lebensjahr vollendet hat. Insoweit gilt der dt Maßstab auch für ausl Ehen, was zT im Hinblick auf Art 6 GG, der ja auch im Ausland geschlossene Ehen schützt (BVerfGE 63, 330f), kritisiert wird (*Coester* FamRZ 2017, 79; *Antomo* ZRP 2017, 81). Anders als bei Nr 1 soll der Standesbeamte seine Mitwirkung bereits verweigern, wenn die Aufhebung „in Betracht kommt". Mit dieser Formulierung wollte der Gesetzgeber zum Ausdruck bringen, dass das Eingreifen der Härteklausel nicht vom Standesbeamten, sondern in einem anschließenden Gerichtsverfahren gem § 49 PStG geprüft wird (BT-Drs 18/12086, 22). Liegt allerdings ein Härtegrund offensichtlich vor, kommt eine Aufhebung auch nicht „in Betracht", sodass der Standesbeamte die Frage schon im Blick haben muss. 9

6. Scheinstandesbeamter. Gem Abs II gilt als Standesbeamter auch, wer, ohne Standesbeamter zu sein, das Amt eines Standesbeamten öffentlich ausgeübt und die Ehe in das Eheregister eingetragen hat (**Schein-Standesbeamter**). Dies kann vorkommen, wenn zB ein Standesbeamter außerhalb seines Bezirks oder vor seiner rechtswirksamen Bestellung bzw nach deren Widerruf tätig wird. Auf den guten Glauben der Verlobten kommt es dabei nicht an. Im Fall des Abs II haben auch der vom Schein-Standesbeamten vorgenommene Eintrag ins Eheregister sowie die Heiratsurkunde volle Beweiskraft (Oldenburg MDR 1962, 482; aA RGRK/*Wüstenberg* § 11 EheG Rn 17). 9a

7. Heilung einer Nichtehe. a) Vorliegen einer Nichtehe. Nach den ersten beiden Absätzen liegt eine Nichtehe danach vor: Wenn die Person, vor der die Erklärungen abgegeben werden, das Amt eines Standesbeamten nicht öffentlich ausübt oder die „Ehe" vor einem Scheinstandesbeamten geschlossen und nicht ins Eheregister eingetragen wird oder der Standesbeamte nicht bereit war, an der Eheschließung mitzuwirken, oder die Eheschließung nicht vor einem (Schein-)Standesbeamten erfolgt ist. Auch die Eheschließung einer nicht 16-jährigen Person stellt eine Nichtehe dar. In der Praxis bestehen solche problematischen Nichtehen vor allem in Fällen mit Auslandsbezug, so wenn die Ehe nach ausl Recht wirksam geschlossen wurde, im Inland aber die Voraussetzungen des Art 13 III EGBGB fehlen. Die Rechtsfolge, dass die Ehewilligen nicht verheiratet sind, kann dann eine Härte darstellen, wenn sich das Vorliegen einer Nichtehe erst nach jahrelangem unbeanstandetem Zusammenleben der vermeintlichen Eheleute herausstellt. Solche sog **hinkenden Ehen** wurden in der Rspr zunächst als Nichtehen angesehen (*Hepting/Dutta* III-199), später dann aber partiell wie Ehen behandelt, so im Rahmen einer Hinterbliebenenrente iSd § 1264 RVO (BVerfGE 62, 323 = BVerfG FamRZ 1983, 251 m Anm *Bosch*) oder bei einem Eintrag im Sterbebuch hinsichtl des Zusatzes, ob der Verstorbene verheiratet war (Köln FamRZ 1994, 891). Darüber hinaus hatte die Rspr mitunter die Berufung auf das Vorliegen einer Nichtehe versagt, wenn die jahrelang gelebte Ehe von den Behörden nicht beanstandet worden war (Stuttgart FamRZ 1963, 39; Hamburg FamRZ 1981, 356). Diese Entscheidungen brachten jedoch keine statusrechtl Heilung. 10

b) Statusrechtliche Heilung, Abs III. Für einen Teil dieser Fälle möchte **§ 1310 III** Abhilfe schaffen, der eine statusrechtl **Heilung fehlerhafter Ehen** regelt (Begr des RegE, BT-Drs 13/4898, 17). So gilt eine Ehe auch dann als geschlossen, wenn zu der Erklärung der Heiratswilligen, die Ehe eingehen zu wollen, hinzukommt: 11

- die Eintragung der Ehe durch den Standesbeamten in das Eheregister (zB nach Heirat vor einem dt Konsul im Ausland) oder
- die Eintragung eines Hinweises auf die Eheschließung durch den Standesbeamten in das Geburtenregister (im Zusammenhang mit der Geburt eines gemeinsamen Kindes der Ehegatten, s § 21 III Nr 2 PStG – vgl *Hepting/Dutta* III-213f; AG Mainz FamRZ 2003, 600) oder
- die Ausstellung einer in Rechtsvorschriften vorgesehenen Bescheinigung über eine familienrechtl Erklärung, die die „Ehegatten“ dem Standesbeamten ggü abgegeben haben und die eine wirksame Ehe voraussetzt. Eine solche Erklärung kann bspw eine nachträgl Ehenamensbestimmung sein oder die Hinzufügung eines Begleitnamens (§ 1355), die der Standesbeamte den Ehegatten gem § 46 PStV bescheinigt, des Weiteren eine Erklärung über den Kindesnamen.

11a In allen drei Fällen müssen die Ehegatten zehn Jahre oder, wenn einer bereits verstorben ist, bis zu dessen Tod mindestens fünf Jahre **als Ehegatten miteinander gelebt** haben. Bei der Frage, ob das Paar „als Ehegatten miteinander gelebt hat“, kommt es nicht auf die Kenntnis oder die Gutgläubigkeit in Bezug auf den Mangel der Eheschließung an (Grü/*Siede* Rn 13; MüKo/*Wellenhofer* Rn 33). Entscheidend ist der durch das Zusammenleben iSd § 1567 zum Ausdruck gebrachte Wille zur ehelichen Lebensgemeinschaft. Als Anzeichen dafür, dass die Ehegatten nun doch eine Lebensgemeinschaft in Form einer Verantwortungsgemeinschaft aufgenommen haben, wird man schon genügen lassen müssen, dass sich ein Ehepartner im Einverständnis mit dem anderen intensiv um ihn kümmert, auch wenn er nicht in der gleichen Wohnung wohnt (BGH FamRZ 2002, 318). Erst recht reichen ein gemeinsamer Haushalt oder eine sonstige gemeinsame Lebensführung, die auf gegenseitige, einverständliche, nicht nur punktuelle Fürsorge, Hilfe, Rücksichtnahme und Beistand schließen lässt. Allein die Tatsache gemeinsamer Namensführung der Ehegatten genügt nicht. Obwohl es nicht ausdrückl geregelt ist, hat die Heilung Rückwirkung, da anderenfalls ihr Sinn nicht verwirklicht würde. Die Heilungsmöglichkeiten sind abschließend (BGH NJW-RR 2003, 850), sodass ohne die qualifizierte Mitwirkung eines Standesbeamten eine Heilung nicht in Betracht kommt. Das bloße mehrjährige Zusammenleben der Ehegatten genügt nicht, da die Interessen der Ehegatten an einer Heilung durch reinen Zeitablauf ggü den Interessen des Staates am Grundsatz der obligatorischen Zivilehe zurücktreten müssen (BGH NJW-RR 2003, 850).

12 **c) Kritik.** Die gesetzgeberische Intention des Abs III wird begrüßt, geht aber einigen Autoren nicht weit genug (*Bosch* FamRZ 1997, 139; *Hepting* StAZ 1996, 261f). Mit der kumulativen Voraussetzung eines vom Standesbeamten gesetzten Rechtsscheins zusätzl zu einer als Ehe langjährig gelebten Lebensgemeinschaft (krit zur 10-Jahres-Frist *Sturm*, FS Rolland, 378) wird nur ein Teil der hinkenden Ehen erfasst (s *Hepting/Dutta* III-210; vgl *Ann* FamRZ 1994, 135 über die in der Nachkriegszeit geschlossenen Nichtehen mit Hinweis auf die infolge der Altersstruktur der Betroffenen zu erwartenden Todesfälle und die daraus resultierenden Probleme). Der Vorwurf, die standesamtliche Form werde überbewertet (*Hepting* StAZ 1996, 262; krit auch *Sturm*, FS Rolland, 378), ist insoweit berechtigt, als die fehlende Mitwirkung des Standesbeamten schwerer heilbar ist als die fehlende persönliche Mitwirkung eines der beiden Ehegatten (für eine stärkere Berücksichtigung der „gutgläubig gelebten Ehe“ auch *Coester* StAZ 1988, 128f).

13 **d) Zulässigkeit von Ausnahmen bei einzelnen Rechtsfolgen.** Abs III regelt allein die statusrechtl Heilung, sodass sich die Frage stellt, ob die Gerichte in Zukunft weiterhin einzelne, eigentlich nur für die Ehe vorgesehene Rechtsfolgen auch an eine (schützenswerte) Nichtehe knüpfen können (*Barth/Wagenitz* FamRZ 1996, 844; nunmehr anders *Wagenitz/Bornhofen*, Abschnitt 4 Rn 45, weil die Neuregelung abschließend gedacht sei). Da Art 6 I GG in der Auslegung des BVerfG (FamRZ 1981, 253) weiter greift als die in § 1310 III geregelten Fälle, wird man die BGB-Norm verfassungskonform auslegen müssen: Abschließend ist sie nur hinsichtl einer statusrechtl Heilung, iÜ aber nicht.

14 **8. Gleichgeschlechtliche Ehe.** Die Tatsache, dass die Eheschließenden **verschiedenen Geschlechts** sein müssen, ist vom Gesetzgeber zwar ursprünglich als selbstverständlich vorausgesetzt (zur verfassungsrechtl Problematik BVerfG NJW 1993, 3058), durch G v 17.7.2017 aber aufgegeben worden. Nicht heiraten können nach wie vor intersexuelle Menschen, was verfassungsrechtl problematisch ist (Staudinger/*Löhnig* Rn 19).

15 Für **Transsexuelle** gilt das am 1.1.1981 in Kraft getretene Transsexuellen-Gesetz (BGBl I 1980, 1654). Gem § 10 TSG richten sich die Rechte und Pflichten des Transsexuellen ab Rechtskraft der Entscheidung, dass er dem anderen Geschlecht angehöre, nach diesem neuen Geschlecht, sodass er einen Angehörigen seines früheren Geschlechts heiraten kann. Für den Standesbeamten ist die personenstandsrechtl Geschlechtszuweisung maßgeblich (Staudinger/*Löhnig* Rn 19). Die gerichtliche Feststellung der anderen Geschlechtszugehörigkeit ist seit der Änderung des § 8 TSG durch Gesetz v 17.7.2009 (die Altregelung des § 8 I Nr 2 TSG wurde vom BVerfG wegen Verstoßes gegen Art 6 I GG für nicht annehmbar erklärt, BVerfG NJW 2008, 3117) nunmehr auch dann möglich, wenn der Transsexuelle nicht verheiratet ist. Da das 40 Jahre alte und verfassungsrechtl durchlöcherte TSG als überholt angesehen wird, soll es durch ein geplantes Selbstbestimmungsgesetz (Entwurf SBGG v 9.5.2023) ersetzt werden.

§ 1311 Persönliche Erklärung

Die Eheschließenden müssen die Erklärungen nach § 1310 Abs. 1 persönlich und bei gleichzeitiger Anwesenheit abgeben. Die Erklärungen können nicht unter einer Bedingung oder Zeitbestimmung abgegeben werden.

1. Entstehung. Die Vorschrift entspricht inhaltlich dem früheren § 13 EheG aF in einer sprachlich leicht modifizierten Fassung, die dem Entwurf der BReg entstammt. 1

2. Form. § 1311 regelt die zwingenden **Formerfordernisse des Eheschließungsaktes** vor einem zur Entgegennahme der Eheschließungserklärungen bereiten Standesbeamten. Fehlt es an dessen Bereitschaft, kommt eine Ehe überhaupt nicht zustande (s § 1310 Rn 3). Dagegen hat ein Verstoß gegen die Formerfordernisse des § 1311 die Aufhebbarkeit der Ehe gem § 1314 zur Folge, die Ehe wird somit bis zur Rechtskraft der gerichtlichen Entscheidung als gültig behandelt. 2

3. Anwesenheit. Beide Eheschließenden müssen vor dem Standesbeamten persönlich und bei gleichzeitiger Anwesenheit die **Erklärung** abgeben, **die Ehe** miteinander **eingehen zu wollen.** Während § 13 EheG aF die Personen als „Verlobte" bezeichnet hat, spricht § 1311 neutraler von „Eheschließenden". Damit wird zum Ausdruck gebracht, dass ein gültiges Verlöbnis nicht Voraussetzung der Eheschließung ist. Gleichwohl werden die Heiratswilligen vorher ihre Heiratsabsicht einander mitgeteilt haben, sodass materiellrechtl ein Verlöbnis vorliegt. Für die Erklärung nach S 1 ist eine Form nicht vorgeschrieben, die Erklärungen können auch schriftlich oder durch konkludente Handlungen, zB durch Kopfnicken, abgegeben werden. Versteht ein Eheschließender die dt Sprache nicht, so ist ein Dolmetscher zuzuziehen, sofern nicht der Standesbeamte die fremde Sprache versteht. Das Gleiche gilt, wenn ein Eheschließender stumm, am Sprechen gehindert oder taub und auch eine schriftliche Verständigung nicht möglich ist (§ 3 PStV). Die Erklärungen gelten so, wie sie abgegeben werden und aus der Sicht des jew anderen Eheschließenden – nicht des Standesbeamten – verstanden werden müssen. Mangel der Ernstlichkeit, Scheinerklärungen oder geheimer Vorbehalt (§§ 116–118) beeinträchtigen die Gültigkeit der Eheschließung nicht (RGZ 171, 79), soweit der andere Ehegatte dies nicht erkennt (Staudinger/*Löhnig* Rn 12; RGRK/*Lohmann* Rn 9). Die Erklärungen stellen einen familienrechtl Vertrag dar; die Willenserklärungen müssen nicht auf die einzelnen gesetzl Rechtsfolgen der Ehe gerichtet sein. 3

4. Persönliche Abgabe der Erklärung. Die Erklärungen müssen von den Eheschließenden **persönlich** abgegeben werden. Eine Vertretung ist weder im Willen noch in der Erklärung zulässig. Werden die Erklärungen von den Eheschließenden versehentlich oder bewusst unter falschem Namen abgegeben, so etwa auch bei Auftreten eines Zwillings unter dem Namen des anderen, hindert dies das Zustandekommen der Ehe zw den tatsächlich Erschienenen nicht, da es auf die Person des Anwesenden und nicht auf seinen Namen als Individualisierungsmerkmal ankommt. Irrtum oder Täuschung eines Eheschließenden über Namen oder Person des anderen können aber zur Eheaufhebung nach § 1314 II Nr 3 berechtigen. Bei einer sowohl dem anderen Partner als auch dem Standesbeamten bekannten offenen Stellvertretung muss der Standesbeamte die Eheschließung ablehnen; tut er das nicht, kommt eine aufhebbare Ehe zw den Vertretenen zustande, da der Verstoß gegen § 1311 in § 1314 I besonders erfasst worden ist (Staudinger/*Löhnig* Rn 14; MüKo/*Wellenhofer* Rn 3). Bei einer verdeckten Stellvertretung ist zu unterscheiden: Bleibt dem anderen Ehegatten verborgen, dass sein Gatte für einen anderen handeln möchte, ist dieser geheime Vorbehalt unbeachtlich und eine wirksame Ehe der Anwesenden geschlossen (Staudinger/*Löhnig* Rn 17); den Gatten bleibt nur die Scheidung. Wissen beide um die Vertretung, kommt eine (aufhebbare) Ehe mit dem Vertretenen zustande. Zur Eheschließungsform der sog Handschuhehe s *Jacobs* StAZ 1992, 5ff. Die **Gleichzeitigkeit** fehlt, wenn die Erklärungen unmittelbar nacheinander, aber jew in Abwesenheit des anderen abgegeben werden. 4

5. Keine Ferntrauung. Die Kriegsgesetzgebung hatte in bestimmten Fällen auch Eheschließungen in Abwesenheit eines Teils durch sog **Ferntrauung** zugelassen; so konnten Wehrmachtsangehörige, die am Krieg oder einem ähnl Einsatz teilnahmen, ihren Willen, die Ehe einzugehen, zur Niederschrift des Bataillonskommandeurs erklären; die Ehe kam zustande, wenn die Frau innerhalb von sechs Monaten ihren Ehewillen erklärte (zu den Einzelheiten s Erman/*Aderhold*[9] § 13 EheG Rn 4), der Gesetzgeber des EheSchlRG hat sich mit dieser Frage nicht befasst (krit *Bosch* FamRZ 1997, 68). Ferntrauungen sind somit seit dem (Wieder-)Inkrafttreten des EheG aF am 1.3.1946 grds nicht mehr zulässig (für das Gebiet der britischen Zone noch bis zum 31.1.1949). Die Gültigkeit der vor den genannten Zeitpunkten durch Ferntrauung geschlossenen Ehen bleibt unberührt (KG FamRZ 1957, 52). Eine im Rahmen einer Videokonferenz geschlossene Ehe ist in Deutschland unwirksam (VG Düsseldorf FamRZ 2022, 681). 5

6. Bedingungs-, Befristungsfeindlichkeit. Bedingungsfeindlichkeit, Die Erklärungen der Eheschließenden müssen **unbedingt** (zum Begriff der Bedingung iSd S 2 vgl *Schwab* FamRZ 1965, 486) und **unbefristet** abgegeben werden; bedingte oder befristete Erklärungen führen zur Aufhebbarkeit der Ehe gem § 1314 I. Bedingungen oder Befristungen, die dem Standesbeamten nicht bekannt sind, sind allerdings unbeachtlich (BayObLG FamRZ 1982, 605). 6

§ 1312 Trauung

Der Standesbeamte soll bei der Eheschließung die Eheschließenden einzeln befragen, ob sie die Ehe miteinander eingehen wollen, und, nachdem die Eheschließenden diese Frage bejaht haben, aussprechen, dass sie nunmehr kraft Gesetzes rechtmäßig verbundene Eheleute sind. Die Eheschließung kann in Gegenwart von einem oder zwei Zeugen erfolgen, sofern die Eheschließenden dies wünschen.

1. Inhalt. Die Vorschrift regelt die nicht zwingenden Formerfordernisse der Eheschließung. Abs II aF ist durch das PStRG v 19.2.2007 (BGBl I 2007, 122) gestrichen worden. 1

2 **2. Standesbeamter.** Verzichtet wurde auf die früher enthaltene ausdrückl Anweisung an den Standesbeamten, die Verlobten „nacheinander" zu befragen, da der Standesbeamte die Eheschließenden zwangsläufig nacheinander ansprechen müsse, wenn er sie „einzeln" zu befragen habe (RegE BT-Drs 13/4898, 17). Überdies wird nicht mehr „im Namen des Rechts" ausgesprochen, dass die Eheschließenden nunmehr rechtmäßig verbundene Eheleute seien, sondern „kraft Gesetzes". Der Ausspruch des Standesbeamten nach Abgabe der Eheschließungserklärungen, dass die Verlobten nunmehr kraft Gesetzes rechtmäßig verbundene Eheleute seien, ist eine bloße Ordnungsvorschrift, dessen Fehlen den Bestand der Ehe nicht in Frage stellt; Gleiches gilt ungeachtet der Streichung von Abs II aF mWv 1.1.2009 für die Eintragung der Eheschließung in das Eheregister (die Aufhebung erfolgte, um Doppelregelungen zu vermeiden, RegE BT-Drs 16/1831, 57; s auch § 15 PStG); die Eintragung hat für die Gültigkeit der Ehe allerdings Bedeutung im Falle des § 1310 III (s § 1310 Rn 11).

3 **3. Zeugen.** Die Gegenwart **zweier Zeugen** bei der Trauung ist durch das EheschlRG auf Vorschlag des BR hin zu einer Kann-Vorschrift abgemildert worden, obwohl die BReg an der Soll-Vorschrift festhalten wollte, weil die Anwesenheit zweier Zeugen die Feierlichkeit der Eheschließung und das Bewusstsein ihrer Bedeutung fördere (Gegenäußerung der BReg, BT-Drs 13/4898, 34). Letztlich hat sich der Rechtsausschuss jedoch für die Fassung des BR entschieden. Nach wie vor können somit Zeugen bei der Trauung mitwirken, Verwandtschaft oder Schwägerschaft mit den Verlobten oder dem Standesbeamten hindert nicht. Minderjährige sollten als Trauzeugen nicht mitwirken (*Hochwald* StAZ 2010, 377; anders MüKo/*Wellenhofer* Rn 2), da sie die Urkunde zu unterschreiben haben (§ 14 III PStG). Das Gleiche hat für Geschäftsunfähige zu gelten, nicht dagegen für Personen, die unter Betreuung stehen.

4 **4. Ort.** Die Eheschließung soll nach § 14 II PStG in einer der Bedeutung der Ehe entspr würdigen und feierlichen Weise vorgenommen werden. Sie erfolgt daher regelmäßig im Amtsraum des Standesbeamten, kann aber, etwa bei Krankheit eines Eheschließenden, auch bspw in dessen Wohnung stattfinden. Auch der Zeitpunkt der Eheschließung steht im Ermessen des Standesbeamten, sie muss nicht während der Dienstzeit erfolgen (vgl *Möhlmann* StAZ 1997, 184). Im Falle einer lebensgefährdenden Erkrankung eines Eheschließenden hat der Standesbeamte die Trauung unverzüglich zu vollziehen (Nürnberg FamRZ 1988, 1047).

Titel 3
Aufhebung der Ehe (§§ 1313–1318)

Vorbemerkung vor § 1313

Schrifttum: *Knaak*, Die Eheaufhebungsregelung und das Eheschließungsreformgesetz vom 4.5.1998, 2000; *Peter*, Ausgewählte Probleme des neuen Eheschließungsrechts – Aufhebung und Nichtigkeit fehlerhafter Ehen, Bigamisches Ehe- und Erbrecht, Schwägerschaft, Heilung formfehlerhaft geschlossener Ehen, 2001; *Tinnefeld*, Über den Bedeutungsverlust anfänglicher Ehemängel, 2007.

1 **1. Geschichte, Grundsätze.** Mit der Reform von 1998 wurde eine Zweispurigkeit beseitigt, die bereits seit 1900 bestanden hatte: Das BGB von 1896 kannte neben der Nichtigkeit die im Wesentlichen auf Willensmängeln beruhende Anfechtbarkeit der Ehe. Der Gesetzgeber des EheG von 1938 sah dagegen bei den nach seiner Ideologie weniger zu berücksichtigenden individuellen Willensmängeln nur noch eine Auflösung für die Zukunft vor und benannte daher die Anfechtbarkeit in Aufhebbarkeit um. Die Eherechtsreform beließ es grds bei diesem System der Nichtigkeit bei Verletzung öffentlicher Interessen und der Aufhebbarkeit bei Verletzung privater, schaffte aber die als Verschulden fingierte Kenntnis der Nichtigkeits- oder Aufhebungsgründe als Anknüpfungspunkt für die Scheidungsfolgen ab.

2 Der Gesetzgeber des Jahres 1998 hat sich letztlich dafür entschieden, eine fehlerhaft geschlossene Ehe nur noch mit Wirkung für die Zukunft aufzulösen und diese Auflösung als Aufhebung zu bezeichnen. Der Kritik an der schon zuvor erfolgten Angleichung (so *Beitzke* FamRZ 1981, 1122; *Muscheler* JZ 1997, 1142, 1148f), weil diese eine undifferenzierte und für den gutgläubigen Ehegatten nicht zu rechtfertigende Pauschalisierung bedeute, wurde im Gesetzgebungsverfahren auf Vorschlag des BR eingeschränkt Rechnung getragen (dazu § 1318 Rn 2, 3).

3 Von der aufhebbaren Ehe zu unterscheiden ist die **Nichtehe**, die bei einem Verstoß gegen die in § 1310 genannten Essentialia vorliegt: Das sind die Eheschließung ohne jeglichen oder ohne einen mitwirkungsbereiten Standesbeamten, die Eheschließung einer unter 16 Jahre alten Person sowie das Fehlen einer oder beider Eheschließungserklärungen. Eine solche Nichtehe entfaltet keine rechtl Wirkungen, sie braucht nicht aufgehoben zu werden, eine Bestätigung gem § 1315 ist nicht möglich, allenfalls eine Heilung gem § 1310 III (unter den dort genannten Voraussetzungen, s § 1310 Rn 11). Wegen dieses grds Unterschieds zw einer Nichtehe und einer aufhebbaren Ehe ist beim Fall der **Bewusstlosigkeit** zu unterscheiden: Obwohl dieser Fall als Aufhebungsgrund in § 1314 II 1 geregelt ist, liegt gleichwohl dann eine Nichtehe vor, wenn der bewusstlose Ehegatte die Eheschließungserklärung nicht abgegeben hat. Da im Normalfall Bewusstlose keine Erklärungen abgeben werden, ist die gesetzgeberische Einordnung als Aufhebungsgrund zumindest irreführend.

2. Verfahren. Die Fehlerfolgen treten nur aufgrund eines gerichtlichen Beschl ein. Die Klagebefugnis, die früher auch dem Staatsanwalt zustand, wurde durch ein **Antragsrecht** ersetzt, das den **Ehegatten** zusteht, während an die Stelle der Staatsanwaltschaft eine von den Landesregierungen zu bestimmende **Verwaltungsbehörde** getreten ist. 4

3. Aufhebungsgründe. Die **Aufhebungsgründe** sind in § 1314 **erschöpfend** aufgezählt, eine Analogie ist ebenso wenig zulässig wie ein Rückgriff auf die allg Regeln (§§ 119ff). § 1319 I enthält keinen selbständigen Aufhebungsgrund, sondern modifiziert den Aufhebungsgrund der Doppelehe (§ 1314 I, § 1306). Nicht übernommen wurden die Aufhebungsgründe eines Irrtums über die Person und über die wesentlichen Eigenschaften des Ehepartners (§ 31 I 2, § 32 I EheG aF). Der Gesetzgeber glaubte, solche Konstellationen, die schwer zu bewerten gewesen seien, auf das Scheidungsrecht verweisen zu können (BT-Drs 13/4898, 19). Neu aufgenommen wurde 1998 der Aufhebungsgrund einer Eheschließung, bei der beide Partner sich einig waren, eine eheliche Lebensgemeinschaft nicht begründen zu wollen (§ 1314 II Nr 5). 5

Solange ein Aufhebungsgrund vorliegt, stellt das Verlangen des anderen Ehegatten, die eheliche Gemeinschaft fortzusetzen, einen Rechtsmissbrauch iSd § 1353 II dar (Nürnberg FamRZ 1966, 104). 5a

4. Ausnahmen. Die gesetzl Regelung, wonach das Aufhebungsrecht entfällt, wenn es mit Rücksicht auf die bisherige Gestaltung des ehelichen Lebens als sittlich nicht gerechtfertigt scheint (§ 32 EheG aF), ist 1998 nicht übernommen worden. Nicht aufgehoben werden kann eine Ehe, die bereits durch den Tod eines Ehegatten aufgelöst ist oder durch eine Wiederverehelichung nach Todeserklärung. Die früher str Frage, ob eine geschiedene Ehe aufgehoben werden kann, ist vom BGH verneint (FamRZ 1996, 1209) und im EheschlRG entspr gesetzl geregelt worden (§ 1317 III). 6

5. Verhältnis zur Scheidung. Aufhebung und Scheidung führen jew zur Auflösung der Ehe ex nunc, die Scheidung jedoch aus Gründen, die nach Eheschluss eingetreten sind, die Aufhebung hingegen aus Gründen, die bereits bei Eheschluss vorlagen. Hinsichtl der Rechtsfolgen geht die Aufhebung der Scheidung vor. 7

6. IPR. Weil es sich um zeitl bereits bei Eheschluss vorliegende Mängel handelt, kommt Art 13 EGBGB und nicht Art 17 EGBGB zum Zuge (vgl *Finger* NJW 1981, 1536). 8

7. Rechtsfolgen. Die **Folgen einer Eheaufhebung** sind in § 1318 leider nur unzureichend geregelt. Die aufgehobene Ehe wird regelmäßig wie eine geschiedene Ehe behandelt, während die nur aufhebbare Ehe wirksam ist: Wirkungen, die auch eine Scheidung überdauern, wie bspw die der Abstammung und des Sorgerechts, bleiben auch dann bestehen, wenn die Ehe später aufgehoben wird. Wird ein Kind nach Stellung des Aufhebungsantrags geboren und erkennt ein Dritter die Vaterschaft an, ist fraglich, ob die Vaterschaftsvermutung eingreift oder § 1599 II analog gilt (so LG Hagen FamRZ 2005, 1191). Für eine Analogie spricht zwar, dass die Aufhebungsgründe ein stärkeres Gewicht haben als der Scheidungsgrund. Andererseits beruht § 1599 II auch auf der Überlegung, dass der Ehescheidung regelmäßig ein Trennungsjahr vorausgeht. Dieses fehlt bei der Eheaufhebung, sodass die für eine Analogie notwendige Vergleichbarkeit nicht gegeben ist. Das gesetzl Erbrecht des Ehegatten entfällt mit der Aufhebung (s § 1318 Rn 9); die Wirkungen hinsichtl des Unterhaltsrechts sind unklar normiert (s § 1318 Rn 3), hinsichtl des Namensrechts fehlt eine Regelung (§ 1318 Rn 12). 9

§ 1313 Aufhebung durch richterliche Entscheidung

Eine Ehe kann nur durch richterliche Entscheidung auf Antrag aufgehoben werden. Die Ehe ist mit der Rechtskraft der Entscheidung aufgelöst. Die Voraussetzungen, unter denen die Aufhebung begehrt werden kann, ergeben sich aus den folgenden Vorschriften.

1. Grundsätze. Sachlich entspricht die Norm den früheren §§ 28, 29 EheG aF. Die Vorschrift regelt den Grundsatz, dass die Aufhebung der Ehe nur durch eine richterliche Entscheidung möglich ist und lediglich für die Zukunft wirkt. Sie macht überdies deutlich (S 3), dass die Eheaufhebungsgründe abschließend im Eherecht geregelt sind und insoweit ein Rückgriff auf die allg Vorschriften über die Wirksamkeit von Rechtsgeschäften nicht möglich ist. Die Aufhebungsgründe sind in § 1314 enumerativ geregelt, die Folgen in § 1318. 1

2. Verfahren. Das **Aufhebungsverfahren** ist ein **Eheverfahren** gem §§ 121ff FamFG. Es wird durch einen Antrag eingeleitet, der den Aufhebungsgrund benennen soll (§ 23 FamFG). Bis zum Schluss der mündlichen Verhandlung, auf die der Beschl (§ 116 FamFG) ergeht, können andere Gründe als die in dem das Verfahren einleitenden Schriftsatz vorgebrachten geltend gemacht werden. Das gilt auch für die Beschwerdeinstanz. Eine zeitl Grenze setzt § 115 FamFG, der die Zurückweisung verspäteten Vorbringens möglich macht. Stirbt ein Ehegatte vor Rechtskraft des Beschl, so ist der Rechtsstreit als in der Hauptsache erledigt anzusehen. Wegen der Kosten kann er fortgesetzt werden. Die Aufhebung wirkt für und gegen alle; sie löst mit Rechtskraft die Ehe für die Zukunft auf. Bis zur Rechtskraft ist die Ehe als gültig anzusehen. Verfahrenskostenhilfe ist (wegen Mutwilligkeit – § 113 FamFG, § 114 ZPO) zu versagen, wenn der Antragsteller die Aufhebbarkeit der Ehe bei Eheschließung kannte und mit einer Aufhebung rechnen musste (BGH NJW 2005, 2781; Koblenz FamRZ 2004, 548). 2

Ein Verhandlungs- oder Entscheidungsverbund gilt für das Aufhebungsverfahren nicht. Doch kann ein Antrag auf Aufhebung zusätzl zum Scheidungsantrag gestellt und auch eine aufhebbare Ehe geschieden werden (Naumburg FamRZ 2004, 548). Der Streitgegenstand richtet sich im Aufhebungsverfahren nach der Aufhebungsreife der Ehe im Ganzen, beim Scheidungsbegehren nach der Scheidungsreife der Ehe im Ganzen, gleichgültig, ob 3 mehrere Aufhebungsgründe vorgebracht werden, die unter verschiedenen Paragraphen geregelt sind, oder ob das Scheitern der Ehe auf mehrere Tatbestände gestützt wird, da es nur noch einen Scheidungsgrund, nämlich den des Scheiterns der Ehe gibt.

4 **3. Mehrere Gründe.** Treffen **mehrere Aufhebungsgründe** zusammen, kann der Antragsteller bestimmen, in welcher Reihenfolge über sie zu befinden ist. Beim Zusammentreffen von Aufhebungsgründen und Scheidungsgrund handelt es sich nicht um eine Häufung von Aufhebungs- und Scheidungsbegehren, da alle Gründe auf dasselbe Ziel, nämlich die Auflösung der Ehe, gerichtet sind. Eine Abweisung des Begehrens erübrigt sich folgerichtig insoweit, als von den vorgebrachten Auflösungsgründen einer durchgreift. Macht der die Auflösung der Ehe Begehrende Aufhebungsgründe und Scheidungsgrund gestaffelt geltend (also den einen Grund in erster Linie, den anderen nur hilfsweise), ist er beschwert, wenn sich das Gericht nicht an die von ihm vorgeschriebene Reihenfolge hält. Werden dagegen Aufhebungs- und Scheidungsgründe gleichzeitig nebeneinander geltend gemacht, ergeht der Beschl, sobald ein Aufhebungs- oder der Scheidungsgrund erwiesen ist. Greifen Aufhebungs- und Scheidungsgrund durch, so ist die Ehe aufzuheben. Die Entscheidungsgründe müssen deutlich machen, dass sowohl das Aufhebungs- als auch das Scheidungsbegehren begründet sind.

5 Macht der die Auflösung der Ehe Begehrende Aufhebungs- oder Scheidungsgründe oder beides geltend und erhebt demggü der Antragsgegner einen auf Aufhebungsgründe gestützten Widerantrag, stellt er den Gegenantrag auf Scheidung oder verlangt er beides, so lautet der Beschl lediglich auf Aufhebung, wenn wenigstens ein Aufhebungsverlangen gerechtfertigt ist. Die **Beweislast** für das Vorliegen eines Aufhebungsgrundes trägt, wer die Aufhebung der Ehe betreibt (Nürnberg FamRZ 2011, 1508).

§ 1314 Aufhebungsgründe

(1) Eine Ehe kann aufgehoben werden, wenn sie
1. entgegen § 1303 Satz 1 mit einem Minderjährigen geschlossen worden ist, der im Zeitpunkt der Eheschließung das 16. Lebensjahr vollendet hatte, oder
2. entgegen den §§ 1304, 1306, 1307, 1311 geschlossen worden ist.

(2) Eine Ehe kann ferner aufgehoben werden, wenn
1. ein Ehegatte sich bei der Eheschließung im Zustand der Bewusstlosigkeit oder vorübergehender Störung der Geistestätigkeit befand;
2. ein Ehegatte bei der Eheschließung nicht gewusst hat, dass es sich um eine Eheschließung handelt;
3. ein Ehegatte zur Eingehung der Ehe durch arglistige Täuschung über solche Umstände bestimmt worden ist, die ihn bei Kenntnis der Sachlage und bei richtiger Würdigung des Wesens der Ehe von der Eingehung der Ehe abgehalten hätten; dies gilt nicht, wenn die Täuschung Vermögensverhältnisse betrifft oder von einem Dritten ohne Wissen des anderen Ehegatten verübt worden ist;
4. ein Ehegatte zur Eingehung der Ehe widerrechtlich durch Drohung bestimmt worden ist;
5. beide Ehegatten sich bei der Eheschließung darüber einig waren, dass sie keine Verpflichtung gemäß § 1353 Abs. 1 begründen wollen.

1 **1. Fehler bei der Eheschließung. Abs I enthält die Aufhebungsgründe**, die sich aus einem **Verstoß gegen die Regeln über die Eheschließung** ergeben. Im Gegensatz zum früheren Recht (§§ 17ff EheG aF) zählt das Gesetz die einzelnen Fälle nicht auf, sondern verweist auf die Vorschriften über die Eingehung der Ehe. Die Heilungsmöglichkeiten sind ebenfalls nicht bei den einzelnen Aufhebungsgründen, sondern einheitlich in § 1315 geregelt (s Komm dort). **a)** So ist eine Ehe aufhebbar, wenn einer der Eheschließenden nicht volljährig war. Das gilt auch für eine nach ausl Recht geschlossene Ehe (Art 13 III Nr 2 EheG). **b)** Auch die von einer geschäftsunfähigen Person unter Verstoß gegen § 1304 eingegangene Ehe ist zunächst wirksam, aber aufhebbar. **c)** Das Gleiche gilt für einen Verstoß gegen die Eheverbote der Doppelehe (§ 1306) und der biologischen Verwandtschaft (§ 1307). Dagegen ist eine Ehe, die unter Verstoß gegen das Eheverbot der Adoptivverwandtschaft (§ 1308) oder ohne das erforderliche Ehefähigkeitszeugnis (§ 1309) geschlossen wird, nicht aufhebbar. **d)** Aufhebbar ist die unter Verstoß gegen die Formvorschrift des § 1311 geschlossene Ehe. Das ist bspw der Fall, wenn die Verlobten die Erklärungen nicht persönlich oder nicht bei gleichzeitiger Anwesenheit abgegeben haben, also bspw im Falle der verdeckten Stellvertretung (§ 1311 Rn 4). Das Gleiche gilt, wenn die Erklärung eines oder beider Verlobten unter einer **Bedingung oder Zeitbestimmung** abgegeben wurde (vgl MüKo/*Wellenhofer* Rn 9; *Schwab* FamRZ 1965, 474, 485; aA *Gernhuber/Coester-Waltjen* § 14 V, die nur die Bedingung oder Befristung als nichtig und die Ehe als voll wirksam ansieht; *Ramm* JZ 1963, 52, der eine Nichtehe annimmt). Solche Bedingungen oder Befristungen sind allerdings nur dann zu berücksichtigen, wenn sie ggü dem Standesbeamten geäußert wurden, was in der Praxis diesen zur Ablehnung der Eheschließung veranlassen dürfte; interne Absprachen der Eheschließenden führen nicht zur Aufhebbarkeit der Ehe (BayObLG FamRZ 1982, 603, 605). Ein Verstoß gegen § 1310 führt zu einer Nichtehe, die nicht aufgehoben werden muss.

2 Einstweilen frei.

3 **2. Willensmängel. Abs II** enthält die **Aufhebungsgründe**, die – so der Gesetzgeber – auf einem **Willensmangel** eines oder beider Verlobten beruhen, und zählt diese Fälle einzeln auf. Die Nr 1–4 entsprechen inhaltlich dem EheG aF, während die Nr 5 erst in letzter Sekunde im Gesetzgebungsverfahren des EheschlRG geschaffen wurde und eher einen Rechtsmissbrauch regelt als einen Willensmangel.

a) Störung der Geistestätigkeit. Nr 1 enthält den früheren Nichtigkeitsgrund des § 18 EheG aF, dass sich ein Ehegatte bei der Eheschließung im Zustande der Bewusstlosigkeit oder **vorübergehender Störung der Geistestätigkeit** befand. Dass der Gesetzgeber den Fall des bewusstlosen Eheschließenden auch in das neue Eheschließungsrecht aufgenommen hat, ist wohl als Kuriosum zu betrachten (vgl *Hepting* StAZ 1996, 258), denn Fälle von Trunkenheit oder Drogeneinfluss mit einer hochgradigen Bewusstseinstrübung sind begrifflich nicht unter Bewusstlosigkeit zu fassen, sondern als vorübergehende Störung der Geistestätigkeit anzusehen. Wie früher führt diese nur dann zur Aufhebbarkeit, wenn durch sie die freie Willensbestimmung ausgeschlossen war (RGZ 74, 110f; 103, 400). Kann die betreffende Person trotz der Störung nur auf bestimmten Gebieten ihren Willen nicht frei bestimmen, hinsichtl der Eingehung der Ehe aber einen freien Willen bilden, ist eine Aufhebung nicht möglich. Fehlt es an jeglicher Erklärung, liegt eine Nichtehe vor (Vor § 1313 Rn 3). 4

b) Unkenntnis der Eheschließung. Nr 2 enthält den Aufhebungsgrund des **fehlenden Bewusstseins** vom **Vorliegen einer Eheschließung**, was bspw der Fall sein kann, wenn einer „Blitzheirat" im Ausland nicht die entscheidende Bedeutung beigemessen wird (*Hepting/Dutta* III-115; AG Prüm FamRZ 2002, 1561). Ob das Nichtwissen auf einem Tatsachen- oder einem Rechtsirrtum beruht, ist unerheblich. Bloße Zweifel genügen nicht. Kein Aufhebungsgrund ist – bei Kenntnis der rechtl Bedeutung der Eheschließung – der Irrtum darüber, eine entspr Erklärung abzugeben (so der frühere § 31 I 1 EheG aF). 5

c) Arglistige Täuschung. Nr 3 enthält den Fall der **arglistigen Täuschung** eines Ehegatten. Eine arglistige Täuschung ist jedes vorsätzlich auf Irrtumserregung abzielende Verhalten, gleichgültig, ob der Irrtum durch Vorspiegelung, Unterdrückung oder Entstellung von Tatsachen erregt oder unterhalten wird. Bloßes Verschweigen subj wesentlicher Umstände genügt idR – mangels allg Offenbarungspflicht – nicht (RGZ 52, 306f; *Finger* NJW 1981, 1536 mN). Vielmehr muss sich aus den Umständen des Einzelfalles eine besondere **Offenbarungspflicht** ergeben, die aus einer ausdrückl Frage des anderen Teils resultieren kann oder entsteht, wenn offensichtlich ist, dass der andere auf bestimmte Umstände Wert legt und diese bei verständiger Würdigung des Wesens der Ehe von Bedeutung sind (insoweit wohl nicht der Gesichtspunkt der sog Rassenhygiene – RG WarnRsp 1926, 91). Beispielhaft erwähnt sei bei einer schwangeren Frau die Tatsache, dass auch andere Männer als der Eheschließungswillige als Vater in Betracht kommen (BGHZ 29, 265, 268; Karlsruhe NJW-RR 2001, 737); eine konkrete Nachfrage wird man nicht unbedingt voraussetzen müssen. Soweit sich aber aus den Lebensumständen vor der Eheschließung Zweifel an der Vaterschaft ergeben, etwa weil beide offen waren auch für andere Sexualpartner, besteht keine allg Offenbarungspflicht (vgl Stuttgart FamRZ 2005, 2070). Des Weiteren werden erwähnt Beiwohnungs-, Zeugungs-, Gebärunfähigkeit (verschwiegene Sterilisation: Stuttgart NJW 2004, 2247), Erbkrankheit (München FamRZ 2008, 1536), unheilbare und ansteckende Leiden, Homosexualität (BGH FamRZ 1958, 314), die frühere Tätigkeit als Prostituierte (Brandenburg FamRZ 2006, 1376: Ausnahme bei einem sehr kurzen Zeitraum dieser Tätigkeit), frühere verbrecherische „Erwerbsquellen" (AG Tempelhof FamRZ 2018, 1151). Anstelle der Offenbarungspflicht trifft eine Aufklärungspflicht denjenigen, der die von einem Dritten vorgenommene Täuschung erkannt hat. Keine Offenbarungspflicht wurde angenommen, wenn aus Scham die Vergewaltigung durch den eigenen Vater und dessen Verurteilung (RG, Beilage zu DRZ 1928, 451) verheimlicht oder außereheliche Vaterschaft (RG DR 1944, 416) abgestritten wird. Auch das Unterlassen der Offenbarung von Drogenproblemen reicht nicht für eine Täuschung (Brandenburg FamRZ 2022, 514). Die bloße Nichtoffenbarung bestimmter Vorstellungen über die Eheführung (Beiwohnungsunwilligkeit) oder fehlende Liebe (Hamm FPR 2004, 26) sind ebenfalls nicht als arglistige Täuschung anzusehen (Köln NJW-RR 1999, 1595). 6

Arglist bedeutet Vorsatz, bedingter (dolus eventualis) genügt. Somit reicht es aus, wenn es der eine Teil aus Berechnung und mit Fleiß unterlässt, dem anderen wichtige Tatsachen mitzuteilen, um so zu verhindern, dass dieser vom Eheschluss zurücktritt (vgl RGZ 111, 5). Der Arglist steht im Allg nicht entgegen, wenn Verschweigen auf fehlendem Mut, Scheu vor Aufregung (RG JW 1931, 1363) oder Hoffnung auf glücklichen Eheverlauf (RGZ 111, 5) beruht. Es kommt vielmehr entscheidend darauf an, ob der Täuschende glaubt, dass der Getäuschte bei voller Kenntnis der Tatsachen die Ehe nicht geschlossen hätte (BGH FamRZ 1958, 314). Schädigungsabsicht ist nicht erforderlich (RGZ 111, 7). Mitwirkende Fahrlässigkeit des Getäuschten schadet nicht. Schuldfähigkeit des Täuschenden ist nicht vorausgesetzt, es genügt der natürliche Handlungsvorsatz (Hamm FamRZ 1964, 438). 7

Gegenstand der Täuschung sind Umstände aller Art, ausgenommen die Vermögensverhältnisse (Hs 2). Neben den persönlichen Eigenschaften des anderen Teils kommen in Betracht auch Umstände wie der Beruf (AG Weinheim FamRZ 1995, 1411), Beamteneigenschaft (KG JW 1930, 74), Vortäuschung einer Schwangerschaft (RG JW 1920, 832), Abstammung eines Kindes (Hamm FamRZ 1964, 438). Die Umstände müssen so gewichtig sein, dass sie den Getäuschten **bei Kenntnis der Sachlage und richtiger Würdigung des Wesens der Ehe** vom Eheschluss abgehalten hätten. Es muss somit zw Irrtum und Eheschluss ein ursächlicher Zusammenhang bestehen, wobei es genügt, dass der Getäuschte die Ehe nicht zu diesem Zeitpunkt geschlossen hätte. Der vor Eheschluss durch die Täuschung hervorgerufene oder unterhaltene Irrtum muss zum Zeitpunkt des Eheschlusses noch andauern (RG SeuffA 1986, 184). Der Ursachenzusammenhang ist obj vom Standpunkt einer richtigen Würdigung des Wesens der Ehe zu beurteilen (vgl *Wagenitz/Bornhofen*, EheSchlRG, Rn 1–108), subj vom Standpunkt der Kenntnis der Sachlage (wie hätte der konkrete Verlobte ohne die Täuschung gehandelt – vgl München FamRZ 2008, 1536). Mitursächlichkeit genügt grds. Täuschender kann auch ein **Dritter** sein, jedoch ist die Aufhebung ausgeschlossen, wenn dieser Dritte ohne Wissen des begünstigten Ehegatten gehandelt hat. Kennenmüssen genügt insoweit nicht, maßgebender Zeitpunkt ist der Eheschluss, spätere Kenntnis schadet nicht. 8

9 **d) Widerrechtliche Drohung. Nr 4** enthält den früher in § 34 EheG aF enthaltenen Nichtigkeitsgrund der **widerrechtlichen Drohung.** Drohung ist die Ankündigung eines Übels, Übel ein Nachteil, der zu einer Zwangslage für den Adressaten oder einen ihm nahe Stehenden führt, zB Verbrechen, Gewalt, Vermögensschaden. Die Drohung kann vom Verlobten oder einem Dritten ausgehen, im letzteren Fall ist es nicht erforderlich, dass der begünstigte Ehegatte die Drohung des Dritten gekannt hat. Die Drohung braucht nicht ernstlich gemeint zu sein, wenn nur der Adressat sie als solche aufgefasst hat. Die Ankündigung des Übels muss in der Absicht erfolgen, den Bedrohten zur Eingehung der Ehe zu veranlassen. Für den ursächlichen Zusammenhang zw der Drohung und der Eheschließung genügt die Mitverursachung. Es reicht aus, wenn der Bedrohte die Ehe sonst nicht zu diesem Zeitpunkt geschlossen hätte (RG JW 1920, 832).

10 Die Widerrechtlichkeit kann in der Unerlaubtheit des Mittels oder im verfolgten Ziel oder in beidem liegen. Der Drohende muss sich bewusst sein, dass er auf den Willen in unzulässiger Weise einwirkt. Das erstrebte Ziel ist nach hM dann widerrechtl, wenn ein Rechtsanspruch hierauf nicht besteht (zur Widerrechtlichkeit im Einz Staudinger/*Voppel* Rn 52ff). Dies würde bedeuten, dass der mit einem an sich erlaubten Drohmittel herbeigeführte Eheschluss stets widerrechtl wäre, weil nicht einmal ein gültiges Verlöbnis ein Recht auf Eheschluss gibt. Andererseits ist eine Eheschließung kein rechtswidriger Zweck. Es kommt daher entscheidend auf das angedrohte Mittel an. Allein aus dessen Erlaubtheit kann man aber noch nicht auf eine fehlende Rechtswidrigkeit schließen (so aber der Tendenz nach RGZ 166, 46), vielmehr muss die Drohung angemessen sein, um einen – moralischen – Anspruch auf die Eheschließung durchzusetzen. Die Drohung des Vaters einer Verlobten mit einer Strafanzeige wegen Verführung dürfte wohl nicht mehr zulässig sein.

11 **e) Scheinehe. Nr 5** regelt die seit langem in Rspr und Lit kontrovers diskutierte Frage um die Erheblichkeit einer **sog Scheinehe** (vgl *Coester* StAZ 1996, 36; *Hepting* FamRZ 1998, 719 jew mN). Dieser Aufhebungsgrund betrifft keinen Willensmangel, sondern ein Motiv der Eheschließung, das in dem fehlenden Willen besteht, die Verpflichtung zur ehelichen Lebensgemeinschaft zu erfüllen. Das Motiv muss bei beiden Ehegatten bestehen (Stuttgart FamRZ 2011, 217f). Das Ehegesetz kannte ursprünglich zwei Regelungen, bei denen die Eheschließung aus ehefremden Zwecken verboten war, nämlich die Staatsangehörigkeits- und die Namensehe. Während erstere bereits mit der Neufassung des EheG im Jahre 1946 nicht übernommen wurde, wurde letztere mit dem ersten EheRG von 1976 gestrichen. Seitdem ging es vor allen Dingen um die Frage, ob Ausländern, die eine Ehe nur deshalb mit einer/m Deutschen eingehen, um in der Bundesrepublik ein gesichertes Aufenthaltsrecht zu erlangen, die Eheschließung versagt werden kann (s Celle FamRZ 1998, 1108, wo der zugrunde liegende Sachverhalt relativ detailliert wiedergegeben wird). Der RegE hatte keine Regelung dieses Problems vorgesehen, erst der BR hatte um eine entspr Prüfung gebeten (BT-Drs 13/4898, 32), die Aufnahme einer Regelung war jedoch von der BReg abgelehnt worden, weil eine genaue Definition der zu erfassenden Fälle kaum möglich schien (BT-Drs 13/4898, 35). Man war offenbar der – richtigen – Ansicht, dass die Lösung des Problems bei der begünstigenden Norm, also im Ausländerrecht, zu erfolgen habe (so auch *Barth/Wagenitz* FamRZ 1996, 839; *Hepting* StAZ 1996, 261). Zuletzt wurde dann vom Rechtsausschuss die geltende Fassung in das Gesetz eingefügt, weil laut Begr die Inanspruchnahme des Instituts der Ehe für ehefremde Zwecke missbilligt werde (BT-Drs 13/9416, 28).

12 Die Regelung enthält eine **Generalklausel**, die Bedenken in der Lit hinsichtl der begrifflichen Erfassung einer Scheinehe bestätigt zu haben scheint (*Hepting* FamRZ 1998, 722: „zu weit geraten"; ausf Textkritik auch bei *Wagenitz/Bornhofen*, Abschnitt 1 Rn 113ff; *Wagenitz*, FS Rolland, 387ff). Aufhebbar ist eine Ehe, wenn die beiden Eheschließenden sich einig waren, eine Verpflichtung nach § 1353 I nicht begründen zu wollen. Der Verweis in § 1314 II Nr 5 auf § 1353 I erstreckt sich nur auf die Verpflichtung zur ehelichen Lebensgemeinschaft, da die anderen Elemente des § 1353 I keine Rechtspflichten enthalten. S 1 enthält einen Grundsatz bzw ein Ziel oder Prinzip; S 2 Hs 2 wirkt schon aufgrund der indikativischen Gesetzesfassung nicht rechtspflichtbegründend. Außerdem sollte nach der Gesetzesbegr nur die bestehende Rechtslage klargestellt werden (BT-Drs 13/9416, 29, 27). Die Formulierung der Vorschrift ist insofern missglückt, als die Verpflichtung zur ehelichen Lebensgemeinschaft im Zeitpunkt der Eheschließung kraft Gesetzes unabhängig vom Willen der Ehegatten entsteht. Man wird daher den Wortlaut „begründen wollen" korrigierend als „erfüllen wollen" auslegen müssen (vgl *Wagenitz*, FS Rolland, 389f).

12a Um den Aufhebungsgrund zu bestimmen, bedarf es also eines Rückgriffs auf den **unbestimmten Rechtsbegriff der Verpflichtung zur ehelichen Lebensgemeinschaft.** Dessen Auslegung ist noch immer umstr; er unterliegt dem zeitl Wandel und ist stark abhängig von dem Willen der Ehegatten und ihrem subj Bild von der Ehe, zumal seit dem 1. EheRG kein gesetzl Eheleitbild mehr existiert. Über den mitunter beschworenen Kernbestand dessen, was zu einer ehelichen Lebensgemeinschaft gehört, gibt es keinen Konsens, denn auch die am häufigsten genannten Pflichten zur Geschlechtsgemeinschaft und zur häuslichen Gemeinschaft werden nicht einheitlich dem freien Willen der Ehegatten entzogen (MüKo/*Roth* § 1353 Rn 1ff, 22ff; *Lüke* AcP 178, 1, 6; RGRK/*Roth-Stielow* § 1353 Rn 16, 28, 31; s auch Brandenburg FamRZ 2008, 1534: Das Fehlen einer häuslichen Gemeinschaft allein ist kein Aufhebungsgrund). Teilw wird sogar der Pflichtencharakter des § 1353 I in Frage gestellt, weil sich die „rechte eheliche Gesinnung" schuldrechtl Kategorien entziehe (*Wagenitz/Bornhofen*, Abschnitt 1 Rn 115) bzw weil der verfassungsrechtl abgesicherte gesellschaftliche Pluralismus es verbiete, § 1353 I 2 Hs 1 in personaler Hinsicht anders als einen Appell zu verstehen (*Pawlowski*, Die „Bürgerliche Ehe" als Organisation, S 55f). Wären die Ehegatten **unabdingbar** zu Treue, häuslicher Gemeinschaft oder Geschlechtsgemeinschaft etc verpflichtet, wären alle Ehen aufhebbar, bei denen die Ehegatten auch nur einer dieser unabdingbaren Pflichten nicht nachkommen wollen, da sie dann keine (volle) eheliche Lebensgemeinschaft iSd § 1353 begründen wollten (das übersieht Staudinger/*Voppel* Rn 68). Die Eheschließungsfreiheit wäre in einem verfassungsrechtl bedenklichen Ausmaß beschränkt und die Vorschrift auch vor dem Hintergrund des Bestimmtheitsgrundsatzes angreifbar.

Der Gesetzgeber des EheschlRG hat in § 1353 I 2 Hs 2 klargestellt, dass die Ehe eine **Verantwortungsgemeinschaft** ist. Dieser Halbsatz, der vom Rechtsausschuss zu gleicher Zeit wie der Aufhebungsgrund des § 1314 II Nr 5 ins Gesetz aufgenommen wurde, sollte auch dazu dienen, Scheinehen auszugrenzen (vgl BT-Drs 13/9416, 28), indem er die Verpflichtung zur ehelichen Lebensgemeinschaft klarstellend präzisieren soll (BT-Drs 13/9416, 26). Der Kernbereich der ehelichen Lebensgemeinschaft wird auf diese Weise auf solche Pflichten beschränkt, die sich auf gegenseitige eheliche Verantwortung der Ehegatten füreinander zurückführen lassen. Demnach sind Beistand, Hilfe, Fürsorge und Rücksichtnahme in personaler und vermögensrechtl Hinsicht die als solche unabdingbaren, der Verfügungsgewalt der Ehegatten entzogenen Mindestinhalte einer ehelichen Lebensgemeinschaft (vgl BGH FamRZ 2002, 317). Indem der Gesetzgeber die Verantwortung besonders hervorhebt, misst er den Pflichten, die sich daraus ergeben, eine herausragende Stellung als unabdingbarer Wesensgehalt der Ehe bei. 12b

Diese Pflichten bedürfen zwar der Ausgestaltung und werden insb von den Lebensumständen des Paares bestimmt, die Ehegatten dürfen jedoch durch die angestrebte „Eheführung" diese Pflichten nicht vollständig entwerten wollen. Entscheidend ist, ob die angestrebten Beziehungen bei einer Gesamtbetrachtung der Vorstellungen des Paares und unter Berücksichtigung der Gesamtumstände als gegenseitige Übernahme von Verantwortung zu bewerten ist. Insoweit ist die Pflicht zum Bemühen um Einigung zwingend, da Beistand, Fürsorge etc nicht denkbar sind ohne einen Einigungsprozess, der von geistiger Auseinandersetzung mit dem Partner geprägt und auf die Ermittlung des Willens des Partners gerichtet ist. Dieses Verständnis wird dem pluralistischen gesellschaftlichen Phänotyp der Ehe insofern gerecht, als die eheliche Lebensgemeinschaft nicht mehr über in der gesellschaftlichen Realität variierende Äußerlichkeiten wie häusliche Gemeinschaft, Geschlechtsgemeinschaft oder Treue definiert wird. Die Beziehungen der Ehegatten dürfen und werden in aller Regel über Beistand, Fürsorge, Rücksichtnahme usw hinausgehen; sie dürfen aber nicht hinter den genannten Anforderungen zurückbleiben. Der Wille zur Verwirklichung der übrigen ehelichen Pflichten behält insoweit seine Geltung, als er den insb im Rahmen des § 1310 I 2 Hs 2 maßgebenden Willen der Ehegatten zur Erfüllung der Verpflichtung zur ehelichen Lebensgemeinschaft indizieren kann. Wollen die Eheschließungswilligen zB in häuslicher Gemeinschaft zusammenleben, wird ihre Gemeinschaft im Zweifel auf Beistand und Fürsorge füreinander angelegt sein. 12c

Keine Lebensgemeinschaft in Form der Verantwortungsgemeinschaft ist bei Eheschließung angestrebt, wenn sich der Kontakt der Ehegatten auf die Vorbereitung des Standesamts- und des Scheidungstermins beschränkt. Auch wird man es nicht genügen lassen können, dass ein Ehegatte dem anderen in finanzieller Hinsicht Beistand leistet, aber keinerlei Verantwortung im personalen Bereich übernehmen will. Die Grenzen zw einer bloßen Freundschaft und einer ehelichen Lebensgemeinschaft verlaufen unbestreitbar fließend und können im Rahmen der Scheinehenregelung nicht aufgelöst werden. Hier hilft die Beweislastverteilung des § 1314 II Nr 5: Verbleiben nach den äußeren Anzeichen Zweifel, ob die Verlobten eine Lebensgemeinschaft idS im Zeitpunkt der Eheschließung wirklich angestrebt haben, dürfen diese nicht zu ihren Lasten gehen (Naumburg StAZ 2006, 14). Auch Strafgefangenen oder Prostituierten kann man nicht von vornherein den Willen zur Verwirklichung einer ehelichen Lebensgemeinschaft im og Sinn absprechen. Allein die Tatsache, dass sich die Verlobten nie persönlich, sondern nur über digitale Kommunikationsformen kennengelernt haben, reicht zur Annahme einer Scheinehe nicht aus (KG FamRZ 2013, 953). Bei Eheschließungen auf dem Sterbebett wird idR schon dem Wortlaut des § 1314 II Nr 5 nach keine Scheinehe angestrebt sein, weil der Wille auf eine, wenn auch kurze, so doch auf Lebenszeit angelegte Lebensgemeinschaft in Form einer Verantwortungsgemeinschaft gerichtet sein wird, in der zumindest einer der Ehegatten dem anderen bis zum Tod beistehen, ihm helfen, ihn achten, auf ihn Rücksicht nehmen will. Der dem Wortlaut nach weite Anwendungsbereich der Vorschrift wird sich nicht rechtl, aber de facto auf Aufenthaltsehen reduzieren lassen – was vom Gesetzgeber durchaus beabsichtigt gewesen sein dürfte –, da sich in allen anderen Fällen kaum jemals nachweisen lassen wird, dass die Ehegatten keine Beistands- und Einstehensgemeinschaft begründen wollten. Ist dies jedoch der Fall, so ist die Ehe aufhebbar; der BGH will eine denkbare Verfahrenskostenhilfe (für die Aufhebung) auch nicht generell als rechtsmissbräuchlich ausschließen, da die Rechtsordnung die Ehe als wirksam ansehe (BGH FamRZ 2005, 1477; Zweibrücken OLGRp 2008, 348; ähnl: Saarbrücken FamRZ 2009, 626; Ausschluss: Koblenz NJW RR 2009, 1308); allerdings habe eine Partei, die für die (Schein-)Eheschließung Geld erhalten habe, die Pflicht, davon Rücklagen für das Aufhebungsverfahren zu bilden; ein Verstoß gegen diese Pflicht schließe Verfahrenskostenhilfe aus. 12d

3. Aufhebungsentscheidung. Strittig ist, ob das Gericht bei Vorliegen der Voraussetzungen eines Aufhebungsgrundes die Aufhebung aussprechen muss oder ob ein Ermessen besteht. Gegen ein Ermessen sprechen die Materialien sowie das Zusammenspiel von § 1314 und § 1315 (*Coester-Waltjen* IPrax 2019, 127,129). Für ein Ermessen spricht der Wortlaut sowie die Tatsache, dass anderenfalls verfassungsrechtl Zweifel angesichts der Rigorosität der Norm bestehen (MüKo/*Wellenhofer* Rn 6). Dieser Aspekt hat den BGH zu Recht bewogen, sich für ein eingeschränktes Ermessen auszusprechen (BGH FamRZ 2020, 1533). 13

4. Übergangsrecht. Wie erwähnt (Vor § 1303 Rn 4), gilt das EheschlRG grds auch für die vor dem 1.7.1998 geschlossenen Ehen. Eine Ausnahme besteht insoweit, als Altehen nicht aufgrund eines durch die Eheschließungsreform neu geschaffenen Eheaufhebungsgrundes (Bsp: Scheinehe gem § 1314 II Nr 5) aufgehoben werden können. Besteht für eine Altehe ein Nichtigkeitsgrund (alten Rechts), so ist sie nach neuem Recht nur aufhebbar, soweit das neue Recht den Nichtigkeitsgrund (als Aufhebungsgrund) kennt. Eine Ehe zw Verschwägerten ist daher nach dem 1.7.1998 nicht mehr aufhebbar (vgl *Hepting* FamRZ 1998, 258). 14

§ 1315 Ausschluss der Aufhebung

(1) Eine Aufhebung der Ehe ist ausgeschlossen

1. bei Verstoß gegen § 1303 Satz 1, wenn

a) der minderjährige Ehegatte, nachdem er volljährig geworden ist, zu erkennen gegeben hat, dass er die Ehe fortsetzen will (Bestätigung), oder

b) auf Grund außergewöhnlicher Umstände die Aufhebung der Ehe eine so schwere Härte für den minderjährigen Ehegatten darstellen würde, dass die Aufrechterhaltung der Ehe ausnahmsweise geboten erscheint;

2. bei Verstoß gegen § 1304, wenn der Ehegatte nach Wegfall der Geschäftsunfähigkeit zu erkennen gegeben hat, dass er die Ehe fortsetzen will (Bestätigung);

3. im Falle des § 1314 Abs. 2 Nr. 1, wenn der Ehegatte nach Wegfall der Bewusstlosigkeit oder der Störung der Geistestätigkeit zu erkennen gegeben hat, dass er die Ehe fortsetzen will (Bestätigung);

4. in den Fällen des § 1314 Abs. 2 Nr. 2 bis 4, wenn der Ehegatte nach Entdeckung des Irrtums oder der Täuschung oder nach Aufhören der Zwangslage zu erkennen gegeben hat, dass er die Ehe fortsetzen will (Bestätigung);

5. in den Fällen des § 1314 Abs. 2 Nr. 5, wenn die Ehegatten nach der Eheschließung als Ehegatten miteinander gelebt haben.

Die Bestätigung eines Geschäftsunfähigen ist unwirksam.

(2) Eine Aufhebung der Ehe ist ferner ausgeschlossen

1. bei Verstoß gegen § 1306, wenn vor der Schließung der neuen Ehe die Scheidung oder Aufhebung der früheren Ehe oder die Aufhebung der Lebenspartnerschaft ausgesprochen ist und dieser Ausspruch nach der Schließung der neuen Ehe rechtskräftig wird;

2. bei Verstoß gegen § 1311, wenn die Ehegatten nach der Eheschließung fünf Jahre oder, falls einer von ihnen vorher verstorben ist, bis zu dessen Tode, jedoch mindestens drei Jahre als Ehegatten miteinander gelebt haben, es sei denn, dass bei Ablauf der fünf Jahre oder zur Zeit des Todes die Aufhebung beantragt ist.

1 **1. Grundsätze.** Die Vorschrift enthält die Fälle, in denen eine Aufhebung der Ehe trotz Vorliegens eines Aufhebungsgrundes ausgeschlossen ist. Im Gegensatz zum früheren EheG, in dem die Ausschlussgründe jew bei den einzelnen Aufhebungs- bzw Nichtigkeitstatbeständen geregelt waren, besteht nunmehr eine einheitliche Norm. Abs I Nr 1 wurde neu gefasst durch das Gesetz zur Bekämpfung von Kinderehen v 17.7.2017 (BGBl I 2017, 2429).

2 **2. Bestätigung.** Abs I behandelt die **Bestätigung einer Ehe**, die aus einem der folgenden Gründe aufhebbar ist: Minderjährigkeit, Geschäftsunfähigkeit, Störung der Geistestätigkeit, Irrtum, Täuschung und Drohung. Im Falle der fehlenden Mündigkeit führt auch die Genehmigung durch das FamG zur Heilung. Da bei allen diesen Aufhebungsgründen der Schutz des betroffenen Ehegatten im Vordergrund steht, ist es konsequent, eine Heilung durch Bestätigung zuzulassen, weil der Bestätigende auf den Schutz konkludent verzichtet.

2a Bestätigen muss die Person, bei der der Eheschließungsmangel begründet ist. Eine Bestätigung erfolgt, indem der Bestätigende zu erkennen gibt, dass er die Ehe fortsetzen will. Sie ist zwar im Gegensatz zu § 141 keine empfangsbedürftige Willenserklärung, aber doch **Rechtshandlung**, dh ein ehebezogenes Verhalten, das den **Fortsetzungswillen** nach außen erkennen lässt; klassisches Bsp ist das Zusammenleben in der ehelichen Lebensgemeinschaft. Der Wille, die Ehe fortzusetzen, muss zweifelsfrei, wenn auch möglicherweise stillschw, zum Ausdruck kommen. Bloße Äußerungen des Wohlwollens, des Mitgefühls oder freundlicher Gesinnung, Zärtlichkeit um der Kinder willen (RGZ 164, 379) reichen nicht aus. Ebenso wenig genügt der Verzicht auf das Aufhebungsrecht, wenn trotzdem die eheliche Lebensgemeinschaft aufgehoben bleibt (RG HRR 1940, 1172). Die Fortsetzung des Geschlechtsverkehrs wird idR (RG DR 1943, 150, einschränkend RGZ 165, 123; RG DR 1944, 615, 665, 840) eine Bestätigung nahelegen (vgl Köln FamRZ 2003, 375), es sei denn, dass im Einzelfall besondere Umstände dagegen sprechen. Eine Bestätigung unter Bedingung oder Befristung ist richtiger Ansicht nach zulässig, sofern dies nicht dem Wesen der Ehe widerspricht und kein längerer, unerträglicher Schwebezustand eintritt (RGZ 163, 141f; RG DR 1944, 664).

3 Da die Bestätigung eine Rechtshandlung ist, kann ein **Geschäftsunfähiger** sie nicht abgeben. Ein Minderjähriger kann die irrtums-, täuschungs- oder drohungsbeeinträchtigte Ehe selbst bestätigen, wenn er volljährig geworden ist; eine Vertretung ist insoweit nicht zulässig.

4 **a) Nr 1.** Hat ein Minderjähriger geheiratet, so kann er wie bisher nach Erreichen der Volljährigkeit die Ehe selbst bestätigen. Die Aufhebung ist auch dann ausgeschlossen, wenn die Aufhebung für den Minderjährigen eine schwere Härte darstellen würde, sodass die Aufrechterhaltung der Ehe ausnahmsw geboten erscheint (Nr 1 lit b). Diese neu aufgenommene Härteklausel soll auf gravierende Einzelfälle beschränkt sein. Der Gesetzgeber dachte an eine lebensbedrohende Erkrankung oder eine krankheitsbedingte Suizidabsicht oder daran, dass für Unionsbürger deren Freizügigkeitsrecht verletzt würde (BT-Drs 18/12086, 18; Oldenburg FamRZ 2018, 1152). In einem solchen Fall dürfte schon eine EU-rechtskonforme Auslegung eine Aufhebung verbieten (*Löhnig* FamRZ 2018, 749). Bei der Abwägung, ob eine Härte gegeben ist, ist auch der Schutz von Ehen, die im Ausland wirksam geschlossen wurden, zu berücksichtigen (Art 8 EMRK, Art 6 GG), sowie die Konsequenzen, wenn das Paar später in das Heimatland zurückkehrt (s *Antomo* ZRP 2017, 82). Kriterien, die gegen eine Aufhebung sprechen, sind die Freiwilligkeit der Eheschließung, Vorhandensein gemeinsamer Kinder, die Nähe zur Volljährigkeit, evtl wirt-

schaftl Absicherung des minderjährigen Ehegatten (AG Nordhorn FamRZ 2018, 750; AG Frankenthal FamRZ 2018, 749 m Anm *Löhnig*).

b) Nr 2. Der Geschäftsunfähige kann, wenn er wieder geschäftsfähig geworden ist, seine Ehe ebenfalls bestäti- 5
gen. Dass der Ehegatte selbst davon überzeugt ist, bei der Eheschließung geschäftsunfähig gewesen zu sein, ist nicht notwendig. Er muss aber Kenntnis davon haben, dass begründete Zweifel an seiner Geschäftsfähigkeit und damit an der Gültigkeit der Ehe bestehen, da nur dann der Fortsetzungswille vorliegen kann (RGZ 157, 129f). Geht der Wille erkennbar nur dahin, die Ehe zunächst versuchsweise fortzusetzen, so genügt dies nicht (RGZ 163, 139).

c) Nr 3. Das Gleiche gilt für einen Ehegatten, der bei Eheschließung bewusstlos war oder an einer Störung der 6
Geistestätigkeit litt.

d) Nr 4. Im Falle der Drohung, Täuschung oder eines Irrtums nach § 1314 II Nr 2 muss die Bestätigung erfol- 7
gen, nachdem der Irrtum oder die Täuschung entdeckt worden sind oder die Zwangslage aufgehoben ist. Wenn das Gesetz sagt, dass die Bestätigung nach Entdeckung des Irrtums zu erfolgen habe, so genügt weder ein bloßer Verdacht (RG JW 1928, 896) noch ein bloßes Kennenmüssen (RG JW 1939, 636), sondern nur die Kenntnis. Bestätigen kann nur der irrende, getäuschte oder bedrohte Ehegatte. Versucht ein Ehegatte, nachdem er von der – verschwiegenen – Sterilisation des anderen erfahren hat, noch mehrere Monate lang, den anderen zu medizinischen Maßnahmen zur Rückgängigmachung zu bewegen, so liegt darin keine Bestätigung (Stuttgart NJW 2004, 2247).

e) Nr 5. Die sog Scheinehe wird geheilt, wenn die Ehegatten die eheliche Lebensgemeinschaft aufnehmen, dh 8
nach außen der Eindruck einer auf Dauer angelegten Lebensgemeinschaft entstanden ist (Grü/*Siede* Rn 14). Die Ehegatten müssen also eine Lebensgemeinschaft in Form einer Verantwortungsgemeinschaft wirklich leben, eine bestimmte Mindestzeit verlangt das Gesetz nicht. Unerheblich ist auch, ob die Ehegatten die Heilung herbeiführen wollen. Die Frage, ob eine Heilung eingetreten ist, kann insb dann bedeutsam werden, wenn mit dem Aufhebungsgrund der Scheinehe versucht werden sollte, das Scheidungsrecht zu umgehen.

3. Ausnahmen bei Doppelehe/Formverstoß. Abs II regelt die Voraussetzungen, unter denen eine Ehe trotz 9
Verstoßes gegen das Eheverbot der Doppelehe oder die Form der Eheschließung gem § 1311 nicht aufhebbar ist.

a) Nr 1. Obwohl eine **Doppelehe** grds unheilbar ist, macht das Gesetz entspr dem früheren Recht (§ 20 II 10
EheG aF) eine Ausnahme, wenn vor Schließung der **Zweitehe** die frühere Ehe **geschieden oder aufgehoben** war, die Entscheidung jedoch erst später rechtskräftig wurde. Geschützt werden damit Ehegatten, die sich auf die Bestandskraft einer Scheidungs- oder Aufhebungsentscheidung verlassen hatten, möglicherweise bestärkt durch einen fälschlich erteilten Vermerk über die Rechtskraft des Beschl. Wird die erste Ehe zeitl nach der rechtskräftigen Aufhebung der zweiten Ehe aufgehoben, so wird die Aufhebung der zweiten Ehe dadurch nicht berührt. Ist die Aufhebbarkeit der ersten Ehe beantragt und wird sie im Rechtsstreit um die Aufhebung der zweiten Ehe geltend gemacht, so ist dieser auf Antrag nach § 152 ZPO auszusetzen. Das Gericht kann auch nach § 148 ZPO von Amts wegen aussetzen und die Akten der zuständigen Verwaltungsbehörde abgeben, damit diese über einen Antrag auf Aufhebung der Ehe befindet. Wenn eine Anwendung des § 1315 II in Betracht kommt, sollte ein Rechtsstreit über die Aufhebbarkeit der Doppelehe gem § 148 ZPO ausgesetzt werden, bis das anhängige Scheidungs- oder Aufhebungsverfahren bzgl der ersten Ehe rechtskräftig abgeschlossen ist.

b) Nr 2. Nr 2 heilt die **unter Formverstoß zustande gekommene Ehe**, wenn die Ehegatten nach der Ehe- 11
schließung fünf Jahre oder bei Tod eines Ehegatten mindestens drei Jahre bis zu dessen Tod als Ehegatten miteinander gelebt haben. Die Heilung ist jedoch ausgeschlossen, wenn vor Ablauf der nach § 178 I, § 188 zu berechnenden Fristen bereits ein Antrag auf Aufhebung der Ehe gestellt war. Wird dieser Antrag jedoch zurückgenommen oder abgewiesen, hat er keinen Einfluss auf die Frage der Heilung der Ehe. Heilbar sind nur Formverstöße gegen die Vorschrift des § 1311, also fehlende Anwesenheit, fehlende Gleichzeitigkeit, versteckte Stellvertretung. Bei Verstößen gegen die grundlegenden Prinzipien des § 1310 liegt dagegen eine der Bestätigung nicht zugängliche Nichtehe vor (fehlende Mitwirkung des Standesbeamten, fehlende Eheschließungserklärung BGH FamRZ 2003, 838).

§ 1316 Antragsberechtigung

(1) Antragsberechtigt

1. **sind bei Verstoß gegen § 1303 Satz 1, die §§ 1304, 1306, 1307, 1311 sowie in den Fällen des § 1314 Abs. 2 Nr. 1 und 5 jeder Ehegatte, die zuständige Verwaltungsbehörde und in den Fällen des § 1306 auch die dritte Person. Die zuständige Verwaltungsbehörde wird durch Rechtsverordnung der Landesregierungen bestimmt. Die Landesregierungen können die Ermächtigung nach Satz 2 durch Rechtsverordnung auf die zuständigen obersten Landesbehörden übertragen;**
2. **ist in den Fällen des § 1314 Abs. 2 Nr. 2 bis 4 der dort genannte Ehegatte.**

(2) Der Antrag kann für einen geschäftsunfähigen Ehegatten nur von seinem gesetzlichen Vertreter gestellt werden. Bei einem Verstoß gegen § 1303 Satz 1 kann ein minderjähriger Ehegatte den Antrag nur selbst stellen; er bedarf dazu nicht der Zustimmung seines gesetzlichen Vertreters.

(3) Bei Verstoß gegen die §§ 1304, 1306, 1307 sowie in den Fällen des § 1314 Abs. 2 Nr. 1 und 5 soll die zuständige Verwaltungsbehörde den Antrag stellen, wenn nicht die Aufhebung der Ehe für einen Ehegatten oder für die aus der Ehe hervorgegangenen Kinder eine so schwere Härte darstellen würde, dass die Auf-

rechterhaltung der Ehe ausnahmsweise geboten erscheint. Bei einem Verstoß gegen § 1303 Satz 1 muss die zuständige Behörde den Antrag stellen, es sei denn, der minderjährige Ehegatte ist zwischenzeitlich volljährig geworden und hat zu erkennen gegeben, dass er die Ehe fortsetzen will.

1 **1. Entstehung.** Die Vorschrift ersetzt die frühere Klagebefugnis durch eine Antragsbefugnis, die Verwaltungsbehörde ist an die Stelle der Staatsanwaltschaft getreten. Abs II S 2 und Abs III wurden geändert durch das Gesetz zur Bekämpfung von Kinderehen v 17.7.2017 (BGBl I 2017, 2429).

2 **2. Antragsberechtigte. Antragsberechtigt** sind in einer Reihe von Fällen sowohl die beiden **Ehegatten** als auch die zuständige **Verwaltungsbehörde**, weil ein öffentliches Interesse besteht: bei der Eheschließung eines Geschäftsunfähigen, eines Ehegatten, dessen Geistestätigkeit vorübergehend gestört ist, ferner bei einem Verstoß gegen die Eheverbote der Doppelehe, der Verwandtenehe, bei Verstoß gegen die Formvorschrift des § 1311 und bei der sog Scheinehe. Im Falle einer **Doppelehe** (§ 1306) ist zusätzl der **Gatte der früheren Ehe** antragsberechtigt. Ist die frühere Ehe bereits aufgelöst worden, so setzt ein Antrag dieses Gatten die Geltendmachung eigener Belange an der Auflösung der zweiten Ehe voraus, wie etwa die Klärung renten- oder vermögensrechtl Ansprüche (BGH FamRZ 2002, 604, 605; vgl auch BGH NJW 2001, 2394 = FamRZ 2002, 686 – noch zur Nichtigkeitsklage gem §§ 5, 20 EheG aF –, wonach ein längerer Zeitablauf seit Eingehung der bigamisch geschlossenen Ehe das öffentliche Interesse an der Aufhebung nicht beseitigt).

3 **3. Verwaltungsbehörde.** Das Antragsrecht der **Verwaltungsbehörde** ist an die Stelle der früheren Klagebefugnis der Staatsanwaltschaft getreten, womit einer alten Forderung nach einer „Entkriminalisierung" des Eherechts entsprochen wurde (vgl *Barth/Wagenitz* FamRZ 1996, 843). Das Antragsrecht beruht auf dem Gedanken, dass an der Aufhebung fehlerhaft zustande gekommener Ehen ein öffentliches Interesse besteht. Die zuständige Verwaltungsbehörde wird entweder durch Rechtsverordnung der Landesregierung oder durch eine von der Landesregierung durch Rechtsverordnung ermächtigte zuständige oberste Landesbehörde bestimmt (Abs I Nr 1 S 2 und 3; Übersicht bei Johannsen/Henrich/Althammer/*Henrich* Rn 3). In einem solchen, von der Verwaltungsbehörde betriebenen Aufhebungsverfahren sind die Ehegatten notwendige Streitgenossen (§ 113 I FamFG iVm § 62 ZPO – Dresden FamRZ 2004, 952). Nicht antragsberechtigt nach § 1316 ist die Behörde für die Feststellung des Nichtbestehens einer Ehe (aA AG Kassel FamRZ 2018, 1149; wie hier *Dutta* FamRZ 2018, 1151).

4 Gem **Abs III** soll sie beim Eheschluss eines Geschäftsunfähigen oder in der Geistestätigkeit Gestörten, bei einer Doppelehe, einem Verstoß gegen das Verbot der Verwandtschaft sowie bei einer sog Scheinehe den Aufhebungsantrag stellen, es sei denn, dass die Aufhebung für einen Ehegatten oder für die aus der Ehe hervorgegangenen Kinder eine schwere Härte darstellen würde, die die Aufrechterhaltung der Ehe geboten erscheinen lässt. Diese dem § 1568 nachempfundene (*Barth/Wagenitz* FamRZ 1996, 843) Härteregelung soll auf Ausnahmen beschränkt bleiben. Abzuwägen sind der staatliche Ordnungsanspruch auf der einen Seite und das Interesse von Ehegatten und Kindern an der Aufrechterhaltung der Ehe auf der anderen Seite (vgl BT-Drs 13/4898, 20). Diese die Ausübung des Ermessens konkretisierende RL soll das öffentliche Interesse an der Aufhebung derartiger Ehen sichern. Allerdings tritt dieses Interesse zurück, wenn die Aufhebung für einen Ehegatten oder für die aus der Ehe hervorgegangenen Kinder eine schwere Härte darstellen würde, sodass die Aufrechterhaltung der Ehe geboten erscheint. Liegt der Mangel der Eheschließung in der Minderjährigkeit eines Ehegatten, muss die Behörde den Aufhebungsantrag stellen; sie hat insoweit kein Ermessen, es sei denn, es liegt eine Bestätigung durch den volljährig Gewordenen vor (Abs III S 2). Der Gesetzgeber will damit das strikte Verbot von Kinderehen sichern, was aber zulasten der Einzelfallgerechtigkeit geht, die allein mittels der sehr engen Härteklausel des § 1314 Nr 1 lit b wohl nicht ausreichend verwirklicht werden kann. Bei einem Verstoß gegen § 1311 bleibt es beim pflichtgemäßen Ermessen der Verwaltungsbehörde hinsichtl der Frage, ob sie den Aufhebungsantrag stellt. Sie hat dann insb abzuwägen, ob eine Heilung der Ehe erfolgen wird. Gegen die Entscheidung der Verwaltungsbehörde ist ein Rechtsmittel nicht gegeben.

5 **4. Minderjähriger/Geschäftsunfähiger.** Gem Abs II S 2 kann ein **minderjähriger Ehegatte** den **Aufhebungsantrag** nur **selbst stellen**, ohne dass er dazu der Zustimmung seines gesetzl Vertreters bedarf; er ist gem § 125 FamFG verfahrensfähig. Ein unter 16-Jähriger muss keinen Antrag stellen, da dessen Ehe ohnehin keine Wirkung entfaltet. Für einen geschäftsunfähigen Ehegatten kann dagegen nur der gesetzl Vertreter die Aufhebung beantragen (Abs II S 1). Er bedarf dazu gem § 125 II FamFG der Genehmigung des FamG.

§ 1317 Antragsfrist

(1) Der Antrag kann in den Fällen des § 1314 Absatz 2 Nummer 2 und 3 nur binnen eines Jahres, im Falle des § 1314 Absatz 2 Nummer 4 nur binnen drei Jahren gestellt werden. Die Frist beginnt mit der Entdeckung des Irrtums oder der Täuschung oder mit dem Aufhören der Zwangslage; für den gesetzlichen Vertreter eines geschäftsunfähigen Ehegatten beginnt die Frist jedoch nicht vor dem Zeitpunkt, in welchem ihm die den Fristbeginn begründenden Umstände bekannt werden. Auf den Lauf der Frist sind die §§ 206, 210 Abs. 1 Satz 1 entsprechend anzuwenden.

(2) Hat der gesetzliche Vertreter eines geschäftsunfähigen Ehegatten den Antrag nicht rechtzeitig gestellt, so kann der Ehegatte selbst innerhalb von sechs Monaten nach dem Wegfall der Geschäftsunfähigkeit den Antrag stellen.

(3) Ist die Ehe bereits aufgelöst, so kann der Antrag nicht mehr gestellt werden.

1. Entstehung. Die Vorschrift beruht im Wesentlichen auf dem Entwurf der BReg, Abs III ist auf Vorschlag des Rechtsausschusses eingefügt (vgl BT-Drs 13/9416, 28), die Frist durch G v 23.6.2011 (BGBl I 2011, 1266) geändert worden. Sie entspricht inhaltlich dem früheren Recht (§§ 35, 36 EheG aF). 1

2. Frist. Geregelt wird die Frist für einen Aufhebungsantrag. Gem Abs I ist die Geltendmachung der Aufhebungsgründe des Irrtums, der arglistigen Täuschung und der Drohung nur innerhalb einer **Frist von einem Jahr** möglich. Durch G v 23.6.2011 (BGBl I 2011, 1266) ist die Frist für die Fälle des § 1314 II Nr 4 (Zwangsverheiratungen) auf zwei Jahre verlängert worden. Im Umkehrschluss können **unbefristet alle anderen** in § 1314 I genannten Aufhebungsgründe geltend gemacht werden: der Verstoß gegen die Ehemündigkeit, die fehlende Geschäftsfähigkeit, eine Doppel- oder Verwandtenehe, der Verstoß gegen die Form des § 1311, die vorübergehende Störung der Geistestätigkeit sowie die Scheinehe. Die Frist ist eine von Amts wegen zu berücksichtigende Ausschlussfrist, die weder verzichtbar, verlängerbar noch abkürzbar ist. Sie wird nach § 187 I, § 188 II berechnet und ist gewahrt, wenn der Aufhebungsantrag eingereicht wird. Reicht ein Ehegatte fristgemäß einen Aufhebungs- oder Scheidungsantrag ein, so erhält er sich damit alle bis dahin noch nicht erloschenen Aufhebungsgründe und den Scheidungsgrund (RGZ 104, 155ff; Oldenburg FamRZ 1955, 138). Der Antragsgegner muss, wenn er sich seine Aufhebungsgründe oder den Scheidungsgrund erhalten will, rechtzeitig einen Gegenantrag stellen. Antragsrücknahme oder Verfahrensabweisung machen die Fristwahrung wieder hinfällig. 2

3. Fristbeginn. Gem Abs I S 2 **beginnt** die Frist mit der Entdeckung des Irrtums oder der Täuschung oder dem Wegfall der Zwangslage zu laufen. Maßgebender Zeitpunkt ist der des Entdeckens (vgl hierzu § 1315 Rn 7); der Anfechtungsberechtigte muss von den die Aufhebung rechtfertigenden Tatsachen, ihren Auswirkungen und ihrer wirklichen Tragweite Kenntnis erlangen (RGZ 164, 106). Bloßer Verdacht oder eine Vermutung genügen ebenso wenig wie Kennenmüssen. Bei der arglistigen Täuschung muss der Antragsteller die Täuschungsabsicht des Antragsgegners erkennen (RGZ 65, 89 zu § 123). Die Kenntnis des gesetzl Aufhebungsrechts selbst ist dagegen nicht erforderlich. Für eine zwangsverheiratete Frau beginnt die Jahresfrist mit der Eheschließung (AG Burgwedel FamRZ 2005, 34), was aber dann nicht gelten kann, wenn eine Zwangslage weiter besteht. 3

Für den gesetzl Vertreter eines Geschäftsunfähigen beginnt die Frist erst dann, wenn dem Vertreter die den Fristbeginn begründenden Umstände bekannt werden. Für die Frist und Ablaufhemmung verweist das Gesetz auf die §§ 206, 210. 4

4. Fristversäumnis. Abs II, der dem früheren § 36 EheG aF entspricht, betrifft den Fall, dass der gesetzl Vertreter des aufhebungsberechtigten, aber geschäftsunfähigen Ehegatten die **Antragsfrist versäumt.** Dann kann der Geschäftsunfähige, sobald er verfahrensfähig (dh geschäftsfähig oder zumindest beschränkt geschäftsfähig) geworden ist, binnen einer Frist von sechs Monaten den Aufhebungsantrag selbst stellen. Die sechs Monate berechnen sich ab dem Wegfall der Geschäftsunfähigkeit. War im maßgebenden Zeitpunkt die Antragsfrist noch nicht vollends verstrichen, soll nach einer Ansicht dem nunmehr verfahrensfähigen Ehegatten nur noch der Rest der Antragsfrist zur Verfügung stehen (Johannsen/Henrich/Althammer/*Henrich* Rn 17; Grüneberg/*Siede* Rn 8). Diese Verkürzung der Rechtsmittelfrist für den während des Fristlaufes volljährig Gewordenen ist sachlich nicht gerechtfertigt. Der Wortlaut („nicht rechtzeitig“) wird für ein Ablaufen der Frist in Anspruch genommen. Legt man das Schwergewicht aber auf das Wort „nicht“, lässt sich die sachgerechte Lösung auch unter die Vorschrift subsumieren. Letztlich ist auf den Zweck der Vorschrift abzustellen, den Geschäftsunfähigen vor Nachteilen zu schützen, die durch ein Unterlassen seines gesetzl Vertreters entstanden sind. Auch der Ablauf der Frist zwei Tage nach Wegfall der Geschäftsunfähigkeit ist ein solcher vom Gesetzeszweck umfasster Nachteil, der während der Phase der Geschäftsunfähigkeit entsteht (wie hier Staudinger/*Voppel* Rn 27; Soergel/*Heintzmann* § 36 EheG Rn 4 mN; MüKo/*Wellenhofer* Rn 8). I Erg muss daher mindestens eine Frist von sechs Monaten verbleiben. 5

Abs II gilt nicht für den beschränkt Geschäftsfähigen. Ihm ggü läuft die Frist ab. 6

5. Tod, Scheidung. Der auf Vorschlag des Rechtsausschusses eingefügte **Abs III** beendet die früher str Frage, ob ein Aufhebungsantrag gestellt werden kann, obwohl die Ehe bereits durch Tod oder Scheidung aufgelöst ist. Entspr der Ansicht, die in einem solchen Antrag eine unzulässige Rechtsausübung sah (BGH FamRZ 1996, 1209), ist dieser Antrag unzulässig. Allerdings muss nach einer Scheidung dem potentiell antragsberechtigten Ehegatten die Möglichkeit eingeräumt werden, die modifizierten Rechtsfolgen des § 1318 anstelle der Scheidungsfolgen herbeizuführen (vgl BGHZ 133, 227), da der Gesetzgeber die Stellung des aufhebungsberechtigten Ehegatten nicht hat verschlechtern wollen (Johannsen/Henrich/Althammer/*Henrich* Rn 18; Grü/*Siede* Rn 10). 7

§ 1318 Folgen der Aufhebung

(1) Die Folgen der Aufhebung einer Ehe bestimmen sich nur in den nachfolgend genannten Fällen nach den Vorschriften über die Scheidung.

(2) Die §§ 1569 bis 1586b finden entsprechende Anwendung

1. **zugunsten eines Ehegatten, der bei Verstoß gegen die §§ 1303, 1304, 1306, 1307 oder § 1311 oder in den Fällen des § 1314 Abs. 2 Nr. 1 oder 2 die Aufhebbarkeit der Ehe bei der Eheschließung nicht gekannt hat oder der in den Fällen des § 1314 Abs. 2 Nr. 3 oder 4 von dem anderen Ehegatten oder mit dessen Wissen getäuscht oder bedroht worden ist;**

2. zugunsten beider Ehegatten bei Verstoß gegen die §§ 1306, 1307 oder § 1311, wenn beide Ehegatten die Aufhebbarkeit kannten; dies gilt nicht bei Verstoß gegen § 1306, soweit der Anspruch eines Ehegatten auf Unterhalt einen entsprechenden Anspruch der dritten Person beeinträchtigen würde.

Die Vorschriften über den Unterhalt wegen der Pflege oder Erziehung eines gemeinschaftlichen Kindes finden auch insoweit entsprechende Anwendung, als eine Versagung des Unterhalts im Hinblick auf die Belange des Kindes grob unbillig wäre.

(3) Die §§ 1363 bis 1390 und 1587 finden entsprechende Anwendung, soweit dies nicht im Hinblick auf die Umstände bei der Eheschließung oder bei Verstoß gegen § 1306 im Hinblick auf die Belange der dritten Person grob unbillig wäre.

(4) Die §§ 1568a und 1568b finden entsprechende Anwendung; dabei sind die Umstände bei der Eheschließung und bei Verstoß gegen § 1306 die Belange der dritten Person besonders zu berücksichtigen.

(5) § 1931 findet zugunsten eines Ehegatten, der bei Verstoß gegen die §§ 1304, 1306, 1307 oder § 1311 oder im Falle des § 1314 Abs. 2 Nr. 1 die Aufhebbarkeit der Ehe bei der Eheschließung gekannt hat, keine Anwendung.

Schrifttum: *Roth*, Unterhaltsansprüche nach Eheaufhebung, FS D. Schwab, 2005, 687; *Tinnefeld*, Über den Bedeutungsverlust anfänglicher Ehemängel. Unterhalt, Zugewinnausgleich und Ehegattenerbrecht nach Aufhebung der Ehe gemäß § 1318 BGB, 2007; *Tschernitschek*, Der missglückte § 1318 BGB, FamRZ 1999, 829.

1 **1. Entstehung.** Die wenig übersichtliche Vorschrift beruht auf einem Vorschlag des Rechtsausschusses (BT-Drs 13/9416, 27ff). Sie fasst die Regelungen der früheren §§ 26, 37 EheG aF zusammen, da bei den Rechtsfolgen – entspr der neuen Systematisierung – nicht mehr zw Nichtigkeit und Aufhebbarkeit unterschieden wird. Die Systematik der Folgen wurde völlig geändert.

2 **2. Verweis auf Scheidungsrecht. Abs I** verweist auf das **Scheidungsrecht**, und zwar nicht nur hinsichtl der vermögensrechtl Folgen, sondern auch für die nicht vermögensrechtl. Diese Verweisung stellt eine Rechts**grund**verweisung dar, sodass die Voraussetzungen aus dem Recht der Scheidungsfolgen jew vorliegen müssen. Während aber das frühere Recht grds auf die Scheidungsfolgen verwies und dann die Ausnahmen konkret regelte, geht die neue Vorschrift den umgekehrten Weg, indem sie in den Abs II–V genau anordnet, für welche Fälle die Scheidungsfolgen eintreten sollen. Im Umkehrschluss ergibt sich dann, dass für die verbleibenden Sachverhalte die Scheidungsfolgen nicht eingreifen. Die Regelung will bereits sprachlich die Unterschiedlichkeit von Aufhebbarkeit und Scheidbarkeit hervorheben (Bericht Rechtsausschuss BT-Drs 13/9416, 28). Angesichts der ausführlichen Regelung der Folgen könne die dogmatische Frage, ob die Ehe als von Anfang an unwirksam anzusehen sei oder ob die Aufhebung nur für die Zukunft wirke, hintanstehen (aaO).

3 **3. Unterhalt.** Auf das **Unterhaltsrecht** wird gem **Abs II „zugunsten"** eines Ehegatten verwiesen. Daher stellt sich die Frage, ob der potentielle Unterhaltsschuldner sich auf Vorschriften berufen kann, die zulasten des anderen Ehegatten wirken. Da auf den gesamten Normenbestand verwiesen wird, ist dies zu bejahen, sodass etwa §§ 1579, 1573 V anzuwenden sind. Ob nach einer Aufhebung der Ehe **Unterhaltsansprüche** bestehen, hängt – abgesehen von den allg unterhaltsrechtl Voraussetzungen – entscheidend von der **Gut- oder Bösgläubigkeit der Ehegatten** ab. Gem Abs II Nr 1 besteht der Grundsatz, dass nur der Ehegatte Unterhalt beanspruchen kann, der die Aufhebbarkeit der Ehe nicht gekannt hat. Dies gilt laut Gesetz für die Aufhebungsgründe fehlender Ehemündigkeit und Geschäftsfähigkeit, bei Störung der Geistestätigkeit, der Doppel- und Verwandtenehe, einem Formverstoß gegen § 1311 und bei einem Irrtum darüber, dass es sich um eine Eheschließung handelt. Denkbar ist in diesen Fällen, dass beide Ehegatten gutgläubig waren, mit der Folge, dass auch beide (potentiell) unterhaltsberechtigt sind. Probleme bereiten die Aufhebungsgründe der fehlenden Ehemündigkeit, der Geschäftsunfähigkeit und der Störung der Geistestätigkeit (§§ 1303, 1304, 1314 II Nr 1). Ein **eigener Anspruch** der durch die genannten Vorschriften geschützten Personen hängt nach dem Gesetzeswortlaut von deren Kenntnis vom Aufhebungsgrund ab. Jedoch wurde bereits im Gesetzgebungsverfahren betont, dass in diesen Fällen eine Kenntnis nicht zugerechnet werden könne (BT-Drs 13/4898, 21). Für die Geschäftsunfähigkeit wird dies auch in der Lit allg anerkannt und § 1318 zu Recht dahingehend ausgelegt, dass ein Anspruch unabhängig von der Gutgläubigkeit gegeben sein kann (MüKo/*Wellenhofer* Rn 5; Johannsen/Henrich/Althammer/*Henrich*, Rn 7; RGRK/*Lohmann* Rn 10; *Roth*, FS Schwab, 692f; Staudinger/*Voppel* Rn 21). Für den Minderjährigen wird allerdings am Wortlaut festgehalten (MüKo/*Wellenhofer* Rn 6; Grü/*Siede* Rn 3). Zuvor gewährte auch das frühere Recht Minderjährigen nicht stets einen Unterhaltsanspruch, jedoch stellte § 37 EheG aF auf die Gutgläubigkeit des **anderen Ehegatten** ab, also des potentiell Verpflichteten. Nach der jetzigen Rechtslage geht es aber um die Zurechnung der eigenen Kenntnis, die ein Mindestmaß an geistigen Fähigkeiten voraussetzt. Ob dem Minderjährigen seine Kenntnis zuzurechnen ist, hängt davon ab, ob er die erforderliche Reife besitzt, seine Kenntnis vom Aufhebungsgrund in ihrer Bedeutung zu erfassen und sein Handeln danach auszurichten (ähnl Staudinger/*Voppel* Rn 18). Das wird bei über 16-jährigen meist der Fall sein, ist aber nicht selbstverständlich (vgl *Roth*, FS Schwab, 696).

3a Ein Unterhaltsanspruch **gegen den geschäftsunfähigen oder minderjährigen Ehegatten** hängt von der Gutgläubigkeit des anderen Ehegatten ab. Kannte dieser die Geistesstörung bei Eheschließung nicht oder hielt er fehlerhaft eine gerichtliche Genehmigung (bei § 1303) für erteilt oder nicht für erforderlich, so würde ihm ein Unterhaltsanspruch gegen den Geschäftsunfähigen oder Minderjährigen zustehen. Eine Reihe von Autoren belassen es bei der wortlautgetreuen Auslegung (RGRK/*Lohmann* Rn 10; MüKo/*Wellenhofer* Rn 5; Staudinger/*Voppel* Rn 19). Andere wollen einen Geschäftsunfähigen nicht auf Unterhalt haften lassen (Grü/*Siede* Rn 3; Göppinger/Wax/

Maurer Rn 1212). Diese Bedenken sind berechtigt, da das Gesetz nur formal an die Gutgläubigkeit des anderen Ehegatten anknüpft: Inhaltlich haftet der Verpflichtete, weil er geheiratet hat. Der Unterhaltsanspruch resultiert also letztlich aus einer Willenserklärung, was für die Haftung eines Bewusstlosen und Geschäftsunfähigen abzulehnen und hinsichtl des Minderjährigen rechtspolitisch bedenklich ist. Da aber Minderjährige nicht mehr heiraten können, hat letzteres kaum praktische Bedeutung. Wird die Ehe wegen arglistiger Täuschung oder widerrechtl Drohung aufgehoben, so ist lediglich der getäuschte bzw bedrohte Gatte unterhaltsberechtigt.

Bei einem Verstoß gegen die Eheverbote der Doppelehe oder der Verwandtschaft sowie einem Formverstoß gem 3b
§ 1311 können trotz Bösgläubigkeit beide Ehegatten ggf Unterhaltsansprüche geltend machen. Nicht erwähnt sind die Fälle der Geistesstörung, der Bewusstlosigkeit sowie der Geschäftsunfähigkeit. In diesen Fällen kann ein Unterhaltsanspruch gegeben sein, da den betroffenen Personen eine Kenntnis nicht angelastet werden kann (Begr RegE BT-Drs 13/4898, 21), sodass insoweit keine beiderseitige Bösgläubigkeit gegeben ist.

Kenntnis der Aufhebbarkeit liegt vor bei Kenntnis der Tatsachen, die den Aufhebungsgrund begründen, bei 4
gleichzeitigem Bewusstsein ihrer Bedeutung als Aufhebungsgrund (Staudinger/*Voppel* Rn 15; MüKo/*Wellenhofer* Rn 5; aA Grü/*Siede* Rn 2). Entscheidend ist der Zeitpunkt der Eheschließung, spätere Kenntnis schadet nicht. Die Kenntnis eines wirklich bestehenden Aufhebungsgrundes genügt, auch wenn die Aufhebungsentscheidung sich auf einen anderen stützt (Staudinger/*Voppel* Rn 16; Grü/*Siede* Rn 2). Der Antragsteller hat seine Unkenntnis zu beweisen.

Abs II Nr 2 Hs 2 berücksichtigt den Sonderfall der **Doppelehe**, bei der auch noch ein Dritter (der frühere Ehe- 5
gatte) beteiligt ist. Dessen Ansprüche auf Unterhalt sollen nicht durch entspr Ansprüche des Ehegatten aus der zweiten Ehe beeinträchtigt werden, wenn dieser die Aufhebbarkeit der Ehe kannte. Insoweit geht der Unterhaltsanspruch des Ehegatten aus erster Ehe einem möglichen Unterhaltsanspruch des Ehegatten aus zweiter Ehe vor, schließt letzteren allerdings nicht gänzlich aus, solange der Unterhaltsschuldner entspr leistungsfähig ist. Schließlich stellt Abs II S 2 klar, dass in Härtefällen die **Belange eines gemeinschaftl Kindes** unabhängig von der Frage der Gutgläubigkeit einen Unterhaltsanspruch wegen Pflege und Erziehung des Kindes rechtfertigen können, vorausgesetzt, dass die Versagung sonst grob unbillig wäre. Der BR hatte auf die entspr Rspr zu § 1579 verwiesen (BT-Drs 13/4898, 30).

4. Güterrecht. Gem **Abs III** greifen die Regeln des **ehelichen Güterrechts**, insb der **Zugewinnausgleich** und 6
die Regeln des **Versorgungsausgleichs** ein, um eine schuldrechtl Rückabwicklung der aufgehobenen Ehe zu vermeiden. Der Verweis auch auf §§ 1363–1371 passt nicht, da es in diesen Vorschriften nicht um die Auflösungsfolgen geht (vgl *Johannsen/Henrich/Althammer* Rn 15). Den Besonderheiten der Eheaufhebungstatbestände trägt die Vorschrift eingeschränkt Rechnung, indem sie zum einen die besonderen Umstände bei der Eheschließung (zB Drohung oder arglistige Täuschung) berücksichtigt (oder etwa die Tatsache, dass der Bigamist vorsätzlich eine zweite Ehe eingeht – Karlsruhe NJW-RR 2004, 1514), zum anderen die Belange eines früheren Ehegatten im Fall der Doppelehe (krit *Muscheler* JZ 1997, 1149). Daneben sind auch die Umstände des Einzelfalles in die Billigkeitskontrolle einzubeziehen, etwa die jew Einkommens- und Vermögensverhältnisse und die Dauer der ehelichen Lebensgemeinschaft.

Im Fall der **Doppelehe** gelten für den **VersA** grds keine Besonderheiten, soweit der Ehegatte der Zweitehe gut- 7
gläubig war: Beide Versorgungsausgleichsansprüche stehen unabhängig voneinander (BGH NJW 1983, 178). Sowohl der Ehegatte der Erstehe als auch der (gutgläubige) Ehegatte der Zweitehe können grds den vollen VersA in Anspruch nehmen, so als ob es die jew andere Ehe nicht gäbe. Korrekturen sind gem § 27 VersAusglG möglich. Für die Frage der Unbilligkeit ist auch die Möglichkeit zum Erwerb weiterer Versorgungsanwartschaften für die Beteiligten wichtig (BGH NJW 1983, 178). Daneben können auch „Umstände der Eheschließung" einen Ausschluss begründen.

5. Wohnung, Hausrat. Entspr ordnet **Abs IV** das Eingreifen der §§ 1568a, 1568b an. 8

6. Erbrecht. Das gesetzl Ehegattenerbrecht endet mit Aufhebung der Ehe oder wenn der Verstorbene den (be- 9
gründeten) Antrag auf Aufhebung gestellt hat (§ 1933 I 2). Dagegen steht dem überlebenden Ehegatten einer nur aufhebbaren Ehe das gesetzl Erbrecht zu, da die Aufhebung der Ehe nach dem Tod eines Ehegatten nicht mehr zulässig ist (§ 1317 III), was, so der Gesetzgeber, dem mutmaßlichen Willen des Verstorbenen entspreche (Begr BT-Drs 13/4898, 18; krit *Muscheler* JZ 1997, 1149, insb im Hinblick darauf, dass der Aufhebungsgrund in der Eheunmündigkeit oder Geschäftsunfähigkeit des Verstorbenen bestanden habe).

Nach **§ 1318 V** ist jedoch in Erweiterung des § 1933 (an der systematisch falschen Stelle) das Ehegattenerbrecht 10
ausgeschlossen, wenn der überlebende Gatte den Verstoß gegen die Eheverbote der Doppelehe, der Verwandtschaft, den Verstoß gegen die Form des § 1311 oder die Geschäftsunfähigkeit bzw die Störung der Geistestätigkeit (jew des anderen Ehegatten) bei der Eheschließung gekannt hat. Damit soll sichergestellt werden, dass der bösgläubige überlebende Ehegatte nicht besser gestellt wird, als er stünde, wenn der andere zu Lebzeiten den Aufhebungsantrag gestellt hätte (BT-Drs 13/9416, 33). Eine Lücke besteht allerdings für den Fall, dass die Verwaltungsbehörde den Antrag auf Aufhebung der Ehe stellt und der Ehegatte es unterlässt, einen eigenen Antrag zu stellen, im Vertrauen darauf, dass der Antrag der Verwaltungsbehörde erfolgreich sein werde. Stirbt dieser Ehegatte vor Abschluss des Verfahrens, bleibt das gesetzl Erbrecht des überlebenden (gutgläubigen) Gatten bestehen. Insoweit hätte man an eine Ergänzung des § 1933 I 2 denken können. Das Erbrecht ist nur ausgeschlossen, wenn die Ehe im Zeitpunkt des Todes noch aufhebbar war und nicht, wenn sie etwa durch Bestätigung geheilt war.

11 Überlegt wird, ob die Tatsache, dass der Verstorbene in Kenntnis des Aufhebungsgrundes **bewusst keinen Aufhebungsantrag** gestellt hat, zu einer einschränkenden Auslegung des Abs V drängt (FamRefK/*Wax* § 1318 Rn 20). Soweit die Voraussetzungen des § 1315 vorliegen, ist mangels Aufhebbarkeit der Ehe zum Zeitpunkt des Todes des Ehegatten auch § 1318 V nicht anzuwenden. Der als problematisch geschilderte Fall, dass bei einem Formverstoß (gem § 1311) die Frist des § 1315 II Nr 2 noch nicht abgelaufen ist (FamRefK/*Wax* § 1318 Rn 20), ist hinzunehmen: Der Gesetzgeber hat hier bewusst eine einfache Bestätigung für nicht angemessen gehalten, und diese Wertung sollte auch im Rahmen der Folgen respektiert werden. Kritisiert wird des Weiteren die Wertung des Gesetzgebers, das gesetzl Erbrecht nicht auszuschließen, wenn der Gatte überlebt, der den anderen **arglistig getäuscht** oder ihm widerrechtl gedroht hat, sowie im Fall der Scheinehe. Für die Fälle der Täuschung und Drohung ist diese Kritik berechtigt (ebenso *Tschernitschek* FamRZ 1999, 830), hinsichtl der Scheinehe ist die gesetzgeberische Wertung dagegen nachvollziehbar, da hier beide Ehegatten zusammengewirkt haben.

12 **7. Namensrecht.** Eine spezielle Regelung für das Namensrecht enthält § 1318 nicht. Da Abs I „nur" in den konkret genannten Fällen auf die Scheidungsfolgenregelung verweist, gilt dies für das Namensrecht nicht. § 1355 V wird man nur anwenden können, wenn man das gesamte Namensrecht als Annex zum Eheschließungsrecht ansieht oder die Vorschrift analog anwendet (so MüKo/*Wellenhofer* Rn 17ff; *Hepting/Dutta* III-635ff). Dagegen wird geltend gemacht, dass es an einer bewussten Regelungslücke fehle (Celle FamRZ 2013, 955). Da das BVerfG auch einen erheirateten Namen dem Schutz des APR unterstellt (BVerfG NJW 2004, 1155 = FamRZ 2004, 515 m Anm *Hein*) und der Grundsatz der Namenskontinuität als übergeordnetes Prinzip gilt (*Keuter* FamRZ 2013, 1937), sollte die Beibehaltung des Namens (im Wege verfassungskonformer Auslegung) zulässig sein.

Titel 4
Wiederverheiratung nach Todeserklärung (§§ 1319–1352)

§ 1319 Aufhebung der bisherigen Ehe

(1) Geht ein Ehegatte, nachdem der andere Ehegatte für tot erklärt worden ist, eine neue Ehe ein, so kann, wenn der für tot erklärte Ehegatte noch lebt, die neue Ehe nur dann wegen Verstoßes gegen § 1306 aufgehoben werden, wenn beide Ehegatten bei der Eheschließung wussten, dass der für tot erklärte Ehegatte im Zeitpunkt der Todeserklärung noch lebte.

(2) Mit der Schließung der neuen Ehe wird die frühere Ehe aufgelöst, es sei denn, dass beide Ehegatten der neuen Ehe bei der Eheschließung wussten, dass der für tot erklärte Ehegatte im Zeitpunkt der Todeserklärung noch lebte. Sie bleibt auch dann aufgelöst, wenn die Todeserklärung aufgehoben wird.

1 **1. Entstehung.** Die Fassung beruht auf dem Vorschlag des BR (BT-Drs 13/4898, 31). Abs I entspricht dem früheren § 38 EheG aF, Abs II dem § 39 I EheG aF; das relative Eheverbot des § 39 II EheG aF wurde gestrichen.

2 **2. Wiederheirat.** Für die **Wiederverheiratung im Falle der Todeserklärung** gelten spezielle Regeln, die den allg für Doppelehen bestehenden vorgehen. Wird ein Ehegatte für tot erklärt und geht sein Ehegatte eine neue Ehe ein, so ist diese **neue Ehe** grds **nicht** wegen Verstoßes gegen das Verbot der Doppelehe (§ 1306) **aufhebbar**, wenn der für tot erklärte Ehegatte noch lebt. Voraussetzung ist, dass wenigstens **einer der Ehegatten** im Zeitpunkt der Eheschließung **gutgläubig** war, also nicht gewusst hat, dass der Verschollene die Todeserklärung oder Feststellung der Todeszeit überlebt hat. Fahrlässige Unkenntnis schließt den guten Glauben nicht aus; auch nachträgl erlangte Kenntnis schadet nicht.

3 **3. Auflösung der früheren Ehe.** Gem **Abs II** ist **die erste Ehe** mit der Wiederverheiratung **aufgelöst**, um das Nebeneinanderbestehen von zwei Ehen zu vermeiden und der im Vertrauen auf die staatliche Todeserklärung geschlossenen zweiten Ehe den Vorzug zu geben. Die Wirkungen der neuen Eheschließung bleiben auch bestehen, wenn die Todeserklärung nachträgl aufgehoben wird (Abs II S 2). Die Auflösung der früheren Ehe bleibt ferner wirksam, wenn die neue Ehe durch Tod, Scheidung oder Aufhebung aufgelöst wird (Düsseldorf FamRZ 1965, 612).

4 **4. Ausnahmen.** § 1319 ist nicht anwendbar, wenn die Todeserklärung **vor** Schließung der neuen Ehe wieder aufgehoben worden ist. Er kann auch nicht angewandt werden, wenn die Todeserklärung erst nach der neuen Eheschließung erfolgt oder rechtskräftig geworden ist (BGH NJW 2001, 2394), ebenso wenig, wenn die Wiederverheiratung ohne Todeserklärung aufgrund einer irrig ausgestellten Sterbeurkunde erfolgt ist. In solchen Fällen ist vielmehr die neue Ehe als Doppelehe anzusehen, auch wenn beide Ehegatten bei der Eheschließung gutgläubig waren oder der irrig als tot angesehene Ehegatte nach der Eheschließung verstorben ist (vgl BGH LM Nr 1 zu § 38 EheG; MüKo/*Wellenhofer* Rn 4).

5 **5. Bösgläubigkeit.** Waren beide **Ehegatten** bei der Eheschließung **bösgläubig**, dh haben sie gewusst, dass die Todeserklärung falsch war und der frühere Ehegatte zum Zeitpunkt der neuen Eheschließung noch gelebt hat, ist die **neue Ehe als Doppelehe** nach § 1306 **aufhebbar**, die frühere Ehe nicht aufgelöst (vgl Begr BT-Drs 13/4898, 31 zur missverständlichen Fassung des RegE). Dies gilt auch dann, wenn sie irrtümlich angenommen haben, dass der Verschollene am Tage ihrer Eheschließung nicht mehr gelebt habe. Wenn der frühere Ehegatte nach der Ehe-

schließung stirbt, bleibt die neue Ehe als Doppelehe aufhebbar. Das Gleiche gilt, wenn die frühere Ehe aus irgendeinem Grunde aufgehoben wird.

Ist die neue Ehe wegen Bösgläubigkeit beider Ehegatten aufgehoben worden, so wird durch sie die frühere Ehe nicht aufgelöst. Ist die frühere Ehe wegen beiderseitiger Bösgläubigkeit aufhebbar, bestehen beide Ehen nebeneinander (RGRK/*Lohmann* Rn 12). Vor rechtskräftiger Aufhebung der zweiten Ehe kann der ehemals verschollene Ehegatte eine neue Ehe eingehen, die jedoch mit rechtskräftiger Aufhebung der neuen Ehe des anderen Ehegatten ebenfalls als Doppelehe aufhebbar wird. Andererseits kann der frühere Ehegatte Rechte aus der früheren Ehe gegen seinen Ehegatten erst zu diesem Zeitpunkt geltend machen. Die Rechtslage bei Aufhebung der neuen Ehe wegen Bösgläubigkeit der Ehegatten ist daher insoweit anders als bei sonstigen aufgehobenen Doppelehen, bei denen eine Auflösung der früheren Ehe nicht in Frage kommt und daher angenommen werden kann, dass die voll wirksam bleibende frühere Ehe den Vorrang vor der zweiten Ehe hat, der frühere Ehegatte daher die Rechte aus der ersten Ehe gegen den wiederverheirateten anderen Ehegatten ohne Aufhebung der zweiten Ehe geltend machen kann (LG Tübingen NJW 1950, 389 m Anm *Beitzke*; RGRK/*Wüstenberg* § 23 EheG Rn 30). 6

Zur Stellung des Aufhebungsantrages wegen Bösgläubigkeit beider Ehegatten ist außer der Verwaltungsbehörde und jedem Ehegatten der neuen Ehe auch der frühere Ehegatte berechtigt (§ 1316 I Nr 1). 6a

6. Tod des früheren Ehegatten. Ist der frühere Ehegatte **zur Zeit der Wiederverheiratung** des anderen Ehegatten tatsächlich tot, so ist die neue Ehe, sofern sie nicht aus einem anderen Grunde aufhebbar ist, voll wirksam, auch wenn beide Ehegatten wussten, dass er die Todeserklärung überlebt hatte. Die frühere Ehe ist dann bereits durch seinen Tod aufgehoben und steht daher der Wiederverehelichung nicht entgegen, sodass es auf eine Gut- oder Bösgläubigkeit nicht ankommt. 7

7. Rechtsfolgen. Die **Folgen der Auflösung** der früheren Ehe nach § 1319 II bestimmen sich, soweit das Verhältnis der Ehegatten zueinander in Frage kommt, nicht nach den Vorschriften über die Folgen einer Scheidung. Die erbrechtl Wirkungen der früheren Ehe entfallen. ZT wurde angenommen, dass auch die gegenseitige Unterhaltspflicht der Ehegatten schlechthin erlischt (LSG Essen FamRZ 1962, 376 m abl Anm *Bosch*; AG Bad Schwalbach NJW 1978, 1333 m Hinweis auf die Tatsache, dass bei der Reform des Unterhaltsrechts keine entspr Regelung in den § 38 EheG aF aufgenommen worden sei). Abw davon wurde jedoch in Analogie zu § 61 II EheG aF (bzw nach dem 1. EheRG analog §§ 1569ff) eine beschränkte Unterhaltspflicht des wiederverheirateten Ehegatten bejaht (Hamm FamRZ 1982, 800 mN; Soergel/*Heintzmann* § 39 EheG Rn 4). Allg wird man zugunsten des zu Unrecht für tot erklärten Ehegatten Unterhalt gem §§ 1569ff und VersA gem dem VersAusglG gewähren können (Johannsen/Henrich/Althammer/*Henrich* § 1320 Rn 4). 8

§ 1320 Aufhebung der neuen Ehe

(1) Lebt der für tot erklärte Ehegatte noch, so kann unbeschadet des § 1319 sein früherer Ehegatte die Aufhebung der neuen Ehe begehren, es sei denn, dass er bei der Eheschließung wusste, dass der für tot erklärte Ehegatte zum Zeitpunkt der Todeserklärung noch gelebt hat. Die Aufhebung kann nur binnen eines Jahres begehrt werden. Die Frist beginnt mit dem Zeitpunkt, in dem der Ehegatte aus der früheren Ehe Kenntnis davon erlangt hat, dass der für tot erklärte Ehegatte noch lebt. § 1317 Abs. 1 Satz 3, Abs. 2 gilt entsprechend.

(2) Für die Folgen der Aufhebung gilt § 1318 entsprechend.

1. Entstehung. Die Vorschrift beruht auf dem Vorschlag des BR (BT-Drs 13/4898, 31), Abs I S 1 entspricht dem früheren § 39 I EheG aF. 1

2. Aufhebung. Nur der wiederverheiratete gutgläubige Ehegatte kann eine Aufhebung der neuen Ehe mit Wirkung für die Zukunft verlangen. Ein Wiederaufleben der früheren Ehe kann daher nicht eintreten, die Ehegatten der früheren Ehe müssen vielmehr, wenn sie ihre Ehe wiederherstellen wollen, neu heiraten. Die in § 1319 angeordnete Aufhebung der früheren Ehe kann für den zur Zeit seiner Wiederverheiratung gutgläubigen Ehegatten schwere Gewissenskonflikte zur Folge haben, wenn er nachträgl erfährt, dass sein früherer Ehegatte noch lebt. Daher gibt das Gesetz dem **gutgläubig wiederverheirateten Ehegatten die Möglichkeit, die Aufhebung der neuen Ehe zu verlangen.** Voraussetzung ist, dass der frühere Ehegatte lebt und die neue Ehe noch besteht. Ob der zurückgekehrte Ehegatte die Wiederheirat wünscht oder tatsächlich in der Lage ist, die Ehe einzugehen, ist bedeutungslos, weil der zurückgebliebene Ehegatte die Aufhebung hauptsächlich wegen eines Gewissenskonflikts oder wegen religiöser Bedenken verlangen können soll. Der frühere Ehegatte hat ebenso wenig wie der andere Ehegatte der neuen Ehe das Recht, die Aufhebung der neuen Ehe nach § 1320 herbeizuführen. 2

3. Frist. Wie bei § 1317 besteht eine **Jahresfrist** für die Stellung des Aufhebungsantrags, die mit Kenntniserlangung von der Tatsache beginnt, dass der für tot erklärte Ehegatte noch lebt. Abs I S 4 verweist auf die allg verjährungsrechtl Vorschriften. 3

4. Wiedererlangung der Eheschließungsfreiheit. In Abs II wurde das frühere relative Eheverbot, wonach der die Aufhebung begehrende Ehegatte nur eine Ehe mit dem früheren Ehegatten wieder eingehen konnte, gestrichen. Nach Meinung des Gesetzgebers hatte dieses Verbot bereits in der Vergangenheit Schwierigkeiten mit sich gebracht, wenn eine möglicherweise beabsichtigte Wiederheirat des Heimkehrers unmöglich oder unzumutbar geworden war. Zudem sei es seit der Änderung des Scheidungsrechts ohne Probleme möglich gewesen, das an die Aufhebung geknüpfte Eheverbot durch eine Scheidung zu umgehen (Begr RegE BT-Drs 13/4898, 22). Durch 4 die Aufhebung der zweiten Ehe erhält somit der gutgläubige Ehegatte seine volle Eheschließungsfreiheit zurück. IÜ verweist Abs II für die Folgen der Aufhebung auf § 1318, sodass **grds** die **Scheidungsfolgen** eingreifen. Allerdings kann der zweite Ehegatte, falls er bösgläubig ist, keinen Unterhalt verlangen.

5 **5. Verhältnis zu Aufhebung, Scheidung.** Neben dem Aufhebungsanspruch aus § 1320 gelten auch die allg Aufhebungs- und Scheidungsgründe. Der gutgläubig wiederverheiratete Ehegatte kann daher zB, wenn der andere Ehegatte bei der Eheschließung bösgläubig war, die Aufhebung der neuen Ehe uU auch nach § 1314 II Nr 3 wegen arglistiger Täuschung verlangen.

§§ 1321–1352 (weggefallen)

Titel 5
Wirkungen der Ehe im Allgemeinen (§§ 1353–1362)

Vorbemerkung vor § 1353

1 **I. Regelungen in Bezug auf Ehegatten. 1. Systematische Übersicht.** §§ 1353–1362 enthalten das Recht der allg Ehewirkungen in persönlicher und vermögensrechtl Hinsicht, das für alle Ehen unabhängig vom Güterstand gilt. Die allg wirkenden Regelungen wurden vom Gesetzgeber nur zurückhaltend formuliert, da die Gestaltung der persönlichen und vermögensrechtl Beziehungen den Ehegatten im Prinzip freigestellt sein soll. Zwingende Grundsätze sind daher „nur" die **Einehe**, das **Lebenszeitprinzip** (BVerfG FamRZ 1980, 323), die **gegenseitige Treue** und die **prinzipielle Gleichberechtigung** der Ehegatten. Die Ehe berührt die Geschäfts- und Prozessfähigkeit der Ehegatten nicht. Grds kann nur ein Volljähriger eine Ehe eingehen, Befreiung kann nach Vollendung des 16. Lebensjahres erteilt werden, wenn der Partner volljährig ist (§ 1303). Ein Minderjähriger wird durch die Eheschließung nicht mündig; er wird durch seinen gesetzl Vertreter, nicht durch den Ehepartner, vertreten (vgl aber § 8 II, §§ 1458, 1633).

1a Durch den vom BR vorgelegten Entwurf eines Gesetzes zur Einführung des **Rechts auf Eheschließung für Personen gleichen Geschlechts** v 11.11.2015 (BT-Drs 18/6665) sollte das Recht auf Eheschließung auch für gleichgeschlechtliche Paare eingeführt werden. In der Folge wurden vergleichbare Gesetzesentwürfe zur Abschaffung des Eheverbots für gleichgeschlechtliche Paare eingebracht (BT-Drs 18/8; 18/5098). Die Vorlagen wurden im Wesentlichen damit begründet, dass die Verwehrung der Eheschließung für gleichgeschlechtliche Paare „eine konkrete und symbolische Diskriminierung von Menschen aufgrund ihrer sexuellen Identität darstelle". Zu einer Annahme der Gesetzesentwürfe ist es in der Folgezeit indes nicht gekommen. Am 28.6.2017 hat der Ausschuss für Recht und Verbraucherschutz empfohlen, den Gesetzesentwurf auf BT-Drs 18/6665 anzunehmen und die übrigen Gesetzesentwürfe für erledigt zu erklären (BT-Drs 18/12989). Der Gesetzesentwurf ist in der BT-Sitzung v 30.6.2017 mit einer Mehrheit von 393 Stimmen angenommen worden und inzwischen Gesetz geworden (G zur Einführung des Rechts auf Eheschließung für Personen gleichen Geschlechts v 20.7.2017 (BGBl I 2017, 2787, **„Ehe für alle"**). Dies führte ua zu einer Änderung des § 1353 I dahingehend, dass die Ehe von „zwei Personen verschiedenen oder gleichen Geschlechts auf Lebenszeit geschlossen" wird. Es bleibt abzuwarten, ob sich das BVerfG mit der Verfassungsmäßigkeit des Gesetzes beschäftigen wird (zum Eheverständnis des BVerfG s Einl § 1297 Rn 10).

2 Am Anfang des 5. Titels steht die **Generalklausel** des § 1353 I mit der Verpflichtung zur ehelichen Lebensgemeinschaft und zur gegenseitigen Verantwortung. § 1353 begründet Rechte und Pflichten der Ehegatten; es handelt sich um echte, auch einklagbare Rechtspflichten, die indessen im persönlichen Bereich nicht vollstreckbar sind (§ 120 III FamFG). Die Härteklauseln des Unterhaltsrechts und beim Zugewinnausgleich (§§ 1579, 1381) gewähren hier mittelbare Sanktionen. Die eheliche Lebensgemeinschaft wird durch die Aufnahme der häuslichen Gemeinschaft realisiert. Zu den Pflichten aus der ehelichen Lebensgemeinschaft gehören grds die Geschlechtsgemeinschaft, die Pflicht zur ehelichen Treue, die Überlassung und die Mitbenutzung der Ehewohnung und des Hausrats. Die Ehegatten sind einander umfassend zur Rücksichtnahme verpflichtet. Von besonderer Bedeutung ist das **Rücksichtnahmegebot in vermögensrechtl Hinsicht**. Es ergeben sich Schutz- und Fürsorgepflichten, die auch über die Scheidung hinaus Nachwirkungen entfalten können. Aus dem Rücksichtnahmegebot wird schließlich die Sittenwidrigkeit von vermögensrechtl Verträgen unter den Ehegatten abgeleitet, wenn ein Ehegatte den anderen unter Ausnutzung der ehelichen Verbundenheit zum Abschluss eines wirtschaftl nachteiligen Vertrags veranlasst. Zur Sittenwidrigkeit von Bürgschaftsverträgen unter Ehegatten s § 1353 Rn 16. Durch Verletzung einer derartigen Rücksichtnahmepflicht kann sich auch ein Anspruch auf Schadensersatz, zB Vertragsaufhebung oder -anpassung aus § 311 II Nr 1, § 280 I ergeben (dazu *Kroll-Ludwigs* JbJZivRWiss 2006, 118).

3 Im strafrechtl Sinne ergibt sich aus der Verpflichtung zur ehelichen Lebensgemeinschaft die Garantenstellung gem § 13 StGB; das Notwehrrecht unter Eheleuten kann unter besonderen Umständen eingeschränkt sein.

4 Die Ehegatten sind selbst dafür verantwortlich, wie sie ihre vermögensrechtl Verhältnisse regeln; das Gesetz gibt dazu kein Ehemodell mehr vor (bis zum 1. EheRG von 1976 war die sog Hausfrauenehe das gesetzl Leitbild). § 1356 bestimmt, dass hinsichtl der Haushaltsführung Einvernehmen hergestellt werden muss. Grds kommen

drei Ehemodelle in Betracht: 1. Die **Alleinverdienerehe**, 2. die **Doppelverdienerehe**, 3. die **Zuverdienstehe** (zu weiteren Ehemodellen s *Langenfeld/Milzer*, Hdb Eheverträge, 2019, § 4). Dabei haben grds beide Ehegatten das Recht auf Erwerbstätigkeit, müssen aber bei der Wahl und der Auswahl des Berufs auf die Belange des Partners/der Familie Rücksicht nehmen. UU kann sich aus § 1353 I 2 oder auch unterhaltsrechtl eine Pflicht des einen zur Mitarbeit im Betrieb oder im Geschäft des anderen Ehegatten ergeben.

5 Die Regelung zum **Ehenamen** hat sich in den letzten Jahren geändert, **§ 1355**. Der Zwang zu einem Ehenamen ist entfallen, die Ehegatten **sollen** einen gemeinsamen Ehenamen führen, der der Geburtsname oder der zZt der Eheschließung geführte (ggf erheiratete) Name des einen oder des anderen Ehegatten sein kann. Allerdings müssen die Ehegatten keinen Ehenamen annehmen. Geben sie bei der Eheschließung keine Erklärung ab, führen sie ihre Namen nach der Eheschließung weiter.

6 Die **Haftungsminderung** gem **§ 1359** resultiert ebenfalls aus der Rücksichtnahmepflicht aus § 1353 I 2. § 1359 regelt nur den Haftungsmaßstab. Die Vorschrift gilt grds nur im Rahmen der ehelichen Pflichten einschl evtl konkurrierender deliktischer Ansprüche, nicht dagegen in Rechtsverhältnissen, die die Ehegatten wie Dritte miteinander eingehen: Hauptfälle ergeben sich aus dem Gesellschaftsrecht, dem Arbeitsrecht und in richterlicher Rechtsfortbildung auch dem Straßenverkehrsrecht (BGHZ 53, 352, 355).

7 Im **Verhältnis zu Dritten** wirkt vor allem **§ 1357**, der jedem Ehegatten die Rechtsmacht verleiht, den anderen bei Geschäften zur angemessenen Deckung des Lebensbedarfs mitzuverpflichten. Es handelt sich hierbei um ein familienrechtl Institut sui generis. Über die Vorschrift hinaus begründet die Ehe kein **allg Vertretungsrecht** zw den Ehegatten, weder gerichtlich (RGZ 68, 146) noch außergerichtlich (BGH NJW 1994, 1649). Jeder Ehegatte bedarf zur **Vertretung des anderen grds einer Vollmacht**. Allerdings ist häufig stillschw Bevollmächtigung des einen Ehegatten durch den anderen anzunehmen (RGZ 135, 208).

8 **§ 1362** enthält eine Eigentumsvermutung und dient dem Schutz der Gläubiger gegen eine Verschleierung der wahren Eigentumsverhältnisse sowie vor einer – auch unbeabsichtigten – Vermischung der Eigentumslagen. Er ergänzt § 739 ZPO. Der Ehegatte, in dessen Besitz sich eine Sache befindet, wird als alleiniger Eigentümer angesehen. Für eine Räumungsvollstreckung muss der Gläubiger aber einen Titel gegen jeden Mitbesitzer erwirken (LG Hamburg/LG Mannheim NJW-RR 1993, 274; Oldenburg JuS 1994, 891).

9 **2. Schenkungen. Schenkungen zw Ehegatten** sind zulässig; inwieweit sie der Form des Ehevertrags bedürfen oder sonstige Rechtsfolgen haben, richtet sich nach dem Güterrecht (vgl §§ 1380, 1418); uU greifen auch Sonderbestimmungen der Insolvenzordnung (§ 37 InsO) und des AnfG ein. Die durch die Ehe begründeten sittlichen Bindungen können den Ehegatten die Ausübung von Vermögensrechten im Einzelfall verbieten.

II. Die nichteheliche Lebensgemeinschaft

Schrifttum: *Bühlow*, Die eheähnliche Lebensgemeinschaft als sozialrechtliche Bedarfsgemeinschaft, NZFam 2021, 400; *Coester*, Nichteheliche Elternschaft und Sorgerecht, FamRZ 2007, 1137; *Dethloff*, Gutachten zum 67. Deutschen Juristentag 2008, A 143; *Dethloff/Timmermann/Leven*, Verantwortungsgemeinschaften im Recht, NJW 2022, 3056; *Eckebrecht*, Die Stiefkindadoption in nichtehelichen Familien, NJW 2020, 420; *Eckert/Kroiß*, Das Erbrecht und die nichteheliche Lebensgemeinschaft, NJW 2012, 3768; *Elden*, Nichteheliche Lebensgemeinschaft im Steuerrecht, insbesondere im Erb- und Schenkungssteuerrecht, NZFam 2021, 405; *Elden*, Mietverhältnis zwischen Mitgliedern einer nichtehelichen Lebensgemeinschaft, NZFam 2018, 335; *Emmerich*, Rechtsprechungsübersicht – Sittenwidrigkeit von Bürgschaften naher Angehöriger, JuS 2000, 494; *Galinski*, Grundbucheinsicht und Ausgleichsansprüche in nichtehelicher Lebensgemeinschaft, NZFam 2018, 1007; *Graba*, Unterhaltsansprüche vor und nach der Heirat nichtehelicher Eltern, NZFam 2017, 488; *Grotkamp*, Das Recht zum Besitz in der nichtehelichen Lebensgemeinschaft – der Grundsatz der Nichtausgleichung auf dem Prüfstand, AcP 216 (2016), 584; *Grziwotz*, Möglichkeiten einer vertraglichen Regelung, NZFam 2021, 410; *Grziwotz*, Die nichteheliche Lebensgemeinschaft, MDR 2018, 833, 907; *Grziwotz*, Nichteheliche Lebensgemeinschaft, 5. Aufl 2014; *Helms*, Öffnung der Stiefkindadoption für nichteheliche Lebensgemeinschaften und Reform des Internationalen Adoptionsrechts, FamRZ 2020, 645; *Huber*, Freibetrag für nichteheliche Lebensgefährten bei Verfahrenskostenbeihilfe, NZFam 2018, 905; *Kampen*, Haftungsrechtliche Aspekte der nichtehelichen Lebensgemeinschaft, NJW 2016, 1046; *Löhnig/Würdiger*, Eigentums- und Gewahrsamsvermutung bei nichtehelichen Lebensgemeinschaften, FamRZ 2007, 1856; *Moes*, Der Vermögensausgleich bei aufgelöster Lebensgemeinschaft, FamRZ 2016, 757; *Panz*, Der bedingte Übertragungsvertrag bei Erwerb eines Eigenheims durch nichteheliche Lebenspartner, BWNotZ 2021, 445; *v Proff*, Ende des Ausgleichsverbots bei gescheiterter nichtehelicher Lebensgemeinschaft NJW 2008, 3266; *v Proff*, Immobilienerwerb in der nichtehelichen Lebensgemeinschaft, NotBZ 2010, 73; *Schlünder/Geißler*, Schenkungssteuer bei der Immobilienfinanzierung durch nichteheliche Lebenspartner, ZEV 2007, 64; *Schmidt*; Kinder in nichtehelicher Lebensgemeinschaft, NZFam 2021, 390; *Schulz*, Ausgleich gegenseitiger Leistungen bei Scheitern der nichtehelichen Lebensgemeinschaft FPR 2010, 373; *Sikora/Sommer*, Gestaltungsfragen bei Immobilienerwerb durch nichteheliche Lebensgemeinschaften und Ehegatten – Teil 1, MittBayNot 2020, 415; Teil 2, 537; *Steinbach/Helms*, Stabilität nichtehelicher Lebensgemeinschaften aus soziologischer Perspektive vor dem Hintergrund des neuen § 1766a BGB, FamRZ 2020, 476; *Süsskind*, Gleichbehandlung von eheähnlichen und lebenspartnerschaftsähnlichen Gemeinschaften im Rahmen der Gewährung von Grundsicherung im Alter und bei Erwerbsminderung, NZS 2020, 117; *Teklote*, Stiefkindadoption in nichtehelichen Lebensgemeinschaften nach neuem Recht, NZFam 2020, 409; *Weinreich*, Die nichteheliche Lebensgemeinschaft – ihr Bestehen und ihre Auflösung – Teil 1: FuR 2021, 127; Teil 2: FuR 2021, 185; *Wellenhofer*, Die Vermögensauseinandersetzung nichtehelicher Lebensgemeinschaften bei Trennung der Partner, NZFam 2021, 381; *Wellenhofer*, Rechtliche Regelungen für nichteheliche Lebensgemeinschaften? – Überlegungen zu einem Regelungsvorschlag, FamRZ 2020, 1989; *Wever*, Die ehebezogene Zuwendung in der Vermögensauseinandersetzung, FamRZ 2021, 329.

10 **1. Überblick zum Rechtsrahmen.** Die **nichteheliche oder eheähnl Lebensgenmeinschaft** ist fester Bestandteil des sozialen Lebens und inzwischen gesellschaftlich akzeptiert. Sie ist in zahlreichen Fällen als **alternative Lebensform** an die Stelle der Ehe getreten. Der Anteil nichtehelichen Lebensgemeinschaften an den Familien ist von 3,8 % im Jahr 1996 auf 9 % in 2018 gestiegen (Quelle: Statistisches Jb 2019, Kap 2 Bevölkerung). Besonders

in den neuen Bundesländern ist die nichteheliche Lebensgemeinschaft weit verbreitet (18,4 % zu 7 % in 2018, Quelle: Statistisches Jb 2019, Kap 2 Bevölkerung), so dass hier sogar die Landesverfassungen andere „häusliche Gemeinschaften" als die Ehe ausdrückl in ihren Schutzbereich einbeziehen, soweit in ihnen Kinder erzogen werden, Landesverfassungen Sachsen-Anhalt (Art 24), Sachsen (Art 22 II) und Thüringen (Art 17 II). Die nichteheliche Familie genießt den Schutz des Art 6 I GG (BVerfG NJW 2013, 847).

11 Auch die Bundesgesetzgebung erwähnt die nichteheliche Lebensgemeinschaft in einigen Gesetzen explizit, so in § 20 SGB XII, § 24b III 3 EStG und § 174 Nr 3 StGB, doch versäumt sie es, eine gesetzl **Definition** anzubieten (vgl zum Begriff der „lebenspartnerschaftsähnl Gemeinschaft" in § 174 Nr 3 StGB BGH NJW 2018, 2139). Deshalb hat die Rspr diese Aufgabe übernommen. Nach ihr muss die Bindung der Partner einer nichtehelichen Lebensgemeinschaft so eng sein, dass sie „ein gegenseitiges Einstehen der Partner füreinander begründet, also über die Beziehungen in einer reinen Haushalts- und Wirtschaftsgemeinschaft hinausgeht" (BVerfG FamRZ 1993, 164). Die nichteheliche Lebensgemeinschaft unterscheidet sich von der Ehe insb dadurch, dass „sich die Partner keinen verbindlichen Normen unterwerfen" (BVerfG NJW 2019, 1793). Die familienrechtl Vorschriften, die das Verhältnis nicht verheirateter Paare betreffen (zB § 1615l) knüpften an das „gemeinsame Elternsein" an, ohne jedoch eine „gegenseitige Einstandspflicht als Paar" zu begründen (BVerfG NJW 2019, 1793).

12 Für **homosexuelle Gemeinschaften** existiert das **Rechtsinstitut der eingetragenen Lebenspartnerschaft.** S dazu Rn 39ff. Der EGMR hat zu einem österreichischen Fall entschieden, dass verschiedengeschlechtlichen Paaren das Institut der eingetragenen Partnerschaft nicht offensteht, da diese die Ehe eingehen könnten und die Partner sich folglich nicht in einer vergleichbaren Situation wie ein gleichgeschlechtliches Paar, das eine rechtl Anerkennung seiner Beziehung nur in Form einer eingetragenen Partnerschaft erlangen könne, befänden (EGMR NZFam 2018, 15 m Anm *Kaesling*). Damit wird deutlich, dass die EMRK nicht die Einführung der „Ehe für alle" in den Vertragsstaaten gebietet (*Kaesling* NZFam 2018, 15, 18). In Deutschland steht gleichgeschlechtlichen Paaren die **Ehe** als Institut allerdings mittlerweile offen (Rn 1a).

13 Im **Sozialrecht** wird der Begriff der „eheähnl" Lebensgemeinschaft weiter gefasst. Hier reicht im Allg das Bestehen einer reinen Wohn- und Wirtschaftsgemeinschaft aus, um die gesetzl Folgen auszulösen (§ 7 III Nr 3 SGB II). Damit soll Art 6 I GG Rechnung getragen und eine Benachteiligung der Ehe ggü anderen Formen des Zusammenlebens im Hinblick auf staatliche Gewährleistungen verhindert werden (dazu *Gernhuber/Coester-Waltjen* § 43 I Rn 2 mwN). Deshalb werden in eheähnl Gemeinschaft lebende Partner wie Eheleute behandelt. Unerheblich ist dabei, ob ein Partner noch anderweitig verheiratet ist, VGH Mannheim NJW 1996, 2478. Auch nicht dauernd getrenntlebende Ehegatten bilden eine Bedarfsgemeinschaft iSv § 7 III Nr 3a SGB II (*Bülow* NZFam 2021, 400, 402). Voraussetzung ist allerdings, dass sich die Partner einer Gemeinschaft so sehr füreinander verantwortlich fühlen, dass sie zunächst den gemeinsamen Lebensunterhalt sicherstellen, bevor sie ihr persönliches Einkommen zur Befriedigung eigener Bedürfnisse einsetzen (LSG NRW 22.12.2015 – L 7 AS 1619/15 B ER; SG Augsburg 6.9.2016 – S 15 AS 697/16). Die vom BSG (NJW 2013, 957) entwickelten drei Elemente haben mittlerweile teilw Eingang in § 7 II, III SGB II gefunden: Partner müssen in einem gemeinsamen Haushalt zusammenleben und zwar so, dass nach verständiger Würdigung der wechselseitige Wille anzunehmen ist, Verantwortung füreinander zu tragen und füreinander einzustehen (Einstandswille). Gem § 7 IIIa SGB II wird ein derartiger Wille vermutet, wenn die Partner länger als ein Jahr (Nr 1) oder mit einem Kind zusammenleben (Nr 2) bzw wenn Kinder oder Angehörige im Haushalt versorgt werden (Nr 3) oder befugt sind, über Einkommen oder Vermögen des anderen zu verfügen (Nr 4). Dabei hat das Vorliegen einer eheähnl Gemeinschaft für jeden Bewilligungszeitraum gesondert zu erfolgen; die Beurteilung eines früheren Bewilligungszeitraums als eheähnl Gemeinschaft hat keine Bindungswirkung für nachfolgende Zeiträume (LSG Bayern 2.8.2016 – L 7 AS 461/16 B ER). Erforderlich ist das Führen eines gemeinsamen Haushalts in Form einer Wohn- und Wirtschaftsgemeinschaft (*Bülow* NZFam 2021, 400, 402). Regelmäßige Aufenthalte und Übernachtungen im Haus des Partners, ohne Begründung eines gemeinsamen Hausstandes, rechtfertigen beim Fortbestehen eigener Wohnsitze nicht die Annahme einer häuslichen Gemeinschaft (Nürnberg 13.5.2015 – 4 U 1839/14). Aus der sozialrechtl Gleichstellung von Ehegatten und nichtehelichen Partnern sind aber **keine Rückschlüsse für zivilrechtl Fragen** erlaubt. Es wird eine besondere sozialrechtl Zielsetzung verfolgt, die kein grds Arg für die rechtl Gleichbehandlung von nichtehelichen Lebensgemeinschaften und der Ehe liefert (BVerwG ZMR 1978, 221 für den Anspruch auf Wohngeld).

14 **2. Unterschiede zu Ehegatten.** Rechtl Probleme ergeben sich aus der Beziehung solcher Gemeinschaften und ihrer Mitglieder zu Dritten, aus dem Verhältnis der Partner untereinander während bestehender Gemeinschaft und vor allem aus der Abwicklung aufgelöster Beziehungen (vgl *Dethloff* § 8 Rn 6ff). Die nichteheliche Lebensgemeinschaft gilt im Rechtssinne nicht etwa als **faktische Ehe.** Damit sind die Vorschriften des allg Eherechts (§§ 1353ff) auf die rechtl Beziehungen der Partner nicht anwendbar. Gleiches gilt für die Vorschriften des LPartG. Es fehlt hier schon an einer planwidrigen Regelungslücke (*Dethloff* § 8 Rn 5). Denn die Begründung eines institutionalisierten, rechtsgebundenen Verhältnisses ist hier idR gerade nicht gewollt, BGH FamRZ 1983, 1213; 2008, 1822. Einer umfassenden analogen Anwendung des Eherechts würde zudem Art 6 I GG entgegenstehen. Dem steht aber nicht entgegen, dass Judikative und Legislative durchaus einzelne Regelungen zum Schutz der nichtehelichen Lebensgemeinschaft entwickeln können. Denn das Fördergebot für die Ehe kann nicht als Benachteiligungsgebot für andere Lebensformen verstanden werden (MüKo/*Wellenhofer* Anh § 1302 Rn 8). So begründet die nichteheliche Lebensgemeinschaft etwa kein gesetzl Besitzmittlungsverhältnis iSd § 930 (München NJW 2013, 3525; im Einz *Grotkamp* AcP 216, 584, 597ff). Rechtspolitisch steht seit dem Koalitionsvertrag

der „Ampel"-Koalition die Schaffung eines eigenen Rechtsinstituts der „Verantwortungsgemeinschaft" im Raum (zur mögl Ausgestaltung *Dethloff/Timmermann/Leven* NJW 2022, 3056, 3059f).

Große Unterschiede zw ehelichen und nichtehelichen Lebensgemeinschaften bestanden lange Zeit im Bereich der **Stiefkindadoption.** Gem § 1754 I, II, § 1755 I 1, II ist eine Stiefkindadoption nur dann möglich, wenn der Stiefelternteil mit dem rechtl Elternteil verheiratet ist; in nichtehelichen Lebensgemeinschaften kann der Partner des rechtl Elternteils dessen Kinder nicht adoptieren. Nach Ansicht des BVerfG verstieß diese Rechtslage in nicht gerechtfertigter Art und Weise gegen Art 3 I GG (anders noch BGH NJW 2017, 1672). Zwar dürfe der Gesetzgeber im Adoptionsrecht die Ehelichkeit der Elternbeziehung als „positiven Stabilitätsindikator" verwenden (BVerfG NZFam 2019, 473 m Anm *Löhnig*). Der generelle Ausschluss der Adoption von Stiefkindern in nichtehelichen Familien sei hingegen nicht zu rechtfertigen, da er kein Spezifikum nichtehelicher Familien darstelle (BVerfG NZFam 2019, 473). Langfristig angelegte und stabile Beziehungen existierten auch in nichtehelichen Stiefkindfamilien (BVerfG NZFam 2019, 473). Der Schutz des Stiefkindes vor einer nachteiligen Adoption lasse sich auf andere Weise hinreichend wirksam sichern, zB Stiefkindadoptionen auch in nichtehelichen Partnerschaften zu ermöglichen, „wenn die Beziehung der Eltern Stabilität verspricht" (BVerfG NZFam 2019, 473). Am 31.3.2020 trat das „Gesetz zur Umsetzung der Entscheidung des Bundesverfassungsgerichts v 26.3.2019 zum Ausschluss der Stiefkindadoption in nichtehelichen Familien" in Kraft (BGBl I 2020, 541). Durch dieses wurde § 1766a ins BGB eingeführt. Danach ist eine Stiefkindadoption in „verfestigten Lebensgemeinschaften", die sich insb durch eine bestimmte Dauer auszeichnen (Abs II), zulässig (Einzelheiten bei *Teklote* NZFam 2020, 409, 411). 14a

Solange die nichteheliche Lebensgemeinschaft besteht, können die Partner ihre persönlichen und vermögensrechtl Verhältnisse durch **vertragl Vereinbarungen** autonom regeln, sog Partnerschaftsverträge (*Dethloff/Timmermann/Leven* NJW 2022, 3056, 3058f; *Grziwotz*, NZFam 2021, 410; *Rottmann*, Ehe- und Partnerschaftsverträge, 2006). Derartige Regelungen sind heute nur insoweit als nichtig anzusehen, als einzelne Bestimmungen gegen die **guten Sitten** (§ 138) verstoßen. So bspw dort, wo sie zu einer unverhältnismäßigen wirtschaftl Abhängigkeit für die Zukunft führen (vgl dazu Köln FamRZ 2001, 1608). Darüber hinaus gilt der verfassungsrechtl geschützte Grundsatz der Privatautonomie (Art 2 I GG). Höchstpersönliche Vereinbarungen, die das individuelle Selbstbestimmungsrecht betreffen, sind frei widerruflich (*Dethloff* § 8 Rn 8). Bei **Verfügungen von Todes** wegen gilt dies solange, wie nicht der ausschließliche Zweck verfolgt wird, den Ehegatten oder die Kinder aus einer noch bestehenden Ehe zu benachteiligen (BGH FamRZ 1969, 323; 1970, 368). Grds bestehen auch gegen **Unterhaltsverträge** keine rechtl Bedenken (vgl auch *Battes* ZHR 143, 385), allerdings wird das Bestreben der nichtehelichen Lebensgemeinschaft in der Praxis vielfach darauf ausgerichtet sein, keine so umfassende bindende Regelung zu treffen. Die Grundlage von Unterhaltsansprüchen kann stets nur der Vertrag selbst sein, vgl auch BGH JZ 1986, 239 m Anm *Battes*; Unterhaltsansprüche entspr §§ 1569ff zB müssen daher ausdrückl vereinbart sein (im Einz auch MüKo/*Wellenhofer* Anh § 1302 Rn 37; *Graba*, NZFam 2017, 488). Mit Blick auf die gemeinsame Nutzung eines im Alleineigentum eines der Partner stehenden Familienheims kann sich der Abschluss eines (bedingten) Übertragungsvertrags anbieten (Einzelheiten *Panz* BWNotZ 2021, 445). Für die Rückzahlung der Beiträge des nicht dinglich berechtigten Lebensgefährten bei Trennung s die Gestaltungsvorschläge bei *Sikora/Sommer* MittBayNot 2020, 415). 15

Werden Vereinbarungen für den Fall der Trennung geschlossen, finden die gesetzl Vorschriften des **Güterrechts oder des Versorgungsausgleichs keine analoge Anwendung.** Grds unterliegen solche Zahlungsversprechen auch keinem Formgebot, Köln FamRZ 2001, 1608. Allerdings gehört die Möglichkeit zur jederzeitigen Beendigung der Beziehung zum Charakter der nichtehelichen Lebensgemeinschaft, dem Rechnung getragen werden muss (krit zum Grundsatz der Nichtausgleichung *Grotkamp* AcP 216, 586). 16

3. Bestehende nichteheliche Lebensgemeinschaft. a) Gesetzl Unterhaltspflichten existieren nicht. Eine **Ausnahme regelt § 1615l I**, der die Betreuung des Kindes durch einen Elternteil sichern will. Die Vorschrift verpflichtet den nichtehelichen Vater (dessen Vaterschaft feststehen muss, Celle FamRZ 2005, 747) zur Übernahme der Kosten für die Schwangerschaft und die Entbindung; daneben besteht ein **„ordentlicher" Unterhaltsanspruch** der Mutter für den Zeitraum der 14 entbindungsnahen Wochen. Die Schutzfristen stimmen mit den Fristen in § 3 I, II MuSchG überein und dienen als Schutz für die nicht abhängig beschäftigte oder nicht versicherungspflichtige Mutter, die somit keinen Anspruch auf Mutterschaftsgeld hat und bedürftig ist. Weiter sieht § 1615l II 2 ua einen Anspruch der Mutter auf Betreuungsunterhalt für mindestens drei Jahre (S 3) nach der Geburt des Kindes vor, wenn von ihr aufgrund der Pflege und Erziehung des Kindes keine Erwerbstätigkeit erwartet werden kann. Eine Verlängerungsmöglichkeit besteht nach **Billigkeit** (S 4, 5). Dabei ist nach der Rspr des BGH bei der Ermittlung der Leistungsfähigkeit für die Zahlung von Elternunterhalt ein von dem Unterhaltspflichtigen zusätzl geschuldeter Betreuungsunterhalt nach § 1615l als – gem § 1609 Nr 2 vorrangige – sonstige Verpflichtung iSd § 1603 I von dessen Einkommen abzuziehen (BGH NJW 2016, 1511 m Anm *Löhnig*; *Zwißler* NZFam 2016, 414; *Hauß* FamRB 2016, 216; *Soyka* FuR 2016, 405; *Seiler* FamRZ 2016, 891; *Engels* FF 2016, 258; *Löhnig* JA 2016, 466; *Löhnig/Plettenberg* JZ 2016, 960). Auf einen Familienselbstbehalt kann sich der in einer nichtehelichen Lebensgemeinschaft lebende Unterhaltspflichtige nicht berufen (BGH NJW 2016, 1511). Trifft der Anspruch mit einem gleichrangigen ehelichen Unterhaltsanspruch zusammen und bestand dieser bereits vor Rechtskraft der Scheidung, so muss der zum Zeitpunkt des Todeseintritts des Unterhaltspflichtigen bestehende Bedarf des Unterhaltsberechtigten fiktiv fortgeschrieben werden (BGH NJW 2019, 2392). Bis zur Reform des Unterhaltsrechts durch das UÄndG (BGBl 2007 I 3189) sah § 1615l II 3 aF für die Betreuung eines nichtehe- 17 lichen Kindes eine Befristung des Unterhaltsanspruchs der Mutter oder des Vaters auf drei Jahre nach der Geburt vor. Diese – im Vergleich zum unbefristeten Unterhaltsanspruch des geschiedenen Ehegatten gem § 1570 aF – unterschiedliche Ausgestaltung des Betreuungsunterhalts ehelicher und nichtehelicher Kinder hat das BVerfG (BVerfG FamRZ 2007, 965, 968) für verfassungswidrig erklärt. Zur Umsetzung der verfassungsrechtl Vorgaben hat sich der Reformgesetzgeber für eine weitgehend identische Ausgestaltung der bestehenden Tatbestände des Betreuungsunterhalts entschieden. Unterschiede bestehen allerdings nach wie vor im Hinblick auf die Bemessung des Unterhalts (zu Einzelheiten *Kroll-Ludwigs*, Bonner Rechtsjournal 2009, 25ff; Grü/*v Pückler* § 1615l Rn 1ff sowie unten § 1615l Rn 13ff). Bedarf und Bedürftigkeit des Unterhaltsberechtigten sind auch bei Anwendung des Halbteilungsgrundsatzes grds allein nach dem Erwerbseinkommen zu ermitteln, das der betreuende Elternteil infolge der Betreuung nicht mehr (in voller Höhe) erzielen kann (BGH NJW 2019, 2392). Dabei sind etwa auch coronabedingte Umstände, wie die Schließung von Fitnessstudios, aber auch das Entstehen neuer Arbeitsstellen für nicht oder gering qualifizierte Beschäftigte, zB im Versandhandel, zu berücksichtigen (Koblenz FamRZ 2021, 1369 Rn 24). Das Einkommen des anderen Elternteils muss für die Bemessung des Bedarfs außer Betracht bleiben, da der Unterhaltsanspruch keine Teilhabe am Lebensstandard des anderen Elternteils gewährt, selbst wenn er/sie mit ihm/ihr zeitweise zusammengelebt hat; vielmehr geht es lediglich um die Kompensation für die durch Geburt und Kinderbetreuung bedingten Nachteile im eigenen beruflichen Fortkommen (Koblenz FamRZ 2021, 1369 Rn 15). Über die Vollendung des dritten Lebensjahres des Kindes hinaus kommt eine Verlängerung des Betreuungsunterhalts gem § 1615l II 4 und 5 aus kind- oder elternbezogenen Gründen in Betracht (BGH NJW 2010, 937 und 1138). Aus **kindbezogenen** Gründen ist unter Berücksichtigung der bestehenden Möglichkeiten der Kinderbetreuung ein gestufter Übergang bis hin zu einer Vollzeiterwerbstätigkeit möglich (BGH FamRZ 2010, 444). Kindbezogene Gründe liegen zB dann vor, wenn das Kind behindert, dauerhaft krank oder schwer in seiner Entwicklung gestört und deshalb auf weitere Betreuung durch die Mutter angewiesen ist (vgl BGH DNotZ 2016, 123). Liegen solche Gründe in der Person des Kindes nicht vor, so kommt es entscheidend darauf an, welche objektiven Möglichkeiten der Kinderbetreuung bestehen, die dem betreuenden Elternteil eine Erwerbstätigkeit ermöglichen (Köln FamRZ 2021, 1373). Der Unterhaltsberechtigte trägt für das Bestehen entspr Tatsachen die volle Darlegungs- und Beweislast (Köln FamRZ 2021, 1373). Ein **elternbezogener** Grund zur Verlängerung des Betreuungsunterhalts kann etwa darin liegen, dass ein Elternteil das gemeinsame Kind im weiterhin fortdauernden Einvernehmen mit dem anderen persönlich betreut und deshalb voll oder teilweise an einer Erwerbstätigkeit gehindert ist (BGH NJW 2016, 1511). Nach Ansicht des BGH ist die Mitwirkung an einer solchen Gestaltung der nichtehelichen Gemeinschaft dem Pflichtigen im Verhältnis zu seinen unterhaltsberechtigten Eltern nach Treu und Glauben nur dann verwehrt, wenn sie rechtsmissbräuchlich erscheint (BGH NJW 2016, 1511; im Anschluss an BGH NJW 2007, 2412). Die Belastung des betreuenden Elternteils durch die Wiederaufnahme eines anlässlich der Geburt eines nie Kindes unterbrochenen Studiums stellt keinen elternbezogenen Grund dar (BGH DNotZ 2016, 123). Was das Rangverhältnis des Anspruchs aus § 1615l angeht, so steht dieser jedenfalls nicht unter dem Anspruch aus § 1360. Vielmehr wird bei konkurrierenden Betreuungsunterhaltsansprüchen der Mutter ehelicher und nichtehelicher Kinder gegen den getrennt lebenden Ehemann einerseits und den nichtehelichen Vater andererseits von einem **Grundsatz gleichrangiger Unterhaltspflicht** ausgegangen (Stuttgart NJW 2016, 1104; KG NZFam 2015, 721 m Anm *Frauenknecht*). Zu beachten ist, dass der Gesetzgeber § 1615l systematisch dem Verwandtenunterhalt zugeordnet hat; somit scheidet eine analoge der Vorschriften über die Ehe, zB § 1579, aus (Frankfurt NZFam 2019, 627).

17a Partner einer nichtehelichen Lebensgemeinschaft können konkludent eine (hälftige) **Bruchteilsberechtigung** (§ 742) des Partners, der nicht Kontoinhaber ist, an einer Kontoforderung vereinbaren (Schleswig NZFam 2016, 240 m Anm *Pätzold*; *Burger* FamRB 2016, 63; *Mende* NZFam 2021, 386f). Eine solche konkludente Vereinbarung ist insb dann anzunehmen, wenn sich im Hinblick auf die eingezahlten Sparguthaben eine gemeinsame Zweckverfolgung (Unterhaltung und Renovierung einer Eigentumswohnung, an der beide Miteigentum zu ½ haben) feststellen lässt (Schleswig NZFam 2016, 240).

18 **b)** Im **Versicherungsrecht** hat das BSG (NJW 2015, 1903 m Anm *Dreher*, jurisPR-SozR 17/2015 Anm 1; LSG Bayern 19.8.2020 – L 20 KR 412/19) mittlerweile entschieden, dass es Krankenkassen verwehrt ist, eine Kostenübernahme für künstliche Befruchtung (§ 27a SGB V) bei gesetzl versicherten Paaren in auf Dauer angelegter LG kraft Satzung festzulegen. Denn § 27a SGB V beschränke, gestützt auf hinreichende sachliche Gründe, die Gewährung von Leistungen der GKV zur Herbeiführung einer Schwangerschaft mittels künstlicher Befruchtung auf Ehepaare (BSG NJW 2015, 1903). So habe der Gesetzgeber davon ausgehen dürfen, dass die Ehe auch dann, wenn sich Paare ihren Kinderwunsch im Wege der künstlichen Befruchtung erfüllen wollen, die Grundlage für eine erhöhte Belastbarkeit der Partnerschaft darstelle (BSG NJW 2015, 1903). In der privaten Krankenversicherung steht das Nichtbestehen einer Ehe der Kostenerstattung nicht entgegen, es sei denn, in den AVB des Versicherers befindet sich ein entspr Ausschlusstatbestand (Hamm NJW-RR 2017, 284).

18a Der **Rückgriff einer Versicherung gegen einen Partner** der Gemeinschaft, der zugleich Schädiger ist, konnte nicht nach § 67 II VVG aF mit dem Arg ausgeschlossen werden, dass die nichteheliche Lebensgemeinschaft kein Familienangehörigkeitsverhältnis iSd Norm begründet (BGH NJW 2009, 2062), vgl jetzt § 86 III VVG. Denn es komme jedenfalls eine analoge Anwendung der Vorschrift in Betracht. So treffe die Inanspruchnahme des Partners den Versicherungsnehmer in einer nichtehelichen Lebensgemeinschaft, für die gemeinsame Mittelaufbringung und Mittelverwendung prägende Merkmale sind, nicht minder als in einer Ehe. Aus denselben Gründen erachtet der BGH auch eine analoge Anwendung des § 116 VI SGB X für zulässig und geboten (BGH r+s 2013, 258).

c) Die **Haftung der nichtehelichen Lebensgemeinschaft ggü Dritten** weist mehrere Fallbereiche auf, die die Rspr beschäftigen. So ist ein **gemeinsames Wirtschaften** der Lebensgefährten wie in der Ehe zwar die Regel, dennoch wird eine **spezielle Verpflichtungsermächtigung** analog § 1357 allg abgelehnt, MüKo/*Wellenhofer* Anh § 1302 Rn 26, Grü/*Siede* Einf v § 1297 Rn 25. Vielmehr ist auf das allg Instrumentarium des **Vertretungsrechts (§§ 164ff)** zurückzugreifen (s hierzu *Grziwotz* FPR 2001, 45). Wusste der Dritte, dass der Geschäftspartner in einer nichtehelichen Lebensgemeinschaft lebt, so kann bei entspr Einzelfalllage eine **Duldungs- oder Anscheinsvollmacht** in Betracht kommen, mit der Folge, dass nur der Vertretene, nicht der Handelnde aus dem Rechtsgeschäft berechtigt und verpflichtet ist. Auch hinsichtl des Umfangs einer nicht ausdrückl erteilten Vollmacht ist eine analoge Anwendung des § 1357 mit der Folge, dass die Annahmen von Anscheins- und Duldungsvollmachten auf die Geschäfte zur angemessenen Deckung des Lebensbedarfs beschränkt sind, abzulehnen (s etwa Grü/*Siede* Einf v 1297 Rn 25; Staudinger/*Löhnig* Anh zu §§ 1297ff Rn 48ff). 19

d) Die Rspr zur **Sittenwidrigkeit einer Bürgschaftsübernahme** durch finanziell überforderte Ehegatten findet idR entspr Anwendung auf nichteheliche Lebensgemeinschaften. Die Beweggründe für die Unterstützung des Hauptschuldners und die Interessen der Kreditinstitute sind mit denen vergleichbar, die für die Ehegattenbürgschaft typisch sind (BGH DB 2002, 1367; FamRZ 1997, 481; 1995, 469; Köln NJW-RR 1995, 1197; *Bauer* FuR 2003, 481, 487). Auch in der nichtehelichen Lebensgemeinschaft besteht die berechtigte Sorge, dass der eine Lebensgefährte die eigene Leistungsfähigkeit angesichts der emotionalen Bindung an den Schuldner überschätzt und seine freie Willensentscheidung beeinträchtigt ist. Allerdings überwiegt die Schutzbedürftigkeit des Bürgen nur dann, wenn dem Gläubiger die enge persönliche Beziehung zw Schuldner und Bürgen bekannt ist (zu Einzelheiten s *Emmerich* JuS 2000, 494). Zu den Voraussetzungen s § 1353 Rn 16. 20

e) **Untereinander** haften die Lebensgefährten einander nur für **Vorsatz und grobe Fahrlässigkeit** (Staudinger/*Löhnig* Anh zu §§ 1297ff Rn 56ff mwN; Grü/*Siede* Einf v 1297 Rn 25; Oldenburg FamRZ 1986, 675; Karlsruhe FamRZ 1992, 940). Begründet wird die Haftungsbeschränkung entweder mit der analogen Anwendung des § 1359 oder der Annahme einer stillschw Vereinbarung über die Haftungsbegrenzung gem § 277 (Grü/*Siede* Einf v 1297 Rn 25). Nach hM gilt die Haftungsbegrenzung nicht im **Straßenverkehr**. Anders als der Ehegatte ist der nichteheliche Lebensgefährte auch nicht aus § 1353 daran gehindert, seinen Schadensersatzanspruch während des Zusammenlebens durchzusetzen (Rechtslage unter Ehegatten: BGH NJW 1988, 1208). Die Vereinbarung, **empfängnisverhütende Mittel** einzunehmen oder zu verwenden, ist nach BGH einer rechtsgeschäftlichen Regelung nicht zugänglich. Ein Verstoß hiergegen mit der Folge der Schwangerschaft und der Geburt eines Kindes kann weder vertragl oder deliktisch einen Schadensersatzanspruch der Lebensgefährten untereinander begründen (BGH NJW 1986, 2043; Grü/*Siede* Einf v 1297 Rn 25). 21

f) Bei der **Verletzung oder Tötung** des haushaltführenden Teils einer nichtehelichen Lebensgemeinschaft **durch einen Dritten** bestehen grds nicht die bei Verletzung eines Ehegatten gegebenen Ansprüche (Ausnahme: BVerfG NJW 2005, 1413). Insb muss ein Anspruch aus § 844 II daran scheitern, dass keine gesetzl Unterhaltspflicht (mit Ausnahme des § 1615l) besteht (s Rn 17), MüKo/*Wellenhofer* Anh § 1302 Rn 31; *Kampen* NJW 2016, 1046f. In jüngerer Zeit mehren sich allerdings Stimmen, die zumindest eine Anwendbarkeit des § 842 auf nichteheliche Lebensgemeinschaften bejahen wollen (sog Erwerbsersatzanspruch; vgl LG Offenburg SVR 2015, 383; zust auch *Kampen* NJW 2016, 1046f; abl Karlsruhe 4.3.2016 – 14 U 181/14). 22

g) Bei Anmietung einer **gemeinsamen Wohnung** stellt sich die Frage, inwieweit der Vermieter, der mit einer Einzelperson den Vertrag geschlossen hat, die Begründung einer nichtehelichen Lebensgemeinschaft dulden muss. Nimmt der Mieter einer Wohnung seinen Lebensgefährten mit auf, so stellt dies eine selbständige Gebrauchsüberlassung, § 553, dar (BGH FamRZ 1985, 42; Hamm FamRZ 1983, 273). Ist die Gebrauchsüberlassung unbefugt, so kann dies uU zu einer berechtigten Kündigung führen. Es gilt aber, dass der Wunsch des Mieters, seinen Lebensgefährten mit aufzunehmen, idR nicht unberechtigt sein kann, so dass er die Zustimmung vom Vermieter verlangen kann (BVerfG FamRZ 2000, 1356). Im Einzelfall ist eine **Interessenabwägung** zw den Interessen des Mieters und des Vermieters vorzunehmen (BGH FamRZ 1985, 42, wonach ein berechtigtes Interesse zur Aufnahme des Lebensgefährten stets als gegeben angesehen wird). Insofern kann es auch darauf ankommen, ob die nichteheliche Lebensgemeinschaft bereits vor Aufnahme des Mietverhältnisses bestand (AG Brandenburg NJOZ 2020, 395, 399). 23

Durch die Aufnahme des Lebensgefährten in die Wohnung wird dieser allerdings nicht Vertragspartner des Vermieters (Grü/*Siede* Einf v § 1297 Rn 20). Die von ihm in die Wohnung eingebrachten Sachen unterliegen nicht dem Vermieterpfandrecht nach § 562 (MüKo/*Wellenhofer* Anh § 1302 Rn 41). Leben die Betroffenen mit **Kenntnis und Einverständnis des Vermieters** in nichtehelicher Lebensgemeinschaft gemeinsam in der Wohnung, ist der nichtvertragschließende Teil aber in den **Schutzbereich** des Vertrags einzubeziehen. Nach § 563 II 4 tritt der Lebensgefährte, der mit dem Mieter einen gemeinsamen Haushalt führt, mit dem Tod des Mieters in das Mietverhältnis ein. Voraussetzung dafür ist allerdings die innere Bindung der Partner, die über eine bloße Wohn- und Wirtschaftsgemeinschaft hinausgeht (zu Einzelheiten s Grü/*Weidenkaff* § 563 Rn 15). Wird die nichteheliche Lebensgemeinschaft **aufgelöst**, kann der Partner, der Partei des Mietvertrags ist, von dem anderen, der weder Mit- noch Untermieter geworden ist, Anspruch auf Räumung und Herausgabe der Wohnung gem § 985 geltend machen (Hamm NJW 1986, 728). § 1568a ist nicht – auch nicht analog – anwendbar (*Flatow* NZM 2022, 24

600). Der in die Wohnung aufgenommene nichteheliche Lebenspartner ist idR nicht lediglich Besitzdiener, sondern hat Mitbesitz (AG Köln NZFam 2015, 978 m Anm *Reinecke*). Ein Indiz für Mitbesitz ist insb, dass der Vermieter von der Aufnahme des Lebensgefährten unterrichtet wird oder dass der neue Partner sich nach den öffentlich-rechtl Meldegesetzen unter dieser Adresse anmeldet (AG Köln NZFam 2015, 978).

25 **h)** In **prozessualen Fragen** bestehen ebenfalls Unterschiede zur Ehe. Die Partner einer nichtehelichen Lebensgemeinschaft stehen nicht in einer iSv § 383 ZPO oder § 52 StPO engen persönlichen Beziehung, so dass ihnen kein Zeugnisverweigerungsrecht zusteht (vgl BayObLG NJW 1986, 202). Zwar ist die Konfliktsituation mit derjenigen von Ehegatten vergleichbar; eine analoge Anwendung scheitert aber am Fehlen einer planwidrigen Regelungslücke, vgl dazu *Burhoff* FPR 2001, 18, 19; *Weinreich* FuR 2021, 127, 132; aA *Dethloff* § 8 Rn 16; Staudinger/*Löhnig* Anh zu §§ 1297ff Rn 264; Grü/*Siede* Einf v § 1297 Rn 28. Bei der **Zwangsvollstreckung** besteht ein gewichtiger Unterschied zugunsten der nichteelichen Lebengemeinschaft. Gem § 1362 I wird zugunsten der Gläubiger eines Ehegatten vermutet, dass die im Besitz eines oder beider Ehegatten befindlichen beweglichen Gegenstände dem jew Schuldner gehören. Diese Eigentumsvermutung (ebenso wie § 739 ZPO) soll innerhalb einer nichtehelichen Lebensgemeinschaft mangels planwidriger Regelungslücke aber **nicht analog** gelten (BGH NJW 2007, 992). Diese Entscheidung des BGH ist auf Kritik gestoßen (s zB Grü/*Siede* Einf v § 1297 Rn 26; *Dethloff* § 8 Rn 15; MüKo/*Wellenhofer* Anh § 1302 Rn 29; *Löhnig/Würdinger* FamRZ 2007, 1856; *Roth* JZ 2007, 530; *Seier* ZFE 2007, 295). So wird etwa die damit einhergehende Schlechterstellung von Ehegatten als unvereinbar mit Art 6 I GG kritisiert (*Dethloff* § 8 Rn 15). Zudem werde der Gläubigerschutz unterlaufen (Grü/*Siede* Vor § 1297 Rn 28).

26 **4. Beendigung. a)** Die Rechtsbeziehungen der Partner untereinander sind durch die **Freiheit zur Eingehung und Beendigung der Gemeinschaft** geprägt. Eine Verpflichtung zur Durchführung und Aufrechterhaltung der nichtehelichen Lebensgemeinschaft oder zur Leistung bestimmter Beiträge besteht nicht. Vereinbarungen, die die Auflösung besonders erschweren, sind unzulässig, s Rn 16. Aus diesem Grunde kommen **Schadensersatzansprüche** wegen der **Trennung als solcher** regelmäßig nicht in Betracht. Nur besondere Umstände können eine Schadensersatzpflicht begründen. Macht ein Partner etwa zugunsten des anderen zu einem Zeitpunkt größere Aufwendungen, zu dem dieser schon zur Auflösung des Verhältnisses entschlossen war, kommt ein Anspruch aus § 826 in Betracht, Celle NJW 1983, 1065. Auch ein Vertrauensschutz, wie ihn die §§ 1298f für den verlassenen Verlobten vorsehen, wird nicht gewährt. Das Verlöbnis ist auf Eingehung der Ehe gerichtet. Insoweit muss mangels planwidriger Regelungslücke insb eine analoge Anwendung von § 1378 I, §§ 1569ff ausscheiden (zum Ganzen *Rauscher* FamR Rn 733).

Die Rspr hat mittlerweile Ausgleichsansprüche bei Beendigung einer nichtehelichen Lebensgemeinschaft auf Grundlage des allg Schuldrechts anerkannt (zum berechtigten Interesse an einer Grundbucheinsicht vgl München NZFam 2018, 2007 m Anm *Galinski*).

27 **b) Von der Rspr anerkannte Ausgleichsansprüche nach Gesellschaftsrecht.** Die nichteheliche Lebensgemeinschaft kann zwar **nicht per se als Gesellschaft** angesehen werden, vgl BGH FamRZ 1983, 791; NJW 1980, 1520. Dem steht die jederzeitige Auflösbarkeit entgegen. Die Ablehnung der Eheschließung bringt zum Ausdruck, dass die Lebensgefährten ihre Beziehung keiner rechtl Ordnung unterwerfen wollten, wozu grds auch das Gesellschaftsrecht gehört. Etwas anderes gilt aber dann, wenn die Partner einer nichtehelichen Lebensgemeinschaft ausdrückl oder zumindest durch schlüssiges Verhalten einen **Gesellschaftsvertrag** geschlossen haben. Gerade weil die nichteheliche Lebensgemeinschaft vom Ansatz her eine Verbindung ohne **Rechtsbindungswillen** darstellt, ist ein solcher für die Anwendung gesellschaftsrechtl Regelungen (§§ 730ff) erforderlich, so dass eine rein faktische Willensübereinstimmung für eine nach gesellschaftsrechtl Grundsätzen zu beurteilende Zusammenarbeit nicht ausreicht (BGH NJW 2006, 1268; 2008, 3277). Konkludenter Vertragsschluss ist aber möglich. Es kommt entscheidend darauf an, dass die Parteien die **Absicht** haben, mit dem Erwerb eines Vermögensgegenstands, zB einer Immobilie, einen wenn auch nur wirtschaftl gemeinschaftl Wert zu schaffen, der von ihnen für die Dauer der Partnerschaft nicht nur gemeinsam genutzt wird, sondern ihnen nach ihrer Vorstellung auch gemeinsam gehören sollte (BGH NJW 2006, 1268; 2008, 3277). Zu denken ist hier etwa an eine Immobilie oder ein Unternehmen (*Wellenhofer* NZFam 2021, 381f) Der Erwerb eines Grundstücks zu ½ mit dem Ziel der Errichtung eines Einfamilienhauses, das gemeinsam bewohnt werden soll, stellt nach Ansicht von Hamm NJW-RR 2022, 957 keinen konkludenten Vertragsschluss dar, wenn der Zweck nicht über die Verwirklichung der Lebensgemeinschaft der Parteien hinausgeht. In die Gesamtwürdigung der in Betracht zu ziehenden Umstände sollten insb die Art des geschaffenen Vermögenswerts, die von den Parteien erbrachten Leistungen und ihre finanziellen Verhältnisse einzubeziehen sein (BGH FamRZ 2003, 1542). Die formal-dingliche Alleinberechtigung eines Partners soll dagegen keine entscheidende Rolle spielen (BGH FamRZ 2003, 1542), insb dann nicht, wenn ein Vermögensgegenstand auf diese Weise dem Zugriff der Gläubiger entzogen werden soll (*Wellenhofer* NZFam 2021, 381). Bei **Mitarbeit** im Betrieb des anderen ist erforderlich, dass die Tätigkeit des mitarbeitenden Partners von ihrer Funktion her als gleichberechtigte Mitarbeit anzusehen ist (Brandenburg NJW-RR 2015, 516 m Anm *Schramm* NZFam 2015, 380). Nicht um die Schaffung eines Vermögenswertes handelt es sich, wenn die Parteien eine Senioren-Wohngemeinschaft aufbauen und bilden wollen. Denn allein der Umstand, dass die Parteien ihren Lebensunterhalt gemeinsam aus den mit dem Betrieb der Senioren-Wohngemeinschaft erzielten Einnahmen bestritten hätten, reicht dafür nicht aus (Brandenburg NJOZ 2019, 1183).

28 Zweifel am Vorliegen eines entspr Rechtsbindungswillen bestehen nach Ansicht der Rspr immer dann, wenn die Partner einen Zweck, der nicht über die Verwirklichung der nichtehelichen Lebensgemeinschaft hinausgeht, ver-

folgen (BGH NJW 2008, 3277, 3278f). Das gemeinsame Wirtschaften während der Partnerschaft reicht für die Annahme eines Rechtsbindungswillens nicht aus (krit *Dethloff* 67. DJT 2008, A 143ff). Gleiches gilt für die Versorgung der Kinder (bzw die Übernahme von Privatschulkosten) durch einen der Partner. Denn dabei handelt es sich um eine Leistung, die das Zusammenleben erst ermöglicht, jeder Partner hat aber nach seinen Möglichkeiten zur Gemeinschaft beizutragen (Bremen NJW-RR 2013, 197). Liegt ein Gesellschaftsvertrag vor, kann der konkrete Ausgleichsanspruch auf Basis einer einzelfallbezogenen Beteiligungsberechnung analog § 733 II, § 734 ermittelt werden. Herausgabeanspruch gem § 732 (MüKo/*Wellenhofer* Anh § 1302 Rn 61).

Die Begründung von **Teil-(innen)Gesellschaften** wurde angenommen zB für den geschäftlichen Bereich (BGH NJW 1970, 1540) oder wenn gemeinsam über den täglichen Lebensbedarf hinaus erhebliche Vermögenswerte geschaffen wurden (Hamm NJW 1980, 1530). Einer der **Hauptanwendungsfälle** dieser Rspr bleibt der **Hausbau** (BGH FamRZ 1999, 1580; 1997, 1533; 1992, 408; 1985, 1232; Schleswig FamRZ 2002, 884; 2003, 96). Der gesellschaftsrechtl Ausgleichsanspruch wird für die Fälle bejaht, in denen ein Haus auf dem Grundstück des einen Partners errichtet wird, an dessen Bau sich der andere mit **nicht unerheblichen Geld- und/oder Arbeitsleistungen** beteiligt (aber nicht allein Erwerb eines Grundstücks zu Miteigentum, wenn der Zweck nicht über Verwirklichung der Lebensgemeinschaft hinausgeht, Hamm NJW-RR 2022, 957). Für die Bewertung kommt es nicht allein auf die dingliche Zuordnung an, sondern auf die **Absicht der Partner**, das geschaffene Vermögen in Zukunft gemeinsam zu nutzen. Diese Absicht kann sich aus ausdrückl Absprachen oder auch konkludent aus den Umständen ergeben. Der Ausgleichsanspruch besteht nach Auflösung der Gemeinschaft indes nur dann, wenn beim Partner noch **messbare Vermögensvorteile** vorhanden sind. Dies führt zu dem Ergebnis, dass „reine Handlangertätigkeiten" beim Aufbau des Familienheims weder zu verbleibenden messbaren Vermögensvorteilen führen noch obj einen wesentlichen Beitrag darstellen (Schleswig FamRZ 2002, 884). 29

Der Aufbau eines **gemeinsamen Unternehmens** hat die Rspr ebenfalls beschäftigt (BGH FamRZ 1997, 1533; 1982, 1065). Auch hier setzt die Anwendung des gesellschaftsrechtl Ausgleichsanspruchs voraus, dass derjenige, der nicht formal berechtigt ist, durch seine Arbeit, finanziellen Aufwendungen oder sonstigen Leistungen für das Unternehmen einen **obj wesentlichen Beitrag** geleistet hat (Staudinger/*Löhnig* Anh zu §§ 1297ff Rn 92ff). **Gemeinsames Eigentum** zB an Hausrat wird nach Gemeinschaftsrecht, §§ 741ff, auseinandergesetzt; das gilt auch bei ungleichen Preisanteilen beim Kauf eines Wohnmobils (Hamm FamRZ 2003, 529). 30

c) Rückgewähr von Leistungen nach Bereicherungsrecht. Besondere Probleme wirft die Frage auf, ob für während der Zeit des Bestehens der Gemeinschaft **geleistete Dienste und sog unbenannte Zuwendungen** nach ihrer Auflösung ein Ausgleich gefordert werden kann. Der BGH hat dies mit Blick auf das sog **Verrechnungsverbot** lange Zeit verneint (BGH FamRZ 2004, 96; NJW 1996, 2727; 1997, 3371). Nach neuerer Rspr (NJW 2008, 3277; 2010, 998; 2011, 2880) lässt der BGH bereicherungsrechtl Ausgleichsansprüche zu, wenn die Leistungen über das hinausgehen, was das tägliche Zusammenleben erst ermöglicht. Dann sei im Einzelfall zu prüfen, ob ein Ausgleichsverlangen unter diesen rechtl Gesichtspunkten begründet ist. Freilich wird ein Anspruch aus **§ 812 I 1 Alt 1** regelmäßig an § 814 scheitern, da die Partner wissen, dass sie rechtl zu nichts verpflichtet sind (MüKo/*Wellenhofer* Anh § 1302 Rn 71). Und auch für § 812 I 1 Alt. 2 fehlt es an einer rechtl Verpflichtung der Partner einer nichtehelichen Lebensgemeinschaft zu einer konkreten Leistung, so dass durch die Trennung im Nachhinein nicht der Rechtsgrund entfallen kann (*Dethloff* § 8 Rn 26). Möglich bleibt aber die **condictio ob rem (§ 812 I 2 Alt 2)**, wonach Herausgabe der Zuwendung verlangt werden kann, sofern der mit der Leistung nach dem Inhalt des Rechtsgeschäfts bezweckte Erfolg nicht eingetreten ist (BGH NJW 2008, 3277; 2010, 998; 2011, 2880). Dafür muss der Leistung eine Zweckvereinbarung zugrunde liegen, die auch konkludent geschlossen werden kann (BGH FamRZ 1992, 160); zudem muss der Zweck gerade verfehlt werden (*Dethloff* § 8 Rn 29). Eine konkludente Zweckvereinbarung zw Partnern einer nichtehelichen Lebensgemeinschaft kommt aber regelmäßig nur hinsichtl solcher Zuwendungen bzw Arbeitsleistungen in Betracht, die deutlich über das hinausgehen, was die Gemeinschaft täglich benötigt (BGH NJW 2008, 3277). Das bloße Zusammenleben mit dem Partner ist dafür nicht ausreichend; gefordert ist vielmehr eine konkrete Zweckabrede (BGH NJW 2011, 2880). Ein derartiger Bereicherungsanspruch kann indes nur bestehen bei Leistungen, die über das tägliche Zusammenleben hinausgehen; zudem muss die Zweckabrede so ausgestaltet sein, dass ein Partner das Vermögen des anderen in der Erwartung vermehrt, an dem erworbenen Gegenstand langfristig partizipieren zu können (Brandenburg NZFam 2016, 336 m Anm *Struck*). Das **Verhältnis** zu Ausgleichsansprüchen nach § 313 I (Rn 33) ist umstritten: während nach Ansicht der Rspr (BGH aaO; Brandenburg 23.1.2019 – 4 U 39/17) beide Ansprüche nebeneinander bestehen, sehen andere einen Vorrang von § 313 (Grü/*Grüneberg* § 313 Rn 15; MüKo/*Finkenauer* § 313 Rn 179; *Wellenhofer* NZFam 2021, 381, 386). 31

Bejaht wurde eine Zweckabrede im Falle der Zuwendung eines Partners für die Errichtung eines Wohnhauses, dessen Alleineigentümer der andere Partner wurde (BGH NJW 2008, 3277; 2010, 998; 2011, 2880); Erwerb von Miteigentum an einer Immobilie jew zur Hälfte, auch wenn der eine Partner hierzu einen erheblich höheren Beitrag geleistet hat als der andere (BGH FamRZ 2008, 1828); der Zweckabrede steht nicht entgegen, dass der Leistungsempfänger Alleineigentümer der Immobilie geworden ist, auch ist unerheblich, dass das Errichten eines Eigenheims der Befriedigung des Wohnbedarfs und damit letztlich dem Unterhalt der Familie gedient hat (BGH NJW 2011, 2880); verneint hinsichtl Zahlungen, die nicht im Zusammenhang mit dem Wohnungskauf standen (BGH NJW-RR 2009, 1142 m Anm *Grziwotz* FamRZ 2009, 852). 32

d) Ausgleichsansprüche nach den Grundsätzen über die **Störung der Geschäftsgrundlage (§ 313 I, III):** Kommt es mangels Schaffung eines gemeinschaftl Vermögenswerts nicht zu gesellschaftsrechtl Ausgleichsansprüchen 33 oder liegt nach den og Grundsätzen keine für § 812 I 2 Alt 2 erforderliche Zweckabrede vor (Rn 31), kommen nach Ansicht des BGH Ausgleichsansprüche nach den Grundsätzen über die Störung der Geschäftsgrundlage in Betracht, wenn der Zuwendung die Vorstellung oder Erwartung zugrunde lag, die Lebensgemeinschaft, deren Ausgestaltung sie gedient hat, werde Bestand haben (BGH NJW 2008, 3277; 2010, 998; 2011, 2880; NJW-RR 2013, 404). Gemeint sind hier Fälle **unbenannter/gemeinschaftsbezogener Zuwendungen**, die sich, ebenso wie zw Ehegatten, dadurch auszeichnen, dass ein Partner dem anderen einen bestimmten Vermögenswert allein im Vertrauen auf den Bestand der Gemeinschaft und der Erwartung, er werde am Vermögen und an den Früchten teilhaben, zuwendet (*Dethloff* § 8 Rn 31). ZB bei verbundener Lebensversicherung, wenn sich die Partner als Versicherungsnehmer und versicherte Personen jew wechselseitig Bezugsrechte einräumen (BGH NJW-RR 2013, 404); bei Zuwendung eines Vermögenswerts, der der Absicherung des anderen Partners für den Fall dienen soll, dass der Zuwendende während des Bestands der Lebensgemeinschaft verstirbt (BGH NZFam 2014, 784 m Anm *Obermann*). Ausgeschlossen sind aber bloße ersatzlos erbrachte Zuwendungen des täglichen Lebens sowie Leistungen desjenigen Partners, der nicht zu den laufenden Kosten beiträgt, sondern größere Einmalzahlungen erbringt (BGH NJW 2008, 3277; LG Bamberg FamRZ 2015, 1307). Denn dieser kann nicht bessergestellt werden als derjenige Partner, dessen Aufwendungen den täglichen Bedarf decken (BGH NJW 2008, 3277).

34 Voraussetzung ist ferner, dass es sich um sog **gemeinschaftsbezogene** Zuwendungen handelt (BGH NJW 2008, 3277). Davon zu unterscheiden sind **Arbeitsleistungen** eines Partners, die nur dann auszugleichen sind, wenn sie erheblich über bloße Gefälligkeiten oder das, was das tägliche Zusammenleben erfordert, hinausgehen und zu einem messbaren und noch vorhandenen Vermögenszuwachs des anderen Partners geführt haben (BGH NJW 2013, 2187). In diesem Fall wird davon ausgegangen, dass Arbeitsleistungen nach einer stillschw Übereinkunft mit dem anderen Partner (sog Kooperationsvertrag) zur Ausgestaltung der Lebensgemeinschaft erbracht werden und darin ihre Geschäftsgrundlage haben (BGH NZFam 2015, 502). Der BGH hat insoweit im Grundsatz seine Rspr zu den unbenannten Zuwendungen unter Eheleuten (NJW 1982, 2236) auf die nichteheliche Lebensgemeinschaft übertragen. Erbringt jemand nicht unerhebliche Arbeits- und Materialleistungen in einer von ihm und seiner mit ihm nicht verheirateten Partnerin bewohnten, im Eigentum ihrer Eltern stehenden Immobilie, zu dem Zweck, sich und seiner Familie dort langfristig ein Unterkommen zu sichern, kann nicht ohne Weiteres von dem Abschluss eines Kooperationsvertrags zw ihm und den Eltern ausgegangen werden (BGH NZFam 2015, 502). Ein Korrektiv bringt das Kriterium der **Zumutbarkeit** in § 313 I. Danach ist ein Ausgleich nur hinsichtl solcher Leistungen zu bejahen, „denen nach den jew Verhältnissen erhebliche Bedeutung zukommt" (BGH NJW 2008, 3277, 3281; Brandenburg NZFam 2016, 336). Es hat eine Gesamtabwägung sämtlicher Umstände des Einzelfalls stattzufinden; von Bedeutung sind insb die Dauer der Lebensgemeinschaft, das Alter der Parteien und Art und Umfang der erbrachten Leistungen, die Höhe der dadurch bedingten und noch vorhandenen Vermögensmehrung und die Einkommens- und Vermögensverhältnisse (BGH NJW 2011, 2880; NJW-RR 2013, 404). Kein Ausgleichsanspruch, wenn Darlehensraten eine ansonsten für vergleichbaren Wohnraum zu zahlende monatliche Miete nicht deutlich übersteigen (BGH NZFam 2014, 329). Bei der Abwägung kann auch eine Rolle spielen, ob etwa nur auf einer Seite eine besondere Vermögensmehrung eingetreten ist, wohingegen die andere Partei wesentlich höhere Leistungen erbracht hat (hier: Tilgung eines Darlehens), Brandenburg NZFam 2014, 1010 m Anm *Bruns*.

35 Wird die nichteheliche Lebensgemeinschaft durch **Tod** des Zuwendenden beendet, kommt ein Anspruch nach § 313 nur im Ausnahmefall in Betracht. Denn die Lebensgemeinschaft ist durch den Eintritt des Todes nicht etwa gescheitert, sondern hat ein natürliches Ende gefunden. Vor diesem Hintergrund erschiene es unbillig, den Zuwendungsempfänger zu einem Ausgleich zu verpflichten, auf den der Zuwendende zu Lebzeiten selbst keinen Anspruch gehabt hätte (BGH NJW 2010, 998 m Anm *v Proff* NJW 2010, 980; *Schlögel* MittBayNot 2010, 398; *Wellenhofer* LMK 299438) zu Einzelheiten s auch *Coester* JZ 2008, 315, 316; *v Proff* NJW 2008, 3266, 3269). Die Erben gehen leer aus (*Wellenhofer* NZFam 2021, 381, 384; Gestaltungsoptionen bei *Boving* ZErb 2020, 309).

36 **e)** Soweit ein nichtehelicher Lebensgefährte **gemeinsame Schulden** tilgt, kann er von dem anderen keinen hälftigen Ausgleich gem § 426 I 2 verlangen. Denn das Gesamtschuldverhältnis wird durch die nichteheliche Lebensgemeinschaft, bei der die persönlichen Beziehungen im Vordergrund stehen, überlagert. Eine Ausgleichspflicht nach Kopfteilen würde den tatsächlichen Verhältnissen nicht gerecht (BGH NJW 2010, 998). Nach der Trennung entfallen allerdings die Umstände, denen man einen besonderen, von der gesetzl vorgesehenen Halbteilung abweichenden Verteilungsmaßstab entnehmen kann (Bremen NJW 2016, 1248). Es greift der gesetzl Regelfall der Haftung zu gleichen Anteilen gem § 426 I, sofern nicht wiederum eine anderweitige Bestimmung bzw besondere Umstände vorliegen (Bremen NJW 2016, 1248). Derartige Umstände können bei der alleinigen Weiternutzung des urspr im Miteigentum stehenden Hauses durch einen Lebensgefährten nach Trennung und Tragung der Lasten angenommen werden. Im Hinblick auf Ehegatten hatte die Rspr hierzu schon bislang entschieden, dass der Ausgleichsanspruch des die Lasten tragenden Ehegatten von vornherein gem § 242 beschränkt ist, ohne dass es einer Aufrechnungserklärung des anderen Ehegatten bedürfte (BGH NJW-RR 1993, 386; NZFam 2015, 827 m Anm *Löhnig/Plettenberg*). Diese Rspr-Grundsätze hat der BGH auf die nichteheliche Lebensgemeinschaft **übertragen**. Auf diese Weise erfolge keine unzulässige Gleichbehandlung von Ehegatten und nichtehelichen Lebenspartnern; vielmehr werde allein der – ggü dem Normalfall der Bruchteilsgemeinschaft – besonderen Situation Rechnung getragen, dass ihnen als ehemaligen Miteigentümern die gemeinschaftl Nutzung des Hauses nicht mehr zuzumuten ist (BGH NZFam 2018, 844 m Anm *Löhnig*).

Ebenso wie in der Ehe (BGH FamRZ 1993, 676; 1995, 216) kann sich auch bei der nichtehelichen Lebensgemeinschaft ein **Aufrechnungsverbot** persönlicher und wirtschaftl Leistungen „aus der Natur der Sache", dh der von den Partnern gewählten Aufgabenverteilung, ergeben (BGH NJW 2010, 868). Dies gilt insb hinsichtl solcher Leistungen, die nach den o.g. Grundsätzen weder gesellschafts- bzw bereicherungsrechtl noch nach den Grundsätzen über die Störung der Geschäftsgrundlage ausgeglichen werden können, dh solche, die auf die **täglichen Bedürfnisse** der Gemeinschaft gerichtet sind (BGH NJW 2010, 868). Dies gilt etwa für die Erfüllung der laufenden Unterhaltsbedürfnisse oder die Entrichtung der Miete für die gemeinsam genutzte Wohnung (BGH NJW 2010, 868). Die Leistungen werden idR von demjenigen erbracht, der dazu wirtschaftl in der Lage ist (*Dethloff* § 8 Rn 18; *Wellenhofer* NZFam 2021, 381, 385f). Dabei kommt es nicht auf den Leistungszeitpunkt (vor und nach Beendigung der nichtehelichen Lebensgemeinschaft) an; maßgeblich ist allein der damit verfolgte **Verwendungszweck** (BGH NJW 2010, 868; s auch etwa Grü/*Siede* Einf v § 1297 Rn 34). 37

f) Endet die nichteheliche Lebensgemeinschaft durch Tod eines Partners, besteht für den überlebenden Teil **keine gesetzl Erbfolge**. Eine analoge Anwendung der §§ 1931, 1371 scheidet aus (Grü/*Weidlich* § 1931 Rn 2). Gleiches gilt iÜ auch für die analoge Anwendung des § 2077 (Frankfurt 16.2.2016 – 20 W 322/14). Ein Erbanspruch des überlebenden Teils kann nur infolge einer **Verfügung von Todes wegen** bestehen. Es besteht **Testierfreiheit**, ein Verstoß gegen die guten Sitten (§ 138) muss grds ausscheiden. **Nicht erlaubt** ist die Errichtung eines **gemeinschaftl Testaments**, da dies nach dem ausdrückl Gesetzeswortlaut Ehegatten (§ 2265) und eingetragenen Lebenspartnern (§ 10 IV LPartG) vorbehalten ist. Das BVerfG hat die **Verfassungsmäßigkeit** dieser Norm bestätigt, sie verstößt nicht gegen Art 3 I GG (BVerfG NJW 1989, 1986). Ein nichtiges gemeinschaftl Testament von Nichtehegatten kann allerdings im Wege der Umdeutung als Einzeltestament aufrechterhalten werden, soweit die Form des § 2247 gewahrt ist (BGH NJW-RR 1987, 1410; Grü/*Weidlich* § 2265 Rn 3). 38

III. Die eingetragene Lebenspartnerschaft

Schrifttum: Ältere Literatur: S Erman/*Kaiser*[16].

Bergan, Die rückwirkende „Ehe für alle" – eine steuerliche Betrachtung, NWB 2018, 3179; *Dutta*, Die Umwandlung eingetragener Lebenspartnerschaften in gleichgeschlechtliche Ehen – auch nach dem „Eheöffnungsgesetz" ein Mysterium? FamRZ 2019, 163; *Grziwotz*, Umwandlung einer Lebenspartnerschaft in eine Ehe – Formwechsel oder mehr?, FF 2019, 139; *Kaiser*, Statuswechsel: Umwandlung einer Lebenspartnerschaft in eine gleichgeschlechtliche Ehe, § 20a LPartG, FamRZ 2017, 1985; *Löhnig*, Die Umwandlung einer eingetragenen Lebenspartnerschaft in eine Ehe nach dem Gesetz zur Umsetzung des Gesetzes zur Einführung des Rechts auf Eheschließung für Personen gleichen Geschlechts, NZFam 2019, 166; *Löhnig*, Umwandlung einer Lebenspartnerschaft in eine Ehe – Voraussetzungen und Rechtsfolgen, NZFam 2017, 977; *Magnus*, Die Umwandlung einer Lebenspartnerschaft in eine gleichgeschlechtliche Ehe nach dem neuen § 20a LPartG, StAZ 2019, 163; *Rüsch*, Rückwirkende Anwendung des Ehegattensplittings auf bestandskräftige Veranlagung von ab dem VZ 2020 umgewandelten eingetragenen Lebenspartnerschaften, DStR 2021, 1211; *Siede*, Zur Durchführung des Versorgungsausgleichs bei Umwandlung einer Lebenspartnerschaft in eine Ehe, FamRZ 2018, 1.

1. Entwicklung. Das LPartG ist **mWz 1.8.2001** mit dem Gesetz zur Beendigung der Diskriminierung gleichgeschlechtlicher Gemeinschaften v 16.2.2001 (BGBl I 2001, 266) **in Kraft getreten** und ermöglichte es gleichgeschlechtlichen Paaren, mit der eingetragenen Lebenspartnerschaft eine der Ehe angenäherte, verfestigte Solidargemeinschaft einzugehen. Das LPartG 2001 begnügte sich damit, das Eherecht des BGB in weiten Teilen zu übernehmen und die Wörter „Ehe" durch „Lebenspartnerschaft" sowie „Ehegatten" durch „Lebenspartner" zu ersetzen oder ausdrückl auf das BGB-Eherecht zu verweisen. Das LPartG wich vom BGB-Eherecht nur ab, soweit dies für erforderlich gehalten wurde, um den durch Art 6 I GG vermeintlich gebotenen Abstand zur Ehe zu wahren. Nachdem das BVerfG die Angleichung der Lebenspartnerschaft an die Ehe gebilligt hatte (Rn 1), wurde der Gesetzgeber erneut aktiv und passte mit dem **Gesetz zur Überarbeitung des Lebenspartnerschaftsrechts (LPartÜG** v 15.12.2004, BGBl I 2004, 3396) die Lebenspartnerschaft der Ehe **mWz 1.1.2005** weiter an (dazu Rn 35ff (zu § 20a LPartG)). Durch das Gesetz zur Änderung des Ehe- und Lebenspartnerschaftsnamens v 6.2.2005 (BGBl I 2005, 203) wurde das Namensrecht in der Lebenspartnerschaft mWz **12.2.2005** an das Ehenamensrecht angepasst (§ 3 LPartG). Das Gesetz zur Änderung des Unterhaltsrechts (UÄndG v 21.12.2007, BGBl I 2007, 3189) hat mWz **1.1.2008** für den nachpartnerschaftlichen Unterhaltsanspruch § 16 S 1 LPartG neu formuliert und §§ 5, 12 und § 16 S 2 LPartG für die Rangfolge der Unterhaltsgläubiger in Mangelfällen um den Verweis auf § 1609 ergänzt. Mit dem **Gesetz zur Reform des Personenstandsrechts (PStRG** v 19.2.2007, BGBl I 2007, 122) wurde **mWz 1.1.2009** das Standesamt zuständig für die Begründung der Lebenspartnerschaft und für Erklärungen über den Lebenspartnerschaftsnamen einschl der Einbenennung von Kindern eines Lebenspartners (§ 9 V 1 LPartG); zur Länderöffnungsklausel s § 23 LPartG. Das Gesetz zur Änderung des Zugewinnausgleichs- und Vormundschaftsrechts (v. 6.7.2009, BGBl I 2009, 1696) hat die §§ 17–19 aF LPartG (Entscheidung über die gemeinsame Wohnung und den Hausrat bei Aufhebung der Lebenspartnerschaft) mWz **1.9.2009** aufgehoben und durch den Verweis auf §§ 1568a, b in § 17 LPartG ersetzt. Das Personenstandsrechts-Änderungsgesetz (PStRÄndG v 7.5.2013, BGBl I 2013, 1122) hat erneut das Namensrecht in der Lebenspartnerschaft mWz **1.11.2013** – geringfügig – geändert. Nachdem das BVerfG am 19.2.2013 (BVerfG NJW 2013, 847 Rn 106) den Ausschluss der Sukzessivadoption in der Lebenspartnerschaft wegen Verstoßes gegen Art 3 I GG für verfassungswidrig erklärt hatte, verwies § 9 VII 2 LPartG **mWz 27.6.2014** ua auch auf § 1742 und ermöglicht Lebenspartnern damit die Sukzessivadoption (**Gesetz zur Umsetzung der Entscheidung des Bundesverfassungsgerichts zur Sukzessivadoption durch Lebenspartner** v 20.6.2014, BGBl I 2014, 786). Das Gesetz zur Bereinigung des Rechts der Lebenspartner v 20.11.2015 (BGBl I 2015, 2010) änderte das LPartG mWz **26.11.2015** erneut: Eheleute wurden nach einer personenstandsrechtl Geschlechtsänderung nicht mehr durch § 1 III Nr 1 LPartG aF daran gehindert, miteinander 39 eine Lebenspartnerschaft einzugehen. § 1 IV 1 LPartG aF wurde an die neue Terminologie des FamFG angepasst (Anträge statt Klagen, § 113 V FamFG). § 23 LPartG über die vom Standesamt abw landesrechtl zuständige Behörde wurde erheblich gestrafft.

40 **Motor** dieser Rechtsangleichung war das **BVerfG.** Dieses hat in st Rspr betont, dass die Schlechterstellung der Lebenspartnerschaft ggü der Ehe gegen **Art 3 I GG** verstoße (BVerfG NJW 2010, 1439 Rn 78 – VBL; FamRZ 2013, 1103 Rn 73 mN – EStG): Sowohl Ehe als auch eingetragene Lebenspartnerschaft seien **in vergleichbarer Weise verbindlich gefasste Lebensformen**, die in ihren Grundstrukturen seit Einführung der Lebenspartnerschaft nur wenige Unterschiede aufwiesen (BVerfG FamRZ 2010, 1525 Rn 95 – ErbStG; FamRZ 2012, 1472 Rn 70f, 75 – BBesG; FamRZ 2012, 1477 Rn 46 – GrEStG; NJW 2013, 847 Rn 77 – § 9 VII; FamRZ 2013, 1103 Rn 90 – EStG); **auch hinsichtl der Erziehung von Kindern** bestünden keine maßgeblichen Unterschiede (BVerfG FamRZ 2012, 1477 Rn 76f; NJW 2013, 847 Rn 80ff; FamRZ 2013, 1103 Rn 100, 103). Der besondere Schutz der Ehe in Art 6 I GG rechtfertige keine Ungleichbehandlung, weil Ehe und Lebenspartnerschaft nach dem geregelten Lebenssachverhalt und den mit der Normierung verfolgten Zielen vergleichbar seien (BVerfG NJW 2010, 1439 Rn 105; FamRZ 2010, 1525 Rn 91; FamRZ 2012, 1472 Rn 68; FamRZ 2012, 1477 Rn 48 – GrEStG; NJW 2013, 847 Rn 98; FamRZ 2013, 1103 Rn 84; auch BGH FamRZ 2016, 1251 Rn 38); zudem verschärften sich die Anforderungen an die sachliche Rechtfertigung, je stärker sich die Differenzierungsmerkmale – wie im Fall der sexuellen Orientierung – Art 3 III GG annäherten (BVerfG NJW 2010, 1439 Rn 87ff; FamRZ 2012, 1472 Rn 57; FamRZ 2012, 1477 Rn 40; FamRZ 2013, 1103 Rn 77). Habe der Gesetzgeber die Lebenspartnerschaft von Anfang an in einer der Ehe vergleichbaren Weise als umfassende institutionalisierte Verantwortungsgemeinschaft verbindlich gefasst und bestehende Unterschiede kontinuierlich abgebaut, so müsse er sich daran festhalten lassen (BVerfG FamRZ 2013, 1103 Rn 91). Daraus folgt: Je stärker die Lebenspartnerschaft normiert und der Ehe angeglichen wurde, desto schwerer war eine unterschiedliche Behandlung zu rechtfertigen.

41 Konsequent hat der Gesetzgeber 2017 den Weg der bloßen Angleichung der Lebenspartnerschaft an die Ehe verlassen und am 27.7.2017 das Gesetz zur Einführung des Rechts auf Eheschließung für Personen gleichen Geschlechts verabschiedet (**„Ehe für alle“**, s Rn 1a).

42 Da die Ehe für gleichgeschlechtliche Paare geöffnet wurde (Rn 1a) besteht seit dem 1.10.2017 kein Bedürfnis mehr für den Neuabschluss von Lebenspartnerschaften. Folgerichtig bestimmt § 1 I 1 LPartG seit dem 22.12.2018, dass seit dem 1.10.2017 **keine Lebenspartnerschaften mehr begründet** werden können. Wandeln die Lebenspartner eine vor dem 1.10.2017 begründete Lebenspartnerschaft nicht gem § 20a LPartG in eine Ehe um, so besteht die Lebenspartnerschaft aber auch nach dem 1.10.2017 fort; für diese **Altfälle** bleiben die Regelungen des **LPartG in Kraft**, so seit dem 22.12.2018 ausdrückl **§ 1 S 2 Nr 1 LPartG** (Erman/*Kaiser*[16] § 20a LPartG Rn 31). Regelungen zu Ehegatten und Ehen, die nach dem 22.12.2018 in Kraft treten, gelten nach dem neuen § 21 LPartG entspr für Lebenspartner und Lebenspartnerschaften, sofern nichts anderes bestimmt ist (Erman/*Kaiser*[16] § 21 LPartG Rn 1).

43 Viele Paare haben die zum 1.10.2017 eröffnete Möglichkeit einer **Eheschließung** gem **§§ 1310ff** bzw der Umwandlung ihrer Lebenspartnerschaft in eine Ehe gem **§ 20a** LPartG genutzt (das Folgende abrufbar unter: https://www.destatis.de/DE/Presse/Pressemitteilungen/Zahl-der-Woche/2022/PD22_27_p002.html): Mittlerweile wurden 65.600 Ehen (mit Umwandlungen) zwischen Partnern des gleichen Geschlechts geschlossen, davon ca 32 300 zwischen zwei Männern und ca. 33 300 Ehen zwischen zwei Frauen (2021). Ebenso wie bei den heterosexuellen Verbindungen (Einl § 1297 Rn 1), geht die Zahl der Eheschließungen allerdings zurück. So waren es im Jahr 2021 12,4 % weniger als 2020.

44 Für Lebenspartnerschaften **mit Auslandsbezug** ist mWz 1.8.2001 eine eigenständige Kollisionsnorm geschaffen worden (durch Gesetz v 16.2.2001, BGBl I 2001, 266 [Rn 1] urspr als Art 17a EGBGB, mWz 1.1.2002 durch Gesetz v 11.12.2001, BGBl I 2001, 3513 verschoben nach Art 17b EGBGB), die weitgehend durch die EuPartVO (ABl 2016 L 183/30, in Kraft getreten am 28.7.2016 durch Gesetz zum internationalen Güterrecht und zur Änderung von Vorschriften des Internationalen Privatrechts v 17.12.2018, BGBl I 2018, 2573), verdrängt wird (s Wortlaut Art 17b I EGBGB; Art 17b EGBGB Rn 3).

45 **2. Umwandlung einer Lebenspartnerschaft in eine Ehe (§ 20a LPartG). a) Erklärungen der Lebenspartner (§ 20a I 1, 2 LPartG).** Gem § 20a I 1 LPartG wird die Lebenspartnerschaft in Anlehnung an § 1310 I, § 1311 S 1 dadurch in eine Ehe umgewandelt, dass die Lebenspartner **erklären**, miteinander eine Ehe führen zu wollen: Sie erklären nicht die Umwandlung, sondern ihren **Eheschließungswillen** (*Kaiser* FamRZ 2017, 1985, 1987 und FamRZ 2019, 845, 847; auch *Schwab* FamRZ 2017, 1284, 1287; MüKo/*Duden* § 20a LPartG Rn 6). § 20a I 1 LPartG verlangt weder, dass die Lebenspartner ihren Eheschließungswillen „gegenseitig“ erklären, noch, dass sie erklären, die Ehe „auf Lebenszeit“ schließen zu wollen; § 20a I 1 LPartG entspricht damit dem Wortlaut des § 1310 I 1. Erforderlich ist nach § 20a I 1 LPartG – wie nach § 1311 S 1 – die **persönliche Abgabe** der Erklärungen bei **gleichzeitiger Anwesenheit** beider Partner, so dass eine Erklärung durch Stellvertreter oder Boten ausgeschlossen ist (näher § 1311 Rn 4); Erklärungsempfänger ist der jew andere Lebenspartner. Dass die Partner **volljährig** sein müssen, folgt nicht aus dem zum 22.7.2017 geänderten § 1303 (Gesetz zur Bekämpfung von Kinderehen v 17.7.2017, BGBl I 2017, 2429), sondern mittelbar daraus, dass die Umwandlung eine wirksame Lebenspartnerschaft voraussetzt und eine Lebenspartnerschaft mit einem Minderjährigen seit dem 1.8.2001 und damit von Anfang an nicht begründet werden konnte, § 1 III Nr 1 Alt 1 LPartG aF (Gesetz v 16.2.2011, BGBl I 2011, 266; näher Erman/*Kaiser*[15] § 1 LPartG Rn 6). Ein Geschäftsunfähiger kann die Ehe nicht über § 20a LPartG

schließen, **§ 20a I 2 LPartG mit § 1304**. Werden die Eheschließungsvoraussetzungen gem § 20a I 1 LPartG nicht eingehalten, so kommt die Ehe nicht zustande (s § 1310 Rn 1ff) und besteht die Lebenspartnerschaft fort (Einzelheiten Erman/*Kaiser*[16] § 20a LPartG Rn 16ff).

§ 20a I 2 LPartG enthält einen **Verweis auf das Eheschließungsrecht des BGB** und damit ua auf die Bedingungsfeindlichkeit der Eheschließungserklärungen in **§ 1311 S 2**: Wegen der besonderen Bedeutung des Rechtsgeschäfts können die Lebenspartner ihre Willenserklärungen **nicht unter einer Bedingung oder Befristung** abgeben. Verstoßen sie gegen § 20a I 2 LPartG mit § 1311 S 2, so ist nicht nur die Bedingung oder Befristung, sondern ist die die Ehe begründende Willenserklärung insg unwirksam (s § 1311 Rn 6) und bleibt die Lebenspartnerschaft bestehen (zu den Rechtsfolgen Erman/*Kaiser*[16] § 20a LPartG Rn 16ff). 46

Die Ehe kann nur vor dem Standesamt geschlossen werden. Zuständig ist nach **§ 20a I LPartG, § 11 PStG** jedes dt Standesamt. Die Mitwirkung des Standesbeamten ist **Wirksamkeitsvoraussetzung**: Durch Erklärungen ggü einem Unzuständigen wird die Lebenspartnerschaft nicht in eine Ehe umgewandelt (*Kaiser* FamRZ 2017, 1985, 1987 und FamRZ 2019, 845, 847; *Hepting/Dutta* III-893; MüKo/*Duden* § 20a LPartG Rn 22; s § 1310 Rn 2ff) und bleiben die Partner einander in der bisherigen Lebenspartnerschaft verbunden. Der Standesbeamte hat eine eingeschränkte Prüfpflicht: Die Umwandlung in eine Ehe setzt eine **wirksam begründete Lebenspartnerschaft** voraus (Rn 45). Nach § 17a I PStG müssen die Partner die Lebenspartnerschaft durch öffentliche Urkunden, regelmäßig **durch die Lebenspartnerschaftsurkunde gem § 58 PStG nachweisen**; gem § 54 II mit § 55 I Nr 3, § 59 PStG besteht **für deren Richtigkeit eine widerlegliche Vermutung**: Standesamt und Gerichte sind an die Beweiskraft des Registereintrags gebunden, solange nicht der Nachweis der Unrichtigkeit geführt ist – selbst nicht auszuräumende Zweifel sind unbeachtlich (Brandenburg StAZ 2014, 16, 17; Hamm StAZ 2016, 275, 276 = FamRZ 2016, 1019 [LS]; *Kaiser* FamRZ 2019, 845, 847f und FamRZ 2017, 1985, 1988; **aber** Prüfpflicht *Hepting/Dutta* III-877). Die Mitwirkung an der Eheschließung ist nur dann zu verweigern, wenn offenkundig ist, dass die Ehe nach **§ 1310 I 3 Nr 1 iVm § 1314 II Nr 1–4** aufhebbar wäre. Hingegen greifen § 1310 I 3 Nr 1 iVm **§ 1314 II Nr 5 nicht**, da das LPartG in § 1 III Nr 4 LPartG aF die Scheinpartnerschaft ausdrückl als Lebenspartnerschaftshindernis nennt, diese Voraussetzung also schon bei Begründung der Lebenspartnerschaft geprüft worden ist (*Erbarth* FamRB 2019, 319, 323f [für teleologische Reduktion]; weiter für die Inbezugnahme des § 1314 II insg *Magnus* StAZ 2019, 163, 165; *Hepting/Dutta* III-882, 884; MüKo/*Duden* § 20a LPartG Rn 16); eine trotz des Verbots in § 1 III Nr 4 LPartG aF begründete Lebenspartnerschaft ist nichtig und damit nicht umwandlungsfähig (dazu im Einz Erman/*Kaiser*[16] § 20a LPartG Rn 8). 47

b) Wirksame Lebenspartnerschaft Die Partner müssen die Lebenspartnerschaft **wirksam begründet haben**, diese darf insb nicht wegen Begründungsmängeln nichtig sein. Zudem muss die Lebenspartnerschaft im Zeitpunkt der Abgabe der Umwandlungserklärungen **noch fortbestehen**, sie darf also nicht durch Aufhebung nach § 15 LPartG beendet worden sein. Ob die Lebenspartner iSd § 15 V LPartG getrennt leben, ist hingegen unerheblich; auch getrenntlebende Lebenspartner können ihre Lebenspartnerschaft durch Umwandlungserklärungen dem Eherecht unterstellen. Nach **§ 17a I PStG** müssen die Lebenspartner das Bestehen der Lebenspartnerschaft **durch die Lebenspartnerschaftsurkunde** gem § 58 PStG nachweisen; für deren Richtigkeit besteht gem § 54 II mit § 55 I Nr 3, § 59 PStG eine widerlegliche Vermutung. Von der Vorlage der Lebenspartnerschaftsurkunde kann gem § 10 III iVm I PStG abgesehen werden, wenn das Umwandlungsstandesamt im eigenen Register oder im Register anderer Standesämter (*Gaaz/Bornhofen* § 10 PStG Rn 3) Zugriff auf den Eintrag der Lebenspartnerschaft (§ 17 mit §§ 15, 3 I Nr 2 PStG) hat. Ist zweifelhaft, ob die Lebenspartnerschaft wirksam abgeschlossen worden ist, ermöglicht **§ 269 I Nr 2 FamFG** ein **familiengerichtliches Verfahren** zur Feststellung des **Bestehens oder Nichtbestehens der eingetragenen Partnerschaft**; es gelten nach § 270 I 1 FamFG die Verfahrensvorschriften des § 121 Nr 3 FamFG über die Feststellung des Bestehens oder Nichtbestehens einer Ehe entspr (*Kaiser* FamRZ 2017, 1985, 1988). Antragsbefugt sind gem § 20a I 2 LPartG mit § 1316 jeder Lebenspartner und die zuständigen Behörden (Personenstandsbehörde, Ausländerbehörde). Ist die Lebenspartnerschaft **nichtig oder** wegen Begründungsmängeln oder wegen Scheiterns **aufgehoben**, so **scheidet eine Umwandlung in eine Ehe gem § 20a** LPartG **aus**; das gleichgeschlechtliche Paar kann die Ehe aber gem §§ 1310ff begründen. Eine wirksam begründete Lebenspartnerschaft bleibt trotz der Geschlechtsumwandlung eines Partners wirksam; die Lebenspartnerschaft kann gem § 20a LPartG in eine Ehe umgewandelt werden (Köln FamRZ 2018, 1679; Pal/*Brudermüller*[80] Rn 1; jurisPK/*Schausten* § 21 LPartG Rn 8; für § 20a LPartG analog *Krömer* StAZ 2019, 87, 88); Einzelheiten Erman/*Kaiser*[16] § 20a LPartG Rn 8ff. 48

Stellt sich nach der Umwandlung in eine Ehe heraus, dass die Lebenspartnerschaft unter Begründungsmängeln litt, so ist zu unterscheiden: Regelmäßig führen Begründungsmängel dazu, dass die Lebenspartnerschaft gar nicht zustande gekommen ist (Nicht-Partnerschaft). Bei **Begründungsmängeln iSd § 1 I, III LPartG aF** (idF vor dem 22.12.2018 [EÖUG], anwendbar bis 1.20.2017 [EÖG]) war die **Lebenspartnerschaft von Anfang an nichtig (Nicht-Partnerschaft)** und entfaltet keinerlei Rechtswirkungen (Erman/*Kaiser*[16] § 20a LPartG Rn 9 mwN). Nichtig sind Lebenspartnerschaften, bei deren Begründung ein Lebenspartner geschäftsunfähig (§ 104 Nr 2, § 105; mN Erman/*Kaiser*[15] § 1 LPartG Rn 7, 11; *Kaiser* FamRZ 2017, 1985, 1989f mit Fn 50) oder minderjährig war (§ 1 III Nr 1 Alt 1 LPartG aF, kein Verweis auf den Aufhebungsgrund der Ehefähigkeit in § 1314 I mit §§ 1303, 1304) oder bei denen ein Partner schon verpartnert oder verheiratet war (§ 1 III Nr 1 Alt 2 und Alt 3 LPartG aF, kein Verweis auf den Aufhebungsgrund der Doppelehe in § 1314 I mit § 1306), bei denen enge Verwandte und Geschwister die Lebenspartnerschaft miteinander eingegangen sind (§ 1 III Nr 2 und 3 LPartG aF, kein Verweis auf den Aufhebungsgrund der Verwandtschaft in § 1314 I mit § 1307) oder in denen die Verpart- 49 nerung nur zum Schein erfolgte (§ 1 III Nr 4 LPartG aF, kein Verweis auf den Aufhebungsgrund der Scheinehe in § 1314 II Nr 5). Für eine wegen Willensmängeln anfechtbare Willenserklärung iSd § 1314 II Nr 1–4 verweist § 15 IV LPartG auf die **Bestätigungsmöglichkeiten nach § 1315 I 1 Nr 3 und 4**: Mit der Umwandlung in eine Ehe gem § 20a LPartG erklären die Lebenspartner, ihre Lebensgemeinschaft fortsetzen zu wollen, und bestätigen damit auch ihre bisherige Lebenspartnerschaft iSd § 1315 (*Hepting/Dutta* III-880); zu der Behandlung von Altfällen s Erman/*Kaiser*[16] § 20a LPartG Rn 9.

50 **c) Beendigung der Lebenspartnerschaft Gem § 20a I 3 LPartG** wird die Lebenspartnerschaft nach der Umwandlung **als Ehe fortgeführt.** Aus der Lebenspartnerschaft wird damit nicht rückwirkend eine Ehe, sondern die Umwandlung wirkt ex nunc: Die Partner lebten vor der Umwandlung in einer Lebenspartnerschaft und anschließend mit dem Tag der Eheschließungserklärungen in einer Ehe; mit der Umwandlung endet die Lebenspartnerschaft. Damit steht auch ohne ausdrückl Anordnung fest, dass die Lebenspartnerschaft als von der Ehe verschiedenes Rechtsinstitut mit der Umwandlung aufgelöst ist. Gem § 17a III PStG ist im Eheregister zusätzl zum Tag der Eheschließung iSd § 20a I LPartG der Tag der Begründung der Lebenspartnerschaft zu beurkunden. **§ 17 S 2 PStG** bestimmt, dass die **Umwandlung als Folgebeurkundung in das Lebenspartnerschaftsregister** aufzunehmen ist; das Lebenspartnerschaftsregister ist gem § 17 S 3 PStG anschließend nicht fortzuführen; Einzelheiten: Erman/*Kaiser*[16] § 20a LPartG Rn 16ff.

51 **§ 20a I 2 LPartG** verweist iÜ auf die Vorschriften über die „Eheaufhebung", also auf die §§ 1314ff: Dabei beschränkt sich der Verweis auf § 1314 I auf Nr 2 und dort auf das Eheverbot des § 1304 (Rn 49; *Kaiser* FamRZ 2019, 845, 848; **abw** *Magnus* StAZ 2019, 163, 166; MüKo/*Duden* § 20a LPartG Rn 18). Zu § 1314 II schon Rn 49. Wird eine aufhebbare Lebenspartnerschaft in eine Ehe umgewandelt, so ist die Ehe nur dann aufhebbar, wenn ein **Aufhebungsgrund auch für die Umwandlung** besteht (MüKo/*Duden* § 20a LPartG Rn 12). Wird die Ehe aufgehoben, so wird damit nicht zugleich die Lebenspartnerschaft aufgehoben: Lebenspartnerschaft und Ehe sind verschiedene Institute. Dass die Ehe die Lebenspartnerschaft „konsumiert" (BT-Drs 19/4670, 29), ist richtig nur für die wirksam geschlossene Ehe, nicht aber für die fehlerhaft und nur aufhebbar begründete Ehe (*Kaiser* FamRZ 2019, 845, 848; auch *Löhnig* NZFam 2019, 166, 167). Daher lässt die Aufhebung der Ehe die **Lebenspartnerschaft** nicht rückwirkend auf den Zeitpunkt der Umwandlung, sondern nur **für die Zukunft wiederaufleben** (Einzelheiten mwN: Erman/*Kaiser*[16] § 20a LPartG Rn 9).

52 **d) Rechtsfolgen** Die Lebenspartnerschaft wird gem § 20a I 3 LPartG nach der Umwandlung als Ehe fortgeführt, dh sie wird nicht ex tunc, sondern **ex nunc** eine Ehe (Rn 50).

53 § 20a LPartG ordnet darüber hinaus in **Abs V** einen Rückbezug an: Für die Rechte und Pflichten der Ehegatten ist nach der Umwandlung der Lebenspartnerschaft der „**Tag der Begründung der Lebenspartnerschaft maßgebend.**" Es handelt sich nicht um eine echte Rückwirkung (**aA** *Zschiebsch* notar 2017, 363, 364). Nur bereits **abgeschlossene Vorgänge zw den Ehegatten (früheren Lebenspartnern)** sind **nicht erneut aufzurollen** (*Kaiser* FamRZ 2017, 1989, 1991 und FamRZ 2019, 845, 849; *Erbarth* FamRB 2019, 319, 324; MüKo/*Duden* § 20a LPartG Rn 37; für Erbfälle auch *Grziwotz* FF 2019, 139, 147). Für den Versorgungsausgleich wiederholt **§ 20a VI LPartG** die Anordnung des Abs V. Um den für § 20a V, VI LPartG maßgeblichen Tag der Begründung der Lebenspartnerschaft leicht feststellen zu können, ist im Eheregister der Tag der Begründung der Lebenspartnerschaft zu beurkunden, § 17a III PStG. Für Lebenspartnerschaftsverträge stellt **§ 20a III LPartG** klar, dass diese nach der Umwandlung als Eheverträge weitergelten (näher Erman/*Kaiser*[16] § 20a LPartG Rn 39f); **§ 20a IV LPartG** ordnet an, dass die Umwandlung der Lebenspartnerschaft in eine Ehe gem § 20a LPartG keine Auswirkungen auf gemeinschaftl Testamente hat (näher Erman/*Kaiser*[16] § 20a LPartG Rn 28).

54 Gem § 20a II LPartG brauchen die Lebenspartner nicht zu erklären, ihren **gemeinsamen Lebenspartnerschaftsnamen** in der Ehe **als Ehenamen** fortführen zu wollen; diese Rechtsfolge tritt **automatisch mit der Umwandlung** ein (*Magnus* StAZ 2019, 163, 167; *Grziwotz* FF 2019, 139,148). Schon nach dem Wortlaut des **§ 17a II mit § 14 I PStG** und des **§ 1355 I 3** ist es **ausgeschlossen**, dass ein Partner bei der Umwandlung nach § 20a LPartG **wieder seinen Geburtsnamen** oder den vor der Verpartnerung geführten Namen annimmt (RegE BT-Drs 19/4670, 29; *Kaiser* FamRZ 2017, 1889, 1893 und FamRZ 2019, 845, 849; *Hepting/Dutta* III-901; **abw** *Kraus* StAZ 2018, 64, 65): Eine Rückkehr zur Namensverschiedenheit ist nur unter den Voraussetzungen des § 1355 V möglich. Hatten die Lebenspartner weder bei der Begründung der Lebenspartnerschaft noch später einen Lebenspartnerschaftsnamen gewählt, so können sie ihre unterschiedlichen Namen nach Umwandlung ihrer Lebenspartnerschaft in eine Ehe beibehalten. Gem § 17a II mit § 14 I PStG, § 1355 I, II können sie anlässlich der Umwandlung aber auch **erstmals einen gemeinsamen Namen** bestimmen – wie sie dies auch bei Fortbestehen der Lebenspartnerschaft tun könnten (*Kaiser* FamRZ 2017, 1889, 1892 und FamRZ 2019, 845, 849; *Grziwotz* FF 2019, 139, 148; *Hepting/Dutta* III-900; MüKo/*Duden* § 20a LPartG Rn 30). Einen aus den Namen beider Partner gebildeten Doppelnamen dürfen die Ehegatten nicht als gemeinsamen Ehenamen führen (§ 1355 II, verfassungsgemäß nach BVerfG FamRZ 2002, 306). Jeder Ehegatte kann aber bei der Umwandlung der Lebenspartnerschaft in eine Ehe seinen Geburtsnamen oder seinen bis zur Verpartnerung geführten Namen dem Ehenamen – auch einem als Ehenamen fortgeführten gemeinsamen Lebenspartnerschaftsnamen – als **Begleitnamen** voranstellen oder anfügen, § 1355 III–VI (*Kaiser* FamRZ 2017, 1889, 1892 und FamRZ 2019, 845, 849; *Hepting/Dutta* III-900; Einzelheiten: Erman/*Kaiser*[16] § 20a LPartG Rn 19f).

55 Weil der Gesetzgeber das Recht der Lebenspartnerschaft dem der Ehe **mWz 1.1.2005** (LPartÜG, Rn 39) weitgehend angenähert hat, ändert sich für Partner, die in einer nach dem 1.1.2005 begründeten Lebenspartner-

schaft leben, durch die Umwandlung in eine Ehe gem § 20a LPartG auch **güterrechtl** und mit Blick auf die Regelungen der §§ 1357, 1362, 1365, 1369 nichts. Haben die Lebenspartner nichts Abweichendes vereinbart, so leben sie im **gesetzl Güterstand der Zugewinngemeinschaft** (Erman/*Kaiser*[16] § 20a LPartG Rn 21).

Bedeutend sind nach wie vor die Unterschiede zw Lebenspartnerschaft und Ehe im **Kindschaftsrecht** (*Dethloff* FamRZ 2016, 351, 352): Zwar ist die Rechtsstellung des Stiefelternteils in Lebenspartnerschaft und Ehe **deckungsgleich geregelt**; ggü Stiefkindern besteht aber keine gesetzl, sondern allenfalls eine vertragl Unterhaltspflicht (Erman/*Kaiser*[15] § 5 Rn 6). Was die Adoption angeht, so verweist **§ 9 VII 2 LPartG auf § 1754 I, § 1755 II** und erlaubt so (verfassungsgemäß, BVerfG FamRZ 2009, 1653) über die **Stiefkindadoption** die gemeinsame Elternstellung beider Lebenspartner (zur Stiefkindadoption in der Lebenspartnerschaft Brandenburg FamRZ 2013, 643; Köln FamRZ 2013, 1150; Karlsruhe FamRZ 2014, 674; München FamRZ 2018, 1008 [bei Leihmutterschaft]; Einzelheiten: Erman/*Kaiser*[16] § 20a LPartG Rn 22ff). 56

Bis heute **verwehrt das LPartG Lebenspartnern** die **gemeinschaftl Adoption fremder Kinder**: Da § 9 VII LPartG nicht auf § 1741 verweist und Lebenspartner kein „Ehepaar" iSd § 1741 II 2 sind, sondern „nicht verheiratet" iSd § 1741 II 1, bleibt es für sie beim Zwang zur Einzeladoption nach § 1741 II 1 mit ggf nachfolgender Sukzessivadoption gem § 1741 II 3. Insofern bewirkt die Umwandlung der Lebenspartnerschaft in eine gleichgeschlechtliche Ehe gem § 20a LPartG einen – den einzigen erheblichen – Unterschied in den Rechten des gleichgeschlechtlichen Paares: Wird aus der Lebenspartnerschaft **gem § 20a LPartG eine Ehe**, so können die Partner gem **§ 1741 II 2** ein Kind **gemeinschaftl adoptieren.** Als Ehegatten sind sie auf diese gemeinschaftl Adoption beschränkt und müssen – anders als Lebenspartner – fremde Kinder nicht im Wege der Einzeladoption und einer sich daran anschließenden Sukzessivadoption annehmen; näher Erman/*Kaiser*[16] § 20a LPartG Rn 23ff. 57

Die Umwandlung in eine Ehe ändert nichts daran, dass gleichgeschlechtliche Paare eine **gemeinsame Elternschaft** sowohl in einer (nach dem 1.10.2017 fortbestehenden) Lebenspartnerschaft als auch in einer (nach dem 1.10.2017 gem § 20a LPartG oder gem §§ 1310ff) begründeten gleichgeschlechtlichen Ehe **nur durch Adoption** begründen können (Einzelheiten und Kritik: Erman/*Kaiser*[16] § 20a LPartG Rn 23f). 58

Erbrechtl ändert sich für Partner, die in einer Lebenspartnerschaft leben, durch die Umwandlung in eine Ehe gem § 20a LPartG nichts (*Kaiser* FamRZ 2017, 1895, 1990; *Grziwotz* FF 2019, 139, 147): Lebenspartnern wird von Anfang an (also seit 1.8.2001, Gesetz v 16.2.2001, BGBl I 2001, 266), ein **gesetzl Erbrecht wie Eheleuten** eingeräumt (§ 10 I–III LPartG wie §§ 1931–1933); vgl im Einz Erman/*Kaiser*[16] § 20a LPartG Rn 28. 59

Wird die durch Umwandlung einer Lebenspartnerschaft gem § 20a LPartG begründete Ehe später **geschieden**, so ist der **Tag der Begründung der Lebenspartnerschaft** maßgeblich für etwaige nacheheliche Ansprüche (§ 20a V, VI LPartG). Der Tag der Begründung der Lebenspartnerschaft ist maßgeblich **etwa als Stichtag** für das Anfangsvermögen beim Zugewinnausgleich (*Kaiser* FamRZ 2017, 1989, 1991 und FamRZ 2019, 845, 849; MüKo/*Duden* § 20a LPartG Rn 35), sofern die Lebenspartner seit Begründung der Lebenspartnerschaft im Regelgüterstand der Zugewinngemeinschaft gelebt haben (§ 6 S 2 LPartG mit § 1374 I), und ebenso für die Berechnung der **Dauer der Ehe**, etwa in § 1570 II für die Dauer des Betreuungsunterhalts, in § 1574 II 2 für die Angemessenheit einer Erwerbstätigkeit nach der Scheidung und in § 1578b für die Herabsetzung des Unterhalts auf das angemessene Niveau (Einzelheiten: Erman/*Kaiser*[16] § 20a LPartG Rn 30f). Der **Versorgungsausgleich** wird in **§ 20a VI LPartG** gesondert geregelt: „Nach der Umwandlung der Lebenspartnerschaft in eine Ehe gilt für den Versorgungsausgleich der erste Tag des Monats, in dem die Lebenspartnerschaft begründet worden ist, als Beginn der Ehezeit." Diese Regelung hat lediglich klarstellenden Charakter (*Kaiser* FamRZ 2019, 845, 849); Einzelheiten: Erman/*Kaiser*[16] § 20a LPartG Rn 30. 60

3. Altfälle. S dazu im Einz Erman/*Kaiser*[16] § 20a LPartG Rn 31ff. 61

§ 1353 Eheliche Lebensgemeinschaft

(1) Die Ehe wird von zwei Personen verschiedenen oder gleichen Geschlechts auf Lebenszeit geschlossen. Die Ehegatten sind einander zur ehelichen Lebensgemeinschaft verpflichtet; sie tragen füreinander Verantwortung.

(2) Ein Ehegatte ist nicht verpflichtet, dem Verlangen des anderen Ehegatten nach Herstellung der Gemeinschaft Folge zu leisten, wenn sich das Verlangen als Missbrauch seines Rechts darstellt oder wenn die Ehe gescheitert ist.

Schrifttum: *Bauer*, Die Entwicklung der höchstrichterlichen Rspr zur Sittenwidrigkeit von Bürgschaften einkommens- und vermögensloser Ehegatten, FuR 2003, 481; *Danninger/Seitz*, Zugangs- und Vervielfältigungsrechte an digitalen Bildern der Ehezeit, NZFam 2016, 868; *Dutta*, Gesetzliche Beistandschaft unter Ehegatten und Lebenspartnern bei Handlungsunfähigkeit, FamRZ 2017, 581; *Erbarth*, Ansprüche zwischen Ehegatten in Hinsicht auf intime Fotos und Filmaufnahmen aus § 1353 I 2 Hs 1 BGB – Zugleich Erwiderung und Ergänzung zu Jesgarzewski NZFam 2017, 935, NZFam 2017, 1038; *Erbarth*, Die Ansprüche auf Unterrichtung und Auskunft gem. § 1353 I 2 Hs. 1 BGB, deren Verhältnis zueinander sowie zu speziell geregelten Auskunftsansprüchen, NZFam 2015, 1944; *Gergen*, Die Mitarbeit des Ehegatten im Betrieb des anderen, FPR 2010, 298; *Gerhards*, Der Befreiungsanspruch zw Ehegatten unter Heranziehung des Auftragsrechts, FamRZ 2006, 1793; *Lenz*, Die Mietwohnung bei Trennung und Kündigung durch den allein mietenden Ehegatten, NZFam 2014, 823; *Linderer*, Das begrenzte Realsplitting an der Schnittstelle zwischen Familienrecht und Steuerrecht, NZFam 2015, 647; *Löhnig/Plettenberg*, Vermögensbezogene Informationspflichten unter getrennt lebenden Ehegatten und vorzeitiger Ausgleich des Zugewinns bei vorzeitiger Aufhebung der Zugewinngemeinschaft, NZFam 2015, 49; *Schmidt*, Einführung einer Co-Mutterschaft im Abstammungsrecht – Rechtspolitisch sinnvoll, verfassungsrechtlich geboten?, NZFam 2022, 909; *Stein*, Aus der Ehe herrührende Ansprüche, FPR 2011, 85; *Szalai*, Die familienrechtliche Überlagerung zivilrechtlicher Ansprüche unter Eheleuten, NZFam 2018, 761; *Wever/Frank*, Die Entwicklung der Rechtsprechung zur Vermögensauseinandersetzung der Ehegatten außerhalb des Güterrechts, FamRZ 2021, 237; *Wurmnest*, Die Brautgabe im Bürgerlichen Recht, FamRZ 2005, 1878.

1 **I. Allgemeines.** § 1353 wurde durch das 1. EheRG v 14.6.1976 (BGBl I 1976, 1421) neu gefasst; die Vorschrift enthält zwei unterschiedliche Aussagen. Zum einen umreißt sie **generalklauselartig** die aus der Ehe erwachsenden Bindungen und **Rechtspflichten**, ohne einen konkreten Pflichtenkatalog für Eheleute aufzustellen. Durch das Eheschließungsrechtsgesetz v 1.7.1998 (BGBl I 1998, 833) wurde in Abs I S 2 der Hs „sie tragen füreinander Verantwortung" eingefügt; er verdeutlicht den Unterschied der Ehe zu anderen Lebensgemeinschaften. Die Ergänzung hat jedoch lediglich klarstellenden Charakter, die Verpflichtungen der Ehegatten untereinander oder im Verhältnis zu Dritten werden durch die Änderung nicht erweitert (BT-Drs 13/9416, 29). Nach wie vor haben die Eheleute **alles zu unterlassen**, was den Zweck der Ehe, die Herstellung einer vollen Lebensgemeinschaft, vereiteln oder stören könnte und haben **alles zu tun**, was zur Erreichung dieses Zwecks erforderlich ist. Die **Generalklausel** verpflichtet die Eheleute zu gegenseitiger Treue, gemeinschaftl Entscheidungen in allen für die Ehe und Familie wichtigen Fragen, häuslicher Lebensgemeinschaft, gegenseitiger Achtung, Offenheit, Vertrauen und Rücksichtnahme und damit zu einem Zusammenleben in der engsten Form, die die Gesellschaft kennt und die die Geschlechtsgemeinschaft einschließt (BGH NJW 1967, 1078; FamRZ 1968, 152; 1962, 259; 1958, 126).

2 Zum anderen wird mit Abs I S 1 klargestellt, dass trotz der Umstellung des Scheidungsrechts vom Verschuldens- auf das Zerrüttungsprinzip die **Ehe auf Lebenszeit** geschlossen wird. Dieser Grundsatz ist **untrennbares Wesensmerkmal** des in Art 6 I GG angesiedelten Ehebegriffs (BVerfG FamRZ 1980, 319, 323; BVerfGE 31, 58, 82f; Einl § 1297 Rn 10) und findet auch sonst im Recht hinreichend klaren Ausdruck, so dass Abs I S 1 primär als Bekenntnissatz anzusehen ist.

2a Am 30.6.2017 hat der Deutsche Bundestag den Gesetzesentwurf zur Einführung des Rechts auf Eheschließung für Personen gleichen Geschlechts v 11.11.2015 (BT-Drs 18/6665) angenommen (**„Ehe für alle"**: BGBl I 2017, 2787; s Vor § 1353 Rn 1a). Das Gesetz trat am 1.10.2017 in Kraft und führte ua zu einer Änderung des § 1353 I dahingehend, dass die Ehe von „zwei Personen verschiedenen oder gleichen Geschlechts auf Lebenszeit geschlossen" wird. In der Konsequenz sind zB Stiefkindadoptionen durch die Ehepartnerin der Mutter derjenigen durch den Ehemann gleichgestellt (Nürnberg NZFam 2019, 742 m Anm *Löhnig*). Abgelehnt hat der BGH allerdings die analoge Anwendung des § 1592 Nr 1 mit der Folge, dass die Ehefrau der ein Kind gebärenden Frau Mit-Elternteil des Kindes wird (BGH NJW 2019, 153 m Anm *Löhnig*); zu anhängigen Verfahren vor dem BVerfG sowie zur rechtspolitischen Diskussion um die Reform des Abstammungsrechts s *Schmidt* NZFam 2022, 909f; zur Einführung des § 1766a bei Bestehen einer verfestigten Lebensgemeinschaft: Vor § 1353 Rn 14a.

3 **II. Grundsatz der Lebenszeitehe.** Dem Grundsatz der Lebenszeitehe entspricht es, dass § 1311 S 2 unabdingbar verbietet, dass die Ehe als **bedingter oder befristeter** Vertrag geschlossen wird. Weitere Konsequenz des Lebenszeitprinzips ist die **Unzulässigkeit von Widerrufs- oder Rücktrittsvorbehalten**, der Vereinbarung, sich sofort nach Eheschließung wieder scheiden zu lassen (BGH LM § 48 II EheG Nr 13) sowie ähnl Abreden. Das Bekenntnis zur lebenslangen Verantwortung füreinander zeigt sich auch in den **fortbestehenden Unterhaltsverpflichtungen** (§§ 1569ff) nach rechtskräftiger Scheidung. Die lebenslange Ehedauer kann indes wohl nicht als Geschäftsgrundlage eines Schenkungsvertrags der Eltern ggü einem Schwiegerkind gelten (offengelassen v Frankfurt aM, Beschl v 12.10.21 – 6 UF 67/20).

4 Trotz der grds lebenslangen Bindung können bei der Eheschließung auch andere Motive mitschwingen. So dürfen neben der ehelichen Gemeinschaft auch andere Zwecke, wie bspw der Erwerb einer Aufenthaltsgenehmigung durch einen ausl Verlobten (Hamm 1983, 13; zur Aufenthaltserlaubnis ausl Ehegatten VGH Baden-Württemberg FamRZ 1994, 41; VG Freiburg FamRZ 1995, 1359; zu den Anforderungen an die eheliche Lebensgemeinschaft nach dem AuslG Hess VGH FamRZ 1997, 749) oder des erleichterten Wohnungserwerbs verfolgt werden. Dient die Eheschließung allerdings **ausschließlich** dazu, einem Ausländer die Aufenthaltserlaubnis zu verschaffen, liegt eine sog **Scheinehe** vor, §§ 1313, 1314 II Nr 5, die die Aufhebbarkeit herbeiführen kann. Der Aufhebungstatbestand ist aber noch nicht gegeben, wenn ein Zusammenleben in häuslicher Gemeinschaft zw den Ehegatten nicht stattgefunden hat. Wenn die Lebensverhältnisse entgegenstehen oder eine abw Lebensgestaltung vereinbart ist, kann von diesem Grundelement des Abs I abgesehen werden (Brandenburg FamRZ 2008, 1534). Darüber hinaus hat der Standesbeamte seine Mitwirkung auch dann zu verweigern, wenn sich die Verlobten wegen anderer Gründe einig sind, **keine eheliche Lebensgemeinschaft** begründen zu wollen (§ 1310 I 2; § 1314 II Nr 5).

5 **III. Verpflichtung zur ehelichen Lebensgemeinschaft.** Die Verpflichtung zur ehelichen Lebensgemeinschaft nach der Generalklausel des Abs I S 2 ist nicht nur eine Obliegenheit, sondern hat die **Qualität von Rechtspflichten** (BVerfG NJW 1988, 2032; BGHZ 37, 41). Der Übergang vom Verschuldens- zum Zerrüttungsprinzip sowie die Sanktionslosigkeit der Pflichten sprechen aber dafür, sie nicht als Rechtspflichten ieS anzusehen, so *Dethloff* § 4 Rn 9). Die „Verpflichtung" zur ehelichen Lebensgemeinschaft lässt sich in drei Gruppen einteilen: Die Pflicht zur **häuslichen Gemeinschaft**, zur **Geschlechtsgemeinschaft** und die Verpflichtung zur **Haushaltsführung und Funktionsteilung.**

6 **1. Häusliche Gemeinschaft.** Die Ehegemeinschaft kann sich grds nur in der **häuslichen Gemeinschaft** verwirklichen (RGZ 95, 332; 137, 104; Brandenburg FamRZ 2008, 1534). Allerdings ist das Erfordernis des Zusam-

menlebens in häuslicher Gemeinschaft nicht als konstitutiv anzusehen (Brandenburg FamRZ 2008, 1534). Wenn nämlich die Lebensverhältnisse entgegenstehen oder im gegenseitigen Einvernehmen eine abw Lebensgestaltung vereinbart ist, kann davon abgesehen werden, zB wenn sich das Paar erst im Alter kennengelernt hat (Brandenburg FamRZ 2008, 1534). Ein Kernpunkt der gemeinschaftl zu entscheidenden Angelegenheiten ist die Ermöglichung der gegenseitigen Nutzung der Ehewohnung und des Hausrats (Grü/*Siede* Rn 6). Daraus folgt ein Recht zur **Mitbenutzung** der ehelichen Wohnung und des Hausrats, unabhängig von den Eigentumsverhältnissen und vom Güterstand (BGH FamRZ 1954, 198; BGHZ 73, 253, vgl auch BeckOGK/*Erbarth* Rn 278ff). Mitbesitz kann **Besitzschutzansprüche** nach §§ 861, 1007 bzw bei schadensbehafteter Verletzung **Deliktsansprüche** aus § 823 I, § 1004 auslösen. Der Mitbesitzer ist hinsichtl der dem anderen gehörenden Gegenstände Besitzmittler gem § 868 (Grü/*Siede* Rn 6). Erforderlich ist aber ein auf die Ergreifung der Sachherrschaft gerichteter Wille (Koblenz MDR 1994, 281). Durch eine vorübergehende Abwesenheit wird der Mitbesitz nicht aufgegeben (LG Freiburg FamRZ 2005, 1252). Trotz Trennung besteht das Besitzrecht an der Ehewohnung für den Ehegatten, der nicht Eigentümer ist, so lange fort, bis eine andere familienrechtl Anordnung oder die Scheidung erfolgt ist (LG Frankfurt FamRZ 1990, 44); vgl auch § 1361b. Eine Herausgabeklage aus § 985 ist während der Ehe unzulässig (BGH NJW 2017, 260; FamRZ 1978, 496; 1976, 691; Düsseldorf FamRZ 1988, 1053). Nach der Trennung kann sich aus der Vorschrift das Recht eines Ehegatten ergeben, die im Miteigentum der Ehegatten stehende Eigentumswohnung zu vermieten, um eine angespannte finanzielle Situation der Ehegatten zu verbessern (AG Berlin-Schöneberg NZFam 2017, 1158 m Anm *Erbarth*). Können sich die Eheleute über den Verkauf der Ehewohnung nicht einigen, ist derzeit noch umstr, ob die Auflösung des Miteigentums nach den gesetzl Regelungen (§ 749 I BGB, §§ 180ff ZVG) erfolgen muss und somit die Durchführung einer **Teilungsversteigerung** auch während der Trennungsphase beantragt werden kann (dafür Stuttgart FamRZ 2021, 663 m Anm *Wever*; Jena NZFam 2018, 1153 m Anm *Erbarth*; *Brudermüller* FamRZ 1996, 1516; *Wever* FamRZ 2019, 504; anders wohl Hamburg NZFam 2018, 32 m Anm *Erbarth*; Ausgangspunkt: BGH NZFam 2017, 746 m Anm *Erbarth*; NZFam 2017, 842 m Anm *Erbarth*; offengelassen Köln FamRZ 2021, 20). Freilich hat stets eine interessengerechte Abwägung (iRd Verfahrens nach § 1361b) zu erfolgen (Stuttgart FamRZ 2021, 663 m Anm *Wever*). Die Anerkennung einer Wohnraumkündigung des allein mietenden Ehemanns kann als rechtsmissbräuchlich zu versagen sein, wenn sie ohne Rücksicht auf die künftige Unterbringung von Ehefrau und Kindern des Mieters erklärt würde (LG Hamburg FamRZ 2002, 818). Leben die Ehegatten getrennt, sind Gebrauch und Verteilung der Haushaltsgegenstände durch § 1361a, der Wohnung durch § 1361b besonders geregelt.

Leben die Ehegatten im gesetzl Güterstand der Zugewinngemeinschaft, schützt gegen **ehewidrige Veräußerungen** von Haushaltsgegenständen das Zustimmungserfordernis des § 1369. Bei Veräußerung der Ehewohnung können die Voraussetzungen des § 1365 vorliegen, wenn es sich dabei nahezu um das ganze Vermögen der Ehegatten handelt (vgl § 1365 Rn 6ff). 7

2. Allgemeine Treuepflicht. Die Eheschließung als in aller Regel Ausdruck der gegenseitigen Zuneigung und Sympathie, die die Eheleute füreinander empfinden, schließt die „Verpflichtung" der Partner zur **Geschlechtsgemeinschaft** (BGH FamRZ 1967, 1078; krit *Grziwotz* FamRZ 2002, 1154f) und **zur ehelichen Treue** mit ein (Stuttgart OLGRp 1999, 188). Zu beachten ist aber, dass in diesem primär der Eigenverantwortung und Eigenentscheidung der Ehegatten überlassenen Intimbereich die persönlichen Pflichten in ihrer näheren Ausgestaltung von der jew konkreten Situation der Partner bestimmt werden (zutr *Gernhuber/Coester-Waltjen* § 18 V Rn 47ff, gegen eine Rechtspflicht MüKo/*Roth* Rn 41). Individuelle Verhältnisse der Partner (zB psychische oder körperliche Mängel) begrenzen die Einzelpflichten (BGH NJW 1967, 1079). Die Verpflichtung zum sexuellen Kontakt mit dem Partner kann **nicht Gegenstand eines Herstellungsantrags** sein, § 120 III FamFG (*Gernhuber/Coester-Waltjen* § 18 V Rn 1). Die **Familienplanung** ist ebenfalls der Entscheidung der Ehegatten überlassen; kein Partner hat das Recht, von dem anderen die Zeugung oder den Empfang eines Kindes zu verlangen (BGH NJW 2001, 1789; Grü/*Siede* Rn 7). Abreden über die Familienplanung haben keine bindende Wirkung (BGH NJW 2001, 1789, 1790 mwN). Dem steht nicht entgegen, dass sich aus dem Wesen der Geschlechtsgemeinschaft das berechtigte Vertrauen erschließt, der eine Partner werde sich einem Kinderwunsch des anderen nicht ohne berechtigte eigene Belange verweigern. Die Rechtsordnung überlässt es aber den Eheleuten, eine Einigung zu finden. Sollte dies nicht gelingen und zur Zerrüttung der Lebensgemeinschaft beitragen, können die Umstände im Rahmen des §§ 1565ff Berücksichtigung finden. Ein Schwangerschaftsabbruch ist nur unter den gesetzl Voraussetzungen möglich, bedarf aber nicht der Zustimmung des Ehemannes. Hingegen soll eine Sterilisation der Zustimmung des Ehegatten bedürfen (Staudinger/*Voppel* Rn 42), aA war der BGH in einem Fall der Sterilisation einer Mutter von drei Kindern, die er als zustimmungsfrei beurteilte (BGHZ 67, 48). 8

3. Haushaltsführung und Funktionsteilung. Die Ehepartner sollen möglichst alle wichtigen Angelegenheiten einvernehmlich regeln (MüKo/*Roth* Rn 27). Das Prinzip der gleichberechtigten und partnerschaftlichen Entscheidung hat in § 1356 I und § 1618a seinen besonderen Ausdruck gefunden. Soweit keine Zuständigkeitsregelungen getroffen sind, müssen sich die Ehegatten im konkreten aktuellen Fall einigen. Im Einzelfall kann ein Ehegatte im wohlverstandenen Familieninteresse aber auch allein handeln (Grü/*Siede* Rn 8). Dabei hat er den persönlichen Wünschen und Neigungen grds das gemeinsame Interesse voranzustellen, wobei das Interesse der Kinder häufig von maßgebender Bedeutung sein wird. Können sich die Ehegatten in Angelegenheiten, die die Sorge für die Person oder das Vermögen der **gemeinschaftl Kinder** betreffen, zB bei der Wahl des Vornamens, der Erziehung in einem bestimmten religiösen Bekenntnis, der ärztlichen Behandlung, dem Schulbesuch, der Berufswahl etc nicht einigen, so greift die Sonderregelung der §§ 1626ff ein. Zum Schutz der Interessen des Kin- 9 des kann das FamG auf Antrag (vgl etwa § 1628 I, § 1631 III, § 1632 III) oder von Amts wegen (vgl zB §§ 1666, 1667) tätig werden. Näheres bei den Erl zu §§ 1626ff.

10 Die **Pflicht zur Rücksichtnahme** auf die Interessen des anderen Teils erstreckt sich nicht nur auf gemeinsame Kinder, sondern auch auf die **Stiefkinder**. Aus der Generalklausel des § 1353 ergibt sich für jeden Ehegatten die Pflicht, sich um die erst- oder vorehelichen Kinder des Partners zu kümmern (RG JW 1930, 986). Wer einen Partner heiratet und weiß, dass dieser seiner Personensorge unterliegende Kinder hat, erklärt sich, soweit er keine anderen Vereinbarungen trifft, stillschw damit einverstanden, dass diese Kinder in die häusliche Gemeinschaft aufgenommen werden. Dies gilt nur dann nicht, wenn die Kinder das Zusammenleben in unzumutbarer Weise stören (Karlsruhe FamRZ 1961, 371). Eine Unterhaltspflicht kraft Gesetzes besteht für Stiefkinder nicht, allerdings kann in der tatsächlichen Übernahme von Unterhaltsleistungen eine schlüssige Vereinbarung gesehen werden, dass das Stiefelternteil für den Unterhalt aufkommt. Näher § 1360a Rn 9.

11 Durch die sog **Rollentausch-**/Hausmannrechtsprechung des BGH wird das freie Einvernehmen der Eheleute über die Funktionsteilung beeinflusst. Ein Vater, der in zweiter Ehe die Rolle des Hausmannes übernommen hat, ist dadurch nicht davon befreit, durch einen Nebenverdienst die Mittel für den Unterhalt seines Kindes aus erster Ehe bereitzustellen (BGH FamRZ 1980, 43; 1982, 25 und 590; 2001, 611 und 1065; FuR 2001, 225; FamRZ 2006, 1827; Koblenz NZFam 2021, 689 m Anm *Reinken*). Entspr gilt selbstverständlich für die unterhaltspflichtige Mutter (Köln FamRZ 1979, 328; s auch Frankfurt FamRZ 1979, 622; Bremen FamRZ 1979, 623; Hamm FamRZ 1980, 73; *Reinken* ZFE 2006, 445; s § 1581 Rn 12ff).

12 Der Grundsatz der gemeinsamen Entscheidung gilt dort nicht, wo es sich um **persönliche Angelegenheiten** jedes Ehegatten handelt. Jedem Ehegatten verbleibt ein persönlicher Bereich, innerhalb dessen er nach seinem Gutdünken handeln kann und innerhalb dessen er seine **eigenen Vermögensinteressen selbständig und unabhängig** wahrnehmen kann, zB was seine freie Religionsausübung oder seine politischen Überzeugungen angeht (vgl MüKo/*Roth* Rn 30 mwN). § 1353 I 2 kann insoweit als Einfallstor für Art 4 GG gelten (MüKo/*Roth* Rn 30). Zu beachten ist ferner, dass der Inhalt höchstpersönlicher Vertrauensverhältnisse des Ehegatten mit einem Dritten, zB Arzt-Patientenverhältnis, Schutz ggü der Kenntnis des anderen Ehegatten verdient (Staudinger/*Voppel* Rn 49; Hamm NJW-RR 2007, 1234). Daraus kann sich die Verpflichtung eines Ehegatten ergeben, der Intimsphäre des anderen dadurch Rechnung zu tragen, dass diesem das Recht eingeräumt wird, ihn selbst betreffende Leistungen ggü der Krankenkasse selbst abzurechnen (dies gilt allerdings nicht für Ansprüche ggü der Krankenkasse bzgl eines gemeinsamen Kindes, Hamm NJW-RR 2007, 1234).

13 Aus der Verpflichtung zur ehelichen Gemeinschaft folgt kein Anspruch des einen Ehegatten gegen den anderen auf Abschluss einer „Saldierungsabrede" iRd Versorgungsausgleichs aus Gründen der **nachehelichen Solidarität** (KG NZFam 2016, 421 m Anm *Schwamb*). Zu bedenken ist insoweit, dass Ansprüche aus nachehelicher Solidarität, für die eine spezielle Anspruchsgrundlage fehlt, durchaus auf § 1353 gestützt werden können (*Schwamb* NZFam 2016, 421). Ist damit aber eine Änderung der gesetzl Regelung verbunden, so muss dies auf andernfalls grob unbillige Ergebnisse im Einzelfall beschränkt bleiben (*Schwamb* NZFam 2016, 421). Dies war vorliegend bei einer Anwendung von § 6 VersAuslgG aber nicht der Fall (*Schwamb* NZFam 2016, 421).

14 **IV. Beistandspflichten. 1. Persönliche Beistandspflichten.** Die eheliche Lebensgemeinschaft begründet eine **gegenseitige Hilfs- und Beistandspflicht** in allen Bereichen des täglichen Zusammenlebens. Im **Strafrecht** führt sie zur **Garantenstellung** des einen Ehegatten zum Schutz der Rechtsgüter (Leben, Gesundheit, Besitz, Eigentum etc) des anderen iSd **§ 13 StGB** (vgl hierzu BGHSt 19, 167, 168). Vor allem begründet sie die Pflicht, einen **Selbstmord** des anderen zu verhindern (BGHSt 2, 152) oder Angriffe Dritter auf sein Leben, seinen Körper oder sein Vermögen abzuwehren (RGSt 64, 278). Außerdem hat ein Ehegatte die Pflicht, den anderen von der **Begehung strafbarer Handlungen** abzuhalten (BGH NJW 1954, 1818; Köln NJW 1973, 861), dazu zählt auch, **betrunken Auto** zu fahren (FamR-Komm/*Weinreich*[7] Rn 20). Diese **Garantenpflicht endet** mit der **endgültigen Trennung**, wenn die Ehe nur noch formal existiert, nicht erst mit rechtskräftiger Scheidung (BGH NJW 2003, 3212). Ein Ehegatte hat es idR zu unterlassen, den anderen wegen des Verdachts einer Straftat oder eines Steuervergehens anzuzeigen, jedenfalls dann, wenn die Motive hierzu **Rachsucht, Gehässigkeit** oder **Schädigungsabsicht** waren (FamR-Komm/*Weinreich*[7] Rn 23 mwN). Dies gilt nicht, wenn es um die Planung und Durchführung von **Verbrechen** geht **bzw der anzeigende Ehegatte selbst schwerwiegende Nachteile zu befürchten hat** (BGH FamRZ 1963, 515; 1964, 493). **Häusliche Gewalt** ist in jeder Form zu unterlassen (*Schwab* FamRZ 1999, 1317). Jeder Partner ist verpflichtet, **Alkohol-** (Frankfurt FamRZ 1982, 484) oder **Medikamentenmissbrauch** (BGHZ 43, 331) unter Kontrolle zu bringen. Korrespondierend dazu beinhaltet die Beistandspflicht auch, dem **suchtkranken Partner** zu helfen (BGH FamRZ 1967, 324). Jeder Ehegatte hat sich den **Gesundheitszustand** zu erhalten, der es ihm ermöglicht, alle Pflichten aus der ehelichen Lebensgemeinschaft so zu erfüllen, wie er es nach besten Kräften tun kann.

15 **2. Vermögensrechtliche Beistandspflichten.** Aus dem Wesen der Ehe ergibt sich aus Abs I die Verpflichtung beider Ehegatten, die finanziellen Lasten des anderen Teils nach Möglichkeit zu vermindern, soweit dies ohne Verletzung eigener Interessen möglich ist (st Rspr BGH, zB FamRZ 1977, 38, 40). Dazu gehört auch, dass das Risiko der Erwerbs- oder Berufsunfähigkeit und das damit verbundene Risiko, der betroffene Ehepartner werde nur noch wenig oder gar nicht mehr zur Altersvorsorge beitragen können, gemeinsam zu tragen ist (Brandenburg NZFam 2015, 278 m Anm *Riewe*). Die Vorschrift begründet ein besonderes familienrechtl Schuldverhältnis, das zB durch die Sicherung von Krediten zugunsten des anderen Ehegatten unter Heranziehung der Regeln

des Auftragsrechts abzuwickeln ist (BGH DNotZ 2015, 530). Die Pflicht geht aber nicht so weit, dass finanzielle Mehrleistungen der Ehegatten auszugleichen wären (BGH FamRZ 2007, 1229). So kann zB eine Vereinbarung bzgl einer gemeinsamen steuerlichen Veranlagung nicht nachträgl und rückwirkend wieder aufgehoben werden mit der Folge, dass ein Ehegatte von dem anderen den Mehrbetrag, den dieser wegen der gemeinsamen Besteuerung des Einkommens im Vergleich zur getrennten Veranlagung geleistet hat, ersetzt verlangen kann (Koblenz FamRZ 2018, 1493).

a) **Bürgschaften.** Die Pflicht zur Lebensgemeinschaft beeinflusst die vermögensrechtl Beziehungen der Ehegatten (RG LZ 1923, 451) und kann im Einzelfall Verpflichtungen zur finanziellen **Beistandsleistung** begründen (Nürnberg FamRZ 1971, 434; Celle OLG 1971, 358). Bei Überforderung eines Ehegatten findet diese Beistandspflicht ihre Grenze in der Sittenwidrigkeit, § 138. Die Rspr vertritt zu **Bürgschaften unter Ehegatten** eine gefestigte Meinung. Das BVerfG hat 1993 (NJW 1994, 36; bestätigt NJW 1996, 2021) zum Schutz der wirtschaftl Betätigungsfreiheit aus Art 2 I GG generell eine Pflicht zur Inhaltskontrolle von Verträgen begründet, die einen Vertragspartner ungewöhnlich stark belasten und das Ergebnis strukturell ungleicher Verhandlungsstärke sind. Bei der Inhaltskontrolle komme den Gerichten grds ein weiter Spielraum zu. Ein verfassungsrechtl Verstoß sei aber dann gegeben, wenn das Problem gestörter Vertragsparität gar nicht gesehen werde oder die Lösung mit untauglichen Mitteln erfolge (BVerfG NJW 1994, 36, 39). Auf dieser Grundlage leitet der BGH bei Ehegattenbürgschaften die **Sittenwidrigkeit des Vertrags** aus § 138 ab, wenn zu einem **Missverhältnis zw Verpflichtungsumfang und der Leistungsfähigkeit** des bürgenden Ehepartners weitere dem Gläubiger zurechenbare Umstände hinzutreten und so ein **unerträgliches Ungleichgewicht** zw den Vertragsparteien entsteht (st Rspr; BGH NJW 2009, 2671; 2005, 971; 2002, 744; 1645; 2228f; 2940; 2001, 815; 1999, 2584; 1997, 3372). Dabei schließt der BGH von den einseitig benachteiligenden Regelungen des Bürgschaftsvertrags mithilfe einer widerlegbaren Vermutung auf eine Ausnutzung der emotionalen Zwangslage des Bürgen iSv § 138 I. Eine krasse finanzielle Überforderung des Bürgen soll regelmäßig dann vorliegen, wenn dieser voraussichtlich nicht einmal in der Lage ist, die laufenden Zinsen der Hauptschuld aus dem pfändbaren Teil seines Einkommens und Vermögens bei Eintritt des Sicherungsfalls allein aufbringen zu können. Für die Bestimmung seiner Leistungsfähigkeit sind wertausschöpfende Belastungen zu berücksichtigen (BGHZ 151, 34 und BGH NJW 2002, 2230 in Abkehr von WM 1996, 766 und 1998, 67), weil sich die Wirksamkeit der Bürgschaft nach der tatsächlichen Leistungsfähigkeit des Bürgen zu richten hat. Ein generelles Interesse des Gläubigers, sich vor Vermögensverschiebungen zw den Ehegatten mit der Bürgschaft zu schützen, ändert an der Sittenwidrigkeit einer den bürgenden Gatten krass überfordernden Bürgschaft nichts (BGHZ 151, 34; BGH NJW 2002, 2230). Ausnahmen von einem Sittenverstoß sind daher nur angebracht, wenn der Bürge ein eigenes unmittelbares wirtschaftl und nicht nur emotionales Interesse an der Kreditgewährung hat oder im Zeitpunkt der Kreditgewährung Vermögenszuwächse beim Bürgen absehbar sind (*Nobbe/Kirchhof* BKR 2001, 525). Ob die Bürgschaft den Ehepartner überfordert, ist durch eine **Gesamtbetrachtung** festzustellen (BGH FamRZ 1996, 661); eine Sittenwidrigkeit scheidet aus, wenn bei einer ex ante-Betrachtung die Beurteilung ergibt, dass das Einkommen beider Ehegatten voraussichtlich zur Tilgung der Schulden und der Zinsen ausreichen wird (BGH FamRZ 1996, 661). Eine Sittenwidrigkeit des Darlehensvertrags ist auch nicht gegeben, wenn dieser im Interesse beider Ehegatten geschlossen wurde (Frankfurt FamRZ 2006, 334). 16

Die Anwendung des § 138 I auf Mithaftungsvereinbarungen soll nicht allein deshalb ausgeschlossen sein, weil gem §§ 286ff InsO die bloße Möglichkeit einer **Restschuldbefreiung** besteht. Denn die §§ 286ff InsO stehen nach Ansicht des BGH in keinem Konkurrenzverhältnis zu § 138 I (BGH NJW 2009, 2671; *Grädler/Nitze* VuR 2012, 91). 17

Die Sittenwidrigkeit von Bürgschaften ist indessen **kein spezifisch eherechtl**, sondern ein allg vertragsrechtl Problem. Es ist anerkannt, dass die gleichen Grundsätze auf **nichteheliche Lebensgemeinschaften** entspr Anwendung finden (BGH DB 2002, 1367; FamRZ 1997, 482; s Vor § 1353 Rn 20); zur Anwendung der Rspr auf **Bürgschaften von Geschwistern** BGHZ 137, 329; allg *Tiedtke* NJW 1999, 1209. Von einer Anwendung der Grundsätze unter **eingetragenen Lebenspartnern** ist sicher auszugehen. 18

Die höchstrichterliche Rspr zur Sittenwidrigkeit von Mithaftungsübernahmen naher Angehöriger gilt nicht nur für Kreditinstitute, sondern auch für andere **gewerbliche oder berufliche Kreditgeber** (BGH FamRZ 2002, 314). Ob der finanziell überforderte Ehegatte dabei echter Darlehensnehmer oder lediglich Mithaftender wird, richtet sich allein nach den für die Bank erkennbaren Verhältnissen auf Seiten des mitverpflichteten Ehegatten (eigenes sachliches oder persönliches Interesse an der Kreditaufnahme, BGH FamRZ 2002, 1694; NJW-RR 2004, 924). Bei Verwendung des Darlehens zur Ablösung einer Kfz-Finanzierung, an welcher der mitverpflichtete Ehegatte bis dahin nicht beteiligt war, so wird Eigeninteresse des mitverpflichteten Ehegatten nicht schon daraus abgeleitet, dass das Fahrzeug weiterhin für die gemeinsamen Bedürfnisse der Familie genutzt werden soll (BGH NJW-RR 2004, 924; anders Karlsruhe BKR 2013, 15). Die vorgenannten Grundsätze zur Bürgschaft gelten entspr für ein **notarielles Schuldanerkenntnis** (Koblenz NJW-RR 2003, 1559). 19

b) **Sonstige vermögensrechtl Pflichten.** Aus Abs I S 2 folgt ua eine **Auskunftspflicht über die Vermögensverhältnisse**, insb über vorgenommene Vermögensbewegungen, über die in **groben Zügen** zu unterrichten ist (Bamberg FamRZ 2009, 1906; Hamm FamRZ 2000, 228; BGH FamRZ 1978, 677; vgl auch BGH NJW 2015, 154). Der Unterrichtungsanspruch dient nach Ansicht der Rspr (BGH NJW 2022, 944; Bamberg FamRZ 2009, 1906) dem Informationszweck im Rahmen der Verpflichtung zur ehelichen Lebensgemeinschaft, nicht aber der Vorbereitung einer vorzeitigen güterrechtl Auseinandersetzung (vorzeitiger Ausgleich des Zugewinns, § 1385 Nr 4; vgl auch Zweibrücken NJW-RR 2015, 133). Dem Auskunftsberechtigten sollen die notwendigen Informa- 20 tionen über die wirtschaftl Grundlagen der Ehe verschafft werden (BGH NJW 2022, 944). Der Anspruch besteht unabhängig von der Art des Güterstands und knüpft allein an die eheliche Lebensgemeinschaft an (BGH aaO). Der Informationszweck wird dann nicht erreicht, wenn das Auskunftsverlangen allein dazu dient, den Ehegatten auch nach der endgültigen räumlichen und wirtschaftl Trennung im Einz zu kontrollieren und in Erfahrung zu bringen, ob er in der Zeit nach der Auflösung der häuslichen Gemeinschaft Kredite aufgenommen hat (Köln FamRZ 2009, 144). Die Auskunftsverpflichtung endet, wenn die Ehe aufgelöst oder endgültig gescheitert ist (BGH aaO; FamRZ 2015, 32; Bamberg FamRZ 2009, 1906). Wann ein „Scheitern der Ehe" anzunehmen ist, soll sich nach den zu § 1353 II entwickelten Grundsätzen bestimmen (Rn 26; BGH aaO Rn 12). Jedenfalls bis zum Ablauf des Trennungsjahres besteht der Anspruch fort, da bei räumlicher Trennung noch kein Scheitern der Ehe anzunehmen ist (Köln Beschl v 14.5.2020 – 10 UF 205/19 Rn 20f; Köln FamRZ 2020, 1716). Für die Umstände, aus denen auf das Scheitern der Ehe geschlossen werden soll, ist der Anspruchsschuldner darlegungs- und beweispflichtig (BGH aaO Rn 18). Der Anspruch auf grobe Auskunft („Unterrichtung") gem § 1353 I 2 ist vom Auskunftsanspruch nach § 1379 II zu unterscheiden: Letzterer greift ein, wenn ein scheidungswilliger Ehegatte nach der Trennung umfassende Auskunft über das Trennungsvermögen verlangt; da § 1353 I 2 nicht der Vorbereitung der güterrechtl Auseinandersetzung bei Scheidung dient, scheidet § 1353 I 2 als Anspruchsgrundlage in diesem Fall aus (BGH aaO Rn 15). § 1579 II verlangt die stichtagsbezogene Vorlage eines Verzeichnisses der zum Endvermögen gehörenden Vermögensgegenstände, deren Richtigkeit durch eidesstattliche Versicherung zu bekräftigen ist. Für den Anspruch aus § 1353 I 2 genügen dagegen lediglich Angaben über „Art und Wert der wesentlichen Vermögensbestandteile" (Köln Beschl v 14.5.2020 – 10 UF 205/19). Köln FamRZ 2020, 1716 weist darauf hin, dass „Unterrichtung" weniger ist als „Auskunft". Es gehe darum, dass sich der andere Ehegatte ein grobes Bild von der Vermögenslage machen können muss (Köln FamRZ 2020, 1716). Wird der ehebedingte Unterrichtungsanspruch nicht erfüllt, so kann dies mit der vorzeitigen Beendigung der Zugewinngemeinschaft nach § 1385 Nr 4, § 1386 **sanktioniert** werden (BGH aaO Rn 11).

21 Ebenfalls unabhängig vom gewählten Güterstand entsteht für die Eheleute aus § 1353 die Verpflichtung, vom **Vermögen des anderen Schaden abzuwenden**. Aus diesem **Rücksichtnahmegebot** ergibt sich im Einzelfall die Verpflichtung, einen **Verkauf gemeinsamen Eigentums** nicht ohne sachliche Gründe zu verhindern (Frankfurt OLGRp 2001, 66), nicht ohne Zustimmung des anderen den **Antrag auf Teilungsversteigerung** zu stellen (BGH FamRZ 2007, 1634), **Bietinteressenten** den Zugang zum Hausgrundstück zu gestatten (AG Aachen FamRZ 1999, 1558) oder auf Abgabe einer Willenserklärung ggü dem Versorgungsträger auf Auszahlung einer Vollrente, wenn der Unterhaltspflichtige bislang lediglich eine Teilrente (§ 42 I SGB VI) bezog (Celle NZFam 2018, 753 m Anm *Preisner*). Das Rücksichtnahmegebot ist Anspruchsgrundlage für den trennungsbedingt ausziehenden Ehegatten, um vom anderen die **Mitwirkung** an der für eine Beendigung des Mietverhältnisses erforderlichen gemeinsamen Kündigung zu verlangen (Düsseldorf NZFam 2022, 307 m Anm *Erbarth*; Oldenburg FamRZ 2021, 1271; aA: kein Anspruch während der Trennungszeit: München FamRZ 2004, 1875). Dies betrifft insb nach dem Auszug bestehende Mietzinsansprüche, die im Außenverhältnis gegen den ausgezogenen Ehegatten solange weiterbestehen, bis dieser aus dem Mietverhältnis entlassen ist (Düsseldorf aaO). Allerdings hat der ausziehende Ehegatte vorrangig darauf hinzuwirken, dass der Mietvertrag dahingehend angepasst wird, dass der ausziehende Ehegatte daraus entlassen wird (Düsseldorf aaO). Teilw wird aus § 1353 I 2 ein direkter Anspruch auf Zustimmung zur Kündigung bejaht (Oldenburg FamRZ 2021, 1271; AG Frankfurt aM NZFam 2021, 524 m abl Anm *Erbarth*; *Erbarth*, Anm zu Düsseldorf aaO, 310). Bei einem **Verstoß** gegen das Rücksichtnahmegebot können Schadensersatzansprüche in Betracht kommen, allerdings nur, wenn eine vermögensrechtl Pflicht verletzt wird (Grü/*Siede* Rn 15; *Sanders* FamRZ 2005, 12), zB wenn ein Ehegatte heimlich die Hausratversicherung für die gemeinsame Ehewohnung auf eine allein in seinem Eigentum stehende Wohnung ummeldet, weshalb der auf Grund eines späteren Einbruchs entwendete Hausrat in der Ehewohnung nicht von der Versicherung ersetzt wird (Bremen NJW 2015, 495).

22 **c) Steuern.** Von besonderer praktischer Bedeutung sind **steuerliche Fragen**: Nach **§ 26 EStG** können die Ehegatten wählen, ob sie zusammen oder getrennt zur **Einkommensteuer** veranlagt werden wollen. Wählen sie den ersten Weg, so werden sie in ihrer Gesamtheit häufig steuerlich günstiger gestellt. Ergeben sich für einen Ehegatten aus der Zusammenveranlagung keine Nachteile, für den anderen aber Vorteile, so kann ersterer zur **Zustimmung zur gemeinsamen Veranlagung** verpflichtet sein (st Rspr BGH NJW 2010, 1879; FamRZ 2007, 1229; 2005, 182; NJW 2003, 2982; FamRZ 2002, 1024). Diese Verpflichtung besteht auch über den Zeitpunkt der Ehescheidung hinaus (dazu Hamburg NZFam 2019, 601 m Anm *Linderer*). Sie gilt indes nicht, wenn die die Ehegatten eine andere Aufteilung ihrer Steuerschulden konkludent vereinbart haben, zB indem sie bewusst die Steuerklassen III und V statt IV und IV gewählt haben, um damit monatlich mehr bare Geldmittel zur gemeinsamen Verwendung zur Verfügung zu haben (Karlsruhe FamRZ 2021, 19 Rn 12). Ist über das Vermögen eines Ehegatten das **Insolvenzverfahren** eröffnet, hat der Insolvenzverwalter die notwendige Erklärung abzugeben (BGH NJW 2011, 2715; FG Köln 30.9.2015 – 14 K 2679/12; Dresden ZIP 2009, 1017). Nach Eröffnung des Insolvenzverfahrens über das Vermögen eines Ehegatten hat der Insolvenzverwalter keinen Anspruch gegen den anderen Ehegatten auf Zustimmung zur steuerlichen Zusammenveranlagung, um den dem anderen Ehegatten zustehenden Verlustvortrag zu nutzen (Schleswig NJW 2014, 3523). Denn dem steht die zusätzl steuerliche Belastung des anderen Ehegatten entgegen, da dieser die Verlustvorträge nicht mehr zur Reduzierung seines eigenen steuerlichen Einkommens verwenden kann (Schleswig NJW 2014, 3523). Daran ändert auch die Vorschrift des § 1353 I 2 nichts, da die Nutzung des Verlustvortrags der Insolvenzmasse und damit den Gläubigern des insolventen

Ehegatten und nicht dem Familienunterhalt zugutekommen würde (Schleswig NJW 2014, 3523). Grundlage für die Zustimmungspflicht ist die allg Pflicht, auch die finanziellen Lasten des Partners zu vermindern, ohne dass andererseits die eigenen Interessen verletzt werden (s Rn 15; BGH FamRZ 1977, 38). Nach Naumburg (FamFR 2013, 19 m Anm *Meyer-Götz*) muss der Familienrichter für den Anspruch auf Zustimmung nicht zweifelsfrei feststellen, dass die Voraussetzungen für eine gemeinsame Veranlagung nach § 26 I EStG vorliegen. Durch die unberechtigte Verweigerung der Zustimmung macht sich der Betreffende **schadensersatzpflichtig**, zB gem § 280 I (BGH NJW 2010, 1879). Voraussetzung ist, dass der in Anspruch genommene Ehegatte die Zustimmung trotz entspr Aufforderung ohne ausreichenden Grund verweigert hat (Celle DStR 2019, 1364). Demggü wird nicht vorausgesetzt, dass der Ehegatte den zustimmungspflichtigen Ehegatten zuvor gerichtlich auf Zustimmung zur Zusammenveranlagung in Anspruch genommen hat (Celle DStR 2019, 1364). Dem Anspruch steht nicht entgegen, dass die Verletzung der Pflicht zur ehelichen Gemeinschaft eigentlich keine Schadensersatzansprüche nach sich zieht; denn hier geht es nicht um den höchstpersönlichen Bereich der Ehe (BGH NJW 2010, 1879). Die Pflicht besteht **nicht**, wenn der andere dadurch einer zusätzl steuerlichen Belastung ausgesetzt wird und es sich dabei um eine Belastung handelt, die der andere im Innenverhältnis nicht zu tragen hat. Denn nur in diesem Fall werden seine berechtigten eigenen Interessen verletzt (BGH NJW 2010, 1879). Ein Ehegatte hat eine solche Belastung zB dann zu tragen, wenn die Ehegatten eine Vereinbarung über die Aufteilung ihrer Steuerschulden getroffen haben (BGH FamRZ 2007, 1229; NJW 2010, 1879), oder weil eine tatsächliche Gestaltung im Rahmen der ehelichen Lebensverhältnisse dies gebietet (Lebensverhältnisse werden idR den vorhandenen Mitteln angeglichen, BGH NJW 2010, 1879). Ob das Wahlrecht zw der Einzelveranlagung (§ 26a EStG) und der Zusammenveranlagung (§ 26b EStG) geändert werden kann, nachdem für einen Ehegatten für die Einzelveranlagung ein bestandskräftiger Steuerbescheid ergangen ist, ist umstr (zum Streitstand mwN Celle DStR 2019, 1364; dafür: Stuttgart FamRZ 2018, 1493). Die Zustimmung darf – von Fällen der Unzumutbarkeit abgesehen – nicht von der Erstattung von Steuerberaterkosten abhängig gemacht werden (BGH FamRZ 2002, 1024; teilw krit dazu *Bergschneider* FamRZ 2002, 1181). Die Zustimmung bedarf keiner besonderen Form, wenn sie nachweisbar erklärt wird (Grü/*Siede* Rn 12a mwN). Die Grundsätze für die gemeinsame steuerliche Veranlagung gelten auch für das **begrenzte Realsplitting** gem § 10 I Nr 1 EStG (BGH FamRZ 1998, 953; AG Königs Wusterhausen NZFam 2016, 1047 m Anm *Ebert*; Nürnberg OLGRp 2004, 173; dazu Grü/*Siede* Rn 12a mwN). Das BVerfG (NJW 2003, 3466 m krit Anm *Aubel*, 3657 gegen BGH NJW 1990, 1477) hat unter Berufung auf Art 6 I GG entgegen der Rspr des BGH (NJW 1990, 1477) die Splittingvorteile einer Zweitehe für den Unterhaltsanspruch aus der Erstehe eliminiert, weil Steuervorteile, die aus einer bestehenden Zweitehe erwachsen, nicht der geschiedenen Ehe zugeordnet werden dürfen. Zur Zustimmungspflicht bei einer **Ehegatteninnengesellschaft** vgl BGH NJW 2003, 2982. Zu einem möglichen internen Ausgleich bei **Einkommen- und Kirchensteuer** BGH WM 2002, 1460 und FuR 2002, 498. Die Beschränkung der Möglichkeit der Zusammenveranlagung auf die letzte Ehe des Veranlagungszeitraums ist verfassungsgemäß (BVerfG FamRZ 1988, 35; *Christ* FamRB 2007, 23 und 54).

Bei **getrennt lebenden Ehegatten** trifft denjenigen, der keinen Ehegattenunterhalt bezieht, **keine Einwilligungspflicht** zur steuerlichen Zusammenveranlagung (LG Bremen FamRZ 1982, 1070; aA LG Fulda FamRZ 1989, 1174). Zur Verfassungsmäßigkeit der Einzelveranlagung dauernd getrennt lebender Ehegatten und zu den Voraussetzungen des „Getrenntlebens“ iSd § 26 I EStG vgl BVerfG NJW 1983, 271; 1985, 1073; 1988, 127; BFH DB 1986, 1105; NJW 1972, 2079. Eine Verpflichtung zur Zustimmung besteht nach Hamm ZFE 2009, 437 grds auch nach Trennung bzw Scheidung für einen Veranlagungszeitraum während des Zusammenlebens und während der Ehe. Allerdings soll es nach Bremen FamRZ 2005, 800 nicht möglich sein, die Verpflichtung zur gemeinsamen Steuererklärung für Zeiträume, in denen die Ehegatten noch nicht zusammengelebt haben oder in denen Ehegattenunterhalt gezahlt wurde, nicht von einer Nachteilsausgleichszahlung abhängig zu machen. Nach Trennung oder Scheidung einer Ehe kann ein Ehegatte vom anderen Mitwirkung an der gemeinsamen Veranlagung zur Einkommensteuer nur Zug um Zug gegen die Verpflichtungserklärung verlangen, den anderen im Innenverhältnis wirtschaftl so zu stellen, wie er bei getrennter Veranlagung stehen würde; ohne solche Verpflichtungserklärung besteht kein Anspruch auf Schadensersatz bei verweigerter Mitwirkung (Hamm FamRZ 1994, 893; Köln FamRZ 1993, 806). Die Pflicht eines getrennt lebenden Ehegatten zur Zustimmung zur gemeinsamen Veranlagung besteht wegen der Widerrufsmöglichkeit einer getrennten Veranlagung auch dann, wenn gegen ihn bereits bestandskräftige Steuerbescheide ergangen sind, vgl Düsseldorf FamRZ 1990, 160. Der dem **Kind unterhaltspflichtige Ehegatte** kann vom anderen Elternteil die Zustimmung zur Übertragung des Kinder- und Ausbildungsfreibetrags verlangen (Hamm FamRZ 1995, 1486; dazu auch Hamm FamRZ 2001, 98). 23

Bei der **gerichtlichen Zuständigkeit** ist zu differenzieren: **Klagen auf Erteilung der Zustimmung** sind vor dem FamG zu erheben; für **Schadensersatzklagen** wegen der verweigerten Zustimmung ist das allg **Prozessgericht zuständig** (hM; MüKo/*Roth* Rn 39; aA Grü/*Siede* Rn 15: FamG). Bei Zusammenveranlagung haften die Ehegatten als **Gesamtschuldner** (§§ 26, 26b EStG, 44 AO) mit interner Ausgleichspflicht gem § 426 nach grds gleichen Anteilen, soweit nicht ein anderes bestimmt ist (BGH FamRZ 2002, 1024; vgl BVerfG FamRZ 2003, 833f). Eine andere Bestimmung kann sich aus Gesetz, gesonderter Vereinbarung oder dem Inhalt des Rechtsverhältnisses ergeben (hierzu und nachfolgend BGH NJW 2002, 1570). Aus den güterrechtl Beziehungen der Ehegatten und ihrer darauf bezogenen Selbständigkeit bei Zugewinngemeinschaft wie Gütertrennung hat jeder für die auf seine Einkünfte entfallende Steuer selbst aufzukommen. Hat ein Ehegatte während der Lebensgemeinschaft aufgrund ständiger Übung die Steuerschuld des anderen mitentrichtet, ist bis zur Trennung auf eine stillschw Abrede dahin zu schließen, dass der Zahlende im Innenverhältnis für die Steuerschuld allein aufzukommen hat und ein 24

Ausgleichsanspruch nach § 426 damit entfällt (BFH FamRZ 2003, 757; FuR 2002, 498). Die Aufteilung einer nach Trennung fällig gewordenen Steuerschuld hat im Innenverhältnis nach § 270 AO analog zu erfolgen (BGH FamRZ 2006, 1178).

25 **V. Störungen der Lebensgemeinschaft. 1. Folgen der Verletzung der Verpflichtung zur Lebensgemeinschaft.** Verletzt ein Ehegatte außerhalb des Güterrechts (vgl § 1365 II, §§ 1369, 1385ff, 1426, 1430, 1447, 1448, 1452, 1469) die Pflicht zur Lebensgemeinschaft, so steht dem anderen in erster Linie das Recht **auf Herstellung der ehelichen Gemeinschaft** zu (Abs I S 2). Die praktische Bedeutung des Herstellungsantrags ist allerdings äußerst gering. Er ist sonstige Familiensache iSd § 266 I Nr 2, 3 FamFG. Eine Verurteilung zur Herstellung des ehelichen Lebens ist aber **nicht vollstreckbar** (§ 120 III FamFG). Die Ehegatten müssen also, solange ihnen an einer Aufrechterhaltung der ehelichen Gemeinschaft gelegen ist, versuchen, sich zu einigen. UU können Meinungsverschiedenheiten in anderen gerichtlichen Verfahren zur Erörterung kommen und für die Entscheidung von Bedeutung sein, zB wenn beim FamG Aufhebung einer vom Ehepartner vorgenommenen Entziehung oder Beschränkung der Schlüsselgewalt beantragt wird (§ 1357 II); weitere Bsp s Grü/*Siede* Einf v § 1353 Rn 13.

26 **2. Wegfall der Herstellungspflicht (Abs II).** Ein Ehegatte ist nach Abs II nicht verpflichtet, dem Herstellungsverlangen des anderen Folge zu leisten, soweit das Verlangen rechtsmissbräuchlich oder die Ehe gescheitert ist. Als **negatives Gegenstück zum Herstellungsantrag** bleibt deshalb die Klage auf Feststellung, dass ein Ehegatte berechtigt sei, gem § 1353 II getrennt zu leben, nach § 256 ZPO zulässig (vgl BGHZ 47, 324). Die Klage ist indessen seit dem Wegfall der Verschuldensscheidung und der Einführung des Zerrüttungsprinzips durch das Inkrafttreten des 1. EheRG sowie insb seit der Neufassung des § 1361b in der Praxis **ohne Bedeutung.** Hinzu kommt, dass das Herstellungsverlangen nach § 120 III FamFG ohnehin nicht vollstreckbar ist. Voraussetzung für das Bestehen des Herstellungsanspruchs ist ein **Scheitern der Ehe.** Der Begriff des Scheiterns entspricht dem in § 1565 I, dh entscheidend ist, dass die Lebensgemeinschaft der Ehegatten nicht mehr besteht und nicht erwartet werden kann, dass die Ehegatten sie wiederherstellen (BGH NJW 2022, 944 Rn 12). Dabei kommt es nicht darauf an, ob die gescheiterte Ehe aus Rechtsgründen auch bereits geschieden werden könnte (BGH NJW 2022, 944 Rn 12; Staudinger/*Rauscher* § 1565 Rn 20; Staudinger/*Voppel* Rn 153); s auch Komm zu § 1565.

27 **3. Schutz der ehelichen Lebensgemeinschaft vor Störungen. a) Schadensersatzansprüche innerhalb der Ehe im höchstpersönlichen Bereich.** Grds entsteht bei der **Verletzung der persönlichen Pflichten** aus der Lebensgemeinschaft **kein Schadensersatzanspruch** (RGZ 151, 163; BGH NJW 1973, 991; 1972, 199; BGHZ 23, 125; Celle FamRZ 1971, 371). Schadensersatzansprüche aus § 823 gegen die (geschiedene) Ehefrau wegen Ehebruchs und daraus hervorgegangenen Kindes wegen Unterhaltszahlungen an das scheineheliche Kind lehnt der BGH in st Rspr (NJW 1990, 706; FamRZ 1957, 133; 1958, 99; 1972, 33) ab. Das Bestandsinteresse wird bereits durch das Scheidungsrecht hinreichend geschützt (*Dethloff* § 4 Rn 16).

28 **b) Schadensersatzansprüche innerhalb der Ehe im geschäftsmäßigen Bereich.** Schadensersatzansprüche sind indessen zu bejahen, soweit die eheliche Lebensgemeinschaft durch rein **geschäftsmäßige Handlungen** gestört wird. So wurde einem Ehegatten ein Schadensersatzanspruch gegen den Partner zuerkannt, der die Zustimmung zur gemeinsamen Veranlagung zur Einkommensteuer verweigert oder die Mitwirkungspflicht beim begrenzten Realsplitting verletzt (s Rn 22). Die Anwendung des § 826 kommt in Betracht, wenn eine sittenwidrige schädigende Verletzungshandlung der Ehefrau hinzu kommt, BGH FamRZ 1990, 367; vgl auch BGHZ 80, 235, wonach Ansprüche aus § 823 II iVm § 263 StGB, § 826 in Betracht kommen, wenn die Frau ihrem Mann vor der Eheschließung vorgespiegelt hatte, dass nur er der Vater ihres Kindes sein könne bzw wenn die durch Ehebruch schwangere Ehefrau ihrem Ehegatten vorspiegelt, nur er komme als Vater in Betracht, und ihn so von Erhebung der Anfechtungsklage abhält (BGH FamRZ 1981, 531).

29 **c) Unterlassungsansprüche innerhalb der Ehe.** Wegen des **Sonderinstituts des Herstellungsantrags** und seiner speziellen Regelung versagt grds die **Klage auf Unterlassung** des Ehebruchs gegen den anderen Ehegatten (RGZ 71, 89; aM Celle FamRZ 1964, 300 und NJW 1965, 1918). Da der Herstellungsantrag aus § 1353 I 2 gem § 120 III FamFG nicht vollstreckbar ist, kann die spiegelbildliche Unterlassungsklage ebenfalls kein vollstreckbares Urteil bringen. Gegen die Annahme eines Unterlassungsanspruchs spricht aber bereits in grds Art und Weise, dass das Bestandsinteresse bereits abschließend über das Scheidungs- und Scheidungsfolgenrecht geschützt wird, die Ehe mithin nicht als Schutzgut iSd § 823 I angesehen werden kann (*Dethloff* § 4 Rn 14; *Rauscher* FamR Rn 249). Etwas anderes gilt aber für den Schutz des **räumlich-gegenständlichen Bereichs der Ehe** als Ausfluss des Persönlichkeitsrechts, § 823 I (BGHZ 6, 360). Damit ist der Bereich der Ehe gemeint, der die äußere sachliche Grundlage für das gemeinsame Ehe- und Familienleben bildet (BGHZ 6, 360). Dazu zählt in erster Linie die **Ehewohnung** (Düsseldorf FamRZ 1991, 705; Celle FamRZ 1955, 46), also **Haus und Hof** (LG Hannover NdsRPfl 1949, 18), aber auch die **Werkstatt** (KG JR 1948, 51) oder uU die **Geschäftsräume** (LG Wuppertal MDR 1955, 165; BGHZ 34, 80; 35, 302; BGH LM Nr 2 zu § 823, Af). Das **Geschäft des Ehemannes** gehört dann zum äußeren gegenständlichen Bereich der Ehe, wenn die **Ehefrau mitarbeitet** und der Familienunterhalt von den Geschäftseinnahmen bestritten wird (BGH NJW 1967, 1077). Ein Ehestörungsantrag gem § 823 I, §§ 1004, 12 analog kann sowohl ggü dem Ehegatten als auch einem Dritten erhoben werden. Er ist, solange nicht von einer Seite auf die Ehewohnung verzichtet wurde, auch bei Getrenntleben in der Wohnung oder im Hausgrundstück begründet, und zwar bis zur Rechtskraft der Scheidung (Celle FamRZ 1980, 242; Karlsruhe FamRZ 1980, 139). Das Vollstreckungsverbot des § 120 III FamFG gilt hier nicht, da nicht der persönliche Bereich der Ehe betroffen ist. Die Ehefrau kann von ihrem Mann zB die Unterlassung der weiteren Beschäftigung einer Angestellten verlangen, zu der dieser ehewidrige Beziehungen unterhält (Köln FamRZ 1984, 267). Auch wenn die Haushälterin des Mannes ohne

geschlechtliche Beziehung zu diesem der Frau das Zusammenleben unerträglich macht, kann die Frau ihre Entfernung aus der Wohnung und Unterlassung des weiteren Betretens der Wohnung fordern (BGH FamRZ 1956, 60; vgl hierzu auch LG Zweibrücken FamRZ 1964, 266). Auch der Ehepartner, der den Scheidungsantrag gestellt hat, kann sich dagegen wehren, dass sein Ehegatte seine neue Partnerin in der Ehewohnung übernachten lässt (Schleswig FamRZ 1989, 979; Zweibrücken FamRZ 1989, 55).

Dagegen muss ein besitzrechtl Schutz gem § 862 regelmäßig daran scheitern, dass die Ehegatten bereits Mitbesitzer sind. Nach § 866 findet ein Besitzschutz nicht statt, soweit es um die Grenzen des dem einzelnen zustehenden Gebrauchs geht. Selbst bei Besitzstörung durch einen Dritten geht es letztlich um die Befugnisse der Mitbesitzer im Innenverhältnis (im Einz *Dethloff* § 4 Rn 17). 30

d) Schadensersatzansprüche gegen Dritte. Eingriffe in die Ehe können **Abwehr-, Beseitigungs-** (Anfechtung der Ehelichkeit eines Kindes) und **Folgekosten** (Scheidungskosten, Unterhaltskosten) verursachen. Kommt es zur Beendigung der Ehe, können weitere Schäden wie Schmälerung des Unterhalts oder Wegfall der Teilhabe am Zugewinn hinzutreten (*Gernhuber/Coester-Waltjen* § 17 III Rn 22). 31

Der **BGH** lehnt Ansprüche gegen den ehebrecherischen Dritten zum Ersatz dieser Schäden generell ab (BGHZ 23, 215; 23, 279, 281; 26, 217, 222; BGH NJW 1990, 706), weil die ehelichen Pflichten als persönliche nur von einem Ehegatten ggü dem anderen verletzt werden können. Ein Dritter könne das persönliche (relative) Recht des anderen Ehegatten auf den ungestörten Bestand seiner Ehe nicht verletzen. Zudem müsse ein Schadensersatzanspruch des verletzten gegen den untreuen Ehegatten ausgeschlossen bleiben (BGHZ 23, 215). Die Ehestörung betreffe maßgeblich den innerehelichen Bereich, der in den Schutzzweck der deliktischen Haftungstatbestände nicht einbezogen werden könne (s auch BGH NJW 1973, 992; 1972, 199). Außerdem sei das Verhalten des untreuen Ehegatten so eng mit dem des Dritten verbunden, dass es nicht angehe, die Ehestörung in eine allein eherechtl zu beurteilende Verfehlung des Gatten und in eine Schadensersatzansprüche auslösende unerlaubte Handlung des Dritten aufzuteilen (BGH NJW 1973, 992; 1972, 199; aA *Boehmer* AcP 155, 229; *Schwab* NJW 1957, 869; *Gernhuber/Coester-Waltjen* § 17 III 24ff: Ersatz aller Schäden, die aus der Abwicklung, **Abwicklungsinteresse**, der Ehe entstanden sind, zB Abwehrkosten, Kosten der Ehelichkeitsanfechtung, des dem Ehebruchskind gewährten Unterhalts, die Kosten der Ehescheidung und jede Einbuße an der Gesundheit). 32

VI. Zwingender Charakter der Vorschrift. § 1353 ist, ebenso wie §§ 1356, 1357, zwingendes Recht; abw Vereinbarungen sind nichtig (hM, vgl *Gernhuber/Coester-Waltjen* § 18 III Rn 16f; Grü/*Siede* Einf v § 1353 Rn 8). 33

§ 1354 (weggefallen)

§ 1355 Ehename

(1) Die Ehegatten sollen einen gemeinsamen Familiennamen (Ehenamen) bestimmen. Die Ehegatten führen den von ihnen bestimmten Ehenamen. Bestimmen die Ehegatten keinen Ehenamen, so führen sie ihren zur Zeit der Eheschließung geführten Namen auch nach der Eheschließung.

(2) Zum Ehenamen können die Ehegatten durch Erklärung gegenüber dem Standesamt den Geburtsnamen oder den zur Zeit der Erklärung über die Bestimmung des Ehenamens geführten Namen eines Ehegatten bestimmen.

(3) Die Erklärung über die Bestimmung des Ehenamens soll bei der Eheschließung erfolgen. Wird die Erklärung später abgegeben, so muss sie öffentlich beglaubigt werden.

(4) Ein Ehegatte, dessen Name nicht Ehename wird, kann durch Erklärung gegenüber dem Standesamt dem Ehenamen seinen Geburtsnamen oder den zur Zeit der Erklärung über die Bestimmung des Ehenamens geführten Namen voranstellen oder anfügen. Dies gilt nicht, wenn der Ehename aus mehreren Namen besteht. Besteht der Name eines Ehegatten aus mehreren Namen, so kann nur einer dieser Namen hinzugefügt werden. Die Erklärung kann gegenüber dem Standesamt widerrufen werden; in diesem Fall ist eine erneute Erklärung nach Satz 1 nicht zulässig. Die Erklärung, wenn sie nicht bei der Eheschließung gegenüber einem deutschen Standesamt abgegeben wird, und der Widerruf müssen öffentlich beglaubigt werden.

(5) Der verwitwete oder geschiedene Ehegatte behält den Ehenamen. Er kann durch Erklärung gegenüber dem Standesamt seinen Geburtsnamen oder den Namen wieder annehmen, den er bis zur Bestimmung des Ehenamens geführt hat, oder dem Ehenamen seinen Geburtsnamen oder den zur Zeit der Bestimmung des Ehenamens geführten Namen voranstellen oder anfügen. Absatz 4 gilt entsprechend.

(6) Geburtsname ist der Name, der in die Geburtsurkunde eines Ehegatten zum Zeitpunkt der Erklärung gegenüber dem Standesamt einzutragen ist.

Schrifttum: *Battes*, Der Weg aus der Sackgasse, FamRZ 2008, 1037; *Berger*, Zur Frage des vereinbarten Verzichts der Fortführung des Ehenamens bei Scheidung, DNotZ 2008, 851; *Bergschneider/Wolf*, Richterliche Inhaltskontrolle von Eheverträgen, NZFam 2018, 162; *Bornhofen*, Eckpunkte zur Reform des Namensrechts – Meilensteine oder fromme Wünsche?, StAZ 2020, 162; *Bornhofen/Wagenitz*, Wahl und Qual im Namensrecht, FamRZ 2005, 1425; *Coester-Waltjen*, Das Kind muss einen Namen haben, JURA 2007, 348; *Coester-Waltjen*, Auf dass Ihr Euch ewig bindet … – Das Ehenamensrecht, JURA 2007, 586; *Coester-Waltjen*, Ehenamensrecht, JURA 2007, 586; *Dutta*, Reform des Namensrechts?, ZRP 2017, 47; *Fahrenbach/Liceni-Kierstein*, Ein hohes Kleinod ist der (gute) Familienname – Erwerb und Änderung des Geburtsnamens von Kindern, NZFam 2020, 201; *Horn*, Erste

Überlegungen zur Reform des Namensrechts, NZFam 2021, 764; *Keuter*, Der Ehename nach Eheauflösung, FamRZ 2013, 1936; *Kienemund*, Das Kind muss einen Namen haben! Aber welchen? – Zur Namensbestimmung bei Geschwisterkindern, StAZ 2021, 129; *Kienemund*, Neuere Entwicklungen im Namensrecht, NZFam 2017, 1073; *Koritz*, Namensrecht und Unionsbürgerschaft, FPR 2008, 213; *Kroll-Ludwigs*, Hinkende Namensrechtsverhältnisse im Fokus der gemeinschaftsrechtlichen Freizügigkeit, ZVglRWiss 107 (2008), 320; *Löhnig*, Für einen Paradigmenwechsel im Namensrecht, ZRP 2022, 12; *Lugani*, Auf dem steinigen Weg zum echten Doppelnamen, StAZ 2021, 161; *Lettmaier*, Notwendigkeit einer Reform des (Familien-)Namensrechts?, FamRZ 2020, 1; *v Oertzen/Engelmeier*, Namensrechtliche Regelungen in Eheverträgen und Scheidungsfolgenvereinbarungen, FamRZ 2008, 1133; *Otto*, Wer hat Angst vor Müller-Lüdenscheidt?, StAZ 2019, 257; *Sacksofsky*, Das Bundesverfassungsgericht und das Familiennamensrecht – Ein Schritt zurück im Zickzackkurs, FPR 2010, 15; *Schmitz*, Reform des Namensrechts – überfällig!, FF 2021, 287; *Seibicke*, Was ist ein Familienname?, StAZ 2006, 294; *Spiegelhalder*, Überblick zum deutschen Namensrecht, FPR 2010, 1.

1 **I. Überblick.** § 1355 regelt das Ehenamensrecht – sowohl für verschieden-, wie gleichgeschlechtliche – Ehegatten abschließend. Ergänzt wird die Norm durch die Regelungen zum öffentlich-rechtl Namensänderungsverfahren nach dem **NamÄndG**. Grds gilt, dass die öffentlich-rechtl Namensänderung eine Korrektur des bürgerlich-rechtl Namensrechts nur in Ausnahmefällen ermöglichen kann, nämlich dann, wenn ein wichtiger Grund iSv § 3 NamÄndG vorliegt. Dieser erfordert das Vorliegen eines „besonderen, die persönliche Situation des Namensträgers prägenden Interesses, das als solches nicht schon in die allg gesetzl Wertung eingeflossen ist, auf welcher der Name beruht" (vgl BVerwG NJW 2017, 2361; 1986, 601). Besteht ein internationaler Bezug der Ehe, so kann § 1355 entweder als obj bestimmbares Namensstatut gem Art 10 I EGBGB oder durch Wahl des dt Rechts gem Art 10 II EGBGB zur Anwendung kommen (s Art 10 EGBGB Rn 24).

2 **II. Entwicklung.** MWv **1.1.2009** sind in Abs II, Abs IV, Abs V und VI jew die Wörter „dem Standesbeamten" durch „dem Standesamt" ersetzt worden, Art 2 PStRG v 19.2.2007, BGBl I 2007, 122. MWv **1.11.2013** ist Abs IV S 5 neu gefasst worden (G v 7.5.2013, BGBl I 2013, 1122). Anlass zur Neuordnung des Familiennamensrechts waren vor allem Entscheidungen des BVerfG. Die erste v 15.3.1991 (BVerfG FamRZ 1991, 535) erklärte § 1355 II 2 aF für verfassungswidrig, die zweite v 18.2.2004 (BVerfG FamRZ 2004, 515) entschied, dass auch erheiratete Namen zum unverletzlichen Teil des Persönlichkeitsrechts gehören können. Abs II S 2 aF regelte, dass der Geburtsname des Mannes Ehename wurde, wenn die Ehepartner bei der Eheschließung keine Bestimmung über den Ehenamen getroffen hatten. Diesen Automatismus hat das BVerfG mit dem Gleichberechtigungsgrundsatz des Art 3 II GG für unvereinbar erklärt und den Gesetzgeber verpflichtet, das Ehenamensrecht insoweit neu zu regeln (BVerfG FamRZ 1991, 535). Das FamNamRG v 16.12.1993 kam diesem Auftrag nach und regelte das Namensrecht mWv 1.4.1994 grundlegend neu. Es geht weit über den eigentlichen Anlass zur Reform, die Streichung der Subsidiärgeltung des Mannesnamens, hinaus (*Diederichsen* NJW 1994, 1089).

3 Auch nach der Neuregelung geht der Gesetzgeber davon aus, dass die Ehegatten ihre Zusammengehörigkeit nach außen durch einen gemeinsamen Ehenamen kundtun sollen. Für den Fall, dass sie sich über einen gemeinsamen Ehenamen nicht einigen können, ist er von dem Zwang zu einem einheitlichen Ehenamen abgerückt, da hierin eine Benachteiligung des Ehegatten liegt, dessen Name nicht als Ehename geführt würde. Die Ehegatten können bei der Eheschließung ihre jew Geburtsnamen oder seit 2005 die zum Zeitpunkt der Eheschließung geführten Namen (Rn 4) zum Ehenamen wählen. Einen aus beiden Ehenamen gebildeten **Doppelnamen**, der von beiden Ehegatten geführt und auf die gemeinsamen Kinder übertragen wird, kennt das dt Namensrecht **nicht**. Vielmehr kann der Ehegatte, dessen Name nicht Ehename geworden ist, wählen, ob er seinen eigenen Namen als Begleitnamen dem Familiennamen voran- oder nachstellen möchte (sog unechter Doppelname). Es steht ihm frei, in welcher Reihenfolge er die Namen führen möchte. Die **Kinder** erhalten den Ehenamen der Eltern als Geburtsnamen. Das BVerfG hat das Verbot der Bildung eines Familiendoppelnamens im Hinblick auf Kinder für verfassungsgemäß erklärt (NJW 2002, 1256; bestätigt NJW 2009, 1657). Wird kein Ehename geführt, erhalten sie den Namen des Vaters oder der Mutter. Sofern die Eltern keine Entscheidung hierüber treffen können, überträgt das **FamG** gem § 1617 II einem Elternteil das Bestimmungsrecht.

4 Wegen einer Entscheidung des BVerfG v 18.2.2004 erfolgte eine weitere Novelle des Namensrechts durch das G zur Änderung des Ehe- und Lebenspartnerschaftsnamensrechts v 11.2.2005 (BGBl I 2005, 203). Nach BVerfG FamRZ 2004, 515 darf der **„erheiratete" Ehename** nicht als **Namen zweiter Klasse** behandelt werden. Nicht anders als der Geburtsname wird auch der angenommene „erheiratete" Name zum festen Teil der **Persönlichkeit eines Menschen.** Das Persönlichkeitsrecht schützt den Namensträger vor einem unverhältnismäßigen Namensentzug. Durch die Novellierung wurde die Möglichkeit eröffnet, einen aus einem „erheirateten" Ehenamen und Begleitnamen zusammengesetzten Namen (**Abs IV S 2**) eines Ehegatten als Ehenamen zu bestimmen. Nach BVerfG NJW 2009, 1657 dient die Vorschrift dem legitimen Zweck, das Entstehen von geführten Namen, die aus mehr als zwei Namen bestehen, auszuschließen und damit zu verhindern, dass diese zum Geburtsnamen von Kindern werden (s Rn 19). Das Gesetz zur Einführung des Rechts auf Eheschließung für Personen gleichen Geschlechts (Vor § 1353 Rn 1a) enthielt zunächst keine Regelungen zum Ehenamen gleichgeschlechtlicher Ehepartner. Das entspr Umsetzungsgesetz (BGBl I 2018, 2639) half diesem Mangel dadurch ab, dass nun nicht mehr vom „Namen der Frau oder des Mannes", sondern vom „Namen eines Ehegatten" die Rede ist (zu Einzelheiten s MüKo/*v Sachsen Gessaphe* Rn 4).

4a Am 11.4.2023 hat das BMJ den „Entwurf eines **Gesetzes zur Änderung des Ehenamens- und Geburtsnamensrechts**" vorgelegt (https://www.bmj.de/DE/Themen/FamilieUndPartnerschaft/Namensrecht/Namensrecht_node.html) und damit das bereits im Koalitionsvertrag der „Ampel"-Regierung (Koalitionsvertrag 2021–2025 „Mehr Fortschritt wagen, Bündnis für Freiheit, Gerechtigkeit und Nachhaltigkeit" v 7.12.2021) formulierte Ziel einer

Liberalisierung des Namensrechts in die Tat umgesetzt. Ein entspr Eckpunktepapier hatten BMJ und BMI bereits am 26.3.2020 vorgestellt. Die Reformvorschläge setzen politisch letztlich das um, was seitens der Fachwissenschaft schon seit längerem gefordert wurde (vgl nur *Löhnig* ZRP 2022, 12; *Gössl* ZRP 2020, 183; *Dutta* ZRP 2017, 47). Dazu gehörten insb Forderungen, vom – im internationalen Vergleich rückläufigen – Prinzip der Eingliedrigkeit des Familiennamens abzurücken (*Gössl* ZRP 2020, 183f), über die Schaffung weitreichender Rückbenennungsmöglichkeiten im Kindesnamensrecht (*Dutta* ZRP 2017, 47ff) bis hin zur Verhinderung hinkender Namenstatbestände bei grenzüberschreitenden Sachverhalten (*Gössl* ZRP 2020, 183, 185). Der vorliegende RefE greift einige dieser Vorschläge auf und enthält zudem weitere namensrechtl relevante Neuerungen. Dazu gehört (1) die Ermöglichung eines **echten Doppelnamens** sowohl für Ehepaare als auch Kinder. Gem § 1354 II 1 Nr 3 BGB-E können Ehegatten – neben dem Geburtsnamen (Nr 1) bzw dem zZt der Erklärung geführten Namen (Nr 2) eines von ihnen – auch einen aus den Namen beider Ehegatten gebildeten Doppelnamen zum Ehenamen bestimmen. Dabei können sie festlegen, dass die für den Doppelnamen herangezogenen Namen durch einen Bindestrich verbunden werden (S 2). In der Konsequenz bedeutet diese Neuerung, dass sich Eheleute künftig nicht mehr für einen ihrer Namen als Ehenamen entscheiden müssen (zur aktuellen Rechtslage s Rn 7ff). Auswirkungen hat dies auch auf die Namensführung der gemeinsamen Kinder: Indem der insoweit gebildete Doppelname kraft Gesetzes Familienname wird, gilt er automatisch auch als Geburtsname der Kinder (§ 1617 I Nr 2 BGB-E). Mithilfe dieser Regelung setzt der Gesetzgeber unionsrechtl Vorgaben, die maßgeblich aus dem Urteil des EuGH in der Rs „Grunkin und Paul" v 14.10.2008 (EuGH – C-353/06, NJW 2009, 135, s Rn 23) resultieren, überschießend auch für rein nationale Sachverhalte dauerhaft und rechtssicher ins dt Recht um. Eine weitere Neuerung besteht (2) in der Möglichkeit, **geschlechtsangepasste Formen** des Ehe- bzw Geburtsnamens zu führen. So bestimmt § 1355 BGB-E, das jeder Ehegatte ggü dem Standesamt erklären kann, dass er den Ehenamen in einer seinem Geschlecht angepassten Form führt, „wenn dies seiner Herkunft oder der Tradition derjenigen Sprache entspricht, aus der der Name stammt". Für den Geburtsnamen minderjähriger Kinder findet sich eine vergleichbare Vorschrift in § 1617f BGB-E. Gedacht wurde hier insb an die in den slawischen Sprachen üblichen weiblichen Abwandlungen von Namen (RefE, aaO S 15). (3) soll es Stief- und Scheidungskindern erleichtert werden, ihren Namen zu ändern. Dies betrifft insb die sog **Rückbenennung**, mithilfe derer eine Einbenennung wieder rückgängig gemacht werden kann (§ 1617e III BGB-E). (4) Schließlich bezweckt der Entwurf Änderungen im Namensrecht nach einer Erwachsenenadoption; danach soll die angenommene Person ihren bisherigen Namen behalten oder einen Doppelnamen aus diesem und dem Namen der annehmenden Person bilden können.

III. Namensführung in der Ehe. § 1355 I ist die Zentralnorm des Ehenamensrechts. Die Ehegatten sollen einen gemeinsamen Ehenamen bestimmen. Damit wird das rechtspolitische Ziel, die **Namenseinheit der Familie**, beibehalten, auch wenn dies zunehmend durch den Grundsatz der Privatautonomie verdrängt wird (*Dethloff* § 4 Rn 87). Der Gesetzgeber verzichtet allerdings darauf, dieses Ziel mit Zwang durchzusetzen. Die Bestimmung des Ehenamens ist eine sanktionslose Rechtspflicht. Die Führung eines bestimmten Ehenamens (Abs I S 2) ist nach dem Wortlaut des Gesetzes ebenso selbstverständlich wie die Fortführung der bisherigen Namen, wenn die Bestimmung eines Ehenamens unterlassen wird (Abs I S 3). Dennoch handelt es sich bei der Bestimmung eines gemeinsamen Ehenamens, idR des Namens des Mannes, in der Praxis immer noch um den häufigsten Fall (s Nachw bei BVerfG NJW 2002, 1256). Gem Abs III besteht die Möglichkeit, dass die Bestimmung des Ehenamens noch nachgeholt werden kann, zudem kann sich der Name unabhängig von der Eheschließung ändern (Adoption, Änderung nach dem Namensänderungsgesetz etc). Gesetzl ausdrückl normiert ist die Möglichkeit, einen in einer Vorehe erheirateten Namen um einen Begleitnamen zu bereichern (Abs IV) oder ihn abzulegen, Abs V (s Rn 19). 5

§ 1355 gilt ausschließlich für – verschieden- oder gleichgeschlechtliche – Ehegatten. Eingetragene Lebenspartner können gem § 3 LPartG ausschließlich einen **Lebenspartnerschaftsnamen** bestimmen (BGH FGPrax 2016, 286). 6

IV. Wahl des Ehenamens. Als Ehename kann der Geburtsname oder der zum Zeitpunkt der Bestimmung des Ehenamens geführte Name eines Ehegatten bestimmt werden, **Abs II.** 7

Geburtsname ist der Name, der in der Geburtsurkunde eines Ehegatten zum Zeitpunkt der Eheschließung eingetragen ist. Der Geburtsname kann sich infolge einer Änderung des elterlichen Namens (§ 1617ff) oder durch Adoption (§ 1757 I) geändert haben. Bis zum Inkrafttreten des KindRG konnte sich der Name noch durch Legitimation (§ 1720 aF) ändern. Durch die Gleichstellung der ehelichen und der nichtehelichen Geburt wurde die Legitimation durch Art 1 Nr 37 KindRG ersatzlos abgeschafft (*Schwab/Wagenitz* FamRZ 1997, 1382 mwN). Zu Änderungen des Geburtsnamens kann es nunmehr gem § 1617b I, II (Namensänderung bei späterer gemeinsamer Sorge und Scheinvaterschaft) und § 1617c (Namensänderung bei elterlichem Namenswechsel) kommen. Im Zeitpunkt der Wahl des Ehenamens kann nur auf den geänderten Namen zurückgegriffen werden. Die Ehegatten können den von der Frau oder dem Mann zZt der Bestimmung des Ehenamens **geführten Namen** als Ehenamen wählen. Damit kann die Wahl auch auf mit anderen Partnern „erheiratete" Namen fallen und den Vorgaben des BVerfG Genüge getan werden (s Rn 4). 8

Nicht gewählt werden kann demggü der Name eines Ehegatten, den dieser nachträgl in einem anderen Mitgliedstaat erworben hat und der dort in amtlichen Dokumenten (hier: Führerschein) eingetragen wurde (Naumburg NZFam 2014, 1048). Denn § 1355 II ist vom Prinzip der Ersteintragung geprägt, wonach der erstmals in einem Mitgliedstaat eingetragene Familienname Vorrang genießt (vgl nur Art 10 EGBGB Rn 2). 8a

9 Ein **ausl Namenszusatz** kann, auch wenn er nicht rechtmäßig erworben wurde, zum Ehenamen bestimmt werden, wenn er über einen längeren Zeitraum die Persönlichkeit des Namensträgers tatsächlich mitbestimmt hat und ein entspr Vertrauenstatbestand vorliegt (BVerfG NJWE-FER 2001, 193 „Singh" – Zeitraum über 10 Jahre). Bei der gemeinsamen Ehenamensbestimmung wird nur der erste Teil eines Doppelnamens spanischer Rechtstradition zum Ehenamen (Karlsruhe FGPrax 1998, 54).

10 Bei der Zulässigkeit von „**Doppelnamen**" ist zu differenzieren: Das Gesetz verbietet, einen aus beiden Namen zusammengesetzten echten Doppelnamen zum Ehenamen zu bestimmen. Der Ausschluss des Ehedoppelnamens verletzt weder das Persönlichkeitsrecht der Ehegatten aus Art 2 I iVm 1 I GG noch Art 6 I GG noch das Gleichbehandlungsgebot in Art 3 I GG (BVerfG NJW 2002, 1256; FamRZ 2000, 530). Es soll damit verhindert werden, dass sich das dt Namensgefüge grundlegend ändert und sich der Rechtsverkehr durch Namensketten verkompliziert (BVerfG NJW 2002, 1256; FamRZ 2000, 530). Diese Wertungen können durch ein öffentlich-rechtl Namensänderungsverfahren gem § 3 NamÄndG ausnahmsw nur dann überwunden werden, „wenn den Namensträgern durch die Führung eines eingliedrigen Ehenamens individuelle Beeinträchtigungen von einigem Gewicht entstehen, die nur durch die Zulassung des Ehedoppelnamens beseitigt werden können" (BVerwG NJW 2017, 2361). Die Führung eines besonders häufig vorkommenden Namens (sog Sammelname) und die damit verbundene Verwechslungsgefahr allein sind dafür nicht ausreichend (BVerwG NJW 2017, 2361). Allerdings kann ein aus mehreren Namen zusammengesetzter Name eines Ehegatten insg zum Ehenamen bestimmt werden. Dies ist selbstverständlich, wenn der zusammengesetzte Name ein **echter Doppelname** oder ein mehrgliedriger Name ist, Abs IV S 2 („Müller-Lüdenscheid"), den der Ehegatte entweder als Geburtsnamen oder als erheirateten Namen trägt. Das Führen eines sog Sammelnamens (dh häufig vorkommenden Namens) stellt keinen wichtigen Grund gem § 3 NamÄndG dar, der zu einer ausnahmsw Bildung von Doppelnamen berechtigen würde (BVerwG NZFam 2017, 322 m Anm *Erbarth*).

11 **Abs IV** gestattet dem Ehepartner, dessen Name nicht Ehename geworden ist, seinen eigenen Geburtsnamen oder den zum Zeitpunkt der Namensbestimmung geführten Namen dem Ehenamen anzufügen (**Begleitnamen**). Auf den Geburtsnamen kann der Ehegatte auch dann als Begleitnamen zurückgreifen, wenn er ihn in einer früheren Ehe zugunsten eines anderen Ehenamens abgelegt hatte. Es entsteht so ein sog **unechter Doppelname**. Seit 2005 ist darüber hinaus möglich, einen aus dem Ehenamen einer Vorehe und einem Begleitnamen zusammengesetzten – unechten – Doppelnamen in einer neuen Ehe als **neuen von Generation zu Generation tradierbaren Ehenamen** zu bestimmen. Bsp: Frau X heiratet in erster Ehe den Y. Ehename wird Y, Frau X wählt ihren Geburtsnamen als Begleitnamen und nennt sich „XY". In zweiter Ehe heiratet sie den Z, beide wählen als Ehenamen ihren „unechten" Doppelnamen „XY", der sodann zum echten Doppelnamen erstarkt. Will sich Frau XY später des Namens Y wieder entledigen, so ist dies **nicht möglich**, solange der Ehename als echter Doppelname anzusehen ist. Die Rechtslage ändert sich erst, wenn auch die neue Ehe aufgelöst werden sollte. Dann steht dem ursprüngl Namensträger aus Abs V S 2 das Recht zu, den „echten" Ehedoppelnamen gegen den zuvor geführten gleichlautenden, aber „unechten" Doppelnamen wieder einzutauschen. Mit dem Rückerwerb des „unechten" Doppelnamens ist die Option aus Abs IV S 4 wieder aufgetan, der Begleitname kann widerrufen werden.

12 Die Wahl erfolgt durch „Erklärung" ggü dem Standesamt, Abs II. Die durch den Singular herausgehobene Gemeinsamkeit beider Erklärungen ist rein inhaltlich zu verstehen, dh die Erklärungen müssen übereinstimmend abgegeben werden. Es handelt sich bei der Namensbestimmung um ein Rechtsgeschäft (hM, weitere Nachw Grü/*Siede* Rn 5; s zu einem Fall mit Auslandsbezug Stuttgart FamRZ 2007, 149). Die Ausübung des Wahlrechts ist nur einmal möglich; nach Wirksamwerden der Erklärung ist sie unwiderruflich und unanfechtbar (BGH FamRZ 2001, 903; Nürnberg FamRZ 2016, 1586; München StAZ 2009, 78; Staudinger/*Voppel* Rn 36a).

13 Gem **Abs III S 1** soll die Bestimmung des Ehenamens bereits bei der Eheschließung erfolgen. Der Standesbeamte soll die Verlobten vor der Eheschließung befragen, ob sie einen Ehenamen bestimmen wollen, § 14 I PStG. Die Wahl des Ehenamens ist unwiderruflich; nach München StAZ 2009, 78 unterliegen die Ehenamenserklärungen aus Gründen der Rechtssicherheit grds auch nicht der Anfechtung. **Abs III S 2** eröffnet die Möglichkeit, den Ehenamen **später** zu bestimmen. Damit soll den Ehegatten iSd rechtspolitischen Zielsetzung die Möglichkeit gegeben werden, unter Berücksichtigung evtl veränderter Lebensumstände sich noch nachträgl für einen gemeinsamen Ehenamen zu entscheiden (BT-Drs 12/3161, 13ff). Dabei sind die Grenzen des Abs II auch bei der nachträgl Namensbestimmung zu beachten (Naumburg NZFam 2014, 1048 m Anm *Voppel*). Zwar findet sich in Abs III kein ausdrückl Verweis auf Abs II; Abs III enthält aber nur formelle Voraussetzungen, wohingegen sich die inhaltlichen Anforderungen im Rahmen von § 1355 insg aus Abs II ergeben (Naumburg NZFam 2014, 1048). **Bis zum Eheversprechen** können die Erklärungen der Ehegatten über den Ehenamen **formlos** abgegeben werden. Nach der Eheschließung abgegebene Erklärungen über den Ehenamen müssen nach Abs III S 2 **öffentlich beglaubigt**, § 129, werden.

14 **V. Begleitname. Abs IV** regelt die Hinzufügung und die Stellung des Begleitnamens. Der Ehegatte, der auf die Führung seines Namens als Ehenamen verzichtet, hat die Möglichkeit, dem Ehenamen seinen Geburtsnamen oder den gerade geführten Namen zuzufügen. Dabei kann er seinen Namen voranstellen oder ihn hinten anfügen. Ehename und Begleitname werden durch einen Bindestrich miteinander verknüpft. Wie beim Ehenamen kann ein erheirateter Name als Begleitname fortgeführt werden. Die Regelung erfährt allerdings einige Einschränkungen. Bei Namensidentität der Ehegatten kann der Name nicht verdoppelt werden („Schulze-Schulze"). Dies ergibt sich aus **Abs IV S 1**, da obj nicht herleitbar ist, wessen Name zum Ehenamen bestimmt wurde. Nach **Abs IV S 2** ist die Hinzufügung nur dann zulässig, wenn der geführte Ehename aus nicht mehr als einem

Namen besteht, dh der Ehegatte, dessen Name nicht zum Ehenamen bestimmt wird, darf seinen Namen dem Ehenamen als Begleitnamen nicht anfügen, wenn der Ehename schon aus mehreren Namen besteht (**Grundsatz der Eingliedrigkeit des Begleitnamens**). Das BVerfG (FamRZ 2009, 939 m Anm *Henrich*) hat diesen Grundsatz ausdrückl für verfassungsgemäß erklärt. Zwar handele es sich insoweit um einen Eingriff in das APR des Betroffenen gem Art 2 I iVm Art 1 I GG. Dies sei aber aus Gründen des zwingenden Allgemeinwohls gerechtfertigt, denn die Vorschrift diene dem legitimen Zweck, „Namen zu bilden, die einerseits auch im Rechts- und Geschäftsverkehr praktikabel sind und in nachfolgenden Generationen nicht zu Namensketten führen". Nur so könne die „identitätsstiftende Funktion" des Namens erhalten werden. Wird der Geburtsname durch Adoption nachträgl geändert, so tritt dieser geänderte Name an die Stelle des früheren Geburtsnamens; ein Wahlrecht besteht dagegen nicht (BGH NJW 2011, 3094).

Zu unterscheiden sind diese unechten Doppelnamen allerdings von Namen, „die zwar aus mehreren Wörtern bestehen, aber herkömmlich als Einheit empfunden werden" (BT-Drs 12/3163). Für sie gilt das Verbot der Bildung von mehr als zweigliedrigen Namen nicht; etwa Namen, deren Bestandteile durch Präpositionen verbunden sind („Metz am Broich") oder adlige Namen („Possanner von Ehrenthal"). Werden diese Namen zum Ehenamen bestimmt, können sie mit einem Begleitnamen versehen werden. Dies ergibt sich aus dem Umkehrschluss aus Abs IV S 3 (*Wagenitz/Bornhofen* FamNamRG § 1355 Rn 80). Zu früheren Adelsbezeichnungen Hamm StAZ 2007, 147. 15

Nicht geregelt wird in Abs IV, **wann** die Erklärung über den Begleitnamen abgegeben werden muss. Daraus wird der Schluss gezogen (Grü/*Siede* Rn 11 mwN), dass für die Hinzufügung des Begleitnamens keine Frist besteht und die Entscheidung darüber beliebig nach der Eheschließung getroffen werden kann (krit *Coester* FuR 1994, 3). Ggf ist eine Erklärung noch nach der Auflösung der Ehe möglich (Flensburg StAZ 1978, 221). Die Erklärung über den Begleitnamen erfolgt ggü dem Standesamt. Sie ist form- und empfangsbedürftig. Nach der Neufassung von S 5 bedürfen Erklärungen eines Ehegatten zur Voranstellung oder Anfügung des Geburts-/Ehenamens mWz 1.11.2013 keiner öffentlichen Beglaubigung mehr, wenn die Erklärung bei der Eheschließung abgegeben wird; insoweit wird ein Gleichlauf mit Abs III erreicht (BR-Drs 304/12). 16

Einstweilen frei. 17

VI. Widerruf. Die Erklärung über die Hinzufügung eines Begleitnamens kann nach **Abs IV S 4 widerrufen** werden. Der **Widerruf** ist an keine Frist gebunden. Unbeachtlich ist, ob der Begleitname erst nach dem Inkrafttreten des FamNamRG hinzugefügt wurde. Auch bei Altfällen ist ein Widerruf möglich. Das Widerrufsrecht ist ein höchstpersönliches Recht und wird ggü dem Standesamt ausgeübt. Es ist als Gestaltungsrecht bedingungs- und befristungsfeindlich sowie form- und empfangsbedürftig. Der Widerruf muss öffentlich beglaubigt werden (§ 129). Mit dem wirksamen Widerruf entfällt der Begleitname. Der Ehename ist damit der alleinige Name des Ehegatten. Eine erneute Hinzufügung eines anderen Begleitnamens ist gem Abs IV S 4 Hs 2 ausgeschlossen. Der Widerruf ermöglicht also nicht, den zunächst angefügten Begleitnamen nunmehr dem Ehenamen voranzustellen oder sich nachträgl für den Geburtsnamen anstatt des geführten Namens als Begleitnamen zu entscheiden (oder umgekehrt) (Grü/*Siede* Rn 12). 18

VII. Name des verwitweten oder geschiedenen Ehegatten. Auch **Abs V** wurde auf Grundlage der Rspr des BVerfG (FamRZ 2004, 515) durch das Gesetz zur Änderung des Ehe- und Lebenspartnerschaftsnamensrechts v 6.2.2005 (BGBl I 2005, 203) korrigiert. Dabei bleibt der Grundsatz, dass jeder Ehegatte seinen Namen auch nach der Auflösung der Ehe durch Tod des Ehegatten oder Scheidung behält (**Grundsatz der Namenskontinuität**), unangetastet. Seit der Neufassung kann der geschiedene oder verwitwete Ehegatte neben dem Geburtsnamen auch den bei der Bestimmung des Ehenamens geführten Namen dem Ehenamen **als Begleitnamen** beifügen. Bsp bei *Wagenitz/Bornhofen* FamRZ 2005, 1429. 19

Der Grundsatz der Namenskontinuität wird niemandem aufgezwungen. Jeder Ehegatte kann nach **Abs V S 2** mit der Auflösung der Ehe seinen Geburtsnamen oder den Namen wieder annehmen, den er zZt der Bestimmung des Ehenamens geführt hatte. Die Wiederannahme ist nicht befristet (BayObLG FamRZ 1984, 1224). Die Wiederannahme eines früheren Namens erfolgt durch eine **höchstpersönliche Erklärung** ggü dem Standesamt. Sie ist als Gestaltungsrecht bedingungs- und befristungsfeindlich sowie form- und empfangsbedürftig. Wie der Verweis auf Abs IV ergibt, muss dies öffentlich beglaubigt werden (Abs IV S 5). Nach Frankfurt NJW-RR 2010, 73 kann diese Erklärung nicht widerrufen werden. Mit dem Zugang der Erklärung über die Wiederannahme eines anderen Namens ist das Recht, den früheren Ehenamen zu führen, unwiderruflich erloschen. 20

Nach BGH NJW 2008, 1528 ist eine **ehevertragl getroffene Abrede** über die **Aufgabe** des Ehenamens im Falle der Scheidung nicht ohne weiteres sittenwidrig gem § 138 I. Ebenso wie der Ehegatte gem Abs V S 2 bei Auflösung der Ehe auf den Ehenamen verzichten und seinen Geburtsnamen oder seinen bis zur Bestimmung des Ehenamens geführten Namen wieder annehmen kann, kann ein solcher Verzicht auch bereits vor der Bestimmung des Ehenamens bindend vereinbart werden. Dem Ehegatten sei es nicht verwehrt, auf die ihm gesetzl eingeräumte Kontinuität zu verzichten und sich zu einem solchen Verzicht bereits vorab für den Scheidungsfall zu verpflichten. Freilich könnten besondere Umstände, zB die Vereinbarung eines Entgelts, im Einzelfall zur Sittenwidrigkeit führen (BGH NJW 2008, 1528; s auch Grü/*Siede* Rn 14). 21

Im Falle einer **Eheaufhebung** (§ 1313ff) regelt § 1318 I die Rechtsfolgen. Hiernach bestimmen sich die Folgen der Aufhebung nach den Vorschriften über die Scheidung; allerdings „nur" in den genannten Fällen. Mangels 22 planwidriger Regelungslücke verbietet sich nach Celle NJW 2013, 2292, daher eine analoge Anwendung des § 1355 V auf den Fall der Eheaufhebung (aA Grü/*Siede* § 1318 Rn 16).

23 **VIII. Einfluss des Europarechts.** In seiner Entscheidung **„Grunkin und Paul"** v 14.10.2008 (EuGH – C-353/06, NJW 2009, 135 m Anm *Rieck*, 125; *Kroll-Ludwigs* JZ 2009, 153) etablierte der EuGH eine sog unionsrechtl Anerkennungspflicht im Hinblick auf einen in einem anderen Mitgliedstaat rechtmäßig erworbenen Doppelnamen. Offen blieb dabei, wie eine solche Anerkennung auf Ebene des nationalen Rechts vollzogen werden sollte. Ein Eingreifen des Gesetzgebers, sei es auf kollisionsrechtl oder sachrechtl Ebene, war jedenfalls nicht zwingend geboten. Vielmehr lassen sich Unionsrechtsverstöße auch durch rein behördliche Lösung beseitigen, wobei die kontinuierliche Nichtanwendbarkeit einer nationalen Vorschrift dauerhaft eine Gefährdung der Rechtssicherheit bedeuten kann (*Kroll-Ludwigs* JZ 2009, 153). Die Umsetzung der unionsrechtl Vorgaben erfolgte aus Sicht des dt Rechts durch Einführung des Art 48 EGBGB (s Art 48 EGBGB Rn 1f). In diesem Zusammenhang stellte der BGH kürzlich fest, dass die rechtwidrige Erlangung des Namens nicht vom Anwendungsbereich der Vorschrift gedeckt sei (BGH NJW 2019, 2323; dazu *Kroll-Ludwigs* NJW 2019, 2277). Seine Argumentation aus „Grunkin und Paul" hat der EuGH in der Folge auch auf einen österreichischen Fall der Namensänderung aufgrund von Adoption angewendet (EuGH C-208/09, Slg 2010, I-13693 – **Sayn-Wittgenstein**). Allerdings wird der Unionsrechtsverstoß hier aus Gründen der öffentlichen Ordnung (Wahrung der nationalen Identität) gerechtfertigt. In der Rs **Bogendorff v Wolffersdorff** (EuGH ECLI:EU:C:2016:401 = NJW 2016, 2093 Rn 50ff) standen erstmals die Wirkungen einer nach Art 48 EGBGB vorgenommenen Rechtswahl auf dem Prüfstand. Der EuGH entschied, dass sich aus Art 21 AEUV keine Verpflichtung dt Behörden ergebe, einen Nachnamen, der mehrere Adelsbestandteile enthalte und von einem Deutschen in einem anderen Mitgliedstaat, dessen Staatsangehörigkeit er ebenfalls besitze, frei gewählt worden sei, anzuerkennen. Ebenso wie im Urteil Sayn-Wittgenstein bejaht der EuGH zwar eine Beschränkung der Freizügigkeit, sieht diese aber aufgrund des „Grundsatzes der Gleichheit der deutschen Staatsbürger vor dem Gesetz und [die] verfassungsrechtl Entscheidung, Vorrechte und Ungleichheiten aufzuheben und das Führen von Adelsbezeichnungen als solche zu untersagen" (Art 109 III WRV) als Bestandteile der öffentlichen Ordnung und mithin als gerechtfertigt an. Auf dieser Grundlage bejahte der BGH in der Folge bzgl eines vergleichbaren Sachverhalts einen Verstoß gegen den materiellen ordre public in Art 48 S 1 Hs 2 EGBGB (BGH FamRZ 2019, 613 m Anm *Dutta*; *Kroll-Ludwigs* GPR 2019, 191). In der Rs **Freitag** (EuGH ECLI:EU:C:2017:432 Rn 42ff = NJW 2017, 3581) vertrat der EuGH in einem Fall mit Bezug zu Deutschland die Auffassung, dass die Beseitigung der mit einer „hinkenden Namensführung" verbundenen Nachteile auch durch ein öffentlich-rechtl Namensänderungsverfahren gem § 3 I NamÄndG erreicht werden könne. Dies gelte allerdings nur dann, wenn gewährleistet werde, dass die Beseitigung der Nachteile einer hinkenden Namensführung einen „wichtigen Grund" iSv § 3 NamÄndG darstelle und zudem das den Behörden in dieser Vorschrift eingeräumte Ermessen so ausgeübt werde, dass damit die Wirksamkeit des Art 21 AEUV gewährleistet werde (zu allen namensrechtl relevanten Urteilen des EuGH vgl BeckOGK/*Kroll-Ludwigs*, Stand: Juni 2022, Art 10 EGBGB Rn 67ff). Der **EGMR** hat einen Verstoß des nach dt Recht bestehenden Doppelnamensverbots gegen Art 8, 14 EMRK verneint (StAZ 2008, 375 m Anm *Gaaz*, 365).

§ 1356 Haushaltsführung, Erwerbstätigkeit

(1) Die Ehegatten regeln die Haushaltsführung im gegenseitigen Einvernehmen. Ist die Haushaltsführung einem der Ehegatten überlassen, so leitet dieser den Haushalt in eigener Verantwortung.

(2) Beide Ehegatten sind berechtigt, erwerbstätig zu sein. Bei der Wahl und Ausübung einer Erwerbstätigkeit haben sie auf die Belange des anderen Ehegatten und der Familie die gebotene Rücksicht zu nehmen.

Schrifttum: *Adomeit*, Hausarbeit: Männersache!, NJW 1996, 299; *Gergen*, Die Mitarbeit des Ehegatten im Betrieb des anderen, FPR 2010, 298; *Körner-Dammann*, Veränderte Erwerbs- und Familienstrukturen als Voraussetzung der Vereinbarkeit von Beruf und Familie, NJW 1994, 2056; *Lieb*, Die Ehegattenmitarbeit im Spannungsfeld zwischen Rechtsgeschäft, Bereicherungsausgleich und gesetzlichem Güterstand, 1970; *Menken*, Arbeitsrechtliche Probleme des Ehegattenarbeitsverhältnisses, DB 1993, 161; *Münch*, Unterhaltsverstärkende Vereinbarungen, notar 2009, 286; *Schön*, Mitarbeit und Mithilfe von Familienangehörigen im Steuerrecht als verfassungsrechtliches Problem, FS Franz Klein, 1994, 467; *Schön*, Das Ehegattenarbeitsverhältnis, NZA 2010, 75.

1 **I. Rechtsentwicklung.** Nach der seit 1900 geltenden ursprüngl Fassung des § 1356 war die Ehefrau zur Leitung des gemeinschaftl Haushalts berechtigt und verpflichtet, unbeschadet des dem Ehemann zustehenden Entscheidungsrechts in allen Fragen des gemeinsamen Ehelebens. Durch das 1. EheRG wollte der Gesetzgeber den veränderten wirtschaftl und gesellschaftlichen Umständen gerecht werden (BT-Drs 7/650, 97). Die gesetzl verbindlich festgelegte Rollenteilung zw Mann und Frau widersprach nach seiner Auffassung zum einen dem Gleichberechtigungsgedanken, zum anderen stand sie der partnerschaftlichen Bestimmung der Ausgestaltung des Zusammenlebens durch die **gleichberechtigten** und **gleichverpflichteten** Ehegatten selbst entgegen. Diese wurde aber nach dem Verständnis der Ehe gefordert. Obwohl in der gesellschaftlichen Wirklichkeit die Rollenverteilung, wie sie § 1356 aF durch die Erwerbstätigkeit des Mannes und die Haushaltsführung der Frau vorsah, noch überwiegend praktiziert wurde, ging die Reform zu Recht davon aus, dass auch andere Aufgabenteilungen an Bedeutung gewannen und nicht mehr nur Ausnahmefälle waren. Insb seit den 1950er Jahren hatte die Erwerbstätigkeit der Frau in erheblichem Maße zugenommen. Die heutigen Zahlen lassen sich jährlich aus dem Mikrozensus des Statistischen Bundesamtes ablesen, s http://www.destatis.de.

Die Struktur der Ehe und der bürgerlichen Familie hat sich **seit 1918** fortschreitend verändert. Verwandelt hat sich die Groß- in die Kleinfamilie, in der nur noch Eltern und nicht erwachsene oder nicht verheiratete oder hilfsbedürftige Kinder zusammenleben. Die Kleinfamilie von heute zieht wiederum die Großeltern als unentbehrliche Hilfskräfte heran. Daneben ist sie mit der Schule zusammen Ausbildungsstätte der Kinder. So ist die Erziehungs- und Bildungsfunktion, zu der vor allem auch die Charakterbildung gehört, erhalten geblieben. ZT werden Aufgabenverluste der Familie durch **„Verinnerlichung familiärer Beziehungen"** (*Gernhuber/Coester-Waltjen* § 1 I Rn 11) aufgewogen. Die Veränderung der Ehestruktur durch die Gleichberechtigung der Eheleute führte zur Ersetzung des Vaterleitbildes durch die geteilten und gemeinsamen Funktionen beider Ehegatten in Ehe und Familie. Der Gesetzgeber ist dem dadurch gerecht geworden, dass er mit der Abschaffung des überkommenen Leitbildes der Hausfrauenehe nicht zugleich wieder ein neues vorgegebenes Leitbild normiert, sondern die Funktionsteilung in der Ehe umfassend der privatautonomen Gestaltung durch die Ehegatten überlassen hat; dazu auch BVerfG FamRZ 1975, 328 im Hinblick auf die Verfassungsmäßigkeit der Witwerrente. Damit soll die Entwicklung vielfältiger Formen ehelichen Zusammenlebens in den traditionellen oder in neuen Bahnen ermöglicht und unter den gleichen gesetzl Schutz gestellt werden. So können die Ehegatten einem Partner die gesamte Haushaltsführung überlassen (Haushaltsführungsehe), beide erwerbstätig sein und gemeinsam den Haushalt in der verbleibenden Zeit bewältigen (Doppelverdienerehe) oder vereinbaren, dass ein Partner primär den Haushalt führt und daneben hinzuverdient (Zuverdienerehe), sowie schließlich innerhalb dieser Varianten die verschiedensten Mischformen bzgl der gegenständlichen und zeitl Funktionsteilung ausgestalten. 2

II. Haushaltsführung und ihre einverständliche Regelung. 1. Einverständliche Funktionsteilung. Da das Gesetz die Aufgabenverteilung offenlässt, sind an sich schon die Weichen für eine Festlegung durch die Ehegatten selbst gestellt. Der Gesetzgeber hat dennoch deren Verpflichtung zur einverständlichen Regelung der Haushaltsführung ausdrückl normiert (Abs I S 1), um die Gemeinsamkeit der Entscheidung sowie die Verantwortung beider Partner für Haushalt und Familie zu unterstreichen (BT-Drs 7/650, 97) und die Abkehr von der primären Zuweisung der Haushaltsführung an die Frau klarzustellen. 3

Die **dogmatische Einordnung** des **„gegenseitigen Einvernehmens"** über die Aufgabenverteilung ist umstr, wenn auch in den rechtl Konsequenzen kaum bedeutsame Unterschiede bestehen (vgl dazu Staudinger/*Voppel* Rn 9ff). Die einverständliche Regelung verlangt keine ausdrückl förmliche Einigung. Oft wird die Funktionsteilung vielmehr allein auf ihrer tatsächlichen Ausgestaltung durch die Ehegatten beruhen. Dies ist auch die Sicht des Gesetzgebers, wenn er in Abs I S 2 davon spricht, dass die Haushaltsführung einem Partner „überlassen" wird. Das bedeutet jedoch nicht, dass Abs I S 1 das „gegenseitige Einvernehmen" als Realakt verstanden wissen will. Vielmehr wird insoweit von rechtsgeschäftlichen Erklärungen, idR einer vertragl Vereinbarung ausgegangen, die in Fällen lediglich tatsächlicher Handhabung ohne förmliche Einigung stillschw erfolgen (*Haas* FamRZ 2002, 205, 208; Grü/*Siede* Rn 2; Staudinger/*Voppel* Rn 9f). Überzeugender erscheint es demggü, von einem **Vertrauenstatbestand** auszugehen (*Dethloff* § 4 Rn 31; MüKo/*Roth* Rn 7). Danach kommt es entscheidend darauf an, ob – ausdrückl oder konkludent – schutzwürdiges Vertrauen in die gemeinsame Aufgabenverteilung begründet wurde. Dabei ist das Vertrauen umso größer, je klarer das Einvernehmen ist (*Dethloff* § 4 Rn 31). Auf diese Weise lässt sich auch der Fall lösen, dass die Ehegatten über die Funktionsteilung keine Regelung getroffen haben. 4

Die Ehegatten können jederzeit eine **andere Aufgabenverteilung** vereinbaren (MüKo/*Roth* Rn 8). Änderungen sind auch einseitig zulässig, ohne dass sich dabei Schadensersatzpflichten des aufkündigenden Ehegatten ergäben (anders *Diederichsen* NJW 1977, 217, 219). Zwar verdient derjenige Schutz, der im Vertrauen auf eine getroffene Aufgabenverteilung bestimmte Dispositionen übernimmt. Wäre eine einseitige Änderung aber nicht möglich, drohte die verbindliche Festlegung der Rollenverteilung. Zudem handelt es sich um höchstpersönliche Entscheidungen eines Ehegatten, die möglich bleiben müssen (zur Argumentation s *Dethloff* § 4 Rn 32). Auch der Gesetzgeber ging iÜ davon aus, dass die Aufgabenverteilung den geänderten Verhältnissen und Anforderungen in der Ehe jederzeit angepasst werden können muss, zB bei der Geburt von Kindern (BT-Drs 7/650, 97). Daraus ergibt sich, dass jeder Ehegatte bei Änderung wichtiger Umstände (Krankheit, Geburt) von dem anderen Anpassungen an die veränderte Lage verlangen kann (MüKo/*Roth* Rn 8; *Gernhuber/Coester-Waltjen* § 20 I 2). Eine Pflicht zur Zustimmung zu einer Veränderung der Funktionsteilung folgt aus § 1353 I. Derartige Vereinbarungen sind **nicht formgebunden** und können auch mündlich und konkludent abgeschlossen werden. Entscheidend ist, dass eine Einigung über die Rangfolge der Unterhaltsquellen und eine Festlegung der Aufgaben und Funktionsteilung im Hinblick auf Erwerbstätigkeit und Haushaltsführung vorgenommen wird; wird nur ein Teil der Abrede verschriftlicht, so sind die anderen Inhalte durch Auslegung zu ermitteln (Hamm FuR 2021, 309 Rn 20). 5

2. Haushaltsführung in eigener Verantwortung. a) Obwohl das **Leitbild der „Hausfrauenehe"** aufgegeben wurde, soll nach dem Willen des Gesetzgebers der Rolle desjenigen Ehegatten, der die Hausfrauen-/Hausmannstellung übernimmt, besondere Bedeutung zukommen, indem ihm die Haushaltsführung zu „eigener Verantwortung" übertragen wird (Abs I S 2: zwingendes Recht, vgl *Gernhuber/Coester-Waltjen* § 18 III 2). Dies gilt auch für die Doppel- bzw Zuverdienerehe (MüKo/*Roth* Rn 8). Durch die volle Haushaltsführung leistet der Ehegatte den von ihm geforderten Beitrag zum Unterhalt der Familie (§ 1360 S 2). Die **eigenverantwortliche Führung** des Haushalts bedeutet, dass der damit betraute Ehepartner hinsichtl der Haushaltsangelegenheiten weder der Zustimmung des Partners bedarf noch dessen Weisungen unterliegt. Insb darf der andere Ehegatte ihm die Haushaltsführung nicht durch Entziehung oder Kürzung des sog **Wirtschaftsgeldes** iSv § 1360a II 2 erschweren oder unmöglich machen (Grü/*Siede* Rn 3; MüKo/*Roth* Rn 9). 6

7 Der zur Haushaltsführung Berechtigte ist zugleich zur ordnungsgemäßen Führung der Aufgaben **verpflichtet**. Die Pflicht ist – selbst bei grober Vernachlässigung – nicht vollstreckbar, § 120 III FamFG (MüKo/*Roth* Rn 10). Ob der Haushaltführende die Arbeiten im Haushalt ganz oder im Wesentlichen selbst ausführt, entscheidet sich nach den wirtschaftl Verhältnissen der Ehegatten. Die Umstände des Einzelfalls und die durch die eheliche Lebensgemeinschaft gebotene Rücksicht sind auch dafür maßgebend, ob und inwieweit der Partner zur Hilfe im Haushalt nach § 1353 I 2 mitverpflichtet ist (vgl *Gernhuber/Coester-Waltjen* § 20 I Rn 5f); hierbei kommt insb in Betracht, ob zB der eine Partner außerdem erwerbstätig ist oder andererseits der andere Partner einer Erwerbstätigkeit nicht oder nur in beschränktem Umfang nachgehen kann (vgl hierzu BGH JZ 1960, 371 m Anm *Müller-Freienfels*). Von Bedeutung sind auch Alter und Gesundheit der Ehegatten sowie Zahl und Alter der Kinder. Zur Dienstleistungspflicht der Kinder vgl § 1619.

8 **b) Haftung eines Dritten bei Verletzung oder Tötung des Haushaltführenden.** Nach der Rspr erwirbt der Haushaltführende, wenn er verletzt ist, vom Schädiger einen eigenen, von schädigenden Aufwendungen für eine Ersatzkraft **unabhängigen Schadensersatzanspruch** wegen des Ausfalls seiner Fähigkeit zur Haushaltsführung (BGHZ 38, 55; (GS) 50, 305, 306).

9 Im Falle der Tötung eines Haushaltführenden kann ein **Schadensersatzanspruch** nur wegen des Verlustes des Unterhaltsrechts nach § 844 II geltend gemacht werden, dh der Geschädigte kann Ersatz iHd gesetzl geschuldeten Unterhalts verlangen (BGH FamRZ 1993, 411; (GS) 50, 304; 51, 111; *Dethloff* § 4 Rn 56); vgl Stuttgart VersR 1973, 1077 zum Anspruch der Frau bei Tötung des im Haushalt mithelfenden Mannes (dazu, dass auch die nach Abs I S 2 „überlassene" Haushaltsführung eine Unterhaltspflicht „kraft Gesetzes" iSd § 844 II ist, vgl *Diederichsen* NJW 1977, 217, 219). Es wäre nicht gerechtfertigt, den Kindern bei Verletzung oder Tötung der Frau nur einen Anspruch wegen Fortfalls ihres Unterhaltsrechts nach § 844 II, dem Mann hingegen wegen entgangener Dienstleistungen nach § 845 zu gewähren (BGHZ 51, 111, ebenso BGH FamRZ 1969, 407; Celle FamRZ 1969, 213). Ein ggf nach § 844 II begründeter Anspruch bei Tötung des Haushaltsführenden besteht auch dann, wenn Sondergesetze eine Gefährdungshaftung des Schädigers begründen (so zu § 10 II StVG BGHZ 51, 112; BGH FamRZ 1969, 407; 595 zu § 35 II LuftVG). Zum Schadensersatzanspruch der Witwe eines getöteten Mannes aus § 844 II bei Vorhandensein eines neun Jahre alten Kindes und stillschw Einigung der Ehegatten auf eine Hausfrauenehe vgl Celle FamRZ 1980, 137.

10 Der **Umfang des Anspruchs** richtet sich danach, welche Mittel erforderlich sind, um Ersatz für die fortgefallenen Unterhaltsleistungen des Getöteten zu finden (BGH NJW-RR 1990, 34; FamRZ 1973, 129; VersR 1970, 41; vgl auch Celle VersR 1972, 694; NdsRpfl 1969, 33; Stuttgart VersR 1969, 720; Köln VersR 1969, 526 [Anspruch der Witwe]. Zur Berechnung im Einz BGH NJW 1986, 715; FamRZ 1974, 436). Auch eine Treueprämie, die der getötete Ehemann von seinem ArbGeb anlässlich seines 40-jährigen Dienstjubiläums erhalten hätte, ist zu berücksichtigen (BGH FamRZ 1970, 636). Den Ertrag ihrer eigenen Arbeit braucht sich eine Witwe nicht anrechnen zu lassen, die für ein kleines Kind zu sorgen hat und deshalb auch während der Ehe nicht zu einer Erwerbstätigkeit verpflichtet war (BGH FamRZ 1969, 204). Zur Berechnung des Schadensersatzanspruchs der Witwe: Bamberg FamRZ 1981, 448; Köln VersR 1969, 526. S hierzu im Einz § 844 Rn 6.

11 **III. Recht zur Erwerbstätigkeit, Abs II.** Gem Abs II S 1 ist jeder Ehegatte zur Erwerbstätigkeit berechtigt. Die Schranke, die der Gesetzgeber jedem Ehegatten bei der Wahl und Ausübung einer Erwerbstätigkeit setzt, erwächst aus den Belangen des anderen Ehegatten und der Familie, auf die gebotene Rücksicht zu nehmen ist, **Familienverträglichkeit** (s dazu *Giesen* JZ 1982, 822). Damit sollen die übermäßige Belastung eines Partners sowie eine Vernachlässigung der Familie, insb der Kinder, vermieden werden. Der Begriff der Familie ist dabei weit zu verstehen, umfasst also uU auch Personen, denen ggü eine sittliche Verpflichtung zur Pflege und Betreuung besteht (BT-Drs 7/4361, 26). Als Teil der gebotenen Rücksichtnahme sieht es der Gesetzgeber an, die Erwerbstätigkeit so einzurichten, dass Gemeinschaftsaufgaben sachgerecht erfüllt werden können.

12 Die **Durchsetzung des Gleichberechtigungsgrundsatzes** hat sich unter dem Aspekt der Erwerbstätigkeit vielfach zum Nachteil für die Frau ausgewirkt. Im gesellschaftlich-sozialen Bereich hat die Abkehr vom Leitbild der „Nur-Hausfrau", wie dieser Begriff es schon in sich birgt, zur Stellung der Frau als Hausfrau und Erwerbstätige geführt, was in vielen Fällen praktisch eine **Doppelbelastung** bedeutet. Diesen Auswirkungen des „geänderten Bewusstseins" setzt der Gesetzgeber aber keine rechtl Schranken oder Leitlinien, die Überbelastungen zu verhindern suchen.

13 Ist die Haushaltsführung einem Ehepartner allein überlassen, so schließt das für ihn zwar nicht die Aufnahme einer Erwerbstätigkeit aus. Zulässigkeit und Umfang einer zusätzl Erwerbstätigkeit des Haushaltführenden werden aber ua durch die obj häuslichen Gegebenheiten, Zahl und Alter der zu betreuenden Kinder oder Möglichkeiten des Partners zur Mithilfe bestimmt. Gem Abs II S 2 muss jeder Ehegatte bei der Wahl und Ausübung seines Berufes auf seinen Partner und die Belange der Familie die gebotene **Rücksicht** nehmen („Schranke der Familienverträglichkeit", MüKo/*Roth* Rn 14). Aus § 1360 kann sich uU eine Pflicht zur Aufnahme einer (zusätzl) Berufstätigkeit des haushaltführenden Partners ergeben (Stuttgart FamRZ 1961, 526). Zur Verpflichtung zur Erwerbstätigkeit vgl § 1360 Rn 5ff. Eine Berechtigung zur Erwerbstätigkeit der haushaltführenden Frau kann sich zB daraus ergeben, dass sie für den Unterhalt nicht gemeinschaftl Kinder oder bedürftiger Eltern zu sorgen hat (vgl auch BGH FamRZ 1980, 43; Köln FamRZ 1979, 328); ein wiederverheirateter Elternteil wird durch die Übernahme der Haushaltsführung in der neuen Ehe von seiner Unterhaltspflicht ggü minderjährigen unverheirateten Kindern aus einer früheren Ehe grds nicht entlastet (BGH FamRZ 2006, 1827; NJW 1996, 1815; FamRZ

1982, 25 und 590; 1981, 341; Frankfurt FamRZ 1979, 622; Bremen FamRZ 1979, 623; Hamm FamRZ 1980, 73). Der andere Ehegatte muss nach Abs II die durch diese „Unterhaltshypothek“ veranlasste Beeinträchtigung gemeinschaftl Ehelebens hinnehmen. Bei Nichtausübung der Erwerbstätigkeit in diesen Fällen ist der Unterhalt der Kinder aus erster Ehe von einem fiktiven Einkommen zu ermitteln, freilich unter Abzug des Selbstbehalts (vgl Hamm FamRZ 1980, 73, zu der Tendenz, den Selbstbehalt bei neuer Partnerschaft zu reduzieren, s *Heistermann* FamRZ 2006, 742). Das Recht des haushaltführenden Partners auf Berufstätigkeit ist auch unter Würdigung seines APR (Art 1 I iVm 2 I GG) zu beurteilen, zB wenn eine Frau schon vor der Ehe lange und mit Erfolg berufstätig war oder ihre Betätigung auch für die Öffentlichkeit von Bedeutung ist.

IV. Mitarbeit im Beruf oder Geschäft des anderen Ehegatten. 1. Verpflichtung zur Mitarbeit. Die früher (bis zum 1. EheRG, BT-Drs 7/650, 97) in § 1356 II aF normierte Verpflichtung eines jeden Ehegatten zur Mitarbeit im Beruf oder im Geschäft des anderen hat der Gesetzgeber nicht wiederaufgenommen, da diese aus der ehelichen Lebensgemeinschaft in ihrer besonderen Ausgestaltung im Einzelfall erwachse und damit ihre Grundlage in § 1353 finde, in den übrigen Fällen aber nicht mehr gerechtfertigt sei (BT-Drs 7/650, 98). Eine Pflicht besteht nur dann, wenn die eheliche Lebensgemeinschaft dies im Ausnahmefall forderte (Grü/*Siede* Rn 7). Abzustellen ist auf die konkreten Umstände der Ehe und die sich daraus ergebenden Pflichten im Rahmen von § 1353 und der gegenseitigen Unterhaltspflicht nach § 1360 (vgl *Henrich* FamR § 6 III 4). Als ungeklärt können insb die Fragen der Entgeltlichkeit und der Ehegattengesellschaft gelten. 14

Gegenwärtig besteht eine **gesetzl Mitarbeitspflicht** noch für Kinder, die dem Haushalt ihrer Eltern angehören und von ihnen erzogen werden, § 1619. Eine **Mitarbeitspflicht unter Ehegatten** besteht nur noch in **Notfällen** (vgl dazu BGH FamRZ 1980, 776), zB im **landwirtschaftlichen Betrieb**, in **Arztpraxen** oder **mittelständischen handwerklichen** und **kaufmännischen Unternehmen** des Partners, soweit bspw die Einstellung von externen Kräften finanziell nicht verkraftet würde oder Liquidationsschwierigkeiten bestehen (weitere Bsp mit Quellennachweis MüKo/*Roth* Rn 21), insb bei **Erkrankung** des Ehepartners, die ihm ein Tätigwerden für den Betrieb (vorübergehend) unmöglich macht und die Erwerbsgrundlage ohne Einspringen des anderen dauerhaft gefährdet wäre (LAG Mecklenburg-Vorpommern 17.6.2021 – 5 SA 83/21). Die Mitarbeit des Ehegatten erstreckt sich, soweit erforderlich, auf **gleichgeordnete** oder bei entspr Fähigkeiten **leitende Tätigkeiten** (zutr MüKo/*Roth* Rn 21). Sie beschränkt sich also nicht, wie es die Auslegung des § 1356 aF zuließ, auf eine helfende, untergeordnete, sog „nichttragende“ Tätigkeit (vgl BVerfG FamRZ 1962, 104). Soweit ein Ehegatte die **Haushaltsführung übernommen** hat, ist er im Allg, zumal wenn kleine Kinder vorhanden sind (vgl BGH FamRZ 1961, 212), nicht verpflichtet, sich ganz oder überwiegend der Mitarbeit im Geschäft des Partners zu widmen und seine häuslichen Aufgaben durch andere Kräfte wahrnehmen zu lassen. Der mithelfende Ehegatte ist idR als Verrichtungsgehilfe iSd § 831 anzusehen (RGZ 152, 227). 15

Ein **Recht zur Mitarbeit** im Geschäft des anderen steht einem Ehegatten grds nicht zu, vgl Staudinger/*Voppel* Rn 38. Es lässt sich aus Abs II S 1 nicht ableiten. Unter engen Voraussetzungen kann ein Ehegatte jedoch ehewidrig **iSd § 1353** handeln, wenn er ohne vernünftige Gründe eine Mitarbeit des anderen ablehnt und diesen hierdurch schwer kränkt oder herabsetzt. Es kann vor allem geboten sein, die Einstellung des arbeitslosen Ehegatten der eines fremden ArbN vorzuziehen (MüKo/*Roth* Rn 22; einschränkend *Gernhuber/Coester-Waltjen* § 20 III Rn 2). 16

2. Entgelt für Mitarbeit des Ehegatten. Ob und in welchem Umfang dem mitarbeitenden Ehegatten ein Entgeltanspruch zusteht, kann bis heute als ungeklärt gelten. Nach wie vor existiert hier keine gesetzl Regelung. Dies ist unproblematisch, soweit die Ehegatten hierüber eine vertragl Vereinbarung, zB Dienst- oder Gesellschaftsvertrag, getroffen haben. Meist fehlt es hieran aber (*Dethloff* § 4 Rn 34). Nach der hM besteht **keine Vergütungspflicht**, soweit der Ehepartner durch die Mitarbeit ausschließlich die eheliche Lebensgemeinschaft verwirklichen möchte (MüKo/*Roth* Rn 24). Darüber hinaus wird die Vergütungspflicht verneint, wenn die Mitarbeit **unterhaltsrechtl** geschuldet wird, es sich mithin um eine echte **„Unterhaltsarbeit“** handelt, die auch bei überobligatorischer Erfüllung nicht zurückgefordert werden kann, § 1360b (MüKo/*Roth* Rn 24 mwN); zur historischen Entwicklung s Erman/*Kroll-Ludwigs*[13] Rn 18. 17

Lässt sich die Mitarbeit weder dem einen noch dem anderen Bereich zuordnen, ist zu differenzieren: Soweit es sich um **unbedeutende Hilfstätigkeiten** handelt, ist eine Entgeltlichkeit zu verneinen, iÜ zu bejahen (Grü/*Siede* Rn 9). Abw Vereinbarungen zw den Parteien sind zu berücksichtigen (s Rn 18). Schwierig gestaltet sich das Auffinden der gesetzl **Anspruchsgrundlage** für den Entgeltanspruch. Weder das gesetzl Güterrecht noch das Unterhaltsrecht bieten einen angemessenen Ausgleich an. So sind Zuvielleistungen von Unterhalt, die der Familie zugutekommen, gem § 1360b nicht auszugleichen (*Dethloff* § 4 Rn 35). In der Literatur wird vereinzelt (*Gernhuber* FamRZ 1958, 243) vertreten, dass sich ein familienrechtl Ausgleichsanspruch aus § 1353 I 2 herleiten lässt, da aus dem Wesen der Ehe die Verpflichtung entsteht, den mitarbeitenden Partner am Ertrag erfolgsorientiert zu beteiligen. Dem ist zuzugeben, dass § 1353 nicht nur personenrechtl, sondern auch vermögensrechtl Auswirkungen hat. Da aber genügend konkretisierte Rechtsinstitute zur Rechtfertigung des Entgelts herausgearbeitet worden sind (s im Folgenden), wäre der Rückgriff auf die Generalklausel kein dogmatischer Gewinn; vgl hierzu auch Staudinger/*Voppel* Rn 66. 18

Einstweilen frei. 19

3. Arbeits- oder Dienstvertrag. a) Ausdrücklicher oder schlüssiger Abschluss eines Arbeits- oder Dienstvertrags. Die Wahl einer rechtsgeschäftlichen Rechtsgrundlage ist allen Eheleuten anzuraten. Die Ehegatten 20 können das eheliche Mitarbeitsverhältnis dem Familienrecht rechtl ohne Bedenken entziehen, um es dem **Schuld- oder dem Arbeitsrecht** zu unterstellen. Idealerweise einigen sich die Ehegatten ausdrückl über den Arbeitsvertrag. Der Vertragsschluss kann indessen auch **konkludent** erfolgen. Hier ist jedoch Vorsicht geboten, damit nicht im Wege der Willensfiktion den Ehegatten Erklärungen untergeschoben werden, die i Erg nicht auf die familienrechtl Verhältnisse passen (*Gernhuber* FamRZ 1979, 202, MüKo/*Roth* Rn 25 mwN). Ein Ehegattenarbeitsvertrag setzt beiderseits Rechtsbindungs- und Geschäftswillen voraus, die aus dem Empfängerhorizont erkennbar sind. Die schlüssige Willenseinigung muss sich darauf erstrecken, dass sowohl die Arbeit als auch das geschuldete Entgelt ihren Rechtsgrund im Dienstvertrag finden sollen. Fehlen ausdrückl Erklärungen, so ist aus den Umständen des Einzelfalles zu entnehmen, was die Parteien nach den herkömmlichen Rechtsgrundsätzen über die **Auslegung von Verträgen** gewollt haben. Allein aus der Tatsache, dass der mitarbeitende Ehegatte stark verschuldet ist, kann noch nicht geschlossen werden, er wolle – konkludent – einen Dienstvertrag abschließen, wenn er seine ganze Arbeitskraft dem Betrieb des anderen widmet. Vielmehr wird es in seinem Interesse liegen, lediglich an dem gesteigerten Lebensstandard des anderen Ehegatten teilzuhaben, der aus dem Betrieb gezogen werden kann (LAG Mannheim DB 1970, 836; zur zweckmäßigen Ausgestaltung solcher Verträge *de Hesselle* in Scholz/Kleffmann, Praxishdb FamR 2022, Teil S Rn 302ff).

21 **b) Auflösung eines Ehegattenarbeitsverhältnisses.** Im sensiblen Bereich der Auflösung eines Arbeitsvertrags können sich besondere Probleme ergeben. Rechtl gelten die allg arbeitsrechtl Grundsätze auch beim Ehegattenarbeitsvertrag. Die **einvernehmliche Auflösung** des Vertrags durch den Abschluss eines Aufhebungsvertrags ist jederzeit möglich. Für die **einseitige Beendigung** gelten die Regeln der **Kündigung;** insb der Kündigungsschutz und die **kündigungsschutzrechtl Sondervorschriften** finden zugunsten des arbeitenden Ehegatten Anwendung. Eine Ausnahme gilt gem § 5 II Nr 5 BetrVG, wonach der Ehegatte, der mit dem ArbGeb in häuslicher Gemeinschaft lebt, nicht als ArbN iSd Betriebsverfassung angesehen wird. Daraus folgen Konsequenzen, bspw § 102 BetrVG. Probleme können sich bei der **Sozialauswahl** einer betriebsbedingten Kündigung ergeben, wenn sich die Sozialdaten des Ehepartners mit den Daten anderer für die Kündigung zur Auswahl stehenden ArbN decken.

22 Bei einem Scheitern der Ehe besteht das Arbeitsverhältnis grds weiter fort. Der ArbGeb -Ehepartner muss eine Kündigung aussprechen, um auch beruflich die Wege zu trennen (BAG NZA 1996, 249). Unterfällt das Arbeitsverhältnis dem Kündigungsschutzgesetz, so muss diese Kündigung sozial gerechtfertigt sein, § 1 I KSchG. Eine verhaltensbedingte Kündigung kann insb in Betracht kommen, wenn die ehelichen Auseinandersetzungen auch das arbeitsrechtl Vertrauensverhältnis stören und eine friedliche Zusammenarbeit nicht mehr möglich erscheint. Freilich müssen die Störungen zumindest auch vom ArbN-Ehegatten ausgehen. Die Zerrüttung des Vertrauensverhältnisses muss sich konkret auf das Arbeitsverhältnis auswirken und darf nicht nur pauschal behauptet sein, um als kündigungsrelevanter Grund zu bestehen (BAG NZA 1996, 249). Soweit das Arbeitsverhältnis durch das außerdienstliche Verhalten des ArbN-Ehegatten konkret **berührt wird**, kann eine verhaltensbedingte Kündigung in Betracht kommen (ArbG EzA § 1 KSchG Verhaltensbedingte Kündigung Nr 17 mwN). Eine **fristlose Kündigung** gem § 626 ist auch unter Ehegatten nur möglich, wenn Gründe vorliegen, die eine Zusammenarbeit bis zum Ablauf der Kündigungsfrist unzumutbar erscheinen lassen (bspw Handgreiflichkeiten oder derbe Beleidigungen vor anderen ArbN, Diebstahl etc).

23 **c) Sozialversicherungsrecht.** Die Grenze zw einem abhängigen Beschäftigungsverhältnis mit Entgeltzahlung und einer nicht versicherungspflichtigen Beschäftigung lässt sich nur schwer ziehen. Hierbei sind insb die Eingliederung des Ehegatten in den Betrieb, die vertragl Regelung über die Höhe der Geld- und Sachbezüge und ihr Verhältnis zu Umfang und Art der verrichteten Tätigkeit sowie zu der Bezahlung vergleichbarer fremder Arbeitskräfte und die steuerliche Behandlung wesentlich. Werden dem Ehegatten neben Kost, Wohnung und Kleidung nur geringfügige Barbeträge gewährt, wird allerdings idR kein entgeltliches Beschäftigungsverhältnis vorliegen (BGH NJW 1994, 341 mwN). Ein gewichtiges Indiz gegen die Annahme eines beitragspflichtigen Arbeitsverhältnisses ist auch die Nichtauszahlung des vereinbarten Arbeitsentgelts. Liegt indessen eine versicherungspflichtige Beschäftigung vor, gelten für Ehegattenarbeitsverhältnisse **keine Sondervorschriften.** Der Ausschluss der bei ihren Ehegatten beschäftigten ArbN von der **Rentenversicherung** der Angestellten verstößt gegen Art 3 I iVm Art 6 GG (BVerfG BB 1965, 43 m Anm *Gumpert*). Zum **Unfallversicherungsschutz** einer Ehefrau, die ihren Mann auf Fahrten in Ausübung seiner unternehmerischen Tätigkeit begleitet, nach § 2 I Nr 5 lit a, §§ 6, 7 SGB VII vgl BSG FamRZ 1977, 709; kein Schutz bei „Gefälligkeitsfahrten" im Rahmen der ehelichen Lebensgemeinschaft (BSG FamRZ 1974, 183).

24 **d)** Zur Berücksichtigung von Arbeitsverträgen zw Ehegatten im **Steuerrecht** vgl BVerfG FamRZ 1963, 414; Überblick: *de Hesselle* in Scholz/Kleffmann, Praxishdb FamR 2022, Teil S Rn 302ff. Die Versagung der steuerlichen Anerkennung eines Ehegattenarbeitsverhältnisses allein deshalb, weil das Gehalt auf das Konto des ArbG-Ehegatten überwiesen wurde, auf das der ArbN-Ehegatte indessen Zugriff hat, beinhaltet eine Verletzung von Art 3 I GG (BVerfG FamRZ 1996, 599; s *Genthe* FuR 1992, 207 und 346). Steuerrechtl sind solche Arbeitsverhältnisse dann anzuerkennen, wenn sie auch mit außenstehenden Dritten in dieser Form vereinbart worden wären (BFH NJW 1989, 319 und 2150; verneint bei Unüblichkeit: BFH NJW 1997, 1872). Entscheidend ist, ob die Vergütung tatsächlich dem Ehegatten zugeflossen ist (BFH BB 1968, 1029), auch wenn sie unüblich niedrig ist (BFH NJW 1984, 1487).

25 **e) Zwangsvollstreckung.** Die Frage der Entgeltlichkeit spielt auch für Gläubiger eine Rolle. Sie können in Entgeltansprüche eines Ehegatten gegen den anderen im Rahmen der **§§ 850ff ZPO** vollstrecken. Von besonderer

Bedeutung ist hier § 850h ZPO. Nach Abs II dieser Vorschrift gilt bei regelmäßiger Mitarbeit des Schuldners bei einem Dritten ggü seinen Gläubigern eine angemessene Vergütung als geschuldet, auch wenn tatsächlich keine oder nur eine geringere gezahlt wird.

4. Gesellschaftsvertrag. a) Ausdrücklicher oder schlüssiger Abschluss. Dem gemeinschaftl Zusammenwirken der Ehegatten in Beruf und Erwerbsgeschäft kann auch die Annahme einer **Innengesellschaft** entsprechen, bei der der eine Ehegatte nach außen hin allein Geschäftsinhaber bleibt, während der andere am Gewinn beteiligt wird (zur Lebenspartnerschaft: *Rieger* FamRZ 2001, 1497). Der Abschluss eines Gesellschaftsvertrags kann sich insb bei gleichwertigen Dienstleistungen der Ehegatten, zB im Rahmen eines Hotelbetriebs, anbieten (MüKo/*Roth* Rn 26). Der ausdrückl **Abschluss** eines Gesellschaftsvertrags bereitet weniger Probleme, da die Partner sich idR der Rechtsanforderungen bewusst sind. Eine GbR kann auch für den Erhalt und den Erwerb eines Familienheims begründet werden (BGH NJW 1982, 170). Problematischer ist der **konkludente Abschluss** eines Gesellschaftsvertrags (idR in der Form einer Innengesellschaft, dazu ausf § 705 Rn 47, 89ff) sein. Er kommt nur Betracht, soweit keine ausdrückl andere vertragl Regelung ihm entgegensteht (BGH NJW 1995, 3383) oder ganz bewusst nur das Vermögen des einen Partners gefördert werden soll (BGH NJW 1999, 2962, 2964: hier Abgrenzung zur unbenannten Zuwendung). 26

Die **Rspr** setzt für die Annahme einer Innengesellschaft der Ehegatten voraus, dass **ein gemeinschaftl Gesellschaftszweck** festgestellt werden kann, der **über die Verwirklichung der ehelichen Lebensgemeinschaft hinausgeht**, indem sie etwa durch Einsatz von Vermögenswerten und Arbeitsleistungen gemeinsam ein Vermögen aufbauen oder berufliche oder gewerbliche Tätigkeiten ausüben (BGH NJW 1999, 2962; 1995, 3383; FamRZ 1975, 35). Hintergrund ist gerade die Rücksichtnahmepflicht der Ehegatten bei der Wahl und Ausübung einer Erwerbstätigkeit sowie die aus § 1356 folgende Pflicht, durch ihre Arbeit und mit ihrem Vermögen die Familie angemessen zu unterhalten (BGH NJW 2008, 3277). Dementspr erhält ein mitarbeitender Ehegatte bei Scheidung einer im gesetzl Güterstand geführten Ehe grds bereits durch den Zugewinnausgleich einen angemessenen Ausgleich (BGH NJW 2008, 3277). Die gleichgeordnete Stellung im Betrieb spielt dagegen keine entscheidende Rolle mehr (BGH FamRZ 2003, 1454). Nach BGH FamRZ 1990, 973 (vgl auch BGH FamRZ 1990, 1220 mwN) steht der Annahme einer Innengesellschaft unter Eheleuten nicht entgegen, dass ihnen die Erträge einer gemeinsamen gleichberechtigten Tätigkeit (Unternehmensaufbau, sonstige berufliche gewerbliche Tätigkeit) neben der Bildung von Vermögen als Lebensunterhalt dienen, da ein über den typischen Rahmen der ehelichen Lebensgemeinschaft hinausgehender Zweck verfolgt wird. Anerkannt wurde auch, dass sich Eheleute zum Zweck des **Erwerbs und Haltens eines Familienheims** in der Rechtsform einer GbR zusammenschließen (BGH NJW 1982, 170). Der gesellschaftsrechtl Ausgleichsanspruch kommt bei Annahme einer Ehegatteninnengesellschaft auch nicht erst dann in Betracht, wenn der Zugewinnausgleich nicht zu einem angemessenen Ergebnis führt. Er besteht selbständig neben dem Zugewinnausgleichsanspruch (BGH FamRZ 2003, 1454; 2006, 607 m Anm *Hoppenz*). 27

Die **Ehegatteninnengesellschaft** hat ihre wichtigste Aufgabe im Güterstand der **Gütertrennung**. Allerdings ist hier der Wille der Ehegatten, die sich bewusst gegen einen Vermögensausgleich entschieden haben, zu berücksichtigen (*Wever* Vermögensauseinandersetzung Rn 1138). Beim gesetzl Güterstand der **Zugewinngemeinschaft** ist zu beachten, dass der Ehegatte bereits durch den Zugewinnausgleich an den Früchten seiner Mitarbeit beteiligt ist (BGH NJW 1986, 1870); das Bedürfnis zur Annahme einer Innengesellschaft ist deshalb geringer. Dh jedoch nicht, dass in der Zugewinngemeinschaft ein Ausgleichsanspruch für Mitarbeit bereits während bestehender Ehe ausgeschlossen ist, da beide Ansprüche eine unterschiedliche Ausgleichsfunktion verfolgen (dazu *Henrich* FamRZ 1975, 533, 535). 28

b) Beendigung des Gesellschaftsvertrags. Beendigt wird die Innengesellschaft nicht durch Scheidung, sondern nach den Grundsätzen des Gesellschaftsrechts, also nach §§ 730ff (*Dethloff* § 5 Rn 221). Wird die Ehegatteninnengesellschaft aufgelöst, ist der Ausscheidende in Geld abzufinden (BGH FamRZ 1960, 104). Zu schuldrechtl Auseinandersetzungsansprüchen (sowie auch zum Vorliegen einer Ehegatteninnengesellschaft) im Hinblick auf das Herausgabeverlangen eines Grundstücks, auf dem ein Betrieb als KG geführt wurde, dessen einziger persönlich haftender Gesellschafter der andere Partner ist (vgl BGH FamRZ 1990, 1219). 29

5. Ausgleichsansprüche aus Bereicherungsrecht. Kann eine (uU konkludente) Einigung über einen Arbeits- bzw Gesellschaftsvertrag nicht festgestellt werden, ist von der Rspr teilw ein **bereicherungsrechtl Ausgleich** angenommen worden. So bejahte das RG einen Anspruch aus § 812 I 2, wenn durch die Mitarbeit des Ehegatten die Aufwendungen für eine fremde Arbeitskraft erspart wurden (RGZ 158, 380; HRR 1939 Nr 1221). Der BGH sah einen Bereicherungsanspruch aus der „Zweckverfehlung" iSd § 812 I 2 Fall 2 immerhin dann als gegeben an, wenn dem mitarbeitenden Gatten ohne Übernahme einer besonderen Rechtsverbindlichkeit eine Gegenleistung zugesagt worden ist (so BGH FamRZ 1967, 214, 215 für den Fall einer versprochenen testamentarischen Zuwendung; weitergehend *Fenn* FamRZ 1968, 296). Überzeugen kann ein derartiger Ansatz freilich nicht (vgl auch MüKo/*Roth* Rn 24; *Lieb* Die Ehegattenmitarbeit, 116ff; *Rauscher* FamR Rn 488): Soweit der Ehegatte freiwillig mitgearbeitet hat, hat er seine Arbeitsleistung **ohne Rechtsgrund** erbracht, die eheliche Lebensgemeinschaft war nicht die causa iS eines bereicherungsrechtl Anspruchs. Gegen die Annahme eines Anspruchs wegen Zweckverfehlung (condictio ob causam finitam) spricht der Umstand, dass der mit der Mitarbeit verfolgte Zweck regelmäßig erreicht wird; die Ehe selbst kann dagegen nicht als Rechtsgrund angesehen werden (MüKo/*Roth* Rn 24). 30

31 **6. Störung der Geschäftsgrundlage.** Einen flexibleren Maßstab sieht der BGH nunmehr zutr in der Rückabwicklung solcher „**familienrechtl Verträge besonderer Art**" nach den Grundsätzen über die **Störung der Geschäftsgrundlage** (§ 313, BGHZ 84, 361 für den Fall, dass bei Gütertrennung ein Ehegatte den Erwerb eines Hausgrundstücks durch den anderen mitfinanziert und beim Ausbau des Familienheims erhebliche Arbeitsleistungen erbracht hatte; BGH NJW 1974, 1554; JR 1972, 244 m Anm *Kühne*; vgl auch Düsseldorf FamRZ 1976, 344; BGH FamRZ 1976, 334, zust *Henrich* FamRZ 1975, 533, 537f; Koblenz FamRZ 2006, 412; Celle FamRZ 2006, 206). Dies gilt insb in Fällen, in denen eine Ehegatteninnengesellschaft nicht in Betracht kommt; ihr Zustandekommen ist daher immer als erstes zu prüfen (vgl BGH NJW 1999, 2962). Entscheidend sind damit die Zielvorstellungen, die die Ehegatten mit der Vermögensbildung verfolgen: Verfolgen sie mit ihrer Tätigkeit einen über die bloße Verwirklichung der ehelichen Lebensgemeinschaft hinausgehenden Zweck und liegt ihrem Tun die Vorstellung zugrunde, dass das gemeinsam geschaffene Vermögen wirtschaftl betrachtet nicht nur dem formal berechtigten, sondern auch dem anderen Ehegatten zustehen soll, ist ein (stillschw) Gesellschaftsvertrag zu bejahen (s Rn 26f; BGH NJW 1999, 2962). Ist dies nicht der Fall, kommt als Geschäftsgrundlage der **Bestand der Ehe** Betracht (BGH NJW 1999, 2962). Auf diese Weise verhilft die Rspr auch bei der Mitarbeit im Geschäft oder Betrieb des anderen zu einem Ausgleichsanspruch, da wegen der Scheidung die Geschäftsgrundlage eines stillschw familienrechtl Vertrags weggefallen sei (BGHZ 127, 48). Die Höhe des Anspruchs bemisst sich nach dem Umfang der Leistungen, der eingesparten Kosten etc.

32 Ein Ausgleich nach diesen Grundsätzen kommt **nicht in Betracht**, wenn die Zuwendungen den Betrag nicht übersteigen, den der Empfänger ohne sie als Zugewinnausgleich geltend machen könnte (BGHZ 65, 320; BGH FamRZ 1977, 458). Der Zugewinnausgleich soll im gesetzl Güterstand abschließenden Charakter haben, der Wegfall der Geschäftsgrundlage kann nur in Härtefällen – wie sie insb im Güterstand der Gütertrennung denkbar sind – korrigierend eingreifen (MüKo/*Roth* Rn 27 mwN).

33 **V. Haftungsrechtliche Fragen. 1. Haftung der Ehegatten untereinander.** Ehegatten haften einander nach Maßgabe des § 1359, soweit der eine im Geschäft oder Betrieb des anderen aufgrund **familien- oder unterhaltsrechtl Verpflichtung** mitarbeitet. Sie haben danach nur für diejenige Sorgfalt einzustehen, die sie auch in eigenen Angelegenheiten anzuwenden pflegen. Besteht ein **Arbeitsvertrag** zw den Parteien, gelten die Haftungsbestimmungen des Arbeitsrechts, § 1359 gilt nicht. Die **Haftung ggü Dritten** unterliegt den allg Regeln, dh ein Ehegatte kann im Rahmen der ehelichen Mitarbeit Erfüllungsgehilfe (§ 278) bzw uU auch Verrichtungsgehilfe (§ 831) des anderen sein (*Dethloff* § 4 Rn 36). Soweit das Arbeitsrecht gilt, steht dem mitarbeitenden Ehegatten uU ein arbeitsrechtl Freistellungsanspruch ggü dem ArbGeb-Ehegatten zu.

34 **2. Deliktsrechtliche Konsequenzen.** Wird der **mitarbeitende Ehepartner verletzt**, so steht allein ihm ggü dem Schädiger ein deliktsrechtl Anspruch zu (BGH FamRZ 1993, 411). Die Höhe des Anspruchs bemisst sich gem §§ 842, 843 nach der tatsächlich erbrachten Arbeitsleistung und nicht nach der gesetzl geschuldeten Mitarbeitspflicht (BGH NJW 1974, 1651).

35 Wird der mitarbeitende Ehepartner getötet, so ist zu unterscheiden, ob er **freiwillig** oder aufgrund einer **unterhalts- oder familienrechtl** Verpflichtung mitgearbeitet hat. Ersatzansprüche nach § 844 II entstehen nur, wenn die Tätigkeit des getöteten Ehegatten **Erfüllung seiner Unterhaltspflicht** war. Sie sind deshalb ausgeschlossen, soweit die Mitarbeit aufgrund eines Gesellschaftsvertrags (BGH VersR 1923, 178) oder eines Arbeitsverhältnisses mit dem anderen Ehegatten erbracht wurde (*Lüke* AcP 178, 1; *Holzhauer* JZ 1977, 729f; *Diederichsen* NJW 1977, 217). Zur Konkurrenz der Ansprüche mehrerer Familienmitglieder (§§ 842–845) vgl *Wussow* FamRZ 1967, 189. Der BGH erkennt einen neben § 844 II bestehenden Schadensersatzanspruch aus § 845 im Falle der Tötung des Ehegatten **nicht** an (BGHZ 77, 157).

36 Der **Umfang des Schadensersatzanspruchs** richtet sich nach der Unterhaltsleistung, die der Getötete erbringen musste, wobei auf das gesetzl geschuldete Maß abgestellt wird und nicht auf den tatsächlich erbrachten Umfang (Grü/*Sprau* § 844 Rn 8ff). Zum Ersatz des Haushaltsführungsschadens s § 843 Rn 5.

§ 1357 Geschäfte zur Deckung des Lebensbedarfs

(1) Jeder Ehegatte ist berechtigt, Geschäfte zur angemessenen Deckung des Lebensbedarfs der Familie mit Wirkung auch für den anderen Ehegatten zu besorgen. Durch solche Geschäfte werden beide Ehegatten berechtigt und verpflichtet, es sei denn, dass sich aus den Umständen etwas anderes ergibt.

(2) Ein Ehegatte kann die Berechtigung des anderen Ehegatten, Geschäfte mit Wirkung für ihn zu besorgen, beschränken oder ausschließen; besteht für die Beschränkung oder Ausschließung kein ausreichender Grund, so hat das Familiengericht sie auf Antrag aufzuheben. Dritten gegenüber wirkt die Beschränkung oder Ausschließung nur nach Maßgabe des § 1412.

(3) Absatz 1 gilt nicht, wenn die Ehegatten getrennt leben.

Schrifttum: *Berger*, Gestaltungsrechte und Prozessführung bei Schlüsselgewaltgeschäften, FamRZ 2005, 1129; *Brox*, „Schlüsselgewalt" und „Haustürgeschäft", FS Paul Mikat 1989, 841; *Brudermüller*, Schlüsselgewalt und Telefonsex, NJW 2004, 2265; *Harke*, Schlüsselgewalt als Versionshaftung, FamRZ 2006, 88; *Huber*, Die „Schlüsselgewalt" (§ 1357 BGB), Jura 2003, 145; *Kaiser*, (Original-)Referendarexamensklausur – Zivilrecht: Mitberechtigung von Ehegatten, JuS 2013, 146; *Krumm*, Kraftfahrzeuge in der Ehe, NZV 2020, 450; *Lange*, Mithaftung des Ehegatten für Strom- und Gasrechnungen – kritische Fragen an § 1357 BGB, FamRZ 2016, 354; *Luther*, Vom Ende der Schlüsselgewalt, FamRZ 2016, 271; *Medicus*, Gedanken zur Schlüsselgewalt, FS

Schwab 2005, 359; *Pabst*, Aufhebung von Beschränkungen der Schlüsselgewalt, FPR 2011, 89; *Ruch*, Die Auswirkungen der Ehegattenhaftung nach § 1357 BGB auf das Insolvenzverfahren, ZVI 2011, 164; *Struck*, Partnerschaftliche Solidarität durch Privatautonomie statt durch Schlüsselgewalt!, FF 2004, 107; *Zintl/Singbartl*, Tempora mutantur – § 1357 BGB ein Relikt aus vergangenen Tagen?, NJOZ 2015, 321.

I. Grundzüge des 1. EheRG und Entwicklungsgeschichte. Mit der **Abschaffung des gesetzl Leitbilds** der Hausfrauenehe und der Statuierung einer einverständlichen Funktionsteilung durch das 1. EheRG v 14.7.1976 (BGBl I 1976, 1421) wurde die sog „Schlüsselgewalt" der Ehefrau abgeschafft. Danach hatten von der Ehefrau innerhalb ihres häuslichen Wirkungskreises vorgenommene Rechtsgeschäfte allein den Ehemann verpflichtet (und berechtigt). Aufgrund des damit verbundenen Verstoßes gegen den Gleichheitsgrundsatz (Art 3 I, II GG) wurde die Mitberechtigung und -verpflichtung durch das 1. EheRG auf beide Ehegatten erstreckt und von der eheinternen Funktionsteilung und der daraus resultierenden Haushaltsführung unabhängig ausgestaltet. Zudem wurde der „häusliche Wirkungskreis" durch den angemessenen Lebensbedarf der Familie ersetzt und eine gesamtschuldnerische Haftung der Ehegatten anstelle der bloßen Ausfallhaftung für die Ehefrau sowie eine geschlechtsneutrale Fassung der Vorschrift eingeführt (MüKo/*Roth* Rn 5). Aus den im Rahmen des § 1357 geschlossenen Rechtsgeschäften werden nunmehr **beide Ehegatten berechtigt und verpflichtet**. Die Geschäfte müssen zur **angemessenen Deckung des Lebensbedarfs** geschlossen werden. Der Gesetzgeber wollte auch nach 1976 nicht auf eine entspr Regelung verzichten, da insb bei der vollständigen Überlassung der Haushaltsführung an einen Partner die Rechtsmacht, den anderen Ehegatten auch verpflichten zu können, von entscheidender Bedeutung für eine effektive Verwirklichung der Funktionsteilung ist (BT-Drs 7/650, 98). Denn der haushaltführende Ehegatte verfügt idR über kein Einkommen, muss jedoch, damit er dem Pflichtenkreis seines Funktionsbereichs gerecht wird, auch über die Bargeschäfte des täglichen Lebens hinaus Geschäfte zur Deckung des angemessenen Lebensbedarfs der Familie selbständig führen können, um dadurch zugleich seine Unterhaltspflicht (§ 1360) zu erfüllen. Der sich auf das Mittelalter zurückführende Begriff der **„Schlüsselgewalt"** (verheiratete Frauen trugen einen Schlüsselbund als sichtbares Zeichen ihres Rechts) ist angesichts der darin angelegten Ungleichbehandlung der Ehefrau als bildhafte Umschreibung der gesetzl Vertretungsmacht des haushaltführenden Ehegatten heute **nicht** mehr zu verwenden (krit *Bosch* FamRZ 1971, 61; *Hobelmann* FamRZ 1971, 499f). 1

Im Vordergrund der Regelung steht die **Stärkung der Handlungsfähigkeit** des nicht erwerbstätigen Ehegatten bei der Vornahme bestimmter Geschäfte (krit *Dethloff* § 4 Rn 59; MüKo/*Roth* Rn 6; *Zintl/Singbartl* NJOZ 2015, 321; BT-Drs 7/650, 98f). Da dem Gläubiger im Rahmen des § 1357 kraft Gesetzes stets zwei Schuldner ggü stehen, dient die Vorschrift mittelbar dem **Gläubigerschutz**, dh der Stärkung des Rechtsverkehrs (MüKo/*Roth* Rn 6). Diese Doppelsicherung kann mit der gläubigergefährdenden Funktionsteilung zw dem einkommenslosen haushaltführenden Partner und seinem verdienenden Ehegatten in dieser Allgemeinheit heute aber **nicht mehr gerechtfertigt** werden, da § 1357 zw den verschiedenen Arten der Eheführung (Haushaltsführungs-, Doppelverdiener-, Zuverdienerehe) nicht unterscheidet. Dies gilt insb im Hinblick auf die stetig zunehmende Zahl an Doppel- und Zuverdienerehen, für welche § 1357 letztlich zu einer „Übersicherung" des Gläubigers führt (vgl zur Kritik *Zintl/Singbartl* NJOZ 2015, 321; *Bosch* FamRZ 1977, 569, 572; *Büdenbender* FamRZ 1976, 662, 664; *Gernhuber/Coester-Waltjen* § 19 IV Rn 36f; *Dethloff* § 4 Rn 59; MüKo/*Roth* Rn 6). Auch der Gedanke einer Versionshaftung aufgrund einer ehelichen „Wirtschaftsgemeinschaft" (*Harke* FamRZ 2006, 88) kann nicht überzeugen. Denn eine solche Gemeinschaftshaftung lässt sich dogmatisch weder mit den Figuren des Gesellschafts- noch des Vertretungsrechts rechtfertigen (MüKo/*Roth* Rn 7). 2

Das BVerfG hat einen **Verstoß** der Regelung **gegen Art 2 I, Art 3 und Art 6 GG verneint** (NJW 1990, 175; krit dazu *Zintl/Singbartl* NJOZ 2015, 321, 324). Nach seiner Ansicht gestaltet die Norm primär das Leitbild der ehelichen Wirtschaftsgemeinschaft aus. Es entspreche den unterhaltsrechtl Folgen einer Ehe, dass der Gesetzgeber die Möglichkeit eröffnet, außerhalb von Bargeschäften Verträge zur Deckung des Lebensbedarfs der Familie zu schließen, die beide Ehepartner verpflichten. Die Vorschrift sei verfassungskonform, da sich aus § 1357 nicht nur eine Verpflichtung, sondern auch eine Berechtigung für den nicht vertragschließenden Ehegatten ergebe. Der erzielte Gläubigerschutz sei kein vorrangiger Zweck der Norm, sondern vielmehr ein Reflex. Der BGH hat inzwischen bestätigt, dass der Gläubigerschutz nicht Zweck, sondern nur die Folge der eheausgestaltenden Regelung sei (NJW 2004, 1593, 1595; dazu *Brudermüller* NJW 2004, 2265f). 3

II. Rechtsnatur. 1. Verpflichtungsermächtigung. Es handelt sich um eine gesetzl angeordnete **Mitberechtigung und Verpflichtungsermächtigung** (*Schwab* Rn 150; *Medicus* FS Schwab, 361; *Diederichsen* NJW 1977, 217, 221). Sie entfaltet keine dingliche Wirkung; vielmehr gelten für den Eigentumserwerb die allg sachenrechtl Regelungen. Dabei wird häufig Leistung für den es angeht, vorliegen (im Einz *Dethloff* § 4 Rn 69). Im Unterschied zur Vertretungsmacht gem §§ 164ff fehlt es an der Offenkundigkeit, zudem entsteht eine Doppelverpflichtung; ein Handeln in fremdem Namen ist nicht erforderlich (MüKo/*Roth* Rn 10). Im **Innenverhältnis** wird die Berechtigungs- und Verpflichtungsmacht der Ehegatten durch die Regelung der ehelichen Lebensgemeinschaft in §§ 1353ff bestimmt. Hieraus folgt die Pflicht jedes Ehegatten, ebenso wie bei der internen Haushaltsführung auch bei Abschluss von Geschäften mit Dritten die Wünsche des Partners angemessen zu berücksichtigen, auf die Vermögensverhältnisse in der Ehe zu achten, den anderen über die getätigten Geschäfte zu unterrichten und ihm Rechnung zu legen, soweit die Umstände das als geboten erscheinen lassen (Grü/*Siede* Rn 23). Die Befugnis zur Vornahme eines Geschäfts für den Lebensbedarf der Familie richtet sich nach der von den Ehegatten getroffenen Funktionsteilung iSd § 1356. Differenzen zw dem tatsächlichen Dürfen (Innenverhältnis) und dem rechtl 4

Können (Außenverhältnis) sind nicht möglich, da das Dürfen das Können bestimmt (*Gernhuber/Coester-Waltjen* § 19 IV Rn 45).

5 **2. Verhältnis zu Dritten.** Im **Außenverhältnis** werden durch Geschäfte im Rahmen des § 1357 beide Ehegatten mitberechtigt und -verpflichtet (Abs I S 2), unabhängig davon, wer von beiden das Rechtsgeschäft vornimmt (Grü/*Siede* Rn 19). Der vermögende Ehegatte kann durch Auftreten im Namen des vermögenslosen Partners seiner eigenen Mitverpflichtung nicht entgehen, es sei denn, der Ausschluss der Wirkungen des Abs I wird eindeutig offengelegt (BGH FamRZ 1985, 576). Regelmäßig wird der Ehegatte im eigenen Namen handeln. Wurde bei Abschluss des Rechtsgeschäfts nicht erkennbar, ob er im eigenen oder im fremden Namen handelte, ist das, anders als bei § 164, für § 1357 ohne Bedeutung (zur Bevollmächtigung Rn 6).

6 **3. Bevollmächtigung.** Es bleibt den Ehegatten unbenommen, einander auch im Bereich der Rechtsgeschäfte des § 1357 Vollmacht gem §§ 167f zu erteilen und im Namen des Partners aufzutreten. Durch die ausdrückl Bevollmächtigung werden die Wirkungen des § 1357 überlagert. Nur der Vertretene wird durch das Geschäft berechtigt und verpflichtet; das gilt auch, soweit die Vertretungsmacht überschritten wird, hier sind dann die §§ 177ff anzuwenden (*Gernhuber/Coester-Waltjen*, § 19 IV Rn 45).

7 **III. Persönliche Voraussetzungen.** Die Rechtsmacht aus § 1357 steht **beiden Ehegatten** gleichermaßen zu. § 1357 gilt für eingetragene **Lebenspartner** entspr, § 8 II LPartG. **Nicht anwendbar ist die Vorschrift** dagegen für **Verlobte**, auch wenn diese Hausrat für den künftigen Hausstand anschaffen; ebenso nicht für eine **Verwandte**, die den Haushalt führt, oder auf in **eheähnl Gemeinschaft** zusammenlebende Personen (Hamm FamRZ 1989, 616).

8 Der vertragschließende Ehegatte darf nicht **geschäftsunfähig** sein. Ist er nur beschränkt geschäftsfähig, so verpflichtet er über § 165 (analog) den geschäftsfähigen Ehepartner. Aus Gründen des Minderjährigenschutzes wird er selbst nur verpflichtet, wenn die Zustimmung seines gesetzl Vertreters vorliegt (§ 107; (so *Dethloff* § 4 Rn 66; MüKo/*Roth* Rn 15).

9 **IV. Sachliche Voraussetzungen. 1. Häusliche Gemeinschaft.** Der Gesetzgeber geht davon aus, dass nur die **enge Lebensgemeinschaft** der Ehegatten die gegenseitige Vertretung und Verpflichtung rechtfertigt (BT-Drs 7/650, 99). Ein selbständiger Haushalt ist dagegen nicht erforderlich. Das gemeinschaftl Leben im Hotel oder bei den Schwiegereltern reicht aus. Auseinandersetzungen und Reibungen wären aber unvermeidlich, wenn die Rechtsmacht des Abs I in der Zeit des Getrenntlebens nicht ruhen würde. Deshalb gilt nach **Abs III** die Mitberechtigung und -verpflichtung nicht, wenn die Eheleute getrennt leben, also die häusliche Gemeinschaft willentlich aufgegeben oder das gemeinsame Hauswesen aufgelöst wurde. Wird Abs III vom Gericht außer Acht gelassen, kann eine Mitverpflichtung nicht auf Abs I gestützt werden (BVerfG NZFam 2016, 138 m Anm *Preisner*). Trotz gemeinsamer Wohnung kann die häusliche Gemeinschaft aufgehoben sein (§ 1567), wenn zB die Eheleute in getrennten Zimmern wohnen und zw ihnen keinerlei eheliche Gemeinschaft besteht; die gemeinsame Benutzung einzelner Räume muss nicht entgegenstehen. Vgl iÜ hierzu BGH NJW 1978, 1810; Karlsruhe NJW 1978, 1534. Ist dagegen die **Trennung** nur **vorübergehend** erfolgt, zB aufgrund einer Reise, bleibt ein gemeinschaftl Hauswesen erhalten. Entscheidend ist stets der Wille zur Fortführung der häuslichen Gemeinschaft (BGHZ 4, 279; Braunschweig OLG 43, 351; Hamm FamRZ 1975, 346). Umgekehrt **ruht** die gegenseitige Mitberechtigung und -verpflichtung, wenn die Ehegatten die häusliche Gemeinschaft willentlich aufgeben und dies nach außen kundtun (LG Oldenburg FamRZ 2006, 702; BayObLG FamRZ 1959, 504), vgl auch *Gernhuber/Coester-Waltjen* § 19 IV Rn 69 (unter Hinw auf den Normzweck). Um Wiederaufleben vorzubeugen, ist eine Beschränkung bzw Entziehung der Befugnisse des anderen und deren **Eintragung in das Güterrechtsregister** nach Abs II möglich (Grü/*Siede* Rn 9). Ebenso kann ein getrenntlebender Ehegatte gegen eine grundlose Entziehung nach Abs II das FamG anrufen (MüKo/*Roth* Rn 47). Nur bei Eintragung kann eine Beschränkung/Entziehung Dritten entgegengehalten werden; andernfalls ist gutgläubiger Erwerb möglich (*Dethloff* § 4 Rn 72). Abs III betrifft nur die Wirkungen des Abs I, dh die Mithaftung des nicht vertragschließenden Ehegatten bei Abschluss eines neuen Bedarfsdeckungsgeschäfts in der Trennungszeit (BGH FamFR 2013, 357 m Anm *Bastian-Holler*); eine analoge Anwendung auf Dauerschuldverhältnisse muss bereits mangels Regelungslücke ausscheiden (BGH FamFR 2013, 357 m Anm *Bastian-Holler*).

9a Die Entscheidung des AG Pankow/Weißensee 27.1.2014 – 4 C 262/13, wonach die **gesamtschuldnerische Haftung** von Ehegatten bei einem Arzt- und Behandlungsvertrag – unter Außer-Acht-Lassen von Abs III – auf Abs I gestützt werden könne, da die Kindesgesundheit stets zum Lebensbedarf der Familie gehöre, ist nicht nur vereinzelt geblieben (vgl *Preisner* NZFam 2016, 138). Nach Ansicht des BVerfG (NZFam 2016, 138 m Anm *Preisner*) verletzt der Richterspruch den mithaftenden Ehegatten auch in seinen Grundrechten aus Art 3 I GG und Art 103 I GG. Denn die Ansicht des AG, den Umfang der Mitverpflichtung – trotz Trennung – auf § 1357 I zu stützen, sei „unter keinem denkbaren rechtl Aspekt vertretbar" (BVerfG NZFam 2016, 138).

10 **2. Die betroffenen Geschäfte. a)** Der **Umfang der Geschäfte** bestimmt sich danach, welche „Geschäfte zur Deckung des angemessenen Lebensbedarfs der Familie" erforderlich sind. Die hiervon erfassten Geschäfte orientieren sich an den sozialen Standards und konkreten Kriterien, die dem Geschäftsverkehr zugänglich sind. Damit soll der Rechtssicherheit und Erkennbarkeit für Dritte Rechnung getragen werden (s Rn 2; BT-Drs 7/650, 99). Das bedeutet, dass es nicht auf einen abstrakten Familienbedarf, sondern auf den tatsächlichen Zuschnitt des betroffenen Haushalts, dh den individuellen Bedarf einer Familie, ankommt. Dieser ist aus Sicht eines **obj Beobachters** zu bestimmen (Grü/*Siede* Rn 12; MüKo/*Roth* Rn 21). Ob der tatsächliche Lebensstil dem ent-

spricht, was die Eheleute sich nach ihren Einkommensverhältnissen leisten dürfen, ist grds unbeachtlich, genauso wie es nicht darauf ankommt, ob beide Ehegatten ein eigenes Einkommen haben (LG Koblenz NJW 1981, 1324). Eine Überschreitung der intern vereinbarten Funktionsteilung betrifft damit den innerehelichen Bereich und bleibt für die Rechtsfolgen des § 1357 außer Betracht, s Rn 4.

Mit der Anknüpfung an die **„angemessene Deckung des Lebensbedarfs"** wählt die Norm aus dem Unterhaltsrecht (§§ 1360, 1360a) bekannte Begriffe. Daran muss sich die Auslegung orientieren (*Gernhuber/Coester-Waltjen* § 19 IV Rn 46ff). Es werden daher neben den Geschäften zur Führung des Haushalts ieS auch sonstige Geschäfte des Familienunterhalts umfasst, bei denen es sich auch um größere Anschaffungen handeln kann. Betroffen sind nicht nur die Geschäfte, die zur täglichen Führung des Haushalts erforderlich sind, sondern auch solche, die zu den außergewöhnlichen Lasten der ehelichen Gemeinschaft gehören. Eine Einschränkung erfährt der Rahmen dadurch, dass die Bedarfsdeckung **angemessen** sein muss. Ein Rechtsgeschäft ist dann **nicht** angemessen, wenn angesichts des Umfangs eine vorherige Verständigung der Ehegatten notwendig erscheint und idR auch stattfindet (vgl dazu Düsseldorf NJWE-FER 2001, 197; Grü/*Siede* Rn 13; MüKo/*Roth* Rn 20). Die Rechtsmacht des § 1357 muss insofern im Gefüge der übrigen die eheliche Lebensgemeinschaft bestimmenden Regeln gesehen werden. Danach soll § 1357 dem haushaltführenden Ehegatten die Erfüllung seiner Aufgaben ermöglichen, nicht aber den Grundgedanken des gesetzl Güterstandes der Zugewinngemeinschaft, dass ein Ehegatte grds nicht für Schulden des anderen einzustehen braucht, ins Gegenteil verkehren, indem er zur eigenmächtigen Verwendung des Familieneinkommens durch den einzelnen Ehegatten berechtigt (vgl *Käppler* AcP 179, 281f). Im Einzelfall kann die Angemessenheit der Bedarfsdeckung durch Alleingeschäfte eines Ehegatten allerdings über das Übliche hinaus erweitert sein, insb wenn das Auftreten des einen auf einer – wenn auch nicht ins Einzelne gehenden – Abrede beider beruht (BGH FamRZ 1985, 576). 11

b) Einzelfälle: Von der Rspr als angemessen **anerkannt** sind die **typischen Haushaltskäufe** und Verträge, die das tägliche Eheleben sicherstellen, wie die Anschaffung von **Lebensmitteln für den Haushalt** (Braunschweig OLG 26, 212), und zwar auch „auf Anschreiben" einschl eines die angewachsenen Schulden bestätigenden Anerkenntnisses (Köln FamRZ 1971, 435f; LG Aachen FamRZ 1980, 566); **Kleidung** für die Ehegatten (RGZ 61, 80), und für die **Kinder**, auch soweit sie volljährig sind (KG OLG 34, 248); kleinere **Einrichtungsgegenstände**; **Geschenke** für Verwandte und Freunde, **Abonnieren** von Zeitungen und Zeitschriften (LG Itzehoe SchlHA 1964, 215); Abschluss eines Strom- und **Energieliefervertrags** (BGH FamRZ 2013, 1199; LSG Schl-Holst NZS 2012, 313; Grü/*Siede* Rn 13; ausf *Lange* FamRZ 2016, 354; LG Koblenz FamRZ 1991, 435), wobei die Mitverpflichtung nicht ohne Weiteres schon mit der Trennung oder mit dem Auszug des mitverpflichteten Ehegatten aus der Ehewohnung endet (BGH FamFR 2013, 357 m Anm *Bastian-Holler*; vgl dazu auch *Luther* FamRZ 2013, 271). Str war bislang, ob auch der Abschluss **üblicher Versicherungsverträge** (zB über Hausrat) unter § 1357 fällt oder nicht (dafür zB 15. Aufl Rn 12; MüKo/*Roth* Rn 23; Grü/*Siede* Rn 13; Staudinger/*Voppel* Rn 64; aA *Gernhuber/Coester-Waltjen* § 19 IV Rn 47; Soergel/*Lipp* Rn 25). Der BGH hat sich nunmehr der erstgenannten Auffassung angeschlossen und grds vertreten, dass es für § 1357 stets auf die Umstände des Einzelfalls ankomme (BGH NJW 2018, 1313). Insofern könne auch der **Abschluss einer Vollkaskoversicherung** für ein Familienfahrzeug der Ehegatten nebst dessen Kündigung als ein Geschäft zur angemessenen Deckung des Lebensbedarfs angesehen werden (BGH NJW 2018, 1313). 12

Anerkannt sind ebenso die Wirkungen für und gegen beide Ehegatten bei **typischen Werkverträgen** wie **Beauftragung eines Tierarztes** mit der Behandlung eines Hundes (AG Kerpen FamRZ 1989, 619); **Reparatur** und Erneuerung des Hausrats, Reparatur des Familien-Pkw (LG Freiburg FamRZ 1988, 1052); **Abschluss eines Telefonvertrags** mit der Folge der Haftung für die Telefonkosten (LG Stuttgart FamRZ 2001, 1610; zum darüber hinausgehenden **Telefonsex** BGH FamRZ 2004, 778 sowie *Brudermüller* NJW 2004, 2265 und *Medicus* FS Schwab 2005, 359, 361). 13

Von § 1357 **ausgeschlossen** sind die **Anmietung** und dann konsequenterweise auch die **Kündigung einer Wohnung** (MüKo/*Roth* Rn 24; Grü/*Siede* Rn 14; AG Neu-Ulm 6.4.2016 – 5 C 228/16), da sie regelmäßig der Absprache unter den Eheleuten bedürfen. Dies gilt auch für die Mitwirkung eines Ehegatten an der Änderung des Mietvertrages (LG Berlin 8.7.2020 – 65 S 232/19). Folglich ist ein Ehegatte auch nicht empfangsbevollmächtigt für die Entgegennahme der Kündigung, die (auch) an den anderen Ehegatten gerichtet ist (AG Neu-Ulm 6.4.2016 – 5 C 228/16). Ausgeschlossen ist § 1357 für gewerbliche Mietverhältnisse (zur Abgrenzung Düseldorf ZMR 2007, 269). Ebenfalls nicht in den Rahmen der Schlüsselgewalt nach § 1357 fallen allg die Rechtsgeschäfte, die der **beruflichen Sphäre** eines Ehegatten zuzuordnen sind, sowie diejenigen, die **Vermögensbildung und -verwaltung** eines Ehegatten betreffen (im Einz MüKo/*Roth* Rn 24). Das Gleiche gilt für Geschäfte zur **Altersvorsorge** (MüKo/*Roth* Rn 24). **Alle reinen Anlagegeschäfte** wie ein Kauf von Grundstücken, Antiquitäten oder Wertpapieren oder der Abschluss eines Bauvertrags (BGH FamRZ 1989, 35) sind ebenfalls nicht unter § 1357 zu subsumieren; zur Beauftragung eines Maklers LG München FamRZ 1975, 581; Düsseldorf NJW-RR 1996, 1524. Auch erfasst die Norm nicht die Buchung einer kostspieligen **Urlaubsreise** oder eines Ferienappartements (Frankfurt FamRZ 1983, 913; LG Flensburg NJW 1973, 1085; *Gernhuber/Coester-Waltjen* § 19 IV Rn 47). Köln FamRZ 1991, 434: der Reisevertragsschluss fällt nicht unter Abs I S 1, wenn nach den konkreten Verhältnissen eine Verständigung der Ehepartner vor Vertragsschluss üblich ist; die erfolgte Verständigung führt nicht zur Anwendung des § 1357, wenn sie dem Ggü nicht bekannt ist. 14

Bei **wertvollen Gegenständen** kann es auf die soziale und wirtschaftl Lage der Ehegatten ankommen (**Ankauf von Schmuck**, Frankfurt OLG 16, 205). Im Zweifel wird man aber davon ausgehen müssen, dass sie nicht als Be- 15 darfsdeckungsgeschäfte anzusehen sind, soweit sie keinen Hausrat darstellen (MüKo/*Roth* Rn 24; *Gernhuber/Coester-Waltjen* § 19 Rn 47). Gleiches gilt für die Anschaffung eines Pkw, es sei denn, er wird überwiegend für familiäre und gerade nicht für berufliche Zwecke genutzt (BGH FamRZ 1991, 43; MüKo/*Roth* Rn 23f; offen gelassen von Frankfurt NZFam 2016, 889 m krit Anm *Erbarth*). Ausgeschlossen sind auch Veräußerungen oder ähnl Rechtsgeschäfte **zur Beschaffung von Geldmitteln** für den Unterhalt (ebenso *Gernhuber/Coester-Waltjen* § 19 Rn 47).

16 Eine besondere Stellung nehmen **Arztbehandlungsverträge** ein. Unstr gehören zu den Bedarfsdeckungsgeschäften des § 1357 ärztliche Behandlungsmaßnahmen oder Krankenhausaufenthalte der **Kinder** (BGH FamRZ 2005, 1971; Grü/*Siede* Rn 17). Schwieriger ist die Einordnung von Verträgen, die die **Ehegatten selbst** betreffen. Insoweit kommt nur eine Mithaftung für die Kosten in Betracht (*Peter* NJW 1993, 1949), wenn es sich um eine **medizinisch indizierte, unaufschiebbare ärztliche Behandlung** handelt (BGH FamRZ 1992, 291; Schleswig FamRZ 1994, 444; aA Köln FamRZ 1981, 254; NJW-RR 1999, 733). Etwas anderes gilt bei besonders teuren, in sachlicher und zeitl Sicht nicht gebotenen medizinischen Behandlungen (Schleswig FamRZ 1994, 444). Dabei kann es auch eine Rolle spielen, ob eine private Krankenversicherung besteht und in welchem Umfang sie ggf Versicherungsschutz gewährleistet (Köln FamRZ 2007, 1991). Für den Honoraranspruch eines Zahnarztes aus der privatärztlichen Behandlung des Ehemannes, der sowohl beihilfeberechtigt als auch privat versichert war, wurde eine Mithaftung der Ehefrau über § 1357 ausgeschlossen (Köln MDR 1993, 55). Die **Angemessenheit** wurde ebenfalls **abgelehnt** bei: Abschluss eines Zahnarztvertrags durch die Ehefrau eines Hilfsarbeiters, wenn die Kosten das Monatseinkommen überschreiten (LG Flensburg SchlHA 1966, 150); nachträgl Vereinbarung von Zusatzleistungen im Rahmen eines Krankenhausvertrags, wie zB Einzelzimmer (LG Bonn NJW 1983, 344); Krankenhausvertrag mit Arzt mit eigenem Liquidationsrecht (Köln NJW 1981, 637; vgl aber auch BGH FamRZ 1985, 576, wonach eine Mithaftung dann in Frage kommt, wenn sich aus den Umständen, insb aus dem Verhalten der Ehegatten bei früheren, gleichgelagerten Krankheitsverläufen ergibt, dass die Inanspruchnahme von Zusatzleistungen auf einer Absprache der Eheleute beruht; so auch Köln NJW-RR 1999, 228).

17 Bei **Kreditgeschäften ist es umstr**, ob sie unter § 1357 fallen können. Grds ist davon auszugehen, dass sie von der Vorschrift erfasst sind (vgl *Lüke* AcP 178, 1, 21; aA MüKo/*Roth* Rn 27f für Geld- und Bankkredite), soweit sie in einem angemessenen, das Familieneinkommen zumutbar belastenden Umfang zur Deckung des Lebensbedarfs erfolgen (vgl LG Berlin NJW 1975, 351). Dies gilt auch, wenn **Verbraucherschutzvorschriften**, zB §§ 491ff über Verbraucherdarlehensverträge, anwendbar sind (so auch *Gernhuber/Coester-Waltjen* § 19 Rn 49). Da eine große Anzahl von Geschäften zur Deckung des täglichen Bedarfs unter die Verbraucherschutzvorschriften fallen dürfte, würde der Anwendungsbereich des § 1357 andernfalls erheblich verringert (MüKo/*Roth* Rn 21). Im Bereich des Verbraucherdarlehens bleibt allerdings nur ein engerer Anwendungsspielraum des § 1357 für Kreditgeschäfte, die zur angemessenen Deckung des Lebensbedarfs der Familie dienen (*Schanbacher* NJW 1994, 2335).

18 Die Anwendung des Verbraucherschutzrechts bedeutet in der Konsequenz, dass auch dem nicht handelnden Ehegatten ein **Widerrufsrecht** zustehen muss (*Löhing* FamRZ 2001, 135; *Medicus* FS Schwab, 365; MüKo/*Roth* Rn 34; Staudinger/*Voppel* Rn 76). Denn die durch § 1357 begründete Handlungseinheit beider Ehegatten muss auch wieder beseitigt werden können (*Löhnig* FamRZ 2001, 135). Dem entspricht es, wenn der andere Ehegatte auch sonstige Gestaltungsrechte aus dem vom Handelnden geschlossenen Vertrag geltend machen kann, wie Anfechtung, Rücktritt usw (Grü/*Siede* Rn 21). Die Widerrufsfristen, die zum Schutz des Verbrauchers bestehen (zB §§ 495, 312, 312d, 355), können allerdings nur ggü dem Handelnden laufen. Die Verschaffung gegenseitiger Kenntnis ist ein Problem des Innenverhältnisses zw den Eheleuten (MüKo/*Roth* Rn 31).

19 c) Die **Beweislast** für die Voraussetzungen eines Geschäfts im Rahmen von § 1357 trägt derjenige, der sich darauf beruft, also bei Inanspruchnahme eines Ehegatten der Gläubiger, bei Geltendmachung einer Berechtigung aus § 1357 der betreffende Ehegatte. Vgl auch AG Bochum FamRZ 1991, 435: die Beweislast dafür, dass das Geschäft tatsächlich dem Familienbedarf dient, trägt bei Inanspruchnahme eines Ehegatten der Geschäftspartner; gem Abs I S 2 ist die Mithaftung des Ehegatten bei einer Sammelbestellung auch für Dritte ausgeschlossen, es sei denn, der Geschäftspartner beweist, dass bestimmte Teile dem Familienbedarf dienen. Abzustellen ist auf das einzelne Geschäft. Dass es sich um Doppel- oder Mehrfachkäufe handelt, ist daher im Außenverhältnis irrelevant, solange sich nur das einzelne Geschäft im Rahmen des § 1357 hält. Im Innenverhältnis kann ein Missbrauch vorliegen.

20 **V. Rechtswirkungen der Geschäfte aus § 1357. 1. Schuldrechtliche Konsequenzen.** Ein im Rahmen von § 1357 geschlossenes Geschäft führt grds zur **gesamtschuldnerischen Haftung** beider Ehegatten nach §§ 421ff. Eine Ausnahme besteht nach Abs I S 2 letzter Hs, wenn sich aus den Umständen etwas Anderes ergibt. Will der vertragschließende Ehegatte sich allein verpflichten, muss dies durch entspr Erklärungen deutlich zum Ausdruck kommen, uU aber kann auch konkludentes Verhalten ausreichen, zB beim Kauf von Geschenken für den Partner. Zur Anwendung der Stellvertretungsvorschriften s Rn 6f. Die Haftungsgemeinschaft tritt unabhängig vom Innenverhältnis ein, also auch dann, wenn ein Ehegatte über § 1360a II 2 die finanziellen Mittel für das Geschäft bereits zur Verfügung gestellt hatte. Die Haftung erstreckt sich auch auf die Ansprüche aus der Verletzung von Nebenpflichten (§§ 280, 241 II/§§ 280, 311 II, § 241 II, § 278). Die enge Gemeinschaft der Ehegatten führt dazu, dass § 425 nur mit Modifikationen gilt (zu den Einzelheiten MüKo/*Roth* Rn 39). Die dort genannten Umstände wirken für beide Ehegatten ebenso wie §§ 422ff. Für Willenserklärungen des Gläubigers ist jeder Ehegatte mit Wirkung für beide empfangszuständig. Die interne Ausgleichspflicht nach § 426 richtet sich in ihrem Umfang nach § 1360. Vollstreckungsrechtl sind § 1362, § 739 ZPO zu beachten. Als Pendant zur Gesamtschuld entsteht

Gesamtgläubigerschaft, § 428 (*Gernhuber/Coester-Waltjen* § 19 IV Rn 54ff; MüKo/*Roth* Rn 41; *Dethloff* § 4 Rn 67). Das bedeutet, dass der Gläubiger an jeden Ehegatten mit Erfüllungswirkung leisten kann. Gegen die Anwendung des § 432 spricht die damit einhergehende unbillige Erschwerung des Rechtsverkehrs (*Dethloff* § 4 Rn 67). Allerdings kann ohne Zustimmung des Schuldners aus einer Einzelgläubigerschaft eines Ehegatten durch anteilige Abtretung nicht Gesamtgläubigerschaft beider Ehegatten geschaffen werden (Koblenz FamRZ 1992, 1303).

2. Dingliche Berechtigung. Nach inzwischen **hM** besteht **keine dingliche Wirkung** des § 1357 (s Rn 4; BGH NJW 1991, 2283; *Gernhuber/Coester-Waltjen* § 19 IV Rn 56ff; MüKo/*Roth* Rn 42, Grü/*Siede* Rn 20; Staudinger/*Voppel* Rn 88ff). Man geht zutr davon aus, dass die Annahme einer dinglichen Mitberechtigung kraft Gesetzes nach § 1357 den Grundstrukturen und Wertungen des geltenden, grds auf Vermögenstrennung ausgerichteten Güterrechtssystems (§§ 1363ff) widersprechen würde (statt aller: *Gernhuber/Coester-Waltjen* § 19 IV Rn 56). Der gesetzl Güterstand der Zugewinngemeinschaft beruht auf Trennung der Vermögensmassen der Ehegatten und ihrer je eigenen Verwaltung. Eine Teilhabe erfolgt grds erst nach Auflösung der Ehe durch finanzielle Beteiligung am Zugewinn. Der Eigentumserwerb folgt damit allg Vorschriften. Es kommt entscheidend auf den Erwerbswillen der Eheleute an. Vielfach wird ein Geschäft für den, den es angeht, vorliegen; persönliche Gegenstände wird idR der betreffende Ehepartner zu Alleineigentum erwerben (s *Dethloff* § 4 Rn 70). Bei Anschaffungen von **Hausrat** ist häufig **gemeinsamer Erwerb** gewollt. So ist nach BGH FamRZ 1991, 923 die Einigungserklärung eines Ehegatten beim Erwerb von Hausrat für den gemeinsamen Haushalt – wenn nicht etwas Anderes erklärt wird oder besondere Umstände dagegen sprechen – dahin zu verstehen, dass beide Ehegatten **Miteigentümer** werden sollen. Dies gilt idR auch für wertvolle antike Gegenstände, Köln NJW-RR 1996, 904. Vielfach wird nach dem Willen der Eheleute auch derjenige das Eigentum erwerben, der den angeschafften Gegenstand bezahlt. Daraus können sich auch nachträgl Ansprüche auf (Teil-)Übertragung des Eigentums gegen den Ehepartner ergeben (vgl *Gernhuber/Coester-Waltjen* § 19 IV Rn 58). 21

VI. Ausschluss und Beschränkung. 1. Allgemeines. Die Möglichkeit zur Beschränkung oder zum Ausschluss der Verpflichtungsermächtigung (vgl ausf *Gernhuber/Coester-Waltjen* § 19 IV Rn 62ff) ist in **Abs II** durch das 1. EheRG sachlich unverändert geblieben. Das Gesetz gibt jedem Ehegatten das Recht, die Mitberechtigung und -verpflichtung des Partners auszuschließen oder zu beschränken, ohne dass ein Verstoß des Betroffenen gerichtlich festgestellt ist, und verweist den betroffenen Ehepartner auf das Recht, das FamG anzurufen, wenn kein ausreichender Grund vorliegt. Entziehung und Beschränkung erfolgen durch einseitige Erklärung, die von einem Bevollmächtigten (Rostock OLG 26, 262) und, da es sich um eine vermögensrechtl Angelegenheit handelt, auch vom gesetzl Vertreter ausgesprochen werden kann. Sie ist dem Ehepartner oder dem Dritten oder der Allgemeinheit ggü abzugeben. Dritten ggü wirkt sie **nur durch Eintragung** im Güterrechtsregister, § 1357 II 2, § 1412, oder durch Kenntnis. 22

2. Maßnahmen des FamG zum Schutz der Mitberechtigung und -verpflichtung. Das FamG (Zuständigkeit: §§ 267f FamFG) kann den Ausschluss oder die Beschränkung der Wirkungen des Abs I auf Antrag des betroffenen Ehegatten aufheben, wenn für diese Maßnahme „kein ausreichender Grund" besteht (vgl Staudinger/*Voppel* Rn 116). Das Merkmal „ohne ausreichenden Grund" besteht unabhängig von einem Verschulden des jew Ehegatten (vgl Hamburg MDR 1957, 164; Köln JMBl NRW 1954, 6). So fehlt ein ausreichender Grund bei mangelnder Befähigung oder mangelndem guten Willen zur pflichtgemäßen Ausübung der Geschäftsführungsmacht (MüKo/*Roth* Rn 47). Das FamG kann die Maßnahmen nur aufheben, sie aber nicht durch andere ersetzen. Da dauerndes Getrenntleben nur zum Ruhen, nicht zur Aufhebung der Mitberechtigung und -verpflichtung führen kann und das Schutzbedürfnis des betroffenen Ehegatten bestehen bleibt, schließt es auch eine Entscheidung des FamG nicht aus (Köln JMBl NRW 1954, 6; Hamburg MDR 1957, 164; KG RJA 13, 123; aA Rostock OLG 26, 262). Das FamG hat einem Aufhebungsantrag stattzugeben, wenn ein ausreichender Grund nicht oder nicht mehr besteht. Der Sachverhalt wird gem § 26 FamFG von Amts wegen ermittelt; es besteht keine Beweislast des einen oder anderen Teils. Ein Ehegatte wird durch die Aufhebung an erneuter Entziehung der Mitberechtigung und -verpflichtung nicht gehindert. Das Recht des FamG, in der ihm bestimmten Zuständigkeit zu entscheiden, schließt eine Herstellungsklage zwar grds nicht aus (Warn Rspr 15, 287), idR fehlt es aber am Rechtsschutzbedürfnis (vgl MüKo/*Roth* Rn 47; Staudinger/*Voppel* Rn 117). Beantragen beide Ehegatten übereinstimmend, eine Entziehung in das Güterrechtsregister einzutragen, so liegt darin kein unzulässiger Ausschluss der Geltung des § 1357. Der von dem Ausschluss betroffene Ehegatte ist allerdings an eine solche Entscheidung nicht gebunden. Er kann sie grundlos zurücknehmen. Nunmehr hat das FamG über die einseitige Maßnahme des anderen zu befinden. 23

VII. Sonstige Beendigung der Mitberechtigung und -verpflichtung. Sie erlischt mit dem Ende der Ehe durch Tod, Scheidung oder Aufhebung. Nach den entspr anzuwendenden Grundsätzen der §§ 674, 169, 173 gilt sie zugunsten eines Ehegatten und des Dritten als fortbestehend, bis ihnen das Ende bekannt war oder sein musste (aA *Gernhuber/Coester-Waltjen* § 19 Rn 79ff; Staudinger/*Voppel* Rn 27). 24

VIII. Zwingender Charakter der Vorschriften. Nach bisher ganz hA kann die Mitberechtigung und -verpflichtung vertragl nicht geändert werden, vgl nur Grü/*Siede* Rn 7; Schleswig FamRZ 1994, 444. Zur Begründung wird zumeist auf Verkehrsschutzaspekte, insb den Gläubigerschutz hingewiesen. Ob dies im Hinblick auf die an § 1357 generell geäußerte Kritik (Gläubigerübersicherung, vgl Rn 2), auf die unstr Zulässigkeit parallellaufender Ausschlusserklärungen gem Abs II und auf die abnehmende Bedeutung des § 1357 in der Rechtswirklichkeit weiterhin so gelten muss, erscheint zweifelhaft. 25

§ 1358 Gegenseitige Vertretung von Ehegatten in Angelegenheiten der Gesundheitssorge

(1) Kann ein Ehegatte aufgrund von Bewusstlosigkeit oder Krankheit seine Angelegenheiten der Gesundheitssorge rechtlich nicht besorgen (vertretener Ehegatte), ist der andere Ehegatte (vertretender Ehegatte) berechtigt, für den vertretenen Ehegatten

1. in Untersuchungen des Gesundheitszustandes, Heilbehandlungen oder ärztliche Eingriffe einzuwilligen oder sie zu untersagen sowie ärztliche Aufklärungen entgegenzunehmen,

2. Behandlungsverträge, Krankenhausverträge oder Verträge über eilige Maßnahmen der Rehabilitation und der Pflege abzuschließen und durchzusetzen,

3. über Maßnahmen nach § 1831 Absatz 4 zu entscheiden, sofern die Dauer der Maßnahme im Einzelfall sechs Wochen nicht überschreitet, und

4. Ansprüche, die dem vertretenen Ehegatten aus Anlass der Erkrankung gegenüber Dritten zustehen, geltend zu machen und an die Leistungserbringer aus den Verträgen nach Nummer 2 abzutreten oder Zahlung an diese zu verlangen.

(2) Unter den Voraussetzungen des Absatzes 1 und hinsichtlich der in Absatz 1 Nummer 1 bis 4 genannten Angelegenheiten sind behandelnde Ärzte gegenüber dem vertretenden Ehegatten von ihrer Schweigepflicht entbunden. Dieser darf die diese Angelegenheiten betreffenden Krankenunterlagen einsehen und ihre Weitergabe an Dritte bewilligen.

(3) Die Berechtigungen nach den Absätzen 1 und 2 bestehen nicht, wenn

1. die Ehegatten getrennt leben,

2. dem vertretenden Ehegatten oder dem behandelnden Arzt bekannt ist, dass der vertretene Ehegatte

a) eine Vertretung durch ihn in den in Absatz 1 Nummer 1 bis 4 genannten Angelegenheiten ablehnt oder

b) jemanden zur Wahrnehmung seiner Angelegenheiten bevollmächtigt hat, soweit diese Vollmacht die in Absatz 1 Nummer 1 bis 4 bezeichneten Angelegenheiten umfasst,

3. für den vertretenen Ehegatten ein Betreuer bestellt ist, soweit dessen Aufgabenkreis die in Absatz 1 Nummer 1 bis 4 bezeichneten Angelegenheiten umfasst, oder

4. die Voraussetzungen des Absatzes 1 nicht mehr vorliegen oder mehr als sechs Monate seit dem durch den Arzt nach Absatz 4 Satz 1 Nummer 1 festgestellten Zeitpunkt vergangen sind.

(4) Der Arzt, gegenüber dem das Vertretungsrecht ausgeübt wird, hat

1. das Vorliegen der Voraussetzungen des Absatzes 1 und den Zeitpunkt, zu dem diese spätestens eingetreten sind, schriftlich zu bestätigen,

2. dem vertretenden Ehegatten die Bestätigung nach Nummer 1 mit einer schriftlichen Erklärung über das Vorliegen der Voraussetzungen des Absatzes 1 und das Nichtvorliegen der Ausschlussgründe des Absatzes 3 vorzulegen und

3. sich von dem vertretenden Ehegatten schriftlich versichern zu lassen, dass

a) das Vertretungsrecht wegen der Bewusstlosigkeit oder Krankheit, aufgrund derer der Ehegatte seine Angelegenheiten der Gesundheitssorge rechtlich nicht besorgen kann, bisher nicht ausgeübt wurde und

b) kein Ausschlussgrund des Absatzes 3 vorliegt.

Das Dokument mit der Bestätigung nach Satz 1 Nummer 1 und der Versicherung nach Satz 1 Nummer 3 ist dem vertretenden Ehegatten für die weitere Ausübung des Vertretungsrechts auszuhändigen.

(5) Das Vertretungsrecht darf ab der Bestellung eines Betreuers, dessen Aufgabenkreis die in Absatz 1 Nummer 1 bis 4 bezeichneten Angelegenheiten umfasst, nicht mehr ausgeübt werden.

(6) § 1821 Absatz 2 bis 4, § 1827 Absatz 1 bis 3, § 1828 Absatz 1 und 2, § 1829 Absatz 1 bis 4 sowie § 1831 Absatz 4 in Verbindung mit Absatz 2 gelten entsprechend.

1 **I. Ratio.** MiWv 1.1.2023 wurde die Vorschrift durch die Reform des Vormundschafts- und Betreuungsrechts ins BGB eingeführt. Sie beinhaltet ein sog **gesetzl Notvertretungsrecht** der Ehegatten. Dieses ist beschränkt auf Fälle, in denen ein Ehegatte aufgrund von Bewusstlosigkeit oder Krankheit seine Angelegenheiten der Gesundheitssorge rechtl nicht mehr selbst besorgen kann (RegE, BT-Drs 19/24445, 151). Nach der Vorstellung des Gesetzgebers geht es insbe um den krit Zeitraum nach der Akutversorgung nach einem Unfall oder einer schweren Erkrankung bis zu dem Zeitpunkt, in welchem der verletzte Ehegatte wieder in der Lage ist, seine Angelegenheiten selbst zu besorgen (RegE, aaO). Vermieden werden soll in diesen Fällen die Bestellung eines vorläufigen Betreuers gem § 300 FamFG (RegE). Das Notvertretungsrecht ist zeitl beschränkt auf drei Monate ab dem Zeitpunkt, zu dem der behandelnde Arzt die Notsituation als Auslöser für das Vertretungsrecht feststellt (RegE, aaO). Leben die Ehegatten getrennt, ist das Vertretungsrecht ausgeschlossen, wenn dem Ehegatten oder dem behandelnden Arzt bekannt ist, dass der Ehepartner nicht von dem anderen vertreten werden will, oder er bereits einen Dritten mit seiner Vertretung in diesen Angelegenheiten betraut hat (RegE, aaO). IÜ ist ein Vertretungsrecht ausgeschlossen, wenn ein Betreuer bestellt ist, dessen Aufgabenkreis einzelne oder sämtliche der in Abs 1 Nr 1–4 genannten Angelegenheiten umfasst (RegE, aaO).

II. Entwicklung. Bereits im Jahr 2017 gab es einen Vorschlag des Bundesrates zur Einführung einer sog Gesundheitsvollmacht (BT-Drs 18/10485). Danach sollte der Ehegatte/eingetragene Lebenspartner aufgrund rechtsgeschäftl Vollmacht ua zu Einwilligungen in Untersuchungen des Gesundheitszustands, in Heilbehandlungen und ärztliche Eingriffe, aber auch zu deren Versagung, Entgegennahme ärztlicher Aufklärungen sowie zur Entscheidung über unterbringungsähnliche Maßnahmen ermächtigt werden (*Grziwotz* ZRP 2017, 88). Darüber hinaus sollte der Ehegatte/Lebenspartner etwa auch ermächtigt sein, die entspr Behandlungs- bzw Krankenhausverträge abzuschließen (*Grziwotz* ZRP 2017, 88). Es sollte sich bei dem Vorschlag indes gerade nicht um eine gesetzl Vertretungsmacht handeln (*Grziwotz* ZRP 2017, 88, 89). 2

Von dem urspr Vorschlag unterscheidet sich § 1358 nunmehr dahingehend, dass der Reformgesetzgeber von der Vollmachtslösung Abstand genommen und sich stattdessen für ein **echtes Notvertretungsrecht** entschieden hat (Rn 1). Dieses besteht subsidiär zu einer etwaig bestehenden Vorsorgevollmacht sowie zur Anordnung einer Betreuung (RegE, aaO). 3

III. Anwendungsbereich. § 1358 gilt persönlich nur für **Ehegatten und eingetragene Lebenspartner** (§ 21 LPartG). Das Gesetz enthält in Abs I eine Legaldefinition des „vertretenen Ehegatten“ (ein Ehegatte, der aufgrund von Bewusstlosigkeit oder Krankheit seine Angelegenheiten der Gesundheitssorge rechtl nicht besorgen kann) sowie des „vertretenden Ehegatten“ (der andere Ehegatte). 4

Den vertretenden Ehegatten trifft **keine Pflicht**, das Vertretungsrecht wahrzunehmen (*Jurgeleit* NJW 2023, 1, 6). Vereinzelt wird aber erwogen, eine derartige Verpflichtung bis zur Grenze der Zumutbarkeit aus der gegenseitigen Fürsorge- und Beistandspflicht gem § 1353 I 2 Hs 2 herzuleiten (*Jurgeleit* NJW 2023, 1, 6). Dagegen dürfte indes sprechen, dass § 1358 bereits als spezialgesetzl Ausprägung des § 1353 I 2 Hs 2 gelten dürfte. 5

IV. Voraussetzungen des Vertretungsrechts, Abs I. 1. Überblick. Wie gezeigt (Rn 4) enthält Abs I zunächst eine **Legaldefinition** des vertretenen sowie des vertretenden Ehegatten. Darüber hinaus findet sich hier ein **abschließender Katalog** derjenigen Angelegenheiten der Gesundheitssorge, in denen eine Vertretung erfolgen kann. Dazu gehören die Einwilligung sowie die Untersagung von Untersuchungen des Gesundheitszustandes, Heilbehandlungen oder ärztliche Eingriffe ebenso wie die Entgegennahme ärztlicher Aufklärungen (Nr 1), den Abschluss und die Durchsetzung von Behandlungs- und Krankenhausverträgen oder Verträgen über eilige Maßnahmen der Rehabilitation und der Pflege (Nr 2), Entscheidungen über Maßnahmen nach § 1831 IV4, sofern die Dauer der Maßnahme im Einzelfall sechs Wochen nicht überschreitet (Nr 3), und die Geltendmachung von Ansprüchen, die dem vertretenen Ehegatten aus Anlass der Erkrankung ggü Dritten zustehen und deren Abtretung an die Leistungserbringer aus den Verträgen nach Nr 2 oder das Zahlungsverlangen (Nr 4). 6

Gem der Legaldefinition ist erforderlich, dass der vertretene Ehegatte aufgrund von Bewusstlosigkeit oder Krankheit seine Angelegenheiten der Gesundheitssorge rechtl **nicht besorgen** kann. Der Gesetzgeber zieht hier bewusst eine Parallele zur Bestellung eines Betreuers gem § 1814 I und macht zudem deutlich, dass das Notvertretungsrecht eines Ehegatten von einer „akut eingetretenen gesundheitlichen Beeinträchtigung des [anderen] Ehegatten infolge eines Unfalls oder einer Erkrankung, die auch eine ärztliche Akutversorgung notwendig macht“ abhängig ist (RegE, BT-Drs 19/24445, 179). Im Unterschied zum früheren Recht entfällt die Einschränkung auf psychische Erkrankungen; dass überhaupt eine Erkrankung besteht, muss vom Arzt diagnostiziert werden (MüKo/*Roth* § 1358 Rn 5). 7

Erforderlich ist des Weiteren, dass sich der vertretene Ehegatte in einem Zustand der **„Bewusstlosigkeit oder Krankheit“** befindet. In der Praxis wird sich das Tatbestandsmerkmal „Krankheit“ freilich nur schwer feststellen lassen, weshalb die Fallgruppe der Bewusstlosigkeit in der Rechtsanwendung mutmaßlich eine größere Rolle spielen wird (*Jurgeleit* NJW 2023, 1, 3). 8

Liegen die zuvor genannten Voraussetzungen vor, ist der andere Ehegatte berechtigt, vom Notvertretungsrecht Gebrauch zu machen. Eine Pflicht dazu besteht nicht (RegE, aaO). Ist er zur Ausübung – aus welchen Gründen auch immer – nicht in der Lage, so hat er (bzw der behandelnde Arzt) beim zuständigen Betreuungsgericht die Einleitung eines Betreuungsverfahrens zu beantragen (RegE, aaO). 9

2. Fallgruppen. Die Angelegenheiten der Gesundheitssorge, die der andere Ehegatte aufgrund des Notvertretungsrechts besorgen darf, werden in Abs I abschließend aufgezählt: 10

a) Einwilligung (Nr 1): Das Vertretungsrecht umfasst zunächst Untersuchungen des Gesundheitszustandes bzw damit zusammenhängende Heilbehandlungen oder Einwilligungen. Es geht dabei in erster Linie um solche Untersuchungen und Behandlungen bzw Eingriffe, die in unmittelbarem Zusammenhang mit der das Vertretungsrecht auslösenden Bewusstlosigkeit oder Erkrankung stehen (RegE, BT-Drs 19/24445, 179). Darüber hinaus werden auch solche Behandlungen oder Eingriffe erfasst, die im Zuge der Behandlung erstmals diagnostiziert wurden und deren Behandlung aus medizinischer Sicht notwendig und unaufschiebbar ist (RegE, aaO). Außerdem ist der vertretungsberechtigte Ehegatte befugt, alle für die durchzuführenden Behandlungen notwendigen Aufklärungsgespräche zu führen (RegE, aaO).

b) Abschluss von Behandlungsverträgen, Rehabilitation und Pflege (Nr 2): Das Notvertretungsrecht des anderen Ehegatten würde – jedenfalls bei Privatversicherten – leerlaufen, wenn davon nicht auch der Abschluss der für die Untersuchungen gem Nr 1 erforderlichen Behandlungs- und Krankenhausverträge umfasst würde. Gleiches gilt für Verträge im Hinblick auf eilige Maßnahmen der Rehabilitation und Pflege. Letztere sind vielfach notwendige Bausteine einer erfolgreichen Behandlung, so dass diese den in Nr 1 genannten Maßnahmen zu- 11 zurechnen sind. Dies gilt laut Gesetzesbegr aber nur für Eilentscheidungen, dh unaufschiebbare Maßnahmen der Rehabilitation und Pflege (RegE, BT-Drs 19/24445, 179).

12 **c) Freiheitsentziehende Maßnahmen gem § 1831 IV (Nr 3):** Gem § 1831 IV sind freiheitsentziehende Maßnahmen nur unter Beachtung der in Abs I bis III genannten Voraussetzungen möglich. Gemeint sind in erster Linie **freiheitsentziehende Maßnahmen** durch mechanische Vorrichtungen wie Bettgitter, Medikamente oder auf andere Weise, zB durch Gewalt (Überblick bei BeckOK/*Müller-Engels* § 1831 Rn 28). Es muss sich ferner um regelmäßige oder länger andauernde Maßnahmen in einem Krankenhaus, Heim oder einer sonstigen Einrichtung handeln (Einzelheiten: BeckOK/*Müller-Engels* Rn 29ff). Der vertretungsberechtigte Ehegatte darf gem § 1358 I Nr 3 nur dann über derartige Maßnahmen entscheiden, wenn die Dauer im Einzelfall einen Zeitraum von sechs Wochen nicht überschreitet. Damit soll dem Bedürfnis Rechnung getragen werden, dass derartige Sicherungsmaßnahmen nach einem Unfall oder Schlaganfall angeordnet werden müssen. Mit der zeitl Beschränkung auf sechs Wochen will der Gesetzgeber indes der Rechtsnatur als Notvertretungsrecht entsprechen (RegE, BT-Drs 19/24445, 180). Der andere Ehegatte bedarf iÜ für seine Entscheidung der gerichtlichen Genehmigung durch das BetrG (RegE, aaO). Ist die freiheitsentziehende Maßnahme länger als sechs Wochen erforderlich, ist ein Betreuer zu bestellen (RegE, aaO).

13 **d) Geltendmachung von Ansprüchen des vertretenen Ehegatten aus Anlass der Erkrankung ggü Dritten (Nr 4):** Gemeint sind in erster Linie Versicherungsleistungen bzw Beihilfeansprüche. Dass der vertretungsberechtigte Ehegatte diese geltend machen kann, ist zur Abfederung der mit der Behandlung bzw der Rehabilitationsmaßnahme entstandenen Kosten sinnvoll. Der vertretende Ehegatte darf allerdings keine Zahlung an sich selbst verlangen, sondern nur Leistung an die Leistungserbringer aus dem Krankenhausvertrag oder dem Vertrag über die Rehabilitationsmaßnahme bzw Abtretung der Ansprüche (RegE, BT-Drs 19/24445, 180).

14 **V. Entbindung von der Verschwiegenheitspflicht, Abs II.** Die Wahrnehmung des Notvertretungsrechts gem Abs I erfordert es, dass der vertretende Ehegatte alle für die Vertretung notwendigen Informationen über den Gesundheitszustand seines Ehepartners von den behandelnden Ärzten erlangt. Diesem Bedürfnis entspricht Abs II, indem die behandelnden Ärzte **von der Schweigepflicht entbunden** werden. Dies geschieht allerdings nur dann, wenn der Anwendungsbereich der Vorschrift gem Abs I eröffnet ist und es sich um eine Fallgruppe aus dem Katalog von Nr 1 bis 4 handelt. Über Abs II sollen dem vertretenden Ehegatten auch die Einsichtnahme in die Krankenunterlagen sowie die Bewilligung ihrer Weitergabe an Dritte möglich sein (RegE, BT-Drs 19/24445, 181). Offen bleibt, wie und von wem die Einhaltung der Voraussetzungen des Abs I geprüft werden und auf welche Art und Weise die Entbindung von der Schweigepflicht erfolgen sollen.

15 **VI. Ausnahme von der Berechtigung, Abs III. 1. Überblick.** Abs III formuliert einen abschließenden Katalog von **Ausnahmen** von der Berechtigung des vertretenen Ehegatten nach Abs I und II. In diesen Fällen ist der andere Ehegatte folglich **nicht vertretungsberechtigt** (RegE, BT-Drs 19/24445, 181).

16 **2. Fallgruppen. a) Getrenntleben der Ehegatten (Nr 1):** Das Notvertretungsrecht eines Ehegatten entfällt zunächst, wenn die Ehegatten getrennt leben. Das Getrenntleben bestimmt sich nach § 1567 I (zu den Voraussetzungen: § 1361 Rn 5ff). Der Gesetzgeber ging davon aus, dass sich der erkrankte Ehegatte von seinem getrenntlebenden Ehegatten in Angelegenheiten der Gesundheitssorge nicht mehr vertreten lassen will (RegE, BT-Drs 19/24445, 181).

17 **b) Vertretung wird abgelehnt (Nr 2):** Ist dem vertretenden Ehegatten (oder dem behandelnden Arzt) bekannt, dass der andere Ehegatte eine Vertretung durch ihn ablehnt, ist die Vertretung ebenfalls ausgeschlossen **(lit a)**. Warum es zu einer solchen Ablehnung gekommen ist, soll laut Gesetzesbegr unerheblich sein (RegE, BT-Drs 19/24445, 181). Diese Variante ist nicht unproblematisch: Zum einen ist bereits in dogmatischer Hinsicht zu betonen, dass § 1358 einen Fall der gesetzl Vertretungsmacht behandelt, der vom Willen der Beteiligten gerade unabhängig ist (zur Kritik MüKo/*Roth* Rn 15; *Müller-Engels* FamRZ 2021, 652). Zum anderen stellt sich in praktischer Hinsicht die Frage, wann und unter welchen Voraussetzungen von einer solchen Kenntnis des entgegenstehenden Willens auszugehen und wie diese nachzuweisen ist (MüKo/*Roth* Rn 16).

18 Die Vertretungsberechtigung soll nach **lit b** auch dann ausgeschlossen sein, wenn dem vertretenden Ehegatten oder behandelnden Arzt bekannt ist, dass der andere Ehegatte einen Dritten bevollmächtigt hat, seine Angelegenheiten der Gesundheitssorge zu übernehmen. Gedacht ist an Situationen, in denen die Ehegatten zwar nicht getrennt leben (sonst bereits Nr 1), der vertretene Ehegatte aber mittels **General- oder Vorsorgevollmacht** den anderen Ehegatten oder einen Dritten mit der Wahrnehmung seiner Angelegenheiten der Gesundheitssorge nach Abs I bevollmächtigt hat (RegE, BT-Drs 19/24445, 181). Demnach besteht das Notvertretungsrecht lediglich subsidiär zur Vorsorgevollnacht (*Küttner* StAZ 2022, 357). Freilich kommt es auch bei dieser Variante auf die „Kenntnis" vom Bestehen des entgegenstehenden Willens an. Ebenso wie unter lit a stellt sich auch hier die Frage, wie der vertretene Ehegatte bzw der behandelnde Arzt Kenntnis von einer Bevollmächtigung erlangen soll. Nachforschungspflichten will die Vorschrift – ausweislich der Gesetzesbegr – nämlich nicht statuieren (RegE, aaO). Es sei grds Aufgabe des vertretenen Ehegatten sein, sicherzustellen, dass sein Wille berücksichtigt werde (RegE, aaO). Bei praktischen Nachweisschwierigkeiten wird dieser „Appell" freilich nicht weiterhelfen. Es bleibt nur die Möglichkeit, gleichzeitig mit der Eintragung einer Vorsorgevollmacht im Zentralen Vorsorgeregister (§ 78 II Nr 1, § 78a BNotO) einen Widerspruch gegen das Notvertretungsrecht gem § 1358 eintragen zu lassen (dazu: RegE, BT-Drs 19/24445, 181f; krit zum unzureichenden Schutz des Selbstbestimmungsrechts des vertretenden Ehegatten *Jurgeleit* NJW 2023, 1, 7).

19 **c) Betreuerbestellung (Nr 3):** Das Notvertretungsrecht eines Ehegatten ist auch dann ausgeschlossen, wenn für den Vertretenen ein Betreuer bestellt wurde und sich dessen Aufgabenkreis auf die in Abs I genannten Angelegenheiten der Gesundheitssorge ganz oder teilw erstreckt. In diesem Fall würde es selbstverständlich keinen Sinn machen, wenn in einer Akutsituation zw dem Betreuer einerseits und dem Ehegatten andererseits eine Art Konkurrenzverhältnis entstünde. Insofern ist es überzeugend, wenn die weiterreichende Vertretungsmacht des Betreuers vorgeht. Gleiches gilt iÜ auch, wenn der vertretende Ehegatte selbst als Betreuer bestellt wurde (RegE, BT-Drs 19/24445, 181). Auf der anderen Seite ist zu erwarten, dass das Bestehen des gesetzl Vertretungsrechts zu einer erheblichen Reduktion von einstweiligen Anordnungen auf Bestellung eines Betreuers führen wird (*Küttner* StAZ 2022, 357).

20 **d) Sechsmonatsfrist (Nr 4):** Als systematischen Fremdkörper, da kein Ausnahmetatbestand ieS, statuiert Nr 4 ua eine sechsmonatige Frist für das Vertretungsrecht des Ehegatten. Es endet mit Ablauf von sechs Monaten, nachdem der Arzt das Vorliegen der Voraussetzungen nach Abs IV S 1 Nr 1 bestätigt hat (s Rn 22). Auf diese Weise soll das Notvertretungsrecht auf die Akutversorgung des vertretenden Ehegatten beschränkt werden; nach diesem Zeitraum soll er seine Angelegenheiten rechtl wieder selbst besorgen oder zumindest für eine rechtsgeschäftl Vertretung Sorge tragen (RegE, BT-Drs 19/24445, 181). Ist der erkrankte Ehegatte dann noch nicht in der Lage dazu, soll es nicht mehr Aufgabe des anderen sein, ihn zu vertreten. Vielmehr ist hier über andere Maßnahmen, im Zweifel die Bestellung eines Betreuers, nachzudenken. Was auf den ersten Blick möglicherweise formalistisch und unpraktisch erscheint, ist unter dogmatischen Gesichtspunkten überzeugend. Insofern ist zu bedenken, dass § 1358 nur ein Notvertretungsrecht der Ehegatten statuiert, das naturgemäß auf Ausnahmefälle beschränkt bleiben muss. Insb ist ein Missbrauch bzw ein Überschreiten der Vertretungsmacht durch den vertretenden Ehegatten unbedingt zu vermeiden. Zwar ist ein solches Risiko bei Betreuern nicht gänzlich von der Hand zu weisen; diese unterliegen indes der Aufsicht durch das Betreuungsgericht (§§ 1862ff).

21 **VII. Schriftliche Bestätigung des Bestehens des Notvertretungsrechts durch den Arzt, Abs IV. 1. Überblick.** Die Rechtsnatur des Notvertretungsrechts als Ausnahmeerscheinung bringt es mit sich, dass der vertretende Ehegatte – anders als ein Betreuer – nicht vom Gericht als Vertreter „bestellt" wird. Vielmehr soll es ihm in einer Akutsituation möglich sein, die Vertretung des anderen ad hoc wahrzunehmen. In diesem Fall benötigt er einen **Nachweis** seiner Vertretungsmacht ggü Dritten (RegE, BT-Drs 19/24445, 183). Abs IV sieht insofern vor, dass der Arzt, dem ggü das Vertretungsrecht ausgeübt wird, die erforderliche schriftliche Bestätigung abzugeben (S 1) und dem vertretenden Ehegatten auszuhändigen hat (S 2). Der Umstand, dass der Gesetzgeber den behandelnden Arzt als Adressat der Nachweispflicht in Bezug genommen hat, ist darauf zurückzuführen, dass dieser bei plötzlich eintretenden gesundheitlichen Beeinträchtigungen stets der erste Ansprechpartner ist (*Jurgeleit* NJW 2023, 1, 2). Problematisch erscheint, dass der Arzt sich auf die Informationen des vertretenden Ehegatten verlassen muss, da er diese regelmäßig nicht eigenständig nachprüfen kann (*Jurgeleit* NJW 2023, 1, 5). Ist die Erklärung aber bspw falsch oder unvollständig, zB weil einer der Ausschlussgründe des Abs III nicht dokumentiert wurde, besteht rechtl gesehen kein Notvertretungsrecht, dh der Ehegatte handelt als Vertreter ohne Vertretungsmacht (*Jurgeleit* NJW 2023, 1, 5). Eine Strafbarkeit des Arztes wegen Fehlens der erforderlichen Einwilligung wird aber regelmäßig ausscheiden; die insoweit bestehende Rechtsunsicherheit geht zu seinen Lasten (*Jurgeleit* NJW 2023, 1, 5).

22 **2. Gegenstände des Nachweises. a) Voraussetzungen des Abs I und Zeitpunkt (Nr 1):** Der Nachweis muss sich zunächst auf das Vorliegen der Voraussetzungen des Abs I, dh das Bestehen des Notvertretungsrechts, beziehen. Das bedeutet, dass der behandelnde Arzt zu bestätigen hat, dass der vertretene Ehegatte aufgrund von Bewusstlosigkeit oder krankheitsbedingt seine Angelegenheiten der Gesundheitssorge rechtl nicht besorgen kann (RegE, BT-Drs 19/24445, 183). Die Gesetzesbegr verweist darauf, dass die Anforderungen denen einer Betreuung entsprechen müssen (RegE, aaO). Dabei wird freilich außer Acht gelassen, dass der Betreuer auf Antrag des Betreuten vom BetrG bestellt wird (§ 1814 IV). Ob der behandelnde Arzt als juristischer Laie und zumal in einer Akutsituation in der Lage sein wird, eine entspr sorgfältige Prüfung vorzunehmen, darf bezweifelt werden. Darüber hinaus hat der Arzt auch den Zeitpunkt, zu dem die Erkrankung oder Bewusstlosigkeit spätestens eingetreten ist, zu dokumentieren (RegE, aaO). Nicht geregelt wurde der Nachweis der in Abs I indirekt enthaltenen Voraussetzung, dass eine Ehe zw den Beteiligten besteht. Vereinzelt wird insoweit eine planwidrige Regelungslücke konstatiert, die durch eine analoge Anwendung des § 1358 IV 1 Nr 3, dh eine schriftliche Bestätigung des vertretenden Ehegatten, zu schließen sei (*Jurgeleit* NJW 2023, 1, 4). Gegen die Annahme einer planwidrigen Regelungslücke spricht, dass es sich beim Bestehen der Ehe nicht um ein „echtes" Tatbestandsmerkmal des Abs I, sondern eine Tatsache handelt. Insofern ist die systematische Stellung der Vorschrift im Ehewirkungsrecht beachtlich. Hier gilt § 1353, dh das Bestehen der ehelichen Lebensgemeinschaft, als Grundvoraussetzung. Aus dem Umstand, dass nur ein Getrenntleben das gegenseitige Vertretungsrecht gem Abs III Nr 1 entfallen lässt, kann gefolgert werden, dass der behandelnde Arzt vom Bestehen der Ehe als Tatsache ausgehen kann.

23 **b) Vorlage der Bestätigung nach Nr 1 sowie Nichtvorliegen der Ausschlussgründe nach Abs III ggü dem vertretenden Ehegatten (Nr 2):** Um die Wahrnehmung des Notvertretungsrechts durch den vertretenden Ehegatten sicherzustellen, ist es erforderlich, dass dieser über das Vorliegen der Voraussetzungen nach Abs I informiert wird. Dies will Nr 2 ebenso sicherstellen wie das Nichtvorliegen von Ausschlussgründen nach Abs III. Dem Ehegatten ist insofern ein schriftliches Dokument mit den nötigen Angaben vorzulegen (RegE, BT-Drs 19/24445, 183). Problematisch ist allerdings, dass dem behandelnden Arzt die Ausschlussgründe gem Abs I–III regelmäßig nicht bekannt sein werden (*Jurgeleit* NJW 2023, 1, 4).

24 c) **Schriftliche Versicherung des Ehegatten (Nr 3):** Der vertretende Ehegatte muss ggü dem Arzt schriftlich versichern, dass das Notvertretungsrecht wegen Bewusstlosigkeit oder Krankheit des anderen Ehegatten, bisher nicht ausgeübt worden (lit a) und kein Ausschlussgrund nach Abs III vorliegt (lit b). Damit will man zum einen verhindern, dass das Notvertretungsrecht auch bei länger andauernden oder chronischen Erkrankung immer wieder ausgeübt wird (RegE, BT-Drs 19/24445, 183). Zum anderen soll das Nichtvorliegen von Ausschlussgründen nach Abs III, aber auch von sonstigen Ausschlussgründen, zB aufgrund von Geschäftsunfähigkeit, vom vertretenden Ehegatten bestätigt werden (RegE, aaO).

25 **VIII. Ausübungssperre, Abs V.** Abs V stellt klar, dass das Notvertretungsrecht durch die Bestellung eines Betreuers (vgl § 1814) **beendet** wird. In dem Moment, in dem ein Betreuer vom BetrG bestellt wird, darf der vertretende Ehegatte von dem Notvertretungsrecht in § 1358 mithin keinen Gebrauch mehr machen. Die Bestellung eines Betreuers wird insb in Betracht kommen, wenn der Ehegatte sein Vertretungsrecht missbraucht oder es nicht hinreichend ausübt (*Jurgeleit* NJW 2023, 1f). Letztlich unterliegt der vertretende Ehegatte damit – ebenso wie der Betreuer – einer gerichtl Kontrolle (*Jurgeleit* NJW 2023, 1f).

26 **IX. Verweise auf § 1821 II–IV, § 1827 I–III, § 1828 I und II, § 1929 I–IV, § 1831 I iVm II, Abs VI.** Abs VI enthält zahlreiche **Verweise auf das Betreuungsrecht**. Der vertretende Ehegatte unterliegt demnach denselben Bindungen wie ein gerichtl bestellter Betreuer (RegE, BT-Drs 19/24445, 184). Folgende Normen werden auf den vertretenden Ehegatten entspr angewendet:
§ 1821 II–IV enthalten seit der Reform des Vormundschafts- und Betreuungsrechts die sog „Magna Charta" für das gesamte rechtl Betreuungswesen. Danach gelten die **Wünsche sowie der mutmaßliche Wille** des Betreuten als Ziel und Richtmaß für die Betreuertätigkeit, und zwar sowohl in der Personen- als auch in der Vermögenssorge. Die Ermittlung der Wünsche des vertretenen Ehegatten dürften in der von § 1358 erfassten Akutsituation freilich eine besondere Herausforderung für den anderen Ehegatten darstellen. Im günstigsten Fall kann der vertretende Ehegatte auf eine Patientenverfügung des anderen Ehegatten zurückgreifen, wenn die Festlegungen in der **Patientenverfügung** auf die aktuelle Lebens- und Behandlungssituation zutreffen (RegE, aaO). Schwieriger stellt sich die Situation dar, wenn **keine Patientenverfügung** vorliegt. In diesem Fall greift der Verweis auf **§ 1827 II 1** ein, dh der Ehegatte hat die Behandlungswünsche bzw den mutmaßlichen Willen des vertretenen Ehegatten festzustellen und auf dieser Grundlage zu entscheiden, ob er in eine ärztliche Maßnahme einwilligt oder diese untersagt. Der mutmaßliche Wille soll gem § 1827 II 3 insb durch Rückgriff auf frühere Äußerungen, ethische oder religiöse Überzeugungen und sonstige persönliche Wertvorstellungen ermittelt werden. Der behandelnde Arzt hat zuvor die medizinisch indizierten Maßnahmen unter Berücksichtigung des Patientenwillens mit dem Ehegatten zu erörtern (§ 1828); zum Ganzen vgl RegE, BT-Drs 19/24445, 184.

27 Der Verweis auf **§ 1829 I–IV** enthält die Voraussetzungen, unter denen die Einwilligung bzw die Nichteinwilligung in eine Untersuchung des Gesundheitszustands, eine Heilbehandlung oder einen ärztlichen Eingriff der Genehmigung des BetrG bedarf. Auch die Vorschrift des **§ 1831 IV iVm II** über freiheitsentziehende Maßnahmen findet auf den vertretenden Ehegatten entspr Anwendung. Im Umkehrschluss ergibt sich, dass § 1831 I über die freiheitsentziehende Unterbringung keine Anwendung findet.

28 **X. Ende des Notvertretungsrechts.** Das Notvertretungsrecht wird dann beendet, wenn seine Voraussetzungen nicht mehr gegeben sind (Abs III Nr 4 lit a, s Rn 20). Das Gleiche gilt gem Abs V, wenn ein Betreuer bestellt wird, allerdings nur dann, wenn die Gesundheitsvorsorge zu dessen Aufgabenbereich gehört (was regelmäßig der Fall sein wird), Rn 19.

29 **XI. Internationales Privatrecht (Art 15 EGBGB).** Der Reformgesetzgeber hat in Art 15 EGBGB eine Regelung aufgenommen, um sicherzustellen, dass auch in „schwierigen und unvorhersehbaren Situationen mit Auslandsbezug zeitnah insb wichtige medizinische Entscheidungen getroffen und sofort umgesetzt werden können" (RegE, BT-Drs 19/24445, 318f). Danach ist in Angelegenheiten der Gesundheitssorge, die im Inland vorgenommen werden, § 1358 auch dann anzuwenden, wenn nach anderen Vorschriften insoweit ausländisches Rechts anwendbar wäre. Bei Art 15 EGBGB handelt es sich um den seltenen Fall einer **Eingriffsnorm im internat Familienrecht**. Eingriffsnormen sind internat zwingende Bestimmungen des inländischen bzw ausländischen Rechts, die sich gegen das eigentlich anwendbare Recht durchsetzen (MüKo/*Martiny* Art 9 Rom I-VO Rn 10). Diese sind traditionell im internat Schuldrecht anerkannt (vgl Art 9 Rom I-VO). Ausweislich der Gesetzesbegr rechtfertigt sich die Einführung von Art 15 EGBGB aufgrund der „herausragenden Bedeutung für das Leben und die Gesundheit der Betroffenen in akuten Notfällen und der Funktionsfähigkeit des Gesundheitswesens in diesen Situationen" (RegE, aaO, 319). Insb das Krankenhauspersonal soll im Behandlungsfall davon entlastet werden, zunächst zu ermitteln, nach welchem Recht sich die Vertretungsmacht des vertretenden Ehegatten richtet bzw, sollte dies nötig sein, ausländisches Recht auszulegen und anzuwenden (RegE, aaO). Das Gleiche gilt auch für den vertretenden Ehegatten. Aus Gründen der Vereinfachung soll vielmehr uneingeschränkt dt Recht zur Anwendung kommen (RegE, aaO); zum Ganzen auch Art 15 EGBGB Rn 5.

§ 1359 Umfang der Sorgfaltspflicht

Die Ehegatten haben bei der Erfüllung der sich aus dem ehelichen Verhältnis ergebenden Verpflichtungen einander nur für diejenige Sorgfalt einzustehen, welche sie in eigenen Angelegenheiten anzuwenden pflegen.

Schrifttum: *Christensen*, Gestörter Gesamtschuldnerausgleich bei familienrechtlichen Haftungsbeschränkungen, MDR 1989, 948; *Diederichsen*, Haftungsfreistellungen unter Familienmitgliedern, in 25 Jahre Karlsruher Forum, 1983, 141; *Hager*, Das Mitverschulden von Hilfspersonen und gesetzlichen Vertretern des Geschädigten, NJW 1989, 1640; *Jayme*, Die Familie im Recht der unerlaubten Handlungen, 1971; *Knolle*, Das Haftungsprivileg der eigenüblichen Sorgfalt im Familienrecht, 1999; *Kunschert*, Die Haftung des Kfz-Halters gegenüber seinem Partner und seinem Kind als Insassen, NJW 2003, 950; *Mergner/Kraft*, Praxisrelevante Haftungsbeschränkungen, VersR 2016, 435; *Mollenhauer*, Das gestörte Gesamtschuldverhältnis, NJ 2011, 1; *Muscheler*, Die Störung der Gesamtschuld: Lösung zulasten des Zweitschädigers?, JR 1994, 441; *Szalai*, Die familienrechtliche Überlagerung zivilrechtlicher Ansprüche unter Eheleuten, NZFam 2018, 761; *Walker*, Haftungsprivilegierungen, JuS 2015, 865.

I. Ratio. In Anlehnung an das gemeine Recht, das den Mann bei der Verwaltung des Dotalvermögens nur für culpa in concreto einstehen ließ, erleichtert die Vorschrift die Haftung für beide Ehegatten bei der Erfüllung der Pflichten, die sich aus der ehelichen Lebensgemeinschaft ergeben (MüKo/*Roth* Rn 1). 1

II. Entwicklung. Die Vorschrift, die die Haftung der Ehegatten untereinander auf die in eigenen **Angelegenheiten übliche Sorgfalt** beschränkt, ist seit 1900 unverändert geblieben. Je nach Lage des Falles ist ein Ehegatte dem anderen ggü von der Haftung für leichte Fahrlässigkeit befreit (§ 277), niemals jedoch für grobe Fahrlässigkeit oder Vorsatz. Der Haftungsmaßstab gilt für alle Verpflichtungen, die sich aus dem ehelichen Verhältnis ergeben (BGH NJW 2009, 1875), also zB im Rahmen der §§ 1356 (Haushaltsführung, Mitarbeit im Geschäft), 1357 (Mitberechtigung und -verpflichtung), bei Erfüllung der Unterhaltspflicht (§§ 1360, 1361), auch im Güterrecht, vor allem für die Haftung des Gesamtgutsverwalters in der Gütergemeinschaft (§ 1435), aber auch in dem Fall, dass ein Ehegatte dem anderen sein Vermögen zur Verwaltung überlässt (§ 1413). Bei der Vorschrift handelt es sich um eine **eng auszulegende Ausnahme** zum allg Haftungsmaßstab des **§ 276** (BGH NJW 2009, 1875); anders als § 1664 ist sie aber **keine eigene Anspruchsgrundlage** (*Dethloff* § 4 Rn 74; MüKo/*Roth* Rn 2; Grü/*Siede* Rn 1). Sie gilt auch für Rechtsgeschäfte zw den Ehegatten, die in engem Zusammenhang mit der Verwirklichung der ehelichen Lebensgemeinschaft stehen, nicht aber für solche, die nur aus Anlass der Ehe erfolgen (Grü/*Siede* Rn 1). Dh, § 1359 ist nicht anwendbar bei Rechtsgeschäften, die die Ehegatten ebenso gut als Fremde miteinander tätigen könnten, zB Pacht, Darlehen ua. 2

III. Anwendungsbereich. § 1359 gilt persönlich nur für **Ehegatten und eingetragene Lebenspartner** (§ 4 LPartG, der dem § 1359 entspricht), **nicht dagegen für Verlobte. Bei nichtehelichen Lebensgefährten** erscheint es denkbar, den Rechtsgedanken der Vorschrift über § 708 entspr zur Anwendung zu bringen (MüKo/*Roth* Rn 8). Eine Analogie wegen nachträgl entstandener planwidriger Regelungslücke (so BeckOGK/*Erbarth* Rn 14ff) ist dagegen abzulehnen. Vielmehr würde die Anerkennung einer derartigen nachträgl Planwidrigkeit zur Aushöhlung des gesamten Rechtsinstituts der Analogie führen. Das Haftungsprivileg gilt für alle während der Ehe entstandenen Ansprüche, auch wenn sie erst nach der Scheidung geltend gemacht werden (MüKo/*Roth* Rn 8). § 1359 entfaltet seine Rechtswirkungen idR erst bei der **Trennung** der Eheleute (bis zur Rechtskraft des Scheidungsbeschl, BGHZ 53, 352). Denn während des Bestehens einer Ehe gleichen die Ehegatten Schäden bereits im Rahmen des Familienunterhalts aus (*Dethloff* § 4 Rn 77). Insofern spricht viel dafür, die Vorschrift auch nach der Trennung der Eheleute bis zur Rechtskraft des Scheidungsurteils noch anzuwenden (BGH NJW 1970, 1271; aA MüKo/*Roth* Rn 8; BeckOGK/*Erbarth* Rn 21ff). Die Vorschrift gilt nicht mehr bei Erfüllung der Verpflichtungen, die sich nach Auflösung der Ehe ergeben (so auch Staudinger/*Voppel* Rn 14). 3

IV. Fallgruppen. Die Haftungserleichterung erstreckt sich ebenso auf die Erfüllung, Nichterfüllung oder Schlechterfüllung aller Verpflichtungen, die sich aus dem Eheleben ergeben, wie auf die uU damit konkurrierende Deliktshaftung (MüKo/*Roth* Rn 10; Grü/*Siede* Rn 2; *Jayme*, Die Familie im Recht der unerlaubten Handlungen, 1971). Im Bereich der **Gefährdungshaftung** sollen die Ehegatten allerdings einander nach allg Grundsätzen haften, weil hier der Normzweck der Haftung idR nicht mit der Sonderrolle der Ehegattenhaftung vereinbar ist (*Gernhuber/Coester-Waltjen* § 22 Rn 5; Grü/*Sprau* § 833 Rn 12). Nach KG MDR 2002, 35 ist § 1359 wiederum auf die Haftung aus § 833 (Gefährdungshaftung für Luxustiere) anzuwenden. 4

1. Verkehrsunfallrecht. Lange Zeit hat § 1359 auch für die deliktische Schädigung im Straßenverkehr gegolten, was aber zunehmend umstrittener wurde. Der BGH hat dann mit mehreren Entscheidungen (vorbereitet in BGHZ 46, 313 zu § 708) das Haftungsprivileg auf den häuslichen Bereich beschränkt. Seit BGHZ 53, 352 (s auch BGHZ 61, 101; 63, 51) wird das Haftungsprivileg des § 1359 **nicht mehr auf Kraftfahrzeugunfälle** angewendet, bei denen der Fahrer durch den Verstoß gegen allgemeinverbindliche Verkehrsvorschriften seinen Ehegatten verletzt oder Gegenstände beschädigt hat, die diesem gehören. Die **Straßenverkehrsregeln** ließen **keinen Raum** für individuelle **Sorglosigkeit**, und niemand dürfe sich darauf berufen, er würde sie gewöhnlich verletzen. Dem geschädigten Ehegatten werden auf diese Weise Ersatzansprüche gegen den Versicherer des Schädigers erhalten (BGHZ 53, 352). Dies gilt auch für vor der Eheschließung entstandene Ansprüche (LG Limburg 26.3.2021 – 3 S 109/20). Daran ändert nach BGHZ 63, 51; NZFam 2021, 266 m Anm *Lugani* (VI. Zivilsenat; zu § 1664) auch eine Haftpflichtversicherung des verantwortlichen Ehegatten nichts (aA BGH – III. Zivilsenat – NJW 1992, 1227; *Erbarth* NZFam 2021, 714, 721ff: teleologische Reduktion des § 1359 bei versicherten Schäden). Diese Rspr hat der BGH in NJW 2009, 1875 (m Anm *Born* FPR 2009, 319; *Lemcke* r+s 2009, 257) auf einen Unfall mit einem motorgetriebenen Fahrzeug von vergleichbarer Gefährlichkeit, dessen Betrieb eine Lizenz erfordert (Wasserski), ausgedehnt, auch wenn sich dieser bei der gemeinsamen Ausübung von Freizeitsport im Rahmen der ehelichen Lebensgestaltung ereignete. Es gilt der Maßstab des § 276 (BGHZ 63, 51). Speziell zum Verhältnis von § 839 I 2 zu § 1359 vgl *Waldeyer* NJW 1972, 1249, 1252. Teilw wird vorgeschlagen, die Rspr nach den Grundsätzen über die schadensgeneigte Tätigkeit im Arbeitsrecht dahingehend zu modifizieren, dass § 1359 im 5

Innenverhältnis der Ehegatten nur für leichteste Fahrlässigkeit auszuschließen, für leichte dagegen zu mindern ist (MüKo/*Roth* Rn 19f mwN). Für den Ansatz des BGH spricht aber letztlich die Verteilung des Haftungsrisikos auf den Pflichtversicherer (*Rauscher* FamR Rn 303). Ob sich an dieser Rechtsprechungslinie durch das Urteil des BGH zur Hundehalterhaftung iRv § 1664 (BGH NJW 2021, 778f) etwas ändert, ist unklar. Hier hatte der BGH entschieden, ein Anspruch aufgrund Gefährdungshaftung gem § 833 S 1 werde durch § 1664 ausgeschlossen. Auch wenn der BGH § 1359 nur indirekt erwähnt (BGH NJW 2021, 778 Rn 10), wird das Urteil vereinzelt so verstanden, als habe der BGH die Gefährdungshaftung insg in den Blick genommen (*Lugani* NZFam 2021, 267; aA *Erbarth* NZFam 2021, 714, 719f).

6 **Zweitschädiger:** In Fällen, in denen dem Geschädigten **mehrere Schädiger** (§ 840) haften, hatte der BGH den Dritten zunächst über die Fiktion eines **gesamtschuldnerischen Innenausgleichs** (gestörte Gesamtschuld) von einem Teil seiner Haftungslast befreit (BGH NJW 1961, 1966). Begründet wurde dies mit einem Vergleich mit der Interessenlage bei einer vertragl vereinbarten Haftungsmilderung (BGHZ 1961, 1966). In seinem – zu § 1664 ergangenen – Urteil NJW 1988, 2667 hat der BGH diese Rspr allerdings zugunsten einer Alleinhaftung des Schädigers aufgegeben. Insb erschien ihm der Vergleich mit der Interessenlage bei einer vertragl vereinbarten Haftungsmilderung als Begründung für die Fiktion eines gesamtschuldnerischen Innenausgleichs in den Fällen der gesetzl Haftungsmilderungen der §§ 1359, 1664 schon deshalb nicht ausreichend, weil diese Haftungsmilderungen nicht auf einer den Beteiligten im Rahmen der Vertragsfreiheit überlassenen individuellen Gewichtung und Gestaltung ihrer Interessen mit der Möglichkeit zu entspr Auffanglösungen beruhe, sondern auf der gesetzgeberischen Würdigung und Bewertung der Familiengemeinschaft, die auch das „außenstehende" Rechtsverhältnis als solches angehe (BGH NJW 1988, 2667). Der schädigende Ehegatte kann dem zweitschädigenden Dritten somit § 1359 entgegenhalten. Nach **aA** (*Gernhuber/Coester-Waltjen* § 22 Rn 8; *Medicus/Petersen*, Bürgerliches Recht, Rn 933ff; MüKo/*Roth* Rn 18; *Rauscher* FamR Rn 305) wirkt diese Lösung aber einseitig zulasten des Dritten, obwohl diesen das Innenverhältnis der Ehegatten nichts angeht. Es wird daher eine Kürzung des Anspruchs des Geschädigten um die auf den entlasteten Ehegatten entfallende Quote vorgeschlagen (*Rauscher* FamR Rn 305).

7 **2. Amtshaftungsanspruch und Regress.** Bei nur **fahrlässiger Schädigung** wird ein Ausgleichsanspruch des öffentlichen Versicherungsträgers (§ 116 SGB X) oder des öffentlichen Dienstherrn, die dem Versicherten oder Beamten Versorgungsleistungen erbracht haben (§ 76 BBG), im Hinblick auf den sozialen Schutzzweck der öffentlichen Versicherungs- oder Versorgungsleistungen regelmäßig abgelehnt (BGHZ 41, 79; 43, 72; BGH VersR 1970, 950 mwN; FamRZ 1968, 147; vgl auch BGH NJW 1979, 983). Ein Anspruchsübergang auf den privaten Schadensversicherer ist unter diesen Voraussetzungen schon nach § 86 III VVG ausgeschlossen. In Analogie hierzu und unter Berücksichtigung der gleichen Interessenlage wie bei § 116 SGB X/§ 76 BBG ist auch dann ein Haftungsübergang auszuschließen, wenn Entgeltfortzahlung gem § 6 EntgFG geleistet wird. Insoweit muss der private ArbGeb dem Staat bzw dem Sozialversicherungsträger gleichgestellt werden. Der Fortzahlungsanspruch ist bereits „mitverdient", ein Regress gegen ein anderes Mitglied der gleichen ehelichen Hausgemeinschaft würde dies wirtschaftl gesehen sonst wieder zurücknehmen (vgl *Dieckmann* FS Reinhardt, 1972, 51).

8 **3. Abdingbarkeit.** § 1359 ist nach überwiegender und zutr Ansicht **dispositiv** (Grü/*Siede* Rn 3). Die Ehegatten können bei gemeinsamen Fahrten die Haftung gegenseitig ausschließen oder verschärfen. Solches kann sich auch aus den Umständen ergeben, ist aber nicht ohne weiteres anzunehmen (BGHZ 41, 81; vgl auch Frankfurt FamRZ 1987, 381; *Gernhuber/Coester-Waltjen* § 22 I Rn 9–11). Der Ausschluss hat stets nur Wirkung unter den Eheleuten (BGHZ 12, 213).

Vorbemerkung vor § 1360

1 **I. Begriff des Unterhalts. Unterhalt** umfasst alle Mittel und Dienste, die jeder Mensch zu einem angemessenen Leben benötigt. Das beinhaltet den Unterhalt für das tägliche Leben als Natural- und Betreuungsunterhalt sowie als Barunterhalt, also die notwendigen finanziellen Mittel, um ersteren zu beschaffen. Soweit ein einzelner Mensch seinen Lebensunterhalt selbst nicht sicherstellen kann, regeln gesetzl Vorschriften, dass nahestehende Personen (Ehepartner) oder nahe Verwandte für die Sicherstellung des Unterhalts zu sorgen haben. Erst wenn auch dies zur angemessenen Unterhaltssicherung nicht ausreicht, greifen die Vorschriften des Sozialrechts, und der Staat tritt an die Stelle eines (Mit-)Versorgers.

2 **II. Anwendungsbereich.** Die §§ 1360–1360b regeln ausschließlich den Unterhalt während des Zusammenlebens der Eheleute. Der **Familienunterhalt nach § 1360** ist dabei für die Zeit nach der Eheschließung bis zur Trennung der Eheleute geschuldet; er setzt also eine häusliche Gemeinschaft voraus und umfasst den Bedarf der gesamten Familie zur Deckung der Kosten für das tägliche familiäre Leben (Nahrung, Kleidung, ärztliche Versorgung etc). Beide Ehegatten sind zugleich Gläubiger und Schuldner dieses Anspruchs, der zumeist vorwiegend mit Naturalleistungen erbracht wird. Davon zu unterscheiden ist der **Trennungsunterhalt nach § 1361**, der nach dem Zerfall der Ehe und der Aufgabe der häuslichen Gemeinschaft bis zur Rechtskraft des Scheidungsbeschl zu leisten ist. Er regelt ausschließlich den Bedarf des getrenntlebenden Ehegatten und nicht mehr den der Familie. Der Ehegatte, der in zumutbarer Weise seinen eigenen Lebensbedarf nicht in voller Höhe aus eigenen Mitteln

aufbringen kann und dazu auch nicht verpflichtet (§ 1361 II), also bedürftig ist, kann vom leistungsfähigen Partner Ehegattenunterhalt beanspruchen. Als leistungsfähig gilt der Ehegatte, der über Mittel verfügt, die über dem eigenen benötigten Lebensbedarf liegen (BGH FamRZ 1984, 149; 1981, 1159). Der Trennungsunterhalt wird idR durch eine **Barleistung** erfüllt. Während dieser Zeit geht man noch von einer ehelichen Solidarität aus, die eine stärkere Belastung rechtfertigt. Mit zunehmender Dauer der Trennung kann indessen die eheliche Solidarität bis hin zum **Grundsatz der wirtschaftl Eigenverantwortung** absinken. Dieser gilt spätestens nach der **Auflösung der Ehe** durch einen Scheidungsbeschl für jeden Ehegatten, dh jeder hat selbst für seinen Unterhalt zu sorgen (§ 1569), es sei denn, es bestehen bestimmte Bedürfnislagen, die die §§ 1570ff abschließend regeln. Die dort dargestellten Unterhaltstatbestände (nachehelicher Unterhalt) dienen im Wesentlichen dem Ausgleich ehebedingter Nachteile (s Komm zu §§ 1569ff). Weiterhin kennt das Gesetz den **Verwandtenunterhalt** (§§ 1601ff) und den **Kindesunterhalt** (§§ 1601ff). Dabei sind die Unterhaltsansprüche der Kinder gegen die Eltern nach hL ausschließlich in den §§ 1601ff geregelt; die Kinder können ihre Unterhaltsansprüche **nicht unmittelbar** aus den §§ 1360, 1360a herleiten (MüKo/*Weber-Monecke* § 1360 Rn 8; Staudinger/*Voppel* Rn 53; *Dethloff* § 4 Rn 39). Es kommt mithin nur eine mittelbare Begünstigung der Kinder gem §§ 1360ff in Betracht (MüKo/*Weber-Monecke* § 1360 Rn 8; krit *Gernhuber/Coester-Waltjen* § 21 Rn 3). Der Kindesunterhaltsanspruch aus §§ 1601ff steht dabei **neben** dem Anspruch auf Familienunterhalt (BGH NJW 1997, 735; aA Celle NZFam 2014, 847 m Anm *Löhnig/Preisner*), dh, wenn der Kindesbedarf über den Familienunterhalt nicht oder nicht (vollständig) abgedeckt wird, kann der Anspruch aus §§ 1601ff gerichtlich geltend gemacht werden (vgl BeckOGK/*Preisner* Rn 25f).

III. Allgemeine Voraussetzungen. Voraussetzung für einen Unterhaltsanspruch ist grds die **Bedürftigkeit des Unterhaltsgläubigers**, vgl § 1360a I, § 1361 I 1, § 1577 I, § 1602 I. Im Rahmen des Familienunterhalts ist gem § 1360 die Bedürftigkeit eines Ehegatten aber nicht gefordert (BGH FamRZ 1966, 138). Der Unterhaltsschuldner muss allerdings **leistungsfähig** sein. Dies ist grds zu bejahen, soweit der Schuldner in der Lage ist, den Unterhaltsbedarf zu zahlen, wobei ihm ein sog **Selbstbehalt** – also ein bestimmter Teil seines Einkommens für den eigenen Lebensbedarf – verbleiben muss. Beim Familienunterhalt ist aber zu beachten, dass die Leistungsfähigkeit nicht schon dann entfällt, wenn der angemessene Unterhalt gefährdet ist. Vielmehr müssen die Ehegatten alle verfügbaren Mittel auch in Notfällen gleichmäßig miteinander teilen (MüKo/*Weber-Monecke* § 1360 Rn 5). Reicht das Einkommen – die **Verteilungsmasse** – des Unterhaltsschuldners nicht für die Erfüllung aller Unterhaltsansprüche aus, so liegt ein sog **Mangelfall** vor; die bestehenden Unterhaltsansprüche stehen dann in einem **Rangverhältnis** (vgl §§ 1582, 1608, 1609). Dabei gibt es allerdings kein Rangverhältnis dergestalt, dass der Anspruch gegen den Ehegatten aus § 1360 der stärkere ist und ein etwaiger Anspruch gegen einen nichtehelichen Elternteil aus § 1615l dahinter zurücktritt (Düsseldorf NJW 2016, 1104 m Anm *Niepmann* NZFam 2016, 176). Vielmehr ist nach der Rspr des BGH (NJW 1998, 1309) bei konkurrierenden Betreuungsunterhaltsansprüchen der Mutter ehelicher und nichtehelicher Kinder gegen den getrenntlebenden Ehemann einerseits und den nichtehelichen Vater andererseits analog § 1606 III vom Grundsatz gleichrangiger Unterhaltspflichten auszugehen (Düsseldorf NJW 2016, 1104; KG NZFam 2015, 721 m Anm *Frauenknecht*; BGH NJW 2008, 3125). 3

IV. Umfang. Der **Umfang** des Familienunterhalts bestimmt sich nach § 1360a; er richtet sich nach dem Lebensbedarf der Familie. Im Rahmen des Ehegattenunterhalts ist der gesamte Lebensbedarf nach den ehelichen Lebensverhältnissen zu bemessen (§ 1361 I 1). Der BGH hat mit einer Entscheidung v 13.6.2001 (FamRZ 2001, 986) eine grundlegende Rspr-Änderung eingeleitet (s auch BGH FamRZ 2001, 1291). Soweit der unterhaltsberechtigte Ehegatte nach der Trennung/Scheidung eine Erwerbstätigkeit aufnimmt oder die vorhandene Erwerbstätigkeit umfänglich erweitert, ist sein (Mehr-)Einkommen als **Surrogat des wirtschaftl Wertes seiner bisherigen Haushaltstätigkeit** anzusehen und in die Unterhaltsbemessung nach der sog Differenzmethode einzubeziehen. Der Wert der Haushaltsleistungen spiegelt sich dann in dem erzielten (oder erzielbaren) Einkommen wider. Eine Ausnahme gilt für außergewöhnliche – nicht vorhersehbare – Karriereentwicklungen (dazu *Clausius* FF 2006, 233; BGH FamRZ 2001, 986). 4

V. Prozessuales. Die unterschiedlichen Unterhaltsansprüche, die während der Trennungsphase bis nach dem Scheidungsbeschl entstehen können, sind **nicht identisch**, es handelt sich um **unterschiedliche Streitgegenstände**. Unterhaltsgläubiger haben die Ansprüche nach der Trennung bzw nach der Scheidung gesondert geltend zu machen, der bisherige Anspruch auf Familienunterhalt bzw Trennungsunterhalt wirkt nicht weiter. Damit ist auch die Geltungsdauer eines Vollstreckungstitels begrenzt. Aus einem Titel auf Trennungsunterhalt kann nach Rechtskraft der Scheidung nicht mehr vollstreckt werden, sofern der Titel nicht auch ausdrückl den nachehelichen Unterhalt regelt (FamR-Komm/*Klein*[7] Vor §§ 1360–1360b Rn 168ff). Der Unterhaltsschuldner hat in einem solchen Fall – aus dem Titel auf Trennungsunterhalt soll nach Rechtskraft der Scheidung noch vollstreckt werden – **Vollstreckungsabwehrklage** gem § 767 ZPO zu erheben (München FamRZ 1981, 450; BGH FamRZ 1981, 2429). Der Anspruch auf nachehelichen Unterhalt kann nicht vor Rechtskraft des Scheidungsbeschl geltend gemacht werden, da er erst dann entsteht und fällig wird (BGH FamRZ 1988, 307). 5

VI. Unterhaltsleitlinien. Um eine einheitliche Rspr zu fördern, hat sich die Unterhaltskommission des Deutschen Familienrechtstages auf die **bundeseinheitliche Struktur für unterhaltsrechtl Leitlinien** verständigt, die eine Gliederung vorgibt, nach der alle unterhaltsrechtl Leitlinien der OLG ab dem 1.7.2003 aufgebaut sein sollen (s www.dfgt.de). 6

§ 1360 Verpflichtung zum Familienunterhalt

Die Ehegatten sind einander verpflichtet, durch ihre Arbeit und mit ihrem Vermögen die Familie angemessen zu unterhalten. Ist einem Ehegatten die Haushaltsführung überlassen, so erfüllt er seine Verpflichtung, durch Arbeit zum Unterhalt der Familie beizutragen, in der Regel durch die Führung des Haushalts.

Schrifttum: *Balthasar*, Die Pfändung des Taschengeldanspruchs des vermögenslosen Ehegatten, FamRZ 2005, 85; *Braun*, Der Taschengeldanspruch des Ehegatten, AcP 195, 311; *Braun*, Unterhalt für den Gläubiger des Ehegatten, NJW 2000, 97; *Christl*, Hohe Wohnkosten als Unterhaltsmehrbedarf, NZFam 2019, 612; *Eder*, Wohnvorteil und Wohnungsaufwendungen im Unterhaltsrecht, FuR-Jubiläumsausgabe 2015, 24; *Gehm*, Unterhaltsaufwendungen als außergewöhnliche Belastungen, EStB 2022, 262; *Göppinger/Wax*, Unterhaltsrecht, 9. Aufl 2008; *Graba*, Betreuungsunterhalt auf Grund des erweiterten Unterhaltsbegriffs, NJW 2016, 833; *Graba*, Gemeinsamer Haushalt im Unterhaltsrecht, FamFR 2011, 241; *Graba*, Unterhaltsrecht zum Merken, NZFam 2021, 723; *Graba*, Angemessen und billig im Unterhaltsrecht, NZFam 2018, 145; *Graba*, Familienunterhalt, NZFam 2019, 49; *Haumer*, Taschengeld unter Ehegatten – Ein Anspruch ohne Grundlage, FamRZ 1996, 193; *Hauß*, Unterhalt und Verbraucherinsolvenz, FamRZ 2006, 1496; *Kremer*, Das Prinzip der familiären Solidarität im Unterhaltsrecht des BGB, 2010; *Maurer*, Der pflegebedürftige Ehegatte im Familienunterhalt, FamRZ 2016, 1220; *Niepmann/Schwamb*, Die Entwicklung des Unterhaltsrechts seit Anfang 2016, NJW 2016, 2543; *Niepmann/Seiler*, Die Rechtsprechung zur Höhe des Unterhalts, 14. Aufl 2019; *Rubenauer/Dose*, Unterhaltsbedarf bei höherem Einkommen, NZFam 2021, 661; *Schramm*, Leistungsfähigkeit des Hausmannes bei Rollentausch in Zweitehe, NJW-Spezial 2007, 7; *Soyka*, Die Berechnung des Ehegattenunterhalts, 3. Aufl 2012; *Stein*, Ersparte Aufwendungen, NZFam 2016, 255; *Thiel*, Die materiell-rechtlichen Voraussetzungen für eine ungekürzte Versorgung in Unterhaltsfällen, NZFam 2017, 688; *Vieflhues*, Haftung für Heimkosten des pflegebedürftigen Ehegatten, jm 2017, 13; *Waldschmidt*, Pfändung des Taschengeldanspruchs, JurBüro 2022, 234; *Waruschewski*, Familienunterhalt und Haushaltsführungsschaden, FuR 2019, 133.

1 **I. Grundsatz der gegenseitigen Unterhaltspflicht, S 1.** Den Ehegatten obliegt eine gegenseitige Unterhaltspflicht, die eine **bestehende Ehe** und eine **häusliche Gemeinschaft** voraussetzt. Getrenntlebende Ehegatten schulden einander nach § 1361 Unterhalt, geschiedene Paare nach §§ 1569ff, s Vor § 1360 Rn 1–3. Mit der Eheschließung tritt der Unterhaltsanspruch des § 1360 an die Stelle des Anspruchs aus § 1615l II 2 (BGH NZFam 2016, 460, 462).

2 Der Begriff des **Familienunterhalts** ist zur Deckung des gesamten Lebensbedarfs bestimmt (BGH NZFam 2016, 460, 462); er ist nicht auf die Bedürfnisse der Ehegatten beschränkt, sondern umfasst mittelbar insb auch den Lebensbedarf der gemeinschaftl Kinder, der ohnehin praktisch von den Bedürfnissen der Ehegatten selbst nicht abtrennbar ist (*Gernhuber/Coester-Waltjen* § 21 Rn 2: „Summe aller individuellen Ansprüche, die in beiden Richtungen kollektiv formuliert sind"). Die Art der Unterhaltsgewährung der Kinder wird von den Eltern gemeinsam bestimmt, § 1612 I, und den familiären Gepflogenheiten angepasst. Die Unterhaltsansprüche der Kinder gegen ihre Eltern gem §§ 1601ff bleiben neben dem gegenseitigen Anspruch der Eltern auf Familienunterhalt bestehen (Grü/*v Pückler* Rn 2). Grds sind die Ehegatten in gleicher Weise einander verpflichtet, durch ihre Arbeit und mit ihrem Vermögen die Familie angemessen zu unterhalten. Dies entspricht dem Grundsatz des gesetzl Güterstandes der Zugewinngemeinschaft, wonach jeder Ehegatte sein Vermögen selbständig verwaltet und nutzt. Der Befriedigung der Unterhaltspflicht dienen die Arbeitskraft der Ehegatten, ihre Einkünfte, notfalls auch der Stamm ihres Vermögens. Die Ehegatten haben aber nicht etwa je zur Hälfte zum Familienunterhalt beizutragen. Maßgebend sind vielmehr ihre Leistungsfähigkeit, die Höhe ihrer Einkünfte aus Erwerbstätigkeit und Vermögen sowie die Größe des Vermögens selbst, sog „Prinzip der verhältnismäßigen Belastung" (vgl Staudinger/*Voppel* Rn 19). Die Unterhaltsregelung gilt ohne Rücksicht auf den Güterstand (vgl aber bei der Gütergemeinschaft die Sonderregelung des § 1420). Ein Auskunftsanspruch das Einkommen betreffend ist im Rahmen des § 1360 abzulehnen (München FamRZ 2000, 1219.)

3 **II. Art der Unterhaltsleistung.** Die **Teilung und Zuweisung** spezifischer **Arten der Unterhaltsleistung** durch **§ 1360 S 2 aF**, nach dem die Frau ihre Unterhaltspflicht idR durch die Haushaltsführung und der Mann entspr durch eine Erwerbstätigkeit erfüllte und nach dem die Frau nur ausnahmsw zu einer Erwerbstätigkeit verpflichtet war, wurde durch das 1. EheRG aufgegeben; der Gesetzgeber stellte keine Leitlinien auf, nachdem das gesetzl Leitbild der Hausfrauenehe aufgegeben wurde. Die Art des von den Ehegatten konkret zu leistenden Unterhalts richtet sich nunmehr nach der von ihnen getroffenen Funktionsteilung und **Vereinbarung** (vgl § 1356 Rn 3ff). Wird nichts vereinbart, wird der Unterhalt regelmäßig als Naturalleistung erbracht, dh durch Haushaltsführung, Gewährung von Wohnung und Verpflegung (*Dethloff* § 4 Rn 45).

4 **III. Aufgabenverteilung.** Die Verteilung der Aufgaben erfolgt nach den Vereinbarungen der Ehegatten (MüKo/*Weber-Monecke* Rn 4). Eine wechselseitige Unterhaltsverpflichtung der Eheleute erzwingt eine Verteilung der bestehenden Lasten unter ihnen. Die Aufteilung muss nicht wertgleich sein. Der zum Unterhalt zu erbringende Beitrag des einen Partners bestimmt sich nach dem Verhältnis, in dem seine Arbeitskraft und sein Vermögen zur Arbeitskraft und zum Vermögen des anderen Partners stehen. Entscheidend ist der jew gelebte Ehetyp: Hier erfüllt der haushaltführende Ehegatte bereits durch die Haushaltsführung seine gesetzl Unterhaltspflicht, wohingegen der verdienende Ehegatte den für die Unterhaltspflicht erforderlichen Geldbetrag aufbringen muss (Grü/*v Pückler* Rn 9). Bei **Zuverdiener- bzw Doppelverdienerehen** ist eine der Belastung durch die Erwerbstätigkeit entspr Aufgabenteilung im Haushalt erforderlich. Wenn die Berufstätigkeit zum Erwerb des Familienunterhalts erforderlich ist, geht sie insoweit der Pflicht zur Führung des Haushalts vor (Stuttgart NJW 1961, 2113). In diesem Fall ist der Ehepartner verpflichtet, bei Haushaltsführung und Kindererziehung in dem Maß mitzuwirken, dass die Familie angemessen entlastet wird (BGH NJW 1971, 1983, 1985; BSG FamRZ 1971, 579, 582).

IV. Unterhaltserbringung aus Arbeitseinkünften oder dem Vermögen. Reichen die Einkünfte aus dem Vermögen eines Ehegatten zum angemessenen Familienunterhalt aus, so ist er zur Erfüllung seiner Unterhaltspflicht grds nicht verpflichtet (S 1), Arbeitsleistung zu erbringen. Dies gilt grds auch für den haushaltführenden Ehegatten. Die allg Pflichten ggü dem Ehepartner und insb den Kindern dürfen dadurch aber nicht verletzt werden. Beim Verbrauch des Vermögens für den angemessenen Familienunterhalt muss berücksichtigt werden, dass die Grundlage für eine Alterssicherung nicht zerstört wird. Grds kann die Pflicht der Ehegatten, einander durch ihre Arbeit und mit ihrem Vermögen angemessen zu unterhalten, durch Mitarbeit im Betrieb des anderen Ehegatten erfolgen. Je nach den Umständen kann die Mitarbeit über den gem § 1360 geschuldeten Umfang hinausgehen (BGH FamRZ 1989, 732). Der Ehegatte, dem nach der Funktionsteilung die **Erwerbstätigkeit** zufällt, erfüllt seine **Arbeitspflicht grds durch den Beruf**, so dass im Allg für seine Tätigkeit im Haushalt nur eine Mithilfe in dem nach den Verhältnissen der Ehegatten üblichen Rahmen in Frage kommt (dazu *Gernhuber/Coester-Waltjen* § 20 Rn 7ff). Allerdings kann dem Erwerbstätigen uU auch eine Tätigkeit außerhalb seines erlernten Berufes angedient werden, wenn **nur hierdurch** der Unterhalt sichergestellt und dies ihm persönlich zugemutet werden kann (Stuttgart FamRZ 1972, 643; Celle FamRZ 1971, 106). Der Beruf kann nur im Einvernehmen mit dem anderen Ehegatten aufgegeben werden, wenn dieser bereit ist, die Familie zu unterhalten. In anderen Fällen ist ein Abbruch der Ausbildung wegen eines unvorhersehbaren zusätzl Unterhaltsbedarfs (zB wegen der Geburt eines Kindes) nicht zumutbar, wenn diese schon weit fortgeschritten ist (BGH FamRZ 1983, 140). Ein Vater, der in zweiter Ehe die Rolle des Hausmannes übernommen hat, wird nicht davon befreit, notfalls durch einen Nebenverdienst die Mittel für den Unterhalt seines Kindes aus erster Ehe bereitzustellen (BGH FamRZ 1980, 43; 1982, 25 und 590; 2001, 554; FuR 2001, 225; FamRZ 2006, 1827 m Anm *Singer* JZ 2007, 587; *Schramm* NJW-Spezial 2007, 7). Entspr gilt für die unterhaltspflichtige Mutter (Köln FamRZ 1979, 328; s auch Frankfurt FamRZ 1979, 622; Bremen FamRZ 1979, 623; Hamm FamRZ 1980, 73 sowie § 1356 Rn 14). 5

Sind **beide Ehegatten erwerbstätig**, so ist die Haushaltstätigkeit von beiden gleichmäßig bzw entspr ihren beruflichen Belastungen zu verteilen (Grü/*v Pückler* Rn 10). Dh, jeder Ehegatte beteiligt sich nach Maßgabe seines Vermögens und seiner Erwerbsfähigkeit (*Dethloff* § 4 Rn 42). Bei Einkommensdifferenz bemisst sich das Unterhaltsmaß etwa entspr dem jew Einkommen (BGH FamRZ 67, 380). Gleiches gilt auch für die Zuverdienerehe, in der ein Ehegatte einer Teilzeitbeschäftigung nachgeht (Grü/*v Pückler* Rn 11). 6

V. Haushaltsführung als Unterhaltsleistung, S 2. Der aufgrund der ausdrückl oder praktizierten Funktionsteilung haushaltführende Ehegatte erfüllt durch diese Aufgabe idR seine Unterhaltspflicht (vgl auch BGH FamRZ 1986, 1027). Damit wird die häusliche Tätigkeit als **gleichrangig und gleichwertig** mit der Erwerbstätigkeit anerkannt (s auch BVerfG FamRZ 1978, 871, 873). Der haushaltführende Ehegatte hat einen Anspruch auf Zahlung eines Wirtschafts- und **Taschengeldes**, solange die Ehe besteht und die Ehegatten zusammenleben (Grü/*v Pückler* § 1360a Rn 4). Dieser ist auf eine Geldleistung gerichtet und stellt tatsächliches unterhaltsrelevantes Einkommen dar (Brandenburg NZFam 2019, 352 m Anm *Graba*); zur Höhe s § 1360a Rn 5. Der Anspruch entfällt nicht dadurch, dass ein Scheidungsverfahren anhängig ist (AG Kleve FamRZ 1996, 1408). 7

Zur Tötung des haushaltführenden Ehegatten s § 1356 Rn 8ff, sowie *Gernhuber/Coester-Waltjen* § 21 Rn 15; MüKo/*Weber-Monecke* Rn 19. Ein nach § 844 II wegen Tötung des erwerbstätigen Ehegatten zum Schadensersatz Verpflichteter kann uU den überlebenden, jungen, kinderlosen, arbeitsfähigen Ehepartner, auch wenn dieser bei fortbestehender Ehe nicht zur Erwerbstätigkeit verpflichtet gewesen wäre, im Rahmen des § 254 II auf eine Berufstätigkeit verweisen (BGH FamRZ 1976, 328; vgl auch Celle FamRZ 1980, 137). 8

Die Verpflichtung, aus dem eigenen **Vermögen** und dessen Erträgen zum Familienunterhalt beizutragen, trifft beide Ehegatten gleichermaßen. Eine entspr, auf den jew Ehegatten abgestellte Regelung hielt der Gesetzgeber nicht für erforderlich, da gerade auch in Notfällen die Abgrenzung von Haushaltsführung und Erwerbstätigkeit nicht durch das Gesetz, sondern durch Vereinbarung der Ehepartner erfolgen soll (gem dem Grundgedanken der §§ 1353 und 1356) und außerdem eine allg gesetzl Regelung dem Einzelfall nicht gerecht werden könnte (BT-Drs 7/650, 99). Dem steht allerdings nicht entgegen, dass der haushaltführende Ehegatte in Notsituationen ausnahmsw verpflichtet sein kann, eine (zusätzl) Erwerbstätigkeit aufzunehmen (vgl MüKo/*Weber-Monecke* Rn 17). 9

VI. Freiwillige Erwerbstätigkeit. Eine Verpflichtung zur Erwerbstätigkeit besteht nicht bereits dann, wenn **gesteigerten Lebenshaltungsansprüchen** der Familie Genüge getan werden soll. Der Betroffene darf nicht durch Erwerbstätigkeit und Haushaltsführung unangemessen stark belastet werden. Er kann, auch wenn wirtschaftl Gründe für die Aufnahme einer Erwerbstätigkeit sprechen, diese ablehnen oder nur in beschränktem Umfange aufnehmen, wenn seine häuslichen Pflichten sonst über Gebühr vernachlässigt würden, besonders seine Aufgaben in **Betreuung und Erziehung der Kinder**. Eine Erwerbstätigkeit muss dem Betroffenen auch nach Alter, Gesundheitszustand und Vorbildung zuzumuten sein. Die **Zumutbarkeit** kann zu verneinen sein, wenn er überhaupt noch nicht berufstätig war oder seine frühere Berufstätigkeit lange zurückliegt und für eine ihn geeignete Betätigung nicht zu finden ist. Bei einer **freiwilligen Erwerbstätigkeit** des haushaltführenden Ehegatten muss dieser dann auch Geldmittel aus seinen Einkünften für den Familienunterhalt beisteuern, wenn sein Einkommen zur Deckung des Familienunterhalts erforderlich ist (BGH FamRZ 1974, 366, 367; BFH NJW 1974, 1238; *Dethloff* § 4 Rn 41; MüKo/*Weber-Monecke* Rn 18). Durch eine Erwerbstätigkeit wird dann implizit die Funktionsteilung von der reinen Haushaltsführungsehe abw getroffen. Es ist bei der Höhe der abzuführenden Beträge allerdings zu berücksichtigen, dass und in welchem Umfang der betreffende Ehegatte die Haushaltsleistungen erbringt. 10

11 Zur **Berücksichtigung von Nebeneinkünften** als unterhaltsanspruchsmindernd im Rahmen des § 850c ZPO vgl BAG FamRZ 1975, 488 m Anm *Fenn*; LG Hildesheim VIA 2019, 11 m Anm *Renger*. Ist gegen die Frau eine Geldstrafe verhängt, so ist sie, wenn sie den Haushalt und die Kinder betreut, nicht verpflichtet, eine eigene Erwerbstätigkeit aufzunehmen. Wiederum ist sie nicht berechtigt, die Strafe aus Mitteln des Wirtschaftsgeldes zu tilgen (LG Essen FamRZ 1970, 494. Vgl auch Zweibrücken FamRZ 1990, 553: Zugriffsmöglichkeit auf das „Hausgeld" eines strafgefangenen unterhaltspflichtigen Ehegatten, der nicht gehalten ist, für die Haftzeit Vorsorge zu treffen – Prinzip der sog zeitl Unterhaltskongruenz). Auch Renteneinkünfte, die die ehelichen Lebensverhältnisse geprägt haben, sind beim ehelichen Bedarf zu berücksichtigen, jedenfalls dann, wenn sie bereits während der Ehe geflossen sind (Hamm FamRZ 2019, 593).

12 **VII. Verhältnis zum Sozialversicherungsrecht.** Zu den **Interdependenzen** zw dem **Recht des Familienunterhalts** und den heterogenen Einzelmaterien des **Sozial(versicherungs)rechts** wird auf die Komm zu letzteren verwiesen. Berührt sind hier insb die Bereiche des BAföG, SGB III, der Kranken-, Unfall- und Rentenversicherung, Ansprüche von Behinderten und Hinterbliebenen und das Jugendhilfe- sowie Sozialhilferecht.

13 **VIII. Subsidiarität.** Soweit ein **unterhaltsbedürftiger Ehegatte** von dem anderen keinen ausreichenden Unterhalt erlangen kann, bleiben seine Verwandten zur Unterhaltsleistung nach §§ 1601ff, 1608 verpflichtet (vgl Grü/*v Pückler* Rn 3). Das trifft vor allem für die Fälle zu, in denen einer oder beide Ehegatten sich noch in der Ausbildung befinden.

§ 1360a Umfang der Unterhaltspflicht

(1) Der angemessene Unterhalt der Familie umfasst alles, was nach den Verhältnissen der Ehegatten erforderlich ist, um die Kosten des Haushalts zu bestreiten und die persönlichen Bedürfnisse der Ehegatten und den Lebensbedarf der gemeinsamen unterhaltsberechtigten Kinder zu befriedigen.

(2) Der Unterhalt ist in der Weise zu leisten, die durch die eheliche Lebensgemeinschaft geboten ist. Die Ehegatten sind einander verpflichtet, die zum gemeinsamen Unterhalt der Familie erforderlichen Mittel für einen angemessenen Zeitraum im Voraus zur Verfügung zu stellen.

(3) Die für die Unterhaltspflicht der Verwandten geltenden Vorschriften der §§ 1613 bis 1615 sind entsprechend anzuwenden.

(4) Ist ein Ehegatte nicht in der Lage, die Kosten eines Rechtsstreits zu tragen, der eine persönliche Angelegenheit betrifft, so ist der andere Ehegatte verpflichtet, ihm diese Kosten vorzuschießen, soweit dies der Billigkeit entspricht. Das Gleiche gilt für die Kosten der Verteidigung in einem Strafverfahren, das gegen einen Ehegatten gerichtet ist.

1 **I. Vorbemerkung.** Die Vorschrift bestimmt Inhalt und Umfang des Unterhalts, den beide Ehegatten nach § 1360 der Familie zu gewähren haben. Sie ist die ausführende Regelung zu § 1360, die die Unterhaltsverpflichtung dem Grunde nach festlegt. Die praktische Bedeutung der Norm ist eher gering (Ausnahme Abs IV), da sich der Gesetzgeber bei der Regelung der Lebensverhältnisse einer bestehenden Ehe zurückzuhalten hat. Der Anspruch entfällt beim Getrenntleben. Hierfür regelt § 1361 nur noch den Ehegattenunterhalt, während der getrenntlebende Gatte den Unterhalt für gemeinsame Kinder (§§ 1601ff) nach § 1629 II verlangen kann (Hamm FamRZ 1980, 249; dazu Vor § 1360 Rn 2).

2 **II. Umfang und Inhalt des Familienunterhalts, Abs I.** Die Bemessung des Anspruchs auf Familienunterhalt folgt anderen Grundsätzen als der Trennungsunterhalt bzw der nach der Scheidung zu gewährende Unterhalt. Denn seiner Ausgestaltung nach ist er gerade nicht auf die Gewährung einer laufenden Geldrente für den jew anderen Ehegatten gerichtet, sondern vielmehr als **gegenseitiger Anspruch** der Ehegatten konzipiert (BGH NJW 2003, 1112). Es kommt darauf an, dass jeder von ihnen seinen Beitrag zum Familienunterhalt entspr seiner nach dem individuellen Ehebild übernommenen Funktion leistet (BGH NJW 2003, 1112). Er umfasst daher alles, was für die **Haushaltsführung** und die Deckung der persönlichen Bedürfnisse der Ehegatten und der gemeinsamen Kinder erforderlich ist (BGH NJW 2003, 1112). Dies gilt für die Kosten des Haushalts, die Befriedigung der persönlichen Bedürfnisse der Ehegatten und des Lebensbedarfs der gemeinsamen unterhaltsberechtigten Kinder (BGH FamRZ 1993, 411; 1995, 537), wobei die einzelnen Bereiche nicht immer scharf voneinander zu trennen sind. Das Maß des Familienunterhalts bestimmt sich nach den familiären Verhältnissen, die regelmäßig durch die Einkommensverhältnisse (uU Vermögensverhältnisse) der Ehegatten geprägt werden. § 1578 kann insoweit als Orientierungshilfe herangezogen werden (BGH NJW 2003, 1112; 1995, 1486). Dabei darf der Verpflichtete im Verhältnis zu seinem Partner seinen Beitrag zum Familienunterhalt nicht unter Hinweis darauf verweigern, er sei ohne Gefährdung seines Eigenbedarfs zur Unterhaltsleistung nicht in der Lage. Ein solches Verhalten „wäre dem ehegemeinschaftl Prinzip fremd und widerspräche der familienrechtl Unterhaltsregelung", nach der Ehegatten unabhängig vom Güterstand einander verpflichtet sind, zum gemeinsamen Unterhalt nach Kräften beizutragen, ohne dass ein Ehegatte einen bestimmten Einkommensanteil für Zwecke des Eigenbedarfs für sich zurückbehalten könnte (BGH FamRZ 2006, 1010, 1014).

3 **1. Haushaltskosten.** Zu den **Haushaltskosten** gehören idR die Kosten, die zur gemeinsamen Lebensführung der gesamten Familie erforderlich sind, so die Aufwendungen für Nahrung, Kleidung, Wohnung, Heizung, Beleuchtung, Anschaffung und Unterhaltung der erforderlichen Haushaltsgegenstände, Entlohnung und Beköstigung von Hausangestellten, die Arzt- und Krankenhauskosten, die Kosten eines besonderen, durch Krankheit

ausgelösten zusätzl Bedarfs (BSG FamRZ 1960, 116), allerdings nur dann, wenn die zusätzl Kosten vorhersehbar sind, regelmäßig auftreten, sachlich gerechtfertigt und dem Unterhaltspflichtigen zumutbar sind (vgl Wendl/Dose/*Bömelburg*[10] 2019, Das Unterhaltsrecht in der familienrichterlichen Praxis, § 4 Rn 72; *Eschenbruch/Schürmann/Menne*[7] 2020, Der Unterhaltsprozess, Kap 1 Rn 1170), die Ausgaben für die Pflege religiöser (FG Hamburg FamRZ 1997, 1155), geistiger, politischer und anderer Interessen der allg Bildung, nicht nur die immer wiederkehrenden Aufwendungen für das tägliche Leben, sondern auch die Kosten für die einmaligen Anschaffungen, etwa von Möbeln, Anmietung einer neuen Wohnung und Leistung der Kaution (München NJOZ 2013, 1017); im Einzelfall auch außergewöhnliche Anschaffungen (Celle FamRZ 1978, 589; KG FamRZ 1979, 427). Insb dann, wenn eine außerhäusige Betreuung eines pflegebedürftigen Ehegatten erforderlich ist, muss die damit verbundene zusätzl **Aufwendung von Pflegekosten** kompensiert werden. Dazu reichen die Leistungen aus der gesetzl Pflegeversicherung häufig nicht aus. Es ist daher anerkannt, dass der angemessene Unterhalt auch diejenigen Aufwendungen umfassen kann, die durch die Pflege eines kranken oder behinderten Familienangehörigen entstehen, ohne dass es darauf ankommt, ob die Pflegeleistungen durch Dritte, zB ambulante Pflegedienste oder in einem Pflegeheim sichergestellt werden (Celle 20.10.2015 – 18 UF 5/15; vgl auch BGH FamRZ 1993, 411f; zu Ansprüchen auf Witwenrente nach altem Recht: BSG NJW 2022, 3380). Die **Erwerbs- oder Errichtungskosten für ein Eigenheim** gehören nach BGH NJW 1985, 49; 1966, 2401 nicht zum angemessenen Familienunterhalt, da sie der Vermögensbildung und nicht dem Unterhalt zugerechnet werden (MüKo/*Weber-Monecke* Rn 4). Umstr sind die **Kosten für die Tierhaltung** (nicht erstattungsfähig: Brandenburg 20.12.2000 – 14 U 84/99: Haltung eines Schäferhundes; Naumburg r+s 2020, 726 m Anm *Burmann*: Hobbycharakter der Tierhaltung, wenn Tiere keinem anderen wirtschaftl messbaren „Zweck“, zB als Nutztiere, dienen; **aA** Brandenburg 8.3.2007 – 12 U 154/06: Versorgung einer Katze, wenn sich Aufwand als geldwerter Verlust, zB als Verdienstausfall, bemerkbar gemacht hat; Hamm 27.7.2018 – 14 U 27/13; Celle 8.7.2020 – 14 U 27/20: kein Hobbycharakter der Versorgung von Hühnern).

2. Sonstige Kosten, Taschengeld. Zur Befriedigung der **persönlichen Bedürfnisse** der Ehegatten gehören Kosten für eine angemessene **Kleidung**, **ärztliche Behandlung**, evtl zusätzl **Krankenversicherungen** (Hamm FamRZ 1987, 1142f), Beiträge zu **Religionsgemeinschaften** (FG Hamburg FamRZ 1997, 1155) und Vereinen, politischen Parteien und sozialen Einrichtungen jeder Art, Kosten für Erholung und Fortbildung, Entspannung und Vergnügen, also, wie in § 1610 II, der gesamte Lebensbedarf der Ehegatten einschl ihrer **Alterssicherung** (BGH FamRZ 1960, 225; 1970, 136), sofern er nicht bereits in den Haushaltskosten erfasst ist; vgl auch BSG FamRZ 1977, 642 zu Schuldtilgungsbeträgen. Die Anschaffung von **Luxusgegenständen und Schmuck** ist nicht ausgeschlossen, soweit sie im Rahmen der gemeinsamen Lebenshaltung liegt (vgl Bamberg FamRZ 1973, 200, 201). Insoweit können „Geschenke“ durchaus in Wirklichkeit Unterhaltsleistungen sein. Denn zum Unterhaltsbedarf zählt nicht allein das Existenznotwendige, sondern auch das, was den persönlichen Bedürfnissen der Eheleute nach Maßgabe ihrer individuellen Lebensverhältnisse entspricht (Bamberg FamRZ 1973, 200, 201). Auch Ausgaben zur Pflege von **Liebhabereien** rechnen – in angemessenem Umfang – dazu. Gleiches muss hinsichtl der Ausbildungskosten eines Ehegatten gelten, auch wenn diese in § 1360a nicht wie in § 1610 ausdrückl erwähnt werden; zumindest dann, wenn eine vor der Eheschließung begonnene Ausbildung abgeschlossen wird (BGH FamRZ 1985, 353) oder sich die Ehegatten entspr geeinigt haben (MüKo/*Weber-Monecke* Rn 8; aA Erman/*Gamillscheg*[12] Rn 4). 4

Eine besondere Rolle spielt die Zahlung eines **angemessenen Taschengeldes.** Darunter versteht sich der Anspruch eines Ehegatten auf Bargeld zur freien Verfügbarkeit für persönliche Zwecke unabhängig von einer Mitsprache des anderen Ehegatten (BGH NJW 2013, 686; 2004, 674; 1998, 1553). Das Taschengeld hat dabei den Zweck, die persönlichen Bedürfnisse des Berechtigten, insb seinen ggü minderjährigen Kindern bestehenden Selbstbehalt sicherzustellen (BGH NJW 2013, 686; krit *Braun* NJW 2000, 97). Die Höhe richtet sich nach dem verfügbaren Nettoeinkommen und soll davon etwa 5–7 % betragen (BGH FamRZ 1998, 608; Stuttgart FamRZ 1997, 1494; Nürnberg FamRZ 1999, 505; Düsseldorf NJW 2002, 1353), idR können pauschalierend 5 % des Nettoeinkommens angesetzt werden (Karlsruhe NZFAm 2016, 570 m Anm *Womelsdorf*). Bei der Berechnung der Höhe des Taschengeldanspruchs sind monatliche Darlehensraten zu berücksichtigen (vgl AG Recklinghausen FamRZ 1991, 1297). Der Anspruch besteht auch, wenn der eine Ehegatte den anderen durch die Gewährung von Naturalunterhalt vollständig versorgt und dieser es, obwohl arbeits- und leistungsfähig, unterlässt, eigene Einkünfte zu erzielen (München FamRZ 1981, 449). Die nicht berufstätige Ehefrau ist nicht verpflichtet, ihren Taschengeldanspruch zwangsweise geltend zu machen, um eine gegen sie verhängte Geldstrafe bezahlen zu können (LG Essen FamRZ 1970, 494). Der Ehegatte eines Alkoholkranken wird ebenfalls von der Verpflichtung zur Zahlung eines Taschengeldes befreit, wenn der suchtkranke Partner das Geld nur in alkoholische Getränke umsetzen würde (Hamburg FamRZ 1998, 182). Der Anspruch gilt als unterhaltspflichtiges Einkommen und ist deshalb – unter Wahrung des Selbstbehalts – für Unterhaltszwecke einzusetzen. Dies gilt auch bei der Inanspruchnahme auf Elternunterhalt (BGH NJW 2013, 686). Muss für die Bemessung des Taschengeldanspruchs Auskunft erteilt werden, so sind die Einkommensverhältnisse des Ehepartners als Bemessungsgrundlage konkret darzulegen (Frankfurt NZFam 2015, 223 m Anm *Carlberg*). Zur Pfändbarkeit des Taschengeldanspruchs s Rn 36. 5

3. Begriff des angemessenen Familienunterhalts. Den Maßstab für die Angemessenheit des Familienunterhalts bilden die familiären Verhältnisse. Entscheidend für die Lebenshaltung der Familie sind, soweit wesentliches Vermögen der Ehegatten und Einkünfte aus solchem nicht vorhanden sind und der eine Partner nicht erwerbstätig ist, die Erwerbseinkünfte des anderen. Die ausgeübte haushälterische Tätigkeit, die an sich unter- 6 haltsrechtl gleich zu bewerten ist, führt nicht zu einer Erhöhung des Bedarfs nach den ehelichen Lebensverhältnissen (Koblenz FamRZ 2000, 1367). § 1578 kann insoweit als Orientierungshilfe herangezogen werden (BGH NJW 2013, 686; 2003, 1112; 1995, 1486). Anzulegen ist ein **obj Maßstab**, zB der Lebensstil gleicher Berufskreise, so dass bei einem sehr gut verdienenden Ehegatten (Einkommen mehr als 5000 € netto/Monat) uU nur ein Teil der Einkünfte für die Berechnung des Unterhaltsanspruchs des Partners zugrunde zu legen ist (München FamRZ 1982, 801). Der angemessene Ehegattenunterhaltsanspruch steigt nicht schematisch nach überdurchschnittlichem Einkommen des Mehrverdieners (FG Hamburg FamRZ 1997, 1155). § 1360a regelt nur die **Verpflichtung der Ehegatten in ihrem Verhältnis zueinander.** Er begründet keine unmittelbare Verpflichtung eines Ehegatten ggü Dritten, Schulden des anderen zu bezahlen, die dieser zur Bestreitung seiner persönlichen Bedürfnisse eingegangen ist. Inwieweit ein Ehegatte durch Rechtsgeschäfte des anderen Dritten ggü verpflichtet wird, bestimmt sich nach § 1357. Soweit dieser nicht anwendbar ist, weil der Ehegatte nicht zur Deckung des Lebensbedarfs der Familie gehandelt hat, besteht aber im Einzelfall die Möglichkeit, eine stillschw Bevollmächtigung durch den Partner anzunehmen, wenn der eine Ehegatte von den Maßnahmen des anderen wusste und damit einverstanden war. Ein Arzt, der den einen Ehegatten behandelt, erfüllt damit zugleich eine Unterhaltspflicht des anderen. Er kann daher uU nach den Grundsätzen der Geschäftsführung ohne Auftrag (§§ 683, 679) seine Aufwendungen von diesem ersetzt verlangen. Zu Verträgen über ärztliche Versorgung im Rahmen des § 1357 vgl § 1357 Rn 16.

7 Bei der Bemessung des konkreten Unterhaltsanspruchs ist der **Halbteilungsgrundsatz** – anders als beim Trennungs- und nachehelichen Unterhalt – auf den Anspruch auf Familienunterhalt nicht ohne Weiteres anzuwenden (Celle FamRZ 2016, 824). Dies gilt nach Maßgabe der BGH- und oberlandesgerichtlichen Rspr jedenfalls im Fall der zusätzl Kosten bei **Pflegebedürftigkeit eines Ehegatten** (BGH NJW 2016, 2122 m Anm *Reinken*; HammNJW 2016, 2122; Celle FamRZ 2016, 824; Köln FamRZ 2010, 2076; NJW 2002, 1353f; Düsseldorf, NJW 2002, 1353). Denn bei den zusätzl Kosten, die durch eine Unterbringung im Pflegeheim entstehen und die nicht durch Versicherungsleistungen gedeckt werden können (s auch Rn 3) handelt es sich i Erg um einen erhöhten Lebensbedarf eines Ehegatten, der mit einem Mehr- bzw Zusatzbedarf vergleichbar ist (Celle FamRZ 2016, 824). Dieser unabweisbare konkrete Bedarf kann, ähnl dem allg Mindestbedarf, nicht auf einen hälftigen Anteil am Familieneinkommen beschränkt bleiben, sondern bemisst sich nach den für den Lebensbedarf des pflegebedürftigen Ehegatten konkret erforderlichen Kosten (BGH NJW 2016, 2122). Bei stationärer Pflege bestimmt sich dieser nach den Heim- und Pflegekosten zuzüglich eines Barbetrags für die Bedürfnisse des täglichen Lebens (BGH NJW 2016, 2122; 2013, 301; 1660). Der Familienunterhaltsanspruch richtet sich demnach ausnahmsw auf Zahlung einer Geldrente (BGH NJW 2016, 2122). Dabei ist – obwohl gesetzl nicht geregelt (vgl BeckOGK/*Preisner* Rn 122f) – die **Leistungsfähigkeit** des Unterhaltsschuldners Voraussetzung, so dass ihm ein – nach der Düsseldorfer Tabelle zu bemessener – Selbstbehalt verbleiben muss (BGH NJW 2016, 2122). Aus alledem ergibt sich, dass der Halbteilungsgrundsatz nur noch in den (seltenen) Fällen Bedeutung erlangen kann, wenn die Einkünfte des Verpflichteten ausreichen, um die Heim- und Pflegekosten in voller Höhe zu bestreiten (*Maurer* FamRZ 2016, 1220f).

8 **4. Aufwendungen für bedürftige Verwandte des anderen Ehegatten.** Zum Familienunterhalt gehört nur der **Lebensbedarf der gemeinsamen unterhaltsberechtigten Kinder**, nicht der Aufwand für sonstige bedürftige Verwandte eines Ehegatten. Es ist weder der Kreis der Unterhaltsberechtigten erweitert worden noch aus den §§ 1360, 1360a eine Verpflichtung der Ehegatten gegeneinander zu entnehmen, für den Unterhalt **bedürftiger Verwandter** zu sorgen. Ein Ehegatte kann jedoch, um Unterhaltspflichten ggü seinen Verwandten erfüllen zu können, seinen Beitrag zum Familienunterhalt ggf mindern, muss hierbei aber die Rangfolge der Unterhaltsberechtigten nach § 1609 berücksichtigen.

9 Eine besondere Problematik stellt sich im Zusammenhang mit den **Stiefkindern**, die zu den „Verschwägerten" zählen, dh zu den Verwandten des unterhaltsberechtigten Ehegatten, für die keine gesetzl Unterhaltspflicht vom neuen Unterhaltsschuldner besteht, selbst dann nicht, wenn sie mit im ehelichen Haushalt leben (BGH FamRZ 1984, 462f). Sie haben weder unmittelbar (§ 1601) noch mittelbar (§ 1360a) einen gesetzl Unterhaltsanspruch gegen ihren neuen Stiefelternteil (BGH FamRZ 1969, 599), und zwar auch dann nicht, wenn die Waisenrente zum Unterhalt des in die Familiengemeinschaft aufgenommenen Stiefkindes verwandt wird (Celle NdsRpfl 1967, 127). Der leibliche Vater oder die leibliche Mutter können zwar ihre eigenen Beiträge zum Familienunterhalt kürzen, um einseitige Kinder zu unterhalten, von der neuen Partnerin/dem neuen Partner kann aber keine Mehrleistung eingefordert werden. Dieser Rechtszustand ist als reformbedürftig erkannt (vgl *Kremer*, Das Stiefkind im Unterhaltsrecht, 2000; *Muscheler* FamRZ 2004, 913; *Peschel-Gutzeit* FuR 2004, 47; krit MüKo/*Weber-Monecke* Rn 11). Die Ehegatten können die Familienunterhaltspflicht vertragl auf andere unterhaltsbedürftige Verwandte eines Ehegatten erstrecken (zu Einzelheiten MüKo/*Weber-Monecke* Rn 11). Ohne eine solche rechtsgeschäftliche Verpflichtung kann jedenfalls jeder Ehegatte nach Abs I nur für den Lebensbedarf gemeinschaftl Kinder, nicht auch für seine einseitigen Abkömmlinge (nichteheliche, angenommene oder Kinder aus einer früheren Ehe) Familienunterhalt verlangen (BGH FamRZ 1984, 462; Grü/*v Pückler* Rn 3).

10 Den **übrigen bedürftigen Verwandten**, die nicht gemeinsame Kinder sind, ist also nur ein Ehegatte zum Unterhalt verpflichtet. Seine Unterhaltspflicht regelt sich nicht nach § 1360a, sondern nach §§ 1601ff. Sein Lebensbedarf und damit seine Unterhaltsberechtigung nach § 1360a ggü dem anderen Ehegatten erhöht sich nicht dadurch, dass er seinerseits seinen Verwandten nach §§ 1601ff zum Unterhalt verpflichtet ist. Er muss aber seinen Verwandten ggü die eigene Unterhaltspflicht so gut erfüllen, wie das Familienwohl nicht entgegensteht. Der

haushaltführende Ehepartner muss, wenn seine aus der Funktionsteilung erwachsenden Pflichten nicht über Gebühr beeinträchtigt werden, erwerbstätig sein, um die Unterhaltspflicht ggü seinen Verwandten zu erfüllen, § 1356 Rn 14. Den Vorrang hat zwar grds die Sorge für den Ehegatten und die gemeinschaftl Kinder, die Unterhaltspflicht ggü Verwandten kann jedoch uU modifizierend auf die Rollenverteilung nach § 1356 I einwirken: So wird ein wiederverheirateter Elternteil, der in der neuen Ehe die Führung des Haushalts übernommen hat, dadurch von seiner Unterhaltspflicht ggü seinen minderjährigen unverheirateten Kindern aus der früheren Ehe nicht (völlig) entlastet; vielmehr besteht die Pflicht und – ggü dem neuen Ehepartner – das Recht (§ 1356 II), eine zumutbare Erwerbstätigkeit aufzunehmen (vgl BGH FamRZ 1980, 43; 1982, 25 und 590; 1981, 341; 1986, 668; 2001, 544; FuR 2001, 225; FamRZ 2006, 1827; ferner Frankfurt FamRZ 1979, 622; Bremen FamRZ 1979, 623; Hamm FamRZ 1980, 73; Köln FamRZ 1979, 328; LG Krefeld NJW 1977, 1349). Selbst dann, wenn in der neuen Ehe ein betreuungsbedürftiges Kind vorhanden ist, kann im Rahmen des Zumutbaren eine Pflicht wenigstens zu einer Nebentätigkeit bestehen (BGH FamRZ 1980, 43). Dies folgt daraus, dass die Unterhaltsansprüche der minderjährigen unverheirateten Kinder aus den verschiedenen Ehen gleichrangig sind und der Unterhaltspflichtige seine Arbeitskraft zum Unterhalt aller Kinder einsetzen muss.

III. Art und Maß der Unterhaltsleistung, Abs II. 1. Art der Unterhaltsleistung. Die **Art der Unterhaltsleistung** ergibt sich aus den **konkreten Verhältnissen** der ehelichen Lebensgemeinschaft, Abs II S 1. Danach ist der Unterhalt regelmäßig **in Natur** zu leisten, also durch Haushaltsführung, Betreuung der Kinder, Gewährung von Wohnung, Verpflegung, Bekleidung, Wirtschafts- und Taschengeld (vgl BGH FamRZ 2013, 363, 365), um die Bedürfnisse aller Familienmitglieder nach Wohnung, Nahrung, Kleidung, medizinischer Versorgung, kulturellen Bedürfnissen, Kranken- und Altersvorsorge, Urlaub usw zu gewährleisten (Celle FamRZ 2016, 824 mwN). Eine Ausnahme bilden nur der Anspruch auf Wirtschaftsgeld sowie der Taschengeldanspruch (Celle FamRZ 2016, 824). Die durch Bedarf, Bedürftigkeit und Leistungsfähigkeit bestimmten Voraussetzungen eines Unterhaltsanspruchs für den Familienunterhalt erfahren in einer bestehenden ehelichen Lebensgemeinschaft auf diese Weise entsprechende Modifikationen (Celle FamRZ 2016, 824; vgl auch Wendl/Dose/*Bömelburg*[10] 2019, Das Unterhaltsrecht in der familienrichterlichen Praxis, § 3 Rn 2, 8f). Ein unterhaltspflichtiger Ehegatte kann sich idR **nicht vertragl** dazu verpflichten, seinem Ehepartner während der ehelichen Gemeinschaft Unterhalt durch eine Geldrente zu zahlen (vgl RGZ 158, 299). Ob ein Ehegatte seine Unterhaltspflicht durch die Arbeit im Haushalt, durch Erwerbstätigkeit oder eine Mischform erbringt, richtet sich nach der eheinternen Funktionsteilung, vgl §§ 1356, 1360. Auch durch Mitarbeit im Betrieb des Ehepartners kann zum Familienunterhalt beigetragen werden, vgl § 1356 Rn 14ff. Leben die Ehegatten nicht mehr in unmittelbarer häuslicher Gemeinschaft, ohne dass ihre eheliche Lebensgemeinschaft aber aufgehoben wäre, so ist der Anspruch auf Familienunterhalt in der Weise zu leisten, die durch die eheliche Verbundenheit geboten ist (Celle FamRZ 2016, 824). Das bedeutet, dass dann, wenn die Eheleute zB aufgrund der Pflegebedürftigkeit eines Ehegatten nicht mehr einen gemeinsamen Haushalt führen können, die Art der Unterhaltsgewährung diesen geänderten Bedingungen und Bedürfnissen des pflegebedürftigen Ehegatten anzupassen ist; der bisher in Natur erbrachte Unterhalt wandelt sich dann in einen Anspruch auf Geldleistung (Celle FamRZ 2016, 824). 11

2. Voraus. Abs II S 2 regelt die Pflicht, finanzielle Mittel **im Voraus** bereitzustellen (sog Wirtschaftsgeld). Wie auch immer die Funktionsteilung erfolgt, also auch bei der Doppelverdienerehe, müssen in jedem Fall die finanziellen Mittel im Interesse der Familie vorgeleistet werden. Dies will die Vorschrift sicherstellen und dem Partner einen entspr Anspruch gewähren, der in dringenden Fällen durch einstw Verfügung geregelt werden kann, Düsseldorf FamRZ 1983, 1121. Mit dem im Voraus zu gewährenden Wirtschaftsgeld soll dem Unterhaltsgläubiger eine angemessene Haushaltsführung ermöglicht werden; es ist bestimmungsgemäß für die Familie und den Haushalt einzusetzen (Karlsruhe 12.12.2012 – 18 UF 140/11). Der Anspruch auf Wirtschaftsgeld ist allerdings nicht auf Übereignung eines Geldbetrags, sondern auf die treuhänderische Überlassung zur bestimmungsgemäßen Verwendung im Interesse der Familie mit Verfügungsmacht gem §§ 185, 1357 gerichtet (Grü/*v Pückler* Rn 5). Nicht verbrauchte Teile sind herauszugeben (Frankfurt FamRZ 1970, 655 mwN). Welcher Zeitraum als angemessen anzusehen ist, entscheiden die Umstände des Einzelfalles, insb die Erwerbs- und Vermögensverhältnisse, bei nicht selbständig Erwerbstätigen der Lohn- oder Gehaltszahlungszeitraum. Bei Streit über die Angemessenheit des Haushaltsgeldes besteht keine Abrechnungspflicht. Vielmehr wird die zw den Eheleuten bestehende Rechenschaftspflicht durch die praktizierte Aufgabenteilung eingeschränkt und eine Haftung aus Auftragsrecht abgelehnt (FamRZ 2001, 23). Der haushaltführende Ehegatte soll nicht zu einem „rechenschaftspflichtigen Ehegatten degradiert werden" (Grü/*v Pückler* Rn 5). Zur Bemessung des Wirtschaftsgeldes bei sehr hohem Einkommen München FamRZ 1982, 801. Wirtschaftsgeld kann nach Trennung der Ehegatten nicht mehr verlangt werden (Karlsruhe 12.12.2012 – 18 UF 140/11). 12

3. Maß der Unterhaltsleistung. § 1360a normiert gegenseitige („einander") Leistungspflichten. Die Unterhaltspflicht zw Ehegatten unterscheidet sich von der ggü Verwandten dadurch, dass keine Berufung auf Gefährdung des eigenen angemessenen Unterhalts zulässig ist. Die Ehegatten müssen alles miteinander teilen, uU auch den Stamm ihres Vermögens einsetzen und Kredit in Anspruch nehmen (vgl auch Staudinger/*Voppel* Rn 5f). Unterhält ein Dritter, etwa ein Verwandter eines Ehegatten, die Familie, so ruht die Unterhaltspflicht des verpflichteten Ehegatten (RG LZ 1915, 503). Diese Regelung entspricht derjenigen, die für das Verhältnis zw Eltern und ihren minderjährigen unverheirateten Kindern in § 1603 II bestimmt ist. Das Maß der Unterhaltsleistung richtet sich nach der **Lebensstellung** der Familie, dh nach den Verhältnissen beider Ehegatten nach Abzug des beiden zustehenden Taschengeldes (Celle FamRZ 1999, 162), nicht wie früher nach der Stellung, dem Vermögen und der Er- 13 werbstätigkeit des Verpflichteten. Ob ein **Teil der Einkünfte** etwa für die **Ausbildung** oder **Ausstattung von Kindern** zurückzuhalten ist, muss nach Lage des Einzelfalles entschieden werden. Die Ehegatten können auch in angemessenem Umfang Mittel für ihren späteren Unterhalt zurücklegen, insb wenn sie bei Alter oder Eintritt von Erwerbsunfähigkeit nicht mit einer Pension, Rente uÄ rechnen können. Allein vom Maß der gesetzl geschuldeten Unterhaltsleistung hängt die Höhe des Schadensersatzanspruchs aus § 844 II ab, wenn der Unterhaltsverpflichtete getötet wird (BGH FamRZ 1993, 411); dazu im Einz § 1356 Rn 34ff.

14 **IV. Analoge Anwendung der §§ 1613–1615, Abs III.** Abs III bestimmt die analoge Anwendung der §§ 1613–1615. Für die Vergangenheit kann ein Ehegatte nur dann Unterhalt oder Schadensersatz wegen Nichterfüllung der Unterhaltspflicht für den Zeitraum verlangen, in dem der Verpflichtete in Verzug gekommen oder der Unterhaltsanspruch rechtshängig geworden ist, § 1613. Ein **Verzicht auf Trennungsunterhalt für die Zukunft** ist nach § 1614 I iVm § 134 wirkungslos (BGH NZFam 2015, 1152 m Anm *Zensus*; NZFam 2014, 450 m Anm *Braeuer*), um sowohl den Unterhaltsberechtigten als auch die Träger öffentlicher Leistungen zu schützen; das gilt auch dann, wenn er wegen einer Gegenleistung vereinbart wird (RG JW 1905, 682), aber nur für die Dauer der Ehe; für die Zeit nach der Scheidung ist ein Verzicht möglich, § 1585c. Auch ein pactum de non petendo ist unzulässig (BGH NZFam 2014, 450, 456; bestätigt durch BGH DNotZ 2016, 59; Düsseldorf 5.12.2014 – II-3 UF 141/14). Dabei wird der Begriff des Verzichts weit gefasst: Es genügt jede obj Kürzung des gesetzl zustehenden Trennungsunterhalts (BGH NJW 1985, 64, 66). Zulässig sind allenfalls Vereinbarungen über die Art und Höhe des Unterhalts iS einer Fixierung des aktuellen Zahlungsbetrags (*Huhn* RNotZ 2007, 177, 178). So kann etwa die Zahlung von Trennungsunterhalt in einer bestimmten Höhe vereinbart werden, wenn die Bemessungsgrundlage für die Unterhaltsberechnung angegeben wird (*Münch*, Ehebezogene Rechtsgeschäfte[5], 2020, Rn 3222ff). Nach hA liegt noch kein unzulässiger Teilverzicht vor, wenn die zu erbringenden Zahlungen den gesetzl geschuldeten Unterhalt um nicht mehr als 20 % unterschreiten, dagegen nicht mehr bei einer Unterschreitung um ⅓ (vgl BGH NZFam 2015, 1152, 1154; *Born* NJW 2014, 1484, 1487 mwN). Zuverlässige Grenzen für die Vereinbarung eines derartigen Angemessenheitsrahmens gibt es freilich nicht; vielmehr kommt es stets auf die Würdigung der Gesamtumstände des Einzelfalls an (*Huhn* RNotZ 2007, 177, 185). Die Beurteilung, ob eine unzulässige Unterschreitung des angemessenen Unterhalts vorliegt, setzt voraus, dass zunächst die Höhe dieses angemessenen Unterhalts im hierfür erforderlichen Umfang festgestellt wird (BGH NZFam 2015, 1152, 1154). Sollte ein unwirksames pactum de non petendo festgestellt werden, ist im Hinblick auf den dann vorliegenden Verstoß gegen ein gesetzl Verbot (§ 134) weiter zu prüfen, ob die Teilnichtigkeit gem § 139 auch die weiteren Bestimmungen der Vereinbarung erfasst (BGH DNotZ 2014, 361). Dabei kommt es in erster Linie darauf an, ob und inwieweit ein enger Zusammenhang zw den einzelnen Vereinbarungen besteht und nach dem Willen der Parteien bestehen soll (BGH DNotZ 2014, 361). Durch eine Vorauszahlung wird der Verpflichtete grds befreit, da er seine Unterhaltspflicht erfüllt hat. Bei erneuter Bedürftigkeit der Familie gilt § 1614 II. Die Unterhaltspflicht erlischt grds mit dem Tod des Berechtigten oder des Verpflichteten; über Ausnahmen vgl § 1615. Der Unterhaltsverpflichtete hat die **Beerdigungskosten** zu tragen, wenn der Erbe sie nicht bezahlen kann, § 1615 II. Ein **Auskunftsanspruch** des nicht Erwerbstätigen ggü dem erwerbstätigen Ehegatten besteht mangels Verweisung auf § 1605 zwar nicht (München FamRZ 2000, 1219), wird aber de lege ferenda bejaht (Grü/*v Pückler* Rn 6). Zum Anspruch auf Altersvorsorgeunterhalt s BGH FamRZ 2007, 193.

15 Die Bestimmungen der §§ 1608, 1609, 1611 gelten für den Unterhaltsanspruch der Ehegatten unmittelbar. Die **Konkurrenz der Unterhaltsansprüche** gegen den Ehegatten und Verwandte regeln die §§ 1608, 1609.

V. Pflicht zum Verfahrens- und Prozesskostenvorschuss, Abs IV

Schrifttum: *Bißmaier*, Der Prozesskostenvorschuss in der familienrechtlichen Praxis, FamRZ 2003, 863; *Büte*, Prozesskostenhilfe und Prozesskostenvorschuss, FuR 2006, 9; *Caspary*, Der Anspruch auf Prozesskostenvorschuss, NJW 2005, 2533; *Christl*, Verfahrenskostenvorschuss nach Trennung nur für „reiche" Ehegatten?, NZFam 2016, 913; *Heistermann*, Das Spannungsverhältnis von Prozesskostenvorschussanspruch und Verfahrenskostenhilfe, FPR 2009, 403; *Herr*, Das Darlehensangebot als Abwehrstrategie gegen einen Anspruch auf Verfahrenskostenvorschuss, FuR 2012, 658; *Jüdt*, Lediglich ein „Mauerblümchen" des Unterhaltsrechts?, FuR 2015, 331; *Klein*, Der familienrechtliche Anspruch auf Prozesskostenvorschuss, FuR 1996, 69 und 147; *Knops*, Der familienrechtliche Prozesskostenvorschuss, NJW 1993, 1237; *Knops/Knops*, Bestimmung der „persönlichen Angelegenheiten" beim familienrechtlichen Prozesskostenvorschuss, FamRZ 1997, 208; *Kreutz*, Verfahrenskostenvorschuss unter Eheleuten aus § 1630a IV BGB – Rechtsnatur und Rückzahlungspflicht, NZFam 2014, 196.

16 **1. Allgemeines.** Der Familienunterhalt umfasst auch einen **Anspruch auf Verfahrens- und Prozesskostenvorschuss (Abs IV)**, dh derjenige Ehegatte, der nicht in der Lage ist, die Kosten eines Rechtsstreits zu tragen, der eine persönliche Angelegenheit betrifft, hat einen Anspruch auf Vorschuss gegen den anderen Ehegatten, soweit Gesichtspunkte der Billigkeit nicht entgegenstehen (BGH NJW 2010, 371). Man spricht auch von „Verfahrenskostenvorschuss" oder von „Kostenvorschuss" (*Heistermann* FPR 2009, 403). Der Anspruch ist ein Ausdruck der familiären Solidarität. Dieser ist, abgesehen von Strafverfahren, auf Rechtsstreitigkeiten beschränkt, die eine persönliche Angelegenheit eines Ehegatten betreffen. Dieser Begriff entspricht dem der §§ 1430, 1452 II, § 1360a IV (zusammen mit der Verweisungsnorm des § 1361 IV 4) und regelt die Verfahrens- und Prozesskostenvorschusspflicht (zur Abgrenzung s § 113 V Nr 1 FamFG) unter Ehegatten **abschließend**. Dabei richtet sich der Anspruch gegen den „anderen Ehegatten", dh den jew Ehegatten zum Zeitpunkt der Geltendmachung oder der Abwehr eines Anspruchs (BGH NJW 2010, 372). Der Anspruch auf Verfahrens- und Prozesskostenvorschuss **gegen einen früheren Ehegatten** erlischt mit Rechtskraft der Scheidung (BGH NJW 2017, 1960; 2010, 372; 1984, 921). Dies wird damit begründet, dass die Vorschrift auf den nachehelichen Unterhalt nicht analog anwendbar ist, weil die unterhaltsrechtl Beziehung zw Geschiedenen nicht in gleichem Umfang Ausdruck einer be-

sonderen Verantwortung des Verpflichteten für den Berechtigten ist, die derjenigen von Ehegatten vergleichbar ist (BGH aaO). Auf zukünftige Ansprüche auf Verfahrens- und Prozesskostenvorschuss kann nicht verzichtet werden, § 1360a III, § 1615. Er ist als zweckbestimmter Unterhaltsanspruch nicht abtretbar, § 399, und erlischt mit dem Tod des Unterhaltsgläubigers oder -schuldners.

a) Der **Verfahrens- und Prozesskostenvorschuss** ist eine **Unterhaltsleistung**, und zwar ein **Sonderbedarf** (vgl auch § 1360a III iVm § 1613 II; zur Rechtsnatur im Einz *Kreutz* NZFAm 2014, 196f). Der Begriff ist allerdings ungenau, da es sich um eine endgültige Unterhaltsleistung handeln kann (vgl § 1360b) und er aus dem Kostenrecht stammt, in dem er eine feststehende Bedeutung hat, nämlich iS einer Vorauszahlung zu verstehen ist (Stuttgart FamRZ 1971, 256). 17

b) Der in § 2 SGB XII formulierte **Nachrang von Sozialleistungen** gilt auch für die Verfahrens- und Prozesskostenhilfe (VKH/PKH), dh der Vorschuss hat Vorrang vor der Verfahrens- und Prozesskostenhilfe, da er die Voraussetzung der Bedürftigkeit entfallen lässt (MüKo/*Weber-Monecke* Rn 22; *Schuldei* NZFam 2019, 271). Vor Bewilligung der Verfahrens- und Prozesskostenhilfe ist zu prüfen, ob der Ehegatte zur Vorschussleistung in der Lage ist, da ein realisierbarer Anspruch auf Vorschuss zu den im Rahmen des § 115 ZPO zu berücksichtigenden Einkünften gehört und eine Bedürftigkeit gem § 1360a IV beseitigt (Düsseldorf NZFam 2019, 271 m Anm *Schuldei*; Nürnberg FamRZ 2001, 233; dazu *Schürmann* FuR 2006, 14). Der Anspruch auf Verfahrenskostenvorschuss stellt im Grundsatz einen Vermögenswert iSd § 115 III ZPO dar (Hamm, Beschl v 21.5.2021 – 9 W 11/21; Düsseldorf NZFam 2019, 271 m Anm *Schuldei*). In der Praxis empfiehlt sich, bei Stellung des Antrags auf Bewilligung von VKH mit der Erklärung über die persönlichen und wirtschaftl Verhältnisse vorzutragen, dass neben etwaigen Unterhaltsleistungen ein Kostenvorschussanspruch nicht angenommen wird (*Schuldei* NZFam 2019, 271). Ausnahmsw kann auch bei mangelnder Bedürftigkeit Verfahrens- und Prozesskostenhilfe gewährt werden, wenn lebenswichtige Interessen dringend verfolgt werden müssen und die gerichtliche Durchsetzung des Vorschussanspruchs wegen rechtl oder tatsächlicher Schwierigkeiten unzumutbar ist (OVG Münster FamRZ 2000, 21). Das bedeutet: Ist der Unterhaltsschuldner zur **Zahlung des Vorschusses unfähig oder unwillig**, geht der Anspruch auf Verfahrens- und Prozesskostenhilfe vor (**hM**: BGH Rpfleger 1993, 302; Zweibrücken FamRZ 2000, 757; Naumburg FamRZ 2000, 1095). Dem unbemittelten Unterhaltsgläubiger ist ein Rechtsstreit zur Erlangung des Vorschusses nicht zumutbar (Köln OLGRp 1999, 136). Die **Vorschusspflicht** eines Ehegatten **entfällt**, wenn dem anderen Verfahrens- oder Prozesskostenhilfe bewilligt ist (OVG Münster FamRZ 2000, 21). Der Verfahrenskostenhilfe Beantragende trägt die vollständige Darlegungs- und Beweislast für seine sozialrechtl Bedürftigkeit (Brandenburg, Beschl v 25.3.2019 – 9 WF 27/19). 18

c) Die **Vorschusspflicht** gilt in allen **Güterständen**, also auch bei **Gütertrennung** und **Gütergemeinschaft** (BGH FamRZ 1986, 40). **Zeitl** entsteht sie, sobald ein Unterhaltsgläubiger ggü einem RA oder dem Gericht vorschusspflichtig wird. Der Vorschuss kann indessen nicht für die Vergangenheit verlangt werden (hM, Zweibrücken FuR 2002, 272; Rostock OLGRp 2001, 560; Karlsruhe FamRZ 2000, 431; FamR-Komm/*Klein*[7] Rn 33 mwN). Dies gilt auch, wenn der Unterhaltsgläubiger seinen Anspruch an seinen Rechtsanwalt abgetreten hatte (BGH FamRZ 1985, 902). Auch zw Verhandlungs- und Verkündungstermin in einem Rechtsstreit der Ehegatten untereinander kann regelmäßig kein Verfahrens-/Prozesskostenvorschuss mehr verlangt werden, wenn in dem Verkündungstermin der Erlass eines Beschl/Urt zu erwarten und ein Rechtsmittel dagegen unzulässig ist (Düsseldorf FamRZ 1966, 311). Nach Beendigung des Verfahrens/Prozesses kann ein Vorschuss jedenfalls dann nicht mehr verlangt werden, wenn der Anspruch ggü dem verpflichteten Ehegatten noch nicht geltend gemacht worden war (BGH FamRZ 1985, 902; vgl auch KG FamRZ 1987, 956; Bamberg FamRZ 1986, 484; vgl Köln FamRZ 1991, 842). Hat der Schuldner dagegen rechtzeitig vor Erledigung des Verfahrens den Ehegatten in Verzug gesetzt, so bleibt der Anspruch bestehen (Schleswig FamRZ 2008, 614). Die Vorschusspflicht aufgrund eines bereits titulierten Anspruchs entfällt ebenfalls nicht, wenn das Verfahren gegen den Verpflichteten vor der Zahlung beendet wurde und der berechtigte Ehegatte unterlegen ist (BGH NJW 1985, 2263). Die Vorschusspflicht für das **Zugewinnausgleichsverfahren** bleibt auch trotz rechtskräftiger Scheidung bestehen, wenn das **güterrechtl Verfahren als Folgesache** im Verbund geltend gemacht, aber später abgetrennt wurde (vgl Nürnberg FamRZ 1990, 421 unter Bezug auf BGH FamRZ 1984, 148 und 465 m Anm *Herpers*; Zweibrücken FuR 2000, 393; Koblenz NJW-FER 2000, 2). 19

d) **Tatbestandsmerkmale.** Der Anspruch auf Verfahrens-/Prozesskostenvorschuss setzt eine **bestehende Ehe**, innerhalb derer ein **unterhaltsbedürftiger** Gatte einen **Rechtsstreit in einer wichtigen persönlichen Angelegenheit** führen muss, voraus. Die Rechtsverfolgung darf **weder mutwillig noch ohne Aussicht auf Erfolg** sein, und der unterhaltsverpflichtete Gatte muss entspr **leistungsfähig** sein. 20

Ansprüche aus § 1360a rechtfertigen sich aus der **„gegenseitigen personalen Verantwortung aus der ehelichen Lebensgemeinschaft“** (BGH FamRZ 2010, 189). Dabei soll der leistungsfähige Ehegatte den wirtschaftl schwachen Partner bei der Durchsetzung seiner persönlichen Ansprüche unterstützen (BGH FamRZ 2010, 189). 21

Voraussetzung für den Anspruch aus Abs IV ist, dass es sich um eine **wichtige persönliche Angelegenheit** handelt. Der Begriff bedarf der Auslegung (BGH FamRZ 2010, 189 m Anm *Borth* FamRZ 2010, 190). Auch auf vermögensrechtl Leistungen bezogene Ansprüche können zu den persönlichen Angelegenheiten zählen, wenn sie ihre Wurzeln in der ehelichen Lebensgemeinschaft, die auch die wirtschaftl Existenz der Ehegatten umfasst, haben (BGH FamRZ 2010, 189). Verfahren, die allerdings ausschließlich dem allg wirtschaftl Interesse eines Ehegatten dienen, wie die Geltendmachung erbrechtl oder gesellschaftsrechtl Ansprüche, zählen nicht zu den per- 22 sönlichen Angelegenheiten (BGH FamRZ 2010, 189). Geht es um vermögensrechtl Ansprüche, die ggü Dritten geltend gemacht werden, kommt eine persönliche Angelegenheit nur dann in Betracht, wenn der Rechtsstreit eine personenbezogene Funktion hat, dh eine genügend enge Verbindung zum Betroffenen aufweist (BGH FamRZ 2010, 189; *Dose/Kraft*, Einstw Rechtsschutz in Familiensachen[4], Rn 50). Eine allgemeingültige Definition des Begriffs der persönlichen Angelegenheit hat sich aber bislang nicht herausgebildet. Die Praxis greift daher auf Fallgruppen zurück:

23 **Persönliche Angelegenheit bejaht**: Für Anspruch auf Zugewinnausgleich aus einer ersten Ehe herrührend (BGH FamRZ 2010, 189). Dem steht nicht eine Wiederverheiratung entgegen. Vielmehr verliert ein Anspruch, der bei seiner Entstehung als persönliche Angelegenheit einzuordnen ist, diese Eigenschaft nicht durch eine neue Eheschließung des Anspruchsinhabers (BGH FamRZ 2010, 189). Ebenso bei Unterhaltsansprüchen ggü einem früheren Ehegatten (BGH NJW 2010, 372; Hamm 17.11.2011 – 2 WF 129/11 m Bespr *Graba* FamFR 2012, 4). Bei Rechtsstreitigkeiten eines Ehegatten, die seine Abstammung (Bremen DAVorm 1998, 935; Koblenz FamRZ 1997, 681; 1999, 241; Köln FamRZ 1999, 792), Ehre, Freiheit und Gesundheit betreffen, zB Ehelichkeitsanfechtung, Beleidigungs- oder Verleumdungsklagen, bei Geltendmachung von Schmerzensgeld (LG Koblenz FamRZ 2000, 761), bei der Eröffnung und Durchführung eines **Insolvenzverfahrens** (LG Köln NZI 2017, 37; LG Duisburg 28.9.2012 – 7 T 130/2; LG Düsseldorf FPR 2002, 546), aber auch bei allen Eherechtsstreitigkeiten zw den Ehegatten selbst, bei Klagen auf Schutz des räumlich-gegenständlichen Bereichs der Ehe (Frankfurt FamRZ 1982, 606), wohl auch für Unterhaltsklagen eines Ehegatten gegen den anderen (Braunschweig FamRZ 1958, 416) oder gegen einen Dritten, aber nicht, wenn der Unterhaltsanspruch von einem Dritten gegen den Ehegatten gerichtet wird. Nach OVG Lüneburg FamRZ 1973, 145 betrifft auch eine **baurechtl Nachbarklage**, mit der Immissionen von dem von beiden Ehegatten bewohnten Grundstück abgewehrt werden sollen, eine persönliche Angelegenheit des klagenden Gatten. Ein **Prüfungsrechtsstreit** ist eine wichtige persönliche Angelegenheit, weil die Berufsausbildung den Unterhaltsberechtigten gerade instandsetzen soll, sich selbst zu unterhalten (OVG Münster FamRZ 2000, 21). Die persönliche Angelegenheit wurde weiter bejaht für eine Klage des einen Ehegatten gegen den anderen auf Auskunft, damit nach der **Erteilung der Auskunft** die Auseinandersetzung des während der Ehe von den Eheleuten gemeinsam erarbeiteten Vermögens betrieben werden kann (BGH FamRZ 1960, 130 m Anm *Bosch*); für eine Klage gegen den früheren Ehegatten auf Erstattung der durch die Zustimmung der Klägerin zum sog **Realsplitting** entstandenen Steuern Hamm FamRZ 1989, 277; zudem dann, wenn eine bedürftige Partei gemeinsam mit ihrem Ehepartner klageweise Schadensersatzansprüche wegen angeblicher arglistiger Täuschung aus Anlass eines Grundstückkaufvertrags geltend macht, den die bedürftige Partei gemeinsam mit ihrem Ehepartner geschlossen hat und die bedürftige Partei überdies das streitgegenständliche Grundstück gemeinsam mit ihrem Ehepartner bewohnt (Celle FamRZ 2015, 1420); wenn die Ehefrau als Geschäftsführerin einer GmbH am wirtschaftl Erfolg des Ehemanns teilgenommen hat (Brandenburg 24.2.2014 – 2 W 8/13); wenn Anspruchsteller seinen Schadensersatzanspruch auf angeblich strafbares Verhalten des Anspruchsgegners stützt und der der Anspruch seine Grundlage in der beruflichen Tätigkeit des Anspruchsgegners findet (BGH NJW 2020, 55).

24 **Persönliche Angelegenheit verneint**: Vermögensrechtl Ansprüche eines Ehegatten, die ihre Wurzel in der beendeten ehelichen Lebensgemeinschaft einer geschiedenen Ehe haben (Düsseldorf FamRZ 1984, 388; aA Frankfurt FamRZ 1983, 589). Die Feststellung eines **erbrechtl Verhältnisses** ist von Düsseldorf (NJW 1960, 2189) nicht als persönliche Angelegenheit gewertet worden. Wegen der Klage auf Feststellung der Gültigkeit eines **Erbvertrags** zw Eheleuten vgl Köln MDR 1963, 51. Der Anspruch auf **Vergütung freier Mitarbeit** lässt sich nicht in den Kreis persönlicher Angelegenheiten einordnen, denn die bloße Verbesserung der wirtschaftl Situation und die damit verbundene Entlastung der/des Unterhaltspflichtigen reichen hierfür nicht aus (Köln NJW-FER 2000, 31). Rückforderung von gewährter Sozialhilfe, bei der es um die Abwehr eines Zahlungsanspruchs geht, ist keine persönliche Angelegenheit; anders wird aber der Fall beurteilt, bei der vom Antragsteller begehrt wird, im Rahmen der Jugendhilfe Kostenübernahme für eine Schulassistenz während der gesamten Unterrichtszeit für seine Begleitung während des Besuchs der Oberschule zu erreichen (OVG Bautzen 9.5.2016 – 4 B 92/16).

25 Die Rechtsverfolgung darf nicht **offensichtlich aussichtslos oder mutwillig** sein (LG München FamRZ 1970, 84, 86; Nürnberg NJW-RR 1993, 327; OVG Münster FamRZ 2000, 21). Nach BGH FamRZ 2001, 1363 ist derselbe Maßstab (§ 114 ZPO) wie im PKH-Verfahren anzulegen, dh die außergerichtlichen Möglichkeiten müssen erschöpft und es darf keine günstigere Alternative mehr vorhanden sein. Soweit es auf die Prüfung der **Erfolgsaussicht** ankommt, hat der den Kostenvorschuss begehrende Ehegatte die Schlüssigkeit seines Begehrens darzulegen und zu beweisen (BGH FamRZ 2001, 1363; aA Köln MDR 1961, 941: bloßer Mangel an hinreichender Erfolgsaussicht macht das Verlangen eines Kostenvorschusses allein noch nicht unbillig). Es kommt auf das Verhältnis des **eingegangenen Risikos** zu der durch den Vorschuss eingetretenen **finanziellen Belastung** an. Eine Pflicht zum Vorschuss der Prozess-/Verfahrenskosten besteht soweit nicht, als der unterhaltsberechtigte Ehegatte die angestrebte gerichtliche Entscheidung nicht notwendig braucht, weil sie zur Rechtsverfolgung in einer persönlichen Angelegenheit nicht unbedingt erforderlich ist (LG München FamRZ 1970, 84).

26 **Vorschussberechtigt** ist der Ehegatte, wenn er nicht in der Lage ist, die Kosten des Verfahrens alsbald aufzubringen. Die **Bedürftigkeit** richtet sich nicht nach §§ 114 ZPO, sondern nach **Billigkeitsgrundsätzen** (Grü/*v Pückler* Rn 11). Vorschuss wird dann gewährt, wenn der Ehegatte andernfalls seinen eigenen angemessenen Unterhalt gefährden würde oder seine gesetzl Unterhaltsverpflichtungen nicht oder nicht vollständig erfüllen könnte (KG FamRZ 1985, 1067; Koblenz FamRZ 1986, 284). Der Umstand, dass ein Ehegatte staatliche Leistungen in Anspruch nimmt, mindert seinen Anspruch auf Kostenvorschuss nicht (Düsseldorf FamRZ 1975, 418). Fraglich ist,

ob der vorschussberechtigte Ehegatte ein Angebot des vorschusspflichtigen Ehegatten, den fraglichen Betrag durch Überweisung **darlehensweise** zur Verfügung zu stellen, annehmen muss. Teilweise wird eine derartige Angebotsannahme für zumutbar erachtet (AG Marburg FamRZ 2013, 308), teilw wird dies mit Verweis auf die wesentlich günstigere gesetzl Lösung und mit Blick auf die andernfalls bestehende Rückzahlungsverpflichtung verneint (Frankfurt FuR 2014, 544; so auch *Kreutz* NZFam 2014, 196f). Seinen Vermögensstamm muss ein Ehegatte grds nur angreifen, wenn er zur **Prozess-/Verfahrensführung bereite Mittel** enthält (Köln FamRZ 1995, 941; Zweibrücken FamRZ 1999, 1194; Karlsruhe FamRZ 2011, 1235; aA Wendl/Dose/*Klinkhammer*[10] 2019, Das Unterhaltsrecht in der familienrichterlichen Praxis, § 6 Rn 29), dazu gehören zB nicht: verzinslich für einen Bausparbrief oder in Pfandbriefen angelegte Mittel sowie ein prämienbegünstigtes Sparguthaben, vgl München FamRZ 1976, 696. Nicht angetastet werden muss das sog **Schonvermögen**, das für besondere Problemlagen zurückgelegt wird. Allg gilt: Je leistungsfähiger der Unterhaltsschuldner ist, umso geringere Anforderungen sind an die Bedürftigkeit des Unterhaltsgläubigers zu stellen (Köln FuR 2002, 529). **Vorschusspflichtig** ist der andere Ehegatte, sofern dies der **Billigkeit** entspricht, er also **leistungsfähig** iSd § 1360a IV ist. Auch hier sind nicht § 115 ZPO, sondern die Maßstäbe des Unterhaltsrechts maßgeblich (Düsseldorf FamRZ 2019, 992 Rn 4; Bremen FamRZ 2021, 614 Rn 5; Grü/*v Pückler* Rn 12), dh er braucht seinen eigenen Unterhalt und seine Unterhaltsverpflichtung nicht zu vernachlässigen. Vielmehr kann der Verpflichtete nur in dem Maße in Anspruch genommen werden, wie dies bei einer eigenen Verfahrensführung der Fall wäre (vgl BGH FamRZ 2004, 1633); zur (teilw) Verwertung seines Vermögensstammes ist er nur ausnahmsw verpflichtet (Köln FamRZ 1984, 1256). Es ist stets der **Halbteilungsgrundsatz** zu beachten (Düsseldorf FamRZ 2019, 992; Karlsruhe FamRZ 2016, 1279); keine Vorschusspflicht, wenn der Unterhalt quotal bemessen wird und kein nicht prägendes Einkommen oder Vermögen vorhanden ist (Düsseldorf, NZFam 2019, 271 m Anm *Schuldei*; Hamm FamFR 2012 m Anm *Pfeil*; Karlsruhe 24.11.2010 – 16 WF 186/10; Grü/*v Pückler* Rn 12; MüKo/*Weber-Monecke* Rn 24; Wendl/Dose/*Klinkhammer*[10] 2019, Das Unterhaltsrecht in der familienrichterlichen Praxis, § 6 Rn 31; Ausnahme, wenn noch kein laufender Trennungsunterhalt als Quotenunterhalt gezahlt wurde, wenn „beiderseitiger angemessener Selbstbehalt hierdurch nicht beeinträchtigt wird" Bremen FamRZ 2022, 1362 Rn 4 mwN). Dies gilt auch dann, wenn dem Unterhaltsberechtigten nur fiktives Einkommen angerechnet wird (Karlsruhe NZFam 2016, 520 m Anm *Bruns*). In diesem Fall kommt beim Trennungsunterhalt eine Vorschusspflicht aus Billigkeitsgründen nur dann in Betracht, wenn der Verpflichtete über sehr hohe Einkünfte verfügt und einer der Eheleute nicht-prägende zusätzl Einkünfte hat, so dass Mittel über die Halbteilung hinaus vorhanden sind; zudem müssen beim Pflichtigen eheprägende einseitige vermögensbildende Aufwendungen als Abzugsposten anerkannt werden, die nicht der Altersvorsorge dienen oder der Pflichtige im Gegensatz zum Bedürftigen über Vermögen verfügt, das er in zumutbarer Weise für die Verfahrenskosten einsetzen kann (AG Göttingen FamRZ 2016, 378; München NJW-RR 2006, 292). UU braucht der Verpflichtete den Vorschuss nur zu einem Bruchteil, Bremen FamRZ 1984, 919, oder **in Raten** zu leisten (Celle NZFam 2014, 42 m Anm *Schael*). Dabei ist allerdings zu beachten, dass bei bürgerlichen Rechtsstreitigkeiten nach § 12 I GKG grds vor Beginn des Verfahrens eine Gerichtsgebühr zu zahlen ist und dass bei anwaltlicher Vertretung der Anwalt gem § 9 RVG einen angemessenen Vorschuss verlangen kann. In einem solchen Fall ist dem berechtigten Ehepartner mit einem ratenweise gezahlten Kostenvorschuss kaum gedient, so dass eine derartige Regelung nur in Betracht kommt, wenn der Berechtigte bei der Rechtsverfolgung nicht beeinträchtigt wird (Frankfurt FamRZ 1985, 826. Vgl auch Koblenz FamRZ 1991, 346, das im Anschluss an München FamRZ 1987, 304, Frankfurt FamRZ 1985, 826 – und Nürnberg MDR 1996, 287 – und abw von Karlsruhe FamRZ 1987, 1062 zwar keine volle Prozesskostenhilfe, aber eine mit Zahlungsbestimmung gewährte, da die unterhaltsverpflichtete Mutter einen Prozesskostenvorschuss nur in Raten leisten konnte). Bei der Berechnung der Leistungsfähigkeit ist nicht gem § 115 I und II ZPO auf den notwendigen Selbstbehalt abzustellen; dieser gilt vielmehr nur in Fällen, in denen Eltern ihren minderjährigen Kindern einen Verfahrenskostenvorschuss schulden; bei Ehegatten gilt dagegen der höhere eheangemessene Selbstbehalt (Bremen FamRZ 2021, 514 Rn 5). Der Anspruch aus Abs IV entfällt, wenn der in Anspruch genommene Ehegatte seinerseits verfahrens-/prozesskostenhilfeberechtigt **ohne** Ratenzahlung ist (BGH FamRZ 2004, 1633). Etwas anders gilt dagegen, wenn dem Pflichtigen VKH/PKH **gegen** Ratenzahlung gewährt würde (BGH FamRZ 2004, 1633; hA, s Nachw bei Staudinger/*Voppel* Rn 77). Die Verpflichtung besteht dann allerdings ihrerseits wiederum nur in Raten und iHd Raten, die dem Pflichtigen im Falle der Prozess-/Verfahrensführung auferlegt würden (Staudinger/*Voppel* Rn 77).

e) Höhe des Kostenvorschusses: Die **Vorschusspflicht** erstreckt sich auf die zur Durchführung des Rechtsstreits 27
erforderlichen Kosten, auf **Anwaltskosten**, soweit eine Vertretung durch Anwälte nicht vorgeschrieben ist, nur nach den Grundsätzen der Verhältnismäßigkeit (im Einz MüKo/*Weber-Monecke* Rn 31).

Zu den **Kosten** zählen nicht nur die **gerichtlichen Gebühren** und die dem **Gegner geschuldeten**, sondern auch 28
die von der Partei **selbst aufgewandten Kosten** (allg M seit RGZ 47, 72). Auch die Kosten für einen **Verkehrsanwalt** gehören hierzu (Düsseldorf OLG 29, 145). Seine Einschaltung muss aber notwendig sein. Das ist nicht der Fall, wenn der antragstellende Ehegatte bereits durch einen Rechtsanwalt vertreten wird, der beim zuständigen Gericht zugelassen ist und der aller Voraussicht nach nur Rechtsfragen zu erörtern haben wird, weil der Beklagte keinen Anwalt bestellt hat (KG FamRZ 1968, 651). Entspr gilt für eine **Verteidigung im Strafverfahren**. Zu ihr gehören auch **Aufwendungen für Entlastungszeugen, Gutachten**, wenn das Gericht eine Einholung beschlossen hat (Frankfurt FamRZ 1982, 714), und **Privatdetektive**. Ob die Aufwendungen den Umständen nach geboten sind, hängt von der Schwere der Straftat und der eigenen Gewandtheit des beschuldigten Ehegatten ab. Deckt der aufgrund einer einstw Anordnung gezahlte Kostenvorschuss die tatsächlich entstandenen Kos-

ten nicht, kann der Berechtigte den überschießenden Betrag als Sonderbedarf geltend machen (Hamm MDR 1983, 755). Kosten iSd § 1360a IV sind auch die der **Beurkundung eines Unterhaltstitels** (Frankfurt FamRZ 1984, 1220; einschränkend Hamm FamRZ 1983, 69). Die Höhe der anfallenden Kosten und Gebühren schätzt das Gericht im Rahmen der Schlüssigkeitsprüfung und vergleicht es mit dem Antrag auf Kostenvorschuss.

29 f) **Rückzahlungsanspruch.** Abs IV regelt nicht die endgültige **Kostentragungspflicht** im Verhältnis zw den Ehegatten. Allerdings hat er seine Stellung im Gesetzestext nicht von ungefähr erhalten. Damit sollte klargestellt werden, dass der Anspruch auf Kostenvorschuss ein Unterhaltsanspruch ist, der grds ebenso wenig zurückgefordert werden kann wie andere Unterhaltsleistungen auch. Er soll dem bedürftigen Ehegatten die Rechtsverfolgung ermöglichen, wenn er die erforderlichen Mittel nicht aus eigenem Vermögen aufbringen kann. Von dieser Mangellage ist die Entstehung des Anspruchs abhängig. Ändern sich die wirtschaftl Verhältnisse des anspruchsberechtigten Ehegatten nicht wesentlich, so rechtfertigt die fortbestehende Bedürftigkeit den Verbleib der Vorschussleistung (Hamm MDR 1970, 509, bestätigt durch BGH FamRZ 1971, 360).

30 Allerdings hat der **bedürftige Ehegatte** nur einen Anspruch auf die Leistung eines Vorschusses, also darauf, dass ihm **einstweilen** die Mittel zur Prozess-/Verfahrensführung zur Verfügung gestellt werden („**Vorschuss**charakter" des Anspruchs). Nach der Grundsatzentscheidung BGHZ 56, 92 richtet sich die Rückzahlungspflicht allein nach der **materiellen Billigkeit** (so auch Nürnberg FuR 2002, 287; im Einz *Kreutz* NZFam 2014, 196, 198); daher kann der Umstand, dass der Empfänger im Rechtsstreit mit seinem Ehegatten unterlegen ist, sie allein nicht rechtfertigen (BGHZ 56, 92). Aus einem entspr Titel kann vollstreckt werden, bis nach der materiellen Rechtslage eine Rückzahlungspflicht nach Billigkeitsgrundsätzen begründet ist (BGH NJW 1985, 2263; s BGH FamRZ 1986, 40); die Aufrechnung mit einem Kostenerstattungsanspruch aus demselben Verfahren ist ausgeschlossen (Karlsruhe FamRZ 1986, 376; 1984, 1090). Ist der Ehegatte aufgrund einer wesentlichen Verbesserung seiner wirtschaftl Verhältnisse in der Lage, das Empfangene zurückzugewähren, so fallen die Voraussetzungen dafür fort, dass er die Leistung behalten darf (BGHZ 56, 92; BGH FamRZ 1990, 491; Köln FamRZ 1980, 567; Koblenz FamRZ 2000, 1219). Eine daraus resultierende Rückzahlungspflicht erwächst aus Billigkeit (**familienrechtl Anspruch sui generis**), zB wenn der Berechtigte nach rechtskräftiger Scheidung einen Anspruch auf Zugewinnausgleich erwirbt. Gegen diesen kann der andere Ehegatte mit seinem Rückzahlungsanspruch aufrechnen (BGHZ 56, 92; Koblenz FamRZ 2000, 1219). Hat ein Ehegatte irrtümlich Vorschuss geleistet, obwohl der Tatbestand des Abs IV nicht erfüllt war, kommt nach Stuttgart FamRZ 1981, 36 eine Rückforderung nach Bereicherungsrecht in Betracht.

31 **War der Vorschuss für einen Rechtsstreit mit einem Dritten** gewährt, so besteht eine Pflicht zur Rückerstattung **sofort** (MüKo/*Weber-Monecke* Rn 32). Hat dagegen der beteiligte Ehegatte seine Kosten selbst zu tragen, kann der andere Rückerstattung nur nach den Grundsätzen verlangen, wie sie für die Rückforderung des Kostenvorschusses im Rechtsstreit unter den Ehegatten gelten (zu Einzelh s MüKo/*Weber-Monecke* Rn 33). Wem die Kosten endgültig zur Last fallen, ergibt sich danach nicht mehr allein aus der Kostenentscheidung des Urteils/Beschl. Eine Entscheidung, die im Kostenfestsetzungsverfahren über einen Rückforderungsanspruch erginge, überforderte dieses Verfahren daher mit der Prüfung materiellrechtl Fragen. Dafür ist es nicht geeignet. Die Festsetzung des Vorschusses im Kostenfestsetzungsverfahren ist als unzulässig anzusehen (vgl Düsseldorf FamRZ 1996, 1409; Karlsruhe Rpfleger 1981, 408; KG JurBüro 1981, 446 m Anm *Mümmler*).

32 Eine andere Frage ist, ob ein gezahlter Vorschuss **auf einen Kostenerstattungsanspruch des Vorschussempfängers anzurechnen** ist. Nach BGH NJW-RR 2010, 718 handelt es sich bei dem Vortrag, der gezahlte Kostenvorschuss sei auf den Kostenerstattungsanspruch anzurechnen, um eine **materiellrechtl Einwendung**, die **außerhalb** des Kostenfestsetzungsverfahrens, nämlich im Wege der Vollstreckungsgegenklage, geltend gemacht werden. Etwas Anderes könne ausnahmsw nur dann gelten, wenn der jew materiellrechtl Einwand mit den Mitteln des Kostenfestsetzungsverfahrens geklärt werden könne. Ein solcher Einwand könne auch ein von der Partei an die andere **unstr** gezahlter Kostenvorschuss sein (BGH NJW-RR 2010, 718 mwN), da hier keine Umgehung des an besondere materielle Voraussetzungen geknüpften Rückforderungsanspruchs drohe. Bei einer Kostenquotelung ist dies allerdings nur für den Fall bejaht worden, dass der Kostenerstattungsanspruch für die 1. Instanz niedriger ist als der geleistete Kostenvorschuss (BGH NJW-RR 2010, 718). Was den **Umfang** der Anrechnung angeht, schließt sich der BGH der überwiegenden Ansicht an (zB Bamberg FamRZ 1999, 724; 1997, 1417; Frankfurt OLGRp 2005, 278; Hamm FamRZ 1999, 728; *Dose/Kraft*, Einstw Rechtsschutz in Familiensachen[4] 2018, Rn 121; Staudinger/*Voppel* Rn 95; Grü/*v Pückler* Rn 21), wonach der Kostenvorschuss nur insoweit zu berücksichtigen ist, als die Summe aus Kostenerstattungsanspruch und Vorschuss den Gesamtbetrag der Kosten, die der Vorschussempfänger zu tragen hat, übersteigt (BGH NJW-RR 2010, 718).

33 g) In **entspr Anwendung des Abs IV** können auch **unterhaltspflichtige Verwandte** verpflichtet sein, einen Kostenvorschuss zu leisten. Im Einzelfall kann besonders geprüft werden, ob zw der unterhaltsberechtigten Person und dem Unterhaltspflichtigen ein vergleichbares Lebensverhältnis vorliegt, das der ehelichen Lebensgemeinschaft entspricht.

34 Eine analoge Anwendung ist anerkannt für **minderjährige** und **privilegierte eheliche und nichteheliche volljährige Kinder** sowie für **volljährige** Kinder, die sich noch in der **Ausbildung** befinden und noch keine eigene gesicherte Lebensstellung erreicht haben (Brandenburg NJW-Spezial 2019, 134; Hamm LSK 2016, 109260; BGH FamRZ 2004, 1366; 2005, 883; MüKo/*Weber-Monecke* Rn 21; OVG Berlin-Brandenburg NZFam 2015, 779 m Anm *Gutmann*: Anspruch auf Ausbildungsförderung – BAföG), zB zur Erlangung eines Studienplatzes betrie-

benes Rechtsschutzverfahren, da es der Verwirklichung des Grundrechts auf freie Wahl der Ausbildungsstätte dient (OVG Bautzen FuR 2015, 742) oder bei Rechtsstreit gegen eine Schulordnungsmaßnahme nach § 53 SchulG NRW (OVG Münster NZFam 2014, 575 m Anm *Zimmermann*). Das Verhältnis zw Eltern und Kindern sei dem zw Ehegatten vergleichbar (BGH FamRZ 2004, 1366; FamRZ 2005, 883). Der Anspruch richtet sich gegen beide Eltern (Staudinger/*Voppel* Rn 64a). Eltern schulden ihrem Kind einen Vorschuss für die Kosten eines Rechtsstreits um die Zulassung zum Studium, wenn das Kind nach dem vorherigen Abschluss eines Bachelorstudiengangs ein Studium in einem konsekutiven Masterstudiengang anstrebt, sofern zw beiden Studien ein enger zeitl Zusammenhang besteht und sich das Masterstudium als fachliche Ergänzung und Weiterführung oder Vertiefung des Bachelorstudiums darstellt (OVG Hamburg NZFam 2016, 560 m Anm *Pursian*). Erst dann, wenn die Eltern eine Berufsausbildung gewährt haben, die der Begabung und den Neigungen des Kindes am besten entspricht und sich in den Grenzen der wirtschaftl Leistungsfähigkeit der Eltern hält, sind sie nicht mehr verpflichtet, die Kosten einer weiteren Ausbildung zu tragen (BGH NJW 2006, 2984). Voraussetzung ist stets das Vorliegen einer „persönlichen Angelegenheit"; diese kann aber auch vermögensrechtl Aspekte aufweisen. Entscheidend ist, dass die Angelegenheit neben dem persönlichen Gewicht für den Unterhaltsberechtigten auch eine genügend enge Verbindung zur Person des Unterhaltsverpflichteten aufweist (vgl nur BGHZ 31, 384 (für Ehegatten)). Dies wird zB bejaht für ererbte Schmerzensgeldansprüche nach einem verstorbenen Elternteil (KG NJW-RR 2018, 712).

Abgelehnt wird eine **analoge Anwendung** der Norm zw Partnern einer **nichtehelichen Lebensgemeinschaft**, 35
da es bei diesen an einem der ehelichen Lebensgemeinschaft hinsichtl der unterhaltsrechtl Verantwortlichkeit vergleichbaren Verhältnis fehle (MüKo/*Weber-Monecke* Rn 21; Staudinger/*Voppel* Rn 65; Göppinger/Wax/*Vogel* Rn 2624; Vor § 1353 Rn 15). Man könnte hier freilich im Einzelfall die für die Analogie erforderliche Vergleichbarkeit mit Verweis darauf bejahen, dass sich der nicht verheiratete Elternteil wegen der Betreuung des Kindes in einer vergleichbar ungefestigten Lebensstellung befindet wie noch nicht geschiedene Ehegatten, minderjährige und volljährige Kinder, die wegen ihrer Ausbildung noch keine eigene Lebensstellung erlangt haben (*Caspary* NJW 2005, 2577f). Allerdings fehlt es an der planwidrigen Regelungslücke, da § 1615l III 2 ausdrückl nur auf den Verwandtenunterhalt verweist. IÜ sind auch Kinder ihren Eltern nicht kostenvorschusspflichtig (*Heistermann* FuR 2009, 403, 404 mwN). Zur Anwendbarkeit auf geschiedene Ehegatten s Rn 41.

2. Rechtsnatur und prozessuale Geltendmachung des Unterhaltsanspruchs (einschl des Anspruchs auf 36
Kostenvorschuss). Der Unterhaltsanspruch aus § 1360a ist nach §§ 850b, 851 ZPO nur **beschränkt und bedingt pfändbar**, nämlich was den Anspruch auf **Taschengeld** als Bestandteil des Familienunterhalts angeht (§ 850b I Nr 2, II, § 850c ZPO; str, wie hier BGH FamRZ 2004, 1784; München FamRZ 1988, 1161 mwN; Frankfurt FamRZ 1991, 727; Zweibrücken FamRZ 1980, 445; Karlsruhe FamRZ 1984, 1249; Stuttgart FamRZ 1983, 940; Bamberg FamRZ 1988, 948; KG NJW 2000, 149; MüKo/*Weber-Monecke* § 1360 Rn 22; Staudinger/*Voppel* § 1360 Rn 71; aA *Gernhuber/Coester-Waltjen* § 21 I Rn 29ff; *Balthasar* FamRZ 2006, 85). Die Pfändung des Taschengeldanspruchs verstößt nicht gegen Art 6 I GG (BVerfG FamRZ 1986, 773). Die Pfändung und Überweisung des Taschengeldanspruchs muss aber den näheren Umfang der Pfändung beziffern; zur Beachtung der Schuldnerschutzvorschriften ist der allg Hinw auf § 850c ZPO (bzgl des Unterhaltsanspruchs) unzureichend (vgl Hamm FamRZ 1990, 547; aA zT Frankfurt FamRZ 1991, 727). Vgl auch Hamm FamRZ 1989, 617: im Drittschuldnerprozess ist der Gläubiger für das Bestehen des Taschengeldanspruchs darlegungs- und beweispflichtig; aus der bloßen Tatsache des Verheiratetseins ergibt sich nicht zwangsläufig ein Taschengeldanspruch, zur Schlüssigkeit ist die Darlegung eines den notwendigen Familienunterhalt übersteigenden Familieneinkommens erforderlich. Allerdings hat der Schuldner bei der Abgabe einer **eidesstattlichen Versicherung** den Namen, die Art der Berufstätigkeit und das monatliche Nettoeinkommen des Ehegatten anzugeben, damit der Gläubiger beurteilen kann, ob eine Pfändung des Taschengeldanspruchs in Betracht kommt (LG Karlsruhe FamRZ 1994, 631). Die **Pfändung** des Taschengeldanspruchs muss der **Billigkeit** (§ 850b II ZPO) entsprechen, wofür der Gläubiger darlegungs- und beweispflichtig ist (vgl München FamRZ 1988, 1161; Nürnberg FamRZ 1999, 505); keine Pfändbarkeit, wenn die Einkünfte noch nicht einmal für Notbedarf ausreichen (AG Leverkusen FamRZ 1999, 507). Die Düsseldorfer Tabelle vermag als Anhaltspunkt zur Höhe des pfändbaren Taschengeldbetrags dienen. Zur **Pfändbarkeit eines aus Unterhalt** abgeleiteten Befreiungsanspruchs einer Ehefrau gegen den Ehegatten wegen einer ärztlichen Honorarforderung vgl KG FamRZ 1980, 614. Er kann insoweit auch nicht abgetreten (§ 400) und verpfändet werden, § 1274 II (BGHZ 94, 316). Gegen den Unterhaltsanspruch kann nicht aufgerechnet werden (§ 394). Diesen Grundsatz in besonderen Fällen einschränkend Hamm FamRZ 1999, 436.

Dagegen ist der zweckgebundene Verfahrens-/Prozesskostenvorschuss **nicht pfändbar** (BGH FamRZ 1985, 802; 37
MüKo/*Weber-Monecke* Rn 35; Staudinger/*Voppel* Rn 98; Soergel/*Lange* Rn 20). Eine Pfändung kommt ausnahmsw nur dann in Betracht, wenn sie der Zweckbindung nicht zuwiderläuft (im Einz Staudinger/*Voppel* Rn 98; Grü/*v Pückler* Rn 18). Der Anspruch kann demnach auch nicht übertragen werden (§ 399; Grü/*v Pückler* Rn 18).

Unterhaltsstreitigkeiten, dazu gehört auch die Geltendmachung des Kostenvorschusses, sind **Familiensachen**. 38
Es besteht eine **ausschließliche Zuständigkeit** des FamG (§ 23a I Nr 1, § 23b I 1 GVG; § 111 Nr 8 FamFG). Das Rechtsschutzinteresse entfällt nicht wegen der Möglichkeit einer einstw Anordnung gem §§ 50ff, 231 I FamFG (MüKo/*Weber-Monecke* Rn 34). Das **Rechtsschutzinteresse** für den Antrag auf Unterhalt oder auf Verfahrenskostenvorschuss ist gegeben, weil der Beschl in materieller Rechtskraft erwächst (vgl BGH MDR 1979, 652; Düsseldorf FamRZ 1978, 118 und 192; Hamm NJW 1978, 1535). Ein Rechtsschutzbedürfnis für einen Antrag besteht daher auch dann, wenn der Unterhaltspflichtige Tatsachen geltend macht, die im summarischen Verfahren

nach § 246 FamFG nicht berücksichtigt werden können (Düsseldorf MDR 1973, 586). Prozesskostenvorschuss kann nicht mehr verlangt werden, wenn der Rechtsstreit (oder die Instanz), dessen Führung er ermöglichen soll, bereits abgeschlossen ist (BGH NJW 1985, 2265); bei nicht rechtzeitiger Erfüllung wandelt sich der Vorschussanspruch in einen Schadensersatzanspruch wegen des Vorschussanspruchs um (Stuttgart NZFam 2014, 754). Wenn dem Rechtsmittelführer aber bereits für den ersten Instanzenzug Verfahrenskostenhilfe bewilligt worden ist, so kann er bei im Wesentlichen gleichen Angaben zu den Vermögensverhältnissen davon ausgehen, dass auch das Gericht des zweiten Rechtszugs ihn als bedürftig ansieht, dh er muss nicht damit rechnen, dass das Rechtsmittelgericht strengere Anforderungen an den Nachweis der Bedürftigkeit stellt als das Erstgericht (vgl BGH FamRZ 2022, 799 Rn 11f; FamRZ 2021, 209 Rn 14; FamRZ 2019, 2014 Rn 10 mwN).

39 Im **einstw Verfahren** in Bezug auf die **Kostenvorschusspflicht** kann das Gericht nach §§ 121, 137 FamFG in einer Ehesache einschl der Folgesachen durch eine einstw Anordnung den Kostenvorschuss regeln (vgl KG FamRZ 1987, 956), aus der auch nach Verfahrensende und ohne Rücksicht auf die ergangene Kostenentscheidung vollstreckt werden kann (BGH FamRZ 1985, 802). Auch in Bezug auf einen Kostenvorschuss schließt die Möglichkeit einer einstw Anordnung nicht stets das Rechtsschutzinteresse für einen Zahlungsantrag aus, weil diese den Rechtsschutz endgültig wahrt und den Unterhaltsanspruch wie die Kostenvorschusspflicht materiell rechtskräftig feststellt (vgl BGH MDR 1979, 652). Freilich verdrängt eine einstw Unterhalts-/Kostenvorschuss-Anordnung als spezielle Regelung die Vorschriften über die einstw Verfügung (BGH MDR 1979, 652). Ggü einem Anspruch auf Kostenvorschuss ist der Anspruch auf Stundung der Verfahrenskosten nach § 4a InsO grds subsidiär (LG Düsseldorf FPR 2002, 546; AG Hamburg FPR 2002, 547). Das LG Köln nimmt solche Fälle aus, in denen das Insolvenzverfahren auf voreheliche Verpflichtungen zurückgeht (FPR 2002, 547).

40 **3. Verhältnis zum Unterhaltsanspruch bei getrennt Lebenden und Geschiedenen.** Leben die Ehegatten getrennt, gelten die Sonderregelungen der §§ 1361, 1361a, 1361b; die §§ 1360a, 1360b sind dann grds nur anwendbar, soweit dies ausdrückl bestimmt ist (§ 1361 IV 4). Die Ansprüche auf Trennungs- und Familienunterhalt sind nicht identisch. Von daher kommt der Frage, ob eine häusliche Gemeinschaft aufgehoben wurde, maßgebliche Bedeutung zu (*Born* in Heiß/Born, Unterhaltsrecht [62] 2023, 1. Teil Kap 11 Rn 25). Besteht zw den Ehegatten zwar keine häusliche Gemeinschaft mehr, wohnt die Ehefrau aber noch in der ehelichen Wohnung, arbeitet sie gleichwohl noch im Erwerbsgeschäft des Mannes weiter mit und empfängt sie dort wie vor der Trennung der Ehegatten den Hauptteil ihres Unterhalts, so ist Rechtsgrundlage für einen Anspruch auf einen Unterhaltszuschuss in Geld zur Befriedigung ihrer persönlichen Bedürfnisse nicht § 1361, sondern § 1360a (BGH FamRZ 1961, 432). Eine Trennung der Eheleute besteht auch dann nicht, wenn ein Ehegatte dauerhaft in einem **Pflegeheim** untergebracht ist; vielmehr besteht die häusliche Gemeinschaft in diesem Fall fort (BGH NJW 2016, 2122 m Anm *Reinken*), es sei denn, es ist ein Trennungswille feststellbar (Grü/*v Pückler* § 1567 Rn 2). Dabei muss der Wille, die Lebensgemeinschaft aufgeben zu wollen, deutlich erkennbar sein; es reicht nicht aus, wenn der in der vormaligen Ehewohnung verbleibende Teil die persönlichen Dinge des anderen Ehegatten entfernt oder sich einem anderen Partner zuwendet (Hamm 12.8.2014 – II-UF 55/14; Grü/*v Pückler* § 1567 Rn 5).

41 Unter **geschiedenen Ehegatten** besteht eine Verfahrens-/Prozesskostenvorschusspflicht grds nicht (BGH NJW 2017, 1960; 2010, 372; 2005, 1722; BGHZ 89, 33; BGH FamRZ 1990, 280; 1984, 148). Dies gilt auch dann, wenn ein güterrechtl Verfahren als Folgesache im Verbund geltend gemacht, aber später abgetrennt wurde (anders Nürnberg FamRZ 1990, 421). Nach richtiger Ansicht ist § 1360a IV als **Ausfluss der Fürsorge- und Beistandspflicht** der Ehegatten zu verstehen. Sie rechtfertigt die sehr weite Ausdehnung des Unterhaltsanspruchs auf den Verfahrens-/Prozesskostenvorschuss. Eine Grundlage für die – mangels gesetzl Regel – erforderliche analoge Anwendung auf geschiedene Ehegatten ist jedoch nicht gegeben. Zw ihnen besteht die Pflicht zur ehelichen Lebensgemeinschaft, die die Fürsorge- und Beistandspflichten trägt, nicht mehr (BGH NJW 2017, 1960).

42 **4. Abschluss von Vereinbarungen. Vereinbarungen über die Familienunterhaltspflicht**, die von den gesetzl Vorschriften abweichen, sind möglich, sofern der angemessene Unterhalt nicht zu sehr beeinträchtigt und in die Rechte der Kinder nicht eingegriffen wird. § 1360a III und § 1614 sind beachtlich (Staudinger/*Voppel* § 1360 Rn 55). So können Eltern nicht wirksam vereinbaren, dass ihre Kinder eine Ausbildung nicht erhalten sollen, die den wirtschaftl Umständen und der Begabung der Kinder entspricht. Verzicht auf den Unterhalt für die Zukunft ist auch in der Form vertragl Minderung unwirksam, da er dem Wesen der Ehe widerspricht (Staudinger/*Voppel* § 1360 Rn 55). Ein Verzicht auf Unterhalt liegt nicht bereits bei jeglicher Abweichung der von den Ehegatten getroffenen Regelung vor, sondern erst dann, wenn eine gewisse Toleranzgrenze überschritten wird, die bei 20–33 % des Bedarfs angenommen wird (Hamm FuR 2000, 280).

§ 1360b Zuvielleistung

Leistet ein Ehegatte zum Unterhalt der Familie einen höheren Beitrag als ihm obliegt, so ist im Zweifel anzunehmen, dass er nicht beabsichtigt, von dem anderen Ehegatten Ersatz zu verlangen.

1 **I. Auslegungsregel.** § 1360b normiert die Vermutung, dass überobligationsmäßige Beiträge eines Ehegatten zum Unterhalt idR nicht zurückgefordert werden sollen. Die eheliche Lebensgemeinschaft rechtfertigt die Annahme, dass den Ehegatten bei freiwilliger Mehrleistung über das gesetzl vorgeschriebene Maß hinaus die Absicht, voneinander Ersatz zu verlangen, fehlt. Die Vorschrift dient der weitestgehenden Ausschaltung gegenseitiger Ersatzansprüche, die den Ehefrieden gefährden könnten (Düsseldorf OLGRp 1995, 70; dazu *Büte* FuR 2006, 193). Der Rechtsgedanke der Vorschrift führt somit zB zum Ausschluss des Nachteilsausgleichs für die Vergan-

genheit (vgl Nürnberg 19.12.2013 – 9 UF 1634/13; BeckOGK/*Preisner*, Stand: 1.11.2022, Rn 18ff). Der Unterhaltsschuldner kann aber diese Auslegungsregel widerlegen. Ein ausdrückl Vorbehalt ist indessen nicht erforderlich, das beabsichtigte Ersatzverlangen kann sich auch aus den Umständen ergeben. Anzeichen hierfür ist zB die Ausstellung einer Quittung seitens des anderen Ehegatten. Auch die Höhe der Leistung kann gegen einen Verzichtswillen sprechen. Vgl auch Karlsruhe FamRZ 1990, 744, wonach § 1360b Regressansprüche gleich aus welchem Rechtsgrund (Geschäftsführung ohne Auftrag, §§ 812ff, familienrechtl Ausgleichspflicht) ausschließt, es sei denn, der Kläger legt (über die Tatsache der Zuvielleistung hinaus) substantiiert dar (und beweist ggf) die Umstände, aus denen seine Rückforderungsabsicht – für den Empfänger von vornherein erkennbar – zu folgern gewesen sein soll (dazu auch BGHZ 50, 266). Bei einer **Mehrleistung mit Erstattungsabsicht** kann sich der Anspruch, allerdings nur nach der Scheidung, aus § 812 I 2 ergeben, weil mit der Scheidung das eheliche Zusammenleben als bezweckter Erfolg der Aufwendung nicht mehr erreicht werden kann (aM *Deubner* FamRZ 1968, 351; *Kühne* FamRZ 1968, 356). Näher liegt die Annahme eines besonderen familienrechtl Ausgleichsanspruchs – so auch BGHZ 50, 266 –, der nicht den Beschränkungen des Bereicherungsrechts unterliegt (*Roth-Stielow* NJW 1970, 1032; vgl auch BGH FamRZ 1981, 761). Hat ein Ehegatte dem anderen einen Kostenvorschuss geleistet, ohne dass die Voraussetzungen des § 1360a IV vorlagen, steht § 1360b einem Rückzahlungsverlangen während des laufenden Scheidungsverfahrens nach Bereicherungsrecht nicht entgegen (Düsseldorf FamRZ 1981, 36). Für Klagen auf Rückforderung von zu viel geleistetem Unterhalt ist nach BGH FamRZ 1978, 582 das FamG zuständig.

II. Anwendungsbereich. Die Vorschrift ist anwendbar auf alle Mehrleistungen, die ein Ehegatte zum Famili- 2
enunterhalt erbringt. Dabei geht sie von dem nach § 1360a geschuldeten Familienunterhalt aus und erweitert den Unterhaltsbegriff auf alle darüberhinausgehenden Beiträge, die den Charakter von Familienunterhalt haben (Düsseldorf OLGRp 1995, 70). Auch der nichterwerbstätige, den Haushalt führende Ehepartner, der dadurch idR seine Unterhaltspflicht erfüllt, leistet mit weiteren Aufwendungen einen höheren Beitrag, als ihm obliegt. Die Auslegungsregel gilt vor allem für **überobligationsmäßige Pflegeleistungen**, für die keine laufende Vergütungspflicht besteht (BGH FamRZ 1995, 537). § 1360b findet auch Anwendung im Zusammenhang mit der Frage des Ausgleichs von **Steuerrückerstattungen** unter Ehegatten (vgl Karlsruhe FamRZ 1991, 441 und 191 bei Einbringung von Verlusten aus selbständiger Arbeit sowie AG Dillingen FamRZ 2001, 99). Zur einseitigen Übernahme der Belastungen des Familienheims, s Oldenburg FamRZ 2005, 1837. Einen Beitrag zum Unterhalt der Familie stellt meist auch die Mitarbeit eines Ehegatten im Geschäft des anderen dar, wenn im Einzelfall aus §§ 1353, 1360 eine Pflicht zu ihr besteht, vgl § 1356 Rn 15. Auch bei einer das erforderliche Maß übersteigenden **Mitarbeit** fehlt im Zweifel die Absicht, Ersatz zu verlangen, mindestens dann, wenn das aus dem Geschäftsbetrieb Gewonnene zur Bestreitung des Familienunterhalts verwendet wird und darüber hinaus keine Überschüsse erzielt werden; zudem ist die Mitarbeit regelmäßig Unterhaltsleistung, so dass § 1360b nicht eingreift (MüKo/*Weber-Monecke* Rn 6). Ein Zweifel kann aber nicht bestehen, wenn die Ehegatten Vergütung für die Mitarbeit vereinbart haben oder diese tatsächlich gewährt wird (vgl § 1356 Rn 17ff). § 1360b ist auch in der Gütergemeinschaft anwendbar auf Leistungen, die ein Ehegatte aus seinem Vorbehaltsgut oder Sondergut für den Familienunterhalt erbringt (§ 1420, § 1445 II, § 1467 II; vgl Staudinger/*Voppel* Rn 8). Ein nach § 1360b nicht zurückforderbarer überschießender Unterhalt kann eine anrechenbare Zuwendung iSd § 1380 sein (BGH FamRZ 1983, 351). Unerheblich ist, ob es sich um laufende Unterhaltsleistungen oder einmalige Beiträge handelt und ob sie aus dem Einkommen oder aus dem Vermögen erbracht werden (Staudinger/*Voppel* Rn 8). Gem § 1361 IV 4 gilt § 1360b grds auch für Ehegatten, die getrennt leben; die Lockerung der ehelichen Beziehungen in diesem Stadium kann aber leichter zur Widerlegung der Vermutung führen. Für die Erstattung von erbrachtem **Kindesunterhalt** ist allerdings der Nachweis einer von vorneherein bestehenden Absicht, vom anderen Elternteil die Erstattung zu verlangen, Voraussetzung für einen familienrechtl Ausgleichsanspruch (BGH NJW 1968, 1780; 2013, 1101; Nürnberg FPR 2013, 563; offen gelassen für den Fall, dass die Elternteile im fraglichen Zeitraum bereits geschieden waren und § 1360b deshalb nicht mehr (direkt) anwendbar ist (BGH NJW 1981, 2348; 1989, 2816; 1994, 2234). Keine Anwendung findet die Vorschrift auf den nachehelichen Unterhalt (*Wohlfahrt* FamRZ 2001, 1185, 1186).

§ 1360b gilt aber nur für Leistungen, die zum Familienunterhalt beitragen sollen, nicht für solche, die lediglich 3
dem Vermögen des anderen Ehegatten oder sonstigen Zwecken (zB Unterstützung von Verwandten) zugute kommen, ohne dabei den Familienunterhalt zu verbessern; ob hier Schenkung vorliegt oder ein Erstattungsanspruch aus Darlehen, Geschäftsführung ohne Auftrag oÄ besteht, ist nach allg Grundsätzen, aber unter Berücksichtigung der zw den Ehegatten bestehenden besonderen Beziehungen zu entscheiden (vgl zum Problem des Schenkungswiderrufs unter geschiedenen Ehegatten umfassend *Bosch* FS Beitzke, 1979, 121). Die Vorschrift ist auch dann nicht anwendbar, wenn der Ehegatte, der die Mehrleistung erbringt, in der Geschäftsfähigkeit beschränkt ist und sein gesetzl Vertreter nicht zustimmt.

III. Darlegungs- und Beweislast. Soweit die Mehrleistung herausverlangt werden soll, trifft den zu viel leis- 4
tenden Unterhaltsschuldner die Darlegungs- und Beweislast dafür, dass eine überobligationsmäßige Leistung vorlag und seine Absicht erkennbar war, Ersatz zu verlangen (Karlsruhe FamRZ 1990, 744).

§ 1361 Unterhalt bei Getrenntleben

(1) Leben die Ehegatten getrennt, so kann ein Ehegatte von dem anderen den nach den Lebensverhältnissen und den Erwerbs- und Vermögensverhältnissen der Ehegatten angemessenen Unterhalt verlangen; für Aufwendungen infolge eines Körper- oder Gesundheitsschadens gilt § 1610a. Ist zwischen den getrennt lebenden Ehegatten ein Scheidungsverfahren rechtshängig, so gehören zum Unterhalt vom Eintritt der Rechtshängigkeit an auch die Kosten einer angemessenen Versicherung für den Fall des Alters sowie der verminderten Erwerbsfähigkeit.

(2) Der nicht erwerbstätige Ehegatte kann nur dann darauf verwiesen werden, seinen Unterhalt durch eine Erwerbstätigkeit selbst zu verdienen, wenn dies von ihm nach seinen persönlichen Verhältnissen, insbesondere wegen einer früheren Erwerbstätigkeit unter Berücksichtigung der Dauer der Ehe, und nach den wirtschaftlichen Verhältnissen beider Ehegatten erwartet werden kann.

(3) Die Vorschrift des § 1579 Nr. 2 bis 8 über die Beschränkung oder Versagung des Unterhalts wegen grober Unbilligkeit ist entsprechend anzuwenden.

(4) Der laufende Unterhalt ist durch Zahlung einer Geldrente zu gewähren. Die Rente ist monatlich im Voraus zu zahlen. Der Verpflichtete schuldet den vollen Monatsbetrag auch dann, wenn der Berechtigte im Laufe des Monats stirbt. § 1360a Abs. 3, 4 und die §§ 1360b, 1605 sind entsprechend anzuwenden.

Schrifttum: *Bartels*, Wechselseitige Unterrichtungs- und Auskunftsansprüche von Ehegatten – Teil 1, FuR 2019, 252; *Bartels*, Wechselseitige Unterrichtungs- und Auskunftsansprüche von Ehegatten – Teil 2, FuR 2019, 361; *Born*, Der Wohnvorteil im Unterhaltsrecht – ein fast unbemerkter Paradigmenwechsel, NJW 2022, 2497; *Born*, Trennungsbedingter Mehrbedarf: „Schnell von gestern" oder doch relevant?, NZFam 2021, 329; *Born*, Vereinbarungen über den Trennungsunterhalt – immer zulässig?, NZFam 2020, 665; *Born*, Der Bedarf in der aktuellen Rechtsprechung – Das Ende eines unterhaltsrechtlichen Grundbegriffs?, NJW 2008, 3089; *Braun*, Verfestigte Lebensgemeinschaft als Verwirkungsgrund für Unterhalt, NJW-Spezial 2021, 132; *Bruske*, Ehegattenunterhalt und paritätisches Wechselmodell, NZFam 2020, 865; *Büte*, Vereinbarungen zum Trennungsunterhalt: Was geht, was geht nicht?, FuR 2018, 394; *Büttner*, Sind die Bedenken gegen die Rechtsprechung des BGH und BVerfG zu den ehelichen Lebensverhältnissen gerechtfertigt?, FamRZ 2003, 641; *Campbell*, Finanzierung des Zugewinns unterhaltsrechtlich zu berücksichtigen, NJW-Spezial 2021, 260; *Christl*, Hohe Wohnkosten als Unterhaltsmehrbedarf, NZFam 2019, 612; *Christl*, Verfahrenskostenvorschuss nach Trennung nur für „reiche" Ehegatten?, NZFam 2016, 913; *Duderstadt*, Verwirkung im Familienrecht, NZFam 2020, 550; *Duderstadt*, Ausgewählte Probleme des Ehegattenunterhalts, FuR 2007, 205; *Eschenbruch*, Absinken des eheangemessenen Bedarfs trotz Wechsel in die Altersteilzeit ohne äußeren Anlass?, NJW 2007, 522; *Finke*, Wohnwert – Nutzungsentschädigung, FF 2007, 185; *Finke*, Der Wohnwert bei Ehegatten- und Kindesunterhalt unter besonderer Berücksichtigung unterschiedlicher Eigentumsverhältnisse am Familienheim, FPR 2008, 94; *Götsche*, Die Wahl der Altersvorsorge im Unterhaltsrecht – Teil 1, FuR 2022, 284; Teil 2, FuR 2022, 351; *Graba*, Die Bedeutung der Trennung für den Unterhalt, NZFam 2018, 1112; *Graba*, Die Entwicklung des Unterhaltsrechts nach der Rechtsprechung des BGH im Jahr 2009, FamRZ 2010, 601; *Graba*, Auf dem Weg zu einem Ehegattenunterhalt nach Billigkeit, FamRZ 2008, 1217; *Hahne*, Aus der aktuellen Rechtsprechung des XII. Zivilsenats zum Unterhalt zwischen Ehegatten, FF 2009, 178; 226; *Huhn*, Gestaltungsmöglichkeiten beim Trennungsunterhalt, RNotZ 2007, 177; *Mende*, Bedarfserhöhende Berücksichtigung der Erbschaft beim Ehegattenunterhalt, NZFam 2020, 191; *Menne*, Die Leitlinien der Oberlandesgerichte zur Bemessung des Unterhalts, NJW 2021, 497; *Münch*, Der Wohnwert der eigengenutzten Immobilie bei Trennung und Scheidung, FamRB 2009, 149; *Niepmann*, Erwerbsobliegenheiten im Ehegatten- und Partnerunterhalt, NZFam 2020, 842; *Niepmann/Kerscher*, Die Entwicklung des Unterhaltsrechts seit Anfang 2022, NJW 2022, 2653; *Obermann*, Auswirkungen der Befristungsmöglichkeit des nachehelichen Unterhalts in der Trennungszeit, NZFam 2019, 690; *Obermann*, Der besser verdienende Kinderbetreuer im Unterhaltsrecht, NZFam 2016, 481; *Schmitz*, Doppelverwertungsverbot im Unterhaltsrecht, FPR 2007, 109; *Schnitzler*, Getrenntlebensunterhalt und Verwirkung § 1361 III BGB iVm

§ 1579 Nr. 2-8 BGB – ein Buch mit 7 Siegeln?, NZFam 2020, 806; *Schoop*, Verwirkung von Ehegattenunterhalt wegen Prozessbetrugs, NJW-Spezial 2017, 452; *Spangenberg*, Kriterien einer wirksamen Vereinbarung über Trennungsunterhalt, FF 2016, 152; *Viefhues*, Abwehr von Unterhaltsansprüchen, Teil 1: Abwehrmöglichkeiten gegen Auskunftsforderungen, FuR 2021, 510; Teil 2: Abwehrmöglichkeiten gegen rückständigen Unterhalt, FuR 2021, 560; Teil 3: Abwehr des Ehegattenunterhaltsanspruchs durch Verweis auf Vermögensbildung, FuR 2022, 450; Teil 4: Abwehr durch Verweis auf Darlehensraten, FuR 2023, 14; *Viefhues*, Pflicht zu unaufgeforderter Information – Mitteilungspflichten im Unterhaltsrecht, FuR 2021, 230; *Viefhues*, Von der Trennung bis zur Scheidung – und darüber hinaus, FuR 2020, 451; *Vomberg*, Die Kunst der konkreten Bedarfsberechnung oder „Dior statt Nivea, Versace statt C&A"?, FF 2012, 436; *Wendl/Dose*, Das Unterhaltsrecht in der familienrichterlichen Praxis, 10. Aufl 2019; *Zwißler*, Einwand der Verwirkung wegen gröblicher Verletzung der Familienunterhaltsverpflichtung, NZFam 2019, 360.

I. Normzweck. § 1361 hat entgegengesetzten Interessen gerecht zu werden. Mit der Trennung der Eheleute sind die Weichen in Richtung der endgültigen Auflösung der ehelichen Gemeinschaft gestellt, eine Versöhnung ist indessen weder ausgeschlossen noch liegt sie außerhalb der Lebenserfahrung. Die „eheliche Solidarität" wirkt noch nach. Der wirtschaftl schwächere Ehegatte soll zumindest für eine gewisse Zeit vor zu starken Einbußen in den ehelichen Lebensverhältnissen bewahrt werden. Dieser Schutzgedanke, losgelöst vom Trennungsverschulden, ist verfassungskonform (BVerfG NJW 1981, 1771). Seit der Einführung des Zerrüttungsprinzips kommt es für den Anspruch aus § 1361 nicht mehr darauf an, wer die Trennung gewollt oder verschuldet hat. Nur bei schweren Verstößen kann die Billigkeitskontrolle gem Abs IV zu einer Begrenzung des Anspruchs führen (Rn 65ff). Gleichzeitig bestimmt die Norm, dass die Trennung den Beginn des Weges zum Eigenverantwortungsprinzip iSd § 1569 darstellt. So nimmt die eheliche Solidarität **mit zunehmender Trennungsdauer** immer mehr bis hin zur Eigenverantwortung der geschiedenen Ehegatten ab. Leben die Ehegatten bspw länger als zehn Jahre getrennt und hat sich jede Partei allein unterhalten, ohne gegeneinander Ansprüche geltend zu machen, ist davon auszugehen, dass auch mit der Stellung des Scheidungsantrags die Zahlung von Trennungsunterhalt nicht mehr zumutbar ist (Frankfurt FPR 2004, 25). Der Anspruch auf Trennungsunterhalt ist mit dem Anspruch auf nachehelichen Unterhalt nicht identisch (München NZFam 2016, 127 m Anm *Schuldei* zur Nichtanwendbarkeit der Sperrfrist gem § 1580 S 2, § 1605 II). 1

Abs I regelt den **Grundsatz des gegenseitigen Anspruchs auf angemessenen Trennungsunterhalt.** Familienunterhalt (§ 1360 S 1, § 1360a), der eine häusliche Gemeinschaft voraussetzt, muss nicht mehr geleistet werden. Es bestehen – neben sonstigen individuellen Unterhaltsansprüchen, zB der Kinder nach §§ 1601ff – nur noch Ansprüche der Ehegatten gegeneinander. Der besonderen Lage des nicht erwerbstätigen Ehegatten trägt die Sonderregelung des Abs II Rechnung. 2

II. Pflicht zur Unterhaltsleistung bei Getrenntleben, Abs I. 1. Allgemeines. Der Unterhaltsanspruch aus § 1361 setzt das Vorliegen zweier Tatbestandsmerkmalen voraus: Eine (noch) **bestehende, wirksame Ehe** und das **Getrenntleben** der Ehegatten. Der Anspruch entsteht unabhängig vom Güterstand, somit auch bei **Gütergemeinschaft** (BGH NJW 1990, 2252; Oldenburg NJW-RR 2009, 1596). In diesem Fall ist aber § 1420 anzuwenden, so dass für den Trennungsunterhalt zunächst das Gesamtgut zu verwenden ist (München FamRZ 1996, 166) und insoweit die Zahlung einer Geldrente nach Abs IV nicht verlangt werden kann, sondern nur die Mitwirkung des Ehegatten an der ordnungsmäßigen Verwendung des Gesamtguts zum Unterhalt gem § 1451 (München FamRZ 1996, 557). Zudem ist stets zu prüfen, ob der Unterhaltsanspruch durch die Gütergemeinschaft inhaltlich beeinflusst wird, was sich auf die Höhe des Trennungsunterhalts auswirken kann (BGH NJW 1990, 2252). 3

2. Bestehende Ehe. Eine bestehende Ehe liegt vor, wenn die Eheschließung rechtswirksam erfolgt ist. Unerheblich für die Anspruchsentstehung ist die **Dauer der Ehe** (BGH FamRZ 1987, 572). Dabei hat der Ehegatte, der gegen den anderen Trennungsunterhalt geltend macht, das Bestehen einer materiellrechtl wirksamen Ehe (bei Auslandsbezug gem Art 13 EGBGB) dazulegen und zu beweisen (Bremen NJW-RR 2016, 195). Bei einer gegen das Verbot der Doppelehe geschlossenen und deshalb aufhebbaren Ehe beurteilen sich Ansprüche auf Trennungsunterhalt nach den Grundsätzen des § 1318 II (Bremen NJW-RR 2016, 195). Die Verweisungsnorm des Abs III nimmt § 1579 Nr 1 (kurze Dauer der Ehe) ausdrückl aus. Dasselbe gilt für die **Dauer der Trennung** (BGH FamRZ 1985, 376) – diese spielt erst für die Höhe des Anspruchs eine Rolle, allerdings nicht ohne Einschränkungen. Einen außergewöhnlichen Fall hatte München zu beurteilen (FamRZ 2003, 874). Hier bestand eine Ehe 24 Jahre lang, die Ehegatten lebten indessen von Anfang an getrennt und beschränkten ihren persönlichen Kontakt auf gelegentliche Telefonate und drei bis vier Treffen im Jahr. Zu Recht wurde hier eine Rechtfertigung für einen Ehegattenunterhalt weitestgehend verneint. 4

3. Getrenntleben. Hierunter ist Aufhebung der häuslichen Gemeinschaft iSd § 1567 zu verstehen. Es darf also **obj** keine häusliche Gemeinschaft mehr bestehen, die auch subj zumindest von einem Ehegatten nicht wiederhergestellt werden soll. Grds ist das **Zusammenleben zu beenden** (München FamRZ 1998, 826), und es sind getrennte Haushalte zu begründen. Im Einzelfall können die Ehegatten noch in derselben Wohnung leben – geringe Gemeinsamkeiten wie Putzen und Waschen stehen der Annahme des Getrenntlebens nicht entgegen, solange sie sich als unwesentlich darstellen (Jena FamRZ 2002, 99), vgl zur Präzisierung Erl zu § 1567 I 2 § 1567 Rn 2f. Solange „Tisch und Bett" noch miteinander geteilt werden, kann ein Getrenntleben iSd Norm nicht angenommen werden. Allerdings setzt das erforderliche Getrenntleben nicht voraus, dass die Eheleute **überhaupt jemals gemeinsam** einen Haushalt begründet hatten (BGH NZFam 2020, 477 m Anm *Löhnig*; FamRZ 1982, 573; NJW 1979, 1360 und 105; 1978, 1810; Frankfurt v 12.7.2019 – 4 UF 123/19, **aA** MüKo/*Weber-Monecke* Rn 5; Staudinger/*Voppel* Rn 11ff). Es muss auch nicht zu einer „Verflechtung der wechselseitigen Lebenspositionen und zu einer inhaltlichen Verwirklichung der Lebensgemeinschaft" gekommen sein (BGH FamRZ 1985, 376; Frankfurt v 5

12.7.2019 – 4 UF 123/19). Ein Getrenntleben im Rechtssinne liegt nicht vor, wenn die Ehegatten zwar nicht zusammenleben, aber übereinstimmend den Wunsch nach Herstellung bzw Wiederherstellung der häuslichen Gemeinschaft haben, diesen jedoch aus von ihrem Willen unabhängigen Gründen nicht verwirklichen können (ebenso *Gernhuber/Coester-Waltjen* § 27 VII Rn 76ff). In solchen Fällen richten sich die Unterhaltsansprüche der Ehegatten gegeneinander nach den §§ 1360, 1360a; häufig wird aber auch hier der Unterhalt statt in Natur in Geld zu leisten sein. Die subj Komponente erfordert, dass der **Trennungswille** desjenigen Ehegatten, der die Trennung will, uU beider Ehegatten, **erkennbar nach außen deutlich** wird. Dies erfolgt zB durch die Geltendmachung von Unterhalt und die Herbeiführung einer notariellen Vereinbarung über die vermögensrechtl Auseinandersetzung (Brandenburg Beschl v 3.8.2020 – 9 UF 39/20 Rn 22). Ist ein zumindest einseitiger Trennungswille erkennbar, so ist ein gemeinsames Wirtschaften bzw Weiterleben in der ehelichen Wohnung unschädlich (Brandenburg aaO Rn 23).

6 **III. Bestimmung des Unterhaltsbedarfs – Lebensbedarf. 1. Allgemeine Grundsätze.** Der Unterhalt ist in dem Umfang von einem Ehegatten dem anderen zu gewähren, wie es nach den Lebensverhältnissen und den beiderseitigen Erwerbs- und Vermögensverhältnissen der Ehegatten angemessen ist, vgl §§ 1360a, 1578 (BGH FamRZ 1988, 1145; Grü/*v Pückler* Rn 62). Die Prüfung der Lebensverhältnisse muss sämtliche Lebensumstände der Ehegatten mit Ausnahme der Gründe, die die Trennung bedingt haben, zugrunde legen. § 1361 I ist **verfassungsfest** (BVerfG NJW 2002, 2701; FamRZ 1981, 745), zumal die Billigkeitsklausel des Abs III die Tatbestände auffangen kann, die früher im Rahmen der Verschuldensanknüpfung zur Herabsetzung oder Versagung des Unterhalts führten (zutr BGH FamRZ 1979, 569). Dabei darf die Anwendung und Auslegung von Unterhaltsnormen nicht durch unverhältnismäßige Belastung des Unterhaltspflichtigen zu verfassungswidrigen Ergebnissen führen, die vor Art 2 I GG nicht bestehen können. Eine solche Verletzung des Grundsatzes der Verhältnismäßigkeit ist am Maßstab des analog anzuwendenden § 1581 zu messen (BVerfG FamRZ 2003, 661; 2002, 1686). § 1578b gilt nicht analog (Brandenburg FamFR 2012, 320 m Anm *Heiß*; Düsseldorf FamRZ 2008, 1539) und zwar auch nicht über den Umweg des § 1579 Nr 8 (Saarbrücken NZFam 2019, 690 m Anm *Obermann*).

7 **2. Eheliche Lebensverhältnisse.** Die ehelichen Lebensverhältnisse werden nach den für die **allg Lebensführung** verfügbaren Einkünften der Ehegatten bestimmt (BGH NJW 2008, 57; NJW-RR 1987, 194; NJW 1984, 292; Düsseldorf NZFam 2016, 659 m Anm *Finke*); dazu zählen grds nicht solche Einkommensteile, die der Vermögensbildung vorbehalten sind. Der Lebensstandard ist **obj** zu bestimmen: Entscheidend ist, was aus Sicht eines vernünftigen Betrachters **angemessen** erscheint (BGH NJW 2008, 57; Stuttgart NZFam 2016, 232). Eine nach den Verhältnissen zu dürftige Lebensführung bleibt ebenso außer Betracht wie ein übertriebener Aufwand (Düsseldorf NZFam 2016, 659). Der angemessene Bedarf ist unabhängig davon zu ermitteln, ob die Ehegatten zusammengelebt und/oder gemeinschaftlich gewirtschaftet haben (BGH NZFam 2020, 477 m Anm *Löhnig*). Eine Abänderung des Unterhalts zum Zweck der Anpassung an allg gestiegene Lebenshaltungskosten ist möglich (Frankfurt 15.5.2015 – 7 UF 42/14; Wendl/Dose/*Siebertt*, § 4 Rn 413ff). Zu beachten ist aber, dass ein Unterhaltsschuldner auch bei Zugrundelegung eines obj Maßstabs nicht gezwungen ist, sämtliche Vermögenseinkünfte dem Verbrauch zuzuführen (BGH FamRZ 1997, 281). Demnach ist die Hinzurechnung fiktiver Einkommen, die möglich gewesen wären, grds ausgeschlossen (BGH FamRZ 1997, 281; weiterführend BGH FamRZ 2007, 1532). Zur Frage, inwieweit Einkünfte aus einer nach der Trennung aufgenommenen selbständigen Tätigkeit die ehelichen Lebensverhältnisse geprägt haben, s Frankfurt FamRZ 2002, 885; Karlsruhe FuR 2002, 317; Köln FamRZ 1995, 876. Die Aufnahme eines Nebenjobs neben einer Vollzeittätigkeit erst nach der Trennung zählt jedenfalls als nicht prägend und ist in vollem Umfang als überobligatorisch anzusehen (Karlsruhe NJW-RR 2015, 1478).

7a Eine vom Unterhaltspflichtigen nach Erreichen der Regelaltersgrenze für die gesetzl Rente ausgeübte Erwerbstätigkeit gilt idR als überobligatorisch und kann nur nach dem Grundsatz von Treu und Glauben berücksichtigt werden (BGH NJW 2013, 461). Grds ist aber jeder Unterhaltsschuldner verpflichtet, bis zur Vollendung der für ihn maßgeblichen gesetzl oder (tarif-)vertragl Altersgrenze zu arbeiten (Wendl/Dose/*Dose*, § 1 Rn 749). Aufgrund der bloßen Möglichkeit, vorzeitig in den Ruhestand zu treten, kommt es nicht zu einem Wegfall der unterhaltsrechtl Erwerbsobliegenheit (Frankfurt 15.5.2015 – 7 UF 42/14; BGH NJW 1999, 1547). Dem ehelichen Standard gebührt grds **Bestandsschutz**, es sei denn, die eheliche Lebensführung war infolge eines überdurchschnittlichen Einkommens sehr aufwendig (vgl dazu Frankfurt FamRZ 1981, 1061; MüKo/*Weber-Monecke* Rn 6: „Wo der Luxus beginnt, hört der Bedarf auf“). Bei **überdurchschnittlichem Einkommen** ist eine Vermögensbildung nur dann als die ehelichen Lebensverhältnisse prägend anzusehen, wenn der Unterhaltsanspruch des Berechtigten dadurch nicht geschmälert wird (Koblenz FamRZ 2000, 1366; zur Höhe vgl Staudinger/*Voppel* Rn 172 – Obergrenze der Düsseldorfer Tabelle), so auch Karlsruhe FamRZ 2000, 1366 sowie Koblenz FamRZ 2002, 887. Maßgeblich sind allein die **tatsächlichen ehelichen Lebensumstände**, nicht aber ein pauschaler Mindestrichtsatz für den angemessenen Lebensbedarf eines Unterhaltsberechtigten (BGH FamRZ 1984, 356; Köln FamRZ 1994, 1323; Koblenz FamRZ 1995, 1577; Hamm FamRZ 1995, 1578; Frankfurt FamRZ 1997, 353). Ebenso wenig gibt es eine absolute obere Grenze der Unterhaltspflicht (BGH FamRZ 1969, 205; Koblenz FPR 2002, 63). Ein fiktives höheres Erwerbseinkommen kann nicht allein deswegen angesetzt werden, weil sich der Unterhaltspflichtige vor der Trennung nicht ausreichend für die Förderung seiner beruflichen Karriere eingesetzt hat. Hat nämlich der Gläubiger bis zur Trennung den beruflichen Werdegang des Verpflichteten und seine Bemühungen um Arbeit hingenommen, kann nicht angenommen werden, er habe es leichtfertig unterlassen, höhere Einkünfte zu erzielen (Brandenburg FamRZ 2009, 211).

3. Ermittlung der ehelichen Lebensverhältnisse. Maßgeblich für die Ermittlung der ehelichen Lebensverhältnisse ist zwar grds der **Zeitpunkt der Trennung.** Allerdings ist zu beachten, dass die Ehe – trotz Trennung – bis zur Scheidung fortbesteht und die Eheleute jederzeit wieder zu der ehelichen Lebensgemeinschaft zurückkehren können (MüKo/*Weber-Monecke* Rn 11; Grü/*v Pückler* Rn 63; Staudinger/*Voppel* Rn 26). Die wirtschaftl Lebensverhältnisse werden mithin **bis zur Scheidung** weiterentwickelt und sind bei der Bemessung zu berücksichtigen. Etwas Anderes gilt nur, wenn die Entwicklung auf einer **unerwarteten**, vom Normalverlauf erheblich abw Veränderung beruht (MüKo/*Weber-Monecke* Rn 11; Grü/*v Pückler* Rn 63; abgelehnt bei Inanspruchnahme betreuten Wohnens durch den Ehemann: Hamm FamRZ 2018, 259). Der BGH hat seine zu § 1578 entwickelte Rspr zu den sog **wandelbaren Lebensverhältnissen** nach der Entscheidung BVerfG NJW 2011, 83 mittlerweile aufgegeben (BGH FamRZ 2012, 281). Danach kann sich eine Verbesserung oder Verschlechterung der Einkommenssituation, insb durch Hinzutreten weiterer Unterhaltsberechtigter, nach Rechtskraft der Scheidung nicht mehr auf die ehelichen Lebensverhältnisse auswirken, solange sie nicht bereits in der Ehe angelegt war (s auch § 1578 Rn 30ff). Für den Trennungsunterhalt folgt daraus, dass Einkommensentwicklungen nur dann beachtlich sind, wenn sie im Zeitpunkt der Trennung mit hoher Wahrscheinlichkeit zu erwarten waren und diese Erwartung die ehelichen Lebensverhältnisse bis zur Trennung geprägt hat (BGH NJW-RR 1992, 1091). Auch während des Zusammenlebens eingegangene Verbindlichkeiten prägen die ehelichen Lebensverhältnisse und sind beim Bedarf unterhaltsrechtl zu berücksichtigen und zwar unabhängig davon, welcher Ehegatte die Kreditverbindlichkeiten eingegangen ist und warum (Brandenburg NZFam 2016, 983; FamRZ 2022, 442 m Anm *Borth*). Ein **Karrieresprung** ist danach nur dann beachtlich, wenn bis zur Rechtskraft der Scheidung das Einkommen eines oder beider Ehegatten eine „unerwartete, vom Normalverlauf erheblich abweichende Entwicklung“ genommen hat (BGH NJW-RR 1992, 1091; Brandenburg NJW 2019, 2482). 8

Die **Darlegungs- und Beweislast** darüber, wie die ehelichen Lebensverhältnisse ausgestaltet waren, trifft den Unterhaltsgläubiger (Hamm FamRZ 2002, 1627; Karlsruhe FamRZ 1997, 1011; Hamm FamRZ 1996, 1216 – zur Inanspruchnahme eines Selbständigen); für ein Auseinanderklaffen von aktuellen Verhältnissen und ehelichen Lebensverhältnissen ist derjenige darlegungs- und beweispflichtig, der daraus Rechte herleiten will (Hamm FamRZ 2000, 1017). **Trennungsbedingte wirtschaftliche Neuorientierungen** – Wiederaufnahme einer Tätigkeit des zuvor haushaltführenden Ehepartners – prägen die ehelichen Verhältnisse nicht, da sie nur das **Surrogat** der zuvor wahrgenommenen Haushaltsführung darstellen (Rspr BGH FamRZ 2001, 986 und 1693). 8a

IV. Bedürftigkeit und Leistungsfähigkeit, Einkommen. 1. Berechtigung. Berechtigt ist stets nur der Ehegatte, der bei Berücksichtigung aller Mittel, die ihm zur Verfügung stehen und die er für seinen Unterhalt einzusetzen hat, nicht in der Lage ist, den ehelichen Lebensstandard zu halten. Dieser Teil des Lebensbedarfs, der vom Unterhaltsgläubiger nicht selbst gedeckt werden kann, stellt auf der **Bedürftigkeitsebene seinen Unterhaltsbedarf dar. Verpflichtet** ist stets nur der Ehegatte, dessen Mittel höher sind als der eigene angemessene Lebensbedarf. Für die Ermittlung des Unterhaltsanspruchs sind in einer ersten Stufe die **beiderseitigen Erwerbs- und Vermögensverhältnisse der Ehegatten** (Rn 10ff) festzustellen. Hierfür gelten grds dieselben Grundsätze. Die ermittelten Bruttoeinkommen sind in einer zweiten Stufe zu „bereinigen“ (s Rn 27), da der Unterhaltsanspruch nicht allen weiteren Ausgaben der Parteien vorgeht (zB §§ 1581, 1603 I). Die Höhe des Unterhaltsanspruchs ergibt sich schließlich aus dem Vergleich von Bedürftigkeit des Unterhaltsgläubigers und Leistungsfähigkeit des Unterhaltsschuldners. Zur **anteiligen Haftung mehrerer unterhaltspflichtiger** Väter für den Betreuungsunterhalt der Mutter BGH FamRZ 2007, 1303. 9

2. Berechnung des Einkommens. a) Für die **Ermittlung der Einkommen** des Berechtigten wie des Verpflichteten gilt ein **weiter Einkommensbegriff** (BGH FamRZ 1994, 228 und 21; 1988, 604). Alle erzielten und erzielbaren Einnahmen sind anzusetzen, soweit sie aus einer zumutbaren **Tätigkeit** stammen; andernfalls erfolgt Anrechnung nur nach Billigkeit (BGH FamRZ 2011, 454; 2001, 1687; 2002, 23 gegen BGH FamRZ 1985, 360). Bei gleichförmigem Wechsel von Erwerbstätigkeit und Arbeitslosigkeit ist ein Jahresmittelwert zu bilden (Hamm FamRZ 1986, 1102). IdR erfolgt eine genaue Einkommensermittlung, auf die nur im Ausnahmefall verzichtet werden kann. Nicht nur vorübergehende Kurzarbeit und die damit verbundene Einkommensreduzierung ist für ein Jahr bei der Leistungsfähigkeit zu berücksichtigen, danach ist der Unterhaltsschuldner verpflichtet, sich eine neue Arbeitsstelle zu suchen (Köln NJW 2003, 438). Das steuerrechtl Einkommen muss ggf nach unterhaltsrechtl Kriterien erhöht werden, wenn es durch Abschreibungsmöglichkeiten nach unten korrigiert wurde (BGH FamRZ 1984, 39). Als **Einkommen** anzusetzen ist zunächst der Lohn oder das Gehalt, und zwar erhöht ggf um tatsächlich zugelassene (KG FamRZ 1988, 720) Überstundenvergütungen (auch bei unzumutbarer Mehrarbeit, BGH FamRZ 2001, 1687 und 2002, 23 gegen BGH FamRZ 1985, 360; Düsseldorf FamRZ 1984, 1092; vgl auch Hamm FamRZ 2000, 605 für Überstunden bei Berufskraftfahrern), Schicht- und ähnl Zulagen (München FamRZ 1980, 150; Stuttgart FamRZ 1978, 681, 683) sowie vermögenswirksame Leistungen, ArbN-Sparzulagen oder Urlaubsgeld (Frankfurt FamRZ 1980, 141; 1977, 799f), da diese Beträge zum Einkommen gehören. Entspr gilt für Weihnachtsgeld (BGH FamRZ 1982, 250), für Sonderzuwendungen und sonstige Nebeneinnahmen (BGH FamRZ 1980, 343) wie zB Reisekosten ohne Nachw entspr Mehraufwandes (Köln FamRZ 2003, 602), nicht aber für die Wohnmöglichkeit in einer Kaserne für einen Berufssoldaten (Stuttgart FamRZ 2002, 820). Angerechnet wird der Auslandsverwendungszuschlag iSv § 56 BBesG (BGH FamRZ 1980, 342), beim Einsatz von Soldaten in einem Krisen- oder Kriegsgebiet erfolgt die Anrechnung des Zuschlags allerdings nicht in voller Höhe (BGH NJW 2012, 2190; s auch Stuttgart FamRZ 2002, 820; Hamm NJW-RR 2010, 508; Schleswig NJW-RR 2005, 3). Zur Ermittlung des durchschnittlichen Monatseinkommens eines Kapitäns Oldenburg FuR 2000, 123; zu „Skatgewin- 10 nen eines regelmäßigen Spielers" Düsseldorf FamRZ 1994, 896; zur Anrechnung einer sog Poolbeteiligung eines Oberarztes Köln NJW-RR 1998, 1300. Zu Beamtenbezügen vgl München FamRZ 1980, 459; zur Anrechnung einer steuerfreien Kostenpauschale eines Bundestagsabgeordneten Stuttgart FamRZ 1994, 1251. Am **sozialen Aufstieg** des Partners nimmt ein Ehegatte auch nach der Trennung teil, soweit er voraussehbar war (vgl BGH FamRZ 1988, 256), nicht aber an einem außergewöhnlichen Aufstieg (BGH FamRZ 1985, 352). Bei vorsätzlicher Unterhaltsgefährdung kommen Ansprüche aus § 823 II, § 170 StGB in Betracht (Brandenburg 19.11.2014 – 13 U 18/11).

11 **b)** Auch **einmalige Leistungen** wie arbeitsrechtl **Abfindungen** (BGH FamRZ 2003, 590; 1990, 172; *Büttner* FamRZ 2003, 594) haben Lohnersatzfunktionen, soweit eine Zeit der Arbeitslosigkeit damit überbrückt werden soll, und sind mithin unterhaltsrechtl zu berücksichtigen. Der Betrag ist indessen auf eine angemessene Zeit zu verteilen (BGH FamRZ 1987, 359) und nicht in voller Höhe anzusetzen (dazu FamR-Komm/*Kleffmann*[7] Einkommensermittlung Rn 22). Soweit der Betroffene allerdings nahtlos eine neue Anstellung findet, ist die Abfindungszahlung dem Vermögen zuzuordnen (BGH FamRZ 2001, 278; Köln FamRZ 2005, 211). Nach Ansicht von Saarbrücken FamRZ 2022, 861 m Anm *Borth* ist die Abfindung jedenfalls zur Absicherung des Bedarfs des Berechtigten einzusetzen. Ungeklärt für Erlös aus Aktienoptionen des ArbGeb; für unterhaltsrechtl Berücksichtigung spricht der Umstand, dass diese wie ein Lohnbestandteil versteuert und mit Sozialabgaben belegt werden (Oldenburg NJW-RR 2009, 1657).

12 **c) Vorteilhafte Sachbezüge** wie freie Kost und Logis (Köln FamRZ 1994, 897 zum freien Wohnen) oder Gewährung von Zuschüssen (Telefonkosten, Karlsruhe FamRZ 1990, 533) oder verbilligte/freie Fahrten oder Flüge sind ebenfalls dem Einkommen im unterhaltsrechtl Sinne zuzuordnen.

13 **d) Einkünfte aus selbständiger Tätigkeit.** Für die Ermittlung des unterhaltsrechtl relevanten Einkommens ist für die selbständige Tätigkeit auf den Gewinn während der letzten drei Jahre abzustellen (auch hierzu Grü/*v Pückler* Rn 32; *Kuckenburg* FuR 2006, 255; Düsseldorf FamRZ 2005, 211). Die Gewinnermittlung lässt sich entweder bei entspr Pflichtigkeit aus der **Bilanz** ablesen oder aus der Steuererklärung durch die **Einnahmen-Überschuss-Rechnung**. Es kommt entscheidend auf die **Gewinn- und Verlustrechnung** an, die die Erträge und betrieblichen Aufwendungen ausweist. Der Gewinn aus selbständiger Tätigkeit kann unterhaltsrechtl korrigiert werden. Etwa sind Abschreibungen, Rückstellungen, private Nutzungsvorteile am Betriebsvermögen, Kranken- und Altersvorsorge, Steuern zu berücksichtigen (ausf mit weitergehenden Nachw *Kuckenburg* FPR 2003, 415). Bei der Ermittlung des zukünftigen Einkommens ist idR auf den durchschnittlichen Verdienst der letzten drei Jahre abzustellen (BGH FamRZ 1985, 357; weiterführend BGH FamRZ 2007, 1532; 2004, 1355; Brandenburg FamRZ 2007, 1020; Saarbrücken FamRZ 2006, 1756), uU ist ein längerer Zeitraum zugrundezulegen, etwa bei schwankenden Bezügen (BGH NJW 1984, 1614). Nach Bamberg NJW 2022, 1629 sind gewinnerhöhend anzurechnen auch einmalige Einnahmen aus **Corona-Überbrückungshilfe** III, anders: Frankfurt aM NJOZ 2022, 167: nur für die in den ersten Monaten der Pandemie ausgezahlte Corona-Soforthilfe). Zur Ermittlung des unterhaltsrechtl relevanten Einkommens eines freiberuflichen Arztes (inklusive der abzusetzenden Positionen) vgl Karlsruhe FamRZ 1990, 1234; eines selbständigen Unternehmers, der Alleingesellschafter und Geschäftsführer einer GmbH sowie Inhaber einer damit eng verknüpften OHG ist, Celle FuR 2002, 509; zur Einkommensermittlung und Unterhaltsberechnung bei einem freiberuflich tätigen Zahnarzt Frankfurt FamRZ 1989, 1300 und Koblenz FamRZ 2000, 605. Der unterhaltsrechtl Berücksichtigung von Einkünften aus selbständiger Tätigkeit steht nicht entgegen, dass der Unterhaltsschuldner ein Alter von mehr als 65 Jahren erreicht hat, jedenfalls dann, wenn die Tätigkeit auch bei Fortdauer der Ehe aufrechterhalten worden wäre (Köln FamRZ 2008, 1538). Der **selbständig tätige Ehegatte** kann sich nach einer gewissen Zeitspanne nicht mehr darauf berufen, dass sein Geschäft weitere Anlaufphasen benötige (Hamm FamRZ 1995, 1144). UU ist er verpflichtet, auf eine abhängige Tätigkeit einzugehen (München MDR 1998, 658).

14 **e) Renten, Pensionen, Sozialleistungen:** Laufende Einkünfte aus **Renten und Pensionen aller Art einschl Zulagen und Zuschlägen** sind unterhaltsrechtl als Einkommen zu werten. Dies gilt bspw für Altersbezüge, Berufsunfähigkeitsrenten (Brandenburg 19.11.2014 – 13 U 18/11; Hamm FamFR 2010, 153), Erwerbsunfähigkeits- oder Witwen- und Waisenrenten, Leibrenten, Grundsicherungsrente (Bremen FamRZ 2005, 801), Unfallrente (München FamRZ 2007, 471) oder sonstige private Rentenzahlungen aus verschiedenen Anlässen. Hat der Verpflichtete seine Erwerbstätigkeit bereits während der intakten Ehe im Einvernehmen mit seinem Partner aufgegeben, treten seine Renten als Surrogat an die Stelle seines früheren Erwerbseinkommens (BGH NJW 2008, 57; 2005, 2313). Zur unterhaltsrechtl Auswirkung einer **Rentennachzahlung** aufgrund rückwirkender Bewilligung vgl BGH FamRZ 1985, 155. Zu den Einkünften zählen auch Vermögenserträgnisse aus der Anlage des Kapitals einer kapitalisierten Schmerzensgeldrente (Karlsruhe FamRZ 2002, 750). Das **Pflegegeld** (dazu *Fieseler* FPR 2004, 448; Hamm FamRZ 2006, 1537) gilt nach § 13 VI 1 SGB XI regelmäßig nicht als Einkommen, es sei denn, es liegt ein Ausnahmefall nach S 2 vor (Grü/*v Pückler* Rn 24). Pflegegeld für Kinderbetreuung ist Einkommen, soweit es nicht der Versorgung des Kindes dient (Koblenz FamRZ 2005, 1482). Die Einkünfte einer Pflegeperson sind nur im Hinblick auf den Erziehungsbeitrag als Entgelt zu werten, wobei sich dieser nicht auf die für den Sachaufwand der Pflegekinder gewährten Beträge, mit denen der Bar- und Betreuungsbedarf, dh der Lebensunterhalt der Pflegekinder gedeckt wird, erstreckt (Düsseldorf FamRZ 2022, 691 Rn 34; Nürnberg FamRZ 2010, 1361; *Wendl/Dose*, § 1 Rn 691). Das **Wohngeld** ist grds zum Einkommen zu rechnen (BGH FamRZ 2003, 860). Etwas Anderes gilt, soweit es sich um erhöhte Wohnkosten, zB durch betreutes Wohnen, handelt: Diese können – jedenfalls ab Zuerkennung des Pflegrades 2 – als krankheitsbedingter Mehraufwand unterhaltsrechtl

anzuerkennen sein, so dass etwa auch die Anmietung einer 2-Zimmer-Wohnung eheangemessen sein kann (Saarbrücken NZFam 2019, 639 m Anm *Obermann*). Ebenso ist die **Erwerbsunfähigkeitsrente** in ihrer Eigenschaft als Einkommensersatz unterhaltsrechtl relevant. Bzgl der **Sozialleistungen** ist nach BVerfG FamRZ 2003, 1821 die Zweckbindung zu beachten, trotzdem können sie zum Einkommen gehören (ausf FamR-Komm/*Klein*[7] 2021, Einkommensermittlung Rn 69ff). Zu differenzieren ist, ob den Sozialleistungen eine **Lohnersatz- oder eine Unterhaltsfunktion** zukommt: So sind solche Leistungen mit Lohnersatzfunktion grds unterhaltsrechtl als Einkommen anzusehen (Lohnfortzahlung im Krankheitsfall, Krankengeld, Kurzarbeitergeld, Krankenhaustagegeld, Schlechtwettergeld, Streikgeld etc). **Arbeitslosengeld I** (ALG I) wird voll angerechnet (BGH FamRZ 2009, 307). Differenziert zu bewerten ist das **Arbeitslosengeld II** (ALG II), das einerseits zwar eine Lohnersatzfunktion aufweist (BGH FamRZ 1996, 1067), jedoch auch eine bedarfsabhängige Sozialhilfefunktion hat, für die der **Subsidiaritätsgrundsatz** gilt. Bezieht mithin der Unterhaltsgläubiger ALG II, stellt dies **kein Einkommen** dar, soweit der Unterhaltsanspruch als solcher bereits für die Höhe der Bewilligung eine Rolle gespielt hat (BGH FamRZ 2009, 307; Celle FamRZ 2006, 1203; BGH FamRZ 1996, 1067). Das **ALG II** gilt beim Unterhaltsgläubiger nur dann als Einkommen, wenn der Unterhaltsanspruch nicht mehr übergeleitet werden kann, § 33 SGB II (*Scholz* FamRZ 2006, 1417; *Schürmann* FuR 2006, 349; Grü/*v Pückler* Rn 24a). Ist indessen die Überleitung des Anspruchs auf die Arbeitsagentur unterblieben, so ist unklar, ob das ALG II bedarfsdeckend anzurechnen ist (s FamR-Komm/*Kleffmann* Einkommensermittlung Rn 78). **Sozialleistungen mit Unterhaltsfunktion** gelten nur insoweit als Einkommen, als sie nicht subsidiär gewährt werden (zB BAföG nach §§ 36, 37 BAföG). Als Einkommen anrechenbar sind auch **Sozialleistungen**, die der Betroffene infolge eines Körper- oder Gesundheitsschadens bezieht, wobei allerdings die gesetzl Vermutung dafür besteht, dass die schadensbedingten Mehraufwendungen der Höhe der Sozialleistung entsprechen und diese Mehraufwendungen vorweg zugunsten des Geschädigten von dem Einkommen wieder abzuziehen sind (vgl BT-Drs 11/6153, 4, 5 zum Verweis auf § 1610a); s § 1610a Rn 5.

Nebenverdienste pensionierter Beamter bleiben als Einkommen außer Betracht (Köln FamRZ 1984, 269; vgl aber auch Frankfurt FamRZ 1985, 481); ebenso unberücksichtigt bleiben Privatentnahmen (Dresden FamRZ 1999, 850) und gesetzeswidrige Einnahmen (Hamm FamRZ 1998, 1169). Die Anrechnung des **Kindergeldes** bestimmt sich nach §§ 1612b, 1612c (Grü/*v Pückler* Rn 22). 15

f) Vermögenserträge, Verwertung des Vermögensstamms. Einkünfte aus Vermögen erhöhen das unterhaltsrechtl relevante Einkommen sowohl beim Berechtigten wie beim Verpflichteten, das bedeutet: **Vermögenserträge** sind nach Zahlung der Steuern grds auch zur Bedarfsdeckung einzusetzen. Die Ermittlung des Vermögensertrags erfolgt als **Überschussrechnung** durch Abzug der Werbungskosten von den Bruttoeinnahmen (§ 2 II Nr 2 EStG). Auf die **Herkunft des Vermögens** kommt es nicht an, so dass grds auch Erträge Berücksichtigung finden, die aus dem laufenden Unterhalt angespart werden (BGH FamRZ 1985, 852). Vermögenserträge sind vor allem: **Zinsen aus Kapitalvermögen** (dazu München FuR 1998, 265; Stuttgart FamRZ 2002, 635), auch wenn dieses im **Zugewinnausgleich** erlangt wurde, jedenfalls dann, wenn das entspr Vermögen schon vor Durchführung des Zugewinnausgleichs vorhanden war (BGH NJW 2008, 57); **Einkünfte aus Kapitalbeteiligungen** an Handelsgesellschaften oder auch **unverhoffte Vermögenszuwächse** (Erbfall) (Frankfurt FamRZ 1986, 165). Zur teilw Anrechnung eines Lottogewinns s Frankfurt FamRZ 1995, 874. 16

Einkünfte aus Vermietung oder Verpachtung sind Miet- und Pachteinnahmen aus der Nutzung des Vermögens. Von ihnen sind die abzugsfähigen Posten wie Nebenleistungen des Mieters für Nebenkosten, Prämien für notwendige Hausversicherungen, Grundsteuern und öffentliche Abgaben, Kredit- und Finanzierungskosten etc abzuziehen (zur Problematik Tilgungsverbindlichkeit s BGH NJW 1993, 2703). 17

Demggü ist die Verweisung auf die **Verwertung des Vermögensstamms** beim Trennungsunterhalt nur unter besonderen Umständen zulässig (München FamRZ 1993, 62). Die Obliegenheit zur Verwertung ist idR strenger als nach einer Scheidung; erforderlich ist eine Billigkeitsprüfung (Grü/*v Pückler* Rn 21 mwN; Hamm FamFR 2012, 345 m Anm *Ebert*). § 1577 III setzt auch für getrennt lebende Ehegatten die äußerste Obliegenheitsgrenze (BGH FamRZ 1986, 556). Nach BGH besteht zumindest im ersten Trennungsjahr keine Verpflichtung, die frühere Ehewohnung zur Steigerung der Einkünfte anderweitig zu verwerten; dies gilt auch unter dem Gesichtspunkt, dass der endgültigen Trennung nicht vorausgegriffen werden soll (BGH NJW 1989, 2809; 2000, 284). 18

Freiwillige Zuwendungen von dritter Seite sind nicht unterhaltsrechtl zu berücksichtigen, soweit sie nach dem Willen des Leistenden ausschließlich den Empfänger begünstigen und dem Unterhaltsgläubiger nicht zugutekommen sollen. Zu **Schenkungen der Eltern** an ihr verheiratetes Kind (Ehefrau), die den Substanzertrag betreffen, Köln NJW 2003, 438. 19

g) Zum Einkommen zählen auch **Nutzungsvorteile. Wohnvorteile** entstehen daraus, dass ein Ehegatte die im Miteigentum stehende Ehewohnung nunmehr allein bewohnt (eingehend *Born* NJW 2022, 2497, 2499; *Finke* FF 2007, 185; *Graba* FamRZ 2006, 821; 1995, 385; *Gerhardt* FuR 2007, 393). Nach st Rspr ist der Wert derartiger Nutzungsvorteile den sonstigen Einkünften der Eheleute hinzuzurechnen, jedenfalls soweit er die unterhaltsrechtl zu berücksichtigenden Belastungen übersteigt (BGH NJW 2008, 1946; 2007, 1974; FamRZ 1986, 434; vgl auch BGH FamRZ 1986, 436; Koblenz NJW 2003, 1816; Bamberg FamRZ 1992, 560). Nach der Trennung ist der Wohnwert dabei nur noch in einer Höhe zu berücksichtigen, wie er sich als **angemessene Wohnungsnutzung** des in der Ehewohnung allein verbliebenen Ehegatten darstellt (BGH NJW 2008, 1946 m Anm *Braeuer* FPR 2008, 387; *Büttner* FamRZ 2008, 967). Dabei bemisst sich der Gebrauchswert der Wohnung nach dem Mietzins, 20 der auf dem örtlichen Wohnungsmarkt für eine dem ehelichen Standard entspr, angemessene kleinere Wohnung zu zahlen wäre (subj Wohnwert; BGH NJW 2008, 1946; 2007, 1974). So entspricht Wohnbedarf dem, was der Unterhaltsberechtigte als Mieter (einschl Nebenkosten) für eine dem Standard der Ehewohnung entspr und angemessen große Wohnung aufzubringen hätte (BGH FamRZ 2021, 1965 Rn 25 m Anm *Seiler*). Für die Bemessung kann daher vielfach auf die Ehewohnung abgestellt werden (BGH FamRZ 2021, 1965 Rn 25). Es geht darum, was der Unterhaltsberechtigte benötigt, um die ehelichen Lebensverhältnisse aufrechtzuerhalten, dh um eine Fortschreibung des Bedarfs unter Berücksichtigung des Auszuges des anderen Partners (BGH FamRZ 2021, 1965 Rn 28). Demnach ist denkbar, dass auch für eine kleinere Wohnung dieselben Mittel veranschlagt werden wie nach früherem Wohnbedarf (BGH FamRZ 2021, 1965 Rn 28). Der volle (obj) Wohnwert kann erst dann berücksichtigt werden, wenn mit einer **Wiederherstellung** der ehelichen Lebensverhältnisse nicht mehr zu rechnen ist (BGH NJW 2008, 1946; Köln FamRZ 2009, 449). Dies gilt jedenfalls ab dem Zeitpunkt der Zustellung des Scheidungsantrags (Köln FamRZ 2009, 449). Zur Berücksichtigung des Wohnvorteils, wenn der Berechtigte nach Auszug des Verpflichteten in dem im Miteigentum stehenden Familienheim verblieben ist und dieses als Wohnung für ihn zu groß ist (vgl auch BGH FamRZ 1989, 1160; 1998, 899; Hamm FamRZ 2005, 367; Schleswig FamRZ 1994, 1031; Frankfurt FamRZ 1994, 1031; Karlsruhe FamRZ 1995, 1578; Düsseldorf NJW-RR 1997, 385; Köln NJW-RR 1998, 1300; NJW-FER 1999, 171; Hamm FamRZ 2000, 957; Bedürftigkeit des Unterhaltsberechtigten ist gemindert, wenn er nach Trennung unentgeltlich bei seinen Eltern wohnt, da insoweit sein angemessener Bedarf geringer ist, Frankfurt FamRZ 1977, 799). **Vorteil mietfreien Wohnens** ist in dem Umfang zu berücksichtigen, wie er sich als angemessene Wohnungsnutzung durch den in der Ehewohnung verbliebenen Ehegatten darstellt; anzusetzen ist der Mietzins, der auf dem örtlichen Wohnungsmarkt für eine dem ehelichen Lebensstandard entsprechende kleinere Wohnung zu zahlen wäre (BGH FuR 2012, 374; bei teilw Deckung des Notbedarfs durch mietfreies Wohnen ist der Wert dafür nicht nach dem marktüblichen Mietzins allein zu bestimmen, sondern mit ca 20–25 % des Bedarfsbetrags, vgl Hamm FamRZ 1991, 583; dazu BGH FamRZ 2007, 879 mwN; Zweibrücken FamRZ 2007, 470). Handelt es sich um Einkünfte aus Vermietung/Verpachtung, die mittels kreditfinanzierter Immobilien erzielt wurden, so sind bis zur erzielten Miete nicht nur die Zins-, sondern auch die Tilgungsleistung unterhaltsrechtl zu berücksichtigen (BGH NZFam 2022, 208 mwN). Der Mietwert des Wohnens in eigener Wohnung ist unterhaltspflichtiges Einkommen. Es handelt sich um Nutzungen des Grundeigentums gem § 100 in der Form von Gebrauchsvorteilen (BGH FamRZ 1998, 87). Voraussetzung für die Anrechenbarkeit ist der Abschluss einer mindestens konkludenten Naturalunterhaltsvereinbarung (Koblenz NZFam 2019, 40 m Anm *Obermann*). Bejaht wurde eine solche auch dann, wenn der Ehemann in einer im Alleineigentum der Ehefrau stehenden Wohnung lebt, ohne hierfür Miete zu zahlen, wobei die Ehefrau auch die Nebenkosten übernimmt (Koblenz NZFam 2019, 40 m Anm *Obermann*). Bei der Bemessung des Wohnvorteils sind nach st Rspr (vgl BGH FamRZ 1995, 860) die **verbrauchsunabhängigen Nebenkosten** aber in Abzug zu bringen, weil der Eigentümer nur iHd Differenz günstiger lebt als ein Mieter. Der Tilgungsanteil von Kreditraten kann aber dann nicht mehr berücksichtigt werden, wenn der andere Ehegatte von der mit der Tilgung einhergehenden Vermögensbildung **nicht mehr profitiert** und mithin eine einseitige Vermögensbildung zu seinen Lasten stattfindet (BGHZ 2008, 1946). Dies ist regelmäßig bei Rechtshängigkeit eines Scheidungsantrags der Fall, wenn ein künftiger Vermögenszuwachs gem § 1376 II, § 1384 nicht mehr ausgeglichen werden kann (BGHZ 2008, 1946). Ebenso in Abzug zu bringen ist unter bestimmten Umständen eine **Instandhaltungsrücklage** (BGH FamRZ 2000, 351). Soweit die ersparten Mietaufwendungen höher sind als diese mit dem Eigentum verbundenen Kosten, ist die **Differenz als Einkommen** anzusetzen (BGH FuR 2000, 469; 1998, 87; 1994, 1100).

21 Die **Privatnutzung eines Firmenfahrzeugs** ist als **vermögenswerter Vorteil** ebenfalls unterhaltsrechtl Einkommen. Dieser Vorteil ist jedoch nicht mit dem Gehaltsbestandteil der Pkw-Nutzung identisch, sondern in jedem Einzelfall nach § 287 ZPO zu schätzen, wobei die steuerliche Mehrbelastung zu beachten ist (München FuR 1999, 433; Karlsruhe FamRZ 2006, 1759).

22 Zumutbare **sichere Steuervorteile** sind wie Einkommen zu behandeln (BGH FamRZ 1999, 372). Dazu gehören die Geltendmachung steuerlicher Freibeträge und Pauschalen bei der Einkommensteuererklärung sowie die Inanspruchnahme des begrenzten Realsplittings und die Wahl der günstigsten Steuerklasse (BGH FamRZ 2004, 443). Dabei trifft den Schuldner eine Obliegenheit zur Geltendmachung des begrenzten Realsplittings; denn er ist gehalten, alle Einkommensmöglichkeiten in zumutbarer Weise auszuschöpfen, um seine Leistungsfähigkeit zu erhöhen (BGH NJW 2007, 2409; FamRZ 1983, 670). Der entspr Vorteil ist dem Einkommen daher fiktiv zuzurechnen (BGH NJW 2007, 2409; FamRZ 1983, 670; Stuttgart FamRZ 2021, 1704 Rn 19).

23 **h) Fiktive Einkünfte**: Für die Unterhaltsberechnung sind nicht nur die tatsächlich erzielten Einkünfte, sondern auch diejenigen von Bedeutung, die in zumutbarer Weise erzielt werden können. Der Ansatz der fiktiven Einkommensberechnung stellt zwar die Ausnahme dar (BGH FamRZ 2002, 813), soll aber bei Vorliegen besonderer Umstände gerechtfertigt sein, um Verstöße gegen Treu und Glauben auszuschließen und der gehobenen Verantwortlichkeit füreinander gerecht zu werden. Grds gilt die **fiktive Zurechnung** von Einkommen für alle Einkunftsarten (ausf FamR-Komm/*Klein*[7] Einkommensermittlung Rn 122ff). Bei der Zurechnung fiktiver Einkünfte müssen Besonderheiten des Einzelfalles berücksichtigt werden (BVerfG FamRZ 2007, 273). Der an den Insolvenzverwalter im Rahmen eines Privatinsolvenzverfahrens monatlich abgeführte Betrag ist aber idR einkommensmindernd zu berücksichtigen (Karlsruhe NJW-RR 2015, 1478).

24 Ein Anwendungsfall ist bei **unberechtigt und schuldhaft unterbleibender Erwerbstätigkeit** anzunehmen. Hier ist auf das bei zumutbarem Einsatz der Arbeitskraft erzielbare Einkommen abzustellen, das mindestens iHd **Ar-**

beitslosengeldes zu veranschlagen ist (dazu Saarbrücken NJOZ 2010, 1686; Brandenburg FamRZ 2005, 210; Stuttgart FamRZ 2006, 1757). Insofern werden die Grundrechte auf Persönlichkeitsentfaltung und freie Berufswahl nach Art 2 und 12 GG durch die Rechte anderer, hier durch die Unterhaltsansprüche nach § 1361, zulässigerweise begrenzt, zumal der Ehegattenunterhalt zwangsläufige Folge des freiwilligen Entschlusses zur Eingehung der Ehe ist (vgl auch Schleswig FamRZ 1985, 69, das dem Unterhaltsschuldner die Kündigung nur so lange anrechnen will, wie dieser sich nicht hinreichend um einen neuen Arbeitsplatz bemüht). Zur unterhaltsrechtl Behandlung der einem Unterhaltsgläubiger gewährten Sozialleistungen s BGH FamRZ 1999, 843 und NJW-RR 1999, 1377. Nicht jeder Verlust der Erwerbstätigkeit führt zur Anrechnung fiktiver Einkünfte. Nach BGH NJW 2003, 3122, 3124; FamRZ 2000, 815 ist ein **verantwortungsloses, zumindest leichtfertiges Verhalten erforderlich**, dessen **nachteilige Folgen für die eigene Leistungsfähigkeit vom Unterhaltsschuldner bewusst** wahrgenommen werden. Der Unterhaltspflichtige ist bei freiwilliger Aufgabe des Arbeitsplatzes dann als weiterhin leistungsfähig iSd § 1361 anzusehen, wenn ihm in Bezug auf die Kündigung ein erhebliches Fehlverhalten vorzuwerfen ist (BGH FamRZ 1985, 158; vgl auch BGH FamRZ 1987, 372; Bamberg FamRZ 1987, 699). Eine mutwillige Beeinträchtigung ist bspw bei der Aufgabe des Arbeitsplatzes wegen Konflikten an der Arbeitsstelle anzunehmen (Hamm FamRZ 1997, 357); ebenso bei dem Arbeitsplatzverlust eines Zeitsoldaten wegen Fahnenflucht (Bamberg FamRZ 1997, 1486); zur Änderungskündigung vgl Hamm FamRZ 1997, 356 oder bei Herabsetzung der Arbeitszeit ohne erkennbaren Grund (BGH FamRZ 2021, 1023). Zur Behandlung von Altersteilzeit Saarbrücken FamRZ 2007, 1019. Dabei muss der Verpflichtete darlegen und beweisen, dass er sich unter Anspannung aller Kräfte intensiv und ernsthaft um eine zumutbare Arbeitsstelle bemüht hat (Saarbrücken NJOZ 2010, 1686). Umgekehrt obliegt dem Berechtigten der Beweis dafür, dass der Unterhaltsschuldner seine Arbeitsstelle aus unterhaltsbezogener Leichtfertigkeit aufgegeben hat, denn dabei handelt es sich um einen Sachverhalt, der entgegen der generellen Regelung des § 1603 I, II dem Unterhaltsverpflichteten die Berufung hierauf ausnahmsw gem § 242 verwehrt (Hamburg NJOZ 2015, 1794). Die **verweigerte Durchführung einer Therapie** ist dann keine mutwillige Herbeiführung der Arbeitsunfähigkeit, wenn das abgelehnte Medikament nachweisbar nicht wirksamer ist als das eingenommene (Hamm FamRZ 1996, 863). Ein erhebliches Fehlverhalten liegt auch nicht vor, wenn ein Ehepartner seine Stellung aufgibt, um seine Chancen im Sorgerechtsverfahren zu verbessern (Frankfurt FamRZ 1987, 1144). Kein leichtfertiges Verhalten liegt vor, wenn plausible Gründe für Kündigung vorliegen (Hamm FamRZ 2005, 211). Ebenso KG FamRZ 1990, 293: Kein Verstoß gegen unterhaltsrechtl Obliegenheit bei Reduzierung auf Halbtagsstelle, wenn erstinstanzlich das Sorgerecht für das gemeinsame Kind zugesprochen wurde. Kein Obliegenheitsverstoß, wenn der Ehepartner eine Einkommenserhöhung aufgrund eines erhöhten Arbeitsaufwands und -einsatzes aus gesundheitlichen Gründen wieder rückgängig macht (Brandenburg FamRZ 2022, 442 m Anm *Borth*). Bei Einkünften, die im Hinblick auf die Betreuung von Kindern entfallen, muss der **Bedeutung** des **Elternrechts** Rechnung getragen werden (BVerfG FamRZ 1996, 343). Der Verkauf eines **defizitären Unternehmens** hat als unternehmerische Entscheidung keine unterhaltsrechtl Auswirkungen (Hamm FamRZ 1994, 1029). Zum Vorliegen unterhaltsbezogenen leichtfertigen Verhaltens bei Übergang zur selbständigen Tätigkeit (dieses verneinend) vgl Hamm FamRZ 1990, 50; (bejahend) Köln FamRZ 2006, 1756. Zum Ende der Einkommensfiktion Hamm FamRZ 2006, 1758.

Zu einer Einkommensfiktion kann es auch kommen, soweit der eine Partner eine neue eheähnl Gemeinschaft 25
eingeht. Dabei ist zu unterscheiden: Für den **unterhaltspflichtigen Ehegatten**, der vom neuen Partner versorgt wird, wirken diese Leistungen nicht einkommenserhöhend. Anders beim **Unterhaltsgläubiger.** Soweit er dem neuen Partner den Haushalt führt (dazu *Büttner* FamRZ 1996, 136), werden seine Leistungen nicht mehr als unentgeltlich angesehen. Dies gilt auch dann, wenn die Haushaltsführung neben der Kindererziehung erbracht wird, die eine Erwerbsobliegenheit grds ausschließt. Anzurechnen sind tatsächlich geleistete oder entspr § 850h II ZPO zu fingierende Beträge und Zuwendungen des Partners, die nach dem obj Wert der Versorgungsleistung (abzüglich ggf des Mehraufwandes) für den Partner zu beurteilen sind, soweit der Partner imstande ist, die ihm erbrachten Leistungen zu vergüten (BGH FamRZ 2004, 1170 und 1173; 2001, 1693; Hamm FamRZ 2002, 1627; aA München FamRZ 2006, 1535). Keine Anrechnung bei nur geringfügiger Haushaltsleistung (Hamm FamRZ 1999, 93; s auch BGH FamRZ 2005, 967; Frankfurt FamRZ 2007, 213).

Auch die **unzureichende Vermögensnutzung und -verwertung** kann zu einer fiktiven Einkommensberechnung 26
führen (BGH FuR 2000, 469; FamRZ 1998, 367).

i) Einkommen aus unzumutbarer Erwerbstätigkeit. Ein Problem stellt die überobligationsmäßige Tätigkeit 27
von Unterhaltsschuldner oder -gläubiger dar. Gemeint sind **unzumutbare Tätigkeiten**, bei denen umstr ist, ob sie auf das Einkommen anzurechnen sind oder nicht, da hierzu nur unzureichende gesetzl Regelungen bestehen (§ 1577 II). **aa) Unzumutbare Tätigkeit des Unterhaltsgläubigers.** Umstr ist, ob der unterhaltsberechtigte Ehegatte, soweit er einer Erwerbstätigkeit nachgeht, zu der er nach § 1361 II nicht verpflichtet ist, sich dieses erworbene Einkommen auf den Unterhaltsanspruch anrechnen lassen muss; **keine Anrechnung** BGH FamRZ 1998, 1501; Köln FamRZ 1994, 897 sowie München FuR 1999, 433. Einmütig wird dabei der Sonderfall beurteilt, in dem der unterhaltspflichtige Ehegatte den Unterhalt nicht leistet und der Berechtigte deshalb zur Arbeitsaufnahme gezwungen ist. Hier scheidet eine Anrechnung schon im Hinblick auf § 1577 II 1 aus, da die durch eine Pflichtverletzung veranlasste Erwerbstätigkeit des Berechtigten nicht zur Minderung des Unterhaltsbetrags führen kann (vgl Köln NJW-RR 1998, 1300; Nürnberg MDR 1980, 401; MüKo/*Weber-Monecke* Rn 35). Grds muss sichergestellt werden, dass der unterhaltsberechtigte getrennt Lebende nicht schlechter gestellt wird als der Geschiedene nach § 1577 II 2, für den das Gesetz eine Anrechnung nur vorsieht, wenn dies unter Berücksichtigung

der beiderseitigen wirtschaftl Verhältnisse der Billigkeit entspricht. Andernfalls würde der getrennt Lebende auf wirtschaftl Feld zum endgültigen Vollzug der Trennung durch Scheidung gedrängt (zutr *Gernhuber/Coester-Waltjen* § 21 II Rn 7). Es kommt daher auf die Umstände des Einzelfalls an (MüKo/*Weber-Monecke* Rn 35). Um diesen unerwünschten Effekt zu vermeiden, ist eine **Anrechnung nur entspr dem Billigkeitsmaßstab** des § 1577 II 2 in Erwägung zu ziehen (so auch BGH FamRZ 1983, 146; vgl auch BGH FamRZ 1984, 149; Düsseldorf FamRZ 1985, 1039; MüKo/*Weber-Monecke* Rn 35). Nach der Rspr des BGH gelten die Einkünfte aus Erwerbstätigkeit des unterhaltsberechtigten Ehegatten nach der Trennung als **Surrogat** des wirtschaftl Werts seiner bisherigen Tätigkeit, so dass dieses Einkommen in die Unterhaltsberechnung einzubeziehen ist (BGH FamRZ 2005, 1154). Die Frage, ob und inwieweit eine Erwerbstätigkeit eines betreuenden Ehegatten zu bejahen ist, ist nach **obj Kriterien** zu entscheiden (BGH FamRZ 2006, 846). Dabei kommt es besonders auf die **Betreuungsbedürftigkeit** des Kindes an, wobei sowohl Alter als auch Gesundheitszustand zu berücksichtigen sind. Dies gilt insb für einen erhöhten Betreuungsbedarf eines behinderten Kindes (BGH FamRZ 2006, 846). Für die Anrechnung entscheidend ist ua, zu welchem Zeitpunkt das Kind zB wegen des Besuchs einer Behinderteneinrichtung nicht der Betreuung bedarf (BGH FamRZ 2006, 846). Im Einzelfall kommt für eine Ehefrau, die wegen der Erziehung zweier Kinder nicht erwerbspflichtig ist, eine Anrechnung für dennoch geleistete Erwerbstätigkeit zu 50 % in Betracht, um die Mehrbelastung neben dem Beruf in Haushalt und Erziehung und deren Verlagerung auf den Abend auszugleichen (vgl Frankfurt FamRZ 1980, 144; Hamm FamRZ 2007, 1464). Es bedarf aber in allen diesen Fällen sorgfältiger Prüfung, ob wirklich die Voraussetzung gegeben ist, dass die tatsächlich ausgeübte Erwerbstätigkeit dem Unterhaltsberechtigten überhaupt unzumutbar war iSd § 1361 II. So ist bei schwerer Krebserkrankung und damit an sich unzumutbarer Erwerbstätigkeit des Unterhaltsschuldners das Jahreseinkommen als Berechnungsgrundlage um ein Drittel zu reduzieren (Schleswig FamRZ 2003, 603). Die Ausübung einer Berufstätigkeit gibt andererseits ein **nachhaltiges Indiz** für die vorhandene tatsächliche, mithin zumutbare Arbeitsfähigkeit (vgl Frankfurt FamRZ 1980, 144).

28 **bb) Unzumutbare Tätigkeit des Unterhaltsschuldners.** Auch beim Unterhaltspflichtigen sind Einkünfte aus überobligationsmäßiger Tätigkeit denkbar, etwa bei Überstunden oder Nebentätigkeiten, Erwerbstätigkeit trotz Kinderbetreuung etc. Für den Verpflichteten fehlt eine § 1577 II entspr Regelung, so dass die Einkünfte nach einer Billigkeitsabwägung (§ 242) als bedarfsprägend anzusehen sind (BGH FamRZ 2003, 848). Eine vom Unterhaltspflichtigen nach Erreichen der Regelaltersgrenze für die gesetzl Rente ausgeübte Erwerbstätigkeit ist regelmäßig überobligatorisch (BGH NJW 2013, 461; 2011, 670 für nachehelichen Unterhalt). Inwieweit ein solches Einkommen aus überobligatorischer Tätigkeit für den Unterhalt heranzuziehen ist, ist nach Ansicht des BGH nach Treu und Glauben unter Würdigung der Umstände des Einzelfalls zu beurteilen (BGH NJW 2013, 461; 2011, 670; Hamm FamRZ 2018, 256). Nach Hamm FamRZ 2009, 699 sind Einnahmen aus einer Nebentätigkeit nur in die Unterhaltsberechnung einzubeziehen, soweit die Tätigkeit eheprägend war und solange sie ausgeübt wurde.

29 **3. Berechnung des bereinigten Nettoeinkommens.** Maßgeblich für die Unterhaltsberechnung ist das „bereinigte Nettoeinkommen", das dadurch gebildet wird, dass vom Bruttoeinkommen die Posten abgezogen werden, die für die Unterhaltsberechnung nicht zur Verfügung stehen.

30 **a) Steuern.** Steuern sind in der Höhe abzuziehen, wie sie im Unterhaltszeitraum tatsächlich angefallen sind. Steuerzahlungen und -erstattungen werden nur in dem Jahr berücksichtigt, in dem sie tatsächlich gezahlt worden sind (sog **In-Prinzip**; dazu Köln FamRZ 2006, 1760). Für Selbständige oder andere Gewerbetreibende kann uU das **Für-Prinzip** angewendet werden, maßgeblich für die Berechnung sind danach auch noch ausstehende Leistungen an das Finanzamt (s FamR-Komm/*Kleffmann*[7] Einkommensermittlung Rn 162ff).

31 **b) Vorsorgeaufwendungen** wie Beiträge zur Renten-, Arbeitslosen-, Kranken- (abzüglich ArbG-Zuschüsse) und Berufsunfähigkeitsversicherung (auch bei abhängig Beschäftigten, hierzu Hamm FamRZ 2001, 625) können in nachgewiesener Höhe vom Einkommen abgezogen werden. Soweit das Einkommen die Beitragsbemessungsgrenzen zur Rentenversicherung übersteigt, kann eine angemessene Zusatzversorgung im begrenzten Rahmen abgezogen werden (BGH FamRZ 2003, 860). Weitere Lebensversicherungen dienen der Vermögensbildung und können auf Seiten des Unterhaltsgläubigers nur berücksichtigt werden, soweit sie in einem angemessenen Verhältnis zum Einkommen stehen (zur Lebensversicherung, s Hamm FamRZ 2002, 885). Abzugsfähig ist die Direktversicherung, die der ArbGeb als Altersversorgung anbietet (München FamRZ 1997, 613).

32 **c) Sonstige Aufwendungen.** Erhöhte **Aufwendungen wegen Krankheit, Behinderung oder Alters** können als abzugsfähiger Mehrbedarf angesehen werden, es gelten § 1361 I 1, §§ 1610a, 1578a. Bei einer Berufstätigkeit trotz Kinderbetreuung kann der sog **Betreuungsbonus** geltend gemacht werden (BGH FamRZ 1986, 790; 1991, 282). **Berufsbedingte Aufwendungen** sind grds abzugsfähig (BGH FamRZ 2003, 860; Braunschweig FamRZ 1997, 358); so zB berufsbedingte Fahrtkosten (Hamm FamRZ 1997, 356); insb wenn die neue Wohnung entfernter liegt als die trennungsbedingt aufgegebene eheliche Wohnung (Köln FamFR 2013, 275 m Anm *Obermann*); bei einem vom ArbGeb gewährten Zuschuss für dienstliche Nutzung eines Privat-PKW muss sich dieser auf den dienstlichen Gebrauch beschränken (BGH FamRZ 2021, 186 m Anm *Seiler*); zur Abgrenzung von Kosten für einen **privat genutzten Pkw** (Brandenburg, Beschl v 31.8.2021 – 9 UF 239/20; Köln FamRZ 2009, 449); Naumburg FamRZ 1998, 558 (Kosten für Pkw bei Polizisten); aber kein Abzug bei Geringfügigkeit (Köln FamRZ 2007, 1463); Jobticket: Brandenburg aaO. Ebenso abzugsfähig sind die **gemeinsamen Familienlasten** für Schulden (BGH FamRZ 1984, 657; 1982, 23 und 678); zum im Einvernehmen aufgenommenen Darlehen vgl KG FamRZ 1991, 808: der unterhaltsberechtigte Ehegatte muss sich Tilgungsleistungen entgegenhalten lassen; Brandenburg

FamRZ 2003, 1926; Hamm FamRZ 1999, 851; Frankfurt FamRZ 1981, 955 (zur Abzugsberechtigung des Unterhaltsgläubigers), uU selbst dann, wenn das Einkommen des Verpflichteten lediglich zur Deckung des notwendigen Lebensbedarfs des Berechtigten ausreicht. Dies gilt auch nach der Trennung der Eheleute, wenn die Schulden für ein Familienheim aufgenommen wurden, das voll oder zumindest überwiegend finanziert war (Koblenz 18.3.2015 – 13 UF 790/14). Zur Frage, unter welchen Voraussetzungen bei der Bemessung des Trennungsunterhalts Vermögenserträge des Unterhaltsberechtigten um Tilgungsleistungen auf Kredite zu kürzen sind, mit denen die Einkommensquelle schon während des Zusammenlebens der Ehegatten finanziert worden ist (vgl BGH FamRZ 1991, 1163; Düsseldorf NJW-RR 1997, 385; München FamRZ 1995, 233). Für den Trennungsunterhalt ist es entscheidend, ob die Verbindlichkeiten aus der gemeinsamen Lebensführung stammen. In diesem Fall sind sie zu berücksichtigen, da die Mittel zur Schuldentilgung auch beim weiteren Zusammenleben nicht zur Verfügung gestanden hätten (BGH FamRZ 1993, 1163). Geboten ist eine **umfassende Interessenabwägung** im Einzelfall (BGH FamRZ 1996, 160; 1992, 797; NJW 2022, 1386 – zum Kindesunterhalt). Den Ansprüchen der Unterhaltsempfänger kommt ggü den übrigen Verbindlichkeiten des Unterhaltsschuldners ein absoluter Vorrang nicht zu, auch wenn im Allg die Interessen der Drittgläubiger nicht über das in den Pfändungsvorschriften vorgesehene Maß zu berücksichtigen sind. Darüber hinaus sind die widerstreitenden Interessen jedoch so auszugleichen, dass es dem Unterhaltsschuldner ermöglicht wird, wenigstens ein weiteres Anwachsen der Schuldenlast zu verhindern (BGH FamRZ 1984, 657; Hamm FamRZ 1997, 1073). Grds trägt der Unterhaltsschuldner, der sich auf die unterhaltsrechtl Erheblichkeit der von ihm eingegangenen Verbindlichkeiten beruft, hierfür die **Darlegungs- und Beweislast** (vgl BGH FamRZ 1990, 283). **Nach der Trennung aufgenommene Schulden** sind keinesfalls zu berücksichtigen (München FuR 1999, 433; *Gerhardt* FamRZ 2003, 275). Ebenfalls absetzbar als trennungsbedingter Mehrbedarf sind **Kosten**, die **zum Besuch des bei dem anderen Partner lebenden Kindes** aufgebracht werden müssen (vgl Frankfurt FamRZ 1991, 78; Stuttgart FamRZ 1997, 358 – Betreuung eines behinderten Kindes am Wochenende).

Gemindert wird das Einkommen schließlich auch um die **Unterhaltsbeträge für Kinder** (Hamm NJW-RR 2002, 74; 2008, 882; Stuttgart FamRZ 1978, 681; Hamburg FamRZ 1997, 357). Dies gilt auch für ein von einer neuen Partnerin im Ausland stammendes Kind, sofern der Unterhaltsschuldner eine Rückkehrabsicht nach Deutschland hat und mithin dt Recht anwendbar ist (Hamm NJW-RR 2010, 74). Absetzbar sind ebenso konkrete Betreuungskosten für minderjährige Kinder (Koblenz NJW-RR 2003, 937). Allerdings soll nach Hamm NJW-RR 2010, 74 das Erwerbseinkommen einer Mutter fiktiv erhöht werden, wenn sie sich nicht ausreichend um eine Halbtagsbeschäftigung bemüht hat, ihr diese aber zumutbar war, da die betreuungsbedürftige Tochter zur Schule geht. Vorab absetzbar vom Einkommen ist des Weiteren der Unterhalt, den ein getrennt lebender Ehegatte seinem Kind aus früherer Ehe zahlt, soweit dieser Zahlung eine Verpflichtung zugrunde liegt und er das Kind schon während des Zusammenlebens unterhalten hat (vgl BGH FamRZ 1991, 1163; KG FamRZ 1997, 1012, BGH FamRZ 1999, 367). Soweit **Unterhalt für Kinder oder andere Unterhaltsberechtigte** gezahlt wird, für die bereits vor dem Getrenntleben gezahlt wurde, ist dieser vom Bruttoeinkommen abziehbar (BGH FamRZ 1999, 367). Vorweg abzugsfähig ist der Unterhalt, den der Verpflichtete einem nach der Trennung geborenen nichtehelichen Kind schuldet (BGH FamRZ 1988, 1031; 1994, 87). Der Unterhalt des minderjährigen Kindes ist gem § 1612b I Nr 1 dabei nicht mit dem Tabellenbetrag, sondern mit dem geschuldeten Zahlbetrag (dh Tabellenbetrag minus hälftiges Kindergeld) vom Einkommen des Unterhaltspflichtigen in Abzug zu bringen (Hamm NJW-RR 2008, 882 mwN). Ein Vorwegabzug des Kindesunterhalts ist bei der Bedarfsbemessung aber dadurch begrenzt, dass der Mindestbedarf des unterhaltsberechtigten Ehegatten nicht unterschritten werden darf (vgl BGH NJW 2012, 384; 2010, 1598). Dabei soll die Berücksichtigung des Barunterhalts für minderjährige Kinder bei der Bestimmung des Bedarfs nach den ehelichen Lebensverhältnissen nach BGH (NJW 2016, 322 mwN) nicht davon abhängen, ob die Kinder vom Unterhaltsberechtigten oder vom Unterhaltspflichtigen betreut werden, da in beiden Fällen die für den Unterhaltsbedarf der Kinder aufzuwendenden Barmittel den Lebensstandard der Familie gleichermaßen beeinflussen, indem sie das für den eigenen Bedarf der Ehegatten verfügbare Einkommen schmälern. Allerdings kann mit Rücksicht auf die sich aus Kinderbetreuung und Erwerbstätigkeit ergebende Gesamtbelastung im Einzelfall ein Teil des Erwerbseinkommens als überobligatorisch eingestuft werden (BGH NJW 2016, 322). 33

V. Pflicht zum Selbstunterhalt durch Erwerbstätigkeit, Abs II. 1. Schutznorm. Der bedürftige Partner hat Anspruch auf weitere Unterstützung, allerdings löst die Trennung eine gesteigerte Eigenverantwortung aus. Im Grundsatz besteht für beide ehemaligen Partner eine Erwerbsobliegenheit, um ihre eigenen Bedürfnisse selbst zu decken. Allerdings enthält Abs II eine **Schutznorm zugunsten des Unterhaltsgläubigers**. Der nicht erwerbstätige Ehegatte soll bei Getrenntleben zwar im Prinzip, aber nicht uneingeschränkt darauf verwiesen werden, seinen Unterhalt durch Erwerbstätigkeit selbst zu erzielen. Der bisher aufgrund der Funktionsteilung nicht erwerbstätige Ehegatte soll diesen Status durch die Aufhebung der ehelichen Lebensgemeinschaft nicht sofort verlieren. Der Gesetzgeber geht davon aus, dass der betreffende Ehegatte aufgrund seiner bisherigen Stellung wirtschaftl stärker gefährdet und auch sozial schwächer ist und damit des besonderen Schutzes bedarf (BT-Drs 7/650, 101). Der Unterhaltsberechtigte kann demnach nur unter engeren Bedingungen auf eine Erwerbstätigkeit verwiesen werden, als der – nach der Unterhaltsrechtsreform – geschiedene Ehegatte (§ 1574 II; Hamm FamRZ 2018, 678; Grü/*v Pückler* Rn 13). So wird idR der haushaltführende Ehegatte von der Rspr **bis zum Ablauf des Trennungsjahres** als nicht verpflichtet angesehen, eine Erwerbstätigkeit aufzunehmen (BGH FamRZ 2001, 350; Koblenz NJW 2003, 1816, sogar noch weitergehend Brandenburg Beschl v 3.8.2020 – 9 UF 39/20 Rn 26f: Ehe be- 34 stand bei Trennung ca 20 Jahre, Ehegatte hatte bereits vor der Trennung längere Zeit nicht gearbeitet, war zum Zeitpunkt der Trennung bereits über 61,5 Jahre alt war und psychisch erkrankt; FamRZ 2006, 1756). Der bisherige Status kann eine geraume Zeit beibehalten werden, da ansonsten die Scheidungsfolgen vorweggenommen und die Trennung der Beteiligten nur unnötig vertieft würden (BGHZ 1981, 439). Die Voraussetzungen der Erwerbsobliegenheit werden allerdings mit zunehmender Verfestigung der Trennung, insb wenn die Scheidung unmittelbar bevorsteht, immer mehr den Maßstäben des nachehelichen Unterhalts angenähert (BGH NJW 2012, 2190; FamRZ 2008, 963; 2001, 351). Hat ein Ehegatte notgedrungen Arbeit aufgenommen, weil der Partner seine Unterhaltspflicht vernachlässigte, so kann dieser sich regelmäßig darauf jedenfalls für die Zukunft nicht berufen; dem Ehegatten muss in diesem Fall das Recht zugebilligt werden, seine Tätigkeit wieder aufzugeben, sofern nicht sonstige Gründe eine Erwerbstätigkeit nach Abs II erwarten lassen.

35 Der Schutz des Abs II findet dort seine **Grenze**, wo eine Erwerbstätigkeit nach den persönlichen Verhältnissen des Betroffenen und den wirtschaftl Umständen beider Ehegatten nicht erwartet werden kann (zur Aufnahme einer Vollerwerbstätigkeit, auch bei bereits vorhandener sicherer Teilzeitbeschäftigungsstelle, vgl Köln FamRZ 2002, 1627; Frankfurt FamRZ 2000, 25; BGH FamRZ 1984, 149; 2005, 23). Hier ist im Einzelfall eine Abwägung der persönlichen und wirtschaftl Verhältnisse der Eheleute vorzunehmen (Hamm FamRZ 2018, 678; Düsseldorf NJOZ 2015, 503). Zu den **zu berücksichtigenden Lebensverhältnissen** gehören vor allem die **Zahl und das Alter der Kinder**, und zwar nicht nur der gemeinsamen (vgl BGH FamRZ 1979, 569), sowie **Alter**, **Gesundheitsverhältnisse** und die **sozialen und wirtschaftlichen Verhältnisse** der Eheleute, evtl Hundehaltungskosten (Düsseldorf NJW 1998, 616). Die zu § 1574 entwickelten Grundsätze zu Ausbildung, Fortbildung und Umschulung gelten entspr (FamR-Komm/*Klein*[7] Rn 63) sowie uU die Dauer der Ehe und das Alter des betreffenden Ehegatten (Brandenburg Beschl v 3.8.2020 – 9 UF 39/20 Rn 26f (s Rn 24). Zu unterscheiden sind die **Erwerbsobliegenheit bei bestehender Kinderbetreuung** und die **ohne Kinderbetreuung**. Soweit die Voraussetzungen des § 1570 vorliegen (im Hinblick auf Alter und Anzahl der zu versorgenden Kinder), scheidet im Rahmen des Trennungsunterhalts eine Erwerbsobliegenheit des betreuenden Elternteils aus (Grü/*v Pückler* Rn 14f). Zu beachten ist aber, dass angesichts der durch die Unterhaltsrechtsreform bedingten gesteigerten Eigenverantwortung des betreuenden Ehegatten auch für § 1361 nicht mehr am Altersphasenmodell festzuhalten ist (MüKo/*Weber-Monecke* Rn 55). Es kommt vielmehr auf eine einzelfallbezogene Betrachtung an (s auch Grü/*v Pückler* Rn 13f). Nach BGH FamRZ 2009, 770 soll das Alter dabei aber nur einer der zu berücksichtigenden Faktoren sein. Daraus ergibt sich, dass eine Obliegenheit zur Erwerbstätigkeit neben der Kinderbetreuung ab **Vollendung des dritten Lebensjahres** des betreuten Kindes anzunehmen ist (Zweibrücken OLGRp 2008, 886; Jena FamRZ 2009, 698). Dies gilt – gem den Grundsätzen zu § 1570 – unabhängig davon, ob die Möglichkeit der Betreuung in einer Ganztagesstätte besteht (Frankfurt FF 2009, 175). Nach Vollendung des dritten Lebensjahres kann aber keine sofortige Aufnahme einer Vollzeitstelle angenommen werden. Dies lässt sich a maiore ad minus aus § 1570 II ableiten (Düsseldorf NJW Spezial 2010, 69). Allerdings obliegt die Darlegungs- und Beweislast für die Voraussetzungen der Verlängerung des Betreuungsunterhalts nunmehr dem Berechtigten (BGH FamRZ 2009, 770). Der Anspruch auf Trennungsunterhalt tritt ggü dem gleichzeitig bestehenden Anspruch aus§ 1615l zurück, wenn die Ehefrau die Erwerbstätigkeit wegen der Betreuung eines nicht vom Ehemann abstammenden Kindes aufgibt (Bremen NJW 2004, 1601). Zur teilw differenzierten Rspr bzgl des Umfanges des Betreuungsbedarfes und damit einhergehender wiederauflebender Erwerbsobliegenheit s Rn 37.

36 **2. Interessenabwägung.** Im Rahmen einer Interessenabwägung (BGH FamRZ 1991, 416) sind die Umstände des Einzelfalls gegeneinander abzuwägen und sorgfältig zu gewichten. In Abwägung der äußeren Umstände (**Dauer der Ehe**, **finanzielle Verhältnisse**, frühere **berufliche Betätigungen** des Unterhaltsberechtigten) mit den zu berücksichtigenden Lebensverhältnissen ist zu prüfen, ob die Aufnahme einer (Teilzeit-)Arbeit zumutbar ist (Bremen FamFR 2012, 226 m Anm *Reinecke*; Naumburg FamRZ 1998, 552; Braunschweig FamRZ 2001, 626; Hamm FamRZ 2001, 627; dazu auch BGH FamRZ 1990, 283 mwN; 2001, 350). Bei der Abwägung der Gesamtumstände sind, obwohl ein ausdrückl Verweis des Gesetzes fehlt, die Grundsätze der §§ 1569ff für die Pflicht zur Erwerbstätigkeit nach Scheidung subsidiär heranzuziehen, da der Status der betreffenden Ehegatten vor Scheidung nicht schlechter sein darf als derjenige danach (Stuttgart FamRZ 1993, 559). Erwerbstätigkeit vor der Ehe und kurze Dauer der Ehe und damit die leichtere Möglichkeit der Anknüpfung an die frühere Erwerbstätigkeit lassen grds eine Erwerbstätigkeit nach Trennung als gerechtfertigt erscheinen (vgl BGH FamRZ 1979, 569 und 571; Frankfurt FamRZ 1980, 141). Voraussetzung ist, dass sich der Unterhaltsberechtigte ausreichend um die Aufnahme einer Erwerbstätigkeit bemüht hat (Koblenz NZFam 2016, 755 m Anm *Pfeil*). Ist dies nicht der Fall, so obliegt ihm die Darlegungs- und Beweislast dafür, dass er chancenlos gewesen wäre (BGH FamRZ 1987, 912; Braunschweig NJW-RR 1996, 454).

37 **3. Kasuistik.** Zu dem Komplex der **Erwerbsobliegenheit** (*Viefhues* FuR 2007, 241 und 297) besteht eine **umfangreiche Rspr**: Eine Pflicht zur Erwerbstätigkeit besteht dann, wenn der Ehegatte auch bei Fortbestand der **Ehe gem § 1360** hierzu verpflichtet gewesen wäre (AG Weilburg FamRZ 1998, 1168). Abs II ist als Ausnahmetatbestand eng auszulegen (vgl Düsseldorf FamRZ 1980, 245; Stuttgart FamRZ 1978, 681, 682; MüKo/*Weber-Monecke* Rn 51). Vgl auch Hamburg FamRZ 2002, 753, das den Anspruch auf Trennungsunterhalt einer zum fünften Mal verheirateten Ehefrau entfallen lässt, wenn die Eheleute nur eineinhalb Monate zusammengelebt haben und sieben Monate seit der Trennung der Eheleute verstrichen sind, da der Lebensstandard der Ehefrau nicht nachhaltig vom Einkommen des Gatten geprägt worden ist. Ebenso bei einem Zusammenleben von 14 Tagen (AG Essen FamRZ 2000, 23).

Auch die **Zeitdauer der Trennung** gehört zu den „persönlichen Verhältnissen" iSd Abs II. Je länger die Trennung dauert, desto eher ist eine Berufsaufnahme zumutbar (Hamm FamRZ 1996, 1219). Nach Koblenz NJW 2003, 1816 und Düsseldorf FamRZ 1980, 245 ist zur Verhinderung voreiliger Scheidungen wegen § 1565 II vor Ablauf eines Jahres der Trennung die Arbeitsaufnahme regelmäßig nicht zu verlangen (vgl auch Hamm FamRZ 1986, 1108), es sei denn, es liegen besondere Umstände vor (vgl Koblenz FamRZ 1994, 1253; Köln FamRZ 1996, 1215; Bremen NJW-FER 2000, 76). Nach Ablauf des Trennungsjahres ist die Erwerbsobliegenheit ähnl wie beim nachehelichen Unterhalt zu beurteilen (Grü/*v Pückler* Rn 13; *Büte* FuR 2008, 309). 38

Bei den persönlichen Verhältnissen sind weiter zu berücksichtigen: **Alter** (zur Erwerbsobliegenheit bei Rentenbezug aufgrund des Erreichens einer flexiblen Altersgrenze von 60 Jahren Koblenz NJW-FER 2000, 108; Brandenburg Beschl v 3.8.2020 – 9 UF 39/20 Rn 26f: über 61,5 Jahre), **Krankheit** des Betroffenen (die ggf nur – bzw immerhin auch – Teilzeitarbeit zumutbar sein lässt, vgl Brandenburg aaO (psychische Erkrankung); Zweibrücken FamRZ 1980, 246), Vorhandensein, Zahl und Alter von **Kindern**, dabei auch solche aus anderen Verbindungen (BGH FamRZ 1979, 569 und 571; Frankfurt FamRZ 1979, 290; Düsseldorf FamRZ 1979, 701; Schleswig FamRZ 1996, 489); s § 1570 Rn 6f. 39

Zu berücksichtigen ist ferner, ob aus früherer längerer Erwerbstätigkeit noch **hinreichende Kenntnisse** vorhanden sind und ob eine problemlose Wiedereingliederung in den Beruf möglich ist (hierzu Düsseldorf FamRZ 1980, 245). Ggf ist der Unterhaltsberechtigte auch – besonders bei lang andauernder Trennung – gehalten, durch **Fortbildung** seine Berufschancen zu verbessern (Karlsruhe FamRZ 1984, 1018). Vgl auch BGH FamRZ 1985, 782, wonach eine Erwerbstätigkeit unzumutbar sein kann, wenn der Ehegatte bei bevorstehender Scheidung seine Ausbildung möglichst frühzeitig verbessern will, um die Wiedereingliederungschancen zu erhöhen. Eine Pflicht, die Ausbildung zu finanzieren, besteht jedoch nicht, wenn eine Prognoseentscheidung im Rahmen der Prüfung des Trennungsunterhalts ergibt, dass dem Ehepartner ein nachehelicher Ausbildungsunterhalt gem § 1575 nicht zustehen wird (BGH FamRZ 1985, 782, 786). Für eine auch während der Trennungszeit uU bestehende Pflicht zur Zahlung von **Ausbildungs- oder Fortbildungsunterhalt** in analoger Anwendung des § 1575 vgl BGH FamRZ 2001, 350 und Düsseldorf FamRZ 1991, 77, dort abl zum Anspruch einer 48-jährigen approbierten Ärztin auf Finanzierung der während der Ehe begonnenen psychoanalytischen und -therapeutischen Weiterbildung, deren Abschluss nicht absehbar war. Bejaht, wenn wegen der Geburt des gemeinsamen Kindes die Ausbildung abgebrochen worden war (München FuR 1997, 275; FamRZ 1998, 553); Nürnberg NJW-FER 2001, 44 geht davon aus, dass **Ausbildungsunterhalt** dann zu bejahen ist, wenn die Ehe die Ausbildung eines Ehegatten durch heiratsbedingten Wohnortwechsel unterbrochen hat und die eheliche Lebensgemeinschaft davon geprägt war, dass der Ehegatte einen seiner Ausbildung entspr Ausbildungsplatz finden und diese Ausbildung durchführen wollte. Nach Düsseldorf FuR 2008, 454 gilt dies auch, wenn ein Ehegatte bei der Eheschließung mit einem aus einem anderen Land stammenden Ehegatten die Möglichkeit des Erlernens der Sprache und einer Ausbildung zugesagt hat. Hierin sei auch im Fall der Trennung festzuhalten. Hat ein Ehegatte bereits geraume Zeit vor der Trennung eine den ehelichen Lebensverhältnissen und dem gemeinsamen Lebensplan der Eheleute entspr Ausbildung begonnen, kann die Übernahme der für die Weiterführung anfallenden Kosten – unabhängig davon, ob es sich um eine Erst- oder eine Zweitausbildung handelt – von der Unterhaltspflicht des § 1361 umfasst werden (BGH FamRZ 1981, 439), zumal eine Weiterbildung häufig im Interesse auch des Unterhaltsschuldners liegt. Die Trennungsunterhaltsverpflichtung besteht nur für ein **planvoll betriebenes Studium**, dessen Beendigung absehbar ist. Maßstab hierfür ist die Regelstudiendauer (Hamm FamRZ 1995, 170). Es ist mit dem **allg Gleichheitssatz unvereinbar**, die Gewährung von Ausbildungsförderung nach § 11 II BAföG bedarfsmindernd zu berücksichtigen (BVerfG NJW 1995, 1341). Der Abbruch einer bereits begonnenen Ausbildung ist dabei regelmäßig unzumutbar (vgl Hamm FamRZ 1980, 247; Frankfurt FamRZ 1995, 877). 40

VI. Leistungsfähigkeit, Selbstbehalt. 1. Leistungsfähigkeit. Eine gesetzl Auslegungsregel zur Leistungsfähigkeit im Rahmen des Trennungsunterhalts besteht nicht. Es kommt auf das „bereinigte" Nettoeinkommen, uU auch nach fiktiver Einkommensberechnung an (s Rn 23ff). Es gelten die Grundsätze des § 1581 (BGH FamRZ 2009, 404; s auch BVerfG FamRZ 2002, 1397 im Anschluss an BVerfGE 57, 361; 80, 286). Mit dem Inkrafttreten des UÄndG besteht ein Nachrang ggü minderjährigen Nachkommen, so dass eine verschärfte Haftung bis auf den notwendigen Selbstbehalt wohl nach § 1603 ausgeschlossen ist (Grü/*v Pückler* Rn 68). Es ist gerichtlich festzustellen, ob der Unterhaltsschuldner in der Lage ist, den Unterhalt zu zahlen oder ob er hierdurch finanziell überfordert ist (keine Verpflichtung zur Einleitung eines Verbraucherinsolvenzverfahrens, Celle FamRZ 2006, 1536). Die Leistungsfähigkeit endet indessen beim Selbstbehalt. Man unterscheidet zw dem sog **großen Selbstbehalt** (dem eheangemessenen Unterhalt) und dem **kleinen Selbstbehalt**, der bei beschränkten Mitteln nur die notwendigen Ausgaben erfasst. Die Höhe des angemessenen Selbstbehalts im Rahmen des Trennungsunterhalts liegt über dem **notwendigen** und unter dem **eheangemessenen Selbstbehalt des § 1581.** Die Rspr (BVerfG NJW 2002, 2701; BGH NJW-RR 2009, 649; Koblenz NJW 2003, 1816; zum Selbstbehalt eines Rentners vgl Koblenz FamRZ 2000, 608) sucht zw diesen beiden Größen für § 1361 den **Mittelweg**, indem für den Ehegattenselbstbehalt von einem etwa in der Mitte zw dem angemessenen Selbstbehalt (§ 1603 I) und dem notwendigen Selbstbehalt (§ 1603 II) liegenden Betrag ausgegangen wird (BGH NJW-RR 2009, 289; 649; 2006, 1654; Saarbrücken FamRZ 2007, 1738; Stuttgart FamRZ 2007, 1738; Braunschweig FamRZ 2006, 1759; *Born* NJW 2007, 26). Dies gilt auch in Fällen, in denen gemeinsame minderjährige Kinder zu betreuen sind (BGH NJW-RR 2009, 289; 649). Von einer Überforderung ist dagegen auszugehen, wenn der Schuldner seine eigene Existenz nicht mehr sichern kann (BVerfG FamRZ 2002, 1397). Liegt eine sog **Mangellage** des Unterhaltsschuldners vor, reicht also das verfügbare 41

Einkommen nicht aus, um den **Selbstbehalt** und die **Unterhaltslasten** zu decken, besteht die Unterhaltsverpflichtung nur nach den Grundsätzen der **Billigkeit.** Hierzu ist auf die Kommentierung zu § 1581 zu verweisen. Dem Unterhaltsschuldner obliegt es Rahmen des Trennungsunterhalts aber grds nicht, die Einleitung eines Verbraucherinsolvenzverfahrens zu betreiben (BGH NJW 2008, 851).

42 **2. Mangelfall, Mindestbehalt.** Das nach Abzug aller Lasten unter den Ehegatten zu verteilende Nettoeinkommen kann so gering werden, dass jeder Anteil die Sozialhilferichtsätze unterschreitet (sog **Mangelfälle**, BGH FamRZ 1992, 541; Karlsruhe FamRZ 1993, 708). Für diesen Fall ist dem erwerbstätigen Unterhaltspflichtigen ein **Mindestbehalt** zu belassen, der die Motivation zur Beibehaltung der Erwerbstätigkeit überhaupt erhält und den **notwendigen Eigenbedarf** absichert (vgl BVerfG NJW 2002, 2701; Schleswig FamRZ 2002, 1190; Hamm FamRZ 1998, 1428; Bamberg FamRZ 1979, 914; Saarbrücken FamRZ 1978, 501; Frankfurt FamRZ 1978, 433; Düsseldorf FamRZ 1977, 203; *Viefhues* ZFE 2006, 367). Dieser soll nach Frankfurt NJW-RR 2009, 2 in der Differenz zw dem nach Abzug des Zahlbetrags verbleibenden Einkommen des Verpflichteten und seinem ggü dem Ehegatten erhöhten Selbstbehalt bestehen. Ist der Pflichtige in seinem eigenen angemessenen Unterhalt gefährdet, ist die Dispositionsfreiheit im finanziellen Bereich als Folge der Unterhaltsansprüche des Bedürftigen nicht mehr Bestandteil der verfassungsmäßigen Ordnung und kann vor Art 2 I GG nicht bestehen (vgl BVerfG NJW 2002, 2701). Der andere Ehegatte wird über den verbleibenden Restbetrag hinaus auf die Sozialhilfe verwiesen. Zum Mangelfall s § 1581.

43 **VII. Einsatz von Vermögensstamm bei Bedürftigkeit und Leistungsfähigkeit.** Ob den Unterhaltsgläubiger oder den Unterhaltsschuldner eine Verpflichtung trifft, ihr Vermögen zu verwerten, ist gesetzl nicht geregelt. Erneut ist auf die allg Vorschriften zum nachehelichen Unterhalt zurückzugreifen. Anhaltspunkte ergeben sich aus § 1577 III (Gläubiger; § 1577 Rn 25) und § 1581 S 2 (Schuldner; § 1581 Rn 17). Die **Substanz des Vermögens** braucht im Allg nicht angegriffen zu werden, soweit die Verwertung unwirtschaftl wäre oder sofern dies nicht aus besonderen Gründen der Billigkeit entspricht (vgl dazu BGH NJW 2008, 57). **Grds** besteht mithin **keine Verwertungspflicht.** Allerdings gelten im Rahmen des Trennungsunterhalts für den Unterhaltsverpflichteten zumindest zu Beginn der Trennungsphase noch stärkere Haftungsregeln als nach längerer Trennungsdauer bzw nach der Scheidung. Umgekehrt gilt, dass bei einer lang andauernden Ehe und einer noch nicht langen Trennungszeit eine Verwertungspflicht nahezu ausgeschlossen ist (Brandenburg Beschl v 3.8.2020 – 9 UF 39/20 Rn 30ff; vgl auch jurisPK-BGB/*Viefhues* Rn 311ff). In **Ausnahmefällen** kann deshalb bei noch kurzer Dauer der Trennung eine Verwertung des Vermögensstammes wegen der stärkeren Verantwortung und zur Sicherung der wirtschaftl Basis der (noch) bestehenden Ehe geboten sein (BGH FamRZ 2005, 97; 1985, 360; 1986, 556); 1,5 Jahre andauernde Trennung: Saarbrücken FamRZ 2020, 422.

44 Riskante Vermögensdispositionen muss der Berechtigte nicht vornehmen, um seine Bedürftigkeit zu mindern (BGH FamRZ 1986, 439). Zur Obliegenheit des Berechtigten, ererbtes Kapital zinsbringend anzulegen, und zur „unterhaltsbezogenen Leichtfertigkeit", wenn er das Kapital für Luxusaufwendungen verbraucht (vgl Koblenz FamRZ 1990, 51; Stuttgart FamRZ 1993, 559). Auch eine Pflicht zur Veräußerung des gemeinsamen Hausgrundstücks, um Verbindlichkeiten abzudecken, besteht im Prinzip nicht, weil andernfalls in § 1361 eine ehefeindliche, die Trennung noch fördernde Tendenz hinein interpretiert würde (zutr Köln FamRZ 2002, 97; Düsseldorf FamRZ 1982, 268; Stuttgart FamRZ 1978, 681, 683; KG FamRZ 1976, 91); dies gilt laut Koblenz FamRZ 1991, 1187 zumindest zu Beginn der Trennungszeit und solange, wie sich die Verhältnisse der Trennung noch nicht endgültig verfestigt haben.

45 **VIII. Höhe des Unterhalts. 1. Elementarunterhalt.** Der Unterhaltsbedarf berechnet sich nach den individuellen Lebens- und Einkommensverhältnissen (Rn 9ff), Abs I S 1. Der Gesamtunterhalt besteht zu einem Teil aus dem sog **Elementarunterhalt**, zum anderen Teil aus **selbständigen Unterhaltsteilen.** Der Elementarunterhalt betrifft den regelmäßigen Bedarf des täglichen Lebens. Die Bestimmung seiner Höhe stellt die Praxis vielfach vor schwierige rechtl und tatsächliche Feststellungen. Eine erste Orientierungshilfe bieten die in den verschiedenen OLG-Bezirken entwickelten Tabellen über Unterhaltsrichtsätze, vgl zB die sog **Düsseldorfer Tabelle** (letzter Stand 1.1.2023, abrufbar unter http://www.famrb.de). Den Tabellen kommt keine Verbindlichkeit zu, sie sind lediglich Orientierungshilfen, die im Wesentlichen zur Gesetzesauslegung herangezogen werden (BGH FamRZ 1987, 266; *Klinkhammer* FamRZ 2008, 194); sie können auch auf ausl Ehegatten angewendet werden (Düsseldorf NJW-RR 1995, 903; Köln NJW-RR 1996, 325). Für die Praxis haben sie eine Art Richtliniencharakter gewonnen, indem sie wichtige Anhaltspunkte für die Vorausberechnung eines konkreten Unterhaltsbetrags liefern, ohne dass sie allzu starr schematisch angewendet werden dürften (BGH NJW 2020, 3721 mit Einführung weiterer Einkommensgruppen zum Kindesunterhalt; zurückhaltend auch Frankfurt FamRZ 1980, 141; KG FamRZ 1977, 818; 1978, 2302). Alle relevanten Umstände der Lebensverhältnisse der Ehegatten sind zur Bestimmung des angemessenen Unterhalts heranzuziehen (hierzu BGH FamRZ 1969, 205; vgl auch Bamberg FamRZ 1981, 668; Düsseldorf FamRZ 1983, 279; 1991, 806 zur Berechnung des Unterhaltsbedarfs bei sehr hohen Einkünften). In der Praxis hat sich die Düsseldorfer Tabelle mehr und mehr durchgesetzt, da sie dem gesetzl **Halbteilungsgrundsatz** am besten entspricht. Insofern bemisst sich der Unterhalt bei durchschnittlichen Einkommensverhältnissen regelmäßig nach einer **Quote** des Gesamteinkommens der Ehegatten (BGH FamRZ 2008, 968). Da indessen eine schlichte Halbteilung bei einseitiger Erwerbstätigkeit nicht angemessen wäre (da der Berufstätige eine „Belohnung" verdient, Düsseldorf FamRZ 1977, 203, und ihn auch höhere berufsbedingte Ausgaben belasten), erhält der Berufstätige einen sog **Erwerbstätigenbonus** (BGH FamRZ 2007, 983). Dies gilt allerdings nicht bei bestehender Gütergemeinschaft, da der Erwerbstätigenbonus mit dem Wesen der Güter-

gemeinschaft nicht vereinbar wäre (Oldenburg NJW-RR 2009, 1596). Krit zur Anwendung von Tabellen und RL und zum **Erwerbstätigenbonus** *Gernhuber/Coester-Waltjen* § 23 Rn 26–28; *Soyka* FamRZ 2007, 1362. Dagegen ist eine **konkrete Bedarfsbemessung** vorzunehmen, wenn bei besonders **guten Einkommensverhältnissen** generell davon auszugehen ist, dass bereits nach einem obj Maßstab ein Teil der zur Verfügung stehenden Mittel in die Vermögensbildung fließt, weil er für die Lebensführung nicht benötigt wird (BGH FamRZ 2012, 945; NJW 2010, 3372; Stuttgart NZFam 2016, 232 m Anm *Heiß*). Der Unterhaltsberechtigte muss in solchen Fällen auf geeignete Weise vortragen, in welchem Umfang das Familieneinkommen für den Konsum verbraucht worden ist (BGH FamRZ 2012, 945, 947). Macht er dennoch den Quotenunterhalt geltend, muss er beweisen, dass und in welchem Umfang die hohen Einkünfte zur Deckung der ehelichen Lebensverhältnisse tatsächlich verwendet worden sind (BGH FamRZ 2010, 1637). Dabei wird vereinzelt ein Bedarf des Berechtigten von ca 5 000 € angenommen (Stuttgart NZFam 2016, 232). Eine absolute Höchstgrenze des Lebensbedarfs des Unterhaltsberechtigten lässt sich aber nicht ziehen; auch ein Bedarf von über 10 000 € ist vorstellbar (Düsseldorf FamRZ 2015, 1392; BGH FamRZ 1981, 151). Der BGH hat bis zur Grenze des Doppelten des höchsten Einkommensbetrags der Düsseldorfer Tabelle eine Bedarfsbemessung nach der Einkommensquote für zulässig erachtet (11.000 €: BGH FamRZ 2020, 21). Der im Wege der Quotenberechnung geltend gemachte Trennungsunterhaltsanspruch kann sich als unbegründet erweisen, weil weder dargelegt noch unter Beweis gestellt wurde, dass während der Ehe ein Familieneinkommen entspr dem vorgetragenen quotalen Bedarf tatsächlich für Konsumzwecke verwendet worden ist (so zuletzt Hamm NJW 2020, 3115 Rn 49ff m Anm *Born*).

Bei **beiderseitiger Berufstätigkeit** der Ehegatten partizipiert der weniger Verdienende dementspr mit 3/7 des Differenzbetrags der anrechnungsfähigen Nettoeinkommen. Zur Berücksichtigung eines Erwerbstätigenbonus und des trennungsbedingten Mehrbedarfs (erörtert zu nachehelichem Unterhalt) vgl auch BGH FamRZ 1991, 670; Düsseldorf FamRZ 1999, 1349. Zur Anwendung der **Differenzmethode**, wenn der Unterhaltsberechtigte (fiktive) Einkünfte aus Kapitalvermögen und aus Erwerbstätigkeit, der Unterhaltsverpflichtete aber nur aus Erwerbstätigkeit hat, vgl Koblenz FamRZ 1990, 51; Köln FamRZ 1998, 1170, das dafür plädiert, die Differenzmethode nur bei einfachen und mittleren Einkommen anzuwenden. Hat der Unterhaltspflichtige seine **Erwerbstätigkeit beendet** und bezieht er lediglich Renteneinkommen, bleibt es grds bei der **hälftigen Teilhabe** der Ehegatten (BGH FamRZ 1982, 894). Der Rente beziehende Unterhaltspflichtige, dessen Rente vom Sozialamt voll zur Deckung der Pflegekosten des Pflichtigen (Heimpflege) in Anspruch genommen wird, ist nicht verpflichtet, ggü dem Sozialamt Freibeträge geltend zu machen und höhere Sozialhilfe zu verlangen, damit er aus der ihm dann verbleibenden Rente Unterhalt zahlen kann (Düsseldorf FamRZ 1989, 1302). Zur möglichen Berechnung des Aufstockungsunterhalts eines Ehegatten, wenn beide Ehegatten für gemeinschaftl Kinder Unterhalt zahlen, vgl Hamburg FamRZ 1989, 394. 46

Abw von der zuvor skizzierten **Differenzmethode** hatte die Rspr des BGH dem während des Zusammenlebens haushaltführenden Ehegatten Unterhalt nur nach der **Anrechnungsmethode** gewährt, wenn er erst nach Trennung erwerbstätig wurde (zB BGH FamRZ 1988, 265 und 1981, 539). Dadurch wurde sein grds Anspruch auf 3/7 des Einkommens des Alleinverdieners um den eigenen Zuverdienst voll geschmälert. Dies folgte aus der Grundsatzüberlegung, dass nach Trennung der Ehegatte für seinen Unterhalt als eigenverantwortlich und das Einkommen nach Trennung als nicht eheprägend angesehen wurde. Mit seiner **Grundsatzentscheidung v 13.6.2001** (FamRZ 2001, 986), die vom BVerfG mit Rücksicht auf Art 3 II und 6 I GG bekräftigt wurde (FamRZ 2002, 527), hat der BGH i Erg mit Recht diese Rspr nach massiver Kritik (ua *Büttner* FamRZ 1999, 863; *Graba* FamRZ 1999, 1115; *Gerhardt* FamRZ 2000, 134) wegen **krasser Benachteiligung des haushaltführenden Ehegatten** aufgegeben. Indem der BGH damit zutr die Haushaltsführung während des Zusammenlebens als eheprägendes und dem Alleinverdiener äquivalentes „Surrogat" betrachtet, wird nunmehr auch hier die Differenzmethode als ausschlaggebend bewertet. Damit partizipiert der früher Haushaltführende grds mit 3/7 an der Differenz der beiden Einkommen nach Trennung. Dieser Auffassungswechsel wurde überwiegend im Schrifttum begrüßt (*Borth* FamRZ 2001, 1653; *Büttner* NJW 2001, 3244; *Büttner* FamRZ 2003, 641; *Luthin* FamRZ 2001, 1065; *Scholz* FamRZ 2001, 1061; aA *Rauscher* FuR 2001, 385 und 2002, 337), vom BGH in weiteren Entscheidungen vertieft (ua FamRZ 2001, 1687 und 1693; 2002, 88) und auch von den Instanzgerichten im Grundsatz angenommen (ua Karlsruhe FamRZ 2002, 820 und 1190; Frankfurt FamRZ 2002, 885; Düsseldorf FamRZ 2002, 1628). 47

2. Vorsorgeunterhalt. Vorsorgeunterhalt für das Alter oder den Fall der Berufs- und Erwerbsunfähigkeit ist regelmäßig zwar nicht im Elementarunterhalt enthalten. Elementar- und Vorsorgeunterhalt sind aber nicht Gegenstand eigenständiger Ansprüche, sondern Teile eines **einheitlichen** Unterhaltsanspruchs (BGH NJW 2007, 511). Auf Vorschlag des Rechtsausschusses wurde der Umfang des Unterhalts in Abs I S 2 konkretisiert. Es gehören danach zum Unterhalt vom Zeitpunkt der Rechtshängigkeit eines Scheidungsverfahrens zw den getrennt lebenden Ehegatten an auch die **Kosten einer angemessenen Alters- sowie verminderter Erwerbsfähigkeitsrente.** Mit dieser Regelung sollte die Lücke geschlossen werden zw dem Versorgungsausgleich, der die Zeit bis zur Rechtshängigkeit des Scheidungsantrags umfasst (§ 1587 I und II aF), und der nachehelichen Unterhaltspflicht aus § 1587 III aF, die die genannten Kosten in der Sache zwar einschließt, zeitl aber erst ab Rechtskraft des Scheidungsbeschl gilt (BT-Drs 7/4361, 27). Da der Versorgungsausgleich nur die Zeit bis zum Ende des Monats umfasst, der der Rechtshängigkeit der Scheidung vorangeht (§ 3 I VersAusglG), gehört der Altersvorsorgeunterhalt ab Beginn des Monats, in dem der Scheidungsantrag rechtshängig wird, zum Lebensbedarf gem § 1361 I 2 (BGH NJW 2008, 57; vgl §§ 2, 3 VersAusglG). Der Unterhalt erhöht sich mithin um den erforderlichen Vorsorgebeitrag, wird aber durch die Hälfte des Nettoeinkommens des Pflichtigen begrenzt, um diesen nicht einseitig 48 zu benachteiligen (zutr Bremen FamRZ 1979, 121). IÜ hat der Gesetzgeber Voraussetzungen, Höhe und Berechnung des Anspruchs offengelassen (dazu BGH FamRZ 1982, 781). Der Vorsorgeunterhalt berechnet sich zweistufig, unter Rückgriff auf die **Bremer Tabelle** (BGH FamRZ 1981, 442). Für die Bemessung des Vorsorgeunterhalts ist zunächst aus dem anrechenbaren Einkommen des Unterhaltspflichtigen der Betrag zu ermitteln, der – ohne Vorsorgeunterhalt – als Elementarunterhalt zu entrichten wäre. Dieser Betrag wird entspr § 14 SGB IV durch einen fiktiven Zuschlag der Lohnsteuer und des ArbN-Beitrags zur gesetzl Renten- und Arbeitslosenversicherung in ein Quasi-Bruttoeinkommen hochgerechnet und aus diesem sodann iHd jew ArbN- und ArbGeb-Beiträge zur gesetzl Rentenversicherung der Vorsorgeunterhalt entnommen. Dieser wird von dem anrechenbaren Einkommen des Unterhaltspflichtigen abgezogen. Aus der Quotierung des Restes ergibt sich schließlich der **endgültige Elementarunterhalt** (vgl BGH FamRZ 1981, 442; Bremen FamRZ 1979, 121). Die zweistufige Berechnung entfällt bei konkreter Ermittlung aufgrund besonders günstiger Einkommensverhältnisse (BGH NJW 2007, 144; FamRZ 1982, 1187). In jedem Fall ist eine Bedürftigkeit insoweit abzulehnen, als bereits eigene **Anwartschaften auf eine Altersrente** gegeben und damit auf den Vorsorgebeitrag anzurechnen sind (Nürnberg FamRZ 1980, 158). Altersvorsorgeunterhalt soll längstens bis zur Vollendung des 65. Lebensjahres verlangt werden können (vgl Frankfurt FamRZ 1990, 1363). Für Kosten der Kranken- und Pflegeversicherung sowie für den trennungsbedingten Mehrbedarf wird auf § 1578 II analog zurückgegriffen (FamR-Komm/*Klein*[7] Rn 96ff). Zu Einzelheiten vgl § 1578 Rn 40. Hat der Unterhaltsberechtigte im Erstverfahren lediglich Elementarunterhalt geltend gemacht, hängt die Zulässigkeit einer Nachforderung von Vorsorgeunterhalt im Wege eines neuen Leistungsantrags davon ab, ob sich der Berechtigte diese Nachforderung im Erstverfahren vorbehalten hat (BGH NZFam 2015, 119 m Anm *Schramm*; NJW 1985, 1701).

49 Als Anspruchsbestandteil entsteht der Anspruch mit **Rechtshängigkeit** des Scheidungsverfahrens nach Trennung der Ehegatten, braucht deshalb aber nicht gesondert nach bereits vorliegendem Unterhaltstitel nach Abs I S 1 beantragt zu werden (nach BGH FamRZ 1982, 1187 sollen Teilklagen aber möglich sein; dazu *Gröning* FamRZ 1984, 736), sondern wird nach § 238 FamFG nach Änderungsantrag vollstreckbar, wobei die Änderung der Verhältnisse auf der ggü dem laufenden Unterhalt jetzt erweiterten Unterhaltsbedürftigkeit nach Rechtshängigkeit des Scheidungsantrags beruht. In Mangelfällen hat der Anspruch auf laufenden Unterhalt nach Abs I S 1 wegen der dringenderen Bedürfnislage Vorrang vor dem Anspruchsbestandteil auf Altersvorsorge (zutr *Hampel* FamRZ 1979, 249, 253). Eine anteilige Kürzung der Anspruchsteile findet nicht statt. Der Anspruch richtet sich auf **Zahlung des errechneten Betrags.** Der Berechtigte hat ggf auf Verlangen einen Verwendungsnachweis zu erbringen; er kann den Gesamtunterhalt nicht nach Belieben auf Elementar- und Vorsorgeunterhalt aufteilen (BGH FamRZ 1982, 887), braucht bei der Geltendmachung allerdings keine bestimmte Form der Vorsorgeversicherung anzugeben (BGH FamRZ 1983, 152). Gegen den Willen des Berechtigten kann der Unterhaltsschuldner daher den Vorsorgeunterhalt nicht direkt auf ein Versicherungskonto einzahlen (BGH NJW 1983, 1547). Erst bei berechtigter Annahme der zweckwidrigen Verwendung soll der Unterhaltsschuldner nach Hamm FamRZ 1991, 1056 berechtigt sein, unmittelbar an den Versicherungsträger zu zahlen und dieses im Wege der Abänderungsklage geltend zu machen; ein Rückforderungsanspruch nach § 812 oder ein Wegfall des Anspruchs soll aus der zweckwidrigen Verwendung aber nicht folgen. Der Altersvorsorgeunterhalt kann **nicht durch einstw Anordnung** verfolgt werden, da es an einem Anordnungsgrund fehlt (allgM; vgl *Hampel* FamRZ 1979, 249, 258). Gegen eine einstw Anordnung nach §§ 49ff, 246 FamFG spricht die – wenn auch beschränkte – Möglichkeit der Nachentrichtung von Beiträgen, so dass keine akuten Nachteile zu befürchten sind (zutr Saarbrücken FamRZ 1979, 501; aA Karlsruhe FamRZ 1978, 501; *Hampel* FamRZ 1979, 249, 258). Der Berechtigte ist insoweit auf die Leistungsklage oder § 238 FamFG verwiesen. Für die **Vergangenheit** kann der Unterhalt nicht erst ab dem Zeitpunkt verlangt werden, in dem er geltend gemacht wurde; vielmehr reicht es aus, dass von dem Pflichtigen Auskunft mit dem Ziel der Geltendmachung eines Unterhaltsanspruchs begehrt worden ist (BGH NJW 2007, 511).

50 Hat der getrennt lebende Ehegatte den Unterhalt des anderen Gatten sichergestellt, kann er aus seinem verbleibenden Einkommen **Rücklagen** für die Altersversorgung und für freie Vermögensbildung schaffen, ohne dass der andere mit dem Hinw darauf, dass er sein ganzes Vermögen nicht verbraucht, einen höheren Unterhalt verlangen kann (Köln FamRZ 1960, 199). Die Obergrenze der Unterhaltspflicht bildet die Bedürftigkeit des Berechtigten zur Wahrung des angemessenen Lebensstandards wie vor der Trennung, während die Untergrenze durch die Leistungsfähigkeit des Unterhaltspflichtigen nach dem Maßstab des Selbstbehalts bestimmt wird.

51 **3. Sonderbedarf als weiterer selbständiger Teil des Gesamtunterhalts.** Bei **außergewöhnlichen Bedürfnissen** (zB Krankenhausaufenthalt, Kur) können neben der Rente Sonderleistungen gefordert werden, soweit der Unterhaltsverpflichtete leistungsfähig ist (KG FamRZ 1993, 561). Durch die Ergänzung in Abs IV „der laufende Unterhalt" wollte der Gesetzgeber dies klarstellen; zum Begriff des **Sonderbedarfs** vgl § 1613 II; § 1613 Rn 24ff; Grü/*v Pückler* § 1613 Rn 8ff mit zahlr Bsp.

52 **IX. Herabsetzung des Unterhaltsanspruchs aus Billigkeitsgründen, Abs III. 1. Überblick.** Abs III enthält einen den Umfang der Zahlungspflicht betreffenden Schutz zugunsten des nach Abs I und II verpflichteten Unterhaltsschuldners. Danach ist die Härteklausel des Unterhaltsrechts nach Scheidung, die zur Begrenzung oder zum Wegfall der Unterhaltspflicht führen kann (§ 1579), auch auf den Unterhalt bei getrennt Lebenden anzuwenden. Da es nach dem 1. EheRG für die Frage der Begründung der Unterhaltspflicht nicht auf die Trennungsgründe und das Trennungsverschulden ankommt und auch die Billigkeitsanknüpfung in Abs I entfallen ist, schafft der Gesetzgeber hier ein anderes Billigkeitskorrektiv, um „ein gerechtes Ergebnis im Einzelfall zu erreichen" (BT-Drs 7/650, 101). Obwohl die gesetzl Fassung dieser Härteklausel eine Referenz an den Verschul-

densgrundsatz zu sein scheint, wollte der Gesetzgeber einen „Rückfall in das Schuldprinzip" gerade nicht herbeiführen (BT-Drs 7/4361, 32). Er hat sich insoweit von der Vorstellung leiten lassen, dass die Abkehr vom Verschuldensprinzip nicht dazu führen darf, bei Missbräuchen der Möglichkeiten des neuen Eherechts untätig zu bleiben (vgl *Diederichsen* NJW 1977, 353, 358; *Diekmann* FamRZ 1977, 81, 104f). Die Auslegung der Billigkeitsklausel hat Rspr und Wissenschaft in den letzten Jahren außerordentlich stark beschäftigt. Durch das UÄndG 2007 wurde der von Abs III in Bezug genommene Katalog des § 1579 geändert. Die amtl Überschrift dieser Norm lautet nunmehr: „Beschränkung oder Versagung des Unterhalts wegen grober Unbilligkeit"; verwiesen wird ausdrückl auf § 1579 Nr 2–8.

2. Einzelne Unterhaltsversagungsgründe. Bzgl der einzelnen Härtefälle gilt das für die unmittelbare Anwendung des § 1579 Auszuführende (Einzelheiten s dort) entspr. Dabei verweist das Gesetz ausdrückl nur auf Nr 2–8 des § 1579 und schließt damit den Fall der kurzen Ehedauer (Nr 1) als Grund für die Einschränkung der Unterhaltspflicht bei getrennt Lebenden aus. Sinn des § 1579 Nr 1 ist es ua, dem betreffenden Ehegatten nicht aufgrund einer kurzen Ehedauer ein „Rentnerdasein" auf Lebenszeit zulasten des anderen einzuräumen. Dieser Normzweck hat bei Getrenntleben der Ehegatten während noch bestehender Ehe keine Basis. Die Vorschrift ist daher auf den Trennungsunterhalt auch nicht analog anwendbar (Koblenz 18.10.2016 – 13 UF 16/16); die Verwirkung kann sich aber aus dem Gesamtgewicht der verschiedenen Pflichtverletzungen des Unterhaltsberechtigten ergeben, wenn die einzelnen Pflichtverletzungen für sich genommen jeweils nicht so schwer wiegen, dass sie eine Verwirkung zur Folge hätten (Brandenburg FuR 2015, 482). Auch ein Vorschussanspruch kann verwirkt werden (Brandenburg FamFR 2013, 570 m Anm *Obermann*). 53

a) Eine **kurze Dauer der Ehe** ist durch gesetzl Hinw hingegen für die Frage zu beachten, ob nach Abs II dem Unterhaltsberechtigten eine eigene Erwerbstätigkeit zuzumuten ist (vgl Rn 34ff; Hamburg FamRZ 2002, 753). Wann von einer Kurzzeitehe auszugehen ist, sagt das Gesetz nicht. Regelmäßig ist von einer kurzen Ehedauer bei einem Zeitraum von bis zu drei Jahren gerechnet ab der Eheschließung bis zum Zeitpunkt der Rechtshängigkeit des Scheidungsantrags auszugehen (st Rspr, vgl etwa BGH FamRZ 1989, 483; 1999, 710). Ein sehr langes Getrenntleben lässt einen Unterhaltsanspruch jedenfalls dann nicht als unbillig erscheinen, wenn die Eheleute vor der Trennung schon längere Zeit in ehelicher Gemeinschaft zusammengelebt hatten und die Trennung schicksalsbedingt war (Karlsruhe FamRZ 1981, 551). Näheres s § 1579 Rn 8ff. 54

b) Durch das UÄndG 2007 wurde die zur Auffangklausel (§ 1579 Nr 7 aF) ergangene Rspr zur **verfestigten Lebensgemeinschaft** als eigener Härtegrund in den Katalog aufgenommen (**§ 1579 Nr 2**). Von dem Zeitpunkt an, in dem eine verfestigte Lebensgemeinschaft vorliegt, ist der Unterhaltsanspruch vollständig zu versagen (Brandenburg FuR 2016, 302). Auf diesen nimmt Abs III nunmehr ausdrückl Bezug. Nach der amtl Begründung (BT-Drs 16/1830, 21) soll mit dem neuen Härtegrund „kein vorwerfbares Fehlverhalten des Unterhaltsberechtigten sanktioniert (werden), sondern es wird eine rein obj Gelegenheit bzw eine Veränderung in den Lebensverhältnissen des bedürftigen Ehegatten erfasst, die eine dauerhafte Unterhaltsleistung unzumutbar erscheinen lassen". Für die Auslegung des neuen Härtegrundes ist auf die bereits ergangene Rspr zurückzugreifen. Näheres s § 1579 Rn 13. Nach BGH FamRZ 2002, 810 ist die Frage der Unzumutbarkeit nach denselben Kriterien zu beantworten, wie sie für den Anspruch auf nachehelichen Unterhalt herangezogen werden. So kann die Fortdauer der Unterhaltsbelastung und der damit verbundene Eingriff in die Handlungsfreiheit und Lebensgestaltung für den Unterhaltspflichtigen unzumutbar sein, wenn der Unterhaltsberechtigte in einer Gemeinschaft mit einem anderen Partner lebt, die sich derart verfestigt hat, dass sie einer Ehe vergleichbar gestaltet ist (BGH FamRZ 2002, 810), zB weil der Unterhaltsberechtigte mit seinem Campingwagen auf dem Grundstück einer anderen Frau lebt (Brandenburg FuR 2016, 302). Dabei soll es keine Rolle spielen, dass eine Eheschließung mit dem neuen Partner während der Dauer der Trennung nicht möglich ist. Denn eine Heirat kann stets daran scheitern, dass der neue Partner des Unterhaltsberechtigten noch verheiratet ist (BGH FamRZ 2002, 810). Eine verfestigte Lebensgemeinschaft mit einem neuen Partner erfordert eine längere Zeitspanne, regelmäßig **zwei bis drei Jahre** (Grü/*v Pückler* § 1579 Rn 12 mwN; Hamm FamFR 2012, 347 m Anm *Höhler-Heun*; Oldenburg NZFam 2017, 74 m Anm *Kemper*: vor Ablauf von zwei Jahren); dabei kann es nicht auf die „subjektiven Einschätzungen und Liebesbekundungen" der Partner im Anfangsstadium einer Beziehung ankommen (Zweibrücken FamRZ 2021, 1021 Rn 25). Nur bei besonderen Umständen kann der Zeitraum kürzer bemessen sein (Zweibrücken FamRZ 2021, 1021 Rn 27f; Hamburg 11.11.2013 – 2 UF 118/13; Oldenburg NZFam 2017, 74 m Anm *Kemper*: vor Ablauf von zwei Jahren), nicht aber bei einer etwa 14 Monate dauernden Beziehung, wenn der Ehegatte mit seinem neuen Lebenspartner im Zeitpunkt der Entscheidung erst seit etwa vier Monaten in einem gemeinsamen Haushalt lebt (AG Lemgo NZFam 2016, 269 m Anm *Schneider*). Wird die Beziehung nicht überwiegend durch ein Zusammenwohnen bzw ein gemeinsames Wirtschaften geprägt, kann eine verfestigte Beziehung nach Ansicht von Karlsruhe (FamRZ 2020, 93; auch Brandenburg NZFam 2020, 881 m Anm *Opitz*) nur dann angenommen werden, wenn die Partner seit fünf Jahren in der Öffentlichkeit, bei gemeinsamen Urlauben und der Freizeitgestaltung als Paar auftreten und Feiertage und Familienfeste zusammen mit Familienangehörigen feiern. 55

c) Die Einschränkung oder der Wegfall des Unterhaltsanspruchs bei einem **verschuldeten Verbrechen** oder **schweren vorsätzlichen Vergehen** des Berechtigten ggü dem Verpflichteten oder dessen nahen Angehörigen, **§ 1579 Nr 3**, setzt schon nach dem Gesetzeswortlaut (verminderten) schuldfähigen Zustand iSd StGB voraus (vgl BGH NJW 1982, 100). Es genügt grds aber auch eine **leichtfertige** Handlungsweise (BGH NJW 2008, 57). Schließlich wird der Bereich der ehelichen Solidarität auch dann verlassen, wenn der Unterhaltspflichtige die Folgen einer leichtfertigen Handlung der Bedürftigkeit durch den anderen Ehegatten unterhaltsrechtl mittragen 56 müsste (BGHZ 2008, 57). Die Leichtfertigkeit muss aber **unterhaltsbezogen** sein, wie dies bei einer leichtfertigen Aufgabe des Arbeitsplatzes der Fall ist (BGHZ 2008, 57). Verschweigen eigener Renteneinkünfte kann ein Grund iSd Nr 3 sein (vgl Frankfurt FamRZ 1990, 1363), ebenso der wahrheitswidrige Vortrag, nicht mit einem anderen Partner zusammenzuleben, selbst dann, wenn zum Zeitpunkt des Vortrags der Zeitraum der Verfestigung einer eheähnl Gemeinschaft von zwei bis drei Jahren noch nicht abgelaufen ist, dieser aber im Laufe des Verfahrens erreicht wird (Koblenz FamRZ 2000, 605). Auch die Abgabe einer falschen eidesstattlichen Versicherung (§ 156 StGB) fällt unter Nr 3, da es sich beim Familiengericht in Verfahren, in denen die Glaubhaftmachung von Tatsachen vorgesehen ist, um eine zur Abnahme einer Versicherung an Eides Statt zuständige Stelle handelt (Hamm NZFam 2015, 965 m Anm *Höhler-Heun*; *Bosch/Schittenhelm* in Schönke/Schröder[30] 2019, § 156 StGB Rn 14). Auch das vorsätzliche Unterschieben eines nicht vom Ehemann stammenden Kindes kann zur Verwirkung führen, da damit der Tatbestand des zumindest versuchten Betrugs zum Nachteil des Ehemannes verwirklicht sein kann (Hamm NZFam 2015, 965 m Anm *Höhler-Heun*). Verwirkung bei **(versuchtem) Prozessbetrug** liegt vor, wenn Einkommensänderungen auf Seiten des Unterhaltsberechtigten nicht offenbart werden (Oldenburg NJW-Spezial 2018, 164; NJW-RR 2009, 1596; Köln FamRZ 2003, 678; München FuR 1997, 274). Dazu gehört auch das vehemente Bestreiten des Zusammenlebens mit einem neuen Partner (Brandenburg FuR 2016, 302), nicht hingegen der Vortrag, die Beteiligten hätten sich getrennt, da es sich bei dem Begriff des „Getrenntlebens" um einen komplexen Rechtsbegriff und mithin nicht um eine Tatsache handelt (Frankfurt 15.5.2015 – 7 UF 42/14). Näheres s § 1579 Rn 14ff.

57 **d) § 1579 Nr 4** verlangt **mutwillige Herbeiführung der Bedürftigkeit**, wobei sich die Mutwilligkeit auf den Unterhalt beziehen muss, so dass ein Selbstmordversuch nicht genügt (vgl Frankfurt FamRZ 1979, 290). Mutwilligkeit ist bei Alkoholmissbrauch ebenfalls zu verneinen, wenn die Sucht auf eine Charakterschwäche zurückzuführen ist, zB weil es der Bedürftige wegen einer Willensschwäche nicht schafft, vom Alkoholmissbrauch loszukommen (Bamberg FamRZ 1998, 370). Notwendig ist eine unterhaltsbezogene Leichtfertigkeit (BGH FamRZ 1984, 364; vgl auch BGH FamRZ 1987, 684; 1981, 1042; Köln FamRZ 1985, 930; Düsseldorf FamRZ 1987, 1262). Mutwillig ist die Aufgabe einer Erwerbstätigkeit drei Monate vor der Erfüllung der Ruhegehaltsvoraussetzungen (Stuttgart FamRZ 1997, 358). Mutwilligkeit liegt nicht vor, wenn der Ehepartner aus der Ehewohnung auszieht und dadurch trennungsbedingten Mehrbedarf verursacht (BGH FamRZ 1986, 434) oder seinen Wohnort wechselt und keinen Arbeitsplatz findet (Bamberg FamRZ 1988, 285). Näheres s § 1579 Rn 19ff.

58 **e) § 1579 Nr 5** nennt den Fall, dass sich der Berechtigte über schwerwiegende Vermögensinteressen des Verpflichteten mutwillig hinweggesetzt. Dabei setzt der Härtegrund obj ein gravierendes Verhalten des Unterhaltsberechtigten voraus (BGH NJW 2008, 2581). Damit stellt die Vorschrift nicht allein auf den Umfang der Vermögensgefährdung ab, sondern auch auf die Intensität der Pflichtverletzung (BGH NJW 2008, 2581). Es ist aber nicht erforderlich, dass dem Unterhaltspflichtigen tatsächlich ein Vermögensschaden entsteht. Vielmehr genügt eine **schwerwiegende Gefährdung** seiner Vermögensinteressen, die zB dadurch entstehen kann, dass der Unterhaltsschuldner bereits geleisteten Unterhalt trotz angestiegenen Einkommens des Unterhaltsberechtigten später nicht zurückfordern kann (BGH FamRZ 2009, 1124; NJW 2008, 2581). Schwerwiegend ist eine Verletzung nur dann, wenn die wirtschaftl Lage des Unterhaltspflichtigen nachhaltig beeinträchtigt und dadurch seine Leistungsfähigkeit erheblich vermindert wird (vgl jurisPK/*Hollinger* § 1579 Rn 127 mwN). Die unterlassene Rücksichtnahme auf die Vermögensinteressen des Verpflichteten muss schwerwiegend sein und mindestens zu einer Gefährdung mit einem besonderen Gewicht geführt haben (Brandenburg 12.11.2014 – 13 UF 237/13). Ein solches Verhalten soll nach der amtl Begründung des Gesetzentwurfs zum Bsp dann vorliegen, wenn der Unterhaltsgläubiger den Verpflichteten bei dessen ArbGeb anschwärzt und so den Arbeitsplatz des Unterhaltsschuldners gefährdet (vgl BT-Drs 10/2888, 20; aus der Rspr Hamm NJW 2007, 1144; FamRZ 2002, 242; FamRZ 1987, 946; Zweibrücken FamRZ 1980, 1010; Köln FamRZ 1995, 1580; Düsseldorf FamRZ 1997, 418; Koblenz FamRZ 1997, 418, s auch *Schnitzler* FPR 2006, 376). Keine schwerwiegende Verletzung der Vermögensinteressen bei Abhebungen vom gemeinsamen Konto, die zu einer Überziehung führen (Köln FamRZ 2009, 1855), auch nicht bei unberechtigter Verwendung einer Tankkarte (Brandenburg 12.11.2014 – 13 UF 237/13). Der Unterhaltsanspruch ist auch verwirkt, wenn der Unterhaltsgläubiger des Prozessbetrugs dringend verdächtigt ist (Koblenz FamRZ 2000, 605); Verwirkung bei versuchtem **Prozessbetrug** (Köln FamRZ 2003, 678). Mutwilligkeit ist **nicht** mit **vorsätzlichem Handeln gleichzusetzen**, es genügt wie in Nr 4 eine unterhaltsbezogene Leichtfertigkeit. Die Verweigerung der Zustimmung zur steuerlichen Zusammenveranlagung muss keine Verletzung schwerwiegender Vermögensinteressen darstellen (Celle FamRZ 1994, 1324). Näheres s § 1579 Rn 23ff.

59 **f) § 1579 Nr 6** ermöglicht die Anwendung der Härteklausel, wenn der Berechtigte vor der Trennung über längere Zeit seine **Familienunterhaltspflichten gröblich verletzt** hat. Entscheidend ist die eheliche Rollenverteilung; ein Ehegatte ist zur Erwerbstätigkeit verpflichtet, wenn er von dieser Aufgabe nicht anderweitig befreit wurde (Düsseldorf NJW-Spezial 2019, 357). Diese Vorschrift entspricht im Wesentlichen der Härteklausel zum Versorgungsausgleich (§ 27 VersAusglG). Näheres s § 1579 Rn 26ff.

60 **g) § 1579 Nr 7** betrifft Fälle, in denen dem Berechtigten ein offensichtlich **schwerwiegendes**, eindeutig bei ihm liegendes **Fehlverhalten** gegen den Verpflichteten oder einen nahen Angehörigen des Verpflichteten zur Last fällt. Die Vorschrift lehnt sich eng an die höchstrichterliche Rspr an. Der BGH sah die Voraussetzungen als erfüllt an, wenn dem Unterhaltsberechtigten ein schwerwiegendes und klar bei ihm liegendes, evidentes Fehlverhalten vorzuwerfen war (FamRZ 1979, 569; st Rspr; vgl auch BGH FamRZ 1987, 356; *Gernhuber/Coester-Waltjen* § 30 Rn 95f). Wenngleich die Novellierung eine direkte Rückkehr vom Zerrüttungs- zum Verschuldensprinzip

nicht bewirken will (vgl amtl Begr BT-Drs 10/2888, 2), stabilisiert sie doch eine Rspr, die für die Feststellung der Unbilligkeitstatsachen trotz der Evidenzformel auf eine relativ umfassende Analyse und Bewertung der ehelichen Lebensgemeinschaft und der Gründe für ihr Zerbrechen nicht verzichten kann, und rückt damit von den Reformvorstellungen des 1. EheRG ab (krit *Willutzki* ZfJ 1985, 71; *Limbach* ZRP 1984, 199). Es ist zu bedauern, dass der Reformgesetzgeber die Gelegenheit ungenutzt gelassen hat, den zweifelhaften Tatbestand des § 1579 Nr 7 gänzlich zu streichen (*Kroll-Ludwigs* Bonner Rechtsjournal 2/2009, 25). Eine Regelungslücke wäre dadurch nicht entstanden: Die meisten Fälle könnten vielmehr unter das – obj zu bestimmende – Tatbestandsmerkmal der „verfestigten Lebensgemeinschaft" in § 1579 Nr 2 subsumiert werden (*Leipold* NJW 2008, 2781).

Nicht ein „schlichtes" Verlassen und die darin liegende Solidaritätsverletzung führen zum Unterhaltsverlust, 61
sondern nur ein **offensichtliches schwerwiegendes, einseitiges Fehlverhalten**, das sich gegen den Unterhaltsverpflichteten selbst oder einen nahen Angehörigen desselben gerichtet haben muss (vgl BGH FamRZ 1983, 670 mwN; 1979, 569 und 571; Köln FamRZ 2002, 1628), zB durch Tätlichkeiten und erhebliche Beleidigungen ggü dem Verpflichteten (Brandenburg NZFam 2015, 1013 m Anm *Müller*). Das Fehlverhalten muss die wesentliche Ursache für das Scheitern der Ehe gewesen sein (Brandenburg OLGRp 2009, 211). Wie schon bisher fallen unter Nr 7 insb **Verstöße gegen die ehelichen Treue- und Solidaritätspflichten** (*Dethloff* § 6 Rn 91ff). Insoweit hat der BGH (NJW 2008, 2779; s auch Hamm NJW 2011, 3379; Zweibrücken NJW-RR 2009, 371 – Aufnahme einer intimen Beziehung schon vor der Trennung; Brandenburg FF 2010, 33) zu § 1579 Nr 7 iVm § 1361 III ausdrückl klargestellt, dass auch die **Aufnahme einer nichtehelichen Lebensgemeinschaft** (enger: Oldenburg NJW 2012, 2450: neue Beziehung muss einen gewissen Grad der Verfestigung erreicht haben) nach der Scheidung als Härtegrund anzuerkennen sei. Eine in dieser Weise erfolgte Abkehr von der Ehe, die das Prinzip der Gegenseitigkeit verletze, führe dazu, dass die Inanspruchnahme eines Ehegatten auf Unterhalt grob unbillig erscheine (BGH NJW 2008, 2779). Gleiches wird auch dann angenommen, wenn sich die Ehefrau über einen längeren Zeitraum heimlich einem anderen (verheirateten) Mann zugewendet hat und dieses Verhältnis ursächlich für das Scheitern der Ehe war (AG Oranienburg NZFam 2014, 616 m Anm *Hachenberg*). Ein derartiges Verständnis des ehelichen Fehlverhaltens in § 1579 Nr 7 begegnet freilich grundlegenden Bedenken (s *Kroll-Ludwigs* Bonner Rechtsjournal 2/2009, 25; *Leipold* NJW 2008, 2781; *Wellenhofer* FamRZ 2008, 1417f; *Wellenhofer* FamRZ 1995, 905): Entgegen der Versicherung des BGH, dass vorwerfbar hier allein das widersprüchliche Verhalten des Berechtigten sei, wird mit dem Merkmal „Abkehr von der Ehe" faktisch die Herbeiführung der Trennung gegen den Willen des Partners sanktioniert. Zudem muss es 30 Jahre nach Abschaffung des Verschuldensprinzips verwundern, wenn die Begründung einer neuen nichtehelichen Lebensgemeinschaft als offensichtlich schwerwiegendes Fehlverhalten eingeschätzt wird. Der Anreiz zur Aufrechterhaltung einer zerrütteten Ehe erscheint im Hinblick auf Art 6 I und 2 I GG als zweifelhafte Konsequenz. Es geht bei der Anwendung des § 1579 in erster Linie um finanzielle, nicht um moralische Wertungen. Ein Grund zur Versagung des Unterhalts nach Nr 7 wird weiterhin aber auch dann angenommen, wenn die getrennt lebende Ehefrau der Prostitution nachgeht (Schleswig SchlHA 1977, 170, so auch Hamm FamRZ 2002, 753) oder den Ehemann von der rechtzeitigen Anfechtung der Ehelichkeit eines Kindes abhält (BGH FamRZ 1985, 51) oder ihm ein nicht von ihm stammendes Kind als sein eigenes unterschiebt (FamRZ 1991, 448 zum nachehelichen Unterhalt), nicht aber, wenn die Ehefrau abredewidrig keine empfängnisverhütenden Mittel genommen und anschließend eine Abtreibung verhindert hat (Stuttgart FamRZ 1987, 700). Ein weiterer Grund wird angenommen, wenn der Berechtigte dem Verpflichteten vorwirft, er habe die gemeinsamen Kinder sexuell missbraucht (Schleswig NJW-RR 2013, 517; Celle FamRZ 2008, 1627; Frankfurt FuR 2005, 460). Ebenso bei Verschweigen der möglichen Vaterschaft eines anderen Mannes (BGH FamRZ 2012, 779; BeckRS 2013, 06898). Bei überdurchschnittlichen Einkommensverhältnissen und bei Betreuung eines gemeinschaftl Kindes durch den Unterhalt Begehrenden besteht trotz Greifens des Verwirkungstatbestandes Nr 7 ein Anspruch auf Mindestunterhalt (vgl Schleswig FamRZ 2002, 1190; Köln FamRZ 1991, 707). Dagegen nicht, wenn der Ehegatte ein Foto mit dem neuen Partner in den sozialen Netzwerken veröffentlicht (AG Lemgo NZFam 2016, 269 m Anm *Schneider*). Näheres s § 1579 Rn 29ff.

h) § 1579 Nr 8 enthält eine **Auffangklausel**. Danach kann die Unterhaltspflicht eingeschränkt sein, wenn ein 62
anderer Grund vorliegt, der ebenso schwer wiegt wie die in Nr 1–7 aufgeführten Gründe. In solchen Fällen soll es entscheidend darauf ankommen, „ob die aus der Unterhaltspflicht erwachsenen Belastungen für den Verpflichteten **die Grenzen des Zumutbaren überschreiten**" (amtl Begr BT-Drs 10/2888, 20). Die Unzumutbarkeit hat sich aus **obj**, subj nicht notwendig vorwerfbaren Umständen zu ergeben (BGH FamRZ 1987, 1011; *Grü/v Pückler* § 1579 Rn 32 zu den einzelnen Kriterien). Ein Grund iSd Nr 8 kann uU vorliegen, wenn die Ehe zwar nicht von kurzer Dauer ist, die Ehegatten aber nur drei Monate zusammengelebt haben und erstmals nach 19 Jahren Trennungsunterhalt verlangt wird (vgl Celle FamRZ 1990, 519; s auch Köln FamRZ 1999, 93). Gleiches soll auch dann gelten, wenn die Eheleute über einen Zeitraum von insg zehn Jahren getrennt waren (Bamberg NZFam 2014, 1095). Ein Versagungsgrund kann gegeben sein, wenn sich die Ehegatten einig waren, dass aus religiösen Gründen keine Lebensgemeinschaft aufgenommen wird, BGH FamRZ 1994, 558; bestätigt durch BGH NZFam 2020, 477 m Anm *Löhnig*: Bestehen einer häuslichen Gemeinschaft nicht erforderlich. Kein Verwirkungsgrund iSd § 1579 Nr 8 liegt vor, wenn die Kindsmutter im Zustand der Schuldunfähigkeit das Kind tötet (Hamm FamRZ 1997, 1485). Ein Verwirkungsgrund iSv § 1579 Nr 8 kann auch dann gegeben sein, wenn ein Unterhaltsberechtigter die sich aus einer Unterhaltsvereinbarung ergebende Informationspflicht ggü dem Unterhaltsverpflichteten über geänderte wirtschaftl Verhältnisse verletzt (Bamberg FuR 2001, 545). Nach der Differenzmetho-

de sind Versorgungsleistungen für einen neuen Lebenspartner als fiktives Einkommen zu werten (Rn 46f; BGH FamRZ 2001, 1693; Hamm FamRZ 2002, 1627; aA Oldenburg FamRZ 2002, 287). Näheres s § 1579 Rn 37.

63 **3. Kinderbetreuung durch den Unterhaltsberechtigten.** Im Rahmen der Billigkeitsabwägung des § 1579 müssen auch die Interessen der vom Unterhaltsgläubiger betreuten Kinder gewahrt werden. Es müssen ihm jedenfalls die Mittel verbleiben, die er zur Deckung seines Mindestbedarfs benötigt. Zu der verfassungswidrigen Situation des § 1579 II aF s Erman/*Heckelmann*[11] Rn 34; zur Klarstellung durch das UÄndG 2007 s Einl § 1297 Rn 17.

64 **4. Darlegungs- und Beweislast.** Die Darlegungs- und Beweislast für das Vorliegen der Tatbestandsvoraussetzungen des § 1579 trifft allein den Unterhaltspflichtigen (BGH FamRZ 1982, 463). Berücksichtigt werden können nur konkrete Vorwürfe von einigem Gewicht. Der Unterhaltspflichtige hat die tatsächlichen Voraussetzungen für das Vorliegen eines Härtegrundes iSd Nr 8 darzulegen und zu beweisen, und zwar nicht nur für ein Eingreifen der Klausel überhaupt, sondern auch für einen dauerhaften Ausschluss des Anspruchs (vgl BGH FamRZ 1991, 670). Ein einmal verwirkter Unterhaltsanspruch lebt uU nach Wegfall des Versagungsgrundes wieder auf, wenn dies nach einer umfassenden Billigkeitsabwägung dem Verpflichteten zugemutet werden kann (vgl BGH FamRZ 1987, 689; 1986, 443); s § 1579 Rn 47.

65 **X. Unterhaltsrente, Abs IV. 1. Allgemeines.** Abs IV regelt die Art der Unterhaltsgewährung. Unterhalt ist während der Trennung durch Zahlung einer **Geldrente** zu gewähren. Die Vorschrift regelt den Rentenanspruch selbständig. In Anpassung an die veränderten wirtschaftl Verhältnisse und entspr der Regelung bei der Unterhaltspflicht unter geschiedenen Ehegatten (§ 1585 I) ist die Rente monatlich im Voraus zu zahlen (BGH FamRZ 1997, 484). Ist der Unterhaltsberechtigte mit einer Überweisung auf das Konto einverstanden, kommt es für die Rechtzeitigkeit der Leistung auf den Zeitpunkt der Auftragserteilung, nicht der Gutschrift auf dem Konto an (Karlsruhe FamRZ 2003, 1763). Die Unterhaltsrente steht dem Unterhaltsberechtigten zur freien Verfügung. Über ihre Verwendung ist er dem Unterhaltsverpflichteten keine Rechenschaft schuldig, Frankfurt NJW 1970, 1882. Abs IV S 3 entspricht § 760 III und § 1585 I 3. Anders als nach § 1585 II, § 1586 können aber Sicherheitsleistungen und Kapitalabfindung während der Trennung nicht verlangt werden. Die Ehegatten können über Art und Höhe der Unterhaltsleistung eine Regelung **vereinbaren**, die von Abs IV abweicht (BGH FamRZ 1962, 360; Hamburg FamRZ 2002, 234; vgl auch Brandenburg NJW-RR 2002, 870); zu Einzelheiten s § 1360a Rn 14. Zur Auslegung einer entspr Vereinbarung Hamm FamRZ 1999, 850. Sie können sich insb auch auf eine teilw Naturalleistung einigen: Der unterhaltspflichtige Ehemann stellt seiner Frau ein Kfz zur Verfügung (BGH FamRZ 1965, 125); er zahlt die Miete für die von der Restfamilie nach der Trennung weiter bewohnte Ehewohnung (Hamm FamRZ 1984, 790) oder überlässt der Ehefrau und den Kindern eine Wohnung in seinem Haus, die der sozialen Stellung der Unterhaltsberechtigten entspricht (BGH FamRZ 1962, 360 und 1964, 137; vgl auch Staudinger/*Voppel* Rn 288). Sind beide Ehegatten einer Alleinverdienerehe als Mitmieter Gesamtschuldner der Mietforderung für die bisherige, nach der Trennung vom Unterhaltsberechtigten allein bewohnte Ehewohnung, so kann dieser nicht die Zahlung der Miete an sich, sondern nur Freistellung von der Mietschuld ggü dem Vermieter verlangen; letzterer Antrag stellt ein „Minus" ggü dem Antrag auf Zahlung des Unterhalts (einschl des Wohnbedarfsanteils) dar (vgl Frankfurt FamRZ 1990, 49). Ggü einem Unterhaltsanspruch kann auch mit einem Anspruch auf Rückzahlung zu viel gezahlten Unterhalts aufgerechnet werden (Naumburg FamRZ 1999, 437; vgl auch Nürnberg FamRZ 2000, 880).

66 **2. Verweisungen des Abs IV S 4.** Durch Verweisungen gelten Regelungen des Familienunterhalts und des Verwandtenunterhalts für den Trennungsunterhalt entspr. Allg wird deshalb auf die Komm zu diesen Normen verwiesen. Nach **S 4** sind nur § 1360a III und IV und § 1360b sowie § 1605 entspr anzuwenden. Neben den §§ 1613–1615 gelten aber unmittelbar auch die §§ 1608, 1609, 1611. Der Unterhaltsschuldner ist insb verpflichtet, **Verfahrens-/Prozesskostenvorschuss** zu leisten (§ 1360a). Im Verfahren nach § 246 FamFG ist allerdings die alsbaldige, hinreichend zuverlässige Feststellung dieser Voraussetzungen meist nicht möglich. Die Vorschusspflicht in Rechtsstreitigkeiten, die eine persönliche Angelegenheit eines Ehegatten betreffen, sowie im Strafverfahren, besteht auch während der Trennung. Auch gilt hier die Auslegungsregel des § 1360b: Für überobligationsmäßige Leistungen gilt die **Vermutung des fehlenden Rückforderungswillens**. Aus §§ 1605, 1580 entsteht ein wichtiger **Auskunftsanspruch**. Zu dessen Umfang vgl BGH NZFam 2021, 609 Rn 14: Aufnahme von Kunstgegenständen; München NZFam 2016, 127 m Anm *Schuldei* (zur Nichtanwendbarkeit der Sperrfrist gem § 1580 S 2, § 1605 II); BGH FamRZ 2011, 21; FamRZ 1982, 680 und 996; Köln FamRZ 2003, 235; Bamberg FamRZ 1986, 492; Hamm FamRZ 1979, 1012; *van Els* FamRZ 1995, 650. Die getrenntlebenden Ehegatten sind danach wie die geschiedenen nach § 1580 zur Auskunft über Einkünfte und Vermögen in einer Weise verpflichtet, wie sie zur Feststellung des Unterhaltsanspruchs erforderlich ist (BGH FamRZ 2011, 21). Dabei muss der Auskunftspflichtige auf Verlangen im Rahmen seiner Auskunftspflicht Belege über die Höhe seines Einkommens vorlegen (Jena FuR 2016, 120); aus dem Auskunftsanspruch folgt ein Akteneinsichtsrecht (Frankfurt FamRZ 2018, 608 mwN). Der Anspruch besteht nur dann, wenn der Unterhaltsanspruch nicht bereits aus den Einkünften erfüllt werden kann (Stuttgart FamRZ 2019, 302). Steuererstattungen werden nur dann erfasst, soweit diese dem Auskunftsberechtigten nicht bekannt sind (München NJW-Spezial 2018, 613). Voraussetzung ist des Weiteren, dass ohne die Auskunftserteilung der Unterhaltsanspruch nicht bemessen werden kann (BGH FamRZ 2007, 1534). Ausreichend hierfür ist, dass der Unterhaltsberechtigte in einem Schreiben deutlich macht, dass er die Auskunft braucht, um seinen Unterhaltsanspruch zu beziffern (AG Ulm 15.4.2015 – 6 F 1402/13; Grü/*v Pückler* § 1613 Rn 3). Die zweijährige Sperrfrist des § 1580 S 2 ist unbeachtlich, da die Ansprüche nicht identisch sind (München NZFam

2016, 127 m Anm *Schuldei*). Ebensowenig wie aus § 1605 I lässt sich über § 1361 ein Auskunftsverlangen über Alters- und Vorsorgeaufwendungen sowie Kinderbetreuungskosten herleiten (München NJW-Spezial 2018, 613). Vereinbaren die Parteien in einem notariellen Ehe- und Scheidungsfolgenvertrag in Kenntnis ihrer gegenwärtigen Einkommensverhältnisse, keine Ansprüche auf Zahlung eines laufenden Unterhalts geltend zu machen, ist ein auf Auskunft über die Einkünfte gerichtetes Begehren dann unbegründet, wenn keine maßgebliche Veränderung der beiderseitigen Verhältnisse vorgetragen wird (Köln FamRZ 2000, 609). Es besteht allerdings keine Verpflichtung zur Auskunft über Bemühungen, eine Arbeitsstelle zu finden (Düsseldorf FamRZ 1997, 361). Nicht geschuldet ist auch die Vorlage von Belegen oder die eidesstattliche Versicherung, dass die Angaben richtig und vollständig sind (BGH FamRZ 2011, 21). **Unterhalt für die Vergangenheit** kann ab dem Tag des Zugangs des Auskunftsanspruchs verlangt werden.

Länger als ein Jahr zurückliegende Ansprüche auf Unterhalt können **verwirkt** sein, wenn die Ansprüche – nach Ablehnung von Verfahrenskostenhilfe – länger als ein Jahr nicht weiterverfolgt werden (Hamm OLGRp 2004, 20). Der gem § 1613 I bei Unterhalt für die Vergangenheit erforderliche Verzug ist für die Vergangenheit nur unter den Voraussetzungen eines Erlassvertrags oder der Verwirkung zu beseitigen; wird für die Zukunft eine erneute, konkrete Zahlungsaufforderung ausgesprochen, ist für die Frage, hinsichtl welcher Beträge für die Zukunft Verzug eintritt, auf die zuletzt angemahnten Beträge abzustellen; dh eine erneute, eingeschränkte Mahnung oder Klagerücknahme führt somit zur teilw Beseitigung der Verzugswirkungen für die Zukunft (vgl Hamm FamRZ 1990, 520; 1989, 1303). Die verzugsbegründende Wirkung der Unterhaltsforderung dauert grds so lange, wie die anspruchsbegründenden Verhältnisse fortbestehen; ändern sich diese, kann der Berechtigte gehalten sein, die Unterhaltsforderung zu wiederholen, um keinen Vertrauensschutz dahingehend zu begründen, dass der Verpflichtete keinen Unterhalt mehr leisten müsse (vgl Bamberg FamRZ 1990, 1235). Eine Zahlungsaufforderung oder Mahnung durch einen Bevollmächtigten kann in entspr Anwendung des § 174 S 1 zurückgewiesen werden, und zwar auch dann, wenn gleichzeitig materiellrechtl Arg vorgebracht werden (vgl Bamberg FamRZ 1990, 1235). Die bloße Erklärung des Verpflichteten, keinen Unterhalt zahlen zu können, führt dann zumindest noch nicht zum Verzug, wenn die Parteien sich über die Höhe des geschuldeten Unterhalts im Unklaren sind (vgl Hamburg FamRZ 1989, 394). Der Unterhaltsschuldner kommt durch eine Mahnung ab deren Zugang in Verzug, und zwar auch dann, wenn ähnl der Stufenklage Auskunft über die wirtschaftl Verhältnisse sowie den sich daraus ergebenden Unterhalt verlangt wird (vgl BGH FamRZ 1990, 283). 67

Die Vorschriften sind **zwingend**, insb ist das Zukunftsverzichtsverbot gem Abs IV S 2, 4 iVm § 1360a III, § 1614 I zu beachten, wonach ein entspr Verzicht iVm § 134 wirkungslos ist (BGH NZFam 2015, 1152 m Anm *Zensus*; NZFam 2014, 450 m Anm *Braeuer*); das gilt auch dann, wenn er wegen einer Gegenleistung vereinbart wird (RG JW 1905, 682), aber nur für die Dauer der Ehe; für die Zeit nach der Scheidung ist ein Verzicht möglich, § 1585c. Dabei wird der Begriff des Verzichts weit gefasst. Es genügt jede obj Kürzung des gesetzl zustehenden Trennungsunterhalts (BGH NJW 1985, 64, 66). Auch ein **pactum de non petendo** ist unzulässig (BGH NZFam 2014, 450, 456; bestätigt durch BGH DNotZ 2016, 59; Düsseldorf 5.12.2014 – II-3 UF 141/14). Die Vorschriften sind auf einen Vollstreckungsverzicht, der i Erg wie ein Verzicht auf den materiellen Anspruch selbst wirkt, entspr anwendbar (Zweibrücken NJW-RR 2009, 4). Ein unzulässiger **Verzicht** liegt aber dann nicht vor, wenn die Verkürzung des rechnerisch sich ergebenden Unterhalts unter 30 % liegt (so Düsseldorf FamRZ 2001, 1148, das Unzulässigkeit des Verzichts bei Unterschreitung um 20 % verneint; vgl auch Hamm NJW-FER 2000, 227; zum Ganzen auch *Born* NJW 2014, 1484, 1487 mwN; *Spangenberg* FF 2016, 152). 68

Innerhalb der Grenzen von §§ 134, 138 können **Vereinbarungen zum Trennungsunterhalt** zulässig sein (s im Einz § 1360a Rn 14). 69

Der Unterhaltsanspruch **erlischt** (§ 1361 IV, § 1360a III, § 1615) in **vier Fällen**: Bei (1) Rechtskraft der Scheidung (Nichtidentität von Trennungsunterhalt und nachehelichem Unterhalt = BGH FamRZ 1982, 782); (2) Versöhnung der Eheleute (Hamm FamRZ 1999, 30); (3) Tod des Unterhaltsberechtigten oder des Unterhaltsverpflichteten; (4) grober Unbilligkeit (§ 1361 III iVm 1579). 70

XI. Gerichtliche Geltendmachung des Unterhalts. Im Normalfall ist Antrag auf Zahlung von Unterhalt vor dem **FamG** zu erheben, § 23a I Nr 1, § 23b I GVG, § 111 Nr 8 FamFG. Gem § 243 FamFG entscheidet das Gericht in Unterhaltssachen nach billigem Ermessen über die Verteilung der Kosten des Verfahrens auf die Beteiligten (MüKo/*Weber-Monecke* Rn 77). In dringenden Fällen ist eine **einstw Anordnung** möglich (§ 49ff FamFG). Dabei müssen folgende Voraussetzungen erfüllt sein (s MüKo/*Weber-Monecke* Rn 80): Der begründete Antrag (§ 51 I FamFG) sowie die Geltendmachung des zugrundeliegenden materiellrechtl Anspruchs. Soll die Verpflichtung zur Zahlung von Unterhalt oder eines Kostenvorschusses für ein gerichtliches Verfahren gem § 246 FamFG angeordnet werden, erfolgt nicht nur eine vorläufige Sicherung oder Regelung eines Zustands; vielmehr wird eine Zahlungspflicht begründet, ohne dass ein dringendes Bedürfnis für ein sofortiges Tätigwerden des FamG notwendig wäre (MüKo/*Weber-Monecke* Rn 80). Zu weiteren Einzelheiten der einstw Anordnung s §§ 50–57 FamFG. 71

Die Rechtskraft eines Scheidungsbeschlusses setzt die einstw Anordnung nicht ohne weiteres außer Kraft; vielmehr ist hier § 56 FamFG zu beachten (MüKo/*Weber-Monecke* Rn 80). Umgekehrt steht die Regelung des Trennungsunterhalts durch einstw Anordnung einem späteren Unterhaltsverfahren nicht entgegen, da sie das Unterhaltsverhältnis der Parteien nicht abschließend regelt (Karlsruhe FamRZ 2009, 1840). Ein negativer Feststellungsantrag des Unterhaltspflichtigen (und ein Leistungsantrag des Gläubigers) bleibt zulässig (BGH NJW 72

2000, 740; Karlsruhe FamRZ 2009, 1840). Dies gilt auch bei Abschluss eines Vergleichs, dem keine weitergehende Wirkung zugemessen werden kann als die einstw Anordnung selbst gehabt hätte (Karlsruhe FamRZ 2009, 1840). Bis zur rechtskräftigen Entscheidung des Unterhaltsstreits hat der erwerbstätige Ehegatte idR dem nicht erwerbstätigen Partner die für den Lebensbedarf unbedingt erforderlichen Mittel zur Verfügung zu stellen, daher grds keine einstw Einstellung der Zwangsvollstreckung nach § 707 I, § 719 I ZPO (KG FamRZ 1978, 413). Für die Vollziehung einer auf wiederkehrende Leistungen gerichteten einstw Anordnung ist es notwendig, dass der Antragsteller innerhalb eines Monats ab Fälligkeit mit der Vollstreckung beginnt, für die Folgemonate gilt dann § 850d III ZPO (Vorratspfändung; vgl Hamm FamRZ 1991, 583).

§ 1361a Verteilung der Haushaltsgegenstände bei Getrenntleben

(1) Leben die Ehegatten getrennt, so kann jeder von ihnen die ihm gehörenden Haushaltsgegenstände von dem anderen Ehegatten herausverlangen. Er ist jedoch verpflichtet, sie dem anderen Ehegatten zum Gebrauch zu überlassen, soweit dieser sie zur Führung eines abgesonderten Haushalts benötigt und die Überlassung nach den Umständen des Falles der Billigkeit entspricht.

(2) Haushaltsgegenstände, die den Ehegatten gemeinsam gehören, werden zwischen ihnen nach den Grundsätzen der Billigkeit verteilt.

(3) Können sich die Ehegatten nicht einigen, so entscheidet das zuständige Gericht. Dieses kann eine angemessene Vergütung für die Benutzung der Haushaltsgegenstände festsetzen.

(4) Die Eigentumsverhältnisse bleiben unberührt, sofern die Ehegatten nichts anderes vereinbaren.

Schrifttum: *Brudermüller*, Regelungen der Nutzungs- und Rechtsverhältnisse an Ehewohnung und Hausrat, FamRZ 2006, 1157; *Erbarth*, Verliert die Ehewohnung ihren Charakter als eine solche mit Rechtskraft der Endentscheidung in der Scheidungssache? – Zugleich Erwiderung auf *Götz* NZFam 2017, 433, NZFam 2017, 550; *Erbarth*, Grundsätze des Verfahrens in Ehewohnungs- und Haushaltssachen, NZFam 2014, 515; *Giers*, Vollstreckung in Ehewohnungs- und Haushaltssachen nach dem FamFG, FPR 2010, 564; *Holzwarth*, Die Verteilung der Haushaltsgegenstände bei Getrenntleben, FPR 2010, 559; *Jacobs*, Das Ende der Hausratsteilung – Das neue sachenrechtliche Regime des § 1578b BGB, NJW 2012, 3601; *Kath-Zurhorst*, Diesmal ganz bissig: die schwangere Babsi und die „Pille danach", FF 2014, 293; *Kleinwegener*, Fahren oder laufen – der Pkw im Familienrecht, FF 2018, 64; *Maier*, Über Wohnwert und Nutzungen im Unterhaltsrecht, FamRZ 2016, 426; *Müller*, Die Verteilung des PKW, NZFam 2014, 490; *Neumann*, Begriff der Haushaltsgegenstände, NZFam 2014, 481; *Schulz*, Die vorläufige Verteilung von Haushaltsgegenständen nach § 1361a BGB, NZFam 2014, 483; *Weinreich*, Die Voraussetzungen der endgültigen Verteilung der Haushaltsgegenstände nach § 1568b BGB, NZFam 2014, 486; *Wever*, Die Entwicklung der Rspr zur Vermögensauseinandersetzung außerhalb des Güterrechts, FamRZ 2018, 649; *Wever*, Vermögensauseinandersetzung der Ehegatten außerhalb des Güterrechts, 8. Aufl 2023.

1 **I. Normzweck; Begriff der Haushaltsgegenstände.** § 1361a bietet den getrenntlebenden Ehegatten die Möglichkeit, eine **vorläufige Verteilung von Hausrat und Nutzungsrechten vorzunehmen**, bis nach der Rechtskraft der Entscheidung eine endgültige Regelung nach § 1568b erfolgt. Die Zuweisung kann sich auf einzelne Haushaltsgegenstände beziehen, ein Vortrag über den gesamten Hausrat (Grü/*Götz* § 1568b Rn 3) ist nicht notwendig (Brandenburg FamRZ 2000, 1102). Die Zuweisung erfolgt nur zur Gebrauchsüberlassung, in Eigentumsrechte – auch in Rechte von Dritten – wird nicht eingegriffen (Abs IV). UU kann nach Abs III eine Nutzungsentschädigung verlangt werden, die aber von der Ausgleichszahlung nach § 1568b III streng zu unterscheiden ist (zum Unterschied zur Nutzungsentschädigung gem § 286 I vgl Koblenz NJW 2016, 2892). Voraussetzung ist eine vorausgehende Geltendmachung eines Anspruchs auf gerichtliche Zuweisung und eine vorhergehende Zahlungsaufforderung (Frankfurt NJW-RR 2018, 1284; Düsseldorf FamRZ 2016, 1087).

2 Unter **Haushaltsgegenständen** versteht man – wie in §§ 1369, 1568b und 1932 – alle beweglichen Gegenstände, die nach den Vermögens- und Lebensverhältnissen der Ehegatten und ihrer Kinder der gemeinsamen Lebensführung dienen, indem sie üblicherweise für die Wohnung und die Hauswirtschaft bestimmt sind (BGH NJW 1984, 575). Die Anschaffungszeitpunkte und die -motive spielen dabei ebenso wenig eine Rolle (Düsseldorf FamRZ 1986, 1132), wie der Umstand, ob sich die Gegenstände noch in der Ehewohnung befinden (Naumburg NJW-RR 2009, 726). Unerheblich ist auch ihr Wert (BGH NJW 1984, 1758). **Als Hausrat gelten nicht Gegenstände**, die nicht während der Ehezeit oder davor für die gemeinsame Lebensführung innerhalb der Ehe angeschafft wurden (Brandenburg FamRZ 2003, 532 – reine Kapitalanlage).

3 **Zu den Haushaltsgegenständen gehören**: Gesamte Wohnungseinrichtung, Lampen, Bilder, Wandschmuck, Gardinen, Vorhänge, Geschirr, Wäsche, Radio, Fernsehgerät, Video- und DVD-Spieler, Teppiche, Küchenmöbel sowie Küchengeräte (Herd, Kühlschrank etc), Nähmaschinen, Tonträger, Filme, Bücher sowie (Garten-)Möbel, allerdings nicht das gepachtete Gartenhaus in einer Kleingartenanlage (Hamm NJW-RR 2009, 440). Zu den Haushaltsgegenständen gehören auch solche, die nicht unbedingt zur Wohnungseinrichtung erforderlich sind, zB ein Klavier (Düsseldorf MDR 1980, 850) oder Kunstgegenstände von hohem Wert, wenn sie ihrer Art nach als Haushaltsgegenstände geeignet sind und nach dem Lebenszuschnitt der Ehegatten als solche dienen, also nicht lediglich Kapitalanlage sind (BGH FamRZ 1984, 545; Brandenburg FamRZ 2003, 532). Auch **Haustiere** zählen, obwohl sie keine Sachen sind, zu den Haushaltsgegenständen; die Vorschrift gilt dann analog (Stuttgart NZFam 2019, 540; Nürnberg NJW-RR 2017, 387; Hamm NJW-RR 2011, 583; Celle FamRZ 2009, 1911; Bamberg FamRZ 2004, 559; Naumburg FamRZ 2001, 481; Schleswig NJW 1998, 3127; Zweibrücken FamRZ 1998, 1432). Dies gilt nur dann nicht, wenn sie nicht als „lebender Vorrat" gehalten werden, sondern mit ihnen eine

Gewinnerzielungsabsicht verfolgt wird (Naumburg FamRZ 2001, 481 im Falle von Pferden). Bei der Zuweisung eines Haustieres können allerdings nicht die ansonsten üblichen Faktoren, wie zB die Erforderlichkeit des Hausratsgegenstandes für die eigene Haushaltsführung, angewendet werden; vielmehr ist der Schutz des Tieres als Zuweisungsobjekt zu beachten (Oldenburg FamRZ 2019, 784; Staudinger/*Voppel* Rn 14). Ein Umgangsrecht mit dem fraglichen Tier beinhaltet die Vorschrift nicht (Hamm NJW-RR 2011, 583; FamFR 2011, 20 m Anm *Hoppenz*). Wann ein **Pkw** zum Hausrat gehören soll, wird insb in Fällen, in denen sowohl berufliche als auch private Zwecke verfolgt werden, unterschiedlich beantwortet (vgl zum Überblick etwa *Müller* NZFam 2014, 490): Nach Ansicht des BGH soll dies nur dann der Fall sein, wenn der Pkw von den Eheleuten gemeinschaftl für private Zwecke genutzt wird (FamRZ 1992, 538), nach aA kommt es darauf an, dass der Pkw überwiegend für familiäre Zwecke genutzt wird (Koblenz FamRB 2006, 102; Köln NJW-RR 2010, 150; MüKo/*Weber-Monecke* Rn 6; BeckOK/*Neumann* Rn 3). Nach einer sich im Vordringen befindlichen Ansicht kommt es auf die konkrete Zweckbestimmung an; dabei soll es ausreichen, wenn der Pkw auch zu privaten Zwecken genutzt wird (vgl Frankfurt NJW-RR 2018, 1284; Koblenz NJW 2016, 2892; Frankfurt NJW 2015, 2346; Düsseldorf NJW 2007, 1001; KG FamRZ 2003, 1927). Dies erscheint vor dem Hintergrund überzeugend, dass der – oft einzige – Pkw in der Familie häufig angeschafft wird, um sowohl berufliche als auch private Fahrten zu tätigen (Frankfurt NJW 2015, 2346). Wird der Pkw erst nach der Trennung angeschafft, ist er kein Haushaltsgegenstand (Naumburg NJW-Spezial 2009, 598). Zur Frage des Alleineigentums an einem Pkw Bremen FamRZ 1997, 943; München MDR 1997, 1032. **Wohnwagen** und **Wohnmobil** werden regelmäßig Haushaltsgegenstände sein, die von der Familie zur gemeinsamen Lebensführung genutzt werden (Koblenz FamRZ NJW-RR 1994, 516; Düsseldorf FamRZ 1992, 60). Dies kann auch für eine entspr genutzte Segelyacht gelten (LG Ravensburg FamRZ 1995, 1585).

Einbaumöbel und **Einbauküchen** gelten dann nicht als Haushaltsgegenstände, wenn sie iSd § 94 II wesentlicher 4
Bestandteil des Gebäudes und deshalb keine beweglichen Sachen mehr sind (Zweibrücken FamRZ 1993, 82). Bei **Miteigentum** an fest installierten Haushaltsgegenständen (zB Waschmaschine im Keller) kann das Gericht von einer Zuweisung an einen Ehegatten absehen, wenn alternierende Benutzung (gerade und ungerade Tage) Streit vermeidet (vgl Hamburg FamRZ 1980, 250). Haushaltsgegenstände sind auch dann verteilungsfähig, wenn die Ehegatten an ihnen kein Eigentum, sondern nur Mitbesitz haben (vgl Hamm FamRZ 1990, 531).

Zu den Haushaltsgegenständen zählen auch **Ansprüche**, die sich darauf beziehen, zB Nutzungsrechte, Heraus- 5
gabeansprüche gegen Dritte, Ersatzansprüche gegen Dritte, Schadensersatzansprüche (dazu Grü/*Götz* Rn 8 mwN).

Nicht als Haushaltsgegenstände gelten solche, die ausschließlich dem persönlichen Gebrauch oder **beruflichen** 6
Zwecken eines oder beider Ehegatten dienen (Grü/*Götz* Rn 9). Keine Haushaltsgegenstände sind solche Sachen, die allein der **Liebhaberei** oder dem **Hobby** nur eines Ehegatten dienen, Briefmarken- (Hamm FamRZ 1980, 683; 1993, 211) oder Münzsammlung (Düsseldorf FamRZ 1986, 1134). Entscheidend ist die Zwecknutzung, nicht das Eigentumsverhältnis.

II. Voraussetzungen für Zuweisung. Die Ehegatten müssen getrennt leben, eine bloße Trennungsabsicht ge- 7
nügt nicht. Zum Begriff des Getrenntlebens s § 1361 Rn 5.

§ 1361a regelt die Ansprüche (1) auf **Herausgabe** der im Alleineigentum stehenden Gegenstände, (2) auf **Über-** 8
lassung von Haushaltsgegenständen, die im Alleineigentum des anderen stehen sowie (3) die **vorläufige Verteilung** des im gemeinsamen Eigentum stehenden Hausrats.

1. Eigene Haushaltsgegenstände eines Ehegatten. Nach Abs I S 1 kann grds jeder Ehegatte die Haushalts- 9
gegenstände herausverlangen, die in seinem **Alleineigentum** stehen (BGH FamRZ 1984, 557). Ein Streit über die Eigentumslage schließt den Anspruch nicht aus (Grü/*Götz* Rn 12). Zuständig ist das FamG (§ 200 I Nr 1 FamFG). Die Vorschrift ist lex specialis zu § 985, da der Herausgabeanspruch durch eine Billigkeitsregelung eingeschränkt ist (BeckOGK/*Erbarth*, Stand 1.11.2022 Rn 79). Unanwendbar sind ebenfalls die Vorschriften zum Eigentümer-Besitzer-Verhältnis gem §§ 986ff (BGH FamRZ 1982, 1200; 1984, 575).

2. Haushaltsgegenstände im Alleineigentum des anderen Ehegatten. Gem Abs I S 2 kann der andere Ehe- 10
gatte aber Gebrauchsüberlassung derjenigen Gegenstände, die im Alleineigentum des anderen stehen, nach **Billigkeitsgesichtspunkten** verlangen. Dies ist dann der Fall, wenn der andere die Gegenstände zur Führung eines abgesonderten Haushalts benötigt (dann liegt keine verbotene Eigenmacht vor, Nürnberg FamRZ 2006, 486). Das Kriterium der **Billigkeit** ist in Anlehnung an § 1361 zu interpretieren. Dort spielt die Billigkeit nur noch im Rahmen der negativen Härteklausel eine Rolle (§ 1361 III iVm § 1579), wonach lediglich grobe Unbilligkeit im dort verstandenen Sinne die Überlassung ausschließen kann (vgl *Gernhuber/Coester-Waltjen* § 23 IV Rn 43ff). Mitbenutzung durch einen Dritten, mit dem der andere zusammenlebt, führt nicht ohne weiteres zur Unbilligkeit der Gebrauchsüberlassung; nicht gerechtfertigt ist aber ein Bedarf, der erst durch das Zusammenleben mit einem Dritten entsteht (vgl MüKo/*Weber-Monecke* Rn 12). Von **besonderer Bedeutung** ist regelmäßig, wer die **Kinder** bei sich hat (KG FamRZ 2003, 1927 m zust Anm *Wever*). IÜ ist zu berücksichtigen, wer die einzelnen Sachen bisher überwiegend benutzt und in Zukunft nötiger hat (Staudinger/*Voppel* Rn 26). Bei Tieren kann auch ein Affektionsinteresse, also der „Liebhaberwert“, eine Rolle spielen (Nürnberg NJW-RR 2017, 387).

Ein **abgesonderter Haushalt** besteht dann, wenn der Ehegatte entweder allein in der früheren Ehewohnung 11
oder in einer eigenen Wohnung lebt und einen eigenständigen Haushalt begründet. Ob der Hausrat iSd Norm **benötigt** wird, richtet sich nach den ehelichen Lebensverhältnissen sowie den jew Erwerbs- und Vermögenslagen sowie den Bedürfnissen minderjähriger Kinder. Ergeben sich keine überwiegenden Billigkeitsgründe zugunsten

des einen oder anderen Teils, so steht dem jew Eigentümer das Vorrecht zu. Der Anspruch auf Gebrauchsüberlassung lässt die Eigentumsverhältnisse unberührt. Der berechtigte Ehegatte hat die Sache indessen pfleglich zu behandeln, auf § 1359 kann er sich nicht mehr berufen. Nicht billig und zumutbar ist die Überlassung, wenn die Besorgnis gerechtfertigt ist, dass der andere Ehegatte die Sachen ordnungswidrig gebrauchen oder gar unbefugt darüber verfügen werde. Der Ehegatte, der nach Billigkeit **Haushaltsgegenstände** benutzen will, die ihm nicht gehören, muss nicht nur darlegen, dass der andere Ehegatte diese Gegenstände zur selbständigen Führung eines Haushalts nicht benötigt, sondern auch, dass für seinen eigenen Haushalt diese Gegenstände unentbehrlich sind. Er kann sich dagegen nicht darauf berufen, dass die Gegenstände zur Erhaltung der bisherigen gemeinsamen Wohnung nötig sind (Frankfurt MDR 1960, 682).

12 **3. Haushaltsgegenstände im Miteigentum beider Ehegatten.** Steht der **Hausrat im Miteigentum** beider Ehegatten, so wird er gem Abs II nach **Billigkeitsgrundsätzen** zur vorläufigen Nutzung einem Ehegatten zugewiesen (für einen Überblick zu den Auswirkungen der Eigentumsverhältnisse auf die Zuweisung von Hausratsgegenständen s Naumburg FuR 2019, 92). § 1568b II gilt entspr (Grü/*Götz* Rn 16). Maßgebend sind alle Umstände des Einzelfalls, ebenso wie in den Fällen des § 1361 auch die Vermögens- und Erwerbsverhältnisse. Die Gründe, die zur Trennung der Ehegatten geführt haben, können grds nicht mehr herangezogen werden. In § 1361a ist die Anknüpfung an die Trennungsgründe und das Trennungsverschulden aufgegeben. Es geht es insb um das **Kindeswohl** und die **wirtschaftlichen Verhältnisse** der Ehegatten. Entscheidend ist, wer den fraglichen Gegenstand dringender benötigt (Köln NJW-RR 2010, 150). Es kommt auf eine sinnvolle Teilhabe der getrenntlebenden Eheleute an den zur Disposition stehenden „Haushaltsgegenständen" und iÜ auch an Tieren an (Stuttgart NJW-RR 2014, 1101: Zuweisung einer Hündin). Haben beide bestimmte Gegenstände nötig, so ist es meist billig, dass derjenige sie erhält, dem es schwerer als dem anderen fällt, gleichartige Sachen neu anzuschaffen (Naumburg FamRZ 2007, 1169).

13 **4. Nutzungsvergütung.** Nach Abs III S 2 kann das Gericht in den Fällen des Abs I S 2 und des Abs II eine Verpflichtung festlegen, **Nutzungsvergütung** zu bezahlen. Auch die Höhe der Vergütung richtet sich nach Billigkeitsgesichtspunkten. Es ist auf den Mietwert der Sache, ihren Verkehrswert zum Zeitpunkt der Entscheidung (München FamRZ 1998, 1230) und auf die Einkommens- und Vermögenslage der Eheleute abzustellen. Abs III S 2 stützt aber nur Nutzungsentschädigungen, die für die Zukunft festgesetzt werden. Für zurückliegende Zeiten ist der Weg des Zivilprozesses zu beschreiten (vgl Köln FamRZ 1980, 249). Die Geltendmachung des Anspruchs setzt eine vorhergehende Zahlungsaufforderung voraus; zudem muss zuvor ein Anspruch auf gerichtliche Zuweisung, zB eines Pkw, erhoben werden (Frankfurt NJW-RR 2018, 1284; Düsseldorf FamRZ 2016, 1087).

14 **5. Transportkosten.** Etwaige **Transportkosten** hat grds der Empfänger zu tragen, dgl erforderliche Ausbesserungskosten; uU hat aber der andere Teil besonders hohe Aufwendungen hierfür neben der Rente zu erstatten (Staudinger/*Voppel* Rn 36). Durch die Überlassung wird zw den Ehegatten ein leihe- oder mietähnl familienrechtl Verhältnis begründet (vgl *Dethloff* § 4 Rn 118; aA *Gernhuber/Coester-Waltjen* § 23 IV Rn 43; Frankfurt FamRZ 2004, 1105).

15 **III. Gerichtliches Verfahren, Abs III.** Können sich die Ehegatten über die Hausratsverteilung nicht einigen, ist das FamG zuständig (§ 23a I Nr 1, § 23b I GVG, § 111 Nr 5 FamFG), wenn dies durch einen Ehegatten entspr beantragt wurde (§ 203 FamFG). Das Verfahren richtet sich nach §§ 200ff FamFG, s insb § 206 FamFG für Auflagen ggü den Ehegatten (Abs I) und zur Präklusionswirkung (Abs II). Die Trennung der Ehegatten ist grds kein endgültiger Zustand. Entscheidungen nach § 1361a verlieren daher ihre Wirkung, sobald sich die Ehegatten wieder versöhnen oder eine rechtskräftige Scheidung vorliegt (Brandenburg NJW-FER 2000, 172). Es kommt auch nur eine **einstw Regelung der Benutzung** in Betracht (§§ 49ff FamFG). Haben sich die Ehegatten anlässlich der Trennung über die Hausratsverteilung geeinigt, stellt dieses Einverständnis im Zweifel auch nur eine Benutzungsregelung dar (Köln FamRZ 2002, 322). Eine Eigentumszuteilung kann das Gericht bei seiner Entscheidung nicht anordnen. Es bleibt aber den Ehegatten selbst unbenommen, eine solche zu vereinbaren, ggf auch durch gerichtlichen Vergleich. Wenn das aber nicht eindeutig vereinbart ist, spricht die Vermutung dafür, dass die Eigentumsverhältnisse unberührt bleiben sollen und nur die einstw Benutzung während der Dauer der Trennung geregelt ist (Abs IV). Ein so erworbener Besitz begründet also nicht die Eigentumsvermutung nach § 1006 (Staudinger/*Voppel* Rn 53). Für die Klage auf Herausgabe anderer Sachen als des Hausrats, also für Gegenstände des persönlichen Bedarfs, gelten die Vorschriften der ZPO (§ 113 FamFG). So ist der nach der Trennung auf § 985 gestützte Antrag auf Herausgabe eines Pkw als Familienstreitsache nach den ZPO-Vorschriften zu behandeln, während der Antrag des anderen Ehegatten auf Zuweisung des Pkw für die Zeit des Getrenntlebens den speziellen Vorschriften der §§ 200ff FamFG unterliegt (Frankfurt NJW 2015, 2346; MüKo/*Weber-Monecke* Rn 18). Eine Verbindung beider Verfahren ist ausgeschlossen, weshalb in der Lit de lege ferenda teilw für eine Erweiterung des Anwendungsbereichs der Vorschrift plädiert wird (*Schulz* NZFam 2014, 483, 486).

16 Die **Vermutung des § 1568b II**, wonach Haushaltsgegenstände, die während der Ehe für den gemeinsamen Haushalt angeschafft wurden, für die Verteilung als gemeinsames Eigentum anzusehen sind, solange nicht das Alleineigentum eines Ehegatten feststeht, gilt, obwohl eine besondere Vorschrift fehlt, entspr auch für das Hausratsverteilungsverfahren nach § 1361a (Grü/*Götz* Rn 16).

§ 1361b Ehewohnung bei Getrenntleben

(1) Leben die Ehegatten voneinander getrennt oder will einer von ihnen getrennt leben, so kann ein Ehegatte verlangen, dass ihm der andere die Ehewohnung oder einen Teil zur alleinigen Benutzung überlässt, soweit dies auch unter Berücksichtigung der Belange des anderen Ehegatten notwendig ist, um eine unbillige Härte zu vermeiden. Eine unbillige Härte kann auch dann gegeben sein, wenn das Wohl von im Haushalt lebenden Kindern beeinträchtigt ist. Steht einem Ehegatten allein oder gemeinsam mit einem Dritten das Eigentum, das Erbbaurecht oder der Nießbrauch an dem Grundstück zu, auf dem sich die Ehewohnung befindet, so ist dies besonders zu berücksichtigen; Entsprechendes gilt für das Wohnungseigentum, das Dauerwohnrecht und das dingliche Wohnrecht.

(2) Hat der Ehegatte, gegen den sich der Antrag richtet, den anderen Ehegatten widerrechtlich und vorsätzlich am Körper, an der Gesundheit, der Freiheit oder der sexuellen Selbstbestimmung verletzt oder mit einer solchen Verletzung oder der Verletzung des Lebens widerrechtlich gedroht, ist in der Regel die gesamte Wohnung zur alleinigen Benutzung zu überlassen. Der Anspruch auf Wohnungsüberlassung ist nur dann ausgeschlossen, wenn keine weiteren Verletzungen und widerrechtlichen Drohungen zu besorgen sind, es sei denn, dass dem verletzten Ehegatten das weitere Zusammenleben mit dem anderen wegen der Schwere der Tat nicht zuzumuten ist.

(3) Wurde einem Ehegatten die Ehewohnung ganz oder zum Teil überlassen, so hat der andere alles zu unterlassen, was geeignet ist, die Ausübung dieses Nutzungsrechts zu erschweren oder zu vereiteln. Er kann von dem nutzungsberechtigten Ehegatten eine Vergütung für die Nutzung verlangen, soweit dies der Billigkeit entspricht.

(4) Ist nach der Trennung der Ehegatten im Sinne des § 1567 Abs. 1 ein Ehegatte aus der Ehewohnung ausgezogen und hat er binnen sechs Monaten nach seinem Auszug eine ernstliche Rückkehrabsicht dem anderen Ehegatten gegenüber nicht bekundet, so wird unwiderleglich vermutet, dass er dem in der Ehewohnung verbliebenen Ehegatten das alleinige Nutzungsrecht überlassen hat.

Schrifttum: *Brudermüller*, Regelungen der Nutzungs- und Rechtsverhältnisse an Ehewohnung und Hausrat, FamRZ 2006, 1157; *Brudermüller*, Zuweisung der Mietwohnung bei Ehegatten, FuR 2003, 433; *Büte*, Ehewohnungssachen nach neuem Recht, FPR 2010, 537; *Cirullies*, Rechtsprechungsübersicht zum Gewaltschutzrecht (2020-2021), NZFam 2022, 93; *Cirullies*, Der Gerichtsvollzieher im Gewaltschutzverfahren – Vollstreckung des Anspruchs auf Wohnungsüberlassung, DGVZ 2018, 77; *Dötsch*, Gewalt in der Familie – Opferschutz und seine Durchsetzung, NJW-Spezial 2010, 247; *Duderstadt*, Gesamtschuldnerausgleich und Unterhalt, NZFam 2021, 531; *Ehinger*, Die Ehewohnungszuweisung nach dem Gewaltschutzgesetz, FPR 2010, 567; *Elden*, Die Wohnungszuweisung nach neuem Recht, NJW-Spezial 2010, 516; *Erbarth*, Nutzungsvergütung des ausgezogenen Schwiegerkindes, NZFam 2021, 1035; *Erbarth*, Unbillige Härte iSv § 1361b I 1 BGB aufgrund einer Kindeswohlbeeinträchtigung, NZFam 2020, 423; *Erbarth*, Die Ansprüche auf Überlassung der Ehewohnung zur Alleinnutzung, NJW 2019, 1169; *Erbarth*, Zuweisung der Ehewohnung an einen Ehegatten, NZFam 2019, 324; *Erbarth*, Zuweisung der Ehewohnung an einen Ehegatten, NZFam 2009, 324; *Erbarth*, Die Ansprüche auf Überlassung der Ehewohnung zur Alleinnutzung, NJW 2019, 1169; *Erbarth*, Der Anspruch des die Ehewohnung verlassenden Ehegatten auf Entrichtung einer Benutzungsvergütung für die Zeit des Getrenntlebens, NJW 2000, 1379; *Erbarth*, Der Anspruch auf Entrichtung einer Nutzungsvergütung des die Ehewohnung „freiwillig" verlassenden Ehegatten gemäß § 1361b Abs 3 S 2 BGB, FamRZ 2005, 1713; *Finger*, Zuweisung von Ehewohnung und Hausrat bei Trennungs- und Scheidungsverfahren mit Auslandsbezug, FuR 2000, 1 und 64; *Finger*, Zuweisung der Ehewohnung, GewSchG FuR 2006, 241; *Finke*, Wohnwert – Nutzungsentschädigung. Die Nutzung des Familienheims im Unterhaltsrecht und allgemeinen Zivilrecht, FF 2007, 185; *Frauenknecht*, Häusliche Gewalt und Anspruch auf Wohnungsüberlassung, NJW-Spezial 2019, 68; *Frauenknecht*, Häusliche Gewalt und Anspruch auf Wohnungsüberlassung, NJW-Spezial 2019, 68; *Gängel*, Zum Schicksal des Hundes bei Ehescheidung und Trennung, NJ 2020, 107; *Giers*, Vollstreckung in Ehewohnungs- und Haushaltssachen nach dem FamFG, FPR 2010, 564; *Götsche*, Probleme um die Ehewohnung, FuR 2018, 503; *Götz*, Ehewohnung oder nicht Ehewohnung? – Das ist jetzt die Frage, NZFam 2027, 433; *Götz/Brudermüller*, Die gemeinsame Wohnung – Begründung, Änderung und Aufhebung der Rechtsverhältnisse, Wohnungszuweisung, Gewaltschutz, 2008; *Götz/Brudermüller*, Regelungen der Nutzungs- und Rechtsverhältnisse an Ehewohnung und Hausrat, FamRZ 2008, 1895; *Götz/Brudermüller*, Wohnungszuweisungen und Hausratsteilung, Aufhebung der HausratsVO und Neuregelung im BGB, NJW 2008, 3025; *Götz/Brudermüller*, Nutzungs- und Rechtsverhältnisse an Ehewohnung und Haushaltsgegenständen, Verfahren nach dem GewSchG, FamRZ 2011, 1840; *Heinke*, FamFG und Partnerschaftsgewalt: Gewaltschutzsachen, Ehewohnungssachen, JAmt 2009, 218; *Hesse/Queck/Lagodny*, „Hausverbot" für prügelnde Ehemänner (?), JZ 2000, 68; *Hohloch*, Wohnungszuweisung und Schutzanordnung bei Gewaltanwendung – insb Vollstreckung, FPR 2008, 430; *Horndasch*, Das Kind und die Ehewohnung, FuR 2017, 127; *Kasenbacher*, Zuweisung der Ehewohnung bei Getrenntleben und unbillige Härte, NJW-Spezial 2018, 68; *Kogel*, „Wie gewonnen, so zerronnen", FuR 2021, 285; *Kohlenberg*, Der Gegenstandswert in Verfahren betreffend die Nutzungsvergütung gem § 1361b III S 2 BGB und § 745 II BGB, FuR 2015, 71; *Kohler*, Verfügungsverbot und Mietverhältnis als Wohnrechtssicherung für getrennt lebende Ehegatten (§ 1361b BGB) und Lebenspartner (§ 14 LPartG) sowie für Gewaltschutzbedürftige (§ 2 GewSchG) – 1. Teil NZFam 2017, 777; 2. Teil NZFam 2017, 777; *Kohler*, Verfügungsverbot und Mietverhältnis als Wohnrechtssicherung für getrennt lebende Ehegatten (§ 1361b BGB) und Lebenspartner (§ 14 LPartG) sowie für Gewaltschutzbedürftige (§ 2 GewSchG) – 2. Teil, NZFam 2017, 825; *Krause*, Das Familienheim bei Trennung und Scheidung, 2007*Krumm*, Kraftfahrzeuge in der Ehe, NZV 2020, 450; *Lenz*, Schutz der Ehewohnung und Teilungsversteigerung, NJW-Spezial 2018, 452; *Lenz*, Schutz der Ehewohnung und Teilungsversteigerung, NJW-Spezial 2018, 452; *Maier*, Über Wohnwert und Nutzungen im Unterhaltsrecht, FamRZ 2016, 426; *Schneider*, Klage vor dem Zivilgericht auf Herausgabe der vormaligen Ehewohnung und anschließende Verweisung an das Familiengericht, NZFam 2020, 759; *Schneider*, Nutzungsentschädigung nach der Scheidung ist Familienstreitsache, NZFam 2018, 235; *Schramm*, Ausgleichszahlungen für Haushaltsgegenstände, NJW-Spezial 2022, 132; *Schumacher*, Mehr Schutz bei Gewalt in der Familie, FamRZ 2002, 645; *Schuschke*, Titel auf Wohnungsräumung nach neuem FamFG, NZM 2010, 137; *Splitt*, Die Vergütung für die Nutzung der Ehewohnung während des Getrenntlebens, FF 2020, 92;

Voppel, Die Entwicklung der Rechtsprechung des Rechts der Ehewohnung und Haushaltsgegenstände in den Jahren 2020 und 2021, NZFam 2022, 1018; *Weber-Monecke*, Ehewohnungssachen während der Trennung, FPR 2010, 555; *Weinreich*, Zuweisung der Ehewohnung nach Gewaltschutzgesetz und § 1361b, FuR 2007, 145; *Wever*, Mietvertrag zwischen Ehegatten als Schutzinstrument, FF 2019, 387; *Wever*, Teilungsversteigerung des Familienheims während des Getrenntlebens?, FamRZ 2019, 504; *Wever*, Die Entwicklung der Rechtsprechung zur Vermögensauseinandersetzung der Ehegatten außerhalb des Güterrechts, FamRZ 2010, 237; *Wever*, Vermögensauseinandersetzung der Ehegatten außerhalb des Güterrechts, 8. Aufl. 2023.

1 **I. Entwicklung der Vorschrift.** § 1361b ist durch das UÄndG v 20.2.1986 (BGBl I 1986, 301) in das BGB eingefügt worden, um eine durch das 1. EheRG entstandene Regelungslücke zu schließen; zum früheren Recht vgl Erman/*Heckelmann*[8] § 1361a Rn 2.

2 Durch das GewSchG v 11.12.2001 (BGBl I 2001, 3513) wurde die Norm mWv 1.1.2002 neu gefasst. Damit reagierte der Gesetzgeber insb auf die rechtspolitische Diskussion um die umstr Eingriffsschwelle der „schweren Härte" in Abs I der Altfassung. Diese Eingriffsschwelle wurde durch das Reformgesetz auf die der „unbilligen Härte" abgesenkt. Zudem wurde ein allg Anspruch auf Wohnungsüberlassung bei vorsätzlichen und widerrechtl Verletzungen von Körper, Gesundheit und Freiheit einer Person formuliert (Abs II) und über Änderungen im Verfahrens- und Vollstreckungsrecht eine einfache, schnelle und effektive gerichtliche Durchsetzung intendiert. Die Reform zielt nach österreichischem Vorbild (öBGBl 242. Stück v 30.12.1996, 5065) vor allem darauf ab, die zivilrechtl Möglichkeiten des präventiven Gewaltschutzes, die an sich bisher schon gegeben waren, deutlicher hervorzuheben und zu verbessern (vgl *Schwab* FamRZ 2002, 2; *Weinreich* FuR 2007, 145). Die Praxis zur Altregelung, die eine „schwere Härte" erfordert hatte (vgl Erman/*Heckelmann*[10] Rn 6), wurde insb angesichts einer unterschiedlichen Auslegung des Begriffs der „schweren Härte" durch die FamG allg als unbefriedigend empfunden. Durch das G zur Fortentwicklung der Strafprozessordnung und zur Änderung weiterer Vorschriften v 25.6.2021 (BGBl I 2021, 2099) wurde der Wortlaut von Abs II dahingehend geändert, dass die Wörter „der Gesundheit oder der Freiheit" durch „an der Gesundheit, der Freiheit oder der sexuellen Selbstbestimmung" ersetzt wurden.

3 **II. Inhalt.** Um die angedeuteten Schwierigkeiten und den in der bisherigen Rechtslage angelegten, im Hinblick auf Art 6 GG bedenklichen faktischen Zwang zum Scheidungsantrag (vgl Begr RegE BT-Drs 10/2888, 16) zu beseitigen, eröffnete das Gesetz in der bis zum 31.12.2001 geltenden Fassung die Möglichkeit, unter bestimmten restriktiven Voraussetzungen, nämlich zur Vermeidung einer „schweren Härte", die Ehewohnung einem Partner ganz oder zT unabhängig von einem Scheidungsverfahren zuzuweisen (Abs I), uU gegen eine zu entrichtende Ausgleichszahlung. Mit der am 1.1.2002 in Kraft getretenen Neufassung setzt die Zuteilung der Ehewohnung an einen Ehegatten nunmehr lediglich die Vermeidung einer „unbilligen Härte" (Abs I S 1) voraus. Damit soll die Eingriffsschwelle ggü der herrschenden „strengen" Richtung in der Judikatur abgesenkt werden (*Schwab* FamRZ 2002, 2). Zur **Kritik** an der bis zum 31.12.2001 geltenden Fassung vgl Erman/*Heckelmann*[9] Rn 4. Die Vorschrift geht, was die Zuweisung der Ehewohnung nach Trennung angeht, dem GewSchG vor. Das GewSchG ist aber weiterhin anwendbar bei der Abwehr von Rechtsgutsverletzungen außerhalb der Ehewohnung (Dresden FamRZ 2019, 533).

4 **III. Anwendungsbereich. 1. Wohnungszuweisung, Abs I.** § 1361b findet Anwendung, wenn die Ehegatten bereits **getrennt leben** (uU auch innerhalb der ehelichen Wohnung) oder einer von ihnen dies anstrebt. Zum Getrenntleben § 1361 Rn 5ff sowie § 1567 Rn 1ff. Die **Trennungsabsicht** reicht für die Ansprüche aus § 1361b aus (im Gegensatz zu den Ansprüchen aus § 1361a). Es muss sich um die **Ehewohnung** handeln; betroffen sind alle Räume, die die Ehegatten zum Wohnen nutzen oder gemeinsam benutzt haben oder die dafür nach den Umständen bestimmt waren (BGH FamRZ 1990, 987; Hamm FamRZ 2009, 1225). Zur Ehewohnung gehören die Nebenräume wie Keller, Speicher, Garage, Fitnessräume (Jena FamRZ 2004, 877), die auch von der Hauptwohnung getrennt liegen können. Wohnung kann auch ein auf einem Campingplatz fest installiertes „Wohnmobil" sein, wenn es zum ständigen Wohnen an Wochenenden benutzt wird (vgl Zweibrücken FamRZ 1980, 569; Naumburg FamRZ 2005, 269 zur „Gartenlaube"). Es kommt nicht darauf an, in welchem zeitl Umfang die Wohnung genutzt wurde; insoweit kann auch ein Wochenendhaus, das nicht den Lebensmittelpunkt der Familie darstellt, Wohnung sein (Grü/*Götz* Rn 6 mwN). Bewohnten beide Eheleute während der Ehe ein gemeinsames Haus, so verliert dieses nicht den Charakter als Ehewohnung, wenn sich ein Ehegatte nach der Trennung zu einem mehrmonatigen Verwandtenbesuch ins Ausland begibt (Frankfurt NZFam 2019, 443 m Anm *Erbarth*; BGH NZFam 2017, 68 Anm *Erbarth*). Ein Verfahren nach § 1361b ist ausgeschlossen, wenn die Eheleute bereits getrennte Wohnungen haben, es sei denn, eine zunächst einverständlich gefundene Benutzungsregelung erweist sich nachträgl als unzumutbar (vgl Köln FamRZ 1987, 77). Das Rechtsverhältnis an der Ehewohnung kann auch dann nach § 1361b geregelt werden, wenn das Nutzungsrecht durch Verwaltungsakt begründet worden ist (vgl Stuttgart FamRZ 1990, 1354). Ein ausschließliches Fehlverhalten des anderen Ehegatten ist für die Wohnungszuweisung nicht erforderlich; vielmehr kommt diese auch dann in Betracht, wenn die Auseinandersetzung nicht überwiegend auf dessen Verhalten zurückzuführen ist (Brandenburg FamFR 2010, 379 m Anm *Giers*).

5 Die Wohnungszuweisung kann angestrebt werden, um für den Betroffenen eine **unbillige Härte** zu vermeiden; das Gesetz vermeidet eine Definition des Begriffs, so dass eine einzelfallbezogene Betrachtung erforderlich ist (Düsseldorf NZFam 2016, 764 m Anm *Böhne*). Erfasst sind jedenfalls die Fälle, die schon nach früherer Rechtslage eine „schwere Härte" begründeten (MüKo/*Weber-Monecke* Rn 6). Gewalt indiziert grds eine unbillige Härte (Grü/*Götz* Rn 10; s auch Abs II), ebenso die Beeinträchtigung des Kindeswohls (Abs I S 2). Aus Art 6 I GG folgt die Verpflichtung des Staates, die Ehe zu fördern, negativ das Verbot für den Staat, deren Auflösung zu begüns-

tigen (vgl *Erbarth* FuR 2001, 198). Dann können für eine „unbillige Härte" keinesfalls vorübergehende Streitigkeiten oder bloße Unbequemlichkeiten genügen (Hamburg FamRZ 1993, 190), oder der Wunsch zur Veräußerung oder optimalen Vermietung (Karlsruhe FamRZ 1999, 1087). Auch darf die Benutzungsregelung nicht dazu dienen, die Scheidung vorzubereiten oder zu erleichtern. Insb ist es nicht ausreichend, wenn sich ein Ehegatte lediglich aus der Ehe lösen will und hierzu die alleinige Nutzung der Ehewohnung anstrebt (Begr RegE BT-Drs 10/2888, 16). Gleiches gilt bei bloß trennungsbedingten Unannehmlichkeiten, wie mangelnder Hygiene, verbalaggressivem Verhalten oder Schweigen (Brandenburg 21.8.2006 – 15 WF 183/06). Erforderlich sind besondere, über bloße Unannehmlichkeiten oder Belästigungen hinausgehende Umstände (Düsseldorf NZFam 2016, 764 m Anm *Böhne*). Bejaht wird eine unbillige Härte bei jeder Form der **psychischen oder physischen Gewalt** sowie **schweren Störungen** des Familienfriedens (MüKo/*Weber-Monecke* Rn 8 mwN). Es muss aber nicht notwendig zum Ausbruch physischer Gewalt mit unmittelbarer Gefahr für Leib und Leben des Partners oder der übrigen Familienmitglieder kommen, bei dem die Flucht in ein „Frauenhaus" oder eine ähnl Einrichtung die einzige Alternative zu einer Aufteilung oder Zuweisung wäre (Naumburg FamRZ 2006, 1207). Gerade das Richtmaß „unbillige Härte" weist über den Bereich der Gewaltfälle hinaus (*Schwab* FamRZ 2002, 2). So lässt Köln FamRZ 2001, 761 bereits für eine „schwere Härte" (iSd Altfassung) „grob rücksichtsloses Verhalten" genügen, „ohne dass er, der andere Ehegatte, seinen Partner bislang unmittelbaren Gefahren für Leib oder Leben ausgesetzt hat." Dies sei insb der Fall, wenn er sich in hohem Maße unbeherrscht und unberechenbar zeige, indem er bspw die Wohnungseinrichtung bei Auseinandersetzungen mit einem Beil beschädigt. Für Bamberg NJW-FER 2000, 138 reicht bereits eine eigene psychische Erkrankung des die Wohnungszuweisung begehrenden Ehegatten aus, wenn die Tatsache des Zusammenlebens bei diesem zu Wein-, Panik- und Schmerzattacken führt. Nach Hamburg (NZFam 2019, 324 m Anm *Erbarth*) reichen auch „schwere Spannungen zwischen den Erwachsenen", die die häusliche Atmosphäre „durch Streitigkeiten und rücksichtslosen Umgang miteinander nachhaltig [stören]" aus, da dies zu erheblichen Belastungen der Kinder führen kann.

Dass eine Beeinträchtigung des **Wohls im gemeinsamen Haushalt lebender Kinder** eine unbillige Härte iSd Vorschrift begründen kann, ist ausdrückl gesetzl geregelt (Abs I S 2). Bei einer Kindeswohlgefährdung wird das Gericht idR eine unbillige Härte annehmen müssen (BT-Drs 14/5429). Dabei kommt es nicht darauf an, ob es sich um gemeinschaftl Kinder oder etwa um Stief- oder Pflegekinder handelt (MüKo/*Weber-Monecke* Rn 9). Je kleiner die Kinder sind, desto gravierender werden die Spannungen zw den Eltern empfunden, desto niedriger ist daher der notwendige Grad der Störungen anzusetzen, zumal wenn sich diese gegen den weiblichen Partner richten und so das emotionale Mutter-Kind-Verhältnis stark beeinflussen; vgl auch Koblenz FamRZ 1987, 852; KG FamRZ 1987, 850; Bamberg FamRZ 1990, 1353 (ggf entscheidende Bedeutung des Kindeswohls); Schleswig FamRZ 1991, 1301; *Brudermüller* FamRZ 2003, 1705, 1707 (Alleinzuweisung wurde bejaht, um schwerwiegende Entwicklungsstörungen eines behinderten Kindes zu vermeiden); zum Kindeswohl s Frankfurt FamRZ 1996, 289; Köln FamRZ 1996, 1220; Bamberg FuR 1995, 237; Brandenburg FamRZ 2001, 636. Bei der Gesamtabwägung aller relevanten Umstände kommt dem Wohl der Kinder regelmäßig Vorrang zu, so dass die Wohnung in erster Linie dem Elternteil zuzuweisen ist, der das Kind vorwiegend betreut (Hamburg NZFam 2019, 324 m Anm *Erbarth*; Hamm NW-Spezial 2019, 453). Bei schweren Störungen des Familienlebens durch körperliche oder psychische Misshandlung der Familienmitglieder, bei exzessivem **Alkohol- oder Drogenkonsum** ist § 1361b in jedem Fall gegeben (Karlsruhe FRP 1997, 155; Hamm FamRZ 1996, 1411; Bamberg FamRZ 1995, 560; Hamm FamRZ 1993, 1441, 1442; Düsseldorf FamRZ 1988, 1058; dazu auch *Kindler/Salzgeber/Fichtner/Waldner* FamRZ 2004, 1241f). Ausreichend sind aber auch geringere Beeinträchtigungen, die ein geordnetes Zusammenleben unmöglich machen, Verhaltensweisen also, die nicht mehr als Ausdruck augenblicksbezogener Entgleisung zu werten sind („bloße Belästigungen" AG Tempelhof-Kreuzberg FamRZ 2003, 532). Auch eine **unerträgliche Wohnsituation**, unter der ein Kind in einer Weise leidet, die seinem Wohl entgegensteht, kann eine Kindeswohlgefährdung begründen (*Giers* FamFR 2010, 379). Mit zunehmender Dauer der Trennung sind an den Begriff der unbilligen Härte geringere Anforderungen zu stellen (vgl Köln FamRZ 1996, 547; Bamberg FamRZ 1990, 1353 entspr zum Begriff der „schweren Härte"). 6

Bei der Härteabwägung sind die **dinglichen Rechtsverhältnisse** der Ehegatten bzgl der Wohnung besonders zu berücksichtigen, Abs I S 3, ohne allerdings unbedingt entscheidend sein zu müssen. Als solche sind zu nennen: Alleineigentum (führt regelmäßig zu einer Herabsetzung der an das Vorliegen einer unbilligen Härte zu stellenden Anforderungen, Düsseldorf NZFam 2016, 764 m Anm *Böhne*), Nießbrauchrecht, WE, Dauerwohnrecht oder dingliches Wohnrecht (Grü/*Götz* Rn 13). Insb in Fällen, in denen minderjährige Kinder zu betreuen sind, dürfte eine Zuweisung ohne Rücksicht auf eine Eigentümerstellung des anderen Partners möglich sein (Stuttgart FamRZ 2004, 876). Ist mit einer Aussöhnung nicht zu rechnen, kann es geboten sein, die Zuweisung auf einen Zeitraum zu befristen, innerhalb dessen der Nichteigentümer-Ehegatte eine angemessene Wohnung finden kann (vgl *Johannsen/Henrich* Eherecht, § 1361b Rn 61). Durch die nach S 3 besonders zu berücksichtigende dingliche Rechtsposition des die Zuweisung begehrenden Ehegatten wird die Eingriffsschwelle der „unbilligen Härte" herabgesetzt (Hamm FamRZ 1989, 739). Das Zeitmoment kann im Rahmen der vorzunehmenden Gesamtabwägung entscheidend sein (Hamm FamRZ 1989, 739). Eine Wohnungszuweisung kann allerdings nicht erfolgen, wenn der Miteigentümer lediglich die Veräußerung der Wohnung anstrebt (Köln FamRZ 1997, 943; aA für den Ausnahmefall Hamburg FamRZ 1992, 1298). 7

Die Wohnung kann **ganz oder teilw zugewiesen** werden, je nach dem, was der Grundsatz der Verhältnismäßigkeit gebietet. Liegt allerdings eine unbillige Härte vor, darf die **Räumungsfrist** für den anderen Ehegatten nicht 8 über einen längeren Zeitraum ausgedehnt werden, selbst wenn die Räumung auch für ihn eine schwere Belastung darstellt (München FuR 1997, 278; FamRZ 1998, 1170). Im Hinblick auf das Ziel, Spannungen und Streitigkeiten zu mildern, wird angesichts der Enge von Wohnverhältnissen eine Aufteilung nur ausnahmsw dann möglich sein, wenn die Ehewohnung groß genug ist und klar abgrenzbare Bereiche umfasst. In jedem Fall ist von beiden Ehegatten ein Beitrag zur „wohnatmosphärischen Beruhigung" zu verlangen (AG Saarbrücken FamRZ 2003, 531; Frankfurt FamRZ 1987, 159).

9 **2. Wohnungsüberlassung bei häuslicher Gewalt, Abs II.** Der Gesetzgeber hat in Abs II S 1 festgelegt, dass bei Gewalttaten einschl der widerrechtl Drohung mit solchen regelmäßig nur eine **alleinige Nutzung** der gesamten Wohnung in Betracht kommt, um das Opfer vor weiteren Taten hinreichend zu schützen. Ein Getrenntleben in derselben Wohnung bietet oft Anlass für neue Konflikte, die in körperlichen Misshandlungen enden können (BT-Drs 14/5429 zu Art 2 II GewSchG). Eine **Ausnahme** wird nur in den Fällen gemacht werden können, in denen die **Wohnverhältnisse** der Ehegatten so **großzügig** bemessen sind, dass mit einem Aufeinandertreffen der zerstrittenen Eheleute nicht zu rechnen ist.

10 Nach Abs II S 2 ist der Anspruch auf Wohnungsüberlassung in „Gewaltfällen" nur dann ausgeschlossen, wenn weitere Verletzungen oder Drohungen nicht zu besorgen sind (Wiederholungsgefahr). Damit wird der zu § 1004 entwickelte Rechtsgedanke übertragen, dass Schutzmaßnahmen nicht notwendig sind, wenn weitere Beeinträchtigungen nicht zu erwarten stehen. Nach der Begehung von Gewalttaten ist jedoch tatsächlich zu vermuten, dass der Täter weitere Taten begehen wird. S 2 enthält eine Beweislastumkehr: So ist es an dem Täter darzulegen und zu beweisen, dass weitere Taten nicht befürchtet werden müssen (Stuttgart FamRZ 2004, 876). An die Widerlegung sind strenge Anforderungen zu stellen (Stuttgart FamRZ 2007, 829). Der Anspruch auf die Wohnungsüberlassung ist jedenfalls dann gegeben, wenn dem Opfer wegen der Schwere der Tat das Zusammenleben mit dem Täter nicht zugemutet werden kann, selbst dann, wenn keine weiteren Verletzungen oder Drohungen zu erwarten sind (vgl zum Ganzen BT-Drs 14/5429, Begr zu Art 2 II).

11 **3. Wohlverhaltensgebot, Abs III S 1.** Der zur Wohnungsüberlassung Verpflichtete hat alles zu unterlassen, was geeignet ist, die Ausübung des Nutzungsrechts an der Wohnung durch den anderen Ehegatten zu erschweren oder zu vereiteln. Dazu gehört das Verbot, das Mietverhältnis über die Wohnungsüberlassung zu kündigen oder die Ehewohnung zu veräußern (so ausdrückl die Begr in BT-Drs 14/5429 zu Art 2 III; *Brudermüller* FuR 2003, 433; offenlassend hingegen *Schwab* FamRZ 2002, 2). Das Gericht kann gem § 209 FamFG die notwendigen Anordnungen treffen. Hierdurch kann verhindert werden, dass der zur Wohnungsüberlassung verpflichtete Ehegatte die Wohnungsüberlassung unterläuft. Ein gegen die Anordnung verstoßendes Rechtsgeschäft, etwa die Kündigung eines Mietverhältnisses, wäre dann dem in der Wohnung verbleibenden Ehegatten ggü relativ unwirksam iSv § 136 (aA *Erbarth* FuR 2001, 197: das aus § 1353 I 1 folgende Recht zum Mitbesitz der Ehewohnung räumt ein absolutes Recht zum Besitz ein und richtet sich daher nicht nur gegen den anderen Ehegatten, sondern auch gegen Dritte mit der Folge, dass es keiner Regelung iSv § 1361b III 1 bedarf). Dies gilt auch im Hinblick auf die Veräußerung der Wohnung, auch wenn dieser Fall nicht ausdrückl vom Wortlaut erfasst wird (BT-Drs 14/5429, 21, 33; aA Grü/*Götz* Rn 17; *Finger* FuR 2006, 241). Zugleich wird durch Abs III S 1 klargestellt, dass der zur Wohnungsüberlassung verpflichtete Ehegatte sich auch tatsächlicher Handlungen zu enthalten hat, die das Benutzungsrecht erschweren oder vereiteln würden. Zu den für die Durchführung einer Wohnungszuweisung erforderlichen Anordnungen kann daher auch das Verbot gehören, die Ehewohnung zu betreten oder sich der Ehewohnung auf eine bestimmte Distanz hin zu nähern (Köln FamRZ 2003, 319; Stuttgart FamRZ 2004, 876). Der Gegenstandswert eines Verfahrens auf Zuweisung der Ehewohnung bemisst sich nach einjährigem Mietwert (Dresden FamRZ 2007, 234).

12 **4. Nutzungsvergütung, Abs III S 2.** Hat ein Ehegatte die Pflicht, dem anderen die Wohnung ganz oder zT zu überlassen, kann er von diesem eine Vergütung verlangen, dh in erster Linie dann, wenn die Ehewohnung dem weichenden Teil allein oder zusammen mit Dritten gehört. Anspruch besteht auch bei **freiwilligem Auszug** (BGH NJW-RR 2006, 1081; Grü/*Götz* Rn 20; *Schwab*/*Ernst* Hdb ScheidungsR[8] 2019, VIII Rn 80; *Wever*, Vermögensauseinandersetzungen Rn 333; diff *Erbarth* FamRZ 2005, 1713) sowie bei vereinbarter Alleinnutzung (BGH FamRZ 2006, 930). Anspruch wird teilw unmittelbar auf Abs III S 2 gestützt, da es auf eine Verpflichtung zur Räumung nicht mehr ankommt (Grü/*Götz* Rn 20 mwN). § 1361b ist nach dieser zutr Ansicht **ggü § 745 II lex specialis** (Düsseldorf NJW-RR 2019, 68; Naumburg FamRZ 2010, 391; Brandenburg NJW-RR 2009, 725; Hamm FamRB 2008, 198; München NJW 2008, 381; KG FamRZ 1997, 421; Grü/*Götz* Rn 20). AA allerdings BGH NJW-RR 2010, 1585; FamRZ 1997, 484; 1996, 931; 1994, 822, der den Anspruch auf § 745 II stützen will und zwar auch dann, wenn dem weichenden Ehegatten lediglich ein dingliches Mitbenutzungsrecht wie eine beschränkte persönliche Dienstbarkeit (§ 1090) zusteht (BGH NJW-RR 2010, 1585; Koblenz FamRZ 2022, 773). Die §§ 741ff seien in diesem Fall analog anzuwenden (BGH NJW-RR 2010, 1585). Zur Relevanz nach neuem Recht *Brudermüller* FamRZ 2010, 237. Der Anspruch auf Nutzungsentschädigung kann im Einzelfall auch bei einem **Mietverhältnis** in Betracht kommen, jedenfalls dann, wenn der in der Wohnung verbliebene Ehegatte die Miete nicht alleine trägt (Karlsruhe NZFam 2019, 211; MüKo/*Weber-Monecke* Rn 23). Zum Entschädigungsanspruch eines Ehegatten, der aufgrund des Scheiterns der Ehe die Ehewohnung verlassen hat, gegen den in der Wohnung verbliebenen Ehegatten, wenn beiden an der Ehewohnung ein dingliches Wohnrecht zusteht, s BGH NJW 1996, 2153; Brandenburg FamRZ 2001, 427; vgl hierzu auch *Huber* FamRZ 2000, 129. Nutzungsvergütung des Ehegatten, der allein Eigentümer der Wohnung ist, auch dann, wenn die Wohnung zw den Ehegatten iSd Einräumung von Mitbesitz aufgeteilt worden ist (Brandenburg NJW-RR 2008, 957). Die Vergütungspflicht kann

nicht durch das Angebot auf Wiedereinräumung des Mitbesitzes abgewendet werden (Brandenburg NJW-RR 2008, 957; aA Grü/*Götz* Rn 20). Anstelle eines Vergütungsanspruchs kann als „rechtl Minus" auch Freistellung von Mietansprüchen des Vermieters verlangt werden (Naumburg FamRZ 2003, 1748). Nach überwiegender Ansicht setzt die Geltendmachung der Nutzungsvergütung vorherige Zahlungsaufforderung voraus (Grü/*Götz* Rn 20 mwN).

Die Zahlung der Nutzungsvergütung muss der **Billigkeit** entsprechen. Die Höhe der Vergütung richtet sich grds (Brandenburg FPR 2002, 145), aber nicht zwingend nach dem **obj Mietwert** der Ehewohnung (Köln FamRZ 1998, 1434); dies gilt jedenfalls dann, wenn das Trennungsjahr abgelaufen ist (Grü/*Götz* Rn 22). Der obj Mietwert kann um den auf unterhaltsberechtigte Kinder entfallenden Wohnkostenanteil reduziert werden (Bremen NJW-RR 2010, 1227). Grds sind die Lebens- und wirtschaftl Verhältnisse der Ehegatten, ihre bisherige Lebensgestaltung, der tatsächliche Wohnbedarf, die Kosten und Lasten für die Wohnung sowie die Gesamtumstände des Einzelfalles zu berücksichtigen (Brandenburg FPR 2002, 145). Dabei reduziert sich die Nutzungsvergütung nicht bereits dann, wenn ein Ehegatte das im Alleineigentum des anderen stehende Haus zusammen mit den gemeinsamen Kindern nach der Trennung mehrere Jahre nutzt, wenn der Alleineigentümer in wirtschaftl beengten Verhältnissen lebt und ein Umzug daher unausweichlich war (Bremen NJW-RR 2010, 1227). Auch verbrauchsabhängige Nebenkosten können erstattet werden (Abs III S 2 analog, dazu Saarbrücken FamFR 2010, 450 m Anm *Höhler-Heun*). Eine Vergütung ist ausgeschlossen, wenn der Nutzungswert der Wohnung bereits bei der Unterhaltsberechnung selbst berücksichtigt wurde (BGH NJW 1986, 1339f; Bamberg FamRZ 1992, 560). Dies ist etwa dann der Fall, wenn die Eheleute die fortdauernde Nutzung der bisherigen Ehewohnung durch den verbleibenden Ehegatten bereits bei der Ermittlung des Trennungsunterhaltsanspruchs als einkommenserhöhenden Wohnvorteil berücksichtigt haben (Naumburg FamRZ 2009, 2090). Zw den Ehegatten bestehende Unterhaltspflichten sind in die Billigkeitsabwägung insoweit einzubeziehen, als bereits **rechtskräftig** über sie entschieden wurde (Verbot der Doppelverwertung; Köln FamRZ 2005, 639; Naumburg FamRZ 2009, 2090; Bremen FamRB 2014, 241; Karlsruhe FamRZ 2009, 775). Auch ohne bestehende Unterhaltsregelung ist eine einheitliche wirtschaftl Betrachtungsweise geboten, bei der es darauf ankommt, ob der in der Ehewohnung verbliebene Ehegatte bei von ihm abgelehnter Zahlung einer Nutzungsentschädigung gegen den anderen Ehegatten – unabhängig von dessen tatsächlicher Geltendmachung – einen Anspruch auf Trennungsunterhalt hätte (Brandenburg, Beschl v 15.6.2020 – 9 UF 154/18). Das Bestehen etwaiger Unterhaltspflichten darf allerdings nicht erst im Ehewohnungsverfahren geprüft werden (Brandenburg aaO). Unbilligkeit bei gleichwertiger Wohnungsteilung, da die Umwandlung von Mitbesitz in Teilbesitz keinen so schwerwiegenden Eingriff in die Position des dinglich Alleinberechtigten darstellt, dass dafür eine Vergütung erforderlich wäre (Brandenburg NJW-RR 2008, 957). Der Anspruch muss nach hM konkret beziffert werden; erforderlich ist also ein **deutliches Zahlungsverlangen** (Düsseldorf NJW-RR 2019, 68; FamFR 2010, 382 m Anm *Huber*). Der Anspruch kann abgewendet werden, indem Mitbesitz angeboten wird (Düsseldorf FamFR 2010, 382 m Anm *Huber*). Mit den Nutzungsentschädigungsansprüchen vor Rechtskraft der Scheidung, die in der ehelichen Gemeinschaft und gerade nicht in der Grundstücksgemeinschaft wurzeln, kann ggü dem Anspruch auf Zustimmung zur Auskehrung des hälftigen Teilungsersteigerungserlöses nicht aufgerechnet und auch insoweit kein Zurückbehaltungsrecht geltend gemacht werden (Stuttgart FamRZ 2016, 11601 m Anm *Münch*). 13

5. Unwiderlegliche Vermutung der Nutzungsüberlassung, Abs IV. Es wird **unwiderleglich** vermutet, dass der Ehegatte, der zur Durchführung einer Trennung aus der gemeinsamen Wohnung ausgezogen ist und auch nicht innerhalb eines Zeitraums von sechs Monaten nach dem Auszug dem verbliebenen Ehegatten ggü die Absicht geäußert hat, zurückkehren zu wollen, dem anderen, in der Ehewohnung verbliebenen Ehegatten das Recht zur alleinigen Nutzung überlassen hat. Dies hat zur Folge, dass der in der Wohnung verbliebene Ehegatte die Rückkehr des ausgezogenen Ehegatten in die Ehewohnung nicht zu dulden braucht. Eine Abkürzung der Trennungsfristen nach den §§ 1565ff ist damit nicht verbunden, wenngleich auch bereits sechs Monate, nachdem ein Ehegatte die Wohnung verlassen hat, für den anderen Teil ein Recht zum Alleinbesitz der Ehewohnung begründet wird (vgl hierzu die Begr RegE BT-Drs 14/5429 zu Art 2 IV GewSchG). Einen Verstoß der Vorschrift gegen den Normzweck von § 1565 II, § 1566 I, die Ehegatten vor vorschnell gefassten Scheidungsentschlüssen zu schützen, sieht *Erbarth* FuR 2001, 197. Wenn der Partner die Wohnung endgültig verlassen hat, ist § 1361b nicht mehr anwendbar (Köln FamRZ 2005, 1993). Es muss aber hierfür ein anderer Lebensmittelpunkt gegründet werden (Koblenz FamRZ 2006, 1207). Der weichende Ehegatte hat in diesem Fall kein Recht auf Gewährung von Zutritt zu der Immobilie für sich oder Dritte, ohne dass ein besonderer Grund vorliegt (Bremen NZFam 2017, 1111 m Anm *v Scheibler-Hülhoven*). 14

IV. Verfahren. Für das **Verfahren** gelten die §§ 200ff FamFG. Keine Geltendmachung im Verbundverfahren möglich, da eine Entscheidung lediglich für die Dauer des Getrenntlebens getroffen wird (MüKo/*Weber-Monecke* Rn 28). Eine Beteiligung Dritter, zB des Vermieters, ist nicht möglich (§ 204 I FamFG): Der Gesetzgeber verfolgte das Ziel, solange eine Ehe nicht endgültig gescheitert ist, „eine Verrechtlichung, insb mit erkennbarer Außenwirkung ggü Dritten" soweit wie möglich zu vermeiden, um Versöhnungsansätze nicht zu verschütten, vgl Begr RegE BT-Drs 10/2888, 16. Dem liefe eine Beteiligung des Vermieters zuwider, für die auch umso weniger spricht, als bei einem Verfahren nach § 1361b schon im Hinblick auf seine Vorläufigkeit keinerlei Umgestaltung der Rechtsverhältnisse vorgenommen wird, das Verfahren vielmehr lediglich zw den Eheleuten wirkt. Vgl auch Zweibrücken FamRZ 1990, 55, das während des Getrenntlebens der Parteien eine Umgestaltung des Mietvertrags als eine über die Benutzung der Ehewohnung hinausgehende Regelung ablehnt, auch wenn einer der Ehe- 15 gatten, die beide den Mietvertrag unterschrieben haben, kein Interesse mehr an der Nutzung der Ehewohnung hat. Das Verfahren kommt auf (Verfahrens-)Antrag eines Ehegatten in Gang (§ 203 I FamFG); der Richter ist an einen Sachantrag inhaltlich nicht gebunden, kann die Wohnung also anders zu- oder aufteilen, als vom Antragsteller gewollt (Zweibrücken FamRZ 1987, 508). Ein Antrag kann bspw nicht darauf gerichtet sein, dem anderen zu verbieten, einen Dritten in die eheliche Wohnung mit aufzunehmen (Köln FRP 1997, 157). Nicht möglich ist die Zuweisung gegen den Willen der beiden Eheleute. Der **Geschäftswert** für das Verfahren der Wohnungszuweisung bestimmt sich nach § 48 I FamGKG (3000 €) und nicht nach § 35 FamGKG nach dem verlangten Betrag (Frankfurt FamRZ 2019, 913; Brandenburg FuR 2018, 664; Karlsruhe NZFam 2016, 514 m Anm *Schneider*). Dies gilt auch nach Rechtskraft der Scheidung (Hamm FamFR 2013 m Anm *Poppen*). Zu beachten ist, dass es sich bei der Wohnungszuweisung einerseits und dem Anspruch auf Nutzungsentschädigung andererseits um zwei unterschiedliche Verfahren handelt (*Elden* NJW-Spezial 2010, 516): Ersteres unterliegt dem Amtsermittlungsgrundsatz (§ 26, § 111 Nr 5, § 112, § 113 I FamFG), letzteres dem Beibringungsgrundsatz (§ 111 Nr 10, § 112 Nr 3, § 113 I FamFG, § 138 ZPO). Zu unterscheiden sind des Weiteren Nutzungsentschädigungsansprüche gegen einen Ehegatten für eine im Miteigentum stehende Wohnung für die Zeit der Trennung einerseits und solche nach Rechtskraft der Scheidung andererseits: erstere richten sich nach § 1361a III 2 und sind Ehewohnungssache gem § 111 Nr 5 FamFG, letztere beurteilen sich nach § 754 II und § 111 Nr 10 FamFG (streitiges Verfahren) (Brandenburg NZFam 2018, 235 m Anm *Schneider*). Ein Anspruch auf Gesamtschuldnerausgleich nach 426, der im streitigen Verfahren geltend gemacht wird, kann demnach nicht mit Anspruch auf Nutzungsentschädigung aufgerechnet werden (Hamm NZFam 2017, 1109 m Anm *Wache*).

16 § 1361b erlaubt nur **vorläufige Regelungen** (Bamberg FamRZ 1992, 1299; KG NJW-RR 1993, 132; Köln FamRZ 1994, 632; München FPR 1997, 155). **Einstw Anordnungen** können nach §§ 49ff FamFG ergehen (Brandenburg FamFR 2010, 449 m Anm *Giers*); sie sind mit der Beschwerde anfechtbar (§§ 58ff FamFG). Zu beachten ist, dass gem § 96 II FamFG bei der einstw Anordnung die mehrfache Einweisung des Besitzes gem § 885 I ZPO während der Geltungsdauer möglich ist (*Giers* FamFR 2010, 449). Will der Antragsgegner dies verhindern, muss er gem § 54 I FamFG Aufhebung der einstw Anordnung beantragen (*Giers* FamFR 2010, 449). Ein nach § 1361b anhängiges Verfahren bleibt trotz Anhängigwerdens der Scheidungssache zulässig (vgl KG FamRZ 1990, 183). Str ist die Frage, unter welchen Voraussetzungen ein Ehegatte, der vom anderen Ehegatten während der Trennungszeit aus der Ehewohnung ausgesperrt wurde, einen **Wiedereinräumungsanspruch des Besitzes** an der Wohnung zum Zwecke des Getrenntlebens innerhalb der Wohnung hat. Teilw wird die Auffassung vertreten, § 1361b schließe als lex specialis Eigentumsherausgabeklagen (§ 985) und Besitzschutz- bzw Besitzstörungsklagen (§ 861) grds aus (BGH NJW 2017, 260; Köln FamRZ 1987, 77). Dies soll auch für wechselseitige Ansprüche der Ehegatten auf Aufhebung ihrer Bruchteilsgemeinschaft nach § 749 I während der Trennungszeit gelten (Hamburg RNotZ 2018, 108). Nach aA besteht zw den §§ 1361a, 1361b und 861 eine freie Anspruchskonkurrenz (so Koblenz FamRZ 2009, 1943; Düsseldorf FamRZ 1983, 164). Eine vermittelnde Meinung lässt beide Ansprüche zu (vgl Brandenburg FamRZ 2008, 542; 1991, 81; Karlsruhe FamRZ 2001, 760; Grü/*Götz* Rn 18), beachtet allerdings den Regelungsgehalt des § 1361b auch für possessorische Ansprüche. Führt man sich die ratio legis, dh den Schutz des durch verbotene Eigenmacht betroffenen Ehegatten vor Augen, so erscheint allein die letztgenannte Ansicht überzeugend (vgl insoweit Frankfurt NZFam 2019, 443 m krit Anm *Erbarth*). § 1361b wird hierbei einerseits als Anspruchsgrundlage analog herangezogen, andererseits wird der possessorische Besitzschutz mit seinen Anspruchsvoraussetzungen in die Prüfung miteinbezogen (Frankfurt NZFam 2019, 443 m krit Anm *Erbarth*). Fraglich ist auch das **Verhältnis von § 1361b zu § 2 GewSchG** als allg materiellrechtl Grundlage für die Wohnungsüberlassung in den Fällen, in denen Gewalttaten im Rahmen eines auf Dauer angelegten gemeinsamen Haushalts begangen werden. So geht die Begr des RegE (vgl BT-Drs 14/5429, Begr AT D.I.5.; dazu *Finger* FuR 2006, 241) davon aus, dass § 1361b für Ehegatten die ggü § 2 GewSchG speziellere Norm sei, da § 1361b die Überlassung der Ehewohnung gerade für die Zeit des Getrenntlebens bis zur Scheidung regele (so auch Naumburg 30.7.2009 – 3 UF 126/09). Dem kann nicht zugestimmt werden. Die ratio legis von § 1361b liegt gerade darin begründet, durch die Zuweisung der Ehewohnung deeskalierend auf das gespannte Verhältnis zw den Ehegatten einzuwirken. Die Wohnungsüberlassung ist getragen von der Motivation der Eheerhaltung. Dahingehend ist sie verfassungskonform im Hinblick auf Art 6 GG auszulegen. Von einer Ehewohnungszuweisung mit Blick in Richtung Scheidung kann also gerade nicht die Rede sein. Mithin ist davon auszugehen, dass die Vorschriften aufgrund ihrer unterschiedlichen Regelungsgehalte nebeneinanderstehen (dazu auch *Dethloff* § 4 Rn 129).

17 **V. Internationales Privatrecht.** Gem Art 17a EGBGB idF bis 28.1.2019 galt für die im Inland belegene Wohnung dt Recht. Seit dem 29.1.2019 unterfallen Anordnungen in Bezug auf die Nutzung der Wohnung und der Haushaltsgegenstände nunmehr der EuGüVO (Einl § 1297 Rn 33). Die Norm dient nur noch dem Gewaltschutz mit Bezug zu der in Deutschland belegenen Ehewohnung durch Betretungs-, Näherungs- und Kontaktverbote (für Einzelheiten s BeckOK/*Heiderhoff* Art 17a EGBGB Rn 1f).

§ 1362 Eigentumsvermutung

(1) Zugunsten der Gläubiger eines der Ehegatten wird vermutet, dass die im Besitz eines oder beider Ehegatten befindlichen beweglichen Sachen dem Schuldner gehören. Diese Vermutung gilt nicht, wenn die Ehegatten getrennt leben und sich die Sachen im Besitz des Ehegatten befinden, der nicht Schuldner ist. In-

haberpapiere und Orderpapiere, die mit Blankoindossament versehen sind, stehen den beweglichen Sachen gleich.

(2) Für die ausschließlich zum persönlichen Gebrauch eines Ehegatten bestimmten Sachen wird im Verhältnis der Ehegatten zueinander und zu den Gläubigern vermutet, dass sie dem Ehegatten gehören, für dessen Gebrauch sie bestimmt sind.

Schrifttum: *Brox*, Zur Frage der Verfassungswidrigkeit der §§ 1362 BGB, 739 ZPO, FamRZ 1981, 1125; *Holzapfel*, Ehegattenschenkungen und Gläubigerschutz, 1979; *Schneider*, Widerlegte Eigentumsvermutung des § 1362 BGB, JurBüro 1979, 664; *Schuschke*, Sechs Stolpersteine auf dem Wege zur Zwangsräumung einer Mietwohnung, JuS 2008, 977; *Struck*, Gläubigerschutz und Familienschutz, AcP 187, 404; *Vlassopoulos*, Der eheliche Hausrat im Familien- und Erbrecht, 1983; *Weimar*, Ist die entsprechende Anwendung des § 739 ZPO auf eheähnliche Gemeinschaften begründet?, JR 1982, 823; *Weimar*, Die Zwangsvollstreckung gegen Ehegatten, JurBüro 1982, 183; *Wolf*, Zur Verfassungsmäßigkeit der §§ 739 ZPO, 1362 BGB nach der Entscheidung des BVerfG zur „Schlüsselgewalt", FuR 1990, 216; *Würdinger/Löhnig*, Eigentums- und Gewahrsamsvermutungen bei nichtehelichen Lebensgemeinschaften, FamRZ 2007, 1856; *Zetzsche/Nast*, Gerichtsvollzieher mit Damenschmuck, JA 2016, 582.

I. Zweck und Stellung der Vorschrift im System. Die Vorschrift will Vermögensverschiebungen und der Verschleierung der Eigentumsverhältnisse zw den Eheleuten und der damit verbundenen Vereitelung der Zwangsvollstreckung entgegenwirken (Grü/*Götz* Rn 1). Ihre Bedeutung ist nur im Zusammenhang mit der Regelung des § 739 I ZPO verständlich. Danach gilt für die Durchführung der Zwangsvollstreckung nur der Schuldner als Gewahrsamsinhaber und Besitzer. Die Eigentumsvermutung des § 1362 wird also durch eine **Gewahrsamsfiktion** ergänzt (*Dethloff* § 4 Rn 82). Lässt nämlich schon die tatsächliche Herrschaft über eine Sache im Allg keinen sicheren Schluss auf die Rechtsherrschaft eines Eigentümers zu, so gilt dieses besonders für Sachen, die im räumlichen Bereich einer Ehe stehen. Denn in der ehelichen Lebensgemeinschaft lassen der gemeinsame Gebrauch und die gemeinsame Nutzung des beiderseitigen Vermögens die Vermögenstrennung, die das Gesetz, vor allem auch im gesetzl Güterstand der Zugewinngemeinschaft, klar durchgeführt hat, oft nicht erkennen. Die Eheleute selbst neigen dazu, viel öfter gemeinschaftl Eigentum anzunehmen, als es rechtl gerechtfertigt ist. Solche Unklarheiten können vor allem die Gläubiger, die nur Rechte gegen einen der Ehegatten geltend machen können, benachteiligen, weil sie nicht beweisen können, dass ein bestimmter Gegenstand zum Vermögen oder auch nur zum Besitz oder vollstreckungsrechtl Gewahrsam ihres Schuldners gehört. Sie wissen nicht, ob er ihrem Vollstreckungszugriff unterliegt und können nicht voraussehen, ob ihr Zugriff förmlich rechtmäßig ist. Nur bei unbeweglichen Sachen gibt das Grundbuch Auskunft über die Eigentumsverhältnisse. 1

Bei **beweglichen Sachen** versagt die Hilfe des § 1006, da die Vorschrift Dritten nicht zugutekommt die eine Sache weder besitzen noch früher einmal besessen haben. Außerdem setzt ihre Regelung klare Besitzverhältnisse voraus, die in der Ehe idR nicht vorliegen. So wird namentlich im gesetzl Güterstand der Zugewinngemeinschaft der gemeinsame Besitz an Haushaltsgegenständen, aber auch an sonstigen Sachen der Eheleute die Regel sein, so dass die Vollstreckung eines Gläubigers gegen einen Ehegatten nach den allg Vollstreckungsgrundsätzen den Gewahrsam des anderen verletzen und damit nicht rechtmäßig sein würde. Daher besteht der Zweck der Vermutungswirkung des § 1362 darin, die Gläubiger eines Ehegatten vor einer Verschleierung der Eigentumsverhältnisse zu bewahren (vgl BGH NJW 1976, 238). Im Verhältnis der Ehegatten untereinander soll aber § 1006 – trotz teilw Überlagerung durch § 1362 – Bedeutung behalten, s § 1006 Rn 4. 2

II. Anwendungsbereich. Die Vorschrift enthält **zwingendes Recht**. Sie gilt für **alle Güterstände** (LG Aachen NJW-RR 1987, 712). Leben die Ehegatten in Gütergemeinschaft und ist diese Dritten ggü nach § 1412 wirksam, besteht allerdings – vom Sondergut (§ 1417) und vom Vorbehaltsgut (§ 1418) abgesehen – die Vermutung, dass eine Sache zum Gesamtgut, also den Ehegatten gemeinschaftl als Gesamthandseigentum gehört. § 1362 greift erst ein, wenn ihre Zugehörigkeit zum Gesamtgut widerlegt ist. § 1362 findet nach Ansicht des BGH **keine analoge Anwendung auf die nichteheliche Lebensgemeinschaft** (BGH NJW-RR 2007, 992 m Anm *Metz*, 995). Es fehle bereits an der planwidrigen Regelungslücke (BGH NJW-RR 2007, 992). Auch für eine „gesetzesübersteigende Rechtsfortbildung" fehle es an der erforderlichen Gesetzeslücke, wobei insb keine unabweisbaren Bedürfnisse des Rechtsverkehrs bestünden, die eine Unvollständigkeit der Gesamtrechtsordnung begründen könnten (BGH NJW-RR 2007, 992). Für eine vergleichbare Interessenlage als Voraussetzung der Analogie wird allerdings vorgebracht, dass Verschleierungsgefahr zulasten der Gläubiger auch in einer nichtehelichen Lebensgemeinschaft bestehen kann. Der Lebenspartner des Schuldners kann sich insoweit aber auf Allein- oder Miteigentum an den gepfändeten Sachen berufen (s Grü/*Siede* Einl v § 1297 Rn 28; Staudinger/*Voppel* Rn 5; für eine entspr Anwendung von Abs II auf den Gewahrsam in der nichtehelichen Lebensgemeinschaft vgl OVG Bautzen LKV 2018, 279; aA *Wellenhofer* AnwBl 2008, 559). Derartige Erwägungen können aber nicht über die fehlende Planwidrigkeit, die bei nichtehelichen Lebensgemeinschaften generell zu verneinen ist, hinweghelfen (s auch MüKo/*Weber-Monecke* Rn 10). Eine gesetzesübergreifende Rechtsfortbildung stünde unter dem Vorbehalt der Verfassungswidrigkeit der Vorschrift. Entspr Bedenken (dazu *Brox* FamRZ 1986, 406; *Brox* FamRZ 1981, 1125) sind zwar nicht von der Hand zu weisen. Eine Entscheidung des BVerfG steht allerdings noch aus. In einem solchen Fall wäre dann der Gesetzgeber gefordert (MüKo/*Weber-Monecke* Rn 10). 3

Die Vermutung des Abs I begnügt sich mit dem Beweis des Besitzes eines oder beider Ehegatten. Er erspart es den Gläubigern eines der Ehegatten nachzuweisen, in wessen Eigentum sich eine Sache befindet, auf die sich ihr Zwangsvollstreckungszugriff richtet. Der allein-/mitbesitzende nichtschuldende Ehegatte kann den vollen Beweis des Gegenteils antreten (MüKo/*Weber-Monecke* Rn 23). Wird der Schuldner-Ehegatte nach § 1362 als Eigentü- 4 mer vermutet, werden die Gläubiger zudem vom Nachw des vollstreckungsrechtl Gewahrsams iSd § 808 ZPO an der Sache entlastet. In der Verbindung der Eigentumsvermutung des § 1362 mit einer Parallelfiktion bzgl der Besitz- und Gewahrsamsverhältnisse ist die Norm zu einem Gläubigerschutzgesetz geworden. Ist einer der Ehepartner Besitzer einer beweglichen Sache, wird nach § 1362 I 1 Eigentum des anderen vermutet. Damit gilt dieser für die Gläubiger des nichtschuldenden Ehegatten nach § 739 ZPO auch als Gewahrsamsinhaber und Besitzer. Die Vorschrift enthält also eine **echte, unwiderlegbare Fiktion** (ebenso Staudinger/*Voppel* Rn 33; *Dethloff* § 4 Rn 82).

5 **III. Vermutung des Abs I. 1. Voraussetzungen.** Sie wirkt, wenn **drei Voraussetzungen** vorliegen: **a)** Es muss sich um **bewegliche Sachen** handeln, denen Inhaberpapiere und blankoindossierte Orderpapiere gleichstehen, Abs I S 3. Die Vermutung erstreckt sich nicht auf Forderungen und andere Rechte. Zu den Inhaberpapieren gehören Inhaberschuldverschreibungen (§ 793), Inhaberaktien, nicht aber Legitimationspapiere, nicht ein Kraftfahrzeugbrief, auch nicht qualifizierte Legitimationspapiere des § 808, wohl aber Inhaberzeichen des § 807.

6 **b)** Die Sache muss sich im **unmittelbaren oder mittelbaren Besitz** eines oder beider Ehegatten befinden. Für die Pfändung des Herausgabeanspruchs des schuldenden Ehegatten genügt der mittelbare Besitz des Ehegattenschuldners (Grü/*Götz* Rn 4). Abs I S 1 kann dann sogar Anwendung finden, wenn keiner der Ehegatten mittelbarer Besitzer der Sache ist, wenn nämlich eine bewegliche Sache aus dem Besitz eines Ehegatten in den Fremdbesitz eines Dritten gelangt (BGH FamRZ 1993, 668).

7 **c)** Die Vermutung greift nicht mehr, sobald die Ehegatten getrennt leben und sich die Sachen im alleinigen Besitz des nichtschuldenden Ehegatten befinden (Abs I S 2). Der Begriff **„getrennt leben"** ist hier abw von § 1361 I (vgl § 1361 Rn 5ff) aufzufassen. Es kommt lediglich auf die nicht nur vorübergehende räumliche und zeitl Trennung der Ehegatten an. Dagegen ist nicht darauf abzustellen, ob wenigstens einer der beiden Ehegatten die eheliche Gemeinschaft aufheben wollte (vgl Köln FamRZ 1965, 510; *Gernhuber/Coester-Waltjen* § 22 II Rn 18; Staudinger/*Voppel* Rn 25f). Ein Getrenntleben liegt deshalb auch nicht automatisch vor, wenn sich der eine Ehegatte in einer längeren Strafhaft befindet (Düsseldorf NJW-RR 1995, 963). Der Gerichtsvollzieher kann die Beeinträchtigung der ehelichen Lebensgemeinschaft nicht überprüfen, sondern lediglich das äußere Merkmal der Trennung feststellen.

8 **2. Entkräftung der Vermutungswirkung.** Leben die Ehegatten getrennt, ist die Vermutungswirkung erst dann entkräftet, wenn sich die Sache **im Alleinbesitz des Ehegatten, der nicht Schuldner ist,** befindet; hier gilt die Vorschrift des § 1006 (MüKo/*Weber-Monecke* Rn 12).

9 **3. Prozessuales.** Die Vermutung ist eine **Rechts-, keine Tatsachenvermutung** iSd § 292 ZPO. Die Gläubiger brauchen die Tatsachen für den Erwerb des Eigentums durch ihren Schuldner nicht zu behaupten. Die Vermutung kann durch Gegenbeweis widerlegt werden. Zur Widerlegung reicht der Nachw des Eigentumserwerbs durch den nichtschuldenden Ehegatten, den Fortbestand seines Eigentums muss er nicht beweisen (BGH FamRZ 1976, 81). Erforderlich ist der volle Beweis dafür, dass die betreffenden Gegenstände im Miteigentum beider Ehegatten stehen oder dass der nichtschuldende Gatte Alleineigentümer ist (LG Düsseldorf 6.11.2015 – 6 O 346/14; Staudinger/*Voppel* Rn 43, 45).

10 Das **Vollstreckungsorgan** braucht sich bei der Pfändung beweglicher Sachen der Ehegatten nicht mehr um den Gewahrsam des Schuldners zu kümmern, sondern hat lediglich die Besitzvoraussetzungen (§ 854) des Abs I zu prüfen. § 739 ZPO schaltet insoweit § 808 ZPO aus. Ist ein Ehegatte Besitzer der beweglichen Sache oder sind es beide, hat der Gerichtsvollzieher zu pfänden, gleichgültig welcher Ehegatte Schuldner ist. Die Pfändung ist rechtmäßig. Ist aber ggü dem Vollstreckungsorgan die Vermutung des § 1362 widerlegt, darf nicht gepfändet werden. Hat der andere Ehegatte, der nicht Schuldner ist, die Eigentumsvermutung durch den Nachw seines eigenen Eigentums widerlegt, so hat er damit seine Widerspruchsklage (§ 771 ZPO) begründet. Mit der Eigentumsvermutung des § 1362 ist aber auch die Gewahrsamsfiktion des § 739 ZPO **zerstört**. Der Nachw des Eigentums begründet daher mittelbar gleichzeitig die Erinnerung nach §§ 808, 766 ZPO (*Gernhuber/Coester-Waltjen* § 22 II Rn 23; aA MüKo/*Weber-Monecke* Rn 32 mwN). Die strafprozessuale Beschlagnahme zu Beweiszwecken regelt die Norm dagegen nicht; insoweit bedarf es weder einer Eigentums- noch einer Gewahrsamsvermutung gem § 739 ZPO (BGH NJW 2015, 1238). Denn für die Rechtmäßigkeit einer Beschlagnahme ist es ohne Belang, ob die Sache im Eigentum oder Gewahrsam des Beschuldigten oder eines Dritten steht (BGH NJW 2015, 1238).

11 **Vollstrecken zwei Gläubiger**, ein Gläubiger des Mannes und ein Gläubiger der Frau, in dieselbe Sache, so ist jede Pfändung zunächst rechtswirksam, da Eigentums- und Gewahrsamsvermutung zunächst für jeden Gläubiger wirken (*Bosch* FamRZ 1958, 85; *Baur* FamRZ 1958, 253). Jeder Gläubiger kann die Eigentumsvermutung widerlegen und damit die Pfändung seines Konkurrenten nach § 766 ZPO oder im Verteilungsverfahren nach §§ 872ff ZPO aufheben lassen. Gelingt es keinem Gläubiger, die Vermutung des § 1362 zu widerlegen, entscheidet analog § 804 III ZPO die Priorität der Pfändung (ebenso *Gernhuber/Coester-Waltjen* § 22 II 25).

12 **IV. Vermutung des Abs II.** Auch diese Vorschrift ist zusammen mit § 739 ZPO zu sehen. Nach Abs II wird „im Verhältnis der Ehegatten untereinander und zu dem Gläubiger vermutet, dass sie dem Ehegatten gehören, für dessen Gebrauch sie bestimmt sind". Daraus folgt nach § 739 ZPO die **Fiktion des Alleingewahrsams** dieses Ehegatten (aA MüKo/*Weber-Monecke* Rn 34). Der Gerichtsvollzieher darf eine solche Sache nicht für den Gläubiger eines anderen Ehegatten pfänden. Denn ihm fehlt der Gewahrsam.

13 Die Sache muss ausschließlich zum **persönlichen Gebrauch eines Ehegatten** bestimmt sein (Grü/*Götz* Rn 8). Dabei kann der Erfahrungssatz, dass Schmuck regelmäßig für den ausschließlichen persönlichen Gebrauch be-

stimmt ist, berücksichtigt werden (vgl BGHZ 2, 84; Saarbrücken OLGRp 2003, 75). Eine andere Beurteilung ist aber geboten, wenn es sich um Schmuckstücke handelt, die der Ehemann während der Ehe erbt und die in seiner Familie eine eigene Bedeutung als Erbstücke haben. Es ist dann Sache der Frau darzutun, dass ihr die Schmuckstücke zum ausschließlichen persönlichen Gebrauch überlassen worden sind (BGH FamRZ 1971, 24; Nürnberg FamRZ 2000, 1220). Zu den Sachen iS dieser Vorschrift gehören vor allem Kleidungsstücke, Arbeitsgeräte, das Fahrrad, der Rasierapparat, der Trauring, ein Musikinstrument, wenn es nicht gleichzeitig zur musikalischen Erziehung der Kinder dient; niemals aber Geld, auch dann nicht, wenn es sich um persönliche Ersparnisse eines Ehegatten handelt, auch nicht der Hausrat. Wertvolle Schmucksachen sind dann nicht ausschließlich zum persönlichen Gebrauch bestimmt, wenn sie als Kapitalanlage für die Familie angeschafft worden sind (BGH NJW 1959, 142). Nicht zu den Sachen des persönlichen Gebrauchs gehören auch solche, die von einem Ehegatten außerhalb des häuslichen Bereichs erkennbar allein betriebenen Erwerbsgeschäft gehören und sich in seinem Alleinbesitz deutlich getrennt vom häuslichen Gewahrsam befinden (Koblenz 11.12.1981 – Az 4 W 56781); dies gilt nicht bei einem vom Ehemann betriebenen Fischgeschäft, an dem die Ehefrau beteiligt ist bzw Mitbesitz hat (AG Wesel JurBüro 2018, 434). Mit der **Beweislast** ist der betreffende Ehegatte belastet. Der andere Ehegatte kann die Vermutung nicht lediglich durch den Nachw eigenen Erwerbs entkräften, muss vielmehr uU auch die Annahme widerlegen, dass er die Sache seinem Ehegatten geschenkt habe (vgl RGZ 99, 153).

Die Vermutung des Abs II ist von den **Besitzverhältnissen** unabhängig (vgl Soergel/*H. Lange* Rn 11). Sie gilt zugunsten des Ehegatten, zu dessen persönlichem Gebrauch die Sache bestimmt ist, auch wenn sie im Besitz des anderen Ehegatten steht. 14

Die Vermutung des Abs II gilt auch noch über die **Scheidung** hinaus, solange die Auseinandersetzung über das Vermögen der Ehegatten noch nicht beendet ist (ebenso Staudinger/*Voppel* Rn 71). Sie wirkt, soweit eine Auseinandersetzung zw den geschiedenen Ehegatten zu erfolgen hat, auch noch für diese (RG WarnRsp 1923/1924 Nr 128; BGHZ 2, 85), wie sie überhaupt anders als die des Abs I nicht nur im Verhältnis zu den Gläubigern, sondern auch im Verhältnis der Ehegatten zueinander wirkt. Die Erben der Ehefrau können sich, wenn keine Vermögensauseinandersetzung zw ihr und ihrem geschiedenen Mann stattgefunden hat, ggü der zweiten Ehefrau, welcher der Mann Schmuck geschenkt hat, auf die Vermutung des Abs II berufen (BGHZ 2, 86; zust Staudinger/*Voppel* Rn 72). 15

Titel 6
Eheliches Güterrecht (§§ 1363–1563)

Einleitung vor § 1363

Schrifttum: *Bärenz*, Der zwischenzeitliche Zugewinnausgleich, 2010; *Borth*, Teilungsgerechtigkeit beim Ausgleich des Zugewinns – nicht immer ein stimmiges Konzept, FS Koch 2019, 227; *Braeuer*, Der Zugewinnausgleich, 2. Aufl 2015; *Brudermüller*, Die Zugewinngemeinschaft – ein zeitgemäßes Modell?, FF 2012, 280; *Büte*, Im Blickpunkt: Der vorzeitige Zugewinnausgleich, FuR 2018, 114 und 172; *Büte*, Gütertrennung oder modifizierter Zugewinnausgleich – Hinweise für die anwaltliche und notarielle Tätigkeit, FuR 2014, 87 und 338; *Büte/Volker*, Zugewinnausgleich bei Ehescheidung, 6. Aufl 2022; *Dauner-Lieb*, Gütertrennung zwischen Privatautonomie und Inhaltskontrolle, AcP 210, 580; *Gelhaar*, Die Zugewinngemeinschaft im Erbschaftsteuerrecht, ZErb 2016, 10; *Henrich*, Zur Zukunft des Güterrechts in Europa, FamRZ 2002, 1521; *Herr*, Das Verhältnis vorehelicher Vermögensausgleichsansprüche zum Zugewinnausgleich, FuR 2014, 457; *Herr*, Nebengüterrecht, 2013; *Hoppenz*, Ehegattenzuwendungen, FPR 2012, 84; *Koch*, Zehn Jahre Zugewinnausgleichsreform – eine Bilanz, FF 2020, 5; *Kogel*, Strategien beim Zugewinnausgleich, 7. Aufl 2022; *Kogel*, Zehn Jahre Reform des Zugewinnausgleichs – Eine leider eher ernüchternde Bilanz, NZFam 2019, 701; *Kogel*, Der Zugewinn – eine gesetzgeberische Erfolgsgeschichte?, FF 2017, 3; *Kogel*, Vorzeitiger Zugewinnausgleich, vorläufiger Rechtsschutz – eine Herausforderung für den Familienrechtler, FPR 2009, 279; *Lipp*, Zuwendungen an den Partner zwischen Familien- und Erbrecht, FS Schwab 2005, 529; *Mecke*, Güterrechtliche Grundsatzfragen – Zur Legitimation und Dogmatik güterrechtlicher Teilhabe im Zeichen gesellschaftlichen Wandels und europäischer Harmonisierungsbestrebungen, AcP 211, 886; *Meder*, Grundprobleme und Geschichte der Zugewinngemeinschaft, 2010; *Münch*, Vereinbarungen im Güterrecht, FPR 2009, 514; *Röthel*, Plädoyer für eine echte Zugewinngemeinschaft, FPR 2009, 273; *Waas*, Zur Dogmatik der so genannten „ehebezogenen Zuwendungen", FamRZ 2000, 453.

1. Allgemeines. Zur geschichtlichen Entwicklung des Güterrechts vgl die ausf Darstellung bei *Enneccerus/Wolff*, Familienrecht, §§ 40–45 I; *Meder*, Grundprobleme und Geschichte der Zugewinngemeinschaft, 11ff, sowie Erman/*Heckelmann*[9] Einl § 1363. 1

Mit Inkrafttreten des BGB zum 1.1.1900 war als gesetzl Güterstand zunächst der Güterstand der ehemännlichen Verwaltung und Nutznießung (sog Verwaltungsgemeinschaft) vorgesehen. Aufgrund der rechtl Gleichstellung der Geschlechter in Art 3 II, 117 I GG wurde der Güterstand der Verwaltungsgemeinschaft allerdings zum 1.4.1953 beseitigt. An seine Stelle trat nach hM die Gütertrennung, BGHZ 10, 279; Celle NJW 1953, 936; RGRK/*Finke* Anm 12ff; Grü/*Siede* Rn 1; Staudinger/*Thiele* Rn 18f; *Dethloff* FamRZ 2003, 1525. 2

Das GleichberG v 21.6.1957 (BGBl I 1957, 609) hat auch diesen Zustand schließlich beendet und zum 1.7.1958 als neuen gesetzl Güterstand die **Zugewinngemeinschaft** eingeführt (§§ 1363–1390). Ziel war es, die Gleichberechtigung der Frau auch auf vermögensrechtl Gebiet zu verwirklichen. Leben die Ehegatten im Güterstand der Zugewinngemeinschaft, hat jeder Ehegatte sein eigenes Vermögen, das er auch selbständig verwaltet. Es entsteht 3 kein Gesamtgut. Auch die Erträge bilden kein Gesamtgut. Sie sind nur rechnerisch auszugleichen; vgl dazu §§ 1373ff. Zum Ausgleich des Zugewinns nach dem Tode des erstversterbenden Ehegatten vgl § 1371.

4 Daneben ist weiterhin **Gütertrennung** möglich, wenn die Ehegatten a) diesen Güterstand ausdrückl vereinbaren oder b) den gesetzl Güterstand der Zugewinngemeinschaft entweder von vornherein ausschließen oder aber aufheben, nachdem sie bereits in ihm gelebt haben, ohne dass eine anderweitige Regelung getroffen wird, oder c) wenn sie den Zugewinnausgleich ausschließen oder d) die Gütergemeinschaft aufheben, vgl § 1414 Rn 6f. Die Regelung in § 1414 S 2 aF, der zufolge im Zweifel auch der Ausschluss des Versorgungsausgleichs zum Eintritt der Gütertrennung führte, wurde zum 1.9.2009 durch das VAStrRefG v 3.4.2009 (BGBl I 2009, 700) aufgehoben, vgl § 1414 Rn 8.

5 Neben der Gütertrennung ist als weiterer Wahlgüterstand die **Gütergemeinschaft** zugelassen (§§ 1415–1518). Das Vermögen des Mannes und das Vermögen der Frau werden hier gemeinschaftl Vermögen beider Eheleute. Die Verwaltung des Gesamtguts soll im Ehevertrag geregelt werden. Einigen können sich die Ehegatten auf Verwaltung des Mannes, Verwaltung der Frau oder Verwaltung beider Ehegatten. Fehlt eine Vereinbarung, so verwalten die Eheleute das Gesamtgut gemeinschaftl, § 1421.

6 Mit Inkrafttreten des Abkommens zw der Bundesrepublik Deutschland und der Französischen Republik v 4.2.2010 über den Güterstand der Wahl-Zugewinngemeinschaft (dt-frz WZGA) steht für Ehegatten, deren Güterstand dem dt oder französischen Sachrecht unterliegt, seit dem 1.5.2013 auch die **Wahl-Zugewinngemeinschaft** zur Verfügung (s im Einz die Anm dort). Der neue Wahlgüterstand ist der Zugewinngemeinschaft des BGB angenähert, jedoch nicht mit dieser identisch. Abweichungen finden sich insb hinsichtl der Verfügungsbeschränkungen (Art 5 I des Abk) und der Festsetzung der Zugewinnausgleichsforderung (Art 8ff des Abk); für Einzelheiten s *Dethloff* RabelsZ 76, 509; *Meyer* FamRZ 2010, 612; *Jäger* DNotZ 2010, 804; *Stürner* JZ 2011, 545; *Becker* ErbR 2018, 686. Die Vereinbarung der Wahl-Zugewinngemeinschaft setzt nicht notwendig einen Auslandsbezug voraus; der Güterstand steht auch in Deutschland lebenden dt Paaren offen. Die Bestimmung des Güterstatuts in intern Fallgestaltungen richtet sich für Ehegatten, die nach dem 29.1.2019 die Ehe eingegangen sind oder eine Rechtswahl des auf ihren Güterstand anzuwendenden Rechts getroffen haben, nach den Regelungen in Kap III der Europäischen Güterrechtsverordnung – VO (EU) 2016/1103 (ABl 2016 L 183/1), zum Übergangsrecht s Art 69 III VO (EU) 2016/1103; für Altfälle ist weiterhin auf den früheren Art 15 EGBGB abzustellen, der mWv 29.1.2019 aufgehoben wurde.

7 **2. Ausweitung des Ehebegriffs.** Durch das **G zur Einführung des Rechts auf Eheschließung für Personen gleichen Geschlechts** v 20.7.2017 (BGBl I 2017, 2787) ist der zivilrechtl Ehebegriff zum 1.10.2017 auf Verbindungen zw Personen gleichen Geschlechts ausgeweitet worden (s Vor § 1353 Rn 1a). Die §§ 1363ff finden seitdem auf alle Ehen Anwendung, ungeachtet des Geschlechts der Ehepartner (Jauernig/*Budzikiewicz* § 1353 Rn 1, Vor § 1363 Rn 2). Dies gilt ohne Weiteres für Ehegatten, die ab dem 1.10.2017 die Ehe geschlossen haben. Die §§ 1363ff sind aber auch dann heranzuziehen, wenn eine eingetragene Lebenspartnerschaft gem § 20a LPartG in eine Ehe umgewandelt wurde. Sofern die Ehegatten ihre güterrechtl Beziehungen nicht abw geregelt haben (dazu sogleich), leben sie bei einer durch Umwandlung begründeten Ehe im gesetzl Güterstand der Zugewinngemeinschaft (*Kaiser* FamRZ 2019, 845, 850). Dies gilt unabhängig davon, wann die Lebenspartnerschaft begründet wurde. Nach einer Umwandlung ist die Zugewinngemeinschaft auch dann gesetzl Güterstand, wenn die umgewandelte Lebenspartnerschaft vor dem 1.1.2005 begründet wurde und sich ein Lebenspartner nach Einführung der Zugewinngemeinschaft als gesetzl lebenspartnerschaftlichen Güterstand zum 1.1.2005 gem § 21 II LPartG aF (Fassung 30.12.2010) für Gütertrennung entschieden hatte (*Grziwotz* FF 2019, 139, 145; aA *Löhnig* NZFam 2017, 977, 979) oder wenn die Vermögenstrennung als Auffangtatbestand galt (§ 6 III LPartG aF [Fassung 31.12.2004]), BT-Drs 19/4670, 29; *Kaiser* FamRZ 2019, 845, 850. Eine Regelung der güterrechtl Verhältnisse durch Lebenspartnerschaftsvertrag (zB Vereinbarung von Gütertrennung) wird durch die Umwandlung hingegen nicht berührt; der Lebenspartnerschaftsvertrag gilt nach § 20a III LPartG als Ehevertrag weiter (s dazu auch BT-Drs 19/4670, 29; MüKo/*Duden* § 20a LPartG Rn 35). Für die (aus der Ehe resultierenden) Rechte und Pflichten der Ehegatten nach Umwandlung der Lebenspartnerschaft in eine Ehe bestimmt § 20a V LPartG, dass der Tag der Begründung der Lebenspartnerschaft maßgebend ist (vgl auch Vor § 1353 Rn 60). Bedeutung kommt der Regelung zB iRd § 1374 I bei der Bestimmung des Stichtags für das Anfangsvermögen zu (MüKo/*Duden* § 20a LPartG Rn 35; *Kaiser* FamRZ 2019, 845, 849). Zur entspr Anwendung des § 1363 II und der §§ 1364–1390 bei eingetragener Lebenspartnerschaft s § 6 S 2 LPartG.

8 **3. Überleitungsbestimmungen.** Für die Ehegatten, die vor dem **Inkrafttreten des GleichberG** in anderen als den nunmehr vorgesehenen Güterständen gelebt haben (Verwaltungsgemeinschaft, Gütertrennung als allg gesetzl Güterstand zw dem 1.4.1953 und dem 30.6.1958, Errungenschafts- und Fahrnisgemeinschaft) wurden differenzierte Übergangsregelungen geschaffen (s dazu Erman/*Heckelmann*[11] Rn 7). Zum Übergangsrecht in den **neuen Bundesländern** vgl Art 234 § 4 EGBGB sowie Erman/*Heckelmann*[9] Rn 17–19e.

9 **4. Übersicht über das Güterrecht.** Der 6. Titel des 1. Abschnitts behandelt in Untertitel 1 das gesetzl Güterrecht (§§ 1363–1390) und in Untertitel 2 das vertragl Güterrecht (§§ 1408–1519). Untertitel 3, der Bestimmungen über das Güterrechtsregister enthielt, ist durch das G zur Abschaffung des Güterrechtsregisters und zur Änderung des COVID-19-InsolvenzaussetzungsG (BGBl I 2022, 1966) mWv 1.1.2023 aufgehoben worden; zum Übergangsrecht s Art 229 § 64 EGBGB. Die güterrechtl Bestimmungen des BGB werden ergänzt durch §§ 11, 316, 317, 318, 320, 332, 333, 334 InsO.

5. Verfahrensrechtliche Behandlung. Das Verfahren über Ansprüche aus dem ehelichen Güterrecht ist nach § 111 Nr 9, § 112 Nr 2, § 261 I FamFG Familienstreitsache, für die das FamG zuständig ist, § 23a I Nr 1, § 23b GVG. Zu den str Güterrechtssachen iSd § 261 I FamFG gehören primär die Verfahren über Ansprüche aus dem ehelichen Güterrecht, die ihre Grundlage in den §§ 1363–1519 haben, darüber hinaus aber auch solche, die sich aus Vereinbarungen über die Auseinandersetzung der güterrechtl Beziehungen zw den Ehegatten ergeben, vgl BGH NJW 1980, 2529, 2530. Zu nennen sind in erster Linie Ansprüche aus dem Zugewinnausgleich, aus der Gütergemeinschaft sowie aus den vertragl Vereinbarungen zum Güterstand. Die Beteiligung Dritter an dem güterrechtl Verfahren hindert die Qualifikation als Familienstreitsache ausdrückl nicht (s § 261 I FamFG), vgl LG Stuttgart 21.11.2011 – 18 O 395/11. Ebenfalls als Familiensachen dem FamG zugewiesen sind die in § 261 II FamFG bezeichneten nichtstreitigen Verfahren nach § 1365 II, § 1369 II, §§ 1382f, § 1426, § 1430, § 1452 und nach § 1519 iVm Art 5 II, 12 II 2, 17 dt-frz WZGA (s § 111 Nr 9 FamFG, § 23a I Nr 1, § 23b GVG). Die Ersetzung der Zustimmung nach § 1452 und die Entscheidung über die Stundung einer Ausgleichsforderung sowie die Übertragung von Vermögensgegenständen nach §§ 1382f und nach § 1519 iVm Art 12 II 2 und 17 dt-frz WZGA sind nach Maßgabe der § 3 Nr 3 lit g, § 25 Nr 3 lit a, b und c RPflG dem Rechtspfleger übertragen. Für Einzelheiten s die verfahrensrechtl Hinw in der Komm zu den §§ 1363ff. 10

Untertitel 1
Gesetzliches Güterrecht (§§ 1363–1407)

Vorbemerkung vor § 1363

1. Wesen des gesetzlichen Güterrechts. Wenn die Ehegatten über ihre güterrechtl Beziehungen keine vertragl Vereinbarungen treffen, muss der Gesetzgeber ihre besonderen vermögensrechtl Beziehungen, die sich aus der engen Lebens- und Wirtschaftsgemeinschaft der Ehe ergeben, untereinander und zu Dritten auch ohne ihr Zutun regeln. Die Bedeutung des gesetzl Güterrechts ist groß, da nur in wenigen Ehen ein vertragl Güterstand vereinbart wird. 1

2. Grundzüge des allgemeinen gesetzlichen Güterstands der Zugewinngemeinschaft. Die Zugewinngemeinschaft beruht auf Grundsätzen, die schon vor dem 1.7.1958 in der Praxis angewandt wurden, und auf Vorschlägen, die schon Jahrzehnte alt sind. Die Eheleute sollen gemeinsam an dem teilhaben, was sie während der Ehe erarbeiten, weil der Erwerb auf der vielgestaltigen, arbeitsteiligen Zusammenarbeit der Eheleute beruht oder wenigstens durch die Teilung ihrer Aufgaben in der Ehe gefördert und erleichtert worden ist. Der Begriff „Zugewinngemeinschaft" erweckt den Anschein, der Zugewinn jedes Ehegatten würde gemeinschaftl Vermögen beider Ehegatten. Tatsächlich handelt es sich aber um eine Gütertrennung mit Zugewinnausgleich. Sie vermeidet die Nachteile des Gesamthandsvermögens und der komplizierten Haftungsregelung dadurch, dass sie kein gemeinschaftl Vermögen der Ehegatten in Gestalt eines Gesamtguts kennt, sondern die Vermögen der Ehegatten während der Ehe und auch danach ebenso scheidet wie bei der Gütertrennung. Nur durch einige Verfügungsbeschränkungen sind die Ehegatten gebunden. Ebenso getrennt wie das Vermögen sind die Schulden. Solange die Ehe besteht, sorgen die Vorschriften über die eheliche Lebensgemeinschaft (§§ 1353ff) dafür, dass jeder Ehegatte für die Befriedigung seiner Lebensbedürfnisse und für die Bedürfnisse des gemeinschaftl ehelichen Lebens am Erwerb des anderen teilnimmt. Nach der Auflösung der Ehe wird der Zugewinn, den die Eheleute während der Ehe gemacht haben, geteilt. Der Ehegatte, der in seinem Namen keinen oder den geringeren Zugewinn an seinem Vermögen erworben hat, hat gegen den anderen einen schuldrechtl Ausgleichsanspruch iHd Hälfte des Betrages, um den der Zugewinn des anderen Ehegatten den eigenen übersteigt. Allerdings ist der Zugewinnausgleich nicht folgerichtig durchgeführt, sondern in einem wesentlichen Punkt durchbrochen, der erhebliche, oft unüberwindbare systematisch-dogmatische und praktische Schwierigkeiten bereitet, wenn die Ehe durch Tod eines Ehegatten aufgelöst wird: Ist der überlebende Ehegatte gesetzl Erbe, wird der Zugewinnausgleich schematisch, „pauschal" durch eine Erhöhung des gesetzl Erbteils abgegolten (s § 1371 I). 2

3. Systematische Übersicht über die Gesamtregelung der Zugewinngemeinschaft. Die §§ 1363f statuieren den Grundsatz der Vermögens- und Verwaltungstrennung. Die §§ 1365–1369 sehen für zwei Fälle (Rechtsgeschäfte über das Vermögen im Ganzen und über Haushaltsgegenstände) Verwaltungsbeschränkungen vor. § 1371 bestimmt die Erhöhung des gesetzl Erbteils des überlebenden Ehegatten, eröffnet jedoch den Anspruch auf Ausgleich des Zugewinns, wenn der überlebende Ehegatte von der Beteiligung am Nachlass als Erbe, Miterbe oder Vermächtnisnehmer ausgeschlossen ist oder wenn er Erbschaft und Vermächtnis ausschlägt. § 1372 sieht den individuellen Ausgleich des Zugewinns vor, wenn der Güterstand auf andere Weise als durch den Tod eines Ehegatten beendet wird. Die §§ 1373–1376 bestimmen die für den Ausgleich des Zugewinns wesentlichen Begriffe Zugewinn, Anfangs- und Endvermögen sowie die Wertberechnung. § 1377 regelt die gemeinsame Aufstellung eines Verzeichnisses über das Anfangsvermögen durch die Ehegatten. § 1378 behandelt Begriff, Begrenzung und Entstehung der Ausgleichsforderung, § 1379 den Anspruch auf Auskunftserteilung zwecks Ermittlung der Ausgleichsforderung, § 1380 die Anrechnung früherer Zuwendungen. § 1381 gibt dem Schuldner ein Leistungsverweigerungsrecht in Fällen grober Unbilligkeit. In § 1382 wird die Stundung, in § 1383 die Erfüllung der Ausgleichsforderung durch Übertragung anderer Vermögenswerte geregelt. § 1384 bestimmt den bei Scheidung der Ehe für die Berechnung des Zugewinns und die Höhe der Ausgleichsforderung maßgebenden Zeitpunkt. Die 3

§§ 1385–1388 regeln den vorzeitigen Ausgleich des Zugewinns in Sonderfällen, § 1390 die Voraussetzungen, unter denen Dritte in Anspruch genommen werden können.

4 Durch das am 1.9.2009 in Kraft getretene **G zur Änderung des Zugewinnausgleichs- und Vormundschaftsrechts** v 6.7.2009 (BGBl I 2009, 1696) wurde das gesetzl Güterrecht reformiert. Wesentliche Neuerungen sind die Berücksichtigung eines negativen Anfangs- und Endvermögens bei der Errechnung des Zugewinnausgleichs (§§ 1374f), die Vorverlegung des Berechnungszeitpunkts für die Höhe der Ausgleichsforderung auf den Zeitpunkt der Rechtshängigkeit des Scheidungsantrags (§ 1384), die Stärkung des Auskunftsanspruchs nach § 1379 und die Verbesserung des Schutzes vor unredlichen Vermögensverschiebungen (vgl §§ 1385f). Aufgehoben wurden § 1370 (Ersatz von Haushaltsgegenständen) und § 1389 (Sicherheitsleistung). Zum **Übergangsrecht** s Art 229 § 20 EGBGB (näher § 1370 Rn 1, § 1374 Rn 15).

5 **4. Gütertrennung als außerordentlicher gesetzlicher Güterstand.** Die Gütertrennung bleibt der außerordentliche Güterstand, der kraft Gesetzes eintritt, wenn durch rechtskräftigen Beschl der allg gesetzl Güterstand der Zugewinngemeinschaft oder der vertragl Güterstand der Gütergemeinschaft oder der Wahl-Zugewinngemeinschaft (s Einl § 1363 Rn 6) aufgehoben wird, §§ 1388, 1449, 1470, 1519 iVm Art 18 II dt-frz WZGA. Näheres s bei § 1414.

§ 1363 Zugewinngemeinschaft

(1) Die Ehegatten leben im Güterstand der Zugewinngemeinschaft, wenn sie nicht durch Ehevertrag etwas anderes vereinbaren.

(2) Das jeweilige Vermögen der Ehegatten wird nicht deren gemeinschaftliches Vermögen; dies gilt auch für Vermögen, das ein Ehegatte nach der Eheschließung erwirbt. Der Zugewinn, den die Ehegatten in der Ehe erzielen, wird jedoch ausgeglichen, wenn die Zugewinngemeinschaft endet.

1 **1. Inhalt der Vorschrift.** Die Vorschrift enthält die grundlegende **Begriffsbestimmung** des gesetzl Güterstands und gibt diesem zugleich seinen Namen. Zwar entsteht in diesem Güterstand kein Gesamtgut, also keine dinglich gebundene, gesamthänderische Beteiligung beider Ehegatten an einer Gesamtvermögensmasse. Der Name „Zugewinngemeinschaft" lässt sich jedoch aus dem Gesichtspunkt der späteren gemeinschaftl Beteiligung an dem Zugewinn rechtfertigen, der während der Ehe entsteht, sowie aus den besonderen gesetzl Vinkulationsbestimmungen der §§ 1365, 1369, die echte Verfügungsbeschränkungen mit unmittelbarer Bindung sind.

2 **2. Beginn und Ende des Güterstands.** Sofern die Ehegatten keine anderweitige ehevertragl Vereinbarung getroffen haben, tritt der Güterstand der Zugewinngemeinschaft von Gesetzes wegen mit der Eheschließung ein, unabhängig davon, ob die Ehegatten ihn und seine Rechtsfolgen kennen. Die Zugewinngemeinschaft besteht grds auch bei fehlerhafter Eheschließung oder auch dann, wenn die eheliche Lebensgemeinschaft nie vollzogen wurde. Tragen die Parteien in einem Rechtsstreit nichts Gegenteiliges vor, so ist davon auszugehen, dass die Eheleute im gesetzl Güterstand leben (vgl BGHZ 10, 267). Die Darlegungs- und Beweislast für das Vorliegen abw ehevertragl Vereinbarungen trägt derjenige, der sich auf diese beruft (MüKo/*Koch* Rn 5). Die Zugewinngemeinschaft endet spätestens mit der Auflösung der Ehe. Aufgelöst wird die Ehe durch den Tod eines Ehegatten (s § 1371 I), durch Scheidung (§ 1564) oder Aufhebung der Ehe (§§ 1313ff), im Falle der Todeserklärung eines de facto noch lebenden Ehegatten durch Wiederverheiratung des andern (§ 1319). Der gesetzl Güterstand wird den Ehegatten aber nicht aufgezwungen; er gilt für sie nicht oder nicht mehr, wenn sie etwas anderes vereinbaren (s Rn 8). Die Vereinbarung kann jederzeit, aber nur durch Ehevertrag unter Wahrung der hierfür bestimmten Form getroffen werden (vgl dazu §§ 1408, 1410 und wegen der Wirkung ggü Dritten § 1412). Außer durch Auflösung der Ehe und durch Ehevertrag kann der gesetzl Güterstand schließlich durch vorzeitige Aufhebung sein Ende finden (§§ 1385–1388). Zu Beginn und Ende des gesetzl Güterstands s auch § 1374 Rn 1 (dort auch zur Überleitung früherer Güterstände), § 1372 Rn 3ff, § 1375 Rn 19. Zu den güterrechtl Folgen der Umwandlung einer eingetragenen Lebenspartnerschaft in eine Ehe nach § 20a LPartG s Einl § 1363 Rn 7 und Vor § 1353 Rn 55.

3 **3. Keine Vermögensgemeinschaft – Abs II.** Die Zugewinngemeinschaft führt nicht zu einem gemeinschaftl Vermögen der Ehegatten. Weder das Vermögen, das jeder Ehegatte bei der Eheschließung oder beim Eintritt des Güterstandes besitzt, noch später erworbenes Vermögen werden gemeinschaftl Vermögen der Eheleute. Hierdurch unterscheidet sich die Zugewinngemeinschaft von der Gütergemeinschaft. Die Ehegatten bleiben als Träger von Vermögensrechten und Verbindlichkeiten selbständig. Der Zugewinnausgleich, der nach Ende der Zugewinngemeinschaft stattzufinden hat, ist ein **schuldrechtl Zahlungsanspruch**, keine **dingliche Beteiligung** (§ 1378). Eine Vereinbarung der Ehegatten, dass ihr beiderseitiger künftiger Zugewinn gemeinschaftl Vermögen werden soll, ist mit unmittelbarer dinglicher Wirkung nicht möglich.

4 **4. Gemeinsamer Erwerb der Ehegatten.** Nichts spricht dagegen, dass die Ehegatten im Einzelfall durch Rechtsgeschäft gemeinsam Rechte erwerben oder Verbindlichkeiten eingehen, vgl LG Bonn FamRZ 1980, 359; *Dethloff* § 5 B II Rn 51; Staudinger/*Thiele* Rn 6. Der Gesetzgeber kann und will das nicht ausschließen. Was unter nicht durch Ehe verbundenen Personen möglich ist, ist erst recht für Ehegatten zulässig. Bei diesen kommen gemeinsame Rechtsgeschäfte sogar erfahrungsgemäß besonders häufig vor. Die Ehegatten mieten meistens gemeinsam die eheliche Wohnung, sie erwerben häufig gemeinschaftl Grundbesitz oder Hausrat, sie betreiben nicht selten zusammen ein Erwerbsgeschäft; oft sind sie Inhaber eines Gemeinschaftskontos (zum sog „Oder-

Konto" s auch § 1372 Rn 29). Maßgebend ist hierbei allein der rechtsgeschäftliche Wille. Die Rechtsfolgen ergeben sich insoweit nicht aus dem Güterrecht, sondern aus den allg Vorschriften des bürgerlichen Rechts, insb aus denen über die Gemeinschaft, die Gesellschaft, den Auftrag, die Vollmacht und die Ermächtigung, ebenso BGH FamRZ 1969, 78. Der Wille von Ehegatten, etwas gemeinsam zu erwerben, kann sich, insb bei Anschaffung von Haushaltsgegenständen, auch ohne ausdrückl Erklärung und ohne dass hierzu das Einverständnis des Vertragsgegners erforderlich wäre (Geschäft für den, den es angeht), aus den Umständen ergeben. Eine Vermutung für den gemeinsamen Erwerb von Haushaltsgegenständen besteht aber entgegen BGHZ 114, 74, 78ff; Köln NJW-RR 1996, 904 nicht. Maßgebend bleibt der Wille der Parteien im Einzelfall (*Gernhuber/Coester-Waltjen* § 19 Rn 46; MüKo/*Roth* § 1357 Rn 42); die Miteigentumsvermutung gem § 1568b II gilt nur für die Verteilung der Haushaltsgegenstände nach § 1568b (Soergel/*Heintzmann* § 1568b Rn 19). Bewirkt ein Ehegatte die Gegenleistung allein aus seinen Mitteln, schließt dies den Willen zum gemeinsamen Erwerb nicht aus.

Bei **gemeinschaftl Vermögen** der Ehegatten ergeben sich Schwierigkeiten in der **Zwangsvollstreckung**. Die Vollstreckung in den Ehegatten gemeinsam gehörende Gegenstände ist grds nur aufgrund eines gegen beide gerichteten Titels zulässig. Soweit solche Gegenstände zur angemessenen Einrichtung der ehelichen Wohnung gehören, muss es im Allg im Interesse der Familie als richtig und auch vom Standpunkt der Gläubiger aus als tragbar angesehen werden, dass in diese Gegenstände nicht ohne weiteres aufgrund von einseitigen Schulden eines Ehegatten vollstreckt werden kann. Gläubigerschädigenden Machenschaften der Ehegatten kann mit den durch das AnfG gebotenen Möglichkeiten entgegengetreten werden. Soweit es sich um eine Vollstreckung in Vermögensgegenstände anderer Art handelt, ist allerdings häufig eine kritische Prüfung angezeigt, ob wirklich eindeutig ein ursprünglicher Wille der Ehegatten zum gemeinsamen Erwerb anzunehmen ist. IÜ kommt die Pfändung des Anteilsrechts eines Ehegatten an dem gemeinschaftl Gegenstand in Betracht. 5

5. Besitz. Die besitzrechtl Verhältnisse in der Ehe werden nicht durch das Güterrecht vorgegeben, sondern bestimmen sich unabhängig vom Güterstand allein nach den §§ 854ff (*Dethloff* § 4 B III Rn 22, § 5 B III Rn 55). Sachen, die vor der Eheschließung im Alleinbesitz eines Ehegatten standen, bleiben dies grds auch in der Ehe. Werden Einrichtungsgegenstände und eheliche Wohnung allerdings in ungestörter Ehe gemeinsam benutzt, haben die Ehegatten idR Mitbesitz begründet (§§ 854, 866) (BGHZ 73, 253, 256; Staudinger/*Thiele* Rn 8). Aus dem Gebot der ehelichen Lebensgemeinschaft (§ 1353 I) folgt, dass die Ehegatten verpflichtet sind, sich gegenseitig die Benutzung der ehelichen Wohnung und des darin befindlichen Hausrats zu gestatten (BGH NJW 2004, 3041). Auf die Eigentumsverhältnisse oder die schuldrechtl Stellung als Mieter der Ehewohnung kommt es dabei nicht an (BGH NJW 2004, 3041; 1978, 1529, 1530). Der Anspruch kann nötigenfalls gerichtlich geltend gemacht und im Wege der Zwangsvollstreckung durchgesetzt werden (Staudinger/*Thiele* Rn 8). Räumt der ursprünglich allein besitzende Ehegatte dem anderen Mitbesitz ein, wird dieser zugleich Besitzmittler des Vermögensinhabers iSd § 868; das Besitzmittlungsverhältnis folgt hier ex lege aus der ehelichen Lebensgemeinschaft (BGHZ 73, 253, 257; vgl auch München NJW 2013, 3525, 3526). Entspr kann eine Übereignung der im Mitbesitz befindlichen beweglichen Sachen an den anderen Ehegatten nach §§ 929, 930 durch Einigung und Inversion der Besitzmittlung erfolgen; das kraft Gesetzes entstandene Besitzmittlungsverhältnis ersetzt in diesem Fall die in § 930 geforderte Vereinbarung (BGHZ 73, 253, 257; aA MüKo/*Koch* Rn 61 – Eigentumsübertragung allein durch Einigung); auf Erkennbarkeit des Besitzwechsels wird im Rahmen des § 930 generell verzichtet (NK/*Meller-Hannich* § 930 Rn 13 mwN), er ist daher auch bei der Eigentumsübertragung zw Ehegatten nicht zu verlangen; aA (Erkennbarkeit gefordert) *Gernhuber/Coester-Waltjen* § 19 Rn 19; MüKo/*Roth* § 1353 Rn 35. An den Sachen, die ausschließlich dem persönlichen Gebrauch zugedacht sind (Kleider, Schmuck) sowie an den Sachen, die dem Beruf oder Gewerbe eines Ehegatten dienen, bleibt zumeist jeder Partner Alleinbesitzer (*Gernhuber/Coester-Waltjen* § 33 Rn 28). Gleiches gilt idR, wenn die Ehegatten getrennt leben (vgl § 856). 6

Zwangsvollstreckung. Unabhängig davon, ob die Ehegatten an Sachen des Hausrats oder an sonstigen Sachen gemeinsamen Besitz haben, kommt dem Gläubiger in der Zwangsvollstreckung die Fiktion des § 739 I ZPO zugute. Wird zugunsten der Gläubiger eines Ehegatten nach § 1362 vermutet, dass der Schuldner Eigentümer der im Besitz eines Ehegatten oder beider Ehegatten befindlichen beweglichen Sachen ist, so gilt, unbeschadet der Rechte Dritter, für die Durchführung der Zwangsvollstreckung nur der Schuldner als Gewahrsamsinhaber und Besitzer. Der Ehegatte, der nicht Schuldner des die Zwangsvollstreckung betreibenden Gläubigers ist, kann daher weder aus seinem Mitbesitz noch aus seinem Mitgewahrsam Einwendungen geltend machen (Hamm NJW 1956, 1681). Ist der andere Ehegatte allerdings Miteigentümer, so kann er der Zwangsvollstreckung nach § 771 ZPO widersprechen. 7

6. Abdingbarkeit. Der Güterstand der Zugewinngemeinschaft kann jederzeit vertragl geändert werden. Einzuhalten ist die Form des § 1410. Den Ehepartnern steht es frei, anstelle der Zugewinngemeinschaft Gütergemeinschaft oder -trennung zu vereinbaren; eine Rückkehr zur Zugewinngemeinschaft ist dabei jederzeit möglich (vgl zur sog „Güterstandsschaukel" § 1378 Rn 30). Mit Inkrafttreten des Abk zw der Bundesrepublik Deutschland und der Französischen Republik v 4.2.2010 über den Güterstand der Wahl-Zugewinngemeinschaft können die Ehegatten anstelle des gesetzl Güterstands nunmehr auch den vertragl Güterstand der Wahl-Zugewinngemeinschaft vereinbaren, vgl Einl § 1363 Rn 6. Denkbar sind zudem Modifizierungen bei der Zugewinngemeinschaft (konkretisierte Vermögenswerte werden dem Zugewinnausgleich entzogen, BGH NJW 2013, 2753; FamRZ 1997, 800; LG Bonn RNotZ 2001, 588). Zulässig sind auch Vereinbarungen über bestimmte Berechnungs- oder Bewertungsarten zur Bestimmung des Anfangs- oder Endvermögens, vgl dazu auch § 1374 Rn 37, 8

§ 1375 Rn 9, § 1378 Rn 26. Die Grenze ziehen die Sittenwidrigkeit (§ 138) und der Grundsatz von Treu und Glauben (§ 242), ausf *Dauner-Lieb* AcP 210, 580. Näheres § 1408 Rn 5.

9 **7. Steuerrecht.** Zur steuerrechtl Behandlung des Zugewinnausgleichsanspruchs s § 1378 Rn 30f, § 1371 Rn 6.

§ 1364 Vermögensverwaltung

Jeder Ehegatte verwaltet sein Vermögen selbständig; er ist jedoch in der Verwaltung seines Vermögens nach Maßgabe der folgenden Vorschriften beschränkt.

1 **1. Inhalt der Vorschrift. a) Grundsatz der selbständigen Vermögensverwaltung.** § 1364 sieht vor, dass jeder Ehegatte sein Vermögen grds selbständig verwaltet; zugleich weist er auf die in den §§ 1365–1369 bestimmten Ausnahmen von diesem Grundsatz hin. Der Begriff der Verwaltung ist vom Gesetz ebenso wenig bestimmt, wie etwa in § 2038 für die Miterbengemeinschaft. Die Betonung der Vorschrift liegt auf dem Wort „selbständig". Damit soll gesagt sein, dass jeder Ehegatte idR mit seinem Vermögen so umgehen kann, als wäre er unverheiratet. Die Verwaltung des Vermögens umfasst tatsächliche Maßnahmen, Verpflichtungsgeschäfte, Verfügungen aller Art sowie die Führung von Rechtsstreitigkeiten. Durchbrochen wird das Selbstverwaltungsprinzip in den Fällen des § 1357: Bei **Lebensbedarfsdeckungsgeschäften** sind die Gatten kraft Gesetzes ermächtigt, sich gegenseitig zu verpflichten und zu berechtigen. Der mWv 1.1.2023 neu geschaffene § 1358 verleiht den Ehegatten zudem ein gegenseitiges gesetzl **Notvertretungsrecht** in Angelegenheiten der Gesundheitssorge. Daneben nimmt die grds Selbstverwaltung den Gatten natürlich nicht die Möglichkeit zu rechtsgeschäftlicher **Bevollmächtigung** (§ 167), die zur Vermeidung der Haftung gem § 179 Dritten ggü ggf nachgewiesen werden muss. Zu dem Fall, dass ein Ehegatte sein ganzes Vermögen oder einen Teil seines Vermögens der Verwaltung des anderen überlässt, vgl § 1413. Vermögensgegenstände, die im **gemeinschaftl Eigentum** der Ehegatten stehen, werden von ihnen nach den hierfür in Betracht kommenden allg Vorschriften auch gemeinsam verwaltet; dabei haben die Ehegatten die durch die Ehe gebotene besondere Rücksicht walten zu lassen.

2 **b) Beschränkung der Verwaltung nach allgemeinen Vorschriften.** Die allg Vorschriften, nach denen ein Ehegatte in der Befugnis, sein Vermögen selbständig zu verwalten, beschränkt sein kann, werden von § 1364 nicht berührt. Ist **Einwilligungsvorbehalt** ggü einem Ehegatten angeordnet (§ 1825), so richtet sich die Verwaltung des Vermögens nach den Vorgaben des Betreuungsrechts. Wird das Vermögen durch den Betreuer im Rahmen seiner Stellvertretungsmacht verwaltet, ist er dabei allerdings in gleicher Weise gebunden wie der vertretene Ehegatte, dh insb den Beschränkungen der §§ 1365, 1369 unterworfen (MüKo/*Koch* Rn 11; Staudinger/*Thiele* Rn 15; s auch § 1365 Rn 8). Entspr gilt, wenn ein Ehegatte **geschäftsunfähig** ist (§ 104 Nr 2). Fälle **beschränkter Geschäftsfähigkeit** aufgrund der Minderjährigkeit eines Ehegatten (§ 106) werden nach Inkrafttreten des G zur Bekämpfung von Kinderehen v 17.7.2017 (BGBl I 2017, 2429) demggü kaum noch eine Rolle spielen, da vor Eintritt der Volljährigkeit die Ehe nicht mehr eingegangen werden darf (§ 1303); sollte in Ausnahmefällen dennoch die Verwaltung des Vermögens eines verheirateten Minderjährigen in Rede stehen, gelten die vorstehenden Ausführungen entspr.

3 **2. Beschränkungen durch das Güterrecht, §§ 1365, 1369.** Die güterrechtl Schranken der Verwaltungsfreiheit, denen jeder Ehegatte unterworfen ist und auf die § 1364 Hs 2 hinweist, werden in den §§ 1365–1369 behandelt. Ein Ehegatte kann danach über sein Vermögen im Ganzen (§ 1365) oder ihm gehörende Haushaltsgegenstände (§ 1369) nur verfügen oder sich zu einer solchen Verfügung verpflichten, wenn der andere Ehegatte zustimmt bzw die erforderliche Zustimmung gerichtlich ersetzt wird. Dabei handelt es sich ebenso wie bei den für die Gütergemeinschaft (vgl § 1427) bestimmten Beschränkungen nicht nur um ein gesetzl Veräußerungsverbot iSd § 135, sondern um Verfügungsbeschränkungen mit absoluter Wirkung. Die durch § 135 II offengelassene Möglichkeit gutgläubigen Erwerbs durch einen Dritten besteht nicht (s § 1365 Rn 41). Ein Dritter ist weder geschützt, wenn er nicht gewusst hat, dass sein Vertragspartner verheiratet ist, noch wenn er an die Einwilligung von dessen Ehegatten geglaubt hat; etwas anderes gilt nach hM nur, wenn dem Dritten nicht bekannt war, dass ein veräußerter Einzelgegenstand bereits (nahezu) das gesamte Vermögen seines Vertragspartners darstellte (s dazu § 1365 Rn 10, 18). Möglich ist aber gutgläubiger Erwerb von dem Dritten durch Vierte gem §§ 892ff, 932ff; in diesem Fall verlieren die Beschränkungen ihre Wirkung (Zweibrücken FamRZ 1986, 997). Hat ein Ehegatte dem Verbot der §§ 1365, 1369 zuwidergehandelt, steht seinem Ehepartner das Revokationsrecht des § 1368 zu; darüber hinaus kann er nach Maßgabe der § 1385 Nr 2, § 1386 ggf auch die vorzeitige Aufhebung der Zugewinngemeinschaft verlangen.

4 Die Beschränkungen der §§ 1365, 1369 sind die einzigen Verwaltungsbeschränkungen, die das Gesetz vorsieht. Insb ist anders als bei der Gütergemeinschaft (vgl §§ 1424, 1425) im gesetzl Güterstand ein Ehegatte nicht gehindert, über ihm gehörenden Grundbesitz selbständig zu verfügen und Schenkungen aus seinem Vermögen vorzunehmen (vgl dazu aber § 1375 II und § 1385 Nr 2, § 1386, § 1390).

5 **3. Verwaltungspflicht der Ehegatten.** Eine dem § 1435 S 1 bei der Gütergemeinschaft entspr Regelung, die den Ehegatten zu ordnungsgemäßer Verwaltung verpflichtet, fehlt im gesetzl Güterrecht. Es gilt der Grundsatz der selbständigen Ausübung der Vermögensrechte. Nicht entbunden sind die Ehegatten jedoch von jenen wirtschaftl Pflichten, die unabhängig vom Güterstand aus den **Wirkungen der Ehe im Allg** (§§ 1353ff) resultieren (MüKo/*Koch* Rn 6). Insb folgt aus der Verpflichtung der Ehegatten, zum angemessenen Unterhalt der Familie beizutragen (§§ 1360, 1360a), dass jeder Ehegatte dem anderen ggü gehalten ist, sein Vermögen so zu verwalten,

dass er seiner Unterhaltsverpflichtung gerecht werden kann. Verletzt ein Ehegatte schuldhaft längere Zeit hindurch die aus dem ehelichen Verhältnis folgenden wirtschaftl Verpflichtungen, kann der andere nach Maßgabe der § 1385 Nr 3, § 1386 die vorzeitige Aufhebung der Zugewinngemeinschaft und im Fall der Ausgleichsberechtigung vorzeitigen Zugewinnausgleich verlangen. Trifft den ausgleichsberechtigten Ehegatten der Vorwurf pflichtwidrigen Verhaltens, hat der ausgleichspflichtige Ehegatte ggf ein Leistungsverweigerungsrecht (§ 1381 II). Kommt es infolge schlechter Vermögensverwaltung zu einer **Schmälerung des Zugewinns**, wird dem benachteiligten Ehegatten ggf über die rechnerische Erhöhung des Endvermögens nach § 1375 II geholfen; zudem können die Ansprüche aus § 1385 Nr 2, § 1386 geltend gemacht werden. Weigert sich ein Ehegatte, **Auskunft** über den Bestand seines Vermögens zu geben, kann auch dies gem § 1385 Nr 4, § 1386 güterrechtl Konsequenzen zeitigen. Eine allg Pflicht, die Vermögensverwaltung am Wohl der Familie auszurichten, besteht aber nicht. Es bleibt bei dem Grundsatz der selbständigen Vermögensverwaltung, der lediglich nach Maßgabe der vorstehenden Regelungen durchbrochen ist. Insb hat ein Ehegatte keinen Anspruch darauf, dass der andere bei der Verwaltung seines Vermögens die Erzielung eines Zugewinns anstrebt oder ihm ein Leben in (erreichbarem) Wohlstand ermöglicht (MüKo/*Koch* Rn 6; Staudinger/*Thiele* Rn 4, 6; *Gernhuber/Coester-Waltjen* § 33 Rn 5; aA Erman/*Gamillscheg*[12] Rn 2).

§ 1365 Verfügung über Vermögen im Ganzen

(1) Ein Ehegatte kann sich nur mit Einwilligung des anderen Ehegatten verpflichten, über sein Vermögen im Ganzen zu verfügen. Hat er sich ohne Zustimmung des anderen Ehegatten verpflichtet, so kann er die Verpflichtung nur erfüllen, wenn der andere Ehegatte einwilligt.

(2) Entspricht das Rechtsgeschäft den Grundsätzen einer ordnungsmäßigen Verwaltung, so kann das Familiengericht auf Antrag des Ehegatten die Zustimmung des anderen Ehegatten ersetzen, wenn dieser sie ohne ausreichenden Grund verweigert oder durch Krankheit oder Abwesenheit an der Abgabe einer Erklärung verhindert und mit dem Aufschub Gefahr verbunden ist.

Schrifttum: *Bernauer*, Das Zustimmungserfordernis nach § 1365 BGB bei der Bestellung von Grundpfandrechten, DNotZ 2019, 12; *Brambring*, § 1365 BGB und der Grundstücksverkauf in der notariellen Praxis, FamFR 2012, 460; *Brambring*, § 1365 BGB bei anderen Rechtsgeschäften und Ersetzungsbefugnis, FamFR 2012, 483; *Braun*, Zur Auslegung der §§ 1365, 1369 BGB, FS Musielak, 2004, 119; *Fuge*, Verfügungsbeschränkung der §§ 1365ff, 1369 BGB, ZFE 2004, 47; *Gottwald*, Zustimmung des Ehegatten zum Antrag auf Anordnung der Teilungsversteigerung?, FamRZ 2006, 1075; *Kogel*, Die Verfügung über das Vermögen im Ganzen gem. § 1365 BGB – nicht nur ein Problem des Zugewinns, FamRB 2005, 52; *Kunzel*, Heilung schwebend unwirksamer Gesamtvermögensgeschäfte eines Ehegatten?, FamRZ 1988, 452; *Tiedtke*, Die Umdeutung eines nach den §§ 1365, 1366 BGB nichtigen Rechtsgeschäfts in einen Erbvertrag, FamRZ 1981, 1; *Tiedtke*, Verfügungen eines Ehegatten über das Vermögen im Ganzen, FamRZ 1988, 1007; *Tiedtke/Schmitt*, Aufrechnung gegen revokatorische Zahlungsansprüche, FamRZ 2009, 1105; *Voges-Wallhöfer*, Die Bewertung einer Grundschuld im Rahmen von § 1365 BGB, FamFR 2010, 318; *Wolf*, Übertriebener Verkehrsschutz, JZ 1997, 1087; *Zimmer/Pieper*, Die Anwendung des § 1365 BGB in der Teilungsversteigerung, NJW 2007, 3104. Zu Literaturangaben vor 1980 s 12. Aufl.

1. Zweck der Vorschrift. § 1365 verfolgt nach den Vorstellungen des Gesetzgebers zwei gleichrangige Ziele: 1
Zum einen soll die wirtschaftliche Existenzgrundlage der Familie geschützt, zum anderen der zukünftige Ausgleichsanspruch bei Güterstandsende gesichert werden, vgl Bericht des Rechtsausschusses des Bundestags v 25.4.1957 zu BT-Drs II 3409, 6; BGHZ 43, 174; BGH FamRZ 2007, 1634, 1636; 2000, 744; Jena NZFam 2020, 124, 128; Celle NJW-RR 2001, 866; *Gernhuber/Coester-Waltjen* § 34 Rn 4; modifiziert BGH FamRZ 1987, 909f; BGHZ 132, 218, 221; BGH NJW 2013, 1156, 1157: Normzweck ist nicht nur die Sicherung vor wirtschaftl Notlagen, sondern auch der Behalt derjenigen wirtschaftl Grundlage der Familie, die sie bisher im Vermögen der Ehegatten besaß. Krit zum doppelten Normzweck *Braun* FS Musielak, 125ff.

2. Zustimmungsbedürftige Rechtsgeschäfte. a) Verpflichtungs- und Verfügungsgeschäfte. Der Zustim- 2
mung des Ehepartners bedürfen alle Rechtsgeschäfte, die ein Ehegatte über sein Vermögen im Ganzen vornehmen will (zu dem Begriff des Vermögens im Ganzen s Rn 9ff). Das Einwilligungserfordernis trifft nicht nur sachenrechtl **Verfügungsgeschäfte**, sondern auch solche Rechtsgeschäfte, durch die sich ein Ehegatte **verpflichtet**, über sein gesamtes Vermögen zu verfügen. Wäre der Ehegatte nur in seiner Verfügungsfreiheit beschränkt, könnte sich aber ohne Zustimmung des anderen Ehegatten wirksam verpflichten, so wäre zwar der Anspruch auf die Leistung wegen Unmöglichkeit ausgeschlossen (§ 275 I), der Schutzzweck der Bestimmung drohte jedoch dadurch vereitelt zu werden, dass der Vertragspartner Schadensersatzansprüche geltend machen könnte. Relevant wird das Einwilligungserfordernis allerdings nur, wenn das Rechtsgeschäft nicht schon aus sonstigen Gründen unwirksam ist (Jena NZFam 2020, 124, 128: sittenwidriger Vertrag).

Erfasst sind auch Verfügungen, die nicht in Erfüllung eines Verpflichtungsgeschäfts vorgenommen werden, son- 3
dern „isoliert" erfolgen (zB Dereliktion); der Wortlaut bezieht die Fälle zwar nicht unmittelbar ein, dem Normzweck wird aber nur ein entspr weites Verständnis gerecht (MüKo/*Koch* Rn 10; Staudinger/*Thiele* Rn 8).

b) Verfügungen. Das Tatbestandsmerkmal der Verfügung in § 1365 I ist ebenso zu verstehen wie etwa in 4
§§ 135, 185 oder 893: Es bezieht sich auf Rechtsgeschäfte, durch die auf ein Recht unmittelbar eingewirkt wird, indem es übertragen, belastet, aufgehoben oder in seinem Inhalt geändert wird (BGHZ 1, 294, 304; NK/*Gruber/Holzapfl-Jordan* Rn 23; Staudinger/*Thiele* Rn 36). Rechtsgeschäfte, die **keine unmittelbare Verpflichtung zur Verfügung über das Vermögen im Ganzen** enthalten, zB Bürgschaften (BGH FamRZ 1983, 455 m abl Anm *Bosch*;

München OLG 1982, 73; LG Erfurt 15.1.2009 – 9 O 1831/07), Schuldübernahmen, Darlehens- oder Garantiezusagen (Frankfurt MDR 1968, 923; Brandenburg 7.3.2018 – 4 U 26/17), fallen nicht unter § 1365, selbst wenn ihre Realisierung das ganze Vermögen des Ehegatten erfassen würde (NK/*Gruber/Holzapfl-Jordan* Rn 21; MüKo/*Koch* Rn 46; BeckOK/*Scheller/Sprink* Rn 28; aA *Dethloff* § 5 B IV Rn 68). Ebenfalls zustimmungsfrei sind Rechtsgeschäfte, die zur **Vornahme eines Realakts** verpflichten zB Verschrottung eines PKW, Einschmelzen von Goldschmuck (MüKo/*Koch* Rn 44; BeckOK/*Scheller/Sprink* Rn 41). Auch Maßnahmen der **Zwangsvollstreckung** in einen wesentlichen Vermögensteil des Ehegatten sind keine Verfügungen iSd § 1365 I; das Gesetz erfasst nur rechtsgeschäftliches Handeln (BGH FamRZ 2006, 410 und 856). Dies gilt auch, wenn der Gläubiger eines Ehegatten die Teilungsversteigerung betreibt (Hamburg MDR 1970, 419), denn § 1365 I schützt die Familie nur vor Verfügungen der Ehegatten; zur analogen Anwendbarkeit der Norm, wenn einer der Ehegatten Antrag auf Teilungsversteigerung stellt, s Rn 26. Nicht von § 1365 I erfasst ist auch die **Unterwerfung unter die sofortige Zwangsvollstreckung**; § 800 ZPO hat lediglich prozessuale Bedeutung und stellt keine Verfügung über das Grundstück dar (BGH NJW 2008, 3363f: Zwangsvollstreckung in Erbbaurecht; *Weimar* JR 1961, 255; *Gernhuber/Coester-Waltjen* § 34 Rn 23; MüKo/*Koch* Rn 52; Staudinger/*Thiele* Rn 55). Ein in einer vollstreckbaren Urkunde aufgenommenes **abstraktes Schuldanerkenntnis**, das den Wert des gesamten Vermögens erfasst, kann jedoch zustimmungsbedürftig sein, wenn es dazu dienen soll, § 1365 I zu umgehen (Karlsruhe FamRZ 1961, 317; LG Mannheim FamRZ 1961, 316; LG Wuppertal NJW 1960, 1468; NK/*Gruber/Holzapfl-Jordan* Rn 23; MüKo/*Koch* Rn 47).

5 **Verfügungen von Todes wegen**, auch solche durch Erbvertrag, fallen nicht unter § 1365 (BGHZ 40, 224); zu Verfügungen nach Anfall einer Erbschaft oder eines Vermächtnisses s Rn 36.

6 **c) Verpflichtungszeitpunkt.** § 1365 gilt nur für Ehegatten, die im Verpflichtungszeitpunkt im gesetzl **Güterstand der Zugewinngemeinschaft** leben. Hat sich einer der Partner bereits als Verlobte/r zu einem Rechtsgeschäft iSd Norm verpflichtet, findet § 1365 keine Anwendung. Die zur Erfüllung erforderlichen Verfügungsgeschäfte sind ohne Einwilligung wirksam, auch wenn sie erst nach Eintritt des gesetzl Güterstands vorgenommen werden (LG Karlsruhe NJW-RR 1986, 169, 170; *Gernhuber/Coester-Waltjen* § 34 Rn 8; NK/*Gruber/Holzapfl-Jordan* Rn 5; s auch *Bernauer* DNotZ 2019, 12, 21: Grundschuldbestellung durch den Verkäufer; aA Hk/*Kemper* Rn 4). § 1365 I 2 erfasst nur die Fälle, in denen das Verpflichtungsgeschäft im Zeitpunkt seiner Vornahme der Einwilligung des anderen Ehegatten bedurft hätte. Konnte sich der kontrahierende Ehegatte ohne Zustimmung seines Ehepartners wirksam verpflichten, muss er auch in der Lage sein, diese Verpflichtung zu erfüllen. Der Schutz des Rechtsverkehrs geht hier dem Familienschutz vor, vgl BGHZ 106, 253, 257f. Entspr gilt, wenn eine **eingetragene Lebenspartnerschaft in eine Ehe umgewandelt** wurde und die Ehegatten erst aufgrund der Umwandlung im gesetzl Güterstand der Zugewinngemeinschaft leben (vgl Einl § 1363 Rn 7). Bestand zuvor gem § 21 II LPartG aF (Fassung 30.12.2010) Gütertrennung oder gem § 6 III LPartG aF (Fassung 31.12.2004) – als Auffangtatbestand – Vermögenstrennung, konnte sich ein Lebenspartner ohne Einwilligung des anderen verpflichten, über sein Vermögen im Ganzen zu verfügen. Die zur Erfüllung erforderlichen Verfügungsgeschäfte bedürfen dann auch nach einer Umwandlung der Lebenspartnerschaft in eine Ehe und der dadurch bewirkten Entstehung einer Zugewinngemeinschaft nicht der Einwilligung des anderen Ehegatten. Dies gilt ungeachtet des § 20a V LPartG. Die Regelung betrifft die aus der Ehe resultierenden Rechte und Pflichten der Ehegatten untereinander (*Schwab* FamR Rn 564) und ordnet insofern (nur) eine tatbestandliche Rückanknüpfung an (*Kaiser* FamRZ 2019, 845, 849). Bereits abgeschlossene Vorgänge werden nicht neu bewertet. Dies betrifft auch ein im Zeitpunkt seiner Vornahme zustimmungsfreies Verpflichtungsgeschäft. Insofern gilt nichts anderes als bei einer ehevertragl Vereinbarung der Zugewinngemeinschaft mit Rückwirkung. Auch dieser kommt lediglich Bedeutung für die Festlegung des Anfangsvermögens zu (*Sontheimer* NJW 2001, 1315, 1316); sie führt nicht zu rückwirkenden Verfügungsbeschränkungen.

7 Wird der Güterstand durch rechtskräftige Scheidung beendet, bedürfen danach vorgenommene Rechtsgeschäfte nicht mehr der Einwilligung nach § 1365; geschiedene Eheleute können wieder frei über ihr Vermögen verfügen (Hamm NJW-RR 2006, 1442). Dies gilt entgegen einer verbreiteten Auffassung auch dann, wenn das Gesamtvermögensgeschäft zwar nach der Scheidung vorgenommen wird, aber noch während eine gem § 140 II FamFG vom Verbund abgetrennte Zugewinnausgleichssache rechtshängig ist (*Janke* FamRZ 2004, 627ff; *Gomille* NJW 2012, 1545, 1547ff; Staudinger/*Thiele* Rn 102; *Gernhuber/Coester-Waltjen* § 34 Rn 3; BeckOK/*Scheller/Sprink* Rn 7; wohl auch München NJW-RR 2006, 1518f; aA Celle FamRZ 2004, 625f; Köln FamRZ 2001, 176; Hamm FamRZ 1984, 53ff m zust Anm *Bosch*; MüKo/*Koch* Rn 5; Grü/*Siede* Rn 11: analoge Anwendung des § 1365). Zu den Auswirkungen der Güterstandsbeendigung durch Tod oder Scheidung auf ein mangels Einwilligung schwebend unwirksames Geschäft s § 1366 Rn 10ff.

8 **d) Handeln Dritter.** § 1365 beschränkt auch die Vertreter der Ehegatten und Dritte, die ihre Rechtsmacht von den Ehegatten ableiten (§ 1364 Rn 2; § 1367 Rn 2). Etwas anderes gilt für **Amtstreuhänder** wie **Testamentsvollstrecker, Insolvenz- oder Zwangsverwalter** (Naumburg MittBayNot 2019, 188: Insolvenzverwalter). Sie sind nicht den Verfügungsbeschränkungen des § 1365 unterworfen, da sie nicht als Vertreter des Ehegatten fungieren, zust Staudinger/*Thiele* Rn 13.

9 **3. Zum Begriff des Vermögens im Ganzen. a) Verpflichtung zur Übertragung des gesamten Vermögens.** Unbestritten trifft § 1365 auf solche Verpflichtungs- oder Verfügungsgeschäfte zu, deren Inhalt auf die Übertragung (oder die Nießbrauchbelastung) des **Vermögens im Ganzen** gerichtet ist (s nur BGH NJW 2013, 1156 mwN). Gemeint ist das **Aktivvermögen** (BGHZ 77, 293, 295 mwN; Jena NZFam 2020, 124, 127; Saarbrücken

NJW-RR 2019, 772, 774; Frankfurt NJOZ 2018, 90, 91), so dass die Vorschrift auch bei Überschuldung des Ehegatten Anwendung findet (BGH FamRZ 2000, 744, 745). Ein solcher Vermögensverfügungsvertrag liegt dann vor, wenn er erkennbar nicht nur die darin bezeichneten Gegenstände erfassen soll, sondern das **gesamte** gegenwärtige **Vermögen** des kontrahierenden Ehegatten, wobei es unschädlich ist, wenn einige wenige, unbedeutende Stücke, zB persönliche Gebrauchsgegenstände von unbedeutendem Wert, ausgenommen werden. Es muss sich um einen Vertrag „in Bausch und Bogen" handeln, dessen schuldrechtl Eigenart in der Vereinbarung eines Gesamtpreises für den gesamten Vermögensinbegriff, der Vertragsinhalt geworden ist, liegt, ohne dass Teilpreise für einzelne Gegenstände vereinbart werden; vgl Vor § 2371 und die dort auftauchende Problematik der Abgrenzung des Erbschaftskaufs von Verträgen über einzelne Erbschaftsgegenstände.

b) Einzeltheorie. Der Zweck der besonderen Verwaltungsbeschränkung kann aber nur dann in vollem Umfang erreicht werden, wenn der Begriff des Gesamtvermögens weit ausgelegt wird. Erfasst sind nach hM daher nicht nur diejenigen Rechtsgeschäfte, die ihrem Inhalt nach auf die Verpflichtung zur Übertragung des ganzen Vermögens gerichtet sind, sondern auch solche, die sich auf **einzelne Vermögensgegenstände** beziehen, sofern dieser Gegenstand oder diese Gegenstände das **gesamte oder nahezu das gesamte Vermögen** des Ehegatten bildet bzw bilden, sog **Einzeltheorie** (st Rspr, s nur BGH NZM 2013, 438; NJW 2013, 1156 mwN; aus dem Schrifttum s Soergel/*Czeguhn* Rn 6; Staudinger/*Thiele* Rn 17ff; *Dethloff* § 5 B IV Rn 60f); zu den von den Vertretern der Einzeltheorie geforderten subj **Voraussetzungen** s Rn 11. Dagegen wird vor allem von *Barz* ZHR 126, 170, 172; *Rittner* FamRZ 1961, 1 und *Tiedau* MDR 1961, 721 die sog **„Gesamttheorie"** vertreten. Aus der Entstehungsgeschichte, dem Wortlaut und dem Sinn und Zweck der Vorschrift sei zu folgern, dass § 1365 nur solche Rechtsgeschäfte erfasst, bei denen der Parteiwille auf das gesamte gegenwärtige Vermögen als solches gerichtet ist, nicht aber jene, die sich auf bestimmte Einzelgegenstände beziehen. Dies sieht *Benthin* FamRZ 1982, 338 durch die Entwicklung des Eherechts hin zu mehr Eigenverantwortlichkeit und Selbstbestimmung bestätigt. 10

Ein derartig enges Verständnis des § 1365 würde den Anwendungsbereich der Regelung allerdings auf wenige Ausnahmefälle reduzieren. Familien, die ihre wirtschaftl Basis im Wesentlichen auf ein einziges werthaltiges Objekt stützen, bliebe bei dessen Weggabe der Schutz versagt, obwohl sich die Folgen nicht von denen einer Verfügung über das Vermögen im Ganzen unterschieden. Der auf Erhaltung der wirtschaftl Grundlage der Familie gerichtete rechtspolitische Zweck der Verwaltungsbeschränkung wäre damit verfehlt. Ein effektiver Familien- und Ausgleichsschutz ist nur zu gewährleisten, wenn der Anwendungsbereich des § 1365 iSd Einzeltheorie ausgedehnt wird; zu den zu fordernden subj Voraussetzungen s Rn 18. Dabei ist für die Frage, ob bei Verfügungsgeschäften über einzelne Vermögensgegenstände eine Zustimmung des Ehegatten erforderlich ist, ein **wirtschaftl Maßstab** anzulegen (BayObLG FamRZ 1960, 31 unter Hinw auf die entspr Auslegung dieses Begriffes in §§ 419 aF und 1444 aF; s auch BGH NJW 2013, 1156, 1157 mwN). Es genügt, wenn der Vertragsgegenstand tatsächlich das ganze Vermögen ausmacht oder der Wert der sonst noch vorhandenen Vermögensstücke im Verhältnis zum ganzen Vermögen wirtschaftl ohne Bedeutung ist. Maßgebend ist die Relation des obj Werts des Geschäftsgegenstands zum verbleibenden Vermögen **bei Vornahme des Rechtsgeschäfts** (BGH NJW 2011, 3783, 3784 mwN; sollte sich die Vermögenssituation später verschlechtern, bleibt das Rechtsgeschäft aus Gründen des Verkehrsschutzes dennoch wirksam, vgl auch Rn 6; NK/*Gruber*/*Holzapfl-Jordan* Rn 7). Für dieses Verhältnis werden feste **Grenzen** gezogen, die ihrerseits von der Größe des Ausgangsvermögens abhängen und entspr variieren. Der BGH hat in FamRZ 1980, 765, 767 deutlich gemacht, dass er bei verbleibenden 30 % den Tatbestand des § 1365 als nicht mehr erfüllt ansieht, die Grenzziehung bei 10 % aber für zu niedrig hält. Dies hat der BGH in FamRZ 1991, 669 dahin konkretisiert, dass auch bei größerem Vermögen (über 500 000 DM) die Voraussetzungen des § 1365 idR nicht erfüllt sind, wenn dem verfügenden Ehegatten noch 10 % des ursprünglichen Gesamtvermögens verbleiben; ebenso BGH NJW 2011, 3783, 3784 (bei einem Ursprungsvermögen von über 400 000 €); vgl auch Jena NZFam 2020, 124, 127f; Saarbrücken NJW-RR 2019, 772, 774; Düsseldorf 11.11.2014 – I-24 U 90/14 (208 262 €); Jena 4.2.2010 – 4 W 36/10 (300 000 €); Köln 8.2.2012 – 5 U 181/11 (11,3 % auch bei größerem Vermögen nicht mehr ausreichend bei Geschäften unter nahen Angehörigen, wenn das Vermögen ersichtlich dem Zugriff Dritter entzogen werden soll). Bei kleineren Vermögen (bis ca 250 000 €, Saarbrücken NJW-RR 2023, 380, 381) soll das Rechtsgeschäft der Zustimmung bedürfen, wenn das verbleibende Vermögen weniger als 15 % des ursprünglichen Gesamtvermögens ausmacht (BGHZ 77, 293, 299; Köln NJW-RR 2005, 4f: 70 632 €; München FamRZ 2005, 272) bzw über 85 % des Vermögens oder mehr verfügt werden soll (BGH NJW 2015, 56, 57; NJW 2013, 1156; Koblenz FamRZ 2008, 1078f: 135 000 DM). Krit zur bisherigen Gerichtspraxis *Gernhuber*/*Coester-Waltjen* § 34 Rn 33. 11

c) Wertvergleich. Zu betrachten ist die Vermögenslage vor und nach der Verfügung. Dabei sind die Vermögensteile um die auf ihnen ruhenden dinglichen Belastungen zu vermindern (vgl BGH NJW 2013, 1156, 1157; Jena NZFam 2020, 124, 128; Frankfurt NJOZ 2018, 90, 91), während persönliche Verbindlichkeiten außer Betracht bleiben (BGH FamRZ 1980, 765, 766; Frankfurt NJOZ 2018, 90, 92; Celle FamRZ 2010, 562). Einzubeziehen in den Wertvergleich sind sowohl **pfändbare** als auch **unpfändbare Gegenstände** (*Gernhuber*/*Coester-Waltjen* § 34 Rn 34; MüKo/*Koch* Rn 27; BeckOK/*Scheller*/*Sprink* Rn 12; aA *Sachs* FamRZ 2015, 1444, 1445f: verbleibendes unpfändbares Vermögen bleibt unberücksichtigt, zB Vertragsarztpraxis). Auch unpfändbare Gegenstände sind Teil des Vermögens und damit der wirtschaftl Grundlage der Familie; eine Ausklammerung aus dem Wertvergleich erweiterte den Kreis der einwilligungsbedürftigen Rechtsgeschäfte zulasten des Rechtsverkehrs und des agierenden Ehegatten, ohne dass dies vom Schutzzweck der Norm (vgl Rn 1) vorgegeben wäre (KG NJW 1976, 717f). Unerheblich ist zudem, ob die Vermögensgegenstände der **Zwangsvollstreckung unter-** 12

liegen (BGH NJW 2013, 1156, 1157: dingliches Wohnrecht). Wird ein bereits **belastetes Grundstück** weiter belastet, ist zu prüfen, ob die weitere Belastung den verbleibenden Grundstückswert aufzehrt (s auch Rn 28; BGH NJW 2011, 3783; FamRZ 1993, 1302). Umstr ist, ob ein im Gegenzug für die Veräußerung begründetes, **personengebundenes Wohnrecht** oder die Bestellung eines lebenslangen Nießbrauchs den Wert des verbleibenden Vermögens erhöht (so Koblenz FamRZ 2008, 1078f: Wohnrecht; Staudinger/*Thiele* Rn 28; Grü/*Siede* Rn 6; aA München 16.4.2012 – 34 Wx 485/11: Nießbrauch; Hamm FamRZ 1997, 675: Nießbrauch; Celle FamRZ 1987, 943: Wohnrecht; MüKo/*Koch* Rn 23; *Rauscher* FamR Rn 385). Nach Auffassung des BGH ist ein dingliches Wohnrecht jedenfalls dann dem Restvermögen zuzurechnen, wenn die Eigentumsübertragung und die Bestellung des Wohnrechts in einem einheitlichen Vertrag erfolgen; das Wohnrecht verkörpere bei der gebotenen wirtschaftl Betrachtungsweise einen dem Verfügenden in gewandelter Form verbleibenden Teil des Grundstücks (BGH NJW 2013, 1156, 1157). Ob damit dem Zweck der Norm, die wirtschaftl Grundlage der Familie in ihrer bisherigen Form zu bewahren (s Rn 1), ausreichend Rechnung getragen wird, erscheint allerdings zweifelhaft (vgl auch *Litzenburger* ZEV 2013, 407; *Rauscher* FamR Rn 385).

13 Keine Rolle für die Bewertung des Restvermögens spielt, dass uU für den Vermögensgegenstand ein adäquater **Kaufpreis** gezahlt wird. Das Gesetz setzt für den Genehmigungsvorbehalt keine wirtschaftl Einbuße voraus, sondern ein Verfügungsgeschäft, das das Vermögen betrifft. Es kommt nicht darauf an, ob das Geschäft wirtschaftl zweckmäßig und ob die Gegenleistung angemessen ist, arg e § 1365 II (BGHZ 33, 123 zu § 419 aF; 35, 135, 145; BGH NJW 2013, 1156, 1157; Saarbrücken NJW-RR 2019, 772, 774; Staudinger/*Thiele* Rn 35; aA *Braun* FS Musielak, 136f). Die Verwaltungsbeschränkung des § 1365 bezieht sich auf die typische Gefährlichkeit von Verträgen, die das Gesamtvermögen betreffen, und statuiert damit einen grds Vorrang des Familienschutzes vor den Verkehrsinteressen.

14 **d) Gegenwärtiges Vermögen.** Die Anwendbarkeit des § 1365 entscheidet sich allein anhand des **gegenwärtigen Vermögens.** Da die Regelung auch der Sicherung des Zugewinnausgleichs dient (vgl Rn 1), kann bei der Bestimmung der anzusetzenden Vermögenswerte auf die bei der Zugewinnausgleichsberechnung angelegten Maßstäbe zurückgegriffen werden (vgl BGHZ 132, 218, 222; 101, 225, 228f; NK/*Gruber/Holzapfl-Jordan* Rn 9). In den Wertvergleich zw dem ursprünglichen und dem nach der Verfügung verbleibenden Vermögen einzubeziehen sind danach neben den Gegenständen, die im Eigentum des verfügenden Ehegatten stehen, alle zum Berechnungszeitpunkt bereits entstandenen, obj bewertbaren Rechte (vgl BGH NJW 1992, 1103f, dort zur Berechnung des Zugewinns). Vermögen in diesem Sinne können auch **Anwartschaftsrechte** sein; ihr Wert ermittelt sich aus der Differenz zw dem Wert des Vollrechts und dem im Berechnungszeitpunkt noch ausstehenden Restkaufpreis (BGHZ 132, 218, 222, 225; Staudinger/*Thiele* Rn 19). Forderungen des Ehegatten, die im maßgeblichen Zeitpunkt bereits entstanden, aber noch nicht fällig sind, werden mit ihrem Nominalwert angesetzt; liegen Berechnungs- und Fälligkeitszeitpunkt weit auseinander, kann ggf eine Abzinsung vorzunehmen sein. Nicht in den Wertvergleich einzubeziehen sind hingegen bloße Erwerbsaussichten, da sie als künftige Leistungen in ihrem Bestand noch ungewiss sind. Hierzu zählen nicht fällige **Arbeitseinkommen**, selbst wenn ein sicheres Arbeitsverhältnis besteht (hM: BGHZ 132, 218, 221f; BGHZ 101, 225, 227ff; aA *Finger* JZ 1975, 461, 467), sowie nicht fällige Ansprüche auf laufende oder künftige **Rente** oder **andere Versorgungsleistungen** (BGHZ 132, 218, 221f; BGH NJW 1990, 112ff: Unbeachtlichkeit des Rentenstammrechts; MüKo/*Koch* Rn 28; NK/*Gruber/Holzapfl-Jordan* Rn 12 mwN; aA Erman/*Gamillscheg*[12] Rn 9 für Pensions- und Rentenansprüche, die bei Vornahme des Rechtsgeschäfts bereits hinreichend konkret sind). Rentenansprüche, die durch eine Abfindung **kapitalisierbar** sind, gelten als Vermögen iSd § 1365, wenn die Abfindung im Zeitpunkt der Vornahme des Gesamtvermögensgeschäfts zumindest erfolgversprechend beantragt war (BGH NJW 1990, 112, 114). Ebenfalls anzurechnen ist der Rückkaufwert einer Kapital-Lebensversicherung, vgl § 169 VVG (BGHZ 77, 293, 295; NK/*Gruber/Holzapfl-Jordan* Rn 12; BeckOK/*Scheller/Sprink* Rn 12). Die Anwartschaft an einer zur betrieblichen Altersversorgung abgeschlossenen Direktversicherung ist jedenfalls mit Eintritt der Unverfallbarkeit Teil des gegenwärtigen Vermögens (BGH NJW 1992, 1103, 1104f; Staudinger/*Thiele* Rn 31).

15 **e) Bruchteil des Vermögens.** Aus der Anlegung wirtschaftl Maßstäbe folgt, dass grds kein zustimmungsbedürftiger Tatbestand vorliegt, wenn nur ein **Bruchteil des Vermögens** iSd § 311b III Gegenstand des Rechtsgeschäfts ist. § 1365 findet gleichwohl Anwendung, wenn der Bruchteil nahezu das gesamte Vermögen des Ehegatten bildet (vgl Rn 10; Staudinger/*Thiele* Rn 32; *Gernhuber/Coester-Waltjen* § 34 Rn 23; Düsseldorf JMBl NRW 1959, 53, 54).

16 **f) Mehrere (Teil-)Rechtsgeschäfte.** Veräußert ein Ehegatte sein gesamtes Vermögen in **mehreren (Teil-) Rechtsgeschäften**, die jedes für sich genommen nicht das Vermögen im Ganzen betreffen, bleibt das einzelne Geschäft grds zustimmungsfrei. Soweit vertreten wird, dass die Regelung erst bei dem Rechtsgeschäft zur Anwendung kommt, mit dem über das letzte größere Vermögensstück verfügt wird (München 15.11.2005 – 19 W 2583/05; Staudinger/*Thiele* Rn 33), gilt auch dies nur, wenn die letzte Teilveräußerung tatsächlich das (verbliebene) Vermögen im Ganzen betrifft. Dabei ist zu berücksichtigen, dass dem Aktivvermögen des Ehegatten die aus den vorherigen Geschäften resultierenden Gegenleistungen hinzuzurechnen sind (*Gernhuber/Coester-Waltjen* § 34 Rn 41; MüKo/*Koch* Rn 32; Staudinger/*Thiele* Rn 34).

17 Wird die wirtschaftl Grundlage der Familie durch die Teilakte allerdings in gleicher Weise gefährdet wie durch ein einzelnes Gesamtvermögensgeschäft, gebietet der Familienschutz die Anwendung des § 1365 auch auf sämtliche (Teil-)Rechtsgeschäfte. Für die Zustimmungsbedürftigkeit ist dann nicht auf die einzelne Verfügung abzustellen, sondern auf die Summe der Vermögenswerte. Machen diese Werte (ungeachtet etwaiger Gegenleistun-

gen, vgl Rn 13; Hamm NJW 1960, 1466f) das gesamte Vermögen aus, fallen auch die Einzelgeschäfte in den Anwendungsbereich des § 1365. Eine derartige Gesamtschau ist nach überwiegender Auffassung geboten, wenn zw den einzelnen Verfügungen ein so enger zeitl und sachlicher Zusammenhang besteht, dass diese als einheitlicher Lebensvorgang erscheinen, München NJW 2023, 159, 160; Brandenburg FamRZ 1996, 1015f; Saarbrücken NZI 2011, 502, 504; Staudinger/*Thiele* Rn 33; NK/*Gruber*/*Holzapfl-Jordan* Rn 19; vgl auch MüKo/*Koch* Rn 33 (wirtschaftl einheitlicher Lebensvorgang); in die gleiche Richtung zielt die Auffassung, nach der die Einzelgeschäfte eine „bewusste Zweckeinheit" bilden müssen, *Gernhuber*/*Coester-Waltjen* § 34 Rn 41; Köln 8.2.2012 – 5 U 181/11 (Gesamtplan); s auch MüKo/*Koch* Rn 33 (bei Geschäften mit unterschiedlichen Vertragspartnern); weiter Hamm NJW 1960, 1466, das einen nahen zeitl Zusammenhang genügen lässt. Aus Gründen des Verkehrsschutzes muss der anderen Partei allerdings schon im Zeitpunkt des Vertragsschlusses bewusst gewesen sein, dass die Einzelgeschäfte die geforderte enge Verbindung aufweisen; zudem muss der Vertragspartner Kenntnis davon haben, dass die Verfügungen in der Summe das ganze oder nahezu das ganze Vermögen des Ehegatten betreffen (vgl auch Rn 18). Hat der Ehegatte mit verschiedenen Personen kontrahiert, besitzen aber nur einige die erforderliche Kenntnis, sind nur die mit diesen geschlossenen Verträge auch zustimmungsbedürftig (MüKo/*Koch* Rn 33; NK/*Gruber*/*Holzapfl-Jordan* Rn 20; BeckOK/*Scheller*/*Sprink* Rn 16). Der andere Ehegatte ist iÜ frei, aus dem Kreis der von § 1365 erfassten (Teil-)Rechtsgeschäfte einzelne auszuwählen, zu denen er seine Zustimmung erteilen möchte; eine Entscheidung „alles oder nichts" ist nicht erforderlich (NK/*Gruber*/*Holzapfl-Jordan* Rn 20).

4. Schutz des Vertragspartners. Die Verwaltungsbeschränkungen, die die Interessen der ehelichen Gemeinschaft fördern und die wirtschaftl Grundlagen der Ehe erhalten sollen, erschweren zugleich den Rechtsverkehr und die Rechtssicherheit. Der Vertragspartner, der nicht weiß, dass der veräußerte Gegenstand oder die Mehrheit veräußerter Gegenstände das ganze oder nahezu das ganze Vermögen darstellen, sieht sich durch das Zustimmungserfordernis in seinen Interessen beeinträchtigt (vgl § 1364 Rn 3). Seinem Schutz versucht die heute herrschende subj **Theorie** Rechnung zu tragen. Die Rspr (BGH NJW 2015, 56, 57f; NZM 2013, 438; NJW 2013, 1156; FamRZ 1993, 1302; BGHZ 43, 174, 177) und ihr folgend der überwiegende Teil des Schrifttums (vgl ua MüKo/*Koch* Rn 35; Staudinger/*Thiele* Rn 20ff; BeckOK/*Scheller*/*Sprink* Rn 17) gehen bei der Verfügung über einen Einzelgegenstand nur dann von einem zustimmungsbedürftigen Rechtsgeschäft aus, wenn der Vertragspartner des verfügenden Ehegatten weiß, dass der veräußerte Gegenstand das Gesamtvermögen ausmacht, oder zumindest die Verhältnisse kennt, aus denen sich dies ergibt. Dabei bestimmt das LG Osnabrück FamRZ 1973, 652 entspr den Grundsätzen des BGH zu § 419 aF (NJW 1966, 1748) bei mehraktigen Erwerbsgeschäften (§§ 433, 883, 873/925) den maßgeblichen **Zeitpunkt** für die Kenntnis nach dem letzten erwerbsnotwendigen Teilakt, beim Grundstückserwerb daher nach der Eintragung, zust *Lange* JuS 1974, 769; Saarbrücken FamRZ 1984, 587; nach *Futter* NJW 1976, 551 kommt es auf den Zeitpunkt der Beantragung der Auflassungsvormerkung bzw der Eigentumsumschreibung an (ebenso Frankfurt FamRZ 1986, 275); nach BayObLG FamRZ 1988, 503 soll bereits der Abschluss des schuldrechtl Vertrags entscheiden, spätere Kenntnis hindere die Erfüllung nicht; insoweit zust *Tiedtke* FamRZ 1988, 1007 unter Hinw auf die sonst auftretenden unbefriedigenden Rechtsfolgen. Dieser Auffassung hat sich auch der BGH angeschlossen, FamRZ 1989, 475; 1990, 970; s auch Saarbrücken NJW-RR 2019, 772, 774; Frankfurt NJOZ 2018, 90, 92; Schleswig NJOZ 2013, 884, 887. 18

Die subj Theorie wird in der mildesten Form von den Autoren vertreten, die für die Anwendbarkeit des § 1365 die **fahrlässige Unkenntnis des Erwerbers** davon genügen lassen, dass der erworbene Einzelgegenstand das Gesamtvermögen darstellt (sog „gemäßigte subj Theorie", vgl *Dölle* FamR § 52 I 1 mit Fn 32; *Mülke* AcP 161, 129, 159; *Riedel* DRiZ 1963, 182, 185; dagegen *Rauscher* FamR Rn 386; Staudinger/*Thiele* Rn 23). Demggü kommt es nach der heute nur noch vereinzelt vertretenen **obj Theorie** im vorrangigen Interesse des Familienschutzes allein und unabhängig von den subj Vorstellungen einer oder beider Vertragsparteien darauf an, dass das Rechtsgeschäft obj den Einzelgegenstand erfasst, der das Gesamtvermögen ausmacht (LG Berlin FamRZ 1959, 64, 66; *Finger* JZ 1975, 461; Erman/*Gamillscheg*[12] Rn 10; dazu *Gernhuber*/*Coester-Waltjen* § 34 Rn 40). Eine vermittelnde Ansicht wendet für den unentgeltlichen Erwerb die Grundsätze der obj Theorie und für den entgeltlichen die der subj Theorie an (*Wolf* JZ 1997, 1087; dagegen Staudinger/*Thiele* Rn 22). 19

Der obj Theorie ist zuzugeben, dass im Normtext eine Einschränkung des Anwendungsbereichs durch subj Voraussetzungen nicht angelegt ist. Das im Wege richterlicher Rechtsfortbildung entwickelte ungeschriebene Tatbestandsmerkmal der Kenntnis des Erwerbers stellt jedoch das notwendige Korrektiv dafür dar, dass die Norm auch auf Verfügungen über Einzelgegenstände Anwendung finden soll (vgl Rn 10). Der Familien- und Ausgleichsschutz genießt im Rahmen des § 1365 keinen absoluten Vorrang; er ist regelmäßig mit den Verkehrsinteressen in Ausgleich zu bringen (vgl Rn 6, 13). Dabei ist zu berücksichtigen, dass dem Dritten, der keine Kenntnis davon hat, dass der Vertragspartner im Wesentlichen über sein gesamtes Vermögen verfügt, die typische Gefährlichkeit des Rechtsgeschäfts verborgen bleibt. Mit der Unwirksamkeit nach § 1365 musste er nicht rechnen. Dieses Defizit ist dadurch auszugleichen, dass die Anwendbarkeit des § 1365 auf die Fälle beschränkt wird, in denen der Dritte positive Kenntnis von den Vermögensverhältnissen des Ehegatten hat. Er befindet sich dann in der gleichen Lage wie derjenige, der ausdrückl über den Erwerb des Vermögens „en bloc" verhandelt. Eine Unterscheidung zw entgeltlichen und unentgeltlichen Verfügungen ist dabei nicht zu machen; sie ist auch sonst in § 1365 nicht angelegt. Ohne Relevanz ist zudem, ob der kontrahierende Ehegatte seinerseits weiß, dass er über sein ganzes Vermögen verfügt; die Regelung dient nicht seinem Schutz (BeckOK/*Scheller*/*Sprink* Rn 17; MüKo/*Koch* Rn 37; aA BeckOGK/*Szalai* Rn 20.7 [Stand: 1.2.2023]). 20

21 Die **Darlegungs- und Beweislast** für das Vorliegen der Voraussetzungen des § 1365 trägt derjenige, der sich auf die Zustimmungsbedürftigkeit des Vertrags beruft (BGH NJW 2015, 56, 57 mwN); dies gilt auch für die subj Voraussetzungen in der Person des Dritten (BGH NJW 2015, 56, 57; WM 1972, 343f; BGHZ 43, 174; BGH BB 1969, 974; MüKo/*Koch* Rn 39 mwN; aA *Braga* FamRZ 1967, 652).

22 **5. Hauptanwendungsfälle. a) Grundstücksgeschäfte. aa) Vorbeugende Maßnahmen.** Die Verwaltungsbeschränkungen der §§ 1365ff können in das Grundbuch nicht eingetragen werden (KG FamRZ 1973, 307, 309; RGRK/*Finke* Rn 48), ihre Eintragung wäre bedeutungslos (zum Gutglaubensschutz Dritter vgl Rn 41). Der Ehegatte, der zur Zustimmung nicht bereit ist, kann aber eine **vorbeugende Unterlassungsklage** erheben und die Eintragung eines gerichtlichen Veräußerungsverbotes (§ 940 ZPO, §§ 136, 135) verlangen, wenn der andere Ehegatte Anlass zu der Befürchtung gibt, dass er Rechtsgeschäfte entgegen den güterrechtl Beschränkungen vornehmen will, die § 1365 I aufgestellt hat; ein entspr Unterlassungsanspruch ist entgegen Celle NJW 1970, 1882f; AG Baden-Baden FamRZ 2009, 1344f aber nicht auf § 823 II iVm § 1365 I oder auf §§ 1004, 823 II iVm § 1365 I analog (so AG Nordenham FamRZ 2013, 36) zu stützen, sondern leitet sich aus § 1353 ab (§ 1368 Rn 6).

23 **bb) Grundbuchamt.** Dem **Grundbuchamt** ist die nach § 1365 I erforderliche Zustimmung in der Form des § 29 GBO **nachzuweisen.** Grds muss das Grundbuchamt aber nicht von einem Rechtsgeschäft iSd § 1365 ausgehen, sondern kann dem Grundsatz der Verfügungsfreiheit (§ 1364) entspr die Richtigkeit der Eintragung voraussetzen (vgl BGH NZM 2013, 438; KG FamRZ 2022, 1267, 1268; Frankfurt NJOZ 2018, 90, 91; MüKo/*Koch* Rn 74). Bestehen an dem Vorliegen der Verfügungsbefugnis des eingetragenen Eigentümers allerdings begründete Zweifel, so ist gem **§ 18 GBO** der Antrag zurückzuweisen oder eine Zwischenverfügung zu erlassen (Celle NJW-RR 2000, 384). Das Grundbuchamt hat bei der Veräußerung eines Grundstücks durch einen Ehegatten das Recht (aber auch die Pflicht), die Zustimmung des anderen Ehegatten oder den Nachw anderen Vermögens zu verlangen, wenn sich aus den Eintragungsunterlagen oder aus sonstiger Quelle **konkrete Anhaltspunkte** dafür ergeben, dass die Tatbestandsvoraussetzungen des § 1365 I erfüllt sind (BGH NZM 2013, 438; NJW 1961, 1301; Saarbrücken NJW-RR 2023, 380, 381; KG FamRZ 2022, 1267, 1268; Frankfurt NJOZ 2018, 90, 91; vgl auch Jena NZFam 2020, 124, 126: lediglich Evidenzkontrolle). Voraussetzung ist, dass sich aufgrund der vorgetragenen und durch entspr Nachw hinreichend belegten Tatsachen berechtigte Bedenken gegen die Verfügungsbefugnis aufdrängen (BGH NZM 2013, 438, 439). Funktionell zuständig ist der **Rechtspfleger** (§ 3 Nr 1 lit h RPflG). Besteht unter Zugrundelegung der subj Einzeltheorie die Zustimmungspflicht nach § 1365 I nur dann, wenn der Vertragspartner des Ehegatten weiß, dass es sich bei dem veräußerten Grundstück um (nahezu) das gesamte Vermögen handelt, müssen auch konkrete Anhaltspunkte für die Kenntnis des Dritten vorliegen (BGH NZM 2013, 438f; München NJW-RR 2010, 523f; Frankfurt NJOZ 2018, 90, 91; Schleswig NJOZ 2013, 884, 886 mwN; MüKo/*Koch* Rn 75). Bloße Vermutungen oder unsubstantiierte Behauptungen des anderen Ehegatten genügen nicht (BGH NZM 2013, 438, 439; München NJW-RR 2010, 523f; BayObLG FamRZ 2001, 42; Jena FamRZ 2001, 1614; s auch Saarbrücken NJW-RR 2023, 380, 381 [„kein Recht und keine Pflicht des Grundbuchamts zu Nachforschungen von Amts wegen"]; vgl auch AG Nordenham FamRZ 2009, 46, wonach bei wahrheitswidrigen Angaben des anderen Ehegatten ggf Schadensersatz nach §§ 280, 1353 verlangt werden kann). Lediglich eine schwache Indizwirkung wird dem Wert des zu übertragenden Grundstücks zugesprochen, der für sich genommen nicht ausreichen soll, den Nachw der Zustimmung zu verlangen (München NJW-RR 2007, 810f; Frankfurt NJOZ 2018, 90, 91); anders allerdings, wenn sich aus den Unterlagen ergibt, dass das Rechtsgeschäft den gesamten Grundbesitz des Ehegatten umfasst (BGH NZM 2013, 438). Soweit es auf die subj Voraussetzungen des § 1365 ankommt, genügt ein enges Verwandtschaftsverhältnis oder ein nahes Vertrauensverhältnis zw Erwerber und Veräußerer allein nicht, um von der erforderlichen Kenntnis auszugehen (Schleswig NJOZ 2013, 884, 887 mwN); ein besonderes Näheverhältnis ist aber ein starkes Indiz für die Kenntnis des Erwerbers von den Vermögensverhältnissen des Veräußerers (BGH NZM 2013, 438, 439; Schleswig NJOZ 2013, 884, 887). Fehlt die Zustimmung des anderen Ehegatten zu einer Verfügung über ein Grundstück oder ein Grundstücksrecht iSd § 1365 I 2, so kann ein **Amtswiderspruch** gem § 53 I 1 GBO nur **zugunsten beider Ehegatten** in das Grundbuch eingetragen werden (BayObLG 1987, 431).

24 **cc) Pflichten des Notars.** Auch dem eine Grundstücksveräußerung beurkundenden **Notar** obliegt eine Aufklärungs- und Nachprüfungspflicht (vgl dazu auch *Brambring* FamFR 2012, 460, 463f). Nach BGH FamRZ 1975, 477 muss er die Beteiligten zunächst über Bestehen und Rechtswirkungen des § 1365 aufklären, sofern dessen Anwendung nicht aufgrund des Familien- oder Güterstands (zB Vereinbarung von Gütertrennung) oder der dem Notar bekannten Vermögensverhältnisse des Ehegatten von vornherein ausscheidet (bestätigt durch BGH 26.2.2015 – III ZR 279/14). Nachforschungen darüber, ob es sich bei dem Grundstück um das (nahezu) gesamte Vermögen des betreffenden Ehegatten handelt, muss er von sich aus nur anstellen, wenn konkrete Anhaltspunkte dafür bestehen; vgl auch Anm *Steffen* LM Nr 6 zu § 1365 BGB; *Reithmann* DNotZ 1975, 634; MüKo/*Koch* Rn 73. Lehnt das Grundbuchamt die Eintragung unter Hinw auf § 1365 I ab, ohne dass dessen Voraussetzungen erfüllt sind, muss der Notar, dem ein selbständiger Vollzugsauftrag erteilt wurde, notfalls nach §§ 71, 76 GBO vorgehen; eine schuldhafte Verzögerung der Grundbucheintragung durch den Notar kann dem Veräußerer gem § 278 zuzurechnen sein (Frankfurt MittBayNot 2010, 496).

25 **dd) Nachweis der erforderlichen Einwilligung.** Die Zustimmung ist grds an keine besondere **Form** gebunden, auch wenn das zustimmungsbedürftige Rechtsgeschäft formbedürftig sein sollte (§ 182 II). Im **Grundbuchverkehr** ist jedoch der Nachw der Zustimmung in der Form des **§ 29 GBO**, also durch öffentliche oder öffentlich beglaubigte Urkunden zu führen. Hat der Ehegatte seine Zustimmung zunächst nur mündlich abgegeben, ist er

seinem Ehepartner ggü aus § 1353 verpflichtet, die Zustimmung in der Form des § 29 GBO zu bestätigen; eine Ersetzung nach § 1365 II kommt hier nicht in Betracht, da bereits die formlos erklärte Zustimmung materiell wirksam ist (*Gernhuber/Coester-Waltjen* § 34 Rn 62; Staudinger/*Thiele* Rn 79; aA NK/*Gruber/Holzapfl-Jordan* Rn 59). Keinen Anspruch auf förmliche Wiederholung der mündlichen Zustimmung hat dagegen der Vertragspartner des Ehegatten (*Gernhuber/Coester-Waltjen* § 34 Rn 62; aA KG DNotZ 1963, 735; NK/*Gruber/Holzapfl-Jordan* Rn 59).

ee) Einzelfälle. Aufzählung der Fälle, die der Grundbuchbeamte bei den Verfügungsbeschränkungen des § 1365 zu prüfen hat, bei *Baur/Stürner*, Sachenrecht[18], § 22 III 17ff. Die **Bestellung einer Eigentümergrundschuld** fällt nicht unter § 1365, und auf die Höhe der Belastung in ihrem Verhältnis zum Grundstückswert kommt es dabei nicht an (Hamm FamRZ 1960, 276; Frankfurt Rpfleger 1960, 368 m Anm *Haegele*; Staudinger/*Thiele* Rn 49; MüKo/*Koch* Rn 66); zustimmungsbedürftig ist allerdings die Verfügung über die Eigentümergrundschuld, wenn sie im Wesentlichen das „Vermögen im Ganzen" darstellt (AG Nordenham FamRZ 2003, 680; MüKo/*Koch* Rn 66). Sind Ehegatten Miteigentümer eines Grundstücks und stellt der Miteigentumsanteil für den einen Ehegatten praktisch dessen ganzes Vermögen dar, so kann (bereits) der **Antrag auf Teilungsversteigerung** (§ 180 ZVG) nicht ohne die Zustimmung des anderen Ehegatten gestellt werden (BGH FamRZ 2007, 1634; aA NK/*Gruber/Holzapfl-Jordan* Rn 27; *Zimmer/Pieper* NJW 2007, 3104f: analoge Anwendung des § 1365 I erst bei Erteilung des Zuschlags). Ein solcher Antrag stellt zwar keine Verfügung dar (aM, s nur *Jaeckel/Güthe*, ZVG, § 181 Anm 6), muss ihr aber im Rahmen des § 1365 gleichgestellt werden (Köln MDR 2012, 1169; FamRZ 2000, 1167; BayObLG FamRZ 1996, 1013; Frankfurt FamRZ 1999, 524; Staudinger/*Thiele* Rn 46; BeckOK/*Scheller/Sprink* Rn 46). Auch wenn § 1365 eine Ausnahmevorschrift ist, schließt das ihre analoge Anwendung nicht grds aus (BGH FamRZ 2007, 1634ff; Hamm FamRZ 1979, 128, 129; BayObLG FamRZ 1996, 1013). Da der Zweck, dem die Verfügungsbeschränkung des § 1365 dient, auch durch den Antrag auf Teilungsversteigerung gefährdet wird, rechtfertigt sich die Analogie hier; aA Stuttgart FamRZ 2007, 1830 m abl Anm *Kogel* FamRZ 2008, 621; MüKo/*Koch* Rn 62; BeckOGK/*Szalai* Rn 18.1 [Stand: 1.2.2023]; zu Problemen der Teilungsversteigerung: *Weinreich* FuR 2006, 352ff und 403ff; *Gottwald* FamRZ 2006, 1075; *Gottwald* ZFE 2007, 64. Fehlt die nach § 1365 I (analog) erforderliche Zustimmung, so ist das kein Mangel des Versteigerungsverfahrens, der durch Erinnerung gerügt werden könnte, sondern eine materielle Rechtsverletzung, gegen die der Ehegatte grds nur mit der Drittwiderspruchsklage (§ 113 I 2 FamFG iVm § 771 ZPO) vorgehen kann, Köln MDR 2012, 1169; NJWE-FER 2000, 188; Hamburg MDR 1982, 330; Celle Rpfleger 1981, 69; im Grundsatz auch Hamm FamRZ 1979, 128, 130 (§ 766 ZPO nur, wenn das Versteigerungsverfahren Fehler aufweist, dh bereits der Rechtspfleger bei der Anordnung der Teilungsversteigerung das unstr Vorliegen der Voraussetzungen des § 1365 I gekannt oder begründete Zweifel unbeachtet gelassen hat); nach BGH FamRZ 2007, 1634 hat die Erinnerung auch dann Erfolg, wenn das Zustimmungsbedürfnis gem § 1365 I erst aus Anlass einer Erinnerung oder einer sofortigen Beschwerde unstr wird; s auch Frankfurt FamRZ 1999, 524; LG Dessau-Roßlau 19.12.2008 – 5 T 339/08, wonach die Prüfpflicht des Rechtspflegers aber nicht weiter reicht als die vergleichbare Prüfpflicht des Grundbuchamts, s dazu Rn 23; zu prozesstaktischen Erwägungen vgl *Zimmer/Pieper* NJW 2007, 3104; aA Stuttgart FamRZ 2007, 1830 (ausschließlich § 766 ZPO) m abl Anm *Kogel* FamRZ 2008, 621; Bremen FamRZ 1984, 272; Frankfurt Rpfleger 1975, 330. Im Hinblick auf den das gesamte Vollstreckungsrecht beherrschenden Grundsatz der Trennung von sachlichrechtl Erwägungen sollte die Erinnerung auf die reinen Verfahrensfehler beschränkt bleiben, vgl BGHZ 57, 108, 110. Der danach grds richtige Rechtsbehelf ist die Drittwiderspruchsklage; da der Interventionsstreit iwS eine Streitigkeit aus dem ehelichen Güterrecht zum Gegenstand hat, handelt es sich um eine Familienstreitsache gem § 111 Nr 9, § 112 Nr 2, § 261 I FamFG (Zöller/*Lorenz* § 261 FamFG Rn 14), für die das **FamG zuständig** ist (§ 23a I Nr 1, § 23b GVG), vgl Köln MDR 2012, 1169; *Brambring* FamFR 2012, 483, 486. Die Teilungsversteigerung, die ein Gläubiger eines Ehegatten betreibt, hängt dagegen nicht von der Zustimmung des anderen Ehegatten ab, da diese Versteigerung weder eine rechtsgeschäftliche Verfügung ist noch einer solchen gleichgestellt werden kann. Der andere Ehegatte kann ihr auch nicht mit der Drittwiderspruchsklage entgegentreten (Hamburg MDR 1970, 419). 26

Das Zustimmungserfordernis bleibt in jedem Fall bis zur Rechtskraft des Scheidungsbeschl bestehen, Köln MDR 2012, 1169; AG Idstein FamRZ 1983, 709, und besteht grds auch darüber hinaus fort, wenn anderenfalls die Gefährdung eines evtl Zugewinnausgleichsanspruchs nicht auszuschließen ist, BGH FamRZ 1983, 1101; FamRZ 1978, 396; Saarbrücken FamRZ 1987, 1248; BayObLG FamRZ 1981, 46; aA Celle FamRZ 1983, 591, das im Falle eines vor der Scheidung in Gang gesetzten, aber erst nach der Scheidung beendeten Teilungsversteigerungsverfahrens Zustimmungsfreiheit mit Hinw darauf annahm, dass erst der Zuschlag die eigentliche Verfügung darstelle. Dies erscheint im Hinblick auf den Schutzzweck der Norm (vgl Rn 1) aber als zu formalistisch. Das ursprünglich zustimmungspflichtige Rechtsgeschäft wird jedoch wirksam, wenn nach erfolgter Auflösung des gesetzl Güterstands der Zugewinnausgleichsanspruch **verjährt** ist (Celle NJW-RR 2001, 866; AG Bochum FamRZ 1994, 1326; BeckOK/*Scheller/Sprink* Rn 8; einschr NK/*Gruber/Holzapfl-Jordan* Rn 50: erst nach Erhebung der Verjährungseinrede). S dazu auch § 1366 Rn 12. 27

Wurde einem Ehegatten ein Grundstück mit einer **Rückübertragungspflicht bei Belastung des Grundstücks** übertragen, bedarf die Rückübertragung im Belastungsfall nicht der Zustimmung des anderen Ehegatten (LG Arnsberg NJWE-FER 2000, 52). Die Belastung eines Grundstücks mit einem **Grundpfandrecht** ist nach hM nur dann zustimmungsbedürftig, wenn wirtschaftl der (nahezu) gesamte Vermögenswert dem Sicherungszweck zugeführt wird (zur Bewertung einer Grundschuld s *Voges-Wallhöfer* FamFR 2010, 318), BGH NJW 2011, 3783 28 mwN; maßgebend ist der Verkehrswert des Grundstücks, nicht die Beleihungsfähigkeit (BGH NJW 2011, 3783; Brandenburg 21.6.2007 – 5 U 40/06). Für die Wertminderung des Grundstücks durch ein neu bestelltes Grundpfandrecht soll nach BGH der Betrag anzusetzen sein, für den das Grundstück dinglich haftet (BGH NJW 2011, 3783f: grds Nominalbetrag einschl etwaiger Nebenleistungen und dinglicher Zinsen). Die Belastung muss den Verkehrswert im Wesentlichen erschöpfen; Belastung zu ⅓ fällt nicht darunter (Hamm FamRZ 1959, 118). Bei wirtschaftl Betrachtung sind 70 % noch nicht „nahezu das ganze Vermögen“, so richtig Staudinger/*Thiele* Rn 27 und 48. IÜ haben sich feste Grenzwerte bislang nicht herausgebildet, vgl *Gernhuber/Coester-Waltjen* § 34 Rn 42. In der Rspr werden zT die für die Anwendung der Einzeltheorie gezogenen Grenzen (Rn 11) herangezogen; vgl Brandenburg 21.6.2007 – 5 U 40/06 (Grundschuld, Belastung zu unter 80 % zustimmungsfrei); AG Nordenham FamRZ 2003, 680 (Grundschuld, Belastung zu 88,9 % zustimmungspflichtig); für das Zugrundelegen dieser Grenzen auch BeckOK/*Scheller/Sprink* Rn 31; aA *Rauscher* FamR Rn 388 (Einzelfallbetrachtung). Die Belastung bedarf keiner Zustimmung, wenn der wirtschaftl Wert des Grundstücks durch genehmigte Vorbelastungen offensichtlich schon ausgeschöpft ist (LG Stade Rpfleger 1963, 51 m zust Anm *Haegele*; Staudinger/*Thiele* Rn 48). Dabei ist allerdings zu berücksichtigen, dass im Zeitpunkt der Verfügung bereits bestehende Grundschulden nach BGH nur insoweit in die Vermögensberechnung einzustellen sind, als sie valutieren (BGH NJW 2011, 3783 mwN). Zur Revalutierung von Grundschulden s *Bernauer* DNotZ 2019, 12, 19f.

29 Die Bewilligung einer **Auflassungsvormerkung** an dem Grundstück eines Ehegatten, das (nahezu) sein ganzes Vermögen ausmacht, bedarf nicht der Zustimmung des Ehepartners (Köln BWNotZ 2019, 71, 73; BayObLG FamRZ 1976, 222; zust *Tiedtke* FamRZ 1976, 320; MüKo/*Koch* Rn 48; NK/*Gruber/Holzapfl-Jordan* Rn 33; Staudinger/*Thiele* Rn 53). Als akzessorisches Sicherungsmittel ist die Vormerkung nur wirksam, wenn auch der zu sichernde Anspruch wirksam ist. Erfolgte das Verpflichtungsgeschäft ohne die nach § 1365 I erforderliche Zustimmung, so fehlt es an einem sicherungsfähigen Anspruch, die Vormerkung geht ins Leere und kann auch nicht gutgläubig von Dritten erworben werden. Hat sich der Ehegatte hingegen wirksam zur Eigentumsübertragung verpflichtet, bedarf die erfüllende Verfügung keiner Einwilligung mehr. Für die Bewilligung einer Vormerkung, die der Absicherung der Erfüllung dient, kann nichts anderes gelten.

30 Auch der **Verzicht auf ein Grundpfandrecht** (nicht hingegen die lediglich verfahrensrechtl Löschungsbewilligung) kann nach § 1365 I zustimmungsbedürftig sein. Allerdings muss bei einer durch Hypothek oder Grundschuld gesicherten Forderung diese nicht nur (nahezu) das ganze Vermögen des Ehegatten ausmachen, sondern durch den Verzicht auf die Sicherung auch praktisch entwertet sein (Staudinger/*Thiele* Rn 54; NK/*Gruber/Holzapfl-Jordan* Rn 31; BeckOK/*Scheller/Sprink* Rn 36; MüKo/*Koch* Rn 60). Keine Anwendung findet § 1365 I hingegen bei der Bestellung eines **Vorkaufsrechts** an einem Grundstück (ebenso NK/*Gruber/Holzapfl-Jordan* Rn 32; MüKo/*Koch* Rn 59; Staudinger/*Thiele* Rn 50; BGH FamRZ 1982, 249, 250).

31 Die Belastung mit einem **Nießbrauch** soll den Wert des Grundstücks „niemals“ erschöpfen und deshalb zustimmungsfrei sein, so BGH FamRZ 1966, 22 ohne abschließende Festlegung; gegen diese Entscheidung Schleswig JurBüro 1985, 1695. Demggü qualifiziert der BGH in FamRZ 1993, 1302; FamRZ 1989, 1051 die Belastung mit einem **dinglichen Wohnrecht** nach § 1093 zu Recht als zustimmungsbedürftig, da ein Dauerwohnrecht den Verkehrswert eines Grundstücks wesentlich mindere; vgl auch BGH NJW 2013, 1156, 1157. Dies muss aber auch für einen langfristigen **Nießbrauch** und ein **ErbbauR** (s dazu Staudinger/*Thiele* Rn 52; Schleswig JurBüro 1985, 1695) gelten. Beide können den Wert des Familienvermögens bei wirtschaftl Betrachtung für eine ganze Generation „erschöpfen“ und sollten dann auch zustimmungspflichtig sein; ähnl Staudinger/*Thiele* Rn 51; Grü/*Siede* Rn 4.

32 Beim Erwerb eines Grundstücks, das das gesamte Vermögen darstellt, bedarf die **im Zusammenhang mit dem Erwerb erfolgende Belastung** dieses Grundstücks nicht der Zustimmung des anderen Ehegatten, wenn durch die Belastung keine Verminderung oder Beeinträchtigung des vorhandenen Vermögens eintritt, weil nach dem Inhalt des Erwerbsgeschäfts das Grundstück nur mit der Belastung zusammen erworben werden sollte und konnte (Hamm FamRZ 1959, 166; vgl auch BGH NJW 2011, 3783); zu Finanzierungsgrundschulden s auch *Bernauer* DNotZ 2019, 12, 20ff. Hingegen ist die **Rückauflösung eines Grundstückskaufs** trotz gleichzeitiger Entlastung von Grundpfandrechten eine iSd Vorschrift zustimmungsbedürftige Verfügung (Oldenburg FamRZ 1965, 273). Auch der **Kauf eines Grundstücks** ist zustimmungsbedürftig, wenn der Kaufpreis das gesamte Vermögen des Erwerbers darstellt (AG Delmenhorst FamRZ 1959, 243 m dem Hinw, dass die Anlage des Barvermögens in Grundstücken durchaus nicht dem Interesse des anderen Ehegatten zu entsprechen braucht; Staudinger/*Thiele* Rn 6; *Rauscher* FamR Rn 387; vgl auch *Dethloff* § 5 B IV Rn 68; aA LG Freiburg Rpfleger 1973, 302; MüKo/*Koch* Rn 46; BeckOK/*Scheller/Sprink* Rn 34; NK/*Gruber/Holzapfl-Jordan* Rn 21). Die **Übertragung eines Grundstücks**, das nahezu das gesamte Vermögen eines Ehegatten bildet, bedarf der Zustimmung des anderen Ehegatten; zu der Berücksichtigung eines im Zuge der Eigentumsübertragung eingeräumten dinglichen Wohnrechts s Rn 12. Ebenfalls zustimmungsbedürftig ist die Übertragung eines Miteigentumsanteils an einem Hausgrundstück, wenn der verbleibende Miteigentumsanteil nahezu wertlos ist (Hamm FamRZ 2004, 1648). Zur Frage, ob bei der Veräußerung eines **landwirtschaftlichen Grundstücks** unter Ausnahme des Inventars eine Übertragung des Vermögens im Ganzen vorliegt, vgl Schleswig SchlHA 1960, 258, das auch hier auf eine wirtschaftl Betrachtungsweise abstellt. Zur Zustimmungsbedürftigkeit des Verkaufs einer **Eigentumswohnung** vgl Nürnberg FamRZ 1962, 473; s auch KG FamRZ 2022, 1267 (Veräußerung eines Wohnungserbbaurechts).

33 **b) Gesellschaftsrecht. aa) Abschluss eines Gesellschaftsvertrags.** In der gesellschaftsrechtl Praxis wird selten die Frage nach der Anwendbarkeit des § 1365 I aufkommen. Von den Gesellschaftern wird regelmäßig verlangt,

ehevertragl den gesetzl Güterstand auszuschließen und Gütertrennung zu vereinbaren oder jedenfalls die Regelung des § 1365 I abzubedingen (vgl *Brambring* DNotZ 2008, 724); die Frage nach einem etwaigen Zustimmungsbedürfnis stellt sich dann nicht. Erfolgt ausnahmsw kein ehevertragl Ausschluss, ist bereits die Übernahme einer Bar- oder Sacheinlageverpflichtung bei der Gründung einer Personen- oder Kapitalgesellschaft zustimmungspflichtig, wenn der Ehegatte sich damit zur Einbringung (nahezu) seines gesamten Vermögens verpflichtet (Staudinger/*Thiele* Rn 60; BeckOK/*Scheller/Sprink* Rn 29; *Gernhuber/Coester-Waltjen* § 34 Rn 47; für Personengesellschaften auch MüKo/*Koch* Rn 78). Zwar wurde verschiedentlich die Anwendbarkeit des § 1365 mit dem Hinw abgelehnt, dass das Vermögen dem einbringenden Ehegatten als Beteiligung am Gesellschaftsvermögen, wenn auch in anderer Form, verbleibe (so *Tiedau* MDR 1961, 721; *Boesebeck* DB 1958, 1147; *Haegele* GmbHR 1965, 189; *Fischer* NJW 1960, 939; noch weiter gehend sogar *Wörbelauer* NJW 1960, 795, der alle Umsatz- und Anlagegeschäfte vom Zustimmungserfordernis ausnehmen will; gegen eine Anwendung auch *Reinicke* BB 1960, 1002, 1003), doch kann dieser Umstand keine Rolle spielen, da bei der Anwendung des § 1365 I generell ein in das Vermögen des Ehegatten fließender Gegenwert unberücksichtigt bleibt und die Norm damit auch bei reinen Vermögensumschichtungen anwendbar ist (Saarbrücken NJW-RR 2019, 772, 775; *Beitzke* DB 1961, 23; *Eiselt* JZ 1960, 563; *Riedel* Rpfleger 1960, 268; Soergel/*Czeguhn* Rn 14; MüKo/*Koch* Rn 78f; *Tubbesing* BB 1966, 830).

bb) Veräußerung der Beteiligung, Beendigung der Mitgliedschaft oder der Gesellschaft. Zustimmungsbedürftig nach § 1365 I ist auch die Veräußerung eines Anteils an einer Kapitalgesellschaft oder einer – aufgrund der Zustimmung aller Gesellschafter übertragbaren – Beteiligung an einer Personengesellschaft, wenn der Gesellschaftsanteil im Wesentlichen das gesamte Vermögen des Ehegatten ausmacht (NK/*Gruber/Holzapfl-Jordan* Rn 37; Staudinger/*Thiele* Rn 66). Dies gilt auch bei der Veräußerung eines Anwartschaftsrechts auf Erwerb eines Geschäftsanteils an einer GmbH (BGHZ 132, 218, 222f). Umstr ist, ob § 1365 I auch dann Anwendung findet, wenn der Ehegatte seine Beteiligung an einer Personengesellschaft aufgibt, indem er seine Mitgliedschaft – etwa im Wege der Kündigung nach § 132 HGB – beendet oder eine Auflösung der Gesellschaft herbeiführt. Überwiegend wird die Zustimmungsbedürftigkeit bejaht (so Hamburg FamRZ 1970, 407; BeckOK/*Scheller/Sprink* Rn 29; NK/*Gruber/Holzapfl-Jordan* Rn 37; Staudinger/*Thiele* Rn 67; *Beitzke* DB 1961, 25; *Eiselt* JZ 1960, 564). Nach aA soll der Fall von § 1365 I nicht erfasst sein (MüKo/*Koch* Rn 83; *Gernhuber/Coester-Waltjen* § 34 Rn 50–52; *Wertenbruch* in Westermann/Wertenbruch I Rn 1608; *Fischer* NJW 1960, 942; *Reinicke* BB 1960, 1003). Dem ist zuzustimmen. Zwar kann nicht darauf verwiesen werden, dass der Ehegatte im Gegenzug einen Abfindungs- oder Liquidationsanspruch erhält, da derartige Gegenwerte im Rahmen des § 1365 I nicht zu berücksichtigen sind (Staudinger/*Thiele* Rn 67; vgl auch Rn 13). Doch wäre es mit der Struktur der Personengesellschaft unvereinbar, wenn der Ehegatte bei der Entscheidung über eine Beendigung der Beteiligung oder der Gesellschaft von einem Dritten, seinem Ehepartner, abhängig wäre (so überzeugend *Gernhuber/Coester-Waltjen* § 34 Rn 50–52). Die Entscheidungsfreiheit des Ehegatten muss schon im Hinblick auf die mit der fortgesetzten Beteiligung an der Gesellschaft verbundene Haftung für die zukünftig entstehenden Gesellschaftsschulden Vorrang vor dem Schutz des Familienvermögens haben. Hieraus folgt zugleich, dass § 1365 I uneingeschränkt anwendbar sein muss, wenn der Ehegatte an einer GmbH beteiligt ist und auf Auflösung der Gesellschaft (§ 61 GmbHG) klagen oder aus der Gesellschaft aus wichtigem Grund austreten will. 34

cc) Änderung des Gesellschaftsvertrags. Bei einer **Änderung des Gesellschaftsvertrags einer Personengesellschaft** ist zw personen- und vermögensrechtl Bestimmungen zu unterscheiden. Bei Ersteren, zB bei Vereinbarungen über die Geschäftsführungs- und Vertretungsbefugnis, liegt weder eine Verfügung noch eine unmittelbare Einwirkung auf die Gesellschaftsbeteiligung vor; sie sind daher zustimmungsfrei (so auch *Fischer* NJW 1960, 942; MüKo/*Koch* Rn 81). Bei den vermögensrechtl Bestimmungen scheidet jedenfalls eine Änderung der Gewinn- und Verlustrechnung aus (BeckOK/*Scheller/Sprink* Rn 29; Staudinger/*Thiele* Rn 62; *Rauscher* FamR Rn 389). Änderungen des Vertrags, die eine Verfügung über den Abfindungsanspruch insg enthalten, insb nahezu völliger Erlass der Abfindung, bedürfen der Zustimmung, sofern der Abfindungsanspruch im Wesentlichen das Gesamtvermögen ausmacht, NK/*Gruber/Holzapfl-Jordan* Rn 36; vgl im Einz *Heckelmann*, Abfindungsklauseln in Gesellschaftsverträgen, 1973, § 6 B I, II. Zu weit geht es dagegen, § 1365 I bereits bei der nachträgl Vereinbarung von Stundungsklauseln anzuwenden (so Erman/*Gamillscheg*[12] Rn 16), da diese den Wert der Abfindung zumeist nicht wesentlich berühren (so wohl auch Staudinger/*Thiele* Rn 63f). Grds unproblematisch ist auch die Aufnahme eines weiteren Gesellschafters, da hierdurch der Wert der Beteiligung im Regelfall nicht ausgehöhlt wird (BeckOK/*Scheller/Sprink* Rn 29; *Gernhuber/Coester-Waltjen* § 34 Rn 49; aA *Beitzke* DB 1961, 24; *Sandrock* FS Duden, 513, 532f). 35

c) Erbrecht. Nicht von Abs I erfasst ist die Ausschlagung einer Erbschaft oder eines Vermächtnisses, da die Interessen des Erben/Vermächtnisnehmers an einer ungebundenen Entscheidung hier schwerer wiegen als der von § 1365 bezweckte Familienschutz (MüKo/*Koch* Rn 85; Staudinger/*Thiele* Rn 42; *Gernhuber/Coester-Waltjen* § 34 Rn 45 mwN). Zustimmungsbedürftig sind aber der **Verkauf** und die **Übertragung** einer **Erbschaft** (§§ 2371ff) oder eines **Erbteils** (§ 2033), sofern die Erbschaft bzw die gesamthänderische Beteiligung (nahezu) das gesamte Vermögen des Ehegatten darstellt und der Vertragspartner von diesem Umstand Kenntnis hat (vgl Rn 10f, 18f). Gleiches gilt für die **Verfügung über Nachlassgegenstände** gem § 2040 (NK/*Gruber/Holzapfl-Jordan* Rn 41; Staudinger/*Thiele* Rn 45; MüKo/*Koch* Rn 86). Ohne Bedeutung ist, ob die Erbschaft zum ausgleichspflichtigen Vermögen des kontrahierenden Ehegatten gehört. Da § 1365 neben der Sicherung des Ausgleichsanspruchs auch dem Schutz der Familie dient (s Rn 1), umfasst der Begriff des Vermögens iSd § 1365 I auch solche Vermögenswerte, die bei der Berechnung des Zugewinns außer Betracht bleiben (vgl auch Düsseldorf 11.11.2014 - I-24 U 36

90/14); die vorstehenden Grundsätze gelten daher ungeachtet des Umstands, dass der Erwerb von Todes wegen gem § 1374 II dem Zugewinnausgleich entzogen ist (vgl § 1374 Rn 19ff).

37 Ein **Erbauseinandersetzungsvertrag** unterfällt nach überwiegender Auffassung jedenfalls dann dem § 1365 I, wenn der gesamte Nachlass auf einen anderen Miterben übertragen werden soll, der die weichenden Miterben in Geld abzufinden hat (BGHZ 35, 135, 143ff und dazu *Reinicke* DB 1965, 1351; Staudinger/*Thiele* Rn 44; NK/*Gruber*/*Holzapfl-Jordan* Rn 41; aA MüKo/*Koch* Rn 88; *Gernhuber*/*Coester-Waltjen* § 34 Rn 46). Zustimmungsbedürftig sind darüber hinaus aber auch **Realteilungsverträge**, die dem Ehegatten einen Miteigentumsanteil zusprechen, der seiner Gesamthandsbeteiligung in der Miterbengemeinschaft entspricht (vgl auch MüKo/*Koch* Rn 89; *Gernhuber*/*Coester-Waltjen* § 34 Rn 46 (Fn 81); aA Soergel/*Czeguhn* Rn 16; NK/*Gruber*/*Holzapfl-Jordan* Rn 41 unter Hinw auf München FamRZ 1971, 93f, das jedoch unter Bezug auf Wirtschaftlichkeitserwägungen den real geteilten Grundstücksteil unzutr dem Gesamthandsanteil wertmäßig gleichstellt, damit den Verfügungscharakter des Rechtsgeschäfts negiert und zur Zustimmungsfreiheit gelangt). Nicht in den Anwendungsbereich des § 1365 I fallen dagegen der Vollzug einer **Teilungsanordnung** (§ 2048) und die Auseinandersetzung gem §§ 2042ff (NK/*Gruber*/*Holzapfl-Jordan* Rn 41; Soergel/*Czeguhn* Rn 16; Staudinger/*Thiele* Rn 44). *Ebele* Rpfleger 1970, 419 wirft die Frage auf, ob ein Übergabevertrag, durch den ein in Zugewinngemeinschaft lebender Ehegatte als befreiter Vorerbe ein Nachlassgrundstück vorzeitig an den künftigen alleinigen Nacherben überträgt, der Zustimmung des anderen Ehegatten bedarf; s dazu *Haegele* Rpfleger 1970, 422.

38 **6. Einwilligung.** Ein mit Einwilligung des anderen Ehegatten vorgenommenes Rechtsgeschäft ist von Anfang an wirksam. Die Einwilligung, dh die vorherige Zustimmung (§ 183; zur Genehmigung vgl § 1366; zu den Auswirkungen der Güterstandsbeendigung durch Tod oder Scheidung § 1366 Rn 10ff) ist nach den allg Vorschriften eine einseitige empfangsbedürftige Willenserklärung, die grds keiner besonderen Form bedarf (vgl BGH NJW 1982, 1099). Der zustimmungsberechtigte Ehegatte muss die Erklärung nicht persönlich abgeben; **Stellvertretung** ist zulässig (BeckOK/*Scheller*/*Sprink* Rn 58; Soergel/*Leptien* Vor § 164 Rn 84; s auch DNotI-Report 1999, 166, 167, dort auch zur Anwendung des § 181, S 167ff; aA Staudinger/*Schilken* Vor §§ 164ff Rn 41; NK/*Stoffels* § 164 Rn 44). Der Ehegatte (oder sein Vertreter) kann die Einwilligung ggü dem Ehepartner oder ggü dessen Vertragspartner erklären (§ 182 I). Sie kann uU auch konkludent erklärt sein (München 15.11.2005 – 19 W 2583/05; Celle NJW-RR 2001, 866, 867; vgl auch Koblenz NJW-RR 2016, 135 – dort aber fehlendes Erklärungsbewusstsein). Das gilt selbst dann, wenn der Vertrag, für den sie erklärt wurde, formgebunden ist, § 182 II (KG NJW 1962, 1062). Ggü dem Grundbuchamt ist der Nachw der Einwilligung allerdings in der Form des § 29 GBO zu erbringen (Rn 23, 25). Bis zur Vornahme des Rechtsgeschäfts kann der Ehegatte seine Einwilligung durch Erklärung ggü dem kontrahierenden Ehegatten oder dessen Vertragspartner frei widerrufen (§ 183). Erfolgt der Widerruf ggü dem Ehegatten, obwohl die Einwilligung dem Dritten ggü erklärt worden war, bleibt sie allerdings im Verhältnis zu diesem so lange wirksam, bis er den Widerruf kennt oder kennen muss, §§ 170–173 analog (MüKo/*Koch* Rn 95; NK/*Gruber*/*Holzapfl-Jordan* Rn 47). Der Widerruf der Einwilligung hindert den Ehegatten nicht, seine Einwilligung bis zur Vornahme des Rechtsgeschäfts erneut zu erteilen (MüKo/*Koch* Rn 98) oder das ohne Einwilligung vorgenommene Rechtsgeschäft zu genehmigen (s § 183 Rn 7). IÜ sind die §§ 182ff, ergänzt durch §§ 1366–1368, anzuwenden.

39 Liegt ein zustimmungsbedürftiges Verpflichtungsgeschäft iSd Abs I S 1 vor und hat der geschützte Ehegatte in das Geschäft eingewilligt oder dieses genehmigt (§ 1366 I), so bedürfen die zur Erfüllung erforderlichen Verfügungsgeschäfte keiner gesonderten Einwilligung mehr; sie sind unmittelbar wirksam (arg e Abs I S 2). Fehlt die nach § 1365 I 1 erforderliche Zustimmung, kann der Ehegatte das Erfüllungsgeschäft nur dann wirksam vornehmen, wenn sein Ehepartner hierzu die Einwilligung gibt (Abs I S 2). Dabei ist zu beachten, dass ein Geschäft, durch das sich jemand zur Verfügung über sein Vermögen im Ganzen verpflichtet, je nach der Zusammensetzung des Vermögens uU nur durch eine Reihe einzelner Verfügungsgeschäfte vollziehbar ist, da über das Gesamtvermögen nicht mit unmittelbarer dinglicher Wirkung verfügt werden kann. In diesem Fall muss die Einwilligung zu allen zur Erfüllung erforderlichen Rechtsgeschäften erteilt werden. Hat der zu schützende Ehegatte seine Zustimmung zu dem Erfüllungsgeschäft gegeben, wird auch das Verpflichtungsgeschäft unmittelbar wirksam. Dies gilt unabhängig davon, ob der Ehegatte die Genehmigung des Grundgeschäfts bereits verweigert hatte; auch ein gem § 1366 IV (endgültig) unwirksames Verpflichtungsgeschäft wird mit Einwilligung in das Verfügungsgeschäft wirksam (NK/*Gruber*/*Holzapfl-Jordan* Rn 44; *Gernhuber*/*Coester-Waltjen* § 34 Rn 7; BeckOK/*Scheller*/*Sprink* Rn 4; s auch MüKo/*Koch* Rn 8; aA Staudinger/*Thiele* Rn 7a).

40 **7. Rechtsfolgen bei fehlender Einwilligung. a) Unwirksamkeit des Rechtsgeschäfts.** Ein zweiseitiges Verpflichtungs- oder Verfügungsgeschäft (für einseitige Rechtsgeschäfte gilt § 1367) eines Ehegatten über sein Vermögen im Ganzen ist ohne die erforderliche Einwilligung des anderen Ehegatten zunächst **schwebend unwirksam** (§ 1365 I 2, § 1366 I) und endgültig unwirksam, wenn die Genehmigung verweigert wird (§ 1366 IV). Die Verweigerung der Genehmigung ist unwiderruflich (s § 1366 Rn 4). Zur Einwilligung in ein Verfügungsgeschäft nach verweigerter Genehmigung des Verpflichtungsgeschäfts vgl Rn 39. Zur Konversion s § 1366 Rn 15.

41 Wird die Einwilligung verweigert, so ist das betreffende Rechtsgeschäft **nicht nur relativ**, sondern **ggü jedermann unwirksam**. Nach hM enthält § 1365 ein absolutes Veräußerungsverbot (s nur BGHZ 40, 218; Hamm NJW 1960, 1466, 1467; BeckOK/*Scheller*/*Sprink* Rn 2; NK/*Gruber*/*Holzapfl-Jordan* Rn 2; aA *Gernhuber*/*Coester-Waltjen* § 34 Rn 6 „Verfügungsbeschränkung sui generis"; MüKo/*Koch* Rn 12 „zustimmungsbedürftiges Rechtsgeschäft mit eigener Regelung"; vgl auch Staudinger/*Thiele* Rn 99; *Rauscher* FamR Rn 382, ohne allerdings zu abw Ergebnissen zu kommen). Abs I soll nicht nur den anderen Ehegatten schützen, sondern auch die wirt-

schaftl Grundlage der ehelichen Lebensgemeinschaft erhalten und damit der Familie schlechthin dienen (vgl Rn 1). Daraus folgt, dass die Vorschriften über den gutgläubigen Erwerb Dritter (§ 135 II) nicht anwendbar sind und der **gutgläubige Dritte nicht geschützt** wird (Grü/*Siede* Rn 19). Das gilt auch im Liegenschaftsrecht. Gutgläubiger Erwerb durch den Vierten ist hingegen möglich, §§ 932ff, 892ff (Zweibrücken FamRZ 1986, 997; Köln OLG 1969, 171); vor allem bei Haushaltsgegenständen können die veräußerten Gegenstände aber dem übergangenen Ehegatten abhandengekommen sein, so dass ein gutgläubiger Erwerb gleichwohl ausscheidet (§ 935). Besteht Grund zu der Annahme, dass ein Ehegatte entgegen der Beschränkung des § 1365 I ein Grundstück veräußern wird, so kann der andere Ehegatte Eintragung eines Veräußerungsverbots im Grundbuch durch einstw Verfügung nach § 940 ZPO verlangen (vgl Rn 22). Zu den Auswirkungen der Scheidung oder des Todes eines Ehegatten auf ein mangels Einwilligung schwebend unwirksames Rechtsgeschäft s § 1366 Rn 10ff.

b) Rechte des Vertragspartners. Ist der zustimmungspflichtige Vertrag endgültig unwirksam, besitzt der Dritte keine vertragl Erfüllungs- und Schadensersatzansprüche gegen seinen Vertragspartner. Hat er seinerseits bereits geleistet, kann er nach § 812 I Herausgabe verlangen. In Betracht kommen zudem **Ansprüche aus cic** (§ 280 I iVm § 311 II, § 241 II) und **unerlaubter Handlung** (§ 823 II iVm § 263 StGB, § 826), etwa wenn der Ehegatte vorgetäuscht hat, nicht verheiratet zu sein, in Gütertrennung zu leben oder die Einwilligung seines Ehegatten zu dem fraglichen Geschäft zu haben. Der Anspruch geht aber nur auf Ersatz des negativen Interesses (vgl § 1366 Rn 13). Zum Revokationsrecht des übergangenen Ehegatten s § 1368. 42

c) Schadensersatzpflicht des zustimmungsberechtigten Ehegatten. Durch die **Verweigerung der Einwilligung** macht sich der zustimmungsberechtigte Ehegatte dem anderen ggü im Allg **nicht schadensersatzpflichtig**; der an dem Vertragsschluss interessierte Ehegatte ist vielmehr darauf verwiesen, gem Abs II die Ersetzung der Zustimmung durch das FamG zu erlangen (Hamm MDR 2011, 1477). Erweist sich die Verweigerung der Einwilligung jedoch als grob rechtsmissbräuchlich, kann ausnahmsw eine Eheverfehlung vorliegen, die gem §§ 280 I, 1353 zum Schadensersatz verpflichtet (vgl Hamm MDR 2011, 1477). 43

8. Ersetzung der Zustimmung durch das Familiengericht (Abs II). Die Zustimmung des Ehegatten ist in jedem Fall erforderlich, auch wenn das Geschäft zweckmäßig und den Interessen des Ehegatten nicht abträglich ist. Verweigert der Ehepartner seine Zustimmung oder ist er durch Krankheit oder Abwesenheit an der Abgabe einer Erklärung gehindert, kann das **FamG** nach Maßgabe des § 1365 II die Zustimmung auf Antrag des vertragschließenden Ehegatten ersetzen. 44

a) Ersetzungsantrag. Antragsberechtigt ist allein der **Ehegatte**, nicht der Vertragspartner oder ein Dritter, der am Verfahren nicht beteiligt ist, aber bspw ein Interesse am Vollzug des Geschäfts hätte (vgl dazu auch Rn 50). Der Antrag kann vor oder nach dem Abschluss des Gesamtvermögensgeschäfts gestellt werden; das Gericht hat die Möglichkeit, sowohl die Einwilligung als auch die Genehmigung zu ersetzen. Der verfahrenseinleitende Antrag soll begründet werden (§ 23 I 1 FamFG). Das Rechtsgeschäft, zu dem die Zustimmung verweigert wurde, ist genau zu bezeichnen. Es müssen dem Gericht alle maßgeblichen Unterlagen vorgelegt werden. Nicht erforderlich ist, dass ein Vertragsentwurf bereits der für das Rechtsgeschäft vorgeschriebenen Form genügt; er muss jedoch alle wesentlichen Punkte enthalten (Köln OLG 1984, 296, 298). Der **Tod des antragstellenden Ehegatten** unterbricht das Verfahren nicht; es kann von den Erben fortgeführt werden (vgl § 1366 Rn 11). 45

b) Grundsätze ordnungsgemäßer Verwaltung. Das FamG hat zu überprüfen, ob das Geschäft den **Grundsätzen einer ordnungsgemäßen Vermögensverwaltung** entspricht. Maßgeblich sind die Umstände des Einzelfalls. Entscheidungskriterium ist, ob auch ein sorgfältiger Wirtschafter unter Abwägung der Bedürfnisse der Familie und deren wirtschaftl Interessen das Rechtsgeschäft vornehmen würde (vgl Köln NJW-RR 2008, 8f; NJW-RR 2005, 4f; BayObLG NJW-RR 1996, 962). Dabei ist zu berücksichtigen, dass § 1365 dem Familien- und Ausgleichsschutz dienen soll (vgl Rn 1; Hamm MDR 2011, 1477; BayObLG FamRZ 1963, 521f; MüKo/*Koch* Rn 102; NK/*Gruber/Holzapfl-Jordan* Rn 55). Anders als bei der Gütergemeinschaft, wo es sich um das gemeinschaftl Vermögen der Ehegatten handelt (vgl § 1426 Rn 1), wird nicht verlangt, dass das Geschäft zur ordnungsmäßigen Verwaltung erforderlich ist, dass also, wenn es unterlassen würde, Nachteile entstünden; Ordnungsmäßigkeit liegt schon dann vor, wenn hinreichende Zweckmäßigkeitsgründe für die Vornahme des Geschäfts sprechen (BayObLG NJW 1975, 833; FamRZ 1963, 521f). Im Einzelfall kann auch ein Entgelt, das unter dem Marktwert liegt, mit einer ordnungsgemäßen Verwaltung vereinbar sein; so etwa bei Übertragung eines Hofs oder eines Geschäfts auf ein Kind, wenn dem anderen Ehegatten ein angemessenes Altenteil und den anderen Kindern eine ausreichende Abfindung ausbedungen ist (vgl NK/*Gruber/Holzapfl-Jordan* Rn 56f; MüKo/*Koch* Rn 106). Andererseits ist die Zustimmung zu einer Teilungsversteigerung nicht zu ersetzen, wenn am freien Markt ein konkret höheres Angebot zu erwarten ist (BayObLG FamRZ 1985, 1040). In Ausnahmefällen kann auch eine Schenkung ordnungsmäßige Verwaltung sein (vgl dazu LG Mannheim DNotZ 1969, 372; NK/*Gruber/Holzapfl-Jordan* Rn 57). Entscheidend für die Ersetzung der Zustimmung sind die Umstände im **Zeitpunkt** der letzten tatrichterlichen Entscheidung, nicht jene bei Vornahme des Rechtsgeschäfts oder Verweigerung der Zustimmung (ebenso BeckOGK/*Szalai* Rn 40 [Stand: 1.21.2023]); dies gilt auch für die Frage, ob die Zustimmung zu Recht verweigert wurde (vgl Rn 49; BGH NJW 1978, 1380, 1381; BayObLG NJW 1968, 1335f; NK/*Gruber/Holzapfl-Jordan* Rn 70). 46

c) Ausreichender Weigerungsgrund. Abs II setzt zudem voraus, dass der andere Ehegatte die **Zustimmung ohne ausreichenden Grund verweigert**. Als Verweigerung gilt auch die Zustimmung unter einer Bedingung, sofern der Antragsteller nicht bereit ist, die Bedingung zu erfüllen (MüKo/*Koch* Rn 100f; NK/*Gruber/Holzapfl-* 47

Jordan Rn 58). Nicht möglich ist eine Zustimmungsersetzung nach § 1365 II allerdings, wenn sich der Ehegatte weigert, eine bereits mündlich erklärte Zustimmung in der Form des § 29 GBO zu wiederholen (str, s dazu Rn 25).

48 Von einem **ausreichenden Weigerungsgrund** ist auszugehen, wenn die auf den Familien- und Ausgleichsschutz gerichteten Interessen des anderen Ehegatten nach den Verhältnissen des konkreten Falls nicht in der möglichen und üblichen Weise berücksichtigt sind (Hamm MDR 2011, 1477; Köln NJW-RR 2008, 8f; BayObLG NJW-RR 1996, 962; MüKo/*Koch* Rn 104f). Die Zustimmung ist zu Recht verweigert, wenn die Würdigung aller Umstände eine Gefährdung künftiger Ausgleichsansprüche des anderen Ehegatten nicht unwahrscheinlich erscheinen lässt (Köln NJW-RR 2008, 8f; BayObLG NJW 1975, 833f); zu berücksichtigen sind dabei sowohl obj Risikofaktoren (zB Anlagen mit erhöhtem Risiko) als auch solche, die in der Pers des verfügenden Partners begründet sind (zB persönliche Unzuverlässigkeit, Alkoholismus, psychische Erkrankung; BayObLG NJW 1975, 833f; LG Koblenz FamRZ 1998, 163f; MüKo/*Koch* Rn 105; NK/*Gruber*/*Holzapfl-Jordan* Rn 61). Ohne Bedeutung ist, ob der verfügende Ehegatte die Erfüllung des künftigen Ausgleichsanspruchs wegen grober Unbilligkeit nach § 1381 verweigern könnte (AG Hannover FamRZ 1985, 70f; BeckOK/*Scheller*/*Sprink* Rn 66). Eine nur abstrakte Besorgnis der Gefährdung der wirtschaftl Grundlage der Familie oder des Zugewinnausgleichs genügt allerdings nicht; erforderlich ist die auf konkrete Anhaltspunkte gestützte Befürchtung negativer Konsequenzen (BayObLG NJW 1975, 833f; BeckOK/*Scheller*/*Sprink* Rn 66). Nach hA handelt der übergangene Ehegatte idR berechtigt, wenn die Zustimmung **während des Scheidungsverfahrens** im Hinblick auf einen str Zugewinnausgleichsanspruch verweigert wird (Köln NJWE-FER 1997, 98; Karlsruhe 15.7.2003 – 11 Wx 3/03; NK/*Gruber*/*Holzapfl-Jordan* Rn 61; BeckOK/*Scheller*/*Sprink* Rn 66; enger Köln NJW-RR 2005, 4, 5: durch Genehmigung müsste die Anwartschaft auf Zugewinnausgleich konkret gefährdet werden). Doch auch wenn dem anderen Ehegatten voraussichtlich keine Ausgleichsforderung zusteht, können die Auswirkungen eines das ganze Vermögen betreffenden Geschäfts für ihn oder die Kinder so erheblich sein, dass ein ausreichender Weigerungsgrund anzuerkennen ist; vgl BGH FamRZ 1987, 909f, wonach es nicht nur auf die Sicherung vor wirtschaftl Notlagen ankommt, sondern darüber hinaus auf die Erhaltung derjenigen wirtschaftl Grundlage der Familie, die sie bisher im Vermögen des Ehegatten besaß (s Rn 1). Ein „ausreichender Grund" liegt auch dann vor, wenn zwar gegen das Geschäft als solches nichts einzuwenden ist, aber zu befürchten steht, dass der verfügende Ehegatte den **Erlös unsachgemäß verwenden**, insb dem Unterhalt der Familie entziehen will (*Reinicke* BB 1957, 564; vgl auch Köln NJW-RR 2005, 4, 5; BayObLG NJW 1975, 833f; LG Koblenz FamRZ 1998, 163f); ebenso, wenn die von dem Vertragsgegner zu bewirkende **Gegenleistung unangemessen niedrig** ist und hierdurch der künftige Familienunterhalt oder sonstige wirtschaftl Interessen der ehelichen Gemeinschaft gefährdet werden (vgl BayObLG NJW 1975, 833f). Das Bestreben des Antragsgegners, einen mit der Verfügung nicht in unmittelbarem Zusammenhang stehenden Gegenanspruch durchzusetzen, rechtfertigt die Weigerung dagegen nicht (NK/*Gruber*/*Holzapfl-Jordan* Rn 62; MüKo/*Koch* Rn 104; Hamm MDR 2011, 1477; vgl auch FamRZ 1967, 572f „eigensüchtige Interessen"). Auch das **Interesse am Besitz der Ehewohnung** ist für sich genommen kein die Zustimmungsverweigerung rechtfertigender Grund (Stuttgart NJW 1983, 634; BeckOK/*Scheller*/*Sprink* Rn 68). **Leben die Ehegatten** jahrelang **getrennt** und sind der Unterhalt für die übrige Familie sowie der Ausgleichsanspruch ungefährdet, wird das Interesse des verfügenden Ehegatten an der Vornahme des Rechtsgeschäfts zumeist eine Ersetzung der Zustimmung rechtfertigen (BeckOK/*Scheller*/*Sprink* Rn 66; vgl auch BayObLG NJW 1975, 833f: Anforderungen an die Ersetzung sind geringer zu bemessen); nach Köln NJW 1971, 2312, 2314 kann die Zustimmung zur Veräußerung des Miteigentumsanteils am gemeinsamen Hausgrundstück ersetzt werden, wenn die Veräußerung dem Verfügenden überhaupt erst eine Verbesserung des bisher überaus bescheidenen Lebensstandards ermöglicht (vgl auch AG St. Ingbert 27.3.2015 – 4 F 236/13 UV: Belastung des Miteigentumsanteils an einer Eigentumswohnung mit einem Grundpfandrecht, wenn dadurch ein Darlehen des Sozialhilfeträgers, § 91 SGB XII, gesichert werden soll; s dazu auch *Koch* FamRZ 2016, 1021). Umstr ist, ob auch **persönliche Gründe** einschl solche ideeller Art im Einzelfall die Weigerung rechtfertigen können (so BayObLG NJW 1975, 833f; Hamm FamRZ 1967, 572f: Bedrohung des häuslichen und familiären Friedens; NK/*Gruber*/*Holzapfl-Jordan* Rn 62; Staudinger/*Thiele* Rn 83). Dagegen spricht, dass die Verwaltungsfreiheit des verfügenden Ehegatten nur insoweit einzuschränken ist, als der Schutzzweck des § 1365 (Rn 1) dies gebietet (Hamm MDR 2011, 1477). Nicht vermögensrechtl Gesichtspunkte sind vom Schutzzweck der Norm aber nicht erfasst; sie dürfen daher auch bei der Ersetzungsentscheidung keine Rolle spielen, so überzeugend *Gernhuber*/*Coester-Waltjen* § 34 Rn 65; MüKo/*Koch* Rn 108.

49 Kann der Ehegatte sich wegen **Krankheit** oder **Abwesenheit** nicht rechtzeitig selbst erklären und ist mit dem Aufschub Gefahr verbunden, so hat das FamG von sich aus zu prüfen (§ 26 FamFG), ob der Ehegatte einen ausreichenden Weigerungsgrund hätte. Die Krankheit oder Abwesenheit braucht dabei keine dauernde zu sein; eine vorübergehende Verhinderung genügt, sofern Gefahr im Verzug vorliegt (RGZ 103, 126f). Ob durch die Verzögerung Gefahr droht, ist anhand obj Kriterien zu beurteilen (MüKo/*Koch* Rn 109); in Betracht kommen zB ein besonders günstiges Angebot, Notverkäufe wegen drohenden Wertverlusts etc (NK/*Gruber*/*Holzapfl-Jordan* Rn 65; BeckOK/*Scheller*/*Sprink* Rn 69).

50 **d) Verfahren.** Bei dem Ersetzungsverfahren handelt es sich um eine Güterrechtssache (§ 261 II FamFG), jedoch nicht um eine Familienstreitsache (arg e § 112 Nr 2 FamFG), sondern um ein Verfahren der freiwilligen Gerichtsbarkeit, s BT-Drs 16/6308, 262, auf das die Regelungen des FamFG uneingeschränkt Anwendung finden. Die **Zuständigkeit des FamG** für das Verfahren nach § 1365 II ergibt sich aus § 111 Nr 9 FamFG, § 23a I Nr 1, § 23b I GVG; funktionell zuständig ist der Richter. Die **örtliche Zuständigkeit** bestimmt sich nach den Vor-

gaben des § 262 FamFG. **Antrag auf Erteilung der Zustimmung** ist neben dem Ersetzungsverfahren nicht zulässig (BeckOK/*Scheller/Sprink* Rn 60; Grü/*Siede* Rn 16); zur Zulässigkeit eines **negativen Feststellungsantrags** Jena NZFam 2020, 124, 127. Hat der Ehegatte sich dem Dritten ggü verpflichtet, bei Weigerung des anderen das FamG anzurufen, so kann der Dritte zwar nicht selbst den Antrag beim FamG stellen, aber ggf gegen seinen Vertragsgegner klagen, dass dieser den Antrag stelle, und aus dem erwirkten Urteil dann gem § 888 ZPO vollstrecken, allgM (vgl Grü/*Siede* Rn 24; BeckOK/*Scheller/Sprink* Rn 61f; Staudinger/*Thiele* Rn 92 mwN).

Das Gericht hat dem Ehegatten, dessen Zustimmung ersetzt werden soll, **rechtl Gehör** zu gewähren, vgl § 34 I Nr 1 FamFG (BeckOK/*Scheller/Sprink* Rn 70; NK/*Gruber/Holzapfl-Jordan* Rn 69; MüKo/*Koch* § 1366 Rn 24). Das FamG kann nur die Zustimmung ersetzen oder die Ersetzung ablehnen; eine teilw Ersetzung ist ausgeschlossen (KG JW 1934, 908). Soll dem Antrag stattgegeben werden, kann das Gericht die Ersetzung der Genehmigung nur zu dem genau bezeichneten Rechtsgeschäft aussprechen; die Vertragsbedingungen können durch das Gericht nicht abgeändert werden. Zulässig ist allerdings eine Ersetzung unter **Auflagen** und Bedingungen (Saarbrücken FamRZ 1987, 1248; Stuttgart NJW 1983, 634; NK/*Gruber/Holzapfl-Jordan* Rn 69; MüKo/*Koch* § 1366 Rn 27; Grü/*Siede* Rn 24; aA Staudinger/*Thiele* Rn 89). Die Auflage oder Bedingung darf aber nicht die wesentlichen Grundprinzipien der Zugewinngemeinschaft und des Zugewinnausgleichs unterlaufen, insb kann nicht als Auflage angeordnet werden, was nach Vorgabe des Gesetzes in die Entscheidungskompetenz der Ehegatten fällt (BayObLG NJW 1975, 833ff; *Gernhuber/Coester-Waltjen* § 34 Rn 64; MüKo/*Koch* § 1366 Rn 27); unzulässig ist daher die Auflage, einen vorzeitigen Zugewinnausgleich durchzuführen, da die §§ 1385f das Antragsrecht allein den Ehegatten zuweisen (BayObLG NJW 1975, 833, 836; MüKo/*Koch* § 1366 Rn 27; BeckOK/*Scheller/Sprink* Rn 70; aA AG Nienburg NdsRpfl 1964, 252), oder die Anordnung, Sicherheit für einen künftigen Ausgleichsanspruch zu leisten (vgl BayObLG NJW 1975, 833ff, Bankbürgschaft; NK/*Gruber/Holzapfl-Jordan* Rn 69); die Sicherung des Ausgleichsanspruchs ist nach Aufhebung des § 1389 aF nur im Wege und unter den Voraussetzungen des Arrests (§ 916 ZPO) möglich (vgl Celle NJW-RR 2014, 1283, 1285; *Brudermüller* NJW 2010, 401, 403; *Löhnig* FPR 2012, 508, 509; *Kogel* FamRB 2013, 365). Ist das FamG der Auffassung, dass kein Fall des § 1365 I vorliegt, das Rechtsgeschäft also der Zustimmung des anderen Ehegatten nicht bedarf, wird ein sog **„Negativattest"** erteilt (Grü/*Siede* Rn 24); diese Maßnahme enthält weder eine positive noch eine negative bindende Sachentscheidung nach § 1365 II, insb ersetzt das Negativattest nicht vorsorglich die Zustimmung des anderen Ehegatten für den Fall, dass das Prozessgericht die Auffassung des FamG nicht teilen und von einem zustimmungsbedürftigen Rechtsgeschäft ausgehen sollte (Jena NZFam 2020, 124, 127; Zweibrücken OLGZ 1981, 396ff; NK/*Gruber/Holzapfl-Jordan* Rn 70; MüKo/*Koch* § 1366 Rn 29). 51

Die Entscheidung des FamG wird gem § 40 III 1 FamFG erst mit Rechtskraft wirksam; bei Gefahr im Verzug kann aber sofortige Wirksamkeit angeordnet werden (§ 40 III 2 FamFG). Der Beschl wird dann bereits mit Bekanntgabe an den Antragsteller wirksam (§ 40 III 3 FamFG). Zulässiges **Rechtsmittel** ist die Beschwerde (§§ 58ff FamFG); sie ist binnen einer Frist von einem Monat einzulegen (§ 63 I FamFG); Jena NZFam 2020, 124, 126 m zust Anm *Obermann*; BeckOK/*Scheller/Sprink* Rn 71; *Cirullies* FPR 2013, 352, 355; aA Staudinger/*Thiele* Rn 91: zwei Wochen gem § 63 II Nr 2 FamFG. Zuständig ist das OLG (§ 119 I Nr 1 GVG). Gegen die Entscheidung des Beschwerdegerichts kann nach Maßgabe der §§ 70ff FamFG Rechtsbeschwerde eingelegt werden. Die Entscheidung des FamG ist für das Prozessgericht bindend (NK/*Gruber/Holzapfl-Jordan* Rn 72). Teilt das FamG entspr einer Übung in der Praxis mit, eine Ersetzung der Einwilligung sei nicht erforderlich, weil kein Fall des § 1365 I vorliege (Negativattest, vgl Rn 51), muss auch dem nicht antragsberechtigten Ehegatten gegen das Negativattest die **Beschwerdemöglichkeit** mit dem Ziel der Zurückweisung des Antrags eröffnet werden, § 59 I FamFG (vgl LG Berlin FamRZ 1973, 146f; LG Frankfurt/M FamRZ 1992, 1079; BeckOK/*Scheller/Sprink* Rn 70; MüKo/*Koch* § 1366 Rn 29). 52

9. Abweichende Vereinbarungen. Der **Umfang** der gesetzl Verwaltungsbeschränkungen kann wegen § 137 **nicht erweitert** werden, so dass zB eine Ehegattenvereinbarung, nach der die Vinkulierung bereits greifen soll, wenn ⅔ des Vermögens betroffen sind, unzulässig ist, vgl *Buschendorf*, Die Grenzen der Vertragsfreiheit im Ehevermögensrecht, 309f. Gleiches gilt für eine „Übernahme" der Verfügungsbeschränkung für Grundstücksveräußerungsverträge gem § 1424, *Buschendorf* aaO, 311. Dagegen ist ein ehevertragl (§§ 1408, 1410) gänzliches **Abbedingen** des § 1365 nach ganz hA ebenso zulässig wie eine Beschränkung (MüKo/*Koch* Rn 118f; BeckOK/*Scheller/Sprink* Rn 75 mwN). 53

§ 1366 Genehmigung von Verträgen

(1) Ein Vertrag, den ein Ehegatte ohne die erforderliche Einwilligung des anderen Ehegatten schließt, ist wirksam, wenn dieser ihn genehmigt.

(2) Bis zur Genehmigung kann der Dritte den Vertrag widerrufen. Hat er gewusst, dass der vertragsschließende Ehegatte verheiratet ist, so kann er nur widerrufen, wenn der Ehegatte wahrheitswidrig behauptet hat, der andere Ehegatte habe eingewilligt; er kann auch in diesem Fall nicht widerrufen, wenn ihm beim Abschluss des Vertrags bekannt war, dass der andere Ehegatte nicht eingewilligt hatte.

(3) Fordert der Dritte den Ehegatten auf, die erforderliche Genehmigung des anderen Ehegatten zu beschaffen, so kann dieser sich nur dem Dritten gegenüber über die Genehmigung erklären; hat er sich bereits vor der Aufforderung seinem Ehegatten gegenüber erklärt, so wird die Erklärung unwirksam. Die Genehmigung kann nur innerhalb von zwei Wochen seit dem Empfang der Aufforderung erklärt werden; wird sie

nicht erklärt, so gilt sie als verweigert. Ersetzt das Familiengericht die Genehmigung, so ist sein Beschluss nur wirksam, wenn der Ehegatte ihn dem Dritten innerhalb der zweiwöchigen Frist mitteilt; andernfalls gilt die Genehmigung als verweigert.

(4) Wird die Genehmigung verweigert, so ist der Vertrag unwirksam.

1 **1. Inhalt der Vorschrift.** Die Vorschrift entspricht der Regelung in §§ 108, 109; sie gilt jedoch nur für Verträge der in § 1365 I behandelten Art (vgl § 1365 Rn 2ff). Einseitige Rechtsgeschäfte, die ohne die nach § 1365 I erforderliche Einwilligung vorgenommen werden, können nicht genehmigt werden; sie sind nach § 1367 endgültig unwirksam (s aber § 1367 Rn 1). Bei Verfügungen über Haushaltsgegenstände findet § 1366 entspr Anwendung (§ 1369 III).

2 **2. Schwebezustand und Widerrufsrecht. a) Schwebende Unwirksamkeit.** Während § 1365 I die Einwilligung, dh die vorherige Zustimmung des anderen Ehegatten fordert, erklärt § 1366 I einen Vertrag, der das Vermögen im Ganzen betrifft, auch dann für wirksam, wenn der andere Ehegatte ihn genehmigt, dh ihm nachträgl zustimmt. Bis zur Genehmigung besteht ein Schwebezustand: Der Vertrag ist noch nicht wirksam, kann es aber noch werden (sog „schwebende Unwirksamkeit"). Der Ehegatte, der den Vertrag geschlossen hat, kann sich nicht einseitig gegen den Willen seines Vertragspartners vom Vertrag lossagen.

3 **b) Widerruf.** Abs II S 1 räumt dem Dritten während des Schwebezustands grds ein Widerrufsrecht ein. Der Widerruf ist eine einseitige empfangsbedürftige Willenserklärung, die keiner besonderen Form bedarf (Staudinger/*Thiele* Rn 16); sie kann nur ggü dem kontrahierenden Ehegatten abgegeben werden (Staudinger/*Thiele* Rn 17). Das Recht zum Widerruf besteht grds, solange der Schwebezustand andauert; der Dritte kann aber auf das Widerrufsrecht verzichten (MüKo/*Koch* Rn 8). Erklärt der Dritte den Widerruf, so wird der Vertrag endgültig unwirksam; eine Genehmigung oder deren familiengerichtliche Ersetzung sind nicht mehr möglich (Grü/*Siede* Rn 7; Staudinger/*Thiele* Rn 24). Wusste der Dritte, dass sein Vertragsgegner verheiratet ist (fahrlässige Unkenntnis schadet nicht, Grü/*Siede* Rn 6; MüKo/*Koch* Rn 6; Staudinger/*Thiele* Rn 20), kann er aber nur dann widerrufen, wenn der Ehepartner wahrheitswidrig behauptet hat, der andere Ehegatte habe eingewilligt; vorsätzliches Handeln des Ehegatten ist nicht erforderlich (Staudinger/*Thiele* Rn 21). Das Widerrufsrecht entfällt gleichwohl, wenn der Dritte bei Vertragsschluss von dem Fehlen der Einwilligung positiv Kenntnis hatte (Abs II S 2). Andere wahrheitswidrige Behauptungen des Ehegatten, zB die Zusicherung, den gesetzl Güterstand abbedungen zu haben, berühren den auf die schlichte Kenntnis des Personenstands gestützten Ausschluss des Widerrufsrechts nicht (NK/*Gruber*/*Holzapfl-Jordan* Rn 25; MüKo/*Koch* Rn 6; Staudinger/*Thiele* Rn 23); zu möglichen Schadensersatzansprüchen des Dritten gegen den vertragschließenden Ehegatten s Rn 13. Ist das Widerrufsrecht des Dritten ausgeschlossen, kann der Vertrag während des Schwebezustandes nur durch Vereinbarung der Vertragsparteien aufgehoben werden. Der Vertrag kann auch dann nicht widerrufen werden, wenn der andere Ehegatte, ohne dass der Dritte das weiß, schon vor dem Vertragsabschluss durch Erklärung ggü seinem Ehegatten in das Rechtsgeschäft eingewilligt hatte; in diesem Fall ist der Vertrag von Anfang an wirksam (§ 1365 Rn 38).

4 **3. Genehmigung.** Für die **Genehmigung** bzw deren Verweigerung gelten dieselben Grundsätze wie für die Einwilligung (vgl § 1365 Rn 38). Jedoch sind die Genehmigung sowie deren Verweigerung unwiderruflich (BGHZ 125, 355, 358f). Durch sie wird der Schwebezustand im positiven oder negativen Sinne beendet. Nicht ausgeschlossen ist aber, dass die Erklärung über die Genehmigung oder die Verweigerung der Genehmigung wegen Willensmängeln nach allg Vorschriften angefochten wird (RGZ 88, 426; NK/*Gruber*/*Holzapfl-Jordan* Rn 9; BeckOK/*Scheller*/*Sprink* Rn 2). Die Genehmigung ist grds nicht fristgebunden (vgl aber § 1366 III 2). Wird sie erteilt, wirkt sie auf den Zeitpunkt der Vornahme des Geschäfts zurück (§ 184 I). Verweigert der zustimmungsberechtigte Ehegatte die Genehmigung, ist das Rechtsgeschäft nach § 1366 IV (zunächst) unwirksam (Rn 9). Gleichwohl kann der Vertrag auch in diesem Fall noch Geltung erlangen; Voraussetzung ist, dass entweder der Dritte den Ehegatten auffordert, die Genehmigung des anderen Ehegatten zu beschaffen und dadurch den früheren Schwebezustand kurzfristig wiederherstellt (§ 1366 III, s Rn 6) oder das FamG die verweigerte Genehmigung ersetzt (§ 1365 II). Einer vorherigen Aufforderung iSd Abs III S 1 bedarf es im letztgenannten Fall nicht; das FamG kann die Genehmigung des übergangenen Ehegatten auch dann ersetzen, wenn der Dritte den vertragschließenden Ehegatten nicht zuvor zur Beschaffung der Genehmigung aufgefordert und damit den Schwebezustand wiederhergestellt hat.

5 **4. Aufforderung zur Beschaffung der Genehmigung (Abs III). a) Aufforderung des kontrahierenden Ehegatten.** Abs III S 1 und 2 entspricht § 108 II. Der Dritte hat außer dem Widerrufsrecht die Möglichkeit, die Rechtslage kurzfristig zu klären und den Schwebezustand zu beenden, indem er den **kontrahierenden Ehegatten** auffordert, die Genehmigung des anderen Ehegatten zu beschaffen. Dieser kann uU als Bote auftreten, der die Aufforderung des Dritten seinem Ehegatten überbringt; immer ist aber erforderlich, dass dem Ehegatten, der den Vertrag getätigt hat, die Aufforderung zugeht, da erst hierdurch die zweiwöchige Frist des Abs III S 2 in Lauf gesetzt wird. Vom Zugang der Aufforderung an den vertragschließenden Ehegatten an kann der andere Ehegatte sich über die Genehmigung gem § 1366 III 1 nur noch dem Dritten, nicht mehr seinem Ehegatten ggü erklären, damit für den Dritten die Rechtslage eindeutig geklärt wird. Denkbar ist auch hier, dass der kontrahierende Ehegatte dem Dritten die Erklärung seines Ehepartners als Erklärungsbote überbringt (NK/*Gruber*/*Holzapfl-Jordan* Rn 16; BeckOK/*Scheller*/*Sprink* Rn 7).

6 **b) Rechtsfolgen.** Eine vor der Aufforderung des Dritten dem anderen Ehegatten ggü abgegebene nachträgl Erklärung – und zwar sowohl die Genehmigung als auch die Verweigerung der Genehmigung – verliert durch

die Aufforderung ihre Wirksamkeit. Ursprünglich hatte die nachträgl Zustimmung (Genehmigung) den Vertrag von Anfang an wirksam (§ 184 I), die Verweigerung der Genehmigung den Vertrag endgültig unwirksam (§ 1366 IV) werden lassen; durch die Aufforderung des Dritten ist der Schwebezustand wiederhergestellt (vgl BGHZ 125, 355, 361). Die Regelung soll die schutzwürdigen **Interessen des Dritten** berücksichtigen und ihm die Möglichkeit geben, den durch die Verwaltungsbeschränkung seines Vertragspartners hervorgerufenen Schwebezustand kurzfristig zu beenden und sich Klarheit darüber zu verschaffen, ob das Rechtsgeschäft wirksam ist oder nicht. § 1366 III erweist sich allerdings keineswegs nur als vorteilhaft für den Dritten. Zu seinem Nachteil kann die Regelung wirken, wenn der andere Ehegatte den Vertrag bereits vor der Aufforderung genehmigt und damit von Anfang an hat wirksam werden lassen, der Dritte durch seine Aufforderung den alten Schwebezustand wiederhergestellt hat und der Ehegatte nunmehr die Genehmigung verweigert, wozu er nach dem Gesetz trotz der vorher erteilten Genehmigung berechtigt ist. In diesen Fällen verliert der Dritte durch sein Verhalten eine für ihn bereits bestehende günstige Rechtsposition (wirksamer Vertragsabschluss) wieder. Aber auch das Bedürfnis des Dritten nach Sicherheit und Klarheit über die Rechtslage wird durch die Wirkung des § 1366 III 1 nicht immer befriedigt. Nach dem eindeutigen Wortlaut der Bestimmung wird nur die nach Abschluss des Rechtsgeschäfts bereits erteilte Genehmigung, die dem Ehegatten ggü erklärt worden war, nicht aber die schon vorher erteilte Einwilligung wieder unwirksam (Grü/*Siede* Rn 8; NK/*Gruber/Holzapfl-Jordan* Rn 20; Staudinger/*Thiele* Rn 29); eine analoge Anwendung der Vorschrift auf die Fälle der Einwilligung ist nicht möglich, vgl Staudinger/*Klumpp* § 108 Rn 15 und *Enneccerus/Nipperdey*, AT, § 152 II N 12 mit Hinw auf die Materialien zum BGB (§ 108), aus denen sich ergibt, dass ein entspr Antrag, die Unwirksamkeit auf die vor Abschluss des Rechtsgeschäfts erteilte Einwilligung zu erstrecken, abgelehnt wurde. Nach Ablauf der Zweiwochenfrist weiß der Dritte daher nur, dass eine nachträgl Genehmigung nicht erfolgt ist, er muss aber weiter mit der Möglichkeit rechnen, dass der Vertrag wegen einer vorher erteilten Einwilligung wirksam zustande gekommen ist.

Die Aufforderung nach § 1366 III 1 nimmt dem Dritten nicht die Möglichkeit, den Vertrag gem § 1366 II doch 7
noch zu widerrufen. In der Aufforderung des Dritten an seinen Vertragspartner, die Genehmigung zu beschaffen, liegt regelmäßig kein Verzicht auf sein **Widerrufsrecht** (Staudinger/*Thiele* Rn 30; MüKo/*Koch* Rn 8 mwN; aA Erman/*Gamillscheg*[12] Rn 5).

c) Frist. Innerhalb der **Ausschlussfrist** von zwei Wochen (Abs III S 2) muss die Genehmigung oder deren 8
Verweigerung dem Dritten ggü erklärt werden. Stillschweigen gilt als Verweigerung, selbst dann, wenn der Ehegatte den Empfang der Aufforderung dem anderen Ehegatten nicht mitgeteilt hat oder dieser überhaupt nichts von dem seiner Genehmigung bedürftigen Rechtsgeschäft weiß (NK/*Gruber/Holzapfl-Jordan* Rn 19). Der kontrahierende Ehegatte kann innerhalb der zweiwöchigen Frist auch die Ersetzung der Zustimmung durch das FamG herbeiführen, muss dann aber außerdem innerhalb der Frist dem Dritten den Ersetzungsbeschluss mitteilen (§ 1365 II iVm § 1366 III 3). Die Wahrung der Frist ist bei Anrufung des FamG schon mit Rücksicht auf die bestehende Rechtsmittelfrist nur möglich, wenn das FamG wegen Gefahr im Verzug gem § 40 III 2 FamFG die sofortige Wirksamkeit seines Beschlusses anordnet. Die Frist kann durch Vereinbarung zw dem Ehegatten und dem Dritten, aber auch einseitig durch den Dritten verlängert werden, *Gernhuber/Coester-Waltjen* § 34 Rn 71; MüKo/*Koch* Rn 19; aA Grü/*Siede* Rn 8 (nur vertragl Verlängerung); Verkürzung der Frist setzt Zustimmung des kontrahierenden Ehegatten (nicht dagegen seines Ehepartners) voraus, NK/*Gruber/Holzapfl-Jordan* Rn 19; MüKo/*Koch* Rn 19; Staudinger/*Thiele* Rn 32.

5. Unwirksamkeit des Vertrags. a) Verweigerung der Genehmigung. Abs IV stellt klar, dass bei Verweige- 9
rung der Genehmigung durch den anderen Ehegatten sowie in dem Fall, dass die Genehmigung als verweigert gilt (Abs III S 2 und 3), der Vertrag endgültig unwirksam ist (vgl aber Rn 4). Er kann insb nicht dadurch noch nachträgl wirksam werden, dass der Güterstand später durch Auflösung der Ehe oder aus anderem Grunde beendet wird oder der andere Ehegatte ihn nach Ablauf der zweiwöchigen Frist des Abs III S 2 doch noch genehmigt, vgl BGHZ 125, 355, 359; in solchen Fällen ist nur Neuabschluss möglich.

b) Beendigung des Güterstands während des Schwebezustands. Anders liegt der Fall, wenn **während des** 10
Schwebezustands der Güterstand beendet wird. Hier ist zu unterscheiden: **aa) Stirbt der Ehegatte, dessen Genehmigung erforderlich ist**, so entfällt die Genehmigungsbedürftigkeit; der Vertrag wird ex nunc voll wirksam, unabhängig davon, ob der Zugewinnausgleich nach der erbrechtl (§ 1371 I) oder der güterrechtl Lösung (§ 1371 II) durchzuführen ist (BGH FamRZ 1982, 249f). Das Gesetz bezweckt nur den Schutz des übergangenen Ehegatten, nicht den seiner Erben (zutr *Reinicke* NJW 1973, 305; MüKo/*Koch* Rn 32; Soergel/*Czeguhn* Rn 10; RGRK/*Finke* Rn 22; aA Staudinger/*Thiele* § 1365 Rn 107; *Gernhuber/Coester-Waltjen* § 34 Rn 77; s auch *Künzl* FamRZ 1988, 452, 459: Erfordernis der Genehmigung des Verfügenden analog § 108 III). Im Interesse der mit § 1366 III und IV intendierten Rechtssicherheit und Rechtsklarheit bleibt es aber bei der Unwirksamkeit des Vertrags, wenn der verstorbene Ehegatte die Genehmigung bereits verweigert hatte (vgl BGHZ 125, 355, 360; *Reinicke* NJW 1973, 305ff).

bb) Stirbt der Ehegatte, der den Vertrag geschlossen hat, bleibt die Genehmigung des anderen erforderlich, 11
auch wenn dieser Miterbe wird (BGHZ 77, 293, 300). Der Dritte muss die Erben des Verstorbenen ggf auffordern, die Genehmigung des anderen Ehegatten zu beschaffen; diese können das FamG um Ersetzung der Zustimmung ersuchen. Ein schon in Gang gesetztes Verfahren wird durch den Tod des antragstellenden Ehegatten nicht unterbrochen (LG Mannheim DNotZ 1969, 372; NK/*Gruber/Holzapfl-Jordan* § 1365 Rn 68). Das Rechtsgeschäft konvalesziert auch dann nicht, wenn der andere Ehegatte Alleinerbe des verfügenden Ehegatten wird (MüKo/*Koch* Rn 33; *Gernhuber/Coester-Waltjen* § 34 Rn 76; NK/*Gruber/Holzapfl-Jordan* § 1365 Rn 49; Soergel/

Czeguhn Rn 11; Karlsruhe FamRZ 1978, 505: § 185 II 1 Alt 3 ist nicht anwendbar; aA Celle NJW-RR 1994, 646f; RGRK/*Finke* Rn 21). Doch kann der Erbe einen Antrag nach § 1365 II in jeder Lage des Verfahrens zurücknehmen; das gilt auch dann, wenn sich der Erblasser ggü dem Dritten zur Antragstellung verpflichtet haben sollte und die Verpflichtung auf den Erben übergegangen ist (BayObLG DNotZ 1963, 732; *Dittmann* DNotZ 1963, 707); der Vertragspartner kann in diesem Fall aber auf Erfüllung klagen und aus dem Urteil nach § 888 ZPO vollstrecken, so wie er gegen den Verstorbenen hätte vorgehen können (s dazu § 1365 Rn 50; vgl MüKo/*Koch* Rn 34; aA *Dittmann* DNotZ 1963, 707, der mit der Berufung auf die „familienrechtl Entscheidungsfreiheit" des Überlebenden verkennt, dass er nur als Erbe, nicht als Ehegatte in die Position des Antragstellers einrückte).

12 cc) Wird der Güterstand durch **Scheidung** beendet, erlangt nach Celle NJW-RR 2001, 866; Bamberg NJWE-FER 2000, 161; Köln FamRZ 2001, 176; BayObLG FamRZ 1972, 294 der vertragschließende Ehegatte seine unbeschränkte Verfügungsbefugnis zurück, so dass der Vertrag analog § 185 II ex nunc voll wirksam werden soll. Dagegen hat *Reinicke* (NJW 1972, 1786ff; 1973, 305) überzeugend dargelegt, dass eine solche Konvaleszenz abstrakt die Ausgleichsansprüche des anderen Gatten gefährdet. Dieser Ansicht folgt auch der BGH NJW 1984, 609f; FamRZ 1978, 396: Für den Fortbestand der Zustimmungsbedürftigkeit nach Scheidung kommt es nicht darauf an, dass eine konkrete Gefährdung des Zugewinnausgleichsanspruchs des anderen Ehegatten feststeht, es genügt vielmehr, dass sich die Gefährdung nicht ausschließen lässt; ebenso die Vorinstanz Karlsruhe FamRZ 1976, 695 und Saarbrücken FamRZ 1987, 1248; vgl auch Hamm FamRZ 1984, 53f; MüKo/*Koch* Rn 30; NK/*Gruber/Holzapfl-Jordan* § 1365 Rn 50; Grü/*Siede* § 1365 Rn 12; *Künzl* FamRZ 1988, 452, 456ff. Deshalb muss es hier bei der vorläufig schwebenden Unwirksamkeit des Vertrags auch nach Scheidung bleiben, die dem geschiedenen Ehegatten die Möglichkeit der Genehmigung oder der Ablehnung belässt. Eines Schutzes vor Gefährdung der Ausgleichsforderung bedarf der andere Ehegatte allerdings dann nicht mehr, wenn die Forderung nach Rechtskraft des Scheidungsbeschlusses gem §§ 195, 199 verjährt ist. In diesem Fall konvalesziert ein nach § 1366 I schwebend unwirksames Geschäft (Celle NJW-RR 2001, 866; BeckOK/*Scheller/Sprink* § 1365 Rn 8; aA NK/*Gruber/Holzapfl-Jordan* § 1365 Rn 50: Erhebung der Verjährungseinrede erforderlich).

13 **c) Rechte des Vertragspartners.** Aus der Unwirksamkeit des Geschäfts, zu dem die Genehmigung verweigert wurde, ergibt sich, dass der Ehegatte, der es geschlossen hat, von seinem Vertragspartner nicht auf **Schadensersatz** wegen Nichterfüllung in Anspruch genommen werden kann; dieser kann höchstens Ansprüche aus ungerechtfertigter Bereicherung, aus cic (§ 280 I iVm § 311 II, § 241 II) oder aus unerlaubter Handlung (§ 823 II iVm § 263 StGB, § 826) geltend machen, wenn zB der Ehegatte wahrheitswidrig die Einwilligung seines Ehepartners behauptet oder sich als unverheiratet ausgegeben hat (NK/*Gruber/Holzapfl-Jordan* § 1368 Rn 31; MüKo/*Koch* Rn 38). Der Dritte kann aber nur Ersatz des Schadens verlangen, den er durch sein Vertrauen auf die Richtigkeit der Erklärung erlitten hat, also Ersatz des negativen Interesses, nicht Ersatz des Erfüllungsinteresses (Grü/*Siede* § 1365 Rn 21; NK/*Gruber/Holzapfl-Jordan* § 1368 Rn 31; aA *Gernhuber/Coester-Waltjen* § 34 Rn 85–87). Daran ändert sich auch dann nichts, wenn sich der verfügende Ehegatte ggü seinem Vertragspartner verpflichtet hat, für die Zustimmung seines Ehepartners einzustehen; ein solcher Garantievertrag droht den Schutzzweck des § 1365 I zu vereiteln und ist daher unwirksam (NK/*Gruber/Holzapfl-Jordan* § 1368 Rn 31; MüKo/*Koch* Rn 37; Staudinger/*Thiele* § 1365 Rn 101 mwN). Wirksam ist aber eine Verpflichtung, ggf um die Ersetzung der Einwilligung durch das FamG nachzusuchen, vgl dazu § 1365 Rn 50.

14 Der **zustimmungsberechtigte Ehegatte** kann sich dem anderen ggü durch Verweigerung der Genehmigung im Allg **nicht schadensersatzpflichtig** machen; der vertragschließende Ehegatte hat die Möglichkeit, die Zustimmung durch das FamG ersetzen zu lassen (vgl Hamm MDR 2011, 1477). Die Verweigerung der Genehmigung kann wohl eine Eheverfehlung darstellen, aber nur in ganz besonders gelagerten Fällen.

15 **d) Konversion.** Ist ein Vertrag nach verweigerter Genehmigung endgültig unwirksam, kann er möglicherweise nach § 140 in einen Erbvertrag **umgedeutet** werden; so BGHZ 40, 218 (gegen RGZ 79, 306) für den Fall einer Hofübergabe an den Enkel eines Ehegatten; für den mutmaßlichen Parteiwillen ist hierbei die Zeit des Vertragsschlusses maßgebend. Doch darf die Umdeutung nicht zum Regelfall werden, da sonst der Schutzzweck des § 1365 I leer zu laufen droht: Der überlebende zustimmungsberechtigte Gatte hätte keine echte Wahl mehr; genehmigt er, wird der Kaufvertrag wirksam, verweigern er (und das FamG) die Zustimmung, so wird mit demselben Ergebnis umgedeutet. Daher ist in jedem Einzelfall sorgfältig zu prüfen, ob tatsächlich „gewichtige Anhaltspunkte" dafür sprechen, dass die Parteien bei Kenntnis der Nichtigkeit des Rechtsgeschäfts das Ersatzgeschäft geschlossen hätten (BGHZ 125, 355, 363f; MüKo/*Koch* Rn 36); nach *Tiedtke* FamRZ 1981, 1 muss die Umdeutung in einen Erbvertrag stets ausscheiden, da anderenfalls ein Wertungswiderspruch zu dem von §§ 1365, 1366 bezweckten Ergebnis entstünde.

§ 1367 Einseitige Rechtsgeschäfte

Ein einseitiges Rechtsgeschäft, das ohne die erforderliche Einwilligung vorgenommen wird, ist unwirksam.

1 **1. Unwirksamkeit einseitiger Rechtsgeschäfte ohne Einwilligung.** Die Vorschrift betrifft einseitige Rechtsgeschäfte eines Ehegatten über sein Vermögen im Ganzen. Einseitige Rechtsgeschäfte vertragen im Interesse des Geschäftsgegners keinen Schwebezustand (vgl auch §§ 111, 180). Deshalb sind sie endgültig unwirksam, wenn sie ohne die erforderliche Einwilligung, dh die vorherige Zustimmung des andern Ehegatten (vgl § 1365 Rn 38) vorgenommen werden. Eine etwaige nachträgl Zustimmung hat anders als in den von § 1366 erfassten Fällen keine heilende Wirkung; es kommt nur Neuvornahme des Rechtsgeschäfts in Betracht. Hat sich der Adressat

mit dem Schwebezustand allerdings einverstanden erklärt, ist die Norm ihrem Zweck entspr **teleologisch zu reduzieren**; das ohne Einwilligung vorgenommene einseitige Rechtsgeschäft kann in diesem Fall entspr § 1366 genehmigt werden, vgl § 180 S 2 (MüKo/*Koch* Rn 2; Staudinger/*Thiele* Rn 5; i Erg auch BeckOGK/*Szalai* Rn 4 [Stand: 1.2.2023]; s auch § 182 Rn 16). Bei Verfügungen über Haushaltsgegenstände findet § 1367 entspr Anwendung (§ 1369 III).

2. Anwendungsbereich. Fälle einseitiger Rechtsgeschäfte über das Vermögen im Ganzen werden selten vorkommen. Die Relevanz der Vorschrift in der Praxis ist eher gering. Als einseitige Rechtsgeschäfte kommen in erster Linie in Betracht die **Dereliktion**, die **Auslobung** (§§ 657ff) und das **Stiftungsgeschäft** (§§ 80ff) (NK/*Gruber*/*Holzapfl-Jordan* Rn 2; Soergel/*Czeguhn* Rn 1). Ebenfalls erfasst sind die **Anfechtung** und der **Rücktritt** (NK/*Gruber*/*Holzapfl-Jordan* Rn 2; Staudinger/*Thiele* Rn 2; Soergel/*Czeguhn* Rn 1; Grü/*Siede* Rn 1; aA MüKo/*Koch* Rn 6; PWW/*Weinreich* Rn 1). Zur einseitigen Beendigung der Mitgliedschaft in einer Personengesellschaft oder der Auflösung einer Gesellschaft s § 1365 Rn 34. Nicht in den Anwendungsbereich des § 1367 fallen dagegen die **Vollmachtserteilung** nach § 167 (vgl BGH NZM 2013, 438f) und die Einwilligung nach § 185 I. Zustimmungsbedürftig ist hier erst das in Vertretung oder mit Einwilligung des Ehegatten vorgenommene Rechtsgeschäft (BGH NZM 2013, 438, 439); § 1367 findet mithin nur dann Anwendung, wenn das Hauptgeschäft ein einseitiges Rechtsgeschäft iSd Norm ist (NK/*Gruber*/*Holzapfl-Jordan* Rn 3; BeckOK/*Scheller*/*Sprink* Rn 2; MüKo/*Koch* § 1365 Rn 53, abw aber MüKo/*Koch* § 1367 Rn 5). Anders entscheidet die hM freilich im Hinblick auf die **Genehmigungen** nach **§§ 177** und **185 II**; da hier die nachträgl Zustimmung eine Wirksamkeitsvoraussetzung des Hauptgeschäfts darstelle, sei die Genehmigung und nicht das genehmigte Hauptgeschäft zustimmungsbedürftig iSd § 1365, so dass gem § 1367 eine nachträgl Zustimmung des zunächst übergangenen Ehegatten ausscheide (NK/*Gruber*/*Holzapfl-Jordan* Rn 3; MüKo/*Koch* § 1365 Rn 54 und § 1367 Rn 5; Staudinger/*Thiele* § 1365 Rn 12 und § 1367 Rn 3). Die vorgebrachten Arg überzeugen indes nicht. Die besseren Gründe sprechen für die Annahme, dass die nachträgl Zustimmung letztlich nur die aus der fehlenden Berechtigung des Dritten resultierende schwebende Unwirksamkeit des Rechtsgeschäfts beendet (vgl für eine ähnl Lösung Staudinger/*Gursky* [2014] § 185 Rn 48 für den Fall, dass ein Minderjähriger über eine von ihm unter Eigentumsvorbehalt erworbene Ware ggü einem bösgläubigen Dritten verfügt). Die von der hM befürwortete Anknüpfung an die Genehmigungen nach §§ 177, 185 II führt zu Problemen, wenn sich das Hauptgeschäft auf einzelne Vermögensgegenstände bezieht, die (nahezu) das gesamte Vermögen des Ehegatten ausmachen. Nach der herrschenden subj Einzeltheorie (s § 1365 Rn 10, 18ff) setzt die Anwendbarkeit des § 1365 in diesem Fall voraus, dass der Geschäftspartner Kenntnis von den Vermögensverhältnissen des Ehegatten hat. Die Genehmigungen nach §§ 177, 185 II können jedoch grds nicht nur dem Geschäftspartner, sondern ebenso dem falsus procurator bzw dem unberechtigt Verfügenden ggü erklärt werden. Entscheidet sich der Ehegatte für Letzteres, kann kaum begründet werden, aus welchem Grund gleichwohl auf die Kenntnis des Geschäftspartners abzustellen sein sollte, der in diesem Fall gerade nicht Empfänger der Erklärung ist. Sieht man dagegen im Vertretergeschäft bzw der unberechtigten Verfügung das zustimmungspflichtige Gesamtvermögensgeschäft, folgt daraus unmittelbar und überzeugend, dass die Kenntnis des Geschäftspartners maßgeblich ist. IÜ führt die von der hM bejahte Anwendbarkeit des § 1367 in den Fällen der §§ 177, 185 II auch nicht notwendig zu der mit der Unwirksamkeitsfolge bezweckten Klarheit für den Geschäftsgegner. Da gem § 1367 lediglich die Genehmigung unwirksam wäre, bliebe das vom falsus procurator abgeschlossene Geschäft weiterhin schwebend unwirksam; eine erneute Genehmigung wäre nicht ausgeschlossen. Entspr gälte bei der Verfügung eines Nichtberechtigten. Auch sie könnte bei Anwendung des § 1367 nochmals genehmigt werden. Die besseren Gründe sprechen damit für die Annahme, dass § 1367 auf die Genehmigungen nach §§ 177, 185 II keine Anwendung findet; maßgebend für die Anwendbarkeit der §§ 1365ff ist allein das Vertretergeschäft bzw die unberechtigte Verfügung. 2

§ 1367 betrifft nur einseitige Rechtsgeschäfte unter Lebenden, nicht Verfügungen von Todes wegen (§ 1365 Rn 5). Keine Anwendung findet die Regelung auch auf die **Ausschlagung einer Erbschaft** oder eines Vermächtnisses (vgl § 1365 Rn 36); da es sich hier schon nicht um ein Gesamtvermögensgeschäft iSd § 1365 handelt, ist auch der Anwendungsbereich des § 1367 nicht eröffnet. Zur Bedeutung der Vorschrift im Bankverkehr vgl *H.P. Westermann* FamRZ 1967, 646. 3

3. Unwirksamkeit bei fehlendem Nachweis der Einwilligung. Die Einwilligung oder deren familiengerichtliche Ersetzung (§ 1365 II) müssen spätestens in dem Zeitpunkt vorliegen, in dem das einseitige Rechtsgeschäft wirksam würde, wäre es nicht einwilligungspflichtig (NK/*Gruber*/*Holzapfl-Jordan* Rn 4; Staudinger/*Thiele* Rn 7). Eine bestimmte Form ist für die Einwilligung grds nicht einzuhalten (vgl § 1365 Rn 38). Allerdings sind einseitige Rechtsgeschäfte nach § 182 III, § 111 S 2, 3 unwirksam, wenn der andere Ehegatte zwar seine Einwilligung gegeben hat oder diese nach § 1365 II durch das FamG ersetzt worden ist, die Einwilligung oder deren Ersetzung von dem Ehegatten aber nicht in schriftlicher Form (§ 126) nachgewiesen werden kann und der Erklärungsempfänger das Rechtsgeschäft aus diesem Grunde unverzüglich (§ 121) und eindeutig zurückweist. Die Zurückweisung ist ausgeschlossen, wenn der andere Ehegatte ihn vorher von der Einwilligung in Kenntnis gesetzt hatte; die Erklärung ggü dem Dritten bedarf in diesem Fall keiner besonderen Form (NK/*Gruber*/*Holzapfl-Jordan* Rn 6; Staudinger/*Thiele* Rn 9f; MüKo/*Koch* Rn 4). 4

Ist für den **Nachw der Einwilligung** aus verfahrensrechtl Gründen **eine besondere Form** – wie zB in § 29 GBO – vorgesehen, so muss nicht bereits der Nachw ggü dem Dritten in dieser Form geführt werden (vgl auch § 1365 Rn 25; NK/*Gruber*/*Holzapfl-Jordan* Rn 5; BeckOK/*Scheller*/*Sprink* Rn 3; aA Staudinger/*Thiele* Rn 7). 5

§ 1368 Geltendmachung der Unwirksamkeit

Verfügt ein Ehegatte ohne die erforderliche Zustimmung des anderen Ehegatten über sein Vermögen, so ist auch der andere Ehegatte berechtigt, die sich aus der Unwirksamkeit der Verfügung ergebenden Rechte gegen den Dritten gerichtlich geltend zu machen.

Schrifttum: *Götz*, Die Reichweite des Revokationsrechts aus § 1368 BGB, FS Koch 2019, 171.

1 **1. Zweck der Vorschrift.** Es handelt sich um eine **Schutzvorschrift** für den Ehegatten, der mit ausreichendem Grund (§ 1365 II) seine Zustimmung zu einem von dem anderen Ehegatten vorgenommenen Rechtsgeschäft über dessen Vermögen im Ganzen nicht erteilt hat. Da der verfügende Ehegatte häufig nicht geneigt sein wird, von seinem Vertragspartner unter Berufung auf die Unwirksamkeit der Verfügung Rückgewähr zu verlangen, musste dem anderen Ehegatten zum wirksamen Schutz der Familienhabe die Befugnis gegeben werden, die sich aus der Unwirksamkeit der Verfügung ergebenden Rechte selbst gegen den Dritten gerichtlich geltend zu machen (sog Revokationsrecht). Bei Verfügungen über Haushaltsgegenstände findet die Regelung entspr Anwendung (§ 1369 III). § 1368 gilt gem § 1519 S 2 auch dann entspr, wenn die Ehegatten im Güterstand der Wahl-Zugewinngemeinschaft leben (vgl dazu Einl § 1363 Rn 6) und ein Ehegatte Rechtsgeschäfte über Haushaltsgegenstände oder über Rechte, durch die die Familienwohnung sichergestellt wird, ohne Zustimmung des anderen abgeschlossen hat (vgl Art 5 dt-frz WZGA).

2 **2. Anspruchsberechtigte. a) Der nicht verfügende Ehegatte. aa) Gesetzl Verfahrensstandschaft.** § 1368 gewährt dem übergangenen Ehegatten nach hM kein eigenes sachliches Recht gegen den Dritten. Die Norm ermächtigt den Ehegatten lediglich, die seinem Partner aus der Unwirksamkeit der Verfügung gegen den Vertragsgegner zustehenden Ansprüche im eigenen Namen geltend zu machen; der übergangene Ehegatte ist mithin gesetzl Verfahrensstandschafter (BGHZ 143, 356, 360; Brandenburg FamRZ 1996, 1015; *Gernhuber/Coester-Waltjen* § 34 Rn 90; Staudinger/*Thiele* Rn 18f; NK/*Gruber/Holzapfl-Jordan* Rn 2, 4; MüKo/*Koch* Rn 3ff). *Fenge* FS Wahl, 489 und *Brox* FamRZ 1961, 281f wollen wegen des Schutzcharakters des Rückforderungsanspruchs auch dem nicht verfügenden Ehegatten ein eigenes sachliches Recht zubilligen. Hiergegen bestehen aber erhebliche Bedenken. Aus dem ehelichen Güterrecht ist eine eigene Berechtigung nicht herzuleiten, auch nicht aus den der Erhaltung der Familienhabe dienenden Verfügungsbeschränkungen der §§ 1365, 1369, die keine Berechtigungen am Vermögen des Ehepartners begründen (zutr *Boehmer* FamRZ 1959, 81f). Da auch § 1368 dem anderen Ehegatten schon wegen seiner systematischen Stellung und seines rechtspolitischen Zwecks keine eigene sachliche Berechtigung verleihen wollte, kann es sich nur um die verfahrensrechtl Befugnis handeln, ein **fremdes Recht im eigenen Namen geltend zu machen** (s dazu Rn 16).

3 § 1368 berechtigt den übergangenen Ehegatten nach seinem Wortlaut allein zur gerichtlichen Geltendmachung der fremden Rechte. Weitergehend wird man im Hinblick auf den Normzweck (Rn 1) aber davon ausgehen müssen, dass der Ehegatte auch **außergerichtliche Maßnahmen** ergreifen darf und damit zB den Dritten mahnen kann (allgA, s nur MüKo/*Koch* Rn 12; Staudinger/*Thiele* Rn 24; BeckOK/*Scheller/Sprink* Rn 3). Die außergerichtliche Rechtsverfolgung geht der gerichtlichen Geltendmachung üblicherweise voraus. Sie muss nicht zuletzt im Hinblick auf die Kosten eines Gerichtsverfahrens möglich sein.

4 Berechtigt ist dem Schutzzweck des § 1368 entspr (Rn 1) allein der übergangene Ehegatte; das Revokationsrecht ist **nicht vererblich, übertragbar oder pfändbar** (NK/*Gruber/Holzapfl-Jordan* Rn 23; MüKo/*Koch* Rn 30). Es kann auch noch nach der **Scheidung** ausgeübt werden, wenn sich die Gefährdung eines möglichen Zugewinnausgleichsanspruchs nicht ausschließen lässt (BGH NJW 1984, 609f; vgl auch Celle NJW-RR 2001, 866f). In diesem Fall muss jedoch zumindest das zustimmungspflichtige Kausalgeschäft vor Rechtskraft des Scheidungsausspruchs vorgenommen worden sein (vgl § 1365 Rn 6).

5 **bb**) Verfügt ein Ehegatte über Gegenstände, die im Miteigentum des anderen stehen oder an denen dieser Mitoder Alleinbesitz hat, kann der übergangene Ehegatte über den Rahmen des § 1368 hinaus auch **Ansprüche aus eigenem Recht** ggü dem Dritten geltend machen; in Betracht kommen hier insb Ansprüche aus §§ 894, 985 bzw aus §§ 861, 1007 II, die dann neben dem Revokationsrecht stehen (*Gernhuber/Coester-Waltjen* § 34 Rn 89; NK/*Gruber/Holzapfl-Jordan* Rn 25; Staudinger/*Thiele* Rn 12ff). Ist der übergangene Ehegatte Alleineigentümer, kann er gegen den Dritten ausschließlich aus eigenem Recht vorgehen (zB aus §§ 894, 985); § 1368 findet keine Anwendung. Umstr ist, ob hinsichtl der im Eigentum des übergangenen Ehegatten befindlichen Gegenstände gutgläubiger Erwerb durch den Dritten möglich ist (s dazu § 1369 Rn 10).

6 Die §§ 1365, 1369 sind **keine Schutzgesetze iSd § 823 II** (MüKo/*Koch* Rn 9; Staudinger/*Thiele* Rn 8; Soergel/*Czeguhn* Rn 3; PWW/*Weinreich* Rn 3; aA Celle NJW 1970, 1882f; AG Baden-Baden FamRZ 2009, 1344f; BeckOGK/*Szalai* Rn 26 [Stand: 1.2.2023]). Der übergangene Ehegatte kann sich daher ggü seinem Partner nur auf § 1353 berufen, wenn er die Vornahme künftiger Rechtsgeschäfte iSd §§ 1365, 1369 verhindern möchte (vgl auch Rn 8; § 1365 Rn 22; Grü/*Siede* Rn 5; Staudinger/*Thiele* Rn 8); zu Maßnahmen des einstw Rechtsschutzes s Rn 22.

7 **b) Der verfügende Ehegatte.** Aus dem Wortlaut des § 1368 ergibt sich, dass **der verfügende Ehegatte** nicht gehindert ist, die aus der Unwirksamkeit folgenden Rechte gegen seinen Vertragspartner auch selbst geltend zu machen. Seinem Ehepartner ggü ist er nach Maßgabe des § 1353 nicht zuletzt verpflichtet, den status quo ante wiederherzustellen (*Gernhuber/Coester-Waltjen* § 34 Rn 89; NK/*Gruber/Holzapfl-Jordan* Rn 26; MüKo/*Koch* Rn 4). Kommt der verfügende Ehegatte dieser Verpflichtung nach und verlangt Herausgabe, kann ihm nicht der Einwand des **venire contra factum proprium** (§ 242) entgegengehalten werden; die Interessen des Dritten müs-

sen hier hinter dem Familien- und Ausgleichsschutz zurücktreten (Soergel/*Czeguhn* Rn 10). Dies gilt auch dann, wenn der verfügende Ehegatte arglistig gehandelt hat; dem Dritten bleiben hier nur Ansprüche auf Schadensersatz, vgl § 1366 Rn 13. Hat sich allerdings auch der nicht verfügende Ehegatte treuwidrig verhalten, ist beiden Ehegatten der Vorwurf des Rechtsmissbrauchs zu machen, wenn sie gleichwohl gegen den Dritten vorgehen (MüKo/*Koch* Rn 19; Staudinger/*Thiele* Rn 50; NK/*Gruber/Holzapfl-Jordan* Rn 11).

3. Aus der Unwirksamkeit der Verfügung resultierende Rechte. Die Revokation setzt voraus, dass dem verfügenden Ehegatten aus einer (nach §§ 1365, 1369 unwirksamen) **Verfügung** Rechte gegen seinen Vertragspartner erwachsen sind. In Betracht kommen insb Ansprüche aus §§ 894 (BGH NJW 1984, 609f; Celle NJW-RR 2003, 1661f; Hamm 2001, 869), 985 und 987ff, im Fall der nichtberechtigten Verfügung des Dritten auch aus § 816 I 1 und 2 (MüKo/*Koch* Rn 7; Staudinger/*Thiele* Rn 21; BeckOK/*Scheller/Sprink* Rn 2). Einen Anspruch auf **Unterlassung künftiger Verfügungen** begründet § 1368 hingegen nicht (Staudinger/*Thiele* Rn 7; MüKo/*Koch* Rn 5; BeckOK/*Scheller/Sprink* Rn 3). Der übergangene Ehegatte hat allenfalls die Möglichkeit, bei Vorliegen der Voraussetzungen des § 256 ZPO (§ 113 I FamFG) einen **Antrag auf Feststellung** der Unwirksamkeit des Verpflichtungsgeschäfts gegen den Dritten einzureichen, muss dann aber sein besonderes Interesse an der Klärung eines Rechtsverhältnisses nachweisen, an dem er selbst nicht beteiligt ist (BGH NJW-RR 1990, 1154; MüKo/*Koch* Rn 6). 8

4. Rechtsstellung des Dritten. a) Erwerb vom Nichtberechtigten, Aufrechnung. Da §§ 1365, 1369 keine relativen Veräußerungsverbote enthalten, sondern ggü jedermann wirken (§ 1365 Rn 41), kann sich der Dritte nicht auf die **Schutzvorschriften** über den **Erwerb vom Nichtberechtigten** (§ 135 II) berufen (Düsseldorf NJW 2007, 1001f). Sind dem Ehegatten aufgrund der Unwirksamkeit der Verfügung Zahlungsansprüche gegen seinen Vertragspartner erwachsen (zB nach §§ 816 I 1, 987ff), ist Letzterer aber nicht gehindert, mit eigenen Forderungen **aufzurechnen.** Die §§ 1365, 1369 gewähren keinen Schutz vor Maßnahmen der Zwangsvollstreckung in das Vermögen des verfügenden Ehegatten (vgl § 1365 Rn 4); eine Aufrechnung durch den Dritten stellt den übergangenen Ehegatten im Hinblick auf den Zweck der Regelungen, die materielle Grundlage der Familie zu erhalten und den Ausgleichsanspruch zu sichern (§ 1365 Rn 1, § 1369 Rn 1), jedoch nicht schlechter als er im Fall der zwangsweisen Durchsetzung des Gegenanspruchs stünde. Ein schutzwürdiges Interesse an der tatsächlichen Leistungserbringung ist bei gegenseitigen Zahlungsansprüchen nicht gegeben; die Aufrechnung bleibt daher nach Maßgabe der §§ 387ff zulässig (BGHZ 143, 356, 360ff; MüKo/*Koch* Rn 21; Staudinger/*Thiele* Rn 52). Unerheblich ist, ob die Gegenforderung ebenfalls Folge der Unwirksamkeit nach §§ 1365, 1369 ist (s dazu § 1366 Rn 13) oder aus anderen Gründen besteht, vgl *Tiedtke/Schmitt* FamRZ 2009, 1105 mwN. Aufgerechnet werden kann iÜ sowohl dem verfügenden als auch dem nach § 1368 revozierenden Ehepartner ggü, doch nur mit Ansprüchen gegen den verfügenden Ehegatten (MüKo/*Koch* Rn 21); die Aufrechnung mit einer Forderung gegen den übergangenen Ehegatten ist mangels Gegenseitigkeit nicht möglich, es sei denn, dieser geht nicht nach § 1368 vor, sondern macht eigene Rechte geltend. 9

b) Zurückbehaltungsrecht. Ein **Zurückbehaltungsrecht** gem § 273 wegen eines möglicherweise bestehenden Bereicherungs- oder Schadensersatzanspruchs (vgl § 1366 Rn 13) kann der Dritte hingegen weder dem verfügenden noch dem revozierenden Ehegatten ggü geltend machen. Mit dem Zweck der Verwaltungsbeschränkungen, die wirtschaftl Grundlagen der Familie effektiv vor dem einseitigen Zugriff eines Ehegatten zu schützen, wäre selbst ein nur vorübergehender, durch die Geltendmachung eines Zurückbehaltungsrechts bedingter Verbleib des Verfügungsgegenstands bei dem Dritten nicht vereinbar (Köln MDR 1968, 586; Grü/*Siede* Rn 2, 4; Soergel/*Czeguhn* Rn 11; MüKo/*Koch* Rn 22; aA *Boehmer* FamRZ 1959, 6 u 81, 84; Erman/*Gamillscheg*[12] Rn 8). Aus dem gleichen Grund kann sich der Dritte auch nicht auf ein Zurückbehaltungsrecht nach § 1000 wegen ihm zu ersetzender Verwendungen berufen (Staudinger/*Thiele* Rn 51; MüKo/*Koch* Rn 23; Soergel/*Czeguhn* Rn 12). 10

5. Einzelheiten zum Verfahren. a) Zuständigkeit des FamG. Die Revokation durch den übergangenen Ehegatten ist gem § 111 Nr 9, § 112 Nr 2, § 261 I FamFG Familienstreitsache, für die nach § 23a I Nr 1, § 23b I GVG das **FamG** zuständig ist (LG Stuttgart 21.11.2011 – 18 O 395/11, bestätigt durch Stuttgart 26.1.2012 – 17 AR 1/12; MüKo/*Koch* Rn 24; NK/*Gruber/Holzapfl-Jordan* Rn 12; vgl zum alten Recht auch BGH FamRZ 1981, 1045; Hamm MDR 2001, 219; krit *Gernhuber/Coester-Waltjen* § 34 Rn 90). Die Zuständigkeit des FamG ist auch dann gegeben, wenn der **verfügende Ehegatte** die sich aus der Unwirksamkeit ergebenden Rechte selbst verfolgt; die Einordnung der Rückabwicklungsansprüche als Güterrechtssachen iSd § 261 I FamFG muss für den verfügenden Ehegatten ebenso gelten wie für den übergangenen Partner (s auch MüKo/*Koch* Rn 24; NK/*Gruber/Holzapfl-Jordan* Rn 12; Hamm MDR 2001, 219 zur Einordnung der Rückabwicklungsansprüche als Güterrechtssachen). 11

b) Verfahrensantrag. In erster Linie will das Gesetz sicherstellen, dass der Zustand wiederhergestellt wird, der vor der unwirksamen Verfügung bestanden hat. Folgende Fallgestaltungen sind zu unterscheiden: 12

aa) Beantragt der **verfügende Ehegatte** gem § 985 Herausgabe und ist er **Alleineigentümer**, kann er Leistung an sich selbst verlangen, wenn er vor der Verfügung Alleinbesitzer war; auf ein Recht zum Besitz kann sich der Dritte in diesem Fall nicht berufen, da das Verpflichtungsgeschäft ebenfalls unwirksam ist. Stand der Gegenstand im Mitbesitz des anderen Ehepartners (und besteht dessen Recht zum Besitz fort), ist idR Herausgabe an beide Ehegatten zu beantragen. Soll das Grundbuch ber werden (§ 894), ist der Antrag auf Zustimmung zur Eintragung des Eigentümer-Ehegatten zu richten. 13

14 **bb)** Stellt der verfügende Ehegatte den Antrag und sind die Ehegatten **Miteigentümer** und Mitbesitzer, kann idR nur Herausgabe an beide Ehegatten verlangt werden, §§ 985, 1011.

15 **cc)** Geht der **nicht verfügende Ehegatte** aus **eigenem Recht** vor (vgl Rn 5), kann er Antrag auf Einräumung des Alleinbesitzes stellen, wenn der Gegenstand zuvor bereits in seinem Alleinbesitz stand; waren die Ehegatten Mitbesitzer, muss er idR Herausgabe an beide Ehegatten verlangen, §§ 985, 1011, 861, 1007, 866.

16 **dd)** Macht der nicht verfügende Ehegatte allein **Rechte des verfügenden Ehegatten** geltend, ist zu beachten, dass die Leistung in der Form verlangt werden muss, in der sie ggü dem verfügenden Ehegatten als Rechtsinhaber zu erbringen ist (vgl Rn 13f). Eine Grundbuchberichtigung (§ 894) kann mithin nur zugunsten des verfügenden Eigentümers gefordert werden. Begehrt der übergangene Ehegatte Herausgabe eines im Alleineigentum des anderen (und vor der Veräußerung auch in dessen Alleinbesitz) stehenden Gegenstands (§ 985), muss er grds Leistung an den verfügenden Ehegatten verlangen, da ihm durch die Verfahrensstandschaft keine eigenen sachlichen Rechte – auch kein Besitzrecht – verliehen worden sind. War der nicht verfügende Ehegatte Mitbesitzer (vgl § 1363 Rn 6), ist der Antrag auf Herausgabe an sich und seinen Partner zu richten. Allerdings kann dies nicht ausnahmslos gelten (str, aA *Ziege* NJW 1957, 1579; s auch Köln FamRZ 1959, 460: Wiederherstellung des früheren Besitzstands oder Herausgabe an einen Sequester). Die §§ 1365ff sollen sicherstellen, dass die veräußerten Gegenstände wieder dem (wenn auch rechtl getrennten) Familienvermögen zugeführt werden. Diesen Zweck könnte der andere Ehegatte vereiteln, wenn er die Annahme der Sache ablehnen würde, und zwar sowohl in den Fällen, in denen der Antrag auf Leistung an ihn allein lautet, als auch in jenen, in denen Herausgabe an beide Ehegatten begehrt wird. Ein Teil des Schrifttums vertritt daher unter Berufung auf den Schutzzweck der §§ 1365ff, insb des § 1368, die Auffassung, der revozierende Ehegatte müsse stets auch **Herausgabe an sich allein** verlangen können, so Erman/*Gamillscheg*[12] Rn 13; *Brox* FamRZ 1961, 281, 286f; für Hausratsgegenstände ebenfalls Staudinger/*Thiele* Rn 32. Damit würde dem nicht verfügenden Ehegatten allerdings nicht nur die Wiederherstellung des status quo ante ermöglicht, er könnte vielmehr die Einräumung von Alleinbesitz selbst dann beantragen, wenn der verfügende Ehegatte bereit und in der Lage wäre, die Sache wieder zurückzunehmen. Letzterer wäre in der Folge gezwungen, seinerseits von seinem Partner (ggf auch gerichtlich) die Wiederherstellung der früheren Besitzverhältnisse zu verlangen (vgl *Brox* FamRZ 1961, 281, 287; Staudinger/*Thiele* Rn 32). Vorzugswürdig erscheint es daher, entspr §§ 869 S 2 Hs 2, 986 I 2 den Antrag auf Leistung an den revozierenden Ehegatten nur dann zuzulassen, wenn der andere die Sache nicht wieder übernehmen kann oder will (*Gernhuber/Coester-Waltjen* § 34 Rn 95–97; MüKo/*Koch* Rn 16; BeckOK/*Scheller/Sprink* Rn 4; Soergel/*Czeguhn* Rn 5). Der Antrag ist entspr zu formulieren: Zu fordern ist primär Herausgabe an den verfügenden (bzw an beide) Ehegatten, subsidiär Herausgabe an den Antragsteller, falls dessen Ehegatte die Sache nicht übernehmen kann oder will (MüKo/*Koch* Rn 17; Staudinger/*Thiele* Rn 33).

17 **c) Rechtskraftwirkung.** Auch hier ist zu unterscheiden: **aa)** Stand der veräußerte Gegenstand im Alleineigentum des nicht verfügenden Ehegatten, kann dieser ausschließlich **eigene Rechte** geltend machen; § 1368 findet keine Anwendung (vgl Rn 5). Eine Entscheidung für oder gegen den Ehegatten bewirkt keine Rechtskrafterstreckung gegen dessen Ehepartner; der Dritte kann dem verfügenden Ehegatten nur den Streit verkünden (§ 72 I ZPO).

18 **bb)** Entspr gilt in den Fällen, in denen der nicht verfügende Ehegatte Ansprüche aus eigener **Mitberechtigung** geltend macht (vgl RGRK/*Pikart* § 1011 Rn 13 und Staudinger/*Thole* § 1011 Rn 22). Insoweit ist der andere Ehegatte trotz rechtskräftiger Entscheidung nicht gehindert, in einem neuen Prozess seinerseits Herausgabe zu verlangen.

19 **cc)** Zweifel bestehen aber in den Fällen, in denen der nicht verfügende Ehegatte als **Verfahrensführungsermächtigter** die Rechte des verfügenden Ehegatten im eigenen Namen geltend macht. Die Verfahrensführung durch einen Ermächtigten erstreckt die Rechtskraft nicht notwendig auch auf den sachlich Berechtigten (*Rosenberg/Schwab/Gottwald* Zivilprozessrecht § 46 V 3; *Brox* FamRZ 1961, 281f). Da eine gesetzl Anordnung der Rechtskrafterstreckung für den Fall der Revokation nach § 1368 fehlt, kann die Frage nur aus dem Sinn und Zweck der güterrechtl Verfügungsbeschränkungen beantwortet werden: § 1368 will sicherstellen, dass der nicht verfügende Ehegatte in jedem Falle und unabhängig von dem Verhalten seines Ehepartners dessen Herausgabeanspruch geltend machen kann. Dieser Zweck könnte vereitelt werden, wenn der verfügende Ehegatte in einem Verfahren mit seinem Vertragspartner einen für Letzteren günstigen rechtskräftigen Beschl ergehen ließe (zB durch schlechte Verfahrensführung, Anerkenntnis, Säumnis) und diese Entscheidung ebenfalls Rechtskraft ggü dem anderen entfaltete. Doch auch im umgekehrten Fall der Verfahrensführung durch den nicht verfügenden Ehegatten kann der andere Ehepartner wegen seiner besseren Sachkenntnis ein Interesse an einer nochmaligen gerichtlichen Klärung haben. Eine **Rechtskrafterstreckung** auf den anderen Ehegatten findet daher in beiden Fällen **nicht** statt (*Brox* FamRZ 1961, 281f; *Gernhuber/Coester-Waltjen* § 34 Rn 91; MüKo/*Koch* Rn 25; Staudinger/*Thiele* Rn 35ff; BeckOK/*Scheller/Sprink* Rn 7). Dies gilt auch dann, wenn dem Antrag eines Ehegatten stattgegeben wird. Da allein der Antragsteller aus der obsiegenden Entscheidung die Zwangsvollstreckung gegen den Dritten betreiben kann, muss der andere die Möglichkeit haben, für den Fall der Untätigkeit seines Ehepartners selbst einen Antrag auf Herausgabe gegen den Dritten zu stellen und sich einen Vollstreckungstitel zu beschaffen (MüKo/*Koch* Rn 26; NK/*Gruber/Holzapfl-Jordan* Rn 16; BeckOK/*Scheller/Sprink* Rn 7; Staudinger/*Thiele* Rn 39). Sollte der zweite Antrag als unbegründet zurückgewiesen werden, was mangels Bindung des Gerichts an die frühere (obsiegende) Entscheidung denkbar ist, bleibt dem übergangenen Ehegatten nur, sich auf § 1353 I zu berufen und von seinem Partner die Vollstreckung gegen den Dritten zu verlangen (vgl Rn 7). Dieser Weg wäre iÜ auch dann zu be-

schreiten, wenn der Antrag des nach § 1368 revozierenden Ehegatten zurückgewiesen wurde, der verfügende Ehegatte später aber erneut einen Antrag auf Herausgabe einreicht und obsiegt, sich dann jedoch weigert, die Vollstreckung zu betreiben.

dd) Der Dritte kann sich vor diesen für ihn misslichen Folgen **nicht** dadurch schützen, dass er in dem Verfahren des einen Ehegatten gegen ihn dem anderen den **Streit verkündet**. Die Besorgnis des Dritten, nach einer Zurückweisung des Antrags zu seinen Gunsten von dem anderen erneut in Anspruch genommen zu werden, wird von § 72 I ZPO (§ 113 I FamFG) nicht erfasst; die Regelung sieht die Wirkungen der Streitverkündung nur für den Fall eines ungünstigen Verfahrensausgangs vor (MüKo-ZPO/*Schultes* § 72 ZPO Rn 6). Doch auch wenn der Dritte in dem Verfahren unterliegen sollte, stützte sich die Erwartung erneuter Inanspruchnahme durch den anderen Ehegatten nicht – wie von § 72 I ZPO gefordert – auf den ungünstigen Ausgang des Verfahrens, sondern auf das Recht der Ehegatten, die aus der Unwirksamkeit der Verfügung resultierenden Ansprüche auch selbst geltend zu machen (vgl Rn 19; Staudinger/*Thiele* Rn 43). Zulässig ist eine Streitverkündung durch den Dritten allerdings, wenn sie nach Verfahrenseinleitung durch den übergangenen Ehegatten in Erwartung etwaiger Bereicherungs- oder Schadensersatzansprüche gegen den verfügenden Ehegatten erfolgt, § 72 I ZPO, § 113 I FamFG (MüKo/*Koch* Rn 29; Staudinger/*Thiele* Rn 43; NK/*Gruber*/*Holzapfl-Jordan* Rn 19). Ansonsten bleibt für den Dritten nur die Möglichkeit, nach Verfahrenseinleitung durch einen Ehegatten einen **negativen Feststellungsantrag** gegen den anderen einzureichen (*Brox* FamRZ 1961, 281, 284; Staudinger/*Thiele* Rn 45; NK/*Gruber*/*Holzapfl-Jordan* Rn 21; BeckOGK/*Szalai* Rn 24.3 [Stand: 1.2.2023]). Die beiden Verfahren (Antrag auf Herausgabe und negativer Feststellungsantrag) können verbunden werden (§ 147 ZPO, § 113 I FamFG). 20

d) Rechtshängigkeit. Für die **Rechtshängigkeit** gilt das zur Rechtskraftwirkung Gesagte entspr. Grds hindert die Geltendmachung des Anspruchs durch einen Ehegatten den anderen nicht, auch seinerseits den Dritten mit einem Verfahren zu überziehen (MüKo/*Koch* Rn 25; Staudinger/*Thiele* Rn 35). Jeder Ehegatte dürfte aber verpflichtet sein, sich vor Einreichung des Antrags bei dem anderen zu vergewissern, ob der Anspruch schon rechtshängig gemacht worden ist. In diesem Falle ist es ihm zuzumuten, dem Verfahren als Streithelfer beizutreten (§ 66 I ZPO, § 113 I FamFG). Erkundigt er sich nicht oder überzieht er den Dritten mutwillig mit einem neuen Verfahren, so muss er bei sofortigem Anerkenntnis des Dritten die Kosten tragen. Auch diese Verfahren können verbunden werden (§ 147 ZPO, § 113 I FamFG). 21

e) Verfahrensarten. Der nicht verfügende Ehegatte kann seine Rechte aus § 1368 in **allen Verfahrensarten** geltend machen (Karlsruhe 28.10.2010 – 2 UF 96/09); auch Arrest und einstw Verfügung sind zulässig (Grü/*Siede* Rn 3; NK/*Gruber*/*Holzapfl-Jordan* Rn 12). Handelt es sich um Grundstücksrechte, so kann er die Eintragung eines gerichtlichen Veräußerungsverbots im Grundbuch durch einstw Verfügung verlangen, Celle NJW 1970, 1882; BGH BB 1969, 974; vgl auch BayObLG FamRZ 1988, 503 mwN: Ist der Vertragspartner bereits als Eigentümer im Grundbuch eingetragen, so ist der andere Ehegatte gem § 71 II 2 GBO berechtigt, im Wege der Beschwerde die Eintragung eines Amtswiderspruchs zu verlangen; als Berechtigte sind beide Ehegatten einzutragen (Jena FamRZ 2001, 1614). In der **Zwangsvollstreckung** kann der nicht verfügende Ehegatte bei Vollstreckungsmaßnahmen des Dritten gegen den anderen Ehegatten in entspr Anwendung des § 771 ZPO (§ 120 I FamFG) die **Drittwiderspruchsklage** erheben (Brandenburg FamRZ 1996, 1015). 22

Zuständig für alle auf § 1368 gestützten Verfahren ist das FamG (s Rn 11). Dies gilt auch für ein auf § 242 gestütztes **Auskunftsbegehren** gegen den verfügenden Ehegatten, das ein Vorgehen gem § 1368 vorbereiten soll (Düsseldorf FamRZ 1985, 721; vgl auch *Götz* FS Koch, 171, 181; Frankfurt FamRZ 2004, 1105f: Auskunft über die Person des Dritten). 23

6. Vorzeitiger Ausgleich des Zugewinns. Dem benachteiligten Ehegatten bleibt es unbenommen, gem § 1385 Nr 2 vorzeitigen Ausgleich des Zugewinns zu verlangen (vgl Staudinger/*Thiele* Rn 3). 24

7. Abdingbarkeit. Haben die Ehegatten durch Ehevertrag die Beschränkungen der §§ 1365, 1369 abbedungen, entfällt notwendigerweise das Verfahrensführungsrecht aus § 1368. Auch der ehevertragl Ausschluss allein der Revokationsbefugnis bei Fortbestehen der Verfügungsbeschränkungen ist zulässig, ebenso MüKo/*Koch* Rn 32; Staudinger/*Thiele* Rn 54. 25

§ 1369 Verfügungen über Haushaltsgegenstände

(1) Ein Ehegatte kann über ihm gehörende Gegenstände des ehelichen Haushalts nur verfügen und sich zu einer solchen Verfügung auch nur verpflichten, wenn der andere Ehegatte einwilligt.

(2) Das Familiengericht kann auf Antrag des Ehegatten die Zustimmung des anderen Ehegatten ersetzen, wenn dieser sie ohne ausreichenden Grund verweigert oder durch Krankheit oder Abwesenheit verhindert ist, eine Erklärung abzugeben.

(3) Die Vorschriften der §§ 1366 bis 1368 gelten entsprechend.

1. Zweck der Vorschrift. § 1369 enthält (neben § 1365) die zweite und für die Allgemeinheit besonders wichtige Beschränkung der Ehegatten in der selbständigen Verwaltung ihres Vermögens (vgl § 1364). Die zum ehelichen Haushalt gehörenden Gegenstände bilden die materielle Grundlage des Familienlebens; Rechtsgeschäfte über diese Gegenstände soll ein Ehegatte (oder sein Vertreter, vgl § 1365 Rn 8) daher nur mit Zustimmung des anderen vornehmen können, um sie vor dem einseitigen Zugriff eines Ehegatten zu schützen (BayObLG 1980, 81, 83; Hamm FamRZ 1972, 297; Staudinger/*Thiele* Rn 1). Nach hM dient die Regelung zugleich der Sicherung 1 des Ausgleichsanspruchs bei Güterstandsende (aA BeckOGK/*Szalai* Rn 2 [Stand: 1.2.2023]); die Bedeutung dieses Schutzzwecks ist allerdings geringer zu achten als im Rahmen des § 1365 (MüKo/*Koch* Rn 1; Grü/*Siede* Rn 1; NK/*Gruber/Holzapfl-Jordan* Rn 1).

2 **2. Haushaltsgegenstände. a) Begriff.** Die Beschränkung des § 1369 bezieht sich auf die **„Gegenstände des ehelichen Haushalts"**. Der Begriff ist identisch mit dem des Haushaltsgegenstands wie er in den §§ 1361a, 1568b oder § 1640 I 3 angesprochen ist. Erfasst sind alle beweglichen Sachen (§ 90), die nach den Vermögens- und Lebensverhältnissen der Ehegatten der Hauswirtschaft und dem familiären Zusammenleben gewidmet sind (BGHZ 89, 137, 145; BGH NJW 1984, 1758; Celle NJW-RR 2009, 1306f; *Kuhnt* AcP 150, 130, 132), einschl der Freizeit- und Urlaubsgestaltung (Dresden FPR 2003, 596f). Auch **wesentliche Bestandteile** iSd § 93 und das **Zubehör** (§ 97) fallen unter die Norm, die weit zu fassen ist (Dresden FPR 2003, 596f; Bamberg FamRZ 1997, 378). Ein hoher Wert schließt die Zuordnung zum Hausrat nicht aus; auch **kostbare Gegenstände** (einschl Zier- und Kunstgegenständen) können solche des ehelichen Haushalts sein, soweit sie sich nach ihrer Beschaffenheit für diese Zwecke eignen und nach den familiären Lebensverhältnissen als solche verwendet werden, dh nicht primär als Kapitalanlage dienen (vgl Rn 4; BGH NJW 1984, 1758f; Brandenburg OLGRp 2002, 487: Antiquitäten; Dresden FPR 2003, 596f: Motoryacht; LG Ravensburg FamRZ 1995, 1585: Segelyacht im Wert von 140 000 DM; krit BeckOK/*Scheller/Sprink* Rn 3). Unerheblich sind zudem Grund und Zeitpunkt des Erwerbs (Düsseldorf NJW-RR 1986, 1137f); auch **ererbte Gegenstände** können dem Hausrat zuzurechnen sein, wenn sie als solcher genutzt werden (NK/*Gruber/Holzapfl-Jordan* Rn 9). S auch § 1361a Rn 2ff. Die **Darlegungs- und Beweislast** für die Zuordnung eines Gegenstands zum Haushalt trägt derjenige, der sich auf die Zustimmungsbedürftigkeit des Rechtsgeschäfts beruft (NK/*Gruber/Holzapfl-Jordan* Rn 26).

3 **b) Anwendungsfälle.** Was im Einz zu den Haushaltsgegenständen gehört, ist nach den Umständen des jew Falls zu beurteilen. Regelmäßig zählen dazu die Möbel, Teppiche, Lampen, Gardinen und Vorhänge, Küchengeräte, Waschmaschine, Badezimmereinrichtung, sofern diese nicht wesentlicher Bestandteil des Gebäudes ist (Zweibrücken NJW-RR 1993, 649f), Rundfunk- und Fernsehgeräte, Stereoanlage, DVD-Player, Spielekonsolen, ein PC, sofern er von der Familie gemeinsam genutzt wird (AG Amberg NJW-RR 2009, 2), Bett- und Tischwäsche, Geschirr, Besteck, Staubsauger, aber auch Sachen, die der Dekoration der Wohnung dienen (BGH NJW 1984, 1758), gemeinsam genutzte Musikinstrumente (AG Weilburg NJW-RR 1999, 1675) sowie Vorräte an Nahrungsmitteln und Brennmaterial (MüKo/*Koch* Rn 10; Staudinger/*Thiele* Rn 13; NK/*Gruber/Holzapfl-Jordan* Rn 8; aA RGRK/*Finke* Rn 7). Haustiere sind erfasst, sofern sie nicht nur von einem Familienmitglied gehalten werden oder der Berufsausübung dienen (Soergel/*Czeguhn* Rn 5; Staudinger/*Thiele* Rn 11; NK/*Gruber/Holzapfl-Jordan* Rn 8; Schleswig NJW 1998, 3127: Hund; Celle NJW-RR 2009, 1306 mwN: Papageien). Auch ein Pkw kann Haushaltsgegenstand sein, wenn er für den Haushalt und die gemeinsame Lebensführung genutzt wird (s dazu § 1361a Rn 3); zu der Zuordnung eines Wohnwagens zum Hausrat s Koblenz NJW-RR 1994, 516.

4 **c) Ausgenommene Gegenstände. Nicht** zum **Hausrat** zählen die Gegenstände, die ausschließlich als **Kapitalanlage** angeschafft wurden, sowie jene, die den **individuellen Bedürfnissen** eines Ehegatten zuzuordnen sind, also seinem persönlichen Gebrauch (zB Uhren, Schmuck, Kleidung), seiner beruflichen Tätigkeit, der Ausübung von Hobbys (München 1.8.2011 – 12 UF 161/11: Weinvorrat) oder der Liebhaberei dienen (BGHZ 89, 137, 145). Findet ein Gegenstand in mehreren Bereichen Verwendung, kommt es für die Anwendbarkeit des § 1369 auf die primäre Zweckbestimmung an (Düsseldorf NJW-RR 1986, 1137f; MüKo/*Koch* Rn 9; BeckOK/*Scheller/Sprink* Rn 4). Die Ehegatten sind iÜ frei, für eine dem Hausrat zugeordnete Sache gemeinsam einen **neuen Verwendungszweck** zu bestimmen (Grü/*Siede* Rn 6; Soergel/*Czeguhn* Rn 7).

5 Keine Anwendung findet § 1369 zudem auf **unbewegliche Sachen** einschl wesentlicher Bestandteile und Zubehör (Hamm FamRZ 1991, 89: Einbauküche; MüKo/*Koch* Rn 11; BeckOK/*Scheller/Sprink* Rn 5; aA BeckOGK/*Szalai* Rn 13 [Stand: 1.2.2023]). Ein Ehegatte kann das ihm allein gehörige Grundstück, auf dem sich die **Ehewohnung** befindet, daher ohne Zustimmung des anderen Ehegatten veräußern oder belasten, falls er damit nicht über sein ganzes Vermögen verfügt (§ 1365); Grü/*Siede* Rn 4; MüKo/*Koch* Rn 13; BeckOK/*Scheller/Sprink* Rn 6; NK/*Gruber/Holzapfl-Jordan* Rn 9; vgl auch Nürnberg FamRZ 1962, 473 (Eigentumswohnung); aA *Braun* FS Musielak, 135; *Jacobs* FamRZ 2014, 1750ff; FamRZ 2015, 466f (analoge Anwendung des § 1369; dagegen *Weber* FamRZ 2015, 464ff). Ebenso bedarf der Ehegatte, der den Mietvertrag über die Familienwohnung allein abgeschlossen hat, für die Kündigung nicht der Zustimmung des Ehepartners (LG Stuttgart FamRZ 1977, 200; Grü/*Siede* Rn 4; NK/*Gruber/Holzapfl-Jordan* Rn 9; vgl auch LG Hamburg FamRZ 2002, 818 – ggf aber Rechtsmissbräuchlichkeit).

6 **3. Analoge Anwendung.** Da § 1369 die auf eine gewisse Dauer in den Haushalt eingeordneten Sachen vor dem einseitigen Zugriff eines Ehegatten schützen will, ist die Vorschrift auch auf **Anwartschaftsrechte** aus Eigentumsvorbehaltskäufen auszudehnen, wenn die betreffenden Gegenstände ihrer Zweckbestimmung nach bereits zu den Haushaltsgegenständen gehören sollen (Saarbrücken OLG 1967, 1, 4; BayObLG FamRZ 1980, 571; MüKo/*Koch* Rn 14); andernfalls bräuchte der Dritte nach dem Erwerb der Anwartschaft nur die Restschuld zu begleichen, um das Vollrecht zu erwerben (BGHZ 20, 88), ohne dass dadurch zugleich ein zustimmungspflichtiger Tatbestand eintreten würde. Das gilt wegen der ähnl Interessenlage auch für den **Lieferungsanspruch** des Käufer-Ehegatten; zwar fehlt der Kaufsache noch die unmittelbare, dingliche Zuordnung zum Familienvermögen, aber beide Ehegatten werden sich doch bei ihren künftigen Dispositionen über das „Familienvermögen" so verhalten, als ob sie den gekauften Haushaltsgegenstand seiner Zweckbestimmung entspr bereits in den Haushalt eingeordnet hätten (indem sie zB einen durch die Neuanschaffung zu ersetzenden Gegenstand aus

dem Haushalt aussondern und veräußern oder entsorgen; ebenso *Rittner* FamRZ 1961, 188, der mit Recht den Dritten auch in diesen Fällen als nicht schutzbedürftig ansieht, und *Boehmer* FamRZ 1959, 4; Staudinger/*Thiele* Rn 17; s auch BeckOGK/*Szalai* Rn 17.1 [Stand: 1.2.2023]; aA MüKo/*Koch* Rn 12; Grü/*Siede* Rn 4; BeckOK/*Scheller/Sprink* Rn 7; Soergel/*Czeguhn* Rn 9). Zudem erscheint es widersprüchlich, einen vor Begründung des gemeinsamen Haushalts angeschafften Gegenstand bereits dem Schutz des § 1369 I zu unterstellen, sofern eine entspr Widmung erfolgt ist (hM, vgl MüKo/*Koch* Rn 27; BeckOK/*Scheller/Sprink* Rn 2; Staudinger/*Thiele* Rn 25), den Anspruch auf Lieferung einer dem Haushalt zugedachten Sache aber nicht. **Keine entspr Anwendung** findet § 1369 hingegen auf Ansprüche aus einem **Arbeitsvertrag** über Dienstleistungen im Haushalt (ebenso BeckOGK/*Szalai* Rn 17.1 [Stand: 1.2.2023]), aus einem **Miet-** oder **Versicherungsvertrag** (*Rittner* FamRZ 1961, 188; aA BeckOGK/*Szalai* Rn 17.1 [Stand: 1.2.2023] betr Ansprüche/Rechte aus Wohnungsmietvertrag; *Boehmer* FamRZ 1959, 4, betr Ansprüche aus Sachversicherungen) sowie auf **Schadensersatzansprüche** wegen Entzugs, Zerstörung oder Beschädigung eines Haushaltsgegenstands (Staudinger/*Thiele* Rn 18, 21f; Soergel/*Czeguhn* Rn 9; BeckOK/*Scheller/Sprink* Rn 7; MüKo/*Koch* Rn 12). Nicht erfasst sind ferner Ansprüche aus **Gebrauchsüberlassungsverträgen**, da § 1369 nicht das tatsächliche Funktionieren des Haushalts, sondern die dauernde rechtl Zuordnung der entspr Sachen zum Hausrat sicherstellen will (Soergel/*Czeguhn* Rn 9; MüKo/*Koch* Rn 12; BeckOK/*Scheller/Sprink* Rn 7; aA Staudinger/*Thiele* Rn 20; BeckOGK/*Szalai* Rn 17.1 [Stand: 1.2.2023]).

4. Inhalt der Beschränkung. a) Verpflichtungs- und Verfügungsgeschäfte. Der Einwilligung des anderen Ehegatten bedürfen nach Abs I sowohl die **Verfügung** über Haushaltsgegenstände als auch die **Verpflichtung** zu einer solchen Verfügung. Hat der andere Ehegatte der Verpflichtung zugestimmt, so ist seine gesonderte Einwilligung in die Verfügung allerdings nicht mehr erforderlich; die Verfügung ist unmittelbar wirksam. Fehlt die Zustimmung zu dem Verpflichtungsgeschäft, wird dieses gleichwohl wirksam, wenn der übergangene Ehegatte der Verfügung zustimmt. Insoweit gilt ungeachtet des abw Wortlauts in § 1369 I nichts anderes als bei Rechtsgeschäften iSd § 1365 I (vgl § 1365 Rn 39; MüKo/*Koch* Rn 6; Staudinger/*Thiele* Rn 4). War der veräußerte Gegenstand zwar im Zeitpunkt der Verfügung, nicht aber schon im Zeitpunkt der Verpflichtung dem Hausrat zugeordnet, sind beide Rechtsgeschäfte zustimmungsfrei (vgl § 1365 Rn 6; MüKo/*Koch* Rn 6; Staudinger/*Thiele* Rn 4). 7

Der Begriff der Verfügung in Abs I entspricht jenem in § 1365 I (vgl § 1365 Rn 4); erfasst werden die Eigentumsübertragung, die Sicherungsübereignung, sofern diese nicht lediglich der Sicherung eines für den Erwerb gewährten Kredits dient (BayObLG FamRZ 1960, 156, 157; Staudinger/*Thiele* Rn 5; MüKo/*Koch* Rn 31; NK/*Gruber/Holzapfl-Jordan* Rn 15f), die Verpfändung, sowie die Verfügung über ein Anwartschaftsrecht (vgl Rn 6), nicht aber die **Vermietung**, **Leihe** oder **bloße Besitzübertragung** eines Haushaltsgegenstands (Saarbrücken OLGRp 1967, 1, 4; MüKo/*Koch* Rn 30; BeckOK/*Scheller/Sprink* Rn 9; grds auch NK/*Gruber/Holzapfl-Jordan* Rn 17 ausgenommen Umgehungsgeschäfte). Bewirkt ein Rechtsgeschäft die Entstehung eines **gesetzl Pfandrechts** (§§ 562, 647, 704), liegt kein Fall des § 1369 I vor (MüKo/*Koch* Rn 32; Staudinger/*Thiele* Rn 4). Nicht geschützt ist ein Ehegatte auch davor, dass ein Gläubiger des anderen in den diesem gehörenden pfändbaren Hausrat vollstreckt (vgl § 1365 Rn 4; MüKo/*Koch* Rn 25; Staudinger/*Thiele* Rn 38; NK/*Gruber/Holzapfl-Jordan* Rn 17); sein (Mit-)Besitz oder (Mit-)Gewahrsam stehen der **Zwangsvollstreckung** nicht entgegen (vgl § 739 I ZPO und § 1363 Rn 7). 8

b) Verpflichtungszeitpunkt. § 1369 gilt nur für Ehegatten, die im Verpflichtungszeitpunkt im gesetzl **Güterstand der Zugewinngemeinschaft** leben; zur Umwandlung einer eingetragenen Lebenspartnerschaft in eine Ehe s § 1365 Rn 6. Die Beschränkung bleibt nach hM bestehen, auch wenn die Ehegatten **getrennt leben**, es sei denn, der Gegenstand wurde aus Anlass oder nach der Trennung neu angeschafft (BayObLG FamRZ 1965, 331; 1980, 571; Saarbrücken OLGRp 1967, 1 m insoweit zust Anm *Lange* JuS 1970, 500; Koblenz FamRZ 1991, 1302; BeckOK/*Scheller/Sprink* Rn 2; NK/*Gruber/Holzapfl-Jordan* Rn 6; Staudinger/*Thiele* Rn 26; Soergel/*Czeguhn* Rn 2; aA *Gernhuber/Coester-Waltjen* § 34 Rn 57–59; MüKo/*Koch* Rn 28). Zwar kann nach endgültiger Auflösung des gemeinschaftl Haushalts nicht mehr auf den Schutz der gegenständlichen Grundlage des Familienlebens abgestellt werden (vgl MüKo/*Koch* Rn 28), die mit der Norm ebenfalls bezweckte Sicherung des Ausgleichsanspruchs (vgl Rn 1) rechtfertigt jedoch die Bindung der Ehegatten auch während des Getrenntlebens (BeckOK/*Scheller/Sprink* Rn 2). Ein wegen fehlender Einwilligung schwebend unwirksames Rechtsgeschäft wird aus diesem Grund auch nicht mit **Rechtskraft des Scheidungsausspruchs** wirksam (BayObLG FamRZ 1980, 571; Grü/*Siede* Rn 3; BeckOK/*Scheller/Sprink* Rn 2; aA Saarbrücken OLGRp 1967, 1 [§ 185 II] m insoweit abl Anm *Lange* JuS 1970, 500, 503; Hamm FamRZ 1972, 297: Ausgleichszahlung nach § 8 III 2 HausratsVO [jetzt § 1568b III]). Zwar endet mit der Rechtskraft des Scheidungsausspruchs die Verfügungsbeschränkung (vgl § 1365 Rn 7). Der Schutzzweck der Vorschrift fordert aber, dass auch nach der Scheidung die vorher getroffenen Verfügungen schwebend unwirksam bleiben (vgl § 1366 Rn 12, zu den Auswirkungen der Güterstandsbeendigung durch Tod eines Ehegatten s § 1366 Rn 8f). 9

c) Eigentumsverhältnisse. § 1369 bezieht sich unmittelbar nur auf Rechtsgeschäfte eines Ehegatten über **ihm gehörende** Haushaltsgegenstände. Die Beschränkung erfasst aber ebenso Verfügungen über Gegenstände, die im **Miteigentum** beider Ehegatten stehen. Ein ohne die Zustimmung des Partners vorgenommenes Rechtsgeschäft ist auch in diesem Fall insg nach Abs I unwirksam, nicht nur hinsichtl des dem Verfügenden gehörenden Anteils (MüKo/*Koch* Rn 15f; Staudinger/*Thiele* Rn 34; BeckOK/*Scheller/Sprink* Rn 8; aA BayObLG FamRZ 1965, 331, 333; RGRK/*Finke* Rn 15: § 1369 erfasst nur den Anteil des verfügenden Ehegatten; hinsichtl des anderen Teils aber idR ebenfalls Nichtigkeit gem § 139). Vom Wortlaut des § 1369 I nicht mehr gedeckt ist die Anwendung je- 10 doch in den Fällen, in denen ein Ehegatte Haushaltsgegenstände veräußert, die allein dem **anderen Ehegatten gehören.** § 1369 soll in dieser Konstellation nach verbreiteter Auffassung aber analog anzuwenden sein. Verwiesen wird darauf, dass der Zweck der Verfügungsbeschränkung, die Lebensgrundlage der Familie zu erhalten, auch Verfügungsgeschäfte über die dem anderen Ehegatten gehörenden Haushaltsgegenstände trifft (Köln MDR 1968, 586; *Gernhuber/Coester-Waltjen* § 34 Rn 53f). Zudem sei kein Grund ersichtlich, den Dritten besser zu stellen als er stünde, wenn der verfügende Ehegatte seiner Vorstellung entspr tatsächlich Eigentümer gewesen wäre (*Dethloff* § 5 B IV Rn 76; NK/*Gruber/Holzapfl-Jordan* Rn 12; *Rauscher* FamR Rn 393). Das letztgenannte Arg ist freilich nicht zwingend; ihm wird in der vergleichbaren Situation, dass ein Minderjähriger oder ein Insolvenzschuldner als Nichtberechtigter über eine fremde Sache verfügen, keine Bedeutung zuerkannt; aus welchem Grund im Rahmen des § 1369 eine andere Sicht geboten sein sollte, bleibt offen (Staudinger/*Thiele* Rn 31). Auch der Hinw auf den Normzweck überzeugt in diesem Zusammenhang nicht. Die Sicherung der familiären Lebensgrundlage erfährt durch das Gesetz keinen absoluten Schutz. Dies folgt bereits aus dem Umstand, dass § 1369 nur im gesetzl Güterstand gilt. Vor allem aber wirkt die Norm gegen nachfolgende Erwerber nicht fort; verfügt ein nichtberechtigter Dritter über einen Haushaltsgegenstand, kann sein Vertragspartner gutgläubig Eigentum erwerben (vgl § 1365 Rn 41). Ist die Zuordnung zum Haushalt aber kein Makel, der dem Gegenstand bei der Verfügung durch Dritte anhaftet, kann für die Verfügung durch einen nichtberechtigten Ehegatten nichts anderes gelten; ein gutgläubiger Erwerb muss daher auch in diesem Fall möglich sein (§§ 932ff; MüKo/*Koch* Rn 17; Staudinger/*Thiele* Rn 29ff; Soergel/*Czeguhn* Rn 12; *Eichenhofer* JZ 1988, 330; RGRK/*Finke* Rn 11ff; s auch Grü/*Siede* Rn 1: keine Regelungslücke und kein Schutzbedürfnis des Eigentümer-Ehegatten). Im Regelfall wird wegen des Mitbesitzes beider Ehegatten an den Hausratsgegenständen die veräußerte Sache dem übergangenen Ehegatten aber abhandengekommen sein, so dass ein gutgläubiger Erwerb aus diesem Grund ausscheidet (§ 935); Soergel/*Czeguhn* Rn 12; vgl auch BeckOK/*Scheller/Sprink* Rn 8.

11 **d) Haushaltsführungsrecht, Schlüsselgewalt.** Die Regelung des § 1369 geht, soweit sie von den Eheleuten nicht abbedungen ist (Rn 16), sowohl dem § 1356 I 2 (Haushaltsführungsrecht) als auch dem § 1357 (Schlüsselgewalt) vor (BayObLG FamRZ 1980, 571; MüKo/*Koch* Rn 3; Staudinger/*Thiele* Rn 42).

12 **5. Einwilligung.** Die Ausführungen zu § 1365 Rn 38ff gelten hier entspr. § 1369 statuiert wie § 1365 eine Verfügungsbeschränkung mit absoluter Wirkung. Der Vertragspartner des kontrahierenden Eigentümer-Ehegatten kann sich daher nicht auf die Schutzvorschriften über den Erwerb vom Nichtberechtigten (§ 135 II) berufen (vgl § 1365 Rn 41; Düsseldorf NJW 2007, 1001f; NK/*Gruber/Holzapfl-Jordan* Rn 1); zum gutgläubigen Erwerb bei Verfügungen über fremde Haushaltsgegenstände s Rn 10.

13 **6. Ersetzung der Zustimmung durch das FamG (Abs II).** Wie bei Rechtsgeschäften über das Vermögen im Ganzen kann die Zustimmung des anderen Ehegatten durch das FamG ersetzt werden. Das FamG hat dann zu überprüfen, ob die Zustimmung ohne ausreichenden Grund verweigert wurde (vgl dazu § 1365 Rn 47ff). Wann der übergangene Ehegatte einen ausreichenden Weigerungsgrund hat, ist nach Lage des Einzelfalls zu beurteilen. Eine Veräußerung von Haushaltsgegenständen ist im Allg nur in Notfällen oder bei Entbehrlichkeit gerechtfertigt. Auch dann kann ein ausreichender Weigerungsgrund aber darin liegen, dass die Gegenleistung unangemessen niedrig ist oder die Besorgnis besteht, der Ehegatte werde den Erlös unsachgemäß verwenden (MüKo/*Koch* Rn 40; Staudinger/*Thiele* Rn 46). Anders als bei § 1365 II kommt es für die Zustimmungsersetzung nach § 1369 II nicht darauf an, ob das vorgenommene Rechtsgeschäft den Grundsätzen einer ordnungsgemäßen Verwaltung entspricht (aA NK/*Gruber/Holzapfl-Jordan* Rn 24; vgl auch Staudinger/*Thiele* Rn 45), vielmehr ist zu prüfen, ob aufgrund des Rechtsgeschäfts eine Schädigung des Familieninteresses zu besorgen ist (vgl BayObLG FamRZ 1960, 157; *Dörr* NJW 1989, 815 mwN). Maßgeblich für die Ersetzung der Zustimmung sind die Umstände im **Zeitpunkt** der letzten tatrichterlichen Entscheidung, nicht jene bei Vertragsschluss (BayObLG FamRZ 1980, 1001; MüKo/*Koch* Rn 39; vgl auch § 1365 Rn 46). Bei Krankheit oder Abwesenheit eines Ehegatten kann, anders als in den Fällen des § 1365, das FamG die Zustimmung auch dann ersetzen, wenn mit einem Aufschub keine Gefahr verbunden ist. Wegen des Verfahrens des FamG vgl § 1365 Rn 45, 50ff.

14 **7. Anwendung der §§ 1366–1368 (Abs III).** Die §§ 1366–1368 sind entspr anzuwenden (vgl die Bemerkungen zu diesen Vorschriften). Die Berufung auf die Unwirksamkeit des Geschäfts ist grds unbefristet möglich (Grü/*Siede* Rn 10). Hat ein Ehegatte aber innerhalb einer den Umständen nach angemessenen Frist die Unwirksamkeit ggü dem Dritten nicht geltend gemacht, obwohl das Geschäft bereits durch Übergabe erfüllt worden ist, wird in diesem Verhalten häufig seine Zustimmung zu der Veräußerung zu erblicken sein, falls er nicht besondere Gründe anführen kann, die gegen diese Annahme sprechen – zB, dass er von der Veräußerung oder Sicherungsübereignung bisher nichts wusste oder Schritte gegen diese noch nicht unternehmen konnte. Jedenfalls besteht das Bedürfnis, den Schwebezustand bei Verfügungen über Haushaltsgegenstände im Interesse des gutgläubigen Dritten nicht zu lange aufrecht zu erhalten.

15 **8. Vorzeitiger Ausgleich des Zugewinns.** Anders als bei Rechtsgeschäften über das Vermögen im Ganzen (§ 1365) ist bei solchen über Haushaltsgegenstände der übergangene Ehegatte nur dann berechtigt, auf **vorzeitigen Ausgleich des Zugewinns** zu klagen, wenn die Voraussetzungen des § 1385 Nr 2 iVm § 1375 II (Schenkung, Verschwendung oder Benachteiligungsabsicht) vorliegen.

16 **9. Abweichende Vereinbarungen.** Die Anwendbarkeit der Norm kann gegenständlich (zB auf bestimmte Haushaltsgegenstände) und zeitl (zB auf die Zeit vor einer Trennung) beschränkt oder gänzlich **durch Ehevertrag ausgeschlossen** werden (MüKo/*Koch* Rn 42). Eine Erweiterung der Vorschrift auf Gegenstände, die nicht

zum Hausrat zählen (persönliche oder der Berufsausübung dienende Sachen etc), durch Ehevertrag ist hingegen nicht möglich (MüKo/*Koch* Rn 41; PWW/*Weinreich* Rn 2).

§ 1370 (aufgehoben)

§ 1370 ist durch das Gesetz zur Änderung des Zugewinnausgleichs- und Vormundschaftsrechts v 6.7.2009 (BGBl I 2009, 1696) mWz 1.9.2009 aufgehoben worden. Auf Haushaltsgegenstände, die vor dem 1.9.2009 angeschafft wurden, findet die Norm aber weiterhin Anwendung. Art 229 § 20 I EGBGB bestimmt dies ausdrückl für die Behandlung von Haushaltsgegenständen aus Anlass der Scheidung. Das Gleiche gilt aber, wenn die Eigentumsverhältnisse in anderem Zusammenhang zu klären sind (Frankfurt NZFam 2016, 889; AG Meldorf NJW 2010, 382f; s auch MüKo/*Koch* Rn 2 und Art 229 § 20 EGBGB Rn 2ff). Insofern kommt der allg – auch in Art 229 § 20 I EGBGB übernommene – Rechtsgedanke zum Tragen, dass ein abgeschlossener (Erwerbs-)Tatbestand grds nur dem im Zeitpunkt seiner Entstehung gültigen Recht unterfällt (vgl NK/*Budzikiewicz* Art 229 § 5 EGBGB Rn 1). Soweit danach § 1370 auf Altfälle weiterhin Anwendung findet, wird auf die Komm bei Erman/*Gamillscheg*[12] verwiesen. 1

§ 1371 Zugewinnausgleich im Todesfall

(1) Wird der Güterstand durch den Tod eines Ehegatten beendet, so wird der Ausgleich des Zugewinns dadurch verwirklicht, dass sich der gesetzliche Erbteil des überlebenden Ehegatten um ein Viertel der Erbschaft erhöht; hierbei ist unerheblich, ob die Ehegatten im einzelnen Falle einen Zugewinn erzielt haben.

(2) Wird der überlebende Ehegatte nicht Erbe und steht ihm auch kein Vermächtnis zu, so kann er Ausgleich des Zugewinns nach den Vorschriften der §§ 1373 bis 1383, 1390 verlangen; der Pflichtteil des überlebenden Ehegatten oder eines anderen Pflichtteilsberechtigten bestimmt sich in diesem Falle nach dem nicht erhöhten gesetzlichen Erbteil des Ehegatten.

(3) Schlägt der überlebende Ehegatte die Erbschaft aus, so kann er neben dem Ausgleich des Zugewinns den Pflichtteil auch dann verlangen, wenn dieser ihm nach den erbrechtlichen Bestimmungen nicht zustünde; dies gilt nicht, wenn er durch Vertrag mit seinem Ehegatten auf sein gesetzliches Erbrecht oder sein Pflichtteilsrecht verzichtet hat.

(4) Sind erbberechtigte Abkömmlinge des verstorbenen Ehegatten, welche nicht aus der durch den Tod dieses Ehegatten aufgelösten Ehe stammen, vorhanden, so ist der überlebende Ehegatte verpflichtet, diesen Abkömmlingen, wenn und soweit sie dessen bedürfen, die Mittel zu einer angemessenen Ausbildung aus dem nach Absatz 1 zusätzlich gewährten Viertel zu gewähren.

Schrifttum: *Buchholz*, Gestaltungsprobleme des Ehegattenerbrechts: Teilungs- oder Nutzungsprinzip, MDR 1990, 375; *Dörner*, Erbrechtliche Qualifikation des § 1371 Abs. 1 BGB durch den EuGH: Konsequenzen und neue Fragen, ZEV 2018, 305; *Krug*, § 1371 I – Ist die erbrechtliche Pauschallösung gerecht und zeitgemäß?, FPR 2007, 164; *Leipold*, Ist der Wegfall des Zugewinnausgleichs bei Vorversterben des Ehegatten mit dem geringeren Zugewinn verfassungsgemäß?, NJW 2011, 1179; *Mayer*, Der Ausbildungsanspruch der Stiefkinder nach § 1371 IV BGB, FPR 2004, 83; *Mayer*, Abhängigkeiten von Ehegüter- und Ehegattenerbrecht und Gestaltungsüberlegungen, FPR 2006, 129; *Schausten*, Der Ausbildungsunterhalt für Stiefkinder gem § 1371 IV BGB – die unbekannte Norm, FPR 2008, 349; *Sonnentag*, Die erbrechtliche Qualifikation des güterrechtlichen Viertels durch den EuGH und ihre Konsequenzen, JZ 2019, 657; *Weber*, Ein Klassiker neu aufgelegt: Die Qualifikation des § 1371 BGB unter dem Regime der Europäischen Erbrechtsverordnung, NJW 2018, 1356; *O. Werner*, Zugewinnausgleich bei gleichzeitigem Tod der Ehegatten, FamRZ 1976, 249; *Winkler*, Die güterrechtliche Lösung als Störfaktor bei der Unternehmensnachfolge, ZErb 2005, 360.

1. Hintergrund. Zur **rechtstatsächlichen Bedeutung des § 1371, dem rechtspolitischen Zweck in der Vorstellung des „Gesetzgebers"** und **Mängeln des Gesetzestextes** s Erman/*Heckelmann*[11] Rn 3–10. Zur Anwendbarkeit der Norm in **internationalen Fallgestaltungen** s Art 23 EuErbVO Rn 16. 1

2. Inhalt der Vorschrift. Wird der Güterstand der Zugewinngemeinschaft beendet, ist der von den Ehegatten in der Ehe erzielte Zugewinn auszugleichen (§ 1363 II 2). § 1371 regelt die Vermögensteilhabe für den Fall, dass der Güterstand durch den Tod eines Ehegatten beendet wird. Die Norm stellt eine Schnittstelle zw Familien- und Erbrecht dar; soweit der überlebende Ehegatte gesetzl Erbe geworden ist, bedient sich § 1371 erbrechtl Mechanismen, um den güterrechtl geforderten Zugewinnausgleich durchzuführen (Abs I); nur wenn der überlebende Ehegatte weder Erbe noch Vermächtnisnehmer geworden ist, kann er den rechnerischen Ausgleich nach §§ 1373ff verlangen (Abs II/III). Im Einz gilt Folgendes: **a)** Wird der überlebende Ehegatte **gesetzl Erbe**, erfolgt der Ausgleich des Zugewinns nicht nach §§ 1373ff, sondern gem Abs I durch pauschale **Erhöhung des gesetzl Erbteils** des überlebenden Ehegatten um ein Viertel der Erbschaft (sog **erbrechtl Lösung**, Rn 5ff). Ob der Verstorbene tatsächlich einen Zugewinn erwirtschaftet hatte und ob dieser den Zugewinn des Überlebenden übersteigt, ist nach Abs I Hs 2 unerheblich. Das zusätzl Viertel kann aber gem Abs IV mit den **Ausbildungskosten von erbberechtigten einseitigen Abkömmlingen** des Verstorbenen belastet sein (Rn 27ff). **b)** Ist der überlebende Ehegatte nicht am Nachlass beteiligt, dh weder gesetzl oder testamentarischer Erbe noch Vermächtnisnehmer, erfolgt der Zugewinnausgleich gem Abs II rechnerisch nach Maßgabe der §§ 1373–1383, 1390 (sog **güterrechtl Lösung**, Rn 12ff). Neben dem güterrechtl Zugewinnausgleich kann der Ehegatte, sofern er pflichtteilsberechtigt ist, zudem den sog „kleinen Pflichtteil" verlangen. Dieser besteht gem § 2303 I 2 iVm § 1371 II Hs 2 iHd Hälfte 2 des gesetzl Erbteils ohne Berücksichtigung des Zuschlags aus § 1371 I. Die güterrechtl Lösung gilt gem Abs III auch dann, wenn der überlebende Ehegatte die Erbschaft oder das Vermächtnis ausschlägt und damit selbst auf eine Teilhabe am Nachlass verzichtet (Rn 18ff). c) Ist der **Ehegatte letztwillig bedacht worden** und nimmt er die Erbschaft oder das Vermächtnis an, so findet ein Zugewinnausgleich weder nach § 1371 I noch nach §§ 1373ff statt; der Zugewinn gilt durch die Teilhabe am Nachlass als ausgeglichen. In Betracht kommt lediglich ein Pflichtteilsrestanspruch gem §§ 2305, 2307 I 2, sofern die Zuwendung hinter dem sog „großen Pflichtteil" zurückbleibt, dh die Hälfte des nach Abs I erhöhten Erbteils nicht erreicht (Rn 11).

3 **3. Anwendungsvoraussetzungen. a) Beendigung der Zugewinngemeinschaft durch Tod eines Ehegatten.** § 1371 findet nur dann Anwendung, wenn der überlebende Ehegatte im Zeitpunkt des Todes seines Partners mit diesem in Zugewinngemeinschaft gelebt hat (vgl § 1363 Rn 2); der Güterstand darf also nicht bereits auf andere Weise (zB durch Ehevertrag, rechtskräftige Ehescheidung oder rechtskräftige Entscheidung über die vorzeitige Aufhebung der Zugewinngemeinschaft) beendet oder von vornherein ausgeschlossen worden sein. Maßgeblich für die Bestimmung des **Todeszeitpunkts** ist der Eintritt des Gesamthirntodes, nicht der Eintritt des Herz- oder Kreislaufstillstands (Frankfurt NJW 1997, 3099; BayObLG NJW-RR 1999, 1309, 1311 mwN). Der Güterstand wird auch dann durch den Tod beendet, wenn der Ehegatte während eines Scheidungsverfahrens, eines Verfahrens auf Eheaufhebung (§§ 1313ff) oder eines Verfahrens auf vorzeitige Aufhebung der Zugewinngemeinschaft (§§ 1385f) verstirbt; die Rechtshängigkeit der Verfahren alleine führt noch nicht zur Beendigung der Zugewinngemeinschaft (Staudinger/*Thiele* Rn 5; MüKo/*Koch* Rn 12; BeckOK/*Scheller/Sprink* Rn 4). Nach Einreichung eines Antrags auf Scheidung oder Aufhebung der Ehe kann der überlebende Ehegatte aber ggf von der gesetzl Erbfolge ausgeschlossen sein (vgl Rn 15).

4 **b) Gleichzeitiges Versterben der Ehegatten.** Versterben die Ehegatten gleichzeitig (vgl § 11 VerschG), wird der Zugewinn nicht ausgeglichen (s § 1372 Rn 6; BGHZ 72, 85).

5 **4. Erbrechtliche Lösung.** Ist der überlebende Ehegatte Erbe oder Vermächtnisnehmer geworden, so scheidet eine konkrete Berechnung des Zugewinns nach §§ 1373ff in jedem Fall aus. Der Zugewinnausgleich erfolgt allein über eine Teilhabe am Nachlass (erbrechtl Lösung).

6 **a) Ehegatte als gesetzlicher Erbe.** Ist der überlebende Ehegatte **gesetzl Erbe**, so regelt sich sein Anspruch auf Zugewinn abschließend nach § 1371 I. Der Zugewinn wird pauschal durch die Erhöhung des gesetzl Erbteils (§ 1931) um ¼ ausgeglichen. Hinzu tritt das Recht auf den **Voraus** (§ 1932) (Grü/*Siede* Rn 3; Staudinger/*Thiele* Rn 14). Die **Dauer der Ehe** bzw des Güterstands oder auch die **Motive für die Eheschließung** sind für die Anwendbarkeit des Abs I unerheblich (Bamberg OLGRp 1999, 265f). § 1371 I findet allerdings nur dann Anwendung, wenn dem Ehegatten der **gesetzl Erbteil aus § 1931** zusteht. Erbt der Ehegatte lediglich als Verwandter (vgl § 1934), etwa weil er den Erbteil aus § 1931 ausgeschlagen hat (§ 1951), sind die Voraussetzungen des Abs I nicht erfüllt. Der Berufung als gesetzl Erbe gleichzustellen ist der Fall, dass der Erblasser letztwillig seine gesetzl Erben und damit auch seinen mit ihm im gesetzl Güterstand lebenden Ehegatten ohne nähere Bestimmung bedacht hat (§ 2066; BeckOK/*Scheller/Sprink* Rn 5; Staudinger/*Thiele* Rn 6). Zur Berechnung des Ehegattenerbteils nach §§ 1931, 1371 I s § 1931 Rn 24ff. **Steuerrechtl** sind § 5 I, § 16 I Nr 1, § 17 I ErbStG zu beachten.

7 **Keine Anwendung** findet Abs I, wenn der überlebende Partner enterbt wurde, die Erbschaft ausschlägt oder aus sonstigen Gründen von der Erbschaft ausgeschlossen ist (s dazu Rn 12). Die pauschale Erhöhung des Erbteils nach Abs I erfolgt auch dann nicht, wenn der Ehegatte durch Verfügung von Todes wegen zum Erben oder Vermächtnisnehmer berufen wurde (s dazu Rn 10).

8 Der gesetzl Erbteil des Ehegatten aus § 1931 und das zusätzl Viertel aus Abs I sind keine getrennten Erbteile, sondern stellen zusammen einen **einheitlichen Erbteil** dar. Eine **Teilausschlagung** ist daher nicht möglich (§ 1950; Grü/*Siede* Rn 6; MüKo/*Koch* Rn 16). Zulässig sind jedoch Teilverfügungen (§ 2033 I) sowohl über das zusätzl Viertel aus § 1371 I als auch über den gesetzl Erbteil aus § 1931 sowie ein Teilverzicht (§ 2346; BeckOK/*Scheller/Sprink* Rn 8; MüKo/*Koch* Rn 16 zur Teilverfügung; Staudinger/*Thiele* Rn 10 zum Teilverzicht).

9 **Vorausempfänge** sind – anders als bei der güterrechtl Lösung (Abs II iVm § 1380) – auf den nach Abs I erhöhten Erbteil nicht anzurechnen. Die §§ 1373–1383 finden bei der erbrechtl Lösung keine Anwendung (MüKo/*Koch* Rn 17; Staudinger/*Thiele* Rn 13). Der Erblasser, der die Anrechnung von Zuwendungen wünscht, muss dies durch Verfügung von Todes wegen zum Ausdruck bringen, indem er zB den Erbteil seines Ehegatten entspr kürzt oder nur den Pflichtteil zuwendet, vgl dazu auch *Maßfeller* DB 1957, 626. Der Erblasser kann zudem bei einer Zuwendung unter Lebenden bestimmen, dass diese auf den Pflichtteil anzurechnen ist (§ 2315).

10 **b) Ehegatte als testamentarischer Erbe oder Vermächtnisnehmer.** Hat der verstorbene Ehegatte seinen Ehepartner **durch Verfügung von Todes wegen zum Erben oder Vermächtnisnehmer** berufen, kommt es weder zu einer Erhöhung nach § 1371 I noch kann rechnerischer Ausgleich nach §§ 1373ff verlangt werden (vgl Abs II); der Zugewinn gilt durch die Teilhabe am Nachlass als ausgeglichen (*Gernhuber/Coester-Waltjen* § 36 Rn 8; MüKo/*Koch* Rn 24). Unerheblich ist, ob der Ehegatte als Vollerbe oder als Vor- oder Nacherbe eingesetzt wurde (BGH FamRZ 1965, 604 zur Vorerbschaft; MüKo/*Koch* Rn 27; Grü/*Siede* Rn 2) und ob er durch die Ernennung eines Testamentsvollstreckers, durch eine Teilungsanordnung, Auflagen oder Vermächtnisse beschränkt oder belastet ist (Staudinger/*Thiele* Rn 12, 24). Die erbrechtl Lösung gilt auch bei der Einsetzung als Ersatzerbe, sofern der zunächst berufene Erbe tatsächlich wegfällt (Staudinger/*Thiele* Rn 24; MüKo/*Koch* Rn 27). Soll der Ehegatte den „großen Pflichtteil" (vgl Rn 2) erhalten, liegt gem §§ 2084, 2304 im Zweifel ein Vermächtnis vor, das die güterrechtl Lösung des § 1371 II ebenfalls sperrt (MüKo/*Koch* Rn 32; Staudinger/*Thiele* Rn 27). Rechnerischer Zu-

gewinnausgleich nach § 1371 II, §§ 1373ff kann jedoch verlangt werden, wenn der überlebende Ehegatte lediglich durch eine Auflage begünstigt ist oder der Erblasser ihn nur zum Testamentsvollstrecker bestimmt hat, da er in diesem Fall – wie von Abs II vorausgesetzt – weder Erbe noch Vermachtnisnehmer geworden ist (MüKo/*Koch* Rn 27).

Verschiedentlich wird für die Anwendung des Abs II auch dann votiert, wenn das **Vermächtnis lediglich** einen **„Erinnerungswert"** hat, dh (nahezu) wertlos ist (PWW/*Weinreich* Rn 9; wohl auch *Jülicher* ZEV 2006, 338, 339). Eine Abgrenzung nach dem Wert der Zuwendung ist im Gesetz jedoch nicht angelegt; sie würde auch den Hauptvorteil der erbrechtl Lösung, zu klaren und eindeutigen Ergebnissen zu kommen, erheblich beeinträchtigen. Die Voraussetzungen des Abs II sind daher auch dann als nicht erfüllt anzusehen, wenn der Ehegatte lediglich mit einem geringwertigen Vermächtnis bedacht oder auf einen geringen Bruchteil des Nachlasses eingesetzt wurde (AG Tecklenburg FamRZ 1997, 1013f; *Gernhuber/Coester-Waltjen* § 36 Rn 7; MüKo/*Koch* Rn 25f; Staudinger/*Thiele* Rn 24). Bleibt der Wert der Zuwendung hinter dem großen Pflichtteil zurück, kann der Ehegatte allerdings den **Pflichtteilsrestanspruch** nach §§ 2305, 2307 I 2 geltend machen; dieser besteht iHd Differenz zw der Zuwendung und dem großen Pflichtteil (s Rn 2). Kommt es dem Ehegatten auf die **konkrete Berechnung** des Zugewinns an, bleibt ihm nur die Möglichkeit, die Erbschaft oder das Vermächtnis auszuschlagen, s Rn 18. 11

5. Güterrechtliche Lösung (Abs II). a) Überblick. Wird der überlebende Ehegatte weder Erbe noch Vermächtnisnehmer, kann er gem Abs II rechnerischen Zugewinnausgleich nach Maßgabe der §§ 1373ff verlangen. Die güterrechtl Lösung des Abs II gilt, wenn der verstorbene Ehegatte **aa)** seinen Partner durch Verfügung von Todes wegen von der Erbschaft ausgeschlossen (§§ 1937f) oder **bb)** dieser auf das Erbe verzichtet hat (§ 2346), wenn **cc)** der überlebende Ehegatte nach § 1933 kraft Gesetzes von der Erbschaft ausgeschlossen ist oder ihm **dd)** der Pflichtteil entzogen wurde (§ 2333 II) oder er **ee)** rechtskräftig für erbunwürdig, vermächtnis- oder pflichtteilsunwürdig erklärt worden ist (§§ 2339ff; s Grü/*Siede* Rn 12). Für den Fall der **Erbausschlagung gilt Abs III**, dazu Rn 18. 12

b) Ehegatte weder Erbe noch Vermächtnisnehmer. aa) Enterbung. Den Eheleuten steht es frei, den anderen **durch Verfügung von Todes wegen** von der Erbfolge auszuschließen (§§ 1937f). Beim Tod des Ehegatten verbleibt dann dem überlebenden (enterbten) Ehegatten nur der Anspruch auf den **kleinen Pflichtteil** (Abs II Hs 2), der gem § 2303 I 2 aus der Hälfte des gesetzl Erbteils (§ 1931) ohne Berücksichtigung des Zuschlags aus Abs I besteht (vgl Rn 17). Daneben kann der überlebende Ehegatte nach Abs II Hs 1 iVm §§ 1373–1383, 1390 den rechnerischen Zugewinnausgleich verlangen (Rn 23). Anspruch auf den Voraus (§ 1932) hat er nicht. Ein Ausschluss von der Erbfolge liegt idR auch dann vor, wenn der überlebende Ehegatte auf den Pflichtteil (§ 2304) gesetzt wurde. Dabei ist allerdings zu unterscheiden, ob dem Ehegatten der kleine oder der große Pflichtteil zukommen soll. Bei der Zuwendung des kleinen Pflichtteils ist regelmäßig von einer Enterbung unter Anerkennung des gesetzl Pflichtteilsanspruchs (= güterrechtl Lösung), bei der Zuwendung des großen Pflichtteils im Zweifel von einem Vermächtnis (= erbrechtl Lösung) auszugehen (s auch Rn 10 und § 2304 Rn 3; Grü/*Siede* Rn 2; MüKo/*Koch* Rn 32). 13

bb) Erbverzicht. Nach § 2346 kann der überlebende Ehegatte durch notariellen Vertrag (§ 2348) mit dem Erblasser auf sein gesetzl Erb- oder Pflichtteilsrecht verzichten. Der überlebende Ehegatte hat in diesem Fall nur noch Anspruch auf den rechnerischen Zugewinnausgleich gem Abs II iVm §§ 1373–1383, 1390 (Rn 23); ein Pflichtteilsrecht steht ihm ebenso wenig zu wie der Voraus (Abs III Hs 2, § 2346 I 2 Hs 2). 14

cc) Von Gesetzes wegen ist der überlebende Ehegatte von der Erbschaft ausgeschlossen, wenn der Verstorbene vor seinem Tod bereits die **Scheidung beantragt** oder dem Scheidungsantrag des anderen zugestimmt hatte und die Voraussetzungen für die Scheidung vorlagen, § 1933 S 1. Dasselbe gilt, wenn der Erblasser einen begründeten **Antrag auf Aufhebung der Ehe** gestellt hatte, § 1933 S 2. Die Rücknahme des Scheidungsantrags durch den überlebenden Ehegatten nach dem Eintritt des Gesamthirntodes des Ehepartners hat keine Auswirkungen mehr auf den Ausschluss des Ehegattenerbrechts nach § 1933 S 1; dies gilt auch dann, wenn der Herz- und Kreislaufstillstand erst nach der Antragsrücknahme eingetreten sein sollte (Frankfurt NJW 1997, 3099; zur nachträgl Rücknahme des Scheidungsantrags vgl auch Naumburg NJW-RR 2015, 1100, 1101). Liegen die Voraussetzungen des § 1933 vor, hat der überlebende Ehegatte weder Anspruch auf den kleinen Pflichtteil noch auf den Voraus. Macht er gem § 1371 II den güterrechtl Zugewinnausgleich geltend, ist für die Berechnung des Zugewinns und die Höhe der Ausgleichsforderung ausnahmsw nicht auf den Zeitpunkt des Todes, sondern nach §§ 1384, 1387 analog auf den Zeitpunkt der Rechtshängigkeit des betreffenden Antrags abzustellen (s Rn 23; BGHZ 99, 304). 15

dd) Abs II findet auch dann Anwendung, wenn der Erblasser seinem Ehegatten den Pflichtteil nach § 2333 II entzogen hat oder wenn dessen **Erbunwürdigkeit** durch rechtskräftiges Urteil festgestellt worden ist (§§ 2339ff). Dem überlebenden Ehegatten bleibt in diesem Fall nur der Ausgleich des Zugewinns nach Maßgabe der §§ 1373ff; sein Pflichtteilsrecht hat er verloren. 16

c) Kein Wahlrecht zwischen großem und kleinem Pflichtteil. Die textliche Fassung des Abs II hat viel **Kritik** erfahren (dazu Erman/*Heckelmann*[6] Rn 14–19). Bei der Formulierung von Abs II Hs 2 ist vor allem unklar geblieben, worauf sich die Worte „der Pflichtteil … bestimmt sich in diesem Falle" beziehen. Damit verbunden ist die Frage, ob der überlebende Ehegatte bei Anwendbarkeit des § 1371 II Ausgleich nur nach Maßgabe der §§ 1373ff verlangen kann und daneben stets auf den kleinen Pflichtteil verwiesen ist (sog Einheitstheorie), oder ob er auf den güterrechtl Ausgleich auch verzichten und stattdessen den großen, nach dem erhöhten Erbteil des Abs I berechneten Pflichtteil geltend machen kann (sog Wahltheorie). Der Streit ist heute iSd **Einheitstheorie** 17 entschieden (BGHZ 42, 182; BGH NJW 1982, 2497; MüKo/*Koch* Rn 38). Danach bezieht sich der Ausdruck „in diesem Falle" nicht nur auf die zweite Hälfte des vorangegangenen Satzes („so kann er Ausgleich ... verlangen"), sondern auf den gesamten Satz. Dies wiederum bedeutet, dass dem überlebenden Ehegatten, der weder Erbe noch Vermächtnisnehmer ist, **kein Wahlrecht** zw dem großen und dem kleinen Pflichtteil zusteht. Er kann auch dann, wenn er auf einen güterrechtl Ausgleich nach Abs II verzichtet, lediglich den kleinen Pflichtteil beanspruchen (und auch dies nur, wenn er pflichtteilsberechtigt ist, vgl Rn 14 und 16). Hinterlässt der verstorbene Ehegatte neben seinem Partner **weitere Pflichtteilsberechtigte**, bestimmt sich auch deren Pflichtteil nach dem nicht erhöhten gesetzl Erbteil des überlebenden Ehegatten (§ 1371 II Hs 2).

18 **6. Ausschlagung der Erbschaft und der zugewandten Vermächtnisse (Abs III). a) Güterrechtlicher Ausgleich und Pflichtteil.** Der überlebende Ehegatte kann gem **Abs III Hs 1** den güterrechtl Ausgleich auch dann verlangen, wenn er durch Ausschlagung der Erbschaft die Situation des Abs II selbst herbeiführt. Voraussetzung ist, dass der Ehegatte nach der Ausschlagung weder Erbe noch Vermächtnisnehmer ist. Schlägt er zwar die Erbschaft aus, nimmt jedoch ein Vermächtnis an, so gilt weiterhin die erbrechtl Lösung (MüKo/*Koch* Rn 54). Gehört der Ehegatte auch zu den erbberechtigten Verwandten (vgl § 1934), genügt allerdings die Ausschlagung desjenigen Erbteils, der ihm kraft Gesetzes als Ehegatte zusteht (MüKo/*Koch* Rn 40; Grü/*Siede* Rn 18); die Erbschaft als Verwandter kann er antreten (vgl § 1951 I), ohne das Recht auf den güterrechtl Ausgleich zu verlieren.

19 Neben dem rechnerischen Zugewinnausgleich steht dem Ehegatten trotz der Ausschlagung der Erbschaft idR der kleine Pflichtteil zu (Abs III Hs 1; für die Ausschlagung eines Vermächtnisses s § 2307 I 1); um den Pflichtteil beanspruchen zu können, darf er allerdings weder auf sein gesetzl Erbrecht noch auf sein Pflichtteilsrecht verzichtet haben, **Abs III Hs 2.** Es besteht letztlich kein Grund, dem überlebenden Ehegatten den Pflichtteilsanspruch auch dann zu erhalten, wenn er durch Vertrag mit dem Erblasser auf sein gesetzl Erbrecht oder auf sein Pflichtteilsrecht verzichtet hat (§ 2346). Zur Erbschaft kann er ungeachtet dessen berufen sein, wenn er lediglich auf sein Pflichtteilsrecht verzichtet hat oder wenn er zwar auf sein gesetzl Erbrecht verzichtet hat, dann aber durch Verfügung von Todes wegen als Erbe eingesetzt worden ist. Weitere Bestimmungen, die die Entstehung des Pflichtteilsanspruchs verhindern können, nennt Abs III Hs 2 nicht. Die Aufzählung ist jedoch nicht als abschließend zu begreifen; es kann letztlich nichts anderes gelten als im Rahmen des Abs II (Rn 12). Der Ehegatte verliert sein Pflichtteilsrecht also auch dann, wenn die Voraussetzungen des § 1933 erfüllt sind (Scheidungs- oder Aufhebungsverfahren), bei Erbunwürdigkeit (§ 2339), Entziehung des Pflichtteils (§ 2333 II) oder Vermächtnis- und Pflichtteilsunwürdigkeit (§ 2345 II), MüKo/*Koch* Rn 55; BeckOK/*Scheller*/*Sprink* Rn 31. Mit den nach Abs III Hs 1 unbeachtlichen „erbrechtl Bestimmungen" sind nur jene Regelungen gemeint, die den Pflichtteilsanspruch im Fall der Ausschlagung der Erbschaft ausschließen. Der überlebende Ehegatte soll die Möglichkeit haben, für die güterrechtl Lösung zu optieren, ohne dadurch sein Pflichtteilsrecht zu verlieren; für eine weitergehende Verbesserung seiner Rechtsstellung besteht kein Anlass (MüKo/*Koch* Rn 54f).

20 **b) Ausschlagung.** Die Ausschlagung der Erbschaft richtet sich nach den §§ 1942ff. Gem § 1944 hat die Ausschlagung **innerhalb von sechs Wochen** ab Kenntnis des Erben vom Erbanfall und dem Grund seiner Berufung ggü dem Nachlassgericht zu erfolgen (§ 1945). Bei Vermächtnissen besteht zwar keine Ausschlagungsfrist; das Vermächtnis kann aber nicht mehr ausgeschlagen werden, nachdem es angenommen worden ist (§ 2180).

21 **c) Gründe für eine Ausschlagung.** Anlass zu einer Ausschlagung der Erbschaft besteht im Allg, wenn der Nachlass überschuldet ist. Die Ausschlagung kann aber auch die Möglichkeit eröffnen, statt der erbrechtl Beteiligung am Nachlass einen güterrechtl Ausgleich geltend zu machen. Insofern hat der überlebende Ehegatte idR nur dann Grund zur Ausschlagung, wenn er die ihm zugedachte erbrechtl Beteiligung für unzureichend hält. Hat er zB während der Dauer des Güterstandes selbst keinen Zugewinn erzielt, der Erblasser aber sein ganzes Vermögen während des Güterstandes erworben, so beträgt die Ausgleichsforderung die Hälfte des Nachlasswertes nach Abzug der Nachlassverbindlichkeiten (§§ 1373, 1374f, 1378). Hat der Erblasser sein Vermögen zudem durch Handlungen vermindert, die nach § 1375 II zur Folge haben, dass der Wert der Vermögensminderung seinem Endvermögen hinzuzurechnen ist, so kann der überlebende Ehegatte uU mit seiner Ausgleichsforderung mehr als die Hälfte des Nachlasses beanspruchen. Er kann also auch dann ein Interesse an der Ausschlagung der Erbschaft haben, wenn er gesetzl Erbe zu ½ oder ¾ würde. Allerdings gibt er damit seine dingliche Beteiligung am Nachlass gegen die auf eine Geldzahlung gerichtete Ausgleichsforderung preis. Zudem ist zu beachten, dass der Ehegatte durch die Ausschlagung den Anspruch auf den Voraus (§ 1932) verliert. Andererseits entzieht er sich der Bindung innerhalb der Erbengemeinschaft und der Haftung für die Nachlassverbindlichkeiten. Er muss sich also entscheiden, ob er den gesetzl Erbteil oder die ihm durch Verfügung von Todes wegen zugedachte Beteiligung am Nachlass annimmt und ggf den Pflichtteilsrestanspruch geltend macht oder ob er unter Verzicht auf diese Ausgleich des Zugewinns sowie den kleinen Pflichtteil verlangen will. Die Entscheidung ist für den überlebenden Ehegatten vor allem dann schwierig, wenn er die Höhe der für ihn in Betracht kommenden Ausgleichsforderung noch nicht übersieht.

22 **d) Vererblichkeit des Ausschlagungsrechts.** Das Ausschlagungsrecht ist **vererblich** (§ 1952). Zur Ausschlagung berechtigt sind auch die Erben eines zum Vorerben eingesetzten Ehegatten, der im Zeitpunkt seines Todes das Ausschlagungsrecht noch nicht verloren hatte. Dabei können die Erben des nachverstorbenen Ehegatten den Anfall der Vorerbschaft auch dann ausschlagen, wenn die (mit dem Tod angefallene) Nacherbschaft nicht ihnen, sondern einem Dritten zufällt (BGHZ 44, 152; MüKo/*Leipold* § 1952 Rn 3). Machen die Erben in diesem Fall von dem Ausschlagungsrecht Gebrauch, können sie anstelle des nachverstorbenen Ehegatten gem §§ 1373ff den rechnerischen Zugewinnausgleich und den kleinen Pflichtteil verlangen; beide Ansprüche sind vererblich (§ 1378

III 1, § 2317 II). Der Nacherbe ist dann als Ersatzerbe (§ 2102) auf den Rest der Ehegattenerbschaft beschränkt (*Bosch* FamRZ 1965, 607).

7. Geltendmachung der Ausgleichsforderung. a) Berechnung nach §§ 1373ff. Wenn der überlebende Ehegatte aus einem der vorstehend erörterten Gründe nicht Erbe oder Vermächtnisnehmer wird, kann er Ausgleich des Zugewinns im Wesentlichen nach den gleichen Vorschriften verlangen, die gelten, wenn der Güterstand aus einem anderen Grunde als durch den Tod beendet wird. Die Ausgleichsforderung richtet sich in diesem Fall gegen die Erben des Verstorbenen. Sie ist eine **Nachlassverbindlichkeit** (BFH NJW-RR 2008, 1686; Celle FamRZ 2021, 1324, 1326; MüKo/*Koch* Rn 49; Staudinger/*Thiele* Rn 67 mwN) und steht als solche den übrigen Nachlassverbindlichkeiten gleich, geht aber den Verbindlichkeiten aus Pflichtteilen, Vermächtnissen und Auflagen im Rang vor (§ 1991 IV iVm § 327 I Nr 1 und 2 InsO). Um den Betrag der Ausgleichsforderung mindert sich folglich der für die Pflichtteilsberechtigten maßgebende Nachlasswert. IÜ gelten die §§ 1373–1383, 1390, sofern die Ehegatten davon nicht durch Ehevertrag abgewichen sind; in diesem Fall gilt das vertragl Vereinbarte (*Gernhuber/Coester-Waltjen* § 36 Rn 22–24; BeckOK/*Scheller/Sprink* Rn 13). Die Erben treten hinsichtl des Rechts und der Pflicht aus § 1379 I (Auskunft über das Vermögen) an die Stelle des verstorbenen Ehegatten, s § 1379 Rn 4. Die Erben können auch verlangen, dass Zuwendungen des Erblassers an seinen Ehegatten diesem nach Maßgabe der §§ 1380, 2315 auf die Ausgleichsforderung bzw den Pflichtteil angerechnet werden (MüKo/*Koch* Rn 52). Sie können ein Leistungsverweigerungsrecht wegen grober Unbilligkeit geltend machen (§ 1381) oder um Stundung nachsuchen (§ 1382). Andererseits kann der überlebende Ehegatte ihnen ggü den Antrag stellen, dass die Ausgleichsforderung statt durch Geldzahlung durch Übertragung anderer Vermögensgegenstände erfüllt wird (§ 1383). Auch § 1390, der Ansprüche gegen Dritte gibt, ist anwendbar. Maßgebend für die **Berechnung der Zugewinnausgleichsforderung** sind grds die Vermögensverhältnisse bei Beendigung des Güterstands, dh im Zeitpunkt des Todes (vgl Rn 3). Verstirbt der Ehegatte allerdings während eines Scheidungsverfahrens oder während eines Verfahrens auf vorzeitige Aufhebung der Zugewinngemeinschaft (§§ 1385f), ist für die Berechnung des Zugewinns und die Höhe der Ausgleichsforderung nicht der Todeszeitpunkt, sondern analog §§ 1384, 1387 der Zeitpunkt der Rechtshängigkeit der Anträge maßgeblich, sofern diese begründet waren (MüKo/*Koch* Rn 46; Staudinger/*Thiele* Rn 65f). Die Vorverlegung des Stichtags nach §§ 1384, 1387 analog betrifft dabei sowohl die Fälle, in denen der Verlust des Erbrechts aus § 1933 folgt (vgl Rn 15), als auch jene, in denen zwar die Voraussetzungen des § 1933 (noch) nicht erfüllt sind, der überlebende Ehegatte aber durch Verfügung von Todes wegen von der Erbfolge ausgeschlossen ist (BGH NJW 2004, 1321f) oder in denen die Regelung des Abs II aus sonstigen Gründen zur Anwendung kommt (vgl Rn 12). 23

Ergibt die Berechnung nach §§ 1373ff, dass nicht der überlebende Ehegatte, sondern der **Verstorbene den geringeren Zugewinn erzielt** hat, findet ein Zugewinnausgleich nicht statt; die Erben des vorverstorbenen Ehegatten haben keinen Anspruch auf Ausgleich gegen den überlebenden Ehegatten (BGH NJW 1995, 1832f; krit *Leipold* NJW 2011, 1179, der das Fehlen eines Ausgleichsanspruchs bei Vorversterben des Ehegatten, der den geringeren Zugewinn erzielt hat, für verfassungswidrig hält). Das Recht, statt erbrechtl Beteiligung am Nachlass rechnerischen Ausgleich zu verlangen, steht gem Abs II nur dem überlebenden Ehegatten zu. 24

b) Verjährung des Ausgleichsanspruchs. Die Verjährung des rechnerischen Ausgleichsanspruchs nach Abs II iVm §§ 1373ff richtete sich bis zum 31.12.2009 nach § 1378 IV aF. Nach Aufhebung der Vorschrift durch das ErbVerjÄndG v 24.9.2009 (BGBl I 2009, 3142), das am 1.1.2010 in Kraft getreten ist, gilt für den Ausgleichsanspruch die **Regelverjährung** nach §§ 195, 199 I/IIIa. 25

c) Ehevertragl Ausschluss des Zugewinnausgleichs. Möchte der Erblasser verhindern, dass der überlebende Ehegatte seine Ausgleichsforderung geltend macht, muss er durch **Ehevertrag** den Ausgleich des Zugewinns allg oder jedenfalls nach dem Tode eines Ehegatten ausschließen, vgl § 1372 Rn 7. Die Ehegatten können auch lediglich den Abs I abbedingen und festlegen, dass Ausgleich ausschließlich nach Maßgabe der §§ 1373ff verlangt werden kann (BeckOGK/*Kuhn* Rn 63ff [Stand: 1.2.2023]; vgl auch MüKo/*Koch* Rn 23: bei Ausschluss des pauschalen Ausgleichs nach Abs I ist idR Ausgleich nach §§ 1373ff gewollt). Nicht möglich ist hingegen die ehevertragl Verbindung von pauschaler Erhöhung des gesetzl Erbteils nach § 1371 I und rechnerischem Zugewinnausgleich nach §§ 1373ff; der Zugewinn würde sonst zulasten der anderen gesetzl Erben und Pflichtteilsberechtigten doppelt ausgeglichen. Auch eine Erhöhung der Quote aus Abs I ist wegen der damit verbundenen Benachteiligung weiterer Erbberechtigter durch Ehevertrag nicht möglich (hM, s nur MüKo/*Münch* § 1408 Rn 17); soll der Erbteil des Ehegatten erhöht werden, bedarf es einer letztwilligen Verfügung, wobei jedoch Konversion (§ 140) denkbar ist. Gegen eine ehevertragl Herabsetzung der Quote aus § 1371 I bestehen dagegen keine Bedenken (*Gernhuber/Coester-Waltjen* § 36 Rn 21; MüKo/*Koch* Rn 21; aA Staudinger/*Thiele* Rn 133). 26

8. Ausbildungsunterhalt zugunsten der Stiefabkömmlinge (Abs IV). a) Zweck der Vorschrift. Die Vorschrift enthält eine Sonderregelung zugunsten von Abkömmlingen des Erblassers, die nicht zugleich solche des überlebenden Ehegatten sind. Dadurch sollen die Nachteile ausgeglichen werden, die die erbberechtigten Abkömmlinge aus der pauschalen Erhöhung des Erbteils ihres Stiefelternteils nach Abs I erleiden. Hätte bei rechnerischem Zugewinnausgleich der verstorbene Ehegatte Anspruch auf Zugewinnausgleich gehabt, wirkt sich die Regelung des Abs I doppelt nachteilig für dessen Abkömmlinge aus: Die pauschale Erhöhung des gesetzl Erbteils nach Abs I führt nicht nur dazu, dass die gesetzl Erbteile der Abkömmlinge entspr vermindert werden. Die Abkömmlinge partizipieren auch weder als Erben des verstorbenen Ehegatten an dem höheren Zugewinn des Stiefelternteils noch erhalten sie nach dem Tod des Letzteren kraft Gesetzes dasjenige, was dieser über Abs I von dem vorverstorbenen Ehegatten erhalten hat. Abs IV trägt dem Rechnung und verpflichtet den aus Abs I begünstig- 27 ten Ehegatten, seinen Stiefkindern unter bestimmten Voraussetzungen die Mittel zu einer angemessenen Ausbildung aus dem zusätzl Viertel zu gewähren (vgl *Schausten* FPR 2008, 349f; Staudinger/*Thiele* Rn 91). Dies stellt eine Besonderheit dar, da außerhalb eines Verwandtschaftsverhältnisses eine Unterhaltspflicht begründet wird, die es sonst nicht gibt (s § 1360a Rn 8ff).

28 **b) Anspruchsberechtigte.** Stiefabkömmlinge iSd Vorschrift (vgl Rn 27) sind **Kinder** des Erblassers aus einer **früheren Ehe**, **Kinder**, die aus einer **nichtehelichen Beziehung** stammen, oder **Kinder**, die gem **§§ 1741ff** angenommen worden sind, sowie wiederum deren Abkömmlinge. Anspruchsberechtigt sind allerdings nur diejenigen Stiefabkömmlinge, die **gesetzl Erben** geworden sind. Nicht ausreichend ist eine testamentarische Erbeinsetzung, gleich in welcher Höhe, da die Regelung nicht darauf zielt, eine Entscheidung des Erblassers zu korrigieren, sondern lediglich die Folgen der pauschalen Erhöhung des Erbteils nach Abs I abmildern will (MüKo/*Koch* Rn 58; BeckOK/*Scheller*/*Sprink* Rn 39). Ferner dürfen die Berechtigten die Erbschaft nicht ausgeschlagen oder einen Erbverzicht erklärt haben. Nicht nach § 1371 IV anspruchsberechtigt sind sie auch dann, wenn sie für erbunwürdig erklärt wurden oder gem § 1924 II von der Erbfolge ausgeschlossen sind. Das Gleiche gilt, wenn der Erblasser ihren Anspruch aus § 1371 IV durch letztwillige Verfügung ausgeschlossen hat; da der Erblasser einen Abkömmling durch Verfügung von Todes wegen von der Erbfolge (§ 1938) und damit vom **Anspruch aus Abs IV ausschließen** kann, kann er sich auch darauf beschränken, ihm diesen besonderen gesetzl Ausbildungsanspruch durch letztwillige Verfügung (nicht Ehevertrag) abzuerkennen (*Rittner* DNotZ 1957, 499; *Knur* DNotZ 1957, 477; *Gernhuber*/*Coester-Waltjen* § 36 Rn 50; MüKo/*Koch* Rn 85f; Staudinger/*Thiele* Rn 129f). Ein **Verzicht** auf den Anspruch aus Abs IV ist dagegen vor Eintritt des Erbfalls nicht möglich (MüKo/*Koch* Rn 87), wohl aber danach; § 1614 I findet keine entspr Anwendung. Mit dem Tode des Berechtigten erlischt der Anspruch (§ 1615 I analog; MüKo/*Koch* Rn 82; Staudinger/*Thiele* Rn 117).

29 **c) Schuldner.** Schuldner des Anspruchs ist der überlebende Ehegatte, der als gesetzl Erbe des Erblassers nach Abs I den erhöhten gesetzl Erbteil erhalten hat. Dem gleichzusetzen ist der Fall, dass der Erblasser durch Verfügung von Todes wegen seine gesetzl Erben und damit auch seinen mit ihm im gesetzl Güterstand lebenden Ehegatten ohne nähere Bestimmung bedacht hat (§ 2066; *Boehmer* FamRZ 1961, 47; *Johannsen* FamRZ 1961, 163; MüKo/*Koch* Rn 59 mwN). Hat der Erblasser dem überlebenden Ehegatten hingegen in anderer Weise ein Erbteil oder ein Vermächtnis zugewandt oder hat dieser nur Anspruch auf den (großen oder kleinen) Pflichtteil, so ist er kein Schuldner aus Abs IV (Grü/*Siede* Rn 8). Dasselbe gilt, wenn der überlebende Ehegatte durch Vertrag mit dem Erblasser auf sein gesetzl Erbrecht oder jedenfalls auf das zusätzl Viertel aus Abs I verzichtet hat (§ 2346), die Erbschaft nach Abs III ausschlägt oder nach § 2344 I für erbunwürdig erklärt wird. Nur wenn er von dem zusätzl Viertel profitiert, ist er auch aus Abs IV verpflichtet (Staudinger/*Thiele* Rn 95). Verstirbt der überlebende Stiefelternteil, bleiben seine Erben mit den Ansprüchen aus Abs IV belastet (MüKo/*Koch* Rn 82).

30 **d) Rechtsnatur des Anspruchs.** Der Anspruch nach Abs IV enthält hinsichtl der Ausbildungskosten unterhaltsrechtl, aufgrund seiner systematischen Stellung im Gesetz güterrechtl und wegen der Verknüpfung mit dem Tode eines Ehegatten erbrechtl Elemente. Keines dieser Elemente dominiert jedoch in einem Maße, dass es für die Natur des Anspruchs alleinbestimmend wäre; dem Anspruch wird daher verbreitet ein „Mischcharakter" zugesprochen (MüKo/*Koch* Rn 61f; Staudinger/*Thiele* Rn 121f; *Mayer* FPR 2004, 83f; aA Soergel/*Grziwotz* Rn 39: der erbrechtl Charakter überwiegt).

31 Die Belastung aus Abs IV hat den Charakter einer „Erbfallschuld", so dass sie als solche zu den **Nachlassverbindlichkeiten** des § 1967 II Alt 2 gehört (MüKo/*Koch* Rn 63; Staudinger/*Thiele* Rn 123; *Mayer* FPR 2004, 83, 87). Der überlebende Ehegatte hat die Mittel „aus dem nach Absatz 1 zusätzl gewährten Viertel zu gewähren". Er haftet jedoch **nicht gegenständlich beschränkt**, sondern mit allen Gegenständen seines gegenwärtigen und künftigen Vermögens, lediglich rechnerisch beschränkt auf den Wert, den sein zusätzl Viertel im Augenblick des Erbfalls hatte (§§ 2311ff analog); *Gernhuber*/*Coester-Waltjen* § 36 Rn 48; MüKo/*Koch* Rn 64ff; Staudinger/*Thiele* Rn 124ff; aA *Dölle* FamR I, 785 Fn 41. Daneben sind die allg Vorschriften über die Haftung des Erben für Nachlassschulden anwendbar (Staudinger/*Thiele* Rn 127; MüKo/*Koch* Rn 68; aA Erman/*Gamillscheg*[12] Rn 20). Der verpflichtete Ehegatte kann daher seine Haftung aus Abs IV auf den Nachlass beschränken (§ 1975). Vor der Teilung steht ihm die Einrede der beschränkten Haftung nach § 2059 I zu (MüKo/*Koch* Rn 63; Staudinger/*Thiele* Rn 128; Soergel/*Grziwotz* Rn 40).

32 **e) Inhalt des Anspruchs.** Der Inhalt des Anspruchs besteht in der Gewährung der Mittel für eine angemessene Ausbildung. Sie umfasst den Besuch von Schulen, Fach-, Fortbildungs- und Hochschulen sowie die Ausbildung für den erwählten Beruf, auf den der Stiefelternteil keinen Einfluss nehmen kann, da ihm kein Personensorgerecht zusteht. Dass auch die Kosten der Vorbildung zu einem Beruf unter Abs IV fallen, ergibt ein Vergleich mit § 1610 II. Str ist, ob die allg Unterhaltskosten, die in der Ausbildungszeit entstehen, ausgenommen sind, soweit sie nicht durch die Umstände und Erfordernisse der Ausbildung erhöht werden (so *Johannsen* FamRZ 1961, 164). Da der Gesetzgeber den Stiefabkömmlingen des überlebenden Ehegatten aber nach Möglichkeit ein ausreichendes Fortkommen sichern will, ist der Begriff „Mittel zu einer angemessenen Ausbildung" im Wesentlichen dem Begriff des Unterhalts in der Ausbildungszeit (§ 1610 II) gleichzusetzen. Zu den Ausbildungskosten sind daher sämtliche Unterhaltskosten zu rechnen, die mit der Ausbildung in Zusammenhang stehen (BeckOK/*Scheller*/*Sprink* Rn 44; MüKo/*Koch* Rn 78; *Rittner* DNotZ 1957, 492, 493; diff Staudinger/*Thiele* Rn 111f). Der Unterhalt ist analog § 1612 I 1, III in Form einer **Geldrente** zu gewähren. Naturalunterhalt kann weder verlangt noch muss er akzeptiert werden; § 1612 I 2, II 1 ist nicht entspr anwendbar (MüKo/*Koch* Rn 75; Staudinger/*Thiele* Rn 106ff; diff Soergel/*Grziwotz* Rn 52). Auch eine Kapitalabfindung kann nicht gefordert werden (MüKo/*Koch*

Rn 76; Staudinger/*Thiele* Rn 108; Soergel/*Grziwotz* Rn 52). **Unterhalt für die Vergangenheit** oder Schadensersatz wegen Nichterfüllung kann ein Abkömmling nur nach Maßgabe des analog anzuwendenden § 1613 geltend machen (MüKo/*Koch* Rn 80, Staudinger/*Thiele* Rn 117).

Nicht angemessen ist die Ausbildung, wenn sie für den Abkömmling nicht geeignet ist. Dabei sind seine Begabung, seine Neigung, seine Leistungsfähigkeit und die persönlichen Eigenschaften zu berücksichtigen (Staudinger/*Thiele* Rn 110). Auf die Umstände des Einzelfalls, zu denen auch die Höhe des Erbschaftsviertels gehört, ist bei der Bestimmung der Angemessenheit besonders einzugehen (vgl auch MüKo/*Koch* Rn 77; *Mayer* FPR 2004, 83, 86; *Johannsen* FamRZ 1961, 164). 33

Als Unterhalt genießt der Ausbildungsanspruch entspr den **Pfändungsschutz** des § 850b I Nr 2 ZPO (Soergel/*Grziwotz* Rn 59; aA Staudinger/*Thiele* Rn 120; *Gernhuber/Coester-Waltjen* § 36 Rn 52; MüKo/*Koch* Rn 83: nach § 850a Nr 6 ZPO unpfändbar). 34

f) Bedürftigkeit des Abkömmlings. Bedürftigkeit des Abkömmlings ist Voraussetzung des Anspruchs aus Abs IV. Eigenes Vermögen des Anspruchstellers, zu dem auch sein Anteil am Nachlass zählt, schließt seine Bedürftigkeit aus. Grds ist auch der **Stamm des Vermögens** einzusetzen; weder § 1577 III Alt 2 (Billigkeit) noch § 1602 II (Schutz des Vermögensstammes minderjähriger unverheirateter Kinder) finden im Rahmen des § 1371 IV entspr Anwendung (MüKo/*Koch* Rn 70; *Gernhuber/Coester-Waltjen* § 36 Rn 42; Staudinger/*Thiele* Rn 102 mwN; aA Grü/*Siede* Rn 9: § 1602 II). Nicht anzugreifen braucht der Abkömmling den Vermögensstamm allerdings, soweit dieser gebraucht wird, um den Unterhalt bis zu der Zeit sicherzustellen, in der er die Mittel für seinen Unterhalt selbst erwerben kann, und soweit er dazu nötig ist, eine angemessene selbständige Lebensstellung des Abkömmlings zu begründen (*Johannsen* FamRZ 1961, 164; zust Staudinger/*Thiele* Rn 102; MüKo/*Koch* Rn 70; *Mayer* FPR 2004, 83, 85). Ebenso wenig kann die Einsetzung des Vermögensstammes gefordert werden, wenn dessen Verwertung unwirtschaftlich wäre (vgl § 1577 III Alt 1), *Gernhuber/Coester-Waltjen* § 36 Rn 42; MüKo/*Koch* Rn 70; aA BeckOK/*Scheller/Sprink* Rn 40. Der Anspruch entfällt auch nicht dadurch, dass die Kosten der Ausbildung mit der Hilfe leistungsfähiger, unterhaltsverpflichteter Verwandter bestr werden könnten. Der Anspruch auf Ausbildungsunterhalt nach § 1371 IV ist rangstärker als **Unterhaltsansprüche gegen Dritte**, weil er nicht nur durch die Bedürftigkeit des Berechtigten, sondern auch durch die Kompensation des Verlusts an Erbschaftsteilen motiviert ist (i Erg ebenso *Rittner* DNotZ 1957, 494; *Boehmer* FamRZ 1961, 48; *Gernhuber/Coester-Waltjen* § 36 Rn 43; MüKo/*Koch* Rn 71; aA Staudinger/*Thiele* Rn 104: Vorrang der Unterhaltsansprüche gegen Dritte). Der überlebende Ehegatte kann den Stiefabkömmling aber darauf verweisen, er sei in der Lage, sich durch **eigene zumutbare Arbeit** die Ausbildungskosten selbst zu verdienen (aA *Boehmer* FamRZ 1961, 48). Allerdings ist der Anspruchsteller nicht verpflichtet, eine Arbeit anzunehmen, durch die der Abschluss seiner Ausbildung in angemessener Zeit gefährdet wird (MüKo/*Koch* Rn 70; Staudinger/*Thiele* Rn 103; *Mayer* FPR 2004, 83, 85). 35

g) Leistungsfähigkeit des Verpflichteten. Der Stiefelternteil ist auch dann zur Leistung verpflichtet, wenn er mit der Erfüllung des Anspruchs aus Abs IV seinen eigenen standesgemäßen Unterhalt gefährden würde. § 1603 I findet im Rahmen des § 1371 IV keine entspr Anwendung (*Gernhuber/Coester-Waltjen* § 36 Rn 44; MüKo/*Koch* Rn 72; Staudinger/*Thiele* Rn 113f). 36

h) Mehrere Anspruchsberechtigte. Das Gesetz lässt offen, wie zu verfahren ist, wenn **mehrere Anspruchsberechtigte** vorhanden sind, der Zusatzerbteil jedoch zur Erfüllung aller Ansprüche nicht ausreicht. Entscheidet man nach den Grundsätzen über die Konkurrenz einzelner Gläubiger, so kann es besonders dann zu schweren Unbilligkeiten kommen, wenn die jüngeren Stiefkinder ihre Ausbildung noch nicht begonnen haben. Die Ausbildung der älteren Geschwister ist sichergestellt, die der jüngeren dagegen gefährdet. Eine private Befriedigung durch den überlebenden Ehegatten nach insolvenzrechtl Grundsätzen ist nicht vorgesehen, obwohl sie in bestimmten Fällen dem dt Erbrecht nicht fremd ist, vgl § 1991 IV. Nach hM sollen die nach § 1371 IV einzusetzenden Mittel verhältnismäßig nach dem (zu erwartenden) Bedarf der Kinder verteilt werden. Den älteren Geschwistern, die bereits in der Ausbildung stehen, wäre danach nur ein Teil der Ausbildungskosten zu gewähren, während der Rest für die Ausbildung der jüngeren Abkömmlinge zurückzuhalten ist (MüKo/*Koch* Rn 73f; Staudinger/*Thiele* Rn 115; BeckOK/*Scheller/Sprink* Rn 45). Eine andere Meinung rät dazu, die Kosten für die schon in der Ausbildung befindlichen Geschwister zunächst in vollem Umfange zu bestreiten. Der Anspruch mindere sich erst, wenn auch für die jüngeren Anspruchsberechtigten Ausbildungsaufwendungen zu machen seien, die durch das zusätzl Viertel nicht voll gedeckt werden (*Rittner* DNotZ 1957, 496). Eine dritte Auffassung will schließlich die Verteilung nach dem Verhältnis der Anteile vornehmen, die den Abkömmlingen nach der gesetzl Erbquote (§§ 1924, 1931) an dem zusätzl Viertel zugefallen wären, wenn es nicht zu der Erhöhung nach § 1371 I gekommen wäre (Grü/*Siede* Rn 10; *Schausten* FPR 2008, 349, 351f; grds auch Soergel/*Grziwotz* Rn 54). Dagegen spricht allerdings, dass eine Begrenzung des Ausbildungsanspruchs unter Rückgriff auf die gesetzl Erbquote im Gesetz keine Grundlage findet. Die Mittel zu einer angemessenen Ausbildung sind vielmehr ohne weitere Einschränkungen „aus dem nach Absatz 1 zusätzl gewährten Viertel" zu gewähren; dabei ist ohne Relevanz, ob der Einzelne über Abs IV ggf mehr erhält, als er durch die Erbteilserhöhung nach Abs I verloren hat. Eine Mittelzuweisung nach Maßgabe der Erbquote würde iÜ auch nicht weiterführen, wenn nur ein Teil der Abkömmlinge aus Abs IV anspruchsberechtigt ist, die Ansprüche aber durch die jew Verlustquote nicht befriedigt werden können; der Anteil der nicht bedürftigen Abkömmlinge muss dann letztlich doch nach anderen Verteilungskriterien zugewiesen werden (MüKo/*Koch* Rn 74; Staudinger/*Thiele* Rn 115; vgl auch Soergel/*Grziwotz* Rn 54, der in diesem Fall ebenfalls auf den Verteilungsschlüssel der hM zurückgreifen will). Aber auch jene Ansicht, der zufolge zunächst die fäl- 37 ligen Ansprüche zu befriedigen sind, überzeugt nicht. Sie ist zu sehr vom Konkurrenzverhältnis mehrerer Gläubiger bei gegenständlich beschränkter Haftung bestimmt und benachteiligt die jüngeren Abkömmlinge (*Gernhuber/Coester-Waltjen* § 36 Rn 49 Fn 49). Die erste Auffassung verdient daher trotz der auch ihr nicht abzusprechenden Schwächen den Vorzug.

38 **i) Verjährung.** Nach Aufhebung des § 197 I Nr 2 aF durch das zum 1.1.2010 in Kraft getretene ErbVerjÄndG unterliegt der Ausbildungsanspruch der **Regelverjährung** nach §§ 195, 199 I/IIIa; zum **Übergangsrecht** s Art 229 § 23 EGBGB.

§ 1372 Zugewinnausgleich in anderen Fällen

Wird der Güterstand auf andere Weise als durch den Tod eines Ehegatten beendet, so wird der Zugewinn nach den Vorschriften der §§ 1373 bis 1390 ausgeglichen.

Schrifttum: *Bayer/Selentin*, Stillschweigende Ehegatten-Innengesellschaft im gesetzlichen Güterstand der Zugewinngemeinschaft?, FS Koch 2019, 307; *Hahne*, Bedarf der Zugewinn der Zuwendung?, FF 2012, 268; *Herr*, Nebengüterrecht, 2013; *Wever*, Vermögensauseinandersetzung der Ehegatten außerhalb des Güterrechts, 7. Aufl 2018; *Wever*, Die ehebezogene Zuwendung in der Vermögensauseinandersetzung, FamRZ 2021, 329; *Wönne*, Abgrenzung von Zugewinnausgleich zu Hausratsverordnung und Versorgungsausgleich unter Berücksichtigung der Strukturreform, FPR 2009, 293.

1 **1. Überblick über das System des Zugewinnausgleichs.** Wird der Güterstand der Zugewinngemeinschaft auf andere Weise als durch den Tod eines Ehegatten beendet, erfolgt der Ausgleich des während der Ehe erzielten Zugewinns nach Maßgabe der §§ 1373–1390. Zugewinn ist der Betrag, um den das Endvermögen eines Ehegatten sein Anfangsvermögen übersteigt (§ 1373). Die Berechnung des Anfangs- und des Endvermögens bestimmt sich nach den Vorgaben der §§ 1374–1377. Der Ehegatte, der den geringeren Zugewinn erzielt hat, kann von dem anderen die Hälfte des Betrages verlangen, um den sein Zugewinn den des anderen unterschreitet (§ 1378 I). Auf diese Forderung sind gewisse Vorempfänge anzurechnen, dh Zuwendungen, die der andere Ehegatte mit der Bestimmung gemacht hat, dass sie auf die Ausgleichsforderung angerechnet werden sollen, § 1380.

2 Die Ausgleichsforderung, die sich nach den Vorgaben der §§ 1373ff errechnet, ist eine reine **Geldforderung** (vgl § 1378 Rn 3). Sie ist durch die Verfügungsbeschränkungen der §§ 1365, 1369, durch die Anrechnungsvorschrift des § 1375 II und durch die Möglichkeit, vorzeitigen Ausgleich des Zugewinns zu verlangen (§ 1385), in gewissem Umfange schon als künftige Forderung geschützt.

3 **2. Güterstandsbeendigung auf andere Weise als durch Tod.** Fälle, in denen der Güterstand auf andere Weise als durch den Tod eines Ehegatten beendet wird, sind zunächst die **Scheidung** (§§ 1564–1568) und die **Aufhebung der Ehe** (§§ 1313–1318); wird die Ehe aufgehoben, findet ein Zugewinnausgleich allerdings nur statt, soweit dies nicht im Hinblick auf die Umstände bei der Eheschließung oder (bei einem Verstoß gegen § 1306) im Hinblick auf die Belange der dritten Person grob unbillig wäre (§ 1318 III). Der Güterstand kann ferner nach §§ 1385–1388 **vorzeitig aufgehoben** oder durch **Ehevertrag** (§ 1408) beendet werden (vgl § 1363 Rn 2, 8). Wird der Güterstand durch Ehevertrag beendet, ist allerdings zu prüfen, ob der Wille der Ehegatten bei Abschluss des Ehevertrags nicht ggf darauf gerichtet war, den Ausgleich des Zugewinns auch für die Vergangenheit auszuschließen. Eine solche Annahme liegt häufig nahe, wenn die Ehegatten in dem Ehevertrag außer der Aufhebung des Güterstands keine andere Bestimmung getroffen haben. Da das Gesetz jedoch eine entspr Regel nicht aufstellt, muss die Frage im jew Einzelfall durch Auslegung (§§ 133, 157) beantwortet werden (vgl MüKo/*Koch* Rn 7; Staudinger/*Thiele* Rn 4: im Zweifel kein Ausschluss).

4 Rechnerisch auszugleichen ist der Zugewinn auch dann, wenn die Ehe gem § 1319 II 1 durch **Wiederverheiratung** eines Ehegatten **nach Todeserklärung** des anderen aufgelöst wird, der andere Ehegatte im Zeitpunkt der Wiederverheiratung aber noch lebte. Die Todeserklärung selbst löst weder die Ehe auf noch führt sie zu der Beendigung des Güterstands; sie begründet gem §§ 9, 44 VerschG nur die Vermutung, dass der Tod eingetreten ist. Bis zum Beweis der Unrichtigkeit kann der andere Ehegatte daher Ausgleich des Zugewinns auf der Grundlage des § 1371 verlangen. Stellt sich später heraus, dass der für tot erklärte Ehegatte noch lebt, ist ein bereits durchgeführter Zugewinnausgleich rückgängig zu machen (Staudinger/*Thiele* Rn 2). Hat der zurückgebliebene Ehegatte zwischenzeitl erneut geheiratet und war bei der Eheschließung nicht beiden Ehegatten bekannt, dass der für tot erklärte Ehegatte im Zeitpunkt der Todeserklärung noch lebte, bleibt die nach § 1319 II 1 aufgelöste frühere Ehe allerdings auch dann aufgelöst, wenn die Todeserklärung später aufgehoben wird (§ 1319 II 2). Der Zugewinn ist in diesem Fall (ggf nach vorheriger Rückabwicklung des zuvor nach § 1371 durchgeführten Ausgleichs) auf der Basis der Vermögensverhältnisse bei Beendigung des Güterstands (§ 1375 I 1), dh im Zeitpunkt der Wiederverheiratung (erneut) auszugleichen (Staudinger/*Thiele* Rn 3).

5 **3. Güterstandsbeendigung durch Tod eines Ehegatten.** Zu beachten ist, dass es im Fall der Beendigung des Güterstands durch den Tod eines Ehegatten aufgrund der **Verweisung in § 1371 II** ebenfalls zu einem Zugewinnausgleich nach den §§ 1373ff kommen kann, wenn der überlebende Ehegatte weder Erbe noch Vermächtnisnehmer wird (vgl § 1371 Rn 12ff).

6 **4. Gleichzeitiges Versterben der Ehegatten.** Sind die **Ehegatten gleichzeitig verstorben** (vgl § 11 VerschG), findet ein Zugewinnausgleich dagegen weder nach § 1371 noch nach § 1372 statt (BGHZ 72, 85, 86ff; MüKo/*Koch* Rn 8; Staudinger/*Thiele* § 1371 Rn 58; Soergel/*Grziwotz* § 1371 Rn 6; aA *Gernhuber/Coester-Waltjen* § 36 Rn 26; *Leipold* NJW 2011, 1179, 1182). Ein erbrechtl Ausgleich nach § 1371 I muss schon deshalb ausscheiden,

weil bei gleichzeitigem Tod beider Ehegatten keiner Erbe des anderen geworden ist (vgl § 1923 I). Aber auch ein güterrechtl Ausgleich nach § 1372 iVm §§ 1373ff kommt nicht in Betracht (so aber *Gernhuber/Coester-Waltjen* § 36 Rn 26; BeckOGK/*Kuhn* § 1371 Rn 36.1 [Stand: 1.2.2023]). Zwar wird der Güterstand, wie in § 1372 vorausgesetzt, in anderer Weise als durch den Tod *eines* Ehegatten beendet (nämlich durch den Tod beider Ehegatten), die sprachliche Weite des Normtextes kann an dieser Stelle jedoch nicht den Ausschlag geben. Ein Ausgleich des Zugewinns allein unter den Erben der Ehegatten steht vielmehr in Widerspruch zu § 1378 III 1. Danach entsteht die schuldrechtl Ausgleichsforderung erst mit der Beendigung des Güterstands und ist erst von diesem Zeitpunkt an vererblich. So wenig wie die Ehegatten Erbe des jew anderen geworden sind, kann bei gleichzeitigem Versterben aber von der Entstehung der Ausgleichsforderung noch in der Person desjenigen Ehegatten ausgegangen werden, der den geringeren Zugewinn erzielt hat. Im Fall des Vorversterbens eines Ehegatten folgt dies unmittelbar aus § 1371 I und II, wonach den Erben des vorverstorbenen Ehegatten selbst dann kein Ausgleichsanspruch zusteht, wenn dieser den geringeren Zugewinn erzielt haben sollte (BGH NJW 1995, 1832f). Doch auch bei gleichzeitigem Versterben muss ein Ausgleich unter den Erben der Ehegatten an dem Fehlen eines vererblichen Rechts scheitern (BGHZ 72, 85, 90ff mwN).

5. Regelung des Zugewinnausgleichs durch Vereinbarung der Ehegatten. a) Vereinbarungen vor Beendigung des Güterstands. Gem § 1408 I können die Ehegatten ihre güterrechtl Verhältnisse durch Vertrag regeln. Sie sind insb frei, den gesetzl Güterstand auszuschließen oder aufzuheben und stattdessen Gütergemeinschaft, Gütertrennung oder die Wahl-Zugewinngemeinschaft (s Einl § 1363 Rn 6) zu vereinbaren (vgl § 1408 I, § 1414). Möglich sind aber auch Änderungen in Bezug auf die Berechnung des Zugewinns, zB durch Festlegung einer von der gesetzl abw Quote, einer anderen Art der Teilung (BGHZ 86, 143, 151), durch die Herausnahme von Vermögensgegenständen aus dem Zugewinnausgleich (BGH NJW 2013, 2753; FamRZ 1997, 800; Karlsruhe NJW 2009, 2750, 2752), Bewertungsabsprachen (Bremen NJW-RR 2014, 1097: Bewertung einer Gesellschaftsbeteiligung mit dem Buchwert) oder die Beschränkung der Ausgleichsforderung auf einen Höchstbetrag (s nur Grü/*Siede* § 1408 Rn 24). Werden derartige Vereinbarungen **vor der Beendigung des Güterstands** getroffen, müssen sie grds durch Ehevertrag und damit unter Beachtung der Form des § 1410 erfolgen. Für Vereinbarungen über den Zugewinnausgleich, die während eines Verfahrens auf Auflösung der Ehe getroffen werden, gilt gem § 1378 III 2 eine Sonderregelung; sie bedürfen der notariellen Beurkundung (gleichzeitige Anwesenheit ist anders als nach § 1410 nicht gefordert) oder der sie ersetzenden Aufnahme in das gerichtliche Protokoll (§ 127a). 7

Die Grenze ehevertragl Disposition ziehen die Sittenwidrigkeit (§ 138) und der Grundsatz von Treu und Glauben (§ 242). Zu beachten ist dabei, dass der BGH Eheverträge einer zweistufigen Inhaltskontrolle unterzieht: Zunächst soll iR einer **Wirksamkeitskontrolle** zu prüfen sein, ob die Vereinbarung ggf bereits im Zeitpunkt ihres Zustandekommens einen Ehegatten so evident benachteiligt, dass sie als sittenwidrig und damit als nichtig (§ 138 I) anzusehen ist. Hält der Vertrag der Wirksamkeitskontrolle stand, ist im Rahmen der sich anschließenden **Ausübungskontrolle** zu prüfen, ob und inwieweit ein Ehegatte rechtsmissbräuchlich handelt, wenn er sich bei Beendigung des Güterstands auf die vertragl Regelung beruft (grundlegend BGHZ 158, 81; zuletzt BGH NJW 2018, 2871, 2872; s auch BGH NJW 2021, 1752, 1754; zu Einzelheiten s § 1408 Rn 5). Der Zugewinnausgleich zählt nach st Rspr jedoch nicht zum Kernbereich der Scheidungsfolgen; er soll ehevertragl Dispositionen daher in wesentlich weiterem Umfang zugänglich sein als der Versorgungsausgleich und der nacheheliche Unterhalt. Ein Ausschluss des Zugewinnausgleichs gilt vor diesem Hintergrund grds nicht als sittenwidrig (BGH NJW 2018, 1015, 1016; 2014, 1101, 1104; 2013, 457, 458f; 2008, 3426, 3428; 2008, 1076, 1078; 2007, 2851, 2853 mwN; krit *Dauner-Lieb* AcP 210, 580, 602ff; vgl auch Karlsruhe NZFam 2015, 126, 127: Eingriff in den Kernbereich bei Funktionsäquivalenz von Zugewinn- und Versorgungsausgleich). Der BGH nimmt davon auch Unternehmerehen nicht aus, in denen der unternehmerisch tätige Ehegatte seine Altersversorgung im Wesentlichen auf eine private Vermögensbildung stützt: Selbst wenn sich schon im Zeitpunkt des Vertragsschlusses abzeichnet, dass der andere Ehegatte seine Erwerbstätigkeit aufgeben oder reduzieren wird und ihm dadurch eine Versorgungslücke droht, soll der Ausschluss des Zugewinnausgleichs als solcher nicht sittenwidrig sein (BGH NJW 2017, 1883, 1885 mwN). Ist freilich ein Ehevertrag, dessen Einzelregelungen der Wirksamkeitskontrolle für sich genommen standhalten, inhaltlich für eine Partei ausnahmslos nachteilig, kann der Vertrag aufgrund einer Gesamtwürdigung dennoch dem Sittenwidrigkeitsverdikt unterfallen (BGH NJW 2020, 3243, 3246; 2019, 2020, 2023 mwN). Entspr kann die Nichtigkeit einzelner Klauseln ggf die Gesamtnichtigkeit des Vertrags herbeiführen (§ 139) und damit auch eine – grds zulässige – Vereinbarung über den Zugewinn hinfällig werden lassen (vgl BGH NJW 2018, 1015, 1016; 2013, 457, 459; 2008, 3426, 3428f; 2006, 2331ff). Zur Bedeutung salvatorischer Klauseln in Eheverträgen s BGH NJW 2018, 1015, 1018; 2013, 457, 460. 8

Noch nicht vollständig geklärt ist, inwieweit die Rspr zur Inhaltskontrolle von Eheverträgen auf **Scheidungsvereinbarungen** zu übertragen ist, dh auf Absprachen, die im Hinblick auf eine unmittelbar bevorstehende Eheauflösung getroffen werden. Der BGH unterzieht derartige Vereinbarungen jedenfalls einer Wirksamkeitskontrolle nach Maßgabe der für Eheverträge entwickelten Kriterien (BGH NJW 2020, 3243, 3245; krit *Braeuer* FPR 2007, 257f; *Heiß/Born/Struck* Unterhaltsrecht, 15. Kap Rn 45 mwN). Zu der Frage, ob auch die Grundsätze der Ausübungskontrolle zu übertragen sein sollen, hat sich der XII. ZS noch nicht abschließend geäußert, jedoch festgestellt, dass es bei einem Vertragsschluss in der Trennungsphase regelmäßig an den Voraussetzungen einer Ausübungskontrolle fehlen wird (BGH NJW 2020, 3243, 3247). 9

b) Vereinbarungen nach Beendigung des Güterstands. Ist der Güterstand beendet und damit die Ausgleichsforderung entstanden (§ 1378 III 1), können die Ehegatten sowohl den Inhalt des Ausgleichsanspruchs 10 ändern (§ 311 I) als auch einen teilw oder vollständigen Erlass der Forderung vereinbaren (§ 397), ohne an die Form des § 1410 oder des § 1378 III 2 gebunden zu sein; den vorgenannten Vorschriften kommt nur für die Zeit Bedeutung zu, in der die Ehegatten vor Beendigung des Güterstands über die künftige, in ihrem Umfang noch ungewisse Forderung disponieren wollen (MüKo/*Koch* Rn 12; Düsseldorf FamRZ 1989, 181ff).

11 **6. Andere Ausgleichsregelungen. a) Sonderregelungen. aa)** Die Vorschriften über den Ausgleich des Zugewinns finden nach § 2 IV VersAusglG keine Anwendung, sofern Anrechte in Rede stehen, die gem § 2 I–III VersAusglG dem **Versorgungsausgleich** unterliegen. Die Vorschriften über den Versorgungsausgleich sind Sonderregelungen, die den güterrechtl Vorschriften vorgehen (vgl *Wönne* FPR 2009, 293, 295ff). Für Einzelheiten s die Kommentierung zu § 2 VersAusglG.

12 **bb)** Noch nicht abschließend geklärt ist das Verhältnis der Vorschriften über den Zugewinnausgleich zu der durch das Gesetz zur Änderung des Zugewinnausgleichs- und Vormundschaftsrechts (BGBl I 2009, 1696) zum 1.9.2009 eingefügten Regelung über die **Verteilung von Haushaltsgegenständen** (§ 1568b). Zum alten Recht wurde verbreitet die Auffassung vertreten, dass Hausrat, der nach den Vorschriften der (zum 1.9.2009 aufgehobenen) HausratsVO verteilt werden konnte, nicht dem Zugewinnausgleich unterlag (hM, s nur BGHZ 89, 137, 142ff; BGHZ 113, 325, 333). Nach der Reform stellt sich die Frage der Konkurrenz weiterhin, allerdings nur noch hinsichtl solcher Gegenstände, die den Ehegatten gemeinsam gehören. Hausrat, der im **Alleineigentum** eines Ehegatten steht, wird von § 1568b nicht mehr erfasst (anders der frühere § 9 HausratsVO); ein Ausgleich kann insofern nur noch nach den Vorgaben des ehelichen Güterrechts erfolgen (BGH FamRZ 2011, 183, 188; NJW 2011, 2289, 2290 mwN; Grü/*Siede* § 1376 Rn 75 und Grü/*Götz* § 1568b Rn 2; Staudinger/*Weinreich* § 1568b Rn 53). Doch auch in Bezug auf Gegenstände, die im **gemeinsamen Eigentum** der Ehegatten stehen, wird unter neuem Recht zT der Vorrang des § 1568b in Frage gestellt. Da die Zuteilung des Hausrats, anders als nach § 8 HausratsVO aF, nicht mehr nach billigem Ermessen durch richterlichen Zuweisungsakt erfolge und der Ehegatte, der sein Miteigentum auf den anderen Ehegatten übertrage, Zahlung eines angemessenen Ausgleichs verlangen könne (§ 1568b III), sollen keine Bedenken bestehen, die wechselseitigen Ansprüche in die Ausgleichsbilanz einzustellen (MüKo/*Koch* § 1375 Rn 13; vgl auch *Gernhuber/Coester-Waltjen* § 33 Rn 9). Gegen diese Ansicht spricht allerdings, dass es sich ausweislich der Begründung des RegE um eine „abschließende Verteilung der Haushaltsgegenstände im Wege einer dafür vorgesehenen Sonderregelung" handeln soll (BT-Drs 16/10798, 24). Zudem wird auch nach § 1568b III nur eine „angemessene" Ausgleichszahlung geschuldet, die nicht zwingend dem vollen Wert des Gegenstands entsprechen muss (vgl BT-Drs 16/10798, 24; MüKo/*Wellenhofer* § 1568b Rn 24f; Grü/*Götz* § 1568b Rn 11). Gerade in diesem Fall darf das nach § 1568b erzielte Ergebnis jedoch nicht durch die Vorschriften über den Zugewinnausgleich überspielt werden (so schon überzeugend zum früheren Recht BGHZ 89, 137, 143f). Ausweislich der Regierungsbegründung soll der Vorrang des § 1568b zwar nur insofern gelten, als von der Regelung tatsächlich Gebrauch gemacht wird; ansonsten komme auf die eventuelle Verrechnung des gemeinsamen Eigentums der Ehegatten das Ehegüterrecht zur Anwendung (BT-Drs 16/10798, 24; dem folgend *Erbarth* FPR 2010, 548, 553). Da § 1568b jedoch im Kern die Regelung des früheren § 8 HausratsVO übernommen hat, erscheint es überzeugender, entspr der hM zum alten Recht (vgl BGHZ 89, 137, 142ff) von einer abschließenden Sonderregelung auszugehen (Hamm FamRZ 2020, 325, 328; Grü/*Siede* § 1376 Rn 74; *Brudermüller* NJW 2010, 401, 405). Haushaltsgegenstände, die tatbestandlich dem § 1568b unterfallen, sind daher vom Zugewinnausgleich auszunehmen, auch wenn für die Überlassung kein Ausgleich gezahlt wurde (*Götz/Brudermüller* NJW 2008, 3025, 3031; Johannsen/Henrich/Althammer/*Kohlenberg* § 1376 Rn 42; Johannsen/Henrich/Althammer/*Dürbeck* § 1568b Rn 20; *Münch* MittBayNot 2009, 261, 265f; *Wönne* FPR 2009, 293f; aA BeckOGK/*Erbarth* § 1568b Rn 75 [Stand: 15.11.2022]; MüKo/*Wellenhofer* § 1568b Rn 40).

13 **b) Vermögensausgleich neben dem Ehegüterrecht.** Umstr ist seit jeher das Verhältnis des Zugewinnausgleichs zu sonstigen, insb schuldrechtl Ausgleichs- und Rückgewähransprüchen. Grds sollen die §§ 1372ff als lex specialis den Rückgriff auf die allg schuldrechtl Regelungen ausschließen (BGHZ 119, 392, 396f; BGH NJW 1991, 2553f). I Erg erfährt dieser Grundsatz jedoch eine Vielzahl von Ausnahmen (s zur Diskussion statt vieler *Dauner-Lieb* FuR 2009, 361ff).

14 **aa) Schenkungswiderruf.** Ist eine Zuwendung unter den Ehegatten als Schenkung iSd § 516 I anzusehen, die unter Ehegatten nicht anders als unter Dritten möglich ist (BGHZ 82, 227; 87, 145f; s auch § 516 Rn 13), kommt im Fall der Scheidung (aber auch schon zuvor) ein Widerruf und damit die Herausgabe des Geschenks nach den § 530, § 531 II, § 812 I 1, § 818 in Betracht. Die Regeln über den Schenkungswiderruf werden durch die Vorschriften über den Zugewinnausgleich nicht verdrängt. Anders als die §§ 1372ff knüpfen sie nicht an die Ehe und ihr Scheitern an, sondern setzen eine Verfehlung des Beschenkten ggü dem Schenker voraus (BGHZ 87, 145, 147f). Soweit einem Ehegatten aufgrund eines Schenkungswiderrufs Ansprüche gegen den anderen zustehen, sind diese daher – wie sonstige Ansprüche der Ehegatten untereinander auch (§ 1375 Rn 12) – als Aktiv- bzw Passivposten im Endvermögen zu bilanzieren (s auch *Hahne* FF 2012, 268, 270).

15 In der Rspr werden Zuwendungen unter Ehegatten allerdings nur selten als Schenkungen eingeordnet (vgl hierzu auch § 516 Rn 9f). Von vornherein ausgeschlossen ist ein Ausgleich nach den §§ 530ff in den Fällen, in denen ein Ehegatte das Vermögen des anderen durch die Erbringung von **Arbeitsleistungen** gemehrt hat. Das Zur-Verfügung-Stellen von Arbeitskraft stellt keine Zuwendung iSd § 516 I dar, so dass es schon aus diesem Grund an den Voraussetzungen einer Schenkung fehlt (BGH NJW 1994, 2545; s auch § 516 Rn 4, 25). Aber auch sonst werden Zuwendungen unter Ehegatten zumeist nicht als Schenkungen iSd § 516 I aufgefasst. Vielmehr soll es sich im Regelfall um sog **unbenannte** (ehebedingte/ehebezogene) **Zuwendungen** handeln (grundlegend *Lieb*, Die Ehe-

gattenmitarbeit, 1970). Diese sind nach st Rspr dadurch gekennzeichnet, dass „ein Ehegatte dem anderen einen Vermögenswert um der Ehe willen und als Beitrag zur Verwirklichung und Ausgestaltung, Erhaltung oder Sicherung der ehelichen Lebensgemeinschaft zukommen lässt, wobei er die Vorstellung oder Erwartung hegt, dass die eheliche Lebensgemeinschaft Bestand haben und er innerhalb dieser Gemeinschaft am Vermögenswert und dessen Früchten weiter teilhaben werde" (BGHZ 142, 137, 148 mwN; zur Kritik an der Figur der unbenannten Zuwendung s § 516 Rn 12ff; ferner *Gernhuber/Coester-Waltjen* § 19 Rn 63ff). Gestützt wird die unbenannte Zuwendung auf den (stillschw) Abschluss eines familienrechtl Vertrags sui generis (zur Formbedürftigkeit des nicht vollzogenen Versprechens einer unbenannten Zuwendung BGH NJW 2020, 2024, 2028f m krit Anm *Budzikiewicz* IPRax 2022, 40, 47). Ein eventueller Ausgleich nach Scheitern der Ehe erfolgt dann nicht nach § 530, § 531 II, §§ 812ff, sondern unter den Voraussetzungen des § 313 (s noch Rn 19). Nur wenn die Zuwendung tatsächlich Ausdruck echter Freigiebigkeit ist und nicht an die Erwartung des Fortbestehens der Ehe geknüpft, sondern zur freien Verfügung des Empfängers geleistet wird, soll eine Schenkung iSd § 516 I vorliegen (BGHZ 177, 193, 198).

An der Abgrenzung zw Schenkung und unbenannter Zuwendung unter Ehegatten hat der BGH auch in seiner Entscheidung v 3.2.2010 festgehalten, in der er unentgeltliche **Zuwendungen der Schwiegereltern** an das Schwiegerkind – entgegen seiner früheren Rspr – nicht mehr als unbenannte Zuwendungen, sondern als Schenkungen iSd § 516 I qualifiziert hat, auch wenn sie um der Ehe des eigenen Kindes willen erfolgt sind (BGH NJW 2010, 2202f; ebenso NJW 2010, 2884; 2012, 523, 524; 2015, 1014; 2016, 629, 630; 2019, 3511; s dazu auch *Hahne* FF 2010, 271; FF 2012, 268, 269f; krit *Wever* FamRZ 2010, 1047, 1049f); vgl zu den Schwiegerelternzuwendungen auch § 1374 Rn 28; § 313 Rn 56; § 516 Rn 28; § 812 Rn 56. Zur Rückforderung von Zuwendungen des Schwiegerkindes an die Schwiegereltern s *Budzikiewicz* FS Koch, 343. 16

Ist ausnahmsw von einer Schenkung zw den Ehegatten auszugehen, so gelten für die **Rückforderung nach §§ 530, 531** die gleichen Grundsätze wie bei einer Zuwendung an Dritte (NK/*Heiß/Löhnig* Rn 33; *Hoppenz* FPR 2012, 84, 85; s auch § 530 Rn 3). Dies betrifft insb die Frage, wann sich der beschenkte Ehegatte durch eine schwere Verfehlung gegen den Schenker des groben Undanks schuldig gemacht hat (s im Einz dazu § 530 Rn 4ff). Von einer schweren Verfehlung ist insb nicht schon aufgrund einer späteren **Trennung** der Ehegatten auszugehen, es sei denn, der andere Ehegatte hatte nur zum Schein die eheliche Lebensgemeinschaft fortgesetzt, um sich die Schenkung zu „erschleichen" (Hamm NJWE-FER 2001, 1, 3). Auch **eheliche Untreue** berechtigt nicht generell zum Schenkungswiderruf. Eine Verfehlung iSd § 530 I liegt jedenfalls dann nicht vor, wenn sich der Fehltritt bereits vor der Schenkung ereignet hatte (München FamRZ 2009, 1831, 1833). Doch auch bei einer der Schenkung nachfolgenden Untreue ist ein Widerruf ausgeschlossen, wenn das eheliche Einvernehmen schon vor der Schenkung endgültig zerstört war (BGH FamRZ 1985, 351f). 17

Liegen die Voraussetzungen des § 530 nicht vor, kann eine Rückforderung der Zuwendung auch aufgrund **Störung der Geschäftsgrundlage** (§ 313) in Betracht kommen (vgl § 530 Rn 1); s dazu BGH NJW 2012, 2728: Rückforderung einer während der Trennung erfolgten schenkweisen Zuwendung unter Ehegatten wegen **Verschweigens von Zweifeln an der leiblichen Abstammung** des Kindes vom Ehemann (Störung der Geschäftsgrundlage, § 313; Täuschungsanfechtung, § 123); zust *Rauscher* FamFR 2012, 401; krit (zur Täuschungsanfechtung) *Wever* FamRZ 2012, 1601. 18

bb) Unbenannte Zuwendung und Kooperationsvertrag. Liegen die Voraussetzungen einer unbenannten Zuwendung vor (zum Begriff s Rn 15), ist bei Scheitern der Ehe eine Anpassung des zugrundeliegenden familienrechtl Vertrags wegen Störung der Geschäftsgrundlage (§ 313) in Betracht zu ziehen. Haben die Ehegatten im gesetzl Güterstand gelebt, werden Ausgleichsansprüche nach § 313 allerdings nur im Ausnahmefall zuerkannt (vgl auch *Hahne* FF 2012, 268, 271f; *Wellenhofer* NZFam 2014, 314): Da der Gesetzgeber mit den §§ 1372ff ein System zum Ausgleich sämtlicher Zuwendungen getroffen habe, bedürfe es idR keines Rückgriffs auf allg schuldrechtl Vorschriften; insb Ansprüche aus § 313 würden grds verdrängt. Nur zur Korrektur schlechthin unangemessener und untragbarer Ergebnisse soll ein Rückgriff auf das Institut der Störung der Geschäftsgrundlage zulässig sein (BGHZ 65, 320, 324f; 82, 227, 233; 115, 132, 135f; vgl auch Bremen NJW 2017, 1120, 1121). Dies wurde etwa dann angenommen, wenn die Zuwendung lediglich zur Erhaltung des Anfangsvermögens geführt und damit keinen Anspruch auf Zugewinn begründet hatte (zB im Fall des Ausgleichs nach Güterstandsbeginn erlittener Verluste, vgl § 1376 Rn 2), obwohl sie wertmäßig im Endvermögen noch vorhanden war, und wenn auf der anderen Seite der Zuwendende mit den ihm verbliebenen Mitteln seinen angemessenen Unterhalt nicht bestreiten konnte (BGHZ 115, 132, 139f). Ebenfalls bejaht wurde ein Ausgleich nach den Regeln über die Störung der Geschäftsgrundlage im Fall der Übertragung eines Wertpapierdepots anlässlich einer Altersehe, die primär vom Versorgungsgedanken geprägt war, allerdings schon nach wenigen Monaten scheiterte (BGH FamRZ 1994, 503). Besteht ein Anspruch aus § 313, kann dieser ausnahmsw – etwa bei einem allein von einem Ehegatten finanzierten Grundstückserwerb – auch auf Übertragung einer Sache zu Alleineigentum gerichtet sein, wobei idR eine Ausgleichszahlung geschuldet ist (BGHZ 68, 299, 303f; 82, 227, 236f; vgl auch BGH NJW-RR 2006, 664, 665). Eingehend zum Ganzen § 313 Rn 55. 19

Die vorstehenden Grundsätze gelten auch dann, wenn ein Ehegatte das Vermögen des anderen durch **Arbeitsleistungen** gemehrt hat. Allerdings greift der BGH in diesem Fall nicht unmittelbar auf die Figur der unbenannten Zuwendung zurück (BGHZ 84, 361, 364f; 127, 48, 51; vgl dazu auch *Dauner-Lieb* FuR 2009, 361, 365). Vielmehr soll bei Arbeitsleistungen von einer gewissen Dauer und Regelmäßigkeit, die über bloße Gefälligkeiten und das im Rahmen der Unterhaltspflicht oder der gegenseitigen Beistands- und Unterstützungspflicht Geschuldete 20 hinausgehen und der Verwirklichung der ehelichen Lebensgemeinschaft dienen, ein weiterer familienrechtl Vertrag besonderer Art vorliegen, nämlich ein sog **Kooperationsvertrag** (s BGHZ 84, 361, 367; 127, 48, 51ff; BGH NJW 1974, 2045). Leben die Ehegatten im gesetzl Güterstand, so soll nach Scheitern der Ehe ein Ausgleich auf der Grundlage der Störung der Geschäftsgrundlage (§ 313) aber auch bei derartigen Kooperationsvereinbarungen nur im Ausnahmefall in Betracht kommen (MüKo/*Roth* § 1356 Rn 27); s dazu auch § 1356 Rn 31f.

21 **cc) Ehegatteninnengesellschaft.** Nach st Rspr können neben den Anspruch auf Zugewinnausgleich im Einzelfall auch Ansprüche aus der Auseinandersetzung einer Ehegatteninnengesellschaft treten (BGHZ 142, 137, 143ff; 155, 249, 255; BGH NJW 2006, 1268f; zur generellen Kritik an der Figur der Ehegatteninnengesellschaft s *Herr*, Kritik der konkludenten Ehegatteninnengesellschaft, 2008; *Gernhuber/Coester-Waltjen* § 20 Rn 27f; auch *Dauner-Lieb* FuR 2009, 361, 368ff). Der gesellschaftsrechtl Ausgleichsanspruch wird durch den Anspruch auf Zugewinnausgleich nicht berührt; anders als bei Ansprüchen wegen Störung der Geschäftsgrundlage eines familienrechtl Vertrags (vgl Rn 19f) zählt die Rspr bei Ansprüchen nach §§ 738ff (ab 1.1.2024: §§ 740b, 736d V, VI) die Unzumutbarkeit der güterrechtl Vermögenszuordnung nicht zu den anspruchsbegründenden Voraussetzungen. Der Auseinandersetzungsanspruch besteht daher nicht nur subsidiär, sondern neben dem Anspruch auf Zugewinnausgleich (BGH NJW 2006, 1268, 1269; s auch Vor § 705 Rn 92). Ist der gesellschaftsrechtl Ausgleichsanspruch zum Stichtag (vgl § 1375 Rn 9) bereits entstanden, ist er im Endvermögen der Ehegatten zu bilanzieren (Johannsen/Henrich/Althammer/*Kohlenberg* Rn 12).

22 Zu beachten ist allerdings, dass eine Ehegatteninnengesellschaft idR nicht durch ausdrückl Vertragsschluss, sondern durch schlüssiges Verhalten der Ehegatten gegründet wird (s auch Vor § 705 Rn 90f). Dabei wertet der BGH den Umstand, dass die Ehegatten im gesetzl Güterstand leben, regelmäßig als gewichtiges Indiz gegen das Vorliegen einer konkludenten Ehegatteninnengesellschaft (BGH NJW 2006, 1268f). Die Rspr geht von einem durch schlüssiges Verhalten zustande gekommenen Gesellschaftsvertrag nur dann aus, wenn die Ehegatten einen **über die eheliche Lebensgemeinschaft hinausgehenden Zweck** verfolgen, etwa indem sie durch Einsatz von Vermögenswerten und Arbeitsleistungen gemeinsam ein Unternehmen aufbauen oder eine berufliche oder gewerbliche Tätigkeit ausüben (BGHZ 142, 137, 153; BGH NJW 1995, 3383f; 2006, 1268f; 2012, 3374, 3375). Ferner wird annähernde Gleichwertigkeit der Beiträge beider Ehegatten verlangt (BGHZ 142, 137, 145; BGH NJW 2006, 1268f). Dies setzt allerdings nicht nahezu gleich hohe Finanzierungsbeiträge oder gleichartige sonstige Leistungen voraus; maßgeblich ist vielmehr, dass eine gleichberechtigte Mitarbeit bzw Beteiligung vorliegt (BGH NJW-RR 1990, 736; BGHZ 142, 137, 145; s auch BGH NZG 2016, 547, 548). Unerheblich soll dagegen sein, ob die Ehegatten die gesellschaftsrechtl Natur ihrer Abrede erkannt haben (BGHZ 31, 197, 201; 142, 137, 145f). Die Annahme einer konkludent vereinbarten Ehegatteninnengesellschaft darf allerdings nicht in Widerspruch zu den ausdrückl getroffenen Vereinbarungen der Ehegatten stehen; ausdrückl Abreden gehen dem aus schlüssigem Verhalten ermittelten Parteiwillen vor (BGH NJW-RR 1990, 1090; NJW 2006, 1268f mwN). Für weitere Einzelheiten zu den Voraussetzungen und zur Abwicklung der Ehegatteninnengesellschaft s Vor § 705 Rn 89ff und § 1356 Rn 26ff.

23 **dd) Ungerechtfertigte Bereicherung.** Bereicherungsansprüche auf Herausgabe einer Zuwendung unter Ehegatten kommen neben dem Zugewinnausgleich regelmäßig nicht in Betracht (BGHZ 65, 320, 323f; 82, 227, 231; BGH NJW-RR 1989, 66, 67; eingehend § 812 Rn 57a und § 1356 Rn 30). Ansprüche aus § 812 I 2 Alt 1 (condictio ob causam finitam) scheiden jedenfalls dann aus, wenn der Rechtsgrund für die Leistung, etwa der von der Rspr postulierte familienrechtl Vertrag im Fall der unbenannten Zuwendung, nicht durch die Trennung bzw Scheidung wegfällt (BGHZ 82, 227, 231; *Dethloff* § 5 F VII Rn 221). Aber auch die Voraussetzungen eines Ausgleichs nach § 812 I 2 Alt 2 (condictio ob rem) liegen nicht vor, sofern der mit der Leistung verfolgte Zweck – Verwirklichung der ehelichen Lebensgemeinschaft, Errichtung eines Familienheims, Unterstützung des Betriebs des Partners – bereits eingetreten ist (BGH NJW 1968, 245, wo allerdings zu Unrecht noch für die Zukunft ein Anspruch aus § 812 I 2 Alt 1 in Betracht gezogen wird; BGH FamRZ 1982, 778; Grü/*Sprau* § 812 Rn 89; *Dethloff* § 5 F VII Rn 222). Bejaht wurde ein Rückgabeanspruch nach § 812 I 2 Alt 2 im Fall der Schenkung von Schmuckstücken vor Eingehung einer Altersehe, die im Wesentlichen vom Versorgungsgedanken geprägt war, jedoch schon nach wenigen Monaten scheiterte (BGH FamRZ 1994, 503). Nach der neueren Rspr des BGH zu den Schwiegerelternzuwendungen (s dazu § 1374 Rn 28) soll ein Anspruch aus § 812 I 2 Alt 2 auch dann in Betracht kommen, wenn der Zweck der Zuwendung darin bestand, dass diese nicht nur dem Zuwendungsempfänger, sondern auch dem eigenen Kind dauerhaft zugutekommt (BGH NJW 2010, 2202, 2206). Werde die Ehe geschieden, sei dieser Zweck ggf noch nicht vollständig erreicht. Diese Entscheidung dürfte auf eheliche Zuwendungen zu übertragen sein (aA *Hoppenz* FPR 2012, 84, 86f). Ein Anspruch aus § 812 I 2 Alt 2 wäre demnach gegeben, wenn beide Ehegatten der Zweckvereinbarung entspr von der Zuwendung dauerhaft profitieren sollten, dieser Zweck aber noch nicht (vollständig) erreicht ist (vgl auch MüKo/*Schwab* § 812 Rn 509). Allerdings weist der BGH zu Recht darauf hin, dass sich eine Zweckvereinbarung, die auf den Fortbestand der Ehe zielt, nur schwer wird feststellen lassen (BGH NJW 2010, 2202, 2206; vgl auch *Schwab* FamRZ 2010, 1701, 1706).

24 **ee) Gesamtgläubiger- und Gesamtschuldnerausgleich.** Die Regelungen über den **Gesamtschuldnerausgleich** (§ 426) werden durch das Ehegüterrecht nicht verdrängt (st Rspr, s nur BGHZ 87, 265, 273; BGH FamRZ 2020, 231, 232 m Anm *Arnold/Budzikiewicz*). Die sich aus der Gesamtschuld ergebenden Ansprüche sind vielmehr beim **Endvermögen** der Ehegatten zu bilanzieren. Vor der Tilgung wird dabei üblicherweise für jeden Ehegatten als Passivposten die Haftungsquote angesetzt, die auf ihn im Innenverhältnis entfällt; die Außenverpflichtungen gegen den Gläubiger und der Anspruch gegen den anderen Ehepartner werden folglich im Interesse einer ver-

einfachten Berechnung saldiert (vgl BGH FamRZ 2020, 231, 232; NJW-RR 2015, 897, 898; FamRZ 2011, 25, 27 m krit Anm *Braeuer* FPR 2012, 100). Hat ein Ehegatte den Gläubiger bereits befriedigt, ist im Endvermögen der Ausgleichsanspruch gegen den anderen Ehegatten als Aktivposten zu berücksichtigen; auf Seiten des anderen Ehegatten tritt die Ausgleichsverpflichtung ggü seinem Ehepartner an die Stelle der Verbindlichkeit ggü dem Gläubiger (BGH NJW 1988, 133, 134; 2006, 2623). Bei der Ermittlung der internen Beteiligungsquote ist allerdings zu beachten, dass während intakter Ehe zumeist eine von § 426 I 1 Alt 1 abw (ausdr oder stillschw) Tilgungsabrede vorliegen wird (eingehend § 426 Rn 20f; vgl auch BGH NJW 2008, 849f; FamRZ 2011, 25f; NJW-RR 2015, 897, 898). Derartige Absprachen enden idR, wenn sich die Ehegatten trennen; es gilt dann wieder der Grundsatz hälftiger Teilung gem § 426 I 1 Alt 1 (KG FamRZ 2009, 1327, 1329; s auch BGH NJW-RR 2015, 897, 898f: gemeinsame Aufnahme eines Darlehens zur Finanzierung einer Eigentumswohnung).

Nicht möglich ist eine Saldierung der Gesamtschuld und des Ausgleichsanspruchs indes, wenn ein Ehegatte die gegen ihn aufgrund des Gesamtschuldverhältnisses bestehenden Verpflichtungen wegen **Illiquidität** nicht oder nicht vollständig erfüllen kann. In diesem Fall ist beim Endvermögen des liquiden Ehegatten die praktisch nicht durchsetzbare Ausgleichsforderung gegen den anderen Ehegatten nicht zu berücksichtigen und daher die Gesamtschuld entspr höher, im Fall vollständiger Wertlosigkeit der Ausgleichsforderung sogar in voller Höhe anzusetzen (BGH FamRZ 2011, 25, 28). Bei der Berechnung des Endvermögens des nicht leistungsfähigen Ehegatten ändert sich dagegen nichts: Die Gesamtschuld ist abzüglich des Ausgleichsanspruchs gegen den liquiden Ehegatten in die Ausgleichsbilanz einzustellen. Freilich wird letzteres vereinzelt anders gesehen, weil der illiquide Ehegatte damit im Zugewinnausgleich zu Unrecht begünstigt würde (Johannsen/Henrich/Althammer/*Jaeger*[15] § 1375 Rn 20); die Gesamtschuld sei daher beim illiquiden Ehegatten überhaupt nicht zu berücksichtigen. Dies überzeugt indes nicht. Zwar trifft es zu, dass eine derartige Berechnung für den liquiden Ehegatten insofern günstig wäre, als sich das Endvermögen des anderen Ehegatten entspr vergrößern würde. Sie ist jedoch sachlich nicht zu rechtfertigen. Eine Schuld kann bei der Berechnung des Endvermögens eines Ehegatten nicht allein deshalb außer Betracht bleiben, weil dieser sie nicht erfüllen kann. Den Interessen des leistungsfähigen Ehegatten wird bereits ausreichend durch die Nichtberücksichtigung des Ausgleichsanspruchs gegen den illiquiden Ehepartner Rechnung getragen; im Wegfall dieses Vermögenswerts besteht letztlich der alleinige Unterschied zu dem Fall, dass beide Ehepartner leistungsfähig sind. Zu beachten ist allerdings, dass die Ausgleichsforderung des leistenden Ehegatten gerade deshalb noch werthaltig sein kann, weil dem anderen Ehegatten seinerseits ein Anspruch auf Zugewinnausgleich gegen ihn zusteht und er mit diesen Mitteln in der Lage ist, seine gesamtschuldnerische Ausgleichsverpflichtung zu erfüllen (BGH FamRZ 2011, 25, 28; KG FamRZ 2009, 1327, 1329). 25

Bestand bereits beim Eintritt des Güterstands ein Gesamtschuldverhältnis zw den Partnern, ist die Gesamtschuld unter Berücksichtigung des jew gesamtschuldnerischen Ausgleichs (auch) beim **Anfangsvermögen** der Ehegatten zu bilanzieren. Die für das Endvermögen dargestellten Grundsätze gelten gleichermaßen (BGH FamRZ 2020, 231, 232 m Anm *Arnold/Budzikiewicz*). Haben etwa die Partner vor der Eheschließung als Gesamtschuldner ein Darlehen aufgenommen, das der Finanzierung einer im Alleineigentum eines der Partner stehenden Immobilie dienen soll, so steht dem Nichteigentümer ein Freistellungsanspruch in voller Höhe zu. Die Verbindlichkeit ist allein im Anfangsvermögen des Eigentümers zu berücksichtigen. Dies gilt auch dann, wenn die Immobilie als gemeinsame Wohnung dienen sollte und der Nichteigentümer daher (vor und nach der Eheschließung) anteilig Tilgungsleistungen übernommen hat (BGH FamRZ 2020, 231, 232f). 26

Das zum Gesamtschuldnerausgleich Gesagte gilt entspr für den **Gesamtgläubigerausgleich**. Auch §§ 428, 430 finden neben den §§ 1372ff uneingeschränkt Anwendung (BGH NJW 2000, 2347f). Der Ausgleichsanspruch im Innenverhältnis ist dann beim Gläubiger als Aktivposten, beim Schuldner als Passivposten in die Ausgleichsbilanz einzustellen. Hat der Drittschuldner noch nicht geleistet, ist bei der Berechnung des Endvermögens der Ehegatten ihre Forderung gegen den Dritten entspr ihrer Anteile im Innenverhältnis jew als Aktivposten anzusetzen (NK/*Heiß/Löhnig* Rn 38). 27

Die Ausführungen zum Gesamtschuldnerausgleich (Rn 24) gelten auch bei **Steuerschulden**, wenn die Ehegatten gem § 44 I 1 AO aufgrund gemeinsamer Veranlagung als Gesamtschuldner für die festgesetzte Einkommensteuer aufzukommen haben. Im Innenverhältnis hat jeder Ehegatte grds für die Steuerschuld zu haften, die auf seine Einkünfte entfällt. Die Beteiligungsquote richtet sich dabei nach dem Verhältnis, das sich bei einer fiktiven getrennten Veranlagung der Ehegatten ergäbe (BGH NJW 2002, 1570; 2006, 2623ff). Abw Vereinbarungen der Ehegatten gehen jedoch vor. Hat ein Ehegatte bis zum Scheitern der Ehe stets die Einkommensteuervorauszahlung übernommen, ist von der stillschw Abrede auszugehen, dass der betreffende Ehegatte im Innenverhältnis allein für die Begleichung der Steuerschulden haften sollte (BGH NJW 2002, 1570f). Entspr gilt für die Aufteilung von **Steuerrückzahlungen** (vgl BGH NJW 2006, 2623ff; NK/*Heiß/Löhnig* Rn 45). 28

Einen Fall der Gesamtgläubigerschaft stellen auch sog **Oder-Konten** dar, bei denen die Ehegatten Inhaber eines Gemeinschaftskontos mit jew Einzelverfügungsbefugnis sind (s dazu § 428 Rn 7; § 430 Rn 4). Danach ist gem § 430 zu vermuten, dass die Ehegatten im Innenverhältnis zu gleichen Teilen berechtigt sind (BGH NJW 1990, 705; 1997, 1434f; 2000, 2347f mwN). Während intakter Ehe besteht allerdings aufgrund ausdrückl oder stillschw Vereinbarung sowie der Vorschriften über die eheliche Lebensgemeinschaft (zB § 1357) zumeist keine Ausgleichspflicht (BGH NJW 1990, 705; *Dethloff* § 5 F IV Rn 209; s aber Brandenburg FamRZ 2022, 857 für den Fall rechtsmissbräuchlicher Verfügung). Darlegungs- und beweispflichtig für eine von der Vermutung des § 430 abw Vereinbarung ist jedoch der Ehegatte, dem mehr als sein hälftiger Anteil zugeflossen ist; dies gilt auch während intakter Ehe (BGH NJW 1990, 705; NJW-RR 1993, 2). Hebt ein Ehegatte nach der Trennung (oder zur Vorberei- 29 tung der Trennung, Hamm BeckRS 2017, 129175 mwN) mehr als die Hälfte des Guthabens ab, ist er grds nach § 430 zum Ausgleich verpflichtet; abw Absprachen verlieren im Regelfall mit der Aufhebung der ehelichen Lebensgemeinschaft ihre Gültigkeit (BGH NJW 1990, 705f; Karlsruhe NJW-RR 1990, 1285; Naumburg NJW-RR 2007, 1158, 1160; zur Beweislast s Bremen NJW 2014, 2129; Brandenburg FamRZ 2022, 857).

30 Errichten die Ehegatten ein sog **Oder-Depot**, ist § 430 nur für die Rechte aus dem Verwahrungsvertrag von Relevanz; für die Eigentumslage an den verwahrten Papieren kommt der Regelung keine Bedeutung zu (BGH NJW 1997, 1434f; Brandenburg 24.5.2007 – 9 U 19/06; Frankfurt OLGRp 2005, 673; Köln OLGRp 2000, 464f; NK/*Heiß/Löhnig* Rn 43; s dazu auch § 428 Rn 7).

31 **ff) Bruchteilsgemeinschaft.** Auch die Vorschriften über die Bruchteilsgemeinschaft (§§ 741ff) werden durch das Ehegüterrecht nicht verdrängt (BeckOK/*Scheller/Sprink* Rn 55). Relevanz kommt dem insb bei der Teilhabe an Guthaben auf Sparkonten (vgl BGH NJW 2002, 3702f; Naumburg OLGRp 2007, 313f; Brandenburg FamRZ 2011, 114, 116f; Schleswig 20.12.2011 – 3 U 31/11 mwN) und bei gemeinschaftl Eigentum der Ehegatten zu (vgl BGH WM 2017, 629, 631f; Hamm FamRZ 1989, 740f). Bei der Ermittlung des Zugewinns der Ehegatten sind die jew (Miteigentums-)Anteile ebenso wie die aus §§ 741ff resultierenden Ansprüche in die Ausgleichsbilanz einzustellen (BeckOK/*Scheller/Sprink* Rn 55; Grü/*Siede* Rn 9).

§ 1373 Zugewinn

Zugewinn ist der Betrag, um den das Endvermögen eines Ehegatten das Anfangsvermögen übersteigt.

1 **1. Inhalt der Vorschrift.** Die Vorschrift bestimmt den **Begriff des Zugewinns**, der nach § 1363 II 2 auszugleichen ist, wenn die Zugewinngemeinschaft beendet wird. Der Zugewinn ist keine selbständige Vermögensmasse, sondern lediglich eine **Rechnungsgröße**, nämlich der Betrag, um den das Endvermögen eines Ehegatten sein Anfangsvermögen übersteigt. Anfangs- und Endvermögen der Ehegatten bestimmen sich nach den §§ 1374–1377 (s Anm dort). Übersteigt der Zugewinn des einen Ehegatten den Zugewinn des anderen, steht demjenigen, der den geringeren Zugewinn erzielt hat, nach Maßgabe des § 1378 ein schuldrechtl Ausgleichsanspruch zu. Eine dingliche Beteiligung des einen Ehegatten am Zugewinn des anderen erfolgt nicht; sie ist weder während des Güterstands noch nach dessen Beendigung vorgesehen.

2 **2. Kein negativer Zugewinn.** Nach § 1374 III, § 1375 I 2 sind bei der Berechnung von Anfangs- und Endvermögen Verbindlichkeiten über die Höhe des Vermögens hinaus abzuziehen. Beide Werte können damit auch negativ sein. Die Regelungen sind durch die Güterrechtsreform 2009 (s Vor § 1363 Rn 4) neu eingefügt worden. Nach altem Recht betrugen Anfangs- und Endvermögen grds mindestens Null (vgl § 1374 I Hs 2, § 1375 I 2 aF) und ließen damit die bei der Begründung des gesetzl Güterstands bestehende Überschuldung unberücksichtigt. Durch die Neuregelung sollen jetzt auch die Fälle erfasst werden, in denen ein bei Begründung des Güterstands verschuldeter Ehegatte durch Schuldentilgung wirtschaftl einen Zugewinn erzielt hat (BT-Drs 16/10798, 15). Die Novellierung ändert jedoch nichts daran, dass der Zugewinn selbst kein negativer Wert sein kann; er beträgt weiterhin mindestens Null. Ist das Anfangsvermögen eines Ehegatten höher als das Endvermögen, wird der entspr Verlust über die Zugewinnberechnung nach wie vor nicht ausgeglichen (hM, BGH FamRZ 2011, 25, 27f; MüKo/*Koch* Rn 5; BeckOK/*Scheller/Sprink* Rn 5; *Büte* FF 2010, 279, 285; aA *Braeuer* FamRZ 2010, 1614f). Dies folgt bereits aus dem Wortlaut des unverändert gebliebenen § 1373, der den Zugewinn als den Betrag definiert, um den das End- das Anfangsvermögen „übersteigt". Gestützt wird die Annahme zudem durch die Regierungsbegründung, in der ausdrückl davon Abstand genommen wird, die Erwirtschaftung von Verlusten als „negativen Zugewinn" in den Zugewinnausgleich einzubeziehen (BT-Drs 16/10798, 11). Auch durch § 1377 III ist eine andere Sicht nicht geboten. Zwar ist nach § 1377 III anzunehmen, dass das Endvermögen eines Ehegatten im Zweifel seinen Zugewinn darstellt, was iVm § 1375 I 2 auf den ersten Blick einen negativen Zugewinn möglich erscheinen lässt (so *Braeuer* FamRZ 2010, 1614f). Tatsächlich kann dem – durch die Güterrechtsreform nicht geänderten – § 1377 III eine derart weitreichende Aussage aber nicht entnommen werden. Die Norm ist auf die Einführung negativer Anfangs- und Endvermögen letztlich in keiner Weise abgestimmt worden (vgl § 1377 Rn 12). Dies zeigt sich schon daran, dass bei wörtlichem Verständnis der Vorschrift für einen Ehegatten, der seine Schulden zwar reduziert, jedoch nicht vollständig getilgt hat, gleichwohl ein negativer Zugewinn zu vermuten wäre; die Zulassung eines negativen Endvermögens würde damit aber entgegen der Intention des Reformgesetzgebers nicht nur leerlaufen, sondern den anderen Ehegatten im Gegenteil zusätzl belasten. Diese offensichtliche Friktion kann nicht gewollt sein; sie spricht dagegen, § 1377 III als Grundlage für eine Neubestimmung des Zugewinnbegriffs anzusehen. Maßgeblich muss weiterhin § 1373 sein, der einen negativen Zugewinn nicht vorsieht. § 1377 III ist dementspr teleologisch zu reduzieren und die Vermutungsregel bei negativem Endvermögen insofern zu korrigieren, als in diesem Fall von einem Zugewinn von null auszugehen ist (s auch *Kogel* Strategien beim Zugewinnausgleich[7] Rn 316; *Kogel* FamRZ 2010, 2036, 2038, der neben einer teleologischen Reduktion des § 1377 III alternativ eine Ergebniskorrektur über § 1381 vorschlägt). Behauptet der andere Ehegatte davon abw die Erzielung eines wirtschaftl Zugewinns auf Seiten seines Ehepartners, trägt er hierfür die Darlegungs- und Beweislast (§ 1374 Rn 16).

3 **3. Echter und scheinbarer Zugewinn.** Notwendig aber auch ausreichend für die Annahme eines Zugewinns ist, dass das Endvermögen (§ 1375) das Anfangsvermögen (§ 1374) übersteigt. Keine Rolle spielt grds die Ursache des so ermittelten Vermögenszuwachses. Unerheblich ist – von den in § 1374 II aufgeführten Fällen abgesehen – insb, ob der andere Ehegatte an dem Vermögenszuwachs mitgewirkt hat (BGHZ 68, 43f). Der Zugewinn

muss auch nicht notwendig auf dem Erwerb weiterer Vermögensgegenstände beruhen; er kann ebenso Folge der Wertsteigerung eines einzelnen Vermögensgegenstands sein, zB eines Grundstücks (vgl § 1376 Rn 2). Resultiert die Wertsteigerung allerdings allein aus dem **Schwund der Kaufkraft**, stellt dies keinen Zugewinn iSd § 1373 dar (§ 1376 Rn 39).

§ 1374 Anfangsvermögen

(1) Anfangsvermögen ist das Vermögen, das einem Ehegatten nach Abzug der Verbindlichkeiten beim Eintritt des Güterstands gehört.

(2) Vermögen, das ein Ehegatte nach Eintritt des Güterstands von Todes wegen oder mit Rücksicht auf ein künftiges Erbrecht, durch Schenkung oder als Ausstattung erwirbt, wird nach Abzug der Verbindlichkeiten dem Anfangsvermögen hinzugerechnet, soweit es nicht den Umständen nach zu den Einkünften zu rechnen ist.

(3) Verbindlichkeiten sind über die Höhe des Vermögens hinaus abzuziehen.

1. Stichtag. a) Eintritt des Güterstands. Der Zeitpunkt des Eintritts des gesetzl Güterstands, der für die Berechnung des Anfangsvermögens maßgeblich ist, fällt im Regelfall mit der Eheschließung zusammen (§ 1310; vgl § 1363 Rn 2). Wurde die Ehe vor dem Inkrafttreten des **GleichberG** (1.7.1958) geschlossen, tritt der Güterstand der Zugewinngemeinschaft, vorbehaltlich abw Vereinbarungen, allerdings erst zum 1.7.1958 ein (Art 8 I Nr 3, II Nr 4 GleichberG), BGHZ 157, 379, 385; das Vermögen jedes Ehegatten an diesem Tage ist sein Anfangsvermögen iSd § 1374. Ist die Ehe vor dem 3.10.1990 in der **DDR** geschlossen worden und haben die Ehegatten weder für die Fortgeltung des gesetzl Güterstands der DDR optiert (Art 234 § 4 II EGBGB) noch eine andere Vereinbarung getroffen, so leben sie seit diesem Tag im Güterstand der Zugewinngemeinschaft (Art 234 § 4 I EGBGB). In diesem Fall ist gem §§ 39, 40 FGB DDR zunächst eine Vermögensauseinandersetzung vorzunehmen, auf deren Grundlage sodann das Anfangsvermögen iSd § 1374 zum Stichtag 3.10.1990 zu berechnen ist (BGHZ 141, 307, 310ff; Brandenburg 16.5.2013 – 10 UF 295/11; Dresden 29.5.2009 – 20 UF 327/08; Naumburg OLGRp 2006, 758ff; Jena FamRZ 1997, 1015). Zur **Umwandlung** einer **eingetragenen Lebenspartnerschaft** in eine Ehe nach § 20a LPartG s Einl § 1363 Rn 7. 1

b) Bestimmung durch Ehevertrag. Den Ehegatten steht es frei, durch **Ehevertrag** (§§ 1408, 1410) für die Berechnung des Anfangsvermögens und damit des Zugewinns einen anderen als den gesetzl bestimmten Zeitpunkt festzulegen (vgl Rn 37); zulässig ist sowohl die Bestimmung eines späteren als auch eines früheren Stichtags (Johannsen/Henrich/Althammer/*Kohlenberg* Rn 4; Staudinger/*Thiele* Rn 19, 49; zur Vorverlegung des Stichtags s auch Hamburg NJW 1964, 1076, 1078; BeckOGK/*Preisner* Rn 9f [Stand: 1.2.2023]; NK/*Heiß/Löhnig* Rn 6; ferner BFH MittRhNotK 1990, 24; aA *Gernhuber/Coester-Waltjen* § 35 Rn 32 Fn 53, sofern ein vor der Eheschließung liegender Zeitpunkt als Anfangstermin gewählt wird). Hatten die Ehegatten zunächst einen anderen Güterstand vereinbart und begründen sie später durch neuen Ehevertrag die Zugewinngemeinschaft, so tritt diese mit Abschluss des neuen Ehevertrags oder zu dem darin vereinbarten Zeitpunkt ein. 2

2. Anfangsvermögen. a) Bedeutung und Bestimmung des Anfangsvermögens. Ebenso wie der Zugewinn ist auch das Anfangsvermögen nur als **Rechnungsgröße** von Bedeutung. Es bleibt in dem Bestand, den es bei Eintritt des Güterstands gehabt hat, nicht als besondere Vermögensmasse erhalten (s auch § 1373 Rn 1). Unter dem Anfangsvermögen sind also nicht die einzelnen, bei Eintritt des Güterstands vorhandenen Vermögensbestandteile zu verstehen, sondern lediglich die Summe ihres Werts zum Stichtag abzüglich der zu diesem Zeitpunkt bestehenden Verbindlichkeiten (§ 1374 I/III, s Rn 9ff; BGH FamRZ 1984, 31f). Die Summe der Vermögenswerte jedes Ehegatten errechnet sich, indem die einzelnen Vermögensbestandteile festgestellt und nach den Grundsätzen des § 1376 bewertet werden. Dem Vermögen zuzurechnen sind dabei nach st Rspr des BGH alle dem Ehegatten zustehenden **rechtl Positionen von wirtschaftlichem Wert**, die am Stichtag bereits vorhanden waren (BGHZ 157, 379, 384; 146, 64, 68; BGH FamRZ 2007, 877f; 2002, 88, 89). Dazu zählen auch **geschützte Anwartschaften**, die mit ihrem gegenwärtigen Vermögenswert zur Anrechnung kommen (BGHZ 157, 379, 384; BGH FamRZ 2002, 88, 89; s auch § 1376 Rn 14f) sowie vergleichbare Rechtsstellungen, die einen Anspruch auf künftige Leistung gewähren und für die keine Gegenleistung mehr zu erbringen ist (BGH FamRZ 2002, 88, 89 mwN). Nicht erfasst sind rein faktische Positionen wie die unentgeltliche **Gebrauchsüberlassung ohne Recht zum Besitz**, da diese rechtl nicht geschützt sind (München FamRZ 1998, 825: Überlassung von Wohnraum durch die [Schwieger-]Eltern). Ob Teile des betroffenen Vermögens zum Verbrauch bestimmt und ob sie im Endvermögen noch vorhanden sind, ist unerheblich (Hamm FamRZ 1984, 275 mwN). Zutr hat der BGH entgegen seiner früheren Rspr inzwischen klargestellt, dass es auf das Kriterium der **Vererblichkeit** für die Anerkennung als Vermögensbestandteil grds nicht ankommt (BGHZ 157, 379, 384; 146, 64, 69; BGH FamRZ 2002, 88, 89; 1992, 411, 413; 1986, 1196; zur früheren Rspr: BGH FamRZ 1982, 148). Der BGH folgt damit der hM im Schrifttum, vgl Johannsen/Henrich/Althammer/*Kohlenberg* Rn 8; Soergel/*Kappler/Kappler* Rn 11; Staudinger/*Thiele* Rn 4; *Gernhuber* FamRZ 1984, 1053f; *Schwab* FamRZ 1984, 492; abzulehnen daher Stuttgart FamRZ 1986, 466, das ein lebenslanges **Nießbrauchsrecht** mangels Vererbbarkeit nicht zum (End-)Vermögen rechnen will (BGH FamRZ 2004, 527; KG FamRZ 1988, 171; vgl auch BGH NJW 2013, 1156, 1157; München FamRZ 1998, 234: **dingliches Wohnrecht**). 3

4 Ein am Stichtag betriebenes **Handelsunternehmen** ist als einheitlicher Vermögensgegenstand aufzufassen, so dass sich die Frage, ob gewisse Einzelbestandteile des Unternehmens (zB der Geschäftswert) Vermögenscharakter haben, nicht stellt (*Rittner* FamRZ 1961, 505f). Zum Vermögen gehört auch die **Beteiligung an Personen- und Kapitalgesellschaften** und – wegen des wirtschaftl Werts des Geschäftsanteils – auch noch die **Mitgliedschaft in einer Genossenschaft**, grds aber nicht mehr die Zugehörigkeit zu einem (Ideal-)**Verein**, auch wenn dieser großes Vermögen hat, denn die Mitgliedschaft in ihm erzeugt beim Ausscheiden regelmäßig keinen Abfindungsanspruch (eingehend zu Letzterem *Lettl* AcP 203, 151ff). Zu der Bewertung von Unternehmen und Unternehmensbeteiligungen s § 1376 Rn 22ff.

5 **Hausrat**, der bei Beendigung des Güterstands im gemeinsamen Eigentum der Ehegatten steht, unterliegt nicht dem Zugewinnausgleich, sondern der Sonderregelung des § 1568b (s dazu auch § 1372 Rn 12). Die betreffenden Gegenstände finden daher weder im Anfangs- noch im Endvermögen Berücksichtigung. Haushaltsgegenstände, die bei Beendigung des Güterstands im **Alleineigentum** eines Ehegatten stehen, sind von der Hausratsverteilung nach § 1568b hingegen ausgenommen; sie sind im End- und (falls zum Anfangsstichtag schon vorhanden) im Anfangsvermögen zu bilanzieren (vgl BGH NJW 2011, 2289, 2290; FamRZ 2011, 183, 188; NK/*Heiß*/*Löhnig* Rn 12; Staudinger/*Weinreich* § 1568b Rn 53).

6 **b) Forderungen.** Zum beiderseitigen Anfangsvermögen gehören auch vor der Ehe entstandene **Forderungen** zw den Eheleuten (BGH FamRZ 1990, 972), die bei dem einen als Aktivum, bei dem anderen als Abzugsposten erscheinen; durch Erfüllung solcher Forderungen (zB Übereignung des Grundstücks) kann es dann auf keiner Seite zu einer Veränderung des Vermögensstands kommen, Hamburg NJW 1964, 1076 (Übertragung des geschuldeten Erbbaurechts). Forderungen, die einem der Ehepartner gegen einen Dritten zustehen, fallen unter das Anfangsvermögen, wenn sie bereits vor der Eheschließung entstanden sind, auch wenn sie erst nach der Eheschließung **fällig** werden, BGH FamRZ 2002, 88 (für einen künftigen Bereicherungsanspruch); BGHZ 157, 379, 390f; AG Celle FamRZ 1986, 467 (für Ansprüche nach dem Lastenausgleichsgesetz); Rostock OLGRp 2007, 7ff (Abfindungsanspruch nach § 44 LwAnpG wegen Ausscheidens aus einer LPG); zum Anspruch auf Einkommensteuererstattung s BGH FamRZ 2022, 425, 427 (Entstehung erst nach Ablauf des Veranlagungszeitraums; vgl auch Rn 9). Einbezogen werden auch **bedingte** oder **zweifelhafte** Rechte und Verbindlichkeiten (BGH FamRZ 2002, 88, 89; 2001, 278, 280). Der BGH hat sich gegen eine entspr Anwendung des § 2313 im gesetzl Ehegüterrecht ausgesprochen, da die Regelung eine nicht analogiefähige erbrechtl Sondervorschrift darstellt (BGHZ 157, 379, 389f; 87, 367, 371f; zust NK/*Heiß*/*Löhnig* Rn 10; Johannsen/Henrich/Althammer/*Kohlenberg* § 1376 Rn 15); zu der Bewertung bedingter oder zweifelhafter Forderungen s § 1376 Rn 18. Nicht mehr dem Anfangsvermögen zugerechnet werden dagegen Forderungen, die erst **durch die Eheschließung begründet** werden, BGHZ 82, 149; Karlsruhe FamRZ 1993, 1447 (für den Witwenrentenabfindungsanspruch nach § 1302 RVO aF, vgl jetzt § 107 SGB VI), krit hierzu *Gernhuber* NJW 1991, 2238, 2241; *Schwab* FamRZ 1984, 429, 431 und AG Stuttgart FamRZ 1990, 1358, das die Erstattung von in die gesetzl Rentenversicherung eingezahlten Beiträgen zum Anfangsvermögen rechnet; anders BGH NJW 1995, 523 für die Rückerstattung der Beiträge nach § 1304 RVO aF (privilegierter Erwerb nach § 1374 II). Zum Anfangsvermögen zählt zudem der in einem „qualifizierten Interessenausgleich" für den Verlust des Arbeitsplatzes infolge Betriebsstilllegung zugesagte Abfindungsanspruch eines Ehegatten noch vor Eheschließung, selbst wenn der die Abfindung im Einz regelnde Sozialplan erst nach dem Stichtag vereinbart wird, da der qualifizierte Interessenausgleich als Betriebsvereinbarung nach § 77 IV BetrVG normativ wirkt und damit bereits eine gesicherte Anwartschaft oder jedenfalls eine vergleichbare Rechtsposition vermittelt (BGHZ 146, 64, 69ff).

7 Forderungen aus vor dem Eintritt des Güterstands begründeten **Dauerschuldverhältnissen** fallen grds nur insoweit unter das Anfangsvermögen, als sie bereits fällig sind oder die bereits geleisteten Beträge angespart worden und noch vorhanden sind (Saarbrücken 2.7.2008 – 9 UF 115/07, juris Rn 94). Ansprüche auf künftig fällig werdende wiederkehrende Einzelleistungen, die der Sicherung **künftigen Einkommens** dienen (zB Arbeitsentgelt, Unterhaltszahlungen, Rente), stellen keinen gegenwärtigen Vermögenswert dar (NK/*Heiß*/*Löhnig* Rn 11; Johannsen/Henrich/Althammer/*Kohlenberg* Rn 9; MüKo/*Koch* § 1375 Rn 20; BGHZ 146, 64, 73; BGH FamRZ 1981, 239 mwN für Versorgungsrechte nach dem BVersG; abl *Schwagerl* NJW 1982, 1798; vgl dazu auch Karlsruhe FamRZ 1979, 432; vgl auch BGH FamRZ 1980, 39 und § 1376 Rn 20); s auch Abs II Hs 2, wonach Einkünfte dem Anfangsvermögen nicht zuzurechnen sind (s Rn 35). Forderungen aus Dauerschuldverhältnissen, die einen **Anspruch auf zukünftige Gebrauchsüberlassung** begründen (zB Miete, Pacht, Leasing), sind nur dann in das Anfangsvermögen einzustellen, wenn eine Gegenleistung nicht mehr geschuldet ist; andernfalls ist anzunehmen, dass sich die Werte von Leistung und Gegenleistung entsprechen (Karlsruhe FamRZ 2004, 1028; Johannsen/Henrich/Althammer/*Kohlenberg* Rn 9). Hatte etwa ein Ehegatte als **Leasingnehmer** vor Eintritt des Güterstands eine Anzahlung oder Sonderzahlung zu erbringen, aufgrund derer die künftig zu zahlenden Raten hinter dem Wert der Gebrauchsüberlassung zurückbleiben, ist seinem Anfangsvermögen der Teil der Vorleistung hinzuzurechnen, der am Stichtag noch nicht durch Nutzung aufgezehrt wurde (Karlsruhe FamRZ 2004, 1028).

8 Nicht zum Anfangsvermögen rechnen in der Entwicklung begriffene Rechte, die noch nicht zur Anwartschaft erstarkt sind, sowie **bloße Erwerbsaussichten**, da sie nicht das Merkmal „rechtl geschützte Position mit wirtschaftlichem Wert" erfüllen (BGHZ 157, 379, 384; BGH FamRZ 2007, 877f; 2002, 88; 2001, 278, 280); vgl Rn 3. Ebenso wenig zählen Bereicherungsansprüche wegen rechtsgrundlos erbrachter Aufwendungen nach Eintritt des Güterstands zum Anfangsvermögen (München NJW-RR 2000, 449: Nichteintritt des bezweckten Erfolgs nach Ehebeginn). **Restitutionsansprüche** eines enteigneten Ehegatten gem § 3 I VermG sind dann nicht erfasst, wenn

der Stichtag für die Berechnung des Anfangsvermögens vor dem Inkrafttreten des VermG (29.9.1990) liegt, da in diesem Fall bei Eintritt des Güterstands noch keine rechtl geschützte Position vorlag (BGHZ 157, 379, 384ff; BGH NJW-RR 2007, 1371ff; MüKo/*Koch* Rn 9). War das VermG hingegen am Stichtag schon in Kraft getreten, ist ein dadurch begründeter Restitutionsanspruch dem Anfangsvermögen des berechtigten Ehegatten hinzuzurechnen (NK/*Heiß/Löhnig* Rn 15; Staudinger/*Thiele* Rn 3c). Das Gleiche gilt für **Abfindungsansprüche** nach § 44 LwAnpG wegen des Ausscheidens aus einer LPG, wenn der Stichtag für die Berechnung nach dem Inkrafttreten des LwAnpG (20.7.1990) liegt (NK/*Heiß/Löhnig* Rn 16; MüKo/*Koch* Rn 9; Staudinger/*Thiele* Rn 3c; s auch Rostock OLGRp 2007, 7ff).

c) Verbindlichkeiten. Bei der Berechnung des Anfangsvermögens sind die Verbindlichkeiten vom Aktivvermögen abzuziehen; das Anfangsvermögen eines Ehegatten ist sein Nettovermögen. Abzuziehen sind alle Verbindlichkeiten, die der Ehegatte bei Eintritt des Güterstands hat, mögen sie ggü dem Ehepartner (s Rn 6) oder Dritten bestehen, privat- oder öffentlich-rechtl Ursprungs sein, zB Steuerschulden; auch Verbindlichkeiten, die aus einer Straftat resultieren (Karlsruhe FamRZ 2004, 461: Opferentschädigung, Zahlungen an die Gerichtskasse und Rechtsanwälte). Unerheblich ist, ob die Schuld bereits **fällig** geworden ist; sie muss zum Stichtag nur **entstanden** sein (BGH FamRZ 1991, 43, 46; Brandenburg 9.2.2017 – 9 UF 52/16, juris Rn 38; vgl auch Hamm FamRZ 1996, 34: keine Berücksichtigung der Forderung aus einer Kautionsvereinbarung, solange der Sanierungsfall nicht eingetreten ist); künftige Verbindlichkeiten werden nicht berücksichtigt. Bedeutung hat dies insb für Einkommensteuerschulden. Da diese erst mit Ablauf des Veranlagungszeitraums, also des Kalenderjahres (§§ 25, 36 EStG), entstehen, kann die Einkommensteuer für das Kalenderjahr, in dem der Güterstand begründet wurde, im Anfangsvermögen nicht berücksichtigt werden (BGH FamRZ 2022, 425, 427); auch ein Ansatz als bedingte Verpflichtung kommt nicht in Betracht (BGH NJW 1991, 1547, 1551f; Johannsen/Henrich/Althammer/*Kohlenberg* Rn 15; aA *Piltz* NJW 2012, 1111, der darauf verweist, dass latente Steuern auch von der hM bei der Bewertung einzelner Vermögensgegenstände durchaus angesetzt werden, s zum Abzug **latenter Steuern** auch § 1376 Rn 15, 28). Bereits entstandene Verpflichtungen zu Steuervorauszahlungen sind aber in Ansatz zu bringen (BGH NJW 1991, 1547, 1551f); unerheblich ist, ob die Steuer bereits festgesetzt wurde (München FamRZ 1984, 1096). Bestand beim Eintritt des Güterstands ein **Gesamtschuldverhältnis** zw den Ehegatten, ist die Gesamtschuld unter Berücksichtigung des gesamtschuldnerischen Ausgleichs im Anfangsvermögen zu bilanzieren (s § 1372 Rn 26). 9

Eine Ausnahme von dem Grundsatz, dass es auf die Fälligkeit der Schuld nicht ankommt, ist für Verbindlichkeiten aus **Dauerschuldverhältnissen** (zB Unterhaltspflicht, Ansprüche aus einem Miet-, Pacht- oder Leasingvertrag) zu machen; hier gilt das für Forderungen aus Dauerschuldverhältnissen Gesagte (Rn 7) entspr (s dazu BGHZ 156, 105, 109; BGH NJW-RR 2011, 73, 76; Koblenz NJW 2007, 2646f; NK/*Heiß/Löhnig* Rn 17; Johannsen/Henrich/Althammer/*Kohlenberg* Rn 15: Zu berücksichtigen sind nur solche Verbindlichkeiten, die am Stichtag bereits fällig sind). Ausgenommen sind auch am Stichtag noch nicht fällige Zinsleistungen (BGHZ 156, 105, 108; NK/*Heiß/Löhnig* Rn 17; MüKo/*Koch* Rn 14; Staudinger/*Thiele* Rn 15), es sei denn, die Zinsen wurden (zB bei einem Teilzahlungskredit) von vornherein in die Hauptschuld eingerechnet (Johannsen/Henrich/Althammer/*Kohlenberg* Rn 15; MüKo/*Koch* Rn 14; Staudinger/*Thiele* Rn 15). **Bedingte** oder **betagte** Verbindlichkeiten stellen idR bereits eine wirtschaftl Belastung dar und sind daher gleichfalls als Passivposten im Anfangsvermögen zu bilanzieren (BGH FamRZ 1991, 43, 46; 1986, 37f). Wegen der Bewertung der Verbindlichkeiten vgl § 1376 Rn 18. 10

3. Negatives Anfangsvermögen (Abs III). Der zum 1.9.2009 durch das G zur Änderung des Zugewinnausgleichs- und Vormundschaftsrechts eingefügte Abs III stellt klar, dass Verbindlichkeiten über die Höhe des Aktivvermögens hinaus abzuziehen sind. Das Anfangsvermögen kann damit auch mit einem Negativsaldo in die Zugewinnausgleichsbilanz eingestellt werden (vgl § 1373 Rn 2). Die Regelung gilt nicht nur für Vermögen, das am Stichtag bereits vorhanden ist, sondern ebenso für den **Hinzuerwerb nach Abs II** (BT-Drs 16/10798, 15; *Büte* FPR 2012, 73, 74 mwN). Auch der Erwerb negativen privilegierten Vermögens (zB Annahme eines überschuldeten Nachlasses) kann daher zu einer anfänglichen Überschuldung des Ehegatten führen (*Büte* NJW 2009, 2776f; *Gutdeutsch* FPR 2009, 277, jew mit Bsp; aA *Braeuer,* Der Zugewinnausgleich[2], Rn 352ff). Tilgt der Ehegatte bis zur Beendigung des Güterstands seine Schulden ganz oder teilw, so ist die Differenz zw (positivem oder negativem) Endvermögen (§ 1375) und (negativem) Anfangsvermögen sein Zugewinn (§ 1373). Sind Anfangs- und Endvermögen gleich hoch, beträgt der Zugewinn Null. Erhöht sich die Schuldenlast während der Ehe, ist der Zugewinn gleichfalls Null; ein „negativer Zugewinn" findet auch nach der Güterrechtsreform keine Berücksichtigung (str, vgl § 1373 Rn 2). 11

Ein Zugewinn kann bei negativem Anfangsvermögen auch dadurch erzielt werden, dass es nach dem Anfangsstichtag zu einer **Restschuldbefreiung** kommt (s dazu § 1376 Rn 18). 12

Die Bilanzierung eines durch Schuldentilgung (oder Restschuldbefreiung) erzielten Zugewinns soll jedoch nicht dazu führen, dass sich der Ehegatte, sollte er den höheren Zugewinn erzielt haben, für die Begleichung der Ausgleichsforderung verschulden muss. § 1378 II 1 begrenzt daher die **Höhe der Ausgleichsforderung** auf den Wert des Endvermögens (vgl § 1378 Rn 4f). 13

Bsp (bereits indexiert, s § 1376 Rn 39ff): M hat bei Beginn der Ehe Vermögen im Gesamtwert von 10 000 €, aber 50 000 € Schulden. Sein Anfangsvermögen ist in diesem Fall mit minus 40 000 € anzusetzen. Hat er während der Ehe die Schulden abgetragen und aE ein schuldenfreies Vermögen von 10 000 €, beläuft sich sein Zugewinn auf 50 000 €. Die bei Eheschließung schuldenfreie und vermögenslose F hat ein Endvermögen und damit einen 14

Zugewinn von 20 000 € erzielt. Gem § 1378 I stünde ihr folglich ein Ausgleichsanspruch von (50 000 € – 20 000 €)/2 = 15 000 € zu. Da M aber nur ein Endvermögen von 10 000 € besitzt, kann F wegen der Begrenzung der Ausgleichspflicht nach § 1378 II nur einen Zugewinnausgleich von 10 000 € verlangen.

15 **4. Übergangsregelung.** Den zeitl Geltungsbereich der durch das G zur Änderung des Zugewinnausgleichs- und Vormundschaftsrechts zum 1.9.2009 geänderten Vorschriften bestimmt die **Übergangsregelung** in Art 229 § 20 EGBGB. Die Vorschrift sieht in Abs II vor, dass für Verfahren über den Zugewinnausgleich, die vor dem 1.9.2009 anhängig geworden sind, weiterhin § 1374 aF Anwendung findet. Verbreitet wird daraus im Gegenschluss gefolgert, dass abgesehen von § 1374 nF (und der in Abs I erfassten Aufhebung des § 1370, s Anm dort) ab dem 1.9.2009 auch für laufende Verfahren neues Recht gilt – selbst im Rechtsmittelverfahren und unabhängig davon, ob die Vorinstanz vor dem Stichtag zutr nach altem Recht entschieden hat (Naumburg 28.12.2009 – 3 UF 125/09 bzgl der Auskunftspflicht nach § 1379; zu § 1379 ebenso Hamm FamRZ 2011, 566, 567, bzgl anderer Neuregelungen dort offengelassen). Zudem soll in allen Ausgleichsverfahren, die ab dem 1.9.2009 eingeleitet werden, § 1374 nF anzuwenden sein, selbst wenn die Ehe bereits vor dem Stichtag rechtskräftig geschieden worden ist (*Schwab* FamRZ 2009, 1961; *Büte* FPR 2012, 73, 74f; FPR 2010, 87f mwN). Damit wäre für den Anspruch auf Zugewinnausgleich, der gem § 1378 III 1 mit der Beendigung des Güterstands entsteht, allerdings ein Statutenwechsel verbunden. Zu Recht wird darauf hingewiesen, dass ein solcher in Widerspruch stünde zu dem allg Rechtsgedanken, demzufolge ein Rechtsverhältnis grds nur dem im Zeitpunkt seiner Entstehung gültigen Recht unterfallen soll (BGH FamRZ 2017, 1039, 1040f; NJW 2015, 56; 2014, 2877, 2878; *Braeuer* NJW 2010, 351f; MüKo/*Koch* Art 229 § 20 EGBGB Rn 1), und der auch für die vermögensrechtl Folgen der Beendigung des Güterstands trägt (s *Hess*, Intertemporales Privatrecht, 198). Gründe, aus denen von diesem Grundsatz hier abzuweichen sein sollte, sind nicht ersichtlich. Insb besteht das in der Regierungsbegründung (BT-Drs 16/10798, 25) vorgebrachte schützenswerte Interesse am Fortbestand der alten Rechtslage auch dann, wenn gem § 1378 III 1 der Ausgleichsanspruch bereits vor dem 1.9.2009 entstanden, das Ausgleichsverfahren aber noch nicht eingeleitet worden ist. Dogmatisch schlüssiger – und mit dem Wortlaut des Art 229 § 20 II EGBGB ebenfalls vereinbar – erscheint es daher, das reformierte Zugewinnausgleichsrecht nur dann zur Anwendung zu bringen, wenn die Ehegatten den Güterstand nicht schon vor dem Stichtag beendet haben (BGH NJW 2014, 2877, 2878; Bamberg FamRZ 2013, 1129, 1130). Dies gilt insb auch für die Berechnung des Anfangsvermögens: Wurde der Güterstand vor dem 1.9.2009 beendet, findet unabhängig davon, wann das Ausgleichsverfahren eingeleitet wird, ausschließlich § 1374 aF Anwendung (s BGH FamRZ 2018, 21f [zu § 1374 III]: kein negatives Anfangsvermögen). Ebenso hat der BGH bereits im Hinblick auf die Novellierung der § 1378 II, § 1384 entschieden: Bei Beendigung des Güterstands vor dem 1.9.2009 richtet sich die Begrenzung der Ausgleichsforderung selbst dann nach § 1378 II aF (und nicht nach § 1378 II, § 1384), wenn das Zugewinnausgleichsverfahren am 1.9.2009 noch nicht anhängig war (BGH NJW 2014, 2877, 2878); dies schließt auch Fälle der illoyalen Vermögensminderung ein (BGH NJW 2015, 56f: keine Anwendung des § 1378 II 2). Entspr gilt für die Neufassung des § 1379 I 1 Nr 1 (BGH FamRZ 2017, 1039, 1040f: kein Auskunftsanspruch nach § 1379 I 1 Nr 1, wenn die Ehe vor dem 1.9.2009 rechtskräftig geschieden wurde) und des § 1379 I 1 Nr 2 (BGH FamRZ 2018, 21f: kein Auskunftsanspruch nach § 1379 I 1 Nr 2, wenn die Ehe vor dem 1.9.2009 rechtskräftig geschieden wurde); s auch § 1379 Rn 3. Wurde der Güterstand zwar nach dem 31.8.2009 beendet, das Ausgleichsverfahren jedoch schon zuvor anhängig gemacht, gilt dagegen neues Recht, allerdings mit Ausnahme von § 1374, der in diesem Fall gem Art 229 § 20 II EGBGB weiterhin in der bis zum 31.8.2009 geltenden Fassung anzuwenden ist (so überzeugend *Braeuer* NJW 2010, 351f; MüKo/*Koch* Art 229 § 20 Rn 1, 5; s auch Brandenburg FamRZ 2019, 1051 [zu § 1390]). War am 1.9.2009 zwar das Scheidungsverfahren anhängig, nicht aber auch das Ausgleichsverfahren, gilt ausschließlich neues Recht (vgl BT-Drs 16/10798, 25).

16 **5. Darlegungs- und Beweislast.** Haben die Ehegatten darauf verzichtet, gem § 1377 I ein Verzeichnis des Anfangsvermögens aufzustellen, liegt nach hM die Darlegungs- und Beweislast für das Vorliegen positiven Anfangsvermögens bei dem Ehegatten, der sich auf den positiven Saldo beruft (BGH NJW-RR 2005, 1460f). Negatives Anfangsvermögen eines Ehegatten hat hingegen der jew andere Ehepartner darzulegen und zu beweisen, da sich durch den Negativsaldo des einen Partners die Ausgleichsbilanz zu Gunsten des anderen verändert (Hamburg 20.10.2014 – 2 UF 70/12). Dabei trifft die Beweislast den durch das negative Anfangsvermögen begünstigten Ehegatten sowohl für die behaupteten Passiva als auch für die Nichtexistenz von Aktivvermögen, sofern der andere Ehegatte Tatsachen vorträgt, die den (unstr negativen) Saldo verringern würden (Johannsen/Henrich/Althammer/*Kohlenberg* Rn 38); allerdings sind die Grundsätze der sog sekundären Darlegungslast zu beachten (Johannsen/Henrich/Althammer/*Kohlenberg* Rn 38).

17 **6. Hinzurechnung zum Anfangsvermögen (Abs II). a) Zweck der Regelung.** Vermögen, das ein Ehegatte nach Eintritt des Güterstands erwirbt, bleibt grds ohne Einfluss auf die Höhe des Anfangsvermögens (vgl Rn 3f). Abs II macht von diesem Prinzip für bestimmte Erwerbsarten allerdings eine Ausnahme. Dem Zugewinnausgleich sind danach auch solche Vermögenswerte entzogen, die ein Ehegatte nach Eintritt des Güterstands von Todes wegen oder mit Rücksicht auf ein künftiges Erbrecht, durch Schenkung oder als Ausstattung erwirbt. Dadurch soll verhindert werden, dass ein Ehegatte an einem Vermögenszuwachs des anderen beteiligt wird, der in **keinem Zusammenhang mit der ehelichen Lebens- und Wirtschaftsgemeinschaft steht** (BGH NJW 2014, 294, 297; FamRZ 2010, 2057f; 1995, 1562; MüKo/*Koch* Rn 20; *Meder*, Grundprobleme und Geschichte der Zugewinngemeinschaft, 27ff). Eine entspr Regelung war für die Errungenschaftsgemeinschaft in § 1521 aF vorgesehen, der dem § 1374 II als Vorbild diente (vgl *Meder* aaO, 33ff). Die in Abs II aufgeführten Zuwendungen wer-

den aber nicht vollständig aus der Zugewinnrechnung herausgenommen, sondern mit ihrem Wert am Tage des Erwerbs (§ 1376 I) als **Rechnungsposten** im Anfangsvermögen bilanziert (*Muscheler* FamRZ 1998, 265, 266ff); vgl dazu auch § 1376 Rn 3. Erfahren sie eine reale Wertsteigerung, so erhöht sich dadurch das Endvermögen und es ergibt sich ein Zugewinn, an dem der andere Ehegatte beteiligt wird (vgl BGH NJW 1983, 2244, 2247); dies gilt auch, wenn ungewöhnliche Ereignisse zu der Wertsteigerung geführt haben, zB die Wiedervereinigung (BGHZ 157, 379, 392f). Unechte Wertsteigerungen, die sich allein aufgrund des Kaufkraftschwundes des Geldes ergeben, stellen dagegen keinen Zugewinn dar; sie werden aus dem privilegierten Vermögen herausgerechnet (vgl § 1376 Rn 44).

b) Stichtag für die Wertermittlung. Die **Ermittlung der Werte** des Anfangsvermögens (Abs I) und des diesem hinzuzurechnenden Vermögens (Abs II) erfolgt getrennt. Stichtag für die Bewertung des privilegierten Hinzuerwerbs einschl der Berechnung des Kaufkraftschwundes ist nicht der Eintritt des Güterstands, sondern der Zeitpunkt des Erwerbs (§ 1376 I); s zum Erwerb von Todes wegen Brandenburg NZFam 2020, 166, 167 (Anfall der Erbschaft). Bei mehreren Erwerbsvorgängen müssen diese jew gesondert betrachtet werden. Dabei sind die mit dem Erwerb verbundenen Verbindlichkeiten vom Wert der (jew) Zuwendung abzuziehen; nur der Nettoerwerb ist dem Anfangsvermögen hinzuzurechnen (vgl Rn 33). Gem Abs III kann der **Hinzuerwerb auch negativ** sein (vgl Rn 11). Er führt in diesem Fall zu einer Minderung des Anfangsvermögens, ggf auch zu einer anfänglichen Überschuldung des privilegiert erwerbenden Ehegatten. Umgekehrt erhöht sich ein originär negatives Anfangsvermögen, wenn es mit einem positiven Hinzuerwerb verrechnet wird. 18

c) Erwerb von Todes wegen. Erwerb **von Todes wegen** iSd Abs II Alt 1 ist Erwerb aufgrund gesetzl Erbrechts oder einer Verfügung von Todes wegen (Testament oder Erbvertrag); der Erwerb kann Erbschaft, Miterbenanteil, Vermächtnis (vgl BGH NJW 2014, 294, 296: Ankaufsrecht im Wege des Vermächtnisses), Pflichtteil (BFH NJW 2021, 342, 343) oder dasjenige sein, was ein Ehegatte als Abfindung für den Verzicht auf ein angefallenes Erbrecht, auf einen Pflichtteilsanspruch, auf einen Erbersatzanspruch (vgl §§ 1934a ff aF) oder für die Ausschlagung einer Erbschaft oder eines Vermächtnisses erhalten hat (BGHZ 130, 377, 384; BGH FamRZ 2007, 1307f; Johannsen/Henrich/Althammer/*Kohlenberg* Rn 20; MüKo/*Koch* Rn 24), dgl das aufgrund eines Vergleichs in einem Streit über erbrechtl Verhältnisse Erlangte (BGHZ 130, 377, 384; BGH FamRZ 2007, 1307f; MüKo/*Koch* Rn 24; aA *Muscheler* FamRZ 1998, 265, 268f). Anders als im Falle des § 1418 II Nr 2 (Vorbehaltsgut bei Gütergemeinschaft) ist nicht erforderlich, dass der Erblasser bestimmt, der Erwerb solle dem Anfangsvermögen hinzugerechnet werden (Staudinger/*Thiele* Rn 46). Privilegierter Erwerb iSv § 1374 II liegt auch bei der **Befreiung von Verbindlichkeiten durch Konfusion** vor, wenn der Ehegatte seinen Gläubiger beerbt (BGHZ 130, 377, 383; Düsseldorf FamRZ 1988, 287). Zum **Erwerb unter Lebenden auf den Todesfall** aufgrund eines Vertrags zugunsten Dritter (§§ 328, 331) s Brandenburg NZFam 2020, 166, 169. Kein Fall des Abs II Alt 1 soll hingegen vorliegen, wenn der Ehegatte gem § 2 I 1 VermG als Erbe eines in der DDR enteigneten, vor Inkrafttreten des VermG (29.9.1990) verstorbenen Eigentümers einen **Restitutionsanspruch** (§ 3 I VermG) erworben hat (BGH FamRZ 2007, 1307f; zust MüKo/*Koch* Rn 26; Johannsen/Henrich/Althammer/*Kohlenberg* Rn 20; dagegen mit guten Gründen Staudinger/*Thiele* Rn 31). Verstirbt der Erblasser, dessen Vermögenswerte von Maßnahmen gem § 1 VermG betroffen sind, nach Inkrafttreten des VermG, fällt der Restitutionsanspruch dagegen ohne weiteres in den Nachlass und ist damit nach § 1374 II Alt 1 dem Anfangsvermögen hinzuzurechnen (Staudinger/*Thiele* Rn 31; NK/*Heiß*/*Löhnig* Rn 34). Tritt der Erbfall zwar nach Inkrafttreten des VermG, jedoch vor dem Eintritt des Güterstands ein, zählt der Anspruch aus § 3 I 1 VermG bereits nach Abs I zum Anfangsvermögen (NK/*Heiß*/*Löhnig* Rn 33). Zur **Darlegungs- und Beweislast** s Rn 36. 19

d) Erwerb mit Rücksicht auf ein künftiges Erbrecht. Dem Erwerb von Todes wegen wird der **Erwerb mit Rücksicht auf ein künftiges Erbrecht** gleichgestellt (Abs II Alt 2). Ein solcher liegt vor, wenn die Zuwendung unter Lebenden eine Verfügung von Todes wegen ersetzen und der Erwerber hierdurch für den Fall des Todes des Veräußerers so gestellt werden soll, als hätte er den Veräußerer beerbt (BGHZ 130, 377, 381; BGH NJW-RR 1990, 1283f; NK/*Heiß*/*Löhnig* Rn 38f; MüKo/*Koch* Rn 29). Die Privilegierung nach Abs II Alt 2 setzt nicht notwendig voraus, dass der Erwerber keine oder keine vollwertige **Gegenleistung** erbringt (NK/*Heiß*/*Löhnig* Rn 39; MüKo/*Koch* Rn 29; *Gernhuber*/*Coester-Waltjen* § 35 Rn 25). Maßgebend ist der Wille der Parteien, einen erst zukünftigen Erbgang vorwegzunehmen (BGHZ 170, 324, 331; BGH NJW-RR 1990, 1283f; Bremen FamRZ 2023, 31, 32). Wurde eine Gegenleistung vereinbart, ist im Wege der Auslegung zu ermitteln, ob der Vermögenserwerb gleichwohl mit Rücksicht auf ein künftiges Erbrecht erfolgen sollte, oder ob die Parteien einen davon unabhängigen Austauschvertrag abschließen wollten (BGH NJW-RR 1990, 1283f; Bremen FamRZ 2023, 31, 32f). Bei Grundstücks-, Hof- oder Unternehmensübernahmeverträgen zw Verwandten, insb zw Eltern und Kindern wird idR von vorweggenommener Erbfolge auszugehen sein, selbst wenn die kapitalisierte Gegenleistung (zB Leibgeding, Rentenzahlungen, Übernahme von Belastungen) den Verkehrswert des Vermögenswerts annähernd erreicht oder sogar übersteigt (BGH NJW-RR 1990, 1283f; BeckOK/*Scheller*/*Sprink* Rn 22; Johannsen/Henrich/Althammer/*Kohlenberg* Rn 24; *Höhler-Heun* FamFR 2011, 507; aA Brandenburg FamRZ 2009, 231: Gegenleistung muss im Wert hinter der Zuwendung zurückbleiben). § 1374 II greift selbst dann ein, wenn der Erwerb mit Rücksicht auf ein künftiges Erbrecht in die **Form eines Kaufvertrags** zur Vermeidung von Steuerschulden und zur Abwehr von Pflichtteilsansprüchen gekleidet wurde (BGHZ 170, 324, 330; 70, 291, 293f). Zur Berücksichtigung von Gegenleistungen bei der Wertermittlung des privilegiert Erworbenen vgl Rn 31ff. 20

Dem Zugewinnausgleich entzogen sein soll nach BGHZ 130, 377, 380ff; BGH FamRZ 2007, 1307f; Brandenburg NZFam 2020, 166, 169 auch eine **Versicherungssumme**, die der Ehegatte als Bezugsberechtigter aus der Lebens- 21 versicherung eines ihm nahestehenden verstorbenen Dritten erhält, wobei in BGHZ 130, 377, 382 davon abgesehen wird, den Fall ausdrückl § 1374 II Alt 1 oder 2 zuzuordnen (ebenso Brandenburg NZFam 2020, 166, 169; krit *Gernhuber/Coester-Waltjen* § 35 Rn 24: Schenkung).

22 **Zuwendungen unter Ehegatten**, die mit Rücksicht auf ein künftiges Erbrecht erfolgt sind, nimmt der BGH von der Privilegierung nach Abs II Alt 2 aus (BGH FamRZ 2010, 2057f m zust Anm *Braeuer*; *Wellenhofer* JZ 2011, 107f; krit *Jeep* DNotZ 2011, 590).

23 **e) Anwartschaft auf eine Nacherbschaft.** Ein Sonderfall ist die **Nacherbenstellung**, BGHZ 87, 367: Erwirbt ein Ehegatte nach Eintritt des Güterstands die Anwartschaft auf eine Nacherbschaft und ist der Nacherbfall bis zum Endstichtag noch nicht eingetreten, wird das Anwartschaftsrecht dem Anfangsvermögen mit dem Wert hinzugerechnet, den es zum Endstichtag hat (ebenso BGHZ 157, 379, 387; 111, 8, 11; Hamm FamRZ 1984, 481; *Gernhuber/Coester-Waltjen* § 35 Rn 29; aA Staudinger/*Thiele* Rn 28; *Tiedke* JZ 1984, 1078, 1080, die nur das Vollerbrecht privilegieren und die Nacherbenstellung weder beim Anfangs- noch beim Endvermögen berücksichtigen wollen). Da die Nacherbenstellung nur eine Vorwirkung des künftigen Erbrechts ist, gilt dies auch dann, wenn sich der Wert der Anwartschaft zwischenzeitl erhöht oder vermindert haben sollte (Johannsen/Henrich/Althammer/*Kohlenberg* Rn 21). Tritt der Nacherbfall vor dem Stichtag für die Berechnung des Endvermögens ein, so ist dem Anfangsvermögen der volle Wert des Nachlasses hinzuzurechnen; der Wert des Anwartschaftsrechts geht in diesem Fall im Wert des Nachlasses auf. Erbringt der Nacherbe nach dem Erwerb der Anwartschaft, aber vor dem Eintritt des Nacherbfalls Leistungen, aufgrund derer sich der Wert des Nachlasses erhöht, so ist diese Wertsteigerung beim Anfangsvermögen in Abzug zu bringen (Hamm FamRZ 1984, 481).

24 Eine **kaufweise erworbene Nacherben-Anwartschaft** fällt nicht unter Abs II (Hamm FamRZ 1984, 481).

25 **f) Schenkung. aa) Begriff der Schenkung.** Erhält ein Ehegatte während der Ehezeit schenkweise Zuwendungen, so werden auch diese nach Abs II dem Anfangsvermögen hinzugerechnet. Der Begriff der Schenkung in Abs II ist identisch mit jenem in § 516 I (BGHZ 101, 229, 232; BGH NJW 1992, 2566f; 2014, 294, 295; 2017, 734). Voraussetzung für die Annahme eines privilegierten Erwerbs ist danach, dass der Zuwendungsempfänger aus dem Vermögen des Zuwendenden bereichert wird und sich Zuwendender und Empfänger darüber einig sind, dass die Zuwendung ohne Gegenleistung des Empfängers erfolgt (BGHZ 130, 377, 380; BGH NJW 2014, 294, 295). Dem Anfangsvermögen wird eine Schenkung allerdings nur hinzugerechnet, wenn sie die Vermögensbildung fördern soll (BGH NJW 2017, 734f). Zuwendungen, die der Deckung des laufenden Lebensbedarfs zu dienen bestimmt sind, bleiben von der Privilegierung nach Abs II ausgenommen (BGH NJW 2017, 734, 735 – zur Finanzierung eines behindertengerechten Fahrzeugs); sie sind „den Umständen nach zu den Einkünften zu rechnen“ (Abs II aE, vgl Rn 35; BGHZ 101, 229, 234; Köln NJW 2009, 1005f; Koblenz FamRZ 2006, 1839). Maßgebend sind insofern nicht nur die Absichten des Zuwendenden, sondern auch der Anlass der Schenkung und die wirtschaftl Verhältnisse des Zuwendungsempfängers (BGHZ 101, 229, 234; BGH NJW 2017, 734, 735 mwN; MüKo/*Koch* Rn 41). Zu dem nach Abs II Alt 3 privilegierten Erwerb können auch **gemischte Schenkungen** zählen (zur gemischten Schenkung s auch § 516 Rn 30ff); dem Anfangsvermögen hinzuzurechnen ist in diesem Fall der Wert des Teils der Zuwendung, der unentgeltlich erfolgen sollte (BGH NJW 2014, 294, 295; 1992, 2566f; Brandenburg NJW 2008, 2720; FamRZ 2009, 231). Bei **Schenkungen an beide Ehegatten** erfolgt die Zurechnung zum Anfangsvermögen entspr dem jew Anteilswert, dh idR je zu ½ (MüKo/*Koch* Rn 32; Staudinger/*Thiele* Rn 36). Nicht als Schenkungen anzusehen sind **Gebrauchsüberlassungen** sowie unentgeltliche **Arbeits- und Dienstleistungen**, da es an der für eine Schenkung erforderlichen Vermögensbewegung iSd §§ 516ff fehlt (BGHZ 101, 229, 232 mwN). Gegenstand der Schenkung kann hier allenfalls der Erlass der Vergütungsschuld sein, sofern Leistungen der erbrachten Art üblicherweise vergütet werden (BGHZ 101, 229, 232); bei innerfamiliären Arbeitsleistungen größeren Umfangs, die über Gefälligkeiten hinausgehen, wird allerdings eher der konkludente Abschluss eines sog Kooperationsvertrags in Erwägung zu ziehen sein, dessen Geschäftsgrundlage bei Scheitern der Ehe entfällt, so dass Ansprüche nach § 313 in Betracht kommen (BGHZ 184, 190, 206f zu Arbeitsleistungen durch Schwiegereltern; vgl auch § 1372 Rn 20). Auch bei Weihnachtsgratifikationen oder anderen freiwilligen **Leistungen des Arbeitgebers** handelt es sich nicht um Schenkungen. Sie stehen im Zusammenhang mit der aus dem Arbeitsvertrag geschuldeten Leistung und sind daher Entgelt (München FamRZ 1995, 1069). Zu steuerlich motivierten Scheingeschäften vgl BGH FamRZ 1986, 565. Zur **Darlegungs- und Beweislast** s Rn 36.

26 **bb) Schenkungen unter Ehegatten.** Ob auch Schenkungen unter Ehegatten von Abs II erfasst werden, ist umstr. Der Wortlaut der Norm schließt eine Privilegierung jedenfalls nicht aus. Für eine Einbeziehung sprechen zudem die Gesetzesmaterialien zu § 1521 aF, dem § 1374 II nachgebildet ist (vgl Rn 17): Dort findet sich der Hinw, dass für Schenkungen unter den Ehegatten keine Ausnahme bestehen sollte (Mot IV, 496; vgl dazu auch *Lipp* JuS 1993, 89f). Gleichwohl lehnt der BGH die Anwendbarkeit des Abs II auf Schenkungen zw Ehegatten ab (BGHZ 101, 65, 69f; bestätigt in BGH FamRZ 1988, 374; 2010, 2057f; ebenso Nürnberg FamRZ 2006, 38; zust auch *Rauscher* FamR Rn 418a; *Wellenhofer* JZ 2011, 107f; *Hoppenz* FPR 2012, 84, 85; *Grünenwald* NJW 1988, 109; NJW 1995, 505f; Johannsen/Henrich/Althammer/*Kohlenberg* Rn 27 mwN; aA München FamRZ 1987, 67; MüKo/*Koch* Rn 33; Staudinger/*Thiele* Rn 35; *Jeep* DNotZ 2011, 590; *Lipp* JuS 1993, 89ff; zweifelnd auch BeckOK/*Scheller/Sprink* Rn 32). Abs II liege die Erwägung zugrunde, dass der Ehegatte des Erwerbers zu dem privilegierten Erwerb nichts beigetragen habe, die Zuwendung vielmehr auf der persönlichen Beziehung zw Erwerber und Zuwendendem beruhe und daher eine Beteiligung im Wege des Zugewinnausgleichs nicht sachgerecht sei. Dieser Gedanke trage bei der Schenkung unter Ehegatten nicht, da die Zuwendung gerade aus dem Vermögen des anderen Ehegatten stamme und die besondere Beziehung zw den Partnern den Grund für die Zuwendung bilde. Zu überzeugen

vermag die Begründung allerdings nicht. Schenkungen unter Ehegatten erfolgen in Abgrenzung zu unbenannten Zuwendungen aus echter Freigebigkeit (vgl § 1372 Rn 14f). Daher wäre es nicht gerechtfertigt, wenn der Ehegatte die Schenkung im Wege des Zugewinnausgleichs zumindest teilw rückgängig machen könnte. Auch Schenkungen unter Ehegatten sind daher nach Abs II zu privilegieren. Wird die Schenkung allerdings widerrufen (vgl § 1372 Rn 17), ist dieser Umstand in der Ausgleichsbilanz zu berücksichtigen, vgl dazu *Hoppenz* FamRZ 2010, 1718.

Unbenannte Zuwendungen (vgl § 1372 Rn 15, 19) sind keine Schenkungen und daher nicht unter Abs II zu subsumieren (BGHZ 82, 227, 234; 101, 65, 69; BGH FamRZ 2010, 2057f; Johannsen/Henrich/Althammer/*Kohlenberg* Rn 27; BeckOGK/*Preisner* Rn 92 [Stand: 1.2.2023]). 27

cc) Zuwendungen von (Schwieger-)Eltern. Auch **Zuwendungen der Eltern bzw Schwiegereltern** oder von Geschwistern **an die Ehegatten** um der Ehe willen können Abs II unterfallen. Nach früherer Rspr waren schwiegerelterliche Zuwendungen zwar idR nicht als Schenkungen, sondern als unbenannte Zuwendungen anzusehen (so noch BGHZ 129, 259, 263f; BGH FamRZ 2006, 394; 1999, 365, 366), diese Linie hat der XII. ZS aber inzwischen aufgegeben. Zuwendungen an das (künftige) Schwiegerkind sollen nunmehr ebenso wie Zuwendungen an das eigene Kind als Schenkungen anzusehen und dem Anfangsvermögen gem Abs II hinzuzurechnen sein (BGHZ 184, 190, 194ff m zust Anm *Koch* DNotZ 2010, 852; krit *Wever* FamRZ 2010, 1047 und *Büte* FuR 2011, 665f). Wird der Güterstand beendet, ist im Rahmen des Zugewinnausgleichs freilich nicht nur der Wert der Schenkung, sondern auch ein möglicher Rückgewähranspruch zu berücksichtigen. Nach der Rspr des BGH kommen bei einem Scheitern der Ehe neben Ansprüchen auf der Grundlage der §§ 527f, 530 insb Ansprüche wegen Störung der Geschäftsgrundlage (§ 313) in Betracht (s dazu auch *Schulz* FPR 2012, 79, 80f; *Büte* FuR 2011, 665); Forderungen im Verhältnis Schwiegereltern/Schwiegerkind sollen dabei von einem güterrechtl Ausgleich zw den Ehegatten grds unberührt bleiben (BGHZ 184, 190, 196ff; vgl dazu *Schlecht* FamRZ 2010, 1021). Auch eine Kondiktion wegen Zweckverfehlung (§ 812 I 2 Alt 2) sei denkbar, sofern mit der Schenkung ein ehebezogener Zweck verfolgt, infolge des Scheiterns der Ehe aber nicht (vollständig) erreicht wurde (BGHZ 184, 190, 204ff; BGH NJW 2012, 523, 525). Können die Schwiegereltern danach gem § 313 oder § 812 I 2 Alt 2 die Zuwendung (teilw) zurückfordern, soll der Anspruch – obgleich im Zeitpunkt der Zuwendung noch nicht entstanden – als Verbindlichkeit sowohl im Anfangs- als auch im Endvermögen des Schwiegerkindes zu bilanzieren sein (BGHZ 184, 190, 203; vgl dazu auch *Schulz* FPR 2012, 79, 81f; *Braeuer* FPR 2011, 75, 77f; *Hoppenz* FamRZ 2010, 1718). Zur Berücksichtigung evtl anfallender **Schenkungsteuer** in der Ausgleichsbilanz s *Kogel* FamRZ 2012, 832. 28

Die Rspr des BGH zu den Schwiegerelternzuwendungen wird man auf **Schenkungen der Eltern an das eigene Kind** übertragen können, sofern der Fortbestand der Ehe auch hier die Grundlage der Zuwendung bildete (*Hoppenz* FamRZ 2010, 1027f). Haben Ehegatten in der Ehe auf einem Grundstück der Eltern des Mannes mit Geldern der Frau zu bauen begonnen und wird das Grundstück vor Bauende dem Sohn geschenkt, ist als privilegiertes Anfangsvermögen des Mannes fiktiv der Wert des Grundstücks ohne Baumaßnahme anzusetzen; da bei dieser Berechnung über die Wertsteigerung durch die Baumaßnahmen die von der Frau eingebrachten Gelder im Zugewinn ausgeglichen werden, scheiden daneben Ansprüche der Frau wegen Wegfalls der Geschäftsgrundlage aus (München FamRZ 2003, 312 m zust Anm *Schröder*; dazu *Morawe/Winkler* FamRZ 2007, 1212). Zu Grundstücksübertragungen mit **Rückfallklauseln** s *Schulz* FamRZ 2018, 82. 29

g) Ausstattung. Nach der Legaldefinition des § 1624 fällt unter Ausstattung das, „was einem Kind mit Rücksicht auf seine Verheiratung oder auf die Erlangung einer selbständigen Lebensstellung zur Begründung oder zur Erhaltung der Wirtschaft oder der Lebensstellung von dem Vater oder der Mutter zugewendet wird" (vgl dazu AG Stuttgart FamRZ 1999, 655). Ebenso wie die Schenkung setzt auch die Ausstattung voraus, dass das Vermögen des Zuwendenden (Elternteil) gemindert und das Vermögen des Zuwendungsempfängers (Kind) vermehrt wird. Arbeitsleistungen der Eltern sind daher keine Ausstattung (BGHZ 101, 229, 233). 30

h) Belastungen des privilegierten Erwerbs. Gerade bei Schenkungen und vorweggenommener Erbfolge ist der nach Abs II privilegiert erworbene Vermögensgegenstand nicht selten mit einem **Nießbrauch oder Wohnrecht** etwa zugunsten des Zuwendenden belastet. In das Vermögen des Ehegatten fließt in diesem Fall zunächst nur der Wert der Zuwendung abzüglich des Wertes des Nießbrauchs bzw Wohnrechts. Aufgrund der abnehmenden Lebenserwartung des Nießbrauchers bzw Wohnrechtsinhabers sinkt allerdings mit der Zeit der Wert des Nießbrauchs bzw Wohnrechts; dadurch steigt im Regelfall zugleich der Wert des erworbenen Vermögensgegenstands. Diese Wertsteigerung soll nach allgM im Rahmen des Zugewinnausgleichs jedoch keine Berücksichtigung finden, da sie in der privilegierten Zuwendung bereits angelegt und daher gleichfalls privilegiert ist (s nur MüKo/*Koch* Rn 34; BGH NJW 2015, 2334, 2335: gleitender Vermögenserwerb). Zu der Frage, mit welcher Berechnungsmethode dieses Ziel zu erreichen ist, hat der BGH seine Rspr in den letzten Jahren freilich mehrfach geändert: Ursprünglich vertrat er die Auffassung, der Wert des Nießbrauchs bzw Wohnrechts könne sowohl im Anfangs- als auch im Endvermögen unberücksichtigt bleiben; die privilegierte Zuwendung sei jew mit ihrem Bruttowert anzusetzen, selbst wenn das Nießbrauchs- oder Wohnrecht bei Beendigung des Güterstands noch bestand (BGH NJW 1990, 1793f – Nießbrauch). Von dieser Berechnungsweise war der BGH zwischenzeitl abgerückt. Er verwies darauf, dass nach der alten Rspr die Zuwendung entgegen § 1376 I nicht mit ihrem realen Wert im Zeitpunkt des Erwerbs angesetzt worden sei (BGH NJW 2007, 2245, 2248). Richtigerweise müsse der privilegiert erworbene Vermögensgegenstand im Anfangs- wie im Endvermögen mit seinem jew Nettowert, dh abzüglich des Wertes des Nießbrauchs oder Wohnrechts bilanziert werden. Zudem sei der Wertzuwachs, der aufgrund des abnehmenden Wertes des Nutzungsrechts bis zum Ende des Güterstands eintrete, dem Anfangsvermögen hinzuzurechnen, ggf unter Inanspruchnahme sachverständiger Hilfe (BGH NJW 2007, 2245, 2249 – Wohnrecht; 31

näher zur Berechnung Bamberg NJW-RR 1995, 258f). Inzwischen hat der BGH von dieser auf einzelne Zeitabschnitte aufgeteilten Bewertung wieder Abstand genommen. Unter Bezugnahme auf Berechnungen von *Gutdeutsch* (FamRZ 2015, 1083) ist der Senat zu dem Ergebnis gelangt, dass eine zutreffende Erfassung des fortlaufenden Wertzuwachses eines Grundstücks auch dann gewährleistet ist, wenn die Grundstücksbelastung mit einem Nießbrauch bei der Ermittlung des Zugewinns des Zuwendungsempfängers außer Betracht bleibt, der Nießbrauchswert also weder im Anfangs- noch im Endvermögen bilanziert wird (BGH NJW 2015, 2334, 2335 m zust Anm *Münch* FamRZ 2015, 1270ff; krit *Kogel* FF 2015, 414ff; FamRZ 2016, 1129, 1130ff; s auch FamRZ 2016, 1916 gegen *Gutdeutsch* FamRZ 2016, 1914ff). Eine andere Bewertung sei nur erforderlich, wenn sich der Wert des Nießbrauchs nicht in Abhängigkeit von der Lebenserwartung des Berechtigten reduziert, sondern aus sonstigen Gründen (zB der Wertentwicklung des Grundstücks) erhöht habe. In diesem Fall sei der Wert der Grundstücksbelastung sowohl im Anfangs- als auch im Endvermögen des Zuwendungsempfängers zu berücksichtigen. Da die Erhöhung des Nießbrauchswerts durch Wertsteigerung des Grundstücks nicht in der Schenkung selbst angelegt sei, werde sie von § 1374 II nicht erfasst (BGH NJW 2015, 2334, 2335f m krit Anm *Hoppenz* NZFam 2015, 834; s auch BeckOK/*Scheller*/*Sprink* Rn 27: Wertsteigerung des dinglichen Nutzungsrechts durch Wertsteigerung des belasteten Grundstücks ist allein im Endvermögen zu bilanzieren).

32 Vergleichbare Probleme ergeben sich, wenn für den Ehegatten mit dem privilegierten Erwerb die Verpflichtung zur Zahlung einer **Leibrente** oder die Erbringung von Sach- oder Dienstleistungen verbunden ist. Typisches Bsp ist die Übertragung eines Grundstücks im Rahmen der vorweggenommenen Erbfolge gegen Gewährung eines Leibgedings (Altenteils), bei dem der Erwerber sich verpflichtet, auf eigene Kosten dem Zuwendenden lebenslang Kost und Pflege zu gewähren, und diesem ein Wohnrecht einzuräumen. Die frühere Rspr berücksichtigte derartige Belastungen ebenso wenig in der Ausgleichsbilanz wie Nießbrauchs- oder Wohnrechte; die Zuwendung wurde im Anfangs- wie im Endvermögen mit ihrem Bruttowert angesetzt (BGH NJW 1990, 3018f; NJW-RR 1990, 1283, 1285). Für den Fall eines Leibrentenversprechens hat BGH NJW 2005, 3710, 3713 an dieser Lösung freilich nicht festgehalten und stattdessen vorgegeben, dass die Leibrentenverpflichtung bei der Ermittlung des Anfangsvermögens wertmindernd zu berücksichtigen sei (vgl auch Rn 33). Gleiches gelte für die Berechnung des Endvermögens, sofern die Verpflichtung zu diesem Zeitpunkt noch bestehe. Anders als bei der Einräumung eines Nießbrauchs oder Wohnrechts soll dabei der aus der sinkenden Lebenserwartung des Berechtigten resultierende Wertzuwachs nicht als privilegierter Erwerb iSd § 1374 II zu behandeln und dem Anfangsvermögen hinzuzurechnen sein; da der Ehegatte hier eigenes Vermögen einsetzen müsse, liege insofern kein unentgeltlicher und damit auch kein privilegierter Erwerb vor. Keine Rolle spiele in diesem Zusammenhang, ob das Leibrentenversprechen dinglich gesichert sei (BGH NJW 2005, 3710, 3713). Die vorstehende Rspr wird man auf Dienstleistungsverpflichtungen im Rahmen eines Leibgedings übertragen können, da der Ehegatte gleichfalls geldwerte Leistungen zu erbringen hat (Düsseldorf BeckRS 2022, 36425 Rn 17: Pflegeleistungen; Johannsen/Henrich/Althammer/*Kohlenberg* § 1376 Rn 61; Grü/*Siede* § 1376 Rn 83). Auch solche Verpflichtungen sind daher abw von der bisherigen Rspr im Anfangs- und im Endvermögen mit ihrem jew Wert mindernd zu berücksichtigen. Dabei kann es auch hier keine Rolle spielen, ob die Verpflichtung durch eine Reallast dinglich gesichert ist (vgl dazu BGH NJW-RR 1990, 1283, 1285).

33 **i) Mit dem privilegierten Erwerb verbundene Verbindlichkeiten.** Bei Erwerb der in Abs II bezeichneten Art sind sämtliche mit diesem verbundenen **Verbindlichkeiten abzuziehen** (Brandenburg NZFam 2020, 166, 167); nur der (ggf auch negative) Nettoerwerb ist dem Anfangsvermögen hinzuzurechnen (vgl Rn 11). Abzuziehen sind zB die Erbschaftsteuer, Belastungen des erbenden Ehegatten durch Vermächtnisse, Auflagen oder Pflichtteilsansprüche, bei einem Übertragungsvertrag die dem Ehegatten auferlegten Gegenleistungen; zur Einräumung eines Leibgedings vgl Rn 32. Ein Pflichtteilsergänzungsanspruch gegen den Beschenkten gem § 2329, der im Zeitpunkt des Erwerbs noch nicht entstanden war (vgl §§ 2317, 2325), soll jedoch nach Stuttgart FamRZ 1990, 750 vom Wert der Schenkung nicht abzuziehen sein.

34 **j) Analogiefähigkeit des Abs II.** Nach st Rspr des BGH handelt es sich bei Abs II um eine nicht analogiefähige Ausnahmevorschrift mit einer abschließenden Aufzählung der betroffenen Fälle (s nur BGH NJW 2013, 3645; FamRZ 2007, 1307f; 2004, 781, 783; 1995, 289f; 1562ff; dagegen mit guten Gründen *Meder*, Grundprobleme und Geschichte der Zugewinngemeinschaft, 27ff; für eine Aufgabe des Analogieverbotes auch MüKo/*Koch* Rn 22; Johannsen/Henrich/Althammer/*Kohlenberg* Rn 33; *Brudermüller* NJW 2010, 401ff). Die §§ 1373ff enthalten nach Ansicht des BGH keine allg Ausprägung des Grundsatzes, dass der Vermögenserwerb während der Ehe nur dann in den Zugewinnausgleich einbezogen werden solle, wenn der andere Ehegatte zu dem Erwerb beigetragen habe. Der Gesetzgeber habe sich vielmehr für eine schematische Regelung entschieden, der zufolge die Ehegatten grds an allem, was während der Ehe erworben wurde, bei Beendigung des Güterstands wertmäßig teilhaben sollten. Eine Ausnahme von diesem Prinzip bestehe nur für die in Abs II abschließend aufgezählten Fälle, für die kennzeichnend sei, dass der andere Ehegatte zum Erwerb nicht nur keinen Beitrag geleistet habe, sondern auch und insb, dass die entspr Zuwendung auf persönlichen Beziehungen des erwerbenden Ehegatten zu dem Zuwendenden oder auf ähnl besonderen Umständen beruhe (BGH NJW 2014, 294, 297; 2013, 3645; FamRZ 1995, 1562, 1564; 1981, 239f). Nicht entspr anzuwenden sei Abs II daher zB auf einen Vermögenserwerb, den ein Ehegatte während der Ehe durch einen **Lottogewinn** erzielt habe (BGHZ 68, 43; BGH NJW 2013, 3645; zust Johannsen/Henrich/Althammer/*Kohlenberg* Rn 33; *Hoppenz* FamRZ 2008, 1889, 1891 Fn 15); auch ein Leistungsverweigerungsrecht nach § 1381 I habe der Schuldner in diesem Fall jedenfalls nicht allein deshalb, weil der Vemögenszuwachs erst erfolgt sei, nachdem die Ehegatten bereits längere Zeit getrennt gelebt hatten (BGH NJW 2013,

3645, 3646); vgl auch § 1381 Rn 5. Keine entspr Anwendung finden soll Abs II auch auf **Schmerzensgeldzahlungen**; Härtefälle könnten über § 1381 abgefangen werden (BGH FamRZ 1981, 755; abl Johannsen/Henrich/Althammer/*Kohlenberg* Rn 33; anders auch Art 8 II 1 dt-frz WZGA, demzufolge neben Erbschaften und Schenkungen auch Schmerzensgeld dem Anfangsvermögen hinzuzurechnen ist, vgl dazu den erläuternden Bericht, BR-Drs 67/11, 29; einen anderen Ansatz verfolgt *Herr* NZFam 2014, 1, 4ff, demzufolge Schmerzensgeld keine „güterrechtl Vermögensposition im sonst üblichen Rechtssinne" darstellt und daher im Endvermögen nicht zu bilanzieren ist); vgl auch § 1381 Rn 11. Für Renten und Abfindungen nach dem **Bundesentschädigungsgesetz** im gleichen Sinne vgl Saarbrücken FamRZ 1985, 710; ebenso für Versorgungsleistungen nach dem BVG BGH FamRZ 1981, 239f; Saarbrücken 2.7.2008 – 9 UF 115/07. Nach BGH NJW 1995, 3113 handelt es sich hingegen bei einer **Lebensversicherungssumme**, die ein Ehegatte aus der Versicherung eines ihm nahestehenden verstorbenen Dritten erhält, um privilegiertes Vermögen iSd Abs II; vgl dazu auch Rn 21. Das Gleiche gilt nach BGH NJW 1995, 523 für die Rückerstattung der Beiträge nach § 1304 RVO aF.

k) Keine Zurechnung der Einkünfte. Zuwendungen iSd Abs II sind dem Anfangsvermögen nicht zuzurechnen, wenn sie als „Einkünfte" anzusehen sind. Es wäre wenig sinnvoll, wollte man solche unentgeltlichen Empfänge dem Anfangsvermögen hinzurechnen, die nicht der Vermögensbildung, sondern lediglich dem Verbrauch dienen, und somit im Endvermögen idR nicht mehr in Erscheinung treten (vgl BGH NJW 2014, 294, 296; FamRZ 1987, 910; Celle 28.7.2015 – 17 UF 63/15; MüKo/*Koch* Rn 43; Johannsen/Henrich/Althammer/*Kohlenberg* Rn 36). Die Folge wäre die fortwährende Erhöhung des Anfangsvermögens bei gleichbleibendem Endvermögen, dh es würde nicht nur eine Nichtbeteiligung des anderen Ehegatten an diesen Zuwendungen, sondern sogar seine Benachteiligung erreicht. Deshalb bestimmt das Gesetz (Abs II aE), dass unentgeltliche Empfänge dann nicht anzurechnen sind, wenn sie lediglich der Deckung des Lebensbedarfs dienen sollen. Hierbei ist vorwiegend auf wirtschaftl Gesichtspunkte abzustellen. Maßgebend sind neben der Absicht des Zuwendenden auch der Anlass der Schenkung und die wirtschaftl Verhältnisse des Zuwendungsempfängers (BGHZ 101, 229, 234; BGH NJW 2014, 294, 297; Frankfurt FamRZ 2009, 1065f; Koblenz NJW-RR 2007, 2f; MüKo/*Koch* Rn 41). In Betracht kommen zB (einmalige oder mehrmalige, sporadische oder regelmäßige) Zahlungen der Eltern zur Deckung der Kosten des Polterabends (Brandenburg MittBayNot 2014, 535, 536), Zuschüsse zum Haushalt der Ehegatten, Zahlungen zur Finanzierung eines Führerscheins oder einer Erholungsreise, Zuwendungen bei einem Krankenhaus- oder Kuraufenthalt (MüKo/*Koch* Rn 41; s auch Zweibrücken FamRZ 1984, 276: Kfz-Kauf), nicht jedoch Zuschüsse zur Finanzierung des Erwerbs von Grundeigentum, da diese typischerweise der Vermögensbildung dienen (Brandenburg MittBayNot 2014, 535, 536; Frankfurt FamRZ 2009, 1065f; Koblenz NJW-RR 2007, 2f; Johannsen/Henrich/Althammer/*Kohlenberg* Rn 36). Auch Erwerb von Todes wegen zählt regelmäßig nicht zu den Einkünften, da die Zuwendung zumeist nicht der Deckung des Lebensbedarfs dienen soll (BGH NJW 2014, 294, 297). Ist nach den vorstehenden Kriterien von Einkünften auszugehen, scheidet eine Zurechnung zum Anfangsvermögen nach Abs II unabhängig davon aus, ob die Zuwendung tatsächlich (vollständig) verbraucht wurde; soweit Einkünfte im Endvermögen noch vorhanden sind, sind sie Zugewinn (Johannsen/Henrich/Althammer/*Kohlenberg* Rn 36; Staudinger/*Thiele* Rn 47; s auch BeckOK/*Scheller*/*Sprink* Rn 40f). 35

l) Darlegungs- und Beweislast. Die Darlegungs- und Beweislast für das Vorliegen von positivem Hinzuerwerb nach Abs II liegt bei dem Ehegatten, dessen Zugewinn sich durch die Bilanzierung im Anfangsvermögen verringert, dh beim Zuwendungsempfänger (BGH NJW 2014, 294, 295f – gemischte Schenkung; FamRZ 2005, 1660f); zur Substantiierungspflicht bei Schenkungen s Celle NJW-RR 2011, 1162f m krit Anm *Schmid* FamRZ 2012, 17, 18; Brandenburg NZFam 2020, 166, 168 (dort auch zum Erwerb von Todes wegen, aaO 169). Ein negativer Nettoerwerb ist dagegen vom anderen Ehegatten darzulegen und zu beweisen (Düsseldorf BeckRS 2022, 36166 Rn 10); vgl dazu auch Rn 16. 36

7. Abweichende Vereinbarungen. Da der Grundsatz der Vertragsfreiheit im Güterrecht weit reicht, können die Ehegatten durch Ehevertrag (§§ 1408, 1410) vom Gesetz abw Bestimmungen über die Berechnung des beiderseitigen Anfangsvermögens treffen. Sie können insb zur Vermeidung künftiger Unklarheiten ohne Rücksicht auf den tatsächlichen Bestand und Wert die Höhe des beiderseitigen Anfangsvermögens bindend festlegen (vgl hierzu auch § 1377). Sie können durch Ehevertrag auch bestimmte Vermögenswerte, die nach den gesetzl Vorschriften nicht zum Anfangsvermögen gehören, zum nicht ausgleichspflichtigen Vermögen eines Ehegatten erklären (Nürnberg FamRZ 2012, 1710 m Anm *Bergschneider* MittBayNot 2012, 393). Umgekehrt kann das Anfangsvermögen oder das diesem gem Abs II hinzuzurechnende Vermögen auch ganz oder zT für ausgleichspflichtig erklärt werden (Grü/*Siede* § 1376 Rn 6). Zur Einbeziehung vorehelichen Erwerbs in den Zugewinnausgleich durch Vorverlegung des Stichtags für die Berechnung des Anfangsvermögens s Rn 2. 37

§ 1375 Endvermögen

(1) Endvermögen ist das Vermögen, das einem Ehegatten nach Abzug der Verbindlichkeiten bei der Beendigung des Güterstands gehört. Verbindlichkeiten sind über die Höhe des Vermögens hinaus abzuziehen.

(2) Dem Endvermögen eines Ehegatten wird der Betrag hinzugerechnet, um den dieses Vermögen dadurch vermindert ist, dass ein Ehegatte nach Eintritt des Güterstands

1. unentgeltliche Zuwendungen gemacht hat, durch die er nicht einer sittlichen Pflicht oder einer auf den Anstand zu nehmenden Rücksicht entsprochen hat,

2. Vermögen verschwendet hat oder
3. Handlungen in der Absicht vorgenommen hat, den anderen Ehegatten zu benachteiligen.
Ist das Endvermögen eines Ehegatten geringer als das Vermögen, das er in der Auskunft zum Trennungszeitpunkt angegeben hat, so hat dieser Ehegatte darzulegen und zu beweisen, dass die Vermögensminderung nicht auf Handlungen im Sinne des Satzes 1 Nummer 1 bis 3 zurückzuführen ist.

(3) Der Betrag der Vermögensminderung wird dem Endvermögen nicht hinzugerechnet, wenn sie mindestens zehn Jahre vor Beendigung des Güterstands eingetreten ist oder wenn der andere Ehegatte mit der unentgeltlichen Zuwendung oder der Verschwendung einverstanden gewesen ist.

1 **1. Allgemeines.** Endvermögen ist das Vermögen jedes Ehegatten bei Beendigung des Güterstands. Wie das Anfangsvermögen ist auch das Endvermögen lediglich eine **Rechnungsgröße**, keine selbständige Vermögensmasse, vgl § 1374 Rn 3. Es ist als **Nettovermögen** definiert, also als das Vermögen, das einem Ehegatten nach Abzug der Verbindlichkeiten gehört (Abs I S 1). Zum Endvermögen rechnen nach st Rspr des BGH sämtliche dem Ehegatten bei Beendigung des Güterstands zustehenden rechtl geschützten Positionen von wirtschaftl Wert (BGHZ 175, 207). Entscheidend ist, dass die Position zum Stichtag bereits entstanden ist; bloße Erwerbsaussichten oder in der Entwicklung begriffene Rechte, die noch nicht zur Anwartschaft erstarkt sind, werden in die Ausgleichsbilanz nicht aufgenommen (BGH NJW 2007, 1744f). Insofern gelten dieselben Grundsätze wie bei der Ermittlung des Anfangsvermögens (s dazu § 1374 Rn 3ff). Die **Bewertung** der im Endvermögen zu bilanzierenden **Aktiva und Passiva** erfolgt nach Maßgabe des § 1376 II–IV. Dabei kommt es nur auf den Vermögensstand bei Beendigung der Zugewinngemeinschaft an. Zwischenzeitl Schwankungen bleiben unberücksichtigt. Darin kann eine Härte für den Ehegatten liegen, der durch seine Mitarbeit zum Ausgleich von Verlusten beigetragen hat, die der andere während der Ehe erlitten hat, vgl hierzu § 1376 Rn 2. Aufgrund der Einführung eines negativen Anfangsvermögens zum 1.9.2009 (§ 1374 III) findet in der Ausgleichsbilanz immerhin der **wirtschaftliche Zugewinn** Berücksichtigung, der dadurch erzielt wird, dass ein anfänglich überschuldeter Ehegatte bis zum Endstichtag seine Schulden (zumindest teilw) getilgt hat, vgl § 1374 Rn 11 (zum Übergangsrecht s § 1374 Rn 15). Übersteigen die Passiva weiterhin die Aktiva, so dass auch das Endvermögen negativ ist (§ 1375 I 2), wirkt sich der wirtschaftl Zugewinn allerdings idR nur insoweit aus, als dadurch ein Ausgleichsanspruch des verschuldeten Ehegatten gegen seinen Ehepartner gemindert wird oder ganz entfällt. Dagegen kommt ein Ausgleichsanspruch gegen den am Endstichtag verschuldeten Ehegatten ungeachtet des wirtschaftl Zugewinns grds nicht in Betracht. Da gem § 1378 II 1 die Höhe der Ausgleichsforderung durch den Wert des Endvermögens begrenzt wird, fällt bei negativem Endvermögen ein Zugewinnausgleich aus – es sei denn, der Ehegatte hat sein Vermögen iSd Abs II S 1 illoyal vermindert (vgl Rn 14ff). In diesem Fall wird nicht nur der Betrag, um den das Vermögen illoyal vermindert wurde, dem Endvermögen hinzugerechnet (Abs II S 1), es erhöht sich gem § 1378 II 2 auch die Kappungsgrenze des § 1378 II 1 um den Wert der illoyalen Vermögensminderung. Ergibt die Summe aus negativem Endvermögen und hinzuzurechnendem Betrag einen positiven Wert, so ist auch ein verschuldeter Ehegatte (max bis zu der erhöhten Kappungsgrenze) zum Zugewinnausgleich verpflichtet.

2 **2. Abgrenzung. a) Ausgleich auf andere Weise. Versorgungsanwartschaften** und **-aussichten**, die dem Versorgungsausgleich unterliegen, sind vom Zugewinnausgleich ausgenommen (§ 2 IV VersAusglG), unabhängig davon, ob ein Versorgungsausgleich tatsächlich durchgeführt wird (Johannsen/Henrich/Althammer/*Kohlenberg* Rn 5; MüKo/*Maaß* § 2 VersAusglG Rn 60; vgl auch § 1372 Rn 11). Welche Positionen im Einz darunter fallen, ergibt sich aus § 2 I und II VersAusglG. hinsichtl der Einbeziehung von **Hausrat** in den Zugewinnausgleich vgl § 1372 Rn 12; § 1374 Rn 5. Zu dem Verhältnis des Zugewinnausgleichs zu **sonstigen Ausgleichs- und Rückgewähransprüchen** s § 1372 Rn 13ff.

3 **b) Verhältnis zwischen Zugewinnausgleich und Unterhalt.** Für das Verhältnis zw Zugewinnausgleich und Unterhalt fehlt es an einer dem § 2 IV VersAusglG (Rn 2) entspr Konkurrenzregelung. Gleichwohl ist auch hier von dem Verbot der „doppelten Teilhabe" auszugehen: Eine Vermögensposition, die bei der Bemessung des Unterhalts Berücksichtigung gefunden hat, ist vom Zugewinnausgleich ausgenommen; ein Aktivposten, der dem Zugewinnausgleich unterliegt, kann nicht zusätzl unterhaltsrechtl berücksichtigt werden (BGHZ 175, 207, 212; BGH NJW 2003, 1396f; 2004, 2675f; 2012, 1868, 1872; MüKo/*Koch* Rn 5). Freilich wird das Problem der Doppelverwertung nur selten relevant. Die Konkurrenzfrage stellt sich letztlich nur, wenn jew dieselbe Vermögensposition in Rede steht. Im Regelfall spielt aber ein Vermögenswert, der dem Zugewinnausgleich unterliegt, bei der Bemessung des Unterhalts keine Rolle und umgekehrt (*Hoppenz* FamRZ 2006, 1242f; *Schmitz* FPR 2007, 198, 200). Dem Zugewinnausgleich unterliegen alle rechtl geschützten Positionen von wirtschaftl Wert, die am Stichtag bereits entstanden sind (Rn 1), nicht aber erst künftig fällig werdende Ansprüche, die der Sicherung des Einkommens dienen (vgl § 1374 Rn 7; s auch Celle 21.2.2014 – 15 UF 106/13: sog „Zeit-Werte" unterliegen nicht dem Zugewinnausgleich). Der Unterhaltsbedarf des Berechtigten wird dagegen idR aus dem Einkommen des Verpflichteten gedeckt; nur ausnahmsw ist der Stamm des Vermögens einzusetzen (vgl § 1581 S 2; *Schulin* FamRZ 2005, 1521f). Die Frage des Verhältnisses zw Zugewinnausgleich und Unterhalt stellt sich damit nur, wenn für den Unterhalt ausnahmsw auch der Vermögensstamm zu verwerten ist (BGHZ 175, 207, 212; *Hoppenz* FamRZ 2006, 1033; 2006, 1242f; MüKo/*Koch* Rn 6; s aber auch *Dauner-Lieb* FuR 2008, 209, 214).

4 Für **Abfindungen**, die aufgrund der Auflösung eines Arbeitsverhältnisses gezahlt werden, hat der BGH früher die Auffassung vertreten, am Stichtag noch vorhandene Abfindungen oder bereits gesicherte Ansprüche auf Zahlung einer Abfindung seien im Endvermögen zu bilanzieren, selbst wenn damit künftiger Unterhaltsbedarf gedeckt werden sollte (BGH FamRZ 1982, 148; 1998, 362). Diese Ansicht hat er inzwischen aufgegeben (BGH

NJW 2001, 439, 441; 2003, 1396f; 2004, 2675f). Ein güterrechtl Ausgleich soll danach grds nicht mehr stattfinden, „soweit eine Vermögensposition bereits auf andere Weise, sei es unterhaltsrechtl oder im Wege des Versorgungsausgleichs, ausgeglichen wird". Umstr ist jedoch, wann dies bei arbeitsrechtl Abfindungen der Fall sein soll. Nach BGH NJW 2004, 2675f scheidet ein güterrechtl Ausgleich jedenfalls insoweit aus, als die Beträge durch Vereinbarung oder Urteil den künftigen Unterhaltsbedarf decken sollen (zust München FamRZ 2005, 714f; Karlsruhe NJW 2014, 1311, 1312; Staudinger/*Thiele* § 1374 Rn 5d mwN). BGH NJW 2001, 439, 441 unterscheidet (in einem obiter dictum) danach, ob die Abfindung maßgeblich als vorweggenommenes Einkommen geleistet worden ist; bejahendenfalls unterliege sie von vornherein nicht dem güterrechtl Zugewinnausgleich. Die Wertung überzeugt. Soweit eine arbeitsrechtl Abfindung Lohnersatz- oder Versorgungscharakter hat, sollte der am Stichtag noch vorhandene (Teil-)Betrag ebenso wenig in den güterrechtl Ausgleich einfließen wie dies für einen am Stichtag noch nicht fälligen Anspruch auf Lohn gegolten hätte (vgl § 1374 Rn 7; Johannsen/Henrich/Althammer/*Kohlenberg* § 1376 Rn 26; Staudinger/*Thiele* § 1374 Rn 6; BeckOK/*Scheller*/*Sprink* Rn 11; *Maurer* FamRZ 2005, 757, 761; vgl auch *Schulz* FamRZ 2006, 1237f; *Gerhardt*/*Schulz* FamRZ 2005, 145ff: nicht zum Vermögen rechnet der Teil der Abfindung, der für den künftigen Unterhalt benötigt wird; weitergehend MüKo/*Koch* Rn 21: Abfindungen, die als Ersatz für den Arbeitsplatzverlust gezahlt werden, fallen niemals in den Zugewinnausgleich, dh auch dann nicht, wenn sie Entschädigungscharakter haben; aA *Hoppenz* FamRZ 2006, 1242f: grds güterrechtl Ausgleich).

Die Diskussion um das Doppelverwertungsverbot findet ihre Fortsetzung in der Frage, ob auch bei **Schulden** eine zweifache Berücksichtigung im Zugewinnausgleich und bei der Unterhaltsberechnung ausscheiden muss. 5 Verbreitet wird die Auffassung vertreten, dass das Verbot der Doppelverwertung bei Verbindlichkeiten in gleicher Weise gilt wie bei positiven Vermögenswerten. Nach München FamRZ 2005, 459f (nachehelicher Unterhalt); FamRZ 2005, 713 (Trennungsunterhalt) kann die Tilgung eines Darlehens trotz Prägung der ehelichen Lebensverhältnisse beim Unterhalt keine Berücksichtigung finden, wenn die Schuld bereits als Passivposten im Endvermögen bilanziert worden ist; lediglich die Zinsen seien ggf einkommensmindernd anzusetzen (ebenso Saarbrücken FamRZ 2006, 1038f; *Hoppenz* FamRZ 2006, 1242, 1244; *Gerhardt*/*Schulz* FamRZ 2005, 317ff und 1523f: Vorrang des Güterrechts). Der BGH hingegen bezieht Verbindlichkeiten unter Hinw auf das strenge Stichtagsprinzip zu Recht auch dann in den Zugewinnausgleich ein, wenn diese die unterhaltsrechtl Leistungsfähigkeit vermindert haben (BGHZ 175, 207, 221: Unterhaltsvergleich; BGH NJW 2003, 3339f: obiter dictum; ebenso Koblenz NJW 2007, 2646; Brandenburg OLGRp 2008, 239f; MüKo/*Koch* Rn 9 BeckOK/*Scheller*/*Sprink* Rn 52; *Schmitz* FamRZ 2005, 1520f; diff *Schulin* FamRZ 2005, 1521; *Pichlmeier* NZFam 2014, 385). Ob sich daraus wiederum Konsequenzen für den Unterhalt ergeben, ist keine Frage des Güterrechts, sondern eine solche des Unterhaltsrechts und damit auch dort zu entscheiden (BGHZ 175, 207, 221; BeckOK/*Scheller*/*Sprink* Rn 53; Johannsen/Henrich/Althammer/*Kohlenberg* Rn 7: ggf Abänderungsverfahren). In Ausnahmefällen soll nach BGHZ 175, 207, 221 allerdings zu erwägen sein, ob der unterhaltspflichtige Ehegatte sich bei der Berechnung des Endvermögens auch dann in vollem Umfang auf eine Verbindlichkeit berufen kann, wenn diese zw dem Endstichtag und der Entscheidung über den Zugewinnausgleich bereits einkommensmindernd berücksichtigt worden ist, oder ob einem solchen Vorgehen ggf § 242 entgegensteht.

c) Leistungen aus Lebensversicherungen. Bzgl der Leistungen aus **Lebensversicherungen** ist zu differenzieren. 6 Eine private Lebensversicherung ist im Endvermögen zu berücksichtigen, soweit sie Kapitalversicherung ist (vgl BGH FamRZ 1992, 1155f; NJW-RR 2011, 1633f; 2012, 769; Johannsen/Henrich/Althammer/*Kohlenberg* § 1376 Rn 55). Lebensversicherungen auf Rentenbasis unterliegen dagegen dem Versorgungsausgleich; vgl aber Zweibrücken NJW-RR 2011, 803, wonach eine auf das Leben eines Dritten abgeschlossene Renten-Lebensversicherung nicht in den Versorgungsausgleich fällt. Ein Anrecht aus einer Kapitallebensversicherung mit Rentenwahlrecht ist dem Zugewinnausgleich unterworfen, sofern das Wahlrecht bis zum Stichtag (Rn 9) noch nicht ausgeübt worden ist (BGH NJW 2003, 1320; 1984, 299); macht der berechtigte Ehegatte nach dem Stichtag von seinem Wahlrecht Gebrauch, ist im Endvermögen der sich aus der vereinbarten Kapitalleistung ergebende, auf den Stichtag bezogene Wert des Anrechts zu bilanzieren (BGH NJW 2003, 1320; MüKo/*Koch* Rn 25). Auch eine Rentenlebensversicherung mit Kapitalwahlrecht gehört zum Zugewinn, wenn das Wahlrecht bis zum Endstichtag ausgeübt und das Anrecht damit zu einem Kapitalanrecht geworden ist (BGH NJW 2003, 1320). Nach BGH gilt Entsprechendes, wenn das Wahlrecht zwar nach dem für den Versorgungsausgleich maßgeblichen Stichtag (§ 3 I VersAusglG), aber noch vor der letzten tatrichterlichen Entscheidung über den Versorgungsausgleich ausgeübt wird: Auch in diesen Fällen soll das ehezeitl erworbene Anrecht nicht (mehr) dem Versorgungsausgleich unterliegen, sondern im Zugewinnausgleich Berücksichtigung finden (BGH NJW-RR 2011, 1633f; 2012, 769f; zust Johannsen/Henrich/Althammer/*Kohlenberg* Rn 4, § 1376 Rn 55; ausf auch MüKo/*Koch* Rn 26ff). Eine Besonderheit besteht bei Anrechten iSd **BetriebsrentenG** oder des **Altersvorsorgeverträge-ZertifizierungsG:** Diese unterliegen unabhängig von ihrer Leistungsform ausschließlich dem Versorgungsausgleich, dh auch dann, wenn sie nicht auf Rentenleistungen, sondern auf Kapitalleistung gerichtet sind (§ 2 II Nr 3 Hs 2 VersAusglG).

3. Bewertungen weiterer Vermögenspositionen. Schmerzensgeldzahlungen und Verdienstausfallentschädigungen fallen in das Endvermögen; eine Berücksichtigung ihres besonderen Entstehungsgrundes und ihrer 7 höchstpersönlichen Natur ist nur im Rahmen von § 1381 möglich (BGHZ 82, 145; Stuttgart FamRZ 2002, 99; aA für Schmerzensgeld *Gamp* JR 1981, 508; für Verdienstausfallentschädigungen MüKo/*Koch* Rn 21). Bzgl der nach den **§§ 11, 12 und 38 SoldatenversorgungsG** erst nach dem Stichtag zu zahlenden Übergangsgebührnisse, -beihilfen und Ausgleichszahlungen hat der BGH entgegen der älteren Rspr verschiedener OLGe (vgl Erman/*Heckel*-

mann[8]) eine Berücksichtigung im Endvermögen abgelehnt (BGH FamRZ 1983, 881 mwN; 1982, 684; 1980, 39), und dies mit ihrer Funktion als Sicherung des zukünftigen Lebensunterhalts sowie der Unsicherheit der Anwartschaften begründet. In FamRZ 1983, 882 hat der BGH zudem die von Düsseldorf FamRZ 1980, 51 in diesem Zusammenhang vorgeschlagene Analogie zu § 2313 für unzulässig erklärt: die Norm sei eine rein erbrechtl, nicht analogiefähige Ausnahmevorschrift des Pflichtteilsrechts, die das Stichtagsprinzip des Zugewinnausgleichs durchbreche.

8 Die unmittelbar vor dem Stichtag auf das Konto eines Ehegatten überwiesene **Sozialhilfe** für den Lebensunterhalt des laufenden Monats gehört nicht zum Endvermögen, da sonst der Zugewinnausgleich in die Zeit nach Beendigung des Güterstands verlängert würde (Karlsruhe FamRZ 2001, 1301; zust MüKo/*Koch* Rn 20; Staudinger/*Thiele* Rn 5). Nicht zum Endvermögen zählt auch **laufendes Einkommen**, das am Stichtag in Form von **Bar- oder Bankguthaben** vorhanden ist, wenn es dazu dienen soll, den Lebensunterhalt für die laufende Einkommensperiode zu bestreiten (MüKo/*Koch* Rn 7; Staudinger/*Thiele* Rn 5; aA BGH NJW 2003, 3339; Koblenz NJW 2007, 2646f). Ansprüche auf **Einkommensteuerrückerstattungen** unterliegen dagegen dem Zugewinnausgleich (Dresden FamRZ 2011, 113 mwN; zum Zeitpunkt der Anspruchsentstehung s BGH FamRZ 2022, 425, 427: (erst) nach Ablauf des Veranlagungszeitraums; zur Aufteilung vgl § 1372 Rn 28). Gleiches gilt für die **Wertsteigerung eines Grundstücks** durch Bauleistung der Eheleute (Köln NJW-RR 1995, 707). **Ansprüche aus Leasingvertrag** beinhalten einen geldwerten Vorteil nur dann, wenn der Leasingnehmer eine Anzahlung oder Sonderzahlung zu erbringen hatte, aufgrund derer die künftig zu zahlenden Raten hinter dem Wert der Gebrauchsüberlassung zurückbleiben (Dresden NZG 2008, 943, 944; Bamberg FamRZ 1996, 549); dem Endvermögen ist dann der Teil der Vorleistung als Vermögenswert hinzuzurechnen, der am Stichtag noch nicht durch Nutzung aufgezehrt wurde (Karlsruhe FamRZ 2004, 1028).

9 **4. Stichtag. Maßgeblicher Zeitpunkt** für den Bestand und die Bewertung des Endvermögens ist gem § 1375 I 1 die Beendigung des Güterstands (vgl dazu § 1372 Rn 3ff). In den Fällen der Scheidung (§§ 1564–1568), der Aufhebung der Ehe (§§ 1313–1318) und der vorzeitigen Aufhebung der Zugewinngemeinschaft (§§ 1385–1388) tritt für die Berechnung des Zugewinns allerdings an die Stelle der Güterstandsbeendigung der Zeitpunkt, in dem der verfahrenseinleitende Antrag rechtshängig geworden ist (§§ 1384, 1387, 1318 I/III, vgl Anm dort). Auf die Beendigung des Güterstands kommt es damit nur in den Fällen des § 1371 II, der Wiederverheiratung eines Ehegatten nach Todeserklärung des Ehepartners (§ 1319 II, vgl dazu auch § 1372 Rn 4) und der Beendigung der Zugewinngemeinschaft durch Ehevertrag an. Die Ehegatten sind jedoch frei, durch **Ehevertrag** (§§ 1408, 1410) für die Berechnung des Endvermögens auch einen anderen als den in §§ 1375 I 1, 1384, 1387 bestimmten Zeitpunkt festzulegen (vgl auch § 1372 Rn 7; Johannsen/Henrich/Althammer/*Kohlenberg* Rn 2; MüKo/*Koch* Rn 65).

10 **5. Verbindlichkeiten.** Wie beim Anfangsvermögen (§ 1374 Rn 9) sind auch beim Endvermögen die Verbindlichkeiten des Ehegatten von dem Gesamtwert der Aktiva abzuziehen, im Falle der Überschuldung auch über die Höhe des Vermögens hinaus (Abs I S 2, vgl Rn 1). Ohne Bedeutung ist, ob die Verbindlichkeiten am Stichtag (Rn 9) bereits **fällig** geworden sind, sie müssen nur **entstanden** sein (BGH NJW 1991, 1547); zu Verbindlichkeiten aus Dauerschuldverhältnissen vgl § 1374 Rn 10. Damit bleiben alle Verbindlichkeiten unberücksichtigt, die erst nach dem Stichtag entstehen. Unerheblich ist, auf welchem **Rechtsgrund** die Verbindlichkeit beruht; selbst Verbindlichkeiten, die aus einer Straftat resultieren, können Berücksichtigung finden (Karlsruhe FamRZ 2004, 461: Opferentschädigung, Anwaltsgebühren). **Steuerschulden** sind im Endvermögen zu bilanzieren, sofern sie vor dem Stichtag entstanden sind, Einkommensteuer mithin nur dann, wenn am Stichtag das Kalenderjahr, in dem die Einkünfte bezogen wurden, bereits abgelaufen war (§ 36 I EStG), *Bergschneider* FamRZ 2021, 506, 509f; auf die Fälligkeit der Steuerschuld kommt es hingegen nicht an (vgl BGH NJW 1991, 1547, 1551f; Düsseldorf NJW-RR 2008, 450f: Verpflichtung zur Steuervorauszahlung gem § 37 EStG). Zur Haftung im Innenverhältnis s § 1372 Rn 28. Abzuziehen sind auch Einkommensteuerschulden, die erst durch eine nach dem Stichtag erfolgte Selbstanzeige festgestellt werden konnten (München FamRZ 1984, 1096). Zu der Berücksichtigung sog latenter Steuerschulden vgl § 1374 Rn 9. Nicht als Abzugsposten im Endvermögen zu bilanzieren ist dagegen eine nach dem Stichtag wegen vorzeitiger Kreditrückzahlung anfallende **Vorfälligkeitsentschädigung** (§ 502); als Nachteilsausgleich für entgangene Zinszahlungen ist sie ebensowenig als Passivposten einzustellen wie Zinsverbindlichkeiten, die erst nach dem Stichtag entstehen (BGH FamRZ 2022, 425, 427; MüKo/*Koch* Rn 46; § 1376 Rn 19; *Bergschneider* FamRZ 2021, 509, 510).

11 Verbindlichkeiten, die bei der Anschaffung von gemeinsamen **Haushaltsgegenständen** entstanden sind (zB aus einem Darlehen), werden in die Ausgleichsbilanz eingestellt, auch wenn der Haushaltsgegenstand selbst nicht dem güterrechtl Zugewinnausgleich unterliegt, sondern gem § 1568b zu verteilen ist (s dazu § 1372 Rn 12; § 1374 Rn 5; Johannsen/Henrich/Althammer/*Kohlenberg* § 1376 Rn 44; *Wönne* FPR 2009, 293, 295; vgl auch BT-Drs 16/10798, 23 unter Hinw auf BGH NJW-RR 1986, 1325; Bremen NJOZ 2008, 484ff). Maßgebend für die Bilanzierung ist in diesem Fall nicht allein die Schuldnerstellung im Außenverhältnis, sondern auch die Haftungsverteilung im Innenverhältnis, vgl Koblenz NJW-RR 2008, 1173f mwN, demzufolge Darlehensverbindlichkeiten, die zur Finanzierung einer gemeinsamen Immobilie eingegangen wurden, den Ehegatten im Innenverhältnis hälftig zur Last fallen können, auch wenn im Außenverhältnis nur ein Ehegatte Darlehensschuldner ist.

12 Besteht ein **Anspruch gegen den anderen Ehegatten**, so gehört er auf der Seite des Gläubigers zum Aktivvermögen, auf der Seite des Schuldners zum Passivvermögen (dazu BGH NJW 1988, 1208; Düsseldorf NJW-RR 2009, 1225; Celle FamRZ 1991, 944). Dies gilt insb auch für fällige Unterhaltsansprüche (BGH FamRZ 2011, 25;

NJW 2003, 3339; Celle FamRZ 1991, 944; krit *Grziwotz* FPR 2007, 485). Besteht eine **gesamtschuldnerische Haftung der Ehegatten**, so ist der intern auf jeden Ehegatten fallende Haftungsanteil vom Endvermögen abzuziehen (vgl § 1372 Rn 24). Zählt zum Endvermögen eine **Beteiligung an einer KG** (Abschreibungsgesellschaft), für die ein negatives Kapitalkonto besteht, so ist dies allerdings nicht als Verbindlichkeit abziehbar, da es weder eine gegenwärtige Verpflichtung ggü der KG noch deren Gläubigern oder den Mitgesellschaftern zum Ausdruck bringt. Es spiegelt nur das Geschäftsergebnis der KG als ganzer wider; gem § 169 I 2 Hs 2 HGB (ab 1.1.2024: § 169 I HGB) sind lediglich künftige Gewinnanteile zur Abdeckung des Verlustsaldos zu verwenden (vgl BGH FamRZ 1986, 37). Haftet ein Ehegatte mit seinem Grundstück in Form einer Grundschuld für Schulden (zB Geschäftskredit) des anderen Gatten, der die Tilgungsleistungen erbringt, so ist nach Karlsruhe FPR 2002, 147 die Grundschuld als Passivposten im Endvermögen zu bilanzieren. Soweit dem Ehegatten aus der Sicherungsabrede ein Freistellungsanspruch gegen den anderen zusteht, schuldet der andere den Betrag gleichwohl nur einmal, nämlich entweder dem Gläubiger oder dem Gatten bei dessen dinglicher Inanspruchnahme, so dass die Schuld im Endvermögen nur einmal anzusetzen ist.

Endet der Güterstand durch den Tod eines Ehegatten und kann der andere, weil er weder Erbe noch Vermächtnisnehmer wird, nach § 1371 II Ausgleich des Zugewinns verlangen (vgl § 1371 Rn 12), so sind ebenso wie bei der Berechnung des Pflichtteils (vgl § 2311 Rn 9) nicht die Verbindlichkeiten abzuziehen, die erst mit Beendigung des Güterstands, dh hier mit dem Erbfall entstehen, insb solche aus Pflichtteilsansprüchen, Vermächtnissen und Auflagen, dgl die Erbschaftsteuer. Die Verbindlichkeit des Erben zur Befriedigung des Anspruchs des überlebenden Ehegatten auf Ausgleich des Zugewinns ist ihrerseits eine Nachlassverbindlichkeit, aber keine Erbfall-, sondern eine Erblasserschuld. Pflichtteilsansprüche sowohl des überlebenden Ehegatten selbst als auch anderer Pflichtteilsberechtigter bestimmen sich daher nach dem um die Ausgleichsverbindlichkeit verminderten Nachlasswert (s auch § 2311 Rn 8). Vermächtnisse und Auflagen stehen ohnehin allen anderen Nachlassverbindlichkeiten nach (vgl § 1973). Der Erblasser kann die Ausgleichsforderung seines Ehegatten folglich nicht durch Anordnung von Vermächtnissen und Auflagen schmälern. 13

6. Hinzurechnung zum Endvermögen (Abs II S 1). a) Allgemeines. Ein Ehegatte hat zwar grds keinen Anspruch darauf, dass der andere sein Vermögen so verwaltet, dass er einen möglichst hohen Zugewinn erzielt (vgl § 1364 Rn 5), der Anspruch eines Ehegatten auf den Ausgleich des Zugewinns darf aber auch nicht durch willkürliches, unredliches Verhalten des anderen vereitelt oder geschmälert werden (Rostock FamRZ 2000, 228). Daher bestimmt Abs II S 1, dass dem Endvermögen eines Ehegatten bestimmte Beträge hinzuzurechnen sind, um die sein Vermögen nach Eintritt des Güterstands vermindert worden ist. Allen Fällen gemeinsam ist die unsachgemäße und ehewidrige Verwendung des Vermögens. Der Schutz des Abs II S 1 wird ergänzt durch den zum 1.9.2009 neu eingefügten § 1378 II 2 (iVm §§ 1384, 1387). Während gem § 1378 II 1 die Höhe der Ausgleichsforderung grds durch den Wert des Vermögens am Stichtag begrenzt ist, erhöht sich diese Grenze in den Fällen illoyaler Vermögensminderung gem § 1378 II 2 um den Betrag, der dem Endvermögen nach Abs II S 1 hinzuzurechnen ist. Der Ehegatte wird i Erg so behandelt, als ob er sein Vermögen nicht vermindert hätte (MüKo/*Koch* § 1378 Rn 8). Dies hat zur Folge, dass er sich ggf auch verschulden muss, um den Ausgleichsanspruch seines Ehepartners befriedigen zu können. Der zum 1.9.2009 geänderte § 1379 I 1 Nr 2 gewährt zudem einen Anspruch auf Auskunft über das Vermögen, soweit es für die Berechnung des Anfangs- und Endvermögens maßgeblich ist. Dies schließt auch solche Vermögensbestandteile ein, die nach § 1375 II 1 dem Endvermögen hinzuzurechnen sind (§ 1379 Rn 5; BGH NJW 2012, 3635, 3637; zust Johannsen/Henrich/Althammer/*Kohlenberg* § 1379 Rn 4; s auch BT-Drs 16/10798, 18). Hat ein Ehegatte gem § 1379 I 1 Nr 1 oder II Auskunft über sein Vermögen zum Zeitpunkt der Trennung gegeben, so hat er gem § 1375 II 2 darzulegen und zu beweisen, dass eine zw dem Zeitpunkt der Trennung und dem Stichtag für die Berechnung des Endvermögens eingetretene Vermögensminderung nicht auf Handlungen iSd § 1375 II 1 zurückzuführen ist (Rn 24). Zu Ansprüchen des ausgleichsberechtigten Ehegatten gegen Dritte s § 1390. 14

Die Aufzählung in Abs II S 1 ist **abschließend** (Brandenburg OLGRp 2008, 871, 873; *Langheim* FamRZ 2018, 1804), die Vorschrift insg eng auszulegen (Karlsruhe FamRZ 2004, 461; 1986, 167; Johannsen/Henrich/Althammer/*Kohlenberg* Rn 12). Eine Ausweitung zB auf Vermögensminderungen aufgrund **unerlaubter Handlungen** ist nicht möglich (AG Köln NJWE-FER 1998, 100f; Staudinger/*Thiele* Rn 34). Keine Einschränkung besteht allerdings hinsichtl der **erfassten Vermögenswerte**; die illoyale Vermögensminderung kann daher auch solche Vermögenspositionen betreffen, die gem § 1374 I oder II dem Anfangsvermögen zuzurechnen sind (Staudinger/*Thiele* Rn 35). Voraussetzung der Hinzurechnung nach Abs II S 1 ist jedoch, dass die Vermögensminderung frühestens **mit Eintritt des Güterstands** und spätestens **zu dem für die Berechnung des Endvermögens maßgeblichen Zeitpunkt** (Rn 9) erfolgt ist (Staudinger/*Thiele* Rn 36). Da bereits die Eingehung einer Verbindlichkeit das Vermögen mindert, kommt es bei rechtsgeschäftlichen Handlungen auf den Abschluss des Verpflichtungsgeschäfts, nicht auf die Erfüllung der Verbindlichkeit an. 15

Maßgeblich für die **Bewertung** des illoyal verminderten Vermögens sind gem § 1376 II die Zeitpunkte, in denen die vermögensmindernden Tatbestände abgeschlossen wurden. Dies wird idR der Abschluss des Verpflichtungsgeschäfts sein (vgl Staudinger/*Thiele* Rn 35; NK/*Heiß*/*Löhnig* Rn 16); fehlt es an einem Verpflichtungsgeschäft, ist auf den Zeitpunkt der Weggabe, der Zerstörung, der Beschädigung etc des Vermögenswerts abzustellen. Wie bei der Berechnung des Anfangsvermögens ist auch hier der **Kaufkraftschwund** zu berücksichtigen; der Wert der Vermögensminderung ist daher auf den Geldwert zum Zeitpunkt des Endstichtags umzurechnen (vgl § 1376 Rn 39ff, 44; MüKo/*Koch* Rn 61; Soergel/*Kappler*/*Kappler* Rn 14). 16

17 **b) Unentgeltliche Zuwendungen (Abs II S 1 Nr 1).** Wegen des **Begriffs der unentgeltlichen Zuwendung** vgl § 516 Rn 5, wegen des Begriffs der Schenkung, durch die einer sittlichen Pflicht oder einer auf den Anstand zu nehmenden Rücksicht entsprochen wird, die Anm zu § 534; ferner Frankfurt FamRZ 2021, 1870, 1873; München FamRZ 1985, 814; *Plettenberg* NZFam 2016, 492. Unentgeltlich sind auch Zuwendungen an Abkömmlinge oder sonstige Verwandte **mit Rücksicht auf** deren **künftiges Erbrecht.** Der Anspruch des Ehegatten auf den Ausgleich des Zugewinns darf nicht auf diese Weise beeinträchtigt werden. Zuwendungen im Wege einer vorweggenommenen Erbfolge sind ihm ggü so zu behandeln, als wenn sie erst nach dem Tode des Erblassers erfolgt wären. Daran ändert auch die Erklärung eines Erbverzichts nichts, denn ein solcher stellt keine Gegenleistung für die Zuwendung dar (MüKo/*Koch* Rn 51; Staudinger/*Thiele* Rn 22). Ebenfalls dem Begriff der unentgeltlichen Zuwendung unterfallen Spenden, Stiftungen und Ausstattungen (Johannsen/Henrich/Althammer/*Kohlenberg* Rn 12). Die Gewährung einer **Ausstattung** an ein Kind entspricht aber, soweit sie das den Umständen entspr Maß nicht übersteigt (vgl dazu § 1624), regelmäßig einer sittlichen Pflicht und bleibt deshalb außer Betracht (Frankfurt FamRZ 2021, 1870, 1873; MüKo/*Koch* Rn 55). Für die schenkweise Übertragung von Vermögen zur Erhaltung des Haus- und Familienvermögens trifft dies allerdings nicht zu (MüKo/*Koch* Rn 55; Grü/*Siede* § 1376 Rn 26; vgl auch Frankfurt FamRZ 2021, 1870, 1873f; aA München FamRZ 1985, 814). Eine Zuwendung, die zur **Erfüllung einer Schuld** erbracht wird, ist entgeltlich, da die hierdurch bewirkte Befreiung von der Leistungspflicht einen Vermögensvorteil darstellt (BGH FamRZ 1986, 565, 567); allerdings kann die Begründung der zugrundeliegenden Verpflichtung eine unentgeltliche Zuwendung darstellen, wenn für diese keine Gegenleistung zu erbringen ist (NK/*Heiß*/*Löhnig* Rn 21; Johannsen/Henrich/Althammer/*Kohlenberg* Rn 12). Nicht von Abs II S 1 Nr 1 erfasst sind Zahlungen aufgrund einer **Erpressung** (AG Köln NJWE-FER 1998, 100f) sowie die Begleichung von **Spiel-** oder **Wettschulden** iSd § 762 (MüKo/*Koch* Rn 52; Staudinger/*Thiele* Rn 23); dgl die **Erfüllung eines verjährten Anspruchs** (MüKo/*Koch* Rn 52; Staudinger/*Thiele* Rn 23). Unentgeltliche **Zuwendungen unter den Ehegatten** selbst fallen dem Sinn und Zweck der Vorschrift entspr ebenfalls nicht unter diese (vgl auch Abs III; MüKo/*Koch* Rn 47; Johannsen/Henrich/Althammer/*Kohlenberg* Rn 12); zu der Anrechnung von Vorausempfängen s § 1380.

18 Gehört zum Vermögen eines Ehegatten die **Beteiligung an einer Personengesellschaft** und bestimmt der Gesellschaftsvertrag, dass beim Tode eines Gesellschafters die Gesellschaft unter den Übrigen fortgesetzt werden soll, ohne dass die Erben abgefunden werden (zur Relevanz derartiger Abfindungsklauseln für die Wertermittlung s § 1376 Rn 29), so liegt in dieser Klausel eine unentgeltliche Verfügung zugunsten der Mitgesellschafter, wenn der Gesellschaftsvertrag ohne besondere Rechtfertigung nur für einzelne Gesellschafter einen Ausschluss der Abfindung vorsieht (Johannsen/Henrich/Althammer/*Kohlenberg* Rn 12; MüKo/*Koch* Rn 53; s auch *Pogorzelski* RNotZ 2017, 577, 579f [Abs II S 1 Nr 1 analog]; vgl zu § 2301 auch BGHZ 22, 186, 194; aA *Benthin* FamRZ 1982, 338, 346: Abfindungsausschluss ist generell kein Fall des Abs II S 1 Nr 1).

19 **c) Verschwendung (Abs II S 1 Nr 2).** Die Ausgaben sind als **Verschwendung** zu bewerten, wenn sie den Verhältnissen entspr unangemessen und unvernünftig hoch sind (vgl Karlsruhe FamRZ 1986, 167, 168 m Anm *Bosch*). Hierzu reicht ein großzügiger Lebensstil oder ein Leben über die Verhältnisse allein noch nicht aus (BGH NJW-RR 2015, 897, 899; NJW-RR 2015, 132; FamRZ 2000, 948, 950). Vielmehr müssen die Ausgaben obj unnütz und übermäßig sein und zu den Einkommens- und Vermögensverhältnissen des Ehegatten in keinem Verhältnis stehen (BGH NJW-RR 2015, 897, 899; NJW-RR 2015, 132; MüKo/*Koch* Rn 57; Grü/*Siede* § 1376 Rn 27). Unerheblich sind die Motive, aus denen die Vermögenswerte verausgabt werden (MüKo/*Koch* Rn 57; Grü/*Siede* § 1376 Rn 27; aA Johannsen/Henrich/Althammer/*Kohlenberg* Rn 14). Auch das **Verbrennen von Bargeld** aus Wut und Enttäuschung über das Scheitern der Ehe erfüllt daher den Tatbestand der Verschwendung nach Nr 2 (Rostock FamRZ 2000, 228; Staudinger/*Thiele* Rn 29; NK/*Heiß*/*Löhnig* Rn 30; aA BeckOK/*Scheller*/*Sprink* Rn 75; zweifelnd auch MüKo/*Koch* Rn 57). Verluste durch **Spiel** oder **Wette** sind dem Endvermögen hinzuzurechnen, wenn die eingesetzten Beträge in keinem Verhältnis zu den Vermögensverhältnissen des Ehegatten standen (vgl NK/*Heiß*/*Löhnig* Rn 30; Staudinger/*Thiele* Rn 34; München FuR 2003, 226, 232: kurz vor dem Stichtag wurden große Summen verspielt, ohne dass Spielbankbesuche zuvor zum Lebensstil der Ehegatten gehört hätten). Auch **übermäßige Schenkungen** (Abs II S 1 Nr 1) können sich zugleich als Verschwendung darstellen. Abs II S 1 Nr 2 verlangt ein positives Tun; keine Verschwendung liegt daher vor, wenn der Ehegatte eine Erwerbsgelegenheit ungenutzt lässt oder eine mögliche Vermögensbildung unterlässt (Brandenburg OLGRp 2008, 871, 873; BeckOGK/*Preisner* Rn 84 [Stand: 1.2.2023]; aA Staudinger/*Thiele* Rn 28). Nicht erfasst sind auch steuerliche Mehrbelastungen durch die **Wahl getrennter Veranlagung zur Einkommensteuer** (BeckOK/*Scheller*/*Sprink* Rn 75; zweifelnd auch MüKo/*Koch* Rn 57; aA BGH NJW 1977, 378 obiter dictum; Staudinger/*Thiele* Rn 29). Das Gleiche gilt für Zahlungen aufgrund einer **Erpressung** (AG Köln NJWE-FER 1998, 100f).

20 **d) Handlungen in Benachteiligungsabsicht (Abs II S 1 Nr 3).** Das Merkmal der **Handlung** iSd Abs II S 1 Nr 3 ist weit auszulegen; erfasst sind sowohl Realakte als auch Rechtsgeschäfte (vgl auch § 1390 Rn 7; BGH NJW-RR 1986, 1325f: Kontoüberziehung; Düsseldorf OLGRp 2008, 776f: Zurechnung eines zwischenzeitl aufgelösten Wertpapierdepots; München FuR 2003, 226, 232: Spielbankbesuche; Rostock FamRZ 2000, 228: Verbrennen von Geldscheinen; Johannsen/Henrich/Althammer/*Kohlenberg* Rn 15; MüKo/*Koch* Rn 58). Die **Benachteiligungsabsicht** muss das leitende, wenn auch nicht das einzige Motiv des Ehegatten gewesen sein (BGH NJW-RR 2015, 132f; FamRZ 2000, 948, 950). Das bloße Bewusstsein einer Benachteiligung genügt ebenso wenig wie dolus eventualis (Staudinger/*Thiele* Rn 31; NK/*Heiß*/*Löhnig* Rn 31). Das **Verbrennen von Bargeld** aus Wut und Enttäuschung über das Scheitern der Ehe erfüllt idR den Tatbestand des Abs II S 1 Nr 3 (Rostock FamRZ 2000, 228; Staudinger/*Thiele* Rn 32; Johannsen/Henrich/Althammer/*Kohlenberg* Rn 15; aA MüKo/*Koch* Rn 59);

zu der Problematik der Vernichtung von Vermögenswerten im Zusammenhang mit einem Selbstmordversuch vgl Frankfurt FamRZ 1984, 1097 mwN, das die Anwendung von Nr 3 i Erg unter Hinw auf die eheliche Schicksalsgemeinschaft ablehnt. **Spiel** oder **Wette** können unter Abs II S 1 Nr 3 fallen, wenn sie nicht nur dem Zeitvertreib dienten, sondern vorwiegend in der Absicht erfolgten, den anderen Ehegatten durch die zu erwartenden Verluste zu benachteiligen (vgl München FuR 2003, 226, 232; Staudinger/*Thiele* Rn 34).

7. Ausschluss der Hinzurechnung zum Endvermögen (Abs III). Eine Hinzurechnung findet nicht statt, wenn die Vermögensminderung mindestens **zehn Jahre** vor dem für die Berechnung des Endvermögens maßgeblichen Stichtag (Rn 9) eingetreten ist (Grü/*Siede* § 1376 Rn 29; NK/*Heiß*/*Löhnig* Rn 33). Folgt die Vermögensminderung aus der Eingehung einer Verbindlichkeit, genügt diese, um die Frist des Abs III in Lauf zu setzen; der Zeitpunkt der Erfüllungshandlung kann weniger als zehn Jahre vor dem Endstichtag liegen (MüKo/*Koch* Rn 64; Staudinger/*Thiele* Rn 40). 21

Eine Hinzurechnung scheidet ebenfalls aus, wenn der Ehegatte mit der unentgeltlichen Verfügung oder der Verschwendung **einverstanden** war. Ein Einverständnis ist aber nicht schon deshalb anzunehmen, weil der andere Ehegatte der unentgeltlichen Zuwendung oder der verschwenderischen Maßnahme nicht ernstlich und nachdrücklich widersprochen hat. **Resignation** oder **bloßes Stillschweigen** genügen nicht (MüKo/*Koch* Rn 63; Staudinger/*Thiele* Rn 41). Notwendig ist, dass der andere Ehegatte die Maßnahme ausdrückl oder stillschw **gebilligt** hat. 22

8. Darlegungs- und Beweislast. Die **Darlegungs- und Beweislast** sowohl für das eigene Endvermögen als auch für das Endvermögen des anderen Ehegatten trägt derjenige, der einen Anspruch auf Zugewinnausgleich geltend macht (BGH NJW-RR 2015, 897, 899; 2015, 132, 133 mwN; NJW 1987, 321; Hamm FamRZ 2020, 325f; s auch Hamburg NJOZ 2015, 1077, 1078 – Negativtatsachen). Dabei umfasst die Beweislast nicht nur das Vorliegen und den Wert der einzelnen Vermögenspositionen am Stichtag, sondern auch das Fehlen von das Endvermögen mindernden Verbindlichkeiten (Rostock FamRZ 2006, 418f; Brandenburg NJW-RR 2004, 812, 814; Köln NJW-RR 1999, 229; Hamm OLGRp 1996, 118f). Den Anspruchsgegner trifft in diesem Fall allerdings die Obliegenheit, die Tatsachen und Umstände, die für die von ihm behaupteten Passiva sprechen, substantiiert darzulegen (Köln NJW-RR 1999, 229; vgl auch Brandenburg NJW-RR 2004, 812, 814). 23

Die Darlegungs- und Beweislast für die Tatbestandsvoraussetzungen des **Abs II S 1** liegt bei dem Ehegatten, der die illoyale Vermögensminderung durch den anderen behauptet (Stuttgart FamRZ 2017, 1042, 1043; Saarbrücken 2.7.2008 – 9 UF 115/07; Grü/*Siede* § 1376 Rn 32); dies gilt auch für die Benachteiligungsabsicht iSd Nr 3 (Düsseldorf OLGRp 2008, 776f; Brandenburg 12.12.2006 – 10 UF 146/05). Der Darlegungslast ist jedoch schon dann Genüge getan, wenn konkrete Anhaltspunkte für ein Handeln iSd § 1375 II 1 vorgetragen werden, wobei an das Vorbringen der Verdachtsmomente keine überzogenen Anforderungen zu stellen sind (BGH NJW-RR 1986, 1325f; Brandenburg 12.12.2006 – 10 UF 146/05, beide zur Benachteiligungsabsicht; Saarbrücken 2.7.2008 – 9 UF 115/07). Ggf hilft dem Anspruchsteller der Auskunftsanspruch nach § 1379 (vgl Rn 14). Ist der Verbleib eines bestimmten Geldbetrages ungeklärt, setzt nach BGH die schlüssige Darlegung einer Vermögensverschwendung iSd Nr 2 allerdings voraus, dass der betreffende Betrag nach den konkreten Einkommens- und Vermögensverhältnissen des Ausgleichspflichtigen nicht im Rahmen einer ordnungsgemäßen Lebensführung verbraucht worden sein kann (BGH NJW-RR 2015, 897, 899; s auch Zweibrücken 8.1.2016 – 2 UF 103/15; vgl ferner BGH NJW-RR 2015, 132, 133 m krit Anm *Braeuer* FamRZ 2015, 233f). Hat der Ausgleichsgläubiger den Tatbestand einer illoyalen Vermögensminderung schlüssig dargelegt, trifft den Ausgleichsschuldner die prozessuale Obliegenheit des substantiierten Bestreitens (BGH NJW-RR 2015, 132, 133; 2015, 897, 899). – Für einen Sonderfall statuiert der zum 1.9.2009 neu eingefügte **Abs II S 2** zudem eine **Beweislastumkehr**: Ist das Endvermögen eines Ehegatten geringer als das Vermögen, das er seiner Auskunft zufolge zum Trennungszeitpunkt besaß (vgl § 1379 I 1 Nr 1, II), hat der Betreffende darzulegen und zu beweisen, dass die Vermögensminderung nicht auf Handlungen iSd Abs II S 1 Nr 1–3 zurückzuführen ist. Gelingt ihm der Nachw nicht, wird seinem Endvermögen der fehlende Betrag hinzugerechnet (BT-Drs 16/13027, 7). Die Regelung soll dem Schutzbedürfnis des anderen Ehegatten in der Trennungszeit Rechnung tragen (BGH NJW 2012, 3635, 3637; 2012, 3722). Um den gem Abs II S 2 erforderlichen Vermögensvergleich durchzuführen, ist nach hM auf den Wert des Vermögens an den Stichtagen, nicht auf die Existenz einzelner Vermögensgegenstände abzustellen; zu vergleichen sind danach lediglich die Salden am Trennungs- und am Endstichtag (Hamm FamRZ 2020, 325, 327; Grü/*Siede* § 1376 Rn 33; BeckOGK/*Preisner* Rn 115 [Stand: 1.2.2023]). Sind die Salden gleich hoch oder ist das Endvermögen höher als das Vermögen zum Zeitpunkt der Trennung, kommt die Beweislastumkehr nach Abs II S 2 nicht zum Tragen; dies gilt auch dann, wenn sich die Zusammensetzung des Vermögens geändert haben sollte (Hamm FamRZ 2020, 325, 327; Grü/*Siede* § 1376 Rn 33). Macht der anspruchstellende Ehegatte geltend, die geänderte Zusammensetzung des Vermögens sei mit einer illoyalen Vermögensminderung verbunden, trägt er hierfür die Darlegungs- und Beweislast (Grü/*Siede* § 1376 Rn 33). Der Anspruchsteller ist iÜ auch dann darlegungs- und beweispflichtig, wenn er behauptet, die Auskunft des anderen Ehegatten über sein Vermögen im Zeitpunkt der Trennung sei unvollständig oder unwahr, der tatsächliche Betrag, um den das Vermögen illoyal gemindert wurde, mithin höher als derjenige, der sich auf der Grundlage der Auskunft ergebe (BT-Drs 16/13027, 7; Johannsen/Henrich/Althammer/*Kohlenberg* Rn 20). Bleibt der Anspruchsteller für diese Behauptung beweisfällig, gilt für den bereits aus der (angezweifelten) Auskunft resultierenden Differenzbetrag aber weiterhin Abs II S 2 (Johannsen/Henrich/Althammer/*Kohlenberg* Rn 20). Zweifelt der Anspruchsteller zwar die Richtigkeit der Auskunft über das Vermögen zum Trennungszeitpunkt nicht an, behauptet aber, der andere Ehegatte habe sein Vermögen auch vor der Tren- 24 nung schon illoyal vermindert, ist er auch insofern darlegungs- und beweispflichtig; für die Zeit zw Trennung und Endstichtag bleibt es bei der Beweislastumkehr gem Abs II S 2 (Johannsen/Henrich/Althammer/*Kohlenberg* Rn 20). Nach verbreiteter Ansicht soll **Abs II S 2 nicht analog** anwendbar sein, wenn das Vermögen zum Trennungszeitpunkt unstr ist, der Saldo also nicht durch Auskunft ermittelt wurde (Hamm FamRZ 2020, 325, 327; BeckOGK/*Preisner* Rn 113 [Stand: 1.2.2023]; Staudinger/*Thiele* Rn 46; Grü/*Siede* § 1376 Rn 33; aA MüKo/*Koch* Rn 71; *Langheim* FamRZ 2018, 1804, 1809). Der Umstand, dass es sich bei Abs II S 2 um eine Sonderregelung handelt (s den Hinweis bei BeckOGK/*Preisner* Rn 113 [Stand: 1.2.2023]), muss einer analogen Anwendung aber nicht notwendig entgegenstehen. Das Schutzbedürfnis des anspruchstellenden Ehegatten spricht vielmehr für eine Beweislastumkehr auch in dem Fall, in dem der Saldo zum Trennungszeitpunkt unstr ist; andernfalls müsste der Anspruchsteller nur deshalb Auskunft verlangen, weil er die Anwendbarkeit des Abs II S 2 sicherstellen möchte (*Langheim* FamRZ 2018, 1804, 1809).

25 Darlegungs- und beweispflichtig für die Tatbestandsvoraussetzungen des **Abs III** ist der Ehegatte, der sein Vermögen illoyal vermindert hat (Grü/*Siede* § 1376 Rn 34).

26 **9. Abweichende Vereinbarungen.** Die Feststellung des für die Berechnung des Zugewinns maßgebenden Endvermögens kann von den Ehegatten durch Ehevertrag (§§ 1408, 1410) abw geregelt werden (vgl dazu § 1372 Rn 7; *Knur* DNotZ 1957, 475). Zu der Änderung des für die Berechnung des Endvermögens maßgeblichen Zeitpunkts s Rn 9. Die Bestimmungen des Abs II S 1 Nr 1–3 können dagegen nicht abbedungen werden (*Gernhuber/Coester-Waltjen* § 35 Rn 36; aA MüKo/*Koch* Rn 66; diff Staudinger/*Thiele* Rn 43; BeckOK/*Scheller/Sprink* Rn 87); ein Ehegatte darf sich nicht im Voraus einen Freibrief geben lassen, durch Handlungen der in Abs II S 1 bezeichneten Art den Anspruch des anderen auf Ausgleich des Zugewinns zu vereiteln oder die Voraussetzungen für einen eigenen Ausgleichsanspruch zu schaffen.

§ 1376 Wertermittlung des Anfangs- und Endvermögens

(1) Der Berechnung des Anfangsvermögens wird der Wert zugrunde gelegt, den das beim Eintritt des Güterstands vorhandene Vermögen in diesem Zeitpunkt, das dem Anfangsvermögen hinzuzurechnende Vermögen im Zeitpunkt des Erwerbs hatte.

(2) Der Berechnung des Endvermögens wird der Wert zugrunde gelegt, den das bei Beendigung des Güterstands vorhandene Vermögen in diesem Zeitpunkt, eine dem Endvermögen hinzuzurechnende Vermögensminderung in dem Zeitpunkt hatte, in dem sie eingetreten ist.

(3) Die vorstehenden Vorschriften gelten entsprechend für die Bewertung von Verbindlichkeiten.

(4) Ein land- oder forstwirtschaftlicher Betrieb, der bei der Berechnung des Anfangsvermögens und des Endvermögens zu berücksichtigen ist, ist mit dem Ertragswert anzusetzen, wenn der Eigentümer nach § 1378 Abs. 1 in Anspruch genommen wird und eine Weiterführung oder Wiederaufnahme des Betriebs durch den Eigentümer oder einen Abkömmling erwartet werden kann; die Vorschrift des § 2049 Abs. 2 ist anzuwenden.

Schrifttum: *Ballhorn/König*, Die Tücken bei der Bewertung von kleinen und mittelgroßen Unternehmen (KMU) für den Zugewinnausgleich, NZFam 2021, 672; *Born*, Selbständiges Beweisverfahren – eine Alternative zur Wertbestimmung im Zugewinnausgleich?, FPR 2009, 305; *Bosch*, Die Bewertung von Beteiligungen an freiberuflichen Gesellschaften, FS Koch 2019, 237; *Büte*, Die Bewertung von Grundstücken und Immobilien im Zugewinnausgleich, FuR 2020, 32 (Teil 1); FuR 2020, 89 (Teil 2); *Dauner-Lieb*, Unternehmen im Zugewinnausgleich, FuR 2008, 209; *Frielingsdorf*, Bewertung von Arzt- und Zahnarztpraxen, NZFam 2015, 200; *Heuer*, Die Bewertung von Kunstgegenständen, NJW 2008, 689; *Hoppenz*, Die latente Steuerlast bei der Bewertung des Zugewinnausgleichs, FamRZ 2006, 449; *Klein*, Grundlegende Veränderung der Bewertung von Vermögen im Zugewinn: latente Steuerlast, FPR 2012, 324; *Kogel*, Die Indexierung von negativem Anfangsvermögen nach der Güterrechtsnovelle, NJW 2010, 2025; *Kuckenburg*, Wertermittlungssystem und -begriffe im Zugewinn, FuR 2009, 316; *Kuckenburg*, Unternehmensbewertung im Zugewinnausgleichsverfahren, FuR 2012, 222 (Teil 1); FuR 2012, 278 (Teil 2); *Kuckenburg*, Unternehmenswertgutachten im Zugewinnausgleich, NZFam 2015, 390; *Kuckenburg*, Liquidationswert in der familienrechtlichen Bewertungssystematik, FuR 2021, 242; *Münch*, Unternehmensbewertung im Zugewinnausgleich, DStR 2014, 806; *Schlünder*, Eine Lanze für die modifizierte Ertragswertmethode, FS Koch 2019, 257; *Schröder*, Bewertungen im Zugewinnausgleich, 5. Aufl 2011.

1 **1. Inhalt der Vorschrift.** Die Vorschrift regelt die **Bewertung des Anfangs- und Endvermögens** sowie der **Verbindlichkeiten** der Ehegatten. Gem Abs I bemisst sich das Anfangsvermögen eines Ehegatten nach dem Wert, den das bei Eintritt des Güterstands vorhandene Vermögen in diesem Zeitpunkt hatte; für das dem Anfangsvermögen gem § 1374 II hinzuzurechnende, privilegierte Vermögen ist der Zeitpunkt des Erwerbs maßgeblich. Der Berechnung des Endvermögens liegt gem Abs II der Wert bei Beendigung des Güterstands zugrunde; ist dem Endvermögen der Betrag einer illoyalen Vermögensminderung hinzuzurechnen (§ 1375 II 1), ist für die Wertermittlung der Zeitpunkt zugrunde zu legen, in dem die Vermögensminderung eingetreten ist. Die Abs I und II gelten entspr für die Bewertung von Verbindlichkeiten (Abs III). Wie die Wertermittlung jew zu erfolgen hat, lässt die Regelung allerdings grds offen. Gesetzl Bewertungsmaßstäbe, die bei der Berechnung des Anfangs- und des Endvermögens zu berücksichtigen sind, gibt allein Abs IV für land- und forstwirtschaftl Betriebe vor (Rn 31ff). IÜ bleibt es Aufgabe des Tatrichters, die im Einzelfall geeignete Bewertungsmethode auszuwählen und anzuwenden (BGH FamRZ 2011, 183f).

2. Allgemeines zur Bewertung. Maßgebend für die Feststellung, ob ein Zugewinn erzielt wurde, ist der Vergleich zw dem Wert des Anfangsvermögens und dem Wert des Endvermögens (§ 1373). Als Wertmesser kommt dabei nur der jew Geldwert in Betracht, was selbstverständlich auch für Geld selbst gilt (Frankfurt FamRZ 1983, 395; Hamm FamRZ 1984, 275). Unerheblich ist, ob sich das Vermögen eines Ehegatten bei Beendigung des Güterstands unverändert aus denselben Gegenständen zusammensetzt wie bei Eintritt des Güterstands (§ 1373 Rn 3). Eine Wertsteigerung kann sich auch bei **unveränderter Zusammensetzung des Vermögens** ergeben, insb aus einer Änderung der Umstände, die im Verkehr für die Bewertung maßgebend sind. Zur Berücksichtigung des Wertzuwachses von **DDR-Grundbesitz** nach und infolge der Wiedervereinigung beim Zugewinnausgleich vgl Düsseldorf FamRZ 1999, 225 und *Bergschneider* FamRZ 1999, 1068; *Lipp* FamRZ 1998, 597; *Kogel* FamRZ 1998, 596. Ein Grundstück kann eine Wertsteigerung erfahren haben, weil es früher nur als Ackerland geeignet war, inzwischen aber Bauland geworden oder weil die Gegend inzwischen stärker besiedelt worden ist (vgl Düsseldorf NJW 2015, 1535, 1536). Umgekehrt kann ein Haus infolge einer Änderung des allg Wohngeschmacks oder der Vorbeiführung einer neu angelegten lauten und verkehrsreichen Umgehungsstraße an Wert verloren haben. Der Wert der Einrichtung eines Betriebs kann durch Abnutzung gesunken sein. Wertpapiere können im Kurs gestiegen oder gefallen sein. Alle diese Umstände sind für die Feststellung des Zugewinns von Bedeutung. Im Fall einer Wertsteigerung hat der Ehegatte einen ausgleichspflichtigen Zugewinn erzielt. Ist der Wert des Vermögens seit Eintritt des Güterstands gesunken, so ergibt sich ein Zugewinn nur dann, wenn der Ehegatte anderweitige, den Wertverlust übersteigende Gewinne gemacht hat. Wertverschiebungen gehen also zugunsten und zulasten beider Ehegatten. Hat ein Ehegatte zwar gewinnbringend in seinem Geschäftsbetrieb gearbeitet, andererseits aber in gleicher Höhe Vermögensverluste erlitten, etwa durch einen Kurssturz von Wertpapieren, so übersteigt der Wert seines Endvermögens den des Anfangsvermögens nicht; der andere Ehegatte hat folglich keinen Anspruch auf Zugewinnausgleich, auch dann nicht, wenn er in erheblichem Umfang im Geschäft des Ehegatten mitgearbeitet und Letzterer noch ein beträchtliches Vermögen hat. In solchen Fällen können allenfalls Ansprüche aufgrund eines Kooperationsvertrags oder einer Ehegatteninnengesellschaft bestehen (vgl § 1372 Rn 20f). § 1381 ist dagegen nicht anwendbar, weil er nur eine Herabsetzung, nicht auch eine Erhöhung der Ausgleichsforderung über das sich aus den gesetzl Bestimmungen ergebende Maß hinaus ermöglicht. 2

3. Bewertungsstichtage. a) Anfangsvermögen. Maßgeblicher Zeitpunkt für die **Bewertung des Anfangsvermögens** ist gem Abs I der Eintritt des Güterstands, im Regelfall also der Tag der Eheschließung, bei den übergeleiteten Güterständen der 1.7.1958 bzw der 3.10.1990, sonst der Abschluss eines entspr Ehevertrags (s § 1374 Rn 1f). Bei Umwandlung einer eingetragenen Lebenspartnerschaft in eine Ehe ist auf den Tag der Begründung der Lebensgemeinschaft abzustellen (vgl Einl § 1363 Rn 7). Für **privilegierte Erwerbstatbestände** iSd § 1374 II ist der Zeitpunkt des Erwerbs entscheidend. Maßgebend ist dabei der Zeitpunkt, in dem der Ehegatte erstmals eine rechtl geschützte Position erworben hat (MüKo/*Koch* Rn 6). Wurde ein schuldrechtl Anspruch begründet, kommt es auf diesen, nicht auf das dingliche Erfüllungsgeschäft an (MüKo/*Koch* Rn 6; Staudinger/*Thiele* Rn 5). Im Fall des Erwerbs von Todes wegen (vgl § 1374 Rn 19) ist auf den Zeitpunkt des Erbfalls abzustellen (nicht auf die Erbauseinandersetzung, die Erfüllung des Vermächtnis- oder Pflichtteilsanspruchs; Brandenburg NZFam 2020, 166, 167; Johannsen/Henrich/Althammer/*Kohlenberg* Rn 2; MüKo/*Koch* Rn 6). Entspr gilt bei einer Schenkung (MüKo/*Koch* Rn 6; Staudinger/*Thiele* Rn 5: Schenkungsversprechen), bei Hof- oder Unternehmensübernahmeverträgen etc. 3

Der zu den betreffenden Zeitpunkten (Rn 3) ermittelte Wert ist allerdings zu indexieren. Da Wertsteigerungen, die allein auf dem **Kaufkraftschwund** des Geldes beruhen, keinen ausgleichsfähigen Zugewinn darstellen (vgl § 1373 Rn 3), wird das Anfangsvermögen einschl des privilegierten Vermögens iSd § 1374 II auf den Geldwert zum Zeitpunkt der Beendigung des Güterstands umgerechnet, s Rn 39ff. 4

b) Endvermögen. Der **Stichtag** für die Bewertung des **Endvermögens** ist nach Abs II der Tag der Beendigung des Güterstands (vgl dazu § 1375 Rn 9). Bei Scheidung, Aufhebung der Ehe oder vorzeitiger Aufhebung der Zugewinngemeinschaft gem §§ 1385f ist abw der Zeitpunkt maßgebend, in dem der verfahrenseinleitende Antrag rechtshängig geworden ist (§§ 1384, 1387, 1318 I/III, s Anm dort). Die Ehegatten sind an die gesetzl Stichtagsregelung jedoch nicht gebunden; sie können durch Ehevertrag (§§ 1408, 1410) auch einen abw Zeitpunkt festlegen (Rn 45; vgl auch § 1375 Rn 9). Heben die Ehegatten durch Ehevertrag den Güterstand der Zugewinngemeinschaft auf (§ 1414), ist auf den Tag des Vertragsschlusses abzustellen – oder auf den Tag, der in dem Ehevertrag als Stichtag für die Bewertung des Endvermögens vereinbart ist. Dem Endvermögen hinzuzurechnen sind die **Vermögensminderungen gem § 1375 II**. Für ihre Bewertung kommt es auf die Zeitpunkte an, in denen die vermögensmindernden Tatbestände abgeschlossen wurden. Dies wird idR mit Abschluss des Verpflichtungsgeschäfts der Fall sein (vgl § 1375 Rn 16). Unerheblich ist, ob es ohne die illoyale Vermögensminderung zu Wertzuwächsen (zB Ansteigen der Aktienkurse, Wertsteigerung eines verschenkten Grundstücks) oder zu Wertverlusten (zB fallende Aktienkurse, Zerstörung) gekommen wäre (Johannsen/Henrich/Althammer/*Kohlenberg* Rn 3; MüKo/*Koch* Rn 9; Staudinger/*Thiele* Rn 8f). Maßgebend ist allein der Wert am Stichtag. Allerdings ist auch hier der **Kaufkraftschwund** zu berücksichtigen, dh der Wert der Vermögensminderung ist auf den Geldwert zum Zeitpunkt des Endstichtags umzurechnen, s Rn 39ff. 5

c) Korrekturen bei nachträglicher Vermögensminderung. Mit der Fixierung der Vermögenswerte zum Bewertungsstichtag sind nach der Systematik des Zugewinnausgleichs Wertkorrekturen ausgeschlossen. Das Risiko nachträgl Vermögensminderungen geht grds zulasten des Ausgleichsschuldners (vgl auch § 1378 Rn 5). Nur unter den von § 2331a her zu interpretierenden generalklauselartigen Voraussetzungen des § 1382 (vgl § 1382 6

Rn 3) kann in Extremfällen bei Erfüllungsschwierigkeiten mit einer Stundung der Ausgleichsschuld geholfen werden. Kürzungen des Ausgleichsanspruchs nach § 1381 kommen nicht in Betracht, weil diese Vorschrift nicht zur Behebung von Erfüllungsschwierigkeiten konzipiert ist, sondern Störungen in den Grundlagen des schematischen Ausgleichs mildern soll, vgl § 1381 Rn 3ff. Würde man bereits bei der Berechnung des Endvermögens Abschläge zulassen, wäre das starre Ausgleichssystem, das nur durch § 1382 gemildert werden kann, in seinen Wertungsgrundlagen überspielt. Eine Ausdehnung des Schuldnerschutzes über die Grenzen des § 1382 hinaus ist daher unzulässig.

7 **4. Bewertung von Verbindlichkeiten.** Für die Bewertung von Verbindlichkeiten gelten gem Abs III dieselben Grundsätze wie zu Abs I und II dargestellt.

8 **5. Bewertungsgrundsätze.** Um den Gesamtwert des Anfangs- und des Endvermögens festzustellen, muss ermittelt werden, welche einzelnen Vermögensgegenstände am jew Stichtag zum Anfangs- bzw zum Endvermögen gehört haben und welchen Geldwert sie hatten. Die Summe aller Verbindlichkeiten ist abzuziehen. Der **Wert der Aktiva** ist mangels einer besonderen gesetzl Bestimmung der durch die allg Verkehrsanschauung bestimmte gemeine Wert (Frankfurt FamRZ 1980, 576), also der „volle, wirkliche Wert" (vgl BGH FamRZ 2011, 183, 187; NJW 2008, 1221, 1223; NJW-RR 2005, 153f; 1990, 68f; FamRZ 1986, 37, 39 mwN), oder, anders formuliert, der Wert, der als Erlös bei einer Veräußerung oder sonstigen Verwertung unter Ausnutzung der Marktchancen erzielt werden kann, sog **Verkehrswert** (dazu BVerfG FamRZ 1985, 256, 260; BGH FamRZ 1986, 37, 40; Johannsen/Henrich/Althammer/*Kohlenberg* Rn 5; MüKo/*Koch* Rn 10); unerheblich ist, ob sich der Verkehrswert sogleich verwirklichen lassen könnte (BGH FamRZ 1989, 1051). Keine Bedeutung kommt dem für steuerliche Zwecke festgesetzten **Einheitswert** zu (BeckOK/*Scheller*/*Sprink* Rn 8), ebenso wenig dem **Liebhaberwert.**

9 Die Wahl der **maßgeblichen Bewertungsmethode** steht im pflichtgemäßen Ermessen des (sachverständig beratenen) Tatrichters (BGH NJW-RR 2016, 1217, 1220; NJW 2014, 294, 297; 2011, 999; FamRZ 2011, 183f, 187); dem Charakter des zu bewertenden Objekts kommt dabei erhebliche Bedeutung zu (Saarbrücken OLGRp 1997, 88f).

10 **6. Einzelne Vermögensgegenstände und Verbindlichkeiten. a) Grundstücke.** S dazu *Kleiber*, Verkehrswertermittlung von Grundstücken[10] 2023; *Tremel* ZEV 2007, 365. Grundstücke (bebaute und unbebaute) sind in der Ausgleichsbilanz grds mit dem Verkehrswert anzusetzen (BGH FamRZ 2011, 183, 187; Johannsen/Henrich/Althammer/*Kohlenberg* Rn 31; BeckOK/*Scheller*/*Sprink* Rn 10; Staudinger/*Thiele* Rn 38). Die Ermittlung des Verkehrswerts kann dabei in Anlehnung an die auf der Grundlage des § 199 I BauGB erlassene, zum 1.1.2022 in Kraft getretene **ImmoWertV** v 14.7.2021 (BGBl I 2021, 2805; vgl dazu *Bischoff* DS 2022, 6; DS 2022, 59) erfolgen (BeckOK/*Scheller*/*Sprink* Rn 10; vgl auch Brandenburg FamRZ 2022, 858, 859 zur ImmoWertV 2010; ferner BGH FamRZ 2011, 183, 187; NJW 2004, 2671, 2672; FamRZ 1992, 918). Die ImmoWertV 2021 hat die ImmoWertV v 19.5.2010 (BGBl I 2010, 639) ersetzt, die ihrerseits die Wertermittlungsverordnung (WertV) v 6.12.1988 (BGBl I 1988, 2209) abgelöst hatte. Nach § 6 I 1 ImmoWertV 2021 sind zur Wertermittlung das **Vergleichswertverfahren** (§§ 24-26 ImmoWertV 2021, Wertermittlung anhand der Kaufpreise vergleichbarer Grundstücke), das **Ertragswertverfahren** (§§ 27–34 ImmoWertV 2021, Wertermittlung auf der Grundlage marktüblich erzielbarer Erträge), das **Sachwertverfahren** (§§ 35–39 ImmoWertV 2021, Wertermittlung auf der Grundlage des Sach- und Bodenwerts) oder eine Kombination dieser Verfahren heranzuziehen. Die Wahl des anzuwendenden Verfahrens richtet sich nach der Art des Grundstücks unter Berücksichtigung der Umstände des Einzelfalls (§ 6 I 2 ImmoWertV 2021; vgl auch Saarbrücken OLGRp 1997, 88f; Staudinger/*Thiele* Rn 38). Der BGH betont in st Rspr, dass es Aufgabe des Tatrichters sei, (ggf nach sachverständiger Beratung) die zur Ermittlung des Werts einer Immobilie geeignete Bewertungsmethode auszuwählen (BGH FamRZ 2011, 183, 187 mwN); dabei sind weder die Sachverständigen noch die Gerichte an die ImmoWertV 2010 bzw 2021 gebunden (Brandenburg FamRZ 2022, 858, 859; vgl auch *Weglage* DS 2013, 51, 54).

11 Das Vergleichswertverfahren führt vor allem bei **unbebauten Grundstücken** zu angemessenen Ergebnissen (MüKo/*Koch* Rn 17; BeckOK/*Scheller*/*Sprink* Rn 13; vgl auch BGH NJW 2004, 2671, 2672; NJW-RR 1990, 68f). Für die Wertermittlung eines Miet- oder Mehrfamilienhauses sowie sonstiger **Renditeobjekte** (Geschäftsgebäude etc) ist dagegen der Ertragswertmethode der Vorrang einzuräumen, da das Hauptinteresse eines potentiellen Käufers idR auf die zu erzielenden Erträge gerichtet sein wird (BGH NJW 1970, 2018f; Saarbrücken OLGRp 1997, 88f; Düsseldorf FamRZ 1989, 280f; Frankfurt FamRZ 1980, 576; Johannsen/Henrich/Althammer/*Kohlenberg* Rn 34; BeckOK/*Scheller*/*Sprink* Rn 13 mwN; vgl auch MüKo/*Koch* Rn 17). Dabei ist nach BGH FamRZ 2011, 183, 187 (Eigentumswohnung) auch dann auf die „marktüblich erzielbaren" Erträge iSd § 27 ImmoWertV 2021 abzustellen, wenn im konkreten Fall abw Entgelte (zB über dem Mietspiegel liegende Mieteinnahmen) erzielt werden. Wäre bei einem Verkauf am Stichtag **Spekulationssteuer** angefallen, ist diese in Abzug zu bringen; dies gilt auch dann, wenn ein Verkauf überhaupt nicht geplant ist, denn für die Bewertung kommt es allein auf den Verkehrswert am Stichtag an (BGH NJW 2011, 2572, 2576; Johannsen/Henrich/Althammer/*Kohlenberg* Rn 35; aA Staudinger/*Thiele* Rn 38: Abzug nur, wenn auf der Grundlage einer Liquidation abgerechnet wird). An einer späteren Wertsteigerung infolge Ablaufs der Spekulationsfrist (§ 23 EStG) nimmt der andere Ehegatte nicht mehr teil. Steht bei der zu bewertenden Immobilie die **Eigennutzung** im Vordergrund, bietet sich vorrangig das Sachwertverfahren an (BGH NJW 1970, 2018f; Saarbrücken OLGRp 1997, 88f; MüKo/*Koch* Rn 17; BeckOK/*Scheller*/*Sprink* Rn 14). In einer älteren Entscheidung hat der BGH auch ein Wertermittlungsverfahren gebilligt, bei dem der Bewertung einer Eigentumswohnung ein **Mittelwert zw Ertrags- und Substanzwert** zugrunde gelegt worden war (BGH FamRZ 1986, 37, 39); die Angemessenheit einer solchen Pauschalierung ist jedoch

schwer zu begründen (Johannsen/Henrich/Althammer/*Kohlenberg* Rn 36; BeckOK/*Scheller/Sprink* Rn 13). Eine Kombination der Verfahren ist in jedem Einzelfall nicht nur dem Grunde nach, sondern auch in der Verbindung der jew Ergebnisse zu rechtfertigen. Dient eine eigengenutzte Immobilie partiell auch als Renditeobjekt (zB Wohnhaus mit vermieteter Einliegerwohnung), sind das Ertrags- und das Sachwertverfahren grds in Relation der jew Nutzungen zu kombinieren (MüKo/*Koch* Rn 17; vgl auch Saarbrücken OLGRp 1997, 88f). Handelt es sich um eine kreditfinanzierte Immobilie, ist eine nach dem Endstichtag anfallende **Vorfälligkeitsentschädigung** nicht als Abzugsposten im Endvermögen zu bilanzieren. Aufzunehmen sind lediglich der Grundstückswert und die am Stichtag noch offene Darlehensvaluta; Zinsverbindlichkeiten, die erst nach dem Stichtag entstehen, bleiben unberücksichtigt (BGH FamRZ 2022, 425, 427), s auch § 1375 Rn 10.

Der Verkehrswert eines Grundstücks muss nicht notwendig dem **hypothetischen Verkaufswert am Stichtag** entsprechen. Der wirkliche Wert (vgl Rn 8) kann höher sein als der aktuelle Veräußerungswert, zB wenn dieser aufgrund von **Rezessionsschwankungen** am Grundstücksmarkt deutlich niedriger anzusetzen wäre. Offensichtlich nur vorübergehende Preisrückgänge sind nur dann zu berücksichtigen, wenn das Grundstück auch tatsächlich zum Verkauf bestimmt ist oder aufgrund des Zugewinnausgleichs veräußert werden muss (BGH NJW 2012, 2657, 2658; FamRZ 2011, 183, 187; 1992, 918f; MüKo/*Koch* Rn 20; BeckOK/*Scheller/Sprink* Rn 15). Ein temporärer Preisanstieg zum Stichtag ist dagegen beachtlich, da der Wert vor dem Absinken durch Veräußerung realisiert werden könnte (BGH NJW 2012, 2657, 2658). 12

Bei einer Grundstücksschenkung der Eltern eines Ehegatten an diesen mit vereinbarter **Rückfallklausel bei Veräußerung oder Belastung des Grundstücks** handelt es sich um eine bedingte und damit unsichere Rechtsposition, die für den Zugewinn nur mit dem Schätzwert (einem Bruchteil des Verkehrswerts) in das Anfangs- und Endvermögen einzustellen ist (München FamRZ 2000, 1152). Der Schätzwert bei unsicheren Positionen ist ggf durch Einholung eines Sachverständigengutachtens zu bestimmen (BGH FuR 2002, 501; vgl zur Schätzung nach § 287 ZPO auch BGH FamRZ 2011, 183ff). Zur Bewertung eines **Wiederkaufrechts** s BGH NJW 1993, 2804, 2806 (Bodenwert ist um einen angemessenen Wertabschlag zu bereinigen). Dauernde Nutzungsberechtigungen sind zu kapitalisieren; zur Bewertung eines lebenslangen Nießbrauchs vgl KG FamRZ 1988, 171: anhand obj Kriterien zu ermittelnder Schätzwert, für den die aufgrund ex-post Schätzung berechnete mutmaßliche Lebensdauer des Berechtigten am Stichtag maßgeblich ist. Zu der Bewertung einer nach § 1374 II privilegiert erworbenen, mit einem **Nießbrauch oder Wohnrecht** belasteten Immobilie vgl § 1374 Rn 31; zu der Übertragung eines Grundstücks gegen Gewährung eines **Leibgedings** s § 1374 Rn 32. 13

b) Anwartschaftsrechte. Der Wert eines Anwartschaftsrechts beim Kauf unter Eigentumsvorbehalt ermittelt sich aus der Differenz zw dem Wert des Vollrechts und dem im Berechnungszeitpunkt noch ausstehenden Restkaufpreis (BGHZ 132, 218, 222, 225 zu § 1365; Staudinger/*Thiele* Rn 43; vgl auch MüKo/*Koch* Rn 16: Abzahlungsstand abzügl Wertminderung für den Gebrauch; aA NK/*Heiß/Löhnig* Rn 15; BeckOK/*Scheller/Sprink* Rn 43, die grds den Wert des Vollrechts ansetzen wollen, wenn mit einer Erstarkung zum Vollrecht sicher zu rechnen ist, sonst ggf eine Abzinsung vornehmen). Zur **Bewertung des Anwartschaftsrechts des Nacherben** s § 1374 Rn 23. 14

c) Lebensversicherungen. S dazu *Büte* FuR 2014, 11; *Hauß* FPR 2007, 190. Private Lebensversicherungen werden im Zugewinn nur berücksichtigt, soweit es sich um Kapitalversicherungen handelt (vgl § 1375 Rn 6). Maßgeblich für den Zugewinnausgleich ist grds der **wirkliche Wert** der Anwartschaft zum Stichtag, nicht der Rückkaufswert, der als Liquidationswert erheblich hinter dem tatsächlichen Zeitwert zurückbleiben kann (vgl MüKo/*Koch* Rn 32; Staudinger/*Thiele* Rn 45). Nach BGH (NJW 1995, 2781ff) ist der Wert anzusetzen, der unter wirtschaftl Gesichtspunkten dem wirklichen Wert der Anwartschaft am nächsten kommt. Dabei sei es Sache des Tatrichters, die im Einzelfall geeignete Bewertungsart auszuwählen. Letztlich handelt es sich um eine Schätzung iRd § 287 ZPO. Der Rückkaufswert am Stichtag soll dabei lediglich die untere Grenze bilden (vgl zum Rückkaufswert für ab dem 1.1.2008 geschlossene Verträge § 169 VVG; für Altverträge § 176 VVG aF), wobei der Stornoabzug (§ 169 V VVG, § 176 IV VVG aF) bei prognostizierter Fortführungsmöglichkeit unberücksichtigt bleibt (BGH NJW 1995, 2781ff). Verbreitet wird der im Anschluss an die Entscheidung des BGH entwickelte Vorschlag der Deutschen Aktuarvereinigung aufgegriffen, als Wert der Versicherung den Rückkaufswert zum Stichtag ohne Stornoabschläge anzusetzen, dh das Deckungskapital inklusive gutgeschriebener Gewinnanteile zzgl einem zum Stichtag erreichten Anwartschaftsbarwert auf Schlussgewinnanteile in die Ausgleichsbilanz aufzunehmen (MüKo/*Koch* Rn 32; Staudinger/*Thiele* Rn 45; Johannsen/Henrich/Althammer/*Kohlenberg* Rn 59 mwN; zu weiteren Bewertungsmethoden vgl MüKo/*Koch* Rn 32). Nur wenn die Fortführung des Versicherungsverhältnisses nicht zu erwarten ist und auch durch eine Stundung der Ausgleichsforderung gem § 1382 nicht ermöglicht werden kann, ist der **Rückkaufswert** als Liquidationswert in die Ausgleichsbilanz aufzunehmen (BGH NJW 1995, 2781ff; Johannsen/Henrich/Althammer/*Kohlenberg* Rn 59; MüKo/*Koch* Rn 32). Eine aus der vorzeitigen Auflösung der Lebensversicherung resultierende **latente Steuerlast** wäre dabei wertmindernd zu berücksichtigen (BGH NJW 2011, 2572, 2576; *Hauß* FPR 2007, 190, 192f; Johannsen/Henrich/Althammer/*Kohlenberg* Rn 59; s auch *Klein* FPR 2012, 324, 328). 15

Soll die Lebensversicherung eines Ehegatten der Tilgung von gesamtschuldnerisch zu tragenden Kreditverbindlichkeiten der Ehegatten dienen, ist die Versicherung nicht als Aktivposten im Endvermögen des Versicherungsnehmers zu bilanzieren, sondern bei beiden Parteien schuldmindernd anzusetzen; der Wert der Kreditverbindlichkeit am Stichtag ist dabei um den Zeitwert der Lebensversicherung zu vermindern (Zweibrücken OLGRp 2008, 547f). 16

17 **d) Geldforderungen und -verbindlichkeiten.** Geldforderungen und -verbindlichkeiten sind grds mit ihrem **Nennwert** in die Vermögensbilanz einzustellen, unabhängig davon, ob sie am Stichtag bereits fällig sind (BGH NJW 1991, 1547; Brandenburg NJW-RR 2004, 812f); zu Zinsleistungen vgl aber § 1374 Rn 10. Noch **nicht fällige** unverzinsliche Forderungen und Verbindlichkeiten sind uU abzuzinsen (BGH NJW 1992, 1103, 1106; 1990, 3018, 3019; Brandenburg NJW-RR 2004, 812f; Johannsen/Henrich/Althammer/*Kohlenberg* Rn 76; Grü/*Siede* Rn 68; MüKo/*Koch* Rn 23; aA Staudinger/*Thiele* Rn 41; Soergel/*Kappler/Kappler* Rn 41). Auf einem **Sparkonto** vorhandenes Guthaben wird für den Inhaber in voller Höhe in Ansatz gebracht, wenn keine Bruchteilsgemeinschaft vereinbart war (BGH FamRZ 2002, 1696); zur **Bruchteilsgemeinschaft** s § 1372 Rn 31. Zu Ansprüchen aus einem **Leasingvertrag** s § 1375 Rn 8.

18 Rechte und Verbindlichkeiten sind grds auch dann in die Vermögensbilanz aufzunehmen, wenn sie aufschiebend bedingt, in ihrem Bestand unsicher oder in ihrer wirtschaftl Verwertbarkeit zweifelhaft sind. Der BGH (FamRZ 1983, 882) hat sich gegen eine der Regelung des § 2313 entspr Ausgleichung ausgesprochen, da es sich hierbei um eine nicht analogiefähige erbrechtl Sondervorschrift handele, die im Rahmen des Güterrechts unzulässig den durch das Stichtagsprinzip gewährleisteten Manipulationsschutz missachten würde (zust Johannsen/Henrich/Althammer/*Kohlenberg* Rn 77; MüKo/*Koch* Rn 26; aA Staudinger/*Thiele* Rn 42). **Bedingte** oder **befristete Rechte und Verbindlichkeiten** sind allerdings nur mit einem Schätzwert einzustellen (BGH FamRZ 1992, 1155, 1159). Entspr gilt für **Forderungen**, deren **Bestand** oder **Beitreibbarkeit zweifelhaft** ist; auch sie sind nicht mit dem Nominalwert, sondern mit einem Schätzwert anzusetzen. Ist die Realisierbarkeit einer Forderung nur **teilw** gegeben, so ist sie nur bzgl ihres sicheren Teils dem Vermögen zuzurechnen (Karlsruhe FamRZ 2003, 682). Im Einzelfall kann auch ein Abschlag in voller Höhe gerechtfertigt sein; uneinbringliche Forderungen sind wertlos und deshalb nicht zu berücksichtigen. Bei **Verbindlichkeiten** ist eine vergleichbare Einschränkung hingegen nicht zu machen: Sie sind auch dann in voller Höhe anzusetzen, wenn der verpflichtete Ehegatte zu ihrer Erfüllung nicht in der Lage ist. Umstr ist allerdings, ob Verbindlichkeiten eines bei Eintritt des Güterstands überschuldeten Ehegatten auch dann mit ihrem Nominalwert zu bilanzieren sind, wenn der betreffende Ehegatte zeitnah zum Anfangsstichtag die **Restschuldbefreiung** erwarten kann. Im Schrifttum wird dies zT bezweifelt und vorgeschlagen, auf diejenigen Grundsätze Rückgriff zu nehmen, die für die Bewertung von Forderungen mit zweifelhafter Beitreibbarkeit gelten; die Schuld müsse danach jedenfalls mit einem geringeren Betrag als dem Nominalwert angesetzt werden (so *Kogel* FamRZ 2013, 1352, 1354 und FamRZ 2015, 715, 718; vgl auch *Frauenknecht* NJW-Spezial 2013, 260). Nach aA soll eine spätere Restschuldbefreiung für die Bewertung von Verbindlichkeiten im Anfangsvermögen dagegen unbeachtlich sein (Naumburg FamRZ 2015, 748; MüKo/*Koch* Rn 24; BeckOK/*Scheller/Sprink* § 1374 Rn 15; BeckOGK/*Preisner* § 1374 Rn 48 [Stand: 1.2.2023]; Staudinger/*Thiele* § 1374 Rn 14). Diese Ansicht verdient den Vorzug. Die für die Bewertung von Forderungen geltenden Grundsätze lassen sich nicht ohne Weiteres auf die Bewertung von Verbindlichkeiten übertragen. Während eine Forderung mit zweifelhafter Beitreibbarkeit für den Gläubiger nicht den vollen Wert verkörpert, ist der Schuldner einer fälligen Verbindlichkeit bis zu einem Erlass (§ 397) oder einer Restschuldbefreiung zur Leistung iHd Nennwerts verpflichtet. Die Berücksichtigung einer nach Eintritt des Güterstands erfolgten Restschuldbefreiung verstieße zudem gegen das Stichtagsprinzip (zutr Naumburg FamRZ 2015, 748). Keine Rolle spielt auch der Umstand, dass der Vermögenszuwachs durch Restschuldbefreiung nicht auf vermögensbildenden Maßnahmen der Ehegatten, sondern auf einem hoheitlichen Akt beruht (aA *Kogel* FamRZ 2015, 715, 718). Dem Zugewinnausgleich unterliegt grds jeglicher (nicht lediglich inflationsbedingte) Vermögenszuwachs. Die in § 1374 II aufgeführten Ausnahmen sind nach st Rspr nicht analogiefähig (s § 1374 Rn 34). Da der Vermögenszuwachs durch Restschuldbefreiung von § 1374 II nicht erfasst wird, ist er nicht anders zu behandeln als jeder andere wirtschaftl Zugewinn (BeckOGK/*Preisner* § 1374 Rn 48.1 [Stand: 1.2.2023]). Hinzu kommt, dass Wertsteigerungen einzelner Gegenstände unabhängig davon in den Zugewinn fallen, ob der Vermögenszuwachs auf Handlungen der Ehegatten zurückzuführen ist (vgl Rn 2). Dies spricht dafür, Verbindlichkeiten selbst dann mit ihrem Nominalwert im Anfangsvermögen zu bilanzieren, wenn sie später durch Restschuldbefreiung erlöschen. Dasselbe gilt im Fall des Erlasses (BeckOK/*Scheller/Sprink* Rn 62; MüKo/*Koch* Rn 5).

19 Bei **Bürgschaften** ist die Zahlungsfähigkeit des Hauptschuldners im maßgebenden Zeitpunkt zu berücksichtigen; entscheidend ist die Wahrscheinlichkeit der Inanspruchnahme aus der Bürgschaft (BeckOGK/*Preisner* Rn 199f [Stand: 1.2.2023]; BeckOK/*Scheller/Sprink* Rn 62; *Braeuer* FPR 2012, 100, 102). Ist der Hauptschuldner zahlungsfähig, verkörpert die Bürgschaftsverpflichtung keine tatsächliche Belastung des bürgenden Ehegatten und muss daher in der Ausgleichsbilanz nicht berücksichtigt werden (BeckOGK/*Preisner* Rn 199 [Stand: 1.2.2023]). Haftet ein Ehegatte als **Gesamtschuldner**, ist auf den Umfang der Ausgleichsverpflichtung ggü den anderen Gesamtschuldnern und auf die Realisierbarkeit von Regressansprüchen abzustellen (Jauernig/*Budzikiewicz* Rn 10; *Braeuer* FPR 2012, 100, 101f; s auch MüKo/*Koch* Rn 22). Zum **Gesamtschuldner- und Gesamtgläubigerausgleich** unter Ehegatten vgl bereits § 1372 Rn 24ff.

20 Laufende Ansprüche auf **Lohn, Gehalt, Rente, Miete, Pacht uÄ** zählen nicht zum Vermögen, sondern zu den Einkünften; in die Ausgleichsbilanz eingestellt werden nur fällige Ansprüche der betreffenden Art und bereits geleistete, noch vorhandene Beträge (s § 1374 Rn 7); zu **Abfindungen** s § 1375 Rn 4.

21 **e) Weitere Vermögensgegenstände.** Bei **Wertpapieren** gilt der Kurswert (mittlerer Tageskurs) zzgl der bis zum Stichtag aufgelaufenen Stückzinsen (vgl § 2311 Rn 5; BGH NJW-RR 2001, 793; MüKo/*Koch* Rn 21; Staudinger/*Thiele* Rn 36f; aA LG Berlin FamRZ 1965, 438, 439, das den „wahren Wert" des Kapitalanteils ermitteln will, auch wenn der Aktionär an der Börse mehr oder nur weniger erlösen kann); zur Berücksichtigung einer la-

tenten Steuerlast s BGH NJW 2011, 2572, 2576. **Kunstgegenstände, Schmuck, Sammlungen und Bibliotheken** werden, soweit sie nicht dem Hausrat zuzuordnen sind (vgl § 1369 Rn 2, 4), mit ihrem jew Verkaufswert am Stichtag angesetzt (Johannsen/Henrich/Althammer/*Kohlenberg* Rn 47; MüKo/*Koch* Rn 29; Staudinger/*Thiele* Rn 40; *Heuer* NJW 2008, 689: beim Auktionskauf ist der um die Verkaufskosten bereinigte Hammerpreis maßgebend). Soweit **Haushaltsgegenstände** dem Zugewinnausgleich unterfallen (vgl § 1372 Rn 12), sind sie mit dem Neupreis am Stichtag und einem Abnutzungsabschlag in die Ausgleichsbilanz einzustellen (Johannsen/Henrich/Althammer/*Kohlenberg* Rn 45; Soergel/*Kappler*/*Kappler* Rn 30; Grü/*Siede* Rn 75; aA MüKo/*Koch* Rn 15; BeckOK/*Scheller*/*Sprink* Rn 48; Staudinger/*Thiele* Rn 40: Anschaffungspreis abzüglich Nutzungsabschlag); zum Begriff des Haushaltsgegenstands s § 1369 Rn 2ff. Für einen **Pkw**, der nicht veräußert werden soll (sonst Bilanzierung des Verkaufspreises; s Brandenburg BeckRS 2021, 23900 Rn 52: Händlereinkaufswert), sind idR die Kosten einer Wiederbeschaffung (gleichwertiges gebrauchtes Fahrzeug) anzusetzen (Brandenburg BeckRS 2021, 23900 Rn 52: Anschaffungswert; *Schulz*/*Hauß*, Vermögensauseinandersetzung bei Trennung und Scheidung[7], 2022, Kap 1 Rn 487; BeckOGK/*Preisner* Rn 454 [Stand: 1.2.2023]).

7. Bewertungen von Unternehmen und Beteiligungen an Unternehmen. a) Verkehrswert. Ein Unternehmen ist mit seinem obj (Verkehrs-)Wert anzusetzen. Die genaue Bestimmung dieses Werts erweist sich allerdings bei näherer Betrachtung als äußerst problematisch (eingehend zu den verschiedenen Wertkategorien *Schulz*/*Hauß*, Vermögensauseinandersetzung bei Trennung und Scheidung[7], 2022, Kap 1 Rn 710ff; *Kuckenburg* FuR 2012, 222, 224ff und NZFam 2015, 390, 391ff; *Kogel* NJW 2007, 556, 557; *Münch* FamRZ 2006, 1164, 1165f und DStR 2014, 806; *Piltz*/*Wissmann* NJW 1985, 2673ff). Der Preis, den ein Käufer am Markt für das gesamte Unternehmen zu zahlen bereit ist, wird sich kaum einmal ermitteln lassen. Verhältnismäßig leicht festzustellen ist dagegen, welcher Betrag sich bei einer Veräußerung der einzelnen Vermögensgegenstände (Sachen, Forderungen, Anteile, Patente etc) am Markt erzielen ließe. Zieht man von dieser Summe die Schulden des Unternehmens ab, ergibt sich dessen **Liquidationswert** (Zerschlagungswert). Er fällt allerdings zumeist relativ niedrig aus; einer entspr Berechnung liegt letztlich die Annahme zugrunde, dass das Unternehmen zerschlagen wird. In der Praxis wird aber die Fortführung die Regel sein. Diesem Umstand wird Rechnung getragen, wenn anstelle der Erlöse bei einer Einzelveräußerung die Kosten für die Wiederbeschaffung der materiellen und immateriellen Vermögensgegenstände des Unternehmens (= Reproduktionsaufwand) zugrunde gelegt werden. Der danach ermittelte **Substanzwert (Sachwert)** beruht auf der Prämisse, dass das Unternehmen fortgeführt wird. Freilich wird auch damit der Wert eines lebenden Unternehmens nicht vollständig erfasst. Regelmäßig wird ein Erwerber bereit sein, für ein Unternehmen einen höheren Preis als den Substanzwert zu zahlen, denn ein Unternehmen weist regelmäßig auch einen sog Geschäftswert (Goodwill) auf, der etwa auf einem gut organisierten Vertreterstamm, der verkehrsgünstigen Lage der Betriebsstätte, der Organisation des Verkaufs, eingespielten Geschäftsverbindungen mit Lieferanten und Abnehmern sowie dem geschäftlichen Ruf des Unternehmens, seiner Kreditwürdigkeit oder Marktstellung beruht. Die Betriebswirtschaftslehre räumt vor diesem Hintergrund schon seit Längerem der Bewertung nach dem **Ertragswert** grds den Vorrang vor substanzorientierten Bewertungsverfahren ein (s dazu nur Johannsen/Henrich/Althammer/*Kohlenberg* Rn 9, 70; *Kuckenburg* FuR 2012, 222, 227ff und NZFam 2015, 390, 392; *Piltz*/*Wissmann* NJW 1985, 2673f). Unter dem Ertragswert wird dabei der Barwert der zukünftigen (Netto-)Erträge des Unternehmens verstanden. Rechtfertigen lässt sich der Ansatz damit, dass ein rationaler Erwerber für ein Unternehmen höchstens den Betrag als Kaufpreis aufwenden wird, der den erwarteten zukünftigen Erträgen des Unternehmens entspricht. Eine positive Differenz zw Ertrags- und Substanzwert lässt sich dabei als Geschäftswert des Unternehmens interpretieren, der sich folglich mittels der Ertragswertmethode indirekt bestimmen lässt. Die Problematik des Ertragswertverfahrens besteht freilich darin, dass es auf einer Prognose der zukünftigen Erträge beruht und die gewonnenen Ergebnisse zudem in starkem Maße vom gewählten Kapitalisierungszinssatz abhängen (vgl Johannsen/Henrich/Althammer/*Kohlenberg* Rn 9; *Ballhorn*/*König* NZFam 2021, 672ff; s auch *Kuckenburg* FuR 2012, 222, 229). Speziell für das Familien- und Erbrecht behandelt der Standard IdW S 13 des Instituts für Wirtschaftsprüfer die Besonderheiten bei einer Unternehmensbewertung nach der Ertragswertmethode. Die dort niedergelegten Grundsätze entsprechen allerdings teilw nicht den im Folgenden dargestellten Vorgaben der Rspr zur Unternehmensbewertung im Zugewinnausgleich (krit etwa *Borth* FamRZ 2017, 1739ff; *Kuckenburg* FuR 2018, 78; *Schlünder* FS Koch, 257ff; aA *Ballhorn*/*König* FamRZ 2018, 1611ff; *dies* NJW 2018, 1911). 22

b) Bewertungsverfahren. Die höchstrichterliche Rspr hat sich bislang nicht auf ein bestimmtes Bewertungsverfahren festgelegt. Vielmehr geht der BGH in st Rspr davon aus, dass es Sache des Tatrichters ist, ein bestimmtes Verfahren auszuwählen und sachverhaltsspezifisch anzuwenden; die Entscheidung des Tatrichters könne nur darauf überprüft werden, ob sie gegen Denkgesetze und Erfahrungssätze verstoße oder sonst auf rechtsfehlerhaften Erwägungen beruhe (BGH NJW 1982, 2441; 1991, 1547f; 2011, 999; 2014, 294, 297; zuletzt FamRZ 2019, 429, 430). Freilich darf hieraus nicht der Schluss gezogen werden, dass grds jedes theoretisch mögliche Bewertungsverfahren zulässig ist. Vielmehr hat der BGH zu Recht mehrfach die Notwendigkeit einer angemessenen **Berücksichtigung des Geschäftswerts** betont (BGHZ 70, 224; 75, 195, 199; BGH NJW 2011, 999, 1000). Diese Vorgabe dürfte in vielen Fällen eine Bewertung allein nach dem Substanz- oder gar Liquidationswert ausschließen und die Anwendung der Ertragswertmethode nahelegen, da diese bei florierenden Unternehmen regelmäßig zum Ansatz eines über den Substanzwert hinausgehenden Geschäftswerts führt. Bei einem Unternehmen, mit dem von vornherein keine nachhaltigen Überschüsse erzielt werden sollen, kann dagegen ohne weiteres auf den Substanzwert abgestellt werden (BGH FamRZ 2019, 429, 431). Zu beachten ist aber weiterhin, dass nach Auffas- 23 sung der Rspr auch die Berücksichtigung eines Geschäftswerts nicht allein aufgrund einer theoretisch-abstrakten Bewertung erfolgen darf; vielmehr ist konkret zu prüfen, ob Betriebe der betreffenden Art als Ganzes verkäuflich sind und dann bei einem Verkauf einen Preis erzielen können, der über den reinen Sachwert hinausgeht (BGHZ 68, 163, 167; 70, 224, 226). Daher soll bei einem **Handelsvertreterunternehmen** grds kein Goodwill zu berücksichtigen sein, denn dieses habe seine Grundlage in dem dem Inhaber im Handelsvertretervertrag eingeräumten, nicht übertragbaren Recht (BGHZ 68, 163, 167f; ebenso für einen Versicherungsagenten BGH NJW 2014, 625, 626ff, wonach auch ein zukünftiger Ausgleichsanspruchs nach § 89b HGB nicht im Endvermögen zu bilanzieren ist; für die Anwendung eines modifizierten Ertragswertverfahrens auf ein Versicherungsmaklerbüro dagegen Köln NJOZ 2012, 1915, 1916f). Ebenso darf bei einem kleinen **Handwerkerbetrieb** wie einer Bäckerei ein Goodwill nicht als selbstverständlich vorausgesetzt werden, da hier die Qualität der Erzeugnisse in weit höherem Maße von der Person des Betriebsinhabers abhängt als bei einem größeren Betrieb (BGHZ 70, 224, 226). Allerdings besteht nach Auffassung des BGH auch kein allg Erfahrungssatz, nach dem die Ertragsprognose einer Einzelfirma sich nicht von der Person ihres Inhabers trennen lässt; daher soll die Anwendung der Ertragswertmethode bei einem kleinen **Maschinenbauunternehmen**, das nur vormittags vom Inhaber geführt und iÜ von einem angestellten Betriebsmeister geleitet wird, nicht ausgeschlossen sein (BGH NJW-RR 2005, 153f). Ist nach diesen Grundsätzen die Berücksichtigung des Geschäftswerts möglich, soll nach neuerer Auffassung bei kleineren inhabergeführten Unternehmen entspr den Grundsätzen, die der BGH für Freiberuflerpraxen entwickelt hat (s Rn 27) ein individuell bemessener Unternehmerlohn bei der Prognose der zukünftigen Erträge abzuziehen sein (BGH FamRZ 2018, 93, 94; MüKo/*Koch* Rn 46; Grü/*Siede* Rn 45; *Büte* FuR 2017, 582, 584; teilw anders IdW S 13 Rn 31: Berücksichtigung einer marktüblichen Vergütung; s auch *Ballhorn*/*König* NZFam 2021, 672, 675: marktübliche Vergütung, die ggf anzupassen ist; dagegen *Schlünder* FS Koch, 257, 267). Dabei ist nach Auffassung des BGH auch eine nicht unternehmensleitende Tätigkeit in Ansatz zu bringen, die der Inhaber für das Unternehmen erbringt (BGH FamRZ 2018, 93, 94f; zust MüKo/*Koch* Rn 46; *Münch* NJW 2018, 64; *Schlünder* FS Koch, 257, 266).

24 Auch bei einem Unternehmen, dessen **Ertragswert unterhalb des Liquidationswerts** liegt, das aber nach dem Willen seines Inhabers fortgeführt werden soll, ist eine Bewertung mit dem Ertragswert idR zulässig. Zwar ist in der Betriebswirtschaftslehre die Annahme verbreitet, dass in diesem Fall immer der Liquidationswert anzusetzen ist (vgl nur *Münch* FamRZ 2006, 1164f; *Piltz*/*Wissmann* NJW 1985, 2673f). Dem ist der BGH aber zu Recht nicht gefolgt (BGH NJW 1982, 2441; s für das Pflichtteilsrecht auch BGH NJW 1973, 509f und für die Gegenstandsbewertung nach Beendigung der Gütergemeinschaft BGH NJW-RR 1986, 1066, 1068); denn die Entscheidung, ob das Unternehmen liquidiert werden soll, liegt allein beim Unternehmer. Entscheidet dieser sich für eine Fortführung, realisiert sich der Liquidationswert nicht und kann daher auch nicht im Rahmen von Rechtsbeziehungen des Unternehmers zu Dritten zugrunde gelegt werden. Ausnahmen von diesem Grundsatz sollen nur denkbar sein, wenn ein unrentables, liquidationsreifes Unternehmen aus wirtschaftl nicht vertretbaren Gründen weitergeführt wird (so für das Pflichtteilsrecht BGH NJW 1973, 509f; s auch NJW-RR 1986, 1066, 1068). IÜ kommt der Ansatz des Liquidationswerts nur in Betracht, wenn am Stichtag bereits feststeht, dass das Unternehmen zur Zahlung des Zugewinnausgleichs liquidiert werden muss, oder für das Unternehmen aufgrund einer schlechten Ertragslage oder anderer Umstände keine günstige Fortführungsprognose gestellt werden kann (BGH FamRZ 2019, 429, 431; Johannsen/Henrich/Althammer/*Kohlenberg* Rn 71).

25 Problematisch ist, inwieweit Ertrags- und Substanzbewertung auch kombiniert werden können. In einer älteren, zum Pflichtteilsrecht ergangenen Entscheidung hat der BGH grds ein – theoretisch kaum zu rechtfertigendes – Praktikerverfahren gebilligt, bei dem der **Mittelwert aus Ertrags- und Substanzwert** gebildet wurde (BGH NJW 1982, 575; ebenso im Rahmen des Zugewinnausgleichs Bamberg NJW-RR 1995, 258f). IÜ präferiert die Rspr auch bei Freiberuflerpraxen solche Verfahren, bei denen dem Substanzwert der aufgrund betriebswirtschaftl Kennzahlen abgeschätzte Goodwill hinzugerechnet wird (sog „modifiziertes Ertragswertverfahren", s Rn 26f). Teilw wird im Schrifttum unter Hinweis auf einzelne Entscheidungen des BGH vertreten, dass auch kleinere mittelständische Unternehmen nach der modifizierten Ertragswertmethode zu bewerten sein sollten (*Büte* FuR 2017, 582, 584). Dabei bleibt allerdings unklar, ob tatsächlich eine eigenständige Berücksichtigung des Substanzwerts gemeint ist. Die fraglichen Entscheidungen betrafen allein die Berücksichtigung eines begrenzten Zeithorizonts (BGH FamRZ 2014, 98, 102f) bzw eines Unternehmerlohns (BGH FamRZ 2018, 93, 94, s schon Rn 18) bei der Prognose der zukünftigen Erträge im Rahmen der Ertragswertmethode. Letztlich zeigt sich, dass der Begriff der modifizierten Ertragswertmethode nicht einheitlich gebraucht wird (*Ballhorn*/*König* NJW 2018, 1911, 1915). Regelmäßig nicht möglich ist es dagegen, dem Ertragswert den Betrag hinzuzurechnen, um den der Verkaufswert eines einzelnen Unternehmensbestandteils dessen Buchwert übersteigt (BGH NJW-RR 2005, 153, 155), denn die Ertragsprognose beruht auf der Prämisse, dass der betreffende Vermögensgegenstand nicht veräußert, sondern weiter im Rahmen des Unternehmens genutzt wird. Abw gilt nur für nicht betriebsnotwendiges Vermögen: Dieses ist gesondert mit seinem Liquidationswert anzusetzen und dem ermittelten Ertragswert hinzuzurechnen (BGH NJW 2005, 153, 155; *Piltz*/*Wissmann* NJW 1985, 2673f).

26 **c) Freiberuflerpraxen.** Besonderheiten gelten für die Bewertung von **Freiberuflerpraxen**. Bei ihnen ist eine Bewertung nach dem reinen Ertragswertverfahren nach st höchstrichterlicher Rspr ausgeschlossen. Zwar ist auch bei Freiberuflerpraxen grds ein Goodwill zu berücksichtigen (s nur BGH JZ 1977, 180f; NJW 1999, 784, 785ff; skeptisch *Klingelhöffer* FamRZ 1991, 882ff), das reine Ertragswertverfahren trägt jedoch nicht dem Umstand Rechnung, dass bei Freiberuflerpraxen der zu erwartende Ertrag in erheblichem Maße von der Person des Inhabers und seiner individuellen Arbeitskraft abhängt. Bewertungsobjekt können aber nur solche Ertragsmerkmale

sein, die auf einen potentiellen Erwerber übertragbar sind (BGH NJW 1991, 1547f; 2008, 1221, 1223). Im Einz muss daher zw immateriellen Faktoren, die mit der Person des Inhabers verbunden sind (wie Ruf, Ansehen und Arbeitseinsatz) und dem „inneren Geschäftswert" der Praxis unterschieden werden, der etwa auf dem Standort, der Art und Zusammensetzung des Mandantenstamms, der Konkurrenzsituation uÄ Faktoren beruht. Nur Letzterer darf im Rahmen des Zugewinnausgleichs berücksichtigt werden. Dabei kann im Einzelfall – etwa bei einem Berufsanfänger – die Annahme naheliegen, dass überhaupt kein nach diesen Grundsätzen berücksichtigungsfähiger Goodwill besteht (BGH NJW 1999, 784f; 2011, 999, 1000; MüKo/*Koch* Rn 37).

Im Einz zieht die Rspr für die Bewertung von Freiberuflerpraxen die **von den zuständigen Standesorganisationen empfohlenen Bewertungsmethoden** heran, bei denen dem Substanzwert der anhand betriebswirtschaftl Kennzahlen abgeschätzte Geschäftswert hinzugerechnet wird (BGH NJW 1991, 1547f – Arztpraxis; NJW 2008, 1221, 1223 – Tierarztpraxis; NJW 2011, 999, 1000 – Zahnarztpraxis; NJW 2011, 2572, 2573 – Steuerberaterpraxis; vgl für Rechtsanwaltskanzleien auch *Römermann/Schröder* NJW 2003, 2709ff; für Arzt- und Zahnarztpraxen *Frielingsdorf* NZFam 2015, 200ff, dort auch zu dem Problem der unsicheren Veräußerbarkeit von Arztpraxen in ländlichen Gebieten). Dabei hat es der BGH zunächst entspr den damaligen Vorgaben der Standesorganisationen für zulässig erachtet, den Geschäftswert mit einem Bruchteil der Differenz zw dem durchschnittlichen Bruttoumsatz und einem pauschal angesetzten kalkulatorischen Unternehmerlohn anzusetzen (BGH NJW 1991, 1547f; vgl auch BGH NJW 1999, 784, 787). Mit seiner Entscheidung v 6.2.2008 (NJW 2008, 1221, 1224) hat der BGH diese Rspr teilw aufgegeben und verlangt, dass zur Vermeidung einer doppelten Erfassung von Erträgen sowohl beim Zugewinnausgleich als auch beim Unterhalt (s dazu Rn 30) nicht ein pauschal angesetzter kalkulatorischer Unternehmerlohn, sondern der nach den individuellen Verhältnissen konkret gerechtfertigte Unternehmerlohn in Abzug gebracht werden müsse. Diesen Standpunkt hat er zuletzt nochmals bekräftigt, da nur mit dem **Ansatz eines individuellen Unternehmerlohns** der mit dem derzeitigen Praxisinhaber verbundene Wert ausgeschieden werden könne, der nicht auf einen Erwerber übertragbar sei (BGH NJW 2011, 999, 1001; 2011, 2572, 2574f und NJW-RR 2016, 1217, 1221; s dazu auch *Kuckenburg* FuR 2012, 278, 279f, 282f; zum individuellen Arztlohn *Frielingsdorf* NZFam 2015, 200, 203f). Daher ist davon auszugehen, dass im Rahmen der Wertermittlung auch dann ein individueller Unternehmerlohn anzusetzen ist, wenn der Praxisinhaber nicht zum Unterhalt verpflichtet ist (s dazu schon *Dauner-Lieb* FuR 2008, 209, 215). Darüber hinaus hat der BGH in der Entscheidung NJW 2011, 999 abw von seiner früheren Rspr zu Recht eine Bemessung des Goodwills anhand des durchschnittlichen Bruttoumsatzes abgelehnt, weil dieser keinen sicheren Rückschluss auf die zu erwartenden Gewinne ermögliche, und entspr den neuen Vorgaben der Bundesärztekammer (s DÄBl 2008, Heft 51, A 4) eine Bestimmung des Geschäftswerts anhand der durchschnittlichen Erträge verlangt. 27

d) Latente Steuern. Generell müssen bei der Ermittlung des Werts eines Handelsunternehmens oder einer Praxis auch die **latenten Steuern**, die bei einer Veräußerung entstehen würden, abgezogen werden, selbst wenn eine Veräußerung tatsächlich nicht beabsichtigt ist. Da mit der Bewertung letztlich der erzielbare Veräußerungserlös ermittelt werden soll, darf nicht unberücksichtigt bleiben, dass dem Inhaber nur der um die Steuern verminderte Veräußerungserlös bliebe (BGH NJW 1991, 1547, 1551; 2008, 1221, 1225; 2011, 999, 1001; 2011, 2572, 2575f; aA *Hoppenz* FamRZ 2006, 449f). Demggü fließen umgekehrt nach bisheriger Rspr Steuervorteile eines potentiellen Erwerbers nicht in die Bewertung ein. Die entspr Vorgabe von IdW S 13, nach der ein sog tax amortization benefit (tab) zu berücksichtigen ist, stößt im familienrechtl Schrifttum bislang mehrheitlich auf Ablehnung (*Borth* FamRZ 2017, 1739, 1743f; *Bosch* FS Koch, 237, 243f; *Schlimpert/Siewert* FamRZ 2019, 586ff; dafür aber *Ballhorn/König* FamRZ 2018, 161, 163f). 28

e) Gesellschaftsanteile. Bei der Bewertung von **Gesellschaftsanteilen** ist zu differenzieren: **Börsennotierte Aktien** sind mit ihrem mittleren Tageskurs am Stichtag zu bewerten (BGH NJW 2012, 2657, 2658 mwN). Dabei kann bei größerem Anteilseigentum an einer AG ein sog Paketzuschlag erforderlich sein, um den mit der Beteiligung verbundenen unternehmerischen Einfluss zu berücksichtigen (Johannsen/Henrich/Althammer/*Kohlenberg* Rn 78; BeckOK/*Scheller/Sprink* Rn 59); zur Bewertung sog „Phantomaktien" *Kogel* FamRZ 2020, 69f. Soll dagegen die Beteiligung an einer **GmbH** oder einer **Personengesellschaft** bewertet werden, so ist, da für derartige Anteile regelmäßig kein Marktwert ermittelbar ist, zunächst der Wert des von der Gesellschaft betriebenen Unternehmens entspr den oben geschilderten Grundsätzen zu bestimmen und dieser dem Ehegatten dann entspr dem Anteil seiner Beteiligung quotal zuzurechnen (BGHZ 75, 195, 199; Johannsen/Henrich/Althammer/*Kohlenberg* Rn 73). Eventuellen gesellschaftsrechtl Besonderheiten wie etwa einer höheren oder geringeren Gewinnbeteiligung ist durch eine entspr Korrektur des quotalen Unternehmenswerts Rechnung zu tragen (MüKo/*Koch* Rn 55). Problematisch ist die Bemessung des Anteilswerts nach dem vollen Unternehmenswert allerdings, wenn die Beteiligung – wie idR bei Personengesellschaften – unveräußerlich ist und der Gesellschaftsvertrag eine **Abfindungsklausel** enthält, die den Abfindungsanspruch (der sich grds nach dem wirklichen Wert einschl des Geschäftswerts richtet) beschränkt oder gänzlich ausschließt. Hat sich die Abfindungsklausel durch Kündigung bereits realisiert, so ist nach einhelliger Auffassung der Wert der Beteiligung nach Maßgabe der Abfindungsklausel zu bestimmen (s nur BGH NJW 1999, 784f). Für den Fall, dass die Beteiligung an der Gesellschaft aufrecht erhalten werden soll, haben sich Vorschläge, nach denen zunächst der volle anteilige Unternehmenswert anzusetzen ist, der Ehegatte aber bei einem späteren Ausscheiden einen Anspruch auf nachträgl Korrektur haben soll, nicht durchgesetzt (vgl dazu nur *Ulmer* ZGR 1972, 324, 341f). Statt dessen ist nach Auffassung des BGH die Beteiligung endgültig mit dem vollen anteiligen Unternehmenswert anzusetzen, da der Vermögenswert der Beteiligung auch bei Bestehen einer Abfindungsbeschränkung durch die Mitberechtigung am Unternehmen und die 29 damit verbundene anteilige Nutzungsmöglichkeit des Unternehmenswerts bestimmt werde (BGHZ 75, 195, 199ff; NJW 1987, 321f; 1999, 784f; ebenso etwa MüKo/*Koch* Rn 57f; vgl auch *Kotzur* NJW 1988, 3239, 3242f; krit *Dauner-Lieb* FuR 2008, 209, 215; *Bosch* FS Koch, 237, 246ff); der Umstand, dass die Beteiligung aufgrund der Abfindungsklausel nicht vollständig verwertbar sei, soll lediglich wertmindernd zu berücksichtigen sein (für eine Bewertung mit dem vereinbarten Abfindungsbetrag bei einer Mitarbeiterbeteiligung an einer Freiberufler-GmbH aber Düsseldorf DStR 2016, 1043, 1044f).

30 **f) Unterhaltspflichtiger Unternehmensinhaber.** Ein Unternehmen oder eine Unternehmensbeteiligung ist auch dann im Zugewinnausgleich zu berücksichtigen und nach den vorstehend beschriebenen Grundsätzen zu bewerten, wenn der **Unternehmensinhaber gleichzeitig zum Unterhalt verpflichtet** ist. Auch die Bestimmung des Unternehmenswerts unter Berücksichtigung der Ertragsaussichten führt nicht zu einer unzulässigen doppelten Teilhabe an dem gleichen Vermögenswert (BGH NJW 2008, 1221, 1223f; 2011, 999, 1001; zur Diskussion in der Lit s etwa *Dauner-Lieb* FuR 2008, 209, 210f mwN). Bei der Bewertung von Freiberuflerpraxen wird eine Doppelberücksichtigung aber nur vermieden, wenn nicht ein pauschal angesetzter kalkulatorischer Unternehmerlohn, sondern der nach den individuellen Verhältnissen konkret gerechtfertigte Unternehmerlohn bei der Berechnung berücksichtigt wird, da andernfalls ein überhöhter Geschäftswert angesetzt und damit letzten Endes künftiges Einkommen verteilt wird, obwohl im Rahmen des Zugewinnausgleichs nur das am Stichtag vorhandene Vermögen auszugleichen ist (vgl Rn 27; s iÜ auch schon *Münch* FamRZ 2006, 1164, 1170; ferner *Münch* DStR 2014, 806, 809f). Eine **Mitarbeiterbeteiligung** soll aber ausnahmsw nicht mit dem vollen Wert, sondern lediglich mit dem niedrigeren Abfindungswert anzusetzen sein, wenn die Beteiligten vereinbart haben, dass beim Unterhalt auch die nach dem Stichtag anfallenden Gewinnanteile des Inhabers zu berücksichtigen sind; andernfalls würden die künftigen Gewinnanteile unzulässigerweise sowohl beim Zugewinnausgleich durch den Ansatz eines von den künftigen Gewinnerwartungen geprägten Werts als auch im Rahmen des Unterhalts berücksichtigt (BGH NJW 2003, 1396, 1397).

31 **8. Land- und forstwirtschaftliche Betriebe (Abs IV).** Für die Bewertung eines land- oder forstwirtschaftl Betriebs ist in Abs IV ähnl wie in § 2049 eine Sonderregelung zur Sicherung der Lebensgrundlage der Land- und Forstwirte getroffen worden. Maßgebend soll hier der Ertragswert sein. Mit dieser Regelung ist eine Privilegierung land- und forstwirtschaftl Betriebe intendiert (vgl auch § 12 X HöfeO, der eine Sonderbewertung zugunsten des Hoferben statuiert). Dem liegt die Vorstellung zugrunde, dass sich der Ertragswert solcher Betriebe regelmäßig nur langsam verändert und daher idR kein oder nur ein minimaler Zugewinn erzielt wird (vgl dazu Staudinger/*Thiele* Rn 14). Das BVerfG (FamRZ 1985, 256) hat in der Privilegierung von Landwirten zulasten des ausgleichsberechtigten Ehepartners im Hinblick auf das öffentliche Interesse an der Erhaltung leistungsfähiger Höfe grds keinen Verstoß gegen den allg Gleichheitssatz gesehen. Ein Verstoß gegen Art 3 I und Art 6 I GG wurde hingegen für den Fall angenommen, dass das Gut verpachtet und der Inhaber als Angestellter im öffentlichen Dienst tätig war, weil damit der Privilegierungsgrund nicht (mehr) vorlag (FamRZ 1985, 256, 260f). Diese Rspr hat das BVerfG in FamRZ 1989, 939 fortgesetzt und entschieden, dass die Durchführung des Zugewinnausgleichs nach Abs IV auf der Grundlage des Ertragswertverfahrens verfassungswidrig ist, wenn nicht damit gerechnet werden kann, dass der Eigentümer oder ein Abkömmling, sondern allenfalls ein entfernter Verwandter den Betrieb weiterführen will. Der an sich ausgleichsberechtigte Ehepartner verliere auf der Grundlage der Ertragswertberechnung seinen Zugewinnausgleichsanspruch; daher könne ihm dieses Opfer unter Berücksichtigung von Art 6 GG nur zugemutet werden, um die Zerschlagung des Betriebs im Interesse des Ehepartners oder der Kinder zu verhindern. Der Gesetzgeber hat durch Einführung des Abs IV 2. Hälfte des 1. Hs mit Gesetz v 14.9.1994 (BGBl I 1994, 2324) den Bedenken des BVerfG Rechnung getragen, ohne die Privilegierung abzuschaffen.

32 Heute stellt das Ertragswertverfahren eine verbreitete – und aus betriebswirtschaftl Sicht vorzugswürdige – Methode der Unternehmensbewertung dar (s Rn 22), so dass die Privilegierung des Abs IV auf den ersten Blick überholt scheint. Tatsächlich besteht sie jedoch unverändert fort, denn der Zwang zum Ansatz eines Ertragswerts, der sich gem § 2049 II nach dem Reinertrag bestimmt, schließt den Rückgriff auf einen evtl höheren Liquidationswert aus. Der Ertragswert ist aber entgegen der hM (BGH NJW-RR 2016, 1217, 1220; *Gernhuber/Coester-Waltjen* § 35 Rn 60; Staudinger/*Thiele* Rn 17 mwN) auch dann zugrunde zu legen, wenn der Verkehrswert des land- oder forstwirtschaftl Betriebs geringer ist als der Ertragswert. Eine teleologische Reduktion der Vorschrift ist in diesem Fall nicht angezeigt. Der Zweck des Abs IV besteht nicht darin, die Inhaber von land- und forstwirtschaftl Betrieben in größtmöglichem Umfang beim Zugewinnausgleich zu privilegieren. Vielmehr soll die Vorschrift nur der Gefahr einer durch die Ausgleichsforderung bedingten Betriebszerschlagung vorbeugen (so auch BGH NJW-RR 2016, 1217, 1219 mwN). Der Ehegatte soll nicht gezwungen werden, den Betrieb zur Erfüllung der Ausgleichsforderung zu veräußern (Schriftlicher Bericht zu BT-Drs II/3409, 11). Eine derartige Zwangslage folgt aber nicht schon daraus, dass der Verkehrswert iSd Liquidationswerts den Ertragswert unterschreitet. Zwar mag es für den Ehegatten in diesem Fall günstiger sein, den Betrieb zu veräußern, um die Berechnung des Zugewinns nach dem für ihn nachteiligeren Ertragswert zu vermeiden (darauf abstellend BGH NJW-RR 2016, 1217, 1221). Dies allein kann aber eine Abweichung von der bei Unternehmen allg üblichen Ertragsbewertung zulasten des Ehepartners nicht rechtfertigen. Eine abweichende Vorgehensweise ist allein dann geboten, wenn die vermittels einer Ertragswertberechnung bestimmte Ausgleichsforderung auch unter Berücksichtigung einer möglichen Stundung (§ 1382) nur bei Veräußerung des Betriebs erfüllt werden kann, etwa weil infolge hohen Fremdkapitals und geringen Anlagevermögens die Aufnahme eines weiteren Kredits nicht mehr

in Betracht kommt und auch sonstiges (betriebsfremdes) Vermögen nicht oder nicht in ausreichender Höhe zur Verfügung steht.

Der Begriff des „land- und forstwirtschaftl Betriebs" entspricht jenem des „Landguts" in § 98 Nr 2 (MüKo/*Koch* Rn 60); s dazu § 98 Rn 10; vgl auch § 2312 Rn 3. Auf Betriebe, in denen ausschließlich Massentierhaltung erfolgt, ist Abs IV nicht anwendbar (BGH NJW-RR 2016, 1217, 1219). Zudem kommt die Vorschrift nur zum Tragen, wenn der land- oder forstwirtschaftl Betrieb sowohl im **Anfangs**- als auch im **Endvermögen** zu berücksichtigen ist, also nicht, wenn der Ehegatte den Betrieb zwischenzeitl veräußert hat (selbst wenn es sich um eine illoyale Vermögensminderung iSd § 1375 II 1 handeln sollte, aA NK/*Heiß*/*Löhnig* Rn 47), ferner auch dann nicht, wenn der Betrieb erst während der Ehe erworben wurde, also noch nicht zum Anfangsvermögen gehörte (BGH NJW 1991, 1741). Ist der Betrieb dem Ehegatten allerdings während des Güterstands durch Erbschaft, Vermächtnis oder im Wege vorweggenommener Erbfolge zugefallen, so ist er nach § 1374 II dem Anfangsvermögen hinzuzurechnen (vgl Stuttgart 15.10.2014 – 15 UF 120/14; AG Biedenkopf FamRZ 2005, 1909). Wurden während der Ehe weitere landwirtschaftl Nutzflächen hinzuerworben, nehmen diese an der Privilegierung gem Abs IV grds nicht teil, es sei denn, der Zuerwerb war für die Erhaltung der Lebensfähigkeit des Betriebs erforderlich (BGH NJW 1991, 1741f; NJW-RR 2016, 1217, 1220; MüKo/*Koch* Rn 69; weiter dagegen BeckOGK/*Preisner* Rn 708 [Stand: 1.2.2023]). Handelt es sich lediglich um unwesentliche Veränderungen oder um Surrogationserwerb, bleibt Abs IV jedoch anwendbar (BGH NJW 1991, 1741; MüKo/*Koch* Rn 69). Dasselbe gilt für bewegliche Sachen, die einem ständigen Wechsel unterliegen (zB Vieh, Maschinen; BGH NJW 1991, 1741). Wird der ursprüngliche Betrieb während des Güterstands durch einen anderen Betrieb ersetzt, hindert dies die Anwendbarkeit der Regelung grds nicht (Johannsen/Henrich/Althammer/*Kohlenberg* Rn 49; MüKo/*Koch* Rn 60 mwN; s auch BGH NJW-RR 2016, 1217, 1219: Umbau eines Milchvieh- und Schweinemastbetriebs zu einem Putenmastbetrieb). Auch die teilw Verpachtung von Grundflächen steht der Bewertung des Grundvermögens nach Abs IV nicht entgegen (Schleswig OLGRp 2003, 409). Gehört zu dem Betrieb ein nicht ganz unbedeutender gewerblicher Nebenbetrieb, so ist dieser allerdings nach allg Grundsätzen zu bewerten; dasselbe gilt für sonstige nicht unmittelbar betriebszugehörige Vermögensbestandteile, zB Sparguthaben, Wertpapiere, Kunstgegenstände (Schleswig OLGRp 2003, 409; vgl auch Schleswig OLGRp 2004, 30f; weiter hingegen MüKo/*Koch* Rn 66, 70). Zur Berücksichtigung und Berechnung des Werts eines aufgelösten Betriebs vgl Celle AgrarR 1987, 46. 33

Das Privileg des Abs IV kommt nur dem Ehegatten zugute, der als **Eigentümer** eines land- oder forstwirtschaftl Betriebs aus § 1378 I in Anspruch genommen wird; ist der ausgleichsverpflichtete Ehegatte lediglich Pächter, findet Abs IV keine Anwendung (NK/*Heiß*/*Löhnig* Rn 45). Dagegen steht es einer Anwendung des Abs IV nicht entgegen, dass der Eigentümer des Landguts zusätzl Flächen gepachtet hat (vgl BGH NJW-RR 2016, 1217, 1221). 34

Es muss zu erwarten sein, dass der land- oder forstwirtschaftl Betrieb als solcher durch den Eigentümer oder einen Abkömmling **weitergeführt** oder wieder aufgenommen wird. Die Darlegungs- und Beweislast für die Fortführung der Bewirtschaftung trägt der ausgleichspflichtige Ehegatte (BGH NJW-RR 1990, 68f). 35

Nicht zum Tragen kommt Abs IV, wenn der Ehegatte **nicht aus § 1378 I in Anspruch genommen** wird, sondern seinerseits Ausgleich verlangt (Johannsen/Henrich/Althammer/*Kohlenberg* Rn 51). 36

Der **Ertragswert** des § 2049 II, auf den in Abs IV verwiesen ist, bestimmt sich grds nach dem Reinertrag, den das Gut nach der bisherigen wirtschaftl Bestimmung bei ordnungsgemäßer Bewirtschaftung nachhaltig erzielen kann (Zukunftserfolgswert; BGH NJW-RR 2016, 1217, 1219f). Art 137 EGBGB erklärt hinsichtl der näheren Durchführung der Ertragswertberechnung landesrechtl Bestimmungen für maßgeblich (s die Übersicht bei BeckOGK/*Ruby* Art 137 EGBGB Rn 39ff [Stand: 1.9.2022]). Eine Fremdfinanzierung des Betriebs ist nach BGH nicht durch Abzug der Verbindlichkeiten vom Ertragswert, sondern durch Berücksichtigung des Zinsaufwands bei der Bestimmung des maßgeblichen Ertrags zu berücksichtigen (BGH NJW-RR 2016, 1217, 1220 mwN). Ein Abzug latenter Steuern (vgl Rn 28) kommt nicht in Betracht, da bei einer Bewertung nach Abs IV eine Veräußerung gerade nicht in Rede steht (Stuttgart 15.10.2014 – 15 UF 120/14). Soweit Erträge auf gepachteten Flächen erzielt werden, ist bei der Ertragsbewertung die voraussichtliche Dauer des Pachtverhältnisses zu berücksichtigen (BGH NJW-RR 2016, 1217, 1219, 1221). Ein individueller Unternehmerlohn ist anders als bei der Bewertung von Freiberuflerpraxen (s Rn 27) nicht abzuziehen; nach BGH kann lediglich der betriebsnotwendige Arbeitsbedarf Berücksichtigung finden (BGH NJW-RR 2016, 1217, 1221f). 37

Liegen die Voraussetzungen des Abs IV nicht vor, ist die Bewertung nach den allg Grundsätzen (Rn 22ff) durchzuführen. Zugrunde zu legen ist dann der Verkehrswert (BGH NJW 1991, 1741; Johannsen/Henrich/Althammer/*Kohlenberg* Rn 51); dabei kann als Verkehrswert ggf auch der Liquidationswert angesetzt werden, wenn der Hof nicht weitergeführt wird (BGH NJW-RR 1990, 68f). 38

9. Wertsteigerung durch Kaufkraftschwund. Im Zugewinnausgleich zu berücksichtigen sind ausschließlich reale (echte) Wertzuwächse (vgl § 1373 Rn 3). Wertsteigerungen, die sich allein daraus ergeben, dass zw den für die Zugewinnberechnung maßgeblichen Stichtagen die Kaufkraft des Geldes gesunken ist (unechte/scheinbare/nominale Wertsteigerungen), stellen keinen Zugewinn iSd § 1373 dar und sind daher auch nicht auszugleichen (st Rspr seit BGH NJW 1974, 137; krit *Keidel* FuR 2016, 260, 261ff). Andernfalls würde der ausgleichsberechtigte Ehegatte an einem Gewinn partizipieren, der tatsächlich nicht erzielt wurde (BGH NJW 1974, 137, 138f). Um eine Teilhabe an derartigen Scheingewinnen zu verhindern, ist der Zugewinn nicht nach der Differenz der Nominalwerte zu errechnen, sondern nach der Differenz zw dem mit Hilfe des **Verbraucherpreisindex** hochgerechneten 39

Anfangsvermögen und dem Wert des Vermögens am Endstichtag (hM, s nur Grü/*Siede* Rn 39; Johannsen/Henrich/Althammer/*Kohlenberg* Rn 80ff; zur Kritik an dieser Vorgehensweise s Erman/*Heckelmann*[11] Rn 3; Staudinger/*Thiele* Rn 13f mwN). Das bereinigte Anfangsvermögen wird dabei nach folgender Formel ermittelt (vgl BGH NJW 1974, 137, 139):

$$\frac{\text{Wert des Vermögens am Anfangsstichtag} \times \text{Verbraucherpreisindex am Endstichtag}}{\text{Verbraucherpreisindex am Anfangsstichtag}} = \text{bereinigtes Anfangsvermögen}$$

In seiner Leitentscheidung v 14.11.1973 hatte der BGH (jedenfalls inzident) noch auf den Lebenshaltungskostenindex eines Vier-Personen-Arbeitnehmerhaushalts mit mittlerem Einkommen abgestellt (BGH NJW 1974, 137, 139; ebenso Brandenburg OLGRp 2002, 516, 519; Frankfurt FamRZ 1987, 62, 66; 1983, 395). Überzeugender ist jedoch aufgrund der breiteren Grundlage die im Schrifttum bevorzugte Umrechnung mit Hilfe des Preisindex der Lebenshaltung aller privaten Haushalte (*Gutdeutsch/Zieroth* FamRZ 1996, 475; *Schwab* FamRZ 1984, 429, 435). Freilich wird dieser erst seit 1962 ermittelt, kann also nicht zur Anwendung kommen, wenn der Güterstand vor diesem Datum begründet wurde; in dem Fall ist der Lebenshaltungskostenindex eines Vier-Personen-Arbeitnehmerhaushalts auf den neuen Index umzurechnen (Stichtag 1.1.1962).

40 Seit dem 1.1.2003 veröffentlicht das Statistische Bundesamt nur noch den **allg deutschen Verbraucherpreisindex** (Basisjahr 2020 = 100; im Internet abrufbar unter www.destatis.de [verbraucherpreisindex-lange-reihen-5611103231015.xlsx]). Die älteren Indexreihen werden nicht weitergeführt; die nach 1999 veröffentlichten Werte sind vom Statistischen Bundesamt für ungültig erklärt worden. Da für den allg Verbraucherindex jedoch nur Werte ab 1991 vorliegen, muss ggf eine **Umrechnung in mehreren Schritten** erfolgen; werden die Indices mathematisch verkettet, ist die Umrechnung allerdings auch weiterhin in einem Schritt möglich (vgl *Gutdeutsch* FamRZ 2003, 1061ff). Einen durchlaufenden Verbraucherpreisindex mit Jahreswerten (seit 1958) hat das BMF für die Berechnung der Zugewinnausgleichsforderung nach § 5 I ErbStG veröffentlicht (BMF-Schreiben v 28.4.2023, IV D 4-S 3804/20/10001:002, FMNR202300785; abrufbar unter https://www.juris.de/perma?d=jv-FMNR202300785).

41 Aufgrund der beim Zugewinnausgleich gebotenen pauschalen Berechnung kann der jew **Jahresindex** herangezogen werden; der Ansatz der jew Monatswerte ist nicht erforderlich (BGH NJW 1974, 137, 139; BeckOGK/*Preisner* Rn 680 [Stand: 1.2.2023]; BeckOK/*Scheller/Sprink* Rn 65 mwN; aA *Gutdeutsch/Zieroth* FamRZ 1996, 475f – Monatsindex; s auch MüKo/*Koch* § 1373 Rn 9).

42 Umstr ist, auf welcher Basis die Umrechnung in den **neuen Bundesländern** erfolgen soll. Für die neuen Bundesländer (vgl dazu auch § 1374 Rn 1) hatte die Praxis das Anfangsvermögen überwiegend mit Hilfe des Lebenshaltungskostenindex für die neuen Bundesländer umgerechnet (Jena OLG-NL 2005, 143f; 1997, 142f). Die entspr Indexwerte stehen jedoch nur bis 1999 zur Verfügung (vgl Rn 40). Verschiedentlich wird nunmehr vorgeschlagen, den sog verketteten Jahresindex der Lebenshaltung in den neuen Bundesländern (vgl dazu *Gutdeutsch* FamRZ 2003, 1902ff) zugrunde zu legen, da dieser den dortigen Wertänderungen am ehesten gerecht werde (Dresden 29.5.2009 – 20 UF 327/08). Da bei der Indexierung des Anfangsvermögens aber auch sonst weder nach der Art der Vermögensgegenstände noch nach der Belegenheit des Vermögens oder dem Wohnsitz der Eheleute differenziert wird (hA, s nur BGH NJW 1984, 434; Johannsen/Henrich/Althammer/*Kohlenberg* Rn 81; aA AG Bad Säckingen FamRZ 1997, 611f – bei im Ausland belegener Immobilie sind die dortigen Verhältnisse maßgebend), spricht mehr dafür, auch in den neuen Bundesländern allein auf den allg dt Verbraucherpreisindex zurückzugreifen (Brandenburg FamRZ 2011, 114; *Gutdeutsch* FamRZ 2003, 1902f; vgl auch Brandenburg 16.2.2004 – 10 WF 20/04 – verketteter allg Monatsindex für ganz Deutschland).

43 Die Indexierung des Anfangsvermögens erfolgt **von Amts wegen** (Düsseldorf FamRZ 1981, 48). Umzurechnen ist jew der Gesamtwert des Anfangsvermögens, wie er sich nach Verrechnung der Aktiva und Passiva ergibt (Frankfurt FamRZ 1983, 395f; Düsseldorf FamRZ 1981, 48, 50). Die zum Ausgleich des Kaufkraftschwunds gebotene Hochrechnung erstreckt sich damit nicht nur auf das Aktivvermögen, sondern auch auf die Verbindlichkeiten (BGH NJW 1984, 434; BFH NJW 2021, 342, 344). Dies gilt auch für **negatives Anfangsvermögen** (vgl § 1374 III), das ebenfalls nach der oben angegebenen Formel (Rn 39)

$$\frac{\text{(negatives) Anfangsvermögen} \times \text{Index Endstichtag}}{\text{Index Anfangsstichtag}}$$

umgerechnet wird (hA, s nur *Büte* FPR 2012, 73, 75; *Kogel* NJW 2010, 2025; *Gutdeutsch* FPR 2009, 277; BeckOK/*Scheller/Sprink* § 1374 Rn 14a; Grü/*Siede* Rn 39; *Frauenknecht* NJW-Spezial 2013, 260, 261; aA *Klein* FuR 2010, 122).

44 **Privilegiert erworbenes Vermögen** iSd § 1374 II wird statt mit dem Preisindex bei Beginn des Güterstands mit dem im Zeitpunkt des Erwerbs maßgebenden Index umgerechnet (BGH FamRZ 1987, 791; Brandenburg NJW 2008, 2592, 2594; vgl auch § 1374 Rn 18), dh es gilt:

$$\frac{\text{Wert des privilegierten Vermögens im Zeitpunkt des Erwerbs} \times \text{Index Endstichtag}}{\text{Index im Zeitpunkt des Erwerbs}}$$

Der Wert einer **illoyalen Vermögensminderung** ist nach der Formel

$$\frac{\text{Wert des Vermögens im Zeitpunkt der Vermögensminderung} \times \text{Index Endstichtag}}{\text{Index im Zeitpunkt der Vermögensminderung}}$$

auf den Geldwert zum Zeitpunkt des Endstichtags umzurechnen (Grü/*Siede* Rn 39; NK/*Heiß*/*Löhnig* Rn 56); vgl auch § 1375 Rn 16.

10. Abweichende Vereinbarungen. Die Bewertungsgrundsätze des § 1376 können **durch Ehevertrag (§§ 1408, 1410) geändert** werden, vgl MüKo/*Koch* Rn 72; Staudinger/*Thiele* Rn 49. 45

§ 1377 Verzeichnis des Anfangsvermögens

(1) Haben die Ehegatten den Bestand und den Wert des einem Ehegatten gehörenden Anfangsvermögens und der diesem Vermögen hinzuzurechnenden Gegenstände gemeinsam in einem Verzeichnis festgestellt, so wird im Verhältnis der Ehegatten zueinander vermutet, dass das Verzeichnis richtig ist.

(2) Jeder Ehegatte kann verlangen, dass der andere Ehegatte bei der Aufnahme des Verzeichnisses mitwirkt. Auf die Aufnahme des Verzeichnisses sind die für den Nießbrauch geltenden Vorschriften des § 1035 anzuwenden. Jeder Ehegatte kann den Wert der Vermögensgegenstände und der Verbindlichkeiten auf seine Kosten durch Sachverständige feststellen lassen.

(3) Soweit kein Verzeichnis aufgenommen ist, wird vermutet, dass das Endvermögen eines Ehegatten seinen Zugewinn darstellt.

1. Zweck der Vorschrift. Die Feststellung des Bestands und des Werts des Anfangsvermögens ist oft mit besonderen Schwierigkeiten verbunden, insb wenn Beginn und Ende des gesetzl Güterstands weit auseinander liegen. Die Ehegatten können diesen Schwierigkeiten vorbeugen, indem sie durch Ehevertrag (§§ 1408, 1410) den Bestand und den Wert des Anfangsvermögens bindend festlegen (vgl § 1374 Rn 37). Scheuen sie diesen Weg, eröffnet § 1377 I und II eine weitere Option: Die Eheleute können gemeinsam ein Verzeichnis des Anfangsvermögens eines oder beider Ehegatten errichten. Für die Zwecke des Zugewinnausgleichs ist dann nach Abs I zu vermuten, dass das Verzeichnis richtig ist; die Vorschrift beinhaltet folglich eine Beweislastregel (Rn 9). Gem Abs II ist jeder Ehegatte auf Verlangen des anderen verpflichtet, bei der Inventarerrichtung mitzuwirken; eingefordert werden kann allerdings nur die Mithilfe bei der Inventarisierung des eigenen Anfangsvermögens, nicht die Aufnahme eines Verzeichnisses über das Vermögen des anderen Ehegatten (Rn 6). Eine Pflicht zur Inventarisierung des eigenen Vermögens besteht für die Ehegatten jedoch nicht (MüKo/*Koch* Rn 3; Staudinger/*Thiele* Rn 2). Sieht einer der Ehegatten (oder beide) von der Errichtung eines Verzeichnisses des Anfangsvermögens ab, wird gem Abs III vermutet, dass das Endvermögen des betreffenden Ehegatten seinen Zugewinn darstellt (Rn 11f). 1

2. Inhalt des Verzeichnisses. Nach Abs I sind in dem Verzeichnis **Bestand** und **Wert** des Anfangsvermögens sowie die diesem Vermögen hinzuzurechnenden Gegenstände (§ 1374 II) aufzunehmen. Der Bestand umfasst dabei nicht nur die Aktivposten, sondern auch die Verbindlichkeiten eines Ehegatten (vgl § 1374 Rn 9f, 33). Das Verzeichnis muss die einzelnen Vermögenspositionen so konkret benennen, dass eine Individualisierung im Zeitpunkt der Berechnung des Zugewinnausgleichs zweifelsfrei möglich ist (MüKo/*Koch* Rn 7). Haben die Ehegatten lediglich den Bestand des Anfangsvermögens aufgenommen, jedoch auf eine Wertfeststellung verzichtet, beschränkt sich die Richtigkeitsvermutung auf die Feststellung des Bestands (NK/*Heiß*/*Löhnig* Rn 3; MüKo/*Koch* Rn 6; Staudinger/*Thiele* Rn 20); die Beweislast für den behaupteten Wert des inventarisierten Vermögens richtet sich dann nach den allg Grundsätzen (vgl § 1374 Rn 16, 36; Staudinger/*Thiele* Rn 20). Ein bestimmter **Zeitpunkt** für die Errichtung des Verzeichnisses ist nicht vorgegeben. Die Inventarisierung kann daher sowohl zu Beginn des Güterstands als auch zu einem späteren Zeitpunkt erfolgen. 2

3. Erforderliche Form. Gem § 1377 II 2 iVm § 1035 S 2 ist das Verzeichnis mit der Angabe des **Tages der Aufnahme** zu versehen und **von beiden Teilen zu unterzeichnen**; jeder Teil kann verlangen, dass die Unterzeichnung öffentlich beglaubigt wird (§ 129), damit bei einem etwaigen späteren Streit die Echtheit der Unterschrift nicht angezweifelt werden kann. Jeder Ehegatte kann auch die Aufnahme des Verzeichnisses durch die zuständige Behörde oder durch einen zuständigen Beamten oder Notar (§ 20 I BNotO) verlangen (§ 1377 II 2 iVm § 1035 S 3; vgl dazu Staudinger/*Heinze* § 1035 Rn 5). Die zur Aufnahme des Verzeichnisses zuständigen Behörden und Beamten bestimmt das Landesrecht (vgl § 486 II FamFG, § 66 I Nr 2 BeurkG). Die entstehenden Kosten hat derjenige zu tragen, der die Aufnahme oder Beglaubigung verlangt (§ 1377 II 2 iVm § 1035 S 4). 3

Fehlt die Unterschrift eines oder beider Ehegatten, so liegt ein wesentlicher **Formmangel** vor; das Verzeichnis erzeugt in dem Fall nicht die Vermutung der Richtigkeit iSd § 1377 I (FamR-Komm/*Weinreich* Rn 5). Dagegen dürfte ein Fehlen der Angabe über den Tag der Aufnahme im Allg unschädlich sein, weil das Verzeichnis die Vermögensverhältnisse der Ehegatten nicht am Tage der Aufnahme, sondern im Zeitpunkt des Eintritts des Güterstands bzw des Erwerbs von dem Anfangsvermögen hinzuzurechnendem Vermögen (§ 1374 II) darlegen soll (zust MüKo/*Koch* Rn 8; Johannsen/Henrich/Althammer/*Kohlenberg* Rn 5). 4

4. Anfechtung. Die allg Vorschriften über die **Anfechtung wegen Willensmängeln (§§ 119ff)** finden Anwendung. Die Erklärungen beider Ehegatten bei Aufstellung des Verzeichnisses sind nicht nur tatsächlicher Art, sondern haben im Hinblick auf die gewollten Rechtsfolgen des Verzeichnisses (§ 1377 I) auch rechtsgeschäftliche 5

Bedeutung (Johannsen/Henrich/Althammer/*Kohlenberg* Rn 2; MüKo/*Koch* Rn 9; aA RGRK/*Finke* Rn 8 [rechtsgeschäftsähnl Handlung]; Staudinger/*Thiele* Rn 15 [Wissenserklärung], die aber beide §§ 104ff analog anwenden wollen).

6 **5. Pflicht zur Mitwirkung.** Jeder Ehegatte kann von dem anderen verlangen, dass er bei der Aufnahme eines Verzeichnisses über sein – nicht des anderen – Vermögen mitwirkt (Abs II S 1). Dabei umfasst die Mitwirkungspflicht nicht nur die Abgabe einer Erklärung zu der vorgelegten Auflistung, dh die Bestätigung oder ein begründetes Bestreiten der einzelnen Positionen, sondern auch jede andere Mithilfe, die für die Errichtung des Verzeichnisses erforderlich ist (MüKo/*Koch* Rn 12; Johannsen/Henrich/Althammer/*Kohlenberg* Rn 6f). Nicht verlangt werden kann allerdings, dass die Ehegatten persönlich oder durch Bevollmächtigte den Bestand und den Wert des beiderseitigen Anfangsvermögens erörtern (MüKo/*Koch* Rn 12; Staudinger/*Thiele* Rn 5; aA RGZ 126, 103, 106 zu § 1372 aF; BeckOK/*Scheller/Sprink* Rn 5; NK/*Heiß/Löhnig* Rn 7). Die geschuldete Mitwirkung kann gerichtlich erzwungen und eine entspr Entscheidung vollstreckt werden. Der Anspruch auf Mitwirkung ist Familienstreitsache (§§ 111 Nr 9, 112 Nr 2, 261 I FamFG), für die nach § 23a I Nr 1 GVG das FamG zuständig ist (BeckOGK/*Preisner* Rn 38 [Stand: 1.2.2023]; NK/*Heiß/Löhnig* Rn 7). Beschränkt sich die geforderte Mitwirkung auf die Mitunterzeichnung eines bereits fertig gestellten Verzeichnisses, ist der titulierte Anspruch gem § 120 I FamFG, § 894 ZPO durchsetzbar. Verlangt ein Ehegatte auch Mitwirkung bei der Inventarisierung, richtet sich die Zwangsvollstreckung nach § 120 I FamFG, § 888 ZPO (Johannsen/Henrich/Althammer/*Kohlenberg* Rn 6; BeckOK/*Scheller/Sprink* Rn 8; Grü/*Siede* Rn 7; MüKo/*Koch* Rn 17; aA – Vollstreckung stets nach § 888 ZPO – Staudinger/*Thiele* Rn 4 mwN). Das Recht, von dem anderen Ehegatten Mitwirkung bei der Aufnahme des Verzeichnisses zu verlangen, unterliegt **keiner zeitl Beschränkung**; es kann bereits zu Beginn des Güterstands, aber auch zu jedem späteren Zeitpunkt bis zur Beendigung des Güterstands geltend gemacht werden. Mit der Beendigung des Güterstands (bzw dem sonstigen für die Berechnung des Zugewinns maßgeblichen Stichtag, vgl § 1375 Rn 9) erlischt der Anspruch; ab dann trägt die Vermutung des Abs III (hM, MüKo/*Koch* Rn 15; Staudinger/*Thiele* Rn 9; vgl auch Johannsen/Henrich/Althammer/*Kohlenberg* Rn 6: rechtskräftige Eheauflösung; aA RGRK/*Finke* Rn 8: Anspruch auf Mitwirkung auch noch nach Beendigung des Güterstands).

7 Erwirbt ein Ehegatte nach Aufnahme des Verzeichnisses Vermögen nach § 1374 II, so kann entspr **Ergänzung des Verzeichnisses** verlangt werden. Demggü besteht kein Anspruch auf erneute Mitwirkung, wenn sich ergibt, dass die Angaben eines Ehegatten, die dem Verzeichnis zugrunde gelegt sind, unrichtig oder unvollständig sind (MüKo/*Koch* Rn 16; Staudinger/*Thiele* Rn 8). Der Ehegatte, der sich auf die Unrichtigkeit oder Unvollständigkeit des Inventars beruft, hat vielmehr die Vermutung des Abs I zu widerlegen (vgl Rn 9) oder die Anfechtung zu erklären (Rn 5).

8 Nach Abs II S 3 kann jeder Ehegatte den Wert der Vermögensgegenstände und Verbindlichkeiten auf eigene Kosten durch einen **Sachverständigen** feststellen lassen, dazu Naumburg OLGRp 2001, 34; Karlsruhe FamRZ 1981, 458.

9 **6. Wirkungen des Verzeichnisses.** Ein von den Ehegatten gemeinsam unter Beachtung der Voraussetzungen des Abs I aufgestelltes Verzeichnis hat im Verhältnis der Ehegatten zueinander die **Vermutung der Richtigkeit** für sich, nicht hingegen im Verhältnis zu Dritten, denen ggü das Verzeichnis aber eine gewisse tatsächliche Beweiskraft haben kann (MüKo/*Koch* Rn 18). Der **Beweis des Gegenteils** ist jederzeit und in jeder Form zulässig (§ 113 I FamFG, § 292 ZPO). Haben die Ehegatten sich allerdings im beiderseitigen Bewusstsein bestehender Zweifel über bestimmte Ansätze in dem Verzeichnis geeinigt, so kommt dem die Bedeutung einer abschließenden Regelung iSd § 779 zu, die später nicht mehr angegriffen werden kann (AG Bad Säckingen FamRZ 1997, 611f; Grü/*Siede* Rn 4; *Gernhuber/Coester-Waltjen* § 35 Rn 44; MüKo/*Koch* Rn 21); das Beurkundungserfordernis des § 1410 gilt in dem Fall nicht (Staudinger/*Thiele* Rn 17; Johannsen/Henrich/Althammer/*Kohlenberg* Rn 5). Die Vermutung der Richtigkeit des Verzeichnisses bezieht sich sowohl auf die Angaben über den Bestand als auch auf diejenigen über den Wert der verzeichneten Vermögensgegenstände; sie erstreckt sich auch auf die Angaben über die Verbindlichkeiten (BGH NJW 2018, 59, 60). Es ist also bis zum Beweis des Gegenteils davon auszugehen, dass weitere Vermögensgegenstände und Verbindlichkeiten beim Anfangsvermögen nicht zu berücksichtigen sind und dass die angegebenen Vermögensgegenstände und Verbindlichkeiten weder einen geringeren noch einen höheren Wert als angegeben hatten. Die Vermutung deckt aber nicht **offenbare Unrichtigkeiten**, die keines Beweises bedürfen (MüKo/*Koch* Rn 20). Haben die Ehegatten nur den Bestand des Anfangsvermögens festgestellt, nicht aber dessen Wert, so gilt die Richtigkeitsvermutung allein hinsichtl des Bestands (Rn 2).

10 Der Besitzer des Verzeichnisses hat einem Ehegatten oder dessen Erben auf Verlangen die **Einsicht** zu gestatten (§ 810). Darüber hinaus besteht nach allg Rechtsgrundsätzen die Pflicht zur **Auskunft über den Verbleib** und über den Inhalt eines verloren gegangenen Verzeichnisses.

11 **7. Vermutung bei Fehlen eines Verzeichnisses (Abs III).** Ist ein gemeinsames Verzeichnis nicht aufgenommen worden, so wird nach Abs III vermutet, dass das Endvermögen eines Ehegatten nach Abzug der Verbindlichkeiten seinen Zugewinn darstellt. Die Vermutung gilt auch zugunsten und zulasten der Erben eines Ehegatten (BGH FamRZ 2002, 606). Der **Beweis des Gegenteils** ist zulässig (§ 113 I FamFG, § 292 ZPO). Wird er nicht angetreten und geführt, so braucht zur Berechnung des Zugewinnausgleichs nur der Wert des beiderseitigen Endvermögens festgestellt zu werden (vgl auch Brandenburg NJW-RR 2015, 1283).

12 Die Vermutung nach Abs III ging vor Inkrafttreten des Gesetzes zur Änderung des Zugewinnausgleichs- und Vormundschaftsrechts (BGBl I 2009, 1696) am 1.9.2009 allein zulasten desjenigen, der auf eine Inventarisierung

verzichtet hatte. Da das Anfangsvermögen nach altem Recht grds mindestens Null betrug, konnte max ein Zugewinn iHd Betrags des Endvermögens erzielt werden. Nach Abs III wurde vermutet, dass dieser Zugewinn tatsächlich erzielt worden war. Behauptete ein Ehegatte das Vorliegen eines positiven Anfangsvermögens und damit einen geringeren Zugewinn, trug er hierfür die Beweislast (nichts anderes gilt nach der Reform, vgl § 1374 Rn 16, 36). Nach neuem Recht können **Anfangs- und Endvermögen** aber auch **negativ** sein (§ 1374 III, § 1375 I 2). Ist ein Ehegatte bei Beginn des Güterstands überschuldet, ist auch ein durch Schuldentilgung erzielter wirtschaftl Zugewinn in der Ausgleichsbilanz zu berücksichtigen (§ 1375 Rn 1). Die Regelung des Abs III ist an diese Änderung nicht angepasst worden. Dies hat zur Folge, dass die Vermutung im Fall negativen Anfangs-, aber positiven Endvermögens nunmehr zulasten des anderen Ehegatten geht: Als Zugewinn gilt ungeachtet der Schuldentilgung allein der positive Endbetrag. Behauptet der dadurch benachteiligte Ehegatte das Vorliegen negativen Anfangsvermögens, muss er den vollen Gegenbeweis führen (vgl § 1374 Rn 16; s auch *Koch* FF 2016, 96, 103f). Das Gleiche gilt, wenn ein Ehegatte lediglich einen Teil seiner Verbindlichkeiten abgetragen hat, Anfangs- und Endvermögen mithin negativ sind. Zwar ist in diesem Fall nicht (wie der Wortlaut nahelegen könnte) von einem negativen Zugewinn auszugehen, sondern § 1377 III teleologisch zu reduzieren und ein Zugewinn von Null zu vermuten (s dazu § 1373 Rn 2); der durch die Schuldentilgung tatsächlich erzielte wirtschaftl Zugewinn ist aber von dem anderen Ehegatten darzulegen und zu beweisen (§ 1374 Rn 16).

Ist es unstr, dass ein Ehegatte über Anfangsvermögen verfügt hat, so gilt die Vermutung des Abs III als widerlegt; 13
die Höhe des Anfangsvermögens unterliegt dann den allg Grundsätzen der Darlegungs- und Beweislast (Naumburg OLGRp 1997, 215).

8. Abdingbarkeit. Den Ehegatten steht es frei, durch Ehevertrag (§§ 1408, 1410) den Anspruch auf Mit- 14
wirkung bei der Inventarerrichtung (§ 1377 II) auszuschließen; es bleibt dann bei der Vermutung nach Abs III (MüKo/*Koch* Rn 26; Soergel/*Kappler*/*Kappler* Rn 6). Nicht disponibel sind demggü die Vermutungsregelungen des § 1377 I und III (hM, MüKo/*Koch* Rn 25; Staudinger/*Thiele* Rn 25; aA Soergel/*Kappler*/*Kappler* Rn 6).

§ 1378 Ausgleichsforderung

(1) Übersteigt der Zugewinn des einen Ehegatten den Zugewinn des anderen, so steht die Hälfte des Überschusses dem anderen Ehegatten als Ausgleichsforderung zu.

(2) Die Höhe der Ausgleichsforderung wird durch den Wert des Vermögens begrenzt, das nach Abzug der Verbindlichkeiten bei Beendigung des Güterstands vorhanden ist. Die sich nach Satz 1 ergebende Begrenzung der Ausgleichsforderung erhöht sich in den Fällen des § 1375 Absatz 2 Satz 1 um den dem Endvermögen hinzuzurechnenden Betrag.

(3) Die Ausgleichsforderung entsteht mit der Beendigung des Güterstands und ist von diesem Zeitpunkt an vererblich und übertragbar. Eine Vereinbarung, die die Ehegatten während eines Verfahrens, das auf die Auflösung der Ehe gerichtet ist, für den Fall der Auflösung der Ehe über den Ausgleich des Zugewinns treffen, bedarf der notariellen Beurkundung; § 127a findet auch auf eine Vereinbarung Anwendung, die in einem Verfahren in Ehesachen vor dem Prozessgericht protokolliert wird. Im Übrigen kann sich kein Ehegatte vor der Beendigung des Güterstands verpflichten, über die Ausgleichsforderung zu verfügen.

Schrifttum: *Brix*, Eheverträge und Scheidungsfolgenvereinbarungen. Zur Abgrenzung von §§ 1378 III und 1408 I BGB, FamRZ 1993, 12; *Büte*, Zugewinn und Insolvenz in Zeiten von Corona, FuR 2020, 614; *Finger*, Vereinbarungen über den Zugewinnausgleich und § 1378 Abs. 3 S. 2 und 3 BGB, FuR 1997, 68; *Finger*, § 1378 Abs. 2 BGB – „dritter Stichtag" und neues Güterrecht, JR 2010, 369; *Hartmann*, Aufrechnung gegen eine Zugewinnausgleichsforderung im Scheidungsverbund?, FamRZ 2007, 869; 1711; *Kogel*, Aufrechnung im Verbund gegenüber einer Zugewinnausgleichsforderung, FamRZ 2007, 1710; *Kogel*, Spannungsfeld §§ 1378 Abs. 2, 1384 nF BGB – eine unerwartete Baustelle nach der Güterrechtsreform, FamRB 2010, 247; *Milatz*, Gestaltung bei der Beendigung der Zugewinngemeinschaft, DStR 2021, 1437; *Schneider*, Formvorschriften für Vereinbarungen über den Zugewinnausgleich, NZFam 2019, 426; *Schröder*, Verhältnis zwischen § 1384 nF und Kappungsgrenze des § 1378 Abs. 2 S. 1 BGB, FamRZ 2010, 421; *Weber*, Regelung des Zugewinnausgleichs vor und im Scheidungsverfahren – § 1378 Abs. 3 BGB und seine Schranken für die Vertragsfreiheit, FS Koch 2019, 271.

1. Allgemeines. § 1378 behandelt den Anspruch auf Ausgleich des Zugewinns. Nach Abs I ist Gläubiger der 1
Ausgleichsforderung derjenige Ehegatte, der den geringeren Zugewinn erzielt hat. Ihm steht grds die Hälfte des Betrages zu, um den der Zugewinn des anderen Ehegatten den seinen übersteigt. Begrenzt wird die Ausgleichsforderung durch den Wert des Endvermögens des Ausgleichsschuldners (Abs II S 1); im Fall illoyaler Vermögensminderungen erhöht sich diese Kappungsgrenze um den Betrag, der nach § 1375 II 1 dem Endvermögen hinzuzurechnen ist (Abs II S 2). Weitere Reduktionen der Anspruchshöhe können sich aus §§ 1380 und 1381 ergeben (s Anm dort). Abs III S 1 regelt die Entstehung der Ausgleichsforderung sowie deren Vererblich- und Übertragbarkeit; Abs III S 2 und 3 bestimmt, inwiefern die Ehegatten bereits vor Beendigung des Güterstands Vereinbarungen über die Ausgleichsforderung treffen können. Zur Verfassungsmäßigkeit der §§ 1378ff vgl BGH WM 1978, 1390.

2. Gegenstand und Höhe der Ausgleichsforderung. a) Berechnungsgrundlage (Abs I). Nach § 1373 ist Zu- 2
gewinn der Betrag, um den das Endvermögen eines Ehegatten sein Anfangsvermögen übersteigt. Haben die Ehegatten Zugewinn in unterschiedlicher Höhe erzielt, so steht dem Ehegatten, der den geringeren Zugewinn erwirtschaftet hat, gem § 1378 I die Hälfte des Überschusses des anderen Ehegatten als Ausgleichsforderung zu. Beträgt zB der Zugewinn des Mannes während der Dauer des Güterstands 10 000 €, der Zugewinn der Frau

6000 €, übersteigt also der Zugewinn des Mannes den der Frau um 4000 €, so steht der Frau die Hälfte des Überschusses, also ein Betrag von 2000 € als Ausgleichsforderung zu. Hat ein Ehegatte keinen Zugewinn erzielt, beträgt seine Ausgleichsforderung einfach die Hälfte des Zugewinns des anderen. Das Gleiche gilt, wenn das Endvermögen eines Ehegatten geringer ist als sein Anfangsvermögen, wenn er also während der Ehe einen Vermögensverlust erlitten hat; auch in diesem Fall ist von einem Zugewinn von Null auszugehen (§ 1374 Rn 11). Verluste der Ehegatten werden nicht ausgeglichen; daran hat auch die Einführung negativen Endvermögens (§ 1375 I 2) nichts geändert (str, vgl § 1373 Rn 2). Erweist sich ein Ausgleich des Zugewinns im Einzelfall als grob unbillig, eröffnet § 1381 die Möglichkeit, von der starren Halbteilung abzusehen.

3 **b) Geldforderung.** Die Ausgleichsforderung nach Abs I ist grds eine Geldforderung. Weder während des Güterstands noch nach dessen Beendigung ist eine dingliche Beteiligung des einen Ehegatten am Zugewinn des anderen vorgesehen. Die Zugewinngemeinschaft begründet in keinem Augenblick eine Vermögensgemeinschaft der Ehegatten (vgl § 1363 Rn 3). Nur für besondere Ausnahmefälle gibt § 1383 die Möglichkeit, dem Gläubiger der Ausgleichsforderung auf seinen Antrag (nicht aber auf Antrag des Schuldners) durch Entscheidung des FamG bestimmte Vermögensgegenstände des anderen Ehegatten unter Anrechnung auf die Ausgleichsforderung zu übertragen (vgl Anm zu § 1383). Die Eheleute können zudem vereinbaren, dass der ausgleichspflichtige Ehegatte bestimmte Gegenstände an Erfüllungs statt auf die Geldforderung leistet.

4 **c) Begrenzung der Ausgleichsforderung (Abs II). aa) Zweck der Regelung.** Gem **§ 1378 II 1** wird die Höhe der Ausgleichsforderung begrenzt durch den Wert des Vermögens, das nach Abzug der Verbindlichkeiten bei Güterstandsende vorhanden ist. Dadurch soll verhindert werden, dass ein Ehegatte nicht nur sein ganzes, bei Beendigung des Güterstands vorhandenes Vermögen zur Erfüllung der Ausgleichsforderung des anderen verwenden, sondern darüber hinaus auch noch Verbindlichkeiten eingehen und seinen künftigen Erwerb einsetzen muss (MüKo/*Koch* Rn 6; *Gernhuber/Coester-Waltjen* § 35 Rn 83). Bedeutung kommt der Regelung zu, wenn ein Ehegatte negatives Anfangsvermögen hatte, so dass zumindest ein Teil seines Zugewinns aus der Schuldentilgung resultiert (vgl § 1374 Rn 11; § 1375 Rn 1). Hat der Ehegatte in einem solchen Fall zwar positives Endvermögen, genügt dieses jedoch nicht, um den nach Abs I berechneten Ausgleichsanspruch des anderen Ehegatten in voller Höhe zu befriedigen, ist nach Abs II S 1 Ausgleich nur iHd bei Beendigung des Güterstands vorhandenen Nettovermögens geschuldet. Ist der Ehegatte auch bei Beendigung des Güterstands noch verschuldet oder hat er seine Schulden zwar getilgt, jedoch darüber hinaus keinen weiteren Zugewinn erzielt, so entfällt die Ausgleichsforderung gegen ihn vollständig.

5 **bb) Stichtag.** Stichtag für die Begrenzung der Ausgleichsforderung ist gem Abs II S 1 die Beendigung des Güterstands (vgl dazu § 1372 Rn 3ff). In den Fällen der Scheidung, der Aufhebung der Ehe und der vorzeitigen Aufhebung der Zugewinngemeinschaft tritt für die Höhe der Ausgleichsforderung allerdings an die Stelle der Güterstandsbeendigung der Zeitpunkt, in dem der verfahrenseinleitende Antrag rechtshängig geworden ist (§§ 1384, 1318 I/III) bzw (bei vorzeitiger Aufhebung der Zugewinngemeinschaft) in dem die entspr Anträge gestellt sind (§ 1387). Vermögensänderungen, die zw diesen Zeitpunkten und der Beendigung des Güterstands eintreten, können die Höhe der Ausgleichsforderung daher (anders als unter altem Recht, vgl Erman/*Gamillscheg*[12] Rn 7) nicht mehr berühren. Ziel der zum 1.9.2009 in Kraft getretenen Neuregelung ist neben dem Schutz der anderen Gläubiger des Ausgleichsverpflichteten (vgl BGH FamRZ 1988, 925) insb der Schutz des ausgleichsberechtigten Ehegatten vor Vermögensmanipulationen seitens seines Ehepartners (BT-Drs 16/10798, 11f, 18). Die §§ 1384, 1387 finden jedoch nicht nur bei illoyalen Vermögensminderungen Anwendung; der Ausgleichsschuldner trägt aufgrund der Stichtagslösung ebenso das **Risiko unverschuldeter Verluste** nach Rechtshängigkeit der verfahrenseinleitenden Anträge (zB wegen gefallener Börsenkurse, Diebstahls oder Untergangs einer Sache). Im Schrifttum ist diese Neuerung vielfach auf Kritik gestoßen (vgl nur MüKo/*Koch* Rn 10 und § 1384 Rn 3f; *Brudermüller* NJW 2010, 401, 403f; *Büte* NJW 2009, 2776, 2778; *Born* NJW 2008, 2289, 2291). Eine teleologische Reduktion der §§ 1384, 1387 mit dem Ziel, den Stichtag für die Feststellung der Höhe der Ausgleichsforderung nur dann vorzuverlegen, wenn der Schuldner sein Vermögen bis zur Beendigung des Güterstands schuldhaft vermindert hat, wird jedoch zu Recht unter Hinw auf den eindeutigen Wortlaut der Regelung abgelehnt (BGH NJW 2014, 2877; 2012, 2657, 2659; Johannsen/Henrich/Althammer/*Kohlenberg* Rn 6; Staudinger/*Thiele* Rn 8; *Brudermüller* NJW 2010, 401, 404; *Finger* JR 2010, 369, 371; i Erg auch *Fischinger* NJW 2012, 3611f; aA MüKo/*Koch* § 1384 Rn 5). De lege lata ist die gesetzgeberische Entscheidung zu akzeptieren. Die Ehegatten nehmen folglich nach dem Stichtag weder an Gewinnen (vgl BGH NJW 2012, 2657, 2659) noch an (schuldhaft oder schuldlos erlittenen) Verlusten des anderen teil. Ein Vermögensverfall geht jew zulasten des Vermögensinhabers; weder erhöht sich der Anspruch des ausgleichsberechtigten Ehegatten, wenn sich seine Vermögensverhältnisse zw Antragstellung und Beendigung des Güterstands verschlechtert haben, noch mindert sich im umgekehrten Fall die Schuld des ausgleichspflichtigen Ehegatten; zT wird zugunsten des loyalen Ausgleichsschuldners aber eine Korrektur über § 1381 (BGH NJW 2012, 2657, 2659; Staudinger/*Thiele* Rn 8; *Gernhuber/Coester-Waltjen* § 35 Rn 81; *Fischinger* NJW 2012, 3611, 3613f; *Schwab* FamRZ 2009, 1445, 1447ff; *Brudermüller* NJW 2010, 401, 404; Grü/*Siede* § 1381 Rn 4 mwN; aA *Hoppenz* FamRZ 2008, 1889, 1892; *Kogel* FF 2009, 390, 394f) oder über § 242 erwogen (*Rakete-Dombek* FS Brudermüller, 2014, 543, 554ff; *Schwab* FamRZ 2009, 1445, 1449; *Büte* FF 2010, 279, 288; aA BGH NJW 2012, 2657, 2659; Staudinger/*Thiele* Rn 8; *Kogel* FF 2009, 390, 395).

6 **d) Illoyale Vermögensminderungen (Abs II S 2).** Der durch die Novellierung der §§ 1384, 1387 iVm § 1378 II 1 intendierte Schutz des ausgleichsberechtigten Ehegatten vor Vermögensmanipulationen durch den Ehepartner (vgl Rn 5) wird durch den ebenfalls zum 1.9.2009 eingefügten Abs II S 2 noch verstärkt. Hat ein Ehegatte

sein Vermögen iSd § 1375 II 1 durch illoyale Handlungen vermindert, so ist der Wert der Vermögensminderung nicht nur dem Endvermögen hinzuzurechnen (vgl § 1375 Rn 14ff), gem § 1378 II 2 erhöht sich auch die Kappungsgrenze des § 1378 II 1 um den entspr Betrag. Der illoyale Ehegatte wird für die Berechnung des Ausgleichsanspruchs i Erg so behandelt, als habe er die illoyale Vermögensminderung nicht bewirkt (MüKo/*Koch* Rn 8). Dies kann uU dazu führen, dass der Ausgleichspflichtige nicht nur sein gesamtes Vermögen abführen, sondern sich darüber hinaus auch verschulden muss, um den Ausgleichsanspruch zu erfüllen (vgl BT-Drs 16/10798, 17f). **Bsp:** Mann und Frau hatten kein Anfangsvermögen. Die Frau hat auch keinen Zugewinn erzielt. Der Mann hat bei Beendigung des Güterstands ein Vermögen von 20 000 €, dem Verbindlichkeiten iHv 8000 € gegenüberstehen; er hat 18 000 € verschwendet oder verschenkt. Sein Endvermögen beläuft sich in dem Fall unter Berücksichtigung des § 1375 II 1 auf 20 000 – 8000 + 18 000 = 30 000 €. Die Ausgleichsforderung der Frau beträgt daher nach § 1378 I 15 000 €. Unter altem Recht hätte sie nach § 1378 II aF gleichwohl nur das nach Abzug der Verbindlichkeiten noch Vorhandene erhalten, nämlich 12 000 €. Wegen der restlichen 3000 € konnte sie sich allenfalls an den beschenkten Dritten wenden (vgl § 1390 aF). Nach neuem Recht erhöht sich gem § 1378 II 2 hingegen die Kappungsgrenze um den dem Endvermögen hinzuzurechnenden Betrag, dh um 18 000 € auf (20 000 – 8000 + 18 000 =) 30 000 €. Die ausgleichsberechtigte Frau hat daher Anspruch auf Zugewinnausgleich iHv 15 000 €; wegen eventueller Ansprüche gegen einen beschenkten Dritten vgl § 1390.

e) Vermögensbewertung am Stichtag. Das für die Berechnung der Kappungsgrenze maßgebliche Vermögen am Stichtag (Rn 5) unterliegt denselben Bewertungsgrundsätzen, die im Rahmen des § 1376 zum Tragen kommen (Hamm FamRZ 2007, 1243f; Grü/*Siede* Rn 9; Soergel/*Kappler*/*Kappler* Rn 16). Dies gilt auch im Hinblick auf die Privilegierung des § 1376 IV für land- oder forstwirtschaftl Betriebe; andernfalls bestünde die Gefahr, dass der Betrieb entgegen der Intention des § 1376 IV (vgl § 1376 Rn 31, 34) doch zerschlagen werden müsste, um den Ausgleichsanspruch zu erfüllen (Grü/*Siede* Rn 9; Soergel/*Kappler*/*Kappler* Rn 16; aA MüKo/*Koch* Rn 11; Staudinger/*Thiele* Rn 9). Endet der Güterstand durch den Tod eines Ehegatten und liegen die Voraussetzungen für einen güterrechtl Ausgleich des Zugewinns vor (vgl § 1371 Rn 12), so bleiben wie bei der Berechnung des Endvermögens (§ 1375 Rn 13) auch im Rahmen des § 1378 II 1 diejenigen Verbindlichkeiten unberücksichtigt, die erst mit dem Erbfall entstehen, dh insb Pflichtteilsansprüche, Vermächtnisse und Auflagen (MüKo/*Koch* Rn 11; Staudinger/*Thiele* Rn 9). 7

3. Entstehung der Ausgleichsforderung (Abs III S 1). a) Entstehung und Fälligkeit. Die Ausgleichsforderung entsteht **ex lege** (BGH NJW 1990, 445, 446; MüKo/*Koch* Rn 15; Staudinger/*Thiele* Rn 12 – kein verhaltener Anspruch) mit der **Beendigung des Güterstands** (vgl § 1372 Rn 3) und ist auch erst von da an vererblich, übertragbar und ggf zu verzinsen (Zweibrücken NJW-RR 2004, 651f – Prozesszinsen nach § 291 ab Rechtskraft des Scheidungsausspruchs; Celle FamRZ 1981, 1066, 1070 – Zinspflicht ab Fälligkeit der Ausgleichsforderung). Zur Entstehung gelangt der Anspruch folglich erst mit dem **Tode des anderen Ehegatten**, sofern er in diesem Falle gem § 1371 II geltend gemacht werden kann, bzw mit **rechtskräftiger Scheidung** (dh gem § 271 I sofortige Fälligkeit, vgl BGH FamRZ 1986, 37, 40; Zweibrücken NJW-RR 2004, 651f; s aber Frankfurt FamRZ 1982, 806; *Schwab* FamRZ 1984, 525, 526: fällig erst am Tage nach Rechtskraft des Scheidungsurteils), **Aufhebung der Ehe** oder **Rechtskraft des Beschl**, durch den auf vorzeitige Aufhebung der Zugewinngemeinschaft erkannt ist (§ 1388). In den Fällen der Scheidung, der Aufhebung der Ehe oder der vorzeitigen Aufhebung der Zugewinngemeinschaft ist gem §§ 1384, 1387, 1318 I/III zwar für die Berechnung des Zugewinns bereits der Zeitpunkt maßgebend, in dem der verfahrenseinleitende Antrag rechtshängig geworden ist; auch in diesen Fällen entsteht die Ausgleichsforderung aber nach § 1378 III 1 erst mit Beendigung des Güterstands (BGH FamRZ 2008, 1435f mwN; *Gernhuber*/*Coester-Waltjen* § 35 Rn 88; MüKo/*Koch* Rn 13). 8

Nach Entstehung und Fälligkeit der Ausgleichsforderung kann der Ausgleichsschuldner gem § 286 I durch Mahnung in **Verzug** gesetzt werden. Allerdings muss die Höhe des Anspruchs bereits so ausreichend spezifiziert sein, dass Erfüllung möglich ist; sind Bestand und Bewertung des Anfangs- und Endvermögens der Ehegatten trotz Anwendung der gebotenen Sorgfalt noch nicht abschließend geklärt, hindert dies den Verzugseintritt (Celle FamRZ 1981, 1066, 1070; Staudinger/*Thiele* Rn 23). 9

Heiraten Ehepartner einer Erstehe nach Scheidung **einander wieder**, führt dies nicht zum Erlöschen einer noch offenen Ausgleichsforderung aus der Erstehe; ob die Schuld erlassen werden sollte (§ 397), ist im jew Einzelfall zu ermitteln (vgl Nürnberg MDR 1980, 668; Hamm FamRZ 1981, 1065). 10

Wird der Güterstand durch den **Tod eines Ehegatten** beendet (vgl § 1371 Rn 3), so haben dessen Erben, wenn der Verstorbene den geringeren Zugewinn erzielt hat, keinen Ausgleichsanspruch gegen den überlebenden Ehegatten (BGH NJW 1995, 1832 mwN). Das Recht, statt einer erbrechtl Beteiligung am Nachlass güterrechtl Ausgleich zu verlangen, steht gem § 1371 II nur dem überlebenden Ehegatten, nicht den Erben des Verstorbenen zu (vgl auch § 1372 Rn 6). Stirbt ein Ehegatte allerdings nach Beendigung des Güterstands, so geht seine – bereits entstandene (§ 1378 III 1) – Ausgleichsforderung (oder seine Ausgleichsschuld) auf seine Erben über, zu denen auch der überlebende Ehegatte selbst gehören kann, falls die Ehe bis zum Tode des anderen noch fortbestand, etwa im Falle der vorzeitigen Aufhebung der Zugewinngemeinschaft oder bei Aufhebung des Güterstands durch Ehevertrag (MüKo/*Koch* Rn 28). Es gelten dann die allg erbrechtl Grundsätze für Fälle, in denen ein Gläubiger oder ein Schuldner des Erblassers zu dessen Erben gehört. 11

b) Zurückbehaltungsrecht. Der ausgleichsberechtigte Ehegatte kann sich wegen des Anspruchs auf Zugewinnausgleich ggü einem vermögensrechtl, aus der Auflösung der ehelichen Lebensgemeinschaft resultierenden 12

Anspruch des anderen Ehegatten auf ein Zurückbehaltungsrecht (§ 273) berufen; das Gleiche gilt vice versa für den Ausgleichspflichtigen wegen Ansprüchen gegen den Ausgleichsgläubiger (MüKo/*Koch* Rn 19). Für die nach § 273 erforderliche Konnexität genügt es, wenn jew vermögensrechtl Ansprüche in Rede stehen, die ihre Grundlage in der ehelichen Lebensgemeinschaft und deren Auflösung haben (BGH NJW 1985, 189 – Rückauflassung eines Grundstücks; FamRZ 1990, 254 – Anspruch auf Zustimmung zur Auskehrung hinterlegten Erlöses; FamRZ 2000, 355f – Anspruch auf Auskehrung hinterlegten Erlöses; s aber BGH FamRZ 2014, 285; Stuttgart FamRZ 2016, 1160 – kein Zurückbehaltungsrecht des Ausgleichsberechtigten ggü dem Anspruch des Ehepartners auf Zustimmung zur Auskehrung eines hinterlegten Teilungsversteigerungserlöses, wenn die Bruchteilsgemeinschaft noch nicht aufgehoben worden ist). Der Umstand, dass das Zugewinnausgleichsverfahren ggf langwierig wird, rechtfertigt es nicht, die Geltendmachung des Zurückbehaltungsrechts ggü einer unbestrittenen Forderung wegen Verstoßes gegen Treu und Glauben (§ 242) zu versagen (BGH FamRZ 2000, 355f). Führt die Geltendmachung des Zurückbehaltungsrechts dazu, dass die vermögensrechtl Auseinandersetzung der Ehegatten ernsthaft gefährdet wird, kann aber ein Verstoß gegen § 242 vorliegen, wenn der Ausgleichsschuldner das Sicherungsbedürfnis des anderen auf sonstige Weise angemessen befriedigt (BGH NJW 1985, 189ff).

13 **c) Pfändbarkeit der Forderung.** Auch nach Beendigung des Güterstands kann die Ausgleichsforderung eines Ehegatten ebenso wie der Pflichtteilsanspruch und der Anspruch des Schenkers auf Herausgabe eines Geschenks gem § 852 ZPO nur **gepfändet** werden, wenn sie durch Vertrag anerkannt oder rechtshängig geworden ist; hierdurch soll verhindert werden, dass die Ausgleichsforderung von einem Dritten als Pfändungsgläubiger geltend gemacht werden kann, bevor eindeutig feststeht, dass auch der Ehegatte selbst zu ihrer Geltendmachung gewillt ist.

14 **d) Aufrechnung.** Der Ausgleichsgläubiger kann nach Beendigung des Güterstands im Rahmen der Abwicklung der vermögensrechtl Beziehungen auch die Aufrechnung mit dem (nicht notwendig bereits titulierten) Anspruch auf Zugewinnausgleich erklären (BGH FamRZ 2000, 355, 357 – Anspruch auf Auskehrung hinterlegten Erlöses; NJW 2002, 1130ff – Anspruch auf anteilige Auszahlung von Veräußerungserlös für ein früher gemeinschaftl Grundstück); vgl auch § 387 Rn 36. Ebenso kann der Ausgleichsschuldner gegen die Ausgleichsforderung aufrechnen (Karlsruhe NJW-RR 2002, 1225f; MüKo/*Koch* Rn 24); das Aufrechnungsverbot des § 394 S 1 iVm § 852 II ZPO gilt in diesem Fall nicht, da § 852 II ZPO lediglich vor dem Zugriff Dritter schützen soll (vgl Rn 13), nicht aber vor einer Aufrechnung durch den leistungsbereiten Ausgleichsschuldner (MüKo/*Koch* Rn 24; aA BeckOK/*Scheller*/*Sprink* Rn 17; Staudinger/*Thiele* Rn 21). Die Ausgleichsforderung muss jedoch bereits entstanden sein; eine vor Beendigung des Güterstands erklärte Aufrechnung ist – auch im Scheidungsverbund – unwirksam (*Hartmann* FamRZ 2007, 869f und 1711f; MüKo/*Schlüter* § 387 Rn 38; aA MüKo/*Koch* Rn 24; *Kogel* FamRZ 2007, 1710f). Die Aufrechnung kann ggf gegen Treu und Glauben (§ 242) verstoßen (vgl § 387 Rn 37); allein die Erwartung eines langwierigen und komplizierten Zugewinnausgleichsverfahrens schließt die Aufrechnung aber nicht aus (BGH NJW 2002, 1130, 1132).

15 **e) Insolvenz.** Bei Insolvenz des Schuldners ist die Ausgleichsforderung gewöhnliche Insolvenzforderung, die an den Rangminderungen für unentgeltliche Zuwendungen, Vermächtnisse und Pflichtteilsansprüche (§ 327 InsO) nicht teilnimmt (MüKo/*Koch* Rn 35; Staudinger/*Thiele* Rn 25; RGRK/*Finke* Rn 18); zur Insolvenz des Ausgleichsschuldners bzw -gläubigers s auch *Büte* FuR 2020, 614.

16 **4. Rechtsgeschäfte vor Beendigung des Güterstands (Abs III S 2 und 3).** Vor Beendigung des Güterstands sind Rechtsgeschäfte über die Ausgleichsforderung grds unwirksam. Für die Übertragung der Forderung folgt dies bereits aus Abs III S 1 (BGH FamRZ 2008, 1435f – Abtretung). Nach Abs III S 3 kann sich zudem kein Ehegatte verpflichten, über die künftige Ausgleichsforderung zu verfügen; erst recht unzulässig sind damit sämtliche Verfügungsgeschäfte (BGH NJW 2013, 2753, 2354f – Verzicht; NJW-RR 2004, 1369f – befreiende Schuldübernahme; JZ 1983, 554; MüKo/*Koch* Rn 29; Staudinger/*Thiele* Rn 15f). Dies gilt auch dann, wenn die Vereinbarung unter der aufschiebenden Bedingung der Beendigung des Güterstands geschlossen wurde (BGH FamRZ 2008, 1435f). Die Regelung dient dem Schutz der Ehegatten vor Rechtshandlungen, die ein Drittinteresse an der Beendigung des Güterstands und damit der Ehe begründen könnten (BGH NJW-RR 2004, 1369, 1370; MüKo/*Koch* Rn 29). Rechtsgeschäfte, die Abs III außer Acht lassen, sind **absolut unwirksam**; die Nichtigkeit wird durch Beendigung des Güterstands nicht geheilt (Staudinger/*Thiele* Rn 17).

17 Ausgenommen von der Beschränkung des Abs III S 3 sind nach **Abs III S 2** allerdings Vereinbarungen der Ehegatten über den Zugewinnausgleich, die während eines Verfahrens auf Eheauflösung, dh nach Rechtshängigkeit der Anträge auf Scheidung oder Aufhebung der Ehe (BGH NJW-RR 2004, 1369f; Johannsen/Henrich/Althammer/*Kohlenberg* Rn 16; Staudinger/*Thiele* Rn 20) für den Fall der unmittelbar angestrebten Eheauflösung getroffen werden (sog Scheidungsvereinbarung; wegen der Abgrenzung zum Ehevertrag vgl § 1408 Rn 2; BeckOK/*Scheller*/*Sprink* Rn 23f); sie bedürfen jedoch der notariellen Beurkundung oder der sie ersetzenden Aufnahme in das gerichtliche Protokoll (§ 127a). Nach BGH (FamRZ 2017, 603, 604ff) wird die geforderte Form auch durch die gerichtliche Feststellung des Vergleichs gem § 113 I 1 FamFG iVm § 278 VI ZPO gewahrt (s dazu auch § 127a Rn 5). Einfache Schriftform genügt hingegen nicht (BGH JZ 1983, 554; *Gernhuber*/*Coester-Waltjen* § 35 Rn 89). Nichteinhaltung der gesetzl vorgeschriebenen Form hat nach § 125 S 1 die Nichtigkeit des Rechtsgeschäfts zur Folge. Zur Anwendung kommt die Regelung aber nur, wenn der Güterstand noch nicht beendet und die Forderung daher noch nicht entstanden ist. Erfolgt die Vereinbarung über den Ausgleich des Zugewinns zwar während des Verfahrens auf Eheauflösung, jedoch nach Beendigung des gesetzl Güterstands (zB aufgrund Ehevertrags oder vorzeitiger Aufhebung der Zugewinngemeinschaft nach §§ 1385f), so bedarf sie nicht der Form des

Abs III S 2; ein entspr Rechtsgeschäft ist formfrei möglich (Düsseldorf FamRZ 1989, 181; Johannsen/Henrich/Althammer/*Kohlenberg* Rn 16; *Schneider* NZFam 2019, 426); vgl auch § 1372 Rn 10. Anwendung findet die Regelung des Abs III S 2 zudem ausschließlich auf **Vereinbarungen unter den Ehegatten**; Rechtsgeschäfte der Ehegatten mit Dritten oder zw den Ehegatten unter Einbeziehung eines Dritten fallen unter Abs III S 3; sie sind vor der Beendigung des Güterstands generell unzulässig (BGH NJW-RR 2004, 1369f).

Nach Auffassung des BGH sind die Ehegatten nicht gehindert, Scheidungsvereinbarungen iSd Abs III S 2 auch schon **vor Rechtshängigkeit des Scheidungsverfahrens** zu treffen, sofern sie der Form des Abs III S 2 genügen (BGH NJW 1983, 753, 755; Düsseldorf FamRZ 2005, 273f; zust Johannsen/Henrich/Althammer/*Kohlenberg* Rn 19; NK/*Heiß/Löhnig* Rn 20). Dies widerspricht allerdings dem klaren Wortlaut der Regelung („während eines Verfahrens"); auf Vereinbarungen der Ehegatten, die vor Rechtshängigkeit des Eheauflösungsverfahrens getroffen werden, kann Abs III S 2 daher keine Anwendung finden (Staudinger/*Thiele* Rn 20; Grü/*Siede* Rn 13). Nicht ausgeschlossen sind aber **ehevertragl Vereinbarungen** über den Zugewinnausgleichsanspruch. Entgegen der Ansicht des BGH (NJW 1983, 753, 755; zust Johannsen/Henrich/Althammer/*Kohlenberg* Rn 18f) gelten die Einschränkungen des Abs III S 2 nicht für Eheverträge (MüKo/*Koch* Rn 32; Staudinger/*Thiele* Rn 19; *Gernhuber/Coester-Waltjen* § 35 Rn 90; *Tiedtke* JZ 1982, 538; 1983, 457). Ehevertragl Vereinbarungen über den Zugewinnausgleich (Bestand und Bewertung von Anfangs- und Endvermögen, Höhe des Zugewinns, Fälligkeit der Ausgleichsforderung etc) sind daher auch schon vor Rechtshängigkeit des Eheauflösungsverfahrens für den Fall der Beendigung des Güterstands zulässig (MüKo/*Koch* Rn 32; *Gernhuber/Coester-Waltjen* § 35 Rn 90; *Tiedtke* JZ 1982, 538; 1983, 457). I Erg wirken sich die unterschiedlichen Auffassungen aber kaum aus, da die Form des Abs III S 2 nur geringfügig von jener des § 1410 differiert. 18

Grds formfrei sind Regelungen über die Auseinandersetzung außerhalb des Güterrechts (Köln FamRZ 2004, 1584; BeckOK/*Scheller/Sprink* Rn 24); vgl dazu auch § 1372 Rn 13ff. 19

5. Verjährung der Ausgleichsforderung. a) Regelverjährung. Nach Aufhebung des § 1378 IV aF durch das zum 1.1.2010 in Kraft getretene ErbVerjÄndG unterliegt der Anspruch auf Zugewinnausgleich der dreijährigen **Regelverjährung** nach §§ 195, 199 (vgl Anm dort); zum Übergangsrecht s Art 229 § 23 EGBGB. Die Dreijahresfrist des § 195 beginnt gem § 199 I mit dem Schluss des Jahres, in dem der Anspruch entstanden ist (Abs III S 1) und der Gläubiger von den anspruchsbegründenden Umständen sowie der Person des Schuldners Kenntnis erlangt bzw ohne grobe Fahrlässigkeit erlangen müsste. Neben die kenntnisabhängige Verjährungsfrist des § 195 treten die kenntnisunabhängigen Verjährungshöchstfristen des § 199 IIIa und IV: Der Ausgleichsanspruch verjährt danach ohne Rücksicht auf die Kenntnis oder grob fahrlässige Unkenntnis des Ausgleichsberechtigten spätestens in zehn Jahren von seiner Entstehung an (§ 199 IV), dh zehn Jahre nach Beendigung des Güterstands (§ 1378 III 1); wird der Güterstand durch den Tod eines Ehegatten beendet, tritt Verjährung spätestens 30 Jahre nach Anspruchsentstehung ein (§ 199 IIIa). 20

Entscheidend für den **Verjährungsbeginn nach § 199 I** ist in erster Linie, wann der berechtigte Ehegatte (für den Fall der Geschäftsunfähigkeit vgl Frankfurt FamRZ 1987, 1147) von den anspruchsbegründenden Umständen Kenntnis erlangt bzw grob fahrlässig nicht erlangt hat (die Person des Schuldners ist stets bekannt). Nach verbreiteter Ansicht ist dabei nicht nur Kenntnis (bzw grob fahrlässige Unkenntnis) der zur **Beendigung des Güterstands** führenden Tatsachen erforderlich, der Ausgleichsberechtigte muss diese Tatsachen auch in ihrer rechtl Bedeutung – der Beendigung des Güterstands – erfasst haben (NK/*Heiß/Löhnig* Rn 24; Soergel/*Kappler/Kappler* Rn 40; MüKo/*Koch* Rn 42; Staudinger/*Thiele* Rn 26; BeckOGK/*Preisner* Rn 64 [Stand: 1.2.2023]). Auf die Kenntnis der Ausgleichsberechtigung soll es hingegen nicht ankommen (Zweibrücken NJW 2021, 2518, 2520; MüKo/*Koch* Rn 45; NK/*Heiß/Löhnig* Rn 24; aA Staudinger/*Thiele* Rn 26f; *Scholz/Kleffmann/Kohlenberg* Praxishdb FamR, 42. EL 2022, Teil B Rn 93). Wird der Güterstand durch **Ehescheidung** beendet, muss der Gläubiger danach nicht nur Kenntnis (bzw grob fahrlässige Unkenntnis) von der **Rechtskraft des Scheidungsbeschlusses**, sondern auch von der dadurch bewirkten Beendigung des Güterstands haben (Soergel/*Kappler/Kappler* Rn 40; *Koch* FF 2016, 96). Im Regelfall soll allerdings davon auszugehen sein, dass der Ausgleichsberechtigte aus den ihm bekannten Tatsachen auch die richtigen rechtl Schlüsse gezogen hat, so bei Ehescheidung im Hinblick auf die Bedeutung des rechtskräftigen Scheidungsbeschlusses für die Güterstandsbeendigung (MüKo/*Koch* Rn 42; BeckOGK/*Preisner* Rn 64 [Stand: 1.2.2023]; Soergel/*Kappler/Kappler* Rn 40 – Scheidungsbeschluss; Ehevertrag); im Fall eines Rechtsmittelverzichts im Scheidungsverfahren soll ein beachtlicher Rechtsirrtum aber nicht ausgeschlossen sein (vgl Johannsen/Henrich/Althammer/*Kohlenberg* Rn 25; s auch Soergel/*Kappler/Kappler* Rn 40 – Verbundverfahren; zurückhaltend bei Annahme grob fahrlässiger Unkenntnis auch MüKo/*Koch* Rn 42). Im Hinblick auf die subj Voraussetzungen wird damit i Erg an die Rspr zu § 1378 IV aF angeknüpft (vgl nur BGH NJW 1998, 2679; NJW 1987, 1766, 1767; zur Ehescheidung s auch BGH NJW-RR 2008, 521, 522). Dies erscheint allerdings nicht unproblematisch, da der BGH iRd § 199 I Nr 2 – anders als bei § 1348 IV aF – regelmäßig nur Kenntnis (bzw grob fahrlässige Unkenntnis) der für die Anspruchsbegründung relevanten Tatsachen verlangt; ob der Gläubiger daraus auch die zutreffenden rechtl Schlüsse zieht, soll grds unerheblich sein (BGH NJW 2008, 2427, 2428). Angesichts der intendierten Harmonisierung des Verjährungsrechts (s BT-Drs 16/8954, 15) liegt es nahe, diese auch im Schrifttum vertretene Auffassung (s nur Jauernig/*Mansel* § 199 Rn 5; MüKo/*Grothe* § 199 Rn 28f) auf den Zugewinnausgleichsanspruch zu erstrecken; die gewünschte Anpassung der Verjährung familienrechtl Ansprüche an die Regelverjährung (so ausdrückl BT-Drs 16/8954, 15) spricht für eine einheitliche Auslegung des § 199 I Nr 2. Danach wäre für Kenntnis (bzw grob fahrlässige Unkenntnis) des ausgleichsberechtigten Ehegatten notwendig, aber grds auch hinreichend, dass dieser die zur Beendigung des Güterstands führenden 21

Tatsachen kennt bzw grob fahrlässig nicht kennt (vgl dazu auch BGH NZFam 2019, 170, 174, der – allerdings ohne auf das Problem einzugehen – allein auf die Kenntnis des Ausgleichsberechtigten vom Eintritt der Rechtskraft abstellt; ferner BGH NZFam 2018, 260, 262 zur Verjährung des Auskunftsanspruchs aus § 1379); vgl zu dem Erfordernis der Tatsachenkenntnis sowie zu den Ausnahmen bei verwickelter Rechtslage auch § 199 Rn 18a. Der Schluss auf die Beendigung des Güterstands ist damit nicht erforderlich. Gleiches gilt hinsichtlich der eigenen Ausgleichsberechtigung; ggf kann ein Stufenantrag auf Auskunftserteilung (vgl § 1379) und Zahlung des Zugewinnausgleichs gestellt werden (vgl Rn 25), BeckOGK/*Piekenbrock* § 199 Rn 107 [Stand: 1.2.2023].

22 Die Kenntnis des **rechtsgeschäftlichen Vertreters** im Scheidungsverfahren ist für den Verjährungsbeginn grds unerheblich (Johannsen/Henrich/Althammer/*Kohlenberg* Rn 25; zu § 1378 IV aF s auch BGH NJW 1997, 2049, 2050; 1987, 1766, 1767); nur wenn dem Anwalt auch die Verfolgung des Zugewinnausgleichsanspruchs und damit die Kenntnisnahme der insofern relevanten Tatsachen übertragen wurde, muss sich der Ehegatte die Kenntnis des Bevollmächtigten analog § 166 I als seinem Wissensvertreter zurechnen lassen (MüKo/*Koch* Rn 43; Johannsen/Henrich/Althammer/*Kohlenberg* Rn 25; s zum alten Recht [§ 1378 IV aF] BGH NJW 1997, 2049, 2050; Celle FamRZ 2002, 1030; Hamm FamRZ 2000, 230; vgl zu § 199 I Nr 2 auch BGH NJW 2014, 2861, 2863).

23 Ist eine **letztwillige Verfügung** Ursache für die Entstehung der Ausgleichsforderung (vgl § 1371 II), so muss der überlebende Ehegatte auch Kenntnis bzw grob fahrlässige Unkenntnis von dieser Verfügung haben (*Scholz/Kleffmann/Kohlenberg* aaO (Rn 21) Rn 93; NK/*Heiß/Löhnig* Rn 25). Kann der überlebende Ehegatte den rechnerischen Zugewinnausgleich gem §§ 1373ff nur verlangen, wenn er die Erbschaft oder ein Vermächtnis ausschlägt (§ 1371 II/III), sind die Voraussetzungen des § 199 I Nr 1 nach dem Gesetzeswortlaut erst mit der Ausschlagung erfüllt (so NK/*Heiß/Löhnig* Rn 25; BeckOK/*Scheller/Sprink* Rn 36). Dies könnte aber insb bei der nicht fristgebundenen Ausschlagung des Vermächtnisses zu einer erheblichen Fristverlängerung führen. Vom Gesetzgeber wurde dies nicht bedacht (vgl BT-Drs 16/8954, 15). Entspr dem Gedanken des § 2332 II (auf den § 1378 IV aF verwies) ist daher nicht auf die Ausschlagung abzustellen, vielmehr ist Anspruchsentstehung iSd § 199 I bereits mit dem Erbfall anzunehmen (s auch Staudinger/*Thiele* Rn 31).

24 **b) Hemmung und Neubeginn. Hemmung** und **Neubeginn der Verjährung** richten sich nach §§ 203ff. Besteht die Ehe in den Fällen der vorzeitigen Aufhebung der Zugewinngemeinschaft (§§ 1385–1388) oder der Aufhebung des Güterstands durch Ehevertrag weiter fort, so ist die Verjährung des Ausgleichsanspruchs nach § 207 I 1 gehemmt (vgl BGH NZFam 2018, 260, 261). Das Gleiche gilt, wenn die Ehepartner einer Erstehe nach Scheidung einander erneut heiraten: War die Zugewinnausgleichsforderung aus der Erstehe im Zeitpunkt der erneuten Eheschließung noch nicht verjährt, so ist der Anspruch während der Dauer der Zweitehe gehemmt (§ 207 I 1; vgl AG Biedenkopf FamRZ 2003, 1392); dies schließt die Verjährungshöchstfrist des § 199 IV mit ein (vgl *Mansel/Budzikiewicz* Das neue Verjährungsrecht, 2002, § 3 Rn 147). Zu den Voraussetzungen einer Verjährungshemmung durch sog **Stillhalteabkommen** (§ 205) vgl BGH NJW 1999, 1101.

25 Eine Klage auf Zahlung des großen Pflichtteils gem § 2303 II iVm § 1371 I hemmt die Verjährung des Zugewinnausgleichsanspruchs gem § 1371 II nicht, da beide Ansprüche verschiedenen Rechtsgebieten – Erbrecht und Güterrecht – entstammen und unterschiedlich ausgestaltet sind (BGH FamRZ 1983, 27; Frankfurt FamRZ 1986, 807f). Auch die Rechtshängigkeit des Antrags auf Auskunftserteilung gem § 1379 bewirkt grds nicht nach § 204 I Nr 1 die Hemmung der Verjährung des Zahlungsanspruchs (vgl BGH NJW 2012, 2180, 2181); ebenso wenig ist mit der Erklärung, zu dieser Auskunft bereit zu sein, zugleich das Anerkenntnis des Zahlungsanspruchs gem § 212 I Nr 1 verbunden (BGH NJW 2012, 2180, 2183). Die **Rechtshängigkeit eines Stufenantrags** auf Auskunftserteilung und Zahlung des Zugewinnausgleichs in festgestellter Höhe führt dagegen auch für den Zahlungsanspruch zur Hemmung der Verjährung nach § 204 I Nr 1 (BGH NJW 2012, 2180, 2181f; vgl auch BGH FamRZ 1995, 797f); die Hemmungswirkung tritt auch dann ein, wenn für die Erteilung der Auskunft ein falscher Stichtag angegeben wird (BGH NJW 2012, 2180, 2181f). Gerät das Verfahren allerdings dadurch in Stillstand, dass die Ehegatten es nach Erwirken eines Teilbeschlusses über den Auskunftsanspruch nicht weiter betreiben, endet die Hemmung gem § 204 II 1, 2 sechs Monate nach der letzten Verfahrenshandlung (BGH NJW 2012, 2180, 2182; Zweibrücken FamRZ 2015, 1196). Stellt der Ausgleichsberechtigte lediglich Antrag auf Zahlung eines Teilbetrags der Zugewinnausgleichsforderung, so erstreckt sich die Hemmung der Verjährung (§ 204 I Nr 1) nicht auf eine nachträgl Mehrforderung (*Koch* FF 2016, 96, 98; BGH NZFam 2019, 170, 174; NJW-RR 2008, 521f; s auch LG Heidelberg 5.10.2016 – 4 O 348/14 – Mahnbescheid). Hat ein Ehegatte einen (später zurückgenommenen) Antrag auf Zahlung von Zugewinnausgleich gestellt, so erfasst die durch die Antragstellung bewirkte Verjährungshemmung nach § 204 I Nr 1 (vgl dazu BGH NZFam 2019, 170, 174) nicht auch den entgegengesetzten Ausgleichsanspruch des anderen Ehegatten (Celle NZFam 2021, 635, 637; vgl auch BGH NZFam 2019, 170, 174 zur Verteidigung gegen Feststellungswiderantrag; ferner AG Reinbek FamRZ 2022, 1051, 1052 [verschiedene Streitgegenstände]); möchte der frühere Antragsgegner (und spätere Antragsteller) verhindern, dass der von ihm wechselseitig geltend gemachte Zugewinnausgleichsanspruch verjährt, muss er selbst verjährungshemmende Maßnahmen ergreifen.

26 **6. Abänderung der Bestimmungen des § 1378.** Die Zugewinngemeinschaft oder der Ausgleich des Zugewinns können durch Ehevertrag (§§ 1408, 1410) ganz ausgeschlossen werden. Daher ist es – arg a maiore ad minus – auch zulässig, zu vereinbaren, dass eine etwaige Ausgleichsforderung geringer sein soll, als dies in **Abs I** bestimmt ist. Es kann zB vereinbart werden, dass die Ausgleichsforderung statt der Hälfte nur einen geringeren Teil des Überschusses betragen oder dass sie einen bestimmten Höchstbetrag nicht überschreiten soll (MüKo/*Koch* Rn 71; Staudinger/*Thiele* Rn 36), vgl auch § 1363 Rn 8. Die Regelung des § 1371 I wird hierdurch nicht be-

rührt (vgl dazu *Knur* DNotZ 1957, 473). Grds ist es nicht ausgeschlossen, die Ausgleichsforderung durch Ehevertrag auch höher als im Gesetz vorgesehen festzusetzen; im Einzelfall kann eine solche Vereinbarung aber nichtig sein, weil sie einen der Ehegatten, seine Gläubiger oder seine Abkömmlinge bzw Erben in sittenwidriger Weise benachteiligt.

Unzulässig ist hingegen eine Aufhebung der (auch) dem Gläubigerschutz dienenden Kappungsgrenze des **Abs II** (BeckOK/*Scheller*/*Sprink* Rn 52; MüKo/*Koch* Rn 70). Die Ehegatten können auch nicht in Abweichung von **Abs III** bestimmen, dass über die Ausgleichsforderung bereits vor Beendigung des Güterstands verfügt werden kann (MüKo/*Koch* Rn 70; Staudinger/*Thiele* Rn 37). 27

7. Verfahren. Der Anspruch auf Zugewinnausgleich ist Familienstreitsache (§§ 111 Nr 9, 112 Nr 2, 261 I FamFG), für die nach § 23a I Nr 1 GVG das FamG zuständig ist (NK/*Heiß*/*Löhnig* Rn 31). Ein **Teilantrag** ist zulässig; dabei ist weder erforderlich, dass der Gläubiger des Ausgleichsanspruchs schon sicher feststeht noch muss der Anspruch auf unstreitige Vermögenspositionen gestützt werden (BGH NJW-RR 2016, 1217, 1218). Eine rechtskräftige Entscheidung über den Teilantrag hindert einen Nachforderungsantrag nicht (BGH NJW-RR 2016, 1217, 1218). Ein Teilbeschl (§ 113 I FamFG iVm § 301 ZPO) ist allerdings nur zulässig, wenn es nicht zu widersprechenden Entscheidungen (zB Bewertung des Anfangs- und Endvermögens) kommen kann; die Teilentscheidung muss von der Entscheidung über den verbliebenen Teil des Ausgleichsanspruchs unabhängig sein (BGH NJW-RR 2016, 1217, 1218; FamRZ 1989, 954). 28

Der künftige Anspruch auf Zugewinnausgleich kann ab Rechtshängigkeit durch dinglichen **Arrest** gesichert werden (vgl § 119 II, § 112 Nr 2, § 261 I FamFG; Celle NJW-RR 2014, 1283, 1285 mwN; s auch BT-Drs 16/10798, 19, 21), allerdings nicht vor Rechtshängigkeit des Antrags auf Scheidung oder der Anträge nach §§ 1385f (München FamRZ 2007, 1101; Hamburg FamRZ 2003, 238; Stuttgart NJW-RR 1996, 961; Karlsruhe NJW 1997, 1017; Hamm FamRZ 1997, 181). Gegen die Ablehnung eines Antrags auf Anordnung des dinglichen Arrests ist nach der jüngeren obergerichtlichen Rspr die sofortige Beschwerde nach §§ 567ff ZPO eröffnet, nicht die Beschwerde nach § 58 FamFG (Bremen FamRZ 2016, 129; Jena 7.5.2014 – UF 235/14; Celle FamRZ 2013, 1917; aA noch Hamm 6.6.2011 – 8 UF 3/11; München FamRZ 2011, 746; Karlsruhe FamRZ 2011, 234; *Löhnig* FPR 2012, 508, 510). 29

8. Steuerrecht. Die Durchführung des Zugewinnausgleichs unterliegt gem **§ 5 II ErbStG** nicht der **Schenkungs- oder der Erbschaftsteuer.** Dies gilt auch dann, wenn die Ausgleichsforderung aufgrund vertragl Beendigung des Güterstands entsteht und die Eheleute mit Beginn des auf den Vertragsschluss folgenden Tages den gesetzl Güterstand erneut begründen (sog „Güterstandsschaukel", s nur BFH NJW 2005, 3663, 3664). Etwas anderes gilt für den Erlass der Ausgleichsforderung nach Beendigung des Güterstands; dieser stellt eine steuerpflichtige Schenkung dar (Burandt/Rojahn/*Milatz*/*Christopeit* Erbrecht, § 5 ErbStG Rn 15; Meincke/Hannes/Holtz/*Hannes*/*Holtz* § 5 ErbStG Rn 54). Ebenso handelt es sich um eine schenkungsteuerpflichtige freigiebige Zuwendung, wenn die Ehegatten bei fortbestehender Zugewinngemeinschaft den Zugewinn zwischenzeitl ausgleichen (BFH DStR 2006, 178; NJW 2008, 111). 30

Die Ausgleichsforderung begründet beim Ausgleichsberechtigten keine steuerbaren Einkünfte iSd § 2 I Nr 1–7 EStG. Ebenso stellen Aufwendungen für den Zugewinnausgleich beim Ausgleichsverpflichteten **keine außergewöhnlichen Belastungen** gem § 33 EStG dar (Brandis/Heuermann/*Baldauf* EStG, 164. EL 2022, § 33 Rn 76; für den Versorgungsausgleich auch ausdrückl BFH NJW 1984, 1783f). Allerdings kann auf Seiten des Ausgleichspflichtigen ein steuerpflichtiges Veräußerungsgeschäft iSd **§§ 22 Nr 2, 23 EStG** vorliegen, wenn ein Ehegatte dem anderen zur Erfüllung des Zugewinnausgleichsanspruchs Eigentum an einem zuvor erworbenen Grundstück oder einen Miteigentumsanteil hieran überträgt und nicht der Ausnahmetatbestand des § 23 I 1 Nr 1 S 3 EStG (Nutzung zu eigenen Wohnzwecken) greift (vgl *Engels* FF 2004, 285; *Kogel* FamRZ 2003, 808; *Büte* FuR 2003, 390; *Karasek* FamRZ 2002, 590; *Schröder* FamRZ 2002, 1010; *Feuersänger* FamRZ 2003, 645). Im Hinblick auf die Grunderwerbsteuer sind derartige Fallgestaltungen dagegen regelmäßig unproblematisch: Nach dem GrEStG sind Ehegattenerwerbe steuerbefreit, auch wenn sie zur Vermögensauseinandersetzung nach der Scheidung oder nach dem Tode erfolgen, § 3 Nr 3 S 2, Nr 4 und 5 GrEStG. 31

§ 1379 Auskunftspflicht

(1) Ist der Güterstand beendet oder hat ein Ehegatte die Scheidung, die Aufhebung der Ehe, den vorzeitigen Ausgleich des Zugewinns bei vorzeitiger Aufhebung der Zugewinngemeinschaft oder die vorzeitige Aufhebung der Zugewinngemeinschaft beantragt, kann jeder Ehegatte von dem anderen Ehegatten

1. Auskunft über das Vermögen zum Zeitpunkt der Trennung verlangen;

2. Auskunft über das Vermögen verlangen, soweit es für die Berechnung des Anfangs- und Endvermögens maßgeblich ist.

Auf Anforderung sind Belege vorzulegen. Jeder Ehegatte kann verlangen, dass er bei der Aufnahme des ihm nach § 260 vorzulegenden Verzeichnisses zugezogen und dass der Wert der Vermögensgegenstände und der Verbindlichkeiten ermittelt wird. Er kann auch verlangen, dass das Verzeichnis auf seine Kosten durch die zuständige Behörde oder durch einen zuständigen Beamten oder Notar aufgenommen wird.

(2) Leben die Ehegatten getrennt, kann jeder Ehegatte von dem anderen Ehegatten Auskunft über das Vermögen zum Zeitpunkt der Trennung verlangen. Absatz 1 Satz 2 bis 4 gilt entsprechend.

Schrifttum: *Bergschneider*, Der Auskunftsanspruch gemäß § 1379 BGB unter besonderer Berücksichtigung seiner Auswirkungen auf den vorzeitigen Zugewinnausgleich nach der Zugewinnausgleichsreform, FamRZ 2009, 1713; *Braeuer*, Probleme der neu gestalteten Auskunftsansprüche im Zugewinnausgleichsrecht, FamRZ 2010, 773; *Finger*, Güterrechtlicher Auskunftsansprüche, FamFR 2010, 289; *Giers*, Die Auskunft zum Zugewinnausgleich, NZFam 2015, 843; *Herr*, Güterrechtliche Auskunftsansprüche – Der Schlüssel zur erfolgreichen Vermögensauseinandersetzung, FuR 2022, 174; FuR 2022, 302; FuR 2022, 356; FuR 2022, 407; FuR 2023, 22; *Jaeger*, Der Umfang der Auskunfts- und Belegpflicht nach § 1379 BGB, FPR 2012, 91; *Jüdt*, Die Auskunftsverpflichtung beim Zugewinnausgleich, FuR 2013, 187; *Jüdt*, Der Auskunftsanspruch zum Anfangs- und Endvermögen, FuR 2014, 504; *Kogel*, Der Auskunftsanspruch zum Trennungszeitpunkt gem. § 1379 II BGB – leider ein gesetzgeberisches Stückwerk, NZFam 2018, 1119.

1 **1. Allgemeines.** Um seine etwaige Ausgleichsforderung geltend machen zu können, muss ein Ehegatte wissen, wie hoch Anfangs- und Endvermögen des anderen Ehegatten sind. Da weder das vor der Ehe noch das während der Ehe von jedem Ehegatten erworbene Vermögen gemeinschaftl wird (§ 1363 Rn 3) und jeder Ehegatte sein Vermögen grds auch selbständig verwaltet (§§ 1363, 1364), kann ihm diese Kenntnis uU fehlen. § 1379 gewährt den Ehegatten daher einen gegenseitigen Anspruch auf Auskunftserteilung. Dabei wurden die Pflichten der Ehegatten durch das am 1.9.2009 in Kraft getretene Gesetz zur Änderung des Zugewinnausgleichs- und Vormundschaftsrechts (BGBl I 2009, 1696) erheblich ausgeweitet. Der Anspruch betrifft jetzt nicht mehr nur den Bestand des Endvermögens, sondern umfasst alle für die Berechnung des **Anfangs-** und **Endvermögens** relevanten Informationen (Abs I S 1 Nr 2). Einbezogen sind folglich auch Auskünfte über privilegierten Erwerb (§ 1374 II) oder illoyale Vermögensminderungen (§ 1375 II 1), die dem Anfangs- bzw Endvermögen hinzuzurechnen sind (str, s Rn 5). Die Einführung eines Auskunftsanspruchs auch für das Anfangsvermögen eröffnet dem Ehegatten, der bei seinem Ehepartner von negativem Anfangsvermögen ausgeht, die Möglichkeit, den Nachw wirtschaftl Zugewinns infolge Schuldentilgung zu erbringen und damit die Vermutung des § 1377 III zu widerlegen (vgl § 1377 Rn 11f; BT-Drs 16/10798, 18). Neu eingefügt wurde auch die Pflicht zur **Vorlage von Belegen** (Abs I S 2). Dadurch soll dem Auskunftsberechtigten die Überprüfung der Angaben des anderen Ehegatten erleichtert werden (BT-Drs 16/10798, 18; BGH FamRZ 2022, 684, 685; FamRZ 2022, 429, 430). Geltend gemacht werden können die Ansprüche aus Abs I aber erst, wenn der **Güterstand beendet** ist oder ein Ehegatte die Scheidung, die Aufhebung der Ehe oder die vorzeitige Aufhebung der Zugewinngemeinschaft nach §§ 1385f beantragt hat (Abs I S 1). Zuvor besteht (abgesehen von Abs II [Auskunft über das Trennungsvermögen]) nur die aus § 1353 I 2 resultierende (und in § 1385 Nr 4 vorausgesetzte) allg Pflicht, einander „in groben Zügen" über etwaige Vermögensbewegungen zu unterrichten (BGH NJW 2012, 3635, 3637; FamRZ 1978, 677f; Frankfurt FamRZ 2010, 563; Bamberg FamRZ 2009, 1906f; Köln FamRZ 2009, 605f; Hamm FamRZ 2000, 229 – keine detaillierte Auskunft gem § 260; *Jaeger* FPR 2012, 91, 95f; MüKo/*Koch* Rn 4); vgl auch § 1353 Rn 20. Nach BGH (FamRZ 2018, 331, 333) verdrängt § 1379 als *lex specialis* den allg Auskunftsanspruch nach § 242 (aA *Gernhuber/Coester-Waltjen* § 35 Rn 48).

2 Seit der Güterrechtsreform 2009 können die Ehegatten auch Auskunft über das Vermögen des anderen Ehegatten zum Zeitpunkt der **Trennung** verlangen (Abs I S 1 Nr 1, II S 1). Die Ansprüche aus Abs I S 1 Nr 1 und Abs II S 1 stehen neben dem Anspruch aus Abs I S 1 Nr 2 (Jena 3.8.2015 – 1 WF 312/15; Saarbrücken 17.2.2014 – 6 WF 1/14). Dadurch soll der Schutz des ausgleichsberechtigten Ehegatten vor Vermögensmanipulationen in der Trennungszeit verbessert werden (vgl BT-Drs 16/13027, 7; BGH NJW 2012, 3635, 3637; *Bergschneider* FamRZ 2009, 1713f). Ist das Endvermögen eines Ehegatten geringer als das Vermögen, das er in der Auskunft zum Trennungszeitpunkt angegeben hat, wird der Differenzbetrag dem Endvermögen hinzugerechnet, sofern der betroffene Ehegatte nicht beweisen kann, dass die Vermögensminderung nicht auf Handlungen iSd § 1375 II 1 Nr 1–3 zurückzuführen ist (vgl § 1375 Rn 24); angesichts des Normzwecks entfällt das Rechtsschutzbedürfnis für den Auskunftsantrag nach Abs I 1 Nr 1, II S 1 auch dann nicht, wenn die Umkehr der Darlegungs- und Beweislast gem § 1375 II 2 das primäre Ziel des Auskunftsbegehrens ist (BGH NJW 2012, 3722; vgl auch AG Stuttgart FamRZ 2021, 1559, 1560). Der Anspruch auf Auskunft über das Trennungsvermögen besteht gem Abs II bereits während des Getrenntlebens, kann also auch schon vor Beendigung des Güterstands oder Rechtshängigkeit der in Abs I S 1 bezeichneten prozessualen Anträge geltend gemacht werden; er bezieht sich aber stets nur auf das Vermögen zum Zeitpunkt der Trennung (nicht auf einen beliebigen Zeitpunkt während des Getrenntlebens, Braunschweig FamRZ 2017, 789, 790, oder vor der Trennung, *Jüdt* FuR 2013, 187, 189, vgl auch Rn 1). Die Bestimmung des Trennungszeitpunkts erfolgt nach Maßgabe der in § 1567 I genannten Kriterien (KG FamRZ 2019, 524, 525f; Braunschweig FamRZ 2017, 789, 790). Die **Darlegungs- und Beweislast** für den taggenau zu benennenden Trennungszeitpunkt trägt der auskunftbegehrende Ehegatte (Brandenburg FamRZ 2021, 367, 370; Braunschweig FamRZ 2017, 789, 790; *Bergschneider* FamRZ 2009, 1713, 1715f; Johannsen/Henrich/Althammer/*Kohlenberg* Rn 6; *Jaeger* FPR 2012, 91, 94, der jedoch [ebenso wie Braunschweig FamRZ 2017, 789] auf die Grundsätze der sekundären Darlegungslast verweist; Zulässigkeit der Feststellung des Trennungszeitpunkts durch (Zwischen-)Feststellungsbeschl ist str, s Brandenburg FamRZ 2021, 367, 369; NJW-RR 2014, 519, 521 [zulässig]; Frankfurt FamRZ 2021, 1870, 1871ff [unzulässig]; Koblenz FamRZ 2018, 42ff [unzulässig]; s auch BGH FamRZ 2020, 1572, 1573 [zweifelhaft]; vgl dazu auch *Giers* NZFam 2015, 843, 845). Dies gilt auch bei Getrenntleben innerhalb der ehelichen Wohnung (AG Heidelberg FamRZ 2017, 278; AG Stuttgart FamRZ 2021, 1559, 1560); ebenso bei schleichend eingetretener Trennung (KG FamRZ 2019, 524, 525). Zu den Problemen in der Praxis s *Kogel* NZFam 2018, 1119.

3 Der novellierte § 1379 **gilt seit dem 1.9.2009**. Anwendung findet die Neuregelung allerdings nur, wenn der Güterstand nicht schon vor dem Stichtag beendet wurde (s § 1374 Rn 15). Andernfalls ist weiterhin altes Recht he-

ranzuziehen. Dies gilt iÜ unabhängig davon, ob das Zugewinnausgleichsverfahren am 1.9.2009 bereits anhängig war (s auch MüKo/*Koch* Art 229 § 20 EGBGB Rn 1). Ist die Ehe vor dem Stichtag rechtskräftig geschieden worden, kann daher weder nach Abs I S 1 Nr 1 Auskunft über das Vermögen zum Zeitpunkt der Trennung verlangt werden (BGH FamRZ 2017, 1039, 1040f) noch besteht nach Abs I S 1 Nr 2 ein Anspruch auf Auskunft über das Anfangsvermögen (BGH FamRZ 2018, 21f). Wurde der Güterstand zwar nach dem 31.8.2009 beendet, das Ausgleichsverfahren jedoch schon zuvor anhängig gemacht, gilt grds neues Recht, allerdings mit Ausnahme von § 1374 (s § 1374 Rn 15); damit scheidet zugleich ein Anspruch auf Auskunft über das Anfangsvermögen nach Abs I S 1 Nr 2 aus (vgl BGH FamRZ 2018, 21f: untrennbarer Zusammenhang). War am 1.9.2009 zwar das Scheidungsverfahren anhängig, nicht aber auch das Ausgleichsverfahren, gilt ausschließlich neues Recht und damit auch der novellierte § 1379 (vgl § 1374 Rn 15). Die Ehegatten können insb nach Abs II Auskunft über das Vermögen zum Zeitpunkt der (vor dem Stichtag erfolgten) Trennung verlangen. Da die Regelung dem Schutz vor Manipulationen dient, ist das Vertrauen des Auskunftspflichtigen auf die alte Rechtslage nicht schützenswert (BT-Drs 16/10798, 25). Zum **Übergangsrecht** s auch § 1374 Rn 15.

Den Anspruch auf Auskunftserteilung haben **beide Ehegatten** gegeneinander; auch der Ehegatte, der voraussichtlich ausgleichspflichtig ist, hat ein Interesse daran, durch Erteilung der Auskunft über das Endvermögen des Anderen Klarheit über die Höhe des von ihm geschuldeten Betrags zu gewinnen (BGH FamRZ 2018, 581; NJW 2012, 3722, 3723; MüKo/*Koch* Rn 3; Johannsen/Henrich/Althammer/*Kohlenberg* Rn 1). Ist ein **Ehegatte gestorben**, so treten hinsichtl der Rechte und Pflichten aus § 1379 seine Erben an seine Stelle (Saarbrücken NJW-RR 2010, 85; Staudinger/*Thiele* Rn 5). 4

2. Inhalt und Grenzen des Auskunftsanspruchs. a) Für Berechnung des Zugewinns erforderliche Informationen. Der Anspruch bezieht sich auf sämtliche Informationen, die für die Berechnung des Zugewinns (§ 1373) erforderlich sind. Das nach § 260 I vorzulegende Bestandsverzeichnis muss daher eine Zusammenstellung aller Vermögenspositionen enthalten, die als **Rechnungsposten im Anfangs- und Endvermögen** zu bilanzieren sind (vgl dazu § 1374 Rn 3ff; § 1375 Rn 2ff). Wird (auch) Auskunft über das Vermögen zum Trennungszeitpunkt verlangt (Abs I S 1 Nr 1, II S 1), sind außerdem die Vermögensverhältnisse am Tag der Trennung offenzulegen (vgl Rn 2). Geschuldet ist eine Zusammenstellung der **Aktiva und Passiva** am Tag der Trennung sowie an den für die Berechnung des Anfangs- und Endvermögens maßgeblichen Stichtagen (s dazu § 1374 Rn 1; § 1375 Rn 9). Darüber hinaus können Informationen über **privilegierten Erwerb** iSd § 1374 II (Aktiva und Passiva) und über **illoyale Vermögensminderungen** iSd § 1375 II 1 verlangt werden (BGH FamRZ 2018, 331, 332; NJW 2012, 3635, 3637 zu § 1375 II 1; Brandenburg FamRZ 2012, 1714; 2011, 568 zu § 1375 II 1; Grü/*Siede* Rn 2; Johannsen/Henrich/Althammer/*Kohlenberg* Rn 4; MüKo/*Koch* Rn 21ff; *Bergschneider* FamRZ 2009, 1713, 1717; *Jüdt* FuR 2013, 187, 190 – eingeschränkt durch einen „Verbrauchseinwand" in Bezug auf Einkünfte bei unteren und mittleren Einkommen, aaO 191f; s auch BT-Drs 16/10798, 18; aA – keine Auskunft nach § 1379 über Handlungen iSd § 1375 II 1 – *Finger* FamFR 2010, 289 – Auskunft nach § 242), sofern eine Hinzurechnung zum Endvermögen nicht nach § 1375 III ausscheidet (vgl Rn 9). Str ist allerdings, ob der Ehegatte, der gem § 1379 I 1 Nr 2 Auskunft über etwaige illoyale Vermögensminderungen iSd § 1375 II 1 verlangt, konkrete Anhaltspunkte für entspr Vorgänge vortragen muss. Der BGH bejaht dies jedenfalls dann, wenn Auskunft für die Zeit vor der Trennung begehrt wird; § 1379 I 1 Nr 2 sei insofern einschränkend auszulegen. An die Darlegung entspr Tatsachen dürften jedoch keine übertriebenen Anforderungen gestellt werden (BGH NJW 2012, 3635, 3637f; ebenso Zweibrücken NJW-RR 2015, 133, 134; Saarbrücken 17.2.2014 – 6 WF 1/14; zust Johannsen/Henrich/Althammer/*Kohlenberg* Rn 4f; Grü/*Siede* Rn 2; s auch *Hoppenz* FamFR 2012, 481, 482f). Die Gegenansicht lehnt dieses Verständnis des § 1379 I 1 Nr 2 zu Recht ab und verweist darauf, dass der von der hM geforderte Vortrag konkreter Anhaltspunkte kein aus der Ratio des § 1379 zu folgerndes Kriterium der Anspruchsbegründung ist, sondern vielmehr verfahrensrechtl Bedeutung besitzt (BeckOK/*Scheller/Sprink* Rn 12; MüKo/*Koch* Rn 24; krit auch *Groß* NJW 2012, 3638f). Hegt der auskunftbegehrende Ehegatte den Verdacht, der Auskunftspflichtige könnte sein Vermögen illoyal durch eine bestimmte Vermögensbewegung vermindert haben, wird er nur dann einen vollstreckbaren Titel auf Erteilung entspr Informationen erhalten, wenn er die Verdachtsmomente konkret darlegt (BeckOK/*Scheller/Sprink* Rn 12; vgl auch MüKo/*Koch* Rn 24). 5

Angaben über einzelne Vermögenstransaktionen fallen (abgesehen von § 1375 II 1) nicht unter die Auskunftspflicht; die Weigerung, insoweit Auskunft zu geben, kann jedoch die Grundlage für das Verlangen nach eidesstattlicher Versicherung der Vollständigkeit des Verzeichnisses sein (§ 260 II; BGH FamRZ 1976, 516); vgl Rn 16. 6

b) Grenzen der Auskunftspflicht. aa) Einrede aus § 1381. Der Auskunftsanspruch nach § 1379 besteht auch dann, wenn die Ehe bereits nach wenigen Jahren wieder geschieden wird und die eheliche Gemeinschaft während ihres Bestehens nicht in vollem Umfang hergestellt worden ist (BGH NJW 1972, 433). Grds unerheblich ist, ob der Ausgleichspflichtige ggf ein Leistungsverweigerungsrecht gem **§ 1381** wegen grober Unbilligkeit hat (BGH FamRZ 1972, 128; 1965, 554; Koblenz FamRZ 2005, 902); nur wenn die Einrede aus § 1381 unzweifelhaft zu einer vollständigen Versagung des Ausgleichsanspruchs führt, entfällt zugleich der Anspruch aus § 1379 (BGH NJW 1972, 433, 434 – Einwand des Rechtsmissbrauchs; bestätigt durch BGH NJW 2012, 3722, 3723; s auch Hamburg FamRZ 2012, 550; Brandenburg FamRZ 2009, 1067f). 7

bb) Strafrechtl Selbstbelastung und Geheimhaltungsinteresse. Auskünfte sind auch dann zu erteilen, wenn sie die Gefahr **strafrechtl Selbstbelastung** mit sich bringen; es besteht dann ein strafprozessuales Verwertungsverbot analog § 136a III 2 StPO (vgl *Stürner* NJW 1981, 1757, 1760); ebenso steht ein **Geheimhaltungsinteresse** 8 der Geltendmachung des Auskunftsanspruchs nicht entgegen, sofern der Schuldner nicht substantiiert darlegt, dass ihm gerade durch die geforderte Auskunft ein konkreter Nachteil droht (Köln FamRZ 2010, 29; vgl auch § 1605 Rn 27). Die Auskunftspflicht ist unabhängig davon zu erfüllen, ob der Anspruchsteller seinerseits Vermögenswerte verschweigt (Düsseldorf FamRZ 2007, 830).

9 cc) **Der Auskunftsanspruch entfällt** ausnahmsw, soweit aus den geforderten Informationen keine Rechtsfolgen mehr abgeleitet werden könnten (MüKo/*Koch* Rn 5). Dies ist insb dann der Fall, **wenn evident kein Zugewinn erzielt** wurde (München NJW 1969, 881; Koblenz FamRZ 1985, 286; Brandenburg FamRZ 1998, 174); Gleiches gilt nach Eintritt der **Verjährung des Zugewinnausgleichsanspruchs** (vgl dazu § 1378 Rn 20ff) und Erhebung der Verjährungseinrede durch den Ausgleichsschuldner (Braunschweig FamRZ 2017, 788f; Frankfurt FamRZ 1987, 1147; Celle NJW-RR 1995, 1411). Nach AG Bonn FamRZ 2001, 764 soll dies allerdings dann nicht gelten, wenn mit dem verjährten Zugewinnausgleichsanspruch noch aufgerechnet werden kann (§ 215).

10 Eine Auskunftspflicht besteht auch dann nicht, wenn die Ehegatten den Zugewinnausgleich **vertragl abschließend geregelt** haben (BGH FamRZ 2018, 581, 582 mwN; vgl auch Frankfurt FamRZ 2020, 1547, 1548f: kein Auskunftsanspruch bezogen auf ehevertragl dem Zugewinn entzogene Vermögensgegenstände), Gütertrennung unter Ausschluss des Zugewinnausgleichs vereinbart wurde (Köln FPR 2001, 421f), die begehrte Auskunft **für die Höhe des Ausgleichsanspruchs ohne Bedeutung** ist (BGH FamRZ 2022, 684, 685; NJW 2014, 625, 628 – Einwand des Rechtsmissbrauchs), der Anspruch zweckentfremdet gestellt wird (Nürnberg FamRZ 1969, 287) oder ein Verstoß gegen das Schikaneverbot vorliegt (Celle FamRZ 2002, 1030).

11 dd) **Versorgungsanwartschaften**, die dem Versorgungsausgleich unterliegen (vgl § 1372 Rn 11), sind von der Auskunftspflicht nach § 1379 nicht umfasst. Das Gleiche gilt für die **Haushaltsgegenstände**, die tatbestandlich dem § 1568b unterfallen (vgl § 1372 Rn 12; BGH FamRZ 1984, 144).

12 **3. Bestandsverzeichnis.** Die Auskunft muss in **Form eines ordnungsgemäßen Bestandsverzeichnisses** iSd § 260 erfolgen, das mit zugehörigen Originalbelegen alle Aktiva und Passiva so genau erfasst, dass daraus die Zugewinnausgleichsforderung errechnet werden kann (BGH FamRZ 2003, 597 und 1267; Brandenburg FamRZ 2019, 1049, 1050; NJW-RR 2014, 519f; Braunschweig FamRZ 2017, 789; Hamm FamRZ 2001, 763); eine eigenhändige Unterschrift des Auskunftspflichtigen ist nicht erforderlich (MüKo/*Koch* Rn 26; BGH NJW 2008, 917 zu § 260 I; Naumburg FamRZ 2007, 1814; s auch Karlsruhe FamRZ 2004, 106; Braunschweig FamRZ 2017, 789, 790; Zweibrücken FamRZ 2001, 763, 764, die eine Unterschrift nur verlangen, wenn nicht anders sichergestellt ist, dass die Erklärung vom Auskunftspflichtigen herrührt; aA Hamm FamRZ 2001, 763 – persönliche Unterschrift erforderlich). Geschuldet ist die Aufnahme eines vollständigen Verzeichnisses; die Aufteilung auf mehrere Schriftstücke genügt nicht (Brandenburg FamRZ 2019, 1049, 1050; 2007, 285), es sei denn, die Übersichtlichkeit ist auch dann noch gewahrt, wenn das Verzeichnis aus mehreren **Teilverzeichnissen** besteht (Braunschweig FamRZ 2017, 789 – gerichtliche und außergerichtliche Anwaltsschriftsätze; Koblenz 9.7.2014 – 13 UF 214/14 m Anm *Alberts* NZFam 2015, 37; Brandenburg FamRZ 2019, 1049, 1050; NJW-RR 2014, 519f; Karlsruhe FamRZ 2004, 106). Bei einem mangelhaften Verzeichnis, das jedoch nicht von vornherein unbrauchbar ist, kann nicht dessen vollständige Neuerstellung verlangt werden (Zweibrücken FamRZ 2001, 763; Köln FamRZ 1997, 1336). Die schlichte Ergänzung einer unvollständigen und ergänzungsbedürftigen Auskunft ist aber nur möglich, wenn die fehlenden Angaben so in das Verzeichnis integriert werden können, dass dieses übersichtlich bleibt; andernfalls ist ein neues Gesamtverzeichnis vorzulegen (Brandenburg FamRZ 2019, 1049, 1050). Die Angaben des zur Auskunftserteilung Verpflichteten müssen so **hinreichend bestimmt** sein, dass der Partner in der Lage ist, die Vermögenswerte selbst in etwa zu ermitteln (Celle FamRZ 1975, 415; zust BGH FamRZ 1989, 157, 158f; Brandenburg FamRZ 2019, 1049f; Saarbrücken NJW-RR 2010, 85; Naumburg FamRZ 2001, 1303). Wertangaben muss die Auskunft nicht enthalten (BGH FamRZ 2003, 597 und 1267 verweisen hierfür zu Recht auf § 1379 I 2 aF [jetzt § 1379 I 3]), aber zu jeder Vermögensposition alle **wertbildenden Faktoren** angeben (BGH FamRZ 2018, 608, 609; NJW 1982, 1643f; Brandenburg FamRZ 2019, 1601, 1602; 2019, 1049, 1050; Koblenz 9.7.2014 – 13 UF 214/14; Stuttgart FamRZ 2010, 1734). **Sachgesamtheiten** und Inbegriffe von Gegenständen können grds als solche aufgeführt werden (Unternehmen, Büroeinrichtungen [AG Biedenkopf FamRZ 2005, 1909f], Bibliotheken, Sammlungen etc), sofern eine weitere Spezifizierung im Verkehr nicht üblich ist und dem Informationsinteresse des Auskunftbegehrenden ausreichend Rechnung getragen wird (BGH NJW 1984, 484f; Saarbrücken NJW-RR 2010, 85; BeckOK/*Scheller*/*Sprink* Rn 20).

13 Nach **Abs I S 3 Hs 1** hat der Auskunftsberechtigte einen selbständigen Anspruch darauf, dass er oder ein von ihm bestimmter Dritter (Johannsen/Henrich/Althammer/*Kohlenberg* Rn 11; MüKo/*Koch* Rn 40) bei der Aufnahme des Verzeichnisses hinzugezogen werden. Dies gilt auch dann, wenn das Verzeichnis durch den anderen Ehegatten bereits erstellt wurde (Hamm FamRZ 2011, 1732; KG NJW-RR 1998, 1155, jew noch zu § 1379 aF); krit *Kogel* FamRB 2011, 316 (Antrag nach Abs I S 3 kann umgangen werden, wenn der Auskunft die notwendigen Belege beigefügt werden). Zudem kann der Gläubiger von dem anderen Ehegatten verlangen, dass das Bestandsverzeichnis auf seine Kosten durch die zuständige Behörde oder durch einen zuständigen Beamten oder Notar aufgenommen wird (**Abs I S 4**). Die zuständige Behörde und der zuständige Beamte bestimmen sich durch das Landesrecht (vgl § 486 II FamFG, § 66 I Nr 2 BeurkG); zur Zuständigkeit des Notars s § 20 I 2 BNotO.

14 **4. Einzelfälle.** Die Auskunft über eine **Kapitallebensversicherung** umfasst den Rückkaufswert sowie die erzielten Überschussanteile (Köln FamRZ 2002, 1406); alternativ können Abschlussjahr, Fälligkeitszeitpunkt, Prämienhöhe und Versicherungssumme mitgeteilt werden (Brandenburg FamRZ 2007, 1814f). Bei einem **Pkw** sind

Fabrikat, Modell, Ausstattung, Baujahr, Kilometerstand und eventuelle Unfälle oder Schäden anzugeben (Brandenburg FamRZ 2019, 1601, 1602; Koblenz 9.7.2014 – 13 UF 214/14; AG Biedenkopf FamRZ 2005, 1909f); für **Grundstücke** sind die Lage (katasteramtliche Bezeichnung von Gemarkung, Flur und Flurstück), Größe, Art der Bebauung und Nutzung maßgeblich, nicht aber die Grundbuchbezeichnung (Jena 3.8.2015 – WF 312/15; Brandenburg NJW-RR 2014, 519f; Naumburg FamRZ 2001, 1303) oder der Brandversicherungswert (Frankfurt 5.10.2017 – 6 WF 2014/17). Zur Bestimmung der **Ertragslage eines Unternehmens** sind die Bilanzen nebst Gewinn- und Verlustrechnungen vorzulegen (zutr BGH FamRZ 1980, 37; Naumburg FamRZ 2001, 1303, 1304; Zweibrücken FamRZ 2001, 763). Ggü dem Mitglied einer **Anwaltssozietät** umfasst der Anspruch auch deren wirtschaftl Verhältnisse einschl des Goodwill und die Vorlage des Gesellschaftsvertrags (Hamm FamRZ 1983, 812); zum Umfang der Auskunftspflicht bei einer **Versicherungsagentur** vgl AG Biedenkopf FamRZ 2005, 1909f; zu den Anforderungen an ein Bestandsverzeichnis über ein **landwirtschaftliches Unternehmen** vgl Düsseldorf FamRZ 1986, 168; AG Biedenkopf FamRZ 2005, 1909f.

5. Vollständigkeit des Verzeichnisses. Der auskunftspflichtige Ehegatte hat das Bestandsverzeichnis so ausf und vollständig aufzunehmen, wie er dazu subj in der Lage ist. Im Fall von Gedächtnislücken, die auch durch sonstige Informationsquellen nicht geschlossen werden können, reduziert sich die Auskunftspflicht auf die Daten, die der Verpflichtete noch beibringen kann (MüKo/*Koch* Rn 31; vgl auch Saarbrücken NJW-RR 2010, 85 – mangelnde Kenntnis der Erben); s auch § 260 Rn 17. Die Vorlage eines Sachverständigengutachtens über die im Wissen des Auskunftspflichtigen stehenden Auskünfte ist nicht erforderlich (BGH FamRZ 2003, 1267). 15

Hält ein Ehegatte die ihm erteilten **Bestands- und Wertangaben für unrichtig** oder unvollständig, so steht es ihm frei, seiner Forderung andere Annahmen zugrunde zu legen; es handelt sich nicht wie im Falle des § 1377 I um ein gemeinsam aufgestelltes Verzeichnis, das die Vermutung der Richtigkeit für sich hat (BeckOGK/*Preisner* Rn 149 [Stand: 1.2.2023]). Beruht die unrichtige oder unvollständige Information auf unverschuldeter Unkenntnis oder auf einem entschuldbaren Irrtum des auskunftspflichtigen Ehegatten, kann **erg Auskunft** verlangt werden (BGH NJW 1984, 484, 485; Köln FamRZ 1997, 1336); vgl auch § 260 Rn 16a. Liegen diese Voraussetzungen nicht vor, ist bei Vorlage eines formell ordnungsgemäßen Bestandsverzeichnisses (vgl Rn 12) die Frage inhaltlicher Mängel im Verfahren über die Ausgleichsforderung zu klären (Köln FamRZ 1997, 1336). Sollte Grund zu der Annahme bestehen, dass das Verzeichnis nicht mit der erforderlichen Sorgfalt aufgestellt worden ist, kann gem § 260 II die Abgabe einer **eidesstattlichen Versicherung** verlangt werden (BGH NJW 1984, 484, 485); vgl dazu auch § 260 Rn 19. Bei der Abgabe der eidesstattlichen Versicherung genügt es, wenn Sachgesamtheiten als solche aufgeführt werden (vgl Rn 12); Kleinlichkeit ist zu vermeiden (BGH NJW 1984, 484, 485). 16

6. Vorlage von Belegen. Neben dem Anspruch auf Auskunft (Abs I S 1, II S 1) ist zum 1.9.2009 ein gesonderter Anspruch auf Vorlage von Belegen (Abs I S 2) eingeführt worden. Während die Auskunftspflicht nach Abs I S 1 die Vorlage von Belegen nur insoweit umfasst, als diese benötigt werden, um den Zugewinn selbst ermitteln zu können (vgl BGH NJW 1980, 229f zu § 1379 aF), kann der Anspruch aus Abs I S 2 auch dann geltend gemacht werden, wenn die Belege lediglich der Überprüfung des Bestandsverzeichnisses dienen sollen (vgl BT-Drs 16/10798, 18; BGH FamRZ 2022, 684, 685; FamRZ 2022, 429, 430). Die Neuregelung entspricht der Belegpflicht in § 1605 I 2 (BT-Drs 16/10798, 18); vgl dazu § 1605 Rn 24ff. Nach BGH (FamRZ 2022, 429, 430) sind Belege iSd Abs I S 2 „alle Urkunden, Dokumente, Bescheinigungen und sonstigen Unterlagen, die aussagekräftig für die Vollständigkeit und Richtigkeit des als Auskunft erstellten Bestandsverzeichnisses, für die Existenz und den Zustand der verzeichneten Vermögensgegenstände und Verbindlichkeiten und für deren Wert sind". Der Anspruch aus Abs I S 2 bezieht sich (entspr der Auskunftspflicht) allein auf die zum jeweiligen Stichtag vorhandenen Aktiva und Passiva; ein darüberhinausgehender Anspruch auf Vorlage von Belegen, die auch eine Überprüfung der Vollständigkeit der Auskunft ermöglichen würden, besteht nicht (Köln FamRZ 2019, 1046, 1047). Geschuldet ist zudem nur die Vorlage solcher Belege, die im Zeitpunkt der Entstehung des Auskunftsanspruchs (vgl Rn 20) noch oder bereits existieren (BT-Drs 16/10798, 18; BGH FamRZ 2022, 429, 430; *Jaeger* FPR 2012, 91, 95; vgl auch § 1605 Rn 26). Der Schuldner ist nicht verpflichtet, über die Reproduktion vorhandener Nachweise (Kopien, Ausdrucke etc) hinaus neue Belege zu erstellen (BGH FamRZ 2022, 429, 430: keine eigene schöpferische Leistung geschuldet [zB Erstellung des Jahresabschlusses einer GbR]). Gehen die Belege nach Entstehung der Vorlagepflicht verloren oder werden sie (mit oder ohne Zutun des Schuldners) vernichtet, wird der Schuldner nach § 275 I von der Leistung frei. Der Anspruch auf Belegvorlage ist vom Anspruch auf Auskunft zu trennen; er ist selbständig geltend zu machen (Koblenz FamRZ 2018, 1573). Zur Vollstreckungsfähigkeit der Vorlagepflicht s BGH FamRZ 2019, 1442, 1443: Unterlagen und maßgebliche Zeiträume sind im Beschlusstenor konkret zu bezeichnen oder müssen jedenfalls den Entscheidungsgründen zu entnehmen sein. 17

7. Wertermittlung. Nach Abs I S 3 Hs 2 kann der Gläubiger verlangen, dass der Auskunftspflichtige den **Wert** der Vermögensgegenstände und Verbindlichkeiten **ermittelt**. Das Recht, Wertermittlung zu fordern, steht neben dem Anspruch auf Auskunft (BGH NJW 1982, 1643f; Koblenz FamRZ 2018, 1573; Brandenburg NJW-RR 2014, 519f). Allerdings ist der Schuldner nur insoweit zur Wertermittlung verpflichtet, als er dazu selbst in der Lage ist; ggf sind Auskünfte einzuholen und Hilfskräfte einzuschalten. Eine Pflicht zur Beauftragung eines Sachverständigen besteht dagegen nicht (BGH FamRZ 2009, 595f). Der Gläubiger hat aber in analoger Anwendung des § 1379 II 3 das Recht, selbst einen Sachverständigen mit der Wertermittlung zu beauftragen, wenn eine zuverlässige Bewertung weder durch den Schuldner noch durch den Gläubiger möglich ist. Der andere Ehegatte muss die Begutachtung durch den Sachverständigen dulden, insb zulassen, dass dieser die Unterlagen prüft und Gegenstände besichtigt (BGH NJW 1982, 1643f; FamRZ 2022, 429, 430). 18

19 Anders als in § 2314 I, in § 1377 II 3 und in § 1379 I 4 (Beurkundungskosten) ist nicht bestimmt, wer die uU nicht unerheblichen **Kosten** der in Abs I S 3 vorgesehenen Wertermittlung, zumeist Sachverständigenkosten, zu tragen hat. Den dazu bestehenden Meinungsstreit (vgl Nachw bei Erman/*Heckelmann*[8]) hat der BGH zutr mit der überwiegenden Meinung dahingehend entschieden, dass der Auskunftsbegehrende grds nur einen Anspruch darauf hat, dass der Verpflichtete die Ermittlungen eines von ihm bestellten und bezahlten Sachverständigen duldet (BGH NJW 1982, 1643f zu § 1379 I 2 aF). Er hat dies damit begründet, dass es mangels einer ausdrückl Regelung, wie sie § 1377 II 3 abschließend für das Anfangsvermögen vorsieht, bei der Grundregel bleibt, dass der Gutachtenbegehrende die Kosten zu tragen hat, was zudem allein dessen Interesse entspricht, einen Gutachter seines Vertrauens zu beauftragen (ebenso zu § 1379 II 3 nF Karlsruhe NJW 2010, 451f). Unverändert gültig bleibt dennoch die in BGHZ 64, 63 getroffene Entscheidung, wonach der Auskunftsverpflichtete die Kosten in den Fällen tragen muss, in denen eine Wertfeststellung durch einen Sachverständigen gar nicht verlangt wird (bestätigt in BGH FamRZ 1991, 316). Ebenfalls vom Verpflichteten zu tragen sind iÜ die Auslagen, die durch die Einholung von Auskünften oder die Einschaltung von Hilfskräften angefallen sind (BGH FamRZ 2009, 595f). Der die Kosten tragende Ehepartner kann aber in einem etwa folgenden Rechtsstreit diese Kosten, die der Vorbereitung des Rechtsstreits dienten, gem § 91 ZPO erstattet verlangen, wenn er obsiegt.

20 **8. Entstehung und Fälligkeit des Anspruchs.** Der Auskunftsanspruch nach **Abs I S 1** entsteht grds mit der Beendigung des Güterstands. Hat jedoch einer der Ehegatten die Scheidung, die Aufhebung der Ehe oder die vorzeitige Aufhebung der Zugewinngemeinschaft nach § 1385 oder nach § 1386 beantragt, entsteht der Anspruch bereits in dem Zeitpunkt, in dem der verfahrenseinleitende Antrag rechtshängig geworden ist (Johannsen/Henrich/Althammer/*Kohlenberg* Rn 1; MüKo/*Koch* Rn 9; Brandenburg 2.1.2017 – 13 UF 87/16; aA *Bergschneider* FamRZ 2009, 1713f – Anhängigkeit). Die Forderung ist **sofort fällig** (§ 271). Dies gilt grds auch bei einem **verfrühten Scheidungsantrag** (BGH FamRZ 2018, 331, 332). Ein Abweichen von dem Stichtag des § 1384 kommt nur dann in Betracht, wenn die Berufung auf den für die Berechnung des Endvermögens vorgegebenen Zeitpunkt als rechtsmissbräuchlich iSd § 242 anzusehen ist (vgl § 1384 Rn 5); mit dem Abweichen vom gesetzl festgelegten Stichtag wird dann auch eine entspr Auskunftspflicht nach § 1379 begründet (BGH FamRZ 2018, 331, 332f). Die **Darlegungs- und Beweislast** für die Umstände, die ein Abweichen vom gesetzl Stichtag erlauben, trägt der Auskunftsberechtigte (BGH FamRZ 2018, 331, 333).

21 Der Anspruch auf Auskunft nach **Abs II S 1** entsteht mit der Trennung der Ehegatten und ist **sofort fällig** (BGH FamRZ 2018, 581, 582; MüKo/*Koch* Rn 10). Er kann mithin auch schon vor Rechtshängigkeit der Anträge iSd Abs I S 1 geltend gemacht werden. Nach Rechtshängigkeit des Scheidungsantrags kann er zusammen mit dem Anspruch aus Abs I S 1 Nr 2 durch einen Stufenantrag (vgl Rn 24) in den Scheidungsverbund einbezogen werden (Johannsen/Henrich/Althammer/*Kohlenberg* Rn 1).

22 **9. Zurückbehaltungsrecht.** Die Auskunft kann nach überwiegender Ansicht nicht gem § 273 zurückbehalten werden, bis der andere Ehegatte die seinerseits geschuldete Auskunft erteilt (so überzeugend Stuttgart FamRZ 1984, 273; zust Frankfurt FamRZ 1985, 483; Jena FamRZ 1997, 1335; Düsseldorf FamRZ 2007, 830, 831; Johannsen/Henrich/Althammer/*Kohlenberg* Rn 16; aA Stuttgart FamRZ 1982, 282).

23 **10. Verjährung.** Die Ansprüche aus Abs I S 1 und aus Abs II S 1 verjähren gem § 195 in drei Jahren. Grds beginnt die Frist des § 195 mit dem Schluss des Jahres, in dem der betreffende Anspruch entstanden ist und der Gläubiger von den anspruchsbegründenden Umständen sowie der Person des Schuldners Kenntnis erlangt bzw ohne grobe Fahrlässigkeit erlangen müsste (§ 199 I). Für den Anspruch auf Auskunft würde dies bedeuten, dass die Verjährung am Ende des Jahres beginnt, in das die in Rn 20 und Rn 21 genannten Entstehungszeitpunkte fallen und in dem der Gläubiger die erforderliche Kenntnis erlangt hat. Damit könnte der Anspruch auf Auskunft allerdings früher verjähren als der Anspruch auf Zugewinnausgleich, dessen Berechnung er dienen soll (vgl Rn 1). Im Fall der Beendigung des Güterstands durch Scheidung würde die Verjährung eines Auskunftsanspruchs, der im Vorjahr entstanden ist, am Ende dieses Jahres beginnen. Die Verjährung wäre allerdings gem § 207 I 1 gehemmt, solange die Ehe besteht. Nach Eintritt der Rechtskraft des Scheidungsausspruchs endete die Hemmung nach § 207 I 1; die Verjährungsfrist des § 195 würde unmittelbar am Folgetag in Lauf gesetzt (vgl NK/*Budzikiewicz* § 209 Rn 7). Soweit es nicht zu einer erneuten Hemmung oder einem Neubeginn der Verjährung kommt, wäre der Anspruch dann drei Jahre später verjährt. Der Zugewinnausgleichsanspruch entsteht dagegen erst mit Beendigung des Güterstands (§ 1378 III 1). Die Verjährung (§§ 195, 199) beginnt im Fall der Scheidung somit frühestens am Ende des Jahres, in dem der Scheidungsbeschl rechtskräftig geworden ist (s § 1378 Rn 20ff). Die dreijährige Verjährungsfrist würde für den Ausgleichsanspruch somit später an- und damit auch ablaufen als für den Auskunftsanspruch. Um ein derartiges Auseinanderfallen von Auskunfts- und Zahlungsanspruch zu verhindern, nimmt der BGH (FamRZ 2018, 581, 583) an, dass von einem „anderen Verjährungsbeginn" iSd § 199 I auszugehen ist: Aufgrund der unselbständigen Natur des § 1379 soll die Verjährung der Auskunftsansprüche gleichzeitig mit der Verjährung des Zugewinnausgleichsanspruchs beginnen (i Erg zust MüKo/*Koch* Rn 48f; aA *Ulrici* NJW 2018, 2001, 2005). Zudem erstreckt sich nach BGH (FamRZ 2018, 581, 583) eine durch Stellung des Leistungsantrags bewirkte Hemmung der Verjährung (§ 204 I Nr 1) auch auf die dienenden Auskunftsansprüche (aA *Ulrici* NJW 2018, 2001, 2004).

24 **11. Verfahren. a) Gerichtliche Geltendmachung.** Die Ansprüche aus § 1379 sind vor dem FamG geltend zu machen; es handelt sich um eine Familienstreitsache (§ 111 Nr 9, § 112 Nr 2, § 261 I FamFG), für die nach § 23a I Nr 1 GVG das **FamG** zuständig ist (*Bergschneider* FamRZ 2009, 1713f). Eine isolierte Antragstellung ist möglich. Zweckmäßiger ist jedoch idR die Geltendmachung im Wege des **Stufenantrags** (§ 113 I 2 FamFG iVm

§ 254 ZPO); es können dann zugleich Belege (Abs I S 2), eidesstattliche Versicherung (§ 260 II) und Zahlung des Zugewinnausgleichs (§ 1378) verlangt werden; zu Formulierungsvorschlägen s *Giers* NZFam 2015, 843, 846; *Jüdt* FuR 2014, 504, 505. Der Stufenantrag bietet zudem den Vorteil, dass er die Verjährung auch hinsichtl des Ausgleichsanspruchs hemmt (§ 204 I Nr 1), während die Rechtshängigkeit des isolierten Antrags auf Auskunftserteilung dies nicht vermag (vgl § 1378 Rn 25). Wird der Antrag auf Zugewinnausgleich im Verbund geltend gemacht (§ 137 I, II 1 Nr 4 FamFG), ist der gesamte Stufenantrag Folgesache (MüKo/*Koch* Rn 52). Über das Auskunftsbegehren kann dann bereits vor der Entscheidung über den Scheidungsantrag durch Teilbeschl erkannt werden (vgl BGH FamRZ 1979, 690; Brandenburg NJOZ 2007, 398f). Nicht in den Scheidungsverbund einzubeziehen ist der Antrag auf Auskunftserteilung indes, wenn dieser lediglich in isolierter Form verfolgt wird; der Antrag ist in dem Fall nicht – wie von § 137 II 1 FamFG vorausgesetzt – auf die Regelung von Scheidungsfolgen bezogen, sondern soll eine solche Regelung nur vorbereiten (MüKo/*Koch* Rn 51; vgl auch Braunschweig NJW-RR 2012, 645, 646; Brandenburg NJOZ 2007, 398f; BGH NJW 1997, 2176f zu §§ 1580, 1605). Will sich der Auskunft begehrende Ehegatte allerdings nur gegen den vom anderen Ehegatten bereits als Folgesache geltend gemachten Zugewinnausgleichsanspruchs wehren, kann ausnahmsw auch ein isolierter Widerantrag auf Auskunft im Scheidungsverbund zulässig sein (vgl Brandenburg NJOZ 2007, 398f; Zweibrücken NJW-RR 1997, 1f). Zur konkreten Bezeichnung von Belegen im Beschlusstenor s BGH FamRZ 2021, 770, 771.

b) Verfahrenswert. Der **Verfahrenswert des Auskunftsantrags** richtet sich nach dem wirtschaftl Interesse des Anspruchstellers an der Auskunftserteilung. Das Interesse ist gem §§ 2, 3 ZPO iVm § 113 I FamFG zu schätzen; idR entspricht es einem Bruchteil des (ebenfalls gem §§ 2, 3 ZPO, § 113 I FamFG zu schätzenden) Zugewinnausgleichsanspruchs (vgl BGH FamRZ 2018, 1169, 1170; NJW 2016, 714, 715; NJW-RR 2012, 130, 131, jew zum Wert des Beschwerdegegenstands im **Rechtsmittelverfahren:** 1/10 – 1/4 des Leistungsanspruchs [ggf auch des Auskunftspflichtigen, s dazu BGH NJW 2016, 714, 715], je nach Kenntnis des Anspruchstellers von den insofern relevanten Tatsachen; MüKo/*Koch* Rn 54; Grü/*Siede* Rn 21); nach KG (FamRZ 2019, 524, 528) soll für den Auskunftsanspruch zum Trennungstag auf den Auffangwert nach § 42 I, III FamGKG abzustellen sein. Die **Beschwer** des Auskunftspflichtigen bestimmt sich nach dessen Interesse, die Auskunft nicht erteilen zu müssen (BGH FamRZ 2020, 1572, 1573 mwN). Abzustellen ist hierbei auf den mit der sorgfältigen Erteilung der Auskunft voraussichtlich verbundenen Zeit- und Kostenaufwand (BGH FamRZ 2021, 770, 771; FamRZ 2019, 1442; 2017, 982; NJW-RR 2016, 9, 10; 2015, 1153, 1154; MüKo/*Koch* Rn 55 mwN; krit im Hinblick auf den damit kaum erreichbaren Beschwerdewert nach § 61 I FamFG [600 €] *Jüdt* FuR 2014, 504, 507). Zur Bewertung des Aufwands kann nach st Rspr des BGH grds auf die Stundensätze zurückgegriffen werden, die der Auskunftspflichtige als Zeuge im Zivilprozess nach dem JVEG erhalten würde, wenn er weder eine berufstypische Leistung erbringt noch einen Verdienstausfall erleidet (BGH FamRZ 2021, 770, 771; FamRZ 2018, 1529; NJW-RR 2016, 9, 10; 2015, 1153, 1154 mwN); für eine abw Bewertung trägt der Auskunftspflichtige die Darlegungslast (BGH FamRZ 2021, 770, 771). Muss eine sachkundige Hilfsperson zugezogen werden, ist dies bei der Bemessung des Beschwerdewerts zu berücksichtigen (BGH FamRZ 2020, 1572, 1574; NJW-RR 2016, 9, 10). Gleiches gilt für die mit der Abwehr einer ungerechtfertigten Zwangsvollstreckung verbundenen Kosten (BGH FamRZ 2021, 770, 771; 2019, 1442f; NJW-RR 2016, 1287). Im Einzelfall kann auch ein etwaiges Geheimhaltungsinteresse des Pflichtigen erheblich sein (BGH NJW-RR 2016, 1287 mwN). Zum Wert der Vorlage von Belegen s BGH FamRZ 2021, 770, 772 (dort zum Wert des Beschwerdegegenstands). Zum Wert der Abgabe einer eidesstattlichen Versicherung s BGH FamRZ 2017, 225, 226f; NJW-RR 2013, 257, 258; *Giers* NZFam 2015, 843, 847. 25

c) Vollstreckung. Der auf Auskunftserteilung lautende (Teil-)Beschl ist nach § 120 I FamFG iVm § 888 ZPO zu vollstrecken (Jena 3.8.2015 – 1 WF 312/15). Das Gleiche gilt für die Belegpflicht nach Abs I S 2 (Jena 3.8.2015 – 1 WF 312/15; Grü/*Siede* Rn 22; Johannsen/Henrich/Althammer/*Kohlenberg* Rn 23), den Anspruch auf Hinzuziehung nach Abs I S 3 Hs 1 (MüKo/*Koch* Rn 59) und den Anspruch aus Abs I S 4 (*Gernhuber/Coester-Waltjen* § 35 Rn 51; aA Johannsen/Henrich/Althammer/*Kohlenberg* Rn 23 – § 887 ZPO). Die Vollstreckung des Anspruchs auf Wertermittlung gem Abs I S 3 Hs 2 soll sich nach überwiegender Auffassung nach § 120 I FamFG iVm § 887 ZPO richten (Bamberg NJW-RR 1999, 577; Grü/*Siede* Rn 22; Johannsen/Henrich/Althammer/*Kohlenberg* Rn 23; MüKo/*Koch* Rn 59; dagegen mit guten Arg Hamm FamRZ 2010, 222 – § 888 ZPO; ebenso BeckOGK/*Preisner* Rn 139 [Stand: 1.2.2023]). Die Abgabe einer eidesstattlichen Versicherung (§ 260 II) ist gem § 120 I FamFG iVm § 889 ZPO zu vollstrecken (MüKo/*Koch* Rn 59; Soergel/*Kappler/Kappler* Rn 36). 26

12. Abdingbarkeit. § 1379 **ist zwingendes Recht**; die Regelung kann daher **durch Ehevertrag nicht abbedungen werden** (MüKo/*Koch* Rn 60). Ein ehevertragl Ausschluss würde eine sachgemäße Feststellung des Zugewinns der Ehegatten stark erschweren, wenn nicht unmöglich machen. 27

§ 1380 Anrechnung von Vorausempfängen

(1) Auf die Ausgleichsforderung eines Ehegatten wird angerechnet, was ihm von dem anderen Ehegatten durch Rechtsgeschäft unter Lebenden mit der Bestimmung zugewendet ist, dass es auf die Ausgleichsforderung angerechnet werden soll. Im Zweifel ist anzunehmen, dass Zuwendungen angerechnet werden sollen, wenn ihr Wert den Wert von Gelegenheitsgeschenken übersteigt, die nach den Lebensverhältnissen der Ehegatten üblich sind.

(2) Der Wert der Zuwendung wird bei der Berechnung der Ausgleichsforderung dem Zugewinn des Ehegatten hinzugerechnet, der die Zuwendung gemacht hat. Der Wert bestimmt sich nach dem Zeitpunkt der Zuwendung.

Schrifttum: *Büte*, Anrechnung von Vorausempfängen nach § 1380 BGB nach der Güterrechtsreform, FamFR 2010, 196; *Grünenwald*, Güterrechtlicher und schuldrechtlicher Ausgleich von Zuwendungen unter Ehegatten bei Beendigung des gesetzlichen Güterstandes durch die Ehescheidung, 1988; *Kaplan/Kaplan*, Anrechnungen gem. § 1380 Abs. 1 BGB auf den Zugewinn, deren steuerliche Folgen und Ausweichgestaltungen in der Praxis, FuR 2022, 116; *Reich*, Die rückwirkende Begründung der Zugewinngemeinschaft und ihre Auswirkung auf § 29 Abs 1 Nr 3 ErbStG und § 1380 BGB, ZEV 2011, 59; *Stein*, Einkommensteuerliches Veräußerungsgeschäft durch gesetzliche Anrechnung von Ehegatten-Schenkungen auf den Zugewinnausgleich?, DStR 2012, 1734.

1 **1. Zweck der Vorschrift.** § 1380 regelt die **Anrechnung von Zuwendungen** unter Lebenden auf die Zugewinnausgleichsforderung; er ist dem § 2315 nachgebildet, der die Anrechnung lebzeitiger Zuwendungen auf den Pflichtteil behandelt. Die Vorschrift beruht auf der Erwägung, dass Zuwendungen größeren Umfangs, die ohne oder ohne gleichwertige Gegenleistung erbracht werden, idR einen vorweggenommenen Ausgleich des Zugewinns – ganz oder zT – darstellen sollen, mithin nicht gewollt ist, dass der Empfänger neben der Zuwendung auch Zugewinnausgleich in voller Höhe geltend machen kann. § 1380 bestimmt in Abs I, wann sich ein Ehegatte Zuwendungen des anderen als Vorausempfänge auf die Ausgleichsforderung anrechnen lassen muss; Abs II gibt vor, wie die Anrechnung zu erfolgen hat.

2 **2. Zuwendung. a) Begriff.** Wegen des **Begriffs der Zuwendung** vgl § 516 Rn 3ff. Voraussetzung für die Anrechnung ist danach, dass der Empfänger aus dem Vermögen des anderen Ehegatten bereichert wird und sich die Ehegatten darüber einig sind, dass die Zuwendung ohne Gegenleistung erfolgt. Es muss sich um eine freiwillige Leistung handeln, auf die der Empfänger keinen Anspruch hat (BGH FamRZ 2001, 413; NJW 1983, 1113f; Zweibrücken FamRZ 2019, 520, 521). Entgeltlichkeit der Leistung schließt die Anwendbarkeit des § 1380 aus, unabhängig von der Höhe der vereinbarten Gegenleistung (Johannsen/Henrich/Althammer/*Kohlenberg* Rn 5; MüKo/*Koch* Rn 9; diff Staudinger/*Thiele* Rn 8). Unter den Begriff der Zuwendung fallen Schenkungen iSd § 516 I (Johannsen/Henrich/Althammer/*Kohlenberg* Rn 6; Staudinger/*Thiele* Rn 8), aber auch sog unbenannte (ehebedingte) Zuwendungen (BGH FamRZ 2001, 413f; Karlsruhe FamRZ 2004, 1033; Johannsen/Henrich/Althammer/*Kohlenberg* Rn 6; MüKo/*Koch* Rn 9); s zur unbenannten Zuwendung auch § 1372 Rn 15. Bei gemischten Schenkungen ist der Teil der Zuwendung anzurechnen, der unentgeltlich erfolgen sollte (MüKo/*Koch* Rn 9; Staudinger/*Thiele* Rn 8); zur Abgrenzung von gemischter Schenkung und entgeltlicher Leistung vgl § 516 Rn 30ff. Eine Zuwendung an den Ehegatten kann auch darin bestehen, dass mit dessen Zustimmung und meist in dessen Interesse eine Leistung an einen Dritten, besonders an Verwandte, bewirkt wird oder dass umgekehrt ein Dritter, zB eine Versicherungsgesellschaft, zu einer Leistung an den Ehegatten für Rechnung des anderen veranlasst wird. Zuwendung kann auch die Bezahlung von Schulden sein, zB wenn der alleinverdienende Gatte jahrelang die Zins- und Tilgungsleistungen für das im Miteigentum beider Ehegatten stehende Grundstück getragen hat (BGH FamRZ 1982, 246). Gleiches gilt für nicht rückforderbaren überschießenden Unterhalt gem § 1360b (BGH NJW 1983, 1113f).

3 Ausgeschlossen ist die Anrechnung einer Zuwendung jedoch, wenn diese nicht **rechtsbeständig** ist, so bspw wenn ein wirksamer Widerruf gem § 530 vorliegt oder eine Kondiktionslage gegeben ist (NK/*Löhnig* Rn 2; Staudinger/*Thiele* Rn 10).

4 **b) Zeitpunkt der Zuwendung.** Nach § 1380 anrechenbar sind nur Zuwendungen, die **während des gesetzl Güterstands** erfolgt sind. Zuwendungen vor Beginn des Güterstands (vgl § 1363 Rn 2) sind ebenso ausgenommen wie solche nach Güterstandsbeendigung (vgl § 1372 Rn 3ff). Mit Beendigung des Güterstands ist der Ausgleichsanspruch (in Geld) bereits entstanden; eine Anrechnung kann damit nicht mehr nach § 1380 durch Einbeziehung in die Zugewinnausgleichsberechnung erfolgen (vgl Abs II S 1), sondern setzt einen Vertrag über die Leistung an Erfüllungs statt (§ 364 I) voraus (MüKo/*Koch* Rn 12; BeckOK/*Scheller*/*Sprink* Rn 3; aA *Motzke* NJW 1971, 182 – § 1380 I 2 analog). Bei **Scheidung**, Aufhebung der Ehe oder vorzeitiger Aufhebung der Zugewinngemeinschaft tritt für die Berechnung des Zugewinns und die Höhe der Ausgleichsforderung an die Stelle der Güterstandsbeendigung der Zeitpunkt, in dem der verfahrenseinleitende Antrag rechtshängig geworden ist (§§ 1384, 1387, 1318 I/III); entspr können auch nur Zuwendungen angerechnet werden, die vor dem jew Stichtag erfolgt sind (Grü/*Siede* Rn 5; Johannsen/Henrich/Althammer/*Kohlenberg* Rn 7); nachfolgende Zuwendungen sind bei entspr Vereinbarung (die bis zur Beendigung des Güterstands formbedürftig ist, vgl § 1372 Rn 7, 10) nur Leistungen an Erfüllungs statt.

5 Die Ehegatten sind aber nicht gehindert, auch Zuwendungen **vor Beginn des Güterstands** (zB Zuwendung vor der Eheschließung im Hinblick auf das bereits bestehende Verlöbnis) bei der Berechnung der Ausgleichsforderung zu berücksichtigen, allerdings nicht durch einseitige Bestimmung des Zuwendenden, sondern nur durch ehevertragl Vereinbarung (Johannsen/Henrich/Althammer/*Kohlenberg* Rn 7).

6 **3. Bestimmung der Anrechnung (Abs I S 1).** Die (vollständige oder teilw) Anrechnung der Zuwendung muss gem Abs I S 1 durch den Zuwendenden bestimmt worden sein. Eine solche Bestimmung kann nur vor oder bei der Zuwendung getroffen werden (Koblenz FamRZ 2010, 296f; MüKo/*Koch* Rn 3 mwN); eine später getroffene Bestimmung wäre unwirksam, es sei denn, sie erfolgte durch beide Ehegatten gemeinschaftl, und zwar in der Form des Ehevertrags (*Brüning* NJW 1971, 922; Johannsen/Henrich/Althammer/*Kohlenberg* Rn 8; MüKo/

Koch Rn 4; aA Staudinger/*Thiele* Rn 16 – formfrei). Die Form des Ehevertrags ist auch dann einzuhalten, wenn die Ehegatten eine (durch einseitige Bestimmung oder Ehevertrag bewirkte) Anrechnung später wieder ausschließen wollen (MüKo/*Koch* Rn 4; aA Staudinger/*Thiele* Rn 16 – formfrei). Die vor oder zugleich mit der Zuwendung getroffene Bestimmung bedarf dagegen keiner besonderen Form (BGH FamRZ 2001, 413f); sie kann uU auch aus **schlüssigem Verhalten** gefolgert werden (Koblenz FamRZ 2010, 296f). Soll eine nach dem Scheitern der Ehe erfolgte Zuwendung erklärtermaßen den Zweck der Vermögensauseinandersetzung erfüllen, so liegt eine konkludente Erklärung iSd Abs I S 1 vor (BGH FamRZ 2001, 413f). Beweispflichtig dafür, dass eine Bestimmung iSd Abs I S 1 getroffen wurde, ist derjenige, der sich darauf beruft, es sei denn, dass die Voraussetzungen des Abs I S 2 vorliegen (Rn 7). Die Bestimmung muss ggü dem Ehegatten getroffen werden, der die Zuwendung erhält; sie ist eine einseitige empfangsbedürftige Willenserklärung (Grü/*Siede* Rn 7). Bestimmung durch Verfügung von Todes wegen ist unzulässig. Zur Wirksamkeit ist die Zustimmung des anderen Ehegatten nicht erforderlich; dieser hat nur die Möglichkeit, die Zuwendung abzulehnen, wenn er mit der Anrechnung auf die Ausgleichsforderung nicht einverstanden ist. Ein Ehegatte kann bei einer Zuwendung deren Anrechnung iÜ sowohl auf die Ausgleichsforderung (§ 1380) als auch auf den **Pflichtteil** bestimmen (§ 2315); zur Reihenfolge der Anrechnung in diesem Fall s § 2315 Rn 13ff.

4. Auslegungsregel (Abs I S 2). Bei Zuwendungen, deren Wert den Wert von Gelegenheitsgeschenken übersteigt, die nach den Lebensverhältnissen der Ehegatten üblich sind, ist nach Abs I S 2 im Zweifel anzunehmen, dass die Zuwendung angerechnet werden soll. Abs I S 2 enthält eine **Auslegungsregel** (Schwab/Ernst/*Volker* Hdb des Scheidungsrechts, § 15 Rn 236; Staudinger/*Thiele* Rn 18; BeckOK/*Scheller*/*Sprink* Rn 5; aA – erg Rechtssatz – MüKo/*Koch* Rn 6; Johannsen/Henrich/Althammer/*Kohlenberg* Rn 2, 9); sie kommt mithin nur zur Anwendung, wenn der Wille des Zuwendenden nicht zu ermitteln ist (Staudinger/*Thiele* Rn 18). **Darlegungs- und beweispflichtig** für das Vorliegen der Voraussetzungen des Abs I S 2 ist der Zuwendende (*Büte* FamFR 2010, 196; Schwab/Ernst/*Volker* Hdb des Scheidungsrechts, § 15 Rn 237). Der Empfänger kann aber den Gegenbeweis führen, dass die Zuwendung den Wert eines Gelegenheitsgeschenks nicht überstieg (Johannsen/Henrich/Althammer/*Kohlenberg* Rn 11) oder jedenfalls die Anrechnung auf die Ausgleichsforderung nicht gewollt war (Schwab/Ernst/*Volker* Hdb des Scheidungsrechts, § 15 Rn 236). Dabei kommt es nur auf den Willen des Gebers zur Zeit der Zuwendung an. Wird bewiesen, dass er zu dieser Zeit die Anrechnung eindeutig nicht wollte, so ist ohne Bedeutung, ob er später anderen Sinnes geworden ist, vielleicht seine Willensänderung sogar durch Verfügung von Todes wegen zum Ausdruck gebracht hat. Kann lediglich festgestellt werden, dass er sich wegen der Frage der Anrechnung keine Gedanken gemacht hat, so muss die Anrechnung vorgenommen werden, wenn die Voraussetzungen des Abs I S 2 iÜ vorliegen (Staudinger/*Thiele* Rn 18). 7

Die Anwendbarkeit des Abs I S 2 setzt voraus, dass die Zuwendung den **Wert eines üblichen Gelegenheitsgeschenks** zw den Ehegatten übersteigt. Es wird damit ausschließlich an den (außergewöhnlich hohen) Wert der Zuwendung angeknüpft. Unerheblich ist, zu welchem Anlass die Zuwendung erfolgt ist. Auch Geschenke zu üblichen Gelegenheiten wie Weihnachten, Geburtstag, Namenstag, Hochzeitstag, Examen etc können folglich erfasst sein, sofern sie nur den Rahmen des Üblichen überschreiten; angerechnet wird in diesem Fall der volle Wert der Zuwendung (Grü/*Siede* Rn 8). Umgekehrt sind nicht nur Gelegenheitsgeschenke von der Anwendung ausgeschlossen. Auch auf Zuwendungen ohne besonderen Anlass findet die Regelung keine Anwendung, sofern ihr Wert den Wert von Gelegenheitsgeschenken nicht übersteigt (MüKo/*Koch* Rn 14; Johannsen/Henrich/Althammer/*Kohlenberg* Rn 10; Schwab/Ernst/*Volker* Hdb des Scheidungsrechts, § 15 Rn 237). Ob der Wert einer Zuwendung den Wert von üblichen Gelegenheitsgeschenken übersteigt, richtet sich allein nach den individuellen Lebensverhältnissen der Ehegatten (Grü/*Siede* Rn 8; MüKo/*Koch* Rn 14; Johannsen/Henrich/Althammer/*Kohlenberg* Rn 10; vgl auch Köln FamRZ 1998, 1515 – Geschenke bis zu einem Wert von 3500 DM). Erfasst sind idR die Zuwendung von Grundbesitz oder von Grundstücksrechten, eine Lebensversicherung zugunsten des Ehegatten (*Gernhuber*/*Coester-Waltjen* § 35 Rn 80), die Übertragung von Wertpapieren (BGH FamRZ 2001, 413f; Karlsruhe FamRZ 2003, 607), die Beschaffung der Einrichtung eines vom Empfänger eröffneten Geschäftsbetriebs uÄ. Eine Zuwendung nach Abs I S 2 liegt regelmäßig auch vor, wenn ein Ehegatte an aus seinen Mitteln erworbenem oder bebautem Grundbesitz dem anderen Miteigentum einräumt (Karlsruhe FamRZ 2004, 1033); anzurechnen ist in diesem Falle der Wert des Miteigentumsanteils, uU abzüglich des Wertes der von dem anderen Ehegatten selbst erbrachten Leistungen. 8

Die üblichen Geburtstags-, Namenstags-, Hochzeitstags- oder Weihnachtsgeschenke sind dagegen nur anzurechnen, wenn die Anrechnung nach Abs I S 1 bestimmt ist (vgl auch *Schopp* Rpfleger 1964, 72f). 9

5. Anrechnung (Abs II). a) Rechenweg. Angerechnet wird nach Abs I S 1 auf die Ausgleichsforderung des Zuwendungsempfängers; dabei ist unerheblich, ob diese nach Scheidung der Ehe, zum Zwecke vorzeitigen Ausgleichs des Zugewinns, nach Aufhebung des Güterstands durch Ehevertrag oder nach dem Tode des anderen Ehegatten geltend gemacht wird (vgl § 1371 Rn 23). Da die Zuwendung als eine vorweggenommene Leistung auf die Ausgleichsforderung angesehen wird, erfolgt die Anrechnung nach Abs II S 1 dadurch, dass zunächst ihr Wert dem Zugewinn des Zuwendenden hinzugerechnet wird. Beim Zugewinn des anderen Ehegatten bleibt die Zuwendung dagegen unberücksichtigt. Ein Teil des Schrifttums und die ältere Rspr verweisen hier auf § 1374 II und rechnen den Wert der Zuwendung dem Anfangsvermögen des Empfängers hinzu; dadurch ist die Zuwendung auf Seiten des Empfängers dem Ausgleich entzogen (BGHZ 65, 320, 323; *Jeep* DNotZ 2011, 590, 593f; Staudinger/*Thiele* Rn 25 mwN). Nach neuerer Rspr des BGH sind dagegen weder unbenannte Zuwendungen noch Schenkungen unter Ehegatten von der Regelung des § 1374 II erfasst (vgl dazu § 1374 Rn 26f). Der Wert der Zu- 10 wendung soll daher auch im Rahmen des § 1380 nicht dem Anfangsvermögen des Empfängers hinzu-, sondern vielmehr aus dessen Endvermögen herauszurechnen sein (BGH FamRZ 1982, 246, 248; 1987, 791f; Frankfurt FamRZ 2006, 1543; Karlsruhe FamRZ 2004, 1033; zust Johannsen/Henrich/Althammer/*Kohlenberg* Rn 12; NK/*Löhnig* Rn 6). Beide Ansätze kommen letztlich zum gleichen Ergebnis (vgl auch Johannsen/Henrich/Althammer/*Kohlenberg* Rn 12; Schwab/Ernst/*Volker* Hdb des Scheidungsrechts, § 15 Rn 245). Unabhängig davon, wie man die Zuwendung aus dem Zugewinn des Empfängers herausrechnet, ist dann in einem weiteren Schritt anhand des fiktiven Zugewinns beider Ehegatten eine fiktive Ausgleichsforderung zu ermitteln, von deren Betrag schließlich der Wert der Zuwendung abgezogen wird.

11 **Bsp:** M und F hatten kein Anfangsvermögen. F hat bei Beendigung des Güterstands ein Vermögen von 10 000 €, M von 50 000 €. F hat in der Ehe eine anzurechnende Zuwendung iHv 20 000 € erhalten. Der (fiktive) Zugewinn des M beträgt dann 50 000 € (realer Zugewinn) + 20 000 € (Zuwendung) = 70 000 €. Bei F ist (nach der Methode des BGH) wie folgt zu rechnen: 10 000 € (reales Endvermögen) – 20 000 € (Zuwendung) = – 10 000 €. Da der Wert des Zugewinns jedoch nicht negativ sein kann, ist für die Berechnung des Ausgleichsanspruchs der F von einem Zugewinn von Null auszugehen (vgl § 1373 Rn 2). Daraus errechnet sich ein (fiktiver) Ausgleichsanspruch von (70 000 € – 0 €) : 2 = 35 000 €. Von diesem ist der Wert der Zuwendung abzuziehen, so dass sich ein realer Ausgleichsanspruch von 35 000 € – 20 000 € = 15 000 € ergibt. Ohne die Anrechnung nach § 1380 hätte M einen Zugewinn von 50 000 € erzielt, die F von 10 000 €, so dass sich ein Ausgleichsanspruch iHv (50 000 € – 10 000 €) : 2 = 20 000 € ergeben hätte.

12 **b) Stichtag für die Wertermittlung.** Der **Wert der Zuwendung** bestimmt sich nach dem Zeitpunkt, zu dem die Zuwendung erfolgt ist, nicht nach dem Zeitpunkt der Beendigung des Güterstands oder der Berechnung der Ausgleichsforderung (Abs II S 1). Zwischenzeitl Wertsteigerungen erhöhen daher das Endvermögen des Empfängers (MüKo/*Koch* Rn 19; Staudinger/*Thiele* Rn 27). Andererseits erfolgt die Anrechnung auch dann, wenn der Empfänger bei Beendigung des Güterstands durch sie nicht mehr bereichert ist (Grü/*Siede* Rn 13; Johannsen/Henrich/Althammer/*Kohlenberg* Rn 12; Schwab/Ernst/*Volker* Hdb des Scheidungsrechts, § 15 Rn 243).

13 Maßgebend für die Bewertung der Zuwendung sind die gleichen Grundsätze, die im Rahmen des § 1376 für die Bewertung des Anfangs- und Endvermögens zum Tragen kommen (Staudinger/*Thiele* Rn 27). Wie bei der Berechnung des Anfangsvermögens ist dabei auch im Rahmen des § 1380 der **Kaufkraftschwund** zu berücksichtigen; der Wert der Zuwendung ist nach der Formel „Wert der Zuwendung × Index Endstichtag/Index Tag der Zuwendung" auf den Geldwert zum Zeitpunkt des Endstichtags umzurechnen (vgl § 1376 Rn 39; Frankfurt FamRZ 2006, 1543; MüKo/*Koch* Rn 20f; Schwab/Ernst/*Volker* Hdb des Scheidungsrechts, § 15 Rn 233; Staudinger/*Thiele* Rn 27).

14 **c) „Überhöhter Vorausempfang".** Die Anrechnung nach § 1380 setzt voraus, dass der Empfänger der Zuwendung gegen seinen Ehegatten einen Anspruch auf Ausgleich des Zugewinns hat (vgl Abs I S 1). Übersteigt der reale, dh ohne Anwendung des § 1380 ermittelte Zugewinn des Empfängers den realen Zugewinn des Zuwendenden oder haben beide Ehegatten den gleichen Zugewinn erzielt, fehlt es an einer Ausgleichsforderung, auf die der Vorausempfang angerechnet werden könnte. § 1380 findet in diesem Fall keine Anwendung (hM, s nur Grü/*Siede* Rn 16 mwN; aA *Jeep* DNotZ 2011, 590, 596ff). Der Zuwendende kann vielmehr seinerseits Ausgleich nach Maßgabe der §§ 1373–1378 verlangen. Dies gilt auch dann, wenn der Zugewinn ganz oder zT daraus resultiert, dass der Ehegatte mit dem Vorausempfang mehr erhalten hat, als er im Wege des Zugewinnausgleichs hätte fordern können (sog „überhöhter Vorausempfang"); § 1380 hindert die (teilw) Rückforderung überhöhter Zuwendungen im Wege des Zugewinnausgleichs nicht (BGH FamRZ 1991, 1169, 1171; 1982, 246, 248; Frankfurt FamRZ 2006, 1543;Grü/*Siede* Rn 16; Johannsen/Henrich/Althammer/*Kohlenberg* Rn 15f mwN; aA Staudinger/*Thiele* Rn 4). Allerdings kann der Zuwendende Ausgleich des Zugewinns nur verlangen, wenn der andere Ehegatte tatsächlich den höheren Zugewinn erzielt hat. Ist der Zugewinn des Empfängers trotz der überhöhten Zuwendung geringer als derjenige des Zuwendenden (zB wegen Kursverlusten übertragener Wertpapiere), bleibt es dabei, dass die Zuwendung nach § 1380 auf die Ausgleichsforderung des Empfängers anzurechnen ist; der überhöhte Teil der Zuwendung kann nicht zurückgefordert werden (vgl Grü/*Siede* Rn 17 [ggf aber Ausgleichsanspruch nach § 242]).

15 **d) Zuwendungen vor Inkrafttreten des GleichberG.** Für Zuwendungen, die ein Ehegatte dem anderen vor dem Inkrafttreten des GleichberG (1.7.1958) gemacht hat, vgl Erman/*Heckelmann*[11] Rn 6.

§ 1381 Leistungsverweigerung wegen grober Unbilligkeit

(1) Der Schuldner kann die Erfüllung der Ausgleichsforderung verweigern, soweit der Ausgleich des Zugewinns nach den Umständen des Falles grob unbillig wäre.

(2) Grobe Unbilligkeit kann insbesondere dann vorliegen, wenn der Ehegatte, der den geringeren Zugewinn erzielt hat, längere Zeit hindurch die wirtschaftlichen Verpflichtungen, die sich aus dem ehelichen Verhältnis ergeben, schuldhaft nicht erfüllt hat.

Schrifttum: *Kogel*, Der Rettungsanker der groben Unbilligkeit beim Zugewinn, NJW 2022, 1580; *Krumm*, Leistungsverweigerung im Zugewinnausgleich wegen grober Unbilligkeit, FamRB 2019, 449; *Löhnig*, Verwirkung von Ansprüchen aus dem Scheidungsfolgenrecht, NZFam 2021, 945.

1. Zweck der Vorschrift. § 1381 beruht auf der Erwägung, dass sich ein nach den starren Vorgaben der §§ 1373–1380 errechneter Zugewinnausgleich im Einzelfall als grob unbillig erweisen kann. Dem Schuldner der Ausgleichsforderung wird für solche Fälle das Recht eingeräumt, die Erfüllung des Ausgleichsanspruchs durch Geltendmachung einer dauernden Einrede ganz oder teilw zu verweigern (*Krumm* FamRB 2019, 449). Die Regelung geht in ihrem Anwendungsbereich der Generalklausel des § 242 vor (BGH NJW 2012, 2657, 2659; FamRZ 1989, 1276, 1279; s aber Zweibrücken FamRZ 2022, 1603, 1604 für den Fall, dass wegen unkooperativen Verhaltens des Ehepartners ein Hausanwesen nach dem Endstichtag unter Marktwert verkauft werden muss [Fall des venire contra factum proprium]; krit dazu *Obermann* NZFam 2023, 76f). Resultiert die Unbilligkeit aus der sofortigen Fälligkeit, so scheidet ein Leistungsverweigerungsrecht nach § 1381 jedoch aus, wenn dem Schuldner bereits durch Stundung (§ 1382) geholfen werden kann; § 1381 greift erst ein, wenn die Stundung nicht mehr ausreicht, um den schutzwürdigen Interessen des Ausgleichspflichtigen Rechnung zu tragen (BGH NJW 1970, 1600f; MüKo/*Koch* Rn 3, 29 mwN). Begründet ein Fehlverhalten des Ausgleichsberechtigten materiell-rechtl Gegenansprüche, haben diese Vorrang vor der Billigkeitseinrede nach § 1381 (Zweibrücken FamRZ 2022, 1603, 1605 – boykottierende Handlungen im Zusammenhang mit einem nach dem Endstichtag vorgenommenen Hausverkauf; FamRZ 2019, 520, 521 – Unterschlagung eines im Endvermögen des anderen Ehegatten berücksichtigten Pkw; vgl auch BGH FamRZ 2018, 1415, 1420 – rechtskräftig zugesprochener überhöhter Unterhalt; s auch *Löhnig* NZFam 2021, 945, 947; BeckOK/*Scheller*/*Sprink* Rn 13). Die Möglichkeit der Billigkeitskorrektur besteht allein zugunsten des Ausgleichsschuldners; Begründung oder Erhöhung eines Ausgleichsanspruchs sind über § 1381 nicht möglich (hM, s nur Brandenburg FamRZ 2004, 106, 108; Grü/*Siede* Rn 1; MüKo/*Koch* Rn 1; aA *Kogel* MDR 1997, 1000 – § 1381 analog). 1

2. Grobe Unbilligkeit. Die Schwierigkeit bei der Auslegung der Vorschrift liegt in der Unterscheidung „normaler" von grober Unbilligkeit. Eine Konkretisierung ist von zwei Seiten her möglich. Zum einen sind schärfere Anforderungen zu stellen als bei § 242, weil die Sonderregelung des § 1381 im Rahmen ihres Anwendungsbereichs eine allg Bezugnahme auf die Grundsätze von Treu und Glauben ausschließt (s Rn 1; Grü/*Siede* Rn 2; MüKo/*Koch* Rn 4f – unterschiedliche Billigkeitsschwelle; vgl aber Staudinger/*Thiele* Rn 7, der einzelne zu § 242 entwickelte Grundsätze fruchtbar machen möchte; wohl auch Hamm FamRZ 1989, 1188, 1190 – venire contra factum proprium). Zum anderen muss die grobe Unbilligkeit den Schuldner noch stärker treffen als in den Fällen des § 1579, denn sie korrigiert keine zukünftig wirkende Dauerbindung (wie bei § 1579), sondern den in der Vergangenheit gemeinsam erzielten Vermögenszuwachs (Hamm FamRZ 1989, 1188, 1190; Düsseldorf FamRZ 1981, 262; Grü/*Siede* Rn 2; NK/*Fischinger* Rn 4; *Schnitzler* FPR 2006, 376, 379). Insofern entspricht der Begriff der „groben Unbilligkeit" in § 1381 jenem in § 27 VersAusglG. Zu dem am 1.9.2009 in Kraft getretenen § 27 VersAusglG wird in der Begründung des RegE ausgeführt, die Vorschrift erlaube eine Korrektur, wenn der gesetzl Schematismus „zu einem der Gerechtigkeit in nicht erträglicher Weise widersprechenden Ergebnis führen würde" (BT-Drs 16/10144, 67). Dies entspr der Definition, die Rspr und hL auch bei § 1381 zugrunde legen. Danach soll § 1381 nur Anwendung finden, wenn der nach Maßgabe des Gesetzes geschuldete Zugewinnausgleich „dem Gerechtigkeitsempfinden in unerträglicher Weise widerspricht" (BGH NJW 1973, 749; 1980, 1462; FamRZ 1980, 877; 1992, 787f; 2002, 606, 608; NJW 2013, 3642, 3644; 2013, 3645, 3646; FamRZ 2018, 1415, 1419; NJW 2022, 1177, 1180; Grü/*Siede* Rn 2; MüKo/*Koch* Rn 11; Staudinger/*Thiele* Rn 1; aA *Rakete-Dombek* FS Brudermüller, 543, 553; weniger strikt auch Johannsen/Henrich/Althammer/*Kohlenberg* Rn 3ff). Grundlage der Entscheidung ist eine umfängliche Interessenabwägung unter Einbeziehung sämtlicher in casu relevanter persönlicher und wirtschaftl Umstände (BGH NJW 1980, 1462f; 2013, 3645, 3646; Brandenburg FamRZ 2009, 1067f). Das Leistungsverweigerungsrecht wird grds nicht durch Verzeihung oder durch Ablauf einer bestimmten Frist ausgeschlossen. Es kommt nur darauf an, ob oder inwieweit der Ausgleich des Zugewinns nach den gesamten Umständen des Falles grob unbillig wäre (vgl Zweibrücken FamRZ 2019, 518, 520; *Krumm* FamRB 2019, 449, 450); hierbei können dann aber auch Verzeihung oder Fristablauf eine Rolle spielen. 2

3. Fälle grober Unbilligkeit. a) Schuldhafte Nichterfüllung wirtschaftlicher Verpflichtungen (Abs II). Die Voraussetzungen für eine Anwendung des § 1381 können sich aus verschiedenen Gründen ergeben. Der in Abs II angeführte Fall ist nur ein Bsp, wann grobe Unbilligkeit vorliegen kann (aber nicht zwingend vorliegen muss). Wer die wirtschaftl Verpflichtungen, die sich aus dem ehelichen Verhältnis für ihn ergeben, längere Zeit hindurch schuldhaft nicht erfüllt hat, verdient meist den Ausgleich des Zugewinns nicht oder nicht in vollem Umfang. Unter den wirtschaftl Verpflichtungen in diesem Sinn sind je nach Rollenverteilung die Ausübung einer dem Unterhalt der Familie dienenden Erwerbstätigkeit zu verstehen, aber auch die im gegenseitigen Einvernehmen übertragene Pflicht zur Führung des Haushalts (MüKo/*Koch* Rn 13), die Pflicht zur Mitarbeit im Geschäft des Partners (Johannsen/Henrich/Althammer/*Kohlenberg* Rn 7; zur Mitarbeitspflicht vgl auch § 1356 Rn 14f) usw, vgl §§ 1356, 1360. Die Beachtlichkeit pflichtwidrigen Verhaltens ist dabei nicht auf die Zeit des Zusammenlebens beschränkt, so dass das Leistungsverweigerungsrecht auch dann eingreifen kann, wenn ein Ehegatte nach Trennung (auch nach den Stichtagen der §§ 1384, 1387; Johannsen/Henrich/Althammer/*Kohlenberg* Rn 8 Fn 28; vgl auch Brandenburg FamRZ 2004, 106, 108 – überhöhte Unterhaltszahlungen) seine Unterhaltsverpflichtung ggü gemeinschaftl Kindern über längere Zeit schuldhaft verletzt hat (Düsseldorf FamRZ 1987, 821; Bremen FamRZ 1998, 245f; Brandenburg FamRZ 2004, 106, 108; vgl aber Bamberg FamRZ 1990, 408, 411 – kein Leistungsverweigerungsrecht, wenn der Unterhalt nachbezahlt wurde); zu beachten ist jedoch, dass § 1381 nicht eingreift, wenn der Ausgleichspflichtige wegen der Übernahme der Unterhaltslast Regress bei dem anderen Ehegatten nehmen (und ggf gegen die Ausgleichsforderung aufrechnen) kann (vgl dazu Grü/*von Pückler* § 1606 Rn 18). 3

Pflichtverletzungen **nach Beendigung des Güterstands** sind dagegen im Rahmen des § 1381 unbeachtlich (Bremen FamRZ 1998, 245f; Johannsen/Henrich/Althammer/*Kohlenberg* Rn 8; Staudinger/*Thiele* Rn 10; aA Düsseldorf FamRZ 1987, 821 – Verletzung der Unterhaltspflicht nach Scheidung).

4 Die Nichterfüllung der wirtschaftl Verpflichtungen muss sich über einen **längeren Zeitraum** erstreckt haben, damit sie im Zusammenhang mit der Geltendmachung der Ausgleichsforderung den Tatbestand der groben Unbilligkeit erfüllen kann. Wesentlich für den Gesichtspunkt der Dauer ist das Verhältnis von Störungszeitraum zur Güterstandsdauer und nicht zur Dauer des tatsächlichen Zusammenlebens (BGH FamRZ 1980, 877; AG Berlin-Tempelhof-Kreuzberg FamRZ 2005, 107, 109; MüKo/*Koch* Rn 15; aA *Krumm* FamRB 2019, 449, 450 – Zeit des familiären Zusammenlebens). Abs II setzt zudem **Verschulden** des Ausgleichsberechtigten voraus (BGH NJW 2013, 3642, 3644; FamRZ 1992, 787f); Maßstab ist die eigenübliche Sorgfalt, § 1359 (MüKo/*Koch* Rn 14; Staudinger/*Thiele* Rn 12).

5 **b) Sonstige Umstände wirtschaftlicher Art.** Da schuldhaftes Verhalten des ausgleichsberechtigten Gatten nur einen beispielhaft vom Gesetzgeber erwähnten Grund für das Leistungsverweigerungsrecht darstellt, kann die Anwendung des Abs I im Einzelfall auch geboten sein, ohne dass ein solches schuldhaftes Verhalten vorliegt (BGH FamRZ 2002, 606; NJW 2013, 3645, 3646). In Betracht kommen hier etwa Fälle, in denen der rechnerisch ausgleichspflichtige Ehegatte sein Endvermögen erst während außergewöhnlich **langer Trennungsfrist** und ohne jeden Bezug zur Ehe erwirtschaftet hat, so dass das gesetzgeberische Ziel des Zugewinnausgleichs – die Teilhabe am gemeinsam erwirtschafteten Vermögen – keine tatsächliche Grundlage findet (BGH FamRZ 2002, 606; vgl aber BGH NJW 2013, 3642, 3644; 2013, 3645, 3646 – Hinzutreten weiterer Umstände erforderlich; AG Hersbruck FamRZ 2002, 1476f – Schmerzensgeldanspruch, Verlust des Arbeitsplatzes; Schwab/Ernst/*Volker* Hdb des Scheidungsrechts, § 15 Rn 274; Grü/*Siede* Rn 19; MüKo/*Koch* Rn 21; BeckOK/*Scheller/Sprink* Rn 19ff – nach dem Scheitern der Ehe „erarbeitetes Vermögen"; vgl auch BGH NJW 1980, 1462f – zur **Doppelehe**: nie verwirklichte Lebensgemeinschaft lässt den Zugewinnausgleichsanspruch nicht per se als grob unbillig erscheinen; s zur Doppelehe auch Johannsen/Henrich/Althammer/*Kohlenberg* Rn 17ff). Auch dies wird idR aber nicht zum vollständigen Ausschluss des Anspruchs führen, da zu berücksichtigen ist, dass der Ausgleichspflichtige gem §§ 1385 Nr 1, 1386 die Möglichkeit gehabt hätte, nach dreijähriger Trennung die vorzeitige Aufhebung der Zugewinngemeinschaft herbeizuführen (BGH NJW 2013, 3642, 3644; 2013, 3645, 3646; vgl auch MüKo/*Koch* Rn 22; nach NK/*Fischinger* Rn 25 scheidet grobe Unbilligkeit generell aus, wenn die Voraussetzungen von § 1385 Nr 1, § 1386 erfüllt sind; ähnl FamR-Komm/*Weinreich* Rn 19; krit BeckOK/*Scheller/Sprink* Rn 20). Der BGH hat vor diesem Hintergrund betont, dass weder eine lange Trennungszeit noch die Herkunft des (während der Trennung erzielten) Zugewinns (hier: **Lottogewinn**) für sich genommen ein Leistungsverweigerungsrecht nach Abs I begründen könne; vielmehr müssten weitere Umstände hinzutreten, aufgrund derer von einer groben Unbilligkeit iSd Abs I auszugehen sei (BGH NJW 2013, 3645, 3646; vgl auch Düsseldorf NJW 2015, 1535, 1536: Grundstück wird nach Trennung Bauland; zum Vermögenserwerb kurz nach Eheschließung s BGH NJW 2022, 1177, 1179 – Steuererstattung).

6 Eine Korrektur über Abs I kann zudem geboten sein, wenn der Ausgleichsschuldner in der Vergangenheit erheblich **überhöhten**, aber nicht mehr rückforderbaren **Unterhalt** gezahlt hat (Celle FamRZ 1981, 1066, 1069 – auch unberechtigte Wohnraumnutzung; Brandenburg FamRZ 2004, 106ff; Schwab/Ernst/*Volker* Hdb des Scheidungsrechts, § 15 Rn 279; BeckOK/*Scheller/Sprink* Rn 17; s auch Grü/*Siede* Rn 14 – Fall des Abs II); nach Köln (FamRZ 1998, 1370, 1372) soll dies insb dann gelten, wenn die rechnerische Höhe der Ausgleichsforderung aus der ungewöhnlich sparsamen Lebensführung des Ausgleichspflichtigen resultiert. Eine Billigkeitskorrektur scheidet allerdings aus, wenn der überschießende Unterhalt nach § 1380 bereits als Vorausempfang auf die Ausgleichsforderung anzurechnen ist (vgl dazu § 1380 Rn 2; NK/*Fischinger* Rn 7). Das Gleiche gilt grds, wenn der Unterhalt durch rechtskräftige Entscheidung zugesprochen wurde (BGH FamRZ 2018, 1415, 1420 – Anwendbarkeit des Abs I aber ggf in Fällen deliktischer Unterhaltsrückforderung).

7 Keine Anwendung findet § 1381, wenn der andere Teil sein **Vermögen schlecht verwaltet** (etwa seinen Betrieb leichtsinnig geführt) und deshalb keinen oder nur geringen Zugewinn erzielt hat. Die Ehegatten sind grds nicht verpflichtet, ihr Vermögen ordnungsgemäß zu verwalten, insb hat der andere Ehegatte keinen Anspruch auf Erzielung von Zugewinn (vgl § 1364 Rn 5). Die Folgen schlechter Verwaltung sind im Gesetz abschließend geregelt: In Fällen illoyaler Vermögensminderung kommt § 1375 II 1 zum Tragen (vgl auch Düsseldorf NJW 2015, 1535, 1536f); bei (drohenden) Handlungen der in § 1385 Nr 2 und 3 bezeichneten Art kann der Ausgleichspflichtige die vorzeitige Aufhebung der Zugewinngemeinschaft verlangen (§ 1386). Eine zusätzl Billigkeitskorrektur über § 1381 kommt daneben nicht in Betracht (AG Berlin-Tempelhof-Kreuzberg FamRZ 2005, 107, 108f; Grü/*Siede* Rn 16; Johannsen/Henrich/Althammer/*Kohlenberg* Rn 9; Schwab/Ernst/*Volker* Hdb des Scheidungsrechts, § 15 Rn 268; aA BeckOK/*Scheller/Sprink* Rn 11 – bei „grober Misswirtschaft"; MüKo/*Koch* Rn 16; Staudinger/*Thiele* Rn 13f – unter dem Gesichtspunkt des venire contra factum proprium). Die Anwendung des § 1381 scheidet auch dann aus, wenn die Ehegatten während des Scheidungsverfahrens ihr gemeinsames Grundstück unter Wert verkaufen und sich dies allein zulasten des ausgleichspflichtigen Ehegatten auswirkt (NK/*Fischinger* Rn 11, BeckOK/*Scheller/Sprink* Rn 12; aA Hamburg FamRZ 1988, 1166; LG Münster FamRZ 2003, 1666f). Das Gleiche gilt, wenn der Ausgleichsberechtigte im Rahmen der Vermögensauseinandersetzung nach Güterstandsbeendigung ein früher gemeinsames Grundstück durch **Teilungsversteigerung** unter Wert erwirbt (NK/*Fischinger* Rn 11; MüKo/*Koch* Rn 21; BeckOK/*Scheller/Sprink* Rn 12; Staudinger/*Thiele* Rn 19; aA Köln FamRZ 2009, 1070f; Düsseldorf FamRZ 1995, 1145f). Keine Rolle spielt auch ein erheblich **divergierendes Endvermögen** der

Ehegatten; der Ausgleichspflichtige kann sich selbst dann nicht auf § 1381 berufen, wenn er über ein wesentlich geringeres Endvermögen verfügt als der Ausgleichsberechtigte (Düsseldorf NJW 2015, 1535, 1636; Staudinger/*Thiele* Rn 32; MüKo/*Koch* Rn 26).

Ereignisse nach Entstehung des Ausgleichsanspruchs (§ 1378 III 1) werden von § 1381 generell nicht erfasst (Grü/*Siede* Rn 6; NK/*Fischinger* Rn 9, 17; BeckOK/*Scheller*/*Sprink* Rn 23; aA Schwab/Ernst/*Volker* Hdb des Scheidungsrechts, § 15 Rn 262; diff Staudinger/*Thiele* Rn 19, 29ff). Im Einzelfall kann aber ein Verstoß gegen Treu und Glauben (§ 242) vorliegen, etwa wenn der Ausgleichspflichtige die Übertragung des Eigentums an Erfüllungs statt (§ 364) anbietet, der andere dies aber ablehnt, um sodann in der Teilungsversteigerung mitzubieten (s zur Anwendbarkeit des § 242 nach Güterstandsbeendigung auch *Brudermüller* NJW 2009, 3074f; *Schwab* FamRZ 2009, 1445, 1449); vgl auch LG Münster (FamRZ 2003, 1666f): Schadensersatz wegen unzulässiger Rechtsausübung (§ 242), wenn ein Ehegatte treuwidrig den freihändigen Verkauf des gemeinsamen Grundstücks über dem Verkehrswert verhindert und durch Teilungsversteigerung dann nur ein unter dem Verkehrswert liegender Preis erzielt werden kann. 8

c) Verfehlungen im persönlichen Bereich. Umstr ist, ob auch Verfehlungen des Ausgleichsberechtigten im persönlichen Lebensbereich ein Leistungsverweigerungsrecht nach § 1381 begründen können. In der Lit wird zT die Einrede aus § 1381 bei rein persönlichen Eheverfehlungen unter Hinw auf das im Scheidungsrecht geltende Zerrüttungsprinzip generell abgelehnt. Nur soweit sich die Verfehlungen auch wirtschaftl ausgewirkt haben, sollen diese im Rahmen des § 1381 Beachtung finden können (NK/*Fischinger* Rn 18ff; Johannsen/Henrich/Althammer/*Kohlenberg* Rn 16; MüKo/*Koch* Rn 28ff; *Gernhuber*/*Coester-Waltjen* § 35 Rn 101; grds auch BeckOK/*Scheller*/*Sprink* Rn 17). Diese Sichtweise erscheint indes zu eng. Das Gesetz stellt in § 1381 I lediglich auf grobe Unbilligkeit ab; Abs II, der die aus dem ehelichen Verhältnis resultierenden wirtschaftl Verpflichtungen in Blick nimmt, gibt lediglich ein Bsp für grobe Unbilligkeit. Vorzugswürdig ist daher im Grundsatz der insb von der Rspr vertretene Ansatz, demzufolge Verfehlungen im persönlichen Bereich auch dann ein Leistungsverweigerungsrecht begründen können, wenn sie sich nicht wirtschaftl ausgewirkt haben. Allerdings ist ein strenger Maßstab anzulegen (so auch Düsseldorf NJW 2015, 1535, 1537; FamRZ 2009, 1068, 1070; Bamberg FamRZ 1990, 408, 411; AG Berlin-Tempelhof-Kreuzberg FamRZ 2005, 107, 109; Staudinger/*Thiele* Rn 20ff; Grü/*Siede* Rn 17 – nur exzessiv ehezerstörendes Verhalten). Eine schematische Übernahme der **Erbunwürdigkeitsgründe des § 2339** scheidet jedenfalls aus (so zutr Karlsruhe FamRZ 1987, 823). Damit entfällt auch der Zwang, die Ausgleichsforderung unter solchen Umständen immer ganz zu verneinen. Die völlige Versagung muss vielmehr seltene Ausnahme bleiben und kommt allenfalls dann in Frage, wenn ein besonders grob pflichtwidriges Verhalten mehrere Jahre gedauert hat. 9

Kürzung oder Ausschluss des Ausgleichsanspruchs kommen nur bei besonders schweren Verfehlungen gegen den anderen Ehegatten in Betracht, zB **schwere Körperverletzung, Tötung** (vgl Karlsruhe FamRZ 1987, 823; LG Nürnberg-Fürth FamRZ 2012, 1940; AG Berlin-Tempelhof-Kreuzberg FamRZ 2005, 107, 109) oder **Tötungsversuch**. Gleiches gilt für jahrzehntelange **Unterdrückung und Misshandlung** eines Ehegatten (Bamberg NJW-RR 1997, 1435; zust Schwab/Ernst/*Volker* Hdb des Scheidungsrechts, § 15 Rn 272; vgl auch Düsseldorf FamRZ 2009, 1068, 1070 – massive körperliche Misshandlung und ehebrecherisches Verhalten, wo i Erg die Einrede aber versagt wurde, weil der Ausgleichsgläubiger einseitig Vermögensbildung zugunsten des Schuldners betrieben hatte, um eine Alterssicherung für beide Ehegatten zu schaffen); **Vergewaltigung** mehrerer Frauen (nicht des Ehepartners) während bestehender Ehe (Hamburg FamRZ 2012, 550); Vergewaltigung der im gemeinsamen Haushalt lebenden Stieftochter (Zweibrücken FamRZ 2019, 518, 519); schwerer sexueller Missbrauch der gemeinsamen Tochter (München FamRZ 2023, 112); nicht aber gegenseitige Drohungen und körperliche Auseinandersetzungen in der Trennungsphase (AG Berlin-Tempelhof-Kreuzberg FamRZ 2005, 107, 109). Auch das Verschweigen der **Vaterschaft eines Dritten** bei Geburt eines Kindes in der Ehe kann die Herabsetzung der Ausgleichsforderung rechtfertigen (Brandenburg FamRZ 2009, 1067f; Köln FamRZ 1991, 1192; BeckOK/*Scheller*/*Sprink* Rn 17 unter Hinw auf die wirtschaftl Nachteile). **Ehebruch** allein begründet dagegen keine grobe Unbilligkeit (vgl Zweibrücken FamRZ 2019, 518, 519; Köln FamRZ 1979, 511 – Gläubigerin ging bei einer Ehedauer von zehn Jahren, in der sie vier Kinder aufgezogen hat, ca neun Monate vor dem Ende des Güterstands ein Ehebruchsverhältnis ein; aA Hamm FamRZ 1989, 1188 – Gläubigerin unterhielt bei 33-jähriger Ehedauer als Hausfrau, in der sie vier Kinder aufgezogen hatte, in den drei letzten Ehejahren ehebrecherische Beziehungen kurzfristiger Art zu vier Männern; Kürzung des Ausgleichsanspruchs um ein Drittel; krit zu dieser Entscheidung auch *Wiegmann* FamRZ 1990, 408). Eine abw Beurteilung wäre mit dem Übergang vom Verschuldens- zum Zerrüttungsprinzip im Scheidungsrecht nicht vereinbar (vgl NK/*Fischinger* Rn 20; Johannsen/Henrich/Althammer/*Kohlenberg* Rn 16; MüKo/*Koch* Rn 29f; aA Staudinger/*Thiele* Rn 22). 10

d) Schmerzensgeld. Der BGH sieht bei der Einbeziehung einer Schmerzensgeldzahlung in den Zugewinn (vgl § 1375 Rn 7), soweit keine weiteren Umstände hinzukommen, keinen Grund für die Anwendung von § 1381 (BGH FamRZ 1981, 755). Besondere Umstände sind aber dann gegeben, wenn Schmerzensgeld und Abfindung für Verdienstausfall aus einem sehr schweren, mit lebenslangen physischen und psychischen Schäden (Querschnittslähmung) verbundenen Verkehrsunfall herrühren und daher dem Geschädigten zur längerfristigen Absicherung seiner Versorgungslage der Zugewinn in angemessenem Umfang als Vermögensreserve verbleiben muss (Stuttgart FamRZ 2002, 99; vgl auch AG Hersbruck FamRZ 2002, 1476f; zust NK/*Fischinger* Rn 22). 11

e) Wirtschaftliche Lage des Schuldners. In Rspr und Schrifttum wird § 1381 auch angewendet, wenn es sich um **Schwierigkeiten** des Ausgleichsschuldners handelt, den bereits fixierten Anspruch **zu erfüllen**. So soll grobe 12

Unbilligkeit auch dann vorliegen können, wenn der vermögende Ausgleichsgläubiger, der keinen oder nur einen geringen Zugewinn erwirtschaftet hat, am Zugewinn des anderen Gatten beteiligt werden soll und dessen wirtschaftl Lage durch den Ausgleich stark belastet oder er außerstande gesetzt würde, seinen eigenen angemessenen Lebensunterhalt zu bestreiten und seine gesetzl Unterhaltspflichten zu erfüllen (BeckOK/*Scheller/Sprink* Rn 22; Staudinger/*Thiele* Rn 29; Johannsen/Henrich/Althammer/*Kohlenberg* Rn 10 mwN). Der BGH (NJW 1973, 749; 1970, 1600) plädiert für einen vollen Ausschluss des Ausgleichs, wenn die Versorgungslage des Pflichtigen auf Dauer in Frage gestellt und die zumutbare Opfergrenze überschritten wird (zust Grü/*Siede* Rn 21; vgl auch Düsseldorf NJW 2015, 1535, 1537; Schleswig NJW-RR 1998, 1225; Frankfurt FamRZ 1983, 921 – mangelhafte Versorgungslage infolge gescheiterten Lebensplans). Bremen (FamRZ 1979, 434, 436) erwägt eine Anwendung des § 1381, wenn der ausgleichspflichtige Gesellschafter-Ehegatte zur Erfüllung der Ausgleichsforderung seine Beteiligung veräußern und sich in diesem Fall mit einer ungünstigen – etwa den Goodwill nicht berücksichtigenden – Abfindungsklausel begnügen müsste. Allg ist im Schrifttum die Tendenz erkennbar, mit Hilfe des § 1381 einen Unternehmensschutz zu bewerkstelligen (vgl *Thiele* JZ 1964, 394, 399 – § 1381 soll die Einbuße der wirtschaftl oder beruflichen Existenz verhindern; Staudinger/*Thiele* Rn 30).

13 Die Auffassungen überdehnen den Anwendungsbereich des § 1381 (NK/*Fischinger* Rn 28; MüKo/*Koch* Rn 24f, 28). Soweit die besondere Härte für den Schuldner in der sofortigen Zahlung liegt, geht der § 1382 (Stundung) dem Leistungsverweigerungsrecht nach § 1381 grds vor. Dies gilt selbst dann, wenn die Erfüllung der Ausgleichsforderung zur Aufgabe des Familienheims oder zur Veräußerung eines Vermögenswerts zwingt, der für den Ausgleichspflichtigen die wirtschaftl Existenzgrundlage bildet (NK/*Fischinger* Rn 28; vgl auch Grü/*Siede* Rn 21; Johannsen/Henrich/Althammer/*Kohlenberg* Rn 11). Das folgt nicht zuletzt auch aus § 2331a, der bei unerträglichen Nachteilen durch die Erfüllung des Pflichtteilsanspruchs allein das Stundungsrecht nach § 1382, gerade aber nicht Anspruchskürzungen nach § 1381 zum Vorbild genommen hat (vgl BT-Drs V 2370, 99; im Einz *Heckelmann* FS Mühl, 1981, 283). Auch die (prekäre) Versorgungslage des Unterhaltsschuldners nach Beendigung des Güterstands ist als solche kein Kriterium, das die Herabsetzung oder den Ausschluss des Ausgleichsanspruchs nach § 1381 rechtfertigen würde (vgl aber Rn 11). Das Problem ist grds mit den Mitteln des Unterhaltsrechts zu bewältigen. Sollte der Schuldner aufgrund der Zahlung unterhaltsbedürftig werden, kann der Unterhaltsanspruch ggü dem Ausgleichsberechtigten ggf kapitalisiert (§ 1585 II) und gegen die Ausgleichsforderung aufgerechnet werden; würde sich ein etwaiger Unterhaltsanspruch nicht gegen den Ausgleichsberechtigten richten, wäre eine Anspruchskürzung zugunsten Dritter (unterhaltspflichtige Verwandte oder Sozialhilfeträger) ohnedies nicht gerechtfertigt (so überzeugend MüKo/*Koch* Rn 24f; NK/*Fischinger* Rn 29, der zudem auf die Möglichkeit der Sicherheitsleistung nach § 1585a verweist).

14 Zu den Folgen eines **unverschuldeten Vermögensverfalls** zw dem für die Berechnung der Ausgleichsforderung maßgeblichen Stichtag (§§ 1384, 1387) und der Entstehung des Ausgleichsanspruchs (§ 1378 III 1) vgl § 1378 Rn 5. Auch hier wird bei Erfüllungsschwierigkeiten zunächst eine Stundung (§ 1382) in Erwägung zu ziehen sein. Nur wenn über § 1382 Abhilfe nicht zu schaffen ist, erscheint im Ausnahmefall ein Rückgriff auf § 1381 denkbar (zB wenn das ererbte, nicht versicherte Gemälde, dessen Wertsteigerung den einzigen Zugewinn darstellt, gestohlen oder zerstört wird); nach aA sollen nach Rechtshängigkeit des Scheidungsantrags eintretende Ereignisse dagegen nicht mehr von § 1381, sondern von § 242 erfasst werden, der dann (für beide Ehegatten) von Amts wegen zu beachten sei (*Rakete-Dombek* FS Brudermüller, 543, 554ff).

15 **4. Leistungsverweigerungsrecht im Verfahren.** Können die Parteien sich über die Höhe der Ausgleichsforderung nicht gütlich einigen, so muss der Schuldner sein auf grobe Unbilligkeit gestütztes Leistungsverweigerungsrecht in dem Verfahren über den Ausgleich des Zugewinns durch **Einrede** geltend machen (vgl dazu BGH NJW 2012, 2657, 2659; Brandenburg FamRZ 2004, 106, 108 – Antrag ist gem §§ 133, 157 auszulegen) und die Voraussetzungen erforderlichenfalls **beweisen** (BGH FamRZ 1988, 593, 596; Brandenburg 16.5.2013 – 10 UF 295/11). Die Entscheidung ergeht durch das **FamG** (§ 111 Nr 9, § 261 I FamFG, § 23a I Nr 1, § 23b GVG). Der Schuldner kann auch selbst unter Berufung auf sein Leistungsverweigerungsrecht **negativen Feststellungsantrag** stellen, wenn die Voraussetzungen des § 256 ZPO (iVm § 112 Nr 2, § 261 I, § 113 I FamFG) vorliegen (NK/*Fischinger* Rn 31). Ist der Ehegatte, der den größeren Zugewinn erzielt hat, gestorben, so steht das Leistungsverweigerungsrecht seinen Erben zu (vgl § 1371 Rn 23; NK/*Fischinger* Rn 31).

16 Hat der Ausgleichsschuldner in Unkenntnis der Einrede aus § 1381 die Ausgleichsforderung bereits erfüllt, kann das Geleistete nach **§ 813 I 1, § 814** zurückgefordert werden (MüKo/*Koch* Rn 6; NK/*Fischinger* Rn 32).

17 **5. Abdingbarkeit.** Ein **ehevertragl Ausschluss** des Leistungsverweigerungsrechts ist nicht möglich; § 1381 ist zwingendes Recht (MüKo/*Koch* Rn 35f).

§ 1382 Stundung

(1) Das Familiengericht stundet auf Antrag eine Ausgleichsforderung, soweit sie vom Schuldner nicht bestritten wird, wenn die sofortige Zahlung auch unter Berücksichtigung der Interessen des Gläubigers zur Unzeit erfolgen würde. Die sofortige Zahlung würde auch dann zur Unzeit erfolgen, wenn sie die Wohnverhältnisse oder sonstigen Lebensverhältnisse gemeinschaftlicher Kinder nachhaltig verschlechtern würde.

(2) Eine gestundete Forderung hat der Schuldner zu verzinsen.

(3) Das Familiengericht kann auf Antrag anordnen, dass der Schuldner für eine gestundete Forderung Sicherheit zu leisten hat.

(4) Über Höhe und Fälligkeit der Zinsen und über Art und Umfang der Sicherheitsleistung entscheidet das Familiengericht nach billigem Ermessen.

(5) Soweit über die Ausgleichsforderung ein Rechtsstreit anhängig wird, kann der Schuldner einen Antrag auf Stundung nur in diesem Verfahren stellen.

(6) Das Familiengericht kann eine rechtskräftige Entscheidung auf Antrag aufheben oder ändern, wenn sich die Verhältnisse nach der Entscheidung wesentlich geändert haben.

Schrifttum: *Krumm*, Stundung des Zugewinnausgleichsanspruchs, NZFam 2016, 776; *Krumm*, Alles auf einmal und sofort? Zur gerichtlichen Stundung des Zugewinnausgleichsanspruchs, NJ 2023, 58; *Schwolow*, Zugewinnausgleich und die Möglichkeit der Stundung einer solchen Forderung gem § 1382 BGB, FuR 2012, 398.

1. Allgemeines. Die Vorschrift regelt die **Stundung der Ausgleichsforderung**. Nach § 1382 kann das FamG auf Antrag die (gem § 271 I grds sofort fällige) Ausgleichsforderung stunden, wenn eine sofortige Zahlung zur Unzeit erfolgen würde. Die Ausgleichsforderung beläuft sich nicht selten auf einen erheblichen Betrag. Zu ihrer Erfüllung ist meist eine Inanspruchnahme der Vermögenssubstanz durch Veräußerung oder Belastung einzelner Vermögensgegenstände unvermeidlich. Der Schuldner wird die Forderung im Allg nicht allein aus seinen laufenden Einkünften begleichen können. Es soll aber nicht dazu kommen, dass er, um sich die erforderlichen Geldbeträge zu beschaffen, Vermögenswerte verschleudern oder etwa seinen Geschäftsbetrieb einstellen muss. Unter solchen Umständen kann es gerechtfertigt sein, dem Schuldner eine angemessene Frist zu gewähren, innerhalb derer er die Mittel zur Erfüllung der Ausgleichsforderung unter angemessenen Bedingungen beschaffen kann. 1

Während § 1381 einschlägig ist, wenn die Höhe des Ausgleichsanspruchs unbillig erscheint, kommt § 1382 bei bloßen **Erfüllungsschwierigkeiten** zum Tragen (MüKo/*Koch* Rn 1). Die Vorschrift geht dem § 1381 vor: Eine Verweigerung der Leistung nach § 1381 wegen grober Unbilligkeit kommt nur in Betracht, wenn eine Stundung zur Wahrung der Belange des Schuldners nicht ausreicht (§ 1381 Rn 1). In ihrem Anwendungsbereich schließt die Vorschrift auch einen Rückgriff auf § 242 aus (NK/*Fischinger* Rn 1; Grü/*Siede* Rn 1). 2

2. Materielle Voraussetzungen der Stundung (Abs I). Die Stundung setzt voraus, dass die sofortige Erfüllung des Ausgleichsanspruchs auch unter Berücksichtigung der Interessen des Gläubigers „zur Unzeit" erfolgen würde (Abs I S 1). Erforderlich ist eine **Interessenabwägung**. Die Belange des Ausgleichsgläubigers, des Ausgleichsschuldners und uU auch die der gemeinsamen Kinder (vgl Abs I S 2) sind gegeneinander abzuwägen. Ein genereller Vorrang des einen oder anderen Interesses besteht dabei nicht (aA *Krumm* NZFam 2016, 776, 778: grds Vorrang der Interessen des Gläubigers). In Fällen des § 1371 II sind die Interessen des oder der **Erben** als Schuldner des Ausgleichsanspruchs zu berücksichtigen (vgl § 1371 Rn 23); zu beachten ist dabei, dass die Erben häufig nicht im gleichen Maße schutzwürdig sind wie die Ehegatten selbst (NK/*Fischinger* Rn 16f). Das Schicksal Dritter (etwa der ArbN in einem evtl zu veräußernden Unternehmen des Schuldners) ist dagegen kein im Rahmen des § 1382 beachtliches Kriterium (NK/*Fischinger* Rn 6; MüKo/*Koch* Rn 13). Für die Ermittlung einzelner Stundungsgründe kann § 2331a herangezogen werden; die Vorschrift ist nach dem Vorbild des § 1382 gebildet worden (BT-Drs V 2370, 99). 3

a) Interessen des Schuldners. Für eine Stundung können aus Sicht des Schuldners insb **wirtschaftl Gesichtspunkte** sprechen. Hierfür genügt es allerdings nicht, dass die Ausgleichsforderung nicht aus den laufenden Einkünften beglichen werden kann (hM, s nur MüKo/*Koch* Rn 7; Staudinger/*Thiele* Rn 13). Vom Schuldner ist zu erwarten, dass er ggf Vermögenswerte veräußert, um die Ausgleichsforderung zu begleichen. Ausweislich der Gesetzesmaterialien kann eine Stundung angezeigt sein, wenn ansonsten Vermögensgegenstände überstürzt unter Wert verkauft werden müssten (BT-Drs 10/2888, 17). Das Gleiche gilt, wenn eine sofortige Zahlung die Veräußerung von wesentlichen Kapitalanlagen oder von Vermögensgegenständen erzwingen würde, die – wie etwa ein Unternehmen – für die Berufsausübung oder den Lebensunterhalt des Schuldners von wesentlicher Bedeutung sind (Johannsen/Henrich/Althammer/*Kohlenberg* Rn 5). Ebenso kann für eine Stundung sprechen, dass die andernfalls gebotene sofortige Veräußerung von Vermögensgegenständen gem § 23 EStG Spekulationssteuer auslösen könnte (BeckOK/*Scheller*/*Sprink* Rn 6). Eine Stundung kommt aber auch in diesen Fällen nur in Betracht, soweit die Prognose ergibt, dass sich die Situation des Schuldners durch eine spätere Fälligkeit der Ausgleichsforderung zumindest verbessern wird (Hamm FamRZ 1981, 1065f; Köln FamRZ 2009, 1070f; MüKo/*Koch* Rn 5). Keine Rolle bei der Abwägung spielen persönliche Verfehlungen der Eheleute, selbst wenn diese zum Scheitern der Ehe geführt haben sollten (MüKo/*Koch* Rn 5; aA Staudinger/*Thiele* Rn 12). 4

Mit dem Begriff der Zahlung „zur Unzeit" stellt das Gesetz klar, dass auch **andere als wirtschaftl Gründe** eine Stundung der Ausgleichsforderung rechtfertigen können (s BT-Drs 10/2888, 16; *Schwolow* FuR 2012, 398f; MüKo/*Koch* Rn 8 – zB Aufgabe einer Wohnung, die aufgrund einer Krankheit des Schuldners auf dessen Bedürfnisse ausgerichtet ist). 5

b) Interessen des Gläubigers. Wie beim Schuldner stehen insb **wirtschaftliche Interessen** des Gläubigers der Stundung entgegen, dh akuter Geldbedarf. Zu berücksichtigen ist insb, ob der Gläubiger auf baldige Zahlung angewiesen ist, um sich eine berufliche Existenz aufzubauen oder seinen Unterhalt abzusichern. Auch persönliche Gründe sind uU zu berücksichtigen. Allerdings bleiben alle Umstände unbeachtlich, die zum Scheitern der 6

Ehe bzw zur Aufhebung des Güterstands geführt haben, auch persönliche Verfehlungen (MüKo/*Koch* Rn 15; aA Johannsen/Henrich/Althammer/*Kohlenberg* Rn 6; Staudinger/*Thiele* Rn 20).

7 **c) Interessen der gemeinsamen Kinder (Abs I S 2).** Nach Abs I S 2 würde eine Zahlung auch dann zur Unzeit erfolgen, wenn sie die Wohnverhältnisse oder sonstigen Lebensverhältnisse gemeinsamer Kinder nachhaltig verschlechtern würde. Erfasst werden soll damit insb der Fall, dass der Schuldner zur Erfüllung der Ausgleichsforderung das Familienheim, das er mit den gemeinsamen Kindern bewohnt, verkaufen müsste und den Kindern keinen vergleichbaren Wohnraum bieten könnte. Gleiches gilt, wenn der mit der Veräußerung des Familienheims verbundene Umzug wegen des damit einhergehenden Verlusts des bisherigen Freundeskreises oder eines Schulwechsels die Kinder in der für sie ohnehin schwierigen Scheidungsphase besonders belasten würde (BT-Drs 10/2888, 17). Dabei spielt es grds keine Rolle, ob die Kinder bereits volljährig sind (*Diederichsen* NJW 1986, 1283, 1285; krit *Krumm* NZFam 2016, 776, 778; NJ 2023, 58, 60). Ferner kann eine Stundung im Interesse der Kinder geboten sein, wenn der Schuldner sonst wichtige Arbeitsmittel, die er einem Kind für dessen Ausbildung oder Berufsausbildung zur Verfügung gestellt hat, veräußern müsste (BT-Drs 10/2888, 17; *Diederichsen* NJW 1986, 1283, 1285 „etwas lebensfremd"). Bestehen derartige Interessen der gemeinsamen Kinder, so soll ihnen nach hM **stets der Vorrang** vor den Interessen des Gläubigers einzuräumen sein (so unter Hinw auf BT-Drs 10/2888, 17: Johannsen/Henrich/Althammer/*Kohlenberg* Rn 7; MüKo/*Koch* Rn 18; Grü/*Siede* Rn 3).

8 **3. Verfahren. a) Unbestrittene Ausgleichsforderung.** Soweit über die Ausgleichsforderung kein Streit besteht, kann die Stundung gesondert beantragt werden. Der Antrag ist erst nach Entstehung der Ausgleichsforderung, dh nach Beendigung des Güterstands möglich, § 1378 III 1 (Staudinger/*Thiele* Rn 5). IÜ bestehen keine zeitl Beschränkungen für die Antragstellung (*Krumm* NZFam 2016, 776, 777); lässt der Schuldner aber längere Zeit verstreichen, kann eine Stundung für den Gläubiger uU unzumutbar werden (MüKo/*Koch* Rn 29). Zu Antragsmustern s *Krumm* NJ 2023, 58, 61.

9 Sachlich zuständig ist das FamG (§ 111 Nr 9, § 261 II FamFG, § 23a I 1 Nr 1, § 23b GVG); funktionell zuständig ist der **Rechtspfleger** (§ 3 Nr 3 lit g, § 25 Nr 3 lit b RPflG); örtliche Zuständigkeit: § 262 II FamFG iVm §§ 12ff ZPO. Daneben kann der Antrag auf Stundung einer unbestrittenen Ausgleichsforderung auch als **Folgesache im Scheidungsverbund** geltend gemacht werden (MüKo/*Koch* Rn 27; NK/*Fischinger* Rn 33). Dem Antrag auf Anordnung der Stundung steht hier ausnahmsw nicht entgegen, dass die Ausgleichsforderung noch nicht entstanden ist (Grü/*Siede* Rn 5). Die Entscheidung erfolgt gem § 142 I FamFG durch einheitlichen Beschl des FamG; funktionell zuständig ist der Richter; die örtliche Zuständigkeit folgt in dem Fall aus § 262 I, § 121 FamFG.

10 **b) Bestrittene Ausgleichsforderung.** Bei str Ausgleichsforderung ist der Stundungsantrag stets mit dem Rechtsstreit über die Hauptsache (Leistungsantrag des Gläubigers oder negativer Feststellungsantrag des Schuldners) zu verbinden (Abs V); es genügt ein entspr **Hilfsantrag** (Johannsen/Henrich/Althammer/*Kohlenberg* Rn 12; zu Antragsmustern s *Krumm* NJ 2023, 58, 61). Auch dieses Verfahren kann als selbständige Familiensache geführt oder mit dem Scheidungsverfahren verbunden werden (s *Krumm* NZFam 2016, 776, 777); funktionell zuständig ist der **Richter** (§ 25 Nr 3 lit b RPflG); zur örtlichen Zuständigkeit s Rn 9. Gem § 142 II 1 FamFG wird die Folgesache gegenstandslos, wenn der Scheidungsantrag abgewiesen wird. Die Beteiligten können aber erklären, die Folgesache (Ausgleichsforderung und Stundung) als selbständige Familiensache fortführen zu wollen, § 142 II 2, 3 FamFG. Grundlage für die Ausgleichsforderung kann dann jedoch nicht mehr die Scheidung sein, zB aber ein Anspruch auf vorzeitigen Ausgleich nach § 1385. Stellt der Ausgleichsschuldner den Antrag auf Stundung erst nach Beendigung des Verfahrens über den Ausgleichsanspruch, ist der Antrag ohne sachliche Prüfung abzuweisen, es sei denn, die Gründe, die der Schuldner für sein Stundungsbegehren anführt, haben sich erst nach der Entscheidung über den Ausgleichsanspruch ergeben, vgl § 1382 VI (Naumburg FamRZ 2003, 375; Stuttgart 6.5.2013 – 17 WF 84/13; Grü/*Siede* Rn 5).

11 **c) Teilweise bestrittene Ausgleichsforderung.** Ist die **Ausgleichsforderung nur zT str**, so kann der Schuldner wegen des unstr Teils nach Abs I gesondert Stundung beantragen (NK/*Fischinger* Rn 27; MüKo/*Koch* Rn 19; Staudinger/*Thiele* Rn 36). Freilich wird ein derartiger isolierter Antrag selten zweckmäßig sein, da für die erforderliche Interessenabwägung die Höhe der Forderung idR von entscheidender Bedeutung ist. Vorzugswürdig erscheint es in diesem Fall, den Leistungsantrag des Gläubigers abzuwarten oder negativen Feststellungsantrag zu stellen.

12 **d) Antragstellung durch Erben.** Von mehreren **Erben** eines verstorbenen Ehegatten kann jeder allein Stundung beantragen. Die Entscheidung kann ggü mehreren Miterben unterschiedlich ausfallen.

13 **4. Entscheidung. a) Stundung.** Das Gericht kann sowohl den Ausgleichsanspruch (vollständig oder teilw) stunden als auch die Zahlung von Raten anordnen (vgl nur BGH NJW 2008, 1221, 1225; Staudinger/*Thiele* Rn 24). Gem § 264 I 1 FamFG wird die Entscheidung mit Rechtskraft wirksam. **Einstw Anordnungen** (§§ 49ff FamFG) sind möglich (s dazu *Löhnig/Heiß* FamRZ 2009, 1101). Soweit die Entscheidung nicht im Rahmen des Rechtsstreits über die Ausgleichsforderung ergeht, kann das Gericht auf Antrag des Gläubigers nach § 264 II FamFG auch die **Verpflichtung** des Schuldners **zur Zahlung der Ausgleichsforderung aussprechen.**

14 **b) Verzinsung (Abs II und IV).** Nach Abs II hat der Schuldner die gestundete Forderung zu verzinsen. Über Höhe und Fälligkeit der Zinsen entscheidet das FamG nach billigem Ermessen (Abs IV). Durch diese offene Regelung soll verhindert werden, dass die mit § 1382 bezweckte Entlastung des Schuldners durch zu hohe Zinsen konterkariert wird (BT-Drs 10/2888, 17). An den **gesetzl Zinssatz** von 4 % (§ 246) ist das Gericht nicht gebunden (so für § 2331a auch BayObLG FamRZ 1981, 392f; ferner Johannsen/Henrich/Althammer/*Kohlenberg* Rn 8;

MüKo/*Koch* Rn 21; Schwab/Ernst/*Volker* Hdb des Scheidungsrechts, § 15 Rn 310; *Schwolow* FuR 2012, 398, 400; s auch *Krumm* NZFam 2016, 776, 779 – gesetzl Zinsen als Höchstmaß; vgl dagegen KG ErbR 2013, 30 – Anknüpfungspunkt für eine Mindestverzinsung). Ebensowenig kommt eine Orientierung an § 288 I in Betracht (aA Staudinger/*Thiele* Rn 26, für den Fall, dass der Schuldner sich bereits in Verzug befindet), da der dort vorgesehene (hohe) Zinssatz den Schuldner zur Zahlung anhalten soll (vgl § 288 Rn 2, 4), was bei § 1382 naturgemäß keine Rolle spielen kann. Anhaltspunkt dürfte vielmehr sein, welche Rendite mit der gestundeten Summe zu erreichen gewesen wäre (Johannsen/Henrich/Althammer/*Kohlenberg* Rn 8; MüKo/*Koch* Rn 21; vgl zu § 2331a auch BayObLG FamRZ 1981, 392, 394).

c) **Sicherheitsleistung (Abs III und IV).** Das FamG kann Sicherheitsleistung für die gestundete Forderung anordnen. Geschieht dies, so wird die Stundung nicht wirksam, bevor der Schuldner die Sicherheit erbracht hat; einer entspr Tenorierung bedarf es nicht (MüKo/*Koch* Rn 22; NK/*Fischinger* Rn 24; aA Staudinger/*Thiele* Rn 27 – ausdrückl Tenorierung erforderlich). Über Art und Umfang der Sicherheitsleistung entscheidet das Gericht nach billigem Ermessen (Abs IV); eine Beschränkung auf die Vorgaben der §§ 232ff besteht nicht (Johannsen/Henrich/Althammer/*Kohlenberg* Rn 10; Grü/*Siede* Rn 7). Soweit der Schuldner keine Sicherheit erbringen kann, ist ein Verzicht auf die Anordnung der Sicherheitsleistung möglich. Freilich bedarf es in diesem Fall einer besonders eingehenden Prüfung, ob die Stundung dem Gläubiger noch zumutbar ist (Johannsen/Henrich/Althammer/*Kohlenberg* Rn 10). 15

5. Änderung und Aufhebung der Entscheidung (Abs VI). Das FamG kann eine rechtskräftige Entscheidung über die Stundung gem Abs VI auf Antrag aufheben oder ändern, wenn sich die Verhältnisse nach der Entscheidung wesentlich geändert haben; § 264 I 2 FamFG steht dem trotz seines missverständlichen Wortlauts nicht entgegen, sondern schließt allein die Anwendung des § 48 FamFG aus (s nur Sternal/*Giers* § 264 FamFG Rn 3). Abs VI gilt entspr, wenn die Stundung in einem gerichtlichen Vergleich vereinbart worden ist (BeckOK/*Scheller/Sprink* Rn 19; NK/*Fischinger* Rn 42). Ebenso muss eine nachträgl Änderung analog Abs VI möglich sein, wenn der Schuldner zunächst zur sofortigen Leistung verurteilt worden ist, sich aber nach der letzten mündlichen Verhandlung Gründe ergeben haben, die eine Stundung rechtfertigen (Stuttgart 6.5.2013 – 17 WF 84/13; Naumburg FamRZ 2003, 375f; Johannsen/Henrich/Althammer/*Kohlenberg* Rn 13; Grü/*Siede* Rn 5; aA Staudinger/*Thiele* Rn 45 – Anwendung findet § 1382 I). Voraussetzung ist, dass sich die bei der Abwägung zw Schuldner-, Gläubiger- und ggf Kindesinteressen maßgeblichen Gesichtspunkte nachträgl wesentlich geändert haben. Regelmäßig keinen ausreichenden Grund für eine nachträgl Änderung der Entscheidung dürfte allerdings eine Wiederverheiratung des Schuldners bilden (MüKo/*Koch* Rn 38; zurückhaltend auch Soergel/*Kappler/Kappler* Rn 45; weiter dagegen Grü/*Siede* Rn 7; Staudinger/*Thiele* Rn 44; s auch Johannsen/Henrich/Althammer/*Kohlenberg* Rn 14 – nicht von vornherein ausgeschlossen). Ist die ursprüngliche Stundungsfrist abgelaufen, kann unter den Voraussetzungen des Abs VI auch eine **erneute Stundung** beantragt werden (MüKo/*Koch* Rn 42; NK/*Fischinger* Rn 44). 16

6. Verjährungsrechtliche Folgen. Der Anspruch auf Zugewinnausgleich unterliegt der dreijährigen Regelverjährung nach §§ 195, 199 (vgl § 1378 Rn 20). Ist der Anspruch rechtskräftig festgestellt worden, gilt nach § 197 I Nr 3, § 201 die dreißigjährige Titelverjährung. Stellen der Ausgleichsschuldner (oder seine Erben) nach § 1382 Antrag auf Stundung, wird darin vielfach (aber durchaus nicht zwingend) zugleich ein **Anerkenntnis** iSd § 212 I Nr 1 zu sehen sein, das den Neubeginn des Verjährungslaufs bewirkt (vgl auch BeckOK/*Scheller/Sprink* Rn 2; NK/*Fischinger* Rn 2). Eine analoge Anwendung des § 205 (Hemmung bei Leistungsverweigerungsrecht) wird dagegen unter Hinw auf den Wortlaut der Regelung („Vereinbarung mit dem Gläubiger") verschiedentlich abgelehnt (NK/*Fischinger* Rn 2; vgl auch BeckOK/*Scheller/Sprink* Rn 2 – nicht unproblematisch). Dem ist nicht zu folgen. **§ 205** sollte bei der gerichtlichen Anordnung der Stundung zumindest **analog** herangezogen werden (so zu § 2331a auch Staudinger/*Otte* § 2331a Rn 27; BeckOGK/*Schindler* § 2331a Rn 40 [Stand: 1.11.2022]; NK/*Bock* § 2331a Rn 20). Die Hemmungswirkung rechtfertigt sich in den von § 205 unstr erfassten Fällen vereinbarter Stundungen nicht zuletzt dadurch, dass der Schuldner an der Begründung des Leistungsverweigerungsrechts mitgewirkt hat (vgl NK/*Budzikiewicz* § 205 Rn 15). Eine „Mitwirkung" des Schuldners liegt aber auch bei der Antragstellung nach § 1382 vor. Dabei ersetzt die gerichtliche Entscheidung letztlich die (privatautonom nicht erreichte) Stundungsvereinbarung zw den Parteien. Der Gläubiger wird durch die Verjährungshemmung nicht benachteiligt; sie dient im Gegenteil seinen Interessen. IÜ verhielte sich der Schuldner aber auch rechtsmissbräuchlich, wenn er zunächst eine Stundung durchsetzen und sich danach auf Verjährung berufen würde, obwohl der Gläubiger keine ausreichende Zeit hatte, seine Forderung durchzusetzen. 17

7. Abweichende Vereinbarungen. Ein ehevertragl Ausschluss des Rechts, nach § 1382 Stundungsantrag zu stellen, ist unzulässig, weil hierdurch die Interessen des Schuldners in nicht übersehbarer Weise beeinträchtigt werden könnten (s nur MüKo/*Koch* Rn 45). Dagegen ist es zulässig, schon im Ehevertrag die Erfüllung der Ausgleichsforderung in bestimmten Teilzahlungen vorzusehen (Staudinger/*Thiele* Rn 49). Der Schuldner wird dadurch aber nicht gehindert, einen weitergehenden Stundungsantrag zu stellen. 18

§ 1383 Übertragung von Vermögensgegenständen

(1) Das Familiengericht kann auf Antrag des Gläubigers anordnen, dass der Schuldner bestimmte Gegenstände seines Vermögens dem Gläubiger unter Anrechnung auf die Ausgleichsforderung zu übertragen hat, wenn dies erforderlich ist, um eine grobe Unbilligkeit für den Gläubiger zu vermeiden, und wenn dies dem

Schuldner zugemutet werden kann; in der Entscheidung ist der Betrag festzusetzen, der auf die Ausgleichsforderung angerechnet wird.

(2) Der Gläubiger muss die Gegenstände, deren Übertragung er begehrt, in dem Antrag bezeichnen.

(3) § 1382 Abs. 5 gilt entsprechend.

Schrifttum: *Wever,* Die Übertragung von Vermögensgegenständen im Zugewinnausgleich: § 1383 BGB – eine Vorschrift mit Potential, FS Koch 2019, 289; *Wever,* Die Übertragung von Vermögensgegenständen im Zugewinnausgleich, FF 2021, 55.

1 **1. Allgemeines.** § 1383 gibt dem ausgleichsberechtigten Ehegatten die Möglichkeit, die Erfüllung der Ausgleichsforderung ausnahmsw statt in Geld (vgl § 1378 Rn 3) durch Übertragung anderer Vermögenswerte zu verlangen. Die Vorschrift statuiert damit eine **Ersetzungsbefugnis**, die durch Antrag beim FamG auszuüben ist (Johannsen/Henrich/Althammer/*Kohlenberg* Rn 8; MüKo/*Koch* Rn 3).

2 § 1383 begründet für den Schuldner allerdings nicht das Recht, die Ausgleichsforderung statt durch Zahlung eines Geldbetrags durch die Übertragung von Vermögensgegenständen zu begleichen. Die Regelung ist auf diesen Fall auch nicht entspr anwendbar. Die Ehegatten können zwar vereinbaren, dass der Schuldner berechtigt sein soll, an Erfüllungs statt Sachwerte zu leisten (§ 364). Der Schuldner kann die Entgegennahme von Sachwerten aber nicht erzwingen (Grü/*Siede* Rn 1; Staudinger/*Thiele* Rn 2). Das Angebot des Schuldners, Vermögensgegenstände an den Gläubiger zu übertragen, kann allerdings bei der Abwägung im Rahmen des §§ 1381, 1382 eine Rolle spielen (vgl § 1381 Rn 8; Johannsen/Henrich/Althammer/*Kohlenberg* Rn 2). Auch hat der Schuldner seinerseits grds keinen Anspruch auf Übertragung bestimmter Gegenstände durch den Gläubiger. Ein solches Recht kann sich lediglich im Ausnahmefall aus § 531 II (Grü/*Siede*[81] Rn 1) oder aus den zur unbenannten (ehebedingten) Zuwendung entwickelten Grundsätzen ergeben (vgl dazu § 1372 Rn 19; für einen Anspruch des Schuldners analog § 1383 aber *Fischinger* FamRZ 2009, 1718, 1720; dagegen Grü/*Siede* Rn 1).

3 Ausgeschlossen ist ein Antrag nach § 1383 im Anwendungsbereich des **§ 1568b** (Johannsen/Henrich/Althammer/*Kohlenberg* Rn 2; NK/*Fischinger* Rn 5; aA MüKo/*Koch* Rn 33; FamR-Komm/*Weinreich* Rn 5; *Schwolow* FuR 2012, 460, 461); das Verfahren über die Verteilung von Haushaltsgegenständen geht dem Zugewinnausgleich vor (§ 1372 Rn 12). § 1568b gilt freilich nur für Gegenstände, die im gemeinsamen Eigentum der Eheleute stehen. Ist der Ausgleichsschuldner Alleineigentümer, bleibt ein Antrag nach § 1383 möglich (Grü/*Siede* Rn 2). Nicht ausgeschlossen ist ein Antrag nach § 1383 durch das Verfahren auf Überlassung der Ehewohnung gem **§ 1568a** (NK/*Fischinger* Rn 5).

4 **2. Voraussetzungen. a) Gegenstände der Übertragung. Gegenstand der Übertragung** können alle Sachen und Rechte sein, die rechtsgeschäftlich übertragen werden können (NK/*Fischinger* Rn 8; Grü/*Siede* Rn 5). Anteile an Personengesellschaften kommen daher regelmäßig nicht in Betracht. Keine Rolle spielen etwaige Verfügungsbeschränkungen des Schuldners (zB aus § 1369 nach erneuter Eheschließung); eine ggf erforderliche Zustimmung wird allerdings nicht durch die Entscheidung des FamG ersetzt, sondern muss nach den maßgeblichen Vorschriften eingeholt werden (MüKo/*Koch* Rn 7).

5 Die Gegenstände müssen zum Zeitpunkt der Antragstellung bereits im Schuldnervermögen **vorhanden** gewesen sein. Die Begründung neuer Rechte kann von dem Schuldner angesichts des klaren Wortlauts der Norm („Gegenstände seines Vermögens") nicht verlangt werden (Johannsen/Henrich/Althammer/*Kohlenberg* Rn 3; MüKo/*Koch* Rn 11f; Staudinger/*Thiele* Rn 12). Eine Bestellung beschränkter dinglicher Rechte an Sachen (zB Hypothek, Grundschuld) oder Rechten des Schuldners ist daher ausgeschlossen (MüKo/*Koch* Rn 11). Ebensowenig kann angeordnet werden, dem Gläubiger eine Beteiligung an einem Einzelunternehmen des Schuldners einzuräumen. Nicht grds ausgeschlossen ist dagegen die **Übertragung** eines Gegenstands **zu einem Bruchteil**. Allerdings dürfte dies idR nur dann angebracht sein, wenn dadurch eine bestehende Bruchteilsgemeinschaft zw den Ehegatten beendet wird. Wenig sinnvoll erscheint es, zw den Ehegatten eine neue Rechtsgemeinschaft zu begründen, die zu einer Quelle weiterer künftiger Streitigkeiten werden kann. Es empfiehlt sich deshalb durchweg nicht, die Übertragung von Miteigentum an einem dem anderen gehörenden Grundstück anzuordnen (MüKo/*Koch* Rn 10; NK/*Fischinger* Rn 8).

6 **Ausgeschlossen** ist die Übertragung von Rechten, die mittelbar oder unmittelbar **auf Geldzahlung gerichtet** sind (Spareinlagen, Wertpapiere, Grundschulden etc); in diesem Fall würde entgegen dem Normzweck lediglich der Zahlungsanspruch gegen den Schuldner durch einen solchen gegen einen Dritten ausgetauscht (MüKo/*Koch* Rn 9; NK/*Fischinger* Rn 8; diff für den Fall, dass Schwierigkeiten bei der Durchsetzung der Geldforderung bestehen, Johannsen/Henrich/Althammer/*Kohlenberg* Rn 3; Staudinger/*Thiele* Rn 6, 11). Der Wert des zu übertragenden Gegenstands darf zudem den **Wert der Zugewinnausgleichsforderung** einschl der Zinsen nicht übersteigen (allg M, s nur Köln 28.12.2017 – 10 UF 8/15; Grü/*Siede* Rn 5; Johannsen/Henrich/Althammer/*Kohlenberg* Rn 10).

7 **b) Interessenabwägung.** § 1383 erlaubt die Anordnung der Übertragung von Gegenständen auf den Gläubiger nur, wenn dies erforderlich ist, um eine grobe Unbilligkeit für den Gläubiger zu vermeiden; zudem muss die Übertragung dem Schuldner zugemutet werden können. Erforderlich ist eine **Abwägung** zw den Interessen des Gläubigers und des Schuldners. Dabei folgt bereits aus der Formulierung des Gesetzes, dass die Übertragung den Ausnahmefall bilden soll; krit im Hinblick auf einen zu strengen Maßstab *Wever* FS Koch, 289, 292ff.

8 **aa) Grobe Unbilligkeit für den Gläubiger.** Fälle grober Unbilligkeit können insb dann vorliegen, wenn der Gläubiger bestimmte Vermögensgegenstände benötigt, um seine bisherige Lebensweise aufrechtzuerhalten (so

etwa das gemeinsame Familienheim, Arbeitsgeräte oÄ), und sich die betreffenden Gegenstände nicht oder nicht mit zumutbarem finanziellen Aufwand anderweitig beschaffen lassen (Johannsen/Henrich/Althammer/*Kohlenberg* Rn 5). Bedeutung zukommen kann im Rahmen des § 1383 auch einer **engen Sachbeziehung** des Gläubigers zu dem bezeichneten Gegenstand, etwa weil dieser ihn eigenhändig hergestellt oder allein benutzt hat oder es sich um ein Familienerbstück handelt (Hamm OLG 1978, 399, 402; MüKo/*Koch* Rn 16; *Feuersänger* FamRZ 2003, 645, 647). Darüber hinaus kann eine Übertragung von Gegenständen auf den Gläubiger auch dann angezeigt sein, wenn der Schuldner nicht zur Erfüllung der Ausgleichsforderung bereit ist und das Abwarten der Zwangsvollstreckung ausnahmsw unzumutbar erscheint (Staudinger/*Thiele* Rn 6; weitergehend Johannsen/Henrich/Althammer/*Kohlenberg* Rn 5). Praktisch bedeutungslos dürfte dagegen der teilw angeführte Fall sein, dass in Zeiten stärkerer Geldentwertung oder der Verknappung von Sachwerten eine bloße Geldforderung den Gläubiger unangemessen benachteiligen kann (vgl nur Hamm OLG 1978, 399, 401; Staudinger/*Thiele* Rn 4); denn dieser wird idR die Möglichkeit haben, sein Geld anzulegen und damit den Realwert des ihm zugesprochenen Geldbetrags zu erhalten.

bb) Zumutbarkeit für den Schuldner. Die Anordnung der Übertragung kommt nur in Betracht, wenn sie für den Schuldner zumutbar ist. Das ist dann nicht der Fall, wenn er den Gegenstand selbst benötigt (zB Familienheim, Arbeitsgeräte) oder ein besonderes Affektionsinteresse (Familienerbstück etc) hat (Johannsen/Henrich/Althammer/*Kohlenberg* Rn 6). 9

3. Verfahren. a) Unbestrittene Ausgleichsforderung. Wie bei der Stundung der Ausgleichsforderung (§ 1382) muss auch im Rahmen des § 1383 danach unterschieden werden, ob über die Ausgleichsforderung ein Verfahren anhängig ist oder nicht (vgl § 1382 Rn 8ff). Soweit die Ausgleichsforderung unbestritten ist, kann der Gläubiger die Übertragung gesondert beim FamG beantragen. Es handelt sich um eine Güterrechtssache (§ 261 II FamFG), für die das **FamG** gem § 111 FamFG, §§ 23a I 1 Nr 1, 23b GVG sachlich zuständig ist; funktionell zuständig ist nach § 3 Nr 3 lit g, § 25 Nr 3 lit b RPflG der **Rechtspfleger.** Der isolierte Antrag auf Anordnung der Übertragung von Vermögensgegenständen bei unstr Ausgleichsforderung kann auch als **Folgesache im Scheidungsverbund** geltend gemacht werden (Johannsen/Henrich/Althammer/*Markwardt* § 137 FamFG Rn 9; Musielak/Borth/*Borth/Grandel* § 137 FamFG Rn 19); vgl § 1382 Rn 9. Die Entscheidung erfolgt dann gem § 142 I FamFG durch einheitlichen Beschl des FamG; funktionell zuständig ist der Richter. Bestreitet der Schuldner nach Antragstellung die Ausgleichsforderung, so ist entscheidend, ob der Anspruch in einer Höhe unstr bleibt, die dem Wert des Gegenstands entspricht oder diesen übersteigt. Ist dies der Fall, so kann die Übertragung gleichwohl angeordnet werden; andernfalls ist der Antrag abzuweisen (Schwab/Ernst/*Volker* Hdb des Scheidungsrechts, § 15 Rn 304; Staudinger/*Thiele* Rn 18). Eine Anordnung der Übertragung unter dem Vorbehalt, dass die Ausgleichsforderung rechtskräftig festgestellt oder der Streit anderweitig beigelegt wird, ist nicht möglich (Köln OLG 1976, 36, 38). 10

b) Bestrittene Ausgleichsforderung (Abs III). Wird über die Ausgleichsforderung ein Verfahren anhängig, kann der Gläubiger nach Abs III iVm § 1382 V die Übertragung der Vermögensgegenstände nur in diesem Verfahren beantragen (vgl § 1382 Rn 10). Ist der Schuldner bereits rechtskräftig zur Zahlung von Zugewinnausgleich verpflichtet worden, ist ein nachträgl Antrag auf Übertragung ohne sachliche Prüfung abzuweisen, es sei denn, die Gründe, die der Gläubiger für sein Begehren vorträgt, haben sich erst nach der Entscheidung über den Ausgleichsanspruch ergeben (Johannsen/Henrich/Althammer/*Kohlenberg* Rn 8; Staudinger/*Thiele* Rn 16; aA Schwab/Ernst/*Volker* Hdb des Scheidungsrechts, § 15 Rn 303). Zum Verfahrenswert s *Schneider* NZFam 2021, 178. 11

c) Bezeichnung der Gegenstände. Der Gläubiger muss in seinem Antrag den Gegenstand, dessen Übertragung er verlangt, konkret bezeichnen, Abs II (BGH FamRZ 1990, 1219, 1221); es soll nicht Sache des Gerichts sein, von sich aus die für eine Übertragung in Betracht kommenden Gegenstände auszuwählen. Nicht benannt werden muss der Wert des Gegenstands (Grü/*Siede* Rn 7). Das FamG darf aber einen Antrag des Gläubigers, in dem die bestimmte Angabe der begehrten Gegenstände fehlt, nicht ohne weiteres zurückweisen, sondern muss im Hinblick auf die ihm obliegende Hinweispflicht (§ 28 FamFG) auf die erforderliche Ergänzung des Antrags hinwirken; andernfalls kann der Gläubiger einen neuen, ergänzten Antrag stellen, weil keine Abweisung aus Sachgründen vorliegt. Der Gläubiger kann seinen Antrag auch ggf nach Erörterung in der Verhandlung vor dem FamG ändern. 12

d) Antragstellung durch Erben. Mehrere **Erben** eines verstorbenen Ehegatten können den Antrag nur gemeinsam stellen, weil darin die Vorbereitung einer Verfügung über die Ausgleichsforderung iSd § 2040 zu sehen ist. 13

4. Entscheidung. Sind die Voraussetzungen des § 1383 erfüllt, so hat das FamG die Übertragung anzuordnen. Ein Ermessen steht ihm trotz des missverständlichen Wortlauts („kann") nicht zu (Johannsen/Henrich/Althammer/*Kohlenberg* Rn 8; NK/*Fischinger* Rn 18). Die Anordnung der Übertragung ist nur hinsichtl derjenigen Gegenstände möglich, die der Gläubiger in seinem Antrag bezeichnet hat. Gibt das FamG dem Antrag statt, so muss es aus Gründen der Rechtsklarheit zugleich den **Betrag festsetzen**, der auf die Ausgleichsforderung anzurechnen ist (Abs I Hs 2). Maßgeblich ist der obj Wert der Vermögensgegenstände zum Zeitpunkt der Entscheidung (Johannsen/Henrich/Althammer/*Kohlenberg* Rn 10; NK/*Fischinger* Rn 21; Staudinger/*Thiele* Rn 25). Die Entscheidung wird gem § 264 I 1 FamFG erst mit Rechtskraft wirksam; eine Abänderung oder Wiederaufnahme ist ausgeschlossen (§ 264 I 2 FamFG). 14

15 Mit Rechtskraft der Entscheidung erlischt die ursprüngliche, auf Geldzahlung gerichtete Ausgleichsforderung iHd Betrags, der nach der Festsetzung des Gerichts auf die Forderung anzurechnen ist; der ausgleichspflichtige Ehegatte schuldet insoweit nur noch die Übertragung des Gegenstands (Staudinger/*Thiele* Rn 24). Die Entscheidung des FamG hat jedoch **keine dingliche Wirkung**. Das Gericht ordnet die Übertragung lediglich an; der Rechtsübergang selbst erfolgt nicht durch richterlichen Beschl, sondern erst durch entspr Übertragungshandlung des Schuldners, ersatzweise durch Vollstreckung. Wird die Übertragung eines Grundstücks beantragt, ist daher auch die Eintragung eines Rechtshängigkeitsvermerks im Grundbuch unzulässig, denn das Grundstück ist nicht streitbefangen (Schleswig FamRZ 1996, 175f). Der durch die Anordnung nach § 1383 begründete Anspruch auf Übertragung ist nach allg Regeln zu vollstrecken (§ 95 I FamFG). Das FamG kann allerdings auf Antrag des Gläubigers zugleich die Verpflichtung des Schuldners aussprechen, die für die Übertragung der Gegenstände erforderlichen Willenserklärungen abzugeben; die Erklärungen gelten dann mit Rechtskraft des Beschl als abgegeben, § 95 I Nr 5 FamFG iVm § 894 ZPO (NK/*Fischinger* Rn 19; MüKo/*Koch* Rn 5; Staudinger/*Thiele* Rn 24).

16 **5. Leistungsstörungen.** Treten im Hinblick auf den zu übertragenden Gegenstand Leistungshindernisse auf, wird der Schuldner nach Maßgabe des § 275 von der Leistung befreit bzw kann die Leistung verweigern. Hat der Schuldner den Ausschluss der Leistungspflicht zu vertreten, bleibt er dem Gläubiger aber nach §§ 280, 283 zum Schadensersatz verpflichtet. Andernfalls hat der Gläubiger nur Anspruch auf ein etwaiges stellvertretendes commodum (§ 285). Eine ersatzweise Geltendmachung des ursprünglichen Zahlungsanspruchs kommt dagegen nicht in Betracht (MüKo/*Koch* Rn 22; Staudinger/*Thiele* Rn 29). Im Fall der Leistungsverzögerung kann der Gläubiger nach Maßgabe der §§ 280, 286 Ersatz seiner Verzögerungsschäden und nach §§ 280, 281 Schadensersatz statt der Leistung verlangen; ein Rücktritt gem § 323 ist hingegen ausgeschlossen, da es sich bei der Übertragungsanordnung nicht um einen gegenseitigen Vertrag handelt (Johannsen/Henrich/Althammer/*Kohlenberg* Rn 11). Für Sach- und Rechtsmängel haftet der Schuldner nach hM analog § 365 wie ein Verkäufer (Johannsen/Henrich/Althammer/*Kohlenberg* Rn 11; FamR-Komm/*Weinreich* Rn 17; *Feuersänger* FamRZ 2003, 645, 647; aA, § 292, Staudinger/*Thiele* Rn 30; MüKo/*Koch* Rn 23; NK/*Fischinger* Rn 20).

17 **6. Abweichende Vereinbarungen.** Ein **ehevertragl Ausschluss** der Bestimmungen des § 1383 ist unzulässig; dem Gläubiger darf nicht von vornherein die Möglichkeit genommen werden, unter Berufung auf grobe Unbilligkeit die Übertragung bestimmter Vermögenswerte des Schuldners zu beantragen (NK/*Fischinger* Rn 23; MüKo/*Koch* Rn 35; Grü/*Siede* Rn 3). Grds keine Bedenken bestehen jedoch gegen eine ehevertragl Vereinbarung (§§ 1408, 1410), derzufolge der Zugewinnausgleich von vornherein (vollständig oder partiell) durch die Übertragung bestimmter Gegenstände erfolgen soll; ebenso können die Ehegatten dem Gläubiger das Recht zuerkennen, unabhängig von den Vorgaben des § 1383 nach seiner Wahl die Übertragung bestimmter Vermögensgegenstände unter Anrechnung auf die Zugewinnausgleichsforderung zu verlangen (NK/*Fischinger* Rn 23; MüKo/*Koch* Rn 36; Staudinger/*Thiele* Rn 34). Zur Regelungsbefugnis der Ehegatten nach Beendigung des Güterstands vgl § 1372 Rn 10.

§ 1384 Berechnungszeitpunkt des Zugewinns und Höhe der Ausgleichsforderung bei Scheidung

Wird die Ehe geschieden, so tritt für die Berechnung des Zugewinns und für die Höhe der Ausgleichsforderung an die Stelle der Beendigung des Güterstandes der Zeitpunkt der Rechtshängigkeit des Scheidungsantrags.

1 **1. Allgemeines.** § 1384 enthält für den Fall der Scheidung eine Abweichung von dem sich aus § 1373, § 1375 I 1, § 1376 II ergebenden Grundsatz, dass für die Berechnung des Zugewinns der Zeitpunkt der Beendigung des Güterstands entscheidend ist. Die Regelung wurde durch das Gesetz zur Änderung des Zugewinnausgleichs- und Vormundschaftsrechts v 6.7.2009 (BGBl I 2009, 1696) novelliert. Neben der Berechnung des Zugewinns richtet sich jetzt auch die Höhe der Ausgleichsforderung nach den Vermögensverhältnissen des Ausgleichspflichtigen zum Zeitpunkt der Rechtshängigkeit des Scheidungsantrags (vgl § 1378 Rn 2ff). Unter altem Recht war die Höhe der Ausgleichsforderung durch den Wert des Vermögens begrenzt, das nach Abzug der Verbindlichkeiten bei Beendigung des Güterstands noch vorhanden war (vgl § 1378 II, § 1384 aF). Durch die Vorverlegung des Stichtags soll verhindert werden, dass ein Ehegatte nach Einleitung des Scheidungsverfahrens seinen Zugewinn zum Nachteil des anderen zu verringern sucht (vgl § 1378 Rn 5, dort auch zu den Folgen eines unverschuldeten Vermögensverfalls). Tut er es dennoch, so ist dies ohne rechtl Bedeutung für die Berechnung seines Zugewinns und die Höhe der Ausgleichsforderung. Auf der anderen Seite führt die Regelung dazu, dass ein Ehegatte an dem Zugewinn, den der andere nach Antragstellung erzielt, nicht mehr beteiligt wird, sofern es zur rechtskräftigen Scheidung der Ehe kommt. Damit entfällt für beide Ehegatten der Anreiz, die Beendigung des Scheidungsverfahrens im Hinblick auf die Berechnung des Zugewinns zu sehen. Die Ausgleichsforderung entsteht aber auch bei Scheidung erst mit der Beendigung des Güterstands, dh mit der Rechtskraft des Scheidungsbeschl (§ 1378 III 1) und ist vorher nicht einklagbar (Hamburg FamRZ 1963, 648).

2 § 1384 ist bei **Aufhebung** der Ehe grds (Ausnahme: grobe Unbilligkeit) **analog anwendbar** (§ 1318 I/III). Zu der entspr Anwendung der Norm in den Fällen, in denen ein **Ehegatte** während des Scheidungsverfahrens **verstirbt**, vgl § 1371 Rn 23.

2. Zeitpunkt der Rechtshängigkeit. Maßgebend für die Berechnung des Zugewinns (§ 1373) und die Höhe der Ausgleichsforderung (§ 1378 II) ist nach § 1384 nicht die Beendigung des Güterstands, sondern der Zeitpunkt, in dem der Scheidungsantrag rechtshängig geworden ist, dh der Zeitpunkt seiner Zustellung (§ 113 I, § 121 Nr 1 FamFG, § 253 I, § 261 I ZPO). Unerheblich ist, welcher Ehegatte den Antrag gestellt hat (Staudinger/*Thiele* Rn 5). Der Stichtag des § 1384 ist der Berechnung auch dann zugrunde zu legen, wenn die Ehepartner vor der Antragstellung lange Jahre getrennt gelebt haben und der Ausgleichsverpflichtete deshalb eine Herabsetzung nach § 1381 anstrebt (Hamm FamRZ 1987, 701). Auch ein **längeres Ruhen des Verfahrens** berührt die Stichtagsregelung nicht (BGH FamRZ 1983, 350; Brandenburg FamRZ 2021, 1524, 1525; Köln FamRZ 2003, 539f; Hamm FamRZ 1992, 1180 – Verfahren neun Jahre nicht betrieben; KG NJW-RR 1996, 1090 – Verfahren 14 Monate nicht betrieben); dabei ist ohne Bedeutung, ob die Eheleute sich zwischenzeitl wieder versöhnt und die Lebensgemeinschaft fortgesetzt haben, während dessen das Scheidungsverfahren dann „in Vergessenheit geraten ist" (BGH FamRZ 1983, 350; Brandenburg FamRZ 2021, 1524, 1525; MüKo/*Koch* Rn 9; BeckOK/*Scheller*/*Sprink* Rn 6; NK/*Fischinger* Rn 7; Grü/*Siede* Rn 5; aA – bei Versöhnung und Einigung über die Nichtfortsetzung des Verfahrens ist die Wiederaufnahme als neuer Scheidungsantrag zu werten – Karlsruhe FamRZ 1980, 1119; zust Staudinger/*Thiele* Rn 4 – Schutzzweck des § 1384 greift nicht ein; vgl auch Bremen FamRZ 1998, 1516f); dies gilt auch dann, wenn der Ehegatte, für den die Fixierung auf den Zeitpunkt der Rechtshängigkeit des Scheidungsantrags ungünstig ist, keine Möglichkeit hatte, die Rechtshängigkeit des Scheidungsverfahrens zu beseitigen (NK/*Fischinger* Rn 7; ebenso Brandenburg FamRZ 2021, 1524, 1525; wohl auch *Schröder* FamRZ 2003, 277; aA – unter Berufung auf § 242 – Bremen FamRZ 1998, 1516f). Nach BGH (FamRZ 2018, 331, 332f) kann nur im Ausnahmefall aus Billigkeitsgründen (§ 242) von dem gesetzl geregelten Stichtag abgewichen werden; zu denken sein soll ua an solche Konstellationen, in denen die Eheleute nach Rechtshängigkeit wieder über viele Jahre zusammengelebt und das Verfahren aus den Augen verloren haben. 3

Haben **beide Ehegatten** in demselben Verfahren **Scheidungsanträge gestellt**, so ist der Zeitpunkt maßgebend, in dem der frühere Antrag rechtshängig geworden ist, selbst wenn die Ehe aufgrund des späteren Antrags geschieden wird (MüKo/*Koch* Rn 12; Grü/*Siede* Rn 8; aA – für den Fall der Rücknahme des ersten Antrags – *Schröder* FamRZ 2003, 277f; vgl auch Düsseldorf FuR 2001, 523: Folgt einem unbegründeten Antrag auf Aufhebung der Ehe ein gerechtfertigter Scheidungsantrag, kommt es allein auf die Rechtshängigkeit des späteren Scheidungsantrags an.). Die Zustellung des zweiten Antrags bleibt aber maßgebend, wenn die Rechtshängigkeit des ersten Scheidungsverfahrens (zB durch Rücknahme des Scheidungsantrags) beendet wurde, bevor der spätere Antrag zugestellt werden konnte (vgl BGH FamRZ 2006, 260f zu § 1587 II aF; Johannsen/Henrich/Althammer/*Kohlenberg* Rn 4; NK/*Fischinger* Rn 8 Fn 25); waren **mehrere Scheidungsverfahren anhängig**, so kommt es auf das Verfahren an, das schließlich zur Scheidung geführt hat (BGH FamRZ 1979, 905; Braunschweig FamRZ 2017, 789, 791; AG Mölln NJW-FER 2001, 250; vgl auch BGH FamRZ 1967, 138). 4

Wurde der **Scheidungsantrag verfrüht** gestellt, kann der Berufung auf den Stichtag des § 1384 ggf der Einwand des Rechtsmissbrauchs (§ 242) entgegenstehen (BGH FamRZ 2018, 331, 332f; Naumburg FamRZ 2009, 2019; Soergel/*Kappler*/*Kappler* Rn 14; s auch *Schramm* NJW-Spezial 2022, 68). Nach BGH (FamRZ 2018, 331, 332) kommt dies in Betracht, wenn konkrete Anhaltspunkte dafür vorliegen, dass durch den verfrühten Scheidungsantrag in illoyaler Weise verhindert werden soll, dass der andere Ehegatte an einer konkret absehbaren erheblichen Vermögensmehrung teilhat (dem folgend Brandenburg FamRZ 2021, 1524, 1526). Darlegungs- und beweispflichtig für das Vorliegen entspr Umstände ist der Ehegatte, der sich auf einen von § 1384 abweichenden (fiktiven) Stichtag beruft (vgl BGH FamRZ 2018, 331, 333). Vgl zu der parallelen Problematik im Hinblick auf den Versorgungsausgleich auch § 3 VersAusglG Rn 3. 5

3. Vorzeitige Aufhebung der Zugewinngemeinschaft. Bei **vorzeitiger Aufhebung der Zugewinngemeinschaft** (§§ 1385f) gilt eine dem § 1384 entspr Regelung: Nach § 1387 tritt in den Fällen der §§ 1385f für die Berechnung des Zugewinns und die Höhe der Ausgleichsforderung an die Stelle der Güterstandsbeendigung der Zeitpunkt, in dem die entspr Anträge gestellt sind. Hat ein Ehegatte sowohl Antrag auf vorzeitige Aufhebung der Zugewinngemeinschaft als auch auf Scheidung der Ehe gestellt, so ist der Zeitpunkt der ersten Antragstellung maßgebend, unabhängig davon, welches Verfahren schließlich zur Beendigung des Güterstands führt (Düsseldorf FamRZ 2022, 1919, 1921; Johannsen/Henrich/Althammer/*Kohlenberg* Rn 5; MüKo/*Koch* Rn 13; Grü/*Siede* Rn 8). Wurde zunächst Antrag auf vorzeitige Aufhebung der Zugewinngemeinschaft gestellt, kommt es somit auf den Stichtag des § 1387 an, selbst wenn der Güterstand durch die später beantragte Scheidung beendet wird (MüKo/*Koch* Rn 13); nach hier vertretener Ansicht ist dabei auch nach Neufassung des § 1387 („Anträge gestellt") nicht auf die Einreichung, sondern auf die Rechtshängigkeit der Anträge nach §§ 1385f abzustellen (s § 1387 Rn 2). Im Hinblick auf den Schutzzweck der §§ 1384, 1387 (vgl Rn 1; § 1387 Rn 1) spielt es keine Rolle, ob der antragstellende Ehegatte in dem früher rechtshängigen Verfahren auch Erfolg gehabt hätte (Johannsen/Henrich/Althammer/*Kohlenberg* Rn 5; MüKo/*Koch* Rn 13; Soergel/*Kappler*/*Kappler* Rn 15; NK/*Fischinger* Rn 11; aA Staudinger/*Thiele* Rn 8); bei offenkundiger Aussichtslosigkeit kann der Gefahr einer strategischen Vorverlagerung des Berechnungszeitpunkts über den Einwand des Rechtsmissbrauchs (§ 242) begegnet werden (BeckOK/*Scheller*/*Sprink* Rn 9; NK/*Fischinger* Rn 11; Grü/*Siede* Rn 8; vgl auch Naumburg FamRZ 2009, 2019 – verfrühter Scheidungsantrag). Umgekehrt bleibt dann, wenn bei laufendem Scheidungsverfahren Antrag auf vorzeitige Aufhebung der Zugewinngemeinschaft gestellt wird, der Stichtag des § 1384 maßgeblich und wird nicht durch den des § 1387 ersetzt (Hamm FamRZ 1982, 609; Düsseldorf FamRZ 2022, 1919, 1921, dort auch zur Erledigung eines im Scheidungsverbund gestellten güterrechtl Folgesachenantrags durch rechtskräftige Ge- 6 staltungsentscheidung im Verfahren auf vorzeitige Aufhebung der Zugewinngemeinschaft nach § 1385, aaO, 1920f). Ebenfalls auf den Stichtag des § 1384 ist abzustellen, wenn der Scheidungsantrag zurückgenommen wird, einer der Ehegatten aber erklärt hat, die Folgesache Zugewinn als selbständige Familiensache (Antrag nach §§ 1385f) fortführen zu wollen (§ 141 FamFG); entscheidend für die Berechnung des Zugewinns und die Höhe der Ausgleichsforderung ist auch hier die Rechtshängigkeit des ursprünglichen, nicht die eines (etwaigen) neuen Scheidungsantrags (Köln FamRZ 2003, 539f; FamRZ 2008, 2043 mwN; NK/*Fischinger* Rn 9; Grü/*Siede* Rn 9).

7 **4. Feststellungsantrag.** Die Feststellung des Stichtags iSd § 1384 kann nicht Gegenstand eines selbständigen (Zwischen-)Feststellungsverfahrens sein; als bloße Vorfrage der Zugewinnberechnung ist der Stichtag **nicht feststellungsfähig** (Köln FamRZ 2003, 539).

8 **5. Abweichende Vereinbarungen.** Die Stichtagsregelung des § 1384 kann **durch Ehevertrag** (§§ 1408, 1410) abbedungen werden (NK/*Fischinger* Rn 16; MüKo/*Koch* Rn 17f; Staudinger/*Thiele* Rn 14); es handelt sich insofern um eine Modifikation des Berechnungsmodus für den Zugewinnausgleich, die nach einhelliger Auffassung grds zulässig ist (vgl § 1372 Rn 7). Die Ehegatten können sowohl einen abw Stichtag vereinbaren (Johannsen/Henrich/Althammer/*Kohlenberg* Rn 6) als auch § 1384 abbedingen, ohne eine anderweitige Regelung zu treffen; in diesem Fall wäre für die Berechnung des Zugewinns und die Höhe der Ausgleichsforderung (dem Grundsatz entspr, vgl Rn 1) auf die Beendigung des Güterstands abzustellen, vgl § 1375 I 1, § 1376 II, § 1378 II (MüKo/*Koch* Rn 18). Bedenken bestehen allerdings, wenn die Änderung lediglich einen Ehegatten treffen soll, da dann dessen geplante Benachteiligung und damit die Sittenwidrigkeit des Rechtsgeschäfts (§ 138) naheliegen (MüKo/*Koch* Rn 18; Staudinger/*Thiele* Rn 14). Zur Regelungsbefugnis der Ehegatten **nach Beendigung des Güterstands** vgl § 1372 Rn 10.

§ 1385 Vorzeitiger Zugewinnausgleich des ausgleichsberechtigten Ehegatten bei vorzeitiger Aufhebung der Zugewinngemeinschaft

Der ausgleichsberechtigte Ehegatte kann vorzeitigen Ausgleich des Zugewinns bei vorzeitiger Aufhebung der Zugewinngemeinschaft verlangen, wenn

1. **die Ehegatten seit mindestens drei Jahren getrennt leben,**
2. **Handlungen der in § 1365 oder § 1375 Absatz 2 bezeichneten Art zu befürchten sind und dadurch eine erhebliche Gefährdung der Erfüllung der Ausgleichsforderung zu besorgen ist,**
3. **der andere Ehegatte längere Zeit hindurch die wirtschaftlichen Verpflichtungen, die sich aus dem ehelichen Verhältnis ergeben, schuldhaft nicht erfüllt hat und anzunehmen ist, dass er sie auch in Zukunft nicht erfüllen wird, oder**
4. **der andere Ehegatte sich ohne ausreichenden Grund beharrlich weigert oder sich ohne ausreichenden Grund bis zur Stellung des Antrags auf Auskunft beharrlich geweigert hat, ihn über den Bestand seines Vermögens zu unterrichten.**

Schrifttum: *Bruns,* Der eheliche Unterrichtungsanspruch und seine Bedeutung für den vorzeitigen Zugewinnausgleich, FamRB 2022, 410; *Büte,* Im Blickpunkt: Der vorzeitige Zugewinnausgleich, FuR 2018, 114 und 172; *Fischinger,* Zur vorzeitigen Aufhebung der Zugewinngemeinschaft und dem vorzeitigen Zugewinnausgleich nach §§ 1385, 1386 BGB, FF 2019, 285; *Herr,* Vorzeitiger Zugewinnausgleich bei Rechtshängigkeit des Zugewinnausgleichs als Folgesache im Scheidungsverbund, FamRB 2018, 368; *Kogel,* Das faktische „Aus" für einen vorzeitigen Zugewinnausgleich gemäß § 1385 Abs. 4 BGB – zugleich ein Plädoyer für eine gesetzliche Neuregelung, FamRZ 2022, 1089; *Kohlenberg,* Der vorzeitige Zugewinnausgleich (§§ 1385, 1386 BGB) – Häufig nützlich, aber dennoch gemieden, NZFam 2018, 356; *Langheim,* Vorzeitige Aufhebung der Zugewinngemeinschaft, FF 2022, 441; *Schneider,* Verfahrenswert im Verfahren auf vorzeitigen Zugewinnausgleich, NZFam 2016, 258.

1 **1. Allgemeines.** Die §§ 1385f geben den Ehegatten die Möglichkeit, den gesetzl Güterstand einseitig zu beenden, ohne dass gleichzeitig die Scheidung betrieben werden muss. Die Regelungen sind durch das Gesetz zur Änderung des Zugewinnausgleichs- und Vormundschaftsrechts v 6.7.2009 (BGBl I 2009, 1696) grundlegend novelliert worden. § 1385 gestattet dem ausgleichsberechtigten Ehegatten nunmehr die Kombination des Antrags auf vorzeitige Aufhebung der Zugewinngemeinschaft mit dem Antrag auf vorzeitigen Zugewinnausgleich (BT-Drs 16/10798, 19). Daneben begründet § 1386 für beide Ehegatten das Recht, sich durch Gestaltungsantrag lediglich aus der Zugewinngemeinschaft zu lösen. Gelockert wurden zudem die Voraussetzungen für einen Aufhebungsantrag wegen Gefährdung der Erfüllung der Ausgleichsforderung (§ 1385 Nr 2, vgl Rn 5); § 1385 Nr 4 wurde an die Neugestaltung der Auskunftspflicht (§ 1379) angepasst.

2 **2. Dreijährige Trennung (§ 1385 Nr 1).** Das Recht auf vorzeitigen Ausgleich bei vorzeitiger Aufhebung der Zugewinngemeinschaft setzt im Falle des Getrenntlebens eine mindestens dreijährige Trennung der Ehegatten voraus. Bei dieser Dauer ist meist mit einer Wiederherstellung der ehelichen Gemeinschaft nicht mehr zu rechnen; das Gesetz vermutet das Scheitern der Ehe (§ 1566 II). Wann die Ehegatten getrennt leben, richtet sich nach § 1567 (Brandenburg FamRZ 2021, 1869), s Anm dort. Auf ein Verschulden oder auf die Trennungsursachen kommt es nicht an (Grü/*Siede* § 1386 Rn 4; MüKo/*Koch* Rn 9; Staudinger/*Thiele* § 1385 Rn 11). Es genügt, dass die Voraussetzungen des § 1385 Nr 1 in der letzten mündlichen Verhandlung der Tatsacheninstanz erfüllt sind (NK/*Fischinger* § 1386 Rn 7; *Büte* FuR 2018, 172). **Darlegungs-** und **beweispflichtig** für das Vorliegen der Voraussetzungen des § 1385 Nr 1 ist der Antragsteller (Grü/*Siede* § 1386 Rn 15; Brandenburg FamRZ 2021, 1869).

Ein Interesse an der vorzeitigen Aufhebung der Zugewinngemeinschaft kann auch der Ehegatte haben, der selbst den größeren Zugewinn erzielt hat. Er mag den Antrag nach § 1386 iVm § 1385 Nr 1 stellen, um die Beteiligung des anderen an seinem künftigen Zugewinn auszuschließen, ggf auch, um alsbald eine gerichtliche Entscheidung darüber herbeizuführen, ob ihm wegen des in der Vergangenheit erzielten Zugewinns ein Leistungsverweigerungsrecht gem § 1381 zusteht. Voraussetzung des Antrags nach § 1386 iVm § 1385 Nr 1 ist auch bei der Antragstellung durch den Ausgleichspflichtigen lediglich die dreijährige Trennung der Ehegatten; der Darlegung eines **berechtigten Interesses** an der vorzeitigen Aufhebung der Zugewinngemeinschaft bedarf es nicht, BGH FamRZ 2019, 1045f; *Gomille* NJW 2012, 1545, 1546; *Kogel* FamRZ 2012, 85; aA *Schöfer-Liebl* FamRZ 2011, 1628; 2012, 87: Um den Schutzzweck des § 1365 nicht auszuhöhlen, muss der Ausgleichspflichtige ein berechtigtes Interesse an der Antragstellung besitzen. 3

3. Gefährdung der Ausgleichsforderung (§ 1385 Nr 2). a) Befürchtung einer Handlung iSd §§ 1365, 1375 II. Nach § 1385 Nr 2 kann vorzeitige Aufhebung der Zugewinngemeinschaft auch dann verlangt werden, wenn Handlungen der in § 1365 oder § 1375 II 1 bezeichneten Art zu befürchten sind und dadurch eine erhebliche Gefährdung der Ausgleichsforderung zu besorgen ist. Zwar sind nach § 1365 sowohl schuldrechtl als auch dingliche Rechtsgeschäfte eines Ehegatten über sein Vermögen im Ganzen ohne Zustimmung des anderen unwirksam (zu den Voraussetzungen des § 1365 s § 1365 Rn 2ff) und der übergangene Ehegatte hat die Möglichkeit, die sich aus der Unwirksamkeit ergebenden Rechte gegen Dritte auch selbst gerichtlich geltend machen (§ 1368); er kann und braucht sich aber nicht darauf zu verlassen, dass dies zu seinem Schutz ausreichen wird. Das Gleiche gilt in Fällen, in denen eine illoyale Vermögensminderung iSd § 1375 II 1 zu befürchten ist (zu den Voraussetzungen des § 1375 II 1 s § 1375 Rn 14ff). Ein **Rechtsgeschäft über Haushaltsgegenstände** ohne Zustimmung des anderen Ehegatten (§ 1369) kann das Antragsrecht nach § 1385 Nr 2 nur begründen, wenn die Voraussetzungen einer illoyalen Vermögensminderung iSd § 1375 II 1 vorliegen. 4

Nicht erforderlich ist, dass der andere Ehegatte eine der in §§ 1365, 1375 II 1 bezeichneten Handlungen bereits vorgenommen hat (und ggf Wiederholungsgefahr droht); die **Befürchtung** einer entspr Handlung ist ausreichend. Wann eine der inkriminierten Handlungen zu befürchten sein soll, lässt das Gesetz allerdings offen. Ausweislich der Begründung des RegE müssen Anhaltspunkte vorliegen, aus denen sich ergibt, dass der Vermögensverlust durch eine der fraglichen Handlungen bevorsteht (BT-Drs 16/10798, 19; NK/*Fischinger* § 1386 Rn 10; vgl auch *Büte* FuR 2012, 516, 518; FuR 2018, 172, 173; MüKo/*Koch* Rn 14 – keine Behauptungen „ins Blaue hinein"). Dies kann zB der Fall sein, wenn ein Ehegatte ohne wirtschaftl Grund Aktien veräußert oder Festgeldkonten auflöst, unmittelbar nach der Trennung eine Immobilie zum Verkauf anbietet, die einen wesentlichen Teil seines Vermögens darstellt, oder Ausgaben tätigt, die gemessen an seinem bisherigen Lebensstil als übermäßig gelten müssen (Buchung einer Luxusreise, die nahezu die gesamten Ersparnisse aufbraucht); entscheidend sind stets die Umstände des Einzelfalls (BT-Drs 16/10798, 19f, der die aufgeführten Bsp entnommen sind). Nicht ausreichend ist nach Oldenburg (FamRZ 2016, 723), dass der Antragsgegner Vermögensgegenstände dem unmittelbaren Zugriff des Antragstellers entzogen hat (zB durch Überweisung eines höheren Geldbetrags auf ein Konto, für das der Antragsteller keine Kontovollmacht besitzt). Ist bei einem Gesamtvermögensgeschäft iSd § 1365 I die fehlende Zustimmung des Ehegatten durch das FamG ersetzt worden (§ 1365 II), scheidet ein Anspruch aus § 1385 Nr 2 ebenfalls aus (MüKo/*Koch* Rn 14); die bloße Möglichkeit der Ersetzung steht dem Antrag jedoch nicht entgegen (MüKo/*Koch* Rn 14; Staudinger/*Thiele* § 1385 Rn 16). Hat ein Ehegatte sein Vermögen bereits durch eine der in § 1375 II 1 bezeichneten Handlungen vermindert, so ist ein Vorgehen nach § 1385 Nr 2 ausgeschlossen, wenn die Voraussetzungen des § 1375 III erfüllt sind (MüKo/*Koch* Rn 17; Grü/*Siede* § 1386 Rn 5; NK/*Fischinger* § 1386 Rn 12 [analog]); zu den Voraussetzungen des § 1375 III vgl § 1375 Rn 21f. § 1385 Nr 2 verlangt iÜ ein **positives Tun** („Handlungen"); kein Fall illoyaler Vermögensminderung iSd § 1375 II 1 liegt daher vor, wenn der Ehegatte eine Erwerbsgelegenheit ungenutzt lässt oder abredewidrig eine mögliche Vermögensbildung unterlässt (Brandenburg FamRZ 2008, 1441f zu § 1386 II Nr 2 aF). 5

b) Erhebliche Gefährdung der Ausgleichsforderung. In beiden Alternativen des § 1385 Nr 2 ist Voraussetzung der Antragstellung, dass eine erhebliche **Gefährdung der Erfüllung der künftigen Ausgleichsforderung** zu besorgen ist. Von einer solchen ist auszugehen, wenn aufgrund der in § 1385 Nr 2 aufgeführten Handlungen das Ausgleichsinteresse beeinträchtigt wird, sei es, dass die Entstehung oder der Umfang der Forderung beeinträchtigt werden, sei es, dass der Ausgleichsschuldner seine Verbindlichkeiten einschl der Ausgleichsforderung (Stichtag: § 1387) nicht mehr erfüllen kann (BT-Drs 16/10798, 20; Brandenburg FamRZ 2008, 1441, 1443; NK/*Fischinger* § 1386 Rn 13). Ob eine Gefährdung **erheblich** ist, richtet sich nach der Wahrscheinlichkeit und der Höhe des zu erwartenden Ausfalls (Köln FamRZ 2003, 539f; Grü/*Siede* § 1386 Rn 6; NK/*Fischinger* § 1386 Rn 13; vgl auch Brandenburg FamRZ 2008, 1441, 1443). Maßgeblich sind die Verhältnisse im Zeitpunkt der letzten mündlichen Verhandlung (Frankfurt FamRZ 1984, 895; Köln FamRZ 2003, 539; Grü/*Siede* § 1386 Rn 6). 6

Das Recht, in den Fällen des § 1385 Nr 2 vorzeitige Aufhebung der Zugewinngemeinschaft zu verlangen, haben **beide Ehegatten**, nicht nur derjenige, dem voraussichtlich selbst eine Ausgleichsforderung zustehen wird (Grü/*Siede* § 1386 Rn 6; NK/*Fischinger* § 1386 Rn 14; Johannsen/Henrich/Althammer/*Kohlenberg* § 1386 Rn 2; MüKo/*Koch* Rn 18). Zwar ist nur für den ausgleichsberechtigten Ehegatten eine Gefährdung der Ausgleichsforderung denkbar, für den Gestaltungsantrag nach § 1386 müssen die in § 1385 genannten Voraussetzungen jedoch nicht wortgetreu erfüllt sein; die Regelung findet lediglich entspr Anwendung. Das Kriterium der „Gefährdung der Erfüllung der Ausgleichsforderung" findet dabei seine Entsprechung in der Besorgnis, dass der Ausgleichsberechtigte durch die unlauteren Vermögensverschiebungen seinen Zugewinn schmälern und damit einen höhe- 7 ren Anspruch auf Zugewinnausgleich erlangen könnte (vgl BT-Drs 16/10798, 20; Grü/*Siede* § 1386 Rn 6). **Darlegungs-** und **beweispflichtig** für das Vorliegen der Voraussetzungen des § 1385 Nr 2 ist der Antragsteller; dabei genügt es, wenn Anhaltspunkte vorgetragen werden, aus denen sich die ernsthafte Sorge ergibt, dass alsbald Handlungen der in §§ 1365, 1375 II bezeichneten Art vorgenommen werden (BGH NJW 2015, 154, 157).

8 **4. Schuldhafte Nichterfüllung der wirtschaftlichen Verpflichtungen (§ 1385 Nr 3). a) Zweck der Regelung.** Das Antragsrecht nach § 1385 Nr 3 setzt voraus, dass der andere Ehegatte längere Zeit hindurch die wirtschaftl Verpflichtungen, die sich aus dem ehelichen Verhältnis ergeben, schuldhaft nicht erfüllt hat. Dies entspricht den Vorgaben des § 1381 II, wonach der Ausgleich des in der Vergangenheit erzielten Zugewinns uU wegen grober Unbilligkeit ganz oder teilw verweigert werden kann. § 1385 Nr 3 dient aber nicht nur dem Schutz des Ehegatten, der selbst den größeren Zugewinn erzielt hat; er eröffnet auch dem anderen die Möglichkeit, die Entstehung und Erfüllung der Ausgleichsforderung zu seinen Gunsten herbeizuführen, da in Fällen dieser Art meist damit zu rechnen ist, dass sich die Ausgleichsforderung bei weiterem Zuwarten verringern würde. Außerdem ist ein Ehegatte häufig auf den Ausgleich des Zugewinns angewiesen, wenn der andere seine wirtschaftl Verpflichtungen ihm ggü nicht erfüllt. Die vorzeitige Aufhebung der Zugewinngemeinschaft hat allerdings auch die für ihn ungünstige Folge, dass er an dem zukünftigen Zugewinn seines Ehepartners nicht mehr beteiligt wird (vgl § 1388 Rn 3). Stellt der Ehegatte, der den geringeren Zugewinn erzielt hat, den Antrag nach § 1385 Nr 3, kann es im Hinblick auf die Regelung des § 1388 uU in seinem Interesse liegen und zugleich der Erhaltung der Ehe dienen, wenn das Verfahren vorübergehend zum Ruhen gebracht wird, um abzuwarten, ob der andere Ehegatte sein Verhalten ändert.

9 **b) Nichterfüllung wirtschaftlicher Verpflichtungen.** Der Antrag nach § 1385 Nr 3 muss auf die **Nichterfüllung wirtschaftlicher Verpflichtungen** durch den anderen Ehegatten gestützt werden (vgl § 1381 Rn 3f; Brandenburg FamRZ 2008, 1441 – Verletzung von Unterhaltspflichten); Eheverfehlungen anderer Art (zB Ehebruch) sind in diesem Zusammenhang unerheblich (NK/*Fischinger* § 1386 Rn 17; MüKo/*Koch* Rn 23). Nichterfüllung iSd Vorschrift ist auch unregelmäßige, unvollständige oder verspätete Erfüllung (Brandenburg FamRZ 2008, 1441f [zu § 1386 I aF]; MüKo/*Koch* Rn 23; Staudinger/*Thiele* § 1385 Rn 27). Unerheblich ist, ob das pflichtwidrige Verhalten zu einer Vermögenseinbuße geführt hat (Brandenburg FamRZ 2008, 1441f; Grü/*Siede* § 1386 Rn 7; NK/*Fischinger* § 1386 Rn 16). Zu fordern ist allerdings ein **schuldhaftes Handeln** des anderen Ehegatten (Haftungsmaßstab: § 1359). Wann eine Nichterfüllung **längere Zeit hindurch** anzunehmen ist, kann nur nach den Umständen des Einzelfalls beurteilt werden; jedenfalls muss eine gewisse Beharrlichkeit des schuldhaften Verhaltens vorliegen.

10 **c) Prognose.** Zudem darf **keine Änderung des Verhaltens für die Zukunft** zu erwarten sein. Dies kann nicht allein nach den Erklärungen und Versprechungen des anderen Ehegatten, insb im Verfahren, beurteilt werden (vgl auch MüKo/*Koch* Rn 24); maßgebend sind vor allem sein Verhalten in der Vergangenheit und seine hieraus zu folgernde Vertrauenswürdigkeit. Daher reicht die bloße Äußerung, man werde sein Vermögen „abräumen" und der Bedürftige „bekomme kein Geld", für eine Antragstellung nach § 1385 Nr 3 nicht aus (Hamm FamRZ 2000, 228). Die Regelung setzt die obj begründbare ernstliche Besorgnis voraus, dass der Ehegatte seinen wirtschaftl Verpflichtungen auch in Zukunft nicht nachkommen wird; die Umstände müssen eher auf eine Fortsetzung der schuldhaften Pflichtverletzung schließen lassen als auf einen Gesinnungswandel (Brandenburg FamRZ 2008, 1441f – Misstrauen genügt nicht; Grü/*Siede* § 1386 Rn 7; MüKo/*Koch* Rn 24). **Darlegungs-** und **beweispflichtig** ist der Antragsteller (Brandenburg FamRZ 2008, 1441f).

11 **5. Grundlose Weigerung der Unterrichtung über die Vermögensverhältnisse (§ 1385 Nr 4). a) Unterrichtungspflicht.** Nach § 1385 Nr 4 kann der Ausgleichsberechtigte vorzeitigen Zugewinnausgleich bei vorzeitiger Aufhebung des Güterstands auch dann verlangen, wenn der andere Ehegatte sich ohne ausreichenden Grund beharrlich weigert bzw bis zur gerichtlichen Geltendmachung des Auskunftsanspruchs aus § 1379 beharrlich geweigert hat, ihn über den Bestand seines Vermögens zu unterrichten. Zwar haben die Ehegatten während des Güterstands grds keinen gerichtlich durchsetzbaren Anspruch auf Auskunftserteilung über den jew Vermögensstand des anderen Ehegatten, weil hierdurch der Ehefrieden erheblich gefährdet werden könnte. Es entspricht aber den wohlverstandenen Erfordernissen einer ehelichen Lebensgemeinschaft, dass die Ehegatten einander in nach den Umständen angemessener Weise über ihre Vermögensverhältnisse unterrichten, zumal diese auch für den Umfang ihrer Verpflichtung, zum angemessenen Unterhalt der Familie beizutragen (§§ 1360, 1360a), von Bedeutung sind. Aus § 1353 I 2 wird daher die Pflicht abgeleitet, in groben Zügen über die von einem Ehegatten **vorgenommenen Vermögensbewegungen zu unterrichten** (s BGH NJW 2015, 154, 155 mwN; konkretisierend *Bruns* FamRB 2022, 410, 411; vgl auch § 1353 Rn 20). Hierzu ist nicht die Vorlage von Belegen oder die Einsicht in Geschäftsbücher erforderlich (Köln FamRZ 2020, 1716, 1717; Frankfurt FamRZ 2010, 563f; Brandenburg FamRZ 2008, 1441f – § 260 findet keine Anwendung; Hamm FamRZ 2000, 228, 229), der Anspruch richtet sich auf einen Überblick über wesentliche Bestandteile des Vermögens, um ihren Wert in groben Zügen zu ermitteln. Zur Unterrichtung des Ehegatten über den Vermögensbestand genügt es idR, dass ihm die wesentlichen Angaben gemacht werden, aus denen er die Größe des Vermögens und dessen Zusammensetzung im Großen und Ganzen entnehmen kann. Die Unterrichtung über die Vermögensverhältnisse muss auf Wunsch des anderen Ehegatten in angemessenen Zeitabständen wiederholt werden, insb wenn wesentliche Änderungen eingetreten sind. Entzieht ein Ehegatte sich dieser Pflicht, ist regelmäßig der Verdacht begründet, dass er seine wirtschaftl Verpflichtungen ggü dem anderen nicht in angemessenem Umfang erfüllen will (vgl Bericht zu BT-Drs II/3409, 13). Deshalb gibt das Gesetz den Ehegatten auch in diesem Fall das Recht, den Antrag nach §§ 1385f zu stellen.

Der auf § 1353 I 2 gestützte Unterrichtungsanspruch endet mit dem Scheitern der Ehe, vgl § 1353 II (s dazu BGH FamRZ 2022, 593, 594 m krit Anm *Kogel* FamRZ 2022, 1089, 1090f); darlegungs- und beweispflichtig für die das Scheitern der Ehe begründenden Umstände ist der Schuldner des Unterrichtungsanspruchs (BGH FamRZ 2022, 593, 595).

Durch die Güterrechtsreform 2009 ist die **Auskunftspflicht aus § 1379** erheblich ausgeweitet worden. Nach § 1379 II können die Ehegatten jetzt auch Auskunft über das Vermögen des anderen Ehegatten zum Zeitpunkt der **Trennung** verlangen; der Anspruch besteht bereits während des Getrenntlebens (§ 1567), kann also auch schon vor Beendigung des Güterstands oder Rechtshängigkeit der in § 1379 I 1 bezeichneten Anträge (dh auch jener nach §§ 1385f) geltend gemacht werden. Damit stellt sich die Frage, ob auch die Verletzung der Auskunftspflicht aus § 1379 II zur Antragstellung nach § 1385 Nr 4 berechtigen kann. Der BGH verneint dies (BGH FamRZ 2022, 593, 594f; NJW 2015, 154, 155f m zust Anm *Kogel* FamRZ 2015, 369; ebenso MüKo/*Koch* Rn 25ff; Staudinger/*Thiele* § 1385 Rn 34; Grü/*Siede* § 1386 Rn 8; *Bruns* FamRB 2022, 410, 412; aA Soergel/*Kappler*/*Kappler* Rn 29; krit auch *Löhnig*/*Plettenberg* NZFam 2015, 49). Zu überzeugen vermag dies nicht. Entgegen der Auffassung des BGH kann weder aus dem Wortlaut des § 1385 Nr 4 noch aus den Gesetzesmaterialien gefolgert werden, dass allein die Verletzung der aus § 1353 I 2 abgeleiteten Unterrichtungspflicht in den Anwendungsbereich der Norm fallen soll. Der Auskunftsanspruch nach § 1379 II war im ursprünglichen RegE v 5.11.2008 (BT-Drs 16/10798) noch nicht vorgesehen; er wurde erst auf Empfehlung des Rechtsausschusses aufgenommen. Die Materialien lassen nicht erkennen, dass dabei die möglichen Konsequenzen für einen Antrag nach § 1385 Nr 4 diskutiert wurden. Für eine Anwendung der Norm auch bei Verletzung der Auskunftspflicht nach § 1379 II spricht hingegen der Zweck des § 1385 Nr 4. Die Vorschrift erlaubt die vorzeitige Beendigung der Zugewinngemeinschaft, weil die beharrliche Weigerung, den anderen über den Bestand seines Vermögens zu unterrichten, den Verdacht begründet, dass „der Ehegatte sich seiner Verpflichtung entziehen will, den anderen Ehegatten an dem, was er in der Ehe erwirbt, zu beteiligen" ([zu § 1386 III aF] Bericht zu BT-Drs II/3409, 13; zum Schutzzweck ebenso BGH FamRZ 2022, 593, 594; NJW 2015, 154, 156). Dieser Verdacht besteht allerdings nicht minder, wenn ein Ehegatte nach Trennung die Auskunft nach § 1379 II verweigert. Entgegen der Auffassung des BGH wird der andere Ehegatte in diesem Fall auch nicht ausreichend durch § 1375 II 2 geschützt (vgl auch *Löhnig*/*Plettenberg* NZFam 2015, 49, 50). Die Regelung setzt voraus, dass der andere Ehegatte Auskunft über das Vermögen zum Trennungszeitpunkt gegeben hat; verweigert er die Auskunft, läuft die Regelung bis zu einer evtl gerichtlichen Durchsetzung des Auskunftsanspruchs leer. Soweit der BGH darauf hinweist, dass ein Ehegatte, der nach § 1385 Nr 4, § 1386 vorgehen wolle, auch während des Getrenntlebens noch die Rechte aus § 1353 I 2 geltend machen könne (BGH NJW 2015, 154, 156; s dazu auch *Kogel* FamRZ 2015, 369, 371), gilt dies nur so lange, bis die Ehe gescheitert ist (s BGH FamRZ 2022, 593, 594; vgl auch MüKo/*Koch* Rn 28). Danach bleibt – bis zu den in § 1379 I 1 genannten Zeitpunkten – nur der Anspruch aus § 1379 II. Dies spricht aber dafür, den Anwendungsbereich des § 1385 Nr 4 auch auf den Anspruch aus § 1379 II zu erstrecken (s auch BeckOGK/*Szalai* Rn 41 [Stand: 1.2.2023]; *Löhnig*/*Plettenberg* NZFam 2015, 49, 50f; *Fischinger* FF 2019, 285, 287). 12

b) Beharrliche Weigerung. Eine beharrliche Weigerung liegt vor, wenn ein Ehegatte wiederholt berechtigten Wünschen des anderen nicht entspricht (BGH NJW 2015, 154, 155; Köln FamRZ 2020, 1716, 1717; Frankfurt FamRZ 2010, 563f – drei Aufforderungen genügen; Staudinger/*Thiele* § 1385 Rn 37). Nach BGH (NJW 2015, 154, 155) muss der Antragsgegner in geeigneter Form auf Unterrichtung (§ 1353) in Anspruch genommen worden sein; dies ist nach Ansicht des XII. ZS nicht der Fall, wenn der Ehegatte statt des Informationsrechts aus § 1353 I 2 lediglich den Auskunftsanspruch nach § 1379 II geltend gemacht hat (BGH NJW 2015, 154, 156); vgl dazu auch Rn 12. Wird die Unterrichtung nachdrücklich, ernsthaft und endgültig abgelehnt, kann auch eine einzige Aufforderung ausreichen (Johannsen/Henrich/Althammer/*Kohlenberg* Rn 5; MüKo/*Koch* Rn 30; Staudinger/*Thiele* § 1385 Rn 37). Nach § 1385 Nr 4 genügt es, dass der andere Ehegatte sich bis zur Stellung des Antrags auf Auskunft geweigert hat, den ausgleichsberechtigten Ehegatten über den Bestand seines Vermögens zu unterrichten. Erteilt der Ausgleichspflichtige nach Antragstellung Auskunft, kann der ausgleichsberechtigte Ehegatte gleichwohl nach § 1385 Nr 4 vorzeitigen Zugewinnausgleich verlangen (BT-Drs 16/10798, 20). Maßgeblicher Zeitpunkt ist die „Stellung des Antrags". In der ursprünglichen Fassung der Norm (Fassung bis 25.11.2015) wurde noch auf die „Erhebung der Klage auf Auskunft" und damit auf die Rechtshängigkeit abgestellt (vgl NK/*Fischinger* § 1386 Rn 23; s auch Erman/*Budzikiewicz*[14] Rn 12). Ob dies auch nach der Novellierung durch das G zur Bereinigung des Rechts der Lebenspartner v 20.11.2015 (BGBl I 2015, 2010) gilt, ist Gegenstand der Diskussion (s *Kogel* FF 2016, 93, 94). Es ist jedoch anzunehmen, dass mit der Neufassung vom früheren Normverständnis nicht abgewichen werden sollte. Intendiert war letztlich nur eine redaktionelle Anpassung an die Terminologie des FamFG, keine inhaltliche Änderung (BT-Drs 18/5901, 22). Dies spricht dafür, auch weiterhin nicht von der Einreichung des Antrags bei Gericht (vgl § 25 FamFG), sondern von der Rechtshängigkeit des Verfahrens auszugehen (vgl § 113 I 2 FamFG, § 253 I, § 261 I ZPO). Verzichtet der Ehegatte auf einen isolierten Auskunftsantrag und stellt unmittelbar den Antrag nach §§ 1385, 1386, gilt das Vorstehende entspr. Es genügt, dass die Voraussetzungen des § 1385 Nr 4 bei Antragstellung vorlagen; sollte der andere Ehegatte nach Zustellung des Antrags doch noch seiner Informationspflicht nachkommen, bleibt der Antrag begründet (vgl Johannsen/Henrich/Althammer/*Kohlenberg* Rn 5; Staudinger/*Thiele* § 1385 Rn 38; BeckOGK/*Szalai* Rn 45 [Stand: 1.2.2023]). 13

c) Ausreichender Weigerungsgrund. Wann ein Ehegatte sich **ohne ausreichenden Grund** weigert, den anderen über seine Vermögensverhältnisse zu unterrichten, kann nur nach Lage des Einzelfalls beurteilt werden. Ein ausreichender Weigerungsgrund kann insb dann vorliegen, wenn die unangebrachte Weitergabe der erhaltenen 14

Mitteilungen an Dritte zu befürchten ist (Staudinger/*Thiele* § 1385 Rn 39; *Gernhuber/Coester-Waltjen* § 35 Rn 16–18; *Weinreich* FuR 2004, 65).

15 **d) Irrelevanz der Gefährdung der Ausgleichsforderung.** Weitere Voraussetzungen für die Antragstellung sind nicht aufgestellt; insb braucht eine **Gefährdung der künftigen Ausgleichsforderung nicht** besonders dargetan zu werden, Frankfurt FamRZ 2010, 563f; s auch BGH FamRZ 2022, 593 (kein über die beharrliche Weigerung der Unterrichtung hinausgehendes Rechtsschutzinteresse erforderlich).

16 **e) Darlegungs- und Beweislast. Darlegungs-** und **beweispflichtig** für das Vorliegen der Voraussetzungen des § 1385 Nr 4 ist grds der Antragsteller; die Darlegungs- und Beweislast für das Vorliegen eines „ausreichenden Grundes" (Rn 14) trägt jedoch der Antragsgegner (BeckOGK/*Szalai* Rn 50 [Stand: 1.2.2023]; *Fischinger* FF 2019, 285, 288; aA Grü/*Siede* § 1386 Rn 15). Der Antragsgegner ist auch darlegungs- und beweispflichtig, wenn er sich auf das Scheitern der Ehe als Grund für den Wegfall des auf § 1353 I 2 gestützten Unterrichtungsanspruchs beruft (s Rn 11 aE).

17 **6. Verfahren. a) Zuständigkeit.** Die Ansprüche aus §§ 1385f sind vor dem FamG geltend zu machen; es handelt sich um eine Familienstreitsache (§ 111 Nr 9, § 112 Nr 2, § 261 I FamFG), für die nach § 23a I 1 Nr 1, § 23b GVG das **FamG** zuständig ist. Zum Verfahrenswert s *Schneider* NZFam 2016, 258; Köln FamRZ 2020, 1716, 1719.

18 **b) Antrag, Rechtsschutzinteresse.** Ein Antrags- oder Widerantragsbegehren kann auch auf mehrere der Gründe des § 1385 gestützt werden (§ 260 ZPO iVm § 113 I FamFG). Es ist denkbar, dass beide Ehegatten mit Antrag und Widerantrag einen Beschl über die vorzeitige Aufhebung der Zugewinngemeinschaft erstreben; dem Widerantragsteller wird jedoch, wenn beide aus § 1385 Nr 1 vorgehen, idR das **Rechtsschutzbedürfnis** fehlen (vgl MüKo/*Koch* Rn 37; *Büte* FuR 2018, 172, 176 [identischer Streitgegenstand]). Die Rechtshängigkeit des Scheidungsantrags nimmt dem Antrag nach §§ 1385f dagegen nicht das Rechtsschutzinteresse (BGH FamRZ 2019, 1045 [zu §§ 1386, 1385 Nr 1]; Karlsruhe FamRZ 2004, 466; vgl auch Düsseldorf FamRZ 2022, 1919, 1920; Brandenburg FamRZ 2021, 1869: unterschiedliche Streitgegenstände; zur Problematik doppelter Rechtshängigkeit s *Herr* FamRB 2018, 368). Auch die vor Antragstellung erklärte Bereitschaft des anderen Ehegatten, den Güterstand durch Ehevertrag aufzuheben und den Zugewinn unter Berücksichtigung des nach § 1387 maßgeblichen Stichtags auszugleichen, lässt das Rechtsschutzinteresse des Antragstellers nicht entfallen (Grü/*Siede* § 1386 Rn 9; NK/*Fischinger* § 1386 Rn 30; BeckOK/*Scheller/Sprink* Rn 19; Staudinger/*Thiele* Rn 49; aA noch Erman/*Budzikiewicz*[16] Rn 15a); bei sofortigem Anerkenntnis kann sich der Antragsgegner nach § 93 ZPO von der Kostentragung befreien (NK/*Fischinger* § 1386 Rn 30; Staudinger/*Thiele* Rn 49; Grü/*Siede* § 1386 Rn 9).

19 **b) Gerichtlicher Vergleich.** Statt durch Ehevertrag oder durch Beschl kann der Güterstand auch durch **gerichtlichen Vergleich** der Ehegatten aufgehoben werden (NK/*Fischinger* § 1386 Rn 35; vgl hierzu für den Fall der Aufhebung einer Gütergemeinschaft RG Recht 1919, 1486). Wird das Verfahren aber dadurch erledigt, dass die Ehegatten sich über die Zahlung eines Ausgleichsbetrags einigen, ohne dass durch Ehevertrag oder gerichtlichen Vergleich die Zugewinngemeinschaft aufgehoben oder der Ausgleich des Zugewinns für die Zukunft ausgeschlossen wird (vgl § 1414), so besteht der Güterstand weiter fort (vgl § 1388 Rn 2). Der gezahlte Betrag ist jedoch ggf auf eine später entstehende Ausgleichsforderung anzurechnen (§ 1380).

20 **c) Parteien des Verfahrens.** Während **Parteien des Verfahrens** über die Erfüllung der Ausgleichsforderung uU auch die Rechtsnachfolger (Erben oder Einzelrechtsnachfolger) der Ehegatten sein können, können Parteien des Verfahrens nach §§ 1385f nur die Ehegatten sein. Insolvenz eines Ehegatten hindert seine Aktiv- oder Passivlegitimation nicht; der Insolvenzverwalter kann nicht über die Frage der Aufhebung des Güterstands disponieren. Dagegen tritt der Insolvenzverwalter als Partei ein, soweit es sich um die Erfüllung der Ausgleichsforderung handelt; er kann aber die Ausgleichsforderung als Antragsteller nur geltend machen, wenn sie bereits durch Vertrag anerkannt oder rechtshängig geworden war (§ 852 ZPO, § 35 I, § 36 InsO).

21 **d) Versterben eines Ehegatten, Ehescheidung. Stirbt ein Ehegatte** während des Verfahrens, so ist dieses, soweit es sich um den Antrag auf vorzeitige Aufhebung der Zugewinngemeinschaft handelt, in der Hauptsache erledigt (NK/*Fischinger* § 1386 Rn 43); es tritt die sich aus § 1371 ergebende Regelung ein. Die Hauptsache ist auch erledigt, wenn die Ehe zwischenzeitl **rechtskräftig geschieden** wird (BGH FamRZ 2019, 1535, 1538; Düsseldorf FamRZ 2002, 1572).

22 **e) Sicherungsmaßnahmen.** Der Anspruch auf vorzeitigen Ausgleich des Zugewinns kann durch dinglichen **Arrest** gesichert werden, § 119 II iVm § 112 Nr 2, § 261 I FamFG (BGH FamRZ 2019, 1045, 1046; Brandenburg NJW-RR 2020, 1139; NJW-RR 2015, 1283f; Celle FamRZ 2015, 160; *Fischinger* FF 2019, 285, 288; *Löhnig* FPR 2012, 508, 509; *Kogel* FamRB 2013, 365). Der Verfahrenswert ist nach § 42 I FamGKG zu bestimmen (str); idR ist der Wert auf ⅓ der zu sichernden Hauptforderung festzusetzen (Frankfurt FamRZ 2018, 1172 mwN).

23 Einstweilen frei.

24 **7. Entscheidung.** Der Güterstand endet erst mit der Rechtskraft der Entscheidung, durch die auf vorzeitige Aufhebung der Zugewinngemeinschaft erkannt wird (§ 1388). Dem Beschl kommt rechtsgestaltende Bedeutung zu. Mit der Beendigung des Güterstands entsteht die Ausgleichsforderung (§ 1378 III). Mit der Rechtskraft des Gestaltungsbeschl tritt Gütertrennung ein (§ 1388), Karlsruhe FamRZ 2012, 1967.

25 **8. Abdingbarkeit.** Die Rechte aus §§ 1385f können als essenzielle Schutzrechte **ehevertragl nicht abbedungen** werden, solange das Recht auf Ausgleich des Zugewinns besteht. Die Ehegatten müssen die Möglichkeit ha-

ben, den Güterstand auch ohne Scheidung der Ehe zu beenden. Haben die Ehegatten den Anspruch auf Zugewinnausgleich ehevertragl ausgeschlossen, bedürfen sie des Schutzes aus §§ 1385f nicht mehr; die §§ 1385f sind in diesem Fall abdingbar. Modifizieren die Ehegatten die Zugewinngemeinschaft insofern, als der Zugewinn zu Lebzeiten ausgeschlossen ist, im Fall des Todes aber stattfinden soll, können sie ebenfalls auf den Schutz der §§ 1385f verzichten; sollte in dieser Konstellation der Ausschluss des vorzeitigen Zugewinnausgleichs nicht ohnehin explizit vereinbart sein, wird sich ein entspr Ergebnis regelmäßig im Wege der Auslegung (§§ 133, 157) ergeben (s zum Vorstehenden MüKo/*Koch* Rn 41f; *Büte* FuR 2018, 114, 115f mit Formulierungsvorschlägen).

Eine klar umschriebene **Erweiterung** des in § 1385 statuierten Katalogs ist möglich (MüKo/*Koch* Rn 43; Grü/*Siede* § 1386 Rn 3; NK/*Fischinger* § 1386 Rn 44). Die Grenze zieht die Sittenwidrigkeit (§ 138); vgl § 1363 Rn 8. 26

§ 1386 Vorzeitige Aufhebung der Zugewinngemeinschaft

Jeder Ehegatte kann unter entsprechender Anwendung des § 1385 die vorzeitige Aufhebung der Zugewinngemeinschaft verlangen.

1. Allgemeines. § 1386 begründet für beide Ehegatten das Recht, sich durch Gestaltungsantrag vorzeitig aus der Zugewinngemeinschaft zu lösen. Der ausgleichsberechtigte Ehegatte hat damit zwei Möglichkeiten: Er kann seinen Anspruch auf vorzeitigen Ausgleich des Zugewinns zusammen mit der vorzeitigen Beendigung des Güterstands geltend machen (§ 1385) oder lediglich Letzteres verlangen (§ 1386). Dabei kann sich der isolierte Antrag auf Beendigung der Zugewinngemeinschaft anbieten, wenn der Ehegatte unsicher ist, ob ihm tatsächlich ein Ausgleichsanspruch zusteht, er in jedem Fall aber den Güterstand schnell beenden möchte (BT-Drs 16/10798, 20; *Büte* FuR 2012, 516, 517). Der Ehegatte, der den höheren Zugewinn erzielt hat, kann dagegen nur gem § 1386 die vorzeitige Aufhebung der Zugewinngemeinschaft verlangen (BT-Drs 16/10798, 20). 1

2. Aufhebungsgründe. Die in § 1385 Nr 1–4 aufgeführten Aufhebungsgründe gelten entspr (s Anm dort). 2

3. Verfahren. S § 1385 Rn 17ff. 3

§ 1387 Berechnungszeitpunkt des Zugewinns und Höhe der Ausgleichsforderung bei vorzeitigem Ausgleich oder vorzeitiger Aufhebung

In den Fällen der §§ 1385 und 1386 tritt für die Berechnung des Zugewinns und für die Höhe der Ausgleichsforderung an die Stelle der Beendigung des Güterstands der Zeitpunkt, in dem die entsprechenden Anträge gestellt sind.

1. Allgemeines. § 1387 bestimmt für die in den §§ 1385 und 1386 bezeichneten Fälle den **maßgebenden Zeitpunkt** für die Berechnung des Zugewinns und für die Höhe der Ausgleichsforderung; die Vorschrift entspricht dem für den Fall der Scheidung geltenden § 1384. Der Güterstand endet zwar erst mit der Rechtskraft der Entscheidung, durch die auf vorzeitige Aufhebung der Zugewinngemeinschaft erkannt wird (§ 1388). Es empfiehlt sich aber nicht, diesen Zeitpunkt der Berechnung des Zugewinns zugrunde zu legen, weil die Ehegatten sonst versuchen könnten, ihren Zugewinn während der Dauer des Verfahrens noch zu verringern (vgl § 1378 Rn 5, dort auch zu den Folgen unverschuldeter Verluste). Andererseits führt die Regelung dazu, dass ein nach Antragstellung von den Ehegatten erzielter Zugewinn bei der Berechnung der Ausgleichssumme nicht mehr berücksichtigt wird. Die Ausgleichsforderung entsteht jedoch auch bei vorzeitiger Aufhebung der Zugewinngemeinschaft erst mit der Beendigung des Güterstands, dh mit Rechtskraft des Aufhebungsbeschl; vorher kann über sie nicht verfügt werden (§ 1378 III 1). 1

2. Bestimmung des Stichtags. Stichtag gem § 1387 ist der Zeitpunkt, in dem die entspr „Anträge gestellt" sind. Damit wurde eine andere Formulierung gewählt als in § 1384, der auf die Rechtshängigkeit des Scheidungsantrags abstellt (krit *Schwab* FamRZ 2016, 1, 4f; *Kogel* FF 2016, 93, 95). Gleichwohl dürfte mit der unterschiedlichen Terminologie keine abweichende Bestimmung des Stichtags verbunden sein. Ursprünglich war auch in § 1387 die Klageerhebung und damit die Rechtshängigkeit maßgebend. Durch das Gesetz zur Bereinigung des Rechts der Lebenspartner v 20.11.2015 (BGBl I 2015, 2010) ist die Norm an die Terminologie des FamFG angepasst worden. Mit der Neufassung des Wortlauts sollte jedoch keine Rechtsänderung verbunden sein (BT-Drs 18/5901, 22). Dies spricht dafür, auch iRd § 1387 weiterhin von der **Rechtshängigkeit** des Verfahrens als maßgeblichem Kriterium auszugehen; entscheidend wäre damit nach wie vor nicht die Einreichung, sondern die Zustellung des Antrags, vgl § 113 I 2 FamFG, § 253 I ZPO (MüKo/*Koch* Rn 1; Staudinger/*Thiele* Rn 3; Grü/*Siede* Rn 1). 2

Wird der Güterstand vor rechtskräftiger Erledigung des Verfahrens durch **Scheidung der Ehe** oder **Tod eines Ehegatten** beendet, so ist die Hauptsache, soweit es sich um den Antrag nach §§ 1385f handelt, erledigt. Wegen des in solchen Fällen für die Berechnung des Zugewinns maßgebenden Zeitpunkts vgl § 1371 Rn 23; § 1384 Rn 6. Hat bei einem **Antrag und Widerantrag** nur der letztere Erfolg, bestimmt gleichwohl der Zeitpunkt der ersten Antragstellung den Berechnungszeitpunkt für den Zugewinn (vgl *Heckelmann* FamRZ 1968, 59, 65; Grü/*Siede* Rn 4; MüKo/*Koch* Rn 4; aA *Reinicke* BB 1967, 521f; diff Staudinger/*Thiele* Rn 5); vgl auch § 1384 Rn 4. Wird während eines laufenden Scheidungsverfahrens Antrag auf vorzeitigen Zugewinnausgleich gestellt, bleibt der Berechnungszeitpunkt des § 1384 maßgeblich (s § 1384 Rn 6). 3

4 **3. Abweichende Vereinbarungen.** Eine **Änderung** der Regelung des § 1387 **durch Ehevertrag** (§§ 1408, 1410) ist zulässig (MüKo/*Koch* Rn 7f); vgl § 1384 Rn 8.

§ 1388 Eintritt der Gütertrennung

Mit der Rechtskraft der Entscheidung, die die Zugewinngemeinschaft vorzeitig aufhebt, tritt Gütertrennung ein.

1 **1. Zweck und Inhalt der Regelung.** § 1388 soll wiederholte Streitigkeiten zw den Ehegatten über einen vorzeitigen Ausgleich des Zugewinns verhindern. Die Regelung ist verfassungskonform und verstößt weder gegen Art 3 noch gegen Art 6 oder Art 14 GG (KG FamRZ 1995, 39f). Nach § 1388 endet der gesetzl Güterstand mit der Rechtskraft des Beschl, durch den auf vorzeitige Aufhebung der Zugewinngemeinschaft erkannt wird. Von da an gilt Gütertrennung zw den Ehegatten.

2 § 1388 kommt allerdings nur zum Tragen, wenn der gesetzl Güterstand durch richterliche Entscheidung aufgehoben wird. Schließen die Ehegatten einen **gerichtlichen Vergleich**, findet die Regelung keine Anwendung. Die Ehegatten können in diesem Fall frei bestimmen, ob sie künftig weiter im Güterstand der Zugewinngemeinschaft leben oder einen anderen Güterstand vereinbaren wollen (MüKo/*Koch* Rn 4; Staudinger/*Thiele* Rn 5). Heben sie die Zugewinngemeinschaft auf, ohne einen anderen Güterstand vereinbart zu haben, tritt gem §§ 1414 S 1, 1410, 127a jedoch ebenfalls Gütertrennung ein (Grü/*Siede* Rn 2; Johannsen/Henrich/Althammer/*Kohlenberg* Rn 2; NK/*Fischinger* Rn 3). Wurden lediglich die Modalitäten der Ausgleichszahlung geregelt, nicht aber der künftige Güterstand, ist im Wege der Auslegung (§§ 133, 157) zu ermitteln, ob der Vergleich auch die Vereinbarung der Gütertrennung bzw die Beendigung der Zugewinngemeinschaft umfassen soll (Johannsen/Henrich/Althammer/*Kohlenberg* Rn 2). Eine entspr Vermutung besteht jedoch nicht; lässt sich ein abw Wille nicht ermitteln, leben die Ehegatten weiterhin im gesetzl Güterstand (BeckOGK/*Szalai* Rn 5.2 [Stand: 1.2.2023]; aA NK/*Fischinger* Rn 3; BeckOK/*Scheller*/*Sprink* Rn 2: im Zweifel Gütertrennung).

3 **2. Folgen der Beendigung der Zugewinngemeinschaft. a) Gütertrennung.** Mit der Beendigung der Zugewinngemeinschaft entsteht gem § 1378 III 1 die Ausgleichsforderung gegen den Ehegatten, der den höheren Zugewinn erzielt hat; maßgeblich für die Berechnung (§§ 1373ff) und die Höhe der Forderung ist der Zeitpunkt, in dem die Anträge nach §§ 1385 bzw 1386 gestellt geworden sind (§ 1387); vgl dazu § 1387 Rn 2. Der künftige Zugewinn der Ehegatten wird nicht mehr ausgeglichen, da gem § 1388 mit Rechtskraft des stattgebenden Beschl Gütertrennung eingetreten ist. Damit sind die Ehegatten auch nicht mehr nach §§ 1365, 1369 in der Verwaltung ihres Vermögens beschränkt. Wird später die Ehe durch den Tod eines Ehegatten aufgelöst, steht dem Überlebenden auch kein erhöhter gesetzl Erbteil nach § 1371 I zu; das gesetzl Erbrecht und der Pflichtteil bestimmen sich allein nach den §§ 1931, 2303. Der dem Ehegatten gezahlte Ausgleichsbetrag wird nicht auf seinen Erbteil angerechnet, sofern der Erblasser nicht durch Verfügung von Todes wegen etwas anderes bestimmt hat. Eine Anrechnung des Betrages auf den Pflichtteil des überlebenden Ehegatten kann der Erblasser nicht bestimmen, weil es sich bei der Erfüllung der Ausgleichsforderung nicht um eine freigebige Zuwendung iSd § 2315 handelt. Der Überlebende kann auch dann keine weitere Ausgleichsforderung geltend machen, wenn er die Erbschaft ausschlägt. § 1371 III gilt nicht, weil der Güterstand bereits vor dem Tode des Ehegatten beendet worden war (vgl § 1371 Rn 3).

4 Der Ausschluss von der Beteiligung am künftigen Zugewinn wird oft eine Härte für den Ehegatten bedeuten, der sich wegen pflichtwidrigen Verhaltens des anderen genötigt gesehen hat, vorzeitigen Ausgleich zu verlangen. Der Gesetzgeber hat das aber bewusst in Kauf genommen, weil es ihm noch unerträglicher erschien, dass die Ehegatten wiederholt über den Ausgleich des Zugewinns streiten könnten (Bericht zu BT-Drs II/3409, 14). Es ist jedoch möglich, dass die Ehegatten durch Ehevertrag die Zugewinngemeinschaft erneut vereinbaren; diese tritt aber nicht schon dadurch wieder ein, dass die Ehegatten sich aussöhnen und die eheliche Gemeinschaft wieder aufnehmen (FamR-Komm/*Weinreich* Rn 1).

5 **b) Auswirkungen im Verhältnis zu Dritten.** Der Eintritt der Gütertrennung gilt ohne weiteres auch im **Verhältnis zu Dritten**. Die Anwendbarkeit des § 1412 ist hier anders als bei Aufhebung der Gütergemeinschaft durch richterliche Entscheidung (§§ 1449 II, 1470 II) nicht von Gesetzes wegen vorgegeben. Dafür besteht auch kein Bedürfnis, weil der Eintritt von Gütertrennung anstelle der Zugewinngemeinschaft keine nachteiligen Wirkungen für Dritte haben kann (*Gottschalg* DNotZ 1969, 339). Der Fortfall der Verwaltungsbeschränkungen der §§ 1365, 1369 kann sich nur zugunsten Dritter auswirken. Zwar mag ein Dritter in Unkenntnis der Güterstandsänderung auf die Unwirksamkeit eines Rechtsgeschäfts iSd §§ 1365, 1369 vertraut haben; in diesem Vertrauen ist er jedoch nicht schutzwürdig (*Gernhuber*/*Coester-Waltjen* § 39 Rn 8–10; MüKo/*Koch* Rn 6; BeckOK/*Scheller*/*Sprink* Rn 3; Staudinger/*Thiele* Rn 10).

6 **3. Abdingbarkeit. Ehevertragl Abbedingung** des § 1388 ist nicht möglich, weil dies dem eindeutigen gesetzgeberischen Zweck zuwiderlaufen würde (aA Soergel/*Kappler*/*Kappler* Rn 5). Die Ehegatten können den Eintritt der Gütertrennung folglich nicht verhindern (i Erg auch Soergel/*Kappler*/*Kappler* Rn 5; BeckOGK/*Szalai* Rn 12 [Stand: 1.2.2023]; BeckOK/*Scheller*/*Sprink* Rn 4: Gütertrennung jedenfalls für eine juristische Sekunde). Unbenommen bleibt ihnen jedoch, die Gütertrennung nach Rechtskraft der Entscheidung durch Ehevertrag wieder aufzuheben und stattdessen einen anderen Güterstand (Gütergemeinschaft, Zugewinngemeinschaft oder Wahl-Zugewinngemeinschaft) zu vereinbaren (s Rn 4; Johannsen/Henrich/Althammer/*Kohlenberg* Rn 5; Soergel/*Kapp-*

ler/Kappler Rn 5). Diese Möglichkeit besteht prospektiv auch schon während des Verfahrens nach §§ 1385, 1386 (MüKo/*Koch* Rn 7; Johannsen/Henrich/Althammer/*Kohlenberg* Rn 5; Soergel/*Kappler/Kappler* Rn 5; BeckOK/*Scheller/Sprink* Rn 4); zur Gütertrennung nach § 1388 kommt es dann nur für eine juristische Sekunde (BeckOK/*Scheller/Sprink* Rn 4; BeckOGK/*Szalai* Rn 12 [Stand: 1.2.2023]; NK/*Fischinger* Rn 5).

§ 1389 (aufgehoben)

§ 1390 Ansprüche des Ausgleichsberechtigten gegen Dritte

(1) Der ausgleichsberechtigte Ehegatte kann von einem Dritten Ersatz des Wertes einer unentgeltlichen Zuwendung des ausgleichspflichtigen Ehegatten an den Dritten verlangen, wenn

1. der ausgleichspflichtige Ehegatte die unentgeltliche Zuwendung an den Dritten in der Absicht gemacht hat, den ausgleichsberechtigten Ehegatten zu benachteiligen und

2. die Höhe der Ausgleichsforderung den Wert des nach Abzug der Verbindlichkeiten bei Beendigung des Güterstands vorhandenen Vermögens des ausgleichspflichtigen Ehegatten übersteigt.

Der Ersatz des Wertes des Erlangten erfolgt nach den Vorschriften über die Herausgabe einer ungerechtfertigten Bereicherung. Der Dritte kann die Zahlung durch Herausgabe des Erlangten abwenden. Der ausgleichspflichtige Ehegatte und der Dritte haften als Gesamtschuldner.

(2) Das Gleiche gilt für andere Rechtshandlungen, wenn die Absicht, den Ehegatten zu benachteiligen, dem Dritten bekannt war.

(3) Die Verjährungsfrist des Anspruchs beginnt mit der Beendigung des Güterstands. Endet der Güterstand durch den Tod eines Ehegatten, so wird die Verjährung nicht dadurch gehemmt, dass der Anspruch erst geltend gemacht werden kann, wenn der Ehegatte die Erbschaft oder ein Vermächtnis ausgeschlagen hat.

1. Inhalt der Vorschrift. § 1390 regelt **Ansprüche des ausgleichsberechtigten Ehegatten gegen Dritte.** Hat der Ausgleichspflichtige sein Vermögen in illoyaler Weise durch Zuwendungen an Dritte vermindert, kann nach Maßgabe des § 1390 I und II auch ein von der Vermögensminderung begünstigter Dritter in Anspruch genommen werden, wenn der Wert des bei Beendigung des Güterstands vorhandenen Vermögens nicht ausreicht, den Ausgleichsberechtigten (vollständig) zu befriedigen. Gem Abs I haftet der Dritte, wenn ihm der ausgleichspflichtige Ehegatte eine unentgeltliche Zuwendung in der Absicht gemacht hat, den anderen Ehegatten zu benachteiligen. Bei anderen Rechtshandlungen kann der Dritte nur in Anspruch genommen werden, wenn ihm die damit verbundene Benachteiligungsabsicht des Ausgleichspflichtigen bekannt war (Abs II). Der Anspruch ist auf Wertersatz gerichtet (Abs I S 1); die Zahlung kann jedoch durch Herausgabe des Erlangten abgewendet werden (Abs I S 3). Der ausgleichspflichtige Ehegatte und der begünstigte Dritte haften nach Abs I S 4 als Gesamtschuldner. 1

§ 1390 wurde durch das am 1.9.2009 in Kraft getretene Gesetz zur Änderung des Zugewinnausgleichs- und Vormundschaftsrechts (BGBl I 2009, 1696) grundlegend novelliert (s dazu Erman/*Budzikiewicz*[14] Rn 1). Die Neufassung findet ab dem 1.9.2009 Anwendung. Dies gilt unabhängig davon, wann der Güterstand begründet wurde. Entscheidend ist, ob der Güterstand zum Stichtag bereits beendet war. Ist dies nicht der Fall, kommt neues Recht selbst dann zur Anwendung, wenn die Vermögensübertragung vor dem 1.9.2009 stattgefunden hat (Brandenburg FamRZ 2019, 1951). Zum **Übergangsrecht** s auch § 1374 Rn 15. 2

2. Voraussetzungen. a) Höhe der Ausgleichsforderung übersteigt das Vermögen des Ausgleichspflichtigen. Die Inanspruchnahme eines Dritten setzt nach **Abs I S 1 Nr 2** voraus, dass die Höhe der Ausgleichsforderung den Wert des nach Abzug der Verbindlichkeiten bei Beendigung des Güterstands noch vorhandenen Vermögens des Ausgleichspflichtigen übersteigt. Der Fall kann eintreten, wenn gem § 1375 II 1, § 1378 II 2 dem Endvermögen und der Kappungsgrenze des § 1378 II 1 der Betrag hinzugerechnet wird, um den der Schuldner sein Vermögen durch eine der in § 1375 II 1 genannten Handlungen vermindert hat. Finden die §§ 1384, 1387 Anwendung, kann es auch nach den dort genannten Zeitpunkten bis zur Beendigung des Güterstands noch zu einer den Anspruch aus § 1390 begründenden Vermögensminderung kommen (Brandenburg FamRZ 2019, 1951f; Staudinger/*Thiele* Rn 4; aA BeckOGK/*Szalai* Rn 17 [Stand: 1.2.2023]). Unerheblich für die Anwendbarkeit der Norm ist dabei, ob die (teilw) Undurchsetzbarkeit der Ausgleichsforderung unmittelbare Folge der Zuwendung an den Dritten ist oder ob es erst durch spätere, anderweitige Handlungen oder Ereignisse zu dem Negativsaldo gekommen ist (vgl MüKo/*Koch* Rn 2). Allerdings kann der Dritte frühestens nach Beendigung des Güterstands und Entstehung der Ausgleichsforderung (vgl § 1378 III 1) in Anspruch genommen werden, weil vorher nicht feststeht, ob das bei Beendigung des Güterstands vorhandene Vermögen ausreicht, um den Ausgleichsanspruch zu erfüllen. 3

Ein Dritter haftet hingegen nicht aus § 1390, wenn sich das **Vermögen erst nach Beendigung des Güterstands** so weit **vermindert** hat, dass die Ausgleichsforderung nicht mehr (vollständig) beigetrieben werden kann. Soweit ein Ehegatte nach Beendigung des Güterstands und Entstehung der Ausgleichsforderung, aber vor deren Erfüllung Vermögensgegenstände an Dritte in Benachteiligungsabsicht verschoben hat, kann gegen diesen nur nach den Vorschriften des AnfG vorgegangen werden (MüKo/*Koch* Rn 3). 4

b) Unentgeltliche Zuwendung (Abs I S 1 Nr 1). aa) Die Inanspruchnahme eines Dritten setzt nach Abs I S 1 Nr 1 voraus, dass dieser von dem ausgleichspflichtigen Ehegatten eine **unentgeltliche Zuwendung** erhalten hat, 5 und zwar in der Absicht der Benachteiligung des anderen Ehegatten. Der Begriff der unentgeltlichen Zuwendung entspricht demjenigen in § 1375 II 1 Nr 1 (s § 1375 Rn 17; vgl auch AG Meppen NJW-RR 1994, 4: unentgeltliche Übertragung eines Hausgrundstücks auf die Lebensgefährtin). Bei einer gemischten Schenkung an einen Dritten kann dieser uU zu einem entspr Teilbetrag in Anspruch genommen werden (s Brandenburg FamRZ 2019, 1951). Ausgenommen von der Haftung nach § 1390 sind Empfänger von **Anstandsschenkungen** oder unentgeltlichen Zuwendungen, die auf einer **sittlichen Pflicht** beruhen. Für Zuwendungen, die vor dem Berechnungszeitpunkt des Zugewinns erfolgt sind, resultiert dies unmittelbar aus § 1375 II 1 Nr 1, da solche Zuwendungen dem Endvermögen schon nicht hinzugerechnet werden. Nichts anderes kann aber für Zuwendungen gelten, die zw den in §§ 1384, 1387 genannten Zeitpunkten und der Beendigung des Güterstands gemacht wurden (MüKo/*Koch* Rn 9; Staudinger/*Thiele* Rn 6). Auch aus Zuwendungen, die vor dem Eintritt des gesetzl Güterstands erfolgt sind, haftet der Empfänger nicht (vgl § 1375 II 1: „nach Eintritt des Güterstands"), dgl nicht der Empfänger von Leistungen, die bei Beendigung des Güterstands (bzw den in §§ 1384, 1387 genannten Zeitpunkten) schon **mindestens zehn Jahre zurückliegen**, oder mit denen der **andere Ehegatte einverstanden** war (§ 1375 III), Staudinger/*Thiele* Rn 7.

6 **bb)** Der Begriff der **Benachteiligungsabsicht** ist der gleiche wie in § 1375 II 1 Nr 3 (s § 1375 Rn 20). Der Wille des Ausgleichsschuldners, seinen Ehegatten zu benachteiligen, muss das leitende, nicht aber das einzige Motiv für die Zuwendung an den Dritten gewesen sein (vgl Düsseldorf FamRZ 2008, 1858, 1860 zu § 1375 II 1 Nr 3; s auch Brandenburg FamRZ 2019, 1051, 1052 – dolus directus ersten Grades). Kenntnis des Dritten von der Benachteiligungsabsicht des Ehegatten ist in den Fällen des § 1390 I 1 Nr 1 nicht erforderlich.

7 **c) Andere Rechtshandlungen (Abs II). aa)** Ein Dritter kann auch dann in Anspruch genommen werden, wenn die ihm durch den ausgleichspflichtigen Ehegatten gewährte Leistung keine unentgeltliche Zuwendung darstellt, er die Benachteiligungsabsicht des Ehegatten jedoch kannte. Voraussetzung für eine Haftung ist wie in den Fällen des Abs I S 1, dass das Vermögen des Schuldners bei Beendigung des Güterstands zu gering ist, um die Ausgleichsforderung (vollständig) beitreiben zu können (s Rn 3). Erfasst werden insb Kreditgeschäfte, bei denen der Ehegatte die Leistungsunfähigkeit des Dritten bewusst in Kauf genommen hat, aber auch die Übernahme von Bürgschaften oder anderen Sicherheiten, sofern mit dem Eintritt des Sicherungsfalls zu rechnen war. Eine Handlung iSd Abs II kann auch bei Veräußerungsgeschäften vorliegen, die darauf abzielen, dem Ausgleichspflichtigen Geld zu verschaffen, das er leichter als andere Vermögensgegenstände verschleudern kann (Staudinger/*Thiele* Rn 11; FamR-Komm/*Weinreich* Rn 13; aA MüKo/*Koch* Rn 11; BeckOK/*Scheller/Sprink* Rn 5; Johannsen/Henrich/Althammer/*Kohlenberg* Rn 3; Soergel/*Kappler/Kappler* Rn 17). In jedem Fall muss es aber aufgrund der Handlung iSd Abs II spätestens bis zur Beendigung des Güterstands zu einer Vermögensminderung gekommen sein (Staudinger/*Thiele* Rn 12); zur Frage der Kausalität zw der vermögensmindernden Handlung und der Undurchsetzbarkeit der Ausgleichsforderung vgl Rn 3. Rechtshandlungen, die das Vermögen des Ausgleichspflichtigen bereits vor Eintritt des gesetzl Güterstands vermindert haben, fallen nicht unter Abs II; das Gleiche gilt, wenn die Vermögensminderung mindestens zehn Jahre vor Beendigung des Güterstands eingetreten ist (§ 1375 III); vgl Rn 5.

8 **bb)** Abs II setzt positive **Kenntnis** des Dritten **von der Benachteiligungsabsicht** voraus; grob fahrlässige Unkenntnis genügt nicht (Staudinger/*Thiele* Rn 12). Die Kenntnis muss spätestens bei Vollendung der Rechtshandlung iSd Abs II vorgelegen haben (Grü/*Siede* Rn 3; Johannsen/Henrich/Althammer/*Kohlenberg* Rn 3; MüKo/*Koch* Rn 11). Dies gilt auch dann, wenn die Vermögensminderung erst später – aber bis zur Beendigung des Güterstands (s Rn 7) – eintritt (Staudinger/*Thiele* Rn 12).

9 **d) Darlegungs- und Beweislast.** Die **Darlegungs- und Beweislast** für das Vorliegen der Tatbestandsvoraussetzungen des § 1390 I 1 und II liegt bei dem ausgleichsberechtigten Ehegatten (Grü/*Siede* Rn 9; Johannsen/Henrich/Althammer/*Kohlenberg* Rn 8; s auch Brandenburg FamRZ 2019, 1051f, das jedoch auf die Grundsätze der sekundären Darlegungslast verweist).

10 **3. Haftung des Dritten. a) Anspruch auf Wertersatz.** Der Dritte schuldet Ersatz des Wertes der unentgeltlichen Zuwendung (Abs I S 1) oder des sonstigen Erlangten (Abs II). Gem **Abs I S 2** richtet sich der Umfang der Haftung nach den Vorschriften über die ungerechtfertigte Bereicherung. Die Regelung enthält eine **Rechtsfolgenverweisung** auf §§ 818ff (Johannsen/Henrich/Althammer/*Kohlenberg* Rn 5; MüKo/*Koch* Rn 5) und erstreckt die Haftung damit auch auf die gezogenen **Nutzungen** und die ersatzweise erlangten **Surrogate**, § 818 I (Johannsen/Henrich/Althammer/*Kohlenberg* Rn 5; MüKo/*Koch* Rn 13; BeckOK/*Scheller/Sprink* Rn 7; aA NK/*Löhnig* Rn 7). Zwar knüpft § 818 I an eine gegenständliche Herausgabepflicht an; es wäre jedoch kaum nachvollziehbar, wenn der Dritte den unentgeltlich zugewandten Gegenstand dem Wert nach herausgeben müsste, den Wert der gezogenen Nutzungen jedoch behalten könnte. Die Schwäche des unentgeltlichen Erwerbs muss sich vielmehr – wie etwa auch bei § 816 I 2, § 822 – auf die gezogenen Nutzungen erstrecken.

11 Da der Anspruch aus § 1390 auf Wertersatz gerichtet ist, kann der ausgleichsberechtigte Ehegatte von dem Dritten nur Geldleistung verlangen. Dies gilt auch im Hinblick auf die gezogenen Nutzungen und die erlangten Surrogate. Die **Höhe der Forderung** richtet sich grds nach dem Wert des Erlangten (s Brandenburg FamRZ 2019, 1051: obj Verkehrswert). Maßgeblich ist der Wert bei Beendigung des Güterstands und Entstehung der Ausgleichsforderung (vgl Rn 3); dies folgt nicht zuletzt daraus, dass der Verpflichtete nach Abs I S 3 die Zahlung durch Herausgabe des Erlangten abwenden kann (Rn 14). Beschränkt ist der Anspruch aus § 1390 durch die Differenz zw dem Wert des Vermögens bei Beendigung des Güterstands und der Höhe der Ausgleichsforderung

(MüKo/*Koch* Rn 12; BeckOGK/*Szalai* Rn 38, 43 [Stand: 1.2.2023]; Johannsen/Henrich/Althammer/*Kohlenberg* Rn 6; jurisPK/*Schiefer* Rn 9; aA *Büte* FPR 2009, 283, 286; BeckOK/*Scheller*/*Sprink* Rn 6; Grü/*Siede* Rn 6). Abs I S 1 Nr 2 schließt die Haftung des Dritten vollständig aus, wenn die Höhe der Ausgleichsforderung den Wert des Schuldnervermögens nicht übersteigt, und zwar unabhängig davon, ob iÜ die Voraussetzungen des Abs I S 1 Nr 1 bzw des Abs II erfüllt sind. Damit ist es aber konsequent, auch dann nur das konkrete Ausfallrisiko auf den Dritten zu verlagern, wenn der ausgleichsberechtigte Ehegatte seine Forderung gegen den anderen Ehegatten zwar nicht vollständig beitreiben kann, der Wert der Zuwendung an den Dritten jedoch höher ist als der Negativsaldo (MüKo/*Koch* Rn 12).

Liegen die Voraussetzungen des § 1390 II vor, unterliegt der Dritte von Beginn an der **verschärften Haftung** nach § 819 I, § 818 IV, § 292, §§ 987ff. In diesem Fall ist analog § 142 II die Kenntnis von der Benachteiligungsabsicht der Kenntnis des Anspruchs aus § 1390 gleichzustellen (MüKo/*Koch* Rn 14; NK/*Löhnig* Rn 7). Für den Empfänger einer unentgeltlichen Zuwendung gilt dies nur, wenn der ausgleichsberechtigte Ehegatte beweisen kann, dass der Dritte Kenntnis von der Benachteiligungsabsicht des ausgleichspflichtigen Ehegatten hatte; ansonsten vom Eintritt der Rechtshängigkeit an (MüKo/*Koch* Rn 15). Liegen die Voraussetzungen der § 818 IV, § 819 I nicht vor, kann sich der aus § 1390 I 1 Verpflichtete gem § 818 III auf den **Wegfall der Bereicherung** berufen. Hat der Dritte das Erlangte unentgeltlich einem Vierten zugewendet und haftet er infolgedessen nicht mehr, kann der ausgleichsberechtigte Ehegatte nach § 822 von dem Vierten Herausgabe verlangen (MüKo/*Koch* Rn 15; NK/*Löhnig* Rn 7). 12

b) Schuldnermehrheit. Anders als in § 2329 III vorgesehen, gibt § 1390 bei **mehreren Verpflichteten** keine Haftungsreihenfolge vor. Der ausgleichsberechtigte Ehegatte kann sich daher nach seiner Wahl an mehrere Verpflichtete halten, jedoch an jeden nur iHd Wertes des Erlangten und insg nicht über den Betrag des Negativsaldos hinaus. Die aus § 1390 Verpflichteten haften als Gesamtschuldner; im Innenverhältnis sind sie nach dem Verhältnis der Werte des Erlangten ausgleichspflichtig (Staudinger/*Thiele* Rn 23; MüKo/*Koch* Rn 17). 13

c) Ersetzungsbefugnis (Abs I S 3). Der Dritte kann nach Abs I S 3 die Zahlung durch Herausgabe des Erlangten abwenden. Die Vorschrift begründet eine Ersetzungsbefugnis des Dritten, keine Wahlschuld iSd §§ 262ff (MüKo/*Koch* Rn 6). Der ausgleichsberechtigte Ehegatte hat von Anfang an und ausschließlich einen Anspruch auf Zahlung; macht der Dritte von seiner Ersetzungsbefugnis Gebrauch und gibt das Erlangte heraus, leistet er an Erfüllungs statt. 14

d) Gesamtschuld (Abs I S 4). Der ausgleichspflichtige Ehegatte und der aus § 1390 verpflichtete Dritte haften als Gesamtschuldner. Dabei kann der Dritte allerdings nur insoweit in Anspruch genommen werden, als er das Risiko der Uneinbringlichkeit der Ausgleichsforderung trägt (vgl dazu Rn 10ff). 15

4. Verjährung (Abs III). Die Ansprüche des ausgleichsberechtigten Ehegatten aus § 1390 verjähren gem § 195 in drei Jahren. Die Verjährungsfrist beginnt mit der Beendigung des Güterstands (§ 1390 III 1). Auf die Kenntnis des Gläubigers kommt es in diesem Zusammenhang nicht an; § 199 I/IV wird durch die speziellere Regelung des § 1390 III 1 verdrängt (vgl *Mansel*/*Budzikiewicz*, Das neue Verjährungsrecht, 2002, § 3 Rn 65). Der Verjährungsbeginn nach Abs III S 1 wird auch nicht dadurch berührt, dass der Güterstand durch den Tod eines Ehegatten endet und der überlebende Ehegatte den Zugewinnausgleich gem §§ 1373ff erst verlangen kann, nachdem er die Erbschaft oder ein Vermächtnis ausgeschlagen und damit für die güterrechtl Lösung (§ 1371 II/III) optiert hat (vgl § 1371 Rn 18ff), § 1390 III 2. Die Ausschöpfung der Frist des § 1944 geht zulasten des Ehegatten. 16

5. Sicherungsmaßnahmen. Der Anspruch des Ausgleichsberechtigten aus § 1390 kann durch Arrest gesichert werden (vgl § 119 II, § 112 Nr 2, § 261 I FamFG), jedoch nicht vor Rechtshängigkeit des Antrags auf Scheidung oder der Anträge nach §§ 1385f. 17

6. Pflichtteilsergänzungsanspruch bei Schenkung. Stehen einem überlebenden Ehegatten sowohl eine Ausgleichsforderung als auch ein Pflichtteilsanspruch zu, so kann er die Ansprüche aus den §§ 1390, 2329 nebeneinander geltend machen, soweit die Voraussetzungen für beide vorliegen (zust Staudinger/*Thiele* Rn 27; MüKo/*Koch* Rn 22); jedoch kann ein Dritter insg nicht auf mehr, als er erhalten hat und worum er noch bereichert ist, in Anspruch genommen werden (vgl Rn 10ff). 18

7. Abdingbarkeit. § 1390 kann **nicht durch Ehevertrag außer Kraft gesetzt werden** (MüKo/*Koch* Rn 27; Staudinger/*Thiele* Rn 29). Dem ausgleichsberechtigten Ehegatten bleibt es aber unbenommen, auf die Geltendmachung des Anspruchs zu verzichten oder dem Dritten die Schuld durch Vertrag zu erlassen (§ 397), vgl BeckOK/*Scheller*/*Sprink* Rn 12. 19

§§ 1391–1407 (weggefallen)

Untertitel 2
Vertragliches Güterrecht (§§ 1408–1557)
Kapitel 1
Allgemeine Vorschriften (§§ 1408–1413)

§ 1408 Ehevertrag, Vertragsfreiheit

(1) Die Ehegatten können ihre güterrechtlichen Verhältnisse durch Vertrag (Ehevertrag) regeln, insbesondere auch nach der Eingehung der Ehe den Güterstand aufheben oder ändern.

(2) Schließen die Ehegatten in einem Ehevertrag Vereinbarungen über den Versorgungsausgleich, so sind insoweit die §§ 6 und 8 des Versorgungsausgleichsgesetzes anzuwenden.

Schrifttum: *Bergschneider*, Richterliche Inhaltskontrolle von Eheverträgen und Scheidungsvereinbarungen, 2008; *Bergschneider*, Verträge in Familiensachen, 7. Aufl 2022; *Brambring/Dorsel*, Ehevertrag und Vermögenszuordnung unter Ehegatten, 8. Aufl 2021; *Göppinger/Rakete-Dombek*, Vereinbarungen anlässlich der Ehescheidung, 11. Aufl 2018; *Kanzleiter/Wegmann*, Vereinbarungen unter Ehegatten, 6. Aufl 2001; *Krenzler*, Vereinbarungen bei Trennung und Scheidung, 5. Aufl 2013; *Langenfeld/Milzer*, Handbuch der Eheverträge und Scheidungsvereinbarungen, 8. Aufl 2019; *Münch*, Vereinbarungen zum reformierten Versorgungsausgleich, 2. Aufl 2015; *Münch* (Hrsg.), Familienrecht in der Notar- und Gestaltungspraxis, 3. Aufl 2020; *Münch*, Neues zur Inhaltskontrolle von Eheverträgen, FamRB 2013, 160; *Münch*, Inhaltskontrolle bei Eheverträgen mit modifizierter Inhaltskontrolle, FamRB 2014, 71; *Pfeil*, Aktuelles zum Ehevertrag, NZFam 2015, 747; *Stresow*, Die richterliche Inhaltskontrolle von Eheverträgen, 2006; *Waldner*; Eheverträge; Scheidungs- und Partnerschaftsvereinbarungen für die notarielle und anwaltliche Praxis, 2. Aufl 2004; *Zimmermann/Dorsel*, Eheverträge, Scheidungs- und Unterhaltsvereinbarungen, 5. Aufl 2010.

1 **1. Allgemeines.** Die Vorschrift stellt in Abs I zum einen klar, dass Eheleute ihre **güterrechtl Verhältnisse** regeln können und definiert einen solchen Vertrag als Ehevertrag. Zum anderen wird den Ehegatten das Recht eingeräumt, den gesetzl oder vertragsmäßigen Güterstand **vor und nach der Eheschließung** frei abzuändern sowie ganz oder teilw aufzuheben, sog Ehevertragsfreiheit. Inhalt eines Ehevertrags können auch **Regelungen über den VersA** sein; dann sind zusätzl die §§ 6 und 8 VersAusglG zu beachten, vgl Abs II. Inhaltsgleiche Vorschriften finden sich für den **Lebenspartnerschaftsvertrag** eingetragener Lebenspartner in § 7 S 1 LPartG zu Regelungen über die güterrechtl Verhältnisse sowie in § 20 III LPartG zu Vereinbarungen über den VersA.

2 **2. Rechtsnatur und Dauer des Ehevertrags. a) Rechtsnatur.** Der Ehevertrag ist ein Vertrag, durch den die Ehegatten ihre künftigen oder bestehenden güterrechtl Verhältnisse abw von den im Gesetz zur Verfügung gestellten Typen ordnen können. **Verlobte** können vor der Heirat einen Ehevertrag abschließen („auch nach der Eingehung der Ehe", vgl Abs I), die Wirkungen des Vertrags treten aber erst mit Eheschließung ein (BayObLG 1957, 49, 51). Der Ehevertrag regelt Fragen des Güterrechts oder des VersA zw den Ehegatten und ihre Beziehung zu Dritten. Der Ehevertrag kann **generelle Regelungen** zum beiderseitigen Gesamtvermögen für die gesamte Dauer der Ehezeit, aber auch zeitl oder gegenständlich **beschränkt wirkende Vereinbarungen** enthalten (*Gernhuber/Coester-Waltjen* § 32 I Rn 2). **Keinen Ehevertrag** im eigentlichen Sinne stellen Abreden über die allg Ehewirkungen, über personenrechtl Fragen, über die Ehewohnung und die Haushaltsgegenstände, über die beiderseitige Unterhaltspflicht, über die Vergütung für Mitarbeit im Erwerbsgeschäft des Ehegatten oder über sonstige vermögensrechtl Beziehungen, die auch zw Nichtehegatten möglich wären, wie zB Darlehensverträge, dar. Betrifft der Vertrag lediglich die Auseinandersetzung der bereits oder künftig beendeten Ehe, liegt kein Ehevertrag vor (MüKo/*Münch* Rn 7). Dennoch werden auch solche Vereinbarungen als **ehevertragl Vereinbarungen iwS** bezeichnet (BaRo/*Scheller/Sprink* Rn 7ff), insb wenn sie wie ein Ehevertrag der notariellen Beurkundung bedürfen, vgl § 1378 III 2; § 1585c S 2; § 7 I VersAusglG. Inhalt einer ehevertragl Vereinbarung kann auch eine Schlichtungsvereinbarung sein (LG München II FamRZ 2013, 1750).

3 **b) Dauer des Ehevertrags.** Der Ehevertrag gilt nur für die **Dauer der Ehe**. Kommt sie nicht zustande, so ist er gegenstandslos; wird sie aufgehoben oder durch **Scheidung** aufgelöst, so entfallen seine Wirkungen für die Zukunft. Seine Wirkung endet außerdem durch Abschluss eines **neuen Vertrags** oder wenn der Güterstand durch richterliche Entscheidung aufgehoben wird (§§ 1385, 1386, 1447, 1448, 1449, 1469, 1470). Der Vertrag kann auch für einen kurzen Zeitraum geschlossen werden (Stuttgart MDR 1990, 631 für die Vereinbarung von Gütergemeinschaft allein zur Einräumung von Eigentum des Ehegatten an einem Grundstück); vgl zur Aufhebung eines Ehevertrags nach rechtskräftiger Scheidung Köln NJW-RR 1999, 1161. Zur Zulässigkeit von **Vereinbarungen über den Zugewinnausgleich** vor und während des Scheidungsverfahrens § 1372 Rn 6. Eine einseitige Aufhebung des Ehevertrags ist nicht möglich, auch nicht bei Getrenntleben, es sei denn, der Vertrag räumt das **Recht zur Kündigung** oder zum **Rücktritt** ein (jurisPK/*Hausch* Rn 28).

4 **3. Abschluss des Ehevertrags.** Für die Form gilt § 1410, vgl auch die Erl dort; zur Gültigkeit des Vertrags war die Eintragung im Güterrechtsregister nicht erforderlich, § 1412. IÜ gelten für den Ehevertrag die **allg Bestimmungen** über Bedingung, Befristung (Braunschweig FamRZ 2005, 903 m Anm *Bergschneider*), Anfechtung wegen Irrtums, Täuschung od Drohung (BGH FamRZ 1996, 605; MüKo/*Münch* Rn 4; Grü/*Siede* Rn 3). Für Eheverträge von beschränkt geschäftsfähigen und geschäftsunfähigen Ehegatten oder Verlobten gilt § 1411. Gewillkürte **Stellvertretung** ist nach allg Grundsätzen zulässig; bei Vertretung eines Ehegatten durch einen anderen ist aber § 181 zu beachten (RGZ 79, 282; vgl § 1410 Rn 4). Durch intern mögliche Vereinbarung der Rückwirkung eines

Ehevertrags werden Dritte nicht berührt (§ 1412); daher konnte eine solche Vereinbarung nicht in das Güterrechtsregister eingetragen werden (KG RJA 5, 190). Zur Kombination von Ehe- und Erbvertrag s § 1410 Rn 7.

4. Grenzen der Vertragsfreiheit. a) Allgemeine Schranken. Es gelten die allg **gesetzl Schranken**, besonders die §§ 119ff, 134 und 138. Keine Anwendung findet § 311b II, IV (diff BaRo/*Scheller/Sprink* Rn 10), das Gleichberechtigungsgebot des Art 3 II GG wirkt sich ebenfalls nicht aus. Ein rein formales Verweisungsverbot enthält § 1409 (s § 1409 Rn 2). Falsche Angaben im Vorfeld des Abschlusses eines Ehevertrags (zB eine falsche Vermögensauskunft) können Schadensersatzansprüche nach §§ 823ff begründen (Koblenz FamRZ 2021, 1306, 1307). 5

b) Wirksamkeits- und Ausübungskontrolle. Das BVerfG hat zur Wahrung der Grundrechtspositionen aus Art 2 I, 6 GG eine **gerichtliche Kontrolle bei Eheverträgen** bejaht (BVerfG FamRZ 2001, 343 und 985). In beiden Fällen wurde der Vertrag, in dem auf gegenseitige Unterhaltsansprüche verzichtet wurde, vor der Ehe in Zusammenhang mit einer Schwangerschaft geschlossen. Das BVerfG sah in der Schwangerschaft bei Abschluss eines Ehevertrags, der einen Verzicht auf gesetzl Ansprüche beinhaltet, ein Indiz für eine vertragl Disparität, die auf der Unterlegenheit der Schwangeren beruhte. Eine solche Disparität ist dann anzunehmen, wenn sich die Schwangere aufgrund weiterer Umstände in einer stark geschwächten Verhandlungsposition befindet und dadurch zu Vertragsvereinbarungen gedrängt wird, die ihren eigenen Interessen massiv zuwiderlaufen, vgl eingehend § 1372 Rn 6. Ein Ehevertrag ist allerdings nicht schon allein deshalb sittenwidrig oder anfechtbar, weil ein Ehegatte aufgrund fehlender Sprachkenntnis die Vereinbarung im Einz nicht verstanden hat (Köln FamRZ 2002, 457). Der BGH hat in der Folge den Grundsatz der Ehevertragsfreiheit erheblich eingeschränkt (BGH FamRZ 2004, 601; 2005, 26; 2005, 1444, 1646; 2006, 1359; 2006, 1437; 2007, 197; 2007, 450; 2007, 1310; 2008, 386; 2008, 582; 2008, 2011; 2009, 198; NJW 2013, 380; 457; 2017, 1883). Zur Anerkennung und Berücksichtigung dt Eheverträge im Ausland, insb im angloamerikanischen Rechtskreis s *Sanders* NJW 2011, 182. **Ausgangspunkt** ist weiterhin, dass die Regelung der Scheidungsfolgen vertragl Vereinbarung zugänglich ist. Die Ehegatten können grds in eigener Verantwortung über die Scheidungsfolgen entscheiden. Der Freiheit der Ehegatten, ihre gegenseitigen Rechte und Pflichten selbst auszugestalten, sind aber durch eine inhaltliche Kontrolle und ggf Korrektur durch die Gerichte über die zivilrechtl Generalklauseln dort Grenzen zu setzen, wo die vertragl Regelungen auf ungleichen Verhandlungspositionen basieren und die einseitige Dominanz eines Ehepartners widerspiegeln. Das bedeutet, dass das Gestaltungsrecht beschränkt wird, wenn es zu einer **evident einseitigen Lastenverteilung** kommt, die durch die **individuelle Lebensgestaltung nicht gerechtfertigt** ist und die unter Zugrundelegung aller relevanten Umstände als **unzumutbar** anzusehen ist. Die Inhaltskontrolle wird vom Tatrichter **abgestuft** vorgenommen. Zur Kasuistik s *Pfeil* NZFam 2015, 747, 749ff. 6

aa) Wirksamkeitskontrolle. Zunächst erfolgt die rechtl vorrangige **Wirksamkeitskontrolle (§ 138)** aufgrund einer Gesamtwürdigung der Einzelumstände und Motive der Beteiligten. Einzubeziehen sind die Einkommens- und Vermögensverhältnisse, die beabsichtigte Lebens-, Berufs- und Familienplanung sowie mit der Vereinbarung verfolgten Zwecke und Beweggründe. **Beurteilungszeitpunkt** ist der Abschluss des Ehevertrags (BGH NJW 2013, 380). Eine spätere Änderung der Sach- und Rechtslage kann die Sittenwidrigkeit weder begründen noch beseitigen, sondern allenfalls eine Ausübungskontrolle nach § 242 rechtfertigen oder einen Wegfall der Geschäftsgrundlage begründen. Sittenwidrigkeit führt zur Nichtigkeit der getroffenen Regelung, es treten die gesetzl Scheidungsfolgen ein. Hauptanknüpfungspunkt ist hierbei die umstr **Kernbereichslehre**, wonach die Abbedingung gewisser Scheidungsfolgen höhere bzw geringere Voraussetzungen erfordert (krit MüKo/*Münch* Rn 32, 64f; zusammenfassend *Münch* FamRB 2013, 160). An oberster Stelle rangieren der Betreuungsunterhalt (§ 1570), danach der Krankheitsunterhalt (§ 1572) und der Unterhalt wegen Alters (§ 1571). Auf gleicher Stufe wie der Altersunterhalt steht der VersA (Karlsruhe FamRZ 2021, 1526, 1527; Frankfurt FamRZ 2020, 418, 420; aA Hamm FamRZ 2017, 1568: VersA steht auch dem Zugewinnausgleich nahe und rangiert daher nach dem Altersunterhalt; ähnl Köln NJOZ 2019, 1239), danach kommen die Unterhaltspflicht wegen Erwerbslosigkeit (§ 1573), der Krankenvorsorge- und Altersvorsorgeunterhalt (§ 1578 II Alt 1, III) und schließlich der Aufstockungs- und Ausbildungsunterhalt (§ 1573 II, § 1575). Auf der untersten Stufe steht der Zugewinnausgleich (s § 1414 Rn 3). Dabei führt die nach Maßgabe der Kernbereichslehre eingeschränkte Dispositionsbefugnis **keineswegs automatisch zu einer Unwirksamkeit** der getroffenen Vereinbarung. Die Unausgewogenheit des Vertragsinhalts kann nur Indiz für eine unterlegene Verhandlungsposition des belasteten Ehegatten sein, rechtfertigt ohne Hinzutreten weiterer Umstände jedoch nicht das Verdikt der Sittenwidrigkeit (BGH NJW 2013, 380; München NJW-RR 2016, 1419). Der Sittenwidrigkeit können entgegenstehen **Kompensationsleistungen** des durch den Ehevertrag begünstigten Vertragsteils (BGH NJW 2014, 1101, 1104). Die Ausgleichsleistungen müssen zu einem angemessenen, nicht notwendig zu einem gleichwertigen Ausgleich des Verzichts führen (KG FamRZ 2017, 79). Unzureichend sind Kompensationen, die nicht annähernd geeignet sind, ehebedingte Nachteile auszugleichen (BGH NJW 2014, 1101, 1104). Freiwillige Leistung des anderen Ehegatten bleiben außer Betracht (Celle NZFam 2021, 591, 595), ebenso unbestimmte und nicht verpflichtende Kompensationsregelungen (Hamm BWNotZ 2020, 176, 184). Ist der Betreuungsunterhalt auf das Existenzminimum reduziert, stellt dies bei möglichem Kinderwunsch, der erkennbar nur zu beruflichen Nachteilen eines Ehegatten führen wird, keine ausreichende Kompensation dar (Celle NJW 2018, 3462). Freiwillige Zuzahlungen zu einer Rentenversicherung des schwächeren Ehegatten müssen zumindest in Höhe der Mindestbeiträge erfolgen (BGH FamRZ 2019, 953). Unzureichend sind unbestimmte Kompensationsleistungen, insb wenn diese einer späteren Beschlussfassung unter Mitwirkung des begünstigten Ehegatten vorbehalten sind (BGH FamRZ 2019, 953). Selbst der Ausschluss des Betreuungsunter- 7 halts kann wirksam sein, wenn bei Vertragsschluss kein gemeinsamer Kinderwunsch besteht (BGH FamRZ 2008, 582) oder wenn die Ehegatten auch bei Vorhandensein von Kindern eine Doppelverdienerehe fortführen wollen (BGH NJW 2013, 380). Sind die Eheleute sozialversicherungspflichtig beschäftigt und planen sie, diese Beschäftigung fortzuführen, sind Einschränkungen des Krankheits- und Altersunterhalts sowie des VersA nicht sittenwidrig (BGH NJW 2013, 380). Allerdings kann das Zusammenwirken für sich unbedenklicher Einzelregelungen bei der anzustellenden **Gesamtwürdigung** die Annahme der Sittenwidrigkeit begründen, wenn diese erkennbar die einseitige Benachteiligung eines Ehegatten bezwecken (BGH NJW 2018, 1015; NJW 2017, 1883; Hamm BWNotZ 2020, 176, 182; NJW 2014, 2880; FamRZ 2014, 192; Karlsruhe FamRZ 2015, 500; 2021, 1526, 1527). Selbst wenn zw zwei Eheverträgen ein erheblicher zeitl Abstand liegt, können diese als eine Einheit angesehen werden, wenn sie inhaltlich aufeinander aufbauen (Karlsruhe FamRZ 2021, 1526, 1527). Dabei ist allerdings auch zu berücksichtigen, ob die Regelungen den benachteiligten Ehegatten uU begünstigen können. Eine sittenwidrige Gesinnung kann nur dann angenommen werden, wenn sich außerhalb der Vertragsurkunde verstärkende Umstände finden, die auf eine **subj Imparität** (Ausnutzung einer Zwangslage – Ehepartner ist bei Nichtheirat mit einer Ausweisung aus Deutschland bedroht, BGH NJW 2018, 1015; Überrumpelung, soziale und wirtschaftliche Abhängigkeit oder intellektuelle Unterlegenheit, Schwangerschaft – soweit bekannt, Hamm NJW 2014, 2880; Wahl des „Hausnotars", Hamm NJOZ 2014, 1446, 1454; keine Möglichkeit, auf die Vertragsgestaltung Einfluss zu nehmen, Anwesenheit des gerade erst geborenen Kindes im Beurkundungstermin, BGH NJW 2017, 1883; sprachliche Unterlegenheit des Ehegatten, die nicht durch eine rechtzeitige Zurverfügungstellung des Vertragsentwurfs, BGH NJW 2018, 1015, oder eine ausreichende Übersetzung des Ehevertrags ausgeglichen wird, BGH FamRZ 2019, 953; ausländischer Ehegatte hat infolge Sprachbarriere und Kindesbetreuung keine Möglichkeit, eine Erwerbstätigkeit mit Aufbau eigener Altersversorgung aufzunehmen, Hamm BWNotZ 2020, 176, 185ff; Karlsruhe FamRZ 2021, 1526, 1527) hindeuten (BGH NJW 2017, 1883). Das Ansinnen eines Ehegatten, eine Ehe nur unter der Bedingung eines Ehevertrags eingehen zu wollen, begründet für sich genommen auch bei Vorliegen eines Einkommens- und Vermögensgefälles für den anderen Ehegatten idR noch keine Zwangslage, aus der ohne Weiteres auf eine gestörte Vertragsparität geschlossen werden kann (BGH NJW 2018, 1015; Brandenburg NZFam 2019, 224). Die Beweislast hierfür obliegt demjenigen, der sich auf die Sittenwidrigkeit beruft (Karlsruhe FamRZ 2015, 500). Eine Vermutung, dass von einer obj einseitigen Lastenverteilung eine subj Imparität geschlossen werden könne, besteht nicht (BGH NJW 2017, 1883; 2013, 380, 382; Brandenburg FamRB 2021, 136).

8 **bb) Ausübungskontrolle.** Das rechtl nachrangige Mittel ist die **Ausübungskontrolle** gem **§§ 242, 313**, wenn keine Sittenwidrigkeit bei Vertragsschluss vorlag, sich aber später ehebedingte Nachteile einstellen, die von den Beteiligten nicht angemessen berücksichtigt oder vorhergesehen werden konnten. Abweichung der tatsächlichen Lebensverhältnisse von der dem Ehevertrag zugrunde liegenden Lebensplanung können auch auf einer konkludenten Willensübereinstimmung beider Ehegatten beruhen (KG FamRZ 2017, 79). Hierzu zählen auch mögliche Änderungen der Rechtslage (Hamm RNotZ 2016, 248). Es handelt sich um eine Missbrauchs-, nicht um eine Billigkeitskontrolle (*Münch* FamRB 2014, 71, 73). Hier ist zum **Zeitpunkt des Scheiterns der Ehe** zu beurteilen, ob sich aus den Vereinbarungen eine evident einseitige Lastenverteilung ergibt. Sind ehebedingte Nachteile nicht vorhanden oder vollständig kompensiert, dient die Ausübungskontrolle nicht dazu, dem durch den Ehevertrag belasteten Ehegatten entgangene ehebedingte Vorteile zu gewähren und ihn besser zu stellen, als hätte es die Ehe und die mit der ehelichen Rollenverteilung einhergehenden Dispositionen über Art und Umfang seiner Erwerbstätigkeit nicht gegeben (BGH NJW 2018, 2871). Hätte der benachteiligte Partner nach dem gemeinsamen Lebensplan die Möglichkeit gehabt, selbst Einkünfte und Vermögen aufzubauen, so kann dies einer Ausübungskontrolle entgegenstehen (Hamm NJW 2014, 2880). Ein Ehegatte kann sich ohne Verstoß gegen § 242 auf den Ausschluss des VersA berufen, wenn er einer einseitigen Einkommensreduktion des anderen Ehegatten nach Vertragsabschluss entgegengetreten ist (Brandenburg NZFam 2019, 224). Die Ausübungskontrolle führt nicht zur Unwirksamkeit des Ehevertrags, sondern dazu, dass sich der begünstigte Ehegatte auf einzelne Bestimmungen desselben nicht berufen kann. Der Richter hat diejenige Rechtsfolge anzuordnen, die den berechtigten Belangen beider Parteien in der eingetretenen Situation in ausgewogener Weise Rechnung trägt (BGH NJW 2013, 457, 461; Hamm RNotZ 2016, 248). Der Ausgleich **unzureichender Vorsorgebeiträge** ist vornehmlich durch eine Ausweitung des eingeschränkten Versorgungsausgleichs durchzuführen. Versorgungsdefizite können auch dadurch ausgeglichen werden, dass während der Ehezeit erworbene Entgeltpunkte in der Höhe übertragen werden, wie sie der Ehegatte, der seine Berufstätigkeit aufgegeben hat, bei Fortsetzung einer fiktiven vollschichtigen Erwerbstätigkeit selbst hätte erzielen können (Bremen FamRZ 2017, 1571). Soweit diese keine Halbteilung der Versorgungsanwartschaften zur Folge hat, sind weitergehende ehebedingte Nachteile unterhaltsrechtl auszugleichen (BGH NJW 2013, 380). Wertsteigerungen des Vermögens sind nicht durch Anpassung der Vereinbarungen zum VersA, sondern im Güterrecht vorzunehmen (Brandenburg NZFam 2019, 224; § 1414 Rn 3). Im Rahmen von **Unterhaltsleistungen** sind vornehmlich Einkünfte einzusetzen, die dem Unterhaltspflichtigen erst infolge der Ehe zur Verfügung standen, hingegen solche außer Betracht zu lassen, die ihm auch ohne die Ehe zugeflossen wären. Die Obergrenze der Unterhaltspflicht bzw des VersA bildet stets der **Halbteilungsgrundsatz** (BGH NJW 2013, 380). Zur Ausübungskontrolle güterrechtl Vereinbarungen s § 1414 Rn 3.

9 **cc) Gesamt- oder Teilnichtigkeit.** Ob sich die **Nichtigkeit der Einzelanordnung** auf den gesamten Vertragsinhalt erstreckt, richtet sich nach § 139; hierbei ist der Inhalt der verletzten Vorschrift und ihr Zusammenhang mit der Gesamtregelung von Bedeutung (Celle NZFam 2021, 591, 596ff; Karlsruhe FamRZ 2021, 1526, 1527f; Koblenz FamRZ 2007, 479; Frankfurt FamRZ 2006, 339; Düsseldorf FamRZ 2005, 282; strenger Celle FamRZ 2004,

1489). Soweit jedoch die **Gesamtwürdigung** des Ehevertrags ergibt, dass dessen Inhalt für eine Partei ausnahmslos nachteilig ist und die Einzelregelungen durch keine berechtigten Belange des anderen Partners gerechtfertigt werden, erstreckt sich die Nichtigkeitsfolge notwendigerweise auf den gesamten Vertrag, für eine Teilnichtigkeit besteht in solchen Fällen kein Raum (BGH FamRZ 2006, 1097). Dies gilt insb, wenn sich der Vertrag als Ergebnis einer ungleichen Verhandlungsposition erweist (BGH NJW 2017, 1883; Celle NJW 2018, 3462; Karlsruhe FamRZ 2021, 1526, 1528). Auch eine **salvatorische Klausel** verhindert die Gesamtnichtigkeit nicht, weil sie selbst Ausdruck der Vertragsdisparität ist (BGH NJW 2008, 3426). Lassen sich indessen ungleiche Verhandlungspositionen nicht feststellen, kann eine salvatorische Klausel dafür sprechen, dass ein teilw nichtiger Ehevertrag auch ohne seine unwirksamen Bestimmungen geschlossen worden wäre (BGH NJW 2013, 457; Celle NJW 2018, 3462). Zur Beweislastumkehr aufgrund einer salvatorischen Klausel, die zur Teilunwirksamkeit führen kann, BGH NJW 2003, 347; Düsseldorf FamRZ 2004, 461; *Brambring* FPR 2005, 130; krit *Grziwotz* FF 2004, 275.

dd) Scheidungsvereinbarungen. Da die Ehegatten während oder im Vorfeld einer Scheidung ausreichend Gelegenheit haben, sich anwaltlich beraten zu lassen, ist die Kontrolldichte bei Scheidungsvereinbarungen geringer (KG NJOZ 2015, 281, 282). Scheidungsfolgenvereinbarungen können jedoch – bspw beim späteren Hinzutreten weiterer Unterhaltspflichten – angepasst werden, selbst wenn die Ehegatten diese Vereinbarung als unabänderlich angesehen haben (*Pfeil* NZFam 2015, 747, 749). 10

c) **Typenzwang.** Die Rechte und Pflichten der Ehegatten können in einem Ehevertrag unterschiedlich ausgestaltet werden. Die im Schrifttum anzutreffende Meinung, dass auch Vereinbarungen in Eheverträgen unzulässig seien, die dem Wesen des Güterstandes widersprächen, dürfte wegen ihres unbestimmten Gehalts wenig brauchbar sein; bei dem **gesetzl Güterstand der Zugewinngemeinschaft** ist sie offensichtlich nicht verwertbar, weil dessen wesentlicher Bestandteil, der Ausgleich des Zugewinns, zweifellos ausgeschlossen werden kann oder Bestimmungen, die zu einer anderen als der im Gesetz vorgesehenen Berechnung des Zugewinns oder der Ausgleichsforderung führen, getroffen werden können. Zur Frage, inwieweit solche Abänderungen zulässig sind, vgl im Einz die Erl zu den §§ 1371–1390. Zum ehevertragl **Ausschluss des Zugewinnausgleichs**, BGH FamRZ 2007, 1310. Fraglich kann dann allenfalls sein, ob die restlichen, nicht ausgeschlossenen Elemente eines Güterstands für sich allein bestehen und die vom Gesetz vorgesehenen Rechtsfolgen entfalten können. Wird der Zugewinnausgleich vollständig (auch im Todesfall) ausgeschlossen, bleiben aber die §§ 1365, 1369 bestehen, handelt es sich noch um eine zulässige Modifikation. Werden aber auch diese Verfügungsbeschränkungen ausgeschlossen, handelt es sich um die Vereinbarung von Gütertrennung (DNotI-Report 2019, 157; aA BeckOGK/*Reetz* Rn 135). Zur Bandbreite güterrechtl Modifikationen der Zugewinngemeinschaft vgl *Slapnicar* FPR 1996, 118. Zum Ausschluss nur der erbrechtl Lösung s *Rittner* DNotZ 1957, 487; *Gernhuber/Coester-Waltjen* § 32 III Rn 26. Auch die **Verwaltungsbeschränkungen**, die im gesetzl Güterstand beiden Ehegatten gem §§ 1365–1369 auferlegt sind, können ganz oder teilw außer Kraft gesetzt werden. Ob der Ausschluss nur zugunsten eines Ehegatten allein, wenn nicht besondere Umstände vorliegen, gegen die guten Sitten verstößt, ist zu bezweifeln, da die mögliche Gütertrennung noch weitergehen kann (wie hier Soergel/*Gaul* Rn 11). Allerdings kann der Zugewinnausgleich nicht einseitig zugunsten eines Ehegatten ausgeschlossen werden (*Bärmann* AcP 157, 203; *Gernhuber/Coester-Waltjen* § 32 III Rn 26). Bei **Gütergemeinschaft** ist Befreiung des Gesamtgutsverwalters von der Beschränkung in der Verfügung über Grundstücke möglich, aber nicht die Vereinbarung, dass alles gegenwärtige und künftige Vermögen Vorbehaltsgut eines Ehegatten werden solle (KG DR 1941, 2196). Im Gesetz nicht vorgesehene Verwaltungsbeschränkungen können mit Wirkung gegen Dritte nicht vereinbart werden (§ 137, MüKo/*Münch* Rn 14). Unzulässig ist auch eine durch Ehevertrag vorgesehene Beschränkung der Haftung ggü den Gläubigern. Gegen Fantasie- und Mischgüterstände, zB die Unwirksamkeit der Vereinbarung einer sociedad conyugal nach mexikanischem Recht, s Saarbrücken OLGRp 1999, 133. 11

d) **Anfechtbarkeit wegen Gläubigerbenachteiligung.** Eheverträge können auch wegen Gläubigerbenachteiligung nach den Bestimmungen des AnfG und nach § 129 InsO anfechtbar sein (Grü/*Siede* Rn 5; BGH BB 2010, 1993; NJW 1972, 48; Zweibrücken OLG 1965, 304 zu § 29 KO). Für die Möglichkeit der **Schenkungsanfechtung** nach § 4 AnfG bzw § 133 InsO ist entscheidend, ob durch die Änderung des güterrechtl Status dem anfechtungsberechtigten Gläubiger unmittelbar Vermögensgegenstände entzogen werden. Dies ist bei Vereinbarung von **Gütertrennung** mit Auseinandersetzung des ehelichen Vermögens zur Abgeltung des Zugewinnausgleichs und dessen dinglichem Vollzug der Fall (BGH FamRZ 2010, 1548). Auch im Zusammenhang mit güterrechtl Verträgen, die der Schuldner mit einer nahe stehenden Person nicht früher als zwei Jahre vor dem Eröffnungsantrag schließt, werden sein Gläubigerbenachteiligungsvorsatz und die Kenntnis des anderen Teils hiervon widerleglich nach § 133 II InsO vermutet (BGH FamRZ 2010, 1548). Die **Ersetzung der Gütergemeinschaft** durch Gütertrennung im Wege eines sog Gesamtehevertrags allein begründet die Anfechtbarkeit noch nicht (zutr BGH NJW 1972, 48), da zum einen die güterrechtl Vertragsfreiheit vorrangig ist, zum anderen jedenfalls bis zur endgültigen Auseinandersetzung den Gläubigern der Zugriff auf das Gesamtgut bleibt. Raum für die Anfechtung einer unentgeltlichen Zuwendung besteht dann, wenn die Ehegatten den ihnen zustehenden Beurteilungsspielraum bei der dem Aufhebungsvertrag folgenden oder gleichzeitig abgeschlossenen Auseinandersetzung **missbräuchlich** überschreiten. Dies liegt grds nicht vor, wenn die Aufteilung nach den Regeln der §§ 1471ff erfolgt ist, da dann keine Aufopferung ohne Gegenwert aus dem Vermögen eines Ehegatten vorliegt; i Erg ebenso mit anderer Begründung *Bähr* Anm zu BGH NJW 1972, 48. Werden jedoch im Rahmen der Auseinandersetzung einem Ehe-/Lebenspartner alle Grundstücke zugewiesen, während der andere ohne triftigen Grund keinen finanziellen Ausgleich erhält, liegt ein unentgeltlicher Verzicht vor, der der Schenkungsanfechtung unterliegt (München 12

NJW-RR 2013, 419). Werden **Umsatz- oder Schenkungsgeschäfte** in das Gewand eines Ehevertrags gekleidet, um zB Erbschaftsteuer zu sparen, Pflichtteilsansprüche zu verkürzen oder Vorkaufsrechte zu vereiteln, dann kann der Ehevertrag nichtig, das verdeckte Geschäft wirksam sein (§ 117, vgl *Gernhuber/Coester-Waltjen* § 32 I Rn 9f). Auch die **Vereinbarung von Gütergemeinschaft** kann eine strafbare Gläubigerbegünstigung (§ 283c StGB) darstellen, allerdings sind an den Tatnachweis hohe Anforderungen zu stellen (BGH NJW 2021, 247).

13 **5. Ehevertragliche Vereinbarungen über den Versorgungsausgleich. a) Bedeutung von Abs II.** Abs II wurde durch das VAStrRefG zum 1.9.2009 neu gefasst. Er dient nur noch der **Klarstellung**, dass auch im Ehevertrag Vereinbarungen über den VersA getroffen werden können, dass aber die allg Vorschriften der §§ 6 und 8 VersAusglG zu beachten sind. Der Vertrag kann schon vor der Ehe geschlossen werden (Brandenburg 9.2.2015 – 10 UF 127/14). Aufgehoben wurde die Bestimmung in S 2, wonach der Ausschluss des VersA unwirksam ist, wenn innerhalb eines Jahres ab Vertragsschluss Antrag auf Scheidung gestellt wird. Das Genehmigungserfordernis durch das FamG nach § 1587o wurde ebenfalls aufgehoben. Trotz der in § 8 I VersAusglG angeordneten Inhalts- und Ausübungskontrolle will der Gesetzgeber hiermit die **Vertragsfreiheit stärken** und die gerichtliche Kontrolle auf das notwendige Mindestmaß beschränken (vgl § 6 II VersAusglG).

14 **b) Form.** Der Ausschluss außerhalb eines Ehevertrags bedarf nach § 7 I VersAusglG bis zur Rechtskraft der Entscheidung über den Wertausgleich der **notariellen Beurkundung** oder **gerichtlichen Vergleichsprotokollierung** (§ 7 II VersAusglG iVm § 127a; Schleswig 7.8.2020 – 15 UF 112/18), danach sind Vereinbarungen (sofern sie materiell- rechtl noch denkbar sind) formfrei möglich. Die notarielle Beurkundung erfordert keine gleichzeitige Anwesenheit der Beteiligten, getrennte Beurkundung von Angebot und Annahme (§ 128) ist also – anders als im Ehevertrag – statthaft. Im **Rahmen eines Ehevertrags**, also im Falle der Mitbeurkundung güterrechtl Vereinbarungen, ist § 1410 jedoch zu beachten, § 7 III VersAusglG.

15 **c) Materielle Wirksamkeitsvoraussetzungen.** In einem Ehevertrag getroffene Regelungen zum VersA unterliegen einer **Inhalts- und Ausübungskontrolle**, § 8 II, § 6 II VersAusglG (Karlsruhe FamRZ 2021, 1526, 1527; Frankfurt FamRZ 2020, 418, 420; Köln NJOZ 2019, 1239; Brandenburg NZFam 2019, 224; 9.2.2015 – 10 UF 127/14). Das Gesetz knüpft hier an die neue Rspr des BGH, insb an dessen Kernbereichslehre an (s hierzu Rn 7). Vereinbarungen zum VersA können bei einem Verstoß gegen § 138 **sittenwidrig** und nichtig sein, bei einem Verstoß gegen §§ 242, 313 kann die Berufung auf die Abrede unzulässig sein. So ist ein Ausschluss des Versorgungsausgleichs schon für sich genommen unwirksam, wenn er dazu führt, dass ein Ehegatte aufgrund des bereits beim Vertragsschluss geplanten Zuschnitts der Ehe über keine hinreichende Alterssicherung verfügt und dieses Ergebnis mit dem Gebot ehelicher Solidarität unvereinbar erscheint (BGH FamRZ 2020, 1347, 1348; Celle NZFam 2021, 591, 594; Hamm BWNotZ 2020, 176, 183). Sittenwidrig ist der Ausschluss des VersA, wenn der Verzichtende im Alter und bei Erwerbsminderung auf Leistungen der Grundsicherung angewiesen ist (Brandenburg FamRB 2021, 136; Celle NZFam 2021, 591, 594). Eine Sittenwidrigkeit liegt auch dann nahe, wenn sich ein Ehegatte, wie schon bei Vertragsschluss geplant oder verwirklicht, der Betreuung der gemeinsamen Kinder gewidmet und deshalb auf eine versorgungsbegründende Erwerbstätigkeit in der Ehe – weitgehend – verzichtet hat (BGH NJW 2014, 1101; Celle NZFam 2021, 591, 594). Schließen zwei vollschichtig Erwerbstätige die Ehe und soll es bei dieser Gestaltung bleiben, bestehen gegen den Verzicht auf VersA keine Bedenken, selbst wenn beide Ehegatten unterschiedlich hohe Einkünfte erzielen und entspr unterschiedlich hohe Versorgungsanrechte erwerben (Hamm FamRZ 2017, 1568). Gleiches gilt, wenn sich nachfolgend nicht ehebedingte, sondern allg Risiken des Arbeitslebens (zB unerwartete Schwierigkeiten im beruflichen Fortkommen eines der Ehegatten) verwirklicht haben (Frankfurt FamRZ 2020, 418, 420; Köln NJOZ 2019, 1239). Sind die Eheleute davon ausgegangen, dass sie eine Doppelverdienerehe führen werden und betreut dann doch ein Ehegatte unter Aufgabe seines Berufs ein gemeinsames Kind, kann dies zu einer Anpassung des Ausschlusses des VersA führen (Bremen FamRZ 2017, 1751). Gegen eine Unwirksamkeit spricht, wenn der den Haushalt und die Kinderbetreuung führende Ehegatte über die Anrechnung von Kindererziehungszeiten in etwa die gleichen Entgeltpunkte in der gesetzl Rentenversicherung erwirbt; gleiches gilt, wenn zw den Ehegatten ein erheblicher Altersunterschied besteht und der ältere Ehegatte nur schuldrechtl auszugleichende Anrechte erwirbt (Schleswig 7.8.2020 – 15 UF 112/18). Weiterhin besteht die Möglichkeit der **Anfechtung** (§§ 119, 123). Als Schutzvorschrift zugunsten der Versorgungsträger dient § 8 II VersAusglG; er gestattet die Begründung und Übertragung von Anrechten nur, wenn dies die einschlägigen sozialversicherungsrechtl oder beamtenversorgungsrechtl Vorschriften zulassen und die betroffenen Versorgungsträger zugestimmt haben.

16 **d) Zulässige Gestaltungsmöglichkeiten.** § 6 I 2 VersAusglG nennt beispielhaft Vereinbarungen, die zum VersA getroffen werden können: **Einbeziehung** in die ehelichen Vermögensverhältnisse (Nr 1), zB Abgeltung durch eine Einmalzahlung, die Übertragung eines Vermögengegenstands (Immobilie); **Ausschluss** (Nr 2) mit oder ohne Gegenleistung, auch Teilausschluss (zB einseitiger Ausschluss, Ausnahme bestimmter Anrechte, Ausnahme bestimmter Zeiten (Frankfurt FamRZ 2020, 1552), auch durch abw Definition der Ehezeit, aber str, wie hier Brandenburg FamRZ 2017, 795; BeckOGK/*Reetz* § 6 VersAusglG Rn 124); Vorbehalt **schuldrechtl VersA** nach §§ 20–24 VersAusglG (Nr 3), insb wenn ein Wertausgleich nicht gesichert ist (zu weiteren Anwendungsfällen BeckOGK/*Reetz* § 6 VersAusglG Rn 99ff). Darüber hinaus können die Vereinbarungen zum VersA unter Bedingungen, Befristungen sowie unter Vorbehalt des Rücktritts getroffen werden.

17 **e) Übergangsregelung.** Zum 1.9.2009 ist § 1408 II aF außer Kraft getreten. Wurde ab diesem Zeitpunkt ein Scheidungsantrag gestellt, so tritt auch bei **Nichteinhaltung des Sperrjahres** keine Unwirksamkeit einer nach alter Rechtslage getroffenen Vereinbarung zum VersA ein. Insb bleibt ein Ausschluss des VersA (vorbehaltlich ei-

ner Prüfung nach § 8 I VersAusglG) wirksam. Auch eine vor dem 1.9.2009 getroffene Vereinbarung bedarf keiner familiengerichtlichen Genehmigung (vgl § 1587o II 3 aF) mehr, weil ab dem 1.9.2009 ausschließlich das VersAusglG anwendbar ist (Koblenz RNotZ 2011, 608; Brandenburg FamRZ 2012, 1729; Köln NJOZ 2019, 1239).

§ 1409 Beschränkung der Vertragsfreiheit

Der Güterstand kann nicht durch Verweisung auf nicht mehr geltendes oder ausländisches Recht bestimmt werden.

Normzweck ist die Gewährleistung von Rechtsklarheit, da Verweise auf schwer zugängliche oder unzulängliche Rechtsquellen Unsicherheit für die Ehegatten und deren Geschäftspartner mit sich brächten (vgl MüKo/*Münch* Rn 1), sowie mittelbar die Vermeidung einer Rechtszersplitterung (NK/*Völker* Rn 1). 1

Die Vorschrift enthält ein **formelles Verweisungsverbot**, lässt aber die inhaltliche Gestaltungsfreiheit unberührt (Staudinger/*Thiele* Rn 2; MüKo/*Münch* Rn 1; aA *Ludwig* DNotZ 1982, 651, 653), wobei die allg Grenzen der Ehevertragsfreiheit (§§ 134, 138, 242) zu beachten sind (NK/*Völker* Rn 4; BaRo/*Scheller/Sprink* Rn 1; aA *Mikat* FS Felgentraeger, 1969, 324f). Möglich ist daher die Vereinbarung nicht mehr, noch nicht geltenden (vgl Art 19 WZGA Rn 1; aA MüKo/*Münch* Rn 2) oder ausl Rechts (aA Grü/*Siede* Rn 2, nur bei Vorliegen der Voraussetzungen nach Art 15 II EGBGB zulässig) durch die (wegen § 1410) umfassende **Beurkundung aller Einzelregelungen** (kein „Stichwortvertrag", NK/*Völker* § 1410 Rn 6) im Vertrag (MüKo/*Kanzleiter* Rn 1; BaRo/*Scheller/Sprink* Rn 1). Dritten ggü wirken darin enthaltene güterrechtl Einwendungen nur bei deren Einverständnis oder nach Maßgabe des § 1412 (NK/*Münch* Rn 8). 2

Das Verweisungsverbot umfasst die **aufgehobenen Güterstände** des Reichs-, Bundes- und Landesrechts (zB der Verwaltung und Nutznießung, der Errungenschafts- und Fahrnisgemeinschaft) einschl des Güterrechts der DDR (§§ 13ff FGB-DDR), auch soweit diese übergeleitet werden konnten (Art 8 I Nr 7 GleichberG; Art 234 § 4 II EGBGB) sowie alle **ausl Güterstände.** Unberührt bleibt die Möglichkeit einer Rechtswahl nach Art 22 EuGüVO, Art 22 EuPartVO, Art 14 I EGBGB bzw nach § 1409 II aF (MüKo/*Münch* Rn 4; NK/*Völker* Rn 6, 3) oder die Vereinbarung der Wahl-Zugewinngemeinschaft nach dem dt-französischen Abk, s § 1519. Dritte werden durch Art 28 EuGüVO, Art 28 EuPartVO geschützt (BT-Drs 19/4852, 37). 3

Ein Verstoß gegen das Verweisungsverbot führt zur **Nichtigkeit** der Vereinbarung. Es ist auf den Zeitpunkt des Vertragsschlusses abzustellen (Staudinger/*Thiele* Rn 5), wobei die Verweisung auf ein verkündetes, aber noch nicht in Kraft getretenes Gesetz zulässig ist (LG Dortmund NJW 1957, 1481; vgl aber Art 19 WZGA Rn 1). Auch ein übergeleiteter Güterstand (vgl Rn 3) kann daher nicht durch Verweisung neu begründet werden (Staudinger/*Thiele* Rn 6). Bei Nichtigkeit gilt der gesetzl Güterstand bzw der zuletzt wirksam vereinbarte Güterstand (NK/*Völker* Rn 7). Die Wirksamkeit weiterer Vereinbarungen richtet sich nach § 139 (BaRo/*Scheller/Sprink* Rn 2). 4

Durch die Verweisung in § 7 S 2 LPartG gilt die Bestimmung für **Lebenspartnerschaftsverträge** entspr (NK/*Völker* Rn 2). Keine analoge Anwendung findet die Vorschrift auf ehevertragl **Unterhaltsvereinbarungen** (zB solche, die das Verschuldensprinzip wieder einführen, NK/*Völker* Rn 6; Staudinger/*Thiele* Rn 4; aA *Walter* NJW 1981, 1409, 1413). 5

§ 1410 Form

Der Ehevertrag muss bei gleichzeitiger Anwesenheit beider Teile zur Niederschrift eines Notars geschlossen werden.

1. Normzweck. Der Formzwang dient gleichrangig dem Schutz der Vertragsschließenden vor **Übereilung und hat Warn-, Klarstellungs- und Beweisfunktion.** Daneben wird durch die Belehrung des Notars (§ 17 I BeurkG) eine Wirksamkeitskontrolle gewährleistet (BaRo/*Scheller/Sprink* Rn 1). Die Formvorschrift ist **zwingende** lex specialis zu § 128 (RGZ 48, 186, 190). Die notarielle Form für dem dt Recht unterliegende Eheverträge wird auch durch Art 25 II EuGüVO, Art 25 II EuPartVO anerkannt. Für die **Auslegung** eines Ehevertrags gelten die allg Auslegungsgrundsätze, insb §§ 133, 157, außerhalb der Urkunde liegende Umstände können zur Auslegung herangezogen werden, wenn sich entspr Anhaltspunkte hierfür in der Urkunde finde (sog Andeutungstheorie, Brandenburg 19.2.2021 – 13 UF 36/20). 1

2. Anwendungsbereich. Auf Lebenspartnerschaftsverträge findet die Norm entspr Anwendung, § 7 S 2 LPartG, nicht jedoch auf Vereinbarungen zw nichtehelichen Lebensgefährten (Köln MDR 2001, 756). Die Vorschrift gilt auch für Vereinbarungen über den VersA im Rahmen eines Ehevertrags, § 7 III VersAusglG (s ausf § 1408 Rn 14). Ebenfalls beurkundungsbedürftig sind Vorverträge (RGZ 48, 186; BGH MDR 1966, 821; Karlsruhe NJW 2009, 2750, 2752), Schuldanerkenntnisse (zB auf Zahlung des Zugewinns, Hamm NJOZ 2014, 565) und **Abschlussverpflichtungen** ggü Dritten (zB im Rahmen von Gesellschaftsverträgen oder Überlassungsverträgen mit Eltern, NK/*Völker* Rn 3). Beurkundungsbedürftig sind Modifikationen des ges Güterstands (Nürnberg FamRZ 2012, 1710), ebenso ein Verzicht auf Zugewinnausgleich; für Verfügungen über die Ausgleichsforderung gilt § 1378 III 2, 3 (BGH NJW 2013, 2753; Hamm NJOZ 2014, 565). Die **Aufhebung** oder **Abänderung** ist ebenso nur in der Form des § 1410 möglich, da der Ehevertrag regelmäßig über die Begründung der Ausgangsverpflichtung hinausgehende Rechtswirkungen hat, sich die Aufhebung also nicht in der bloßen Rückgängigmachung er- 2 schöpft, Frankfurt DNotZ 2004, 939 m abl Anm *Kanzleiter*; Saarbrücken FamRZ 2002, 1034; Frankfurt FamRZ 2001, 1523; Köln FamRZ 2000, 832; AG Seligenstadt FamRZ 2002, 829. Notarieller Beurkundung (Beglaubigung genügt nicht!) bedarf trotz § 167 II die Erteilung einer **unwiderruflichen Vollmacht** zum Abschluss eines Ehevertrags (BaRo/*Scheller/Sprink* Rn 3; BGHZ 138, 239, 246), aber auch die einer **widerruflichen Vollmacht**, wenn dem Vertreter kein eigener Entscheidungsspielraum verbleibt oder der Vertreter von den Beschränkungen des § 181 befreit ist (Staudinger/*Thiele* Rn 5, 6; *Einsele* NJW 1998, 1206; *Vollkommer* JZ 1999, 522; aA BGHZ 138, 239, 246f; BaRo/*Scheller/Sprink* Rn 5; NK/*Völker* Rn 4; *Kanzleiter* NJW 1999, 1612, 1613). Formfrei ist hingegen die **Genehmigung** des Ehegatten zu einem ohne Vertretungsmacht (BGHZ 138, 239, 242; LG Braunschweig NJWE-FER 2000, 50; KG Rpfleger 2001, 589, 590; aA Staudinger/*Thiele* Rn 6) oder ohne Zustimmung des gesetzl Vertreters (BGH NJW 1989, 1728) geschlossenen Ehevertrag, § 182 II. Die notarielle Form für **Rechtswahlvereinbarungen** im Güterrecht folgt aus Art 15 III, Art 14 IV EGBGB. Diese wird auch durch Art 23 II EuGüVO, Art 23 II EuPartVO anerkannt.

3 **3. Rechtsgeschäfte im Zusammenhang mit Eheverträgen.** Vgl *Kanzleiter* NJW 1997, 217, *Grziwotz* FamRB 2006, 23. Beurkundungspflichtig sind nach hM alle Vereinbarungen, die nach dem Willen der Beteiligten mit dem Ehevertrag so zusammenhängen, dass dieser mit ihnen **„stehen und fallen"** soll (Bremen MittBayNot 2010, 480; Frankfurt DNotZ 2004, 939 m abl Anm *Kanzleiter*; BaRo/*Scheller/Sprink* Rn 7; NK/*Völker* Rn 5; aA Frankfurt v 14.12.2007 – 1 UF 319/06, nv; MüKo/*Münch* Rn 5). Dies kann auch für Vereinbarungen über die entstandene Zugewinnausgleichsforderung oder die Auseinandersetzung des gemeinsamen Vermögens gelten, auch wenn diese für sich nicht beurkundungsbedürftig wären (aA Düsseldorf OLGR 1993, 9; FamRZ 2001, 765). Zur Formbedürftigkeit einer **Morgengabevereinbarung** BGH FamRZ 2020, 1073; NJW 1987, 2161, 2163; München IPRspr 1985, Nr 67, 177. Es gilt § 139, im Zweifel liegt **Gesamtnichtigkeit** vor, den Gegenbeweis muss außer bei Vorliegen einer salvatorischen Klausel derjenige erbringen, der sich auf die Wirksamkeit beruft (Bremen MittBayNot 2010, 480; Karlsruhe NJW 2009, 2750, 2752; Köln ZNotP 2011, 198). Zur Verbindung von Ehe- und Erbvertrag s Rn 7.

4 **4. Gleichzeitige Anwesenheit, Stellvertretung.** Erforderlich ist die **gleichzeitige Anwesenheit** vor dem Notar, so dass abw von § 128 die zeitl gesonderte Abgabe von Angebot und Annahme entfällt. Persönlicher Abschluss ist (anders als nach § 1311 S 1, § 1750 III 1, § 2274) nicht erforderlich, vielmehr ist **Stellvertretung zulässig** (vgl hierzu BGHZ 138, 239; NK/*Völker* Rn 4). Zulässig ist auch der Abschluss des Vertrags durch einen Ehegatten allein unter Befreiung von § 181 (RGZ 79, 282; LG Braunschweig NJW-FER 2000, 50; MüKo/*Münch* Rn 6; NK/*Völker* Rn 4). Entgegen der hM bedarf aber eine entspr Vollmacht der notariellen Beurkundung (s Rn 2). Jedenfalls ist ein dermaßen abgeschlossener Vertrag besonders krit an §§ 138, 242 zu messen.

5 **5. Beurkundungsverfahren.** Zuständig ist jeder **dt Notar**, bei Auslandsbeurkundung gilt Art 11 I EGBGB (BGH NJW-RR 2011, 1225; öOGH ZfRV 1999, 189; Hamm NZFam 2016, 1035 zur Formgültigkeit eines vor dem Scharia-Gericht geschlossenen Ehevertrags; Köln FGPrax 2017, 219 zur Formgültigkeit eines vor dem ital Konsularbeamten geschlossenen Ehevertrags). Die Form des Vertragsschlusses regelt sich nach §§ 8ff BeurkG. Ist ein Beteiligter durch gerichtlichen Beschl zum Abschluss eines Ehevertrags verpflichtet worden, so wird seine Erklärung nach § 894 ZPO ersetzt (Staudinger/*Thiele* Rn 8). Der Notar soll das Verfahren so gestalten, dass die Belehrungen nach § 17 I, II BeurkG gewährleistet sind, § 17 IIa 1 BeurkG. Deshalb soll die **Beurkundung durch Vertreter ohne notariell beurkundete Vollmacht grds abgelehnt werden**. Verstoß führt jedoch nicht zur Unwirksamkeit (s aber Rn 4). Zur Beurkundung mit gesetzl Vertretern s § 1411 Rn 3, 5. Bei Beteiligten, die der **dt Sprache unkundig** sind, ist § 16 BeurkG einzuhalten (eine Berufung auf § 138 scheidet grds aus, Köln FamRZ 2002, 457, allerdings kann die sprachliche Unterlegenheit ein Indiz für eine unterlegene Verhandlungsposition darstellen, BGH FamRZ 2019, 953; § 1408 Rn 5ff). Wird zusätzlich eine schriftliche Übersetzung angefertigt, bleibt idR allein die dt Sprachfassung maßgeblich (BGH FamRZ 2019, 953). Die fehlende Übersetzung einzelner Hinweise durch den Notar führt nicht zur Unwirksamkeit der Beurkundung (BGH FamRZ 2019, 953). Bei Rechtshängigkeit vor einem dt Gericht ersetzt der Abschluss eines **gerichtlichen Vergleichs** (zB über Aufhebung der Gütergemeinschaft) mit Aufnahme ins Protokoll (§§ 160ff ZPO) die notarielle Beurkundung, § 127a (BGHZ 84, 333, 335). Anwaltszwang vor dem FamG (§ 114 FamFG), Stellvertretung zulässig, aber gleichzeitige Anwesenheit erforderlich (BaRo/*Scheller/Sprink* Rn 8), so dass schriftlicher Vergleich nach § 278 VI ZPO oder Anwaltsvergleich (§ 796a ZPO) ausscheiden (*Bredthauer* FPR 2009, 500, 503; vgl BGH NZFam 2017, 279 m Anm *Schneider*). Ein Vergleich kann auch im Rahmen einer Güterrechtssache (§ 111 Nr 9, § 261 I, § 269 I FamFG) oder Scheidungs- und Folgesache (§ 121 Nr 1, § 137 II FamFG) getroffen werden. Protokollierung durch öffentliche Rechtsauskunfts- und Vergleichsstelle genügt nicht (Schleswig SchlHA 1997, 14), ebenso nicht Beurkundung durch Güte-, Schieds- oder Mediationsstelle (vgl Köln ZNotP 2011, 198). Der Vertrag bedarf zu seiner Wirksamkeit **keiner weiteren Vollzugshandlung**, insb nicht der Eintragung in das Güterrechtsregister (jurisPK/*Hausch* Rn 18). Dritten kann er aber nur nach Maßgabe des § 1412 entgegengehalten werden.

6 **6. Folgen des Formverstoßes.** Die Nichtbeachtung der Form führt nach § 125 S 1 zur **Nichtigkeit**. Zur Teilbzw. Gesamtnichtigkeit s Rn 3, 7. Heilung (zB durch Eintragung in Register) ist nicht möglich, der formnichtige (Vor-)Vertrag kann nur durch Neuabschluss eines formgerechten Ehevertrags ex nunc wirksam werden. Ausnahmsw kann die Berufung auf die Formnichtigkeit nach § 242 treuwidrig sein (vgl BGH FamRZ 1977, 37; Hamburg FamRZ 1988, 1167; aA NK/*Völker* Rn 9).

7 Bei Verbindung von **Ehe- und Erbvertrag** genügt nach § 2276 II die Form des Ehevertrags (§ 2232 und §§ 28–33 BeurkG gelten nicht), allerdings ist wegen § 2274 persönliche Anwesenheit erforderlich, so dass § 1410

ggü dem Formerfordernis des § 2276 I kaum eine Erleichterung bedeutet. Der **Rücktritt vom Erbvertrag** lässt den Ehevertrag grds bestehen (BGHZ 29, 129, 131ff). Für die Frage, inwieweit die Unwirksamkeit des Erbvertrags auch den Ehevertrag berührt (und umgekehrt), gilt § 139 (Stuttgart FamRZ 1987, 1034, 1036; aA NK/*Völker* Rn 12). Beweislast für die Gesamtnichtigkeit trägt derjenige, der sich auf Einheitlichkeit des Ehe- und Erbvertrags beruft (MüKo/*Münch* Rn 11).

7. Kosten. 2,0 Gebühren (Nr 21100 KV GNotKG). **Geschäftswert** ist die Summe des gegenwärtigen Vermögens beider Ehegatten/Partner, § 100 I 1 GNotKG. Verbindlichkeiten werden nur bis zur Hälfte des Aktivvermögens abgezogen, § 100 I 3 GNotKG. Künftiges Vermögen ist mit 30 % zu berücksichtigen, § 100 III GNotKG. **Ehe- und Erbvertrag** sind kosten rechtl stets besondere Beurkundungsgegenstände, deren Geschäftswerte nach § 35 I GNotKG zu addieren sind. Der Kostenvorteil nach § 46 III KostO aF ist mit § 111 Nr 1, 2 GNotKG entfallen. Werden mit dem Ehevertrag **weitere Vereinbarungen** (zB Rechtswahl, Unterhalt, Versorgungsausgleich, Vermögensauseinandersetzung) beurkundet, handelt es sich um besondere Beurkundungsgegenstände, deren Geschäftswerte gesondert zu bewerten und nach § 35 I GNotKG zu addieren sind (LG Chemnitz NotBZ 2021, 116). Kostenschuldner sind beide Ehegatten/Partner, § 30 I GNotKG. 8

§ 1411 Eheverträge Betreuter

(1) Ein Betreuter kann einen Ehevertrag nur mit Zustimmung seines Betreuers schließen, soweit für diese Angelegenheit ein Einwilligungsvorbehalt angeordnet ist. Die Zustimmung des Betreuers bedarf der Genehmigung des Betreuungsgerichts, wenn der Ausgleich des Zugewinns ausgeschlossen oder eingeschränkt oder wenn Gütergemeinschaft vereinbart oder aufgehoben wird. Für einen geschäftsfähigen Betreuten kann der Betreuer keinen Ehevertrag schließen.

(2) Für einen geschäftsunfähigen Ehegatten schließt der Betreuer den Ehevertrag; Gütergemeinschaft kann er nicht vereinbaren oder aufheben. Der Betreuer kann den Ehevertrag nur mit Genehmigung des Betreuungsgerichts schließen.

1. Normzweck. Die Vorschrift dient der Selbstbestimmung (MüKo/*Münch* Rn 1) und dem Schutz unter Betreuung stehender Personen, indem sie die Vertretungsmacht des Betreuers beim Abschluss von Eheverträgen einschränkt und zT einem betreuungsgerichtlichen Genehmigungserfordernis unterwirft (Staudinger/*Thiele* Rn 2). Auf Übergangserklärungen nach der Wiedervereinigung ist die Norm ebenfalls anwendbar, Art 234 § 4 II 2 EGBGB. Auf Lebenspartnerschaftsverträge (§ 7 S 2 LPartG) und Übergangserklärungen nach § 21 II 1, III LPartG findet die Norm entspr Anwendung. Die Vorschrift ist **zwingendes Recht**. Auf Vereinbarungen zum **Versorgungsausgleich** innerhalb oder außerhalb eines Ehevertrags (§ 7 III VersAusglG verweist nicht auf § 1411) kommt die Norm nicht, auch nicht analog zur Anwendung (BaRo/*Scheller*/*Sprink* Rn 18; aA NK/*Völker* Rn 8). Durch das Gesetz zur Bekämpfung von Kinderehen v 17.7.2017 (BGBl I 2017, 2429) ist die Eheschließung von Minderjährigen abgeschafft worden, so dass Folgeregelungen, wie zB zum Abschluss von Eheverträgen, entbehrlich sind (BT-Drs 18/12086, 21). Aus diesem Grund wurde § 1411 durch Art 1 Nr 8 des Gesetzes **neu gefasst**, so dass die Norm nur noch für unter Betreuung stehende volljährige Personen anwendbar ist. Es fehlt an einer **Übergangsregelung**, dennoch bleibt die bisherige Vorschrift für bestehende Ehen weiterhin in ihrer aF anwendbar. 1

2. Eheverträge Betreuter (Abs I). Ein nach den §§ 1814ff (= §§ 1896ff aF) betreuter Ehegatte oder Verlobter soll bei jedem Ehevertrag selbst mitwirken, auch wenn es sich nicht um die Vereinbarung oder Aufhebung der Gütergemeinschaft handelt. Der Betreuer kann in keinem Fall einen Ehevertrag für ihn schließen (**S 3**). Er handelt insofern ohne Vertretungsmacht und bedarf der Genehmigung durch den Vertretenen (s Rn 4). Der **Betreute** kann grds allein einen Ehevertrag schließen, denn er behält seine Geschäftsfähigkeit (bei Geschäftsunfähigkeit gilt Abs II). Nur wenn für den entspr Bereich (oder die gesamte Vermögenssorge) ein **Einwilligungsvorbehalt** nach § 1825 (= § 1903 aF) angeordnet ist, bedarf auch er der Einwilligung seines Betreuers (**S 1**). Das gilt auch, wenn der Vertrag rechtl vorteilhaft ist (Grü/*Siede* Rn 3). Für die **Zustimmung** sind die §§ 108f, 182ff anwendbar, sie ist auch bei rechtl vorteilhaften Eheverträgen notwendig (§§ 107, 1825 III 1 gelten nicht) und bedarf nicht der Form des § 1410. Ein nichtiger Ehevertrag erlangt nur durch Neuvornahme in der Form des § 1410 Wirksamkeit, Zustimmung des Betreuers allein genügt nicht (Hamburg FamRZ 1988, 1167). **S 2** trifft eine **Sonderregelung** für Eheverträge von besonders einschneidender Bedeutung: Vereinbarung oder Aufhebung der Gütergemeinschaft, ferner Ausschließung oder Einschränkung des Ausgleichs des Zugewinns; in diesen Fällen ist außer der Zustimmung des Betreuers auch die Genehmigung des BetrG erforderlich; dies gilt auch, wenn Vater oder Mutter zum Betreuer bestellt sind. Ausschließung des Zugewinnausgleichs liegt auch vor, wenn Gütertrennung vereinbart wird (vgl § 1414), Einschränkung bei Modifizierung des Zugewinnausgleichs nach Scheidung oder Tod (Staudinger/*Thiele* Rn 12). S 2 gilt nicht, wenn der Zugewinnausgleich zugunsten des Vertretenen eingeschränkt wird (Staudinger/*Thiele* Rn 12), wenn die Beschränkungen der §§ 1365, 1369 aufgehoben werden oder wenn nur eine Abänderung der Gütergemeinschaft vereinbart wird, zB Erklärung von Vermögensstücken zum Vorbehaltsgut (§ 1418 II Nr 1), es sei denn, das Gesamtgut wird dadurch quasi vollständig aufgehoben (Staudinger/*Thiele* Rn 13). Zum Genehmigungsverfahren s Rn 5. 2

3. Geschäftsunfähigkeit (Abs II). Ein Geschäftsunfähiger (§ 104) ist nicht in der Lage, selbst einen Ehevertrag zu schließen; für ihn kann nur der Betreuer tätig werden (**S 1**). Dieser kann nicht – auch nicht mit Genehmigung des Gerichts – Gütergemeinschaft vereinbaren oder aufheben (hier hilft nur die Erhebung einer Auf- 3 hebungsklage, § 1447 Nr 4, § 1469 Nr 5), er kann aber inhaltliche Änderungen vornehmen (Rn 2). Er kann aber einen Ehevertrag schließen, durch den der Ausgleich des Zugewinns ausgeschlossen oder eingeschränkt wird. Der Betreuer bedarf zu allen zulässigen Eheverträgen der Genehmigung des BetrG (**S 2**), vgl Rn 5. **Beweislast** für Geschäftsunfähigkeit trägt derjenige, der die Nichtigkeit des Vertrags behauptet.

4 **4. Gewillkürte Stellvertretung.** Weder **Vollmachtserteilung** durch den Betreuten noch die **Genehmigung** des Handelns eines vollmachtlosen Vertreters (zB des im Namen des Betreuten handelnden Betreuers; s Rn 2) fallen unter § 1411. Der Zustimmung des Betreuers und der gerichtlichen Genehmigung bedarf allein der vom Betreuer abgeschlossene Ehevertrag (Staudinger/*Thiele* Rn 4; aA Soergel/*Gaul* Rn 2). Hat der Betreuer ohne Vertretungsmacht gehandelt (Rn 2), liegt im Vertragsschluss zugleich die erforderliche Zustimmung (Staudinger/*Thiele* Rn 19). IÜ gelten für die gewillkürte Stellvertretung die allg Grundsätze, vgl § 1410 Rn 2, 4.

5 **5. Genehmigungsverfahren.** Soweit der Betreuer der Genehmigung des Gerichts bedarf (Rn 2, 3), ist für Betreuer das **Betreuungsgericht** zuständig (§ 271 Nr 3 FamFG, § 23a I 1 Nr 2, II Nr 1, § 23c GVG, örtl § 272 FamFG, funktionell der Rpfleger, § 3 Nr 2 lit b RPflG). Materielle Grundlage für die Entscheidung sind die §§ 1855–1858 (= §§ 1828–1830, 1908i I 1 aF). Verfahrensrechtl ist keine Anhörung des Betreuten erforderlich (vgl § 299 FamFG), Bestellung eines Verfahrenspflegers (§ 276 FamFG). Die Genehmigung muss auch dem Vertretenen mitgeteilt werden (§ 41 III FamFG) und wird erst mit Rechtskraft wirksam (§ 40 II 1 FamFG) und unabänderlich (§ 48 III FamFG). **Rechtsmittel:** auf zwei Wochen befristete Beschwerde (§ 63 II Nr 2 FamFG) zum LG (§ 72 I 2 GVG).

§ 1412 Wirkung gegenüber Dritten

Haben die Ehegatten den gesetzlichen Güterstand ausgeschlossen oder geändert oder haben sie eine Vereinbarung über den Güterstand aufgehoben oder geändert, so können sie hieraus einem Dritten gegenüber Einwendungen

1. **gegen ein Rechtsgeschäft, das zwischen einem der Ehegatten und dem Dritten vorgenommen worden ist, nur herleiten, wenn das Vorhandensein eines Ehevertrages dem Dritten bei Vornahme des Rechtsgeschäfts bekannt gewesen oder infolge grober Fahrlässigkeit unbekannt geblieben ist, oder**
2. **gegen ein rechtskräftiges Urteil, das zwischen einem der Ehegatten und dem Dritten ergangen ist, nur herleiten, wenn das Vorhandensein eines Ehevertrages dem Dritten bei dem Eintritt der Rechtshängigkeit des Rechtsstreits bekannt gewesen oder infolge grober Fahrlässigkeit unbekannt geblieben ist.**

1 **1. Normzweck.** Die Vorschrift regelt, wann sich **Dritte güterrechtl Vereinbarungen** entgegenhalten lassen müssen. Um Wirkung zw den Ehegatten selbst zu entfalten, sind neben der Eingehung der Ehe und dem formgerechten Abschluss des Ehevertrags keine weiteren Voraussetzungen erforderlich, insb ist keine Eintragung in das (zum 1.1.2023 ohnehin abgeschaffte) Güterrechtsregister erforderlich (s Vor § 1558 Rn 1; Hamm 8.8.2019 – 10 W 94/18). Es handelt sich nach Abschaffung des Güterrechtsregisters um eine reine **Gutglaubensvorschrift**. Dritte sind nur dann nicht schutzwürdig, wenn ihnen das Vorhandensein eines Ehevertrages bekannt war oder aufgrund grober Fahrlässigkeit unbekannt geblieben war (BT-Drs 20/2730, 14). Damit wird dem Schutz des Rechtsverkehrs noch deutlicher Vorrang vor dem Schutz der Ehegatten voreinander eingeräumt (BT-Drs 20/2730, 14).

2 **2. Abschaffung des Güterrechtsregisters.** Bis Ende 2022 war der eigentliche Rechtsscheinträger das **Güterrechtsregister**. In § 1412 waren die materiellen Wirkungen der Eintragung ins Güterrechtsregister festgelegt, während das Eintragungsverfahren in den §§ 1558–1563 und §§ 374ff FamFG geregelt war. Das Güterrechtsregister diente einerseits dem **Schutz des Rechtsverkehrs.** Dritte sollten darauf vertrauen dürfen, dass keine vom Gesetz abw güterrechtl Vereinbarungen bestehen, solange sie nicht im Güterrechtsregister eingetragen sind (sog **negative Publizität**). Andererseits zerstörte die Eintragung den guten Glauben Dritter und diente somit den berechtigten **Interessen der Vertragsbeteiligten.** Entgegen der hM erfüllte das Güterrechtsregister durchaus eine sinnvolle Funktion; dass es praktisch bedeutungslos war, lag vor allem daran, dass Rechtsanwälte, Notare und Gerichte das Register vernachlässigten (*Heinemann* FamRB 2011, 194). Art 28 II lit b EuGüVO und Art 28 II lit b EuPartVO erweiterten die negative Publizitätswirkung des Güterrechtsregisters auch in **internationalen Sachverhalten:** War ein bestimmter Güterstand entweder im Register des Staates, dem das Rechtsgeschäft unterliegt (i), des Staates, in dem der vertragsschließende Ehegatte und der Dritte ihren gewöhnlichen Aufenthalt haben (ii), oder des Staates, in dem das unbewegliche Vermögen belegen ist (iii), eingetragen, so wurde der gute Glaube eines Dritten an die Geltung eines anderen Güterrechts unwiderleglich zerstört (*Surges* RpflStud 2018, 16, 18f; *Weber* RNotZ 2017, 365, 370). Mit der Abschaffung des Güterrechtsregisters läuft Art 28 II lit b EuGüVO in Bezug auf die Eintragung eines ausländischen Güterstands leer (BT-Drs 20/2730, 14).

3 Mit dem Gesetz zur **Abschaffung des Güterrechtsregisters** und zur Änderung des COVID-19-Insolvenzaussetzungsgesetzes v 31.10.2022 (BGBl I 2022, 1966) ist das Güterrechtsregister zum 1.1.2023 mit der Begründung abgeschafft worden, dass es keine praktische Bedeutung habe und dass der Aufwand zu seiner Fortführung, insb der Aufbewahrung des vorhandenen Aktenbestands, in keinem angemessenen Verhältnis zu seiner Bedeutung stünde (BT-Drs 20/2730, 10). Eine elektronische Führung des Registers sei zwar überlegenswert, aber mit zu hohen Transaktionskosten verbunden (BT-Drs 20/2730, 10). Sollte sich – wider Erwarten – künftig ein Bedürfnis für ein Güterrechtsregister zeigen, zB für die Eintragung ausl Güterstände oder der Güterrechtswahl binationaler

Paare, so könne die Schaffung eines zentralisierten elektronischen Registers in Betracht gezogen werden (BT-Drs 20/2730, 11). Zum Übergangsrecht s Vor § 1558 Rn 1ff.

3. Anwendungsbereich. Nach seinem Wortlaut erfasst § 1412 nur **ehevertragl bzw lebenspartnerschaftsvertragl** (§ 7 S 2 LPartG) Veränderungen des Güterrechts. Der **ausl Güterstand** ist durch Art 17b I, IV 2 EGBGB und aufgrund Art 28 II lit a EuGüVO dem vertragsmäßigen Ehegüterstand gleichgestellt. Auf faktische Lebensgemeinschaften findet die Vorschrift keine Anwendung (*Buschbaum* RNotZ 2010, 149, 164). Darüber hinaus ist die Norm aufgrund von Verweisungen in anderen Vorschriften auch in folgenden Fällen anwendbar: Beschränkung der Verpflichtungsbefugnis der Ehegatten/Lebenspartner (§ 1357 II 2, § 8 II LPartG), Zugehörigkeit von Vermögensgegenständen zum Vorbehaltsgut bei Gütergemeinschaft (§ 1418 IV), selbständiger Betrieb eines Erwerbsgeschäfts (§ 1431 III, § 1456 III), Aufhebung der Gütergemeinschaft durch Urteil (§ 1449 II, § 1470 II). Im Rahmen der gesetzl **Verwaltungsbeschränkungen im gesetzl Güterstand** (§§ 1365ff) ist der gute Glaube des Dritten nur vermittels der subj Theorie geschützt (vgl § 1365 Rn 11; Staudinger/*Thiele* Rn 5). Nicht anzuwenden ist § 1412 auf den **dt-frz Wahlgüterstand**, § 1519 S 3 (krit *Heinemann* FamRB 2012, 129, 130). 4

In **zeitlicher Hinsicht** endet der Gutglaubensschutz mit Auflösung der Ehe bzw Lebenspartnerschaft, also mit Rechtskraft der Scheidung bzw der Eheaufhebung. 5

4. Rechtsgeschäfte und Urteile. Die Vorschrift gilt für **Rechtsgeschäfte** (auch Prozessvergleiche und Gesellschafterbeschlüsse, BT-Drs 20/2730, 14) und **rechtskräftige** (vorläufige Vollstreckbarkeit oder Prozessvergleich genügen nicht) **Urteile** (rechtskräftige Beschl in Familienstreitsachen stehen dem gleich) zw Ehe-/Lebenspartnern und Dritten. Entspr den für ein Vertrauen auf Publizitätswirkung allg geltenden Schranken versagt der Schutz des § 1412 bei Ansprüchen aus Verwaltungsakten oder Gesetz, zB unerlaubter Handlung, Unterhaltsforderungen, ferner bei einem Erwerb in der Zwangsvollstreckung oder durch Vollziehung von Arrest oder einstw Verfügung (Hamburg OLG 30, 42; *Surges* RpflStud 2018, 16). 6

5. Guter Glaube. Abweichend von der bisherigen Rechtslage ist mit Abschaffung des Güterrechtsregisters als Publizitätsgrundlage die Norm zu einer reinen Gutglaubensvorschrift umgestaltet worden. Bislang zerstörte nur die positive Kenntnis einer güterrechtl Vereinbarung zw den Ehegatten den guten Glauben des Dritten. Nunmehr ist auch die **grob fahrlässige Unkenntnis** der positiven Kenntnis gleichgestellt. Insoweit orientiert sich der Gesetzgeber an Art 28 I EuGüVO, formuliert die grobe Fahrlässigkeit jedoch in Anlehnung an § 523 II 1, § 524 II 1, um eine **einheitliche Formulierung im BGB** zu gewährleisten (BT-Drs 20/2730, 14). 7

Dem Dritten muss hinsichtl des **Vorhandenseins eines Ehevertrags** Kenntnis bzw grob fahrlässige Unkenntnis zur Last fallen. Nicht erforderlich ist, dass der Dritte den genauen Inhalt des Ehevertrags oder den genauen Güterstand hätte kennen müssen (BT-Drs 20/2730, 14; *Münch* FamRB 2022, 461). Auch eine bloße Modifikation des gesetzl Güterstands erfordert den Abschluss eines Ehevertrags (BT-Drs 20/2730, 14). Rechtskenntnis ist nicht notwendig, es genügt, dass dem Dritten die Tatsache des Vorhandenseins eines Ehevertrags bekannt war bzw hätte bekannt sein können. Soweit Anhaltspunkte auf das Vorhandensein eines Ehevertrags schließen lassen, obliegt es dem Dritten, sich bei dem Ehegatten über den **genauen Inhalt des Ehevertrags** zu erkundigen (BT-Drs 20/2730, 14). Unerheblich ist, aus welcher Quelle die Anhaltspunkte für das Vorhandensein eines Ehevertrags stammen, diese können aus der Sphäre des Ehegatten selbst oder eines Dritten stammen. Soweit in einer notariellen Urkunde korrekte Angaben zum Güterstand enthalten sind, dürfte **positive Kenntnis** des Dritten vorliegen. **Grob fahrlässig** handelt der Dritte, wenn er von der Gütergemeinschaft des Ehegatten Kenntnis hat und sich dennoch nicht nach Verfügungsbeschränkungen oder besonderen Vereinbarungen erkundigt (BT-Drs 20/2730, 14). Dass der Vertragspartner zu einem Personenkreis gehört, in dem häufiger als sonst güterrechtl Vereinbarungen getroffen werden (zB weil es sich um einen Unternehmer oder einen Landwirt handelt), begründet für sich allein noch keine grob fahrlässige Unkenntnis (*Münch* FamRB 2022, 462). Der Dritte genügt jedenfalls seiner Erkundigungspflicht, wenn er beim Ehegatten des Vertragspartners wegen güterrechtl Vereinbarungen nachfragt (BT-Drs 20/2730, 14). 8

Wird der Dritte bei Vornahme des Rechtsgeschäfts vertreten, so ist die **Kenntnis bzw das Kennenmüssen des Vertreters** maßgeblich, § 166. Bei Gesamtvertretung genügt die Kenntnis bzw das Kennenmüssen eines Vertreters (BeckOGK/*Reetz* Rn 36). 9

6. Zeitpunkt der Gutgläubigkeit. Der gute Glaube des Dritten muss bei Rechtsgeschäften zum Zeitpunkt der **Vornahme des Geschäfts** bestanden haben. Spätere Kenntnis oder spätere grobe Fahrlässigkeit schaden nicht. Bei **bedingten oder befristeten Rechtsgeschäften** ist der Zeitpunkt des Abschlusses, nicht derjenige des Bedingungseintritts oder Fristablaufs maßgeblich (*Münch* FamRB 2022, 461). Bedarf das Rechtsgeschäft einer privatrechtl, gerichtlichen oder behördlichen **Genehmigung**, so ist ebenfalls der Abschlusszeitpunkt maßgeblich, da die Genehmigung auf diesen Zeitpunkt zurückwirkt (RGZ 142, 59, 62f; *Münch* FamRB 2022, 461). Bei **gestreckten Erwerbsvorgängen** muss die Gutgläubigkeit zum Zeitpunkt des Eigentumserwerbs vorliegen, also bei **beweglichen Sachen** zum Zeitpunkt der Einigung und Übergabe der Sache, § 929, wobei dem Erwerber § 932 S 2 entspr zugutekommt. Bei Erwerb eines **Grundstücks oder des Rechts an einem Grundstück** muss auf den Zeitpunkt der Einigung und Eintragung abgestellt werden, wobei bereits die Stellung des Eintragungsantrags den Erwerbsvorgang abschließt (*Münch* FamRB 2022, 461). War der Erwerbsanspruch durch Vormerkung gesichert, muss die Gutgläubigkeit zum Zeitpunkt der Stellung des Antrags auf Eintragung der Vormerkung bestanden haben (*Münch* FamRB 2022, 461). § 873 II, § 878 und § 892 II sind entspr anwendbar. 10

11 Beim **Urteil** entscheidet der Eintritt der **Rechtshängigkeit**, wie der neue Gesetzeswortlaut nunmehr unmissverständlich klarstellt (*Münch* FamRB 2022, 461; RGZ 142, 59, 62), wobei § 167 ZPO nicht analog anwendbar ist (vgl Zöller/*Greger* § 167 ZPO Rn 4; BaRo/*Scheller*/*Sprink* Rn 9).

12 **7. Rechtswirkungen.** War der Dritte gutgläubig, so können ihm **Einwendungen aus dem Ehevertrag** oder dem **Güterstand** nicht entgegengehalten werden, auch wenn ihm einfache Fahrlässigkeit zur Last fallen sollte. Der Dritte kann auf die Schutzwirkung **verzichten** und zB die Einwendungen gegen sich gelten lassen (Staudinger/*Thiele* Rn 12). Der Dritte muss sich dann allerdings Einwendungen gefallen lassen, die auch bei der zu seinen Gunsten angenommenen Regelung begründet wären, er kann sich nicht die für ihn jew günstigste Lage aussuchen (sog Rosinentheorie, vgl RGZ 142, 59, 61; NK/*Völker* Rn 20).

13 Die **Beweislast** für Ausnahmetatbestände trägt der Ehe-/Lebenspartner, der sich ggü dem Dritten auf eine Einwendung berufen möchte (AG Köln WuM 1988, 128, 129; Staudinger/*Thiele* Rn 43).

14 **8. Schutzbereich der Norm.** Die Schutzwirkung des § 1412 erstreckt sich nur auf den Dritten in seinem Verhältnis zu den beiden Ehegatten. **Kein Schutz** besteht für Rechtsgeschäfte der **Eheleute/Lebenspartner untereinander** und auch nicht im Verhältnis von **Dritten untereinander**. Der Schutz beschränkt sich auf **unmittelbare Rechtsbeziehungen** zum Dritten (RG Recht 1918, 377). Die Schutzwirkung bleibt erhalten, auch wenn ein Folgeerwerber im Vergleich zum ersterwerbenden Dritten bösgläubig ist (NK/*Völker* Rn 14). Beim **Vertrag zugunsten Dritter** gilt § 1412 nur im Valutaverhältnis (BGH FamRZ 1984, 766, 767), wobei aber § 816 I 2 Vorrang genießt (s Rn 8). Bei **Rechtsstreitigkeiten** bewirkt § 1412 eine Rechtskrafterstreckung des Einwendungsausschlusses auf den nicht am Prozess beteiligten Ehe-/Lebenspartner (NK/*Völker* Rn 22). Der gute Glaube an die Aktiv- bzw Passivlegitimation, aber auch an die Prozessführungsbefugnis werden ebenfalls geschützt (NK/*Völker* Rn 27; teilw anders Staudinger/*Thiele* Rn 21, 26). In der **Zwangsvollstreckung** richten sich die Befriedigungsmöglichkeiten der Gläubiger nach wirklichem Güterrecht und werden durch § 1412 nicht erweitert (Saarbrücken JBlSaar 1965, 8; *Surges* RpflStud 2018, 16). Ist zB Gütergemeinschaft vereinbart, genügt bei gemeinschaftl Verwaltung des Gesamtguts nach § 740 II ZPO ein Urteil gegen einen Ehegatten nicht, § 739 ZPO wird durch § 1412 nicht fingiert (MüKo/*Münch* Rn 4; LG München II DGVZ 1982, 188).

15 **9. Verhältnis zur Rechtsscheinhaftung und zu anderen Gutglaubensvorschriften.** Die Wirksamkeit des Rechtsgeschäfts oder Urteils ermöglicht dem Dritten nicht eine Zwangsvollstreckung in die Vermögensmasse, die bei dem Güterstand, auf den er vertrauen darf, möglich wäre. Entspricht die Vereinbarung nicht der wahren Rechtslage, zB weil der Ehegatten einen unzutreffenden Güterstand mitgeteilt hat oder weil der Ehevertrag nichtig ist, so darf der Dritte hierauf, anders als im Grundbuchrecht, nicht vertrauen. Es kann jedoch eine **Haftung nach Rechtsscheingrundsätzen** bestehen, wenn der betreffende Ehegatte/Lebenspartner die unrichtige Mitteilung des Güterstands veranlasst hat (ebenso *Gernhuber*/*Coester-Waltjen* § 33 V Rn 27–29).

16 Ein weitergehender Schutz des Dritten ist nach **allg Grundsätzen** (insb nach §§ 892ff, 932ff) trotz gegenteiliger Eintragung im Güterrechtsregister bzw bei grob fahrlässiger Unkenntnis möglich; wer von einem Ehegatten ein Grundstück erwirbt, der in Gütergemeinschaft lebt, aber im **Grundbuch als Alleineigentümer** eingetragen ist, wird auch dann nach Grundbuchrecht geschützt, wenn ohne sein Wissen die Gütergemeinschaft eingetragen oder ihm hinsichtl des Vorhandenseins des Ehevertrags lediglich grob fahrlässige Unkenntnis vorgeworfen werden kann. Das Grundbuch geht dem Güterrechtsregister insoweit vor, da es den guten Glauben lediglich bei positiver Kenntnis der Unrichtigkeit des Grundbuchs zerstört. Freilich dürfte eine den guten Glauben zerstörende Kenntnis bereits dann vorliegen, wenn im Rahmen einer notariellen Beurkundung der Güterstand ausdrückl benannt sein sollte. Bei einem Erwerb **beweglicher Gegenstände** nach §§ 932ff führt bereits die grob fahrlässige Unkenntnis vom Vorhandensein eines Ehevertrags zur Bösgläubigkeit iSd § 932 II. Der Gutglaubensschutz des § 1412 tritt jedoch hinter die nach § 816 I 2 bestehende Herausgabepflicht zurück (BGH FamRZ 1984, 766, 767).

§ 1413 Widerruf der Überlassung der Vermögensverwaltung

Überlässt ein Ehegatte sein Vermögen der Verwaltung des anderen Ehegatten, so kann das Recht, die Überlassung jederzeit zu widerrufen, nur durch Ehevertrag ausgeschlossen oder eingeschränkt werden; ein Widerruf aus wichtigem Grunde bleibt gleichwohl zulässig.

1 **1. Normzweck.** Die **zwingende Formvorschrift** behandelt den Fall, dass ein Ehegatte oder Lebenspartner (§ 7 S 2 LPartG) sein Vermögen unwiderruflich der Verwaltung durch den anderen überlässt. Das Formerfordernis für den jederzeitigen Widerrufsausschluss dient dem Schutz und der Warnung des nicht verwaltenden Ehegatten/Partner (MüKo/*Münch* Rn 2). Die Bestimmung gilt für alle Güterstände, bei der Gütergemeinschaft aber nur für die Verwaltung des Sonder- und Vorbehaltsguts (NK/*Völker* Rn 2). Für Vermögensverwaltungsverträge mit Dritten gilt die Vorschrift nicht (Staudinger/*Thiele* Rn 2).

2 **2. Voraussetzungen.** Die Vermögensverwaltung wird durch schuldrechtl Vereinbarung übertragen, die formlos (Karlsuhe FamRZ 1983, 1250, 1251), auch durch schlüssiges Verhalten zustande kommen kann (BGH FamRZ 2001, 23f), da sie keine güterrechtl Vereinbarung betrifft und §§ 1410, 1411 deshalb keine Anwendung finden. Erforderlich ist allerdings immer ein entspr Rechtsbindungswille. Allein die Tatsache, dass ein Ehegatte mit Billigung des anderen alle finanziellen Angelegenheiten erledigt, reicht nicht aus; eine dahingehende gesetzl Vermutung kann der Norm nicht entnommen werden (Frankfurt OLGRp 1994, 246; NK/*Völker* Rn 4; *Kogel*

FamRB 2005, 183; aA *Carlé* ErbStB 2008, 209, 211). An die Annahme einer konkludenten Vereinbarung sind „keine geringen Anforderungen" zu stellen (BGH FamRZ 1986, 558; 1988, 42; 2001, 23f, dazu Anm *Kogel* MDR 2000, 1436; *Wever* FamRZ 2003, 565, 575). Die Überlassung muss **auf Dauer angelegt** sein, das Dulden von einzelnen Vermögensverwaltungshandlungen oder die Erteilung einer Bankvollmacht, sogar bei **General- oder Vorsorgevollmacht**, sind keine ausreichenden Indizien für die Annahme eines Verwaltervertrags, können aber Grundlage einer Anscheins- oder Duldungsvollmacht sein (BaRo/*Scheller/Sprink* Rn 2). Die Erteilung von Vollmachten begründet nur Dritten ggü eine Vertretungsmacht, lässt aber keine zwingenden Rückschlüsse auf den Rechtsbindungswillen der Eheleute im Innenverhältnis zu, BGH FamRZ 2001, 23f. Verwaltungsübertragung liegt vor, wenn der Vermögensinhaber während der Verwaltungsdauer aus rechtl (tatsächliche genügen für sich allein nicht, aA NK/*Völker* Rn 5) Gründen keine eigenen Vermögensverfügungen treffen könnte (BGH FamRZ 1986, 558, 559). Es muss sich um die Verwaltung des **„wesentlichen" Vermögens** handeln, die Verwaltung von Vermögensteilen genügt nicht (arg ex § 311b II, III; MüKo/*Münch* Rn 4; BaRo/*Scheller/Sprink* Rn 3; aA NK/*Völker* Rn 6; Staudinger/*Thiele* Rn 7). **Beweislast** trägt derjenige, der sich auf den Verwaltungsvertrag berufen möchte (NK/*Völker* Rn 17).

Das **Rechtsverhältnis zw den Ehegatten/Lebenspartnern** ist Vertrag sui generis u mangels abw Vereinbarung der Ehegatten nach den Vorschriften über den **Auftrag** zu beurteilen (BGHZ 31, 197, 204f; Köln NJW-RR 1998, 1460), und zwar gem § 675 im Wesentlichen auch dann, wenn ausnahmsw Dienst- oder Werkvertrag vorliegt, weil eine Vergütung für die Verwaltungstätigkeit vereinbart ist. Es besteht daher grds die Verpflichtung des beauftragten Ehegatten zur Erteilung von Auskunft und Rechenschaft und zur Herausgabe des Erlangten einschl der gezogenen Nutzungen, §§ 666, 667 (RGZ 87, 100, 108). Diese sind mit dem Vermögen zu verwalten und nur mit Zustimmung des anderen als Unterhalt zu verwenden (Staudinger/*Thiele* Rn 11; aA MüKo/*Münch* Rn 8). Mangels abw Vereinbarung darf der Vermögensstamm nicht angetastet, wohl aber umgeschichtet werden (NK/*Völker* Rn 10). Die Vermögensmassen müssen voneinander getrennt angelegt werden (NK/*Völker* Rn 10; vgl BGHZ 2, 270, 272). Die Haftung beschränkt sich aber gem § 1359 auf die in eigenen Angelegenheiten übliche Sorgfalt (NK/*Völker* Rn 10; diff MüKo/*Münch* Rn 9). Mit der Verwaltungsübertragung entsteht ein **unechtes Treuhandverhältnis**, es sei denn, die Vermögensgegenstände werden dem verwaltenden Ehe-/Lebenspartner übertragen (NK/*Völker* Rn 11). Im Regelfall verbleiben Eigentum, Rechtsinhaberschaft und unmittelbarer Besitz (Staudinger/*Thiele* Rn 15, 16; BaRo/*Scheller/Sprink* Rn 6; aA Celle FamRZ 1971, 28, 29) beim überlassenden Teil. 3

3. Widerruf. § 1413 trifft lediglich eine Sonderregelung hinsichtl der Widerrufsmöglichkeit. Regelmäßig ist jederzeitiger Widerruf des Auftrags zur Verwaltung des Vermögens zulässig, § 671 (Saarbrücken NJW–RR 2002, 721). Das Widerrufsrecht kann ausgeschlossen oder eingeschränkt werden, jedoch nur in der Form des Ehevertrags (§§ 1410, 1411). Beurkundungsbedürftig ist nicht das ganze Vertragsverhältnis, sondern nur die Einschränkung des Widerrufsrechts (MüKo/*Münch* Rn 14; aA BaRo/*Scheller/Sprink* Rn 4). Immer bleibt ein Widerruf zulässig, wenn ein **wichtiger Grund** hierfür vorliegt (vgl § 314). Eine entgegenstehende Bestimmung wäre unwirksam, weil sie den Ehegatten/Lebenspartner schutzlos der Willkür des anderen auslieferte. Im Falle der Teilnichtigkeit gilt § 139. Ein wichtiger Grund zum Widerruf braucht nicht immer auf einem Verschulden des anderen zu beruhen; es genügt, dass die weitere Überlassung der Verwaltung nicht mehr zumutbar ist. Einen wichtigen Grund zum Widerruf kann auch schon die Verweigerung der Auskunftserteilung darstellen (Grü/*Siede* Rn 7), die Stellung des Scheidungsantrags, das Vorliegen einer der in § 1447 genannten Gründe oder das unbegründete Abweichen von Weisungen (Staudinger/*Thiele* Rn 24). **Beweislast** für das Vorliegen eines wichtigen Grundes trägt der Widerrufende (NK/*Völker* Rn 17). 4

Der Überlassungsvertrag wird außerdem durch **Kündigung** des beauftragten Ehegatten/Lebenspartners (§§ 671, 675, 621), durch dessen **Tod** (§ 673) und durch die **Insolvenz** des übertragenden Ehegatten/Lebenspartners (§ 115 I InsO) aufgelöst. Bei **Scheidung oder Aufhebung** der Ehe/Partnerschaft ist im Zweifel ebenfalls von einer Beendigung des Vertrags auszugehen (Staudinger/*Thiele* Rn 17). 5

Auf **andere Rechtsbeziehungen** zw den Ehegatten/Lebenspartnern, zB Miet-, Pacht-, Darlehensverträge oder einen Nießbrauch, findet die Vorschrift keine Anwendung (BaRo/*Scheller/Sprink* Rn 3). Gleiches gilt für **Gesellschaftsverträge**, selbst wenn ein Ehe-/Lebenspartner von der Geschäftsführung ausgeschlossen ist und kein eigenes Stimmrecht hat (vgl MüKo/*Münch* Rn 6; Staudinger/*Thiele* Rn 8). Mit § 723 III (ab 1.1.2024: § 725 VI), § 133 III HGB (ab 1.1.2024: § 132 VI HGB), § 234 I 2 HGB bestehen ausreichende Kündigungs- und Auflösungsmöglichkeiten, eine analoge Anwendung von § 1413 ist nicht erforderlich (BaRo/*Scheller/Sprink* Rn 3; NK/*Völker* Rn 8). 6

4. Rechtsbeziehungen gegenüber Dritten. Die Überlassung der Vermögensverwaltung an den anderen berechtigt diesen noch nicht zur Vornahme von Rechtsgeschäften ggü Dritten, schließt jedoch vielfach eine entspr Vollmacht ein. Es gelten für die Erteilung und den Widerruf der Vollmacht Dritten ggü die allg Vorschriften der §§ 164ff, insb die Grundsätze der **Anscheins- und Duldungsvollmacht** und die Haftung des vollmachtlosen Vertreters (§ 179). Erleiden Dritte einen Schaden, so ist der verwaltende Ehe-/Lebenspartner Erfüllungs- bzw. Verrichtungsgehilfe (§§ 278, 831) des anderen (RGZ 91, 363, 365; NK/*Völker* Rn 14). Weder die Überlassung der Verwaltung noch ein Verzicht auf den Widerruf und der Widerruf selbst waren einer Eintragung im Güterrechtsregister bedürftig und fähig; § 1412 ist hier nicht anwendbar. 7

Kapitel 2
Gütertrennung (§ 1414)

§ 1414 Eintritt der Gütertrennung

Schließen die Ehegatten den gesetzlichen Güterstand aus oder heben sie ihn auf, so tritt Gütertrennung ein, falls sich nicht aus dem Ehevertrag etwas anderes ergibt. Das Gleiche gilt, wenn der Ausgleich des Zugewinns ausgeschlossen oder die Gütergemeinschaft aufgehoben wird.

1 **1. Begriff der Gütertrennung.** Was unter Gütertrennung zu verstehen ist, wird im Gesetz nicht ausdrückl bestimmt. Es ist der Güterstand, bei dem die Ehegatten unbeschadet der Wirkungen der Ehe im Allg (§§ 1353–1362), also insb der Unterhaltspflicht einschl der Prozesskostenvorschusspflicht (§ 1360a IV), der Schlüsselgewalt (§ 1357), der Zuweisung von Ehewohnung und Haushaltsgegenständen bei Getrenntleben (§§ 1361a, 1361b) sowie der Eigentumsvermutungen (§ 1362, § 739 ZPO), **nicht in güterrechtl Beziehungen** zueinander treten. Das Vermögen der Ehegatten ist voneinander getrennt. Jeder Ehegatte ist in der Verwaltung und Verfügung über sein Vermögen frei und belastet es nur durch von ihm selbst eingegangene Verbindlichkeiten. Jeder Ehegatte führt seine Prozesse selbständig; es gelten die allg Vollmachtsgrundsätze. Auch der gesetzl Güterstand beruht weitgehend auf dem Prinzip der Gütertrennung: §§ 1363, 1364. Bei Gütertrennung bestehen aber weder die Verwaltungsbeschränkungen der §§ 1365–1369, auch nicht bei Rechtsgeschäften über Haushaltsgegenstände, noch gelten die Vorschriften über den Ausgleich des Zugewinns. Es bestehen grds **keine vermögensrechtl Auskunftsansprüche** (Staudinger/*Thiele* Vor § 1414 Rn 22).

2 **2. Grenzen der Gütertrennung.** Die vermögensrechtl Selbständigkeit der Ehegatten wird aber durch die Bindung an die eheliche Lebensgemeinschaft (§§ 1353ff) beschränkt. So kann ein Ehegatte nicht durch Klage auf Herausgabe des ihm gehörenden **Hausrats** den gemeinschaftl Haushalt zerstören (RGZ 87, 63; § 1353 Rn 6). Heute ist allg anerkannt, dass beide Ehegatten aufgrund der ehelichen Lebensgemeinschaft und ihrer rechtl und sozialen Auswirkungen in der Familiengemeinschaft **Mitbesitz** an der Ehewohnung und den gemeinsam benutzten Haushaltsgegenständen haben (vgl § 1568b II; BGHZ 12, 380; München NJW 1972, 542f; Hamm NJW 1956, 1681; aA RG JW 1914, 147; 1922, 93). Im Rahmen der **Zwangsvollstreckung** sind allerdings die Vermutungsvorschrift des § 1362 sowie § 739 ZPO zu beachten (Rn 1). Die Ehegatten können außerdem durch schuldrechtl Vereinbarungen gemeinschaftl Vermögen bilden, außer der Bruchteilsgemeinschaft ist auch ein Treuhands- oder Gesellschaftsverhältnis unter den Eheleuten möglich (s Rn 10). Gütertrennung schließt nicht eine vertragliche oder gesetzl angeordnete gesamtschuldnerische Haftung aus (LSG Nordrhein-Westfalen NZS 2020, 774). Die **Verwaltung des Vermögens** kann nach § 1413 einem Ehegatten überlassen werden oder auch gemeinschaftl ausgeübt werden (LG München I FamRZ 1997, 560). In die vermögensrechtl Verhältnisse der Ehegatten greifen zudem die beiderseitigen **Unterhaltsverpflichtungen** ein, aber auch die Verpflichtung zur Leitung des Hauswesens und zur Mitarbeit im Beruf oder im Erwerbsgeschäft des anderen Ehegatten, die in der persönlichen Bindung der Eheleute ihren Ursprung haben und vom Güterstand unabhängig sind (dazu *Winklmair* FamRZ 2006, 1650).

3 **3. Inhalts- und Ausübungskontrolle.** Im Güterrecht gewährt die Rspr den Ehegatten weitgehende Vertragsfreiheit, da der gesetzl Güterstand **nicht zum unverzichtbaren Kernbereich** der ehelichen Solidargemeinschaft rechnet (BGHZ 158, 81, 95, 98f; BGH NJW 2013, 457, 459; Hamm NJW 2014, 2880; FF 2013, 315; RNotZ 2011, 494, 496). So ist die Vereinbarung von Gütertrennung regelmäßig weder sitten- noch treuwidrig (§§ 138, 242), selbst wenn die Ehefrau zum Zeitpunkt des Vertragsschlusses unerfahren oder schwanger war (BGH NJW 2008, 1076, 1078; Hamm NJW 2006, 3719, 3720f; Karlsruhe FamRZ 2021, 1526, 1527; aA Bremen NJOZ 2007, 2415) oder wenn zugleich in sittenwidriger Weise der VersA (Zweibrücken OLGRp 2006, 24) und/oder der nacheheliche Unterhalt ausgeschlossen werden (BGH NJW 2013, 457, 460). Wirksam ist der Ausschluss des Zugewinns auch dann, wenn der durch die Gütertrennung begünstigte Ehegatte seine Altersversorgung durch Vermögensaufbau sichert und keine nennenswerten ausgleichspflichtigen Versorgungsanwartschaften erwirbt (BGH NJW 2017, 1883; FamRZ 2007, 1311; 2008, 386; aA Karlsruhe FamRZ 2015, 500, wenn der VersA nicht ausgeschlossen wird und der andere Partner vorwiegend über die gesamte Rente seine Altersversorgung aufbaut). Es besteht grds auch kein Anspruch auf Beschränkung des VersA nach § 27 VersAusglG, selbst wenn dem ausgleichspflichtigen Ehegatten bei Nichtvereinbarung von Gütertrennung einen Zugewinnausgleichsanspruch zugestanden hätte (Hamm FamRZ 2022, 947, 948). Die Vereinbarung von Gütertrennung ist bei Eheschließungen mit **Selbstständigen** üblich, was ein gewichtiges Indiz gegen die Sittenwidrigkeit einer solchen Regelung ist (Brandenburg NotBZ 2011, 127). Bei der sog Unternehmerehe besteht ein überwiegend legitimes Interesse des erwerbstätigen Ehegatten, durch Vereinbarung von Gütertrennung einen existenzbedrohenden Zugriff des anderen Ehegatten im Scheidungsfall für sich und die Familie zu verhindern (BGH NJW 2017, 1883). Gegen eine Sittenwidrigkeit spricht die Kompensation der Gütertrennung durch Ausgleichsleistungen (Geldzahlungen, Schuldübernahmen usw, BGH NJW 2014, 1101, 1104). Im Rahmen einer Ehekrise oder einer Scheidungsfolgenvereinbarung getroffene Regelungen zum Güterrecht dienen regelmäßig der Beschleunigung und Vereinfachung der Vermögensauseinandersetzung und sollen die Unwägbarkeiten des Stichtagsprinzips vermeiden, so dass hier von der Verfolgung eines legitimen und nicht eines sittenwidrigen Zwecks auszugehen ist (BGH NJW 2014, 1101, 1104). Eine Berufung auf die vereinbarte Gütertrennung kann jedoch unter engen Voraussetzungen **ausnahmsw treuwidrig** sein (BGH NJW 2013, 457, 461), wenn die Ehegatten bei ihrer vertragl Abrede von beiderseitiger Berufstätigkeit

ausgegangen sind, diese Planung sich aber später nicht verwirklichen lässt (Celle NJW-RR 2008, 881; Hamm MittBayNot 2006, 511), wobei in diesen Fällen vorrangig das Unterhalts- bzw Versorgungsausgleichs-, nicht das Güterrecht einer Ausübungskontrolle unterliegt (BGH NJW 2008, 1076, 1079; 2013, 457, 461). Erweist sich der Ehevertrag aufgrund einer **Gesamtschau** und infolge einer unterlegenen Verhandlungsposition des anderen Ehegatten als gesamtnichtig, so ist hiervon – auch bei Vereinbarung einer salvatorischen Klausel – auch die Vereinbarung von Gütertrennung unwirksam (§ 1408 Rn 5ff). Wird neben Gütertrennung nur der VersA teilw eingeschränkt, liegt keine obj einseitig belastende Regelung vor (Frankfurt FamRZ 2020, 1552). Der durch den Ehevertrag benachteiligte Ehegatte kann dies auch im Todesfall des begünstigten Ehegatten vortragen und so eine Erhöhung seiner Erb- und Pflichtteilsquote erreichen (Oldenburg NJW-RR 2017, 1221). Die vorstehenden Grundsätze gelten entspr bei einer bloßen **Modifizierung des gesetzl Güterstands** (zB der Herausnahme privilegierten Vermögens oder von Betriebsvermögen aus dem Zugewinnausgleich), so dass grds keine Sittenwidrigkeit vorliegt, insb wenn die Vereinbarung den Zugewinnausgleich des „benachteiligten" Ehegatten iÜ unberührt lässt (Bremen NJW-RR 2014, 1097; Nürnberg FamRZ 2012, 1710). Wirksam ist auch eine Modifizierung dahingehend, dass das Betriebsvermögen aus dem Zugewinnausgleich ausgenommen wird (Frankfurt FamRZ 2020, 1547). Die in einem Ehevertrag wirksam vereinbarte Herausnahme eines Vermögensgegenstands aus dem Zugewinnausgleich macht eine vertragl Anpassung im Rahmen der Ausübungskontrolle nach § 242 nicht schon deshalb erforderlich, weil dies dazu führt, dass sich die Ausgleichsrichtung umkehrt, mithin der hiervon Begünstigte nur wegen der Herausnahme des Vermögensgegenstands ausgleichsberechtigt wird (BGH NJW 2013, 2753; Nürnberg FamRZ 2012, 1710; zur Vermeidung unbilliger Ergebnisse vgl *Münch* FamRB 2014, 71, 74). Sind einzelne Regelungen im Rahmen der Ausübungskontrolle (zB zum Unterhalt oder zum VersA) anzupassen, so führt dies grds nicht zu einer Anpassung der güterrechtl Vereinbarungen (BGH NJW 2018, 2871; Karlsruhe FamRZ 2015, 500). Ein **„Hinübergreifen" in das güterrechtl Ausgleichssystem** ist aber denkbar, wenn der den Haushalt führende Ehegatte, der zu Gunsten der Familienarbeit auf die Ausübung einer versorgungsbegründenden Erwerbstätigkeit verzichtet hat, im Falle der Scheidung im VersA keine Kompensation für seine Nachteile erlangt, weil der Ehegatte keine nennenswerten Versorgungsanrechte erworben, sondern seine Altersvorsorge bei vereinbarter Gütertrennung allein auf die Bildung von Privatvermögen gerichtet hat (BGH NJW 2015, 52, 54f; Brandenburg NZFam 2019, 224). In solchen Fällen kann es im Einzelfall geboten erscheinen, einen (modifizierten) Zugewinnausgleich zu gewähren, der einerseits durch den zum Aufbau der entgangenen Versorgungsanrechte erforderlichen Betrag und andererseits durch die gesetzl Höhe des Ausgleichsanspruchs beschränkt ist (BGH NJW 2015, 52, 55). Die Situation der Doppelverdienerehe zweier selbstständiger Ehegatten ist mit diesen besonderen Sachverhaltskonstellationen jedoch idR nicht vergleichbar (BGH NJW 2015, 52, 55). Auch wenn nur geringfügige Altersversorgungsbeiträge eingezahlt wurden, liegt noch keine Funktionsstörung vor, soweit daraus eine selbständige Basisabsicherung für den Fall von Alter oder Invalidität gebildet werden kann (BGH NJW 2018, 2871).

4 **4. Vor- und Nachteile der Gütertrennung.** Gütertrennung sorgt für eine klare und einfache Trennung der Vermögensmassen beider Ehegatten und verwirklicht das **individuelle Gewinnstreben** innerhalb der Ehe am besten, insb droht kein Liquiditätsverlust im Fall der Scheidung. Für den Ehegatten, der kein eigenes Vermögen während der Ehe aufbauen kann, ist die Gütertrennung **nachteilig**. Ungünstig sind der Verlust erbschaftsteuerlicher Privilegierungen (§ 5 ErbStG; *Sontheimer* NJW 2001, 1315) sowie die Erhöhung der Erb- und Pflichtteile anderer Verwandter (BaRo/*Siede* Rn 11). Diese Nachteile können durch eine Modifizierung der Zugewinngemeinschaft vermieden werden (*Limmer* ZFE 2006, 340). Der Verzicht auf einen höheren Zugewinnausgleichsanspruch im Rahmen der ehevertragl Beendigung des Güterstandes der Zugewinngemeinschaft kann eine freigiebige Zuwendung an den anderen Ehepartner iSd ErbStG sein (FG Hessen EFG 2017, 871).

5 **5. Eintritt von Gütertrennung kraft Gesetzes.** Die Gütertrennung war seit dem 1.4.1953 infolge Fortfalls der Verwaltung und Nutznießung (Art 3 II, 117 I GG) **gesetzl Güterstand**, sowohl für vor dem 1.4.1953 als auch für nachher geschlossene Ehen. Gütertrennung bleibt für diese Ehen bestehen, wenn ein Ehegatte seinen diesbzgl Willen durch gerichtlich oder notariell beurkundete Erklärung bis zum 30.6.1958 (Art 8 I Nr 3 II GleichberG aF) bzw bis zum 31.12.1961 (Art 9 II Nr 6 FamRÄG aF) zum Ausdruck gebracht hatte (BaRo/*Scheller*/*Sprink* Rn 3) oder soweit sie früher durch Ehevertrag vereinbart worden war. In allen anderen Fällen trat der gesetzl Güterstand der Zugewinngemeinschaft an die Stelle der Gütertrennung.

6 **6. Eintritt von Gütertrennung kraft gerichtlicher Entscheidung.** Gütertrennung tritt ein mit der Rechtskraft des Beschlusses, durch den im gesetzl Güterstand bzw dt-frz Wahlgüterstand auf **vorzeitigen Ausgleich des Zugewinns** erkannt ist (§ 1388; Art 18 II WZGA) oder durch das die **Gütergemeinschaft aufgehoben** wird (§ 1449 I, § 1470 I). Es handelt sich hierbei um Familienstreitsachen, § 112 Nr 2, § 261 I FamFG. Dritten ggü wirkt die Entscheidung nur nach Maßgabe des § 1412, wenn die Gütergemeinschaft durch Beschl aufgehoben wird (§ 1449 II, § 1470 II). Dagegen enthält § 1388 keine Bezugnahme auf § 1412 (vgl § 1388 Rn 1).

7 **7. Eintritt von Gütertrennung kraft Ehevertrags.** IÜ kann Gütertrennung durch Ehevertrag vereinbart werden. § 1414 gibt eine **widerlegliche Auslegungsregel** für Fälle, in denen der bisherige Güterstand durch Ehevertrag ohne ausdrückl weitere Regelung aufgehoben wird (BaRo/*Scheller*/*Sprink* Rn 1: Irrtumsanfechtung möglich; aM Johannsen/Henrich/*Jaeger* Rn 1 mwN, wonach Gütertrennung nicht kraft Parteiwillens, sondern kraft Gesetzes eintreten soll). Die Vorschrift ist praktisch bedeutungslos, da im Regelfall eine ausdrückl Vereinbarung im Ehevertrag getroffen wird (MüKo/*Münch* Rn 27). Im Zweifel gilt Gütertrennung als vereinbart, wenn der **gesetzl Güterstand** vor der Eheschließung ausgeschlossen oder später aufgehoben wird (**S 1**). Bei einem Ausschluss des

gesetzl Güterstandes bei gleichzeitiger Vereinbarung wesentlicher Elemente der Zugewinngemeinschaft entsteht der Güterstand der Gütertrennung dagegen nicht (Schleswig FamRZ 1995, 1586). Gütertrennung tritt nach **S 2** außerdem ein, wenn die **Gütergemeinschaft** aufgehoben wird, oder wenn die Ehegatten durch Ehevertrag den Hauptbestandteil des gesetzl Güterstandes, den **Ausgleich des Zugewinns**, ausschließen (nicht nur einschränken oder modifizieren, MüKo/*Münch* Rn 32); in diesem Fall ist regelmäßig anzunehmen, dass sie Gütertrennung wollen, also auch die im gesetzl Güterstand geltenden Verwaltungsbeschränkungen (§§ 1365–1369) und das erhöhte gesetzl Erbrecht des überlebenden Ehegatten (§ 1371 I) für sie nicht gelten sollen. Werden auch die Verfügungsbeschränkungen nach §§ 1365, 1369 aufgehoben, tritt Gütertrennung ein (§ 1408 Rn 11). Gütertrennung tritt im Zweifel auch dann ein, wenn die Ehegatten durch Ehevertrag einen **sonstigen** gesetzl nicht geregelten oder einen **ausl Güterstand** aufheben, ohne etwas anderes zu vereinbaren (Staudinger/*Thiele* Rn 9). Für die fortbestehenden Errungenschafts- und Fahrnisgemeinschaften folgt dies aus § 1436 aF iVm Nr 7 der Übergangsvorschriften. Die Gütertrennung tritt, falls sie durch Ehevertrag vereinbart wird oder gem § 1414 als vereinbart gilt, mit dem Vertragsschluss ein. Die Eintragung ins Güterrechtsregister war möglich, aber nicht zwingend, Dritten ggü ist sie aber nur nach Maßgabe des § 1412 wirksam. Zulässig ist auch die Eintragung der Gütertrennung unter aufschiebender oder auflösender Bedingung oder eine Modifizierung des gesetzl Güterstands mit Elementen der Gütertrennung (s Vor § 1558 Rn 2). **Nachweis der Gütertrennung** erfolgt nur noch durch Ausfertigung des Ehevertrags, früher auch durch Auszug aus dem Register (§ 1563 S 2 aF; Art 229 § 64 IV EGBGB) oder positives Zeugnis nach § 33 GBO aF.

8 Der **Ausschluss des Versorgungsausgleichs** hat nach Änderung von S 2 durch das VAStRefG nicht mehr automatisch den Eintritt von Gütertrennung zur Folge. Wurde vor dem 1.9.2009 der VersA ausgeschlossen, gilt: Nur ein **völliger Ausschluss** (Modifizierung oder einseitiger Ausschluss genügt nicht) führte im Zweifel zur Gütertrennung. Die Ehegatten konnten entgegen § 1414 S 2, § 1408 II aF einen anderen Güterstand vereinbaren bzw den gesetzl beibehalten (KG NJW-RR 2010, 730, 731). Dies musste sich durch Auslegung aus der Vereinbarung ergeben. Bei **Unwirksamkeit** des Ausschlusses nach § 1408 II 2 aF war im Zweifel auch die Gütertrennung unwirksam (Johannsen/Henrich/*Jaeger* Rn 16; Staudinger/*Thiele* Rn 13; aA NK/*Friederici* Rn 1). Wird der Ausschluss des VersA durch einen Ehevertrag wieder aufgehoben, so muss eine Auslegung des Ehevertrags ergeben, ob damit auch der uU eingetretene Güterstand der Gütertrennung wieder aufgehoben werden soll. War die Aufhebung gewollt, ist die **Form des Ehevertrags** zu beachten (Saarbrücken FamRZ 2002, 1034; AG Seligenstadt FamRZ 2002, 829).

9 **8. Beendigung der Gütertrennung.** Die Gütertrennung endet, wenn die Ehegatten einen anderen Güterstand, uU auch den gesetzl Güterstand vereinbaren, oder mit Auflösung der Ehe durch Tod bzw Todeserklärung, Scheidung oder Eheaufhebung. Heben die Ehegatten die Gütertrennung ohne Vereinbarung eines anderen Güterstands auf, tritt der gesetzl Güterstand ein (MüKo/*Münch* Rn 35). Im Fall der **Auflösung der Ehe** regelt sich die Auseinandersetzung hinsichtl etwaigen gemeinschaftl Vermögens nach den allg Vorschriften über die Gemeinschaft oder die Gesellschaft. Im Falle der Scheidung gelten bzgl der Ehewohnung und der Haushaltsgegenstände auch bei Gütertrennung die Vorschriften der §§ 1361a, 1361b, 1568a, 1568b bzw nach §§ 13, 14, 17 LPartG. Zur vermögensrechtl Auseinandersetzung nach Auflösung der Ehe bei Gütertrennung vgl Johannsen/Henrich/*Jaeger* Rn 17ff sowie die Komm zu § 313 Rn 55 und Vor § 705 Rn 49f. **Stirbt ein Ehegatte**, so wird der gesetzl Erbteil des Überlebenden nicht erhöht; es gilt nur § 1931 I, II, IV. Dagegen ist auch bei Gütertrennung § 1932 (Voraus des überlebenden Ehegatten) anzuwenden.

10 **9. Andere vermögensrechtliche Ausgleichsregelungen.** Beteiligung eines Ehegatten am Gewinn des anderen kann sich aber aus schuldrechtl Vereinbarungen ergeben. Vorrangig sind diese **vertragl Beziehungen** der Ehegatten untereinander (Schenkung, Darlehens-, Miet-, Arbeitsverträge) festzustellen und nach den jew Regelungen, zB § 530, (rück-)abzuwickeln. Ein Ausgleich kann auch aus einem gesellschaftsähnl Verhältnis, einer sog **Innengesellschaft**, folgen, zB wenn die Mitarbeit eines Ehegatten im Geschäft des andern das übliche Maß wesentlich übersteigt (vgl dazu § 1356 Rn 26 sowie BGHZ 165, 1, 6f; 142, 137, 144). Allerdings muss ein zumindest konkludenter Vertragsschluss festgestellt und ggf vom Ausgleich begehrenden Ehegatten bewiesen werden. Der nach § 705 (ab 1.1.2024: § 705 I) erforderliche Gesellschaftszweck muss über die Verwirklichung der ehelichen Lebensgemeinschaft hinausgehen (BGHZ 165, 1, 6, 10; 155, 249, 254; 142, 137, 153f) und auf die Schaffung eines gemeinschaftl, wenn auch nur wirtschaftlichen Werts gerichtet sein (BGH NJW 2012, 3374, 3375). Zum Anspruch auf Zustimmung zur gemeinsamen steuerlichen Veranlagung bei Vorliegen einer Ehegattengesellschaft s BGHZ 155, 249. Fehlen vertragl Beziehungen, liegt aber eine ehebezogene Zuwendung vor, kommt nach Auflösung der Ehe auch ein Ausgleichsanspruch wegen **Wegfalls der Geschäftsgrundlage** (§ 313) in Betracht, wenn die Beibehaltung der durch die Zuwendung herbeigeführten Vermögenslage dem benachteiligten Ehegatten unter Gesamtwürdigung der Einzelumstände, zB Ehedauer, der Frage, wie lange und mit welchem Erfolg die Zuwendung ihrem Zweck gedient hat, Alter der Ehegatten, Art und Umfang der vom Zuwendungsempfänger innerhalb seines Aufgabenbereichs erbrachten Leistungen, Einsatz eigenen Vermögens, Höhe der noch vorhandenen Vermögensmehrung, dem Zuwendenden verbliebenes Vermögen etc, nicht zumutbar und unbillig ist (BGHZ 142, 137, 148f; BGH NJW 2012, 3374, 3376). Dabei ist von wesentlicher Bedeutung, ob und inwieweit eine Vermögensmehrung beim begünstigten Ehegatten noch vorhanden ist (BGH NJW 2012, 3374, 3376). Bsp: Ausgleichsanspruch nach dem Wert der künftig wegfallenden Mitnutzung des Familienheims bei Zahlung des einen Ehegatten an den anderen für den Erwerb und den Ausbau eines Familienheims (München FamRZ 2004, 1874); Anspruch auf den anteiligen Erlös aus dem Verkauf eines dem anderen Gatten allein gehörenden Haus-

grundstücks, soweit er den Kaufpreisanteil als unbenannte Zuwendung nur zu dem Zweck zur Verfügung gestellt hat, das Haus dem Glaubigerzugriff zu entziehen (Düsseldorf NJW-RR 2003, 1513). **Bereicherungsrechtl** Ausgleichansprüche bestehen regelmäßig nicht (BGHZ 84, 361, 363f; 115, 261, 262ff). Die Geltendmachung solcher Ansprüche aus dem Nebengüterrecht erfolgt vor dem FamG als **sonstige Familiensache** nach § 266 I Nr 3 FamFG.

10. Anwendung auf Lebenspartnerschaften. Durch **Lebenspartnerschaftsvertrag** können eingetragene Lebenspartner Gütertrennung vereinbaren, § 7 S 1, S 2 LPartG iVm § 1414. Die vorstehenden Ausführungen zur ehelichen Gütertrennung gelten sinngemäß. Wurde die Lebenspartnerschaft vor dem 1.1.2005 begründet, konnte jeder Lebenspartner bis zum 31.12.2005 durch einseitige notariell beurkundete Erklärung ggü dem AG des Wohnsitzes den Güterstand der Gütertrennung wählen, § 21 II 1–3 LPartG. Die Erklärung musste dem anderen Lebenspartner durch das AG von Amts wegen zugestellt werden (§ 21 II 4 LPartG) und wirkte ex nunc (NK/*Ring/Olsen-Ring* § 21 LPartG Rn 5). Hatten die Lebenspartner durch Lebenspartnerschaftsvertrag **Vermögenstrennung** vereinbart, verbleibt es hierbei, es tritt nicht kraft Gesetzes Gütertrennung ein (aA *Everts* FamRZ 2005, 1888, 1889). 11

Kapitel 3
Gütergemeinschaft (§§ 1415–1518)

Unterkapitel 1
Allgemeine Vorschriften (§§ 1415–1421)

§ 1415 Vereinbarung durch Ehevertrag

Vereinbaren die Ehegatten durch Ehevertrag Gütergemeinschaft, so gelten die nachstehenden Vorschriften.

1. Grundzüge. Mit der Gütergemeinschaft vereinigen sich die Vermögensmassen der Eheleute zum **Gesamtgut** (§ 1416), sofern nicht Sondervermögen (**Sonder- und Vorbehaltsgut**, §§ 1417, 1418) bestehen. Das Gesamtgut wird im Zweifel durch beide Ehegatten gemeinsam verwaltet (§ 1421), durch Ehevertrag kann die Verwaltung einem einzelnen Ehegatten übertragen werden. Es sind daher Vorschriften aufgestellt, die die **Verwaltung** des Gesamtguts durch einen der Ehegatten allein regeln (§§ 1422–1449), ferner solche, die bei gemeinschaftl Verwaltung des Gesamtguts durch die Ehegatten gelten (§§ 1450–1470). Bei gemeinschaftl Verwaltung des Gesamtguts sind beide Ehegatten einander gleichgestellt. **Schulden** sind Gesamtgutsverbindlichkeiten, zusätzl kann eine persönliche Haftung des Verwalters bestehen. Mit der Beendigung der Gemeinschaft findet die **Auseinandersetzung** des Gesamtguts nach Maßgabe der §§ 1471–1481 statt, wobei die Verbindlichkeiten im Innenverhältnis zu berichtigen sind (§§ 1441–1446; §§ 1463–1468) behandelt. **Fortgesetzte Gütergemeinschaft** tritt nur ein, wenn sie ausdrückl vereinbart ist (§§ 1482, 1483). 1

Auch **eingetragene Lebenspartner** können durch Lebenspartnerschaftsvertrag Gütergemeinschaft vereinbaren, § 7 S 1, S 2 LPartG iVm § 1415ff. Die nachfolgenden Ausführungen gelten für eingetragene Lebenspartner entspr. 2

2. Entstehung und Beendigung. Die Gütergemeinschaft kommt als Wahlgüterstand nur durch Abschluss eines entspr **Ehevertrags** zustande, vgl §§ 1410, 1411. Dritten ggü konnten Einwendungen aus dem Güterstand grds nur bei Eintragung ins Güterrechtsregister erhoben werden bzw nunmehr nur bei Kenntnis bzw grob fahrlässiger Unkenntnis vom Vorhandensein des Ehevertrags (§ 1412). Die Eintragung im Güterrechtsregister war aber nicht Wirksamkeitsvoraussetzung für den Eintritt von Gütergemeinschaft (Hamm 8.8.2019 – 10 W 94/18). Die Vereinbarung der Gütergemeinschaft oder ihre spätere vertragl Aufhebung können den Charakter einer **Schenkung** haben, allerdings nur dann, wenn durch diese Eheverträge an einen der Ehegatten eine unentgeltliche Zuwendung gemacht werden soll (vgl Nürnberg FamRZ 1960, 150; BFH NJW 1966, 2140; BGHZ 116, 178). Die gesetzl Regelung der Gütergemeinschaft schließt abw Vereinbarungen der Ehegatten in einzelnen Beziehungen nicht aus. Wegen der allg **Grenzen der Vertragsfreiheit** vgl § 1408 Rn 5ff. Die Gütergemeinschaft **endet** durch Tod (§ 1482, sofern nicht fortgesetzte Gütergemeinschaft vereinbart, §§ 1483ff), Ehevertrag (§ 1408 I, evtl durch dort vereinbarten Eintritt einer Bedingung oder Befristung oder durch Ausübung eines dort vorbehaltenen Rücktrittsrechts), Auflösung oder Scheidung der Ehe sowie Aufhebungsentscheidung des FamG (§§ 1447–1449, 1469). **Keine Beendigung** aus anderen Gründen, keine Kündigung (§ 314), kein Wegfall der Geschäftsgrundlage (§ 313) und kein Entfallen der Gütergemeinschaft nach Rücktritt vom Erbvertrag oder bei Insolvenz (§ 37 InsO). 3

§ 1416 Gesamtgut

(1) Das jeweilige Vermögen der Ehegatten wird durch die Gütergemeinschaft gemeinschaftliches Vermögen beider Ehegatten (Gesamtgut). Zu dem Gesamtgut gehört auch das Vermögen, das einer der Ehegatten während der Gütergemeinschaft erwirbt.

(2) Die einzelnen Gegenstände werden gemeinschaftlich; sie brauchen nicht durch Rechtsgeschäft übertragen zu werden.

(3) Wird ein Recht gemeinschaftlich, das im Grundbuch eingetragen ist oder in das Grundbuch eingetragen werden kann, so kann jeder Ehegatte von dem anderen verlangen, dass er zur Berichtigung des Grundbuchs mitwirke. Entsprechendes gilt, wenn ein Recht gemeinschaftlich wird, das im Schiffsregister oder im Schiffsbauregister eingetragen ist.

1 **1. Grundsatz.** Die durch die Ehe begründete engste Lebensgemeinschaft führt auch zu einer völligen **Verschmelzung des beiderseitigen Vermögens.** Die Norm wurde redaktionell angepasst, so dass sie auch gleichgeschlechtliche Ehepaare erfasst (BT-Drs 19/4670, 26). Was die Ehegatten besitzen und erwerben, wird grds Gesamtgut, Träger der Vermögensbeziehungen sind beide zusammen, „das Ehepaar". Ihre Gemeinschaft ist wie bei der Gesellschaft und der Erbengemeinschaft als **Gesamthandsgemeinschaft** ausgestaltet; während deren Dauer ist jedem von ihnen eine Verfügung über seinen Anteil am Ganzen wie am einzelnen Gegenstand und ein Anspruch auf Teilung versagt (§ 1419 I). Das Gesamthandsvermögen ist ein **nicht rechtsfähiges Sondervermögen** (BayObLG DNotZ 2003, 454). Wird das Gesamtgut nur von einem Ehegatten verwaltet, so ist handelsrechtl er allein Inhaber eines dazugehörigen **Handelsgeschäfts** (BayObLG DNotZ 1978, 437; aA MüKo/*Münch* Rn 8). Steuerrechtl liegt jedoch idR eine **Mitunternehmerschaft** iSd § 15 I Nr 2 EStG vor (BFHE 271, 429; 185, 153; 170, 36; FG Düsseldorf EFG 2018, 1979). Ist str, wie sich die Vereinbarung der allg Gütergemeinschaft steuerlich auswirkt, ist über die Einkünfte im Verfahren der einheitlichen Gewinnfeststellung (§ 215 AO) zu befinden (BFHE 103, 24).

2 **2. Rechtsstellung zum Gesamtgut.** Bei einem Angriff auf einen zum Gesamtgut gehörigen Gegenstand ist jeder Ehegatte als Verletzter selbständig **strafantragsberechtigt** (RGSt 34, 65); ein zivilrechtl **Schadensersatzanspruch** kann bei gemeinsamer Verwaltung dagegen nur mit Ermächtigung des anderen gerichtlich geltend gemacht werden (BGH FamRZ 1994, 295). Bei gemeinsamer Verwaltung ist zur **Vollstreckung in das Gesamtgut** ein gegen beide Ehegatten gerichteter Titel erforderlich (§ 740 II ZPO, LG München II FamRZ 1983, 172). **Sonderrechte** für einen Ehegatten können am Gesamtgut begründet werden, wenn sie zu seinem Vorbehaltsgut oder Sondergut gehören. So kann eine Hypothek für einen Ehegatten bestellt werden, wenn sie durch Ehevertrag zum Vorbehaltsgut erklärt wird (RGRK/*Finke* Rn 5). Auch die Bestellung eines **Nießbrauchs** ist zulässig, da dieser zum Sondergut gehört (Colmar OLG 15, 410; § 1417 Rn 3). Eine **Eigentümergrundschuld** „für sich selbst als Gesamtgläubiger" können die Ehegatten jedenfalls dann nicht begründen, wenn sie die Grundschuld nicht zum Vorbehaltsgut erklären (BayObLG NJW 1962, 1727); **Gesamthands-Eigentümergrundschulden** wären möglich, *Gernhuber/Coester-Waltjen* § 38 II Rn 11. Zur Beteiligung der Ehegatten an einer Gesellschaft vgl § 1417 Rn 4.

3 **3. Umfang des Gesamtguts (Abs I).** Aus Abs I folgt die **Vermutung einer Zugehörigkeit** jedes Gegenstands **zum Gesamtgut**; sie gilt auch für das Grundbuchamt, solange ihm nicht die Eigenschaft als Vorbehaltsgut oder Sondergut nachgewiesen ist (KG OLG 38, 250; KGJ 38, 212). Wer sich auf das Vorhandensein von Vorbehalts- oder Sondergut beruft, trägt insoweit die Beweislast (Hamm 8.8.2019 – 10 W 94/18). Die gesamte Hand erwirbt das Vermögen in seinem jew Bestand. Zum Gesamtgut gehört das **Eigentum** wie auch das **Anwartschaftsrecht** (RG JW 1925, 353); **Nutzungen** des Gesamtguts und Vorbehaltsguts (Bamberg FamRZ 1987, 703); ebenso **Schadensersatz- und Schmerzensgeldansprüche** wegen Verletzung eines Ehegatten und auf Verdienstausfall bei Eingriffen in ein zum Gesamtgut gehörendes Erwerbsgeschäft (BGH FamRZ 1994, 295). Ins Gesamtgut fallen der **Zugewinnausgleichsanspruch** oder das Auseinandersetzungsguthaben einer früheren Ehe und eine angefallene **Erbschaft** (vorbehaltlich einer Anordnung des Erblassers nach § 1418 II Nr 2). Sind die Ehe-/Lebenspartner Miterben geworden, so fallen deren Miterbenanteile kraft Gesetzes in das Gesamtgut, es bedarf keiner Auseinandersetzung und keiner Auflassung vorhandenen Grundbesitzes, zum Nachweis der Grundbuchunrichtigkeit genügt der Nachweis der vereinbarten Gütergemeinschaft und dass keine testamentarische Vorbehaltsgutsanordnung erfolgten (München ZEV 2016, 383, 384). Gehört das **Nacherbenanwartschaftsrecht** eines Ehegatten zum Gesamtgut und endet die Gütergemeinschaft vor Eintritt des Nacherbfalls, kann die Nacherbschaft nicht mehr in das Gesamtgut fallen (LG Frankenthal FamRZ 1983, 1130). Auch erworbene **Unternehmensanteile** gehören zum Gesamtgut (zB GmbH-Anteile, § 1417 Rn 4), unterliegen gemeinschaftl Verwaltung (§ 1421 S 2), so dass sich ergebende Stimmrechte ebenso nur gemeinschaftl ausgeübt werden können (Saarbrücken FamRZ 2002, 1034). Zum Gesamtgut kann auch ein von beiden Ehegatten gemeinsam betriebenes **Handelsgeschäft** gehören. Betreiben die Ehegatten ein Erwerbsgeschäft, besteht keine Vermutung, dass daneben eine GbR errichtet werden sollte (BGH FamRZ 1994, 295). Verwalten die Ehegatten das Handelsgeschäft gemeinschaftl, müssen sie keinen entspr Gesellschaftsvertrag schließen. Die Vorschriften über die OHG finden auch sonst keine Anwendung auf dieses Handelsgeschäft. Die Gütergemeinschaft ist eine zulässige Form der Mitunternehmerschaft. Es ist deshalb eine entspr **Eintragung im Handelsregister** möglich. Im Falle der gemeinschaftl Verwaltung des Gesamtguts können die Ehegatten eine Firma aus ihren Namen mit der Voranstellung „Eheleute" bilden, ein Zusatz „in Gütergemeinschaft" ist nicht zwingend erforderlich (BayObLG FuR 1991, 351; FamRZ 1992, 61). Andererseits kann die Gütergemeinschaft nicht **Kommanditistin** sein und daher auch als solche nicht in das Handelsregister eingetragen werden, weil sie nach außen nicht als geschlossene Einheit auftritt und als bloße Vermögensgemeinschaft das den Personenhandelsgesellschaften eigene personenrechtl Mitgliedschaftselement nicht integrieren kann (BFH DStRE 2021, 492; BayObLG DNotZ 2003, 454; Nürnberg FGPrax 2017, 168).

4 **4. Entstehung von Gesamtgut (Abs I, II).** Die Begründung der Gesamtgutseigenschaft **tritt kraft Gesetzes** ein. Mit dem Eintritt des Güterstandes gehen die Vermögensgegenstände des Mannes und der Frau durch **Gesamtrechtsnachfolge** auf die Gesamthandsgemeinschaft beider Ehegatten über (München NJOZ 2015, 1083), ohne dass es noch der für die einzelnen Gegenstände vorgeschriebenen Übertragungsakte bedürfte (Hamm 8.8.2019 – 10 W 94/18). Der Eintritt erfolgt in dieselbe Rechtsstellung des Rechtsvorgängers mit allen Beschrän-

kungen, auch wenn diese noch nicht endgültig entstanden sind (München NJOZ 2015, 1083). Die Gesamtrechtsnachfolge tritt, wenn der **Ehevertrag vor Eheschließung** geschlossen wird, mit dieser, wenn der **Ehevertrag während der Ehe** geschlossen wird, mit Abschluss des Vertrags ein. Bei Grundstücksrechten wird demnach das **Grundbuch unrichtig**, der andere Ehegatte hat Anspruch auf Mitwirkung an der Grundbuchberichtigung nach Abs III (Hamm 8.8.2019 – 10 W 94/18). Hat ein Ehe-/Lebenspartner vor Eintritt der Gütergemeinschaft eine unwiderrufliche Eintragungsbewilligung abgegeben, so bindet diese auch den Ehe-/Lebenspartner; dieser muss keine zusätzl Bewilligung abgeben (München NJOZ 2015, 1083, 1084). Ebenso ist der Erwerb einzelner Vermögensgegenstände durch einen Ehegatten **während der Gütergemeinschaft** zu erklären (Abs I S 2). Auf ihn können Abs II und III entspr angewandt werden. Hier findet für eine logische Sekunde **Durchgangserwerb** durch den handelnden Ehegatten und anschließend kraft Gesetzes Rechtsübergang auf die Gesamthandsgemeinschaft statt (*Gernhuber/Coester-Waltjen* § 38 III Rn 27; NK/*Völker* Rn 5; aA Erman/*Gamillscheg*[12]; BayObLG DNotZ 1982, 162; Düsseldorf DNotZ 1979, 219; Zweibrücken MittBayNot 1981, 73). Ein den Ehegatten **gemeinsam bestelltes Recht** fällt in das Gesamtgut, auch wenn es an sich nicht übertragbar ist (BayObLG DNotZ 1968, 493; § 1417 Rn 3). Möglich ist aber auch Erwerb zu Vorbehaltsgut jedes Ehegatten (§ 1418 Rn 2). Die Kenntnis oder der Wille des anderen Ehegatten vom bzw zum Erwerbsakt ist unerheblich (RGZ 90, 288). Ebenso gleichgültig ist, ob der Erwerb auf den Namen der Gemeinschaft oder eines Ehegatten erfolgt ist (RGZ 84, 74). Überflüssig ist auch die Vorstellung, sobald für einen der Ehegatten der Erwerbsvorgang vollendet sei, werde das erworbene Recht kraft Gesetzes in ein gütergemeinschaftl umgewandelt. Jedenfalls entscheidet, soweit ein Erwerb durch **guten Glauben** erfolgt, die Person des Erwerbenden; böser Glaube des anderen Ehegatten ist unerheblich (RG Gruchot 47, 667). Für Gegenstände, die nicht kraft Gesetzes, sondern durch Vereinbarung in das Gesamtgut fallen sollen, gilt die gesetzl Folge des Abs II nicht (Colmar OLG 7, 54), ebenso wenig für eine **Überführung eines Gegenstandes** aus dem Gesamtgut in das Vorbehaltsgut eines Ehegatten oder umgekehrt: Hier bedarf es also des einzelnen Übertragungsaktes, zB der Auflassung (KGJ 52, 140; MüKo/*Münch* Rn 23; aA MüKo/*Kanzleiter*[7] Rn 18ff; NK/*Völker* Rn 7).

5. Gütergemeinschaft und Grundbuch (Abs III). Die Gemeinschaft ist bei dem betreffenden Recht im Grundbuch unter genauer Bezeichnung des Güterstandes einzutragen, § 47 I GBO. **Nachweis der Gütergemeinschaft** erfolgte früher nach § 33 GBO aF, nunmehr nur noch durch Vorlage des Ehevertrags in beglaubigter Abschrift. Ist dem Grundbuchamt das Bestehen der Gütergemeinschaft bekannt, so hat es einen Antrag auf Eintragung der Ehegatten als Eigentümer zu Bruchteilen abzulehnen (RGZ 155, 344). Jedoch können in Gütergemeinschaft lebende Ehegatten ein Grundstück zu **Miteigentum nach Bruchteilen** erwerben, wenn die Bruchteile Vorbehaltsgut werden (BayObLG DNotZ 1982, 162; § 1418 Rn 2). Einem Antrag auf Eintragung des Erwerbers als **Alleineigentümer** kann nicht entsprochen werden; er würde eine Unrichtigkeit des Grundbuchs herbeiführen, zu deren Beseitigung das Grundbuchamt nach § 82 GBO auch von Amts wegen verpflichtet wäre (RGZ 155, 347). Eine Eintragung beider Ehegatten auf einseitigen Antrag des Erwerbers, an den **versehentlich allein aufgelassen** wurde, ist im Wege der Grundbuchberichtigung möglich, § 22 GBO (Nürnberg 17.7.2012 – 15 W 1241/12, nv), der Nachweis der Unrichtigkeit kann durch Vorlage des Ehevertrags in beglaubigter Abschrift oder (früher) durch Auszug aus dem Güterrechtsregister geführt werden (NK/*Völker* Rn 14). Sonst besteht nach Abs III **Mitwirkungspflicht** des anderen Ehegatten. Wird ein Grundstück den in Gütergemeinschaft lebenden Ehegatten (irrtümlich) als **Bruchteilserwerbern aufgelassen**, so kann eine Umschreibung auf die Gütergemeinschaft ohne Wiederholung der Auflassung erfolgen (BGHZ 82, 346; LG Köln DNotZ 1977, 244; vgl auch LG Aachen DNotZ 1978, 606 für den Fall des nachträgl Eintritts der Gütergemeinschaft; MüKo/*Münch* Rn 35; aA Düsseldorf DNotZ 1979, 219; Zweibrücken MittBayNot 1981, 73; BayObLG WM 1978, 1392). Bei **Übertragung oder Aufhebung** des im Grundbuch für einen Ehegatten eingetragenen Rechts bedarf es nach § 40 I GBO keiner vorherigen Eintragung beider Ehegatten (KG JFG 1, 289). Hatte ein Ehegatte bei Begründung der Gütergemeinschaft ein Grundstück bereits an einen Dritten **veräußert und aufgelassen**, so fällt dieses zwar im Wege der Universalsukzession in das Gesamtgut, jedoch belastet mit der Auflassung, an die auch der andere Ehegatte gebunden ist. Seiner Zustimmung bedarf es für die Umschreibung nicht mehr (*Tiedtke* FamRZ 1976, 510; MüKo/*Münch* Rn 7; *Böhringer* BWNotZ 1983, 133; aA BayObLG MittBayNot 1975, 228). Gehen die Ehegatten **irrtümlich** davon aus in **Gütergemeinschaft** zu leben, kommt eine Berichtigung des Grundbuchs, einen Ehegatten als Alleineigentümer einzutragen, nur bei entspr Nachweis in Betracht. Im Zweifel haben die Ehegatten Miteigentum zur Hälfte erworben (München NJW-RR 2010, 673, 674). Die Auflassung zum Gesamtgut kann in eine Auflassung zum Miteigentumserwerb je zur Hälfte **umgedeutet** werden (BayObLG 1983, 118). Unrichtigkeitsnachweis kann durch Erklärung der Beteiligten oder Negativbescheinigung nach § 386 FamFG geführt werden. 5

§ 1417 Sondergut

(1) Vom Gesamtgut ist das Sondergut ausgeschlossen.

(2) Sondergut sind die Gegenstände, die nicht durch Rechtsgeschäft übertragen werden können.

(3) Jeder Ehegatte verwaltet sein Sondergut selbständig. Er verwaltet es für Rechnung des Gesamtguts.

1. Allgemeines. § 1417 führt den Begriff des Sonderguts für die Gegenstände, die **nicht durch Rechtsgeschäft** übertragen werden können, in das ein. Die Vorschriften über das Sondergut sind in die Regelung der Gütergemeinschaft eingefügt (§§ 1420, 1439–1442, 1445, 1446, 1461–1464, 1467, 1468, 1486). 1

2 **2. Entstehung des Sonderguts.** Es kann für jeden Ehegatten kraft Gesetzes entstehen; vertragl kann es jedenfalls mit Wirkung ggü Dritten nicht begründet werden. Eine vertragl **Umwandlung** in Gesamtgut ist ausgeschlossen, Umwandlung in Vorbehaltsgut ist aber möglich, eine Eintragung der Sondergutseigenschaft im Grundbuch unzulässig.

3 **3. Umfang des Sonderguts (Abs II).** Allg *Lutter* AcP 161, 163ff. Zu den durch Rechtsgeschäft nicht übertragbaren Gegenständen gehören zB das **Urheberrecht, nicht abtretbare Forderungen** (§§ 399, 400), der **unpfändbare Gehaltsanspruch** des Beamten oder Lohnempfängers (§§ 850ff ZPO), eine **gesetzl Unterhaltsforderung** (Posen OLG 8, 336), ein öffentlich-rechtl Grabrecht (BayVGH BayVBl 2013, 280), **Nießbrauch**, Vorkaufsrecht, beschränkte persönliche **Dienstbarkeit**, eine nach § 1111 II unveräußerliche **Reallast**. Ein **Wohnrecht** bzw Nießbrauchsrecht ist nur Sondergut, wenn es nicht für beide Ehegatten gemeinsam bestellt ist, sonst fällt es zwingend in das Gesamtgut (*Haegele* Rpfleger 1971, 283, 285; Frankfurt Rpfleger 1973, 395). Es kann ihnen, auch wenn dieses gewollt ist, nicht zugleich als Rechtsgemeinschaft nach § 428 zustehen (BayObLG DNotZ 1968, 493). Nach dem **Tod des Erstversterbenden** fällt es allerdings kraft Gesetzes in das Sondergut, wenn es danach dem Überlebenden allein zustehen soll (vgl § 1382 Rn 2). Der Anspruch auf **Schmerzensgeld** ist abtretbar und fällt nicht in das Sondergut (NK/*Völker* § 1416 Rn 6; aA zur alten Rechtslage RGZ 96, 97). Nicht in das Sondergut fallen eine **Vorerbschaft** (BayObLG 41, 55) und die **Nutzungen** eines zum Sondergut gehörenden Gegenstands.

4 **4. Beteiligungen.** In Gütergemeinschaft lebende Ehegatten können unter sich eine **OHG** oder **GbR** nur durch ehevertragl Begründung von Vorbehaltsgut errichten (BGH FamRZ 1975, 572), die Gesellschaftsanteile gehören nicht zum Gesamtgut (BGH FamRZ 1975, 572; *Schünemann* FamRZ 1976, 137; aA *Tiedtke* FamRZ 1975, 675). Richtigerweise gehören die OHG-Anteile jedoch stets zum Sondergut, da der **Gesellschaftsanteil** grds, wenn auch dispositiv, **nicht übertragbar** ist (i Erg ebenso *Apfelbaum* MittBayNot 2006, 185, 187f). Dies ist auch kein Fall der rechtsgeschäftlichen Begründung von Sondergut. Die Zugehörigkeit zum Sondergut tritt vielmehr kraft des gesetzl Grundsatzes der Unübertragbarkeit des Gesellschaftsanteils ein (*Beitzke* FamRZ 1975, 575; MüKo/*Münch* Rn 13; aA MüKo/*Kanzleiter*[7] § 1416 Rn 10; *Schünemann* FamRZ 1976, 137). Auch Beteiligung an einer **KG** ist stets Sondergut, selbst wenn der Anteil ausnahmsw frei übertragbar ist (Nürnberg FGPrax 2017, 168; so wohl auch BayObLG DNotZ 2003, 454, das sich allerdings nur zur Frage der Rechtsfähigkeit der Gütergemeinschaft äußert; aA *Apfelbaum* MittBayNot 2006, 185, 188). Der **Gesellschaftsvertrag** und damit die Überführung von Mitteln des Gesamtguts in Sondergut bedarf nicht der Form des § 1410 (aA *Beitzke* FamRZ 1975, 575), da das Sondergut nicht rechtsgeschäftlich gebildet wird und andererseits weiterhin wirtschaftlich beim Gesamtgut verbleibt, nämlich für dessen Rechnung verwaltet wird. **Gewinne** aus Anteilen an einer Personengesellschaft, an der nur einer der in Gütergemeinschaft lebenden Ehegatten beteiligt ist, sind nur diesem zuzurechnen (BFHE 72, 693; vgl *Krüger* BB 1975, 1573). Der Anteil an einer **Kapitalgesellschaft** fällt in das Gesamtgut, auch wenn die Übertragung satzungsmäßig vinkuliert ist (*Apfelbaum* MittBayNot 2006, 185, 190f). Zur **Verwaltung** von Gesellschaftsanteilen s *Apfelbaum* MittBayNot 2006, 185, 192ff. Der Anteil an einer **fortgesetzten Gütergemeinschaft** ist Sondergut (BayObLG 5, 107, 287).

5 **5. Rechtliche Behandlung des Sonderguts (Abs III).** Jeder Ehegatte ist **allein Inhaber** der zu seinem Sondergut gehörenden Gegenstände und verwaltet diese ihrem persönlichen Charakter entspr selbständig (S 1), indem er zB Prozesse allein führt; der andere hat kein Recht auf Mitwirkung oder Einspruch. Die Verwaltung des Sonderguts wird für Rechnung des Gesamtguts geführt (S 2). Dieses erhält die **Nutzungen** (Früchte) des Sonderguts (vgl § 1420 Rn 3), hat aber auch dessen laufende Lasten zu tragen. Zur **Zwangsvollstreckung** in Gegenstände des Sonderguts genügt, soweit sie überhaupt möglich ist (§§ 851, 857 ZPO), ein Titel gegen den Ehegatten, dem das Sondergut gehört. **Surrogate** des Sonderguts, zB das auf den Lohn- oder Unterhaltsanspruch gezahlte Geld, das Auseinandersetzungsguthaben des Gesellschafters, werden Gesamtgut, es sei denn, dass auch die Surrogate nicht durch Rechtsgeschäft übertragen werden können.

§ 1418 Vorbehaltsgut

(1) Vom Gesamtgut ist das Vorbehaltsgut ausgeschlossen.

(2) Vorbehaltsgut sind die Gegenstände,

1. **die durch Ehevertrag zum Vorbehaltsgut eines Ehegatten erklärt sind,**
2. **die ein Ehegatte von Todes wegen erwirbt oder die ihm von einem Dritten unentgeltlich zugewendet werden, wenn der Erblasser durch letztwillige Verfügung, der Dritte bei der Zuwendung bestimmt hat, dass der Erwerb Vorbehaltsgut sein soll,**
3. **die ein Ehegatte aufgrund eines zu seinem Vorbehaltsgut gehörenden Rechts oder als Ersatz für die Zerstörung, Beschädigung oder Entziehung eines zum Vorbehaltsgut gehörenden Gegenstands oder durch ein Rechtsgeschäft erwirbt, das sich auf das Vorbehaltsgut bezieht.**

(3) Jeder Ehegatte verwaltet das Vorbehaltsgut selbständig. Er verwaltet es für eigene Rechnung.

(4) Gehören Vermögensgegenstände zum Vorbehaltsgut, so ist dies Dritten gegenüber nur nach Maßgabe des § 1412 wirksam.

1 **1. Grundsatz (Abs I).** Jeder Ehegatte ist selbständiger Inhaber und Verwalter seines Vorbehaltsguts. Das Vorbehaltsgut entsteht aber anders als das Sondergut nicht kraft Gesetzes. **Umwandlung** von Vorbehaltsgut in Gesamtgut und umgekehrt ist zulässig; hierzu bedarf es aber außer der Vereinbarung durch Ehevertrag der unmit-

telbaren **Übertragung des betreffenden Gegenstandes** (Soergel/*Gaul* § 1416 Rn 7 mwN; diff *Gernhuber/Coester-Waltjen* § 38 V Rn 37ff). In der Auflassung zum Vorbehaltsgut kann stillschw die ehevertragl Einigung erblickt werden (LG Köln MittRhNotK 1986, 103). Eintragung der Vorbehaltsgutseigenschaft im Grundbuch ist unzulässig (KG RJA 4, 261). Erwerbstatbestände sind **abschließend**, keine erweiternde Auslegung möglich. Zum Vorbehaltsgut des überlebenden Ehegatten bei der fortgesetzten Gütergemeinschaft vgl § 1486.

2. Entstehung von Vorbehaltsgut durch Ehevertrag (Abs II Nr 1). Vorbehaltsgut kann jederzeit (vgl § 1408) 2
durch Ehevertrag geschaffen werden. In dem Vertrag können einzelne Gegenstände oder Sachinbegriffe zum Vorbehaltsgut eines Ehegatten erklärt werden; es kann auch genügen, wenn die Gegenstände ihrem **Erwerbsgrund** nach bezeichnet werden, sofern hierdurch die erforderliche Bestimmbarkeit gewährleistet ist. Die Begründung von Vorbehaltsgut kann unter einer **Bedingung** oder **Befristung** stehen, auch ein **Rücktrittsvorbehalt** ist zulässig. Durch Ehevertrag kann auch die Entstehung von Vorbehaltsgut grds **ausgeschlossen** werden. Formlose Schenkungen der Ehegatten untereinander sind möglich, soweit sie aus dem Vorbehaltsgut des einen in das des anderen erfolgen (Hamburg OLG 12, 312); der Form des Ehevertrags bedarf nur die Umwandlung von Gesamtgut in Vorbehaltsgut (FG Düsseldorf EFG 2018, 1979). Ein Vertrag darüber, dass alle **künftigen Schenkungen Vorbehaltsgut** werden sollen, ist wirksam (*Gernhuber/Coester-Waltjen* § 38 V Rn 39; MüKo/*Münch* Rn 5; aM KG RJA 6, 53, weil ein Vertrag für jeden Einzelfall erforderlich sei). Bei Gründung einer **OHG mit einem Dritten** muss das zur Gründung erforderliche Gesamtgut nicht zuvor durch einen der Form des § 1410 entspr Vertrag zum Vorbehaltsgut erklärt worden sein (BayObLG OLG 1981, 384). Auch ein **Grundstück** können die Ehegatten zu Vorbehaltsgut in Bruchteilsgemeinschaft erklären, sowohl vor als auch nach dessen Erwerb (BayObLG DNotZ 1982, 162), Gleiches muss auch für den Erwerb von entspr **dinglichen Rechten** an Grundbesitz möglich sein. Zu weit gehende Begründung von Vorbehaltsgut kann wegen Gläubigergefährdung im Einzelfall sittenwidrig sein; die Gläubiger eines Ehegatten können auch uU die Erklärung von Gegenständen zum Vorbehaltsgut des anderen nach § 4 I AnfG **anfechten** (vgl RGZ 57, 86 zu § 3 Nr 4 AnfG aF). Im **Insolvenzfall** gilt die Vermutung des § 133 II InsO auch für güterrechtl Verträge (BGH NZI 2010, 738). Zur Beteiligung der Ehegatten an Gesellschaften vgl § 1417 Rn 4.

3. Erwerb von Todes wegen und unentgeltliche Zuwendungen unter Lebenden als Vorbehaltsgut (Abs II 3
Nr 2). Der Erblasser oder ein Dritter, der einem Ehegatten eine unentgeltliche Zuwendung macht, kann verhindern, dass die Zuwendung in das Gesamtgut fällt, an dem der andere Ehegatte beteiligt ist, das er möglicherweise sogar allein verwaltet. Der Erblasser muss die Bestimmung, dass die Zuwendung Vorbehaltsgut werden solle, durch **letztwillige Verfügung** in der im Erbrecht vorgeschriebenen Form treffen; wer einem Ehegatten unter Lebenden eine **unentgeltliche Zuwendung** macht, kann die Bestimmung diesem ggü formlos oder konkludent treffen, aber nur bei der Zuwendung, nicht später, ohne dass es auf die Zustimmung des Ehegatten hierzu ankommt (RGZ 171, 83; Hamm 8.8.2019 – 10 W 94/18). Aus der Erklärung muss klar erkennbar sein, dass der zugewendete Gegenstand Alleineigentum des Ehegatten werden soll (Hamm 8.8.2019 – 10 W 94/18). Die Bestimmung kann auch schon getroffen werden, bevor der Ehegatte die Gütergemeinschaft vereinbart hat oder vor seiner Eheschließung (RGZ 106, 381 unter Aufgabe von RGZ 65, 367, hM). Erwerb von Todes wegen kann kraft des gesetzl Erbrechts, aufgrund Testaments oder Erbvertrags erfolgen; er kann **Erbschaft**, **Vermächtnis** oder **Pflichtteil** sein. Beim Pflichtteil gilt die Bestimmung nicht als Beschwerung iSd § 2306, da sie das Recht des Pflichtteilsberechtigten nicht schmälert; anders nur, wenn die Bestimmung mit einer Bedingung oder Auflage verbunden ist. Beim Erwerb unter Lebenden entscheidet für die Frage der **Unentgeltlichkeit** der Zuwendung, ob der Ehegatte, dem die Zuwendung gemacht wird, ein Entgelt zu leisten hat; ob der Zuwendende von anderer Seite, etwa von dem anderen Ehegatten ein Entgelt erhält, ist unwesentlich (RGZ 171, 87, hM). Unentgeltlich ist auch eine Zuwendung, die einer sittlichen Pflicht entspricht, wie die **Ausstattung** eines Kindes (RGZ 80, 217). Wo dagegen eine Rechtspflicht erfüllt wird, ist die Zuwendung nicht unentgeltlich.

4. Vorbehaltsgutseigenschaft der Surrogate des Vorbehaltsguts (Abs II Nr 3). Die Norm soll die Erhaltung 4
des Vorbehaltsguts als einer wirtschaftlich selbständigen Vermögensmasse gewährleisten und dessen ordnungsmäßige Verwaltung ermöglichen. Sie folgt dem Gedanken der **dinglichen Surrogation.** Der Begriff des zum Vorbehaltsgut gehörenden Rechts umfasst alle körperlichen und unkörperlichen Bestandteile des Vorbehaltsguts. Ob der Erwerb **kraft Gesetzes** erfolgt (Früchte und Nutzungen) oder durch ein **Rechtsgeschäft** (Vermietung eines Grundstücks, Verzinsung von Kapital und allg Erfüllung eines zum Vorbehaltsgut gehörenden Anspruchs), ist gleich. Als Ersatz für Zerstörung, Beschädigung oder Entziehung eines zum Vorbehaltsgut gehörenden Gegenstandes sind alle **Ansprüche gegen Dritte** aus unerlaubter Handlung oder Bereicherung zum Nachteil des Vorbehaltsguts anzusehen, auch Ansprüche aus Enteignung, aus einer Versicherung für den Schadensfall, auf den Überschuss bei einer Zwangsversteigerung. Ein Rechtsgeschäft, das sich auf das Vorbehaltsgut bezieht, ist ein solches, das zu diesem in **wirtschaftlichem Zusammenhang** steht (RGZ 87, 100); der Bezug muss sowohl in obj als auch subj Hinsicht vorliegen (RGZ 92, 139; RG LZ 1922, 649). Vgl Erl zu § 2041. Ob die **Mittel** aus dem Vorbehaltsgut stammen, ist nicht entscheidend.

5. Verwaltung des Vorbehaltsguts (Abs III). Die Gegenstände des Vorbehaltsguts stehen im **Alleineigentum** 5
bzw in der Alleinberechtigung des jew Ehegatten (Hamm 8.8.2019 – 10 W 94/18). Jeder Ehegatte hat grds allein den Besitz, freies Verfügungsrecht und unbeschränkte Prozessführungsbefugnis hinsichtl seines Vorbehaltsguts (S 1). Bei im Vorbehaltsgut stehenden Haushaltsgegenständen ist ebenso wie bei Gütertrennung (§ 1414 Rn 2) **Mitbesitz** der Ehegatten anzunehmen (vgl *Gernhuber/Coester-Waltjen* § 38 V Rn 42); Besitzmittlerverhältnisse zw den Ehegatten sind möglich. Überlässt ein Ehegatte sein Vorbehaltsgut oder Teile desselben der Verwaltung

des anderen, so gilt § 1413. Die **Verwaltung** erfolgt auf eigene Rechnung (S 2), so dass Nutzungen grds ins Vorbehaltsgut fallen (Abs II Nr 3) und nur nachrangig für den Familienunterhalt einzusetzen sind (§ 1420).

6 **6. Wirkung der Vorbehaltsgutseigenschaft gegenüber Dritten (Abs IV).** Die Zugehörigkeit von Vermögensgegenständen zum Vorbehaltsgut ist Dritten ggü nur nach Maßgabe des § 1412 wirksam, dh wenn sie ihm bekannt oder infolge grober Fahrlässig unbekannt ist bzw (früher) im **Güterrechtsregister** eingetragen war. Dies gilt unabhängig vom Entstehungsgrund der Vorbehaltseigenschaft. Eine Aufzählung der einzelnen zum Vorbehaltsgut gehörenden Gegenstände im Güterrechtsregister war aber entbehrlich, soweit Dritte bei Anwendung der erforderlichen Sorgfalt erkennen können, dass die Eintragung einen bestimmten Gegenstand betrifft (zust *Gernhuber/Coester-Waltjen* § 38 V Rn 43–45); das ist auch für den Fall der Surrogation anzunehmen. Für **Zwangsvollstreckung** in das Vorbehaltsgut genügt ein Titel gegen den Ehegatten. Die Vermutung nach § 1362 gilt über die Fiktion nach § 739 ZPO.

§ 1419 Gesamthandsgemeinschaft

(1) Ein Ehegatte kann nicht über seinen Anteil am Gesamtgut und an den einzelnen Gegenständen verfügen, die zum Gesamtgut gehören; er ist nicht berechtigt, Teilung zu verlangen.

(2) Gegen eine Forderung, die zum Gesamtgut gehört, kann der Schuldner nur mit einer Forderung aufrechnen, deren Berichtigung er aus dem Gesamtgut verlangen kann.

1 **1. Grundsatz.** Die Gütergemeinschaft ist als **Gesamthandsgemeinschaft** ausgestaltet. Jeder Ehegatte hat zwar einen Anteil am Gesamtgut und den dazu gehörenden Gegenständen; aber anders als bei der Bruchteilsgemeinschaft ist dieser nicht quotal bestimmbar. Daher bedarf es, wenn ein zum Gesamtgut gehörendes Grundstück Vorbehaltsgut werden soll, der **Auflassung des ganzen Grundstücks**, nicht nur eines Anteils. Die Vorschrift soll verhindern, dass ein Ehegatte während der Dauer der Gütergemeinschaft diese durch Verfügung über seinen Anteil oder durch das Verlangen auf Teilung aufheben kann. Über das Gesamtgut können sich die Ehegatten erst **nach Beendigung des Güterstandes** auseinander setzen (§§ 1471ff).

2 **2. Verfügungs- und Teilungsverbot (Abs I).** Jede **Verfügung** eines Ehegatten über seinen **Anteil insg** oder hinsichtlich seines **Anteils an den einzelnen Gegenständen** des Gesamtguts ist – selbst bei Zustimmung des anderen – unwirksam (FG Düsseldorf EFG 2018, 1979); das gilt auch für die Abtretung des Auseinandersetzungsanspruchs (KG JW 1931, 1371), die Verpflichtung zur Übertragung der im Falle einer Auseinandersetzung künftig zu erhaltenden Gegenstände (RGRK/*Scheffler*[11] Anm 13; anders die hM, vgl NK/*Völker* Rn 3) und auch noch nach dem Tode eines Ehegatten bis zur Auseinandersetzung (KG OLG 43, 361). Aus der rechtl Unmöglichkeit der Abtretung folgt gem § 134 die Unwirksamkeit einer derartigen Verpflichtung (RG JW 1903, Beil Nr 54; Königsberg OLG 4, 343; BGH FamRZ 1966, 443, dort auch zur Umdeutung in Abtretung des Anspruchs auf das Auseinandersetzungsguthaben). Es liegt Gesamtgläubigerschaft nach § 432 vor (Koblenz FamRZ 2021, 1276). Auch ein **Anspruch auf Teilung** ist während der Dauer der Gemeinschaft ausgeschlossen. Dagegen kann der Ehegatte über seinen Anteil von Todes wegen verfügen (BayObLG NJW-RR 2003, 293, 295), was aber nur dann Sinn hat, wenn keine fortgesetzte Gütergemeinschaft eintritt; tritt sie ein, so kann der überlebende Ehegatte über seinen Anteil am Gesamtgut letztwillig verfügen (BayObLG JR 1960, 459). Hinsichtl der **Begründung von Sonderrechten** am Gesamtgut für einen Ehegatten vgl § 1416 Rn 2.

3 **3. Pfändungs- und Verwertungsverbot.** Nach § 860 I ZPO ist der Anteil eines Ehegatten am Gesamtgut und den dazu gehörenden Gegenständen, ebenso wie der (künftige) Anspruch auf Auseinandersetzung der ehelichen Gütergemeinschaft (München FamRZ 2013, 1404; LG Frankenthal Rpfleger 1981, 241) bis zur Beendigung der Gütergemeinschaft **unpfändbar**; nach § 36 I 1 InsO fällt er nicht in die Insolvenzmasse. Erst nach Beendigung der Gemeinschaft kommt eine Pfändung in Betracht (§ 860 II ZPO).

4 **4. Aufrechnungsbeschränkung (Abs II).** Einseitige Aufrechnung des Gläubigers mit einer Forderung, deren Berichtigung aus dem Gesamtgut nicht verlangt werden kann (§§ 1438–1440, 1460–1462), gegen eine Gesamtgutsforderung ist unzulässig, ebenso Geltendmachung eines **Zurückbehaltungsrechts** (NK/*Völker* Rn 5). Zulässig dagegen **Aufrechnungsvertrag** (Grü/*Siede* Rn 3).

§ 1420 Verwendung zum Unterhalt

Die Einkünfte, die in das Gesamtgut fallen, sind vor den Einkünften, die in das Vorbehaltsgut fallen, der Stamm des Gesamtguts ist vor dem Stamm des Vorbehaltsguts oder des Sonderguts für den Unterhalt der Familie zu verwenden.

1 **1. Grundsatz.** Bei der Gütergemeinschaft bildet das Gesamtgut regelmäßig den **Hauptteil des Vermögens** der Ehegatten; in das Gesamtgut fällt insb auch, soweit nicht durch Ehevertrag etwas anderes vereinbart ist, der Arbeitserwerb der Ehegatten. Deshalb soll der Unterhalt der Familie in erster Linie aus dem Gesamtgut bestr werden.

2 **2. Anwendungsbereich.** Die Vorschrift gilt auch für den **Trennungsunterhalt** (BGHZ 111, 248), selbst wenn zwischenzeitl Scheidung erfolgt ist (Zweibrücken FamRZ 1998, 239), nicht aber für nachehelichen Unterhalt (Nürnberg FuR 1993, 289; Oldenburg NJW-RR 2009, 1593, 1595: es gelten die allg Regeln; aA Hamm 8.3.2016 – 3 UF 83/15: § 1420 gilt bis zur endgültigen Auseinandersetzung).

3. Reihenfolge. Die Regel gilt unabhängig davon, wer das Gesamtgut verwaltet. Die Einkünfte des Vorbehaltsguts sind erst in Anspruch zu nehmen, wenn die Einkünfte des Gesamtguts nicht ausreichen. Der Stamm des Vorbehaltsguts und des Sonderguts ist erst nach dem Stamm des Gesamtguts für den Familienunterhalt heranzuziehen. Zu den **Erträgnissen des Gesamtguts** zählt auch die Nutzung von dazugehörigen Gegenständen, für die, wenn sie nur durch einen Ehegatten erfolgt, ein Entgelt zu zahlen ist (Hamm 8.3.2016 – 3 UF 83/15; Bamberg FamRZ 1987, 703). Es ist zu beachten, dass in das Gesamtgut auch die Einkünfte des Sonderguts fallen (§ 1417 III 2). Im Allg werden die Einkünfte vor dem Vermögensstamm zur Bestreitung der laufenden Ausgaben verwendet, also auch die **Einkünfte des Vorbehaltsguts** vor dem Stamm des Gesamtguts (vgl dazu auch § 1360). Besondere Umstände können aber eine andere Reihenfolge geboten erscheinen lassen. § 1420 gibt nur eine Richtlinie für die Ehegatten, die nicht zwingend ist. Leistet ein Ehegatte zum Unterhalt der Familie einen höheren Beitrag als ihm obliegt, so ist im Zweifel anzunehmen, dass er von dem anderen **keinen Ersatz verlangen** will (§ 1360b). Der **Trennungsunterhalt** beträgt die Hälfte der in das Gesamtgut fallenden Einkünfte, ein Erwerbstätigenbonus scheidet ebenso wie die Zurechnung fiktiver Einkünfte aus (Oldenburg NJW-RR 2009, 1596, 1597). 3

4. Unterhaltsleistung. Es kann grds nicht Zahlung einer Geldrente (§ 1361 IV 1), sondern nur nach § 1451 **Mitwirkung** zu den entspr Verwendungsmaßnahmen verlangt werden (BGH FamRZ 1990, 851; BayObLG FamRZ 1997, 422; München FamRZ 1996, 166; krit *Kleinle* FamRZ 1997, 1194; aA Düsseldorf FamRZ 1999, 1348, wenn die Ehegatten nur Renteneinkünfte haben und mietfrei wohnen). Dies gilt auch bei Geltendmachen von **Notunterhalt** im Wege der einstw Verfügung (München NJW-RR 1996, 903). 4

§ 1421 Verwaltung des Gesamtguts

Die Ehegatten sollen in dem Ehevertrag, durch den sie die Gütergemeinschaft vereinbaren, bestimmen, welcher der Ehegatten das Gesamtgut verwaltet oder ob es von ihnen gemeinschaftlich verwaltet wird. Enthält der Ehevertrag keine Bestimmung hierüber, so verwalten die Ehegatten das Gesamtgut gemeinschaftlich.

1. Bestimmung der Verwaltung (S 1). Die Ehegatten sollen im Ehevertrag bestimmen, wer zur Verwaltung des Gesamtguts berechtigt sein soll; der Notar (§ 17 I BeurkG) oder der Richter sind verpflichtet, sie hierüber zu belehren und zu befragen. Die Norm wurde redaktionell angepasst, so dass sie auch gleichgeschlechtliche Ehepaare erfasst (BT-Drs 19/4670, 26). Es sind **drei Möglichkeiten** vorgesehen: Verwalter des Gesamtguts können werden der Mann, die Frau oder beide gemeinschaftl. Verwaltungsregelung kann bedingt und/oder befristet sein (NK/*Völker* Rn 3). Dagegen ist nicht vorgesehen, dass beide **selbständig** und unabhängig **voneinander** das Gesamtgut verwalten können, weil damit keine ordnungsmäßige Verwaltung gewährleistet wäre und widersprechende Verwaltungshandlungen der Ehegatten sowohl den Ehefrieden als den Rechtsverkehr gefährden könnten. Eine solche Regelung kann durch **Ehevertrag nicht eingeführt** werden (BayObLG NJW 1968, 896; NK/*Völker* Rn 3; MüKo/*Münch* Rn 2). Es besteht hierfür auch kein Bedürfnis, weil die Ehegatten sich für den Einzelfall oder auch allg (ggf stillschw) bevollmächtigen können, wenn sie das für angezeigt halten. Rechtl Bedenken gegen die Verwaltung durch einen Ehegatten sind nicht angezeigt (so aber *Bergschneider* FS Koch, 2019, 323, 330), das Gesetz sieht ausreichend Schutzbestimmungen für den anderen Ehegatten vor; auch im Rahmen einer Ehegatten-Gesellschaft begegnet eine Alleingeschäftsführung eines Ehegatten keinen Bedenken. 1

2. Fehlende Bestimmung, Änderung (S 2). Fehlt im Einzelfall eine Bestimmung, tritt kraft Gesetzes **gemeinschaftl Verwaltung** des Gesamtguts ein. Ob eine Bestimmung getroffen wurde, ist ggf durch Auslegung zu ermitteln (BayObLG FamRZ 1990, 411). **Änderung der Verwaltungsbefugnis** ist nur durch neuen Ehevertrag (§ 1408) möglich (BFH DStRE 2021, 491). 2

3. Registrierung, guter Glaube. Die Verwaltungsregelung konnte im Güterrechtsregister eingetragen werden. Dritte konnten bei fehlender Eintragung von gemeinschaftl Verwaltung ausgehen (§ 1412 I 1 aF). Nach neuer Rechtslage ist die Kenntnis bzw grob fahrlässige Unkenntnis vom Vorhandensein eines Ehevertrags maßgeblich. Wer sich insoweit nicht nach der Verwaltungsbestimmung erkundigt, muss sich entspr Beschränkungen entgegenhalten lassen. Eine Eintragung der Verwaltungsbefugnis im **Grundbuch oder Handelsregister** scheidet aus. 3

Unterkapitel 2
Verwaltung des Gesamtguts durch einen Ehegatten (§§ 1422–1449)

§ 1422 Inhalt des Verwaltungsrechts

Der Ehegatte, der das Gesamtgut verwaltet, ist insbesondere berechtigt, die zum Gesamtgut gehörenden Sachen in Besitz zu nehmen und über das Gesamtgut zu verfügen; er führt Rechtsstreitigkeiten, die sich auf das Gesamtgut beziehen, im eigenen Namen. Der andere Ehegatte wird durch die Verwaltungshandlungen nicht persönlich verpflichtet.

1. Allgemeines. Die §§ 1422–1449 sehen die Verwaltung des Gesamtguts durch Mann oder Frau vor. Dem Gesamtgutsverwalter wird ein weitgehendes Recht zur Verwaltung des Gesamtguts eingeräumt. Die Verwaltung steht ihm grds allein zu. Sie umfasst das Recht, die zum Gesamtgut gehörenden Sachen in Besitz zu nehmen, über die Gegenstände des Gesamtguts durch Veräußerung oder Belastung zu verfügen und Rechtsstreitigkeiten, 1 die sich auf das Gesamtgut beziehen, im eigenen Namen zu führen. Auch **einseitige Rechtsgeschäfte**, die sich auf das Gesamtgut beziehen, sind von Dritten nur dem Gesamtgutsverwalter ggü vorzunehmen (vgl dagegen bei der gemeinschaftl Verwaltung § 1450 II). Das Verwaltungsrecht des Gesamtgutsverwalters ist jedoch durch die §§ 1423–1425 eingeschränkt. Die durch diese Vorschriften gesetzten Schranken können aber nicht ausdehnend ausgelegt werden (RGZ 69, 179). In den §§ 1428–1433 sind gewisse Befugnisse des anderen Ehegatten vorgesehen.

2 Der **Gesamtgutsverwalter verwaltet** das Gesamtgut **kraft eigenen Rechts**, er handelt im eigenen Namen, nicht als gesetzl Vertreter des anderen Ehegatten; er kann diesen persönlich mit Wirkung für dessen Vorbehaltsgut nicht verpflichten (RG Recht 1916, 1725). Der **andere Ehegatte** wird nur bei bestehender Vollmacht oder Genehmigung persönlich verpflichtet. In der Einwilligung nach §§ 1423–1425 kann eine Vollmachtserteilung nicht gesehen werden. Der andere Ehegatte kann aber über § 1357 persönlich verpflichtet werden. Handelt der andere Ehegatte ohne die erforderliche Einwilligung des Gesamtgutsverwalters, so verpflichtet er sich persönlich und haftet mit seinem Vorbehaltsgut und Sondergut, § 179; für von ihm vorgenommene Verfügungen über das Gesamtgut gelten die §§ 182ff. Handelt der Gesamtgutsverwalter in den Fällen der §§ 1423–1425 **ohne die erforderliche Einwilligung** des anderen Ehegatten, so entsteht für ihn, abgesehen von einer etwaigen Haftung aus Bereicherung oder unerlaubter Handlung, keine schuldrechtl Verpflichtung. Der andere Ehegatte hat nicht das Recht, Verwaltungshandlungen des Gesamtgutsverwalters, die dieser allein vornehmen kann, zu widersprechen; er kann aber nach § 1435 Auskunft über den Stand der Verwaltung und Ersatz für schuldhafte Minderung des Gesamtguts vom Gesamtgutsverwalter verlangen, letzteres gem § 1446 allerdings erst nach Beendigung der Gütergemeinschaft; er kann jedoch, falls die übrigen Voraussetzungen hierfür vorliegen (§ 119 FamFG iVm §§ 917ff ZPO), seinen Ersatzanspruch schon vorher durch Arrest oder einstw Verfügung sichern lassen (Posen Recht 1903, 1842; Königsberg OLG 2, 70). Das Verwaltungsrecht des Gesamtgutsverwalters hindert den anderen Ehegatten nicht, einen Gegenstand für das Gesamtgut zu erwerben (§ 1416 I 2); das Grundbuchamt hat eine an ihn gerichtete Auflassungserklärung entgegenzunehmen ohne Rücksicht darauf, wer den obligatorischen Vertrag geschlossen hat (KG RJA 7, 55). Vgl hierzu aber auch § 1416 Rn 4 und 5.

3 **2. Besitz am Gesamtgut.** Der Gesamtgutsverwalter darf auf das Gesamtgut tatsächlich einwirken und die zum Gesamtgut gehörenden Gegenstände in seinen unmittelbaren Besitz nehmen; der andere Ehegatte, richtiger wohl die Gesamthandsgemeinschaft der Ehegatten, wird dann **mittelbarer Besitzer** (RGZ 105, 21). Ihn oder sie als Besitzdiener anzusehen, entspräche nicht der richtigen Auffassung vom Wesen der Ehe. Anders, soweit es sich um Sachen handelt, die zum Geschäftsbetrieb eines Ehegatten gehören; hat dieser bei kürzerer Abwesenheit die Führung des Geschäfts dem anderen überlassen, so muss man den anderen auch nach heutiger Auffassung als Besitzdiener ansehen. Bei längerer Abwesenheit des Gesamtgutsverwalters ist der andere Ehegatte als alleiniger unmittelbarer Besitzer anzusehen (KG NJW 1949, 383). Bei **persönlichen Gebrauchsgegenständen** des anderen Ehegatten oder sonstigen Sachen, die er unter Alleinverschluss hält, ferner bei Sachen, die zu einem von ihm betriebenen Erwerbsgeschäft gehören, ist idR unmittelbarer Besitz des anderen Ehegatten anzunehmen, vgl dazu *Pohle* MDR 1954, 705. Hat der Gesamtgutsverwalter dem selbständigen Betrieb eines **Erwerbsgeschäfts** durch den anderen Ehegatten zugestimmt, so kann er diesem nicht die für den Fortbetrieb erforderlichen Sachen durch Inbesitznahme entziehen (RGZ 84, 48). BGHZ 12, 398 hat bei Gütertrennung Mitbesitz an **Ehewohnung und Hausrat** angenommen; der BGH leitet den Mitbesitz aus § 1353 her, gleichviel, welcher Ehegatte die Wohnung gemietet oder Haushaltsgegenstände erworben habe. Da § 1353 eine allg Vorschrift ist, muss bei Gütergemeinschaft das Gleiche gelten. Entscheidend für die Besitzverhältnisse ist aber immer die tatsächliche Lage im Einzelfall. Bei Zusammenleben der Ehegatten spricht die Vermutung für den Mitbesitz an Haushaltsgegenständen, der in den Grenzen des § 866 den Ehegatten auch Besitzschutz gegeneinander gewährt (vgl LG Düsseldorf NJW 1955, 477). IÜ erstreckt sich das Recht des Gesamtgutsverwalters auf Inbesitznahme der zum Gesamtgut gehörenden Gegenstände nicht nur gegen den anderen Ehegatten, sondern auch gegen Dritte, die solche Sachen in Besitz haben, zB gegen den Betreuer des anderen Ehegatten (RGZ 85, 420). Ist der andere Ehegatte selbst nur mittelbarer Besitzer, so erwirbt der Gesamtgutsverwalter diesen Besitz und macht den anderen Ehegatten oder die Gesamthandsgemeinschaft zum zweitstufigen mittelbaren Besitzer. Auch den durch den anderen Ehegatten als Erben gem § 857 erworbenen Besitz erhält der Gesamtgutsverwalter kraft Gesetzes und vermittelt ihn nunmehr dem anderen Ehegatten gem § 868. Soweit der Gesamtgutsverwalter unmittelbarer Besitzer wird, ist er für eine Herausgabeklage aus § 985 passiv legitimiert (vgl BGHZ 2, 164). Der Besitz des Gesamtgutsverwalters ist als **sonstiges Recht** gem § 823 I gegen Verletzung durch Dritte geschützt. Allg besteht keine Rechtsvermutung, dass der Gesamtgutsverwalter an allen zum Gesamtgut gehörenden Sachen Besitz ergriffen habe; man kann aber tatsächlich davon ausgehen, dass er sein Recht zur Inbesitznahme verwirklicht hat, soweit nicht nach den vorstehenden Ausführungen, insb für persönliche Gebrauchsgegenstände, die Haushaltsgegenstände und die zum Betrieb eines Erwerbsgeschäfts des anderen Ehegatten gehörenden Sachen etwas anderes anzunehmen ist. Gegen Dritte hat der Gesamtgutsverwalter den Anspruch aus § 861. Gegenstände, die der andere Ehegatte gegen seinen Willen fortgeschafft hat, sind ihm abhandengekommen (Braunschweig OLG 26, 176). Das Besitzrecht des Gesamtgutsverwalters bleibt auch bei Getrenntleben der Ehegatten erhalten (RG Recht 1921, 1912), aber er darf es nicht durch **Selbsthilfe** verwirklichen, begeht daher verbotene Eigenmacht, wenn er von dem anderen Ehegatten getrennt lebt und aus der diesem überlassenen Wohnung Sachen herausholt (RG SeuffA 77, 31, vgl auch Kiel SchlHA 1948, 32). Verfügungen des Gesamtgutsverwalters über zum Gesamtgut gehörende Sachen sind wirksam, auch soweit der Gesamtgutsverwalter nicht im Besitz der Sache ist. Umgekehrt kann der andere Ehegatte,

auch wenn er im Besitz von Gesamtgut ist, über dieses selbständig nur verfügen, soweit die Voraussetzungen der §§ 1429–1431 vorliegen; vgl jedoch hinsichtl des Schutzes gutgläubiger Dritter Rn 5.

3. Prozessführung. Der Gesamtgutsverwalter hat das **aktive und passive Prozessführungsrecht** hinsichtl des Gesamtguts, auch für öffentlich-rechtl Streitigkeiten (BayVGH ZfW 2011, 53). Das gilt auch, soweit seine Verpflichtungs- und Verfügungsbefugnis nach den §§ 1423–1425 eingeschränkt ist; jedoch bedürfen Prozesshandlungen, die gleichzeitig eine **materielle Verfügung** enthalten, wie Vergleich, Verzicht, Anerkenntnis in diesen Fällen der Zustimmung des anderen Ehegatten (hM, zB KG RJA 11, 75, 78). Der Gesamtgutsverwalter kann Zahlung an sich fordern (RGZ 67, 265), muss aber die Zugehörigkeit der Forderung zum Gesamtgut erkennen lassen (MüKo/*Münch* Rn 26). Das Urteil wirkt im Rahmen seiner Prozessführungsbefugnis hinsichtl des Gesamtguts auch für und gegen den anderen Ehegatten (KGJ 26, 262). Wird dieser persönlich in Anspruch genommen, so bindet die Rechtskraft ihn insoweit nicht. Dagegen erstreckt sich die Rechtskraft des Urteils auch gegen den Gesamtgutsverwalter, soweit der andere Ehegatte mit seiner Einwilligung oder nach den §§ 1429ff mit Wirkung für und gegen das Gesamtgut prozessiert hat (RGZ 56, 77; 148, 247). Wegen der Rechtskraftwirkung des Urteils in Fällen des § 1428 vgl § 1368 Rn 14ff. Die Einwilligung des Gesamtgutsverwalters verleiht dem anderen Ehegatten die **Aktivlegitimation** zu Rechtsstreitigkeiten über das Gesamtgut (gewillkürte Prozessstandschaft); er hat die Klage auf Zahlung an sich oder an den Gesamtgutsverwalter nach Wahl des Schuldners zu richten (RGZ 60, 147; vgl RG JW 1910, 818). **Passivlegitimiert** ist stets der Gesamtgutsverwalter; ein Titel gegen ihn genügt nach § 740 I ZPO zur Zwangsvollstreckung in das Gesamtgut. Besitz oder Gewahrsam des anderen Ehegatten steht der Zwangsvollstreckung in das Gesamtgut nicht entgegen (§ 739 ZPO, § 1362 Rn 12). Eines Duldungstitels gegen diesen bedarf es daher nur noch nach Beendigung der Gütergemeinschaft (§ 743 ZPO). Ein Rechtsschutzbedürfnis für eine vorher erhobene **Duldungsklage** ist aber zu bejahen, wenn Anhaltspunkte dafür vorliegen, dass die Gütergemeinschaft demnächst beendet wird, weil zB ein Scheidungs- oder ein Aufhebungsrechtsstreit schwebt. Wegen der Vollstreckung in das Gesamtgut vgl iÜ § 1437 Rn 4. Im Rahmen seiner **persönlichen Haftung** ist auch der andere Ehegatte für die Klage auf Leistung passiv legitimiert. Eines Titels gegen ihn bedarf es immer zur Vollstreckung in sein Vorbehaltsgut und Sondergut. Werden beide Ehegatten aus einer Gesamtgutsverbindlichkeit in Anspruch genommen, so sind sie hinsichtl der Haftung des Gesamtguts, nicht aber wegen einer etwaigen persönlichen Verpflichtung des anderen Ehegatten **notwendige Streitgenossen**, Musielak/Voit/*Weth* § 62 ZPO Rn 12. Wenn der eine Ehegatte den Prozess führt, kann der andere Zeuge oder Nebenintervenient sein. 4

4. Gutglaubensschutz. Der **Schutz gutgläubiger Dritter** richtet sich nach den allg Vorschriften. Verfügt der als Alleineigentümer eingetragene Gesamtgutsverwalter entgegen § 1424 über ein **Grundstück**, so wird der Erwerber gem § 892 auch dann geschützt, wenn die Gütergemeinschaft im Güterrechtsregister eingetragen war oder ihm lediglich grob fahrlässige Unkenntnis zur Last liegt. Das Gleiche gilt, wenn der andere Ehegatte über ein für ihn als Alleineigentümer eingetragenes Grundstück verfügt. Verfügt der andere Ehegatte über **bewegliche Sachen**, die sich im Besitz des Gesamtgutsverwalters befinden, so ist gutgläubiger Erwerb durch einen Dritten ausgeschlossen, soweit nicht § 935 II eingreift. IÜ wird Eintragung der Gütergemeinschaft im Güterrechtsregister bzw grob fahrlässige Unkenntnis des Vorhandenseins eines Ehevertrags meist grobe Fahrlässigkeit des Erwerbers iSd § 932 II begründen (aA MüKo/*Münch* Rn 21; jedenfalls bei geringwertigen Sachen: RGRK/*Finke* Rn 26). Die Möglichkeit gutgläubigen Erwerbs bestreiten *Gernhuber/Coester-Waltjen* § 38 VII Rn 71 mit dem beachtl Arg, dass der Schein des Eigentums den Mangel in der Verwaltungsmacht nicht ersetzen könne. Vgl dazu auch Staudinger/*Thiele* Rn 55; NK/*Völker* Rn 19. 5

5. Abdingbarkeit. Eine **Beschränkung** der Rechte des Gesamtgutsverwalters durch Ehevertrag ist zulässig, aber Dritten ggü nur nach Maßgabe des § 1412 und des § 137 wirksam. Der Verwalter kann dem anderen Ehegatten die Verwaltung im Einzelfall übertragen (RGZ 60, 147), ohne eine solche **Ermächtigung** bedarf er der Genehmigung des Verwalters, § 185. 6

§ 1423 Verfügung über das Gesamtgut im Ganzen

Der Ehegatte, der das Gesamtgut verwaltet, kann sich nur mit Einwilligung des anderen Ehegatten verpflichten, über das Gesamtgut im Ganzen zu verfügen. Hat er sich ohne Zustimmung des anderen Ehegatten verpflichtet, so kann er die Verpflichtung nur erfüllen, wenn der andere Ehegatte einwilligt.

1. Grundgedanke. Die Beschränkung des Verwaltungsrechts des Gesamtgutsverwalters beruht auf der Erwägung, dass Rechtsgeschäfte über das Gesamtgut im Ganzen, wenn der Gesamtgutsverwalter sie allein vornehmen könnte, der Gütergemeinschaft die **Grundlage entziehen** und die Rechte des anderen Ehegatten gefährden würden. Die Vorschrift entspricht dem § 1365 bei der Zugewinngemeinschaft, vgl auch die dortige Komm. 1

2. Inhalt der Beschränkung. Der Einwilligung bedürfen **schuldrechtl Rechtsgeschäfte** (nicht Verfügungen von Todes wegen) über das Gesamtgut im Ganzen, zB Übertragungsverträge. Das gilt auch, wenn die einzelnen angeführten Vermögensgegenstände das ganze Gesamtgut ausmachen, aber nur wenn der Dritte dies weiß, vgl RGZ 94, 317 und § 1365 Rn 10. Unerheblich ist, wenn einzelne unbedeutende Stücke des Gesamtguts durch den Vertrag nicht erfasst werden. Damit die Unwirksamkeit des Verpflichtungsgeschäfts nicht durch dessen Erfüllung umgangen werden kann, bedürfen ferner, wenn die Einwilligung des anderen Ehegatten zu dem Verpflichtungsgeschäft fehlt, die zu dessen Erfüllung vorzunehmenden einzelnen Verfügungshandlungen zu ihrer Wirksamkeit der Einwilligung des anderen Ehegatten; eine Verfügung über das Gesamtgut im Ganzen („uno actu") 2 ist ohnehin nicht möglich. Verfügungen eines Ehegatten über sein ganzes Vorbehaltsgut oder Sondergut fallen weder unter § 1423 noch unter § 1365, sind vielmehr gem § 1417 III, § 1418 III ohne Zustimmung des anderen wirksam.

3 **3. Erteilung der Einwilligung.** Hierfür gelten die § 182ff; die Einwilligung kann **formlos** durch schlüssiges Verhalten erklärt werden. Es genügt, wenn der Vertragsgegner das Verhalten des anderen Ehegatten nach den allg Auslegungsregeln als Zustimmung deuten durfte (RG Recht 1924, 996). Dem **Grundbuchamt** ist die Einwilligung in der Form des § 29 I 1 GBO nachzuweisen. Kenntnis von der Zustimmungsbedürftigkeit ist nicht erforderlich (RGZ 108, 281). Ersetzung der Zustimmung des anderen Ehegatten durch das FamG ist nach § 1426 möglich. Vgl iÜ § 1365 Rn 31ff.

4 **4. Rechtsfolgen der Erteilung und der Verweigerung der Zustimmung.** Handelt der Gesamtgutsverwalter mit Einwilligung des anderen Ehegatten, so verpflichtet er das **Gesamtgut** und **sich persönlich**, aber nicht den anderen Ehegatten persönlich. Handelt er ohne dessen Einwilligung, so ist abgesehen von einer Haftung aus Bereicherung oder unerlaubter Handlung auch das schuldrechtl Geschäft (schwebend) unwirksam, vgl §§ 1427, 1428; wäre es wirksam, würde gem §§ 1437ff auch das Gesamtgut haften müssen. Wegen des Schutzes gutgläubiger Dritter vgl § 1422 Rn 5.

5 Die vertragl **Abbedingung** der den Schutz des anderen Ehegatten bezweckenden Vorschrift kann sittenwidrig sein; MüKo/*Münch* Rn 6 nimmt grds Dispositivität an.

§ 1424 Verfügung über Grundstücke, Schiffe oder Schiffsbauwerke

Der Ehegatte, der das Gesamtgut verwaltet, kann nur mit Einwilligung des anderen Ehegatten über ein zum Gesamtgut gehörendes Grundstück verfügen; er kann sich zu einer solchen Verfügung auch nur mit Einwilligung seines Ehegatten verpflichten. Dasselbe gilt, wenn ein eingetragenes Schiff oder Schiffsbauwerk zum Gesamtgut gehört.

1 **1. Allgemeines.** Rechtsgeschäfte über **Grundstücke** bedürfen wegen der besonderen Bedeutung der Zustimmung des anderen Ehegatten. Die Vorschrift gilt auch für eingetragene Schiffe und Schiffsbauwerke, für das Erbbaurecht (§ 11 ErbbauRG) sowie für landesrechtl gleichstehende Rechte (Art 196 EGBGB). Welcher Ehegatte das Grundstück eingebracht hat und ob die Verfügung einseitig oder vertragl ist, ist gleichgültig. Auf **Verfügungen von Todes wegen** ist die Vorschrift nicht anwendbar. Grundstücke, hinsichtl derer nur ein Anspruch auf Auflassung besteht, oder die zwar aufgelassen, aber noch nicht umgeschrieben sind, gehören noch nicht zum Gesamtgut, selbst wenn der Anspruch durch eine Vormerkung gesichert war (BGH DNotZ 1971, 725f; BayObLG FamRZ 1954, 257; RGZ 111, 185).

2 **2. Verfügung. Zum Begriff der Verfügung** MüKo/*Münch* Rn 3ff. Darunter fallen Veräußerungen und Belastungen wie zB Bewilligung einer Vormerkung (KGJ 29, 151), Bestellung einer Eigentümergrundschuld (KGJ 43, 256), Änderung eines Grundstücksrechts insoweit, als sie die Haftung des Grundstücks steigert, etwa Erhöhung des Zinssatzes (BayObLG SeuffA 69, 201). Zustimmung des nichtverwaltenden Ehegatten ist erforderlich für Realteilung eines den Ehegatten mit Dritten gehörenden Grundstücks sowie Auseinandersetzung über den Nachlass, zu dem ein Grundstück gehört, da der Sache nach verfügt wird, (str, wie hier Grü/*Siede* Rn 2; MüKo/*Münch* Rn 4; aA Soergel/*Gaul* Rn 6). Zuschreibung eines Grundstücks ist Verfügung, soweit das Hauptgrundstück belastet ist, jedoch nur, wenn das zuzuschreibende Grundstück als Verfügungsobjekt schon zum Gesamtgut gehört, nicht wenn es bisher dem Verwalter gehörte (LG Augsburg Rpfleger 1965, 369 m Anm *Haegele*). Dagegen ist **keine Verfügung:** Vermietung oder Verpachtung eines Gesamtgutsgrundstücks, Änderung eines auf einem Gesamtgutsgrundstück bestehenden Rechts, wie Ausschließung der Kündigungsbefugnis auf Zeit (aA KGJ 29, 20), nachträgl Brieferteilung (Hamburg OLG 18, 265), Umwandlung einer Form der Belastung in eine andere, etwa einer Eigentümergrundschuld in eine Hypothek (aA BayObLGZ 2, 123, 799), die Zustimmung des Eigentümers zur Rangänderung gem § 880 II 2 sowie zur Löschung einer Hypothek, Grund- oder Rentenschuld, Grundbuchberichtigungsanträge (aA Grü/*Siede* Rn 2), der Antrag auf Zwangsversteigerung eines zum Gesamtgut gehörigen Grundstücks (RGZ 136, 358; vgl aber Koblenz NJW 1967, 1139 für den Antrag auf Teilungsversteigerung und Soergel/*Gaul* Rn 5 aE) sowie die nachträgl Unterwerfung unter die sofortige Zwangsvollstreckung (BayObLG SeuffA 69, 367, str; wie hier Soergel/*Gaul* Rn 6). Der Verfügung steht der Verzicht auf öffentlichrechtl Abwehrrechte gleich (VGH Kassel BauR 2006, 732). Bestellt der Verwalter gleichzeitig mit dem Kauf des Grundstücks für den Veräußerer eine Hypothek für den Kaufpreis oder Kaufpreisrest oder lässt er einen Nießbrauch oder ein Wohnrecht für ihn eintragen, so führt singemäße Auslegung zur Verneinung der Anwendung des § 1424 (RGZ 69, 177; MüKo/*Münch* Rn 6; Staudinger/*Thiele* Rn 12 mwN). Verfügungen über Grundstücksrechte, die zum Gesamtgut gehören, zB Abtretung oder Verpfändung einer Hypothek, fallen nicht unter die Vorschrift (BayObLG Recht 1907, 3525). Das gilt auch für die Löschung einer Auflassungsvormerkung (BGH DNotZ 1971, 725f). Keine Verfügung ist die Prozessführung hinsichtl der Prozesshandlungen, die zugleich eine materiellrechtl Verfügung enthalten, vgl § 1422 Rn 4. Zwangsvollstreckung gegen den verwaltenden Ehegatten, also Eintragung einer Zwangs- oder Arresthypothek, Widerspruch oder Vormerkung bedürfen nach § 740 ZPO keiner Einwilligung. Jeder Ehegatte (auch der nicht verwaltende) kann ohne Zustimmung des anderen die Auflassung eines Grundstücks im eigenen Namen entgegennehmen (BayObLG 1954, 12). War bei Eintritt der Gütergemeinschaft das Grundstück eines Ehegatten bereits an einen Dritten veräußert und ihm aufgelassen, so ist für

die Umschreibung die Zustimmung des anderen Ehegatten nicht mehr erforderlich (aA BayObLG MittBayNot 1975, 228); vgl im Einz § 1416 Rn 5.

3. Verpflichtungsgeschäft. Verpflichtung zur Verfügung. Hierzu ist Zustimmung des nichtverwaltenden Ehegatten erforderlich, da diese Verpflichtung nach § 1459 das Gesamtgut belastet. Darunter fällt auch Zusicherung von Eigenschaften oder Beschaffenheitsgarantie beim Verkauf eines Grundstücks (RG JW 1903, Beil Nr 277); doch haftet das Gesamtgut gem § 437 Nr 3 für arglistiges Verhalten des Gesamtgutsverwalters beim Vertragsschluss (RGZ 99, 121), weil der Verwalter nicht Dritter iSd § 123 II 1 ist. Der Gesamtgutsverwalter kann sich zwar dem Vertragsgegner verpflichten, auf den nichtverwaltenden Ehegatten zwecks Erteilung der Bewilligung einzuwirken, notfalls nach § 1426 das FamG anzurufen (Posen SeuffA 62, 408); die Übernahme einer Haftung würde aber als Umgehung des Gesetzes unwirksam sein; auch eine Vertragsstrafe kann nicht übernommen werden, Grü/*Siede* Rn 4; *Gernhuber/Coester-Waltjen* § 38 VII Rn 68. Gehört zum Gesamtgut ein schuldrechtl Anspruch auf Übertragung des Eigentums an einem Grundstück, so bedürfen Verfügungen über einen solchen Anspruch, selbst wenn er durch Vormerkung gesichert ist, nicht der Einwilligung des anderen Ehegatten (BGH DNotZ 1971, 725; RGZ 111, 187). 3

4. Einwilligung. Hinsichtl der **Rechtsnatur der Einwilligung** vgl § 1365 Rn 27 und § 1423 Rn 3; die Einwilligung ist formfrei, muss dem Grundbuchamt aber in der Form des § 29 GBO nachgewiesen werden (§ 1423 Rn 3). Wegen des Schutzes gutgläubiger Dritter vgl § 1422 Rn 5. 4

5. Abdingbarkeit. Abänderung durch Ehevertrag ist zulässig (vgl RG JR 1926, 1254; NK/*Völker* Rn 42; aA *Gernhuber/Coester-Waltjen* § 32 III Rn 27). 5

§ 1425 Schenkungen

(1) Der Ehegatte, der das Gesamtgut verwaltet, kann nur mit Einwilligung des anderen Ehegatten Gegenstände aus dem Gesamtgut verschenken; hat er ohne Zustimmung des anderen Ehegatten versprochen, Gegenstände aus dem Gesamtgut zu verschenken, so kann er dieses Versprechen nur erfüllen, wenn der andere Ehegatte einwilligt. Das Gleiche gilt von einem Schenkungsversprechen, das sich nicht auf das Gesamtgut bezieht.

(2) Ausgenommen sind Schenkungen, durch die einer sittlichen Pflicht oder einer auf den Anstand zu nehmenden Rücksicht entsprochen wird.

1. Grundsatz. Da Schenkungen regelmäßig außerhalb des Rahmens einer ordnungsmäßigen Verwaltung liegen, sollen sie nur mit Einwilligung des anderen Ehegatten möglich sein. Zustimmung kann nicht durch Eltern (§ 1641), Pfleger (§ 1813) oder Vormund (§ 1798 III 1) erklärt werden, wohl aber nunmehr durch den **Betreuer**, allerdings grds vorbehaltlich **betreuungsgerichtl Genehmigung** (§ 1854 Nr 8). Zum Begriff der **Schenkung** vgl § 516 Rn 3ff. Stiftungen sind regelmäßig Schenkungen; Bürgschaftsübernahme kann nach den Umständen des Falles Schenkung sein (RGZ 54, 284), ebenso die Abtretung einer Hypothek oder die Löschung einer Eigentümergrundschuld (Grü/*Siede* Rn 2). Die Einbeziehung von **Schenkungsversprechen** aus dem nicht zum Gesamtgut gehörenden Vermögen (Abs I S 2), also aus Vorbehaltsgut oder Sondergut des Gesamtgutsverwalters folgt aus der Haftung des Gesamtguts für alle von dem Gesamtgutsverwalter wirksam eingegangenen Verpflichtungen, § 1437; wirksam daher Schenkungen, bei denen die Haftung des Gesamtguts ausgeschlossen ist (Grü/*Siede* Rn 3). Zur Erteilung der **Einwilligung** s § 1423 Rn 3, eine gerichtliche Ersetzung nach § 1426 scheidet aber aus. Über Schenkungen zw den Ehegatten vgl § 1418 Rn 2, über den **Schutz gutgläubiger Dritter** vgl § 1422 Rn 5, wobei aber § 816 I 2, § 822 zu beachten sind. 1

2. Ausnahmen (Abs II). Die **Ausnahme des Abs II** umfasst zB Zuwendungen an nicht unterhaltsberechtigte Verwandte, Trinkgelder, Hochzeits- und Geburtstagsgeschenke, Beiträge zu gemeinnützigen Unternehmungen. Für welchen der Ehegatten die sittliche Pflicht besteht, ist gleichgültig. Im Gegensatz zur früheren Rechtslage beruht auch die Aussteuer ebenso wie die Ausstattung nicht mehr auf rechtl, sondern nur noch auf sittlicher Verpflichtung der Eltern. Gem § 1624 ist die dem Kind gewährte **Ausstattung** Schenkung nur insoweit, als sie das den Umständen entspr Maß übersteigt; nur iÜ greift also Abs II ein. Besteht die Ausstattung in der Zuwendung eines Grundstücks, so gilt außerdem § 1424 (BayObLG SeuffA 56, 279). 2

3. Grundbuch. Das Grundbuchamt muss von Amts wegen die **Entgeltlichkeit prüfen**, kann aber keinen Nachweis in der Form des § 29 GBO fordern, sondern muss ggf nach allg Erfahrungssätzen entscheiden (KG OLG 33, 341; Grü/*Siede* Rn 1). Bei einem Kaufvertrag mit einem unbeteiligten Dritten liegt Schenkung fern. 3

4. Abdingbarkeit. Vereinbarungen abw Inhalts können eine genaue Prüfung der Sittenwidrigkeitsfrage nahelegen (vgl NK/*Völker* Rn 33; MüKo/*Münch* Rn 7), sind aber zulässig (Grü/*Siede* Rn 1; aA RG JW 1927, 1193; BaRo/*Spernath* Rn 6). 4

§ 1426 Ersetzung der Zustimmung des anderen Ehegatten

Ist ein Rechtsgeschäft, das nach den §§ 1423, 1424 nur mit Einwilligung des anderen Ehegatten vorgenommen werden kann, zur ordnungsmäßigen Verwaltung des Gesamtguts erforderlich, so kann das Familiengericht auf Antrag die Zustimmung des anderen Ehegatten ersetzen, wenn dieser sie ohne ausreichenden

Grund verweigert oder durch Krankheit oder Abwesenheit an der Abgabe einer Erklärung verhindert und mit dem Aufschub Gefahr verbunden ist.

1 Das FamG kann die **Zustimmung** des anderen Ehegatten nur in den Fällen der §§ 1423, 1424 **ersetzen**, nicht auch zu Schenkungen (§ 1425, s aber dort Abs II). Das Rechtsgeschäft, zu dem die Zustimmung ersetzt werden soll, kann ein schuldrechtl oder dingliches sein. Prozessführung ist kein Rechtsgeschäft; der Gesamtgutsverwalter bedarf zu dieser in keinem Falle der Zustimmung des anderen Ehegatten. Das Rechtsgeschäft muss nach **obj Gesichtspunkten** ohne Berücksichtigung subj Interessen zur ordnungsmäßigen Verwaltung des Gesamtgutes erforderlich sein, dass es zweckmäßig ist, genügt nicht (aA Grü/*Siede* Rn 1). Erforderlich kann auch die Übertragung von Baugrund zur Erfüllung eines Pflichtteilanspruchs und zur Gewinnung des Berechtigten als Hilfskraft für die Bewirtschaftung eines landwirtschaftlichen Anwesens sein (BayObLG FamRZ 1983, 1127). Ist das Gesamtgut in der Liquidationsphase, sind die wirtschaftlichen Gesichtspunkte von größerer Bedeutung, insb die Sicherung und Erhaltung des Gesamtguts (BayObLG FGPrax 2003, 227, 229). Der Unterschied zu § 1365 II ist dadurch gerechtfertigt, dass es sich dort um das eigene Vermögen eines Ehegatten handelt, hier um das gemeinschaftl Vermögen.

2 **Ersetzungsverfahren.** Zuständig ist das **FamG** (§ 261 II FamFG, § 23a I 1 Nr 1, § 23b GVG, örtlich § 262 FamFG, funktionell Richter). **Antragsberechtigt** ist nur der Verwalter, bei Abwesenheit oder Verhinderung ggf ein Pfleger nach § 1911. Wenn der andere Ehegatte durch Krankheit oder Abwesenheit an einer Erklärung verhindert ist, kann der Gesamtgutsverwalter uU aus seiner Verpflichtung zur ordnungsmäßigen Verwaltung (§ 1435) gehalten sein, den Antrag an das FamG zu stellen. Dritte (zB Vertragspartner) sind nicht antragsberechtigt, der Verwalter ist aber evtl aus dem Rechtsgeschäft zur Antragstellung verpflichtet. Der andere Ehegatte kann sich aber nicht darauf berufen, dass der Gesamtgutsverwalter gegen seine Weigerung das FamG hätte anrufen müssen (KG OLG 7, 48). Beschl wird erst mit **Rechtskraft** wirksam, § 40 III 1 FamFG, es sei denn, das Gericht ordnet bei Gefahr im Verzug sof Wirksamkeit an, § 40 III 2 FamFG. Für die Ersetzung gilt § 1422 S 2. **Rechtsmittel**: Beschwerde zum OLG (§ 119 I Nr 1 lit a GVG). Vgl iÜ § 1365 Rn 31ff.

3 **Ausschließung** oder Beschränkung der Befugnis des Gesamtgutsverwalters, das FamG anzurufen, ist unwirksam (BaRo/*Spernath* Rn 1; aA NK/*Völker* Rn 22).

§ 1427 Rechtsfolgen fehlender Einwilligung

(1) Nimmt der Ehegatte, der das Gesamtgut verwaltet, ein Rechtsgeschäft ohne die erforderliche Einwilligung des anderen Ehegatten vor, so gelten die Vorschriften des § 1366 Abs. 1, 3, 4 und des § 1367 entsprechend.

(2) Einen Vertrag kann der Dritte bis zur Genehmigung widerrufen. Hat er gewusst, dass der Ehegatte in Gütergemeinschaft lebt, so kann er nur widerrufen, wenn dieser wahrheitswidrig behauptet hat, der andere Ehegatte habe eingewilligt; er kann auch in diesem Falle nicht widerrufen, wenn ihm beim Abschluss des Vertrags bekannt war, dass der andere Ehegatte nicht eingewilligt hatte.

1 Die Vorschrift regelt die Rechtsfolgen, die sich ergeben, wenn ein Rechtsgeschäft ohne die nach den §§ 1423–1425 erforderliche Einwilligung des anderen Ehegatten vorgenommen wird und diese auch nicht nach § 1426 vom FamG ersetzt wird. § 1427 verweist auf die im gesetzl Güterstand enthaltenen Bestimmungen: Der andere Ehegatte muss **genehmigen**, § 1366 I. Bis dahin kann der Dritte nach Abs II ggü dem Verwalter widerrufen. Der Dritte kann den Verwalter zur Beschaffung der Genehmigung binnen zwei Wochen **auffordern**, § 1366 III. **Verweigerung** der Genehmigung oder Vorliegen eines einseitigen Rechtsgeschäfts führen zur Unwirksamkeit, § 1366 IV, § 1367. Kommt das Rechtsgeschäft nicht zustande, tritt vorbehaltlich einer Haftung aus §§ 823ff, 1437 auch **keine persönliche Verpflichtung** des Gesamtgutsverwalters ein. Ein nichtiger Vertrag kann nicht nach dem GrdStVG genehmigt werden (Karlsruhe AgrarR 1986, 324). Ist das Gesamtgut aus einem unwirksamen Geschäft bereichert, so gilt § 1434; die Haftung des Gesamtgutsverwalters ggü dem anderen Ehegatten regelt § 1435.

§ 1428 Verfügungen ohne Zustimmung

Verfügt der Ehegatte, der das Gesamtgut verwaltet, ohne die erforderliche Zustimmung des anderen Ehegatten über ein zum Gesamtgut gehörendes Recht, so kann dieser das Recht gegen Dritte gerichtlich geltend machen; der Ehegatte, der das Gesamtgut verwaltet, braucht hierzu nicht mitzuwirken.

1 Die Vorschrift ist eine Ausnahme zu § 1422 und berechtigt den das Gesamtgut **nicht verwaltenden Ehegatten**, selbständig gegen Dritte gerichtlich vorzugehen, zu deren Gunsten der Gesamtgutsverwalter ohne seine Zustimmung Verfügungen der in den §§ 1423–1425 bezeichneten Art vorgenommen hat. Es handelt sich um eine Güterrechtssache und damit eine Familienstreitsache iSd § 23a I 1 Nr 1, § 23b GVG, § 261 I FamFG (Sternal/*Giers* § 261 FamFG Rn 7). Der andere Ehegatte kann **nur im eigenen Namen**, nicht wie im Falle des § 1429 auch im Namen des Gesamtgutsverwalters, den Antrag stellen und Leistung (auch nach § 816 I 2) an sich fordern; soweit es sich um Berichtigung des Grundbuchs handelt, muss er jedoch Rückumschreibung auf die Ehegatten in Gütergemeinschaft beantragen. Das **Antragsrecht des Gesamtgutsverwalters** und sein Recht, eine von dem anderen Ehegatten zurückgeholte Sache wieder in Besitz zu nehmen, bleiben unberührt (§ 1422).

Der Dritte kann ggü beiden Ehegatten wegen seiner Gegenleistung **kein Zurückbehaltungsrecht** geltend machen (Grü/*Siede* § 1427 Rn 1; BaRo/*Spernath* § 1427 Rn 2; aA MüKo/*Münch*, § 1427 Rn 5; diff NK/*Völker* § 1427 Rn 6), jedoch den Anspruch auf Herausgabe der Bereicherung des Gesamtguts selbständig geltend machen (§ 1434). Wegen der Kosten des Rechtsstreits vgl § 1438 II. Zur Frage der Rechtskraftwirkung des von einem Ehegatten erstrittenen Urteils ggü dem anderen vgl § 1368 Rn 14ff, zur Vollstreckung in das Gesamtgut § 1437 Rn 4. 2

§ 1429 Notverwaltungsrecht

Ist der Ehegatte, der das Gesamtgut verwaltet, durch Krankheit oder durch Abwesenheit verhindert, ein Rechtsgeschäft vorzunehmen, das sich auf das Gesamtgut bezieht, so kann der andere Ehegatte das Rechtsgeschäft vornehmen, wenn mit dem Aufschub Gefahr verbunden ist; er kann hierbei im eigenen Namen oder im Namen des verwaltenden Ehegatten handeln. Das Gleiche gilt für die Führung eines Rechtsstreits, der sich auf das Gesamtgut bezieht.

Die **unabdingbare Vorschrift** (BaRo/*Spernath* Rn 1; aA NK/*Völker* Rn 2; MüKo/*Münch* Rn 8) begründet Befugnisse des von der Verwaltung ausgeschlossenen Ehegatten für den Fall der **Verhinderung** des Gesamtgutsverwalters. Dieser braucht nicht dauernd verhindert zu sein; da die Handlungsbefugnis des anderen Ehegatten nur eintritt, wenn mit einem Aufschub Gefahr verbunden ist, kann auch schon eine kürzere Verhinderung genügen. Eine Verhinderung liegt nicht vor, wenn der Verwalter eine Maßnahme nicht vornehmen will. Wann **Gefahr im Verzuge** ist, ist nach obj Maßstäben zu beurteilen, und zwar nach dem Zeitpunkt, in dem der andere Ehegatte tätig wird. Dabei darf kein zu strenger Maßstab angelegt werden; späterer Wegfall der Voraussetzungen ist unschädlich (RG Recht 1925, 941; RGZ 103, 127). Unerheblich ist, ob der Gesamtgutsverwalter in gleicher Weise handeln würde, wenn er nicht verhindert wäre. 1

§ 1429 gibt **keine allg Vertretungsbefugnis** der Ehegatten füreinander (RGZ 89, 365). Der andere Ehegatte kann in solchen Fällen Rechtsgeschäfte aller Art vornehmen, auch solche, zu denen der Gesamtgutsverwalter seiner Zustimmung bedarf (§§ 1423–1425), er kann auch über Gegenstände des Gesamtguts verfügen; ferner kann er einen Rechtsstreit führen, sowohl als Kläger wie als Beklagter (**S 2**). Er ist zum Handeln berechtigt, **nicht verpflichtet**, darf aber ein begonnenes Handeln nicht ohne vernünftige Gründe zum Nachteil des Gesamtguts aufgeben, insb von einem aufgenommenen Rechtsstreit sich nicht willkürlich wieder loslösen (Stettin OLG 4, 404). Bei seinen Maßnahmen kann er im eigenen Namen oder im Namen des Gesamtgutsverwalters handeln. Nimmt er ein Rechtsgeschäft ausschließlich im **eigenen Namen** und für eigene Rechnung vor, so verpflichtet er nur sich persönlich. Handelt er im **Namen des Gesamtgutsverwalters**, verpflichtet er das Gesamtgut und den Gesamtgutsverwalter persönlich (§§ 1437, 1438); von der eigenen Haftung ist er nur befreit, wenn dem Dritten erkennbar ist, dass er nicht im eigenen Namen handelt (§ 164). Ggü dem Verwalter treffen ihn die Pflichten nach § 1435 entspr. 2

Für die Kosten eines von dem anderen Ehegatten geführten **Rechtsstreits** haftet das Gesamtgut in jedem Falle (§ 1438 II). Führt der andere Ehegatte einen Rechtsstreit im Namen des Gesamtgutsverwalters, so kann aus dem Urteil auch in das Gesamtgut vollstreckt werden; andernfalls bedarf es zu der Vollstreckung eines besonderen Titels gegen den Gesamtgutsverwalter (§ 740 I ZPO, vgl dazu auch § 1437 Rn 4). Tritt Verhinderung des Gesamtgutsverwalters ein, während ein Rechtsstreit **anhängig** ist, kann der andere Ehegatte diesen fortführen. Endet die Verhinderung des Gesamtgutsverwalters während der Dauer des Rechtsstreits, kann er als Nebenintervenient eintreten oder den Rechtsstreit anstelle des anderen Ehegatten fortführen, mit Zustimmung des Gegners immer, sonst nur, wenn der andere Ehegatte in seinem Namen aufgetreten war. Der andere Ehegatte, gegen den ein Leistungs- oder Duldungstitel nicht vorliegt, ist zur Beantragung von **Vollstreckungsschutz** nach § 30a ZVG, § 765a ZPO im eigenen Namen jedenfalls dann berechtigt, wenn die Eheleute im Streit leben und zu besorgen ist, dass der verwaltungsberechtigte Ehegatte aus einer ihm gegenüber unsachlichen Einstellung einen Vollstreckungsschutzantrag nicht stellt (LG Zweibrücken Rpfleger 1995, 222). 3

Steht der Gesamtgutsverwalter wegen seiner Krankheit oder Abwesenheit unter **Pflegschaft** oder **Betreuung**, so gilt nicht § 1429, sondern § 1436. Liegt kein Eilfall und auch kein Anlass zur Bestellung eines Pflegers oder Betreuers vor, muss gewartet werden, bis die Verhinderung des Gesamtgutsverwalters entfällt und dieser wieder selbst tätig werden kann. UU kann der andere Ehegatte in solchen Fällen auch auf Aufhebung der Gütergemeinschaft klagen (§ 1447 Nr 1). 4

§ 1430 Ersetzung der Zustimmung des Verwalters

Verweigert der Ehegatte, der das Gesamtgut verwaltet, ohne ausreichenden Grund die Zustimmung zu einem Rechtsgeschäft, das der andere Ehegatte zur ordnungsmäßigen Besorgung seiner persönlichen Angelegenheiten vornehmen muss, aber ohne diese Zustimmung nicht mit Wirkung für das Gesamtgut vornehmen kann, so kann das Familiengericht die Zustimmung auf Antrag ersetzen.

Ersetzung der Zustimmung des Gesamtgutsverwalters ist nur möglich zur ordnungsmäßigen Besorgung von persönlichen Angelegenheiten des anderen Ehegatten, nicht von Angelegenheiten, die nur vermögensrechtl Auswirkungen haben. **Persönliche Angelegenheiten** sind im Wesentlichen solche, die Gesundheit, Abstammung, Ehre und Freiheit betreffen, aber zB auch die Abwehr von Ehestörungen (BayObLG FamRZ 1965, 49). Ersetzt 1 werden kann nur die Zustimmung zu einem Rechtsgeschäft, auch zu Rechtsgeschäften, die die Durchführung eines Rechtsstreits, insb die Aufbringung der hierfür erforderlichen Kosten ermöglichen sollen. Zur Führung des **Rechtsstreits** über eine persönliche Angelegenheit selbst bedarf ein Ehegatte der Zustimmung des anderen nicht. Für die Kosten eines Rechtsstreits haftet das Gesamtgut (§ 1438 II); reicht dieses nicht aus, kann der andere Ehegatte vom Verwalter einen Vorschuss nach § 1360a IV verlangen, vgl § 1360a.

2 Die Vornahme des Rechtsgeschäfts muss **notwendig** sein; Zweckmäßigkeit reicht nicht aus (KG Recht 1923, 1016). Nach BayObLG FamRZ 1965, 49 kann die Kündigung eines Mietverhältnisses ungeachtet einer möglicherweise erfolgreichen Ehestörungsklage „erforderlich" sein, um ehewidrige Beziehungen des Gatten zu unterbinden. Der Gesamtgutsverwalter muss seine Zustimmung **ohne ausreichenden Grund** verweigern; bei Verhinderung gilt § 1429.

3 Zuständig ist das **FamG** (§ 261 II FamFG, § 23a I 1 Nr 1, § 23b GVG, örtlich § 262 FamFG, funktionell Richter). Beschl wird erst mit Rechtskraft wirksam, § 40 III 1 FamFG, es sei denn, das Gericht ordnet bei Gefahr im Verzug sofortige Wirksamkeit an, § 40 III 2 FamFG. **Rechtsmittel**: Beschwerde zum OLG (§ 119 I Nr 1 lit a GVG); vgl wegen des Verfahrens § 1365 Rn 31ff; die Ersetzung macht das Rechtsgeschäft wirksam ggü dem Gesamtgut und begründet auch eine persönliche Haftung des Gesamtgutsverwalters. Auch der andere Ehegatte wird aus dem Rechtsgeschäft persönlich verpflichtet, sofern er nicht dem Dritten ggü zum Ausdruck bringt, dass er nur für Rechnung des Gesamtguts tätig werden will.

4 Die Vorschrift ist **nicht abdingbar** (Grü/*Siede* Rn 1).

§ 1431 Selbständiges Erwerbsgeschäft

(1) Hat der Ehegatte, der das Gesamtgut verwaltet, darin eingewilligt, dass der andere Ehegatte selbständig ein Erwerbsgeschäft betreibt, so ist seine Zustimmung zu solchen Rechtsgeschäften und Rechtsstreitigkeiten nicht erforderlich, die der Geschäftsbetrieb mit sich bringt. Einseitige Rechtsgeschäfte, die sich auf das Erwerbsgeschäft beziehen, sind dem Ehegatten gegenüber vorzunehmen, der das Erwerbsgeschäft betreibt.

(2) Weiß der Ehegatte, der das Gesamtgut verwaltet, dass der andere Ehegatte ein Erwerbsgeschäft betreibt, und hat er hiergegen keinen Einspruch eingelegt, so steht dies einer Einwilligung gleich.

(3) Dritten gegenüber ist ein Einspruch und der Widerruf der Einwilligung nur nach Maßgabe des § 1412 wirksam.

1 **1. Normzweck.** Die Vorschrift regelt den Fall, dass der Ehegatte, der das Gesamtgut nicht verwaltet, ein selbständiges Erwerbsgeschäft betreibt, und bestimmt, unter welchen Voraussetzungen Rechtsgeschäfte, die er hierbei vornimmt, ohne Zustimmung des Gesamtgutsverwalters dem Gesamtgut ggü wirksam sind. Ohne diese Regelung wäre der Betrieb eines selbständigen Erwerbsgeschäfts durch den Ehegatten, der das Gesamtgut nicht verwaltet, praktisch kaum möglich. Betreibt der andere ein Erwerbsgeschäft **gegen den Willen des Verwalters**, so sind die von ihm mit Dritten abgeschlossenen Rechtsgeschäfte wirksam. Diese können sich aber, falls der Einspruch des Verwalters oder der Widerruf der Einwilligung ihnen ggü wirksam ist (vgl Abs III), nicht an das Gesamtgut halten, sondern nur an das Vorbehaltsgut und Sondergut des anderen Ehegatten. Wegen der Haftung des Gesamtguts und des Verwalters ist die Zustimmung auch erforderlich, wenn das Erwerbsgeschäft zum **Vorbehaltsgut** des anderen Ehegatten zählt.

2 **2. Erwerbsgeschäft.** Ein **selbständiges Erwerbsgeschäft** liegt bei jeder gewerblichen oder selbstständigen beruflichen Tätigkeit als Gewerbetreibender, Kaufmann, Freiberufler, Landwirt usw vor. Unerheblich ist, ob der Ehegatte das Geschäft selbst oder durch einen Dritten führt. Erwerbsgeschäft ist auch eine gemeinsam mit dem verwaltenden Ehegatten oder einem Dritten geführte Personengesellschaft (GbR, OHG, KG), jedenfalls soweit der nicht verwaltende Ehegatte persönlich haftender Gesellschafter ist. **Kein Erwerbsgeschäft**, wenn der verwaltende Ehegatte allein zur Geschäftsführung und Vertretung berechtigt ist oder wenn lediglich eine kapitalmäßige Beteiligung (als Kommanditist, GmbH-Gesellschafter, Aktionär, stiller Gesellschafter) vorliegt und keine Befugnis zur Geschäftsführung besteht.

3 **3. Einwilligung.** Die **Einwilligung des Gesamtgutsverwalters** in den Geschäftsbetrieb des anderen Ehegatten kann vor, bei und nach Beginn des Betriebs formlos erteilt werden (FG Düsseldorf EFG 2018, 1979), und zwar auch **stillschw**, indem der Gesamtgutsverwalter trotz Kenntnis von einem Einspruch absieht (vgl Abs II; RGZ 84, 48; LG Ulm BWNotZ 1993, 124) oder indem die Ehegatten gemeinschaftl eine OHG begründen (RG Recht 1918, 183). Mit Wirkung ggü Dritten kann die Einwilligung auch durch Eintragung im Güterrechtsregister nicht bedingt oder befristet erklärt werden (Staudinger/*Thiele* Rn 14; aA MüKo/*Münch* Rn 6: Befristung ist möglich); **Ersetzung** durch das FamG gem § 1430 kommt regelmäßig nicht in Betracht, weil es sich nicht um eine persönliche Angelegenheit in diesem Sinne handelt, sondern die vermögensrechtl Auswirkungen im Vordergrund stehen.

4 **4. Einspruch und Widerruf der Einwilligung. Einspruch und Widerruf der Einwilligung** können ebenfalls formlos erklärt werden; sie müssen sich auf den ganzen Geschäftsbetrieb beziehen, nicht auf ein einzelnes Rechtsgeschäft. Der andere Ehegatte kann dagegen nicht das FamG anrufen; er kann aber uU bei missbräuchlichem Handeln des Gesamtgutsverwalters nach § 1447 Nr 1 auf **Aufhebung der Gütergemeinschaft** klagen. Für die Wirkung des Einspruchs und des Widerrufs Dritten ggü gilt § 1412 (vgl FG Nürnberg EFG 2018, 1931). Die **Haftung** des Gesamtguts und des Verwalters sind in der Folge ausgeschlossen.

5. Wirkung der Einwilligung. Der Ehegatte kann alle Rechtsgeschäfte vornehmen und Rechtsstreitigkeiten (Aktiv- und Passivprozesse) führen, die sein Geschäftsbetrieb mit sich bringt (Abs I S 1). Er kann über Grundstücke verfügen sowie den Betrieb von einem ausgeschiedenen Gesellschafter übernehmen. Im Rahmen des Betriebs kann er auch über Gegenstände des Gesamtguts verfügen, die nicht zu seinem Betriebsvermögen gehören. **Einseitige Rechtsgeschäfte**, die sich auf das Erwerbsgeschäft beziehen, sind ihm ggü vorzunehmen (Abs I S 2). Durch die von ihm eingegangenen Verbindlichkeiten werden auch das Gesamtgut und der Gesamtgutsverwalter persönlich verpflichtet. Dies gilt auch in Fällen der §§ 1423–1425, zB Verpfändung eines zum Gesamtgut gehörenden Grundstücks für Geschäftszwecke. Im Rahmen dessen, was der Geschäftsbetrieb mit sich bringt, liegt aber nicht eine Veräußerung des ganzen Betriebs (KGJ 32, 197) oder die Auflösung einer OHG durch Übertragung des Anteils des Ehegatten auf den anderen Teilhaber (RGZ 127, 115). Der **Erwerb aus dem Geschäftsbetrieb** fällt in das Gesamtgut, soweit nicht etwa das Geschäft aus einem der Gründe des § 1418 zum Vorbehaltsgut gehört. 5

6. Zwangsvollstreckung in das Gesamtgut. Für die **Zwangsvollstreckung in das Gesamtgut** gelten in diesem Falle die §§ 741, 774 ZPO. Hiernach genügt ein Titel gegen den Ehegatten, der das Erwerbsgeschäft betreibt, auch wenn es sich nicht um eine Schuld aus dem Geschäftsbetrieb handelt, es sei denn, dass bei Eintritt der Rechtshängigkeit der Gesamtgutsverwalter **Einspruch** gegen den Geschäftsbetrieb erhoben oder seine **Einwilligung widerrufen** hatte und dies im Güterrechtsregister eingetragen war. Der Gesamtgutsverwalter kann aber gegen eine Zwangsvollstreckung in das Gesamtgut Widerspruchsklage erheben mit der Behauptung, er habe nicht in den Geschäftsbetrieb eingewilligt, von diesem auch nichts gewusst, oder der Dritte habe erfahren, dass er Einspruch erhoben oder die Einwilligung widerrufen habe; er kann auch einwenden, es liege **keine Geschäftsschuld** vor (§§ 774, 771 ZPO). Für die Frage, ob ein Ehegatte ein Erwerbsgeschäft iSv § 741 ZPO betreibt, ist bei einer Anfechtung nach dem AnfG auf den Zeitpunkt der anzufechtenden Handlung abzustellen (LG Karlsruhe 14.3.2008 – 5 O 363/07). Gegen einen Eingriff in seinen Gewahrsam kann der Gesamtgutsverwalter keine Erinnerung nach § 766 ZPO erheben. Es bedarf daher nicht eines Duldungstitels gegen den Gesamtgutsverwalter; für einen solchen fehlt es am Rechtsschutzinteresse. Eine Ausnahme gilt für den Fall des **Getrenntlebens** der Ehegatten, weil dann die Vermutung des § 1362 und damit auch § 739 ZPO nicht eingreift. Ist die Gütergemeinschaft beendet, so ist nach § 743 ZPO zur Zwangsvollstreckung in das Gesamtgut ein Titel gegen beide Ehegatten erforderlich; § 741 ZPO ist dann nicht mehr anwendbar. 6

§ 1432 Annahme einer Erbschaft; Ablehnung von Vertragsantrag oder Schenkung

(1) Ist dem Ehegatten, der das Gesamtgut nicht verwaltet, eine Erbschaft oder ein Vermächtnis angefallen, so ist nur er berechtigt, die Erbschaft oder das Vermächtnis anzunehmen oder auszuschlagen; die Zustimmung des anderen Ehegatten ist nicht erforderlich. Das Gleiche gilt von dem Verzicht auf den Pflichtteil oder auf den Ausgleich eines Zugewinns sowie von der Ablehnung eines Vertragsantrags oder einer Schenkung.

(2) Der Ehegatte, der das Gesamtgut nicht verwaltet, kann ein Inventar über eine ihm angefallene Erbschaft ohne Zustimmung des anderen Ehegatten errichten.

1. Normzweck. In den von § 1432 erfassten Fällen ist die Zustimmung des Gesamtgutsverwalters wegen des **persönlichen Charakters** der in Betracht kommenden Rechtsgeschäfte nicht erforderlich, weil das Gesamtgut hierdurch regelmäßig nicht beeinträchtigt wird. Der Gesamtgutsverwalter kann in diesen Fällen nicht selbst handeln (anders bei Inventarerrichtung, vgl Rn 3), er kann jedoch den anderen Ehegatten regelmäßig vertreten (vgl §§ 164, 1945 III). 1

2. Annahme und Ausschlagung einer Erbschaft oder eines Vermächtnisses (Abs I S 1). Die Annahme oder Ausschlagung einer ihm zugefallenen Erbschaft oder eines ihm zugefallenen Vermächtnisses kann nur der andere Ehegatte erklären, der Verwalter muss nicht zustimmen. Bei Annahme einer Erbschaft oder eines Vermächtnisses haftet das Gesamtgut für die sich daraus ergebenden **Verbindlichkeiten** und damit auch der Gesamtgutsverwalter persönlich (§§ 1437, 1438). Dieser kann jedoch unabhängig von dem anderen Ehegatten die im Erbrecht vorgesehenen Maßnahmen zur **Beschränkung der Erbenhaftung** ergreifen (s Rn 6; vgl aber auch § 1439). Die durch den Gesamtgutsanteil verursachte Mitberechtigung des einen Ehegatten am **Nacherbenanwartschaftsrecht** des anderen begründet kein Mitwirkungsrecht des Ehegatten, der nicht Nacherbe ist, bei Verfügungen des Vorerben über Gegenstände aus dem Nachlass; solange bei den persönlichen Geschäften der §§ 1432, 1455 noch kein endgültiger Rechtserwerb zugunsten des betroffenen Ehegatten eingetreten ist, ist dem anderen Ehegatten jede Mitwirkung untersagt (LG Frankenthal FamRZ 1983, 1130). 2

3. Verzicht auf Pflichtteil und Zugewinn (Abs I S 2). Zu den Rechtsgeschäften, die ohne Zustimmung des Gesamtgutsverwalters von dem anderen Ehegatten vorgenommen werden können, gehört auch der Verzicht auf den **entstandenen Pflichtteilsanspruch** (vgl § 2317), nicht aber auf den Erb- oder Pflichtteil iSv § 2346. Zustimmungsfrei möglich ist auch der Verzicht auf Ausgleich eines Zugewinns (vgl §§ 1378, 1371 II, III; Art 12 WZGA) aus einer **früheren Ehe**. 3

4. Ablehnung eines Vertragsantrags oder einer Schenkung. Der andere Ehegatte ist selbständig nur zur Ablehnung eines Vertragsantrags (§ 146) oder einer Schenkung (§ 516 II) berechtigt. **Annahme eines Vertragsantrags oder einer Schenkung** führt nach § 1416, soweit die Schenkung nicht nach § 1418 II Nr 2 Vorbehalts- 4 gut wird, zum Erwerb für das Gesamtgut, das nur nach § 1434 haftet. Die Ansprüche nach §§ 528, 530 sind ggü dem Verwalter auszuüben. Die daraus entstehenden Verpflichtungen werden aber nur bei Zustimmung des Gesamtgutsverwalters Gesamtgutsverbindlichkeiten (§ 1438 I 1), sonst haftet der andere Ehegatte allein mit seinem Vorbehaltsgut und Sondergut; insoweit bedarf er nicht der Zustimmung des Gesamtgutsverwalters (§§ 1417, 1418).

5 **5. Inventarerrichtung (Abs II).** Der das Gesamtgut nicht verwaltende Ehegatte kann selbständig ein **Inventar** über eine ihm angefallene, zum Gesamtgut gehörende **Erbschaft** errichten. Nach § 2008 ist die Bestimmung einer Inventarfrist auf Antrag eines Nachlassgläubigers aber nur wirksam, wenn sie auch dem Gesamtgutsverwalter ggü erfolgt, damit auch dieser die Möglichkeit hat, durch rechtzeitige und ordnungsgemäße Inventarerrichtung die Gefahr der unbeschränkten Haftung für die Nachlassverbindlichkeiten abzuwenden (vgl §§ 1994, 2005). Die Errichtung eines Inventars durch einen Ehegatten kommt auch dem anderen zugute.

6 **6. Beschränkung der Nachlasshaftung.** Nach § 462 FamFG kann, wenn ein dem anderen Ehegatten zugefallener Nachlass zum Gesamtgut der Gütergemeinschaft gehört, das **Aufgebot der Nachlassgläubiger** (§ 1970) von beiden Ehegatten unabhängig voneinander beantragt werden. Dasselbe gilt gem § 318 InsO vom Antrag auf Eröffnung des **Insolvenzverfahrens** sowie entspr vom Antrag auf Anordnung der **Nachlassverwaltung** (§ 1975); der Antrag ist aber, wenn er nicht von beiden Ehegatten gestellt wird, nur zuzulassen, wenn die Überschuldung glaubhaft gemacht wird. Die **Einreden** nach §§ 1990ff, 2014ff kann ebenfalls jeder Ehegatte selbständig erheben.

§ 1433 Fortsetzung eines Rechtsstreits

Der Ehegatte, der das Gesamtgut nicht verwaltet, kann ohne Zustimmung des anderen Ehegatten einen Rechtsstreit fortsetzen, der beim Eintritt der Gütergemeinschaft anhängig war.

1 Der das Gesamtgut nicht verwaltende Ehegatte kann einen **bei Eintritt der Gütergemeinschaft** anhängigen Rechtsstreit, auch wenn er sich auf das Gesamtgut bezieht, ohne Zustimmung des Gesamtgutsverwalters fortsetzen, sowohl als Kläger wie als Beklagter, muss aber als Kläger den **Klageantrag**, wenn der Anspruch zum Gesamtgut gehört, auf Leistung an den Gesamtgutsverwalter **ändern** (§ 265 ZPO). Dieser kann als Nebenintervenient auftreten und wird dann Streitgenosse des anderen Ehegatten (§ 69 ZPO; Grü/*Siede* Rn 1). Eine bei Eintritt der Gütergemeinschaft **bestehende Verbindlichkeit** ist immer Gesamtgutsverbindlichkeit (vgl §§ 1437ff). Das Urteil wirkt für und gegen das Gesamtgut. **Verfügungen** über das Gesamtgut treffende Ansprüche (zB Anerkenntnis, Verzicht, Vergleich, Aufrechnung) kann der andere Ehegatte aber nur mit Zustimmung treffen. Wegen der Erteilung einer für oder gegen das Gesamtgut vollstreckbaren Ausfertigung vgl § 742 ZPO.

2 **Entspr anwendbar** ist die Vorschrift bei Fortführung eines nach §§ 1429, 1431 eingeleiteten Rechtsstreits, nachdem die Befugnis des anderen Ehegatten entfallen ist. Betrifft der Rechtsstreit das **Vorbehaltsgut** oder **Sondergut** eines Ehegatten, so kann er schon nach §§ 1417, 1418 den Rechtsstreit nach Eintritt der Gütergemeinschaft selbständig fortsetzen.

§ 1434 Ungerechtfertigte Bereicherung des Gesamtguts

Wird durch ein Rechtsgeschäft, das ein Ehegatte ohne die erforderliche Zustimmung des anderen Ehegatten vornimmt, das Gesamtgut bereichert, so ist die Bereicherung nach den Vorschriften über die ungerechtfertigte Bereicherung aus dem Gesamtgut herauszugeben.

1 **1. Normzweck.** Die Vorschrift bezweckt den Ausgleich von **ungerechtfertigten Vermögensverschiebungen**, die dadurch entstehen können, dass das Gesamtgut durch Leistung eines Dritten bereichert ist, der Dritte die Gegenleistung aber nicht aus dem Gesamtgut verlangen kann, weil das Geschäft mangels der erforderlichen Zustimmung eines Ehegatten dem Gesamtgut ggü unwirksam ist. Der **Gesamtgutsverwalter** kann in den Fällen der §§ 1423–1425 nur mit Zustimmung des anderen Ehegatten handeln (vgl aber auch § 1426). Der **andere Ehegatte** kann mit Wirkung für und gegen das Gesamtgut nur ausnahmsw in den Fällen der §§ 1428–1433 ohne Zustimmung des Gesamtgutsverwalters handeln.

2 **2. Rechtsfolgen.** Der Dritte kann iHd Bereicherung als Gesamtgutsverbindlichkeit das Gesamtgut und den Gesamtgutsverwalter persönlich (§ 1437 II), ggf durch **Aufrechnung**, in Anspruch nehmen, aber nicht seinen Bereicherungsanspruch durch Ausübung des **Zurückbehaltungsrechts** geltend machen (vgl dazu die Bemerkungen zu § 1428). Der andere Ehegatte haftet grds nicht persönlich. Wird eine dem Gesamtgut geschuldete Leistung ohne Zustimmung des Verwalters an den anderen Ehegatten bewirkt, so wird die Forderung des Gesamtguts dadurch nicht getilgt. Durch eine solche Leistung erwächst dem Leistenden ein Bereicherungsanspruch gegen das Gesamtgut, für den der andere Ehegatte nicht persönlich haftet und nicht passiv legitimiert ist (BGH NJW 1957, 1635). Der Bereicherungsanspruch gegen das Gesamtgut, für den auch die §§ 818, 819 gelten, wird nicht dadurch ausgeschlossen, dass der Dritte einen **persönlichen Anspruch** gegen den Ehegatten und dessen Vorbehaltsgut hat, mit dem er den Vertrag geschlossen hat (vgl § 1432 Rn 4).

3 **3. Weitere Ansprüche.** In den Fällen der §§ 1423–1425 hat der Dritte gegen den Gesamtgutsverwalter und das Gesamtgut weitergehende Ansprüche nur, wenn der Gesamtgutsverwalter sich einer **unerlaubten Handlung** ihm ggü schuldig gemacht hat (vgl § 1422 Rn 2). Wird das Gesamtgut auf andere Weise als durch ein Rechtsgeschäft, das ein Ehegatte ohne die erforderliche Zustimmung des anderen vorgenommen hat, bereichert, zB

durch Verbindung, Vermischung oder Verarbeitung, so gelten die für diese Fälle in Betracht kommenden allg gesetzl Vorschriften.

4. Interner Ausgleich. Während § 1434 eine **Bereicherung des Gesamtguts** auf Kosten Dritter betrifft, wird die Ausgleichung zw dem Gesamtgut und dem Vorbehaltsgut oder Sondergut des Gesamtgutsverwalters durch § 1445 geregelt. 4

§ 1435 Pflichten des Verwalters

Der Ehegatte hat das Gesamtgut ordnungsmäßig zu verwalten. Er hat den anderen Ehegatten über die Verwaltung zu unterrichten und ihm auf Verlangen über den Stand der Verwaltung Auskunft zu erteilen. Mindert sich das Gesamtgut, so muss er zu dem Gesamtgut Ersatz leisten, wenn er den Verlust verschuldet oder durch ein Rechtsgeschäft herbeigeführt hat, das er ohne die erforderliche Zustimmung des anderen Ehegatten vorgenommen hat.

1. Pflicht zur ordnungsmäßigen Verwaltung (S 1). Der Gesamtgutsverwalter hat wie ein **Treuhänder im Interesse beider Ehegatten** und der Familie das Gesamtgut ordnungsmäßig zu verwalten. Er hat die gesetzl Schranken seiner Befugnisse zu achten und auf Mitwirkungsrechte des anderen Ehegatten Rücksicht zu nehmen. Er hat den Erhalt und die Mehrung des Gesamtguts zu besorgen, insb dieses vor Gefahren zu sichern. Nicht ordnungsmäßig handelt der Verwalter, wenn er seine Unterhaltspflichten ggü dem anderen Ehegatten verletzt oder eine Vollstreckungsunterwerfung in das Gesamtgut erklärt (BGHZ 48, 369). Missbräuchliche Verwaltung rechtfertigt Aufhebungsklage, § 1447 Nr 1. 1

2. Pflicht zur Unterrichtung über die Verwaltung (S 2). Der Gesamtgutsverwalter hat den anderen Ehegatten über die Verwaltung des Gesamtguts zu unterrichten, um diesem eine Kontrollmöglichkeit zu geben. Eine entspr Verpflichtung folgt schon aus § 1353 I; zutr BFH DStRE 2021, 491; Stuttgart FamRZ 1979, 809f. Damit in dieser Beziehung kein Zweifel aufkommen kann, ist die Verpflichtung im Gesetz ausdrückl ausgesprochen. Der Gesamtgutsverwalter kann aber von dem anderen Ehegatten zur Unterrichtung über die Verwaltung des Gesamtguts nur mit **Antrag auf Herstellung des ehelichen Lebens** angehalten werden; ein entspr Beschl ist nicht vollstreckbar (§ 120 III FamFG; aA *Gernhuber/Coester-Waltjen* § 38 VI Rn 58–60, die den Unterrichtungsantrag wie den Auskunftsantrag als Leistungsantrage mit Vollstreckung nach § 120 I FamFG iVm §§ 888, 889 ZPO ansieht, dabei aber dem Dauercharakter der Unterrichtung und den Absichten des Gesetzgebers nicht entspricht; MüKo/*Münch* Rn 6). 2

3. Auskunftspflicht (S 2). Anders als beim gesetzl Güterstand, in dem nach § 1379 ein Auskunftsanspruch erst nach Beendigung des Güterstandes besteht, wird dem Ehegatten bei der Gütergemeinschaft neben dem Anspruch auf Unterrichtung auch während des Güterstandes ein Anspruch auf Auskunftserteilung über den Stand der Verwaltung des den Ehegatten gemeinschaftl gehörenden Gesamtguts eingeräumt; zur **Abgrenzung der Unterrichtungs- von der Auskunftspflicht** vgl Stuttgart FamRZ 1979, 809. Es ist nicht näher bestimmt, unter welchen Voraussetzungen, wann und wie oft dieses Verlangen auf Auskunftserteilung geltend gemacht werden kann. Der Gesetzgeber vertraut darauf, dass es nur „im Notfall" geltend gemacht werde. Der von der Verwaltung des Gesamtguts ausgeschlossene Ehegatte kann grds von dem Gesamtgutsverwalter jederzeit und, ohne dass es des Nachweises besonderer Voraussetzungen bedarf, Auskunft verlangen, erforderlichenfalls mit Antrag nach § 261 I FamFG. Missbräuchliche Anträge auf Auskunftserteilung müssen aber verhindert werden. Das Rechtsschutzbedürfnis muss in diesen Fällen besonders sorgfältig geprüft werden. Für den Auskunftsanspruch gelten die §§ 260, 261: Der Gesamtgutsverwalter hat ein Verzeichnis des Bestandes des Gesamtguts vorzulegen und ist ggf zur Abgabe einer **eidesstattlichen Versicherung** verpflichtet (aA MüKo/*Münch* Rn 7ff). Die Vollstreckung eines entspr Beschl richtet sich nach § 120 I FamFG iVm §§ 888, 889 ZPO. § 1435 begründet aber keine Verpflichtung des Gesamtgutsverwalters zur jederzeitigen Rechenschaftslegung iSd § 259; eine solche besteht erst nach Beendigung der Gütergemeinschaft (vgl wegen des Unterschieds zw Auskunftserteilung und Rechenschaftslegung die Erl zu den §§ 259–261). 3

4. Ersatzpflicht bei schuldhafter Verminderung des Gesamtguts (S 3). Der Verpflichtung des Gesamtgutsverwalters zur ordnungsmäßigen Verwaltung entspricht seine Ersatzpflicht bei schuldhafter Verminderung des Gesamtguts. Gem § 1359 hat der Gesamtgutsverwalter aber nur für die in eigenen Angelegenheiten **übliche Sorgfalt** einzustehen (Stuttgart FamRZ 2009, 974). Wann im Einzelfall ein durch den Gesamtgutsverwalter verschuldeter Verlust vorliegt, ist Tatfrage. Dem Gesamtgutsverwalter kann nicht jeder geschäftliche Fehlschlag zur Last gelegt werden. Besonders im Rahmen eines Erwerbsgeschäftes müssen häufig auch riskante Geschäfte getätigt werden. Die Frage, ob der Gesamtgutsverwalter die erforderliche Sorgfalt außer Acht gelassen hat, ist nach dem Zeitpunkt seines Tätigwerdens zu beurteilen. Eine Verminderung des Gesamtguts, die zum Ersatz verpflichtet, kann aber auch dann vorliegen, wenn der Verlust durch andere, vorteilhafte Maßnahmen ausgeglichen worden ist. Auch ein Unterlassen kann den Gesamtgutsverwalter ersatzpflichtig machen. Dass ein **Ersatzanspruch gegen einen Dritten** besteht, schließt die Ersatzpflicht des Gesamtgutsverwalters nicht aus, bevor er realisiert und dadurch der Schaden für das Gesamtgut ausgeglichen ist; der Verwalter haftet bis dahin als unechter Gesamtschuldner neben dem Dritten. Weitergehend RGRK/*Finke* Rn 7 (Gesamtgut nicht vermindert); Soergel/*Gaul* Rn 11 und *Gernhuber/Coester-Waltjen* § 38 VI Rn 58–60 (kein Schaden bei Realisierbarkeit). Ohne dass es der Feststellung eines sonstigen schuldhaften Verhaltens bedarf, ist der Gesamtgutsverwalter auch dann ersatzpflichtig, wenn er die Verminderung des Gesamtguts durch ein Rechtsgeschäft herbeiführt, das er ohne die er- 4 forderliche Zustimmung des anderen Ehegatten, auch ohne dass diese durch das FamG ersetzt worden ist, vorgenommen hat, also durch Geschäfte der in den §§ 1423–1425 bezeichneten Art; analoge Anwendung bei Verletzung von Mitwirkungspflichten aus § 1451 (vgl BGH FamRZ 1986, 42; 1990, 851) und § 1472 III (Frankfurt FamFR 2013, 475). Der Ersatzanspruch des anderen Ehegatten ist eine **Verbindlichkeit** des Gesamtgutsverwalters ihm ggü **bei der Auseinandersetzung**. Bis dahin handelt es sich um eine zum Gesamtgut zu erfüllende Forderung (Frankfurt FamFR 2013, 475). Der Anspruch kann von den Gläubigern gepfändet werden, wird aber gem § 1446 I erst nach Beendigung der Gütergemeinschaft fällig, was seine vorherige Sicherung durch Arrest oder einstw Verfügung nicht ausschließt (Königsberg OLG 2, 70).

5 **5. Ersatzpflicht in anderen Fällen.** Soweit einem Ehegatten Vorbehaltsgut oder Sondergut des anderen zur Verwaltung überlassen ist, bestimmt sich die Haftung nach **Auftragsgrundsätzen** iVm § 1359 (vgl § 1413 Rn 3). Auch der von der Verwaltung des Gesamtguts ausgeschlossene Ehegatte kann sich haftbar machen, wenn er bei Ausübung von Verwaltungsbefugnissen in den Fällen der §§ 1428–1433 oder bei unbefugtem Tätigwerden schuldhaft iSd § 1359 einen Schaden herbeiführt. Ein Ehegatte kann sich auch bei Ausübung der **Schlüsselgewalt** (§ 1357) ersatzpflichtig machen. Wegen der Fälligkeit solcher Verbindlichkeiten vgl § 1446 II.

6 **6. Haftungsbeschränkung.** Eine Beschränkung der Haftung des Gesamtgutsverwalters auf **grobe Fahrlässigkeit** dürfte als zulässig anzusehen sein, dagegen nicht eine noch weitergehende Haftungsbeschränkung, auch nicht Ausschluss der Auskunftspflicht (weitergehend Grü/*Siede* Rn 1).

§ 1436 Verwaltung durch einen Betreuer

Fällt die Verwaltung des Gesamtguts in den Aufgabenkreis des Betreuers eines Ehegatten, so hat der Betreuer diesen in den Rechten und Pflichten zu vertreten, die sich aus der Verwaltung des Gesamtguts ergeben. Dies gilt auch dann, wenn der andere Ehegatte zum Betreuer bestellt ist.

1 **1. Verwaltung durch Betreuer (S 1).** Die Verwaltungsrechte des Gesamtgutsverwalters werden durch den Betreuer, soweit sie in dessen Aufgabenkreis fallen, nicht aber durch den anderen Ehegatten wahrgenommen (vgl aber für den Fall der gemeinschaftl Verwaltung des Gesamtguts § 1457). Ist der **andere Ehegatte** zum Betreuer bestimmt (**S 2**), so verwaltet er das Gesamtgut im Namen des Gesamtgutsverwalters; seine Haftung bestimmt sich aber in diesem Falle nicht nach § 1359, sondern nach § 1826 (= § 1833 aF). Der andere Ehegatte ist, solange der Gesamtgutsverwalter insoweit nicht unter Betreuung gestellt ist, nur im Rahmen des § 1429 handlungsberechtigt; unter den Voraussetzungen des § 1447 kann er aber auf **Aufhebung der Gütergemeinschaft** klagen, vgl insb § 1447 Nr 1 und 4. Ist der andere Ehegatte Betreuer, so kann er sich eine erforderliche Zustimmung selbst erteilen, muss aber ausdrückl eine dahingehende Erklärung abgeben (KGJ 22, 143). § 181 ist hier nicht anwendbar. Für die in den §§ 1848ff (= §§ 1819ff aF) genannten Geschäfte bedarf er der **Genehmigung des BetrG** und unterliegt den Beschränkungen der §§ 1423ff und § 1837(NK/*Völker* Rn 3).

2 **2. Vereinbarungen.** Es ist als zulässig anzusehen, dass durch Ehevertrag vereinbart wird, für den Fall, dass der Gesamtgutsverwalter **betreut** wird, solle der andere Ehegatte das Gesamtgut verwalten. Durch wechselseitige **Vorsorgevollmachten** (§ 1814 III 2 Nr 1 = § 1896 II 2 aF) kann die Verwaltung durch einen Betreuer vermieden werden, auch der andere Ehegatte kann mittels Generalvollmacht die Befugnisse des Verwalters ausüben.

3 **3. Betreuung eines Ehegatten bei gemeinsamer Verwaltung.** Die Vorschrift gilt entspr für den Fall der Betreuung des anderen Ehegatten bei gemeinschaftl Verwaltung des Gesamtguts. Dem anderen Ehegatten wird insoweit eine Zusammenarbeit mit dem Betreuer des anderen Ehegatten zugemutet. Zumindest für den Fall, dass ein **Einwilligungsvorbehalt** nach § 1825 (= § 1903 aF) angeordnet ist, ist diese Regelung problematisch. Dem Ehegatten bleibt in diesem Fall nur die Möglichkeit, die **Aufhebung** der Gemeinschaft nach § 1469 Nr 5 zu betreiben.

4 **4. Minderjährigkeit eines Ehegatten.** Da eine **Eheschließung von Minderjährigen** nicht mehr möglich ist, wurden entspr Sonderregelungen aufgehoben, insb auch die Regelungen eines unter Vormundschaft stehenden Ehegatten (BT-Drs 19/4670, 28). Für Altfälle gelten §§ 1436, 1458 aF, an die Stelle des Betreuers tritt der Vormund, etwaige Genehmigungen erteilt das FamG. Während also bei der Einzelverwaltung anstelle des Gesamtgutsverwalters sein Vormund oder Pfleger tritt, übernimmt bei gemeinschaftl Verwaltung, wenn ein Ehegatte unter **elterlicher Sorge** oder **Vormundschaft** steht, der andere die Verwaltung des Gesamtguts, an der er bisher schon beteiligt war, allein. Der verwaltende Ehegatte muss in den Fällen der §§ 1423–1425 die Zustimmung des Vormunds einholen, sofern er nicht selbst zum Vormund bestellt ist. In diesem Fall kann er sich die Zustimmung selbst erteilen, § 181 gilt nicht (NK/*Völker* Rn 4; aA *Gernhuber/Coester-Waltjen* § 38 VI Rn 53). Der Vormund nimmt die Rechte seines Mündels in den Fällen der §§ 1428–1433, 1435 wahr; er kann auch, wenn die Voraussetzungen des § 1447 vorliegen, auf Aufhebung der Gütergemeinschaft klagen. Anders als im Fall des § 1436 aF verwaltet bei gemeinschaftl Verwaltung der eine Ehegatte das Gesamtgut auch dann allein, solange der andere noch unter elterlicher Sorge steht. Es ist als zulässig anzusehen, dass durch **Vereinbarung im Ehevertrag** bestimmt wird, für die Dauer der Minderjährigkeit solle nicht der andere das Gesamtgut allein verwalten, sondern der gesetzl Vertreter des Minderjährigen bzw Mündels, dessen Rechte und Pflichten in der gemeinschaftl Verwaltung wahrnehmen. Haben **beide Ehegatten** gesetzl Vertreter, erfolgt gemeinschaftl Verwaltung durch diese. Die Haftung bestimmt sich im Fall von § 1458 aF nach § 1437 I und II.

§ 1437 Gesamtgutsverbindlichkeiten; persönliche Haftung

(1) Aus dem Gesamtgut können die Gläubiger des Ehegatten, der das Gesamtgut verwaltet, und, soweit sich aus den §§ 1438 bis 1440 nichts anderes ergibt, auch die Gläubiger des anderen Ehegatten Befriedigung verlangen (Gesamtgutsverbindlichkeiten).

(2) Der Ehegatte, der das Gesamtgut verwaltet, haftet für die Verbindlichkeiten des anderen Ehegatten, die Gesamtgutsverbindlichkeiten sind, auch persönlich als Gesamtschuldner. Die Haftung erlischt mit der Beendigung der Gütergemeinschaft, wenn die Verbindlichkeiten im Verhältnis der Ehegatten zueinander dem anderen Ehegatten zur Last fallen.

1. Grundsatz der Haftung des Gesamtguts (Abs I). Grds können die Gläubiger beider Ehegatten aus dem Gesamtgut, das regelmäßig die Hauptmasse des Vermögens der Ehegatten darstellt, Befriedigung verlangen. **Verbindlichkeiten des Gesamtgutsverwalters** sind stets auch solche des Gesamtguts, mögen sie vor oder nach Beginn, nicht jedoch nach Beendigung (BGH FamRZ 1986, 41; BayObLG FamRZ 1989, 1119) des Güterstandes begründet worden sein, mögen sie auf Rechtsgeschäft, Gesetz (zB Steuerschulden, FG Nürnberg EFG 2018, 1931) oder unerlaubter Handlung beruhen, sich auf das Gesamtgut oder auf das Vorbehaltsgut oder Sondergut des Gesamtgutsverwalters beziehen. Für die **Verbindlichkeiten des anderen Ehegatten** haftet das Gesamtgut, soweit nicht die §§ 1438–1440 Ausnahmen bestimmen. Die Verbindlichkeiten aus Rechtsgeschäften im Rahmen des § 1357 entstehen grds in der Person beider Ehegatten, vgl § 1357 Rn 19. Die Ausnahme vom Grundsatz der Haftung des Gesamtguts hat zu beweisen, wer sich darauf beruft; jedoch trifft im Rahmen des § 1438, wenn die Entstehung der Schuld aus Rechtsgeschäft unstr ist, die **Beweislast** den Gläubiger. Wird ein Ehegatte aufgrund der Vorschriften über die Gütergemeinschaft in Anspruch genommen, liegt eine Güterrechtssache und damit eine **Familienstreitsache** iSd § 23a I 1 Nr 1, § 23b GVG, § 261 I FamFG vor (vgl BGH FamRZ 1980, 551; Sternal/*Giers* § 261 FamFG Rn 7). 1

2. Haftung des Verwalters. Der **Gesamtgutsverwalter haftet persönlich (Abs II S 1)**, dh mit seinem Vorbehalts- und Sondergut für alle in seiner Person entstandenen Verbindlichkeiten. Für in Person des anderen Ehegatten entstandene Verbindlichkeiten haftet er persönlich als Gesamtschuldner, soweit es sich dabei um **Gesamtgutsverbindlichkeiten** handelt. Dies rechtfertigt sich daraus, dass der Gesamtgutsverwalter ein fast unbeschränktes Verwaltungs- und Verfügungsrecht hat und ohne die persönliche Haftung aus dem Gesamtgut seine Schulden bezahlen, die des anderen Ehegatten, soweit das Gesamtgut für sie haftet, unbezahlt lassen könnte. Soweit im **Innenverhältnis** die Verbindlichkeit nicht dem Gesamtgut, sondern dem anderen Ehegatten zur Last fällt (vgl §§ 1441–1444), erlischt die persönliche Haftung des Gesamtgutsverwalters, nicht die Haftung des Gesamtguts, mit der **Beendigung der Gütergemeinschaft (Abs II S 2)**, nicht erst mit der Auseinandersetzung. Dies gilt auch dann, wenn die Beendigung des Güterstandes herbeigeführt worden ist, um den Gesamtgutsverwalter von seiner Haftung zu befreien (Hamburg OLG 30, 49). Liegt ein Titel gegen den Gesamtgutsverwalter vor, so muss er das Erlöschen seiner Haftung gem § 767 ZPO geltend machen. 2

3. Haftung des anderen Ehegatten. Eine **persönliche Haftung des anderen Ehegatten** mit seinem Vorbehalts- und Sondergut für Gesamtgutsverbindlichkeiten, soweit er eine solche nicht durch Vertrag (ggf vertreten durch den Verwalter) übernommen hat, tritt nur im Falle des § 1480 ein (RGZ 89, 364; vgl hierzu auch § 1481). Für die in seiner Person entstandenen Verbindlichkeiten haften stets Vorbehalts- und Sondergut (vgl § 1432 Rn 4). 3

4. Zwangsvollstreckung in das Gesamtgut. Hierzu ist nach § 740 I ZPO ein **Titel gegen den Gesamtgutsverwalter** erforderlich und genügend. Das gilt auch, soweit der andere Ehegatte nach § 1428 geklagt hat oder in Fällen des § 1429 einen Rechtsstreit in eigenem Namen geführt hat; in diesen Fällen muss also erforderlichenfalls für eine Zwangsvollstreckung in das Gesamtgut ein zusätzl Titel gegen den Gesamtgutsverwalter erwirkt werden, auch wegen der Kosten, für die das Gesamtgut nach § 1438 II immer haftet (hM; LAG Nürnberg AR-Blattei ES 1890 Nr 64; Soergel/*Gaul* Rn 7; MüKo/*Münch* Rn 13). Hat aber der andere Ehegatte gem § 1429 einen Rechtsstreit im Namen des Gesamtgutsverwalters geführt, so kann aus dem Urteil ohne weiteres in das Gesamtgut vollstreckt werden. Wegen der Rechtskraftwirkung vgl § 1422 Rn 4. Wenn der andere Ehegatte ein selbständiges Erwerbsgeschäft betreibt, gelten § 1431 und die §§ 741, 774 ZPO (vgl § 1431 Rn 6). Im Falle des § 1433 gilt für die Vollstreckung § 742 ZPO. Bloßer Gewahrsam des Ehegatten, gegen den der Gläubiger keinen Titel hat, steht der Vollstreckung in das Gesamtgut nicht entgegen (§ 739 ZPO, § 1362 Rn 12); eines Duldungstitels gegen diesen bedarf es nur nach Beendigung der Gütergemeinschaft (§ 743 ZPO). 4

5. Insolvenz. Bei **Insolvenz des Gesamtgutsverwalters** gehört das Gesamtgut zu dessen Insolvenzmasse; die Gütergemeinschaft wird hierdurch nicht beendet, eine Auseinandersetzung wegen des Gesamtguts findet zw den Ehegatten nicht statt, es besteht aber ein Aufhebungsanspruch nach § 1447 Nr 3. Der Insolvenzverwalter unterliegt nicht den Beschränkungen der §§ 1423–1425. Bei **Insolvenz des anderen Ehegatten** fällt das Gesamtgut nicht in die Insolvenzmasse, auch nicht anteilig (§ 37 I 3 InsO). Verwalter kann dieses aussondern (§ 47 InsO), auch wenn Insolvenz aufgrund eines genehmigten Erwerbsgeschäfts eintritt (BGH FamRZ 2006, 1030). 5

6. Abdingbarkeit. Durch **Vereinbarung** mit den Gläubigern kann die Haftung der Ehegatten eingeschränkt werden. Durch Vertrag zw den Ehegatten kann ihre Haftung ggü den Gläubigern nicht abgeändert werden. 6

§ 1438 Haftung des Gesamtguts

(1) Das Gesamtgut haftet für eine Verbindlichkeit aus einem Rechtsgeschäft, das während der Gütergemeinschaft vorgenommen wird, nur dann, wenn der Ehegatte, der das Gesamtgut verwaltet, das Rechtsgeschäft vornimmt oder wenn er ihm zustimmt oder wenn das Rechtsgeschäft ohne seine Zustimmung für das Gesamtgut wirksam ist.

(2) Für die Kosten eines Rechtsstreits haftet das Gesamtgut auch dann, wenn das Urteil dem Gesamtgut gegenüber nicht wirksam ist.

1 **Verbindlichkeiten des anderen Ehegatten, die keine Gesamtgutsverbindlichkeiten sind (Abs I).** Die Ausnahme bezieht sich auf während der Gütergemeinschaft durch Rechtsgeschäft begründete Verbindlichkeiten. Das Gesamtgut haftet also unbeschränkt für Verbindlichkeiten des anderen Ehegatten, die dieser **vor Eintritt der Gütergemeinschaft** durch Rechtsgeschäft begründet hat, ferner für alle während des Güterstandes anders als durch Rechtsgeschäft entstandenen Verbindlichkeiten des anderen Ehegatten, insb für solche, die auf **unerlaubter Handlung** (für die Haftung im Innenverhältnis gilt § 1441 Nr 1) oder sonst **auf dem Gesetz** beruhen, zB gesetzl Unterhaltspflicht (vgl § 1604), Steuerschulden, soweit hier nicht die weiteren Ausnahmen der §§ 1439, 1440 eingreifen. Für Verbindlichkeiten aus während des Güterstands getätigten **Rechtsgeschäften** haftet dagegen das Gesamtgut nur, wenn die Geschäfte entweder von dem Gesamtgutsverwalter oder von dem anderen Ehegatten mit vorheriger oder nachträgl, aber formlos wirksamer Zustimmung des Gesamtgutsverwalters vorgenommen worden sind oder wenn die Rechtsgeschäfte ohne Zustimmung des Gesamtgutsverwalters für das Gesamtgut wirksam sind; letzteres kommt in Betracht in den Fällen der §§ 1429–1433, ferner bei Rechtsgeschäften im Rahmen der Schlüsselgewalt (§ 1357). Der Gesamtgutsverwalter kann durch **Vereinbarung mit dem Gläubiger** die Haftung des Gesamtguts und seine persönliche Haftung ausschließen, aber nicht einseitig oder durch Vereinbarung mit dem anderen Ehegatten die Haftung beschränken. Soweit das Gesamtgut und der Gesamtgutsverwalter nicht haften, können die Gläubiger des anderen Ehegatten Befriedigung nur aus dessen Vorbehaltsgut und Sondergut suchen. Vgl aber für den Fall einer Bereicherung des Gesamtguts § 1434. **Beweislast** trägt derjenige, der sich auf das Vorliegen einer Gesamtgutsverbindlichkeit beruft.

2 **Für die Kosten eines Rechtsstreits (Abs II)**, den der andere Ehegatte führt, haftet das Gesamtgut in jedem Falle, auch wenn das Urt/der Beschl iÜ dem Gesamtgut ggü nicht wirksam ist, gleichviel ob es sich um Aktiv- oder Passivprozesse handelt, auch wenn der Rechtsstreit nur das Vorbehaltsgut oder Sondergut oder eine persönliche Angelegenheit des anderen Ehegatten betrifft, auch bei Rechtsstreitigkeiten zw den Ehegatten (München OLG 21, 231). Rechtsstreit sind alle zivil- oder öffentlich-rechtl Gerichtsverfahren. Vgl für die Vollstreckung wegen der Kosten eines von dem anderen Ehegatten geführten Rechtsstreits § 1437 Rn 4 und für das Verhältnis der Ehegatten untereinander die §§ 1441–1443 (§ 1441 Rn 4). Kosten des Rechtsstreits sind hier nur die dem Gericht und dem Gegner geschuldeten Beträge, nicht die des eigenen Anwalts oder des Gerichtsvollziehers (Hamburg OLG 24, 36; Kiel OLG 43, 357 und hM; aA KG OLG 21, 224); für die zuletzt genannten Kosten gilt Abs I (vgl § 1430 Rn 1).

3 Die **Kostenvorschusspflicht** eines Ehegatten ggü dem anderen ist für alle Güterstände einheitlich in § 1360a IV geregelt (vgl § 1360a Rn 16ff und § 1430 Rn 1). Die Vorschusspflicht entfällt mit Auflösung der Ehe, auch wenn die Auseinandersetzung des Gesamtguts noch nicht erfolgt ist.

§ 1439 Keine Haftung bei Erwerb einer Erbschaft

Das Gesamtgut haftet nicht für Verbindlichkeiten, die durch den Erwerb einer Erbschaft entstehen, wenn der Ehegatte, der Erbe ist, das Gesamtgut nicht verwaltet und die Erbschaft während der Gütergemeinschaft als Vorbehaltsgut oder als Sondergut erwirbt; das Gleiche gilt beim Erwerb eines Vermächtnisses.

1 Das **Gesamtgut haftet nicht** für Verbindlichkeiten des anderen Ehegatten aus einer **Erbschaft oder einem Vermächtnis**, die dem anderen Ehegatten während der Gütergemeinschaft als Vorbehaltsgut oder Sondergut zufallen (vgl § 1418 II Nr 2).

2 Das **Gesamtgut haftet** aber für den Erwerb vor Eintritt der Gütergemeinschaft. Das Gesamtgut haftet auch dann, wenn die Erbschaft oder das Vermächtnis während der Gütergemeinschaft anfallen, aber Bestandteil des Gesamtguts werden (§ 1432). § 1439 greift ferner nicht ein, wenn die Erbschaft oder das Vermächtnis zunächst Gesamtgut wird und erst später durch Ehevertrag zum Vorbehaltsgut erklärt wird, auch nicht bei Verbindlichkeiten, die sich aus unentgeltlichen Zuwendungen eines Dritten unter Lebenden ergeben; insoweit gilt § 1438. Verbindlichkeiten aus einer **Schenkung** an den anderen Ehegatten werden Gesamtgutsverbindlichkeiten nur, wenn der Gesamtgutsverwalter der Schenkung zugestimmt hat (vgl § 1432 Rn 4). Für Verbindlichkeiten aus einem **Erbschaftserwerb des Gesamtgutsverwalters** haftet das Gesamtgut nach § 1437 immer, auch wenn dieser Erwerb in dessen Vorbehaltsgut fällt.

§ 1440 Haftung für Vorbehalts- oder Sondergut

Das Gesamtgut haftet nicht für eine Verbindlichkeit, die während der Gütergemeinschaft infolge eines zum Vorbehaltsgut oder Sondergut gehörenden Rechts oder des Besitzes einer dazu gehörenden Sache in der Person des Ehegatten entsteht, der das Gesamtgut nicht verwaltet. Das Gesamtgut haftet jedoch, wenn das

Recht oder die Sache zu einem Erwerbsgeschäft gehört, das der Ehegatte mit Einwilligung des anderen Ehegatten selbständig betreibt, oder wenn die Verbindlichkeit zu den Lasten des Sonderguts gehört, die aus den Einkünften beglichen zu werden pflegen.

Verbindlichkeiten, die das Vorbehaltsgut betreffen. Das Gesamtgut haftet nicht für Verbindlichkeiten des anderen Ehegatten, die mit seinem Vorbehaltsgut zusammenhängen. Es gehören dahin zB Reallasten, die auf einem zum Vorbehaltsgut gehörenden Grundstück ruhen, Steuern oder Abgaben, die für das Vorbehaltsgut zu leisten sind, eine Haftung aus Bereicherung des Vorbehaltsguts sowie aus Schadenszufügung durch zum Vorbehaltsgut gehörende Gegenstände (§§ 833–838), hM (vgl Staudinger/*Thiele* Rn 5). Dagegen haftet das Gesamtgut für **Unterhaltsverbindlichkeiten** des anderen Ehegatten, auch soweit diese durch den Besitz von Vorbehaltsgut begründet oder erweitert werden. Das Gesamtgut haftet auch nach S 2 allg, wenn das Recht oder die Sache, durch die die Verbindlichkeit ausgelöst wird, zu einem **Erwerbsgeschäft** gehört, das der andere Ehegatte mit Zustimmung des Gesamtgutsverwalters selbständig betreibt; diese Regelung steht im Zusammenhang mit derjenigen des § 1431 und dient dem Schutz der Geschäftsgläubiger. 1

Verbindlichkeiten, die das Sondergut betreffen. Da das Sondergut für Rechnung des Gesamtguts verwaltet wird (§ 1417 III 2), muss das Gesamtgut auch die Lasten des Sonderguts tragen, die bei ordnungsmäßiger Verwaltung aus den laufenden Einkünften beglichen zu werden pflegen, nicht dagegen die außerordentlichen Lasten, die als auf den Stamm des Sonderguts gelegt anzusehen sind. 2

Für die Haftung im **Innenverhältnis** gelten § 1441 Nr 2, § 1442. 3

§ 1441 Haftung im Innenverhältnis

Im Verhältnis der Ehegatten zueinander fallen folgende Gesamtgutsverbindlichkeiten dem Ehegatten zur Last, in dessen Person sie entstehen:
1. **die Verbindlichkeiten aus einer unerlaubten Handlung, die er nach Eintritt der Gütergemeinschaft begeht, oder aus einem Strafverfahren, das wegen einer solchen Handlung gegen ihn gerichtet wird;**
2. **die Verbindlichkeiten aus einem sich auf sein Vorbehaltsgut oder sein Sondergut beziehenden Rechtsverhältnis, auch wenn sie vor Eintritt der Gütergemeinschaft oder vor der Zeit entstanden sind, zu der das Gut Vorbehaltsgut oder Sondergut geworden ist;**
3. **die Kosten eines Rechtsstreits über eine der in den Nummern 1 und 2 bezeichneten Verbindlichkeiten.**

1. Grundgedanke. Gesamtgutsverbindlichkeiten fallen grds dem Gesamtgut in der Weise zur Last, dass sie von den Ehegatten im Endergebnis entspr ihrer Beteiligung am Gesamtgut, also **je zur Hälfte**, zu tragen sind. § 1441 bestimmt einige Ausnahmen von dieser Regel. Für die Berichtigung der in ihm genannten Verbindlichkeiten hat der Ehegatte, in dessen Person sie entstanden sind, zum Gesamtgut Ersatz zu leisten (wegen der Fälligkeit vgl § 1446). Besteht die Verbindlichkeit bei der Auseinandersetzung noch, so kann der Ehegatte Berichtigung aus dem Gesamtgut nicht verlangen (§ 1475 II). Die **persönliche Haftung** des Gesamtgutsverwalters erlischt mit Beendigung der Gütergemeinschaft, wenn die Verbindlichkeit im Innenverhältnis dem anderen Ehegatten zur Last fällt (§ 1437 II 2). Der Ehegatte, dem im Innenverhältnis die Verbindlichkeit zur Last fällt, hat dem andern dafür einzustehen, dass dieser von dem Gläubiger nicht in Anspruch genommen wird (§ 1481 III). **Abw Vereinbarung** durch Ehevertrag ist möglich. 1

2. Delikt, Straftat (Nr 1). In Frage kommen **Schadensersatzverpflichtungen** nach §§ 823ff, ferner Zahlung einer Geldstrafe oder eines Bußgelds sowie die Kosten eines Strafverfahrens einschl eines Privatklageverfahrens, wenn der Ehegatte Angeklagter war, nicht wenn er Privatkläger war, auch Kosten der Verteidigung und der Strafhaft (teilw aA Grü/*Siede* Rn 2). Vor Eintritt der Gütergemeinschaft begangene unerlaubte Handlungen gehen zulasten des Gesamtguts, auch wenn die Verurteilung erst später erfolgt. Soweit der Gesamtgutsverwalter nach § 1435 S 3 zum Gesamtgut Ersatz zu leisten hat, fällt gleichfalls die Schuld im Innenverhältnis der Ehegatten ihm zur Last. 2

3. Vorbehalts- und Sondergutsverbindlichkeiten (Nr 2). In den Fällen der §§ 1439, 1440 S 1 **haftet das Gesamtgut ohnehin nicht**. Hier kommen Verbindlichkeiten des Ehegatten in Betracht, die sich auf dessen Vorbehaltsgut oder Sondergut beziehen, soweit der Gesamtgutsverwalter das Rechtsgeschäft vorgenommen, ihm zugestimmt hat oder seine Zustimmung entbehrlich ist, zB Verbindlichkeiten aus dinglicher Belastung des Vorbehaltsguts, soweit sie nicht unter § 1440 fallen, gesetzl Unterhaltsverpflichtungen, die durch Vorhandensein des Vorbehaltsguts begründet oder erweitert worden sind, Verbindlichkeiten aus dem Betrieb eines zum Vorbehaltsgut eines Ehegatten gehörenden selbständigen Erwerbsgeschäfts (§ 1440 S 2, vgl dagegen wegen eines zum Sondergut gehörenden Erwerbsgeschäfts § 1442). Anders als bei Nr 1 kommen hier auch Verbindlichkeiten in Betracht, die vor der Eheschließung, vor Eintritt der Gütergemeinschaft oder vor der Zeit, zu der das Gut Vorbehaltsgut geworden ist, entstanden sind. 3

4. Kosten eines Rechtsstreits (Nr 3). Unter einem Rechtsstreit iSd Bestimmung sind zivilrechtl Streitigkeiten aller Art vor den ordentlichen Gerichten, mögen sie persönliche oder vermögensrechtl Angelegenheiten betreffen, auch Arreste und einstw Verfügungen sowie einstw Anordnungen zu verstehen, ferner auch Verfahren vor Verwaltungsgerichten, Verwaltungsbehörden oder Schiedsgerichten, aber immer nur, soweit sie **Angelegenheiten der in Nr 1 und 2 genannten Art** betreffen; für andere Prozesse gilt § 1443. Zu den Kosten gehören nicht 4 nur die gerichtlichen und die dem Gegner geschuldeten, sondern auch die von dem Ehegatten selbst aufgewandten Kosten. Zur Vorschusspflicht vgl § 1430 Rn 1.

§ 1442 Verbindlichkeiten des Sonderguts und eines Erwerbsgeschäfts

Die Vorschrift des § 1441 Nr. 2, 3 gilt nicht, wenn die Verbindlichkeiten zu den Lasten des Sonderguts gehören, die aus den Einkünften beglichen zu werden pflegen. Die Vorschrift gilt auch dann nicht, wenn die Verbindlichkeiten durch den Betrieb eines für Rechnung des Gesamtguts geführten Erwerbsgeschäfts oder infolge eines zu einem solchen Erwerbsgeschäft gehörenden Rechts oder des Besitzes einer dazu gehörenden Sache entstehen.

1 Da das Sondergut für Rechnung des Gesamtguts verwaltet wird (§ 1417 III 2), ist es gerechtfertigt, dass das Gesamtgut auch im Innenverhältnis die Lasten des Sonderguts eines Ehegatten trägt, die aus den **Einkünften** des Sonderguts beglichen zu werden pflegen (**S 1**). Das Gleiche gilt für die Verbindlichkeiten, die durch den Betrieb eines zum Sondergut gehörenden, also **für Rechnung des Gesamtguts geführten Erwerbsgeschäfts** entstehen, weil andererseits auch der Gewinn aus dem Erwerbsgeschäft dem Gesamtgut zugutekommt (**S 2**). In diesen Fällen gilt also nicht § 1441 Nr 2, 3; es bleibt vielmehr auch im Innenverhältnis der Ehegatten bei der Belastung des Gesamtguts. § 1442 gilt nicht für Verbindlichkeiten, die sich auf das **Vorbehaltsgut** beziehen, da dieses nach § 1418 III 2 für eigene Rechnung jedes Ehegatten verwaltet wird; deshalb muss jeder Ehegatte auch im Innenverhältnis die Lasten seines Vorbehaltsguts tragen (§ 1441 Nr 2, 3).

§ 1443 Prozesskosten

(1) Im Verhältnis der Ehegatten zueinander fallen die Kosten eines Rechtsstreits, den die Ehegatten miteinander führen, dem Ehegatten zur Last, der sie nach allgemeinen Vorschriften zu tragen hat.

(2) Führt der Ehegatte, der das Gesamtgut nicht verwaltet, einen Rechtsstreit mit einem Dritten, so fallen die Kosten des Rechtsstreits im Verhältnis der Ehegatten zueinander diesem Ehegatten zur Last. Die Kosten fallen jedoch dem Gesamtgut zur Last, wenn das Urteil dem Gesamtgut gegenüber wirksam ist oder wenn der Rechtsstreit eine persönliche Angelegenheit oder eine Gesamtgutsverbindlichkeit des Ehegatten betrifft und die Aufwendung der Kosten den Umständen nach geboten ist; § 1441 Nr. 3 und § 1442 bleiben unberührt.

1 **1. Ehegattenprozess (Abs I).** Die Kosten eines Rechtsstreits (vgl § 1441 Rn 4) zw den Ehegatten, für die gem § 1438 II nach außen hin immer das Gesamtgut haftet, sollen im **Innenverhältnis** dem Ehegatten zur Last fallen, der sie nach allg Vorschriften zu tragen hat, dh nach den Vorschriften der ZPO (§§ 91ff), des FamFG (§§ 80ff) oder aufgrund einer Vereinbarung der Ehegatten (gerichtlicher oder außergerichtlicher Vergleich), vgl NK/*Völker* Rn 2. Die Vorschrift ist abdingbar.

2 **2. Rechtsstreit mit Dritten (Abs II).** Die Kosten eines Rechtsstreits, den der Gesamtgutsverwalter mit einem Dritten führt, fallen dem Gesamtgut zur Last, soweit nicht einer der Ausnahmefälle des § 1441 vorliegt oder die Ehegatten die Vorschrift abbedingen. Dagegen hat der andere Ehegatte im **Innenverhältnis** grds die Kosten eines von ihm mit einem Dritten geführten Rechtsstreits zu tragen (**S 1**). Wenn aber das Urt/der Beschl dem Gesamtgut ggü wirksam ist, insb in den Fällen der §§ 1429–1433 (vgl § 1422 Rn 4) oder wenn er den Rechtsstreit mit Zustimmung des Gesamtgutsverwalters geführt hat, muss das Gesamtgut auch im Innenverhältnis die Kosten tragen (**S 2 Alt 1**). Das Gleiche gilt, wenn der Rechtsstreit eine persönliche Angelegenheit oder eine Gesamtgutsverbindlichkeit des anderen Ehegatten (vgl dazu §§ 1437–1440) betrifft (**2 Alt 2**). Wenn es sich um eine Gesamtgutsverbindlichkeit des anderen Ehegatten handelt, so hat er mit der Führung des Rechtsstreits eine Angelegenheit beider Ehegatten wahrgenommen. Es entspricht aber auch der Billigkeit, dass das Gesamtgut die Kosten eines Rechtsstreits trägt, der eine persönliche Angelegenheit des Ehegatten betrifft, zumal aus der Erwägung, dass das Vorbehaltsgut oder Sondergut eines Ehegatten häufig nicht imstande ist, die Kosten eines solchen Rechtsstreits zu tragen. In beiden Fällen bleiben aber § 1441 Nr 3 und § 1442 unberührt (**S 2 aE**). Die Kosten eines Rechtsstreits der in § 1441 bezeichneten Art muss immer der Ehegatte tragen, der den Rechtsstreit geführt hat. Das Gesamtgut hat ferner die Kosten eines von dem anderen Ehegatten geführten Rechtsstreits immer nur in der den Umständen nach angemessenen Höhe zu tragen; darüber hinausgehende Kosten hat der andere Ehegatte im Innenverhältnis selbst zu tragen, so auch im Falle eines von vornherein aussichtslosen Prozesses. Zur Vorschusspflicht vgl § 1430 Rn 1.

§ 1444 Kosten der Ausstattung eines Kindes

(1) Verspricht oder gewährt der Ehegatte, der das Gesamtgut verwaltet, einem gemeinschaftlichen Kind aus dem Gesamtgut eine Ausstattung, so fällt ihm im Verhältnis der Ehegatten zueinander die Ausstattung zur Last, soweit sie das Maß übersteigt, das dem Gesamtgut entspricht.

(2) Verspricht oder gewährt der Ehegatte, der das Gesamtgut verwaltet, einem nicht gemeinschaftlichen Kind eine Ausstattung aus dem Gesamtgut, so fällt sie im Verhältnis der Ehegatten zueinander dem Vater oder der Mutter zur Last; für den Ehegatten, der das Gesamtgut nicht verwaltet, gilt dies jedoch nur insoweit, als er zustimmt oder die Ausstattung nicht das Maß übersteigt, das dem Gesamtgut entspricht.

1. Ausstattung für gemeinsames Kind (Abs I). Die Ausstattung (vgl Erl zu § 1624) eines gemeinschaftl Kindes fällt grds dem Gesamtgut zur Last. Soweit sie das den Umständen entspr Maß nicht übersteigt, gilt sie nach § 1624 nicht als Schenkung; der Gesamtgutsverwalter ist daher berechtigt, sie ohne Zustimmung des anderen Ehegatten zu versprechen und zu gewähren. Dagegen kann eine Ausstattung, soweit sie das den **Umständen entspr Maß übersteigt** und damit regelmäßig auch nicht durch sittliche oder Anstandspflicht geboten ist, von dem Gesamtgutsverwalter ohne Zustimmung des anderen Ehegatten wirksam nicht versprochen und gewährt werden (§ 1425); dieser kann das Übermaß nach § 1428 selbständig von dem Kind zurückverlangen, auch den Gesamtgutsverwalter uU nach § 1435 ersatzpflichtig machen. Übersteigt die Ausstattung das dem Gesamtgut entspr Maß, so fällt das Übermaß im Innenverhältnis der Ehegatten dem **Gesamtgutsverwalter zur Last**, auch wenn der andere Ehegatte mit der übermäßigen Ausstattung einverstanden war und die Voraussetzungen für eine Ersatzpflicht des Gesamtgutsverwalters nach § 1435 nicht vorliegen. Unbedenklich können die Ehegatten aber formlos wirksam vereinbaren, dass eine Ausstattung, auch soweit sie das dem Gesamtgut entspr Maß übersteigt, von diesem getragen werden solle. Gewährt der das Gesamtgut **nicht verwaltende Ehegatte** einem Kind aus dem Gesamtgut eine Ausstattung, so ist dies, sofern nicht etwa ein Fall des § 1429 vorliegt oder der Gesamtgutsverwalter nachträgl zustimmt, dem Gesamtgut ggü unwirksam; der Gesamtgutsverwalter kann das Geleistete von dem Kind zurückverlangen, auch wenn es sich nicht um eine übermäßige Ausstattung handelt. § 1430 (Ersetzung der Zustimmung des Gesamtgutsverwalters durch das FamG) dürfte hier im Allg nicht anwendbar sein, weil es sich nicht um eine persönliche Angelegenheit des Ehegatten handelt (aA Soergel/*Gaul* Rn 6). Soweit ein Ehegatte eine übermäßige Ausstattung aus seinem Vorbehaltsgut oder Sondergut gewährt, ist das seine Sache; der andere Ehegatte hat kein Recht, dagegen Einwendungen zu erheben. 1

2. Ausstattung nicht gemeinschaftlicher Kinder (Abs II). Die Ausstattung eines nicht gemeinschaftl Kindes fällt im Innenverhältnis der Ehegatten dem Vater oder der Mutter des Kindes zur Last, gleichviel wer Gesamtgutsverwalter ist. Soweit die Ausstattung aber **übermäßig** ist, fällt sie dem Gesamtgutsverwalter, der sie verspricht oder gewährt, zur Last, auch wenn das Kind nicht von ihm abstammt, es sei denn, dass der andere Ehegatte der übermäßigen Ausstattung zugestimmt hat. IÜ gilt auch hier das zu Rn 1 Gesagte. 2

§ 1445 Ausgleichung zwischen Vorbehalts-, Sonder- und Gesamtgut

(1) Verwendet der Ehegatte, der das Gesamtgut verwaltet, Gesamtgut in sein Vorbehaltsgut oder in sein Sondergut, so hat er den Wert des Verwendeten zum Gesamtgut zu ersetzen.

(2) Verwendet er Vorbehaltsgut oder Sondergut in das Gesamtgut, so kann er Ersatz aus dem Gesamtgut verlangen.

1. Grundgedanke. Die Vorschrift begründet eine allg Ausgleichspflicht, auch wenn diese nach sonstigen Grundsätzen, insb mangels eines Verschuldens (§ 1435) oder wegen Fehlens der Voraussetzungen für einen Anspruch aus ungerechtfertigter Bereicherung nicht besteht. Entscheidend ist lediglich die Verwendung von **Mitteln der einen Masse für Zwecke der anderen**, zB Verwendung von Geld, das zum Gesamtgut gehört, zur Instandsetzung eines Hauses, das zum Vorbehaltsgut des Gesamtgutsverwalters gehört (Abs I) oder umgekehrt (Abs II). Anspruch besteht auch bei Einwilligung des anderen Ehegatten (BGHZ 57, 123). Zu ersetzen ist der Wert der Verwendung ohne Rücksicht auf noch vorhandene Bereicherung. Wegen der Fälligkeit vgl § 1446 I. Vorschrift ist abdingbar (BGHZ 57, 123). 1

2. Nicht unter § 1445 fallende Verwendungsansprüche. § 1445 regelt nur Ansprüche des Gesamtgutsverwalters gegen das Gesamtgut und solche des Gesamtguts gegen den Gesamtgutsverwalter. Etwaige Ansprüche des **anderen Ehegatten** oder Ansprüche gegen ihn regeln sich nach den allg Grundsätzen des Schuldrechts, dgl Ansprüche unter den Ehegatten, die sich daraus ergeben, dass Vorbehaltsgut oder Sondergut des einen Ehegatten für das Vorbehaltsgut oder Sondergut des anderen verwandt worden ist. Verwendungsansprüche eines Ehegatten sind ausgeschlossen, soweit § 1360b eingreift, also Vorbehalts- oder Sondergut überobligationsmäßig zum **Unterhalt** verwendet wird. 2

§ 1446 Fälligkeit des Ausgleichsanspruchs

(1) Was der Ehegatte, der das Gesamtgut verwaltet, zum Gesamtgut schuldet, braucht er erst nach der Beendigung der Gütergemeinschaft zu leisten; was er aus dem Gesamtgut zu fordern hat, kann er erst nach der Beendigung der Gütergemeinschaft fordern.

(2) Was der Ehegatte, der das Gesamtgut nicht verwaltet, zum Gesamtgut oder was er zum Vorbehaltsgut oder Sondergut des anderen Ehegatten schuldet, braucht er erst nach der Beendigung der Gütergemeinschaft zu leisten; er hat die Schuld jedoch schon vorher zu berichtigen, soweit sein Vorbehaltsgut und sein Sondergut hierzu ausreichen.

Normzweck. Ansprüche der Ehegatten gegeneinander sollen im Allg bis zur Beendigung der Gütergemeinschaft ruhen. Eine Klage auf Feststellung oder künftige Leistung sowie Sicherung durch Arrest oder einstw Verfügung werden dadurch nicht ausgeschlossen, sofern die Voraussetzungen hierfür vorliegen. Die Vorschrift gilt für **schuldrechtl Ansprüche** aller Art, nicht für dingliche Ansprüche (Hamburg OLG 21, 232). Die Verjährung ist gem § 207 I 1 und 2 Nr 1 auch nach Beendigung der Gütergemeinschaft gehemmt, solange die Ehe bzw Lebens- 1 partnerschaft fortbesteht. **Verzinsung** (§ 288), erst nach Verzug (§ 286), soweit die Ehegatten nichts anderes vereinbaren.

2 **Ansprüche und Schulden des Gesamtgutsverwalters (Abs I)** ggü dem Gesamtgut. Beide sind grds erst nach Beendigung der Gütergemeinschaft fällig. Für Schulden an das Vorbehaltsgut oder Sondergut des anderen Ehegatten gelten dagegen die allg Grundsätze (§ 271).

3 **Schulden des anderen Ehegatten (Abs II)** braucht auch dieser grds erst nach Beendigung der Gütergemeinschaft zu tilgen; dies gilt sowohl für das, was er zum Gesamtgut, als auch für das, was er zum Vorbehaltsgut oder Sondergut des Gesamtgutsverwalters schuldet; er muss aber schon vorher leisten, soweit sein Vorbehaltsgut und sein Sondergut ausreichen. Das gilt zB auch für eine vom Gesamtgutsverwalter berichtigte Kostenschuld, die dem anderen Ehegatten im Innenverhältnis zur Last fällt (München OLG 21, 231). Dass das Vorbehaltsgut oder Sondergut des anderen Ehegatten ausreicht, hat der Gesamtgutsverwalter im Streitfall zu beweisen (Hamburg OLG 14, 228). Was der andere Ehegatte zu seinem **Vorbehaltsgut oder Sondergut zu fordern** hat, kann er sofort verlangen, wenn es fällig ist (§ 271), und zwar sowohl aus dem Gesamtgut als auch aus dem Vorbehaltsgut oder Sondergut des Gesamtgutsverwalters.

4 **Vereinbarungen** der Ehegatten über eine frühere Fälligkeit der beiderseitigen Forderungen oder Schulden sind zulässig, können aber uU von den Gläubigern angefochten werden.

§ 1447 Aufhebungsantrag des nicht verwaltenden Ehegatten

Der Ehegatte, der das Gesamtgut nicht verwaltet, kann die Aufhebung der Gütergemeinschaft beantragen,

1. **wenn seine Rechte für die Zukunft dadurch erheblich gefährdet werden können, dass der andere Ehegatte zur Verwaltung des Gesamtguts unfähig ist oder sein Recht, das Gesamtgut zu verwalten, missbraucht,**
2. **wenn der andere Ehegatte seine Verpflichtung, zum Familienunterhalt beizutragen, verletzt hat und für die Zukunft eine erhebliche Gefährdung des Unterhalts zu besorgen ist,**
3. **wenn das Gesamtgut durch Verbindlichkeiten, die in der Person des anderen Ehegatten entstanden sind, in solchem Maße überschuldet ist, dass ein späterer Erwerb des Ehegatten, der das Gesamtgut nicht verwaltet, erheblich gefährdet wird,**
4. **wenn die Verwaltung des Gesamtguts in den Aufgabenkreis des Betreuers des anderen Ehegatten fällt.**

1 **1. Beendigung der Gütergemeinschaft im Allgemeinen.** Die §§ 1447, 1448 geben einem Ehegatten die Möglichkeit, **einseitig durch Antrag** (s Rn 6) Beendigung der Gütergemeinschaft herbeizuführen, wenn einer der hierfür vorgesehenen Gründe vorliegt. IÜ endet die Gütergemeinschaft mit Auflösung der Ehe (Scheidung oder Aufhebung). Durch den Tod eines Ehegatten endet die Gütergemeinschaft nur, wenn es nicht zur Fortsetzung mit den gemeinschaftl Abkömmlingen kommt (§§ 1482, 1483). Während Fortbestehens der Ehe kann die Gütergemeinschaft jederzeit durch Ehevertrag beendet werden (§ 1408); Aufhebung der häuslichen Gemeinschaft, Betreuerbestellung und Insolvenz eines Ehegatten sind keine Endigungsgründe (vgl dazu § 37 InsO), auch nicht die Todeserklärung eines Ehegatten als solche. Ist der Gütergemeinschaftsvertrag nichtig oder anfechtbar, so gelten die allg Grundsätze.

2 **2. Unfähigkeit oder Missbrauch des Verwalters (Nr 1).** Aufhebungsgründe sind Unfähigkeit des Gesamtgutsverwalters zur Verwaltung des Gesamtguts oder Missbrauch seiner Rechte; hinzukommen muss in beiden Fällen die Möglichkeit einer **erheblichen Gefährdung** der Rechte des anderen Ehegatten für die Zukunft. Die Gefährdung braucht aber noch nicht eingetreten zu sein. Der Aufhebungsgrund der **Unfähigkeit des Gesamtgutsverwalters** kann auch gegeben sein, wenn diesen **kein Verschulden** trifft, zB wenn er infolge eingetretener Geistes- oder Altersschwäche, ohne dass er betreut wird (vgl dazu Nr 4), wegen lang andauernder schwerer körperlicher Krankheit oder längerer Abwesenheit oder auch wegen eindeutiger geschäftlicher Untüchtigkeit nicht in der Lage ist, das Gesamtgut ordnungsmäßig zu verwalten. Der andere Ehegatte ist nicht darauf beschränkt, nach § 1429 selbst zu handeln. Er kann sich auch dann auf die Unfähigkeit des Gesamtgutsverwalters berufen, wenn diese bereits bei Vereinbarung der Gütergemeinschaft bestanden hat. Ein **Missbrauch der Rechte** durch den Gesamtgutsverwalter liegt dann vor, wenn dieser Rechtsgeschäfte ohne die erforderliche Zustimmung des anderen Ehegatten vornimmt, wenn seine Maßnahmen willkürlich und schädlich für das Gesamtgut sind, zB Veräußerung von Vieh und Geräten in einem Umfang, dass dadurch die Fortführung des landwirtschaftlichen Betriebes auf der bisherigen Höhe gefährdet wird, oder leichtfertige Spekulationsgeschäfte. Missbräuchlich handelt auch der Ehegatte, der das Zustimmungserfordernis dadurch umgeht, dass er die zustimmungsbedürftige Verfügung zwar nicht selbst vornimmt, sich aber insoweit der sofortigen Zwangsvollstreckung durch den Gläubiger unterwirft (BGHZ 48, 369). Auch durch Verletzung der Auskunftspflicht (§ 1435) kann der Gesamtgutsverwalter seine Rechte missbrauchen. Die Möglichkeit einer erheblichen Gefährdung der Rechte des anderen Ehegatten für die Zukunft ist regelmäßig anzunehmen, wenn nicht damit zu rechnen ist, dass die Gründe, die den Gesamtgutsverwalter zur Verwaltung unfähig gemacht haben, in absehbarer Zeit fortfallen, oder dass er seine missbräuchlichen Handlungen in Zukunft nicht wiederholt. Rechtfertigt sein bisheriges Verhalten den Schluss, dass er den Rechten des anderen Teils nicht die nötige Beachtung schenken werde, so braucht ein Schaden oder eine ernstliche Gefährdung weder eingetreten noch ernstlich zu befürchten sein (BGHZ 48, 369).

3 **3. Verletzung der Unterhaltspflicht (Nr 2).** Diese braucht nicht schuldhaft vom Gesamtgutsverwalter begangen zu werden; es genügt, dass er den den Umständen nach angemessenen Beitrag zum Familienunterhalt nicht

leistet. Der **Familienunterhalt** (§§ 1360, 1360a) umfasst den Unterhalt für den anderen Ehegatten und für die gemeinsamen Kinder. Bei Nichtgewährung des Unterhalts an andere Unterhaltsberechtigte kann aber ein Missbrauch iSv Nr 1 vorliegen. **Kein Aufhebungsanspruch** nach Nr 2, wenn der andere Ehegatte selbst die Unterhaltsgewährung durch den verwaltenden Ehegatten verhindert hat (RG JW 1924, 678). Es muss für die Zukunft eine weitere erhebliche Gefährdung des Unterhalts zu besorgen sein; maßgebend ist die Lage im Zeitpunkt der letzten mündlichen Verhandlung.

4. Überschuldung (Nr 3). Erforderlich ist eine **bereits vorliegende Überschuldung des Gesamtguts** (nicht des Vorbehaltsguts) durch in Person des Verwalters entstandene Verbindlichkeiten; es genügt nicht, dass sie erst droht (Hamburg OLG 12, 313), dann kommt aber uU Nr 1 in Betracht. Durch die Überschuldung muss ein späterer Erwerb des anderen Ehegatten erheblich gefährdet werden. Ob im Einzelfall praktisch eine Aussicht auf späteren Erwerb des anderen Ehegatten besteht, ist unerheblich (Hamburg OLG 8, 337). Es kommt auch nicht auf Verschulden des Gesamtgutsverwalters an der Überschuldung an. 4

5. Betreuerbestellung (Nr 4). Aufhebungsgrund ist die Bestellung eines Betreuers für den Gesamtgutsverwalter nur dann, wenn die Verwaltung des Gesamtguts in seinen **Aufgabenkreis** fällt (vgl § 1436). Die Tatsache der dauerhaften Verwaltung durch einen Dritten ist dem Ehegatten nicht zuzumuten. Die Aufhebung der Betreuung (§ 1871 = § 1908d aF) nach Rechtskraft des Beschl, durch den die Gütergemeinschaft aufgehoben worden ist, ist ohne Belang. 5

6. Verfahrensrecht. Der Aufhebungsantrag (vgl § 113 V Nr 2 FamFG; Rahm/Künkel/*Burschel* I 4 J Rn 102) ist Güterrechtssache und damit eine **Familienstreitsache** iSd § 23a I 1 Nr 1, § 23b GVG, § 261 I FamFG (NK/*Völker* Rn 10; *Gernhuber/Coester-Waltjen* § 38 X Rn 111, 113). Daher ist Anerkenntnis- oder Versäumnisbeschl möglich. Der Streitgegenstand ist ein vermögensrechtl. Der **Streitwert** ist nach § 42 I FamGKG zu schätzen; maßgebend ist das Interesse des Antragstellers an der Beendigung der Verwaltungsbefugnis und an der Ermöglichung der Auseinandersetzung. Es beläuft sich auf die Hälfte des Anteils des Antragstellers am Gesamtgut (BGH NJW 1973, 50). Der Antrag muss gegen den Gesamtgutsverwalter gerichtet werden. Der Güterstand wird durch **Beschl** aufgehoben (§ 1449). Die Ehegatten können die Gütergemeinschaft aber auch durch gerichtlichen Vergleich aufheben (RG Recht 1919, 1486). Erbietet sich der Gesamtgutsverwalter zur Aufhebung der Gütergemeinschaft durch Ehevertrag, so fehlt dem Antrag das Rechtsschutzinteresse (NK/*Völker* Rn 11; aA MüKo/*Münch* Rn 17) mit der Kostenfolge nach § 93 ZPO. Bei Beendigung des Güterstandes (vgl Rn 1) im Laufe des Verfahrens erledigt sich die Hauptsache. Nicht selten wird es erforderlich sein, die Rechte des antragstellenden Ehegatten durch **einstw Verfügung** (§ 119 FamFG iVm §§ 935ff ZPO) zu sichern, insb zwecks Regelung des Unterhalts oder Verhinderung das Gesamtgut schädigender Maßnahmen des Gesamtgutsverwalters. Ein gerichtliches Verfügungsverbot an den Gesamtgutsverwalter schließt aber einen Erwerb durch gutgläubige Dritte nicht aus (§§ 135, 136); daher wird uU Sequestration erforderlich sein. Eine Aufhebung der Gütergemeinschaft durch einstw Verfügung ist nicht möglich. 6

7. Abdingbarkeit. Abänderung, Erweiterung oder Einschränkung der Aufhebungsgründe durch Ehevertrag ist unzulässig (zust NK/*Völker* Rn 2; aA MüKo/*Münch* Rn 22: Erweiterung der Aufhebungsgründe ist möglich). 7

§ 1448 Aufhebungsantrag des Verwalters

Der Ehegatte, der das Gesamtgut verwaltet, kann die Aufhebung der Gütergemeinschaft beantragen, wenn das Gesamtgut infolge von Verbindlichkeiten des anderen Ehegatten, die diesem im Verhältnis der Ehegatten zueinander zur Last fallen, in solchem Maße überschuldet ist, dass ein späterer Erwerb erheblich gefährdet wird.

Die Vorschrift ist das Gegenstück zu § 1447 Nr 3 (vgl § 1447 Rn 4). Der Gesamtgutsverwalter kann sich zur Begründung seines Aufhebungsantrags nur auf Schulden des anderen Ehegatten berufen, die **Gesamtgutsverbindlichkeiten** sind, aber im Verhältnis der Ehegatten zueinander nach den §§ 1441–1444 dem anderen Ehegatten zur Last fallen, zB Verbindlichkeiten aus einer während der Gütergemeinschaft von dem anderen Ehegatten begangenen unerlaubten Handlung, nicht auf Schulden, für die der andere Ehegatte nur mit seinem **Vorbehaltsgut und Sondergut** haftet (vgl dazu §§ 1438–1440). Die Vorschrift ist unabdingbar. 1

§ 1449 Wirkung der richterlichen Aufhebungsentscheidung

(1) Mit der Rechtskraft der richterlichen Entscheidung ist die Gütergemeinschaft aufgehoben; für die Zukunft gilt Gütertrennung.

(2) Dritten gegenüber ist die Aufhebung der Gütergemeinschaft nur nach Maßgabe des § 1412 wirksam.

Wirksamwerden und Wirkung der Aufhebung (Abs I). Ist der Aufhebungsantrag in den Fällen der §§ 1447, 1448 begründet, so wird die Gütergemeinschaft durch rechtsgestaltenden Beschl aufgehoben. Die Wirkung des Beschl tritt abw von § 40 I FamFG erst mit seiner **Rechtskraft** ein (§ 45 FamFG), eine sofortige Wirksamkeit kann nicht angeordnet werden. Die Gütergemeinschaft wird durch **Gütertrennung** abgelöst, soweit die Ehegatten keinen anderen Güterstand wählen. Die Auseinandersetzung des Gesamtguts regelt sich nach den §§ 1471ff. Die Ehegatten verwalten, während sie iÜ in Gütertrennung leben, das Gesamtgut gemeinschaftl (§ 1472). Vgl ferner wegen des für die Auseinandersetzung maßgebenden Zeitpunktes § 1479 und wegen des Erlöschens der persön- 1 lichen Haftung des Gesamtgutsverwalters für Verbindlichkeiten des anderen Ehegatten, die im Innenverhältnis diesem zur Last fallen, § 1437 II 2.

2 **Schutz Dritter (Abs II).** Dritte werden durch Anwendung des § 1412 geschützt. Keine Eintragung war erforderlich (aber zulässig), wenn die Gütergemeinschaft nicht im Register eingetragen war.

Unterkapitel 3
Gemeinschaftliche Verwaltung des Gesamtguts durch die Ehegatten (§§ 1450–1470)

§ 1450 Gemeinschaftliche Verwaltung durch die Ehegatten

(1) Wird das Gesamtgut von den Ehegatten gemeinschaftlich verwaltet, so sind die Ehegatten insbesondere nur gemeinschaftlich berechtigt, über das Gesamtgut zu verfügen und Rechtsstreitigkeiten zu führen, die sich auf das Gesamtgut beziehen. Der Besitz an den zum Gesamtgut gehörenden Sachen gebührt den Ehegatten gemeinschaftlich.

(2) Ist eine Willenserklärung den Ehegatten gegenüber abzugeben, so genügt die Abgabe gegenüber einem Ehegatten.

1 **Grundsatz (Abs I S 1).** Gemeinschaftl Verwaltung tritt entweder bei entspr Vereinbarung im Ehevertrag ein oder bei fehlender Verwaltungsregelung (§ 1421 S 2). Die Vorschrift entspricht dem bei der Einzelverwaltung geltenden § 1422. Aus der gemeinschaftl Verwaltung folgt, dass beide Ehegatten im Regelfall, soweit nicht in den folgenden Bestimmungen Ausnahmen vorgesehen sind, alle das Gesamtgut betreffenden Maßnahmen **nur gemeinschaftl** rechtswirksam vornehmen können. Die Pflicht zur Mitwirkung folgt aus § 1451. Der eine Ehegatte kann den anderen bevollmächtigen, auch stillschw. In Betracht kommt auch eine stillschw oder testamentarische (BGH NJW-RR 1989, 1225) Genehmigung. Dies ist der Fall, wenn dem anderen Ehegatten praktisch die **Verwaltung des Gesamtguts überlassen** wird (Stuttgart FamRZ 2009, 974). Eine Generalvollmacht bedarf entgegen der hM (BayObLG FamRZ 1990, 411; NK/*Völker* Rn 8) nicht der Form des § 1410, selbst wenn die jederzeitige Widerruflichkeit ausgeschlossen ist (FG Düsseldorf EFG 2018, 1979; aA BaRo/*Spernath* Rn 6). Die über die **Anscheins- und Duldungsvollmacht** entwickelten Rechtsgrundsätze sind hier von besonderer Bedeutung (s § 167 Rn 10ff). Die Schlüsselgewalt (§ 1357) bleibt auch hier unberührt.

2 **Fehlende Zustimmung.** Ansonsten ist Zustimmung des nichthandelnden Ehegatten erforderlich. Liegt sie nicht vor, ist ein **Verpflichtungsgeschäft** dem Gesamtgut ggü unwirksam; der handelnde Ehegatte verpflichtet sich aber mit seinem Vorbehalts- und Sondergut (§ 179). Für **Verfügungen**, die ein Ehegatte ohne die erforderliche Zustimmung des anderen vornimmt, gilt § 1453 und § 1455 Nr 8. Über seinen Anteil am Gesamtgut und an den einzelnen dazu gehörenden Gegenständen kann ein Ehegatte schon nach § 1419 nicht verfügen. **Erwerb** für das Gesamtgut (§ 1416 I 2) tritt auch ein, wenn ein Ehegatte ohne Zustimmung des anderen etwas erwirbt, es sei denn, dass er es für sein Vorbehalts- oder Sondergut erwirbt; **Vormerkung** kann für den einen Ehegatten allein bewilligt werden (BayObLG NJW 1957, 1521), allerdings besteht Berichtigungsanspruch des anderen Ehegatten; für die aus dem Erwerb entstehenden Verbindlichkeiten haftet aber das Gesamtgut nur bei ungerechtfertigter Bereicherung (§ 1457), ggf wegen unerlaubter Handlung des Ehegatten, zB wahrheitswidriger Vorspiegelung des Einverständnisses des anderen, im letzteren Falle aber nur für das negative Interesse. Im **Innenverhältnis** gilt, wenn ein Ehegatte durch schuldhaftes Verhalten das Gesamtgut schädigt, die Haftung gem § 1359. Wegen der Fälligkeit von Ersatzansprüchen vgl § 1468.

3 Auch der **Besitz** (**Abs I S 2**) an den zum Gesamtgut gehörenden Sachen gebührt den Ehegatten gemeinschaftl und gleichrangig. Jeder kann verlangen, dass der andere ihm den Mitbesitz einräumt, soweit der Verwendungszweck das nicht ausschließt, zB bei persönlichen Gebrauchsgegenständen des Einzelnen und bei Sachen, die zu einem von einem Ehegatten betriebenen Erwerbsgeschäft gehören (vgl dazu § 1456). Den **Besitzschutz** ggü Dritten kann jeder Ehegatte allein ausüben.

4 **Rechtsstreitigkeiten, die sich auf das Gesamtgut beziehen (Abs I S 1).** Als **Kläger** müssen die Ehegatten grds gemeinsam auftreten (BayVGH BayVBl 2018, 596; FamRZ 2015, 924; 23.9.2014 – 13 A 13.1959: verwaltungsgerichtliche Klage gegen Flurbereinigungsgplan); sie sind dann notwendige Streitgenossen (§ 62 ZPO). Ausnahmen: die Fälle der §§ 1452, 1454, 1455 Nr 6–10, § 1456. Mit Zustimmung des anderen kann ein Ehegatte im eigenen Namen klagen (Saarbrücken FamRZ 2002, 1034). Möglich ist auch eine Bevollmächtigung (BayVGH BayVBl 2018, 596). Auch eine (stillschw) Ermächtigung zur Klageerhebung im Wege der gewillkürten Prozessstandschaft durch den anderen Ehegatten ist denkbar (vgl BGH NJW 1994, 652, 653; BayVGH RdL 2009, 211 bzgl Widerspruchserhebung; weitergehend BayVGH NJW-RR 1988, 454: verwaltungsgerichtliche Klage sei Passivprozess; zweifelnd BayVGH FamRZ 2015, 924; 23.9.2014 – 13 A 13.1959; aA BayVGH BayVBl 2018, 596: keine Prozessstandschaft bei Anfechtungsklage möglich; BayVGH BayVBl 2022, 525; 12.7.2022 – 8 N 19.2040: keine Prozessstandschaft bei Normenkontrollantrag möglich; aA BayVGH NuR 2022, 71). Klagt ein Ehegatte sonst allein, ohne dass der andere ihn dazu ermächtigt hat, so ist die Klage mangels Prozessführungsbefugnis als **unzulässig** abzuweisen (BGH NJW 1994, 652, 653; BayVGH FamRZ 2015, 924; 23.9.2014 – 13 A 13.1959; NK/*Völker* Rn 13); vgl wegen der Rechtslage nach Beendigung der Gütergemeinschaft die Erl zu § 1472. Wenn die Ehegatten auf Leistung aus dem Gesamtgut **verklagt** werden, sind sie gleichfalls notwendige Streitgenossen, aber nicht, soweit sie auch aus der persönlichen Haftung mit ihrem übrigen Vermögen in Anspruch genommen wer-

den (Gesamtschuldner), *Gernhuber/Coester-Waltjen* § 38 VIII Rn 92. Werden die Ehegatten als Gesamtschuldner in Anspruch genommen, können sie allein oder zusammen verklagt werden (BGH FamRZ 1975, 405, 406); wird jedoch eine Gesamthandsklage erhoben, so ist die Klage wegen der notwendigen Streitgenossenschaft gegen einen einzelnen Ehegatten ausgeschlossen (*Tiedtke* FamRZ 1975, 538, 540; MüKo/*Münch* Rn 25; aA BGH FamRZ 1975, 406). Zur **Zwangsvollstreckung** in das Gesamtgut ist ein Titel gegen beide Ehegatten erforderlich, § 740 II ZPO (LG Deggendorf FamRZ 1964, 49); vgl aber die Ausnahmefälle der §§ 741, 742 ZPO (dazu BayObLG FamRZ 1983, 1128 und § 1459 Rn 4).

Willenserklärungen Dritter (Abs II). Bei Willenserklärungen Dritter ggü den Ehegatten genügt die Abgabe ggü einem Ehegatten. In Betracht kommen hier nur **einseitige Willenserklärungen Dritter**, bei denen die Ehegatten lediglich als Empfänger beteiligt sind, zB Antragsannahme, Mahnung, Kündigung, Anfechtung. Der Ehegatte, dem ggü die Willenserklärung von dem Dritten abgegeben wird, ist verpflichtet, den anderen darüber zu unterrichten; das ergibt sich aus dem Sinn und Zweck der gemeinschaftl Verwaltung. Für die **Wissenszurechnung** von Willensmängeln oder Bösgläubigkeit gilt Abs II entspr. Abs II gilt nicht für Zustellung in gerichtlichen Verfahren; auch § 171 ZPO ist hier nicht anwendbar. Für **Verwaltungsakte** (Steuerbescheide etc) gilt die Vorschrift nicht (i Erg aA BayVGH NJW-RR 1988, 454). 5

§ 1451 Mitwirkungspflicht beider Ehegatten

Jeder Ehegatte ist dem anderen gegenüber verpflichtet, zu Maßregeln mitzuwirken, die zur ordnungsmäßigen Verwaltung des Gesamtguts erforderlich sind.

1. Grundsatz. Die Vorschrift entspricht § 1435 S 1; sie verpflichtet beide Ehegatten, zur ordnungsmäßigen Verwaltung zusammenzuwirken. Sie gilt nur im Verhältnis der Ehegatten zueinander (BGH NJW 1958, 2061). Die Anwendung des § 1451 setzt eine **bestehende und intakte Ehe** voraus, wird die Gütergemeinschaft durch Scheidung aufgelöst, gilt im Rahmen der Liquidationsgemeinschaft der identische § 1472 III (BayObLG NJW-RR 2004, 2, 3). Im Fall des Getrenntlebens kann die Erfüllung tatsächlicher Pflichten (zB im gewerblichen oder landwirtschaftlichen Betrieb) unzumutbar werden (BGH FamRZ 1986, 40). Die Vorschrift ist **unabdingbar.** 1

2. Inhalt. Die Verpflichtung zur Mitwirkung bei der Verwaltung bezieht sich sowohl auf rein **tatsächliche Handlungen** (BGH FamRZ 1986, 42), zB Bebauung der Äcker, Pflege des Viehs, Instandsetzung reparaturbedürftiger Sachen, wie auf **Rechtsgeschäfte** und **Rechtsstreitigkeiten**, die jew zur ordnungsmäßigen Verwaltung des Gesamtguts erforderlich sind; dazu gehört auch die Leistung von Unterhalt (BGH FamRZ 1990, 851; BayObLG FamRZ 1997, 422; Oldenburg NJW-RR 2009, 1596), auch von Trennungsunterhalt (BayObLG FamRZ 1996, 557; aA Düsseldorf FamRZ 1999, 1348, wonach unmittelbar auf Zahlung von Unterhalt nach § 1361 geklagt werden kann, wenn die Ehegatten, ohne besonderen Verbindlichkeiten ausgesetzt zu sein, nur noch über ihre beiderseitigen Renten und ihr jew freies Wohnen in dem Haus verfügen). Im Einzelfall kann es genügen, dass ein Ehegatte in die von dem anderen gewünschten Maßnahmen **einwilligt** und ihn zur Vertretung ggü Dritten bevollmächtigt oder nachträgl seine Zustimmung erteilt. 2

3. Folgen bei Nichtmitwirkung. Die zur Erhaltung des Gesamtguts **notwendigen Maßnahmen** kann jeder Ehegatte ohne Mitwirkung des anderen treffen, aber nur, wenn mit dem Aufschub Gefahr verbunden ist (§ 1455 Nr 10). Den Fall der **Verhinderung** eines Ehegatten durch Krankheit oder Abwesenheit regelt § 1454. Verletzt ein Ehegatte seine Verpflichtung zur Mitwirkung, so kann er sich dem anderen unter den Voraussetzungen des § 1359 in entspr Anwendung des § 1435 S 3 **schadensersatzpflichtig** machen (BGH FamRZ 1986, 40). Zu erforderlichen Rechtsgeschäften und Rechtsstreitigkeiten (nicht auch zu tatsächlichen Verwaltungshandlungen) kann die Zustimmung eines Ehegatten auf Antrag des anderen durch das FamG **ersetzt** werden (§ 1452). Bei beharrlicher Weigerung eines Ehegatten, zur ordnungsmäßigen Verwaltung des Gesamtguts mitzuwirken, kann der andere auch auf **Aufhebung der Gütergemeinschaft** klagen (§ 1469 Nr 2). 3

§ 1452 Ersetzung der Zustimmung

(1) Ist zur ordnungsmäßigen Verwaltung des Gesamtguts die Vornahme eines Rechtsgeschäfts oder die Führung eines Rechtsstreits erforderlich, so kann das Familiengericht auf Antrag eines Ehegatten die Zustimmung des anderen Ehegatten ersetzen, wenn dieser sie ohne ausreichenden Grund verweigert.

(2) Die Vorschrift des Absatzes 1 gilt auch, wenn zur ordnungsmäßigen Besorgung der persönlichen Angelegenheiten eines Ehegatten ein Rechtsgeschäft erforderlich ist, das der Ehegatte mit Wirkung für das Gesamtgut nicht ohne Zustimmung des anderen Ehegatten vornehmen kann.

1. Ordnungsmäßige Verwaltung des Gesamtguts (Abs I). Die Vorschrift entspricht dem für die Einzelverwaltung geltenden § 1426 und ist wie dieser **unabdingbar.** Wegen des Grundsatzes des Zusammenwirkens bei der Verwaltung steht das Recht jedoch beiden Ehegatten zu. Das FamG kann die Zustimmung des anderen Ehegatten sowohl zur Vornahme von **Rechtsgeschäften** jeder Art, schuldrechtl und dinglichen, als auch – anders als bei der Einzelverwaltung (§ 1426) – zur Führung eines **Rechtsstreits** ersetzen, weil auch ein solcher nach § 1450 grds von den Ehegatten gemeinschaftl zu führen ist. So kann im Rahmen des § 1452 auch die Zustimmung zur Auszahlung von Arbeitslohn des Ehemanns an seine unterhaltsberechtigte Ehefrau ersetzt werden (BayObLG 1

FamRZ 1997, 422). Ebenso fällt der Anspruch auf Auszahlung eines Sparguthabens in das Gesamtgut (BayObLG FamRZ 2001, 1214).

2 **2. Voraussetzungen.** Voraussetzung der Ersetzung ist, dass das Rechtsgeschäft oder der Rechtsstreit zur ordnungsmäßigen Verwaltung des Gesamtguts **erforderlich**, nicht nur zweckmäßig ist, und dass der andere Ehegatte seine Zustimmung **ohne ausreichenden Grund** verweigert. Es ist nicht Sache des FamG, in jedem Fall zu entscheiden, wenn ein Ehegatte, der gleichberechtigt an der Verwaltung des Gesamtguts beteiligt ist, aus vertretbaren Gründen eine von dem anderen gewünschte Maßnahme ablehnt; das FamG soll nur eingreifen, um einen durch nicht ordnungsmäßige Verwaltung **zu befürchtenden Schaden** von dem Gesamtgut abzuwenden; so sind auch die Erfolgsaussichten eines beabsichtigten Rechtsstreits zu werten (Celle FamRZ 1975, 621; BayObLG FamRZ 1990, 411). Ein ausreichender Weigerungsgrund kann vorliegen, wenn nicht wirtschaftliche, sondern ideelle Gesichtspunkte gegen die Vornahme des Rechtsgeschäfts oder die Führung des Rechtsstreits sprechen (vgl Celle FamRZ 1975, 621), zB die Rücksichtnahme auf Verwandte, oder wenn die Befürchtung besteht, dass der antragstellende Ehegatte das Erlangte ordnungswidrig verwenden wolle. Ein Ehegatte kann Ersetzung der Zustimmung des anderen uU auch dann beantragen, wenn er allein mit Wirkung für das Gesamtgut handeln zu können glaubt, die **Sach- und Rechtslage aber zweifelhaft** ist, zB in den Fällen des § 1455 Nr 10, und er deshalb ein berechtigtes Interesse an der Ersetzung der Zustimmung des anderen Ehegatten hat, insb weil ein Dritter mit ihm allein ein Rechtsgeschäft nicht vornehmen will.

3 **3. Rechtsfolgen.** Die Ersetzung der Zustimmung hat die Wirkung, dass das von einem Ehegatten abgeschlossene Rechtsgeschäft einem von beiden vorgenommenen gleichsteht; es haften nicht nur das **Gesamtgut**, sondern auch beide **Ehegatten persönlich** als Gesamtschuldner (§§ 1459, 1460). Der von einem Ehegatten geführte Rechtsstreit ist als von beiden geführt anzusehen; aus dem ergehenden Urteil kann daher in das Gesamtgut vollstreckt werden (§ 740 II ZPO), aber nicht in das Vorbehalts- oder Sondergut des an dem Rechtsstreit nicht persönlich beteiligt gewesenen Ehegatten (aA MüKo/*Münch* Rn 12). Lehnt das FamG die Ersetzung der Zustimmung ab, so kann ein Ehegatte ein Verpflichtungsgeschäft auch allein vornehmen, aber nur mit Wirkung für sein Vorbehaltsgut und Sondergut. Von ihm allein vorgenommene Verfügungen über Gesamtgut sind unwirksam (vgl die Erl zu § 1453). Die Zustimmung ist auch in den Fällen des § 1454 entbehrlich (vgl dort).

4 **4. Persönliche Angelegenheiten eines Ehegatten (Abs II).** Die Vorschrift entspricht dem für die Einzelverwaltung geltenden § 1430. Die ohne ausreichenden Grund verweigerte Zustimmung eines Ehegatten kann durch das FamG auch dann ersetzt werden, wenn ein Rechtsgeschäft zwar nicht zur ordnungsmäßigen Verwaltung des Gesamtguts, aber zur **ordnungsmäßigen Besorgung** der persönlichen Angelegenheiten eines Ehegatten erforderlich ist und ein Ehegatte es allein mit Wirkung für das Gesamtgut nicht vornehmen kann. Nimmt ein Ehegatte aufgrund des Ersetzungsbeschlusses des FamG das Rechtsgeschäft vor, so tritt **Haftung des Gesamtguts** und beider Ehegatten **persönlich** ein (§§ 1459, 1460). Zur Führung eines Rechtsstreits, der eine persönliche Angelegenheit eines Ehegatten betrifft, ist die Zustimmung des anderen nicht erforderlich. Wegen der Kosten eines solchen Rechtsstreits vgl § 1460 II, § 1465. Vgl iÜ die Erl zu § 1430.

5 **5. Ersetzungsverfahren.** Zuständig ist das **FamG** (§ 261 II FamFG, § 23a I 1 Nr 1, § 23b GVG, örtlich § 262 FamFG, funktionell Rpfleger, vgl § 25 Nr 3a RPflG). Beschl wird erst mit Rechtskraft wirksam, § 40 III 1 FamFG, es sei denn, das Gericht ordnet bei Gefahr im Verzug sofortige Wirksamkeit an, § 40 III 2 FamFG. **Rechtsmittel:** Beschwerde zum OLG (§ 119 I Nr 1 lit a GVG).

§ 1453 Verfügung ohne Einwilligung

(1) Verfügt ein Ehegatte ohne die erforderliche Einwilligung des anderen Ehegatten über das Gesamtgut, so gelten die Vorschriften des § 1366 Abs. 1, 3, 4 und des § 1367 entsprechend.

(2) Einen Vertrag kann der Dritte bis zur Genehmigung widerrufen. Hat er gewusst, dass der Ehegatte in Gütergemeinschaft lebt, so kann er nur widerrufen, wenn dieser wahrheitswidrig behauptet hat, der andere Ehegatte habe eingewilligt; er kann auch in diesem Falle nicht widerrufen, wenn ihm beim Abschluss des Vertrags bekannt war, dass der andere Ehegatte nicht eingewilligt hatte.

1 **1. Grundsatz.** § 1453 entspricht dem bei der Einzelverwaltung geltenden § 1427, vgl daher die Erl zu den §§ 1427, 1366, 1367. Bei gemeinschaftl Verwaltung haftet das Gesamtgut für Rechtsgeschäfte eines Ehegatten allerdings nur, wenn der andere zugestimmt hat (§ 1450 I) oder wenn das Rechtsgeschäft im Einzelfall (§§ 1452, 1454–1456) ohne seine Zustimmung für das Gesamtgut wirksam ist (§ 1460). Deshalb brauchte die **Verpflichtungsfähigkeit** der Ehegatten bei der gemeinschaftl Verwaltung nicht eingeschränkt zu werden. § 1453 betrifft daher **nur Verfügungsgeschäfte**. Ein Ehegatte haftet aus von ihm eingegangenen Verbindlichkeiten, wenn sie mangels Zustimmung des anderen dem Gesamtgut ggü nicht wirksam sind, ebenso wie bei der Einzelverwaltung der von der Verwaltung des Gesamtguts ausgeschlossene Ehegatte, persönlich mit seinem Vorbehaltsgut und Sondergut. Der andere Ehegatte soll nur gegen ohne seine Zustimmung vorgenommene Verfügungen geschützt werden.

2 **2. Verfügung.** Unter Verfügungen über das Gesamtgut sind alle Verfügungen über einzelne zum Gesamtgut **gehörende Gegenstände** zu verstehen; eine Verfügung über das Gesamtgut uno actu ist ohnehin nicht möglich. Zum Schutz **gutgläubiger Dritter** s § 1422 Rn 5, wobei wegen des Mitbesitzes § 935 stets zu beachten ist.

§ 1454 Notverwaltungsrecht

Ist ein Ehegatte durch Krankheit oder Abwesenheit verhindert, bei einem Rechtsgeschäft mitzuwirken, das sich auf das Gesamtgut bezieht, so kann der andere Ehegatte das Rechtsgeschäft vornehmen, wenn mit dem Aufschub Gefahr verbunden ist; er kann hierbei im eigenen Namen oder im Namen beider Ehegatten handeln. Das Gleiche gilt für die Führung eines Rechtsstreits, der sich auf das Gesamtgut bezieht.

Grundsatz. Die Vorschrift entspricht dem bei der Einzelverwaltung geltenden § 1429, ist ebenfalls unabdingbar (aA NK/*Völker* Rn 2), stellt jedoch dem Grundsatz der gemeinschaftl Verwaltung entspr beide Ehegatten einander gleich. Bei Krankheit oder Abwesenheit eines Ehegatten kann der andere allein handeln, wenn mit einem Aufschub Gefahr verbunden ist. Aufgrund des § 1451 besteht sogar eine **Pflicht zur Notverwaltung.** Er kann in solchen Fällen sowohl Rechtsgeschäfte aller Art (S 1) vornehmen als auch einen Rechtsstreit führen (S 2), und zwar sowohl als Kläger wie als Beklagter; dabei kann er nach seiner Wahl im eigenen Namen oder im Namen beider Ehegatten handeln. In beiden Fällen werden das **Gesamtgut** und beide Ehegatten **persönlich** verpflichtet, §§ 1459, 1460 (*Gernhuber/Coester-Waltjen* § 38 VIII Rn 87). Zur **Zwangsvollstreckung** aus einem solchen Urteil vgl § 1459 Rn 4. 1

Liegt **kein Eilfall** vor, so muss der Ehegatte warten, bis die Verhinderung des anderen wegfällt. Wenn die Voraussetzungen der §§ 1910, 1911 vorliegen, kann er die Bestellung eines Pflegers erwirken. In diesem Fall verwaltet er dann das Gesamtgut allein (§ 1458), in Fällen der §§ 1423–1425 kann der Pfleger die Zustimmung für den andern Ehegatten erteilen (vgl iÜ die Erl zu § 1429). Für den Fall, dass ein Ehegatte die erforderliche Zustimmung verweigert, gilt § 1452. 2

§ 1455 Verwaltungshandlungen ohne Mitwirkung des anderen Ehegatten

Jeder Ehegatte kann ohne Mitwirkung des anderen Ehegatten

1. **eine ihm angefallene Erbschaft oder ein ihm angefallenes Vermächtnis annehmen oder ausschlagen,**
2. **auf seinen Pflichtteil oder auf den Ausgleich eines Zugewinns verzichten,**
3. **ein Inventar über eine ihm oder dem anderen Ehegatten angefallene Erbschaft errichten, es sei denn, dass die dem anderen Ehegatten angefallene Erbschaft zu dessen Vorbehaltsgut oder Sondergut gehört,**
4. **einen ihm gemachten Vertragsantrag oder eine ihm gemachte Schenkung ablehnen,**
5. **ein sich auf das Gesamtgut beziehendes Rechtsgeschäft gegenüber dem anderen Ehegatten vornehmen,**
6. **ein zum Gesamtgut gehörendes Recht gegen den anderen Ehegatten gerichtlich geltend machen,**
7. **einen Rechtsstreit fortsetzen, der beim Eintritt der Gütergemeinschaft anhängig war,**
8. **ein zum Gesamtgut gehörendes Recht gegen einen Dritten gerichtlich geltend machen, wenn der andere Ehegatte ohne die erforderliche Zustimmung über das Recht verfügt hat,**
9. **ein Widerspruchsrecht gegenüber einer Zwangsvollstreckung in das Gesamtgut gerichtlich geltend machen,**
10. **die zur Erhaltung des Gesamtguts notwendigen Maßnahmen treffen, wenn mit dem Aufschub Gefahr verbunden ist.**

1. Grundsatz. Die Vorschrift stellt eine weitere **Ausnahme von der Mitwirkungspflicht** beider Ehegatten bei Verwaltungsmaßnahmen dar. Wo bei der Einzelverwaltung der von der Verwaltung ausgeschlossene Ehegatte ohne Zustimmung des Gesamtgutsverwalters handeln kann, muss erst recht bei gemeinschaftl Verwaltung ein Ehegatte ohne Mitwirkung des anderen tätig werden können. Darüber hinaus werden in einigen weiteren Fällen selbständige Befugnisse jedes Ehegatten begründet. In allen Fällen kommt es nicht darauf an, ob der andere Ehegatte an der Mitwirkung verhindert ist oder der Verwaltungshandlung widerspricht. Die Maßnahmen wirken für und gegen das Gesamtgut (soweit nicht die Ausnahmen nach § 1460 bis § 1462 eingreifen), die Ehegatten werden grds persönlich verpflichtet. **Beweislast** für Einzelbefugnis trägt der Handelnde. 1

2. Erbschaft, Vermächtnis, Vertragsantrag, Schenkung (Nr 1–4). Nr 1 bis 4 entsprechen dem § 1432. Vgl die dortigen Anm; jedoch bestimmt sich die Haftung des Gesamtguts für die Verbindlichkeiten der Ehegatten nach den §§ 1459ff. Ein **angenommenes Vermächtnis** fällt in das Gesamtgut; ein nachträgl Verzicht auf das Vermächtnis bedarf der Zustimmung des anderen Ehegatten, eine erweiternde Auslegung von Nr 1 und 2 scheidet insofern aus (Stuttgart ZEV 1997, 24). Eine nach **österr Recht** angefallene, aber noch nicht erworbene **Erbschaft** kann ohne Zustimmung des Ehegatten übertragen werden (OGH ZfRV 2004, 229). Zu Nr 3 ist zu bemerken, dass jeder Ehegatte, um die Gefahr der unbeschränkten Haftung des Gesamtguts und seiner unbeschränkten persönlichen Haftung für die Nachlassverbindlichkeiten abzuwenden, auch ein **Inventar** über eine dem anderen Ehegatten angefallene Erbschaft errichten kann; das gilt nur dann nicht, wenn die dem anderen angefallene Erbschaft zu dessen Vorbehalts- oder Sondergut gehört, weil dann keine Haftung des Gesamtguts und keine persönliche Haftung des nicht erbenden Ehegatten für die Nachlassverbindlichkeiten eintritt (§ 1461). Wegen der Bestimmung einer **Inventarfrist** auf Antrag eines Nachlassgläubigers und der Wirkung der Inventarerrichtung durch einen Ehegatten zugunsten beider vgl § 2008. 2

3. Rechtsgeschäft und Rechtsstreit gegenüber Ehegatten (Nr 5 und 6). Nr 5 und 6 stellen klar, dass jeder Ehegatte ein sich auf das Gesamtgut beziehendes Rechtsgeschäft ggü dem anderen Ehegatten allein vornehmen und ein zum Gesamtgut gehörendes Recht gegen den anderen gerichtlich geltend machen kann. In diesen Fällen ist wegen des bestehenden **Interessengegensatzes** ein gemeinschaftl rechtsgeschäftliches Handeln und ein ge- 3 meinschaftl Prozessieren der Ehegatten (§ 1450) nicht möglich. Ein Ehegatte kann also zB von dem anderen Ehegatten Nutzungsentschädigung für ein Grundstück (Oldenburg FamRZ 2011, 1059) oder Rückzahlung eines diesem aus dem Gesamtgut in sein Vorbehaltsgut gegebenen Darlehens fordern, notfalls mit Antrag nach § 266 I Nr 3 FamFG (vgl dazu aber § 1468). Bei der Einzelverwaltung gibt es das wegen des alleinigen Verwaltungsrechts des Gesamtgutsverwalters nicht.

4 **4. Fortsetzung eines Rechtsstreits (Nr 7).** Nr 7 entspricht § 1433; vgl die Erl dort.

5 **5. Revokationsrecht (Nr 8).** Nr 8 entspricht dem § 1428, vgl die Erl dort und zu § 1453. Nur der übergangene Ehegatte kann das **Revokationsrecht** allein ausüben; für den Handelnden gilt § 1450. Das Urteil wirkt ggü beiden Ehegatten; wegen der Kosten des Rechtsstreits vgl § 1460 II.

6 **6. Widerspruch gegen Zwangsvollstreckung (Nr 9).** Eine entspr Vorschrift fehlt bei der Einzelverwaltung. Bei gemeinschaftl Verwaltung wird wegen des in solchen Fällen häufig bestehenden Interessenkonflikts zw den Ehegatten jedem das Recht eingeräumt, Widerspruchsrechte aller Art ggü einer Zwangsvollstreckung in das Gesamtgut geltend zu machen, zB **Erinnerung** gem § 766 ZPO, dass der erforderliche Titel gegen beide Ehegatten (§ 740 II ZPO) nicht vorliege, **Vollstreckungsgegenklage** gem § 767 ZPO, dass die Schuld inzwischen getilgt sei, Beschwerde nach § 71 GBO gegen Eintragung einer Zwangshypothek (München FGPrax 2011, 18) oder auch **Widerspruchsklage** gem § 771 ZPO. Nach Beendigung der Zwangsvollstreckung kann der Ehegatte auch den Bereicherungsanspruch wegen unberechtigter Zwangsvollstreckung alleine geltend machen (BGHZ 83, 76, 78). Eine Widerspruchsklage wegen unberechtigter Inanspruchnahme seines Vorbehaltsguts oder Sonderguts kann ein Ehegatte schon nach §§ 1417, 1418 selbständig erheben.

7 **7. Erhaltungsmaßnahmen (Nr 10).** Es besteht ein Bedürfnis, dass bei gemeinschaftl Verwaltung jeder Ehegatte die zur Erhaltung des Gesamtguts notwendigen Maßnahmen allein treffen kann, wenn mit einem **Aufschub Gefahr** verbunden ist. Nach Beendigung der Gütergemeinschaft hat jeder Ehegatte diese Befugnis, auch wenn kein unaufschiebbarer Fall vorliegt (§ 1472 III Hs 2). Notwendige Maßnahmen können neben tatsächlichen Handlungen auch Rechtsgeschäfte mit Dritten oder die Führung eines Rechtsstreits sein (zB bei drohender Verjährung, BGH MDR 2014, 81), für die Anfechtung von Gesellschafterbeschlüssen vgl Saarbrücken NJW-RR 2002, 721. Erhaltungsmaßnahme kann auch die Beschwerde gegen die Nichteintragung eines Amtswiderspruchs (§ 53 GBO) sein, nicht jedoch ein Löschungsantrag (München FamRZ 2011, 1058). Für von dem Ehegatten hierbei eingegangene Verbindlichkeiten haftet das **Gesamtgut** und damit auch der andere Ehegatte **persönlich** als Gesamtschuldner (§§ 1459, 1460). Inwieweit notwendige Erhaltungsmaßnahmen in Betracht kommen und ob mit einem Aufschub Gefahr verbunden ist, ist nach obj Gesichtspunkten zu beurteilen, und zwar nach dem Zeitpunkt der Vornahme der Maßnahmen (vgl § 1429 Rn 1). Fehlt eine Gefahr, so besteht allenfalls Ersetzungsmöglichkeit nach § 1452. Ein Ehegatte ist dem anderen nach § 1359 **ersatzpflichtig**, wenn er einen Schaden dadurch herbeiführt, dass er bei Vornahme notwendiger Erhaltungsmaßnahmen die erforderliche Sorgfalt außer Acht lässt, aber auch wenn er erforderliche Maßnahmen schuldhaft unterlässt (vgl dazu § 1435 Rn 3); der andere muss sich uU eigenes Verschulden entgegenhalten lassen.

8 **8. Kosten eines Rechtsstreits.** In den Fällen der Nr 6–10 haftet für die **Kosten** des von einem Ehegatten geführten **Rechtsstreits** immer das Gesamtgut, auch wenn der Ehegatte zu Unrecht alleinige Klagebefugnis in Anspruch genommen hat (§ 1460 II). Wegen der Vollstreckung in das Gesamtgut vgl § 1459 Rn 4.

§ 1456 Selbständiges Erwerbsgeschäft

(1) Hat ein Ehegatte darin eingewilligt, dass der andere Ehegatte selbständig ein Erwerbsgeschäft betreibt, so ist seine Zustimmung zu solchen Rechtsgeschäften und Rechtsstreitigkeiten nicht erforderlich, die der Geschäftsbetrieb mit sich bringt. Einseitige Rechtsgeschäfte, die sich auf das Erwerbsgeschäft beziehen, sind dem Ehegatten gegenüber vorzunehmen, der das Erwerbsgeschäft betreibt.

(2) Weiß ein Ehegatte, dass der andere ein Erwerbsgeschäft betreibt, und hat er hiergegen keinen Einspruch eingelegt, so steht dies einer Einwilligung gleich.

(3) Dritten gegenüber ist ein Einspruch und der Widerruf der Einwilligung nur nach Maßgabe des § 1412 wirksam.

1 Die Vorschrift entspricht dem bei der Einzelverwaltung geltenden § 1431. Bei gemeinschaftl Verwaltung des Gesamtguts ist für beide Ehegatten der selbständige Betrieb eines Erwerbsgeschäfts ohne übermäßige Erschwerung des Rechtsverkehrs nur mit Hilfe dieser Vorschrift möglich. Sozialrechtl (BSGE 54, 173; 55, 174) und steuerrechtl (BFHE 72, 1099) ist der Ehegatte **Alleinunternehmer** iSv § 1 S 1 UStG, da er das Geschäft ohne Mitwirkung seines Ehegatten führt und insb dessen Zustimmung zu Rechtsgeschäften im Geschäftsbetrieb nicht bedarf. Allerdings kann Mitunternehmerschaft vorliegen (BFHE 69, 5; 131, 497; FG Düsseldorf EFG 2018, 1979; § 1416 Rn 1). Die eigene Unternehmerinitiative des anderen Ehegatten folgt aus seinen Mitwirkungs- und Kontrollrechten (BFH DStRE 2021, 491). Erwerbsgeschäft ist auch eine freiberufliche Tätigkeit, zB der Betrieb einer Arztpraxis (BGHZ 83, 76, 78; Karlsruhe OLG 1976, 333). Nicht mehr zum Erwerbsgeschäft einer Landwirtschaft sollen Streitigkeiten aus einem Flurbereinigungsverfahren gehören, da sie die „Existenzgrundlage" des Betriebs betreffen (so die kaum haltbare Ansicht bei BayVGH FamRZ 2015, 924; 23.9.2014 – 13 A 13.1959). Für die **Geschäftsschulden** haften das Gesamtgut und beide Ehegatten persönlich (§§ 1459, 1460). Es muss sich hierbei um Rechtsgeschäfte handeln, die mit dem Erwerbsgeschäft nach obj Verkehrsanschauung in Zusammenhang stehen

(BGHZ 83, 76, 79f). Kenntnis und fehlender Einspruch können durch Vorlage eines Anstellungsvertrags im Erwerbsgeschäft belegt werden (BGH GuT 2013, 137). Verweigert ein Ehegatte die Einwilligung zu dem Geschäftsbetrieb des anderen oder widerruft er sie, so ist **keine Ersetzung** durch das FamG möglich; § 1452 ist nicht anwendbar, da er sich nur auf einzelne Rechtsgeschäfte bezieht. UU kommt in einem solchen Falle aber Antrag auf **Aufhebung** der Gütergemeinschaft gem § 1469 Nr 2 in Betracht. IÜ gelten die Erl zu § 1431. Wegen der Vollstreckung vgl § 741 ZPO und § 1459 Rn 4.

§ 1457 Ungerechtfertigte Bereicherung des Gesamtguts

Wird durch ein Rechtsgeschäft, das ein Ehegatte ohne die erforderliche Zustimmung des anderen Ehegatten vornimmt, das Gesamtgut bereichert, so ist die Bereicherung nach den Vorschriften über die ungerechtfertigte Bereicherung aus dem Gesamtgut herauszugeben.

Die Vorschrift entspricht dem bei der Einzelverwaltung geltenden § 1434. Bei der gemeinschaftl Verwaltung kommt eine Bereicherung des Gesamtguts in Betracht, wenn ein Ehegatte außer in den Fällen der §§ 1452, 1454–1456 ein Rechtsgeschäft **ohne Zustimmung** des anderen abgeschlossen hat. Auf Herausgabe der Bereicherung als Gesamtgutsverbindlichkeit haften beide Ehegatten auch **persönlich** (§ 1459). Wegen weitergehender Ansprüche kann ein Dritter sich an das **Vorbehalts- und Sondergut** des Ehegatten halten, zu dem er in rechtsgeschäftliche Beziehungen getreten ist, und zwar anders als bei der Einzelverwaltung, wo in den Fällen der §§ 1423–1425 auch das Verpflichtungsgeschäft unwirksam ist, in jedem Falle (vgl § 1453 Rn 1). Darüber hinaus kann der Dritte sich an das Gesamtgut und an beide Ehegatten persönlich halten, wenn der eine Ehegatte sich ihm ggü einer **unerlaubten Handlung** schuldig gemacht hat (vgl § 1460 Rn 2). Das Gesamtgut haftet für den Anspruch auch im Innenverhältnis. § 818 IV, § 819 sind nur anwendbar, wenn die Voraussetzungen in der Person **beider Ehegatten** vorliegen. Vgl iÜ die Erl zu § 1434. 1

§ 1458 (aufgehoben)

Die Vorschrift behandelte einen Ehegatten, der unter **elterlicher Sorge** oder unter **Vormundschaft** stand. Durch das Gesetz zur Bekämpfung von Kinderehen v 17.7.2017 (BGBl I 2017, 2429) ist die Eheschließung von Minderjährigen abgeschafft worden, so dass Folgeregelungen, wie zB zur Verwaltung des Gesamtguts, entbehrlich sind (BT-Drs 18/12086, 21). Aus diesem Grund wurde § 1458 insg durch Art 1 Nr 26 des Gesetzes **aufgehoben**. Es fehlt an einer **Übergangsregelung**, dennoch bleibt die Vorschrift für bestehende Ehen eines Minderjährigen anwendbar. Zur Rechtslage eines minderjährigen oder unter Betreuung stehenden Ehegatten vgl § 1436 Rn 3, 4. 1

§ 1459 Gesamtgutsverbindlichkeiten; persönliche Haftung

(1) Die Gläubiger eines Ehegatten können, soweit sich aus den §§ 1460 bis 1462 nichts anderes ergibt, aus dem Gesamtgut Befriedigung verlangen (Gesamtgutsverbindlichkeiten).

(2) Für die Gesamtgutsverbindlichkeiten haften die Ehegatten auch persönlich als Gesamtschuldner. Fallen die Verbindlichkeiten im Verhältnis der Ehegatten zueinander einem der Ehegatten zur Last, so erlischt die Verbindlichkeit des anderen Ehegatten mit der Beendigung der Gütergemeinschaft.

1. Grundsatz. Die Vorschrift entspricht dem bei der Einzelverwaltung geltenden § 1437. Auch bei der gemeinschaftl Verwaltung gilt der Grundsatz, dass die Gläubiger beider Ehegatten aus dem **Gesamtgut**, regelmäßig der Hauptmasse des Vermögens der Ehegatten, Befriedigung verlangen können. Bei der gemeinschaftl Verwaltung sind aber beide Ehegatten einander gleichgestellt; auch die Haftung ggü den Gläubigern ist hier bei beiden die gleiche. Die Norm wurde redaktionell angepasst, so dass sie auch gleichgeschlechtliche Ehepaare erfasst (BT-Drs 19/4670, 26). 1

2. Haftung des Gesamtguts (Abs I). Das Gesamtgut haftet für die Verbindlichkeiten beider Ehegatten. Dieser Grundsatz darf aber im Interesse der Ehegatten und der Familie nicht uneingeschränkt durchgeführt werden. Das Gesamtgut **haftet nicht** in den Fällen der §§ 1460–1462. Ein Ehegatte wäre sonst nicht gegen ohne seine Zustimmung getroffene Maßnahmen des anderen geschützt. Nimmt ein Ehegatte während der Dauer der Gütergemeinschaft ein Rechtsgeschäft ohne Zustimmung des anderen vor (§ 1460), so haftet dem Vertragsgegner nur der Ehegatte, der das Rechtsgeschäft getätigt hat, mit seinem Vorbehalts- und Sondergut; das Gesamtgut haftet nicht. Die **Verpflichtungsfähigkeit** der Ehegatten ist – anders als bei der Einzelverwaltung die Verpflichtungsfähigkeit des Gesamtgutsverwalters (§§ 1423–1425) – nicht eingeschränkt (vgl dazu § 1453 Rn 1). Das Gesamtgut haftet jedoch, soweit es sich um Verbindlichkeiten eines Ehegatten handelt, die **vor Eintritt der Gütergemeinschaft** begründet worden sind, ferner für **gesetzl Verbindlichkeiten**, auch wenn sie während der Gütergemeinschaft entstanden sind, insb Unterhaltsverpflichtungen, Verbindlichkeiten aus GoA, §§ 812ff und Delikt. Die Haftung greift nicht ein, wenn die Verbindlichkeit auf einer Tätigkeit als amtl bestellter Pfleger oder Betreuer beruht (Frankfurt FamRZ 1983, 173). Vgl iÜ die Erl zu den §§ 1460–1462. 2

3. Persönliche Haftung der Ehegatten (Abs II). Während bei der Einzelverwaltung nur eine persönliche Haftung des Gesamtgutsverwalters für alle Gesamtgutsverbindlichkeiten besteht (§ 1437), haften bei der gemeinschaftl Verwaltung **beide Ehegatten** für die Gesamtgutsverbindlichkeiten auch **persönlich als Gesamtschuldner**, 3 dh auch mit ihrem Vorbehalts- und Sondergut. Da beide das Gesamtgut verwalten, müssen sie auch beide die Haftung übernehmen, die bei der Einzelverwaltung nur den Gesamtgutsverwalter trifft. Während ein Ehegatte gegen rechtsgeschäftliche Verpflichtungen des anderen geschützt ist, sofern er ihnen nicht ausdrückl oder stillschw zugestimmt hat oder einer der Ausnahmefälle der §§ 1454–1456 vorliegt, versagt dieser Schutz bei **kraft Gesetzes** entstehenden Verbindlichkeiten des anderen Ehegatten (vgl Rn 2). Hier zeigt sich die Gefährlichkeit der gemeinschaftl Verwaltung. Das Gesamtgut und auch das Vorbehalts- und Sondergut eines Ehegatten können ohne weiteres für alle nicht auf Rechtsgeschäft beruhenden Verbindlichkeiten des anderen Ehegatten in Anspruch genommen werden; ferner auch für alle **rechtsgeschäftlichen Schulden** des anderen, die **vor Eintritt der Gütergemeinschaft** entstanden sind. Die persönliche Haftung eines Ehegatten – nicht die Haftung des Gesamtguts – erlischt aber nach Abs II S 2 mit **Beendigung der Gütergemeinschaft**, nicht erst mit der Auseinandersetzung, soweit Verbindlichkeiten im Verhältnis der Ehegatten zueinander dem anderen Ehegatten zur Last fallen (§§ 1463–1466). Vgl iÜ § 1437 Rn 2.

4 **4. Zwangsvollstreckung in das Gesamtgut.** Zur **Zwangsvollstreckung** in das Gesamtgut ist bei gemeinschaftl Verwaltung ein Leistungstitel gegen beide Ehegatten erforderlich (§ 740 II ZPO; München FamRZ 2013, 1404). **Getrennte Titulierung** genügt, sofern es sich um denselben Schuldgrund handelt, zB Darlehen und Bürgschaftserklärung hierzu (Zweibrücken FGPrax 2009, 107, 108). Aus den Titeln muss sich aber die gesamtschuldnerische Haftung aufgrund desselben Lebenssachverhalts zweifelsfrei ergeben (München FamRZ 2013, 1403). Ein **Duldungstitel** gegen einen von beiden genügt nicht (NK/*Völker* § 1416 Rn 21; MüKo/*Münch* Rn 11; aA MüKo/*Kanzleiter*[7] Rn 10; *Tiedtke* FamRZ 1975, 539). Auch hier gilt, wenn ein Ehegatte selbständig ein Erwerbsgeschäft betreibt (§ 1456), die Ausnahme des § 741 ZPO (vgl dazu auch § 774 ZPO). Nach Beendigung der Gütergemeinschaft ist aber § 743 ZPO maßgebend (vgl dazu § 1431 Rn 5). Führt ein Ehegatte einen **Rechtsstreit** aufgrund eines Ersetzungsbeschlusses des FamG (§ 1452), so muss ein Urteil für und gegen beide Ehegatten ergehen, das zur Zwangsvollstreckung in das Gesamtgut geeignet ist. Das Gleiche gilt, wenn ein Ehegatte bei Krankheit oder Abwesenheit des anderen nach § 1454 im Namen beider Ehegatten prozessiert. In den Fällen des § 1455 Nr 7 wird die Vollstreckung in das Gesamtgut durch § 742 ZPO geregelt. Soweit iÜ ein Ehegatte einen Rechtsstreit allein geführt hat, ist Vollstreckung des Urteils in das Gesamtgut nur möglich, wenn auch ein **zusätzl Titel** gegen den anderen Ehegatten erwirkt wird. Das gilt auch dann, wenn die in dem Urteil gegen den einen Ehegatten festgestellte Verbindlichkeit eine Gesamtgutsverbindlichkeit ist, für die nach materiellem Recht (§§ 1459, 1460) beide Ehegatten als Gesamtschuldner haften, auch für die Kosten eines Rechtsstreits, für die nach § 1460 II das Gesamtgut immer haftet, auch wenn das Urteil dem Gesamtgut ggü nicht wirksam ist (vgl iÜ § 1437 Rn 3). Widerspruchsrechte ggü einer Zwangsvollstreckung in das Gesamtgut kann jeder Ehegatte ohne Mitwirkung des anderen geltend machen (§ 1455 Nr 9, § 1455 Rn 6); er kann sich aber nicht auf Verletzung seines Besitzes oder Gewahrsams berufen (§ 739 ZPO, § 1362 Rn 12).

5 **5. Insolvenz. Insolvenz bei gemeinschaftl Verwaltung des Gesamtguts.** Anders als bei der Einzelverwaltung wird das Gesamtgut durch das Insolvenzverfahren über das Vermögen eines oder beider Ehegatten nicht berührt (§ 37 II InsO). Der Antrag auf Eröffnung des Insolvenzverfahrens kann außer von jedem Insolvenzgläubiger von jedem Ehegatten gestellt werden, ist aber, sofern er nicht von beiden zusammen gestellt wird, nur zuzulassen, wenn die Zahlungsunfähigkeit glaubhaft gemacht wird (§ 333 II 2 InsO). Während der Insolvenz kann die **persönliche Haftung** nach Abs II nur vom Insolvenzverwalter oder Sachwalter geltend gemacht werden, § 334 I InsO. Vgl ferner wegen eines Nachlassinsolvenzverfahrens, falls der Nachlass zum Gesamtgut gehört, die §§ 315–331 InsO.

6 **6. Abdingbarkeit.** Durch **Vereinbarung** mit den Gläubigern können die Ehegatten ihre Haftung einschränken. Durch Vertrag zw den Ehegatten kann ihre Haftung ggü den Gläubigern nicht abgeändert werden.

§ 1460 Haftung des Gesamtguts

(1) Das Gesamtgut haftet für eine Verbindlichkeit aus einem Rechtsgeschäft, das ein Ehegatte während der Gütergemeinschaft vornimmt, nur dann, wenn der andere Ehegatte dem Rechtsgeschäft zustimmt oder wenn das Rechtsgeschäft ohne seine Zustimmung für das Gesamtgut wirksam ist.

(2) Für die Kosten eines Rechtsstreits haftet das Gesamtgut auch dann, wenn das Urteil dem Gesamtgut gegenüber nicht wirksam ist.

1 **1. Grundsatz.** Die Vorschrift entspricht dem bei der Einzelverwaltung geltenden § 1438. Sie stellt die erste und bedeutsamste **Ausnahme** von dem Grundsatz der Haftung des Gesamtguts für die Verbindlichkeiten beider Ehegatten (§ 1459) auf. Die umfassende Haftung des Gesamtguts soll für rechtsgeschäftliche Verbindlichkeiten eingeschränkt werden.

2 **2. Verbindlichkeiten des anderen Ehegatten, die keine Gesamtgutsverbindlichkeiten sind (Abs I).** Das Gesamtgut haftet nach § 1459 grds für die Verbindlichkeiten beider Ehegatten. Für von einem Ehegatten während der Gütergemeinschaft vorgenommene Rechtsgeschäfte gilt das aber nur, wenn der andere zugestimmt hat, oder wenn das Rechtsgeschäft ohne seine Zustimmung für das Gesamtgut wirksam ist, dh wenn ein Ehegatte ohne Zustimmung des anderen mit Wirkung für das Gesamtgut handeln kann; es sind dies die Fälle der §§ 1452, 1454–1456, ferner des § 1357 (Schlüsselgewalt). Die **Beweislast** hierfür trägt der Gläubiger (Zweibrücken FGPrax 2009, 107, 108). Für rechtsgeschäftliche Verbindlichkeiten eines Ehegatten aus der Zeit **vor Beginn der Güter-**

gemeinschaft sowie für **kraft Gesetzes** entstandene Verbindlichkeiten eines Ehegatten haftet das Gesamtgut unbeschränkt, soweit nicht die weiteren Ausnahmen der §§ 1461, 1462 eingreifen. Wenn es an der erforderlichen Zustimmung eines Ehegatten fehlt, haftet der andere nur mit seinem **Vorbehalts- und Sondergut**. Ein Ehegatte kann zustimmen, aber seine persönliche Haftung oder die des Gesamtguts durch Vereinbarung mit dem Gläubiger ausschließen. Das Gesamtgut und damit beide Ehegatten persönlich (§ 1459 II) haften auch, wenn sich aus einem dem Gesamtgut ggü nicht wirksamen Rechtsgeschäft eines Ehegatten etwa Ansprüche eines Dritten aus **ungerechtfertigter Bereicherung** des Gesamtguts (vgl dazu § 1457) oder aus **unerlaubter Handlung** eines Ehegatten ergeben, wenn zB ein Ehegatte die Zustimmung des anderen vorgespiegelt hat, aber dann nur auf das negative Interesse. § 1460 greift nicht ein, wenn die Verbindlichkeit auf hoheitlicher Bestellung zum Pfleger oder Betreuer beruht (Frankfurt FamRZ 1983, 173).

3. Kosten eines Rechtsstreits (Abs II). Für die Kosten eines Rechtsstreits, den ein Ehegatte führt, haftet das **Gesamtgut** in jedem Falle und damit auch der andere Ehegatte **persönlich**, auch dann, wenn der Rechtsstreit das Vorbehalts- oder Sondergut des Ehegatten oder eine persönliche Angelegenheit eines Ehegatten betrifft und dem Gesamtgut ggü unwirksam ist (BGHZ 83, 76, 82), vgl wegen des Innenverhältnisses §§ 1463–1465. Nach § 740 II ZPO ist aber **Vollstreckung** in das Gesamtgut nur aufgrund eines Titels gegen beide Ehegatten möglich (vgl iÜ § 1459 Rn 4 und § 1438 Rn 2, 3). Ein Kostentitel gegen einen Ehegatten kann nicht entspr § 742 ZPO auf den anderen erstreckt werden (Stuttgart FamRZ 1987, 304; aA Nürnberg JurBüro 1978, 762). 3

§ 1461 Keine Haftung bei Erwerb einer Erbschaft

Das Gesamtgut haftet nicht für Verbindlichkeiten eines Ehegatten, die durch den Erwerb einer Erbschaft oder eines Vermächtnisses entstehen, wenn der Ehegatte die Erbschaft oder das Vermächtnis während der Gütergemeinschaft als Vorbehaltsgut oder als Sondergut erwirbt.

Die Vorschrift entspricht dem bei Einzelverwaltung geltenden § 1439. Sie enthält eine weitere **Ausnahme** von dem Grundsatz des § 1459. Die Haftung des Gesamtguts und damit auch die persönliche Haftung beider Ehegatten ist ausgeschlossen bei Verbindlichkeiten, die sich daraus ergeben, dass ein Ehegatte **während der Gütergemeinschaft** eine Erbschaft oder ein Vermächtnis als **Vorbehaltsgut oder Sondergut** erwirbt. Insoweit haftet nur der Erbe oder Vermächtnisinhaber mit seinem Vorbehalts- und Sondergut; daher ist der andere Ehegatte in einem solchen Falle auch nicht zur Inventarerrichtung berechtigt (§ 1455 Nr 3). Bei Erwerb von Erbschaft oder Vermächtnis zum **Gesamtgut** haftet dieses (§ 1455 Nr 1, § 1460). Für Verbindlichkeiten aus einer Schenkung an einen Ehegatten haftet das Gesamtgut nach § 1460 nur, wenn der andere Ehegatte zugestimmt hat (vgl auch § 1455 Nr 4) oder wenn die Erbschaft bzw das Vermächtnis vor Eintritt der Gütergemeinschaft erworben wurde. Vgl iÜ die Erl zu § 1439, insb hinsichtl des Erwerbs zum Sondergut. 1

§ 1462 Haftung für Vorbehalts- oder Sondergut

Das Gesamtgut haftet nicht für eine Verbindlichkeit eines Ehegatten, die während der Gütergemeinschaft infolge eines zum Vorbehaltsgut oder zum Sondergut gehörenden Rechts oder des Besitzes einer dazu gehörenden Sache entsteht. Das Gesamtgut haftet jedoch, wenn das Recht oder die Sache zu einem Erwerbsgeschäft gehört, das ein Ehegatte mit Einwilligung des anderen Ehegatten selbständig betreibt, oder wenn die Verbindlichkeit zu den Lasten des Sonderguts gehört, die aus den Einkünften beglichen zu werden pflegen.

Die Vorschrift entspricht dem bei Einzelverwaltung geltenden § 1440. Sie stellt eine weitere **Ausnahme** von dem Grundsatz des § 1459 auf. Die Haftung des Gesamtguts und damit die persönliche Haftung des anderen Ehegatten wird ausgeschlossen für Verbindlichkeiten eines Ehegatten, die dessen **Vorbehalts- oder Sondergut** betreffen (**S 1**). Das gilt aber nicht für Verbindlichkeiten vor Eingehung der Gütergemeinschaft (§ 1460 Rn 2) sowie im Rahmen eines selbständigen Erwerbsgeschäfts, das der eine Ehegatte mit Einwilligung oder ohne Einspruch des anderen betreibt (§ 1456) und für Verbindlichkeiten des Sonderguts, die üblicherweise aus den Einkünften beglichen werden, weil das Sondergut für Rechnung des Gesamtguts verwaltet wird (§ 1417 III 2), **S 2**. Vgl iÜ die Erl zu § 1440. 1

§ 1463 Haftung im Innenverhältnis

Im Verhältnis der Ehegatten zueinander fallen folgende Gesamtgutsverbindlichkeiten dem Ehegatten zur Last, in dessen Person sie entstehen:

1. **die Verbindlichkeiten aus einer unerlaubten Handlung, die er nach Eintritt der Gütergemeinschaft begeht, oder aus einem Strafverfahren, das wegen einer solchen Handlung gegen ihn gerichtet wird,**
2. **die Verbindlichkeiten aus einem sich auf sein Vorbehaltsgut oder sein Sondergut beziehenden Rechtsverhältnis, auch wenn sie vor Eintritt der Gütergemeinschaft oder vor der Zeit entstanden sind, zu der das Gut Vorbehaltsgut oder Sondergut geworden ist,**
3. **die Kosten eines Rechtsstreits über eine der in den Nummern 1 und 2 bezeichneten Verbindlichkeiten.**

Die Vorschrift entspricht dem bei Einzelverwaltung geltenden § 1441. Vgl die Erl dort. 1

§ 1464 Verbindlichkeiten des Sonderguts und eines Erwerbsgeschäfts

Die Vorschriften des § 1463 Nr. 2, 3 gelten nicht, wenn die Verbindlichkeiten zu den Lasten des Sonderguts gehören, die aus den Einkünften beglichen zu werden pflegen. Die Vorschriften gelten auch dann nicht, wenn die Verbindlichkeiten durch den Betrieb eines für Rechnung des Gesamtguts geführten Erwerbsgeschäfts oder infolge eines zu einem solchen Erwerbsgeschäft gehörenden Rechts oder des Besitzes einer dazu gehörenden Sache entstehen.

1 Die Vorschrift entspricht dem bei der Einzelverwaltung geltenden § 1442. Vgl die Erl dort.

§ 1465 Prozesskosten

(1) Im Verhältnis der Ehegatten zueinander fallen die Kosten eines Rechtsstreits, den die Ehegatten miteinander führen, dem Ehegatten zur Last, der sie nach allgemeinen Vorschriften zu tragen hat.

(2) Führt ein Ehegatte einen Rechtsstreit mit einem Dritten, so fallen die Kosten des Rechtsstreits im Verhältnis der Ehegatten zueinander dem Ehegatten zur Last, der den Rechtsstreit führt. Die Kosten fallen jedoch dem Gesamtgut zur Last, wenn das Urteil dem Gesamtgut gegenüber wirksam ist oder wenn der Rechtsstreit eine persönliche Angelegenheit oder eine Gesamtgutsverbindlichkeit des Ehegatten betrifft und die Aufwendung der Kosten den Umständen nach geboten ist; § 1463 Nr. 3 und § 1464 bleiben unberührt.

1 Die Vorschrift entspricht dem bei der Einzelverwaltung geltenden § 1443. Die Kosten eines **Rechtsstreits der Ehegatten miteinander** (**Abs I**) stimmt mit § 1443 I überein (vgl § 1443 Rn 1). **Abs II** regelt abw von § 1443 II die Frage, wer im Innenverhältnis der Ehegatten die Kosten des **Rechtsstreits eines Ehegatten mit einem Dritten** zu tragen hat für beide Ehegatten in gleicher Weise. Grds fallen die Kosten dem Ehegatten zur Last, der den Rechtsstreit geführt hat. Das Gesamtgut hat aber die Kosten zu tragen, wenn das in dem Rechtsstreit ergangene Urteil dem **Gesamtgut ggü wirksam** ist, dh in den Fällen der §§ 1452, 1454–1456, soweit diese einen Ehegatten berechtigen, einen sich auf das Gesamtgut beziehenden Rechtsstreit allein zu führen, oder wenn der andere Ehegatte der Prozessführung zugestimmt hat oder das FamG seine Zustimmung ersetzt hat (§ 1452 I). Die Kosten fallen dem Gesamtgut auch dann zur Last, wenn der Rechtsstreit eine persönliche Angelegenheit oder eine Gesamtgutsverbindlichkeit eines Ehegatten betraf, jedoch nur in der den Umständen nach gebotenen Höhe und unbeschadet der Bestimmungen des § 1463 Nr 3 und des § 1464. Vgl iÜ die Erl zu § 1443 und wegen der Erstattung der Kosten aus dem Gesamtgut oder zum Gesamtgut § 1468.

§ 1466 Kosten der Ausstattung eines nicht gemeinschaftlichen Kindes

Im Verhältnis der Ehegatten zueinander fallen die Kosten der Ausstattung eines nicht gemeinschaftlichen Kindes dem Vater oder der Mutter des Kindes zur Last.

1 Die Vorschrift entspricht dem bei Einzelverwaltung geltenden § 1444 II 1. Bei gemeinschaftl Verwaltung können die Ehegatten aus dem Gesamtgut eine Ausstattung grds rechtswirksam **nur gemeinschaftl versprechen** und gewähren. Die Zustimmung des einen kann auf Antrag des anderen durch das FamG ersetzt werden, sofern die Voraussetzungen des § 1452 vorliegen. Es bedarf daher keiner Regelung des Falles, dass eine **übermäßige Ausstattung** gewährt wird. Sollten ausnahmsw in einem solchen Fall die Voraussetzungen des § 1454 vorliegen, so ist eine Ersatzpflicht wegen Gewährung einer übermäßigen Ausstattung aus § 1359 nicht ausgeschlossen. Soweit iÜ ein Ehegatte allein eine Ausstattung aus dem Gesamtgut gibt, kann der andere deren Rückgabe verlangen (§§ 1453, 1455 Nr 8).

2 Die von den Ehegatten gemeinschaftl gewährte Ausstattung für ein **gemeinschaftl Kind** fällt naturgemäß dem Gesamtgut zur Last, dagegen die Ausstattung eines **nicht gemeinschaftl Kindes** dem Vater oder der Mutter des Kindes; der Stiefelternteil kann sich aber ausdrückl oder stillschw damit einverstanden erklären, dass das Gesamtgut die Ausstattung trägt (aA Grü/*Siede* Rn 1).

§ 1467 Ausgleichung zwischen Vorbehalts-, Sonder- und Gesamtgut

(1) Verwendet ein Ehegatte Gesamtgut in sein Vorbehaltsgut oder in sein Sondergut, so hat er den Wert des Verwendeten zum Gesamtgut zu ersetzen.

(2) Verwendet ein Ehegatte Vorbehaltsgut oder Sondergut in das Gesamtgut, so kann er Ersatz aus dem Gesamtgut verlangen.

1 Die Vorschrift entspricht dem bei Einzelverwaltung geltenden § 1445. Sie begründet aber anders als diese Bestimmungen Verwendungsansprüche **für und gegen beide Ehegatten**, soweit es sich um das Verhältnis des Gesamtguts zum Vorbehaltsgut oder Sondergut eines Ehegatten handelt. Ein **Ausgleich zw dem Vorbehaltsgut oder Sondergut** eines Ehegatten und dem des anderen regelt sich nach den allg Grundsätzen. Für die Fälligkeit der Ansprüche gilt § 1468. Der **Verzicht** auf einen Ausgleichanspruch kann eine schenkungsteuerpflichtige Zuwendung darstellen (FG Münster EFG 1993, 589, 590). Vgl iÜ Erl zu § 1445.

§ 1468 Fälligkeit des Ausgleichsanspruchs

Was ein Ehegatte zum Gesamtgut oder was er zum Vorbehaltsgut oder Sondergut des anderen Ehegatten schuldet, braucht er erst nach Beendigung der Gütergemeinschaft zu leisten; soweit jedoch das Vorbehaltsgut und das Sondergut des Schuldners ausreichen, hat er die Schuld schon vorher zu berichtigen.

Die Vorschrift entspricht dem bei Einzelverwaltung geltenden § 1446. Die **Fälligkeit der Schulden** bestimmt sich danach, ob Vorbehaltsgut und Sondergut des Schuldners ausreichen. Wenn das der Fall ist, kann der Schuldner von dem anderen Ehegatten nach den allg Fälligkeitsbestimmungen (§ 271) angehalten werden, notfalls mit Antrag nach § 261 I FamFG, eine Schuld **an dessen Vorbehaltsgut oder Sondergut** zu erfüllen und gem § 1455 Nr 5, 6 auch, eine Schuld an das Gesamtgut zu tilgen. Vgl iÜ § 1446 Rn 1, 4. 1

§ 1469 Aufhebungsantrag

Jeder Ehegatte kann die Aufhebung der Gütergemeinschaft beantragen,

1. **wenn seine Rechte für die Zukunft dadurch erheblich gefährdet werden können, dass der andere Ehegatte ohne seine Mitwirkung Verwaltungshandlungen vornimmt, die nur gemeinschaftlich vorgenommen werden dürfen,**
2. **wenn der andere Ehegatte sich ohne ausreichenden Grund beharrlich weigert, zur ordnungsmäßigen Verwaltung des Gesamtguts mitzuwirken,**
3. **wenn der andere Ehegatte seine Verpflichtung, zum Familienunterhalt beizutragen, verletzt hat und für die Zukunft eine erhebliche Gefährdung des Unterhalts zu besorgen ist,**
4. **wenn das Gesamtgut durch Verbindlichkeiten, die in der Person des anderen Ehegatten entstanden sind und diesem im Verhältnis der Ehegatten zueinander zur Last fallen, in solchem Maße überschuldet ist, dass sein späterer Erwerb erheblich gefährdet wird,**
5. **wenn die Wahrnehmung eines Rechts des anderen Ehegatten, das sich aus der Gütergemeinschaft ergibt, vom Aufgabenkreis eines Betreuers erfasst wird.**

1. Grundsatz. Die Vorschrift entspricht den bei Einzelverwaltung geltenden §§ 1447, 1448. Nicht vorgesehen ist, dass ein Ehegatte **Umwandlung** der gemeinschaftl Verwaltung in Einzelverwaltung mit ihm als Verwalter des Gesamtguts verlangen kann. Eine solche Umwandlung kann aber durch Ehevertrag vereinbart werden. 1

2. Eigenmächtiges Handeln (Nr 1). Die gemeinschaftl Verwaltung beruht auf dem Grundsatz, dass die Ehegatten zusammenwirken. Ausnahmen: §§ 1452, 1454–1456. Ein eigenmächtiges Handeln eines Ehegatten in anderen Fällen kann das Vertrauensverhältnis, auf dem die gemeinschaftl Verwaltung aufgebaut ist, zerstören. Es kann sich hierbei sowohl um **tatsächliche Verwaltungshandlungen** als auch um **Rechtsgeschäfte** mit Dritten handeln. Ein Ehegatte ist aber zum Aufhebungsantrag nicht ohne weiteres berechtigt, sondern nur dann, wenn seine Rechte für die Zukunft durch das eigenmächtige Handeln des anderen **erheblich gefährdet** werden können, insb also, wenn zu erwarten ist, dass der Ehegatte das eigenmächtige Handeln fortsetzt und dadurch den Bestand des Gesamtguts und den Familienunterhalt erheblich gefährdet, möglicherweise aber auch schon dann, wenn allein die bisher eigenmächtig vorgenommenen Verwaltungshandlungen eine Gefahr für die Rechte des anderen Ehegatten heraufbeschwören. Es genügt die nicht entfernte **Möglichkeit einer Gefährdung**; nicht erforderlich ist, dass eine Gefährdung bei Erhebung des Antrags bereits eingetreten ist. Dabei ist zu beachten, dass, wenn eine von einem Ehegatten ohne die erforderliche Zustimmung des anderen vorgenommene Verwaltungshandlung eine **unerlaubte Handlung** ggü einem Dritten darstellt, das Gesamtgut und der andere Ehegatte persönlich dem Dritten für den diesem entstandenen Schaden haften (vgl § 1460 Rn 2). Statt des Aufhebungsantrags kann der Ehegatte gem § 1455 Nr 8 gegen den Dritten gerichtlich vorgehen oder gem § 1455 Nr 5 und 6 den Ersatzanspruch gegen seinen Ehegatten geltend machen, sofern dessen Vorbehaltsgut und Sondergut ausreichen (§ 1468). 2

3. Verweigerung der Mitwirkung (Nr 2). Ein Ehegatte kann bei der gemeinschaftl Verwaltung auch dadurch die Grundlage der Gemeinschaft stören, dass er es an der erforderlichen Mitwirkung bei der ordnungsmäßigen Verwaltung des Gesamtguts fehlen lässt (§ 1451). Bei **rechtsgeschäftlichen Maßnahmen** und **Rechtsstreitigkeiten** wird es allerdings häufig genügen, dass er seine Zustimmung erteilt, ggf im Grundbuchverkehr in der nach § 29 GBO erforderlichen Form. Er kann sich uU sogar durch eine allg Vollmacht an den anderen Ehegatten von einer persönlichen Mitwirkung weitgehend freistellen. Wenn er aber seine Zustimmung zu den erforderlichen Maßnahmen ohne ausreichenden Grund wiederholt versagt oder wenn er es an der nach Lage der Sache gebotenen Beteiligung an den notwendigen **tatsächlichen Verwaltungsmaßnahmen** (zB Bebauung des Landes, Pflege des Viehs) fehlen lässt, so ist dem anderen Ehegatten uU nicht mehr zuzumuten, an der Gütergemeinschaft festzuhalten; zum Aufhebungsantrag ist er aber erst dann berechtigt, wenn sein Ehegatte sich **ohne ausreichenden Grund beharrlich** weigert, das seinerseits Erforderliche zur ordnungsmäßigem Verwaltung des Gesamtguts zu tun. Die Weigerung muss wiederholt erfolgt und trotz **Abmahnung** (vgl § 314 II 1) fortgesetzt worden sein. Soweit es sich um Rechtsgeschäfte und Rechtsstreitigkeiten handelt, wird ein Ehegatte es im Allg zunächst einmal mit einer Anrufung des FamG gem § 1452 als einem **milderen Mittel** versuchen müssen. Es ist ihm aber nicht zuzumuten, diesen Weg immer wieder zu beschreiten. Ist ein Ehegatte mit ausreichendem Grund, zB wegen Krankheit, Alters, Abwesenheit oder anderweitiger starker Inanspruchnahme, nicht imstande, persönlich in hinreichendem Maße bei der ordnungsmäßigen Verwaltung des Gesamtguts mitzuwirken, so muss er für **geeignete** 3

Vertretung sorgen; wenn er auch das beharrlich ablehnt, kann das Aufhebungsbegehren des anderen gerechtfertigt sein. Die Voraussetzungen der Nr 2 können auch dann gegeben sein, wenn ein Ehegatte wiederholt nicht ordnungsmäßige Verwaltungshandlungen vornimmt und sich beharrlich weigert, dies zu unterlassen; uU können also Nr 1 und Nr 2 zusammentreffen, zB ein Ehegatte nimmt gegen den Widerspruch des anderen unvernünftige Anschaffungen vor und weigert sich fortgesetzt, davon abzulassen und die Ausgaben in angemessenem Rahmen zu halten.

4 **4. Verletzung der Unterhaltspflicht (Nr 3).** Nr 3 entspricht § 1447 Nr 2, vgl die Erl dort.

5 **5. Überschuldung (Nr 4).** Nr 4 entspricht § 1447 Nr 3 und § 1448. Die Überschuldung des Gesamtguts muss durch Verbindlichkeiten eingetreten sein, die in der Person des anderen Ehegatten entstanden sind, für die aber das Gesamtgut nach § 1459 haftet und die dem anderen Ehegatten im Innenverhältnis gem den §§ 1463–1466 zur Last fallen. Überschuldung von dessen **Vorbehalts- und Sondergut** allein reicht nicht aus. Vgl iÜ § 1447 Rn 4 und die Erl zu § 1448.

6 **6. Betreuerbestellung (Nr 5).** Nr 5 entspricht § 1447 Nr 4, vgl § 1447 Rn 5. Will der Ehegatte des Betreuten nicht gemeinsam mit dem Betreuer die Verwaltung ausüben, ist er darauf beschränkt, die **Aufhebungsklage** zu erheben, vgl die Erl zu § 1458.

7 **7. Verfahrensrecht.** Es gilt sinngemäß das in § 1447 Rn 6 Gesagte. **Antragsgegner** ist der andere Ehegatte, ggf sein Vormund, Pfleger oder Betreuer. Bei etwa erforderlichen Sicherungsmaßnahmen sind die für die gemeinschaftl Verwaltung geltenden besonderen Grundsätze zu berücksichtigen, insb die §§ 1450, 1452, 1458. Im Wege der **einstw Verfügung** kann dem klagenden Ehegatten die alleinige Verwaltung nicht übertragen oder die Gemeinschaft aufgehoben werden.

§ 1470 Wirkung der richterlichen Aufhebungsentscheidung

(1) Mit der Rechtskraft der richterlichen Entscheidung ist die Gütergemeinschaft aufgehoben; für die Zukunft gilt Gütertrennung.

(2) Dritten gegenüber ist die Aufhebung der Gütergemeinschaft nur nach Maßgabe des § 1412 wirksam.

1 Die Vorschrift entspricht dem für die Einzelverwaltung geltenden § 1449. Vgl die Erl dort. Anstelle des § 1437 II 2 gilt § 1459 II 2.

Unterkapitel 4
Auseinandersetzung des Gesamtguts (§§ 1471–1482)

§ 1471 Beginn der Auseinandersetzung

(1) Nach der Beendigung der Gütergemeinschaft setzen sich die Ehegatten über das Gesamtgut auseinander.

(2) Bis zur Auseinandersetzung gelten für das Gesamtgut die Vorschriften des § 1419.

1 **1. Allgemeines.** §§ 1471–1473 behandeln das Rechtsverhältnis von der Beendigung der Gütergemeinschaft bis zur Auseinandersetzung (dazu *Klein* FuR 1995, 165, 249). Es handelt sich grds um abschließende Regelungen; ein Rückgriff auf die §§ 741ff ist nicht möglich (Hamm 8.3.2016 – 3 UF 83/15). Während dieser Zeit besteht das Gesamthandsverhältnis fort. Das Gesamtgut bleibt eine **gemeinschaftl Vermögensmasse**, wenn auch in Liquidation (BGH NJW-RR 1985, 3066; Frankfurt FamFR 2013, 475; Koblenz OLGRp 2006, 960; FamRZ 2006, 40). Eine steuerliche Mitunternehmerschaft bleibt bis zur Auseinandersetzung bestehen (BFH/NV 2012, 411; FG Düsseldorf EFG 2018, 1979). Sie ist nicht schon dadurch beendet, dass ein Ehegatte die ihm aufgrund der Gütergemeinschaft zustehenden Rechte tatsächlich nicht mehr in Anspruch nimmt (BFH DStRE 2021, 491). Der Ehegatte kann weder über seinen Anteil am Gesamtgut noch über den Anteil an den einzelnen Gegenständen verfügen (**Abs II**); möglich ist dagegen eine Verpflichtung über das bei der Auseinandersetzung Erlangte, und zwar auch hinsichtl einzelner Gegenstände. Zulässig ist auch, eine Verfügung von Todes wegen über den Anteil zu treffen (zB Erbeinsetzung oder Vermächtnisanordnung, s § 1419 Rn 2). Es treten aber in der Gestaltung des Gesamthandverhältnisses wesentliche Änderungen ein. Jeder Ehegatte kann nunmehr **Auseinandersetzung** verlangen (zu ehevertragl Vereinbarungen für die Auseinandersetzung des Gesamtguts vgl *Stumpp* Rpfleger 1979, 441); das Gesamtgut wird jetzt **gemeinschaftl verwaltet**, auch wenn vorher ein Ehegatte das Alleinverwaltungsrecht hatte; der Erwerb wird nicht mehr Gesamtgut, soweit nicht § 1473 eingreift, die neu eingegangenen Verbindlichkeiten sind nicht mehr solche des Gesamtguts (RGZ 136, 21; s auch BayOblG FamRZ 2004, 879), wohl aber die bei Auseinandersetzung bestehenden (Frankfurt FamFR 2013, 475). Ergänzend sind die §§ 741ff über die Gemeinschaft anwendbar. Eine Eintragung im Grundbuch ist zulässig (Colmar OLG 9, 331; KGJ 50, 152; NK/*Völker* Rn 11; MüKo/*Münch* Rn 13; aA MüKo/*Kanzleiter*[7] Rn 10).

2 **2. Auseinandersetzung (Abs I).** § 1471 gibt einen klagbaren **Anspruch auf Auseinandersetzung** hinsichtl des Gesamtguts; Sondergut und Vorbehaltsgut sind bereits getrennte Vermögensmassen. Ausscheiden aus dem Gesamtgut durch einseitige Verzichtserklärung ist unmöglich (RGZ 79, 352). Die Auseinandersetzung erfolgt nach den §§ 1475–1481, soweit die Ehegatten keine andere Regelung getroffen haben. Vertragl Ausschluss der Auseinandersetzung ist in den Grenzen von § 749 II, III, § 750 zulässig (RGZ 89, 292; Soergel/*Gaul* Rn 5;

MüKo/*Münch* Rn 16; Grü/*Siede* Rn 1; aA NK/*Völker* Rn 5; Staudinger/*Thiele* Rn 3; *Gernhuber/Coester-Waltjen* § 38 X Rn 121). Die Bestimmungen der §§ 1361a, 1361b, 1568a, 1568b verdrängen in ihrem Anwendungsbereich die §§ 1471ff, also nur bzgl der Regelung der Besitz- und Nutzungsverhältnisse an **Ehewohnung** und **Haushaltsgegenständen**. Dass der Erwerb des Gesamtguts ausschließlich auf der Tätigkeit eines Ehegatten beruht, macht das Verlangen des anderen nicht sittenwidrig (RG WarnRspr 1925, 58). Dem Auseinandersetzungsverlangen kann jedoch im Einzelfall der Einwand unzulässiger Rechtsausübung entgegengesetzt werden (BGH FamRZ 1988, 813); ausnahmsw auch Korrektur des Ergebnisses über § 242 möglich (BGH FamRZ 1987, 43).

3. Auseinandersetzung mit Erbengemeinschaft. Tritt für einen der Ehegatten dessen Erbengemeinschaft ein, 3
so ergibt sich ein **doppeltes Gesamthandsverhältnis**, in Ansehung des Gesamtguts und des Nachlasses, für das die jew Vorschriften gelten. Gesamtgutsverbindlichkeiten bleiben solche und stellen bis zur Teilung des Gesamtguts keine Nachlassverbindlichkeiten dar, so dass weder eine Nachlassverwaltung noch eine Inventarerrichtung möglich sind (RGZ 79, 355; *Ruby* ZEV 2017, 72, 74). Der Miterbe hat nach § 2033 das Recht zur Verfügung über seinen Anteil am Nachlass auch dann, wenn dieser lediglich aus dem Anteil am Gesamtgut besteht, und verfügt damit mittelbar auch über diesen (Colmar OLG 32, 408). Richtiger ist es, zw der rechtsgeschäftlichen Verfügung über den Miterbenanteil und dem damit zusammenhängenden gesetzl Übergang seines Anteils am Gesamtgut zu unterscheiden. Eine Feststellung, dass bestimmte Gegenstände des Gesamtguts ganz oder teilw zum Nachlass gehören, ist noch nicht möglich (Hamburg OLG 9, 154). **Jeder Miterbe** kann nach § 2040 Auseinandersetzung wegen des Nachlasses und damit des Gesamtguts fordern (Posen OLG 36, 198). Die Auseinandersetzung des **Gesamtguts** muss **vor der Auseinandersetzung des Nachlasses** erfolgen. Die Vermittlung der Auseinandersetzung nach § 373 I FamFG erfolgt wegen der Sachnähe durch den für die Vermittlung zur Nachlassauseinandersetzung zuständigen Notar, § 344 V 1 FamFG. Über Eintragung im Grundbuch für diesen Fall vgl Colmar RJA 13, 263.

4. Zwangsvollstreckung und Insolvenz. Gem § 860 II ZPO ist nach Beendigung der Gütergemeinschaft der 4
Anteil eines Ehegatten am Gesamtgut **pfändbar**; er gehört damit nach §§ 35, 36 I InsO auch zur Insolvenzmasse. Pfändung des Anteils an den einzelnen Gegenständen bleibt unzulässig. Die Auseinandersetzung zw dem Ehegatten und der Erbengemeinschaft des verstorbenen Ehegatten erfolgt außerhalb des Insolvenzverfahrens, § 84 InsO.

§ 1472 Gemeinschaftliche Verwaltung des Gesamtguts

(1) Bis zur Auseinandersetzung verwalten die Ehegatten das Gesamtgut gemeinschaftlich.

(2) Jeder Ehegatte darf das Gesamtgut in derselben Weise wie vor der Beendigung der Gütergemeinschaft verwalten, bis er von der Beendigung Kenntnis erlangt oder sie kennen muss. Ein Dritter kann sich hierauf nicht berufen, wenn er bei der Vornahme eines Rechtsgeschäfts weiß oder wissen muss, dass die Gütergemeinschaft beendet ist.

(3) Jeder Ehegatte ist dem anderen gegenüber verpflichtet, zu Maßregeln mitzuwirken, die zur ordnungsmäßigen Verwaltung des Gesamtguts erforderlich sind; die zur Erhaltung notwendigen Maßregeln kann jeder Ehegatte allein treffen.

(4) Endet die Gütergemeinschaft durch den Tod eines Ehegatten, so hat der überlebende Ehegatte die Geschäfte, die zur ordnungsmäßigen Verwaltung erforderlich sind und nicht ohne Gefahr aufgeschoben werden können, so lange zu führen, bis der Erbe anderweit Fürsorge treffen kann. Diese Verpflichtung besteht nicht, wenn der verstorbene Ehegatte das Gesamtgut allein verwaltet hat.

1. Gemeinschaftliche Verwaltung (Abs I). Die Verwaltung des Gesamtguts steht, auch nach Erklärung der 1
Übernahme durch einen Ehegatten (Stuttgart NJW 1950, 70), bis zur Auseinandersetzung den Ehegatten gemeinschaftl zu (Hamm FamRZ 1979, 810), auch wenn bisher ein Ehegatte das Gesamtgut allein verwaltet hat. Der andere hat dann Anspruch auf Einräumung des **Mitbesitzes** an allen Sachen des Gesamtguts (Hamm SeuffA 72, 13); er hat Anspruch auf Einsichtnahme in die das Gesamtgut betreffenden Urkunden (Hamburg OLG 2, 484), auf Auskunft über den Stand des Gesamtguts (Hamburg Recht 1915, 1563; Nürnberg OLG 24, 13; Hamm FamRZ 1979, 811); Verpflichtung des bisherigen Verwalters zur Offenbarung durch Versicherung an Eides statt nach § 260 II (Staudinger/*Thiele* Rn 4). Jeder Ehegatte verpflichtet nunmehr, soweit nicht beide gemeinschaftl handeln, nur sich persönlich, nicht auch den anderen und das Gesamtgut, und haftet dem Gläubiger nach § 860 II ZPO mit seinem Anteil (RG Recht 1926, 1680). Die bei gemeinschaftl Verwaltung während der Dauer der Gütergemeinschaft geltenden Vorschriften, insb § 1450 II, §§ 1452, 1454–1456, 1458 sind nicht mehr anwendbar. Bei von beiden vorgenommenen **Verpflichtungsgeschäften** entstehen Gesamtschulden (§ 427), keine Gesamtgutsverbindlichkeiten (BayObLG FamRZ 2004, 879); dies kann aber vereinbart werden (München FamRZ 1996, 291). Zu einer **Verfügung** müssen beide zusammenwirken (gemeinschaftl oder mit Zustimmung des anderen, vgl Erl zu § 2040; RGZ 108, 281, 285); bei Überschreitung gelten die §§ 177ff, 182ff (RGZ 139, 122). Ausnahmen in Abs III Hs 2 und Abs IV. Deshalb ist an **beide Ehegatten zu leisten**, jeder Ehegatte kann nur Leistung an beide fordern oder aber Hinterlegung oder Ablieferung an einen Verwahrer für beide in entspr Anwendung von § 2039 (WarnRspr 1913, 150; BGH FamRZ 1958, 459 zur fortgesetzten Gütergemeinschaft; Staudinger/*Thiele* Rn 7, hM). Der **Wohnvorteil** des unterhaltsverpflichteten Ehegatten, der in dem im Gesamtgut stehenden Haus verblieben ist, ist auch nach der Scheidung nur zur Hälfte zuzurechnen, solange die Gütergemeinschaft nicht auseinander gesetzt ist (Nürnberg NJW-RR 1997, 1361, 1362). **Einseitige Rechtsgeschäfte** sind beiden gemeinsam

ggü vorzunehmen, **Rechtsstreitigkeiten** sind aktiv und passiv im Namen beider zu führen (RGZ 108, 281, 285). Ausnahmen wie bei Verfügungen. Ist ein Rechtsstreit über eine Gesamtgutsverbindlichkeit gegen den früheren Gesamtgutsverwalter anhängig, so muss der Gläubiger auch den anderen Ehegatten verklagen, wenn er in das Gesamtgut vollstrecken will, da nach Beendigung der Gütergemeinschaft ein Urteil gegen den verwaltenden Ehegatten nicht genügt. Nach § 743 ZPO müssen **beide Ehegatten verklagt** werden, und zwar entweder beide auf Leistung, wenn beide für die Gesamtgutsverbindlichkeiten persönlich haften oder der persönlich Haftende auf Leistung und der andere auf Duldung der Zwangsvollstreckung. Die Beendigung der Gütergemeinschaft ändert nichts an der Haftung der Ehegatten. Die Verpflichtung zur Duldung der Zwangsvollstreckung ergibt sich aus der gemeinschaftl Verwaltung (RGZ 118, 126, 131).

2 **2. Mitwirkungspflicht (Abs III).** Abs III gibt jedem Ehegatten einen **klagbaren Anspruch auf Mitwirkung** zu ordnungsmäßigen Verwaltungshandlungen. Deshalb kann das FamG fehlende Mitwirkungshandlungen **nicht ersetzen** (Frankfurt FamRZ 2006, 1678). Ordnungsmäßig ist eine Verwaltung, die unter Beachtung der Grundsätze vernünftiger Wirtschaftsführung und Anlegung eines obj Maßstabs auf Erhaltung, Sicherung und Vermehrung des Gesamtgutes im Interesse der Ehegatten und etwaiger Kinder abzielt (BayObLG FamRZ 2004, 879). Eine ordnungsmäßige Verwaltungshandlung kann auch die Gewährung des Unterhalts an denjenigen, der nicht das Gesamtgut besitzt (Hamburg Recht 1918, 726) oder die Vermietung eines Gesamtgutgrundstücks sein (Frankfurt FamRZ 2006, 1678). Ordnungsmäßig ist auch die Entrichtung einer Nutzungsvergütung (die allerdings den Ehegatten/Lebenspartnern gemeinschaftl zusteht, s § 1473 Rn 1) für das Bewohnen der ehemaligen Ehewohnung durch einen Ehegatten (BGH NJW-RR 2008, 1674; Hamm 8.3.2016 – 3 UF 83/15; Frankfurt FamFR 2013, 475). Diese Mitwirkungspflicht besteht nur dem anderen Ehegatten, nicht aber dem Dritten ggü (BGH FamRZ 1958, 459). Ein Interesse eines Übernahmeberechtigten (§ 1477 II) an künftiger Nutzung ist zu berücksichtigen (BayObLG FamRZ 2005, 109). Verletzung der Mitwirkungspflicht kann analog § 1435 S 3 zu Schadensersatzansprüchen führen (Frankfurt FamFR 2013, 475), die aber der Liquidationsgemeinschaft, nicht dem anderen Ehegatten zustehen (Frankfurt FamFR 2013, 475). Zweifelhaft ist, ob aus der Vorschrift ein Anspruch (gegen die Gesamthand bzw auf Zustimmung des anderen) auf teilw Auszahlung einer von einem Ehegatten ins Gesamtgut geschuldeten Nutzungsvergütung hergeleitet werden kann (so Hamm 8.3.2016 – 3 UF 83/15). Solche Auszahlungen müssen jedenfalls nach § 1467 I, § 1468 dem Gesamtgut erstattet werden (Hamm 8.3.2016 – 3 UF 83/15). Die zur Erhaltung des Gesamtgutes **notwendigen Maßnahmen** kann jeder Ehegatte selbständig vornehmen. Diese Regelung ist der des § 1455 Nr 10 ähnl, nur ist hier keine Gefahr erforderlich. Notwendig kann auch die Klage auf Herausgabe eines Gegenstands gegen Dritte (RGZ 48, 269) oder die Erhebung einer Widerklage wegen zu befürchtender Verjährung eines Anspruchs sein (BGH MDR 2014, 81; München 11.4.2012 – 20 U 5075/11). Nicht notwendig ist die Renovierung eines Einfamilienhauses zum Zwecke der Neuvermietung (Frankfurt FamFR 2013, 475). Vgl iÜ § 1455 Rn 7.

3 **3. Fortführung der früheren Verwaltung. a) Bei Gutgläubigkeit (Abs II).** Die Vorschrift soll sowohl den gutgläubigen Verwalter als auch den Dritten schützen. Der Ehegatte darf die Verwaltung in demselben Umfang wie vor Beendigung der Gütergemeinschaft weiterführen, bis er von der Beendigung Kenntnis hat oder sie kennen muss. Seine Verwaltungshandlungen sind sowohl dem Ehegatten als auch dem Dritten ggü wirksam. Ihm schadet bereits **leichte Fahrlässigkeit.** Bei Rechtsgeschäften mit Dritten ist neben dem guten Glauben des Ehegatten außerdem noch **guter Glaube des Dritten** erforderlich (ähnl bei §§ 674, 169). Ist nur einer bösgläubig, so entfällt Abs II. Der gute Glaube bezieht sich auf den Wegfall der früher vorhanden gewesenen Verwaltungsbefugnis (RGZ 136, 19, 23). Für den Ausschluss der Gutgläubigkeit genügt es, wenn der verwaltende Ehegatte oder der Dritte die für die Beendigung maßgebenden Tatsachen kannte oder kennen musste, zB die Scheidung, Eheaufhebung (vgl Augsburg OLG 40, 75). Kenntnis der daraus resultierenden Folgen ist nicht erforderlich. Für die Gutgläubigkeit genügt es nicht, wenn sie irrigerweise glaubten, der Ehegatte handle nicht in der Stellung eines Verwalters des ihm nicht allein gehörenden Gesamtguts, sondern kraft eigenen Verfügungsrechts. Bei Fehlen der Gutgläubigkeit Rechtsfolgen nach §§ 177ff, 677, 812 (zweifelnd Frankfurt FamFR 2013, 475). § 1359 spielt für die Frage des guten Glaubens keine Rolle. Die abgeschwächte Haftung des § 1359 ist nur von Bedeutung für die sich aus der Verwaltungstätigkeit ergebende **Haftung.**

4 **b) Nach dem Tode eines Ehegatten (Abs IV).** Der bereits vor dem Tode des anderen verwaltende oder mitverwaltende Ehegatte ist im Interesse der Erben berechtigt und verpflichtet, die zur ordnungsmäßigen Verwaltung erforderlichen Geschäfte so lange zu führen, bis die Erben selbst Fürsorge treffen können. Die Verpflichtung besteht aber nur für die Vornahme **notwendiger Maßnahmen**; vgl dazu die Erl zu § 1451. Die Verpflichtung des Abs IV trifft den das Gesamtgut bisher nicht verwaltenden Ehegatten nicht (S 2). Der andere Ehegatte hat kein Notverwaltungsrecht nach § 1429 (wohl aber nach Abs III). Außerdem ist erforderlich, dass **Gefahr im Verzuge** ist, vgl hierzu die Erl zu § 1429.

§ 1473 Unmittelbare Ersetzung

(1) Was aufgrund eines zum Gesamtgut gehörenden Rechts oder als Ersatz für die Zerstörung, Beschädigung oder Entziehung eines zum Gesamtgut gehörenden Gegenstands oder durch ein Rechtsgeschäft erworben wird, das sich auf das Gesamtgut bezieht, wird Gesamtgut.

(2) Gehört eine Forderung, die durch Rechtsgeschäft erworben ist, zum Gesamtgut, so braucht der Schuldner dies erst dann gegen sich gelten zu lassen, wenn er erfährt, dass die Forderung zum Gesamtgut gehört; die Vorschriften der §§ 406 bis 408 sind entsprechend anzuwenden.

1. Surrogation (Abs I). Während der Dauer der Gütergemeinschaft fällt aller Erwerb der Ehegatten in das Gesamtgut, soweit er nicht ausnahmsw in das Vorbehaltsgut oder Sondergut eines Ehegatten fällt (§§ 1417, 1418). Nach Beendigung der Gütergemeinschaft erwirbt jeder Ehegatte grds für sich. Eine Ausnahme gilt nur im Rahmen der dinglichen Surrogation. Erfasst wird Erwerb aufgrund eines zum **Gesamtgut gehörenden Rechts**, zB gezogene Nutzungen, wie Früchte, Zinsen, Nutzungsentschädigungen oder Mieteinkünfte (BGH NJW 1984, 2353; NJW-RR 2008, 1674; Hamm 8.3.2016 – 3 UF 83/15; Frankfurt FamFR 2013, 475; Nürnberg NJW-RR 1997, 1361, 1362); **Ersatz** für zerstörte, beschädigte oder entzogene Gesamtgutsgegenstände, zB Versicherungsleistung, Schadensersatz, Entschädigung; **gesamtgutsbezogene Rechtsgeschäfte**, wobei der wirtschaftliche Zusammenhang und der Wille, für das Gesamtgut zu erwerben, genügen. Es gilt also nach Beendigung der Gütergemeinschaft bis zur Auseinandersetzung für das Gesamtgut dasselbe, was während der Gütergemeinschaft gem § 1418 II Nr 3 für das Vorbehaltsgut gilt, vgl § 1418 Rn 4. Leistet ein Ehegatte eine Nutzungsentschädigung für das Bewohnen der ehemaligen Ehewohnung in das Gesamtgut, handelt es sich um einen Aktivposten der Gesamthand, nicht um einen isolierten Zahlungsanspruch des anderen Ehegatten (Frankfurt FamFR 2013, 475). Die Vorschrift ist bei Ausübung des Rechts auf **Übernahme eingebrachter Gegenstände** nach § 1477 II 2 nicht anwendbar (Düsseldorf FamRZ 1993, 194). 1

2. Schutz Dritter (Abs II). Schutzvorschrift für den gutgläubigen **Schuldner einer rechtsgeschäftlichen Forderung**, die nach Beendigung der Gütergemeinschaft durch Rechtsgeschäft erworben und die nach § 1473 I Bestandteil des Gesamtguts geworden ist. Der Schuldner braucht die Zugehörigkeit einer solchen Forderung zum Gesamtgut, also die Verfügungsbeschränkungen, denen die Ehegatten nach §§ 1471, 1472 unterliegen, erst dann gegen sich gelten zu lassen, wenn er positive Kenntnis davon hat; **Kennenmüssen** genügt nicht (RGZ 135, 251; Grü/*Siede* Rn 2); selbst die Eintragung der Beendigung der Gütergemeinschaft im Güterrechtsregister oder die grob fahrlässige Unkenntnis der Beendigung, die nach § 1412 gegen den Schuldner wirksam würde, kann wegen § 1473 II die positive Kenntnis nicht ersetzen. §§ 406–408 sind entspr anwendbar. 2

§ 1474 Durchführung der Auseinandersetzung

Die Ehegatten setzen sich, soweit sie nichts anderes vereinbaren, nach den §§ 1475 bis 1481 auseinander.

1. Inhalt der Auseinandersetzung. Vgl insg zur Auseinandersetzung *Kappler* FamRZ 2010, 1294; *Klein* FuR 1995, 165 und 249. Sie bestimmt sich in erster Linie nach einer etwaigen **Vereinbarung der Parteien**, die aber nicht die Rechte Dritter beeinträchtigen darf (§ 1480). Eine Inhaltskontrolle findet nur nach Maßgabe der §§ 138, 242 statt (Frankfurt FamFR 2013, 475). Die Ehegatten können – auch wenn dies zu Folgeproblemen in der Auseinandersetzung führt – die Auskehrung von Früchten an einen von ihnen vereinbaren (Frankfurt FamFR 2013, 475). Soweit diese Vereinbarung nur die nach der Beendigung der Gütergemeinschaft vorzunehmende Auseinandersetzung betrifft, ist sie nicht Ehevertrag und bedarf folglich nicht dessen Form (RGZ 89, 294; Saarbrücken NJW 2020, 3179). Bei **Fehlen einer Vereinbarung** greifen die §§ 1475–1481 ein. Der Auseinandersetzungsvertrag hat nur schuldrechtl Wirkung (KGJ 50, 152). Ansprüche aus dem Auseinandersetzungsvertrag, auch wegen Wegfalls der Geschäftsgrundlage (§ 313) und Nichtigkeit, gehören vor das FamG (BGH FamRZ 1980, 989, vgl § 23a I 1 Nr 1, § 23b GVG; § 111 Nr 9, § 261 I FamFG). Die Auseinandersetzung tritt erst mit **Erfüllung** der in dem Vertrag übernommenen Verpflichtungen ein. Dabei ist zu beachten, dass der Leistungsvollzug in der Form des jew vorgeschriebenen Übertragungsaktes erfolgt (RG WarnRspr 1922, 55), bei Grundstücken ist also Auflassung erforderlich; das gilt auch bei Umwandlung von Gesamthandseigentum in Bruchteilseigentum (RGZ 57, 432). Übernimmt der überlebende Ehegatte bei unbeerbter Ehe das ganze Gesamtgut gegen Abfindung der übrigen Erben, so handelt es sich um eine Verfügung dieser Erben über ihren Nachlass, § 2033 I; besondere Übertragungsakte für die einzelnen Gegenstände sind nicht erforderlich; die Umschreibung im Grundbuch kann im Wege der Berichtigung durchgeführt werden (KG RJA 3, 262). 1

2. Vermittlungsverfahren. Auf Antrag jedes Beteiligten vermittelt der Notar (§ 23a III GVG, § 342 II Nr 1 FamFG) die Auseinandersetzung, § 373 I FamFG. Die **Zuständigkeit** bestimmt sich nach § 344 V, IVa 3, 4 FamFG. **Antragsberechtigt** sind jeder Ehegatte, die Erben eines verstorbenen Ehegatten, Pfändungsgläubiger, Insolvenzverwalter. **Kosten**: 6,0 Gebühren nach Tabelle B mit Ermäßigungstatbeständen, falls das Verfahren vorzeitig endet, Nr 23900ff KV GNotKG aus dem Aktivwert des Gesamtguts bzw des auseinanderzusetzenden Teils, § 118a GNotKG. Wegen des Verfahrens vgl Horndasch/Viefhues/*Heinemann* § 344 FamFG Rn 52ff, § 373 FamFG Rn 8ff. 2

3. Streitige Auseinandersetzung. Kommt es zu keiner Einigung, so muss die Auseinandersetzung im Wege eines **Familienstreitverfahrens** durchgeführt werden; zuständig ist das FamG (BGH NJW-RR 1998, 1219; vgl § 23a I 1 Nr 1, § 23b GVG; § 111 Nr 9, § 261 I FamFG; öOGH ZfRV 1999, 189: keine Zuständigkeit des Außerstreitgerichts). Erfolgloses Vermittlungsverfahren ist keine Antragsvoraussetzung (unklar Oldenburg FamRZ 2011, 1059). Zum Auseinandersetzungsantrag *Kappler* FamRZ 2007, 696. Die Entscheidung kann auch bereits im Verbundverfahren erfolgen, (BGH FamRZ 1982, 991, vgl § 137 II Nr 4 FamFG). Die Durchsetzung erfolgt durch Antrag auf Zustimmung zu einem bestimmten Teilungsplan. Eine **Gestaltungsfreiheit des Richters** gibt es nicht (BGH FamRZ 1988, 813). Der Auseinandersetzungsantrag ist nur begründet, wenn der verfolgte **Aus-** 3

einandersetzungsplan in seiner Gesamtheit den gesetzl Teilungsregeln entspricht (Oldenburg FamRZ 2011, 1059). Daher ist ein Auseinandersetzungsantrag bereits unbegründet, wenn der Antragsteller eine Auseinandersetzung in der von ihr begehrten Weise auch nur in einem Einzelpunkt nicht verlangen kann (Koblenz FamRZ 2006, 40). Der **Streitwert** für die Auseinandersetzung einer Gütergemeinschaft richtet sich nach dem begehrten Anteil. Dies gilt auch dann, wenn die Parteien sich vergleichen und auch nur zT um die Art der Teilung streiten (Düsseldorf FamRZ 2007, 572).

§ 1475 Berichtigung der Gesamtgutsverbindlichkeiten

(1) Die Ehegatten haben zunächst die Gesamtgutsverbindlichkeiten zu berichtigen. Ist eine Verbindlichkeit noch nicht fällig oder ist sie streitig, so müssen die Ehegatten zurückbehalten, was zur Berichtigung dieser Verbindlichkeit erforderlich ist.

(2) Fällt eine Gesamtgutsverbindlichkeit im Verhältnis der Ehegatten zueinander einem der Ehegatten allein zur Last, so kann dieser nicht verlangen, dass die Verbindlichkeit aus dem Gesamtgut berichtigt wird.

(3) Das Gesamtgut ist in Geld umzusetzen, soweit dies erforderlich ist, um die Gesamtgutsverbindlichkeiten zu berichtigen.

1 **1. Erfüllung von Gesamtgutsverbindlichkeiten (Abs I).** Die Vorschrift liegt im Interesse der Gläubiger. Gesamtgutsverbindlichkeiten vgl §§ 1437, 1459. Dazu gehören auch Ansprüche eines Ehegatten auf Ersatz aus dem Gesamtgut, § 1435 S 3, § 1445 II, § 1467 I. Diese Ersatzansprüche werden erst mit Beendigung der Gütergemeinschaft fällig, §§ 1446, 1468; dann auch Aufrechnung zulässig. Die Berichtigung der Ansprüche kann nach §§ 362ff, 372ff, 387ff, 397 erfolgen. Mitwirkungspflicht des anderen Ehegatten folgt aus § 1472 III (Oldenburg FamRZ 2011, 1059). Berichtigung ist auch dadurch möglich, dass ein Ehegatte die Verbindlichkeit als alleiniger Schuldner übernimmt und der Gläubiger den anderen Ehegatten aus der Haftung entlässt (BGH FamRZ 1986, 40; 1985, 903). **Keine Gesamtgutsverbindlichkeiten** sind Schulden, die erst nach Beendigung der Gütergemeinschaft begründet worden sind, auch wenn beide Ehegatten gemeinschaftl gehandelt haben (BayObLG FamRZ 1989, 1119; München FamRZ 1996, 170; vgl aber auch München FamRZ 1996, 291). Soweit eine Gesamtgutsverbindlichkeit noch **nicht fällig** oder **str** ist, dh auch dann, wenn nur über die interne Haftung Meinungsverschiedenheiten unter den Ehegatten bestehen, wird das zur Berichtigung Erforderliche zurückbehalten (Abs I S 2) und bleibt in gemeinsamer Verwaltung, § 1472 I. Sicherheitsleistung oder Hinterlegung kann nicht gefordert werden. Dritte können daraus überhaupt keine Ansprüche geltend machen. **Verstößt** ein Ehegatte gegen Abs I, so haftet er Dritten nach § 1480, dem anderen Ehegatten nach § 1481. Berichtigt werden zunächst die durch Titel gesicherten Forderungen, dann die Übrigen nach der Reihenfolge der Anmeldungen; bei Unzulänglichkeit des Gesamtguts erfolgt verhältnismäßige Befriedigung.

2 **2. Interne Haftung eines Ehegatten (Abs II).** Fällt eine Gesamtgutsverbindlichkeit im **Innenverhältnis** einem der Ehegatten zur Last (§§ 1441–1444, 1463–1466), so bezweckt Abs II den Schutz des anderen. Dessen persönliche Haftung mit seinem Vorbehalts- oder Sondergut ist in diesem Fall gem § 1437 II 2, § 1459 II 2 bereits mit Beendigung der Gütergemeinschaft erloschen. Der persönlich haftende Ehegatte kann die Berichtigung aus dem Gesamtgut nicht verlangen, wohl aber der andere wegen seiner nach § 1480 eintretenden Haftung. Ein **selbständiger Gesamtschuldnerausgleich** findet vor der Auseinandersetzung nicht statt (Zweibrücken FamRZ 1992, 821).

3 **3. Verwertung des Gesamtguts (Abs III).** Soweit zur Berichtigung der Gesamtgutsverbindlichkeiten erforderlich, ist das Gesamtgut zu versilbern. Die Art der Umsetzung richtet sich in erster Linie nach der Vereinbarung der Ehegatten. Können sich die Ehegatten nicht einigen, so Auseinandersetzungsantrag (ausf Koblenz FamRZ 2006, 40). Das gilt auch für den Fall von **Ersatzansprüchen eines Ehegatten** gegen das Gesamtgut (RGZ 73, 41), da er nichts in natura zu übernehmen braucht, § 1477 II.

§ 1476 Teilung des Überschusses

(1) Der Überschuss, der nach der Berichtigung der Gesamtgutsverbindlichkeiten verbleibt, gebührt den Ehegatten zu gleichen Teilen.

(2) Was einer der Ehegatten zum Gesamtgut zu ersetzen hat, muss er sich auf seinen Teil anrechnen lassen. Soweit er den Ersatz nicht auf diese Weise leistet, bleibt er dem anderen Ehegatten verpflichtet.

1 **1. Halbteilung des Überschusses (Abs I).** Überschuss ist der nach Berichtigung der Gesamtgutsverbindlichkeiten und Zurückbehaltung des dafür Erforderlichen (§ 1475 I 2) verbleibende Rest des Gesamtguts. Zum **Aktivbestand hinzuzurechnen** ist das, was ein Ehegatte zum Gesamtgut schuldet. Der so verbleibende Überschuss gebührt beiden Ehegatten **zu gleichen Teilen**, ohne Rücksicht darauf, was jeder eingebracht hat (BayObLG Recht 1906, 1655). Dass das Gesamtgut im Wesentlichen durch die Tätigkeit des anderen erworben ist, macht auch das Verlangen nach solcher Teilung nicht unsittlich (RG WarnRspr 1925, 58). Die einzige Ausnahme bildet § 1478.

2 **2. Anrechnung (Abs II).** Was ein Ehegatte zum Gesamtgut ersetzen muss, hat er sich bei der Auseinandersetzung anrechnen zu lassen. Er hat ein **Recht auf Verrechnung** und braucht folglich nur insoweit Ersatz zum Gesamtgut zu leisten, wie dies zur Berichtigung von Gesamtgutsverbindlichkeiten erforderlich ist. Dies gilt auch

dann, wenn das Übernahmerecht schon vor der Teilung des übrigen Gesamtguts ausgeübt wird (BGHZ 171, 24, 27 = NJW 2007, 1879, 1880; DNotZ 1989, 702). Ist noch nicht absehbar, ob der Wert des restlichen Auseinandersetzungsguthabens den Wert der übernommenen Sache erreicht, kann der andere Ehegatte im Rahmen eines Zurückbehaltungsrechts nach § 273 **Sicherheitsleistung** bis zur Höhe des hälftigen Werts der übernommenen Sache verlangen (BGH NJW 2007, 1879, 1881; 2008, 2983, 2985). Die Vorschrift steht einer Erfüllung einzelner Ansprüche vor Auseinandersetzung des Gesamtguts nicht entgegen (Hamm 8.3.2016 – 3 UF 83/15). Das Gesamtgut einschl der gegen ihn bestehenden Forderung wird geteilt und seine Schuld von der auf ihn entfallenden Hälfte abgezogen. Ist seine Schuld größer als die Hälfte, so bleibt er insoweit dem anderen persönlich mit Vorbehalts- und Sondergut verpflichtet.

§ 1477 Durchführung der Teilung

(1) Der Überschuss wird nach den Vorschriften über die Gemeinschaft geteilt.

(2) Jeder Ehegatte kann gegen Ersatz des Wertes die Sachen übernehmen, die ausschließlich zu seinem persönlichen Gebrauch bestimmt sind, insbesondere Kleider, Schmucksachen und Arbeitsgeräte. Das Gleiche gilt für die Gegenstände, die ein Ehegatte in die Gütergemeinschaft eingebracht oder während der Gütergemeinschaft durch Erbfolge, durch Vermächtnis oder mit Rücksicht auf ein künftiges Erbrecht, durch Schenkung oder als Ausstattung erworben hat.

1. Grundsatz (Abs I). Aus dem **Recht der Gemeinschaft** sind anwendbar §§ 752–757 mit Ausnahme des § 755 I und III; an dessen Stelle tritt § 1475. Die Teilung erfolgt also grds in Natur, § 752, hilfsweise durch Verkauf, § 753. Besteht auf einer Seite eine **Erbengemeinschaft**, so genügt die Zerlegbarkeit des zu teilenden Gegenstandes in zwei gleichartige Teile. Die Erbengemeinschaft setzt sich ihrerseits nach erbrechtl Grundsätzen auseinander. Der Anspruch aus dem Auseinandersetzungsguthaben, das einem Ehegatten wegen **Beteiligung an einer OHG** zusteht, muss zum Zwecke der Teilung verkauft werden (RGZ 146, 284). Hat ein Ehegatte gegen den anderen eine Forderung aus Güterrecht, so kann er deren Befriedigung aus der auf den anderen entfallenden Hälfte fordern, § 756; diese muss also notfalls versilbert werden. Das gilt auch für Forderungen aus der Zeit der gemeinschaftl Verwaltung, also nach Beendigung der Gütergemeinschaft, und für Kosten der Auseinandersetzung. Der Anspruch richtet sich auch gegen den **Sonderrechtsnachfolger**, etwa den Pfändungspfandgläubiger, § 755 II. 1

2. Übernahmerecht (Abs II). Das Übernahmerecht bezieht sich auf die ausschließlich zum **persönlichen Gebrauch** eines Gatten bestimmten Sachen (**S 1**), wobei gelegentlicher Mitgebrauch des anderen nicht schadet, vgl zum Begriff § 1362 Rn 13, die in das Gesamtgut **eingebrachten Gegenstände**, welche bereits bei Beginn der Gütergemeinschaft sein Eigentum waren, und zwar ganz, nicht nur teilw (RG JR 1925, 780), und die während der Gütergemeinschaft aus den **aufgezählten Rechtsgründen** (Erbfolge, Vermächtnis, Schenkung, Ausstattung) erworbenen Sachen, vgl hierzu auch § 1478 Rn 4 (**S 2**). Gegenstand iSv § 1477 kann auch ein schuldrechtl Anspruch auf Eigentumsübertragung sein, der in das Gesamtgut eingebracht worden ist (Düsseldorf FamRZ 1993, 194; Stuttgart FamRZ 1996, 1474). Für die **Surrogate** dieser Sachen gilt **nicht** das Gleiche (Hamburg OLG 7, 405). Ein in die Gütergemeinschaft eingebrachtes Grundstück wird nicht dadurch zum Surrogat, dass im Lauf der Ehezeit Umbauten, Neubauten oder Ausbauten vorgenommen worden sind (Nürnberg OLG 1982, 375); das Gleiche gilt für Grundstücke, die dem Flurbereinigungsverfahren unterlegen haben (Bamberg FamRZ 1983, 72f) und für den Erwerb im Rahmen einer Erbauseinandersetzung gegen Abfindung (BGH FamRZ 1998, 817). 2

3. Ausübung des Übernahmerechts. Das Übernahmerecht ist **nicht höchstpersönlich** (Hamburg OLG 24, 79), es kann durch Rechtsnachfolger, auch durch den Testamentsvollstrecker ausgeübt werden (RGZ 85, 4). Übernahme ist durch **formlose empfangsbedürftige Erklärung** bis zur Durchführung der Auseinandersetzung möglich (München FamRZ 1988, 1275), sie ist unwiderruflich; das Recht dazu geht auch nicht durch Klage auf Auseinandersetzung in anderer Form verloren. Die Übernahme gem § 1477 II kann mit der Auseinandersetzung des Gesamtguts verbunden werden (Karlsruhe FamRZ 1982, 286; BGHZ 84, 336). Übernahme setzt aber vorherige **Berichtigung der Verbindlichkeit** nach § 1475 III voraus (Köln FamRZ 1991, 571), soweit nicht feststeht, dass der Gegenstand zur Schuldentilgung nicht erforderlich ist (BGH NJW 2007, 1879, 1880; Bamberg FamRZ 1987, 825; Frankfurt FamRZ 1984, 170; RG 73, 41). Das Übernahmerecht ist **Gestaltungsrecht**. Die Erklärung der Ausübung dieses Rechts ist daher auch dann nicht gem § 311b formbedürftig, wenn sie ein Grundstück betrifft (München FamRZ 1988, 1275). Der **Vollzug der Übernahme** ist dagegen in der für die Übertragung der betreffenden Gegenstände vorgeschriebenen Form (Auflassung, Übereignung, Abtretung) vorzunehmen. Ein Rechts- oder Eigentumserwerb kraft Gesetzes findet nicht statt (unklar München FGPrax 2020, 138). Der Pflicht zur Übernahme kann § 273 wegen der Verpflichtung zur **Sicherheitsleistung** für den Wertersatz nach § 1476 II 2 entgegengesetzt werden (BGH NJW 2007, 1879, 1881; 2008, 2983, 2985; München FamRZ 1996, 170). Das Übernahmerecht stellt ein die Veräußerung hinderndes Recht iSd § 771 ZPO dar, so dass gegen die Anordnung der Teilungsversteigerung die **Drittwiderspruchsklage** gegeben ist (BGH FamRZ 1987, 43). Zuständig ist das FamG (§ 261 I FamFG). Liegt ein Übernahmerecht bzgl eines Grundstücks vor, kann die Zustimmung zur Auseinandersetzung dem Grunde nach bereits vor Rechtskraft des Scheidungsurteils verlangt werden (AG Aachen FamRZ 1990, 57). Trotz der Übernahmeerklärung steht grds beiden Ehegatten bis zum Abschluss der Auseinandersetzung das Recht auf **Mitbesitz** und **Mitverwaltung** hinsichtl des gütergemeinschaftl Vermögens zu (Hamm FamRZ 1979, 810). 3

4 **4. Wertersatzanspruch.** Zu ersetzen ist der **Wert zur Zeit der Übernahme** (BGH FamRZ 1986, 41), bei Grundstücken zur Zeit der Grundbucheintragung (vgl BGH FamRZ 1992, 421), soweit sich die Ehegatten nicht anderweitig einigen; evtl Schätzung durch Sachverständige, für die nicht §§ 410ff FamFG gelten (BayObLG JW 1923, 759). Bei der Bewertung eines landwirtschaftlichen Betriebs (vgl BGH FamRZ 1986, 776 mwN) findet § 1376 IV keine Anwendung. Der Wertersatz ist mit der Ausübung des Übernahmerechts fällig, kann aber wegen der **vorrangigen Verrechnung** mit seinem Anteil an dem Auseinandersetzungsguthaben erst nach endgültiger Auseinandersetzung der Gütergemeinschaft als Zahlungsanspruch geltend gemacht werden (BGH NJW 2007, 1879, 1881). Der Wertersatz braucht nicht zum Gesamtgut zu erfolgen, vielmehr kann eine **Verrechnung mit dem Überschussanteil** vorgenommen werden (BGH FamRZ 1988, 926); Wertersatz nach § 1477 II 1 und Erstattungsanspruch nach § 1478 I 1 können nebeneinander ausgeübt werden (BGH NJW 1982, 2373; FamRZ 1986, 41).

§ 1478 Auseinandersetzung nach Scheidung

(1) Ist die Ehe geschieden, bevor die Auseinandersetzung beendet ist, so ist auf Verlangen eines Ehegatten jedem von ihnen der Wert dessen zurückzuerstatten, was er in die Gütergemeinschaft eingebracht hat; reicht hierzu der Wert des Gesamtguts nicht aus, so ist der Fehlbetrag von den Ehegatten nach dem Verhältnis des Wertes des von ihnen Eingebrachten zu tragen.

(2) Als eingebracht sind anzusehen

1. die Gegenstände, die einem Ehegatten beim Eintritt der Gütergemeinschaft gehört haben,

2. die Gegenstände, die ein Ehegatte von Todes wegen oder mit Rücksicht auf ein künftiges Erbrecht, durch Schenkung oder als Ausstattung erworben hat, es sei denn, dass der Erwerb den Umständen nach zu den Einkünften zu rechnen war,

3. die Rechte, die mit dem Tod eines Ehegatten erlöschen oder deren Erwerb durch den Tod eines Ehegatten bedingt ist.

(3) Der Wert des Eingebrachten bestimmt sich nach der Zeit der Einbringung.

1 **1. Normzweck.** Die Vorschrift räumt nach der Scheidung jedem Ehegatten das Recht ein, aus dem Gesamtgut **Ersatz des Wertes des von ihm Eingebrachten** zu verlangen. Der am Scheitern der Ehe letztlich Schuldige soll nicht dadurch unbillig begünstigt werden, dass er zur Hälfte am Gesamtgut beteiligt wird, wenn er tatsächlich weniger eingebracht hatte (BT-Drs 7/650, 102, 103). Da jeder der Ehegatten die anteilsmäßige Teilung verlangen kann, liegt es in seiner Entscheidung, solche **Unbilligkeiten auszuschließen.**

2 **2. Voraussetzungen.** § 1478 gilt auch bei **Aufhebung der Ehe**, sofern Scheidungsfolgenrecht gilt (vgl § 1318). Die **Scheidung** muss nicht vor Beendigung der Gütergemeinschaft, aber vor Abschluss der Auseinandersetzung erfolgen. Bei Aufhebung der Gütergemeinschaft durch **Ehevertrag** können die Rechte aus § 1478 für den Fall der Scheidung vorbehalten werden (RG SeuffA 74, 89). **Stirbt** ein Ehegatte vor rechtskräftiger Beendigung des Scheidungsverfahrens, so greift § 1478 nicht ein (aA MüKo/*Münch* Rn 4; wie hier RGRK/*Finke* Rn 5). Nach rechtskräftiger Scheidung bleibt das Ausschlussrecht aber, da es **vererblich** ist, für die Erben bestehen. Ein **Ausschluss** durch Ehevertrag ist zulässig (MüKo/*Münch* Rn 14f). Wie bei § 1477 kann das Wahlrecht durch **formlose unbefristete Erklärung** bei der Auseinandersetzung ausgeübt werden (vgl § 1477 Rn 3); sie ist unwiderruflich (Posen Recht 1906, 3306).

3 **3. Inhalt des Wahlrechts.** Nachdem die Berichtigung der Verbindlichkeiten nach § 1475 stattgefunden hat, was stets zuerst geschehen muss, kann ein Ehegatte nach Belieben statt der Regelung des § 1376 I **Rückerstattung des Eingebrachten** verlangen, und zwar mangels gegenteiliger Vereinbarung nicht Rückgabe in Natur, sondern **Wertersatz** (RG SeuffA 77, 2); dadurch wird aber das **Übernahmerecht** nach § 1477 II nicht ausgeschlossen (BGH NJW-RR 1986, 1132; Karlsruhe FamRZ 1982, 286; BGHZ 84, 338; öOGH ZfRV 1999, 189). In diesem Fall ist der Wert zur Zeit der Übernahme zur Teilungsmasse zu ersetzen, während sich im Fall des § 1478 der Wert nach der **Zeit der Einbringung** richtet (**Abs III**; unklar Oldenburg FamRZ 2011, 1059). Der Kaufkraftverlust ist dadurch zu berücksichtigen, dass der inflationsbereinigte Wert des Eingebrachten zurückerstattet wird (BGH FamRZ 1982, 991; Karlsruhe FamRZ 1982, 286, jew m krit Anm *Bölling*; aA *Bölling* FamRZ 1982, 234); zur Bewertung eines landwirtschaftlichen Betriebes im Rahmen der Auseinandersetzung gem §§ 1477, 1478 (BGH FamRZ 1986, 776 mwN). Verbleibt nach Rückerstattung des von den Ehegatten jew Eingebrachten ein **Überschuss**, so ist dieser gem § 1476 I zu teilen. Reicht der Wert des Gesamtguts zur vollen Rückerstattung an beide Ehegatten nicht aus, so müssen die Ehegatten den **Fehlbetrag anteilig** tragen (**Abs I aE**).

4 **4. Fingierte Einbringung. Als eingebracht gelten (Abs II): Nr 1** Gegenstände, die einem Ehegatten bei Eintritt in die Gütergemeinschaft **gehört haben**, auch **aufschiebend bedingte Rechte**, wenn die Bedingung erst nach Beginn der Gütergemeinschaft eintritt; auch ein bis zum Eintritt der Gütergemeinschaft erworbener Anspruch auf Zugewinnausgleich fällt unter Nr 1 (BGHZ 109, 89; vgl dazu auch Nürnberg FamRZ 1999, 854; Bamberg FamRZ 2001, 1215 für den Zugewinnausgleichsanspruch). **Nr 2** Erwerb aufgrund **persönlicher Beziehung**, vgl hierzu die Erl zu § 1374 II, § 1374 Rn 8ff. Unerheblich ist in diesem Zusammenhang, wann die Schenkung erfolgt ist und ob sie bereits bei Beginn der Gütergemeinschaft, nicht bei Eheschließung, Eigentümerin des Grundstücks war (Oldenburg FamRZ 2011, 1059). **Nr 3** Mit dem Tod des Ehegatten **erlöschende Rechte**, zB

Leibrente, und Rechte, deren Erwerb durch den Tod eines Ehegatten bedingt sind, zB Anspruch aus einer Lebensversicherung.

§ 1479 Auseinandersetzung nach richterlicher Aufhebungsentscheidung

Wird die Gütergemeinschaft aufgrund der §§ 1447, 1448 oder des § 1469 durch richterliche Entscheidung aufgehoben, so kann der Ehegatte, der die richterliche Entscheidung erwirkt hat, verlangen, dass die Auseinandersetzung so erfolgt, wie wenn der Anspruch auf Auseinandersetzung in dem Zeitpunkt rechtshängig geworden wäre, in dem der Antrag auf Aufhebung der Gütergemeinschaft gestellt ist.

1. Normzweck. Bei Beendigung der Gütergemeinschaft durch Aufhebungsbeschluss bestimmt sich die Auseinandersetzung zw den Ehegatten grds nach dem **Zeitpunkt der Rechtskraft**, §§ 1449, 1470. Die Vorschrift gibt dem Ehegatten, der die Aufhebung der Gütergemeinschaft durch Beschl erwirkt hat, das Recht, nach seinem Belieben statt des Zeitpunkts der Rechtskraft den der **Rechtshängigkeit** zu wählen; vgl für den gesetzl Güterstand § 1387. Tut er das, so hat das zur Folge, dass der Erwerb bis auf den des § 1473 nach dem genannten Zeitpunkt nicht mehr in das Gesamtgut fällt. Allerdings gilt dies nicht rückwirkend und mit dinglicher Wirkung gegen Dritte (insoweit richtig *Gernhuber/Coester-Waltjen* § 38 X Rn 111), sondern wird nur im Verhältnis der Ehegatten untereinander fingiert, so dass es keines weiteren Übertragungsakts zw ihnen bedarf (Soergel/*Gaul* Rn 3; aA *Gernhuber/Coester-Waltjen* § 38 X Rn 111; MüKo/*Münch* Rn 4); **Gläubigern ggü** tritt die Wirkung immer erst mit Rechtskraft des Beschl ein. Hinsichtl der Ausübung des Wahlrechts vgl § 1478 Rn 3. Sind Antrag und **Widerantrag** auf Aufhebung der Gütergemeinschaft erhoben und bleibt allein der Widerantrag erfolgreich, steht auch das Wahlrecht nur dem Widerantragsteller zu, ob das Gesamtgut für den Zeitpunkt der Rechtskraft des Aufhebungsbeschlusses oder den der Erhebung des Widerantrags auseinander zu setzen ist. Endet bei schwebendem Aufhebungsantrag die Gütergemeinschaft aus anderem Grund, zB **Scheidung oder Tod**, ist § 1479 entspr anzuwenden, sofern als Vorfrage im Auseinandersetzungsstreit der Erfolg der Aufhebungsklage festgestellt wird. Das Wahlrecht nach § 1479 wird nämlich (anders als bei §§ 1384, 1387, s dort) nur dem **obsiegenden Antragsteller** gewährt (vgl *Heckelmann* FamRZ 1968, 59, 65 und 67f). 1

2. Vereinbarungen. Der Ausschluss oder die Beschränkung des Wahlrechts ist **nicht sittenwidrig** (vgl *Heckelmann* FamRZ 1968, 59, 69; aA Grü/*Siede* Rn 1, der nur den Verzicht auf das entstandene Wahlrecht zulässt). Eine solche Vereinbarung berührt nicht das Ordnungsziel der Gütergemeinschaft und lässt nicht vorab missbilligenswerte Benachteiligungen eines Ehegatten erkennen. 2

§ 1480 Haftung nach der Teilung gegenüber Dritten

Wird das Gesamtgut geteilt, bevor eine Gesamtgutsverbindlichkeit berichtigt ist, so haftet dem Gläubiger auch der Ehegatte persönlich als Gesamtschuldner, für den zur Zeit der Teilung eine solche Haftung nicht besteht. Seine Haftung beschränkt sich auf die ihm zugeteilten Gegenstände; die für die Haftung des Erben geltenden Vorschriften der §§ 1990, 1991 sind entsprechend anzuwenden.

1. Normzweck. Das Gesamtgut ist gem § 1475 I erst nach Berichtigung der Verbindlichkeiten zu teilen. Geschieht dies nicht und erhält der nicht persönlich haftende Ehegatte Gegenstände aus dem Gesamtgut, kann der Gläubiger darauf nicht mehr zurückgreifen. Zum **Schutz der Gläubiger** haftet daher auch der andere Ehegatte **persönlich**, für den eine solche Haftung im Zeitpunkt der Teilung nicht bestand. Die Haftung ist allerdings auf die **zugeteilten Gegenstände beschränkt.** § 1480 ist zwingendes Gläubigerschutzrecht(MüKo/*Münch* Rn 12). Zuständig ist gem § 23a I 1 Nr 1, § 23b GVG, § 261 I FamFG das FamG (BGH NJW 1980, 1626). Erlangt der Gesamtgutsgläubiger durch sein Vorgehen keine Befriedigung, so kann er unter gegebenen Voraussetzungen die Auseinandersetzung des Gesamtguts anfechten, § 3 AnfG. § 1480 schließt die **Anfechtung** nicht aus (RG Gruchot 48, 958; 50, 382; vgl auch BGHZ 57, 126, 127). 1

2. Voraussetzung der Haftung. Ob eine **Teilung des Gesamtguts** vorliegt, bestimmt sich nach den Umständen des Falles; Zuweisung einzelner Gegenstände nach § 1477 II genügt nicht (RGZ 89, 407); andererseits schließt aber deren Zurückhaltung eine Teilung nicht aus (RG JW 1917, 102). Entscheidend ist, ob das Gesamtgut dieser Eigenschaft entkleidet und Sondergut eines der Ehegatten wird (RGZ 89, 367). Zuweisung des **ganzen Gesamtguts** an einen Ehegatten genügt (RGZ 75, 296). Die Haftung setzt voraus, dass der betreffende Ehegatte überhaupt etwas Pfändbares aus dem Gesamtgut erhalten hat; das muss der Gläubiger beweisen (RGZ 75, 297). Daher entfällt eine Inanspruchnahme, wenn der Ehegatte aus dem Gesamtgut **nichts erhalten hat**, gleichgültig, ob er schenkungsweise darauf verzichtet hat oder ob er in irgendeiner Weise von dem anderen Ehegatten aus anderem Vermögen für die Überlassung des Gesamtguts entschädigt worden ist (RGZ 75, 297). Die Klage ist in diesem Falle abzuweisen (RGZ 89, 366: keine Verurteilung unter Vorbehalt der beschränkten Haftung). Anders aber, wenn er die ihm bei der Auseinandersetzung **zugeteilten Gegenstände** später aufgibt oder später auf sie **verzichtet**. Dadurch kann er sich der einmal begründeten Haftung nicht entziehen (RGZ 89, 367). Eine **Inventarfrist** kann er dem Ehegatten nicht setzen (RGZ 79, 355). Durch einseitigen Verzicht kann sich der Ehegatte seiner Haftung nicht entziehen (RG Recht 1917, 640). 2

3. Art und Umfang der Haftung. Die beiden Ehegatten haften als **Gesamtschuldner**, §§ 421–425. An die Stelle des § 426 tritt die interne Ausgleichspflicht nach § 1481. Zur Zwangsvollstreckung in die dem nach § 1480 in Anspruch genommenen Ehegatten zugewiesenen Gesamtgutsgegenstände ist ein **Titel** gegen ihn erforderlich, 3

§ 750 I ZPO; ein Duldungstitel oder ein Titel gegen den anderen Ehegatten genügt nicht (RGZ 68, 426). Aber er haftet nur mit den ihm **zugeteilten Gegenständen**. Entspr §§ 1990, 1991 muss er sich die **Haftungsbeschränkung** im Beschl vorbehalten lassen, §§ 786, 780 ZPO, und muss sie nach §§ 786, 781, 785, 767, 769 ZPO in der Zwangsvollstreckung durch Vollstreckungsgegenklage geltend machen (Hamburg SeuffA 61, 45).

§ 1481 Haftung der Ehegatten untereinander

(1) Wird das Gesamtgut geteilt, bevor eine Gesamtgutsverbindlichkeit berichtigt ist, die im Verhältnis der Ehegatten zueinander dem Gesamtgut zur Last fällt, so hat der Ehegatte, der das Gesamtgut während der Gütergemeinschaft allein verwaltet hat, dem anderen Ehegatten dafür einzustehen, dass dieser weder über die Hälfte der Verbindlichkeit noch über das aus dem Gesamtgut Erlangte hinaus in Anspruch genommen wird.

(2) Haben die Ehegatten das Gesamtgut während der Gütergemeinschaft gemeinschaftlich verwaltet, so hat jeder Ehegatte dem anderen dafür einzustehen, dass dieser von dem Gläubiger nicht über die Hälfte der Verbindlichkeit hinaus in Anspruch genommen wird.

(3) Fällt die Verbindlichkeit im Verhältnis der Ehegatten zueinander einem der Ehegatten zur Last, so hat dieser dem anderen dafür einzustehen, dass der andere Ehegatte von dem Gläubiger nicht in Anspruch genommen wird.

1 **1. Haftung bei Einzelverwaltung (Abs I).** Abs I regelt als lex specialis zu § 426 den Fall, dass bei früherer **Einzelverwaltung** eine vor der Teilung nicht berichtigte Gesamtgutsverbindlichkeit im Innenverhältnis dem Gesamtgut zur Last fällt. Das ist der Fall bei allen Verbindlichkeiten, die nicht nach den §§ 1441–1444 im Innenverhältnis einem der Ehegatten zur Last fallen. Der frühere Gesamtgutsverwalter muss dem nach § 1480 haftenden Ehegatten dafür einstehen, dass dieser **nicht über die Hälfte** der Verbindlichkeiten in Anspruch genommen wird; die hälftige Teilung der Verbindlichkeiten im Innenverhältnis entspricht dem Teilungsgrundsatz des § 1476 I. Da ferner die Haftung des anderen Ehegatten nach § 1480 sich auf die ihm **zugeteilten Gegenstände beschränkt**, muss der Gesamtgutsverwalter ihm auch dafür einstehen, dass er nicht darüber hinaus in Anspruch genommen wird; der andere Ehegatte braucht nicht für einen am Gesamtgut entstandenen Verlust einzustehen. Liegt seine Inanspruchnahme dagegen noch im Rahmen des ihm Zugeteilten, so verbleibt es im Innenverhältnis dabei, dass jeder Ehegatte die Hälfte trägt. Zur entspr Anwendung der Vorschrift bei noch nicht geteiltem Gesamtgut Zweibrücken FamRZ 1992, 821.

2 **2. Haftung bei Gesamtverwaltung (Abs II).** Abs II behandelt denselben Fall bei früherer gemeinschaftl Verwaltung. Hier stehen beide Ehegatten einander gleich. Es genügt hier deshalb die Bestimmung, dass **jeder dem anderen** dafür einzustehen hat, dass er von dem Gläubiger nicht über die Hälfte der Verbindlichkeit hinaus in Anspruch genommen wird. Übersteigt die Hälfte der Verbindlichkeit den Wert dessen, was jeder Ehegatte bei der Teilung erhalten hat, so müssen die Ehegatten auch den Fehlbetrag je zur Hälfte tragen.

3 **3. Alleinverbindlichkeiten (Abs III).** Abs III behandelt den Fall, dass eine noch nicht berichtigte Verbindlichkeit im Innenverhältnis nicht dem Gesamtgut, sondern gem den Bestimmungen der §§ 1441–1444, 1463–1466 **einem Ehegatten allein** zur Last fällt. Dieser Ehegatte muss dann dem anderen dafür einstehen, dass der Gläubiger ihn nicht in Anspruch nimmt. In diesem Fall kommt es nicht darauf an, ob Einzelverwaltung oder gemeinschaftl Verwaltung bestanden hat; die Regelung ist in beiden Fällen die gleiche.

4 **Einstehen** iSd § 1481 bedeutet, dass der Ehegatte, den die Einstandsverpflichtung trifft, den anderen von der noch bestehenden Verbindlichkeit ggü dem Gläubiger zu **befreien** hat oder, wenn der andere bereits an den Gläubiger gezahlt hat, ihm **ersatzpflichtig** ist. Ein Anspruch auf **Sicherheitsleistung** unter den Ehegatten vor Fälligkeit der Forderung des Gläubigers ist nicht vorgesehen, denkbar ist aber eine Sicherung des Freistellungsanspruchs durch Arrest oder einstw Verfügung (NK/*Völker* Rn 7; MüKo/*Münch* Rn 2). Dem **Gläubiger** ggü können aus der Regelung des § 1481, die nur das Innenverhältnis betrifft, keine Einwendungen hergeleitet werden.

5 **4. Vereinbarungen.** Die Ehegatten können von den Bestimmungen des § 1481 **abw Vereinbarungen** untereinander treffen.

§ 1482 Eheauflösung durch Tod

Wird die Ehe durch den Tod eines Ehegatten aufgelöst, so gehört der Anteil des verstorbenen Ehegatten am Gesamtgut zum Nachlass. Der verstorbene Ehegatte wird nach den allgemeinen Vorschriften beerbt.

1 Die Norm wird als allg Beleg herangezogen, dass die Ehe mit dem Tod eines Ehegatten endet (VG Schleswig 22.6.2022 – 11 B 54/22). Mit dem Tod eines Ehegatten wird die Gütergemeinschaft beendet. Der Anteil des verstorbenen Ehegatten am **Gesamtgut** gehört wie dessen Vorbehalts- und Sondergut zum Nachlass (S 1), nicht aber die einzelnen Gesamtgutsgegenstände (BGHZ 26, 378). Die Erbfolge richtet sich nach allg Vorschriften (S 2), also nach der gesetzl Erbfolge (insb § 1931 I, II, LG Bonn ErbR 2020, 286) oder einer Verfügung von Todes wegen. Der Überlebende hat sich mit den **Erben** des verstorbenen Ehegatten über das Gesamtgut der Gütergemeinschaft nach den §§ 1471–1481 auseinander zu setzen, damit geklärt wird, was in den Nachlass fällt. Die Auseinandersetzung des Gesamtguts geht der Nachlassauseinandersetzung vor (Stuttgart FamRZ 1996, 1474; LG Würzburg 25.7.1978 – 4 T 893/78). Bis zum Abschluss der Auseinandersetzung besteht die güterrechtl **Gesamthandsbin-**

dung des im Gesamtgut vereinigten Vermögens beider Ehegatten fort (§ 1471 II, § 1419; Stuttgart FGPrax 2018, 179), auch wenn der überlebende Ehegatte als alleiniger Vorerbe eingesetzt ist (BayObLG FamRZ 1988, 542). In diesem Fall unterliegt er zum **Schutz der Nacherben** der Verfügungsbeschränkung des § 2113 (wie hier MüKo/*Kanzleiter*[7] Rn 5; BGH NJW 1970, 943; Hamm NJW 1976, 575; **aA die hM**, BGH FamRZ 1976, 338, München ZEV 2016, 393, 394 mwN; MüKo/*Münch* Rn 7; Staudinger/*Thiele* Rn 9; Soergel/*Gaul* Rn 2; der überlebende Ehegatte kann ohne die Beschränkungen des § 2113 über ehemals zum Gesamtgut gehörenden Grundbesitz verfügen, die Eintragung eines Nacherbenvermerks nach § 51 GBO scheidet aus: München ZEV 2016, 393, 395 m Anm *Böhringer*). Erst mit dem völligen Abschluss der Auseinandersetzung, also mit der Überführung jeder Gesamthandsberechtigung an jedem einzelnen Gegenstand in Allein- oder Mitberechtigung ist die Liquidation beendet, die Gesamthand erloschen (LG Bückeburg NdsRpfl 1968, 226). Ist der Nachlass des vorverstorbenen Ehegatten noch nicht auseinandergesetzt, so gehört nur der Erbteil des längerlebenden Ehegatten hieran zu seinem Nachlass, nicht aber einzelne Gegenstände oder Bruchteile hiervon (Stuttgart FGPrax 2018, 179). Es kann so zu gestaffelten Gesamthandsgemeinschaften kommen (Stuttgart FGPrax 2018, 179). Ist der Ehegatte **Alleinerbe**, entfällt eine Auseinandersetzung, da sich die Anteile in einer Person vereinigen und alle Gegenstände des Gesamtguts in das Alleineigentum des Überlebenden fallen (BGHZ 26, 378; *Ruby* ZEV 2017, 72ff).

Sukzessivberechtigungen. Die Ehegatten können **abtretbare Rechte** an Grundstücken (zB einen durch Vormerkung gesicherten Anspruch auf Rückübertragung) in der Weise bestellen, dass diese zunächst den Eheleuten in Gütergemeinschaft und nach dem Tod des erstversterbenden diese dem **überlebenden Ehegatten allein** zustehen; diese Sukzessivberechtigung muss sich aus der Grundbucheintragung ergeben, die bloße Bezugnahme auf die Eintragungsbewilligung genügt nicht (Frankfurt ZErb 2004, 350). Für **nicht übertragbare Rechte** (Nießbrauch, Wohnungsrecht) soll dies nicht gelten, sondern die Bestellung von drei Rechten oder eines Rechts für die Ehegatten als Gesamtgläubiger nach § 428 erforderlich sein (vgl Frankfurt DNotZ 2008, 846, 847; *Schöner/Stöber* Rn 261h). Dies ist nicht erforderlich, mit dem Tod des anderen Ehegatten fällt das unübertragbare Recht automatisch in das **Sondergut** des überlebenden Ehegatten und steht diesem zur Alleinberechtigung zu (ähnl, allerdings für Sondergut der beiden Ehegatten von Beginn an, Frankfurt NJWE-FER 2000, 292). 2

Unterkapitel 5
Fortgesetzte Gütergemeinschaft (§§ 1483–1518)
Vorbemerkung vor § 1483

Wurde die Gütergemeinschaft **vor dem 1.7.1958** vereinbart, so wird diese mit den Erben fortgesetzt, sofern die Ehegatten die Fortsetzung nicht ehevertragl ausgeschlossen haben (Art 8 I Nr 6 GleichberG; *Ruby* ZEV 2017, 72, 74). Fortgesetzte Gütergemeinschaft tritt nur als Ausnahme kraft **ausdrückl Vereinbarung durch Ehevertrag** ein. Die fortgesetzte Gütergemeinschaft belässt den überlebenden Ehegatten bis zu seinem Tode im Genuss des Gesamtguts; die gemeinschaftl Abkömmlinge können grds bis dahin hinsichtl des Gesamtguts keine erbrechtl Ansprüche geltend machen. Der überlebende Ehegatte nimmt die Stellung des **Gesamtgutsverwalters** ein, die Abkömmlinge treten an die Stelle des anderen Ehegatten. 1

Es sind **vier Vermögensmassen** vorhanden: das Gesamtgut der fortgesetzten Gütergemeinschaft, das Sonder- und Vorbehaltsgut des Überlebenden und das Vermögen der Abkömmlinge. §§ 1483–1517, welche die fortgesetzte Gütergemeinschaft behandeln, sind zwingendes Recht. Die fortgesetzte Gütergemeinschaft endet durch einseitige oder vertragl Aufhebung, Tod, Wiederverheiratung und Todeserklärung des Überlebenden, Urteil auf Klage eines Abkömmlings und Tod oder Verzicht aller Abkömmlinge. Beginn und Ende werden im **Grundbuch** eingetragen. Steht im Grundbuch noch einer der Ehegatten oder beide in Gütergemeinschaft, so bedarf es nach § 40 I GBO keiner vorherigen Berichtigung, soweit es sich um das Vorbehaltsgut oder Sondergut oder die nicht anteilsberechtigten Abkömmlinge handelt; insoweit tritt eine Erbfolge ein. Soll dagegen ein zum Gesamtgut gehörendes Recht übertragen oder gelöscht werden, so liegt keine Erbfolge vor; trotzdem ist § 40 I GBO im Wege ausdehnender Auslegung anwendbar (KG JFG 1, 289). Eine **Eintragung im Güterrechtsregister entfiel**, da es nur Rechtsverhältnisse während der Ehe betrifft. Als Inhaber eines zum Gesamtgut gehörenden Handelsgeschäfts ist nur der Überlebende im **Handelsregister** einzutragen (KG JFG 6, 193). Zur Frage der Zugehörigkeit eines **Hofes** iSd HöfeO zum Gesamtgut vgl BGH FamRZ 1962, 18. 2

§ 1483 Eintritt der fortgesetzten Gütergemeinschaft

(1) Die Ehegatten können durch Ehevertrag vereinbaren, dass die Gütergemeinschaft nach dem Tod eines Ehegatten zwischen dem überlebenden Ehegatten und den gemeinschaftlichen Abkömmlingen fortgesetzt wird. Treffen die Ehegatten eine solche Vereinbarung, so wird die Gütergemeinschaft mit den gemeinschaftlichen Abkömmlingen fortgesetzt, die bei gesetzlicher Erbfolge als Erben berufen sind. Der Anteil des verstorbenen Ehegatten am Gesamtgut gehört nicht zum Nachlass; im Übrigen wird der Ehegatte nach den allgemeinen Vorschriften beerbt.

(2) Sind neben den gemeinschaftlichen Abkömmlingen andere Abkömmlinge vorhanden, so bestimmen sich ihr Erbrecht und ihre Erbteile so, wie wenn fortgesetzte Gütergemeinschaft nicht eingetreten wäre.

1 **1. Vereinbarung (Abs I S 1).** Die Ehegatten können die Vereinbarung, dass die Gütergemeinschaft fortgesetzt werden soll, bei Vereinbarung der Gütergemeinschaft, aber auch **jederzeit später** treffen (§ 1408). Sie können die Vereinbarung auch wieder aufheben (§ 1518 S 2). In jedem Falle ist **Ehevertrag** erforderlich; es gelten also die §§ 1410, 1411. Die in § 1411 vorgesehene Erschwerung bei Vereinbarung und Aufhebung von Gütergemeinschaft gilt auch hier. Durch **Verfügung von Todes wegen** kann ein Ehegatte weder fortgesetzte Gütergemeinschaft anordnen noch eine durch Ehevertrag getroffene Vereinbarung über die Fortsetzung der Gütergemeinschaft widerrufen, sofern nicht ausnahmsw die Voraussetzungen des § 1509 vorliegen. Vorliegen der **Scheidungsvoraussetzungen** schließt Fortsetzung der Gütergemeinschaft nicht aus, vgl aber § 1509.

2 **2. Beteiligte (Abs I S 2).** Die Gütergemeinschaft kann nur mit **gemeinschaftl Abkömmlingen** der Ehegatten fortgesetzt werden; diese müssen erbberechtigt sein. Zu diesen gehört auch ein gezeugtes, aber beim Tode des Mannes noch nicht geborenes Kind (§ 1923 II). Wegen erbunwürdiger Abkömmlinge vgl § 1506. UU gehören auch Enkel dazu, wenn der Sohn oder die Tochter bereits verstorben sind (§ 1924 III). Es wäre unzulässig, Fortsetzung der Gütergemeinschaft mit **nicht gemeinschaftl Abkömmlingen** zu vereinbaren; deren erbrechtl Ansprüche können dadurch nicht beeinträchtigt werden.

3 **3. Nachlass (Abs I S 3).** Sind nur gemeinschaftl Abkömmlinge vorhanden, so gehört der **Anteil des verstorbenen Ehegatten am Gesamtgut** nicht zum Nachlass. Das Gesamtgut wird nicht auseinander gesetzt; es bleibt als einheitliche Vermögensmasse, die jetzt dem überlebenden Ehegatten und den gemeinschaftl Abkömmlingen gehört, bestehen. Der Nachlass des Verstorbenen besteht nur aus seinem **Vorbehalts- und Sondergut**; nach deren Wert richten sich etwaige **Pflichtteils- und Pflichtteilsergänzungsansprüche**. Was der Überlebende aus dem Vorbehaltsgut des Verstorbenen erbt, wird Gesamtgut, soweit der Erblasser nicht bestimmt hat, dass es Vorbehaltsgut des Überlebenden werden solle (§ 1486 I, § 1418 II Nr 2). Was die Abkömmlinge erben, wird ihr freies Vermögen.

4 **4. Vorhandensein einseitiger Abkömmlinge (Abs II).** Abs II behandelt den Fall, dass neben den gemeinschaftl auch einseitige ehel oder nichtehel Abkömmlinge vorhanden sind. Ihnen ggü gehört der Anteil des Verstorbenen am **Gesamtgut zu dessen Nachlass**. Ihr Erbrecht bemisst sich nach allg Vorschriften, wobei die Konkurrenz durch den Überlebenden zu berücksichtigen ist. Reicht zu ihrer Befriedigung das Sonder- und Vorbehaltsgut des Verstorbenen nicht aus, so muss ein entspr Teil des Gesamtguts verwertet werden. Aber dadurch wird der Eintritt der fortgesetzten Gütergemeinschaft nicht gehindert; auch dann nicht, wenn wegen der sich auf das Gesamtgut erstreckenden Anteile einseitiger Abkömmlinge die ganze Auseinandersetzung des Gesamtguts notwendig wird. Auch bei Bemessung ihres Anspruchs auf **Pflichtteil und Ergänzung des Pflichtteils** ist ihr Anteil am Gesamtgut mitzurechnen. Über den Anteil der einseitigen Abkömmlinge kann der Erblasser letztwillig verfügen, auch einen anderen Erben an ihre Stelle setzen. Denn im Verhältnis zu einseitigen Abkömmlingen tritt keine fortgesetzte Gütergemeinschaft ein (BayObLG 1948/1951, 383, 393; aA MüKo/*Münch* Rn 27).

5 **5. Auseinandersetzung.** Eine **Auseinandersetzung** hinsichtl des **Gesamtguts** findet gem § 1487 als Verwaltungshandlung der fortgesetzten Gütergemeinschaft statt, soweit ein einseitiger Abkömmling ein Erbrecht hat; steht ihm nur ein Vermächtnis oder ein Pflichtteilsrecht zu, so entfällt sie, und es ist lediglich der Wert des Anteils am Gesamtgut zu schätzen (BayObLG 1905, 85). Zur Ermittlung des **Sonder- und Vorbehaltsguts** muss stets eine Auseinandersetzung stattfinden, da der Überlebende sowohl den gemeinschaftl wie den einseitigen Abkömmlingen oder etwa erbberechtigten Dritten ihren Anteil ausschütten muss. Eine Ausgleichspflicht nach § 2050 besteht unter gemeinschaftl und einseitigen Abkömmlingen; es findet aber der Ausgleich von Vorempfängen im Verhältnis zu den einseitigen sofort, den gemeinschaftl ggü erst nach Beendigung der fortgesetzten Gütergemeinschaft statt, § 1503 II.

6 **6. Haftung für Nachlassverbindlichkeiten.** Die **Haftung für die Nachlassverbindlichkeit** folgt, soweit überhaupt eine Beerbung eintritt, den allg Grundsätzen, insb hinsichtl der Möglichkeit einer Haftungsbeschränkung. Sind nur gemeinschaftl Abkömmlinge, aber kein Sonder- oder Vorbehaltsgut vorhanden, so fehlt es an einem Nachlass, und die Erben können die Befriedigung der Nachlassgläubiger nach § 1990 verweigern. **Einseitigen Abkömmlingen** ggü bildet in diesem Falle das Gesamtgut den Nachlass; doch ist dessen Ermittlung keine Nachlassteilung, sondern eine Auseinandersetzung güterrechtl Art.

§ 1484 Ablehnung der fortgesetzten Gütergemeinschaft

(1) Der überlebende Ehegatte kann die Fortsetzung der Gütergemeinschaft ablehnen.

(2) Auf die Ablehnung finden die für die Ausschlagung einer Erbschaft geltenden Vorschriften der §§ 1943 bis 1947, 1950, 1952, 1954 bis 1957, 1959 entsprechende Anwendung. Bei einer Ablehnung durch den Betreuer des überlebenden Ehegatten ist die Genehmigung des Betreuungsgerichts erforderlich.

(3) Lehnt der Ehegatte die Fortsetzung der Gütergemeinschaft ab, so gilt das Gleiche wie im Falle des § 1482.

1 **1. Ablehnungsrecht (Abs I, III).** Da die fortgesetzte Gütergemeinschaft eine zugunsten des **überlebenden Ehegatten** geschaffene Einrichtung ist, und dieser nicht gezwungen werden soll, sie fortzuführen, hat er ein unabdingbares (§ 1518) **einseitiges Ablehnungsrecht**. Einer Annahmeerklärung bedarf es nicht. Die Ablehnungserklärung führt dazu, dass wie bei unbeerbter Ehe **Erbfolge auch in den Anteil am Gesamtgut** stattfindet, Abs III iVm § 1482. Für diesen Fall kann letztwillig über den Anteil verfügt werden. Die **Abkömmlinge** haben dieses Recht nicht; sie können nach § 1491 auf ihren Anteil verzichten, evtl nach § 1495 auf Aufhebung klagen.

2. Ausübung der Ablehnung (Abs II S 1). Für die Entschließung des Überlebenden gelten die Grundsätze über Annahme und Ausschlagung einer Erbschaft (München FGPrax 2011, 182, 183). Danach macht ausdrückl oder stillschw Annahme eine Ablehnung unmöglich, § 1943. Ablehnung erfolgt durch **öffentlich beglaubigte Erklärung** an das nach § 343 FamFG zuständige Nachlassgericht, § 1945; § 344 VII FamFG findet keine Anwendung (Horndasch/Viefhues/*Heinemann* § 344 FamFG Rn 71). Die **sechswöchige Frist** des § 1944 beginnt mit Kenntnis von der fortgesetzten Gütergemeinschaft, nicht vom Tode (Grü/*Siede* Rn 1; BGHZ 31, 209; Staudinger/*Thiele* Rn 10); die Kenntnis eines etwa vorhandenen Testaments ist ohne Belang, da anders als bei § 1944 II 1 die fortgesetzte Gütergemeinschaft unabhängig vom Testament eintritt (RG Recht 1924, 1607). Im Falle der Insolvenz erfolgt sie nach § 83 I 2 InsO durch den Gemeinschuldner. Sie muss ebenso wie die Annahme **unbedingt und unbefristet** sein, § 1947, und kann nicht auf einen Teil des Gesamtguts beschränkt werden, § 1950. Über die **Anfechtung** von Annahme und Ablehnung vgl §§ 1954ff, über die Führung von Geschäften des Gesamtguts § 1959. 2

3. Gerichtliche Genehmigung (Abs II S 2). Ablehnung durch Betreuten bedarf nach Abs II S 2 der **Genehmigung durch das BetrG**, unabhängig vom Bestehen eines Einwilligungsvorbehalts. Zuständigkeit: § 271 Nr 3 FamFG, § 23a I 1 Nr 2, II Nr 1, § 23c GVG, örtlich § 272 FamFG, funktionell Rpfleger § 3 Nr 2 lit b RPflG. Verfahrensrechtl keine zwingende Anhörung des Betreuten (vgl § 299 FamFG), Bestellung eines Verfahrenspflegers (§ 276 FamFG). Genehmigung muss auch dem Vertretenen mitgeteilt werden (§ 41 III FamFG) und wird erst mit Rechtskraft wirksam (§ 40 II 1 FamFG) und unabänderlich (§ 48 III FamFG). **Rechtsmittel**: auf zwei Wochen befristete Beschwerde (§ 63 II Nr 2 FamFG) zum LG (§ 72 S 2 GVG). Durch das Gesetz zur Bekämpfung von Kinderehen v 17.7.2017 (BGBl I 2017, 2429) ist die Eheschließung von Minderjährigen abgeschafft worden, so dass Folgeregelungen, wie zB zur Verwaltung des Gesamtguts, entbehrlich sind (BT-Drs 18/12086, 21). Aus diesem Grund wurde § 1484 II 2 aF durch Art 1 Nr 26 des Gesetzes **aufgehoben**. Es fehlt an einer **Übergangsregelung**, dennoch bleibt die Vorschrift für bestehende Ehen eines Minderjährigen anwendbar. 3

§ 1485 Gesamtgut

(1) Das Gesamtgut der fortgesetzten Gütergemeinschaft besteht aus dem ehelichen Gesamtgut, soweit es nicht nach § 1483 Abs. 2 einem nicht anteilsberechtigten Abkömmling zufällt, und aus dem Vermögen, das der überlebende Ehegatte aus dem Nachlass des verstorbenen Ehegatten oder nach dem Eintritt der fortgesetzten Gütergemeinschaft erwirbt.

(2) Das Vermögen, das ein gemeinschaftlicher Abkömmling zur Zeit des Eintritts der fortgesetzten Gütergemeinschaft hat oder später erwirbt, gehört nicht zu dem Gesamtgut.

(3) Auf das Gesamtgut findet die für die eheliche Gütergemeinschaft geltende Vorschrift des § 1416 Abs. 2 und 3 entsprechende Anwendung.

1. Gesamtgut (Abs I). Zum Gesamtgut der fortgesetzten Gütergemeinschaft gehört das **Gesamtgut** der durch den Tod eines Ehegatten beendigten allg Gütergemeinschaft einschl etwaiger Ersatzansprüche an Vorbehaltsgut oder Sondergut eines Ehegatten, aber vermindert um den einem einseitigen Abkömmling nach § 1483 II etwa zustehenden Anteil oder den Anspruch eines ausgeschlossenen gemeinschaftl Abkömmlings aus § 1511 II. Hinzu kommt, was der **Überlebende aus dem Nachlass des Verstorbenen** erhält und was er während der fortgesetzten Gütergemeinschaft erwirbt, endlich die Nutzungen und Surrogate des Gesamtguts oder Sonderguts. Nutzungen des Vorbehaltsguts des Überlebenden fallen nicht in das Gesamtgut. Vom Gesamtgut ausgeschlossen sind ferner **Sondergut und Vorbehaltsgut des Überlebenden** sowie das Vermögen, das die Abkömmlinge aus dem Nachlass des Verstorbenen erhalten, bereits besitzen oder später aus irgendeinem Rechtsgrund erwerben (Abs II); auch ihren Erwerb in das Gesamtgut fallen zu lassen, würde über den Zweck der fortgesetzten Gütergemeinschaft hinausgehen und ihre wirtschaftliche Selbständigkeit gefährden. 1

2. Eintritt der Rechtsänderung (Abs III). Gem § 1416 II und III tritt die Umwandlung zum Gesamtgut **kraft Gesetzes** ohne die sonst erforderlichen Übertragungsakte ein; jeder Teilnehmer der fortgesetzten Gütergemeinschaft kann vom anderen Mitwirkung zur Berichtigung des Grundbuchs fordern. Soweit sich Gegenstände im Besitz des Überlebenden befinden, spricht die Vermutung für ihre Zugehörigkeit zum Gesamtgut; das gilt aber nicht, soweit es sich um die Abgrenzung des Gesamtguts gegen das Vermögen der Abkömmlinge handelt. Wegen der Eintragung in Grundbuch, Güterrechts- und Handelsregister vgl Vor § 1483 Rn 2. 2

§ 1486 Vorbehaltsgut; Sondergut

(1) Vorbehaltsgut des überlebenden Ehegatten ist, was er bisher als Vorbehaltsgut gehabt hat oder was er nach § 1418 Abs. 2 Nr. 2, 3 als Vorbehaltsgut erwirbt.

(2) Sondergut des überlebenden Ehegatten ist, was er bisher als Sondergut gehabt hat oder was er als Sondergut erwirbt.

Zum **Vorbehaltsgut des Überlebenden (Abs I)** gehört sein Vorbehaltsgut aus der Gütergemeinschaft sowie ein Erwerb gem § 1418 II Nr 2 und 3. Die ausschließlich zum persönlichen Gebrauch bestimmten Gegenstände und Arbeitsgeräte sind Gesamtgut; doch besteht Übernahmerecht nach § 1502 I. Ist **künftiger Erwerb** durch Ehevertrag zum **Vorbehaltsgut** erklärt, so wirkt das auch bei Anfall nach dem Eintritt der fortgesetzten Gütergemein- 1 schaft (*Gernhuber/Coester-Waltjen* § 39 III Rn 21–23; aA Grü/*Siede* Rn 1; MüKo/*Münch* Rn 4). Durch **Vertrag** während der fortgesetzten Gütergemeinschaft kann Vorbehaltsgut nicht vereinbart werden, § 1518. Bzgl des Vorbehaltsguts besteht freie Verwaltung und Verfügung; Eintragung im Grundbuch oder Güterrechtsregister findet nicht statt.

2 Das **Sondergut des Überlebenden (Abs II)** bleibt Sondergut, weiteres Sondergut wird nach § 1417 erworben. Es unterliegt seiner freien Verwaltung und Verfügung; die Nutzungen fallen ins Gesamtgut, soweit sie übertragbar sind. Für die Abkömmlinge sind diese Vermögensmassen nicht möglich, da sie ohnehin nur mit ihrem Anteil am Gesamtgut an der fortgesetzten Gütergemeinschaft teilnehmen.

§ 1487 Rechtsstellung des Ehegatten und der Abkömmlinge

(1) Die Rechte und Verbindlichkeiten des überlebenden Ehegatten sowie der anteilsberechtigten Abkömmlinge in Ansehung des Gesamtguts der fortgesetzten Gütergemeinschaft bestimmen sich nach den für die eheliche Gütergemeinschaft geltenden Vorschriften der §§ 1419, 1422 bis 1428, 1434, des § 1435 Satz 1, 3 und der §§ 1436, 1445; der überlebende Ehegatte hat die rechtliche Stellung des Ehegatten, der das Gesamtgut allein verwaltet, die anteilsberechtigten Abkömmlinge haben die rechtliche Stellung des anderen Ehegatten.

(2) Was der überlebende Ehegatte zu dem Gesamtgut schuldet oder aus dem Gesamtgut zu fordern hat, ist erst nach der Beendigung der fortgesetzten Gütergemeinschaft zu leisten.

1 **1. Grundgedanke (Abs I aE).** In der fortgesetzten Gütergemeinschaft nehmen der **Überlebende** (unabhängig davon, ob er bislang Verwalter, Mitverwalter oder nicht Verwalter war) die Stellung des **allein verwaltenden Ehegatten**, die Abkömmlinge die des anderen ein; die Vorschrift regelt ihre Rechtsbeziehungen durch Bezugnahme auf die allg Gütergemeinschaft. Die Anteile der Abkömmlinge sind nicht bloße Anwartschaft für den Fall der Auflösung; vielmehr sind alle Anteilsberechtigten zusammen Subjekt des die Gütergemeinschaft bildenden Vermögens und Träger der dazu gehörigen Rechte zur gesamten Hand (RGZ 75, 418). **Unanwendbar** sind §§ 1429–1433, da die Abkömmlinge nur mit ihrem Anteil an der fortgesetzten Gütergemeinschaft teilnehmen, und §§ 1437–1444, da die Schuldenhaftung besonders geregelt ist.

2 **2. Anwendbare Vorschriften (Abs I).** Aus dem Recht der allg Gütergemeinschaft ist anwendbar das **Verbot der Verfügung und Aufrechnung** gem § 1419 I und II. Letztwillige Verfügung des Überlebenden über seinen Anteil ist zulässig (Saarbrücken OLGRp 2006, 108; BayObLG 1960, 254). Über den Anteil der Abkömmlinge kann er nicht verfügen; er kann aber einen zur Gütergemeinschaft gehörenden Gegenstand, etwa ein Anwesen, einem Abkömmling gegen Wertersatz zuwenden mit dem Zusatz, dass jeder diese Zuwendung Anfechtende auf den Pflichtteil gesetzt wird (BayObLG JFG 1, 150). Ehegatte kann Besitzschutz auch ggü den Abkömmlingen ausüben. Das **Verwaltungsrecht** des Überlebenden aus § 1422 wird durch die Ausnahmen der §§ 1423–1425 eingeschränkt. Die Zustimmung muss in diesen Fällen von **allen Abkömmlingen** erteilt werden.

3 **3. Minderjährige Abkömmlinge.** Ist der überlebende Ehegatte gesetzl Vertreter der Kinder, so kann er für diese trotz § 181 seine Einwilligung dem Vertragsgegner erklären (RGZ 76, 93; BayObLG DNotZ 1952, 163; aM Staudinger/*Thiele* Rn 14; NK/*Völker* Rn 5, die vor allem wegen der Interessenkollision die Bestellung eines Pflegers verlangen). Der überlebende Ehegatte muss aber in den Fällen der §§ 1643, 1821 die **Genehmigung des FamG** einholen (MüKo/*Münch* Rn 7).

4 **4. Verheirateter Abkömmling.** Ist ein Abkömmling verheiratet, so richtet sich Mitwirkung seines Ehegatten nach dem maßgebenden Güterrecht; sein Anteil gehört bei allg Gütergemeinschaft zum **Sondergut** (BayObLG SeuffA 59, 184). Durch die Ersetzung der Zustimmung eines verheirateten Abkömmlings gem § 1426 wird auch die Zustimmung seines Ehegatten, die nach dem in Betracht kommenden Güterstand erforderlich ist, mit ersetzt (KG HRR 1932, 1925).

5 **5. Revokationsrecht.** Nach § 1428 kann ein Abkömmling, der nicht zugestimmt hat, das Recht selbständig gegen Dritte auf Leistung an das Gesamtgut geltend machen; ein von dem **Verstorbenen** bereits **erworbenes Rückforderungsrecht** muss aber von allen gemeinschaftl geltend gemacht werden (BayObLG SeuffA 63, 252).

6 **6. Sonstige Vorschriften.** Für die **Bereicherung** des Gesamtguts gilt § 1434, für die **Haftung** des Überlebenden § 1435 S 1 und 3. Übertragung des Gesamtguts auf einen Abkömmling, um die anderen auszuzahlen, keine ordnungsmäßige Verwaltung (KG OLG 42, 88), selbst bei erschwerter Verwaltung (BayObLG 22, 5), es sei denn der Überlebende kann dieses nicht mehr selbst erhalten (BayObLG 14, 624). Steht der Überlebende unter **Betreuung**, gilt § 1436.

7 **7. Ansprüche und Schulden des Überlebenden (Abs II).** § 1446 gilt idF des § 1487 II, Fälligkeit tritt erst nach Beendigung der Gemeinschaft ein. **Unterhalt für Abkömmlinge** richtet sich nach den allg Vorschriften (§ 1612 III). Für Forderungen und Schulden der **gemeinsamen Abkömmlinge** sowie für die Auseinandersetzung mit einem **einseitigen Abkömmling** gilt die Beschränkung nicht.

8 **8. Pfändung.** Die **Pfändung eines Anteilsrechts** verbietet § 860 I 2 ZPO bis zur Beendigung der fortgesetzten Gütergemeinschaft. Hält man eine Pfändung des einem Abkömmling nach diesem Zeitpunkt zufallenden Anteils schon für zulässig (vgl München FamRZ 2013, 1404 mwN; aA Stein/Jonas/*Brehm* § 860 ZPO Rn 1), so

schließt sie jedenfalls nicht aus, dass der betreffende Abkömmling durch Verzicht aus der Gütergemeinschaft ausscheidet (BayObLG SeuffA 62, 183).

§ 1488 Gesamtgutsverbindlichkeiten

Gesamtgutsverbindlichkeiten der fortgesetzten Gütergemeinschaft sind die Verbindlichkeiten des überlebenden Ehegatten sowie solche Verbindlichkeiten des verstorbenen Ehegatten, die Gesamtgutsverbindlichkeiten der ehelichen Gütergemeinschaft waren.

Gesamtgutsverbindlichkeiten. Die Vorschrift regelt die Haftung des Gesamtguts im Außenverhältnis. Gesamtgutsverbindlichkeiten sind **alle Verbindlichkeiten des Überlebenden**, gleichgültig, ob sie vor oder nach Eintritt in die fortgesetzte Gütergemeinschaft begründet worden sind, ob sie vor oder während der ehelichen Gütergemeinschaft das Gesamtgut belasteten oder nicht, ob sie das Vorbehalts- oder Sondergut betreffen; auch die **Unterhaltspflicht** einem Kind ggü gehört dazu (Nürnberg Recht 1920, 2869). Gesamtgutsverbindlichkeiten der fortgesetzten Gütergemeinschaft sind außerdem die **Verbindlichkeiten des Verstorbenen**, die Gesamtgutsverbindlichkeiten der ehelichen Gütergemeinschaft waren, auch wenn sie im Innenverhältnis dem anderen Ehegatten zur Last fielen, §§ 1441–1444, 1463–1466. Ist der **nicht verwaltungsberechtigte Ehegatte** der Überlebende, so sind alle Verbindlichkeiten des früheren Verwalters Gesamtgutsverbindlichkeiten, § 1437. Überlebt der **Alleinverwaltungsberechtigte**, so sind es nur solche, die nicht unter §§ 1438–1440 fallen. Entspr gilt bei der Mitverwaltung, § 1459; keine Gesamtgutsverbindlichkeiten sind nur solche aus §§ 1460–1462. Wird der Überlebende Erbe des Verstorbenen, so tritt aufgrund des § 1967 doch nach Hs 1 Haftung für alle Verbindlichkeiten des Verstorbenen ein, auch wenn das Gesamtgut nach Hs 2 nicht haften würde (so im Falle des Vorversterbens des nicht oder nicht allein verwaltungsberechtigten Ehegatten). In diesem Fall kann es sich empfehlen, die **Erbschaft auszuschlagen**, so dass er nur noch am Gesamtgut beteiligt bleibt; will er nicht ausschlagen, so kann er die Haftung gem § 1975 auf den Nachlass beschränken; die Haftung mit dem Gesamtgut entfällt. Für **Verbindlichkeiten der Abkömmlinge** haftet das Gesamtgut niemals (Stettin OLG 14, 232). 1

Zur **Zwangsvollstreckung in das Gesamtgut** ist nach § 745 I ZPO ein Titel gegen den überlebenden Ehegatten erforderlich und genügend. Aus einem während der Gütergemeinschaft gegen den Gesamtgutsverwalter erwirkten Titel kann gegen diesen sofort vollstreckt werden, wenn er der Überlebende ist; für Erteilung einer vollstreckbaren Ausfertigung gegen den überlebenden, das eheliche Gesamtgut nicht verwaltenden Ehegatten gilt § 744 ZPO. Ggü Abkömmlingen genügt Duldungstitel (RGZ 148, 250). Im Fall der **Insolvenz des Überlebenden** gehört das Gesamtgut zur Masse, eine Auseinandersetzung erfolgt nicht, § 37 III, § 35 InsO; antragsberechtigt ist der überlebende Ehegatte, nicht aber ein Abkömmling, § 332 III InsO. Verfahren entspricht §§ 315ff, § 332 I InsO. Die **Insolvenz eines Abkömmlings** berührt die fortgesetzte Gütergemeinschaft nicht. 2

§ 1489 Persönliche Haftung für die Gesamtgutsverbindlichkeiten

(1) Für die Gesamtgutsverbindlichkeiten der fortgesetzten Gütergemeinschaft haftet der überlebende Ehegatte persönlich.

(2) Soweit die persönliche Haftung den überlebenden Ehegatten nur infolge des Eintritts der fortgesetzten Gütergemeinschaft trifft, finden die für die Haftung des Erben für die Nachlassverbindlichkeiten geltenden Vorschriften entsprechende Anwendung; an die Stelle des Nachlasses tritt das Gesamtgut in dem Bestand, den es zur Zeit des Eintritts der fortgesetzten Gütergemeinschaft hat.

(3) Eine persönliche Haftung der anteilsberechtigten Abkömmlinge für die Verbindlichkeiten des verstorbenen oder des überlebenden Ehegatten wird durch die fortgesetzte Gütergemeinschaft nicht begründet.

1. Persönliche Haftung des Überlebenden (Abs I). Nach § 1489 I haftet **allein der überlebende Ehegatte** für die Gesamtgutsverbindlichkeiten (vgl dazu § 1488 Rn 1) der fortgesetzten Gütergemeinschaft persönlich. Die persönliche Haftung tritt kraft Gesetzes ein, soweit sie nicht schon vorher bestand. Der Eintritt der fortgesetzten Gütergemeinschaft bildet nach Abs I einen **selbständigen Haftungsgrund** für die persönliche Schuldnerschaft des überlebenden Ehegatten für die Verbindlichkeiten des verstorbenen Ehegatten, deren Berichtigung aus dem Gesamtgut verlangt werden kann (RGZ 148, 243, 248). Anders als nach § 1437 II 2 und § 1459 II 2 endet die Haftung nicht mit Beendigung der fortgesetzten Gütergemeinschaft. 1

2. Haftungsbeschränkung (Abs II). Es besteht die Möglichkeit der Haftungsbeschränkung für solche Schulden, die den Überlebenden nur infolge des Eintritts der fortgesetzten Gütergemeinschaft treffen. Sie dient dem **Schutz des Überlebenden** gegen Inanspruchnahme seines sonstigen Vermögens, gegen den Zugriff der Gesamtgutsgläubiger, denen der Überlebende erst durch den Eintritt der fortgesetzten Gütergemeinschaft haftet, §§ 1488, 1489 I und dem **Schutz der Gesamtgutsgläubiger**, denen er schon vor Beginn der fortgesetzten Gütergemeinschaft persönlich haftete. Ersteres ist der Fall, wenn der Ehegatte während der ehelichen Gütergemeinschaft nicht persönlich gehaftet hat oder nicht mehr persönlich haften würde, § 1437 II 2, § 1459 II 2, wenn die Gütergemeinschaft nicht fortgesetzt worden wäre. Es gelten die §§ 1967ff; anstelle des Nachlasses tritt das Gesamtgut einschl von Surrogaten sowie dessen, was der Überlebende aus dem Nachlass des Verstorbenen erwirbt, aber ausschließlich seines späteren Erwerbs. Zulässig sind **Gesamtgutsverwaltung** nach §§ 1981–1988, **Gesamtgutsinsolvenzverfahren** nach §§ 1975 iVm § 11 II Nr 2, § 332 InsO, Unzulänglichkeitseinrede und Vollstre- 2 ckungspreisgabe nach §§ 1989ff, Aufgebotsverfahren nach §§ 1970 iVm §§ 454ff FamFG, sowie die aufschiebenden Einreden der §§ 2014, 2015. Für die Form, in welcher die Beschränkung geltend zu machen ist, gilt § 786 ZPO; es bedarf eines Vorbehalts im Urteil nach § 780 I ZPO; ggü der **Zwangsvollstreckung** sind nach § 781 ZPO Einwendungen zu erheben, die gem §§ 767, 769, 770 ZPO zu erledigen sind. Die Haftungsbeschränkung greift auch ein, soweit der Überlebende nur aus Abs I in Anspruch genommen wird (RGZ 148, 249). Sie entfällt, soweit er aus anderen Rechtsgründen **bereits persönlich haftet**, etwa aus der Zeit vor Eintritt der fortgesetzten Gütergemeinschaft oder als Erbe.

3 **3. Persönliche Haftung der Abkömmlinge (Abs III).** Die **Abkömmlinge** haften als solche **nicht persönlich**; diese Haftung kann aber aus gemeinschaftl Verpflichtungen mit dem Überlebenden oder ihrer Stellung als Erben des Verstorbenen begründet sein.

§ 1490 Tod eines Abkömmlings

Stirbt ein anteilsberechtigter Abkömmling, so gehört sein Anteil an dem Gesamtgut nicht zu seinem Nachlass. Hinterlässt er Abkömmlinge, die anteilsberechtigt sein würden, wenn er den verstorbenen Ehegatten nicht überlebt hätte, so treten die Abkömmlinge an seine Stelle. Hinterlässt er solche Abkömmlinge nicht, so wächst sein Anteil den übrigen anteilsberechtigten Abkömmlingen und, wenn solche nicht vorhanden sind, dem überlebenden Ehegatten an.

1 **1. Nachlass des Verstorbenen (S 1).** Fällt während der fortgesetzten Gütergemeinschaft ein Abkömmling durch Tod fort, so besteht sein Nachlass nur aus seinem **sonstigen Vermögen**, das sich nach allg Grundsätzen vererbt. Sein Anteil gehört nicht zum Nachlass; er kann darüber auch nicht letztwillig verfügen (KG OLG 26, 316).

2 **2. Eintritt weiterer Abkömmlinge (S 2).** Hinterlässt er seinerseits Abkömmlinge, die nach § 1483 I 1 an der fortgesetzten Gütergemeinschaft **teilgenommen hätten**, wenn er gleichzeitig mit dem verstorbenen Ehegatten gestorben wäre, also gemeinschaftl Abkömmling des Verstorbenen mit gesetzl Erbrecht, soweit nicht die Ausnahmen der §§ 1491, 1506, 1511, 1517 eingreifen, so treten diese in die fortgesetzte Gütergemeinschaft ein und zwar, wie sich aus § 1503 I ergibt, auch soweit sie erst nach dem Tode des verstorbenen Ehegatten gezeugt sind. Für Abkömmlinge, die gezeugt, aber noch nicht geboren sind, gilt § 1923 II. Seit Inkrafttreten des ErbGleichG stehen nichteheliche Abkömmlinge in Bezug auf das Erbrecht den ehelichen gleich.

3 **3. Anwachsung (S 3).** Hinterlässt er solche Abkömmlinge nicht, so wächst sein Anteil den übrigen an der Gütergemeinschaft teilnehmenden Abkömmlingen ohne Ausschlagungsmöglichkeit kraft Gesetzes an. War der verstorbene Abkömmling kinderlos und außer dem überlebenden Ehegatten das einzige Mitglied der Gütergemeinschaft, wächst der **Anteil dem Ehegatten** an. Damit endet die Gütergemeinschaft (vgl Staudinger/*Thiele* Rn 13). Die Gesamtgutsgegenstände gehen kraft Gesetzes auf ihn über. Stirbt dagegen ein Abkömmling in der Zeit zw der nach §§ 1492ff eingetretenen Beendigung der Gütergemeinschaft und der Auseinandersetzung, so fällt sein Anteil an der **Auseinandersetzungsgemeinschaft** in seinen Nachlass (BayObLG MDR 1967, 673).

§ 1491 Verzicht eines Abkömmlings

(1) Ein anteilsberechtigter Abkömmling kann auf seinen Anteil an dem Gesamtgut verzichten. Der Verzicht erfolgt durch Erklärung gegenüber dem für den Nachlass des verstorbenen Ehegatten zuständigen Gericht; die Erklärung ist in öffentlich beglaubigter Form abzugeben. Das Nachlassgericht soll die Erklärung dem überlebenden Ehegatten und den übrigen anteilsberechtigten Abkömmlingen mitteilen.

(2) Der Verzicht kann auch durch Vertrag mit dem überlebenden Ehegatten und den übrigen anteilsberechtigten Abkömmlingen erfolgen. Der Vertrag bedarf der notariellen Beurkundung.

(3) Steht der Abkömmling unter elterlicher Sorge oder unter Vormundschaft, so ist zu dem Verzicht die Genehmigung des Familiengerichts erforderlich. Bei einem Verzicht durch den Betreuer des Abkömmlings ist die Genehmigung des Betreuungsgerichts erforderlich.

(4) Der Verzicht hat die gleichen Wirkungen, wie wenn der Verzichtende zur Zeit des Verzichts ohne Hinterlassung von Abkömmlingen gestorben wäre.

1 **1. Grundgedanke.** Das Gesetz gibt dem anteilsberechtigten Abkömmling kein Recht, die fortgesetzte Gütergemeinschaft abzulehnen oder aufzuheben; nur unter den Voraussetzungen des § 1495 kann er auf Aufhebung klagen. Es gestattet ihm aber von dem Grundsatz des § 1419 I abw die Verfügung über seinen Anteil durch Verzicht. Im Gegensatz zu § 1517 betrifft § 1491 den Verzicht **nach Eintritt** der fortgesetzten Gütergemeinschaft. Hierzu und zur Möglichkeit einer Abschichtung *Becker* RNotZ 2013, 535.

2 **2. Form des Verzichts (Abs I, II).** Er erfolgt **einseitig** durch Willenserklärung (Abs I) ggü dem nach § 343 FamFG zuständigen Nachlassgericht (§ 344 VII FamFG gilt nicht, Horndasch/Viefhues/*Heinemann* § 344 FamFG Rn 71), die schriftlich abgegeben werden kann, aber öffentlich beglaubigt (§ 129) sein muss, Abgabe durch Bevollmächtigten möglich. Mitteilung an Ehegatten und die übrigen Anteilsberechtigten erfolgt durch Nachlassgericht. **Vertragl Verzicht** bedarf notarieller Beurkundung (Abs II) oder der sie ersetzenden Aufnahme in einen protokollierten gerichtlichen Vergleich (§ 127a; für Formfreiheit *van Venrooy* FamRZ 1988, 561; hiergegen NK/*Völker* Rn 5). Ist der Ehegatte zugleich **gesetzl Vertreter**, so bedarf es nur im Fall des vertragl Verzichts der Be-

stellung eines Ergänzungspflegers (NK/*Völker* Rn 6). Verzicht ist noch **nach Beendigung** der fortgesetzten Gütergemeinschaft bis zur Auseinandersetzung möglich. Die Verzichtserklärung ist als Willenserklärung nach den allg Vorschriften **anfechtbar** (BayObLG NJW 1954, 928), auch durch Gläubiger (Stettin JW 1934, 921). Der Verzicht muss sich auf den gesamten Anteil beziehen; er ist **nicht bedingungsfeindlich.** Die Gewährung einer Abfindung durch den Überlebenden oder ein anderes Mitglied der Gütergemeinschaft ist zulässig (RGZ 75, 263; BayObLG Recht 1916, 2125); eine Abfindung aus dem Gesamtgut kann nur der Überlebende gewähren. Eine unwirksame Anteilsübertragung an einem Erbteil oder am Gesamtgut kann in einen Verzicht **umgedeutet** werden (München FGPrax 2011, 182, 183).

3. Gerichtliche Genehmigung (Abs III). Ein gesetzl Vertreter bedarf der Genehmigung des FamG bzw BetrG. **Zuständigkeit:** § 151 Nr 1, 4 FamFG, § 23a I 1 Nr 1, § 23b GVG, örtlich § 152 FamFG, funktionell Rpfleger § 3 Nr 2 lit a RPflG, für Betreuer: § 271 Nr 3 FamFG, § 23a I 1 Nr 2, II Nr 1, § 23c GVG, örtlich § 272 FamFG, funktionell Rpfleger § 3 Nr 2 lit b RPflG. **Verfahrensrechtl** sind insb zu beachten Anhörung des Minderjährigen (§ 159 FamFG), nicht des Betreuten (vgl § 299 FamFG), Bestellung eines Ergänzungspflegers bzw Verfahrensbeistands (§ 158 FamFG, str) bzw Verfahrenspflegers (§ 276 FamFG). Genehmigung muss auch dem Vertretenen mitgeteilt werden (§ 41 III FamFG), sie wird erst mit Rechtskraft wirksam (§ 40 II 1 FamFG) und ist unabänderlich (§ 48 III FamFG). **Rechtsmittel:** auf zwei Wochen befristete Beschwerde (§ 63 II Nr 2 FamFG) zum OLG (§ 119 I Nr 1 lit a GVG) bzw zum LG (§ 72 S 2 GVG). Vorschrift gilt nicht analog für Erklärung des Betreuten, der unter **Einwilligungsvorbehalt** steht (MüKo/*Münch* Rn 4; aA NK/*Völker* Rn 6). 3

4. Wirkung (Abs IV). Er hat dieselbe **Wirkung wie der Tod des Abkömmlings** nach § 1490 S 3 (erstreckt sich also auf die Abkömmlinge des Verzichtenden) und kann gem § 1518 nur zugunsten derjenigen erfolgen, denen der Wegfall des Abkömmlings zustatten kommt. 4

Die **Zwangsvollstreckung** eines Gläubigers in den künftigen Anteil schließt einen Verzicht nicht aus, vgl § 1487 Rn 8. 5

§ 1492 Aufhebung durch den überlebenden Ehegatten

(1) Der überlebende Ehegatte kann die fortgesetzte Gütergemeinschaft jederzeit aufheben. Die Aufhebung erfolgt durch Erklärung gegenüber dem für den Nachlass des verstorbenen Ehegatten zuständigen Gericht; die Erklärung ist in öffentlich beglaubigter Form abzugeben. Das Nachlassgericht soll die Erklärung den anteilsberechtigten Abkömmlingen und, wenn der überlebende Ehegatte gesetzlicher Vertreter eines der Abkömmlinge ist, dem Familiengericht, wenn eine Betreuung besteht, dem Betreuungsgericht mitteilen.

(2) Die Aufhebung kann auch durch Vertrag zwischen dem überlebenden Ehegatten und den anteilsberechtigten Abkömmlingen erfolgen. Der Vertrag bedarf der notariellen Beurkundung.

(3) Bei einer Aufhebung durch den Betreuer des überlebenden Ehegatten ist die Genehmigung des Betreuungsgerichts erforderlich.

Der Überlebende und nur er kann die fortgesetzte Gütergemeinschaft aufheben, und zwar durch notariell beurkundeten (vgl § 1491 Rn 2) **Vertrag** (Abs II) mit sämtlichen Mitgliedern der Gemeinschaft, aber auch **einseitig** (Abs I) durch öffentlich beglaubigte Erklärungen ggü dem Nachlassgericht (vgl § 1491 Rn 2), da die Fortsetzung in seinem Interesse eingetreten ist. Die Abschichtung eines einzelnen Mitglieds ist ihm gegen dessen Willen nicht möglich. Sind bei seiner Wiederverheiratung minderjährige oder unter Betreuung stehende Abkömmlinge vorhanden, so verpflichtet ihn § 1493 II zur Aufhebung. Diese führt zur Auseinandersetzung. Wegen der **Genehmigung** des FamG bzw BetrG (Abs III) und der zeitl Grenze vgl § 1491 Rn 3. **Wiederherstellung** der Gütergemeinschaft nach Aufhebung ist nach § 1518 **unmöglich.** Durch das Gesetz zur Bekämpfung von Kinderehen v 17.7.2017 (BGBl I 2017, 2429) ist die Eheschließung von Minderjährigen abgeschafft worden, so dass Folgeregelungen, wie zB zur Verwaltung des Gesamtguts, entbehrlich sind (BT-Drs 18/12086, 21). Aus diesem Grund wurde § 1492 III 1 aF durch Art 1 Nr 26 des Gesetzes **aufgehoben.** Es fehlt an einer **Übergangsregelung,** dennoch bleibt die Vorschrift für bestehende Ehen eines Minderjährigen anwendbar. 1

§ 1493 Wiederverheiratung oder Begründung einer Lebenspartnerschaft des überlebenden Ehegatten

(1) Die fortgesetzte Gütergemeinschaft endet, wenn der überlebende Ehegatte wieder heiratet oder eine Lebenspartnerschaft begründet.

(2) Der überlebende Ehegatte hat, wenn ein anteilsberechtigter Abkömmling minderjährig ist, die Absicht der Wiederverheiratung dem Familiengericht anzuzeigen, ein Verzeichnis des Gesamtguts einzureichen, die Gütergemeinschaft aufzuheben und die Auseinandersetzung herbeizuführen. Das Familiengericht kann gestatten, dass die Aufhebung der Gütergemeinschaft bis zur Eheschließung unterbleibt und dass die Auseinandersetzung erst später erfolgt. Die Sätze 1 und 2 gelten auch, wenn die Sorge für das Vermögen eines anteilsberechtigten Abkömmlings zum Aufgabenkreis eines Betreuers gehört; in diesem Fall tritt an die Stelle des Familiengerichts das Betreuungsgericht.

(3) Das Standesamt, bei dem die Eheschließung angemeldet worden ist, teilt dem Familiengericht die Anmeldung mit.

1 **1. Wiederverehelichung (Abs I).** Mit der Wiederverheiratung oder der Begründung einer Lebenspartnerschaft (eingefügt durch Art 2 Nr 7 LPartG) endet die fortgesetzte Gütergemeinschaft **kraft Gesetzes.** Diese Folge kann weder durch letztwillige Verfügung noch durch Vertrag ausgeschlossen werden, § 1518. Der Beendigung steht auch nicht entgegen, dass die Ehe nichtig ist, aufgehoben oder geschieden wird. Allein die Tatsache der Eheschließung ist entscheidend, nicht ihr Bestand (hM, vgl Staudinger/*Thiele* Rn 3); entspr gilt für die Begründung der Lebenspartnerschaft. Nach der Beendigung hat sich der überlebende Ehegatte mit den Abkömmlingen über das Gesamtgut auseinanderzusetzen.

2 **2. Minderjähriger oder betreuter Abkömmling (Abs II).** Sind minderjährige oder betreute Abkömmlinge vorhanden, so treffen den überlebenden Ehegatten besondere Verpflichtungen, wenn er sich wieder verheiraten will. Dies gilt auch dann, wenn er **nicht die elterliche Sorge hat** oder **nicht Betreuer** der Abkömmlinge ist. Die Verpflichtungen aus Abs II bestehen auch dann, wenn die fortgesetzte Gütergemeinschaft zwar schon beendet ist, aber eine Auseinandersetzung noch nicht stattgefunden hat (BayObLG JFG 1, 56). Die Anzeige von der Absicht der Wiederverheiratung kann **formlos** erfolgen. Aufnahme des **Verzeichnisses** durch eine Behörde sowie Versicherung der Richtigkeit und Vollständigkeit können nicht verlangt werden. Bei Haushaltsgegenständen genügt Angabe des Gesamtwerts. Die Verbindlichkeiten sind anzugeben (aA Staudinger/*Thiele* Rn 10). Belege sind nicht erforderlich. Kosten trägt das Gesamtgut. Die Auseinandersetzung erfolgt nach §§ 1497–1506; sie ist erst mit völliger Durchführung „herbeigeführt". Das FamG bzw BetrG kann **Aufschub bis nach Eheschließung** (oder Begründung der Lebenspartnerschaft) bewilligen.

3 **3. Standesamtsmitteilung (Abs III).** Durch das Gesetz zur Reform des Personenstandsrechts (PStRG) v 19.2.2007 neu angefügt, soll die **Mitteilungspflicht** des Standesamts der Prüfung dienen, ob der Elternteil seiner Anzeigepflicht ggü dem Gericht nachgekommen ist. Sie gilt auch für die Behörde, die eine Lebenspartnerschaft begründet (BT-Drs 16/1831, 57).

§ 1494 Tod des überlebenden Ehegatten

(1) Die fortgesetzte Gütergemeinschaft endet mit dem Tode des überlebenden Ehegatten.

(2) Wird der überlebende Ehegatte für tot erklärt oder wird seine Todeszeit nach den Vorschriften des Verschollenheitsgesetzes festgestellt, so endet die fortgesetzte Gütergemeinschaft mit dem Zeitpunkt, der als Zeitpunkt des Todes gilt.

1 Das Ende der fortgesetzten Gütergemeinschaft durch Tod des Überlebenden **(Abs I)** ergibt sich aus ihrem Zweck, tritt kraft Gesetzes ein und ist nach § 1518 zwingend. Lebt der aufgrund **unrichtiger Sterbeurkunde** für tot Gehaltene noch, so tritt es nicht ein. Ist er aber für tot erklärt worden oder ist die Todeszeit nach den Vorschriften des **Verschollenheitsgesetzes** festgestellt worden, so endigt sie in dem im Beschl festgesetzten Zeitpunkt (**Abs II**), und es hat dabei auch für den Fall des Überlebens sein Bewenden. Durch Aufhebung des Beschl wird seine Rechtswirkung **rückwirkend beseitigt** (hM; aA NK/*Völker* Rn 3 mit dem Arg, dass sich die Auseinandersetzung nicht mehr revidieren lasse; das ist faktisch unzutreffend, vgl etwa die *divestitures* in der US-Antitrust-praxis).

§ 1495 Aufhebungsantrag eines Abkömmlings

Ein anteilsberechtigter Abkömmling kann gegen den überlebenden Ehegatten die Aufhebung der fortgesetzten Gütergemeinschaft beantragen,

1. **wenn seine Rechte für die Zukunft dadurch erheblich gefährdet werden können, dass der überlebende Ehegatte zur Verwaltung des Gesamtguts unfähig ist oder sein Recht, das Gesamtgut zu verwalten, missbraucht,**
2. **wenn der überlebende Ehegatte seine Verpflichtung, dem Abkömmling Unterhalt zu gewähren, verletzt hat und für die Zukunft eine erhebliche Gefährdung des Unterhalts zu besorgen ist,**
3. **wenn die Verwaltung des Gesamtguts in den Aufgabenkreis des Betreuers des überlebenden Ehegatten fällt,**
4. **wenn der überlebende Ehegatte die elterliche Sorge für den Abkömmling verwirkt hat oder, falls sie ihm zugestanden hätte, verwirkt haben würde.**

1 **1. Aufhebungsantrag.** Die Abkömmlinge können die Gemeinschaft nicht einseitig, sondern nur durch Gestaltungsbeschluss des FamG aufheben lassen. Nr 1–3 entsprechen dem § 1447 Nr 1, 2, 4. **Abschließende Aufzählung**, Überschuldung des Gesamtguts als solche ist für die Abkömmlinge kein Aufhebungsgrund; es kann aber bei Überschuldung einer der anderen Aufhebungsgründe gegeben sein. Die Verwirkung des Sorgerechts ist im Rahmen von § 1666 zu berücksichtigen. Ruhen der elterlichen Sorge oder Maßnahmen des FamG nach §§ 1666ff, 1973ff können den Antrag nach Nr 1 oder 2 begründen.

2 **2. Antragsrecht.** Jeder einzelne Abkömmling ist antragsberechtigt, wenn die Voraussetzungen ihm ggü vorliegen. Hebt der überlebende Ehegatte die fortgesetzte Gütergemeinschaft durch einseitige Erklärung auf oder erklärt er sich zu vertragl Aufhebung bereit (§ 1492), so erübrigt sich der Antrag; war er bereits erhoben, so ist die Rechtssache in der Hauptsache erledigt. Vgl iÜ, insb zum **Verfahren** § 1447 Rn 2ff.

§ 1496 Wirkung der richterlichen Aufhebungsentscheidung

Die Aufhebung der fortgesetzten Gütergemeinschaft tritt in den Fällen des § 1495 mit der Rechtskraft der richterlichen Entscheidung ein. Sie tritt für alle Abkömmlinge ein, auch wenn die richterliche Entscheidung auf den Antrag eines der Abkömmlinge ergangen ist.

Da der Antrag als **Familienstreitsache** den allg Regeln unterliegt (§ 113 II FamFG), ist Anerkenntnis- und Versäumnisurteil zulässig. Lautet es auf Aufhebung, so ist es **rechtsgestaltend** und seine Wirkung bis zur Rechtskraft (§ 45 FamFG) hinausgeschoben (S 1); also keine vorläufige Vollstreckbarkeit. Ein dem Antragsteller beitretender Abkömmling ist **notwendiger Streitgenosse.** Die Rechtskraft des Beschl wird auf alle Abkömmlinge ohne Rücksicht auf ihre Teilnahme am Rechtsstreit erstreckt (S 2). Aufhebung der fortgesetzten Gütergemeinschaft durch einstw Verfügung ist unzulässig, denn die Gestaltungswirkung der Entscheidung ist mit einem vorläufigen Verfahren unvereinbar (hM; Staudinger/*Thiele* Rn 2). 1

§ 1497 Rechtsverhältnis bis zur Auseinandersetzung

(1) Nach der Beendigung der fortgesetzten Gütergemeinschaft setzen sich der überlebende Ehegatte und die Abkömmlinge über das Gesamtgut auseinander.

(2) Bis zur Auseinandersetzung bestimmt sich ihr Rechtsverhältnis am Gesamtgut nach den §§ 1419, 1472, 1473.

1. Auseinandersetzungsanspruch (Abs I). Wie nach Beendigung der ehelichen steht auch nach dem Ende der fortgesetzten Gütergemeinschaft jedem Mitglied ein klagbarer **Anspruch auf Auseinandersetzung** zu. Abtretung dieses Anspruchs ist unzulässig (KG JW 1931, 1371), aber Umdeutung in Abtretung des Anspruchs auf Auseinandersetzungsguthaben (BGH FamRZ 1966, 443). Die Auseinandersetzung erübrigt sich, wenn sämtliche teilnahmeberechtigten Abkömmlinge sterben oder verzichten oder der Überlebende von dem einzigen Abkömmling beerbt wird (KG JFG 1, 361). 1

2. Rechtsverhältnis bis zur Auseinandersetzung (Abs II). Aus dem Recht der ehelichen Gütergemeinschaft sind anwendbar das **Verbot der Verfügung über den Anteil** am Gesamtgut und den einzelnen Gegenständen, § 1419 I, und der Aufrechnung gem § 1419 II. Nach § 1472 stehen Verwaltung und Verfügung den Teilhabern der fortgesetzten Gütergemeinschaft **gemeinschaftl** zu (RGZ 139, 121; München SeuffA 63, 252); hat der Überlebende sich alleinige Verwaltung angemaßt, so sind seine Erben **auskunftspflichtig** (RG WarnRspr 1928, 42). Nur der widersprechende Teil braucht auf Mitwirkung in Anspruch genommen zu werden (BGH NJW-RR 1991, 1410). Gesamthand besteht als **Liquidationsgemeinschaft** fort und kann als solche im Grundbuch eingetragen werden. 2

3. Haftung. Der Anteil der Teilhaber am Gesamtgut ist gem § 860 II ZPO nach Beendigung der fortgesetzten Gütergemeinschaft **pfändbar** und gehört im Fall der **Insolvenz** zur Masse. Zur **Zwangsvollstreckung** bedarf es nach § 745 II ZPO eines Titels auf Leistung gegen den Überlebenden und auf Duldung gegen die Abkömmlinge; diese haften für die Gesamtgutsverbindlichkeiten **nicht persönlich**, müssen aber den Zugriff des Gläubigers in das Gesamtgut dulden (RGZ 148, 250; Hamburg SeuffA 75, 31). 3

Leben die Kinder in einer Auseinandersetzungsgemeinschaft und gleichzeitig in einer **Erbengemeinschaft**, so finden für jedes Gesamthandsverhältnis dessen besondere Vorschriften Anwendung (Hamm DNotZ 1966, 744). Zum Verhältnis des § 1497 zu § 8 I 2 HöfeO vgl BGHZ 44, 328. 4

§ 1498 Durchführung der Auseinandersetzung

Auf die Auseinandersetzung sind die Vorschriften der §§ 1475, 1476, des § 1477 Abs. 1, der §§ 1479, 1480 und des § 1481 Abs. 1, 3 anzuwenden; an die Stelle des Ehegatten, der das Gesamtgut allein verwaltet hat, tritt der überlebende Ehegatte, an die Stelle des anderen Ehegatten treten die anteilsberechtigten Abkömmlinge. Die in § 1476 Abs. 2 Satz 2 bezeichnete Verpflichtung besteht nur für den überlebenden Ehegatten.

1. Grundsatz. Wie nach § 1497 für das Rechtsverhältnis der Teilhaber, so wird auch für die Auseinandersetzung auf die eheliche Gütergemeinschaft Bezug genommen. § 1518 verbietet dem Überlebenden einseitige Abweichung von diesen Vorschriften; er steht aber einer anderweitigen **Vereinbarung** nicht entgegen. Das Erb- und Pflichtteilsrecht der Abkömmlinge bleibt durch die Abschichtung unberührt. 1

2. Einzelregelungen (S 1). a) Berichtigung der Gesamtgutsverbindlichkeiten. Vorweg erfolgt **Berichtigung der Gesamtgutsverbindlichkeiten** (§ 1475 I), die interne Verteilung nach § 1475 II wird durch §§ 1499, 1500 ergänzt. 2

b) Teilung des Überschusses. Die durch § 1476 I vorgeschriebene **Halbteilung** schließt den Überlebenden vom Erbrecht am Anteil des Verstorbenen aus (BayObLG 1913, 619). Darin liegt für die Abkömmlinge ein Entgelt dafür, dass sie auch gegen ihren Willen ihren Erbteil erst nach Beendigung der fortgesetzten Gütergemeinschaft erhalten. Der Überlebende wird wegen seines Ablehnungsrechts aus § 1484 nicht benachteiligt. Dass die Anwendung des § 1476 II 2 ausgeschlossen wird (S 2), beruht darauf, dass die Abkömmlinge nicht persönlich verpflichtet werden. 3

4 **c) Durchführung der Teilung. Teilung** in natura bzw durch Verkauf (§ 1477 I). Anstelle des § 1477 II treten §§ 1502, 1515.

5 **d) Wahlrecht bei richterlicher Aufhebung.** Das ihnen nach § 1479 mit § 1495 eingeräumte **Wahlrecht** kann nur gemeinsam ausgeübt werden (NK/*Völker* Rn 13; aA MüKo/*Münch* Rn 7).

6 **e) Haftung und Ersatzpflicht.** Eine **persönliche Haftung** kann sich für die Abkömmlinge dem Dritten ggü aus § 1480 ergeben. Ihre Ersatzpflicht im **Innenverhältnis** nach § 1481 I, III modifiziert sich durch § 1500 (Staudinger/*Thiele* Rn 12, str).

§ 1499 Verbindlichkeiten zulasten des überlebenden Ehegatten

Bei der Auseinandersetzung fallen dem überlebenden Ehegatten zur Last:
1. die ihm bei dem Eintritt der fortgesetzten Gütergemeinschaft obliegenden Gesamtgutsverbindlichkeiten, für die das eheliche Gesamtgut nicht haftete oder die im Verhältnis der Ehegatten zueinander ihm zur Last fielen;
2. die nach dem Eintritt der fortgesetzten Gütergemeinschaft entstandenen Gesamtgutsverbindlichkeiten, die, wenn sie während der ehelichen Gütergemeinschaft in seiner Person entstanden wären, im Verhältnis der Ehegatten zueinander ihm zur Last gefallen sein würden;
3. eine Ausstattung, die er einem anteilsberechtigten Abkömmling über das dem Gesamtgut entsprechende Maß hinaus oder die er einem nicht anteilsberechtigten Abkömmling versprochen oder gewährt hat.

1 **1. Grundsatz.** Alle Gesamtgutsverbindlichkeiten belasten auch im Innenverhältnis das Gesamtgut, soweit §§ 1499, 1500 keine **Ausnahmen** hiervon vorsehen. Muss der Überlebende die Verbindlichkeiten im Innenverhältnis tragen, kann er keine Berichtigung aus dem Gesamtgut oder Ersatz zu seinem Vorbehalts- oder Sondergut verlangen. Abw **Vereinbarungen** zw Überlebendem und Abkömmlingen bleiben trotz § 1518 möglich.

2 **2. Einzelfälle. Nr 1** hat in der **ersten Alternative** nur bei Überleben des bei der ehelichen Gütergemeinschaft nicht verwaltungsberechtigten oder nur mitverwaltungsberechtigten Ehegatten Bedeutung. Da während der ehelichen Gütergemeinschaft das Gesamtgut für alle Verbindlichkeiten des Alleinverwalters (§ 1437 I), bei Mitverwaltung für die Verbindlichkeiten beider haftet (§ 1459 I), kann nach der ersten Alternative nur Haftung eintreten für Verbindlichkeiten aus §§ 1438–1440 des früher Nichtverwaltungsberechtigten und für Verbindlichkeiten des Mitverwaltungsberechtigten aus §§ 1460–1462, soweit sie den Überlebenden treffen. Die **zweite Alternative** umfasst die §§ 1441–1444, 1463–1466. **Nr 2** betrifft die Fälle der §§ 1441, 1442, 1443 I; §§ 1463, 1464, 1465 I. **Nr 3** ersetzt die §§ 1444, 1446. Die Regelung entspricht im Wesentlichen der des § 1444.

§ 1500 Verbindlichkeiten zulasten der Abkömmlinge

(1) Die anteilsberechtigten Abkömmlinge müssen sich Verbindlichkeiten des verstorbenen Ehegatten, die diesem im Verhältnis der Ehegatten zueinander zur Last fielen, bei der Auseinandersetzung auf ihren Anteil insoweit anrechnen lassen, als der überlebende Ehegatte nicht von dem Erben des verstorbenen Ehegatten Deckung hat erlangen können.

(2) In gleicher Weise haben sich die anteilsberechtigten Abkömmlinge anrechnen zu lassen, was der verstorbene Ehegatte zu dem Gesamtgut zu ersetzen hatte.

1 **1. Grundsatz.** Die Vorschrift bezeichnet die Verbindlichkeiten, die ausnahmsw im **Innenverhältnis den Abkömmlingen** zur Last fallen. Müssen die Abkömmlinge die Verbindlichkeiten im Innenverhältnis tragen, können sie keine Berichtigung aus dem Gesamtgut oder Ersatz zu ihrem Vermögen verlangen.

2 **2. Einzelfälle.** Dazu gehören außer den Fällen der §§ 1441–1444 und 1463–1466 (Abs I) die Ersatzpflichten des Verstorbenen zum Gesamtgut, vgl § 1445 I, §§ 1446 und 1467 I, § 1468 (Abs II). Die Verpflichtung der Abkömmlinge setzt voraus, dass der Überlebende, was er beweisen muss, aus dem Nachlass des Verstorbenen **keine Deckung** gefunden hat. Soweit er den Verstorbenen selbst beerbt hat, erlischt die Verpflichtung (BaRo/*Spernath* Rn 2; aA MüKo/*Münch* Rn 2). Die Ersatzpflicht der Abkömmlinge erschöpft sich darin, dass sie sich die betreffende Verbindlichkeit auf ihren Anteil anrechnen lassen müssen; das entspricht ihrer Befreiung von persönlicher Haftung gem § 1489 III. Als Erben des Verstorbenen haften sie nach **erbrechtl Grundsätzen.**

§ 1501 Anrechnung von Abfindungen

(1) Ist einem anteilsberechtigten Abkömmling für den Verzicht auf seinen Anteil eine Abfindung aus dem Gesamtgut gewährt worden, so wird sie bei der Auseinandersetzung in das Gesamtgut eingerechnet und auf die den Abkömmlingen gebührende Hälfte angerechnet.

(2) Der überlebende Ehegatte kann mit den übrigen anteilsberechtigten Abkömmlingen schon vor der Aufhebung der fortgesetzten Gütergemeinschaft eine abweichende Vereinbarung treffen. Die Vereinbarung bedarf der notariellen Beurkundung; sie ist auch denjenigen Abkömmlingen gegenüber wirksam, welche erst später in die fortgesetzte Gütergemeinschaft eintreten.

1 **1. Anrechnung von Verzichtsabfindungen (Abs I).** Die Vorschrift regelt die Verrechnung der einem Abkömmling für den Verzicht auf seinen Anteil gewährten Abfindung. Ohne sie würde diese von dem Überleben-

den und den Abkömmlingen je zur Hälfte zu tragen sein; das wäre **unbillig**, weil der Verzicht nach § 1490 S 3, § 1491 IV nur den Abkömmlingen zugutekommt. § 1501 bezieht sich nur auf den nach Eintritt der Gütergemeinschaft erklärten Verzicht (§ 1491), nicht auf den vorher erklärten (§ 1517). Die Abfindung muss in diesem Fall aus dem Gesamtgut gewährt werden. § 1501 erfasst beide Fälle des § 1491 (hM, vgl Soergel/*Gaul* Rn 2). Mitwirkung der übrigen Abkömmlinge oder deren Zustimmung fordert das Gesetz nicht; übersteigt die Abfindung das dem Anteil des Verzichtenden entspr Maß, so kann sie insoweit als Schenkung ohne Genehmigung der Übrigen gem §§ 1425, 1427 unwirksam sein (Staudinger/*Thiele* Rn 4; Soergel/*Gaul* Rn 3). Die übrigen Abkömmlinge haben sich die Abfindung der Vorschrift entspr anrechnen zu lassen, haften aber **nicht persönlich** für deren Gewährung. Ihre **Verrechnung** untereinander regelt § 1503.

2. Abdingbarkeit. Abw Vereinbarung (Abs II) ist nach Aufhebung der fortgesetzten Gütergemeinschaft formlos, vorher nur in notarieller Form möglich (S 1). Ist der Überlebende gesetzl Vertreter eines Abkömmlings, so ist Pflegerbestellung erforderlich. Der Zustimmung des FamG bzw BetrG bedarf es nur, wenn die Verrechnung nach § 1503 geändert wird. Die formgerechte Vereinbarung bindet auch spätere Teilhaber an der Gütergemeinschaft (S 2). 2

§ 1502 Übernahmerecht des überlebenden Ehegatten

(1) Der überlebende Ehegatte ist berechtigt, das Gesamtgut oder einzelne dazu gehörende Gegenstände gegen Ersatz des Wertes zu übernehmen. Das Recht geht nicht auf den Erben über.

(2) Wird die fortgesetzte Gütergemeinschaft aufgrund des § 1495 durch Urteil aufgehoben, so steht dem überlebenden Ehegatten das im Absatz 1 bestimmte Recht nicht zu. Die anteilsberechtigten Abkömmlinge können in diesem Falle diejenigen Gegenstände gegen Ersatz des Wertes übernehmen, welche der verstorbene Ehegatte nach § 1477 Abs. 2 zu übernehmen berechtigt sein würde. Das Recht kann von ihnen nur gemeinschaftlich ausgeübt werden.

Das **Übernahmerecht des Überlebenden (Abs I)** geht weit über § 1477 II hinaus. Er kann das ganze Gesamtgut übernehmen und gem § 1492 den für die Wertberechnung maßgebenden Zeitpunkt der Übernahme bestimmen. Dadurch kann er sich bei Wiederverheiratung seine Existenz erhalten und einem Abkömmling das ganze Gesamtgut oder einen Teil davon, etwa einen Bauernhof, zuwenden. Für einen **anteilsberechtigten Abkömmling** kann er das Übernahmerecht auch durch letztwillige Verfügung nicht begründen; er kann aber die Erbeinsetzung von Abkömmlingen unter die Bedingung stellen, dass sie ihren Anteil einem anderen übertragen (BayObLG JFG 1, 150). Einem **einseitigen Abkömmling** ggü gilt das Übernahmerecht nicht (RGZ 118, 389). 1

Für das Übernahmerecht des Überlebenden gilt § 1477 Rn 2ff. Das Recht ist aber hier **höchstpersönlich** und kann durch Testamentsvollstrecker oder Gläubiger, der gem § 860 ZPO den Anteil gepfändet hat, nicht ausgeübt werden. Die Ausübung wirkt nur schuldrechtl; also Auflassung etc erforderlich. 2

Ein **Übernahmerecht der Abkömmlinge (Abs II)** tritt bei Aufhebung der fortgesetzten Gütergemeinschaft durch Beschl (nicht Urt, Redaktionsversehen) gem § 1495 an die Stelle des Rechts des Überlebenden, der sein Übernahmerecht verliert. Sein Umfang bestimmt sich nach § 1477, vgl § 1477 Rn 2ff. Das Recht ist **vererblich** und **durch Dritte** ausübbar. Einigung der Abkömmlinge ist erforderlich. 3

Abs II ist entspr anwendbar, wenn sich der Aufhebungsantrag nach Erhebung **auf andere Weise** als durch Beschl **erledigt** und er begründet gewesen wäre, §§ 1498, 1479 (Staudinger/*Thiele* Rn 12). 4

§ 1503 Teilung unter den Abkömmlingen

(1) Mehrere anteilsberechtigte Abkömmlinge teilen die ihnen zufallende Hälfte des Gesamtguts nach dem Verhältnis der Anteile, zu denen sie im Falle der gesetzlichen Erbfolge als Erben des verstorbenen Ehegatten berufen sein würden, wenn dieser erst zur Zeit der Beendigung der fortgesetzten Gütergemeinschaft gestorben wäre.

(2) Das Vorempfangene kommt nach den für die Ausgleichung unter Abkömmlingen geltenden Vorschriften zur Ausgleichung, soweit nicht eine solche bereits bei der Teilung des Nachlasses des verstorbenen Ehegatten erfolgt ist.

(3) Ist einem Abkömmling, der auf seinen Anteil verzichtet hat, eine Abfindung aus dem Gesamtgut gewährt worden, so fällt sie den Abkömmlingen zur Last, denen der Verzicht zustatten kommt.

1. Grundsatz (Abs I). Die Vorschrift bestimmt das Teilungsverhältnis für den auf die Abkömmlinge entfallenden Anteil; §§ 1924, 1927, 1930 gelten entspr. Der **Überlebende** kann das Verhältnis **nicht ändern**; diese Möglichkeit hatte nur der Erstversterbende im Rahmen der §§ 1511–1513. Das Rechtsverhältnis zw den Abkömmlingen ist nicht Gemeinschaft zur gesamten Hand, sondern **Bruchteilsgemeinschaft.** 1

2. Ausgleichung (Abs II). Wegen der Ausgleichungspflicht vgl §§ 2050, 2051 I, §§ 2053–2057. Bei Teilung des Nachlasses des Erstversterbenden hat für die gemeinschaftl Abkömmlinge eine Ausgleichung nur hinsichtl des **Vorbehaltsguts und Sonderguts**, nicht auch des Gesamtguts stattgefunden; waren auch einseitige Abkömmlinge vorhanden, so ist nur im Verhältnis zu ihnen eine Ausgleichung nach § 1483 II bereits erfolgt. Zur Ausgleichung **ggü dem Überlebenden** sind die Abkömmlinge nicht verpflichtet. 2

3 **3. Abfindungsverzicht (Abs III).** Gemeint ist ein **Verzicht nach § 1491**, nicht gem § 1517. Die durch § 1501 I vorgeschriebene Berechnung wird ergänzt durch die Bestimmung, welchem Abkömmling die Abfindung in ihrem Verhältnis zueinander zur Last fällt.

§ 1504 Haftungsausgleich unter Abkömmlingen

Soweit die anteilsberechtigten Abkömmlinge nach § 1480 den Gesamtgutsgläubigern haften, sind sie im Verhältnis zueinander nach der Größe ihres Anteils an dem Gesamtgut verpflichtet. Die Verpflichtung beschränkt sich auf die ihnen zugeteilten Gegenstände; die für die Haftung des Erben geltenden Vorschriften der §§ 1990, 1991 finden entsprechende Anwendung.

1 **Haftet ein Abkömmling** dem Gläubiger aus §§ 1498, 1480, so kann dieser ihn bis zur Erschöpfung der ihm zugeteilten Gegenstände ohne Rücksicht auf die Größe seines Anteils persönlich in Anspruch nehmen. Hat er mehr gezahlt, als seinem Anteil entspricht, so kann er insoweit gegen die übrigen **Rückgriff** nehmen. Diese haften ihm nicht als Gesamtschuldner, sondern nur nach Größe ihres Anteils und mit **Beschränkungsmöglichkeit** auf das ihnen Zugeteilte, die nach § 786 ZPO, §§ 1990, 1991 geltend zu machen ist.

§ 1505 Ergänzung des Anteils des Abkömmlings

Die Vorschriften über das Recht auf Ergänzung des Pflichtteils finden zugunsten eines anteilsberechtigten Abkömmlings entsprechende Anwendung; an die Stelle des Erbfalls tritt die Beendigung der fortgesetzten Gütergemeinschaft; als gesetzlicher Erbteil gilt der dem Abkömmling zur Zeit der Beendigung gebührende Anteil an dem Gesamtgut, als Pflichtteil gilt die Hälfte des Wertes dieses Anteils.

1 **1. Grundsatz.** Der Anfall der Hälfte des Gesamtguts an die Abkömmlinge beim Ende der fortgesetzten Gütergemeinschaft ist kein Erbfall; er steht diesem aber wirtschaftlich so nahe, dass die §§ 2325–2332 über **Ergänzung des Pflichtteils** entspr anwendbar sind. Dadurch wird verhindert, dass die Ehegatten unter Übergehung der durch §§ 1512, 1513, 1516 oder 1518 gesetzten Schranken die Anteile der Abkömmlinge **durch Schenkungen** unter Lebenden schmälern.

2 **2. Voraussetzungen.** Die Vorschrift gilt nur für Ergänzung des Anteils der Abkömmlinge bei Auseinandersetzung des Gesamtguts; auf die Erbfolge in das **Vorbehaltsgut und Sondergut** des Erstversterbenden und Schenkungen des Überlebenden aus dem Vorbehaltsgut sind die Bestimmungen des Erbrechts unmittelbar anwendbar. Schenkungen des Überlebenden aus dem **Gesamtgut** der fortgesetzten Gütergemeinschaft sind ohne Zustimmung der Abkömmlinge unwirksam (§ 1487 I, § 1425). Wie bei § 1503 I wird fingiert, dass der Erstversterbende mit Beendigung der fortgesetzten Gütergemeinschaft gestorben ist. Nach diesem Zeitpunkt werden der Pflichtteil und der Anspruch auf Ergänzung berechnet. Der **Pflichtteilsergänzungsanspruch** einer zu Lebzeiten beider Ehegatten durchgeführten Schenkung nach § 2325 III berechnet sich also erst vom Zeitpunkt der Beendigung der fortgesetzten Gütergemeinschaft; der Ergänzungsanspruch vermindert sich also für jedes Jahr des Fortbestehens der Gütergemeinschaft um ein Zehntel und erlischt bei 10jährigem Fortbestand (*Milzer* ZEV 2015, 260; *Ruby* ZEV 2017, 496; aA BaRo/*Spernath* Rn 2). Eine Schenkung gilt nach § 2331 I 1 im Regelfall als von jedem **Ehegatten zur Hälfte** gemacht. Nachlass ist die Hälfte des Gesamtguts zZt der Beendigung der Gemeinschaft. Die Verjährung des Anspruchs beginnt erst mit Beendigung der fortgesetzten Gütergemeinschaft (RG JW 1911, 996). Der Anspruch kann von jedem Abkömmling einzeln geltend gemacht werden. Er ist nach § 2317 **übertragbar und vererblich** und im Rahmen des § 852 I ZPO pfändbar.

§ 1506 Anteilsunwürdigkeit

Ist ein gemeinschaftlicher Abkömmling erbunwürdig, so ist er auch des Anteils an dem Gesamtgut unwürdig. Die Vorschriften über die Erbunwürdigkeit finden entsprechende Anwendung.

1 **Grundsatz (S 1).** Ist ein gemeinschaftl Abkömmling beim Tode des Erstversterbenden bereits für **erbunwürdig erklärt worden**, so verliert er damit auch seinen Anteil am Gesamtgut. Ist ein derartiges Verfahren nicht durchgeführt worden, so kann er nunmehr für anteilsunwürdig erklärt werden. Beim Tode des **Überlebenden** greifen die Vorschriften über die Erbunwürdigkeit hinsichtl seines Nachlasses unmittelbar ein. Diese begründet keine Anteilsunwürdigkeit und umgekehrt. Da die fortgesetzte Gütergemeinschaft den Ersatz für die sonst eintretende Erbfolge darstellt, wird man trotz Schweigens des Gesetzes die Vorschrift auch bei **Erbunwürdigkeit des Überlebenden** anwenden können (Grü/*Siede* Rn 1; MüKo/*Münch* Rn 3; aA RGRK/*Finke* Rn 2).

2 Die **Voraussetzungen der Anteilsunwürdigkeit** (S 2) entsprechen den vier Alternativen des § 2339. Letztwillige Verfügungen in diesem Sinne sind auch solche nach §§ 1511–1516. Auch auf die Zustimmungserklärung gem § 1516 ist die Vorschrift wegen des gleichen Rechtsgedankens trotz ihres Ausnahmecharakters entspr anwendbar (allgM; Staudinger/*Thiele* Rn 4). Anteilsunwürdigkeit wird geltend gemacht durch **Anfechtungsklage**, die erst nach Eintritt der fortgesetzten Gütergemeinschaft zulässig ist und binnen Jahresfrist seit Kenntnis des Anfechtungsgrundes erhoben werden muss. **Anfechtungsberechtigt** ist jeder Abkömmling, dem der Wegfall des Anteilsunwürdigen auch nur mittelbar zugutekommen würde. Die erfolgreiche Anfechtung kommt aber auch den anderen zugute, § 2344 II. Über Ausschluss durch Verzeihung vgl § 2343. Der Anteil fällt demjenigen zu, der ihn nach

§ 1483 erhalten hätte, wenn der Unwürdige bei Eintritt der fortgesetzten Gütergemeinschaft schon **tot gewesen** wäre.

§ 1507 Zeugnis über Fortsetzung der Gütergemeinschaft

Das Nachlassgericht hat dem überlebenden Ehegatten auf Antrag ein Zeugnis über die Fortsetzung der Gütergemeinschaft zu erteilen. Die Vorschriften über den Erbschein finden entsprechende Anwendung.

1. Grundsatz. Verhältnis zum Erbschein: Wie durch den Erbschein die Erbfolge, so wird durch das Zeugnis **Eintritt oder Nichteintritt der fortgesetzten Gütergemeinschaft nachgewiesen.** Es dient der Erleichterung des Rechtsverkehrs und dem Interesse des überlebenden Ehegatten, die Fortführung nachweisen zu können. Das Zeugnis bezieht sich auf das **Gesamtgut** (Düsseldorf FamRB 2020, 133; München FGPrax 2011, 181), der Erbschein auf das übrige Vermögen des Erstversterbenden, also sein Vorbehaltsgut und Sondergut. Beide sind voneinander unabhängig (KG OLG 6, 320), können aber in einer Urkunde verbunden werden (KG OLG 14, 237). Dass im Einzelfall Vorbehaltsgut oder Sondergut vorhanden ist, braucht für den Erbschein nicht nachgewiesen zu werden (KG OLG 7, 365). Das Zeugnis kann auch noch **nach dem Tode des Überlebenden** Bedeutung haben, ein Vermerk über Anteilsverzicht eines Abkömmlings kann bei Unwirksamkeit der Verzichtserklärung auch dann noch berücksichtigt werden (BayObLG NJW 1954, 928). 1

2. Antrag (S 1). Das Zeugnis wird nur auf Antrag erteilt. Dieser bedarf **keiner besonderen Form** (§ 23 FamFG). Art 239 EGBGB gilt nur für Erbscheinsanträge. **Antragsberechtigt** ist nur der Überlebende oder sein Rechtsnachfolger (München FGPrax 2011, 181, 182), da die Abkömmlinge von Verwaltung und Verfügung ausgeschlossen sind (Hamburg OLG 14, 234); ferner gem § 36 II GBO iVm §§ 792, 896 ZPO ein Gläubiger des Überlebenden mit vollstreckbarem Titel. Erst nach Beendigung der fortgesetzten Gütergemeinschaft sind auch die Abkömmlinge antragsberechtigt (München FGPrax 2011, 181, 182; KGJ 41, 52; SeuffA 68, 240). 2

3. Erteilungs- und Einziehungsverfahren (S 2). Für das **Verfahren bei Ausstellung des Zeugnisses** gelten die Vorschriften des Erbscheins, § 354 I FamFG. Sachlich zuständig zur Erteilung und Einziehung ist das AG als Nachlassgericht (§ 23a II GVG, § 342 I Nr 6 FamFG), die örtliche Zuständigkeit bestimmt sich nach § 343 FamFG. Für die Erteilung ist der Rpfleger (§ 3 Nr 2 lit c RPflG), für die **Einziehung** der Richter zuständig (§ 16 I Nr 7 RPflG), sofern nicht in einem Bundesland von der Möglichkeit zur Übertragung auf den Rpfleger gem § 19 I 1 Nr 5 RPflG Gebrauch gemacht worden ist. In **Baden-Württemberg** war bis 31.12.2017 das Notariat zuständig (§ 1 II, § 38 BWLFGG). Erteilung durch das Beschwerdegericht ist unzulässig (KGJ 50, 93). Nachzuweisen ist das Bestehen der Gütergemeinschaft durch Vorlegung des **Ehevertrags**, Tod des Erstversterbenden und Vorhandensein, Wegfall und Ausschließung gemeinschaftl Abkömmlinge mittels Personenstandsurkunden; ferner ist **eidesstattlich zu versichern**, ob die Vereinbarung der fortgesetzten Gütergemeinschaft durch Vertrag oder letztwillige Verfügung ausgeschlossen ist (KG OLG 18, 271), und ob ein Rechtsstreit anhängig ist. Vgl iÜ §§ 352–353 und 357 FamFG, §§ 2361, 2362, 2365ff; insb die Erteilung eines **Fremdrechtszeugnisses** analog § 352c FamFG ist möglich (Düsseldorf FamRB 2020, 133 zur fortgesetzten Gütergemeinschaft nach dänischem Recht; Hamm NJW-RR 1993, 71 zur westfälischen Gütergemeinschaft); unanwendbar sind §§ 2363, 2368. Ein **unrichtiges Zeugnis** ist gem § 2361 von Amts wegen einzuziehen. Einziehung des alten und Erteilung eines neuen Zeugnisses kann auch im Beschwerdewege betrieben werden (KG RJA 17, 57, vgl § 352e III FamFG). Zu den Amtspflichten des Nachlassgerichts bei Erteilung des Zeugnisses (vgl BGHZ 63, 35). **Amtspflichten** bestehen nur im Hinblick auf mögliche Beeinträchtigungen aus der Verwendung eines unrichtigen Zeugnisses. Für die Erteilung und Einziehung des Zeugnisses gelten die Vorschriften über den Erbschein entspr, § 40 IV GNotKG, Vorbem 1.2.2 Nr 2 KV GNotKG. Geschäftswert ist der halbe Wert des Gesamtguts zZt des Erbfalls. Es fällt eine 1,0 Gebühr an, die sich bei Beendigung auf eine 0,3 bzw 0,5 Gebühr, höchstens auf 200 € bzw 400 € ermäßigt, Nr 12210ff KV GNotKG. Die Einziehung löst eine 0,5 Gebühr, höchstens 400 € aus, Nr 12215 KV GNotKG. 3

4. Inhalt des Zeugnisses. In dem **Zeugnis** ist auszusprechen, dass nach dem Tode des Erstversterbenden zw ihm und den gemeinschaftl Abkömmlingen die Gütergemeinschaft **fortgesetzt** worden ist. Dabei sind anzugeben Name und Wohnort der Ehegatten, der Todestag und zweckmäßigerweise (bei Erteilung zu Grundbuchzwecken zwingend, München FGPrax 2011, 181, 182) auch Name, Anschrift und Geburtsdatum der Abkömmlinge sowie das Datum des die Gütergemeinschaft begründenden Ehevertrags. Bei Erteilung eines **Fremdrechtszeugnisses** ist anzugeben, auf welchen Gegenstand sich dieses bezieht und welches ausländische Recht der Feststellung zugrunde gelegt wird (Düsseldorf FamRB 2020, 133). **Bezugnahme auf Urkunde ist unzulässig**, da das Zeugnis aus sich verständlich sein soll (KG RJA 17, 58). Auch **einseitige Abkömmlinge**, mit denen eine Auseinandersetzung noch nicht stattgefunden hat, sind aufzunehmen; enthält das Zeugnis weder eine derartige Angabe noch eine Beschränkung auf einen Bruchteil des Gesamtguts, so muss man daraus schließen, dass solche Abkömmlinge nicht vorhanden sind (KGJ 34, 229). Über die **Größe der Anteile** der Abkömmlinge äußert sich das Zeugnis nicht (KG OLG 43, 361 Nr 1). Bei nachträgl Änderungen (zB nach §§ 1490, 1491), die allerdings vor Beendigung der Gütergemeinschaft wirksam geworden sein müssen, kann das **Zeugnis berichtigt** werden (München FGPrax 2011, 181, 182; BayObLG 1954, 79; BayObLG 1967, 70, 75; zum Streitstand MüKo/*Münch* Rn 4, 5). Es kann durch Eintragung späterer Veränderungen **ergänzt** werden, etwa des Inhalts, dass sich durch den Tod des einzigen anteilsberechtigten Abkömmlings das Gesamtgut in der Hand des Überlebenden vereinigt hat (KG OLG 26, 319). Es wird kraft Gesetzes, ohne dass es einer Kraftloserklärung bedürfte, mit Beendigung der fortgesetzten Gütergemeinschaft **gegenstandslos** (München FGPrax 2011, 181, 182). Über die Beendigung 4 kann ebenso wie über den Nichteintritt der fortgesetzten Gütergemeinschaft ein Zeugnis bzw. **Negativzeugnis** erteilt werden (München FGPrax 2011, 181, 182; KG OLG 6, 319, 320; 27, 204, 207; Horndasch/Viefhues/*Heinemann* § 354 FamFG Rn 3). Ein Negativattest ist aber zum Nachweis des Nichteintritts der fortgesetzten Gütergemeinschaft im **Grundbuchverkehr** nicht erforderlich (§ 29 I 2 GBO, Frankfurt Rpfleger 1978, 412; BayObLG 2003, 26). Wird das Zeugnis erst nach dem Ende der fortgesetzten Gütergemeinschaft ausgestellt, was möglich ist, so hat es die Beendigung auszuweisen (München FGPrax 2011, 181, 182). Über die Frage der Zugehörigkeit eines Gegenstandes zum Gesamtgut ergibt das Zeugnis nichts.

5 **5. Wirkung des Zeugnisses.** Diese beurteilt sich nach §§ 2365–2367 (Gutglaubensschutz, Düsseldorf FamRB 2020, 133). Das Zeugnis belegt nur den Eintritt, **nicht** aber den **Fortbestand** der fortgesetzten Gütergemeinschaft (Düsseldorf FamRB 2020, 133; Horndasch/Viefhues/*Heinemann*, § 354 FamFG Rn 3). Im Grundbuchverfahren beweist das Zeugnis über den Übergang des Gesamtguts auf die im Zeugnis ausgewiesenen Personen (München FGPrax 2011, 181, 182). Die Vermutung spricht für Eintritt der fortgesetzten Gütergemeinschaft; ob diese noch besteht, hat jeder Interessent selbst zu prüfen. Auf Zusätze, die nicht zum gesetzl Inhalt des Zeugnisses gehören, bezieht sich die Vermutung nicht (RGZ 64, 178). Zur Erteilung einer **Ausfertigung des Zeugnisses** ist berechtigt, wer ein rechtl Interesse glaubhaft machen kann, § 357 II 2 FamFG.

§ 1508 (weggefallen)

§ 1509 Ausschließung der fortgesetzten Gütergemeinschaft durch letztwillige Verfügung

Jeder Ehegatte kann für den Fall, dass die Ehe durch seinen Tod aufgelöst wird, die Fortsetzung der Gütergemeinschaft durch letztwillige Verfügung ausschließen, wenn er berechtigt ist, dem anderen Ehegatten den Pflichtteil zu entziehen oder die Aufhebung der Gütergemeinschaft zu beantragen. Das Gleiche gilt, wenn der Ehegatte berechtigt ist, die Aufhebung der Ehe zu beantragen, und den Antrag gestellt hat. Auf die Ausschließung finden die Vorschriften über die Entziehung des Pflichtteils entsprechende Anwendung.

1 **1. Grundsatz.** Bei Auflösung der Gütergemeinschaft durch Tod des anderen kann der überlebende Ehegatte die Fortsetzung der Gütergemeinschaft gem § 1484 ablehnen, bei ihrem Ende aus anderen Gründen, zB Scheidung, tritt sie ohnehin nicht ein. Für den Fall der **Auflösung durch den eigenen Tod** gibt die Vorschrift jedem Ehegatten bei Vorliegen bestimmter Gründe das Recht der Ausschließung durch letztwillige Verfügung. Sie kann auch stillschw erfolgen zB durch Änderungsvorbehalt in einem gemeinschaftl Testament (LG Marburg Rpfleger 2000, 70), im Erbvertrag nicht vertragl, sondern nur einseitig möglich (KGJ 51, 170).

2 **2. Voraussetzungen.** Der Ausschluss erfolgt im Wege **letztwilliger Verfügung** (§ 2231, 2267, 2276). Einen Ausschlussgrund bildet nach S 1 das Recht zur **Pflichtteilsentziehung** gem § 2335. Einen weiteren Ausschließungsgrund gibt das Recht zur Beantragung auf **Aufhebung der Gütergemeinschaft**, §§ 1447, 1448 bzw 1469. Nach S 2 ist die Fortführung der Gütergemeinschaft auch dann ausschließbar, wenn ein Ehegatte berechtigt ist, die **Aufhebung der Ehe** zu beantragen (§ 1314) und den Antrag gestellt hat. Die Fortsetzung der Gütergemeinschaft bei einem zwischenzeitl Tod sollen sie verhindern können. Allein das Scheitern der Ehe und der daraus resultierende **Scheidungsantrag** reichen hingegen nicht aus, die Fortführung der Gütergemeinschaft auszuschließen (Grü/*Siede* Rn 1; RGRK/*Finke* Rn 4; aA MüKo/*Münch* Rn 2; NK/*Völker* Rn 2: entspr Anwendung).

3 **3. Ausschließung.** Für die Ausschließung gelten die **Regeln über den Pflichtteilsentzug** entspr (S 3), § 2336 regelt die Form, § 2337 die Unwirksamkeit durch Verzeihung. Eine Eintragung im Güterrechtsregister findet nicht statt (KG OLG 40, 79).

§ 1510 Wirkung der Ausschließung

Wird die Fortsetzung der Gütergemeinschaft ausgeschlossen, so gilt das Gleiche wie im Falle des § 1482.

1 Die **Rechtsfolgen** der Ausschließung sind die gleichen wie bei unbeerbter Ehe, vgl die Erl zu § 1482. Letztwillige Verfügungen des Verstorbenen über seinen Anteil werden wirksam. Ob im Ausschluss der fortgesetzten Gütergemeinschaft zugleich eine **Entziehung des Pflichtteils** liegt, ergibt die Auslegung im Einzelfall. Ein Verstoß gegen § 1509 führt zur Nichtigkeit der Ausschließung; diese kann auch von dem Überlebenden geltend gemacht werden (KG OLG 6, 162).

§ 1511 Ausschließung eines Abkömmlings

(1) Jeder Ehegatte kann für den Fall, dass die Ehe durch seinen Tod aufgelöst wird, einen gemeinschaftlich Abkömmling von der fortgesetzten Gütergemeinschaft durch letztwillige Verfügung ausschließen.

(2) Der ausgeschlossene Abkömmling kann, unbeschadet seines Erbrechts, aus dem Gesamtgut der fortgesetzten Gütergemeinschaft die Zahlung des Betrags verlangen, der ihm von dem Gesamtgut der ehelichen Gütergemeinschaft als Pflichtteil gebühren würde, wenn die fortgesetzte Gütergemeinschaft nicht eingetreten wäre. Die für den Pflichtteilsanspruch geltenden Vorschriften finden entsprechende Anwendung.

(3) Der dem ausgeschlossenen Abkömmling gezahlte Betrag wird bei der Auseinandersetzung den anteilsberechtigten Abkömmlingen nach Maßgabe des § 1501 angerechnet. Im Verhältnis der Abkömmlinge zueinander fällt er den Abkömmlingen zur Last, denen die Ausschließung zustatten kommt.

1. Vorbemerkung. §§ 1511–1515 betreffen Fälle, in denen ein Ehegatte die Teilnahmeberechtigung eines Abkömmlings an der fortgesetzten Gütergemeinschaft durch **letztwillige Verfügung** vom Normalfall abw regelt. Auch andere als die in diesen Vorschriften vorgesehenen Beschränkungen, zB Verwaltung des Anteils eines Abkömmlings durch einen Dritten, können dadurch angeordnet werden, dass der Ehegatte eine gesetzl Beschränkung, etwa Herabsetzung des Anteils auf die Hälfte nach § 1512, für den Fall vorsieht, dass sich der Abkömmling seinem Wunsche nicht fügt (Hamburg LZ 1915, 922; RG LZ 1915, 1658). 1

2. Ausschließung (Abs I). Wie der Erblasser gesetzl Erben durch Testament ausschließen kann, nächste Angehörige aber zum Ausgleich einen Pflichtteilsanspruch erwerben, so kann auch bei der fortgesetzten Gütergemeinschaft **jeder Ehegatte**, und zwar gem § 1516 **mit Zustimmung** des anderen, für den Fall seines Ablebens einen Abkömmling von der Teilnahme ausschließen, begründet aber dadurch den Anspruch auf Zahlung eines dem Pflichtteil entspr Betrages (Abs II). Für den Fall der Auflösung der Ehe durch Tod des anderen Ehegatten oder durch andere Gründe, zB Scheidung, wirkt die Ausschließung nicht. Sie liegt im Belieben des Ehegatten, kann unter eine Bedingung gestellt werden (BayObLG JFG 13, 360) und lässt sich auch auf noch nicht erzeugte Abkömmlinge und die Kinder eines Abkömmlings erstrecken. Sie ist **stillschw** möglich (München FGPrax 2011, 182, 183), etwa durch Einsetzung des Ehegatten zum Alleinerben (KG OLG 7, 62; 40, 78; LG Trier ZEV 2013, 623, 624), ggf unter gleichzeitiger Einsetzung der Abkömmlinge zu Nacherben (Stettin OLG 6, 166) oder durch Änderungsvorbehalt in einem gemeinschaftl Testament (LG Marburg Rpfleger 2000, 70). Ausschluss im Erbvertrag ebenfalls zulässig, allerdings nicht vertragsmäßig möglich (LG Trier ZEV 2013, 623, 624). Der Ausgeschlossene scheidet aus, als ob er **vor Eintritt der fortgesetzten Gütergemeinschaft gestorben wäre**; seine anteilsberechtigten Abkömmlinge treten ein, soweit sich nicht die Ausschließung auf sie erstreckt (§ 1490). Eine Zuwendung an Dritte scheidet aus (vgl § 1514). Werden alle anteilsberechtigten Abkömmlinge ausgeschlossen, so tritt statt der fortgesetzten Gütergemeinschaft Beerbung des Erstversterbenden nach allg Regeln ein (München FGPrax 2011, 182, 183; BayObLG JFG 13, 359). 2

3. Ersatzanspruch (Abs II). Der ausgeschlossene Abkömmling erhält seinen vollen Erbteil am **Vorbehaltsgut** und **Sondergut**, soweit er nicht auch erbrechtl beschränkt worden ist, dann ist er nach den allg Vorschriften pflichtteilsberechtigt (LG Trier ZEV 2013, 623, 624). Außerdem gewährt ihm die Vorschrift hinsichtl seines Gesamtgutanteils einen nach Pflichtteilsrecht behandelten, vererblichen, übertragbaren, mit der Maßgabe des § 852 II ZPO pfändbaren **schuldrechtl Anspruch** auf Zahlung der **Hälfte des Wertes seines Anteils**. Bei Berechnung des Pflichtteils scheiden Abkömmlinge aus, die nach § 1517 verzichtet haben, nicht aber solche, die durch letztwillige Verfügung ausgeschlossen oder anteilsunwürdig sind oder nach § 1491 nach Eintritt der fortgesetzten Gütergemeinschaft verzichtet haben. Maßgebend ist der Wert des Gesamtguts bei **Eintritt der fortgesetzten Gütergemeinschaft** (aA Grü/*Siede* Rn 3: Beendigung der Gemeinschaft maßgeblich). Abzugsfähig sind die vollen Kosten für ein Doppelgrab (LG Trier ZEV 2013, 623, 624). 3

4. Anrechnung (Abs III). Die Anrechnung erfolgt nach § 1501 I; der Betrag wird dem **Gesamtgut zugezählt** und dann von der Hälfte der Abkömmlinge abgezogen. 4

§ 1512 Herabsetzung des Anteils

Jeder Ehegatte kann für den Fall, dass mit seinem Tod die fortgesetzte Gütergemeinschaft eintritt, den einem anteilsberechtigten Abkömmling nach der Beendigung der fortgesetzten Gütergemeinschaft gebührenden Anteil an dem Gesamtgut durch letztwillige Verfügung bis auf die Hälfte herabsetzen.

1. Voraussetzungen. Die Herabsetzung bedarf nach § 1516 der Zustimmung des anderen Ehegatten. Sie kann durch **Minderung** des Anteils oder dessen **Belastung mit Zahlung** einer entspr Summe an einen Dritten erfolgen. Auf ein bloßes Forderungsrecht statt der Teilnahme an der Gemeinschaft kann der Abkömmling nicht beschränkt werden (RGZ 105, 244). Eine **über die Hälfte** hinausgehende Beschränkung gilt als nicht angeordnet. Ob in einer Beschränkung auf den Pflichtteil die Herabsetzung zu sehen ist, bleibt Frage der Auslegung. 1

2. Wirkungen. Während des Bestehens der fortgesetzten Gütergemeinschaft tritt keine Wirkung ein. Nach ihrer Beendigung ermäßigt sich der Anteil auf die Hälfte; die andere Hälfte fällt **kraft Gesetzes**, soweit nicht nach § 1514 anderweitig verfügt ist, den übrigen anteilsberechtigten Abkömmlingen und, wenn sie fehlen, dem Überlebenden zu. Auch an der **Haftung für die Verbindlichkeit** und Anrechnung einer an einen anderen Abkömmling ausgeschütteten Abfindung nimmt der Abkömmling nur zur Hälfte teil. Stirbt er, so wirkt die Herabsetzung auch gegen die an seine Stelle tretenden **Nachkommen**. 2

§ 1513 Entziehung des Anteils

(1) Jeder Ehegatte kann für den Fall, dass mit seinem Tod die fortgesetzte Gütergemeinschaft eintritt, einem anteilsberechtigten Abkömmling den diesem nach der Beendigung der fortgesetzten Gütergemeinschaft gebührenden Anteil an dem Gesamtgut durch letztwillige Verfügung entziehen, wenn er berechtigt ist, dem

Abkömmling den Pflichtteil zu entziehen. Die Vorschrift des § 2336 Abs. 2 und 3 findet entsprechende Anwendung.

(2) Der Ehegatte kann, wenn er nach § 2338 berechtigt ist, das Pflichtteilsrecht des Abkömmlings zu beschränken, den Anteil des Abkömmlings am Gesamtgut einer entsprechenden Beschränkung unterwerfen.

1 **1. Anteilsentziehung (Abs I).** Soweit der Erstversterbende beerbt wird, gilt § 2333 für die Entziehung des Pflichtteils unmittelbar. Für die Ausschließung von dem **Anteil am Gesamtgut** wird er für entspr anwendbar erklärt. Hinsichtl der beiden Möglichkeiten einer Entziehung, der Notwendigkeit einer Zustimmung des anderen Ehegatten und der Frage, ob die Entziehung des Pflichtteils auch die des Anteils enthält, vgl § 1512 Rn 1, hinsichtl der Wirkung der Entziehung § 1512 Rn 2 mit der Maßgabe, dass der Abkömmling wie bei der Herabsetzung an der fortgesetzten Gütergemeinschaft zunächst teilnimmt, nach ihrem Ende aber mit seinem **ganzen Anteil ausscheidet**. Der Anteil fällt seinen Abkömmlingen zu, dem Überlebenden (§ 1490) oder einem Dritten (§ 1514).

2 **2. Anteilsbeschränkung (Abs II).** Im Falle des § 2338 I kann der Ehegatte dem Abkömmling Beschränkungen auferlegen, welche der Einsetzung seiner gesetzl Erben als **Nacherben** oder eines **Testamentsvollstreckers** entsprechen. Der Abkömmling bleibt aber Teilhaber der Gemeinschaft. Für die Voraussetzungen gilt § 2336 II, III, für Beschränkung der Pfändung § 863 III ZPO.

§ 1514 Zuwendung des entzogenen Betrags

Jeder Ehegatte kann den Betrag, den er nach § 1512 oder nach § 1513 Abs. 1 einem Abkömmling entzieht, auch einem Dritten durch letztwillige Verfügung zuwenden.

1 Die **Leistung an den Dritten** kann mit Zustimmung des anderen Ehegatten (§ 1516) dem nach §§ 1512, 1513 I betroffenen oder allen Abkömmlingen auferlegt werden; im Zweifel sind die übrigen anteilsberechtigten Abkömmlinge, hilfsweise der Überlebende, beschwert. Auch der **Überlebende** oder ein **anteilsberechtigter Abkömmling** kann Dritter iSd Vorschrift sein. Zugewendet werden kann nur ein Geldbetrag, der entweder beziffert oder nach dem Anteil bemessen wird, **keine Quote des Gesamtguts** und **kein** dazu gehörender **Gegenstand**. Für den Anspruch gelten die Vorschriften über das Vermächtnis §§ 2147ff entspr; er entsteht mit Beendigung der fortgesetzten Gütergemeinschaft. Mitglied dieser Gemeinschaft wird der begünstigte Dritte nicht.

§ 1515 Übernahmerecht eines Abkömmlings und des Ehegatten

(1) Jeder Ehegatte kann für den Fall, dass mit seinem Tode die fortgesetzte Gütergemeinschaft eintritt, durch letztwillige Verfügung anordnen, dass ein anteilsberechtigter Abkömmling das Recht haben soll, bei der Teilung das Gesamtgut oder einzelne dazu gehörende Gegenstände gegen Ersatz des Wertes zu übernehmen.

(2) Gehört zu dem Gesamtgut ein Landgut, so kann angeordnet werden, dass das Landgut mit dem Ertragswert oder mit einem Preis, der den Ertragswert mindestens erreicht, angesetzt werden soll. Die für die Erbfolge geltenden Vorschriften des § 2049 finden Anwendung.

(3) Das Recht, das Landgut zu dem in Absatz 2 bezeichneten Wert oder Preis zu übernehmen, kann auch dem überlebenden Ehegatten eingeräumt werden.

1 **1. Zuwendung des Übernahmerechts (Abs I).** Voraussetzung ist **letztwillige Verfügung** und **Zustimmung** des anderen Ehegatten (§ 1516); bei anderem Ende der Gütergemeinschaft als durch den Tod des Verfügenden ist die Bestimmung gegenstandslos. Das Übernahmerecht kann sich auf das **ganze Gesamtgut** oder **einzelne Gegenstände** ohne Rücksicht auf deren Herkunft beziehen. Es kann auch einem Abkömmling zugebilligt werden, dessen Anteil nach §§ 1512, 1513 I herabgesetzt ist. Das dem Überlebenden (§ 1502 I) und den Abkömmlingen (§ 1502 II) zustehende Übernahmerecht tritt hinter eine letztwillige Verfügung nach dieser Vorschrift zurück. Übernahme erfolgt durch **formlose Erklärung** ggü den übrigen Teilhabern der Gütergemeinschaft bis zur Beendigung der Auseinandersetzung. Übernahmerecht ist **vererblich.** Über Verhältnis des Übernahmerechts zur Pflicht der Schuldendeckung und zur Wertermittlung durch Sachverständige vgl § 1477 Rn 3.

2 **2. Ertragswertanordnung (Abs II, III).** Für ein **Landgut**, dh einen zu selbständigem landwirtschaftlichen Betrieb geeigneten Grundbesitz (Colmar Recht 1908, 3137; KG JFG 1, 87) kann der Ehegatte Übernahme statt zum Schätzungswert zum Ertragswert iSd § 2049 II oder zu einem diesen Wert mindestens erreichenden Preis anordnen. Hat der Überlebende sein Übernahmerecht nach § 1502 II verloren, so ist eine zu seinen Gunsten getroffene Anordnung nach Abs II wirkungslos.

§ 1516 Zustimmung des anderen Ehegatten

(1) Zur Wirksamkeit der in den §§ 1511 bis 1515 bezeichneten Verfügungen eines Ehegatten ist die Zustimmung des anderen Ehegatten erforderlich.

(2) Die Zustimmung kann nicht durch einen Vertreter erteilt werden. Die Zustimmungserklärung bedarf der notariellen Beurkundung. Die Zustimmung ist unwiderruflich.

(3) Die Ehegatten können die in den §§ 1511 bis 1515 bezeichneten Verfügungen auch in einem gemeinschaftlichen Testament treffen.

1. Grundsatz (Abs I). Der einem Ehegatten nach §§ 1511–1515 freistehende Eingriff in das Anteilsrecht der Abkömmlinge bedarf wegen des erheblichen Interesses des anderen Ehegatten dessen **Zustimmung**, auch wenn sie für diesen lediglich vorteilhaft ist (NK/*Völker* Rn 3; aA MüKo/*Münch* Rn 2). Diese ist **einseitige empfangsbedürftige Willenserklärung** an den anderen Ehegatten, für die §§ 182–184 entspr gelten. 1

2. Form und Inhalt der Zustimmung (Abs II, III). Abgabe kann stillschw, zB durch Errichtung eines gemeinschaftl Testaments oder eines Erbvertrags erfolgen. Sie ist **unwiderruflich** (Abs II 4), muss bis zum Tode des Erstversterbenden erklärt sein und kann nur **höchstpersönlich**, also nicht von einem Vertreter abgegeben werden (Abs II S 1). Durch das Gesetz zur Bekämpfung von Kinderehen v 17.7.2017 (BGBl I 2017, 2429) ist die Eheschließung von Minderjährigen abgeschafft worden, so dass Folgeregelungen, wie zB zur Verwaltung des Gesamtguts, entbehrlich sind (BT-Drs 18/12086, 21). Aus diesem Grund wurde § 1516 II 2 aF durch Art 1 Nr 26 des Gesetzes **aufgehoben**. Es fehlt an einer **Übergangsregelung**, dennoch bleibt die Vorschrift für bestehende Ehen eines Minderjährigen anwendbar. Die Zustimmung bedarf **notarieller Beurkundung** nach §§ 6ff BeurkG (Abs II S 3 aF), Beglaubigung genügt nicht (falsch NK/*Völker* Rn 2) ohne Rücksicht auf die Form der letztwilligen Verfügung selbst. Ehegatten können die Erklärungen auch in einem **gemeinschaftl Testament** (Abs III, Formerleichterung) oder in einem Erbvertrag treffen. 2

3. Wirkungen. Die Zustimmung hindert weder den Ehegatten, welcher die Verfügung getroffen hat, an deren **einseitigem Widerruf**, noch den anderen im Falle des Überlebens an der **Ablehnung der Fortsetzung** der Gütergemeinschaft (§ 1484), welche die Verfügung gegenstandslos macht. 3

§ 1517 Verzicht eines Abkömmlings auf seinen Anteil

(1) Zur Wirksamkeit eines Vertrags, durch den ein gemeinschaftlicher Abkömmling einem der Ehegatten gegenüber für den Fall, dass die Ehe durch dessen Tod aufgelöst wird, auf seinen Anteil am Gesamtgut der fortgesetzten Gütergemeinschaft verzichtet oder durch den ein solcher Verzicht aufgehoben wird, ist die Zustimmung des anderen Ehegatten erforderlich. Für die Zustimmung gilt die Vorschrift des § 1516 Absatz 2 Satz 2 und 3 entsprechend.

(2) Die für den Erbverzicht geltenden Vorschriften finden entsprechende Anwendung.

Im Gegensatz zu § 1491 betrifft die Vorschrift den Verzicht bzw die Aufhebung des Verzichts eines **Abkömmlings vor Eintritt** der fortgesetzten Gütergemeinschaft. Dieser erfordert einen Vertrag zw dem Verzichtenden und einem Ehegatten mit **Zustimmung** des anderen (Abs I S 1); er wirkt nur, wenn dieser zuerst verstirbt. Vertragsschluss mit beiden Ehegatten macht die Zustimmung entbehrlich. Über die **Form der Zustimmung** vgl § 1516 Rn 2; **Vertretung** auf Seiten der Ehegatten ist nicht möglich (vgl § 2347 I), aber auf Seiten des Zustimmenden und Verzichtenden zulässig. 1

Für den **Verzichtsvertrag** sowie einen ihn aufhebenden Vertrag gelten die Vorschriften des Erbverzichts. Verzicht führt zum Ausscheiden wie Tod vor dem Eintritt der fortgesetzten Gütergemeinschaft, § 2346 I 1, und erstreckt sich im Zweifel auf die **Abkömmlinge**, § 2349. Ein Anspruch aus § 1511 II steht dem Verzichtenden nicht zu; doch kann ein solcher Anspruch oder anderweitige Abfindung ausbedungen werden. Verzichtet werden kann nur zugunsten des Überlebenden oder der anteilsberechtigten Abkömmlinge. Vgl iÜ §§ 2346ff. 2

§ 1518 Zwingendes Recht

Anordnungen, die mit den Vorschriften der §§ 1483 bis 1517 in Widerspruch stehen, können von den Ehegatten weder durch letztwillige Verfügung noch durch Vertrag getroffen werden. Das Recht der Ehegatten, den Vertrag, durch den sie die Fortsetzung der Gütergemeinschaft vereinbart haben, durch Ehevertrag aufzuheben, bleibt unberührt.

1. Grundgedanke. Durch die fortgesetzte Gütergemeinschaft wird den Abkömmlingen ihr **Erb- und Pflichtteilsrecht** nach dem Erstversterbenden hinsichtl des Gesamtguts auch gegen ihren Willen entzogen. Im Rahmen der §§ 1511–1515 lässt das Gesetz auch eine **Beschränkung ihres** an dessen Stelle tretenden **Anteilsrechts** durch die Ehegatten zu. Unter Benutzung dieser Möglichkeit können ihnen auch andere nicht vorgesehene Beschränkungen mittelbar auferlegt werden, vgl § 1511 Rn 1. Gegen eine weitere Beeinträchtigung ihrer Rechte durch die Ehegatten werden sie durch die **zwingende Vorschrift** geschützt. 1

2. Grenzen des Verbots (S 1). Verstoß gegen die Vorschrift führt zur **Nichtigkeit** (§ 134), die jeder, auch der Überlebende, geltend machen kann (KG OLG 6, 163). Nichtig ist zB die Bestellung eines Nießbrauchs für den Überlebenden an den Anteilen der Abkömmlinge nach Beendigung der fortgesetzten Gütergemeinschaft, eine einseitige Einsetzung des Überlebenden zum Alleinerben, welche das Gesamtvermögen in seiner Hand vereinigen soll (KG OLG 31, 399; RG WarnRspr 1908, 163), auch die Einsetzung eines Testamentsvollstreckers anstelle des Überlebenden zur Verwaltung des Gesamtguts ohne Rücksicht darauf, dass diese dem Interesse der Abkömmlinge dienen soll (RG JW 1916, 44). Dagegen steht die Vorschrift dem Vertrag, durch den sich der Überlebende zugunsten eines Dritten in seinen Befugnissen zur Verwaltung und Verfügung beschränkt, nicht entgegen (RG JW 1916, 45). Über seinen **Anteil am Gesamtgut** sowie sein **Vorbehaltsgut und Sondergut** kann der Überlebende 2 frei, über das Erbrecht der Abkömmlinge nach erbrechtl Grundsätzen verfügen (vgl BGH FamRZ 1985, 278; NJW 1964, 2298 zur letztwilligen Verfügung über den Anteil am Gesamtgut); die Beschränkungen des § 1483 I 3 für den erstversterbenden gelten nicht für den überlebenden Ehegatten. Eine Befreiung des Ehegatten von der Schranke des § 1424 wirkt nicht für den Überlebenden der fortgesetzten Gütergemeinschaft (hM, Staudinger/*Thiele* Rn 7).

3 **3. Ehevertragliche Aufhebung (S 2).** Der Ehevertrag, durch den die fortgesetzte Gütergemeinschaft durch die Ehegatten angeordnet wurde, kann **durch Ehevertrag** aufgehoben werden, § 1483. Es gelten hierfür die §§ 1410, 1411 (vgl § 1483 Rn 1).

Kapitel 4
Wahl-Zugewinngemeinschaft (§§ 1519–1557)

Schrifttum: *Amann*, Die Verfügungsbeschränkung über die Familienwohnung im Güterstand der Wahl-Zugewinngemeinschaft, DNotZ 2013, 252; *Becker*, Auf dem Weg ins: Die deutsch-französische Wahl-Zugewinngemeinschaft, FF 2012, 199; *Becker*, Ein europäischer Güterstand? Der deutsch-französische Wahlgüterstand, ERA Forum 12 (2011), 103; *Becker*, Der Güterstand der deutsch-französischen Wahl-Zugewinngemeinschaft, ErbR 2018, 686; *Boving*, Deutsch-französische Ehen im Lichte der Güterrechtsverordnung und Wahlzugewinngemeinschaft, ZErb 2019, 225; *Braeuer*, Der neue deutsch-französische Wahlgüterstand, FF 2010, 113; *Braun*, MittBayNot 2012, 89; *Clerget/Dessertenne-Brossard*, Liquidation du régime matrimonial optionnel franco-allemand, AJ fam 2014, 405; *Clerget/Dessertenne-Brossard*, Liquidation du régime matrimonial selon le régime français, AJ fam 2014, 408; *Collard*, Formules contenant adoption du régime optionnel franco-allemand de participation aux acquêts, JCP N 2014, n°4, act 1053; *Delerue*, Der neue deutsch-französische Wahlgüterstand – Für und Wider eines bilateralen Abkommens, FamRBInt 2010, 70; *Derichs*, Der neue deutsche Güterstand der Wahl-Zugewinngemeinschaft, ErbR 2013, 306; *Dethloff*, Der deutsch-französische Wahlgüterstand, RabelsZ 76 (2012), 509; *Dörner*, Der Anwendungsbereich des deutsch-französischen Abkommens über den Güterstand der Wahl-Zugewinngemeinschaft, FS Seul, 2014, 107; *Duchange*, Le régime optionnel franco-allemand et le contrôle des avantages matrimoniaux, Défrenois 2014, 1273; *Erger/Kaesling*, Immaterieller Schadensersatz im Zugewinnausgleich der deutsch-französischen Wahlzugewinngemeinschaft, NZFam 2014, 631; *Finger*, Dt.-frz. Wahlgüterstand der Zugewinngemeinschaft, FuR 2010, 481; *Foetschl*, The common optional matrimonial property regime of Germany and France, YPIL 2009, 395; *Hammje*, Régime matrimonial optionnel de la participation aus acquêts „franco-allemand", AJ fam 2014, 400; *Heinemann*, Die Wahl-Zugewinngemeinschaft als neuer Güterstand, FamRB 2012, 129; *Hoischen*, Der deutsch-französische Wahlgüterstand in der notariellen Praxis, RNotZ 2015, 317; *Jacobs*, Analoge Anwendung des § 1369 auf die Ehewohnung?, FamRZ 2014, 1750; *Jacobs*, Weitere Aspekte zur Frage der analogen Anwendung des § 1369 auf die Ehewohnung, FamRZ 2015, 466; *Jäger*, Der deutsch-französische Güterstand der Wahl-Zugewinngemeinschaft – Inhalt und seine ersten Folgen für die Gesetzgebung und Beratungspraxis, DNotZ 2010, 804; *Jünemann*, Der neue Güterstand der Wahl-Zugewinngemeinschaft: Familienrechtliche Grundlagen und erbrechtliche Wirkungen, ZEV 2013, 353; *Keller/v Schrenck*, Der vierte Güterstand, JA 2014, 87; *Kemper*, Die deutsch-französische Wahl-Zugewinngemeinschaft – Anmerkungen aus deutscher Perspektive, FS Seul, 2014, 225; *Klippstein*, Der deutsch-französische Wahlgüterstand der Wahl-Zugewinngemeinschaft, FPR 2010, 510; *Knoop*, Der deutsch-französische Wahlgüterstand, NJW-Spezial 2016, 708; *Knoop*, Der deutsch-französische Wahlgüterstand, NotBZ 2017, 202; *Krause*, Die Wahl-Zugewinngemeinschaft als neuer Güterstand, ZFE 2010, 247; *Krause*, Schmerzensgeld im Güterrecht, FamRB 2014, 64; *Lerch/Lerch/Junkov*, Die Wahlzugewinngemeinschaft im deutsch-französischen Rechtsvergleich, FuR 2012, 639; *Letellier*, Un nouveau régime matrimonial à la disposition de tous les couples: le régime commun franco-allemand, Gaz Pal 2010, n°212, 24; *Martiny*, Der neue deutsch-französische Wahlgüterstand – Ein Beispiel optionaler bilateraler Familienrechtsvereinheitlichung, ZEuP 2011, 577; *Mecke*, Güterrechtliche Grundsatzfragen – Zur Legitimation und Dogmatik güterrechtlicher Teilhabe im Zeichen gesellschaftlichen Wandels und europäischer Harmonisierungsbestrebungen, AcP 211 (2011), 886; *Meier-Bourdeau*, Le nouveau régime matrimonial franco-allemand, JCP G 2014, n°7, act 163; *Meyer*, Der neue deutsch-französische Wahlgüterstand, FamRZ 2010, 612; *Milzer*, Güterstandsklauseln – ein Selbstmord aus Angst vor dem Tod?, NZG 2017, 1090; *Murat*, Les principes directeurs du fonctionnement et des règles liquidatives du régime franco-allemand de la participation aus acquêts, JCP N 2015, n°7, act 1078; *Münch*, Ehebezogene Rechtsgeschäfte, 5. Aufl 2020; *Naudin*, Un nouveau modèle de régime matrimonial: le régime franco-allemand de la participation aux acquêts, RLDC janv. 2013, 45; *Ohnet*, Liquidation du régime matrimonial selon le régime légal allemand de la participation aux acquêts (hors aménagements conventionnels), AJ fam 2014, 411; *Pannemann*, Der deutsch-französische Güterstand der Wahlzugewinngemeinschaft – ein Modell für Europa?, Diss Münster 2016; *Reiter*, Der Güterstand der Wahl-Zugewinngemeinschaft und seine erbschaftsteuerliche Behandlung, SAW 2015, 51 und 99; *Sauvage*, La dualité du régime matrimonial de participation aux acquêts a-t-elle un avenir?, RJPF 2014, n°4, 6; *Schaal*, Der neue Güterstand der Wahl-Zugewinngemeinschaft, ZNotP 2010, 162; *Schmidt-Kessel*, Ein zivilistisches Kerneuropa, GPR 2010, 53; *Sengl*, Die Auswirkungen des deutsch-französischen Güterstands der Wahl-Zugewinngemeinschaft auf das deutsche Grundbuchverfahren, Rpfleger 2011, 125; *Simler*, Le nouveau régime matrimonial optionnel franco-allemand de participation aux acquêts, JCP N 2010, n°20, act 1203; *Simler*, Le nouveau régime matrimonial optionnel franco-allemand de participation aux acquêts, JCP N 2014, n°4, act 1052; *Simler*, Liquidation du régime matrimonial selon le régime franco-allemand de la participation aux acquêts, AJ fam 2014, 413; *Stein*, Güterstand als Gestaltungsmittel: „Güterstandsschaukel Plus": erbschaftsteuer- und ertragsteuerliche Folgen optimieren, ErbBstg 2022, 35; *Steer*, Die neue deutsch-französische Wahl-Zugewinngemeinschaft – eine interessante Option auch für Inlandssachverhalte, notar 2010, 119; *Stürner*, Der deutsch-französische Wahlgüterstand als Modell für die europäische Rechtsvereinheitlichung, JZ 2011, 545; *Süß*, Der deutsch-französische Güterstand der Wahl-Zugewinngemeinschaft als erbrechtliches Gestaltungsmittel, ZErb 2010, 281; *Tisserand-Martin*, Un nouvel instrument optionnel: le régime matrimonial franco-allemand de la participation aux acquêts, in: L'avenir européen du droit des successions internationales, 2011, 141; *Weber*, Erwerberschutz vs. Ehegattenschutz – keine analoge Anwendung von § 1369 auf die Ehewohnung, FamRZ 2015, 464; *Zeiter*, Die ehepartnerliche Zustimmung zu Rechtsgeschäften mit Dritten. Eine kritische Bestandsaufnahme, FamPra.ch 2005, 669; *Zensus*, Güterrechtliche Vereinbarungen zur individuellen Gestaltung der ehelichen Vermögensverhältnisse, NZFam 2014, 529.

§ 1519 Vereinbarung durch Ehevertrag

Vereinbaren die Ehegatten durch Ehevertrag den Güterstand der Wahl-Zugewinngemeinschaft, so gelten die Vorschriften des Abkommens vom 4. Februar 2010 zwischen der Bundesrepublik Deutschland und der Französischen Republik über den Güterstand der Wahl-Zugewinngemeinschaft. § 1368 gilt entsprechend. § 1412 ist nicht anzuwenden.

1. Allgemeines. Mit Abk v 4.2.2010 haben Deutschland und Frankreich einen in beiden Staaten identischen Wahlgüterstand geschaffen, der in modifizierter Form dem dt Zugewinnausgleich entspricht. Allerdings sind auch einige Besonderheiten des französischen Rechts eingeflossen, sodass von einer Kombination beider Rechtsordnungen gesprochen werden kann (*Martiny* ZEuP 2011, 577, 599; unzutr *Lerch/Lerch/Junkov* FuR 2012, 639, 643). Die Wahl-Zugewinngemeinschaft soll der **Rechtsklarheit** und **Rechtssicherheit** dienen, indem sie für beide Rechtskreise identische Regelungen enthält. Sie bietet sich insb für gemischtnationale Ehen an, ist hierauf aber nicht beschränkt. Dem Abk kommt **Vorbildfunktion** zu, andere EU-Staaten können ihm beitreten. Obwohl der Güterstand vom dt Schrifttum überproportional untersucht worden ist (vgl die enzyklopädische Behandlung durch BeckOGK/*Jäger*), wird dessen Bedeutung als sehr gering eingeschätzt (*Martiny* ZEuP 2011, 577, 600; aA *Becker* ERA Forum 12, 103, 113ff; *Becker* FF 2012, 199; *Zensus* NZFam 2014, 529, 536). Durch § 1519 und das neue Kap 4 wird die Wahl-Zugewinngemeinschaft als weiterer, durch Ehevertrag wählbarer Güterstand in das dt Recht eingeführt. Es handelt sich um einen **gleichberechtigt** neben der Gütertrennung und der Gütergemeinschaft stehenden Güterstand. Obwohl inhaltlich auf das Abk verwiesen wird, handelt es sich um einen **Güterstand des dt Rechts**, nicht etwa um einen ausl Güterstand. Wurde die Wahl-Zugewinngemeinschaft hingegen nach **frz Recht vereinbart**, handelt es sich um einen ausl Güterstand (*Martiny* ZEuP 2011, 577, 590). Im ersten Fall empfiehlt es sich, vom dt-frz (régime optionnel allemand-français) Wahlgüterstand, im zweiten Fall vom régime optionnel franco-allemand (frz-dt Wahlgüterstand) zu sprechen. 1

2. Inhaltskontrolle, Auslegung und Lückenfüllung. Soweit dt Recht zur Anwendung kommt, findet grds auch eine **Inhalts- und Ausübungskontrolle** (§ 1408 Rn 5ff) des Ehevertrags durch die Gerichte statt (jurisPK/*Kemper* Rn 18). Da die Wahlzugewinngemeinschaft jedoch weitgehend dem gesetzlichen Güterstand entspricht und auch dort Modifikationen grds unbedenklich sind, wird eine gerichtl Kontrolle nur dann erforderlich sein, wenn weitergehende Vereinbarungen im Kernbereich des Eherechts getroffen worden sind. Das Abk wird von den **nationalen Gerichten** ausgelegt, es besteht keine Zuständigkeit eines einheitlichen Gerichts, zB des EuGH (*Stürner* JZ 2011, 545, 553). Zur Auslegung heranzuziehen ist der erläuternde Bericht, iÜ gelten die Grundsätze des Wiener Vertragsrechtsübk, insb Art 31ff, entspr (*Kemper* FS Seul, 225, 227; *Klippstein* FPR 2010, 510, 512; *Martiny* ZEuP 2011, 577, 596). Das Abk ist **autonom** auszulegen (*Amann* DNotZ 2013, 252, 254; *Hammje* AJ fam 2014, 400, 403; *Martiny* ZEuP 2011, 577, 592), ein Rückgriff auf die Rspr zu den nationalen Rechtsvorschriften, die als Vorbild einzelner Regelungen dienen, ist aber möglich, insb zur Lückenfüllung (*Jünemann* ZEV 2013, 353, 354; *Martiny* ZEuP 2011, 577, 596). Andere Rechtsordnungen mit vergleichbaren Regelungen können aber nicht berücksichtigt werden (aA *Amann* DNotZ 2013, 252, 255f). 2

3. Besonderheiten der deutschen Umsetzung. a) Rechtsgrundlage (S 1). Die staatsvertragl Regelungen werden nicht in das BGB überführt, sondern durch **Verweisung auf den Staatsvertrag** in Bezug genommen (krit hierzu *Braun* MittBayNot 2012, 89, 90). Die Neuregelung ist nach Austausch der Ratifizierungsurkunden am 1.5.2013 in Kraft getreten (BGBl II 2013, 431). 3

b) Sachlicher Anwendungsbereich. Nach dem Abk können nur Ehegatten den neuen Güterstand wählen. Den Vertragsstaaten steht es jedoch frei, den neuen Güterstand auf **gleichgeschlechtliche Partnerschaften** zu erstrecken. Da § 7 S 2 LPartG pauschal auf die §§ 1409–1563 verweist, können Lebenspartner auch die Wahl-Zugewinngemeinschaft vereinbaren (BT-Drs 17/5126, 9; BaRo/*Spernath* § 1519 Rn 4). 4

c) Verweis auf § 1368 (S 2). Art 5 WZGA regelt die Unwirksamkeit von Verfügungen über Haushaltsgegenstände und die Ehewohnung, nicht jedoch deren gerichtliche Geltendmachung. Der geschützte Ehegatte kann im Wege der **Prozessstandschaft** die Unwirksamkeit im eigenen Namen geltend machen (sog Revokationsrecht). 5

d) Unanwendbarkeit von § 1412 (S 3). Die Unwirksamkeit einer Verfügung nach Art 5 WZGA soll nicht von der Eintragung in das Güterrechtsregister oder der Kenntnis des Dritten abhängen. Ein Schutz des anderen Ehegatten durch Eintragung eines Verfügungsverbots in das Grundbuch ist nicht erforderlich und nicht notwendig (unzutr BT-Drs 17/5126, 8). Damit können Dritte, selbst wenn sie das Güterrechtsregister eingesehen haben und keine Kenntnis vom Güterstand der Ehegatten hatten, Haushaltsgegenstände und Rechte an der Ehewohnung **nicht gutgläubig erwerben.** Dies stellt aus Sicht des Rechtsverkehrs eine willkürliche und damit verfassungswidrige Ungleichbehandlung ggü den anderen in- und ausl Güterständen dar (ebenso *Braun* MittBayNot 2012, 89, 91; BeckOGK/*Jäger* Rn 89). Insb fand § 1412 über Art 16 I EGBGB aF auf die Wahl-Zugewinngemeinschaft nach frz Recht Anwendung (*Jäger* DNotZ 2010, 804, 821; aA *Amann* DNotZ 2013, 252, 273; *Hoischen* RNotZ 2015, 317, 336). Aus völkerrechtl Gründen war eine Abbedingung von § 1412 nicht geboten (BeckOGK/*Jäger* Rn 84; *Braun* MittBayNot 2012, 89, 91; *Heinemann* FamRB 2012, 129, 130). Mit dem Inkrafttreten der vorrangig anwendbaren Art 28 II lit b EuGüVO und Art 28 II lit b EuPartVO ist der Ausschluss von § 1412 suspendiert und unbeachtlich. Mit der **Abschaffung des Güterrechtsregisters** (BT-Drs 20/2730) verschärft sich die Ungleichbehandlung: während ein Dritter künftig alle anderen ehevertragl Güterrechtsvereinbarungen erst bei 6 grob fahrlässiger Unkenntnis gegen sich gelten lassen muss, scheidet ein gutgläubiger Erwerb nach Art 5 WZGA selbst bei einfach fahrlässiger Unkenntnis aus.

7 **e) Versorgungsausgleich.** Die dem VersA unterliegenden Rechte sind in Deutschland (anders in Frankreich, wo ein Ausgleich nach Art 270 CC im Rahmen der Scheidungsabfindung erfolgt, *Münch* Rn 512) vom Zugewinn ausgeschlossen, § 2 IV VersAusglG. Dies gilt auch bei der Wahl-Zugewinngemeinschaft (Staudinger/*Thiele* Rn 47). Dadurch kann es zu unterschiedlichen Ergebnissen kommen, denen nur durch Ehevertrag begegnet werden kann. Eine Regelung bzw Klarstellung, ob und nach welchem nationalen Recht sich der VersA richten soll, ist zweckmäßig (*Braun* MittBayNot 2012, 89, 90; *Knoop* NotBZ 2017, 202, 206). Dabei ist aber zu bedenken, dass das auf den VersA anwendbare Recht nicht isoliert, sondern nur insg mit dem Scheidungsstatut gewählt werden kann (BaRo/*Heiderhoff* Art 17 EGBGB Rn 102a).

8 **f) Erbrechtliche Auswirkungen.** Keine Anwendung finden § 1371 I, § 1931 III, sodass keine pauschale Erhöhung des Ehegattenerbteils um ¼ erfolgt. Der Zugewinnausgleich ist vielmehr durchzuführen. Stirbt der ausgleichsberechtigte Ehegatte, so vererbt sich seine Ausgleichsforderung (*Jünemann* ZEV 2013, 353, 359; *Süß* ZErb 2010, 281, 285), was für den längerlebenden Ehegatten zu einer erheblichen Zahlungspflicht führen kann (*Kemper*, FS Seul, 225, 236). Stirbt der ausgleichspflichtige Ehegatte, kann hierdurch eine erheblich höhere Nachlassbeteiligung entstehen (*Kemper*, FS Seul, 225, 235). Die Wahl-Zugewinngemeinschaft kann für diese Fälle als Gestaltungsmittel zur **Reduzierung von Pflichtteilsansprüchen** eingesetzt werden, da die Ausgleichsforderung den Nachlass, aus dem sich die Pflichtteilsforderung berechnet, mindert (*Jäger* DNotZ 2010, 804, 824f; *Süß* ZErb 2010, 281, 285f; MüKo/*Koch* Rn 4). Dies gilt auch dann, wenn der Ehegatte als Alleinerbe eingesetzt ist (zu den erbschaftsteuerlichen Folgen s Rn 10). Eine Reduzierung tritt dann ein, wenn der im Nachlass befindliche Zugewinn des Versterbenden dreimal so groß wie der Zugewinn des Überlebenden ist (*Jünemann* ZEV 2013, 353, 359). Stirbt aber der Ehegatte zuerst, der den geringeren Zugewinn erzielt hat, besteht das Risiko einer Pflichtteilserhöhung, weil nach hM dessen Zugewinnforderung vom ausgleichspflichtigen Ehegatten vorab in den Nachlass zu begleichen ist (BeckOGK/*Jäger* Rn 67, 91). Dies kann durch einseitigen Ausschluss des Ausgleichspflicht in diesem Fall verhindert werden (BeckOGK/*Jäger* Rn 98; *Jünemann* ZEV 2013, 353, 359). Anders kann die Interessenlage liegen, wenn einseitige Abkömmlinge des längerlebenden Ehegatten durch den Zugewinnausgleich später eine Verringerung des Nachlasses hinnehmen sollen (*Münch* Rn 533). Ehevertragl kann die Ausgleichsquote nach Art 12 WZGA im Todesfall erhöht werden (*Schaal* ZNotP 2010, 162, 168). Es handelt sich dann um eine nach § 2325 **ergänzungspflichtige Zuwendung** (*Schaal* ZNotP 2010, 162, 168). Durch Übergang vom gesetzl Güterstand zum Wahlgüterstand und umgekehrt entstehende Zugewinnausgleichsansprüche (Güterstandsschaukel) sind hingegen keine ergänzungspflichtigen Schenkungen (*Jünemann* ZEV 2013, 353, 361).

9 **g) Verfahrensrecht.** Es handelt sich bei Streitigkeiten über den Zugewinnausgleich um Güterrechtssachen iSd § 261 I, § 269 I Nr 10 FamFG, also Familienstreitsachen (§ 112 Nr 2 FamFG). Die Entscheidungen nach Art 5 II, Art 12 II 2 und Art 17 WZGA sind Güterrechtssachen iSd § 261 II, § 269 I Nr 12 FamFG.

10 **h) Steuerrecht.** Durch Einfügung von § 5 III ErbStG wird die Wahl-Zugewinngemeinschaft dem gesetzl Güterstand gleichgestellt, unabhängig davon, ob er nach dt oder frz Sachrecht gewählt worden ist (BeckOGK/*Jäger* Rn 55). Die **Zugewinnausgleichsforderung** (gleichgültig, ob sie durch Tod, Scheidung oder Ehevertrag entsteht) unterliegt, sofern sie konkret errechnet und tatsächlich erfüllt wurde, **nicht der Besteuerung** nach dem ErbStG (*Hoischen* RNotZ 2015, 317, 338; *Reiter* SAW 2015, 51, 54 = SAW 2015, 99, 102). Mangels pauschaler Erhöhung der Erbquote und mangels Unanwendbarkeit von § 1380 waren Anpassungen in § 5 I bzw § 29 I Nr 2 ErbStG nicht erforderlich (BT-Drs 17/5126, 10). Auch bei ehevertraglicher Modifikation der dt-frz Wahl-Zugewinngemeinschaft, dass **im Todesfall kein Zugewinnausgleich** stattfinden soll, rechtfertigt keine analoge Anwendung von § 5 I ErbStG (Troll/Gebel/Jülicher/*Gottschalk* § 5 ErbStG Rn 265). Wird der Ehegatte Alleinerbe und macht er seinen Zugewinnausgleichsanspruch geltend, erlischt diese Verbindlichkeit nach § 10 III ErbStG nicht, mindert also den erbschaftsteuerlichen Erwerb, bleibt aber nach § 5 III ErbStG dennoch steuerfrei (Troll/Gebel/Jülicher/*Gottschalk*, § 5 ErbStG Rn 264).

11 Durch Übergang vom gesetzl Güterstand zum Wahlgüterstand und umgekehrt können die steuerlichen Befreiungstatbestände im Rahmen des durchzuführenden Zugewinnausgleichs mehrfach nacheinander ausgenutzt werden (sog **Güterstandsschaukel,** *Jünemann* ZEV 2013, 353, 361). Es handelt sich also nicht um eine Güterstandsschaukel „light", sondern um eine Güterstandsschaukel „strong" (falsch BaRo/*Spernath* Rn 10). Die Behauptung, der Wechsel zurück zum gesetzl Güterstand sei entbehrlich (*Stein* ErbBstg 2022, 35, 42), ist unzutreffend, weil sie den erneut steuerfreien Zugewinnausgleich bei Beendigung der dt-frz Wahl-Zugewinngemeinschaft übersieht. Zu den steuerrechtl Auswirkungen in Frankreich s *Reiter* SAW 2015, 51, 54f = SAW 2015, 99, 102f.

12 **4. Besonderheiten der französischen Umsetzung.** Das frz Ratifikationsgesetz erschöpft sich in der reinen Zustimmung zu dem Abk, es enthält keine weitergehenden zivil-, verfahrens- oder steuerrechtl Vorschriften. Zum Gesetzgebungsverfahren s http://www.senat.fr/dossier-legislatif/pjl10-372.html, Januar 2023.

§§ 1520–1557 (weggefallen)

Abkommen zwischen der Bundesrepublik Deutschland und der Französischen Republik über den Güterstand der Wahl-Zugewinngemeinschaft (Dt-frz WZGA)

vom 15. März 2012 (BGBl II 2012, 178, 180)

Kapitel I
Anwendungsbereich und Definition (Art 1–2)

Art 1 Anwendungsbereich

Der Güterstand der Wahl-Zugewinngemeinschaft steht Ehegatten zur Verfügung, deren Güterstand dem Sachrecht eines Vertragsstaates unterliegt. Der Inhalt dieses gemeinsamen Wahlgüterstandes ist in den Artikeln 2 bis 18 geregelt.

Der Wahlgüterstand steht aus dt Sicht nicht nur Eheleuten, sondern auch **eingetragenen Lebenspartnern** offen (s § 1519 BGB Rn 3). Nach frz Recht scheidet eine Anwendbarkeit auf andere Lebensgemeinschaften (concubinage, PACS) aus (*Hammje* AJ fam 2014, 400, 402); da aber auch nach frz Recht gleichgeschlechtliche Partner die Ehe schließen können (Art 143 CC), gilt für diese der Wahlgüterstand unmittelbar (*Hammje* AJ fam 2014, 400, 402; *Kemper* FS Seul, 225, 227; BeckOGK/*Jäger* Rn 53; aA *Dörner* FS Seul, 107, 108; MüKo/*Koch* Rn 6). Das Abk regelt nicht die Anwendungsvoraussetzungen, sondern verweist auf das Sachrecht der Vertragsstaaten. Aus dt Sicht galten bislang Art 15 aF, 14 I Nr 1 EGBGB, aus frz Sicht Art 4, 5 HEheGüAbk (falsch *Lerch/Lerch/Junkov* FuR 2012, 639, 640, die auf Art 3 HEheGüAbk abstellen, der aber Rechtswahlvereinbarungen betrifft). Seit 29.1.2019 gilt einheitlich Art 26 VO (EU) 2016/1103 (EuGüVO), Art 26 VO (EU) 2016/1104 (EuPartVO): Maßgeblich ist also das Recht des ersten gewöhnlichen Aufenthalts nach der Eheschließung, hilfsweise das Recht der gemeinsamen Staatsangehörigkeit, hilfsweise das Recht, mit dem die Ehegatten am engsten verbunden sind. Für die Rechtswahl galten aus dt Sicht Art 15 II EGBGB aF, aus frz Sicht Art 3, 6 HEheGüAbk. Seit 29.1.2019 ist eine Rechtswahl nach Art 22ff EuGüVO, Art 22ff EuPartVO möglich. Gewählt werden kann das Recht des gewöhnlichen Aufenthalts oder der Staatsangehörigkeit eines Ehegatten (Staudinger/*Thiele* Rn 13). Eine auf Immobilien **beschränkte Rechtswahl** ist derzeit möglich (*Lerch/Lerch/Junkov* FuR 2012, 639, 640; *Meier-Bourdeau* JCP G 2014, n°7, act 163, 294, 295; BeckOGK/*Jäger* Rn 33; aA *Hammje* AJ fam 2014, 400, 402), mit Inkrafttreten der Güterrechtsverordnungen aber ausgeschlossen (*Hoischen* RNotZ 2015, 317, 320). Unterliegt danach aus Sicht des **dt oder frz IPR** das Güterrecht **einem der Vertragsstaaten** (*Dörner* FS Seul, 107, 117; *Schaal* ZNotP 2010, 162; aA *Süß* ZErb 2010, 281, 282), so kann zur Wahl-Zugewinngemeinschaft optiert werden. Ausreichend ist auch, wenn die Anwendbarkeit auf einer Verweisung des IPR eines Drittstaats beruht (*Jäger* DNotZ 2010, 804, 805; *Kemper* FS Seul, 225, 227; aA *Dörner* FS Seul, 107, 110f). Abzustellen ist auf den Zeitpunkt, zu dem der Ehevertrag wirksam werden soll (*Schaal* ZNotP 2010, 162, 163). Ein interner Bezug der Ehe ist nicht erforderlich (*Martiny* ZEuP 2011, 577, 584). Wahlrecht besteht für Ehegatten, von denen einer dt oder frz Staatsangehöriger ist, von denen einer seinen gewöhnlichen Aufenthalt in Deutschland oder Frankreich hat, von denen einer seiner ersten gewöhnlichen Aufenthalt in Frankreich begründet, von denen einer unbewegliches Vermögen in Deutschland oder Frankreich hat, für dieses Vermögen (BT-Drs 17/5126, 23). Der Güterstand kann also auch von **Ehegatten eines Nichtvertragsstaats** gewählt werden, wenn sie ihren gewöhnlichen Aufenthalt in Deutschland oder Frankreich haben oder für dort befindliches unbewegliches Vermögen (*Schaal* ZNotP 2010, 162, 164; *Klippstein* FPR 2010, 510, 512). Nicht erforderlich ist eine **Rechtswahl** zum Recht eines Vertragsstaats, es genügt Option zum Güterstand der Wahl-Zugewinngemeinschaft (BT-Drs 17/5126, 23; unklar *Meier-Bourdeau* JCP G 2014, n°7, act 163, 294 bzw 295). Sind sowohl dt als auch frz Sachrecht anwendbar, bleibt in diesem Fall aber die für den Wahlgüterstand maßgebliche nationale Rechtsgrundlage unklar. Wegen des Fehlens von Kollisionsnormen besteht die **Gefahr von Divergenzen** bzgl des anwendbaren Rechts, was zu hinkenden Rechtsverhältnissen führen kann (*Süß* ZErb 2010, 281, 282f; *Süß* ZNotP 2011, 282, 290). Um Zweifel auszuschließen, sollte daher stets eine eindeutige Rechtswahl getroffen werden (BT-Drs 17/5126, 24; *Jäger* DNotZ 2010, 804, 805; *Stürner* JZ 2011, 545, 550; *Süß* ZErb 2010, 281, 283). 1

Art 2 Definition

Im Güterstand der Wahl-Zugewinngemeinschaft bleibt das Vermögen der Ehegatten getrennt. Zugewinn ist der Betrag, um den das Endvermögen eines Ehegatten sein Anfangsvermögen übersteigt. Bei Beendigung des Güterstandes ergibt sich die Zugewinnausgleichsforderung aus dem Vergleich der erzielten Zugewinne der Ehegatten.

1 Während der Ehe besteht **Gütertrennung**, die Eigentumsverhältnisse und Verbindlichkeiten bleiben unberührt (§ 1363 II 1 BGB; Art 1569 I 2 CC). Eine Mithaftung kann sich aus Art 6 I ergeben (unzutr *Schaal* ZNotP 2010, 162, 166). Es besteht keine gemeinschaftl Vermögensmasse (BT-Drs 17/5126, 23), Gegenstände und Schulden können jedoch gemeinschaftl begründet werden. Wie im dt Recht (s § 1363 II 2 BGB; Art 1569 I 4) findet der Ausgleich des Zugewinns erst mit Beendigung des Güterstandes statt. Die Norm definiert den Zugewinn (zu dessen Ermittlung s Art 8–11) und die Zugewinnausgleichsforderung (zu deren Ermittlung s Art 12–14).

Kapitel II
Begründung des Güterstandes (Art 3)

Art 3 Begründung des Güterstandes

(1) Die Ehegatten können durch Ehevertrag vereinbaren, dass die Wahl-Zugewinngemeinschaft ihr Güterstand ist.

(2) Der Vertrag kann vor Eingehung oder während des Bestandes der Ehe geschlossen werden. Der Güterstand wird mit Abschluss des Vertrages wirksam, wobei die Vorschriften über die Änderung eines bis dahin bestehenden Güterstandes unberührt bleiben. Er wird frühestens mit dem Tag der Eheschließung wirksam.

(3) Der Vertrag kann von Kapitel V abweichen.

1 **Musterformulierungen/-verträge** bei *Heinemann* FamRB 2012, 129; *Langenfeld/Milzer* Rn 379, 1006; *Münch* Rn 1318; *Collard* JCP N 2014, n°4, act 1053. Durch Ehevertrag können die Ehegatten die Wahl-Zugewinngemeinschaft zu ihrem Güterstand erklären, Abs I. Die Form des Ehevertrags bestimmt sich nach dem jew IPR (BT-Drs 17/5126, 24). Aus dt Sicht gilt Art 11 EGBGB. Seit 29.1.2019 sind Art 25 EuGüVO, Art 25 EuPartVO zu beachten. Danach bedarf der Ehevertrag nach dt und frz Recht der **notariellen Beurkundung** bei gleichzeitiger Anwesenheit (Stellvertretung ist nach beiden Rechtsordnungen zulässig, s § 1410 BGB Rn 4; BeckOGK/*Jäger* Rn 12; Staudinger/*Thiele* Rn 15; *Kemper* FS Seul, 225, 228; *Knoop* NotBZ 2017, 202, 204; unzutr *Hoischen* RNotZ 2015, 317, 321) der Vertragsteile (§ 1410 BGB bzw Art 1394 I CC, falsche Zitierung bei *Jünemann* ZEV 2013, 353, 357). Die Beurkundung kann auch in einem Drittstaat oder dem Vertragsstaat stattfinden, dessen IPR nicht den Anwendungsbereich des Abk eröffnet (*Dörner* FS Seul, 107, 118). Zu den Kosten des dt Notars s § 1410 BGB Rn 8. Die notarielle Beurkundung durch einen dt bzw frz Notar findet im anderen Staat uneingeschränkt Anerkennung (*Schaal* ZNotP 2010, 162, 165). Etwaige **Publizitätserfordernisse**, zB die Eintragung in ein Register oder die Heiratsurkunde (vgl Art 1397 VI CC: Dritten ggü wirkt eine Änderung erst drei Monate nach Vermerk auf der Heiratsurkunde), sind zusätzl zu beachten. In Deutschland entfaltet der Güterstand ggü Dritten seine volle Wirksamkeit, auch wenn er dem Dritten nicht bekannt ist (*Jäger* DNotZ 2010, 804, 807; *Schaal* ZNotP 2010, 162, 167); eine Eintragung in das **Güterrechtsregister** schied bislang aus, da § 1412 BGB unanwendbar ist, § 1519 S 3 BGB. Wurde der Wahlgüterstand aber nach frz Recht vereinbart, kam eine Eintragung nach Art 16 I EGBGB aF in Betracht (*Jäger* DNotZ 2010, 804, 821). Eine Registrierung war aber seit 29.1.2019 aufgrund der Art 28 II lit b EuGüVO und Art 28 II lit b EuPartVO allg möglich. Mit der Abschaffung des Güterrechtsregisters zum 1.1.2023 entfällt die Möglichkeit einer Registrierung endgültig. Wegen seiner erbrechtl Auswirkungen muss der Ehevertrag im Zentralen Testamentsregister registriert werden, § 34a I 1 BeurkG (*Hoischen* RNotZ 2015, 317, 322; *Knoop* NotBZ 2017, 202, 204). Eine nach dt Recht vereinbarte Wahl-Zugewinngemeinschaft unterliegt der Inhalts- und Ausübungskontrolle (s § 1408 BGB Rn 5), wobei wegen der engen Nähe zum gesetzl Güterstand eine Sittenwidrigkeit kaum vorstellbar ist (aA *Dethloff* RabelsZ 79, 509, 530 im Falle einer Gesamtschau, zB bei einem Verzicht auf Unterhalt und Versorgungsausgleich).

2 Der Ehevertrag kann **vor oder nach der Ehe** geschlossen werden, Abs II S 1. **Verlobte** können den Wahlgüterstand durch Ehevertrag vereinbaren, wirksam wird diese Vereinbarung frühestens mit der Eheschließung, Abs II S 3. Ein späteres Wirksamwerden ist möglich. Die nationalen Vorschriften über die Änderung eines bestehenden Güterstandes bleiben anwendbar, Abs II S 2. Ein **dt Güterstand** kann jederzeit durch Ehevertrag geändert werden. Ein **frz Güterstand** (ein solcher liegt immer schon dann vor, wenn die Anwendung des frz Kollisionsrechts zur Anwendbarkeit frz Rechts führt, *Dörner* FS Seul, 107, 118) kann erst nach zwei Jahren Anwendungsdauer geändert werden. Außerdem muss der Vertrag gerichtlich genehmigt werden, es sei denn, die Ehegatten haben keine minderjährigen Kinder und die volljährigen Kinder oder die Gläubiger haben nicht widersprochen (Art 1397 I–V CC; BT-Drs 17/5126, 24; *Schaal* ZNotP 2010, 162, 165; *Süß* ZErb 2010, 281, 283). Dieses umständliche Verfahren lässt sich umgehen, indem die Ehegatten nach Art 6 HEheGüAbk bzw Art 22 EuGüVO, Art 22 EuPartVO eine **Rechtswahl zum dt Recht** treffen. Diese Rechtswahl unterliegt nicht den genannten Einschränkungen (*Schaal* ZNotP 2010, 162, 165; *Süß* ZErb 2010, 281, 283; zweifelnd *Lerch/Lerch/Junkov* FuR 2012, 639, 641). Für eine Modifizierung oder Aufhebung der Wahl-Zugewinngemeinschaft gilt Abs II S 2 nicht (fraglich, vgl *Schaal* ZNotP 2010, 162, 166; aA Staudinger/*Thiele* Rn 17).

3 Abs III eröffnet den Ehegatten die Freiheit, die Vorschriften der **Art 7–14 abzuändern**. Es kann zB der Zugewinn für bestimmte Fälle (zB bei Tod) ausgeschlossen werden, es können bestimmte Gegenstände vom Zugewinnausgleich ausgenommen sowie eine abw Bewertung oder Quote vereinbart werden (BT-Drs 17/5126, 24f;

Schaal ZNotP 2010, 162, 172), auch die Beteiligung an Wertzuwächsen kann ausgeschlossen oder begrenzt werden (*Duchange* Défrenois 2014, 1273). **Unabdingbar** sind insb Art 5 und 6 (BT-Drs 17/5126, 25). Über die Abdingbarkeit der übrigen Vorschriften entscheidet Abs III nicht abschließend, so dass eine Einzelfallbetrachtung erforderlich ist (aA *Schaal* ZNotP 2010, 162, 172; *Terré/Simler* n°s 883).

Kapitel III
Vermögensverwaltung, -nutzung und -verfügung (Art 4–6)

Art 4 Allgemeine Bestimmungen zur Vermögensverwaltung, -nutzung und -verfügung

Jeder Ehegatte verwaltet und nutzt sein Vermögen allein; er verfügt allein über sein Vermögen. Das Recht, frei über das Vermögen zu verfügen, ist gleichwohl durch Artikel 5 beschränkt.

Die Ehegatten behalten im Wahlgüterstand grds ihre völlige **Unabhängigkeit in Bezug auf ihr Vermögen** (BT-Drs 17/5126, 25). Sie bleiben Alleineigentümer und Alleininhaber der von ihnen vor oder nach Begründung des Güterstands erworbenen Vermögensgegenstände (BT-Drs 17/5126, 25). Die **Schuldenhaftung** bleibt ebenfalls getrennt (BT-Drs 17/5126, 25). Jeder Ehegatte kann weiterhin ohne Zustimmung des anderen sein Vermögen nutzen, verwalten, über dieses verfügen (S 1) oder dieses erwerben (BT-Drs 17/5126, 25). Zur Aufnahme einer Erwerbstätigkeit oder zum Eintritt in eine Gesellschaft ist keine Zustimmung des anderen Ehegatten erforderlich (BT-Drs 17/5126, 25). Dies entspricht § 1363 II, § 1364 BGB, Art 1569 I 1 CC. Dennoch sieht das Abk in Anlehnung an das frz régime matrimonial primaire (Art 215, 220 CC) **zwingende Verfügungsbeschränkungen** zum Schutz des anderen Ehegatten in Art 5 vor (BT-Drs 17/5126, 25; *Hammje* AJ fam 2014, 400, 403: „mini régime primaire"). Dies wird durch S 2 klargestellt. Eine der dt Schlüsselgewalt nach § 1357 BGB vergleichbare **zwingende Schutzvorschrift zugunsten Dritter** ist in Art 6 enthalten (BT-Drs 17/5126, 25). Die Vermutungsregel des § 1362 BGB bleibt aus dt Sicht anwendbar (*Martiny* ZEuP 2011, 577, 590). 1

Art 5 Verfügungsbeschränkungen

(1) Rechtsgeschäfte eines Ehegatten über Haushaltsgegenstände oder über Rechte, durch die die Familienwohnung sichergestellt wird, sind ohne Zustimmung des anderen Ehegatten unwirksam. Sie können jedoch vom anderen Ehegatten genehmigt werden.

(2) Ein Ehegatte kann gerichtlich ermächtigt werden, ein Rechtsgeschäft allein vorzunehmen, zu der die Zustimmung des anderen notwendig wäre, falls dieser zur Zustimmung außerstande ist oder sie verweigert, ohne dass Belange der Familie dies rechtfertigten.

Zum Schutz des anderen Ehegatten ist die rechtsgeschäftliche Verfügungsbefugnis der Ehegatten über ihr Vermögen in Ausnahmefällen beschränkt. Unerheblich ist dabei, ob die geschützten Gegenstände im Alleineigentum oder im Miteigentum stehen, ob diese geleast, gemietet oder gepachtet sind (MüKo/*Koch* Rn 2, 3). Dies entspricht im Wesentlichen §§ 1365, 1369 BGB und Art 215 III CC, die aber inhaltlich und in ihren Rechtswirkungen voneinander abweichen. Auf die vergleichbaren Regelungen des schweizer Rechts (Art 169 ZGB, Art 266m OR, vgl *Zeiter* FamPra.ch 2005, 669) kann nicht zurückgegriffen werden (aA *Amann* DNotZ 2013, 252, 255f). Um einen **Gleichlauf der Verfügungsbeschränkungen** zu erreichen, enthält Art 5 eine **abschließende Regelung**, die eine Synthese aus beiden Rechtsordnungen darstellt (*Klippstein* FPR 2010, 510, 513). Ein Rückgriff auf die nationalen Schutzvorschriften kommt daneben nicht in Betracht, insb ist § 1365 BGB unanwendbar (BT-Drs 17/5126, 8, 26), das Abk selbst enthält keine § 1365 BGB vergleichbare Vorschrift (*Braun* MittBayNot 2012, 89, 91), so dass eine Verfügung über das **Vermögen im Ganzen** (soweit hiervon nicht die Familienwohnung betroffen ist) zustimmungsfrei ist (*Kemper* FS Seul, 225, 233). Aus frz Sicht bleiben aber die zwingenden Vorschriften des régime primaire (Art 215 bis 226 CC) neben Art 5 anwendbar (*Hammje* AJ fam 2014, 400, 403; *Meier-Bourdeau* JCP G 2014, n°7, act 163, 294, 295; *Murat* JCP N 2015, n°7, act 1078, 29, 30; *Simler* JCP N 2010, n°20, act 1203, 18, 19; *Simler* JCP N 2014, n°4, act 1052, 25, 29; *Terré/Simler* n°s 876; aA *Sauvage* RJPF 2014, n°4, 6, 9: unanwendbar sind Art 218, 219, 220-1 bis 220-3 CC). Art 5 ist insg **unabdingbar** (*Schaal* ZNotP 2010, 162, 168), auch wenn eine Rechtswahl zum dt Recht getroffen wurde (aA *Steer* notar 2010, 119, 121; *Lerch/Lerch/Junkov* FuR 2012, 639, 641, die übersehen, dass Art 3 auch für den dt Wahlgüterstand gilt). Die Vorschrift kann eine **haftungsrechtl günstige Zuordnung** der Familienwohnung ermöglichen, ohne dass der von Überschuldung bedrohte Ehegatte deren Veräußerung befürchten muss (*Amann* DNotZ 2013, 252, 280f; *Zensus* NZFam 2014, 529, 536). Eine entspr Anwendung des Art 5 auf den **gesamten Güterstand** bzw eine erweiternde Auslegung des § 1369 BGB auf die Ehewohnung scheidet aus (BeckOGK/*Jäger* Rn 6.1; *Weber* FamRZ 2015, 464; aA *Jacobs* FamRZ 2014, 1750; 2015, 466). 1

2 **Haushaltsgegenstände** sind (wie im dt Recht, § 1369 BGB, und umfassender als im frz Recht, vgl Art 215 III CC, *Sauvage* RJPF 2014, n°4, 6, 8) alle beweglichen Sachen, die dem gemeinschaftl Leben der Ehegatten im familiären Bereich einschl der Freizeitgestaltung zu dienen bestimmt sind (Möbel, Haushaltswäsche, Unterhaltungselektronik, Haustiere; *Kemper* FS Seul, 225, 230). Erfasst ist damit zB auch ein für die Familie benötigtes Fahrzeug (BT-Drs 17/5126, 26; *Simler* JCP N 2010, n°20, act 1203, 16), auch ein Wohnmobil (*Kemper* FS Seul, 225, 230). Der Begriff ist weiter auszulegen als der frz Begriff des Hausrats (Art 215 CC, vgl BT-Drs 17/5126, 26). Erfasst sind auch **Anwartschaftsrechte** an Haushaltsgegenständen (*Kemper* FS Seul, 225, 230). Nicht erfasst sind dem persönlichen Gebrauch eines Ehegatten dienende Gegenstände (zB persönliche Kleidung, Arbeitsgeräte, Schmuck, Kunstwerke, Dienstwagen), es sei denn, sie dienen auch der Ausschmückung der Wohnung (*Kemper* FS Seul, 225, 230).

3 **Familienwohnung** ist abw vom dt Begriff der Ehewohnung (§§ 1361b, 1568a BGB) dabei die nach dem übereinstimmenden Willen der Eheleute zum gemeinsamen Lebensmittelpunkt bestimmte Wohnung (BT-Drs 17/5126, 26; *Schaal* ZNotP 2010, 162, 166), auf den (melderechtl oder bürgerlichen) **Wohnsitz** kommt es nicht an. Die güterrechtl Zuordnung (zB zum Anfangs- oder Endvermögen) ist unerheblich, ebenso die Frage, ob Kinder vorhanden sind, ob eine berufliche Mitnutzung erfolgt, ob die Wohnung im Miteigentum der Ehegatten oder im Alleineigentum eines Ehegatten steht, ob die Ehe gescheitert ist oder ob die Eheleute getrennt leben (allerdings liegt bei räumlicher Trennung eine konkludente Aufhebung der Familienwohnungseigenschaft nahe; aA *Kemper*, FS Seul, 225, 232: stets Familienwohnung, wenn ein Ehegatte mit einem Kind zusammen lebt). **Keine Familienwohnung** besteht, wenn die Ehegatten nie zusammengelebt haben oder wenn sie getrennt leben und auch keine Kinder in einer Wohnung leben (*Kemper* FS Seul, 225, 232). Wohnung kann ein Container, Wohnwagen oder Gartenhäuschen (*Kemper* FS Seul, 225, 232), aber auch ein ganzes **Gebäude** sein (BeckOGK/*Jäger* Rn 11). Mit der Scheidung endet aber die Eigenschaft als Familienwohnung (*Amann* DNotZ 2013, 252, 256f). **Nebenräume** können ebenfalls zur Familienwohnung zählen (BT-Drs 17/5126, 26), nicht aber eine Zweit-, Ferien- oder Arbeitnehmerwohnung (*Amann* DNotZ 2013, 252, 257). Bei zwei ungefähr gleich genutzten Wohnungen ist der Mittelpunkt des gemeinsamen Wohnens (zB mit den Kindern) zu ermitteln, es sind nicht etwa beide Wohnungen Familienwohnung (BeckOGK/*Jäger* Rn 18; aA *Amann* DNotZ 2013, 252, 257). Zu den **Rechten**, durch die die Familienwohnung sichergestellt wird, zählen neben dem Eigentum auch das Miteigentum (auch gemeinsam mit einem Dritten), grundstücksgleiche Rechte (Erbbaurecht, Dauerwohnrecht) sowie dingliche Rechte (Nießbrauch, Wohnungsrecht, Dienstbarkeit, auch soweit sie lediglich schuldrechtl vereinbart sind) an der Familienwohnung (*Schaal* ZNotP 2010, 162, 166), nicht aber ein Vorkaufs- oder Erwerbsrecht (aA BeckOGK/*Jäger* Rn 27, 39), eine Reallast oder eine Grundschuld (aA *Amann* DNotZ 2013, 252, 257f; Staudinger/*Thiele* Rn 25). Erfasst werden aber auch **schuldrechtl Verträge**, zB Miet- oder Leihverträge sowie Versicherungsverträge über die Wohnung (*Amann* DNotZ 2013, 252, 259), nicht aber die einer Grundschuld zugrundeliegenden Sicherungsvereinbarungen oder Rückgewähransprüche (BeckOGK/*Jäger* Rn 28ff; aA *Amann* DNotZ 2013, 252, 259f). Auch nach frz Rechtslage ist die Verpflichtung zur Bestellung einer Hypothek zustimmungsfrei möglich. **Gesellschaftsbeteiligungen** sichern die Familienwohnung nicht (*Milzer* NZG 2017, 1090, 1093; diff BeckOGK/*Jäger* Rn 29ff; aA *Amann* DNotZ 2013, 252, 258f; Staudinger/*Thiele* Rn 25).

4 Von der Verfügungsbeschränkung sind sowohl **schuldrechtl als auch dingliche Verträge** sowie **einseitige Rechtshandlungen** erfasst (für eine Wirksamkeit des dinglichen Vertrags plädiert *Kemper*, FS Seul, 225, 230f, wenn der schuldrechtl Vertrag wirksam ist). Unwirksam sind also der schuldrechtl Vertrag (zB Kaufvertrag, BT-Drs 17/5126, 26) und die Auflassung über das Grundstück (*Jäger* DNotZ 2010, 804, 808; *Meyer* FamRZ 2010, 612, 614), auf dem sich die Familienwohnung befindet, auch wenn nur über einen Bruchteil verfügt werden soll (ausgenommen sind aber Veräußerungen, die einer Enteignung zuvorkommen sollen, BeckOGK/*Jäger* Rn 46). Der schwebend unwirksame Erwerbsanspruch ist aber **vormerkungsfähig** (s Rn 6). Behält der veräußernde dem anderen Ehegatten ein Nutzungsrecht an der Wohnung vor, bedarf die Veräußerung keiner Zustimmung (zweifelnd *Münch* Rn 487). Die Aufgabe des Eigentums (§ 928 BGB) und die Umwandlung eines dinglichen in ein schuldrechtl Recht fallen ebenfalls unter die Vorschrift (*Amann* DNotZ 2013, 252, 262). Unwirksam ist aber auch eine **Belastung mit dinglichen Rechten**, die die Nutzungsmöglichkeit als Wohnung einschränken, zB Nießbrauch, Wohnungsrecht, Dauerwohnrecht, Reallast, Grundpfandrechte (*Amann* DNotZ 2013, 252, 261f). Sonstige **Sicherungsgeschäfte** (zB Bürgschaft, Schuldanerkenntnis), die zu keiner unmittelbaren Belastung der Wohnung führen, sind nicht von Art 5 erfasst (BeckOGK/*Jäger* Rn 51.1ff). Unwirksam sind schließlich der Abschluss eines Miet- oder Untermietvertrags (*Amann* DNotZ 2013, 252, 261) sowie eine Aufhebung oder **Kündigung des Mietverhältnisses** durch den alleinigen Mieter-Ehegatten (BT-Drs 17/5126, 26; *Meyer* FamRZ 2010, 612, 614). Nicht von Art 5 erfasst sind **Vollmachten** (BeckOGK/*Jäger* Rn 60ff), **Verfügungen von Todes wegen**, Maßnahmen der **Zwangsvollstreckung** (*Kemper* FS Seul, 225, 230) sowie die Durchführung einer **Zwangs-** oder **Teilungsversteigerung** (BeckOGK/*Jäger* Rn 56, 57ff; aA *Keller/v Schrenck* JA 2014, 87, 92 ohne Begr).

5 Die **Rechtsfolgen** eines Verstoßes gegen Art 5 I 1 bestimmen sich nicht nach dem Abk, sondern nach dem jew für die allg Ehewirkungen anwendbaren nationalen Sachrecht. Ein ohne Einwilligung des anderen Ehegatten vorgenommenes Rechtsgeschäft über die Haushaltsgegenstände oder über die Ehewohnung ist nach **dt Recht absolut unwirksam** (vgl BT-Drs 17/5126, 27; *Schaal* ZNotP 2010, 162, 167). Der andere Ehegatte kann die Unwirksamkeit unmittelbar geltend machen (vgl § 1519 S 2 iVm § 1368 BGB), Grundbuchberichtigung beantragen und sogar auf Herausgabe des veräußerten Gegenstands klagen (BT-Drs 17/5126, 27). Nach **frz Recht** muss die Unwirksamkeit mittels der (auf ein Jahr befristeten) **Nichtigkeitsklage** geltend gemacht werden (Art 215 III;

BT-Drs 17/5126, 27; BeckOGK/*Jäger* Rn 76; *Braun* MittBayNot 2012, 89, 91; *Murat* JCP N 2015, n°7, act 1078, 29, 31; *Simler* JCP N 2014, n°4, act 1052, 25, 29; *Sauvage* RJPF 2014, n°4, 6, 8: für die dort nicht benannten Gegenstände soll hingegen die reguläre Verjährungsfrist des Art 2224 CC gelten; aA *Amann*, DNotZ 2013, 252, 268f, der von „nullité absolue" ausgeht, dabei aber verkennt, dass „nul" nicht nur „nichtig", sondern auch „anfechtbar" bedeuten kann). **Dritte** werden in ihrem guten Glauben an die Verfügungsbefugnis nicht geschützt, selbst wenn sie **keine Kenntnis** von der Eigenschaft als Haushaltsgegenstand oder als Familienwohnung hatten (*Jäger* DNotZ 2010, 804, 821; *Jünemann* ZEV 2013, 353, 357; *Steer* notar 2010, 119, 121; MüKo/*Koch* Rn 13). Ein **gutgläubiger Erwerb** von Grundstückseigentum oder von Rechten an Grundstücken nach § 892 BGB scheidet ebenfalls aus, so dass die Eintragung dieser **absoluten Verfügungsbeschränkung** in das Grundbuch nicht möglich und auch nicht erforderlich ist (*Jäger* DNotZ 2010, 804, 821; *Schaal* ZNotP 2010, 162, 167; aA möglicherweise BT-Drs 17/5126, 8, vgl aber *Münch* Rn 490 Fn 989). Es besteht keine Pflicht des **Notars**, den Güterstand durch Einsichtnahme des Güterrechtsregisters oder des Zentralen Testamentsregisters zu erforschen, er darf sich auf die Angaben der Beteiligten verlassen (BeckOGK/*Jäger* Rn 99; *Münch* Rn 492; aA *Jünemann* ZEV 2013, 353, 357). Dem Geschäftspartner stehen auch keine Schadensersatzansprüche gegen den verfügenden Ehegatten zu (*Knoop* NotBZ 2017, 202, 207; aA *Amann* DNotZ 2013, 252, 271). Der Dritte wird allenfalls im Falle eines kollusiven Zusammenwirkens der Ehegatten nach § 826 BGB geschützt. Durch die Unanwendbarkeit von § 1412 BGB (vgl § 1519 S 3 BGB) hat der Gesetzgeber den Schutz Dritter in **unerträglicher Weise eingeschränkt** (völlig verfehlt BT-Drs 17/5126, 8; wie hier BeckOGK/*Jäger* Rn 83ff; *Braun* MittBayNot 2012, 89, 91). Haben die Ehegatten allerdings nach frz Recht die Wahl-Zugewinngemeinschaft vereinbart, kommt § 1412 BGB über Art 16 I EGBGB aF zur Anwendung (BeckOGK/*Jäger* Rn 89; *Jäger* DNotZ 2010, 804, 821; *Martiny* ZEuP 2011, 577, 590; aA *Amann* DNotZ 2013, 252, 273). Dies ist mit Art 3 I GG unvereinbar (zust BeckOGK/*Jäger* Rn 89). Diese unerträgliche Situation wurde mit Inkrafttreten der Art 28 II EuGüVO und Art 28 II EuPartVO beendet: Dritte müssen sich Art 5 nur dann entgegenhalten lassen, wenn sie den gewählten Güterstand kannten oder hätten kennen müssen oder wenn dieser im Güterrechtsregister eingetragen war. Mit Abschaffung des Güterrechtsregisters in Deutschland kommt es daher nur noch darauf an, ob der Dritte positive Kenntnis oder grob fahrlässige Unkenntnis vom Vorhandensein eines Ehevertrags hatte. Sollte dem beurkundenden Notar bekannt sein, dass der Verkäufer im dt-frz Wahlgüterstand verheiratet ist, muss er nach § 17 I, II BeurkG hierauf hinweisen, die Mitwirkung des Ehegatten anregen und ggf auf seine Zweifel an der Wirksamkeit des Rechtsgeschäfts hinweisen (*Knoop* NotBZ 2017, 202, 207).

Der Ehepartner kann seine Zustimmung schon vor Vornahme des Rechtsgeschäfts als **Einwilligung** erklären. 6
Dabei genügt es, wenn er die Tragweite der Einwilligung begreift. Auch eine pauschale Einwilligung in bestimmte Rechtsgeschäfte kann erteilt werden (aA BeckOGK/*Jäger* Rn 64). Fehlt die Einwilligung, so ist das Rechtsgeschäft zunächst schwebend unwirksam. Das Rechtsgeschäft wird mit **Genehmigung** des anderen Ehegatten ex tunc wirksam, Abs II S 2 (vgl BT-Drs 17/5126, 27). Dies gilt auch für einseitig vorgenommene Rechtshandlungen (zB eine Kündigung, vgl BT-Drs 17/5126, 26), da § 1367 BGB nicht entspr anwendbar ist (*Jäger* DNotZ 2010, 804, 809). Die Erklärung ist dem Ehepartner ggü abzugeben, Abgabe ggü dem Dritten ist nach § 182 I auch möglich (Staudinger/*Thiele* Rn 29). Der **Dritte** hat aber keine Möglichkeit, den Schwebezustand bis zur Genehmigung analog § 1366 II, III BGB einseitig zu beenden (aA *Amann* DNotZ 2013, 252, 271f). Die Genehmigung bedarf keiner Form, kann auch stillschweigend erklärt werden, muss aber dem GBA in der Form des § 29 GBO nachgewiesen werden. Soweit keine konkreten Anhaltspunkte für die Vereinbarung des Wahlgüterstands bestehen, darf das GBA keine Vorlage von Negativerklärungen der Ehegatten verlangen. Der Anspruch auf Eigentumsverschaffung ist schon vor Genehmigungserteilung **vormerkbar** (*Amann* DNotZ 2013, 252, 261). Der andere Ehegatte kann die Zustimmung durch einen Bevollmächtigten abgeben, auch der Ehepartner kann **bevollmächtigt** werden, eine Generalvollmacht genügt (nach frz Recht muss die Vollmacht aber ausdr zur Veräußerung ermächtigen, Art 1988 II CC; falsch *Amann* DNotZ 2013, 252, 265). Kann der andere Ehegatte nicht einwilligen (zB wegen Krankheit) oder verweigert er ungerechtfertigt die Einwilligung, kann das Gericht auf Antrag des Ehegatten diesen zur **Alleinvornahme ermächtigen**, Abs II. Die Vorschrift ähnelt § 1365 II, § 1369 II BGB bzw Art 217 I CC (teilw anders BT-Drs 17/5126, 27). Das Vorliegen einer Gefährdungslage ist nicht erforderlich (*Dethloff* RabelsZ 79, 509, 518). Die Darlegungs- und Beweislast für eine gerechtfertigte Verweigerung in die Einwilligung trägt der andere Ehegatte (*Derichs* ErbR 2013, 306, 309). Sachlich zuständig ist das **FamG** (§ 23a I 1 Nr 1, § 23b I GVG, § 111 Nr 9, § 261 II FamFG), funktionell der **Richter**. Die Entscheidung wird erst mit **Rechtskraft** wirksam, § 40 III 1 FamFG, bei Gefahr im Verzug kann das Gericht die sofortige Wirksamkeit anordnen, § 40 III 2 FamFG. Dritte werden in ihrem Vertrauen auf die Wirksamkeit des Beschlusses durch § 47 FamFG geschützt.

Art 6 Geschäfte zur Führung des Haushalts

(1) Jeder Ehegatte kann Verträge zur Führung des Haushalts und für den Bedarf der Kinder allein schließen. Diese Verträge verpflichten den anderen Ehegatten gesamtschuldnerisch.

(2) Wenn ein Ehegatte Zahlungsverpflichtungen eingeht, die insbesondere nach der Lebensführung der Ehegatten offensichtlich unangemessen sind, und dem Vertragspartner dies bekannt war oder er es erkennen musste, wird der andere Ehegatte abweichend von Absatz 1 nicht verpflichtet.

1 Abs I S 1 stellt klar, dass jeder Ehegatte Geschäfte für den Bedarf des Haushalts und der Kinder alleine schließen darf. S 2 ordnet hierfür die **gesamtschuldnerische Mitverpflichtung** des anderen Ehegatten an. Eine **Mitberechtigung** des anderen Partners analog § 1357 I 2 BGB kommt nicht in Betracht (jurisPK/*Kemper* Rn 31; MüKo/*Koch* Rn 5; *Mecke* AcP 211, 886, 904; unzutr die Darstellung von BeckOGK/*Jäger* Rn 22, 38 zur nunmehr hier vertretenen Ansicht). Erfasst sind nicht nur Geschäfte für den Familienbedarf, sondern auch Verträge, die **allein dem Kinderbedarf** (dh gemeinsame Kinder, Dauerpflegekinder und einseitige Kinder, die in den Familienhaushalt dauerhaft aufgenommen sind) dienen, also zB Nachhilfeverträge (BT-Drs 17/5126, 27). Es handelt sich der Sache nach nicht um eine güterrechtl Norm, sondern um eine Vorschrift der allg Ehewirkungen. Sie gilt auch dann, wenn sich die allg Ehewirkungen nach einem anderen Sachrecht richten (*Süß* ZErb 2010, 281, 284). Die Norm geht auf Art 220 I, II CC zurück, ist einerseits weitergehend als § 1357 BGB (BT-Drs 17/5126, 28; *Klippstein* FPR 2010, 510, 513), beinhaltet andererseits nicht die in Art 220 III CC vorgesehenen Ausnahmen für Ratenkaufverträge und Darlehensverträge (*Murat* JCP N 2015, n°7, act 1078, 29, 31; *Sauvage* RJPF 2014, n°4, 6, 9). Erfasst sind der Erwerb von Möbeln, Spielzeug, Büchern und Lernmitteln sowie Telefonkosten, Tierfutter, Tierarztkosten, Versicherungsschutz und Arztleistungen (BeckOGK/*Jäger* Rn 12), aber auch Onlinegeschäfte, Ratenzahlungsverträge sowie Kreditgeschäfte (*Simler* JCP N 2010, n° 20, act 1203, 19; aA BeckOGK/*Jäger* Rn 19; *Dethloff* RabelsZ 79, 509, 520). Etwa bestehende Widerrufsrechte kann auch der nicht handelnde Ehegatte ausüben (BeckOGK/*Jäger* Rn 20). Die Vorschrift ist **unabdingbar** (*Schaal* ZNotP 2010, 162, 172). Die Schlüsselgewalt kann also nicht analog § 1357 II ausgeschlossen oder beschränkt werden (BeckOGK/*Jäger* Rn 25; Staudinger/*Thiele* Rn 32; aA MüKo/*Koch* Rn 7). Auch bei **Trennung** gilt die Vorschrift, § 1357 III BGB ist nicht anwendbar (*Dethloff* RabelsZ 79, 509, 521). Möglich ist nur, dem Ehegatten durch einstw Anordnung das Handeln zu untersagen. Die Regelung ist **abschließend** und verdrängt § 1357 (BT-Drs 17/5126, 8; *Martiny* ZEuP 2011, 577/590; *Kemper* FamRB 2018, 170, 171; krit *Braun* MittBayNot 2012, 89, 92). Eine Mitverpflichtung kann nicht im Rahmen des Kindesunterhalts, sondern allenfalls im Rahmen des Trennungs- oder nachehelichen Unterhalts berücksichtigt werden (aA *Keller/v Schrenck* JA 2014, 87, 93).

2 Die Mitverpflichtung ist nach Abs II ausgeschlossen, wenn es sich um **unangemessene Ausgaben** handelt und der Dritte die Unangemessenheit **kannte oder hätte kennen müssen**. Die Unangemessenheit beurteilt sich an den obj zu bestimmenden Lebensumständen der Ehegatten (BT-Drs 17/5126, 28), deren subj Einschätzung ist unmaßgeblich (BeckOGK/*Jäger* Rn 26; aA *Schaal* ZNotP 2010, 162, 168). Dem Dritten muss **fahrlässige Unkenntnis** vorwerfbar sein. Ist der Vertragspartner gutgläubig, so schadet auch ein vorsätzlicher Missbrauch des handelnden Ehegatten nicht (*Kemper* FS Seul, 225, 233). Die Beweislast für die Unangemessenheit trägt der in Anspruch genommene Ehegatte (*Dethloff* RabelsZ 76, 509, 520; *Kemper* FS Seul, 225, 233).

Kapitel IV
Beendigung des Güterstandes (Art 7)

Art 7 Gründe für die Beendigung des Güterstandes

Der Güterstand endet
1. durch Tod oder Todeserklärung eines Ehegatten,
2. durch Wechsel des Güterstandes oder
3. mit Rechtskraft der Ehescheidung oder jeder anderen gerichtlichen Entscheidung, die den Güterstand beendet.

1 Der Zugewinnausgleich entsteht erst mit Beendigung der Wahl-Zugewinngemeinschaft. Art 7 zählt die Beendigungsgründe nicht abschließend auf, da der Güterstand auch mit Durchführung des vorzeitigen Zugewinnausgleichs endet, vgl Art 18 II. Beendigungsgründe sind nach **Nr 1: Tod** oder **Todeserklärung** eines Ehegatten, wobei auch die unrichtige Todeserklärung den Güterstand beendet (BT-Drs 17/5126, 28; MüKo/*Koch* Rn 10; zweifelnd BeckOGK/*Jäger* Rn 7); kein Ausgleich findet statt bei gleichzeitigem Versterben (BeckOGK/*Jäger* Rn 6); zu den erbrechtl Wirkungen s § 1519 BGB Rn 2. **Nr 2:** Wechsel des Güterstands durch **Ehevertrag**, zB Übergang zur Gütertrennung oder zur Zugewinngemeinschaft. Eine Rechtswahl zu einem anderen Güterrechtsregime steht dem nicht gleich (aA *Schaal* ZNotP 2010, 162, 164; Staudinger/*Thiele* Rn 34). **Nr 3: Rechtskraft der Ehescheidung** oder einer anderen, den Güterstand **beendenden Gerichtsentscheidung**, zB infolge Eheaufhebungsantrag, einer Trennung ohne Aufhebung des Ehebandes (*Derichs* ErbR 2013, 306, 307) oder nach Art 18 II. In diesem Fall ist zu beachten, dass der Zugewinnausgleich auf den Tag der Anhängigkeit des Gerichtsverfahrens zu berechnen ist, s Art 13.

Kapitel V
Festsetzung der Zugewinnausgleichsforderung bei der Beendigung des Güterstandes (Art 8–14)

Abschnitt 1
Anfangsvermögen (Art 8–9)

Art 8 Zusammensetzung des Anfangsvermögens

(1) Anfangsvermögen ist das Vermögen jedes Ehegatten am Tag des Eintritts des Güterstandes. Verbindlichkeiten werden im Anfangsvermögen berücksichtigt, auch wenn sie das Aktivvermögen übersteigen.

(2) Vermögen, das ein Ehegatte später durch Erbschaft, Schenkung oder als Schmerzensgeld erwirbt, wird dem Anfangsvermögen hinzugerechnet. Die Verbindlichkeiten, die dieses Vermögen betreffen, werden beim Anfangsvermögen selbst dann berücksichtigt, wenn sie das Aktivvermögen überschreiten.

(3) Dem Anfangsvermögen werden nicht zugerechnet:
1. **dessen Früchte und**
2. **die Gegenstände des Anfangsvermögens, die ein Ehegatte während des Güterstands Verwandten in gerader Linie geschenkt hat.**

(4) Die Ehegatten erstellen bei Abschluss des Ehevertrages ein Verzeichnis über ihr Anfangsvermögen. Es wird vermutet, dass dieses Verzeichnis richtig ist, wenn es von beiden Ehegatten unterzeichnet wurde.

(5) Ist kein Verzeichnis erstellt worden, so wird vermutet, dass kein Anfangsvermögen vorhanden ist.

Abs I und II definieren das Anfangsvermögen, Abs III stellt klar, was nicht zum Anfangsvermögen gerechnet wird. 1
Abs IV und V sollen die Ermittlung des Vermögensbestands erleichtern. Die Vorschrift stellt eine Synthese aus §§ 1374, 1377 und Art 1570, 1571 CC dar (BT-Drs 17/5126, 29). Sie ist insg **abdingbar** (BT-Drs 17/5126, 29), insb kann der Berechnungszeitraum auf einen vor dem nach Art 19 maßgeblichen Zeitpunkt gelegt werden (BeckOGK/*Jäger* Rn 41).

Anfangsvermögen sind diejenigen Gegenstände, die einem Ehegatten zum Zeitpunkt des Wirksamwerdens der 2
Wahl-Zugewinngemeinschaft gehören. Dies ist frühestens der Tag der Eheschließung, vgl Art 3 II 3 WZGA. Wie nunmehr auch im dt Recht (§ 1374 I, III BGB) kann das Anfangsvermögen **negativ** sein, Abs I S 2 (BT-Drs 17/5126, 29f; *Krause* ZFE 247). Dem Anfangsvermögen hinzugerechnet werden Gegenstände, die ein Ehegatte später durch Schenkung, (gesetzl oder gewillkürte) Erbschaft oder als Schmerzensgeld erwirbt (**privilegiertes Anfangsvermögen**, Abs II S 1). **Erbschaft** ist auch der Erwerb eines Vermächtnisses oder eines Pflichtteilsanspruchs (*Knoop* NotBZ 2017, 202, 205; *Schaal* ZNotP 2010, 162, 169). Als **Schenkung** sind alle unentgeltlichen Zuwendungen zu verstehen, zB auch eine Ausstattung oder die Abfindung für einen Erb- oder Pflichtteilsverzicht (vgl *Krause* ZFE 2010, 247, 248; *Schaal* ZNotP 2010, 162, 169; Staudinger/*Thiele* Rn 38; aA *Kemper*, FS Seul, 225, 239; MüKo/*Koch* Rn 3), die vorweggenommene Erbfolge (*Derichs* ErbR 2013, 306, 310; aA *Kemper*, FS Seul, 225, 239, der übersieht, dass auch bei vereinbarten Gegenleistungen regelmäßig eine gemischte Schenkung vorliegen wird) und auch Zuwendungen von den Schwiegereltern (BeckOGK/*Jäger* Rn 20f). Auch Schenkungen unter Ehegatten und ehebedingte Zuwendungen zählen hierzu (Staudinger/*Thiele* Rn 38; aA *Schaal* ZNotP 2010, 162, 169; *Martiny* ZEuP 2011, 577, 592; ohne Lösung *Hoischen* RNotZ 2015, 317, 324), was zu einer unbilligen Erhöhung des Zugewinnausgleichs des Zuwendungsempfängers führen kann, da eine Anrechnungsbestimmung entspr § 1380 BGB fehlt (*Schaal* ZNotP 2010, 162, 169). **Schmerzensgeld** zählt – wie im frz Recht und anders als nach dt Rechtslage (BGHZ 80, 384) – wegen seiner Höchstpersönlichkeit zum Anfangsvermögen (BT-Drs 17/5126, 29; krit *Steer* notar 2010, 119, 122), es sei denn, die Ehegatten haben ehevertragl etwas anderes vereinbart (*Meyer* FamRZ 2010, 612, 615). Ersatzzahlungen mit wirtschaftlichem Charakter sowie Schadensersatz mit präventivem oder/und pönalem Charakter sind nicht privilegiert, auch wenn die frz Fassung des Abk dies nahezulegen scheint (*Erger/Kaesling* NZFam 2014, 631). Eine erweiternde oder analoge Anwendung der Vorschrift auf § 1374 II BGB scheidet aus (aA *Krause* FamRB 2014, 64, 65). Lottogewinne sind richtigerweise nicht privilegiert (*Braun* MittBayNot 2012, 89, 92; *Hoischen* RNotZ 2015, 317, 325; aA *Steer* notar 2010, 119, 122; vgl BGH DNotZ 2014, 284) ebenso Leistungen aus einer Unfallversicherung. Überhaupt fallen die sonstigen „biens propre par nature" (Art 1570 CC) nicht in das privilegierte Anfangsvermögen (*Murat* JCP N 2015, n°7, act 1078, 29, 33). Verbindlichkeiten des privilegierten Anfangsvermögens (zB ein überschuldeter Nachlass) können ebenfalls zu einem **negativen Anfangsvermögen** führen, Abs II S 2. Bei gemischten Schenkungen ist nur der unentgeltliche Anteil dem Anfangsvermögen hinzuzurechnen (BeckOGK/*Jäger* Rn 28).

Kein Anfangsvermögen, sondern Zugewinn sind die **Früchte** (Abs III Nr 1; vgl § 99 BGB) des Anfangsvermö- 3
gens, zB Miet- und Pachteinnahmen (BT-Drs 17/5126, 30; vgl Art 1570 I 2 CC). In Anlehnung an das frz Recht (Art 1570 I 2 CC) werden **Gegenstände des Anfangsvermögens** (Rn 2), die an **Verwandte in gerader Linie verschenkt** werden (Abs III Nr 2; vgl § 1589 BGB, also an Eltern, Großeltern, gemeinsame und einseitige Kinder, Enkelkinder; krit *Kemper* FS Seul, 225, 239f), von der Berechnung des Zugewinns ausgenommen, dh sie werden weder beim Anfangs- noch beim Endvermögen berücksichtigt (BT-Drs 17/5126, 30). Es muss sich nicht um ge-

meinsame Verwandte handeln (BeckOGK/*Jäger* Rn 32). Dem Zugewinn unterliegen aber **Wertzuwächse** solcher verschenkten Gegenstände, die nicht aus Anfangsvermögen stammen, Art 10 II 1 Nr 1 lit b (BT-Drs 17/5126, 30; krit *Meyer* FamRZ 2010, 612, 615; *Klippstein* FPR 2010, 510, 513). Nicht zum Vermögen zählen dem Versorgungsausgleich unterliegende Rechte (s § 1519 BGB Rn 3).

4 Zur Streitvermeidung können die Ehegatten bereits bei Abschluss des Ehevertrags ein (notarielles) **Vermögensverzeichnis** aufnehmen, Abs IV S 1 (BT-Drs 17/5126, 30). Sie können dieses Verzeichnis aber auch privatschriftlich selbst erstellen (BT-Drs 17/5126, 30). Möglich ist auch die Erstellung während der Ehe, das Verzeichnis hat dann dieselbe Vermutungswirkung (zweifelnd *Kemper* FS Seul, 225, 240). Die Richtigkeit des Verzeichnisses wird **widerleglich vermutet** (BT-Drs 17/5126, 30), wenn es von beiden Ehegatten unterzeichnet ist, Abs IV S 2. Den Unrichtigkeitsbeweis muss derjenige führen, der sich gegen die Vermutungsregel wendet. Neben den Vermögensgegenständen können auch deren **Werte** (zum Zeitpunkt des Eintritts des Güterstands bzw zum Zeitpunkt ihres Erwerbs) in das Verzeichnis aufgenommen werden; die Richtigkeitsvermutung gilt für die Werte entspr (BT-Drs 17/5126, 30). Haben die Ehegatten kein Verzeichnis erstellt, wird **widerleglich vermutet** (BT-Drs 17/5126, 30), dass das **Anfangsvermögen null** beträgt, Abs V (krit *Finger* FuR 2010, 481, 485). Die Beweislast für ein hiervon abweichendes Anfangsvermögen trägt derjenige, der hieraus für sich den rechnerischen Vorteil erstrebt (*Kemper* FS Seul, 225, 240). Zulässig ist jedes prozessual anerkannte Beweismittel (unklar *Meier-Bourdeau* JCP G 2014, n°7, act 163, 294, 296). IÜ ist jeder Ehegatte/Partner für den Bestand seines Anfangsvermögens darlegungs- und beweispflichtig (BeckOGK/*Jäger* Rn 38).

Art 9 Bewertung des Anfangsvermögens

(1) Das Anfangsvermögen wird wie folgt bewertet:

1. **Am Tag des Eintritts des Güterstandes vorhandene Gegenstände werden mit dem Wert angesetzt, den sie zu diesem Zeitpunkt hatten.**
2. **Nach dem Tag des Eintritts des Güterstandes erworbene Gegenstände, die nach Artikel 8 Absatz 2 dem Anfangsvermögen zuzurechnen sind, werden mit dem Wert angesetzt, den sie am Tag des Erwerbs hatten.**

(2) Alle Grundstücke und grundstücksgleichen Rechte des Anfangsvermögens mit Ausnahme des Nießbrauchs und des Wohnrechts werden jedoch mit dem Wert angesetzt, den sie am Tag der Beendigung des Güterstandes haben. Wurden diese Gegenstände während der Ehe veräußert oder ersetzt, so ist der Wert am Tag der Veräußerung oder Ersetzung zugrunde zu legen. Änderungen ihres Zustandes, die während der Ehe vorgenommen worden sind, werden bei der Bewertung des Anfangsvermögens nicht berücksichtigt.

(3) Werden die Gegenstände zu einem Zeitpunkt vor der Beendigung des Güterstandes bewertet, so ist ihr nach den Absätzen 1 und 2 bestimmter Wert von diesem Zeitpunkt an um den Betrag anzupassen, der sich aus den gemittelten Preisänderungsraten für allgemeine Verbraucherpreise der Vertragsstaaten ergibt.

(4) Die Absätze 1 und 3 gelten auch für die Bewertung von Verbindlichkeiten.

1 Die Bewertung des Anfangsvermögens stellt einen Kompromiss zw der dt und der frz Rechtslage dar (BT-Drs 17/5126, 31; *Klippstein* FPR 2010, 510, 513). Die Vorschrift ist insg **abdingbar**. Die Beteiligung an Wertsteigerungen, die nicht auf der Leistung eines Ehegatten beruhen, stellt insb aus frz Sicht einen Fremdkörper dar (*Duchange* Défrenois 2014, 1273; *Sauvage* RJPF 2014, n°4, 6, 10).

2 **Anfangsvermögen** iSd Art 8 I 1 wird mit dem Wert (dh dem Verkehrswert) zum Zeitpunkt des **Eintritts des Güterstands** (frühestens zum Zeitpunkt der Eheschließung) angesetzt, Abs I Nr 1. **Privilegiertes Anfangsvermögen** iSd Art 8 II 1 wird mit dem Wert zum Zeitpunkt des **Erwerbs** erfasst, Abs I Nr 2. Dies führt (vorbehaltlich Abs II) dazu, dass spätere **Wertzuwächse** (ausgenommen inflationsbedingte, vgl Abs III, Art 11 III) des **beweglichen** (vgl Abs II) **Anfangsvermögens** (zB bei Wertpapieren) stets in den Zugewinn fallen (BT-Drs 17/5126, 31; *Schaal* ZNotP 2010, 162, 170). Vorschläge aus frz Sicht zur Begrenzung dieser Beteiligung an Wertsteigerungen bei *Duchange* Défrenois 2014, 1273.

3 Abs II nimmt den Wertzuwachs von **Grundstücken und grundstücksgleichen Rechten** (Erbbaurecht, Dauerwohnrecht) des Anfangsvermögens (Art 8 I und II) vom Zugewinn aus, indem diese mit dem Wert zum Tag der **Beendigung des Güterstands** (Art 7) bzw der **Einreichung des Scheidungsantrags** bei Gericht (Art 13) in das Anfangsvermögen einzustellen sind, Abs II S 1. Bsp: von Eltern geschenkter Acker (Wert: 10 000 €) wird zu Bauland (Wert: 100 000 €). Die Wertsteigerung von 90 000 € ist kein Zugewinn. Wurden diese Gegenstände während der Ehe veräußert oder ersetzt, ist der Wert zum Tag der **Veräußerung bzw Ersetzung** zugrunde zu legen, Abs II S 2 (Bsp s BT-Drs 17/5126, 32f). Ein erzielter Erlös ist (soweit noch vorhanden) im Endvermögen zu berücksichtigen (*Jäger* DNotZ 2010, 804, 813). Wertsteigerungen des Grundbesitzes **ohne Zutun des Ehegatten** können von diesem nicht beeinflusst werden und sollen deshalb unberücksichtigt bleiben (*Meyer* FamRZ 2010, 612, 614; krit *Süß* ZErb 2010, 281, 283: anachronistische und ungerechte Privilegierung des Grundbesitzes). Wertsteigerungen der Immobilie, die auf einer **Leistung der Ehegatten** beruhen (zB Bebauung, Renovierung, Sanierung), stellen hingegen Zugewinn dar und sind bei der Bewertung des Anfangsvermögens abzuziehen, Abs II S 3 (BT-Drs 17/5126, 32; krit *Schaal* ZNotP 2010, 162, 170; *Steer* notar 2010, 119, 122). Entspr gilt für Wertminderungen (BeckOGK/*Jäger* Rn 39; *Murat* JCP N 2015, n°7, act 1078, 29, 35; zweifelnd *Kemper*, FS Seul, 225, 242). Während der Ehe hinzuerworbene Grundstücke fallen in den Zugewinn, soweit sie nicht nach Art 8 II

dem Anfangsvermögen zugerechnet werden. Auf **Lebensdauer angelegte dingliche Rechte**, wie Nießbrauch und Wohnungsrecht, aber auch Dienstbarkeiten und Reallasten, werden nach Abs I bewertet (*Jäger* DNotZ 2010, 804, 813), da sich deren Wert durch Nutzung der Ehegatten vermindert (BT-Drs 17/5126, 33). Ein Bewertungsprivileg für land- und forstwirtschaftlichen Grundbesitz (vgl § 1376 IV) besteht nicht (*Schaal* ZNotP 2010, 162, 169).

Abs III legt fest, dass das Anfangsvermögen, wenn es zu einem Zeitpunkt vor Beendigung des Güterstands (bzw vor Einreichung des Scheidungsantrags, Art 13) zu bewerten ist, um **inflationsbedingte Wertsteigerungen** zu bereinigen ist. Diese stellen keinen Zugewinn dar, das Anfangsvermögen ist also entspr (im Regelfall nach oben hin) anzupassen. Das in Frankreich bestehende Indexierungsverbot (Art L 112-2 C. mon. fin.) steht dieser völkerrechtl Regelung nicht entgegen (BT-Drs 17/5126, 33). Die Inflation ist aus den gemittelten Preisänderungsraten für allg Verbraucherpreise **aller Vertragsstaaten** zu berechnen. Bei einem Beitritt weiterer Staaten sind also auch deren Wertsteigerungsraten einzubeziehen (BT-Drs 17/5126, 33; *Meyer* FamRZ 2010, 612, 616; krit *Krause* ZFE 2010, 247, 249; *Finger* FuR 2010, 481, 486). Unklar ist, welcher der maßgebliche inl Verbraucherpreisindex sein soll (vgl *Jäger* DNotZ 2010, 804, 813f), für Deutschland ist es der VPI (*Hoischen* RNotZ 2015, 317, 327; aA BeckOGK/*Jäger* Rn 45: Harmonisierter Verbraucherpreisindex, HVPI). 4

Verbindlichkeiten des Anfangsvermögens (Art 8 I 2, II 2) werden nach Abs I und III bewertet, also zum Zeitpunkt des Eintritts des Güterstands bzw zum Erwerbszeitpunkt. Sie sind ebenfalls an die Inflation anzupassen, also im Regelfall höher anzusetzen (BT-Drs 17/5126, 33). Grundstücksgleiche Belastungen (zB Nießbrauchsrechte) sind nicht als Verbindlichkeiten zu bewerten, sondern bei der Bewertung des Grundstücks zu berücksichtigen (BeckOGK/*Jäger* Rn 33). 5

Abschnitt 2
Endvermögen (Art 10–11)

Art 10 Zusammensetzung des Endvermögens

(1) Das Endvermögen ist das Vermögen jedes Ehegatten am Tag der Beendigung des Güterstandes. Verbindlichkeiten werden im Endvermögen berücksichtigt, auch wenn sie das Aktivvermögen übersteigen.

(2) Dem Endvermögen wird der Wert der Gegenstände hinzugerechnet, die ein Ehegatte:

1. verschenkt hat, es sei denn,

a) die Schenkung ist nach der Lebensführung der Ehegatten angemessen oder

b) es wurde einem Verwandten in gerader Linie ein Gegenstand aus dem Anfangsvermögen geschenkt. Der Wertzuwachs durch Verbesserungen an einem solchen Gegenstand, der während der Dauer des Güterstands durch vom Anfangsvermögen unabhängige Mittel erzielt wurde, ist dem Endvermögen gleichwohl zuzurechnen,

2. in der Absicht, den anderen zu benachteiligen, veräußert hat, oder

3. verschwendet hat.

Dies gilt nicht, wenn die Schenkung, Veräußerung in Benachteiligungsabsicht oder Verschwendung mehr als zehn Jahre vor der Beendigung des Güterstandes erfolgt ist oder der andere Ehegatte damit einverstanden gewesen ist.

Abs I, II definieren das Endvermögen. Die Vorschrift entspricht § 1375 BGB bzw Art 1572, 1573, 1574 CC. Ergänzt wird die Norm durch Art 14 S 2 und Art 18 I 2. Sie ist insg **abdingbar** (*Knoop* NotBZ 2017, 202, 205). 1

Endvermögen sind diejenigen Gegenstände, die den Ehegatten am Tag der Beendigung des Güterstands (Art 7) bzw am Tag der Einreichung des Scheidungsantrags (Art 13) gehören, Abs I S 1. Das Endvermögen kann – wie das Anfangsvermögen (Art 8 II 2) – **negativ** sein, Abs I S 2 (BT-Drs 17/5126, 34). Auch ein Tilgungsgewinn (also die Verringerung von Schulden) kann zu einer Ausgleichspflicht führen (BeckOGK/*Jäger* Rn 13). Nicht zum Vermögen zählen dem Versorgungsausgleich unterliegende Rechte (s § 1519 BGB Rn 3). 2

Abs II rechnet bestimmte Vermögensgegenstände zum Endvermögen, obwohl sie nicht mehr vorhanden sind (**fiktives Endvermögen**). Auf diese Weise soll verhindert werden, dass ein Ehegatte seinen Zugewinn schmälert, um den anderen Ehegatten zu benachteiligen. Grds hinzuzurechnen sind deshalb **Schenkungen** (Nr 1), worunter wie im Rahmen von Art 8 II alle unentgeltlichen Zuwendungen zu verstehen sind. Von der Hinzurechnung ausgenommen sind aber nach der Lebensführung der Ehegatten **angemessene Schenkungen**, lit a. Hierunter fallen Anstands- und Gelegenheitsgeschenke, nicht jedoch solche Zuwendungen, die den täglichen Lebensbedarf der Ehegatten übersteigen (BT-Drs 17/5126, 34; krit *Derichs* ErbR 2013, 306, 311; *Naudin* RLDC janvier 2013, 45, 47; *Letellier* Gaz Pal 2010, n°212, 24: promet de belles discussions). Nicht zum Endvermögen zählen außerdem Schenkungen aus dem **Anfangsvermögen an einen Verwandten in gerader Linie**, lit b. Dabei muss es sich nicht um gemeinsame Verwandte handeln (BeckOGK/*Jäger* Rn 23). Diese Vorschrift korrespondiert mit Art 8 III Nr 2 und soll solche Vermögensgegenstände vollständig aus dem Zugewinnausgleich herausnehmen. Nicht erfasst werden Surrogate dieser Gegenstände (BeckOGK/*Jäger* Rn 26). Fehlt es an dieser Korrespondenz, so scheidet auch die Privilegierung nach lit b aus. Ein **Wertzuwachs** dieser Gegenstände während des Güterstands durch **Verbesserungen**, die nicht aus Mitteln des Anfangsvermögens stammen, ist allerdings im Endvermögen zu berücksichtigen. Es muss sich um einen Wertzuwachs handeln, der auf einem Zutun der Ehegatten beruht, bloß zufällige 3

Wertsteigerungen werden nicht erfasst. Die **Beweislast** dafür, dass es sich um eine nicht hinzurechnungspflichtige Schenkung nach lit a oder b handelt, trägt der Ehegatte, der die Schenkung vorgenommen hat (vgl *Krause* ZFE 2010, 247, 250). Es besteht keine Vermutungsregel entspr Art 1573 CC (*Sauvage* RJPF 2014, n°4, 6, 9).

4 Vermögensgegenstände, die in **Benachteiligungsabsicht** veräußert wurden, sind dem Endvermögen hinzuzurechnen (Nr 2). Nicht jede Veräußerung unter Wert fällt hierunter, entscheidend ist die innere Willensrichtung (BT-Drs 17/5126, 34), für die der andere Ehegatte die Darlegungs- und Beweislast trägt (*Mecke* AcP 211, 886, 913), wobei die Anforderungen hieran nicht überspannt werden dürfen (*Kemper* FS Seul, 225, 243). Bei Unterwertveräußerung liegt meistens aber auch eine (gemischte) Schenkung vor, die unter Nr 1 fällt. Hinzurechnungspflichtig ist **verschwendetes Vermögen** (Nr 3). Dies sind Ausgaben, die unnütz und im Verhältnis zum Vermögen übermäßig sind, also Luxusausgaben, wenn die Ehegatten über ein geringes Einkommen verfügen (BT-Drs 17/5126, 34, zB eine Luxuskreuzfahrt, *Naudin* RLDC janvier 2013, 45, 47). Die Zerstörung eines Gegenstands steht dem gleich (BT-Drs 17/5126, 34). Auf eine Verschwendungs- oder Schädigungsabsicht kommt es nicht an (BT-Drs 17/5126, 35). Eine Darlegungs- und Beweislasterleichterung entspr § 1375 II 2 BGB besteht nicht (*Kemper* FS Seul, 225, 243f)

5 Eine Hinzurechnung nach Abs II Nr 1, 2 oder 3 findet nicht statt, wenn der andere **Ehegatte** der Schenkung, Veräußerung oder Verschwendung **zugestimmt** hat. Außerdem soll im Interesse der Rechtssicherheit (BT-Drs 17/5126, 35) eine Hinzurechnung unterbleiben, wenn der Gegenstand **mehr als zehn Jahre** vor Beendigung des Güterstands (bzw vor Antragstellung nach Art 13) aus dem Vermögen ausgeschieden ist. Bei Rechtsgeschäften ist auf den schuldrechtl Vertragsschluss abzustellen. Um einer Verfristung vorbeugen zu können, berechtigt eine nachteilige Handlung nach Abs II zur Durchführung des vorzeitigen Zugewinnausgleichsverfahrens, Art 18 I (*Jäger* DNotZ 2010, 804, 815). Die **Kappungsgrenze** (s Art 14) erhöht sich außerdem um die Hälfte des Werts der Schenkung (ausgenommen einer Schenkung nach Abs II Nr 1b), Veräußerung oder Verschwendung, Art 14 S 2.

Art 11 Bewertung des Endvermögens

(1) Dem Endvermögen wird sowohl hinsichtlich Aktivvermögen als auch Verbindlichkeiten der Wert zugrunde gelegt, den das Vermögen bei Beendigung des Güterstandes hatte.

(2) Die Gegenstände nach Artikel 10 Absatz 2 werden nach ihrem Wert zum Zeitpunkt der Schenkung, Veräußerung in Benachteiligungsabsicht oder Verschwendung bewertet. Die Wertverbesserung nach Artikel 10 Absatz 2 Nummer 1 Buchstabe b wird zum Zeitpunkt der Schenkung des Gegenstands bewertet.

(3) Die Werte nach Absatz 2 sind um den Betrag anzupassen, der sich aus den gemittelten Preisänderungsraten für allgemeine Verbraucherpreise der Vertragsstaaten ergibt.

1 Für die Bewertung des Endvermögens folgt das Abk der dt Rechtslage (§ 1376 II BGB), indem auf den Zeitpunkt der Beendigung des Güterstands, nicht auf dessen Abwicklung (so Art 1574 I 1 CC) abgestellt wird (BT-Drs 17/5126, 35; *Jäger* DNotZ 2010, 804, 815). Wertveränderung zw dem Zeitpunkt der Beendigung und der Liquidation der Zugewinngemeinschaft bleiben somit außer Betracht (*Murat* JCP N 2015, n°7, act 1078, 29, 34). Die Vorschrift ist insg **abdingbar.**

2 Nach Abs I ist hins des **Endvermögens** (also auch hins der Verbindlichkeiten) der Wert (dh der Verkehrswert) zum Zeitpunkt der **Beendigung des Güterstands** (Art 7) bzw zum Zeitpunkt der **Antragseinreichung** (Art 13) zugrunde zu legen. **Fiktives Endvermögen** iSd Art 10 II ist mit dem Wert zum Zeitpunkt der **Schenkung, Veräußerung bzw Verschwendung** anzusetzen, Abs II S 1. Bei Rechtsgeschäften ist auf den Abschluss des schuldrechtl Vertrags, ansonsten auf den Tag der Handlung abzustellen (vgl *Klippstein* FPR 2010, 510, 514). Hinzuzurechnende **Wertverbesserungen** bei iÜ privilegierten Schenkungen gem Art 10 II 1 Nr 1 lit b sind zum Zeitpunkt der **Schenkung** des Gegenstands zu bewerten, nicht etwa zum Zeitpunkt der Vornahme der Verbesserungshandlung, Art 11 II 2. Die Gegenstände des fiktiven Endvermögens sind um die **inflationsbedingte Wertänderung** zu bereinigen, Abs III. Dabei sind die gemittelten Verbraucherpreisindizes aller Vertragsstaaten zugrunde zu legen.

Abschnitt 3
Zugewinnausgleichsforderung (Art 12–14)

Art 12 Anspruch auf Zugewinnausgleich

(1) Übersteigt bei Beendigung des Güterstandes der Zugewinn des einen Ehegatten den Zugewinn des anderen, so kann der andere Ehegatte die Hälfte des Überschusses als Zugewinnausgleichsforderung verlangen.

(2) Die Zugewinnausgleichsforderung ist ein Geldanspruch. Das Gericht kann jedoch auf Antrag eines der Ehegatten anordnen, dass Gegenstände des Schuldners dem Gläubiger zum Zweck des Ausgleichs übertragen werden, wenn das der Billigkeit entspricht.

(3) Die Zugewinnausgleichsforderung ist nach Beendigung des Güterstandes vererblich und übertragbar.

Nach Abs I hat derjenige Ehegatte, der den höheren Zugewinn erzielt hat, dem anderen die **Hälfte des Überschusses** auszugleichen. Berechnungsbsp mit Vergleich der frz und dt Rechtslage bei *Clerget/Dessertenne-Brossard* AJ fam 2014, 405; 408; *Ohnet* AJ fam 2014, 411; *Simler* AJ fam 2014, 413; Die Vorschrift entspricht § 1382 I BGB. Nicht ausgeglichen wird ein etwaiger Vermögensverlust (BT-Drs 17/5126, 36). Es handelt sich um eine **Geldforderung** (vgl Art 1576 CC), Abs II S 1. Im Todesfall ist die Ausgleichsforderung Nachlassverbindlichkeit (*Jünemann* ZEV 2013, 353, 358; aA *Becker* ErbR 2018, 686, 691) bzw Nachlassforderung. Die Geltendmachung des Zugewinnausgleichs bzw des vorzeitigen Zugewinnausgleichs ist ohne weiteres **Güterrechtssache** iSd § 111 Nr 9, § 112 Nr 2, § 261 I FamFG (falsch *Keller/von Schrenck* JA 2014, 87, 90, die eine Anpassung des Gesetzes für erforderlich halten). Auf Antrag eines Ehegatten kann das Gericht anstelle der Geldzahlung die Übereignung eines Vermögensgegenstands des Schuldners auf den Berechtigten anordnen, sog **Abgeltung in Natur** (Abs II S 2). Die Übertragung des Gegenstands erfolgt nicht durch gerichtlichen Gestaltungsakt, sondern bedarf der Umsetzung durch die Beteiligten (BeckOGK/*Jäger* Rn 22). Dies geht über § 1383 BGB, Art 1576 CC hinaus (*Martiny* ZEuP 2011, 577, 595). Das Gericht hat nach Billigkeit unter Abwägung der beiderseitigen Interessen zu entscheiden (BT-Drs 17/5126, 36; krit hierzu *Letellier* Gaz Pal 2010, n°212, 24). Sachlich zuständig ist das **FamG** (§ 23a I 1 Nr 1, § 23b I GVG, § 111 Nr 9, § 261 II FamFG), funktionell der **Rechtspfleger** (§ 25 Nr 3 lit c RPflG). Ist über die Ausgleichsforderung ein Verfahren anhängig, so kann über die Übertragung einzelner Gegenstände nur in diesem Verfahren entschieden werden (aA BeckOGK/*Jäger* Rn 18), funktionell ist dann der **Richter** zuständig. Die Entscheidung wird erst mit **Rechtskraft** wirksam, § 264 I 1 iVm § 45 FamFG. Eine **Abänderung oder Wiederaufnahme** ist ausgeschlossen, vgl § 264 I 2 FamFG. **Vereinbarungen** sind sowohl hins der Höhe als auch der Art der Erfüllung des Anspruchs **zulässig**, vgl Art 3 III (*Schaal* ZNotP 2010, 162, 172; unzutr *Lerch/Lerch/Junkov* FuR 2012, 639, 641, die auf das nationale Recht abstellen). **Ersatzansprüche gegen Dritte** bestehen nur unter den Voraussetzungen des § 826 BGB, eine § 1390 BGB entspr Vorschrift fehlt hingegen (*Mecke* AcP 211, 886, 915; zu weitgehend *Keller/v Schrenck* JA 2014, 87, 92). 1

Fällig ist die Forderung mit Beendigung des Güterstands (s Art 7), im Fall des Art 18 mit Rechtskraft des Beschlusses über den vorzeitigen Ausgleich. Zur Stundung s Art 17, zur Verjährung s Art 15. Die Ausgleichsforderung ist erst nach Beendigung des Güterstands (s Art 7, Art 18 II) **vererblich und übertragbar**, Abs III (BT-Drs 17/5126, 36). **Pfändbar** ist der Anspruch bereits nach vertragl Anerkennung oder nach Rechtshängigkeit, § 852 II ZPO. Vereinbarungen über den **künftigen Zugewinnausgleich** sind ohne Einschränkung möglich, da eine § 1378 III 2, 3 BGB entspr Vorschrift fehlt (*Schaal* ZNotP 2010, 162, 171). Zw Ehegatten bedürfen diese Vereinbarungen der Form des § 1410 BGB (*Schaal* ZNotP 2010, 162, 171). Vereinbart werden kann auch, dass der Anspruch unvererblich und unübertragbar ist. 2

Art 13 Berechnungszeitpunkte in Sonderfällen

Wird die Ehe geschieden oder der Güterstand durch eine andere gerichtliche Entscheidung aufgelöst, bestimmt sich die Zugewinnausgleichsforderung nach Zusammensetzung und Wert des Vermögens der Ehegatten zum Zeitpunkt der Einreichung des Antrags bei Gericht.

Wird der Güterstand durch Scheidung oder eine andere den Güterstand beendigende Gerichtsentscheidung (zB nach Art 18) beendet (s Art 7 Nr 3), so wird der **Berechnungszeitpunkt** der Forderung **vorverlegt**. Dadurch soll späteren Vermögensverschiebungen vorgebeugt werden (*Klippstein* FPR 2010, 510, 514). Maßgeblich ist nicht der Zeitpunkt der tatsächlichen Beendigung des Güterstands, sondern der Zeitpunkt, zu dem die den Güterstand beendigende Gerichtsentscheidung beantragt worden ist. Dies folgt aus § 1384 BGB. Im Rahmen der Art 9, 10 und 11 ist also nicht auf den Tag der Beendigung des Güterstands, sondern auf den Tag der Einreichung des Antrags bei Gericht (= **Anhängigkeit**, nicht Rechtshängigkeit wie bei § 1384 BGB, vgl BT-Drs 17/5126, 8; *Braun* MittBayNot 2012, 89, 93) abzustellen. Die Vorschrift gilt entspr, wenn ein Ehegatte/Partner während des Verfahrens verstirbt (BeckOGK/*Jäger* Rn 14) oder wenn der Güterstand durch Ehevertrag oder Verfahrensvergleich beendet wird (BeckOGK/*Jäger* Rn 15). **Abw Vereinbarungen** sind möglich, zB kann der Berechnungszeitpunkt nach vorne oder nach hinten verschoben werden. 1

Art 14 Begrenzung der Zugewinnausgleichsforderung

Die Zugewinnausgleichsforderung wird auf den halben Wert des Vermögens des Ausgleichspflichtigen begrenzt, das nach Abzug der Verbindlichkeiten zu dem Zeitpunkt, der für die Feststellung der Höhe der Zugewinnausgleichsforderung maßgebend ist, vorhanden ist. Die Begrenzung der Zugewinnausgleichsforderung erhöht sich in den Fällen des Artikel 10 Absatz 2 mit Ausnahme von Nummer 1 Buchstabe b um die Hälfte des dem Endvermögen hinzuzurechnenden Betrages.

Sichergestellt werden soll, dass auch bei einer Berücksichtigung negativen Anfangsvermögens (s Art 8 I) niemand mehr als die **Hälfte** seines zum Berechnungszeitpunkt (s Art 13) tatsächlich **vorhandenen Endvermögens** abgeben muss (BT-Drs 17/5126, 37). Eine solche **Kappungsgrenze** findet sich im dt Recht bislang nicht (*Klippstein* FPR 2010, 510, 514; *Meyer* FamRZ 2010, 612, 614; krit *Krause* ZFE 2010, 247, 251f). Außerdem stellt die Vorschrift klar, dass ein Zugewinnausgleich nur bei Bestehen eines positiven Vermögens stattfindet, es gibt keinen negativen Zugewinn. Haben beide Ehegatten während der Ehe lediglich Schulden abgetragen, findet kein Ausgleich statt (BT-Drs 17/5126, 37). Die Höchstbetragsgrenze gilt nur für den Zugewinnausgleich und lässt **weitergehen-** 1 de **Ausgleichsansprüche** aus anderen Rechtsgründen **unberührt** (BT-Drs 17/5126, 37). Eine weitergehende Begrenzung wegen **Unbilligkeit** (vgl § 1381 BGB; Art 1579 CC) findet aber nicht statt (*Sauvage* RJPF 2014, n°4, 6, 11; *Simler* JCP N 2010, n°20, act 1203, 35; aA Grü/*Siede* Rn 8).

2 Derjenige Ehegatte, der sein Vermögen **illoyal** nach Art 10 II 1 Nr 1 lit a, Nr 2, 3 **verringert hat**, kann sich auf die Kappungsgrenze nach S 1 nicht berufen. S 2 sieht vor, dass in diesen Fällen die Kappungsgrenze um die **Hälfte** des nach Art 10 II **hinzuzurechnenden Betrags** zu erhöhen ist. Für die Wertberechnung gilt Art 11 II. Dies kann dazu führen, dass der Schuldner sein gesamtes Endvermögen einsetzen und sich ggf verschulden muss, um die Forderung erfüllen zu können (BT-Drs 17/5126, 37). Keine Erhöhung der Kappungsgrenze bewirken Schenkungen nach Art 10 II 1 Nr 1 lit b, da hier keine unredliche Vermögensminderung unterstellt wird (BT-Drs 17/5126, 37). Die Vorschrift ist insg nach Art 3 III **dispositiv** (BT-Drs 17/5126, 37), kann also auch zu einer Erhöhung oder Verringerung der Kappungsgrenze führen (BeckOGK/*Jäger* Rn 12; Staudinger/*Thiele* Rn 52, 57; aA *Schaal* ZNotP 2010, 162, 168, 172).

Kapitel VI

Sonstiges (Art 15–18)

Art 15 Verjährung

Der Anspruch auf Zugewinnausgleich verjährt in drei Jahren; die Frist beginnt mit dem Zeitpunkt, in dem der Ehegatte von der Beendigung des Güterstandes erfährt, spätestens jedoch zehn Jahre nach der Beendigung des Güterstandes.

1 Der Anspruch auf Zugewinnausgleich verjährt in **drei Jahren**. Dies entspricht der Regelverjährung beider Staaten (§ 195 BGB; Art 1578 CC). Die Verjährungsfrist beginnt, abw von § 199 I BGB (*Krause* ZFE 2010, 247, 250; BeckOGK/*Jäger* Rn 5; aA MüKo/*Koch* Rn 2) und abw von der frz Rechtslage (*Meier-Bourdeau* JCP G 2014, n°7, act 163, 294, 296), mit dem **Tag der Kenntnis** des Ehegatten von der Beendigung des Güterstands (s Art 7) zu laufen; grob fahrlässige Unkenntnis genügt nicht (BeckOGK/*Jäger* Rn 5). Unabhängig von der Kenntnis verjährt die Forderung innerhalb von **zehn Jahren ab Beendigung** des Güterstands (*Jaeger* DNotZ 2010, 804, 817; *Braun* MittBayNot 2012, 89, 94; aA *Jünemann* ZEV 2013, 353, 356: Verjährung nach zehn plus drei Jahren). Für die Fristberechnung, Hemmung, Ablaufhemmung, den Neubeginn sowie die Rechtswirkungen der Verjährung gelten die allg Vorschriften (*Schaal* ZNotP 2010, 162, 171; aA *Jünemann* ZEV 2013, 353, 356: § 207 I BGB gilt nicht). **Vereinbarungen** sind trotz Art 3 III nach Maßgabe des § 202 BGB möglich (BeckOGK/*Jäger* Rn 11; aA *Schaal* ZNotP 2010, 162, 172; Staudinger/*Thiele* Rn 58).

Art 16 Auskunftspflicht, Verzeichnis

(1) Nach Beendigung des Güterstandes ist jeder Ehegatte verpflichtet, dem anderen Ehegatten über den Bestand seines Anfangs- und Endvermögens Auskunft zu erteilen. Auf Verlangen sind Belege vorzulegen. Jeder Ehegatte kann die Vorlage eines vollständigen und richtigen Verzeichnisses verlangen. Bei dessen Erstellung ist er auf sein Verlangen hinzuzuziehen. Er kann außerdem verlangen, dass das Verzeichnis auf seine Kosten durch einen Notar aufgenommen wird.

(2) Absatz 1 gilt auch, sobald ein Ehegatte die Auflösung der Ehe oder den vorzeitigen Ausgleich des Zugewinns beantragt hat.

1 Zur Ermittlung des Zugewinnausgleichs räumt Abs I S 1 das Recht auf **Auskunft** über den Bestand des Anfangs- und Endvermögens ein. Die Vorschrift ist § 1379 BGB und Art 1572 CC nachempfunden. Zum Bestand zählt auch das fiktive Anfangsvermögen nach Art 8 II. Um die Angaben besser überprüfen zu können und um Streitigkeiten vorzubeugen, sind diese auf Verlangen durch vorhandene Unterlagen zu belegen (Abs I S 2). Außerdem kann die Aufstellung eines **Vermögensverzeichnisses** verlangt werden (Abs I S 4), ggf auf Kosten des Antragstellers aufgenommen durch einen Notar (nicht durch andere Behörden, wie in § 1379 I 3 BGB). Durchsetzung des Anspruchs mittels Antrags vor dem FamG und Vollstreckung nach § 888 ZPO, § 120 I FamFG. Antragsteller kann Hinzuziehung verlangen (Abs I S 3). Ein Anspruch auf Wertermittlung besteht nicht (*Jäger* DNotZ 2010, 804, 817f; aA *Jünemann* ZEV 2013, 353, 355). **Zeitl** können die Rechte ab Beendigung des Güterstands (s Art 7) bzw ab Antragstellung auf Auflösung der Ehe oder vorzeitigen Ausgleich des Zugewinns (s Art 18) ausgeübt werden, Abs II. Abw von § 1379 II BGB besteht kein Auskunftsanspruch bei **Trennung**, eine Aufstellung zum Trennungszeitpunkt (vgl § 1379 I 1 Nr 1 BGB) kann ebenfalls nicht verlangt werden (*Finger* FuR 2010, 481, 487; *Krause* ZFE 2010, 247, 249). Die Vorschrift ist **zwingend** (*Schaal* ZNotP 2010, 162, 172), eine Erweiterung, zB durch Vereinbarung eines Anspruchs auf Wertauskunft, kann jedoch getroffen werden (*Braun* MittBayNot 2012, 89, 94). Ein Anspruch zur Auskunft über illoyale Vermögensverschiebungen iSv Art 10 II 1 Nr 2 wird aus § 242 BGB abgeleitet (BeckOGK/*Jäger* Rn 13; *Mecke* AcP 211, 886, 913).

Art 17 Stundung

(1) Das Gericht kann auf Antrag dem Schuldner die Zugewinnausgleichsforderung stunden, wenn die sofortige Zahlung für den Schuldner eine unbillige Härte wäre, insbesondere wenn sie ihn zur Aufgabe eines Gegenstandes zwingen würde, der seine wirtschaftliche Lebensgrundlage bildet.

(2) Eine gestundete Forderung ist zu verzinsen.

(3) Das Gericht kann auf Antrag des Gläubigers anordnen, dass der Schuldner für eine gestundete Forderung Sicherheit leistet; über Art und Umfang der Sicherheitsleistung entscheidet das Gericht nach billigem Ermessen.

Um **unbilligen Härten** vorzubeugen, kann vom Gericht eine Stundung (ggf gegen Sicherheitsleistung) ausgesprochen werden, Abs I. Dies entspricht § 1382 BGB und Art 1576 CC. Eine Stundung soll nur in Ausnahmefällen erfolgen. Für die Auslegung kann auf § 1382 I BGB zurückgegriffen werden, so dass insb die Veräußerung des eigenen Hauses eine unbillige Härte darstellt (BT-Drs 17/5126, 38). Es muss eine unverhältnismäßige wirtschaftliche oder persönliche Belastung des ausgleichspflichtigen Ehegatten vorliegen (BeckOGK/*Jäger* Rn 5ff). Die Interessen gemeinschaftl Kinder und des ausgleichsberechtigten Ehegatten sind zu berücksichtigen, nicht aber die Interessen Dritter (BeckOGK/*Jäger* Rn 9ff). Die gestundete Forderung ist zu verzinsen, Abs II. Abw von § 1382 IVBGB legt nicht das Gericht den **Zinssatz** fest, sondern es gilt der gesetzl Zinssatz von 4 %, § 246 BGB, im Verzugsfall gelten §§ 288, 247 BGB (BT-Drs 17/5126, 8; *Jäger* DNotZ 2010, 804, 818). In Frankreich wird der Zinssatz jährlich durch Erlass des Wirtschaftsministers festgelegt (für das 1. Halbjahr 2020: 3,15 %). Das Gericht kann **Sicherheitsleistung** nach billigem Ermessen anordnen, Abs III. Verfahrensrechtl ist das **FamG** sachlich zuständig (§ 23a I 1 Nr 1, § 23b I GVG, § 111 Nr 9, § 261 II FamFG), funktionell der **Rechtspfleger** (§ 25 Nr 3 lit c RPflG). Ist ein Verfahren über die Ausgleichsforderung anhängig, ist der **Richter** zuständig. § 1382 V BGB soll nicht entspr anwendbar sein, was erhebliche Nachteile mit sich bringt (aA BT-Drs 17/5126, 8). Die Entscheidung wird erst mit **Rechtskraft** wirksam, § 264 I 1 iVm § 45 FamFG. Eine **Abänderung oder Wiederaufnahme** ist auch bei wesentlicher Änderung der Verhältnisse nicht möglich, da versäumt wurde, § 1382 VI BGB für entspr anwendbar zu erklären, vgl § 264 I 2 FamFG. Im Stundungsbeschluss kann auch die Zugewinnausgleichsforderung **tituliert** werden, § 264 II FamFG. Die Vorschrift ist als Schutzvorschrift **zwingend**, möglich sind aber Vereinbarungen über die Fälligkeit der Forderung sowie weitergehende Stundungsvereinbarungen (*Schaal* ZNotP 2010, 162, 172). 1

Art 18 Vorzeitiger Zugewinnausgleich

(1) Wenn ein Ehegatte sein Vermögen so verwaltet, dass er dadurch die Rechte des anderen bei der Berechnung der Zugewinnausgleichsforderung beeinträchtigt, kann der andere Ehegatte vorzeitigen Ausgleich des Zugewinns verlangen. Dies gilt insbesondere in den Fällen, die zu der fiktiven Hinzurechnung nach Artikel 10 Absatz 2 führen.

(2) Mit Rechtskraft der Entscheidung, durch die dem Antrag stattgegeben wird, gilt für die Ehegatten Gütertrennung.

Bei Gefährdung der Ausgleichsforderung kann unter den Voraussetzungen des Abs I diese vorzeitig geltend gemacht werden. Antragsberechtigt ist der beeinträchtigte Ehegatten, auch wenn er selbst ausgleichsverpflichtet ist (BeckOGK/*Jäger* Rn 21). Dies entspricht §§ 1385, 1386 BGB bzw Art 1580 CC (BT-Drs 17/5126, 39). Erforderlich ist, dass der eine Ehegatte durch seine Vermögensverwaltung die Forderung des anderen beeinträchtigt hat. Als **Regelbsp** nennt das Abk, wenn Vermögen verschenkt, in Benachteiligungsabsicht veräußert oder verschwendet wird, s Art 10 II. Wird die Schenkung nicht nach Art 10 II 1 Nr 1 lit a oder b hinzugerechnet, liegt auch keine Beeinträchtigung iSd Abs I vor (unklar BT-Drs 17/5126, 39). Anders als nach § 1385 BGB genügen eine **drohende Beeinträchtigung** (aA BeckOGK/*Jäger* Rn 18) oder ein **längeres Getrenntleben** nicht (*Krause* ZFE 2010, 247, 250; *Schaal* ZNotP 2010, 162, 171; unzutr *Steer* notar 2010, 119, 123). Auch eine verweigerte Vermögensauskunft nach Art 16 begründet keine Klagemöglichkeit (*Mecke* AcP 211, 886, 913; aA *Derichs* ErbR 2013, 306, 312). Weitergehende prozessuale Sicherungsmittel, zB im Wege des einstw Rechtsschutzes durch **Arrest oder Verfügungsverbot**, sind nach Maßgabe des nationalen Verfahrensrechts statthaft (BT-Drs 17/5126, 39), vgl § 119 II FamFG, §§ 916ff ZPO. Mit Rechtskraft der Entscheidung tritt entspr § 1388 BGB **Gütertrennung** ein, Abs II (s § 1414 BGB Rn 6). Maßgeblich sind die nach Kollisionsvorschriften des auf die Durchführung des Verfahrens anwendbaren Rechts ermittelten Sachnormen, hilfsweise das Recht der lex fori (BeckOGK/*Jäger* Rn 31f). Die Vorschrift ist **unabdingbar** (*Schaal* ZNotP 2010, 162, 172). 1

Kapitel VII
Schlussbestimmungen (Art 19–23)

Art 19 Zeitliche Anwendung

Dieses Abkommen findet auf die Eheverträge Anwendung, die die Ehegatten nach seinem Inkrafttreten geschlossen haben.

1 Das Abk findet nur Anwendung auf Eheverträge, die nach seinem Inkrafttreten geschlossen wurden (BT-Drs 17/5126, 39; *Schaal* ZNotP 2010, 162, 165). Die Wahl-Zugewinngemeinschaft kann somit **nur für die Zukunft** vereinbart werden (*Jäger* DNotZ 2010, 804, 805). Eine Heilung ist ausgeschlossen; es bedarf der Neuvornahme (BeckOGK/*Jäger* Rn 3). Allerdings kann durch **Modifizierung des gesetzl Güterstands** oder durch **Vereinbarung aller Einzelregelungen** des Abk (s § 1409 BGB Rn 2, 3) dessen Geltung vorverlagert werden (*Stürner* JZ 2011, 545, 549). Das Inkrafttreten des Abk berührt Inhalt und Gültigkeit eines solchen Ehevertrags nicht (abwegig *Lerch/Lerch/Junkov* FuR 2012, 639).

Art 20 Ratifikation und Inkrafttreten

(1) Dieses Abkommen bedarf der Ratifikation.

(2) Dieses Abkommen tritt am ersten Tag des Monats in Kraft, der dem Austausch der Ratifikationsurkunden folgt.

(3) Dieses Abkommen gilt zunächst zehn Jahre. Nach Ablauf dieser zehn Jahre wird es stillschweigend auf unbestimmte Zeit verlängert.

(4) Dieses Abkommen kann frühestens zehn Jahre nach seinem Inkrafttreten durch einen Vertragsstaat gekündigt werden. Das Abkommen tritt am ersten Tag des dreizehnten Monats außer Kraft, der dem Tag des Eingangs der Notifikation beim anderen Vertragsstaat folgt.

1 Das Abk bedarf der Ratifikation (Abs I). Am 23.3.2012 ist das dt Zustimmungsgesetz (BGBl II 2012, 178), am 29.1.2013 das frz Gesetz (Loi n°2013-98, JO n°24 v. 29.1.2013) in Kraft getreten (falsch *Jünemann* ZEV 2013, 353). Nach Austausch der Ratifikationsurkunden am 18.4.2013 in Berlin ist das Abk **am 1.5.2013 in Kraft getreten** (BGBl II 2013, 431). Das Abk ist nach Ablauf von zehn Jahren kündbar (also mit Ablauf des 30.4.2023), ansonsten verlängert es sich stillschw bis zu einer Kündigung, Abs III, IV. Sollte **Deutschland kündigen**, so müssen in einem Begleitgesetz Übergangsregelungen getroffen werden (BT-Drs 17/5126, 9; vgl *Schaal* ZNotP 2010, 162, 165). Vorsorgliche Regelungen für diesen Fall im Ehevertrag sind nicht ratsam (aA *Jäger* DNotZ 2010, 804, 806; *Hoischen* RNotZ 2015, 317, 320; zust nunmehr BeckOGK/*Jäger* Rn 14f). **Kündigt Frankreich**, so bleibt der Güterstand in Deutschland wegen der statischen Verweisung in § 1519 S 1 BGB bestehen (BT-Drs 17/5126, 9; aA *Braun* MittBayNot 2012, 89, 90).

Art 21 Beitritt

(1) Nach Inkrafttreten dieses Abkommens kann jeder Mitgliedstaat der Europäischen Union diesem Abkommen beitreten. Im Fall des Beitritts eines oder mehrerer Staaten handelt die Regierung der Bundesrepublik Deutschland als Verwahrer des Übereinkommens. Die Beitrittsurkunden sind beim Verwahrer zu hinterlegen.

(2) Das Übereinkommen tritt für den beitretenden Staat am ersten Tag des Monats in Kraft, der auf die Hinterlegung der Beitrittsurkunde folgt. Der Verwahrer notifiziert den Vertragsstaaten jeden neuen Beitritt, sowie den Zeitpunkt des Inkrafttretens des Übereinkommens für die beitretenden Staaten.

(3) Ab dem Zeitpunkt des Beitritts eines oder mehrerer Staaten ist eine Kündigung dem Verwahrer zu notifizieren. Jeder Vertragsstaat kann dieses Übereinkommen frühestens zehn Jahre, nachdem es für ihn in Kraft getreten ist, kündigen. Die Kündigung wird am ersten Tag des dreizehnten Monats wirksam, der dem Tag des Eingangs der Notifikation beim Verwahrer folgt. Der Verwahrer notifiziert den Vertragsstaaten jede Kündigung und das Datum, an dem diese Kündigung wirksam wird.

1 Dem Abk können nur **Mitgliedstaaten der EU** beitreten. Depositar des Übereinkommens ist Deutschland. Abs II, III regeln das Inkrafttreten, die Kündigungsmöglichkeit und die entspr Notifizierungspflichten für den Beitrittsstaat.

Art 22 Sprachen des Übereinkommens

Beim Beitritt eines Staates entscheiden die Vertragsstaaten über die Festlegung einer weiteren verbindlichen Sprachfassung.

1 Für den Fall des Beitritts kann eine neue **verbindliche Sprachfassung** des Übereinkommens in der Amtssprache des Beitrittsstaats vereinbart werden (BT-Drs 17/5126, 40). Diese Vereinbarung treffen alle Vertragsstaaten, auch

die neuen und nicht nur die bisherigen. Verbindliche Vertragssprachen sind gegenwärtig die dt und die frz Fassung. Es gilt Art 33 Wiener Vertragsrechtsübereinkommen.

Art 23 Registrierung

Die Registrierung dieses Abkommens beim Sekretariat der Vereinten Nationen nach Artikel 102 der Charta der Vereinten Nationen wird unverzüglich nach seinem Inkrafttreten durch die Regierung der Bundesrepublik Deutschland veranlasst.

Die Notwendigkeit zur Registrierung ergibt sich aus Art 102 UN-Charta (BT-Drs 17/5126, 40), um sich ggü der UN auf deren Geltung berufen zu können. 1

Geschehen zu Paris am 4.2.2010 in zwei Urschriften, jede in dt und in frz Sprache, wobei jeder Wortlaut gleichermaßen verbindlich ist.

Untertitel 3 (§§ 1558–1563)

(weggefallen)

Vorbemerkung vor § 1558

Schrifttum: *Gernhuber/Coester-Waltjen*, Familienrecht, 7. Aufl 2020, § 32; *Heinemann*, Das Güterrechtsregister – ein Register mit Zukunft, FamRB 2011, 194; *Krafka*, Registerrecht, 11. Aufl 2019, Teil 5; *Surges*, Das Güterrechtsregister, RpflStud 2018, 16; *St. Zimmermann* in Kersten/Bühling, Formularbuch und Praxis der Freiwilligen Gerichtsbarkeit, 26. Aufl. 2019, § 96.

1 **Funktion des Güterrechtsregisters:** Die Einrichtung des Güterrechtsregisters sollte die güterrechtl Beziehungen der Ehegatten nach außen hin kundmachen. Dritte mussten solche Vereinbarungen der Ehegatten gegen sich gelten lassen, wenn sie ihnen bekannt sind oder im Güterrechtsregister eingetragen waren (§ 1412 aF). Andernfalls konnten Dritte davon ausgehen, dass die Ehegatten im gesetzl Güterstand leben oder sich die eingetragenen Verhältnisse nicht geändert haben (**negative Publizität**). Das Register entfaltete aber keine positive Publizität (Gutglaubensschutz) hinsichtl bestehender Eintragungen. Das Güterrechtsregister hatte keine ausschließliche Schutzfunktion für Dritte, sondern umfassende Publizitätsfunktion und damit **Verkehrserleichterungsfunktion** (*Surges* RpflStud 2018, 16). Daher konnten auch zugunsten Dritter wirkende Vereinbarungen eingetragen werden, erforderlich war nur, dass es sich um güterrechtl Vereinbarungen mit Außenwirkung handelte, zB Eigentumszuordnung, Verfügungsbefugnis, Schuldenhaftung, aber auch Kreditwürdigkeit (BGHZ 66, 203). Eintragungen im Güterrechtsregister waren **deklaratorisch**, hatten keine rechtsbegründende Bedeutung (Hamm 8.8.2019 – 10 W 94/18; *Surges* RpflStud 2018, 16), sondern verlautbarten nur eine zw den Eheleuten bereits bestehende güterrechtl Lage. Die Registrierung hatte auch keine Heilungswirkung.

2 Mit der **Abschaffung des Güterrechtsregisters** zum 1.1.2023 (BGBl I 2022, 1966) sind auch die §§ 1558–1563 als gegenstandslos aufgehoben worden (BT-Drs 20/2730, 14). Es handelte sich dabei um die für die Registerführung erforderlichen Verfahrensvorschriften, die durch die §§ 374ff FamFG ergänzt wurden. § 1558 regelte die örtl Zuständigkeit des Registergerichts, § 1559 sah eine besondere Zuständigkeit bei Umzug eines Ehegatten vor. § 1560 bestimmte, dass Eintragungen grds nur auf Antrag, der in öffentlich beglaubigter Form gestellt werden musste, erfolgten. Der Antrag musste grds von beiden Ehegatten gestellt werden, sofern § 1561 II nicht Ausnahmen hiervon gestattete. § 1562 regelte die Veröffentlichung der Eintragung, § 1563 gewährte jedem ein Einsichtsrecht in das Güterrechtsregister. S im Einz die Komm der Voraufl.

3 **Übergangsregelungen**. In Art 229 § 64 EGBGB sind Übergangsregelungen zur Abschaffung des Güterrechtsregisters enthalten. **Abs I** erweitert die Geltung des § 1412 aF für einen Übergangszeitraum von fünf Jahren. Die negative Publizitätswirkung des Güterrechtsregisters gilt also weiterhin bis zum 31.12.2027, sofern das Rechtsgeschäft bis zu diesem Tag vorgenommen wurde oder der Rechtsstreit zu diesem Zeitpunkt rechtshängig geworden ist. § 1412 gilt daneben uneingeschränkt, so dass für den Zeitraum bis zum 31.12.2027 sowohl die Eintragung im Register als auch Kenntnis oder grob fahrlässige Unkenntnis vom Vorhandensein eines Ehevertrags den guten Glauben entfallen lassen (BT-Drs 20/2730, 15). Voraussetzung ist aber, dass die Eintragung vor dem 1.1.2023 erfolgte (BT-Drs 20/2730, 15). Die Übergangsregelung erfasst alle eintragungsfähigen Rechtsverhältnisse, soweit § 1412 auf diese anwendbar ist bzw war, zB also auch ausländische Güterstände (BT-Drs 20/2730, 15). **Abs II** stellt klar, dass die Abschaffung des Güterrechtsregisters die Anwendbarkeit des § 313 begründet. Weshalb aber zB die Abschaffung des Registers eine vertragl Anpassung der Eigentumsverhältnisse an einem zum Gesamtgut gehörenden Grundstück erforderlich machen soll, bleibt unerfindlich (so aber BT-Drs 20/2730, 15). **Abs III** trägt dem datenschutzrechtl Berichtigungsanspruch Rechnung. Wird eine im Güterrechtsregister eingetragene Tatsache zw dem 1.1.2023 und dem 31.12.2027 unrichtig oder verlegen beide Ehegatten ihren gewöhnlichen Aufenthalt in einen anderen AG-Bezirk, hat jeder Ehegatte Anspruch auf Löschung der unwirksamen Eintragung. Verlegt nur ein Ehegatte seinen Wohnsitz, bleibt die Eintragung wirksam, allerdings beschränkt auf diesen AG-Bezirk (BT-Drs 20/2730, 16). Soweit beide Ehegatten ihren gewöhnlichen Aufenthalt wieder in den ursprünglichen AG-Bezirk zurückverlegen, lebt die alte Eintragung nicht wieder auf, § 1559 S 2 aF ist nicht entspr anwendbar (BT-Drs 20/2730, 16). Für das Löschungsverfahren gelten die bisherigen Vorschriften fort (BT-Drs 20/2730, 16). **Abs IV** gestattet bis zum 31.12.2037 jedem die Einsichtnahme in das Güterrechtsregister, für die Einsichtnahme und Beglaubigung des Registerauszugs wird die Regelung des § 1563 übernommen (BT-Drs 20/2730, 16; zur Komm s Voraufl). **Abs V** bestimmt, dass unabhängig von der Vornahme eines Rechtsgeschäfts, dem Erlass eines Urteils oder der vorherigen Unwirksamkeit einer Eintragung nach dem 31.12.2037 keine Rechte aus einer Registereintragung mehr abgeleitet werden können. Da die Publizitätswirkung des Registers nach § 1412 bereits mit dem 31.12.2027 endet, wird die weitergehende Vorschrift keine besondere Bedeutung erlangen. Mit Ablauf des 31.12.2037 werden alle Güterrechtsregister und die dazugehörigen Akten vernichtet. **Abs VI** übernimmt für die Dauer des Fortbestands des Güterrechtsregisters die datenschutzkonformen Bestimmungen des § 1563 II und III aF (BT-Drs 20/2730, 16; zur Komm s Voraufl).

§§ 1558–1563 (weggefallen)

Titel 7
Scheidung der Ehe (§§ 1564–1587)

Vorbemerkung vor § 1564

Schrifttum: *Bergmann/Ferid/Henrich*, Internationales Ehe- und Kindschaftsrecht, Stand November 2022; *Büte*, Materielle Ehescheidungsvoraussetzungen, FPR 2007, 231; *Coester-Waltjen*, Voraussetzungen der Ehescheidung, Jura 2006, 105; *Diederichsen*, 25 Jahre reformiertes Scheidungsrecht, FF 2002, 149; *Gerhardt/v Heintschel-Heinegg/Klein*, Handbuch des Fachanwalts Familienrecht, 12. Aufl 2021; *Gernhuber/Coester-Waltjen*, Familienrecht, 7. Aufl 2020; *Johannsen/Henrich/Althammer*, Familienrecht, 7. Aufl 2020; *Schwab/Ernst*, Handbuch des Scheidungsrechts, 8. Aufl 2019.

I. Begriff Scheidung. Scheidung bedeutet **Auflösung der gem § 1353 I 1 grds auf Lebenszeit geschlossenen bürgerlichen Ehe** durch Gestaltungsurteil **für die Zukunft**. Sie ist von anderen Formen der Beendigung der Ehe abzugrenzen. Grds wird die Ehe durch den Tod (bzw die amtliche Todeserklärung) eines Ehegatten aufgelöst. Zu Lebzeiten der Ehegatten sieht das dt Recht nur die Aufhebung und die Scheidung vor. Während die Aufhebung (§§ 1313, 1319) auf Mängel abstellt, die im Zeitpunkt der Eheschließung vorlagen, betrifft die Scheidung den Fall des Scheiterns der ehelichen Gemeinschaft im Zeitpunkt der Auflösungsentscheidung. Die Auflösung erfolgt in beiden Fällen ex nunc; beide Verfahren werden nur auf Antrag durchgeführt. Die sog Nichtigkeit der Ehe, dh deren von Anfang bestehende Unwirksamkeit, kennt das geltende Recht nicht mehr. 1

II. Entstehungsgeschichte. 1. Geltende Regelung. Die Vorschrift beruht auf dem 1. EheRG v 14.6.1976 (BGBl I 1976, 1421). Das 1. EheRG brachte mWv 1.7.1977 einen grds Wandel, indem das Verschuldensprinzip des BGB von 1900 vollständig durch das **Zerrüttungsprinzip** ersetzt wurde. Alleiniger Scheidungsgrund ist seitdem das **Scheitern der Ehe** (Zerrüttung). Das Recht der Scheidungsfolgen wurde im Grundsatz ebenfalls verschuldensunabhängig ausgestaltet; durch die Unterhaltsreform von 2008 sollte die Eigenverantwortung der geschiedenen Ehegatten gestärkt und der Verpflichtete entlastet werden. 2

2. Historische Entwicklung. a) Das **Scheidungsrecht des BGB von 1900** beruhte auf dem **Verschuldensprinzip**: Eine Scheidung war nur möglich, wenn ein Ehegatte schuldhaft seine ehelichen Pflichten verletzt hatte. Erste Durchbrechungen dieses Grundsatzes erfolgten durch die EheG von 1938 und 1946, die aber an dem Grundsatz festhielten. Die Neuregelung durch das **1. EheRG v. 14.6.1976** (BGBl I 1976, 1421) war ein Paradigmenwechsel und betraf **Scheidungsvoraussetzungen** und **Scheidungsfolgen** gleichermaßen. Beide wurden nun grds **verschuldensunabhängig** ausgestaltet. Im Bereich der Scheidungsvoraussetzungen bedeutete dies den Wechsel zum **Zerrüttungsprinzip**; das „Scheitern der Ehe" wurde zum einzigen Scheidungsgrund (§§ 1565–1568) erhoben. Auch das Scheidungsfolgenrecht lässt seitdem Schuldfragen grds unberücksichtigt. Die **nacheheliche Unterhaltspflicht** der Ehegatten knüpft an konkrete einer Erwerbstätigkeit entgegenstehende Hindernisse an und richtet sich nach der Bedürftigkeit des einen und der Leistungsfähigkeit des anderen Ehegatten (§§ 1569–1586b). Der **Versorgungsausgleich** (§ 1587 iVm VersAusglG) soll nach dem Grundmuster des Zugewinnausgleichs den Wert der Anwartschaften oder Aussichten auf eine Versorgung, die die Eheleute während der Ehe im Hinblick auf Alter, Berufs- oder Erwerbsunfähigkeit begründet bzw erworben haben und die für den künftigen Unterhalt beider Ehegatten bestimmt sind, im Falle der Scheidung auf beide Ehegatten gleichmäßig, grds im Wege der Realteilung, verteilen. Der Gedanke der Gleichberechtigung der Ehegatten führt dazu, dass die nach allg Recht gegebene Zuordnung eines Rechts zu einem Ehegatten iS einer Teilhabe am gemeinsamen Erwirtschafteten korrigiert wird (BVerfG FamRZ 2002, 527; 2006, 1000, 1002; *Maier* NJW 2002, 3359). Durch das neue Unterhaltsrecht (2008) sowie das Inkrafttreten des FamFG und des VersAusglG zum 1.9.2009 haben sich weitere verfahrensrechtl wie materiellrechtl Veränderungen im Scheidungs- und Scheidungsfolgenrecht ergeben, die eine Stärkung der Eigenverantwortung nach gescheiterter Lebensgemeinschaft bewirken sollen. Zur Entwicklung des Scheidungsrechts vgl MüKo/*Weber* Rn 6ff. 3

b) Recht der DDR. Zu Scheidungen in der DDR s MüKo/*Weber* Rn 11. 4

III. Verfassungsrecht. 1. Vorgaben. Nach Art 6 I GG stehen Ehe und Familie unter dem besonderen Schutz der staatlichen Ordnung. Dogmatisch wird dieses Grundrecht sowohl als Individualgrundrecht als auch als Institutsgarantie eingeordnet. Es ist sowohl Abwehrrecht gegen staatliche Eingriffe als auch wertentscheidende Grundsatznorm, die den staatlichen Organen Schutzpflichten auferlegt. Art 6 I GG schützt die sog „verweltlichte" „bürgerlich-rechtl Ehe". Nach Rspr des BVerfG ist dies die auf freiem Entschluss beruhende, auf der Grundlage gleichberechtigter Partnerschaft frei ausgestaltete und staatlich beurkundete Verbindung eines Mannes und einer Frau zur grds unauflöslichen Lebensgemeinschaft (BVerfG NJW 2002, 2543; Dürig/Herzog/Scholz/*Badura* Art 6 GG Rn 42). Auch wenn es dem Gesetzgeber unbenommen ist, die Ehe auch für gleichgeschlechtliche Paarbeziehungen zu öffnen, kann nach allgA aus Art 6 I GG kein Recht auf eine gleichgeschlechtliche Ehe hergeleitet werden (Dürig/Herzog/Scholz/*Badura* Art 6 GG Rn 55). Die Freiheit, in gleichgeschlechtlicher Gemeinschaft zu leben, ist aber Bestandteil des in Art 2 II 1 GG verankerten Rechts auf freie Entfaltung der Persönlichkeit und steht damit ebenfalls unter verfassungsrechtl Schutz (BVerfGE 87, 234, 267; Dürig/Herzog/Scholz/*Badura* Art 6 GG Rn 55). 5

2. Verfassungsmäßigkeit. Den Ehegatten die Möglichkeit einer Auflösung der Ehe zu Lebzeiten durch Scheidung einzuräumen, steht in einem Spannungsverhältnis mit dem Strukturprinzip der Unauflöslichkeit der ehelichen Gemeinschaft. Der Paradigmenwechsel von 1977 wurde vom BVerfG aber als verfassungsgemäß bestätigt 6

(BVerfGE 53, 224; BVerfG FamRZ 80, 319). Der verfassungsrechtl garantierte Schutz der Institution der Ehe verlangt demnach nicht, eine gescheiterte Ehe um jeden Preis aufrecht zu erhalten; dies würde auch einen erheblichen Eingriff in die Rechte der Betroffenen bedeuten (hierzu auch § 1564 Rn 1). Die Scheidung einer nicht gescheiterten Ehe würde jedoch eine Verletzung des Art 6 I GG darstellen. Die Einführung einer reinen Konventionalscheidung dürfte daher mit dem GG nicht vereinbar sein. Umfassend BeckOGK/*Coester-Waltjen* § 1564 Rn 7–14.

7 **IV. Weitere Scheidungsfolgenregeln.** Der 7. Titel „Scheidung der Ehe“ regelt die Scheidungsvoraussetzungen (Untertitel 1, §§ 1564–1568) und einen Teil der Scheidungsfolgen, nämlich die Behandlung der Ehewohnung und der Haushaltsgegenstände anlässlich der Scheidung (Untertitel 1a, §§ 1568a und 1568b) sowie den Unterhalt für den geschiedenen Ehegatten (Untertitel 2, §§ 1569–1586b). Weitere wichtige Scheidungsfolgenregelungen sind im BGB verteilt, dies gilt zunächst für das Namensrecht der geschiedenen Eheleute (§ 1355 V) sowie die güterrechtl Abwicklung der Ehe (§§ 1372ff für die Zugewinngemeinschaft, §§ 1471ff für die Gütergemeinschaft). Mit der Scheidung entfällt das gesetzl Ehegattenerbrecht (§ 1931) und dessen „harter Kern“, der Ehegattenpflichtteil (§ 2303 II). Regelmäßig nimmt die Scheidung auch letztwilligen Verfügungen zugunsten des geschiedenen Ehegatten (§ 2077), gemeinschaftl Testamenten (§ 2268) und Erbverträgen (§ 2279) die Wirkung. Mitunter lösen schon das eingeleitete Scheidungsverfahren (§ 1933) oder die nicht nur vorübergehende Trennung (§ 1671 für die elterliche Sorge) diese Folgen aus. Auf die wesentlichen Grundsätze zum Versorgungsausgleich wird in Untertitel 3 gem § 1587 auf das VersAusglG (BGBl I 2009, 700) verwiesen.

8 **V. Scheidungsverfahren.** Seit dem 1.9.2009 gilt für das Scheidungsverfahren zwar grds das FamFG (§ 111 Nr 1, § 121 Nr 1 FamFG), aufgrund weitreichender Verweisungen auf die Vorschriften der ZPO handelt es sich i Erg jedoch um ein modifiziertes ZPO-Verfahren. Zum Verfahren s § 1564 Rn 12ff.

9 **VI. Scheidung mit Auslandsberührung. 1. Internationales Privatrecht.** Das anwendbare Recht bestimmt sich weitgehend nach der **Rom III-VO**, da diese dem autonomen dt Kollisionsrecht vorgeht (Art 17 I EGBGB) und universell anwendbar ist (Art 4 Rom III-VO), dh keinen Bezug zu einem Mitgliedstaat der EU voraussetzt (s Vor Art 1 Rom III-VO Rn 2). Im Verhältnis zum Iran sind die Bestimmungen des dt-iranischen Niederlassungsabkommen v 17.2.1929 vorrangig. Subsidiär bestimmt sich das anwendbare Recht nach Art 17 II EGBGB. Ist auf eine im Ausland geschlossene Ehe ausl Recht anzuwenden und sieht dieses Recht eine Scheidung nicht vor (sog hinkende Ehe), ist eine Scheidung nach dt Recht möglich. Die materiellrechtl Vorfrage, ob eine wirksame Ehe besteht, ist durch die Rom III-VO nicht geregelt. Sie bestimmt sich nach dem autonomen dt IPR (Art 13f EGBGB).

10 **2. Internationale Zuständigkeit.** Die internationale Zuständigkeit eines dt Gerichts bei einem Scheidungssachverhalt mit Auslandsberührung regelt sich weitgehend nach Art 3 I **Brüssel IIa-VO.** Im Verhältnis zum Iran sind die Bestimmungen des dt-iranischen Niederlassungsabkommen v 17.2.1929 vorrangig. Subsidiär bestimmt sich die Zuständigkeit nach der autonomen dt IPR-Vorschrift des § 98 FamFG. Soweit die internationale Zuständigkeit eines dt Gerichts gegeben ist, wenden dt Gerichte nach dem Grundsatz der lex fori dt Verfahrensrecht an. Zur Frage der Wirksamkeit von „Privatscheidungen“ s Rn 13 und § 1564 Rn 21.

11 **3. Anerkennung deutscher Entscheidungen im Ausland.** Die Anerkennung von dt Entscheidungen im Ausland richtet sich im Anwendungsbereich der **Brüssel-IIa-VO** nach Art 21ff Brüssel IIa-VO, iÜ – mit Ausnahme von Tunesien – nach dem Anerkennungsrecht der jew Rechtsordnung.

12 **4. Anerkennung von Auslandsscheidungen.** Die **Anerkennung von Auslandsscheidungen** richtet sich im Anwendungsbereich der Brüssel-IIa-VO ebenfalls nach Art 21ff Brüssel-IIa-VO. Dies führt, soweit die Scheidung durch ein Gericht ausgesprochen wurde, zu einer Anerkennung ipso-iure. Unter Gericht iSd Vorschrift werden alle staatlichen Behörden der Mitgliedstaaten verstanden. Die Anerkennung von Entscheidungen von Nicht-EU-Staaten richtet sich nach §§ 107ff FamFG.

13 **„Privatscheidungen“** werden nicht von der Rom III-VO erfasst (EuGH NJW 2018, 447 – Sahyouni II). Ihre Anerkennung richtet sich nach dem nationalen Recht. Nach Art 17 II EGBGB ist das Scheidungsstatut bei Privatscheidungen in der Weise geregelt, dass aufgrund autonomen Anwendungsbefehls mit einigen Modifikationen die kollisionsrechtl Vorschriften der Rom III-VO gelten. Der BGH hat entschieden, dass diese am 21.12.2018 in Kraft getretene Regelung auch für Privatscheidungen gilt, die vor dem 21.12.2018, aber nach Inkrafttreten der Rom III-VO erfolgten (BGH NZFam 2020, 1009 m Anm *Löhnig*). Für Privatscheidungen, die vor Inkrafttreten der Rom III-VO wirksam geworden sind, gilt das alte nationale Kollisionsrecht aus Art 17 I 1, 14 EGBGB aF. Nach Rspr des BGH ist das Anerkennungsverfahren nach § 107 FamFG grds auch für im Ausland durchgeführte Privatscheidungen jedenfalls dann eröffnet (BGH NZFam 2019, 140; NZFam 2020, 1009), wenn daran eine ausl Behörde entspr den von ihr zu beachtenden Normen in irgendeiner Form, und sei es auch nur registrierend, mitgewirkt hat. Eine im Ausland nach ausl Recht durchgeführte Privatscheidung kann in Deutschland also anerkannt werden, wenn der ordre public (Art 12 Rom III-VO) nicht entgegensteht. Letzteres kommt insb dann in Betracht, wenn (mindestens) einer der Ehegatten dt Staatsangehöriger ist. Ungeklärt und str ist, ob das Anerkennungsmonopol nach § 107 I FamFG auch für reine Privatscheidungen ohne behördliche Mitwirkung besteht. Nach zutr Auffassung ist § 107 I FamFG auch hier anzuwenden, weil nur so der Normzweck, eine hinkende Beurteilung von Ehen zu vermeiden, realisiert werden kann (vgl hierzu MüKoFamFG/*Rauscher* § 107 Rn 28).

14 **VII. Wirkungen der Scheidung.** Mit rechtskräftiger Scheidung ist die eheliche Lebensgemeinschaft der Ehegatten nach § 1353 I 1 aufgelöst. Damit entfallen die aus dieser Rechtsbeziehung fließenden Rechte und Pflich-

ten; ein Anspruch auf Familienunterhalt nach § 1360 besteht nicht mehr. Der eheliche Güterstand endet. Der geschiedene Ehegatte behält gem § 1355 V 1 den Ehenamen, er ist aber ist aber gem § 1355 V 2 berechtigt, durch Erklärung ggü dem Standesamt seinen vorherigen Namen oder Geburtsnamen wieder anzunehmen. Die Scheidung ist in das Eheregister einzutragen (§ 16 Nr 2 PStG). Eine durch die Ehe erlangte Staatsangehörigkeit bleibt bestehen. Die gemeinsame elterliche Sorge für die gemeinsamen Kinder bleibt grds bestehen, soweit sie nicht auf Antrag eines Elternteils nach § 1671 I aufgehoben wird. Zu den materiellrechtl Folgen des Scheidungsantrags s auch § 1564 Rn 3.

Untertitel 1
Scheidungsgründe (§§ 1564–1568)

§ 1564 Scheidung durch richterliche Entscheidung

Eine Ehe kann nur durch richterliche Entscheidung auf Antrag eines oder beider Ehegatten geschieden werden. Die Ehe ist mit der Rechtskraft der Entscheidung aufgelöst. Die Voraussetzungen, unter denen die Scheidung begehrt werden kann, ergeben sich aus den folgenden Vorschriften.

I. Zweck und Regelungsgehalt. § 1564 (neu gefasst durch das FGG-RG v 17.12.2008, BGBl I 2008, 2586, in Kraft seit 1.9.2009) ist **Ordnungsvorschrift** und materiellrechtl **Grundsatznorm**. Sie schreibt für das Scheidungsverfahren das **staatliche Scheidungsmonopol** und das **Antragserfordernis** (Gestaltungsantrag) fest; die Scheidung erfolgt durch richterliches Gestaltungsurteil (Scheidungsbeschluss). Zugleich enthält die Bestimmung die Grundentscheidung zur **Scheidbarkeit** der bürgerlichen Ehe und räumt den Ehegatten bei Vorliegen der Voraussetzung ein subj **Recht** auf Ehescheidung ein. Sie schützt damit ihr individuelles Recht auf Wiedererlangung der Eheschließungsfreiheit, Art 6 I GG. Durch die Beschränkung der Scheidbarkeit auf die gesetzl normierten Scheidungsgründe und das staatliche Scheidungsmonopol dient die Vorschrift zugleich dem institutionellen Schutz der Ehe, Art 6 I GG. 1

II. Voraussetzungen. 1. Antrag. Die Scheidung setzt nach S 1 den **Antrag eines oder beider Ehegatten** voraus. Der Scheidungsantrag enthält zugleich die materiellrechtl Erklärung des Ehegatten, die Ehe beenden zu wollen. Eine Scheidung von Amts wgn oder auf Antrag eines Dritten, etwa eines Erbprätendenten nach dem Tod eines Ehegatten, gibt es nicht. Den Ehegatten steht es frei, an einer gescheiterten Ehe festzuhalten (MüKo/*Weber* Rn 35). Diese Dispositionsfreiheit erlaubt es ihnen auch, einen gestellten Antrag wieder zurückzuziehen bzw eine erklärte Zustimmung zu widerrufen. Zum Verfahren s auch Rn 12ff. 2

An die **Rechtshängigkeit des Scheidungsantrags** knüpfen sich zahlreiche **bedeutsame materiellrechtl Wirkungen:** § 1379 I berechtigt jeden Ehegatten, von dem anderen Ehegatten Auskunft über das Vermögen zum Zeitpunkt der Trennung sowie Auskunft über das Vermögen zu verlangen, soweit es für die Berechnung des Anfangs- und Endvermögens maßgeblich ist. Sie ist zudem maßgeblich für den Zeitpunkt der Berechnung von Zugewinn (§ 1384) und Versorgungsausgleich (§ 3 VersAusglG). Sie führt zum Ausschluss des gesetzl Erbrechts des Ehegatten (§ 1933) und im Zweifel zur Unwirksamkeit von zugunsten des Ehegatten getroffenen letztwilligen Verfügungen von Todes wegen (§ 2077). Nach § 1361 I 2 ist ab diesem Zeitpunkt Vorsorgeunterhalt geschuldet. Sie kann zudem Bedeutung im Rahmen der Billigkeitsprüfung nach § 1579 Nr 1 (Ehe von kurzer Dauer) erlangen. 3

2. Bestehende Ehe. a) Gültige Ehe. Eine Scheidung setzt eine bestehende Ehe voraus. Das Vorliegen einer gültigen Ehe ist vom Gericht von Amts wegen zu ermitteln (MüKo/*Weber* Rn 25). Eine sog Nichtehe kann nicht geschieden werden. Für in Deutschland geschlossene Ehen richtet sie sich nach §§ 1310ff. Die Eheschließung ist durch Vorlage der Heiratsurkunde (nach § 133 II FamFG soll diese bereits der Antragsschrift beigelegt werden) oder mit sonstigen geeigneten Beweismitteln zu beweisen. Die Darlegungs- und Feststellungslast trägt der Antragsteller. Im Zweifel ist der Antrag abzuweisen. Das Gericht hat den Parteien vor Abweisung jedoch die Gelegenheit zu geben, ein Bestandsfeststellungsverfahren durchzuführen (s auch Rn 6). 4

b) Auch die **aufhebbare Ehe**, insb die Zweckehe (etwa Namensehe) ist eine wirksame Ehe und scheidbar. Die Fehlehe oder Scheinehe, die unter Missbrauch der Rechtseinrichtung geschlossen wurde, wie die mitunter gegen Entgelt geschlossene sog Aufenthaltsehe, bei der von vornherein keine eheliche Lebensgemeinschaft beabsichtigt war, kann nach § 1314 II Nr 5, § 1313 aufgehoben, aber auch geschieden werden. Beide Anträge können als Eventualanträge in einem Verfahren gestellt werden (BeckOGK/*Coester-Waltjen* Rn 77.1). 5

c) Die aufgehobene oder bereits rechtskräftig **geschiedene Ehe** kann nicht noch einmal geschieden werden. Ist das Bestehen im Verfahren streitig bzw bezweifelt das Gericht das Vorliegen einer bestehenden Ehe (Zweifel an der wirksamen Eingehung oder Vermutung einer wirksamen Auflösung), kommt ein Feststellungsantrag nach § 121 Nr 3 FamFG in Betracht (Bestandsfestellungsverfahren). Hierzu ist das Scheidungsverfahren nach § 154 ZPO auszusetzen. 6

d) Für **Ehen mit Auslandsberührung** ist das Bestehen der gültigen Ehe eine materiellrechtl Vorfrage mit selbständiger Anknüpfung (zum anwendbaren Recht s Vor § 1564 Rn 9). Dies gilt auch, wenn es sich um eine im Ausland fehlerhaft geschlossene oder fehlerhaft aufgelöste Ehe handelt. Ist nach dem Scheidungsstatut die Eheschließung unwirksam, ohne dass es eines weiteren staatlichen Aktes bedarf, liegt keine gültige Ehe iSd Norm vor (BeckOGK/*Coester-Waltjen* Rn 90). Ebenfalls keine Scheidung kommt in Betracht, wenn die Ehe im Ausland 7 bereits wirksam aufgelöst wurde. Ob eine im Ausland erfolgte Auflösung als wirksam zu betrachten ist, richtet sich nach der Anerkennensfähigkeit der Auflösung. Im Verhältnis zu den Mitgliedstaaten der Brüssel-IIa-VO ist die ipso-iure-Anerkennung ausdrückl geregelt (vgl hierzu Vor § 1564 Rn 9f). Ist unklar, ob eine im Ausland ausgesprochene Scheidung als wirksam erachtet wird, ist das Anerkennungsverfahren nach § 107 I FamFG durchzuführen; das FamG ist im Scheidungsverfahren nicht zur inzidenten Prüfung einer im Inland vorgenommenen Privatscheidung einer Ausländerehe befugt (Nürnberg FamRZ 2017, 360).

8 **3. Scheidungsgrund. a) Überblick.** Eine Scheidung kommt gem S 2 nur unter den Voraussetzungen der §§ 1565ff in Betracht. **Einziger Scheidungsgrund** ist das **„Scheitern der Ehe" (Zerrüttungsprinzip)**, § 1565 I 1, dessen Vorliegen positiv festgestellt werden muss. Nach § 1565 I 2 liegt das Scheitern vor, wenn (1) die Lebensgemeinschaft der Ehegatten nicht mehr besteht und (2) nicht erwartet werden kann, dass die Ehegatten diese wiederherstellen. Der erste Aspekt betrifft eine Feststellung über den gegenwärtigen Zustand, der zweite Aspekt betrifft die Zukunft. Erforderlich sind hierzu Feststellungen, die eine Prognose über die zukünftige Entwicklung erlauben. Auf die Frage, welcher Ehegatte die Schuld am Scheitern trägt, kommt es nach geltendem Recht nicht mehr an. Ist die Ehe gescheitert, besteht ein Anspruch auf den Scheidungsausspruch, soweit einer Scheidung nicht ausnahmsw die Härteklausel des § 1568 entgegensteht.

9 **b) Positive Feststellung der Zerrüttung:** Das Gesetz sieht abschließend **vier Scheidungstatbestände** vor. Der Grundtatbestand des § 1565 I, II setzt neben dem positiven Nachweis des „Scheiterns der Ehe" grds eine einjährige Trennungszeit der Ehegatten voraus. Vor Ablauf des sog Trennungsjahres kommt eine Scheidung nach § 1565 II nur bei unzumutbarer Härte in Betracht. In beiden vorgenannten Fällen sind vom Antragsteller die Tatsachen darzulegen und ggf zu beweisen, die das Scheitern der Ehe zur Überzeugung des Gerichts belegen. Erleichterungen ergeben sich durch die beiden gesetzl Vermutungsregeln des § 1566. Nach § 1566 I ist unwiderleglich vom Scheitern der Ehe auszugehen, wenn die Ehegatten seit einem Jahr getrennt leben und beide Ehegatten die Scheidung beantragen oder ein Ehegatte dem Scheidungsantrag des anderen Ehegatten zustimmt. Ohne beiderseitigen Antrag bzw Zustimmung des anderen Ehegatten wird das Scheitern unwiderleglich vermutet, wenn die Ehegatten seit drei Jahren getrennt leben, § 1566 II. Bei Rückgriff auf die Vermutungsregeln ist neben dem Antrag nur ein Vortrag zum Getrenntleben erforderlich, während weitere, intime Details der gescheiterten Beziehung nicht offenbart werden müssen. Dem „Getrenntleben" kommt für alle Scheidungstatbestände eine zentrale Bedeutung zu. Nach der Legaldefinition des § 1567 I 1 leben die Ehegatten getrennt, wenn zw ihnen keine häusliche Gemeinschaft besteht und (mindestens) ein Ehegatte sie erkennbar nicht herstellen will, weil er die eheliche Lebensgemeinschaft ablehnt. § 1567 I 2 stellt klar, dass ein Getrenntleben auch innerhalb einer Wohnung möglich ist.

10 **c) Härteklausel.** § 1568 soll eine **Scheidung zur „Unzeit"** ausschließen. Die Scheidung ist danach soweit und solange ausgeschlossen, wie dies im Interesse der gemeinsamen Kinder (Kinderschutzklausel, § 1568 I Hs 1, hierzu § 1568 Rn 9ff) bzw des anderen Ehegatten (Ehegattenschutzklausel, § 1568 I Hs 2, hierzu § 1568 Rn 13ff) ausnahmsw geboten erscheint. Hinsichtl der Kinderschutzklausel hat das Gericht die bekannten Tatsachen von Amts wegen zu berücksichtigen, auf die Ehegattenschutzklausel muss sich der Antragsgegner berufen. Die praktische Bedeutung der Vorschrift ist gering.

11 **d)** Die gesetzl normierten **Scheidungsvoraussetzungen** sind **nicht dispositiv** (BGH NJW 1986, 2046; MüKo/*Weber* Rn 15ff mwN). Dies wäre mit dem verfassungsrechtl garantierten institutionellen Schutz der Ehe, Art 6 I GG, nicht vereinbar. Die Parteien können diese durch **privatautonome Vereinbarungen** weder erweitern noch beschränken. Unwirksam sind sowohl die Vereinbarung eines generellen Ausschlusses als auch jede direkte Beschränkung, wie die Vereinbarung eines Verschuldenselements. Auch indirekte Beschränkungen, die zu einer erheblichen Erschwerung des Scheidungsrechts führen, wie die Vereinbarung einer Abfindung, sind von der Rspr für unwirksam erklärt worden (BGH NJW 1990, 703). Als zulässig erachtet werden Absprachen bzgl des Trennungszeitpunktes (BeckOK/*Neumann* Rn 21). Auch Vereinbarungen über die wirtschaftl Leistungen für den Fall, dass ein Scheidungsantrag gestellt wird, werden bis zur Grenze der §§ 134, 138 für zulässig erachtet (MüKo/*Weber* Rn 18). Von der Frage, ob die Eheleute durch Vereinbarung das Recht der Scheidungsvoraussetzungen ändern können, ist die Frage zu trennen, ob die Parteien bestimmte Scheidungsfolgen vertragl nach Grundsätzen regeln können, die den Grundwertungen des alten Verschuldensscheidungsrechts entnommen sind (dazu ua *Walter* NJW 1981, 1409, 1411ff; FamRZ 1982, 7ff; *Herb* FamRZ 1988, 123). Bei der Antwort auf diese Frage ist jedenfalls zu beachten: § 1585c gestattet den Ehegatten Unterhaltsvereinbarungen; § 1579 zählt die statthaften Unterhaltssperren nicht abschließend auf; Eheverträge dürfen einen Ehegatten nicht unangemessen benachteiligen (BVerfG FamRZ 2001, 343; zur Inhaltskontrolle und Sittenwidrigkeit von Eheverträgen s § 1585c Rn 17ff).

12 **III. Verfahrensrecht. 1. Zuständiges Gericht.** Die ausschließlich sachlich-funktionale Zuständigkeit liegt gem § 111 Nr 1 FamFG, §§ 23a I 1 Nr 1, 23b I GVG beim Familiengericht am Amtsgericht. Die örtliche Zuständigkeit bestimmt sich nach §§ 122, 123 FamFG. Zur internationalen Zuständigkeit s Vor § 1564 Rn 10. Ist bei Einreichung der Antragsschrift bereits ein Scheidungsverfahren bei einem anderen zust dt Gericht rechtshängig, ist das Verfahren von Amts wegen an das erstbefasste Gericht abzugeben, § 123 S 2 FamFG. Ein Verweisungsantrag ist nicht mehr erforderlich.

13 **2. Anzuwendendes Verfahrensrecht.** Bei der Scheidung handelt es sich um eine Ehesache nach § 111 Nr 5, § 121 Nr 1 FamFG. § 113 I FamFG ordnet an, dass in Ehesachen anstelle von bestimmten Vorschriften (§§ 2, 37, 40-46 S 2, §§ 47, 48, 76-96) des allg Teils des FamFG die Regelungen der §§ 1–252 ZPO anzuwenden sind

und ordnet zudem die entspr Anwendung der Vorschriften über das Verfahren vor den Landgerichten (§§ 253–494a ZPO) an (**modifiziertes ZPO-Verfahren**). Über die vorgenannten Vorschriften hinaus regeln die §§ 121–150 FamFG das Verfahren in Ehesachen, in Scheidungssachen und in Folgesachen. § 117 FamFG ergänzt für die Rechtsmittelverfahren die §§ 58–69 FamFG (Beschwerde) und §§ 70–75 FamFG (Rechtsbeschwerde), indem bestimmte Vorschriften der ZPO zur Berufung und Revision für entspr anwendbar erklärt werden. Hinsichtl der Verfahrensfähigkeit enthält § 125 FamFG eine Sondervorschrift zu § 52 ZPO. Danach ist der beschränkt geschäftsfähige Ehegatte in Ehesachen selbst verfahrensfähig. Zudem erweitert § 136 FamFG die Möglichkeiten zur Aussetzung des Verfahrens, um den Ehegatten die Möglichkeit zur Aussöhnung zu geben. Im Scheidungsverfahren gelten die Begrifflichkeiten des § 113 V FamFG. Die Entscheidung ergeht durch Beschl (§ 38 FamFG) und hat nach § 39 FamFG eine Rechtsmittelbelehrung zu enthalten. Der einstw Rechtsschutz richtet sich nach §§ 49ff FamFG.

3. Postulationsfähigkeit. Gem § 114 I FamFG besteht für Ehesachen **grds Anwaltszwang**. Ein nicht ordnungsgemäß vertretener Ehegatte ist bezogen auf diesen Verfahrensgegenstand im Verfahren grds nicht postulationsfähig; er kann keinen eigenen Antrag stellen. Von diesem Grundsatz sieht das Gesetz jedoch folgende **Ausnahmen** vor: Erstens ermöglicht § 114 IV Nr 3 FamFG dem nicht vertretenen Ehegatten, gleichwohl wirksam die Erklärung der Zustimmung zur Scheidung abzugeben sowie die Rücknahme des Scheidungsantrags und den Widerruf der Zustimmung zur Scheidung (§ 134 FamFG) zu erklären. Zweitens hat das Gericht auch den nicht vertretenen Ehegatten persönlich zum Sorge- und Umgangsrecht anzuhören, § 128 FamFG. Drittens ist er berechtigt, eheerhaltenden Tatsachen iSd § 127 II FamFG bzw Tatsachen, welche die Anwendung der Ehegattenschutzklausel gem § 1568 I Hs 2 rechtfertigen, vorzutragen. Gegen den nicht vertretenen Ehegatten kann zudem keine Versäumnisentscheidung erlassen werden, § 130 II FamFG. Die Beiordnung eines Anwalts ist möglich, § 138 FamFG. 14

4. Verbund und Folgesachen. Bei Rechtshängigkeit einer Ehesache ist das Gericht der Ehesache für die Entscheidung von Folgesachen nach § 137 II, III FamFG ausschließlich zuständig. Dies erleichtert das Verbundverfahren. Gem § 142 I FamFG ist im Fall der Scheidung über sämtliche im Verbund stehenden Familiensachen durch einheitlichen Beschl zu entscheiden (sog Verhandlungs- und Entscheidungsverbund). Nach § 137 II 1 Nr 1, II 2 sind Scheidungssache und Versorgungsausgleich zwingend miteinander zu verbinden (**notwendiger Verbund**). Die Einbeziehung weiterer Folgesachen erfolgt auf Antrag der Parteien (**Antragsverbund**), dieser ist binnen zwei Wochen zu stellen. Ein verspätet gestellter Antrag ist abzutrennen und als selbständige Folgesache zu behandeln (§ 113 I 2 FamFG, § 145 ZPO). § 140 FamFG ermöglicht zudem die Abtrennung von Folgesachen. Die Entscheidung über die Abtrennung ergeht durch gesonderten, nicht selbständig anfechtbaren Beschl (§ 140 VI FamFG). 15

5. Verfahren. a) Verfahrensgrundsätze. Auch nach der FGG-Reform gilt der in der ZPO verankerte **Dispositionsgrundsatz**, dh die Parteien entscheiden darüber, welche Tatsachen Gegenstand des Verfahrens werden und wie das Verfahren abläuft. Einschränkungen des Dispositionsgrundsatzes ergeben sich aus § 113 IV FamFG. Dieser trägt den materiellrechtl Scheidungsvoraussetzungen Rechnung. Die Darlegungs- und Feststellungslast richtet sich nach den allg Regeln. Daneben gilt in eingeschränktem Maß auch der **Amtsermittlungsgrundsatz**, der ebenfalls zu einer Einschränkung der Dispositionsmaxime führt. § 113 IV, § 127 I, II, III FamFG verpflichtet das Gericht dazu, den entscheidungserheblichen Parteivortrag von Amts wegen zu prüfen und – auch nicht vorgetragene – eheerhaltende Tatsachen zu ermitteln und zu berücksichtigen. Zulässig sind dabei jedoch nur Ermittlungen zum rechtshängigen Verfahrensgegenstand (§ 1565 I oder II, § 1566 I oder II, MüKoFamFG/*Lugani* § 127 Rn 10 mwN). Nach § 127 II FamFG ist das Gericht zur Verwertung nicht vorgebrachter Tatsachen nur berechtigt, wenn sie der Aufrechterhaltung der Ehe dienen (sog ehefreundliche Tatsachen) oder der Antragsteller der Verwertung der ehefeindlichen Tatsache nicht widerspricht. § 127 III FamFG beschränkt die Amtsermittlungspflicht auch hinsichtl der Tatsachen, die zu einem Ausschluss der Scheidung nach § 1568 I Hs 2 führen können. Dem Antragsgegner steht es frei, ob er dem Scheidungsantrag unter Berufung auf die Ehegattenschutzklausel entgegentreten möchte (MüKoFamFG/*Lugani* § 127 Rn 22f). Die Ermittlung und Verwertung solcher Tatsachen, die zu einem Eingreifen der Kinderschutzklausel des § 1568 I Hs 1 führen können, sind von § 127 III FamFG ausdrückl nicht ausgenommen und unterliegen der Amtsermittlungspflicht. 16

b) Antrag. Für den verfahrenseinleitenden Antrag, § 124 S 1 FamFG besteht – auch bei einvernehmlicher Scheidung – Anwaltszwang, § 114 FamFG. Gem § 124 S 2 FamFG gelten für den Antrag die Bestimmungen zur Klageschrift gem § 253 I ZPO entspr. § 133 FamFG ergänzt den obligatorischen Inhalt der Antragsschrift. Die damit für alle Scheidungstatbestände einheitliche gesetzl Festlegung des Pflichtinhalts dient dem Interesse der Verfahrensbeschleunigung, soll eine Entscheidung im Verbund ermöglichen und das Gericht frühzeitig über mögliche Streitpunkte unterrichten (vgl MüKo/*Weber* Rn 39). Erfüllt die Antragsschrift die gesetzl Voraussetzungen nicht, ist der Antrag unzulässig. Eine Heilung von Mängeln der Antragsschrift durch rügeloses Einlassen ist nicht möglich, da den Ehegatten insoweit die Dispositionsbefugnis fehlt. Eine Verwerfungsentscheidung darf jedoch erst ergehen, wenn die antragstellende Partei vom Gericht auf die Mängel hingewiesen und ihr die Möglichkeit zu Nachbesserung eingeräumt wurde, § 139 ZPO (MüKo/*Weber* Rn 39). Mit Einreichung der Antragsschrift durch einen mandatierten Rechtsanwalt beim FamG wird das Verfahren anhängig, § 124 S 2, § 133 FamFG, § 253 ZPO. Die Rechtshängigkeit tritt mit Zustellung an den Antragsgegner ein, § 113 I 2 FamFG, § 261 I ZPO. Dies gilt auch (str), wenn die Antragsschrift unvollständig ist (MüKo/*Weber* Rn 40), nicht aber bei Verstoß gegen zwingende Formvorschriften wie § 172 ZPO. Die Rechtshängigkeit tritt dann erst mit Heilung des Mangels (ex 17 nunc) ein. Mit Rechtshängigkeit des zulässigen Antrags entsteht ein öffentlich-rechtl Anspruch auf gerichtliche Entscheidung. Ohne Einwilligung des Gegners kann der Antrag gem § 113 I 2 FamFG, § 269 I ZPO nur bis zum Beginn der mündlichen Verhandlung zurückgenommen werden. Nach der Rspr des BGH (FamRZ 2004, 1364) ist für den Beginn der mündlichen Verhandlung nicht die Antragstellung maßgeblich, ausreichend ist, dass der Prozessbevollmächtigte des Antragsgegners dessen Standpunkt zum Scheidungsbegehren zum Ausdruck bringt, sich also „zur Sache einlässt". Aus dem Erfordernis, dass grds auch der Antragsgegner anwaltlich vertreten sein muss (§ 114 I FamFG), folgt, dass der Antragsteller bis zur Rechtskraft des Scheidungsbeschl seinen Antrag ohne Einwilligung des Gegners zurücknehmen kann, wenn die Gegenseite nicht anwaltlich vertreten ist. Ein einseitig „str" Verhandeln reicht nicht aus, um das Zustimmungserfordernis entspr § 269 I ZPO zu begründen (Sternal/*Weber* § 141 FamFG Rn 5). Mit Rücknahme des Scheidungsantrags entfallen seine Rechtswirkungen ex tunc. Gem § 141 FamFG erstrecken sich die Wirkungen der Rücknahme grds auch auf die Folgesachen (Verbundprinzip); Ausnahmen hiervon gelten lediglich für bestimmte Kindschaftssachen (§ 114 I 2 FamFG) bzw bei entspr Antrag auf Fortführung.

18 **c) Gegenantrag.** Dem anderen Ehegatten ist es unbenommen, ebenfalls einen Scheidungsantrag (Gegenantrag) zu stellen. Der Scheidungsantrag des einen lässt das Rechtsschutzinteresse für den Gegenantrag des anderen Ehegatten nicht entfallen. Allein der Umstand, dass die Rücknahme des verfahrenseinleitenden Antrags dessen materiellrechtl Wirkungen rückwirkend entfallen lässt, genügt, um das Rechtsschutzinteresse des anderen Ehegatten zu begründen. Der andere Ehegatte kann sein Scheidungsbegehren auch auf einen anderen Grund stützen und hierzu weitere Tatsachen vortragen, aus denen sich etwa die Voraussetzungen einer gesetzl Vermutungsregel ergeben. Die Zustimmung zur Scheidung stellt keinen Gegenantrag dar.

19 **d) Verfahrenskostenhilfe.** Der VKH kommt in Scheidungsverfahren eine hohe Bedeutung zu. Die Bewilligung richtet sich nach den allg Regeln der §§ 114–127a ZPO, die über die Verweisung in § 76 FamFG anwendbar sind. Die Bewilligung erstreckt sich gem § 149 FamFG auf den Versorgungsausgleich, nicht aber auf weitere Folgesachen. Der Antragsteller hat darzulegen und glaubhaft zu machen, dass er die Kosten der Prozessführung nach seinen persönlichen und wirtschaftl Verhältnissen nicht bzw nicht vollständig bzw nur in Raten aufbringen kann, § 114 I ZPO. Die Rechtsverfolgung darf nicht mutwillig sein, § 114 II Hs 1, und muss hinreichende Erfolgsaussichten haben. Die „Erfolgsaussichten" werden im Scheidungsverfahren anders beurteilt als im ZPO-Verfahren; diese richten sich nach dem Verfahrensziel des Beteiligten (MüKo/*Weber* Rn 47). Vom verfahrenseinleitenden Ehegatten ist für die Bewilligung ein schlüssiger Vortrag der Tatsachen erforderlich, aus denen sich die Scheidungsvoraussetzungen ergeben. Vor Ablauf des Trennungsjahres enthält dieser auch die Tatsachen, die eine unzumutbare Härte iSd § 1565 II begründen. Dem Antragsgegner ist im Fall der Bedürftigkeit idR VKH zu bewilligen, auch wenn er dem Scheidungsantrag nicht entgegentritt bzw einen Gegenantrag stellt. Auch für die Scheidung einer rechtsmissbräuchlich eingegangenen Ehe kann VKH zu gewähren sein, wenn die gesetzl Voraussetzungen vorliegen. Aus der rechtsmissbräuchlichen Eingehung der Ehe kann nicht auf die Rechtsmissbräuchlichkeit des Scheidungsbegehrens geschlossen werden (BVerfG NJW 1985, 425; BGH NJW 2011, 1814). Nicht höchstrichterlich entschieden ist die Frage, ob eine Versagung wegen Mutwillens in Betracht kommt, wenn die Parteien schon bei der Heirat die Scheidung beabsichtigten und wussten, dass sie diese nicht würden bezahlen können.

20 **e) Kosten.** Die Kostenentscheidung richtet sich nach § 150 FamFG. Gegen die isolierte Kostenentscheidung ist die sofortige Beschwerde unter den Voraussetzungen der §§ 91ff, 269 V ZPO das zulässige Rechtsmittel und nicht die Beschwerde nach den §§ 58ff FamFG (BGH FamRZ 2011, 1933; Hamm FamRZ 2012, 1829; Bamberg FamRZ 2011, 1244). Der Gegenstandswert des Scheidungsverfahrens selbst bemisst sich nach § 43 FamGKG (Ehesachen: mindestens 3 000 € und höchstens 1 Mio €) bzw bei Verbundsachen nach § 44 FamGKG.

21 **IV. Gerichtliche Entscheidung. 1. Staatliches Scheidungsmonopol.** Für Scheidungen im Inland gilt: Der Scheidungsbeschl kann nach dem ausdrückl Wortlaut des S 1 nur von einem (staatlichen) Gericht erlassen werden (sog **„Scheidungsmonopol des Staates"**). In den §§ 121ff FamFG ist das Scheidungsverfahren den Familiengerichten zugeordnet. Die Scheidung vor einem Notar, durch die Verwaltungsbehörde oder ein geistliches Gericht ist damit ausdrückl ausgeschlossen. Nach Art 17 II EGBGB gilt dies auch für die im Inland beabsichtigte Scheidung einer Ehe mit Auslandsberührung, auf die ausl Recht anzuwenden ist (so auch MüKo/*Weber* Rn 31).

22 **2. Gebundene und einheitliche Entscheidung.** Entgegen dem Wortlaut des § 1564 I („kann geschieden werden"), hat das Gericht bei Vorliegen der materiellrechtl und verfahrensrechtl Scheidungsvoraussetzungen kein Ermessen. Der Antragsteller hat ein **subj Recht** und einen **öffentlich-rechtl Anspruch auf Scheidung** (MüKo/*Weber* Rn 19 mwN). Verstirbt ein Ehegatte vor Eintritt der Rechtskraft, wird die Ehe durch Tod dieses Ehegatten aufgelöst (§ 1418); damit tritt Erledigung der Hauptsache ein. Es gilt der **Grundsatz der Einheitlichkeit der Entscheidung**, dh über Antrag und Gegenantrag bzw Scheidungsantrag und Aufhebungsantrag kann, wgn der Gestaltungswirkung, nur einheitlich entschieden werden. Das Gericht ist an die **Parteianträge gebunden**. Die Anträge beider Ehegatten sind getrennt zu prüfen und können getrennte Wege gehen; ist der Antragsteller säumig, gilt sein Antrag als zurückgenommen (§ 130 I FamFG). Eine Versäumnisentscheidung gegen den Antragsgegner ist gem § 130 II FamFG unzulässig (§ 130 II FamFG). Liegen die gesetzl Scheidungsvoraussetzungen vor, ist die Scheidung der Ehe durch Beschl auszusprechen (s Rn 23), andernfalls ist der Antrag abzuweisen. Im Fall der Scheidung ist gem § 142 I 1 FamFG über sämtliche im Verbund stehenden Familiensachen durch einheitlichen Beschl zu entscheiden.

3. Gestaltungsbeschluss. Mit der Rechtskraft des Scheidungsbeschl tritt dessen **Gestaltungswirkung „Auflösung der Ehe für die Zukunft"** ein, die inter-omnes-Wirkung entfaltet, also von jedermann zu beachten ist. Bis dahin ist jedem Ehegatten die Rücknahme des Antrags bzw seiner Zustimmungserklärung möglich. 23

4. Wirksamkeit und Rechtskraft. Der Beschl wird in Ausnahme zu § 40 I FamFG nicht durch Bekanntgabe, sondern erst **mit Rechtskraft wirksam, § 116 II FamFG.** Die formelle Rechtskraft des Scheidungsbeschl tritt ein, wenn die Endscheidung nicht mehr angefochten werden kann, § 705 ZPO (s Rn 25). Nach § 148 FamFG werden auch die Endentscheidungen in Folgesachen nicht vor der Rechtskraft des Scheidungsausspruchs wirksam. Die Wirkung des Scheidungsbeschl tritt unabhängig davon ein, ob die Entscheidung obj richtig ist (BGH NJW 1964, 349; MüKo/*Weber* Rn 110). Wiedereinsetzung (§ 113 I 2 FamFG, § 233 ZPO) und Wiederaufnahme (§ 118 FamFG, §§ 578-591 ZPO) können jedoch zu einer Durchbrechung bzw zu einem Entfallen der Rechtskraftwirkung führen (weiterführend BeckOGK/*Coester-Waltjen* Rn 179ff). 24

5. Rechtsmittel. Gegen die gerichtliche Entscheidung sind **Beschwerde** (§§ 58ff FamFG), **Rechtsbeschwerde** (§§ 70ff FamFG) und die Anschlussrechtsmittel (§§ 66, 73 FamFG) nach Maßgabe des § 117 FamFG zulässig. Rechtsmittelberechtigt sind allein die Ehegatten; es ist eine Beschwer erforderlich, § 59 I FamFG. Ein Rechtsmittelverzicht im Verfahren ist nach allg Regeln zulässig (MüKo/*Weber* Rn 99). Für den Verzicht des Anschlussrechtsmittels gilt § 144 FamFG. Nach Erlass der Entscheidung ist der Verzicht als Verfahrenshandlung ggü dem Gericht zu erklären, § 67 FamFG. Ein wirksam erklärter Rechtsmittelverzicht ist von Amts wegen zu beachten. Außergerichtliche Verzichtsvereinbarungen der Ehegatten führen nicht zur Unzulässigkeit des Rechtmittels, aus ihnen erwächst jedoch eine Einrede (MüKo/*Weber* Rn 100). 25

Vorbemerkung vor § 1565

I. Scheidungstatbestände. 1. Scheidungsgrund. Einziger Scheidungsgrund ist das **Scheitern** der Ehe (§ 1565 Rn 2ff). Das Gesetz formt den Zerrüttungsgedanken in **vier Scheidungstatbeständen** aus: in einer allg Bestimmung, die das Gericht anhält, eine gescheiterte Ehe nach Ablauf eines Jahres zu scheiden (§ 1565 I, II), in der Möglichkeit, eine gescheiterte Ehe ausnahmsw vor Ablauf eines Jahres zu scheiden (§ 1565 I, II) und in zwei Bestimmungen, in denen **Trennungsfristen** eine **unwiderlegliche Zerrüttungsvermutung** auslösen und dem Gericht die Entscheidung über das Scheitern der Ehe abnehmen (§ 1566 I, II). 1

a) Nachgewiesene Zerrüttung (Grundtatbestand und Härtefallscheidung). Die allg Bestimmung (Grundtatbestand) ermöglicht eine Scheidung entweder gegen den Widerstand des scheidungsunwilligen Antragsgegners oder im (versteckten) Einvernehmen mit diesem. Sie fordert den Nachw, dass die Lebensgemeinschaft der Ehegatten nicht mehr besteht und eine Wiederherstellung der Gemeinschaft nicht zu erwarten ist (§ 1565 I 2). Im Grundtatbestand (s § 1565 Rn 2ff) ist ein Getrenntleben der Ehegatten von mindestens einem Jahr erforderlich. Bei der sog Härtefallscheidung (s § 1565 Rn 9ff) wird die Tatbestandsvoraussetzung des Trennungsjahrs durch das Unzumutbarkeitskriterium ersetzt. Danach müssen Umstände vorliegen, aufgrund derer die Aufrechterhaltung der Ehe bis zum Ablauf des Trennungsjahres für den Antragsteller eine unzumutbare Härte darstellt. 2

b) Einvernehmliche Scheidung. Der dritte Scheidungstatbestand kommt nur bei Scheidungen im Einvernehmen in Betracht: Leben die Ehegatten seit einem Jahr getrennt, wird das Scheitern der Ehe unwiderlegbar vermutet, wenn beide Ehegatten die Scheidung beantragen bzw ein Ehegatte die Scheidung beantragt und der andere Ehegatte dem Scheidungsantrag zustimmt, § 1566 I; s dazu § 1566 Rn 6ff. 3

c) Der vierte Scheidungstatbestand ermöglicht die **Scheidung gegen den Willen des anderen Ehegatten.** Nach dreijähriger Trennung wird das Scheitern der Ehe unwiderleglich vermutet, § 1566 II, s § 1566 Rn 16ff. 4

2. Systematik. § 1565 I, II bildet den Grundtatbestand für alle Scheidungstatbestände. Erforderlich sind das nachgewiesene Scheitern der ehelichen Lebensgemeinschaft und der Ablauf der gesetzl Trennungszeit. Diese Voraussetzungen werden bei den anderen Scheidungstatbeständen ergänzt bzw modifiziert. Das Scheitern der ehelichen Lebensgemeinschaft ist Kernelement aller Scheidungstatbestände. Dem Antragsteller steht es frei, auf welchen der Scheidungstatbestände er sein Scheidungsbegehren stützt. So kann das Scheidungsbegehren bspw auch dann auf den Grundtatbestand des § 1565 I, II gestützt werden, wenn die Voraussetzungen des § 1566 I vorliegen; auch ein Wechsel des Scheidungstatbestands im Verfahren ist möglich. Dies ist ggf erforderlich, wenn die Voraussetzungen des zunächst gewählten Scheidungstatbestandes entfallen, etwa weil der andere Ehegatte seine Zustimmung zum Scheidungsantrag widerruft, so dass die Voraussetzungen für die einvernehmliche Scheidung gem § 1566 I nicht mehr vorliegen. Für den Wechsel des Scheidungstatbestands ist kein neuer Scheidungsantrag erforderlich (MüKo/*Weber* § 1566 Rn 19 mwN). Der Wechsel kann auch in der Rechtsmittelinstanz erfolgen. 5

3. Verhältnis der Tatbestände zueinander. Dem antragstellenden Ehegatten steht es frei, auf welchen Tatbestand er sein Scheidungsbegehren stützt (MüKo/*Weber* Rn 13). Bringen die Ehegatten durch den Tatsachenvortrag zum Ausdruck, dass sie ihr Scheidungsbegehren auf eine der gesetzl Vermutungen stützen, ist das Gericht nicht berechtigt, eine positive Prüfung des Scheiterns vorzunehmen. Ist aus der Antragsschrift und dem Parteivortrag nicht hinreichend deutlich, auf welchen Scheidungstatbestand das Scheidungsbegehren gestützt wird, ist der Sachvortrag vom Gericht unter allen rechtl Gesichtspunkten zu prüfen. Mit der Neuregelung des Verfahrensrechts im Zuge der FGG-Reform hat die Abgrenzung der Tatbestände voneinander an Bedeutung verloren. 6

7 **4. Gesetzliche Durchbrechungen des Zerrüttungsprinzips.** Das Gesetz sieht in Durchbrechung des Zerrüttungsprinzips die formale Aufrechterhaltung der Ehe aus Billigkeitsgründen vor. § 1568 I soll zum Schutz der gemeinsamen minderjährigen Kinder bzw des anderen Ehegatten eine Scheidung zur „Unzeit" verhindern. Die Möglichkeit der Scheidung vor Ablauf des Trennungsjahrs wegen unzumutbarer Härte wird ebenfalls als Durchbrechung des Zerrüttungsprinzips eingeordnet (BeckOGK/*Unger/Hartmann/Franzius* § 1565 Rn 110 mwN).

8 **II. Scheidungspraxis.** In der Praxis ist die Scheidung nach einjähriger Trennungsfrist aufgrund nachgewiesener Zerrüttung der weitaus überwiegend angewandte Tatbestand. Für die Zerrüttung genügt es nach hM (BGH FamRZ 1979, 422), wenn einer der Ehegatten sich von dem anderen endgültig abgewandt hat und die Fortsetzung der Ehe ablehnt. Auch die von beiden Ehegatten gewollte Scheidung wird wegen der Vereinfachung nach § 134 FamFG meist nach § 1565 I durchgeführt. Gleichwohl gilt auch insoweit der „eingeschränkte Amtsermittlungsgrundsatz" nach § 127 FamFG (näher § 1564 Rn 16). § 1568 greift selten durch.

§ 1565 Scheitern der Ehe

(1) Eine Ehe kann geschieden werden, wenn sie gescheitert ist. Die Ehe ist gescheitert, wenn die Lebensgemeinschaft der Ehegatten nicht mehr besteht und nicht erwartet werden kann, dass die Ehegatten sie wiederherstellen.

(2) Leben die Ehegatten noch nicht ein Jahr getrennt, so kann die Ehe nur geschieden werden, wenn die Fortsetzung der Ehe für den Antragsteller aus Gründen, die in der Person des anderen Ehegatten liegen, eine unzumutbare Härte darstellen würde.

1 **I. Zweck und Regelungsgehalt der Vorschrift.** Die Vorschrift ist **Ausfluss des institutionellen Eheschutzes, Art 6 I GG.** Abs I S 1 verwirklicht das **Zerrüttungsprinzip** („Die Ehe kann geschieden werden, wenn sie gescheitert ist".). In Abs I S 2 ist der Grundtatbestand der Scheidungstatbestände geregelt; er ist Grundlage aller vier Scheidungstatbestände (s Vor § 1565 Rn 1). Abs I S 2 enthält eine Legaldefinition des (einzigen) Scheidungsgrundes, des Scheiterns der Ehe. Abs II legt fest, dass eine Scheidung vor Ablauf eines Trennungsjahres nur ausnahmsw, namentlich aus Gründen die in der Person des Ehegatten liegen müssen, in Betracht kommt. Das Trennungsjahr soll die Ehegatten vor leichtfertigen und voreiligen Scheidungen schützen (BGH FamRZ 1981, 127 = NJW 1981, 449; MüKo/*Weber* Rn 4 mwN).

2 **II. Grundtatbestand. 1. Scheitern der Ehe. a) Legaldefinition.** Gem Abs I S 1 kann die Ehe geschieden werden, wenn sie gescheitert ist. Ein Scheitern liegt gem Abs I S 2 vor, wenn (1) die Lebensgemeinschaft der Ehegatten nicht mehr besteht (**Diagnose**) und (2) ihre Wiederherstellung nicht erwartet werden kann (**Prognose**). Es bedarf damit erstens Feststellungen über den gegenwärtigen Zustand der personalen Gemeinschaft und zweitens Feststellungen von Tatsachen, die eine Prognose über die zu erwartende künftige Entwicklung erlauben. Mit dem Begriff des „Scheiterns" (anstelle des im EheG verwendeten Begriffs der „Zerrüttung") wird auf den Zustand der Ehe abgestellt, ohne dass eine Verknüpfung mit den Ursachen und Verursachungsbeiträgen hergestellt wird.

3 **b) Nichtbestehen der ehelichen Lebensgemeinschaft (Diagnose), Abs I S 2 Hs 1.** Der Begriff der ehelichen Lebensgemeinschaft, § 1353 I, ist nicht legaldefiniert. Sein Wesen lässt sich, auch wegen der Gestaltungsfreiheit der Ehegatten, schwer fassen. Abzustellen ist auf die individuell gelebten Verhältnisse und dabei vor allem die besondere personale Beziehung der Ehegatten. Wenn die **eheliche Gesinnung** und die wechselseitige innere Bindung endgültig verlorengegangen sind, ist die Ehe gescheitert. Ob sie von Anfang an zerrüttet war oder erst später gescheitert ist, ist unerheblich. Maßstab ist der jew individuelle Zuschnitt der konkreten Ehe, nicht eine obj Vorstellung (BGH FamRZ 1995, 229; BeckOK/*Neumann* Rn 6). Entspr bereitet die Feststellung des Nichtbestehens der Gemeinschaft gewisse Schwierigkeiten. Das Gericht hat bei der Beurteilung den von den Ehegatten vereinbarten bzw gelebten Zuschnitt der konkreten Ehe zu Grunde zu legen. Für die Beurteilung des Fortbestehens kommt es neben **obj Elementen** ganz wesentlich auf die **innere Einstellung** der Ehegatten zu ihrer Beziehung an. Im Kern ist darauf abzustellen, ob nach den **subj Vorstellungen der Ehepartner** noch **eine auf lebenslange Dauer ausgerichtete, personale Schicksalsgemeinschaft iSd § 1353 I besteht und gelebt wird** (BGH NJW 2002, 671). Freilich kann dies in der Praxis zu Beweisschwierigkeiten führen. Zur Freiheit der Ehegatten gehört es, Form und Ausgestaltung ihres Zusammenlebens nach ihren Vorstellungen auszurichten; dies umfasst auch die Gestaltung des Sexuallebens und die Bedeutung der ehelichen Treue (BGH NJW 1995, 1982). Vom Verzicht einer geschlechtlichen Beziehung ist daher ebenso wenig auf das Nichtbestehen zu schließen wie aus sexuellen Kontakten mit Dritten. Die eheliche Lebensgemeinschaft setzt auch keine häusliche Gemeinschaft der Ehegatten voraus (BGH NJW 2002, 671; NJW 1981, 449; s § 1567 Rn 6). Häufigkeit und Intensität von persönlichem Kontakt können aber entscheidende Indizien sein (MüKo/*Weber* Rn 17). Für die Annahme eines Scheiterns ist dagegen nicht erforderlich, dass die bestehenden Gemeinsamkeiten und Kontakte vollständig abgebrochen werden. Entscheidendes Abgrenzungskriterium ist, ob diese von den Ehegatten subj als Verwirklichung der ehelichen Lebensgemeinschaft verstanden werden (MüKo/*Weber* Rn 21; Johannsen/Henrich/Althammer/*Kappler* Rn 15). Auf die Ursache des Verlusts der ehelichen Gesinnung kommt es nicht an; auch der Ehegatte, der sich infolge einer psychischen Erkrankung von der Ehe abgewendet hat, kann die Scheidung beantragen (BGH NJW 1989, 1988). Entscheidend ist das für den anderen Ehegatten erkennbare **Fehlen der ehelichen Gesinnung.**

4 Auch ein Ehegatte, der infolge einer **geistigen Erkrankung** (insb **Demenz**) jedes Verständnis für die Ehe und damit auch für ihr Scheitern verloren hat, kann die Scheidung der Ehe unter Berufung auf deren Scheitern be-

antragen. Ein solcher Zustand jenseits des Zerrüttungsempfindens kann nach Rspr des BGH, zumal es auf den Grund für das Scheitern der Ehe nicht mehr ankommt, nicht geringer bewertet werden als der bewusste Verlust der ehelichen Gesinnung (grundlegend BGH NJW 1989, 1988). In einer weiteren grundlegenden Entscheidung hat der BGH klargestellt, dass von der Demenz eines Ehegatten aber keinesfalls ohne weiteres auf das Scheitern der ehelichen Lebensgemeinschaft geschlossen werden kann (BGH NJW 2002, 671): Die eheliche Gemeinschaft der Ehegatten werde zwar vorrangig durch die wechselseitige eheliche Gesinnung geprägt. Die Pflicht eines Ehegatten, für den anderen Verantwortung zu tragen, werde aber namentlich dann bedeutsam, wenn der andere Ehegatte diese Verantwortung für sich selbst – etwa auf Grund des Eintritts einer geistigen Behinderung – nicht mehr tragen könne. Nehme hier der eine Ehegatte seine Verpflichtung wahr, indem er sich dem behinderten Ehegatten weiterhin in ehelicher Verbundenheit und Fürsorge zuwende, so sei die Lebensgemeinschaft der Ehegatten keineswegs deshalb aufgehoben, weil der andere Ehegatte auf Grund seiner geistigen Behinderung zu einem ehelichen Empfinden nicht mehr in der Lage sei. Die Gemeinschaft der Ehegatten könne in einem solchen Fall zwar nicht mehr in wechselseitiger innerer Bindung erlebt werden; sie sei aber nicht beseitigt, sondern verwirkliche sich obj als gelebte Verantwortungsgemeinschaft.

Nach allg Auffassung (BGH NJW 2002, 671; MüKo/*Weber* Rn 24) ist der Grundtatbestand auch auf **Zweck- und Scheinehen**, also auf Ehen bei denen die Ehepartner zu keinem Zeitpunkt eine eheliche Lebensgemeinschaft anstrebten und bei denen eine solche idR zu keinem Zeitpunkt bestand, **anwendbar**. Entgegen dem Wortlaut der Norm, die darauf abstellt, dass die eheliche Lebensgemeinschaft „nicht mehr besteht“, bedarf es hier nur der Feststellung, dass eine solche im Scheidungszeitpunkt zumindest seit einem Jahr nicht bestanden hat; darauf, ob sie jemals bestanden hat, kommt es nicht an. 5

c) **Wiederherstellung der ehelichen Lebensgemeinschaft (Prognose), Abs I S 2 Hs 2.** Für die Frage, ob die Wiederherstellung der ehelichen Gemeinschaft zu erwarten ist, kommt es nicht auf die Vorstellung der Parteien, sondern die **Überzeugung des Gerichts** an. Dieses ist nicht an die Beurteilung der Ehegatten gebunden (BGH NJW 1978, 1810). Die richterliche Überzeugung hat dabei nicht auf eine durchschnittliche eheliche Lebensgemeinschaft abzustellen, sondern den **individuellen Zuschnitt der konkreten** Ehe zu berücksichtigen. Es geht im Kern um die Frage, ob die Ehegatten „ihre Lebensgemeinschaft“ wiederaufnehmen (MüKo/*Weber* Rn 30). An die Prognose ist ein obj Maßstab anzulegen (BGH NJW 1978, 1810). Entscheidend ist nicht, was von den Ehegatten vernünftigerweise getan werden sollte. Vielmehr ist aus dem bisherigen Verhalten und den vorgetragenen obj Umständen darauf zu schließen, mit welcher Entwicklung realistischerweise zu rechnen ist. Die richterlichen Feststellungen über den gegenwärtigen Zustand haben daher nicht nur für die Diagnose, sondern auch für die Prognose Bedeutung, da sie die erforderlichen Anknüpfungstatsachen darstellen. Besteht nach der freien Überzeugung des Gerichts die Aussicht, dass sich die Ehegatten versöhnen, kann es das Verfahren in den Grenzen des § 136 FamFG aussetzen. 6

Eine Bewertungsgrundlage ergibt sich zudem aus den an den Ablauf von bestimmten Trennungszeiten geknüpften Vermutungsregeln des § 1566. Dem **Trennungszeitraum** kommt damit **Indizwirkung** zu (BGH NJW 1981, 449). Gleiches gilt für den erklärten Willen der Ehegatten; begehrt ein Ehegatte ernstlich die Scheidung, wird sich schwerlich begründen lassen, dass die Wiederherstellung der ehelichen Gemeinschaft zu erwarten ist. Ausreichend ist die ernstliche einseitige Abkehr eines Ehegatten (BGH NJW 1978, 1810). Weitere Tatsachen, die **Indizien** dafür darstellen, dass die Wiederherstellung nicht zu erwarten ist, können sich bspw ergeben aus (umfassend BeckOGK/*Unger*/*Hartmann*/*Franzius* Rn 73ff): Ablauf und Dauer der Ehekrise (Karlsruhe FamRZ 1978, 590); dem Ende der sexuellen Beziehung; Krankheiten, die sich im konkrete Fall ehezerstörend auswirken; fortdauerndem eheunfreundlichem Verhalten und ehelicher Untreue als Ausdruck einer gestörten ehelichen Beziehung; der Einrichtung eines neuen Lebenskreises nach Aufgabe des ehelichen Haushalts (AG Lörrach FamRZ 1978, 116); dem Betreiben von Trennung und Scheidung, der Eingehung einer neuen Partnerschaft (BGH NJW 1979, 1042), erst recht, wenn aus dieser bereits ein gemeinsames Kind hervorgegangen ist (MüKo/*Weber* Rn 54). Auch bei nach außen manifesten Tatsachen kommt es jedoch stets auf die innere Haltung der Beteiligten an. 7

2. Einjähriges Getrenntleben. Dem einjährigen Getrenntleben kommt in der Praxis große Bedeutung zu. Für den Grundtatbestand ergibt sich das Erfordernis indirekt aus der Bestimmung des Abs II, der klarstellt, dass eine vorherige Scheidung nur bei besonderer Härte möglich ist. Der Begriff des Getrenntlebens ist in § 1567 I legaldefiniert. Zum Begriff und zur Berechnung s § 1567 Rn 2ff und 29. Das Trennungsjahr muss im Zeitpunkt der letzten mündlichen Verhandlung abgelaufen sein. 8

III. Härtefallscheidung, Abs II. 1. Anwendungsbereich. Die Härtefallscheidung kommt für gescheiterte Ehen in Betracht, bei der die Ehegatten im Zeitpunkt der letzten mündlichen Verhandlung noch nicht mindestens ein Jahr iSd § 1567 I getrennt leben. Die Voraussetzung des Scheiterns der Ehe nach dem Grundtatbestand (Rn 2ff) mit Ausnahme des Ablaufs des Trennungsjahres muss also auch bei der sog Härtefallscheidung erfüllt sein. Nicht erforderlich ist, dass es sich um eine streitige Scheidung handelt (MüKo/*Weber* Rn 68). Der Tatbestand ist grds auch auf Schein- und Zweckehen anwendbar (BeckOK/*Neumann* Rn 21). Entscheidend ist allein, ob dem Antragsteller das Fortbestehen der gescheiterten Ehe bis zum Ablauf des Trennungsjahres zugemutet werden kann (Köln NJW 1978, 645). 9

2. Unzumutbare Härte. a) Bezugspunkt. Nach dem Wortlaut des Abs II muss die Fortsetzung der Ehe für den Antragsteller „aus Gründen, die in der Person des anderen Ehegatten liegen, eine unzumutbare Härte darstellen“. Andere Gründe, aus denen sich eine Unzumutbarkeit ergeben können, begründen keinen Anspruch auf 10 eine Härtefallscheidung. Aus der Formulierung der Regelung folgt zudem, dass ein Verschulden des anderen Ehegatten nicht erforderlich ist; ebenso wenig kommt es auf einen Kausalzusammenhang zw den Gründen, die die Fortsetzung unzumutbar machen, und den Gründen des Scheiterns der ehelichen Lebensgemeinschaft an. Daher kann der Tatbestand auch auf Gründe, die erst nach dem Scheitern eingetreten sind, gestützt werden. Da das Scheitern der ehelichen Lebensgemeinschaft nach dem Grundtatbestand bereits Scheidungsvoraussetzung ist, bezieht sich die Frage der **Zumutbarkeit** naturgemäß nicht auf die Fortsetzung der ehelichen Lebensgemeinschaft, sondern **auf das befristete Fortbestehen der rechtl Verbundenheit**, also auf das formale Fortbestehen des Ehebandes. Entscheidend ist also, dass die in der Person des anderen Ehegatten liegenden Gründe ein solches Gewicht haben, dass bereits das bloße Fortbestehen des formellen Ehebandes bis zum Ablauf des Trennungsjahres für den Antragsteller eine unzumutbare Härte darstellt (BGH NJW 1981, 449). Der Begriff der unzumutbaren Härte ist ein **unbestimmter Rechtsbegriff**. Nach allg Auffassung besteht dieser aus einer obj und einer subj Komponente.

11 **b) Objektive Unzumutbarkeit.** Das Fortbestehen des Ehebandes muss für den Antragsteller obj unzumutbar sein (BGH NJW 1981, 449; MüKo/*Weber* Rn 100). Das Merkmal dient dem institutionellen Schutz der Ehe, Art 6 I GG. Bei der Prüfung ist ein strenger Maßstab anzulegen. Da es sich um eine Ausnahmevorschrift handelt, kann – unter Berücksichtigung des Normzwecks, Rn 1 – **allein das Scheitern der Ehe als solches nicht ausreichend** sein, denn dann wäre allen Ehegatten die Möglichkeit der Härtefallscheidung eröffnet. Von den Ehegatten wird durch die Vorgabe des Trennungsjahres gerade nicht die Fortsetzung ihrer ehelichen Gemeinschaft verlangt, sondern lediglich ein zeitl absehbares „verheiratet bleiben". Der Zweck des Trennungsjahres ist bei der Beurteilung der Unzumutbarkeit zu berücksichtigen. Da das Trennungsjahr dazu dienen soll, die Ehegatten vor einer voreiligen Scheidung zu schützen, wird obj jedenfalls dann von Unzumutbarkeit auszugehen sein, wenn aus Sicht eines obj Dritten, aufgrund der konkreten Umstände aus Perspektive des Antragstellers, eine Wiederherstellung ausscheidet. Die obj Unzumutbarkeit beschränkt sich nicht auf „außergewöhnliche" Sachverhalte, wie dies bei § 1568 vorausgesetzt wird. Auch auf die Häufigkeit der Umstände kommt es nicht an.

12 **c) Subj Härte.** Erforderlich ist zusätzl, dass der Antragsteller aufgrund der Umstände die Fortsetzung selbst subj als unerträglich empfindet (München NJW 1978, 49; MüKo/*Weber* Rn 98). Es kommt nicht darauf an, ob eine durchschnittliche Person den Zustand als unzumutbar empfinden würde, sondern wie der konkret betroffene Ehegatte aufgrund seiner psychischen Konstitution die Situation bewertet. Die Feststellung der subj Unzumutbarkeit erfolgt anhand von Indizien. Allein aus einer besonderen Leidensfähigkeit in der Vergangenheit darf jedoch nicht auf eine fehlende massive subj Beeinträchtigung im Zeitpunkt der mündlichen Verhandlung geschlossen werden.

13 **d) Rspr.** Insg ist die Rspr bei der Anwendung der Vorschrift **zurückhaltend**. Es hat sich eine umfangreiche Kasuistik herausgebildet (vertiefend MüKo/*Weber* Rn 110ff). **Verstöße gegen die eheliche Treue** als solche begründen nach heutigem Verständnis in aller Regel keine unzumutbare Härte; auch die Eingehung einer neuen, auch geschlechtlich neu orientierten, Partnerschaft, ggf mit Zusammenleben, wird als solches nicht als ausreichend angesehen. Erforderlich ist ein Hinzutreten weiterer entwürdigender (Begleit-)Umstände (Saarbrücken NJW-RR 2005, 1305; Stuttgart NZFam 2015, 1168; BeckOK/*Neumann* Rn 27). Gründe, die allein in der Person des Antragstellers liegen, etwa die schwangere Partnerin vor der Niederkunft heiraten zu wollen, reichen nicht aus (Naumburg FamRZ 2005, 1839; aA Brandenburg FamRZ 2004, 25). Als nicht zumutbar ist das Abwarten des Trennungsjahres jedoch dann einzustufen, wenn dies zu einer rechtl Vaterschaft für das Kind der ehebrechenden Ehefrau führt (Johannsen/Henrich/Althammer/*Kappler* Rn 70 mwN).

14 Die Unzumutbarkeit kann sich auch aus gegen den Antragsteller oder dessen nahe Angehörige gerichtete demütigende **Beschimpfungen**, schwere **Beleidigungen** und **Drohungen** sowie **Tätlichkeiten** (Dresden NJW 2012, 1284; MüKo/*Weber* Rn 110 und 113 mwN) ergeben. Auch hier wird von der Rspr aber auf die Gesamtumstände, den Umfang und die Massivität abgestellt. Drohungen und Tätlichkeiten begründen idR dann eine unzumutbare Härte, wenn durch die Übergriffe beim Antragsteller bereits gesundheitliche Beeinträchtigungen oder Verletzungen entstanden sind. Dies gilt auch dann, wenn dem anderen Ehegatten aufgrund einer psychischen Erkrankung kein Verschuldensvorwurf für sein Verhalten gemacht werden kann (KG NZFam 2018, 233). Dagegen kann selbst bei einer massiveren Tätlichkeit eine Unzumutbarkeit ausscheiden, wenn es sich um eine einmalige Verfehlung handelt und eine Wiederholungsgefahr ausscheidet.

15 **Alkoholmissbrauch** ohne weitere Begleitumstände, wie etwa aggressives Verhalten ggü dem Ehegatten, rechtfertigt die Scheidung vor Ablauf des Trennungsjahres idR nicht. Eine Unzumutbarkeit kann sich jedoch aus den Umständen der Trennung selbst – bspw ein wortloses Verschwinden für einen längeren Zeitraum – ergeben (MüKo/*Weber* Rn 111). Die Verweigerung der Zahlung von Trennungsunterhalt begründet wiederum allein keine besondere Härte (KG FamRZ 2000, 28; Stuttgart FamRZ 2001, 1458).

16 **IV. Verfahrensrechtliche Fragen. 1. Feststellungslast.** Die Darlegungs- und Feststellungslast für das Scheitern der Ehe trägt der Antragsteller. Er muss unter Angabe beweisbarer Tatsachen vortragen, dass die eheliche Lebensgemeinschaft nicht mehr besteht und zumindest der Antragsteller nicht bereit ist, diese wiederherzustellen, er sich also endgültig von dem anderen Ehegatten abgewandt hat. Dem Antragsteller können dabei die og Indiztatsachen im Rahmen einer Beweiswürdigung behilflich sein. Zudem trägt er die Darlegungs- und Feststellungslast für den Ablauf des Trennungsjahres oder das Vorliegen eines Härtegrundes nach Abs II.

2. Ablauf des Trennungsjahrs im Scheidungsverfahren. Nicht selten erledigt sich die Entscheidung über Härtegründe, weil bis zum Erlass des Beschl, insb im Berufungsrechtszug, das Trennungsjahr abgelaufen ist. Der Antragsteller bzw der Widerantragsteller hat kein Recht darauf, aus einem Härtegrund geschieden zu werden, wenn feststeht, dass die Ehe zerrüttet ist und die Ehegatten über ein Jahr getrennt leben (Staudinger/*Rauscher* Rn 106). 17

§ 1566 Vermutung für das Scheitern

(1) Es wird unwiderlegbar vermutet, dass die Ehe gescheitert ist, wenn die Ehegatten seit einem Jahr getrennt leben und beide Ehegatten die Scheidung beantragen oder der Antragsgegner der Scheidung zustimmt.

(2) Es wird unwiderlegbar vermutet, dass die Ehe gescheitert ist, wenn die Ehegatten seit drei Jahren getrennt leben.

I. Zweck und Regelungsgehalt. § 1566 I, II **schützen die Intimsphäre der Ehegatten**, da die Parteien, nicht mehr gezwungen sind, dem Gericht ggü ihre ehelichen Verhältnisse in allen Einzelheiten offenzulegen (jurisPK/*Körper* Rn 2, 3). Die Bestimmung stellt zwei unwiderlegbare gesetzl Vermutungen für das Scheitern der Ehe iSv § 1565 I auf. Die Bestimmung knüpft an die Trennungszeit von einem Jahr bei Einverständnis des anderen Ehegatten mit der Scheidung bzw drei Jahren bei fehlender Einwilligung an. Die Vorschrift ergänzt § 1565 I insofern, als nicht mehr das Scheitern der Ehe, sondern nur der Ablauf einer Trennungsfrist zu beweisen ist. Der Scheidungsgrund ist aber auch hier das Scheitern der ehelichen Gemeinschaft (§ 1565 I), nicht der Ablauf der Trennungszeit. 1

II. Verfassungsmäßigkeit. Das BVerfG hat in einer Grundsatzentscheidung die **Verfassungsmäßigkeit** des § 1566 II bestätigt (BVerfG NJW 1980, 689). Das Gericht stellte klar, dass Art 6 I GG nach seinem Wortlaut schlechthin den besonderen Schutz von Ehe und Familie durch die staatliche Ordnung zwar gebietet. Gleichwohl hat es den unwiderleglichen gesetzl Schluss von der Trennungszeit auf die Zerrüttung der ehelichen Gemeinschaft in der geregelten Form und damit die **Scheidung auch gegen den Willen des anderen Ehegatten** als **verfassungsgemäß** eingestuft. Die Verknüpfung der Trennungszeit von einem Jahr bei Einverständnis der Ehegatten mit der Auflösung der Ehe ist daran gemessen ebenfalls als verfassungsgemäß einzustufen (BGH FamRZ 1979, 285). 2

III. Anknüpfungspunkt beider Vermutungen: Getrenntleben. 1. Begriff und verfahrensrechtliche Ausgestaltung. Stützt der Antragssteller sein Scheidungsbegehren auf § 1566 I bzw § 1566 II, darf nach der zwingenden Beweislastregel (§ 113 I 2 FamFG, § 292 ZPO) über das Scheitern der Ehe kein Beweis erhoben werden, wenn feststeht, dass die Trennungszeit von einem Jahr bzw drei Jahren im maßgeblichen Zeitpunkt der letzten mündlichen Verhandlung abgelaufen ist. Der Fristlauf beginnt, wenn alle Merkmale des Getrenntlebens iSd Legaldefinition des § 1567 vorliegen (§ 1567 Rn 2). Für das Vorliegen der ein- bzw dreijährigen Trennungszeit trägt der Antragsteller die **Darlegungs- und Feststellungslast**. Der Ablauf der Trennungszeit ist Scheidungsvoraussetzung, sie muss zur Überzeugung des Gerichts feststehen. Dies gilt auch, wenn beide Ehegatten geschieden werden wollen. Ist die jew Trennungszeit (ein Jahr bzw drei Jahre) bewiesen bzw liegt sie unstr vor, gilt die Erfüllung des Scheidungstatbestands (Zerrüttung der Ehe) unwiderleglich als erwiesen. Nach § 113 II 2 FamFG, § 292 ZPO ist ein Gegenbeweis nicht zulässig (MüKo/*Weber* Rn 25). Damit ist der antragstellende Ehegatte von der Darlegungs- und Feststellungslast hinsichtl der Zerrüttung und negativen Zukunftsprognose befreit; zugleich ist das FamG nicht berechtigt, weitere Untersuchungen zur Zerrüttung der Ehe (allg Voraussetzung für eine Scheidung) anzustellen. Der Nachw, dass die vorgetragenen Trennungszeiten gegeben sind, was von Amts wegen bei Zweifeln aufzuklären ist (§ 127 FamFG), wird im Regelfall durch die Anhörung der Parteien nach § 128 I FamFG erbracht werden können. Die Wirkungen des Anerkenntnisses sind gem § 113 IV FamFG nicht anwendbar. 3

2. Anwendbarkeit. a) Der Anwendungsbereich beider Scheidungstatbestände ist **nicht auf Ehen mit häuslicher Gemeinschaft beschränkt** (Johannsen/Henrich/Althammer/*Kappler* Rn 4). 4

b) Die Vorschrift ist auch auf Ehen anwendbar, in denen von Anfang an keine eheliche Gemeinschaft bestand und eine solche auch nicht beabsichtigt war (MüKo/*Weber* Rn 3). Die Anwendung ist auch nicht allein deshalb ausgeschlossen, weil einer der Ehegatten an einer geistigen Erkrankung wie Demenz erkrankt ist (s § 1566 Rn 4). 5

IV. Einverständliche Scheidung, Abs I. 1. Weitere Voraussetzungen. a) Überblick. Neben dem Ablauf des Trennungsjahres (Rn 3, vgl auch § 1567 Rn 29) ist es erforderlich, dass entweder beide Ehegatten die Scheidung beantragen oder der eine Ehegatte dem Scheidungsantrag des anderen Ehegatten zustimmt. In beiden Varianten kommt das beidseitige Einverständnis der Ehegatten mit der Scheidung zum Ausdruck. Dieses Einverständnis muss am Schluss der letzten mündlichen Verhandlung vorliegen. Es fehlt, wenn eine Rücknahme des Scheidungsantrags bzw ein wirksamer Widerruf der Zustimmungserklärung vorliegt (hierzu Rn 9f). Eine Einigung über die Folgesachen ist für die einverständliche Scheidung anders als nach altem Recht (§ 630 ZPO aF) nicht mehr erforderlich. 6

b) Beidseitige Scheidungsanträge. Die Scheidungsanträge beider Ehegatten müssen jew für sich die gesetzl Voraussetzungen erfüllen, dh insb, dass beide Antragsschriften jew den Voraussetzungen der §§ 124, 133 FamFG genügen müssen und für die Antragstellung gem § 114 FamFG Anwaltszwang besteht. Inhaltlich können die Ehegatten sich abstimmen; dies ist aber keine Voraussetzung. Ein gemeinsamer Scheidungsantrag der Ehegatten 7 ist wegen § 114 FamFG verfahrensrechtl nicht möglich. Die Motive für das Scheidungsbegehren müssen nicht dargelegt werden, da im Fall einer beidseitigen Antragstellung über das Scheitern keine gerichtlichen Feststellungen erforderlich und unzulässig sind. Hier liegt der Unterschied zum Grundtatbestand nach § 1565 I.

8 **c) Zustimmung zur Scheidung.** Einer beidseitigen Antragstellung steht es nach dem Gesetz gleich, wenn nur ein Ehegatte einen Scheidungsantrag stellt, dem der andere Ehegatte zustimmt. Auf die Motive der Erklärung kommt es nicht an (*Gernhuber/Coester-Waltjen* § 27 Rn 36). Die Erklärung der Zustimmung ist gem § 114 IV Nr 3 FamFG vom Anwaltszwang ausgenommen; ein beschränkt geschäftsfähiger Ehegatte kann diese Erklärung gem § 125 FamFG selbst abgeben. Erforderlich ist in jedem Fall eine ausdrückl Zustimmung (Zweibrücken FamRZ 1990, 59; MüKoFamFG/*Heiter* § 134 Rn 12), die gem § 134 I FamFG zur Niederschrift der Geschäftsstelle oder in der mündlichen Verhandlung zur Niederschrift des Gerichts erklärt werden kann. Eine Erklärung allein ggü dem Ehegatten entfaltet keine rechtl Wirkung. Eine erneute Zustimmung nach wirksamem Widerruf ist möglich. Die Erklärung ist materiellrechtl Willenserklärung und verfahrensrechtl Handlung, an die das Gesetz die Möglichkeit der einvernehmlichen Scheidung anknüpft. Die Erklärung kann zwar gem § 134 II FamFG widerrufen werden (Rn 9ff), da auf Verfahrenshandlungen die Vorschriften über Willensmängel aber keine Anwendung finden, scheidet eine Anfechtung aus.

9 **d) Widerruf und Rücknahme.** Gesetzl ist nur der **Widerruf der Zustimmungserklärung** geregelt. Nach dem Wortlaut des § 134 II 1 FamFG kann die Erklärung bis zum Schluss der mündlichen Verhandlung, auf die der Beschl ergeht, widerrufen werden. Der Widerruf steht als actus contrarius unter den gleichen materiellrechtl wie verfahrensrechtl Voraussetzungen wie die Zustimmungserklärung. Für den Widerruf besteht damit ebenfalls kein Anwaltszwang (§ 114 IV Nr 3 FamFG). Ob eine Erklärung einen Widerruf darstellt, ist durch Auslegung zu ermitteln (MüKoFamFG/*Heiter* Rn 18). Ein Widerruf ist auch in der Rechtsmittelinstanz möglich (BGH NJW 1984, 1302). Ein Verzicht auf das Widerrufsrecht durch Parteivereinbarung ist unwirksam. Auf das Motiv der Erklärung kommt es nicht an.

10 **Umstritten** ist, ob auch der Antragsteller seinen **Scheidungsantrag** in analoger Anwendung des § 134 II FamFG **widerrufen** kann. Auch wenn die Interessenslagen vergleichbar sein mögen, kommt eine analoge Anwendung zutr Weise nicht in Betracht, da die Voraussetzungen für eine Analogie nicht vorliegen. Es fehlt bereits an der erforderlichen planwidrigen Regelungslücke im Gesetz; das FamFG sieht eine freie Rücknahme des Scheidungsantrags gerade nicht vor (vgl MüKo/*Weber* Rn 22; aA Johannsen/Henrich/Althammer/*Kappler* Rn 15; MüKoFamFG/*Heiter* Rn 21).

11 Nach den allg Regeln kann der Scheidungsantrag gem § 113 I 2 FamFG, § 269 I ZPO nach Beginn der mündlichen Verhandlung nur mit Zustimmung des Antragsgegners zurückgenommen werden. Eine **Rücknahme** ist auch in der Rechtsmittelinstanz möglich. Eine Zustimmung zur Rücknahme des Scheidungsantrags ist nicht erforderlich, wenn der Antragsgegner noch nicht zur Hauptsache verhandelt hat. Ist der Antragsgegner anwaltlich nicht vertreten, kann er zwar seine Zustimmung zur Scheidung wirksam erklären bzw verweigern, er kann jedoch nicht zur Hauptsache verhandeln, mit der Folge, dass der Scheidungsantrag dann ohne Einwilligung des Antragsgegners zurückgenommen werden kann.

12 **2. Rechtsfolgen. a) Bei Erfüllung der Voraussetzungen.** Liegen die gesetzl Voraussetzungen zur Überzeugung des Gerichts vor, greift die gesetzl Vermutung. Die Ehe gilt als gescheitert. Der Gegenbeweis ist nicht zulässig. Die Ehe ist – soweit die Härteklausel § 1568 I dem nicht ausnahmsw entgegensteht – durch Beschl zu scheiden. Das Gericht ist zu weiteren Feststellungen, die Aufschluss über den Zustand der Ehe geben können, nicht berechtigt (BT-Drs 16/6308, 229).

13 **b) Bei Nichterfüllung der Voraussetzungen.** Hat der andere Ehegatte nicht ebenfalls einen Scheidungsantrag gestellt, bzw wurde der andere Antrag bzw die Zustimmungserklärung wirksam widerrufen (vgl Rn 9ff), liegen die Voraussetzungen für die einvernehmliche Scheidung nach § 1566 I nicht vor. Der antragstellende Ehegatte kann – ohne einen neuen Scheidungsantrag stellen zu müssen – sein Scheidungsbegehren auf den Grundtatbestand des § 1565 I, II oder auf den Tatbestand des § 1566 III stützen. Dies kann freilich weiteren Tatsachenvortrag erforderlich machen. Besteht der Antragsteller auf dem Tatbestand des § 1566 I, ist der Antrag als unbegründet abzuweisen.

14 **3. Verhältnis zu § 1568. a) Zur Kinderschutzklausel.** Die Kinderschutzklausel steht nicht zur Disposition der Ehegatten. Die Schutzklausel ist vom Gericht von Amts wegen zu beachten (§ 1568 Rn 9ff). Die Vorschrift dient allein dem Schutz der gemeinsamen minderjährigen Kinder der Ehegatten. Anders als nach alter Rechtslage (§ 630 ZPO aF) ist nach geltendem Recht für die einverständliche Scheidung eine Regelung der elterlichen Sorge nicht mehr obligatorische Voraussetzung. Das Gericht ist zwar in der Antragsschrift nach § 133 I Nr 1, I Nr 2 FamFG darüber zu informieren, dass es gemeinsame Kinder gibt, wo diese ihren Aufenthalt haben und ob bereits Regelungen über Sorge, Umgang und Unterhalt getroffen sind, eine Einbeziehung in den Verbund erfolgt aber gem § 137 III FamFG nur auf Antrag.

15 **b) Zur Ehegattenschutzklausel.** Die Ehegattenschutzklausel findet keine Anwendung (§ 127 III FamFG), wenn der andere Ehegatte seine Zustimmung erklärt bzw einen eigenen Scheidungsantrag gestellt hat. Hierdurch hat er zum Ausdruck gebracht, dass er mit der Auflösung der Ehe einverstanden ist (MüKo/*Weber* Rn 29). Damit entfällt das Schutzbedürfnis des Ehegatten. Anderes gilt allerdings zugunsten des Ehegatten, dessen Rücknahme des Scheidungsantrags keine Wirksamkeit entfaltet, weil der andere Ehegatte die gem § 113 I FamFG, § 269 I ZPO erforderliche Zustimmung verweigert. Hat der Antragsgegner seine Zustimmungserklärung widerrufen, ist

zu seinen Gunsten die Ehegattenschutzklausel ebenfalls wieder anwendbar (Johannsen/Henrich/Althammer/*Kappler* Rn 20). Bei der Abwägung der Belange beider Ehegatten nach § 1568 kann die vorherige Zustimmung bzw der vorherige eigene Antrag berücksichtigt werden (MüKo/*Weber* Rn 29).

V. Scheidung nach dreijähriger Trennung, Abs II. 1. Voraussetzungen. Der Scheidungstatbestand setzt den Ablauf einer **mindestens dreijährigen Trennungszeit** (§ 1567 Rn 29) und den **Scheidungsantrag eines Ehegatten** voraus. Eine Zustimmung des Antragsgegners zur Scheidung oder ein eigener Antrag sind nicht erforderlich. Für § 1566 II ist es auch unerheblich, ob der Antragsgegner insb durch Stellung eines Abweisungsantrags zum Ausdruck bringt, dass er die Ehe aufrechterhalten will. Die Zerrüttungsvermutung wird in obj Hinsicht allein an die Dauer des Getrenntlebens und der darin zum Ausdruck kommenden Ablehnung der Ehe durch den antragstellenden Ehegatten geknüpft. Die Voraussetzungen beruhen auf der allg Lebenserfahrung, dass auch bei einer nur einseitigen Abwendung von der Ehe nach einem Getrenntleben der Ehegatten von drei Jahren mit einer Wiederherstellung der ehelichen Lebensgemeinschaft nicht mehr zu rechnen ist (BeckOGK/*Unger*/*Hartmann*/*Franzius* Rn 37). 16

2. Rechtsfolge: Unwiderlegbare Vermutung. Liegen die Voraussetzungen des Abs II vor, greift die unwiderlegbare Vermutung, dass die Ehe gescheitert ist. Steht der Ablauf der Dreijahresfrist zur Überzeugung des Gerichts fest, bedarf es auch dann keiner neuen Parteianhörung, wenn der Antragsgegner seine zunächst erklärte Zustimmung gem Abs I widerruft und der Antragsteller hiernach sein Scheidungsbegehren auf Abs II stützt (BGH NJW-RR 2016, 323). Auch sind weitere Feststellungen, die Aufschluss darüber geben können, ob die eheliche Lebensgemeinschaft tatsächlich gescheitert ist, weder von Amts wegen noch auf Antrag des Antragsgegners zulässig. Ein Gegenbeweis ist nicht zulässig. Die Scheidung ist grds auch gegen den erklärten Willen des Antragsgegners auszusprechen. Die Scheidung kann allenfalls wegen eines Härtegrundes nach § 1568 (Rn 18ff) abgelehnt werden. 17

3. Verhältnis zu § 1568. a) Zur Kinderschutzklausel. Die Kinderschutzklausel steht nicht zur Disposition der Ehegatten. Es gelten die Ausführungen unter Rn 14 entspr, ausf § 1568 Rn 9ff. 18

b) Zur Ehegattenschutzklausel. Die Ehegattenschutzklausel ist zu prüfen, wenn sich ein Ehegatte auf sie beruft (§ 127 III FamFG). Das BVerfG hat in seiner Entscheidung zur Verfassungswidrigkeit der zeitl Befristung der Härteklausel (§ 1568 II aF) klargestellt, dass die Härteklausel auch auf die unwiderlegliche Vermutung anzuwenden ist (BVerfGE 55, 134 = BVerfG NJW 1981, 108). Ausf § 1568 Rn 13. 19

VI. Verfahrensrechtliche Besonderheiten. 1. Aussetzung des Verfahrens. Das Verfahrensrecht sieht trotz Vorliegen der Voraussetzungen des Abs I bzw Abs II die Möglichkeit zur Aussetzung des Verfahrens von Amts wegen bzw auf Antrag der Beteiligten vor. § 136 I FamFG regelt, dass von Amts wegen ausgesetzt werden soll, wenn Aussicht auf Fortsetzung der Ehe besteht. Hiervon muss das Gericht überzeugt sein. Es gilt das **Prinzip der freien Beweiswürdigung**. Das Gericht ist nicht an bestimmte Beweismittel oder Mittel der Glaubhaftmachung gebunden. Insb kann es seine Überzeugungsbildung auf die Anhörung der Parteien im Termin stützen. Allerdings erfordert die Überzeugungsbildung eine auf Tatsachen gestützte Erfolgsaussicht. Liegen die Voraussetzungen für eine Aussetzung vor, ist das Gericht zur Aussetzung verpflichtet (Johannsen/Henrich/Althammer/*Markwardt* § 136 FamFG Rn 3). Leben die Eheleute länger als ein Jahr getrennt (§ 1566), darf das Verfahren nicht gegen den Widerspruch beider Ehegatten ausgesetzt werden (§ 136 I 2 FamFG). Beantragt der Antragsteller die Aussetzung oder beantragen beide Ehegatten die Aussetzung (§ 136 II FamFG), darf das Gericht die Ehe nicht scheiden, bevor das Verfahren ausgesetzt war. Das Gericht darf die Aussetzung nur einmal wiederholen und das Verfahren bei mehr als dreijähriger Trennung, wenn es eine Versöhnung für möglich hält, höchstens für sechs Monate aussetzen (§ 136 III FamFG). 20

Nach hiesiger Auffassung ist gegen die Entscheidung des FamG in entspr Anwendung des § 252 ZPO die **sofortige Beschwerde** (entspr §§ 567–573 ZPO) zulässig. Die sofortige Beschwerde setzt für ihre Zulässigkeit eine Beschwer voraus. Sie fehlt im Falle der Aussetzung bei demjenigen, der keinen Scheidungsantrag gestellt hat (Johannsen/Henrich/Althammer/*Markwardt* § 136 FamFG Rn 10). 21

2. Mediation. Nach § 135 S 1 FamFG kann das FamG anordnen, dass die Parteien einzeln oder gemeinsam an einem kostenfreien Informationsgespräch über Mediation oder die sonstige Möglichkeit einer außergerichtlichen Streitbeilegung teilnehmen und eine Bescheinigung hierüber vorlegen. Durch die Anordnungsmöglichkeit sollen Formen der außergerichtlichen Konfliktbeilegung, zu denen auch die Mediation gehört, gesetzgeberisch hervorgehoben und gefördert werden (BT-Drs 16/6308, 229). Die Anordnung ist nicht mit Zwangsmitteln durchsetzbar, § 135 S 2 Hs 2 FamFG, dh eine Teilnahme an einem Informationsgespräch, einer Mediation bzw eines Gesprächs über die Streitbeilegung selbst ist nicht erzwingbar. Die Nicht-Teilnahme kann aber im Rahmen der Kostenentscheidung berücksichtigt werden (Johannsen/Henrich/Althammer/*Markwardt* § 135 FamFG Rn 3). 22

§ 1567 Getrenntleben

(1) Die Ehegatten leben getrennt, wenn zwischen ihnen keine häusliche Gemeinschaft besteht und ein Ehegatte sie erkennbar nicht herstellen will, weil er die eheliche Lebensgemeinschaft ablehnt. Die häusliche Gemeinschaft besteht auch dann nicht mehr, wenn die Ehegatten innerhalb der ehelichen Wohnung getrennt leben.

(2) Ein Zusammenleben über kürzere Zeit, das der Versöhnung der Ehegatten dienen soll, unterbricht oder hemmt die in § 1566 bestimmten Fristen nicht.

1 **I. Zweck und Regelungsgehalt.** Abs I S 1 enthält eine gesetzl Definition des Getrenntlebens. Abs I S 2 enthält die gesetzgeberische Klarstellung, dass ein Getrenntleben iSd Abs I S 1 auch innerhalb der gemeinsamen ehelichen Wohnung möglich ist und stellt damit sicher, dass eine Scheidung unter wirtschaftl beengteren Verhältnissen nicht faktisch ausgeschlossen ist (vgl auch Rn 10). Abs II privilegiert erfolglose Versöhnungsversuche der Ehegatten von kurzer Dauer, indem er bestimmt, dass diese keine Auswirkungen auf den Fristlauf des § 1566 haben. Die Privilegierung soll es Ehegatten erleichtern, sich auf einen Versöhnungsversuch einzulassen, da sich ein solcher im Fall des Scheiterns nicht negativ auf den Fristlauf im Scheidungsverfahren auswirkt.

2 **II. Begriff des Getrenntlebens. 1. Legaldefinition.** Nach der **Legaldefinition** des **Abs I S 1** leben die Ehegatten im Rechtssinne getrennt, wenn zw ihnen (1) keine häusliche Gemeinschaft besteht und (2) zumindest ein Ehegatte sie auch erkennbar nicht herstellen will, weil er die eheliche Lebensgemeinschaft ablehnt. Die Legaldefinition setzt sich damit aus **zwei Komponenten** – einer obj Komponente (keine häusliche Gemeinschaft, Rn 6) und einer, wiederum aus zwei Elementen bestehenden, subj Komponente (Trennungswillen und Trennungsmotiv, Rn 13) – zusammen. Ein Getrenntleben iSd Norm liegt nur vor, wenn beide Komponenten **kumulativ vorliegen** (BeckOGK/*S. Kappler* Rn 69).

3 **2. Bedeutung. a)** Die Vorschrift wurde im Zuge der Scheidungsrechtsreform mWz 1.7.1977 ins Gesetz aufgenommen, sie knüpfte aber an die Vorschrift zur Aufhebung der häuslichen Gemeinschaft des § 48 I EheG und die hierzu ergangene Rspr an (BeckOGK/*S. Kappler* Rn 2). Dem Begriff des Getrenntlebens kommt im Recht der Zerrüttungsscheidung zentrale Bedeutung zu. Das Getrenntleben als nach außen tretendes Faktum wird als Indiz für die schwer fassbaren und schwer nachweisbaren inneren Vorgänge der Ehegatten aufgefasst. Entscheidend für die gesetzl Regelungen ist dabei der Zeitpunkt des Beginns des Getrenntlebens. IVm bestimmten Fristen bekommt der Trennungszeitpunkt insb Bedeutung für die Scheidungstatbestände der §§ 1565f.

4 **b)** Den Begriffen des Getrenntlebens und des Trennungszeitpunkts kommt **über das Scheidungsrecht hinaus zentrale Bedeutung** zu; damit wird der Besonderheit Rechnung getragen, dass das Eheband einerseits bis zur Scheidung fortbesteht, dass aber andererseits das Rechte- und Pflichtengefüge den geänderten Lebensverhältnissen anzupassen ist. Die Schlüsselgewalt ruht während der Trennungszeit (§ 1357 III), die Eigentumsvermutung des § 1362 I 2 ist ebenfalls nicht mehr anwendbar. Der Unterhaltsanspruch getrenntlebender Ehegatten ist nicht mehr auf Familienunterhalt (§ 1360), sondern auf Trennungsunterhalt (§ 1361) gerichtet und es kann die Verteilung der Haushaltsgegenstände (§ 1361a) sowie die Überlassung der ehelichen Wohnung (§ 1361b) verlangt werden.

5 Im Zugewinnausgleichsrecht erlangt der Trennungszeitpunkt im Rahmen der § 1379 II, § 375 II Bedeutung (str). Im Versorgungsausgleich wirkt sich die Trennungszeit nur ausnahmsw (lange Trennungsdauer) aus (§ 27 VersAusglG). Während des Trennungsjahres sind die Ehegatten zudem nach § 1353 I 2 zu einer Mitwirkung an der steuerlichen Zusammenveranlagung verpflichtet.

6 **III. Objektives Element. 1. Nichtbestehen der häuslichen Gemeinschaft. Obj Voraussetzung** ist, dass zw den Ehegatten **keine häusliche Gemeinschaft** besteht. Das Gesetz fordert nicht, dass zw den Ehegatten eine solche Gemeinschaft jemals bestand, erforderlich ist also nicht die Aufhebung derselben. Der Begriff der häuslichen Gemeinschaft ist nicht legaldefiniert. Unter „häuslicher Gemeinschaft" iSd Norm ist das Bestehen eines gemeinsamen räumlichen Mittelpunktes der privaten ehelichen Lebensführung zu verstehen (*Ernst* in Schwab/Ernst ScheidungsR-HdB § 2 Rn 41). Begrifflich umfasst ist der gesamte häusliche Lebensalltag, wie Wohnen, Essen, Schlafen, Freizeitgestaltung und persönliche Kontakte (BeckOGK/*S. Kappler* Rn 20). Die häusliche Gemeinschaft ist nicht mit der Wahl einer bestimmten Wohnsituation verknüpft. Die häusliche Gemeinschaft kann demnach auch bestehen, wenn die Ehegatten in verschiedenen Wohnungen leben (str. aA MüKo/*Weber* Rn 16). Die Gründe für getrennte Wohnungen können vielfältig sein. Zu berücksichtigen sind die individuellen Lebensverhältnisse und die sich aus ihnen ergebenden Auswirkungen auf die Lebensführung. Insb ausbildungs-, studiums- und berufsbedingt getrennte Wohnungen („Wochenendehen") gehen nicht zwingend mit der Aufhebung der häuslichen Gemeinschaft einher. Entscheidend ist, ob die Ehegatten selbst einen oder mehrere Wohnstätten als gemeinsamen ehelichen Lebensmittelpunkt ansehen (*Ernst* in Schwab/Ernst ScheidungsR-HdB § 2 Rn 41).

7 Haben die Ehegatten dagegen keinen gemeinsamen räumlichen Mittelpunkt der privaten ehelichen Lebensführung, besteht zw ihnen keine häusliche Gemeinschaft, ohne dass es auf die Gründe und Motivlagen ankommt (BGH NJW 1989, 1988; BeckOGK/*S. Kappler* Rn 21). Dh auch bei einer unfreiwilligen Trennung aufgrund von Strafhaft oder dauerhafter Unterbringung in einer Pflegeeinrichtung oder willentlichen (aber ohne Trennungsmotivation beruhenden) Trennung, etwa aus beruflichen Gründen, liegt keine häusliche Gemeinschaft vor. Vorübergehende kurzfristige räumliche Trennungen wie bspw Krankenhaus- oder Kuraufenthalte, getrennte Urlaube oder Kurzzeitpflege heben die häusliche Gemeinschaft dagegen nicht auf, da hier der gemeinsame Lebensmittelpunkt grds erhalten bleibt. Bei berufsbedingten Trennungen ist hinsichtl der Frage des Bestehens der häuslichen Gemeinschaft auf die Lebenswirklichkeit der Ehegatten abzustellen. Ob bei einer berufsbedingten Fernbeziehung eine häusliche Gemeinschaft am Wochenendwohnsitz anzunehmen ist, ist Frage des Einzelfalls. Beurteilungskriterium ist, ob in der konkreten Gestaltung der Ehe eine Wohnung einen gemeinsamen Lebensmittelpunkt der Ehegatten darstellt.

2. Getrenntleben. a) In verschiedenen Wohnungen. Zieht ein Ehegatte aus der gemeinsamen ehelichen Wohnung aus und begründet er einen neuen Lebensmittelpunkt in einer eigenen Wohnung, liegt der Grund hierfür nach allg Lebenserfahrung in der Trennung der Ehegatten. Nach **allg Lebenserfahrung** ist der Auszug in aller Regel also die von außen erkennbare Manifestation der Aufhebung der häuslichen Gemeinschaft. Da dies aber nicht zwingend ist, ist zusätzl erforderlich, dass sich die räumliche Trennung auch im Alltag der Ehegatten niederschlägt. Eine Aufhebung der häuslichen Gemeinschaft liegt nämlich – auch bei getrennten Wohnungen – nicht vor, wenn die Ehegatten im Wesentlichen einen gemeinsamen Haushalt führen. Die Frage, ob noch eine eingeschränkte Fortführung der häuslichen Gemeinschaft vorliegt oder diese aufgehoben ist, kann schwierig sein, wenn die Ehegatten auch weiterhin regelmäßig Kontakt haben. Erforderlich für die Annahme des Nichtbestehens der häuslichen Gemeinschaft ist, dass erkennbar eine weitgehend getrennte Haushaltsführung und eine jew private Lebensführung beider Ehegatten vorliegt (BeckOGK/*S. Kappler* Rn 25f). Regelmäßige Kontakte – auch gelegentliche körperliche Kontakte – zw den Ehegatten sind unbeachtlich. Eine Teilung der Haushaltsgegenstände ist nicht erforderlich (Johannsen/Henrich/Althammer/*Kappler* Rn 13). 8

Lebt einer der Ehegatten dauerhaft in einer **Pflegeeinrichtung**, wird regelmäßig die häusliche Gemeinschaft zw den Ehegatten aufgehoben sein (s auch Rn 6f). Ein Getrenntleben iSd § 1567 liegt jedoch nur vor, wenn auch das subj Element (Rn 13ff) bei zumindest einem Ehegatten nachweislich vorliegt. 9

b) In der ehelichen Wohnung. Regelmäßig wird die Trennung durch den Auszug eines Ehegatten aus der Ehewohnung vollzogen. Abs I S 2 enthält die gesetzgeberische Klarstellung, dass eine Aufhebung der häuslichen Gemeinschaft auch innerhalb der ehelichen Wohnung möglich ist. Damit sollte sichergestellt werden, dass die Aufhebung der häuslichen Gemeinschaft von Ehegatten, für die der Auszug eines Ehegatten bzw der Bezug zweier neuer Wohnungen eine erhebliche finanzielle Belastung darstellt, auch als Getrenntleben im Rechtssinne anzuerkennen ist, wenn dieses in einer Wohnung vollzogen werden muss. Voraussetzung hierfür ist, dass die Ehegatten (1) innerhalb der gemeinsamen Wohnung tatsächliche getrennte Lebenssphären haben (räumliche Trennung) und (2) keine wesentlichen persönlichen Beziehungen und keine gemeinsame Haushaltsführung mehr haben (BGH NJW 1978, 1810). 10

Hinsichtl des Umfangs der **räumlichen Trennung** wird ein an den konkreten Wohnverhältnissen orientiertes Höchstmaß an räumlicher Trennung als erforderlich, aber auch als ausreichend erachtet, da eine vollkommene Trennung nur in sehr großen Wohnungen mit mehreren Küchen, Bädern usw zu realisieren ist (BGH NJW 1978, 1810). Soweit eine vollständige Trennung möglich ist, muss eine solche vollzogen werden (München FamRZ 2001, 1457). Ansonsten ist es erforderlich, dass die Nutzung der Ehewohnung zumindest so organisiert wird, dass ein **getrenntes Wirtschaften** möglich ist. Es darf kein gemeinsamer Haushalt mehr geführt werden und wesentliche gegenseitige Versorgungsleistungen dürfen nicht mehr erbracht werden (Koblenz OLGRp 2004, 632, 633). Von dem Erscheinungsbild einer strikten ausnahmslosen Trennung darf also auch hier nicht abgewichen werden. Die Trennung muss nach außen erkennbar sein. Nach hM steht bei beengteren Wohnverhältnissen allerdings die gemeinsame Nutzung von nur einmal vorhandenen Nutzräumen wie Küche, Bad, WC und Waschküche einschl der dort installierten Haushaltsgeräte einem Getrenntleben nicht entgegen, wenn für die übrigen Räume eine strikte Trennung besteht (BGH NJW 1979, 105; München FamRZ 2001, 1457). Gemessen an diesen Maßstäben dürfte ein Getrenntleben in einer Einzimmerwohnung praktisch nicht möglich sein (MüKo/*Weber* Rn 26). 11

Mit dem zweiten Element – **keine wesentlichen persönlichen Beziehungen** und keine gemeinsame Haushaltsführung – wird auf die personale Beziehung der Ehegatten abgestellt. Hier ist ebenfalls ein **strenger Maßstab** anzulegen. Bei einer Gesamtbetrachtung müssen sich die verbleibenden Gemeinsamkeiten als unwesentlich für das eheliche Zusammenleben darstellen (BeckOGK/*S. Kappler* Rn 36). Ein freundschaftlicher Kontakt bzw gelegentliche Versorgungsleistungen stehen dem Getrenntleben nicht entgegen. Auch persönliche Kontakte in Ausübung der gemeinsamen Elternverantwortung hindern die Annahme des Getrenntlebens nicht (Köln NJW 1987, 1561; BeckOGK/*S. Kappler* Rn 42f). Dies gilt auch für die Fortsetzung einer gemeinsamen Erwerbstätigkeit sowie für eine weitere berufliche Zusammenarbeit. Anderes gilt für eine gemeinsame Wirtschaftsführung (Zweibrücken NJW-RR 2000, 1388; München FamRZ 2001, 1457). Als Leitlinie gilt, dass es keine vermeidbaren Gemeinsamkeiten mehr geben darf bzw dass diese so selten sind, dass darin eine Fortsetzung der Haushaltsgemeinschaft in einem nennenswerten Restbestand nicht mehr erblickt werden kann (Johannsen/Henrich/Althammer/*Kappler* Rn 23 aE; Zweibrücken NJW-RR 2000, 1388). Auf die Motive der Fortführung der persönlichen Beziehungen kommt es nicht an (Aufrechterhalten des Scheins der ehelichen Gemeinschaft „im Interesse der Kinder“, vgl Stuttgart FamRZ 2002, 239). 12

IV. Subjektives Element: Trennungswille. 1. Allgemeines. Neben dem obj Element ist erforderlich, dass sich zumindest auch einer der Ehegatten subj von der Ehe gelöst hat. Die **subj Komponente** besteht nach dem Wortlaut des Gesetzes ebenfalls aus **zwei Elementen**, die kumulativ vorliegen müssen: (1) Dem erkennbaren Willen zumindest eines Ehegatten, die häusliche Gemeinschaft nicht mehr herstellen zu wollen, weil (2) die eheliche Lebensgemeinschaft von diesem abgelehnt wird. Mit diesem (zweigliedrigen) subj Element soll die Trennung als Ausdruck der Abkehr von der Ehe von den Sachverhalten unterschieden werden, in denen die Trennung ungewollt eintritt wie bei Strafhaft oder Heimunterbringung (BGH FamRZ 2016, 1142). 13

Die Kundgabe des Willens zur Trennung ist keine Willenserklärung (BGH NJW 1989, 1988), sondern eine **Tatsachenhandlung**. Sie ist nicht empfangsbedürftig (MüKo/*Weber* Rn 42 mwN). Der Wille zur Trennung setzt Geschäftsfähigkeit nicht voraus, sondern nur die Fähigkeit des geschäftsunfähigen Ehegatten, einen natürlichen 14

Willen im Hinblick auf die Ehe zu formen und zu äußern (BGH NJW 1989, 1988). Auf den Willen des gesetzl Vertreters kommt es nicht an.

15 **2. Keine Wiederherstellung der häuslichen Gemeinschaft gewollt (Trennungswille).** Für ein Getrenntleben iSd Norm ist nach dem Gesetzeswortlaut zudem der erkennbare Wille zumindest eines Ehegatten erforderlich, die eheliche Lebensgemeinschaft nicht wiederherzustellen. Dieses Kriterium dient der Abgrenzung von Lebenssachverhalten freiwilliger bzw beabsichtigter Trennung, von denen aus Sicht der Ehegatten unfreiwilligen bzw durch äußere Umstände verursachten räumlichen Trennungen. Fälle unfreiwilliger Trennung können insb bei Verbüßung von Strafhaft, Trennung zur Ausübung des Berufs, dauerhafter Unterbringung in Pflegeheimen oder psychiatrischen Einrichtungen vorliegen. Hinsichtl des Trennungswillens ist es ausreichend, wenn dieser erkennbar bei dem Ehegatten vorhanden ist, der die Trennung aufrechterhält; das Bemühen des anderen Ehegatten, die häusliche Gemeinschaft wiederherzustellen, steht dem Getrenntleben iSd Norm nicht entgegen (BGH NJW 1978, 1811).

16 **3. Ablehnung der ehelichen Lebensgemeinschaft (Trennungsmotiv).** Mit der Neufassung der Norm durch das 1. EheRG ist zur weiteren Abgrenzung die Aufnahme des Trennungsmotivs eingeführt worden. Dies ermöglicht, die Fälle, in denen zwar die Aufhebung der häuslichen Gemeinschaft willentlich (etwa aus beruflichen Gründen) erfolgt, diese ihren Grund aber nicht (auch) in der Ablehnung der ehelichen Gemeinschaft hat, von den Fällen zu unterscheiden, in denen die Ablehnung (mit)ursächlich ist. Teilw ist dies als Einführung einer „kleinen Zerrüttungsprüfung" verstanden worden. Zutr wird diese weitgehende Auffassung von BGH und hL unter Verweis auf Gesetzessystematik und Normzweck abgelehnt: Das Getrenntleben iSd § 1567 ist ein Grundelement der Zerrüttungsvermutung des § 1566 und kann daher nicht seinerseits eine Zerrüttung zur Voraussetzung haben (BGH NJW 1989, 1988; MüKo/*Weber* Rn 14).

17 Erforderlich aber auch ausreichend ist es, wenn sich die **Ablehnung** des trennungswilligen Ehegatten auf die **eheliche Lebensgemeinschaft in der bisher konkret gelebten Form** bezieht. Eine ehefeindliche Gesinnung bzw eine Scheidungsabsicht ist nicht erforderlich (BGH NJW 1989, 1988). Der Ehegatte muss auch keine Vorstellung davon haben, ob die Lebensgemeinschaft aus seiner Sicht wiederherzustellen ist. Ausreichend ist es, wenn der Ehegatte etwa den gemeinsamen Umzug in eine bestimmte Stadt oder das Zusammenleben in einem bestimmten Haus oder einer bestimmten Wohnung ablehnt (MüKo/*Weber* Rn 34). Beruht das Nichtbestehen der häuslichen Gemeinschaft auf ehefremden Gründen, liegt damit ein Getrenntleben iSd des Gesetzes nicht vor, solange die Ehegatten innerlich an der Aufrechterhaltung der Ehe festhalten.

18 **4. Erkennbarkeit.** Der Wille zur Abkehr von der ehelichen Lebensgemeinschaft muss nicht ausdrückl, insb nicht schriftlich, erklärt werden. Er muss nach dem Wortlaut der Vorschrift („erkennbar") jedoch im Verhalten des Ehegatten, der die Trennung aufrechterhält, jedenfalls aus Sicht eines obj Betrachters unmissverständlich zum Ausdruck kommen. Hinsichtl der **Erkennbarkeit** für den anderen Ehegatten wird in Rspr und Lit zutr eine differenzierte Herangehensweise gewählt. Auch hier ist wegen des besonderen verfassungsrechtl Schutzes der Ehe, Art 6 I GG, im Grundsatz die Erkennbarkeit für den anderen Ehegatten zu verlangen. Dies gilt insb in den Fällen, in denen die häusliche Gemeinschaft im Zeitpunkt der inneren Abkehr eines Ehegatten bereits nicht mehr besteht oder noch nie bestand, etwa weil der eine Ehegatte eine Strafhaft verbüßt oder in einem Pflegeheim untergebracht ist (so auch BeckOGK/*S. Kappler* Rn 54). Einschränkungen sind aber in den Fällen angezeigt, in denen der andere Ehegatte – etwa aufgrund einer fortgeschrittenen Demenz – nicht mehr in der Lage ist, ein für jeden Anderen offensichtliches Verhalten einzuordnen und zu verstehen (hierzu auch Rn 20).

19 Nach außen erkennbar ist der Trennungswille, bei einem – ohne äußeren erkennbaren Grund – Auszug aus der ehelichen Wohnung bzw bei einer vollständigen Trennung der Lebensbereiche innerhalb der ehelichen Wohnung. Zudem durch das Einleiten des Scheidungsverfahrens oder durch das Stellen von Anträgen nach §§ 1361a, 1361b. Leben die Ehegatten bereits getrennt, kommt dem subj Element besondere Bedeutung zu. Maßgebend ist insoweit, ob ein Trennungswille besteht, der in derartigen Fällen nicht allein auf die Ablehnung der – ohnehin nicht bestehenden und nicht erreichbaren – häuslichen Gemeinschaft gerichtet ist, sondern die Aufgabe der bisher noch rudimentär verwirklichten Lebensgemeinschaft insg betrifft. Das Gesetz verlangt, dass der trennungswillige Ehegatte diese Verhaltensabsicht unmissverständlich zu erkennen gibt (BGH NJW 1989, 1988). Unabhängig davon, ob die räumliche Trennung freiwilligen oder unfreiwilligen Ursprungs ist, sind also an die Erkennbarkeit des später entstandenen Trennungswillens aufgrund innerer Abkehr von der Lebensgemeinschaft strengere Anforderungen zu stellen; nach überwiegender und zutr Auffassung ist etwa ein bloßer stillschweigender Kontaktabbruch nicht ausreichend (BeckOGK/*S. Kappler* Rn 57 mwN).

20 Bei einem geistig erheblich behinderten Menschen (**Demenz**), der zur Dauerpflege untergebracht ist, ist die eheliche Gesinnung nicht an den Definitionselementen zu messen, die an einer entwickelten partnerschaftlichen Beziehung zw gesunden Ehegatten ausgerichtet sind (BGH NJW 1989, 1988). Hier sind die Anforderungen an die wechselseitige innere Bindung, ein von Achtung, Treue, Zuneigung und Rücksichtnahme geprägtes eheliches Empfinden, verbunden mit der Bereitschaft, sich in allen für das eheliche Zusammenleben wichtigen Angelegenheiten um eine Einigung zu bemühen, nicht – mehr–- zu stellen und ist auch eine noch vorhandene tiefere Einsicht in das Wesen der Ehe und der – abgelehnten – Ehescheidung nicht zu verlangen. Vielmehr reicht es aus, wenn das Verhalten des geistig behinderten Ehegatten erkennen lässt, dass ihm der nach seinem Zustand noch mögliche Rest ehelichen Empfindens geblieben ist.

5. Dauer. Der Wille zur Trennung aufgrund einer inneren Abkehr von der Ehe ist gegenwartsbezogen (MüKo/*Weber* Rn 35). Er kann jederzeit wieder aufgegeben werden. Entfällt das Trennungsmotiv, ist das Tatbestandsmerkmal nicht mehr verwirklicht (BGH NJW 1989, 1988). 21

V. Versöhnungsversuch, Abs II. 1. Zielsetzung. Die Bestimmung soll eine Wiederherstellung der Ehe erleichtern, indem nach Abs II ein Zusammenleben über kurze Zeit, das der Versöhnung der Ehegatten dienen soll, die in § 1566 bestimmte Frist nicht unterbricht oder hemmt. Dies soll bewirken, dass die Ehegatten Versöhnungsversuche nicht bereits deshalb von vornherein unterlassen, um Verzögerungen im Scheidungsprozess zu vermeiden (MüKo/*Weber* Rn 5). 22

2. Anwendungsbereich und Voraussetzungen. a) Nach dem Wortlaut der Norm bezieht sie sich auf die Fristen des § 1566. Für die Trennungsfrist in § 1565 II gilt Abs II seinem Sinn und Zweck nach analog (Hamm FamRZ 1978, 190; Celle FamRZ 1979, 234; BeckOGK/*S. Kappler* Rn 72). 23

b) Die Privilegierungsregelung des Abs II hat eine **obj** und eine **subj Komponente**, die **kumulativ** vorliegen müssen: Es muss (1) ein Zusammenleben der Ehegatten von kürzerer Dauer vorliegen (obj Element), und dieses muss (2) der Versöhnung der Ehegatten dienen (subjektives Element). Dem Wortlaut nach ist damit in obj Hinsicht zunächst erforderlich, dass die Ehegatten „zusammenleben". Nach dieser systematischen Bezugnahme auf Abs I reichen gegenseitige Besuche der Ehegatten daher idR nicht aus. Lebten die Ehegatten innerhalb der gemeinsamen Ehewohnung getrennt, ist es erforderlich, dass die häusliche Gemeinschaft (zumindest in eingeschränkten Sinnen) wieder hergestellt wird. Das erneute Zusammenleben muss – nach dem übereinstimmenden Willen beider Ehegatten – auf der Absicht beruhen, die Ehe zu retten. Die Versöhnung der Ehe muss Zweck und tragendes Motiv des Zusammenlebens sein. Es schadet jedoch nicht, wenn weitere Motive wie Mitleid mit dem anderen Ehegatten oder den gemeinsamen Kindern oder finanzielle Aspekte bei einem oder beiden Ehegatten hinzutreten. Beruht das Zusammenleben jedoch ausschließlich auf versöhnungsfremden Motiven, stellt dies keinen Versöhnungsversuch iSd Abs II dar. Ein solches Zusammenleben unterfällt nicht der Privilegierung des Abs II und führt zu einer Beendigung der Trennungszeit. 24

Wie lange ein „Zusammenleben über kurze Zeit" ist, ist gesetzl nicht definiert. In der Rspr hat sich zutr die Auffassung durchgesetzt, dass die Beurteilung eine Frage des Einzelfalls ist. Berücksichtigt werden hierbei insb die Dauer der Ehe, der Grad und ggf die Ursache der Zerrüttung. Als obere Grenze für die Jahresfristen in § 1565 II, § 1566 I wird idR wohl eine Zeitspanne von drei Monaten anzunehmen sein (hM, Saarbrücken FamRZ 2010, 469 mwN; MüKo/*Weber* Rn 59), während bei der Dreijahresfrist in § 1566 II ggf auch eine längere Zeitspanne noch als „kurze Zeit" eingeordnet werden kann. 25

3. Folgen des fristwahrenden gescheiterten Versuchs. a) Liegen die Voraussetzungen des fristwahrenden gescheiterten Versuchs vor, wird die Zeit des Versöhnungsversuchs so behandelt, als wenn die Ehegatten diesen Versuch nicht unternommen hätten. Der **Fristlauf wird nicht unterbrochen oder gehemmt.** 26

b) Die **Privilegierung** des Abs II **greift nicht**, wenn mindestens eine der Voraussetzungen nicht erfüllt ist, dh wenn das Zusammenleben nicht nur von kurzer Dauer ist oder es nicht der Versöhnung der Ehe dient (MüKo/*Weber* Rn 64ff mwN). Sie entfällt auch, wenn der Versuch erfolgreich ist und zu einer (vorübergehenden) Versöhnung der Ehegatten führt (BGH NJW 1982, 1870; Bremen FamFR 2012, 332). Leben die Ehegatten nach einer Versöhnung wieder zusammen und trennen sie sich dann erneut, sind die Trennungsfristen wieder voll einzuhalten (München FamRZ 1990, 885). Auf die Dauer zw erfolgter Versöhnung und erneuter Trennung kommt es nicht an. Haben Ehegatten nach eingeleiteter Versöhnung in einem Scheidungsverfahren ihre wechselseitigen Scheidungsanträge zurückgenommen, liegt darin eine endgültige Versöhnung, so dass im Falle eines erneuten Scheidungsbegehrens die gesetzl Trennungsfristen neu zu laufen beginnen (so Bremen MDR 2012, 918 Rn 5). 27

4. Mehrere Versuche. Auch wenn der Wortlaut der Norm von „einem" Zusammenleben spricht und damit nahelegt, dass lediglich ein Versöhnungsversuch privilegiert werden soll, sind nach allg Auffassung weitere Versöhnungsversuche von einer Privilegierung nicht grds ausgeschlossen. Bei mehrfachen Versöhnungsversuchen durch Zusammenleben sind jedoch die einzelnen Zeitspannen zu addieren (MüKo/*Weber* Rn 62). Wird die zeitl Grenze (s Rn 25) überschritten, endet das Getrenntleben (BeckOGK/*S. Kappler* Rn 89). 28

VI. Fristberechnung. Das Getrenntleben iSd § 1567 liegt vor, wenn alle Voraussetzungen – dh obj und subj Komponenten – des Abs I vorliegen. Die Frist beginnt in dem Moment, in dem die Voraussetzungen erstmals kumulativ erfüllt sind und läuft, solange die Voraussetzungen vollständig fortbestehen. 29

VII. Verfahrensrechtliche Fragen. 1. Darlegungen zur Trennung. Die Tatsache der Trennung der Ehegatten ist Scheidungsvoraussetzung (Voraussetzung für die Feststellung des Scheiterns der Ehe) und daher vom Antragsteller vorzutragen und ggf zu beweisen. Dies gilt auch für den Ablauf der Trennungszeit, da vor Ablauf des maßgeblichen Trennungszeitraums eine Ehe idR nicht geschieden werden kann (BeckOK/*Neumann* Rn 11). Bei einem Getrenntleben in der gemeinsamen Ehewohnung ist ein substantiierter Vortrag über die konkreten Umstände der personalen und räumlichen Trennung innerhalb der gemeinsamen Wohnung erforderlich (Bremen NJW-RR 2001, 3; BeckOGK/*S. Kappler* Rn 91). 30

2. Feststellungslast. Für die Tatsache des Getrenntlebens und die Dauer der Trennung gem Abs I liegt die Feststellungslast beim antragstellenden Ehegatten. Eine notarielle Vereinbarung der Eheleute, in der die Trennung zu einem bestimmten Zeitpunkt bekundet wird, ist kein Beweis für eine Trennung, wenn die häusliche Gemeinschaft tatsächlich über diesen Zeitpunkt hinaus fortbestand (Koblenz FamRZ 2015, 1116). Der Antragsgeg- 31 ner trägt die Feststellungslast für die Beendigung bzw Unterbrechung des Getrenntlebens (BeckOGK/*S. Kappler* Rn 92f mwN). Hinsichtl des Versöhnungsversuchs in Abs II liegt die Feststellungslast dafür, dass das Zusammenleben nicht nur der Versöhnung diente bzw nicht lediglich von kurzer Dauer war (Celle FamRZ 1979, 234; München FamRZ 1990, 885) bzw zu einer (vorübergehenden) Versöhnung führte ebenfalls beim Antragsgegner.

§ 1568 Härteklausel

(1) Die Ehe soll nicht geschieden werden, obwohl sie gescheitert ist, wenn und solange die Aufrechterhaltung der Ehe im Interesse der aus der Ehe hervorgegangenen minderjährigen Kinder aus besonderen Gründen ausnahmsweise notwendig ist oder wenn und solange die Scheidung für den Antragsgegner, der sie ablehnt, aufgrund außergewöhnlicher Umstände eine so schwere Härte darstellen würde, dass die Aufrechterhaltung der Ehe auch unter Berücksichtigung der Belange des Antragstellers ausnahmsweise geboten erscheint.

(2) (weggefallen)

1 **I. Zweck und Einordnung der Vorschrift. 1. Normzweck.** Die Vorschrift soll nicht die **Scheidung** einer Ehe schlechthin, sondern im Einzelfall die Scheidung **zur „Unzeit" verhindern.** Die Bestimmung dient dem Schutz der gemeinsamen Kinder der Ehegatten und des nicht scheidungswilligen Ehegatten. Diese sollen vor besonderen, durch die Scheidung verursachten Härten zur Unzeit geschützt werden und durch eine längere Übergangszeit die Möglichkeit erhalten, sich auf die geänderten Lebensumstände einzustellen. Mit dieser zeitl begrenzten Ausnahmevorschrift soll ein verfassungskonformer Ausgleich zw den tangierten verfassungsrechtl geschützten Interessen (s Rn 2) erfolgen.

2 **2. Verfassungsrecht.** Mit der Härteklausel hat der Gesetzgeber die Möglichkeit der Zerrüttungsscheidung, die eine Lösung des grds auf Lebenszeit geschlossenen Ehebandes auch gegen den Willen eines der Ehegatten ermöglicht, in verfassungsrechtl zulässiger und gebotener Form beschränkt. Das BVerfG hat die geltende Regelung als verfassungsmäßig bestätigt: Der Scheidungswillige müsse die Beschränkung aufgrund der fortwirkenden personalen Verantwortung der Ehegatten hinnehmen (BVerfG FamRZ 1981, 15; 2001, 986). Art 6 I GG verpflichte den Gesetzgeber, das Scheidungsrecht so zu regeln, dass eine Scheidung von Ehen als Folge einer auf Lebenszeit angelegten Ehe und zum Schutz des nicht scheidungsbereiten Partners auch bei gescheiterten Ehen zur Unzeit verhindert werde, um dem nicht scheidungsbereiten Ehegatten eine Umstellung auf die veränderte Lage zu erleichtern (BVerfGE 53, 224, 250f). Ein darüberhinausgehendes Recht auf Scheidung gewähre Art 6 I GG nicht. Insoweit unterliege die Wiedererlangung der Eheschließungsfreiheit des anderen Ehegatten gewissen Einschränkungen (BVerfGE 53, 224, 250f). Die Kinderschutzklausel ist Ausfluss des besonderen Schutzes der Familie, Art 6 I GG.

3 **3. Entstehungsgeschichte.** Die geltende Vorschrift wurde mWz 1.7.1977 in das Gesetz aufgenommen und bestand ursprünglich aus zwei Absätzen. Der Inhalt der Härteklausel gehörte zu den umstrittensten Bestimmungen des neuen materiellen Scheidungsrechts. Im Zuge der Gesetzgebungsdiskussion wurde der Inhalt der Vorschrift – auch wegen der verfassungsrechtl Kritik – erheblich geändert und die Befristung zum zentralen Bestandteil (Johannsen/Henrich/Althammer/*Kappler* Rn 1ff). Die ursprünglich in Abs II enthaltene ausnahmslose Grenze von fünf Jahren wurde durch das UÄndG v 20.2.1986 (BGBl I 1986, 301) ersatzlos gestrichen, nachdem das BVerfG (FamRZ 1981, 15) diese Bestimmung für nicht mit Art 6 I GG vereinbar erklärt hatte.

4 **4. Regelungsgehalt.** § Die Vorschrift enthält zwei Tatbestände mit unterschiedlichen Voraussetzungen und unterschiedlichen Schutzrichtungen. Die „Kinderschutzklausel" in Abs I Hs 1 (Rn 9ff) ist zwingendes Recht und steht nicht zur Disposition der Ehegatten. Im Verfahren ist sie von Amts wegen zu beachten. Die „Ehegattenschutzklausel" in Abs I Hs 2 (Rn 13ff) ist als Einrede ausgestaltet (MüKo/*Weber* Rn 36; aA offenbar Johannsen/Henrich/Althammer/*Kappler* Rn 37). Der Antragsgegner kann – auch wenn die Voraussetzungen für ihre Anwendung vorliegen – auf die Geltendmachung verzichten. Eine vorherige vertragl Disposition wird jedoch als unwirksam angesehen (BeckOGK/*Coester-Waltjen* Rn 16).

5 **5. Rechtsnatur.** § 1568 ist eine **abschließende Sondervorschrift**; für eine Anwendung des allg Missbrauchstatbestands gem § 242 ist daneben kein Raum (MüKo/*Weber* Rn 11, 31, 36; Staudinger/*Rauscher* Rn 28). Als Ausnahmevorschrift ist an die Feststellungen ein strenger Maßstab anzulegen (Grü/*Siede* Rn 1).

6 **II. Anwendungsgrundsätze. 1. Ausnahme.** Die Scheidung ist die Regel, wenn die Ehe gescheitert und die Trennungszeit abgelaufen ist (§§ 1564–1566). Die Härteklauseln des § 1568 sind eng auszulegende Ausnahmevorschriften. Das Gericht braucht im Beschl den Ausnahmetatbestand des § 1568 nicht zu erwähnen, wenn hierzu aufgrund des Sachverhalts keine Veranlassung besteht.

7 **2. Prüfungsreihenfolge.** Die Tatbestände der Härteklauseln sind erst zu prüfen, wenn die Voraussetzungen für eine Scheidung nach §§ 1564–1566 festgestellt sind („obwohl die Ehe gescheitert ist"). Erst dann ist zu entscheiden, ob die Ehe dem Bande nach ausnahmsw wegen besonderer Umstände im Interesse des Kindes (Abs I Hs 1) oder des anderen Ehegatten (Abs I Hs 2) aufrechtzuerhalten ist.

8 **3. Rechtsfolge.** Liegen die Voraussetzungen eines der beiden Tatbestände in der letzten mündlichen Verhandlung vor, hat das Gericht **kein Ermessen.** Der Ausdruck „soll nicht geschieden werden" steht in Korrespondenz zu „kann geschieden werden" in § 1565. Sind die Voraussetzungen einer Härteklausel zu bejahen, darf die Ehe nicht geschieden werden (allgM, Grü/*Siede* Rn 1). Mit den Worten „wenn und solange" wird bei beiden Schutz-

klauseln klargestellt, dass die Vorschrift **keine dauerhafte Scheidungssperre** bewirkt. Die Härtegründe können zwar durch Zeitablauf an Gewicht verlieren, der Ausspruch einer Scheidung für einen künftigen Zeitpunkt aufgrund einer Prognose ist jedoch unzulässig. Liegen die Anwendungsvoraussetzungen vor, ist der Scheidungsantrag vom Gericht abzuweisen bzw das Verfahren auf entspr Antrag eines Ehegatten nach § 136 FamFG auszusetzen. Im Fall der Abweisung oder Rücknahme kann der Scheidungsantrag, gestützt auf veränderte Tatsachen, jedoch erneut gestellt werden.

III. Kinderschutzklausel, Abs I Hs 1. 1. Überblick. Die **von Amts wegen** zu beachtende Kinderschutzklausel findet auf alle Scheidungen Anwendung, auch auf solche, die von den Ehegatten einvernehmlich betrieben werden (Soergel/*Heintzmann* Rn 6). Für die betroffenen Kinder führen Trennung und Scheidung in aller Regel zu einer erheblichen Veränderung ihrer persönlichen wie materiellen Lebenssituation. Voraussetzungen der Norm sind, dass der Scheidungsausspruch (1) für ein gemeinsames Kind (2) eine besondere Härte darstellt und (3) die Aufschiebung der Scheidung die ultima ratio zum Schutz des Kindeswohls darstellt. 9

2. Gemeinsames Kind. Unter den Anwendungsbereich der Kinderschutzklausel fallen alle gemeinsamen minderjährigen Kinder der Ehegatten; sie ist auch bei gemeinsamen Adoptivkindern und angenommenen Stiefkindern gem § 1754 anwendbar (BeckOGK/*Coester-Waltjen* Rn 18). 10

3. Härtegründe. Nach dem Wortlaut des Gesetzes müssen **„besondere Gründe“** vorliegen und diese aus dem Scheidungsausspruch resultieren. Daher scheiden alle bereits mit der Trennung üblicherweise verbundenen nachteiligen Folgen grds als Härtegründe aus. Die dem § 1568 unterfallenden Folgen müssen also zu den trennungsbedingten Folgen hinzutreten. Die Veränderung der Lebenssituation als solche, insb die Veränderung der Wohnsituation und der wirtschaftl Lage, sind typische Folgen von Trennung und Scheidung und unterfallen damit idR nicht dem § 1568. Eine Sondersituation ist dann anzunehmen, wenn der Scheidungsausspruch dazu führen würde, dass der Kontakt zw dem Kind und einem Elternteil aufgrund aufenthaltsrechtl Bestimmungen gefährdet wäre (BeckOGK/*Coester-Waltjen* Rn 22). Wirtschaftl Interessen des Kindes begründen idR keinen besonderen Grund; dies gilt insb auch für die Möglichkeit der Eltern zu einer neuen Eheschließung und einer daraus resultierenden wirtschaftl Schlechterstellung des Kindes (BeckOK/*Neumann* Rn 7 mwN). Relevanz kann die Vorschrift am ehesten im Zusammenhang mit immateriellen, psychischen Gründen entfalten. Aus der Rspr ist eine Untersagung wegen eines drohenden Suizids des Kindes bekannt (Köln FamRZ 1998, 827). Als weitere denkbare Anwendungsfälle werden in der Lit Sachverhalte diskutiert, in denen bei einer Erkrankung oder Verletzung des Kindes eine zusätzl emotionale Belastung durch den Scheidungsausspruch der Genesung des Kindes abträglich wäre. 11

4. Notwendigkeit. Weitere Voraussetzung ist, dass es im Interesse des Kindes „ausnahmsw notwendig“ ist, die Ehe dem Bande nach aufrechtzuerhalten. Dh die Ablehnung der Scheidung muss **das einzige geeignete Mittel sein, um der besonderen Gefährdung des Kindes zu begegnen** (jurisPK/*Körper* Rn 10). Andere geeignete Maßnahmen dürfen nicht in Betracht kommen. Da die formale Aufrechterhaltung einer zerrütteten Ehe einem Kind nur in den seltensten Fällen den erforderlichen Halt geben können wird, sind die Hürden für die Anwendung der Vorschrift in der Praxis so hoch, dass sie – soweit ersichtlich – kaum praktische Wirkung entfaltet. 12

IV. Ehegattenschutzklausel. 1. Überblick. Mit dem Trennungsjahr ist dem Antragsgegner bereits gesetzl eine Übergangszeit eingeräumt, die ihm ermöglicht, sich auf die geänderten Lebensumstände einzustellen. Diese Zeit kann in Ausnahmefällen nicht ausreichend sein. Die Bestimmung ist anzuwenden, wenn die folgenden **Voraussetzungen kumulativ** vorliegen: (1) Die **Scheidung wird** vom Antragsgegner **abgelehnt**, (2) es liegen **„außergewöhnliche Umstände“** vor, die (3) ausnahmsw zu einer **„nicht zumutbaren Härte“** führen und die es (4) auch bei **Abwägung** mit den Belangen des Antragstellers **geboten** erscheinen lassen, die **Ehe aufrecht zu erhalten.** 13

2. Ablehnung der Scheidung. Erforderlich ist, dass der Antragsgegner die Scheidung ablehnt. Nicht erforderlich ist es, dass er selbst die eheliche Lebensgemeinschaft fortsetzen will (BGH NJW 1984, 2353). Geschützt ist nicht die Ehe als Ganze, sondern die soziale Schutzfunktion der Institution (MüKo/*Weber* Rn 34). Fehlt dem Antragsgegner die Bereitschaft zur Wiederaufnahme der ehelichen Gemeinschaft, wird sich eine schwere Härte iSd Vorschrift allerdings nur ausnahmsw feststellen lassen (BGH FamRZ 1985, 905–908; vgl auch Rn 17). 14

3. Außergewöhnliche Umstände. Außergewöhnliche Umstände iSd Norm sind nur solche, die von den gewöhnlichen normalen Gegebenheiten gescheiterter Ehen abweichen (BGH NJW 1979). Die unerträgliche Belastung für den Antragsgegner muss **durch den Scheidungsausspruch selbst** eintreten, nicht durch die Trennung oder das Scheitern der Ehe (BGH FamRZ 1979, 422; 1981, 1161). Die Umstände können im immateriellen oder im materiellen Bereich liegen. Im ersteren wird dies häufiger der Fall sein als im letzteren, weil die materiellen Härten durch die Regelung der Scheidungsfolgen entweder linderbar oder eher hinzunehmen sind als die Zerstörung sozialer Kontakte und Vereinsamung als Folge der Scheidung. Befindet sich der ablehnende Ehegatte in einer psychischen Ausnahmesituation, kommt es entscheidend auf die Frage an, ob und inwieweit er sein Verhalten in ausreichendem Maße verantwortlich steuern kann. Als außergewöhnlich kann es dabei schon angesehen werden, wenn die Fähigkeit des betroffenen Ehegatten zu einem eigenverantwortlichen Handeln durch eine psychische Störung erheblich eingeschränkt ist. 15

Bejaht wurde das Vorliegen außergewöhnlicher Umstände in der Rspr bei schweren Erkrankungen im fortgeschrittenen Stadium (BVerfG FamRZ 2001, 986; BGH FamRZ 1985, 905); bei psychischen Ausnahmesituationen, insb wenn diese zur Einschränkung der Steuerungsfähigkeit des betroffenen Ehegatten führen (Suizidgefahr, BGH FamRZ 1981, 1161; 1984, 559); bei Alleinlassen zu einer Zeit besonderer Schicksalsschläge (BGH 16

FamRZ 1979, 422: Unfalltod des Kindes); bei schicksalhaftem Verlauf der Ehe (Hamm FamRZ 1985, 189: langjährige Pflege eines schwerbehinderten Kindes); bei hohem Lebensalter und Pflegebedürftigkeit bei sehr langer Ehe (Stuttgart NJW-RR 2002, 1443); bei Abhängigkeit des Aufenthaltsstatus des pflegebedürftigen Ehegatten von der dt Staatsangehörigkeit des anderen Ehegatten (AG Berlin-Tempelhof FamRZ 2014, 1780). **Verneint** wurde dies in der Rspr allein aufgrund von langer Ehedauer und Alter des Ehegatten (Nürnberg FamRZ 1979, 818, 819); dem einseitigen Ausbrechen eines Ehegatten aus der Ehe und der Begründung einer neuen Beziehung (BGH FamRZ 1981, 1161); dem schlechten Gesundheitszustand des Ehegatten (BGH FamRZ 1979, 469), auch bei Gefahr der Verschlechterung in Folge der Belastung durch die Scheidung; bei widersprechenden religiösen oder weltanschaulichen Überzeugungen (Unauflöslichkeit der Ehe, Hamm FamRZ 1989, 1188); wegen der Belastung durch eine neue Partnerschaft des Ehegatten; bei tätlicher Auseinandersetzung (Stuttgart FamRZ 2002, 239); bei dem Erfordernis zur Inanspruchnahme von Sozialhilfe infolge der Scheidung (Bamberg FamRZ 2005, 810); bei Verlust der langjährigen Wohnung (BGH FamRZ 1984, 559); bei Selbsttötungsgefahr, solange dem Ehegatten die Verantwortlichkeit für sein Verhalten zurechenbar ist (BGH FamRZ 1981, 1161; 1984, 559).

17 **4. Schwere Härte.** Die außergewöhnlichen Umstände müssen es bedingen, dass die Auswirkungen der Scheidung für den anderen Ehegatten bei seiner (subjektiven) körperlichen, geistigen und psychischen Verfassung die Intensität einer schweren, ihm ausnahmsw nicht mehr zumutbaren Härte erreichen (BGH FamRZ 1979, 422). Dies wird im Allg zu verneinen sein, wenn ihm selbst die innere Bereitschaft, sei es auch krankheitsbedingt, fehlt, die Ehe fortzusetzen (BGH FamRZ 1981, 649; 1985, 905; BVerfG FamRZ 2001, 986). Ausnahmsw kann eine schwere Härte aber auch dann anzunehmen sein, wenn dem Antragsteller selbst die Bereitschaft zur Wiederaufnahme der ehelichen Lebensgemeinschaft fehlt (BGH NJW 1985, 2531). Die Feststellungen, ob die Auswirkungen auf den betroffenen Ehegatten von ausreichendem Gewicht sind, sind im Zweifel mithilfe eines Sachverständigen zu treffen.

18 **5. Abwägung.** Der Gesetzeswortlaut stellt klar, dass auch bei besonderer Härte für den Antragsgegner der Scheidungsantrag nicht in jedem Fall abzuweisen ist. Vielmehr handelt es sich um Gesichtspunkte, die zusammen mit allen übrigen **Umständen des Einzelfalls** in eine Abwägung einfließen müssen. Bei der Frage der Schutzbedürftigkeit der Ehe sind die Rechte des Antragstellers und die des anderen Ehegatten gegeneinander abzuwägen (BVerfG FamRZ 2001, 986; Hamm NJW-RR 1989, 1159; s auch Rn 1). Als Belange des Antragstellers sind besonders dessen Interesse an der Wiedererlangung der Eheschließungsfreiheit sowie dessen wirtschaftl Belange, wie die fortdauernde Unterhaltsverpflichtung bei Aufrechterhaltung des Ehebandes, zu berücksichtigen.

19 **6. Notwendigkeit.** Die Aufrechterhaltung der Ehe muss zur Abwendung der unzumutbaren Härte „geboten" sein, dh die Abweisung des Scheidungsantrags muss im gegenwärtigen Zeitpunkt das einzige Mittel sein, die sonst eintretende unerträgliche Lage für den anderen Ehegatten zu vermeiden. Daran fehlt es etwa, wenn diese durch eine Regelung von Scheidungsfolgen im Verbund abgewendet werden kann oder wenn die äußeren Strukturen, die der andere Ehegatte zum Ersatz der mangelnden inneren Strukturen benötigt, durch andere Maßnahmen gesichert werden könnten (BVerfG FamRZ 2001, 986).

20 **VI. Verfahrensrechtliche Fragen. 1. Reichweite der Amtsermittlung.** Für die **Kinderschutzklausel** gilt der Amtsermittlungsgrundsatz des § 127 I FamFG auch bei einverständlicher Scheidung uneingeschränkt. Gem § 127 II FamFG sind die Belange der Kinder, die für die Aufrechterhaltung der Ehe sprechen, auch dann zu berücksichtigen, wenn sie von einem nicht vertretenen Beteiligten in das Verfahren eingebracht werden; die Gegenausnahme des § 127 III FamFG gilt für die Kinderschutzklausel nicht (Musielak/Borth/Borth/*Grandel* § 127 FamFG Rn 8). Hinsichtl der **Ehegattenschutzklausel** wird der Amtsermittlungsgrundsatz des § 127 I FamFG durch § 127 III FamFG beschränkt. Nach § 127 III FamFG darf das Gericht im Rahmen der Ehegattenschutzklausel nur solche außergewöhnlichen Umstände berücksichtigen, die vom ablehnenden Ehegatten im Verfahren selbst vorgebracht worden sind. Der Antragsteller kann seine Berufung auf die Härteklausel bis zum Schluss der mündlichen Verhandlung zurücknehmen (MüKo/*Weber* Rn 77; Johannsen/Henrich/Althammer/*Kappler* Rn 38).

21 **2. Anwaltliche Vertretung.** Der Vortrag von Härtegründen und dessen Rücknahme unterliegen **nicht** dem **Anwaltszwang** nach § 114 I FamFG (hM BeckOGK/*Coester-Waltjen* Rn 48; Staudinger/*Rauscher* Rn 17, jew mwN; aA Johannsen/Henrich/Althammer/*Kappler* Rn 40), da § 127 III FamFG nur die Amtsermittlung ausschließt, nicht aber die Berücksichtigung der außergewöhnlichen Umstände. Zwar kann im Hinblick auf den Anwaltszwang der nicht anwaltlich vertretene Beteiligte nicht wirksam handeln, insb keine Anträge stellen, er ist aber im Hinblick auf den in Ehesachen geltenden Untersuchungsgrundsatz am Verfahren zu beteiligen. Zudem sind beide Ehegatten gem § 128 FamFG persönlich anzuhören. Die Ergebnisse dieser Anhörung hat das Gericht zu berücksichtigen. Andernfalls wäre die Anhörung reiner Formalismus. Das Gericht muss dann von Amts wegen würdigen, ob die Bestimmung des § 1568 erfüllt ist (MüKoFamFG/*Lugani* § 127 Rn 23). Auch für die Rücknahme der Berufung auf die Härteklausel benötigt der Antragsteller keinen Anwalt (MüKo/*Weber* Rn 77).

22 **3. Darlegungs- und Feststellungslast.** Im Rahmen der **Ehegattenschutzklausel** trägt der Ehegatte, der sich auf die Schutzvorschrift des Abs I Hs 2 beruft, die **Darlegungs- und Feststellungslast.** Er muss die außergewöhnlichen Umstände und die für ihn daraus resultierende Härte hinreichend konkret vortragen. Nicht ausreichend ist ein allg Widerspruch gegen den Scheidungsantrag (Brandenburg FamRZ 2013, 301).

23 **4. Aussetzung.** Das Verfahren kann nicht ausgesetzt werden, solange ein Härtegrund besteht (Hamburg FamRZ 1986, 469).

5. Neuer Scheidungsantrag nach Abweisung wegen Härteklausel. Wurde die Scheidung aufgrund der Härteklausel verweigert, kann ohne jede Sperrwirkung ein neuer Antrag auf Scheidung mit der Behauptung gestellt werden, der Härtegrund bestehe nicht mehr. Eine Bindung an eine Zukunftsprognose im Erstbeschluss besteht nicht (jurisPK/*Körper* Rn 16). 24

Untertitel 1a
Behandlung der Ehewohnung und der Haushaltsgegenstände anlässlich der Scheidung (§§ 1568a–1568b)

Vorbemerkung vor § 1568a

Schrifttum: *Abramenko*, Risiken bei der Wohnungsüberlassung nach § 1568a Abs 3 Nr 1, FamRB 2013, 91; *Dutta/Jacoby/Schwab*, FamFG Kommentar, 4. Aufl 2021; *Erbarth*, Die Ansprüche auf Überlassung der Ehewohnung zur Alleinnutzung, NJW 2019, 1169; *Erbarth*, Grundsätze des Verfahrens in Ehewohnungs- und Haushaltssachen, NZFam 2014, 515; *Gerhardt/v Heintschel-Heinegg/Klein* Handbuch des Fachanwalts Familienrecht, 12. Aufl 2021; *Götz/Brudermüller*, Die gemeinsame Wohnung – Begründung, Änderung und Aufhebung der Rechtsverhältnisse, Wohnungszuweisung, Gewaltschutz, 2008; *Götz/Brudermüller*, Wohnungszuweisung und Hausratsteilung, NJW 2008, 3025; *Götz/Brudermüller*, Wohnungszuweisungs- und Hausratssachen, FPR 2009, 38; *Götz/Brudermüller*, Die „Rechtsnachfolger" der Hausratsverordnung, FamRZ 2009, 1261; *Johannsen/Henrich/Althammer* Familienrecht, 7. Aufl 2020; *Krause*, Die Änderungen betreffend Ehewohnung und Haushaltsgegenstände nach neuem Güterrecht, ZFE 2008, 448; *Neumann*, Ende der Hausratsverordnung in Sicht, FamRB 2008, 191; *Roth*, Die Zuweisung von Hausrat und Ehewohnung nach dem Entwurf eines Gesetzes zur Änderung des Zugewinnausgleichs- und Vormundschaftsrechts, FamRZ 2008, 1388; *Schulte-Bunert/Weinreich*, FamFG Kommentar, 7. Aufl 2023; *Wönne*, Abgrenzung von Zugewinnausgleich zu Hausratsverordnung und Versorgungsausgleich unter Berücksichtigung der Strukturreform, FPR 2009, 293.

I. Entstehungsgeschichte. Bis zum 1.9.2009 enthielt das BGB keine Regelungen zum Umgang mit Ehewohnung und Haushaltsgegenständen im Fall der Scheidung. Bis dahin richtete sich die Verteilung nach der HausratsV, die mWv 1.9.2009 ersatzlos aufgehoben wurde. Die materiellen Voraussetzungen für die Wohnungsüberlassung und die Zuteilung von Haushaltsgegenständen nach Rechtskraft der Scheidung werden seitdem im Scheidungsfolgenrecht des BGB in den §§ 1568a und 1568b geregelt. Im Unterschied zu den Vorgängerregelungen der HausratsV sind die §§ 1568a, 1568b als Anspruchsgrundlage konzipiert. Sie gewähren einen Anspruch iSd § 194, während die HausratsV eine Aufteilung und Zuweisung nach Ermessen des Gerichts vorsah. Die entspr verfahrensrechtl Vorschriften sowohl für die Behandlung der Ehewohnung wie für die Verteilung der Haushaltsgegenstände finden sich in §§ 200–209 FamFG, die Kostenvorschriften im FamGKG. Eine Orientierung an der Rspr zur HausratsV kommt nur in Betracht, soweit die Konzeption als Anspruchsgrundlage dem nicht entgegensteht. 1

II. Verfassungsmäßigkeit. Die §§ 1568a, 1568b – die sowohl in die Rechte der Ehegatten als auch in die Rechte Dritter eingreifen – sind verfassungsgemäß; sie rechtfertigen sich aus den Nachwirkungen der ehelichen Lebensgemeinschaft und dem Umstand, dass ansonsten kaum lösbare Schwierigkeiten bei der Auseinandersetzung auftreten würden (Soergel/*Heintzmann* Rn 5). Dies hat das BVerfG hinsichtl der vergleichbaren Vorschriften der alten HausratsV mehrfach bestätigt (BVerfG FamRZ 2006, 1596; FamRZ 1991, 1413). 2

III. Geltungsbereich. Die § 1568a, § 1568b betreffen die **Eheleute anlässlich der Scheidung**. Die Vorschriften sind **unabhängig vom Güterstand** der Ehegatten anwendbar. Über § 1318 IV gelten sie auch für den Fall der **Eheaufhebung** und über § 17 LPartG für **gleichgeschlechtliche Partnerschaften**. Dagegen sind sie weder direkt noch analog bei der Auseinandersetzung einer nichtehelichen Lebensgemeinschaft anwendbar. Eine analoge Anwendung der Vorschriften verbietet sich, weil keine planwidrige Regelungslücke vorliegt. Die Frage wird seit langem diskutiert, gleichwohl hat der Gesetzgeber in Kenntnis der Situation die nichteheliche Lebensgemeinschaft nicht in den Anwendungsbereich mit einbezogen. Für den Zeitraum der Trennung der Eheleute bis zur rechtskräftigen Scheidung gelten die §§ 1361a (Verteilung der Haushaltsgegenstände) und 1361b (Ehewohnung bei Getrenntleben). Diese ermöglichen vorläufige Regelungen für die Trennungszeit und sehen keine abschließende Auseinandersetzung vor (Brandenburg FamRZ 2000, 1102), die für den Fall des endgültigen Scheiterns der Ehe zu erfolgen hat. Durch die Vorschriften sollen Regelungen **anlässlich der Scheidung**, dh **für die Zeit nach der Scheidung** (BeckOK/*Neumann* § 1568a Rn 4, § 1568b Rn 4), ermöglicht werden. Entspr sind die §§ 1568a und 1568b auf eine endgültige Entscheidung bzgl der Ehewohnung und der Haushaltsgegenstände gerichtet. 3

IV. Einigung der Ehegatten. Eine Einigung der Ehegatten steht den Ansprüchen aus §§ 1568a, 1568b nicht entgegen (anders als nach altem Recht, § 1 HausratsV); die fehlende Einigung ist nicht ungeschriebenes Tatbestandsmerkmal; dies ergibt sich bereits aus der Konzeption als Anspruchsgrundlage. Eine vollständige, vorbehaltlose und wirksame Einigung lässt das erforderliche Rechtsschutzbedürfnis für eine gerichtliche Geltendmachung jedoch entfallen (Grü/*Götz* § Einf v § 1568a, § 1568b Rn 4; Johannsen/Henrich/Althammer/*Dürbeck* § 200 FamFG Rn 15; s hierzu auch § 1568a Rn 13). 4

V. Prozessuales. 1. Zuständiges Gericht. Die **ausschließlich sachlich-funktionale Zuständigkeit** für Ansprüche aus § 1586a, 1568b liegt, soweit es sich um eine Familiensache handelt, beim **Familiengericht** am AG. Hinsichtl der Ansprüche aus § 1568a – mit Ausnahme des Anspruchs aus § 1568a III Nr 1 – ergibt sich dies aus § 111 Nr 5, § 200 I Nr 2 FamFG, nach dem das FamG für die Entscheidung über Ehewohnungssachen aus § 1586a zuständig ist. Hinsichtl der Ansprüche aus § 1568b folgt dies aus § 111 Nr 5, § 200 II Nr 2 FamFG; dies 5 gilt auch, wenn der Anspruch durch vertragl Vereinbarung modifiziert ist (BGH FamRZ 2017, 1608 zum modifizierten Anspruch auf Ausgleichszahlung). Hinsichtl des Anspruchs auf Mitwirkung bei der Abgabe der Erklärung ggü dem Vermieter nach § 1568a III Nr 1 ergibt sich die Zuständigkeit aus § 111 Nr 10, 112 Nr 2, § 266 I Nr 3 FamFG (Frankfurt FamRZ 2018, 614).

6 Die **ausschließliche örtliche Zuständigkeit** richtet sich nach §§ 201 f FamFG bzw §§ 267 f FamFG. § 201 FamFG regelt **die örtliche Zuständigkeit** iS einer sich von Nr 1 nach Nr 4 ausschließenden Rangfolge. Vorrangig ist das Gericht der Ehesache örtlich zuständig. Diese ausschließliche Zuständigkeit gilt auch dann, wenn sich die Ehesache mittlerweile in der Berufungsinstanz befindet, und bleibt auch bestehen, wenn die Anhängigkeit der Ehesache nachträgl endet, etwa durch Antragsrücknahme oder Rechtskraft der Scheidung (perpetuatio fori). Nachrangige Zuständigkeiten können durch den Ort der gemeinsamen Wohnung, den gewöhnlichen Aufenthaltsort des Antragsgegners und schließlich den des Antragstellers begründet werden. Wird nachträgl eine Ehesache bei einem anderen Gericht **rechtshängig**, ist die Ehewohnungs- bzw Haushaltssache von Amts wegen an dieses Gericht abzugeben, § 202 FamFG.

7 **2. Anzuwendendes Verfahrensrecht.** Bei Verfahren nach **§ 1568a** handelt es sich gem § 200 I Nr 2 FamFG um Ehewohnungssachen: Das Verfahren in Ehewohnungssachen ist in den §§ 200ff FamFG geregelt. Dies gilt auch für die Ansprüche aus § 1568a, die zw Ehegatten und Dritten geltend gemacht werden (Soergel/*Heintzmann* Vor §§ 1568a–1568b Rn 12). Abw gilt für den Anspruch auf Mitwirkung an der Mitteilung ggü dem Vermieter aus § 1568a III Nr 1, der als sonstige Familienstreitsache eingeordnet wird (Frankfurt FamRZ 2018, 614), und dessen Verfahren sich entspr nach § 112 Nr 2, §§ 266ff FamFG richtet.

8 Bei Verfahren nach **§ 1568b** handelt es sich gem § 200 II Nr 2 FamFG um Haushaltssachen; das Verfahren ist in den §§ 200ff FamFG geregelt. Alle (sonstigen) Benutzungs-, Besitz- und Herausgabestreitigkeiten zw geschiedenen Ehegatten gelten als sonstige Familiensachen iSd § 226 I FamFG (Soergel/*Heintzmann* Vor §§ 1568a–1568b Rn 13). Begehrt ein Ehegatte Schadensersatz oder (anteilige) Erlösherausgabe, weil der andere Ehegatte im Miteigentum der Ehegatten stehende Haushaltsgegenstände veräußert hat, handelt es sich ebenfalls um eine sonstige Familiensache iSd § 266 I FamFG.

9 **3. Beteiligte und Postulationsfähigkeit. a) Beteiligte.** Beteiligte in Verfahren aus §§ 1568a, 1568b sind zunächst die **beiden Ehegatten**, § 7 I, II FamFG. Verstirbt einer der Ehegatten vor Abschluss des Verfahrens, ist dieses gem § 208 FamFG gegenstandslos. Nach § 7 II Nr 1 FamFG sind zudem die Personen notwendig zu beteiligen, die durch den Rechtsstreit unmittelbar betroffen sind. Für Ehewohnungssachen iSd **§ 1568a** wird die Frage der **weiteren notwendig Beteiligten** durch die §§ 204, 205 FamFG konkretisiert, hierzu zählen gem § 204 I FamFG Vermieter oder Untervermieter der Wohnung, Grundstückseigentümer, Dritte nach § 1568a IV (ArbGeb oder Dienstberechtigte) sowie Personen, mit denen die Ehegatten oder einer von ihnen hinsichtl der Wohnung in Rechtsgemeinschaft steht. Hinsichtl der letztgenannten Personen reicht eine unmittelbare Betroffenheit nicht aus; erfasst sind nur Personen, die eigene dingliche oder schuldrechtl Besitzrechte an der Wohnung haben (MüKo/*Wellenhofer* § 1568a Rn 69). Bei Existenz minderjähriger Kinder ist auf Antrag auch das **Jugendamt** (§ 204 II FamFG) zu beteiligen, das gem § 205 I FamFG vor einer Entscheidung grds anzuhören ist.

10 **b) Postulationsfähigkeit.** Soweit die Ansprüche aus §§ 1568a, 1568b im **isolierten Verfahren** geltend gemacht werden, besteht – da es sich nicht um Streitsachen handelt – kein Anwaltszwang. Etwas anderes gilt, wenn über eine Ehewohnungs- bzw Haushaltssache im **Verbund** entschieden wird. Im Verbund besteht für die Ehegatten gem § 114 I FamFG Anwaltszwang, beteiligte Dritte sind auch im Verbundverfahren vom Anwaltszwang ausgenommen (Johannsen/Henrich/Althammer/*Dürbeck* § 200 FamFG Rn 37).

11 **4. Verbund.** Die Ansprüche aus §§ 1568a, 1568b können nach § 137 II Nr 3 FamFG als Folgesache in den Verbund einbezogen werden. Sie können aber auch im isolierten Verfahren geltend gemacht werden.

12 **5. Verfahren. a) Antragsverfahren.** Verfahren nach §§ 1568a, 1568b werden **nur auf Antrag** eines Ehegatten eingeleitet, § 203 I FamFG. Der Antrag ist nicht fristgebunden. Beidseitige Anträge sind möglich.

13 **b) Inhalt der Antragsschrift.** In Verfahren nach **§ 1568a** soll der Antrag gem § 203 III FamFG die Angabe enthalten, ob Kinder im Haushalt der Ehegatten wohnen. Dies soll sicherstellen, dass frühzeitig eine sachgerechte Beteiligung des Jugendamts veranlasst werden kann (§ 204 II FamFG) und so die Belange der minderjährigen Kinder im Verfahren geschützt werden können. Da der Beschlusstenor vollstreckungsfähig sein muss, müssen die Anträge eindeutig formuliert sein. Dh, die Wohnung, die zugewiesen werden soll, ist genau zu bezeichnen. Soll ein Räumungstitel geschaffen werden, ist auch die Räumung zu beantragen. Sollen Räumungsfristen gewährt werden, ist auch das zu beantragen. Grds geht der Räumungstitel nur auf die Person des weichenden Ehegatten, da in aller Regel die Haushaltsgegenstände in der Wohnung verbleiben sollen. Gegenstände, die der weichende Ehegatte zu entfernen hat, sind daher im Antrag zu bezeichnen.

14 In Verfahren nach **§ 1568b** soll der Antrag gem § 203 II 1FamFG die Angabe der Gegenstände enthalten, deren Zuteilung begehrt wird. Zudem soll dem Antrag eine Aufstellung sämtlicher Haushaltsgegenstände beigefügt werden, die auch deren genaue (vollstreckungsfähige!) Bezeichnung enthält, § 203 II 2 FamFG. Andernfalls ist er unzulässig. Dagegen spricht nicht die Ausgestaltung der Vorschrift als Soll-Vorschrift. Denn für den Erlass eines nicht vollstreckungsfähigen Beschlusses besteht kein Rechtsschutzbedürfnis. Das Gericht hat auf eine korrekte Antragstellung hinzuwirken und auf Bedenken zur Antragstellung hinzuweisen. Der Antrag auf Ausgleichszahlung ist grds konkret zu beziffern. Da eine angemessene Ausgleichszahlung verlangt werden kann, wird man auch einen unbezifferten Zahlungsantrag ausreichen lassen können. Der Antrag ist dann dahin zu stellen, dass

eine angemessene Ausgleichszahlung, deren Festsetzung zur Höhe in das Ermessen des Gerichts gestellt wird, verlangt wird. Die Antragsschrift hat dann konkrete Angaben zu enthalten, die dem Gericht eine ausreichende Schätzgrundlage geben, um einen angemessenen Ausgleich der Höhe nach bestimmen zu können. Dabei wird zu verlangen sein, dass der Antragsteller in etwa den erwarteten Mindestbetrag des zu zahlenden Ausgleichs zumindest in der Antragsbegründung nennt. Eine Antragsfrist besteht nicht. Allerdings können unter den allg Grundsätzen der Überlassungs- wie auch der Ausgleichszahlungsanspruch verwirkt sein.

c) **Verfahrensgrundsätze.** Das Gericht soll die Angelegenheit gem § 207 FamFG in aller Regel mit den Parteien **in einem Termin erörtern** und auf eine gütliche Einigung hinwirken, § 36 I 1 FamFG. § 207 FamFG sieht für beide Instanzen eine mündliche Verhandlung vor. Im Beschwerdeverfahren kann das Gericht aber gem § 68 III 2 FamFG von der Durchführung eines Termins, einer mündlichen Verhandlung oder einzelner Verfahrenshandlungen absehen, wenn diese bereits im ersten Rechtszug vorgenommen wurden und von einer erneuten Vornahme keine zusätzl Erkenntnisse zu erwarten sind. 15

In Ehewohnungs- und Haushaltssachen nach §§ 200ff FamFG gilt der **Amtsermittlungsgrundsatz** des § 26 FamFG. Das Gericht hat auf die notwendigen Angaben hinzuwirken. Ggf sind hierzu die Ehegatten zu befragen und angebotene Beweise zu erheben. Gleichwohl kann der Vortrag trotz des Amtsermittlungsgrundsatzes dann als unzureichend substantiiert oder lückenhaft zurückgewiesen werden, wenn trotz wiederholter Auflagen die beteiligten Eheleute keinen substantiierten Vortrag bringen. Ein unschlüssiger Vortrag bedarf keiner Beweisaufnahme oder weiteren Sachaufklärung. Auch kann sich ergeben, dass die anspruchsbegründenden Tatsachen nicht beweisbar sind. Dann trifft den Antragsteller die Feststellungslast. In Haushaltssachen iSd § 1568b ist das FamG gem § 206 I FamFG zudem berechtigt, die Vorlage von Belegen zB zur Feststellung von Wert und Eigentumsverhältnissen an Haushaltsgegenständen zu verlangen. Der Amtsermittlungsgrundsatz gilt nicht für den Anspruch aus § 1568a III Nr 1, da es sich bei diesem um eine sonstige Familienstreitsache iSd § 266 FamFG handelt. 16

Die **allg Mitwirkungspflicht** nach § 27 FamFG wird zum einen durch die Vorgaben zum Inhalt der Antragsschrift gem § 203 II, III FamFG (hierzu Rn 12f) konkretisiert. In Haushaltssachen iSd § 1568b wird die Mitwirkungspflicht zudem nach § 206 I FamFG ergänzt, wonach das Gericht beiden Ehegatten – also nicht nur dem Antragsteller – Auflagen machen kann. Verstöße gegen die Mitwirkungspflicht nach § 206 I FamFG werden durch eine einschränkende Präklusionsregelung in § 206 II FamFG sanktioniert und begrenzen teilw die Amtsermittlungspflicht des Gerichts gem § 206 III FamFG (MüKo/*Erbarth* § 206 FamFG Rn 24). Für diese stärkere Betonung von Mitwirkungspflichten besteht im Haushaltsverfahren ein besonderes Bedürfnis. Hierbei handelt es sich typischerweise um Verfahren, die eine Vielzahl von Einzelgegenständen und Regelungspunkten betreffen. 17

d) **Beweisaufnahme.** Die erforderlichen Beweise sind nach § 29 FamFG in geeigneter Form zu erheben. Die **Beweisaufnahme** kann im Strengbeweis oder Freibeweis erfolgen. Zeugenaussagen können formlos schriftlich angefordert werden, wenn es auf den persönlichen Eindruck nicht ankommt. Häufig wird sich die Inaugenscheinnahme bei einem Ortstermin anbieten. Dies erleichtert sowohl die Bestandsaufnahme als auch die für den Zuweisungsbeschluss erforderliche Individualisierung der Haushaltsgegenstände (jurisPK/*Breidenstein* § 1568b Rn 93). 18

e) **Kosten.** Im **isolierten Verfahren** richtet sich die **Kostenpflicht** nach den allg Vorschriften der **§§ 80ff FamFG.** Nach § 81 I 1 FamFG erfolgen sowohl die Erstattung der außergerichtl Kosten als auch die Verteilung der Gerichtskosten grds nach billigem Ermessen. Bei der Ermessensentscheidung sind insb der Ausgang des Verfahrens, die wirtschaftl Verhältnisse und das Verhalten der Beteiligten im Verfahren von Bedeutung. Die Kosten des Drittbeteiligten gehören zu den Verfahrenskosten, über die nach § 81 FamFG zu entscheiden ist, dh es kommt in Betracht, diese einem Ehegatten aufzulegen, wenn dies der Billigkeit entspricht. Die Verletzung von Mitwirkungspflichten kann nach § 81 II FamFG sanktioniert werden. Das Gericht soll die Kosten eines ohne Erfolg eingelegten Rechtsmittels dem Beteiligten auferlegen, der es eingelegt hat (§ 84 FamFG). Bei Verfahrensbeendigung durch Vergleich gilt § 83 FamFG. 19

Für das **Verbundverfahren** oder Entscheidungen nach Abtrennung der Folgesache gem § 140 FamFG gilt nach § 150 I FamFG der Grundsatz der Kostenaufhebung. Drittbeteiligte haben ihre Kosten grds selbst zu tragen (§ 150 III FamFG), es sei denn, die Nichterstattung erscheint unbillig (§ 150 IV FamFG). 20

f) **Verfahrenswert.** Der Verfahrenswert für Verfahren nach §§ 1568a, 1568b ist in § 48 FamGKG geregelt. Nach § 48 I Alt 2 FamFG beträgt er in **Ehewohnungssachen** iSd § 1568a BGB, § 200 I Nr 2 FamFG regelmäßig **4000 €** (§ 48 I Alt 2 FamGKG). In Verfahren in Haushaltssachen iSd § 1568b BGB, § 200 II Nr 2 FamG beträgt er **regelmäßig 3000 €** (§ 48 II Hs 2 FamGKG). Sind diese Wertfestsetzungen nach den besonderen Umständen des Einzelfalls unbillig, kann das Gericht gem § 48 III FamGKG einen höheren oder niedrigeren Wert festsetzen. Beantragen beide Ehegatten die Zuweisung der Ehewohnung, erfolgt, da es sich um denselben Verfahrensgegenstand handelt, gem § 39 I 3 FamFG keine Wertaddition (Johannsen/Henrich/Althammer/*Dürbeck* § 200 FamFG Rn 47); gleiches gilt für den Überlassungsanspruch aus § 1568b. Nach § 41 FamGKG ist im Verfahren der einstw Anordnung der Wert idR unter Berücksichtigung der geringeren Bedeutung ggü der Hauptsache zu ermäßigen. Dabei ist von der Hälfte des für die Hauptsache bestimmten Wertes auszugehen. 21

5. Einstweilige Anordnung. Nach § 49 FamG können im Wege der einstw Anordnung vorläufige Maßnahmen in Ehewohnungs- und Haushaltssachenverfahren getroffen werden, wenn dies nach den für das Rechtsverhältnis maßgebenden Vorschriften gerechtfertigt ist und ein dringendes Bedürfnis für ein sofortiges Tätigwerden besteht. In Ehewohnungssachen kann dies insb dann in Betracht kommen, wenn lediglich ein Ehegatte Mieter 22 der Ehewohnung ist und die Gefahr besteht, dass dieser das Mietverhältnis kündigt oder einen Aufhebungsvertrag schließt. Die Entscheidung im einstw Anordnungsverfahren ist **nicht anfechtbar.** Ist die einstw Anordnungsentscheidung in einer Familiensache ohne mündliche Verhandlung ergangen, ist auf Antrag aufgrund mündlicher Verhandlung erneut zu entscheiden (§ 54 II FamFG). Das Gericht kann die Entscheidung in der einstw Anordnungssache aufheben oder ändern. Aufgrund der Ausgestaltung als selbständigem Verfahren setzt der Erlass einer einstw Anordnung ein Hauptsacheverfahren nicht voraus und verliert durch seine Einleitung auch nicht seine Selbständigkeit (§ 51 III FamFG).

23 **6. Entscheidung, Rechtsmittel, Abänderung und Vollstreckung.** Das Verfahren kann durch **Vergleich** (§ 36 FamFG) oder **gerichtliche Entscheidung** beendet werden. Die gerichtliche Entscheidung ergeht durch Beschl (§ 38 ggf iVm § 142 FamFG). In der gerichtlichen Endentscheidung sollen gem § 209 I FamFG auch die für die Durchführung der Entscheidung **erforderlichen Anordnungen** getroffen werden. In **Ehewohnungssachen** kommt insb die Anordnung der Räumung und Herausgabe der Wohnung in Betracht (Stuttgart FamRZ 2002, 559; BeckOK/*Schlünder* § 209 FamFG Rn 2). Der Zeitpunkt der Räumung ist anzugeben; die Einräumung einer Räumungsfrist ist möglich. Zudem kann erforderlichenfalls (auch im Wege der einstw AO, hierzu Rn 22) ein Kündigungsverbot anzuordnen sein, wenn Grund zu der Annahme besteht, dass der räumungspflichtige Ehegatte die Wohnung vor Rechtskraft der Entscheidung kündigen wird (MüKo/*Wellenhofer* § 1568a Rn 70). Daneben kommen auch Anordnungen nach dem GewSchG in Betracht. In **Haushaltssachen** kommen insb Anordnungen zur Art und Weise der Herausgabe, ggf zur Zug-um-Zug-Leistung und hinsichtl der Zahlungspflicht eine Ratenzahlung in Betracht (MüKo/*Wellenhofer* § 1568b Rn 47).

24 Statthaftes Rechtsmittel ist die Beschwerde, §§ 58ff FamFG. In Verfahren nach § 1568a ist, da es sich um Entscheidungen mit Dauerwirkung handelt, bei einer wesentlichen nachträgl Änderung der Sach- und Rechtslage unter den Voraussetzungen des § 48 FamFG eine Abänderung der Entscheidung möglich.

25 Entscheidungen in Ehewohnungs- und Haushaltssachen werden gem § 209 II 1 FamFG mit Rechtskraft wirksam und sind nicht vorläufig vollstreckbar. Ein Antrag auf Einstellung der Zwangsvollstreckung ist deswegen unnötig und mangels Rechtsschutzbedürfnisses unzulässig. Für die Vollstreckung gelten die §§ 86ff FamFG. Auf die Zwangsvollstreckung sind gem § 95 I Nr 1 und 2 FamFG die Vorschriften der ZPO entspr anwendbar.

26 Die Anordnung der Herausgabe von **Haushaltsgegenständen nach § 1568b** wird gem § 883 ZPO durch Wegnahme durch den Gerichtsvollzieher vollstreckt. Der Beschlusstenor muss ausdrückl eine Herausgabeanordnung und die genaue Bezeichnung der herauszugebenden Gegenstände enthalten, wenn Sachen aus dem Besitz des einen Ehegatten in denjenigen des anderen Ehegatten übergehen sollen, da er andernfalls mangels hinreichender Bestimmtheit keinen vollstreckungsfähigen Inhalt hat.

§ 1568a Ehewohnung

(1) Ein Ehegatte kann verlangen, dass ihm der andere Ehegatte anlässlich der Scheidung die Ehewohnung überlässt, wenn er auf deren Nutzung unter Berücksichtigung des Wohls der im Haushalt lebenden Kinder und der Lebensverhältnisse der Ehegatten in stärkerem Maße angewiesen ist als der andere Ehegatte oder die Überlassung aus anderen Gründen der Billigkeit entspricht.

(2) Ist einer der Ehegatten allein oder gemeinsam mit einem Dritten Eigentümer des Grundstücks, auf dem sich die Ehewohnung befindet, oder steht einem Ehegatten allein oder gemeinsam mit einem Dritten ein Nießbrauch, das Erbbaurecht oder ein dingliches Wohnrecht an dem Grundstück zu, so kann der andere Ehegatte die Überlassung nur verlangen, wenn dies notwendig ist, um eine unbillige Härte zu vermeiden. Entsprechendes gilt für das Wohnungseigentum und das Dauerwohnrecht.

(3) Der Ehegatte, dem die Wohnung überlassen wird, tritt
1. zum Zeitpunkt des Zugangs der Mitteilung der Ehegatten über die Überlassung an den Vermieter oder
2. mit Rechtskraft der Endentscheidung im Wohnungszuweisungsverfahren
an Stelle des zur Überlassung verpflichteten Ehegatten in ein von diesem eingegangenes Mietverhältnis ein oder setzt ein von beiden eingegangenes Mietverhältnis allein fort. § 563 Absatz 4 gilt entsprechend.

(4) Ein Ehegatte kann die Begründung eines Mietverhältnisses über eine Wohnung, die die Ehegatten auf Grund eines Dienst- oder Arbeitsverhältnisses innehaben, das zwischen einem von ihnen und einem Dritten besteht, nur verlangen, wenn der Dritte einverstanden oder dies notwendig ist, um eine schwere Härte zu vermeiden.

(5) Besteht kein Mietverhältnis über die Ehewohnung, so kann sowohl der Ehegatte, der Anspruch auf deren Überlassung hat, als auch die zur Vermietung berechtigte Person die Begründung eines Mietverhältnisses zu ortsüblichen Bedingungen verlangen. Unter den Voraussetzungen des § 575 Absatz 1 oder wenn die Begründung eines unbefristeten Mietverhältnisses unter Würdigung der berechtigten Interessen des Vermieters unbillig ist, kann der Vermieter eine angemessene Befristung des Mietverhältnisses verlangen. Kommt eine Einigung über die Höhe der Miete nicht zustande, kann der Vermieter eine angemessene Miete, im Zweifel die ortsübliche Vergleichsmiete, verlangen.

(6) In den Fällen der Absätze 3 und 5 erlischt der Anspruch auf Eintritt in ein Mietverhältnis oder auf seine Begründung ein Jahr nach Rechtskraft der Endentscheidung in der Scheidungssache, wenn er nicht vorher rechtshängig gemacht worden ist.

I. Allgemeines. 1. Aufbau der Vorschrift und Regelungsgehalt. Die Norm enthält **mehrere Anspruchsgrundlagen.** Die **Abs I und II** betreffen das **Innenverhältnis der Ehegatten**; die **Abs III–V das Außenverhältnis zu Dritten.** Abs I gewährt unter näher bestimmten Voraussetzungen jedem Ehegatten einen gegen den anderen Ehegatten gerichteten materiellrechtl Anspruch auf Überlassung der Ehewohnung für die Zeit nach Rechtskraft der Scheidung. Abs II bestimmt, dass eine Überlassung zulasten eines dinglichen berechtigten Ehegatten an strengere Voraussetzungen gebunden ist. Die Regelungen der Abs III–V betreffen das Verhältnis der Ehegatten zu Dritten. Abs III gewährleistet die in Folge der Überlassung der Wohnung erforderliche Anpassung des Mietverhältnisses zw Ehegatten und Vermieter und räumt dem Vermieter ein Sonderkündigungsrecht nach § 563 IV ein. Fehlt es an einem wirksamen Mietvertrag, räumt Abs V sowohl dem überlassungsberechtigten Ehegatten als auch dem überlassungspflichtigen Dritten jew einen gegenseitigen Anspruch auf Begründung eines Mietverhältnisses ein (S 1); der Dritte kann unter den Voraussetzungen des Abs V S 2 auch den Abschluss eines befristeten Mietvertrages verlangen. Für den Fall einer fehlenden Einigung über die Miethöhe, räumt Abs V S 3 dem Vermieter einen Zahlungsanspruch in angemessener Höhe ein. Abs IV enthält eine Sonderregel für den Fall, dass es sich bei der Ehewohnung um eine Dienst- oder Werkswohnung handelt. Abs VI befristet die Sonderrechtsnachfolge nach den Abs III und V S 1 auf ein Jahr nach Rechtskraft der Scheidung. 1

2. Normzweck. § 1568a bezweckt eine **endgültige Regelung** für die **Ehewohnung für die Zeit nach der Rechtskraft der Scheidung** und ermöglicht eine Anpassung der Rechtsverhältnisse an die tatsächliche Nutzung (Grü/*Götz* Rn 1). Die Sonderregel des Abs IV schützt das Interesse von ArbN und ArbGeb daran, dass eine mit Rücksicht auf ein Dienst- oder Arbeitsverhältnis bereit gestellte Wohnung dem ArbN nicht zugunsten eines Ehegatten entzogen wird, der nicht selbst in einem Dienst oder Arbeitsverhältnis zum selben ArbGeb steht (Soergel/*Heintzmann* Rn 66). 2

3. Rechtsnatur. § 1568a ist (anders als nach altem Recht) als **Anspruchsgrundlage** konzipiert; bei Vorliegen der Voraussetzungen hat der berechtigte Ehegatte gegen den anderen Ehegatten einen Anspruch iSd § 194 auf Überlassung und ggf weitere Ansprüche gegen Dritte auf Schaffung des erforderlichen vertragl Rahmens. Beantragt ein Ehegatte lediglich Abweisung des Überlassungsantrags des anderen Ehegatten und stellt selbst keinen Überlassungsantrag, kommt eine richterliche Überlassungsentscheidung zu seinen Gunsten nicht in Betracht. 3

4. Konkurrenzen. Im Verhältnis der Ehegatten zueinander geht der Anspruch aus Abs II dem Anspruch auf Abs I vor; eine Konkurrenz zum Überlassungsanspruch aus § 1361b I 1 besteht nicht. § 1361b I 1 begründet einen materiellrechtl Anspruch für die Zeit des Getrenntlebens, welches mit Rechtskraft des Scheidungsbeschlusses endet; der Anspruch aus § 1568a I bzw II begründet einen Anspruch für die Zeit nach der Scheidung, setzt eine rechtskräftige Entscheidung also voraus; im Verhältnis zw überlassungsberechtigtem Ehegatten und Vermieter (bzw Dritten) verdrängt Abs IV die Regelungen der Abs III und V S 1, 2 (BeckOGK/*Erbarth* Rn 136). 4

§ 1568a schließt in seinem Anwendungsbereich **§ 985** im Wege der Spezialität aus (BGH FamRZ 2017, 22; Staudinger/*Weinreich* Rn 114); die Umdeutung eines Antrags auf Herausgabe nach § 985 kann nicht in einen Antrag auf Herausgabe nach § 1568a umgedeutet werden; der BGH stellt insoweit zutr fest, dass die Voraussetzungen des § 140 nicht vorliegen, da Ehewohnungsverfahren sowohl einen anderen Prüfungsgegenstand haben als auch anderen Verfahrensgrundsätzen folgen (BGH FamRZ 2017, 22). 5

Steht die Ehewohnung im gemeinschaftl Eigentum der Ehegatten oder sind sie in gleicher Weise dinglich an ihr berechtigt und ist die Nutzung zw ihnen streitig, ist hinsichtl der Nutzung als solcher der Anspruch aus § 1568a als Sonderregel ggü dem aus **§ 745 II** vorrangig (Staudinger/*Weinreich* Rn 111; BeckOGK/*Fehrenbacher* § 745 Rn 32). Sind die Ehegatten über die Nutzung einig, richtet sich die Nutzungsentschädigung nach § 745 II (BGH FamRZ 1982, 335; Brandenburg FamRZ 2008, 1444). 6

Zu **§ 2 GewSchG** bestehen idR keine Abgrenzungsprobleme, weil der Anspruch nach dem Gewaltschutzgesetz einen gemeinsamen Haushalt im Zeitpunkt der Entscheidung voraussetzt, der bei geschiedenen Ehegatten fehlt. 7

II. Überlassungsanspruch gegen den anderen Ehegatten, Abs I und II. 1. Anwendungsbereich: Ehewohnung. Sachlich bezieht sich die Regelung auf die **Ehewohnung. a)** Der **Begriff „Ehewohnung"** ist nach allgM **weit auszulegen.** Er umfasst alle Räume, die die Ehegatten zum Wohnen benutzt oder gemeinsam bewohnt haben oder die nach den Umständen dafür bestimmt waren (BGH FamRZ 1990, 987). Maßgebend sind insoweit die tatsächlichen Verhältnisse bis zur Rechtskraft des Scheidungsurteils (BayObLG FamRZ 1961, 317). Auch wenn die Ehegatten die Wohnung nie bezogen hatten, sie aber zur gemeinsamen Wohnung bestimmt war, etwa als Ersatz der früheren Wohnung, ist sie eine Ehewohnung iSd Vorschrift (München FamRZ 1986, 1019 zur HausratsV). Haben sich die Eheleute dagegen bereits vor längerer Zeit getrennt und hat der antragstellende Ehegatte die streitige Wohnung erst infolge der Trennung angemietet, so liegt keine Ehewohnung vor (Frankfurt FamRZ 2015, 1898). Die Trennung beseitigt die Eigenschaft als Ehewohnung nicht, wohl aber die einvernehmliche Überlassung der Ehewohnung an den anderen Ehegatten (Köln FamRZ 2005, 1993; hierzu auch Rn 10). 8

b) Bsp: Zur Ehewohnung sind auch Nebenräume wie Keller, Dachboden, Garage und ein Hausgarten (Frankfurt FamRZ 1956, 112) zu zählen. Für die Qualifizierung als Ehewohnung ist unerheblich, wem die Wohnung gehört (KG FamRZ 1984, 1242; München FamRZ 1991, 1452; BVerfG FamRZ 1991, 1413: Genossenschaftswohnung) bzw wer an der Wohnung dinglich berechtigt ist. Bei **Wochenend- und Ferienhäusern** kommt es auf die **konkreten Umstände** an. Unter Berücksichtigung der Auffassung des BGH, wonach der Begriff der Ehewohnung weit auszulegen ist und alle Räume erfasst, die die Ehegatten zum Wohnen benutzten oder die dafür nach den Umständen bestimmt gewesen sind (BGH FamRZ 1990, 987), ist konkret darauf abzustellen, ob die Wohnung 9 nach Art der Ausstattung, Umfang und Intensität der Nutzung und Zweckbestimmung der Ehegatten auch einen räumlichen Mittelpunkt der Familie darstellen soll(te) (Celle FamRZ 2015, 1193; vgl auch Grü/*Götz* § 1361b Rn 6). Verneint worden ist die Qualifizierung als Ehewohnung von der Rspr in Fällen, in denen die Wohnung von den Eheleuten nur für eine begrenzte Zeit des Jahres genutzt wurde und iÜ ungenutzt blieb oder vermietet wurde (vgl Zweibrücken FamRZ 1981, 259; KG FamRZ 1986, 1010; München FamRZ 1994, 1331; Bamberg FamRZ 2001, 1316; aA KG FamRZ 1974, 198, 199; Frankfurt FamRZ 1982, 398). Auch eine Baracke oder ein Gartenhaus (Wohnlaube) können eine Ehewohnung sein (BGH FamRZ 1990, 987). Vor diesem Hintergrund können Eheleute **mehrere Ehewohnungen** unterhalten, wenn sie sich dort über längere Zeiträume regelmäßig aufhalten und in dieser Zeit dort den Schwerpunkt ihres familiären Zusammenlebens gestalten (so BGH FamRZ NJW-RR 1990, 1026; Celle FamRZ 2015, 1193; MüKo/*Wellenhofer* Rn 12). Ob ein **Wohnwagen** als Haushaltsgegenstand oder ausnahmsw als Ehewohnung anzusehen ist, hängt ebenfalls von den konkreten Umständen ab; es entscheidet die Verkehrsauffassung (MüKo/*Wellenhofer* Rn 11). Zu berücksichtigen sind Größe und Ausstattung ebenso wie Art und Umfang der Nutzung durch die Ehegatten. Bei der **Einzelfallprüfung** ist immer zu bedenken, dass § 1568a auf die **Wohnung als elementare Lebensgrundlage** zugeschnitten ist. Keine Ehewohnung sind ausschließlich gewerblich oder beruflich genutzte Räume.

10 **c) Ende der Eigenschaft als Ehewohnung.** Durch die bloße Überlassung der bisher gemeinsam genutzten Ehewohnung durch **Auszug** eines Ehegatten verliert die Wohnung nicht den Charakter als Ehewohnung (BGH NJW 2017, 260 in Abkehr von BGH FamRZ 2013, 1280). Dagegen kann eine Wohnung den Charakter als Ehewohnung verlieren, wenn ein Ehegatte die Ehewohnung endgültig verlässt und sich beide ausdrückl über die Weiterbenutzung durch den anderen geeinigt haben (MüKo/*Wellenhofer* Rn 13). Ist ein Ehepartner endgültig ausgezogen, hat er ggü dem Vermieter gekündigt (KG FamRZ 1984, 1242) und macht er keine Ansprüche auf die Wohnung mehr geltend, kann auch darin eine endgültige Einigung über die Ehewohnung liegen, die zum Verlust des Anspruchs führt. Dies ist eine Frage des konkreten Einzelfalls. Zutr wird aber bei unveränderten Umständen zu prüfen sein, ob für einen Antrag nach Abs I in einem solchen Fall das erforderliche Rechtsschutzbedürfnis besteht (so auch MüKo/*Wellenhofer* Rn 13).

11 Die **Wohnung verliert ihren Charakter als „Ehewohnung" nicht automatisch mit Rechtskraft des Scheidungsbeschlusses** (BGH NJW 2021, 1527; s hierzu auch Rn 10). Eine gerichtliche Entscheidung bleibt damit auch nach Rechtskraft der Scheidung möglich.

12 **2. Anspruchsinhalt.** Der **Anspruch** ist (nur) auf **Überlassung der Ehewohnung zur alleinigen Nutzung** gerichtet; dies gilt auch für den Fall, dass der Anspruchsgegner eine dingliche Berechtigung an der Ehewohnung hat. Auch der nach Abs II überlassungspflichtige dinglich berechtigte Ehegatte hat die Ehewohnung nur zur Nutzung zu überlassen. Abs II verpflichtet ihn nicht zur Einräumung einer dinglichen Berechtigung an der Ehewohnung, etwa durch Überlassung zu (Wohnungs-)Eigentum oder Einräumung eines dinglichen Wohnrechts (MüKo/*Wellenhofer* Rn 31).

13 Besteht über den Anspruch zw den Ehegatten Einigkeit, ist eine gerichtliche Entscheidung idR nicht erforderlich; soweit eine Anpassung des Mietverhältnisses erforderlich ist, kann dies durch übereinstimmende Erklärung nach Abs III S 1 Nr 1 bewirkt werden (Rn 31ff). Bei einer bestehenden Einigung fehlt für eine gerichtliche Entscheidung das erforderliche Rechtsschutzbedürfnis. Fehlt es indes an der für die Umgestaltung des Mietverhältnisses erforderlichen Mitwirkung des anderen Ehegatten, liegt das Rechtsschutzbedürfnis auch bei bestehender Einigung vor.

14 **3. Anspruchsvoraussetzungen nach Abs I (Grundfall). a) Allgemeines.** Die Überlassungsgründe sind in Abs I geregelt. Vorrangig ist nach dem Gesetzeswortlaut darauf abzustellen, welcher Ehegatte auf Nutzung der Ehewohnung zu Wohnzwecken **in stärkerem Maße angewiesen** ist. Ob auf Seite eines Ehegatten eine solche stärkere Angewiesenheit besteht, ist durch Abwägung der konkreten Umstände des Einzelfalls zu ermitteln. In die **Abwägungsentscheidung** sind nach dem Wortlaut vorrangig das **Wohl der im Haushalt lebenden Kinder** (Rn 15) und die **Lebensverhältnisse der Ehegatten** (Rn 16) einzubeziehen. Lässt sich eine stärkere Angewiesenheit eines Ehegatten nicht feststellen, kommt subsidiär eine Zuweisung unter Billigkeitserwägungen in Betracht (Rn 17).

15 **b) Kindeswohl.** Das Wohl der im Haushalt lebenden Kinder ist nach dem Wortlaut als maßgebliches Kriterium in die Entscheidung einzubeziehen. Die Berücksichtigung der Belange der von der Entscheidung unmittelbar betroffenen Kinder ist einfachgesetzl Ausfluss des verfassungsrechtl garantierten Schutzes der Familie, Art 6 I GG (BVerfG FamRZ 2006, 1596). Zu berücksichtigen sind nicht nur **gemeinsame Kinder** der Ehegatten, sondern auch Kinder aus **einer früheren Beziehung** oder **Pflegekinder** (MüKo/*Wellenhofer* Rn 17). Der Schutz erstreckt sich nicht nur auf minderjährige Kinder, auch die Interessen volljähriger Kinder sind zu beachten, etwa des 18jährigen Kindes, das kurz vor dem Schulabschluss oder dem Abschluss einer Ausbildung steht, oder eines behinderten Kindes, auf dessen Bedürfnisse die Wohnung baulich ausgerichtet ist. Bei der vorrangigen Kindeswohlprüfung ist hauptsächlich das Kindesinteresse an einem Verbleib in der vertrauten Umgebung maßgebend. Bei der Bedeutung des räumlichen und sozialen Umfelds für die psychisch-geistige Entwicklung des Kindes (Kontinuitätsgrundsatz) wird daher – jedenfalls bei noch jungen Kindern – die Wohnungsüberlassung an den Ehegatten zu erfolgen haben, bei dem die Kinder ihren Lebensmittelpunkt (Wohnung) haben. Dabei wird auch von Bedeutung sein, dass (überwiegend) alleinerziehende Elternteile häufig größere Schwierigkeiten bei der Beschaffung einer neuen Wohnung haben. Dies gilt insb dann, wenn sie der wirtschaftl schwächere Teil sind, weil

sie etwa kindbezogen nicht oder nur eingeschränkt erwerbstätig sind (vgl auch jurisPK/*Breidenstein* Rn 23–27 mwN). Soweit eine Entscheidung über die elterliche Sorge noch aussteht und mit der Frage der Wohnungsüberlassung verknüpft wird und noch unklar ist, bei welchem Elternteil die Kinder zukünftig wohnen werden, erscheint es zweckmäßig, hierüber gemeinsam zu entscheiden (jurisPK/*Breidenstein* Rn 26). Hat der antragstellende Ehegatte bereits längere Zeit mit dem minderjährigen Kind in einer neuen Wohnung gelebt, muss er bei Geltendmachung einer Kindeswohlbeeinträchtigung durch die neuen Wohnverhältnisse substantiiert vortragen, warum – zB aufgrund der geringen Wohnraumgröße, des sozialen Umfelds, der Betreuungssituation im Kindergarten bzw in der Schule und der emotionalen Bindung des Kindes an sein früheres Elternhaus – eine Beibehaltung der neuen Situation mit dem Wohl des Kindes nicht vereinbar ist (so Schleswig FamRZ 2010, 1985).

c) **Lebensverhältnisse der Ehegatten.** Hierzu zählen die wirtschaftl und finanziellen Verhältnisse sowie die Möglichkeiten der Ersatzbeschaffung für den jew Ehegatten. Für die Entscheidung ist wichtig, inwieweit die Ehegatten jew und ggf die gemeinsamen Kinder von der Wohnung aus am sozialen Leben teilnehmen können (BayObLG 1957, 33; 1956, 370), ob etwa die Wohnung in der Nähe des Arbeitsplatzes, der Schule oder von Verwandten liegt, die etwa in Notfällen bei der Betreuung des Kindes oder auch der eigenen helfen können (vgl auch BeckOGK/*Erbarth* Rn 48 f; Johannsen/Henrich/Althammer/*Dürbeck* Rn 6). Auch mit dem Auszug verbundene oder aus ihm folgende gesundheitliche Belastungen eines Ehegatten sind zu berücksichtigen. Die wirtschaftl Belastung durch eine hohe Miete bei eingeschränkten wirtschaftl Verhältnissen kann dazu führen, dass dem wirtschaftl Stärkeren die Wohnung zu überlassen ist, da absehbar ist, dass der andere Ehegatte über kurz oder lang wegen der nicht zu finanzierenden Miete ebenfalls wird ausziehen müssen. 16

c) **Sonstige Billigkeitsgründe.** Soweit nicht feststellbar ist, dass ein Ehegatte auf die Ehewohnung in stärkerer Maße angewiesen ist, hat das FamG nach dem Wortlaut der Regelung nachrangig (Hamburg FamRZ 2020, 670) zu prüfen, ob **aus anderen Gründen der Billigkeit** ein Wohnungsüberlassungsanspruch gegeben ist. Das FamG hat hierzu eine umfassende Interessen- und Güterabwägung vorzunehmen. Die Billigkeitsprüfung dient dazu, Härten zu vermeiden. Es ist eine konkrete Einzelfallprüfung unter Beachtung der gesamten Umstände des Falles anzustellen und nachprüfbar die Belastung der beteiligten Eheleute festzustellen. Nicht jeder Nachteil stellt dabei schon eine „Härte" dar, die nicht hinnehmbar ist. Denn in aller Regel wird ein Wohnungswechsel den weichenden Ehepartner stets belasten. Unbillig erscheint diese Belastung dann, wenn sie den einen Ehegatten ungleich härter trifft als den Anderen und beachtenswerte Gründe für diese stärkere Belastung nicht vorliegen. Dann können allg Billigkeitserwägungen bei der Entscheidung den Ausschlag geben. Entscheidend kann sein, wie lange ein Ehegatte die Wohnung bereits verlassen hat, ob er sie schon vor dem Zusammenleben allein genutzt hat oder ob er sogar in ihr aufgewachsen ist. Dass ein Ehegatte in erheblichem Umfang durch Eigenleistung zum Aufbau der Wohnung beigetragen hat, kann ebenfalls Berücksichtigung finden (jurisPK/*Breidenstein* Rn 30 mwN). Nach OLG Brandenburg (FamRZ 2015, 1498) kann die Ehewohnung nach der Scheidung aus Billigkeitsgründen einem Ehegatten zugewiesen werden, wenn der andere Ehegatte über Jahre das gemeinsame Hausgrundstück ohne Nutzungsvergütung allein bewohnt und sich auch nicht ansatzweise an den nicht unerheblichen Finanzierungskosten beteiligt, sondern die Finanzierung seiner Ehefrau überlassen hat. Das KG hat entschieden, dass auch ein schwerwiegendes, eindeutig bei einem Ehegatten liegendes Fehlverhalten wie die Aufnahme einer ehewidrigen Beziehung in die Abwägung aller Umstände einfließen und als eines von mehreren Kriterien angemessen berücksichtigt werden kann (KG FamRZ 1988, 182). Allerdings ist zu vermeiden, dass auf diesem Umweg wieder eine Art Verschuldensprinzip ins Scheidungsverfahren einfließt. Andererseits zeigt die Rspr zu § 1579 Nr 8 (Verwirkung des nachehelichen Unterhalts bei Ausbruch aus intakter Ehe), dass dieser Härtegrund im Scheidungsrecht durchaus beachtenswert ist. In die gerichtliche Entscheidung kann auch einbezogen werden, dass der Vermieter, der nach § 204 FamFG an dem Verfahren zu beteiligen ist, von seinem außerordentlichen Kündigungsrecht nach § 563 IV (berechtigterweise) Gebrauch machen wird (jurisPK/*Breidenstein* Rn 32) und die Wohnung dann von keinem der Ehegatten weiter genutzt werden kann. 17

d) **Interessen Dritter.** Die Interessen Dritter sind bei der Abwägungsentscheidung nicht zu berücksichtigen (Soergel/*Heintzmann* Rn 21). Dies gilt insb auch für den Vermieter der Ehewohnung oder die ArbGeb der Ehegatten. Etwas anders gilt für die erwartbaren Auswirkungen, die aus den bekannten Interessen resultieren (hierzu Rn 17). 18

4. Anspruchsvoraussetzungen nach Abs II (bei dinglicher Berechtigung). a) Anwendungsbereich und Anwendungsvoraussetzungen. Wird der Überlassungsanspruch des Abs I gegen einen an der Ehewohnung dinglich berechtigten Ehegatten geltend gemacht, ist dies gem Abs II nur unter strengeren Voraussetzungen möglich. Der nicht dinglich Berechtigte wird im Regelfall keinen Anspruch auf Überlassung haben, denn ein dinglich Berechtigter muss die Wohnung dem anderen Ehegatten nur dann überlassen, wenn dies zur Vermeidung einer unbilligen Härte (Rn 23ff) notwendig (Rn 25) ist. Ist auf Seiten des nicht dinglich berechtigten Ehegatten eine unbillige Härte festgestellt, folgt daraus zudem nicht automatisch ein Überlassungsanspruch, denn auch auf Seiten des dinglich berechtigten Ehegatten kann eine erhebliche Angewiesenheit auf die Ehewohnung bestehen. In diesen Fällen ist eine Abwägungsentscheidung zu treffen (Soergel/*Heintzmann* Rn 34). Das Vorgenannte gilt in entspr Anwendung des Abs II auch dann, wenn der Anspruch zwar gegen den dinglich Berechtigten geltend gemacht wird, dieser dem nicht dinglich berechtigten Ehegatten die Ehewohnung aber zuvor freiwillig überlassen hatte (Düsseldorf FamRZ 2018, 1816). 19

Im Regelfall wird der Ehegatte einen Anspruch auf Überlassung haben, in dessen Eigentum die Ehewohnung steht. Will er diese künftig allein bewohnen und ist der andere Ehegatte nicht zu Räumung bereit, kann er einen 20 eigenen Antrag auf Überlassung und Räumung der Wohnung stellen, um einen Räumungstitel zu erlangen. Allein die Zurückweisung des Antrages des anderen Ehegatten realisiert diesen Anspruch noch nicht. Dies ergibt sich als notwendige Konsequenz aus der Konzeption als Anspruchsgrundlage im Gegensatz zu der auf reinen Billigkeitserwägungen beruhenden Gestaltungsbefugnis des Richters bei den früheren Entscheidungen nach der HausratsV (jurisPK/*Breidenstein* Rn 44).

21 Dinglich berechtigt iSd Vorschrift sind Ehegatten, wenn sie allein oder mit Dritten Eigentum an dem Grundstück haben, auf dem sich die Ehewohnung befindet. Entspr gilt für das Wohnungseigentum oder das Dauerwohnrecht, was nunmehr in der Anspruchsgrundlage selbst (Abs II S 2) geregelt ist. Weiterhin gilt die Regelung bei Bestehen eines Nießbrauchs (§ 1030), eines Erbbaurechts (§ 1 ErbbauRG) oder eines dinglichen Wohnrechts (§ 1093) zugunsten eines Ehegatten allein oder gemeinsam mit einem Dritten (jurisPK/*Breidenstein* Rn 34). Wegen der unterschiedlichen Zuweisungskriterien je nach Eigentumslage sind die Eigentumsverhältnisse an der Ehewohnung gem § 26 FamFG von Amts wegen zu klären (jurisPK/*Breidenbach* Rn 36), wobei die im Grundbuch ausgewiesene dingliche Rechtslage maßgeblich ist.

22 **b) Sonderfall: Dingliche Berechtigung beider Ehegatten. Gesetzl nicht geregelt** ist der Fall einer dinglichen Berechtigung beider Ehegatten; nach allg Auffassung ist Abs II bei gleicher dinglicher Berechtigung zutr nicht anwendbar; der Anspruch richtet sich dann ausschließlich nach Abs I; soweit hier mangels Vorliegens der Anspruchsvoraussetzungen eine gerichtliche Zuweisung nicht erfolgen kann, richtet sich die Auseinandersetzung des Miteigentums nach § 745 (Johannsen/Henrich/Althammer/*Dürbeck* Rn 13). Im Fall unterschiedlich starker dinglicher Berechtigungen der Ehegatten an der Ehewohnung ist eine Differenzierung erforderlich. Bei Aufeinandertreffen von Alleineigentum des einen Ehegatten und dinglichem Nutzungsrecht des anderen Ehegatten wird vertreten, dass dem dinglich berechtigten Ehegatte ggü dem Eigentümerehegatten grds der Vorzug einzuräumen sei (so i Erg Düsseldorf FamRZ 1980, 171, 172; so auch für das geltende Recht: MüKo/*Wellenhofer* Rn 27; BeckOK/*Neumann* Rn 17). Der Vorrang des Inhabers eines dinglichen Wohnrechts wird damit begründet, dass sonst eine Entwertung des dinglichen Rechts drohe. Wer sich als Eigentümer darauf eingelassen hat, dem Ehepartner eine Wohnungsdienstbarkeit einzuräumen, sollte den Wert dieses Wohnrechts bei einer Scheidung nur ausnahmsw schmälern können. Zutr dürfte sich die Frage des Vorrangs – wie auch nach alter Rechtslage – nach der Ausgestaltung der Dienstbarkeit richten (so auch jurisPK/*Breidenstein* Rn 37f).

23 **c) Unbillige Härte.** Der Begriff der unbilligen Härte ist nicht legaldefiniert. Es handelt sich um einen **unbestimmten Rechtsbegriff**, bei dessen Auslegung ein **strenger Maßstab anzulegen** ist (jurisPK/*Breidenbach* Rn 41). Dies ergibt sich schon aus Art 14 I GG, denn wegen des Eingriffs in verfassungsmäßig geschützte (Eigentums-)Rechte kann die Zuweisung an den Nichteigentümer nur in Ausnahmefällen zur Abwehr unbilliger Härten in Betracht kommen. Das gilt auch dann, wenn sich die Wohnung teilen ließe (Schleswig SchlHA 1957, 125). So hat der BGH (NJW RR 2003, 1441) ausgeführt, dass dieser Begriff den sich wandelnden Anschauungen in der Gesellschaft unterliegt. Was in früheren Zeiten als hinnehmbar galt, kann heute als Härte empfunden werden oder umgekehrt. Dabei kann diese Härte in materieller oder immaterieller Hinsicht bestehen und entweder in der Person des Eigentümers wie auch des anderen Ehegatten vorliegen. Bei der Auslegung einer Härteklausel ist die Zielsetzung der Norm zu beachten. So müssen vorliegend vom Wortlaut her an das Vorliegen von Härtegründen nach Abs II wesentlich höhere Anforderungen gestellt werden als bei der Billigkeitsprüfung nach Abs I. Eine solche unbillige Härte ist nicht schon dann anzunehmen, wenn der Nichteigentümer die Wohnung dringender braucht als der Eigentümer oder wenn der Standortwechsel mit Unbequemlichkeiten für den Nichteigentümer verbunden ist. Eine Wohnungszuweisung an den Nichteigentümer muss **dringend geboten sein, um eine sonst unerträgliche, außergewöhnliche Belastung abzuwenden** (Naumburg FamRZ 2002, 672; Oldenburg FamRZ 1998, 571). Wegen der grds Unantastbarkeit des Eigentums müssen also besondere Umstände vorliegen, die den Auszug für den Nichteigentümer als **außergewöhnlich schwere Beeinträchtigung** erscheinen lassen, die nur durch Zuteilung der Wohnung vermieden werden kann (vgl hierzu Köln FamRZ 1992, 322; Naumburg FamRZ 2002, 672; Hamm FamRZ 2004, 888, 889).

24 Eine unbillige Härte kann durch verschiedenste **persönliche Umstände** begründet sein wie Alter, gesundheitliche Verfassung (zB Rollstuhlfahrer) oder Dauer der Wohnungsnutzung. Denkbar ist auch, dass der Nichteigentümer – vorübergehend – auf die berufliche Nutzung als Praxis oder Gewerbebetrieb angewiesen ist (Johannsen/Henrich/Althammer/*Dürbeck* Rn 17). Auch finanzielle Umstände sind in die Abwägung einzustellen. Entscheidend ist eine Gesamtschau (AG Tempelhof-Kreuzberg FamRZ 2003, 532). Vor einer Wohnungszuweisung an den Nichteigentümer wird zu prüfen sein, ob nicht die Zubilligung einer großzügig bemessenen Räumungsfrist gem § 209 I FamFG ausreichend ist, um den Schwierigkeiten der Beschaffung einer Ersatzwohnung auf dem Wohnungsmarkt zu begegnen (jurisPK/*Breidenstein* Rn 42). Bei der unbilligen Härte ist auch auf das **Verhältnis der Eheleute zueinander** zu achten. Die Wohnungszuweisung darf nicht zu einer Art Naturalunterhalt führen, der eine Unterhaltslücke schließen soll (Hamm FamRZ 2004, 888). Dies gilt auch, wenn der sorgeberechtigte Elternteil gem § 1579 keinen oder nur den notdürftigen Unterhalt zu erwarten hat und er deshalb für sich und die Kinder nur eine Wohnung beschaffen kann, die der Ehewohnung nicht vergleichbar ist (München FamRZ 1995, 1205). Räume, in denen ein Ehegatte seine Praxis oder ein Gewerbe ausgeübt hat, zählen regelmäßig nicht zur Ehewohnung und sind dem Verfahren entzogen. Wenn die Wohnräume aber zugleich als Praxis oder Geschäftsräume dienen, können Schwierigkeiten bei der Verlegung ausnahmsw für die Härtefrage bedeutsam sein. Außer Betracht zu lassen ist auch der Unterhaltsbedarf des Nichteigentümers, der sich durch Untervermietung eine Einnahmequelle erschließen will, um sich vor drohenden „Unterhaltslücken" zu schützen (Johannsen/Henrich/

Althammer/*Dürbeck* Rn 17). Etwas anderes gilt jedoch, wenn der andere Ehegatte einen gesicherten Anspruch auf Eigentumsübertragung hat (Köln FamRZ 1992, 322ff). Das OLG Düsseldorf (FamRZ 2018, 1816) hat das Vorliegen der unbilligen Härte zuletzt im Fall eines schwerbehinderten und einkommenslosen Ehegatten (Rollstuhlfahrer) als nicht gegeben angesehen: Einkommenslosigkeit und Schwerbehinderung allein könnten eine unbillige Härte nicht begründen.

d) Notwendigkeit. Erforderlich ist nach dem Wortlaut weiter, dass die Überlassung der Ehewohnung zur Vermeidung einer unbilligen Härte notwendig ist. Dies ist nur dann der Fall, wenn die Überlassung geeignet ist, die unbillige Härte deutlich zu mindern oder abzuwenden. Zudem darf es keine anderen zumutbaren Möglichkeiten geben, der unbilligen Härte zu begegnen (Soergel/*Heintzmann* Rn 33). 25

e) Gegenanspruch. Bereits nach altem Recht war anerkannt, dass der Eigentümer die Wohnung nur gegen Entgelt (München FamRZ 1995, 1205) zu überlassen hat. § 1568a V 1 bestimmt, dass der Eigentümerehegatte einen Anspruch auf **Begründung eines Mietverhältnisses** zu den ortsüblichen Bedingungen hat (vgl Hamm NJW-RR 2014, 523; oben Rn 3). Darüber hinaus ist zu gewährleisten, dass die Wohnungsüberlassung nicht einen enteignungsgleichen Charakter erhält. Aus Gründen der Verhältnismäßigkeit ist daher die Überlassungsdauer gem § 1568a V 2 in aller Regel zeitl zu begrenzen (München FamRZ 1995, 1205, 1205; Hamm FamRZ 2004, 888, 889). Die Befristung ist so zu bemessen, dass es dem anderen Ehegatten möglich ist, unter zumutbaren Bedingungen anderen geeigneten Wohnraum zu finden. Hierbei ist die konkrete Wohnungsmarktsituation vor Ort zu beachten. Auch hier gilt es unbillige Härten zu vermeiden. Eine umfassende Interessen- und Güterabwägung hat stattzufinden. Hierbei hat das FamG zu prüfen, welche Lösung für die Eheleute jew zumutbar erscheint. Der Eigentumsgarantie aus Art 14 GG steht im Rahmen des Schutzes der Kinder und der fortwirkenden nachehelichen Solidarität der Schutzzweck aus Art 6 GG ggü, wobei zu beachten ist, dass mit fortschreitendem Zeitablauf nach der Scheidung und dem Älterwerden der Kinder der letztere Gesichtspunkt immer stärker zurücksteht. § 1568a stellt keine Anspruchsgrundlage für weitergehende Ansprüche des Eigentümerehegatten dar; insb kann der weichende Ehegatte keine Entschädigung mit der Begründung wertsteigernder Investitionen in die Wohnung verlangen. Die vom OLG München (FamRZ 2008, 695) zu § 1361b getroffene Entscheidung dürfte insoweit auch für § 1568a gelten. Hier sind die Ehegatten auf den güterrechtl Ausgleich zu verweisen (jurisPK/*Breidenstein* Rn 48). 26

Wird die Ehewohnung auf Antrag dem dinglich berechtigten Ehegatten zugewiesen, wird dem Nichteigentümer, der die Ehewohnung verlassen muss, zur Vermeidung unbilliger Härten erforderlichenfalls eine Räumungsfrist zu bewilligen sein, um in zumutbarer Zeit und unter zumutbaren Umständen die Wohnung verlassen zu können. Für diese Zeit wird ein Mietverhältnis zu begründen sein, damit diese Übergangszeit und der Eingriff in das Eigentum keine übergebührliche Beeinträchtigung bewirkt. 27

5. Erlöschen des Anspruchs nach Abs VI analog. Da die Wohnung ihren Charakter als Ehewohnung auch nicht automatisch mit Rechtskraft des Scheidungsbeschlusses verliert, kann der **Anspruch aus § 1568a** nach zutr Grundsatzentscheidung des BGH (BGH NJW 2021, 1527) zwar noch nach Rechtskraft der Scheidung, jedoch nur binnen eines Jahres geltend gemacht werden. Auch wenn Abs VI dem Wortlaut nach nur für die Abs III und V gilt, hat der BGH entschieden, dass die zeitl Befristung dem Sinn und Zweck und dem systematischen Gesamtzusammenhang nach auch auf den zw den Ehegatten bestehenden Überlassungsanspruch anzuwenden ist (BGH NJW 2021, 1527). 28

III. Änderung des zugrundeliegenden Mietverhältnisses, Abs III. 1. Anwendungsbereich. Der sachliche Anwendungsbereich (Ehewohnung) entspricht dem der Abs I und II (vgl Rn 8ff). In persönlicher Hinsicht betrifft er dagegen nicht das Verhältnis zw den Ehegatten, sondern das **Verhältnis der Ehegatten zum Vermieter** und damit das **Außenverhältnis** (MüKo/*Wellenhofer* Rn 32). Der stattgebende familiengerichtliche Überlassungsbeschl nach Abs I bzw Abs II wirkt lediglich inter partes, also zw den Ehegatten, hat aber keine Wirkungen auf das Vertragsverhältnis zw den Ehegatten und dem Vermieter; Abs III ermöglicht (Abs III S 1 Nr 1) bzw bewirkt (Abs III S 1 Nr 2) die erforderliche Vertragsanpassung des Mietverhältnisses. 29

2. Anwendungsvoraussetzungen. a) Wirksamer Mietvertrag. Die Bestimmung setzt das Bestehen eines **wirksamen Mietvertrags** über eine **Ehewohnung** (s Rn 8ff) voraus (MüKo/*Wellenhofer* Rn 32 und Rn 34); besteht keine vertragl Grundlage für die Nutzung der Ehewohnung, ist die Regelung des Abs V maßgeblich (Rn 54f). Die Frage ist von Amts wegen zu klären (Grü/*Götz* Rn 11). Wurde das Mietverhältnis durch den Ehegatten, der alleiniger Mieter der Ehewohnung war, bereits wirksam beendet, kommt eine Anwendung des § 1568a zugunsten des anderen Ehegatten auch dann nicht in Betracht, wenn die Kündigung unter Verletzung der Pflicht zur ehelichen Rücksichtnahme nach § 1353 I 2 erfolgte (Frankfurt FamFR 2013, 476). 30

b) Variante 1: Änderung durch Mitteilung ggü dem Vermieter (Abs III S 1 Nr 1). Besteht zw den Ehegatten Einigkeit über die weitere Nutzung der Wohnung, können sie die erforderliche Vertragsanpassung des Mietverhältnisses bewirken, ohne ein gerichtliches Verfahren durchzuführen. Die Wirkungen des Abs III treten nach Nr 1 mit Zugang der übereinstimmenden Mitteilung(en) der Ehegatten an den Vermieter auf Überlassung an einen von ihnen ein. Inhaltlich muss zweifelsfrei zum Ausdruck kommen, dass die Wohnung künftig allein von einem Ehegatten genutzt werden wird. Für die Mitteilung ist keine Form vorgeschrieben. Die Mitteilungen beider Ehegatten können auch sukzessive erfolgen (Grü/*Götz* Rn 12); in diesem Fall ist der Zeitpunkt maßgeblich, in dem die zweite Mitteilung zugeht. 31

32 Die **Rechtsnatur** der Mitteilung ist **zweifelhaft**. Sie dürfte zumindest **wie eine Willenserklärung zu behandeln** sein, da die Ehegatten mit der Erklärung nicht nur bloße Tatsachen mitteilen, sondern mit ihr beabsichtigen, ein privatrechtl Rechtsverhältnis zu begründen, zu beenden oder abzuändern. Sie dürfte damit wie eine einseitige Willenserklärung zu behandeln sein, deren Wirkung bei Zugang (§ 130) eintritt. So sind auf sie die allg Regeln bei Willensmängeln anwendbar, also auch die Anfechtungsvorschriften der §§ 119ff ggü dem Vermieter, wenn die Mitteilung durch Täuschung, Drohung oder Irrtum beeinflusst ist (vgl hierzu und zu den Rechtsfolgen im Einz *Abramenko* FamRB 2013, 91).

33 Sind beide Ehegatten über die künftige alleinige Weiternutzung der Mietwohnung durch einen von ihnen einig, besteht ein Anspruch des einen Ehegatten gegen den anderen auf Mitwirkung an der Mitteilung an den Vermieter. Zutr kann die Vornahme der Mitwirkungshandlung nach Abs III S 1 Nr 1 in einem solchen Fall schon vor Rechtskraft der Scheidung verlangt werden (Hamm NJW-RR 2016, 644), da auf Seiten des ausgezogenen Ehegatten ein berechtigtes Interesse besteht, in der Zukunft nicht mehr möglichen finanziellen Belastungen aus dem Mietverhältnis ausgesetzt zu sein. Ihm ist daher nicht zuzumuten, mit der Geltendmachung seines Anspruchs auf Mitwirkung des anderen Ehegatten an der Entlassung aus dem Mietverhältnis bis zur Rechtskraft der Scheidung zu warten (OLGReport NRW 13/2016 Anm 4).

34 **c) Variante 2: Rechtskraft der Überlassungsentscheidung (Abs III S 1 Nr 2).** Besteht zw den Ehegatten keine Einigkeit über die weitere Nutzung der Ehewohnung oder nimmt einer der Ehegatten die nach Abs III S 1 Nr 1 erforderliche Mitwirkungshandlung nicht vor und ergeht eine Überlassungsentscheidung nach Abs I, Abs II, treten die Wirkungen des Abs III nach Nr 2 automatisch mit Rechtskraft des Überlassungsbeschl zugunsten eines Ehegatten nach Abs I und Abs II ein.

35 **d) Ggf zusätzl Voraussetzungen nach Abs IV.** Handelt es sich bei der Ehewohnung um eine Werk- oder Dienstwohnung, ist zusätzl die Sonderregel des Abs IV zu berücksichtigten (Rn 43ff).

36 **3. Rechtsfolge: Eintritt in das oder Fortsetzung des Mietverhältnisses. a) Änderung des Mietvertrags.** Durch Zugang der Erklärung bzw Rechtskraft der Überlassungsentscheidung wird das bestehende Mietverhältnis (auch ohne bzw gegen den Willen des Vermieters) kraft Gesetzes umgestaltet. Waren beide Ehegatten Mieter, wird das Mietverhältnis allein mit dem verbleibenden Ehegatten fortgesetzt, der andere Ehegatte scheidet als Vertragspartner aus. War nur der weichende Ehegatte Mieter, tritt der verbleibende Ehegatte an seiner Stelle in das Mietverhältnis ein (BeckOGK/*Erbarth* Rn 108). Dies entspricht der im Fall des Todes des Mieters in § 563 I, § 563a geregelten Sonderrechtsnachfolge des Ehegatten. IÜ verbleibt es bei dem alten Vertragsinhalt (BGH FamRZ 2003, 1919; Grü/*Götz* Rn 14). Für das geänderte Mietverhältnis gilt der gesetzl Kündigungsschutz (Grü/*Götz* Rn 14). Das FamG hat keine Befugnisse, den Vertragsinhalt abzuändern; insb sieht das Gesetz keine Anordnungen zur Sicherung der Ansprüche des Vermieters vor (zur Berücksichtigung der Interessen des Vermieters s Rn 39ff).

37 **b) Zeitpunkt.** Die Umgestaltung des Mietvertrags aufgrund der Mitteilung der Ehegatten (Abs III S 1 Nr 1) erfolgt mit Zugang der Mitteilung beider Ehegatten, frühestens mit Rechtskraft des Scheidungsbeschl. Die Umgestaltung des Mietvertrags aufgrund des Überlassungsbeschl (Abs III S 1 Nr 2) erfolgt mit dessen Rechtskraft.

38 **c)** Der ausscheidende Ehegatte haftet für Schulden aus dem Mietverhältnis nur für den Zeitraum, in dem er selbst Vertragspartei auf Mieterseite war. Entspr erfasst das Vermieterpfandrecht hinsichtl des ausscheidenden Ehegatten auch nur bereits bei dessen Ausscheiden entstandene Ansprüche (BeckOGK/*Erbarth* Rn 111). War der überlassungsberechtigte Ehegatte zuvor nicht Partei des Mietvertrags, haftet dieser für Schulden aus dem Vertragsverhältnis erst ab dem Zeitpunkt seines Eintritts in das Vertragsverhältnis. Ein (etwaiger) Anspruch auf Kautionsrückzahlung des ausscheidenden Ehegatten wird erst mit Beendigung des Mietvertrags fällig, weil das Vertragsverhältnis nur umgestaltet, nicht aber beendet wird (BeckOGK/*Erbarth* Rn 112).

39 **4. Berücksichtigung der Interessen des Vermieters. a) Allgemeines.** Die Wirkungen des Abs III treten unabhängig vom und auch gegen den Willen des Vermieters ein. Seine Zustimmung ist für die gerichtliche Entscheidung nach Abs I und Abs II nicht erforderlich. Nach § 204 I FamFG ist der Vermieter aber an dem Verfahren zw den Ehegatten förmlich zu beteiligen. Seine Einwände gegen die Fortführung des Mietverhältnisses mit einem Ehegatten können in die Billigkeitserwägungen einfließen (vgl Rn 18). Weitere Schutzanordnungen (wie zB die Stellung einer Kaution oder Bürgschaft oder die Beibehaltung der gesamtschuldnerischen Haftung für einen angemessenen Zeitraum) sind anders als in § 5 II 2 HausratsV aF nicht mehr vorgesehen. Eine angedachte Ergänzung in § 209 I 2 und 3 FamFG (Erlass von Anordnungen zur Sicherung von Vermieteransprüchen) wurde nicht realisiert. Hier trägt der Vermieter nunmehr ein erhöhtes wirtschaftl Risiko, da häufig dem wirtschaftl schwächeren Ehepartner, der die minderjährigen Kinder betreut, die Wohnung überlassen wird.

40 **b) Änderung der Vertragsbedingungen.** Soweit der Vermieter Änderungen im Mietvertrag wünscht, kann er diese nur im Rahmen der Möglichkeiten, die ihm das Mietrecht bietet, durchsetzen.

41 **c) Kündigungsrecht des Vermieters, Abs V S 2.** Im Fall der Umgestaltung des Mietvertrags ist gem Abs V S 2 die Regelung des § 563 IV (Recht zur außerordentlichen Kündigung) entspr anwendbar. Nach § 563 IV ist der Vermieter berechtigt, das Mietverhältnis innerhalb eines Monats, nachdem er von dem endgültigen Eintritt in das Mietverhältnis Kenntnis erlangt hat, außerordentlich mit der gesetzl Frist kündigen, wenn in der Person des Eingetretenen ein wichtiger Grund vorliegt. Der nach § 563 IV erforderliche wichtige Grund liegt nicht bereits dann vor, wenn die wirtschaftl Leistungsfähigkeit des eintretenden Mieters geringer ist als die des ausscheidenden Mieters. Erforderlich ist, dass konkrete Anhaltspunkte vorlegen, die eine erhebliche Gefährdung der Interes-

sen des Vermieters befürchten lassen (Soergel/*Heintzmann* Rn 61). Diese kann auch darin begründet sein, dass der künftige Mieter nicht zu der Gruppe gehört, an die eine Vermietung typischerweise erfolgen soll, etwa wenn es sich um eine Dienstwohnung handelt, aber kein Arbeitsverhältnis besteht.

5. Erlöschen des Anspruchs nach Abs VI. Nach Abs VI erlischt der Anspruch auf Umgestaltung des Mietverhältnisses nach Abs III, wenn er nicht binnen eines Jahres nach Rechtskraft der Scheidung rechtshängig gemacht wird. Es handelt sich um eine Schutzvorschrift zugunsten Dritter. Führen die Ehegatten eine gerichtliche Klärung bzgl der Ehewohnung nicht herbei, bleiben Vermieter und Grundstückseigentümer, die selbst nicht antragsberechtigt sind, in Ungewissheit, welcher Ehegatte zukünftig ihr Mieter sein wird. Einverständliche Regelungen sind auch nach Ablauf der Jahresfrist weiter möglich. 42

V. Besonderheiten bei Dienst- oder Werkwohnungen, Abs IV. 1. Anwendungsbereich. Anwendungsbereich und **Regelungsgehalt** der Vorschrift sind **streitig**. Die Norm bestimmt, dass ein überlassungsberechtigter Ehegatte für den Fall, dass die Ehegatten die Wohnung auf Grund eines zw einem Ehegatten und einem Dritten bestehenden Dienst- oder Arbeitsverhältnisses innehaben, nur dann einen Anspruch auf Begründung eines Mietverhältnisses hat, wenn der Dritte einverstanden ist oder dies für die Vermeidung einer besonders schweren Härte erforderlich ist. Die Norm betrifft ihrem **Wortlaut nach** nur **das Verhältnis zw Ehegatten und Dritten**. 43

Nach einer Auffassung ist die Einschränkung entgegen dem Wortlaut bereits beim Überlassungsanspruch zw den Ehegatten nach Abs I zu berücksichtigen (Grü/*Götz* Rn 16; MüKo/*Wellenhofer* Rn 47). Dies folge aus dem Sinn und Zweck der Vorschrift und entspreche der Intention des Gesetzgebers, der – wie die Regelung des Abs V zeige – die Entstehung reiner Nutzungsverhältnisse vermeiden wollte. Nach **zutr Auffassung** (Soergel/*Heintzmann* Rn 68; BeckOGK/*Erbarth* Rn 18ff) **beschränkt die Sondervorschrift** jedoch **lediglich den Anspruch zw dem überlassungsberechtigten Ehegatten und dem die Wohnung zur Verfügung stellenden Dritten.** Die Vorschrift ist insoweit eindeutig gefasst; die Regelungssystematik des § 1568a regelt zunächst das Verhältnis zw den Ehegatten (Abs I und II) und als Annex hierzu das Verhältnis der Ehegatten zu Dritten (Abs III–V). Die Interessenlagen der Beteiligten sind nicht vergleichbar. Eine Ausdehnung der Vorschrift gegen den Wortlaut und gegen die Systematik des Gesetzes lässt sich vorliegend nicht rechtfertigen, da eine Orientierung am Wortlaut der Norm nicht zu untragbaren Ergebnissen führt. Auf die zu § 4 HausratsV ergangene Rspr kann nach hA wegen des unterschiedlichen Regelungsgehalts nicht zurückgegriffen werden. 44

2. Anspruchsberechtigte und Anspruchsverpflichtete. Anspruchsberechtigter Ehegatte nach Abs IV ist, auch wenn dies in der Formulierung nicht klar zum Ausdruck kommt, nur der Ehegatte, der selbst nicht in dem maßgeblichen Dienst- oder Arbeitsverhältnis steht (BeckOGK/*Erbarth* Rn 117). 45

Anspruchsverpflichteter des Anspruchs ist der Dritte, der den Ehegatten die Wohnung überlässt. Dies kann, muss aber nicht zwingend zugleich der ArbGeb sein, da die Vorschrift auch Wohnungen erfasst, die nicht vom ArbGeb selbst überlassen werden. 46

3. Anwendungsvoraussetzungen. a) Innehaben der Wohnung auf Grund eines Dienst- oder Arbeitsverhältnisses. Dem Wortlaut nach bezieht sich Abs IV auf eine Ehewohnung (Rn 8ff), die die Ehegatten auf Grund eines Dienst- oder Arbeitsverhältnisses, das zw einem von ihnen und einem Dritten besteht, innehaben. Nach zutr Auffassung sind **Werkmietwohnungen** (str!), **Werkdienstwohnungen** und **Dienstwohnungen** gleichermaßen von der Vorschrift umfasst (Johannsen/Henrich/Althammer/*Dürbeck* Rn 43; aA Soergel/*Heintzmann* Rn 68). Eine Werkmietwohnung liegt vor, wenn die Wohnung aufgrund des Dienst- oder Arbeitsverhältnisses vermietet wird, eine Werkdienstwohnung liegt vor, wenn die Wohnung als Teil des Arbeitsentgelts überlassen wird, um eine Dienstwohnung handelt es sich, wenn die Wohnung aufgrund eines öffentlich-rechtl Nutzungsverhältnisses überlassen wird (LG Berlin NJW-Spezial 2013, 259; *Bruns* NZM 2014, 535). **Nicht erforderlich** ist, dass die Überlassung auf Grundlage eines Mietvertrages erfolgt. 47

Die Überlassung muss **aufgrund** eines **bestehenden** Arbeits- oder Dienstverhältnisses erfolgen; diese Voraussetzung ist nicht erfüllt, wenn das Arbeits- oder Dienstverhältnis inzwischen beendet ist. Durch die Formulierung („aufgrund") kommt zudem zum Ausdruck, dass zw der Bereitstellung der Wohnung und dem Dienst- oder Arbeitsverhältnis ein Abhängigkeitsverhältnis bestehen muss. Dies kann von den Parteien auch nachträgl vereinbart werden. Nicht ausreichend ist es, wenn lediglich eine Identität zw ArbGeb und Vermieter vorliegt, auch eine bloße räumliche Nähe zum Arbeitsplatz ist nicht ausreichend (Johannsen/Henrich/Althammer/*Dürbeck* Rn 43; MüKo/*Wellenhofer* Rn 51). 48

b) Einverständnis des Dritten oder Vermeidung einer schweren Härte. Der Anspruch setzt weiter voraus, dass der Dritte entweder mit der Überlassung der Wohnung an den Ehegatten, mit dem das maßgebliche Dienst- oder Arbeitsverhältnis nicht besteht, einverstanden ist (Var 1), oder dass diese zur Vermeidung einer schweren Härte auf Seiten eben dieses Ehegatten erforderlich ist (Var 2). Der Begriff der **notwendigen schweren Härte** erfordert im Hinblick auf die Schutzwürdigkeit des ArbGeb-Vermieters noch höhere Unzumutbarkeitsanforderungen als die unbillige Härte nach Abs II. Dies signalisiert auch bereits die unterschiedliche Wortwahl in den Abs II und IV. 49

c) Dienst- oder Arbeitsverhältnis mit nur *einem* Ehegatten. Stehen beide Ehegatten in einem Dienst oder Arbeitsverhältnis, ist die Regelung nach dem Wortlaut nicht anwendbar; der Anspruch gegen den Vermieter richtet sich dann ausschließlich nach Abs V (Soergel/*Heintzmann* Rn 70) 50

51 **4. Rechtsfolgen.** Liegen die Voraussetzungen des Abs IV (Rn 43ff) vor, hat der Ehegatte, der nicht in einem Dienst- oder Arbeitsverhältnis steht, einen **Anspruch gegen den Dritten auf Begründung eines Mietverhältnisses** (Abs V). Nach überwiegender Auffassung wird im Regelfall nur ein Anspruch auf Abschluss eines befristeten Mietvertrages bestehen (Johannsen/Henrich/Althammer/*Dürbeck* Rn 44f).

52 **Streitig** ist, ob entgegen dem Wortlaut auch ein Anspruch auf Fortsetzung eines bestehenden Mietverhältnisses besteht. Nach zutr Auffassung ist der Wortlaut der Regelung insoweit eindeutig und gewährt lediglich den Anspruch auf Begründung eines neuen Vertragsverhältnisses (Soergel/*Heintzmann* Rn 68; aA Johannsen/Henrich/Althammer/*Dürbeck* Rn 42). Dies gilt auch dann, wenn die Wohnung bereits aufgrund eines Mietverhältnisses überlassen wird. Eine automatische Fortsetzung des Mietvertrages durch den überlassungsberechtigten Ehegatten (Abs III) kommt bereits nach dem klaren Wortlaut der Vorschrift nicht in Betracht. Eine Ausweitung des Anspruchs auf Fortsetzung des Mietverhältnisses ist zudem nicht sachgerecht, da auf Seiten des Dritten berechtigte und schützenswerte Interessen daran bestehen können, die vertragl Gestaltung des Mietvertrages mit einem Vertragspartner, an den die Überlassung nicht aufgrund eines Dienst- oder Arbeitsverhältnisses erfolgt, anders zu regeln als mit einem Vertragspartner, bei dem die Überlassung in Abhängigkeit zum Dienst- oder Arbeitsverhältnis steht.

53 **5. Erlöschen des Anspruchs nach Abs VI analog.** Die Regelung des Abs VI, wonach die Ansprüche auf Fortsetzung bzw Begründung eines Mietverhältnisses nach den Abs III bzw V ein Jahr nach Rechtskraft der Scheidung erlöschen, wenn sie nicht zuvor rechtshängig gemacht wurden, ist auf den Anspruch aus Abs IV analog anzuwenden (BeckOGK/*Erbarth* Rn 134f).

54 **VI. Neue Begründung eines Mietverhältnisses, Abs V. 1. Allgemeines. a) Inhalt und Regelungsgehalt.** Abs V enthält Regelungen für zwei Fallkonstellationen. Zum einen für die Konstellation, dass bislang über die Ehewohnung gar kein Mietverhältnis besteht. Hier räumt die Vorschrift dem überlassungsberechtigten Ehegatten sowie dem Dritten, der die Wohnung überlässt, in S 1 jew einen Anspruch auf Begründung eines Mietverhältnisses zu ortsüblichen Bedingungen ein. Zugunsten des Vermieters sieht S 2 ergänzend einen Anspruch auf Befristung des Vertragsverhältnisses vor. Zum anderen regelt die Vorschrift in S 3 die Konstellation, in der zwar ein Mietverhältnis besteht, zw den Vertragsparteien aber keine Einigkeit über die Höhe der Miete besteht.

55 **b) Normzweck.** Durch die Regelung soll gewährleistet werden, dass die Überlassung von dem überlassungsberechtigten Ehegatten und dem überlassenden Dritten auf eine vertragl Grundlage gestellt werden kann; wobei sich der Mietvertrag an den ortsüblichen Bedingungen zu orientieren hat. Damit schützt die Vorschrift den überlassungsberechtigten Ehegatten vor Verlust der Ehewohnung infolge eines Verkaufs der Wohnung durch den Eigentümer, da er sich ggü dem Erwerber dann auf die Schutzvorschrift des § 566 (Kauf bricht Miete nicht) berufen kann. Die Vorschrift entfaltet ihre Schutzwirkung auch, wenn der überlassungsberechtigte Ehegatte selbst Mitteigentümer der Wohnung ist. Bereits die Verwertung der Immobilie gegen den Willen des überlassungsberechtigten Ehegatten im Wege der Teilungsversteigerung nach § 753 wird idR wenig erfolgversprechend sein, weil auch hier der Erwerber in den bestehenden Mietvertrag eintritt, weil das Kündigungsrecht des Erstehers aus § 57a ZVG gem § 183 ZVG nicht anwendbar ist.

56 **2. Anwendungsvoraussetzungen. a) Konstellation 1: Fehlendes Mietverhältnis.** Abs V S 1 und 2 beziehen sich auf Konstellationen, in denen bislang gar kein Mietverhältnis über die Wohnung besteht. Dies kann vielfältige Gründe haben. So kann die Ehewohnung im Alleineigentum des weichenden Ehegatten oder im Miteigentum beider stehen oder die Eheleute bewohnen die Wohnung (aufgrund verwandtschaftlicher Beziehungen zu den Eigentümern) unentgeltlich. In Betracht kommt auch, dass die Wohnung aufgrund eines Nutzungsverhältnisses oder aufgrund einer anderweitigen dinglichen Berechtigung überlassen wird. In der Gesetzesbegr wird auf den Fall verwiesen, dass die Wohnung im Alleineigentum des überlassungsverpflichteten Ehegatten steht und dieser das Vertragsverhältnis zwischenzeitl wirksam beendet hat (BT-Drs 635/08, 46). Steht die Wohnung nicht im Alleineigentum des überlassungsverpflichteten Ehegatten und besteht kein Mietverhältnis, weil dieses zwischenzeitl durch wirksame Kündigung beendet wurde, kommt eine Neubegründung aber nach zutr Auffassung auch nur dann in Betracht, wenn die Wohnung noch nicht geräumt wurde und der Vermieter die Wohnung nicht bereits im Vertrauen auf die Beendigung des Mietverhältnisses anderweitig vermietet hat (AG München FamRZ 2014, 1459; Soergel/*Heintzmann* Rn 68; Johannsen/Henrich/Althammer/*Dürbeck* Rn 49). Das Gleiche gilt auch, wenn das Mietverhältnis durch Mietaufhebungsvertrag zw Vermieter und weichendem Ehegatten wirksam beendet wurde.

57 **b) Konstellation 2: Fehlende Einigung über die Miethöhe bei bestehendem Mietverhältnis.** Abs V S 3 setzt nach seinem Wortlaut tatbestandlich das Bestehen eines Mietvertrages zw den Parteien voraus, andernfalls wäre der Begünstigte nicht „Vermieter" (BeckOGK/*Erbarth* Rn 180ff). Voraussetzung ist also, dass zw den Parteien grds Einigkeit darüber bestehen muss, dass eine Überlassung der Wohnung zum Gebrauch entgeltlich erfolgen soll.

58 **3. Rechtsfolge. a) Anspruch auf Begründung eines Mietverhältnisses, Abs V S 1.** Besteht bisher überhaupt kein Mietverhältnis über die Ehewohnung, so können sowohl der Ehegatte, der Anspruch auf deren Überlassung hat, als auch die zur Vermietung berechtigte Person von dem jew Anderen die Begründung eines Mietverhältnisses zu **ortsüblichen Bedingungen** verlangen (jurisPK/*Breidenstein* Rn 73). Also hat nicht nur der bleibende Ehegatte, sondern auch die zur Vermietung berechtigte Person einen Anspruch auf Abschluss eines Mietvertrags. Steht die Ehewohnung im Miteigentum der Ehegatten, sind beide Ehegatten gemeinschaftl Vermieter, der über-

lassungsberechtigte Ehegatte Mieter (BayOBL FamRZ 1974, 22). In diesem Fall steht dem anderen Ehegatten nur ein anteiliger Zahlungsanspruch zu, der sich nach der Quote seines Miteigentums richtet (Johannsen/Henrich/Althammer/*Dürbeck* Rn 52).

Sofern die Beteiligten sich nicht außergerichtlich auf einen Mietvertrag einigen und einer der Beteiligten den Anspruch im gerichtlichen Verfahren geltend macht, legt das Gericht **auf Antrag** den Inhalt des Mietvertrages einschl der Miethöhe durch gerichtliche Entscheidung fest; hinsichtl der inhaltlichen Ausgestaltung des Mietvertrags ist das FamG wegen der Konzeption als Anspruchsgrundlage an den Parteiantrag gebunden (str; so auch BeckOGK/*Erbarth* Rn 149; aA offenbar MüKo/*Wellenhofer* Rn 55; Johannsen/Henrich/Althammer/*Dürbeck* Rn 51); der Anspruch ist regelmäßig auf einen Mietvertrag gerichtet, der inhaltlich den ortsüblichen Bedingungen entspricht (S 1). Der Antrag ist hinreichend konkret zu stellen. Abweichungen kommen dann in Betracht, wenn dies aufgrund der persönlichen oder wirtschaftl Verhältnisse ausnahmsw erforderlich ist oder die Beteiligten in dem betreffenden Punkt einig sind. 59

b) Anspruch des Vermieters auf Befristung, Abs V S 2. Der Vermieter kann gem Abs V S 2 den Abschluss eines befristeten Vertrages verlangen, wenn entweder die Voraussetzungen des § 575 I vorliegen (Var 1) oder die Begründung eines unbefristeten Vertrages unter Würdigung der berechtigten Interessen des Vermieters ausnahmsw unbillig wäre (Var 2). § 575 berechtigt einen Vermieter aus den abschließend aufgeführten Gründen, ein Mietverhältnis nur mit einer Befristung abzuschließen. Zulässig ist dies insb bei absehbarem künftigen Eigenbedarf, bei geplanten wesentlichen baulichen Veränderungen oder geplanter Beseitigung der Wohnräume. Ergänzend ist dem Vermieter durch Abs V S 2 Var 2 ein Anspruch auf angemessene Befristung aus Billigkeitsgründen eingeräumt. Ob die Voraussetzungen vorliegen, ist Frage des konkreten Einzelfalls. Die Dauer der Befristung muss ebenfalls angemessen sein; die Angemessenheit der Dauer der Frist ist Frage des Einzelfalls und ist ebenfalls an den Interessen der Beteiligten zu bemessen (München FamRZ 1995, 1205; MüKo/*Wellenhofer* Rn 60). IdR wird sie so zu bemessen sein, dass der überlassungsberechtigte Ehegatte in dem zur Verfügung stehenden Zeitraum eine zumutbare Wohnung finden kann (Köln FamRZ 1996, 492). Im gerichtlichen Verfahren ist ein bestehendes Befristungsinteresse vom Vermieter durch Antrag geltend zu machen. Aufgrund der Ausgestaltung als Anspruch ist das Gericht nicht gehalten, die Frage von Amts wegen zu prüfen. 60

Will der (künftige) Vermieter seinen Anspruch mangels Einigungsbereitschaft des Mieters im gerichtlichen Verfahren geltend machen, kann er diesen sowohl zusammen mit dem Antrag auf Begründung eines Mietverhältnisses (Abs I) stellen, oder – wenn der Antrag auf Begründung vom überlassungsberechtigten Ehegatten gestellt wird – im selben Verfahren im Wege des Widerantrags geltend machen. Der Befristungsanspruch kann aber auch in einem gesonderten Verfahren geltend gemacht werden; soweit die Begründung des Mietverhältnisses durch gerichtliche Entscheidung erfolgte, sind die Voraussetzungen des § 48 FamFG zu beachten. 61

c) Anspruch des Vermieters auf angemessene Mietzahlung. Der Vermieter ist berechtigt, eine angemessene Miete, im Zweifel in Höhe der ortsüblichen Vergleichsmiete, zu verlangen (zur Ermittlung der Vergleichsmiete *Börstinghaus*, NJW 2013, 1767). Bei preisgebundenem Wohnraum ist die Höhe auf die preisrechtl zulässige Miete beschränkt. §§ 315, 316 sind nicht anwendbar, eine Festsetzung nach billigem Ermessen durch den Vermieter bzw das Gericht kommt nicht in Betracht (BeckOGK/*Erbarth* Rn 186). 62

4. Erlöschen des Anspruchs nach Abs VI. Der Anspruch aus Abs V S 1 auf Begründung eines Mietverhältnisses erlischt nach Abs VI ein Jahr nach Rechtskraft der Scheidung, wenn er nicht vorher rechtshängig gemacht wurde. Für die Ansprüche nach Abs V S 2 und Abs V S 3 gilt diese zeitl Begrenzung nicht, sie können auch nach Ablauf dieser Frist geltend gemacht werden. Dies ergibt sich aus dem Wortlaut des Abs VI, der sich ausdrückl auf den „Anspruch auf Eintritt in ein Mietverhältnis oder auf seine Begründung" bezieht, nicht aber auf die Ansprüche auf Befristung oder angemessene Mietzahlung (BeckOGK/*Erbarth* Rn 189). 63

VII. Verfahren. S ausf Vor § 1568a Rn 5ff. 64

§ 1568b Haushaltsgegenstände

(1) Jeder Ehegatte kann verlangen, dass ihm der andere Ehegatte anlässlich der Scheidung die im gemeinsamen Eigentum stehenden Haushaltsgegenstände überlässt und übereignet, wenn er auf deren Nutzung unter Berücksichtigung des Wohls der im Haushalt lebenden Kinder und der Lebensverhältnisse der Ehegatten in stärkerem Maße angewiesen ist als der andere Ehegatte oder dies aus anderen Gründen der Billigkeit entspricht.

(2) Haushaltsgegenstände, die während der Ehe für den gemeinsamen Haushalt angeschafft wurden, gelten für die Verteilung als gemeinsames Eigentum der Ehegatten, es sei denn, das Alleineigentum eines Ehegatten steht fest.

(3) Der Ehegatte, der sein Eigentum nach Absatz 1 überträgt, kann eine angemessene Ausgleichszahlung verlangen.

I. Allgemeines. 1. Inhalt und Regelungsgehalt. § 1568b schafft die Voraussetzung für eine **endgültige und dauerhafte Aufteilung von im Gemeinschaftseigentum stehenden Haushaltsgegenständen für die Zeit nach der Scheidung.** Dazu räumt **Abs I** dem Ehegatten, der stärker auf die Nutzung des Gegenstands angewiesen ist, einen **Anspruch auf Überlassung und Übereignung** gegen den anderen Ehegatten ein; dem anderen Ehegatten steht nach **Abs III ein Anspruch auf Ausgleichszahlung** zu. **Abs II** enthält für das gerichtl Verteilungsverfahren 1 eine widerlegliche **Vermutung** dafür, dass Haushaltsgegenstände, die während der Ehe für den gemeinsamen Haushalt angeschafft wurden, im **gemeinsamen Eigentum** der Ehegatten stehen („gelten als").

2 **2. Normzweck.** § 1568b ist darauf gerichtet, die Verteilung der Haushaltsgegenstände in einem **schnellen, einfachen und zweckmäßigen Verfahren** für die Zeit nach Rechtskraft der Scheidung zu ermöglichen (Grü/*Götz* Rn 1). Diesem Zweck dient auch die Miteigentumsvermutung des Abs II, da aufwändige Beweiserhebungen über die Eigentumsverhältnisse regelmäßig vermieden werden können (MüKo/*Wellenhofer* Rn 26).

3 **3. Rechtsnatur.** Die Norm ist – wie § 1568a – als Anspruchsgrundlage iSd § 194 konzipiert (anders noch in der HausratsV). Eine gerichtl Überlassungsentscheidung nach Abs I kann daher nur auf entspr Antrag ergehen. Beantragt nur ein Ehegatte die Überlassung und beschränkt sich der Antragsgegner auf einen Abweisungsantrag, kommt eine Überlassungsentscheidung zugunsten des Antragsgegners nicht in Betracht. Gleiches gilt für den Ausgleichsanspruch gem Abs III. Die Ansprüche aus § 1568b sind höchstpersönlicher Natur, dh sie sind nicht abtretbar, verpfändbar und unvererblich (Soergel/*Heintzmann* Rn 4; MüKo/*Wellenhofer* Rn 20).

4 **4. Konkurrenzen. a) Haushaltsgegenstände und Zugewinnausgleich.** Das Verhältnis zw **Zugewinnausgleich** und § 1568b ist nicht klar geregelt und teilw str. Steht ein Haushaltsgegenstand im Alleineigentum eines Ehegatten, ist § 1568b nicht anwendbar, ein Ausgleichsanspruch kann hier nur nach den Vorschriften des Zugewinnausgleichs in Betracht kommen (BGH FamRZ 2011, 1039). Hinsichtl der Haushaltsgegenstände, die im (vermuteten) gemeinsamen Eigentum der Ehegatten stehen, ist § 1586b ggü dem Zugewinnausgleich nach hM lex specialis (Johannsen/Henrich/Althammer/*Dürbeck* Rn 20; MüKo/*Wellenhofer* Rn 37 mwN). Nach aA ist zu differenzieren: Wird die nach Abs III geschuldete Ausgleichszahlung nicht geleistet, soll eine Berücksichtigung im Zugewinn weiterhin in Betracht kommen (BeckOGK/*Erbarth* Rn 75). Str ist zudem das Verhältnis zu § 1383 I, nach dem auf entsprechenden familiengerichtl Beschluss an die Stelle einer Zahlung die Übertragung eines Gegenstands unter Anrechnung auf die Zugewinnausgleichforderung treten kann. Nach hM wird der Anspruch aus **§ 1383 I** von § 1568b verdrängt (MüKo/*Wellenhofer* Rn 41; Johannsen/Henrich/Althammer/*Dürbeck* Rn 21; jew mwN; aA hinsichtl nicht überlassener und nicht übereigneter Haushaltsgegenstände BeckOGK/*Erbarth* Rn 76).

5 **b) Sachenrechtl Herausgabeansprüche. aa)** Soweit die Eigenschaft als gemeinsamer Haushaltsgegenstand (ggf aufgrund der Vermutung des Abs II) feststeht, ist der Anspruch aus **§ 985** ausgeschlossen (Grü/*Götz* Rn 5). Steht der Gegenstand im Alleineigentum eines Ehegatten oder steht der Gegenstand im Eigentum nur eines Ehegatten und eines oder mehrerer Dritter, sind die §§ 985ff anwendbar. **bb)** Str ist das Verhältnis zw Besitzanspruch nach **§ 861** und Überlassungsanspruch nach § 1568b; praktische Bedeutung hat dies vorrangig in der Trennungssituation. In der diesbzgl Rspr wird weit überwiegend davon ausgegangen, dass der Besitzschutzanspruch aus § 861 von § 1361a im Wege der Spezialität verdrängt wird (Karlsruhe 2006, 824; Nürnberg 2006, 486). Dies dürfte auch für das Verhältnis von § 1568b zu § 861 gelten (so auch Staudinger/*Weinreich* Rn 60).

6 **c) Ansprüche aus einvernehmlicher Einigung.** Haben sich die Ehegatten außergerichtlich über die Verteilung von Haushaltsgegenständen geeinigt, bildet diese Einigung die Rechtsgrundlage für Überlassung und Übereignung; kommt ein Ehegatte seiner Verpflichtung aus der außergerichtlichen einvernehmlichen Einigung nicht nach und möchte der andere Ehegatte seine Ansprüche aus dieser Einigung gerichtlich geltend machen, handelt es sich um eine sonstige Familiensache iSd § 111 Nr 10, § 266 I Nr 3 FamFG, soweit das Vorliegen einer wirksamen Einigung unstreitig ist (MüKo/*Wellenhofer* Rn 42).

7 **II. Anspruch auf Überlassung und Übereignung, Abs I und II. 1. Anwendungsbereich. a) Haushaltsgegenstände. aa) Allgemeines.** Die Bestimmung des § 1568b gilt nur für Haushaltsgegenstände; unerheblich ist, in wessen Besitz sich diese zum Zeitpunkt der gerichtl Entscheidung befinden (Naumburg NJW-RR 2009, 726); sie müssen aber noch existent sein (Frankfurt FamRZ 2004, 1105). Maßgeblich ist der Schluss der mündlichen Verhandlung. Im Fall einer Veräußerung durch einen Ehegatten kommt es darauf an, ob dieser wirksam über den Gegenstand verfügen konnte. Ist die Verfügung aufgrund der §§ 1368, 1369 unwirksam, kann der Gegenstand mithilfe des Herausgabeanspruchs aus § 985 I wiedererlangt werden, wenn sich dieser noch im Besitz des Erwerbers befindet (BGH FamRZ 1983, 794).

8 **bb) Begriff.** Der Begriff der Haushaltsgegenstände ist **weit auslegen;** er entspricht dem der Gegenstände des ehelichen Haushalts in §§ 1369, 1932 bzw der Haushaltsgegenstände in § 1361a (MüKo/*Wellenhofer* Rn 5). Hierzu gehören **alle beweglichen Gegenstände, die nach den Vermögens- und Lebensverhältnissen der Ehegatten** und ihrer Kinder **üblicherweise für die Wohnung, die Hauswirtschaft und das Zusammenleben der Familie, einschl der Freizeitgestaltung, bestimmt sind** (BGH FamRZ 1984, 144; FamRZ 1984, 575), also der gesamten Lebensführung dienen, sowie die mit diesen verbundenen Rechte und Ansprüche (BeckOGK/*Erbarth* § 1361a Rn 47). Auf die Besitzverhältnisse und den Wert kommt es nicht an; auch Motiv und Anlass der Anschaffung sind nicht ausschlaggebend. Auch die Frage, mit wessen Mitteln die Anschaffung erfolgte, ist unerheblich. Für die Qualifizierung kommt es auch nicht auf die Häufigkeit der Nutzung an, insb ist eine tägliche Nutzung nicht erforderlich, so dass auch ein Gegenstand, der nur im Urlaub verwendet wird, als Haushaltsgegenstand eingeordnet werden kann. **Maßgeblich** sind die **Zweckbestimmung zur gemeinsamen Nutzung** und die **tatsächliche Verwendung zur gemeinsamen Lebensführung** (BGH FamRZ 1984, 144; FamRZ 1984, 572). Die Zweckbestimmung kann auch konkludent getroffen werden; sie ist auch nachträgl möglich, muss also nicht im Zeitpunkt der Anschaffung bereits bestanden haben. Ist die gemeinschaftl bzw familiäre Nutzung bestimmungs-

gemäß deutlich untergeordneter Natur (Schwerpunkt der Nutzung), handelt es sich nicht um einen Haushaltsgegenstand (Soergel/*Heintzmann* Rn 11).

cc) Forderungen gegen Dritte, Anwartschaftsrechte und Sicherungseigentum. Auch Forderungen gegen Dritte können als Haushaltsgegenstand zu qualifizieren sein, wenn sie gemeinsame Haushaltsgegenstände betreffen (BGH FamRZ 1980, 988). Hierunter fallen etwa Rückgewähr- oder Herausgabeansprüche nach Reparatur oder aufgrund unwirksamer Verfügung (§§ 1368, 1369), Ersatzansprüche gegen eine Versicherung, aber auch Schadensersatz- und Gewährleistungsansprüche. Erforderlich ist, dass der Gegenstand, auf den sich der Anspruch bezieht, als gemeinsamer Haushaltsgegenstand zu qualifizieren ist bzw war. Dass der schuldrechtl Anspruch gegen den Dritten ggf nur einem der beiden Ehegatten zusteht, etwa im Fall des Anspruchs gegen eine Versicherung, ist unerheblich (Soergel/*Heintzmann* Rn 14). Als Haushaltsgegenstände kommen auch sicherheitsübereignete oder unter Eigentumsvorbehalt gekaufte Gegenstände in Betracht (MüKo/*Wellenhofer* Rn 11; aA wohl Johannsen/Henrich/Althammer/*Dürbeck* Rn 7; hierzu auch Rn 14). 9

dd) Einzelfälle. Haushaltsgegenstände sind unter den og Voraussetzungen (Rn 8) Möbel, Teppiche, Lampen, Vorhänge, Bilder, Gardinen, Spiegel, Tisch- und Bettwäsche, Geschirr und Kochutensilien, Küchen- und Haushaltsgeräte, Wohn- und Gartenmöbel, gemeinsam genutzte Bücher, Spiele und Geräte der Unterhaltungselektronik wie Rundfunk- und Fernsehgeräte, Videogeräte oder Hifi-Anlagen, ebenso Nahrungsmittel einschl der Vorräte. Auch Musikinstrumente, Sportgeräte, Mobiltelefone, Fotoausrüstung, Computer können als Haushaltsgegenstände zu qualifizieren sein (MüKo/*Wellenhofer* Rn 5). Auch Kostbarkeiten (Orientteppiche, Tafelsilber oÄ), Antiquitäten und Kunstgegenstände können als Haushaltsgegenstand zu qualifizieren sein, wenn eine entspr Zweckbestimmung und Nutzung feststeht (Brandenburg FamRZ 2003, 532). Zu Kunstgegenständen und Antikmöbeln hat sich eine umfangreiche Kasuistik gebildet (hierzu jurisPK/*Breidenstein* Rn 28ff mwN). **Haustiere** sind zwar keine Sachen, aber nach § 90a entspr zu behandeln und können, soweit die Voraussetzungen iÜ vorliegen, auch nach § 1568b verteilt werden (Nürnberg FamRZ 2017, 513; Zweibrücken FamRZ 1998, 1432). Ein Umgangsrecht mit dem Tier lässt sich auf § 1568b dagegen nicht stützen (Stuttgart FamRZ 2019, 1406; Bamberg FamRZ 2004, 559). 10

Die Einordnung des **Pkw** ist **umstr.** Bedenken ergeben sich insb daraus, dass ein Pkw nach allg Sprachgebrauch kein Haushaltsgegenstand ist (BeckOGK/*Erbarth* § 1361a Rn 50). Der BGH hat aber in zwei älteren Entscheidungen eine Qualifizierung als Haushaltsgegenstand unter Verweis auf die Verkehrsauffassung als möglich angesehen (BGH FamRZ 1991, 43; FamRZ 1983, 794). Voraussetzung ist, dass er kraft gemeinsamer Zweckbestimmung der Ehegatten ganz oder überwiegend dem ehelichen und familiären Zusammenleben dient (BGH FamRZ 1991, 43, 49), also etwa dem Einkauf, Wochenend- und Urlaubsfahrten, der Kinderbetreuung oder dgl; dem hat sich die obergerichtliche Rspr angeschlossen; hinsichtl der Abgrenzungskriterien werden gleichwohl unterschiedliche Auffassungen vertreten. **Nach einer Auffassung** soll es für die Qualifizierung eines Pkw als Haushaltsgegenstand regelmäßig ausreichen, dass es sich um das einzige Fahrzeug der Familie handelt, wenn der Pkw neben der beruflichen Nutzung auch zu Familienzwecken verwendet wird (Frankfurt FamRZ NJW 2015, 2043; FamRZ 2019, 783; Düsseldorf FamRZ 2007, 1325). Nach **zutr Meinung** ist ein Pkw (bei gemischter Nutzung) jedoch nur dann als Haushaltsgegenstand zu qualifizieren, wenn das Fahrzeug nicht primär für berufliche Zwecke eines Ehegatten benutzt, sondern **vorzugsweise für private Zwecke von der ganzen Familie** beansprucht wird, und zwar aufgrund entspr gemeinsamer Zweckbestimmung der Eheleute (Frankfurt NZFam 2016, 889; NJW 2017, 2290; Stuttgart FamRZ 2016, 1087; MüKo/*Weber-Monecke* § 1361a Rn 6; krit BeckOGK/*Erbarth* § 1361a Rn 50ff). In den Fällen der **gemischten Nutzung**, dh der Nutzung sowohl etwa für Fahrten zum Arbeitsplatz als auch für den Bereich des Privatlebens, ist zutr auf den Schwerpunkt der Nutzung vor Trennung abzustellen (Koblenz FamRZ 2016, 1770 – „Familienkutsche"). **Umstritten** ist, ob ein von den Eheleuten angeschafftes **Wohnmobil** oder eine **Segel**- oder **Motorjacht** als Haushaltsgegenstand zu erachten sind, wenn sie ihrer jew Zweckbestimmung nach familiären und häuslichen Zwecken dienen. Wie beim Pkw stellt sich die Frage, ob begrifflich noch von Haushaltsgegenständen gesprochen werden kann; Bedenken ergeben sich ferner wegen der Abgrenzung zur Vermögensauseinandersetzung. In der obergerichtlichen Rspr hat sich, soweit ersichtlich, weitgehend die Auffassung durchgesetzt, dass eine Qualifizierung als Haushaltsgegenstand grds möglich ist, wenn der erforderliche gemeinsame Widmungszweck der Ehegatten vorliegt (jurisPK/*Breidenstein* Rn 52 mwN). 11

ee) Keine Haushaltsgegenstände. Keine Haushaltsgegenstände sind Gegenstände, die **allein oder weit überwiegend für den persönlichen oder beruflichen Gebrauch nur eines Ehegatten oder der (gemeinsamen) Kinder** vorgesehen sind oder deren **persönlichen Interessen** dienen und bestimmungsgemäß genutzt werden. Hierunter fallen insb Werkzeuge, Fachliteratur, Kleidung, Schmuck, Musikinstrumente, Familienandenken, Anschaffungen für ein Hobby wie Münz- oder Briefmarkensammlung (Düsseldorf FamRZ 1986, 1143; Hamm FamRZ 1980, 683, 685), aber ggf auch ein, Raritäten enthaltender Weinkeller (BeckOGK/*Erbarth* § 1361a Rn 48). Auch **persönliche Unterlagen der Ehegatten bzw der Kinder** (bspw Impfpass) sind keine Haushaltsgegenstände (jurisPK/*Breidenstein* Rn 35). Ebenfalls nicht erfasst sind Gegenstände, die ein Ehegatte aus Anlass der Trennung bzw erst nach der Trennung zur alleinigen Nutzung angeschafft hat (Brandenburg FamRZ 2003, 532; BGH FamRZ 1984, 144). Gleiches gilt für Gegenstände, die nur als **Kapitalanlage** gehalten werden (BGH FamRZ 1984, 144). Einbaumöbel, insb Einbauküchen, Herde und Öfen, Heizungsanlage, Waschbecken, Badewanne oder Teppichböden sind dann keine Haushaltsgegenstände, wenn sie durch den Einbau zum Gebäudebestandteil iSd § 94 II geworden sind. Die Abgrenzung von Bestandteil und Zubehör iSd § 97 ist Sache der Verkehrsauffassung und wird etwa für Einbauküchen regional unterschiedlich beurteilt (BeckOK/*Neumann* Rn 8). Bei Kunstwerken, die 12 in erster Linie der Vermögensbildung dienen, scheidet eine Charakterisierung als Haushaltsgegenstand aus. Gleiches gilt, wenn die Kunstwerke eingelagert sind oder sich als Dauerleihgaben in Museen befinden.

13 **b) Gemeinsames Eigentum der Ehegatten. aa) Grundsätze.** § 1568b setzt gemeinsames Eigentum der Ehegatten an dem Haushaltsgegenstand voraus (anders noch § 9 HausratsV); unerheblich ist, ob es sich um Eigentum nach Bruchteilen oder um Gesamthandseigentum handelt (Grü/*Götz* Rn 5). Bei Bruchteilseigentum kommt es auf die Größe des Anteils nicht an (MüKo/*Wellenhofer* § 1568b Rn 10). Ist ein Dritter an dem Eigentum beteiligt, ist § 1568b nicht anwendbar (Soergel/*Heintzmann* Rn 17). Wird Alleineigentum behauptet, ist die Frage von Amts wegen zu klären.

14 **bb) Anwartschaftsrechte, Sicherungseigentum, geleaste und gemietete Gegenstände.** Gesetzl nicht eindeutig geregelt ist, ob auch Gegenstände erfasst sind, die unter Eigentumsvorbehalt iSd § 494 angeschafft wurden und an denen die Ehegatten nur ein gemeinsames Anwartschaftsrecht haben. Nach überwiegender Auffassung ist § 1568b hier entspr anzuwenden wobei der Übereignungsanspruch dann freilich (nur) auf das Anwartschaftsrecht gerichtet ist (MüKo/*Wellenhofer* Rn 11; Soergel/*Heintzmann* Rn 6, Johannsen/Henrich/Althammer/*Dürbeck* § 1568b Rn 7, jew mwN). Nach überwiegender Auffassung ist die Regelung zudem, wenn beide Ehegatten Vertragspartner sind, auf Gegenstände entspr anzuwenden, die von beiden Ehegatten gemeinsam gemietet, geleast oder geliehen wurden (wie vor; ablehnend: BeckOGK/*Erbarth* Rn 12 mit dem Argument, dass mangels Regelungslücke die Voraussetzungen für eine Analogie nicht vorliegen).

15 **cc) Miteigentumsvermutung, Abs II. (1)** Abs II stellt die **Vermutung** auf, dass während der Ehe angeschaffte Haushaltsgegenstände im gemeinsamen Eigentum der Ehegatten stehen. Diese Vermutung gilt unabhängig vom Güterstand (Johannsen/Henrich/Althammer/*Dürbeck* Rn 11). Teilw wird hierin ein Wertungswiderspruch zum gesetzl Güterstand der Gütertrennung gesehen (so BeckOGK/*Erbarth* Rn 32); zutr stehen die Regelvermutung des Abs II und das Grundprinzip der Gütertrennung des gesetzl Güterstands in einem Spannungsverhältnis zueinander, dies entzieht der Vermutung des Abs II jedoch nicht die Grundlage: Es dürfte gleichwohl der Lebenswirklichkeit entsprechen, dass Ehegatten sich bei in der Ehe für die gemeinsame Nutzung erworbenen Haushaltsgegenständen Miteigentum einräumen (so auch Johannsen/Henrich/Althammer/*Dürbeck* Rn 11).

16 (2) Bei der **Vermutung**, dass Haushaltsgegenstände, die während der Ehe für den gemeinsamen Haushalt angeschafft wurden, **gemeinsames Eigentum** der Ehegatten sind, handelt sich um eine Rechtsvermutung iSd § 292, dh bei Vorliegen bestimmter Tatsachen (Haushaltsgegenstand, Anschaffung während der Ehe für den gemeinsamen Haushalt) wird auf ein Recht (gemeinschaftl Eigentum der Ehegatten) geschlossen (BeckOGK/*Erbarth* Rn 19f). Die Vermutung ist **widerleglich.** Dies ergibt sich aus der Gesetzesformulierung („es sei denn, das Alleineigentum eines Ehegatten steht fest").

17 Für Gegenstände, die vor dem 1.9.2009 angeschafft wurden, kann sich das Alleineigentum eines Ehegatten noch aus § 1370 aF iVm Art 229 § 20 I EGBGB ergeben. § 1370 aF bestimmte, dass im Fall einer Ersatzbeschaffung eines wertlos gewordenen Haushaltsgegenstands das (auch deutlich werthaltigere) Surrogat Eigentum desjenigen Ehegatten wurde, in dessen Eigentum der ersetzte Gegenstand gestanden hatte. Aufgrund der verstrichenen Zeit seit dem Außerkrafttreten dieser Bestimmung dürfte es zunehmend weniger Fälle geben, in denen Eigentum aufgrund dieser Surrogation erworben wurde.

18 **(3) Tatbestandliche Voraussetzungen der Vermutung.** Die Vermutung greift nur, wenn es sich (1) um einen **Haushaltsgegenstand** handelt und dieser (2) **während der Ehe** (3) **für den gemeinsamen Haushalt** (4) **angeschafft** wurde. (Zu 1) Hinsichtl der Haushaltsgegenstände vgl Rn 7ff. (Zu 2) Als „während der Ehe" angeschafft gelten zunächst alle Gegenstände, die nach der Eheschließung und vor Scheidung (idR auch vor Trennung) angeschafft wurden (Rn 20). Auf Gegenstände, die während des nichtehelichen Zusammenlebens für den gemeinsamen Haushalt erworben wurden, ist die Norm nicht anwendbar. Eine Ausnahme soll nach wohl überwiegender Meinung allerdings für Gegenstände gelten, die bereits vor der Eheschließung erworben wurden, wenn der Erwerb im Hinblick auf die Eheschließung für den gemeinsamen Haushalt erfolgte und der Kaufpreis (weit überwiegend) erst nach der Eheschließung bezahlt wurde (Brandenburg FamRZ 2003, 532 Ls; Johannsen/Henrich/Althammer/*Dürbeck* Rn 14; Staudinger/*Weinreich* Rn 27).

19 (Zu 3) Der Gegenstand muss für **„für den gemeinsamen Haushalt"** angeschafft worden sein. Bei einem während des ehelichen Zusammenlebens angeschafften Haushaltsgegenstand entspricht dies der allg Lebenserfahrung und ist im Regelfall anzunehmen (Soergel/*Heintzmann* Rn 21); anderes gilt, wenn die Anschaffung nach der Trennung, aber vor Scheidung der Ehegatten erfolgt. Hier kann gerade nicht mehr angenommen werden, dass der Gegenstand der gemeinsamen ehelichen Lebensführung zu dienen bestimmt war, mit dem Ergebnis, dass die Regelung idR keine Anwendung finden wird (vgl auch BGH FamRZ 1983, 144).

20 (Zu 4) **„Angeschafft"** sind Gegenstände, wenn diese von den Ehegatten entgeltlich erworben wurden. Nicht angeschafft sind damit ererbte Gegenstände (MüKo/*Wellenhofer* Rn 28; BeckOGK/*Erbarth* Rn 16f). Anderes gilt für geschenkte Gegenstände. Rein begrifflich stellt eine Schenkung zwar ebenfalls keine Anschaffung dar, nach – soweit ersichtlich – überwiegender Auffassung findet die Norm bei geschenkten Gegenständen aber gleichwohl Anwendung, wenn der Gegenstand beiden Ehegatten gemeinsam unentgeltlich zugewendet wurde, wovon etwa bei Hochzeitsgeschenken idR auszugehen sein wird (MüKo/*Wellenhofer* Rn 28; BeckOGK/*Erbarth* Rn 17).

21 **(4) Umfang der Vermutung.** Abs II gilt nur im Verhältnis der Ehegatten zueinander, nicht ggü Dritten (BeckOGK/*Erbarth* Rn 34). Die Vermutung gilt auch nur im gerichtlichen Verfahren („gelten für die Verteilung als gemeinsames Eigentum") und entfaltet keine materiellrechtl Wirkung (BeckOGK/*Erbarth* Rn 21). Im Rahmen ih-

res Anwendungsbereichs geht sie der Vermutung des § 1006 II vor (Grü/*Götz* Rn 6). Die Vermutung greift dann nicht, wenn entweder bereits die Anwendungsvoraussetzungen, also die Vermutungsbasis nicht vorliegen, oder wenn die Vermutungsfolge (Miteigentum) von einem Ehegatten bestritten wird und dessen Alleineigentum zur Überzeugung des Gerichts feststeht (Grü/*Götz* Rn 6).

(5) Behauptungs- und Beweislast. Die Regelung des Abs II bewirkt, dass über die Tatsache des Miteigentums und über die dieser Vermutung zugrundeliegenden Tatsachen, solange diese nicht bestritten werden, nicht Beweis erhoben werden muss (BeckOGK/*Erbarth* Rn 24). Die Vermutungsfolge des Abs II greift aber nur, wenn die Vermutungsbasis zur Überzeugung des Gerichts feststeht. Die Voraussetzungen der Vermutung (Haushaltsgegenstand für den gemeinsamen Haushalt während der Ehe angeschafft) muss von dem Beteiligten, der die Anwendung der Vermutung in Anspruch nehmen möchte, behauptet und im Bestreitensfall auch bewiesen werden (BeckOGK/*Erbarth* Rn 22). Auf die Vermutungsfolge (Miteigentum) erstreckt sich die Behauptungslast nicht, da diese gesetzl angeordnet ist (BeckOGK/*Erbarth* Rn 23). Der Ehegatte, der die Vermutungsfolge nicht angewendet wissen möchte, kann sich gegen die Vermutung zur Wehr setzen, in dem er entweder die Vermutungsbasis erschüttert, etwa durch Bestreiten der Anschaffung während der Ehe. Er kann aber auch die Vermutungsfolge (Miteigentum) bestreiten. Richtet er sich gegen die Vermutungsfolge und behauptet er Alleineigentum, muss er, um die Vermutungswirkung zu entkräften, den vollen Gegenbeweis führen, also sein Alleineigentum nachweisen (BeckOGK/*Erbarth* Rn 27). Nicht ausreichend sind hierfür allein der Nachweis des Erwerbs mit eigenen Mitteln (BGH FamRZ 1991, 923) oder etwa die Haltereigenschaft hinsichtl eines Pkw (Hamburg FamRZ 1990, 1118). 22

2. Anspruchsvoraussetzungen. a) Allgemeines. Dem Wortlaut nach enthält Abs I zwei Varianten. Vorrangig räumt Abs I dem Ehegatten, der auf die Nutzung in stärkerem Maße angewiesen ist (Rn 24), einen Anspruch auf Überlassung und Übereignung der Haushaltsgegenstände ein (Var 1). Soweit sich eine stärke Angewiesenheit nicht feststellen lässt, kommt ausnahmsw subsidiär ein Anspruch auch unter Billigkeitsgesichtspunkten in Betracht (Var 2, Rn 27). 23

b) Auf Nutzung in stärkerem Maße angewiesen. aa) Allgemeines. Nach dem Wortlaut des Abs I Var 1 muss der antragstellende Ehegatte auf die Nutzung des Gegenstands unter Berücksichtigung des Wohls der im Haushalt lebenden Kinder und der Lebensverhältnisse der Ehegatten in stärkerem Maße angewiesen sein als der andere Ehegatte. Entscheidend ist damit allein die stärkere „Angewiesenheit" eines Ehegatten. Bei der Abwägungsentscheidung sind nach dem Wortlaut insb die beiden namentlich genannten Kriterien (Kindeswohl und Lebensverhältnisse der Ehegatten, Rn 25f) zu berücksichtigen. 24

bb) Kindeswohl. Wie bei § 1361b ist nach dem Wortlaut das Wohl der im Haushalt lebenden Kinder **vorrangig** zu berücksichtigen (BeckOGK/*Erbarth* Rn 37; Johannsen/Henrich/Althammer/*Dürbeck* Rn 8); einzubeziehen sind dabei die Interessen der Kinder, die an er der Nutzung der Gegenstände durch den anspruchsberechtigten Ehegatten teilhaben, weil sie mit ihm in einem Haushalt leben. Es muss sich hierbei nicht um gemeinsame Kinder der Eheleute handeln, auch Pflegekinder sind hier einbeziehen (MüKo/*Wellenhofer* Rn 16). Die Norm ist auch nicht auf die Berücksichtigung der Interessen minderjähriger Kinder beschränkt, vielmehr sind auch die Interessen volljähriger Kinder zu berücksichtigen (*Weinreich* NZFam 2014, 486, 488). 25

cc) Lebensverhältnisse der Ehegatten. Daneben sind die Lebensverhältnisse der Ehegatten einzubeziehen. Diese werden zunächst durch Alter, Gesundheit und wirtschaftl Verhältnisse geprägt (*Weinreich* NZFam 2014, 486, 489). Insb die wirtschaftl Verhältnisse der Ehegatten wirken sich bei der Frage nach den Möglichkeiten der Ersatzbeschaffung aus, die ebenfalls in die Abwägung einzubeziehen ist (MüKo/*Wellenhofer* Rn 15). Einzubeziehen ist auch, ob einer der Ehegatten den Gegenstand bisher allein oder überwiegend genutzt oder eine besondere Beziehung zu ihm hat (Johannsen/Henrich/Althammer/*Dürbeck* Rn 8). 26

c) Billigkeit. Subsidiär kann sich der Anspruch gem Abs I Var 2 auch aus Billigkeitsgesichtspunkten ergeben. Sind beide Ehegatten in gleichem Maße auf den Haushaltsgegenstand angewiesen, kommt ausnahmsw eine Zuweisung an einen der beiden aus Gründen der Billigkeit in Betracht (BT-Drs 16/10798, 23f). Im Rahmen der Billigkeitsabwägung kann insb berücksichtigt werden, wer den Gegenstand angeschafft oder gepflegt hat (BT-Drs 16/10798, 30). Die praktische Bedeutung dieser Variante ist gering. In der Lit wird daher bezweifelt, dass dem Billigkeitsanspruch überhaupt eine eigenständige Bedeutung zukommt (vgl insb BeckOGK/*Erbarth* Rn 40; Johannsen/Henrich/Althammer/*Dürbeck* Rn 9). Teilw wird aber auch vertreten, dass der Billigkeitszuweisung bei der Frage, welcher Ehegatte ein gemeinsames Haustier erhalten soll, eine eigenständige Bedeutung zukommen kann (*Weinreich* NZFam 2014, 486, 489). 27

3. Rechtsfolge. a) Anspruch auf Überlassung. Liegen die Voraussetzungen des Abs I vor, hat der berechtigte Ehegatten gegen den anderen Ehegatten einen Anspruch auf Überlassung, dh auf Einräumung des Besitzes an dem Haushaltsgegenstand. Das Gericht hat hierzu gem § 209 I FamFG eine Überlassungs- und Herausgabeanordnung zu treffen. Ist der verpflichtete Ehegatte nur mittelbarer Besitzer, ist der Herausgabeanspruch gegen den unmittelbaren Besitzer an den berechtigten Ehegatten abzutreten (Soergel/*Heintzmann* Rn 34). Beim verpflichteten Ehegatten darf kein Besitzrest zurückbleiben. Befindet sich der Gegenstand bereits im Besitz des berechtigten Ehegatten, entfällt der Anspruch auf Besitzverschaffung (Soergel/*Heintzmann* Rn 34). 28

b) Anspruch auf Übereignung. Weiter hat der antragstellende Ehegatte, wenn die Voraussetzungen des Abs I vorliegen, einen Anspruch auf Übereignung. Dabei ist der verpflichtete Ehegatte freilich nicht zur Übereignung des gesamten Eigentums verpflichtet, sondern nur zur Übereignung seines Miteigentumsanteils. Anders als nach 29 der früheren HausratsV erfolgt die Eigentumsübertragung nicht durch richterlichen Gestaltungsakt, sondern durch Übereignung nach §§ 929ff. Der Antrag ist daher auch auf die Abgabe der dinglichen Einigungserklärung zu richten; die richterliche Entscheidung ist entspr zu tenorieren (Johannsen/Henrich/Althammer/*Dürbeck* Rn 22). Die Abgabe der Willenserklärung wird mit Rechtskraft der Entscheidung gem § 95 I Nr 5 FamFG, § 894 ZPO fingiert.

30 **III. Auskunftsanspruch.** Wie auch das geltende Recht sah die alte Rechtslage keinen materiellrechtl geregelten Auskunftsanspruch vor. Nach altem Recht wurde aber weit überwiegend das Bestehen eines solchen Auskunftsanspruchs aus Treu und Glauben, § 242, bejaht, wenn die Unkenntnis des auskunftbegehrenden Ehegatten entschuldbar war und er keine zumutbare Möglichkeit hatte, Kenntnis über Umgang und Verbleib des vorhandenen gemeinsamen Hausrats zu erlangen (Staudinger/*Weinreich* Rn 37). Durch Einführung der verfahrensrechtl Mitwirkungspflicht nach § 206 FamFG, mit der das Gericht berechtigt ist, jedem Ehegatten aufzugeben, eine Liste des Gesamtbestands zu erstellen bzw an deren Erstellung mitzuwirken (§ 206 I Nr 2 FamFG), besteht für die Konstruktion eines im Wege der Rechtsfortbildung begründeten Auskunftsanspruch kein Bedürfnis mehr (so auch Staudinger/*Weinreich* Rn 38; aA Soergel/*Heintzmann* Rn 25).

31 **IV. Anspruch auf Ausgleichszahlung, Abs III. 1. Allgemeines.** Nach Abs III kann der Ehegatte, der sein Eigentum nach Abs I überträgt, eine angemessene Ausgleichzahlung verlangen. Abs III ist – anders als die Vorgängernorm des § 8 III 2 HausratsV – als Anspruchsgrundlage iSd § 194 konzipiert.

32 **2. Anspruchsvoraussetzungen.** Anspruchsvoraussetzung des Ausgleichanspruchs nach Abs III ist lediglich, dass die Eigentumsübertragung auf den anderen Ehegatten „nach Absatz I" erfolgt (ist). Durch diese Bezugnahme auf Abs I ist damit Voraussetzung, dass die Eigentumsübertragung aufgrund gerichtlicher Entscheidung erfolgt; nach weit überwiegender und zutr Auffassung ist die Norm entspr anzuwenden, wenn die Übertragung nicht aufgrund gerichtlicher, sondern aufgrund rechtsgeschäftlicher Vereinbarung zw den Ehegatten erfolgt (Frankfurt FamRZ 2018, 175; Johannsen/Henrich/Althammer/*Dürbeck* Rn 16; BeckOGK/*Erbarth* Rn 57). Die Voraussetzungen für den Ausgleichszahlungsanspruch des einen Ehegatten liegen in diesem Fall entspr dann vor, wenn der andere Ehegatte nach Maßgabe der §§ 929ff Eigentum erworben hat. Ist die Eigentumsübertragung aufgrund rechtsgeschäftlicher Vereinbarung zw den Ehegatten erfolgt, kann der Ausgleichsanspruch nach Abs III auch isoliert gerichtlich geltend gemacht werden (BeckOGK/*Erbarth* Rn 55; MüKo/*Wellenhofer* Rn 22).

33 **3. Rechtsfolge.** Dem Wortlaut nach ist der Anspruch auf eine „angemessene Ausgleichszahlung" gerichtet und nicht wie nach § 8 III 2 HausratsV nach Billigkeit festzusetzen. Maßstab für die Angemessenheit ist in aller Regel der Verkehrswert des Gegenstands im Zeitpunkt der Entscheidung (BT-Drs 16/107798, 24). Regelmäßig bleibt damit auch ein deutlich höherer Neuwert bei Anschaffung außer Betracht. Ausgleich geschuldet ist nur für den Miteigentumsanteil des überlassungs- und übereignungspflichtigen Ehegatten, sodass der Ausgleichsanspruch ebenfalls nur in Höhe des anteiligen Verkehrswertes besteht (MüKo/*Wellenhofer* Rn 23). Unberücksichtigt bei der Festsetzung der Höhe des Ausgleichsanspruchs bleibt, wieviel jeder Ehegatte in finanzieller Hinsicht zu dem Erwerb des Gegenstands beigetragen hat, da der Zweck des Ausgleichanspruchs nicht darin besteht, einen Ehegatten dafür zu entschädigen, dass er sich finanziell an dem Erwerb des Gegenstands beteiligt hat (Frankfurt FamRZ 2018, 175). Bestehen nach der Verteilung der Haushaltsgegenstände gegenseitige Ansprüche der Ehegatten auf Ausgleichzahlung, können diese miteinander verrechnet werden (MüKo/*Wellenhofer* Rn 24; Johannsen/Henrich/Althammer/*Dürbeck* Rn 15). Eine nach Verteilung der Haushaltsgegenstände verbleibende Wertdifferenz ist auszuzahlen. Besteht ein Anspruch auf Ausgleichszahlung, sind Betrag und Fälligkeit des Zahlungsanspruchs gem 209 I FamFG gerichtlich festzusetzen. Das Gericht kann mit der Festsetzung des Zahlbetrags gem § 209 I FamFG zugleich Stundung, Ratenzahlung oder Zug-um-Zug-Leistung anordnen (MüKo/*Wellenhofer* Rn 24; Johannsen/Henrich/Althammer/*Dürbeck* Rn 18).

34 **V. Verfahrensrechtliche Fragen.** S Vor § 1568a Rn 5ff.

Untertitel 2
Unterhalt des geschiedenen Ehegatten (§§ 1569–1586b)
Vorbemerkung vor § 1569

Schrifttum: *Graba*, Die Abänderung von Unterhaltstiteln, 4. Aufl 2011; *Johannsen/Henrich/Althammer*, Familienrecht, 7. Aufl 2020; *Niepmann/Seiler*, Die Rechtsprechung zur Höhe des Unterhalts, 14. Aufl 2019; *Wendl/Dose*, Das Unterhaltsrecht in der familiengerichtlichen Praxis, 10. Aufl 2019.

Rechtsprechungsübersichten: *Reinken*, FF 2021, 475; *Schürmann*, FamRZ 2022, 1325.

1 **I. Grundlagen des Unterhaltsanspruchs. 1. Begriff und Grund des Unterhalts. a) Begriff.** Der Begriff des Unterhalts umfasst alle Mittel und Dienste, die jeder Mensch zu einem angemessenen Leben benötigt (s Vor § 1360 Rn 1). Neben dem Barunterhalt gehört hierzu auch der Natural- und Betreuungsunterhalt.

2 **b) Unterhaltsgrund.** Unterhalt kann **rechtsgeschäftlich** oder **gesetzl** begründet sein. In der Praxis wird meist um gesetzl Unterhalt gestritten. Rechtsgeschäftlich begründeter Unterhalt ist die seltene Ausnahme (BGH FamRZ 1995, 861: heterologe Insemination; FamRZ 1995, 995: vorgetäuschte Adoption). Unterhaltsverträge konkretisieren idR nur den gesetzl Anspruch (BGH FamRZ 1984, 874; zur Abgrenzung zum selbständigen Schuldver-

sprechen nach § 759 BGH FamRZ 2012, 525 Rn 40), s Rn 24. Der Wille der Beteiligten, einen Unterhaltsanspruch völlig auf eine vertragl Grundlage zu stellen, kann nur bei Vorliegen besonderer dafür sprechender Anhaltspunkte angenommen werden (BGH FamRZ 2012, 699). Der Unterhaltsanspruch des geschiedenen Ehegatten beruht auf der durch die Ehe als grds lebenslanger Schicksalsgemeinschaft begründeten Verantwortung für den anderen Ehegatten (§ 1353), die auch im Falle der Scheidung nachwirkt (BVerfG FamRZ 1981, 745; 2001, 986; 2011, 437). Dem Ehegattenunterhaltsrecht ist das Unterhaltsrecht der Lebenspartner nach dem LPartG nachgebildet.

3 **2. Voraussetzungen des gesetzlichen Unterhaltsanspruchs. a) Unterhaltsarten. aa) Naturalunterhalt,** dh Leistung von Mitteln zur unmittelbaren Bedarfsbefriedigung, zB Essen oder Wohnraum. **bb) Betreuungsunterhalt,** dh unmittelbare Bedarfsbefriedigung durch höchstpersönliche Dienstleistungen im gemeinsamen Haushalt (zum um den Betreuungsunterhalt erweiterten Unterhaltsbegriff *Graba* NJW 2016, 833).

4 **cc) Geldunterhalt,** dh mittelbare Bedarfsbefriedigung durch Zahlung von Geld (§ 1585 I 1). Der BGH (FamRZ 1980, 994; 1981, 347, 348; 1988, 159, 161; 1994, 696, 698) geht zwar von der Gleichwertigkeit des Barunterhalts mit dem Betreuungsunterhalt aus, leugnet jedoch einen ursprüngl Anspruch des Kindes auf Betreuungsunterhalt (BGH FamRZ 1994, 1102, 1103 m Anm *Scholz* 1314). Der um die Betreuung als ursprüngl Unterhalt erweiterte Unterhaltsbegriff hat nur in einzelnen Bestimmungen (§ 1360 S 2, § 1606 III 2) Ausdruck gefunden. Er ist von der Rspr des BVerfG (FamRZ 1969, 467) grds anerkannt.

5 **b) Bedarf – §§ 1578, 1578b; §§ 5, 12, 16 LPartG.** Der Bedarf, vom Gesetz das Maß des Unterhalts genannt, ist der zentrale Begriff des Unterhaltsrechts. Er umfasst den gesamten Lebensbedarf.

6 **aa) Umfang. (1)** Elementarunterhalt (Essen, Kleidung, Wohnung und sonstige allg Bedürfnisse). **(2)** Krankenversicherungskosten. **(3)** Pflegeversicherungskosten. **(4)** Alters- und Invaliditätsvorsorge, nur bei Trennungs- und Geschiedenen- sowie nachpartnerschaftlichem Unterhalt. **(5)** Regelmäßig anfallender Mehrbedarf (BGH FamRZ 2009, 962, etwa wegen einer Behinderung).

7 **bb) Höhe (Angemessenheit).** Beim Ehegatten und Lebenspartner nach dem gemeinsam erreichten Lebensstandard (BVerfG FamRZ 2011, 437) oder nach dem angemessenen Bedarf, dessen unterste Grenze beim Existenzminimum eines nicht Erwerbstätigen liegt (BGH FamRZ 2010, 629 Rn 31ff; 2010, 1057).

8 **cc) Bemessung.** Nach dem Grundsatz der gleichen Teilhabe bemisst sich der Unterhalt nach dem beidseitigen (eheprägenden) Einkommen der Ehegatten.

9 **c) Anspruchsberechtigte.** Anspruchsberechtigt ist der bedürftige Ehegatte/Lebenspartner, der für seinen Bedarf nicht sorgen kann oder aus Gründen der Zumutbarkeit nicht zu sorgen braucht.

10 **aa) Berechtigung.** Beim nachehelichen Unterhalt ist die Berechtigung an die Voraussetzungen der §§ 1570–1573, 1575, 1576, 1586a geknüpft, ebenso beim nachpartnerschaftlichen Unterhalt (§ 16 LPartG).

11 **bb) Bedürftigkeit.** Tatsächliches oder mit zumutbarem Einsatz erzielbares Einkommen oder einsetzbares Vermögen beseitigt die Bedürftigkeit (beim nachehelichen Unterhalt s §§ 1569, 1577). Danach mindert sich der Bedarf um eigene Mittel des Unterhaltsberechtigten auf den offenen Betrag, der dem Unterhaltsberechtigten zusteht.

12 **cc) Ausschluss.** Ein Ausschluss des Unterhaltsanspruchs kann sich aus Verwirkung ergeben (Ehegatte: § 1579; Lebenspartner: § 16 LPartG iVm § 1579). S auch Rn 21.

13 **d) Leistungsfähigkeit.** Ein Anspruch scheidet aus, wenn der verpflichtete Ehegatte oder der Lebenspartner nicht leistungsfähig ist.(Ehegatte: § 1581; Lebenspartner: §§ 5, 12, 16 LPartG). Dem Verpflichteten muss bei Deckung des offenen Bedarfs der nach der Art des jew Unterhaltsverhältnisses verschiedene Selbstbehalt zur Deckung seines Lebensbedarfs bleiben. Der Unterhaltspflichtige darf bei Zahlung des Unterhalts nicht selbst bedürftig werden. Wegen Ersparnis durch gemeinsame Haushaltsführung kann der Selbstbehalt um rd 10 %, höchstens aber bis zum sozialrechtl Existenzminimum, herabgesetzt werden (BGH FamRZ 2010, 802; FamRZ 2012, 281).

14 **e) Auskunft.** Der wechselseitige Anspruch auf Auskunft über Einkünfte und Vermögen dient der Vorbereitung des Hauptanspruchs (Ehegatten: § 1361 IV 3; § 1580; Lebenspartner: §§ 12, 16 LPartG). Daneben besteht nach st Rspr des BGH (BGH FamRZ 2003, 1836) nach Treu und Glauben (§ 242) ein Auskunftsanspruch, wenn zw den Beteiligten besondere rechtl Beziehungen vertragl oder außervertragl Art vorhanden sind, die es mit sich bringen, dass der Auskunftbegehrende entschuldbar über das Bestehen und den Umfang seines Rechts im Unklaren und deshalb auf die Auskunft des Verpflichteten angewiesen ist, während dieser die Auskunft unschwer erteilen kann und dadurch nicht unbillig belastet wird, s Rn 38. **Schließlich bestehen** nach §§ 235, 236 FamFG **auch** Auskunftspflichten Beteiligter und Dritter ggü dem Gericht.

15 f) Rangverhältnis **der Berechtigten.** S §§ 1582, 1609.

16 **g) Haftungsreihenfolge der Verpflichteten. aa)** Verwandte untereinander: §§ 1606, 1607; Verwandter und Ehegatte: § 1608. **bb)** Geschiedener Ehegatte und Verwandter: § 1584.

17 **h) Art der Unterhaltsgewährung. aa) Geldrente.** Der Geschiedenenunterhalt ist grds durch Zahlung einer monatlichen Rente zu gewähren: § 1585.

18 **bb) Andere Formen.** § 1612 I 2 gilt beim nachehelichen Unterhalt nicht (§ 1585).

19 cc) **Darlehen.** Unterhalt ist eine für den Schuldner verlorene Leistung, die der Gläubiger bei Besserung der wirtschaftl Lage nicht zurückzahlen muss. Grds kann Unterhalt **nicht** als **Darlehen** gewährt werden, weil ein Unterhaltsanspruch nur besteht, wenn der Unterhaltsberechtigte bedürftig und der Unterhaltsschuldner zur gleichen Zeit leistungsfähig ist (BVerfG FamRZ 2005, 1051, 1053; BGH FamRZ 2004, 443, 444f). Ausnahmsw kann der Bedürftige, der einen Rentenantrag gestellt hat, gehalten sein, ein Darlehensangebot des Unterhaltsschuldners anzunehmen, das mit dem Verzicht der Rückzahlung für den Fall der Ablehnung des Rentenantrags verbunden ist (BGH FamRZ 1983, 574; 1989, 718; s § 1585 Rn 3).

20 dd) **Sicherheiten.** Für nachehelichen oder nachpartnerschaftlichen Unterhalt kann nach § 1585a bzw § 16 LPartG **Sicherheitsleistung** verlangt werden.

21 **i) Unterhalt für die Vergangenheit.** Unterhalt ist für die gegenwärtigen Bedürfnisse bestimmt und kann nur unter besonderen Voraussetzungen für die Vergangenheit verlangt werden, § 1585b. Die Geltendmachung von Unterhalt für die Vergangenheit kann, auch wenn er tituliert ist (BGH FamRZ 2004, 531), nach allg Grundsätzen (§ 242) **verwirkt** sein, wenn der Berechtigte (oder der Sozialhilfeträger als dessen Rechtsnachfolger) sein Recht längere Zeit – wegen der Gefahr des Anwachsens einer erdrückenden Schuldenlast genügt ein Jahr (BGH FamRZ 1988, 370, 372f; 2002, 1698; 2007, 453) – nicht geltend gemacht hat, obwohl er dazu in der Lage war und der Verpflichtete sich mit Rücksicht auf das gesamte Verhalten des Berechtigten darauf einrichten durfte und eingerichtet hat, dass dieser sein Recht auch künftig nicht geltend machen werde. Der BGH legt in aktueller Rspr allerdings besonderen Wert auf das Umstandsmoment der Verwirkung (BGH FamRZ 2018, 589; 2018, 681). Die Hemmung des Anspruchs aus familienrechtl Gründen (§ 207) hindert die Verwirkung nicht (BGH FamRZ 1999, 1422).

22 **j) Sonderbedarf.** Neben dem laufenden Normal- und Mehrbedarf sind durch den Unterhalt auch außergewöhnliche **Einzelbedürfnisse** zu decken. **aa) Geschiedenenunterhalt**: § 1585b I. **bb) Lebenspartnerunterhalt**: § 12 II 2, § 16 LPartG.

23 **k) Verfahrenskostenvorschuss.** Ein Vorschuss auf Verfahrenskosten kann, anders als während des Getrenntlebens (§ 1360a IV, BGH FamRZ 2004, 1633 (mit Ratenzahlung); FamRZ 2005, 883), beim nachehelichen und nachpartnerschaftlichen Unterhalt nicht gefordert werden (BGH FamRZ 2017, 1052).

24 **l) Vereinbarungen.** Der gesetzl Unterhaltsanspruch kann durch Vertrag näher bestimmt werden. Die Vereinbarung bedarf, abgesehen von dem vor der Scheidung geschlossenen Vertrag über **nachehelichen Unterhalt** nach § 1585c, zu ihrer Wirksamkeit keiner besonderen Form, außer diese ist ein Teil einer formbedürftigen Gesamtregelung, etwa über güterrechtl Ansprüche und den Versorgungsausgleich (BGH FamRZ 2002, 1179), oder die Form ist zu Beweiszwecken erforderlich oder zur Schaffung eines Vollstreckungstitels (§ 794 I Nr 1 und 5 ZPO, § 59 I 1 Nr 3, § 60 I SGB VIII). Auf gegenwärtigen und künftigen nachehelichen oder nachpartnerschaftlichen Unterhalt kann anders als beim Trennungs- oder Verwandtenunterhalt durch Vereinbarung verzichtet werden (§ 1585c; § 1614 gilt nicht).

25 **m) Ende des Unterhaltsanspruchs. aa) Ehegatte.** Nach § 1586 erlischt der Anspruch des geschiedenen Ehegatten mit seiner Wiederheirat oder seinem Tod. Nach Auflösung der späteren Ehe entsteht nach § 1586a ein neuer Anspruch wegen Betreuungsunterhalt gegen den früheren Ehegatten. Bei Tod des Verpflichteten geht die Unterhaltspflicht gem § 1586b auf die Erben als Nachlassverbindlichkeit über. **bb)** Für **Lebenspartner** gilt § 16 LPartG.

26 **n) Sozialhilfe.** Sozialhilfe ist ggü **Unterhalt** nachrangig (§ 2 SGB XII) und beeinflusst nicht Inhalt und Umfang der Unterhaltsverpflichtung (BGH FamRZ 1999, 843), s Rn 49. In Höhe geleisteter Sozialhilfe geht der Unterhaltsanspruch grds gesetzl auf den Sozialhilfeträger über (§ 94 I 1 SGB XII, § 33 SGB II). In die im Rahmen der Prüfung eines Anspruchsübergangs nach § 33 II 3 SGB II anzustellende grundsicherungsrechtl Vergleichsberechnung sind wegen § 9 II SGB II unabhängig vom Bestehen zivilrechtl Unterhaltspflichten auch die Angehörigen der Bedarfsgemeinschaft einzubeziehen, in der der Unterhaltspflichtige lebt (BGH FamRZ 2013, 1962; gilt nicht für SGB XII, weil insoweit eine § 9 II 3 SGB II entspr Regelung fehlt). Dieser kann den Unterhaltsanspruch zur Geltendmachung gegen den Schuldner auf den ursprüngl Berechtigten zurückübertragen. Der Nachrang der Sozialhilfe wird auch dann nicht beseitigt, wenn der Übergang des Unterhaltsanspruchs aus sozialhilferechtl Gründen (§ 94 I–III SGB XII; zur Härte BGH FamRZ 2003, 1648; 2010, 1888) ausgeschlossen ist oder weil im Sozialhilferecht, anders als im Unterhaltsrecht, ein fiktives Einkommen nicht angesetzt wird (BGH FamRZ 1998, 818). In diesen Fällen kann jedoch die Forderung von Unterhalt für die Vergangenheit, dh für die Zeit bis zur Antragserhebung, wegen Treuwidrigkeit (§ 242) ausgeschlossen sein (BGH FamRZ 1999, 843). Eine Verwirkung wegen treuwidrig verspäteter Geltendmachung liegt jedoch nicht vor, wenn zeitnah eine Rechtswahrungsanzeige versandt wurde (BGH FamRZ 2010, 1888).

27 **Bürgergeld (vor dem 1.1.2023: Arbeitslosengeld II)** ist nach seiner Rechtsnatur Sozialhilfe (BGH FamRZ 2009, 307).

28 **o) Unterhalt und Grundsicherung.** Während die Sozialhilfe die Überbrückung einer vorübergehenden Notlage bezweckt, soll die Grundsicherung nach §§ 41ff SGB XII dem Berechtigten auf Dauer eine würdige und unabhängige Existenz sichern. Antragsberechtigte sind Personen ab Erreichen der Regelaltersgrenze oder über 18 Jahre alte, dauerhaft erwerbsgeminderte Personen mit dem gewöhnlichen Aufenthalt in der Bundesrepublik Deutschland (§ 41 III 1 SGB XII). Wirtschaftl Voraussetzung ist, dass der Antragsberechtigte seinen Lebensunterhalt nicht aus seinem Einkommen und Vermögen beschaffen kann (§ 41 I 1 SGB XII). Einkommen und

Vermögen werden nach sozialhilferechtl Maßstäben ermittelt. Nach § 94 Ia 1 SGB XII bleiben Unterhaltsansprüche ggü Eltern und Kindern, anders als Unterhaltsleistungen (BGH FamRZ 2007, 1158), unberücksichtigt, sofern deren jährliches Gesamteinkommen unter 100 000 € liegt. Entspr wird man ggü Großeltern und Enkelkindern annehmen müssen. Dagegen sind Unterhaltsansprüche gegen den **Ehegatten** nicht außer Betracht zu lassen (BGH FamRZ 2011, 713). Eine tatsächlich bezogene Grundsicherungsrente ist bedürftigkeitsminderndes Einkommen (BGH FamRZ 2007, 1158 m Anm *Scholz*), auch wenn sie zu Unrecht bewilligt wurde. Der Leistungsträger kann mangels Übergangs des Unterhaltsanspruchs keinen Rückgriff beim Unterhaltspflichtigen nehmen. Die beanspruchbare Grundsicherung mindert die Bedürftigkeit, soweit Unterhaltsansprüche privilegiert sind (Hamm NJW 2015, 3588 zum Kindesunterhalt). Soweit diese nicht privilegiert sind, etwa wegen Überschreitung der Einkommensgrenzen des unterhaltsverpflichteten Verwandten oder weil ein Ehegatte unterhaltspflichtig ist oder wenn die Unterhaltspflicht auf fiktivem Einkommen beruht, muss das Sozialhilfeamt zwar zur Abwendung einer vorübergehenden Notlage Sozialhilfe leisten. Der Unterhaltsanspruch bleibt aber vorrangig ggü der Sozialhilfe mit der Folge des gesetzl Übergangs des Unterhaltsanspruchs nach § 94 I 1 SGB XII. Die Bewilligung von Leistungen der Grundsicherung im Alter und bei Erwerbsminderung ist allerdings dann insg ausgeschlossen, wenn bei einer Mehrzahl von unterhaltspflichtigen Kindern des Leistungsberechtigten nur eines der Kinder über steuerliche Gesamteinkünfte iHv 100 000 € oder mehr verfügt. Der privilegierte Unterhaltsverpflichtete kann in diesem Fall aber ggü dem Sozialhilfeträger den Einwand unzulässiger Rechtsausübung geltend machen (BGH FamRZ 2015, 1467).

p) Verfahrensrecht. aa) Hauptsacheverfahren. (1) Leistungsantrag § 258 ZPO. Die Vielzahl der künftig entste- 29
henden Ansprüche wird iVm dem gegenwärtig bereits vorhandenen Anspruch verfahrensrechtl durch den Antrag nach § 113 FamFG iVm § 258 ZPO als ein einheitliches Recht auf monatliche Unterhaltszahlungen behandelt und vom Augenblick seines Entstehens an als durch den Wegfall seiner Voraussetzungen auflösend bedingt angesehen (BGH FamRZ 1982, 259).

(2) Feststellungsantrag § 256 ZPO. Der Feststellungsantrag ist zulässig, wenn sich der Verpflichtete gegen den 30
titulierten Unterhalt mit dem Ziel der Reduzierung bzw Aufhebung seiner Verpflichtung verteidigen will (Hamm FamRZ 2017, 724). Das besondere Feststellungsinteresse liegt vor, wenn sich der vermeintliche Unterhaltsberechtigte eines Unterhaltsanspruchs berühmt oder wenn der Unterhaltsverpflichtete gegen eine einstw Unterhaltsanordnung vorgehen will. Leitet der Unterhaltsberechtigte als Reaktion auf den negativen Feststellungsantrag ein Unterhaltsleistungsverfahren ein, so ist der negative Feststellungsantrag für erledigt zu erklären.

(3) Abänderung. Der Entscheidung nach § 258 ZPO ist eine in die Zukunft reichende Rechtskraft eigen. Diese 31
kann durch den **Abänderungsantrag nach § 238 FamFG** bei einer wesentlichen Änderung der Verhältnisse durchbrochen werden. Der Abänderungsantrag nach § 239 FamFG ist der allein statthafte Rechtbehelf, um eine Abänderung eines nicht rechtskraftfähigen Titels (§ 794 I Nr 1 ZPO), etwa eines gerichtlichen Unterhaltsvergleichs, aufgrund der Regeln der gestörten Geschäftsgrundlage (§ 313) herbeizuführen (dazu *Graba*, Abänderung Rn 1ff; FPR 2010, 159). Ein Abänderungsantrag setzt voraus, dass der gesamte Unterhaltsanspruch tituliert ist, was grds zu vermuten ist (BGH FamRZ 1961, 263; 2009, 314). Wenn nur ein Teil des Anspruchs tituliert ist, etwa bei Titulierung eines Betrages über einen freiwillig gezahlten Unterhalt hinaus (BGH FamRZ 1985, 371), kann der Rest nur mit dem Erstantrag nach § 258 ZPO geltend gemacht werden.

(4) Vollstreckungsgegenantrag § 767 ZPO. Mit dem Antrag nach § 113 FamFG iVm § 767 ZPO wird dem titu- 32
lierten Anspruch die Vollstreckbarkeit genommen (BGH NJW 2005, 1313). Es handelt sich um einen Gestaltungsantrag, mit dem der Vollstreckungsschuldner die Beseitigung der Vollstreckbarkeit eines Titels aufgrund von materiellrechtl Einwendungen oder Einreden erstrebt. Das Gericht muss bei Wahl der falschen Antragsart (Abänderungs- oder Vollstreckungsgegenantrag) umdeuten oder Gelegenheit zur Antragsänderung geben (BGH FamRZ 1981, 242).

bb) Einstweiliger Rechtsschutz. (1) Eine **einstw Anordnung** wegen Unterhalts (§§ 49ff, 246ff FamFG), die sich 33
nicht auf den Notunterhalt beschränken muss, kann in einem selbständigen Verfahren erlassen werden. Sie ist zwar abänderbar (§ 54 FamFG), aber unanfechtbar (§ 57 FamFG). Beim Wirksamwerden einer anderweitigen Regelung tritt sie außer Kraft (§ 56 FamFG), also nicht mit Ende des Unterhaltsanspruchs, bspw des Trennungsunterhalts bei Rechtskraft der Scheidung, sondern etwa mit Rechtskraft der Entscheidung auf den Leistungsantrag des Gläubigers (BGH FamRZ 2000, 751) oder auf den negativen Feststellungsantrag des Schuldners (BGH FamRZ 1991, 180). **(2) Arrest** (§ 119 II FamFG iVm §§ 916ff ZPO).

cc) Einstellung der Zwangsvollstreckung. Die vorläufige Einstellung der Zwangsvollstreckung kann nach § 769 34
ZPO, § 242 FamFG im Rahmen des Vollstreckungsgegenantrags und nach § 242 FamFG im Rahmen eines Abänderungsantrags oder bei hierauf gerichtetem Verfahrenskostenhilfegesuch durch unanfechtbaren Beschl angeordnet werden.

II. Besonderheiten des Unterhaltsanspruchs. 1. Anspruchsbesonderheiten. a) Familienrechtl Anspruch. 35
aa) Höchstpersönlicher Anspruch. Unterhalt ist ein familienrechtl Anspruch, der nur den durch das Unterhaltsgrundverhältnis (Verwandtschaft, Ehe, Lebenspartnerschaft) verbundenen Personen zusteht. **bb) Wechselseitigkeit.** Die Anspruchsrichtung kann sich zeitl versetzt ändern. Wer heute berechtigt ist, kann morgen verpflichtet sein und umgekehrt (BGH FamRZ 2015, 199). Bei Ansprüchen auf nachehelichen Unterhalt sind allerdings die Einsatzzeitpunkte zu beachten. Eine gleichzeitige Unterhaltsberechtigung und Verpflichtung unter denselben Beteiligten gibt es nach hM (BGH 29.6.1983 – IVb ZR 379/81) nicht. **cc) Gleichzeitigkeit.** Die Vo-

raussetzungen des Unterhaltsanspruchs müssen im jew gleichen Unterhaltszeitraum vorliegen (BGH FamRZ 2006, 1511). Fehlende Leistungsfähigkeit im Unterhaltszeitraum lässt die Unterhaltspflicht entfallen (BVerfG FamRZ 2005, 1051, 1053; BGH FamRZ 2004, 443, 444f), ist also nicht, wie beim schuldrechtl Anspruch, ein erst bei der Vollstreckung zu berücksichtigender Umstand. Späterer Einkommenserwerb verpflichtet nicht zur Rückzahlung oder zur Nachzahlung. **dd) Parallele Voraussetzungen.** Der Bedürftigkeit des Berechtigten entspricht der Leistungsfähigkeit des Verpflichteten, der eheangemessene Bedarf des Berechtigten gleicht grds dem des Verpflichteten. Diesen Voraussetzungen liegt die gleiche Ermittlung des unterhaltsrechtl Einkommens (s Rn 40) zugrunde.

36 **b) Schuldrechtl Ausgestaltung.** Der Unterhaltsanspruch ist einem schuldrechtl Anspruch ähnl ausgestaltet. Gegenwärtiger und künftiger Unterhalt kann grds nicht abgetreten werden (§ 400). Zurückbehaltung ist unwirksam. Es gilt ein **Aufrechnungsverbot** (§ 394, vgl *Lenz* NJW spezial 2017, 68) auch ggü Einmalzahlungen (Abfindung – BGH FamRZ 2002, 1179), außer bei Arglist, etwa mit einer Forderung aus unerlaubter Handlung (BGH FamRZ 1959, 288 m Anm *Bosch*). Dem Unterhaltsberechtigten muss in diesem Fall jedoch das Existenzminimum bleiben (BGH FamRZ 1993, 1186). Zulässig ist die Verrechnung mit Zahlungen unter Vorbehalt zur Abwendung der Zwangsvollstreckung aus einer vorläufig vollstreckbaren Entscheidung (BGH FamRZ 1988, 259). Der Anspruch verjährt grds in drei Jahren (§ 197 II, § 195). Dies gilt auch wegen Sonderbedarfs (*Büttner* FamRZ 2002, 361). Auch titulierter künftiger Unterhalt **verjährt** in drei Jahren, im Gegensatz zum titulierten Unterhalt für die Vergangenheit, der in 30 Jahren verjährt (§ 197 I Nr 3, II Alt 2). Dies gilt auch für Vergleiche über Unterhaltsabfindungen (BGH FamRZ 2014, 1622). Der Ablauf der Verjährungsfrist ist aus familiären Gründen bei bestehender Ehe oder Lebenspartnerschaft gehemmt (§ 207). Unvermögen zur Aufbringung der Verfahrenskosten kann höhere Gewalt iSv § 203 sein, die den Ablauf der Verjährungsfrist hemmt, jedoch nicht mehr, wenn das Verfahrenskostenhilfegesuch nicht weiterbetrieben wird (BGH FamRZ 1991, 170). Zur Verwirkung s Rn 21. Der Gläubiger hat einen **Anspruch auf Titulierung**, auch wenn der Schuldner bislang stets ordnungsgemäß geleistet hat (BGH FamRZ 1998, 1165). Die Kosten der Titulierung muss, außer beim Kindesunterhalt, der Gläubiger tragen (Hamm NJW 2007, 1758, str). Einen erweiterten Zugriff in das Vermögen bei Pfändung wegen Unterhalts ermöglicht § 850d ZPO.

37 Der Anspruch auf Unterhaltsrente gehört im **Insolvenzverfahren** nicht zur Masse (§§ 35, 36 InsO, § 850b I ZPO). Rückständiger Unterhalt unterliegt als Insolvenzforderung grds der Restschuldbefreiung (BGH FamRZ 2008, 137 Rn 239). Als Folge der Einleitung des Insolvenzverfahrens sind nach Eröffnung des Insolvenzverfahrens unterhaltsrechtl nicht mehr die mit erheblichen Verbindlichkeiten belasteten vollen Erwerbseinkünfte des Unterhaltsschuldners zu berücksichtigen, sondern nur noch die ihm in der Insolvenz für den eigenen Unterhalt und für die Ansprüche anderer Unterhaltsberechtigter nach dem Ermessen der Gläubigerversammlung bzw des Insolvenzverwalters gewährten Beträge (§ 100 InsO) und der dem Unterhaltsschuldner aus seinem Arbeitseinkommen aus abhängiger Beschäftigung unpfändbare und somit nicht nach § 36 I InsO in die Insolvenzmasse fallende Teil des Einkommens aus §§ 850c, 850d ZPO zugrunde zu legen (BGH FamRZ 2008, 137 Rn 23). Zu weiteren insolvenzrechtl Fragen s *Uhlenbruck* FamRZ 1998, 1473.

38 **c) Nebenpflichten. aa) Auskunft.** Aus dem Unterhaltsverhältnis erwachsen neben der Hauptpflicht zur Leistung von Unterhalt gem dem Grundsatz von Treu und Glauben (§ 242) Nebenpflichten, etwa zur Auskunft (§§ 1605, 1580), s Rn 14. Werden diese schuldhaft verletzt, können sie zu Schadensersatzansprüchen führen (BGH FamRZ 1988, 820). **bb) Realsplitting.** Der unterhaltsberechtigte Ehegatte ist bspw auf Verlangen des anderen verpflichtet, dem steuerlichen begrenzten **Realsplitting** zuzustimmen, wenn jener ihm zugleich zusagt, eine daraus erwachsende steuerliche Last auszugleichen (zu letzterer BGH FamRZ 2010, 717). Von einem Ausgleich sonstiger Nachteile kann der Unterhaltsberechtigte seine Zustimmung nur abhängig machen, wenn er diese im Einzelfall substantiiert darlegt (BGH FamRZ 1984, 1211; 1988, 820: Steuerberaterkosten; Koblenz FamRZ 2015, 260). Die Zustimmung kann auch dann verlangt werden, wenn die Höhe des geleisteten Unterhalts str ist. Sie ist formlos möglich und muss nicht ausschließlich durch Unterzeichnung des Formblatts „Anlage U" erteilt werden, welches auch die Versicherung der Richtigkeit der Angaben des Antragstellers enthält (BGH FamRZ 1998, 953). Der Unterhaltspflichtige ist gehalten, dem sog Realsplitting durch Eintrag eines Freibetrags auf der Lohnsteuerkarte Rechnung zu tragen, soweit der Unterhalt unstr ist (BGH FamRZ 1999, 372). Der Anspruch auf Ausgleich steuerlicher Nachteile ist Teil des gesetzl Unterhaltsanspruchs, so dass gegen ihn grds nicht mit anderen Forderungen aufgerechnet werden kann (BGH FamRZ 1997, 544).

39 **d) Obliegenheiten.** Beide Unterhaltsbeteiligten treffen im Rahmen des Zumutbaren Obliegenheiten, sich so zu verhalten, dass der Unterhaltsanspruch nicht zulasten des anderen Beteiligten verändert wird, insb die Obliegenheit zur Erzielung von Einkommen, etwa durch Übernahme einer Erwerbstätigkeit (BGH FamRZ 1985, 158; s § 1573 Rn 10ff) oder zur Aufnahme eines Darlehens, um den mit dem Schritt in die Selbständigkeit erwarteten, zeitweiligen Rückgang des Einkommens abzumildern (BGH FamRZ 1987, 372; 1988, 145, 147) oder zur möglichst ertragreichen Anlage des vorhandenen Vermögens (BGH FamRZ 1988, 145) oder zur Erlangung eines sofortigen Steuervorteils durch Eintragung eines unstr Freibetrags in der Lohnsteuerkarte (FamRZ 1999, 297) oder durch Stellung eines Antrags auf öffentliche Leistungen (BAföG, Rente), wenn dafür die Voraussetzungen vorliegen (BGH FamRZ 1985, 916). Nach der Rspr des BGH (FamRZ 1985, 354) sollen für die Obliegenheiten des Berechtigten und des Verpflichteten zum Einsatz ihrer wirtschaftl Mittel grds die gleichen Maßstäbe gelten. Man wird indes an denjenigen, der Unterhalt fordert, von der Tendenz her etwas verstärkte Anforderungen stellen müssen, weil grds jeder für sich selbst sorgen muss. Die **Erwerbsobliegenheit** besteht grds bis zum Erreichen

der Altersgrenze (BGH FamRZ 2011, 454; 2012, 1483). Zu den Erwerbsobliegenheiten s § 1573 Rn 11–13, zu den Folgen einer Obliegenheitsverletzung Rn 42.

2. Unterhaltsrechtliches Einkommen. a) Begriff. Unterhaltsrechtl Einkommen sind alle Einkünfte ohne Rücksicht auf Herkunft und Verwendungszweck (BGH FamRZ 1997, 806). Der unterhaltsrechtl Einkommensbegriff ist überall dort von Belang, wo das Gesetz auf die Mittel zur Bedarfsbefriedigung abstellt. Er gilt für beide Unterhaltsbeteiligten gleichermaßen. Das unterhaltsrechtl Einkommen ist dem steuerrechtl Einkommen nicht gleich. So muss eine steuerliche Abschreibung nicht oder nicht im jew Jahr der tatsächlichen Wertminderung entsprechen. Deswegen muss der Beteiligte, der sich auf sein steuerpflichtiges Einkommen beruft, seine Einnahmen und Ausgaben im Einz so darstellen, dass die allein steuerlich beachtlichen Aufwendungen von den unterhaltsrechtl erheblichen abgegrenzt werden können (BGH FamRZ 1998, 357; 2012, 288). 40

b) Bemessungszeitraum. Grundlage der Unterhaltsbemessung ist das bereinigte Nettoeinkommen im Unterhaltszeitraum (BGH FamRZ 2007, 1532). Alle empfangenen Gelder oder und geldwerten Leistungen sind heranzuziehen, neben den laufenden Bezügen auch einmalige Zuwendungen, ggf, etwa bei Abfindungen, nach Umlegung auf einen längeren Zeitraum (BGH FamRZ 2012, 1040). Das Nettoeinkommen wird bei der Festlegung künftig fällig werdenden Unterhalts (vgl § 258 ZPO) auf der Grundlage der Einkünfte in der Vergangenheit vorausschauend geschätzt (BGH FamRZ 2007, 1532; 2010, 869 Rn 25), beim Selbständigen mit erfahrungsgemäß wechselnden Einkünften regelmäßig aufgrund seines Einkommens in den letzten drei Jahren (BGH FamRZ 1982, 680), ggf auch in weiteren Jahren (BGH FamRZ 1985, 357), beim abhängig Beschäftigten nach seinem Verdienst in den letzten zwölf Monaten (BGH FamRZ 1983, 996). Hinreichend sicher zu erwartende Einkommensänderungen sind zu berücksichtigen. Nicht zuverlässig absehbare Einkommensänderungen bleiben einem Abänderungsverfahren nach §§ 238, 239 FamFG vorbehalten (BGH FamRZ 2007, 793; *Graba*, Abänderung, Rn 44ff). Für die Vergangenheit sind für die Unterhaltsbemessung die konkreten Einkommensverhältnisse maßgebend, ein Durchschnitt ist nur für die Prognoseentscheidung nach § 258 ZPO zu bilden (BGH FamRZ 2007, 1532, 1534; 2008, 1739 Rn 56). 41

c) Tatsächliches und fiktives Einkommen. Grundlage der Bemessung des Unterhalts ist das tatsächliche Einkommen. Nachdem jedoch das Gesetz beim Bedürftigen darauf abstellt, ob er sich nicht selbst unterhalten „kann" (§ 1602 I, § 1569, § 1577 I), und beim Verpflichteten, ob er „außerstande" ist, Unterhalt zu leisten (§§ 1603 I, 1581), kommt es regelmäßig auch auf das durch zumutbaren Einsatz erreichbare Einkommen an, etwa wenn eine Einkommensobliegenheit (s Rn 39) verletzt wird. Ein erzielbares Einkommen wird wie ein tatsächliches Einkommen behandelt. Ein geldwerter Gegenstand wird dabei in Einkommen umgerechnet, etwa Naturalien in der Landwirtschaft (BGH FamRZ 2005, 97), private Nutzungsmöglichkeit eines Firmenwagens oder ein Wohnvorteil (s Rn 46). Die Zurechnung eines fiktiven Einkommens aufgrund eines Verhaltens in der Vergangenheit setzt eine auf die Unterhaltspflicht bezogene (BGH FamRZ 2002, 813) schwere Obliegenheitsverletzung voraus (vgl § 1579 Nr 4), während für die Gegenwart, jedenfalls für die Zeit, ab der mit der Unterhaltsverpflichtung zu rechnen war (BGH FamRZ 2013, 1558), und Zukunft ein einfacher Verstoß genügt (*Graba* FamRZ 2001, 1257). An einer schweren Obliegenheitsverletzung kann es etwa fehlen, wenn der Verlust des Arbeitsplatzes die Folge eines Diebstahls von Betriebseigentum (BGH FamRZ 2000, 815) oder einer Straftat gegen den Unterhaltsberechtigten (Sexualdelikt des Vaters ggü dem Kind) ohne Unterhaltsbezug ist (BGH FamRZ 2002, 813). Wird der Arbeitsplatz aufgegeben oder die Arbeitszeit reduziert, wird dies, soweit es nicht gesundheitlich begründet ist (BGH FamRZ 2003, 1471), grds zur Anrechnung eines fiktiven Einkommens führen (BGH FamRZ 1981, 1159; NJW 1998, 2821; FamRZ 2006, 683). Der Wechsel von der abhängigen Tätigkeit in die Selbständigkeit mit damit verbundenem vorübergehenden Einkünfterückgang ist grds nicht vorwerfbar, muss aber durch Rücklagen oder Kreditaufnahme für den Unterhalt abgemildert werden (BGH FamRZ 1987, 372). Die Zurechnung fiktiver Einkünfte muss sich an den für Erwerbstätige entwickelten Grundsätzen orientieren (Steuerberechnung, pauschalierte Abzüge, BGH FamRZ 2009, 311 Rn 18). Vgl auch § 1573 Rn 14. 42

d) Überobligatorisches Einkommen. Das Einkommen eines Unterhaltsbeteiligten, das auf dem Einsatz beruht, der von ihm unterhaltsrechtl erwartet wird, ist bei der Unterhaltsbemessung voll anzusetzen. Einkommen, das auf überobligatorischen Einsatz zurückgeht, ist nach Billigkeit, dh ganz, teilw oder überhaupt nicht (vom BGH als der unterhaltsrechtl nicht relevante Teil des Einkommens bezeichnet) zu berücksichtigen (Gedanke des § 1577 II; BGH FamRZ 2005, 967; 2011, 454). Eine überobligatorische Tätigkeit kann jederzeit ohne unterhaltsrechtl nachteilige Folgen eingestellt werden (BGH FamRZ 2006, 846 m Anm *Born*). Kann die Erwerbstätigkeit nur bei anderweitiger Betreuung des Kindes ausgeführt werden, sind die dafür notwendigen Kosten vom Einkommen absetzbar (BGH FamRZ 2005, 967; 2018, 23 (Tagesmutter)). Für die Beurteilung, ob ein Einkommen überobligatorisch ist, gelten für beide Unterhaltsbeteiligten in etwa die gleichen Maßstäbe. 43

e) Einkunftsarten. aa) Erwerbseinkommen. Zum Erwerbseinkommen gehören alle Geldeinkünfte und geldwerten Vorteile aus einer selbständigen oder angestellten Tätigkeit: Gewinn des Unternehmers; Gehalt einschl etwaiger Kinder- und sonstiger Zuschläge (BGH FamRZ 1980, 342; 2007, 983: Auslandszuschlag, einschränkend für Einsatz in Afghanistan BGH FamRZ 2012, 1201; FamRZ 1983, 49: Ortszuschlag des Beamten; FamRZ 1989, 172); Einkommensbestandteile, die aus der Wiederverheiratung herrühren, werden nicht berücksichtigt, ein beamtenrechtl Familienzuschlag, weil er wegen der Wiederverheiratung und der Unterhaltspflicht gewährt wird, zur Hälfte (BGH FamRZ 2014, 1183). Nebenvergütungen, zusätzl Monatsgehalt, Weihnachts- und Urlaubsgeld (BGH FamRZ 1991, 416); Jubiläumszuwendung (BGH FamRZ 1982, 250); Leistungsanreiz beim Arbeitslosengeld, § 129 SGB III (BGH FamRZ 2007, 983); vermögenswirksame Leistungen, nicht jedoch Sparzulagen (BGH 44

FamRZ 1980, 984); Ausbildungsvergütung (BGH FamRZ 1981, 541; 2001, 1364); Fliegerzulage (BGH FamRZ 1994, 21); Spesen, Auslösen, Aufwendungspauschale, je vermindert um tatsächlichen Aufwand (BGH FamRZ 1986, 780: Abgeordnetenpauschale); Entgelt für Schwarzarbeit; Überstundenvergütungen sind in voller Höhe anzurechnen, wenn sie in geringem Umfang anfallen, dh weniger als 10 % der Arbeitszeit ausmachen oder das im jew Beruf übliche Maß nicht übersteigen (BGH FamRZ 2004, 186; 2013, 935); Übergangsgebührnisse und Übergangsbeihilfen eines Zeitsoldaten (BGH FamRZ 1987, 930). Letztere und Abfindungen sind auf mehrere Jahre zu verteilen (BGH FamRZ 2012, 1040). Die private Nutzung des Geschäftswagens ist als Sachbezug Arbeitseinkommen. Der Nutzungsvorteil wird oftmals iHd steuerlichen Regelung angesetzt. Er ist im Einzelfall unter Beachtung der steuerlichen Mehrbelastung zu schätzen.

45 **bb) Vermögenseinkommen. (1) Erträge und Zinsen.** Zu berücksichtigen sind Erträge aus Beteiligungen, Zinsen ab Zeitpunkt der Geldanlage, nicht erst ab Auszahlung (BGH FamRZ 1988, 1145), ggf nach Umschichtung des Vermögens (BGH FamRZ 1998, 87). Auf die Herkunft des Vermögens kommt es nicht an (BGH FamRZ 1988, 1031 m Anm *Voelskow* FamRZ 1989, 481: Schmerzensgeld; FamRZ 1985, 354: Erlös aus Verkauf des Familienheims). Eine Bereinigung der Rendite um inflationsbedingte Verluste ist nicht anzuerkennen (BGH FamRZ 1986, 441).

46 **(2) Wohnvorteil.** Wohnt ein Unterhaltsbeteiligter (gleich ob Verwandter, Ehegatte oder Lebenspartner, und gleich ob Unterhaltsberechtigter oder Verpflichteter) im eigenen Heim, erfordert es die Gleichbehandlung mit dem Normalfall eines Unterhaltsbeteiligten, der Miete zahlen muss, dass für den Wohnvorteil ein fiktives Einkommen angesetzt wird (*Graba* FamRZ 1985, 657; 1995, 385; 2001, 1257, 1259). Nach bisher hM (BGH FamRZ 1995, 869; 1998, 87; 1998, 899; *Hahne* FF 1999, 99) hat sich der Wohnvorteil nach dem obj Mietwert abzüglich Hauslasten (Darlehenszinsen) bestimmt; Darlehenstilgung war nur während der Trennung bis zur Grenze der Summe aller Einkünfte und Gebrauchsvorteile abziehbar (BGH FamRZ 2007, 879), nicht nach der Scheidung: BGH FamRZ 1998, 87; 2000, 950 m Anm *Graba*; 2008, 963 (entscheidender Zeitpunkt Rechtshängigkeit des Scheidungsantrags oder Zeitpunkt der Vermögensauseinandersetzung). Der BGH erlaubt nunmehr beim Elternunterhalt (FamRZ 2017, 519) neben dem Zinsabzug auch den Abzug der **Tilgungsraten**, weil ohne sie der Wohnwert nicht erzielbar sei. DiesenGedanken hat der BGH nunmehr auch auf den Kindesunterhalt übertragen (BGH FamRZ 2022, 781). Der Rechtsgedanke ist damit gleichermaßen auch auf alle anderen Unterhaltsansprüche und damit auch auf den nachehelichen Unterhalt bis zur Höhe des Wohnvorteils gerechtfertigt (s auch *Schürmann* FamRZ 2018, 1041, 1045; *Borth* FamRZ 2017, 682). Verbrauchsunabhängige Kosten wie Grundsteuer, Gebäudeversicherung, die nach § 556 iVm §§ 1, 2 BetrKV nicht auf den Mieter abgewälzt werden können (BGH FamRZ 2009, 1300; 2012, 956 Rn 16), Instandhaltungsrücklagen (aber nur für bestimmte, notwendige Maßnahmen, BGH FamRZ 2000, 351) sind abzugsfähig, nicht aber Kosten für Ausbauten und wertsteigernde Verbesserungen (BGH FamRZ 1984, 39; 1997, 281). Eine Eigenheimzulage ist als Einkommen anzurechnen. Bei der Nutzung ist der Wohnwert nur dann wegen Ersparnis der obj Miete (abzüglich Hauslasten) anzusetzen, wenn der Beteiligte die Wohnung zur Marktmiete gemietet hätte. Ist dies zu verneinen, kann nur die unterhaltsrechtl angemessene Miete (abzüglich Hauslasten) angesetzt werden (BGH FamRZ 2003, 1179; 2008, 963). Diese ist nach Ansicht des BGH (FamRZ 1998, 899) nicht pauschal mit einem Drittel des für den Unterhalt zur Verfügung stehenden Einkommens, sondern konkret zu ermitteln. Der Rest ist „totes Kapital" (BGH FamRZ 1989, 1160; *Graba* NJW 1987, 1721, 1727). Für die Marktmiete bleibt nur Raum, wenn und soweit dem Beteiligten als Obliegenheitsverletzung vorzuwerfen ist, dass er die Wohnung oder einzelne Räume nicht verwertet, insb vermietet (BGH FamRZ 2009, 1300; 2014, 923). Dies ist bis zur Scheidung regelmäßig zu verneinen und danach im Allg zu bejahen (BGH FamRZ 2007, 879). Statt eines Einkommens wegen Ersparnis der Miete ist ein Einkommensansatz wegen Verletzung der Obliegenheit zur Erzielung von Einkommen durch Vermögensumschichtung in Betracht zu ziehen, etwa durch Verkauf des Hauses und verzinsliche Anlage des Erlöses (BGH FamRZ 2000, 950 m Anm *Graba*). Zum Surrogat des eheprägenden Mietvorteils durch Zinsen aus der Anlage des Verkaufserlöses des Familienheims oder zum Wohnvorteil aus der mit dem Kapital angeschafften neuen Wohnung s § 1578 Rn 18.

47 **(3) Vermögensverwertung.** Der Vermögensstamm muss für den Unterhalt verwendet werden, außer wenn dies unwirtschaftl oder unbillig wäre (§ 1577 III, § 1581 S 2), dh wenn die Verwertung mit einem wirtschaftl nicht mehr vertretbaren Nachteil verbunden wäre. Dies ist namentlich der Fall, wenn die Vermögensverwertung den Unterhaltsbeteiligten von fortlaufenden Einkünften abschneiden würde, die er für den eigenen Unterhalt, andere berücksichtigungsfähige Verbindlichkeiten und weitere Unterhaltsverpflichtungen benötigt (BGH FamRZ 2004, 1184). Die Verwertung eines angemessenen, selbst genutzten Immobilienbesitzes kann regelmäßig nicht gefordert werden (BGH FamRZ 2006, 1511). Eine Forderung muss grds eingezogen werden (BGH FamRZ 1998, 367). Ein Pflichtteilsrecht ist grds geltend zu machen (BGH FamRZ 1993, 1065). Die Beteiligung an einer Erbschaft kann als Kreditgrundlage einzusetzen sein (BGH FamRZ 2006, 935). Ein wirtschaftl nicht mehr vertretbarer Nachteil liegt nicht vor, wenn durch die Verwertung die Ausnutzung künftiger Preissteigerungen verhindert wird (BGH FamRZ 1980, 43). Keine Verwertung des Vermögensstamms ist die Heranziehung einer Leibrente, die aus dem Verkauf von Gesellschaftsanteilen fließt (BGH FamRZ 1994, 228). Den Unterhaltsbeteiligten trifft eine Obliegenheit, eigenes Vermögen so ertragreich wie möglich anzulegen und deswegen im Rahmen des Zumutbaren umzuschichten (BGH FamRZ 2000, 950, 951; 2009, 23). Eine Münzsammlung muss ertragsbringend angelegt werden. Die Zurechnung eines fiktiven Einkommens wegen vorwerfbarer Ausgabe in der Vergangenheit

setzt eine grobe Obliegenheitsverletzung voraus (§ 1579 Nr 4; BGH FamRZ 1986, 560; *Graba* FamRZ 2001, 1257).

cc) Sonstiges Einkommen. Dazu zählen Invaliditäts- und Altersrenten (BGH FamRZ 1983, 574), eine Rentennachzahlung, verteilt auf längeren Zeitraum (BGH FamRZ 1985, 155); Verletztenrente aus der gesetzl Unfallversicherung (BGH FamRZ 1982, 252); Grund- und Ausgleichsrenten nach dem BVG (FamRZ 1981, 338); Renten wegen Schadensersatzes oder aufgrund einer Lebensversicherung, Sozialleistungen ohne Rücksicht auf ihre Zweckbestimmung, soweit sie nicht ggü Unterhalt subsidiär gewährt werden (BGH FamRZ 1993, 417); zur Grundsicherung s Rn 28; Abfindung aus einem Sozialplan (BGH FamRZ 1982, 250); Arbeitslosengeld I (BGH FamRZ 2009, 307); Krankengeld (BGH FamRZ 2009, 307); Krankenhaustagegeld (BGH FamRZ 1987, 36); BAföG-Leistungen, auch als Darlehen (BGH FamRZ 1985, 916 zum Verwandtenunterhalt); Wohngeld, soweit es nicht erhöhte Wohnkosten ausgleicht (BGH FamRZ 1982, 587; 2003, 860); erstattete Steuer; Splittingvorteil und sonstige ehebedingte Vorteile, aber grds nicht beim Geschiedenenunterhalt (BGH FamRZ 2007, 983; 2012, 281); tatsächlicher Realsplittingvorteil (BGH FamRZ 2007, 793 und 882); stiefkindbedingter Vorteil (BGH FamRZ 1989, 172; 2007, 793); Beschädigtenrente (nach Abzug des erhöhten Aufwands, soweit nicht wegen der Vermutung des § 1578a anrechnungsfrei); anrechenbares Einkommen aus der Betreuung eines Leistungsfähigen (BGH FamRZ 1987, 1011; 2004, 1173); Wohnkostenersparnis bei Zusammenleben mit Partner ohne Rücksicht auf Absprachen (BGH FamRZ 1995, 343); eigener Unterhalt (BGH FamRZ 742; 2004, 24; 2004, 366); Taschengeld (BGH FamRZ 2004, 366). 48

dd) Kein Einkommen. Kein anrechenbares Einkommen sind: **Sozialhilfe** (s Rn 26); als Art von Sozialhilfe die Regelleistung von Bürgergeld (§ 20 SGB II; s Rn 27); zur Grundsicherung s Rn 28; UVG-Leistungen (BGH FamRZ 2001, 619); **Elterngeld** (§ 11 BEEG) grds im Sockelbetrag von 300 €, anders der Mehrbetrag und in den Fällen von § 1579, § 1603 II, § 1611 I (BGH FamRZ 2006, 1182 m Anm *Luthin* 2006, 1010; *Scholz* FamRZ 2007, 7); ähnl § 13 SGB XI für **Pflegegeld,** Leistungen nach § 16 HIVHG (BGH FamRZ 2018, 1506); **Kindergeld,** welches zur Deckung des Barbedarfs des Kindes zu verwenden ist (§ 1612b). 49

ee) Freiwillige Leistungen Dritter werden nach hM (BGH FamRZ 1982, 466; 1990, 979: mietfreies Wohnen; 1993, 417; 1995, 537; 2005, 967: Wohnungsdarlehen der Eltern) entspr der Willensrichtung des Zuwendenden nicht als Einkommen des Empfängers behandelt. Eine Ausnahme hat der BGH (FamRZ 1999, 843; 2000, 153) für den Mangelfall in Betracht gezogen. Freiwillige Zuwendungen sind auch bei der Abwägung bedeutsam, ob eine Abänderung einer Unterhaltsvereinbarung bei Änderung der Geschäftsgrundlage zumutbar ist (BGH FamRZ 2001, 1687). Zuwendungen können auch persönliche Dienstleistungen, wie Krankenpflege, sein, die über den Rahmen der persönlichen Beistandspflicht hinausgehen. Die dadurch ersparten Mittel gehören nicht zum Unterhaltseinkommen (BGH FamRZ 1995, 537). Sind freiwillige Zuwendungen Dritter zu berücksichtigen, sollten sie entspr § 1577 II nach Billigkeit als Einkommen angerechnet werden. 50

f) Nettoeinkommen. aa) Bereinigtes Nettoeinkommen. Grundlage der Unterhaltsbemessung ist das um berücksichtigungsfähige Abzüge bereinigte Nettoeinkommen (*Graba*, FS Henrich, 2000, 177). Beiträge für Hausrats-, Unfall-, Brand und Haftpflichtversicherung gehören zu den Kosten der allg Lebensführung, die nicht abzugsfähig sind (BGH FamRZ 2010, 1535 zum Elternunterhalt). Hohe Umgangskosten sind jedenfalls zur Wahrung des Selbstbehalts abzusetzen (BVerfG FamRZ 2003, 1370, 1372; BGH FamRZ 2005, 1817; 2009, 1391). Im Übrigen können sie im Einzelfall, insbesondere bei erhöhtem Aufwand (zB weite Entfernung), angemessen Berücksichtigung finden. Von den Einkünften sind die mit ihrer Erzielung verbundenen Kosten (etwa Betriebsausgaben, wie Personalkosten, soweit sie in einem angemessenen Verhältnis zum Betriebsergebnis stehen, bei einem Rechtsanwalt rund 25 % der Einnahmen, BGH FamRZ 2006, 387 zum ArbN s Rn 54) abzuziehen. Entspr gilt für den besonderen Aufwand bei Bezügen, wie Beschädigtenrenten, die diesen Aufwand decken sollen, soweit nicht schon § 1610a eingreift. Ein Abzug wegen eines Nachholbedarfs ist nicht anerkannt (BGH FamRZ 1985, 155; 2011, 713). Bei gemeinsamem Haushalt ist eine Ersparnis um 10 % des Einkommens für jeden Erwachsenen abzusetzen (BGH FamRZ 2010, 1535; 2012, 281). 51

bb) Steuern. Die in der Bemessungsperiode tatsächlich **gezahlten Steuern** sind abzusetzen, nach der Scheidung nach Steuerklasse I (BGH FamRZ 1983, 152), bei Wiederheirat, namentlich für den Kindesunterhalt und den Anspruch des neuen Ehegatten, nach Steuerklasse III. Letzteres gilt indes nicht für den Unterhaltsanspruch des geschiedenen Ehegatten, der nach Ansicht des BVerfG (FamRZ 2003, 1821; 2011, 437) und des BGH (FamRZ 2005, 1817; 2012, 281) nicht am neuen Splittingvorteil teilhaben darf. Steuerersparnisse wegen unterhaltsrechtl nicht berücksichtigungsfähiger Aufwendungen bleiben außer Betracht (BGH FamRZ 1987, 36; 99, 372). Erhaltene Steuererstattungen sind hinzuzusetzen (BGH FamRZ 1999, 499). Steuerliche Auswirkungen der Unterhaltsleistungen sind erst zu berücksichtigen, wenn sie eingetreten sind (BGH FamRZ 1983, 670). An diesem In-Prinzip ist, im Gegensatz zum Für-Prinzip (*Fischer-Winckelmann/Maier* FamRZ 1995, 79), festzuhalten, einmal aus Gründen der Praktikabilität, dann aber auch, weil die tatsächlichen Verhältnisse entscheidend sind (BGH FamRZ 1985, 357), nicht, was sein sollte. Dieses In-Prinzip weicht BGH FamRZ 2011, 1851 allerdings auf und hält es im Einzelfall für zulässig, die Einkommensteuer nach dem Für-Prinzip zu ermitteln, wenn dies zur realitätsgerechten Ermittlung des Einkommens geboten sei. Kam die früher erhöhte Liquidität eines Steuersparmodells dem anderen Ehegatten zugute, wird es beim In-Prinzip verbleiben. Wird eine ungünstigere Steuerklasse gewählt, ist dies durch einen Abschlag zu berichtigen (BGH FamRZ 2004, 443). Das steuerliche Einkommen ist mit dem unterhaltsrechtl Einkommen nicht identisch, aber regelmäßig die Grundlage für dessen Feststellung (BGH FamRZ 2003, 741). Pauschale steuerliche Ansätze sind nach ihrem konkreten tatsächlichen Gehalt zu be- 52 richtigen (BGH FamRZ; 1997, 281, vgl Firmen-Pkw Rn 44). Steuerlich abzugsfähige Posten sind unterhaltsrechtl belanglos, wenn sie die tatsächlich für den Lebensbedarf zur Verfügung stehenden Mittel nicht mindern (BGH FamRZ 1985, 357). Einkommensverluste aufgrund von Steuersparmaßnahmen oder Zinszahlungen für unterhaltsrechtl nicht anerkannte Darlehen werden im Allg unterhaltsrechtl außer Betracht zu lassen sein, weil grds kein Unterhaltsbeteiligter zulasten des anderen Vermögen bilden darf. Unberücksichtigt bleiben müssen dann auch die sich daraus ergebenden Steuervorteile (BGH FamRZ 1987, 913; 2005, 1159, 1817; 2007, 882; anders bei Sonderabschreibungen BGH FamRZ 2003, 741).

53 **cc) Vorsorgeaufwendungen.** Diese sind in angemessenem Umfang absetzbar, etwa Beiträge für Kranken- und Pflegeversicherung (BGH FamRZ 1985, 357), auch für Zusatzversicherung (BGH FamRZ 2002, 88), für Arbeitslosenversicherung (grds nicht beim Selbständigen, BGH FamRZ 2003, 860) und für Rentenversicherung oder für eine vergleichbare Alters- und Invaliditätsversorgung (2020: 18,6 %) des Bruttoeinkommens (BGH FamRZ 2003, 860). Für eine zusätzl Altersversorgung können beim Ehegattenunterhalt (BGH FamRZ 2005, 1817) auch erstmals nach der Scheidung (BGH FamRZ 2009, 1207) bis zu 4 % des gesamten Bruttoeinkommens berücksichtigt werden (Elternunterhalt 5 %, BGH FamRZ 2004, 792). Voraussetzung ist, dass diese Aufwendungen tatsächlich geleistet werden (BGH FamRZ 2007, 193). Eine bestimmte Form der Altersvorsorge ist nicht vorgeschrieben, so dass insoweit etwa neben Lebensversicherungen oder Rücklagen auf Sparkonten (BGH FamRZ 2003, 860) auch wegen Vermögensbildung sonst nicht anerkannte Tilgungen von Hausdarlehen (BGH FamRZ 2005, 1817) das Einkommen mindern können. Im Mangelfall können zusätzl Vorsorgeaufwendungen (4 %) eines nach § 1603 II Unterhaltspflichtigen nicht in Abzug gebracht werden (BGH FamRZ 2013, 616).

54 **dd) Berufsbedingte Aufwendungen.** Von dem sich nach Abzug von Steuer und Vorsorgeaufwendungen ergebenden Nettoeinkommen kann der ArbN entweder konkret darzulegende angemessene berufsbedingte notwendige Aufwendungen (BGH FamRZ 2009, 762) oder (nicht: und) nach dem Vorschlag der Düsseldorfer Tabelle eine Pauschale von 5 % absetzen (BGH FamRZ 2002, 536; 2006, 108), bei Ausbildungsvergütung die konkreten ausbildungsbedingten Kosten oder eine Pauschale nach Vorschlag in den OLG-Leitlinien (BGH FamRZ 2006, 99). Unterhaltsrechtl anzuerkennende berufsbedingte Aufwendungen können nicht ohne nähere Prüfung mit den steuerlich anerkannten Werbungskosten gleichgesetzt werden. Notwendig ist ein konkreter Sachvortrag (BGH FamRZ 2008, 762 Rn 38ff). An die Darlegungslast bei Fahrtkosten dürfen allerdings keine überhöhten Anforderungen gestellt werden. Ist es naheliegend, dass die Fahrtkosten die Pauschale von 5 % übersteigen, sind die Fahrtkosten nach § 287 ZPO zu schätzen (BGH FamRZ 2009, 404 Rn 12ff). Berufsbedingte Aufwendungen stehen auch einen Geschäftsführer zu, da entspr Aufwendungen nicht von der GuV-Rechnung erfasst sind (BGH FamRZ 2008, 1739 Rn 73f). Bei berufsnotwendiger **Pkw**-Benutzung, weil öffentliche Verkehrsmittel nicht erreichbar sind (BGH FamRZ 1989, 483) und ein Wohnungswechsel nicht zumutbar ist (BGH FamRZ 1998, 1501), können die km-Pauschale nach den jew Leitlinien, jedenfalls derzeit 0,42 € je gefahrenen Kilometer nach § 5 II Nr 2 JVEG (vgl BGH FamRZ 2006, 1511), nicht aber weitere Kosten, etwa Kreditraten für die Anschaffung, berücksichtigt werden (BGH FamRZ 2006, 846). Die Kosten öffentlicher Verkehrsmittel für die Fahrt zum Arbeitsplatz sind grds vom Einkommen abzugsfähig (BGH FamRZ 1998, 1501).

55 **ee) Vermögensbildung.** Vermögenswirksame Leistungen sind, mit Ausnahme der Sparzulage, grds nicht abzugsfähig (BGH FamRZ 1980, 984; Ausnahme zusätzl Altersvorsorge vgl Rn 53). Abzüge für Vermögensbildung sind nur zulässig, soweit einem Unterhaltsbeteiligten unter Abwägung der Interessen aller Beteiligten ein Teil seines Einkommens zu diesem Zweck zu belassen ist (BGH FamRZ 1987, 36; 1992, 1044). Dies ist bei durchschnittlichen Verhältnissen grds zu verneinen (BGH FamRZ 1983, 678). Nach der Trennung werden eingegangene Verpflichtungen zur Vermögensbildung häufig eingeschränkt oder ganz unterlassen werden müssen (BGH FamRZ 1987, 913).

56 **ff) Schulden.** Verbindlichkeiten, auch wegen vorrangigen Unterhalts (BGH FamRZ 2004, 186), nicht wegen nachrangigen Unterhalts, auch nicht bei vertragl Übernahme (BGH FamRZ 2005, 1817) und nicht eine Vergütung wegen Betreuung (BGH FamRZ 2003, 860), können im Rahmen des Angemessenen abgesetzt werden (*Graba*, FS Henrich, 2000, 177). Bei der Berücksichtigung von Schulden ist zunächst zu prüfen, ob die Schulden eheprägend sind (BGH FamRZ 1992, 423). Dabei ist von Bedeutung, ob die Schulden im Einvernehmen mit dem anderen Ehegatten aufgenommen bzw entstanden sind. Ggf ist ein vernünftiger Tilgungsplan aufzustellen, wobei die Interessen des Unterhaltsgläubigers, des Unterhaltsschuldners und der Drittgläubiger auszugleichen sind (BGH FamRZ 1982, 23; 1984, 657; 2013, 1558 Rn 19ff). Dem Schuldner müssen aber mindestens Mittel für die Zinszahlungen und geringe Tilgungen verbleiben, weil er sich wegen der Unterhaltsverpflichtung nicht weiter verschulden muss (BGH FamRZ 1990, 266). Die **vollstreckungsrechtl Regelungen**, die den Unterhaltsberechtigten mit Pfändungsfreigrenzen und Pfändungsvorrechten bevorzugen, bieten allein keine Gewähr für einen gerechten Interessenausgleich (Unterhaltsschulden haben grds keinen Vorrang vor Pfändung, BGH FamRZ 2017, 109 Rn 15). Vielmehr sind der Zweck der Verbindlichkeiten, Zeitpunkt und Art der Entstehung, die Dringlichkeit der beiderseitigen Bedürfnisse, die Kenntnis des Unterhaltschuldners von Grund und Höhe der Unterhaltschuld und die Möglichkeit zu beachten, die Leistungsfähigkeit des Schuldners ganz oder teilw wiederherzustellen. Verbindlichkeiten können deshalb auch dann berücksichtigt werden, wenn der Bedürftige nicht einmal den notwendigen Unterhalt erhalten kann (BGH FamRZ 1982, 679; 1984, 657; 1990, 266). Bedarfsmindernde Schulden (§ 1578) und die Leistungsfähigkeit mindernde Schulden (§ 1581) müssen nicht identisch sein. Dass eine Verbindlichkeit die ehelichen Lebensverhältnisse während des Zusammenlebens prägte, spricht zwar grds dafür, sie auch nach der Trennung und Scheidung zu berücksichtigen, weil der Ehegatte durch die Tren-

nung nicht besser, aber auch nicht schlechter gestellt werden soll (BGH FamRZ 1982, 23; 1982, 678). Knappere Einkommensverhältnisse, gestiegene Bedürfnislagen können indes es rechtfertigen, die Tilgung zu strecken und etwa bei Verbindlichkeiten zur Vermögensbildung allein des Schuldners (BGH FamRZ 1984, 358) diese nicht mehr oder nicht mehr in voller Höhe vom Einkommen abzusetzen. Verbindlichkeiten, die in Kenntnis der Unterhaltsschuld begründet wurden, können nur berücksichtigt werden, wenn der Schuldner beweist, dass er sie unbedingt eingehen musste (BGH FamRZ 1982, 157; 1990, 283; 1998, 1501: Hausrat). Zu Hausschulden s Rn 46, 53. Eine Verpflichtung, Verbraucherinsolvenz zu beantragen, besteht beim Ehegattenunterhalt nicht (anders zum Kindesunterhalt BGH FamRZ 2005, 608; 2008, 497; 2014, 923).

gg) Erwerbstätigenbonus. Von dem für den Ehegattenunterhalt (nicht beim Familienunterhalt – BGH FamRZ 2002, 742; *Graba* NJW 1993, 3033, 3035 – und nicht beim Verwandtenunterhalt) verteilbaren (tatsächlichem oder fiktivem) Erwerbseinkommen (BGH FamRZ 1997, 806), – nicht von anderen Einkunftsarten, etwa von Arbeitslosenbezügen, einer Abfindung wegen Verlusts des Arbeitseinkommens (BGH FamRZ 2007, 983) oder von Krankengeld (BGH FamRZ 2009, 307) – ist nach allg Ansicht dem arbeitenden Ehegatten ein maßvoller Anteil vorweg zu belassen, um seinen besonderen Einsatz anzuerkennen und ihm die Arbeitsfreude zu erhalten. Die Höhe bleibt dem Tatrichter überlassen. Der BGH hat jedenfalls den Abzug eines Zehntels gem 15.2 Süddt Leitlinien gebilligt (BGH NJW 2020, 238). Seine ursprüngl Bedenken gegen den vollen Abzug des Erwerbstätigenbonus wegen des Abweichens vom Halbteilungsgrundsatz (BGH FamRZ 1995, 346) hat der BGH aufgegeben (BGH NJW 2020, 238; FamRZ 2008, 1508 einschl Steuerrückerstattung aus Erwerbstätigkeit). Der Erwerbstätigenbonus wird vom bereinigten Nettoeinkommen (einschl Vorwegabzug vorrangiger Kindesunterhalt) abgezogen (BGH FamRZ 1999, 367). Bei Mischeinkünften darf der Erwerbstätigenbonus nur von den Erwerbseinkünften, nicht von den sonstigen Einkünften abgezogen werden (BGH FamRZ 1991, 1163). Bei einer Bedarfsermittlung nach konkreten Verhältnissen (§ 1578 Rn 34) ist das Erwerbseinkommen des Berechtigten in voller Höhe – ohne Erwerbstätigenbonus – auf den Bedarf anzurechnen (BGH FamRZ 2011, 192 Rn 22ff). Bei Prüfung der Leistungsfähigkeit (§ 1581) ist der Erwerbstätigenbonus nicht zu berücksichtigen (BGH FamRZ 2013, 1366). 57

3. Rückforderung. a) Vereinbarung. Die Rückzahlung von Unterhalt kann verlangt werden, wenn dies vereinbart wurde. Gleiches gilt, wenn der Unterhalt ausnahmsw als zinsloses Darlehen gewährt werden kann (BGH FamRZ 2010, 1637), etwa zur Überbrückung bis zur Nachzahlung einer bereits beantragten Rente (BGH FamRZ 1983, 574). 58

b) Erstattungsanspruch. Ein Erstattungsanspruch kann nach dem Grundsatz von Treu und Glauben (§ 242) gegeben sein, soweit eine nachträgl erhaltene Rente den Unterhaltsanspruch vermindert hätte (BGH FamRZ 2005, 1479; allerdings mindert die nachträgl gewährte Rente erst im Zeitpunkt des Zuflusses die Bedürftigkeit). 59

c) Ungerechtfertigte Bereicherung. aa) Ohne Rechtsgrund. Eine Überzahlung von Unterhalt kann als rechtsgrundlos (§ 812) zurückgefordert werden **(1)** bei Leistung **ohne Titulierung** von Anfang an; **(2)** bei Titulierung durch **einstw Anordnung** oder diese ersetzenden Vergleich von Anfang an, ohne dass es deren Aufhebung oder Abänderung bedarf (BGH FamRZ 1984, 767; 1991, 1175); **(3) bei titulierter Vereinbarung (Vergleich)** auf einen Antrag auf Abänderung nach § 239 FamFG ZPO hin, die nach den Grundsätzen der Geschäftsgrundlage (§ 313) rückwirkend möglich ist (BGH FamRZ 2017, 611); **(4)** bei einer Entscheidung ab deren Abänderung, die grds nur ab dem Zeitpunkt der Erhebung des Abänderungsantrags zulässig ist (§ 238 III 1 mit Ausnahmen nach S 2–4 FamFG). 60

bb) Entreicherung. Der Empfänger kann den Wegfall der Bereicherung geltend machen (§ 818 III). Er muss beweisen, dass er den Unterhalt für seinen Lebensbedarf restlos verbraucht hat (BGH FamRZ 1992, 1152). Dies ist bei mittleren Einkommensverhältnissen zu vermuten (BGH FamRZ 2000, 751). 61

cc) Verschärfte Haftung. Die verschärfte Haftung (§§ 819, 818 IV) erfordert die Kenntnis des Bereicherten vom Fehlen des rechtl Grundes und der sich daraus ergebenden Rechtsfolgen. Die Kenntnis der Umstände, auf denen das Fehlen des Rechtsgrunds beruht, reicht nicht aus (BGH FamRZ 2010, 1637). Für die Rechtshängigkeit steht dem Zeitpunkt der Erhebung des Rückforderungsantrags der Zeitpunkt der Erhebung des Abänderungsantrags auf Herabsetzung gleich (§ 241 FamFG). Eine Haftungsverschärfung nach § 820 greift bei einstw Anordnungen und Vergleichen nicht ein, wenn sie, was die Regel ist, nicht rechtsgeschäftlichen, sondern gesetzl Unterhalt zum Gegenstand haben (BGH FamRZ 1984, 767; 1998, 951). Bei Leistung unter Vorbehalt ist § 820 nicht entspr anwendbar. Diese schließt entweder die Wirkung des § 814 aus oder verhindert eine Erfüllung iSd § 362 (BGH FamRZ 1984, 470). 62

d) Schadensersatz. Dem Schuldner kann gegen den Gläubiger ein Schadensersatzanspruch wegen unerlaubter Handlung (§ 823 II iVm § 263 StGB; BGH FamRZ 1997, 483; § 826 bei positiver Kenntnis der Unrichtigkeit des Titels und evident unredlichem Verhalten; BGH FamRZ 1986, 450) oder wegen Verletzung der Auskunftspflicht zustehen (einschränkend wegen Vorrang des Familienrechts BGH FamRZ 2013, 939). Eine unrichtige einstw Anordnung ist keine Grundlage für Schadensersatz entspr § 717 II, § 945 ZPO (BGH FamRZ 2000, 751 = ZZP 2000, 455 m Anm *Berger*). 63

e) Schutz des Schuldners. Dem Schuldner stehen zur Verfügung: **aa)** Antrag auf einstw Einstellung der Zwangvollstreckung im Rahmen des Vollstreckungsgegen-, negativen Feststellungs- oder Abänderungsantrags (§ 242 FamFG iVm § 769 ZPO); **bb)** Verbindung von negativem Feststellungs- oder Abänderungsantrag mit Rückforderungsantrag; **cc)** Angebot des Unterhalts als zinsloses Darlehen, verbunden mit dem Verzicht auf Rückforderung, falls gezahlter Unterhalt geschuldet ist. Der Gläubiger muss dieses Angebot annehmen (BGH FamRZ 2000, 751). 64

Kapitel 1

Grundsatz (§ 1569)

§ 1569 Grundsatz der Eigenverantwortung

Nach der Scheidung obliegt es jedem Ehegatten, selbst für seinen Unterhalt zu sorgen. Ist er dazu außerstande, hat er gegen den anderen Ehegatten einen Anspruch auf Unterhalt nur nach den folgenden Vorschriften.

1 **1. Zweck und Einordnung der Vorschrift. a) Rechtsnatur.** Die Einleitungsbestimmung zu den §§ 1570ff ist keine Anspruchsnorm. Sie betont den Grundsatz der Eigenverantwortung. Dieser gilt zwar allg im Unterhaltsrecht (nach § 1602 für den Verwandtenunterhalt). § 1569 stellt jedoch die Eigenverantwortung als Grundsatz und die Inanspruchnahme des anderen Ehegatten aufgrund der trotz der Scheidung nachwirkenden Solidarität als Ausnahme heraus. Der geschiedene Ehegatte ist, wenn er bedürftig ist, nicht schon deswegen unterhaltsberechtigt, sondern nur, wenn die Voraussetzungen eines der Einzeltatbestände der §§ 1570, 1571–1573, 1575, 1586a oder der Billigkeitsnorm des § 1576 erfüllt sind. Die abschließend aufgezählten Einzeltatbestände, bei denen es sich, abgesehen vom Aufstockungsunterhalt nach § 1573 II, um gesetzl anerkannte Erwerbshindernisgründe handelt, decken zwar die meisten der tatsächlich auftretenden Bedürfnislagen ab. Ist dies jedoch nicht der Fall, kann der Ehegatte keinen Unterhalt verlangen, etwa wenn er den Arbeitsplatz verliert, nachdem er voll in das Berufsleben eingegliedert war (BGH FamRZ 1988, 265) oder im Alter, wenn er aus einer Teilerwerbstätigkeit ungenügende Rentenansprüche hat (*Graba*, Unterhalt im Alter, 2005, Rn 114ff). Er ist insoweit auf den Anspruch gegen seine Verwandten (§§ 1601ff), hilfsweise auf Sozialhilfe, angewiesen.

2 **b) Einheitlicher Anspruch.** Der Anspruch auf nachehelichen Unterhalt ist ein einheitlicher Anspruch, gleich auf welche Einzelberechtigung der §§ 1570–1573, 1575, 1576 er gestützt ist (BGH FamRZ 1984, 353). Daraus folgt, dass bei einer Entscheidung nach § 113 FamFG iVm § 258 ZPO die Folgen einer übersehenen weiteren Unterhaltsberechtigung, etwa neben Betreuungsunterhalt nach § 1570 Aufstockungsunterhalt nach § 1573 II mit der leichteren Möglichkeit der Befristung nach § 1578b, nicht korrigierbar sind, weil die Voraussetzungen des einzig statthaften Abänderungsantrags nach § 238 FamFG nicht vorliegen (BGH FamRZ 2001, 905). Zum Aufbau des Unterhaltstatbestands Vor § 1569 Rn 3ff.

3 **2. Allgemeine Voraussetzungen des Anspruchs auf nachehelichen Unterhalt. a) Entstehung.** Der Anspruch auf nachehelichen Unterhalt entsteht mit der Rechtskraft der Scheidung, nicht erst ab dem Ersten des folgenden Monats. Er kann nicht vor der Rechtskraft der Scheidung angemahnt werden (BGH FamRZ 1988, 370). Ausnahmsw kann er vor seiner Entstehung (nur) im Verbund mit der Scheidung geltend gemacht werden (§ 137 FamFG). Der Anspruch auf nachehelichen Unterhalt ist mit dem Anspruch auf Trennungsunterhalt nicht identisch (BGH FamRZ 1988, 370).

4 **b) Bedürftigkeit.** Anspruchsberechtigt ist nur der Ehegatte, der nicht selbst für sich sorgen kann oder dem dies nicht zuzumuten ist, etwa neben der Betreuung eines gemeinsamen Kleinkinds (§ 1570 I 1). Er muss außerstande sein, durch Arbeit, mit seinem Vermögen oder aus sonstigen Einkommensquellen den Unterhalt nach den ehelichen Lebensverhältnissen (§ 1578) selbst aufzubringen (§ 1577 I). Soweit er einen darüber hinausgehenden Bedarf hat, kommt ein Anspruch gegen den Verwandten nach §§ 1601ff in Betracht.

5 **c) Mehrfache Unterhaltsberechtigung.** Die Unterhaltsberechtigung kann aufgrund der einzelnen Tatbestände der § 1570ff mehrfach oder nacheinander bestehen (BGH FamRZ 1984, 353). Im ersteren Fall kann die Frage der konkreten Berechtigung nicht offenbleiben, wenn die einzelnen Berechtigungen unterschiedliche Rechtsfolgen nach sich ziehen (BGH FamRZ 1988, 265; 2010, 869 mit Beschreibung, wie ein Teilunterhalt zu berechnen ist).

6 **3. Stamm- und Anschlussunterhalt.** Liegt die Unterhaltsberechtigung bereits allein aufgrund einer der Bestimmungen der §§ 1570ff vor, kann man von **Stammunterhalt** sprechen. Ist dagegen die Unterhaltsberechtigung davon abhängig, dass eine solche zuvor aufgrund eines anderen Tatbestands gegeben war, nennt man dies **Anschlussunterhalt.** Durch den Anschlusstatbestand wird die aufgrund des Voraustatbestands bestehende Unterhaltsberechtigung lückenlos fortgesetzt, der Einsatzzeitpunkt mithin hinausgeschoben, nicht aber der Anspruch auf den vollen Bedarf nach den ehelichen Lebensverhältnissen (§ 1578) erweitert, wenn der weggefallene Anspruch sich nur auf einen Teil des Bedarfs bezog (BGH FamRZ 2001, 1291; *Maier* FamRZ 2005, 1509, 1510). Durch Stammunterhalt allein oder iVm Anschlussunterhalt kann ein lebenslanger Anspruch auf Unterhalt gegeben sein.

7 **4. Einsatzzeitpunkt.** Mit Ausnahme des Betreuungsunterhalts (§§ 1570, 1586a) und des Billigkeitsunterhalts (§ 1576) muss die Unterhaltsberechtigung (§§ 1571, 1572, 1573, 1575), nicht die Bedürftigkeit (BGH FamRZ 1987, 689; 2005, 1817), zu einer bestimmten Zeit vorliegen, nämlich bei Rechtskraft oder jedenfalls im zeitl Zusammenhang mit der Scheidung oder im Zeitpunkt des Wegfalls des Voraustatbestands für den Anschlussunterhalt (*Graba*, FS J. Groß, 2004, 93). Durch den vom Unterhaltsberechtigten zu beweisenden Einsatzzeitpunkt wird der Unterhaltsverpflichtete geschützt. Schicksalsbedingte Ereignisse, die sich nach der Scheidung im Leben eines geschiedenen Ehegatten einstellen, gehen grds nicht zulasten des anderen Ehegatten (BGH FamRZ 2001, 1291). Scheitert der Anspruch am Einsatzzeitpunkt, ist ein Unterhaltsanspruch nach Billigkeit (§ 1576) in Betracht zu ziehen (BGH FamRZ 2003, 1734).

Kapitel 2
Unterhaltsberechtigung (§§ 1570–1580)

§ 1570 Unterhalt wegen Betreuung eines Kindes

(1) Ein geschiedener Ehegatte kann von dem anderen wegen der Pflege oder Erziehung eines gemeinschaftlichen Kindes für mindestens drei Jahre nach der Geburt Unterhalt verlangen. Die Dauer des Unterhaltsanspruchs verlängert sich, solange und soweit dies der Billigkeit entspricht. Dabei sind die Belange des Kindes und die bestehenden Möglichkeiten der Kinderbetreuung zu berücksichtigen.

(2) Die Dauer des Unterhaltsanspruchs verlängert sich darüber hinaus, wenn dies unter Berücksichtigung der Gestaltung von Kinderbetreuung und Erwerbstätigkeit in der Ehe sowie der Dauer der Ehe der Billigkeit entspricht.

1. Zweck und Einordnung der Vorschrift. a) Aufgabe der Eltern. § 1570 enthält eine Ausnahme von dem 1
Grundsatz, dass ein geschiedener Ehegatte selbst für sich sorgen muss (§ 1569). Ein Ehegatte kann von dem anderen Unterhalt verlangen, wenn er ein gemeinsames Kind betreut und von ihm deswegen insoweit keine Erwerbstätigkeit erwartet werden kann. Mit der Betreuung eines gemeinschaftl Kindes erfüllt der Ehegatte auch eine Aufgabe des anderen Ehegatten. Dies rechtfertigt es, diesen mit dem Unterhalt für den Ehegatten zu belasten (BVerfG FamRZ 1981, 745).

b) Neufassung. Mit Beschl v 28.2.2007 hat das BVerfG (FamRZ 2007, 965 m Anm *Born* und *Maier*, 1076) die 2
Bestimmung des § 1570 aF als verfassungswidrig beanstandet, weil sie allein wegen der Kindesbetreuung einen Unterhaltsanspruch unterschiedlicher Dauer im Vergleich zum Anspruch der Betreuungsperson eines nichtehelichen Kindes nach § 1615l aF einräume. Zugleich hat es die Befristung des Betreuungsunterhalts bei einem nichtehelichen Kind auf eine Regelzeit von drei Jahren in § 1615l aF als verfassungsgemäß gebilligt. Durch das UÄndG 2007 v 21.12.2007 (BGBl I 2007, 3189) wurden § 1570 und § 1615l neu gefasst. § 1570 I entspricht § 1615l II 2 und 3. Danach besteht bis zum Alter von drei Jahren des Kindes ein Anspruch auf Betreuungsunterhalt („Basisunterhalt"). Dieser verlängert sich nach den Umständen des Einzelfalls, solange und soweit dies der Billigkeit entspricht. Darüber hinaus verlängert sich nach § 1570 II der Anspruch des geschiedenen Ehegatten, wenn dies unter Berücksichtigung der Gestaltung von Kinderbetreuung und Erwerbstätigkeit in der Ehe sowie der Dauer der Ehe der Billigkeit entspricht („Betreuungsunterhalts-Annexanspruch").

c) Anspruch des Ehegatten. Auch wenn der Anspruch nach § 1570 vor allem dem Kindeswohl dient, handelt 3
es sich nicht um ein Recht des Kindes, sondern um einen Anspruch des Ehegatten, der aufgrund der ehelichen Solidarität begründet ist. Für den Bedarf gilt § 1578, für die Bedürftigkeit § 1577, für den Ausschluss § 1579, für die Leistungsfähigkeit § 1581, für den Rang § 1582, während für den Betreuungsunterhalt des nichtehelichen Elternteils die Vorschriften des Verwandtenunterhaltsrechts heranzuziehen sind (§ 1615l III 1). Auf Betreuungsunterhalt kann verzichtet werden (BGH FamRZ 1985, 788 zu § 1570 aF). Nach der Rspr des BGH (FamRZ 1992, 1403; 1995, 291) darf sich der Unterhaltsverpflichtete jedoch auf den Verzicht nicht berufen, soweit der notwendige Bedarf des betreuenden Ehegatten nicht gewahrt ist (§ 242). Auch nach der Neufassung des § 1570 ist der Ausschluss nicht, wie beim Betreuungsunterhalt nach § 1615l II, entspr § 1614 verboten (s § 1585c Rn 14ff). Der Entscheidung des BVerfG (FamRZ 2007, 965) steht nicht entgegen, den Betreuungsunterhalt vertragl zu verlängern (s § 1585c Rn 20, 21).

2. Basisunterhalt nach § 1570 I 1. a) Zeitraum. In Abs I S 1 wird für den Anspruch eine Mindestzeit bis zu 4
einem Alter des Kindes von drei Jahren festgelegt. Der Anspruch besteht auch, wenn während bestehender Ehe ein Kind geboren wird, das biologisch nicht vom Ehemann abstammt, weil der Ehemann rechtl Vater (§ 1592 Nr 1) des Kindes ist (BGH FamRZ 2012, 1040). Für diese Zeit kann der bedürftige Ehegatte Unterhalt beanspruchen, auch wenn eine Betreuung des Kindes durch Dritte möglich wäre. Eine Erwerbs- oder Ausbildungsobliegenheit besteht in diesem Zeitraum für den betreuenden Ehegatten nicht. Ein dennoch erzielter Verdienst ist überobligatorisch und entspr § 1577 II nach Billigkeit anzurechnen (BGH FamRZ 2009, 770). Die Begrenzung auf drei Jahre, die mit sozialstaatlichen Regelungen, etwa dem Anspruch auf einen Kindergartenplatz (§ 24 I SGB VIII) abgestimmt ist, widerspricht im Regelfall nicht dem Kindeswohl (BVerfG FamRZ 2007, 965, 972; vgl Kritik Rn 9).

b) Befristung. Wird Betreuungsunterhalt lediglich mit dem Alter des Kindes begründet, ohne dass die Vo- 5
raussetzungen für einen länger dauernden Anspruch dargetan und bewiesen sind, ist ein Titel auf den Drei-Jahres-Zeitraum zu begrenzen. Obgleich der BGH (FamRZ 2010, 357) von dieser Vortragslast ausgeht, ist nach seiner Rspr (FamRZ 2009, 770, zu § 1615l BGH FamRZ 2015, 1369) für eine Befristung nur Raum, wenn für die Zeit nach Vollendung des dritten Lebensjahres des Kindes absehbar keine kindes- oder ehebedingten Gründe vorliegen.

3. Verlängerung des Basisunterhalts aus kindbezogenen Gründen nach § 1570 I 2 und 3. a) Kindesbelange. Die Dauer des Basisunterhalts verlängert sich, soweit und solange dies der Billigkeit entspricht. Trotz des 6
Wortlauts („verlängert sich") kann der Anspruch auch nach der Dreijahresgrenze entstehen, wenn die diesen begründenden Umstände erst dann eintreten. Denn Rechtsgrund für den Betreuungsunterhalt ist unabhängig von einem Einsatzzeitpunkt die Notwendigkeit der Betreuung des Kindes (s § 1569 Rn 7). Bei den Billigkeitsabwägungen sind die Belange des Kindes und die bestehenden Möglichkeiten der Kindesbetreuung zu berücksichti-

gen. Das Gesetz geht davon aus, dass im Allg ein über drei Jahre altes Kind nicht mehr oder nicht mehr gänzlich von einem Elternteil persönlich betreut werden muss. Ab diesem Zeitpunkt obliegt es grds dem betreuenden Ehegatten, für sich selbst zu sorgen, dh eine volle Erwerbstätigkeit aufzunehmen. Dies muss aber nicht abrupt, sondern kann über eine Teilzeitbeschäftigung geschehen, soweit das Kind fremdbetreut wird oder nach seiner Reife sich selbst überlassen bleiben kann (BGH FamRZ 2008, 1739; 2009, 770; 1391). Der Ehegatte braucht sich indes auf eine Betreuung durch Dritte nur verweisen zu lassen, wenn dies mit den Kindesbelangen vereinbar ist (s Rn 8). Daran fehlt es, wenn das Kind bei obj Betrachtung der persönlichen Betreuung durch einen Elternteil bedarf, etwa weil es behindert oder schwer in seiner Entwicklung gestört (BGH FamRZ 2006, 257 zu § 1615l aF) oder schwer krank ist (BGH FamRZ 2008, 1739; nicht bloße Erkältung oder übliche Kinderkrankheiten; BGH FamRZ 2009, 770 Rn 34: nicht bei chronischem Asthma) oder unter der Trennung besonders leidet oder sonst besonders betreuungsbedürftig ist. Einer Instrumentalisierung von trennungsbedingten Schwierigkeiten des Kindes für Unterhaltszwecke ist durch Anforderungen an einen substantiierten Sachvortrag entgegenzutreten. Wenn den Kindesbelangen auch bei einer Teilzeitbeschäftigung Rechnung getragen werden kann, besteht nur ein beschränkter Anspruch. Entspr dem wachsenden Alter des Kindes, das die Inanspruchnahme von Fremdbetreuung erleichtert, kommt auch nach neuem Recht eine abgestufte Regelung in Betracht, die aber, anders als die frühere Altersphasen-Rspr, auf die Verhältnisse des Einzelfalls zugeschnitten sein muss (BGH FamRZ 2009, 771; 1124; bei siebenjährigem Kind billigte der BGH eine Erwerbstätigkeit von sieben Stunden, FamRZ 2009, 1477 Rn 38; 25 Wochenstunden bei Kindergartenbesuch von 7:30 bis 16:30 Uhr hielt der BGH nicht für ausreichend, FamRZ 2011, 1209 Rn 27; Düsseldorf FamRZ 2021, 1620 – Erwerbsobliegenheit von 30 Stunden bei achtjährigem Kind). Bei der Betreuung mehrerer Kinder verlängert sich der Anspruch nach Abs I S 2 nicht, weil es nicht auf die Erschwernis für den Betreuenden, sondern allein auf die Betreuungsbedürftigkeit des Kindes ankommt. Es kann aber ein Anspruch nach Abs II in Betracht kommen.

7 **b) Angehörigenbetreuung.** Ein ernsthaftes und verlässliches Angebot des **anderen Ehegatten**, die Betreuung während der Zeiten der Erwerbstätigkeit zu übernehmen, muss der Betreuungsberechtigte annehmen, wenn dies dem Kindeswohl dient. Findet regelmäßiger Umgang statt, scheitert eine weitere Betreuung des anderen Ehegatten regelmäßig nicht an Loyalitätskonflikten (BGH FamRZ 2010, 1880; 2011, 1209: Änderung der Umgangsregelung bei vorzeitigem Eintritt in den Ruhestand). Betreuungsleistungen durch die **Großeltern** werden als freiwillige Zuwendungen Dritter nach der Willensrichtung der Zuwendenden grds nicht den Unterhaltspflichtigen zugutekommen können (BGH FamRZ 2009, 1391; einschränkend Koblenz FamRZ 2018, 913). Dies wird aber dann nicht gelten können, wenn das Kind in den Stunden der erwerbsbedingten Abwesenheit des Unterhaltsberechtigten auch in einer Einrichtung betreut werden könnte.

8 **c) Betreuungsmöglichkeit.** Andere Betreuungsmöglichkeiten als persönlich durch den Ehegatten stehen einer Verlängerung des Anspruchs entgegen, soweit diese im Einzelfall in zeitl und sachlicher Hinsicht den Kindesbelangen genügen (BGH FamRZ 2009, 701). Im Unterschied zur früheren Rechtslage besteht ab Vollendung des dritten Lebensjahres kein Vorrang der persönlichen Betreuung. Bei öffentlichen Betreuungsmöglichkeiten im Kindergarten, im Hort oder einer Ganztagsschule verbleibt regelmäßig kein Raum für die persönliche Betreuung (BGH FamRZ 2009, 770, 1124, 1394; 2011, 791, 1209, 1375). An die Darlegungen zu den kindbezogenen Gründen sind keine überzogenen Anforderungen zu stellen (BGH FamRZ 2012, 1040; 2014, 1987). Trotz umfassender Fremdbetreuung kann bei einem erhöhten Förderbedarf (autistisches Kind mit wenig sozialen Kontakten) die Erwerbsobliegenheit eingeschränkt sein (Hamm NJW-RR 2017, 2). Auch die Fremdbetreuungsfähigkeit des Kindes ist zu berücksichtigen (Düsseldorf FamRZ 2021, 1620). Zweifelhaft kann sein, ob eine Betreuung in einer Einrichtung genutzt werden muss, wenn diese etwa seiner sportlichen oder musikalischen Betätigung am Nachmittag entgegensteht, die der betreuende Ehegatte nicht nur als „Taxifahrer" unterstützen muss. Die Frage wird im Allg nach der klaren, gesellschaftspolitisch jedoch umstr Tendenz des Gesetzes zu bejahen sein, dass die Gleichbehandlung von Kindern auch um den Preis einer Nivellierung der Ausbildung gewährleisten will. Ausnahmen sind etwa bei besonderen Begabungen des Kindes möglich.

9 Das Fehlen einer geeigneten Unterbringungsmöglichkeit, die schwere Erreichbarkeit einer Betreuungsstätte, insb wenn der betreuende Ehegatte nicht über ein Kraftfahrzeug verfügt, oder Öffnungszeiten der Betreuungseinrichtung, mit denen mögliche Arbeitszeiten des betreuenden Ehegatten nicht in Einklang zu bringen sind, können die Verlängerung des Betreuungsunterhalts rechtfertigen. Insoweit hat der betreuende Elternteil jedoch konkret das Fehlen einer öffentlichen Betreuungsmöglichkeit darzulegen (BGH FamRZ 2011, 1209; Karlsruhe FamRZ 2017, 1491). Es besteht nur ein Teilanspruch, wenn etwa zwar eine Vormittags-, nicht aber eine Nachmittagsbetreuung gesichert ist, und deswegen eine Teilerwerbstätigkeit möglich ist. Hat der geschiedene Ehegatte durch sein Verhalten, etwa durch einen Umzug aufs Land zu einem Partner, Betreuungsmöglichkeiten verschlechtert, kann dennoch im Interesse des Kindeswohls ein verlängerter Anspruch gegeben sein, soweit ihm nicht als grobes Verschulden vorwerfbar ist, dass er seiner Erwerbsobliegenheit nicht nachkommen kann (s Vor § 1569 Rn 39, 42; Umzug zum Lebensgefährten stellt keine Obliegenheitsverletzung dar (Zweibrücken FamRZ 2008, 1861). Betreuungs- und Erziehungsaufgaben einschl hauswirtschaftl Leistungen sind mit zu berücksichtigen (BGH FamRZ 2012, 1040). Nimmt der Unterhaltsberechtigte Betreuungsdienste von Dritten in Anspruch, um einer Erwerbstätigkeit nachgehen zu können, sind die dadurch anfallenden Kosten von seinem Einkommen absetzbar (BGH FamRZ 2001, 350). Zu unterscheiden hiervon sind pädagogisch veranlasste Betreuungskosten des Kindes, die als Mehrbedarf des Kindes (§ 1610 II) geltend zu machen sind.

d) Befristung/Begrenzung. Eine Befristung des Betreuungsunterhalts nach § 1578b scheidet aus, weil die Billigkeitsabwägung in § 1570 I eine Sonderregelung enthält, die bereits alle kind- und elternbezogenen Gründe berücksichtigt (BGH FamRZ 2009, 959, 1124, 1391, 1396). Dagegen ist eine Begrenzung auch dann möglich, wenn eine Befristung wegen fortdauernder Kinderbetreuung entfällt (BGH FamRZ 2010, 1880 Rn 34). 10

4. Verlängerung des Basisunterhalts aus ehebezogenen Gründen nach § 1570 II. a) Nacheheliche Solidarität. Nach den vorrangigen kindbezogenen Gründen (BGH FamRZ 2009, 701, 770) können nach Abs II ehebezogene Gründe eine Verlängerung des Anspruchs rechtfertigen. Elternbezogene Gründe werden von den ehebezogenen Gründen umfasst. 11

Auch dann, wenn das Wohl des Kindes seine Betreuung durch den geschiedenen Ehegatten persönlich nicht mehr erfordert, kann diese fortgesetzt werden und nach Abs II weiterhin Betreuungsunterhalt verlangt werden, wenn dies unter Berücksichtigung der Gestaltung von Kindesbetreuung und Erwerbstätigkeit in der Ehe sowie der Dauer der Ehe der Billigkeit entspricht (BGH FamRZ 2010, 1050). Ehebezogene Gründe nach Abs II beruhen auf einer nachehelichen Solidarität, wenn das Kind aus kindbezogenen Gründen keiner Betreuung mehr bedarf. Maßgeblich dabei ist das in der Ehe gewachsene Vertrauen in die vereinbarte oder praktizierte Rollenverteilung und die gemeinsame Ausgestaltung der Kinderbetreuung (BGH FamRZ 2009, 770). Die Rollenverteilung muss auf eine persönliche Betreuung des Kindes gerichtet sein, etwa weil der betreuende Elternteil seine Erwerbstätigkeit aufgab und zurückstellte (BGH FamRZ 2010, 1050). Damit wird der Ehegatte, der in einer Hausfrauen-/Hausmann-Ehe gelebt hat, vor einer radikalen Anwendung des Grundsatzes der Eigenverantwortung (§ 1569) bewahrt und ihm Gelegenheit gegeben, sich auf die durch die Trennung und Scheidung veränderten Lebensverhältnisse einzustellen. Die grds Verschärfung der Anforderungen an die Erwerbsobliegenheit durch das UÄndG 2007 wird dadurch aber nicht beseitigt und der frühere Rechtszustand nicht wiederhergestellt. Es kann aber berücksichtigt werden, dass die Ehegatten in guten wirtschaftl Verhältnissen gelebt haben und sich einig waren, dass etwa die Ehefrau nicht erwerbstätig zu sein brauchte, obwohl dies zumindest stundenweise oder in Teilzeitbeschäftigung mit der Kinderbetreuung und Haushaltsführung vereinbar gewesen wäre. Je länger eine solche Ehegestaltung praktiziert wurde und der eine Ehegatte darauf vertrauen konnte, sich nicht selbst um seinen Unterhalt kümmern zu müssen, desto mehr kann eine Verlängerung des zunächst im Interesse des Kindeswohls bestehenden Betreuungsunterhaltsanspruchs der Billigkeit entsprechen. Im Rahmen der elternbezogenen Gründe, die eine Erwerbsobliegenheit beschränken, ist nach der Rspr des BGH (FamRZ 2008, 1739) zu beachten, dass für den erwerbstätigen Ehegatten durch die neben der Fremdbetreuung verbleibende Betreuung eine übermäßige Belastung entstehen kann (vgl aber BGH FamRZ 2010, 1050). 12

b) Anspruchsvoraussetzung. Der Anspruch nach Abs II setzt voraus, dass ein betreuungsbedürftiges Kind vorhanden ist, dessen Betreuung bislang einen Anspruch nach Abs I ausgelöst hat. Der Gesetzgeber hat als vorausgehenden Anspruch zunächst an den nach Abs I S 2 gedacht („darüber hinaus"). Mit dem Wortlaut und Sinn ist jedoch auch zu vereinbaren, dass bei besonderer Fallgestaltung allein ein Anspruch nach Abs I S 1 vorausgeht. Es entsteht kein neuer Anspruch, wie bei einem Anschlussunterhaltstatbestand (s § 1569 Rn 6), sondern der identische Anspruch verlängert sich gesetzl. Der Anspruch nach Abs II besteht nur, solange der betreuende Elternteil das Kind tatsächlich betreut (BGH FamRZ 2010, 1050). Die Bedeutung des Anspruchs gem Abs II liegt darin, dass der Ehegatte in der Zeit zw der Betreuungsnotwendigkeit aus Gründen des Kindeswohls nach Abs I und dem Wegfall der Betreuungsbedürftigkeit überhaupt unterhaltsberechtigt bleiben kann, solange das Kind entspr dem früheren gemeinsamen Plan tatsächlich betreut wird (BGH FamRZ 2010, 1050). 13

c) Befristung/Begrenzung. Wegen der Befristung/Begrenzung des Anspruchs nach Abs II wird auf Rn 10 verwiesen. Soweit bei einem unbefristeten Titel die Berechtigung mit wachsendem Alter des Kindes ausläuft, handelt es sich nicht um einen für jedermann ohne weiteres erkennbaren Vorgang. Zur Vermeidung weiterer Inanspruchnahme wegen eines Anschlusstatbestandes ist dem Unterhaltsverpflichteten zu empfehlen, dem Berechtigten ggü unmissverständlich zum Ausdruck zu bringen, dass er nicht mehr auf die weitere Gewährung von Unterhalt vertrauen kann (BGH FamRZ 1990, 496; 2006, 769). Die Obliegenheit zur Arbeitssuche kann auch schon vor dem Ende der Kindesbetreuung bestehen (BGH FamRZ 1995, 871). 14

5. Billigkeit. a) Neue Prüfung. Der Anspruch nach Abs I S 2 verlängert sich, „solange und soweit" dies der Billigkeit entspricht, der Anspruch nach Abs II, „wenn" dies der Billigkeit entspricht. Aus dieser unterschiedlichen Wortwahl kann nicht abgeleitet werden, dass der Anspruch nach Abs II den Anspruch nach Abs I nach Umfang und Dauer stets ohne Einschränkungen verlängert. Dies ergibt sich bereits daraus, dass die nach Abs II wie nach Abs I S 2 jew neu anzustellenden Billigkeitserwägungen zu anderen Ergebnissen führen können. Der Anspruch kann geringer sein. Im Gegensatz zum andersartigen Anschlussunterhalt nach einem Teilanspruch kann er aber auch größer sein; denn es handelt sich um den identischen Anspruch, der etwa bei gestiegener Bedürftigkeit höher und bei verminderter Leistungsfähigkeit kleiner sein kann. 15

b) Interessenabwägung. aa) Gesetzesziele. Maßgebend für den Anspruch nach Abs I S 2 ist das Kindeswohl, bei Abs II das mit der Ehedauer wachsende Vertrauen des betreuenden Ehegatten auf die von beiden Ehegatten einvernehmlich vorgenommene Gestaltung der Betreuungs- und Erwerbsverhältnisse in der Ehe. Es muss (positiv) billig sein, dass demggü die grds bestehende Erwerbsobliegenheit (§ 1569) zurücktritt. 16

bb) Einzelumstände. Die Billigkeitsprüfung verlangt eine **umfassende Abwägung aller entscheidungserheblichen Gesichtspunkte**. Dazu gehört die Berücksichtigung von obj Verhältnissen, wie etwa die Lage auf dem Arbeitsmarkt, öffentliche Hilfen für den Ehegatten bei der Eingliederung ins Erwerbsleben neben den im Gesetz er- 17 wähnten Möglichkeiten der Kindesbetreuung. Auf Seiten des Unterhaltsbedürftigen wird es etwa auf sein Lebensalter, seine schulische und berufliche Qualifikation, die Dauer seiner Erwerbstätigkeitspause sowie seine körperliche und seelische Belastbarkeit ankommen und wie sehr er auf den Unterhalt nach seinen wirtschaftl Verhältnissen angewiesen ist. Beim Unterhaltsverpflichteten wird eine Rolle spielen, wie sehr er nach seiner wirtschaftl Lage durch eine Verlängerung der Zahlungspflicht belastet wird. Dabei sind aufgrund der Rspr des BGH (FamRZ 2006, 683, 686) auch seine weiteren vorrangigen und gleichrangigen Unterhaltspflichten zu beachten.

18 cc) **Gewichtung.** Die vom Gesetz bezeichneten Gesichtspunkte Belange des Kindes, Möglichkeiten der Kinderbetreuung in Abs I S 2 sowie Gestaltung von Kinderbetreuung und Erwerbstätigkeit während der Ehe sowie Dauer der Ehe in Abs II sind bei der Abwägung „zu berücksichtigen", haben jedes für sich allein kein absolutes Gewicht, wobei sich jedoch das Kindeswohl stets am stärksten auswirkt (BGH FamRZ 2009, 771). Das Rechtsbeschwerdegericht prüft nur, ob der Tatrichter die im Rahmen der Billigkeitsprüfung maßgebenden Rechtsbegriffe nicht verkannt und alle für die Einordnung maßgebenden Umstände beachtet hat (BGH FamRZ 2006, 1006).

19 c) **Unbilligkeit nach § 1578b.** Die Billigkeitsabwägung nach § 1570 enthält ggü § 1578b eine Sonderregelung. Mithin scheidet die Befristung des Betreuungsunterhalts aus, eine Begrenzung ist dagegen möglich (s Rn 10, 14).

20 **6. Vorzüge. a) Einsatzzeitpunkt.** Der Betreuungsunterhalt (Basisunterhalt und Verlängerung des Basisunterhalts) ist der stärkste nacheheliche Unterhaltsanspruch. Betreuungsunterhalt ist, anders als der Unterhalt nach §§ 1571–1573, 1575, an keinen Einsatzzeitpunkt geknüpft (§ 1569 Rn 7). Eine Berechtigung wegen Betreuungsunterhalts besteht nicht nur dann, wenn bei Rechtskraft der Scheidung das Kind betreut wird, sondern auch, wenn zu einem späteren Zeitpunkt wegen der Betreuung eine Erwerbstätigkeit nicht erwartet werden kann, etwa weil das Kind von einem Elternteil zum anderen gewechselt hat oder weil es wegen eines Unfalls pflegebedürftig geworden ist. Betreuungsunterhalt kann der Voraustatbestand für Anschlussunterhalt wegen Alters, Krankheit, Arbeitslosigkeit, Aufstockung oder Ausbildung sein (§ 1571 Nr 2, § 1572 Nr 2, § 1573 III, § 1575). Mit der Wiederheirat erloschener Betreuungsunterhalt kann nach der Scheidung der späteren Ehe **wiederaufleben** (§ 1586a I).

21 **b) Rang.** Gegenwärtige Kindesbetreuung des geschiedenen Ehegatten führt nach § 1609 Nr 2 zu einem **zweiten Rang** nach dem Anspruch minderjähriger oder iSv § 1603 II 2 privilegierter volljähriger Kinder. Der Anspruch auf Betreuungsunterhalt schützt den Berechtigten gegen das Risiko des **Vermögensverfalls** (§ 1577 IV 2).

22 **7. Betreuung.** Ein gemeinschaftl Kind ist das vorehelich geborene Kind, wenn die Vaterschaft anerkannt oder gerichtlich festgestellt ist (§§ 1591, 1592 Nr 2, 3), und das während der Ehe oder während 302 Tagen nach deren Auflösung geborene Kind (§§ 1591, 1592 Nr 2, § 1593). Eine Ausnahme gilt nach § 1599 II für das nach Anhängigkeit des Scheidungsantrags geborene, von einem Dritten binnen der Frist von einem Jahr nach Rechtskraft der Scheidung anerkannte Kind. Ein gemeinschaftl Kind ist auch das vor der Rechtskraft der Scheidung geborene Ehebruchskind bis zur erfolgreichen Anfechtung oder bis zur wirksamen Anerkennung (§ 1599; BGH FamRZ 1998, 426). Verschweigt die Ehefrau die mögliche Abstammung des Kindes von einem anderen Mann, kann ein Härtefall nach § 1579 Nr 7 vorliegen, ohne dass es der Anfechtung bedarf (BGH FamRZ 2012, 779), s § 1579 Rn 33. Gemeinsames Kind ist ferner das adoptierte Kind, das die Stellung eines gemeinschaftl Kindes der Ehegatten erlangt hat (§§ 1754, 1767). Der Unterhaltsanspruch der Mutter, die das von ihrem früheren Ehemann stammende, nach der Scheidung geborene Kind betreut, richtet sich nicht nach § 1570, sondern nach § 1615l (BGH FamRZ 1998, 426). Anders als bei § 1361, reicht die Betreuung eines Kindes aus früherer Ehe, aus sonstiger Beziehung, eines Stiefkinds, eines Pflegekindes oder eines Angehörigen, etwa der Eltern, nicht aus, auch wenn dadurch die Ehe geprägt war. In einem solchen Fall kommt ein Anspruch nach § 1576 in Betracht (BGH FamRZ 1983, 800; 1984, 361; 1984, 769; s § 1576 Rn 3).

23 **8. Pflege oder Erziehung. a) Begriffe.** Die Begriffe Pflege, Erziehung sind aus § 1606 übernommen. Hauptanwendungsfall des § 1570 ist die Betreuung des minderjährigen Kindes, das der Erziehung unterliegt. Ein solches Kind bedarf auch der Pflege. Darunter ist nicht ieS die Pflege eines Kranken oder Behinderten zu verstehen, sondern die umfassende Besorgung seiner Angelegenheiten im Sinne einer Betreuung (*Graba* FamRZ 1990, 454).

24 **b) Berechtigte Betreuung.** Betreuungsunterhalt kann nur derjenige Ehegatte verlangen, der das Kind berechtigt, nicht dagegen, wer es eigenmächtig betreut (BGH FamRZ 1983, 142). Der Betreuende muss nicht die alleinige Sorge haben. Es genügt das alleinige Aufenthaltsbestimmungsrecht oder dass sich der andere Ehegatte, selbst wenn ihm allein die Sorge zusteht, nicht dagegen wendet, dass das Kind im Haushalt des Elternteils lebt. Es ist auch möglich, dass beide Ehegatten ggü demselben Kind oder jew ggü einem anderen gemeinschaftl Kind Betreuungsleistungen erbringen. Beide Eltern können dann unterhaltsberechtigt iSv § 1570 sein. Wegen der zusätzl erforderlichen Unterhaltsvoraussetzungen kommt es aber nicht zu gegenseitigen Unterhaltspflichten (etwa im Fall eines Wechselmodells). Vielmehr ist nur ein Ehegatte unterhaltspflichtig (s Vor § 1569 Rn 35). Nach Umfang oder Zeit unwesentliche Betreuung, etwa während des Ferienbesuchs, reicht für eine Berechtigung nicht aus.

c) Betreuender Ehegatte. Betreuender **Ehegatte** kann jeder der beiden Ehegatten sein. Der Anspruch setzt nicht voraus, dass die Eheleute in ehelicher Lebensgemeinschaft zusammengelebt haben (BGH FamRZ 2005, 1979). 25

d) Volljähriges Kind. Anders als in § 1606 III 2, wo von „Pflege und Erziehung" die Rede ist, heißt es in § 1570 „Pflege oder Erziehung". Betreuungsunterhalt kann auch wegen eines volljährigen Kindes begründet sein, das etwa wegen seiner Behinderung gepflegt wird (BGH FamRZ 1985, 357). Auch beim volljährigen Kind ist nicht erforderlich, dass das Kind durch den Elternteil betreut werden muss. Vielmehr genügt es, dass wegen der Betreuung eine Erwerbstätigkeit nicht erwartet werden kann. Dabei ist jedoch zu berücksichtigen, dass das volljährige Kind nicht mehr unter der Personensorge der Eltern steht. Die besondere Verantwortung der Eltern für das Kind, die etwa in der Bestimmung des § 1603 II 1 zum Ausdruck kommt, ist beendet. Deswegen wird sich ein Elternteil nicht ohne weiteres gegen den Willen des anderen für die Betreuung entscheiden und damit uU eine Unterhaltsbelastung des anderen Ehegatten auf nicht absehbare Zeit, vielleicht sogar auf Lebensdauer, auslösen können. Die Vorschrift des § 13 VI SGB XI, wonach ein Pflegegeld bei der Pflege von in gerader Linie Verwandten nicht als Einkommen der Pflegeperson anzurechnen ist, hat zwar auch den Zweck, die Pflegebereitschaft zu fördern und die Sozialkassen zu entlasten. Diese öffentlich-rechtl Zweckbestimmung reicht jedoch nicht aus, um den Anspruch auf Betreuungsunterhalt zu rechtfertigen. Auch ausschließlich humanitäre Erwägungen dürften nicht genügen. Es wird unter Abwägung aller Umstände im Einzelfall zu entscheiden sein, inwieweit die Pflege des volljährigen Kindes durch den Elternteil selbst einem ungeschriebenen Gebot entspricht, dem sich auch der andere Elternteil nicht entziehen kann. Dies kann etwa zu bejahen sein, wenn das Kind bislang schon von dem Elternteil betreut wurde und bei einer Fremdbetreuung mit einer wesentlichen Verschlechterung seines Zustands gerechnet werden müsste. Soweit der Anspruch auf Abs I S 2 gestützt wird, ist besonders sorgfältig die Kontrollüberlegung durchzuführen, ob bei der Betreuung eines nichtehelichen Kinds ein gleicher Anspruch nach § 1615l II bejaht würde. Halten beide Ehegatten die persönliche Betreuung für erforderlich, ist von Betreuung aus kindesbedingten Gründen auszugehen. In jedem Fall muss der Anspruch der Billigkeit entsprechen (BGH FamRZ 2010, 802). 26

9. Konkurrenzen. a) Kausalität. aa) Reichweite der Privilegierung. Der Anspruch auf Betreuungsunterhalt nach Abs I oder II geht wegen seiner Vorzugsstellung anderen Unterhaltsberechtigungen vor. Er verdrängt den Billigkeitsunterhalt nach § 1576 (BGH FamRZ 1984, 361, 769). Vorzugsrechte wegen Kindesbetreuung bestehen nur, soweit die Unterhaltsberechtigung auf diesem Unterhaltsgrund beruht. Deswegen muss im Einzelfall festgestellt werden, inwieweit das Erwerbshindernis durch die Betreuung nach Abs I oder II oder durch andere Gründe bedingt ist. Es genügt einerseits nicht eine irgendwie gegebene Mitkausalität, andererseits ist eine Monokausalität nicht erforderlich. Vielmehr sind die tatsächlichen Auswirkungen der Betreuung auf die Erwerbsbehinderung festzustellen. Die Belastung des betreuenden Ehegatten durch berufliche Ausbildungs-, Fortbildungs- oder Qualifizierungsmaßnahmen stellt keinen elternbezogenen Grund dar, weil sich die Belastung nicht aus der Kinderbetreuung, sondern aus der Verfolgung beruflicher Ziele ergibt (BGH FamRZ 2012, 1624 zum Habilitationsverfahren). Beruht die Bedürftigkeit darauf, dass der Bedürftige wegen der Kinderbetreuung keine angemessene Tätigkeit finden kann, ist kein Betreuungsunterhalt, sondern ein Anspruch nach § 1573I gegeben (BGH FamRZ 2010, 1050). Wenn sich der Anspruch auf den vollen Unterhalt iSv § 1578 auf mehrere Teilberechtigungen stützt, müssen die einzelnen Anspruchsteile beziffert werden (BGH FamRZ 2010, 869, 1050 mit Beschreibung, wie Teilunterhalt zu berechnen ist). Verliert etwa ein Ehegatte, der neben der Kindesbetreuung nur teilerwerbsfähig war, aber auch teilerwerbstätig sein musste, seinen Arbeitsplatz, der seinen Unterhalt nachhaltig sicherte, hat er insoweit keinen Anspruch auf Betreuungsunterhalt nach § 1570 und mangels Einsatzzeitpunkts auch keinen Anspruch auf Anschlussunterhalt nach §§ 1571–1573, 1575, sondern allenfalls nach § 1576. War der Ehegatte dagegen erwerbsfähig, obwohl ihm dies neben der Kindesbetreuung nicht zuzumuten war, und verliert er seinen Arbeitsplatz, steht ihm ein Anspruch auf Betreuungsunterhalt zu, weil sich der Wegfall der überobligatorischen Tätigkeit, die den Unterhaltsverpflichteten bislang entlastete, ebenso wenig zum Nachteil des Berechtigten auswirken darf wie eine Aufgabe der Erwerbstätigkeit. 27

bb) Teilanspruch. Wenn der Ehegatte, wäre er durch die Betreuung nicht an einer Erwerbstätigkeit gehindert, den gesamten Bedarf nach den ehelichen Lebensverhältnissen (§ 1578) mit seinem Verdienst decken könnte, geht der Anspruch nach § 1570 auf den vollen Unterhalt (BGH FamRZ 2010, 869, 1050). Kann der geschiedene Ehegatte neben der Betreuung nur eine Teilerwerbstätigkeit ausüben, so kann er nach § 1570 Unterhalt bis zur Höhe des Mehreinkommens verlangen, das er durch eine Vollerwerbstätigkeit verdienen könnte. Wegen einer übrig bleibenden Differenz zum vollen Unterhalt nach den ehelichen Lebensverhältnissen steht ihm ein Anspruch auf Aufstockungsunterhalt nach § 1573 II zu (BGH FamRZ 2010, 869, 1050). Mit diesen Grundsätzen ist die Ansicht des BGH (FamRZ 1987, 572 m Anm *Dieckmann*, 981; 2010, 809) nicht zu vereinbaren, dass der Ehegatte, der wegen Betreuung überhaupt an einer Erwerbstätigkeit gehindert ist, den vollen Unterhalt, allein gestützt auf § 1570, verlangen kann, auch wenn der Verdienst aus einer Erwerbstätigkeit nicht den Bedarf nach den ehelichen Lebensverhältnissen decken würde (*Maier* FamRZ 2005, 1509). 28

b) § 1570 und § 1615l. aa) Gleichzeitige Haftung. Betreut der Ehegatte ein Kind aus der geschiedenen Ehe und ein Kind aus einer weiteren Verbindung, haftet der geschiedene Ehemann neben dem anderen Vater entspr § 1606 III 1 nach den Einkommens-, Vermögens- und Betreuungsverhältnissen. Soweit der Unterhalt von einem der Väter nicht erlangt werden kann, muss der andere für den vollen Bedarf entspr § 1607 II aufkommen (BGH FamRZ 2005, 357; 2007, 1303; 2008, 1739). 29

30 **bb) Alleinige Haftung.** Entgegen *Wagner* (NJW 1998, 3097) schuldet der geschiedene Ehemann, wenn die Unterhaltsverpflichtung des nichtehelichen Vaters geendet hat, weiterhin nicht bloß einen Unterhaltsanteil. Er muss vielmehr den vollen Betreuungsunterhalt aufbringen, soweit die geschiedene Ehefrau durch die Betreuung des gemeinsamen Kindes an einer Erwerbstätigkeit gehindert ist. Ob der geschiedenen Ehefrau im Zeitpunkt des Wegfalls des Unterhaltsanspruchs gegen den nichtehelichen Vater ein Anspruch auf Arbeitslosenunterhalt (§ 1573 I) ggü dem geschiedenen Ehemann zusteht, hängt davon ab, inwieweit sie nunmehr wegen der Betreuung des gemeinsamen Kindes an einer Erwerbstätigkeit gehindert ist. Es kann etwa sein, dass sie nur einen Teilanspruch hat, weil es für einen gesamten Anspruch am Einsatzzeitpunkt fehlt, wenn sie neben der Betreuung des gemeinschaftl Kindes eine Erwerbstätigkeit in einem gewissen Umfang bereits früher hätte aufnehmen können und dies nur wegen des nichtehelichen Kindes unterlassen hat.

31 **10. Beweislast.** Der Unterhaltsgläubiger muss die Voraussetzungen für einen Betreuungsunterhalt darlegen und beweisen (BGH FamRZ 2008, 1739; 2009, 406; 2010, 1050; 2011, 791), insb die Notwendigkeit der persönlichen Betreuung, die nur bis zu einem Alter des Kindes von drei Jahren vermutet wird. Letztlich liegt ein wesentlicher Unterschied zur früheren Rechtslage in der nunmehr erforderlichen konkreten Vortrags- und Beweislast. Während das frühere sog Altersphasenmodell die Betreuungsbedürftigkeit i Erg bis zum 15. Lebensjahr noch teilw vermutete, trifft diese Darlegungslast nun den Betreuenden (s Rn 9).

§ 1571 Unterhalt wegen Alters

Ein geschiedener Ehegatte kann von dem anderen Unterhalt verlangen, soweit von ihm im Zeitpunkt
1. der Scheidung,
2. der Beendigung der Pflege oder Erziehung eines gemeinschaftlichen Kindes oder
3. des Wegfalls der Voraussetzungen für einen Unterhaltsanspruch nach den §§ 1572 und 1573
wegen seines Alters eine Erwerbstätigkeit nicht mehr erwartet werden kann.

Schrifttum: *Graba*, Unterhalt im Alter, 2. Aufl 2005.

1 **1. Zweck und Einordnung der Vorschrift.** Die unterhaltsrechtl Verantwortlichkeit für den wegen Alters erwerbsunfähigen Ehegatten gehört zu den Nachwirkungen der Ehe als einer grds lebenslangen Schicksalsgemeinschaft (BGH FamRZ 1981, 1163). Der Anspruch besteht nicht nur, wenn der geschiedene Ehegatte noch keine Rente als Folge des Versorgungsausgleichs erhält, sondern auch, wenn diese die Bedürftigkeit nach § 1577 I mindernde Rente und sein sonstiges Einkommen für den vollen Unterhalt nach § 1578 oder den herabgesetzten Bedarf nach § 1578b nicht ausreichen. Altersunterhalt wird ohne Rücksicht auf ehebedingte Bedürftigkeit gewährt, also auch dem Ehegatten, der bereits bei der Heirat wegen seines Alters oder aus sonstigen Gründen nicht mehr erwerbsfähig gewesen ist (BGH FamRZ 1982, 28). Es ist aber möglich, den Anspruch nach §§ 1578b, 1579 zu beschränken.

2 **2. Altersgrenze. a) Regelaltersgrenze.** Eine Altersgrenze, ab der die Aufnahme einer Erwerbstätigkeit regelmäßig nicht mehr zu erwarten ist, nennt das Gesetz nicht. Die Erwerbsobliegenheit endet jedoch regelmäßig mit **Erreichen der Regelaltersgrenze** nach § 35 SGB VI, § 51 BBG. Diese Rechtsregelungen legen den Rahmen für die Erwerbsbiografie des Einzelnen fest. Dies gilt sowohl für den Unterhaltsberechtigten als auch für den Verpflichteten. Dabei macht es keinen Unterschied, ob die Ehegatten in abhängiger Tätigkeit beschäftigt, gewerblich oder freiberuflich tätig sind (BGH FamRZ 2011, 454; 2006, 683). Vorgezogene Ruhestandsgrenzen, die für bestimmte Berufsgruppen wie Polizeibeamte, Soldaten oder Piloten gelten, rechtfertigen dagegen Altersunterhalt nicht (BGH FamRZ 2004, 254). Die rentenrechtl Möglichkeit auf ein vorgezogenes Ruhegeld allein eröffnet keinen Anspruch auf Altersunterhalt (BGH FamRZ 1999, 708). Bei Vereinbarung einer Altersteilzeit liegt eine unterhaltsbezogene Mutwilligkeit regelmäßig nicht vor, wenn durch eigene Einkünfte ein relativ hohes Niveau sichergestellt ist oder betriebliche, persönliche oder gesundheitliche Gründe bestehen. Gleiches gilt für die Vereinbarung einer Arbeitsplatzaufgabe vor Ende der Regelarbeitszeit. Die Inanspruchnahme einer vorgezogenen Altersrente unter Verstoß gegen unterhaltsrechtl Obliegenheiten führt regelmäßig zu einer dauerhaften Einkommenseinbuße. Insoweit kommt die Zurechnung fiktiver Einkünfte in Betracht (BGH FamRZ 2012, 1483). Der BGH (FamRZ 2006, 683) hat entschieden, dass eine Unterhaltsberechtigte ihre Erwerbstätigkeit nicht allein deswegen einschränken durfte, weil sie 63 Jahre alt geworden ist. Wer trotz angestrengter Bemühungen keine Erwerbsstelle findet, kann aber gem § 1573 I unterhaltsberechtigt sein.

3 **b) Erwerbsobliegenheit.** Die Erwerbsobliegenheiten von Schuldner und Gläubiger dürfen grds nicht mit verschiedenem Maß gemessen werden (vgl BGH FamRZ 2011, 454; 1983, 569, 570). Wenn auf Seiten des Unterhaltspflichtigen die Einkommensminderung wegen eines nicht näher begründeten vorzeitigen Ruhestands hingenommen werden soll, wäre es unbillig, den etwa gleichaltrigen unterhaltsberechtigten Ehegatten auf eine Erwerbstätigkeit zu verweisen. Offengelassen hat der BGH (FamRZ 1987, 691) bislang die Frage, ob ein Ehegatte, der nach längerer Tätigkeit im eigenen Haushalt nur noch nach einer – seines Alters wegen nicht mehr sinnvollen – Ausbildung eine Erwerbstätigkeit aufnehmen könnte, auch vor Eintritt in das allg „Rentenalter" gem § 1571 unterhaltsberechtigt ist. Diese Frage sollte verneint werden. Dem Ehegatten steht in diesem Fall ein Anspruch nach § 1573 I zu, der bei Eintritt ins Rentenalter zu einem Anspruch auf Anschlussaltersunterhalt (§ 1571 Nr 3) berechtigt (aA *Graba*, Unterhalt im Alter, Rn 94; Erman/*Graba*[13]).

3. Teilunterhalt. a) Teilberechtigung. Eine Teilberechtigung wegen Alters ist aus tatsächlichen Gründen selten, da mit Erreichen der Regelaltersgrenze die Erwerbsobliegenheit voll entfällt. Nach BGH (FamRZ 2012, 951; 1999, 708, 709) richtet sich der Unterhalt eines altersbedingt nicht mehr Erwerbstätigen für den durch Rente nicht gedeckten Bedarf allein nach § 1571. Teilberechtigungen wegen Alters kommen vor allem als Anschlussaltersunterhalt in Betracht (vgl Rn 5). Kann die angemessene Erwerbstätigkeit nach der Lage auf dem Arbeitsmarkt nicht gefunden werden, kommt insoweit ein Anspruch nach § 1573 I in Betracht. Ein darüber hinaus bestehender Fehlbetrag zum vollen Unterhalt nach § 1578 kann durch Aufstockungsunterhalt nach § 1573 II gedeckt werden (BGH FamRZ 1999, 708). 4

b) Unterhaltsberechnung. Besteht bspw ein Bedarf iSv § 1578 von 1 000 €, der iHv 750 € durch Krankheitsunterhalt (§ 1572) gedeckt war, während der Ehegatte iÜ gehalten war, sich den Unterhalt durch eine Teilzeitbeschäftigung zu verdienen, die er jedoch entgegen der Obliegenheit nicht aufgenommen hat, kann er nach Erreichen der Regelaltersgrenze nicht Altersunterhalt iHv 1 000 € verlangen. Vielmehr liegen die Voraussetzungen für einen höheren Anspruch als 750 € als Altersunterhalt nach § 1571 Nr 3 nicht vor (BGH FamRZ 2001, 1291, 1293). Eine Unterhaltsberechtigung nach einer anderen Bestimmung ist nicht gegeben. Erhält der Ehegatte eine Altersrente von 200 €, kann er nicht wegen des Einkommensverlustes den anderen Ehegatten in Anspruch nehmen. Es dürfte zutr sein, dass dem bedürftigen Ehegatten nicht einmal ein Altersunterhalt von 750 € zusteht, weil er sich nach § 1577 I sein eigenes Einkommen auf den Bedarf nach § 1578 anrechnen lassen muss: 1 000 € – 200 € = 800 €. Der Bedarf ist nur zu drei Vierteln (750 : 1 000) vom anderen Ehegatten zu decken. Es wäre genauso nicht richtig, die Altersrente von 200 € allein auf den Unterhalt anzurechnen, wie es nicht richtig wäre, das neue Einkommen des Berechtigten allein als Ersatz für das Erwerbseinkommen anzusetzen. Mangels genauer Anhaltspunkte für die Zuordnung der Altersrente als Ersatz für früheres (fiktives) Eigeneinkommen einerseits und wegen des Erwerbshindernisses gegebenen Teilunterhalts (zumeist Anschlussunterhalt) andererseits, erscheint es billig, die Rente von 200 € im Verhältnis 750 zu 250 aufzuteilen. Damit ist auf den Altersunterhalt von 750 € ein Betrag von 150 € (200 × ¾) anzurechnen. Das entfallene Erwerbseinkommen von 250 € wird mit 50 € ausgeglichen. IÜ muss der mit dem Eintritt in den Ruhestand verbundene Einkommensverlust vom Unterhaltsberechtigten selbst getragen werden (*Graba*, Unterhalt im Alter, Rn 116; zu gleichen Problemen beim Aufstockungsunterhalt *Maier* FamRZ 2005, 1509). 5

4. Ursächlichkeit. Alter muss der Grund sein, weshalb dem Ehegatten keine Erwerbstätigkeit angesonnen werden kann. Str ist, ob es genügt, dass Alter insoweit eine überwiegende Mitursache ist, etwa neben Krankheit, oder ob Alter die einzige Ursache sein muss (Staudinger/*Verschraegen* Rn 7,8). Im Einzelfall muss wertend entschieden werden, inwieweit das Alter an einer angemessenen Erwerbstätigkeit hindert. Die Unterhaltsberechtigung kann mehrfach begründet sein, etwa wenn neben der Unzumutbarkeit einer Erwerbstätigkeit wegen Alters auch eine Unzumutbarkeit wegen der Betreuung eines volljährigen behinderten Kindes (§ 1570) zu bejahen ist, welche ebenso für sich allein bereits für die Bejahung der Unterhaltsberechtigung ausreichen würde. Die Feststellung weiterer Unterhaltstatbestände kann insb auch wegen § 1578b nicht dahinstehen (Rn 12). 6

5. Einsatzzeitpunkt. a) Stamm- und Anschlussunterhalt. Der Anspruch besteht nur, wenn und weil das Alter zu den im Gesetz bestimmten Zeitpunkten eine Erwerbstätigkeit nicht erwarten lässt. Ist maßgeblicher Zeitpunkt die Scheidung (Nr 1) handelt es sich um den sog Stammunterhalt. In allen anderen Fällen geht es dagegen um Anschlussunterhalt an eine andere Unterhaltsberechtigung. Durch Anschlussunterhalt wird die Unterhaltsberechtigung nicht erweitert. Bezog sich der Voraustatbestand nur auf Teilunterhalt, kann deswegen aufgrund des Anschlusstatbestandes nicht mehr, insb nicht voller Unterhalt verlangt werden (BGH FamRZ 2001, 1291; Rn 5). 7

b) Voraustatbestände. Entgegen dem Wortlaut der Nr 2 kommt es nicht auf das tatsächliche Ende der Betreuung an. Vielmehr besteht ein Anspruch auf Anschlussunterhalt, wenn und soweit diese Pflege und Erziehung zuvor einen Anspruch auf Betreuungsunterhalt gem § 1570 I oder II begründet hatte (BGH FamRZ 1990, 496 zur aF). Enden die Voraussetzungen für den Anspruch auf Betreuungsunterhalt, bevor die Voraussetzungen für den Anspruch auf Altersunterhalt erfüllt sind, kann sich der Altersunterhalt nur an einen anderen Voraustatbestand anschließen – nicht aber an den Betreuungsunterhalt (BGH FamRZ 1990, 496 zum Krankheitsunterhalt gem § 1572). Entspr gilt, wenn der Anspruch an die Stelle eines Anspruchs auf Krankheitsunterhalt (§ 1572) oder eines Anspruchs auf Unterhalt mangels zumutbarer Erwerbstätigkeit (§ 1573 I, IV 1) tritt (Nr 3). Stellt der Berechtigte, der die „Altersgrenze" erreicht hat, seine Bemühungen um eine angemessene Erwerbstätigkeit ein, so löst der Anspruch auf Altersunterhalt gem Nr 3 einen Anspruch aus § 1573 I ab. Dagegen kommt es nicht zum Anschlussunterhalt gem Nr 3, wenn der Berechtigte seine Bemühungen schon früher entgegen den Anforderungen des § 1573 aufgegeben hat. Andere Unterhaltsrisiken deckt der Anspruch nicht ab. Wer im vorgerückten Alter eine Erwerbstätigkeit einbüßt, die den Unterhalt nachhaltig gesichert hat, ist nicht unterhaltsberechtigt. Bei Verlust des Arbeitsplatzes wegen Alters kann in entspr Anwendung von § 1573 IV ein Anspruch zu bejahen sein, wenn der Berechtigte nach der Scheidung über längere Zeit eine angemessene Erwerbstätigkeit ausgeübt hat, aus deren Verdienst jedoch nicht eine angemessene Alterssicherung begründet werden konnte (s § 1573 Rn 38; aA Erman/*Dieckmann*[10] Rn 5). Nach dem Wortlaut des Gesetzes ist auch weder der Anspruch auf Aus-(Fort-)bildungsunterhalt (§ 1575) noch der Anspruch auf (zeitl begrenzten) Billigkeitsunterhalt (§ 1576) geeignet, sich in einem Anspruch auf Altersunterhalt fortzusetzen. Trotzdem können diese Ansprüche für einen Anspruch auf Al- 8 tersunterhalt mittelbar von Bedeutung sein – dies dann, wenn sich an sie ein anderer Unterhaltsanspruch anschließt, der seinerseits den Anspruch auf Altersunterhalt auslöst. So kann der Anspruch auf Ausbildungsunterhalt in einen Anspruch auf Erwerbslosenunterhalt (§ 1573 I) einmünden (Düsseldorf FamRZ 1987, 708), der dann über den Krankheits- (§ 1572) zum Altersunterhalt führt. Soweit § 1571 Nr 3 und § 1572 Nr 4 auf die gesamte Vorschrift des § 1573 Bezug nehmen, sind sie einschränkend dahin auszulegen, dass die Fälle des Aufstockungsunterhalts nicht erfasst werden sollen; denn die alters- oder krankheitsbedingte Erwerbsunfähigkeit ist für den Einkommensmangel, der durch den Ergänzungsunterhalt ausgeglichen werden soll, nicht ursächlich (*Graba*, Unterhalt im Alter, Rn 117; *Maier* FamRZ 2005, 1509).

9 **c) Vermögenswegfall.** Das Gesetz erwähnt als maßgeblichen Zeitpunkt nicht Verzehr oder Wegfall eines Vermögens, das den geschiedenen Ehegatten bislang vom Unterhalt ausgeschlossen hatte (vgl § 1577 III, IV). Der Anspruch auf Altersunterhalt als Anschlussunterhalt setzt zwar nicht (notwendig) voraus, dass der geschiedene Ehegatte einen „Vorunterhalt" in Anspruch genommen hat. Entfiel die Unterhaltspflicht des (möglichen) Schuldners nur deshalb, weil der frühere Partner auf sein Vermögen verwiesen werden konnte (§ 1577 III), so kann, wenn auch die Voraussetzung des Einsatzzeitpunkts gewahrt ist, ein Anspruch auf Altersanschlussunterhalt entstehen, wenn das Vermögen verbraucht ist. Das gilt allerdings nicht, wenn dieses Vermögen zur Zeit der Scheidung eine nachhaltige Unterhaltssicherung gewährleistet hat (§ 1577 IV 1). Wer im Vertrauen auf sein Vermögen keine Anstrengungen unternommen hat, eine angemessene Erwerbstätigkeit zu finden, oder gar eine – aus der Sicht der Unterhaltstatbestände – gebotene Erwerbstätigkeit ausgeschlagen hat, kann nach Verzehr dieses Vermögens nicht den Altersbedarf gem § 1571 decken (s auch § 1577 Rn 30).

10 **d) Bedürftigkeit.** Im Einsatzzeitpunkt muss die Unterhaltsberechtigung wegen Alters zu bejahen sein. Dagegen brauchen die übrigen Anspruchsvoraussetzungen, insb die Bedürftigkeit, nicht vorzuliegen (BGH FamRZ 1987, 689; 2005, 1817 m Anm *Büttner*).

11 **e) Lückenlose Berechtigung.** Anschlussaltersunterhalt erfordert eine zeitl lückenlose Verbindung mit dem Voraustatbestand (BGH FamRZ 2001, 1291). Eine „Unterhaltskette" mit dem Zeitpunkt der Scheidung braucht jedoch beim Betreuungsunterhalt als Voraustatbestand nicht vorzuliegen, weil die Berechtigung auch ohne zeitl Zusammenhang mit der Scheidung, etwa bei späterer Sorgerechtsänderung, gegeben sein kann. Hier genügt es, dass das altersbedingte Erwerbshindernis im unmittelbaren Anschluss an den Wegfall des Anspruchs nach § 1570 zu bejahen ist.

12 **6. Konkurrenzen. a) § 1571 und § 1570.** Die Unterhaltsberechtigung kann doppelt begründet sein (zum Streitstand Staudinger/*Verschraegen*, 2014, Rn 7, 8). Während der Betreuung eines minderjährigen oder volljährigen Kindes können beide Berechtigungen auch nebeneinander hinsichtl verschiedener Teile des Anspruchs bestehen. Eine eventuelle „doppelte" Anspruchsberechtigung ist bei der Abwägung nach § 1578b BGB zu würdigen.

13 **b) § 1571 und § 1572. Krankheit** (§ 1572) und Alter (§ 1571) können nacheinander jew allein oder auch nebeneinander jew eine Teilberechtigung begründen, aber nicht kumulativ. Vielmehr geht Krankheitsunterhalt vor (Arg aus Nr 2), solange nicht durch Altersunterhalt eine praktisch unveränderliche Unterhaltsberechtigung bis zum Lebensende gegeben ist. Altersunterhalt weist mit seiner Anlehnung an die gesetzl Altersgrenze zum Rentenbezug wegen Alters mehr obj Züge als Krankheitsunterhalt auf. Anspruch auf Altersunterhalt besteht, wenn dem Ehegatten wegen seiner Lebensjahre keine Erwerbtätigkeit zuzumuten ist, gleich ob diese aus gesundheitlichen Gründen noch ausgeführt werden könnte oder nicht.

14 **c) § 1571 und § 1573 I. Arbeitslosenunterhalt** setzt die Bejahung einer Erwerbsobliegenheit voraus und geht deswegen Altersunterhalt vor (Arg aus Nr 2). § 1571 ist heranzuziehen, wenn wegen des Alters eine Ausbildung nicht mehr sinnvoll ist (BGH FamRZ 1987, 691). Wenn wegen des Alters typischerweise eine angemessene Erwerbstätigkeit nicht gefunden werden kann, kommt nach Ansicht des BGH (FamRZ 1999, 708) Altersunterhalt in Betracht, dagegen Arbeitslosenunterhalt, wenn wegen der konkreten Umstände des Einzelfalls aufgrund des Alters die Aufnahme einer angemessenen Tätigkeit scheitert.

15 **d) § 1571 I und § 1573 II. Aufstockungsunterhalt** setzt voraus, dass der Berechtigte eine angemessene Tätigkeit iSv § 1574 II ausübt, aber mit seinem Verdienst nicht den Unterhalt iSv § 1578 I 1 oder § 1578b decken kann. Ist ein Unterhaltsberechtigter allerdings altersbedingt nicht mehr erwerbstätig, richtet sich sein Unterhalt für den durch die Rente nicht gedeckten Bedarf allein nach § 1571 (BGH FamRZ 2012, 951 Rn 19; 1999, 708).

16 **e) § 1571 und § 1573 III.** Für den **Anschlussarbeitslosen- und Anschlussaufstockungsunterhalt** nach § 1573 III gelten die vorausgehenden Ausführungen bei Rn 14 und 15 entspr.

17 **f) § 1571 und § 1573 IV.** Altersunterhalt kann im Anschluss an eine Unterhaltsberechtigung wegen **Wegfalls** einer den vollen oder den Teilunterhalt nicht nachhaltig sichernden **Erwerbstätigkeit** zu bejahen sein. Zur entspr Anwendung von § 1573 IV im Fall des altersbedingten Verlustes des Arbeitsplatzes s Rn 8.

18 **7. Beweislast.** Der Unterhalt fordernde Ehegatte muss die Voraussetzungen der Anspruchsberechtigung nach § 1571 substantiert darlegen und beweisen, insb dass nicht etwa bloß ein Anspruch auf Krankheitsunterhalt (§ 1572) oder ein Anspruch auf Arbeitslosenunterhalt (§ 1573 I) gegeben ist (BGH FamRZ 2007, 1532).

§ 1572 Unterhalt wegen Krankheit oder Gebrechen

Ein geschiedener Ehegatte kann von dem anderen Unterhalt verlangen, solange und soweit von ihm vom Zeitpunkt
1. der Scheidung,
2. der Beendigung der Pflege oder Erziehung eines gemeinschaftlichen Kindes,
3. der Beendigung der Ausbildung, Fortbildung oder Umschulung oder
4. des Wegfalls der Voraussetzungen für einen Unterhaltsanspruch nach § 1573
an wegen Krankheit oder anderer Gebrechen oder Schwäche seiner körperlichen oder geistigen Kräfte eine Erwerbstätigkeit nicht erwartet werden kann.

1. Zweck und Einordnung der Vorschrift. Die Vorschrift gewährt dem geschiedenen Ehegatten einen Anspruch auf Unterhalt, wenn von ihm zu bestimmten Zeiten wegen einer **Krankheit** oder eines **gleichgestellten Leidens** eine angemessene (§ 1574) Erwerbstätigkeit nicht erwartet werden kann. Die im Krankheitsfall geschuldete **nacheheliche Solidarität** ist eine Folge davon, dass die Ehegatten sich zu einer schicksalhaften Lebensgemeinschaft verbunden haben (BGH FamRZ 1994, 566). Die Belastung durch Krankheitsunterhalt kann nach der Rspr des BGH (BGH FamRZ 1995, 1405; 1996, 1272) nicht durch die negative Billigkeitsklausel des § 1579 abgemildert werden, soweit damit lediglich eine Einschränkung des Anspruchsgrundes, etwa wegen einer bereits bei der Eheschließung vorliegenden Krankheit, erreicht werden soll. Dies ist jedoch aufgrund der durch das UÄndG 2007 in das Gesetz eingefügten Bestimmung des § 1578b möglich (s § 1578b Rn 14). **Begrenzt** wird die Haftung des anderen Ehegatten durch die Voraussetzung, dass das krankheitsbedingte Erwerbshindernis zu einem bestimmten Zeitpunkt (Rn 6) vorliegen muss. Schicksalsbedingte Ereignisse, die sich erst nach der Scheidung einstellen, gehen nicht mehr zulasten des anderen. 1

2. Krankheitsbedingte Erwerbsunfähigkeit. a) Krankheitsbegriff. In Anlehnung an das Sozialrecht ist als **Krankheit** ein obj erfassbarer regelwidriger Körper- oder Geisteszustand zu definieren, der Erwerbsunfähigkeit zur Folge hat (Hamburg FamRZ 1982, 702; BSGE 26, 240). Der Krankheit stehen **andere Gebrechen** oder die **Schwäche der körperlichen** oder **geistigen Kräfte** gleich. Gewisse körperliche Abnutzungserscheinungen und Unpässlichkeiten reichen nicht für eine Erwerbsunfähigkeit aus. Auch ein erheblich Versehrter kann noch zu einer Erwerbstätigkeit in der Lage sein, wie zahlreiche Kriegsversehrte gezeigt haben (BGH FamRZ 1984, 353). Gesundheitliche Beeinträchtigungen, die hinreichender Anlass für die Wahl des Vorruhestands sein mögen, erfüllen nicht notwendig die Voraussetzungen für einen Anspruch nach § 1572. Alkohol- oder Drogenabhängigkeit ist zwar als Krankheit iSd § 1572 einzustufen. Sie führt indes dann nicht zum Anspruch nach § 1572, wenn der geschiedene Ehegatte keine erfolgversprechenden Versuche unternommen hat, um seine Arbeitsfähigkeit wiederherzustellen und ihm deswegen mutwilliges Verhalten iSv § 1579 Nr 4 vorzuwerfen ist (BGH FamRZ 1981, 1042; 1988, 375). Gleiches gilt bei einer psychischen Fehlhaltung, die der Rentenneurose des Haftpflicht- und Sozialhilferechts entspricht (BGH FamRZ 1984, 660). 2

b) Keine Ehebedingtheit. Die anspruchserhebliche Krankheit muss nicht ehebedingt sein. Anspruchsberechtigt ist auch, wer schon bei Eingehung der Ehe erkrankt war (BGH FamRZ 1981, 1163: multiple Sklerose). Gleichgültig ist dabei, ob der kranke Ehegatte bei der Heirat von der Krankheit gewusst hat oder nicht (BGH FamRZ 1981, 1163; 1994, 566). Die Ehebedingtheit ist jedoch im Rahmen der Billigkeitsprüfung nach § 1578b (s § 1578b Rn 14) ein wesentliches Kriterium (BGH FamRZ 2010, 629). 3

c) Krankheitsdauer. Die **Dauer der Krankheit** ist nach dem Wortlaut des Gesetzes nicht entscheidend. Auch eine vorübergehende Erkrankung kann einen Anspruch auf laufenden Unterhalt begründen, wenn der Bedürftige deswegen nicht erwerbstätig sein kann und die Krankheit einen bei der pauschalierenden unterhaltsrechtl Betrachtungsweise zu vernachlässigenden Zeitraum übersteigt (Johannsen/Henrich/Althammer/*Hammermann* Rn 7). Nicht selten fehlt es in diesen Fällen für den laufenden Unterhalt an der Bedürftigkeit, weil Lohn oder Gehalt fortgezahlt oder Sozialleistungen erbracht werden (§ 1577 I). 4

d) Kausalität. Eine **Krankheit** führt nur dann zu einem Unterhaltsanspruch, solange und soweit **ihretwegen** vom geschiedenen Ehegatten eine Erwerbstätigkeit nicht erwartet werden kann. Es kommt nicht darauf an, ob der Bedürftige die frühere Arbeit nicht mehr ausführen kann. Es muss vielmehr eine Erwerbsunfähigkeit vorliegen. Eine krankheitsbedingte Erwerbsunfähigkeit bedeutet nicht per se eine vollständige Unfähigkeit für sämtliche Tätigkeiten, etwa im Geringverdienerbereich (Brandenburg 6.5.2021 – 13 UF 108/20). Ein Anspruch nach § 1572 besteht auch dann nicht, wenn trotz der gesundheitlichen Einschränkungen eine angemessene (andere) vollschichtige Erwerbstätigkeit übernommen werden kann (BGH FamRZ 1991, 170; 1993, 789). Ist dies für eine gewisse Zeit bis zur Wiederherstellung der Erwerbsfähigkeit zu bejahen, besteht nur für diesen Zeitraum ein Anspruch. Gestattet die gesundheitliche Beeinträchtigung keine vollschichtige Beschäftigung, kommt der Unterhaltsanspruch nach § 1572 nur hinsichtl des Fehlbetrags zw dem Einkommen aus der teilw und der vollen Beschäftigung in Betracht. Eine darüber hinaus etwa bestehende Lücke zum vollen Unterhalt nach § 1578 kann durch Aufstockungsunterhalt nach § 1573 II geschlossen werden (BGH FamRZ 2010, 869 und 1050). 5

3. Einsatzzeitpunkt. a) Maßgebliche Einsatzzeitpunkte. Die Unterhaltsberechtigung ist nur gegeben, wenn die Krankheit oder das gleichgestellte Leiden zu einem bestimmten Zeitpunkt die Aufnahme einer Erwerbstätigkeit nicht erwarten lassen, nämlich nach Nr 1 im Zeitpunkt der Rechtskraft der Scheidung, nach Nr 2 im Zeitpunkt der Beendigung der Pflege oder Erziehung eines gemeinschaftl Kindes, dh im Anschluss an einen Anspruch auf Betreuungsunterhalt nach § 1570 I oder II (BGH FamRZ 1990, 260 und 496 zur aF), nach Nr 3 im Anschluss 6 an Unterhalt wegen Ausbildung, Fortbildung oder Umschulung nach § 1575 oder nach Nr 4 im Anschluss an einen Anspruch auf Arbeitslosen- oder Aufstockungsunterhalt nach § 1573 (zur Einschränkung der Verweisung bei § 1573 II s § 1571 Rn 8). Durch den Einsatzzeitpunkt (s § 1569 Rn 7) wird die unterhaltsrechtl Verantwortung des verpflichteten Ehegatten nach Art einer Schutzvorschrift begrenzt (BGH FamRZ 2001, 1291). Auch wenn der bedürftige Ehegatte nicht selbst für sich sorgen kann, ist die Inanspruchnahme des anderen Ehegatten ausgeschlossen, wenn das Erwerbshindernis Krankheit nicht im Einsatzzeitpunkt besteht. Bei Ausbruch einer Krankheit 23 Monate nach der Scheidung fehlt es am notwendigen Zusammenhang mit dem Zeitpunkt der Scheidung, selbst wenn die Krankheit schon zu dieser Zeit latent vorhanden war (BGH FamRZ 2001, 1291). Hat sich das bereits im Einsatzzeitpunkt vorliegende Leiden verschlimmert, kann auch insoweit ein Anspruch nach § 1572 bestehen (BGH FamRZ 1984, 353; 1987, 684: teilw Erwerbsunfähigkeit bei der Scheidung; volle Erwerbsunfähigkeit zwei Jahre später). Das Risiko des Arbeitsplatzverlustes aufgrund einer späteren Erkrankung muss der geschiedene Ehegatte selbst tragen. Deshalb besteht kein Anspruch nach § 1572, wenn der Bedürftige nach Ablauf eines zeitl begrenzten Anspruchs auf Billigkeitsunterhalt erkrankt (§ 1576). Soweit der geschiedene Ehegatte durch den Verdienst aus einer nachhaltig sichernden Erwerbstätigkeit für sich sorgen konnte, kann er nicht den infolge einer Erkrankung entstehenden Einkommensausfall als Unterhalt nach § 1572 verlangen (Hamm FamRZ 1999, 230). Scheitert der Krankheitsunterhalt am Einsatzzeitpunkt, ist ein Anspruch auf Billigkeitsunterhalt nach § 1576 zu prüfen (BGH FamRZ 2003, 1734).

7 **b) Lückenlose Berechtigung.** Anschlussunterhalt erfordert eine zeitl lückenlose Verbindung mit dem Voraustatbestand (BGH FamRZ 2001, 1291). Eine „Unterhaltskette" mit dem Zeitpunkt der Scheidung braucht jedoch beim Betreuungsunterhalt, im Unterschied zu den anderen Unterhaltsberechtigungen, nicht vorzuliegen.

8 **c) Berechtigung wegen Krankheit.** Im Einsatzzeitpunkt muss die **Unterhaltsberechtigung** wegen Krankheit gegeben sein, **nicht** aber die übrigen Anspruchsvoraussetzungen, insb nicht die Bedürftigkeit (BGH FamRZ 1987, 689; 2005, 1817) oder die Leistungsfähigkeit. Die Vertreter der Gegenansicht berücksichtigen nicht hinreichend, dass durch den Einsatzzeitpunkt nicht an eine zufällige Lage für die Verteilung des Risikos angeknüpft wird. Vielmehr ist maßgebend, ob im Scheidungszeitpunkt oder im Zeitpunkt des Anschlussunterhalts ein den Unterhalt nachhaltig sichernder Zustand, insb durch die Möglichkeit einer Erwerbstätigkeit, zu bejahen ist. Dies ergibt der Sinnzusammenhang mit dem Anspruch nach § 1573 IV. Auch die Gesetzessystematik unterscheidet zw Anspruchsgrund (§§ 1570–1573, 1575, 1576) und Bedarf (§ 1578).

9 **d) Teilunterhalt.** Bei den **„Anschlusstatbeständen"** der **Nr 2–4** – Beendigung der Pflege oder Erziehung eines gemeinschaftl Kindes, Beendigung einer Ausbildung, Fortbildung oder Umschulung und Wegfall der Voraussetzungen für einen Unterhaltsanspruch nach § 1573 – löst der Anspruch auf Krankheitsunterhalt nur den aus anderem Rechtsgrund gegebenen früheren Unterhaltsanspruch ab (BGH FamRZ 1990, 496 zur Ablösung eines Anspruchs auf Betreuungsunterhalt). War dieser **nur** auf **Teilunterhalt** gerichtet, reicht der Anspruch auf Krankheitsunterhalt nicht weiter (BGH FamRZ 2001, 1291; 2010, 869 und 1050). Auch ein krankheitsbedingter Sonderbedarf (§ 1585b I) ist deshalb nicht in voller Höhe dem Schuldner anzulasten (vgl § 1571 Rn 5).

10 **e) Betreuungsunterhalt als Voraustatbestand.** Bei **Nr 2** kommt es nicht allein auf die Beendigung von Pflege und Erziehung eines gemeinschaftl Kindes an; vielmehr muss diese Pflege oder Erziehung geeignet gewesen sein, einen Anspruch auf Betreuungsunterhalt auszulösen (BGH FamRZ 1990, 260).

11 **f) Ausbildungsunterhalt als Voraustatbestand. Nr 3** rechtfertigt nicht nur Krankheitsunterhalt, wenn der geschiedene Ehegatte bei der Beendigung der Ausbildung, Fortbildung oder Umschulung erkrankt. Der Anspruch entsteht auch, wenn der Gläubiger **während** der **Ausbildung** erkrankt. Bei kurzfristigen Erkrankungen läuft der Ausbildungsunterhalt weiter.

12 **g) Arbeitslosen- und Aufstockungsunterhalt als Voraustatbestand. Nr 4** sichert dem erkrankten Ehegatten den Anschlussunterhalt, wenn ein Unterhaltsanspruch gem § 1573 entfällt. Das ist (vornehmlich) dann der Fall, wenn der geschiedene Ehegatte während seiner (iSd § 1573 I anspruchserheblichen) Erwerbslosigkeit nicht nur vorübergehend erkrankt oder wenn er eine ihm angebotene, angemessene Erwerbstätigkeit wegen der indessen ausgebrochenen Krankheit nicht annehmen kann oder wenn er wegen der Krankheit eine Erwerbsstelle verliert, die den Unterhalt nicht nachhaltig gesichert hat (§ 1573 IV 1). Dagegen besteht der Anspruch nicht, wenn der geschiedene Ehegatte zu einer Zeit erkrankt, da ihm ein Unterhaltsanspruch gem § 1573 I nicht mehr zusteht – etwa weil er sich um eine angemessene Erwerbstätigkeit nicht hinreichend bemüht hat oder weil er angebotene, angemessene Arbeitsplätze grundlos ausgeschlagen oder weil er sich der Umschulungs- oder Fortbildungsobliegenheit (§ 1574 III) entzogen hat. Denn § 1572 Nr 4 setzt einen Unterhaltsanspruch gem § 1573 voraus, der entweder durchgehend von der Rechtskraft der Scheidung bis zum Einsatzzeitpunkt bestanden hat (Celle FamRZ 1997, 1074) oder doch den Anschluss an die Rechtskraft der Entscheidung über einen anderen Vorunterhalt (etwa gem § 1570) wahrt. Er entsteht auch dann nicht, wenn der geschiedene Ehegatte bei seiner Erkrankung bereits eine Erwerbstätigkeit gefunden hat, die den Unterhalt nachhaltig gesichert hat. Hat eine Krankheit das Hineinwachsen in die wirtschaftl Selbständigkeit bedroht, so ist der Unterhaltsanspruch zu bejahen, wenn der geschiedene Ehegatte die Erwerbstätigkeit letzthin wegen der Erkrankung aufgeben muss. Der Unterhalt aus Erwerbstätigkeit war in diesem Fall nicht nachhaltig gesichert (§ 1573 IV). Das gilt insb, wenn der geschiedene Ehegatte seinen Gesundheitszustand überschätzt und eine Erwerbstätigkeit trotz einer Erkrankung übernommen hat, die sich nachträgl verschlimmert und die ihn zur Aufgabe der Erwerbsstelle zwingt (BT-Drs 7/650, 124). Wird der Berechtigte aber vier Jahre nach Scheidung der Ehe und nach fast vier Jahren fester Anstellung

infolge einer Psychose, die im Ansatz schon während der Ehe aufgetreten war, erwerbsunfähig, kommt ein Anspruch gem § 1572 Nr 4, § 1573 IV 1 nicht in Betracht, weil es am zeitl Zusammenhang fehlt (BGH FamRZ 2001, 1291).

Kommt als Einsatzzeitpunkt eines Unterhaltsanspruchs nach § 1572 der Wegfall der Voraussetzungen für einen Unterhaltsanspruch nach § 1573 I in Betracht, kann sich der Unterhaltspflichtige nach der Rspr des BGH (FamRZ 1990, 496; 2006, 769) uU nach Treu und Glauben (§ 242) nicht darauf berufen, dass der Unterhaltsberechtigte in einer Zeit, während der der Pflichtige ihm tatsächlich Unterhalt geleistet hat, die zum Nachw eines Anspruchs nach § 1573 I an sich erforderlichen Erwerbsbemühungen unterlassen hat. Es wird jedoch konkret zu prüfen sein, ob diese Rspr aufgrund des durch das UÄndG 2007 betonten Gebots der verstärkten Eigenverantwortlichkeit aufrechtzuerhalten ist. Zur Verweisung auf § 1573 II s § 1571 Rn 8. 12a

h) Vermögenswegfall. Hat den geschiedenen Ehegatten ein verwertbares (§ 1577 III) Vermögen vom Unterhalt ausgeschlossen, gelten die Darlegungen zum Altersunterhalt entspr (§ 1571 Rn 9). 13

4. Krankengeld. Der Anspruch besteht nicht, soweit der geschiedene Ehegatte wegen der Krankheit oder des gleichgestellten Leidens **Leistungen** erhält, die seine Bedürftigkeit mindern (§ 1577 I), etwa eine Rente wegen verminderter Erwerbsfähigkeit, Krankengeld, Übergangsgeld, oder Entschädigungsrenten, die dem Haftpflichtrecht entstammen. Es handelt sich insoweit um Surrogate der Erwerbstätigkeit (*Maier* NJW 2002, 3359). Übernehmen Versorgungsträger die Kosten für eine Entziehungskur, kann sich der Unterhalt auf ein Taschengeld verkürzen (Hamm FamRZ 1989, 631). Der Berechtigte ist auch gehalten, Leistungen dieser Art in Anspruch zu nehmen und sich um Leistungen dieser Art zu kümmern – so, wie er als Gesunder gehalten ist, sich um eine angemessene Erwerbstätigkeit zu bemühen. 14

5. Beweislast. Der Bedürftige muss Art und Umfang seiner gesundheitlichen Beeinträchtigung, aus denen die volle oder teilw Erwerbsbehinderung abgeleitet wird, sowie das Bestehen des Anspruchs im Einsatzzeitpunkt im Einz darlegen und beweisen, erforderlichenfalls durch Gutachten eines Sachverständigen (BGH FamRZ 2001, 1291; 2005, 1897; 2007, 200). Der Bedürftige muss dazu darlegen und beweisen, an welchen Krankheiten er konkret leidet und inwiefern sie sich auf eine Erwerbsunfähigkeit auswirken. Ein genereller Hinweis auf eine Erwerbsunfähigkeit unter Vorlage eines insoweit nicht aussagekräftigen Attests reicht nicht aus (BGH FamRZ 2007, 200). Allerdings dürfen die Anforderungen nicht überspannt werden (BGH FamRZ 2013, 1558: Vorlage eines Attests mit konkreter Diagnose). Erhält der Bedürftige eine Erwerbsminderungsrente, so indiziert dieser Umstand seine krankheitsbedingte Arbeitsunfähigkeit im unterhaltsrechtl Sinn (Koblenz FamRZ 2020, 1262). Der Bedürftige muss zudem hinreichende Genesungsbemühungen angeben. Wer leichtfertig oder fahrlässig die Möglichkeit einer ärztlichen Behandlung zur Behebung der einer Aufnahme der Erwerbstätigkeit entgegenstehenden Umstände nicht nutzt, muss sich unterhaltsrechtl so behandeln lassen, als hätte die Behandlung Erfolg gehabt (Brandenburg FamRZ 2021, 1024), Für die Beweiserhebung, dass der Bedürftige nach festgestellter Erwerbsunfähigkeit wieder genesen ist, bedarf es eines substantiierten Vortrags des Verpflichteten (BGH FamRZ 2007, 200). 15

§ 1573 Unterhalt wegen Erwerbslosigkeit und Aufstockungsunterhalt

(1) Soweit ein geschiedener Ehegatte keinen Unterhaltsanspruch nach den §§ 1570 bis 1572 hat, kann er gleichwohl Unterhalt verlangen, solange und soweit er nach der Scheidung keine angemessene Erwerbstätigkeit zu finden vermag.

(2) Reichen die Einkünfte aus einer angemessenen Erwerbstätigkeit zum vollen Unterhalt (§ 1578) nicht aus, kann er, soweit er nicht bereits einen Unterhaltsanspruch nach den §§ 1570 bis 1572 hat, den Unterschiedsbetrag zwischen den Einkünften und dem vollen Unterhalt verlangen.

(3) Absätze 1 und 2 gelten entsprechend, wenn Unterhalt nach den §§ 1570 bis 1572, 1575 zu gewähren war, die Voraussetzungen dieser Vorschriften aber entfallen sind.

(4) Der geschiedene Ehegatte kann auch dann Unterhalt verlangen, wenn die Einkünfte aus einer angemessenen Erwerbstätigkeit wegfallen, weil es ihm trotz seiner Bemühungen nicht gelungen war, den Unterhalt durch die Erwerbstätigkeit nach der Scheidung nachhaltig zu sichern. War es ihm gelungen, den Unterhalt teilweise nachhaltig zu sichern, so kann er den Unterschiedsbetrag zwischen dem nachhaltig gesicherten und dem vollen Unterhalt verlangen.

1. Zweck und Einordnung der Vorschrift. a) Unterhalt wegen Erwerbslosigkeit. Abs I schließt Versorgungslücken, die nicht von Betreuungs- (§ 1570), Alters- (§ 1571) oder Krankheitsunterhalt (§ 1572) gedeckt werden, soweit der geschiedene Ehegatte nicht eine angemessene Erwerbstätigkeit finden kann. Das Gleiche gilt gem Abs III, wenn der Bedürftige im Anschluss an diese Tatbestände (wobei dies bei Altersunterhalt praktisch kaum vorkommen wird) oder bei Wegfall eines Anspruchs auf Ausbildungsunterhalt iSv § 1575 keine angemessene Arbeit findet. Der Anspruch auf Unterhalt wegen Erwerbslosigkeit steht nach Abs IV S 1 auch dem geschiedenen Ehegatten zu, der eine angemessene Erwerbstätigkeit ausgeübt, aber wieder verloren hat, bevor die Tätigkeit den Unterhalt nachhaltig zu sichern vermochte. Das Gesetz bürdet damit das Risiko des Arbeitsmarktes dem leistungsfähigen geschiedenen Ehegatten auf. Der Anspruch kann gem § 1578b beschränkt werden. 1

b) Aufstockungsunterhalt. Wer nach der Scheidung eine angemessene Erwerbstätigkeit ausübt, kann nach Abs II **Aufstockungsunterhalt** bis zum vollen Unterhalt gem § 1578 I 1 fordern. Der Aufstockungsanspruch steht dem Berechtigten nach Abs IV S 2 auch nach dem Verlust einer angemessenen Erwerbstätigkeit zu, die den 2

Unterhalt nur teilw nachhaltig sichert. Damit gibt das Gesetz dem geschiedenen Ehegatten eine Art „Lebensstandardgarantie". Die Surrogat-Rspr des BGH (FamRZ 2001, 986; gebilligt vom BVerfG FamRZ 2002, 527; s § 1578 Rn 20), wonach das nacheheliche Erwerbseinkommen des früher haushaltführenden Ehegatten wie eheprägendes Einkommen zu behandeln ist, führt vermehrt zu Aufstockungsunterhalt, weil beide Ehegatten einen Anspruch auf gleiche Teilhabe am gemeinsam Erwirtschafteten haben. Im Gegensatz zu den anderen Unterhaltsberechtigungen, die ein Einkommensdefizit wegen eines Erwerbshindernisses ausgleichen, wird durch den Aufstockungsunterhalt ein Bedarfsdefizit allein aus Gründen der gleichen Teilhabe an den die ehelichen Lebensverhältnisse prägenden Einkommen ausgeglichen (*Maier* NJW 2002, 3359). Dem dient neben den Unterhaltsberechtigungen wegen eines Erwerbshindernisses (§§ 1570, 1571, 1572, 1573 I, 1575) der Aufstockungsunterhalt nach § 1573 II als gleichwertiger Anspruch (*Maier* FamRZ 2005, 1509). Vom BGH (FamRZ 2004, 601) wird dieser indes als letztrangiger, leicht verzichtbarer Anspruch eingestuft (s § 1585c Rn 18). Diese Ansicht wird dem verfassungsrechtl Ansatz des Aufstockungsunterhalts auf gleiche Teilhabe am gemeinsam Erwirtschafteten nicht gerecht. Der Anspruch kann gem § 1578b beschränkt, insb befristet werden (BGH FamRZ 2010, 1057). Die Beschränkung ist in der Praxis zur Regel geworden, wenn ehebedingte Nachteile fehlen oder kein besonderer Vertrauenstatbestand vorliegt.

3 **c) Gleiche Teilhabe.** Durch den Unterhalt wegen Erwerbslosigkeit und den Aufstockungsunterhalt soll dem geschiedenen Ehegatten der Unterhalt nach den ehelichen Lebensverhältnissen gewährleistet und verhindert werden, dass der bedürftige Ehegatte durch die Scheidungsfolgen einseitig belastet wird (vgl BGH FamRZ 2001, 986). Die Verteilung des Arbeitsmarktrisikos und die sog Lebensstandardgarantie beruhen auf den Gedanken der nachwirkenden Verantwortung der Ehegatten füreinander und der Verhinderung des sozialen Abstiegs durch die Scheidung (BVerfG FamRZ 1981, 745).

4 **2. Anwendungsbereich. a) Fallkonstellationen.** § 1573 deckt unterhaltsrechtl (im Wesentlichen) folgende **Einzelfälle** ab: (1) Der bislang nicht erwerbstätige Ehegatte findet nach der Scheidung trotz seiner Bemühungen im Erwerbsleben keine angemessene Stelle (Abs I). (2) Der geschiedene Ehegatte hat bis zur Scheidung eine nicht angemessene Erwerbstätigkeit ausgeübt und diese nach der Scheidung aufgegeben – etwa weil er keine angemessene Erwerbstätigkeit gefunden hat und der Fortbildungsobliegenheit (§ 1574 III) genügen will (Abs I). (3) Der geschiedene Ehegatte behält eine bei der Scheidung ausgeübte unangemessene Erwerbstätigkeit bei, weil eine angemessene Erwerbsstelle nicht in Aussicht ist; er erhält Unterhalt gem Abs I, soweit es nicht zur Anrechnung nach § 1577 II 2 kommt. Das Gleiche gilt, wenn der geschiedene Ehegatte bis zur Scheidung nicht erwerbstätig gewesen ist und dann eine unangemessene Tätigkeit übernommen hat. (4) Der geschiedene Ehegatte behält die bei der Scheidung ausgeübte angemessene Erwerbstätigkeit bei, die ihm nicht den vollen Unterhalt iSd § 1578 I 1 sichert; er kann den Unterschiedsbetrag fordern (Abs II). Entspr gilt, wenn der geschiedene Ehegatte diese Tätigkeit erst nach der Scheidung aufgenommen hat. (5) Der geschiedene Ehegatte hatte zeitweilig Betreuungs-, Krankheits- oder Ausbildungsunterhalt gefordert; die Voraussetzungen für diesen Unterhalt sind indessen entfallen; der geschiedene Ehegatte findet aber trotz seiner Bemühung keine angemessene Erwerbstätigkeit oder nur eine angemessene Erwerbstätigkeit, die den vollen Unterhalt nicht sichert; er ist entweder gem Abs I oder gem Abs II anspruchsberechtigt (Abs III). (6) Der geschiedene Ehegatte, der während der Ehe eine angemessene Tätigkeit ausgeübt hat, hat im Scheidungszeitpunkt seine Arbeit verloren. (7) Der geschiedene Ehegatte büßt (ohne unterhaltsrechtl Vorwerfbarkeit) eine angemessene Erwerbstätigkeit ein, die seinen Unterhalt nicht nachhaltig zu sichern vermochte; er ist nunmehr unterhaltsberechtigt (Abs IV S 1). (8) Eine angemessene Erwerbstätigkeit, die den Unterhalt teilw nachhaltig gesichert hat, ist weggefallen; der geschiedene Ehegatte erhält den Unterschiedsbetrag zw dem nachhaltig gesicherten und dem vollen Unterhalt (Abs IV S 2).

5 **b) Ergänzungsunterhalt.** Zum Aufstockungsunterhalt kann es auch kommen, wenn die Bedarfslücke zum vollen Unterhalt nach § 1578 nicht auf einem unzureichenden Erwerbseinkommen beruht, etwa wenn beide Ehegatten gleich viel verdienen, der Verpflichtete aber ein zusätzl Einkommen, zB wegen Wohnvorteils, hat. Allg ist Abs II zur Schließung der Lücke des Bedarfs nach § 1578 heranzuziehen, die der Bedürftige im Einsatzzeitpunkt nicht durch eigenes Einkommen oder Unterhalt nach §§ 1570–1572 decken kann (s Rn 2).

6 **3. Unterhalt wegen Erwerbslosigkeit. a) Nachrang.** Der Anspruch aus § 1573 I setzt eine Erwerbs- oder Ausbildungsobliegenheit (vgl §§ 1569, 1574 III) voraus. Er besteht nur, wenn und soweit es an einem Unterhaltsanspruch wegen Kindesbetreuung, Alters oder Krankheit fehlt, der gewährt wird, weil eine Erwerbstätigkeit nicht zu erwarten ist. Der Anspruch ist deshalb ggü den Ansprüchen der §§ 1570–1572 subsidiär, aber auch ggü dem Anspruch auf Ausbildungsunterhalt (§ 1575), weil dieser gewährt wird, um den Gläubiger vor dem Einsatz seiner Arbeitskraft im Erwerbsleben zu bewahren. Gewähren die vorrangigen Unterhaltsansprüche nur Teilunterhalt, deckt § 1573 den Unterhaltsrest ab. Der Aufstockungsunterhalt nach § 1573 II ist subsidiär auch zu den Unterhaltstatbeständen des § 1573 I und IV (BGH FamRZ 1988, 701).

7 **b) Einsatzzeitpunkt.** Der Anspruch setzt voraus, dass der Bedürftige nach der Scheidung nicht erwerbstätig ist. Der Einsatzzeitpunkt (s § 1569 Rn 7) ist weniger eng an die Rechtskraft des Scheidungsurteils gebunden als in §§ 1571, 1572. Ein zeitl Zusammenhang ist jedoch erforderlich (verneint von BGH FamRZ 1987, 684: eineinhalb Jahre später; FamRZ 1988, 701: 2 Jahre später) Gleichgültig ist, ob die mangelnde Erwerbstätigkeit ehebedingt war oder nicht (BGH FamRZ 1980, 126). Es genügt, dass das eigene Einkommen für den vollen Bedarf nach § 1578 I 1 nicht ausreicht, auch wenn dies nicht ehebedingt ist. Wer erst nach der Scheidung eine bislang ausgeübte angemessene Erwerbstätigkeit verliert, kann gem Abs IV S 1 unterhaltsberechtigt sein.

c) Unangemessene Erwerbstätigkeit. Unterhaltsberechtigt ist gem Abs I auch, wer eine während der Ehe ausgeübte unangemessene Tätigkeit vor der Scheidung aufgibt oder aber eine solche Tätigkeit nach der Scheidung aufnimmt oder fortführt (vgl Rn 4, Falle (2) und (3), weil er eine angemessene Erwerbstätigkeit nicht findet. Die nach der Scheidung ausgeübte unangemessene Erwerbstätigkeit darf den Ehegatten aber nicht an der Ausbildung, Fortbildung oder Umschulung hindern, die gem § 1574 III von ihm erwartet wird. Einkünfte aus dieser Tätigkeit sind gem § 1577 II anzurechnen. 8

d) Angemessene Erwerbstätigkeit. Der Bedürftige muss erwerbsfähig sein, darf aber eine iSv § 1574 II angemessene Tätigkeit nicht oder nicht voll ausüben und trotz Bemühungen nicht finden können (BGH FamRZ 1985, 53; 1999, 708). Kann er wegen der Lage auf dem Arbeitsmarkt nur eine Teilzeitbeschäftigung finden, folgt daraus nicht, dass es sich um eine angemessene Tätigkeit handelt. Ist dies nicht der Fall, hat er keinen Anspruch nach Abs II, aber nach Abs I (BGH FamRZ 1988, 265). Eine Erwerbstätigkeit, die nur ihrer Art, nicht aber ihrem Umfang nach angemessen ist (Bsp: Schuldienst mit beschränkter Stundenzahl), führt in jedem Fall zu einem Unterhaltsanspruch auf den Unterschiedsbetrag zum vollen Unterhalt, und zwar bereits nach Abs I und nicht erst nach Abs II. Probleme ergeben sich, wenn andere Erwerbshindernisse der Aufnahme einer Vollzeittätigkeit entgegenstehen (BGH FamRZ 1988, 265 für Krankheit). Der BGH (FamRZ 1990, 492) hat allerdings seine ursprüngl Rspr aufgegeben und die Reichweite der §§ 1570, 1572 zugunsten der Einsatzkraft des § 1573 II beschränkt. Danach kann, wenn neben der Betreuung nur eine Teilzeitbeschäftigung erwartet werden kann, nach § 1570 Unterhalt iHd Differenz zum Verdienst aus einer Ganztagsbeschäftigung begehrt werden, während hinsichtl des dann noch verbleibenden Fehlbetrags zw der Summe von Unterhalt und Verdienst zum vollen Unterhalt nach § 1578 ein Anspruch nach Abs II in Betracht kommt (*Maier* FamRZ 2005, 1509). 9

e) Erwerbsbemühungen. aa) Angemessene Tätigkeit. Die Erwerbslosigkeit reicht für sich allein nicht aus, den Unterhaltsanspruch zu begründen. Vielmehr setzt der Anspruch zudem – letzthin erfolglose – Bemühungen des geschiedenen Ehegatten um eine angemessene Erwerbstätigkeit voraus. Die Angemessenheit der Erwerbstätigkeit ergibt sich aus § 1574 II. 10

bb) Anforderungen. An die Bemühungen um eine derartige Erwerbstätigkeit sind strenge Anforderungen zu stellen. Der bedürftige Ehegatte muss sich unter Einsatz aller zumutbaren und möglichen Mittel nachhaltig um eine angemessene Tätigkeit bemüht haben. Er muss für seine Bemühungen nachvollziehbar und nachprüfbar vortragen, welche Schritte und in welchem zeitl Abstand er Bemühungen unternommen hat. Dabei dürfen keine Zweifel an der Ernsthaftigkeit der Bemühungen bestehen (BGH FamRZ 2008, 2104). Eine Meldung beim Arbeitsamt wird idR nicht ausreichen (BGH FamRZ 1990, 499; 2008, 2104). Die Bemühungen dürfen sich nicht auf den bisherigen Lebenskreis beschränken; sie müssen die **Bereitschaft** zum (zumutbaren) **Ortswechsel** einschließen. Das Recht auf Freizügigkeit (Art 11 GG) – auch in seiner negativen Form, einen Wohnsitz nicht zu wechseln – wird durch unterhaltsrechtl gebotene Ortswechsel nicht berührt. Die Obliegenheiten zum Ortswechsel sind beim Ehegattenunterhalt deutlich niedriger anzusetzen als etwa zur Sicherung des Mindestunterhalts von Kindern. Entspr muss für die Anforderungen an den Unterhaltsschuldner gelten (s Vor § 1569 Rn 39). Auch eine krisenfeste Teilzeitbeschäftigung schließt eine Obliegenheit nicht aus, sich um eine Vollzeitbeschäftigung (etwa beim bisherigen oder einem anderen ArbGeb – Brandenburg NZFam 2020, 874) oder eine weitere Teilzeitbeschäftigung zu bemühen (BGH FamRZ 2012, 1483). Auch nach 15-jähriger Erwerbspause wegen Kindererziehung ist eine Vollzeitbeschäftigung zumutbar (BGH FamRZ 2008, 963). Die Anzahl der Bewerbungen ist nur ein Indiz für die dem Grundsatz der Eigenverantwortung entspr Bemühungen zum Erwerb einer Arbeitsstelle, nicht das alleinige Merkmal. Für ausreichende Erwerbsbemühungen kommt es wie für das Bestehen einer realistischen Erwerbschance (vgl Rn 13) auf die individuellen Verhältnisse und die Erwerbsbiografie des Bedürftigen an (BGH FamRZ 2011, 1851). Die Beweiserleichterung nach § 287 II ZPO gilt dabei nicht (BGH FamRZ 2008, 2104; 2011, 1851). Ähnl wie im Bereich des § 1574 sollten die gebotenen Bemühungen auch Berufsüberlegungen einschließen. Die Arbeitssuche ist während der Zeit fortzusetzen, für die Unterhalt gem § 1573 I beansprucht (und gewährt) wird. Allerdings wird der geschiedene Ehegatte seine Bemühungen in der Zeit einschränken können, in der er seiner Ausbildungs-, Fortbildungs- oder Umschulungsobliegenheit iSd § 1574 III nachkommt. Auch wenn – angesichts der Lage auf dem Arbeitsmarkt – „Lebenszeitstellungen" nicht Ziel der Bemühungen sein müssen, ist doch auf eine Erwerbstätigkeit zu achten, die eine nachhaltige Sicherung des Unterhalts iSd Abs IV S 1 verspricht. 11

cc) Zeitpunkt. Die anspruchserheblichen Bemühungen um eine Erwerbstätigkeit (oder um eine Ausbildung iSd § 1574 III) müssen grds spätestens bei Rechtskraft des Scheidungsbeschlusses einsetzen. Mitunter sind diese Bemühungen aber auch schon früher zu erwarten. Dies gilt etwa bei absehbarem Ende der Kindesbetreuung (BGH FamRZ 1995, 871), namentlich bei einem befristeten Betreuungs-Annexanspruch nach § 1570 II. Insb soll sich der Berechtigte nach einjähriger Dauer der Trennung oder einer auf sonstige Weise erkennbaren Zerrüttung der Ehe auch schon vor der Scheidung auf die neue Lage einstellen und sich um eine (Wieder-)Eingliederung in das Erwerbsleben bemühen (BGH FamRZ 1986, 553). Die (vorgezogene) Erwerbstätigkeitsobliegenheit verletzt aber nicht notwendig, wer sich (aussichtsreich) für einen anderen Beruf ausbilden lässt; dies gilt selbst dann, wenn die (zeitl begrenzte) Ausbildung die Scheidung überdauert (BGH FamRZ 1986, 1085). 12

dd) Reale Beschäftigungschance. Vom Berechtigten sind auch dann Bemühungen um eine Erwerbstätigkeit zu verlangen, wenn die Lage auf dem Arbeitsmarkt für diese Bemühungen nur geringe Erfolgsaussichten eröffnet. Für das Bestehen einer realen Beschäftigungschance (notwendige Kausalität zw Erwerbsbemühung und Erwerbschance) kommt es nicht auf den verfahrensgegenständlichen Zeitraum an, sondern auf den Zeitpunkt des Beste- 13 hens der Erwerbsobliegenheit. Dabei ist auch die (unterlassene) Möglichkeit eines sukzessiven Einstiegs ins Berufsleben mit verbesserter Chance auf Aufstockung zum Vollerwerb zu würdigen. Soweit eine sicher rückblickende Einschätzung nicht möglich ist, gehen verbleibende Zweifel an einer fehlenden realen Beschäftigungschance zulasten des bedürftigen Ehegattens (BGH FamRZ 2008, 2104). Der bedürftige Ehegatte hat dabei nicht nur darzulegen, dass er keine reale Chance auf eine Vollzeitstelle hat, sondern auch dafür, dass dies in gleicher Weise für eine geringfügige Beschäftigung (Minijob) und für eine Teilzeitbeschäftigung (Midi-Job, § 20 II SGB IV) zutrifft (BGH FamRZ 2012, 517). Erreicht die ausgeübte Tätigkeit nicht die für eine vollschichtige Tätigkeit übliche Stundenzahl, liegt nicht ohne weiteres eine berechtigte Reduzierung vor. Grds kann auch verlangt werden, dass eine (weitere) Teilzeitbeschäftigung zur Sicherung des Unterhalts angenommen wird (BGH FamRZ 2012, 1483). Entscheidend sind die Umstände des Einzelfalls, etwa ob neben einer Schichttätigkeit eine Nebenbeschäftigung zumutbar ist (BGH FamRZ 2011, 628). Ist der Arbeitsmarkt praktisch verschlossen, sind die Anforderungen an die Erwerbsbemühungen aber nicht zu überspannen (Bamberg FamRZ 1998, 243). Dabei sollte jeder ernsthafte Zweifel an der Erfolglosigkeit hypothetischer Erwerbsbemühungen zulasten des Anspruchstellers gehen. Allerdings muss feststehen oder zumindest nicht völlig auszuschließen sein, dass bei genügenden Bemühungen eine reale Beschäftigungschance bestanden hätte, was in erster Linie von obj Voraussetzungen abhängt wie den Verhältnissen auf dem Arbeitsmarkt und den persönlichen Eigenschaften des Bewerbers wie Alter, Ausbildung, Berufserfahrung und Gesundheitszustand (BGH FamRZ 1987, 144; 1987, 912; 1987, 689).

14 **ee) Folge der Obliegenheitsverletzung.** Die Verletzung einer Erwerbsobliegenheit führt zur Zurechnung fiktiver Einkünfte iH eines realistischerweise erzielbaren Einkommens (s Vor § 1569 Rn 39, 42; Brandenburg NZFam 2020, 874). Dabei bestehen nach Ansicht des BGH (FamRZ 2008, 1325) grds keine Bedenken, das aus einer Teilzeitbeschäftigung erzielte Bruttoeinkommen auf eine Vollzeitbeschäftigung hochzurechnen und anschließend um die Sozialabgaben und Steuern zu bereinigen. Wer gegen die Obliegenheit verstößt, sich um eine angemessene Erwerbstätigkeit zu bemühen (oder sich iSd § 1574 III ausbilden zu lassen), gefährdet nicht nur den Unterhaltsanspruch gem § 1573 I für einen bestimmten Zeitraum, in dem ihm ein fiktives Erwerbseinkommen angerechnet wird (vgl Stuttgart FamRZ 1983, 1233; Hamm FamRZ 1986, 1108; vgl auch den Ansatz Bamberg FamRZ 1988, 725 und 1277 m Anm *van Els* FamRZ 1989, 397); er gefährdet damit zugleich Anschlussunterhalt bei Krankheit (§ 1572; Düsseldorf FamRZ 1998, 1519) und Alter (§ 1571; BGH FamRZ 2006, 317). Scheitert die Unterhaltsberechtigung am Einsatzzeitpunkt, kommt es nicht darauf an, ob gegenwärtig kein Verstoß gegen die Erwerbsobliegenheit vorliegt, etwa weil sich der Bedürftige nunmehr ausreichend um einen Arbeitsplatz bemüht oder aus persönlichen Gründen oder wegen der Lage auf dem Arbeitsmarkt keine Beschäftigungschance hat. Dem Bedürftigen ist, wenn er ohne die Obliegenheitsverletzung in der Vergangenheit jetzt ein Einkommen hätte, etwa Krankengeld oder Altersrente, dieses fiktiv anzurechnen (BGH FamRZ 1988, 597, 599; 2006, 317). Der BGH (FamRZ 1990, 496; 2006, 769) hat dem Verpflichteten die Berufung auf mangelnde Erwerbsbemühungen nach Treu und Glauben versagt, wenn dieser aufgrund eines Unterhaltsbeschlusses trotz Wegfalls der Voraussetzungen für den Unterhaltstatbestand Unterhalt leistet und den Berechtigten nicht auf seine Erwerbsobliegenheit hinweist, weil das Ende des Betreuungsunterhalts nicht ohne weiteres erkennbar sei.

15 **ff) Elterngeld und Erwerbsobliegenheit.** Ein nicht gemeinschaftl Kind, das Elterngeld (s Vor § 1569 Rn 49) vermittelt, löst keinen Anspruch auf Betreuungsunterhalt (§ 1570) aus. Der Bezug von Elterngeld kann von einer Erwerbsobliegenheit zwar iSv § 1603 freistellen (BGH FamRZ 2006, 1010), nicht aber iSd § 1573. Entschiede man anders, verschärfte man auch das Risiko des Schuldners, Anschlussunterhalte tragen zu müssen. Wer sich, um Elterngeld zu beziehen, aus dem Erwerbsleben ausgliedert, muss sich deshalb zwar nicht das Elterngeld im Sockelbetrag von 300 €, wohl aber den Rest, zumindest das fiktive Einkommen aus der aufgegebenen Erwerbsstellung zurechnen lassen. Wer eine Erwerbsstellung, die den Unterhalt nachhaltig zu sichern versprach, im Hinblick auf Elterngeld aufgegeben hat, ohne sich die Wiedereinstellung zu sichern, hat keinen Anspruch auf „Anschlussunterhalt", wenn er keine Erwerbsstellung mehr findet oder krank wird.

16 **f) Persönliche Arbeitshindernisgründe.** Aus welchen Gründen die Arbeitssuche erfolglos bleibt, ist für die Anspruchsberechtigung unerheblich. Nach dem Gesetz trägt der Verpflichtete nicht nur das Risiko der Lage auf dem Arbeitsmarkt; er ist auch mit Risiken aus der Person des Berechtigten belastet (Bsp: alkoholbedingte Unzuverlässigkeit, Vorstrafen, hohe Ausfallzeiten). Ob bei persönlichen Hinderungsgründen durch die grds anwendbaren Ausschlusstatbestände des § 1579 Nr 4 und 8 eine Entlastung des Schuldners erreichbar ist (so *Dieckmann* FamRZ 1977, 81), ist zweifelhaft. Insoweit sind die Voraussetzungen der Verwirkung zu prüfen. Der Anspruch kann jedoch nach § 1578b beschränkt werden. Wer sich im Vertrauen auf die Verlässlichkeit eines Vermögens nicht um eine Erwerbstätigkeit bemüht oder gar eine angebotene angemessene Erwerbsstelle ausschlägt, kann nach dem Verlust oder dem Verzehr des Vermögens nicht Unterhalt gem § 1573 I fordern (§ 1577 IV 1).

17 **g) Fortbildung.** Um eine angemessene Erwerbstätigkeit braucht sich nicht bemühen, wer gem § 1575 Ausbildungsunterhalt fordern darf, sowie wer seiner Ausbildungs-, Fortbildungs- oder Umschulungsobliegenheit (§ 1574 III) genügt. Die Ausbildung muss allerdings für eine angemessene Erwerbstätigkeit erforderlich sein.

18 **h) Öffentliche Förderung.** Soweit das Sozialrecht öffentliche Förderungsleistungen vorsieht, sind diese nach den jew geltenden Bedingungen grds in Anspruch zu nehmen. Das gilt auch für Leistungen in Gestalt eines Darlehens (zB BAföG-Darlehen) jedenfalls dann, wenn die Rückzahlungsbedingungen auf die soziale Lage des Schuldners Rücksicht nehmen (BGH FamRZ 1985, 916). Solche Leistungen sind iSv § 1577 I anrechenbares Einkommen. Förderungsleistungen, die das Gesetz an die Übernahme einer versicherungspflichtigen Beschäftigung in bestimmtem Umfang nach Abschluss der Förderungszeit knüpft, muss der Berechtigte jedenfalls dann in An-

spruch nehmen, wenn er sich nur einer eingeschränkten Rückzahlungsgefahr aussetzt, nämlich der Gefahr, das Geld zurückerstatten zu müssen, wenn er ohne wichtigen Grund die versicherungspflichtige Beschäftigung nicht annimmt (aA Karlsruhe FamRZ 1985, 286). Öffentliche Forderungsleistungen sind dem privaten Unterhaltsrecht ggü nicht schlechthin subsidiär, sondern nur insoweit, als sich dies aus der konkreten Struktur ihrer Anrechnungs- und Überleitungsbestimmungen ergibt (BGH FamRZ 1980, 126). Deshalb ist die Inanspruchnahme oder Anrechnung öffentlicher Förderungsleistungen nicht allg mit dem Hinweis auf (angebliche) Subsidiarität dieser Leistungen zu verneinen (so aber Düsseldorf FamRZ 1981, 39), vielmehr handelt es sich regelmäßig um ein Surrogat aus einer Erwerbstätigkeit (s Vor § 1569 Rn 26).

i) Studium. Ein Studium, das ein geschiedener Ehegatte erst während der Ehe oder nach der Trennung aufgenommen hat, kann ihn von der Erwerbsobliegenheit der §§ 1569, 1573 freistellen und – soweit nicht ein Anspruch nach § 1575 besteht (s zu Konkurrenzen § 1575 Rn 25) – einen Unterhaltsanspruch gem § 1573 I auslösen (BGH FamRZ 1980, 126; 2001, 350). Richtig ist das für wenige Fälle, in denen mit Rücksicht auf die ehelichen Lebensverhältnisse die Wiederaufnahme einer früher ausgeübten Erwerbstätigkeit gem § 1574 II als unzumutbar erscheint, und wenn sich darüber hinaus gerade das gewählte Studium als erforderlich (oder doch zumindest angemessen) erweist, um den Weg zur wirtschaftl Selbständigkeit zu ebnen. Ob das zutrifft, ist aber für jeden Einzelfall gesondert zu prüfen. 19

j) Dauer des Unterhaltsanspruchs. Das Gesetz sieht eine zeitl Grenze für den Unterhaltsanspruch nicht vor. Da dem Berechtigten der Unterhalt aber nur solange und soweit gewährt wird, als er keine angemessene Erwerbstätigkeit zu finden vermag, kann sich die Inhaltsschranke für den Unterhaltsanspruch auch als Zeitschranke auswirken. Die durch § 1578b gebotene Möglichkeit, den Unterhaltsanspruch zeitl zu begrenzen, beseitigt nicht die in Abs I enthaltene immanente Zeitschranke. Der Unterhaltsanspruch kann aber auch in einen Unterhaltsanspruch aus anderen Rechtsgründen übergehen. 20

4. Aufstockungsunterhalt. a) Bedarfslücke. Der Aufstockungsunterhalt knüpft lediglich an das höhere Einkommen des anderen Ehegatten an (BGH FamRZ 2016, 203; 2016, 199). Auch wer – bereits bei der Scheidung (BGH FamRZ 1981, 241) oder später – eine angemessene Erwerbstätigkeit ausübt, kann den Unterschiedsbetrag zw dem vollen Unterhalt (§ 1578 I 1) und dem erzielten Erwerbseinkommen fordern (soweit er diesen Unterschied nicht aus weiteren Einkünften oder dem Stamm seines Vermögens zu decken vermag; vgl § 1577). Das Gesetz verheißt aufgrund der gleichberechtigten Teilhabe der Ehegatten an den ehelichen Lebensverhältnissen eine Art „Lebensstandardgarantie" (s Rn 2). In Betracht kommt ein Aufstockungsanspruch nicht nur neben einem Anspruch auf Erwerbslosenunterhalt gem § 1573 I. Er kann auch entstehen, wenn es an diesem Anspruch fehlt, weil sich der Berechtigte nicht hinreichend um eine Erwerbsstellung gekümmert hat und sich deshalb ein fiktives Einkommen anrechnen lassen muss, das den vollen Unterhalt aber nicht deckt (BGH FamRZ 2010, 875; 2011, 192; 2012, 517). Der Anspruch ist auch neben einem Anspruch auf Betreuungsunterhalt (BGH FamRZ 1990, 492), Altersunterhalt (BGH FamRZ 1999, 708) oder Krankheitsunterhalt (BGH FamRZ 1993, 789) möglich. Auch bei einer Doppelverdienerehe kann wegen des Einkommensgefälles der beiden voll beschäftigten Ehegatten ein Aufstockungsanspruch bestehen. 21

b) Subsidiarität. Der Anspruch auf Aufstockungsunterhalt ist nach dem Wortlaut des Gesetzes („soweit …") subsidiär ggü einem Anspruch aus §§ 1570–1572, und nach der Systematik auch ggü einem Anspruch nach Abs I oder Abs IV S 1 (BGH FamRZ 1988, 701). Umfassender Aufstockungsunterhalt setzt eine angemessene vollschichtige Tätigkeit oder die Obliegenheit dazu voraus (BGH FamRZ 2011, 192). 22

c) Zeitpunkt. Abs II nennt keinen bestimmten **Einsatzzeitpunkt** (s § 1569 Rn 7). Aus dem Umstand, dass der Tatbestand an die (umgesetzte) Erwerbsobliegenheit anknüpft und der Anspruch subsidiär ggü den auf Einsatzzeitpunkte abstellenden Bestimmungen der §§ 1571, 1572, 1573 I und IV ist, ergibt sich jedoch, dass die Unterhaltsberechtigung für den Aufstockungsunterhalt nach der Scheidung (BGH FamRZ 1983, 886) oder im Zeitpunkt des Beginns des Anschlussunterhalts (BGH FamRZ 1985, 161) vorliegen muss. Der Einsatzzeitpunkt ist gegeben, wenn im Zeitpunkt der Scheidung ein Einkommensgefälle besteht. Dies ist auch der Fall, wenn der mehrverdienende Ehegatte wegen Rückzahlung einer gemeinsamen Verbindlichkeit oder wegen Vorwegabzug des Kindesunterhalts (BGH FamRZ 2016, 199) im Einsatzzeitpunkt keinen Aufstockungsunterhalt schuldet (BGH FamRZ 2010, 1311). Eine vorübergehende Arbeitslosigkeit des Verpflichteten unterbricht die Unterhaltskette nicht, weil die Erwerbsobliegenheit fortbesteht (BGH FamRZ 2016, 199, 203). Dass der Anspruch erst später geltend gemacht wird, ist ohne Bedeutung (BGH FamRZ 2005, 1817 m Anm *Büttner*, 1899; 2006, 258). Ist der Schuldner im einsatzerheblichen Zeitpunkt leistungsunfähig oder leistungsschwach, so steht das der Geltendmachung des Anspruchs grds nicht entgegen, wenn der Schuldner später leistungskräftig wird (BGH FamRZ 2016, 203). Etwas anderes gilt, wenn der Schuldner seine Leistungsfähigkeit erst zu einer Zeit wiedererlangt, zu der die begrenzte Zeit für einen Erwerbslosenunterhalt abgelaufen ist, die sich bei einer Begrenzung der Unterhaltszeit gem § 1578b ergeben hätte. Der Berechtigte muss sich zudem während der Zeit der Leistungsunfähigkeit oder -schwäche weiterhin um eine angemessene Erwerbstätigkeit bemühen. Ist der Berechtigte im Einsatzzeitpunkt wegen verwertbaren Eigenvermögens nicht bedürftig, kann der Anspruch ebenfalls später entstehen, wenn das Vermögen verzehrt oder sonst weggefallen ist. Das gilt allerdings nicht, wenn das Vermögen beim Einsatzzeitpunkt eine nachhaltige Sicherung des Unterhalts versprochen hat (§ 1577 IV 1 entspr) oder wenn sich der Berechtigte bis zum Wegfall oder Verzehr des Vermögens nicht um eine angemessene Erwerbstätigkeit bemüht hat. 23

24 **d) Teilunterhalt.** In den Fällen, in denen eine Unterhaltsberechtigung nach §§ 1570–1572 nur hinsichtl eines Teils des Unterhalts besteht, während der Bedürftige einen weiteren Teils des Bedarfs iSv § 1578 selbst durch eine Erwerbstätigkeit deckt oder decken muss und nur wegen des Restes einen Anspruch auf Aufstockungsunterhalt hat, ist darauf zu achten, dass die Anschlussberechtigung, etwa wegen Alters nach Krankheit, sich nur auf diesen Teil des Anspruchs beschränkt (BGH FamRZ 2001, 1291) und eine durch den Eintritt in den Ruhestand sich ergebende Einkommenslücke nicht durch Aufstockungsunterhalt geschlossen werden kann (BGH FamRZ 1999, 708; *Graba*, Unterhalt im Alter, Rn 117). Dagegen ist die ruhestandsbedingte Einkommensminderung des Verpflichteten von beiden Ehegatten zu tragen (*Maier* FamRZ 2005, 1509 mit Berechnungsbeispielen). Wenn der Unterhaltsberechtigte vollständig an einer Erwerbstätigkeit gehindert ist, bilden nach der Rspr des BGH (FamRZ 2009, 406; vgl § 1570 Rn 28) §§ 1570–1572 für den gesamten Bedarf die Rechtsgrundlage, nicht nur für den durch das Erwerbshindernis verursachten Teil (krit *Maier* FamRZ 2005, 1509).

25 **e) Höhe des Anspruchs.** Für jede Unterhaltsberechtigung des geschiedenen Ehegatten, auch für die nach Abs II, gilt, dass sich die Höhe des Unterhaltsanspruchs aus dem Unterschiedsbetrag zw dem „vollen" Unterhalt, dem Unterhalt nach den ehelichen Lebensverhältnissen (§ 1578 I 1) oder dem angemessenen Unterhalt (§ 1578b), und dem eigenen Einkommen ergibt. Der Bedarf iSv § 1578 ist der Maßstab. Soweit der Bedürftige diesen Bedarf durch eigenes Einkommen decken kann, hat er keinen Unterhaltsanspruch. Soweit er dazu nicht in der Lage ist, kommt ein Unterhaltsanspruch in Betracht, wenn dafür eine Unterhaltsberechtigung vorliegt. § 1573 II gibt eine Unterhaltsberechtigung, soweit das Erwerbseinkommen zuzüglich einem sonstigen nach § 1577 anrechenbaren Einkommen, etwa aus unzumutbaren Anstrengungen oder aus Vermögen, nicht ausreicht, um den vollen Bedarf iSv § 1578 zu decken. Die Höhe des Aufstockungsunterhalts ergibt sich damit rechnerisch durch Abzug des eigenen Einkommens vom Bedarfsbetrag.

26 **f) Berechnungsmethoden.** Zum Streit, nach welcher Methode der Unterhaltsanspruch des geschiedenen Ehegatten zu berechnen ist, ob nach der Differenz-, Additions- oder Anrechungsmethode, s die Ausführungen zu § 1578 (s § 1578 Rn 36).

27 **g) Wesentlichkeitsgrenze.** Ob mit dem Aufstockungsanspruch auch **geringe Einkommensunterschiede** auszugleichen sind, ist str (nein: München FamRZ 2004, 1208; Koblenz NJW-RR 2006, 151; *Krumm* FamRZ 2012, 1781). Dem Gesetz, das auf die Wahrung des ehelichen Lebensstandards abstellt, ist eine Einschränkung nicht zu entnehmen. Der BGH (FamRZ 1984, 988) hat eine solche Begrenzung nicht vorgenommen. Die Frage ist letztlich nicht über § 1573 II, sondern nach § 1578b zu lösen (s § 1578b Rn 15).

28 **5. Anschlussunterhalt.** Abs III gewährt sowohl den Anspruch auf Unterhalt mangels angemessener Erwerbstätigkeit (Abs I) als auch den Aufstockungsanspruch (Abs II) als Ansprüche auf **Anschlussunterhalt**, wenn die Voraussetzungen für die Ansprüche gem §§ 1570–1572, 1575 entfallen sind (BGH FamRZ 1980, 126; 1985, 161). Einen Anschlussunterhalt an einen Billigkeitsunterhalt gem § 1576 sieht das Gesetz nicht vor (Johannsen/Henrich/Althammer/*Hammermann* Rn 19).

29 **a) Anschluss an Betreuungsunterhalt.** Die Erwerbstätigkeitsbemühungen sollten nicht erst beim Wegfall des Anspruchs auf Betreuungsunterhalt einsetzen, sondern schon zuvor (BGH FamRZ 1995, 871). Wer sich nicht spätestens beim Einsatzzeitpunkt um eine angemessene Erwerbstätigkeit bemüht, kann später nicht Unterhalt gem § 1573 I, III fordern, wenn seine späteren Bemühungen ergebnislos bleiben (vgl Rn 13). Etwas anders gilt nur dann, wenn trotz Bemühungen keine realistische Chance bestand, überhaupt einen Arbeitsplatz zu finden oder einen solchen, der den Unterhalt nachhaltig gesichert hätte.

30 **b) Anschluss an Ausbildungsunterhalt.** Ist der „Ausbildungsunterhalt" gem § 1575 ausgelaufen, darf sich der Berechtigte bei seinen Erwerbstätigkeitsbemühungen nicht auf die Suche nach einer Erwerbsstelle beschränken, die einem erreichten höheren Ausbildungsstand entspricht (§ 1575 III). Ihm steht sonst der Unterhalt gem § 1573 I nicht zu. Einkünfte aus einer Erwerbstätigkeit, die zwar nicht dem neuen Ausbildungsstand entsprechen, wohl aber den Anforderungen des § 1574 II, sind nicht als Einkünfte aus unzumutbarer Erwerbstätigkeit zu behandeln. Wer eine sichere Erwerbstätigkeit aufgibt, um sich auf Kosten des geschiedenen Partners iSd § 1575 weiterbilden zu lassen, später aber keine Erwerbsstelle mehr findet, sollte am Risiko seiner Fehlprognose gem § 1579 Nr 8 oder § 1578b beteiligt werden. Erwerbstätigkeitsbemühungen wird man auch schon vor dem Wegfall des Anspruchs auf Ausbildungsunterhalt (§ 1575) erwarten können, wenn sich der Ausbildungserfolg mit großer Wahrscheinlichkeit abzeichnet.

31 **6. Nachträglicher Verlust einer angemessenen Erwerbstätigkeit. a) Risikoverteilung.** Abs IV behandelt das unterhaltsrechtl Risiko, wenn ein Ehegatte eine angemessene Erwerbstätigkeit einbüßt, die er bei oder nach der Scheidung oder aber zu einem einsatzerheblichen Zeitpunkt des Abs III ausgeübt hat. Der Verlust der Erwerbstätigkeit gehört entweder zum Risikobereich des Berechtigten oder zum Risikobereich des Verpflichteten – je nachdem, ob es dem geschiedenen Ehegatten mit seinen Bemühungen gelungen ist, den Eigenunterhalt durch seine Erwerbstätigkeit **nachhaltig zu sichern** oder nicht. Das Gesetz geht dabei von der wichtigen Grundvorstellung aus, eine angemessene Erwerbstätigkeit zum maßgeblichen Zeitpunkt dürfe sich nicht schlechthin als Unterhaltssperre für den Berechtigten erweisen, wenn dieser noch nicht in die wirtschaftl Selbständigkeit hineingewachsen ist. Es bürdet aber andererseits dem Verpflichteten ein erhebliches Risiko des Arbeitsmarktes auf – vor allem in einer Umbruchszeit, in der Arbeitsplätze unsicher werden, die vormals als sicher gegolten haben. Dieses Risiko ist für den Verpflichteten besonders dann hoch, wenn er dem Berechtigten für eine bestimmte Zeit Unterhalt ohne Rücksicht auf dessen Bedürftigkeit in Erwartung zusagt, der Berechtigte werde diese Zeit zur

Fortbildung nutzen, und der Berechtigte stattdessen eine Stelle annimmt, die sich aus der Rückschau als nicht geeignet erweist, den Unterhalt nachhaltig zu sichern (vgl BGH FamRZ 1988, 701).

b) Voraussetzungen. aa) Erwerbstätigkeit. Der geschiedene Ehegatte muss **nach der Scheidung** eine angemessene **Erwerbstätigkeit** ausgeübt (und später wieder verloren) haben. Einer Erwerbstätigkeit stehen Versorgungsleistungen in einer neuen Lebensgemeinschaft nicht gleich (BGH FamRZ 1987, 689). Eine andere Frage ist es, ob diesem Ehegatten nach dem Scheitern der neuen Lebensgemeinschaft ein „wieder aufgelebter" Unterhaltsanspruch gem § 1573 I zusteht. Diese Frage ist zu verneinen, wenn sich der Unterhaltsgläubiger wegen unterlassener Erwerbsbemühungen im Einsatzzeitpunkt um diesen Unterhaltsanspruch gebracht hat oder wenn § 1579 ein Wiederaufleben abschneidet; vgl aber auch BGH FamRZ 1987, 689. 32

Anspruchserheblich ist aber nicht jede angemessene Erwerbstätigkeit irgendwann nach der Ehe. Vielmehr kommt es auf eine Erwerbstätigkeit an, die bei oder nach der Scheidung oder aber zum einsatzerheblichen Zeitpunkt gem Abs III einen Anspruch aus § 1573 I ausgeschlossen oder verkürzt hat. Dabei kann es sich auch um eine Beschäftigung handeln, die der geschiedene Ehegatte bereits während der Ehe ausgeübt hatte (BGH FamRZ 1985, 53). Eine **unangemessene** Beschäftigung (§ 1574 I, II) belässt es entweder beim Anspruch gem § 1573 I – vorbehaltlich einer Einkommensanrechnung gem § 1577 II 2 – oder aber beim Verlust des Unterhaltsanspruchs, nämlich wenn es an den Bemühungen um eine angemessene Erwerbstätigkeit fehlt oder gefehlt hat (Bsp: Arbeitssuche auf Gelegenheitsjobs beschränkt), außer wenn die Bemühungen bei realistischer Betrachtung zu keinem oder zu keinem den Unterhalt nachhaltig sichernden Arbeitsplatz geführt hätten (BGH FamRZ 2003, 1734; vgl Rn 10–13). Führen spätere Bemühungen zu einer angemessenen Erwerbstätigkeit, die aber letzthin den Unterhalt nicht nachhaltig zu sichern vermag, erschließt Abs IV S 1 beim Wegfall dieser Beschäftigung den schon zuvor „verspielten" Unterhaltsanspruch nicht neu. 33

bb) Wegfall der Einkünfte. Die Einkünfte aus dieser Erwerbstätigkeit müssen weggefallen sein. Da das Gesetz die Bemühungen des Berechtigten um eine nachhaltige Sicherung des Unterhalts durch den Berechtigten erwähnt, wird man nur einen nicht vorwerfbaren Verlust der Erwerbstätigkeit als anspruchserheblich berücksichtigen können. Grds muss dem Beteiligten für den Verlust des Arbeitsplatzes eine unterhaltsbezogene grobe Obliegenheitsverletzung anzulasten sein (Gedanke des § 1579 Nr 4; s Vor § 1569 Rn 42; *Graba* FamRZ 2001, 1257). 34

cc) Keine nachhaltige Sicherung. Die übernommene Erwerbstätigkeit darf den Unterhalt nicht nachhaltig gesichert haben. Eine nachhaltige Sicherung ist allein von einer Dauerbeschäftigung zu erwarten, nicht dagegen von einer Tätigkeit, die von vornherein nur als vorübergehende Beschäftigung angelegt ist (BT-Drs 7/650, 127f). Abs IV S 1 kommt in erster Linie für den Ehegatten in Betracht, der vor der Scheidung nicht erwerbstätig gewesen ist und der nach der Scheidung eine besonders krisenanfällige Erwerbstätigkeit aufnimmt oder eine Erwerbstätigkeit, der er letzthin nicht gewachsen ist, weil er seine Leistungsfähigkeit überschätzt hat (BGH FamRZ 1988, 256); Abs IV S 1 bewahrt den Berechtigten aber nicht schlechthin vor allen Risiken des Wirtschaftslebens, die auch einen Dritten treffen können – etwa vor dem Insolvenzverfahren des Unternehmens, in dem der Berechtigte (nicht nur vorübergehend) tätig gewesen ist (BGH FamRZ 1985, 1234), oder vor dem – technikbedingten – Wegfall des Arbeitsplatzes, an dem der Berechtigte (nicht nur vorübergehend) tätig war. Abs IV S 1 stellt auch nicht auf die Sicherheit eines bestimmten Arbeitsplatzes ab, sondern auf die nachhaltige Sicherung des Unterhalts durch Erwerbstätigkeit (BGH FamRZ 1985, 53). Deshalb spricht ein Stellenwechsel oder eine gelegentliche Arbeitslosigkeit nicht notwendig gegen eine nachhaltige Sicherung des Unterhalts iSd Abs IV. Abs IV S 1 greift auch dann ein, wenn der geschiedene Ehegatte bereits **bei der Scheidung erwerbstätig** ist – sei es, weil er erst nach der Trennung eine Beschäftigung aufgenommen hat, sei es, weil er bereits während der Ehe gelegentlich oder jedenfalls nicht mit dem Ziel einer (Vollzeit-)Dauer-Beschäftigung erwerbstätig gewesen ist. Abs IV S 1 gilt auch für den Ehegatten, der **während der Ehe „angemessen" und auf Dauer erwerbstätig** gewesen ist. Es kommt nicht darauf an, ob er bereits in die wirtschaftl Selbständigkeit hineingewachsen ist, sondern ob im Zeitpunkt der Scheidung eine nachhaltige Sicherung des Unterhalts durch die Erwerbstätigkeit gegeben ist (BGH FamRZ 1985, 33). 35

dd) Maßgeblicher Zeitpunkt. Für die Frage, ob die Erwerbstätigkeit den Unterhalt nachhaltig zu sichern vermochte, ist frühestens die Zeit der Scheidung maßgeblich, und zwar auch dann, wenn es sich um den Wegfall einer Beschäftigung handelt, die der Berechtigte bereits während der Ehe aufgenommen hat (BGH FamRZ 1985, 53). 36

ee) Objektive Beurteilung. Bei der Sicherungsfrage ist auf eine (wenn auch nachträgl) „obj Vorausschau" eines „optimalen Betrachters" aus der Sicht der Verhältnisse zu der Zeit an abzustellen, da der Berechtigte die Erwerbstätigkeit aufgenommen hat, auch wenn die Umstände erst später zutage treten (BGH FamRZ 1985, 1234; 1988, 701). Denn da die Erwerbstätigkeit den Unterhalt letzthin nicht gesichert hat, ließe sich allein aus der Rückschau die Frage nach der Nachhaltigkeit der Sicherung zumeist nur verneinen. Über die Nachhaltigkeit der Sicherung sollte aber nach dem Anliegen des Gesetzes nicht die Dauer der Erwerbstätigkeit entscheiden, sondern die Erwartung, die Tätigkeit werde auf Dauer ausgeübt werden können (BT-Drs 7/650, 127; BGH FamRZ 1985, 1234). Maßgeblich ist daher, ob die Erwerbstätigkeit im Zeitpunkt ihrer Aufnahme nach obj Maßstäben und allg Lebenserfahrung mit einer gewissen Sicherheit als dauerhaft angesehen werden konnte, oder ob befürchtet werden musste, dass der Bedürftige seine Erwerbsstelle durch einen außerhalb seiner Entschließungsfreiheit liegenden Umstand in absehbarer Zeit wieder verliert (BGH FamRZ 2003, 1734). Bei der „obj nachträgl Vorausschau" 37 können auch Ereignisse des Wirtschaftslebens, aber auch die Gesundheit oder das Alter des Ehegatten von Bedeutung sein (BGH FamRZ 1985, 79).

38 **ff) Umfang.** Eine den Unterhalt nachhaltig sichernde Erwerbstätigkeit liegt grds nur dann vor, wenn sie auch die **Möglichkeit für eine angemessene Altersvorsorge** bietet, weil bei einer nachhaltig sichernden Erwerbstätigkeit ein Anspruch auf Altersunterhalt nach § 1571 ausgeschlossen ist (Koblenz FamRZ 1986, 471 LS). Die Geringverdiener-Beschäftigung dürfte diese Voraussetzungen nicht erfüllen, weil die damit verbundene Alterssicherung minimal ist (*Schmidbauer* FamRZ 2000, 715).

39 **c) Teilsicherung, Abs IV S 2.** Abs IV erfasst mit S 2 einmal die Fälle, in denen der Berechtigte von vornherein nur einen Teil seines Unterhalts durch seine Erwerbstätigkeit „nachhaltig" zu sichern vermochte und seine Erwerbstätigkeit trotz dieser Sicherung später verloren hat. Der Verlust berührt den „Aufstockungsanspruch" (§ 1573 II) nicht, der bereits zuvor bestanden hat. Darüber hinaus betrifft Abs IV S 2 aber auch Fälle, in denen ein „Aufstockungsanspruch" gefehlt hat, weil der Berechtigte mit einer angemessenen Erwerbstätigkeit den vollen Unterhalt selbst erwirtschaften konnte. Muss der Berechtigte diese Erwerbstätigkeit einschränken – etwa mit einem Übergang von der Vollzeit- zur Teilzeitbeschäftigung – und hatte die Erwerbstätigkeit den Unterhalt zuvor nicht „nachhaltig" iSd Abs IV S 1 gesichert, so steht dem Berechtigten ebenfalls ein Ergänzungsanspruch auf den Unterschiedsbetrag zum vollen Unterhalt zu. Abs IV S 2 gleicht aber nicht jeden Einkommensverlust beim Übergang von einer Vollzeit- auf eine Teilzeiterwerbstätigkeit aus.

40 **7. Beweislast. a) Abs I.** Der Unterhalt begehrende Ehegatte trägt die Beweislast dafür, dass er im Einsatzzeitpunkt nach der Lage auf dem Arbeitsmarkt und seinen persönlichen Voraussetzungen (Alter, Gesundheit, berufliche Kenntnisse) keine angemessene Erwerbstätigkeit finden kann (BGH FamRZ 2008, 2104; 2009, 1300). Die Darlegungs- und Beweislast trägt der Berechtigte nicht nur dafür, dass er keine reale Chance auf eine Vollzeitstelle hat, sondern auch dafür, dass dies in gleicher Weise für eine geringfügige Beschäftigung (Minijob) oder für eine (weitere) Teilzeitbeschäftigung oder einen sog Midi-Job zutrifft (BGH FamRZ 2012, 517). Das Fehlen hinreichender Bemühungen ist nur dann unschädlich, wenn feststeht, dass nach den Umständen im konkreten Fall bei ausreichenden Bemühungen keine reale Beschäftigungschance bestanden hätte. Jeder ernsthafte Zweifel geht zulasten des Berechtigten (BGH FamRZ 2007, 1532; vgl Rn 11, 13). Eine vom Arbeitsamt vorgeschlagene Umschulungsmaßnahme kann ein Indiz dafür sein, dass der Betreffende nicht ohne weiteres zu vermitteln ist (BGH FamRZ 1994, 372).

41 **b) Abs II.** Der Unterhalt fordernde Ehegatte muss zum Beweis des durch den Aufstockungsunterhalt zu deckenden Fehlbetrags den Bedarf nach den ehelichen Lebensverhältnissen und das Einkommen aus der Ausübung einer angemessenen vollen Erwerbstätigkeit im Einsatzzeitpunkt beweisen (BGH FamRZ 1988, 927).

42 **c) Abs III.** Der Bedürftige muss Voraussetzungen und Wegfall eines Anspruchs nach §§ 1570–1572, 1575 beweisen sowie dass er trotz hinreichender Bemühungen keine angemessene Erwerbstätigkeit finden kann.

43 **d) Abs IV.** Der Bedürftige muss beweisen, dass die nachhaltige Sicherung seines Unterhalts durch die weggefallene Erwerbstätigkeit trotz seiner Bemühungen nicht zu erreichen war oder bei realistischer Betrachtung nicht zu erlangen gewesen wäre (BGH FamRZ 1985, 1234). Dies gilt auch bei Zurechnung fiktiver Einkünfte (BGH FamRZ 2003, 1734).

§ 1574 Angemessene Erwerbstätigkeit

(1) Dem geschiedenen Ehegatten obliegt es, eine angemessene Erwerbstätigkeit auszuüben.

(2) Angemessen ist eine Erwerbstätigkeit, die der Ausbildung, den Fähigkeiten, einer früheren Erwerbstätigkeit, dem Lebensalter und dem Gesundheitszustand des geschiedenen Ehegatten entspricht, soweit eine solche Tätigkeit nicht nach den ehelichen Lebensverhältnissen unbillig wäre. Bei den ehelichen Lebensverhältnissen sind insbesondere die Dauer der Ehe sowie die Dauer der Pflege oder Erziehung eines gemeinschaftlichen Kindes zu berücksichtigen.

(3) Soweit es zur Aufnahme einer angemessenen Erwerbstätigkeit erforderlich ist, obliegt es dem geschiedenen Ehegatten, sich ausbilden, fortbilden oder umschulen zu lassen, wenn ein erfolgreicher Abschluss der Ausbildung zu erwarten ist.

1 **1. Zweck und Einordnung der Vorschrift.** § 1574 ist keine Anspruchsnorm, sondern bestimmt näher die Erwerbsobliegenheit des geschiedenen Ehegatten, der nach § 1569 grds selbst für sich sorgen muss. Dazu muss er eine angemessene Erwerbstätigkeit übernehmen. Durch die gesetzl Umschreibung der Angemessenheit in Abs II werden die Voraussetzungen für eine Anspruchsberechtigung nach §§ 1570–1573 konkretisiert. Wenn nach den Umständen im Einzelfall nur eine nicht angemessene Tätigkeit in Betracht kommt, kann der geschiedene Ehegatte nach diesen Bestimmungen Unterhalt verlangen (BGH FamRZ 1983, 144). Abs III erweitert den Kreis der **Obliegenheiten** und hält den Berechtigten an, sich ausbilden, fortbilden oder umschulen zu lassen, wenn er sonst nur eine iSd Abs II unangemessene Erwerbstätigkeit fände (BGH FamRZ 1984, 561); an die Stelle der Erwerbs- tritt die Ausbildungs-, Fortbildungs-, Umschulungsobliegenheit (BGH FamRZ 1986, 1085).

2 **2. Angemessenheitskriterien. a) Gesamtschau.** Grds obliegt es dem Bedürftigen, die Art der ihm zuzumutenden Tätigkeit zu bestimmen (BGH FamRZ 1986, 1085). Er braucht nicht irgendeine, muss jedoch eine angemessene Erwerbstätigkeit übernehmen. Abs II nennt fünf Kriterien der Angemessenheit, ohne damit abschlie-

ßend alle erheblichen Umstände zu bezeichnen. Bei den einzelnen Merkmalen stellt das Gesetz auf die Person des Berechtigten ab, indem es auf dessen Ausbildung, Fähigkeiten, eine frühere Erwerbstätigkeit, Lebensalter und Gesundheitszustand verweist. Die ehelichen Lebensverhältnisse gehören nicht zu diesen Angemessenheitsvoraussetzungen (Rn 11). Auch die Dauer der Ehe sowie die Dauer der Pflege oder Erziehung eines gemeinschaftl Kindes sind zu berücksichtigen. Bei der gebotenen Gesamtschau (BGH FamRZ 2005, 23) kann letzthin das eine oder das andere Merkmal den Ausschlag geben. Beachtenswert sind auch Umstände, die mit der Erwerbsstelle zusammenhängen – etwa die Beschaffenheit des Arbeitsplatzes, die Entfernung von der Wohnung und die Verkehrsverbindungen. Ein Ortswechsel ist nicht nur dem Verpflichteten zumutbar, sondern auch dem Berechtigten, nachdem die Anforderungen an die Erfüllung der Erwerbsobliegenheit an beide Beteiligten nach hM grds gleichzustellen sind (vgl BGH FamRZ 2011, 454, Rn 17, 23, 24). Eher sind von demjenigen, der Unterhalt verlangt, leicht höhere Anstrengungen zu fordern. Ist der Verpflichtete leistungsschwach oder gar leistungsunfähig (§ 1581), können sich die Anforderungen an die Aufnahme einer Erwerbstätigkeit für den Bedürftigen erhöhen.

b) Ausbildung. Die Ausbildung kann vor, während oder nach der Ehe abgeschlossen worden sein. Der erhöhte Ausbildungsstand, der mit Hilfe eines Ausbildungsunterhalts (§ 1575 I, II) erreicht worden ist, muss aber beim Angemessenheitsurteil außer Betracht bleiben (§ 1575 III), dgl ein erhöhter Ausbildungsstand, den der Berechtigte mit Hilfe des auf § 1573 I gegründeten Unterhaltsanspruchs erreicht hat, als er seiner Ausbildungsobliegenheit (§ 1574 III) nachgekommen ist. 3

Besonders heikel sind die Fälle, in denen der geschiedene Ehegatte **vor der Ehe eine Berufsausbildung beendet** (und – vielleicht – eine Berufstätigkeit aufgenommen), **während der Ehe** aber eine **(weitere) Ausbildung begonnen** hat, die er beenden will (Bsp: Frankfurt FamRZ 1979, 591: Bürokraft holt während der Ehe das Abitur nach und beginnt das Studium der Archäologie und Frühgeschichte; KG FamRZ 1978, 692: Krankenschwester will das während der Ehe begonnene Medizinstudium fortsetzen; etwas anders gelagert BGH FamRZ 1980, 126: kaufmännischer Angestellter beginnt vor der Ehe Psychologiestudium, das er krankheitshalber im Laufe der Ehe unterbrechen muss und nach der Scheidung beenden will; KG FamRZ 1984, 898: Fremdsprachenkorrespondentin betreibt während der Ehe Sprachstudien, eine Ausbildung an der theologisch-pädagogischen Akademie und nimmt nach der Trennung ein Universitätsstudium der Germanistik, Geschichte und katholischen Theologie auf). In Fällen dieser Art versucht man vielfach, den Unterhalt für die Studienzeit jedenfalls dann zu sichern, wenn ein erfolgreicher Abschluss des Studiums zu erwarten ist, und erachtet dabei auch eine frühere Erwerbstätigkeit im Hinblick auf die ehelichen Lebensverhältnisse nicht mehr als angemessen (BGH FamRZ 1980, 126; vom Ansatz her, wenn auch für Trennungsunterhalt, BGH FamRZ 1981, 439). Dabei wird der soziale Zuschnitt der Ehe und der Lebensplan der Ehegatten betont, aber das Scheitern dieses Lebensplanes übersehen. Das Gesetz weist einen „besonderen" Ausbildungsanspruch aus (§ 1575). Deshalb sollte man beim „verkappten" Ausbildungsanspruch, der eine Erwerbstätigkeitsobliegenheit (ohne Rücksicht auf § 1574 III) durchbricht, Vorsicht walten lassen, soweit es um die „Unangemessenheit" einer Tätigkeit geht, die einer früheren Ausbildung entspricht. Ein seit der Trennung vorbereitetes und nahezu mit der Scheidung aufgenommenes Studium befreit jedenfalls dann nicht von der Erwerbsobliegenheit, wenn es nicht dem gemeinsamen Lebensplan entsprochen hat. 4

IÜ kann auch eine Erwerbstätigkeit angemessen sein, die **außerhalb des Berufsbildes** liegt, innerhalb dessen Rahmen der geschiedene Ehegatte eine Beschäftigung angestrebt hat, sofern die Erwerbstätigkeit nur die in der Ausbildung erworbenen Kenntnisse sachgerecht verwerten lässt. Darüber hinaus kann – mit Rücksicht auf die übrigen Merkmale, auf die es bei der Gesamtschau ankommt – auch eine Erwerbstätigkeit angemessen sein, die **mit der ursprünglichen Ausbildung nicht mehr verwandt** ist; denn Ausbildungen verändern im Laufe der Zeit ohnehin ihren Charakter; und eine bestimmte Ausbildung sollte „Beweglichkeit" im Erwerbsleben nicht behindern. Deshalb hat der BGH (FamRZ 1991, 416) mit Recht die Stellung als Verkäuferin in einem „Haus für gepflegte Wohnkultur" nicht von vornherein als unangemessen für eine geschiedene Ehefrau gewürdigt, die eine Ausbildung als Erzieherin hatte. 5

c) Fähigkeiten. Beachtlich sind ferner die Fähigkeiten, die sich der geschiedene Ehegatte ohne Rücksicht auf eine Berufsausbildung angeeignet hat. Diese Fähigkeiten können sowohl geistiger als auch körperlicher Art sein. Sie können den „Ausbildungsstand" übertreffen, aber auch unterschreiten. Weichen Ausbildung und Fähigkeiten voneinander ab, so wird man der fähigkeitsbezogenen Erwerbsobliegenheit jedenfalls dann den Vorrang einräumen müssen, wenn die Erwerbstätigkeit auch den ehelichen Lebensverhältnissen entspricht und die Voraussetzungen für einen Fortbildungsanspruch gem § 1575 II nicht bestehen (Bsp: Wer als Arzt in einen Verlag „eingeheiratet" hat, in diesem erfolgreich tätig gewesen ist und darüber im Medizinalbereich den Anschluss verloren hat, kann sich nicht auf seine frühere Tätigkeit als Arzt und auf eine Fortbildungsobliegenheit gem § 1574 III berufen, wenn er nach der Scheidung in einem anderen Verlag eine vergleichbare Tätigkeit zu finden vermag). Allerdings können „Laufbahnvorschriften", die Stellenvergaben beherrschen, die Bedeutung der Ausbildung verstärken. 6

Die Erwerbstätigkeit muss Ausbildung und/oder Fähigkeiten des geschiedenen Ehegatten nicht ausschöpfen, um angemessen zu sein. Deshalb kann sich der geschiedene Ehegatte auch nicht auf eine selbständige Tätigkeit berufen, die ihm nichts einbringt, sondern muss notfalls ein abhängiges Beschäftigungsverhältnis annehmen (Stuttgart FamRZ 1991, 1059; s aber auch BGH FamRZ 1988, 1145). Andererseits braucht sich der geschiedene Ehegatte aber auch nicht auf eine Erwerbstätigkeit verweisen zu lassen, die weder seiner Ausbildung entspricht noch seine Fähigkeiten fordert. Eine angemessene Erwerbstätigkeit kann dabei auch in der Ausübung von zwei Teilzeitbeschäftigungen bestehen (BGH FamRZ 2012, 1483). 7

8 **d) Frühere Tätigkeit.** Eine frühere Erwerbstätigkeit ist nach der Neufassung der Vorschrift durch das UÄndG 2007 grds angemessen.

9 **e) Alter, Gesundheit.** Lebensalter und Gesundheitszustand entscheiden einmal darüber, ob von dem geschiedenen Ehegatten eine Erwerbstätigkeit zu erwarten ist; sie entscheiden zum anderen aber auch über die Angemessenheit der Erwerbstätigkeit, sofern und soweit die erste Frage zu bejahen ist. Mitunter werden Lebensalter und Gesundheitszustand bereits die Fähigkeiten des geschiedenen Ehegatten für einen bestimmten Beruf beeinträchtigen – etwa wenn es auf körperliche Leistungskraft oder auf Konzentrationsfähigkeit ankommt (Bsp nach BGH FamRZ 1986, 1085: Nervöse Versagenszustände und depressive Phasen können die Tätigkeit als Programmiererin beeinträchtigen). Alterserfordernisse, auf die das Erwerbsleben in bestimmten Sparten achtet – etwa bei Berufssportlern, Mannequins, Flugzeugführern – sind zu berücksichtigen. Sie schließen aber die Zumutbarkeit einer anderen Erwerbstätigkeit nicht aus, auch wenn im Allg einem geschiedenen Ehegatten die Wiederaufnahme einer früher ausgeübten Tätigkeit eher anzusinnen ist als die Aufnahme eines neuen Berufs. Vom Alter her kann auch einer 50-jährigen geschiedenen Ehefrau eine Erwerbstätigkeit außerhalb des vormals erlernten Berufs angesonnen werden (BGH FamRZ 1991, 416, nach 15-jähriger Erwerbspause BGH FamRZ 2008, 963). Grds endet die Erwerbsobliegenheit mit Erreichen der gesetzl Regelaltersgrenze (BGH FamRZ 2011, 454; Ausnahme Strahlflugzeugführer BGH FamRZ 2004, 254).

10 Bietet der Arbeitsmarkt älteren oder krankheitsanfälligen Menschen allg im Verhältnis zu anderen Bewerbern schlechtere Erwerbsaussichten, reicht dies allein nicht aus, die Zumutbarkeit einer Erwerbstätigkeit zu verneinen. Wegen des Alters und wegen bestimmter Beeinträchtigungen der Gesundheit können jedoch schwere oder in gewisser Hinsicht belastende Tätigkeiten unzumutbar sein.

11 **f) Eheliche Lebensverhältnisse.** Nach der Neufassung der Vorschrift durch das UÄndG 2007 muss die Erwerbstätigkeit, um angemessen zu sein, nicht den ehelichen Lebensverhältnissen entsprechen. Die ehelichen Lebensverhältnisse sind ab der Unterhaltsrechtsreform kein gleichberechtigtes Merkmal zur Prüfung der Angemessenheit, weil dieses Merkmal nicht mehr aufgeführt ist. Es hat nur noch die Funktion eines Billigkeitskorrektivs (BGH FamRZ 2012, 517 zur Unternehmergattin, die vor der Ehe als Verkäuferin tätig war). Es schützt nur in Ausnahmefällen den Bedürftigen, der während der Ehe nicht oder nur gelegentlich erwerbstätig gewesen ist, vor der Rückkehr in einen Beruf, der nicht den ehelichen Lebensverhältnissen entspricht, insb wenn die Ehe von längerer Dauer war und der Bedürftige durch Haushaltsführung und Kindesbetreuung den Kontakt zum Erwerbsleben verloren hat. Das Gesetz will umgekehrt den Verpflichteten vor einer Inanspruchnahme bewahren, die vor allem aus dem in der Ehe erlangten Status hergeleitet wird. Etwa auch, wenn der Berechtigte „unter seinem Ausbildungsstand" geheiratet hat, während der Ehe nicht erwerbstätig gewesen ist und nach der Scheidung eine Tätigkeit ablehnt, die seiner Ausbildung nicht entspricht. Die vorehelich ausgeübte Tätigkeit ist grds Ausgangspunkt für die Angemessenheit, selbst wenn die vor der Ehe ausgeübte Tätigkeit erheblich unter der Qualifikation des Bedürftigen war (BGH FamRZ 2011, 1377).

12 **aa) Maßgeblicher Zeitpunkt.** Für die ehelichen Lebensverhältnisse ist der Scheidungszeitpunkt maßgeblich; außergewöhnliche, nicht vorhersehbare Veränderungen nach der Trennung bleiben außer Betracht (BGH FamRZ 2012, 281). Außergewöhnliche Einkommensverbesserungen, die der Unterhaltspflichtige zw Trennung und Scheidung erzielt, können zwar beim Maß des Unterhalts (§ 1578 I 1) berücksichtigt werden, wenn der Berechtigte an diesen Steigerungen durch Unterhaltsleistungen oder andere laufende Zuwendungen teilgehabt hat (BGH FamRZ 1982, 576). Das kann sich auch bei der Frage über die Angemessenheit einer Erwerbstätigkeit auswirken; Steigerungen dieser Art kommen aber beim Urteil über die Angemessenheit einer Erwerbstätigkeit (§ 1574 II) geringere Bedeutung zu als beim Urteil über das Maß des Unterhalts (§ 1578 I 1; BGH FamRZ 1984, 561).

13 **bb) Eheliche Lebensverhältnisse.** Diese richten sich einmal – wie beim Maß des Unterhalts (§ 1578 I 1) – nach den Einkommens- und Vermögensverhältnissen der Eheleute (BGH FamRZ 1983, 144; 1984, 561). Diese können die Aufnahme einer früheren Erwerbstätigkeit als unangemessen erscheinen lassen (Bsp BGH FamRZ 1983, 144: Verkäuferin, die nach der Heirat nur kurz berufstätig ist, heiratet Chemigraphen, der später Werkdozent an einer Hochschule für bildende Künste und nach der Trennung Professor wird). Bei den ehelichen Lebensverhältnissen ist nicht nur das Einkommen zu berücksichtigen, sondern auch die **Dauer der Ehe** (Abs II S 2). Bei kürzeren Ehen wird man das „Lebensstandarddenken" vernachlässigen können, weil sich der geschiedene Ehegatte an diesen Lebensstandard noch nicht nachhaltig gewöhnt hat. Eine Berechtigung haben die ehelichen Lebensverhältnisse als Maßstab für die Angemessenheit der Erwerbstätigkeit, weil der geschiedene Ehegatte den Lebensstandard der Eheleute **durch seine Leistungen mitgeprägt** hat (vgl BGH FamRZ 2001, 968). Bei längeren Ehen wird man dem „Lebensstandarddenken" mehr Bedeutung beimessen müssen, insb iVm dem Alter des geschiedenen Ehegatten. Vom 30-jährigen geschiedenen Ehegatten kann man mehr „gesellschaftliche Beweglichkeit" erwarten als vom 50-jährigen. Aber für eine 50-jährige Ehefrau, deren Berufsausbildung den heutigen Anforderungen uU nicht mehr entspricht, bietet der Arbeitsmarkt noch angemessene Erwerbsstellen, selbst wenn die Ehe 23 Jahre angedauert hat und die Eheleute in guten finanziellen Verhältnissen gelebt haben (BGH FamRZ 1991, 416, vgl Rn 3, 5). Arbeit in einem Pflegeberuf ist auch in gehobenen wirtschaftl Verhältnissen zumutbar – vor allem, wenn eine solche Tätigkeit schon während der Ehe ausgeübt wurde (Hamm FamRZ 1997, 1076). Für eine approbierte Ärztin, die nie in ihrem Beruf tätig war, kommt nicht nur die Betätigung in einem klassischen Heilberuf in Betracht (Hamm FamRZ 1998, 243).

Wenn die Eheleute seit längerer Zeit getrennt leben, ist zu prüfen, inwieweit **Entwicklungen nach der Trennung** noch geeignet waren, die ehelichen Lebensverhältnisse prägend zu beeinflussen (BGH FamRZ 1983, 144). 14

Eine **während der Ehe** (nicht nur vorübergehend) **ausgeübte Erwerbstätigkeit** wird in aller Regel nach der Scheidung nicht unangemessen sein, es sei denn es liegen besondere Entwicklungen vor, etwa eine Verschlechterung des Gesundheitszustands (BGH FamRZ 1986, 1085). 15

cc) Kindererziehung. Bei den ehelichen Verhältnissen ist auch die Dauer der Pflege oder Erziehung eines gemeinschaftl Kindes zu berücksichtigen (Abs II S 2). Nacheheliche Betreuungszeiten sind erheblich, wenn und soweit sie einen Anspruch auf Betreuungsunterhalt (§ 1570) vermittelt haben. Die Erwerbsobliegenheit entfällt grds nur bei Betreuung eines gemeinschaftl Kindes. Dies ist allerdings auch dann der Fall, wenn während bestehender Ehe ein Kind geboren wird, das biologisch nicht vom Unterhaltsverpflichteten abstammt, weil der Unterhaltsverpflichtete nach § 1592 Nr 1 rechtl Vater des Kindes ist (BGH FamRZ 2012, 1040). 16

3. Ausbildungsobliegenheit. a) Erforderliche Ausbildung. Abs III begründet für den geschiedenen Ehegatten die Obliegenheit, sich ausbilden, fortbilden oder umschulen zu lassen, soweit dies zur Aufnahme einer angemessenen Erwerbstätigkeit erforderlich ist. Diese Obliegenheit ist nicht mit dem „Recht auf Ausbildung" trotz angemessener Erwerbstätigkeit zu verwechseln, das § 1575 I und II begründen. Erst wenn nach den Umständen des Falles gegenwärtig nur unangemessene Tätigkeiten in Betracht kommen, tritt an die Stelle der Erwerbsobliegenheit die Ausbildungsobliegenheit (BGH FamRZ 1984, 561). Sie kann auch bestehen, wenn der geschiedene Ehegatte angemessen beschäftigt ist, seine Erwerbstätigkeit aber den vollen Unterhalt nicht deckt oder doch nicht nachhaltig sichert; denn diese Beschäftigung verfehlt das Ziel „wirtschaftliche Selbständigkeit". Die Anforderungen an den Berechtigten, der eine angemessene Erwerbstätigkeit ohne nachhaltige Sicherungskraft ausübt, dürfen aber nicht überspannt werden (Karlsruhe FamRZ 1984, 1018). Angemessen ist eine mit der Ausbildung angestrebte Erwerbstätigkeit, die sich im Rahmen des § 1574 II hält. Dabei wird man einen gewissen Spielraum nach „unten" und „oben" hinnehmen können. Eine Ausbildung, die diese Grenzen überschreitet und den Berechtigten in einen eindeutig sozial höher eingeschätzten Beruf führen soll, wird von der Obliegenheit aber nicht mehr gedeckt (Frankfurt FamRZ 1995, 879). 17

b) Berufsbezogene Ausbildung. Die Obliegenheit hält den geschiedenen Ehegatten nicht an, seine Persönlichkeit nach Neigungen und Fähigkeiten so gut wie möglich zu entfalten, sondern in angemessener Weise wirtschaftl selbständig zu werden, um so auch den Unterhaltsschuldner zu entlasten. Auf die Neigungen und Fähigkeiten des Unterhaltsberechtigten ist Rücksicht zu nehmen (BGH FamRZ 1984, 561). Der Unterhaltsberechtigte braucht nicht im Interesse des Verpflichteten eine möglichst kurze und kostengünstige Ausbildung für eine angemessene Erwerbstätigkeit zu wählen; einer besonders zeit- und kostenaufwendigen Ausbildung darf er sich aber nur bei außergewöhnlichen Gründen zuwenden (BGH FamRZ 1984, 561). 18

Erforderlich ist die Aus- und Fortbildung bzw Umschulung auch dann nicht, wenn nach einem erfolgreichen Abschluss eine Erwerbstätigkeit in dem angestrebten Berufsbild wegen des dann erreichten Alters eine angemessene Erwerbstätigkeit nicht mehr zu erwarten ist. Die Ausbildungsobliegenheit besteht aber grds auch noch im mittleren Lebensalter, zumindest für eine kürzere Ausbildung (Schleswig FamRZ 1982, 703: 45-jährige Frau ohne Berufsausbildung plant Ausbildung als medizinisch-technische Assistentin). 19

c) Ausbildungserfolg. Ein erfolgreicher Abschluss der Ausbildung muss zu erwarten sein. Der Unterhaltsberechtigte braucht sich nicht einer Ausbildung zu unterziehen, der er seines Alters, seiner Fähigkeiten oder seines Gesundheitszustandes wegen nicht gewachsen ist. Der geschiedene Ehegatte darf aber auch eine zumutbare Ausbildung nicht hintertreiben. 20

d) Beginn der Obliegenheit. Die Obliegenheit setzt bereits mit der Trennung ein und verstärkt sich mit deren Dauer bis zur Scheidung; sie kann eine Erwerbstätigkeitsobliegenheit in der Trennungszeit überlagern und ersetzen (BGH FamRZ 1986, 553 und 1085). Eine Überlegungs- und Entscheidungsfrist ist dem Berechtigten zuzubilligen, ebenso eine zusätzl Wartezeit, bis ein begehrter Ausbildungsplatz frei wird. Dem Berechtigten ist aber bis zu diesem Zeitpunkt eine Zwischenbeschäftigung zumutbar. 21

e) Unterhalt wegen Erwerbslosigkeit. Der Berechtigte, der seiner Ausbildungsobliegenheit nachgeht, kann gem § 1573 I Unterhalt beanspruchen (BGH FamRZ 1984, 561, 563), der auch die Ausbildungskosten umfasst (§ 1578 II); denn die Ausbildungsobliegenheit, die eine – in § 1573 I vorausgesetzte – Erwerbstätigkeitsobliegenheit überlagert, setzt sich durch. Dabei sollte es auch bleiben, wenn dem Berechtigten während der gewissenhaft betriebenen Ausbildung eine angemessene Erwerbstätigkeit angeboten wird, die den vollen Unterhalt sichert; denn sonst wären die Ausbildungsbemühungen vergeblich. 22

f) Erwerbsobliegenheit. Nach Abschluss der Ausbildung ist dem Berechtigten nicht nur eine Erwerbstätigkeit zuzumuten, die dem Aus-, Fort- oder Weiterbildungsstand entspricht, sondern auch eine andere Beschäftigung, die den Merkmalen des § 1574 II genügt. Dies gilt insb, wenn die Ausbildung den Leistungsstand des geschiedenen Ehegatten ggü der Ausgangslage verbessert hat. Der Rechtsgedanke des § 1575 III muss auch hier gelten. Allerdings ist der Unterhaltspflichtige grds nicht gehalten, dem geschiedenen Ehegatten eine – gemessen an § 1574 II – höherwertige Ausbildung zu finanzieren. 23

g) Obliegenheitsverletzung. Der Berechtigte, der seine **Ausbildungsobliegenheit verletzt**, verliert seinen Unterhaltsanspruch für den Zeitraum, in dem er seiner Obliegenheit schuldhaft nicht nachkommt und gefährdet diesen auch sonst (vgl § 1573 Rn 14). Bei Obliegenheitsverletzung (s Vor § 1569 Rn 39) kann ein fiktives Ein- 24 kommen anzurechnen sein. Der Berechtigte, der seine Ausbildung abbricht oder erfolglos beendet, hat nicht schon deshalb seine Obliegenheit verletzt. Vielmehr sind die Gründe für den Abbruch oder das Scheitern zu berücksichtigen. Die Kosten einer vergeblichen Ausbildung sind nicht zurückzuerstatten.

25 **4. Beweislast.** Der Unterhalt fordernde Ehegatte hat zu beweisen, dass eine Ausbildung, Fortbildung oder Umschulung für eine angemessene Erwerbstätigkeit erforderlich ist und von ihm ein erfolgreicher Abschluss erwartet werden kann. Für die Rechtsfrage der Angemessenheit der Erwerbstätigkeit hat jeder Beteiligte die Umstände darzulegen und zu beweisen, aus denen sie eine für sich günstige Rechtsfolge ableitet.

§ 1575 Ausbildung, Fortbildung oder Umschulung

(1) Ein geschiedener Ehegatte, der in Erwartung der Ehe oder während der Ehe eine Schul- oder Berufsausbildung nicht aufgenommen oder abgebrochen hat, kann von dem anderen Ehegatten Unterhalt verlangen, wenn er diese oder eine entsprechende Ausbildung sobald wie möglich aufnimmt, um eine angemessene Erwerbstätigkeit, die den Unterhalt nachhaltig sichert, zu erlangen und der erfolgreiche Abschluss der Ausbildung zu erwarten ist. Der Anspruch besteht längstens für die Zeit, in der eine solche Ausbildung im Allgemeinen abgeschlossen wird; dabei sind ehebedingte Verzögerungen der Ausbildung zu berücksichtigen.

(2) Entsprechendes gilt, wenn sich der geschiedene Ehegatte fortbilden oder umschulen lässt, um Nachteile auszugleichen, die durch die Ehe eingetreten sind.

(3) Verlangt der geschiedene Ehegatte nach Beendigung der Ausbildung, Fortbildung oder Umschulung Unterhalt nach § 1573, so bleibt bei der Bestimmung der ihm angemessenen Erwerbstätigkeit (§ 1574 Abs. 2) der erreichte höhere Ausbildungsstand außer Betracht.

1 **1. Zweck und Einordnung der Vorschrift. a) Anspruch.** Das nacheheliche Unterhaltsrecht erwähnt die Ausbildung in § 1574 III, § 1575 und § 1578 II. § 1574 III hält einen geschiedenen Ehegatten an, sich ausbilden, fortbilden oder umschulen zu lassen, wenn und weil ohne eine solche Maßnahme eine angemessene Erwerbstätigkeit nicht zu finden ist. Er begründet also eine Obliegenheit, deren Verletzung zum Verlust der Unterhaltsberechtigung führen kann. Demggü gewährt § 1575 I, II unter bestimmten Voraussetzungen dem geschiedenen Ehegatten einen Unterhaltsanspruch, der eine Ausbildungs-, Fortbildungs- oder Umschulungszeit überbrücken soll – und zwar auch dann, wenn der geschiedene Ehegatte ohnehin eine angemessene Erwerbstätigkeit zu finden vermag oder gar bereits ausübt (BGH FamRZ 1985, 782 und 1695). Die Ausbildungskosten gehören nach § 1578 II zum Lebensbedarf. Sie müssen nach dem Abschluss oder bei einem Abbruch der Ausbildung nicht erstattet werden.

2 **b) Ziel.** Der Grundsatz des § 1569, wonach nur derjenige Ehegatte einen Unterhaltsanspruch hat, der nicht selbst für seinen Unterhalt sorgen kann, wird durch die Bestimmung des § 1575 durchbrochen. Unterhaltsberechtigt ist auch derjenige Ehegatte, der zwar eine angemessene Erwerbstätigkeit finden könnte, dem aber aus mit der Ehe zusammenhängenden Gründen ein (höherer) Ausbildungsstand für eine besser qualifizierte, seinen Unterhalt nachhaltig sichernde Tätigkeit fehlt. Durch § 1575 sollen die wirtschaftl Nachteile ausgeglichen werden, die der Ehegatte in seinem beruflichen Fortkommen mit Rücksicht auf die Ehe auf sich genommen hat (BGH FamRZ 1985, 782). Durch die Berufsausbildung soll der Ehegatte befähigt werden, auf Dauer eine angemessene Beschäftigung auszuüben, damit die unterhaltsrechtl Beziehung zw den Ehegatten endgültig gelöst werden kann (BGH FamRZ 1985, 353). Ziel des Anspruchs ist es, den wirtschaftl Status des geschiedenen Ehegatten im Erwerbsleben zu verbessern, und zwar beim Anspruch auf Fortbildungs- oder Umschulungsunterhalt (Abs II), um ehebedingte Nachteile auszugleichen; dagegen setzt der Anspruch auf Ausbildungsunterhalt gem Abs I nach seinem Wortlaut ehebedingte Nachteile nicht voraus.

3 **c) Familien- und Trennungsunterhalt.** Zu den persönlichen Lebensverhältnissen, die durch den Familienunterhalt nach §§ 1360, 1360a zu decken sind, können auch die Kosten einer Ausbildung gehören (BGH FamRZ 1981, 439; 1985, 353). Ausbildungsunterhalt kann auch im Rahmen des Trennungsunterhalts geschuldet sein, obwohl er in § 1361 nicht erwähnt wird, weil der getrennt lebende Ehegatte nicht schlechter gestellt werden darf als der geschiedene (BGH FamRZ 1980, 821; 1985, 782). Wenn den Ehegatten im Fall der Scheidung eine Obliegenheit zur Ausbildung nach § 1574 III träfe, umfasst der Trennungsunterhalt auch die Ausbildungskosten. Dagegen lehnt der BGH (FamRZ 2001, 350) einen weitergehenden, allein nach den Maßstäben des § 1575 gerechtfertigten Anspruch ab, weil während der Trennungszeit, in welcher eine Versöhnung der Ehegatten nicht ausgeschlossen werden kann, nicht mehr Unterhalt verlangt werden kann als die Aufrechterhaltung des ehelichen Lebensstandards gebietet. Eine Ausnahme kann allenfalls dann in Betracht kommen, wenn ein Ehegatte während der Trennungszeit im Vorgriff auf die Voraussetzungen des § 1575 eine Ausbildung aufnimmt, nachdem das endgültige Scheitern der Ehe feststeht (BGH FamRZ 1985, 782).

4 **d) Lebenspartnerunterhalt.** § 16 LPartG verweist auf § 1575.

5 **e) Verwandtenunterhalt.** Der geschiedene Ehegatte kann auch gegen den Verwandten einen Anspruch auf Ausbildungsunterhalt nach §§ 1602, 1610 II haben, für den indes der Ehegatte nach § 1584 vorrangig haftet (BGH FamRZ 1985, 353).

6 **f) Öffentliche Förderung.** Der Anspruch nach § 1575 besteht grds unabhängig von einer **öffentlichen Ausbildungsförderung.** Maßnahmen der Ausbildungsförderung, etwa nach dem BAföG, können jedoch die Bedürftigkeit mindern (vgl BGH FamRZ 1985, 916).

2. Voraussetzungen des Anspruchs nach Abs I. a) Ehebezogener Ausbildungsmangel. Nach Abs I setzt der Anspruch auf Ausbildungsunterhalt voraus, dass der geschiedene Ehegatte entweder in Erwartung der Ehe oder während der Ehe eine Schul- oder Berufsausbildung nicht aufgenommen oder abgebrochen hat. Zw Ausbildungsmangel und Ehe muss ein zeitl Zusammenhang bestehen. Im ersten Fall muss er mit der Heiratsabsicht zusammenhängen, nicht etwa mit eigener Unzulänglichkeit, im zweiten Fall braucht er nicht ehebedingt zu sein. Einer Ausuferung des Anspruchs wird man mit Zumutbarkeitsschranken entgegenwirken. Bsp: Die Braut hat ein Studium an ihrem Wohnort nicht aufgenommen, weil sie schwanger war oder weil sie mit dem Mann abgesprochen hat, dass sie nach der Heirat mit ihm ins Ausland geht, wo er arbeitet. Der Ehegatte, der sein Studium während der Ehe wegen Krankheit abgebrochen hat, kann dieses nach der Scheidung fortsetzen und Ausbildungsunterhalt verlangen (BGH FamRZ 1980, 126). 7

b) Unterlassen einer Ausbildung. Der Ehegatte muss eine bestimmte **Schul- oder Berufsausbildung** unterlassen haben. Dies ist in einem weiten Sinn zu verstehen. Auch ein Studium kann dazu gehören. Der Ehegatte muss nunmehr dieselbe oder eine entspr, dh statusgleiche Ausbildung aufnehmen. Dies ist nicht in fachlicher, sondern in sozialer Hinsicht zu verstehen. Der Wechsel der Fachrichtung darf jedoch nicht mit einer für den anderen Ehegatten unzumutbaren Verlängerung der Ausbildungszeit verbunden sein. Eine Zweitausbildung kann grds nicht verlangt werden (Köln FamRZ 1996, 867). Bsp: Die Ehefrau, die wegen der Ehe eine Ausbildung zur Krankenschwester abgebrochen hat, kann diese nach der Scheidung fortsetzen oder eine Ausbildung als Rechtsanwaltsgehilfin machen (Köln FamRZ 1996, 86; Staudinger/*Verschraegen* 2014, Rn 34). Sie kann aber nicht auf Kosten des anderen das Abitur nachholen und studieren. 8

c) Einsatzzeitpunkt. Die Ausbildung muss zwar nicht im Scheidungszeitpunkt oder im Zeitpunkt des Beginns der Erwerbsobliegenheit, etwa nach Beendigung des Anspruchs auf Betreuungsunterhalt nach § 1570, aber so bald wie möglich aufgenommen werden (§ 1569 Rn 7). Dies bedeutet, dass der Ehegatte mit der Aufnahme der Ausbildung nicht grundlos warten darf, sondern die bei obj Beurteilung nach den Umständen nächste Möglichkeit zu einer Ausbildung nach der Scheidung ergreifen muss. Dabei ist ihm eine angemessene Überlegungsfrist zuzubilligen (Köln FamRZ 1996, 867). Für die Überbrückungszeit bis zum Beginn der Ausbildung wird regelmäßig eine Erwerbstätigkeit erwartet werden können. 9

d) Berufliche Ausbildung. aa) Sicherung der Erwerbstätigkeit. Der Ehegatte darf sich nicht um der Bildung oder Persönlichkeitsentwicklung willen ausbilden lassen (BGH FamRZ 1987, 79). Vielmehr muss die Ausbildung bezwecken, eine angemessene, nachhaltig sichernde Erwerbstätigkeit zu erlangen. Dies schließt nicht aus, dass auch ein Ehegatte einen Anspruch auf Ausbildungsunterhalt hat, der zwar eine angemessene Erwerbstätigkeit aufnehmen könnte, aber durch die Ausbildung eine ohne die Ehe schon früher erreichte Verbesserung seines Status im Erwerbsleben erstrebt (BGH FamRZ 1985, 782). 10

bb) Erforderlichkeit. Gründe, die iSd § 1574 III gegen die Erforderlichkeit einer Ausbildung sprechen (BGH FamRZ 1984, 561), können auch einem Anspruch auf Ausbildungsunterhalt nach § 1575 entgegenstehen. Die Finanzierung einer besonders kostspieligen Ausbildung kann nur unter besonderen Umständen verlangt werden. 11

cc) Altersgrenze. § 1575 nennt zwar keine bestimmte Altersgrenze, die für einen Ausbildungsunterhalt einzuhalten ist. Wenn indes der Ehegatte bei Abschluss der Ausbildung zu alt sein wird, um überhaupt erwerbstätig zu sein, kann er nicht Unterhalt nach § 1575 beanspruchen. Dies ergibt sich auch daraus, dass Ausbildungsunterhalt nicht zu den in § 1571 aufgeführten Voraustatbeständen gehört. 12

dd) Arbeitsmarkt. Ein Anspruch nach § 1575 wird auch dann zu verneinen sein, wenn bei realistischer Betrachtung der Arbeitsmarkt für den Ehegatten wegen seines aE der Ausbildung erreichten Alters verschlossen sein wird. Gleiches gilt für eine Ausbildung, für die es praktisch keine Arbeitsstelle gibt. 13

ee) Nachhaltige Sicherung. In diesen Fällen wird es auch an der Voraussetzung fehlen, dass die Erwerbstätigkeit den Unterhalt nachhaltig sichert (Frankfurt FamRZ 1985, 712: Studienziel „Magister" reicht nicht aus). 14

e) Ausbildungsverhältnis. Nach der Rspr des BGH (FamRZ 1987, 795) ist eine Ausbildung iSd § 1575 nur dann zu bejahen, wenn sich der Ehegatte in einem Ausbildungsverhältnis mit einem bestimmten Plan unter Leitung eines bestimmten Ausbilders befindet. Eine selbständige berufliche Tätigkeit genügt auch dann nicht, wenn sie nach einer bestimmten Dauer die Zulassung zu einer berufsqualifizierenden Prüfung, etwa zum Buchhändler, ermöglicht. 15

f) Erfolgsaussicht. Voraussetzung des Ausbildungsunterhalts ist weiter, dass der erfolgreiche Abschluss der Ausbildung erwartet werden kann. Daran fehlt es, wenn etwa gesundheitliche Gründe entgegenstehen oder die für ein Studium erforderliche Begabung nicht vorliegt, was sich etwa aus schlechten Noten im Abitur und ungenügenden Leistungsergebnissen im abgebrochenen Studium ergeben kann. Der erfolgreiche Abschluss kann auch dann gefährdet sein, wenn der Unterhaltsanspruch nur teilw die Kosten während der Ausbildungszeit deckt und die Finanzierung des Restes ungewiss bleibt. 16

g) Unterhaltszeitraum. Der Unterhaltsanspruch besteht nach § 1575 I 2 längstens für die Zeit, in welcher die Ausbildung im Allg abgeschlossen wird. Ehebedingte Verzögerungen sind hinzunehmen, grds aber nicht solche, die auf höchstpersönlichen Gründen beruhen. Eine krankheitsbedingte Verzögerung der Ausbildung, die von den Ehegatten einverständlich hingenommen wurde, steht einer ehebedingten Verzögerung gleich (BGH FamRZ 1980, 126). Unverschuldete Unterbrechungen, etwa wegen Krankheit, Notwendigkeit der Kindesbetreuung oder 17 der Abbruch der Ausbildung sind dem Verpflichteten unverzüglich mitzuteilen (BGH FamRZ 1980, 1095). Sie lassen zwar den Unterhaltsanspruch für die nachfolgende Ausbildungszeit nicht entfallen. Für die Dauer der Unterbrechung, soweit diese nicht nach Treu und Glauben hinnehmbar ist, kann indes ein Unterhaltsanspruch nicht auf § 1575 gestützt werden, sondern nur auf eine sonstige Vorschrift der Unterhaltsberechtigung, auch auf § 1576.

18 **3. Voraussetzungen des Anspruchs nach Abs II. a) Ehebedingter Ausbildungsrückstand.** In Abs II werden der Ausbildung Fortbildung und Umschulung gleichgesetzt. Die Begriffe sind so zu verstehen, dass eine vorhandene berufliche Ausbildung oder berufliche Erfahrungen ausgebaut oder den geänderten beruflichen Anforderungen angepasst werden können (BGH FamRZ 1987, 795). Neben einer ersten berufsbezogenen Ausbildung soll auch deren Auffrischung und auch die Qualifikation für einen Berufswechsel vom Ausbildungsunterhalt gedeckt sein, jedoch nicht ein Studium (BGH FamRZ 1985, 782). Musste ein Ehegatte wegen ehebedingter Umstände seine Weiterbildung zum Facharzt abbrechen, besteht ein Anspruch nach § 1575 II, insb dann, wenn die Weiterbildung notwendig ist, um eine angemessene Erwerbstätigkeit zu erlangen (Düsseldorf FamRZ 2014, 1466).

19 Der Fortbildungs- oder Umschulungswillige hat darzutun, welche Stellung im Berufsleben er ohne die Ehe (nach aller Voraussicht) erreicht hätte. Hat die Heirat den Ehegatten nach Deutschland geführt, ist bei dem Vergleich der Berufslagen (nicht nur, aber auch) der Lebensstandard, den der Beruf ohne Ehe im Ausland vermittelt hätte, zu dem Lebensstandard in Beziehung zu setzen, den der Beruf ohne Fortbildung oder Umschulung im Inland verschafft (BGH FamRZ 1984, 988; zum ehebedingten Nachteil: BGH FamRZ 2013, 864 und 1366).

20 **b) Berufsbezogene Maßnahme.** Die **Entsprechung** zu Abs I bedeutet vor allem: Fortbildung oder Umschulung müssen auf eine Erwerbstätigkeit ausgerichtet sein, die den Unterhalt nachhaltig zu sichern verspricht (Rn 2, 10). Der geschiedene Ehegatte muss für die angestrebte Maßnahme geeignet sein (Rn 16) und sich „sobald wie möglich" fortbilden oder umschulen lassen (Rn 9). Bei der Dauer des Unterhalts wird man sich an die Richtwerte der Förderungsprogramme zu halten haben.

21 **4. Bedarf.** Der für die Zeit der Ausbildung zu deckende Bedarf bestimmt sich nach den ehelichen Lebensverhältnissen (§ 1578). Er kann iSv § 1578b zeitl begrenzt und dann auf den angemessenen Bedarf herabzustufen sein. Er umfasst auch die Kosten einer Krankenversicherung und die Ausbildungskosten (§ 1578 II), nicht jedoch Vorsorgeunterhalt (§ 1578 III).

22 **5. Arbeitslosigkeit. a) Grundsatz.** Soweit nach der Ausbildung keine angemessene Erwerbstätigkeit gefunden werden kann, besteht grds ein Anspruch nach § 1573 I. Nach Abschluss der Fortbildungsmaßnahme ist eine Übergangsfrist zuzubilligen, damit der Unterhaltsberechtigte eine angemessene Stelle finden kann (BGH FamRZ 2011, 454 Rn 31).

23 **b) Niveausteigerung.** Der geschiedene Ehegatte kann als Folge der Ausbildung auf Kosten des anderen Ehegatten ein Ausbildungsniveau erreichen, das über den ehelichen Lebensverhältnissen liegt, wie sich aus § 1575 III ergibt (BGH FamRZ 1985, 782). Findet der Ehegatte nach der Ausbildung keinen dieser Niveausteigerung entspr Arbeitsplatz, kann er nach Abs III grds nur den Unterhalt nach den ehelichen Lebensverhältnissen verlangen, und zwar nicht mehr nach § 1575, sondern nur, soweit eine anderweitige Anspruchsberechtigung, etwa wegen Krankheit nach 1572 Nr 3 oder als Anschlussunterhalt nach 1573 III, gegeben ist; denn mit der Beendigung der Ausbildung gilt der Grundsatz des § 1569, dass der geschiedene Ehegatte für sich selbst sorgen muss (zur Übergangszeit: BGH FamRZ 2011, 454, Rn 31). Danach ist die Voraussetzung für Arbeitslosenunterhalt nach § 1573 III iVm Abs I zu verneinen, wenn er eine angemessene, wenn auch nicht ausbildungsadäquate Stelle finden könnte. Abs III greift auch dann ein, wenn ein Anspruch gem Abs I und II nur an der Bedürftigkeit des Berechtigten scheitert, weil ein Dritter die Ausbildungskosten zu tragen hat, auch wenn der Berechtigte „Ausbildungsunterhalt" gem § 1573 I iVm § 1574 II bezogen hat.

24 **c) Surrogatseinkommen.** Auch ein Erwerbseinkommen, das aufgrund einer niveausteigernden Ausbildung erzielt wird, ist als Surrogat des Wertes der Familienarbeit iSd Rspr des BGH (FamRZ 2001, 96; s § 1578 Rn 20) wie eheprägendes Einkommen zu behandeln, weil keine außergewöhnliche Entwicklung vorliegt.

25 **6. Konkurrenzen. a) § 1575 und § 1573.** Nach zutr, überwiegender Meinung ist die Rechtsgrundlage für den Unterhaltsanspruch nur oder auch § 1573 I, wenn der Ehegatte überhaupt nur durch eine Ausbildung eine angemessene Erwerbstätigkeit finden kann. Der BGH (FamRZ 1980, 126) hat die Frage offengelassen.

26 **b) § 1575 und §§ 1570ff.** Der Ehegatte ist nach § 1575 anspruchsberechtigt, weil er sich ausbilden darf, obwohl er eine angemessene Erwerbstätigkeit ausüben könnte. Dagegen beruhen die Anspruchsberechtigungen nach §§ 1570–1573 darauf, dass der Ehegatte aus bestimmten, gesetzl anerkannten Gründen an einer Erwerbstätigkeit gehindert ist. Kann der Ehegatte wegen eines Ausbildungsmangels keine angemessene Erwerbstätigkeit finden, obliegt es ihm nach § 1574 III als besonderer Form der Erwerbsobliegenheit, sich ausbilden zu lassen. Daraus ergibt sich, dass der Ehegatte nur nach § 1575 anspruchsberechtigt ist, wenn er eine angemessene Erwerbstätigkeit zwar finden könnte, er indes eine Ausbildung wegen eines mit der Ehe zusammenhängenden Ausbildungsmangels antreten will. Nur nach § 1573 I (oder nach §§ 1570–1572, § 1573 II, III) besteht eine Anspruchsberechtigung, wenn der Ehegatte zwar wegen eines Ausbildungsmangels, der aber mit der Ehe nichts zu tun hat, keine angemessene Erwerbstätigkeit findet. Liegt schließlich ein mit der Ehe zusammenhängender Ausbildungsmangel vor, ohne dessen Beseitigung keine Chance auf eine angemessene Stelle auf dem Arbeitsmarkt besteht, dann kann der Ehegatte nach § 1575 Unterhalt verlangen.

c) **Arbeitsbemühungen.** Es kommt vor, dass der geschiedene Ehegatte, der nach der Ehe (erstmalig oder wieder) erwerbstätig sein will, trotz hinreichender Bemühungen keine angemessene Beschäftigung findet, weil er nicht genugend qualifiziert ist. Ist dies aus mit der Ehe zusammenhängenden Gründen der Fall, kann er die Arbeitsbemühungen abbrechen und muss dies sobald wie möglich tun, wenn er Ausbildungsunterhalt nach § 1575 beanspruchen will. Bis dahin hat er einen Anspruch nach § 1573 I. Ein solcher Anspruch ist auch dann gegeben, wenn der Ehegatte nach Abschluss der Ausbildung keine angemessene Erwerbstätigkeit findet (Köln FamRZ 1996, 867). 27

7. Beweislast. Der Anspruchssteller muss die Voraussetzungen für einen Ausbildungsunterhalt beweisen. Bei einem Abbruch der Ausbildung während der Ehe wird die Ehebedingtheit vermutet (BGH FamRZ 1980, 126). IÜ muss für den Anspruch nach Abs I nur der zeitl Zusammenhang des Ausbildungsmangels mit der Ehe, nicht dessen Ehebedingtheit bewiesen werden (Baumgärtel/Laumen/Prütting/*Pruskowski* Beweislast Rn 2; str). Für den Anspruch nach Abs II muss bewiesen werden, dass Nachteile ausgeglichen werden sollen, die durch die Ehe entstanden sind. 28

§ 1576 Unterhalt aus Billigkeitsgründen

Ein geschiedener Ehegatte kann von dem anderen Unterhalt verlangen, soweit und solange von ihm aus sonstigen schwerwiegenden Gründen eine Erwerbstätigkeit nicht erwartet werden kann und die Versagung von Unterhalt unter Berücksichtigung der Belange beider Ehegatten grob unbillig wäre. Schwerwiegende Gründe dürfen nicht allein deswegen berücksichtigt werden, weil sie zum Scheitern der Ehe geführt haben.

1. Zweck und Einordnung der Vorschrift. Der Anwendungsbereich der Vorschrift ist im Verhältnis zum Regelungsbereich der §§ 1570ff nicht gegenständlich auf andere als die dort genannten Gründe begrenzt. Der Billigkeitsanspruch kann als eine Art Auffangtatbestand auch Unterhaltslücken schließen, die das Gesetz im Anspruchskatalog der §§ 1570ff dem Risikobereich des Berechtigten zugedacht hat (BGH FamRZ 1983, 800; 1984, 361), insb wenn der Einsatzpunkt nicht gewahrt ist (BGH FamRZ 2003, 1734 m Anm *Büttner*). Die damit verbundene Gefahr einer allg uferlosen Auffangklausel hat sich in der Praxis nicht verwirklicht. Die Anwendung der Vorschrift ist auf einzelne Ausnahmefälle beschränkt, in welchen die Versagung von Unterhalt dem Gerechtigkeitsempfinden in unerträglicher Weise widerspräche. 1

2. Voraussetzungen. a) Überblick. § 1576 setzt zweierlei voraus: Sonstige schwerwiegende Gründe dürfen die Aufnahme einer Erwerbstätigkeit nicht erwarten lassen (Rn 3ff); die Versagung von Unterhalt müsste unter Berücksichtigung der Ehegattenbelange grob unbillig sein (Rn 8ff). Ob diese Erwägungen bei der Frage nach der Schwere der Gründe oder bei derjenigen nach der groben Unbilligkeit anzustellen sind, kann im Einzelfall str sein, ist letzthin aber nur eine Standortfrage. 2

b) Schwerwiegende Gründe. aa) Als schwerwiegende Gründe kommen auch Umstände in Betracht, die der Anspruchskatalog der §§ 1570ff zwar erwähnt, aber für unerheblich erachtet – etwa die Betreuung eines nicht gemeinschaftl Kindes, das aus einer früheren Ehe des Bedürftigen stammt (BGH FamRZ 1983, 800) oder das als gemeinsames Pflegekind der Ehegatten in der Familie aufgewachsen ist (BGH FamRZ 1984, 361; *Maier* FPR 2004, 440), oder wenn ein Ehegatte mit Zustimmung des anderen das Pflegeverhältnis begründet hat (BGH FamRZ 1984, 769). Auch an die Betreuungsbedürftigkeit anderer Personen, etwa der Eltern, ist zu denken. Die Betreuungsbedürftigkeit allein kann aber nicht entscheidend sein (BGH FamRZ 1984, 361). Weitere Umstände müssen hinzukommen. 3

bb) Die schwerwiegenden Gründe brauchen zwar nicht auf „ehelichen Verhältnissen" zu beruhen. Deshalb gewährt § 1576 nicht nur Unterhalt für ehebedingte Bedürftigkeit (BGH FamRZ 1983, 800). Das **Fehlen von ehebedingten Gründen** spricht indes gegen ihre Einstufung als schwerwiegende Gründe. 4

cc) Ob die **Anforderungen an die Zumutbarkeit einer Erwerbstätigkeit** im Bereich des § 1576 ggü diesen Anforderungen im Rahmen des § 1570 zu steigern sind, ist zweifelhaft. Hat das nicht gemeinschaftl Kind während der Ehe den später geschiedenen Partner an einer Erwerbstätigkeit (auch zunächst nach der Trennung der Eheleute) nicht gehindert, sollte die Frage, ob eine Erwerbstätigkeit erwartet werden kann, besonders krit geprüft werden, und zwar unabhängig vom „Billigkeitsurteil" über die Versagung des Unterhalts (vgl den Ausgangsfall zu BGH FamRZ 1984, 361). 5

dd) Besonders heikel ist die Frage, ob § 1576 zu einem **Ausbildungsunterhalt** führen kann, wenn die Voraussetzungen des § 1575 nicht vorliegen. Diese Frage wird mitunter mit dem Hinweis auf eine abschließende Regelung der Aus- und Fortbildungsfinanzierungsfrage in den § 1573, § 1574 III, § 1578 II und § 1575 verneint (Düsseldorf FamRZ 1980, 585). Das ist richtig, wenn man der Rspr des BGH zur Ausbildungsfinanzierung folgt. Der BGH hält Studierende nach der Trennung (BGH FamRZ 1981, 439) oder nach der Scheidung (BGH FamRZ 1980, 126) nicht schlechthin an, ein Studium abzubrechen und die Arbeitskraft im Erwerbsleben einzusetzen; er gewährt vielmehr unter bestimmten Voraussetzungen einen Unterhaltsanspruch, der sich aus § 1361 oder § 1573 I herleitet, um die Fortsetzung des Studiums zu ermöglichen. Eine weitere Verlagerung fremder Aus- und Fortbildungskosten auf den geschiedenen Ehegatten mit Hilfe der Härteklausel des § 1576 wäre unangebracht. 6

ee) Besondere **Opfer**, die ein Ehegatte während der Ehe erbracht hat, rechtfertigen – für sich allein betrachtet – den Einsatz der Härteklausel nicht. Sie können aber bei der Frage, ob und ab wann eine Erwerbstätigkeit zu erwarten ist, ebenso von Bedeutung sein wie bei dem Billigkeitsurteil über die Unterhaltserwartungen. Man darf 7 aber mit Hilfe der Härteklausel nicht schlechthin die „Altersgrenze" für den Altersunterhalt vorverlegen, nur weil ältere Menschen auf dem Arbeitsmarkt schwer eine Stelle finden (vgl aber die – vom BGH insoweit nicht beanstandete – Ausgangsentscheidung zu BGH FamRZ 1984, 361). Man darf auch nicht ohne Rücksicht auf solche Opfer schlechthin die Anforderungen an den Krankheitsunterhalt (§ 1572) senken.

8 **c) Grobe Unbilligkeit.** aa) Schwerwiegende Gründe rechtfertigen den Unterhaltsanspruch nur dann, wenn seine Versagung unter Berücksichtigung der Belange beider Ehegatten grob unbillig wäre, dh seine Ablehnung dem Gerechtigkeitsempfinden in unerträglicher Weise widerspräche (BGH FamRZ 1983, 800). Bei den Billigkeitserwägungen ist auf den Zusammenhang zu achten zw dem schwerwiegenden Grund, der die Aufnahme einer Erwerbstätigkeit nicht erwarten lässt, und der Art, wie die Ehegatten während der Ehe ihr Leben gestaltet haben. So reicht etwa die Aufnahme der Eltern des jetzt bedürftigen Ehegatten in den gemeinsamen Hausstand – für sich allein betrachtet – nicht aus. Vielmehr muss die jetzige Bedarfslage auf einer gemeinsamen verantwortlichen Lebensgestaltung der Eheleute beruhen, die Vertrauensschutz auf den Fortbestand der Unterhaltslage auch nach dem Scheitern des Lebensplanes gebietet; das ist etwa dann der Fall, wenn ein Ehegatte den anderen zur Aufgabe einer Erwerbstätigkeit wegen der Betreuung der Angehörigen veranlasst hat. Erweist sich ein **Pflegekind** als Erwerbshindernis, kann mit Rücksicht auf das Kindesinteresse die Verantwortlichkeit eines geschiedenen Ehegatten für den Fortbestand der Unterhaltslage gesteigert werden, wenn die Ehegatten das Pflegekind gemeinsam angenommen haben (BGH FamRZ 1984, 361) oder (allerdings wohl nur mit Abschwächung) wenn ein Ehegatte mit Zustimmung des anderen das Pflegeverhältnis begründet hat (BGH FamRZ 1984, 769). So ist besondere Vorsicht geboten, wenn ein Ehegatte der Aufnahme eines Pflegekindes nur zugestimmt hat, um das – vom Partner sonst befürchtete – Scheitern der Ehe abzuwenden. Mit Recht versagt deshalb Hamm (FamRZ 1996, 1417) den Anspruch, wenn das Kind erst kurz vor dem endgültigen Scheitern der Ehe in die eheliche Gemeinschaft aufgenommen worden ist. Bei der Billigkeitsbeurteilung kann die Dauer des Pflegeverhältnisses Bedeutung erlangen, darüber hinaus aber auch der Zeitabstand zw Begründung des Pflegeverhältnisses und Trennung oder Scheidung. Ein erst nach der Scheidung aufgenommenes Pflegekind soll zum Unterhaltsanspruch nach § 1576 verhelfen, wenn dieses von der gemeinsamen Tochter der geschiedenen Eheleute abstammt (AG Herne-Wanne FamRZ 1996, 1016; bedenklich, weil der Sache nach Probleme aus dem Verwandtenunterhaltsrecht in das nacheheliche Unterhaltsrecht verlagert werden).

9 **bb)** Die negativen Billigkeitsklauseln des **§ 1578b** und des **§ 1579** sind ggü der positiven Billigkeitsklausel des § 1576 nicht einzusetzen (vgl zu den Konkurrenzen Rn 15). Wohl aber sind Umstände, die sich im Rahmen dieser Vorschriften als unterhaltsfeindlich erweisen, etwa das Fehlen ehebedingter Nachteile, in die Billigkeitsprüfung gem § 1576 einzubeziehen (BGH FamRZ 1984, 361 zu § 1579). S 2 verbietet nur, schwerwiegende Gründe allein deswegen zu berücksichtigen, weil sie zum Scheitern der Ehe geführt haben, schließt aber – entgegen dem Ansatz des Rechtsausschusses – die Mitberücksichtigung solcher Umstände nicht aus. Da es sich bei dem Billigkeitsanspruch um eine Ausnahmeregel handelt, sollte man die Grenzlinie für die Beachtlichkeit ehezerstörenden Verhaltens, an dem der gemeinsame Lebensplan gescheitert ist, nicht so eng ziehen, wie im Bereich des § 1579 Nr 7, 8; denn es fehlt dann an dem schutzwürdigen Vertrauen, dem die Härteklausel des § 1576 dienen soll. Man muss die Grenzlinie auch nicht so ziehen wie beim Versorgungsausgleich nach § 27 VersAusglG; denn beim Versorgungsausgleich geht es um eine Abwicklung für die Vergangenheit, beim Unterhalt um eine Gestaltung für die Zukunft.

10 Ein Ehebruchskind, dessen Ehelichkeit (Vaterschaft) erfolgreich angefochten worden ist, sollte mit seinem Betreuungsbedarf keinen Billigkeitsunterhalt gem § 1576 auslösen (Celle FamRZ 1979, 238, 239; aA Frankfurt FamRZ 1982, 299 [aber Beschränkung auf den notwendigen Unterhalt] m Anm *Bosch*). Ein nacheheliches gemeinschaftl Kind führt nicht zum Billigkeitsanspruch des § 1576, sondern nach § 1615l (BGH FamRZ 1998, 426). Ein genetisch gemeinschaftl Kind, dem ein (noch) früherer Ehemann der Mutter als Vater zugeordnet ist, soll dagegen diesen Anspruch auslösen (Düsseldorf FamRZ 1999, 1274; bedenklich wegen § 1592 Nr 1).

11 **3. Einsatzzeitpunkt.** Anspruchserhebliche Einsatzzeitpunkte sieht das Gesetz nicht vor. § 1576 kann also vom Ansatz einen Unterhaltsanspruch auch dann noch rechtfertigen, wenn nach dem abgebrochenen Verknüpfungszusammenhang der „normalen" Rechtfertigungstatbestände Unterhalt nicht mehr zu erwarten wäre (BGH FamRZ 2003, 1734). Stellt sich eine Bedarfslage nach dem Abbruch des Verknüpfungszusammenhanges ein, ist aber beim Billigkeitsurteil besonders darauf zu achten, ob ehebedingte Bedürftigkeit ausgeglichen werden soll oder etwas anderes. Je später nach der Ehescheidung eine ungedeckte Bedarfslage auftritt, umso eher wird man geneigt sein, die Versagung eines Unterhaltsanspruchs nicht als grob unbillig zu empfinden (BGH FamRZ 2003, 1734 m Anm *Büttner*).

12 **4. Zeitraum.** Der Unterhaltsanspruch kann (mit Rücksicht auf die „Solange-Formel") zeitl begrenzt werden. Nach dem Wortlaut des Gesetzes kann ein zeitl begrenzter Billigkeitsunterhalt nicht einen Anschlussunterhalt – etwa wegen Alters oder wegen Krankheit – auslösen. Die Billigkeitsentscheidung hat damit bei der Entscheidung über die Dauer des Anspruchs zu berücksichtigen, dass ein Anschlussunterhalt nicht gegeben ist.

13 **5. Anspruchshöhe.** Das Billigkeitsurteil betrifft nicht nur den Grund, sondern auch (trotz des Standortes der Gesetzesbestimmung) die Höhe des Anspruchs (vgl Rn 15). Der Anspruch muss deshalb nicht notwendig am Richtmaß des § 1578 I 1 gemessen werden. Die Versagung von Unterhalt ist aber nicht schon dann nicht mehr grob unbillig, wenn die Unterhaltslast den angemessenen Eigenbedarf des Schuldners gefährdet.

6. Rang. Der Rang des nach § 1576 Unterhaltsberechtigten (§ 1609) ist nicht aus Billigkeitsgründen veränderbar (BGH FamRZ 1985, 911). 14

7. Konkurrenzen. Der Anspruch auf Billigkeitsunterhalt ist ggü dem Anspruch auf Betreuungsunterhalt (§ 1570) subsidiär (BGH FamRZ 1984, 361; 1984, 769), ferner ggü Krankheitsunterhalt nach § 1572 (BGH FamRZ 2003, 1734), aber auch ggü den übrigen Einzelansprüchen der §§ 1571–1575, weil § 1576 nur eingreift, wenn nicht einer von diesen erfüllt ist (aA *Maier* FPR 2004, 440 für Aufstockungsunterhalt nach § 1573 II). Fraglich ist insb auch das Verhältnis zu § 1578b und 1579. Da § 1576 sowohl hinsichtl der Dauer („solange") als auch hinsichtl der Höhe eine umfassende Billigkeitsabwägung verlangt, geht die Billigkeitserwägung nach § 1578b und § 1579 in § 1576 auf. 15

8. Beweislast. Der Bedürftige hat die Voraussetzungen für die schwerwiegenden Gründe darzulegen und zu beweisen. Für die Billigkeitsprüfung hat jeder Ehegatte die zu seinen Gunsten sprechenden Umstände darzulegen und zu beweisen (Staudinger/*Verschraegen* 2014, Rn 52; Johannsen/Henrich/Althammer/*Hammermann* Rn 45). 16

§ 1577 Bedürftigkeit

(1) Der geschiedene Ehegatte kann den Unterhalt nach den §§ 1570 bis 1573, 1575 und 1576 nicht verlangen, solange und soweit er sich aus seinen Einkünften und seinem Vermögen selbst unterhalten kann.

(2) Einkünfte sind nicht anzurechnen, soweit der Verpflichtete nicht den vollen Unterhalt (§§ 1578 und 1578b) leistet. Einkünfte, die den vollen Unterhalt übersteigen, sind insoweit anzurechnen, als dies unter Berücksichtigung der beiderseitigen wirtschaftlichen Verhältnisse der Billigkeit entspricht.

(3) Den Stamm des Vermögens braucht der Berechtigte nicht zu verwerten, soweit die Verwertung unwirtschaftlich oder unter Berücksichtigung der beiderseitigen wirtschaftlichen Verhältnisse unbillig wäre.

(4) War zum Zeitpunkt der Ehescheidung zu erwarten, dass der Unterhalt des Berechtigten aus seinem Vermögen nachhaltig gesichert sein würde, fällt das Vermögen aber später weg, so besteht kein Anspruch auf Unterhalt. Dies gilt nicht, wenn im Zeitpunkt des Vermögenswegfalls von dem Ehegatten wegen der Pflege oder Erziehung eines gemeinschaftlichen Kindes eine Erwerbstätigkeit nicht erwartet werden kann.

1. Zweck und Einordnung der Vorschrift. a) Bedürftigkeit. Grds muss der geschiedene Ehegatte selbst für seinen Unterhalt sorgen (§ 1569). Er kann indes Unterhalt von dem anderen Ehegatten verlangen, wenn er die Anspruchsvoraussetzungen der Tatbestände der §§ 1570–1573, 1575, 1576, 1586a erfüllt und iSv § 1577 bedürftig ist, dh wenn er seinen eheangemessenen oder angemessenen Bedarf iSv § 1578 bzw § 1578b nicht durch eigene tatsächliche oder mit zumutbarem Einsatz erzielbare Einkünfte oder mit seinem Vermögen decken kann (s Vor § 1569 Rn 11). **Abs I** schreibt als zwingende Regel vor, dass Einkommen und Vermögen aus zumutbarem Einsatz für den eigenen Unterhalt heranzuziehen sind. **Abs II** sieht vor, dass überobligatorisches Einkommen nur nach Billigkeit auf den Bedarf anzurechnen ist. Sie ist neben § 1573 II ein Beleg dafür, dass dem Gesetz die Anrechnungs- oder Abzugsmethode zugrunde liegt (§ 1578 Rn 36). **Abs III** bezeichnet die Voraussetzungen, unter denen der Bedürftige das Vermögen für seinen Unterhalt verwerten muss. **Abs IV** regelt, mit gleichem Grundgedanken wie § 1573 IV für den Wegfall einer Erwerbstätigkeit (BGH FamRZ 1987, 689), den Fall, dass der Ehegatte ohne zeitl Zusammenhang mit der Scheidung bedürftig wird, weil sein den Unterhalt nachhaltig sicherndes Vermögen entfallen ist. Nach dem Grundsatz des Abs IV S 1 besteht kein Anspruch, wenn im Zeitpunkt der Scheidung der Unterhalt durch eigenes Vermögen nachhaltig gesichert schien. S 2 macht davon eine Ausnahme für den Fall, dass der Ehegatte im Zeitpunkt des Vermögenswegfalls ein Kind betreut. Damit wird klargestellt, dass die nicht an einen Einsatzzeitpunkt geknüpfte Unterhaltsberechtigung wegen Kindesbetreuung nach § 1570 auch für den bislang durch sein Vermögen abgesicherten Ehegatten gilt. Fehlte im Zeitpunkt der Scheidung die Bedürftigkeit wegen eines Vermögens, das den Unterhalt nicht nachhaltig sicherte, und fällt dieses weg, besteht ein Unterhaltsanspruch, wenn die Voraussetzungen einer Unterhaltsberechtigung nach §§ 1570–1573, 1575, 1576, dh soweit vorgeschrieben, auch die des Einsatzzeitpunktes, erfüllt waren. Die Bedürftigkeit muss nicht im Einsatzzeitpunkt vorliegen (§ 1569 Rn 7). Dagegen ist der Bestimmung des Abs IV nicht zu entnehmen, dass es eine eigene Unterhaltsberechtigung mit dem Einsatzzeitpunkt „Wegfall des nicht nachhaltig den Unterhalt sichernden Vermögens" gibt oder der Einsatzzeitpunkt für eine Unterhaltsberechtigung nach anderen Vorschriften auf den Zeitpunkt des Wegfalls des nicht nachhaltig sichernden Vermögens verschoben wird. Deshalb besteht **kein Unterhaltsanspruch**, wenn der geschiedene Ehegatte zunächst im Vertrauen auf ein nicht verlässliches Vermögen oder auf Gelegenheitseinkünfte eine Dauerbeschäftigung ausgeschlagen oder sich um eine solche Beschäftigung nicht ernstlich bemüht hat und das Vermögen aufgezehrt ist oder die Gelegenheitseinkünfte ausbleiben – unabhängig davon, ob der geschiedene Ehegatte jetzt trotz ernstlicher Bemühungen eine angemessene Erwerbstätigkeit nicht mehr zu finden vermag (vgl § 1573 I) oder den Zugang zum Arbeitsmarkt wegen einer Erkrankung (vgl § 1572) oder seines Alters (vgl § 1573) versperrt sieht. Entfallen Einkünfte aus einer angemessenen Erwerbstätigkeit, die den Unterhalt nachhaltig zu sichern versprachen, ergibt sich dies bereits aus § 1573 IV. 1

b) Parallelvorschriften. Das nachpartnerschaftliche Unterhaltsrecht (§ 16 LPartG) verweist auf § 1577. Das Verwandtenunterhaltsrecht (§ 1602) begnügt sich mit allg gehaltenen Bestimmungen. 2

2. Grundregel des Abs I. a) Minderung der Bedürftigkeit. Einkünfte und Vermögen des nach den §§ 1570ff unterhaltsberechtigten geschiedenen Ehegatten schließen einen Unterhaltsanspruch aus, soweit sie den Lebens- 3 bedarf dieses Ehegatten decken – gleichgültig, ob sich dessen Unterhaltserwartungen auf den „vollen" Unterhalt iSd § 1578 I 1 richten oder auf den angemessenen Unterhalt iSd § 1578b beschränken. Allerdings muss es sich um Vermögen handeln, für das ein Verwertungszwang besteht (Abs III), und um Einkünfte, die zumutbaren Anstrengungen entstammen oder bei überobligatorischem Einkommen dessen unterhaltsrelevanten Teil betreffen (Abs II).

4 **b) Einkünfte.** Der Begriff der Einkünfte umfasst iSd unterhaltsrechtl Einkommens (s Vor § 1569 Rn 40ff) alle zur Bedarfsbefriedigung geeigneten Mittel. Trotz der allg Geltung der Einkommenslehre für alle Tatbestände müssen das bedarfsprägende Einkommen iSv §§ 1578, 1578b, das die Bedürftigkeit bestimmende Einkommen nach § 1577 und das die Leistungsfähigkeit begründende Einkommen iSv § 1581 nicht identisch sein. Namentlich ist ein Einkommen nach § 1577 auf den Bedarf iSv § 1578 mindernd anzurechnen, gleich, ob es zum bedarfsbestimmenden Einkommen (ursprüngl oder als Surrogat) gehört oder nicht. Maßgebend ist das Nettoeinkommen, bereinigt um berufsbedingte Aufwendungen (s Vor § 1569 Rn 54).

5 **c) Verbindlichkeiten. aa)** Schulden des Unterhaltsberechtigten mindern das nach § 1577 anrechenbare Einkommen grds nicht, wie der Umkehrschluss aus dem anders gefassten § 1581 ergibt. Die Unterhaltspflicht umfasst grds nicht die Verpflichtung, die Schulden des anderen Ehegatten zu tilgen (BGH FamRZ 1985, 902; 1990, 280: Prozesskosten; 1985, 273; 2004, 1370: Unterhaltschuld). Ausnahmsw sind indes Unterhaltsschulden und andere Verbindlichkeiten vom Einkommen absetzbar, wenn sie das eheprägende Einkommen oder Surrogatseinkommen des Unterhaltsberechtigten mindern, also etwa der Barunterhalt für das während der Ehe betreute Kind. Der BGH (FamRZ 1991, 1163) weist zu Recht daraufhin, dass der allein verdienende neue Ehegatte eine Nebenbeschäftigung des anderen Ehegatten dulden muss, damit dieser seiner Unterhaltspflicht ggü einem Kind oder dem Ehegatten aus erster Ehe nachkommen kann (BGH FamRZ 1980, 43; 1986, 668; 2001, 1065). Er fährt fort, es sei nicht einzusehen, dass Einkünfte, die zur Deckung des Unterhaltsbedarfs des erstehelichen Kindes eingesetzt worden seien, von der Trennung an nur für den Bedarf der Ehegatten verfügbar sein sollten. Zwar bezieht sich diese Entscheidung ausdrückl nur auf Trennungsunterhalt. Für den nachehelichen Unterhalt kann indes trotz des Grundsatzes der Eigenverantwortung (§ 1569) und des Wortlauts des § 1577 aus Gründen der Gleichbehandlung der Ehegatten nichts anderes gelten (BGH FamRZ 1987, 259). Den Unterhalt für ein nach der Scheidung geborenes Kind kann der Berechtigte, im Gegensatz zum Verpflichteten (§ 1581), nicht einkommensmindernd geltend machen.

6 **bb)** Einkommensmindernd kann dem Grundsatz nach auch eine vor der Trennung begründete, eheprägende Darlehensverbindlichkeit sein, die aus dem eheprägenden Einkommen oder Surrogatseinkommen des Unterhaltsberechtigten abgetragen wird, aber nicht zu einem negativen Einkommen führen darf (BGH FamRZ 2007, 879: abziehbar bis zur Grenze der Summe aller Einkünfte und Gebrauchsvorteile). Anders zu entscheiden verstieße gegen den Grundsatz der Gleichbehandlung der Ehegatten bei der Bemessung des Bedarfs (§ 1578). Die für jede Berücksichtigung von Verbindlichkeiten notwendige erforderliche Abwägung der Interessen aller Beteiligten nach dem Grundsatz von Treu und Glauben kann indes zu dem Ergebnis führen, dass ein nach § 1578 gerechtfertigter Einkommensabzug im Rahmen der Bedürftigkeitsprüfung nach § 1577 wegen des Grundsatzes der Eigenverantwortung nicht oder nicht im vollen Umfang begründet ist. Als mögliches Ergebnis der Abwägung ist der Rspr des BGH (FamRZ 1998, 87) zuzustimmen, wonach Kapitaltilgungen, anders als Zinstilgungen, bei der Bewertung des Wohnvorteils nach § 1577 nicht beachtlich sind. Ansonsten würde Unterhalt zur Vermögensbildung des Berechtigten dienen (s zum Tilgungsabzug Vor § 1569 Rn 46).

7 **d) Erwerbseinkommen.** Erwerbseinkommen ist nach Abzug eines **Erwerbstätigenbonus** in die Unterhaltsrechnung einzustellen (s Vor § 1569 Rn 57).

8 **e) Tatsächliches und erzielbares Einkommen.** Zu dem auf den Unterhaltsbedarf iSv § 1578 I 1 bzw § 1578b anrechenbaren Einkommen gehört nicht nur das tatsächliche Einkommen, sondern auch das Einkommen, das dem bedürftigen Ehegatten fiktiv zuzurechnen ist, etwa wegen eines Wohnvorteils (s Vor § 1569 Rn 46) oder wegen Verletzung einer Obliegenheit zur Übernahme einer Erwerbstätigkeit oder deren Ausweitung zur Vollzeitbeschäftigung, nicht nur Zusatzarbeit (BGH FamRZ 2008, 963; s Vor § 1569 Rn 39, 42), die sich auch auf die Altersrente auswirken kann (BGH FamRZ 2006, 317 m Anm *Hoppenz* S 611), oder der Obliegenheit, das Vermögen so ertragreich wie möglich anzulegen, oder bei Verstoß gegen die Obliegenheit, eine Rente in der gesetzl Rentenversicherung zu beantragen, für die die Voraussetzungen erfüllt sind. Fiktive Zinsen aus der Anlage eines nicht mehr vorhandenen Geldbetrags sind nur anrechenbar, wenn dieser mutwillig iSv § 1579 Nr 4 ausgegeben wurde (BGH FamRZ 2012, 517; s Vor § 1569 Rn 42). Bei Unterlassung einer gebotenen, erfolgversprechenden Ausbildung können nicht ohne weiteres die Einkünfte angerechnet werden, die bei deren Abschluss erzielt werden könnten, soweit nicht § 1579 Nr 4 erfüllt ist (BGH FamRZ 1986, 553; 1988, 701).

9 **f) Einkommensarten. aa) Erwerbseinkommen.** Einkommen aus einer zumutbaren Erwerbstätigkeit ist auf den Bedarf iSv § 1578 oder § 1578b anzurechnen (s Vor § 1569 Rn 44).

10 **bb) Vermögenseinkommen.** Zu den Einkünften aus Vermögen und zum Einsatz der Vermögenssubstanz s Vor § 1569 Rn 45ff; zum Wohnvorteil Vor § 1569 Rn 46. Vermögenserträge sind ohne Rücksicht auf die Herkunft des Vermögens (BGH FamRZ 1985, 354) und ohne Billigkeitserwägungen (BGH FamRZ 1985, 357; 1988, 1031) bedürftigkeitsmindernd zu berücksichtigen. Maßgebend sind die tatsächlichen Verhältnisse im Unterhaltszeitraum, die sich von den eheprägenden Verhältnissen iSv § 1578 unterscheiden können (BGH FamRZ 1986, 437; 1998, 87). Auch das erzielbare Einkommen aus einer bei Abwägung aller Umstände auf Seiten beider

Beteiligten zumutbaren Vermögensumschichtung ist anzurechnen. Die tatsächliche Anlage des Vermögens muss sich, auch unter Berücksichtigung steuerlicher Gesichtspunkte, eindeutig als unwirtschaftl darstellen. Dabei ist es nicht zu beanstanden, wenn im derzeitigen Zinsumfeld keine relevanten Zinsen angesetzt werden (BGH FamRZ 2016, 1345 Rn 27). Wird mit dem Verkaufserlös des Familienheims eine andere Wohnung erworben, so ist als Ertrag deren Wohnwert als Surrogat anzusetzen (BGH FamRZ 2001, 1140). Musste der Erwerb durch zusätzl Kredite finanziert werden, sind die Kosten der Finanzierung vom Mietwert der Wohnung abzuziehen, bevor der Wohnwert in Beziehung zum möglichen Ertrag des Kapitals gesetzt wird (BGH FamRZ 1988, 87). Diese Rspr zu § 1577 wurde durch die Entscheidung des BGH FamRZ 2001, 1140 nicht berührt, wonach der Bedarf iSv § 1578 durch die Zinsen aus der Anlage des Erlöses des Familienheims oder der Wohnwert der neuen Wohnung bestimmt wird, soweit dieser auf den Einsatz des Erlöses des Familienheims zurückzuführen ist (s § 1578 Rn 18). Bei der Zurechnung eines fiktiven Einkommens ist von der Frage, ob dem bedürftigen Ehegatten eine gegenwärtige, einfache Verletzung der Obliegenheit zur Vermögensumschichtung vorzuwerfen ist, die Frage zu unterscheiden, ob ihm eine schwere Obliegenheitsverletzung iSv § 1579 Nr 4 in der Vergangenheit aus der unterlassenen Anlage des Erlöses aus dem Verkauf des Familienheims anzulasten ist (s Vor § 1569 Rn 42). Nach Ausgabe des Vermögens ist kein Einkommen anrechenbar (BGH FamRZ 1988, 159), außer im Fall der mutwillig herbeigeführten Bedürftigkeit iSv § 1579 Nr 4 (BGH FamRZ 2012, 517 Rn 54–59).

cc) Sonstiges Einkommen ist auf den Bedarf nach § 1578 bzw § 1578b anzurechnen (s Vor § 1569 Rn 48). Al- 11
tersversorgungen aus einem Beamten- oder beamtenähnl Rechtsverhältnis sind voll anzurechnen, ebenso Altersversorgungen aus der gesetzl Rentenversicherung, der Zusatzversorgung des öffentlichen Dienstes oder aus einer betrieblichen Altersversorgung. Auch Rentenanteile, die auf dem Versorgungsausgleich beruhen, decken den Bedarf ab dem Zeitpunkt der Auszahlung (BGH FamRZ 2002, 88). Zu dem nach Abs I anrechenbaren Einkommen gehört neben dem fiktiven Entgelt entspr § 850h ZPO für den obj Wert der Betreuung (Haushaltsführung) eines leistungsfähigen Partners (BGH FamRZ 1984, 662; 2004, 1173) ein ersparter Mietaufwand, wenn der Partner für die Miete aufkommt, ohne dass es darauf ankommt, ob dieser den anderen Unterhaltsbeteiligten entlasten will (BGH FamRZ 1995, 343). Bei Bezug von Pflegegeld wird vermutet, dass die darin enthaltenen Sozialleistungen durch die Körper- und Gesundheitsschäden aufgebraucht werden (vgl § 1578a, BGH FamRZ 2011, 713). Subsidiäre Sozialleistungen mindern die Bedürftigkeit nicht. Dazu gehört auch eine wiederaufgelebte Witwenversorgung oder im Verhältnis der Ehegatten zueinander die Grundsicherung im Alter oder wegen Erwerbsminderung (BGH FamRZ 2011, 713 Rn 32).

dd) Freiwillige Leistungen Dritter. S dazu Vor § 1569 Rn 50. Ein nach hM nicht anrechenbares Einkommen 12
kann auch bei freiwilligen Leistungen eines Partners gegeben sein, dem nicht der Haushalt geführt wird (BGH FamRZ 1980, 40; 1982, 466).

3. Anrechnungsregeln. a) Grundsatz. Tatsächliches oder fiktives Einkommen ist auf den Unterhalt anzurech- 13
nen, dh von dem nach § 1578 I 1 eheangemessenen oder von dem nach § 1578b angemessenen Bedarf abzusetzen. Dies gilt auch dann, wenn der Bedarf und das Einkommen nicht den Betrag erreichen, der dem Existenzminimum entspricht.

b) Differenz-/Anrechnungsmethode. Der Streit, ob Einkommen des Unterhaltsberechtigten nach der Dif- 14
ferenzmethode oder der Anrechnungsmethode zu berücksichtigen ist, gehört nicht zu § 1577, sondern stellt schlagwortartig die Frage, ob Einkommen des Berechtigten als bedarfsbestimmend iSv § 1578 anzusehen ist (§ 1578 Rn 36). Diese Frage ist vorrangig zu beantworten. Auf den nach welcher Methode auch immer ermittelten Bedarf iSv § 1578 ist nach § 1577 jedes Einkommen anzurechnen, gleich ob es bedarfsprägend ist oder nicht.

c) Teilunterhalt. Schuldet der Verpflichtete, etwa als Aufstockungsunterhalt nach § 1573 II, Deckung nur ei- 15
nes Teils des Bedarfs iSV § 1578 oder § 1578b, während der Berechtigte für den Rest mit seinem Einkommen aufkommen muss, ist das eigene tatsächliche oder fingierte Einkommen auf den Bedarf iSv § 1578 oder § 1578b anzurechnen, während der Verpflichtete den verbleibenden Bedarf zu befriedigen hat. Hat der Berechtigte einen Teil des Anspruchs verloren, etwa nach § 1579, ist bei der Anrechnung seines Einkommens so zu verfahren, wie wenn der Beschränkungstatbestand nicht vorläge. Der Bedürftige kann also nicht etwa zunächst sein Einkommen für den Ausgleich des ihm versagten Unterhalts verwenden, sondern muss es sich auf den Bedarf iSv § 1578 bzw § 1578b anrechnen lassen.

d) Billigkeitsunterhalt nach § 1581. Die Einkommensanrechnung auf den „Unterhalt", dh den Bedarf iSv 16
§ 1578 bzw § 1578b, ist vorrangig vorzunehmen. Erst danach ist zu prüfen, ob nach § 1581 ein geringerer Unterhalt wegen eingeschränkter Leistungsfähigkeit des Verpflichteten aus Billigkeitsgründen in Betracht kommt.

4. Anrechnung nach Abs II. a) Billigkeit. Im Gegensatz zu Abs I, der zumutbares Einkommen betrifft, wel- 17
ches zwingend auf den Bedarf nach § 1578 I 1 oder § 1578b anzurechnen ist, ist Gegenstand der Regelung des Abs II unzumutbares Einkommen. Dieses ist nach S 2 nur nach Billigkeit anzurechnen, soweit es nicht überhaupt nach S 1 anrechnungsfrei bleibt (BGH FamRZ 1983, 146). Die Vorschrift enthält einen allg Rechtsgedanken, der auch für den Unterhaltspflichtigen (Rn 24) und im Verwandtenunterhaltsrecht (BGH FamRZ 1995, 475) gilt.

b) Unzumutbares Einkommen. Dies ist solches, das auf überobligatorischem Einsatz beruht (s Vor § 1569 18
Rn 43). Ob dies zu bejahen ist, bestimmt sich nach der konkreten Lage des Ehegatten nach der Scheidung. Grds muss der geschiedene Ehegatte selbst für sich sorgen (§ 1569) und dazu die ihm zumutbaren Anstrengungen unternehmen, um sich ein Einkommen zu verschaffen, insb durch eine Erwerbstätigkeit. Wenn er indes mehr tut, als von ihm erwartet werden kann, soll er sein Einkommen gem S 1 zur Wahrung des „vollen Unterhalts",

dh seines eheangemessenen Bedarfs iSv § 1578 I 1 bzw des angemessenen Bedarfs nach § 1578b, verwenden dürfen. Soweit dann noch Einkommen übrig bleibt, soll gem S 2 der Unterhaltsverpflichtete durch eine Anrechnung nach Billigkeit entlastet werden (BGH FamRZ 1995, 343).

19 **c) Einkommensarten.** Abs II bezieht sich auf jedes unzumutbare Einkommen. **aa) Überobligatorische Erwerbstätigkeit** (Vor § 1569 Rn 43). Ob eine Erwerbstätigkeit unzumutbar ist, ist aufgrund der Würdigung aller Umstände in der konkreten Lage des Bedürftigen festzustellen (BGH FamRZ 2006, 846 m Anm *Born*: Problemkind; FamRZ 2011, 454) Nach Erreichen der gesetzl Regelaltersgrenze ist eine ausgeübte Erwerbstätigkeit überobligatorisch. Bei Anrechnung eines solchen Alterseinkommens sind Kriterien wie Alter, körperliche und geistige Belastung, unzureichende Altersversorgung, Zugewinnausgleich und beiderseitige wirtschaftl Verhältnisse zu beachten (BGH FamRZ 2011, 454). Die Fortsetzung einer bislang ausgeübten Tätigkeit spricht gegen die Unzumutbarkeit, anders, wenn während des Zusammenlebens der Ehegatten in der Zeit der berufsbedingten Abwesenheit der andere Elternteil das Kind betreute (*Born* FamRZ 1997, 129 zu Fallgruppen). Die Surrogat-Rspr des BGH zum Hausfrauen-Unterhalt (FamRZ 2001, 986; s § 1578 Rn 20) hat nichts an den Voraussetzungen geändert, unter denen eine Erwerbstätigkeit als unzumutbar einzustufen ist. Sie bedeutet im vorliegenden Zusammenhang, dass eine nach den gegenwärtigen Verhältnissen nach der Scheidung unzumutbare Erwerbstätigkeit, obwohl sie die ehelichen Lebensverhältnisse nicht prägte, Ersatz der Familienarbeit sein kann und deswegen der Verdienst nach allg Grundsätzen ganz oder teilw in einer nach Treu und Glauben zu bemessenden Höhe wie eheprägendes Einkommen bei der Bedarfsbestimmung nach § 1578 zu behandeln ist (missverständlich BGH FamRZ 2003, 518 m Anm *Büttner* = FPR 2003, 241 m Anm *Graba*; zutr BGH FamRZ 2005, 967; s Rn 23).

20 **bb) Überobligatorische Vermögenseinkünfte**, etwa durch nicht gebotene Untervermietung (*Krenzler* FamRZ 1983, 653).

21 **cc) Überobligatorisches sonstiges Einkommen**, etwa ein Unterhaltsgeld, das vom Arbeitsamt während einer Ausbildung gezahlt wird, die aufzunehmen neben der Betreuung eines Kleinkindes nicht erwartet werden kann. Das Einkommen aus der Betreuung eines leistungsfähigen Partners ist grds nicht deswegen überobligatorisch, weil eine Ganztagsbeschäftigung ausgeübt wird (BGH FamRZ 1995, 343).

22 **d) Keine Sanktion.** Das überobligatorische Einkommen ist nach Abs II anzurechnen, ohne dass es darauf ankommt, weshalb der Verpflichtete nicht den vollen Unterhalt leistet, insb ob dieser pflichtwidrig handelt oder ob er leistungsschwach oder leistungsunwillig ist.

23 **e) BGH-Rechtsprechung.** Nach der ursprüngl Leitentscheidung des BGH (FamRZ 1983, 146), die sich auf den insoweit gleich zu behandelnden Trennungsunterhalt (§ 1361) bezieht, war in folgenden Schritten vorzugehen: (1) Feststellung des „vollen" Unterhalts nach den ehelichen Lebensverhältnissen nach § 1578, wozu der BGH damals (anders aber BGH FamRZ 2004, 1357) neben dem Quotenunterhalt auch einen trennungsbedingten Mehrbedarf rechnet. (2) Darauf angerechnet das Einkommen aus zumutbarem Einsatz gem Abs I, ergab die Höhe des Unterhaltsanspruchs. (3) Davon abgezogen der vom Verpflichteten geleistete Unterhalt, ergab das anrechnungsfreie Defizit nach Abs II. (4) Dieses abgezogen vom unzumutbaren Einkommen des Berechtigten ergab das nach Billigkeit auf den Unterhaltsanspruch anrechenbare Einkommen. (5) Anrechnung nach Billigkeit bedeutet, dass aufgrund einer Abwägung aller Umstände auf Seiten beider Unterhaltsbeteiligten das Einkommen ganz, teilw oder gar nicht anrechenbar ist, nicht also ohne weiteres zur Hälfte. (6) Ist der Selbstbehalt des Verpflichteten nicht gewahrt, war dies bei den Billigkeitserwägungen namentlich zu berücksichtigen. Zwischenzeitl stellte der BGH klar, dass überobligatorisches Einkommen nur mit seinem unterhaltsrelevanten Anteil eheprägend anzusetzen und in gleicher Höhe nach § 1577 anzurechnen ist (BGH FamRZ 2005, 1154; 2006, 846). Im Erg bedeutet dies, dass vom Einkommen ein Bonus abgezogen wird und bei der Unterhaltsrechnung vollständig (also auch beim Bedarf nach § 1578) unberücksichtigt bleibt, während der Rest als normales Einkommen behandelt wird (s Vor § 1569 Rn 43).

24 **f) Entsprechende Anwendung auf Unterhaltspflichtigen.** Eine – gleichsam spiegelverkehrte – analoge Anwendung des Abs II ist in Fällen geboten, in denen der unterhaltspflichtige geschiedene Ehegatte gemeinschaftl minderjährige Kinder betreut, seine bisher ausgeübte Erwerbstätigkeit voll fortsetzt und einen Teil der Einkünfte für sich als nur bedingt anrechnungsfähig bewahren will, bis der eigene „volle" Unterhalt gedeckt ist oder wenn der Verpflichtete auch während des Ruhestands arbeitet (BGH FamRZ 2003, 848; 2006, 683; 2011, 454). S Vor § 1569 Rn 43.

25 **5. Verwertung des Vermögensstamms nach Abs III. a) §§ 1577–1581.** Abs III schränkt die Verpflichtung des Berechtigten, den Stamm des Vermögens für den Eigenunterhalt zu verwerten, in zweifacher Hinsicht ein (s Vor § 1569 Rn 48). Eine unwirtschaftl oder unbillige Verwertung ist nicht geboten. Die Vorschrift entspricht dem Wortlaut nach § 1581 S 2, der den Vermögenseinsatz des Verpflichteten regelt. Trotz des Strebens nach „Waffengleichheit" ist die Bestimmung problematisch; denn der Berechtigte, der sein Vermögen nur unwirtschaftl verwerten könnte, darf auf Unterhalt vom vermögenslosen Verpflichteten hoffen, der seiner Erwerbseinkünfte wegen hinreichend leistungsfähig ist, und so Vermögen retten, während der Schuldner darauf verzichten muss, Vermögen zu bilden. Für die Verwertungsobliegenheit kommt es auf Herkunft und Art des Vermögens nicht an. So erfasst die Obliegenheit auch Vermögen, das einem Zugewinnausgleich (BGH FamRZ 1985, 357) oder einer sonstigen vermögensrechtl Auseinandersetzung unter Ehegatten im Hinblick auf die Scheidung entstammt (BGH FamRZ 1985, 354; 1987, 912) – auch Einrichtungsgegenstände mit hohem Sammlerwert (Köln

FamRZ 1982, 1018). Der Tatrichter hat die gem § 1577 III gebotenen Billigkeitserwägungen anzustellen; diese sind vom Rechtsbeschwerdegericht nur eingeschränkt überprüfbar (BGH FamRZ 1987, 912; 1986, 560).

b) Unwirtschaftlichkeit. Über die Unwirtschaftlichkeit der Vermögensverwertung entscheiden nach der wohl überwiegenden Meinung nicht nur allg Wirtschaftlichkeitserwägungen, sondern auch **Art und Größe des Vermögens** sowie die **Lebenserwartung des Berechtigten** (vgl auch den Ansatz BGH FamRZ 1985, 354, 356). Danach ist eine Verwertung jedenfalls dann nicht unwirtschaftl, wenn der Berechtigte mit dem Erlös nach aller Voraussicht seinen Unterhalt auf Lebenszeit bestreiten kann (so zum Elternunterhalt BGH FamRZ 2013, 203 – allerdings enthält § 1603 I im Unterschied zu § 1577 III keine Billigkeitsklausel). IÜ sollen allg Wirtschaftlichkeitserwägungen entscheiden und bei Unwirtschaftlichkeit die Verwertungssperre eingreifen, ohne dass es einer weiteren Billigkeitsprüfung bedarf. 26

Über die Wirtschaftlichkeit entscheidet auch die **Verwertungsart.** So kann bei Miteigentum an einem Hausgrundstück die Aufhebung der Gemeinschaft nebst Teilung des Erlöses der Veräußerung oder Belastung des Miteigentumsanteils vorzuziehen sein (BGH FamRZ 1984, 662). Zumutbarkeitsgrundsätze sind zu beachten, wenn es darum geht, ob und in welcher Weise der Berechtigte gehalten ist, sein Vermögen umzuschichten, damit sich höhere Erträge erzielen lassen (BGH FamRZ 1986, 560; 1986, 439). Eine Obliegenheit zur Verwertung des Familienheims besteht nach BGH FamRZ 2012, 517 Rn 61 grds nicht, weil dem verringerten Wohnbedarf regelmäßig durch Ansatz eines höheren Nutzungswertes Rechnung getragen werde. Daraus folgt jedoch nicht, dass der Berechtigte den Erlös aus dem Verkauf eines bislang bewohnten Familienheims ohne Weiteres zum Erwerb eines Eigenheims verwenden darf, wenn durch eine verzinsliche Anlage des Kapitals höhere Erträge zu erwirtschaften wären; ihm droht sonst eine Bedürftigkeitsminderung wegen fiktiver Erträge (BGH FamRZ 1998, 87). Diesen Grundsatz schränkt jedoch der BGH (FamRZ 2005, 1159) ganz wesentlich ein: Zwar kann der Ehegatte gehalten sein, sein vorhandenes Vermögen umzuschichten, um es ertragreicher einzusetzen. Dies ist ihm aber nur zuzumuten, wenn sich die tatsächliche Anlage des Vermögens als eindeutig unwirtschaftl darstellt. 27

c) Unbilligkeit. Bei der Frage nach der Unbilligkeit der Verwertung ist auf die wirtschaftl Verhältnisse beider Ehegatten zu achten – etwa darauf, ob auch dem Verpflichteten Vermögen zur freien Verfügung verbleibt (BGH FamRZ 1987, 912; München FamRZ 1994, 1459). Rücklagen für Krankheits- oder Notfälle sind zu bedenken (BGH FamRZ 2004, 370; 2006, 935). Übersteigt das Vermögen nicht eine Rücklage für den Notfall, kann eine Verwertung auch dann nicht verlangt werden, wenn vergleichbares Vermögen beim Schuldner fehlt, dieser aber anderweitig abgesichert ist (Hamburg FamRZ 1996, 292 für Pfarrer als Schuldner). Eine Verwertungsobliegenheit bzgl des Erlöses aus dem Verkauf eines Betriebsgrundstücks kann insb dann bestehen, wenn der Berechtigte das Grundstück zum Zweck der Steuerersparnis erhielt (BGH FamRZ 2012, 517, Rn 61). Braucht der Verpflichtete eigenes Vermögen für seinen Unterhalt nicht zu verwerten, muss der Berechtigte deshalb aber nicht notwendig von der Verwertung eigenen Vermögens freigestellt sein. Die Vermögensinteressen Dritter – etwa naher oder unterhaltsberechtigter Angehöriger – sind in die Erwägungen einzubeziehen (BGH FamRZ 1980, 126). Geht es um einen am Kindeswohl ausgerichteten Anspruch auf Betreuungsunterhalt, der nur den Mindestbedarf deckt und trotz eines Unterhaltsverzichts gewährt wird, erscheint es aber statthaft, auf Kindesinteressen Rücksicht zu nehmen (noch weitergehend Düsseldorf FamRZ 1996, 734). Um seine Bedürftigkeit zu beheben, muss der Berechtigte einen fälligen Pflichtteilsanspruch grds geltend machen; bei der Billigkeitsprüfung ist auf die Zumutbarkeit zu achten (BGH FamRZ 1993, 1065). Billigkeitserwägungen nach § 1577 III und § 1578b sind aufeinander abzustimmen, so dass neben der Vermögensverwertung nur eine geringe Herabsetzung des Unterhalts geboten sein kann (BGH FamRZ 2012, 517 Rn 64f). 28

6. Unterhaltsanspruch bei wechselnder Bedürftigkeit, Verhältnis zu Abs IV. a) Wegfall des Vermögens. Abs I und II beschränken Unterhaltsansprüche, die nach den tatbestandsmäßigen Voraussetzungen der §§ 1570–1576 „dem Grunde nach" bestehen und sich nach ihrer Höhe an § 1578 I 1 bzw § 1578b, aber auch an §§ 1579 und 1581 ausrichten, solange und soweit es an der Bedürftigkeit des Berechtigten fehlt. Die Ansprüche „aktualisieren" sich grds wieder, wenn der Berechtigte später bedürftig wird, soweit nicht Zeitgrenzen (vgl §§ 1578b, 1579) dem entgegenstehen. Diesen Grundsatz durchbrechen § 1573 IV beim Wegfall von Einkünften aus gebotener Erwerbstätigkeit, die eine nachhaltige Sicherung des Unterhalts versprochen haben, und der auf dem gleichen Grundgedanken beruhende Abs IV beim Wegfall von Vermögen und Vermögenseinkünften, von denen eine nachhaltige Sicherung des Unterhalts erwartet werden durfte (BGH FamRZ 1987, 689) – dies allerdings nur beschränkt (vgl Abs IV S 2). Der Verpflichtete soll nicht das Risiko für diese schicksalsbedingte Bedürftigkeit tragen, die nicht im Zusammenhang mit der Ehe steht. 29

b) Nachhaltige Unterhaltssicherung. Ob ein Vermögen den Unterhalt nachhaltig iSv S 1 sichert, ist nach den Verhältnissen zum Zeitpunkt der Scheidung zu beurteilen. Mitunter reicht das Vermögen des Berechtigten zwar nicht aus, den eheangemessenen (§ 1578 I 1), angemessenen (§ 1578b) oder gem § 1578b oder § 1579 herabgesetzten Unterhalt zu decken, wohl aber gemeinsam mit Einkünften aus einer gebotenen Erwerbstätigkeit, die den Unterhalt nachhaltig zu sichern verspricht. Dann müssen Wirtschaftlichkeitserwägungen eine Verwertung nicht hindern; wohl aber können Billigkeitserwägungen dieser Verwertung entgegenstehen. S 1 sollte – entspr dem Rechtsgedanken des § 1573 IV – auch dann gelten, wenn ein Vermögen entfällt, das nur im Zusammenhang mit Einkünften aus gebotener Erwerbstätigkeit des Berechtigten dessen Unterhalt nachhaltig zu sichern versprochen hat. Unabhängig hiervon bewahrt S 1 den Berechtigten nicht davor, sich um eine Erwerbstätigkeit zu bemühen, die aus der Sicht der Unterhaltstatbestände geboten ist. Wer im Vertrauen auf die Verlässlichkeit eines Vermögens von einer solchen Erwerbstätigkeit absieht und den Unterhaltsanspruch gem § 1573 I – ganz 30 oder zT – verloren hat, kann beim Wegfall des Vermögens iHd Anspruchsverlustes weder Unterhalt gem § 1573, noch Anschlussunterhalt aus Alters- (§ 1571) oder Krankheitsgründen (§ 1572) fordern.

31 c) **Kindesbetreuung.** Da Kindesbetreuung zu den Nachwirkungen der Ehe zählt, bleibt der Unterhaltsanspruch erhalten, wenn beim Wegfall des Vermögens wegen Pflege oder Erziehung eines gemeinschaftl Kindes eine Erwerbstätigkeit nicht erwartet werden kann (S 2). Damit verschieben sich auch die Einsatzzeitpunkte für Anschlussunterhalt – dies aber nur, soweit ein Anspruch auf Betreuungsunterhalt (§ 1570) zu dieser Zeit noch bestanden hat. War beim Wegfall des Vermögens bereits eine Teilzeitbeschäftigung zu erwarten und hat der Berechtigte diese Beschäftigung nicht ausgeübt, besteht insofern ein Anspruch gem § 1573 I, als der Berechtigte sich um die Tätigkeit hinreichend, wenn auch erfolglos, bemüht hat, andernfalls nicht.

32 **7. Beweislast.** Trotz des Wortlauts von § 1577 trägt der Berechtigte die Beweislast für seine Bedürftigkeit (BGH FamRZ 1980, 126; 2007, 1532). Er hat das erzielbare Einkommen zu beweisen (BGH FamRZ 2010, 875, Rn 25). Er hat auch das Vorbringen des Verpflichteten zu widerlegen, er müsse sich eine Vergütung wegen Haushalts- und Versorgungsleistungen für einen Partner anrechnen lassen (BGH FamRZ 1995, 291: nichtehelicher Partner; FamRZ 1995, 216: gleichgeschlechtlicher Partner). Behauptet der Verpflichtete, dass die Bedürftigkeit durch strafbares oder unredliches Verhalten, etwa Abzweigung von einer größeren Summe vom Haushaltsgeld, entfallen sei, muss er diesen Ausnahmetatbestand beweisen (BGH FamRZ 1983, 670).

§ 1578 Maß des Unterhalts

(1) Das Maß des Unterhalts bestimmt sich nach den ehelichen Lebensverhältnissen. Der Unterhalt umfasst den gesamten Lebensbedarf.

(2) Zum Lebensbedarf gehören auch die Kosten einer angemessenen Versicherung für den Fall der Krankheit und der Pflegebedürftigkeit sowie die Kosten einer Schul- oder Berufsausbildung, einer Fortbildung oder einer Umschulung nach den §§ 1574, 1575.

(3) Hat der geschiedene Ehegatte einen Unterhaltsanspruch nach den §§ 1570 bis 1573 oder § 1576, so gehören zum Lebensbedarf auch die Kosten einer angemessenen Versicherung für den Fall des Alters sowie der verminderten Erwerbsfähigkeit.

1 **1. Zentrale Bedeutung.** Die Bestimmung regelt **Maß** (Abs I S 1) und **Umfang** (Abs I S 2, Abs II, III) des Unterhaltsanspruchs, dh nach dem Sprachgebrauch der Praxis den Bedarf des nach §§ 1570–1573, 1575, 1576, 1586a unterhaltsberechtigten Ehegatten. Der Bedarf ist der Maßstab für die Bedürftigkeit nach § 1577 und die Leistungsfähigkeit nach § 1581 (s Vor § 1569 Rn 5ff). Mit dem Bedarf des Berechtigten wird zugleich der des Verpflichteten festgelegt, weil beide Ehegatten an den ehelichen Lebensverhältnissen grds in gleicher Weise teilhaben (BGH FamRZ 1990, 260). Die zentrale Bedeutung des § 1578 für den Ehegattenunterhalt hob zuletzt das BVerfG (BVerfG FamRZ 2011, 437) hervor.

2 **2. Zweck. a) Eheangemessener und angemessener Bedarf.** Grds bestimmt sich der Bedarf gem Abs I S 1 nach den ehelichen Lebensverhältnissen. Durch einen Unterhalt nach den ehelichen Lebensverhältnissen soll verhindert werden, dass der Ehegatte infolge der Scheidung sozial absinkt (sog **Lebensstandardgarantie**). Nur ausnahmsw soll er sich aufgrund der Bestimmung des § 1578b mit einem niedrigeren Unterhalt abfinden müssen, der seinen angemessenen Lebensbedarf deckt. Dieser nach Billigkeit festgesetzte Bedarf verdrängt in der Praxis im Standardfall den nach striktem Recht beanspruchbaren Bedarf nach den ehelichen Lebensverhältnissen, der in der Rspr des BGH zu § 1578b davon abhängig gemacht wird, dass der Unterhaltsberechtigte konkrete ehebedingten Nachteile oder einen besonderen Vertrauenstatbestand vorträgt (s § 1578b Rn 1, 22).

3 **b) Lebensstandardgarantie.** Die sog Lebensstandardgarantie darf nicht dahin missverstanden werden, dass der geschiedene Ehegatte verlangen kann, ihm alle scheidungsbedingten Nachteile durch Unterhalt auszugleichen (s Rn 44). Sie beschränkt sich in der Praxis regelmäßig auf die gleichmäßige Aufteilung des für den Ehegattenunterhalt zur Verfügung stehenden Einkommens. Trennungsbedingter Mehrbedarf hat als Folge der Surrogats-Rspr keine Bedeutung mehr (BGH FamRZ 2004, 1357, 1359).

4 **3. Auslegungsgrundsätze. a) Unbestimmter Rechtsbegriff.** Zwar handelt es sich bei der Bedarfsregelung um striktes Recht. Bei der Konkretisierung des unbestimmten Rechtsbegriffs „angemessener Unterhalt nach den ehelichen Lebensverhältnissen“ durch den Richter sind jedoch die zum Grundsatz von Treu und Glauben (§ 242) entwickelten Grundsätze zu beachten (*Graba* FamRZ 2004, 1). Dies kann dazu führen, dass etwa Einkommensminderungen wegen Arbeitslosigkeit (BGH FamRZ 1988, 256, 257) oder eines hinzunehmenden Wechsels zu einer schlechter bezahlten Arbeitsstelle (BGH FamRZ 2003, 590 m Anm *Büttner*, 594 und *Graba*, 746) oder Eintritts in den Ruhestand (BGH FamRZ 1988, 817, 819; 2011, 454; 2012, 1483) oder aus sonstigen Gründen, die die Zurechnung eines fiktiven Einkommens ausschließen (BGH FamRZ 1988, 705: Niedergang der allg wirtschaftl Verhältnisse in Südafrika), bereits bei der Bedarfsbemessung nach § 1578, nicht erst bei der Prüfung der Leistungsfähigkeit nach § 1581, zu berücksichtigen sind, weil eine andere Betrachtung, wie der BGH (FamRZ 1988, 256, 257; 2006, 683, 685) sich ausdrückt, auf Unverständnis stoßen würde. Eine solche Absenkung des Lebensstandards braucht indes nicht weiter hingenommen zu werden, wenn ausreichende verteilbare Mittel wieder vorhanden sind, etwa weil eine neue Arbeitsstelle mit entspr Verdienst gefunden wurde (*Graba* FamRZ 1999, 1115, 1119). Zu unterscheiden davon ist einerseits der angemessene Unterhalt nach § 1578b, durch den die Einschränkung der sog Lebensstandardgarantie zur Vermeidung einer Unbilligkeit bezweckt wird, und andererseits

der Billigkeitsunterhalt nach § 1581, der nicht auf der gleichberechtigten Teilhabe der Ehegatten an den ehelichen Lebensverhältnissen beruht, sondern auf dem Vorrecht des unterhaltsverpflichteten Ehegatten, sein Einkommen zuerst für seinen Bedarf zu verwenden, ehe er Unterhalt leisten muss.

b) Auslegungsmethode. Bei der Festlegung des Bedarfs nach § 1578 ist eine ähnl Aufgabe zu lösen wie bei der Anpassung einer Unterhaltsentscheidung nach § 238 FamFG oder eines Unterhaltsvergleichs nach den Regeln der Geschäftsgrundlage (§ 313, vgl BGH FamRZ 2003, 590, 592). Trotz der Verschiedenheit der Ansprüche auf Trennungs- und nachehelichen Unterhalt (s § 1569 Rn 3) ist bei beiden das Merkmal „Unterhalt nach den ehelichen Lebensverhältnissen" dasselbe. Es ist stets zu fragen, ob Veränderungen nach der Trennung und Scheidung den ehelichen Lebensverhältnissen zuzurechnen sind und zu einer Bedarfsanpassung führen oder bei der Bedarfsfeststellung außer Acht zu lassen sind. Nach BVerfG FamRZ 2011, 437 hat sich die Auslegung jedoch an den Stichtag der Rechtskraft der Scheidung zu orientieren (ebenso BGH FamRZ 2012, 281). 5

c) Konkrete Verhältnisse. Maßgebend sind die Verhältnisse der konkreten Ehe. Der Ehegatte soll nach der Scheidung grds nicht schlechter stehen, aber auch nicht besser als während der Ehe. Dabei bildet das Existenzminimum die unterste Grenze des angemessenen Lebensbedarfs (FamRZ 2010, 629). Die Bemessung nach den konkreten Verhältnissen schließt es aus, den Unterhalt allein nach abstrakten Maßstäben, etwa einem allg Lebenshaltungsindex, zu bemessen (BGH FamRZ 1987, 459). Dem steht es jedoch nicht entgegen, einen solchen als Hilfsmittel heranzuziehen, um aus einer für einen früheren Zeitpunkt geschätzten Unterhaltsgröße einen Annäherungswert für die gegenwärtige Unterhaltshöhe nach den Verhältnissen im Einzelfall zu gewinnen (BGH NJW-RR 1986, 71). 6

d) Objektiver Maßstab. Der Grundsatz der Bedarfsbestimmung nach den konkreten Lebensverhältnissen der Ehegatten wird durch die Anlegung eines objektivierenden Maßstabs modifiziert (BGH FamRZ 2007, 1532 m Anm *Maurer*). Entscheidend ist der Lebensstandard, der aus Sicht eines vernünftigen Betrachters angemessen erscheint (BGH FamRZ 1987, 39). Eine zu dürftige Lebensführung bleibt ebenso außer Betracht wie ein übertriebener Aufwand (BGH FamRZ 1982, 151; 1989, 1160; 2007, 1532). An einer Beschränkung des Konsumverhaltens zugunsten der Vermögensbildung, mit der der Ehegatte während des Zusammenlebens einverstanden war, kann er nicht festgehalten werden (BGH FamRZ 1988, 259). Andererseits kann eine vorübergehende Einschränkung hinzunehmen sein, etwa zur Erleichterung der mit der Eröffnung einer freiberuflichen Praxis verbundenen finanziellen Lasten (BGH FamRZ 1988, 256). 7

e) Beurteilungszeitpunkt. Die für den nachehelichen Unterhalt maßgebenden ehelichen Lebensverhältnisse sind grds diejenigen im **Zeitpunkt der Scheidung** (BGH FamRZ 2012, 281; bei Verbundentscheidung aus Sicht der letzten mündlichen Verhandlung vor dem Tatrichter, BGH FamRZ 1985, 357), nicht die im Zeitpunkt der Trennung (BGH FamRZ 1981, 241; st Rspr) und nicht die zu einem nach der Scheidung liegenden Zeitpunkt (BVerfG FamRZ 2011, 437; BGH FamRZ 2012, 281). Dies ergibt sich daraus, dass die Ehe bis zur Rechtskraft des Scheidungsurteils besteht (§ 1564 S 2). Die Zeit der Trennung bis zum Eheende wird durch den Trennungsunterhalt nach § 1361 abgedeckt, für den die jew Verhältnisse im Unterhaltszeitraum unter Einschluss gewöhnlicher Entwicklungen maßgebend sind (BGH FamRZ 1988, 256). An den Trennungsunterhalt schließt sich grds lückenlos der Anspruch auf nachehelichen Unterhalt an. Die Maßgeblichkeit des Scheidungszeitpunkts ist nicht in dem Sinn zu verstehen, dass die mehr oder weniger zufällig in diesem Zeitpunkt vorliegenden Verhältnisse entscheidend sind, etwa eine kurzfristig bestehende Arbeitslosigkeit. Maßgebend sind vielmehr die im Zeitpunkt der Scheidung die konkrete Ehe **prägenden** Verhältnisse, die den Lebensstandard der Ehegatten nachhaltig beeinflusst haben (BGH FamRZ 1986, 437). Um die prägenden Verhältnisse festzustellen, ist es regelmäßig notwendig, die Verhältnisse während des Zusammenlebens und ihre **Entwicklung nach der Trennung** zu erforschen. Eine **normale Entwicklung der wirtschaftlichen Verhältnisse bis zur Scheidung** ist grds miteinzubeziehen. Außergewöhnliche Entwicklungen, etwa die unerwartete Entwicklung eines kleinen Geschäfts zu einem gut gehenden Unternehmen im Verlauf der 18-jährigen Trennung (BGH FamRZ 1982, 576: Pelztierfall), bleiben außer Betracht. Trennungs- und scheidungsbedingte Umstände beeinflussen die ehelichen Lebensverhältnisse grds nicht (BGH FamRZ 2003, 848, 852). 8

Die im **Zeitpunkt der Scheidung** vorliegenden wirtschaftl Verhältnisse fixieren den Bedarf nicht, sondern sind **Ausgangspunkt** für die Höhe des Unterhalts (BGH FamRZ 2003, 590). Auch **nach der Scheidung** nimmt der unterhaltsberechtigte Ehegatte am Auf und Ab des Einkommens teil, das den ehelichen Lebensstandard bestimmt. Dies gilt für **Einkommensminderungen**, weil es auf Unverständnis stoßen müsste, wenn etwa der trennungsbedingte Wechsel von Steuerklasse III zu I (BGH FamRZ 1988, 817), die Folgen der Arbeitslosigkeit, eines hinnehmbaren Wechsels auf eine schlechter bezahlte Arbeitsstelle oder des Eintritts in den Ruhestand oder sonstiger Umstände, die bei Fortbestand der Ehe von beiden Ehegatten getragen werden müssten (Kirchensteuer bei Beitritt nach Scheidung, BGH FamRZ 2007, 793), nicht schon den Bedarf nach den ehelichen Lebensverhältnissen, sondern erst die Leistungsfähigkeit beeinflussen würden (BGH FamRZ 1988, 256; 2003, 590 m Anm *Büttner*, 594 und *Graba*, 746; 2006, 683, 685). Der unterhaltsverpflichtete Ehegatte kann sich indes nicht auf Einkommenseinbußen berufen, die auf einer Verletzung seiner Erwerbsobliegenheit beruhen (BGH FamRZ 1992, 1045, 1047) oder durch freiwillige berufliche oder wirtschaftl Dispositionen veranlasst sind, die er durch zumutbare Vorsorge hätte auffangen können (BGH FamRZ 1988, 145, 147). 9

Einkommenssteigerungen nach der Scheidung sind nach der Rspr des BGH (FamRZ 2003, 590; *Born* FamRZ 1999, 541) nur zu berücksichtigen, wenn ihnen eine Entwicklung zugrunde liegt, die **aus Sicht der Scheidung** 10

mit so hoher Wahrscheinlichkeit zu erwarten war, dass die Ehegatten ihren Lebenszuschnitt vernünftigerweise darauf einstellen konnten und in Hinblick darauf auch tatsächliche Maßnahmen „ins Werk gesetzt" haben. Diese Voraussetzungen sind erfüllt bei einem Einkommenszuwachs aufgrund üblichen beruflichen Aufstiegs: Hauptmann/Oberstleutnant (BGH FamRZ 1982, 684); Assistenzart/Oberarzt (BGH FamRZ 1988, 145); Betriebsarzt/Arbeitsmediziner (BGH FamRZ 1988, 156); Sparkassenangestellter/Stellvertretender Direktor (BGH FamRZ 1988, 256). Dagegen haben **außergewöhnliche Entwicklungen** außer Betracht zu bleiben, etwa wenn ein wissenschaftlicher Mitarbeiter mit ungewisser beruflicher Zukunft eine besser bezahlte Stellung in der Wirtschaft erlangt (BGH FamRZ 1985, 791; zum Karrieresprung BGH FamRZ 2007, 793). Aufgrund der Surrogatsrspr ist ein **Surrogatseinkommen** nach der Scheidung **stets** als **in der Ehe angelegt** zu betrachten (*Graba* FamRZ 2006, 821), und zwar auch, soweit es höher ist als vor der Scheidung (BGH FamRZ 2002, 88). Denn die Arbeitskraft der Hausfrau prägte als Einkommensquelle bereits (latent) die ehelichen Lebensverhältnisse (*Maier* NJW 2002, 3359). Nach der geänderten Hausfrauen-Rspr (BGH FamRZ 2001, 986; s Rn 20) darf zur Vermeidung einer verfassungswidrigen Ungleichbehandlung der Ehegatten (BVerfG FamRZ 2001, 527) nicht darauf abgestellt werden, ob der früher haushaltführende Ehegatte im Zeitpunkt der Scheidung seinen Plan, eine Erwerbstätigkeit zu übernehmen, bereits zumindest teilw umgesetzt hat. Vielmehr ist wegen der Gleichwertigkeit der Familienarbeit (Kindesbetreuung und Haushaltsführung) des einen Ehegatten mit den Barleistungen des erwerbstätigen Ehegatten und der gleichen Teilnahme beider Ehegatten an den ehelichen Lebensverhältnissen auch der Verdienst aus einer erstmals nach der Scheidung aufgenommenen Erwerbstätigkeit des früher haushaltführenden Ehegatten zum eheprägenden Einkommen zu rechnen. Nachdem Surrogatseinkommen ohne weiteres als während der Ehe angelegtes Einkommen eingestuft wird, ist auch in den Fällen des Wohnsurrogats von einem eheprägenden Einkommen auszugehen (s Rn 18). Schließlich kann ein Einkommen nach der Scheidung als eheprägend angesehen werden, soweit die Ehegatten dieses sicher erwartet und sich vor der Scheidung darauf tatsächlich eingestellt haben. Diese Voraussetzung hat der BGH (FamRZ 2006, 387 m Anm *Büttner*) in einem Fall als erfüllt angesehen, in dem sich der Unterhaltsverpflichtete mit Rücksicht auf die Mieteinnahmen aus einer sicher zu erwartenden Erbschaft Aufwendungen für eine angemessene Altersversorgung erspart hatte. Die Mieteinnahmen aus der nach der Scheidung angefallenen Erbschaft wurden als eine Art Surrogat der ersparten Vorsorgeaufwendungen behandelt. Zusammenfassend sind **bedarfsbestimmend alle Einkünfte und deren Surrogate aus einer die ehelichen Lebensverhältnisse prägenden Einkommensquelle sowie sicher zu erwartende Einkünfte, soweit sich die Ehegatten bereits vor der Scheidung darauf tatsächlich eingestellt haben.** Deswegen wird der Unterhalt im Allg nach den **gegenwärtigen Einkommensverhältnissen** beider Ehegatten bestimmt (*Graba* FamRZ 2006, 821; *Maier* NJW 2002, 3359).

11 **f) Gleichberechtigung.** Bei der Auslegung und Anwendung des Begriffs „Unterhalt nach den ehelichen Lebensverhältnissen" ist eine Lösung zu finden, die namentlich den Grundsätzen der Gleichheit (Art 3 GG) und Gleichberechtigung der Ehegatten zur Wirksamkeit verhilft (BVerfG FamRZ 2002, 527; BGH FamRZ 2001, 986; *Maier* NJW 2002, 3359). Auf der gleichberechtigten Teilhabe der Ehegatten an den ehelichen Lebensverhältnissen beruht die hM (BGH FamRZ 1982, 894; 1995, 346), wonach das für den Ehegattenunterhalt zur Verfügung stehende Einkommen auf beide grds gleichmäßig zu verteilen ist (**Halbteilungsgrundsatz**, BVerfGE 2011, 437 Rn 46).

12 **4. Eheliche Lebensverhältnisse. a) Begriff.** Zu den ehelichen Lebensverhältnissen ist alles zu rechnen, was für den Lebenszuschnitt der Eheleute tatsächlich eine Rolle spielt (BGH FamRZ 2006, 387). Nach einer anderen Formulierung des BGH werden die ehelichen Lebensverhältnisse durch die Gesamtheit aller wirtschaftl relevanten beruflichen, gesundheitlichen, familiären und ähnl Faktoren mitbestimmt (BGH FamRZ 2001, 986).

13 **b) Einkommen.** Es gelten die Grundsätze der allg Einkommenslehre (s Vor § 1569 Rn 40ff) mit folgender Ergänzung: **aa)** Der eheliche Lebensstandard wird durch das Einkommen mitbestimmt; wenn nur ein Ehegatte Einkommen hat, durch dieses, wenn beide Einkommen haben, durch die zusammengerechneten **Einkommen beider Ehegatten** (BGH FamRZ 1981, 539; 1982, 892). Grds sind alle Einkünfte heranzuziehen (BGH FamRZ 1988, 1145). Jedoch sind Vorteile nicht zu berücksichtigen, soweit sie auf einer neuen Ehe beruhen (BGH FamRZ 2005, 1817; 2007, 793 und 983; 2014, 1183).

14 **bb)** Maßgebend ist das **tatsächliche** Einkommen (BGH FamRZ 1997, 281). Ein fiktives Einkommen ist nur dann anrechenbar, soweit diesem ein geldwerter Vorteil entspricht, etwa Mietersparnis (s Vor § 1569 Rn 46), oder soweit das während des Zusammenlebens erzielte Einkommen wegen einer Obliegenheitsverletzung nicht mehr erzielt wird, indem mutwillig die Arbeitszeit reduziert wird (BGH FamRZ 1992, 1045; s Vor § 1569 Rn 42).

15 **cc)** Es muss sich um ein **nachhaltiges** Einkommen handeln (BGH FamRZ 1982, 576, 577; 1983, 146; 1992, 1045). Dies bedeutet nicht, dass nur wiederkehrende Einkünfte (Monatslohn) zu berücksichtigen sind. Auch unregelmäßige und einmalige Bezüge, wie Gewinnbeteiligungen oder Abfindungen (BGH FamRZ 2012, 1040), sind, ggf verteilt auf einen längeren Zeitraum, zum bedarfsprägenden Einkommen zu rechnen (vgl aber BGH FamRZ 2003, 590 m Anm *Büttner*, 594 und *Graba*, 746). Dies gilt jedenfalls für den Unterhalt in der Vergangenheit. Bei der vorausschauenden Beurteilung, ob für die Zukunft von gleichem Bedarf ausgegangen werden kann, ist ein einmaliger Bezug wegzulassen, wenn auszuschließen ist, dass dieser durch Einkommenssteigerungen an anderer Stelle ausgeglichen wird. Auch überobligatorisches Einkommen zählt sowohl auf Seiten des unterhaltsverpflichteten wie des unterhaltsberechtigten Ehegatten zu den eheprägenden Einkünften. Diese sind nach einem Billigkeitsabschlag (entspr § 1577 II) anzusetzen, solange sie erzielt werden (BGH FamRZ 2003, 848; 2011, 454 für den Verpflichteten und FamRZ 2005, 967 für den Berechtigten; s Vor § 1569 Rn 44 und § 1577 Rn 18ff).

Gleiches gilt für Surrogatseinkommen (s Rn 20) aus einer nach der Trennung oder Scheidung aufgenommenen überobligatorischen Erwerbstätigkeit des früher haushaltführenden Ehegatten (aA BGH FamRZ 2003, 518 m Anm *Büttner* = FPR 2003, 241 m Anm *Graba*).

dd) Einkommensänderungen sind zu berücksichtigen, wenn sich die in der Ehe angelegten wirtschaftl Verhältnisse wesentlich geändert haben (BGH FamRZ 2003, 590). Nach der früheren Rspr des BGH zu den wandelbaren ehelichen Lebensverhältnissen (FamRZ 2006, 683) hat der Scheidungszeitpunkt seine Bedeutung als grds Endpunkt der Entwicklung der ehelichen Lebensverhältnisse verloren. Die Rspr war mit Wortlaut und System des Gesetzes nicht zu vereinbaren (*Graba* FamRZ 2010, 1131). Das BVerfG (BVerfG FamRZ 2011, 437) hat sie als verfassungswidrig beanstandet. Der BGH hat auf Druck des BVerfG seine Rspr zu den wandelbaren Verhältnissen aufgegeben, wendet sie aber der Sache nach iRv § 1581 an (BGH FamRZ 2012, 281). 16

ee) Freiwillige Leistungen **Dritter** zählen nach hM grds nicht zum bedarfsbestimmenden Einkommen (s Vor § 1569 Rn 50). 17

ff) Wohnvorteil. Anders als während der Trennung, rechnet die hM nach der Scheidung regelmäßig nicht die Ersparnis einer angemessenen Miete, sondern die Marktmiete der benutzten Wohnung als Wohnvorteil an (s Vor § 1569 Rn 46). Nach der Rspr des BGH (BGH FamRZ 2001, 1140 m Anm *Graba* FPR 2002, 48) bemisst sich das anrechenbare Einkommen wegen Wohnvorteils nach der Veräußerung des einem oder beiden Ehegatten gehörenden Familienheims nicht mehr nach der Differenz von Mietersparnis und Hauslasten, sondern nach den tatsächlichen oder erzielbaren Zinsen aus der Anlage des Hauserlöses durch einen oder beide Ehegatten (BGH FamRZ 2002, 88) oder, soweit aus dem Kapital ein neues Heim angeschafft wurde, nach dem darauf beruhenden Wohnvorteil, oder, soweit eine Obliegenheit zur Vermögensumschichtung besteht, aus dem dann erzielbaren Einkommen. Die Rspr beruht auf der Ansicht, dass der Verkaufserlös als Surrogat des Eigentums am Familienheim und die Zinsen aus der Anlage des Erlöses als **Surrogat** der eheprägenden Nutzung anzusehen sind. Die Ertragszinsen sind auch insoweit als bedarfsprägend anzusetzen, als sie den Wohnwert übersteigen (BGH FamRZ 2002, 88). Wird bei einem früher im MitE stehenden Familienheim die Eigentumshälfte von einem Ehegatten übernommen, ist nach Ansicht des BGH (BGH FamRZ 2005, 1159; 1817 m Anm *Maurer* FamRZ 2006, 258) auf Seiten des Übernehmers als Einkommen anzusetzen der volle Wohnvorteil, dh regelmäßig die Marktmiete, abzüglich eheprägender Zins- und Tilgungsleistung und abzüglich Zinsen, nicht aber Tilgungsraten für den zum Erwerb notwendigen Kredit (vgl nunmehr aber die geänderte Rspr des BGH Vor § 1569 Rn 46), während dem anderen Ehegatten das Surrogatseinkommen aus dem Erlös zuzurechnen ist (BGH FamRZ 2008, 963; 2014, 1098). 18

Str ist, ob die Zinsen aus der Anlage einer Zugewinn-Ausgleichszahlung als bedarfsbestimmend anzusehen sind (so *Büttner/Niepmann* NJW 2001, 2215, 2221; aA Grü/*v Pückler* Rn 19). Dagegen spricht, dass der Zugewinn scheidungsbedingt ausgeglichen wurde. Eheprägend ist die Zugewinnausgleichszahlung jedenfalls, wenn zuvor daraus eheprägende Erträge erwirtschaftet wurden (BGH FamRZ 2007, 1532, 1536), weil damit eine eheprägende Einkommensquelle vorlag (*Maier* NJW 2002, 3359). Haben die Ehegatten bereits vor der Scheidung ihre ehelichen Lebensverhältnisse in Hinblick auf das Vermögen gestaltet, etwa soweit sie dieses zur Altersversorgung bestimmt haben, sind die Zinsen aus dem Zugewinnausgleich eheprägend. Davon wird man bei durchschnittlichen wirtschaftl Verhältnissen ausgehen können. Aus diesen Erwägungen sind nach der Scheidung ausbezahlte Lebensversicherungen zum eheprägenden Einkommen zu rechnen. Auch Mieteinnahmen können erstmals nach Eintritt des Versorgungsfalls zum eheprägenden Einkommen zu zählen sein, wenn die Altersversorgung während der Ehe darauf ausgerichtet war, etwa indem diese durch die vermietbaren Objekte gesichert werden sollte (vgl BGH FamRZ 2006, 387; *Graba* FamRZ 2006, 821). Zinsen aus einer nach der Trennung oder der Scheidung angefallenen Erbschaft oder Schenkung sind dagegen nicht bedarfserhöhend zu berücksichtigen (BGH FamRZ 2012, 1483, Rn 36; zur Ausnahme s Rn 10). 19

gg) Haushaltsführung. Der BGH (FamRZ 2001, 986) behandelt das Einkommen aus einer nach der Scheidung (und Trennung) erstmals aufgenommenen (oder erweiterten) Erwerbstätigkeit des früher den Haushalt führenden Ehegatten als bedarfsbestimmend. Die Erwerbstätigkeit könne als Surrogat der früheren Familienarbeit, der Verdienst als **Surrogat** des Wertes seiner bisherigen Tätigkeit angesehen werden, von Ausnahmen einer ungewöhnlichen vom Normalverlauf abw Karriereentwicklung abgesehen. Die Hausfrauen-Ehe wird damit nach der Scheidung wie eine Doppelverdiener-Ehe behandelt. Der BGH hat die Frage, ob in anderen Fallgruppen für den Wert der Haushaltsführung ein bedarfsprägendes Einkommen anzusetzen ist (dazu *Graba* FamRZ 1999, 1115), ausdrückl offengelassen. Einem Hinweis in einer Entscheidung (BGH FamRZ 2002, 88), wonach Zinsen aus der Anlage des Verkaufserlöses des Familienheims nicht als Ersatz für den Wert der Haushaltsführung zum bedarfsprägenden Einkommen zu rechnen seien, weil sie insoweit kein Surrogat seien, muss jedoch entnommen werden, dass er den Ansatz von Ersatzeinkommen davon abhängig macht, dass **dieselbe Einkommensquelle** (*Maier* NJW 2002, 3359) vorliegt. Als Surrogat sind bedarfsbestimmend nicht nur das tatsächliche Erwerbseinkommen, sondern auch das wegen Verletzung der Erwerbsobliegenheit fiktiv anrechenbare Einkommen, ferner überobligatorisches Einkommen (nach Abzug eines billigen Anteils, der dem Bezieher vorweg verbleibt; s Rn 15 und Vor § 1569 Rn 43), das fiktive **Entgelt für Partnerbetreuung** (BGH FamRZ 2001, 1693 m Anm *Büttner*; 2004, 1173 m Anm *Born* und *Gerhardt*, 1545), Rente wegen Erwerbsunfähigkeit, **Altersrente** des früher haushaltführenden Ehegatten, gleich ob sie auf einer vor oder nach der Ehe ausgeübten Erwerbstätigkeit oder auf dem Versorgungsausgleich beruht (BGH FamRZ 2002, 88; 2005, 1897), auch die Rente, die auf den Vorsorgeunterhalt zurückgeht, weil auch diese Beiträge aus dem gemeinsam erwirtschafteten Einkommen stammen und mit deren 20

Zahlung die ehelichen Lebensverhältnisse gestaltet wurden (*Maier* NJW 2002, 3359; *Graba* FamRZ 2006, 821; aA BGH FamRZ 2003, 848 m abl Anm *Hoppenz*).

21 Das **BVerfG** (FamRZ 2002, 527) hat die frühere Rspr des BGH zum Hausfrauen-Unterhalt beanstandet und die neue als eine verfassungsrechtl mögliche Auslegung gebilligt. Beide Ehegatten leisteten im Rahmen der gemeinsam getroffenen Arbeits- und Aufgabenzuweisung einen gleichwertigen Beitrag zu den ehelichen Lebensverhältnissen (§ 1360 S 2, § 1606 III 2). Deswegen hätten sie auch grds einen Anspruch auf gleichwertige Teilhabe am gemeinsamen Erwirtschafteten. Dies gelte auch für den nachehelichen Unterhalt. Zu Einkommenszuwächsen aufgrund einer normalen Entwicklung, an denen beide gleich zu beteiligen sind, gehöre auch der Verdienst aus einer Erwerbstätigkeit des früher haushaltführenden Ehegatten. Anderenfalls würde der Wert der Familienarbeit zulasten dieses Ehegatten im Nachhinein missachtet.

22 **hh) Kritik der Surrogat-Rspr.** Die Surrogat-Rspr behandelt nicht eheprägendes Einkommen als in der Ehe angelegt, weil die Einkommensquelle die gleiche ist (*Graba* FamRZ 2006, 821). Gegen eine Erstreckung des Surrogatgedankens, der bei Erwerbseinkommen (Austausch von Gehalt und Unternehmergewinn; von Erwerbsverdienst und Altersrente) schon immer herangezogen wurde, auf alle übrigen Einkommensarten ist nichts einzuwenden. Dabei arbeitet die Surrogat-Rspr mit einem doppelten Surrogat: Familienarbeit – Erwerbstätigkeit, Wert der Familienarbeit – Verdienst, Wohnwert – Nutzung, Verkaufserlös – Zinsen. Unterhaltsrechtl bedeutsam ist nur das zweite Surrogat. Durch die Surrogats-Theorie werden die Ungerechtigkeiten der alten Rspr zwar für die praktisch häufigste Fallgruppe beseitigt. Die „Familienarbeit" wird jedoch nur als eine Art der Erwerbstätigkeit anerkannt, dh die Betreuung durch den haushaltführenden Ehegatten wird nicht als ursprüngl Unterhaltsleistung gewertet. Letzteres ist indes der entscheidende Gesichtspunkt. Die fehlende Anerkennung des Betreuungsunterhalts als ursprüngl Form des Unterhalts neben dem Barunterhalt (s Vor § 1569 Rn 4) bedeutet eine Ungleichbehandlung des Betreuenden im Vergleich zum Barunterhaltspflichtigen. Dieser Verstoß gegen den Gleichheitssatz trifft in der Praxis meist die Frau. Der Ausweitung des Unterhalts als Folge der Surrogatsrechtsprechung tritt der BGH durch Beschränkung nach § 1578b entgegen (s § 1578b Rn 1).

23 **c) Verbindlichkeiten.** S Vor § 1569 Rn 56. **aa) Stichtagsprinzip.** Eheprägende (nicht trennungsbedingte) Verbindlichkeiten können das für den Ehegattenbedarf maßgebende Einkommen mindern. Ein negativer Einkommensansatz ist indes nie gerechtfertigt. Maßgebend ist unter Berücksichtigung gewöhnlicher Entwicklungen die Höhe der Verbindlichkeiten **bei der Scheidung**, außer der Wegfall hat schon in diesem Zeitpunkt die ehelichen Lebensverhältnisse geprägt (BGH FamRZ 1995, 869). Die Eingehung nachehelicher Verbindlichkeiten ist wegen des Stichtagsprinzips nur nach § 1581 zu berücksichtigen.

24 **bb)** Die **Rspr des BGH** (FamRZ 2008, 968) **zu den wandelbaren ehelichen Lebensverhältnissen** (s Rn 16, 30ff) ist inzwischen aufgegeben worden (BGH FamRZ 2012, 281). Das BVerfG (FamRZ 2011, 437) hat sie als verfassungswidrig beanstandet.

25 **cc) Steuern** (s Vor § 1569 Rn 52) sind grds in der im Bemessungszeitraum tatsächlich gezahlten Höhe (In-Prinzip) abzuziehen (BGH FamRZ 2007, 793). Wurde zB ein eingetretener Steuervorteil wegen einer Investitionsrücklage nicht in einen Vermögenswert investiert, sondern für die Lebensführung verwendet, sind die späteren Steuernachzahlungen einkommensmindernd zu berücksichtigen (Koblenz FamRZ 2015, 1970). Im Einzelfall kann es jedoch auch geboten sein, die Steuern nach dem Für-Prinzip zu berechnen (BGH FamRZ 2011, 1851). Der Splittingvorteil aus einer neuen Ehe darf dem geschiedenen Ehegatten nicht zugutekommen (BGH FamRZ 2005, 1817), so dass dessen Unterhaltsanspruch, anders als der Anspruch der Kinder, aufgrund einer fiktiven Steuerlast nach Steuerklasse I zu berechnen ist. Der Vorteil aus dem sog Realsplitting (s Vor § 1569 Rn 38) erhöht das eheprägende Einkommen. Erstattungen sind als Einkommen anzusetzen (BGH FamRZ 1988, 817), für künftige Jahre indes nicht, wenn in diesen eine Erstattung nicht mehr in Betracht kommt (BGH FamRZ 1999, 372). Steuerliche Verluste oder Vorteile, die auf unterhaltsrechtl nicht anerkannten Maßnahmen beruhen, sind im Wege einer fiktiven Steuerberechnung bei der Unterhaltsbemessung auszuscheiden (BGH FamRZ 2005, 1159).

26 **dd) Vorsorgeaufwendungen** sind in angemessenem Umfang abzugsfähig, etwa Beiträge für Kranken- und Pflegeversicherung (BGH FamRZ 1985, 357), für eine Zusatzversicherung (BGH FamRZ 2002, 88) oder für Altersvorsorge, s Vor § 1569 Rn 53.

27 **ee) Kosten für besonderen Aufwand**, etwa wegen einer Behinderung (BGH FamRZ 1985, 357) oder altersbedingte Mehrkosten (BGH FamRZ 1986, 661, 663), sind ggf nach Schätzung (entspr § 287 ZPO) berücksichtigungsfähig, soweit nicht schon die Vermutung nach § 1578a eingreift.

28 **ff)** Eheprägende **Verbindlichkeiten** können das für den Ehegattenbedarf verteilungsfähige Einkommen im Rahmen des Angemessenen (BGH FamRZ 1982, 23) mindern (s *Graba*, FS Henrich, 2000, 177, 198). Dies gilt sowohl auf Seiten des unterhaltsverpflichteten (BGH FamRZ 1984, 358) als auch des unterhaltsberechtigten Ehegatten (BGH FamRZ 1991, 1163). Kein Ehegatte kann grds Unterhalt erwarten, ohne dass die bereits während des Zusammenlebens begründeten Zahlungsverpflichtungen ggü Dritten bei der Bemessung berücksichtigt werden. Die umfassende Abwägung der Interessen aller Beteiligten kann indes zu dem Ergebnis führen, dass die Schulden, insb wenn das Einkommen gesunken ist, in niedrigeren Raten als vor der Trennung zurückgezahlt werden müssen und dass nach der Scheidung Verbindlichkeiten, soweit sie der eigenen Vermögensbildung dienen, dem anderen Ehegatten nicht entgegengehalten werden können (zum objektivierenden Maßstab s Rn 7; zum Abzug der Tilgung beim Wohnvorteil Vor § 1569 Rn 46). Ein Pkw-Kredit kann auch bei Anschaffung eines

Ersatzfahrzeugs weiter zu berücksichtigen sein (BGH NJW 1998, 2821), ein nach der Trennung aufgenommenes Darlehen für die Anschaffung von Hausrat nur, wenn die Eingehung der Verbindlichkeit unvermeidbar war (BGH FamRZ 1998, 1501). Trennungs- und scheidungsbedingte Verfahrenskosten sind nicht als eheprägend zu berücksichtigen (BGH FamRZ 2004, 1357, 1359). Verbindlichkeiten, die in der Vergangenheit nicht bedient wurden, sind nur dann zu berücksichtigen, wenn von einer Nachzahlung bzw Zahlung im künftigen Unterhaltszeitraum ausgegangen werden kann. Zum Abzug von Verbindlichkeiten vom Surrogatseinkommen s Rn 18; zum Stichtagsprinzip Rn 23.

gg) Soweit Einkommen während des Zusammenlebens für die **Vermögensbildung** verwendet wurde, etwa Beiträge für eine Lebensversicherung, können diese weiter als zusätzl Altersvorsorge anzuerkennen sein (Vor § 1569 Rn 53). 29

d) Prägender Unterhalt. aa) Kindesunterhalt. Zur Ermittlung des für den Ehegattenunterhalt verteilbaren Einkommens wird der **Unterhalt für die gemeinsamen Kinder und die bis zur Rechtskraft der Scheidung geborenen nicht gemeinsamen Kinder** des Verpflichteten (BGH FamRZ 1999, 367 m Anm *Graba*) und des Unterhaltsberechtigten, auch wenn sie volljährig sind (BGH FamRZ 1990, 979), nicht dagegen von Stiefkindern aus neuer Ehe (BGH FamRZ 2005, 1817) vom eheprägenden Einkommen abgezogen (BGH FamRZ 1991, 1163). Unterhalt für ein nach der Scheidung geborenes Kind ist entgegen der früheren Rspr zu den wandelbaren Verhältnissen (s Rn 24) nicht zu berücksichtigen (BGH FamRZ 2012, 281), weil der Gesetzgeber den Bedarf nach den ehelichen Lebensverhältnissen nicht vom Hinzutreten weiterer Unterhaltsberechtigter abhängig gemacht hat. Abzuziehen ist der Zahlbetrag (BGH FamRZ 2009, 1300). Wird weniger als der titulierte Kindesunterhalt gezahlt, ist dennoch der titulierte Betrag maßgebend, wenn nicht davon auszugehen ist, dass das Kind auf Nachforderung verzichtet hat (BGH FamRZ 2000, 351; 2009, 762). Wenn die Unterhaltsverpflichtung ggü dem Kind entfällt, ist der Ehegattenunterhalt nach dem ungekürzten Einkommen zu bemessen (BGH FamRZ 2016, 199). Der Vorwegabzug des Kindesunterhalts kann zu unangemessen niedrigem Ehegattenunterhalt führen. Durch die Änderung der Rangordnung (§ 1609) ist jedoch – entgegen der früheren Rspr (BGH FamRZ 2003, 363; 2005, 1538; *Graba* FamRZ 2004, 1) auch im Mangelfall der (privilegierte) Kindesunterhalt (Mindestunterhalt) vorab abzuziehen, auch wenn dadurch zur Wahrung des Selbstbehalts ein verteilungsfähiges Einkommen für den Ehegattenunterhalt nicht verbleibt. Zu beachten ist, dass auch von den Erwerbseinkünften des betreuenden Elternteils der Barunterhaltsbedarf des Kindes nach den gemeinsamen Einkünften der Eltern abzüglich des hälftigen auf den Barunterhalt entfallenden Kindergeldes und abzüglich des vom Barunterhaltspflichtigen anderen Elternteils geleisteten Barunterhalts abzusetzen ist, da der betreuende Elternteil in dieser Höhe neben dem Betreuungsunterhalt restlichen Barunterhalt in Form von Naturalunterhalt leistet (BGH FamRZ 2022, 1366). Dies erscheint kritikwürdig. Es stellt sich die Frage, ob sich die Lebensstellung des Kindes auch nach der Trennung zutr noch nach dem beiderseitigen Einkommen der Eltern bemisst, da durch die Trennung Synergieeffekte der gemeinsamen Lebensführung entfallen sind und die Eltern idR in deutlich beengten Lebensverhältnissen leben. Jedenfalls wenn der notwendige Selbstbehalt des betreuenden Elternteils unterschritten ist, dürfte eine Monetisierung des Naturalunterhalts nicht mehr folgerichtig sein. Kosten des Umgangs können durch einen teilw Abzug vom Einkommen oder einen erhöhten Selbstbehalt berücksichtigt werden (BGH FamRZ 2009, 1391). 30

bb) Ehegattenunterhalt/Nichtehelichenunterhalt. Der Unterhalt für den Ehegatten aus früherer Ehe und der Betreuungsunterhalt für ein vor der Scheidung geborenes nichteheliches Kind prägen die Lebensverhältnisse der neuen Ehe (im Mangelfall Vorwegabzug des Mindestunterhalts, BGH FamRZ 2003, 363). Dagegen ist der Unterhalt des neuen Ehegatten, ebenso wie der Unterhalt für ein nach der Scheidung geborenes Kind und dessen betreuenden Elternteil, bei der Bemessung des Bedarfs des geschiedenen Ehegatten nicht zu berücksichtigen (BVerfG FamRZ 2011, 437). Solche Belastungen liegen außerhalb des Rahmens der ehelichen Lebensverhältnisse, können aber für die Leistungsfähigkeit (§ 1581) erheblich sein (*Graba* FF 2007, 246; FamRZ 2010, 1131; s § 1581 Rn 23). Auch der Unterhalt für ein nach der Ehe geborenes nicht gemeinsames Kind des unterhaltsberechtigten Ehegatten mindert nicht dessen eheprägendes Einkommen (vgl § 1570). 31

cc) Elternunterhalt kann zwar tatsächlich oder latent eheprägend sein (BGH FamRZ 2003, 860), wird aber wegen seines Nachrangs (§ 1609) selten zum Zug kommen. 32

e) Erwerbstätigenbonus. Von dem für den Ehegattenunterhalt verteilbaren Erwerbseinkommen (BGH FamRZ 1997, 806), also erst nach Abzug von Verbindlichkeiten und Kindesunterhalt, ist ein Bonus abzusetzen (s Vor § 1569 Rn 57; BGH NJW 2020, 238). Der Erwerbstätigenbonus ist jedoch nur für Erwerbseinkünfte gerechtfertigt (BGH FamRZ 2006, 387), nicht für Arbeitslosengeld (BGH FamRZ 2007, 983) oder Krankengeld (BGH FamRZ 2009, 307). 33

5. Bedarfsbemessung. a) Konkrete Bedarfsbemessung. Bei der konkreten Bemessung wird der Unterhalt nach den Kosten bemessen, die für die einzelnen eheprägenden Bedarfsposten aufzubringen sind. Diese Unterhaltsbemessung ist zu erwägen ab den Fällen, in denen das Einkommen die Höchstgrenze der Düsseldorfer Tabelle übersteigt und mehr als die unterhaltsrechtl Bedürfnislage abdeckt (BGH FamRZ 2010, 1637). Es besteht eine tatsächliche Vermutung, dass ein Familieneinkommen bis zur Höhe des Doppelten des in der Düsseldorfer Tabelle ausgewiesenen Einkommenshöchstbetrages (derzeit 11.000 €) vollständig für den Lebensbedarf verwendet wurde, mithin der Unterhaltsbedarf ohne nähere Darlegung nach der Quote bemessen wird (BGH FamRZ 2018, 260). Soweit das Einkommen darüber hinausgeht, hat der Unterhaltsberechtigte, wenn er dennoch Unterhalt nach der Quotenmethode begehrt, die entspr Verwendung des Einkommens für den Lebensbedarf darzule- 34 gen und im Bestreitensfall in vollem Umfang zu beweisen (BGH FamRZ 2020, 21). Familieneinkommen ist dabei das Einkommen, das für den Bedarf beider Ehegatten zur Verfügung steht und insoweit unterhaltsrelevant ist (BGH FamRZ 2020, 21). Die Unterhaltspflicht ggü einem neuen Ehegatten ist nur bei Eheprägung zu berücksichtigen (zB § 1615l bei Geburt des Kindes vor Rechtskraft der Scheidung; BGH FamRZ 2020, 21).

35 **b) Quotenunterhalt.** Die gleichmäßige Aufteilung der für den Ehegattenunterhalt zur Verfügung stehenden Mittel (zur Ausnahme des Erwerbstätigenbonus s Rn 33) führt zum hälftigen Quotenunterhalt, der in der Praxis meist geübten Bemessungsform. Der Quotenunterhalt deckt den aktuellen Bedarf ab, der unter der Höchstgrenze des Unterhalts liegen kann (s Rn 4).

36 **c) Differenz- oder Additionsmethode.** Mit diesen Begriffen wird schlagwortartig ausgedrückt, welches Einkommen den Bedarf nach § 1578 bestimmt. Die davon zu unterscheidende Abzugs- oder Anrechnungsmethode besagt, dass das Einkommen des Berechtigten nicht bedarfserhöhend iSv § 1578 ist, sondern nur gem § 1577 auf den Bedarf anzurechnen, dh vom Bedarfsbetrag abzuziehen ist und damit die Höhe des Anspruchs mindert. Bei der Alleinverdienerehe beträgt der Bedarf grds die Hälfte des Einkommens (zB 4000 : 2 = 2000). Haben beide Ehegatten Einkommen (sog Doppelverdienerehe), werden die beiderseitigen Einkommen addiert (Additionsmethode) und hälftig geteilt. Dies ergibt den Bedarf nach § 1578 (4000 + 2000 = 6000 : 2 = 3000). Wird vom Bedarf das Einkommen des Berechtigten nach § 1577 abgezogen, ergibt dies den Unterhalt (3000 – 2000 = 1000). Dasselbe Ergebnis errechnet sich nach der Differenzmethode, indem vom Einkommen des einen Ehegatten das des anderen abgezogen und der Rest hälftig geteilt wird (4000 – 2000 = 2000 : 2 = 1000). Die Anwendung der Additions- oder Differenzmethode setzt voraus, dass es sich um die ehelichen Lebensverhältnisse prägendes Einkommen handelt oder dass nicht prägendes Einkommen ausnahmsw wie prägendes behandelt wird, wie etwa in den Fällen der Surrogat-Rspr (s Rn 18ff) oder wenn die Minderung eines prägenden Einkommens durch ein nicht prägendes Einkommen ausgeglichen wird, etwa auf dem Boden der früheren Rspr des BGH zum Hausfrauenunterhalt das ruhestandsbedingte Absinken der Bezüge des Ehemannes durch die Altersrente der Ehefrau (BGH FamRZ 1988, 817). Dogmatischer Ort der Additions- oder der Differenzmethode ist § 1578, der Anrechnungsmethode dagegen § 1577. Nach § 1577 ist jedes Einkommen auf den nach § 1578 ermittelten Bedarf anzurechnen, gleich ob es bedarfserhöhend oder nicht berücksichtigt wurde (§ 1577 Rn 14). Ist dies nicht der Fall, vermindert sich der Unterhalt um das volle anrechenbare Einkommen des Unterhaltsberechtigten. Dagegen führt die Berücksichtigung des Einkommens des Unterhaltsberechtigten als bedarfsprägend iSv § 1578 dazu, dass sich der Unterhalt als Folge des Halbteilungsprinzips lediglich um die Hälfte des eigenen Einkommens des Berechtigten mindert.

37 **d) Angemessenheitskontrolle.** Jede Verteilung des Einkommens auf die Ehegatten ist auf ihre Angemessenheit zu überprüfen und ggf zu modifizieren (BGH FamRZ 1981, 539; 1998, 899; 1999, 367).

38 **6. Umfang des Unterhalts. a) Einheitlicher Anspruch.** Der Unterhalt umfasst nach Abs I S 4 den gesamten Lebensbedarf. Zusätzl kann ein Sonderbedarf (§ 1585b I) geltend gemacht werden. Der einheitliche Unterhaltsanspruch gliedert sich in Elementar-, Krankenversicherungs-, Pflegeversicherungs- und Vorsorgeunterhalt (BGH FamRZ 2007, 193). Elementar-, Krankenversicherungs- und Pflegeversicherungsunterhalt sind untereinander gleichrangig und vorrangig ggü Vorsorgeunterhalt (BGH FamRZ 1989, 483). Krankenversicherungs- und Pflegeversicherungs- sowie Vorsorgeunterhalt sind ausdrückl geltend zu machen, gesondert auszuweisen und zweckgebunden zu verwenden (BGH FamRZ 2007, 193; 2015, 824). Der Verpflichtete kann aber Zahlung an eine Versicherung statt an den Berechtigten nur im Falle pflichtwidriger Verwendung verlangen (BGH FamRZ 1989, 483). Für den Verpflichteten besteht die Gefahr, doppelt in Anspruch genommen zu werden, weil nach der Rspr des BGH (FamRZ 1987, 684) dem Berechtigten eine zweckwidrige Verwendung nur unter den Voraussetzungen des § 1579 Nr 4 anzulasten ist.

39 **b) Elementarunterhalt.** Zum Elementarunterhalt gehören nach Abs II auch die Kosten einer Schul- oder Berufsausbildung, einer Fortbildung oder Umschulung nach §§ 1574, 1575 sowie ein etwaiger behinderungsbedingter Mehrbedarf.

40 **c) Krankenversicherungs- und Pflegeversicherungsunterhalt.** Für die angemessene Vorsorge im Falle von Krankheit und Pflegebedürftigkeit ist nach Abs II Unterhalt iHd erforderlichen Versicherungsbeiträge zu gewähren, s Vor § 1569 Rn 53. Hat der Berechtigte jedoch eigenes Einkommen, besteht insoweit kein Anspruch, als dieses für diese Kosten ausreicht. Vielmehr ist das Einkommen des Berechtigten, wie es auch auf Seiten des Verpflichteten geschieht, um diese Vorsorgeausgaben zu bereinigen. Bei während der Ehe durch Beihilfe begünstigten Beamtenehegatten kann weiterhin eine private (Zusatz-)Versicherung angemessen sein (BGH FamRZ 1983, 676; 2005, 1897). Das für den Ehegattenunterhalt verteilbare Einkommen des Verpflichteten ist um die Versicherungsbeiträge für den Kranken- und Pflegeversicherungsunterhalt des Berechtigten zu vermindern und dann der Quotenunterhalt zu ermitteln.

41 **d) Vorsorgeunterhalt. aa) Bedeutung.** In den Fällen der Unterhaltsberechtigung nach §§ 1570–1573 oder § 1576, 1586a, nicht beim Ausbildungsunterhalt nach § 1575, gehören zum Lebensbedarf nach Abs III auch die Kosten für eine angemessene Versicherung für den Fall des Alters sowie der Berufs- und Erwerbsunfähigkeit. Dies gilt etwa, wenn während der Ehe wegen des Vermögens des anderen Ehegatten nur eine geringe Altersvorsorge aufgebaut wurde (BGH FamRZ 2010, 1037). Der Berechtigte hat die Wahl, für welche Form der Altersvorsorge er sich entscheiden will (BGH FamRZ 2007, 793; 1817 (Hausfinanzierung); Stuttgart FamRZ 2018, 1081). Er kann sich auch zu einer privaten Altersvorsorge entschließen (BGH FamRZ 1982, 684) und muss dazu keine nä-

heren Angaben machen, außer wenn begründete Zweifel an der zweckentsprechenden Verwendung bestehen (BGH FamRZ 1987, 684). Für den angemessenen Aufwand geben die Beiträge der gesetzl Rentenversicherung ein Richtmaß (BGH FamRZ 1981, 442) nicht jedoch die Höchstgrenze (BGH FamRZ 2007, 117). Nachdem der BGH (FamRZ 2005, 1817; s Vor § 1569 Rn 53) für jeden ein Bedürfnis für eine zusätzl Altersversorgung bejaht, kann der Berechtigte jedenfalls dann, wenn der Pflichtige eine unterhaltsrechtl anzuerkennende zusätzl Altersvorsorge betreibt, eine entspr Erhöhung des Altersvorsorgeunterhalts verlangen (BGH FamRZ 2020, 21).

bb) Abs III **bezweckt**, dem geschiedenen Ehegatten zu ermöglichen, eine ehebedingte Behinderung seiner Erwerbstätigkeit auszugleichen und im Wege der freiwilligen Versicherung seine Versorgung zu erhöhen (BGH FamRZ 1981, 442). Ein Bedürfnis auf Vorsorgeunterhalt ist nur zu verneinen, wenn der Berechtigte eine Altersversorgung erwarten kann, die diejenige des Verpflichteten erreicht (BGH FamRZ 1981, 442). Ein Anspruch auf Vorsorgeunterhalt besteht regelmäßig bis zum Erreichen der gesetzl Altersgrenze des Berechtigten. Dies gilt auch dann, wenn er eine Rente wegen Berufs- oder Erwerbsunfähigkeit bezieht (BGH FamRZ 2000, 351). Bei Unterhalt wegen Alters nach § 1571 kann Vorsorgeunterhalt wegen Zweckerreichung ausgeschlossen werden (aA Erman/*Graba*[13]). Erteilt der Unterhaltsberechtigte dem Unterhaltspflichtigen auf dessen Aufforderung hin keine Auskunft über die **Verwendung** des in der Vergangenheit bezogenen **Altersvorsorgeunterhalts** und bestehen deshalb begründete Zweifel daran, dass er die hierfür an ihn geleisteten Beträge zweckentspr verwenden wird, steht der Aufforderung auf Zahlung künftigen Altersvorsorgeunterhalts der Einwand der Treuwidrigkeit nach § 242 entgegen (BGH FamRZ 2020, 171; 1987,684). 42

cc) Bei der **Berechnung** des Vorsorgeunterhalts lehnt sich die hM (BGH FamRZ 1981, 422) an das Vorbild der Versicherung des ArbN in der gesetzl Rentenversicherung an (Bremer Tabelle von *Gutdeutsch*): (1) Der rechnerische Quotenunterhalt wird in ein fiktives Bruttoeinkommen umgerechnet, nach hM ohne Krankenversicherungsbeiträge (BGH FamRZ 1983, 888). (2) Daraus wird der Vorsorgeunterhalt mit dem jew Beitragssatz in der gesetzl Rentenversicherung errechnet. (3) Der Vorsorgeunterhalt wird vom für den Unterhalt der Ehegatten verteilbaren Einkommen des Verpflichteten abgesetzt. Die Hälfte des Restes ergibt den Elementarunterhalt. **Bsp** (Bremer Tabelle 2020): (1) 4000 : 2 = 2000 + 30 % Zuschlag Bremer Tabelle (600) = 2600. (2) 2600 × 18,6 % Beitragssatz 2020 = 484 Vorsorgeunterhalt. (3) 4000 – 484 = 3516 : 2 = 1758 Elementarunterhalt. Besteht wegen Erwerbstätigkeit nur ein Anspruch auf Teilunterhalt, wird der Vorsorgeunterhalt grds nach diesem berechnet (BGH FamRZ 1982, 255). Ist der Elementarunterhalt anderweitig gedeckt, etwa durch Entgelt für Partnerbetreuung, ist der Vorsorgeunterhalt nach dem fiktiven Elementarunterhalt zu berechnen (BGH FamRZ 1982, 679). Erwerbseinkommen des Berechtigten, das (etwa mangels Versicherungspflicht) nicht mit der Begründung von Anwartschaften für eine Altersvorsorge verbunden ist, wird bei der Berechnung nicht berücksichtigt (BGH FamRZ 1999, 367). Soweit der Berechtigte über Kapitalzinsen, Mieterträge, Gebrauchsvorteile oder sonstiges Einkommen verfügt, das in seiner Art zur Altersvorsorge geeignet ist, kann daran nach Ansicht des BGH (FamRZ 2000, 351 mit Berechnungsbsp) nicht für den Vorsorgeunterhalt angeknüpft werden. Sie sind daher bei der Berechnung des Vorsorgeunterhalts außer Betracht zu lassen. Die zweistufige Berechnung des Vorsorgeunterhalts kann unterbleiben, wenn die Gefahr der Verletzung des Halbteilungsgrundsatzes nicht besteht, etwa bei konkreter statt quotenmäßiger Bedarfsbemessung, bei besonders günstigen wirtschaftl Verhältnissen (BGH FamRZ 2012, 945), wenn der Altersvorsorgeunterhalt aus den früher zur Vermögensbildung verwendeten Einkünften aufgebracht werden kann oder wenn wegen der Anrechnung von Einkommen des Unterhaltsberechtigten auf den Bedarf ein die ehelichen Lebensverhältnisse bestimmendes Einkommen dem Unterhaltsverpflichteten allein verbleibt (BGH FamRZ 1999, 372). 43

e) Trennungsbedingter Mehrbedarf. Nach der neueren Rspr des BGH (BGHZ 148, 105) ist schon der Quotenbedarf regelmäßig nach dem gesamten verfügbaren Einkommen zu bemessen, weil auch die Haushaltstätigkeit und Kindererziehung die ehelichen Lebensverhältnisse in einem Umfang geprägt haben, wie er sich aus dem als Surrogat an ihre Stelle getretenen Einkommen ergibt. Neben dem deswegen im Wege der Differenzmethode zu ermittelnden (höheren) Unterhaltsbedarf würde ein konkret zu bemessener zusätzl Bedarf eines Ehegatten stets zu einem Verstoß gegen den Halbteilungsgrundsatz führen. Weil ein trennungsbedingter Mehrbedarf regelmäßig auch nicht in den ehelichen Lebensverhältnissen angelegt ist, kann er deshalb idR nicht neben dem nach der Differenzmethode ermittelten Quotenbedarf berücksichtigt werden (BGH FamRZ 2004, 1357). Kein Ehegatte kann erwarten, bei gleichen Mitteln als Einzelperson das Leben auf demselben sozialen Niveau führen zu können wie vorher zusammen mit dem anderen Ehegatten. 44

f) Sonderbedarf. Sonderbedarf, etwa Umzugskosten (BGH FamRZ 1983, 29), kann zusätzl zum laufenden Unterhalt geltend gemacht werden (s § 1585b). 45

g) Verfahrenskosten. Der Geschiedenenunterhalt umfasst nicht einen Anspruch auf Zahlung eines Verfahrens**kostenvorschusses** (BGH FamRZ 2017,1052). 46

7. Beweislast. Der Unterhaltsberechtigte muss den Bedarf (Maß und Umfang des Unterhalts) nach den ehelichen Lebensverhältnissen darlegen und ggf beweisen. Dies gilt auch insoweit, als der Bedarf vom Einkommen des Verpflichteten abhängt. Ihm steht dafür ein Auskunftsanspruch nach § 1580 zur Verfügung. Verfahrensrechtl Auskunftspflichten der Beteiligten und Dritter ggü dem Gericht sehen §§ 235, 236 FamFG vor. 47

§ 1578a Deckungsvermutung bei schadensbedingten Mehraufwendungen

Für Aufwendungen infolge eines Körper- oder Gesundheitsschadens gilt § 1610a.

1 Die Vorschrift übernimmt für das nacheheliche Unterhaltsrecht die in § 1610a aufgestellte Vermutung. S dazu § 1610a Rn 1ff.

§ 1578b Herabsetzung und zeitliche Begrenzung des Unterhalts wegen Unbilligkeit

(1) Der Unterhaltsanspruch des geschiedenen Ehegatten ist auf den angemessenen Lebensbedarf herabzusetzen, wenn eine an den ehelichen Lebensverhältnissen orientierte Bemessung des Unterhaltsanspruchs auch unter Wahrung der Belange eines dem Berechtigten zur Pflege oder Erziehung anvertrauten gemeinschaftlichen Kindes unbillig wäre. Dabei ist insbesondere zu berücksichtigen, inwieweit durch die Ehe Nachteile im Hinblick auf die Möglichkeit eingetreten sind, für den eigenen Unterhalt zu sorgen, oder eine Herabsetzung des Unterhaltsanspruchs unter Berücksichtigung der Dauer der Ehe unbillig wäre. Nachteile im Sinne des Satzes 2 können sich vor allem aus der Dauer der Pflege oder Erziehung eines gemeinschaftlichen Kindes sowie aus der Gestaltung von Haushaltsführung und Erwerbstätigkeit während der Ehe ergeben.

(2) Der Unterhaltsanspruch des geschiedenen Ehegatten ist zeitlich zu begrenzen, wenn ein zeitlich unbegrenzter Unterhaltsanspruch auch unter Wahrung der Belange eines dem Berechtigten zur Pflege oder Erziehung anvertrauten gemeinschaftlichen Kindes unbillig wäre. Absatz 1 Satz 2 und 3 gilt entsprechend.

(3) Herabsetzung und zeitliche Begrenzung des Unterhaltsanspruchs können miteinander verbunden werden.

1 **1. Gesetzesziel und systematischer Standort. a) Einschränkung der sog Lebensstandardgarantie.** Die Vorschrift des § 1578 I 1 schreibt vor, dass Unterhalt strikt nach den ehelichen Lebensverhältnissen ohne zeitl Begrenzung zu leisten ist. Die durch das UÄndG 2007 v 21.12.2007 (BGBl I 2007, 3189) in das BGB eingefügte Bestimmung des § 1578b schränkt die sog Lebensstandardgarantie ein. Nach der Begründung des RegE wird an der Konzeption des nachehelichen Unterhaltsrechts festgehalten (BT-Drs 16/1830, 13ff). Es sei das Ziel, durch Schaffung einer neuen, alle Unterhaltstatbestände erfassenden Möglichkeit, Unterhaltsansprüche hinsichtl ihrer Höhe und Dauer anhand obj Billigkeitsmaßstäbe, insb des Kriteriums der ehebedingten Nachteile, zu beschränken (BT-Drs 16/1830 2, 18ff). Ehebedingte Nachteile, die auf der Aufgabenverteilung in der Ehe beruhen, stiegen wegen der persönlichen und sozialen Verflechtung typischerweise mit der Dauer der Ehe, so dass im Einzelfall eine lebenslange Unterhaltspflicht gerechtfertigt sein könne. Je geringer aber diese Nachteile seien, desto eher sei im Licht des Grundsatzes der Eigenverantwortung unter Billigkeitsgesichtspunkten eine Beschränkung des Unterhaltsanspruchs geboten. Durch G v 20.2.2013 (BGBl I 2013, 273) hat der Gesetzgeber Abs I S 2 geändert sowie S 3 neu gefasst und damit klargestellt, dass als nachteilsunabhängiger Billigkeitsgrund die Ehedauer besonders zu berücksichtigen ist.

2 **b) Härteklauseln des § 1578b und des § 1579. aa) Wertungsdiskrepanz.** Einen Wertungswiderspruch zw § 1578b und § 1579 erkennt der Gesetzgeber nicht an. Letztere Bestimmung knüpft, abgesehen vom Ausschluss des Unterhalts, die gleichen Rechtsfolgen wie § 1578b an schwerwiegende Gründe und an grobe Unbilligkeit, während für die Beschränkung nach § 1578b keine qualifizierten Gründe vorausgesetzt werden und schlichte Unbilligkeit genügt. Auch der BGH sieht keinen Wertungswiderspruch. Zur Begründung führt er aus, während § 1579 eine Beschränkung oder Versagung wegen grober Unbilligkeit ermögliche, regele § 1578b eine Herabsetzung oder zeitl Begrenzung des Unterhalts bei abnehmender nachehelicher Solidarität und fehlenden ehebedingten Nachteilen (FamRZ 2011, 1854, Rn 29; krit *Schwab* FamRZ 2005, 1418, 1420; *Graba* FamRZ 2005, 2032). Beide sind Sondervorschriften des Grundsatzes von Treu und Glauben, die in ihrem Anwendungsbereich einen Rückgriff auf § 242 ausschließen.

3 Nach der **Begr des RegE** (BT-Drs 16/1830, 19f) ist § 1579 ggü § 1578b die speziellere Bestimmung, die obj und subj Gründe, insb allein eheliches Fehlverhalten erfasst, während § 1578b allein auf eine Unbilligkeit aus obj Gründen abstellt (BGH FamRZ 2010, 2059; 2013, 1291 Rn 21: keine Aufarbeitung ehelichen Fehlverhaltens). Nach BGH schließen sich beide Begrenzungstatbestände gegenseitig aus (FamRZ 2011, 1381 Rn 39; vgl Rn 12).

4 **bb) Prüfungsfolge.** Nach der Begründung des RegE (BR-Drs 253/06, 34) ist § 1579 vor § 1578b zu prüfen. Es kann aber nicht sein, dass für eine Beschränkung des Anspruchs, etwa bei einer kurzen Ehe, schärfere Voraussetzungen nach § 1579 Nr 1 gelten als bei einer längeren Ehe nach § 1578b (*Schwab* FamRZ 2005, 1417, 1420). Folgerichtig ist es, zuerst den Unterhalt nach den ehelichen Lebensverhältnissen gem § 1578 I 1 zu bestimmen, dann zu prüfen, ob dieser zur Vermeidung einer einfachen Unbilligkeit nach § 1578b auf den angemessenen Bedarf herabzusetzen und/oder zu befristen ist, und schließlich, ob der ggf gekürzte Unterhalt gem § 1579 aus schwerwiegenden Gründen wegen grober Unbilligkeit weiter zu beschränken oder gar zu versagen ist.

5 **c) Beurteilungsspielraum.** Voraussetzung der Bestimmung des § 1578b ist, dass ein Unterhalt nach den ehelichen Lebensverhältnissen (§ 1578 I 1) unbillig wäre. Dies ist in jedem Einzelfall zu prüfen. Ist die Unbilligkeit zu bejahen, ist als Rechtsfolge der Unterhalt zwingend nach dem Ersatzmaßstab des angemessenen Bedarfs zu beschränken. Bei der Wertung, ob der eheangemessene Unterhalt unbillig wäre, hat der Tatrichter, anders als bei

der Feststellung des dafür erforderlichen Sachverhalts und bei der Unterhaltsbeschränkung, einen vom Rechtsbeschwerdegericht nicht nachprüfbaren Beurteilungsspielraum (BGH FamRZ 2006, 1006).

2. Unbilligkeit des eheangemessenen Unterhalts. a) Eheangemessener Unterhalt als Ausgangspunkt. Die Beschränkung des Unterhalts nach § 1578b setzt voraus, dass der Bedarf nach den ehelichen Lebensverhältnissen gem § 1578 I 1 bestimmt ist. Es ist rechtsfehlerhaft, den Unterhalt nach § 1578b zu kürzen, ohne zuvor den eheangemessenen Bedarf zu beziffern. Der Unterhalt nach den ehelichen Lebensverhältnissen ist dabei nicht nur der Ausgangspunkt aller Billigkeitserwägungen. Er ist vielmehr der Regelfall (BGH FamRZ 2010, 875 und 1971), so dass Abweichungen hinreichend zu begründen sind. 6

b) Angemessener Unterhalt. aa) Definition: § 1578b I rechtfertigt die Herabsetzung des Unterhaltsanspruchs auf den angemessenen Lebensbedarf. Dieser bildet regelmäßig die Untergrenze für eine Herabsetzung des Unterhalts (BGH FamRZ 2016, 1345 Rn 16). Er bemisst sich nach dem Einkommen, das der Unterhaltsberechtigte ohne die Ehe und Kindererziehung aus eigenen Einkünften zum jetzigen Zeitpunkt verfügbar hätte (BGH FamRZ 2009, 1990). Anzustellen ist dabei ein Vergleich zw der jetzigen Lebenssituation (einschl Zurechnung eventueller fiktiver Einkünfte) und der hypothetischen Situation ohne die Ehe, wobei eine Schätzung bei ausreichender Grundlage möglich ist (BGH FamRZ 2011, 1721; 2010, 1633). Die besseren Lebensbedingungen des anderen Ehegatten sind dabei ohne Belang (BGH FamRZ 2011, 192). Der angemessene Unterhalt führt dadurch zu einer sozialen Absenkung des Bedürftigen. Aus dem Begriff der Angemessenheit folgt zugleich, dass es sich grds um einen Bedarf handeln muss, der das Existenzminimum wenigstens erreicht (BGH FamRZ 2009, 1990; 2010, 1633). Dieses Existenzminimum orientiert sich am notwendigen Selbstbehalt eines Nichterwerbstätigen und kann mit dem Selbstbehalt des Pflichtigen nicht gleichgesetzt werden (BGH FamRZ 2010, 629). Der angemessene Unterhalt ist nicht gleichzusetzen mit dem billigen Unterhalt nach § 1581. Nach § 1578b ist zu prüfen, ob aus obj Gründen die Belastung mit dem eheangemessenen Unterhalt unbillig ist, bei § 1581 geht es um die ausreichende Leistungsfähigkeit des Pflichtigen, die auch aus subj Gründen eingeschränkt sein kann. Nach BGH FamRZ 2012, 951 (Rn 11) ist der Unterhalt zunächst nach §§ 1578, 1581 zu bestimmen, bevor die Billigkeitsabwägungen nach § 1578b anzustellen sind. Diese Prüfungsreihenfolge lässt sich mit der Gesetzessystematik jedoch nicht begründen (s § 1581 Rn 6). 7

bb) Ehebedingte Nachteile. Um den ehebedingten Nachteil der Höhe nach bemessen zu können, müssen Feststellungen zum angemessenen Lebensbedarf (§ 1578b) und zu dem Einkommen getroffen werden, welches der Berechtigte erzielt oder nach §§ 1574, 1577 erzielen kann. Die Differenz aus beiden ergibt grds den ehebedingten Nachteil (BGH FamRZ 2010, 2059). Dabei kommt es vor allem darauf an, ob aus der tatsächlichen Gestaltung, nicht notwendig aus der einvernehmlichen Gestaltung von Kinderbetreuung und Haushaltsführung Erwerbsnachteile entstanden sind. Damit ist nicht von Bedeutung, ob der Verpflichtete mit der Arbeitsaufgabe einverstanden war (BGH FamRZ 2011, 628). Etwas anderes gilt, wenn die Arbeitsplatzaufgabe auf Gründen beruht, die außerhalb der Ehegestaltung liegen (persönliche berufliche Umorientierung, krankheits- oder betriebsbedingte Kündigung). Allerdings kann ein ehebedingter Nachteil bei einem betriebsbedingten, also nicht ehebedingten Arbeitsplatzverlust sich ergeben, wenn mit Rücksicht auf die Rollenverteilung in der Ehe Bewerbungen nur im eingeschränkten Radius möglich sind und eine der Qualifikation entspr Stelle in diesem Umkreis nicht vorhanden ist (BGH FamRZ 2014, 1007, Ingenieurin im Kernkraftwerk). Ausgangspunkt der Feststellungen zu ehebedingten Nachteilen ist das vorehelich erzielte Einkommen. Dies gilt auch dann, wenn dieses voreheliche Einkommen unter der Qualifikation des Bedürftigen liegt (BGH FamRZ 2010, 1971 Rn 25; 2011, 1377 Rn 20). Versorgungsnachteile werden grds durch den Versorgungsausgleich ausgeglichen (s Rn 14) Bei bestehenden ehebedingten Nachteilen ist eine Befristung regelmäßig nicht auszusprechen. Eine Befristung trotz fortbestehender ehebedingter Nachteile kommt nur unter außergewöhnlichen Umständen in Betracht (BGH FamRZ 2011, 628; 2010, 1633 Rn 35). Zur Darlegungs- und Beweislast bei einem ehebedingten Nachteil wegen fehlenden beruflichen Aufstiegs s Rn 22. 8

cc) Ehedauer. Durch die Gesetzesänderung zum 1.3.2013 (s Rn 1 aE) wurde der Stellenwert der Ehedauer erhöht und den ehebedingten Nachteilen gleichgestellt. Dies führt jedoch nicht zu einer materiellen Rechtsänderung (BT-Drs 17/11885, 6), die etwa zu einem Abänderungsverfahren berechtigen würde. Schon nach bisheriger Rechtslage war die Ehedauer als maßgebliches Billigkeitskriterium der nachehelichen Solidarität und Verflechtung der Ehepartner besonders zu würdigen (BGH FamRZ 2013, 864 Rn 35; 2013, 853; *Borth* FamRZ 2013, 165; *Born* NJW 2013, 561). Eine lange Ehe von etwa 20 Jahren rechtfertigt es allein nicht, von einer Begrenzung oder Befristung abzusehen (BGH FamRZ 2013, 1291; 2009, 406 Rn 37 zu 11-jähriger Ehe). 9

c) Unbilligkeitsgründe. aa) Gesetzl Bsp. Vgl Rn 8, 9. Es kommt nicht darauf an, ob die Bedarfsbemessung nach den ehelichen Lebensverhältnissen der Billigkeit entspricht, sondern darauf, ob der nach striktem Recht gegebene Unterhalt bei umfassender Würdigung der Verhältnisse des Einzelfalls unbillig wäre. Das Gesetz nennt nicht Umstände, die für, sondern solche, die gegen eine Unbilligkeit sprechen, nämlich beispielhaft ehebedingte Nachteile, die sich vor allem aus der Dauer der Pflege oder Erziehung eines gemeinschaftl Kindes, aus der Gestaltung von Haushaltsführung und Erwerbstätigkeit während der Ehe sowie aus der Dauer der Ehe ergeben können. Dies ist ein wesentlicher Grund dafür, dass die Begrenzung und Befristung des Unterhalts in der Praxis der Regelfall ist, obwohl § 1578b als Ausnahmevorschrift konzipiert ist. Denn grds ist der Unterhalt nach den ehelichen Lebensverhältnissen geschuldet (vgl Rn 2, 6). Die Billigkeitserwägungen müssen deshalb ausgehen von der Billigkeit des eheangemessenen Bedarfs. Dies folgt bereits aus dem verfassungsrechtl garantierten Recht des Bedürftigen auf gleiche Teilhabe an den gemeinsamen Lebensverhältnissen (BVerfG FamRZ 2002, 527, 529). 10

11 **bb) Abwägungsgesichtspunkte.** Als Unbilligkeitsgründe kommen etwa in Betracht: Kurze Ehedauer, gerechnet bis zur Zustellung des Scheidungsantrags (BGH FamRZ 2010, 629 und 2059), auch wenn die Grenze von 2–3 Jahren iSd § 1579 Nr 1 überschritten ist; geringe Verflechtung der wirtschaftl Beziehungen; kurzes Zusammenleben; langes Getrenntleben; wirtschaftl Unabhängigkeit; eigene Erwerbstätigkeit oder Erwerbsmöglichkeit, diese insb im Hinblick auf das Lebensalter bei Einreichung des Scheidungsantrags; Vermögen; Kinderlosigkeit; Fremdbetreuung der Kinder; fehlende Haushaltsführung oder solche in geringem Umfang; wirtschaftl Lage des Verpflichteten insb im Hinblick auf weitere vorrangige und gleichrangige Unterhaltspflichten; keine ehebedingten beruflichen oder sonstigen Nachteile; Verantwortlichkeit des Verpflichteten für den Bar- und Betreuungsunterhalt gemeinsamer Kinder (BGH FamRZ 2012, 772); zunehmende Entflechtung durch frühzeitige Aufnahme einer vollen Erwerbstätigkeit (BGH FamRZ 2012, 951) oder weil die Scheidung schon lange zurückliegt oder eine zunehmende Distanz wegen eines Verhältnisses des Bedürftigen zu einem Dritten gegeben ist (BGH FamRZ 2011, 1381); Dauer der Zahlung von Trennungs- und Ehegattenunterhalt (BGH FamRZ 2010, 1414; 2011, 875; 2012, 951) Abzuwägen ist, ob die andauernde Unterhaltslast auch mit Rücksicht auf die künftige Familienplanung des Verpflichteten eine besondere Belastung darstellt. Dabei sind zum Inhalt der künftigen Familienplanung keine besonderen Feststellungen notwendig (BT-Drs 16/1830, 13; BGH FamRZ 2011, 875, 876). Umgekehrt sprechen die gegenteiligen Umstände oder besondere Verdienste oder Opfer für die Familie gegen die Unterhaltskürzung, etwa gegenwärtige und frühere Betreuung von Kindern oder Angehörigen des anderen Ehegatten, Mithilfe beim Aufbau von dessen beruflicher Existenz oder beim Bau des Familienheims zugezogene Gesundheitsschäden (BGH FamRZ 1986, 886, 888), längere Ehedauer (BGH FamRZ 2010, 1637, 1971), Haushaltsführung, wirtschaftl Verflechtung durch Verzicht auf eigene Erwerbstätigkeit (BGH FamRZ 2010, 1637 und 1971). Gute Einkommens- und Vermögensverhältnisse des Verpflichteten (BGH FamRZ 2010, 1414 und 1637), sowie die Sozialhilfebedürftigkeit des Berechtigten bei Wegfall des Unterhalts (BGH FamRZ 2010, 1057; 2011, 875; 2012, 197) sprechen gegen eine Befristung/Begrenzung, wobei beide Kriterien selbst eine Befristung nicht ausschließen. Das Gesetz nimmt durch die Möglichkeit der Befristung in Kauf, dass der Unterhaltsberechtigte infolge der Unterhaltsbefristung sozialleistungsbedürftig wird und somit die Unterhaltsverantwortung des geschiedenen Ehegatten durch eine staatliche Verantwortung ersetzt wird (Brandenburg 23.10.20 – 13 UF 177/17). Vertrauensschutz wegen Fortzahlung von Unterhalt ist nur insoweit gegeben, als der Berechtigte darauf Dispositionen schuf, etwa durch eine hingenommene eingeschränkte Erwerbstätigkeit (BGH FamRZ 2011, 1381). Einem titulierten Unterhaltsanspruch kommt größerer Vertrauensschutz zu, wenngleich – wie § 36 Nr 1 EGZPO zeigt – auch ein Titel keinen umfassenden Vertrauensschutz gewährt (BGH FamRZ 2010, 1414; 2012, 772). Die Billigkeitsabwägungen nach § 1578b und § 1577 III sind aufeinander abzustimmen (§ 1577 Rn 28). Eine besonders lange Verfahrensdauer wegen umfangreicher Begutachtungen ist kein Billigkeitskriterium, weil nur prozessuale Rechte wahrgenommen werden (BGH FamRZ 2012, 772). Der Gesichtspunkt der nachehelichen Solidarität ist allerdings zur Vermeidung einer Doppelverwertung von der Feststellung ehebedingter Nachteile zu trennen, so dass ein Karriereverzicht unter dem Aspekt des ehebedingten Nachteils zu würdigen ist (BGH FamRZ 2012, 951).

12 **cc) Verschulden.** Vorwerfbares Verhalten soll nach der Gesetzesbegr (BT-Drs 16/1830, 20) nur nach § 1579 beachtlich sein. § 1578b soll allein obj Umstände erfassen, denen kein Unwerturteil oder keine subj Vorwerfbarkeit anhaftet (BGH FamRZ 2010, 2059). Darin liegt ein Wertungswiderspruch, der nicht dadurch aufgehoben wird, dass eine Rückkehr zum Verschuldensscheidungsrecht vermieden werden soll. Zutr erscheint, alle Umstände zu berücksichtigen, gleich, ob sie vorwerfbar sind oder nicht. Der lebenslange eheangemessene Krankheitsunterhalt des Alkoholikers kann etwa auch dann unbillig sein, wenn ihm nicht ein Verschulden nachzuweisen ist, dass er sich nicht behandeln lässt. Soweit der Arbeitslose keine neue Stelle aus Gründen findet, die in seiner Person liegen (etwa wegen alkoholbedingter Unzuverlässigkeit, Vorstrafen, hoher Ausfallzeiten), ist dies nach § 1578b zu berücksichtigen. Es lässt sich nicht rechtfertigen, rein obj Umstände, etwa die Ehedauer, sowohl im Rahmen von § 1579 als auch von § 1578b zu würdigen, vorwerfbares Verhalten aber nur bei § 1579, und damit Gründe, auch schwerwiegender Art, die gegen einen eheangemessenen Unterhalt sprechen, nur deswegen nicht zu beachten, weil sie auch vorwerfbar sind. Auch der BGH hält die Unterscheidung nicht konsequent durch. Er sieht die nacheheliche Solidarität eingeschränkt, wenn wegen eines intimen Verhältnisses des Berechtigten zu einem Dritten eine zunehmende (persönliche) Entflechtung gegeben ist, und verwischt dadurch die Abgrenzung zu § 1579 (BGH FamRZ 2011, 1381, vgl Rn 3).

13 **dd) Unterhaltsberechtigung.** **(1)** Für die Unbilligkeitsprüfung ist bedeutsam, worauf die Unterhaltsberechtigung beruht. Bei **Betreuungsunterhalt** scheidet eine Befristung aus, weil die Billigkeitsabwägung nach § 1570 I 2 oder II eine Sonderregelung enthält (BGH FamRZ 2009, 959 und 1391). Die Höhe des Betreuungsunterhalts kann dagegen gekürzt werden, wenn wegen fortdauernder Kindesbetreuung eine Befristung entfällt und der eheangemessene den angemessenen Unterhalt weit übersteigt (BGH FamRZ 2009, 770; 2010, 1880). Dies ist für spätere Abänderungsanträge von erheblicher Bedeutung (BGH FamRZ 2011, 454; 2018, 1506 Rn 27). Für das Bestehen ehebedingter Nachteile kommt es auf die tatsächliche, nicht notwendig auf die einvernehmliche Gestaltung der Kinderbetreuung an (BGH FamRZ 2010, 2059; 2011, 628). Eine vor der Eheschließung aufgenommene Kinderbetreuung und ein damit verbundener Arbeitsplatzwechsel begründen keinen ehebedingten Nachteil, weil der Nachteil nicht „durch" die Ehe entstanden ist (BGH FamRZ 2012, 776).

14 **(2)** Die Bestimmungen der §§ 1571, 1572, 1573 I berechtigen zu einem Anspruch auf **Alters-, Krankheits- oder Arbeitslosenunterhalt** nach den ehelichen Lebensverhältnissen, unabhängig von einem Ursachenzusammen-

hang mit der Ehe und deren Ausgestaltung durch die Ehegatten. Durch § 1578b soll insoweit die Möglichkeit einer Unterhaltsbeschränkung gegeben werden. Die nachwirkende Verantwortung der Ehegatten für einander ist im Einzelfall gegen die Eigenverantwortung abzuwägen, die sich auch auf das persönliche Schicksal bezieht, das grds jeder selbst tragen muss (*Maurer* FPR 2013, 146). Krankheit ist nicht ehebedingt, nur weil sie während der Ehe eingetreten ist, sondern nur wenn wegen der Rollenverteilung in der Ehe für den Fall der krankheitsbedingten Erwerbsunfähigkeit nicht ausreichend vorgesorgt wurde (BGH FamRZ 2009, 406; 2010, 1057; 2011, 188). Diese Vorsorge wird regelmäßig durch den Versorgungsausgleich erreicht (BGH FamRZ 2008, 1325, 1328f; 1508, 1511; 2012, 772), evtl Nachteile sind von beiden Ehegatten gleichmäßig zu tragen (BGH FamRZ 2018, 1421). Ausnahmsw können ehebedingte Nachteile entstehen, wenn wegen der Rollenverteilung in der Ehe die Voraussetzungen für eine Rente wegen Erwerbminderung nicht vorliegen (BGH FamRZ 2011, 713). Bei Altersunterhalt kommt es darauf an, ob trotz des VersA, der grds ehebedingte Nachteile vollständig ausgleicht (BGH FamRZ 2008, 1325), dennoch – etwa wegen der Kindererziehung oder weil der Pflichtige keine Versorgungsanrechte erwarb (BGH FamRZ 2011, 1381) – geringere Renteneinkünfte erzielt werden (BGH FamRZ 2008, 1508; 2009, 1207; 2011, 1721). Erzielt der Berechtigte nach der Ehe ehebedingt ein niedrigeres Einkommen, können dadurch ehebedingte Rentennachteile entstehen (BGH FamRZ 2012, 951). Dabei ist jedoch zu unterstellen, dass gezahlter Vorsorgeunterhalt zweckentsprechend verwendet wurde (BGH FamRZ 2011, 1381). Ein Verzicht auf Vorsorgeunterhalt (§ 1578 III) oder dessen unterlassene Geltendmachung führt wegen der daraus entstehenden Rentennachteile nicht zu einem ehebedingten Nachteil, weil fehlende Geltendmachung auf eigener Entscheidung des Berechtigten beruht und daher nicht ehebedingt ist (BGH FamRZ 2014, 1276 und 823; 2018, 1421).

(3) Bei **Aufstockungsunterhalt** nach § 1573 II ist der Berechtigte, wenn ehebedingte Nachteile fehlen, grds auf den angemessenen Unterhalt zu verweisen. Dies gilt insb wegen kleinerer Einkommensunterschiede (s § 1573 Rn 27). Der Wegfall des Einsatzzeitpunktes für einen späteren Altersunterhalt rechtfertigt es allein nicht, von der Befristung des Aufstockungsunterhalts abzusehen (BGH FamRZ 2008, 1508). Auch bei fehlenden ehebedingten Nachteilen genügt es für die Befristung des Aufstockungsunterhalts wegen des Rechts auf gleiche Teilhabe nicht, allein auf die Dauer der Ehe abzustellen. Notwendig ist eine umfassende Würdigung aller Faktoren (BGH FamRZ 2011, 1851). 15

(4) Beim **Ausbildungsunterhalt** nach § 1575 kann der eheangemessene Unterhalt nach der Höhe unbillig sein, weil der Umstand, dass der Ehegatte nicht eine nach seinem derzeitigen Kenntnisstand angemessene Erwerbstätigkeit auszuüben braucht, es nicht rechtfertigt, ihn im Rahmen der Billigkeitserwägungen nach § 1578b besser zu behandeln als einen anderen Unterhaltsberechtigten. Die Dauer des Anspruchs wird im Allg schon durch das Ausbildungsziel begrenzt sein. 16

(5) Beim **Billigkeitsunterhalt** nach § 1576 ist für die Anwendung von § 1578b kein Raum, weil bei der Prüfung, ob aus schwerwiegenden Gründen eine Erwerbstätigkeit nicht erwartet werden kann und die Versagung von Unterhalt grob unbillig wäre, die Umstände bereits zu berücksichtigen sind, die für eine Beschränkung des Anspruchs sprechen. 17

d) Unbilligkeit. aa) Interessenabwägung. Unbillig ist der eheangemessene Unterhalt, soweit aufgrund einer umfassenden Interessenabwägung trotz grds Berechtigung des Anspruchs und des Rechts auf gemeinsame Teilhabe am Lebensstandard (BVerfG FamRZ 2002, 527, 529) im Einzelfall die Eigenverantwortung des Bedürftigen die nachwirkende Verantwortung des anderen Ehegatten überwiegt, insb wenn ehebedingte Nachteile fehlen (vgl zu den Billigkeitsaspekten Rn 8, 9, 10ff). 18

bb) Kernbereichslehre. Schließlich können bei der Anwendung des § 1578b auch die Wertungen nicht unberücksichtigt bleiben, die bei Kontrolle des gesetzl Unterhaltsrechts durch Eheverträge maßgebend sind (s § 1585c Rn 18). Was vertragl abbedungen werden kann, weil es nicht zum Kernbereich der gesetzl Regelung gehört, kann auch für den gesetzl Verpflichteten eine unbillige Belastung sein. Mit dieser Annäherung wird man ein gespaltenes nacheheliches Unterhaltsrecht für Ehegatten mit Ehevertrag und gesetzl Unterhaltspflichtigen ohne Ehevertrag vermeiden können. 19

cc) Herabsetzung/Befristung. Die sofortige umfängliche Begrenzung des eheangemessenen Unterhalts auf den angemessenen Bedarf (zumindest Existenzminimum, BGH FamRZ 2020, 97 Rn 39) nach Abs I S 1 kommt in Betracht, wenn dem Verpflichteten die volle Belastung bereits im Zeitpunkt des Unterhaltsverlangens, regelmäßig bei der Scheidung, nicht zumutbar ist, und es dem Berechtigten angesonnen werden kann, sich sogleich mit einem niedrigeren Lebensstandard als bisher abzufinden und selbst für sich zu sorgen. Die Herabsetzung oder Befristung bereits mit dem Zeitpunkt der Rechtskraft der Scheidung ist jedoch die Ausnahme und nur unter besonderen Umständen denkbar (BGH FamRZ 2010, 1414). Die Herabsetzung des Unterhalts nach den ehelichen Lebensverhältnissen ab einem bestimmten künftigen Zeitpunkt nach Abs II oder auch in mehreren Stufen und die Begrenzung bis zu einem Endzeitpunkt nach Abs III ist zu prüfen, wenn einerseits dem Schuldner die volle Inanspruchnahme auf längere Sicht nicht zugemutet werden kann, andererseits dem Gläubiger entspr den konkreten Umständen Gelegenheit gegeben werden muss, sich darauf einzustellen, dass er mehr als bisher für sich selbst Verantwortung tragen muss (BGH FamRZ 2006, 1006 m Anm *Born* zu § 1573 V aF). Vom Einzelfall losgelöste Kriterien, etwa in starrer Abhängigkeit von der Ehedauer, lassen sich nicht aufstellen (BGH FamRZ 1986, 886 zu § 1578 I 2 aF). 20

21 **e) Änderungen.** Zweifelhaft kann sein, ob der Unterhaltsanspruch im Umfang seiner Beschränkung erlischt, insb wenn die Zeit des unbeschränkten Bedarfs abgelaufen ist (bejahend AnwK/*Fränken* zu § 1573 V aF Rn 43). Dagegen spricht, dass § 1578b die gleiche Rechtsnatur hat wie § 1579. Für diese Vorschrift ist anerkannt, dass der Unterhaltsanspruch wiederaufleben kann, wenn die Voraussetzungen des Ausschlusstatbestands nicht mehr vorliegen (s § 1579 Rn 52). Es ist deswegen möglich, dass etwa ein mit Rücksicht auf die schlechte Einkommenslage des Schuldners nach § 1578b beschränkter Anspruch bei einer Verbesserung der wirtschaftl Verhältnisse nachträgl erweitert wird. Bei einer wesentlichen Änderung der Verhältnisse kann eine Abänderung der Unterhaltsbegrenzung, insb wieder oder erstmals ein Anspruch auf den Unterhalt nach den ehelichen Lebensverhältnissen begehrt werden. Vorliegende und zuverlässig voraussehbare Beschränkungsgründe müssen jedoch bei der Erstentscheidung oder erstmaligen vertragl Festsetzung berücksichtigt werden (BGH FamRZ 2009, 111; 2012, 517; 2018, 1506). Ist jedoch die Abänderung einer Unterhaltsentscheidung eröffnet und erlangt der (neue) Umstand auch im Rahmen der nach § 1578b anzustellenden Gesamtwürdigung Bedeutung, ist seine Berücksichtigung im Abänderungsverfahren im Zweifel nicht ausgeschlossen (BGH FamRZ 2015, 1694).

22 **f) Beweislast.** Der Unterhaltspflichtige trägt die Beweislast für die Begrenzung/Befristung des Anspruchs (BGH FamRZ 2009, 1990). Den Unterhaltsberechtigten trifft jedoch nach den Regeln zum Beweis negativer Tatsachen die sekundäre Darlegungslast, welche konkreten ehebedingten Nachteile entstanden sein sollen (BGH FamRZ 2010, 875). Diese muss der Unterhaltspflichtige widerlegen, etwa durch den Beweis, dass auf eine Erwerbstätigkeit während der Ehe nicht verzichtet wurde, sondern diese wegen Krankheit unterblieb (BGH FamRZ 2010, 1633) oder dass die Aufgabe der Arbeitsstelle ausschließlich auf Gründen außerhalb der Ehegestaltung beruhte (BGH FamRZ 2011, 628). Zwar betont der BGH stets, dass die Anforderungen an die sekundäre Darlegungslast des Berechtigten nicht überspannt werden dürfen, er entbindet den Berechtigten jedoch nicht von der Darlegung konkreter beruflicher Entwicklungsmöglichkeiten und bei behauptetem Aufstieg zudem von der Darlegung der entspr Bereitschaft und Eignung des Berechtigten (Brandenburg 22.5.2020 – 9 UF 240/19). Bei regelmäßigen Entwicklungen im vorehelich ausgeübten Beruf sind im Gegensatz zum Aufstieg keine weiteren Darlegungen nötig (BGH FamRZ 2013, 864). Der Hinweis des Berechtigten auf vergleichbare Karrieren setzt voraus, dass die Erwerbsbiografie der Vergleichsperson hinreichende Berührungspunkte hat (BGH FamRZ 2016, 860). Die Darlegung müsse dabei so konkret sein, dass die Entwicklungsmöglichkeiten und persönlichen Fähigkeiten vom Gericht auf Plausibilität überprüft werden können und der Widerlegung durch den Pflichtigen zugänglich sind (BGH FamRZ 2012, 93, 1483). Da es sich dabei um die Darlegung hypothetischer Sachverhalte handelt, scheitert der Berechtigte nicht selten an den vom BGH gestellten Anforderungen zur sekundären Darlegungslast. Die Darlegungs- und Beweislast für die dem Berechtigten gegenwärtig fehlende Möglichkeit, eine seiner Ausbildung und früheren beruflichen Stellung entspr Tätigkeit zu erlangen, liegt dabei in vollem Umfang nach § 1577 beim Berechtigten (BGH FamRZ 2013, 109 Rn 35).

§ 1579 Beschränkung oder Versagung des Unterhalts wegen grober Unbilligkeit

Ein Unterhaltsanspruch ist zu versagen, herabzusetzen oder zeitlich zu begrenzen, soweit die Inanspruchnahme des Verpflichteten auch unter Wahrung der Belange eines dem Berechtigten zur Pflege oder Erziehung anvertrauten gemeinschaftlichen Kindes grob unbillig wäre, weil

1. **die Ehe von kurzer Dauer war; dabei ist die Zeit zu berücksichtigen, in welcher der Berechtigte wegen der Pflege oder Erziehung eines gemeinschaftlichen Kindes nach § 1570 Unterhalt verlangen kann,**
2. **der Berechtigte in einer verfestigten Lebensgemeinschaft lebt,**
3. **der Berechtigte sich eines Verbrechens oder eines schweren vorsätzlichen Vergehens gegen den Verpflichteten oder einen nahen Angehörigen des Verpflichteten schuldig gemacht hat,**
4. **der Berechtigte seine Bedürftigkeit mutwillig herbeigeführt hat,**
5. **der Berechtigte sich über schwerwiegende Vermögensinteressen des Verpflichteten mutwillig hinweggesetzt hat,**
6. **der Berechtigte vor der Trennung längere Zeit hindurch seine Pflicht, zum Familienunterhalt beizutragen, gröblich verletzt hat,**
7. **dem Berechtigten ein offensichtlich schwerwiegendes, eindeutig bei ihm liegendes Fehlverhalten gegen den Verpflichteten zur Last fällt oder**
8. **ein anderer Grund vorliegt, der ebenso schwer wiegt wie die in den Nummern 1 bis 7 aufgeführten Gründe.**

1 **1. Zweck und Einordnung der Vorschrift. a) Ausschlusstatbestand.** Die negative Härteklausel beschränkt im Einzelfall den Unterhaltsanspruch, indem der Verpflichtete vor übermäßigen Belastungen verschont wird, und gewährleistet die Verfassungsmäßigkeit des verschuldensunabhängigen Unterhaltsrechts (BVerfG FamRZ 1981, 745; BGH FamRZ 1990, 492). Die Vorschrift enthält eine besondere Ausgestaltung des Grundsatzes von Treu und Glauben und schließt in ihrem Anwendungsbereich den Rückgriff auf § 242, insb die Verwirkung, aus (BGH FamRZ 1982, 898). Die Bestimmung ist nicht auf Einrede, sondern von Amts wegen zu berücksichtigen. Der Anwendungsbereich der Vorschrift ist auf Ausnahmesachverhalte beschränkt (BGH FamRZ 1980, 291). § 1579 beschränkt den einheitlichen Anspruch auf nachehelichen Unterhalt dem Grunde nach. Eine Beschränkung wirkt sich daher auch auf einen Anschlussunterhalt aus.

b) Verhältnis zu § 1578b. Zum Verhältnis der durch das UÄndG 2007 eingeführten Bestimmung des § 1578b, insb zur Verdrängung von § 1579 Nr 1 durch § 1578b s § 1578b Rn 2, 3. 2

c) Prüfungsfolge. Bei der Anwendung ist in drei Schritten vorzugehen: (1) Feststellung eines Ausschlussgrundes der Nr 1–7 oder des Auffangtatbestandes der Nr 8 (ohne Billigkeitserwägungen). (2) Würdigung, dass und inwieweit wegen dieses Ausschlussgrundes unter Berücksichtigung aller Umstände, namentlich der Wahrung der Belange des vom Berechtigten betreuten gemeinschaftl Kindes, die Inanspruchnahme des Verpflichteten grob unbillig wäre. (3) Wertende Folgerung, inwieweit zur Vermeidung der groben Unbilligkeit der Unterhaltsanspruch zeitl zu begrenzen, herabzusetzen oder zu versagen ist. Während bei der Zumutbarkeitsprüfung des zweiten Schritts der Tatrichter einen vom Rechtsbeschwerdegericht nur eingeschränkt überprüfbaren Beurteilungsspielraum hat, ist die Rechtsfolge des dritten Schritts zwingend vorgeschrieben. 3

d) Trennungsunterhalt. Abgesehen von Nr 1, ist die Bestimmung auf den Trennungsunterhalt entspr anwendbar (§ 1361 III). 4

e) Aufhebbare Ehe. § 1579 betrifft auch aufhebbare Ehen (§§ 1313ff), soweit gem § 1318 nacheheliches Unterhaltsrecht eingreift. Krankt eine geschiedene Ehe an einem Aufhebungsgrund, der für einen Ehegatten nacheheliches Unterhaltsrecht ausschließt (§ 1318 I, II), ist die Befreiung von der Unterhaltslast durch einen Zusatz zum Scheidungsbeschluss zu erwirken (vgl BGH FamRZ 1996, 1209); der Betroffene sollte sich aber auch im Unterhaltsstreit auf § 1579 Nr 8 berufen können (vgl Hamm FamRZ 1987, 947 zum alten Recht). 5

f) Parallelvorschriften. Das LPartG verweist in § 16 II 2 auf § 1579. Parallelvorschrift im Verwandtenunterhaltsrecht ist § 1611. 6

2. Die einzelnen Ausschlussgründe. a) Ehe von kurzer Dauer (Nr 1). Das Vertrauen auf die volle unterhaltsrechtl Solidarität des anderen Ehegatten erscheint nicht gerechtfertigt, wenn die Ehegatten so kurz verheiratet waren, dass es nicht zu einer tieferen gegenseitigen Abhängigkeit und wirtschaftl Verflechtung der beiderseitigen Lebenspositionen gekommen ist (BGH FamRZ 1981, 140). 7

aa) Die Ehe währt zwar von der Eheschließung bis zur Rechtskraft des Scheidungsurteils. ISd Nr 1 begrenzt indes die hM – entspr §§ 1384, 1587 II – die **Dauer der Ehe** mit der Rechtshängigkeit des Scheidungsantrags (BGH FamRZ 1990, 492; 2011, 791, 794), und zwar des Antrags, der zur Scheidung geführt hat; ein früher gestellter erfolgloser Antrag bleibt außer Betracht (BGH FamRZ 1986, 886). Haben geschiedene Eheleute einander wieder geheiratet, sind die Zeiten der beiden Ehen nicht zusammenzuzählen (Hamm FamRZ 1989, 1091). Tatsächliches Zusammenleben ist für die Dauer der Ehe nicht entscheidend (BGH FamRZ 1980, 981). Trennungszeiten kürzen die Ehe nicht ab (BGH FamRZ 1982, 894, 895), können sich aber im Rahmen der Nr 8 auswirken (BGH FamRZ 1988, 930) und für die Billigkeitsschranken des § 1578b Bedeutung gewinnen. Vor- oder nacheheliches Zusammenleben verlängert die Dauer der Ehe nicht. 8

bb) Wann eine Ehe nur von kurzer Dauer ist, sagt das Gesetz nicht. Nach Auffassung des BGH ist eine nicht länger als zwei Jahre dauernde Ehe idR kurz, eine solche von mehr als drei Jahren nicht mehr als kurz zu bezeichnen (BGH FamRZ 2011, 791, 794). Wegen der bestehenden Möglichkeiten zur Begrenzung und Befristung des Unterhalts sind nunmehr nach § 1578b bei nicht hinreichender Verflechtung der Ehegatten flexible Lösungen möglich. 9

cc) Zur Vermeidung verfassungswidriger Ergebnisse ist zunächst von der tatsächlichen Ehedauer auszugehen und anschließend abzuwägen, inwieweit die Inanspruchnahme des Verpflichteten auch unter Wahrung der Belange des Kindes grob unbillig wäre. Die Betreuungszeit iSd § 1570 ist also nicht zur Ehedauer hinzuzurechnen, sondern erst im Rahmen der Abwägung erheblich. Auch die Betreuung während der Zeit des Betreuungs-Annexanspruchs nach § 1570 II ist zu berücksichtigen, weil der Anspruch nach § 1570 I verlängert und kein andersartiger Anschlusstatbestand geschaffen wurde. Mit dem Wort „kann" soll ausgedrückt werden, dass bei der Abwägung nicht nur vergangene, sondern auch künftige Betreuungszeiten zu berücksichtigen sind (Begr RegE, BT-Drs 16/1830, 20). 10

dd) Eine kurze Ehedauer allein schließt den Unterhaltsanspruch nicht aus, auch nicht die Betreuung eines Kindes. Zusätzl ist zu prüfen, ob die Inanspruchnahme des Verpflichteten grob unbillig wäre (BVerfG FamRZ 1992, 1283, vgl Rn 3). Je kürzer die Ehe ist, desto mehr kann die innere Berechtigung für eine unbeschränkte Unterhaltsverpflichtung fehlen (BGH FamRZ 1989, 483). Je länger die Ehe über zwei Jahre dauert, desto mehr ist auf die konkreten Umstände einzugehen, die die grobe Unbilligkeit begründen (BGH FamRZ 1982, 582). 11

b) Leben des Berechtigten in verfestigter Lebensgemeinschaft (Nr 2). Durch das UÄndG 2007 wurde insoweit die zur Auffangklausel (früher Nr 7, jetzt Nr 8) ergangene Rspr des BGH (s Rn 36) als ein eigener Härtegrund kodifiziert. Mit der Bestimmung soll nicht vorwerfbares Fehlverhalten des Unterhaltsberechtigten sanktioniert, sondern eine rein obj Gegebenheit bzw Veränderung in den Lebensverhältnissen des bedürftigen Ehegatten erfasst werden, die eine dauerhafte Unterhaltsleistung unzumutbar erscheinen lässt (Begründung des RegE, BT-Drs 16/1830, 21; BGH FamRZ 2011, 1498, 1854). Nach der Begründung des RegE soll allein maßgebend sein, dass sich der geschiedene Ehegatte mit dem Leben in einer verfestigten Lebensgemeinschaft endgültig aus der ehelichen Solidarität herauslöst und zu erkennen gibt, dass er diese nicht mehr benötigt. Dieses Prinzip ist verletzt, wenn sich ein Ehegatte gegen den Willen des anderen einem Partner zuwendet, etwa durch Begründung einer eheähnl Gemeinschaft oder eines auf längere Dauer angelegten Verhältnisses (BGH FamRZ 2008, 1414), wobei intime Beziehungen keine zwingende Voraussetzung sind (BGH FamRZ 2002, 810). Ein ge- 12 meinsamer Haushalt ist nicht unbedingt erforderlich (BGH FamRZ 2004, 614, 616; Düsseldorf FamRZ 2021, 1027), aber ein Indiz für eine verfestigte Lebensgemeinschaft, insb, wenn darin auch mit dem Partner gemeinsame Kinder leben, ferner der Erwerb einer gemeinsamen Immobilie (Zweibrücken FamRZ 2022, 1603: Erwerb Grundstück für Hausbau, auch wenn vom Bau später aus Kostengründen abgesehen wird) oder größere gemeinsame Investitionen. Der Tatrichter hat zu würdigen, ob die Beziehung in ihrer persönlichen und wirtschaftl Ausprägung und in ihrer Intensität einem eheähnl Verhältnis gleichkommt, wozu auch gehört, dass die Partner wechselseitig füreinander einstehen und sich gegenseitig helfen und unterstützen (BGH FamRZ 2002, 810). Daran soll es nach BGH FamRZ 2002, 23 (m Anm *Schwab* S 92) fehlen, wenn die Beteiligten nicht bloß subj, sondern obj eine auf Distanz angelegte Verbindung haben, bei der sie ihre Lebenskreise bewusst getrennt halten. Die Beziehung kann auch eine gleichgeschlechtliche Partnerschaft sein (BGH FamRZ 2008, 1414). Zeitl kann von einer Verwirkung ausgegangen werden, wenn die Verbindung zwei bis drei Jahre andauert (BGH FamRZ 2012, 1201, Rn 34). Wesentlich ist insb das Erscheinungsbild in der Öffentlichkeit (BGH FamRZ 2011, 1854; KG FamRZ 2017, 202; Oldenburg FamRZ 2017, 799). Anfeindungen des Unterhaltsverpflichteten, die die neue Beziehung belastet und zu einem zunächst distanzierten Beziehungsaufbau geführt haben, können der Annahme einer verfestigten Lebensgemeinschaft vor Ablauf von drei Jahren entgegenstehen (Düsseldorf FamRZ 2022, 1611).

13 Für eine verfestigte Partnerbeziehung in Nr 2 gelten folgende Grundsätze:

aa) Intime Beziehungen, auch in Form der nichtehelichen Lebensgemeinschaft, reichen allein nicht aus, um den Tatbestand zu erfüllen.

bb) Dagegen liegt bei Fortsetzung eines Verhältnisses nach der Scheidung, das während der Trennung ein einseitiges schwerwiegenden Fehlverhalten iSv Nr 7 darstellte, regelmäßig ein Grund nach Nr 8 vor (BGH FamRZ 1983, 569; 1984, 154). Dies gilt unabhängig davon, ob der Partner in der Lage ist, den geschiedenen Ehegatten zu unterhalten. Zum Trennungsunterhalt hat der BGH (FamRZ 2008, 1414) als entscheidend die Widersprüchlichkeit des Verhaltens des Unterhaltsberechtigten erachtet, der sich aus den ehelichen Bindungen löst und zugleich eheliche Solidarität erwartet.

cc) Wie vorstehend bb) kann es zu beurteilen sein, wenn die Beziehung des Unterhaltsberechtigten zum Lebenspartner geeignet ist, wegen besonderer, etwa kränkender oder sonst anstößiger Begleitumstände den Verpflichteten in außergewöhnlicher Weise zu treffen, in der Öffentlichkeit bloßzustellen oder sonst in seinem Ansehen zu schädigen (BGH FamRZ 1981, 752).

dd) Ein Härtegrund ist ferner zu bejahen, wenn der geschiedene Ehegatte nur deshalb seinen Partner nicht heiratet, um den Unterhaltsanspruch nicht zu verlieren (BGH FamRZ 1983, 569; 1983, 676; 1984, 154).

ee) Auch wenn der geschiedene Ehegatte aus hinzunehmenden Gründen von einer Wiederheirat absieht, kann die fortdauernde Unterhaltsbelastung und der damit verbundene Eingriff in die Handlungsfreiheit und Lebensgestaltung für den Unterhaltspflichtigen unzumutbar sein, wenn kein verständlicher Grund vorliegt, dass die Partner nicht zu einer „ehegleichen ökonomischen Solidarität“ gelangen (BGH FamRZ 1983, 569). Dies setzt allerdings voraus, dass der geschiedene Ehegatte in der neuen Gemeinschaft ein den ehelichen Lebensverhältnissen iSv § 1578 entspr Auskommen findet. Hat der Partner nicht entspr Mittel, kommt ein Ausschluss, eine Herabsetzung oder eine zeitl Beschränkung nach Nr 2 unter diesem Gesichtspunkt nicht in Betracht.

ff) Lassen die wirtschaftl Verhältnisse des Partners die Verweisung auf eine Unterhaltsgemeinschaft nicht zu, kann dennoch ein Härtegrund wegen verfestigter Lebensgemeinschaft zu bejahen sein. Daneben kommt eine Verwirkung auch nach Nr 8 in Betracht, vgl Rn 36.

14 **c) Straftaten des Berechtigten gegen den Verpflichteten (Nr 3).** Die Unterhaltsschranke der Nr 3 entspricht unterhaltsrechtl dem Pflichtteilsentziehungsgrund des § 2333 Nr 3 und (im Wesentlichen) der Sperre des § 1611 I 1 Fall 3 im Recht des Verwandtenunterhalts. Nr 3 ist eine besondere Ausformung der Verwirkung.

15 **aa)** Als **Straftaten** kommen nur Verbrechen (§ 12 I StGB) und schwere vorsätzliche Vergehen (§ 12 II StGB) in Betracht. In der Praxis spielen vor allem eine Rolle: Körperverletzungen (BGH FamRZ 1984, 34; Koblenz FamRZ 1991, 1312; 1998, 745 – Mitverschulden ist zu berücksichtigen; s aber auch Düsseldorf FamRZ 1983, 585), fortgesetzte schwere Beleidigungen, Verleumdungen und schwerwiegende falsche Anschuldigungen, die sich auf die persönliche und berufliche Entfaltung des Unterhaltspflichtigen auswirken (BGH NJW 1982, 100; Hamm FamRZ 2014, 1031: unberechtigter Vorwurf des sexuellen Missbrauchs ohne konkrete Anhaltspunkte), Falschaussagen im Ehelichkeitsanfechtungsverfahren (Bremen FamRZ 1981, 953) und Prozessbetrug in Unterhaltssachen durch falsche Angaben über die Bedürftigkeit (BGH FamRZ 1990, 1095 – Abbruch des Studiums verschwiegen (auch unter Nr 4, 5 zu würdigen); BGH FamRZ 2007, 1532; 2008, 1325 – Täuschung über die Bedürftigkeit, selbst wenn die Täuschung unterhaltsrechtl unbeachtlich ist (Oldenburg FamRZ 2011, 1965; bewusstes Verschweigen von Einkünften Oldenburg FamRZ 2018, 680); vgl auch BGH FamRZ 2000, 153 zu § 138 ZPO; Einkommensverschweigung im Abänderungsverfahren; Zweibrücken FamRZ 1996, 220 – substantiiertes Leugnen eigener Einkünfte; Karlsruhe FamRZ 1995, 1488 – wahrheitswidriges Bestreiten der Einnahmen aus Telefonsex. Auch außerhalb eines Verfahrens kann sich das Verschweigen von Einkünften als Betrug(sversuch) erweisen (vgl Schleswig FamRZ 1996, 221, bestätigt durch BGH FamRZ 1997, 483; Koblenz FamRZ 1997, 1338). Als Prozessbetrug wird auch das Bestreiten oder Verschweigen anderer unterhaltsschädlicher Tatsachen gewertet – vor allem unrichtige Angaben über das Verhältnis zu einem neuen Partner (vgl Stuttgart FamRZ 1997, 419; Hamm FamRZ 1997, 1337). Für die Schwere des Vergehens sind auch die Dauer der Beeinträchtigung von Bedeutung und der Umstand, ob der andere empfindlich getroffen wurde (BGH FamRZ 1997, 483). Gleichgültig ist die Be-

gehungsform (Vollendung, Versuch) – auch, ob die Straftat verfolgt worden ist oder nicht. Nr 3 greift auch dann ein, wenn es sich um ein Antragsdelikt handelt (Diebstahl oder Unterschlagung unter Ehegatten, § 247 StGB) und der Beeinträchtigte keinen Strafantrag gestellt hat. Nr 3 setzt Schuldfähigkeit des Berechtigten voraus; verminderte Schuldfähigkeit kann die grobe Unbilligkeit ausschließen (BGH NJW 1982, 100), sie muss das aber nicht (Hamm NJW 1991, 1119).

bb) Die Straftat muss sich **gegen den Verpflichteten oder einen nahen Angehörigen** des Verpflichteten gerichtet haben. Zu diesen zählen (etwa) ein neuer Ehegatte oder ein Verlobter des Verpflichteten, Verwandte in gerader Linie, aber auch entferntere Verwandte oder Verschwägerte, zu denen der Verpflichtete enge Familienbeziehungen unterhält. Ist die Unterhaltslast auf den Erben gem § 1586b übergegangen, sollten zumindest ab dieser Zeit Straftaten gegen den Erben die Unterhaltssperre auslösen. 16

cc) Zeitpunkt. Ob der Berechtigte die Straftat während oder nach der Ehe verübt hat, bleibt gleichgültig. Bei einer während der Ehe verübten Straftat können Verzeihungserwägungen nicht außer Betracht bleiben (str, offengelassen BGH FamRZ 2003, 521). Eine Straftat berührt nicht die bis zu diesem Zeitpunkt entstandenen Ansprüche und wirkt, von Ausnahmefällen abgesehen, nur für die Zukunft (BGH FamRZ 1984, 34; 2004, 612 m Anm *Büttner*). 17

dd) Überschneidungen (ua) mit Nr 5 sind möglich (Koblenz FamRZ 1991, 1312). 18

d) Mutwillige Herbeiführung der Bedürftigkeit (Nr 4). Der Unterhaltsanspruch sichert den geschiedenen Ehegatten zwar grds ab, gibt ihm aber nicht die Freiheit, ein verantwortungsloses Leben zu führen, ohne sich um die Sicherung seines Lebensbedarfs zu kümmern. Die Voraussetzungen nach Nr 4 sind daher auch ein wesentliches Kriterium für eine Verwertungsobliegenheit nach § 1577 (BGH FamRZ 2012, 514). 19

aa) Grundsatz. Der geschiedene Ehegatte muss grds selbst für sich sorgen (§ 1569), insb durch Aufnahme einer Erwerbstätigkeit. Wenn er diese Obliegenheit verletzt, kann ihm ein fiktives Einkommen zuzurechnen sein, das auf den Unterhalt nach § 1577 I anzurechnen ist (s Vor § 1569 Rn 39, 42). Während für die Zurechnung eines fiktiven Einkommens in der Gegenwart und bei vorausschauender Festlegung des Unterhalts auch für die Zukunft eine einfache Obliegenheitsverletzung ausreicht, ist der Nr 4 zu entnehmen, dass die Zurechnung eines fiktiven Einkommens wegen eines in der Vergangenheit liegenden Verhaltens Mutwilligkeit, dh eine grobe Obliegenheitsverletzung, erfordert (*Graba* FamRZ 2001, 257). Mutwilligkeit setzt weder Absicht noch Vorsatz voraus: Es genügt eine **unterhaltsbezogene Leichtfertigkeit** (BGH FamRZ 2002, 23). Diese ist anzunehmen, wenn der Berechtigte in unverständlicher Weise gegen die Verpflichtung verstoßen hat, sich selbst um seinen Lebensbedarf zu kümmern. Nach der Rspr des BGH kommt es auf eine Art bewusste Fahrlässigkeit an, mit der sich der Berechtigte bei seinem bedürftigkeitserheblichen Verhalten verantwortungs- oder rücksichtslos gegen den Verpflichteten über die nachteiligen Folgen für seine Bedürftigkeit hinweggesetzt hat (FamRZ 1990, 989). Einsichts- und Willensschwäche – etwa bei Drogen- und Alkoholabhängigen – können den Vorwurf der Mutwilligkeit ausschließen (BGH FamRZ 1988, 375; 2005, 1897). In Fällen dieser Art sollte aber (gegen den Ansatz in BGH FamRZ 1987, 572) geprüft werden, ob die Härteklausel der Nr 8 wegen obj Unzumutbarkeit der Inanspruchnahme eingreift (so mit Recht Hamm FamRZ 1998, 311, wenn verminderte Schuldfähigkeit Verwirkungstatbestände von Nr 3 und 5 ausschließt). Es kommt auch eine Unterhaltsbeschränkung nach § 1578b in Betracht (s § 1578b Rn 12). 20

bb) Einzelfälle. Wer die Versorgungsgemeinschaft Ehe aufs Spiel setzt, handelt nach dem Grundmuster des nachehelichen Unterhaltsrechts grds nicht mutwillig iSd Nr 4. Wer einen Schadensersatzanspruch wegen eines **unfallbedingten Verdienstausfalls** nicht erhebt, macht sich nicht (notwendig) mutwillig bedürftig, wenn er im Haftpflichtstreit den Einwand erheblichen mitwirkenden Verschuldens zu fürchten hat (BGH FamRZ 1988, 1031). **Verbrauch eigenen Vermögens** ist nur bei Ausgaben mutwillig, die den Rahmen des nach der Bedürfnislage des Einzelfalls unter Berücksichtigung der wirtschaftl Verhältnisse des Verpflichteten Angemessenen deutlich übersteigen (BGH FamRZ 1984, 364; 2012, 514). Das kann auch bei Luxusausgaben zutreffen, die der Berechtigte mit Zugewinnausgleich bestreitet (Karlsruhe FamRZ 1983, 506). Mit einer letzthin gegen den Willen des Ehemannes durchgeführten (ursprüngl gemeinsam angestrebten) **künstlichen Befruchtung**, die eine Schwangerschaft auslöst, soll eine Ehefrau nicht mutwillig ihre Bedürftigkeit herbeiführen (BGH FamRZ 2001, 541). 21

Vermögen, das der Berechtigte aus der Sicht des Eigenunterhalts **für sich (noch) bewahren darf**, sollte nicht schlechthin dem Verzehr ohne Rücksicht auf zukünftige Unterhaltslagen freigegeben sein (Koblenz FamRZ 1990, 51). Schichtet der unterhaltsberechtigte geschiedene Ehegatte (ererbtes) Kapitalvermögen in ein Eigenheim um, muss diese wirtschaftl Maßnahme nicht als unterhaltsbezogene Leichtfertigkeit zu werten sein (BGH FamRZ 1986, 560). Die freiwillige **Aufgabe einer Erwerbsstelle** oder ein Verhalten, das zum Verlust des Arbeitsplatzes führt, kann nur bei unterhaltsbezogener, grober Obliegenheitsverletzung als mutwillig erachtet werden (BGH FamRZ 1985, 158; 2000, 815 zu § 1603: Diebstahl beim ArbGeb). Wer gegen eine **Ausbildungsobliegenheit** iSd § 1574 III verstößt und sich erfolgversprechenden Ausbildungsmaßnahmen für eine angemessene nacheheliche Erwerbstätigkeit verschließt, kann sich unterhaltsbezogen leichtfertig verhalten, und zwar auch dann, wenn er gegen eine Ausbildungsobliegenheit während der Trennungszeit verstößt (BGH FamRZ 1986, 553; 1985, 782). In Betracht kommt auch die Weigerung, **Alkohol- oder Drogensucht** bekämpfen zu lassen (BGH FamRZ 1981, 1042; 1987, 359; 1988, 375) oder die Berufung auf Erwerbsunfähigkeit bei psychischen Problemen, ohne sich behandeln zu lassen (Köln NJW-RR 2012, 1286). Bedürftigkeit, die auf fehlgeschlagene **Selbstmordversuche** zurückgeht, wird man jedenfalls dann nicht als mutwillig erachten können, wenn dem Berechtigten wegen psy- 22 chischer Störungen mit Krankheitswert beim Selbstmordversuch die nötige Erkenntnisfähigkeit gefehlt hat, die Folgen eines Fehlschlags vorauszusehen (BGH FamRZ 1989, 1054). Eine andere Frage ist es, ob der Verpflichtete gem Nr 8 entlastet werden kann – ähnl wie von den Folgen krankheitsbedingter Bedürftigkeit. Mutwillig kann auch die **unterlassene Vorsorge für das Alter** sein (aber BGH FamRZ 1983, 803, 804), insb dann, wenn der Berechtigte Altersvorsorgeunterhalt zweckwidrig verbraucht hat (BGH FamRZ 1982, 1187: fiktives Renteneinkommen; 2003, 848). Allerdings hat der BGH diesen Grundsatz abgeschwächt (FamRZ 1987, 684: keine Mutwilligkeit bei zweckwidriger Verwendung des Vorsorgeunterhalts in einer Notlage). Der Sperre kann sich auch aussetzen, wer Rentenansprüche nicht rechtzeitig geklärt oder geltend gemacht hat (Bamberg FamRZ 1984, 388).

23 **e) Mutwilliges Missachten schwerwiegender Vermögensinteressen des Verpflichteten (Nr 5).** Die Bestimmung verlangt ein obj gravierendes Verhalten des Unterhaltsberechtigten. Es genügt eine Vermögensgefährdung, etwa weil der Unterhalt später nicht zurückgefordert werden kann (BGH FamRZ 2008, 1325). Bsp: Ehefrau hält Ehemann davon ab, berechtigten Ehelichkeitsanfechtungsantrag zu erheben (BGH FamRZ 1985, 267). Der Unterhaltsberechtigte erwirkt betrügerisch die Verurteilung zu Unterhaltszahlungen, indem er den Abbruch des Studiums verschweigt (BGH FamRZ 1990, 1095), oder er gibt bewusst ein niedrigeres Einkommen aus Putz- und Haushaltstätigkeit an (BGH FamRZ 2007, 1532), oder er verschweigt nach einem Unterhaltsvergleich einen erheblichen Einkommenszuwachs (BGH FamRZ 2008, 1325: offengelassen, ob ein Vergleich vorausgegangen sein muss oder ob sich die Verpflichtung aus dem unterhaltsrechtl Vertrauensverhältnis ergibt; Koblenz FamRZ 2016, 66). Der Gläubiger schwärzt den Schuldner bei einer Behörde oder beim ArbGeb an (Zweibrücken FamRZ 1989, 63; 1980, 1010). Das Verhalten des Unterhaltsverpflichteten kann den Vorwurf eines schwerwiegenden vorsätzlichen Vergehens entfallen lassen (BGH FamRZ 2009, 1124, tu-quoque-Einwand).

24 **aa)** Unter **„mutwillig"** ist, wie bei Nr 4, eine gesteigerte Leichtfertigkeit zu verstehen, die auf bewusster Fahrlässigkeit beruht (BGH FamRZ 2002, 23).

25 **bb) Hinwegsetzen über schwerwiegende Vermögensinteressen** des Verpflichteten kann sich der Berechtigte sowohl während als auch nach der Ehe. Das Verhalten braucht nicht zu einem Vermögensschaden geführt zu haben; eine Vermögensgefährdung reicht aus. In Betracht kommen etwa leichtfertige Angriffe auf die Berufsstellung des Verpflichteten (BT-Drs 10/2888, 20; Düsseldorf FamRZ 1996, 1418; Karlsruhe FamRZ 1998, 746; Hamm FamRZ 1987, 946), haltlose Verdächtigungen bei der Finanzverwaltung oder auch leichtfertige Strafanzeigen oder der Missbrauch einer Vollmacht. Eine „Verzeihung" sollte beachtlich sein, etwa wenn der Berechtigte den Missbrauch einer Vollmacht nachträgl genehmigt hat. Ein Missachten nur „mittelbarer" Vermögensinteressen des Verpflichteten sollte nicht ausreichen. Wer sein eigenes Vermögen leichtfertig verwirtschaftet, mag sich der Unterhaltssperre der Nr 4 aussetzen, nicht aber der Unterhaltsschranke der Nr 5.

26 **f) Grobe Verletzung der Pflicht, zum Familienunterhalt beizutragen (Nr 6).** Die Bestimmung, die einen Fall des widersprüchlichen Verhaltens regelt, hat in der Praxis keine Bedeutung erlangt.

27 **aa)** Die **Pflicht, zum Familienunterhalt beizutragen**, bemisst sich nach den im Rahmen der ehelichen Rollenverteilung übernommenen Aufgaben (Düsseldorf FamRZ 2019, 1134). Ein Ehegatte kann sie auf mehrfache Weise verletzen – etwa, indem er erzielte Erwerbs- oder Vermögenseinkünfte dem Familienunterhalt nicht zuführt, sondern für sich verbraucht, die Arbeitskraft im Erwerbsleben nicht einsetzt, obwohl er dazu nach der ehelichen Rollenverteilung verpflichtet gewesen wäre (Düsseldorf FamRZ 2009, 1134), als Unterhalt geschuldete Mitarbeit im Beruf oder Geschäft des anderen verweigert oder als haushaltführender Ehegatte den Haushalt vernachlässigt. Erheblich sind nur grobe Pflichtverletzungen über längere Zeit. Über die Nichterfüllung der geschuldeten Unterhaltsleistung hinaus müssen weitere obj Merkmale vorliegen, die dem pflichtwidrigen Verhalten ein besonderes Gewicht verleihen, etwa wenn dadurch der Unterhaltsberechtigte in erhebliche Schwierigkeiten bei der Beschaffung seines Lebensbedarfs geraten ist (BGH FamRZ 1986, 658 zu § 1587c Nr 3). Der (obj) grobe Verstoß muss dem Ehegatten vorwerfbar sein. Das erforderliche Verschulden liegt bspw vor, wenn der Unterhaltsverpflichtete dem Unterhaltsberechtigten bzgl dessen Arbeitssuche immer wieder Vorhaltungen gemacht und dieser eine Erwerbstätigkeit abgelehnt hat, ohne an einer solchen aufgrund von ihm nicht zu vertretender Umstände gehindert gewesen zu sein (Düsseldorf FamRZ 2009, 1134). Eine Pflichtverletzung von „längerer Zeit" wird jedenfalls bei einem Jahr anzunehmen sein (*Häberle* FamRZ 1986, 311, 312). Entscheidend sind die Umstände des Einzelfalls.

28 **bb) Erheblich** sind nach dem abschließenden Wortlaut der Bestimmung nur Verstöße gegen die Pflicht, zum Familienunterhalt (Eltern und Kind) beizutragen, nicht wegen des Trennungsunterhalts.

29 **g) Offensichtlich schwerwiegendes, eindeutig beim Berechtigten liegendes Fehlverhalten gegen den Verpflichteten (Nr 7).** Die Sperre geht (vornehmlich) auf die Rspr des BGH zurück (FamRZ 1983, 142; 1983, 569), die bei der Frage nach der groben Unbilligkeit einer nachehelichen Unterhaltslast personales Fehlverhalten des Bedürftigen auch in einem Zerrüttungsscheidungsrecht nicht schlechthin ausklammern wollte. Die Bestimmung beschränkt den Unterhaltsanspruch des Ehegatten, der einseitig die nicht schon gestörte eheliche Lebensgemeinschaft aufgibt und sich gegen den Willen des anderen Ehegatten einem anderen Partner nachhaltig zuwendet (BGH NJW 1986, 722). Sie hat besonders Bedeutung für den Trennungsunterhalt nach § 1361, weil nach der Scheidung intime Beziehungen, auch in Form der nichtehelichen Lebensgemeinschaft, kein Fehlverhalten ggü dem anderen Ehegatten sind.

30 Ehewidrige Beziehungen gehören erfahrungsgemäß zum gewöhnlichen Verlauf einer Ehekrise, die zur Scheidung führt. Sie allein reichen für die Erfüllung der Nr 7 nicht aus. Vielmehr muss die Zuwendung zu einem an-

deren Partner als ein schwerwiegendes, klar bei dem Berechtigten liegendes Fehlverhalten zu werten sein (BGH FamRZ 2012, 779). Das Verhalten des anderen Ehegatten ist nicht außer Betracht zu lassen. Es kommt darauf an, ob sich etwa dieser bereits vorher von der Ehe losgesagt und Trennungsabsichten geäußert hat (BGH FamRZ 1983, 150). Schwerwiegendes Fehlverhalten kann auch die Vereitelung des Umgangs (BGH FamRZ 2007, 882 m Anm *Born*; München FamRZ 1997, 1160, 1998, 750; 2006, 1605; Karlsruhe FamRZ 1999, 92; Schleswig FamRZ 2003, 688; 2004, 808) oder das vorsätzliche Verschweigen der möglichen Vaterschaft eines anderen Mannes sein (Köln FamRZ 2021, 1881); s auch Rn 33.

aa) Zeitpunkt des Fehlverhaltens. Nach der Rspr des BGH (FamRZ 2008, 1414) ist die Widersprüchlichkeit des Verhaltens des Unterhaltsberechtigten entscheidend, der eheliche Solidarität einfordert. Dabei ist das Prinzip der Gegenseitigkeit verletzt, wenn sich der Berechtigte gegen den Willen seines Ehegatten einem anderen Partner zuwendet (BGH FamRZ 2011, 791, 794). Wesentlich ist nicht der Zeitpunkt der Zuwendung zu einem anderen Partner, sondern der Umstand, ob das Verhalten für das Scheitern der Ehe ursächlich war. 31

Fehlverhalten eines Ehegatten, das bereits mehrere Jahre zurückliegt, dem verletzten Partner aber erst bei den Trennungsauseinandersetzungen bekannt wird, schließt den Einsatz der Härteklausel nicht aus. Ein Fehlverhalten ist nicht deshalb unbeachtlich, weil es in die Endzeit einer lange währenden Ehe fällt (BGH NJW 1986, 722). Die Dauer der Ehe kann aber bei der Billigkeitsabwägung berücksichtigt werden. 32

bb) Das Fehlverhalten des bedürftigen Ehegatten muss **schwerwiegend** und **offensichtlich** sein. Soweit es sich um Fehlverhalten während der Ehe handelt, kommen schwere Verstöße gegen die Pflicht zur ehelichen Lebensgemeinschaft in Betracht (§ 1353 I 1). Die Weigerung eines Ehegatten, einen gemeinsamen Wohnsitz an dem vom anderen Ehegatten gewünschten Ort zu begründen, löst die Härteklausel der Nr 7 nur dann aus, wenn sich der Berechtigte ohne sachliche Gründe von einigem Gewicht einem obj vernünftigen und zumutbaren Vorschlag des Verpflichteten willkürlich verschlossen hat (BGH FamRZ 1987, 572; 1990, 492). Auswanderung des Sorgeberechtigten, die das Umgangsrecht des anderen Ehegatten vereitelt, ist grds kein schwerwiegendes Fehlverhalten, wenn über die Auswanderungsabsicht nicht getäuscht wurde (BGH FamRZ 1987, 356). Abredewidriger Nichtgebrauch von Verhütungsmitteln und die Verweigerung der Abtreibung sind nicht als Fehlverhalten iSd Nr 7 zu werten (Stuttgart FamRZ 1987, 700). Die Aufnahme intimer Beziehungen zu einem anderen Partner ist dann beachtlich, wenn die Beziehungen eine gewisse Nachhaltigkeit erreichen (BGH FamRZ 1982, 463; 1982, 466 für Trennungsunterhalt). Nichteheliches Zusammenleben ist dafür nicht erforderlich (BGH FamRZ 1981, 439, 441; *Häberle* FamRZ 1986, 311, 313). Flüchtige Beziehungen zu wechselnden Partnern können ausreichen (BGH FamRZ 1983, 670; *Häberle* FamRZ 1986, 311, 313). Der einmalige Ehebruch darf jedenfalls nicht zum völligen Ausschluss des Unterhalts führen. Die Abkehr vom Ehegatten und die Zuwendung zu einem anderen Partner kann sich auch dann als unterhaltsschädliches Fehlverhalten erweisen, wenn in der neuen Verbindung eine Geschlechtsgemeinschaft nicht besteht (BGH FamRZ 2008, 1414). Entscheidend ist letztlich die Abkehr mit ihren Begleitumständen. Das Abhalten von der rechtzeitigen Anfechtung der Vaterschaft eines Kindes (BGH FamRZ 1985, 51) und das (bedingt vorsätzliche) „Unterschieben" eines Kindes, das nicht vom Ehemann der Mutter stammt, können (auch) unter Nr 7 fallen (BGH FamRZ 2012, 779,). Gewissenskonflikte der Mutter können aber beachtlich sein. Entspr kann gelten, wenn die Mutter den Scheinvater zur Anerkennung der Vaterschaft und zur Heirat durch arglistige Täuschung bestimmt hat und die Ehe geschieden (und nicht aufgehoben) worden ist; allerdings ist in Fällen dieser Art auch an den Auffangtatbestand der Nr 8 zu denken. Ist der Getäuschte mit einer Aufhebungsklage erfolglos geblieben, soll die Täuschung allerdings im Streit um den nachehelichen Unterhalt nach einer Scheidung unbeachtlich bleiben (BGH FamRZ 1983, 456; Hamm FamRZ 1987, 947). 33

Nacheheliches Fehlverhalten kann auch in einem groben Verstoß gegen das „Wohlverhaltensgebot" (§ 1684 II) liegen, wenn der unterhaltsbedürftige, sorgeberechtigte Ehegatte den Umgang des Kindes mit dem anderen Elternteil hintertreibt (München FamRZ 1998, 750; Rn 30). Ein schwerwiegendes Fehlverhalten der Mutter ist aber zu verneinen, wenn die umgangsablehnende Haltung des Kindes auf das Verhalten des Vaters zurückgeht (BGH FamRZ 2007, 882 m Anm *Born*). Greift § 1579 Nr 7 wegen schuldhafter Vereitelung des Umgangsrechts ein, kann ein auf den Mindestbedarf herabgesetzter Unterhalt wieder zur vollen Höhe aufleben, wenn der Umgangsberechtigte sein Recht nicht nur vorübergehend ausüben kann (Nürnberg FamRZ 1994, 1393). Auch beleidigender Telefonterror kommt als Verwirkungsgrund in Betracht (Hamm FamRZ 1996, 223). 34

cc) Das **Fehlverhalten** liegt „eindeutig" beim Bedürftigen, wenn es nicht (gleichsam) als Antwort auf gewichtiges Fehlverhalten des Verpflichteten zu verstehen ist, das dem Bedürftigen das Festhalten an der Ehe erheblich erschwert hat und deshalb das eigene Fehlverhalten in milderem Licht erscheinen lässt (BGH FamRZ 2012, 779). Fehlverhalten des einen ist also gegen Fehlverhalten des anderen abzuwägen – dies aber nur, wenn das Fehlverhalten des Berechtigten mit dem des Verpflichteten zusammenhängt (BGH FamRZ 1985, 267). Hat sich der unterhaltspflichtige Ehegatte selbst von der Ehe abgekehrt und ehewidrige Beziehungen zu einem neuen Partner aufgenommen, so nimmt das früher aufgenommenen ehewidrigen Beziehungen des Berechtigten zu einem Dritten auch dann nicht die Beachtlichkeit, wenn dem unterhaltspflichtigen Ehegatten diese Beziehungen verborgen geblieben sind (BGH NJW 1986, 722 für Trennungsunterhalt). Andererseits kann aus der Aufnahme ehewidriger Beziehungen des anderen Ehegatten zu schließen sein, dass auch seine ehelichen Gefühle bereits im Zeitpunkt der Abkehr des unterhaltsberechtigten Ehegatten erkaltet waren und er von dem Fehlverhalten nicht mehr wesentlich betroffen wurde (BGH NJW 1986, 722). 35

36 **h) Anderer, ebenso schwerwiegender Grund (Nr 8). aa)** Für den **Auffangtatbestand** „anderer Grund von gleichem Gewicht" kommen vornehmlich **obj** Gegebenheiten und Veränderungen der Lebensverhältnisse der Ehegatten in Betracht, die eine (dauerhafte) **Unterhaltsbelastung** des Verpflichteten als **unzumutbar** erscheinen lassen (BGH FamRZ 1983, 569; 1988, 930; 1994, 566; 1995, 1405). Letztlich ist entscheidend, ob sich der „Berechtigte" mit seinem Unterhaltsbegehren obj treuwidrig verhält (BGH FamRZ 1994, 558: Trennungsunterhalt versagt, wenn und weil sich die Ehegatten vor der Eheschließung darüber einig waren, dass wegen der kirchlich nicht geschiedenen Vorehe eines Ehegatten eine Gemeinschaft ausgeschlossen sein sollte und auch nicht aufgenommen wurde). Entscheidend bleiben die Umstände des Einzelfalls. Vor der Neufassung des § 1579 sah die Rspr des BGH (FamRZ 1989, 487) insb die verfestigte Partnerbeziehung als Ausschlussgrund nach Nr 8 (s Rn 12).

37 **bb)** Die Auffangklausel der Nr 8 kann zudem Unterhaltsansprüche treffen, die wegen anderer obj Gegebenheiten **den Unterhaltsverpflichteten grob unbillig belasten.** Das gilt etwa für die Belastung mit einem **Kranken- (§ 1572) oder Erwerbslosenunterhalt (§ 1573)**, weil der Berechtigte wegen einer Körperverletzung durch den neuen Lebensgefährten arbeitsunfähig ist (Düsseldorf FamRZ 1987, 487). Das sollte übrigens auch dann gelten, wenn Lebensumstände aus der Person eines neuen Lebensbegleiters den Berechtigten psychisch erkranken lassen und damit arbeitsunfähig machen. Zwar lässt eine unerkannte voreheliche Erkrankung des Bedürftigen und die darauf beruhende Unterhaltslast für den Pflichtigen die Auffangklausel der Nr 8 nicht eingreifen; denn diese Klausel kann die von § 1572 gewollte Risikoverteilung nicht außer Kraft setzen (BGH FamRZ 1994, 566; 1995, 1405). Die Problematik, ob die Klausel bei Unterhaltslasten eingreifen kann, die auf eine schon vor der Ehe bestehende oder erst während der Ehe aufgetretene Erkrankung zurückzuführen sind, wenn weitere Umstände hinzutreten (Karlsruhe FamRZ 1998, 751; Brandenburg FamRZ 1996, 866), ist durch die aufgrund des UÄndG 2007 eingeführte Bestimmung des § 1578b entschärft. Wer eine letztlich gegen den Willen des Ehemannes (ursprüngl gemeinsam angestrebte) künstliche Befruchtung, die zu einer Schwangerschaft der Ehefrau geführt hat, weder als Härtegrund iSd Nr 4 noch der Nr 5 erachtet (BGH FamRZ 2001, 541 = MDR 2001, 692 m Anm *Born*; Stuttgart FamRZ 1999, 1136), sollte wenigstens mit der Auffangklausel der Nr 8 arbeiten können, vor allem dann, wenn sich die Ehefrau der Eigenverantwortlichkeit bewusst war.

38 **i) Verhältnis der Verwirkungstatbestände.** Die Nr 1–7 können nebeneinander erfüllt sein. Nr 8 schließt die Lücke für Sachverhalte, die nicht unter Nr 1–7 fallen, aber zu einer unzumutbaren Inanspruchnahme des Verpflichteten führen würden. Nach der Rspr des BGH (BGH FamRZ 1995, 1405; 1999, 710) darf derselbe Sachverhalt, der nach Nr 1–7 nicht ausreichen würde, um den Unterhaltsanspruch auszuschließen, nicht als anderer Grund iSd Nr 8 gewertet werden. Ein nach den Einzeltatbeständen jew unerheblicher Sachverhaltsteil kann indes zur Überschreitung der Tatbestandschwelle der Nr 8 führen, weil bei der stets notwendigen Gesamtschau (KG FamRZ 1990, 746) ein zustandsbezogener, obj Grund iSv Nr 8 anzunehmen ist, der die Inanspruchnahme des Verpflichteten insg als unzumutbar erscheinen lässt. Trotz Verneinung eines einseitigen Fehlverhaltens iSv Nr 7 kann bei einer längeren, ehegleichen Beziehung zu einem anderen Partner der Unterhalt nach Nr 2 beschränkt werden. Nr 8 ist auch anwendbar, wenn weitere Umstände hinzukommen: Die Ehe war zwar nicht kurz iSv Nr 1, die Ehegatten haben aber nur wenige Monate zusammengelebt (BGH FamRZ 1988, 930). S auch § 1578b Rn 2ff, 12.

39 **3. Wirkungsweise der Härteklausel.** Die Härteklausel des § 1579 nimmt nicht schon dann Einfluss auf den Unterhaltsanspruch, wenn ein Härtefall vorliegt, sondern erst dann, wenn sich die Inanspruchnahme des Verpflichteten als grob unbillig erweist (BGH FamRZ 1982, 463; 1982, 582; 1983, 670). Dabei sind die Belange der geschiedenen Eheleute und die des dem Berechtigten zur Pflege oder Erziehung anvertrauten gemeinschaftl Kindes bei der Doppelfrage zu berücksichtigen, ob die Härteklausel überhaupt eingesetzt werden soll und wenn ja, in welcher Weise. Maßgeblich ist dabei, ob die Zumutbarkeitsgrenze überschritten wird.

40 **a) Belange der geschiedenen Ehegatten.** Bei der Bedeutung der Ehegattenbelange kann es auch auf die Leistungskraft des Verpflichteten ankommen. Wohlstand eines Ehegatten darf aber nicht bei kurzen Ehen (Nr 1) zur Grundlage einer lebenslangen Versorgung oder zum unterhaltsrechtl Freibrief bei Verbrechen (Nr 3), bei Fehlverhalten (Nr 7) oder bei einem Verhalten werden, das den Härtefall der Nr 2 oder 8 auszulösen geeignet ist. Deshalb ist auch ein begüteter Unterhaltspflichtiger bei kurzer Ehe nicht schon dann zu Unterhalt verpflichtet, wenn der Gläubiger alt und bedürftig ist und seinen Lebensunterhalt nicht aus eigenen Mitteln bestreiten kann. Beim Trennungsunterhalt ist kein Härtegrund allein darin zu sehen, dass der Berechtigte 25 Jahre lang nicht Unterhalt verlangt hat (BGH FamRZ 1985, 376). Grob unbillig kann die Inanspruchnahme dann sein, wenn der Berechtigte auf Verwandtenunterhalt oder Sozialhilfe angewiesen ist. Sozialhilfebedürftigkeit allein rechtfertigt aber den Unterhaltsanspruch noch nicht. Maßgeblich kann auch die Ehebedingtheit der Bedürftigkeit sein (Oldenburg FamRZ 1991, 827).

41 **b) Belange des dem Berechtigten anvertrauten gemeinschaftl Kindes.** Der Anspruch auf Betreuungsunterhalt soll nicht schlechthin gegen Billigkeitseinschränkungen abschirmen, die Belange des zur Pflege oder Erziehung anvertrauten gemeinschaftl Kindes sollen bei der Unbilligkeitsabwägung nur gewahrt werden. Dies entspricht der durch die Rspr (vgl BVerfG FamRZ 1981, 745; BGH FamRZ 1983, 142) geprägten Rechtslage, nach der das Kind entweder durch eine Elternvereinbarung oder aber durch eine Sorgerechtsentscheidung des FamG dem Berechtigten anvertraut sein musste, sollte die Schutzklausel ausgelöst werden. Wer sich eigenmächtig eines Kindes versichert, kann in Härtefällen die eigenen Unterhaltserwartungen nicht mit dem Betreuungsinteresse des Kindes verteidigen.

aa) Nur die Belange eines **gemeinschaftl Kindes** schwächen die negative Härteklausel ab. 42

bb) Die Belange eines gemeinschaftl Kindes sind nicht nur beim Anspruch auf Betreuungsunterhalt (§ 1570), 43 sondern bei **jedem Unterhaltsanspruch zu wahren.** Dies bedeutet, dass die Pflege und Betreuung gesichert sein müssen (BGH FamRZ 1989, 1279, 1280). Dies kann auch in anderer Weise als durch elterliche Betreuung gewährleistet sein (BGH FamRZ 1997, 671, 673), etwa mit Hilfe der Großeltern. Hindern Pflege und Erziehung eines Kindes den Berechtigten aber nicht mehr, seine Arbeitskraft ganz oder zT im Erwerbsleben einzusetzen, werden Kindesbelange den Anspruch auf einen Anschlussunterhalt regelmäßig nur für eine Übergangszeit vor dem Einsatz der Härteklausel bewahren. Findet der Berechtigte die ihm ab einem (mehr oder weniger) bestimmten Kindesalter zumutbare Beschäftigung trotz seiner ernstlichen Bemühungen nicht, so ist der gem § 1573 I ausgelöste neue Unterhaltsanspruch grds von der negativen Härteklausel betroffen. Enden Pflege und Erziehung ganz, entfaltet die Härteklausel ihre volle Wirkung Sie kann nunmehr auch zum Verlust des Rechts auf Unterhalt führen.

cc) Die Belange des Kindes können schon dann gewahrt sein, wenn anstelle eines Unterhaltsausschlusses nur ei- 44 ne Minderung oder zeitl Begrenzung des Anspruchs gewählt wird (vgl Rn 48f).

c) Ausschluss und Herabsetzung des Unterhalts und seine Grenzen. Ob die Härteklausel zum Ausschluss 45 des Unterhaltsanspruchs, zur Herabsetzung oder/und zur zeitl Begrenzung führt, richtet sich nach den Umständen des Einzelfalles. Dabei kommt es einmal auf das Verhältnis der Ehegatten zueinander an und zum anderen auf Belange des zur Pflege oder Erziehung anvertrauten gemeinschaftl Kindes. Im Allg werden **Kindesbelange Vorrang** genießen (BT-Drs 10/4514, 20), weil sie nicht nur zu „berücksichtigen", sondern zu „wahren" sind. Das schließt im Einzelfall den Vorrang des Schuldnerinteresses nicht aus.

aa) Sind Kindesbelange nicht zu wahren, kommt es nur auf die **Belange der Ehegatten** an. Bei der umfassenden 46 Prüfung der Umstände, ob der Verpflichtete unverhältnismäßig belastet würde, kommt seinen Einkommensverhältnissen eine wesentliche Bedeutung zu (BGH FamRZ 1984, 154). Wird dem berechtigten Ehegatten ein Einkommen wegen Partnerbetreuung angerechnet und dadurch der Unterhaltsanspruch vermindert, kann dies zu einer Vermeidung einer unverhältnismäßigen Belastung des Verpflichteten führen (BGH FamRZ 1984, 154; 1984, 356). Dieser Gesichtspunkt führt in der Praxis häufig dazu, dass die Beschränkung des Anspruchs erst mit der Verfestigung der Partnerbeziehung nach zwei- bis dreijähriger Partnerbeziehung aktuell wird.

Auf Seiten des Unterhaltsberechtigten sind die Schwierigkeiten zu würdigen, auf dem Arbeitsmarkt eine angemes- 47 sene Stelle zu finden (BGH FamRZ 1983, 670), ferner seine Verdienste um die Familie, insb bei der Betreuung der Kinder (BGH FamRZ 1986, 889). Bei Ehen von langer Dauer wird die Abwägung aller Umstände nur selten zur Beschränkung des Unterhaltsanspruchs führen, weil die Lebensverhältnisse beider Ehegatten tiefgehend miteinander verflochten sein werden. Eine Herabsetzung des Unterhalts unter das Existenzminimum bedarf besonderer Gründe. Auf Seiten des Verpflichteten ist dessen finanzielle Situation zu würdigen.

bb) Kindesbelange (*Henrich* FamRZ 1986, 401ff). Wenn die Kindesbelange gewahrt werden, ist es möglich, den 48 Unterhalt entweder ganz ausschließen oder doch herabsetzen und/oder zeitl begrenzen. IÜ kommt eine Herabsetzung des Unterhalts in Betracht, die sich mit einer Zeitgrenze verbinden lässt, so dass der Unterhalt abgestuft ausläuft.

Die Belange des Kindes erschweren zwar einen **völligen Unterhaltsausschluss**; sie stehen diesem aber nicht 49 schlechthin entgegen (Hamm FamRZ 1992, 956). Nach dem Willen des Gesetzgebers soll indes das dem betreuenden Ehegatten anvertraute, dh mit dem Willen des Verpflichteten oder aufgrund einer gerichtlichen Sorgeentscheidung betreute Kind grds nicht unter dem Fehlverhalten des Ehegatten leiden, der aufgrund einer erzwungenen Erwerbstätigkeit zeitl nur noch unzureichend seiner Elternaufgabe nachkommen könnte. Es liegt auch im Kindesinteresse, dass der Lebensstandard des betreuenden Elternteils, der mit der Betreuung auch eine Aufgabe des anderen Elternteils wahrnimmt, nicht absinkt (BVerfG FamRZ 1981, 745). Eine Beeinträchtigung der Kindesbelange liegt insb nahe, wenn durch den Unterhalt nicht das Existenzminimum des Ehegatten gedeckt wäre. Deshalb ist sicherzustellen, dass bei Anrechnung „fiktiver Einkünfte" Unterhaltsleistungen an das Kind vor dem Zugriff für den Eigenbedarf der Betreuungsperson bewahrt werden (BGH FamRZ 1997, 873). In schwerwiegenden Härtefällen kommt ein Ausschluss des Unterhalts selbst dann in Betracht, wenn die Belange des Kindes beeinträchtigt werden (BGH FamRZ 1998, 541); denn die Belange des Kindes sind nur im Rahmen einer Unbilligkeitsabwägung zu „wahren" – nicht aber über die Grenzen einer grob unbilligen Inanspruchnahme hinaus (offengelassen BGH FamRZ 1989, 1279). In solchen Fällen kann auch eine verstärkte Erwerbsobliegenheit zu bejahen sein (BGH FamRZ 1998, 541). Andererseits ist die Versagung des Verwirkungsgrundes allein mit dem Hinweis, es seien die Belange der Kinder zu wahren, nicht möglich, da etwa bezogenes Elterngeld zu berücksichtigen (§ 11 IV BEEG) und möglicherweise eine Vergütung für haushälterische Leistungen anzurechnen ist (BGH FamRZ 2012, 1201; Vor § 1569 Rn 49). Wer Leistungen für ein später geborenes Kind bezieht, muss sich diese auf seinen „Mindestbedarf" anrechnen lassen, den ein anderes Kind „garantieren" soll.

Auch Betreuungsunterhalt (§ 1570) kann herabgesetzt, zeitl begrenzt und/oder ausgeschlossen werden, etwa bei 50 Umgangsvereitelung (s Rn 30, 33).

Bei Ehen von kurzer Dauer sollte es möglich sein, anstelle eines Unterhaltsausschlusses einen zeitl begrenzten 51 Unterhalt zuzusprechen. Nach der hier vorgeschlagenen Prüfungsreihenfolge (§ 1578b Rn 3) wird bereits zuvor § 1578b zum gleichen Ergebnis führen. Für ein Kind, das (noch) dem früheren Ehemann der Mutter mit Rücksicht auf die Ehe zugeordnet ist, obwohl es offenbar oder unstr nicht vom (früheren) Ehemann der Mutter abstammt, ist jedenfalls kein Unterhalt zuzusprechen, der den „Zeitzuschlag" (Nr 1 Hs 2) oder den Rangvorzug (§ 1609 Nr 2) auszulösen vermag.

52 cc) Die **Beschränkung** des Unterhaltsanspruchs durch einen Ausschlusstatbestand des § 1579 ist, anders als die allg Verwirkung, nicht endgültig (BGH FamRZ 2011, 1498). Ein Wiederaufleben des einmal verwirkten Anspruchs kommt aber nur ausnahmsw in Betracht (Düsseldorf FamRZ 2021, 1027). Ist etwa die Beziehung zu einem anderen Partner beendet oder übernimmt der Ehegatte nunmehr im Einverständnis mit dem anderen oder nach einer Sorgerechtsänderung die Betreuung des gemeinschaftl Kindes, ist aufgrund der neuen Lage zu prüfen, ob die nunmehrige Inanspruchnahme des Unterhaltsverpflichteten diesen unzumutbar belasten würde. Bei der neuen Billigkeitsprüfung sind alle Umstände zu berücksichtigen. So ist das Ausmaß der Zeit der neuen Partnerschaft von Bedeutung, wenn trotz der für eine gewisse Zeit verfestigten Lebensgemeinschaft noch ein Maß an nachehelicher Solidarität gefordert werden kann (Düsseldorf FamRZ 2021, 1027), aber auch die Lage des Verpflichteten, der im Vertrauen auf den Wegfall der Unterhaltspflicht Lebensdispositionen getroffen hat (BGH FamRZ 1987, 689).

53 Hat die neue Beziehung zunächst nur den Anspruch auf Trennungsunterhalt betroffen und ist die neue Partnerschaft bereits vor der Ehescheidung beendet worden, geht es wegen der Verschiedenartigkeit des Anspruchs auf Trennungsunterhalt vom Anspruch auf nachehelichen Unterhalt (BGH FamRZ 1988, 370) nicht um die Frage, ob der Unterhaltsanspruch „wieder auflebt". Vielmehr ist für den Anspruch auf nachehelichen Unterhalt die Zumutbarkeitsfrage neu zu prüfen; dabei können die frühere Verbindung und der Zeitablauf weiter bedeutsam sein, insb wenn die Lebensbeziehung fortbesteht (BGH FamRZ 1983, 569 und 676; 1984, 154). Auch iÜ wirken Härten, die den Anspruch auf Trennungsunterhalt ausgeschlossen oder verkürzt haben, beim Anspruch auf den Geschiedenenunterhalt – trotz der Verschiedenheit beider Ansprüche (BGH FamRZ 1981, 242) – fort. Ein Unterhaltsausschlusstatbestand lässt im Allg Unterhaltsforderungen unberührt, die bis zu dessen Eintritt aufgelaufen sind (BGH FamRZ 2004, 612).

54 **dd) Folgen der Herabsetzung.** Zweifelhaft kann sein, (1) ob der Bedarf iSv § 1578 durch den Ausschlusstatbestand beschränkt wird oder (2) der Unterhaltsanspruch nach Anrechnung eigenen Einkommens des Berechtigten gem § 1577 oder (3) der aufgrund der Prüfung der Leistungsfähigkeit zu zahlende Unterhalt. Die systematische Stellung im Kapitel „Unterhaltsberechtigung" und nach §§ 1577, 1578 und vor § 1581 sprechen für die 2. Alt (BGH FamRZ 1984, 154). Bei zwei Ansprüchen auf Betreuungsunterhalt (§ 1570, § 1615l II) ist zunächst der Anteil zu ermitteln, der auf den nichtehelichen Vater entfällt (§ 1615 l III, § 1606 III entspr) und erst dann zu kürzen (BGH FamRZ 1998, 541); dabei ist Elterngeld nur beim geschiedenen Ehegatten zu beachten (§ 11 BEEG).

55 Wird der Unterhaltsanspruch gem § 1579 auf einen Mindestbedarf begrenzt, ist damit der Vorsorgeunterhalt schon deshalb entzogen, weil der Elementarunterhalt dem Vorsorgeunterhalt vorgeht. Darüber hinaus ist es zweifelhaft, ob § 1579 auch gestattet, den Verpflichteten, der einen bestimmten Elementarunterhalt zahlen muss, vom Vorsorgeunterhalt zu entlasten. Denn diese „Entlastung" könnte sich auch für den Verpflichteten nachteilig auswirken, weil dem Berechtigten Unterhaltsanteile zum Aufbau einer Altersvorsorge fehlen, die dem Verpflichteten in der Zukunft zustattenkommen könnten. Ein „Abkoppeln" des Vorsorgeunterhalts vom Elementarunterhalt gem § 1579 wird sich aber dann rechtfertigen lassen, wenn Deckungslücken beim Berechtigten nach Eintritt des Vorsorgefalls den Verpflichteten nicht belasten.

56 **4. Beweislast.** Der Verpflichtete trägt grds die Darlegungs- und Beweislast für die Tatsachen, die ein Eingreifen der Härteklausel rechtfertigen (BGH FamRZ 1991, 670). Das gilt bei Nr 7 auch für die Frage, ob das Fehlverhalten eindeutig beim Berechtigten liegt. Beachtliche Gegenvorwürfe des Bedürftigen muss der Verpflichtete ausräumen (BGH FamRZ 1982, 463; 1983, 670). Soweit der Verpflichtete die Vorwürfe aber nur „bestreiten" kann, sind an die Darlegungslast keine hohen Anforderungen zu stellen (BGH FamRZ 1982, 463). Mitunter hilft dem Verpflichteten der Beweis des ersten Anscheins (BGH FamRZ 1985, 267 für die Frage nach einem bedingten Vorsatz bei einer Kindesunterschiebung). Dass von der neuen Eheschließung nur abgesehen wurde, um den Unterhaltsanspruch nicht zu verlieren (BGH FamRZ 1983, 569) oder dass bei einem fehlgeschlagenen Selbsttötungsversuch mutwillig die Bedürftigkeit herbeigeführt wurde (BGH FamRZ 1989, 1054), ist vom Verpflichteten individuell zu beweisen. Wenn die Unterhaltspflicht nur für den Zeitraum „ruht", in der ein geschiedener Ehegatte mit einem neuen Partner unterhaltsschädlich iSv § 1579 Nr 2 zusammenlebt, trägt der Unterhaltspflichtige die Darlegungs- und Beweislast nicht nur für das Eingreifen der Härteklausel, sondern auch für einen dauerhaften Ausschluss des Anspruchs, also für die unterhaltsschädliche Fortdauer der Beziehungen (BGH FamRZ 1991, 670). Der Unterhaltsberechtigte darf indes die mit Einzelheiten konkretisierte Behauptung des Verpflichteten, er lebe in einer eheähnl Beziehung, nicht bloß pauschal bestreiten, sondern muss zur Vermeidung der Geständnisfiktion gem § 113 I 2 FamFG iVm § 138 III ZPO darauf in substantiierter Weise erwidern (KG FamRZ 2017, 202).

§ 1580 Auskunftspflicht

Die geschiedenen Ehegatten sind einander verpflichtet, auf Verlangen über ihre Einkünfte und ihr Vermögen Auskunft zu erteilen. § 1605 ist entsprechend anzuwenden.

1 **1. Anspruchsinhalt.** Wegen des Anspruchsinhalts wird auf die Komm zu § 1605 sowie auf Vor § 1569 Rn 14 verwiesen, mit der Maßgabe, dass nach § 1580 die geschiedenen (sowie nach § 1361 IV 4 die getrennt lebenden)

Ehegatten Anspruchsinhaber sind. Eine Auskunftsverpflichtung des Lebensgefährten besteht nicht (BGH FamRZ 2012, 24). Allerdings folgt aus der Verpflichtung der Ehegatten zur ehelichen Lebensgemeinschaft (§ 1353 I 2) ein wechselseitiger Anspruch, sich über die für die Höhe des Familienunterhalts maßgeblichen finanziellen Verhältnisse zu informieren (BGH FamRZ 2011, 21). Nach Auskunftserteilung zur Bemessung des Trennungsunterhalts steht die zeitl Sperre des § 1605 II einer erneuten Auskunftsverpflichtung nach § 1580 nicht entgegen, weil es sich beim Ehegatten- und Trennungsunterhalt um unterschiedliche Ansprüche handelt (München FamRZ 2015, 2069). Die Auskunft muss für den Unterhaltsbedarf Bedeutung haben. Sie ist nicht ausgeschlossen, wenn der Verpflichtete erklärt, unbeschränkt leistungsfähig zu sein, weil diese Erklärung nur dessen Leistungsfähigkeit, nicht den Bedarf betrifft (BGH FamRZ 2018, 260).

2. Verfahrensrechtliche Fragen und Beweislast. a) Verbund. Die Auskunftspflicht gilt für **geschiedene** Eheleute: Der Auskunftsanspruch kann aber bereits ab der Rechtshängigkeit des Scheidungsantrags im Verbundverfahren geltend gemacht werden, und zwar mit einem Stufenantrag (§ 254 ZPO, § 113 I FamFG), bei dem über den Auskunftsantrag auch schon vor dem Beschl über den Scheidungsantrag entschieden werden kann (BGH FamRZ 1982, 151). Vorbereitende Auskunftsansprüche, die nicht im Rahmen eines Stufenantrags geltend gemacht werden, gehören dagegen nicht in den Verfahrensverbund, sondern sind nach Abtrennung in einem gesonderten Verfahren zu verhandeln (BGH FamRZ 1997, 811). 2

b) Beweislast. Der Bedürftige, der Auskunft verlangt, muss darlegen, dass die Voraussetzungen eines Unterhaltsanspruchs, abgesehen von den wirtschaftl Verhältnissen, vorliegen (BGH FamRZ 1982, 1189). Wer die eidesstattliche Versicherung verlangt, muss beweisen, dass die Auskunft nicht mit der erforderlichen Sorgfalt erteilt wurde, nicht, dass sie unrichtig ist. Wer eine Auskunft wegen evident unredlichen Verhaltens begehrt, muss dieses beweisen (BGH FamRZ 1997, 483). 3

Kapitel 3
Leistungsfähigkeit und Rangfolge (§§ 1581–1584)

§ 1581 Leistungsfähigkeit

Ist der Verpflichtete nach seinen Erwerbs- und Vermögensverhältnissen unter Berücksichtigung seiner sonstigen Verpflichtungen außerstande, ohne Gefährdung des eigenen angemessenen Unterhalts dem Berechtigten Unterhalt zu gewähren, so braucht er nur insoweit Unterhalt zu leisten, als es mit Rücksicht auf die Bedürfnisse und die Erwerbs- und Vermögensverhältnisse der geschiedenen Ehegatten der Billigkeit entspricht. Den Stamm des Vermögens braucht er nicht zu verwerten, soweit die Verwertung unwirtschaftlich oder unter Berücksichtigung der beiderseitigen wirtschaftlichen Verhältnisse unbillig wäre.

1. Zweck und Einordnung der Vorschrift. a) Billigkeitsunterhalt. § 1581 stellt sicher, dass dem Unterhaltspflichtigen der billige Selbstbehalt verbleibt. Nach seiner früheren Rspr zu den wandelbaren Verhältnissen sah der BGH die Vorschrift als nahezu bedeutungslos an, weil er nacheheliche Veränderungen bereits bei der individuellen Bedarfsbemessung berücksichtigte, ohne dass es einer zusätzl Grenze der Leistungsfähigkeit bedurfte (BGH FamRZ 2006, 683; s § 1578 Rn 16). Diese Rspr hat das BVerfG als verfassungswidrig beanstandet (FamRZ 2011, 437), so dass die Vorschrift wieder von zentraler Bedeutung ist (BGH FamRZ 2012, 281; *Graba* FPR 2013, 138). 1

b) Vorrang des Unterhaltspflichtigen. Während die Bestimmung des § 1578, die den Bedarf regelt, auf dem Grundsatz der gleichen Berechtigung beider Ehegatten aufbaut, wird durch § 1581 bei der Voraussetzung der Leistungsfähigkeit dem Unterhaltsinteresse des Pflichtigen der Vorrang eingeräumt. Er soll seinen eigenen angemessenen Unterhalt sicherstellen dürfen, ehe er dem geschiedenen Ehegatten Unterhalt leisten muss. Wenn seine Mittel unter Berücksichtigung einer angemessenen Schuldentilgung für seinen angemessenen Unterhalt und den des geschiedenen Ehegatten nicht ausreichen, dh im Mangelfall, muss er diesem nicht Unterhalt nach den ehelichen Lebensverhältnissen (§ 1578) oder den angemessenen Unterhalt (§ 1578b) leisten. Er wird indes nicht frei, sondern muss nach Billigkeit Unterhalt leisten (BGH FamRZ 1990, 260). In jedem Fall muss der notwendige Selbstbehalt gewahrt sein, weil durch die Unterhaltsleistung kein Unterhaltspflichtiger sozialhilfebedürftig werden darf (BVerfG FamRZ 2002, 1397). 2

c) Rangfolge der Unterhaltsberechtigten. Im Rahmen der Leistungsfähigkeit ist die Rangfolge nach § 1609 zu beachten. Ist dabei die Untergrenze des eigenen angemessenen Selbstbehalts des Pflichtigen erreicht, liegt ein absoluter Mangelfall (s Rn 18) vor. In diesem Fall sind die Ansprüche der Unterhaltsberechtigten entspr § 1609 und bei Gleichrang anteilig zu kürzen (BGH FamRZ 2012, 281 Rn 35). 3

d) Vorrangige Haftung des Verwandten. Der geschiedene Ehegatte wird in der Praxis meist wegen Billigkeitsunterhalts in Anspruch genommen, wie wenn es die Vorschrift des § 1584 nicht gäbe, wonach der iSv § 1603 leistungsfähige Verwandte vor dem Ehegatten für den Unterhalt des Geschiedenen haftet, wenn der eigene angemessene Unterhalt des verpflichteten Ehegatten gefährdet ist (s § 1584 Rn 2ff, 9). Solche Verwandte (Eltern, manchmal auch Kinder) werden regelmäßig überhaupt nicht erwähnt, obwohl sie nicht selten leistungsfähig sein dürften und auch vor der Inanspruchnahme von Sozialhilfe eintreten müssen (§ 2 SGB XII). 4

5 **e) Trennungsunterhalt.** Auf den Trennungsunterhalt (§ 1361) ist die Vorschrift entspr anwendbar (BGH FamRZ 2006, 683 m Anm *Büttner* S 765 und *Borth* S 852). Für den Lebenspartnerunterhalt verweist § 16 LPartG auf § 1581.

6 **f) Prüfungsreihenfolge.** Ohne nähere Begründung meint der BGH (BGH FamRZ 2012, 951 Rn 49), der Unterhalt sei zunächst nach §§ 1578, 1581 zu bestimmen, bevor über die Frage der Begrenzung nach § 1578b und wohl auch nach § 1579 zu entscheiden sei. Diese Auffassung ist jedenfalls aus gesetzessystematischen Gründen problematisch, weil nach dem Gesetz die Frage der Herabsetzung und Begrenzung des Unterhalts eine Frage der Unterhaltsberechtigung ist (Kap 2 Unterhaltsberechtigung) und damit der Frage der Leistungsfähigkeit und Rangfolge (Kap 3) vorausgeht.

7 **g) Normaufbau.** Bei der Normanwendung ist zw den Voraussetzungen und der Rechtsfolge „Unterhalt nach Billigkeit" zu unterscheiden. Die Prüfung der Voraussetzungen besteht aus der Feststellung des für alle Bedürftigen erforderlichen Einkommens (Normalfall), der Feststellung des verteilbaren Einkommens des Pflichtigen und der Prüfung der Gefährdung des eigenen Unterhalts des Verpflichteten. Für die Rechtsfolge „Haftung nach Billigkeit" muss der Selbstbehalt des Verpflichteten unter Abwägung der beiden Ehegatten zur Verfügung stehenden Mitteln und ihrer Bedürfnisse nach individuellen Gesichtspunkten festgelegt werden.

8 **2. Verteilbares Einkommen. a) Allgemeine Einkommenslehre.** Zur Ermittlung der verteilungsfähigen Einsatzmasse ist auf die Grundsätze der allg Einkommenslehre zu verweisen (s Vor § 1569 Rn 40ff).

9 **b) Einkommens- und Vermögensverhältnisse des Schuldners.** Maßgeblich für die verteilungsfähige Einsatzmasse sind die Einkommens- und Vermögensverhältnisse des Schuldners. **aa) Anzurechnen** sind grds **erzielte Erwerbseinkünfte.** Der Abzug eines **Erwerbstätigenbonus** ist nicht möglich (BGH FamRZ 2013, 1366 Rn 87ff; s Vor § 1569 Rn 57). Bei Erwerbseinkommen im Rentneralter und aus Nebentätigkeiten ist auf deren Zumutbarkeit nach Treu und Glauben zu achten (BGH FamRZ 2011, 454). Das gilt insb für Zusatz- und Nebentätigkeiten, die der Schuldner erst nach der Scheidung aufgenommen hat. Maßgeblich ist das **Nettoeinkommen**, das sich nach Abzug von Steuern und tatsächlich aufgewandten, angemessenen Vorsorgekosten für Krankheit, Erwerbsunfähigkeit, Alter und Arbeitslosigkeit ergibt (BGH FamRZ 2003, 860; s Vor § 1569 Rn 51ff). Bei Gleichrang der Unterhaltsberechtigten ist das gesamte unterhaltsrelevante Einkommen des Unterhaltspflichtigen einzubeziehen – anders als bei der Bedarfsbemessung –, einschl des Einkommens aus einem Karrieresprung und aus Steuervorteilen wie dem Splittingvorteil (BGH FamRZ 2012, 281, Rn 47). Diese Auffassung ist hinsichtl des Splittingvorteils zweifelhaft, weil der Splittingvorteil nach der gesetzl Intention der neuen Ehe zufließen soll.

10 **bb)** In zumutbarer Weise **erzielbares**, aber nicht erzieltes **Erwerbseinkommen** ist anzurechnen (BGH FamRZ 1999, 843; 1981, 539; s Vor § 1569 Rn 39, 42). Für die Zurechnung eines fiktiven Einkommens kommt es darauf an, ob dem Schuldner eine Verletzung der Obliegenheit zur Einkommenserzielung in der Vergangenheit oder in der Gegenwart vorzuwerfen ist. Während in der Gegenwart eine einfache Obliegenheitsverletzung ausreicht, kann wegen eines Verhaltens in der Vergangenheit nur schwerwiegendes unterhaltsbezogenes Verschulden die Zurechnung eines fiktiven Einkommens in der früher erzielten Höhe rechtfertigen (BGH FamRZ 1993, 1055; 1994, 240; *Graba* FamRZ 2001, 1257, 1264). Dies kann etwa bejaht werden, wenn der Verpflichtete die Arbeitsstelle ohne zureichenden Grund gekündigt hat (BGH FamRZ 1985, 158; einschränkend Hamburg FamRZ 2015, 2067: unterhaltsrechtl Vorwerfbarkeit ist auf schwerwiegende Fälle zu beschränken, notwendig sind Feststellungen, dass der Verpflichtete sich der Unterhaltsverpflichtung entziehen wollte oder sich dessen jedenfalls bewusst war), nicht aber bei unfreiwilligem Arbeitsplatzverlust, der keine Verletzung der Unterhaltspflicht darstellt (BGH FamRZ 2000, 815: Diebstahl beim ArbGeb; FamRZ 1994, 240: alkoholbedingte Kündigung; FamRZ 2002, 813: Strafhaft wegen Sexualdelikts ggü unterhaltsberechtigtem Kind). Auf krankheitsbedingte Leistungsunfähigkeit kann sich nicht berufen, wer die Kündigung seines Arbeitsplatzes leichtfertig verschuldet oder eine ihm geboten Möglichkeit nicht wahrgenommen hat, eine zumutbare andere versicherungspflichtige Tätigkeit aufzunehmen (BGH FamRZ 1988, 597). Wird die Obliegenheit, sich um eine Arbeit zu bemühen, über längere Zeit verletzt, kann dies ein schwerwiegendes Verschulden darstellen, welches es rechtfertigt, dem Unterhaltsschuldner ein fiktives Einkommen auch in der späteren Zeit anzurechnen, in welcher er unverschuldet keine Arbeit erhält (BGH FamRZ 2000, 1358). Grds darf ein Beruf nicht aufgegeben werden, um eine Ausbildung aufzunehmen, wenn der Unterhaltsberechtigte dadurch auf Dritte oder Sozialhilfe angewiesen wäre, anders bei Erstausbildung, weil diese zum eigenen Lebensbedarf des Verpflichteten gehört (BGH FamRZ 2001, 1041 zu § 1603 II). Eine angefangene Ausbildung, die schon weit fortgeschritten ist, kann nach Abwägung der Interessen uU abgeschlossen werden, auch wenn die Ehefrau ihren Erwerbsverdienst wegen der Geburt eines weiteren Kindes verloren hat (BGH FamRZ 1983, 140). Beim Wechsel in die Selbständigkeit muss der Unterhaltsverpflichtete durch geeignete Maßnahmen (Rücklage, Kreditaufnahme) Vorsorge treffen, dass er seine Unterhaltspflicht jedenfalls vorerst erfüllen kann (BGH FamRZ 1988, 145). Scheitert der Selbständige, muss er alles unternehmen, um wieder leistungsfähig zu werden. Er muss sich etwa beim Arbeitsamt wegen einer Umschulung erkundigen, wenn er sich nicht dem Vorwurf aussetzen will, unterhaltsrechtl leichtfertig zu handeln (BGH FamRZ 1999, 843). Wer seinen Beruf aufgibt, um betagte und pflegebedürftige Eltern zu versorgen, kann sich auf mangelnde Leistungsfähigkeit nicht berufen und muss sich ein fiktives Einkommen anrechnen lassen, weil die Unterhaltspflicht ggü Eltern nachrangig ist, § 1609 Nr 6.

11 Die Anforderungen des Verpflichteten an die Obliegenheit zur Erzielung von Einkommen sind beim Geschiedenenunterhalt wegen der durch die Scheidung gelockerten Verantwortung der Ehegatten füreinander geringer als

beim Trennungs- und beim Minderjährigenunterhalt. Dies kann etwa bedeuten, dass ihm nicht ein Ortswechsel oder erschwerte Arbeitsbedingungen zuzumuten sind, um den Geschiedenenunterhalt aufzubringen (vgl BGH FamRZ 1986, 556 zur Vermögensverwertung). Ein Schuldner aus einem strukturschwachen Gebiet, dem ein Ortswechsel nicht zuzumuten ist, braucht sich fiktives Einkommen nicht zurechnen zu lassen, wenn er sich nicht in einer anderen Region um Arbeit bemüht (Hamm FamRZ 1999, 165). Neben einer vollschichtigen Tätigkeit braucht sich der Verpflichtete nicht um eine Nebentätigkeit zu bemühen (BGH FamRZ 2008, 594). Wer sich aus **Gesundheitsgründen** den Anforderungen einer Arbeitsstelle nicht mehr gewachsen fühlt, muss nicht notwendig alle sozialen Sicherungen ausschöpfen, die ihm den Arbeitsplatz – zumindest auf Zeit – bewahren, sondern kann von sich aus kündigen, ohne sich damit schon dem Vorwurf der Verantwortungslosigkeit oder Leichtfertigkeit auszusetzen (BGH FamRZ 2003, 1471).

cc) Nach der „**Hausmann-Rspr**" (BGH FamRZ 2001, 614; 2001, 1061) kann sich der Verpflichtete wegen des 12
Gleichrangs der Unterhaltsansprüche von Kindern aus erster Ehe und aus sonstigen Verbindungen und des früheren Ehegatten (§ 1609) grds nicht auf Leistungsunfähigkeit berufen, wenn er seine Erwerbstätigkeit im Hinblick auf die Betreuung von Kindern aus einer neuen Ehe oder einer nichtehelichen Lebensgemeinschaft aufgegeben hat. Regelmäßig wird die Aufgabe der Erwerbstätigkeit ggü den anderen gleichrangigen Unterhaltsberechtigten eine grobe Verletzung der Erwerbsobliegenheit darstellen (*Graba* FamRZ 2001, 1257, 1264). Jedenfalls wenn dem Berechtigten ein Anspruch auf Betreuungsunterhalt (§ 1570) zusteht, kann dem Verpflichteten ein fiktives Einkommen zugerechnet werden, ohne dass bei hinreichender Leistungsfähigkeit des neuen Ehegatten die Inanspruchnahme eines Selbstbehalts in Betracht käme (vgl § 1583 Rn 3). An die Zumutbarkeitserwägungen, die einen „Rollentausch" vom „Vollerwerbstätigen" zum „Hausmann" hinnehmbar erscheinen lassen, sind strenge Anforderungen zu stellen (BGH FamRZ 1996, 796). Eine Einbuße des Unterhalts muss der Berechtigte nur dann hinnehmen, wenn das Interesse des Unterhaltspflichtigen und seiner neuen Familie das Interesse des anderen Berechtigten an der Beibehaltung der bisherigen Unterhaltssicherung deutlich überwiegt, etwa deswegen für die neue Familie ein weit höheres Einkommen zur Verfügung steht (BGH FamRZ 2006, 1827). Übernimmt der Pflichtige in der neuen Beziehung die Betreuung eines Kindes, kann ihm im Fall einer zu respektierenden Rollenwahl grds die Betreuung eines Kindes nicht vorgeworfen werden. Die Rollenwahl kann nur akzeptiert werden, wenn sie unter wirtschaftl oder sonstigen Gründen (zB Verlust des Kundenstamms bei Aufgabe der Tätigkeit) für die neue Familie vorteilhaft ist (BGH FamRZ 2015, 738). Elternbezogene Gründe nach § 1570 II, die sich aus der Rollenverteilung der neuen Ehe ergeben, bleiben grds außer Betracht (BGH FamRZ 2010, 111).

dd) Erzielte Vermögenseinkünfte stärken die Leistungskraft des Schuldners (s Vor § 1569 Rn 45ff). **(1)** Greift 13
die Verwertungssperre (S 2) nicht ein, muss der Verpflichtete auch den **Stamm seines Vermögens verwerten** (s Vor § 1569 Rn 47), und zwar sowohl für den Geschiedenen- als auch für den Trennungsunterhalt (BGH FamRZ 1986, 556). Die Verwertung kann nicht verlangt werden, wenn dadurch die Sicherung des eigenen Unterhalts bis zum voraussichtlichen Lebensende in Frage gestellt würde. Der Verwertungszwang kann auch den Verpflichteten anhalten, sein Vermögen „umzuschichten", um einen höheren Ertrag zu erzielen. Zumindest beim Trennungsunterhalt ist dem Verpflichteten aber grds eine Vermögensverwertung nicht zuzumuten, die ihm die Grundlage der beruflichen Existenz entzöge und die gemeinsame Lebensgrundlage bei einer Fortsetzung der Ehe gefährdete (BGH FamRZ 1986, 556). Nach der Scheidung soll eine Verwertungsobliegenheit nicht schon deshalb ausscheiden, weil der Unterhaltsverpflichtete mit dem Vermögen (weitgehend) seinen Beruf verlöre (BGH FamRZ 1986, 556, 557 im Hinblick auf ein landwirtschaftl Anwesen). Droht ein Existenzverlust, wird der Verwertung S 2 entgegenstehen, zumindest sollte aber geprüft werden, ob ein Unterhaltsanspruch an § 1578b oder § 1579 Nr 8 unter Berücksichtigung weiterer Umstände scheitert.

(2) Die Verwertungssperre für den Schuldner (S 2) entspricht dem Wortlaut nach der Verwertungssperre für 14
den Gläubiger (§ 1577 III; dazu BGH FamRZ 1985, 354). Sie schützt den Schuldner, wenn eine Vermögensverwertung entweder **unwirtschaftlich** oder aber **unbillig** wäre. Wie bei der Verwertungsobliegenheit für den Berechtigten sollten aber beide Gründe nicht scharf voneinander getrennt werden. Die Grundsätze zur Verwertung des Vermögens beim Verwandtenunterhalt insb zum Schutz des Altersvorsorgevermögens können übernommen werden (BGH FamRZ 2015, 1172 zum Elternunterhalt). Allerdings ist abw von § 1601 zusätzl eine Billigkeitsprüfung vorzunehmen.

ee) Auch sonstiges Einkommen erhöht die Leistungsfähigkeit (s Vor § 1569 Rn 48). Unterhaltsansprüche, die 15
dem geschiedenen Ehegatten gegen Verwandte oder gegen einen neuen Ehegatten zustehen, können bei der Bemessung der Leistungskraft eines geschiedenen Ehegatten nicht außer Betracht bleiben (BGH FamRZ 2001, 614; 2001, 1065). Vermögensrechtl Vorteile, die dem Verpflichteten aus dem Zusammenleben mit einem neuen Lebenspartner erwachsen, stärken die unterhaltsrechtl Leistungsfähigkeit des Verpflichteten insoweit, als der **Selbstbehalt** wegen **gemeinsamer Haushaltsführung** mit einem ebenfalls berufstätigen Partner geringer angesetzt werden kann (BGH FamRZ 2006, 683). Die Ersparnis kann mit rund 10 % angesetzt werden (BGH FamRZ 2010, 802).

c) **Verbindlichkeiten.** Verpflichtungen können die Leistungskraft des Schuldners schmälern (s Vor § 1569 16
Rn 56). **aa)** Das gilt für **Unterhaltspflichten**, auch für neue nach der Scheidung, nur, soweit der Unterhaltsberechtigte den Rang des geschiedenen Ehegatten teilt oder gar diesem vorgeht (s Rn 3). Danach ist ein nachehelich geborenes Kind vorrangig als Unterhaltsverbindlichkeit zu berücksichtigen. Es besteht kein Vertrauensschutz, dass sich der Kreis der Unterhaltsberechtigten nicht verändert (BGH FamRZ 2012, 281 Rn 36).

17 **bb) Sonstige Verbindlichkeiten** sind zu berücksichtigen (s Vor § 1569 Rn 56). Zu unterscheiden ist zunächst zw berücksichtigungsfähigen und anderen Verbindlichkeiten, auf die sich der Schuldner nach Treu und Glauben nicht berufen kann – etwa auf Schulden, die luxuriösen Zwecken dienen und für deren Begründung es angesichts der Lage des Schuldners keinen verständigen Grund gibt (BGH FamRZ 1984, 358). Über die Einordnung ist nach billigem Ermessen im Rahmen einer umfassenden Interessenabwägung zu entscheiden (BGH aaO im Anschluss an BGH FamRZ 1982, 23). Zu berücksichtigen sind dabei auch Zeit und Anlass der Schuldbegründung. Schulden aus der Ehezeit hätten auch beim Fortbestand der Ehe die Unterhaltserwartungen des anderen Ehegatten beeinträchtigt und sind vom Ansatz her deshalb als sog ehebedingte Verbindlichkeiten grds beachtlich. Der Verpflichtete kann sich aber bei Verbindlichkeiten aus späterer Zeit, die er in Kenntnis der Unterhaltsverpflichtung begründet hat, nicht auf eine wegen dieser Schulden eingetretene Verminderung der Leistungsfähigkeit berufen, wenn er sich nicht notwendig und unausweichlich verschulden musste; für diesen Ausnahmefall trägt der Verpflichtete die Darlegungs- und Beweislast (BGH FamRZ 1990, 283 für Trennungsunterhalt gem § 1361). Verfahrenskostenhilferaten – auch für den laufenden Unterhaltsprozess – schwächen zwar die Leistungskraft des Schuldners. Es ist indes zu bedenken, dass die Höhe der Ratenverpflichtung von den berücksichtigten Unterhaltspflichten abhängig ist und die Raten deswegen regelmäßig zumutbar belasten. Berücksichtigungsfähige Schulden sind nicht zum Nennbetrag abzusetzen, sondern nur im Rahmen eines vernünftigen **Tilgungsplans** (BGH FamRZ 1982, 23 und 678). Zu Zins- und Tilgungsleistungen für die **Wohnung** s Vor § 1569 Rn 46 und § 1578 Rn 18. Sie sind grds bis zur Höhe des Wohnvorteils abzugsfähig. Soweit sie darüber hinausgehen, handelt es sich zT um Kosten zur Vermögensbildung, die den Schuldner grds nicht entlasten sollen (zur Ausnahme für Altersversorgung s Vor § 1569 Rn 53).

18 **d) Relativer Mangelfall.** Weitere Voraussetzung des Billigkeitsunterhalts ist eine **Gefährdung des eigenen angemessenen Unterhalts.** Denn im Rahmen der Leistungsfähigkeit des Unterhaltsverpflichteten nach § 1581 ist der Halbteilungsgrundsatz zu beachten, was zu einem relativen Mangelfall führen kann, wenn dem Verpflichteten für den eigenen Unterhalt weniger verbleibt, als dem Berechtigten mit Unterhalt zur Verfügung steht (BGH FamRZ 2012, 281). Der angemessene Unterhalt umfasst auch die in § 1578 II und III genannten Vorsorgekosten. Was angemessen ist, richtet sich nach den derzeitigen Lebensverhältnissen des Schuldners. Regelmäßig ist ein Betrag anzusetzen, der zw dem notwendigen und dem angemessenen Selbstbehalt iSv § 1603 liegt (BGH FamRZ 2006, 683). Der Schuldner darf nicht schlechter stehen als der Gläubiger.

19 **3. Billigkeitsentscheidung.** Bei der **Billigkeitsentscheidung** sind sämtliche Unterhaltserwartungen mit den verfügbaren Mitteln zu vergleichen und nach Billigkeit zu kürzen, wenn die Verteilungsmasse nicht ausreicht. Bei ihr geht es aber nicht nur um eine Verteilung der Einsatzmasse, die von § 1578 abweicht. Vielmehr können auch einzelne Voraussetzungen für die Entstehung eines Unterhaltsanspruchs schärfer beurteilt werden. Der Berechtigte kann sich nicht mehr darauf berufen, nur eine iSd § 1574 zumutbare Erwerbstätigkeit aufzunehmen. Dgl steigen die Anforderungen an die Aufnahme einer Erwerbstätigkeit für denjenigen, der sich allg beim Betreuungsunterhalt (§ 1570) mit geringen Erwartungen begnügt. Allerdings ist auf gleiche Maßstäbe für Gläubiger und Schuldner zu achten. Das gilt auch bei der Verwertung des eigenen Vermögens, bei der nunmehr Billigkeitsdenken über Wirtschaftlichkeitserwägungen zu stellen ist. Freiwillige Zuwendungen Dritter an den Berechtigten können in erweitertem Ausmaß berücksichtigt werden (vgl BGH FamRZ 1999, 843).

20 Erzielte Einkünfte aus – trotz gesteigerter Anforderungen immer noch – unzumutbarer Erwerbstätigkeit (die bei der Frage nach der Leistungsfähigkeit zunächst außer Betracht geblieben sind), können im Rahmen der Billigkeitsverteilung nach Treu und Glauben in weiterem Umfang berücksichtigt werden. Zum Erwerbstätigenbonus vgl Rn 9. Das gilt auch für entspr Einkünfte des Gläubigers. Das Rangverhältnis (§§ 1582, 1609) kann die Billigkeitsentscheidung grds nicht unmittelbar verändern. Sind ein geschiedener und ein neuer Ehegatte nach § 1609 gleichrangig, ist nach BGH FamRZ 2012, 281 im Rahmen der Leistungsfähigkeit des Unterhaltspflichtigen eine Billigkeitsabwägung in Form der **Dreiteilung** des gesamten Einkommens möglich (vgl § 1609 Rn 41a ff). Dies schließt eine Berücksichtigung weiterer individueller Billigkeitserwägungen nicht aus. Solche individuellen Kriterien sind zB, ob der Mindestbedarf eines Unterhaltsberechtigten gedeckt ist (BT-Drs 16/1830, 24).

21 Auch wenn die Leistungsfähigkeit für Elementar- und Vorsorgeunterhalt grds einheitlich zu beurteilen ist (BGH FamRZ 1982, 890), kann letzterer bei der Billigkeitsentscheidung ganz außer Acht gelassen oder doch gekürzt werden; er geht jedenfalls dem Anspruch auf laufenden Unterhalt nach (BGH FamRZ 1981, 442). Der Schuldner soll dem Gläubiger in erster Linie den laufenden Lebensbedarf sichern und nicht zum Aufbau einer Altersversorgung beitragen, derweilen die Sozialhilfe für die Alltagskosten sorgt.

22 Dem Schuldner ist regelmäßig ein Betrag zw dem großen Selbstbehalt iSd § 1603 I und dem kleinen Selbstbehalt nach § 1603 II zu belassen; dieser kann aber auch unterschritten werden. Der notwendige Selbstbehalt muss ihm stets bleiben, weil die Unterhaltsleistung nicht zur eigenen Sozialhilfebedürftigkeit führen darf (BGH FamRZ 2006, 683). Der Grundsatz, dass durch den Unterhalt der Leistende nicht sozialhilfebedürftig werden darf, gilt jedoch nicht für seine nachrangigen Angehörigen, die mit ihm in einem Haushalt leben (BGH FamRZ 1996, 1272).

23 **4. Absoluter Mangelfall.** Reicht das Einkommen für den Unterhalt des Verpflichteten sowie für den Unterhalt gleichrangiger Unterhaltsberechtigter nicht aus, sind die Ansprüche anteilig zu kürzen. Vorrangige werden voll vor Nachrangigen berücksichtigt. Verteilungsmasse für den Geschiedenenunterhalt ist grds das um den Zwischenbetrag zw notwendigem und angemessenem Selbstbehalt verminderte Einkommen des Schuldners nach

angemessenem Abzug seiner Schulden, insb des vorrangigen Unterhalts. Der Mindestbedarf (billiger Selbstbehalt) des Unterhaltspflichtigen ggü dem geschiedenen Ehegatten liegt derzeit (2022) bei 1.280 €. Eine Kürzung wegen Synergieeffekten aufgrund des Zusammenlebens mit einem Partner ist denkbar (vgl Rn 15). Einsatzbeträge sind der Bedarf des Ehegatten nach § 1578 (s dazu insb § 1578 Rn 34f) und der Bedarf des oder der gleichrangig Berechtigten. Der geschuldete Ehegattenunterhalt ergibt sich, indem der Ehegattenbedarf mit der Verteilungsmasse vervielfacht und durch die Summe der Einsatzbeträge geteilt wird. Das Ergebnis ist auf seine Angemessenheit zu überprüfen.

5. Beweislast. Nach der negativen Fassung des § 1581 wird die Leistungsfähigkeit vermutet. Der Verpflichtete muss deswegen beweisen, dass er nicht voll leistungsfähig ist (BGH FamRZ 1980, 770). Dazu muss er seinen eigenen Bedarf sowie seine Verpflichtungen mit den Umständen, die sie berücksichtigungsfähig erscheinen lassen (BGH FamRZ 2012, 281), insb weitere bestehende Unterhaltsansprüche zB ggü nachehelich geborenen Kindern, ggü der neuen Ehefrau (unter Darlegung deren Einkommens zur Bedarfsbemessung) oder Ansprüche aus § 1615l, beweisen. Er darf sich nicht mit einer Verweisung auf steuerliche Unterlagen begnügen, sondern muss seine Einnahmen und Aufwendungen so darlegen, dass sich die ausschließlich steuerrechtl beachtlichen Aufwendungen von den unterhaltsrechtl erheblichen absondern lassen (BGH FamRZ 1980, 770; 1985, 357). Sind die Voraussetzungen des § 1581 unstr oder bewiesen, muss jeder Unterhaltsbeteiligte die für ihn günstigen Umstände für die Billigkeitsabwägung beweisen. 24

§ 1582 Rang des geschiedenen Ehegatten bei mehreren Unterhaltsberechtigten

Sind mehrere Unterhaltsberechtigte vorhanden, richtet sich der Rang des geschiedenen Ehegatten nach § 1609.

1. Bedeutung. Der Rang ist bedeutend im Fall der unzureichenden Leistungsfähigkeit des Unterhaltsverpflichteten. Seit Geltung des UÄndG 2007 (1.1.2008) hat die Norm keine eigenständige Bedeutung mehr. Sie ist reduziert auf eine Verweisungsnorm. Die Rangverhältnisse mehrerer Unterhaltsberechtigter regelt nunmehr die zentrale Vorschrift des § 1609. Auf die Komm zu § 1609, insb zur Berechnung des Unterhalts im Falle des Gleichrangs der geschiedenen und der neuen Ehefrau, wird verwiesen. 1

2. Beweislast. Der Bedürftige muss seinen Rang beweisen, etwa dass er wegen Betreuung ganz oder zu welchem Teil er unterhaltsberechtigt ist. Der Verpflichtete muss beweisen, dass er tatsächlich an vorrangig oder gleichrangig Berechtigte Unterhalt leistet und deswegen nicht leistungsfähig ist. 2

§ 1583 Einfluss des Güterstands

Lebt der Verpflichtete im Falle der Wiederheirat mit seinem neuen Ehegatten im Güterstand der Gütergemeinschaft, so ist § 1604 entsprechend anzuwenden.

1. Zweck und Einordnung der Vorschrift. § 1583 regelt die Frage, welche Bedeutung dem **Gesamtgut** zukommt, wenn der Unterhaltsschuldner nach einer Wiederheirat im Güterstand der **Gütergemeinschaft** (§§ 1415ff) lebt und die Leistungsfähigkeit des Schuldners oder die Grenzen des Billigkeitsunterhalts zu beurteilen sind. Hierbei ist § 1604 entspr anzuwenden, vgl Komm zu § 1604. 1

2. Inhalt. Die Unterhaltspflicht eines jeden Ehegatten ist nach § 1604 so zu beurteilen, als ob das Gesamtgut dem Unterhaltspflichtigen allein gehörte. Dieser rechnerische Vermögenszuwachs beim Schuldner steigert zwar nicht die (nach wie vor) an den ehelichen Lebensverhältnissen nach § 1578 I 1 oder am angemessenen Lebensbedarf nach § 1578b ausgerichteten Unterhaltserwartungen des Gläubigers; er kann aber einen Unterhaltsanspruch, der sich auf diese Verhältnisse bezieht, stützen oder neu entstehen lassen (etwa nach einem Wegfall der bisherigen Leistungsgrundlage „Erwerbseinkommen"). Sind beide Ehegatten ihren früheren Partnern, Kindern oder sonstigen Verwandten unterhaltspflichtig, so gilt § 1604 S 2, der ein Unterhaltsrechtsverhältnis zw dem Gläubiger des einen Ehegatten und dessen (an sich nicht unterhaltspflichtigen) Partner im Hinblick auf das Gesamtgut unterstellt. Damit werden die Unterhaltsgläubiger des neuen Ehegatten mit den Unterhaltsgläubigern des geschiedenen Ehegatten aus der maßgeblichen Rangstufe ranggleich. Die entspr Anwendung des § 1604 S 2 darf nicht dazu führen, dass der neue Ehegatte (als Gütergemeinschafter) in Mangellagen (§ 1581) seine eigenen Unterhaltserwartungen wegen § 1582 abschreiben muss, soweit der Anspruch des geschiedenen Ehegatten aus dem Gesamtgut gedeckt werden kann. Die Leistung des aus dem Gesamtgut zu erbringenden Unterhalts gehört zur ordnungsgemäßen Verwaltung (BGH FamRZ 1990, 851). § 1583 gilt auch bei fortgesetzter Gütergemeinschaft gem §§ 1483ff. Bei der Haftung des Gesamtguts kann man aber schwerlich die bislang gem §§ 1581, 1604 S 2 berücksichtigten Unterhaltsverbindlichkeiten des überlebenden Ehegatten beim Unterhaltsanspruch des geschiedenen Partners gem § 1586b I 2 streichen. Wenn beide Ehegatten unterhaltspflichtig sind, muss auch zum Verschwägerten eine Haftung des Gesamtguts hingenommen werden. Es ist grds nicht sittenwidrig, wenn die Ehegatten deshalb die Gütergemeinschaft beenden. 2

3. Zugewinnausgleich und Gütertrennung. Für die Zugewinngemeinschaft und die Gütertrennung gelten keine Besonderheiten. Vermögen des neuen Ehegatten kommt dem Unterhaltsanspruch eines geschiedenen Partners allenfalls mittelbar zustatten, nämlich soweit es den Unterhaltspflichtigen vom Familienunterhalt in der neuen Familie entlastet und soweit in den sog Hausmann-Fällen (s § 1581 Rn 12ff) der neue Ehegatte für 3 den Selbstbehalt des Unterhaltspflichtigen aufkommt, so dass der Verdienst aus einer Nebenbeschäftigung voll für den unterhaltsberechtigten geschiedenen Ehegatten und das Kind aus erster Ehe verwendet werden kann (BGH FamRZ 2001, 614 und 1065; 2002, 742).

4 **4. Beweislast.** Wer sich auf Gütergemeinschaft beruft, muss dies beweisen.

§ 1584 Rangverhältnisse mehrerer Unterhaltsverpflichteter

Der unterhaltspflichtige geschiedene Ehegatte haftet vor den Verwandten des Berechtigten. Soweit jedoch der Verpflichtete nicht leistungsfähig ist, haften die Verwandten vor dem geschiedenen Ehegatten. § 1607 Abs. 2 und 4 gilt entsprechend.

1 **1. Zweck und Einordnung der Vorschrift. a) Anspruchskonkurrenz.** Der geschiedene Ehegatte kann einen Unterhaltsanspruch gegen seinen Ehegatten nach §§ 1569ff und gegen seine Verwandten nach §§ 1601ff haben. § 1584 regelt das Verhältnis dieser beiden Ansprüche. Der Vorschrift entspricht für die Zeit vor der Scheidung § 1608. Zum gesetzl nicht geregelten Verhältnis zw Ehegatten- und Betreuungsunterhalt gem § 1615l s BGH FamRZ 1998, 541; 2007, 1303: anteilige Haftung von geschiedenem Ehemann und nichtehelichem Vater entspr § 1606 III 1. § 16 LPartG verweist auf § 1584.

2 **b) Bedeutung.** Bemerkenswert ist, dass die Haftung Verwandter für Geschiedenenunterhalt (und für den Unterhalt vor der Scheidung nach § 1608) in der Praxis selten geltend gemacht wird, obgleich in vielen Fällen leistungsfähige Eltern und manchmal auch leistungsfähige Kinder vorhanden sein dürften. Diese Verwandten werden indes nicht vorgetragen, so dass im Mangelfall ohne weiteres von einer Haftung von Ehegatten ausgegangen wird.

3 **2. Haftung nach Leistungsfähigkeit.** Die Unterhaltspflicht des **leistungsfähigen** geschiedenen **Ehegatten geht** der Unterhaltspflicht der **Verwandten vor** (S 1). Der Ehegatte kann nicht einwenden, der Verwandte könne den Unterhalt leichter oder müsse diesen anteilig aufbringen. Leistungsfähige Verwandte (§ 1603 I) haften vor dem leistungsunfähigen (oder leistungsschwachen) geschiedenen Ehegatten (S 2). Ist die Rechtsverfolgung des Unterhaltsanspruchs gegen den leistungsfähigen geschiedenen Ehegatten im Inland ausgeschlossen oder erheblich erschwert, haften die Verwandten des Berechtigten ebenfalls vor dem Ehegatten; sie können aber aufgrund eines gesetzl Forderungsübergangs Rückgriff nehmen (S 3 iVm § 1607 II 2). Fehlt es an einem Unterhaltsanspruch gegen den Ehegatten, haften die Verwandten nur nach §§ 1601ff.

4 **3. Haftungsgrenze.** Die vorrangige Leistungspflicht des geschiedenen Ehegatten endet dort, wo die Grenzlinie zum Billigkeitsunterhalt gem § 1581 überschritten wird, dh, wenn der angemessene Unterhalt gefährdet wäre. Kann der geschiedene Ehegatte aber wenigstens ohne Selbstgefährdung den an den ehelichen Lebensverhältnissen ausgerichteten (§ 1578 I 1) oder den angemessenen (§ 1578b I) Unterhalt des Berechtigten zT decken, haben die Verwandten nur für den Rest aufzukommen – dies aber nur bis zur Grenze ihrer Leistungsfähigkeit (§ 1603), mitunter also auch für einen Teilunterhalt. Der für den Ehegattenunterhalt maßgebliche Bedarf (§ 1578 S 1, § 1578b) kann von dem Lebensbedarf abweichen, der im Verwandtenunterhaltsrecht maßgeblich ist (§ 1610 I). Hat der vorrangig haftende geschiedene Ehegatte nur einen geringeren Lebensbedarf des Gläubigers abzudecken als der nachrangig haftende Verwandte, vermindern die Unterhaltsleistungen, mit denen der Verwandte die „Wertspitze" im Verwandtenunterhalt abdeckt, zugleich die Bedürftigkeit des Gläubigers ggü dem Ehegatten iSd § 1577 I (vgl zu der ähnl Problematik beim Zusammentreffen von Unterhaltspflicht und Wiederauflebensrente *Dieckmann* FamRZ 1987, 231; s aber auch BGH FamRZ 1986, 889).

5 **4. Haftungsvorrang des Verwandten.** Der Haftungsvorrang (S 2) belastet nur **leistungsfähige Verwandte** (§ 1603). Die Grenzlinie zum angemessenen Eigenbedarf darf nie unterschritten werden – anders als im Recht des Ehegattenunterhalts, das bei der Eigengefährdung des Schuldners immer noch einen Billigkeitsunterhaltsanspruch vorsieht (§ 1581). Wann ein Schuldner seinen angemessenen Eigenbedarf gefährdet, wird für den Verwandten- und Ehegattenunterhalt insofern verschieden beantwortet, als nach der Rspr des BGH (BGH FamRZ 2006, 683) unter angemessenem Ehegattenunterhalt idR ein Betrag zw notwendigem und angemessenem Selbstbehalt iSd § 1603 zu verstehen ist. Verwandte sollten aber stets nur im Rahmen ihrer eigenen Unterhaltspflicht haften. Unterhaltsbestandteile, die zwar zum Ehegattenunterhalt gehören, nicht aber zum Verwandtenunterhalt – wie die Kosten einer angemessenen Versicherung für Alter, Berufs- und Erwerbsunfähigkeit (§ 1578 III) – bleiben bei Verwandten außer Betracht. Deshalb dürfte es nicht angängig sein, leistungsfähige Verwandte für den Elementarunterhalt heranzuziehen und den Ehegatten für den Vorsorgeunterhalt aufkommen zu lassen, für den seine Leistungskraft ausreicht; denn sonst hätten die Verwandten mittelbar für Vorsorgeunterhalt aufzukommen. Daher sollte bei der Beurteilung der Leistungsfähigkeit der Vorsorgebedarf außer Betracht bleiben; das kann den Vorsorgeunterhalt – ganz oder zT – entfallen lassen. Das ist auch zu beachten, wenn der unterhaltspflichtige geschiedene Ehegatte den Bedarf des Berechtigten teilw zu decken vermag. Die Verwandten den Elementarunterhalt und den Ehegatten den Vorsorgeunterhalt bestreiten zu lassen, ist selbst dann problematisch, wenn die – rechtl geschützten – Unterhaltserwartungen des Gläubigers im Bereich des Verwandtenunterhalts die entspr Erwartungen des Gläubigers im Bereich des Ehegattenelementarunterhalts übertreffen und mit den – um den Vorsorgebedarf angereicherten – Gesamterwartungen des Gläubigers im Ehegattenunterhalt übereinstimmen; denn trotz der Zweckbindung des Vorsorgeunterhalts müssten die Vorsorgeleistungen des Ehegatten die Verwandten entlasten, denen ggü Vorsorgebedarf nicht anerkennungsfähig ist. Soweit der Haftungsvorrang der Verwandten

reicht, schuldet der geschiedene Ehegatte keinen Unterhalt (und damit auch keinen Vorsorgeunterhalt iSd § 1578 III) – auch nicht nach Billigkeitsgrundsätzen gem § 1581. Dem (vorrangig) unterhaltspflichtigen Verwandten steht auch dann kein Ersatzanspruch für den bislang geleisteten Unterhalt zu, wenn sich die Leistungskraft des geschiedenen Ehegatten später verbessert (BVerfG FamRZ 2005, 1051, 1053). Ab dieser Verbesserung gilt dann aber wieder der Haftungsvorrang des geschiedenen Ehegatten gem S 1, den der Verwandte mit Abänderungsantrag (§ 238 FamFG) geltend zu machen hat.

5. Ersatzhaftung des Verwandten. Die Ersatzhaftung der Verwandten gem S 3 tritt ein, wenn die (vorrangige) Unterhaltspflicht des geschiedenen Ehegatten zwar besteht, im **Inland** aber **nicht** oder nur unter erheblichen Erschwerungen **durchsetzbar** ist. Die Erschwernisse bei der Rechtsverfolgung können sowohl ein Erkenntnis- als auch ein Vollstreckungsverfahren betreffen. In Betracht kommen etwa ständiger Wechsel der Arbeitsstelle oder des Aufenthaltsortes, aber auch eine Obliegenheitsverletzung, die zu einem fingierten Erwerbseinkommen führt (BGH FamRZ 2006, 26). Rechtsverfolgungsmöglichkeiten im Ausland stellen die Ersatzhaftung nicht in Frage. Die Ersatzhaftung des Verwandten löst – anders als die Vorranghaftung gem S 2 – ein Rückgriffsrecht aus. 6

6. Ausschlusstatbestand. Soweit die Härteklausel des § 1578b oder des § 1579 den geschiedenen Ehegatten von der Unterhaltspflicht freistellt, fehlt es an einem Unterhaltsanspruch aus dem Recht des Ehegattenunterhaltsrechts und damit an einem Wettbewerb zw Verwandten- und Ehegattenunterhaltsrecht. Die Verwandten müssen deshalb grds stets vorrangig haften, soweit diese Vorschriften eingreifen, gleichviel, ob die Unterhaltspflicht bereits in der Zeit der Scheidung oder erst später beschränkt wird. Die Unterhaltspflicht der Verwandten kann sich nur nach Maßgabe des § 1611 lindern – also in den seltenen Fällen, in denen die Umstände, die zum Verlust des Ehegattenunterhalts geführt haben, zugleich einen Verlust des Verwandtenunterhalts rechtfertigen. Es dürfte nicht angehen, die Beschränkungsregel des § 1611 III sinngemäß auf Ehegatten zu erweitern, die einem Verwandten den Weg zum Verwandtenunterhalt gegen rangfernere Verwandte verlegt, wenn der Unterhaltsanspruch gegen einen rangnäheren Verwandten verwirkt worden ist. Sofern indes § 1579 einen Unterhaltsanspruch aufgrund eines (vergleichbaren) Sachverhaltes einschränkt, der im Recht des Verwandtenunterhalts gem § 1611 I, III zu einer Unterhaltssperre führte, ist auch die Inanspruchnahme der Verwandten ausgeschlossen. Zu Unterhalts**verzichten** vgl § 1585c Rn 14ff, 34. Unterhaltsverzichte, falls sie überhaupt wirksam sind (s § 1585c Rn 14ff), sollten die Haftung der Verwandten entspr § 1611 beschränken (§ 1585c Rn 23). 7

7. Ersatzhaftung. a) Anspruchsübergang. Trifft den Verwandten nur die Ersatzhaftung gem S 3, so geht der Unterhaltsanspruch gegen den geschiedenen Ehegatten kraft Gesetzes über (§ 1607 II 2 iVm § 412). Der Übergang darf nicht zum Nachteil des Berechtigten geltend gemacht werden (Abs II S 3 iVm § 1607 IV). Dies ist durch einen Vorbehalt in der Entscheidung zu berücksichtigen (BGH FamRZ 2006, 1669). Einwendungen kann der Schuldner gem §§ 404ff erheben. Die Beschränkung, Unterhalt für die Vergangenheit geltend zu machen (§ 1585b II), gilt auch für den übergegangenen Anspruch. 8

b) Leistung des nachrangigen Verwandten. Zweifelhaft ist, ob eine Regelungslücke vorliegt und § 1607 II entspr angewendet werden kann, wenn der nachrangig unterhaltspflichtige Verwandte Unterhalt leistet, ohne dass die Rechtsverfolgung gegen den Schuldner im Inland erschwert ist. Eher ist ein familienrechtl Ausgleichsanspruch oder ein Anspruch aus Geschäftsführung ohne Auftrag oder auf die Bereicherung in Betracht zu ziehen. Befürwortet werden Ansprüche dieser Art auch nur in den Grenzen des § 1613 I (vgl etwa BGH FamRZ 1984, 775). 9

8. Beweislast. Der Ehegatte, der sich an einen Verwandten hält, muss beweisen, dass bei Inanspruchnahme des geschiedenen Ehegatten dessen angemessener Unterhalt iSv § 1581 gefährdet wäre (Zweibrücken FamRZ 1987, 590). Kommt die Inanspruchnahme eines weiteren gleichrangigen Verwandten in Betracht, muss der Ehegatte auch beweisen, dass dieser leistungsunfähig iSv § 1603 I ist (Hamm FamRZ 1996, 116) und nicht etwa anteilig haftet. Im Unterhaltsstreit zw den geschiedenen Ehegatten hat der Verpflichtete zu beweisen, dass er ohne Gefährdung seines angemessenen Unterhalts iSv § 1581 nicht leisten kann und dass es vor seiner Inanspruchnahme auf Billigkeitsunterhalt einen Verwandten gibt, dessen vorrangige Haftung nach § 1584 I 2 in Betracht kommt. Der bedürftige Ehegatte muss dann beweisen, dass der Verwandte ohne Gefährdung seines angemessenen Selbstbehalts iSv § 1603 I nicht leistungsfähig ist (Düsseldorf FamRZ 1982, 611). Gelingt dieser Beweis, ist die Rechtsfolge des § 1581, die Leistung von Unterhalt nach Billigkeit durch den geschiedenen Ehegatten, zu prüfen. Bei Inanspruchnahme des Verwandten statt des zuerst haftenden Ehegatten muss der bedürftige Ehegatte beweisen, dass die Rechtsverfolgung des geschiedenen Ehegatten im Inland ausgeschlossen oder erheblich erschwert ist. 10

Kapitel 4
Gestaltung des Unterhaltsanspruchs (§§ 1585–1585c)

§ 1585 Art der Unterhaltsgewährung

(1) Der laufende Unterhalt ist durch Zahlung einer Geldrente zu gewähren. Die Rente ist monatlich im Voraus zu entrichten. Der Verpflichtete schuldet den vollen Monatsbetrag auch dann, wenn der Unterhaltsanspruch im Laufe des Monats durch Wiederheirat oder Tod des Berechtigten erlischt.

(2) Statt der Rente kann der Berechtigte eine Abfindung in Kapital verlangen, wenn ein wichtiger Grund vorliegt und der Verpflichtete dadurch nicht unbillig belastet wird.

1 **1. Zweck und Einordnung der Vorschrift.** Die Bestimmung regelt die Art der Unterhaltsgewährung. Der Begriff „der laufende Unterhalt" in Abs I S 1 macht deutlich, dass der Berechtigte uU neben der Rente eine einmalige Zahlung wegen Sonderbedarfs fordern kann (§ 1585b I). Durch die Geldzahlung soll dem Berechtigten eine vom Verpflichteten unabhängige Lebensführung ermöglicht werden. Parallelvorschriften sind für den Familienunterhalt § 1360a II 1, für den Trennungsunterhalt § 1361 IV, für den Lebenspartnerunterhalt § 16 LPartG, für den Verwandtenunterhalt § 1612 (Vor § 1569 Rn 18).

2 **2. Form der Leistung. a) Rente oder Abfindung.** Der Berechtigte kann Unterhalt nur in Form einer Geldrente (Abs I) und (ausnahmsw) in Gestalt einer Kapitalabfindung (Abs II) fordern. Unterhaltsersatzleistungen anderer Art können die Ehegatten nur (aber auch) in einer Unterhaltsvereinbarung gem § 1585c festlegen (etwa die Abfindung mit bestimmten Vermögenswerten oder die Überlassung eines Hauses zur Nutzung (BGH FamRZ 1997, 484), aber auch die Begründung eines Arbeitsverhältnisses, das – ernst gemeint – Unterhaltsfragen lösen soll (vgl BGH FamRZ 1984, 874; Arbeitsverhältnisse dieser Art sind im Hinblick auf § 1573 IV aber besonders problematisch). Anders als im Recht des Verwandtenunterhalts (§ 1612 I 2) kann der Verpflichtete auch bei besonderen Gründen nicht eine andere Art der Unterhaltsgewährung verlangen. Der Verpflichtete darf grds nur in Form einer Geldrente leisten (Abs I S 1). Der Berechtigte muss indes die Leistung in anderer Form, insb für die Vergangenheit, gelten lassen, wenn er sich sonst treuwidrig (§ 242) verhalten würde, etwa wenn unstr auf den Berechtigten entfallene Stromkosten, die weiterhin vom Konto des Verpflichteten abgebucht wurden, von ihm nicht als Teiltilgung des Unterhalts anerkannt werden.

3 **b) Kein Darlehen.** Unterhalt kann grds nicht als Darlehen gewährt werden (*Graba* FamRZ 1985, 118; s Vor § 1569 Rn 19). Ausnahmsw lässt die Rspr zur Vermeidung einer womöglich ungerechtfertigten Inanspruchnahme auf Unterhalt ein Darlehen zu. Der Bedürftige, der einen Rentenantrag gestellt hat, muss das Angebot eines Darlehens annehmen, das mit dem Verzicht auf Rückzahlung im Falle der Ablehnung der Rente verbunden ist (BGH FamRZ 1983, 574; 1989, 718). Auf die gleiche Konstruktion verweist der BGH (FamRZ 2000, 751), um einem aufgrund eines Titels, letztlich aber zu Unrecht in Anspruch genommenen Unterhaltsschuldner die Erstattung auch ggü einem Empfänger zu sichern, der sich auf den Wegfall der Bereicherung nach § 818 III beruft.

4 **3. Unterhaltsrente. a) Zeitraum.** Die **Unterhaltsverpflichtung** besteht grds **lebenslänglich** (BGH FamRZ 1999, 710). Allerdings ist die Unterhaltsrente längstens bis zu dem Zeitraum zu befristen, bis zu dem der Wegfall der Unterhaltsberechtigung zuverlässig voraussehbar ist, da ansonsten eine Abänderung mangels veränderter Prognoseentscheidung nicht mehr möglich ist.

5 **b) Vorauszahlung.** Die Rente ist monatlich im Voraus zu entrichten (Abs I S 2), also zum Ersten eines jeden Monats. Den vollen Monatsbetrag schuldet der Verpflichtete auch für den Monat, in dem der Berechtigte heiratet oder stirbt (Abs I S 3). Eine entspr Anwendung dieser Regel ist abzulehnen, wenn der Berechtigte den Unterhaltsanspruch nach § 1579 Nr 2–8 oder aus anderen Gründen einbüßt, etwa bei der Aufnahme einer angemessenen Erwerbstätigkeit. Umgekehrt kann man den Lauf der Unterhaltszahlungen nicht erst mit dem Monat beginnen lassen, der auf die Rechtskraft der Scheidung folgt; denn der Anspruch auf nachehelichen Unterhalt schließt sich unmittelbar an den Anspruch auf Trennungsunterhalt (§ 1361) an; dieser kann mitten im Monat erlöschen (BGH FamRZ 1988, 370). Die Zahlung ist zum Ersten eines jeden Monats zu leisten. Die **Rechtzeitigkeit** der Leistung richtet sich nach den allg Regeln für Geldschulden (§ 270). Verspäteter Geldeingang trotz rechtzeitiger Einzahlung oder Überweisung belastet den Schuldner nicht. Das gilt auch dann, wenn die Beteiligten in einem Unterhaltsvergleich einen anderen Zahlungszeitpunkt oder Zeitraum festgelegt haben – etwa „Zahlung bis zum 7. eines jeden Monats" (Köln FamRZ 1990, 1243).

6 **4. Abfindung. a) Wichtiger Grund.** Das in Abs II vorgesehene Recht auf Kapitalabfindung soll dem Unterhaltsgläubiger die Möglichkeit geben, sich möglichst bald wirtschaftl vom geschiedenen Partner zu lösen (BT-Drs 7/650, 146). Es steht nur dem Berechtigten zu, ist aber nicht zeitl begrenzt. Der Verpflichtete kann nicht gegen den Willen des Berechtigten die Rente durch einen Kapitalbetrag ersetzen (BGH FamRZ 1993, 1186). Gerichtet ist der Anspruch auf Geld, nicht auf andere Vermögensgegenstände. Anspruchsvoraussetzung ist einmal ein wichtiger Grund, etwa der Aufbau einer selbständigen Stellung im Erwerbsleben, nicht aber die beabsichtigte Wiederheirat des Verpflichteten, schon gar nicht die bevorstehende Wiederheirat des Berechtigten, die den Unterhaltsanspruch erlöschen ließe (§ 1586 I). Darüber hinaus darf eine Abfindung den Verpflichteten nicht unbillig belasten; sie muss unschwer geleistet werden können (BT-Drs 7/650, 146). Eine verlustreiche Veräußerung von Vermögensstücken oder riskante Entnahmen aus Wirtschaftsvermögen wird nicht erwartet, auch nicht eine Kreditaufnahme.

7 **b) Höhe.** Die Höhe der Abfindung richtet sich nach Höhe und Dauer der – um Sonderbedarfszuschläge ergänzten – Rente. Maßgeblich sind also ua die Lebenserwartung des Berechtigten und dessen Aussichten, wieder zu heiraten oder im Berufsleben den eigenen Unterhalt ganz oder zT zu verdienen sowie die Abwägungen zur Befristung/Begrenzung gem § 1578b. Die Leistungsfähigkeit des Verpflichteten ist nur bei der Höhe der abzulösenden Unterhaltsrente und bei der Frage der Unbilligkeit einer Abfindungsbelastung zu berücksichtigen; eine „unbillige" Abfindung kann aber nicht mit Rücksicht auf die Leistungsfähigkeit des Verpflichteten ermäßigt werden.

c) Folgen. Die Abfindung bewirkt nach hM, dass die Unterhaltspflicht für immer erlischt. Ob diese Ansicht zutr ist, erscheint zweifelhaft (vgl § 1585c Rn 16 zur Rechtsnatur des Verzichts). Jedenfalls kann der Berechtigte für die Zukunft weder Geldrente noch Sonderbedarf fordern, sondern nur noch die (vereinbarte oder zuerkannte) Abfindung. Dies gilt auch dann, wenn die Abfindung ihren Zweck nicht erreicht oder der Berechtigte später aus anderen Gründen bedürftig wird. Andererseits muss dem Berechtigten (oder dessen Erben) die Abfindung verbleiben, wenn sich der wichtige Grund alsbald erledigt, etwa weil der Berechtigte im Lotto gewinnt, eine Erbschaft macht, wieder heiratet oder stirbt. Außer Betracht bleibt auch eine nachträgl Verschlechterung der Vermögensverhältnisse des Schuldners, die aus der Rückschau die Abfindung als unbillig erscheinen lässt. Hat der Berechtigte allerdings abfindungserhebliche Umstände arglistig verschwiegen, etwa die unmittelbar bevorstehende Heirat oder Übernahme einer gesicherten Erwerbstätigkeit, kommt ein Schadensersatzanspruch gem § 826 in Betracht (BGH FamRZ 2005, 1662). Darüber hinaus sollte man in Analogie zu § 1579 Nr 3 einen Rückgewähranspruch erwägen, wenn sich der Berechtigte eines Verbrechens oder eines schweren vorsätzlichen Vergehens gegen den Verpflichteten schuldig macht. 8

d) Zeitpunkt. Zweifelhaft ist, wann der Anspruch auf Unterhalt in den Anspruch auf Kapitalabfindung umschlägt. Die überwiegende Meinung lässt den Zeitpunkt entscheiden, an dem die – auf Abfindung gerichtete – Erklärung des Berechtigten dem Verpflichteten zugeht (§ 130 I 2) (MüKo/*Maurer* Rn 13). Das führt zwar zu einer in sich geschlossenen Lösung, aber auch zu fragwürdigen Ergebnissen. Das (Tatsachen-)Gericht müsste im Streit um die Abfindung deren Voraussetzungen aus der Rückschau und nicht nach dem Stand der letzten mündlichen Verhandlung beurteilen. Es müsste die Abfindung auch bei nachträgl wesentlich veränderten Verhältnissen zusprechen, etwa wenn der Verpflichtete indessen verarmt, der Berechtigte aber Lottomillionär ist. Vorzugswürdig dürfte es sein, die Unterhaltspflicht erst mit Ablauf des Monats erlöschen zu lassen, in dem die zusprechende Abfindungsentscheidung rechtskräftig oder eine Vereinbarung über die Abfindung getroffen wird. 9

e) Abfindungsverträge. Diese sind statthaft. Sie können auf andere Leistungsgegenstände als auf Geld gerichtet sein, etwa auf Sachwerte. Verpflichtet sich der Schuldner, den Berechtigten in einem eigenen Unternehmen zu beschäftigen oder in einem beherrschten Unternehmen beschäftigen zu lassen, so ist das nicht als Abfindungsvereinbarung zu erachten, die eine Unterhaltspflicht erlöschen lässt. Verträge über Unterhaltsrenten gewähren einen Anspruch auf Kapitalabfindung nur dann, wenn der Vertrag dies vorsieht. Das sollte auch dann gelten, wenn die Ehegatten mit dem Vertrag die gesetzl Unterhaltspflicht ausgestalten wollen (str). 10

5. Leistung ins Ausland. Bei Geldrenten, die ins Ausland zu überweisen sind, müssen die durch das einschlägige ausl Devisenrecht vorgezeichneten Erfüllungsmöglichkeiten beachtet werden (BGH FamRZ 1987, 682). Der Gläubiger ist nicht gehalten, dt Geld zu einem Schwarzmarktkurs zu tauschen (BGH FamRZ 1987, 682). Er braucht sich auch nicht auf das Angebot eines in seinem Aufenthaltsland lebenden Dritten einzulassen, für den Unterhalt in der Landeswährung aufzukommen (BGH FamRZ 1987, 370 für Kindesunterhalt). Umgekehrt sollte aber auch der Schuldner nicht auf Umwegen (Abtretung an Deckungserbringer, Einziehungsermächtigung) angehalten werden können, dem Gläubiger im Ausland zu Devisen zu verhelfen, die dieser zum Schwarzmarktkurs wechseln und sich so einen Lebensstandard verschaffen kann, der den Verhältnisrahmen sprengt. 11

6. Beweislast. Der Unterhaltsbeteiligte, der eine andere Art der Unterhaltsleistung als Geldzahlung geltend macht, muss den Ausnahmetatbestand beweisen. Der Ehegatte, der eine Abfindung verlangt, hat den wichtigen Grund und die deren Umfang bestimmenden Tatsachen zu beweisen. Der Verpflichtete muss beweisen, dass er durch die Abfindung unbillig belastet würde. 12

§ 1585a Sicherheitsleistung

(1) Der Verpflichtete hat auf Verlangen Sicherheit zu leisten. Die Verpflichtung, Sicherheit zu leisten, entfällt, wenn kein Grund zu der Annahme besteht, dass die Unterhaltsleistung gefährdet ist oder wenn der Verpflichtete durch die Sicherheitsleistung unbillig belastet würde. Der Betrag, für den Sicherheit zu leisten ist, soll den einfachen Jahresbetrag der Unterhaltsrente nicht übersteigen, sofern nicht nach den besonderen Umständen des Falles eine höhere Sicherheitsleistung angemessen erscheint.

(2) Die Art der Sicherheitsleistung bestimmt sich nach den Umständen; die Beschränkung des § 232 gilt nicht.

1. Zweck und Einordnung der Vorschrift. § 1585a I 1 gewährt einen Anspruch auf **Sicherheitsleistung.** Dieser entfällt nur bei mangelnder Gefährdung des Berechtigten oder unbilliger Belastung des Verpflichteten (S 2). Abs I S 3 begrenzt die **Höhe** der Sicherheitsleistung. Abs II befreit den Richter ausdrückl von den Schranken des § 232. Durch die Sicherheitsleistung soll der Gläubiger vor ausbleibenden Unterhaltszahlungen geschützt werden. Die Vorschrift ist auf den Trennungs- oder Verwandtenunterhalt nicht entspr anwendbar (Düsseldorf FamRZ 1980, 1116; 1981, 67). 1

2. Voraussetzungen. a) Gefährdungsvermutung. Das Gesetz kehrt beim Anspruch auf Sicherheitsleistung das bisherige Regel-Ausnahme-Verhältnis um und bürdet dem Schuldner die Beweislast für die Ausnahmen von der Sicherheitsleistung – keine Gefährdung der Unterhaltsleistung, unbillige Belastung des Verpflichteten – auf. Hat der Schuldner ein regelmäßiges Arbeitseinkommen oder sonstige sichere Einkünfte, ist eine Gefährdung der Unterhaltsleistung regelmäßig nicht anzunehmen, anders bei einmaligen hohen Einkünften wie Abfindungen, die erfahrungsgemäß nicht selten für unterhaltsfremde Zwecke ausgegeben werden. Eine erneute Heirat des 2

Schuldners ist nach Beseitigung des Vorrangs des geschiedenen Ehegatten durch § 1609 idF des UÄndG 2007 kein Gefährdungsgrund. Eine Sicherheitsleistung kann den Schuldner unbillig belasten, wenn sie dessen Kreditrahmen bis zur Existenzgefährdung einschränkt (BT-Drs 7/650, 146).

3 **b) Höhe.** Der einfache Jahresbetrag der Unterhaltsrente begrenzt für den Regelfall die Höhe der Sicherheitsleistung. Ein höherer Sicherheitswert kommt nur bei besonderen Umständen in Betracht – etwa, wenn der Schuldner verschwenderisch lebt oder sein Vermögen verschleudert oder verschiebt. Unterhaltsverpflichtungen von kurzer Dauer rechtfertigen nur eine entspr ermäßigte Sicherheitsleistung. Im Einzelfall kann auch eine Sicherungsdauer von bis zu fünf Jahren angezeigt sein (Düsseldorf FamRZ 1994, 111: für den Arrest).

4 **c) Art der Sicherheitsleistung.** Die Umstände bestimmen die Art der Sicherheitsleistung (Abs II). Diese kann das Gericht nach freiem Ermessen ohne Rücksicht auf die Beschränkung des § 232 festlegen. So kommt etwa die Verpfändung von Wertpapieren oder einer Lebensversicherungsforderung in Betracht, auch eine Bürgschaft, obwohl eine Realsicherheit möglich wäre. Die Abtretung künftiger Ansprüche auf Lohn, Gehalt oder ähnl wiederkehrende Bezüge sollte aber unzulässig sein, da sie über die Sicherung des Unterhaltsanspruchs hinausgeht. Der Gläubiger, der bereits einen vollstreckbaren Titel erwirkt hat, kann aber auf das zukünftige Arbeitseinkommen mit der Vorratspfändung zugreifen, sofern der Schuldner in Unterhaltsrückstand geraten ist (§ 850d III ZPO); er erlangt dann eine ähnl Stellung wie bei der Vorausabtretung. Hat das Gericht die Art der Sicherheitsleistung nicht näher bestimmt, so gilt § 232.

5 **d) Antrag.** Die Sicherheitsleistung ist nur auf Antrag zuzusprechen (§ 308 I ZPO, § 113 FamFG). Hat das Gericht den Antrag auf Sicherheitsleistung übergangen, so ist die Entscheidung zu ergänzen (§ 321 ZPO, § 113 FamFG). Einen ursprüngl nicht gestellten Antrag auf Sicherheitsleistung kann der Berechtigte nachträgl erheben – dies aber nur noch unter der Voraussetzung des § 324 ZPO, § 113 FamFG, also wenn sich die Vermögensverhältnisse des Verpflichteten erheblich verschlechtert haben. Unter diesen Umständen kann auch eine Erhöhung der Sicherheitsleistung gefordert werden. Umgekehrt kann der Schuldner gem § 324 ZPO Aufhebung der Sicherheitsleistung fordern, wenn die Voraussetzungen für diese Anordnung später entfallen sind.

§ 1585b Unterhalt für die Vergangenheit

(1) Wegen eines Sonderbedarfs (§ 1613 Abs. 2) kann der Berechtigte Unterhalt für die Vergangenheit verlangen.

(2) Im Übrigen kann der Berechtigte für die Vergangenheit Erfüllung oder Schadensersatz wegen Nichterfüllung nur entsprechend § 1613 Abs. 1 fordern.

(3) Für eine mehr als ein Jahr vor der Rechtshängigkeit liegende Zeit kann Erfüllung oder Schadensersatz wegen Nichterfüllung nur verlangt werden, wenn anzunehmen ist, dass der Verpflichtete sich der Leistung absichtlich entzogen hat.

1 **1. Zweck und Einordnung der Vorschrift. a) Vergangenheitsunterhalt.** Unterhalt soll den gegenwärtigen Lebensbedarf befriedigen, nicht frühere Mangellagen ausgleichen. Der Gläubiger soll angehalten werden, für die zeitnahe Verwirklichung seines Unterhaltsanspruchs zu sorgen. Tut er dies nicht, erlischt der Anspruch. Der Verpflichtete soll vor einer Inanspruchnahme bewahrt werden, auf die er sich nicht einzustellen brauchte. Als Ausnahme von dem Grundsatz *in praeteritum non vivitur* regelt die Bestimmung, unter welchen Voraussetzungen der Gläubiger Unterhalt für die Vergangenheit fordern kann, nämlich wegen eines Sonderbedarfs (Abs I), bei Aufforderung zur Auskunft über Einkünfte und Vermögen, bei Verzug oder bei Rechtshängigkeit des Unterhaltsanspruchs (Abs II iVm § 1613 I) und wenn sich der Schuldner der Leistung absichtlich entzogen hat (Abs III). Fraglich ist, ob und nach welchen Grundsätzen der Anspruch auf Sonderbedarf zeitl begrenzt werden soll, den Abs I für die Vergangenheit schlechthin freizugeben scheint, bei dem aber das Recht des Verwandtenunterhalts (§ 1613 II Nr 1) und das Recht des ehelichen Trennungsunterhalts (§ 1361 IV 3, § 1360a III) Verzug voraussetzen, sofern mit dem rechtshängigen Anspruch Sonderbedarf geltend gemacht wird, der mehr als ein Jahr nach Antragserhebung zurückliegt. Verfolgt man die Entstehungsgeschichte, wird man beim **allg Unterhalt** Abs III als **Verschärfung** der in Abs II aufgestellten Voraussetzungen (Rechtshängigkeit, Verzug, Auskunftsaufforderung über Einkommen) erachten müssen (so auch BGH FamRZ 1988, 370; 1987, 1014). Im Hinblick auf den allg Unterhalt ist also bei Abs III zunächst nach dem Verzug des Schuldners und erst dann danach zu fragen, ob die Annahme gerechtfertigt ist, der Schuldner habe sich absichtlich der Leistung entzogen.

2 Geht es um **Sonderbedarf**, greift Abs III ebenfalls ein. Für einen längeren Zeitraum als ein Jahr vor Rechtshängigkeit des Antrags muss der Schuldner Sonderbedarf nur leisten, wenn anzunehmen ist, er habe sich der Leistungspflicht absichtlich entzogen. Fraglich ist, ob – wie beim allg Unterhalt – darüber hinaus Verzug nötig ist (den § 1613 II Nr 1 für den Verwandtenunterhalt fordert) oder nicht. Wortlaut und Aufbau der Bestimmung sprechen gegen das Verzugserfordernis. Der BGH legt die Vorschrift allerdings berichtigend aus, da § 1613 II Ausdruck eines allg Rechtsgedanken sei (BGH FamRZ 1983, 29).

3 Zur Verwirkung von Unterhalt wegen verspäteter Geltendmachung s Vor § 1569 Rn 22.

4 **b) Vertragliche Unterhaltsansprüche.** Auf vertragl Unterhaltsansprüche sind die Abs II und III (zumindest entspr) nach Maßgabe folgender Grundsätze anwendbar (BGH FamRZ 1989, 150): Rückständigen Unterhalt kann der Berechtigte grds auch für eine Zeit verlangen, in der der Verpflichtete nicht zur Auskunft über seine Einkünfte und sein Vermögen aufgefordert wurde oder nicht in Verzug geraten ist oder der Anspruch nicht

rechtshängig war, weil eine vertragl Regelung des Unterhalts einer Mahnung oder Antragserhebung gleichzusetzen ist; für eine länger als ein Jahr vor Rechtshängigkeit liegende Zeit kann aber auch der vertragl geregelte Unterhalt nur unter den in Abs III genannten Voraussetzungen verlangt werden, sofern der Vertrag nicht eindeutige Anhaltspunkte für einen Verzicht des Schuldners auf den Schutz dieser Regelung bietet. Die Rückgriffschranke sollte auch bei einem gesetzl Forderungsübergang gem § 1584 S 3 für den unterhaltspflichtigen Verwandten gelten (BGH FamRZ 1984, 775).

c) **Anspruchsübergang auf Sozialhilfeträger.** Geht der Unterhaltsanspruch gem § 94 I 1 SGB XII auf den Träger der Sozialhilfe über, eröffnet § 94 IV 1 SGB XII eine weitergehende Rückgriffmöglichkeit für die Vergangenheit, wenn dem Verpflichteten der Bedarf unverzüglich nach Kenntnis des Trägers der Sozialhilfe schriftlich mitgeteilt worden ist (*Scholz* FamRZ 1994, 1). Hat der Gläubiger den Schuldner schon zuvor in Verzug gesetzt, kann der Sozialhilfeträger ohne Rücksicht auf die Bedarfsanzeige auch für einen weiter gehenden Zeitraum übergegangene Ansprüche für die Vergangenheit durchsetzen. Die Zeitschranke des Abs III gilt auch für ihn (BGH FamRZ 1987, 1014). 5

2. Sonderbedarf. Unter **Sonderbedarf** ist – wie beim Verwandtenunterhalt (§ 1613 II 1) – unregelmäßiger, außergewöhnlich hoher Bedarf zu verstehen (s § 1613 Rn 23ff). 6

3. Verzug oder Rechtshängigkeit. Rückstände von laufendem Unterhalt, auch Vorsorgeunterhalt (BGH FamRZ 2007, 197) und Schadensersatz wegen Nichterfüllung kann der Berechtigte nur nach Auskunftsaufforderung, Verzug des Schuldners oder nach Rechtshängigkeit des Anspruchs fordern (Abs II iVm § 1613 I). Die Aufforderung zur Auskunft über Einkommen und Vermögen muss eindeutig auf nachehelichen Unterhalt gerichtet sein. Die **Rechtshängigkeit** richtet sich nach den § 113 FamFG, §§ 253, 261, 498, 696 III, 700 ZPO. Die „Vorwirkungsregel" des § 270 II sollte – zumindest entspr – gelten (str, wie hier Schleswig FamRZ 1988, 961 für Abs III). Ein Gesuch um Verfahrenskostenhilfe genügt nicht (Zweibrücken NJW-RR 2016, 1288). Der **Verzug** setzt nur dann keine **Mahnung** voraus, wenn der Verpflichtete seine Unterhaltsschuld nach Bestand und Höhe kennt (BGH FamRZ 1981, 866 zu § 1613; str). Nach § 286 II Nr 3 ist die Mahnung entbehrlich, wenn der Verpflichtete die Unterhaltsleistung eindeutig und endgültig verweigert; diese Verweigerung löst aber nicht Verzug für die Vergangenheit aus (BGH FamRZ 1985, 155). Der Mahnung steht ein dem Schuldner zugegangenes Verfahrenskostenhilfegesuch gleich (BGH FamRZ 1990, 283; 1992, 920). Die Mahnung erfordert zwar nicht eine genaue Bezifferung des Unterhaltsbetrags, wohl aber einen Inhalt, der dem Unterhaltsschuldner klar macht, welchen genauen Unterhaltsbetrag der Gläubiger von ihm fordert (BGH FamRZ 1984, 163; 1985, 155). Eine unbezifferte Mahnung genügt, wenn sie mit einem Auskunftsverlangen verbunden ist und einem zulässigen Antrag bei einem Stufenantrag gem § 113 FamFG iVm § 254 ZPO entspricht (BGH FamRZ 1990, 283). Fordert der Berechtigte zu viel, so schadet das der Mahnung nicht; fordert der Berechtigte zu wenig, erfasst der Verzug nur den angemahnten Teilbetrag (BGH FamRZ 1982, 887; 2013, 109). Der einmal begründete Verzug erstreckt sich auf die künftig fällig werdenden, wiederkehrenden Unterhaltsforderungen, solange die anspruchsbegründenden Voraussetzungen fortbestehen, ohne dass eine Mahnung in Zeitabständen wiederholt werden müsste. Unternimmt der Berechtigte allerdings nach einer Mahnung längere Zeit (ein Jahr) nichts, um seine Forderung durchzusetzen, kommt eine Verwirkung des Anspruchs auf die Rückstände in Betracht (BGH FamRZ 1988, 370; s Vor § 1569 Rn 21). Die Mahnung, die sich auf den **Trennungsunterhalt** bezieht, setzt den Schuldner **nicht** wegen eines künftigen Anspruchs auf **nachehelichen Unterhalt** in **Verzug**, der einen Anspruch auf Trennungsunterhalt mit der Rechtskraft des Scheidungsurteils ablöst (BGH FamRZ 1988, 370 m krit Anm *Schmitz* S 700; 1992, 920). Eine verzugserhebliche Mahnung kann in der Aufrechnungserklärung mit dem Anspruch auf nachehelichen Unterhalt auch dann gesehen werden, wenn der Anspruch gegen eine nicht familienrechtl Forderung aufgerechnet werden soll (BGH FamRZ 1996, 1067). Eine in der Antragserhebung liegende und durch Antragsrücknahme einseitig zurückgenommene Mahnung löst keinerlei Rechtswirkungen für zukünftigen Unterhalt aus (BGH FamRZ 1983, 352 für Verwandtenunterhalt). Sie lässt aber bereits eingetretene Verzugsfolgen (für bislang aufgelaufene Unterhaltsraten) nicht ohne weiteres rückwirkend entfallen; vielmehr bedarf es zur Beseitigung der Verzugsfolgen grds eines Verzichts in Form eines Erlassvertrags (§ 397 I; BGH FamRZ 1988, 478). Wer sich nach der einseitigen Rücknahme der Mahnung auf ihre Rechtsfolgen beruft, kann – insb unter dem Gesichtspunkt der Verwirkung – wider Treu und Glauben (§ 242) handeln (BGH FamRZ 1987, 40). Die irrige Beurteilung der Rechtslage führt grds nicht zu einem entschuldbaren Rechtsirrtum, der den Schuldner gem § 286 IV entlasten könnte (BGH FamRZ 1983, 353; 1985, 155). Hat der Berechtigte seinen Unterhaltsanspruch bereits beziffert, nachdem er zunächst Auskunft begehrte, kann er rückwirkend keinen höheren Unterhalt fordern, wenn der Pflichtige nicht mit einer Erhöhung rechnen musste (BGH FamRZ 2013, 109). Nach hM (BGH FamRZ 1987, 352) können Verzugs- oder Verfahrenszinsen nach §§ 288, 291 auch wegen künftiger Raten verlangt werden, die nicht rechtzeitig bezahlt werden. Dies erscheint zweifelhaft, weil künftiger Unterhalt noch nicht fällig ist (vgl BGH FamRZ 2008, 1428). 7

Bei dem in Abs II erwähnten „Schadensersatz wegen Nichterfüllung" kann es sich der Sache nach nur um den Verzögerungsschaden gem § 280 II handeln, etwa Zinsen für die Aufnahme eines Darlehens. 8

Schadensersatzansprüche aus unerlaubter Handlung gem § 823 II iVm § 263 StGB und § 826 wegen vorgetäuschter Leistungsschwäche bei Unterhaltsvertragsverhandlungen erfasst Abs II nicht (RGZ 164, 65, 69 zu § 1613). Dagegen sollten Schadensersatzansprüche, die sich („nur") auf eine Verletzung der Unterhaltspflicht (§ 170 StGB) gründen, Abs II unterfallen. Der Unterhalt wird ab dem Ersten des Monats geschuldet, der dem Auskunftsverlangen, dem Verzug oder der Rechtshängigkeit folgt (§ 1613 I 2). 9

10 **4. Zeitschranke.** Die Zeitschranke von einem Jahr (Abs III) gilt gleichermaßen bei gesetzl oder vertragl geregeltem Unterhalt (BGH FamRZ 1989, 150) für laufenden Unterhalt, Sonderbedarf und Schadensersatz. Die Bestimmung gilt auch für den Träger der Sozialhilfe (BGH FamRZ 1987, 1014). Für einen Schadensersatzanspruch aus unerlaubter Handlung, der bereits dem Anwendungsbereich des Abs II entzogen ist, sollte die Sperre nicht gelten. Sie trifft auch nicht Erstattungsansprüche, die steuerliche Nachteile im Zusammenhang mit einem Realsplitting ausgleichen sollen (BGH FamRZ 2005, 1162). Stirbt der unterhaltspflichtige Ehegatte während des Scheidungsverfahrens, ist der nacheheliche Unterhalt gesondert gegen die Erben geltend zu machen. Dabei gilt die Frist des Abs III (Düsseldorf FamRZ 2019, 744).

11 Die Zeitschranke entfällt nur, wenn die Annahme gerechtfertigt ist, der Schuldner habe sich der Leistung **absichtlich** entzogen. Dafür ist ein aktives Hintertreiben der Unterhaltsverpflichtung nicht immer erforderlich; vielmehr genügt jedes zweckgerichtete Verhalten (auch Unterlassen), das die zeitnahe Realisierung der Unterhaltsschuld verhindert oder zumindest wesentlich erschwert (BGH FamRZ 1989, 150), nicht aber die bloße Einstellung der Zahlungen und das Nichtmitteilen der Einstellungsgründe (Köln FamRZ 1997, 426). Trotz Erfüllung der Voraussetzungen des § 1585b kann ein Unterhaltsrückstand ausnahmsw nach § 242 **verwirkt** sein (s Vor § 1569 Rn 21).

12 **5. Schuldnerschutz.** Auch der Anspruch auf Unterhalt für die Vergangenheit ist nur bedingt pfändbar (§ 850b ZPO; vgl *Lenz* NJW-Spezial 2017, 68); er genießt das Pfändungsvorrecht des § 850d ZPO und Aufrechnungsschutz gem § 394 S 1. Vor der Verfahrenseröffnung fällige Rückstände nehmen am Insolvenzverfahren teil (§ 40 InsO) und sind der Restschuldbefreiung ausgesetzt (§§ 286ff InsO).

13 **6. Beweislast.** Der Unterhaltsberechtigte muss einen Sonderbedarf sowie Fälligkeit und Aufforderung zur Auskunft oder Mahnung beweisen; der Schuldner hat darzulegen, dass er das Ausbleiben der Leistung nicht zu vertreten habe. Bei Abs III muss der Gläubiger Tatsachen darlegen, die den Schluss rechtfertigen, der Schuldner habe sich der Leistung absichtlich entzogen. Entkräftet der Schuldner die tatsächliche Vermutung, die gegen ihn spricht, ist der Gläubiger beweispflichtig. Das Verhalten des Schuldners, der entgegen einer Vereinbarung Einkommensveränderungen nicht unaufgefordert anzeigt, lässt den Schluss auf seine Absicht zu, sich erhöhten Unterhaltsleistungen entziehen zu wollen (BGH FamRZ 1989, 150).

§ 1585c Vereinbarungen über den Unterhalt

Die Ehegatten können über die Unterhaltspflicht für die Zeit nach der Scheidung Vereinbarungen treffen. Eine Vereinbarung, die vor der Rechtskraft der Scheidung getroffen wird, bedarf der notariellen Beurkundung. § 127a findet auch auf eine Vereinbarung Anwendung, die in einem Verfahren in Ehesachen vor dem Prozessgericht protokolliert wird.

1 **1. Zweck und Einordnung der Vorschrift. a) Stellung im Scheidungsrecht.** Die Vorschrift zielt darauf ab, die Scheidungsfolgen grds mit dem Scheidungsausspruch zu regeln. Durch die Mitwirkung eines Notars soll die fachkundige und unabhängige Beratung der Ehegatten erreicht werden, um sie vor übereilten Erklärungen zu bewahren und ihnen die rechtl Tragweite ihrer Vereinbarung vor Augen zu führen. Mit S 3 soll, wie beim Zugewinnausgleich (§ 1378 II 2) und beim Versorgungsausgleich (§ 7 VersAusglG) gesichert werden, dass die Ehegatten eine formwirksame Vereinbarung über den nachehelichen Unterhalt in einem Verfahren in Ehesachen abschließen können. Sie können das Gericht um Protokollierung einer zuvor getroffenen Einigung, etwa eines Unterhaltsverzichts, ersuchen, ohne dass eine Unterhaltssache anhängig ist oder der Streit oder die Ungewissheit über den Unterhalt durch gegenseitiges Nachgeben ausgeräumt wird (BT-Drs 16/1830, Anl 4, 6).

2 **b) Nachgiebiges Recht.** § 1585c gestattet Vereinbarungen über den nachehelichen Unterhalt innerhalb der allg Grenzen für die Vertragsfreiheit; er weist damit das nacheheliche Unterhaltsrecht als nachgiebiges Recht aus.

3 **c) Anwendungsbereich.** § 1585c erlaubt den Eheleuten nicht nur Unterhaltsverträge für die Zeit nach der Scheidung, sondern auch für die Zeit nach der Aufhebung der Ehe (§ 1313). Eine für den Fall der Scheidung getroffene Unterhaltsvereinbarung nimmt einem Ehegatten aber nicht das Recht, sich nach der Aufhebung der Ehe auf eine gem § 1318 günstigere Rechtslage zu berufen.

4 **d) Altes Recht.** Vor dem Inkrafttreten des UÄndG 2007 (1.1.2008) nicht notariell beurkundete Vereinbarungen bleiben wirksam (BT-Drs 16/1830, Anl 2, 3 und 4, 6).

5 **2. Unterhaltsvertrag. a) Parteien.** Parteien des Vertrags über den nachehelichen Unterhalt sind die Ehegatten. Sie können den Vertrag aber auch schon in Hinblick auf die beabsichtige Heirat schließen.

6 **b) Zeitpunkt.** Die Ehegatten können sich vor, während oder nach dem Scheidungsverfahren über den nachehelichen Unterhalt einigen. Die Vereinbarung muss nicht zwingend in einem Verfahren in Ehesachen vor dem Verfahrensgericht protokolliert werden (so *Bergschneider* FamRZ 2008, 17, 18). Sie kann auch in einem Verfahren zum Kindes- und Trennungsunterhalt getroffen werden, weil die Vorschrift in S 3 nur klarstellt, dass eine notarielle Beurkundung bei einem gerichtlichen Vergleich durch die Aufnahme der Erklärungen im Protokoll nach § 127a ersetzt wird (BGH FamRZ 2014, 728). Voraussetzung ist jedoch ein nach den Vorschriften der ZPO erstelltes Protokoll (§ 160 ZPO).

7 **c) Form.** Die Formfreiheit für die Vereinbarung über den Unterhalt ist durch das UÄndG 2007 durch die Vorschrift der notariellen Form ersetzt worden, soweit die Vereinbarung vor Rechtskraft der Scheidung geschlossen

wird. Zur Protokollierung im Eheverfahren s Rn 1. Ein nach der Scheidung geschlossener mündlicher Vertrag ist wirksam. Schriftform ist aus Gründen der Beweisbarkeit zu empfehlen. Wird eine Unterhaltsvereinbarung mit einer anderen formbedürftigen Absprache verbunden, ist mit Rücksicht auf § 139 auf eine für die andere Vereinbarung geforderte Form zu achten (BGH FamRZ 2002, 1179). An einen formlosen Unterhaltsverzicht sind strenge Anforderungen zu stellen. Soweit aus einer Vereinbarung vollstreckt werden soll, ist die für einen Titel vorgeschriebene Form einzuhalten, etwa nach § 794 I Nr 1 ZPO für einen Prozessvergleich oder nach § 794 I Nr 5 ZPO für eine notarielle Urkunde.

d) Einzel- oder Teilregelung. Unterhaltsvereinbarungen können einzeln abgeschlossen oder mit Absprachen verbunden werden, etwa über die Verteilung des Hausrats, den Ausgleich des Zugewinns oder den VersA. Bei einer solchen Verbindung ist auf die Besonderheiten zu achten, die das Gesetz bei den einzelnen Regelungsgegenständen vorsieht (etwa zum Ausgleich des Zugewinns entweder Ehevertrag gem § 1410 oder gem § 1378 III eine notariell beurkundete oder gem § 127a vor dem Prozessgericht protokollierte Vereinbarung während eines Verfahrens, das auf vorzeitigen Zugewinnausgleich oder Auflösung der Ehe gerichtet ist; allerdings statthaft auch vor Rechtshängigkeit des beabsichtigten Scheidungsverfahrens notariell beurkundete Vereinbarung; BGH FamRZ 1983, 157). Wegen der Bedingungsfeindlichkeit der Auflassung (§ 925 II) darf ein notarieller Vertrag, der (auch) eine Grundstücksübereignung einleiten soll, nicht die Formel „für den Fall der Scheidung" enthalten; vielmehr ist der Grundstückseigentümer auf andere Weise zu sichern – etwa mit der gemeinsamen verfahrensbezogenen Anweisung der Eheleute an den Notar, die Auflassungsurkunde erst nach Rechtskraft des Scheidungsbeschlusses herauszugeben und an das Grundbuchamt weiterzuleiten, oder mit einer Auflassungsvormerkung (§ 883) für einen bedingten Rückübereignungsanspruch, falls die Ehe nicht geschieden werde. Ein Prozessvergleich, der eine Auflassung einschließt, darf nicht unter Widerrufsvorbehalt geschlossen werden (BGH NJW 1988, 415). Bei Vereinbarungen über den Versorgungsausgleich ist auf § 1408 II und die §§ 6 und 8 VersAusglG zu achten. Bei der Verbindung mehrerer Abmachungen gehen die Eheleute aber das Risiko ein, dass die Nichtigkeit einer Absprache die Nichtigkeit des Gesamtwerkes nach sich zieht (§ 139). Dieses Risiko kann die Eheleute auch dann treffen, wenn sie ihre Abwicklungsvereinbarung zT außergerichtlich und zT gerichtlich getroffen haben, beide Vereinbarungen aber inhaltlich zusammenhängen (BGH FamRZ 1991, 681 zum VersA). Deshalb empfehlen sich Abmachungen darüber, welche Folgen die Teilnichtigkeit auslösen sollen. Unterhaltsvereinbarungen können auch mit Absprachen nicht vermögensrechtl Art verbunden werden, etwa über die elterliche Sorge oder über das Umgangsrecht. Eine solche Vereinbarung kann aber als Verstoß gegen die guten Sitten gem § 138 nichtig sein – etwa, wenn ein Verzicht auf das Umgangsrecht mit einer Freistellung von der Unterhaltslast ggü dem Kind gekoppelt wird (BGH FamRZ 1984, 778). Zur Inhaltskontrolle § s Rn 17. 8

e) Anwaltszwang. Unterhaltsvereinbarungen unterliegen nicht dem Anwaltszwang. In Verfahren mit Anwaltszwang, etwa in Unterhaltssachen in allen Rechtszügen (§ 114 FamFG), können die Ehegatten einen Unterhaltsvergleich gem § 794 I Nr 1 ZPO nur schließen, wenn beide durch Rechtsanwälte vertreten sind (BGH FamRZ 1991, 679 zum VersA). Ein mangels ordnungsgemäßer Vertretung durch einen Rechtsanwalt verfahrensrechtl unwirksamer Unterhaltsvertrag kann jedoch eine materiellrechtl wirksame Vereinbarung sein, wenn dies dem mutmaßlichem Parteiwillen entspricht (BGH FamRZ 1985, 166). 9

3. Neubegründung oder Ausgestaltung des gesetzlichen Unterhalts. a) Begründung von Unterhalt. aa) Durch Vertrag kann eine eigenständige Unterhaltsverpflichtung begründet werden. Diese kann die gesetzl Unterhaltspflicht verdrängen oder neben diese treten. Es kann aber auch eine die gesetzl Unterhaltspflicht lediglich konkretisierende Vereinbarung vorliegen. Maßgebend ist der Wille der Parteien, der durch Auslegung zu erforschen ist. Für eine selbständige Verpflichtung spricht, wenn die Leistung ohne Rücksicht auf die Bedürftigkeit des Gegners versprochen wird. Eine nach Inkrafttreten des neuen Scheidungsrechts geschlossene Unterhaltsvereinbarung, die an das Verschulden an der Trennung oder Scheidung anknüpft, ist als selbständige Unterhaltsverpflichtung zu werten (BGH FamRZ 1995, 665). Bei einer Leibrente iSv § 759 ist die Schriftform gem § 761 zu wahren. Im Zweifel ist nicht von einer selbständigen Begründung einer Unterhaltsverpflichtung auszugehen (BGH FamRZ 2012, 525, 699; 2014, 912). Ob bei einer selbständigen Unterhaltsregelung Vorschriften des gesetzl Unterhaltsrechts, etwa der §§ 1582–1585b, 1586–1586b, entspr herangezogen werden können, ist nach dem mutmaßlichen Parteiwillen und dem Zweck des Vertrags zu beantworten. Ein vereinbarter (oder aus § 242 abgeleiteter) Anspruch des Berechtigten auf Ausgleich der steuerlichen Nachteile durch das „begrenzte Realsplitting" (§ 10 I Nr 1 EStG) hat unterhaltsähnl Charakter und ist deshalb grds aufrechnungsfeindlich (BGH FamRZ 1997, 544; s § 1585b Rn 12) – nicht aber ggü einem Schadensersatzanspruch gem § 717 II ZPO wegen zu viel beigetriebenen Unterhalts (Hamm FamRZ 1999, 436). 10

bb) Der Rechtsstreit über vertragl, nicht gesetzl begründeten Unterhalt ist keine Familiensache iSv §§ 111, 231 FamFG. Soweit die Anknüpfung an gesetzl Unterhalt fehlt, sind Pfändungsschutz nach § 850b ZPO, das Pfändungsvorrecht des § 850d ZPO sowie eine insolvenzrechtl Behandlung gem §§ 40, 100 InsO nicht gewährleistet. 11

b) Konkretisierung des gesetzlichen Unterhalts. aa) Unterhaltsverträge schaffen regelmäßig nicht eine neue Unterhaltsverpflichtung, sondern konkretisieren den gesetzl geschuldeten Unterhalt (BGH FamRZ 2014, 912). Die Parteien haben zwar eine weitgehende Gestaltungsfreiheit, weil das nacheheliche Unterhaltsrecht abdingbar ist. Soweit in der Vereinbarung aber nichts Abw bestimmt ist, kann davon ausgegangen werden, dass sie sich an das gesetzl Regelungsmuster halten und dieses in ihrem konkreten Fall näher ausgestalten. Zweckmäßig ist es, die Einkommensverhältnisse und die sonstigen Umstände, die der Unterhaltsbemessung zugrunde gelegt wer- 12 den, in Hinblick auf eine spätere Abänderung der Vereinbarung ausdrückl festzuhalten. Der Wortlaut eines Ehevertrags trägt grds die Vermutung der Vollständigkeit und Richtigkeit in sich (BGH FamRZ 2012, 434).

13 **bb) Berücksichtigung zukünftiger Verhältnisse.** Die Parteien können in ihrer Unterhaltsvereinbarung die zukünftigen Verhältnisse bereits mitberücksichtigen, um eine zugesagte Unterhaltsrente den Erwartungen anzupassen, etwa dem Berechtigten einen bestimmten Prozentsatz von einer Einkommenssteigerung des Verpflichteten zubilligen oder den Unterhalt nach einer bestimmten Zeit einschränken oder ausschließen. Sie können auch den vorgesehenen Unterhalt gegen die allg Geldentwertung schützen (BGH FamRZ 2004, 531). Nach Aufhebung des § 3 II WährG (Art 9 § 1 EuroG v 11.6.1998, BGBl I 1998, 1242) ist einerseits auf das Preis- und Wertklauselverbot in § 2 I PrAng-PrKlG (eingefügt durch Art 9 § 4 EuroG) und andererseits auf die Ausnahmen von diesem Verbot in § 1 der PrKlVO v 23.9.1998 (BGBl I 1998, 3043) und auf die Genehmigungsmöglichkeiten nach dieser VO zu achten.

14 **4. Unterhaltsverzicht. a) Vertragsfreiheit.** Die nach § 1585c bestehende Vertragsfreiheit gestattet es, auf nachehelichen Unterhalt zu verzichten, und zwar nicht nur für die Vergangenheit, sondern, anders als bei Verwandtenunterhalt und bei Familien- und Trennungsunterhalt (§ 1614 I, § 1360a III, § 1361 IV 3), auch auf künftige Ansprüche. Dies gilt auch für den Anspruch auf Betreuungsunterhalt nach § 1570 (s § 1570 Rn 3 und unten Rn 20). § 1614 I steht, anders als beim Betreuungsunterhalt des nichtehelichen Elternteils nach § 1615l, nicht entgegen, weil der betreuende Ehegatte einen anderweitigen Ausgleich, etwa durch Vermögensübertragung, erhalten kann.

15 **b) Formel.** Ein Verzichtsvertrag könnte etwa lauten: „Die Parteien verzichten wechselseitig auf jeglichen Unterhalt, auch für den Fall der Not oder einer Änderung des Gesetzes oder der Rspr. Der jew Gegner nimmt den Verzicht an". Damit sollen alle nachehelichen Ansprüche, auch ein eventueller Anspruch nach § 1586a, ausgeschlossen werden. Der Verzicht auf Unterhalt umfasst auch den Kranken- und Pflegeversicherungs- sowie den Vorsorgeunterhalt iSd § 1578 III.

16 **c) Rechtsnatur.** Die hM (BGH FamRZ 1985, 787) wertet den Verzicht als Erlass iSv § 397. Das „Stammrecht" soll damit erlöschen (BGH FamRZ 1997, 873). Es ist indes zweifelhaft, ob es ein solches überhaupt gibt und wie diese Ansicht mit der Rspr (BGH FamRZ 1982, 259; 1987, 682) vereinbart werden kann, wonach der Unterhaltsanspruch erst in jedem Augenblick neu entsteht, in welchem die dafür erforderlichen gesetzl Voraussetzungen vorliegen. Da die gesetzl Regelung nur Geltung beansprucht, wenn die Ehegatten keine andere Abrede treffen, ist der Ansicht (*Hess* FamRZ 1996, 981) zu folgen, die in dem Verzicht keine Verfügung, sondern eine schuldrechtl Regelung sieht, die lediglich das gesetzl Regelungsmodell verdrängt. Bei einem Verzicht mit Vereinbarung einer Abfindung liegt regelmäßig eine abschließende Regelung vor, die Nachforderungen und Rückforderungen ausschließt (BGH FamRZ 2005, 1662).

17 **d) Inhaltskontrolle.** Die Ehegatten müssen, um einen wirksamen Unterhaltsverzicht zu vereinbaren, die Grenzen der Vertragsfreiheit einhalten, die sich aus den Bestimmungen des § 134 (Gesetzesverstoß), des § 138 (Sittenwidrigkeit) und des § 242 (Grundsatz von Treu und Glauben) ergeben. Nach der Rspr des BVerfG (FamRZ 2001, 343 und 985) müssen die Familiengerichte im Rahmen einer Inhaltskontrolle Ehevereinbarungen darauf überprüfen, ob bei einem Unterhaltsverzicht, der auch auf Betreuungsunterhalt (§ 1570) grds möglich ist, die Grundrechte der Art 2 und 6 GG gewahrt werden. Verfassungsrechtl bedenklich ist es, wenn zum einen nach den im Einzelfall vorliegenden Umständen die ungleiche Verhandlungsposition der schwangeren Braut durch sie benachteiligende Abreden (Unterhaltsverzicht; teilw Freistellung des Vaters vom Kindesunterhalt) ausgenutzt worden ist, und zum anderen das Kindeswohl gefährdet wird, weil die Betreuung und ein den wirtschaftl Verhältnissen beider Eltern angemessener Barunterhalt nicht sichergestellt sind. Der BGH (FamRZ 2004, 601 geht von folgenden Grundsätzen aus: Zuerst ist, bezogen auf den Zeitpunkt des Abschlusses der Vereinbarung, zu prüfen, ob diese **gegen die guten Sitten (§ 138)** verstößt und deswegen nichtig ist (**Wirksamkeitskontrolle**). Bei Bejahung gelten die gesetzl Bestimmungen. Ist dies zu verneinen, kommt bei einer wesentlichen Veränderung der Verhältnisse eine **Anpassung der Vereinbarung nach den Regeln der Störung der Geschäftsgrundlage (§ 313)** in Betracht (BGH FamRZ 2005, 1444 m Anm *Bergschneider*; s auch Rn 30) (**Ausübungskontrolle**). Schließlich ist aufgrund der gegenwärtigen Verhältnisse zu prüfen, ob es **rechtsmissbräuchlich (§ 242)** ist, sich auf den Unterhaltsverzicht zu berufen. Bei Bejahung hat der Richter eine Regelung zu treffen, die den Belangen beider Ehegatten Rechnung trägt. Dies kann etwa durch einen Anspruch auf Unterhalt oder Versorgungsausgleich geschehen, der unter Beachtung der Vorstellungen der Ehegatten die ehebedingten Erwerbsnachteile des kindesbetreuenden Ehegatten ausgleicht (BGH FamRZ 2007, 974 m Anm *Bergschneider*).

18 Der BGH begründet seine Ansicht damit, dass das Recht keinen unverzichtbaren Mindestgehalt an Scheidungsfolgen zugunsten des berechtigten Ehegatten kenne. Die Disponibilität der Scheidungsfolgen dürfe indes nicht dazu führen, den Schutzzweck der gesetzl Regelungen beliebig zu unterlaufen. Dies wäre der Fall, wenn eine evident einseitige und durch die individuelle Gestaltung der ehelichen Lebensverhältnisse nicht gerechtfertige Lastenverteilung entstünde, die hinzunehmen für den belasteten Ehegatten – bei angemessener Berücksichtigung der Belange des anderen Ehegatten und seines Vertrauens in die Geltung der betroffenen Abrede – bei verständiger Würdigung des Wesens der Ehe unzumutbar erscheint. Der BGH stellt darauf ab, ob die Regelung in den Kernbereich des Scheidungsfolgenrechts eingreift. Die Kernbereichslehre konkretisiert er durch eine Abstufung der Scheidungsfolgen: Laufender Unterhalt ist wichtiger als Zugewinnausgleich oder später VersA, Betreuungsunterhalt (§ 1570) kommt vor Krankheitsunterhalt (§ 1572) und Altersunterhalt (§ 1571), dann Arbeitslosen-

unterhalt (§ 1573 I), danach Krankenvorsorge- und Altersvorsorgeunterhalt (§ 1578 Abs II Alt 1, Abs III), schließlich Aufstockungs- und Ausbildungsunterhalt (§§ 1573 II, 1575). Auf gleicher Stufe wie der Altersunterhalt steht der Versorgungsausgleich (dazu BGH FamRZ 2005, 26; 185). Am weitesten ist der Zugewinnausgleich der Disposition der Parteien zugänglich. Letztlich sind die Verhältnisse im Einzelfall entscheidend. Die Inhaltskontrolle ist auch zugunsten des Unterhaltsverpflichteten durchzuführen (BGH FamRZ 2009, 1477).

Die Unterscheidung zw Wirksamkeitskontrolle und Ausübungskontrolle ist praxisgerecht, insb für die vorsorgende Rechtspflege. Die Stufentheorie hat indes nur bedingten Erkenntniswert. Auch nach Ansicht des BGH (FamRZ 2005, 2391) ist der Vorsorgeunterhalt gleichrangig mit dem Elementarunterhalt, soweit ein Unterhaltsanspruch zum Ausgleich betreuungsbedingter Nachteile gegeben ist. Weiteren Entscheidungen des BGH (FamRZ 2005, 185, 691 und 1449; 2007, 197 und 1310) ist zu entnehmen, dass der (Teil-)Verzicht auch zum engeren Kernbereich gehörender Ansprüche selten zur Beanstandung des Vertrags als sittenwidrig führt (bejaht indes BGH FamRZ 2006, 1097 und 1359; 2007, 450 jew m Anm *Bergschneider*), weil **zusätzl die subj Voraussetzungen des § 138 II** vorliegen müssen. Die Beschränkung von Betreuungsunterhalt ist allenfalls dann sittenwidrig, wenn die vereinbarten Zahlungen nicht ausreichen, ehebedingte Nachteile auszugleichen. Alters- und Krankheitsunterhalt können abbedungen werden, wenn für beide Parteien im Zeitpunkt des Vertragsschlusses nicht voraussehbar war, ob, wann und unter welchen wirtschaftl Gegebenheiten eine Unterhaltsbedürftigkeit eintreten könnte (BGH FamRZ 2005, 691 m Anm *Bergschneider*). Der Verzicht auf Arbeitslosenunterhalt, der nach der bedenklichen Ansicht des BGH dem Ausgleich beruflicher Nachteile dient (s dazu § 1573 Rn 2, 7), wird vom ihm wegen dessen Nachrangs gebilligt und weil nicht ersichtlich sei, dass die Ehegatten im Zeitpunkt des Vertragsschlusses mit einer längerfristigen Erwerbslosigkeit rechnen mussten. Nach der Ansicht des BGH geben die Eheleute mit einem wechselseitigen Unterhaltsverzicht regelmäßig zu erkennen, dass sie keine Teilhabe an dem vom jew anderen Ehegatten erwirtschafteten Erfolg beanspruchen wollen; jeder soll vielmehr auch im Fall der Scheidung das Einkommen behalten, das ihm aufgrund seiner eigenen beruflichen Qualifikation und Tüchtigkeit zufließt. Der Ehegatte, der auf gesetzl Ansprüche verzichtet hat, kann als Ergebnis der Inhaltskontrolle allenfalls einen Ausgleich ehebedingter Nachteile erreichen. Den Anspruch auf gleiche Teilhabe an dem während der Ehe Erwirtschafteten, der ihm nach der Rspr des BVerfG (FamRZ 2002, 527, 529) güterrechtl, versorgungsausgleichsrechtl und unterhaltsrechtl zusteht, kann er nicht durchsetzen. 19

Wenn der Geschiedene allenfalls den Ausgleich ehebedingter Nachteile erwarten kann, dh so gestellt zu werden, wie wenn er nicht geheiratet hätte, wird nicht das abdingbare gesetzl Scheidungsfolgerecht als Maßstab herangezogen, sondern das allg für nicht Verheiratete geltende Recht. Ob dieses Verständnis von der Reichweite der Vertragsfreiheit bei Ehevereinbarungen mit dem gesetzl Leitbild der Ehe und dem Ordnungsgehalt des dispositiven Rechts in Einklang steht, erscheint zweifelhaft. Keine Bedeutung wird dem Umstand beigemessen, dass Ehegatten, anders als sonstige Vertragspartner, nicht erst durch die Ehevereinbarung eine Sonderbeziehung begründen, sondern bereits aufgrund der Ehe als gleichberechtigte Partner verbunden sind. Jede Ehevereinbarung, die gesetzl Ansprüche abbedingt, indiziert deswegen einen Verstoß gegen die Gleichheit der Ehegatten. Inzwischen steht aber die Rspr zu § 1585c mit der zu § 1578b. in Einklang. Die Rspr des BGH, die für die Grenzen der Privatautonomie auf evident einseitige Regelungen abstellt, geht über die Vorgaben des BVerfG (FamRZ 2001, 343, 345) hinaus, wonach die Inhaltskontrolle den „Schutz vor unangemessener Benachteiligung durch den Ehevertrag“ gewähren soll. Gleich, ob man für die Wirksamkeitskontrolle § 138 (Sittenwidrigkeit) oder § 242 (Missbrauch des Instituts der Vertragsfreiheit) als Rechtsgrundlage heranzieht, sollte bei der Ausgestaltung des hier vorliegenden Richterrechts der allg Rechtsgedanke des § 307 berücksichtigt werden (s Erman/*Graba*[11] Rn 17). Das Abweichen von wesentlichen Grundlagen der gesetzl Regelung der Scheidungsfolgen, vom BGH als Kernbereich bezeichnet, indiziert eine unangemessene Benachteiligung (vgl § 307). Als sachliche Gründe, die gegen eine Beanstandung der Ehevereinbarung sprechen, sind etwa eigene hinreichende Erwerbseinkünfte, Vermögen sowie Tatbestände zu nennen, die Ausschlussgründen iSd § 1579 oder Beschränkungsgründen iSd § 1578b entsprechen. Andererseits kann es nach langjähriger Ehe dem begünstigten Ehegatten nicht gestattet sein, sich auf einen Unterhaltsverzicht zu berufen und auf den Ausgleich ehebedingter Nachteile zu verweisen, ohne dem anderen Ehegatten einen gewissen „Pflichtteil“ an den in der Ehe gemeinsam erwirtschafteten Vorteilen zuzugestehen. Vertragsgestaltungen, die eindeutig auf das steuerliche Interesse einer Partei (wie im Zahnarztfall, BGH FamRZ 2005, 691 m Anm *Bergschneider*) zugeschnitten sind, sollten die Gerichte nicht einfach hinnehmen, sondern darauf untersuchen, ob eine rechtsmissbräuchliche Ausübung der Vertragsfreiheit vorliegt, weil die vertragl Qualifizierung nicht den wirklichen Verhältnissen entspricht. Der BGH ist bislang dem Gedanken des § 307 nicht näher getreten, sondern beharrt auf die subj Voraussetzungen nach § 138 II. 20

e) Betreuungsunterhalt. Die Rspr des BGH zur Inhaltskontrolle, insb die Stufentheorie, baut auf der überragenden Stellung des Betreuungsunterhalts nach § 1570 aF im nachehelichen Unterhaltsrecht auf. Der Anspruch wurde jedoch durch die Neufassung der Vorschrift durch das UÄndG 2007 als Folge der Entscheidung des BVerfG v 28.2.2007 (BVerfG FamRZ 2007, 965), geschwächt (s § 1570 Rn 2ff). Ist wegen der Möglichkeit der Fremdbetreuung eine Erwerbsobliegenheit des Ehegatten zu bejahen, kann eine persönliche Betreuung über den gesetzl Zeitraum hinaus durch eine Vereinbarung gesichert werden. Die Anforderungen an eine Arbeitsaufnahme und die Anrechenbarkeit des Verdienstes sollten ausdrückl geregelt werden. 21

f) Unterhaltsbeschränkung nach § 1578b. Der Unterhaltsberechtigte, der nicht zuletzt wegen seiner sekundären Darlegungslast bzgl konkreter ehebedingter Nachteile damit rechnen muss, nach § 1578b auf einen Bedarf 22 nach seinen Erwerbs- oder Renteneinkommen verwiesen zu werden, sollte in einem Ehevertrag Abreden treffen, die ihm den Unterhalt nach den ehelichen Lebensverhältnissen sichern.

23 **g) Verwandtenunterhalt.** Der Verzicht auf Ehegattenunterhalt kann bedeuten, dass die vorrangige Haftung des geschiedenen Ehegatten nach § 1584 S 1 entfällt und allein Verwandte (Eltern oder Kinder) als Unterhaltspflichtige übrigbleiben (aA Frankfurt FamRZ 1984, 395, das dem Verzicht im Verhältnis zu den Verwandten keine Wirkung beimisst). Die Frage, ob der Ehegatte durch den Verzicht seinen Unterhalt iSv § 1611 verwirkt hat, ist grds zu verneinen. Die primäre Haftung des Verwandten ist nicht ursächlich für die Bedürftigkeit (s § 1584 Rn 7). Auch die übrigen tatbestandlichen Alternativen des § 1611 sind nicht erfüllt. Nach der Rspr des BGH (BGH FamRZ 1988, 159) enthält die Bestimmung eine abschließende Regelung. Dem wird man grds folgen können. Dies schließt indes nicht aus, in Fällen, in denen eine Grundrechtsverletzung vorliegt, eine Ausnahme anzunehmen. Gleiches gilt, wenn der Verzicht (s Rn 24) im Verhältnis zu einem Sozialhilfeträger nach § 138 I sittenwidrig wäre, weil die im Verhältnis zu diesem nach § 2 SGB XII vorrangige Inanspruchnahme des Verwandten zwangsläufig mit der Entlassung des Ehegatten aus der Haftung verbunden ist (Hamm FamRZ 1996, 116).

24 **h) Sozialhilfe. aa)** Nach der Rspr des BGH (FamRZ 2007, 904; 2009, 198) kann eine Scheidungsvereinbarung, in der ein nicht erwerbstätiger und nicht vermögender Ehegatte auf nachehelichen Unterhalt mit der Folge verzichtet, dass er zwangsläufig der Sozialhilfe anheimfallen muss, den guten Sitten zuwiderlaufen und damit nach § 138 nichtig sein, auch wenn sie nicht auf einer Schädigungsabsicht des Ehegatten zulasten des Trägers der Sozialhilfe beruht, die Ehegatten sich jedoch grob fahrlässig der Erkenntnis der Schädigung des Trägers der Sozialhilfe verschlossen haben. Für die Beurteilung der Sittenwidrigkeit der Verzichtsabrede kommt es auf den aus der Zusammenfassung von Inhalt, Beweggrund und Zweck zu entnehmenden Gesamtcharakter der Vereinbarung an. Dabei ist str, ob der Verzicht uneingeschränkt wirksam ist (*Meder* FuR 1993, 12; *Münder* FuR 1997, 281) oder ein Unterhaltsverzicht etwa dem Sozialhilfeträger ggü (relativ) unwirksam ist, weil jeder Unterhaltsanspruch mit dem Grundsatz der Subsidiarität der Sozialhilfe belastet sei (vgl BGH FamRZ 1995, 1123 zu § 528). Zutr erscheint, dass es um eine im Wege der Inhaltskontrolle zu prüfende Frage der Begrenzung der Vertragsfreiheit geht, soweit Dritte beschwert werden (s Rn 17). Eine Unwirksamkeit des Verzichts wird dann anzunehmen sein, wenn sich den Ehegatten bei Abschluss des Vertrags aufdrängen musste, dass der Verzichtende selbst nicht in der Lage sein werde, für seinen künftigen notwendigen Bedarf selbst zu sorgen. Nach Ansicht des BGH (FamRZ 2007, 197) ist ein ehevertragl Unterhaltsverzicht nicht sittenwidrig, der bewirkt, dass ein Ehegatte weiterhin auf Sozialhilfe angewiesen bleibt.

25 **bb)** Ein Übergang des Unterhaltsanspruchs auf den Träger der Sozialhilfe nach § 94 I 1 SGB XII hat zur Folge, dass der Gläubiger auf Unterhalt für die Vergangenheit nur verzichten kann, wenn der Schuldner den Gläubigerwechsel nicht kennt (§§ 412, 407 I 1). Eine „Bedarfsanzeige" des Sozialhilfeträgers gem § 94 IV 1 SGB XII zerstört den „guten Glauben" des Schuldners. Damit wird die Streitfrage des alten Rechts entschärft, ob eine Rechtswahrungsanzeige spätere Vereinbarungen zulasten des Sozialhilfeträgers an § 138 scheitern lässt, und einseitigem Begünstigungsverhalten des Gläubigers, das den Rückgriff des Sozialhilfeträgers erschwert (wie die Rücknahme einer Mahnung), die Verwirkungskraft abspricht (BGH FamRZ 1987, 40); denn die „Bedarfsanzeige" hat (auch) die Wirkung einer Mahnung. Der Übergang hindert den Gläubiger zwar nicht, für die Zukunft auf Unterhalt zu verzichten, auch wenn der Sozialhilfeträger bereits Sozialhilfe leistet und gem § 94 IV 2 SGB XII berechtigt ist, auf zukünftige Leistungen zu klagen, weil die Hilfe voraussichtlich auf längere Zeit zu gewähren ist. Denn der Gläubiger wird trotz der „Übergangsanfälligkeit" der Ansprüche mit deren Entstehen ihr Inhaber und ist selbst klagebefugt. Eine „Bedarfsanzeige" gem § 94 IV 1 SGB XII ändert daran nichts. Der Verzicht zulasten des Sozialhilfeträgers wird indes regelmäßig iSd Rspr des BGH (FamRZ 1987, 40) gem § 138 I sittenwidrig und deswegen nichtig sein.

26 **5. Störung der Geschäftsgrundlage. a) Rechtsgrundlage.** Bei Vereinbarungen über den Unterhalt ist regelmäßig davon auszugehen, dass sie auf der Grundlage der gegenwärtigen Verhältnisse abgeschlossen werden (BGH FamRZ 2001, 1364). Sie können deswegen nach den von der Rspr entwickelten Grundsätzen der Störung der Geschäftsgrundlage (§ 313) abgeändert werden (*Graba*, Abänderung Rn 497ff). Vorrangig gilt der Wille der Ehegatten. Diese können die Abänderbarkeit grds ausschließen oder dafür bestimmte Voraussetzungen vereinbaren (BGH FamRZ 1983, 22). Die Vorschrift des § 238 FamFG gilt hinsichtl der inhaltlichen Voraussetzungen der Abänderbarkeit nur für rechtskraftfähige Titel (Endentscheidungen), nicht für die Abänderbarkeit von Unterhaltsverträgen (BGH FamRZ 1983, 22), außer die Ehegatten haben dies besonders vereinbart (zu Einzelheiten s *Graba*, Abänderung Rn 89ff). § 239 FamFG den Abänderungsantrag als den statthaften Antrag für die Abänderung eines gerichtlichen Unterhaltsvergleichs oder einer vollstreckbaren Urkunde vor (*Graba* FPR 2010, 159).

27 **b) Wirksamer Vertrag. aa)** Anders als grds § 238 III 1 FamFG für Entscheidungen, gestattet § 313 die Abänderung eines Unterhaltsvertrags nicht nur wegen nachträgl Änderung der diesem zugrunde gelegten Verhältnisse, sondern auch dann, wenn sich die Vorstellungen über bereits im Zeitpunkt des Vertragsabschlusses vorliegende Umstände, die zur Grundlage des Vertrags gemacht wurden, als falsch herausstellen. Solche falschen Vorstellungen können nach § 313 nur zu einer Anpassung führen, wenn der Vertrag gleichwohl wirksam ist. Damit ist die Wirksamkeit des Vertrags zuerst zu klären. Die weitgehend zum gleichen Ziel führenden Voraussetzungen der Abänderbarkeit sind indes meist leichter zu beweisen als Unwirksamkeits- oder Anfechtungsgründe. Außerdem geht es den Ehegatten meist weniger um den Unterhalt in der Vergangenheit als um die künftigen Leistungen. In der Praxis wird deswegen meist über die Abänderung, nicht über die Wirksamkeit, gestritten.

bb) Unterhaltsvergleiche können gem **§ 779** unwirksam sein, wenn der nach dem Inhalt des Vertrags als feststehend zugrunde gelegte Sachverhalt der Wirklichkeit nicht entspricht, etwa wenn die Beteiligten irrig von einer wirksamen Ehe und der daraus begründeten Unterhaltspflicht ausgegangen sind (BGH FamRZ 2003, 838). § 779 I ist jedoch nicht anzuwenden bei einem Irrtum über str oder ungewisse Umstände oder Rechtslagen, die der Vergleich beheben soll (BGH FamRZ 1986, 1082). Um solche Umstände geht es regelmäßig bei einem Unterhaltsvergleich, so dass die Vorschrift praktisch kaum zur Anwendung kommt. 28

cc) Wenn ein Unterhaltsbeteiligter bei den Vergleichsverhandlungen Einkünfte verschwiegen hat, berechtigt dies den anderen Beteiligten nicht zur Anfechtung wegen arglistiger Täuschung nach **§ 119** oder **§ 123**, sofern **trotz** ungesicherter Feststellung der Einkommensverhältnisse ein Vergleich geschlossen wurde; denn es fehlt an der Kausalität zw der Täuschungshandlung und dem Vergleichsabschluss (BGH FamRZ 1986, 1082). Wer seinen geschiedenen Ehegatten auf Unterhalt in Anspruch nimmt, soll nicht gehalten sein, von sich aus die Beziehungen zu einem neuen Partner zu offenbaren, soweit es nicht um die Sicherstellung der Versorgung durch diesen neuen Partner geht (BGH FamRZ 1986, 1082; aber bedenklich). Eine Anfechtung wegen arglistiger Täuschung soll deshalb ausgeschlossen sein, wenn der auf Unterhalt drängende geschiedene Ehegatte diese Beziehungen ungefragt verschweigt. Andererseits hat der BGH (FamRZ 2000, 153) die Pflicht des Beteiligten nach § 113 FamFG iVm § 138 ZPO zu wahrheitsgemäßen Angaben namentlich im laufenden Verfahren betont (vgl § 1579 Rn 15). Die geschiedene Ehefrau, die einen Unterhaltsanspruch geltend macht, hätte deswegen eine Zuwendung ihrer Mutter von 250 000 DM offenbaren müssen, auch wenn sie der Meinung war, dass der Unterhaltspflichtige durch diese Schenkung nach dem Willen der Zuwendenden nicht entlastet werden sollte. 29

c) **Vertragsanpassung. aa)** Die Regeln der Störung der Geschäftsgrundlage (§ 313) gestatten es grds nicht, den vereinbarten Unterhalt neu festzulegen. Er ist vielmehr an die veränderten Verhältnisse anzupassen. Dies führt nach der Rspr des BGH (FamRZ 2008, 582) jedoch nicht zu einer Anpassung an die gesetzl Scheidungsfolgen, sondern nur zum Ausgleich ehebedingter Nachteile. Maßgebend ist in erster Linie der Wille der Ehegatten. 30

bb) Entgegen einem vereinbarten Ausschluss der Abänderbarkeit kann eine Abänderung in Betracht kommen, wenn die Daseinssicherung des Schuldners gefährdet wäre (BGH FamRZ 2009, 198; Bamberg FamRZ 1998, 830). In diesen Grenzfällen sollte der Schutz des § 313 auch dann wirken, wenn der Schuldner eine – vom Unterhaltsrecht losgelöste – Leibrente zugesagt hat. Die Wiederheirat des Schuldners kann in den Fällen beachtlich sein, in denen der neue Ehegatte wegen seines Unterhaltsanspruchs mindestens gleichen Rang mit dem alten Ehegatten erlangt (BGH FamRZ 1986, 790). 31

cc) Eine Verbesserung der Einkommens- und Vermögenslage beim Gläubiger, etwa infolge der Aufnahme einer Erwerbstätigkeit, ist regelmäßig ein Abänderungsgrund. Wiederheirat des Gläubigers lässt den Unterhaltsanspruch entfallen, sofern dem Vertrag nichts Gegenteiliges zu entnehmen ist. Zur Aufnahme einer nichtehelichen Lebensgemeinschaft s § 1579 Rn 13. Auch die Änderung der gesetzl Rechtslage durch das UÄndG 2007 kann ein Abänderungsgrund sein (§ 36 EGZPO). 32

dd) Der Parteiwille entscheidet darüber, welche Verhältnisse für die Ehegatten in welchem Ausmaß erheblich sind (BGH FamRZ 1997, 811). Deshalb verbietet sich eine schematische Beurteilung. Insb bei beschränkten wirtschaftl Verhältnissen kann die Abänderung des Vertrags auch dann in Betracht kommen, wenn die Unterhaltsänderung unter 10 % liegt (BGH FamRZ 1986, 790; 1992, 539 m Anm *Graba*). Haben die Ehegatten den Unterhalt auf der Grundlage von Leitlinien oder einer bestimmten Rspr des BGH festgelegt, kann ab dem Zeitpunkt der Änderung der Leitlinien oder der Änderung der Rspr die Abänderung verlangt werden (BGH FamRZ 2001, 1687 m Anm *Gottwald*). 33

ee) Die Berufung auf den **Unterhaltsverzicht** kann bei wesentlicher Veränderung der Verhältnisse nach dem Grundsatz von Treu und Glauben (§ 242) in Einzelfällen scheitern (s Rn 14ff; BGH FamRZ 1985, 787: nachträgl Geburt eines Kindes; München FamRZ 1985, 1264: alsbaldige Liquidation des Unternehmens, das bei der Vermögensauseinandersetzung mit Unterhaltsverzicht übertragen wurde). Sind die Eheleute beim Unterhaltsverzicht aber von ganz bestimmten Voraussetzungen und Erwartungen ausgegangen, die sich – aus der Rückschau betrachtet – von vornherein als irrig erweisen, steht der Verzicht einem Unterhaltsanspruch im Einzelfall nicht entgegen (beidseitiger Motivirrtum, die Geschäftsgrundlage hat von vornherein gefehlt. Bsp nach BGH FamRZ 1987, 46). Zur Anwendung des § 242 bei einem Unterhaltsverzicht auf Betreuungsunterhalt s Rn 20. Bei einem Verzicht mit Vereinbarung einer Abfindung liegt regelmäßig eine abschließende Regelung vor, die Nachforderungen und Rückforderungen ausschließt (BGH FamRZ 2005, 1662). Grds ist ein Verzicht jedoch endgültig. 34

Ebenso wie Unterhaltsversprechen sind Unterhaltsverzichte regelmäßig nicht als Schenkung zu erachten; deshalb kommt ein Widerruf des Verzichts gem § 528 grds nicht in Betracht. Haben die Eheleute in einer Scheidungsvereinbarung einen wechselseitigen Unterhaltsverzicht erklärt und für die Ehefrau nur einen Unterhaltsanspruch vorgesehen, falls diese durch Betreuung eines gemeinsamen Kindes an der Aufnahme einer Erwerbstätigkeit gehindert werde, so kann (zumindest) eine (erg) Vertragsauslegung der Frau den Unterhaltsanspruch versagen, wenn nicht die Betreuung des Kindes, sondern eine nichteheliche Partnerschaft, aus der ein Kind hervorgegangen ist, an der Aufnahme einer Erwerbstätigkeit hindert. Auf Verwirkungserwägungen kommt es dann ebenso wenig an wie auf die Frage, ob nach dem gesetzl Unterhaltsrecht ein Anspruch bestünde (BGH FamRZ 1995, 726). 35

6. Beweislast. Wer sich auf die Unwirksamkeit einer Unterhaltsvereinbarung beruft, muss die Voraussetzungen dafür behaupten und beweisen (BGH NJW 1964, 1072). Der Abänderungsantragsteller trägt die Beweislast 36 für die tatsächlichen Voraussetzungen eines Abänderungsgrundes (BGH FamRZ 1995, 665). Steht jedoch fest, dass der dem abzuändernden Titel zugrundeliegende Unterhaltstatbestand entfallen ist, trägt der Abänderungsantragsgegner die Beweislast für die Tatsachen, die aufgrund anderer Unterhaltstatbestände die Aufrechterhaltung des Titels rechtfertigen (BGH FamRZ 1990, 496).

Kapitel 5
Ende des Unterhaltsanspruchs (§§ 1586–1586b)

§ 1586 Wiederverheiratung, Begründung einer Lebenspartnerschaft oder Tod des Berechtigten

(1) Der Unterhaltsanspruch erlischt mit der Wiederheirat, der Begründung einer Lebenspartnerschaft oder dem Tod des Berechtigten.

(2) Ansprüche auf Erfüllung oder Schadensersatz wegen Nichterfüllung für die Vergangenheit bleiben bestehen. Das Gleiche gilt für den Anspruch auf den zur Zeit der Wiederheirat, der Begründung einer Lebenspartnerschaft oder des Todes fälligen Monatsbetrag.

1 **1. Zweck und Einordnung der Vorschrift. a) Ziel.** Wiederheirat, Begründung einer Lebenspartnerschaft oder Tod des Berechtigten lassen die Unterhaltspflicht erlöschen – der Tod endgültig, die Wiederheirat oder Begründung einer Lebenspartnerschaft mit der Möglichkeit eines Wiederauflebens nach § 1586a. Für den nachpartnerschaftlichen Unterhalt ist die Vorschrift gem § 16 LPartG anwendbar. Parallelvorschrift des Verwandtenunterhaltsrechts ist § 1615.

2 **b) Unterhaltsvertrag.** Die Vorschrift kann abbedungen werden (Bamberg FamRZ 1999, 1278). Abw Vereinbarungen können anfechtbar sein – etwa gem § 123 wegen arglistiger Täuschung, wenn der Berechtigte die unmittelbar bevorstehende Wiederheirat verschwiegen hat. Die Anwendbarkeit der Bestimmung auf vertragl begründeten Unterhalt ist eine Frage der Auslegung der Abrede.

3 **2. Anspruchsende. a) Wiederheirat.** Eine neue Heirat verschafft dem geschiedenen Ehegatten einen Unterhaltsanspruch gegen den neuen Ehegatten (§ 1360). Gleiches gilt bei Begründung einer Lebenspartnerschaft (§ 5 LPartG). Deshalb erlischt die aus der früheren Ehe hergeleitete Unterhaltspflicht. Diese kann aber nach § 1586a wiederaufleben, wenn die neue Ehe oder die Lebenspartnerschaft **aufgelöst** wird (§ 1586a Rn 2). Der BGH (FamRZ 2005, 347 m zust Anm *Schilling* und abl Anm *Graba*; 2016, 892) wendet § 1586 entspr auf den Betreuungsunterhalt nach § 1615l an.

4 **b) Nichteheliche Lebensgemeinschaft.** Wendet sich der Berechtigte einem neuen Partner in einer eheähnl Gemeinschaft zu, ohne diesen zu heiraten, ist § 1586 nicht entspr anwendbar, weil ein gesetzl Unterhaltsanspruch gegen den Partner fehlt. Der Unterhalt kann nach § 1579 ausgeschlossen sein (s § 1579 Rn 13, 35).

5 **c) Tod des Berechtigten. aa)** Beim **Tod** des Berechtigten (zum Tode des Verpflichteten s § 1586b) endet der auf Deckung des gegenwärtigen Lebensbedarfs gerichtete Unterhaltsanspruch endgültig (abgesehen von der in Abs II vorgesehenen Ausnahme).

6 **bb)** Die **Bestattungskosten**, die den Erben treffen (§ 1968), fallen dem Verpflichteten auch nicht hilfsweise zur Last. Entgegen der amtl Begründung (BT-Drs 7/650, 150) gehören **Beiträge zu einer Sterbeversicherung** auch nicht als „Vorsorgekosten" zum Unterhalt. Damit würde der Grundgedanke des Unterhaltsrechts überdehnt, gegenwärtigen Lebensbedarf zu sichern.

7 **3. Rückstände.** Abs II lässt Ansprüche auf **Unterhaltsrückstände** und auf **Schadensersatz** wegen Nichterfüllung (§ 1585b) bei Wiederheirat oder Begründung einer Lebenspartnerschaft zugunsten des Berechtigten und bei dessen Tod zugunsten der Erben fortbestehen, und zwar gem Abs II S 2 auch den Anspruch auf den Unterhaltsbetrag für den Heirats- oder Sterbemonat in voller Höhe. Auch der Anspruch auf Kapitalabfindung (§ 1585 II) entstammt dem Unterhaltsrecht und soll den Lebensbedarf des Berechtigten sichern.

8 **4. Beweislast und Verfahren.** Wer sich auf das Erlöschen des Unterhaltsanspruchs durch Tod, Wiederheirat oder Begründung einer Lebenspartnerschaft beruft, ist dafür beweispflichtig. Das Erlöschen des Anspruchs ist mit Vollstreckungsgegenantrag geltend zu machen (§ 113 I FamFG, § 767 ZPO).

§ 1586a Wiederaufleben des Unterhaltsanspruchs

(1) Geht ein geschiedener Ehegatte eine neue Ehe oder Lebenspartnerschaft ein und wird die Ehe oder Lebenspartnerschaft wieder aufgelöst, so kann er von dem früheren Ehegatten Unterhalt nach § 1570 verlangen, wenn er ein Kind aus der früheren Ehe oder Lebenspartnerschaft zu pflegen oder zu erziehen hat.

(2) Der Ehegatte der später aufgelösten Ehe haftet vor dem Ehegatten der früher aufgelösten Ehe. Satz 1 findet auf Lebenspartnerschaften entsprechende Anwendung.

1 **1. Zweck und Einordnung der Vorschrift. a) Zweck.** Wegen der Verantwortung der Ehegatten für das gemeinsame Kind ist die Rechtsstellung des wegen Betreuung unterhaltsberechtigten geschiedenen Ehegatten nicht nur nach § 1570 bevorzugt ausgestaltet. § 1586a gewährt ihm auch anstelle des durch die Wiederheirat erloschen

Anspruchs einen neuen Anspruch auf Betreuungsunterhalt. Die früher bestehende Möglichkeit des Anschlussunterhalts wurde durch das UÄndG 2007 beseitigt.

b) Weiterer Anspruch. Der **neue Anspruch** ist trotz inhaltlichen Gleichlauts mit dem früheren nicht identisch (BGH FamRZ 1988, 46). Eine Vereinbarung über den früheren Anspruch (Verzicht) erfasst ohne entspr Parteiwillen nicht den neuen Anspruch. 2

2. Anwendungsbereich. a) Weitere Ehe. Die Unterhaltspflicht lebt wieder auf, wenn der **Tod** des neuen Partners (Saarbrücken FamRZ 1987, 1046; Johannsen/Henrich/Althammer/*Hammermann* Rn 6; wegen § 1586b allerdings nicht unproblematisch) oder eine Scheidungsentscheidung die neue Ehe aufgelöst hat. Nach dem Wortlaut des Gesetzes scheint nur die Auflösung der anschließenden Ehe die Unterhaltspflicht eines geschiedenen früheren Ehegatten wieder aufleben zu lassen. Nach den Grundgedanken des Gesetzes wird man aber auch die Auflösung einer weiteren Ehe des Berechtigten für Ansprüche gegen den geschiedenen Ehegatten der „ersten" Ehe ausreichen lassen müssen. 3

b) Eheaufhebung. Wird die Ehe aufgehoben (§§ 1313ff), spricht einiges dafür, die Wiederauflebensregel zumindest entspr gelten zu lassen. 4

c) Lebenspartnerschaftsauflösung. Nach Auflösung einer Lebenspartnerschaft kann gem § 16 LPartG ein Anspruch nach § 1586a bestehen. 5

3. Betreuungsunterhalt. Der Anspruch auf den Betreuungsunterhalt wird idR bereits bei Auflösung der späteren Ehe wieder aufleben. Er kann aber auch neu entstehen, wenn die Kinder aus der früheren Ehe erst zu späterer Zeit den Berechtigten an der Aufnahme einer Erwerbstätigkeit hindern. Hat der Berechtigte Kinder aus beiden Ehen iSd § 1570 zu betreuen, wird man wegen der Rangregel des Abs II nicht von einer „anteiligen" Haftung ausgehen können, die der BGH beim Zusammentreffen des auf § 1570 gestützten Anspruchs mit einem Anspruch auf Betreuungsunterhalt gem § 1615l II vorsieht (BGH FamRZ 1998, 541). Vielmehr ist zu unterscheiden: Besteht ein Anspruch auf den vollen Unterhalt gegen den Partner der später aufgelösten Ehe gem § 1570, weil die Kinder aus dieser Ehe ohne Rücksicht auf die Kinder aus der früheren Ehe die Betreuungsperson an der Aufnahme einer Erwerbstätigkeit hindern, so geht dieser Anspruch einem (denkbaren) Anspruch gegen den Partner der früher aufgelösten Ehe vor (§ 1586a II). Hindern dagegen die Betreuungstätigkeiten den Berechtigten nur in ihrem Zusammenwirken bei der Aufnahme einer Erwerbstätigkeit, wird man Teilunterhaltsansprüche gegen beide Partner gewähren müssen – dies auch dann, wenn nach dem Lebensverlauf das Kind aus der späteren Ehe erst zur Aufgabe einer zuvor ausgeübten Erwerbstätigkeit geführt hat. 6

4. Bedarf. Maß und Umfang richten sich nach § 1578. Entscheidend sind deshalb zunächst die ehelichen Lebensverhältnisse der früher aufgelösten Ehe, und zwar auch dann, wenn der Lebensstandard dieser Ehe den Lebensstandard der späteren Ehe übertroffen hat (aA Grü/*Brudermüller* Rn 4; Johannsen/Henrich/Althammer/*Hammermann* Rn 10). Der Unterhalt kann nach § 1578b zu beschränken sein. 7

5. Rangfolge. Die erst durch den Vermittlungsausschuss eingeführte (BT-Drs 7/4992, 5) Rangfolgeregel des **Abs II** ist problematisch, nicht nur, weil sie – im Gegensatz zu anderen unterhaltsrechtl Bestimmungen (vgl §§ 1607, 1584) – keine Vorsorge für das Rechtsverfolgungsrisiko trifft. Der Ehegatte der früher aufgelösten Ehe haftet jedenfalls dann, wenn und soweit der Ehegatte der später aufgelösten Ehe Unterhalt nicht schuldet – wohl auch, wenn dieser mangels Leistungsfähigkeit nur im Billigkeitsrahmen haftet (§ 1581). Dagegen entfällt nach dem Wortlaut des Gesetzes die Leistungspflicht des Ehegatten der früher aufgelösten Ehe schon dann, wenn und soweit der Berechtigte vom Partner der später aufgelösten Ehe Unterhalt zu fordern hat, seinen Anspruch aber wegen erschwerter Rechtsverfolgung nicht durchzusetzen vermag (*Gernhuber/Coester-Waltjen* 6. Aufl § 30 Rn 191). Richtiger dürfte es allerdings sein, wegen des sonst gefährdeten Vorrangs der Ehegatten – vor der Verwandtenhaftung (§ 1584) den Ehegatten der früher aufgelösten Ehe auch dann haften zu lassen, wenn ein bestehender Unterhaltsanspruch gegen den vorrangig haftenden Schuldner an Rechtsverfolgungsschwierigkeiten leidet (vgl § 1607 II 1). Wegen der insoweit dürftigen Gesetzesmaterialen kann von einer Regelungslücke ausgegangen werden (ebenso Johannsen/Henrich/Althammer/*Hammermann* Rn 18). Dann muss man aber auch dem nachrangig haftenden Ehegatten der früher aufgelösten Ehe, der in einem solchen Fall in Anspruch genommen wird, einen Ausgleichsanspruch gegen den Ehegatten der später aufgelösten Ehe entspr § 1607 II 2 zubilligen (MüKo/*Maurer* Rn 26). 8

Die Frage, ob der Partner der später aufgelösten Ehe unterhaltspflichtig ist, kann auch im Unterhaltsstreit gegen den Partner der früher aufgelösten Ehe als Vorfrage geklärt werden (Hamm FamRZ 1986, 364). 9

6. Beweislast. Der Unterhaltsberechtigte darf sich nicht darauf beschränken darzulegen, dass sein früherer Anspruch wiederaufgelebt sei, sondern muss die tatsächlichen Voraussetzungen des Anspruchs nach § 1586a beweisen. 10

§ 1586b Kein Erlöschen bei Tod des Verpflichteten

(1) Mit dem Tod des Verpflichteten geht die Unterhaltspflicht auf den Erben als Nachlassverbindlichkeit über. Die Beschränkungen nach § 1581 fallen weg. Der Erbe haftet jedoch nicht über einen Betrag hinaus, der dem Pflichtteil entspricht, welcher dem Berechtigten zustände, wenn die Ehe nicht geschieden worden wäre.

(2) Für die Berechnung des Pflichtteils bleiben Besonderheiten aufgrund des Güterstands, in dem die geschiedenen Ehegatten gelebt haben, außer Betracht.

Schrifttum: *Heiß*, Der Tod des Unterhaltspflichtigen, NZFam 2016, 485.

1 **1. Zweck und Einordnung der Vorschrift.** Im Unterhaltsrecht für Verwandte sowie beim Familien- und Trennungsunterhalt endet die Unterhaltspflicht für die Zukunft mit dem Tod des Schuldners (§ 1615 I, § 1360a III, § 1361 IV 4). Im Gegensatz dazu lässt § 1586b die Unterhaltspflicht auf den Erben des Verpflichteten als Nachlassverbindlichkeit übergehen. Der Erbe haftet aber nur bis zur Grenze eines fiktiven Ehegattenpflichtteils (§ 1586b I 3), für dessen Berechnung die güterrechtl Besonderheiten der geschiedenen Ehe außer Betracht bleiben (§ 1586b II). Durch die Vorschrift wird die nach § 1584 vorrangige Haftung des Ehegatten vor den Verwandten beibehalten (krit zur rechtspolitischen Rechtfertigung *Roessink* FamRZ 1990, 924).

2 Die Haftungsverlagerung auf den Erben gilt auch für Unterhaltsansprüche nach Aufhebung einer Ehe gem § 1318 II 1, nicht aber für den Billigkeitsanspruch gem § 1318 II 2. § 1586b gilt entspr für den nachpartnerschaftlichen Unterhalt (§ 16 LPartG).

3 **2. Nachlassverbindlichkeit.** Der Anspruch löst eine Nachlassverbindlichkeit aus, für die der Erbe die Haftung gem §§ 1975ff (und bei fortgesetzter Gütergemeinschaft gem § 1489) beschränken kann (vgl Rn 15). Miterben haften gem §§ 2058ff grds als Gesamtschuldner.

4 **3. Rechtsnatur.** Der Anspruch behält seine Eigenheit als **familienrechtl Unterhaltsanspruch.** Deshalb gelten – abgesehen von den Besonderheiten gem Abs I S 1 und 2 – die allg unterhaltsrechtl Regeln weiter. So entfällt etwa der Unterhaltsanspruch, wenn der Berechtigte nicht mehr iSd §§ 1569ff bedürftig ist oder wieder geheiratet hat (§ 1586 I). Der Anspruch umfasst auch Vorsorgeunterhaltsanteile (§ 1578 III). Zeitgrenzen (vgl §§ 1578b, 1579) können den Erben entlasten, bevor der pflichtteilsbezogene Haftungsrahmen ausgeschöpft ist. § 1579 gestattet zwar, den Unterhaltsanspruch zu kürzen (BGH FamRZ 2003, 521; 2004, 614 m Anm *Büttner*), nicht aber die Haftsumme auf einen Betrag zu verkürzen, der den fiktiven Pflichtteil unterschreitet. Im Rahmen der negativen Härteklausel des § 1579 Nr 3 wird man schwere Verfehlungen gegen den Erben auch dann beachten müssen, wenn dieser nicht Angehöriger des Verstorbenen ist. Das Recht, eine Kapitalabfindung zu fordern (§ 1585 II), bleibt erhalten (str); es darf aber nicht in ein Recht verkehrt werden, den „fiktiven" Pflichtteil zu fordern.

5 Da der Anspruch ein familienrechtl Unterhaltsanspruch ist, den das Gesetz ausdrückl als Nachlassverbindlichkeit auf die Erben überleitet, ist die Forderung bei der Pflichtteilsberechnung vom pflichtteilserheblichen Nachlass (vgl § 2311) abzusetzen, damit Erbe und Pflichtteilsberechtigter die Unterhaltslast gemeinsam tragen (aA *Probst* AcP 191, 138ff).

6 **4. Wegfall der Beschränkungen.** Der Wegfall der Beschränkungen (§ 1581 II 2) bedeutet jedenfalls: Ein angemessener Eigenunterhalt des Erblassers ist nicht mehr zu berücksichtigen; die Unterhaltserwartungen eines neuen Ehegatten und von Kindern (§§ 1609, 1603 II) bleiben außer Betracht; denn deren Unterhaltsansprüche sind mit dem Tod des Verpflichteten erloschen (§ 1615 I, § 1360a III). Ist der neue Ehegatte allerdings gem § 1933 S 3 unterhaltsberechtigt, ergeben sich Probleme, wenn dieser und der geschiedene Ehegatte im Range gleichstehen.

7 **5. Bedarfsbemessung. a) Bedarfsfortschreibung.** Der geschiedene Ehegatte kann den „vollen" – also entweder den an den „ehelichen Lebensverhältnissen" ausgerichteten oder den angemessenen – Unterhalt (§ 1578 I 1 bzw § 1578b) fordern, aber nicht mehr. Zweifelhaft ist allerdings, von welcher Bezugsgröße bei der Ermittlung dieses Unterhalts auszugehen ist; denn mit dem Tod des Schuldners entfallen Einkünfte aus früherer Erwerbstätigkeit, aber auch bestimmte Ausgaben. Wegen des Wegfalls der (Erwerbs-)Einkünfte wird für die Mehrzahl der Fälle eine Herabsetzung des Unterhaltsanspruchs in Betracht kommen, und zwar bis zum völligen Wegfall. Die Begrenzungsregel stellt nicht mehr auf (die Verhältnisse des Erben und) die Ertragsfähigkeit des Nachlasses ab – schon gar nicht auf die Hälfte der Vermögenseinkünfte des Erblassers aus der letzten Zeit vor dem Erbfall wie das BGB der Urfassung (§ 1582 I 2 aF); sie begrenzt die Erbenschuld vielmehr auf einen fiktiven Pflichtteil (Abs I S 3) ohne Rücksicht auf eine Zeit, in der dieser Haftungsrahmen auszuschöpfen ist. Man kann deshalb die mit dem Tod entfallenen Erwerbseinkünfte des Erblassers schwerlich bei der Bemessung des Unterhaltsanspruchs außer Betracht lassen, sondern sollte die Unterhaltspflicht auf den Erben regelmäßig so übergehen lassen, wie sie den Erben beim Erbfall belastet hat (BGH FamRZ 2019, 1234) – bereinigt allerdings um „Grenzverbesserungen nach oben", die sich aus dem Wegfall der Billigkeitsbeschränkungen gem § 1581 ergeben. Auch eine Anpassung an gestiegene Lebenshaltungskosten ist statthaft (Celle FamRZ 1987, 1038) – dies aber nur bei der Unterhaltsrente, nicht bei der Haftsumme des fiktiven Pflichtteils. Auch wenn man so verfährt, kann der geschiedene Ehegatte nie mehr als einen „eheangemessenen Prozentsatz" der letzten Verteilungsmasse erhalten (und nicht 100 %, weil der Schuldner gestorben ist). Kinder, deren Unterhaltsansprüche erloschen sind, dürfen bei der Verteilung der Einsatzmasse auch nicht einfach hinweggedacht werden, sondern nur soweit, als sie eine „Mangellage" iSd § 1581 mitverursacht haben (str). Trotzdem kann die Unterhaltsschuld des Erben die Unterhaltsschuld des Erblassers unterschreiten – dann nämlich, wenn sich die Bedürftigkeit des Berechtigten nach dem Erbfall mindert (etwa wenn diesem Geschiedenen-Hinterbliebenen-Versorgung aus der gesetzl Unfallversicherung zusteht, § 66 SGB VII).

8 **b) Schadensersatz.** Verstirbt der Verpflichtete infolge eines Haftpflichtereignisses, das dem Grunde nach geeignet ist, für den Berechtigten einen Schadensersatzanspruch gem § 844 II (oder einer entspr Bestimmung eines

außerhalb des BGB geregelten Gefährdungshaftungsrechts) auszulösen, wird man unterscheiden müssen: Ein zu Lebzeiten des Verpflichteten nur aus dem Ertrag oder dem Vermögen bestr Unterhalt lässt einen Schadensersatzanspruch nicht entstehen, soweit die Verpflichtung der Erben reicht, weil nur die unterhaltsträchtige Vermögensmasse den Träger gewechselt hat (vgl den Ansatz in BGH NJW 1961, 2009). Hat der Verpflichtete dagegen den Unterhalt aus einem – nunmehr entfallenen – Erwerbseinkommen bestr, besteht im Hinblick auf § 843 IV ein Schadensersatzanspruch, der zum Vermögen des Berechtigten gehört und dessen Bedürftigkeit ausschließen sollte. Geht man demggü von einer gleichstufigen Haftung von Schädiger und Erben aus, sollte der Erbe nur Zug um Zug gegen Abtretung des Schadensersatzanspruchs zu leisten verpflichtet sein.

6. Haftungsgrenze. Abs I S 3 **begrenzt** die Haftung des Erben dem Betrag nach auf einen **fiktiven Pflichtteil**, der dem Berechtigten beim Fortbestand der Ehe zustünde, und zwar ohne Rücksicht auf den Güterstand, in dem die Ehegatten gelebt haben (Abs II). Das ist in mehrfacher Hinsicht problematisch: 9

a) Haftungssumme. Bei der Ermittlung der Haftsumme kommt es einmal auf die **Pflichtteilsquote** und zum anderen auf den **pflichtteilserheblichen** Nachlass an. Bei der Feststellung des für den Pflichtteil erheblichen fiktiven Ehegattenerbteils ist auf den Zeitpunkt des Erbfalls abzustellen und nach § 2310 zu verfahren. Deshalb ist (etwa) ein Abkömmling, der zwar die Scheidung, nicht aber den Erbfall erlebt hat, nicht mitzuzählen. Die Pflichtteilsquote richtet sich allein nach § 1931 I, II, §§ 2303, 2310. Sie beträgt neben Abkömmlingen ⅛, neben Verwandten der 2. Erbordnung ¼, und neben Großeltern ¼ bis 1/16. Da güterstandsbezogene Besonderheiten außer Betracht bleiben (Abs II), ist sie für alle geschiedenen Ehegatten gleich, die miteinander in Unterhaltswettbewerb treten, und zwar ohne Rücksicht auf die Lebenserwartung des Berechtigten. Bei der Ermittlung der Pflichtteilsquote sind zwar die Kinder aus einer späteren Ehe mitzuzählen, der spätere Ehegatte bleibt aber unberücksichtigt (bei Vor- oder Gleichrang des neuen Ehegatten problematisch, vgl auch Grü/*Brudermüller* Rn 7). 10

Über die Höhe der Haftsumme (nach Maßgabe dieser Quote) entscheidet die Größe des Gesamtnachlasses zur Zeit des Erbfalls (§ 2311) (und nicht das Vermögen des Erblassers zur Zeit der Scheidung). Von dessen Wert sind auch Nachlassverbindlichkeiten abzuziehen, die mit Rücksicht auf eine spätere, durch den Tod des Erblassers aufgelöste Ehe begründet worden sind – etwa die güterrechtl Ausgleichsforderung des überlebenden Ehegatten einer Zugewinngemeinschaftsehe. Zwar soll der Berechtigte so gestellt werden, „wie wenn die Ehe nicht geschieden worden wäre"; und beim Fortbestand der Ehe wäre die nächste Heirat unterblieben, die letzthin zu der Ausgleichsforderung geführt hat. Man kann aber die neue Ehe und deren Güterrecht nicht übergehen. Treten mehrere geschiedene Ehegatten in Unterhaltswettbewerb, so ist für jeden die Haftsumme verschieden. Bei der Ermittlung des fiktiven Pflichtteils ist vom pflichtteilserheblichen Nachlass der Betrag abzusetzen, der dem Berechtigten aus einer früher aufgelösten Ehe als Unterhalt zusteht. Dieser Betrag deckt sich aber nicht notwendig mit der Haftsumme, die als fiktiver Pflichtteil für den Partner aus der später aufgelösten Ehe auszuwerfen ist (so aber die amtl Begründung BT-Drs 7/650, 153). Die Haftsumme gibt vielmehr nur die Höchstgrenze an, bis zu der die Unterhaltsschuld des Erben abzusetzen ist, die ihrerseits gem § 2311 II 1 unter Berücksichtigung von Leibrentengrundsätzen und versicherungsmathematischen Berechnungen zu schätzen ist. Man verkürzte die Unterhaltserwartungen des Partners einer später aufgelösten Ehe sachwidrig, setzte man bei dessen fiktivem Pflichtteil die volle Haftsumme des Ehegatten einer früher aufgelösten Ehe ab, der nur eine geringe Lebenserwartung hat und zudem nur Teilunterhalt fordern darf. 11

Bei der Ermittlung der Haftsumme ist vom **Ist-Bestand** des aktiven Nachlasses auszugehen. Ergänzungspflichtige Schenkungen (§§ 2325ff) sind einzubeziehen (BGH FamRZ 2001, 282; 2003, 848). Ggü den nur fiktiven Pflichtteilergänzungsansprüchen des Unterhaltsberechtigten können sich Erben, die selbst pflichtteilsberechtigt sind, nicht auf § 2238 berufen (BGH FamRZ 2007, 1800; *Bömelburg* FF 2010, 144). Anders als die Unterhaltsrente (vgl Rn 7) ist die Haftsumme nicht der Geldentwertung oder gestiegenen Lebenshaltungskosten anzupassen – dies auch dann nicht, wenn der Wert des ererbten Vermögens später ansteigt. 12

b) Verzicht. Hat der geschiedene Ehegatte **Erbverzicht** ohne Pflichtteilsvorbehalt oder **Pflichtteilsverzicht** geleistet, entfällt auch die Unterhaltspflicht des Erben, nicht aber bei einem Erbverzicht mit Pflichtteilsvorbehalt; denn das Gesetz gewährt den – atypischen – Unterhaltsanspruch über den Tod des Unterhaltsschuldners hinaus gleichsam als Ersatz für den Verlust einer erbrechtl Nachlassteilhabe (BT-Drs 7/650, 151f), die ihrerseits einen überlebenden Ehegatten (auch) für verlorene Unterhaltserwartungen entschädigt. Bei einem Erbverzicht ohne Pflichtteilsvorbehalt oder bei einem Pflichtteilsverzicht hat der geschiedene Ehegatte aber nichts mehr zu erwarten, für das ihm ein Ersatz geboten werden müsste (*Dieckmann* FamRZ 1999, 1029 gegen *Pentz* FamRZ 1998, 1344). *Grziwotz* (FamRZ 1991, 1258) will aus Sorge um einen nicht beabsichtigten Verlust von Unterhaltsansprüchen über den Tod hinaus einem Pflichtteilsverzicht Auswirkungen auf den Unterhaltsanspruch versagen. Indes kann man sich gegen einen Verlust des Unterhaltsanspruchs gegen die Erben durch eine klare Unterhaltsvereinbarung schützen (*Dieckmann* FamRZ 1992, 633). 13

7. Verfahrensfragen. a) Familiensache. Trotz der Beziehung zum Erbrecht leitet sich der Anspruch nach wie vor aus der durch die Ehe begründeten gesetzl Unterhaltspflicht ab; er bleibt deshalb Familiensache iSd § 112 FamFG. 14

b) Haftungsvorbehalt. Der Erbe, der seine Haftung auf den Nachlass beschränken will, muss sich im Streit mit dem Berechtigten in der Entscheidung die Beschränkung vorbehalten lassen (§ 780 ZPO, BGH FamRZ 2017, 1317; 2019, 1234). Ist ein Titel gegen den Erblasser auf ihn gem § 727 ZPO umgeschrieben worden, so kann der Erbe Einwendungen gegen die Erteilung der Vollstreckungsklausel gem § 732 ZPO geltend machen und/oder 15

Antrag gem §§ 785, 767 ZPO erheben. Dies setzt allerdings eine Umschreibungsmöglichkeit gem § 727 ZPO voraus. Diese ist zu bejahen, weil der Unterhaltsanspruch derselbe bleibt (BGH FamRZ 2004, 1546).

16 **c) Begrenzung auf Pflichtteil.** Die Begrenzung der Unterhaltsschuld des Erben gem Abs I S 3 auf den fiktiven Pflichtteil schafft ebenfalls Verfahrensprobleme; denn sie ergibt sich von selbst und muss nicht vom Erben beantragt werden. Der Unterhaltsanspruch setzt also einen pflichtteilserheblichen Nachlass voraus; der Umfang dieses Nachlasses entscheidet darüber hinaus über die Zeit, in der die Unterhaltsrente zu zahlen ist. Deshalb müsste im Unterhaltsstreit zw dem Berechtigten und dem Gläubiger – strenggenommen – zunächst der „pflichtteilserhebliche" Nachlass ermittelt und sodann die Laufzeit der Rente festgelegt werden, weil der Gläubiger wegen der Haftungsbegrenzung keinen Anspruch auf eine zeitl unbeschränkte Unterhaltsrente hat. Der Gläubiger müsste sich also im Wege des Stufenantrags (§ 254 ZPO) zunächst Auskunft über den Bestand des Nachlasses gem §§ 1580, 2314 sichern und sodann die Rente mit ihrer Zeitgrenze festlegen lassen (§ 2314 begrenzt den Inhalt des Anspruchs insoweit, als nur Auskunft über den Bestand des Nachlasses gefordert werden kann, der für die Berechnung des fiktiven Pflichtteils maßgeblich ist (vgl Rn 9ff). Dieser Weg ist für den Berechtigten möglich, aber auch umständlich. Erachtet man demggü die Haftungsbegrenzung als Einwendung des Erben, so ist diese zwar im Unterhaltsstreit bereits zu berücksichtigen; man sollte dem verurteilten Erben aber wenigstens gestatten, die Erschöpfung der Haftsumme später mit der Vollstreckungsabwehrantrag (§ 767 ZPO) ohne Rücksicht auf die Sperre des § 767 II ZPO oder (richtiger) mit der Abänderungsantrag (§ 238 FamFG) geltend zu machen (BGH FamRZ 2001, 282) – und zwar ohne einen Vorbehalt, der dem Beschränkungsvorbehalt des § 780 ZPO entspricht.

17 **d) Insolvenz.** Die Unterhaltsschuld kann (auch) bei Nachlassinsolvenz (§§ 317ff InsO) nur bis zur Höchstgrenze des fiktiven Pflichtteils geltend gemacht werden. Der Anspruch zählt nicht zu den nachrangigen Forderungen iSd §§ 39, 327 InsO; er ist vor Pflichtteilsansprüchen zu erfüllen. Allerdings genießt er das Masseprivileg des § 100 InsO auch dann nicht, wenn der Erbe zugleich Familienangehöriger des Berechtigten ist.

18 **8. Unterhaltsvereinbarung.** Bei Unterhaltsverträgen sollten die Beteiligten klarstellen, was sie wollen: eine Unterhaltspflicht, die beim Tode des Schuldners erlischt, eine Unterhaltsrente auf Lebenszeit des Berechtigten, die aus dem Nachlass ohne die Beschränkung auf den „fiktiven" Pflichtteil zu zahlen ist, oder eine Unterhaltsrente, die zwar auf die Erben übergeht, aber nur mit der Begrenzung des § 1586b I 3. Ergibt eine Auslegung des Vertrags dies nicht, wird man die Lücke mit einem Rückgriff auf § 1586b schließen können, und zwar gleich, ob es sich um eine unselbständige oder selbständige Unterhaltsabrede handelt (aA für letztere *Hambitzer* FamRZ 2001, 201 mwN). Aber nicht jede Unterhaltsvereinbarung, die keine ausdrückl Bestimmung zur Regelung beim Tod des Unterhaltsschuldners enthält, muss bereits zu der Annahme führen, die Unterhaltslast sei vererblich. Standen etwa dem Verpflichteten bei Abschluss der Vereinbarung nur Erträge aus dem Einsatz der Arbeitskraft als Unterhaltsmittel zur Verfügung und konnte mit einem nennenswerten Nachlass nicht gerechnet werden, kann bereits eine erg Vertragsauslegung den Ausschluss der Unterhaltspflicht für den Erben ergeben.

19 Besonders wichtig ist es, den Parteiwillen klarzustellen, wenn der Unterhaltsvereinbarung ein Erbverzicht ohne Pflichtteilsvorbehalt oder ein Pflichtteilsverzicht vorangegangen ist, an denen der Übergang der Unterhaltslast auf den Erben regelmäßig scheitert (vgl Rn 13).

20 **9. Unterhalt nach § 1933 S 3. a) Besonderheiten.** Hat der Tod eines Ehegatten die Ehe aufgelöst und darf der Berechtigte vom Erben gem § 1933 S 3 Unterhalt fordern, weil er sein Ehegattenerbrecht gem § 1933 S 1 eingebüßt hat, ist zu beachten: **aa)** Eine **Hinterbliebenenversorgung** (etwa gem § 46 SGB VI) mindert die Bedürftigkeit des Berechtigten. Der Unterhaltsanspruch zählt nicht zum Erwerbs- oder Erwerbsersatzeinkommen iSd § 18a SGB IV und ist deshalb nicht auf die Hinterbliebenenversorgung gem § 97 SGB VI anzurechnen (obwohl er bei der Berechnung des Vorsorgeunterhalts gem § 1578 III der Sache nach wie Erwerbsersatzeinkommen behandelt wird).

21 **bb) Anhängiges Verfahren.** War der Unterhaltsanspruch als Folgesache anhängig (§ 137 FamFG), erledigt sich das Verfahren in der Hauptsache mit dem Tod des Verpflichteten (§ 131 FamFG); der Unterhaltsstreit kann gegen den Erben auch nicht entspr § 141 FamFG fortgeführt werden (Düsseldorf FamRZ 2019, 744; vgl § 1585b Rn 10). Eine verkündete, aber noch nicht rechtskräftig gewordene Entscheidung wird wirkungslos (BGH FamRZ 1981, 245 für Versorgungsausgleich). Eine im Verfahren ergangene einstw Anordnung tritt gem § 56 FamFG außer Kraft und lässt sich daher nicht auf den Erben umschreiben. War der Unterhaltsanspruch anhängig, aber nicht in den Verfahrensverbund einbezogen, kommt eine Fortsetzung des Verfahrens gegen den Erben gem § 239 ZPO, § 113 I FamFG in Betracht.

22 **b) Todeszeitpunkt.** Der Tod tritt an die Stelle der Scheidung, soweit es um unterhaltsrechtl erhebliche Zeitpunkte geht – etwa bei den Einsatzzeitpunkten einzelner Unterhaltsansprüche (§§ 1571–1573, 1575), aber auch bei der Bestimmung der ehelichen Lebensverhältnisse (§ 1578 I 1).

23 **c) Mehrere Ansprüche.** Trifft der Unterhaltsanspruch eines geschiedenen Ehegatten (§ 1586b) mit dem Unterhaltsanspruch eines späteren Ehegatten (§ 1933 S 3) zusammen, ist bei der Bestimmung von dessen Haftsumme (Rn 11) der Wert des Unterhaltsanspruchs des geschiedenen Ehegatten abzusetzen, wenn dieser dem späteren Ehegatten im Range vorgegangen ist (§ 1609). Bei Ranggleichheit, etwa mit einem Anspruch nach § 1615l, ist der Bedarf auf Bedarfsebene mit der Dreiteilungsmethode zu bestimmen (BGH FamRZ 2019, 1234).

Untertitel 3
Versorgungsausgleich (§ 1587)

§ 1587 Verweis auf das Versorgungsausgleichsgesetz

Nach Maßgabe des Versorgungsausgleichsgesetzes findet zwischen den geschiedenen Ehegatten ein Ausgleich von im In- oder Ausland bestehenden Anrechten statt, insbesondere aus der gesetzlichen Rentenversicherung, aus anderen Regelsicherungssystemen wie der Beamtenversorgung oder der berufsständischen Versorgung, aus der betrieblichen Altersversorgung oder aus der privaten Alters- und Invaliditätsvorsorge.

Schrifttum: *Bachmann/Borth*, „Mütterrente" und Versorgungsausgleich aus dem Blickwinkel eines Trägers der gesetzl Rentenversicherung, FamRZ 2014, 1329; *Bachmann/Borth*, „Mütterrente II" und Versorgungsausgleich – Auswirkungen in der gesetzlichen Rentenversicherung, FamRZ 2019, 157; *Bachmann/Borth*, Die neue Grundrente der gesetzlichen Rentenversicherung und ihre Auswirkungen auf den Versorgungsausgleich, FamRZ 2020, 1609; *Bachmann/Borth*, Die Behandlung des Zuschlags an Entgeltpunkten für langjährig Versicherte im Versorgungsausgleich, FamRZ 2023, 750; *Bergmann*, Aktuelle Probleme des Versorgungsausgleichs, FuR 2013, 301, 429; *Bergmann*, Der Wegfall der Kürzung im Versorgungsausgleich, FamRB 2015, 314; *Bergmann*, Die Abänderung von Entscheidungen zum Versorgungsausgleich nach altem und neuem Recht, FamRB 2015, 472; *Bergner*, Nochmals: Die Höhe der schuldrechtlichen Ausgleichsrente nach einem Teilausgleich im öffentlich-rechtlichen Versorgungsausgleich, NJW 2007, 2668; *Bergner*, Die reformbedürftige Strukturreform des Versorgungsausgleichs, ZRP 2008, 211; *Bergner*, Ausgleich von Entgeltpunkten und „Bagatellklausel" (§§ 5, 10, 18 VersAusglG), FamFR 2010, 221; *Bergner*, Anwendung und Nichtanwendung der Bagatellklausel des § 18 VersAusglG, NJW 2010, 3269; *Bergner*, Das Unterhaltsprivileg der §§ 33, 34 VersAusglG, NJW 2010, 3545; *Bergner*, Kommentar zum reformierten Versorgungsausgleich (KomRefVA), 2009; *Bergner*, Das Unterhaltsprivileg, FPR 2011, 483; *Bergner*, Rechtmäßiger Ausgleich über den Halbteilungsgrundsatz hinaus oder rechtswidrige Enteignung?, FamFR 2012, 505; *Bergner*, Praxishinweise zum Versorgungsausgleich, FamFR 2012, 553; *Bergner*, Ausgleich von Versorgungsanrechten bei nachehezeitlichen Veränderungen, NJW 2012, 1330; *Bergner*, Ausgleich unberücksichtigt gebliebener Versorgungsanrechte, NJW 2012, 3757; *Bergner*, Vereinfachung des Wertausgleichs für den überlebenden Ehegatten, FamFR 2013, 29; *Bergner*, Ausgleich endgehaltsbezogener Versorgungsanrechte, FamFR 2013, 75; *Bergner*, Externe Teilung mit Begründung von Anrechten in der GRV, rv 2013, 161; *Bergner*, Der Ausgleich fondsgebundener Anrechte, NJW 2013, 2790; *Bergner*, Ausgleich von bereits bezogenen kapitalgedeckten Versorgungen, FamFR 2013, 507; *Bergner*, Neue Wege zum Ausgleich von Anrechten der Zusatzversorgung oder weiterhin Vorrang versicherungsmathematischer Grundsätze?, NZFam 2014, 49; *Bergner*, Kein Ausgleich von Kapitalanrechten beherrschender Gesellschafter-Geschäftsführer NZFam 2014, 349; *Bergner/Borth*, Das Unterhaltsprivileg nach § 33 VersAusglG, FamRZ 2013, 589; *Bergner/Schneider*, Die Abfindung von künftigen schuldrechtlichen Ausgleichsansprüchen nach § 1587l BGB, FamRZ 2004, 1766 und 1838; *Bergner/Schnabel*, Zur Notwendigkeit eines „Reparaturgesetzes" zum Versorgungsausgleich und zu Verfahrensmöglichkeiten bis zu einer Rechtsänderung, rv, Sonderbeil zu Heft 7/2011, 1; *Borth*, Versorgungsausgleich, 4. Aufl 2008, 6. Aufl 2012, 7. Aufl 2014, 8. Aufl 2017 und 9. Aufl 2021; *Borth*, Rechtsprechungsübersicht zum Versorgungsausgleich ab 1.4.1997, FamRZ 2001, 877; *Borth*, Rechtsprechungsübersicht zum Versorgungsausgleich ab 1.7.2000, FamRZ 2003, 889; *Borth*, Rechtsprechungsübersicht zum Versorgungsausgleich, FamRZ 2006, 1641; 2008, 2069; *Borth*, Aktuelle Probleme des reformierten Versorgungsausgleichs, FamRZ 2010, 1210; *Borth*, Doppelte Beitragslast zur Kranken- und Pflegeversicherung beim Wertausgleich nach der Scheidung, FamRZ 2011, 432; *Borth*, Ausgleich der im öffentlich-rechtlichen Versorgungsausgleich nicht erfassten Anwartschaftsdynamik einer Versorgung nach neuem Recht, FamRZ 2012, 601; *Borth*, Das Altersgeldgesetz des Bundes und dessen Umsetzung im Versorgungsausgleich, FamRZ 2013, 1788; *Borth*, Der Begriff eines verfestigten Anrechts gemäß § 19 II Nr. 1 VersAusglG, FamRZ 2014, 270; *Borth*, Unverbindlichkeit der Übergangsvorschriften der Zusatzversorgung des öffentlichen Dienstes – Auswirkungen auf den Versorgungsausgleich, FamRZ 2015, 548; *Borth*, Das Bundeswehr-Attraktivitätssteigerungsgesetz und das Familienrecht, FamRZ 2016, 99; *Borth*, Bestimmung des Ausgleichswerts einer kapitalgestützten Versorgung bei bereits laufenden Rentenleistungen, FamRZ 2016, 764; *Borth*, Ausgleich eines ausländischen Anrechts durch Anordnung einer Abfindungszahlung trotz bestehender Ausgleichssperre gemäß § 19 III VersAusglG, FamRZ 2016, 1638; *Borth*, Ausgleich einer ausländischen betrieblichen Altersversorgung, FamRZ 2019, 98; *Borth*, Der Entwurf eines Gesetzes zur Änderung des Versorgungsausgleichsrechts, FamRZ 2020, 1801; *Borth*, Das Gesetz zur Änderung des Versorgungsausgleichsrechts, FamRZ 2021, 1337; *Braun*, Bedarfsorientierte Grundsicherung, SGb 2003, 237; *Braun/Siede*, Urteil des BVerfG vom 26.5.2020 zu § 17 VersAusglG – Grundlagen und Konsequenzen, FamRB 2021, 160 und 216; *Bredthauer*, Vereinbarungen über den Versorgungsausgleich, FPR 2009, 501; *Brudermüller/Klattenhoff*, Verletztenrente und Unterhalt, FuR 1993, 333; *Brudermüller*, Die Entwicklung des Familienrechts seit Mitte 2005, NJW 2006, 3184; *Brudermüller*, Die Entwicklung des Familienrechts seit Mitte 2009 – Güterrecht und Versorgungsausgleich, NJW 2010, 3198; *Bührer*, Der Tod im Versorgungsausgleich, FamRZ 2019, 1846; *Cirullies*, Sanktionsmöglichkeiten im Versorgungsausgleichsverfahren bei fehlender Mitwirkung der Beteiligten, FamRZ 2012, 157; *Dauner-Lieb*, Plädoyer für eine Weiterentwicklung der sog. Kernbereichslehre, FF 2010, 343; DRV, Versorgungsausgleich in der GRV, 14. Aufl 2020 (zit: DRV-Komm-VersA); 8. Aufl 2007 (zit: *Maier/Michaelis*[8]); *Dutta/Guhling/Klinkhammer*, Das Familienrecht in seiner grossen Vielfalt, 2022 (zit.: Bearb, FS Dose); *Eichenhofer*, Ausschluss des Versorgungsausgleichs kraft Gesetzes, FuR 1994, 65; *Eichenhofer*, Zukünftiger Anwendungsbereich des schuldrechtlichen Versorgungsausgleichs (künftig: schuldrechtliche Ausgleichszahlungen), FPR 2009, 211; *Ellger*, Zum Verfahren der Realteilung in der privaten Rentenversicherung, FamRZ 1986, 513; *Engbroks/Heubeck*, Aktuelle Aspekte zum Übertragungswert und zum ehezeitbezogenen Ausgleichswert, BetrAV 2009, 16; *Eulering*, Die Bagatellklausel des § 18 VersAusglG, ZFE 2011, 93; *Gessner*, Wegfall der Höherversicherung ab 1.1.1998, DAngVers 1998, 48; *Glockner*, Die betriebliche Altersversorgung beim Versorgungsausgleich, FamRZ 1988, 777; *Glockner*, Bewertung von Betriebsrenten bis zur Strukturreform, FamRZ 2003, 1233; *Glockner/Goering*, Die Änderungen des Betriebsrentengesetzes und ihre Berücksichtigung im Versorgungsausgleich, FamRZ 2002, 282; *Glockner/Hoenes/Weil*, Der Versorgungsausgleich, 2. Aufl 2013; *Göhde*, Abschaffung des Rentnerprivilegs und deren Übergangsregelung in § 268a SGB VI durch die Strukturreform des Versorgungsausgleichs, FamFR 2010, 555; *Götsche*, Umstellung von Alt auf Neu: Die Abänderung der Versorgungsausgleichsentscheidung nach § 51 VersAusglG, ZFE 2010, 324; *Götsche*, Das Unterhaltsprivileg im reformierten Versorgungsausgleich, ZFE 2010, 407; *Götsche*, Die kurze Ehe im Versorgungsausgleich, FamRB 2011, 26; *Götsche*, Versorgungsausgleichskasse – die Qual der Wahl, FamRB 2013, 151; *Götsche*, Einseitige Gestaltungsmöglichkeiten im Versorgungsausgleich, FuR 2013, 8, 71; *Götsche*, Die gekündigte Rentenlebensversicherung im Zugewinn-/Versorgungsausgleich – Zugleich Besprechung von OLG Köln v 2.5.2013 – 4 UF

33/13, FamRB 2014, 65; *Götsche*, Die Ausübung von Rentenwahlrechten im Zugewinn-/Versorgungsausgleich, FamRB 2015, 354; *Götsche*, Die Beamtenscheidung, FF 2016, 15; *Götsche*, Die Rechtsprechung zum Versorgungsausgleich seit dem Jahr 2015, NZFam 2016, 635, 685; *Götsche/Rehbein/Breuers*, Versorgungsausgleichsrecht, Handkommentar, 3. Aufl 2018 (zit: NK-VersA/*Bearbeiter*); *Götz/Schwenzer/Seelmann/Taupitz*, Familie – Recht – Ethik, 2014 (zit: *Bearbeiter*, FS Brudermüller); *Greßmann/Klattenhoff*, Ausgleich von Anrechten aus der Alterssicherung der Landwirte ab 1995, FamRZ 1995, 577; *Gutdeutsch*, Das Unterhaltsprivileg nach neuem Recht, FamRB 2010, 149; *Gutdeutsch*, Bagatellgrenze in der GRV, FamRZ 2010, 949; *Gutdeutsch*, Das Unterhaltsprivileg im Verbund, FamRZ 2010, 1140; *Gutdeutsch/Hoenes/Norpoth*, Die „Rentnerfalle" – nur falsche Rechtsanwendung?, FamRZ 2012, 73; *Gutdeutsch/Hoenes/Norpoth*, Offene Tenorierung – nicht nur ein Problem fondsgebundener Anrechte, FamRZ 2012, 597; *Gutdeutsch/Hoenes/Norpoth*, Zur Akzessorietät des Versorgungsausgleichs und deren Konsequenzen für Problemfälle, FamRZ 2013, 414; *Häußermann*, 10 Fallstricke des neuen Versorgungsausgleichs, FPR 2009, 223; *Hahne*, Betriebsrenten im Versorgungsausgleich, BetrAV 1995, 271; *Hahne*, Regelungsbefugnisse der Ehegatten nach der Strukturreform des Versorgungsausgleichs, FamRZ 2009, 2041; *Hauck/Noftz*, SGB VI, Stand 09/19, zit: *Bearbeiter* in Hauck/Noftz; *Hauß*, Der Verzicht auf Bagatellausgleiche im neuen Versorgungsausgleichsrecht, FPR 2009, 214; *Hauß*, Praktische Fragestellungen des neuen Versorgungsausgleichs, FamRB 2010, 251; *Hauß*, Halbteilungsgrundsatz bei externer Teilung von Betriebsrenten, FamRZ 2011, 88; *Hauß*, Ein Jahr neues Versorgungsausgleichsrecht im neuen Verfahrensrecht, FPR 2011, 26; *Hauß*, Plausibilitätskontrolle von Versorgungsbewertungen im Versorgungsausgleich, FamRB 2011, 156; *Hauß*, Die Abänderbarkeit von Versorgungsausgleichsentscheidungen nach neuem Recht, NJW 2013, 1761; *Hauß*, Noch einmal: Die Qual der Wahl einer Zielversorgung, FamRB 2013, 223; *Hauß*, Startgutschriften der VBL für rentenferne Versicherte vom BGH ein zweites Mal gekippt, FamRB 2016, 238; *Hauß/Eulering*, Versorgungsausgleich und Verfahren in der Praxis, 2009; *Hauß/Bührer*, Versorgungsausgleich und Verfahren in der Praxis, 2. Aufl 2014; *Höfer*, Die Neuregelung des Betriebsrentengesetzes durch das Alterseinkünftegesetz, DB 2004, 1426; *Hoffmann/Raulf/Gerlach*, Berechnung des Ausgleichswertes von Lebensversicherungen, FamRZ 2011, 333; *Holzwarth*, Die Übergangsbestimmungen in §§ 48–54 VersAusglG, FamRZ 2009, 1884; *Holzwarth*, Der Kapitalverzehr zwischen Ehezeitende und Vollzug des Versorgungsausgleichs bei kapitalgedeckten Anrechten, FamRZ 2013, 420; *Hoppenz*, Zur Gleichwertigkeit von Versorgungs- und Zugewinnausgleich bei der Inhaltskontrolle von Eheverträgen, FamRZ 2015, 630; *Hoppenz* (Hrsg.), Familiensachen, 9. Aufl 2009; *Hufer/Karst*, Gesellschafter-Geschäftsführer-Pensionszusagen im Versorgungsausgleich, BetrAV 2016, 297; *Jaeger*, Halbteilungsgrundsatz bei externer Teilung von Direktzusagen im Versorgungsausgleich verletzt, FamRZ 2010, 1714; *Kemper*, Die Übergangsregelungen des Gesetzes zur Strukturreform des Versorgungsausgleichs, FPR 2009, 227; *Kemper*, Das Übergangsrecht des FGG-Reformgesetzes, FPR 2010, 69; *Kemper*, Die Abänderung von Altentscheidungen zum Versorgungsausgleich, FuR 2010, 189; *Kemper*, Das familienrechtliche Mandat, Versorgungsausleich, 2. Aufl. 2017 (zit: *Kemper*, VersA Kap Rn); *Kemper*, Wann endet eigentlich die Ehe, FamFR 2013, 51; *Kemper*, Vergessene, verschwiegene und übersehene Anrechte im Versorgungsausgleich, FamFR 2013, 457; *Kemper*, Die Einflussnahme auf Versorgungsanrechte durch Optionsausübung und ihre Grenzen, NZFam 2014, 343; *Kirchmeier*, Neuregelung des handelsrechtlichen Rechnungszinses für Pensionsrückstellungen – Auswirkungen auf den Versorgungsausgleich, FamRZ 2016, 956; *Kirchmeier*, Empfehlungen zur externen Teilung gem § 17 VersAusglG, FamRZ 2016, 2059; *Klattenhoff*, Die private Lebensversicherung im Versorgungsausgleich, NZS 1994, 537; *Klattenhoff*, Der Versorgungsausgleich in der Alterssicherung der Landwirte, NZS 1995, 337, 393; *Klattenhoff*, Wiederauffüllungsbeträge nach § 187a SGB VI und Versorgungsausgleich, DAngVers 1997, 129; *Klattenhoff*, Probleme der Umrechnung nicht volldynamischer Anrechte im Versorgungsausgleich, DRV 2000, 685; *Klingbeil*, Der Weg zur bedarfsorientierten Grundsicherung, DAngVers 2002, 129; *Langenfeld*, Inhalts- und Ausübungskontrolle bei Vereinbarungen nach den Reformen, FPR 2009, 497; *Lucius/Veit/Groß*, Ermittlung von Teilungskosten im Versorgungsausgleich, BetrAV 2011, 52; *Müller*, Anwendbarkeit von § 5 I VAHRG bei der Möglichkeit des Rentenbezugs durch den ausgleichsberechtigten Ehegatten?, FamRZ 2005, 1721; *Münch*, Missbrauchs- statt Halbteilungskontrolle – von § 1587o BGB zu § 8 Abs I VersAusglG, FamRB 2010, 51; *Münch*, Versorgungsausgleich und Besteuerung – BMF zum neuen Versorgungsausgleich, FamRB 2010, 284; *Münch*, Vereinbarungen zum Versorgungsausgleich, FPR 2013, 312; *Niehaus*, Versorgungsausgleich und BetrAV: Kosten und Kostenersatz, BetrAV 2011, 140; *Noe/Steffens*, Gewährung einer Teilhabe an der Hinterbliebenenversorgung nach § 25 VersAusglG, NZFam 2018, 150; *Norpoth*, Der neue Versorgungsausgleich, FamRB 2009, 288; *Norpoth*, Vorzeitiger Ruhestand zwischen Ehezeitende und Versorgungsausgleich, FamFR 2013, 363; *Norpoth*, Härtefallregelungen und das Versicherungsprinzip, FamFR 2013, 387; *Norpoth*, Landesrechtliche Übergangsregelungen zum Pensionärsprivileg im Versorgungsausgleich, FamRB 2014, 109; *Norpoth*, Alles auf „Reset"? Betriebliche Anrechte im Versorgungsausgleich nach der „Telekom"-Entscheidung des BGH, NZFam 2015, 448; *Norpoth*, Die Berücksichtigung nachehelicher Veränderungen im Wertausgleich bei der Scheidung, FamRZ 2016, 677; *Norpoth*, Berücksichtigung der nachehezeitlichen Dynamik endgehaltsbezogener Anrechte im Versorgungsausgleich – ein Missverständnis?, NZFam 2016, 105; *Norpoth*, Betriebliche Anrechte im Abänderungsverfahren nach § 51 VersAusglG, BetrAV 2016, 199; *Norpoth*, Grobe Unbilligkeit im Versorgungsausgleich, NJW 2018, 3627; *Norpoth*, Der Tenor im Wertausgleich bei der Scheidung, NZFam 2019, 754; *Norpoth*, Außengrenzen im Versorgungsausgleich, in: 200 Jahre Oberlandesgericht Hamm/insbesondere, 2020, 207 (zit: *Norpoth*, FS Hamm); *Norpoth*, Anpassung des Versorgungsausgleichs wegen Unterhalt, FF 2022, 98; *Prölss/Martin*, Versicherungsvertragsgesetz, 31. Aufl 2021; *Rehme*, Rechtliche und rechtspolitische Bedenken gegen das Ausgleichskonzept im Diskussionsentwurf des Bundesministeriums der Justiz v. 29.8.2007 für ein Gesetz zur Strukturreform des Versorgungsausgleichs, FamRZ 2008, 738; *Roessink*, Direktversicherungen im Ausgleich zwischen Ehegatten, FamRB 2010, 282; *Ruland*, Das Gesetz über weitere Maßnahmen auf dem Gebiet des Versorgungsausgleichs, NJW 1987, 345; *Ruland*, Die vorgesehene Strukturreform des Versorgungsausgleichs, NZS 2008, 225; *Ruland*, Versorgungsausgleich, 4. Aufl 2015; *Ruland*, Steuerrechtliche Folgen des Versorgungsausgleichs, FamRZ 2009, 1456; *Ruland*, Interne Teilung von Anrechten in der GRV, FamRZ 2013, 169; *Ruland*, Fondsgebundene Versicherungen – Externer Ausgleich und Wertveränderungen nach dem Ende der Ehezeit, FamFR 2013, 243; *Ruland*, Die Entscheidung des EuGH zur Nachversicherung und ihre Auswirkungen auf den Versorgungsausgleich, FamRZ 2016, 1831; *Schmeiduch*, Die Berechnung von Anwartschaften nach dem In-Prinzip im Versorgungsausgleich, FamRZ 1983, 119; *Schmeiduch*, Rentenanwartschaften aus flexiblen Arbeitszeitregelungen im Versorgungsausgleich, FamRZ 1999, 1035; *Schmidt/Bührer*, Versorgungsausgleich und Steuerrecht der Altersversorgung für die Praxis, FamRZ 2010, 1608; *Scholer*, Versorgungsausgleich in der betrieblichen Altersversorgung – das Gesetz zur Umsetzung der EU-Mobilitätsrichtlinie und seine Auswirkungen auf den Versorgungsausgleich, FamRZ 2017, 1821; *Schürmann*, Alte Versorgungsausgleichssachen und neues Verfahrensrecht, FamRZ 2009, 1800; *Schulz/Hauß*, Familienrecht, 3. Aufl 2018 (zit: NK-FamR/*Bearbeiter*); *Schwab/Dose*, Familienrecht in Praxis und Theorie, 2012 (zit: *Bearbeiter*, FS Hahne); *Schwamb*, Erste Rspr zum Unterhaltsprivileg gem §§ 33, 34 VersAusglG, NJW 2011, 1648; *Schwamb*, Wermutstropfen in den Entscheidungen des BGH zu § 18 VersAusglG: keine kumulative Prüfung der Abs. 1 und 2 bei gleichartigen Anrechten, FamRB 2012, 89; *Schwamb*, Weder „Werteverzehr" noch nachehezeitliche Änderung iSd § 5 Abs 2 Satz 2 VersAusglG und dennoch soll gelten „Was weg ist, ist weg", FamRB 2016, 240;

Schwamb, Externe Teilung fondsgebundender Anrechte, NZFam 2019, 759; *Siede*, Wesentlichkeit einer Wertänderung als Voraussetzung der Abänderung einer Altentscheidung über den Versorgungsausgleich, FamRZ 2018, 729; *Tausch*, Angemessene Obergrenzen der Teilungskosten für Direktzusagen – eine kritische Analyse, FamRZ 2019, 1912; *Triebs*, Grundsatz der internen Teilung nach dem Versorgungsausgleichsgesetz, FPR 2009, 202; *Voucko-Glockner/Vogts*, Einstweiliges Weitergelten des Pensionärsprivilegs in der Beamtenversorgung der Länder, FamRZ 2010, 950; *Voucko-Glockner/Weil*, Der Versorgungsausgleich anlässlich der Scheidung, 2020; *Weil*, Die Abänderung von Altentscheidungen im Versorgungsausgleich, FF 2010, 195; *Wick*, Die Zusatzversorgung des öffentlichen Dienstes im öffentlich-rechtlichen Versorgungsausgleich – vor und nach der Strukturreform, FamRZ 2008, 1223; *Wick*, Vereinbarungen über den Versorgungsausgleich – Regelungsbefugnisse der Ehegatten, FPR 2009, 219; *Wick*, Der Versorgungsausgleich nach der Strukturreform, FuR 2009, 482; *Wick*, Möglichkeiten und Grenzen von Vereinbarungen über den Versorgungsausgleich nach der Reform, FuR 2010, 301 und 376; *Wick*, Versorgungsausgleich, 4. Aufl 2017; *Wick*, Mandatstaktik: VA trotz kurzer Ehezeit?, FK 2022, 71.

I. Grundlagen. 1. Einführung. Der VersA findet bei Auflösung der Ehe durch Ehescheidung (§ 1587) oder Eheaufhebung (§ 1318 III, § 1320 II) statt, und zwar selbst dann, wenn die Ehegatten einander nach Scheidung und Abtrennung des VersA erneut geheiratet haben (BGH FamRZ 1983, 465). Ein vorzeitiger Ausgleich (entspr § 1385) ist nicht möglich, jedoch kommt für Anrechte der GRV ein Rentensplitting unter Ehegatten gem § 120a SGB VI in Betracht. Die Einführung des VersA geht auf das **1. EheRG** v 14.6.1976 (BGBl I 1976, 1421) zurück (vgl *Ruland* NJW 1976, 1713). Er ist mWv 1.7.1977 an die Stelle der – für zuvor ausgesprochene Scheidungen weiterhin maßgebenden – Regelungen über die Geschiedenen-Hinterbliebenenrente (§ 243 SGB VI; vgl *Skorzik* Kompass 2000, 27) und über den beamtenrechtl Unterhaltsbeitrag an den geschiedenen Ehegatten (§ 86 I BeamtVG iVm § 125 II BBG aF oder entspr Landesrecht) getreten. Im **Beitrittsgebiet** ist das Recht des VersA am 1.1.1992 in Kraft getreten, und zwar – aus verfassungsrechtl Gründen (vgl BT-Drs 15/877, 15; 13/6649) – ebenfalls nur mit Wirkung für **künftige** Ehescheidungen (Art 234 § 6 EGBGB). Für eingetragene **Lebenspartner** wird in § 20 LPartG auf das VersAusglG verwiesen. **Kraft Gesetzes** gilt der VersA aber nur für die seit dem 1.1.2005 begründeten Lebenspartnerschaften, § 20 IV LPartG. Zu den Problemen bei Umwandlung einer Lebenspartnerschaft in eine Ehe vgl *Siede* FamRZ 2018, 1ff. 1

2. Halbteilungsgrundsatz. Der VersA beruht auf demselben Grundgedanken wie der Zugewinnausgleich, nämlich dass die während der Ehe erworbenen Versorgungsanrechte von beiden Ehegatten gemeinsam erarbeitet werden und deswegen nach dem Scheitern der Ehe auf beide Ehegatten hälftig zu verteilen sind (BVerfG FamRZ 1980, 326; MüKo/*Siede* § 1 VersAusglG Rn 3). Er stellt sich verfassungsrechtl als Eingriff in Eigentumspositionen iSd Art 14 GG dar, der durch den Schutz der Ehe (Art 6 I GG) und durch das Gebot der Gleichbehandlung (Art 3 GG) gerechtfertigt oder sogar geboten ist (BVerfG FamRZ 2020, 1078, 1081; FamRZ 2006, 1002, 1003). Da die Leistungen der Ehegatten, die sie im Rahmen der von ihnen in gemeinsamer Entscheidung getroffenen Arbeits- und Aufgabenzuweisung erbringen, als gleichwertig anzusehen sind (vgl BVerfGE 105, 1, 11 = BVerfG FamRZ 2002, 527), haben beide Ehegatten grds auch Anspruch auf **gleiche Teilhabe am gemeinsam Erwirtschafteten,** das ihnen zu gleichen Teilen zuzuordnen ist (BVerfG FamRZ 2006, 1000). Ob der Halbteilungsgrundsatz seinerseits Verfassungsrang hat, ist aber zweifelhaft (*Nedden-Boeger* FS Dose, 361, 371 unter Verweis auf BVerfG, FamRZ 2020, 1078 – juris Rn 92). Der BGH (FamRZ 2011, 877, 878) hält daneben eine gegenseitige eheliche Pflicht, die Altersvorsorge sicherzustellen, für eine Grundlage des VersA. 2

Bei der Einführung des VersA durch das 1. EheRG v 14.6.1976 waren es insb die **Frauen**, deren Alterssicherung nach gescheiterter Hausfrauenehe mangelhaft war und denen der Gesetzgeber eine **eigenständige soziale Sicherung** für den Fall des Alters und der Invalidität verschaffen wollte (BT-Drs 7/650, 155; 7/4361, 18; Einzelheiten bei *Borth*[7] VersA Rn 1–3). Trotz eines mittlerweile deutlich gewandelten Rollenverständnisses in der verschiedengeschlechtlichen Ehe profitieren auch heute noch überwiegend Frauen von der Durchführung des VersA, weil sie oft über geringere Einkünfte verfügen als Männer (*Ruland* VersA Rn 81ff; Statistisches Bundesamt, Pressemitteilung 036 v 30.1.2023: 18 % Gehaltsunterschied im Jahr 2022) und in der Familiengründungsphase häufiger als diese bereit sind, eine erziehungsbedingte Berufspause einzulegen – nicht selten mit anhaltenden Nachteilen für Beruf und Einkommen. Die **rechtspolitische Legitimation** des VersA wird in den Fällen von Doppelverdienerehen, in denen die Durchführung des VersA über den Ausgleich ehebedingter Nachteile hinausgeht, angezweifelt (dazu ausf Erman/*Wellenhofer*[12] Vor § 1587 Rn 3f); daraus ergeben sich aber (wie in der vergleichbaren Situation beim Zugewinnausgleich) **keine verfassungsrechtl Bedenken** (zB BVerfG FamRZ 2003, 1173, 1174). 3

II. Strukturreform. 1. Altes Recht. Der bis zum 31.8.2009 geltende VersA (zu dessen Rechtsentwicklung ausf Erman/*Wellenhofer*[12] Vor § 1587 Rn 5–8; *Ruland* VersA Rn 1–23) basierte auf dem Prinzip des **Einmalausgleichs in der GRV** mithilfe der Saldierung. Dazu wurden die nicht in der GRV oder Beamtenversorgung erworbenen Anrechte mit Hilfe der sog BarwertVO umgerechnet und mit gesetzl Rentenanrechten vergleichbar gemacht, wenn sie nicht in vergleichbarer Weise sowohl im Anwartschafts- als auch im Leistungsstadium der Inflation angepasst wurden. Dazu wurde für diese Anrechte ein Barwert errechnet und fiktiv in die GRV eingezahlt. 4

2. Problemlage. Die Methode der Vergleichbarmachung nach altem Recht geriet in den Jahren vor der Reform immer wieder in die Kritik: nachdem die Steigerungszahlen in der GRV und der Beamtenversorgung zu stagnieren begannen, lief die Umrechnung von Anrechten idR auf eine teils erhebliche Unterbewertung hinaus. Die Problematik wurde aber zu Unrecht immer wieder allein an der BarwertVO festgemacht, die wegen der Verwendung veralteter biometrischer Daten/Zinssätze mehrfach das BVerfG beschäftigte (BVerfG FamRZ 1999, 279; 2002, 527; 2006, 1000ff und 1002ff m Anm *Borth/Glockner,* 1004). Das eigentliche ungelöste Problem war, dass mit demselben Kapital Rentenanwartschaften von höchst unterschiedlichem Wert bei den unterschiedlichen 5

Versorgungsträgern begründet werden konnten (*Bergner* FPR 2007, 142). Die Umrechnung des Barwertes in **Anrechte der GRV** führte damals häufig zu einer erheblichen Entwertung insb privater Versorgungsanrechte. Zwar existierte mit dem Abänderungsverfahren nach § 10a VAHRG aF eine Korrekturmöglichkeit. Von dieser Möglichkeit wurde aber von den benachteiligten Beteiligten – wohl auch aus Unkenntnis – in einem so geringen Ausmaß Gebrauch gemacht, dass der Gesetzgeber Handlungsbedarf sah.

6 **3. Lösungsansatz des neuen Rechts.** Die Verwirklichung des Halbteilungsgrundsatzes wurde deshalb mit dem VAStrRefG auf eine neue Grundlage gestellt (Grü/*Siede* Einl VersAusglG Rn 2). Der Gesetzgeber des VAStrRefG wollte durch das neue Konzept des **anrechtsbezogenen Hin-und-Her-Ausgleichs**, das auf eine **Realteilung** sämtlicher beiderseitiger Versorgungsanrechte hinausläuft, eine Vergleichbarmachung der Anrechte weitgehend unnötig machen, insb vor dem Hintergrund eines sich ausweitenden Marktes an Altersvorsorgeprodukten. Sein Ziel war es, bereits zum Zeitpunkt der Scheidung eine vollkommene Halbteilung der erworbenen Anrechte/Anwartschaften zu erreichen, die einer Abänderung praktisch nicht mehr bedarf. Erkauft wird dies durch eine mögliche **Zersplitterung** von Versorgungsanrechten. Dieser Zersplitterung können die Beteiligten aber durch **Vereinbarungen** begegnen, denen der Gesetzgeber durch einen Zuwachs an Privatautonomie mehr Raum gibt. So war eines der erklärten Ziele des Gesetzes, den VersA durch **Vereinfachung** anwenderfreundlich zu gestalten, damit ihn die Beteiligten besser verstehen und auf dieser Grundlage auch in einem erweiterten Rahmen einvernehmliche Lösungen im Einzelfall finden können. Dem dient ua die Zusammenfassung von Regelungen, die sich zuvor in verschiedenen Gesetzen befunden haben (BGB, VAHRG, VAÜG, BarwertVO), in einem einzigen Gesetz.

7 **4. Entstehungsgeschichte des neuen Rechts.** Im Jahr 2003 setzte das BMJ eine „Kommission Strukturreform des Versorgungsausgleichs" ein, die bereits im Jahr 2004 ihren Abschlussbericht vorlegte. Der Vorschlag lautete, Anrechte der primären Altersvorsorge (Beamtenversorgung, GRV, berufsständische Versorgungswerke) und der sekundären Altersvorsorge (betriebliche und private Altersvorsorge) getrennt zu saldieren und durch Realteilung auszugleichen, ferner bei kurzer Ehedauer und bei geringfügigen Unterschieden den VersA auszuschließen (näher *Ruland* NZS 2008, 225, 226 mwN). Im Sommer 2007 legte das BMJ einen Diskussionsentwurf vor, der in Abweichung vom Konzept der Kommission die Durchführung des VersA als Hin-und-Her-Ausgleich (Teilung jedes einzelnen Anrechts) vorschlug. Auf dieser Grundlage basiert ein RefE v 12.2.2008, der sodann in einen Gesetzentwurf des BR v 23.5.2008 (BR-Drs 343/08) und dem folgend in einen Gesetzentwurf der BReg v 20.8.2008 (BT-Drs 16/10144) mündete. Im Rechtsausschuss wurden hierzu nach Anhörung von Sachverständigen Änderungsvorschläge eingearbeitet (BT-Drs 16/11903). Mit diesen Änderungsvorschlägen ist der Gesetzentwurf am 12.2.2009 vom BT verabschiedet worden. Erste Änderungen in § 15 VersAusglG sind durch das Versorgungsausgleichskassengesetz (Art 9e Gesetz v 15.7.2009, BGBl I 2009, 1939, 1947) vorgenommen worden (dazu § 15 VersAusglG Rn 1, 11). Eine weitere (korrigierende) Änderung in § 15 IV VersAusglG ist durch Art 25 Jahressteuergesetz 2010 v 8.12.2010 (BGBl I 2010, 1768, 1801) umgesetzt worden (s § 15 VersAusglG Rn 1, 4a). Durch Gesetz v 9.12.2019 (BGBl I 2019, 2053) ist § 47a VersAusglG eingefügt worden. Einzelheiten s dort. Mit dem Gesetz zur Änderung des Versorgungsausgleichsrechts v 12.5.2021 (BGBl I 2021, 1085) wurden § 14 II, § 19 II und § 30 I VersAusglG geändert, die §§ 222 und 114 FamFG ergänzt, in § 226 II FamFG die für Abänderungsverfahren geltende Frist erweitert und in § 187 I Nr 2 lit c SGB VI die Anlagemöglichkeiten für Abfindungen iSd § 23 I VersAusglG ergänzt. Zu den Einzelheiten s § 14 VersAusglG Rn 5a, § 19 VersAusglG Rn 18a, § 23 VersAusglG Rn 3, § 30 VersAusglG Rn 3, § 52 VersAusglG Rn 4.

8 **III. Aktueller Stand der Kritik.** 14 Jahre nach Einführung des neuen Rechts steht fest, dass der VersA nicht einfacher geworden ist. Dieses Ziel hat sich, einerseits angesichts der vielfachen komplexen Probleme von Teilungsvorgängen bei den unterschiedlichen Altersvorsorgeprodukten, andererseits im Hinblick auf die Besonderheiten der unterschiedlichen berührten Rechtsgebiete (neben Familienrecht etwa Arbeitsrecht, Beamtenrecht, Privatversicherungsrecht, Sozialversicherungsrecht und Steuerrecht, jew unter Einschluss europarechtl Einflüsse) als illusorisch erwiesen. Die Strukturreform mit dem Hin-und-Her-Ausgleich macht aber teilw Probleme, insb bei der Anrechtsbewertung, jetzt besser sichtbar, welche auch unter dem alten Recht bestanden haben, dort aber eher verschleiert worden sind. In der aktuellen Diskussion finden sich ua folgende Probleme: Über Gegenstand und Wirkungen des Stichtagsprinzips besteht nach wie vor Unklarheit und Unsicherheit (s § 5 VersAusglG Rn 3ff). Krit erscheint, dass die ausgleichsberechtigte Person ihre Option für einen Wertausgleich nach der Scheidung nach § 19 II Nr 5 VersAusglG nF bei Teilung kapitalgedeckter Anrechte auf laufende Rente ohne anwaltliche Beratung ausüben kann (dazu s § 19 VersAusglG Rn 18c). Bei interner Teilung wird, da Entscheidungen über Korrekturen von Teilungsordnungen nur inter partes wirken, eine Zertifizierungsmöglichkeit für Teilungsordnungen gefordert (s § 11 VersAusglG Rn 8). Der Umgang mit (verpfändeten) Rückdeckungsversicherungen bei interner Teilung ist weiter nicht befriedigend gelöst (§ 11 VersAusglG Rn 3). Nachdem das BVerfG (FamRZ 2020, 1078) die Verfassungsmäßigkeit des § 17 VersAusglG bejaht, zugleich aber eine verfassungsgemäße Anwendung angemahnt hat, haben Rspr und Lit eine praktische Umsetzung der Entscheidung erarbeitet (s § 17 VersAusglG Rn 1). Ob Begrenzungsmöglichkeiten für den Unterhalt nach den §§ 1578b, 1579 im Verfahren nach den §§ 33f VersAusglG von Amts wegen zu berücksichtigen sind, ist weiter offen (§ 34 VersAusglG Rn 6). Das Ob und Wie der Berücksichtigung der neu eingeführten **Grundrente** ist Gegenstand der obergerichtlichen Auseinandersetzung (§ 43 VersAusglG Rn 23a). Weiter beschäftigt das Abänderungsverfahren nach § 51 VersAusglG die Familiengerichte; dabei ist es zu weiterer Klärung des Zusammenspiels mit § 31 I 2 VersAusglG gekommen (s § 51 VersAusglG Rn 14, 19). **Verfahrensrechtl** zu kritisieren sind die Unsicherheiten

über den Eintritt der Rechtskraft des Wertausgleichs bei der Scheidung bei unterbliebener Beteiligung von Versorgungsträgern bzw unterbliebener Zustellung der Entscheidung an diese (s Rn 16).

IV. Verhältnis zu sonstigen Scheidungsfolgen. 1. Unterschied und Abgrenzung zum Zugewinnausgleich. 9
Die Einbettung des VersA in das System der Scheidungsfolgen hat mehrere Dimensionen. Der VersA nimmt im Scheidungsfall eine **Zwitterstellung** ein: er vervollständigt die Regelungen zur Vermögensauseinandersetzung, indem er die Teilung des in der Ehe erworbenen **Altersvorsorgevermögens** regelt. Weil es sich bei den aus diesem Vermögen fließenden Leistungen aber idR um Renten handelt, sind die Auswirkungen eher **unterhaltsrechtl** Art. Das beeinflusst die Ausgestaltung der Regelungen zur Bewertung der auszugleichenden Anrechte, insb deren nachträgl Korrektur. Während die Bewertung des Endvermögens im Zugewinnausgleich stichtagsbezogen erfolgt (§ 1384) und nachträgl Korrekturen grds ausschließt, sind im VersA – zumindest bei interner Teilung und im Wertausgleich nach der Scheidung – auch nachträgl Wertveränderungen beachtlich, soweit sie auf rechtl Umständen beruhen; dies gilt – eingeschränkt – auch bei tatsächlichen Veränderungen (§ 5 II 2, IV 2 VersAusglG; dazu § 5 VersAusglG Rn 5ff; zur Einschränkung nach durchgeführtem VersA auf Anrechte der Primärversorgung s § 32 VersAusglG Rn 4ff und oben Rn 8). Als klärungsbedürftig hat sich sogar die Frage herausgestellt, welche Funktion der für den VersA maßgebliche Stichtag „Ehezeitende" tatsächlich hat (s § 5 VersAusglG Rn 3ff, § 9 VersAusglG Rn 5). Die Abgrenzung zum Zugewinnausgleich erfolgt über die Definition der vom VersA betroffenen Anrechte unter gleichzeitiger Klarstellung in § 2 IV VersAusglG, dass insoweit kein güterrechtl Ausgleich stattfindet (im Einz § 2 VersAusglG Rn 13f).

2. Kernbereichslehre. Die Einordnung des VersA hat auch Bedeutung für die Bewertung seiner Disponibilität 10
im Rahmen vertragl Vereinbarungen. Der BGH ordnet den VersA, auf gleicher Stufe mit dem Unterhalt wegen Alters, dem „Kernbereich" eingeschränkt disponibler Scheidungsfolgen zu, während der Zugewinnausgleich außerhalb dieses Bereichs gesehen wird (BGH FamRZ 2004, 601, 605; 2005, 185, 187; 2013, 269ff Rn 21; 2017, 884 Rn 36); diese nicht unproblematische Sicht ist durch die Rspr zur Funktionsäquivalenz – zu Recht – relativiert worden (eingehend § 8 VersAusglG Rn 3f, 9).

3. Unterschied und Abgrenzung zum Unterhalt. Vom Unterhaltsrecht unterscheidet sich der VersA dadurch, 11
dass seine Durchführung weder die Bedürftigkeit der ausgleichsberechtigten Person voraussetzt noch die Leistungsfähigkeit der ausgleichspflichtigen Person zur Bedingung hat (BGH FamRZ 2013, 1200 Rn 19; 1982, 258). Würde allerdings die Durchführung des VersA den notwendigen Selbstbehalt des Ausgleichspflichtigen gefährden, kann sie (teilw) grob unbillig iSd § 27 VersAusglG sein (näher § 27 VersAusglG Rn 8). Rentenleistungen prägen nach einer vom BGH im Zusammenhang mit seiner Surrogatsrspr (BGH FamRZ 2001, 986ff) vertretenen Ansicht, die sich durchgesetzt hat, den Bedarf nach den ehelichen Lebensverhältnissen iSd § 1578. Daran ändert die Durchführung des VersA nichts; diese beeinflusst lediglich die Verteilung der Renten und dem nachfolgend die Bedürftigkeit des Unterhaltsberechtigten und die Leistungsfähigkeit des Unterhaltspflichtigen (vgl BGH FamRZ 2002, 88, 91; 2003, 848, 851; zu den nachteiligen Folgen für den Unterhaltspflichtigen vgl *Franz* FamRZ 2010, 418, 419f). Auch ist irrelevant, ob die Anrechte vor, während oder nach der Ehe erworben wurden. Von diesem Grundsatz will der BGH eine Ausnahme für solche Rentenleistungen machen, die auf bestimmungsgemäß verwendetem **Altersvorsorgeunterhalt** beruhen: diese könnten nicht den Bedarf nach den ehelichen Lebensverhältnissen prägen, weil sie auf einer Scheidungsfolge beruhten; zudem werde der Unterhaltspflichtige doppelt belastet, wenn diese Renten den Bedarf erhöhten (BGH FamRZ 2003, 848, 852 m abl Anm *Hoppenz* 855). Dies rechtfertigt aber nicht die **Anrechnung entspr Renten** auf einen ohne sie errechneten Bedarf, weil nicht der Altersvorsorgeunterhalt selbst, sondern nur die **Verteilung der Altersvorsorge auf die** geschiedenen Ehegatten Scheidungsfolge ist. Für den **Elementarbedarf** steht der Altersvorsorgeunterhalt während der Ansparphase **beiden Ehegatten nicht zur Verfügung** (wie hier *Maier/Schachtschneider* § 1578 Rn 42).

V. Verfahren. Die **Verfahrensregelungen** zur Durchführung des VersA finden sich nahezu vollständig im 12
FamFG. Besondere Verfahrensregelungen für den VersA enthalten die §§ 217–229 FamFG. Das FamFG gilt auch für das **Beschwerdeverfahren** (BGH FamRZ 2018, 1765: keine zulassungsfreie Rechtsbeschwerde nach § 522 I 4 ZPO). Zu Besonderheiten beim Wertausgleich nach der Scheidung s auch Vor § 20 VersAusglG Rn 6.

1. Zuständigkeit. Für die Durchführung von Versorgungsausgleichsverfahren sind **funktionell** die **FamG** zu- 13
ständig, § 23b I GVG, § 111 Nr 7 FamFG. Die **örtliche Zuständigkeit** hängt nach § 218 FamFG zunächst davon ab, ob der VersA isoliert oder im Scheidungsverbund durchgeführt wird. Während der Anhängigkeit einer Ehesache ist das mit dieser Sache befasste erstinstanzliche Gericht auch für den VersA zuständig (§ 218 Nr 1 FamFG). Andernfalls richtet sich die örtliche Zuständigkeit nach § 218 Nr 2–5 FamFG.

2. Scheidungsverbund. Bei dem Scheidungsverbund (§ 137 II 1 Nr 1 iVm II S 2 FamFG) handelt es sich – 14
wie im alten Recht (§ 623 I iVm § 621 I Nr 6 ZPO aF) um einen **Zwangsverbund**, in den allerdings **nur der VersA bei Scheidung** (§§ 6–19 und 28 VersAusglG) einbezogen ist und der von Amts wegen eingeleitet wird. Deshalb gilt für den Antrag auf Durchführung des VersA bei kurzer Ehezeit (§ 3 III VersAusglG) nicht die zweiwöchige Frist des § 137 II 1 FamFG (Dresden MDR 2010, 1192). Ein VersA findet nicht statt, wenn die Beteiligten ihn durch Vereinbarung ausgeschlossen haben (§§ 6ff VersAusglG). Ist eine Ehe im Ausland ohne Durchführung des VersA geschieden worden, kommt unter den näheren Voraussetzungen des Art 17 IV EGBGB die isolierte Durchführung des VersA (bei Scheidung) in Betracht. Auch bei einer **Eheaufhebung** wird der entspr anwendbare (§ 1318 III) Wertausgleich bei Scheidung nur auf Antrag durchgeführt. Der Wertausgleich nach Scheidung wird nur auf Antrag in den Scheidungsverbund einbezogen, weil seine Voraussetzungen im Zeit-

punkt der Scheidung meistens noch nicht vorliegen. Eine **Abtrennung** des Versorgungsausgleichsverfahrens aus dem Scheidungsverbund war nach altem Recht in drei Fällen möglich, welche das neue Recht übernommen hat:

- eine Entscheidung zum VersA ist vor Auflösung der Ehe nicht möglich (§ 628 Nr 1 ZPO aF; § 140 II Nr 1 FamFG). Vorkommen kann dies, wenn anwendbare Regelungen zum VersA vor der Ehescheidung für verfassungswidrig erklärt werden (vgl Koblenz FamRZ 1997, 1218; Celle FamRZ 1997, 1218f);
- über Bestand oder Höhe einer auszugleichenden Versorgung ist noch ein anderweitiger Rechtsstreit anhängig (§ 628 Nr 2 ZPO aF; § 140 II Nr 2 FamFG);
- wegen außergewöhnlicher Verzögerung des Verfahrens stellt die gleichzeitige Entscheidung über den VersA eine unzumutbare Härte für einen Beteiligten dar, der deshalb die Abtrennung beantragt (§ 628 Nr 4 ZPO aF; § 140 II Nr 5 FamFG).

15 Nach § 140 II Nr 4 FamFG ist eine Abtrennung auch dann möglich, wenn seit Rechtshängigkeit des Scheidungsantrags drei Monate vergangen sind (ohne Zeiten des Trennungsjahres, wenn nicht die Voraussetzungen einer Härtefallscheidung vorliegen, § 140 IV FamFG), beide Ehegatten bei der Aufklärung der in den VersA einzubeziehenden Anrechte in der erforderlichen Weise mitgewirkt haben und übereinstimmend die Abtrennung beantragen.

16 **3. Beteiligung und Anwaltszwang.** Am Versorgungsausgleichsverfahren sind nach § 219 FamFG alle diejenigen zu beteiligen, in deren Rechte der VersA unmittelbar eingreift (allg: § 7 II Nr 1 FamFG), also die **Ehegatten/Lebenspartner**, § 219 Nr 1 (iVm §§ 269 I Nr 7, 270) FamFG, die **Versorgungsträger**, bei denen ein auszugleichendes Anrecht besteht, § 219 Nr 2 FamFG, und diejenigen, bei denen ein Anrecht begründet werden soll, § 219 Nr 3 FamFG (auch Ziel- und Auffangversorgungsträger: BGH FamRZ 2018, 429), ggf die **Hinterbliebenen** und die **Erben** der Ehegatten, § 219 Nr 4 FamFG, im Fall der Insolvenz eines Ehegatten der Insolvenzverwalter, sofern ein Versorgungsanrecht dieses Ehegatten zur Insolvenzmasse gehören kann (BGH FamRZ 2021, 1357 Rn 20ff mwN zum Streitstand). Zu der Frage, wann bei betrieblichen Anrechten auch der **Arbeitgeber** als Versorgungsträger zu beteiligen ist, s § 12 VersAusglG Rn 14f. Der Träger einer Rückdeckungsversicherung kann nach § 7 II Nr 1 FamFG zu beteiligen sein, wenn in seine Rechte eingegriffen wird (BGH FamRZ 2019, 1993 Rn 11f m Anm *Borth*). Den zu beteiligenden Personen muss die Entscheidung über den VersA schriftlich bekannt gegeben werden (§ 41 FamFG), um rechtskräftig werden zu können. Die Beschwerdefrist von einem Monat (§ 63 I FamFG) beginnt erst mit der Zustellung der Entscheidung. Nur wenn die schriftliche Bekanntgabe des Beschl an einen Beteiligten nicht bewirkt werden kann, läuft auch ohne diese Bekanntgabe eine Ersatzfrist von fünf Monaten nach Erlass des Beschl (§ 63 III FamFG). Streit besteht über die Folgen, wenn das Familiengericht einen zu beteiligenden Versorgungsträger nicht beteiligt hat, so dass ihm auch die Entscheidung nicht zugestellt wird. Nach inzwischen herrschender Auffassung wird in derartigen Fällen die Entscheidung nicht rechtskräftig und beginnt die Beschwerdefrist für den nicht beteiligten Versorgungsträger nicht vor der Zustellung der Entscheidung an ihn (BGH FamRZ 2017, 727; Brandenburg NZFam 2016, 117 m Anm *Holzwarth*; Saarbrücken NJW-RR 2016, 778; Johannsen/Henrich/Althammer/*Holzwarth* § 9 VersAusglG Rn 15; MüKo-FamFG/*Fischer* § 63 Rn 35ff; aA Sternal/*Sternal* § 63 FamFG Rn 60f; *Bumiller/Harders/Schwamb* § 63 FamFG Rn 7). Nimmt allerdings ein Muss-Beteiligter, der nicht zum Verfahren hinzugezogen worden ist, auf sonstige Weise von der Entscheidung Kenntnis, setzt dies nach Auffassung des BGH die Beschwerdefrist in Lauf (BGH FamRZ 2021, 1357 Rn 33ff; zustimmend Zöller/*Feskorn* § 63 FamFG Rn 6). Ein übersehenes Anrecht wirkt sich nach § 145 III FamFG nicht mehr auf die Rechtskraft der Scheidung aus.

17 **Anwaltszwang** besteht nach § 114 FamFG, wenn der VersA im **Scheidungsverbund** geregelt wird, vom ersten Rechtszug an für die Eheleute/Lebenspartner (zum Beschwerdeverfahren s BGH FamRZ 2017, 1151 Rn 12ff), für die übrigen Beteiligten (Versorgungsträger) dagegen erst vor dem BGH (§ 114 II FamFG), weil der VersA nicht zu den in § 112 FamFG aufgezählten Familien**streit**sachen gehört. Kein Anwaltszwang besteht (für den nicht anwaltlich vertretenen Beteiligten) im Hinblick auf den **Antrag auf Abtrennung** des VersA aus dem Scheidungsverbund (§ 114 IV Nr 4 FamFG), den Antrag auf **Durchführung** des VersA nach § 3 III VersAusglG (§ 114 IV Nr 7 FamFG), die **Wahl der Zielversorgung** bei externer Teilung (§ 15 I VersAusglG, § 114 IV Nr 7 FamFG), die **Zustimmungserklärung** des Ausgleichspflichtigen (nach § 15 III VersAusglG), wenn der Berechtigte bei externer Teilung eine Zielversorgung wählt, bei welcher der Kapitaltransfer nach § 14 IV VersAusglG zu steuerpflichtigen Einkünften des Ausgleichspflichtigen führt, sowie die Wahl des VersA nach der Scheidung gem § 19 II Nr 5 VersAusglG (§ 114 IV Nr 7 FamFG). Liegen zum Zeitpunkt der Scheidung ausnahmsw auch die Voraussetzungen für **Ausgleichsansprüche nach Scheidung** (§§ 20–26 VersAusglG) vor, bedarf es zur Einbeziehung eines **Antrags** (§ 137 II 2, § 223 FamFG), für den Anwaltszwang gilt. Wird das Versorgungsausgleichsverfahren **selbständig** betrieben, besteht auch für die Eheleute/Lebenspartner **bis zum OLG kein Anwaltszwang**.

18 **4. Verfahrensgrundsätze. a)** Nach § 221 I FamFG **soll** das Gericht die Angelegenheit mit den Ehegatten in einem Termin erörtern. Im **Scheidungsverbund** ist die – gemeinsame – **mündliche Verhandlung zwingend** (§§ 128, 137 I FamFG). Verhandelt wird nach § 170 GVG grds **nicht öffentlich**. Wird gegen die Verbundentscheidung nur wegen des VersA Beschwerde eingelegt, so ist es in der Beschwerdeinstanz dagegen bei einem auf wenige Punkte reduzierten Streitstand nicht unüblich, im schriftlichen Verfahren zu entscheiden. Zwingend ist die mündliche Verhandlung zum VersA außerhalb des Scheidungsverbundes nicht (vgl *Borth* VersA Kap 11 Rn 26). Allerdings muss das FamG der Amtsaufklärungspflicht (§ 26 FamFG) genügen und auch den – möglicherweise nicht anwaltlich vertretenen – Beteiligten rechtl Gehör gewähren. Die Notwendigkeit zur mündlichen Erörterung ist durch das neue Recht größer geworden, weil die Spielräume für Ermessensentscheidungen des

Gerichts und Vereinbarungen der Beteiligten erweitert worden sind (BT-Drs 16/10144, 95). Nach § 170 I GVG sind Verhandlungen, Erörterungen und Anhörungen in Familiensachen jetzt grds insg **nicht öffentlich**. Gegen den Willen eines Beteiligten kann das Gericht die Öffentlichkeit nicht zulassen. Nur das Rechtsbeschwerdegericht (BGH) kann nach § 170 II GVG die Öffentlichkeit zulassen, wenn nicht das Interesse eines Beteiligten an der nicht öffentlichen Verhandlung überwiegt.

b) Für das Verfahren gilt der **Amtsermittlungsgrundsatz**, § 26 FamFG. Bestimmte Anträge sind deshalb grds nicht erforderlich; das Gericht ist auch grds **an Anträge nicht gebunden**, soweit nicht ausnahmsw eine **bewusste Antragsbeschränkung** vorliegt (Saarbrücken FamRZ 2003, 614, 615 mwN; Grü/*Siede* Einl VersAusglG Rn 16; Hoppenz/*Hoppenz* § 224 FamFG Rn 2). Die Aufklärungspflicht des Gerichts ist grds umfassend, setzt aber Anhaltspunkte für Nachforschungen voraus (BGH FamRZ 2022, 1761 Rn 17; FamRZ 2022, 1099 Rn 9f; Brandenburg FamRZ 2019, 1232; Stuttgart FamRZ 2015, 324; *Borth*[7] VersA Rn 1218f). Insb zu Fragen einer möglichen groben Unbilligkeit des VersA nach § 27 VersAusglG müssen die Beteiligten ggf selbst die für sie günstigen Umstände geltend machen, sofern sie nicht offenliegen (BGH FamRZ 2016, 1343; Nürnberg FamRZ 2018, 905 Rn 82). 19

c) Nach § 221 II FamFG **muss** das Gericht das Verfahren **aussetzen**, wenn über Bestand oder Höhe eines **auszugleichenden** Anrechts ein Rechtsstreit anhängig ist. Es soll darüber nicht zu voneinander abw Entscheidungen kommen. Streiten die Beteiligten über Bestand oder Höhe eines Anrechts, ist ein Rechtsstreit hierüber aber noch nicht anhängig, **kann** das FamG das Verfahren nach § 221 III FamFG aussetzen und dabei einem oder beiden Beteiligten eine Frist zur Erhebung der Klage setzen (Bsp Karlsruhe BetrAV 2017, 198). Nach deren fruchtlosem Ablauf kann das Gericht das Vorbringen unberücksichtigt lassen, das mit der Klage hätte geltend gemacht werden können. Wenn es bei dem Streit nur um die vom Versorgungsträger vorgenommene **Bewertung** des Ausgleichswerts geht, verbleibt es aber bei der Zuständigkeit des FamG (BT-Drs 16/10144, 96). Daneben verbleiben **Aussetzungsmöglichkeiten** nach § 21 (aus wichtigem Grund) und § 136 FamFG (bei Aussicht auf Fortsetzung der Ehe). 20

Soweit die Beteiligten eine **externe Teilung** anstreben, kann das FamG ihnen für die Abgabe der notwendigen Erklärungen und Beibringung des Einverständnisses des Zielversorgungsträgers (sowie sämtlicher für den Entscheidungstenor benötigter Daten: BT-Drs 16/10144, 96) nach § 222 I und II FamFG **Fristen setzen**. 21

d) Die **verfahrensrechtl Auskunftspflichten** enthält § 220 FamFG. Die Auskunftspflicht besteht auch dann, wenn die Scheidungsvoraussetzungen noch str sind (BGH FamRZ 2021, 100 m Anm *Lies-Benachib*). Zur **Auskunft** ggü dem FamG sind sämtliche nach § 219 FamFG zu Beteiligenden und sonstigen Stellen **verpflichtet**, die Auskünfte geben können (§ 220 I, V FamFG). Zu den sonstigen Stellen gehören ggf frühere Arbeitgeber oder die Verbindungsstellen der GRV bei Aufklärung ausl Anrechte. Werden Auskünfte bei sonstigen Stellen eingeholt, erlangen diese allerdings nicht die Stellung eines Beteiligten (vgl § 7 VI FamFG; BT-Drs 16/10144, 93f). Bei der Auskunft sind übersandte gerichtliche Formulare zu verwenden, soweit nicht Versorgungsträger automatisiert erstellte Auskünfte erteilen (§ 220 II FamFG). Auf Anordnung des Gerichts sind die Ehegatten bzw ihre Hinterbliebenen/Erben verpflichtet, ggü dem Versorgungsträger die zur Erteilung der Auskunft erforderlichen Mitwirkungshandlungen zu erbringen (§ 220 III FamFG). Die **Auskunftspflicht der Versorgungsträger** konkretisiert § 220 IV FamFG. Diese müssen mitteilen: 22

- **den Ehezeitanteil** des bei ihnen bestehenden Anrechts (§ 5 I VersAusglG);
- einen Vorschlag zur Bestimmung des **Ausgleichswertes** (§ 5 III Hs 1 VersAusglG);
- ggf einen Vorschlag zur Bestimmung eines **korrespondierenden Kapitalwertes** (§§ 5 III, 2. Hs, 47 VersAusglG), für den VersA nach Scheidung grds nur den Rentenbetrag (§ 5 IV VersAusglG), bei Abänderung von Altverfahren jedenfalls auch den Rentenbetrag (§ 52 II VersAusglG);
- eine übersichtliche und nachvollziehbare Berechnung der mitzuteilenden Werte;
- die für die Teilung maßgeblichen Regelungen.

Zur **Berechnung der mitzuteilenden Werte** gehört die Benennung des angewandten versicherungsmathematischen Berechnungsverfahrens einschl des zugrundegelegten Zinssatzes und der angewandten Sterbetafeln. Versicherungen und berufsständische Versorgungswerke verwenden allerdings teilw modifizierte Tabellen; sie müssen diese Rechnungsgrundlagen auch im VersA-Verfahren nicht offenlegen (BT-Drs 16/10144, 94). Verbleiben Unklarheiten, muss der Versorgungsträger auf Aufforderung des Gerichts die Einzelheiten der Wertermittlung – notfalls sogar im Termin mündlich – erläutern (§ 220 IV 2 FamFG). Wie nach altem Recht sind die **für die Teilung maßgeblichen Regelungen** mitzuteilen. Gemeint sind sämtliche für die Wertermittlung geltenden Grundlagen (vertragl Bestimmungen, einschlägiges Satzungsrecht); hat der Versorgungsträger dem Gericht diese einmal übersandt, kann er in der Folgezeit auf das betreffende Verfahren verweisen. 23

Zur **Erzwingung der Auskunft** oder **Mitwirkungshandlungen** steht dem FamG die Möglichkeit offen, nach § 35 FamFG (nicht, wie in BT-Drs 16/10144, 49 ausgeführt wird, § 95 IV FamFG) gegen den Auskunftspflichtigen ein **Zwangsgeld** zu verhängen. Anders als nach dem alten Recht (§ 33 FGG aF) ist auch die Verhängung einer (Ersatz-)**Zwangshaft** möglich. Der Beschl ist mit der sofortigen Beschwerde entspr den §§ 567–572 ZPO anfechtbar (§ 35 V FamFG). 24

5. Entscheidung. Die Entscheidung ergeht durch Beschl (§ 38 FamFG), der nach § 224 I FamFG erst mit Rechtskraft und als Folgesachenentscheidung gem § 148 FamFG nicht vor Rechtskraft der Scheidung wirksam wird. Nach hM sind auch **Teilentscheidungen** nach § 38 I FamFG möglich (BGH FamRZ 2009, 211, 214, noch 25 zum alten Recht; KG FamRZ 2010, 1673; Naumburg FamRZ 2010, 1444f mwN; München FamRZ 2011, 222; Brandenburg ZFE 2011, 30; Hoppenz/*Hoppenz* § 224 Rn 3; Grü/*Siede* Einl VersAusglG Rn 17). Voraussetzung ist allerdings im konkreten Einzelfall die Teilbarkeit des Verfahrensgegenstandes (BGH FamRZ 2009, 1986, 1989). Diese ist angesichts des Hin-und-Her-Ausgleichs im neuen Recht eher noch verbessert worden. Sie fehlt jedoch, wenn die Gefahr einander widersprechender Entscheidungen besteht. Das ist der Fall, wenn in dem Teilbeschluss über eine Frage zu entscheiden ist, die sich bei Erlass der abschließenden Entscheidung erneut stellen kann. Dies gilt insb, wenn und soweit zw den auszugleichenden Anrechten eine wechselseitige Abhängigkeit besteht. Insoweit gelten nach hier vertretener Auffassung dieselben Grundsätze wie für die Zulässigkeit der Teilanfechtung einer VA-Entscheidung (s Rn 26; ebenso *Hoppenz* FamRZ 2015, 977f; Grü/*Siede* Einl VersAusglG Rn 17, 24). Zur Bindung an Anträge s Rn 19. Auch **feststellende** Entscheidungen zum VersA sind möglich (§ 224 III FamFG; Johannsen/Henrich/Althammer/*Siede* § 224 FamFG Rn 8ff; Grü/*Siede* Einl VersAusglG Rn 19; Hoppenz/*Hoppenz* § 224 FamFG Rn 4; einschr BGH FamRZ 2015, 2130). Eine **Abänderung** rechtskräftiger Entscheidungen zum VersA kommt unter den Voraussetzungen der §§ 225–227 FamFG in Betracht.

26 **6. Rechtsmittel.** Gegen den Beschl des FamG ist die Beschwerde gegeben, über die das OLG entscheidet (§ 58 FamFG, § 119 I Nr 1a GVG); sie ist zwingend bei dem **erstinstanzlichen Gericht** einzulegen (§ 64 I FamFG). Dieses kann ihr aber nicht abhelfen, § 68 I 2 FamFG, und legt das Verfahren deswegen dem OLG vor. **Beschwerdeberechtigt** (§ 59 I FamFG) sind neben den beteiligten Ehegatten/Lebenspartnern (hierzu s BGH FamRZ 2017, 863 Rn 12; Bremen FamRZ 2018, 1583) auch die betroffenen **Versorgungsträger**, soweit die Entscheidung die bei ihnen bestehenden Anrechte betrifft, und zwar immer dann, wenn die Entscheidung unrichtig ist (BGH FamRZ 2015, 2125 und 234: unterbliebener Ausgleich eines bei dem Versorgungsträger bestehenden Anrechts; eingehend BGH FamRZ 2013, 612ff m Anm *Borth* – unrichtige Anwendung des § 18 VersAusglG-; FamRZ 2013, 207ff m Anm *Borth*; FamRZ 2012, 851; FamRZ 2009, 853, 854; im Detail streitig, vgl *Strohal* FamFR 2013, 125; vgl auch Karlsruhe NZFam 2019, 832; Frankfurt FamRZ 2015, 505: unterbliebene Prüfung des § 18 I VersAusglG; Nürnberg FamRZ 2016, 1090: Absehen vom Ausgleich nach § 18 II VersAusglG wegen zu Unrecht angenommenen Verwaltungsaufwands; Saarbrücken FamFR 2013, 154 und Naumburg FamRZ 2013, 791 – zu Unrecht angenommene Geringfügigkeit iSd § 18 VersAusglG). Für einen mehrfach beteiligten Versorgungsträger läuft die Beschwerdefrist (§ 63 I FamFG) mit der einmaligen Zustellung des Beschl auch für nicht benannte und nicht ausgeglichene Anrechte (Karlsruhe FamRZ 2022, 1924 mwN und Anm *Borth*: DRV). Kein Antrags-/Beschwerderecht haben Sozialleistungsträger im Hinblick auf **private** Anrechte (BGH FamRZ 2017, 515). Die Beschwerdebefugnis des Versorgungsträgers kann sich über § 10 II VersAusglG auch auf ein zu verrechnendes Anrecht eines anderen Versorgungsträgers erstrecken (BGH FamRB 2013, 137 – DRV). Der Beschwerdewert von 600 € (§ 61 FamFG) muss nur dann erreicht werden, wenn die Kostenentscheidung isoliert angegriffen werden soll; iÜ reicht jede Beschwer (§ 228 FamFG). Nur soweit nach § 27 VersAusglG (teilw) von der Durchführung des VersA abgesehen wird, haben die Versorgungsträger kein Beschwerderecht (BGH FamRZ 1981, 132, 134; Brandenburg 22.1.2007 – 9 UF 209/06). Für Versorgungsträger, die als „Muss"-Beteiligte nicht beteiligt worden sind, läuft keine Beschwerdefrist (§ 63 FamFG; BGH FamRZ 2017, 727; s auch BGH FamRZ 2021, 1556 Rn 14ff). Sie wird aber nach Ansicht des BGH in Gang gesetzt, sofern der Versorgungsträger auf andere Weise vom Inhalt der Entscheidung Kenntnis nehmen kann (vgl BGH FamRZ 2021, 1357 Rn 35ff). Die hM, angeführt vom BGH, hält eine **Teilanfechtung** der Entscheidung zum VA für möglich (BGH FamRZ 2016, 794 Rn 7, 781 Rn 11 und 1062 Rn 15 m zust Anm *Schlecht* FamRZ 2016, 1035; FamRZ 2013, 612 Rn 23; 2011, 547; dem folgend Grü/*Siede* Einl VersAusglG Rn 24; *Hoppenz* FamRZ 2015, 977, 978). Der BGH schließt eine Teilanfechtung zu Recht allerdings dann aus, wenn und soweit eine wechselseitige Abhängigkeit zwischen Anrechten besteht, etwa nach § 18 oder § 27 VersAusglG, die die Einbeziehung eines oder mehrerer weiterer Anrechte gebietet (BGH FamRZ 2020, 820, 1822; FamRZ 2017, 1914 Rn 13f; FamRZ 2016, 794 Rn 7 und 781 Rn 11; ebenso KG Beschl v 14.6.2019 – 19 UF 25/19; Koblenz FamRZ 2016, 467; Brandenburg FamRZ 2015, 1033). Dann darf nach hier vertretener Auffassung auch keine Teilentscheidung ergehen (s Rn 25). Bei erstinstanzlicher Anwendung des § 18 VersAusglG wird deshalb eine Teilanfechtung in Bezug auf ein geringfügiges Anrecht vielfach die Einbeziehung weiterer Anrechte nach sich ziehen (aA Brandenburg FamRZ 2014, 129f mwN zum Streitstand; s auch Dresden FamRZ 2015, 1032). Ebensowenig kommt in den Fällen des § 31 VersAusglG wegen der vorzunehmenden **Gesamtsaldierung** eine Teilanfechtung in Betracht (BGH FamRZ 2023, 765, juris Rn 12; FamRZ 2016, 1062 Rn 15f m zust Anm *Schlecht* FamRZ 2016, 1035; Braunschweig FamRZ 2019, 29). Der BGH bejaht die Zulässigkeit einer Teilanfechtung auch dann, wenn ein Fehler gerügt wird, der sämtliche Teilungsvorgänge betrifft (FamRZ 2016, 794 Rn 28: falsche Ehezeit; ebenso Stuttgart FamRZ 2014, 1047 und Bamberg FamRZ 2013, 1910; Dresden FamFR 2013, 324: unzulässige Vereinbarung über Ehezeitende). Soweit eine Teilanfechtung zulässig ist, beschränken sich zwangsläufig auch der Devolutiveffekt und die Prüfungskompetenz des Instanzgerichts auf die angefochtenen Anrechte (BGH FamRZ 2016, 794 Rn 28; Stuttgart FamRZ 2014, 1047; Dresden FamFR 2013, 324; *Borth* FamRZ 2013, 94, 95f; *Hoppenz* FamRZ 2015, 977, 978; aA Oldenburg FamRZ 2013, 136; Hamm FamFR 2013, 56; Dresden FamRZ 2010, 1804), gilt insoweit aber umfassend (BGH FamRZ 2018, 1741 Rn 13; FamRZ 2018, 1745 Rn 12); die Erstreckung auf sonstige Anrechte hängt von der Erhebung einer Anschlussbeschwerde (§ 66 FamFG) ab (ebenso BGH FamRZ 2016, 794 Rn 28). Für sie besteht ein Rechtsschutzinteresse nur dann, wenn ihr Rechtsschutzziel über das der Beschwerde hinausgeht (vgl BGH FamRZ 2018, 1741 Rn 14). Die Möglichkeit der Anschlussbeschwerde eines Ehegatten hält die Rechtskraft eines teilw angefochtenen Beschlusses insg in der Schwebe. Für die Rechtsbeschwerde gilt dies nur innerhalb der Frist des § 73 S 1 FamFG (BGH FamRZ 2023, 765, juris Rn 16f). Ein Versorgungsträger kann die Anschlussbeschwerde zulässigerweise nur einlegen, wenn er durch die

Entscheidung über die Beschwerde in einer eigenen Rechtsposition betroffen werden kann (BGH FamRZ 2016, 794 Rn 25; Karlsruhe FamRZ 2014, 496; aA noch Frankfurt NJW 2015, 565 m zust Anm *Finke* NZFam 2015, 134). Zu beachten bleibt das **Verschlechterungsverbot** zugunsten des Rechtsmittelführers (BGH FamRZ 2013, 1283 Rn 28; Celle FamRZ 2014, 211 Rn 33); nach inzwischen vorherrschender Ansicht (BGH FamRZ 2021, 581 Rn 8; FamRZ 2018, 1741 Rn 13; FamRZ 2018, 1745 Rn 12; Nürnberg FamRZ 2018, 336; Frankfurt FamRZ 2017, 881) gilt es aber nicht für Versorgungsträger (ebenso *Hoppenz* FamRZ 2015, 977, 980). Nach hier vertretener Ansicht ist diese Ausnahme auf öffentlich-rechtl Versorgungsträger zu beschränken (Art 14 GG). Nach Auffassung von Brandenburg (FamRZ 2015, 1033) ist das Verschlechterungsverbot im Fall der Anfechtung mehrerer oder aller Teilungsanordnungen der Versorgungsausgleichsentscheidung für jedes betroffene Anrecht **gesondert** zu prüfen. Vorzugswürdig erscheint dagegen, das Verschlechterungsverbot auf den **Gesamtsaldo** der Ausgleichsentscheidung zu beziehen (Nürnberg FamRZ 2018, 905 Rn 77 und FamRZ 2017, 873 Rn 68 mwN; *Hoppenz* FamRZ 2015, 977, 979; *Borth* FamRZ 2015, 1037), allerdings unter Ausschluss der Vorteile, die ein beschwerdeführender Ehegatte bereits durch das Rechtsmittel eines Versorgungsträgers erlangt (Nürnberg FamRZ 2018, 902 Rn 77). Zur **Rechtsbeschwerde** s Rn 12.

7. Vollstreckung. Die Vollstreckung aus der Entscheidung zum Wertausgleich bei Scheidung richtet sich, so- 27
weit dieser im Scheidungsverbund von Amts wegen betrieben worden ist, nach den §§ 86f FamFG; ansonsten verweist § 95 FamFG für die Vollstreckung aus Entscheidungen zum VersA auf die Vorschriften der ZPO.

Gesetz über den Versorgungsausgleich (Versorgungsausgleichsgesetz – VersAusglG)

vom 3. April 2009 (BGBl I 2009, 700),
zuletzt geändert durch Art 1 des Gesetzes vom 12. Mai 2021 (BGBl I 2021, 1085)

Teil 1
Der Versorgungsausgleich (§§ 1–38)

Kapitel 1
Allgemeiner Teil (§§ 1–5)

§ 1 Halbteilung der Anrechte

(1) Im Versorgungsausgleich sind die in der Ehezeit erworbenen Anteile von Anrechten (Ehezeitanteile) jeweils zur Hälfte zwischen den geschiedenen Ehegatten zu teilen.

(2) Ausgleichspflichtige Person im Sinne dieses Gesetzes ist diejenige, die einen Ehezeitanteil erworben hat. Der ausgleichsberechtigten Person steht die Hälfte des Werts des jeweiligen Ehezeitanteils (Ausgleichswert) zu.

I. Allgemeines. § 1 enthält das Grundprinzip des aktuellen Rechts. Die wesentliche Veränderung ggü dem alten Recht besteht darin, dass die dem VersA unterfallenden, auszugleichenden **Anrechte** (s die Komm zu § 2) **jew für sich** zu teilen sind, also grds eine **Saldierung** wie im alten Recht, verbunden mit einem weitestgehenden Ausgleich über die GRV, **nicht mehr stattfindet**. Die Folge ist, dass jeder Ehegatte/Lebenspartner dem anderen so oft ausgleichspflichtig ist, wie er über auszugleichende Anrechte verfügt (Hin-und-Her-Ausgleich). Vorrangige Ausgleichsform ist der Wertausgleich bei Scheidung (§§ 9–19); soweit dies aus gesetzl Sicht unvermeidbar ist, erfolgt ein Wertausgleich nach Scheidung (§§ 20–26). Eine Sonderregelung enthält schließlich § 28 für den Ausgleich einer laufenden Invaliditätsrente. § 1 enthält weiter Legaldefinitionen für die Begriffe „Ehezeitanteil", „ausgleichspflichtige Person", „ausgleichsberechtigte Person" und „Ausgleichswert". 1

II. Definitionen. 1. Ehezeitanteil. Nach Abs I sind **Ehezeitanteile** die in der Ehezeit erworbenen Anteile der Anrechte (iSd § 2); nur diese sind auszugleichen. Das entspricht dem bisher geltenden Recht. Die **Ehezeit** selbst definiert § 3 I (zur Berechnung des Ehezeitanteils s allg § 39 Rn 2; § 40 Rn 2). Der VersA wird durch den Gedanken der ehelichen Wirtschafts- und Versorgungsgemeinschaft legitimiert, zugleich aber auch begrenzt: Auszugleichen sind nur die **in der Ehe** erworbenen Anrechte (BGH FamRZ 1995, 289). Auch während des Getrenntlebens erworbene Anrechte unterliegen grds dem VersA (BVerfG FamRZ 1980, 326, 333; BGH FamRZ 1984, 467; 1983, 36). Ein nach dem Ehezeitende begründetes Anrecht bleibt selbst dann unberücksichtigt, wenn ihm Bemessungszeiten zugrunde liegen, die auf die Ehezeit entfallen (BGH FamRZ 1987, 921; 1984, 569; 2009, 1735). Zum sog „In-Prinzip" s näher § 3 Rn 6ff. 2

2. Ausgleichspflichtige, ausgleichsberechtigte Person. Nach Abs II S 1 ist **ausgleichspflichtig** diejenige Person, die einen Ehezeitanteil an einem dem VersA unterfallenden Anrecht erworben hat. Das Gegenstück ist die **ausgleichsberechtigte Person** (Abs II S 2), welche einen Ausgleichsanspruch hat. 3

3. Ausgleichswert. Ausgleichswert ist nach Abs II S 2 der Wert, welcher der ausgleichsberechtigten Person zusteht; er ist definiert als Hälfte des jew Ehezeitanteils. Dies bedeutet zugleich, dass der ausgleichspflichtigen Person ebenfalls die Hälfte verbleiben muss (BGH FamRZ 2019, 190 Rn 10ff). Diese Definition ist schon insoweit unvollständig, als der Versorgungsträger die Kosten einer internen Teilung bei der Berechnung des Ausgleichswerts berücksichtigen kann (§ 13). Diese Kosten werden zwar gleichmäßig auf beide Ehegatten verteilt, sie schmälern aber den zunächst zu berechnenden Ehezeitanteil nicht. Schon aus diesem Grund kann der Ausgleichswert weniger als die Hälfte des Ehezeitanteils betragen. Auch findet sich im Gesetz keine weitere Definition des Begriffes der „Hälfte". Dies verleitet zu der Annahme, die in Abs I vorgesehene **Halbteilung** von Anrechten („jew zur Hälfte") sei einfach und unkompliziert (krit deshalb *Bergner* ZRP 2008, 212; *Häußermann* FPR 2009, 223f). So verhält es sich tatsächlich aber nur bei Anrechten der GRV und der Beamtenversorgung, weil dort für die Berechnung der Anwartschaft das Alter der Betroffenen bei Anwartschaftserwerb ebenso wenig eine Rolle spielt wie die Lebenserwartung. Für diese Anrechte wird das Ergebnis auch nicht durch Kosten der internen Teilung (§ 13) beeinflusst, weil die betroffenen Versorgungsträger solche Kosten nicht erheben. Für Anrechte der betrieblichen und der privaten Altersvorsorge besteht dagegen das Problem darin, dass wegen der (meistens) unterschiedlichen Lebenserwartung der Beteiligten, bedingt durch unterschiedliche Biometrie, Anrechte auf dieselbe Rentenleistung idR unterschiedlich viel wert sind (sog „Individualprinzip" in der privaten Lebensversicherung; vgl *Ellger* FamRZ 1986, 513; *Bergner* KomRefVA, § 1 Ziff. 2.6.1; krit zB *Bergner* ZRP 2008, 211, 212, der eine Verfehlung des Halbteilungsprinzips durch das neue Recht befürchtet). Eine Halbteilung auf Grundlage des Deckungskapitals oder eines Barwertes führt regelmäßig zu unterschiedlich hohen Rentenansprüchen (dazu 4 krit *Glockner*, FS Brudermüller, 2014, 219). Das ist aber dadurch gerechtfertigt, dass die Ehegatten für den Versorgungsträger unterschiedliche Risikostrukturen aufweisen (BGH FamRZ 2017, 863 Rn 17ff). Entspr gilt, wenn für den berechtigten Beteiligten aus dem Deckungskapital des auszugleichenden Rechts ein Betrag zur Begründung einer Rentenanwartschaft iHd Hälfte der ursprünglichen Rente entnommen wird. Der zu entnehmende Teil des Deckungskapitals wird in aller Regel mehr oder weniger als die Hälfte betragen, so dass unterschiedlich hohe Rentenanwartschaften beider Beteiligter auch hier die Folge sind (Bsp: BAG FamRZ 2016, 535 = FamRB 2016, 184 m krit Anm *Hauß*; *Ruland* VersA Rn 671; *Ellger* FamRZ 1986, 513, 515 mit Bsp). Die Zielsetzung, gleich hohe Rentenansprüche hervorzubringen, erzwingt in aller Regel eine ungleiche Verteilung des Deckungskapitals auf beide Beteiligte, bei welcher dem Ausgleichspflichtigen entweder mehr oder weniger als die Hälfte des ursprünglichen Anrechts verbleiben kann (Bsp: BAG FamRZ 2016, 535; s *Borth* VersA[4] Rn 484 mwN zu den parallelen Problemen bei der früheren Realteilung). Bei Einführung der Realteilung nach altem Recht hat der Gesetzgeber alle drei Wege für gangbar erachtet (BT-Drs 9/2296, 11). Auch dem Gesetzgeber des VAStrRefG war diese Problematik bewusst (BT-Drs 16/10144, 51, 55f). Danach sind auch nach dem nun geltenden Recht alle drei Wege möglich (vgl BGH FamRZ 2017, 863; 2017, 870; 2017, 871; 2017, 872). Jedoch bestehen Zweifel, ob der BGH eine ungleiche Kapitalverteilung noch für mit dem Halbteilungsgrundsatz vereinbar hält (BGH FamRZ 2018, 894 Rn 44; FamRZ 2018, 1574 Rn 15).

5 **4. Versorgungsträger.** Auf die Definition des Begriffs „Versorgungsträger" hat der Gesetzgeber bewusst verzichtet (BT-Drs 16/10144, 45). Er hält sie nicht für notwendig, wobei er sogar die Situation bei der betrieblichen Altersversorgung einbezieht. Gerade dort ist die Bestimmung des Versorgungsträgers aber entgegen der Ansicht des Gesetzgebers stets dann schwierig, wenn, wie üblich, ein Dritter mit der Durchführung beauftragt wird (Einzelheiten § 12 Rn 14f).

§ 2 Auszugleichende Anrechte

(1) Anrechte im Sinne dieses Gesetzes sind im In- oder Ausland bestehende Anwartschaften auf Versorgungen und Ansprüche auf laufende Versorgungen, insbesondere aus der gesetzlichen Rentenversicherung, aus anderen Regelsicherungssystemen wie der Beamtenversorgung oder der berufsständischen Versorgung, aus der betrieblichen Altersversorgung oder aus der privaten Alters- und Invaliditätsvorsorge.

(2) Ein Anrecht ist auszugleichen, sofern es

1. durch Arbeit oder Vermögen geschaffen oder aufrechterhalten worden ist,

2. der Absicherung im Alter oder bei Invalidität, insbesondere wegen verminderter Erwerbsfähigkeit, Berufsunfähigkeit oder Dienstunfähigkeit, dient und

3. auf eine Rente gerichtet ist; ein Anrecht im Sinne des Betriebsrentengesetzes oder des Altersvorsorgeverträge-Zertifizierungsgesetzes ist unabhängig von der Leistungsform auszugleichen.

(3) Eine Anwartschaft im Sinne dieses Gesetzes liegt auch vor, wenn am Ende der Ehezeit eine für das Anrecht maßgebliche Wartezeit, Mindestbeschäftigungszeit, Mindestversicherungszeit oder ähnliche zeitliche Voraussetzung noch nicht erfüllt ist.

(4) Ein güterrechtlicher Ausgleich für Anrechte im Sinne dieses Gesetzes findet nicht statt.

1 **I. Allgemeines.** § 2 definiert in seinen Abs I und II die dem VersA unterfallenden, auszugleichenden Anrechte. Die Vorschrift entspricht inhaltlich weitgehend dem alten Recht (§§ 1587 I, 1587a II BGB aF), listet allerdings, anders als dieses, sämtliche Merkmale der einzubeziehenden Anrechte positiv auf. Sie erweitert den Kreis der einzubeziehenden Anrechte zulasten der Vermögensauseinandersetzung in bestimmten Fällen auf Anrechte, die auf eine Kapitalleistung lauten. Abs II Nr 1 konkretisiert nach Ansicht des Gesetzgebers den Zugewinngedanken, indem nur Vorsorgewerte, die auf Arbeit oder Vermögenseinsatz der Ehegatten beruhen, in den Ausgleich einbezogen werden. Die klare Formulierung von Abgrenzungskriterien in Abs II erzeugt bei näherer Betrachtung eine Scheinsicherheit, die in Zweifelsfällen Probleme bereitet (dazu s *Norpoth* FS Hamm, 207ff). Abs III bezieht die verfallbaren Anrechte in den VersA ein. Abs IV leistet die Abgrenzung zum güterrechtl Ausgleich: Die Regelung legt fest, dass das Güterrecht für die (abstrakt) dem VersA unterliegenden Anrechte nicht anzuwenden ist, während andererseits solche Werte nicht vom VersA erfasst werden, die Gegenstand der güterrechtl Teilungsmasse sind (BGH FamRZ 1992, 790); ferner wird klargestellt, dass der VersA – vorbehaltlich möglicher Härtefälle (§ 27) – unabhängig davon vorzunehmen ist, in welchem Güterstand die Ehegatten gelebt haben.

2 **II. Begriffe.** Das Gesetz verwendet den Begriff **„Anrecht"** als Oberbegriff. Diesem unterfallen einerseits Anwartschaften auf eine Versorgung und andererseits Ansprüche auf laufende Versorgungen. Nicht übernommen wurde der Begriff der „Aussichten auf eine Versorgung" (§ 1587 I BGB aF), weil der Gesetzgeber die Differenzierung für entbehrlich hielt (BT-Drs 16/10144, 45). Dem Leistungsanspruch vorgeschaltet sind – gestuft nach der Sicherheit der Erwartung einer künftigen Leistung – Versorgungsanwartschaften und -aussichten. **Anwartschaft** auf Versorgung ist eine dem Grund und der Höhe nach gesicherte Erwartung, nach Erfüllung aller Voraussetzungen eine Versorgung zu erhalten (aufschiebend bedingtes Recht, BVerfG FamRZ 1980, 326, 332). Eine Vorstufe der Anwartschaft stellt die **Versorgungsaussicht** dar, die zB vorliegt, wenn eine Beschäftigung so angelegt ist, dass bei gewöhnlicher Entwicklung der Berufslaufbahn eine Rechtsstellung erlangt wird, die dem Beschäftigten eine Versorgungsanwartschaft vermittelt (BGH FamRZ 1985, 687 mwN). Im VersAusglG wird der Begriff der Anwartschaft umfassend verstanden; er bezieht bloße Versorgungsaussichten, insb jene, in denen zeitl Vorausset-

zungen für einen Versorgungsanspruch noch nicht erfüllt sind, ein (Abs III). Solange allerdings keine gesicherte Anwartschaft besteht, werden Anrechte auf eine betriebliche Altersversorgung nach § 19 II Nr 1 in den Wertausgleich nach der Scheidung verschoben. Einzubeziehen sind bspw die Anrechte von Probe- und Widerrufsbeamten sowie Zeitsoldaten (BGH FamRZ 2016, 788; 1982, 362; ausf hierzu *Borth* VersA Kap 2 Rn 50ff) bei einer aufgeschobenen Nachversicherung (§ 184 II SGB VI; BGH FamRZ 1988, 1253), Anrechte, die auf Dienstzeiten beruhen, welche nur auf einen (noch nicht gestellten) Antrag zu berücksichtigen sind (§§ 11f BeamtVG; BGH FamRZ 1983, 999), Anrechte auf Leistungen aus betrieblichen Unterstützungskassen (BGH FamRZ 2016, 775; s näher § 12 Rn 14f) und auf widerrufliche, jedoch nach bisheriger Übung und gesicherter Prognose auch künftig zu erwartende Leistungen (BGH FamRZ 1985, 1236). Zur Risikoversicherung vgl § 28. Das Anrecht muss dem ausgleichspflichtigen Ehegatten selbst zustehen. Daran fehlt es zB an einer vom ArbGeb zur Finanzierung einer Direktzusage abgeschlossenen Rückdeckungsversicherung (BGH FamRZ 2015, 2130; s aber § 11 Rn 3). Zur Berücksichtigung von **parallelverpflichtenden** Anrechten in der betrieblichen Altersversorgung s § 12 Rn 15.

III. In- und ausländische Anrechte. Es werden nicht nur inl, sondern auch ausl Versorgungsanrechte in den 3
Wertausgleich einbezogen, soweit sie nicht schon – regelwidrig, etwa nach dem Fremdrentengesetz (FRG) v 25.2.1960, BGBl I 1960, 93, oder dem nur noch übergangsweise anzuwendenden dt-polnischen Sozialversicherungsabkommen v 9.10.1975 (BGBl II 1976, 396) – in der dt GRV abzugelten sind. Die Erfassung ausl Anrechte ist ein Gebot der Gleichbehandlung sowie des verfassungsrechtl Eigentumsschutzes (vgl Erman/*Wellenhofer*[12] Vor § 1587 Rn 36). Sie müssen aber die Voraussetzungen des § 2 erfüllen. Für Renten der steuerfinanzierten Staatsbürgerversorgung, deren Erwerb nur vom Aufenthalt, nicht aber von beitragspflichtiger Arbeit abhängt, ist das fraglich. Die niederländische AOW-Rente beurteilt der BGH allerdings unter Verweis auf Parallelen zur deutschen GRV als auszugleichende Altersversorgung (BGH FamRZ 2008, 770ff; 2008, 2263; 2009, 2263; MüKo/*Maaß* Rn 28; zust *Wick* VersA Rn 368; abl *Borth* FamRZ 2003, 889; *Borth* VersA Kap 1 Rn 121; leicht krit auch DRV-Komm-VersA Anm 2.8 und Soergel/*Häußermann* Rn 137). Auch Anrechte in der irischen Sozialversicherung sind nach der Rspr des BGH (FamRZ 2013, 106 m zust Anm *Keuter*) in den VersA einzubeziehen (weitere Bsp bei Soergel/*Häußermann* Rn 137). Vom Ausgleich auszunehmen sind ausl Anrechte, die faktisch wertlos sind, weil sie im Leistungsfall nicht realisiert werden können (BGH FamRZ 2003, 1737; Zweibrücken FamRZ 2003, 1752).

IV. Wertermittlung ausländischer Anrechte. Problematisch ist regelmäßig die Aufklärung ausl Anrechte. Ih- 4
re Wertbestimmung richtet sich ebenfalls nach den §§ 39–42 (*Borth* VersA Kap 2 Rn 420f); jedoch können ausl Versorgungsträger durch den dt Gesetzgeber weder dem Grunde nach noch inhaltlich zur Erteilung einer Auskunft verpflichtet werden. Durch über- und zwischenstaatliches Recht (VO (EG) Nr 883/2004, Nr 987/2009 und Nr 1231/2010; s § 43 Rn 6) sowie durch Sozialversicherungsabkommen ist Deutschland mit einer Vielzahl von Ländern verbunden (DRV-Komm-VersA Anm 2.8 mit Aufstellung). Über ausl Rentensysteme können die Verbindungsstellen der GRV, insb die DRV Bund, Auskunft geben (Aufstellung bei *Ruland* VersA Rn 102f, 202f). Auch lässt sich der Grundsatz des Hin- und Her-Ausgleichs im Hinblick auf ausl Anrechte nicht im Wertausgleich bei Scheidung durch interne oder externe Teilung realisieren; denn dies würde voraussetzen, dass dt Gerichte die bei ausl Versorgungsträgern bestehenden Anrechte im VersA umgestalten oder die Versorgungsträger zu Zahlungen im Wege der externen Teilung verpflichten können, was idR nicht der Fall ist (mögliche Ausnahme im Verhältnis zur Schweiz: BGH FamRZ 2016, 1576). Einzig möglich ist, den Ausgleichspflichtigen zur Teilung bezogener Leistungen im Wertausgleich nach der Scheidung zu verpflichten (§§ 20ff). Deshalb definiert § 19 II Nr 4 Anrechte bei ausl, zwischenstaatlichen oder überstaatlichen Versorgungsträgern als nicht ausgleichsreif und verweist § 19 IV ihren Ausgleich in den Wertausgleich nach der Scheidung. Zur Vermeidung von Ungerechtigkeiten in der Absicherung von Ansprüchen bestimmt § 19 III in diesen Fällen, dass ein Wertausgleich bei Scheidung auch für Anrechte des anderen Ehegatten/Lebenspartners teilw oder insg unterbleibt.

V. Durch Arbeit oder Vermögen geschaffen oder aufrechterhalten. Anrechte unterliegen nach Abs II Nr 1 5
nur dann dem VersA, wenn sie mit Hilfe des Vermögens oder durch Arbeit der Ehegatten begründet oder aufrechterhalten worden sind. Erfasst werden zwingende und freiwillige Vorsorgemaßnahmen, zB neben Anrechten aufgrund einer Pflichtversicherung auch solche aufgrund einer freiwilligen Versicherung (München NJW-RR 1997, 134). Begründet wird ein Anrecht durch alle Tatsachen, die seine Entstehung oder seinen Wertzuwachs zur Folge haben, während es aufrechterhalten wird, wenn die Voraussetzungen für den (künftigen) Anspruch wenigstens teilw während der Ehezeit erfüllt werden (BT-Drs 7/650, 155). Aus der Gleichstellung von Anspruchserwerb und Anspruchswahrung folgt, dass auch der Beamte ausgleichspflichtig ist, der im Zeitpunkt der Eheschließung die für die höchstmögliche Versorgung (§ 14 I 1 BeamtVG) maßgebende Dienstzeit bereits zurückgelegt hatte (vgl MüKo/*Maaß* Rn 36). Auf Arbeit beruhen Anrechte, die aufgrund einer Beschäftigung (etwa als Beamter) oder selbständigen Tätigkeit (etwa als arbeitnehmerähnl Selbständiger iSv § 17 I 2 BetrAVG) entstehen; Gleichwertigkeit zw Arbeitsleistung und Anrechtserwerb ist nicht Voraussetzung (BGH FamRZ 2018, 904: Behindertenwerkstatt; BGH FamRZ 2023, 761 = juris Rn 11 m zust Anm *Bachmann/Borth*, FamRZ 2023, 750, 751: Grundrente). Dazu zählen auch Rentenanwartschaften, die aufgrund von privaten Pflegeleistungen erworben wurden (Stuttgart FamRZ 2006, 1452 für Anwartschaften aus Pflichtbeiträgen für Pflegetätigkeit nach § 44 SGB XI, § 3 S 1 Nr 1a, § 166 II SGB VI; KG FamRZ 2006, 210 für Berliner Gesetz über Pflegeleistungen). Anrechte, denen beitragsfreie Zeiten der GRV (§ 54 IV SGB VI) oder diesen vergleichbare ruhegehaltfähige Dienstzeiten (etwa § 12 BeamtVG) zugrunde liegen, sind ohne weiteres in den VersA einzubeziehen (KG FamRZ 1981, 680). Auf dem **Einsatz von Vermögen** beruhen Anrechte, denen ganz oder teilw Sach- oder Geldmittel zugrunde liegen, wobei es sich auch um Mittel Dritter (zB Beitragszahlung für Kindererziehungszeiten nach § 177 SGB VI; zu deren

Einbeziehung in den VersA vgl Brandenburg FamRZ 2000, 891) handeln kann. Auf die Herkunft des Vermögens kommt es – abw von § 1374 II BGB – grds nicht an, solange es nur eigenes Vermögen der Ehegatten/Lebenspartner ist (BGH FamRZ 2018, 1741 Rn 23). Dem VersA unterliegen demnach bspw Anrechte, die aus einer gesellschaftsrechtl Beteiligung an einem Unternehmen resultieren (BGH FamRZ 2007, 891), aber auch Anrechte, die in der Ehezeit aufgrund eines vorehelich erworbenen Vermögens (BGH FamRZ 1984, 570; 2011, 877 m krit Anm *Hoppenz*; Frankfurt FamRZ 2020, 1637) begründet worden sind (Ausnahme: Reine Umschichtung vorehelichen Kapitals von einem zertifizierten Altersvorsorgevertrag in einen anderen: BGH FamRZ 2018, 1741; Bamberg FamRZ 2017, 1211 m zust Anm *Borth*). Entspr gilt für Anrechte, die geerbt wurden (Nürnberg FamRZ 2005, 1256) oder auf geschenkten Mitteln beruhen (BGH FamRZ 1987, 48). Anders liegt es aber, wenn der Schenkende die Beiträge direkt an den Versorgungsträger leistet (BGH FamRZ 2018, 992 Rn 12 mwN; Koblenz FamRZ 2005, 1255f) oder die Zuwendung in einer Weise erbracht wird, die wirtschaftl einer Direktleistung gleichzustellen ist (BGH NJW 1984, 570; Nürnberg FamRZ 1996, 1550), weil derartige Anrechte nicht aus Vermögen der Ehegatten/Lebenspartner stammen. Schwierig ist die Abgrenzung, wenn der Berechtigte den Vermögensgegenstand zunächst zugewandt bekommt, aus dem das Anrecht erworben wird. Dieses unterfällt dann nicht dem VersA, wenn zw der Schenkung an den begünstigten Ehegatten und der Beitragszahlung ein enger zeitl Zusammenhang besteht und der Begünstigte sich wie ein Beauftragter des Schenkers verhält (Hamm OLGRp 1999, 105). Geht die unentgeltliche (ggf auch zweckgebundene) Zuwendung dagegen zunächst in das Vermögen des Ehegatten über, der hiermit seinerseits eine Einzahlung bei dem Versorgungsträger bewirkt, ist diese aus seinem (ggf nach § 1374 II BGB im Zugewinnausgleich privilegierten) Vermögen geleistet und fällt damit in den VersA (Koblenz FamRZ 2005, 1255; differenzierend *Borth* VersA Kap 1 Rn 116f; für einen großzügigeren Ausschluss aus dem VersA Soergel/*Häußermann* Rn 148). Handelt es sich bei dem zur Begründung von Versorgungsanrechten eingesetzten Vermögen allerdings um das Ergebnis einer vorzeitigen Regelung der güterrechtl Scheidungsfolgen (etwa nach § 1385), so sind diese Anrechte – unabhängig davon, bei welchem Ehegatten sie vorliegen – mit Rücksicht auf Abs IV nicht auszugleichen (BGH FamRZ 1992, 790; MüKo/*Maaß* Rn 33; s näher Rn 14). Ebenfalls durch Vermögen geschaffen sind nach hM Zinserträge aus einem **vorehelichen Deckungskapital** einer während der Ehe weiterlaufenden Lebensversicherung (FamR-Komm/*Wick* Rn 15 mwN; Johannsen/Henrich/Althammer/*Holzwarth* § 39 VersAusglG Rn 22; vgl auch BGH FamRZ 2011, 877; ebenso noch Erman/*Norpoth*[13] Rn 5); dagegen mahnt *Ruland* (VersA Rn 165) aber wohl zu Recht einen Gleichlauf mit vorehelich erworbenen gesetzl Rentenanrechten an, deren Dynamisierung während der Ehezeit nicht ausgeglichen wird (dem folgend *Kemper* VersA § 6 Rn 56ff; eingehend zu der Kontroverse *Hauß*/*Bührer* Rn 817–847; s näher § 46 Rn 9, 12). Weil es auf die Herkunft des Vermögens nicht ankommt, ist auch ein aus einem aufgenommenen **Kredit finanziertes** Anrecht zu berücksichtigen (Hamm FamRZ 1998, 297; Köln FamRZ 2000, 157; 1996, 1549; Koblenz FamRZ 2001, 1221; aA Nürnberg FamRZ 2002, 1632 für voll darlehensfinanzierte Lebensversicherung). Kommt es allerdings im Gegenzug nicht zu einer angemessenen Berücksichtigung des Kredits im Güterrecht oder Unterhalt, kann eine Korrektur grob unbilliger Ergebnisse über § 27 vorzunehmen sein (*Borth* VersA Kap 1 Rn 114; vgl Zweibrücken FamRZ 2004, 642 für eine zur Sicherung abgetretene Lebensversicherung).

6 **Nicht durch Arbeit oder Vermögen geschaffen** sind nach Ansicht des Gesetzgebers Renten mit **Entschädigungscharakter** wie die Renten aus der gesetzl Unfallversicherung (BGH FamRZ 1993, 682; Celle FamRZ 1989, 1099), private Schadensersatzrenten (BGH FamRZ 2018, 992 Rn 9), Leistungen des sozialen Entschädigungsrechts wie der Kriegsopferversorgung (zur Grundrente nach § 31 BVG BGH FamRZ 1981, 239) oder die Conterganrente nach dem Conterganstiftungsgesetz (BGH FamRZ 2014, 1619). Die Abgrenzung ist problematisch, weil ein Schadenersatzanspruch eine Vermögensposition darstellt; sie überzeugt nur bei Ersatz immaterieller Schäden (vgl *Norpoth* FS Hamm, 207, 211f, 215, 216f). Die aus Mitteln eines Haftpflichtversicherers nach Verkehrsunfall finanzierten Beiträge zur GRV begründen ein auszugleichendes Anrecht (BGH FamRZ 2018, 992). Hingegen fällt eine Rente aus einer vom Versicherten selbst abgeschlossenen privaten Unfall- oder Berufsunfähigkeits(zusatz)versicherung dann in den VersA, wenn während der Ehezeit der Versicherungsfall eingetreten ist und die daraufhin erbrachten Versicherungsleistungen auf in der Ehezeit geleisteten Beiträgen beruhen (§ 28; BGH FamRZ 2022, 1761 Rn 12; missverständlich insoweit BT-Drs 16/10144, 47, wonach wohl die aus der Haftpflichtversicherung eines Schädigers geleistete Unfallrente gemeint sein mag; vgl BGH FamRZ 1993, 299ff; Brandenburg FamRZ 2004, 27; Koblenz FamRZ 2001, 995ff; ebenso noch MüKo/*Siede*[8] Rn 11, 27; aA MüKo/*Maaß* Rn 23). Ebenfalls nicht in den VersA fallen Anrechte, denen **keine Beitragszahlungen** gegenüberstehen, wie die Grundsicherung im Alter oder bei Erwerbsminderung nach §§ 41ff SGB XII (dazu *Braun* SGb 2003, 237, 238; *Klingbeil* DAngVers 2002, 129).

7 Weitere Bsp: Kindererziehungsleistung iSv §§ 294ff SGB VI (BGH FamRZ 1991, 675; Jena FamRZ 1998, 1438) und deren Ersatzleistungen (§ 307a I 3 SGB VI); Landabgaberente nach §§ 121ff ALG (BGH FamRZ 1988, 272); Leistungen nach dem LAG, Produktionsaufgaberente (*Klattenhoff* NZS 1995, 337, 339); Renten des sozialen Entschädigungsrechts – BEG, BVG, OEG, IfSG, 1. SED-UnrechtsBerG, HIV-HilfeG, Unterstützungsabschlussgesetz, Entschädigungsrentengesetz – (BGH FamRZ 1981, 239); Unterhaltsbeitrag an einen disziplinarrechtl aus dem Dienst entfernten Beamten (BGH FamRZ 1997, 15; MüKo/*Maaß* Rn 27); Leistungen im Beitrittsgebiet iSv § 9 AAÜG; dagegen sind ausl Renten, die ohne individuelle Vorleistung als **Staatsbürgerversorgung** gewährt werden, auch ohne Bezug zu einer Arbeitsleistung auszugleichen, weil auch die GRV versicherungsfremde Leistungen beinhaltet (BGH FamRZ 2008, 770; 2008, 2263; 2009, 677 – niederländische **AOW-Rente**; dazu vgl *Borth* VersA Kap 1 Rn 121; MüKo/*Maaß* Rn 28; Aufgabe der bis zur 16. Aufl vertretenen Ansicht).

VI. Zur Absicherung im Alter oder bei Invalidität. Voraussetzung für die Einbeziehung eines Anrechts in den VersA ist ferner, dass es der Alters- und/oder Invaliditätssicherung dient (Abs II Nr 2). Für eine **Absicherung im Alter** ist erforderlich, dass ein auf Rentenzahlung gerichtetes Anrecht gerade der „Versorgung wegen Alters" dienen soll, also speziell für das Alter bestimmt ist. Daran kann es fehlen, wenn bei einer auf das Leben eines Kindes abgeschlossenen Lebensversicherung die Leistung erst bei Renteneintrittsalter des Kindes beginnt (Karlsruhe FamRZ 2021, 839; Bamberg NJW-RR 2021, 456; München FamRZ 2018, 255; Hamm NZFam 2016, 1108). Stellt der Leistungsbezug auf das Alter der ausgleichspflichtigen Person ab, kann auch eine Kinderrentenversicherung dem VersA unterliegen (Brandenburg FamRZ 2015, 1798 m krit Anm *Poppen* NZFam 2015, 430, *Wagner* FamRB 2015, 169; dazu s § 46 Rn 4; zur Erfassung von Bausparverträgen s Rn 10). Das verlangt zwar keinen Gleichlauf des Rentenbeginns mit der gesetzl Rente oder mit der Beamtenversorgung (BGH FamRZ 2014, 282). Dennoch wird eine Versorgung wegen Alters regelmäßig nur dann vorliegen, wenn die zugesagte Versorgungsleistung im Anschluss an die Beendigung des aktiven Berufslebens gewährt wird und das bisherige Erwerbseinkommen ersetzen soll (BGH FamRZ 2021, 1280 Rn 17; großzügiger Celle FamRZ 2022, 1921, 1923 mwN: 8 Jahre nach Erreichen der Regelaltersgrenze). Daran kann es im Einzelfall fehlen, wenn der Rentenbeginn weit vor dem Eintritt in das Rentenalter liegt; in einem solchen Fall kann ein Renditecharakter an Stelle des Vorsorgecharakters treten (BGH FamRZ 2007, 889f für einen Rentenbeginn im Alter von 43 Jahren; FamRZ 2005, 696, 698; vgl *Borth* FamRZ 2008, 2069; aA *Glockner/Hoenes/Weil* § 2 Rn 17). Allerdings kann auch eine ab einem Alter von 50 Jahren geleistete Zahlung eine Altersrente sein und dem VersA unterfallen (BGH FamRZ 2001, 27). Davon abzugrenzen sind Vorruhestandsleistungen und Übergangsgelder (etwa nach §§ 47, 47a, § 67 IV BeamtVG oder auf arbeitsrechtl Grundlage), die nicht auszugleichen sind (BGH FamRZ 2014, 1529; 2001, 27; Brandenburg FamRZ 2002, 754; Karlsruhe FamRZ 1998, 629; *Hahne* BetrAV 1995, 271). Gleiches gilt für arbeitsrechtl Abfindungen anlässlich des Verlusts eines Arbeitsplatzes (BGH FamRZ 2022, 1099 Rn 11 und FamRZ 2014, 1529). Zu Zeitwertkonten s § 3 Rn 7. Nach – problematischer – Ansicht des BGH ist der an Ehrenbeamte geleistete Ehrensold keine Altersversorgung (BGH FamRZ 2011, 1287f; ebenso MüKo/*Maaß* Rn 39; krit *Norpoth* FS Hamm, 207, 216; s näher § 44 Rn 11). Der Begriff **„Invalidität"** meint die mögliche Einschränkung der Arbeits- oder Dienstfähigkeit vor dem Erreichen der Regelaltersgrenze. Der Gesetzgeber hat vor dem Hintergrund einer breit angelegten Begriffsvielfalt bewusst darauf verzichtet, den in der GRV eingeführten Begriff der verminderten Erwerbsfähigkeit zu verwenden; er meint den Begriff der Invalidität umfassend (BT-Drs 16/10144, 46). Daher unterliegen auch solche Anrechte dem VersA, denen ein vom Rentenversicherungsrecht abw Invaliditätsbegriff zugrunde liegt oder bei denen es sich um Leistungen wegen Invalidität handelt, die – wie bei der privaten Unfallversicherung – von der Erfüllung einer besonderen Kausalitätsbedingung abhängig sind (*Klattenhoff* NZS 1994, 537, 540). Isolierte Anrechte der privaten Vorsorge wegen Invalidität sind nur nach Maßgabe des § 28 auszugleichen (Einzelheiten s dort). Eine **isolierte Hinterbliebenenversorgung** unterliegt nicht dem VersA (BGH FamRZ 1992, 165, 166). Als Element einer **kombinierten** Versorgung wird eine Vorsorge zugunsten der Hinterbliebenen bei der Wertermittlung nach neuem Recht aber auch dann mitberücksichtigt, wenn sie wertmäßig abgegrenzt werden kann; bei interner Teilung dieser Versorgungen muss für den Berechtigten dann ebenfalls eine Hinterbliebenenversorgung geschaffen oder ihr Fehlen durch Erhöhung der Altersvorsorge ausgeglichen werden (§ 11 I Nr 3; vgl *Klattenhoff* DRV 2000, 685, 697; *Borth* VersA Kap 1 Rn 87f; *Wick* VersA Rn 99, 292; krit MüKo/*Maaß* Rn 41). Zum Ausgleich der Invalidenpension der Deutschen Shell AG nach altem Recht BGH FamRZ 2014, 1529. Zur Frage des VersA betrieblicher Invaliditätsversorgungen s § 28 Rn 3a). 8

VII. Auf Rente, ausnahmsweise auch auf Kapitalzahlung gerichtet. Dem Zweck des VersA, nur solche Anrechte einzubeziehen, die Vorsorgecharakter haben, dienen naturgemäß Anrechte, die auf Zahlung einer Rente lauten, weit eher als Ansprüche auf eine einmalige Kapitalzahlung. Deswegen verlangt Abs II Nr 3, dass das Anrecht auf eine Rente gerichtet ist. Merkmale einer Rente sind zum einen eine wiederkehrende Geldzahlung, zum anderen die Absicherung eines Risikos (Alter, Erwerbsunfähigkeit; BT-Drs 16/10144, 46; *Ruland* VersA Rn 144). Nicht erforderlich ist, dass die Geldzahlung bis zum Lebensende des Berechtigten geschuldet ist. Kapitalzahlungen aus der **berufsständischen Versorgung** (dazu s *Borth*, Anm zu BFH BetrAV 2014, 91, FamRZ 2014, 386) unterfallen nicht dem VersA, sondern dem Zugewinnausgleich. Kapitalzahlungen, die in Raten geschuldet werden, unterfallen nicht dem Rentenbegriff (*Glockner/Hoenes/Weil* § 2 Rn 18; vgl Koblenz FamRZ 2019, 1779 mit problematischem Grenzfall). Nicht in den VersA fallen Anrechte, die auf **Sachleistungen** gerichtet sind (Bsp: Wohnrecht im Rahmen eines Altenteils oder Leibgedinges im Zusammenhang mit der Hofübertragung; Kohledeputate; Stromdeputate; BGH FamRZ 2013, 1795 = FamRB 2013, 385 [*Norpoth*]; MüKo/*Maaß* Rn 47; s näher *Borth* VersA Kap 1 Rn 104; FamR-Komm/*Wick* § 2 Rn 21 mwN zum Streitstand); Sachleistungen sind keine Renten iSd Abs II Nr 3. Gerade in der betrieblichen Altersversorgung kann der Ausschluss von Sachleistungen aber wegen des zweiten Hs der Nr 3 fraglich sein. Dessen gesetzgeberischer Zweck beruhte allerdings allein in der Einbeziehung von Kapitalleistungen in den VersA (s Rn 10). Schon zum alten Recht hatte es der BGH zudem abgelehnt, derartige Leistungen dem VersA zu unterstellen und zur Begründung angeführt, der VersA sei auf Geldrenten sowie hierauf gerichtete Anwartschaften zugeschnitten; Anrechte auf Sachleistungen ließen sich auch nicht versicherungsmathematisch kalkulieren (BGH FamRZ 1993, 682ff). Hinzu kommt, dass die nach neuem Recht grds vorzunehmende interne Teilung bei Sachleistungen wie einem Wohnrecht oder einem Kohledeputat idR ihren Zweck verfehlen müsste. Auch ein schuldrechtl Ausgleich kommt nicht in Betracht (BGH FamRZ 2013, 1795 = FamRB 2013, 385 [*Norpoth*]). Derartige Anrechte sind damit nicht im VersA zu berücksichtigen; sie sind ggf güterrechtl auszugleichen. Soweit im Rahmen eines Altenteils/Leibgedinges Ansprüche auf **Geldrenten** bestehen, ist danach zu differenzieren, ob diese Leistungen **Versorgungscharakter** haben (dann in 9 den VersA einzubeziehen, Bsp: BGH FamRZ 2014, 282) oder es sich um eine ratenweise **Kaufpreiszahlung** handelt (dann güterrechtl auszugleichen; s *Borth* VersA Kap 1 Rn 104).

10 **1. Kapitalzahlung.** Einmalige Leistungen bzw auf einzelne Kapitalleistungen (Ratenzahlungen) gerichtete Versorgungen sind danach grds nicht in den VersA einzubeziehen. Davon macht das neue Recht jedoch Ausnahmen für Anrechte nach dem BetrAVG und nach dem AltZertG; diese unterfallen auch dann dem Regelungsbereich des VersAusglG, wenn sie auf eine Kapitalzahlung gerichtet sind (Bsp: BGH FamRZ 2014, 1613). Sogar **Bausparverträge** können dadurch erfasst sein, wenn sie nach dem AltZertG zur Bildung von Wohneigentum abgeschlossen sind („Wohnriester": vgl Brandenburg FamRZ 2013, 1039 Rn 63ff; näher *Götsche* FamRB 2014, 65, 66 mwN; zu Ausnahmen s Köln FamRZ 2022, 865). Die teilw Einbeziehung von auf Kapitalzahlung gerichteten Anrechten entzieht diese dem Zugewinnausgleich und schützt den Inhaber vor einer Ausgleichspflicht mit Rechtskraft der Entscheidung zum Zugewinnausgleich, die er aus verfügbarem Vermögen gar nicht erfüllen konnte (BT-Drs 16/10144, 47). Zudem soll Rechtsunsicherheiten begegnet werden, die aufgrund der Rspr des BGH (FamRZ 2003, 664ff) bestehen, wenn ein Kapitalwahlrecht nach Rechtshängigkeit des Scheidungsantrags ausgeübt wird. Ein weiterer Grund ist, dass es bei vielen unter das AltZertG fallenden Produkten (Bsp: Banksparpläne) schwer zu ermitteln ist, ob es sich um Renten iSd VersAusglG handelt (*Glockner/Hoenes/Weil* § 2 Rn 22ff, 35). Schließlich spricht der Gesetzgeber den Anrechten nach dem BetrAVG und dem AltZertG unabhängig von der Auszahlungsform Vorsorgecharakter zu (BT-Drs 16/10144, 47). Er hält es deshalb nicht für angebracht, sonstige auf Kapitalzahlung lautende Anrechte aus privaten Lebensversicherungen ebenfalls in den VersA einzubeziehen, weil diese oft anderen Zwecken dienen wie etwa der Finanzierung größerer Anschaffungen (Immobilie) und zudem auch in der Anwartschaftsphase leichter verfügbar sind als betriebliche Anrechte. Anrechte auf betriebliche Altersversorgung kann sein Inhaber mithin nicht durch Ausübung eines Kapitalwahlrechts dem VersA entziehen, auch nicht im Fall der Übertragung des Rechts auf ihn anlässlich der Beendigung des Arbeitsverhältnisses (BGH FamRZ 2014, 1613. In dem – scheinbar widersprechenden – Beschluss BGH FamRZ 2014, 104 war offenbar über ein Anrecht zu entscheiden, das von Anfang an nicht dem BetrAVG unterfiel). Führt der ArbN ein solches auf ihn übertragenes Anrecht mit eigenen Mitteln fort, ist zu differenzieren: Der unverfallbare, vom ArbGeb finanzierte Teil des Anrechts bleibt ein solches iSd BetrAVG, denn er unterliegt weiterhin den Verfügungsbeschränkungen des § 2 III 3, II 4, 5 BetrAVG. Bei dem Teil des Anrechts, den der ArbN nach Beendigung seines Arbeitsverhältnisses mit eigenen Beiträgen gebildet hat, handelt es sich dagegen um eine rein private Altersvorsorge (BGH FamRZ 2021, 745 Rn 11f m Anm *Scholer*; Oldenburg NZFam 2019, 314; Köln FamRZ 2015, 1798 m Anm *Wagner* FamRB 2015, 209. Fragwürdig Brandenburg FamRZ 2014, 1636 m krit Anm *Borth* FamRZ 2015, 1637). Zur Kritik an der Differenzierung zw in Arbeitnehmerschaft und in Unternehmerschaft erworbenen Anrechten vgl BeckOGK/*Scholer* § 45 VersAusglG Rn 21. Zur Einordnung von Anrechten als betrieblich s näher § 12 Rn 2ff.

11 **2. Besonderheiten bei privaten Lebensversicherungen.** Ein Anrecht aus einer **Kapitallebensversicherung mit Rentenwahlrecht** unterliegt, wenn es sich nicht um ein Anrecht nach dem BetrAVG oder dem AltZertG handelt, dem VersA, wenn das Wahlrecht bis zum Eintritt der Rechtshängigkeit des Scheidungsantrags ausgeübt und das Anrecht damit vor diesem Stichtag zu einem Rentenanrecht wird (BGHZ 88, 386, 393; BGH FamRZ 1993, 684; vgl auch Celle FamRZ 1999, 1200). Wird erst danach von dem Wahlrecht Gebrauch gemacht, fällt das Anrecht in den Zugewinnausgleich (BGH FamRZ 2003, 664; *Götsche* FuR 2013, 71; *Götsche* FamRB 2015, 354, 355). Ob ein Zugewinnausgleich tatsächlich stattfindet, ist allerdings unerheblich. Im umgekehrten Fall (**Rentenversicherung mit Kapitalwahlrecht**) fällt die Versicherung jedenfalls dann in den VersA, wenn das Kapitalwahlrecht bis zum Zeitpunkt der Entscheidung über den VersA nicht ausgeübt wird. Wenn das Kapitalwahlrecht nach Rechtshängigkeit des Scheidungsantrags, aber vor Entscheidung über den VersA ausgeübt wurde, fällt es nach hM nicht in den VersA (BGH FamRZ 2011, 1931; FamRZ 2012, 1039; so auch Saarbrücken FamRZ 2013, 958; Hamm FamRZ 2013, 957). Der BGH begründet dies im neuen Recht damit, dass es sich auch im Zeitpunkt der Entscheidung um ein auszugleichendes Anrecht iSd § 2 handeln muss (BGH FamRZ 2012, 1039ff Rn 11f). Diese Begründung trägt zwar (s Rn 15), sie zwingt aber zu der Überlegung, ob nicht allein schon die Existenz des Kapitalwahlrechts dazu führen muss, eine private Rentenversicherung aus dem Anwendungsbereich des VersAusglG auszuschließen, um Manipulationen auszuschließen (vgl *Gutdeutsch/Hoenes/Norpoth* FamRZ 2013, 414, 418; *Gutdeutsch* FS Brudermüller, 2014, 261ff, 268f; s auch *Ruland* FamFR 2012, 539: ggf § 27 anzuwenden). Hamm FamRZ 2013, 303f (m Anm *Borth*) lässt unter Verweis auf den BGH sogar den vorbehaltenen Wertausgleich nach der Scheidung (§§ 20ff) eines privaten Rentenanrechts scheitern, wenn das Kapitalwahlrecht ausgeübt worden ist. Nach hier vertretener Ansicht besteht ein Ausgleichsanspruch nach § 22, wenn auch das betroffene Anrecht dem Wertausgleich nach der Scheidung vorbehalten, also dem Wertausgleich bei der Scheidung entzogen war (vgl BGH FamRZ 2019, 103; s näher § 22 Rn 2). Wird ein Anrecht, das eigentlich bei der Scheidung auszugleichen war, durch Ausübung des Kapitalwahlrechts dem VersA entzogen, unterfällt es dem Zugewinnausgleich (vgl BGH FamRZ 2012, 1039). Wenn auch dieser scheitert, kann das über § 27 zu sanktionieren sein (*Götsche* FamRB 2014, 65, 68; näher § 27 Rn 10). Zu den Wirkungen eines versehentlichen rechtskräftigen Ausgleichs eines solchen Anrechts im VersA s Frankfurt VersR 2023, 303.

11a **3. Belastete Anrechte. Zur Sicherheit abgetretene Anrechte** aus einer Rentenversicherung fallen nach Ansicht des BGH (FamRZ 2014, 279; 2013, 1715, 1716 = FamRB 2013, 350 [*Hauß*], Rn 9) in den VersA, solange die Sicherheit nicht in Anspruch genommen worden ist. Grund ist, dass der Begriff Sicherungsabtretung im Zusammenhang mit privaten Lebensversicherungen untechnisch gemeint ist; tatsächlich wird nur dem Sicherungsnehmer ein vorrangiges Bezugsrecht eingeräumt; der Sicherungsgeber behält iÜ seine Rechte aus dem Vertrag. Deswegen behalten private Lebensversicherungen auch nach Sicherungsabtretung ihren Charakter als Versorgungsanrecht iSd § 2 (ebenso Hamm NZFam 2016, 509 und Saarbrücken NZFam 2016, 664. Zur Frage der Ausgleichsreife s § 19 Rn 15). Der BGH hält angesichts dessen eine **interne Teilung** für möglich (zur technischen Umsetzung s näher § 46 Rn 4). Dies gilt auch für sog Policendarlehen, bei denen Versicherer und Darlehensgeber identisch sind (Hamm FamRZ 2015, 583 m Anm *Ruland* FamRZ 2015, 583). Etwas anderes gilt, wenn die Abtretung unwiderruflich zur Tilgung erfolgt (Köln FamRZ 2022, 865 zu Wohnriester; vgl *Siede* FamRB 2021, 154, 158). Zweifelhaft ist, ob die Rspr zur Sicherungsabtretung auch auf die interne Teilung gepfändeter und verpfändeter Anrechte zu übertragen ist (vgl *Holzwarth* NZFam 2014, 89; bejahend für verpfändete Anrechte Hamm FamRZ 2016, 561; ebenso für gepfändete Anrechte BGH FamRZ 2021, 584 Rn 19 m Anm *Siede*, Frankfurt NJW 2020, 475; abl Stuttgart FamRZ 2014, 391 m Anm *Borth*, der eine Teilaussetzung nach § 21 FamFG bevorzugt) und ob sie auch bei drohender Verwertung des Anrechts gilt (abl Karlsruhe FamRZ 2016, 636: stattdessen Berücksichtigung im Zugewinn; Frankfurt FamRZ 2014, 759). Nach Kündigung durch den Pfändungspfandgläubiger fällt das Anrecht nicht mehr in den VersA (vgl auch BGH FamRZ 2021, 1357; aA Nürnberg FamRZ 2018, 336 m abl Anm *Kemper/Norpoth* FamRB 2018, 18). Die **Bewertung** erfolgt nach Ansicht des BGH ohne Berücksichtigung der Sicherungsabrede (dazu abl *Hauß* FamRB 2013, 350f). Kommt es nach durchgeführter interner Teilung zur Verwertung der Sicherheit, soll der ausgleichsberechtigten Person ein Aufwendungsersatzanspruch aus den §§ 683, 670 BGB zustehen (BGH FamRZ 2013, 1715, 1718 = FamRB 2013, 350 Rn 23ff, 25). Eine **externe** Teilung derartiger Anrechte dürfte hingegen nicht in Betracht kommen (vgl Zweibrücken FamRZ 2018, 912 mwN; *Kemper* VersA § 4 Rn 14). In der **Insolvenz** der ausgleichspflichtigen Person sind die vom Insolvenzbeschlag erfassten Anrechte, zB private Altersversorgungen mit Ausnahme von Riesterverträgen, dem VersA entzogen (BGH FamRZ 2021, 1357 Rn 27, 40; Frankfurt FamRZ 2022, 1360; aA Nürnberg FamRZ 2021, 590; s näher FamR-Komm/*Wick* Rn 12 und BeckOGK/*Müller-Tegethoff* Rn 82ff). Ist allerdings die interne Teilung eines solchen Anrechts rechtskräftig geworden, steht § 91 InsO dem Anrechtserwerb des ausgleichsberechtigten Ehegatten nicht entgegen (BGH FamRZ 2021, 1357 Rn 9ff).

VIII. Anwartschaft und Wartezeit. Nach Abs III sind auch solche Anrechte grds auszugleichen, für die aE 12
der Ehezeit eine maßgebliche Wartezeit, Mindestbeschäftigungszeit, Mindestversicherungszeit oder ähnl zeitl Voraussetzung noch nicht erfüllt ist. Dies entspricht § 1587a VII 1 BGB aF. Anrechte iSd BetrAVG gelten aber vor Erfüllung der Wartezeit als nicht ausgleichsreif iSd § 19 II Nr 1. Sie bleiben, wenn sie im Entscheidungszeitpunkt für den Wertausgleich bei Scheidung noch nicht hinreichend verfestigt sind, vielmehr dem schuldrechtl Ausgleich vorbehalten (§ 19 II Nr 1). Dagegen werden sonstige Anrechte, also insb gesetzl Rentenanrechte, Anrechte von Beamten und aus berufsständischen Versorgungen (BGH FamRZ 1991, 1420, 1421), auch dann im Wertausgleich bei Scheidung ausgeglichen, wenn die Mindestwartezeiten hierfür noch nicht erfüllt sind. Das gilt auch für die Mindestwartezeit in einem Beförderungsamt nach § 5 III BeamtVG (BGH FamRZ 1982, 31; Hoppenz/*Hoppenz* Rn 10; MüKo/*Maaß* Rn 58 mwN; s § 44 Rn 13). Nur ausnahmsw, nämlich wenn im Entscheidungszeitpunkt feststeht, dass die Wartezeit nicht mehr erfüllt werden kann, bleibt das Anrecht trotz Abs III unberücksichtigt (BGH FamRZ 1996, 98, 101; Hoppenz/*Hoppenz* Rn 10). Abs III gilt **nicht** für besondere Zeiten, die den Wert eines Anrechts der **GRV** erhöhen (s § 43 III). Damit sind Regelungen zur Aufwertung von Zeiten der Kindererziehung oder Pflegezeiten bei Vorliegen von 25 Jahren rentenrechtl Zeiten (§ 70 IIIa SGB VI) und von Pflichtbeiträgen bei Erfüllung von 35 Jahren mit rentenrechtl Zeiten gemeint (§ 262 SGB VI; *Bergner* KomRefVA § 43 Anm 8; s auch § 43 Rn 18, 31). Auch auf die Stellenzulage eines Beamten, die zum Ehezeitende noch nicht vollständig erdient worden ist, ist Abs III nicht anzuwenden (MüKo/*Maaß* Rn 57 mwN).

IX. Abgrenzung zum Güterrecht. Abs IV, wonach ein güterrechtl Ausgleich für die in den VersA einzubezie- 13
henden Anrechte nicht stattfindet, entspricht § 1587 III BGB aF. Ziele der Regelung sind, einerseits eine Doppelverwertung von Anrechten sowohl im VersA als auch im Zugewinnausgleich zu vermeiden, andererseits dem VersA den Vorrang einzuräumen, soweit Anrechte der Altersvorsorge betroffen sind (BGH FamRZ 1992, 790; BT-Drs 16/10144, 47).

Das Ziel, eine **Doppelverwertung zu vermeiden**, kann es allerdings sogar umgekehrt erfordern, Anrechte, die 14
mit Hilfe des Vermögens begründet worden sind, im VersA nicht auszugleichen, weil das Vermögen im Zugewinnausgleich zu berücksichtigen ist; das ist der Fall, wenn ein **vorzeitiger Zugewinnausgleich** durchgeführt worden ist und der Berechtigte aus Mitteln dieses Zugewinnausgleichs vor Rechtshängigkeit des Scheidungsantrags Anrechte auf eine Altersversorgung erworben hat (BGH FamRZ 1992, 790, 791; MüKo/*Maaß* Rn 60). Sonst würde ein Teil der Summe über den VersA wieder an den zugewinnausgleichspflichtigen Ehegatten zurückfließen. Anders liegt es aber, wenn der zum Zugewinnausgleich Verpflichtete dem anderen Ehegatten eine Ablaufsumme aus einem Lebensversicherungsvertrag auszahlt und den eigenen Versicherungsvertrag dann wiederum sukzessive auffüllt. Daraus entstehende Rentenanrechte fallen in den VersA (Karlsruhe FamRZ 2004, 1793). Wenn ein Anrecht iSd Abs II Nr 3 in einen nach altem Recht durchgeführten Zugewinnausgleich einbezogen worden ist und der VersA – etwa aufgrund einer Abtrennung – nunmehr nach neuem Recht zu entscheiden ist, darf das Anrecht nicht noch einmal berücksichtigt werden (*Götsche* FuR 2013, 8, 12). Str ist der Fall, wenn zuerst nach altem Recht über den VersA entschieden worden ist und ein Anrecht contra legem dort nicht berücksichtigt worden ist. Die Ansicht, dass dieses Anrecht dann nicht mehr im VersA (auch nicht nach den §§ 20ff), sondern im Zugewinnausgleich zu berücksichtigen ist (*Götsche* FuR 2013, 8, 13), ist mit der Rspr des BGH zu den vergessenen Anrechten wohl nur teilw zu vereinbaren (s § 20 Rn 3). Str ist, ob im Anschluss an eine Verein-

barung von Gütertrennung mit Hilfe von Vermögen erworbene Anrechte dem VersA unterfallen (so *Brudermüller* NJW 2006, 3184, 3185; Erman/*Wellenhofer*[12] § 1587 Rn 7; aA Hamm FamRZ 2006, 795, 796 mwN; einschränkend *Borth* FamRZ 2006, 1641 mwN Fn 7). In diesen Fällen kann eine erg Vertragsauslegung ergeben, dass eine Beteiligung des anderen Ehegatten über den VersA ebenfalls ausgeschlossen sein soll (ähnl wohl KG FamRZ 2003, 39f). Nach BGH FamRZ 2012, 434f kann der Ausschluss derartiger Anrechte aus dem VersA aber grds nicht durch das Verbot der Doppelverwertung gerechtfertigt werden. Zu einem Problem der Doppelverwertung kann es auch nur dann kommen, wenn im Zusammenhang mit der vereinbarten Gütertrennung ein Zugewinnausgleich unter Einbeziehung des später in die Altersvorsorge investierten Vermögens durchgeführt worden ist (s *Borth* FamRZ 2006, 1641; 2005, 397, 399).

15 **X. Maßgebliche Prüfungszeitpunkte.** Es gibt **zwei** maßgebliche Zeitpunkte für die Prüfung, ob auszugleichende Anrechte iSd § 2 bestehen. Der erste Zeitpunkt ist das Ehezeitende. Anrechte, die erst nach dem Ehezeitende begründet worden sind, sind auch dann nicht nach dem VersAusglG auszugleichen, wenn – wie dies bei betrieblichen Anrechten denkbar ist – der Begründung die Anerkennung einer Betriebszugehörigkeit zugrunde liegt, die (teilw) in der Ehezeit liegt (vgl BGH FamRZ 2009, 1735). Der **zweite** Zeitpunkt, zu dem die Prüfung erneut anzusetzen hat, ist der Zeitpunkt der Entscheidung über den VersA. Nur Anrechte, die zu diesem Zeitpunkt noch bestehen, können ausgeglichen werden (statt vieler BGH FamRZ 2015, 998 Rn 10; 2012, 1039 Rn 11 mwN; s § 5 Rn 6); denn der VersA – zumindest der Wertausgleich bei der Scheidung – ist **akzessorisch** und seine Durchführung vom Bestand zu teilender Anrechte abhängig (vgl Oldenburg FamRZ 2021, 1796; *Gutdeutsch/Hoenes/Norpoth* FamRZ 2013, 414f; *Gutdeutsch* FS Brudermüller, 2014, 261ff; zur Sonderkonstellation bei § 31 s BGH FamRZ 2021, 668 m zust Anm *Borth*). Das gilt sogar noch im Abänderungsverfahren alten Rechts (BGH FamRZ 2016, 697 = FamRB 2016, 182 [*Siede*]). Private nicht zertifizierte Rentenanrechte, die zwar schon zum Ehezeitende existierten, bei denen der Berechtigte aber nach dem Ehezeitende sein Kapitalwahlrecht ausgeübt hat, unterfallen im Zeitpunkt der Entscheidung nicht mehr dem Anwendungsbereich des § 2 und sind daher im VersA nicht zu teilen (Bsp: Schleswig FamRZ 2015, 672. Zur Anwendung des § 27 in derartigen Fällen vgl § 27 Rn 10). Ebenso wenig unterfällt ein Anrecht der GRV, das nach dem Ende der Ehezeit durch Erstattung der geleisteten Beiträge nach § 210 SGB VI aufgelöst worden ist, dem VersA (Düsseldorf FamRZ 2014, 1201). Die Ausübung des Kapitalwahlrechts und die Auflösung einer Anwartschaft in der GRV durch Beitragserstattung sind deshalb, wie das Erlöschen eines Anrechts, keine Anwendungsfälle des § 5 II 2 (vgl § 5 Rn 6). Zweifelhaft ist daher, ob im umgekehrten Fall (Ausübung einer Rentenoption bei einem auf Kapital lautenden Anrecht nach Ehezeitende) das Anrecht in den VersA einzubeziehen ist (so aber *Kemper* NZFam 2014, 343, 345). Soweit Anrechte nach dem Ehezeitende durch eine Kapitalzahlung abgefunden worden sind, kommt ein Wertausgleich nach der Scheidung wohl nur dann in Betracht, wenn das Anrecht – mangels Ausgleichsreife – dem Wertausgleich **nach** der Scheidung vorbehalten war (s § 22 Rn 2; str); ansonsten wird die ausgleichsberechtigte Person – wenn auch nur unvollkommen – durch § 29 geschützt (vgl § 29 Rn 2).

16 **XI. Übergangsrecht.** Besonders in der Übergangszeit zw altem und neuem Recht (s §§ 48ff) bereitet die Abgrenzung zum Güterrecht Schwierigkeiten, weil nach neuem Recht Versorgungsanrechte, die auf Kapital lauten, teilw in den VersA einbezogen werden, während sie nach altem Recht noch im Zugewinn auszugleichen waren (dazu *Roessink* FamRB 2010, 282f zur Direktversicherung). Gerade in der Übergangszeit sind Kollisionen zw Güterrecht und VersA unter Berücksichtigung des Verbots der Doppelverwertung zu regeln. Erfasst etwa ein unter Geltung des alten Rechts gültig abgeschlossener Ehevertrag ein auf Kapital lautendes Anrecht im Zugewinnausgleich, bleibt diese Regelung, wenn sie nicht nach § 313 BGB wegen Wegfalls der Geschäftsgrundlage anzupassen ist, auch im Geltungsbereich des neuen Rechts maßgeblich; das Anrecht ist dann nicht in den VersA einzubeziehen (s auch Vor § 6 Rn 4).

§ 3 Ehezeit, Ausschluss bei kurzer Ehezeit

(1) Die Ehezeit im Sinne dieses Gesetzes beginnt mit dem ersten Tag des Monats, in dem die Ehe geschlossen worden ist; sie endet am letzten Tag des Monats vor Zustellung des Scheidungsantrags.

(2) In den Versorgungsausgleich sind alle Anrechte einzubeziehen, die in der Ehezeit erworben wurden.

(3) Bei einer Ehezeit von bis zu drei Jahren findet ein Versorgungsausgleich nur statt, wenn ein Ehegatte dies beantragt.

1 **I. Allgemeines.** Abs I enthält eine dem alten Recht entspr Legaldefinition der Ehezeit, während Abs II den VersA auf diejenigen Anrechte oder Anrechtsanteile beschränkt, die innerhalb der Ehezeit erworben worden sind. Abs III hat im alten Recht keinen Vorläufer; im Zusammenspiel mit den Geringfügigkeitsregeln des § 18 bezweckt er, übermäßigen bürokratischen Aufwand dort zu vermeiden, wo er – für den per saldo begünstigten Ehegatten – in keinem Verhältnis zum möglichen Ertrag steht. Die Regelung der Ehezeit dient dazu, den auszugleichenden Anteil von Anrechten zu bestimmen. Zur Funktion des Ehezeitendes als Stichtag s § 5 Rn 3f, § 9 Rn 5.

2 **II. Berechnung der Ehezeit. 1. Allgemeines.** Die Definition der Ehezeit in Abs I legt den Erfassungszeitraum des VersA fest. Die pauschalierende Regelung soll die Wertermittlung vereinfachen (BGH FamRZ 1993, 292) und ermöglicht es, über den VersA im Verfahrensverbund zu befinden (Karlsruhe FamRZ 1979, 824; vgl *Kemper* FamFR 2013, 51, 52). Für die Zeit nach Eintritt der Rechtshängigkeit des Scheidungsantrags besteht ggf ein An-

spruch auf Altersvorsorgeunterhalt (§ 1361 I 2 BGB). Die Pauschalregelung bedarf der Korrektur im Einzelfall: Anrechte aufgrund von nachgezahlten Beiträgen sind im Interesse der Abstimmung mit dem Ehegüterrecht (zu dessen abw Stichtag vgl § 1384 BGB) auch auszugleichen, wenn sie nach Ehezeitende iSv Abs I, aber vor Eintritt der Rechtshängigkeit geleistet worden sind (BGH FamRZ 1981, 1169). Sie sind demggü nicht zu berücksichtigen, wenn die Nachzahlungsbeiträge zwar im Kalendermonat der Eheschließung, jedoch tatsächlich vor dem Zeitpunkt der Heirat gezahlt worden sind (BGH FamRZ 1993, 292). Bei wiederholter Ehe mit demselben Partner werden die während der früheren Ehe erworbenen Anrechte nicht in den VersA einbezogen (BGH FamRZ 1982, 1193; 1983, 461); ist jedoch der VersA anlässlich der ersten Ehescheidung auflösend bedingt ausgeschlossen worden, so bedarf es gesonderter Entscheidungen für beide Ehezeiten (BGH FamRZ 1994, 96).

2. Beginn und Ende der Ehezeit. Der Beginn der Ehe bestimmt sich nach dem Zeitpunkt der rechtswirksamen Eheschließung (§ 1310 BGB; ggf das nach Art 13 EGBGB berufene Recht). Das Ende der Ehezeit wird für Zwecke des VersA abw von § 1564 S 2 BGB bestimmt; die Ehezeit endet nach Abs I mit Ablauf des Kalendermonats, der dem Eintritt der Rechtshängigkeit des zum Scheidungsausspruch führenden Scheidungsantrags vorausgeht. Ein späterer Scheidungsantrag (nach Aussetzung oder Verfahrensstillstand) wird im Zweifel nur als weiterer (Gegen-)Antrag im schon anhängigen Scheidungsverfahren aufzufassen sein (BGH FamRZ 2006, 620; 1983, 39). Das Ehezeitende ist auch nach neuem Recht nicht disponibel (s § 8 Rn 26). Die **Rechtshängigkeit** tritt grds mit der wirksamen Zustellung der Scheidungsantragsschrift ein. Ist der Scheidungsantrag vor Ablauf des Trennungsjahres iSv § 1566 I BGB („verfrüht“) gestellt worden, so kommt in Anwendung von § 242 BGB ein Hinausschieben des für das Ende der Ehezeit maßgebenden Zeitpunkts nach neuer Rspr des BGH nicht mehr in Betracht, um gewichtige Nachteile für den Antragsgegner abzuwenden (BGH FamRZ 2017, 1914 Rn 27ff m abl Anm *Norpoth* aaO 1918; anders noch BGH FamRZ 1997, 347). Im Zusammenhang mit einem VKH-Gesuch ist ein Scheidungsantrag oder ein Antrag auf Durchführung des VersA nur dann mit Eingang bei Gericht anhängig gemacht, wenn die Erhebung des Antrags nicht von der Bewilligung der VKH abhängig gemacht wird. Sonst ist nur das VKH-Verfahren eingeleitet; für das Hauptverfahren gilt dies erst nach Bewilligung der VKH (BGH FamRZ 2012, 783). Ging dem Scheidungsausspruch ein auf Scheidung umgestellter **Eheaufhebungsantrag** voraus, ist der Zeitpunkt der Zustellung des Aufhebungsantrags maßgebend (BGH FamRZ 1989, 153). Die Heilung von Mängeln bei der Zustellung des Scheidungsantrags gem § 189 ZPO iVm § 113 FamFG wirkt nur für die Zukunft (BGH FamRZ 1984, 368, 369). Eine nicht oder nicht formgerecht vorgenommene Zustellung gilt somit als in dem Zeitpunkt erfolgt, in dem sich der Antragsgegner in der mündlichen Verhandlung rügelos auf diese einlässt (Brandenburg FamRZ 1998, 1439) oder in dem ihm die Antragsschrift – die ihm nach dem Willen des Gerichts zugestellt werden sollte (BGH FamRZ 1993, 309) – tatsächlich zugegangen ist (§ 189 ZPO; vgl BGH FamRZ 1993, 309; Brandenburg FamRZ 2001, 1220). Ist die Rechtshängigkeit auch nicht entspr § 261 II ZPO durch Stellung des Scheidungsantrags in der mündlichen Verhandlung eingetreten (Naumburg FamRZ 2006, 956; Brandenburg FamRZ 1998, 1439), gleichwohl aber ein Scheidungsausspruch ergangen, so bestimmt sich das Ende der Ehezeit nach dem Eintritt der Rechtskraft des Scheidungsbeschl (Zweibrücken FamRZ 1999, 27). Bei Scheidung durch ein ausl Gericht bestimmt sich die Rechtshängigkeit nach der lex fori (BGH FamRZ 1993, 798; 1992, 1058; Frankfurt FamRZ 2009, 1586). Lässt sich der Zeitpunkt der Zustellung des Scheidungsantrags nicht mehr exakt feststellen, trifft die Darlegungslast den Ehegatten, der aus einer längeren Ehezeit den Vorteil eines höheren VersA ziehen würde; er trägt den Nachteil der Nichtfeststellbarkeit des Zustellungsdatums (BGH FamRZ 1989, 1058, 1059). Geht einem Scheidungsverfahren nach **ausl** (zB italienischem) Recht ein **Trennungsverfahren** voraus, ist auch hier nicht die Zustellung des Trennungsantrags, sondern des Scheidungsantrags maßgeblich (BGH FamRZ 1994, 825, 826; zur möglichen Bedeutung der Trennungszeit für § 27 MüKo/*Maaß* Rn 13). 3

3. Mehrere Anträge. Bei mehreren Scheidungsanträgen ist die Rechtshängigkeit des (ältesten) Scheidungsantrags entscheidend, der das zur Scheidung führende Verfahren ausgelöst hat (BGH FamRZ 2006, 260; 2004, 1364). Hiervon ist – selbst in Übergangsfällen (BGH FamRZ 1980, 552, 553) – auch dann auszugehen, wenn es zur Aussetzung oder zum Stillstand des Scheidungsverfahrens (einschl eines Weglegens der Akte) gekommen ist (BGH FamRZ 2006, 260; NJW-RR 1993, 898; Koblenz FamRZ 2012, 709f) oder wenn die Rechtshängigkeit eines früher eingeleiteten Scheidungsverfahrens übersehen worden ist und die Ehe im Rahmen eines neuen Antrags in einem selbständigen Verfahren geschieden wird. In Einzelfällen kann die Anknüpfung an den zur Scheidung führenden (früheren oder späteren) Antrag gegen Treu und Glauben verstoßen (BGH FamRZ 2004, 1364, 1365; 1991, 1042, 1043; Frankfurt, Beschl v 10.5.2023 – 4 UF 155/22). Dies gilt etwa bei vorbehaltloser Versöhnung der Ehegatten, wenn diese übereinstimmend das Scheidungsverfahren als erledigt angesehen und wiederum längere Zeit zusammengelebt haben; dann ist auf den Zeitpunkt abzustellen, in dem die Fortsetzung des Verfahrens beantragt wird (BGH FamRZ 1991, 1042; Karlsruhe NJW-RR 2003, 363). Leben die Ehegatten aber während des Verfahrensstillstands weiter getrennt, kann nicht aus Billigkeitsgründen von einem späteren Ehezeitende ausgegangen werden (BGH FamRZ 2004, 1364). Diese Grundsätze gelten auch für den Fall, dass der ursprüngliche Scheidungsantrag in der mündlichen Verhandlung nicht gestellt, zurückgewiesen oder zurückgenommen wird, die Ehe aber – in demselben anhängigen Verfahren – auf einen Antrag des Gegners geschieden wird (BGH FamRZ 1982, 153; Nürnberg FamRZ 2022, 521). Da dies ein einheitliches Verfahren zur Voraussetzung hat, ist für das Ehezeitende der Scheidungswiderantrag maßgebend, wenn der Scheidungsantrag **vor** Zustellung des Widerantrags zurückgenommen worden ist (BGH FamRZ 1983, 38; 2006, 260f). IÜ kann der Antragsteller bei längerem Ruhen des Verfahrens den Scheidungsantrag – einseitig allerdings nur im Rahmen von § 269 I ZPO iVm 4

§ 113 FamFG – zurücknehmen, um durch einen neuen Antrag ein späteres Ende der Ehezeit herbeizuführen (*Borth* FamRZ 2003, 889). Zum Scheidungsantrag unter einer „Bedingung" Naumburg FamRZ 2002, 401.

5 **4. Wiederheirat, Doppelehe.** Bei Wiederheirat und erneuter Scheidung bestimmt sich die Ehezeit nach der letzten Ehe; weil frühere Zeiträume nicht einbezogen werden, wird auch ein Versorgungsausgleichsverfahren aus vorangegangener Scheidung nach der Wiederheirat nicht obsolet (MüKo/*Maaß* Rn 17). Bei Doppelehe ist der VersA für die zweite, aufhebbare Ehe nach § 1318 III BGB nur durchzuführen, wenn dies nicht im Hinblick auf den Ehegatten/Lebenspartner der ersten Ehe grob unbillig wäre. Zur Berechnung des Ehezeitanteils, wenn das betroffene Anrecht aufgrund einer früheren Ehe schon einmal geteilt worden ist, s KG FamRZ 2011, 223.

6 **III. In-Prinzip. 1. Allgemeines.** Nach Abs II sind in den VersA alle Anrechte – oder Teile von Anrechten – einzubeziehen, die in der Ehezeit erworben worden sind. Darin kommt zum Ausdruck, dass für die Zuordnung eines Anrechts zur Ehezeit der Zeitpunkt seines Erwerbs maßgeblich ist (BT-Drs 16/10144, 47; sog „In-Prinzip"; vgl *Bergner* KomRefVA, § 3 Anm 3.2). Grundgedanke des In-Prinzips ist, wie im Zugewinnausgleich nur solche Anrechte auszugleichen, die auf einer gemeinsamen Lebensleistung beruhen (*Borth* VersA Kap 1 Rn 125). **Bsp** für Zuordnungsprobleme: Die Mütterrente erhöht das Anrecht der Ehefrau nur insoweit, als der 12. Monat nach dem Geburtsmonat in die Ehezeit fällt (BGH FamRZ 2016, 791 Rn 32; Brandenburg FamRZ 2016, 635; *Bachmann/Borth* FamRZ 2014, 1329, 1331). Nicht in der Ehezeit erworben ist ein nach dem Ehezeitende vom ArbGeb für das vorzeitige Ausscheiden des ArbN zugesagter „Einkommensausgleich" für die Zeit bis zum Einsetzen der Betriebsrente (BGH FamRZ 2009, 1735; *Brudermüller* NJW 2010, 3198, 3200). Zeitpunkt des Erwerbs ist bei Pflichtversicherungen/-versorgungen, die auf Arbeitsleistung beruhen (zB GRV, öffentliche/kirchliche Zusatzversorgung, Anrechte der Beamtenversorgung), aber auch bei Anrechten der betrieblichen Altersversorgung der Zeitpunkt, in dem die Arbeitsleistung erbracht wird (BGH FamRZ 2011, 1216, 1217f Rn 20ff; aA offenbar Düsseldorf FamRZ 2019, 26, 28), bei durch freiwillige Beiträge begründeten Anrechten dagegen der Zeitpunkt der Beitragszahlung (*Bergner* KomRefVA, Anm 3.1, 3.2). Str ist, ob auch für die von Selbständigen aufgrund versicherungspflichtiger Tätigkeit erworbenen Rentenanwartschaften nicht der Zeitpunkt der Beitragszahlung, sondern der Zeitpunkt der Tätigkeit maßgeblich ist, weil die Pflichtversicherung hier auf einem Antrag nach § 4 II SGB VI beruht (bejahend *Bergner* KomRefVA, Anm 3.2; aA BGH FamRZ 1985, 687; Jena FamRZ 2000, 234; *Borth* VersA Kap 1 Rn 125; MüKo/*Maaß* Rn 26); eine unterschiedliche Behandlung zu sonstigen Anrechten, die auf Arbeitsleistung beruhen, erscheint hier aber nicht gerechtfertigt. Andernfalls dürfte zumindest die Beitragsforderung des Rentenversicherungsträgers nicht zugewinnmindernd berücksichtigt werden, um eine doppelte Begünstigung des säumigen Beitragsschuldners zu vermeiden (Erman/*Wellenhofer*[12] § 1587 BGB Rn 12).

7 **2. Beitragszahlung und Verwendungszeitraum.** Aus den genannten Grundsätzen ergibt sich für den Fall, dass der Zeitpunkt der Beitragszahlung nicht mit dem Zeitraum identisch ist, für den der Beitrag verwendet wird, Folgendes (vgl dazu *Borth* VersA Kap 1 Rn 129ff): Anrechte aufgrund von **freiwilligen** Beiträgen, die nach Eintritt der Rechtshängigkeit des Scheidungsantrags für die Ehezeit nachgezahlt worden sind, unterliegen nicht dem VersA (BGH FamRZ 2015, 1279; nach Düsseldorf FamRZ 2019, 26 gilt dies auch für nachgezahlte **Pflichtbeiträge**), während Anrechte aus Beiträgen, die während der Ehezeit – und darüber hinaus bis zu dem Tag vor Eintritt der Rechtshängigkeit – gezahlt worden sind, auch dann auszugleichen sind, wenn die so erworbenen Beitragszeiten (§ 55 SGB VI) vor der Ehezeit liegen (Zweibrücken FamRZ 2004, 517; Köln FamRZ 2000, 157; Jena FamRZ 2000, 234). Ebenfalls unberücksichtigt bleiben Beiträge, die noch im Eheschließungsmonat, aber **vor Eheschließung** zur Begründung von Anrechten gezahlt werden (BGH FamRZ 1993, 292ff). Abzustellen ist auf den Zeitpunkt der tatsächlichen Beitragszahlung, frühestens auf den Tag der Belastung des Kontos des Beitragszahlers (BGH FamRZ 1996, 1538). Das In-Prinzip gilt unabhängig vom Güterstand (KG FamRZ 1996, 1552) für alle Formen der Nachentrichtung freiwilliger Beiträge einschl der früheren Beitragsnachzahlung für Zeiten einer „Heiratserstattung" (BGH FamRZ 1997, 414; Koblenz FamRZ 2020, 988) und auch für „Wiederauffüllungsbeträge", die dazu dienen, eine Rentenanwartschaftsminderung infolge eines VersA anlässlich einer früheren Ehescheidung auszugleichen (BGH FamRZ 2007, 1719; Zweibrücken FamRZ 2004, 517). Das In-Prinzip gilt jedoch nicht bei der Nachversicherung (§ 185 II 1 SGB VI; vgl *Schmeiduch* FamRZ 1983, 119). Es entscheidet aber über die Frage, ob Anrechte aufgrund von Beitragsleistungen, die nach dem Rentenversicherungsrecht nicht in die Versicherungsbiographie eingeordnet werden (vgl etwa §§ 187 I Nr 1, 187a, 187b SGB VI), dem ehelichen Versorgungserwerb zuzurechnen sind (vgl *Klattenhoff* DAngVers 1997, 129). Bei **flexiblen Arbeitszeitformen** sind auch **Wertguthaben**, die auf Arbeitszeitkonten angespart und noch nicht verbeitragt sind, danach eigentlich insoweit maßgeblich für den VersA, als die Arbeit in die Ehezeit fällt (so noch *Borth* FamRZ 2001, 877f; aA *Borth* VersA Kap 1 Rn 134 unter Berufung auf BT-Drs 16/10144, 48; *Schmeiduch* FamRZ 1999, 1035, 1038). Werden vorehelich angesparte oder erst nachehelich erarbeitete Wertguthaben in der Ehezeit verbeitragt, müssten sie also unberücksichtigt bleiben; in der Ehezeit angesparte Wertguthaben müssten auch dann berücksichtigt werden, wenn sie erst nach dem Ehezeitende aufgelöst und verbeitragt werden. Daraus entstünden für die Ermittlung ehezeitl Rentenanwartschaften für die Träger der GRV aber neben erheblichem bürokratischen Aufwand kaum lösbare Probleme (Bsp: Überschreiten von Beitragsbemessungsgrenzen in der Ansparphase). Deswegen muss auch für den VersA die Fiktion eines durchgehenden Beschäftigungsverhältnisses (§§ 7 Ia, 7b SGB IV) übernommen werden. Das gilt dann allerdings in beide Richtungen, so dass irrelevant ist, ob nur die Ansparphase oder nur die Freistellungsphase in die Ehezeit fällt; maßgeblich sind hier ausnahmsw die aus dem regelmäßig gezahlten Arbeitsentgelt in der Ehezeit geschuldeten Rentenversicherungsbeiträge (ebenso Koblenz FamRZ 2020, 988; MüKo/*Dörr*[7] Rn 20).

3. Unbillige Ergebnisse. Führt das In-Prinzip – etwa bei ungenügender Abstimmung mit dem Güterrecht – zu einem grob unbilligen Ergebnis, kommt insoweit ein Ausschluss des VersA gem § 27 in Betracht (BGH FamRZ 1987, 364). Es ist fraglich, ob diese Grundsätze auch für die Altersvorsorgezulage bei der erg kapitalgedeckten Altersvorsorge iSv § 83 EStG gelten. Die Zulage wird erst nach Ablauf des Jahres, für das sie verwendet werden soll, auf Antrag direkt an den Anbieter des geförderten Altersvorsorgevertrags gezahlt und dem Vertrag gutgeschrieben (§§ 89, 90 EStG). Damit ist sie dem ehezeitl Versorgungserwerb (nur) dann zuzuordnen, wenn sie tatsächlich während der Ehezeit geleistet worden ist. Es handelt sich hierbei allerdings um Bagatellanrechte, deren Ermittlung sehr aufwändig ist. Aus Gründen der Verfahrensökonomie und im Hinblick darauf, dass der Anspruch auf die Zulage bereits am 31.12. des Verwendungsjahres entsteht (§ 88 EStG), sollte daher bei Anwendung des In-Prinzips auf den sich aus § 88 EStG ergebenden Zeitpunkt abgestellt werden (Erman/*Wellenhofer*[12] § 1587 BGB Rn 12). Werden unverfallbar gewordene Betriebsrentenanwartschaften nach Ende der Ehezeit zu einem neuen ArbGeb transferiert (vgl § 4 BetrAVG; dazu *Höfer* DB 2004, 1426), berührt dies einen bereits durchgeführten VersA nicht. Vor Durchführung des Wertausgleichs ist hingegen der Wechsel des Versorgungsträgers beachtlich (näher § 16 Rn 5). Werden vor der Ehezeit erworbene Anrechte während der Ehe übertragen, handelt es sich unverändert um vorehelichen Versorgungserwerb (vgl zur Umschichtung von einem zertifizierten Vertrag in einen anderen BGH FamRZ 2018, 1741; Bamberg FamRZ 2017, 1211; Stuttgart FamRZ 2016, 131 m zust Anm *Borth*). 8

4. Zurechnungszeit. Eine Besonderheit gilt hinsichtl der **Zurechnungszeit**, die ua bei vorzeitigem Eintritt einer Erwerbsminderung anzurechnen ist: Im **Beamtenversorgungsrecht** (§ 13 BeamtVG) ist die Zurechnungszeit nach der Rspr des BGH (s § 44 Rn 22) lediglich ein Berechnungselement der Versorgung, so dass das hierauf beruhende Anrecht nicht dem VersA unterliegt, wenn der Versorgungsanspruch bereits vor der Ehe entstanden ist. Bei dem vorzeitigen Ruhestand eines Soldaten nach Ende der Ehezeit soll der Ehezeitanteil zwar unter Einbeziehung der Anteile berechnet werden, die auf die Zurechnungszeit entfallen; diese sollen aber keinen Einfluss auf die ruhegehaltsfähige Dienstzeit haben, so dass sich der Ehezeitanteil erhöht (BGH FamRZ 1996, 215; vgl auch BGH FamRZ 2015, 1001 Rn 27; 2015, 1004; zur Frage der groben Unbilligkeit s § 27 Rn 14). Die **rentenrechtl Zurechnungszeit** (§ 59 SGB VI) soll dagegen ein anspruchsbegründendes Zeitelement sein (BGH FamRZ 1986, 337; 1989, 723); hieraus folgt, dass das auf der Zurechnungszeit beruhende Anrecht auch dann in den VersA fällt, wenn die verminderte Erwerbsfähigkeit vor der Ehezeit eingetreten ist (krit *Bergner* KomRefVA, Anm 3.3; zust dagegen *Ruland* VersA Rn 376 m Nachw zur älteren BGH-Rspr). Der Verlust eines vor der Ehe erworbenen Anrechts durch Beitragserstattung aus Anlass der Heirat ist nicht auszugleichen (Düsseldorf FamRZ 1982, 84), kann aber im Rahmen der Härteregelungen berücksichtigt werden (BGH FamRZ 1988, 489; zur Berücksichtigung beim Zugewinnausgleich vgl BGH FamRZ 1995, 289). 9

5. Änderungen nach Ehezeitende. Die Bestimmung des Stichtags zum Ehezeitende hat die weitere Funktion, nachträgl Wertsteigerungen, soweit sie auf individuellen Faktoren (bspw einer Beförderung) beruhen, vom ehezeitbezogenen Versorgungserwerb abzugrenzen (*Borth* VersA Kap 1 Rn 169). Ändert sich der Wert des Ehezeitanteils eines Anrechts nach Ehezeitende aus nicht individuellen tatsächlichen oder rechtl Gründen, so ist dies ggf nach § 5 II 2 bereits im Erstverfahren zu berücksichtigen. Dazu s § 5 Rn 3ff. 10

IV. Kurze Ehezeit. Nach Abs III findet bei einer Ehezeit von bis zu drei Jahren ein VersA nur auf Antrag eines Ehegatten statt. Dahinter steht der Gedanke, dass bei einer kurzen Ehezeit idR keine nennenswert unterschiedlich hohen Versorgungsanwartschaften erworben werden. Die Regelung findet eine Ergänzung in § 18, wonach bei geringen Werten oder Wertunterschieden gleichartiger Anrechte ein VersA „insoweit" nicht stattfindet. 11

Die Antragsregelung wurde erst zum Ende des Gesetzgebungsverfahrens eingefügt. Sie hat den Zweck, einen möglichen Missbrauch zu verhindern (BT-Drs 16/10144, 116, 124f; BT-Drs 16/11903, 101f). Der Antrag kann sich aber auch in einem ganz normalen Verfahren lohnen (*Wick* FK 2022, 71f). Ohne die Antragsmöglichkeit könnte einer der Ehegatten/Lebenspartner Vermögen, das dem Zugewinnausgleich unterfällt, vor Rechtshängigkeit des Scheidungsverfahrens in Versorgungsanrechte umschichten und so dem Zugriff des anderen entziehen. Den Antrag nach Abs III kann auch ein anwaltlich nicht vertretener Beteiligter stellen, § 114 IV Nr 7 FamFG. Wird der Antrag nach Abs III nicht bis zwei Wochen vor dem Scheidungstermin gestellt, kommt es scheinbar zur Kollision mit der verfahrensrechtl Vorschrift des § 137 II FamFG, wonach Folgesachen nur dann im Scheidungsverbund geregelt werden, wenn sie bis spätestens zwei Wochen vor der mündlichen Verhandlung im Scheidungstermin von einem Ehegatten anhängig gemacht werden. Da der Wertausgleich bei der Scheidung allerdings von Amts wegen zu regeln ist, ist er auch ohne den Antrag anhängig; deshalb ist § 137 II FamFG auf den Antrag nach § 3 III nicht anzuwenden (ebenso Dresden MDR 2010, 1192; Frankfurt FamFR 2012, 473; *Götsche* FamRB 2011, 26, 30; MüKo/*Maaß* Rn 36 mwN). Zur Durchführung des Wertausgleichs bei Scheidung im Verbund reicht es aus, dass der Antrag nach Abs III bis zum Schluss der mündlichen Verhandlung gestellt wird. Eine Abtrennung des VersA aus dem Scheidungsverbund kommt dann nur unter den näheren Voraussetzungen des § 140 FamFG in Betracht. Wird der Antrag nach Abs. III nicht gestellt, schließt das FamG den **Wertausgleich bei der Scheidung** aus (§ 224 III FamFG; für einen umfassenden Ausschluss des Wertausgleichs dagegen FamR-Komm/*Wick* Rn 24 mwN); die Entscheidung erwächst in Rechtskraft. Dies steht nach hier vertretener Ansicht – entgegen der hM (*Wick* VersA Rn 77 mwN Fn 42) – einem späteren **Wertausgleich nach der Scheidung** nicht entgegen, der sich allerdings auf die zum Zeitpunkt der Entscheidung nicht ausgleichsreifen Anrechte beschränkt (ebenso MüKo/*Maaß* Rn 36). 12

§ 4 Auskunftsansprüche

(1) Die Ehegatten, ihre Hinterbliebenen und Erben sind verpflichtet, einander die für den Versorgungsausgleich erforderlichen Auskünfte zu erteilen.

(2) Sofern ein Ehegatte, seine Hinterbliebenen oder Erben die erforderlichen Auskünfte von dem anderen Ehegatten, dessen Hinterbliebenen oder Erben nicht erhalten können, haben sie einen entsprechenden Auskunftsanspruch gegen die betroffenen Versorgungsträger.

(3) Versorgungsträger können die erforderlichen Auskünfte von den Ehegatten, deren Hinterbliebenen und Erben sowie von den anderen Versorgungsträgern verlangen.

(4) Für die Erteilung der Auskunft gilt § 1605 Abs. 1 Satz 2 und 3 des Bürgerlichen Gesetzbuchs entsprechend.

1 **I. Allgemeines.** Die Vorschrift vereinheitlicht die zuvor an verschiedenen Stellen (§ 1587e I, § 1587k I iVm § 1580 BGB, § 3a VIII, § 9 IV und § 10a XI VAHRG) verstreuten Regelungen gegenseitiger Auskunftsansprüche und erweitert sie. Im Verfahrensrecht regelt § 220 FamFG erg die Auskunftspflichten ggü dem FamG.

2 **II. Auskunftspflichten zwischen den Ehegatten. 1. Zweck.** Abs IV (verfassungsgemäß, vgl BVerfG FamRZ 1978, 769 zur Vorgängervorschrift § 1587e I BGB) ordnet die entspr Anwendung der §§ 1605 I 2 und 3 BGB an. Die Ehegatten sind danach einander zur formgerechten Erteilung von schriftlichen Auskünften über alle für den VersA maßgebenden Umstände sowie zur Vorlage von Belegen (der Versorgungsträger über die Höhe des Anrechts, Satzungen der Versorgungsträger) verpflichtet. Der Auskunftsanspruch soll die Entscheidung über den VersA oder eine Parteivereinbarung vorbereiten und Klarheit über die versorgungsausgleichsrechtl Verteilungsmasse schaffen. Nach der Rspr des BGH zum alten Recht bestand kein Anspruch, wenn der VersA wirksam ausgeschlossen worden war (BGH FamRZ 1981, 533; ebenso für das neue Recht MüKo/*Maaß* Rn 8; Johannsen/Henrich/Althammer/*Holzwarth* Rn 4). Da ohne die Auskunft aber keine Ausübungskontrolle nach § 242 BGB stattfinden kann (s § 8 Rn 8f, 16), steht auch der vertragl Ausschluss des VersA dem Auskunftsanspruch nicht entgegen (Hamm NJW-RR 2007, 580; *Cirullies* FamRZ 2012, 157, 158; MüKo/*Maaß* Rn 8).

3 **2. Voraussetzungen und Inhalt.** Der Nebenanspruch auf Auskunft setzt ein berechtigtes Interesse an der Regelung des VersA (vgl hierzu Frankfurt FamRZ 2023, 41; Düsseldorf FamRZ 1990, 46) voraus. Dieses **Rechtsschutzinteresse** besteht unabhängig davon, ob bereits ein Scheidungsverfahren anhängig ist; es wird auch durch die teilw parallelen Auskunftsrechte des FamG (§ 220 FamFG) nicht grds ausgeschlossen; es wird aber während eines laufenden Scheidungsverbundverfahrens häufig fehlen, wenn der hierdurch zusätzl verursachte Aufwand sinnlos erscheint (*Bergner* KomRefVA, § 4 Anm 2.2.; ähnl MüKo/*Maaß* Rn 9, 12; *Kemper* VersA § 5 Rn 19: Ausnahme sind ausländische Anrechte). Nach altem Recht wurde es auch in diesem Fall deshalb bejaht, weil die Möglichkeit des FamG zur zwangsweisen Durchsetzung der Auskunft sich auf die Festsetzung eines Zwangsgeldes (§ 33 FGG aF) beschränkte, während der Auskunftsanspruch nach § 1587e BGB aF auch mit Zwangshaft durchgesetzt werden konnte (Hamm FamRZ 2002, 103). Nunmehr hat aber auch das FamG die Möglichkeit, seine verfahrensrechtl Auskunftsansprüche (§ 220 FamFG) mit Zwangshaft (§ 35 FamFG, nicht § 95 IV FamFG, wie fälschlich in BT-Drs 16/10144, 48 zitiert) durchzusetzen; deshalb geht selbst der Gesetzgeber davon aus, dass ein Interesse an der Geltendmachung von Auskunftsansprüchen nach § 4 jetzt seltener bestehen dürfte (BT-Drs 16/10144, 49). Es kann – gerade im Hinblick auf gewünschte Vereinbarungen zum VersA nach den §§ 6–8 – aber auch bereits vor Eintritt der Rechtshängigkeit des Scheidungsantrags vorliegen (vgl BT-Drs 16/10144, 48; *Bergner* KomRefVA, § 4 Anm 2.2); dann richtet sich der Anspruch ggf – mangels Rechtshängigkeit des Scheidungsantrags – auf eine Auskunft, die sich auf den Stichtag ihrer Erteilung bezieht (NK-VersA/*Götsche* Rn 15). Die Auskunftspflicht bezieht sich auch hinsichtl des Wertausgleichs bei Scheidung auf alle Anrechte einschl der nicht ausgleichsreifen Anrechte iSd § 19, weil insoweit ggf Ansprüche auf Abfindung nach § 23 bestehen. Auch zur Durchführung des Wertausgleichs nach der Scheidung bestehen Auskunftsansprüche; diese können sich zur Vorbereitung von **Schadensersatzansprüchen** sogar auf Anrechte beziehen, welche der Ausgleichspflichtige hat abfinden lassen, so dass ein schuldrechtl Ausgleich ausscheidet (AG Böblingen FamRZ 2010, 1905f m zust Anm *Borth*; s auch § 22 Rn 2). Der Auskunftsanspruch erstreckt sich auf alle tatsächlichen und rechtl Umstände, die im Einzelfall für die Bestimmung des Ehezeitanteils eines Anrechts oder im Rahmen von § 27 maßgebend sind (Karlsruhe FamRZ 2003, 1840; Hamm FamRZ 1978, 700). Sind für die Höhe des auf die Ehezeit entfallenden Anrechts auch vor oder nach der Ehezeit liegende Sachverhalte maßgebend, so ist auch hierüber Auskunft zu erteilen. Es besteht jedoch keine Verpflichtung, den Ehezeitanteil des auszugleichenden Anrechts zu berechnen. Der Auskunftspflichtige hat Belege vorzulegen (Versicherungspolicen, Altersvorsorgeverträge, Rentenbescheide, Satzungen etc). Seine Auskunft muss klar, verständlich und übersichtlich sein, so dass eine Nachprüfung möglich ist; darüber hinaus ist es jedoch ihm überlassen, in welcher Form er seiner Verpflichtung nachkommt (BGH FamRZ 1984, 465). Besteht Grund zu der Annahme, dass die Auskunft „nicht mit der erforderlichen Sorgfalt" erteilt worden ist, kann der Gläubiger verlangen, dass der Auskunftspflichtige eine eidesstattliche Versicherung abgibt (Abs IV iVm § 1605 I 3, § 260 II BGB).

4 **III. Auskunftsanspruch gegen Versorgungsträger.** Nach Abs II besteht ein Ersatz-Auskunftsanspruch gegen den Versorgungsträger. Ein solcher Auskunftsanspruch war bislang nur für den sog verlängerten schuldrechtl Versorgungsaugleich in § 3a VIII 2 VAHRG aF und für das Abänderungsverfahren in § 10a XI VAHRG aF geregelt. Er hat zwingend zur Voraussetzung, dass die Auskunft von dem eigentlich Auskunftspflichtigen (Ehegat-

te/Lebenspartner bzw dessen Erben oder Hinterbliebene) nicht erlangt werden kann, sogar dann, wenn sich der Zahlungsanspruch gegen den Versorgungsträger selbst richtet (BGH FamRZ 2017, 1210). Dazu reicht aus, dass dieser sich weigert, die Auskunft zu erteilen (BT-Drs 16/10144, 48), was dem Versorgungsträger bspw durch eine vergebliche Mahnung nachzuweisen ist. Die Regelungen zum Schutz von Sozialdaten (§ 74 S 1 Nr 2 lit b SGB X) sind entspr angepasst worden (s Art 19 VAStrRefG, BGBl I 2009, 722), so dass sie auch einer Auskunftserteilung durch den Träger der GRV (§ 109 V SGB VI) nicht entgegenstehen. Der Auskunftsanspruch gegen den Versorgungsträger ist begrenzt auf das, was der Versorgungsträger der ausgleichspflichtigen Person mitteilen muss (*Kemper* VersA § 5 Rn 22 mwN). Auskunftsansprüche der ausgleichspflichtigen Person gegen die eigenen Versorgungsträger ergeben sich zB aus § 109 V 1, § 149 III und IV, § 196 I SGB VI (DRV), § 49 X BeamtVG (Beamte), § 46 VIII SVG (Soldaten), § 61 ALG iVm § 149 III, IV SGB VI (Landwirte), § 4a BetrAVG (betriebliche Anrechte), bei privaten Versorgungen aus dem zugrunde liegenden Vertrag. Nach Ansicht des OLG Koblenz muss sich der Versorgungsträger – auf seine Kosten – fachkundiger Hilfe bedienen, wenn er die geschuldete Auskunft nicht selbst erteilen kann (Koblenz FamRZ 2016, 52). Zu möglichen Grenzen der Auskunftspflicht Hamm FamRZ 2015, 1220.

IV. Auskunftsansprüche der Versorgungsträger. Diese bestehen nach Abs III gegen die Ehegatten/Lebenspartner oder deren Erben/Hinterbliebene und gegen die übrigen Versorgungsträger und sollen diese in die Lage versetzen, das bei ihnen bestehende Anrecht für den VersA zutr zu berechnen. Ein Auskunftsanspruch gegen einen anderen Versorgungsträger kann dann bestehen, wenn die Höhe der auszugleichenden Versorgung von Bestand und Höhe einer anderen Versorgung abhängt, wie bei einer Gesamtversorgung (BT-Drs 16/10144, 48). 5

V. Verfahren. Die Auskunftspflicht der Beteiligten selbst hat grds höchstpersönlichen Charakter, ist allerdings – mit ggf reduziertem Umfang – von einem Dritten (Erben, Hinterbliebene, Abs I) zu erfüllen, sofern sich der Hauptanspruch gegen diesen richtet (BGH FamRZ 1985, 263). Der Auskunftsanspruch kann im isolierten Verfahren geltend gemacht werden, während eines laufenden Scheidungsverfahrens aber nur im Scheidungsverbund (§ 137 I, II Nr 1 FamFG: Hamm FamRZ 2013, 80). Er ist dann im Stufenverfahren analog § 254 ZPO geltend zu machen (Celle FamRZ 2015, 2057; *Borth* VersA Kap 11 Rn 86). Über ihn ist durch Teilbeschl zu entscheiden, gegen den – streitwertunabhängig (§ 228 FamFG) – die Beschwerde nach § 58 FamFG zulässig ist. Im Verbund besteht immer Anwaltszwang (§ 114 I FamFG), im isolierten Verfahren dagegen nicht, weil der VersA keine Familien**streit**sache iSd § 114 I FamFG ist (s § 112 FamFG). Die Vollstreckung geschieht gem § 95 I Nr 3, ggf Abs IV FamFG iVm § 888 ZPO auf Antrag des Gläubigers; neben Zwangsgeld ist auch Erzwingungshaft möglich. **Folgen** verletzter Auskunftsansprüche können Schadenersatzansprüche gegen den anderen Ehegatten oder den Versorgungsträger sein (BGH FamRZ 1998, 89; Koblenz NJW 2013, 1171; AG Kirchhain FamRZ 2021, 1961 m krit Anm *Borth*; AG Ludwigshafen FamRZ 2019, 787; *Borth* FS Dose, 25, 32f; *Siede* FamRB 2013, 354; *Siede* Anm zu BGH FamRZ 2015, 1279 in FamRB 2015, 337f). 6

§ 5 Bestimmung von Ehezeitanteil und Ausgleichswert

(1) Der Versorgungsträger berechnet den Ehezeitanteil des Anrechts in Form der für das jeweilige Versorgungssystem maßgeblichen Bezugsgröße, insbesondere also in Form von Entgeltpunkten, eines Rentenbetrags oder eines Kapitalwerts.

(2) Maßgeblicher Zeitpunkt für die Bewertung ist das Ende der Ehezeit. Rechtliche oder tatsächliche Veränderungen nach dem Ende der Ehezeit, die auf den Ehezeitanteil zurückwirken, sind zu berücksichtigen.

(3) Der Versorgungsträger unterbreitet dem Familiengericht einen Vorschlag für die Bestimmung des Ausgleichswerts und, falls es sich dabei nicht um einen Kapitalwert handelt, für einen korrespondierenden Kapitalwert nach § 47.

(4) In Verfahren über Ausgleichsansprüche nach der Scheidung nach den §§ 20 und 21 oder den §§ 25 und 26 ist grundsätzlich nur der Rentenbetrag zu berechnen. Allgemeine Wertanpassungen des Anrechts sind zu berücksichtigen.

(5) Die Einzelheiten der Wertermittlung ergeben sich aus den §§ 39 bis 47.

I. Allgemeines. § 5 beschreibt die Aufgaben des zur Auskunft verpflichteten Versorgungsträgers. Anders als nach dem alten Recht wird die Berechnung des Ehezeitanteils (Abs I) und des Ausgleichswertes (Abs III) der auszugleichenden Rechte in die Hand des jew Versorgungsträgers gelegt, ist also nicht (mehr) primäre Aufgabe des FamG. Auch muss der Ausgleichswert im Wertausgleich bei Scheidung nicht (mehr) zwingend als Rentenwert, dagegen zumindest auch als Kapitalwert angegeben werden. Die verfahrensrechtl Auskunftspflicht der Versorgungsträger ggü dem FamG regelt § 220 FamFG (s dazu BGH FamRZ 2021, 1103 Rn 44f; zu den Kosten Düsseldorf FamRZ 2021, 1110 m krit Anm *Borth* 1111). 1

II. Berechnung des Ehezeitanteils. Nach Abs I muss der Versorgungsträger den Ehezeitanteil des bei ihm bestehenden Anrechts berechnen. Bislang war dies Aufgabe der FamG, wenngleich gerade die öffentlich-rechtl Versorgungsträger (etwa GRV, Beamten-, Soldaten-, Richterversorgung, öffentlich-rechtl oder kirchliche Zusatzversorgungskassen) auch nach altem Recht im Rahmen ihrer Auskunftspflicht eine Berechnung des Ehezeitanteils mitlieferten. Anders wiederum war dies insb bei Trägern betrieblicher oder privater Altersversorgungen. Die generelle Übertragung der Aufgabe, den Ehezeitanteil zu berechnen, auf die Versorgungsträger wird durch die Abkehr vom Saldierungsprinzip möglich und ist im Hinblick auf die vorrangige interne Teilung auch sinnvoll. Weil 2 eine Vergleichbarmachung idR nicht mehr erforderlich ist, ist der Ehezeitanteil jedes Anrechts nach den für dieses geltenden Kriterien zu berechnen und auch nach Möglichkeit in der **für das Versorgungssystem maßgeblichen Bezugsgröße** mitzuteilen (BGH FamRZ 2015, 313 – Fondsanteile; für eine frei wählbare Bezugsgröße aber KG FamRZ 2022, 949; Nürnberg FamRZ 2019, 872; weitere Bsp: GRV = Entgeltpunkte; Beamtenversorgung = Betrag der Versorgung[sanwartschaft]; private Lebensversicherung = Rückkaufswert; Einzelheiten hierzu bei den Komm der §§ 39ff, auch zur abweichenden Regelung in § 45; hierzu s auch BGH FamRZ 2018, 1574 Rn 8ff); hierfür sind die jew Versorgungsträger am ehesten fachkundig (BT-Drs 16/10144, 49). Allerdings sind die Versorgungsträger dadurch nicht verpflichtet, eine nominelle Halbteilung ihrer Bezugsgröße selbst vorzunehmen; sie dürfen sich den Rechenweg (s § 1 Rn 4) aussuchen (vgl statt vieler BGH FamRZ 2017, 863; KG FamRZ 2022, 949). **Modifiziert** wird Abs I für **betriebliche Anrechte** durch § 45 I 1: Der Wert dieser Anrechte ist wahlweise als Rentenbetrag nach § 2 oder als Kapitalbetrag nach § 4 V BetrAVG zu ermitteln; das hindert aber nicht, den Ausgleichswert als Berechnungsergebnis anschließend in einer anderen maßgeblichen Bezugsgröße (zB Fondsanteile: BGH FamRZ 2015, 236; Celle FamRZ 2013, 468; einschränkend aber BGH FamRZ 2018, 1574 Rn 14) anzugeben. Es bleibt Aufgabe des **FamG**, die **Richtigkeit** der erteilten Auskünfte **zu kontrollieren** und zu prüfen, ob etwa bei interner Teilung die Voraussetzungen des § 11 I vorliegen (vgl Nürnberg FamRZ 2019, 876 und die Komm zu § 11). Dazu sieht § 220 IV FamFG vor, dass die Versorgungsträger dem FamG nicht nur das Berechnungsergebnis, sondern eine übersichtliche und nachvollziehbare Berechnung sowie die für die Teilung maßgeblichen Regelungen mitteilen und ihre Berechnung auf Verlangen des FamG oder eines Verfahrensbeteiligten erläutern müssen. Um eine Kontrolle zu ermöglichen, muss die Auskunft folgende Angaben enthalten (s *Hauß* FPR 2011, 26, 27): Renteneintrittsalter der ausgleichspflichtigen Person, ehezeitl Rentenhöhe, Bewertungsmethode des Ehezeitanteils (unmittelbar, § 39, oder zeitratierlich, § 40), bei Einschränkung des Leistungsspektrums Höhe des Kompensationszuschlags (§ 11 I 2 Nr 3), Rechnungszins, Dynamik im Anwartschafts- und Leistungsstadium sowie Wert einer Hinterbliebenen- und Invaliditätsversorgung. Zur Plausibilitätskontrolle bei privaten/betrieblichen Anrechten s *Hauß* FamRB 2011, 156ff; anwaelte-du.de/kapitalwertkontrolle.html; NK-FamR/*Hauß* vor § 39 Rn 1ff; *Hauß/Bührer* Rn 1226ff.

3 **III. Stichtagsprinzip. 1. Allgemeines.** Abs II bestimmt als **für die Bewertung maßgeblichen Stichtag das Ende der Ehe-/Lebenspartnerschaftszeit**. Das entspricht in der Sache dem früheren Recht; allerdings hat § 1587a II BGB aF noch mehrfach fehlerhaft auf „den Eintritt der Rechtshängigkeit des Scheidungsantrags" abgestellt. Nicht dieser Zeitpunkt markiert aber das Ehezeitende für den VersA, sondern der letzte Tag des Vormonats (§ 3 I). S 2 geht auf die BGH-Rspr zurück. Der BGH hat die Berücksichtigung relevanter nachehezeitl Veränderungen aus prozessökonomischen Überlegungen zur Vermeidung eines Abänderungsverfahrens nach § 10a VAHRG aF bereits in das Erstverfahren verlegt (vgl statt vieler BGH FamRZ 1991, 1415, 1416). Nachträgl Veränderungen, die bei der Entscheidung nicht mehr berücksichtigt werden konnten (oder nicht mehr berücksichtigt worden sind), können – beschränkt auf die Anrechte iSd § 32 – in einem Abänderungsverfahren nach den §§ 225, 226 FamFG geltend gemacht werden. Trotz der langen Historie löst S 2 in der Rechtsanwendung erhebliche Unsicherheiten aus (vgl nur BGH FamRZ 2016, 791 Rn 22ff; 2016, 1649 Rn 20 einerseits und BGH FamRZ 2012, 509; 2012, 847 andererseits – Gesamtleistungsbewertung). Das beruht nach hier vertretener Ansicht einerseits auf der Verwendung von nicht näher definierten Begriffen, andererseits auf der nicht konsequenten Anwendung wesentlicher Prinzipien.

4 **2. Funktion des Stichtagsprinzips.** Schon die **Funktion** des Stichtagsprinzips ist umstritten. Der BGH ging nach der Strukturreform zunächst davon aus, dass im VersA (Wertausgleich bei der Scheidung) alle Anrechte bei interner Teilung **rückwirkend auf das Ehezeitende** geteilt werden (vgl statt vieler BGH FamRZ 2015, 313 Rn 13); bei externer Teilung nahm er dies ebenfalls an (BGH FamRZ 2011, 1785ff; 2013, 773, 775 Rn 21ff; 2013, 1019 Rn 6), hielt allerdings unter Verweis auf § 76 IV 3 SGB VI auch einen späteren Wirkungseintritt für möglich (BGH FamRZ 2013, 1635 Rn 13; ebenso BGH FamRZ 2016, 1847 und BGH FamRZ 2016, 1144 – externe Teilung in GRV bei Anwendung des § 76 IV 4 SGB VI). Im Widerspruch zu dieser Annahme hielt allerdings auch der BGH eine etwaige rückwirkende Umverteilung laufender Renten offenbar nicht für geboten (BGH FamRZ 2016, 2000; FamRZ 2016, 775). Zwischenzeitl hat der BGH seine Ansicht weitgehend aufgegeben und geht vom Eintritt der Wirkungen **ab Rechtskraft und nur für die Zukunft** aus (grundlegend BGH FamRZ 2017, 1655; s auch BGH FamRZ 2015, 1869; FamRZ 2018, 1816 Rn 21ff; ebenso Koblenz FamRZ 2017, 517; BSG FamRZ 2008, 1845 für Anrechte in der GRV; VG Würzburg 12.5.2015 – W 1 K 15.400 für § 57 BeamtVG; Übersicht bei *Norpoth* NZFam 2019, 754, 755ff; vgl auch *Kemper* FamFR 2013, 51, 53ff; *Gutdeutsch/Hoenes/Norpoth* FamRZ 2013, 414; *Gutdeutsch* FS Brudermüller, 2014, 261ff). Die Bezugnahme auf das Ehezeitende im Tenor bezweckt danach ausschließlich die **Teilhabe an der Wertentwicklung** des Anrechts zwischen Ehezeitende und Rechtskraft. Eine darüber hinausgehende Rückwirkung hat der Gesetzgeber (anders als im Abänderungsverfahren: § 52 I VersAusglG iVm § 226 IV FamFG; s § 51 Rn 22 und § 52 Rn 3) nicht angeordnet; deshalb kann die Gestaltungswirkung ab Rechtskraft der Entscheidung nur für die Zukunft eintreten. Auch im alten Recht, in dem der VersA in über 95 % der Fälle über die GRV abgewickelt wurde, gab es zwar eine **Berechnung** auf das Ehezeitende (§ 76 IV SGB VI), um eine Teilhabe der ausgleichsberechtigten Person an der Wertentwicklung ab diesem Zeitpunkt zu gewährleisten, aber **keine** auf diesen Zeitpunkt **rückwirkende Umverteilung** laufender Renten (§ 101 III SGB VI; BSG FamRZ 2008, 1845). Der Ehezeitanteil jedes Anrechts kann – nach Feststellung, welche Veränderungen berücksichtigungsfähig sind – tatsächlich auf jeden beliebigen Zeitpunkt hin berechnet werden, der nach dem Ehezeitende liegt; benötigt wird ein Stichtag wegen des Hin-und-Her-Ausgleichs aber einerseits für die Fäl-

le, in denen Anrechte noch bilanziert und saldiert werden müssen (*Bergner* FamFR 2013, 507, 508), andererseits für die Feststellung von Geringfügigkeit (§ 18) oder das Erreichen oder Überschreiten von sonstigen Wertgrenzen (§§ 14, 17; unklar dazu BGH FamRZ 2019, 1314 Rn 33). Darin **erschöpft** sich nach hier vertretener Ansicht die Funktion des Stichtagsprinzips. Der – idR ständig veränderliche – Wert wird auch deshalb für einen vergangenen Zeitpunkt festgesetzt, weil dem FamG die Festsetzung für den noch ungewissen Zeitpunkt der Wirksamkeit seines Beschlusses nicht möglich ist (s § 9 Rn 5). Die Bezugnahme auf das Ehezeitende bedeutet deshalb auch nach neuem Recht nicht, dass **nachträgl Veränderungen** der Anrechte nach dem Stichtag gänzlich irrelevant sind. Der **Tenor der Entscheidung** hat nach hier vertretener Ansicht vielmehr die Wirkung, dass der auf das Ehezeitende berechnete Ehezeitanteil/Ausgleichswert an den allg Entwicklungen im System des Versorgungsträgers weiter teilnimmt und von diesem in der Gestalt zu teilen ist, in der er sich bei Rechtskraft der Entscheidung befindet („offener Tenor"; idS vom BGH ausdrückl bei interner Teilung akzeptiert: BGH FamRZ 2015, 1869 Rn 31ff).

3. Veränderungen nach dem Stichtag. Nach Abs II S 2 sind rechtl/tatsächliche Veränderungen nach dem Stichtag zu berücksichtigen, wenn sie auf den Ehezeitanteil zurückwirken. Verbreitet ist die Unterscheidung zwischen (immer beachtlichen) nachträgl Rechtsänderungen, bei denen auch die Frage der Rückwirkung großzügig gehandhabt wird (vgl Johannsen/Henrich/Althammer/*Holzwarth* Rn 10 mwN zur älteren BGH-Rspr) und tatsächlichen Veränderungen; bei letzteren werden – nur – die als individuell angesehenen Veränderungen für unbeachtlich erklärt (vgl BGH MDR 2016, 277 Rn 19; FamRZ 2012, 847 Rn 22). Nachehezeitl Veränderungen lassen sich tatsächlich nach **drei Merkmalen** kategorisieren (vgl *Norpoth* FamRZ 2016, 677, 682): Es gibt Veränderungen mit oder ohne **Rückwirkung**, mit oder ohne **Ehezeitbezug** und Veränderungen zum **Positiven oder Negativen.** Die Unterscheidung zwischen **rechtl** und **tatsächlichen** Veränderungen geht bei näherer Betrachtung hierin auf. Die wichtigste Unterscheidung verläuft nach hier vertretener Ansicht zwischen positiven und negativen Veränderungen, was auf das **Akzessorietätsprinzip** zurückgeht. Die zweitwichtigste Unterscheidung erfolgt nach dem Ehezeitbezug von Veränderungen. Die Frage der Rückwirkung entscheidet dagegen nur über die Festsetzung des auf den Stichtag bezogenen Wertes, dagegen nicht über den bei Rechtskraft zu teilenden Wert (s Rn 4). 5

a) Negative Veränderungen und Akzessorietätsprinzip. Nach der auch vom BGH fast ausnahmslos vertretenen Ansicht sind negative Veränderungen von Anrechten **stets beachtlich**, und zwar unabhängig von der Frage, ob sie auf das Ehezeitende zurückwirken und ob sie Ehezeitbezug haben (vgl statt vieler BGH FamRZ 2019, 1993 Rn 24; 2018, 894 Rn 44; 2016, 2000 Rn 17; 2016, 775; 2013, 1362, 1364: „Was weg ist, ist weg"). Das gilt zunächst – unstreitig – für das **Erlöschen**, und zwar sogar für das Erlöschen eines in den VersA alten Rechts einbezogenen Anrechts im Abänderungsverfahren (BGH FamRZ 2016, 697 Rn 10). Die Unterscheidung zwischen rechtl und tatsächlichen Veränderungen wird hierfür nicht benötigt. Das Erlöschen ist bei genauer Betrachtung nicht wegen Abs II S 2 (so aber noch BGH FamRZ 2011, 1931, 1932; 2012, 759, 770f), sondern gem § 2 zu berücksichtigen (**Akzessorietät** des VersA, s § 2 Rn 15), weil sich der Wert des Anrechts durch das nachträgl Erlöschen nicht **zum Stichtag**, sondern erst **danach** verändert. In den Wertausgleich können nur Anrechte einbezogen werden, die zum Zeitpunkt der Entscheidung noch existieren (BGH FamRZ 2016, 697 Rn 10; 2014, 104; 2012, 1039 Rn 11 mwN; *Gutdeutsch/Hoenes/Norpoth* FamRZ 2013, 414ff; *Borth* VersA Kap 1 Rn 201f; zur Einbeziehung in den Wertausgleich nach Scheidung s § 22 Rn 2). Wird nach dem Ehezeitende, aber vor der Entscheidung über den VersA, ein Anrecht abgefunden (zB § 3 II 1 BetrAVG; vgl *Borth* VersA Kap 2 Rn 288f), widerrufen (zB betriebliches Anrecht bei erheblicher Treueverletzung des ArbN; *Borth* VersA Kap 2 Rn 293ff) oder erlischt es durch Beitragserstattung (vgl BGH FamRZ 1992, 45 – Erstattung durch Ärzteversicherung; FamRZ 1995, 31 – Erstattung durch GRV) oder vereinbarungsgemäße Kapitalzahlung (zB bei betr Anrechten), so ist diese Veränderung, ungeachtet ihrer Ursachen und des Zeitpunkts ihrer Entstehung, stets zu beachten; das Anrecht kann – zumindest im Wertausgleich bei Scheidung – nicht ausgeglichen werden. Auch ein **Teilerlöschen** des Anrechts ist stets und auch verschuldensunabhängig zu beachten, und zwar auch nach dem Stichtag (vgl BGH FamRZ 2019, 1993 Rn 24; FamRZ 2018, 894 Rn 44; 2016, 2000 Rn 17; FamRZ 2016, 775 – **Wertverringerung bei laufendem Rentenbezug**; FamRZ 2013, 1362, 1364; 2012, 694ff Rn 29; Oldenburg FamRZ 2021, 1796; ebenso **Wertverringerung fondsgebundener Anrechte**; dazu s Rn 12). Nach hier vertretener Ansicht gilt das auch, wenn der Wert einer zeitratierlich berechneten Rente (Beamtenversorgung, berufsständische Versorgung) als Teilungsgegenstand sich durch **vorzeitigen Ruhestand** nach dem Ehezeitende verringert (aA BGH NJW 2020, 152 Rn 22; FamRZ 2018, 1500 Rn 18; Celle FamRZ 2022, 352; FamR-Komm/*Wick* Rn 17f; wie hier Koblenz FamRZ 2017, 99 mwN): das Akzessorietätsprinzip verlangt die Berücksichtigung **jeder** negativen Veränderung (ebenso für den Fall des freiwilligen Ausscheidens aus dem Beamtenverhältnis grds Frankfurt, Beschl v 13.3.2023 – 6 UF 237/22). Dem Erlöschen durch Abfindung zw Ehezeitende und Zeitpunkt der Entscheidung soll § 29 vorbeugen (s die Anm dort). Abgefunden ist ein Anrecht erst, wenn die Abfindung geleistet oder hierüber durch bestandskräftigen Bescheid entschieden ist (*Borth* VersA Kap 2 Rn 289; *Ruland* VersA Rn 554; BGH FamRZ 1986, 657); bis zu diesem Zeitpunkt kann das Anrecht aber nur noch in den Wertausgleich bei Scheidung (§§ 9–19) einbezogen werden, wenn es seinen Charakter als Anrecht iSd § 2 nicht schon, zB durch Kündigung, verloren hat (s § 29 Rn 2; zur Berücksichtigung im Wertausgleich nach der Scheidung vgl § 22 Rn 2). Zur Berücksichtigung abgetretener/gepfändeter Anrechte s § 2 Rn 11a. 6

Im Zusammenhang mit dem (Teil-)Erlöschen von Anrechten wird idR die **Anwendung des § 27** diskutiert. Das gilt insb, wenn die ausgleichspflichtige Person sich das Kapital hat auszahlen lassen, aber nach hier vertretener Ansicht auch dann, wenn die ausgleichspflichtige Person wegen grober Verfehlung aus dem Beamtenverhältnis entlassen und in der GRV nachversichert worden ist (vgl BGH FamRZ 1988, 1148, 1151; auf Grundlage des 7

§ 10a III VAHRG aF noch anders entschieden; aA Oldenburg FamFR 2012, 372 – weiter zu berücksichtigen; wie hier Brandenburg NZFam 2015, 1068; nach beachtlicher Ansicht von Frankfurt, Beschl v 13.3.2023 – 6 UF 237/22, ist das **freiwillige** Ausscheiden aus dem Beamtenverhältnis mit Nachversicherung in der GRV nach dem Ehezeitende aber kein zwangsläufiger Anwendungsfall des § 27). Dabei ist im **Ausgangsverfahren** zu prüfen, ob das erloschene Anrecht auf andere Weise kompensiert wird (zB güterrechtl); sonst kann die uneingeschränkte Teilhabe an Gegenrechten des anderen Ehegatten grob unbillig sein (vgl § 27 Rn 10). Dagegen ist der **Wertverlust von Anrechten in der Leistungsphase** auf Kapitalbasis zwischen Ehezeitende und Rechtskraft des VersA nach hier vertretener Ansicht grds kein Anwendungsfall des § 27 (vgl *Norpoth* NJW 2018, 3627, 3628; aA BGH FamRZ 2016, 2000 Rn 26; s auch § 27 Rn 22a). Im **Abänderungsverfahren** nach § 51 wird das Erlöschen eines Anrechts idR zur Anwendung des § 27 auf Gegenrechte führen (s § 27 Rn 10). Probleme ergeben sich hier wie auch im Abänderungsverfahren nach den §§ 225f FamFG bei Anrechten, deren Wert trotz durchgeführter Teilung bei vorzeitigem Ruhestand überproportional gekürzt wird (vgl § 57 BeamtVG). Nach hier vertretener Ansicht ist es eine Frage des Einzelfalls, ob der Abänderung § 226 III FamFG iVm § 27 VersAusglG entgegensteht (s aber Rn 14).

8 **b) Positive Veränderungen und Ehezeitbezug.** Die Frage nach dem Ehezeitbezug wird regelmäßig bei positiven, teilweise auch bei negativen Veränderungen gestellt. Der Begriff ist **nicht definiert**, was scheinbar zu entgegengesetzten Auslegungen bei seiner Verwendung führen kann (vgl BGH FamRZ 2012, 694ff Rn 27, 31 einerseits; Düsseldorf FamRZ 2016, 139 Rn 10 und auch BGH FamRZ 2017, 1655 andererseits für die Wertentwicklung fondsbasierter Anrechte bei externer Teilung; BGH FamRZ 2012, 509; 2012, 847 einerseits und BGH FamRZ 2016, 1649; 2016, 791 m zust Anm *Bachmann* Rn 22ff andererseits – Gesamtleistungsbewertung). Bsp für Verbesserungen, die wegen fehlendem Ehezeitbezug nicht berücksichtigt werden sollen, sind Beförderungen (vgl BT-Drs 16/10144, 49) oder das Erreichen höherer Besoldungs- oder Tarifgruppen bzw Dienstaltersstufen nach dem Ehezeitende (vgl BGH FamRZ 1991, 1421, 1424; 2012, 847, 848; 2012, 509, 510f; 2009, 1743, 1744 – kein Bezug zum ehelichen Erwerbstatbestand; Johannsen/Henrich/Althammer/*Holzwarth* Rn 12). Solche Veränderungen würden vor allem bei zeitratierlicher Bewertung den Wert von Anrechten rückwirkend erhöhen. Nach § 40 III VersAusglG müssen sie unberücksichtigt bleiben; maßgeblich sollen die zum Ende der Ehezeit geltenden Bemessungsgrundlagen bleiben (vgl BT-Drs 16/10144, 49). Danach ist ein Ehezeitbezug immer dann zu bejahen, wenn die Anrechtssteigerung **in der Ehezeit** bereits **angelegt, ersessen, erkauft oder erarbeitet** ist, dagegen nicht, wenn sie erst **nach dem Ehezeitende** angelegt, ersessen, erarbeitet (Karrieresprung: BGH FamRZ 2009, 1738) oder (zB durch Beitragszahlung) erkauft worden ist (vgl *Norpoth* FamRZ 2016, 677, 679, 681f; problematisch daher BGH FamRZ 2019, 1993 m Anm *Borth* = FamRB 2020, 13 (*Norpoth*)). Danach hat die positive Entwicklung **fondsbasierter** Anrechte Ehezeitbezug und ist auch bei externer Teilung bis zur Rechtskraft zu berücksichtigen (vgl BGH FamRZ 2021, 581 und 1614; FamRZ 2018, 1745; FamRZ 2017, 1655; Nürnberg FamRZ 2021, 592; aA noch BGH FamRZ 2012, 649ff Rn 27f). Zu berücksichtigen ist die Erhöhung des Ehezeitanteils durch vorzeitigen Ruhestand (Karlsruhe FamRZ 2022, 23, 28; Koblenz FamRZ 2019, 692 m Anm *Borth*) oder durch Bewilligung einer Erwerbsminderungsrente (BGH FamRB 2022, 176; Frankfurt FamRZ 2022, 21). Nachehezeitl Verbesserungen gesetzl Anrechte durch die positive Veränderung der Gesamtleistungsbewertung scheiden dagegen mangels Ehezeitbezug aus (so noch BGH FamRZ 2012, 509; 2012, 847; wie hier MüKo/*Maaß* Rn 39; aA BGH FamRZ 2016, 1649 Rn 20; 2016, 791 Rn 22ff; wohl auch Nürnberg FamRZ 2016, 372). Das gilt nach hier vertretener Ansicht auch für die nachehezeitl Werterhöhung von **endgehaltsbezogenen** betrieblichen Anrechten, die vollständig außerhalb der Ehezeit erarbeitet wird (Ausgleichsreife „der Höhe nach"; vgl *Norpoth* NZFam 2016, 105ff; *Norpoth* BetrAV 2016, 199, 203; *Engbroks/Heubeck* BetrAV 2009, 16, 19; MüKo/*Maaß* Rn 42; aA die hM; vgl nur BGH FamRZ 2019, 1314; FamRZ 2018, 894 m krit Anm *Norpoth* NZFam 2018, 566). Die nachehezeitl Erfüllung von **Wartezeiten** ist dagegen, wie auch die Erlangung der Ausgleichsreife dem Grunde nach, gem § 2 III zu berücksichtigen, weil ein Teil des auf diese Weise entstandenen Wert(zuwachs)es der Ehezeit zugeordnet werden kann (*Norpoth* FamRZ 2016, 677, 680; Braunschweig FamRZ 2016, 547, 548; ähnl auch Frankfurt 20.1.2016 – 4 UF 258/15).

9 **c) Rückwirkung.** Der Begriff „Rückwirkung" ist ebenfalls nicht definiert. Das ist keinesfalls überflüssig, wie der Blick auf die rechtl Veränderungen zeigt: die Einführung der sog. „Mütterrente I" durch das RV-Leistungsverbesserungsgesetz erfolgte mWz 1.7.2014, was im Abänderungsverfahren (§ 51) wegen der „eingeschränkten Rückwirkung" teilw einen zeitl aufgespaltenen Tenor erforderlich macht (BGH FamRZ 2016, 791 Rn 32; KG FamRZ 2016, 308; 2016, 133; jew unter Bezugnahme auf *Bachmann/Borth* FamRZ 2014, 1329, 1331; zur „Mütterrente II" vgl Brandenburg FamRZ 2020, 1822 Rn 9; *Bachmann/Borth* FamRZ 2019, 157). Für Rechtsänderungen ist es typisch, dass sie erst mit Wirkung für die Zukunft eintreten, ihnen aber gleichwohl Rückwirkung auf das Ehezeitende zugesprochen wird. Weitere Bsp sind die Anhebung der Beamtenversorgung in den neuen Bundesländern und die Anhebung von Altersgrenzen (BGH FamRZ 2012, 941) oder die Absenkung des Ruhegehalts in der Beamtenversorgung (BGH FamRZ 2004, 256, 257ff; 2007, 994; Karlsruhe FamRZ 2022, 30) oder die aufgrund einer Gesetzes- oder Satzungsänderung eintretende Unverfallbarkeit einer Betriebsrentenanwartschaft (vgl *Borth* VersA Kap 1 Rn 191; zahlreiche weitere Bsp bei *Borth* VersA Kap 1 Rn 183ff). Eine Rückwirkung iSd § 5 II 2 besteht danach dann, wenn die **Bewertung** des in der Vergangenheit Erworbenen (EzA/Ausgleichswert) als Stammrecht/Teilungsgegenstand, bezogen auf den Stichtag, verändert wird (vgl *Norpoth* FamRZ 2016, 677, 679) – auch wenn diese Neubewertung erst für die Zukunft gelten soll. Nachträgl Veränderungen sind darauf zu überprüfen, ob sie zu einer anderen Bewertung **zum Stichtag** führen (zB nachträgl Neubewertung von Kindererzie-

hungszeiten in der GRV, „Mütterrente"; auch Änderungen des Zeit-Zeit-Verhältnisses bei Beamtenanrechten durch Verlängerung der Dienstzeit: BGH FamRZ 2019, 1604 Rn 20f; BGH FamRZ 2018, 1500 Rn 15ff) oder den Wert des Anrechts nur **nach** dem Stichtag verändern (zB Verzinsung, „Dynamik": BT-Drs 16/10144, 49; aber auch Veränderungen von Anrechten in der Leistungsphase). Abs II S 2 betrifft ausdrückl nur die erstere Art (vgl *Holzwarth* FamRZ 2013, 420, 422). Das gilt aber nur für eine **stichtagsbezogene Bewertung** und besagt nach hier vertretener Ansicht keinesfalls, dass die zweite Art von Veränderungen unberücksichtigt bleibt; für sie gilt vielmehr, wie auch im Wertausgleich nach der Scheidung, Abs IV S 2 entspr (s auch § 9 Rn 5). Die Berücksichtigung nachträgl Änderungen ist notwendig, um das dem VersA zugrunde liegende Halbteilungsprinzip zu verwirklichen; das hat der BGH erstmals für eine festliegende Verzinsung (BGH FamRZ 2011, 1785ff) und danach auch, weitergehend, für sonstige Anrechtsveränderungen wie eine veränderte Lebenserwartung und den Wegfall des Invaliditäts- und Hinterbliebenenschutzes aufgrund Zeitablaufs bis zur Rechtskraft anerkannt (BGH FamRZ 2015, 1869; vgl auch BGH FamRZ 2022, 945 Rn 19). Die Unterscheidung zwischen rückwirkenden und nicht rückwirkenden Veränderungen hat gleichwohl Bedeutung für eine korrekte stichtagsbezogene **Tenorierung** und im Falle einer notwendigen **Saldierung** (§ 18 I, § 19 III, § 27, § 31) für eine zutreffende Gegenüberstellung von Anrechtswerten, die sämtlich auf denselben Stichtag berechnet sind.

d) Zweifelsfragen. aa) Laufender Rentenbezug bei kapitalgedeckten Anrechten. Umstritten war bislang, ob die ausgleichsberechtigte Person das Absinken des versicherungsmathematischen Barwertes kapitalgedeckter Anrechte aufgrund laufenden Rentenbezugs der ausgleichspflichtigen Person nach dem Ehezeitende mittragen muss. Das Erreichen der Leistungsphase kann den Ausgleichswert bei externer Teilung beeinflussen, bei interner Teilung insoweit, als maßgebliche Bezugsgröße Kapital ist (BGH FamRZ 2016, 617; 2016, 775). Der BGH (FamRZ 2016, 775; 2016, 2000 m Anm *Holzwarth* FamRZ 2016, 2079 und Anm *Schwamb* NZFam 2016, 1192) teilt insoweit die auch hier vertretene Ansicht, wonach ein möglicher Wertverlust durch Einholen eines aktuellen Wertes zeitnah zur Entscheidung oder ihrer Rechtskraft geprüft und wegen des Akzessorietätsprinzips – bzw zum Schutz der Versorgungsträger – berücksichtigt werden muss (ähnl Hamm FamRZ 2013, 1305, 1306f; Köln FamRZ 2013, 1578; Celle NZFam 2014, 36; *Bergner* FamFR 2012, 505; 2013, 507, 510; *Kemper* FamFR 2013, 51, 54; *Gutdeutsch/Hoenes/Norpoth* FamRZ 2012, 73 und 2013, 414, 418; *Norpoth* FamRZ 2016, 677, 680f, 684). Die Teilung muss dann bezogen auf den **Aktualisierungsstichtag** erfolgen (BGH FamRZ 2019, 190; 2018, 1816). Das gilt nach hier vertretener Ansicht aber **auch** im Fall einer **„unechten" Wertsteigerung"** aufgrund eines veränderten Rechnungszinses („BilMoG-Zins"; München FamRZ 2023, 265 m Anm *Bührer*, FamRZ 2023, 435; aA Frankfurt NZFam 2019, 389, 393 unter Verweis auf BGH FamRZ 2016, 775), weil die rückwirkende interne Teilung für den Versorgungsträger nicht kostenneutral ist und bei externer Teilung der Zielversorgungsträger ein Anrecht nur zu den aktuellen Konditionen begründen kann (BGH FamRZ 2019, 1775 = NZFam 2019, 873; vgl *Norpoth* NZFam 2019, 398f). Kommt es hinsichtlich der Renten zwischen Ehezeitende und Rechtskraft nicht zu einer Kompensation, zB über den Trennungsunterhalt, liegt nach Ansicht des BGH die Anwendung des § 27 nahe. Nach hier vertretener Ansicht sind aber Wertungswidersprüche zu § 101 III SGB VI und § 57 BeamtVG (in der GRV und bei Beamten Rententeilung erst ab Rechtskraft) dadurch zu vermeiden, dass nur längere Wartezeiten nach Rechtskraft der Scheidung eine Anwendung des § 27 rechtfertigen können (vgl *Norpoth* FamRB 2016, 176ff und NJW 2018, 3627f; krit auch *Borth* FamRZ 2016, 764, 767). 10

bb) Vorzeitige Verrentung, vorzeitiger Ruhestand. Als Negativbeispiele einer nicht zu berücksichtigenden Veränderung sieht der BGH die Abschläge aufgrund vorzeitigen Ruhestands nach dem Ehezeitende, und zwar sowohl in der GRV (BGH FamRZ 2016, 35, sogar auch vor Ehezeitende; aA insoweit Hamm FamRZ 2015, 1801) als auch in der Beamtenversorgung und in der berufsständischen Versorgung (BGH FamRZ 2012, 769; 2012, 851; best v BGH NJW 2020, 152 Rn 22; FamRZ 2018, 1500 Rn 18; ebenso FamR-Komm/*Wick* Rn 14; aA Hamm FamRZ 2012, 551; MüKo/*Maaß* Rn 37f). In der Beamtenversorgung hatte der BGH dies bislang anders gesehen (zB BGH FamRZ 1996, 215). Ggf könnte auch ein Unterschied zw dem vorzeitigen Ruhestand auf eigenen Antrag (vgl § 52 BBG) und der vorzeitigen Versetzung in den Ruhestand wegen Dienstunfähigkeit (vgl § 44 BBG) gelten (vgl auch BT-Drs 16/10144, 96 zu § 225 FamFG), weil der BGH bei dem vorzeitigen Ruhestand auf eigenen Antrag für wesentlich hält, dass es sich um eine individuelle Entscheidung ohne Ehezeitbezug handele (BGH FamRZ 2012, 769ff Rn 20). Die Ansicht des BGH ist deswegen problematisch, weil in der Beamtenversorgung die vorzeitige Inanspruchnahme zur Kürzung der Versorgung **als Teilungsgegenstand** führt (vgl § 57 BeamtVG); diese wirkt dann nach der Teilung, bezogen auf das verbleibende Anrecht der ausgleichspflichtigen Person, überproportional (dazu s näher *Norpoth* FamFR 2013, 363ff). In der GRV bleiben dagegen die Entgeltpunkte als Teilungsgegenstand vollständig erhalten und die Kürzung erfolgt personenbezogen über den Zugangsfaktor (§ 77 SGB VI). Nach hier vertretener Ansicht ist deshalb für jede Versorgung zu prüfen, ob die Frühverrentung das Stammrecht als Teilungsgegenstand selbst kürzt. Dann gilt auch hier das Akzessorietätsprinzip („Was weg ist, ist weg"): Hälftig geteilt werden kann nur, was zum Zeitpunkt der Entscheidung noch da ist. 11

cc) Fondsgebundene Anrechte. Die Wertverringerung fondsgebundener Anrechte nach dem Ehezeitende ist bis zur Rechtskraft der Entscheidung zu berücksichtigen (ähnl BGH FamRZ 2013, 1635; vgl Dresden, Beschl v 23.1.2023 – 21 UF 687/22; Hamm, Beschl v 5.12.2022 – 13 UF 59/22; Karlsruhe, FamRB 2023, 101 – soweit keine Mindestrente garantiert ist: Karlsruhe FamRB 2023, 50); nach neuer Rspr des BGH (FamRZ 2021, 581 und 1614; 2017, 1655; ähnl Nürnberg FamRZ 2019, 104) haben aber auch Wertsteigerungen des Fondsvermögens Ehezeitbezug, weil sie auf dem in der Ehezeit Erarbeiteten/Erkauften beruhen (s § 46 Rn 9f). Unabhängig von dem Einfluss auf den Wert des Anrechts sind auch **Umschichtungen** bei fondsgebundenen Anrechten bis zur 12

Teilung zu berücksichtigen (dazu näher BGH FamRZ 2018, 1745 Rn 27; Nürnberg FamRZ 2021, 271; Frankfurt FamRZ 2018, 430; *Schwamb* NZFam 2019, 759, 761; *Bergner* NJW 2013, 2790, 2793 – sog „Shiften"). Nach hier vertretener Ansicht können Wertsteigerungen aber durch die Teilung mit einem aktualisierten Barwert nicht hinreichend erfasst werden (vgl Hamm NZFam 2019, 591; aA Dresden, Beschl v 23.1.2023 – 21 UF 687/22, juris Rn 11).

13 **dd) Anrechtsdynamik.** Die nachträgl Wertentwicklung des Anrechts nach Ende der Ehezeit (**Dynamik**; vgl DRV-Komm-VersA Anm 2.3; *Bergner* KomRefVA, § 5 Anm 3.1; 4.7) **zählt** im Wertausgleich bei Scheidung jedenfalls im Fall der internen Teilung nicht zwangsläufig zu den **auf den Stichtag hin zu berücksichtigenden Veränderungen** (BT-Drs 16/10144, 49); sie wirkt bei einer **Rente** als Teilungsgegenstand nicht auf das Ehezeitende zurück und beeinflusst daher nicht den Wert, den das Anrecht zum Ehezeitende hatte (zur Berücksichtigung der Entwicklung bis zur Wirksamkeit der Entscheidung s § 9 Rn 5). Allerdings hat die ausgleichsberechtigte Person grds Anspruch auf Teilhabe an jeder Dynamik des Anrechts vom Ehezeitende an (BGH FamRZ 2017, 1655 Rn 22f; *Schwamb* NZFam 2019, 759; *Norpoth* NZFam 2019, 754, 756f; s auch oben Rn 12). Außerdem bestimmt der Anspruch auf eine künftige Dynamik im Anwartschafts- und/oder Leistungsstadium zwangsläufig den (korrespondierenden) **Kapitalwert** (s § 47 Rn 8) des zu teilenden Anrechts mit und muss hier – insb bei externer Teilung – berücksichtigt werden (BGH FamRZ 2018, 894 Rn 49ff, 53; s § 17 Rn 1). Im Wertausgleich nach der Scheidung ist die Anrechtsdynamik unstreitig zu berücksichtigen (§ 5 IV 2; zB BGH FamRZ 2016, 442, 443 m zust Anm *Kemper* NZFam 2016, 231; FamRZ 2009, 1738ff), **soweit** sie in der Ehezeit erarbeitet worden ist (s Rn 8, 9).

14 **ee) Weitere Beispiele.** Führt der Wegzug eines Ehegatten ins Ausland zu einer Verringerung seiner Rentenanrechte, ist dieser Umstand bei der Teilung zu berücksichtigen (Köln FamRZ 2015, 2062 für Anrechte nach dem Fremdrentengesetz; s § 43 Rn 6f). Nicht zu berücksichtigen ist die **Beförderung** (eines Beamten) nach dem Ehezeitende (BT-Drs 16/10144, 49; vgl BGH FamRZ 1999, 157); entspr gilt für das Anrecht eines **Wahlbeamten**, das sich zum Ehezeitende auf einen Anspruch auf Nachversicherung in der GRV beschränkt, nach Ehezeitende aber aufgrund einer Wiederwahl zu einem Versorgungsanrecht erstarkt (BGH FamRZ 2007, 30, 34 m abl Anm *Bergner*, 534f; 2009, 1743, 1744; vgl *Borth* VersA Kap 1 Rn 76; s auch § 44 Rn 8; anders, wenn keine Wiederwahl, sondern nur Zeitablauf erforderlich ist: Koblenz FamRZ 2019, 959; *Borth* VersA Kap 1 Rn 77). Mit dem BGH (FamRZ 2019, 1052 Rn 29 und 191 Rn 15) ist dagegen die Verlängerung der Gesamtzeit durch Wiederwahl – anders als die erstmalige Anrechtsbegründung – stets zu berücksichtigen, weil sie zu einer Wertverringerung des Ehezeitanteils führt (Akzessorietätsprinzip; vgl § 44 Rn 17). Auch die Übernahme eines Beamten auf Zeit in ein dauerhaftes Beamtenverhältnis wirkt zurück (Koblenz FamRZ 2020, 1906 Rn 26). Zu berücksichtigen ist nach der Rspr zum alten Recht die Abwertung eines Versorgungsanrechts eines Beamten auf Lebenszeit in einen Anspruch auf Nachversicherung, wenn dieser nach dem Ehezeitende – auch verschuldet – aus dem öffentlichen Dienst ausscheidet (BGH FamRZ 1989, 1058; 1988, 1148, 1151). Das gilt grds auch im **Abänderungsverfahren**, kann dort aber einerseits die Anwendung des § 27 auf Gegenrechte der ausgleichsberechtigten Person auslösen (vgl Frankfurt, Beschl v 13.3.2023 – 6 UF 237/22; s näher § 27 Rn 10); andererseits kann der Abänderungsantrag selbst wegen grober Unbilligkeit scheitern (vgl Zweibrücken FamRZ 2019, 880 – ausgeschiedener Beamter; s § 52 Rn 5; aA wohl Oldenburg FamFR 2012, 372 m abl Anm *Norpoth*).

15 **IV. Ausgleichswert.** Nach Abs III unterbreitet der Versorgungsträger dem FamG einen Vorschlag zur Bestimmung des Ausgleichswerts. Das ist notwendig, weil der Ausgleichswert nicht einfach der Hälfte des Ehezeitanteils entspricht. Zum einen können Kosten der internen Teilung (§ 13) das Ergebnis ebenso beeinflussen wie die Option des Versorgungsträgers, das Anrecht gegen Aufschlag auf eine reine Altersversorgung zu beschränken (§ 11 I 2 Nr 3). Zum anderen gibt es verschiedene Methoden, den Ausgleichswert bei kapitalgedeckten Anrechten zu bestimmen (s § 1 Rn 4). Die Wahl der Methode obliegt dem Versorgungsträger. Das FamG hat zwar die Auskünfte zu prüfen; die Prüfung beschränkt sich aber darauf festzustellen, ob der Versorgungsträger die von ihm gewählte Methode richtig angewandt hat (BT-Drs 16/10144, 50; s aber BGH FamRZ 2018, 894 Rn 44; FamRZ 2018, 1574 Rn 15). Der Ausgleichswert ist, wie auch der Ehezeitanteil, für die interne Teilung in der für das Versorgungssystem maßgeblichen Bezugsgröße anzugeben. Das gilt trotz § 45 I auch für betriebliche Anrechte (vgl BGH FamRZ 2015, 313 Rn 20ff); jedoch zwingt diese Angabe den Versorgungsträger nicht, die **Teilung der Bezugsgröße selbst** vorzunehmen (BGH FamRZ 2017, 863 – Zusatzversorgung; irreführend BGH FamRZ 2018, 1574 – Boehringer). Das FamG ist zwar an die Berechnungsmethode, nicht aber an den vom Versorgungsträger vorgeschlagenen Ausgleichswert gebunden. Hält es die Berechnung für fehlerhaft oder die Kosten interner Teilung (§ 13) für übersetzt, so kann es den Ausgleichswert in seiner – rechtsmittelfähigen – Entscheidung anderweitig festsetzen (BVerfG FamRZ 2020, 1078 Rn 87, 89ff).

16 **V. Kapitalwert und korrespondierender Kapitalwert.** Im Verfahren über den Wertausgleich bei Scheidung ist der Versorgungsträger verpflichtet, den Ausgleichswert **zumindest auch als Kapitalwert** mitzuteilen, auch dann, wenn die maßgebliche Bezugsgröße des jew Versorgungssystems kein Kapitalwert ist. Zur Berechnung des korrespondierenden Kapitalwertes verweist Abs III auf § 47 (s im Einz die Komm dort). Der Kapitalwert wird insb dann benötigt, wenn der Wertausgleich bei der Scheidung im Wege der externen Teilung durchgeführt werden soll, weil der Versorgungsträger der ausgleichspflichtigen Person in diesen Fällen an den Träger der Zielversorgung den Ausgleichswert als Kapitalbetrag zahlen muss (§ 14 IV), wozu ihn das FamG im Beschl verpflichtet (§ 222 III FamFG). Ursprünglich sollte zudem die **Vergleichbarkeit von Anrechten**, die das Hauptproblem des alten Rechts war, über diesen Kapitalwert herbeigeführt werden, soweit sie noch erforderlich ist (zB BT-Drs

16/10144, 77). Dazu enthält § 47 VI eine – unvollständige – Aufzählung von Fällen, in denen – im Ganzen oder in Teilen – eine Gesamtbewertung noch benötigt wird (§ 47 Rn 13). Dazu sah der Gesetzentwurf in § 18 I (BT-Drs 16/10144, 11, 62) sogar ein vollständiges Absehen vom VersA vor, wenn die Unterschiede zw sämtlichen beiderseitigen Anrechten **auf Kapitalwertbasis gering** waren. Der (korrespondierende) Kapitalwert kann eine solche Vergleichbarkeit von Anrechten unterschiedlicher Herkunft jedoch nicht – jedenfalls nicht vollständig – herstellen, weil er nicht nach einer einheitlichen Methode berechnet wird, sondern dem Einkaufspreis bei dem jew Versorgungsträger der ausgleichspflichtigen Person entspricht (§ 47 II). Unterschiedliche Versorgungsträger bieten aber für denselben Kapitalwert unterschiedliche Leistungen (zu den Problemen bei Anrechten iSd § 17 vgl *Jaeger* FamRZ 2010, 1417; näher § 47 Rn 6). Daran ändert sich auch nichts, wenn neben dem reinen Kapitalwert für die Bewertung eines Anrechts nach § 47 VI andere wertbildende Faktoren mit berücksichtigt werden. Wo eine Gesamtbilanz der Anrechte auf Altersvorsorge benötigt wird, kann ihre Vergleichbarkeit am ehesten noch durch eine einheitliche, versicherungsmathematische Berechnung ihrer Barwerte hergestellt werden (s § 47 Rn 15; ähnl *Glockner/Hoenes/Weil* § 9 Rn 14).

VI. Ausgleichswert in besonderen Fällen. Für den Wertausgleich nach Scheidung nach den §§ 20f und für die Teilhabe an der Hinterbliebenenversorgung nach den §§ 25f wird regelmäßig nur der **Rentenbetrag** benötigt, weil dieser Teilungsgegenstand ist. Deswegen sind Ehezeitanteil und Ausgleichswert hier vom Versorgungsträger grds nur als Rentenbetrag zu berechnen. Ausnahmsw, nämlich wenn es um die Anwendung des § 27 geht oder Anrechte abzufinden (§§ 23f) bzw schuldrechtl auszugleichen sind, die auf Kapital lauten, kann auch der (korrespondierende) Kapitalwert von Bedeutung sein. Die Formulierung „grds" belässt dem FamG die Option, eine Auskunft hierüber anzufordern. Bei der Berechnung sind **allg** Wertanpassungen, insb die planmäßigen Anpassungen von Anwartschaften und laufenden Versorgungen, zu berücksichtigen. Das entspricht der früheren Rechtslage (BGH FamRZ 2008, 1512). Werterhöhungen, die auf individuellen Umständen wie einem Karrieresprung beruhen, sind hingegen herauszurechnen (zB Hamm FamRZ 2013, 1895, 1896f mwN). Nach hier vertretener Ansicht sind Wertanpassungen nur dann allgemein, wenn sie für alle Anrechtsinhaber gleichermaßen gelten. Die Werterhöhungen **endgehaltsbezogener** Anrechte gehören deshalb – entgegen ganz hM (s Rn 8) – nicht dazu, weil sie nur für die im Betrieb verbleibenden, hingegen nicht für die aus dem Betrieb ausscheidenden ArbN gelten (vgl *Norpoth* NZFam 2016, 105). 17

VII. Wertermittlung. Zu den Einzelheiten verweist Abs V auf die §§ 39–47 (s die Komm dort). 18

Kapitel 2
Ausgleich (§§ 6–27)

Abschnitt 1
Vereinbarungen über den Versorgungsausgleich (§§ 6–8)

Vorbemerkung vor § 6

I. Allgemeines. Die Regelungen zu vertragl Vereinbarungen betreffend den VersA sind in den §§ 6–8 enthalten. Hierauf verweist die für Eheverträge geltende Vorschrift des § 1408 II BGB. Während § 6 das Spektrum möglicher Regelungen zum VersA umreißt, regelt § 7 die formellen und § 8 die materiellen Wirksamkeitsvoraussetzungen. 1

II. Neubewertung und Neuregelung. Die exponierte Stellung der Regelungen weit vorn im Gesetz ist Absicht. Es war das erklärte Ziel des Reformgesetzgebers, die Dispositionsmöglichkeiten der Ehegatten zu stärken (BT-Drs 16/10144, 52); es ist erwünscht, dass von der Möglichkeit einvernehmlicher Regelungen auch in diesem Bereich nun verstärkt Gebrauch gemacht wird. Das alte Recht unterschied zw Regelungen in Eheverträgen (§ 1408 II BGB aF) und Regelungen im Zusammenhang mit der (bevorstehenden) Scheidung (§ 1587o BGB aF). Die beiden Regelungsbereiche überschnitten sich. Ein Ehevertrag iSd § 1408 II BGB aF wurde unwirksam, wenn innerhalb eines Jahres nach Vertragsschluss der Scheidungsantrag gestellt wurde. Es bestand allerdings die Möglichkeit, ihn in einen Vertrag iSd § 1587o II BGB aF umzudeuten (BGH FamRZ 2004, 1275; Zweibrücken FamRZ 2006, 1210; Erman/*Wellenhofer*[12] § 1587o BGB Rn 2). Der Ausschluss des VersA in einem Ehevertrag hatte (wenn auch abdingbar) den Eintritt von Gütertrennung zur Folge (§ 1414 S 2 BGB aF). Weitere Grenzen der inhaltlichen Gestaltungsfreiheit ergaben sich aus § 1587 II BGB aF (keine Verfügung über den Stichtag für das Ehezeitende) und § 1587o I 2 BGB aF (Verbot des vertragl Supersplittings). Eine Vereinbarung iSd § 1587o II BGB aF stand unter dem Vorbehalt der Genehmigung des FamG; sie musste zur Erlangung dieser Genehmigung unter Einbeziehung der Unterhaltsregelung und der Vermögensauseinandersetzung eine dem Ziel des VersA entspr Sicherung des Berechtigten erreichen und zu einem nach Art und Höhe angemessenen Ausgleich unter den Ehegatten führen (§ 1587o II 3 BGB aF). 2

Das jetzige Recht vermeidet den Dualismus zw Eheverträgen und Verträgen im Zusammenhang mit der Scheidung. Das Erfordernis einer familiengerichtlichen Genehmigung ist entfallen; es verbleibt eine allg Wirksamkeits- und Ausübungskontrolle nach Maßgabe des § 8. Vereinbarungen zum VersA müssen auch nicht mehr eine dem Ziel des VersA entspr Sicherung des Berechtigten erreichen. Das macht den VersA insg durchlässiger für 3

Gesamtvereinbarungen zur Vermögensauseinandersetzung. Der Ausschluss des VersA hat auch nicht mehr den Eintritt der Gütertrennung zur Folge.

4 **III. Altverträge.** Sind Vereinbarungen noch zur Zeit der Geltung des alten Rechts getroffen worden, ist aber nicht mehr das alte, sondern das neue Recht auf den VersA anzuwenden (zum Übergangsrecht s §§ 48ff), so ist, wie allg bei einer Rechtsänderung, im Einzelfall zu prüfen, ob die Geschäftsgrundlage der Vereinbarung sich geändert hat oder weggefallen ist (§ 313 BGB; *Borth* VersA Kap 7 Rn 11–13). Hiervon geht die heute hM aber nicht aus (vgl Köln NZFam 2019, 643; ähnl Brandenburg NZFam 2019, 592). Fragen nach der formellen Wirksamkeit stellten sich angesichts gleicher formeller Wirksamkeitsvoraussetzungen zwischen altem und neuem Recht nur in einer kurzen Übergangszeit (einerseits wegen § 1408 II 2 BGB aF – dazu vgl Brandenburg FamRZ 2012, 1729 Rn 19 mwN zum Streitstand; andererseits wegen § 1587o II 3 BGB aF – dazu s § 7 Rn 1) und haben sich inzwischen erledigt. Zum Sonderproblem der Abfindung eines teilw ausgeglichenen Anrechts bzw des Verzichts auf einen Restausgleich s § 51 Rn 15.

§ 6 Regelungsbefugnisse der Ehegatten

(1) Die Ehegatten können Vereinbarungen über den Versorgungsausgleich schließen. Sie können ihn insbesondere ganz oder teilweise

1. in die Regelung der ehelichen Vermögensverhältnisse einbeziehen,
2. ausschließen sowie
3. Ausgleichsansprüchen nach der Scheidung gemäß den §§ 20 bis 24 vorbehalten.

(2) Bestehen keine Wirksamkeits- und Durchsetzungshindernisse, ist das Familiengericht an die Vereinbarung gebunden.

1 **I. Allgemeines.** Vereinbarungen über den VersA können in einem Ehevertrag vor oder nach der Eheschließung geschlossen werden (§ 1408 BGB) oder im Zusammenhang mit der bevorstehenden Scheidung. Die inhaltlichen Wirksamkeitsvoraussetzungen entsprechen einander, weil § 1408 II BGB auf die §§ 6 und 8 verweist. Bei den formellen Anforderungen gibt es geringfügige Unterschiede (§ 7 einerseits, § 1410 BGB andererseits). Die Vereinbarung kann den Wertausgleich bei Scheidung ebenso wie den Wertausgleich nach Scheidung regeln; sie kann sich auf sämtliche dem VersA nach § 2 unterliegende Anrechte beziehen.

2 **II. Gründe für Vereinbarungen.** Die möglichen Anlässe für eine Vereinbarung zum VersA sind vielfältig (vgl *Hahne* FamRZ 2009, 2041f; *Bergner* KomRefVA, § 6 Anm 2; *Bergner* FamFR 2012, 553; *Münch* FamRB 2010, 55): Geht es den Parteien um eine abschließende und endgültige Auseinandersetzung, dann besteht Anlass zu einer Vereinbarung in allen Fällen, in denen Anrechte nach § 19 nicht ausgleichsreif sind, insb bei noch nicht ganz unverfallbaren (§ 19 II Nr 1) oder ausl (§ 19 II Nr 4) Anrechten. Anlass besteht aber auch in den Fällen, in denen der Ausgleichsberechtigte Versorgungsanrechte abgeben müsste, aus denen er aktuell eine Invalidenrente bezieht und im Gegenzug solche erwürbe, die ihm keine solche Rente gewähren (§ 35 schafft hier nur eingeschränkt Abhilfe). Ziel einer Vereinbarung kann es sein, einer Entwertung betrieblicher Anrechte durch externe Teilung vorzubeugen (vgl § 17 Rn 1). Die Saldierung von Anrechten auf eine Beamtenversorgung untereinander oder mit sonstigen Primärversorgungsanrechten verfolgt den Zweck, der ausgleichspflichtigen Person eine möglicherweise bessere Dynamik der Beamtenversorgung im Vergleich zur GRV zu erhalten (zur Frage eines Anspruchs auf eine Verrechnungsabrede s § 8 Rn 21). Auch um die Kosten einer internen Teilung (§ 13) oder die Zersplitterung der Versorgungsanrechte zu vermeiden, können die Beteiligten durch Vereinbarung über die Grenzen des § 18 hinaus Anrechte miteinander – oder mit sonstigen Vermögenswerten, die dem Zugewinnausgleich unterliegen – saldieren und so den Wertausgleich bei Scheidung auf eines oder wenige Anrechte beschränken. Die Vereinbarung kann Härten ausgleichen, die ansonsten über § 27 in einer Entscheidung zum VersA berücksichtigt würden. Bei erheblichem Altersunterschied zw den Beteiligten können, soweit der – per saldo – Pflichtige älter ist, wegen des deutlich reduzierten Rentnerprivilegs abgestufte Unterhaltsregelungen anstelle des VersA für beide Beteiligten sinnvoller sein (*Münch* FamRB 2010, 55; *Ruland* VersA Rn 939: bei nahem Tod eines Beteiligten zur Vermeidung des Verfahrens nach § 37). Soweit der überwiegend Ausgleichspflichtige erheblich jünger ist, kann zB ein Ersatz des Wertausgleichs durch Einräumung eines Wohnrechts auf Lebenszeit die bessere Alternative darstellen (*Hahne* FamRZ 2009, 2042). Schließlich kann auch der Wunsch, möglichen verfassungsrechtl Problemen des neuen Rechts – etwa bei Teilung betrieblicher Anrechte aus den sog internen Durchführungswegen unter Anwendung des § 17 – aus dem Weg zu gehen, Motiv für eine Vereinbarung zum VersA sein (s § 17 Rn 1).

3 **III. Gestaltungsmöglichkeiten.** Die Aufzählung möglicher Vereinbarungen ist nicht abschließend gemeint; sie hat nur Regelbeispielcharakter und soll den Beteiligten wie auch den rechtsberatenden Berufen ihre Handlungsmöglichkeiten verdeutlichen (BT-Drs 16/10144, 51; BGH FamRZ 2022, 1761 Rn 13; grundlegend hierzu *Münch*, Vereinbarungen, Rn 127ff). An der Möglichkeit, den VersA in die Regelung der ehelichen Vermögensverhältnisse einzubeziehen (Abs I Nr 1), wird deutlich, dass Vereinbarungen über den VersA anlässlich der Scheidung nicht mehr, wie früher, eine angemessene Altersvorsorge des – per saldo – Berechtigten anstreben oder den Zwecken des VersA entsprechen müssen (§ 1587o II 3 und 4 BGB aF). Der Verzicht auf den Ausgleich eines dem VersA unterliegenden Anrechtes kann danach bspw in der Vermögensauseinandersetzung durch eine Geldzahlung ausgeglichen oder mit der Auseinandersetzung des Miteigentums an einer Immobilie verrechnet werden. Hierbei sollten allerdings **steuerliche Besonderheiten** berücksichtigt werden. Dazu gehört bspw, dass Anrechte der Altersversorgung im Gegensatz zu Gegenständen des Zugewinnausgleichsvermögens der nachgelagerten Be-

steuerung unterliegen (vgl *Münch* FPR 2013, 312, 314f; *Bredthauer* FPR 2009, 501; zur Berücksichtigungsfähigkeit von **Abfindungszahlungen** als Sonderausgaben s § 10 Ia Nr 3 EStG; dazu *Münch* Vereinbarungen, Rn 303f). Der vollständige Ausschluss des VersA (Abs I Nr 2) kann – vorbehaltlich einer Kompensation an anderer Stelle – für einen Beteiligten mit erheblichen Nachteilen verbunden sein; auch insoweit ist zu beachten, dass die Vereinbarung einer Inhaltskontrolle unterliegt (§ 8 I; s § 8 Rn 5ff). Statt des vollständigen Ausschlusses des VersA kann der Ausschluss auf den Ausgleich bestimmter Anrechte (auch: Anrechte nur eines Beteiligten) beschränkt werden, oder die Beteiligten können eine geringere Ausgleichsquote festlegen (*Borth* VersA Kap 7 Rn 23; zu den Grenzen bei der Festlegung einer höheren Ausgleichsquote s § 8 Rn 27). Auch kann der Stichtag für die Berücksichtigung erworbener Anrechte vom Ehezeitende auf einen früheren Zeitpunkt (Bsp: Trennung) vorverlegt werden; über das Ehezeitende selbst kann aber nicht disponiert werden (vgl § 8 Rn 26; zu den Wirkungen der Vorverlegung des Stichtags s Karlsruhe FamFR 2013, 372). Die Option, den VersA einem Wertausgleich nach der Scheidung gem §§ 20ff vorzubehalten (Abs I Nr 3), dürfte nur selten attraktiv sein (s aber § 19 Rn 18a f), da in aller Regel eine schnelle und endgültige Regelung im Interesse der Beteiligten liegt. Geradezu zu einem **Haftungsrisiko** für die rechtsberatenden Berufe wird diese Option auch deshalb, weil bei noch nicht ausgeglichenen Anrechten, die durch Vereinbarung dem Wertausgleich nach Scheidung vorbehalten sind, eine Teilhabe an der Hinterbliebenenversorgung nach § 25 II ausscheidet. Eine Vereinbarung nach § 6 kann auch vorsehen, dass die Teilung eines Anrechts unterbleibt und die ausgleichspflichtige Person zum Ausgleich für die ausgleichsberechtigte Person Beiträge zu einer anderweitigen Versorgung zahlt. Für diesen Fall ist unklar, ob bei einem frühen Tod der ausgleichsberechtigten Person ein Anspruch auf Beitragsrückerstattung nach § 37 I 2 auch dann besteht, wenn die Beiträge nicht in eine Versorgung nach § 32 eingezahlt worden sind (s § 37 Rn 2).

Vereinbarungen zum VersA können **bedingt und/oder befristet** werden (*Ruland* VersA Rn 934; *Bredthauer* FPR 4
2009, 501; *Hauß/Eulering* Rn 121; Bsp: Der VersA wird für den Fall ausgeschlossen, dass aus der [Doppelverdiener-]Ehe keine Kinder hervorgehen). Auch ist es möglich, ein Rücktrittsrecht zu vereinbaren (*Ruland* VersA Rn 934). Schließlich kann eine Vereinbarung zum VersA übereinstimmend abgeändert werden (*Ruland* VersA Rn 945). Grenzen ergeben sich insoweit nur, soweit der Wertausgleich bei Scheidung betroffen ist (nachfolgend Rn 5). Zum etwaigen Anspruch auf Abschluss einer Vereinbarung s § 8 Rn 21.

IV. Zeitliche Grenzen. Eine Vereinbarung zum Wertausgleich bei Scheidung (§§ 10ff) ist grds nur bis zur 5
rechtskräftigen Entscheidung über den Wertausgleich bei Scheidung möglich (*Borth* VersA Kap 7 Rn 57; noch genauer *Ruland* VersA Rn 932f: nur bis zum Abschluss des zweitinstanzlichen Verfahrens); das gilt auch noch, wenn die Scheidung schon rechtskräftig ist (Brandenburg FamRZ 2014, 390 mwN). Hintergrund ist, dass die **Entscheidung zum Wertausgleich bei Scheidung** wegen der rechtsgestaltenden Wirkung auch ggü Dritten (Versorgungsträger) **unumkehrbar** ist (vgl § 76 SGB VI; BGH FamRZ 2002, 1553 Rn 10f mwN; FamR-Komm/*Wick* Rn 3). Im Verfahren nach § 51 entsteht die Regelungsbefugnis, beschränkt auf den Monatsersten nach Antragseingang (§ 52 I iVm § 226 IV FamFG), erneut (Hamm FamRZ 2018, 588; FamR-Komm/*Wick* Rn 3). Beruht die Entscheidung zum Wertausgleich bei Scheidung auf einer Vereinbarung, kann sie, beschränkt auf Anrechte iSd § 32, auf Grundlage einer abändernden Vereinbarung gem § 227 II FamFG in den Grenzen der §§ 225, 226 FamFG (nur für die Zukunft) abzuändern sein (*Ruland* VersA Rn 945; *Wick* VersA Rn 799; Johannsen/Henrich/Althammer/*Holzwarth* Rn 9); das gilt nach Ansicht von *Ruland* (VersA Rn 946; dem folgend Johannsen/Henrich/Althammer/*Holzwarth* Rn 9) nicht, wenn die Beteiligten ursprünglich den VersA ausgeschlossen haben (aA bei einem teilw Ausschluss bzw Teilabfindung aber offenbar BGH FamRZ 2016, 1050 Rn 17ff; s näher § 51 Rn 15). Entsprechendes gilt dann auch, wenn nach Rechtskraft der Entscheidung über den Wertausgleich die zugrunde liegende Vereinbarung wegen Eintritts einer auflösenden Bedingung oder Befristung ihre Wirkung verliert (nach Ansicht von *Borth* VersA Kap 7 Rn 30 aE ist eine Vereinbarung, den VersA nur bei Tod des Ausgleichspflichtigen durchzuführen, wegen Verletzung der Strukturmerkmale des VersA unzulässig). Die Entscheidung über den Wertausgleich bei Scheidung ist allein unter den Voraussetzungen der §§ 227 II, 225f FamFG der Abänderung zugänglich. Ansonsten können Vereinbarungen zum VersA auch nach der Scheidung noch getroffen werden, solange die Belange der beteiligten/einzubeziehenden Versorgungsträger gewahrt sind (s § 8 II). Deswegen sind Vereinbarungen zum Wertausgleich nach der Scheidung unbegrenzt möglich (*Ruland* VersA Rn 933); im Einverständnis sämtlicher Beteiligten kann auch ein vergessenes Anrecht nach Rechtskraft der Entscheidung zum VersA noch im Wertausgleich bei Scheidung geteilt werden (Celle FamRZ 2013, 1900f m zust Anm *Borth*).

V. Bewertungsschwierigkeiten. Probleme bereitet die – zur Vorbereitung einer Vereinbarung notwendige – 6
zutr Bewertung der einzelnen Anrechte, die nur eingeschränkt miteinander vergleichbar sind. Die ursprüngliche Idee des Gesetzgebers, eine Vergleichbarkeit über die (korrespondierenden) Kapitalwerte herbeizuführen und so eine weitgehende Saldierung zu ermöglichen, hat sich wegen der unterschiedlichen Berechnungsarten der einzelnen Versorgungsträger als nicht durchführbar erwiesen. Der korrespondierende Kapitalwert für einen Euro lebenslanger Rente beträgt in der GRV aktuell (2023) rund 223 €; in einer privaten Rentenversicherung ist – abhängig vom Geschlecht des Einzahlenden und seinem Alter bei Einzahlung – ggf ein deutlich abw Betrag zu zahlen (*Hauß/Bührer* Rn 1000 m Bsp; vgl auch *Münch* FPR 2013, 312, 314f). In die Bewertung müssen aber noch weitere Aspekte einbezogen werden, zB die – derzeit – unterschiedliche Besteuerung von Betriebsrenten (oberhalb eines Freibetrages iHv derzeit 169,75 € voll) und gesetzl Rente (derzeit noch anteilig) sowie die Auswirkungen auf die Beiträge zur Krankenversicherung (vgl § 106 SGB VI). Dies hindert zwar keinesfalls eine Vereinbarung auf der Grundlage von Kapitalwerten, da eine völlige Gleichwertigkeit von Leistung und Gegenleistung nicht Wirksamkeitsvoraussetzung derartiger Vereinbarungen ist (vgl *Wick* FPR 2009, 219, 222). Ist den Parteien die mangelnde

Vergleichbarkeit auf Kapitalwertbasis aber bei Vertragsabschluss nicht bewusst, kann dem Vertrag die Geschäftsgrundlage fehlen (nicht unbedenklich daher das von *Wick* FuR 2010, 377 skizzierte Bsp).

7 **VI. Bindung des Familiengerichts.** Abs II, wonach das FamG an die Vereinbarung gebunden ist, wenn keine Wirksamkeits- und Durchsetzungshindernisse bestehen, korrespondiert mit der Verpflichtung des FamG, von Amts wegen die formellen und materiellen Wirksamkeitsvoraussetzungen zu prüfen (MüKo/*Weber* Rn 12) und im Tenor zum Wertausgleich bei Scheidung nach § 224 III FamFG festzustellen, dass (insoweit) ein Wertausgleich bei Scheidung (durch das FamG) nicht stattfindet. Diese Entscheidung ist der Rechtskraft fähig und hindert eine spätere nochmalige Überprüfung der Vereinbarung auf Wirksamkeits- oder Durchsetzungshindernisse, hinsichtl letzterer jedenfalls, soweit diese im Zeitpunkt der Entscheidung bestanden haben. Eine spätere Anpassung wegen nachträgl Veränderungen nach § 227 II iVm §§ 225f FamFG bleibt hiervon unberührt.

8 **VII. Wirksamkeits- und Durchsetzungshindernisse.** Sie können sich in formeller Hinsicht aus § 7, in materieller Hinsicht aus § 8 ergeben. Zu beachten ist auch § 134 BGB, wonach die Vereinbarung nicht gegen ein gesetzl Verbot verstoßen darf; s § 8 Rn 24ff. Abs II drückt eine Selbstverständlichkeit aus und hat lediglich Erinnerungsfunktion. Der Amtsermittlungsgrundsatz verpflichtet das FamG zu einer Prüfung vorliegender Vereinbarungen auf Wirksamkeits- und Durchsetzungshindernisse (§ 26 FamFG; zur eingeschränkten Reichweite s aber § 8 Rn 31). Nicht zu vergleichen ist Abs II mit § 1587o II 3 und 4 BGB aF. Eine Vereinbarung, wonach (bei annähernder Wertgleichheit) eine Partei auf die Durchführung des VersA gegen Übernahme eines Pkw verzichtet (krit *Ruland* VersA Rn 938), wäre hieran nach altem Recht gescheitert; nach neuem Recht kann sie dagegen wirksam sein (vgl BGH FamRZ 2014, 629ff Rn 21).

9 **VIII. Umsetzung.** Vereinbarungen zum **Wertausgleich bei Scheidung** benötigen zum Wirksamwerden zweierlei: zum einen die Rechtskraft des Beschl zur Scheidung der Ehe/Aufhebung der Lebenspartnerschaft, zum anderen die Rechtskraft der Entscheidung über den Wertausgleich bei Scheidung; die Anrechte, auf deren Ausgleich verzichtet wird, sind im Tenor zu benennen (München ZFE 2011, 32). Nach hM muss das FamG die Vereinbarung „nachvollziehen" und die Anrechte entspr teilen (Brandenburg FamRZ 2020, 92; Frankfurt NZFam 2019, 364; Koblenz FamRZ 2017, 2013 (Ls); Johannsen/Henrich/Althammer/*Holzwarth* Rn 5f; ähnl *Wick* FuR 2010, 301; *Wick* VersA Rn 797). Das trifft jedenfalls für die Teilung von Anrechten in den öffentlich-rechtl Sicherungssystemen zu, weil diese (wenn auch auf Grundlage einer Vereinbarung) nur durch gerichtliche Entscheidung geteilt werden können (vgl § 8 Rn 21). Für die sonstigen Anrechte scheint § 8 II unter den dort genannten Voraussetzungen eine Anrechtsübertragung **durch die Vereinbarung selbst** zuzulassen. Das VersAusglG hindert die Ehegatten nicht, iR des Zulässigen (vgl aber § 2 II 4 BetrAVG) eine Abtretung zu vereinbaren. Haben sie auf diese Weise für sich den VersA geregelt, findet ein VersA durch das FamG nicht mehr statt. Die Ehegatten können aber auch die Umsetzung einer Vereinbarung dem FamG vorbehalten, was durch Auslegung zu ermitteln ist. Aus einem übertragenen Anrecht kann der Berechtigte, wie beim gerichtlich durchgeführten Wertausgleich bei Scheidung, grds erst ab Vorliegen der doppelten Rechtskraft erstmals Leistungen beziehen (vgl BSG FamRZ 2008, 1845ff; s auch § 10 Rn 3). Vereinbarungen zum **Wertausgleich nach Scheidung** bedürfen dagegen keiner Umsetzung; sie entfalten ihre Wirkung zwischen den Beteiligten zu dem von ihnen festgelegten Zeitpunkt.

§ 7 Besondere formelle Wirksamkeitsvoraussetzungen

(1) Eine Vereinbarung über den Versorgungsausgleich, die vor Rechtskraft der Entscheidung über den Wertausgleich bei der Scheidung geschlossen wird, bedarf der notariellen Beurkundung.

(2) § 127a des Bürgerlichen Gesetzbuchs gilt entsprechend.

(3) Für eine Vereinbarung über den Versorgungsausgleich im Rahmen eines Ehevertrags gilt die in § 1410 des Bürgerlichen Gesetzbuchs bestimmte Form.

1 **I. Allgemeines.** § 7 fasst die Formvorschriften des alten Rechts vereinfachend zusammen. Weggefallen sind die Regelungen, wonach die Einigung in einem Ehevertrag über den VersA unwirksam wird, wenn binnen eines Jahres nach Abschluss des Vertrags der Scheidungsantrag eingereicht wird (§ 1408 II 2 BGB aF), ferner das Erfordernis familiengerichtlicher Genehmigung für Vereinbarungen im Zusammenhang mit der Scheidung (§ 1587o II 3 BGB aF). Außerdem bewirkt eine Vereinbarung über den Ausschluss des VersA nicht mehr den Eintritt der Gütertrennung, was § 1414 S 2 BGB aF noch – abdingbar – vorsah. Für die Form kommt es darauf an, ob Vereinbarungen vor der Entscheidung über den Wertausgleich bei Scheidung getroffen werden oder danach, ferner bei Vereinbarungen vor der Entscheidung über den Wertausgleich bei Scheidung, ob sie Teil eines Ehevertrags sind oder nicht.

2 **II. Erfordernis notarieller Beurkundung.** Abs I regelt ein Formbedürfnis für Vereinbarungen über den VersA insoweit, als sie vor Rechtskraft der Entscheidung über den Wertausgleich bei der Scheidung getroffen werden. Maßgeblich ist nicht der Zeitpunkt der Rechtskraft der Scheidung (vgl Brandenburg FamRZ 2014, 390 mwN; anders § 1585c BGB für Vereinbarungen über den nachehelichen Unterhalt). Die Scheidung kann nie nach, aber ggf vor dem VersA rechtskräftig werden, etwa wenn der VersA aus dem Scheidungsverbund abgetrennt oder die Verbundentscheidung nur hinsichtl des Versorgungsausgleichs mit der Beschwerde angegriffen wird.

3 Vereinbarungen nach Abs I bedürfen der notariellen Beurkundung. Hierfür gilt § 128 BGB, wonach es ausreicht, wenn Angebot und Annahme nacheinander, an verschiedenen Orten und vor verschiedenen Notaren abgegeben werden; auch können sich die Ehegatten dabei vertreten lassen (*Hahne* FamRZ 2009, 2043). Sie können sogar ei-

nander bevollmächtigen, wobei für die Vollmachtserteilung selbst wegen § 167 II BGB keine Formerfordernisse gelten (statt vieler – krit – *Ruland* VersA Rn 950 mwN; *Wick* FuR 2010, 302). Anstelle der notariellen Beurkundung reicht auch ein gerichtlicher Vergleich iSd § 127a BGB, bei dessen Abschluss beide Ehegatten/Lebenspartner im Scheidungsverbund anwaltlich vertreten sein müssen (§ 114 I FamFG). Nach der Rspr des BGH (BGH FamRZ 2017, 603) genügt **in analoger Anwendung des § 127a BGB** auch ein **schriftlicher** Vergleich im Rahmen eines laufenden Verfahrens (§ 278 VI ZPO). Zur hier früher vertretenen Gegenauffassung s 14. Aufl Rn 3. Nicht ausreichend ist ein Vergleich vor einer Gütestelle (§ 794 I 1 ZPO) oder ein Anwaltsvergleich (§ 796a ZPO). Vom Formerfordernis wird die gesamte Vereinbarung einschl aller Nebenabreden erfasst. Bei Unvollständigkeit droht über die § 125 S 1, § 139 BGB Gesamtnichtigkeit.

III. Ehevertrag. Handelt es sich bei der Vereinbarung um einen Ehevertrag iSd § 1408 BGB, gilt nach Abs III 4 die Formvorschrift des § 1410 BGB. Erforderlich ist die gleichzeitige Anwesenheit beider Ehegatten bei der notariellen Beurkundung. Auch insoweit genügt allerdings nach § 127a BGB ein gerichtlich protokollierter Vergleich; dabei ist Vertretung zulässig, wobei für die Vollmachterteilung nach § 167 II BGB keine Form gilt (krit *Ruland* VersA Rn 950; MüKo/*Weber* Rn 4). Wegen der leicht unterschiedlichen Formerfordernisse kann es darauf ankommen, ob eine Vereinbarung über den VersA Teil eines Ehevertrags ist oder nicht. Die Abgrenzung kann im Einzelfall schwierig sein. Erforderlich für einen Ehevertrag iSd § 1408 I BGB ist jedenfalls ein Bezug zum Güterstand. Ein solcher liegt immer dann vor, wenn der Güterstand beendet wird (Grü/*Siede* § 1408 BGB Rn 20). Daran fehlt es (nach der Neufassung des § 1414 S 2 BGB) bei einer isolierten Regelung zum VersA. Ebenfalls vom Ehevertrag abzugrenzen ist die Vereinbarung über eine Zugewinnausgleichsforderung im Rahmen des Ehescheidungsverfahrens, für welche die – § 7 I und II entspr – Formvorschriften des § 1378 III 2 BGB gelten (näher zur Abgrenzung § 1408 BGB Rn 2; Grü/*Siede* § 1408 BGB Rn 20).

IV. Formlose Vereinbarungen. Für Vereinbarungen ab Rechtskraft der Entscheidung über den Wertausgleich 5 bei Scheidung (zB zum Wertausgleich nach Scheidung) gelten keine besonderen Formerfordernisse (vgl Karlsruhe FamRZ 2021, 841, 842). Das entspricht dem früher geltenden Recht. Fraglich ist, ob dies auch im Abänderungsverfahren nach § 51 gilt (bejahend Celle NJW 2011, 1888f; Hamm FamRZ 2018, 588 m krit Anm *Borth*). Der Gesetzgeber geht davon aus, dass nach der Scheidung und der Entscheidung über den VersA bei Scheidung die Beteiligten keines besonderen Schutzes vor übereilten Entscheidungen mehr bedürfen und zudem für die Folgen des VersA hinreichend sensibilisiert sind (BT-Drs 16/10144, 52). Fraglich ist dies insb in den Fällen, in denen das FamG nach § 19 III von einem Wertausgleich bei Scheidung insg oder weitgehend abgesehen hat.

§ 8 Besondere materielle Wirksamkeitsvoraussetzungen

(1) Die Vereinbarung über den Versorgungsausgleich muss einer Inhalts- und Ausübungskontrolle standhalten.

(2) Durch die Vereinbarung können Anrechte nur übertragen oder begründet werden, wenn die maßgeblichen Regelungen dies zulassen und die betroffenen Versorgungsträger zustimmen.

I. Entstehungsgeschichte und Regelungszweck. Das frühere Recht kannte eine besondere inhaltliche Kon- 1 trolle von Vereinbarungen zum VersA, soweit sie nicht Bestandteil eines mehr als ein Jahr vor Einreichung des Scheidungsantrags geschlossenen Ehevertrags (§ 1408 II BGB aF) waren. Nach § 1587o II 3 und 4 BGB aF mussten solche Vereinbarungen vom FamG im Zusammenhang mit der Scheidung genehmigt werden. Die Genehmigung war zu verweigern, wenn die Vereinbarung offensichtlich nicht zu einer dem Zweck des VersA entspr Sicherung des Berechtigten geeignet war oder nach Art und Höhe zu keinem angemessenen Ausgleich unter den Ehegatten führte. Dieses Genehmigungserfordernis ist entfallen. Geblieben ist die für alle Verträge geltende inhaltliche Wirksamkeitskontrolle auf Verstoß gegen ein gesetzl Verbot (§ 134 BGB) und auf Sittenwidrigkeit (§ 138 BGB). Ferner kann sich aus § 242 BGB oder aus § 313 BGB ergeben, dass dem durch eine Vereinbarung Begünstigten eine Berufung auf sie nicht möglich, sondern die Vereinbarung vielmehr aufgrund zwischenzeitl eingetretener Entwicklungen anzupassen ist. Abs I hat insoweit lediglich eine klarstellende Funktion und ist deswegen eigentlich überflüssig (so *Münch* FamRB 2010, 51). Der Verweis dient aber auch dem Hinw auf eine vom BGH (erstmals FamRZ 2004, 601ff) auf Drängen des BVerfG (FamRZ 2001, 343; 2001, 985) entwickelte Rspr zur Inhaltskontrolle von Verträgen zw Ehegatten/Lebenspartnern. Über diese Kontrollmechanismen dürfen allerdings nicht die früheren, engeren Genehmigungsvoraussetzungen des § 1587o II BGB aF gleichsam „durch die Hintertür" in das neue Recht transferiert werden (so zutr *Wick* FuR 2010, 303). Auch Abs II regelt inhaltlich mit dem Verbot eines Vertrags zulasten Dritter eine Selbstverständlichkeit. Darüber hinaus modifiziert er aber § 1587o I 2 BGB aF, der das Verbot des sog vertragl Supersplittings zulasten der GRV enthielt (dazu vgl Erman/*Wellenhofer*[12] § 1587o BGB Rn 4f). Ein solches Supersplitting ist nach neuem Recht wegen der Teilung einzelner Anrechte nur noch anrechtsbezogen möglich und nicht mehr generell ausgeschlossen (Rn 20ff, 22, 27).

II. Inhalts- und Ausübungskontrolle. Der Inhalts- und Ausübungskontrolle unterliegen Vereinbarungen so- 2 wohl zum Wertausgleich **bei** als auch **nach** der Scheidung (Karlsruhe FamRZ 2021, 841 Rn 57). Die Formulierung des Abs I ist sprachlich ungenau, weil der Begriff der Inhaltskontrolle den Oberbegriff für eine Wirksamkeitskontrolle, die bei Vertragsschluss ansetzt, und eine Ausübungskontrolle, die im Zeitpunkt der Entscheidung über den Wertausgleich bei Scheidung vorzunehmen ist, darstellt (*Münch* FamRB 2010, 52).

3 **1. Kernbereichslehre und ehebedingte Nachteile.** Das BVerfG hatte in zwei Entscheidungen (FamRZ 2001, 343; 2001, 985) eine bis dahin als zu großzügig angesehene familiengerichtliche Rspr zur Inhaltskontrolle von Eheverträgen kritisiert. Wenn ein Vertrag einseitig die aus einer ungleichen Verhandlungsposition herrührende Dominanz eines Ehegatten widerspiegele, der dadurch die Vertragsbedingungen gleichsam diktieren könne, müssten die Gerichte über die zivilrechtl Generalklauseln zum Schutz der Grundrechte (Art 2 I iVm Art 6 I und Art 3 II GG) des benachteiligten Ehegatten den Inhalt des Vertrags kontrollieren und ggf korrigieren (BVerfG FamRZ 2001, 343, 346). Die Schwangerschaft einer Frau bei Vertragsschluss sei ein Indiz für eine vertragl Disparität. Belaste der Ehevertrag die Frau einseitig und fänden ihre Interessen keine angemessene Berücksichtigung, sei ihre Schutzbedürftigkeit offenkundig. Auf dieser Rspr aufbauend, hat der BGH in der Folgezeit Maßstäbe für eine Wirksamkeits- und Ausübungskontrolle entwickelt. Besonderer Bestandteil der BGH-Rspr zur Wirksamkeitskontrolle ist die sog „Kernbereichslehre". Sie dient als Indikator für die Intensität der Benachteiligung einer Vertragspartei. Maßstab ist die Kausalität zw den einvernehmlich gewählten ehelichen Lebensverhältnissen und der Benachteiligung („Ehebedingtheit"). Je tiefer der Eingriff in den sog Kernbereich des Scheidungsfolgenrechts ist, desto näher liegt die Annahme, der Vertrag sei sittenwidrig. Als intensivsten Eingriff hat der BGH den Ausschluss eines Anspruchs auf Betreuungsunterhalt nach § 1570 BGB bezeichnet, gefolgt vom Unterhalt wegen Krankheit (§ 1572 BGB) und dem Unterhalt wegen Alters gem § 1571 BGB (*Hahne* FamRZ 2009, 2044). Es folgen der Unterhalt wegen Erwerbslosigkeit (§ 1573 I BGB), der Krankenvorsorge- und Altersvorsorgeunterhalt (§ 1578 II und III BGB), der Aufstockungsunterhalt (§ 1573 II BGB) und der Ausbildungsunterhalt (§ 1575 BGB). Außerhalb des Kernbereichs stand der Zugewinnausgleich (zur „Funktionsäquivalenz" s aber Rn 4, 9). Der VersA steht nach der Rspr des BGH mit dem Unterhalt wegen Alters auf einer Stufe (statt vieler FamRZ 2020, 1347 Rn 22). In weiteren Entscheidungen (FamRZ 2013, 195 und 269; 2014, 629 Rn 39; vgl auch Brandenburg FamRZ 2019, 1232, juris Rn 34) stellt der BGH aber deutlich heraus, dass der Vertragsinhalt allein für die Annahme der Sittenwidrigkeit nicht ausreicht; es muss zusätzl eine ungleiche Verhandlungsposition bei Vertragsschluss (Imparität) festgestellt werden. Eine solche kann sich etwa aus überlegenem Wissen (zB: ein Ehegatte/Lebenspartner ist Ausländer; großer Bildungsunterschied, vgl Brandenburg FamRZ 2013, 1893) oder bei Ausnutzung einer sozialen/wirtschaftl Zwangslage (Bsp: schwangere Verlobte) ergeben. Zudem ist die Inhaltskontrolle keine Halbteilungskontrolle: Scheidungsfolgen dürfen auf den Ausgleich ehebedingter Nachteile beschränkt werden (BGH FamRZ 2020, 1347 Rn 24). Auch im Rahmen der Ausübungskontrolle liegt der Schwerpunkt auf der Frage nach dem Ausgleich ehebedingter Nachteile. Ergeben sich solche ehebedingten Nachteile in unerwarteter Veränderung der bei Vertragsschluss vorgestellten Umstände für eine Partei (Bsp: durch die nicht eingeplante Geburt eines Kindes wird aus der Doppelverdienerehe eine Einverdienerehe), rechtfertigen sie eine Vertragsanpassung nach den Regeln über den Wegfall der Geschäftsgrundlage.

4 **2. Reformen und Rang des Versorgungsausgleichs.** Auswirkungen der zwischenzeitl Reformen (UÄndG, Gesetz zur Änderung des Zugewinnausgleichs- und Vormundschaftsrechts, VAStrRefG) auf die Kernbereichslehre, insb auf die Rangfolge, hat der BGH bislang nicht erkennen lassen (vgl BGH FamRZ 2017, 884; FamRZ 2014, 1978 Rn 35; 2014, 629ff Rn 19, 32). In der Literatur wird kontrovers diskutiert, ob die erweiterte Privatautonomie im VersA Einfluss auf die Kontrolle haben könnte (tendenziell bejahend *Langenfeld* FPR 2009, 497, 498f; aA *Ruland* VersA Rn 961: „keine neuen Maßstäbe"; bestätigend auch *Wick* FuR 2010, 303f). Die Neuregelung legt allerdings Strukturen frei, die durchaus das Verhältnis des VersA zum Zugewinnausgleich als fraglich erscheinen lassen (s auch § 1587 BGB Rn 10). Es befremdet, dass der dem VersA (Altersvorsorgevermögen) in der Sache sehr nahestehende Zugewinnausgleich (sonstiges Vermögen) außerhalb des Kernbereichs steht, der VersA aber deutlich innerhalb desselben (eindrucksvoll bei BGH FamRZ 2008, 2011, 2013; 2014, 629ff Rn 19, 32; krit auch *Dauner-Lieb* FF 2010, 343, 350; DFGT 2013, AK 17, These 2). Das VersAusglG betont, trotz Beibehaltung von Unterschieden zum Zugewinnausgleich (§ 5 II 2), die vermögensrechtl Komponente des VersA durch die Verpflichtung der Versorgungsträger, Kapitalwerte anzugeben, deutlich stärker und fördert – bewusst – die Möglichkeit, Vermögenswerte aus dem VersA mit solchen aus dem Zugewinnausgleich zu saldieren. Allein aus der Art der Vermögensanlage Rückschlüsse auf die vertragl Disponibilität zu ziehen, erweist sich aber als höchst zweifelhaft. So kann ein Anrecht iSd Betriebsrentengesetzes, das auf eine Kapitalzahlung gerichtet ist (§ 2 II Nr 3), kaum einen größeren Bezug zur Altersvorsorge aufweisen als bspw Immobilienvermögen, das regelmäßige Mieteinkünfte abwirft. Jeder Ehegatte ist iÜ frei, sein im Zugewinnausgleich erhaltenes Vermögen in Altersvorsorgeprodukte zu investieren oder eine im VersA intern geteilte private Lebensversicherung auszahlen zu lassen. Die Einordnung des VersA durch den BGH mochte daher im alten Recht eine gewisse Grundlage in dem Genehmigungserfordernis des § 1587o II 3, IV BGB finden. Spätestens nach dessen Wegfall gehört der VersA dagegen auf eine Stufe mit dem Zugewinnausgleich – was nicht zwangsläufig bedeuten muss, dass sich beide außerhalb des Kernbereichs befinden (vgl eingehend hierzu *Dauner-Lieb* FF 2010, 343ff, 350). Macht man Ernst mit der Ehebedingtheit als Maßstab, dann kann im Einzelfall der Verzicht auf einen Zugewinnausgleich ebenso zu ehebedingten Nachteilen führen (Bsp: die erfolgreiche Managerin legt nach Eheschließung wegen der Kindererziehung eine 15-jährige Berufspause ein), wie derartige Nachteile bei dem Verzicht auf den VersA fehlen können (Bsp: die arbeitslose ungelernte Frau zieht nach der Eheschließung sechs Kinder groß und erwirbt entspr gesetzl Rentenanrechte). Zwischenzeitl spricht auch der BGH in den Fällen, in denen der ausgleichspflichtige Ehegatte als selbständig Erwerbstätiger zur Sicherung seiner Altersvorsorge ausschließlich Vermögen aufgebaut hat, das nicht dem Versorgungsausgleich unterliegt, von einer Funktionsäquivalenz zwischen Versorgungs- und Zugewinnausgleich (Rn 9). Das führt zur Aufwertung des Zugewinnausgleichs im System der Scheidungsfolgen (Bsp Karlsruhe FamRZ 2015, 500; *Hoppenz* FamRZ 2015, 630, 631).

3. Wirksamkeitskontrolle. Wie die gesetzl Regelungen zum Unterhalt und zum Güterstand sind und bleiben auch die Regelungen zur Durchführung des VersA einem vertragl Verzicht zugänglich. Einen unverzichtbaren Mindestgehalt an Scheidungsfolgen kennt das geltende Recht nicht (statt vieler BGH FamRZ 2007, 1310, 1311 mwN; Brandenburg FamRZ 2019, 1232 Rn 9 mwN – juris). Gleichwohl kann ein die gesamte Bandbreite der Vertragsfreiheit ausnutzender Ehevertrag, ebenso wie jeder andere Vertrag auch, sittenwidrig und damit nichtig sein (§ 138 BGB), wenn er eine Partei unter Ausnutzung ihrer unterlegenen Situation einseitig benachteiligt. Die Beurteilung der einseitigen Benachteiligung erfordert eine **Gesamtwürdigung** des Vertrags, weil Nachteile für eine Partei an anderer Stelle durch Vorteile (teilw) ausgeglichen werden können (zB BGH FamRZ 2005, 1444, 1446; vgl Brandenburg FamRZ 2019, 1232). Auch eine vertragl Beschränkung des VersA auf den Ausgleich ehebedingter Nachteile ist grds nicht zu beanstanden (BGH FamRZ 2014, 629ff Rn 28ff; Zweibrücken NZFam 2014, 88 m zust Anm *Bergmann*). Maßgeblich für die Beurteilung sind die persönlichen Verhältnisse bei Vertragsschluss (vgl Brandenburg FamRZ 2016, 2104 m krit Anm *Bergschneider*, 2109). Hierzu zählen die Einkommens- und Vermögensverhältnisse, der geplante oder bereits verwirklichte Zuschnitt der Ehe und die Auswirkungen auf Ehegatten und ggf auf Kinder. Die persönlichen Verhältnisse können den vollständigen Ausschluss von Scheidungsfolgen rechtfertigen. Das ist bspw der Fall, wenn beide Beteiligte bei der Eheschließung wirtschaftl auf eigenen Beinen stehen und dies auch während der Ehe nicht ändern wollen. Die Zulässigkeit kann sich aber auch aus Umständen ergeben, die einen Ausschluss des VersA nach § 27 rechtfertigen würden. Subj sind die von den Ehegatten mit der Abrede verfolgten Zwecke sowie die sonstigen Beweggründe zu berücksichtigen, die den begünstigten Ehegatten zu seinem Verlangen nach der Vereinbarung veranlasst und den benachteiligten Ehegatten bewogen haben, diesem Verlangen zu entsprechen (statt vieler BGH FamRZ 2008, 2011, 2012; *Hahne* FamRZ 2009, 2044). 5

Aus der Rspr des BVerfG (FamRZ 2001, 343, 346) folgert der BGH in mittlerweile gefestigter Rspr, dass die **Schwangerschaft** der Frau **bei Vertragsschluss ein Ungleichgewicht** beider Parteien bei Vertragsschluss **indiziere** (BGH FamRZ 2005, 1444; 2006, 1437; ähnl BGH FamRZ 2017, 884 Rn 43; vgl auch Brandenburg FamRz 2023, 42; *Hahne* FamRZ 2009, 2045). IÜ hat der BGH deutlich gemacht, dass es für das Verdikt der Sittenwidrigkeit zwar nicht immer der Ausnutzung einer Zwangslage bedarf, gleichwohl aber Feststellungen zur schwächeren Verhandlungsposition des benachteiligten Ehegatten zu treffen sind (BGH FamRZ 2020, 1347 Rn 29; 2018, 577; weiteres Bsp: ausländischer Ehegatte, vgl BGH FamRZ 2018, 577 Rn 21; Brandenburg FamRZ 2023, 42; Karlsruhe FamRZ 2021, 1526). Auch subj fordert der BGH eine verwerfliche Gesinnung. Von dieser könne bei obj Sittenwidrigkeit nur ausgegangen werden, wenn dem begünstigten Vertragspartner zudem noch eine überlegene Verhandlungsposition zukomme (BGH FamRZ 2020, 1347 Rn 29). 6

Zu beachten ist § 139 I BGB, wonach die **Nichtigkeit eines Teils** der Vereinbarung im Zweifel deren **Gesamtnichtigkeit** zur Folge hat (BGH FamRZ 2018, 577; *Wick* FuR 2010, 304); das kann trotz einer salvatorischen Klausel gelten, wenn sich die Nichtigkeit aus einer Gesamtwürdigung des Vertrages ergibt (BGH FamRZ 2020, 1347 Rn 37f). Die Zweifel sind aber widerlegbar, wenn der durch den nichtigen Vertragsbestandteil Begünstigte den Vertrag erkennbar auch ohne diesen Bestandteil abgeschlossen hätte (vgl Brandenburg FamRZ 2016, 2104 Rn 45). 7

4. Ausübungskontrolle, Fehlen oder Wegfall der Geschäftsgrundlage. Stellt sich bei der Überprüfung eine vertragl Regelung als anfänglich wirksam heraus, kann dem Begünstigten infolge einer grundlegenden Abweichung der tatsächlichen Lebenssituation von den bei Vertragsschluss vorgestellten Lebensumständen zum Zeitpunkt des Scheiterns der Lebensgemeinschaft nach § 242 BGB die Berufung hierauf als rechtsmissbräuchlich versagt sein. Das ist der Fall, wenn die Vereinbarung nunmehr zu einer evident einseitigen Lastenverteilung führt, deren Hinnahme für den belasteten Ehegatten/Lebenspartner unzumutbar ist (zB BGH FamRZ 2004, 601, 606; 2009, 1041, 1042). Der Vertrag kann aber auch nach § 313 BGB wegen Fehlens oder Wegfalls der Geschäftsgrundlage an die tatsächlichen Verhältnisse anzupassen sein (BGH FamRZ 2013, 770, 771). Nach der Rspr des BGH (FamRZ 2008, 386, 389) sind beide Fragen unabhängig voneinander zu prüfen. Aus älteren Entscheidungen (zB FamRZ 2005, 185, 187) wird freilich erkennbar, dass beide Fragen bei der Ausübungskontrolle kaum voneinander zu trennen und unterschiedliche Ergebnisse nicht zu erwarten sind. 8

Fehlt die Geschäftsgrundlage, fällt sie weg oder ist dem hierdurch Begünstigten die Berufung auf eine Rechtsfolge der Vereinbarung versagt, erfolgt vorrangig eine Vertragsanpassung; nur ausnahmsw kommt ein Rücktritt vom Vertrag in Betracht (§ 313 III BGB; dazu näher Jauernig/*Stadler* § 313 BGB Rn 27ff; Grü/*Grüneberg* § 313 BGB Rn 40ff). Bei Wegfall der Geschäftsgrundlage wegen einer nicht einkalkulierten Änderung der Lebensverhältnisse tritt deshalb nicht an Stelle der ursprünglichen Regelung die gesetzl Scheidungsfolge in Kraft; vielmehr ist der Vertrag in erg Auslegung nach den Regeln über den Wegfall der Geschäftsgrundlage anzupassen (*Wick* FuR 2010, 304f). Das läuft im Wesentlichen auf den Ausgleich ehebedingter Nachteile hinaus (BGH FamRZ 2018, 1415; Brandenburg FamRZ 2016, 2104): Haben die Beteiligten zu Beginn der Ehe als Doppelverdiener den VersA wirksam ausgeschlossen und hat die Ehefrau anschließend wegen der – nicht eingeplanten – Geburt eines gemeinsamen Kindes eine mehrjährige Berufspause eingelegt, so beschränkt sich bei der Vertragsanpassung ihr Anspruch auf Durchführung des VersA auf den Ausgleich der erlittenen Nachteile bei ihrer Altersvorsorge. Gegenzurechnen sind die erworbenen Anrechte aufgrund von Kindererziehungszeiten. 9

Grds hat die Anpassung eines ehevertragl Ausschlusses des Versorgungsausgleichs auch in diesem Ausgleichssystem zu erfolgen. Ist das nicht möglich, kann in den Fällen der Funktionsäquivalenz (s Rn 4) die Vertragsanpassung darin bestehen, dass der benachteiligte Ehegatte einen modifizierten Zugewinnausgleichsanspruch erhält (BGH FamRZ 2018, 1415; 2014, 1978).

10 **5. Beispiele. a) Wirksamkeitskontrolle.** Der Ausschluss des VersA hält der Wirksamkeitskontrolle stand, wenn bei Vertragsschluss beide Ehegatten davon ausgegangen sind, es entstünden keine ehebedingten Nachteile (Saarbrücken FamRZ 2008, 1189) bzw keiner von beiden werde auf die Durchführung des VersA angewiesen sein (BGH FamRZ 2007, 1310ff), was bspw bei Eheschließung im vorgerückten Alter in Betracht kommt (BGH FamRZ 2005, 691, 692). Ehebedingte Nachteile können allerdings durch Kindererziehungszeiten – zumindest teilw – kompensiert sein (vgl BGH FamRZ 2020, 1347 Rn 27; Schleswig 7.8.2020 – 15 UF 112/18).

11 Wirksam ist der Ausschluss des VersA dann, wenn für die – voraussichtlich benachteiligte – Partei Kompensationsleistungen vereinbart sind (BGH FamRZ 2022, 1761 Rn 14: Das vom Ausgleich ausgenommene Anrecht wird vollständig bei der Unterhaltsberechnung berücksichtigt; BGH FamRZ 2005, 1445, 1448: Verpflichtung des Ehemannes, für die Frau Beiträge zur GRV zu zahlen); es reicht aber nicht, wenn die Kompensation erst durch jahrzehntelange Beitragszahlung aufgebaut werden soll (Koblenz FamRZ 2021, 1703). Auch die Beschränkung des VersA auf den Ausgleich von Nachteilen durch Kinderbetreuung ist zulässig (Zweibrücken NZFam 2014, 88 m zust Anm *Bergmann*). Dagegen wird teilw vertreten, ein vereinbarter Verzicht auf den Ausgleich eines Altersvorsorgeanrechts gegen gleichwertige Zuwendung eines kurzlebigen Luxusgutes (Bsp: Pkw) sei wegen Verstoßes gegen Grundgedanken des VersA unwirksam (MüKo/*Weber* Rn 21; krit auch *Ruland* VersA Rn 938). Angesichts der Abschaffung des § 1587o II 4 BGB aF ist dem nicht zuzustimmen.

12 Der BGH wendet § 138 I BGB bei einem kompensationslosen Ausschluss des VersA an, wenn die Ehefrau bei Vertragsschluss **schwanger** ist, wegen Kindesbetreuung alsbald aus dem Berufsleben ausscheiden soll und deshalb zunächst – mit Ausnahme von Kindererziehungszeiten – keine Versorgungsanrechte mehr erwerben wird (FamRZ 2008, 2011, 2013; 2009, 1041, 1042; vgl auch Hamm FamRZ 2010, 1904f).

13 Ein vernünftiger Grund kann aber auch in diesen Fällen den Ausschluss des VersA rechtfertigen, wenn nämlich die Frühpensionierung eines Ehegatten (Bsp: Strahlflugzeugführer) abzusehen ist und deshalb bei einer frühen Anrechtsteilung erhebliche Nachteile drohten (Schleswig FamRZ 2007, 1891, 1892f: erst seit Wegfall des Pensionärsprivilegs wirklich überzeugend); Ähnl kann bei phasenverschobener Ehe gelten (KG FamRZ 2016, 1689).

14 Ein erhebliches **Missverhältnis zw Leistung und Gegenleistung** kann bei einer vertragl Regelung zum VersA auch bestehen, wenn Anrechte ohne Berücksichtigung ihrer Unterschiede allein anhand ihrer – korrespondierenden – **Kapitalwerte** saldiert worden sind (vgl unter Hinw auf § 47 VI *Ruland* VersA Rn 963f). Hat der hierdurch begünstigte Ehegatte/Lebenspartner die Unkenntnis des anderen ausgenutzt und sich so einen erheblichen Vorteil verschafft, ist die Vereinbarung nach § 138 BGB unwirksam. War die mangelnde Vergleichbarkeit der Anrechte auf Kapitalwertbasis **beiden Parteien nicht bewusst**, handelt es sich um einen Fall fehlender Geschäftsgrundlage (s § 6 Rn 6).

15 Eine Sittenwidrigkeit nach § 138 BGB kann sich auch daraus ergeben, dass eine **Vereinbarung zum Nachteil des Trägers der Sozialhilfe/Grundsicherung** getroffen wird, weil der verzichtende Ehegatte/Lebenspartner auf entspr Leistungen angewiesen ist (vgl BGH FamRZ 2009, 198; Hamm FamRZ 2013, 1311, 1313). Dies gilt aber nur, wenn die Bedürftigkeit auf ehebedingten Nachteilen beruht (BGH FamRZ 2007, 197, 199; Brandenburg FamRB 2021, 136; Nürnberg FamRZ 2016, 980; bedenklich deswegen Karlsruhe FamRZ 2012, 1942). Die entspr Umstände müssen bereits bei Vertragsschluss erkennbar sein (Brandenburg FamRB 2021, 136; Hamm FamRZ 2013, 1311, 1313). Sie müssen den Beteiligten auch bewusst (BGH FamRZ 2007, 197, 199) oder zumindest grob fahrlässig unbekannt gewesen sein (BGH FamRZ 2009, 198; *Münch* FamRB 2010, 53f). Deswegen wird hiernach eine Sittenwidrigkeit selten vorkommen.

16 **b) Ausübungskontrolle.** Zur Anpassung nach § 242 oder § 313 BGB besteht dann Anlass, wenn entgegen den urspr Planungen ein Ehegatte sich wegen der **Betreuung eines** (ehelichen oder auch vorehelichen) **Kindes** längere Zeit aus dem Berufsleben zurückzieht (BGH FamRZ 2005, 185 und 1444; 2008, 2011, 2013; Brandenburg FamRZ 2016, 2104) oder eine alternative Absicherung für das Alter verliert (BGH MDR 2013, 522).

17 Die **erkrankungsbedingte Erwerbsunfähigkeit** einer Partei kann (nur) dann zu einem Wegfall der Geschäftsgrundlage für den Ausschluss des VersA führen, wenn sich anlässlich der Erkrankung ehebedingte Nachteile realisieren (BGH FamRZ 2008, 582, 586).

18 Hat ein Ehegatte, ohne dass dies obj angezeigt oder abgesprochen gewesen wäre, während der Ehezeit seine Berufstätigkeit eingestellt bzw seinen Beruf aufgegeben, rechtfertigt dies keine Vertragsanpassung (BGH FamRZ 2008, 582, 586; Brandenburg FamRZ 2019, 868).

19 **6. Anpassung nach durchgeführtem Wertausgleich bei Scheidung.** Nach Durchführung des Wertausgleichs bei Scheidung erfolgt eine Anpassung von Vereinbarungen und den sie umsetzenden gerichtlichen Entscheidungen nach den §§ 225f, 227 II FamFG; eine Anpassung wegen Wegfalls der Geschäftsgrundlage setzt danach – ausschließlich – die wesentliche Wertänderung zumindest eines Anrechts voraus (vgl *Ruland* VersA Rn 1136ff; zur Vorgängervorschrift Erman/*Wellenhofer*[12] § 10a VAHRG Rn 30; Pal/*Brudermüller*[68] § 10a VAHRG Rn 38; dazu s auch BGH FamRZ 2016, 1050; s näher § 6 Rn 5).

20 **III. Verfügungsbeschränkungen.** Abs II setzt Vereinbarungen zur Übertragung und/oder Begründung von Anrechten Grenzen, weil dadurch Pflichten der Versorgungsträger geregelt/inhaltlich verändert werden. Die Versorgungsträger sind deshalb an diesen Vereinbarungen zu beteiligen. Das geschieht zum einen in der Form, dass

die für das betroffene Anrecht maßgeblichen Regelungen seine Übertragung und/oder Begründung durch Vertrag zulassen und zum anderen dadurch, dass der betroffene Versorgungsträger der konkreten vereinbarten Übertragung/Begründung zustimmen muss. Grds **nicht zustimmungsbedürftig** ist die wechselseitige **Saldierung** von Anrechten, weil und soweit sie zur Folge hat, dass Anrechte entweder weniger als hälftig oder gar nicht geteilt werden (so für die Beamtenversorgung BGH FamRZ 2014, 1179 m zust Anm *Borth* FamRZ 2014, 1245 und zust Anm *Ruland* NZFam 2014, 646; Koblenz NZFam 2022, 1038). Auch eine Vereinbarung nach § 6 I Nr 3 scheitert nicht an § 8 II (Koblenz NotBZ 2022, 65). Ist der Versorgungsträger einverstanden, ist nach Celle FamRZ 2013, 1900f (m zust Anm *Borth*) sogar **nach Rechtskraft** der Entscheidung zum Wertausgleich bei der Scheidung noch die einverständliche Teilung eines vergessenen Anrechts möglich. Ohne allseitiges Einverständnis stünde die Rechtskraft der Entscheidung der nachträgl Teilung entgegen (vgl BGH FamRZ 2013, 1642).
Nicht zulässig ist die Vereinbarung einer vom Gesetz nicht vorgesehenen Ausgleichsform (vgl Brandenburg FamRZ 2018, 1581: externe Teilung einer Bundesbeamtenversorgung). Derartige Vereinbarungen lassen sich aber ggf geltungserhaltend auslegen.

1. Öffentlich-rechtliche Sicherungssysteme. Eine Grenze für die Disposition über Anrechte in den öffentlich-rechtl Sicherungssystemen ergibt sich aus den §§ 32, 46 II SGB I, § 3 BeamtVG (BT-Drs 16/10144, 53; *Ruland* VersA Rn 955; DRV-Komm-VersA Anm 3.1). Danach kann nur das Gericht selbst (ggf in Vollzug einer Vereinbarung der Beteiligten) die Teilung derartiger Anrechte vornehmen. Darüber hinaus kann hinsichtl dieser Anrechte nach ganz hM **auch keine höhere Ausgleichsquote** als die gesetzl vorgesehene Quote von 50 % vereinbart werden (vgl nur *Bergner* KomRefVA, 84; *Hahne* FamRZ 2009, 2046; *Wick* FPR 2009, 219, 221). Das betrifft auch **Umgehungsversuche** wie etwa bei einer Vereinbarung, wonach der Wertverlust einer privaten Rentenversicherung durch Teilkapitalisierung unberücksichtigt bleiben soll. Der hierzu maßgebliche § 53 SGB I lässt die mögliche Vergrößerung des Risikos für den Versorgungsträger nicht zu, die eintreten könnte, wenn bei einer Übertragung von Anrechten für den Fall des Risikoeintritts nicht mehr auf die Person des Zedenten, sondern die des Zessionars abzustellen ist (*Bergner* KomRefVA, 84). Möglich bleibt danach aber eine Vereinbarung, wonach Anrechte in den öffentlich-rechtl Sicherungssystemen **entweder gar nicht oder weniger als hälftig** übertragen/begründet werden (ähnl *Ruland* VersA Rn 956). Zulässig ist danach auch die Abrede, dass die beiderseitigen Anrechte auf beamtenrechtl Versorgung saldiert und nur das höherwertige Anrecht iHd Wertdifferenz geteilt wird (BGH FamRZ 2014, 1179 mwN m zust Anm *Borth* FamRZ 2014, 1245 und zust Anm *Ruland* NZFam 2014, 646). Das ergibt sich als Minus aus der gesetzl Möglichkeit, den VersA ganz auszuschließen. Allerdings lehnt der BGH einen **Anspruch** eines Landesbeamten gegen seine gesetzl rentenversicherte Ehefrau auf **Abschluss einer Verrechnungsabrede** gegen Kostenerstattung aus § 1353 BGB ab (BGH NJW 2020, 152; Bamberg FamRZ 2022, 779; aA AG Oranienburg FamRB 2015, 341 m zust Anm *Götsche*; ebenso *Götsche* FF 2016, 15, 19ff; zweifelnd dagegen KG FamRZ 2016, 1166 = FamRB 2016, 222 m abl Anm *Adamus*; abl Brandenburg NZFam 2017, 31). Zwar kann die Versorgungsanwartschaft eines aktiven Beamten wegen ihrer Endgehaltsbezogenheit dreifach steigen: durch die allg Besoldungserhöhung, durch Erreichen einer höheren Dienstalters-/Erfahrungsstufe und durch Beförderung. Der **Kürzungsbetrag** aufgrund des VersA verändert sich aber sowohl in der aktiven wie auch in der passiven Zeit nur durch die **allgemeine** Anpassung der Versorgungsbezüge (vgl § 57 II BeamtVG), welche mit den Rentenanpassungen der GRV vergleichbar ist. Das spricht gegen einen Anspruch auf vertragl Verrechnung. Wird aufgrund einer Vereinbarung – einzelfallbezogen – kein Anrecht mehr als hälftig geteilt, müssen die betroffenen Versorgungsträger daher auch nicht zustimmen (statt vieler BGH FamRZ 2014, 1179 Rn 13ff, 19). Das gilt nach zutr Ansicht in der GRV auch dann noch, wenn die Ehegatten durch Verrechnungsvereinbarung bewirken, dass einem Ehegatten am Ende mehr an gesetzl Anrechten verbleibt, als er nach interner Umsetzung durch den Versorgungsträger gem § 10 II VersAusglG behalten hätte (Saarbrücken FamRB 2013, 105 [*Norpoth*]). Das Verbot, eine mehr als hälftige Teilung zu vereinbaren, gilt nach der Strukturreform nur noch anrechtsbezogen. Als unzulässig wird ein – durch den Tod der ausgleichspflichtigen Person auflösend bedingter – Verzicht auf den VersA angesehen, mit dem die Beteiligten die Wirkung des abgeschafften Rentner- und Pensionärsprivilegs erzielen wollen (*Münch* FPR 2013, 312, 316 mwN; *Borth* VersA Kap 7 Rn 30 aE). 21

2. Sonstige Anrechte. Bei den übrigen Anrechten ist dagegen grds auch eine Überschreitung des Ausgleichswertes möglich, soweit die für das betroffene Anrecht geltenden Regelungen dies nicht ausschließen. Hinzukommen muss das Einverständnis des Versorgungsträgers (BGH FamRZ 2014, 1179), allerdings wohl nur dort, wo er die Wirksamkeit einer mehr als hälftigen Anrechtsübertragung von diesem Einverständnis abhängig gemacht hat (so zu Recht *Bergner* KomRefVA, 84). Fehlt es an diesem Einverständnis, sind auch entspr Vereinbarungen, nunmehr allerdings bezogen auf einzelne Anrechte, nach Abs II unwirksam. Dies kann nach § 139 BGB eine Gesamtunwirksamkeit der von den Beteiligten zum VersA getroffenen Vereinbarung nach sich ziehen. 22

3. Abänderungsverfahren nach § 51. Im Abänderungsverfahren sind die Beteiligten bei einer Totalrevision für die Zeit ab dem Monatsersten nach Antragstellung nach hier vertretener Ansicht in gleicher Weise wie im Ausgangsverfahren insg verfügungsbefugt über die betroffenen Anrechte. Sie können daher auch im Abänderungsverfahren den VersA erstmalig vollkommen ausschließen (Hamm FamRZ 2018, 588 m Anm *Borth*). Die Wirkungen dieser Vereinbarung können aber erst ab dem Monatsersten nach Antragseingang eintreten. 23

4. Fehlerhafte Entscheidung. Verstößt eine Vereinbarung gegen Abs II, entscheidet das FamG aber gleichwohl entspr der Vereinbarung und wird seine Entscheidung rechtskräftig, dann ist sie auch für die Durchführung des VersA maßgeblich (*Ruland* VersA Rn 956; vgl DRV-Komm-VersA Anm 2.3, 3.1 aE; BGH FamRZ 2007, 536, 537f; 2009, 1738, 1740 Rn 17). 24

25 **IV. Gesetzliche Verbote.** Für Vereinbarungen gelten weiter gesetzl Verbote iSd § 134 BGB, deren Missachtung zur teilw oder vollständigen Unwirksamkeit der Vereinbarung führt.

26 **1. Ehezeitende.** Die Bestimmung des Ehezeitendes unterliegt nicht der Disposition der Beteiligten (BGH FamRZ 2013, 1361; 2014, 1179; 2016, 442 Rn 33 m zust Anm *Kemper* NZFam 2016, 231; Brandenburg FamRZ 2023, 42 (Ls); *Borth* VersA Kap 1 Rn 171; *Glockner/Hoenes/Weil* § 9 Rn 30; unzutr Brandenburg NZFam 2017, 77). Dies dient dem Schutz der GRV, weil deren Berechnungsfaktoren (aktueller Rentenwert nach §§ 68, 68a SGB VI und Umrechnung nach § 76 IV 1 und 2 SGB VI) an das Ehezeitende anknüpfen. Die GRV soll insoweit vor Manipulationen geschützt werden. Es kann jedoch vereinbart werden, dass nur die bis zu einem bestimmten Zeitpunkt erworbenen Anrechte ausgeglichen werden (Bamberg FamRZ 2000, 292; Saarbrücken OLGRp 1999, 227; BGH FamRZ 2016, 442 Rn 33). Unbedacht gewählte Formulierungen in einem Ehevertrag können ggf auch bei Fehlen einer salvatorischen Klausel geltungserhaltend dahin ausgelegt werden, dass die Beteiligten nicht über das Ehezeitende, wohl aber über die nach einem festgelegten Stichtag erworbenen Anrechte disponieren wollten (s schon zum alten Recht BGH FamRZ 2001, 1444, 1446 mwN; zu den Auswirkungen einer solchen Vereinbarung auf die Berücksichtigung von rückwirkenden Veränderungen nach dem Stichtag vgl Karlsruhe FamFR 2013, 372). Auch muss der gewählte Stichtag zumindest für Anrechte in der GRV auf ein **Monatsende** fallen (§ 122 I SGB VI); nach Karlsruhe FamRZ 2014, 208, 209 kann eine anderslautende Vereinbarung geltungserhaltend ausgelegt werden. Die Berechnung des ausgenommenen Teils folgt der Berechnungsmethode (unmittelbar oder zeitratierlich) des Anrechts (BGH FamRZ 2016, 442 Rn 35 mwN; Johannsen/Henrich/Althammer/*Holzwarth* § 3 Rn 13).

27 **2. Vertragliches Supersplitting.** Mit dem Begriff „Supersplitting" wurden im alten Recht Vereinbarungen bezeichnet, die zum Ergebnis hatten, dass die Ausgleichsquote über den hälftigen Wertunterschied von 50 % erhöht wurde. Solche Vereinbarungen waren nach altem Recht (§ 1587o I 2 BGB aF) nicht zulässig (BGH FamRZ 1990, 273, 274 und 385, 386). Dies gilt – jetzt aber anrechtsbezogen – auch weitgehend im heutigen Recht (BGH FamRZ 2014, 1179; zu den Ausnahmen und ihren Voraussetzungen s Rn 20ff, 22). Das Ergebnis einer mehr als hälftigen Aufteilung kann aber – per saldo – erreicht werden, indem die Beteiligten auf die Teilung von Anrechten eines von ihnen ganz oder teilw verzichten. Insoweit ist das neue Recht flexibler als das alte. Gerade hierin sieht der Gesetzgeber eine erhebliche Erweiterung des Gestaltungsspielraums für vertragl Vereinbarungen (BT-Drs 16/10144, 53).

28 **3. Vereinbarung abweichender Bewertung.** Durch das neue Recht überholt sind die Probleme, die sich nach altem Recht durch ein Nebeneinander von angleichungsdynamischen und regeldynamischen Rentenanwartschaften der GRV ergeben konnten. Die Beteiligten haben hierzu in der Vergangenheit versucht, Vereinbarungen zu treffen, welche entgegen § 2 I 2 VAÜG aF die sofortige Durchführung des VersA ermöglichten und um deren Zulässigkeit im Einz gestritten wurde (Überblick über die Rspr bei Köln OLGRp 2008, 629ff). Nach neuem Recht bleibt davon nur das Verbot, ohne Einverständnis des Versorgungsträgers einzelne Anrechte anderen Bewertungsmaßstäben zu unterziehen mit der Wirkung, dass mehr als der Ausgleichswert geteilt wird.

29 **4. Zeitpunkt.** Zur Problematik von Vereinbarungen über den Wertausgleich bei Scheidung, deren Auswirkungen erst nach Rechtskraft der Entscheidung zum Wertausgleich bei Scheidung eintreten, s § 6 Rn 5.

30 **5. Keine Verträge zulasten Dritter.** (Auch) im VersA können keine Verträge zulasten Dritter – hier: der Versorgungsträger – ohne deren Einwilligung geschlossen werden (s Rn 20ff). Diskutiert wird, unter welchen Umständen eine Vereinbarung, die sich zulasten des Sozialhilfeträgers auswirkt, unwirksam sein kann (vgl BGH FamRZ 2007, 197ff; Brandenburg NZFam 2019, 833). Dies ist aber, weil diese Wirkung nur mittelbar eintritt, eine Frage der Wirksamkeitskontrolle von Eheverträgen (Rn 15).

31 **V. Amtsermittlung, Darlegungs- und Beweislast.** Diskutiert wird, wie weit die richterliche Kontrolle einer vorliegenden Vereinbarung angesichts des geltenden Amtsermittlungsgrundsatzes (§ 26 FamFG) zu gehen hat. Das FamG hat nur bei Vorliegen **konkreter Anhaltspunkte aufgrund des Vorbringens der Beteiligten oder der Sachverhaltsumstände** eine Sittenwidrigkeits- oder Anpassungsprüfung vorzunehmen (BGH FamRZ 2022, 1761 Rn 17ff; FamRZ 2014, 629ff Rn 21; Brandenburg FamRB 2021, 136; Rostock FamRZ 2015, 410 m zust Anm *Bergmann* FamRZ 2015, 924 und krit Anm *Borth* FamRZ 2015, 411; *Wick* FPR 2009, 219, 220 unter Bezugnahme auf BT-Drs 16/10144, 52). Danach ist derjenige, der die Unwirksamkeit der Vereinbarung geltend machen will, gehalten, die entspr Umstände vorzutragen. Ihn trifft die Feststellungslast für Umstände, die zur Sittenwidrigkeit führen oder eine Berufung des Begünstigten auf den Vertrag als rechtsmissbräuchlich erscheinen lassen. Allein aus dem obj Missverhältnis zw Leistung und Gegenleistung folgen dabei keine Beweiserleichterungen (BGH FamRZ 2009, 198, 201). Von Amts wegen ist nur zu überprüfen, ob eine Vereinbarung wegen Benachteiligung des Sozialhilfeträgers sittenwidrig ist (s Rn 15).

32 Soweit es um formelle Wirksamkeitserfordernisse und mögliche Verstöße gegen gesetzl Verbote geht, erfordert der Amtsermittlungsgrundsatz dagegen eine umfassende Prüfung durch das FamG.

Abschnitt 2
Wertausgleich bei der Scheidung (§§ 9–19)

Unterabschnitt 1
Grundsätze des Wertausgleichs bei der Scheidung (§ 9)

§ 9 Rangfolge der Ausgleichsformen, Ausnahmen

(1) Dem Wertausgleich bei der Scheidung unterfallen alle Anrechte, es sei denn, die Ehegatten haben den Ausgleich nach den §§ 6 bis 8 geregelt oder die Ausgleichsreife der Anrechte nach § 19 fehlt.

(2) Anrechte sind in der Regel nach den §§ 10 bis 13 intern zu teilen.

(3) Ein Anrecht ist nur dann nach den §§ 14 bis 17 extern zu teilen, wenn ein Fall des § 14 Abs. 2 oder des § 16 Abs. 1 oder Abs. 2 vorliegt.

(4) Ist die Differenz beiderseitiger Ausgleichswerte von Anrechten gleicher Art gering oder haben einzelne Anrechte einen geringen Ausgleichswert, ist § 18 anzuwenden.

1 **I. Allgemeines.** § 9 leitet den Abschnitt 2 ein, welcher mit dem Wertausgleich bei Scheidung das „Kernstück des VersA" regelt (BT-Drs 16/10144, 53). Die Vorschrift hat die Funktion eines Überblicks und einer Orientierungshilfe. Der Wertausgleich bei Scheidung entspricht dem Gewicht und den „dinglichen" Auswirkungen nach dem öffentlich-rechtl VersA alten Rechts (§§ 1587a–e BGB aF, §§ 1, 3b VAHRG), weist zu diesem aber aufgrund der Strukturreform (Abkehr vom Saldierungsprinzip, Grundsatz der Halbteilung jedes Anrechts) naturgemäß erhebliche Unterschiede auf. Es ist das erklärte Ziel des Gesetzgebers, stärker als nach dem früheren Recht eine endgültige Auseinandersetzung hinsichtl der Versorgungsanrechte herbeizuführen, die allenfalls in geringfügigem Umfang einer Nachkorrektur bedarf. Die Bezeichnung „Wertausgleich bei Scheidung" ist insofern zu eng, als diese Ausgleichsform nicht nur im Scheidungsverbund, sondern auch bei Aufhebung der Ehe unter den Voraussetzungen des § 1318 III BGB sowie gem Art 17 IV EGBGB auch nach bereits stattgefundener Auslandsscheidung maßgeblich sein kann (Grü/*Siede* Rn 1); soweit sie sogar auf Abänderungsverfahren (§ 51 VersAusglG; §§ 225ff FamFG) angewendet wird, wirkt sie geradezu irreführend.

2 **II. Ausnahmen vom Wertausgleich bei Scheidung.** Nach Abs I hat der Wertausgleich bei Scheidung unter den gesetzl Ausgleichsformen Priorität ggü dem Wertausgleich nach Scheidung (§§ 20ff). Ihm gehen aber Vereinbarungen über den VersA nach den §§ 6–8 (ggf iVm § 1408 II BGB) vor. Ob ein Anrecht ausnahmsw in den Wertausgleich nach Scheidung einzubeziehen ist, hängt von seiner Ausgleichsreife (§ 19) ab, ggf auch von der Ausgleichsreife anderer Anrechte (§ 19 III). Bei Geringfügigkeit eines einzelnen Anrechts oder der Differenz gleichartiger Anrechte sollen diese nach § 18 nicht ausgeglichen werden; darauf weist Abs IV hin.

3 **III. Ausgleichsformen.** Innerhalb des Wertausgleichs bei Scheidung genießt nach Abs II die interne Teilung (§§ 10–13) Vorrang vor der externen Teilung (Abs III, §§ 14–17). Einen Sonderfall des Wertausgleichs bei Scheidung stellt schließlich der Ausgleich einer laufenden Rente wegen Invalidität nach § 28 dar, die bei Invalidität – auch – des Ausgleichsberechtigten bei Scheidung auszugleichen ist, allerdings nach den Regelungen über den Wertausgleich nach Scheidung (dazu s die Komm bei § 28).

4 **IV. Verfahren.** Der Wertausgleich bei Scheidung fällt nach § 137 II FamFG in den Scheidungsverbund. Die Vorschrift gilt bei Aufhebung von Lebenspartnerschaften nach § 270 FamFG entspr. Er wird insoweit von Amts wegen durchgeführt und setzt deshalb, anders als der Wertausgleich nach Scheidung, grds keinen Antrag voraus. Dies gilt nach § 137 II 2 FamFG auch für den Ausgleich laufender Invaliditätsrenten nach § 28. Eine Ausnahme stellt der Wertausgleich bei Scheidung bei Auslandsbezug nach Art 17 IV 2 EGBGB dar, der im isolierten Verfahren nur auf Antrag durchgeführt wird (vgl dazu näher Grü/*Thorn* Art 17 EGBGB Rn 10ff). Verbleiben nach durchgeführtem Wertausgleich bei Scheidung noch Anrechte, die dem Wertausgleich nach Scheidung unterfallen, hat das FamG diese Anrechte nach § 224 IV FamFG in der Begründung seines Beschl zu benennen. Die Vorschrift hat aber eine reine Warn- und Hinweisfunktion und hindert deswegen später nicht die Durchführung eines Wertausgleichs nach Scheidung von Anrechten, die im Beschl nach § 224 IV FamFG nicht benannt worden sind. Die Entscheidung zum Wertausgleich bei der Scheidung bindet den Versorgungsträger und die Fachgerichte hinsichtl des Ausgleichswerts und bei der internen Teilung auch für die Ausgestaltung des neuen Anrechts, selbst wenn sie falsch ist (BGH FamRZ 2021, 1185 Rn 11; FamRZ 2021, 1357 Rn 12ff; FamRZ 2020, 985 Rn 19; BSG FamRZ 2018, 1820; OVG Berlin-Brandenburg 11.12.2020 – OVG 4 B 3/20; Frankfurt VersR 2023, 303; FamRZ 2019, 1316); iÜ ist die Bindungswirkung umstr (vgl einerseits BAG FamRZ 2016, 535, andererseits BGH FamRZ 2018, 894 Rn 40).

5 **V. Zweifelsfragen.** Im Einzelnen unklar sind die **Wirkungen** der Entscheidung zum Wertausgleich bei der Scheidung sowie die **Berücksichtigung von Wertveränderungen** nach dem Ehezeitende, die sich nicht auf den Wert des Ehezeitanteils zum Ehezeitende auswirken. Nach hier vertretener Ansicht (ausf § 5 Rn 5ff) ist der VersA **akzessorisch.** Anrechte werden zwar auf das Ehezeitende berechnet, nicht aber etwa rückwirkend zum Ehezeitende geteilt (ähnl BGH FamRZ 2019, 190; 2018, 1816; 2017, 1655; 2015, 1869; vgl § 5 Rn 4ff). Die nach dem Stichtag „Ehezeitende" eintretenden negativen Veränderungen sind nach dem Akzessorietätsprinzip, aber auch zum Schutz der Kostenneutralität für den Versorgungsträger, unabhängig von ihrer Ursache stets zu be-

rücksichtigen: Es kann nur geteilt werden, was im Zeitpunkt der Rechtskraft der Entscheidung noch da ist, und zwar hälftig („Was weg ist, ist weg"; s § 5 Rn 6). Laufende Renten stehen bis zur rechtskräftigen Anrechtsteilung allein dem bisherigen Inhaber zu (so offenbar auch BGH FamRZ 2016, 2000; 2016, 775); dies kann teilweise im Unterhaltsrechtsverhältnis kompensiert werden. Das FamG ist bei externer Teilung idR (Ausnahmen: Frankfurt FamRZ 2013, 1806; Düsseldorf FamRZ 2016, 139) außerstande, den zukünftig zu begründenden/übertragenden Wert als Kapitalwert zu bestimmen oder bestimmbar zu tenorieren, weil es die Wertänderungen zw seiner Entscheidung und dem Eintritt ihrer Wirksamkeit nicht vorhersagen kann. Die Bezugnahme im Tenor auf das Ehezeitende ist deswegen – entgegen der hM (vgl statt vieler BGH FamRZ 2016, 2000 Rn 37) – sowohl bei interner als auch bei externer Teilung als **offene Tenorierung** zu verstehen und zuzulassen (vgl Hamm NZFam 2019, 591; *Bergner* KomRefVA, § 14 Anm 5; *Gutdeutsch/Hoenes/Norpoth* FamRZ 2012, 597ff; 2013, 414, 416, 419; vgl auch *Norpoth* FamRZ 2016, 677, 682ff). Das bedeutet, dass das FamG Ehezeitanteil und Ausgleichswert für den Zeitpunkt des Ehezeitendes bestimmt, die Versorgungsträger aber die allg Wertentwicklung bis zum Zeitpunkt der Rechtskraft der Entscheidungen berücksichtigen und das entspr weiterentwickelte Anrecht teilen müssen. Ob der Versorgungsträger die Teilung zutr vorgenommen hat, ist einer nachträgl gerichtlichen Kontrolle zugänglich. Für die externe Teilung folgt aus dem Halbteilungsgrundsatz und zum Schutz der betroffenen Versorgungsträger, dass § 222 III FamFG einschränkend verfassungsgemäß auszulegen ist: das FamG kann den zu zahlenden Betrag idR nur bezogen auf das Ehezeitende festsetzen. Ein vollstreckbarer Tenor kann bei offener Tenorierung nicht – jedenfalls nicht immer – geschaffen werden (*Gutdeutsch/Hoenes/Norpoth* FamRZ 2013, 414, 417; 2012, 597; vgl *Kemper* FamFR 2013, 51, 55; *Norpoth* FamRZ 2016, 677, 682ff). Die Alternative, den Wert des Ehezeitanteils zu aktualisieren, reicht nicht aus (Hamm NZFam 2019, 591). Die Versorgungsträger sind deswegen gehalten, die Wertveränderungen nach dem Ehezeitende nachzuvollziehen und auf dieser Grundlage bei Wirksamwerden die Teilung vorzunehmen.

Unterabschnitt 2

Interne Teilung (§§ 10–13)

§ 10 Interne Teilung

(1) Das Familiengericht überträgt für die ausgleichsberechtigte Person zulasten des Anrechts der ausgleichspflichtigen Person ein Anrecht in Höhe des Ausgleichswerts bei dem Versorgungsträger, bei dem das Anrecht der ausgleichspflichtigen Person besteht (interne Teilung).

(2) Sofern nach der internen Teilung durch das Familiengericht für beide Ehegatten Anrechte gleicher Art bei demselben Versorgungsträger auszugleichen sind, vollzieht dieser den Ausgleich nur in Höhe des Wertunterschieds nach Verrechnung. Satz 1 gilt entsprechend, wenn verschiedene Versorgungsträger zuständig sind und Vereinbarungen zwischen ihnen eine Verrechnung vorsehen.

(3) Maßgeblich sind die Regelungen über das auszugleichende und das zu übertragende Anrecht.

1 **I. Allgemeines.** Die interne Teilung nach § 10 I ist die erstrangige Ausgleichsform des neuen Rechts (§ 9 II). Sie entspricht dem Splitting nach altem Recht (§ 1587b I BGB aF) und der früheren Realteilung (§ 1 II VAHRG aF). Fälle der Realteilung nach altem Recht waren selten, weil nur wenige Versorgungsträger die Möglichkeit einer Realteilung der bei ihnen bestehenden Anrechte eröffneten bzw diese an bestimmte Voraussetzungen knüpften (zB Karlsruhe FamRZ 2005, 1752f; BGH FamRZ 1999, 158f; weitere Bsp bei *Borth* VersA[4] Rn 488). Weil nun jedes Anrecht separat ausgeglichen wird, findet regelmäßig ein „Hin-und-Her-Ausgleich" statt. Es findet also keine Vergleichbarmachung von verschiedenen Anrechten („Dynamisierung"), grds keine Saldierung und kein Einmalausgleich mehr statt; so sollen die Schwächen des alten Rechts vermieden werden (*Triebs* FPR 2009, 202, 203).

2 **II. Interne Teilung.** Abs I enthält die Legaldefinition des Begriffs „interne Teilung". Durch richterlichen Gestaltungsakt wird zulasten des Anrechts der ausgleichspflichtigen Person ein Rechtsverhältnis zw der ausgleichsberechtigten Person und dem Versorgungsträger, bei dem das zu teilende Anrecht besteht, geschaffen (BT-Drs 16/10144, 54). Diese Wirkung wird durch ein laufendes Insolvenzverfahren nicht beeinträchtigt (BGH FamRZ 2021, 1357 Rn 12: Der VersA wird von § 91 I InsO nicht erfasst). Bei Anrechten der GRV findet die Übertragung üblicherweise von dem Rentenversicherungskonto der ausgleichspflichtigen Person auf dasjenige der ausgleichsberechtigten Person statt, auch wenn dieses bei einem anderen Versorgungsträger besteht (statt vieler BGH 9.1.2013 – XII ZB 550/11 – unvollständig abgedruckt in FamRZ 2013, 612; Brandenburg FamRZ 2020, 1636). Dagegen spricht der Wortlaut des Abs I, der eine Übertragung bei dem Versorgungsträger der ausgleichspflichtigen Person verlangt (aA Koblenz FamFR 2013, 512, wonach die GRV trotz verschiedener Träger als einheitlicher Träger anzusehen ist). Richtig ist allerdings, dass dieser im Tenor nicht verpflichtet werden darf, für die ausgleichsberechtigte Person ein weiteres Versicherungskonto anzulegen (so zu Recht *Ruland* FamRZ 2013, 169f gegen Hamm FamRZ 2013, 222); die Umsetzung der internen Teilung ist eine interne Angelegenheit der beteiligten Versorgungsträger nach Abs II, III (s Rn 7). Bei der internen Teilung wird für die ausgleichsberechtigte Person ein Anrecht iHd Ausgleichswerts **übertragen**. Der Begriff „übertragen" dient der Abgrenzung zum „Begründen" bei der externen Teilung (§ 14 I). Er ist nach hier vertretener Ansicht insoweit untechnisch gemeint, als auch bei interner Teilung für die ausgleichsberechtigte Person ein **neues**, eigenständiges Anrecht entsteht, so dass es nicht

automatisch infolge der internen Teilung zu einem Übergang einer **verpfändeten Rückdeckungsversicherung** (§ 1273 II, § 1250 BGB) kommt (*Hufer/Karst* BetrAV 2016, 297, 303; s § 11 Rn 3; aA *Hauß/Bührer* Rn 374). Besteht ein Anrecht aus **mehreren Bestandteilen**, die sich unterschiedlich weiterentwickeln können, müssen diese separat geteilt werden (BGH FamRZ 2015, 2125; 2014, 1534; 2012, 1546 und 1549; München FamRZ 2018, 584: veränderte Barwertfaktoren in der berufsständischen Versorgung). Bei Riester-Renten können steuerliche Gründe auch die Teilung wertloser Bestandteile erzwingen (Frankfurt NZFam 2022, 373: Zulagenversicherung). Zum Begriff des Ausgleichswertes s § 1 Rn 4. Der Ausgleichswert drückt sich bei interner Teilung in der für das jew Versorgungssystem maßgeblichen **Bezugsgröße** aus; das erspart nach Vorstellung des Gesetzgebers eine Umrechnung in einen Geldwert, die dann nach vollzogener interner Teilung systemintern wieder rückgängig gemacht werden müsste. Dadurch wird aber nicht der Berechnungsweg zur Bestimmung des Ausgleichswertes vorgegeben; es muss also keine Halbteilung der Bezugsgröße selbst erfolgen (str; s § 1 Rn 4; § 5 Rn 2; § 39 Rn 2). Der Ausgleichswert kann nicht als Quote des Ehezeitanteils bestimmt werden, sondern ist konkret zu bestimmen; das gilt auch für fondsgebundene Lebensversicherungen (München FamRZ 2011, 376f; Stuttgart FamRB 2011, 70 [*Hauß*]). Bei der **Tenorierung** ist zu beachten, dass die Teilung in der für das jew Versorgungssystem maßgeblichen Bezugsgröße erfolgt, soweit nicht Sonderregelungen etwas anderes zulassen (vgl Nürnberg FamRZ 2019, 872 für private Versicherungen: Rückkaufswert; str: aA KG FamRZ 2022, 949 unter Verweis auf BGH FamRZ 2014, 1534 Rn 19); ferner verlangt der BGH, dass auch bei zeitunabhängigen Bezugsgrößen (zB Entgeltpunkte in der GRV) die Teilung bezogen auf das Ehezeitende erfolgt (BGH FamRZ 2012, 1545f) und dass die für die interne Teilung maßgebliche Versorgungsordnung in der geprüften Fassung in den Tenor aufgenommen wird (BGH FamRZ 2020, 491 Rn 11 und FamRZ 2020, 985 Rn 13f). Eine Bezugnahme auf das Ehezeitende ist bei der GRV nicht notwendig, aber unschädlich, s Naumburg FamRZ 2021, 840 unter Verweis auf *Norpoth* NZFam 2019, 754). Dazu s näher § 11 Rn 8. Ist der Wert zu aktualisieren, muss die Teilung auf den **Aktualisierungszeitpunkt** bezogen werden (BGH FamRZ 2019, 190 Rn 9ff; 2018, 1816 Rn 20ff; s § 5 Rn 10). Nach hier vertretener Ansicht ist bei der Teilung von Entgeltpunkten in der GRV stets anzugeben, ob Entgeltpunkte aus der allg oder der knappschaftlichen Rentenversicherung übertragen werden; letztere repräsentieren wegen des erhöhten Rentenartfaktors (§ 82 SGB VI) einen deutlich höheren Wert. Ohne diesen Zusatz ist der Tenor unvollständig, weil mehrdeutig, und muss ggf berichtigt/ergänzt werden (Arg aus § 120f II Nr 2 SGB VI). Anders ist es bei der Unterscheidung zwischen regeldynamischen Entgeltpunkten und angleichungsdynamischen Entgeltpunkten (Ost), da sich hier die Unterscheidung aus Existenz oder Fehlen des Zusatzes (Ost) ergibt. Bei interner Teilung sicherungsabgetretener Anrechte muss im Tenor auch der schuldrechtl Anspruch der ausgleichspflichtigen Person auf Rückgewähr der Sicherheit auf beide Ehegatten/Lebenspartner als Mitgläubiger übertragen werden (BGH FamRZ 2013, 1715, 1717 Rn 16ff; s auch § 2 Rn 11a; § 46 Rn 4). Entspr gilt für verpfändete Anrechte (Frankfurt FamRZ 2020, 678, 680; FamR-Komm/*Wick* Rn 18; *Götsche* FuR 2021, 261, 262; aA *Siede* FamRZ 2021, 588, 589); dann erstrecken sich Verstrickung und Pfändungspfandrecht automatisch auf das Anrecht der ausgleichspflichtigen Person (BGH FamRZ 2021, 584 Rn 29 und 31). Dagegen ist es nach zutr Ansicht nicht Aufgabe des FamG zu bestimmen, in welcher Höhe das Anrecht der ausgleichspflichtigen Person gekürzt wird (*Bergner* FamFR 2012, 506 unter Verweis auf § 10 III; ebenso BGH FamRZ 2013, 1546 Rn 12 für die externe Teilung; anders für interne Teilung BGH FamRZ 2018, 894 Rn 37ff, 41ff; aA KG FamRZ 2013, 464; Stuttgart FamRZ 2012, 711f). Grds ist jedes Anrecht intern teilbar. Dies galt bislang nicht für die Anrechte von Beamten, Berufssoldaten, beamtenähnl Personen und Richtern. Für diese sieht das BVersTG (Art 5 des VAStrRefG; Einzelheiten s Komm des BVersTG) die Möglichkeit der internen Teilung jetzt vor, soweit es sich um Beamte/Richter des Bundes handelt. Die Einführung der internen Teilung auf Länderebene ist Sache der Bundesländer. Soweit diese eine interne Teilung der entspr Anrechte nicht ermöglichen, sieht § 16, wie nach früherem Recht, vor, dass zulasten der Anrechte bei dem Versorgungsträger Anrechte für die ausgleichsberechtigte Person in der GRV begründet werden (Einzelheiten s § 16).

III. Wirkungen. Die Wirkungen der internen Teilung treten mit Rechtskraft der gerichtlichen Entscheidung ein (§ 224 I FamFG), setzen aber zudem die Rechtskraft des Scheidungsausspruchs voraus (§ 142 I, § 148 FamFG). Erst wenn beide Voraussetzungen vorliegen, kann der Ausgleichsberechtigte (wenn er außerdem die Voraussetzungen erfüllt, also bereits Rentner ist) Leistungen aus dem übertragenen Anrecht beanspruchen. Das gilt also auch dann, wenn sich die Entscheidung zum Wertausgleich bei Scheidung nach einer Abtrennung aus dem Scheidungsverbund erheblich verzögert; Leistungen aus dem übertragenen Anrecht können ab dem Beginn des Monats beansprucht werden, in dem die Entscheidung zum Wertausgleich bei Scheidung wirksam geworden ist (so für die GRV BSG FamRZ 1991, 934; 2008, 1845ff). Der Versorgungsträger ist auch nach Eintritt der Rechtskraft noch für einen weiteren Kalendermonat nach Wirksamwerden vor doppelter Inanspruchnahme geschützt, wenn er aus dem übertragenen Recht laufende Leistungen an den bisher Berechtigten erbringt (s § 30). 3

IV. Verfahrensverzögerungen, Bezugnahme auf das Ehezeitende. Die Auswirkungen von Verfahrensverzögerungen werden unter dem Gesichtspunkt diskutiert, dass die Bestimmung des Ausgleichswertes bezogen auf das Ehezeitende erfolgt, die (interne) Teilung aber ggf deutlich später. Die Auswirkungen zwischenzeitl Wertveränderungen sind nicht abschließend geklärt. Nach der hier vertretenen Ansicht ist die Bezugnahme auf das Ehezeitende als **offener Tenor** zu verstehen und müssen die Wertveränderungen, auch wenn sie nicht auf das Ehezeitende zurückwirken, bis zum Wirksamwerden der Teilung nachvollzogen werden. Für negative Wertveränderungen folgt das uneingeschränkt aus dem Akzessorietätsprinzip; positive Wertveränderungen sind dagegen nur insoweit zu berücksichtigen, als sie Ehezeitbezug haben (vgl näher § 5 Rn 4ff; § 9 Rn 5). 4

5 **V. Verrechnung.** Entspr dem Prinzip des neuen Rechts findet eine gegenseitige Verrechnung von Anrechten **durch das FamG** grds nicht mehr statt. Abs II erlaubt hingegen den Versorgungsträgern, den bürokratischen Aufwand des Hin-und-Her-Ausgleichs durch Verrechnung und durch Vereinbarungen zur Verrechnung in Bezug auf Anrechte gleicher Art zu reduzieren. Durch die Verlagerung einer „Saldierung" auf die Versorgungsträger wollte der Gesetzgeber auch eine mögliche Fehlerquelle familiengerichtlicher Entscheidungen beseitigen: die FamG teilen jedes Anrecht separat, die Versorgungsträger, die über die entspr Sachkunde verfügen, nehmen die Saldierung vor (BT-Drs 16/10144, 55). Konsequenz ist, dass die gerichtliche Kontrolle möglicher Fehler der Versorgungsträger bei der Saldierung nicht den FamG, sondern der jew Fachgerichtsbarkeit obliegt (vgl Johannsen/Henrich/Althammer/*Holzwarth* Rn 13). Verrechnungen erfolgen insb bei wechselseitigen Anrechten aus der GRV (zur Frage der Gleichartigkeit sogleich). Nach Ansicht des BGH folgt aus Abs II S 1 und 2, dass im Fall einer Verrechnung beide betroffenen Versorgungsträger beschwerdebefugt sind (BGH FamRZ 2013, 610 = FamFR 2013, 135 m zust Anm *Ruland*).

6 Verrechnet werden können nur **Anrechte gleicher Art**. Das sind solche Anrechte, die sich in Struktur und Wertentwicklung entsprechen, so dass die Verrechnung wirtschaftl zum selben Ergebnis führt wie ein Hin- und Her-Ausgleich. Das erfordert eine strukturelle Übereinstimmung im Leistungsspektrum (Leistungen auch bei Invalidität, Hinterbliebenenversorgung?), in der Finanzierungsart (kapitalgedecktes Anrecht oder Umlage-/Steuerfinanzierung?), in der Anpassung von Anwartschaften und laufenden Versorgungen (im alten Recht sog Dynamik) und sonstigen wertbildenden Faktoren (BT-Drs 16/10144, 55); dazu gehört bei der Bestimmung des Kapitalwertes als Barwert auch der verwendete Zinssatz (vgl *Jaeger* FamRZ 2010, 1714ff). Sonstige wesentliche Faktoren für eine Gleichartigkeit können Insolvenzschutz und Teilkapitalisierungsrechte sein (*Ruland* VersA Rn 576). Nicht erforderlich ist, dass die Anrechte bei demselben Versorgungsträger bestehen, Abs II S 2. Ob regeldynamische Anrechte der GRV und der Beamtenversorgung gleichartig sind, war str (Nachw s 14. Aufl). Der BGH hat entschieden, dass wegen der Unterschiede in Struktur, Finanzierung, Leistungsspektrum und Wertentwicklung keine Gleichartigkeit besteht (BGH FamRZ 2013, 1636 m krit Anm *Borth* = FamRB 2013, 351f [*Norpoth*]; krit dazu auch *Ruland* VersA Rn 580ff); das gilt nach Ansicht des BGH auch für solche Anrechte, die gem § 16 in die GRV auszugleichen sind (BGH FamRZ 2014, 549; weitere Nachw s § 18 Rn 3). Nicht gleichartig iSd Abs II sind regeldynamische und angleichungsdynamische gesetzl Rentenanrechte iSd alten VAÜG; einen Sonderstatus ggü den sonstigen Anrechten in der GRV haben auch Anrechte in der knappschaftlichen Rentenversicherung. Dies folgt aus § 120f II SGB VI. Gleiches gilt für den **Grundrentenzuschlag** (§ 120f II Nr 3 SGB VI; dazu vgl BGH FamRZ 2023, 764 Rn 14; *Siede* FamRB 2022, 256 und § 43 Rn 23a). Danach handelt es sich um getrennt zu bewertende Anrechte, auf die – jew für sich – auch Abs II anzuwenden sein kann (Dresden FamRB 2010, 300 [*Norpoth*]; vgl *Bergner* FamFR 2010, 221, 222). Gleichartig in Struktur und Wertentwicklung sowie im Insolvenzschutz sind in aller Regel private kapitalgedeckte Versorgungen, so dass bei identischem Leistungsspektrum eine Verrechnung möglich ist (*Hauß* FPR 2009, 214, 217, 218; ebenso BT-Drs 16/11903, 54). Das gilt auch für Riester-Renten (Brandenburg 29.5.2020 – 9 UF 3/20). Sind allerdings private Lebensversicherungen zu weit auseinanderliegenden Zeitpunkten abgeschlossen worden, können die unterschiedlichen zugrundeliegenden Garantiezinssätze (vgl *Hauß*, FS Brudermüller, 2014, 277, 279: zw 0,25 % seit 2022 und 4 % von 1994–2000) einer Gleichartigkeit entgegenstehen. Anrechte der öffentlich-rechtl Grundversorgungen (GRV, Beamtenversorgung und beamtenähnl Versorgung, berufsständische Versorgung) sind nach der Rspr des BGH (FamRZ 2013, 1636 m krit Anm *Borth* = FamRB 2013, 351f [*Norpoth*]; FamRZ 2014, 549; ebenso Brandenburg FamRZ 2022, 353) jew miteinander, aber nicht untereinander gleichartig; bei den berufsständischen Versorgungen können sich zudem hinsichtl der Anwartschaftsdynamik Abweichungen ergeben; bestehen zw ihnen Überleitungsabkommen, ist aber von Gleichartigkeit auszugehen (*Ruland* VersA Rn 577). Selten ist Gleichartigkeit dagegen in der Gruppe der betrieblichen Anrechte (vgl Brandenburg 5.10.2020 – 13 UF 92/20); hier ist sie häufig nur bei den Anrechten aus der Pflichtversicherung im Rahmen der verschiedenen Zusatzversorgungen des öffentlichen Dienstes sowohl untereinander (Brandenburg 30.1.2020 – 9 UF 241/19; Bamberg NZFam 2019, 925; Stuttgart FamRZ 2015, 1502) als auch im Verhältnis zu den kirchlichen Zusatzversorgungsanrechten (Frankfurt FamRZ 2019, 1781, 1782; Hamm FamRZ 2016, 1689; Köln FamRZ 2012, 1806; *Ruland* VersA Rn 578; Johannsen/Henrich/Althammer/*Holzwarth* § 18 Rn 5) gegeben. Jedoch können Unterschiede bei dem angesetzten Renteneintrittsalter, der Berücksichtigung eines Rententrends, der Finanzierung und der Besteuerung einer Vergleichbarkeit entgegenstehen (BGH FamRZ 2021, 1955 Rn 43ff; Frankfurt FamRZ 2022, 953; KG FamRZ 2016, 133), ebenso bei Anrechten aus Direktversicherungen (*Hauß* FPR 2009, 218; jedoch ist auf den jew Garantiezins zu achten). Nicht gleichartig sind dagegen Anrechte nach den Tarifen VBL „klassik", VBL „extra" und VBL „dynamik" (BGH FamRZ 2015, 2125 m Anm *Borth* FamRZ 2015, 2128; Frankfurt FamRZ 2019, 1781, 1782; Brandenburg NZFam 2015, 320; zur Katholischen Zusatzversorgungskasse s Karlsruhe FamRZ 2016, 1088). Betriebliche und private Anrechte können wegen unterschiedlicher Insolvenzsicherung und Besteuerung nicht gleichartig sein (Brandenburg FamRZ 2017, 32). Zu den Durchführungswegen betrieblicher Altersversorgung s § 12 Rn 7ff.

7 **VI. Vollzug der internen Teilung.** Die Einzelheiten des Vollzugs bestimmen sich gem Abs III nach den Vorschriften für die jew Versorgungssysteme. Das entspricht inhaltlich dem früheren Recht (§ 1587b I 2, II 2 BGB aF; § 1 II 2 VAHRG aF). Für untergesetzl Regelungen (Versorgungsordnungen, Satzungen, Vereinbarungen) gelten die inhaltlichen Anforderungen des § 11 I.

8 **VII. Steuerliche Auswirkungen.** Die steuerlichen Auswirkungen des VersA (dazu grundlegend *Schmidt/Bührer* FamRZ 2010, 1608ff; ausf *Ruland* FamRZ 2009, 1456ff; *Münch* FamRB 2010, 284ff) werden durch die

schrittweise Überführung der Altersvorsorge in eine nachgelagerte Besteuerung (AltEinkG v 5.7.2004, BGBl I 2004, 1424; *Schmidt/Bührer* FamRZ 2010, 1613f) beeinflusst. Die steuerlichen Folgen der internen Teilung regelt § 3 Nr 55a EStG (Art 10 VAStrRefG). Die interne Teilung ist sowohl für die ausgleichspflichtige als auch für die ausgleichsberechtigte Person steuerlich neutral. Sie ändert auch nicht die Besteuerungsgrundlagen des geteilten Rechts. Dieses wird also, wenn es der nachgelagerten Besteuerung unterliegt, im Leistungsfall auch bei dem Ausgleichsberechtigten nach den Grundsätzen besteuert, die für das bei dem Ausgleichspflichtigen verbliebene Anrecht gelten, allerdings nach den persönlichen Steuermerkmalen des Ausgleichsberechtigten (§ 3 Nr 55a S 2 EStG; BT-Drs 16/10144, 109; Johannsen/Henrich/Althammer/*Holzwarth* Rn 43).

Auch die Teilung von **privaten Rentenversicherungen** ist als solche steuerlich neutral (BT-Drs 16/10144, 110f). 9
Weil dabei aber Anrechte des Ausgleichsberechtigten zu einem späteren Zeitpunkt begründet werden als für den Ausgleichspflichtigen und sich dies steuerlich auswirken kann (Steuerbefreiung für Beiträge zu Lebensversicherungsverträgen, die bis zum 31.12.2004 abgeschlossen worden sind, s § 20 I Nr 6 S 2 EStG aF), verlegt § 52 XXVIII 9 EStG bei interner Teilung den Zeitpunkt für die Begründung des abgespaltenen Anrechts für das Steuerrecht fiktiv auf den Zeitpunkt des Abschlusses des zu teilenden Versicherungsvertrags vor. Dies sichert die steuerliche Gleichbehandlung und gilt auch dann, wenn der Versorgungsträger den Risikoschutz unter Erhöhung der Leistung auf eine Altersversorgung beschränkt (*Münch* FamRB 2010, 285f).

§ 11 Anforderungen an die interne Teilung

(1) Die interne Teilung muss die gleichwertige Teilhabe der Ehegatten an den in der Ehezeit erworbenen Anrechten sicherstellen. Dies ist gewährleistet, wenn im Vergleich zum Anrecht der ausgleichspflichtigen Person

1. **für die ausgleichsberechtigte Person ein eigenständiges und entsprechend gesichertes Anrecht übertragen wird,**
2. **ein Anrecht in Höhe des Ausgleichswerts mit vergleichbarer Wertentwicklung entsteht und**
3. **der gleiche Risikoschutz gewährt wird; der Versorgungsträger kann den Risikoschutz auf eine Altersversorgung beschränken, wenn er für das nicht abgesicherte Risiko einen zusätzlichen Ausgleich bei der Altersversorgung schafft.**

(2) Für das Anrecht der ausgleichsberechtigten Person gelten die Regelungen über das Anrecht der ausgleichspflichtigen Person entsprechend, soweit nicht besondere Regelungen für den Versorgungsausgleich bestehen.

I. Allgemeines. Funktion des § 11 ist es, die gleichwertige Teilhabe des Ausgleichsberechtigten bei interner Teilung über den bloßen Ausgleichswert hinaus auch in der inhaltlichen Ausgestaltung und Fortentwicklung des Anrechts zu gewährleisten. Die Vorschrift betrifft nur Versorgungsträger, deren Versorgungsordnung auf **untergesetzl Regelungen** wie Satzungsautonomie (berufsständische Versorgungswerke, Träger öffentlich-rechtl oder kirchlicher Zusatzversorgungen) oder auf kollektivvertragl oder privatvertragl Vereinbarung beruht. Schon des gesetzl Gleichrangs wegen macht § 11 dagegen keine inhaltlichen Vorgaben für gesetzl geregelte und ausgestaltete Versorgungen (GRV, Beamten-/Soldaten-/Richterversorgung). Inhaltlich geht § 11 auf die Rspr zu § 1 II VAHRG aF zurück. Der BGH hat die Realteilung nach altem Recht, wenn der Träger der betroffenen Versorgung sie vorsah, nur dann durchgeführt, wenn er eine gleichwertige Teilhabe des Ausgleichsberechtigten an der Versorgung des Ausgleichspflichtigen gewährleistet sah (zB BGH FamRZ 1999, 158f; 2008, 1418, 1421). Diese Möglichkeit besteht nach aktuellem Recht nicht; es sieht stattdessen vor, dass gegen Abs I verstoßende Regelungen durch die für die ausgleichspflichtige Person geltenden Regelungen substituiert werden (s Rn 7). Beruht das betroffene Anrecht auf einem Unisex-Tarif, während bei der Umrechnung für die ausgleichsberechtigte Person nach ihren biometrischen Daten auch das Geschlecht maßgeblich ist, ist insoweit eine gleichwertige Teilhabe nicht gewährleistet (so für öffentlich-rechtl Versorgungsträger BGH FamRZ 2017, 863; 2017, 870; 2017, 871; 2017, 872; zuvor schon Celle FamRZ 2014, 305 = FamRB 2013, 386 [*Hauß*] unter Berufung auf EuGH FamRZ 2011, 1127; aA zuletzt noch Schleswig FamRZ 2016, 371; KG FamRZ 2016, 133; Köln FamRZ 2015, 1108; Naumburg FamRZ 2015, 753). Unisex-Tarife kommen im Prinzip Frauen zugute, die wegen ihrer höheren Lebenserwartung bei gleicher Beitragszahlung eigentlich eine geringere Rente ausgezahlt bekommen müssten als Männer. Zur Umrechnung von Anrechten in der Zusatzversorgung des öffentlichen Dienstes s § 45 Rn 24. 1

II. Eigenständiges Anrecht. Erforderlich ist nach Abs I Nr 1, dass der Ausgleichsberechtigte gegen den Versorgungsträger einen **selbständigen Anspruch** erwirbt, der von der Person und dem Versorgungsschicksal des Ausgleichspflichtigen **unabhängig** und abgekoppelt ist (vgl BT-Drs 16/10144, 56; FamR-Komm/*Wick* Rn 4; *Triebs* FPR 2009, 202, 204: „Trennung der Versorgungsschicksale"). Handelt es sich bei dem zu teilenden Anrecht um eine Versicherung, muss der Ausgleichsberechtigte Versicherungsnehmer und versicherte Person werden; er muss auch über das Bezugsrecht bestimmen dürfen. Nicht ausreichend wäre eine Regelung, die eine Abtretung der Ansprüche des Ausgleichspflichtigen an den Ausgleichsberechtigten vorsieht, weil dann der Anspruch des Ausgleichsberechtigten davon abhängen würde, dass bei dem Pflichtigen die Anspruchsvoraussetzungen vorliegen und er noch lebt (FamR-Komm/*Wick* Rn 4). 2

III. Entsprechende Sicherung. Das Anrecht des Ausgleichsberechtigten muss nicht besser, darf aber auch nicht schlechter gesichert sein als das Anrecht des Ausgleichspflichtigen. Dies ist idR bei interner Teilung unproblematisch, weil die Sicherungsmechanismen der jew Versorgungsträger automatisch auch die geteilten Anrech- 3 te erfassen (vgl Johannsen/Henrich/Althammer/*Holzwarth* Rn 7). Für Anrechte der betrieblichen Altersversorgung bewirkt § 12, dass sie für den Ausgleichsberechtigten ebenso wie für den Pflichtigen den Insolvenzschutz der §§ 7ff BetrAVG genießen. Ist das zu teilende Anrecht nicht gegen Insolvenz des Versorgungsträgers gesichert (Bsp: betriebliche Unternehmerversorgung, für die das BetrAVG nicht gilt), muss auch der Ausgleichsberechtigte insoweit nicht besser gestellt werden. Ist das zu teilende Anrecht durch eine an den Ausgleichspflichtigen verpfändete Lebensversicherung rückgedeckt, muss auch dem Ausgleichsberechtigten eine entspr Sicherung verschafft werden (BGH FamRZ 2022, 945 Rn 18 und FamRZ 2020, 1549 Rn 18ff; FamR-Komm/*Wick* Rn 6; BT-Drs 16/10144, 56). Dies erfordert nach zutreffender Ansicht nicht die **Verfahrensbeteiligung** des Trägers der Rückdeckungsversicherung gem § 219 FamFG, weil die Rückdeckungsversicherung nicht selbst Teilungsgegenstand ist (BGH FamRZ 2015, 2130; s § 2 Rn 2 und § 10 Rn 2; ebenso *Borth* VersA[6] Rn 479 aE unter Aufgabe der in der Vorauflage vertretenen Auffassung; aA offenbar Hamm FamRZ 2016, 139); in bes gelagerten Fällen kommt aber eine Beteiligung nach § 7 II FamFG in Betracht (BGH FamRZ 2019, 1993 m Anm *Borth* Rn 11f). Bei einer verpfändeten Rückdeckungsversicherung erstreckt sich das Pfandrecht im VersA nicht automatisch auf den auf die ausgleichsberechtigte Person zu übertragenden Teil des Anrechts (s § 10 Rn 2); der ArbGeb ist nach hier vertretener Ansicht wegen Abs II zu **verpflichten**, der ausgleichsberechtigten Person eine vergleichbare Sicherung zu verschaffen (str; aA BGH FamRZ 2022, 945, 947; 2019, 1993 m Anm *Borth*, Rn 37 mwN; Hamm FamRZ 2016, 139; wie hier *Hufer/Karst* BetrAV 2016, 297, 303); die vom BGH verlangte anteilige Zuordnung des Pfandrechts stellt, ungeachtet ihrer rechtl Wirkungen, keine entspr Sicherung dar, weil sich die Rückdeckungsversicherung allein an den biometrischen Faktoren der ausgleichspflichtigen Person orientiert und zB mit deren Tod erlischt (dazu s Anm Scholer zu BGH FamRZ 2020, 1549, 1551f; Frankfurt NZFam 2019, 389, 396 m Anm *Norpoth*). Eine nicht verpfändete Rückdeckungsversicherung ist nach hier vertretener Ansicht schon **keine Sicherung** iSd § 11 I 2 Nr 1 und daher nicht zu berücksichtigen (aA Stuttgart FamRZ 2017, 1923; Hamm FamRZ 2016, 139); eine veränderte **Zuordnung** hat nach hier vertretener Ansicht keine rechtl Auswirkungen. Zur Wahrung der Kostenneutralität für den ArbGeb/Versorgungsträger muss es diesem erlaubt sein, in der Teilungsordnung den Ausgleichswert aus dem Kapital der Rückdeckungsversicherung zu ermitteln und hierauf zu beschränken, soweit er seine Leistungszusage mit der Rückdeckungsversicherung finanziert hatte.

4 **IV. Vergleichbare Wertentwicklung.** Das Anrecht des Ausgleichsberechtigten muss nach Abs I Nr 2 eine vergleichbare Wertentwicklung aufweisen wie das Anrecht des Ausgleichspflichtigen. Hierbei geht es zum einen um die zutr Ermittlung des Ausgleichswerts, zum anderen um die Wertsteigerung der Anrechte im Anwartschafts- und/oder im Leistungsstadium, die bei kapitalgedeckten Anrechten auf deren Verzinsung beruht. Diese muss dem Anrecht des Ausgleichsberechtigten in gleicher Weise zugutekommen wie demjenigen des Ausgleichspflichtigen (*Borth* VersA Kap 3 Rn 37). Eine Versorgungsordnung, welche bei interner Teilung für die ausgleichsberechtigte Person die Begründung eines Anrechts mit einem bei Ehezeitende gültigen niedrigeren Garantiezins oder aktualisierten Sterbetafeln vorsieht, als der ausgleichspflichtigen Person zugesagt sind, wird deshalb in aller Regel (teil)unwirksam sein (Bamberg FamRZ 2023, 43; Frankfurt FamRZ 2022, 522; FamRZ 2019, 1781; Karlsruhe FamRZ 2020, 1168); auch der Wechsel von einem geschlechtsspezifischen auf einen Unisex-Tarif ist weder zulässig noch notwendig (Frankfurt FamRZ 2023, 192; Nürnberg FamRZ 2019, 876; s auch Hamm FamRZ 2019, 26 mwN zur hM; Frankfurt 30.3.2022 – 7 U 241/20 und NZFam 2019, 1008; Karlsruhe FamRZ 2020, 1168). Unwirksam ist eine Bestimmung, die dem Versorgungsträger nach freiem Ermessen die Anwendung eines aktualisierten Zinssatzes zur Berechnung des Ausgleichswerts ermöglicht (BGH FamRZ 2023, 765, juris Rn 36). Auch eine unterschiedliche Besteuerung kann die Vergleichbarkeit ausschließen (BGH FamRZ 2021, 1955 Rn 39). In der öffentlich-rechtl Zusatzversorgung ist eine Umrechnung auf Barwertbasis zulässig (s § 45 Rn 24); bei Anwendung dieser Methode muss aber auf beiden Seiten mit identischen Rechnungszinssätzen gearbeitet werden (BGH FamRZ 2015, 1869). Dagegen ist es nach früherer Ansicht von Karlsruhe (FamRZ 2017, 100; aufgegeben in FamRZ 2020, 1819; vgl auch Karlsruhe FamRZ 2022, 951) zulässig, für die ausgleichsberechtigte Person aus einer fondsgebundenen Versicherung heraus ein festverzinsliches Anrecht mit aktuellem Rechnungszins zu begründen und dies auch mit aktuellen Sterbetafeln zu berechnen (aA zu Recht Nürnberg FamRZ 2019, 872); nach hier vertretener Ansicht ist das nur unter den Voraussetzungen des § 14 als Unterfall externer Teilung zulässig (vgl Brandenburg FamRZ 2016, 1276; s § 14 Rn 2). Die Verwendung aktueller Sterbetafeln lässt sich auch nicht mit der gebotenen **Kostenneutralität** rechtfertigen (Nürnberg FamRZ 2019, 872 Rn 69, 72; aA noch Nürnberg FamRZ 2016, 819 Rn 41). Nach hier vertretener Ansicht beginnt der Anwendungsbereich des § 11 erst nach Wirksamwerden der Entscheidung, erfasst also nicht die Teilhabe an der Wertentwicklung vom Ehezeitende bis zur Rechtskraft (so aber die hM: BGH FamRZ 2015, 1869 = juris Rn 19; Frankfurt FamRZ 2023, 43). Der Anspruch hierauf folgt vielmehr aus dem Halbteilungsgrundsatz; das wird durch eine offene Tenorierung sichergestellt (vgl § 5 Rn 4; § 9 Rn 5).

4a Str ist, ob die ausgleichsberechtigte Person wegen Abs I Nr 2 auch an der Wertentwicklung (zB endgehaltsbezogener) betrieblicher Anrechte in der Anwartschaftsphase teilhaben muss (so FamR-Komm/*Wick* Rn 7; *Ruland* VersA Rn 673). Dies wird vom Gesetzgeber (vgl BT-Drs 16/10144, 64 und 97) und von der wohl hM (Nürnberg FamRZ 2018, 905 Rn 69; Nachw bei FamR-Komm/*Wick* § 11 Rn 8a Fn 22) unter Verweis auf die §§ 12 und 19 verneint, wonach die ausgleichsberechtigte Person wie ein ausgeschiedener ArbN zu behandeln ist, der von der Entwicklung des Endgehalts nach Ausscheiden abgekoppelt ist; zudem wird die noch verfallbare Einkommensdynamik als nicht ausgleichsreif iSd § 19 II Nr 1 angesehen, so dass sie nach den §§ 20ff schuldrechtl auszugleichen sei. Nach hier vertretener Ansicht ist die Anwartschaftsdynamik betrieblicher Anrechte überhaupt nicht auszugleichen, weil sie von einer Gegenleistung (Betriebstreue des ArbN) abhängt und damit erst nach dem Ehezeitende erworben wird (s näher § 19 Rn 12 und § 5 Rn 8).

5 **V. Gleicher Risikoschutz.** Nach Abs I Nr 3 muss der Ausgleichsberechtigte vor denselben Risiken auf die gleiche Art und Weise und im gleichen Umfang geschützt werden wie der Ausgleichspflichtige. Das betrifft nach der Vorstellung des Gesetzgebers die Altersversorgung, die Invaliditätssicherung und die Hinterbliebenenversorgung (vgl dazu Brandenburg FamRZ 2012, 555: auch Sterbegeld als Teil der Hinterbliebenenversicherung). Die Altersversorgung muss (entgegen BT-Drs 16/10144, 56) nur dann lebenslang sein, wenn das zu teilende Anrecht ebenfalls eine zeitl unbegrenzte Altersversorgung vorsieht. Die Versorgungsregelung kann für den Ausgleichsberechtigten gegen entspr Wertausgleich den Risikoschutz auf eine **Altersversorgung beschränken.** Der Gesetzgeber hat sich bei dieser Regelung an der Rspr des BGH orientiert, wonach der Ausgleichsberechtigte die Voraussetzungen für einen Invaliditätsschutz nach den Regelungen für das auszugleichende Recht möglicherweise nicht erfüllen oder eine Berufsunfähigkeits-Zusatzversicherung nach den vertragl Grundlagen in ihrem Bestand von fortlaufenden Beitragszahlungen abhängen kann (vgl BGH FamRZ 1994, 559f). Deshalb sieht Abs I Nr 3 die Möglichkeit vor, den Risikoschutz auf die Altersversorgung zu beschränken. Eine dadurch bedingte **Wertverringerung** des zu übertragenden Anrechts soll der Versorgungsträger allerdings **kompensieren.** Er muss dem überprüfenden FamG nach § 220 IV FamFG hierzu nachvollziehbare Berechnungsgrundlagen liefern, die nicht zwingend in der Teilungsordnung selbst enthalten sein müssen (BGH FamRZ 2015, 911 m Anm *Borth* FamRZ 2015, 912f und abl Anm *Ruland* NZFam 2015, 555; lehrreich Karlsruhe FamRZ 2013, 701f). Diese Regelung steht in einem gewissen Widerspruch dazu, dass ein Anrecht auf einen Invaliditätsschutz nicht ausgleichsreif iSd § 19 und deswegen im Wertausgleich bei Scheidung überhaupt nicht auszugleichen ist, wenn nicht der Versicherungsfall in der Ehezeit eingetreten ist (so zu Recht *Bergner* KomRefVA § 11 Anm 2.4). Für private Anrechte auf Leistungen bei Invalidität gilt iÜ § 28. Der bestehende Widerspruch ist im geltenden Recht dahin aufzulösen, dass für Anrechte mit **kombiniertem** Schutz (Alter, Invalidität, Hinterbliebenenversorgung) die Ausgleichsreife der Altersversorgung ausreicht, um das Anrecht einschl seiner nicht ausgleichsreifen Komponenten auszugleichen. Der Wert einer Invaliditäts- und Hinterbliebenenversorgung lässt sich nach dem Aufwand bemessen, den der betr Versorgungsträger für diese Leistungen kollektiv erbringt (NK-FamR/*Hauß* § 11 Rn 16f und vor § 39 Rn 1-3: durchschnittlicher Zuschlag von 15 % für Hinterbliebenenversorgung und 7 % für Invaliditätsversorgung in der GRV). Nach Untersuchungen von *Hauß/Bührer* (Rn 743ff) machen zahlreiche betriebliche und berufsständische Versorgungsträger von der Beschränkungsmöglichkeit auf eine Altersversorgung Gebrauch; Bedenken bestehen dabei aber teilw gegen die Angemessenheit der Zuschläge, soweit diese für die ausgleichsberechtigte Person anders berechnet werden als für die ausgleichspflichtige Person (*Hauß* FamRB 2010, 255 und FPR 2011, 26, 28). Keiner Kompensation bedarf es bei einer reinen Risikoversicherung (Nürnberg FamRZ 2019, 876, 880). In der obergerichtlichen Rspr wird teilw neben der Festlegung zur Höhe des Kompensationszuschlags in der Versorgungsregelung eine völlig transparente und plausible Darlegung zur Höhe verlangt und andernfalls die Kompensationsregelung unter Anwendung des Abs II für unwirksam erachtet (Hamm FamFR 2012, 324; Koblenz FamFR 2011, 350; vgl auch Frankfurt FamRZ 2013, 1308, 1310; großzügiger dagegen BGH FamRZ 2015, 911 m Anm *Borth* FamRZ 2015, 912f und abl Anm *Ruland* NZFam 2015, 555; Karlsruhe FamRZ 2013, 701; Brandenburg FamRZ 2012, 555). Die Halbteilung eines unter Berücksichtigung sämtlicher versicherter Risiken gebildeten Kapitalwertes enthält bei ordnungsgemäßer Umrechnung in ein reines Altersrentenanrecht zwangsläufig stets eine ausreichende Kompensation (BGH FamRZ 2015, 911; 2014, 1534); der Versorgungsträger sollte dies darlegen können. Gebilligt hat der BGH (FamRZ 2011, 547) die Ausgleichsregelung in der Satzung des Niedersächsischen Versorgungswerks der Rechtsanwälte (vgl auch Celle FamRZ 2011, 379, 381; KG FamRZ 2012, 635, 636; Karlsruhe FamRZ 2013, 701). Bei der familiengerichtlichen Entscheidung genügt, wenn die maßgeblichen Faktoren der Risikoumwandlung in die Entscheidungsgründe aufgenommen werden (aA *Borth* FamRZ 2015, 912f). Der Kompensationszuschlag muss nicht zwangsläufig den Ausgleichswert erhöhen; es reicht aus, wenn die Satzung vorsieht, dass er bei Renteneintritt geleistet wird (Karlsruhe FamRZ 2015, 1291). Der Invaliditätsschutz kann sich zwischen Ehezeitende und Entscheidungszeitpunkt durch Zeitablauf erledigen, wenn die ausgleichsberechtigte Person das Rentenalter erreicht. Sieht die Satzung dann eine entspr Reduktion des Kompensationszuschlags vor (zB § 19 Satzung ÄV Nordrhein), ist das wohl hinzunehmen (vgl BGH FamRZ 2015, 1869ff Rn 31–34).

6 **VI. Regelungsspielraum.** Ein solcher bleibt den Versorgungsträgern bspw bei der Frage, ob das übertragene Anrecht des Ausgleichsberechtigten von diesem **ausgebaut** werden kann, soweit nicht zwingende Vorgaben dem entgegenstehen (BT-Drs 16/10144, 55, unter Hinw auf § 1b V 1 Nr 2 BetrAVG). Ob auch geregelt werden kann, dass an den Ausgleichsberechtigten eine Kapitalleistung zu erbringen ist, auch wenn für den Ausgleichspflichtigen eine Rente zu zahlen ist, und umgekehrt (Nürnberg FamRZ 2019, 872, 874; 2016, 819 Rn 33), ist unklar (abl AK 19 des DFGT 2019, These 2); zumindest muss die Kapitalleistung den vollen Wert des Anrechts einschl der zugesagten Verzinsung und vereinbarter Rentendynamik widerspiegeln (*Borth* VersA[7] Rn 636); sie wird zudem bei Wahrung des Charakters einer Altersversorgung erst mit Eintritt in das Renteneintrittsalter zulässig sein. Zulässig ist nach Ansicht von Nürnberg (FamRZ 2016, 819 Rn 43) die feste Verzinsung von Bewertungsreserven ab Ehezeitende anstelle einer Neubewertung zum Zeitpunkt der Rechtskraft. Will der Versorgungsträger bei interner Teilung einer fondsgebundenen Versicherung für die ausgleichsberechtigte Person ein festverzinsliches Anrecht mit aktuellem Rechnungszins begründen (abl Nürnberg FamRZ 2019, 872), überschreitet er nach hier ver-

tretener Ansicht den Regelungsspielraum und führt tatsächlich eine externe Teilung durch (vgl Brandenburg FamRZ 2016, 1276; aA Karlsruhe FamRZ 2017, 100; s § 14 Rn 2).

7 **VII. Auffangregelung.** Fehlt es an einer ausgestaltenden Regelung für das zu übertragende Anrecht des Ausgleichsberechtigten, sieht Abs II die entspr Anwendung der Regelungen für das Anrecht des Ausgleichspflichtigen vor. Dies gilt auch dann, wenn für das Anrecht des Ausgleichsberechtigten zwar eine Regelung existiert, diese aber die Vorgaben des Abs I nicht erfüllt; sie ist dann wegen Verstoßes gegen ein gesetzl Verbot iSd § 134 BGB nichtig (BT-Drs 16/10144, 56; s Rn 8). Wenn die gerichtliche Entscheidung lediglich die Teilungsordnung nicht nennt, aber den vorgeschlagenen Ausgleichswert verwendet, beinhaltet dies nach Ansicht des BGH (FamRZ 2020, 491) eine stillschw Billigung der Teilungsordnung (gegen Düsseldorf VersR 2019, 903). Im Fall der **Teilnichtigkeit** einer Versorgungsordnung ist diese weitmöglichst geltungserhaltend anzuwenden, insb durch Anpassung der unwirksamen Bestimmungen an die Vorgaben des VersAusglG, bspw durch eine Maßgabenanordnung hinsichtl des anzuwendenden Rechnungszinses (statt vieler BGH FamRZ 2015, 1869). Dies ergibt sich nach zutreffender Ansicht des OLG Stuttgart (FamRZ 2015, 584 Rn 37f) aus den §§ 305, 306 BGB. Bei zu großem „Reparaturbedarf" kann eine geltungserhaltende Reduktion scheitern (BGH FamRZ 2021, 1955 Rn 36ff).

8 **VIII. Prüfungsauftrag des Familiengerichts.** Das FamG muss die für den Ausgleichs**berechtigten** geltenden Regelungen einer Prüfung auf die Voraussetzungen des Abs I unterziehen (BT-Drs 16/10144, 55; vgl zB BGH FamRZ 2015, 1869 m zust Anm *Holzwarth*; FamRZ 2015, 911). In der Konsequenz hieraus hat das FamG bei negativem Prüfungsergebnis – und auch nur dann (Hamm FamRZ 2020, 1993) – auszusprechen, dass für das geteilte Anrecht die für den Ausgleichspflichtigen geltenden Regelungen anzuwenden sind (vgl BGH FamRZ 2015, 1869; Stuttgart FamRZ 2015, 584 Rn 39; Soergel/*Häußermann* Rn 12; *Hauß/Bührer* Rn 386; *Borth* VersA Kap 3 Rn 46; zur Teilunwirksamkeit s Rn 7). Dass das FamG bei der Entscheidung über die interne Teilung die anwendbaren Regelungen für das übertragene Recht festlegt, ist zwar nicht ausdrückl gesetzl geregelt. Die Notwendigkeit hierzu ergibt sich aber aus Abs I: das FamG kann den Ausgleichswert erst bestimmen, wenn es über die Wirksamkeit der Teilungsbestimmungen und ggf einer Risikobeschränkung nach Abs I S 2 Nr 3 entschieden hat. Die untersuchte, für das Ehezeitende gültige und für angemessen befundene Fassung ist auch nach Datum genau zu bezeichnen (BGH FamRZ 2011, 547; Celle FamRZ 2011, 379). Das schließt nicht aus, dass sich spätere Änderungen auf das geteilte Anrecht auswirken. Die Regelungen für das dem Ausgleichs**pflichtigen** verbleibende Anrecht sind dagegen **nicht** zu prüfen (offen BGH FamRZ 2018, 894 Rn 43; eine Bindungswirkung für/gegen die ausgleichspflichtige Person nimmt BGH FamRZ 2023, 765= juris Rn 44f an). Zu **kritisieren** ist, dass die Prüfung durch das FamG nicht allg, sondern nur jew „inter partes" wirkt; unterschiedliche Gerichte gelangen in der Praxis häufig zu unterschiedlichen Prüfungsergebnissen. Der Gesetzgeber sollte daher eine Reform erwägen (allg wirkende Prüfung von Teilungsordnungen durch eine bundeseinheitliche Zertifizierungsstelle; vgl dazu DFGT 2019, AK 19, These 5).

§ 12 Rechtsfolge der internen Teilung von Betriebsrenten

Gilt für das auszugleichende Anrecht das Betriebsrentengesetz, so erlangt die ausgleichsberechtigte Person mit der Übertragung des Anrechts die Stellung eines ausgeschiedenen Arbeitnehmers im Sinne des Betriebsrentengesetzes.

1 **I. Allgemeines.** Die interne Teilung von Anrechten iSd BetrAVG bereitet deshalb Schwierigkeiten, weil es unterschiedliche Durchführungswege gibt, in die teilw auf unterschiedlicher rechtl Konstruktion externe Versorgungsträger einbezogen sind. Ziel des § 12 ist es, diese Schwierigkeiten dadurch in den Griff zu bekommen, dass der Ausgleichsberechtigte die Stellung eines **ausgeschiedenen ArbN** iSd BetrAVG erlangt. Durch diese Fiktion soll er zwar eine **versorgungsrechtl Verbindung** zum Versorgungsträger, nicht aber eine **arbeitsrechtl Stellung** ggü dem ArbGeb des Ausgleichspflichtigen erhalten (BT-Drs 16/10144, 57; *Borth* VersA Kap 3 Rn 67; krit zum Verhältnis zu § 11 I *Wick* BetrAV 2011, 132, 137). Insb soll das an ihn übertragene Anrecht in die Insolvenzsicherung betrieblicher Anrechte nach § 7 BetrAVG einbezogen werden und der Anpassung nach § 16 BetrAVG unterliegen; er soll die Versorgung mit eigenen Beiträgen nach § 1b V 1 Nr 2 BetrAVG fortsetzen oder unter den Voraussetzungen des § 4 III BetrAVG in eine eigene betriebliche Altersvorsorge überführen dürfen (BT-Drs 16/10144, 57).

2 **II. Anrecht des Betriebsrentengesetzes.** Zur betrieblichen Altersversorgung und damit zu den Anrechten iSd Betriebsrentengesetzes zählen Anrechte unter folgenden Voraussetzungen:

3 **1. Zusage an Arbeitnehmer.** Die Zusage einer Leistung erfolgt an einen **Arbeitnehmer.** Das sind nach § 17 I 1 BetrAVG Arbeiter und Angestellte sowie Auszubildende. Die Leistungszusage muss weiter wegen der Tätigkeit für ein Unternehmen (vgl dazu BGH FamRZ 1997, 285, 286) durch den **ArbGeb** aus Anlass des **Arbeitsverhältnisses** erteilt worden sein (Köln FamRZ 2002, 1496). § 17 I 2 BetrAVG erweitert den Anwendungsbereich auf **arbeitnehmerähnl Personen** (Einfirmenvertreter, Angehörige freier Berufe, Versicherungsvertreter und Mitglieder gesellschaftsrechtl Organe ohne bestimmende Unternehmensbeteiligung, vgl BAG AP Nr 1, 2 und 4 zu § 17 BetrAVG). Organpersonen einer Gesellschaft (Geschäftsführer einer GmbH) werden hiervon dann erfasst, wenn sie an der Gesellschaft gar nicht oder nur als Minderheitsgesellschafter beteiligt sind und weder allein noch im Verbund mit weiteren Organpersonen eine beherrschende Stellung in der Gesellschaft haben (BGH FamRZ 2020, 1549, 1550; 2014, 731; 1993, 684, 686); dafür sind nicht allein Gesellschaftsanteile, sondern Stimmrechte maßgeblich (*Bergner* NZFam 2014, 349, 350). Kommt es bei dem Beschäftigten zu einem Statuswechsel (zB vom

ArbN zum Gesellschafter-Geschäftsführer), kann dies Auswirkungen auf die Bewertung haben sowie bei auf Kapital lautenden Anrechten eine teilw Zuordnung zum Zugewinnausgleich erzwingen (BGH FamRZ 2022, 945 Rn 14ff; FamRZ 2020, 1549 Rn 11ff; FamRZ 2019, 1993 Rn 28; FamRZ 2014, 731). Die Abgrenzung kann teilw sehr schwierig und aufwändig sein (vgl hierzu Merkblatt 300/M1 des PSVaG, abzurufen unter https://www.psvag.de/fileadmin/doc/merkblaetter/300/300m1.pdf).

2. Inhalt. Inhalt der Zusage ist eine Leistung wegen **Alters** bzw **Invalidität** oder **Todes**. Keine betriebliche Altersversorgung stellen Notfallunterstützungen (vgl BAG DB 1995, 725), Treueprämien (BAG DB 1972, 2114), Überbrückungszahlungen (BAG DB 1999, 1403) oder Übergangs- bzw Vorruhestandsgelder (BAG DB 1988, 2007) dar (BGH FamRZ 2014, 1529; 2005, 696, 698; 2001, 27, 28; Karlsruhe FamRZ 1998, 629). Entspr gilt für Versicherungen, die vom ArbN nach Ende der Beschäftigung fortgesetzt werden (vgl § 2 II 2 Nr 3, III 2 Nr 2 BetrAVG), was allerdings nur ihre Qualifikation als Betriebsrente, nicht dagegen als auszugleichendes Anrecht iSd § 2 betrifft (s § 2 Rn 10). Nach § 2 II Nr 3 werden Anrechte jetzt auch erfasst, wenn sie nicht auf eine Renten-, sondern auf eine Kapitalzahlung lauten. 4

III. Anspruchsgrundlage und Arten. Die Leistungen beruhen auf freiwilliger (einzel- oder kollektivrechtl) Zusage (BAG BB 1975, 1062; DB 1987, 743), betrieblicher Übung iVm dem Gleichbehandlungsgrundsatz (für teilzeitbeschäftigte ArbN konkretisiert in § 4 I 1 TzBfG) oder – im Fall der Entgeltumwandlung – auf einem Verlangen des ArbN (§ 1a, § 17 I 3, § 19, § 30h BetrAVG). Nach § 1 II BetrAVG liegt betriebliche Altersversorgung auch vor bei einer **beitragsorientierten Leistungszusage** (etwa in Form von Rentenbausteinen), einer **Beitragszusage mit Mindestleistung**, einer **Entgeltumwandlung** oder bei der Verwendung von Arbeitsentgelt durch den ArbN zur Finanzierung von Leistungen der betrieblichen Altersversorgung, wenn diese Leistungen von der Versorgungszusage des ArbGeb umfasst werden (vgl BT-Drs 14/9442, 50). Betriebliche Altersversorgung ist auch die durch eine Pensionskasse im Kapitaldeckungsverfahren durchgeführte und **auf Gesetz** beruhende Hüttenknappschaftliche Zusatzversicherung im Saarland nach §§ 10ff HZvG v 21.6.2002 (BGBl I 2002, 2167), und zwar auch insoweit, als nach früherem Recht erworbene Anrechte nach §§ 27ff HZvG in das neue kapitalgedeckte System übertragen worden sind (BT-Drs 14/9007, 25; Johannsen/Henrich/Althammer/*Siede* § 45 VersAusglG Rn 7). 5

IV. Verfallbarkeit und Ausgleichsreife. Zur Verfallbarkeit und Ausgleichsreife betrieblicher Anrechte s § 19 Rn 6ff. 6

V. Durchführungswege der betrieblichen Altersvorsorge. Nach dem BetrAVG gibt es fünf mögliche Durchführungswege der Altersversorgung, die auch miteinander kombiniert werden können (vgl hierzu ausf *Glockner/Hoenes/Weil* § 6 Rn 43ff; Johannsen/Henrich/Althammer/Siede § 45 VersAusglG Rn 9ff): 7

1. Direktzusage. Bei der unmittelbaren Versorgungszusage durch den ArbGeb (§ 1 I, § 2 I BetrAVG) bestehen allein zw diesem und dem ArbN Rechtsbeziehungen (sog Direktzusage). Häufig decken die ArbGeb die abgesicherten Risiken mit Rückdeckungsversicherungen ab. 8

2. Direktversicherungen. Dies sind nach § 1 II Nr 2, § 1b II BetrAVG Lebensversicherungen, die vom ArbGeb als Versicherungsnehmer auf das Leben des ArbN abgeschlossen werden. Sie dienen dazu, eine erteilte Versorgungszusage des ArbGeb abzusichern. Eine bei Ausscheiden des ArbN unverfallbare Versorgungsanwartschaft kann der ArbGeb unter den Voraussetzungen des § 2 II BetrAVG durch Abtretung der Ansprüche aus der Direktversicherung an den ArbN **ablösen**, wenn keine Beitragsrückstände bestehen (sog „versicherungsvertragl Lösung"). Nach § 1b II BetrAVG darf der ArbGeb iÜ ein dem ArbN eingeräumtes, grds widerrufliches Bezugsrecht (§ 159 VVG) nicht mehr widerrufen, wenn die Unverfallbarkeitsvoraussetzungen erfüllt sind. Zu unterscheiden hiervon ist die sog **unechte Direktversicherung**, bei welcher der **ArbN Versicherungsnehmer** ist und der ArbGeb lediglich die Beiträge leistet. Unechte Direktversicherungen gelten nicht als **betriebliche** Altersvorsorge; sie können gleichwohl als private Versicherungen des ArbN in den VersA fallen. 9

3. Pensionskassen. Pensionskassen sind Aktiengesellschaften (AG) oder Versicherungsvereine auf Gegenseitigkeit (VVaG), die unter staatlicher Aufsicht stehen; sie gewähren dem ArbN bzw seinen Hinterbliebenen einen Rechtsanspruch (§ 1b III BetrAVG). Auch insoweit ermöglicht § 2 III BetrAVG dem ArbGeb unter den dort genannten Voraussetzungen bei vorzeitigem Ausscheiden des ArbN, sich durch Abtreten der Ansprüche gegen die Pensionskasse von Ansprüchen aus der Versorgungszusage zu befreien. Sonderformen sind die **Versorgungsanstalten** des öffentlichen Dienstes, wie die VBL, bei denen es sich um juristische Personen des öffentlichen Rechts handelt; für diese gelten aber Sonderregeln (s § 17 II, § 18 BetrAVG). 10

4. Unterstützungskassen. Dabei handelt es sich um rechtsfähige eigenständige Versorgungseinrichtungen, die von den Trägerunternehmen (ein oder mehrere ArbGeb) finanziert werden. Eine Beteiligung der ArbN an der Finanzierung ist möglich. Sie gewähren dem ArbN zwar **keinen eigenen Rechtsanspruch** auf Leistungen (§ 1b IV BetrAVG); nach der st Rspr des BAG (DB 2003, 2018; NZA 2010, 701) ist dies aber nur als ein an sachliche Gründe gebundenes Widerrufsrecht der Unterstützungskassen zu verstehen. Sie gelten daher als tauglicher Versorgungsträger (BGH FamRZ 2016, 775 Rn 64). Neben der Unterstützungskasse haftet der ArbGeb (BAG NZA 2010, 701ff Rn 66f). Die Unterstützungskassen sind in der Kapitalanlage frei. 11

5. Pensionsfonds. Der Pensionsfonds wurde als weiterer Durchführungsweg der betrieblichen Altersversorgung zum 1.1.2002 eingeführt. Er wird als AG oder als VVaG geführt und gewährt dem ArbN einen Rechtsanspruch auf die zugesagten Leistungen. Im Vergleich zu den Pensionskassen verfügen Pensionsfonds über größere Spielräume in der Geldanlage. 12

13 **VI. Finanzierung.** Die Finanzierung betrieblicher Anrechte kann durch den ArbGeb, durch ArbGeb und ArbN gemeinsam oder allein durch den ArbN (im Wege der Entgeltumwandlung) erfolgen. Auch im letzten Fall handelt es sich nach § 1 II Nr 3 und 4 BetrAVG um betriebliche Altersversorgung; allerdings sind die vom ArbN finanzierten (Teile von) Anrechte(n) sofort unverfallbar und damit ausgleichsreif iSd § 19 II Nr 1 (*Glockner/Hoenes/Weil* § 6 Rn 71f). Dazu und zu den Arten betrieblicher Versorgungszusagen s § 45 Rn 4f.

14 **VII. Rechtsverhältnis des Ausgleichsberechtigten zum Arbeitgeber und zum dritten Versorgungsträger. 1. Arbeitgeber als Versorgungsträger.** Entscheidend für die Beteiligung am Versorgungsausgleichsverfahren ist die Frage, wer Träger der betrieblichen Altersversorgung ist. Grds ist Träger der betrieblichen Altersversorgung, wer die Versorgungszusage abgibt und im Versorgungsfall die zugesagten Leistungen gewährt (zB BGH FamRZ 1987, 52, 53; 1993, 299, 300f). Danach ist der ArbGeb jedenfalls dann Träger der Versorgung, wenn er eine Direktzusage erteilt. Dasselbe gilt, wenn der ArbGeb Beiträge in eine Unterstützungskasse einzahlt, weil der ArbN zwar gegen den Gesetzeswortlaut grds einen Rechtsanspruch auf die von der Unterstützungskasse erbrachten Leistungen erwirbt, sich bei Streit über den Bestand und Inhalt der Versorgungszusage aber an den ArbGeb halten muss (Bsp: BAG DB 2003, 293; anders *Glockner/Hoenes/Weil* § 6 Rn 63 aE). In diesem Fall und in den übrigen Fällen, in denen der ArbGeb dem ArbN eine mittelbare Versorgungszusage über einen selbständigen dritten Versorgungsträger erteilt (Pensionskasse, Pensionsfonds oder Direktversicherung), gewährt allerdings (regelmäßig) ein anderer die zugesagte Leistung als derjenige, der die Versorgungszusage erteilt. In diesen Fällen war nach Ansicht des BGH zum alten Recht **allein** der Dritte der in Anspruch zu nehmende und danach auch der in den VersA einzubeziehende Versorgungsträger (FamRZ 1987, 52, 53f). Auf dieser Grundlage nimmt der Gesetzgeber an, dass immer, wenn ein dritter Versorgungsträger eingeschaltet wird, dieser – und nur dieser – Versorgungsträger iSd VersAusglG ist (BT-Drs 16/10144, 45). Diese Ansicht erscheint mit der rechtl Konstruktion der betrieblichen Altersversorgung nicht vereinbar.

15 **2. Dreiecksverhältnis.** In den Fällen, in denen der ArbGeb sich eines dritten Versorgungsträgers bedient und der ArbN (auch bei einer Unterstützungskasse) einen Rechtsanspruch auf die Versorgungsleistung erhält, liegt rechtl ein Vertrag zugunsten Dritter (§ 328 BGB) vor (BAG AP Nr 49 zu § 1 BetrAVG; BB 1998, 1114ff). Der ArbGeb ist Vertragspartner des dritten Versorgungsträgers (sog Deckungsverhältnis). Er kann etwa im Fall einer Direktversicherung als Versicherungsnehmer diese kündigen, abtreten oder beleihen (dazu vgl BGH FamRZ 1993, 793ff). Die Versorgungszusage ggü dem ArbN (Valutaverhältnis) bildet ihrerseits den Rechtsgrund für das bei dem dritten Versorgungsträger begründete Bezugsrecht des ArbN. Wenn der Ausgleichsberechtigte bei Teilung einer Betriebsrente die Stellung eines ausgeschiedenen ArbN iSd Betriebsrentengesetzes erlangt, steht ihm der ArbGeb für die Erfüllung der zugesagten Leistungen auch dann ein, wenn die Durchführung nicht unmittelbar über ihn erfolgt (§ 1 I 3 BetrAVG); er bleibt also aus der Versorgungszusage verpflichtet (BAG NZA 2010, 701ff Rn 66f). Ggü dem ausgeschiedenen ArbN gewinnt er nur die Option, sich unter den Voraussetzungen des § 2 II, III und IIIa BetrAVG durch Abtretung der Ansprüche aus dem Vertrag mit dem dritten Versorgungsträger von seinen Pflichten aus der Versorgungszusage zu befreien (sog **versicherungsrechtl Lösung**). Maßgeblich für Inhalt und Umfang der Betriebsrentenanwartschaft bleibt schließlich stets die zw ArbGeb und ArbN bestehende Versorgungsregelung, was insb dann von Bedeutung ist, wenn die zugesagte Versorgung und das bei dem dritten Versorgungsträger bestehende Anrecht nicht inhaltsgleich sind (BGH FamRZ 1993, 793ff; 2003, 1648ff). Deshalb ist nach hier vertretener Ansicht bei einer mittelbaren Versorgungszusage das Anrecht des ArbN in seiner Gesamtheit (Versorgungszusage des ArbGeb einerseits, Bezugsrecht bei dem dritten Versorgungsträger andererseits) zu teilen und nicht allein das abgespaltene Bezugsrecht. Für die betriebliche Altersversorgung bei der Deutschen Telekom AG hat der BGH demgemäß zutr entschieden, dass nicht nur das bei dieser bestehende Anrecht zu teilen ist, sondern auch das parallelverpflichtende ruhende Anrecht bei der Versorgungsanstalt der Deutschen Bundespost (VAP). Bei der externen Teilung darf allerdings die VAP nicht nach § 14 Abs IV zur Zahlung des Ausgleichsbetrages verpflichtet werden, da das bei ihr bestehende Anrecht aufgrund der VAP-Satzung ruht (BGH FamRZ 2015, 234; 2016, 1245 Rn 11; 2016, 2076; dazu *Norpoth* NZFam 2015, 448). Der ArbGeb des Ausgleichspflichtigen wäre jedenfalls auch dann am Versorgungsausgleichsverfahren zu beteiligen, wenn er für diesen bspw eine Direktversicherung abgeschlossen hat, weil in seine Rechte als Vertragspartner des dritten Versorgungsträgers eingegriffen wird. Teilt man, wie hier vorgeschlagen, sowohl die Ansprüche aus der Versorgungszusage als auch das Bezugsrecht, kann sich der ArbGeb ggü dem Ausgleichsberechtigten nach Maßgabe des § 2 II, III und IIIa BetrAVG von seinen Pflichten aus der Versorgungszusage befreien.

§ 13 Teilungskosten des Versorgungsträgers

Der Versorgungsträger kann die bei der internen Teilung entstehenden Kosten jeweils hälftig mit den Anrechten beider Ehegatten verrechnen, soweit sie angemessen sind.

1 **I. Allgemeines.** § 13 hat im alten Recht keinen Vorläufer. Jedoch war in der Rspr zur Realteilung (§ 1 II VAHRG aF) anerkannt, dass der Versorgungsträger Kosten der Realteilung in Ansatz bringen durfte (Celle FamRZ 1985, 939, 942; Frankfurt FamRZ 1998, 626, 628).

2 **II. Erfasste Kosten. Kosten der internen Teilung** sind die Kosten des organisatorischen Mehraufwandes, den die interne Teilung selbst verursacht, allerdings nicht nur die punktuellen Kosten der Teilung selbst, sondern auch die Folgekosten, also das Einrichten und Führen eines Bestandskontos für den Ausgleichsberechtigten einschl der Verwaltung in der Leistungsphase (BGH FamRZ 2012, 610, 613; 2012, 942, 943; 2012, 1546, 1549);

diese Kosten können grds in vollem Umfang auf die betroffenen Ehegatten umgelegt werden (BGH FamRZ 2015, 913). Nicht erfasst sind dagegen die Kosten für die Ermittlung des Ehezeitanteils und des Ausgleichswertes (ggf des korrespondierenden Kapitalwertes) sowie sonstige Kosten, die allein durch die Beteiligung am VersA-Verfahren entstehen; diese Kosten müssen die Versorgungsträger selbst tragen (§ 150 III FamFG; vgl BT-Drs 16/10144, 57). Für die **externe Teilung** existiert keine entspr Kostenregelung. Der Gesetzgeber verweist darauf, dass der Versorgungsträger der ausgleichspflichtigen Person bei externer Teilung zwar den Ausgleichswert als Kapitalbetrag an den Versorgungsträger der ausgleichsberechtigten Person zahlen muss, dass ihm aber keine Kosten eines organisatorischen Mehraufwandes, wie bei der internen Teilung, entstehen können (BT-Drs 16/10144, 57).

III. Angemessenheit. Die Kosten dürfen nur in Ansatz gebracht werden, soweit sie **angemessen** sind. Nach 3
Vorstellung des Gesetzgebers, die der BGH billigt, können diese Kosten ggf – iHv 2–3 % des Deckungskapitals oder Barwerts (korrespondierenden Kapitalwerts) des auszugleichenden Anrechts – pauschaliert werden (BT-Drs 16/10144, 57; zuletzt BGH FamRZ 2021, 929 Rn 11). Bei besonders hohen oder niedrigen Werten kann ein pauschaler Abzug unverhältnismäßig hoch oder niedrig sein; der Gesetzgeber wollte aber hier bewusst durch die Verwendung des unbestimmten Rechtsbegriffs der Angemessenheit der Praxis die Entwicklung von Höchstbeträgen oder Mindestpauschalen überlassen (BT-Drs 16/10144, 127; 16/11903, 53). Bedenken gegen den pauschalen prozentualen Ansatz bestehen insoweit, als höherwertige Anrechte durch eine solche Mischkalkulation mit höheren Kosten belastet werden können, als ihre interne Teilung selbst verursacht (Art 14 GG; vgl FamR-Komm/*Wick* Rn 4). Der BGH billigt dies aber insb als Element eines sozialen Ausgleichs, mit dem verhindert werden soll, dass geringwertige Anrechte durch die Umlage der tatsächlich entstehenden Teilungskosten weitgehend aufgezehrt werden (BGH FamRZ 2015, 913; 2015, 916). Um zu verhindern, dass bei einer Mischkalkulation von einem Anrecht hohe Teilungskosten abgezogen werden, die außer Verhältnis zu dem tatsächlich entstehenden Verwaltungsaufwand stehen, ist ein pauschaler Abzug ohne nähere Darlegung der tatsächlichen Kosten nur bis zu einem Höchstbetrag zulässig, wobei der BGH eine Grenze von 500 € billigt (zuletzt BGH FamRZ 2021, 929 Rn 12; für eine notwendige erhebliche Anhebung aus versicherungsmathematischen Gründen überzeugend *Tausch* FamRZ 2019, 1912, 1914f). Zu berücksichtigen ist, dass die Versorgungsträger unterschiedlich groß und unterschiedlich strukturiert sind, so dass die Kosten interner Teilung unterschiedlich hoch sind (BGH FamRZ 2012, 610ff Rn 54f). Die Verwaltung betrieblicher Anrechte zieht Folgekosten nach dem BetrAVG nach sich, welche nach § 12 auch für die ausgleichsberechtigte Person anfallen (BGH FamRZ 2012, 610, 614 unter Verweis auf *Lucius/Veit/Groß* BetrAV 2011, 52; *Niehaus* BetrAV 2011, 140, 142; *Wick* FuR 2011, 436f; vgl auch FamR-Komm/*Wick* Rn 6).

Werden **im konkreten Fall** (Celle FamRZ 2014, 1849) Teilungskosten von mehr als 500 € erhoben, muss der 4
Versorgungsträger zunächst seine tatsächlichen Kosten nachvollziehbar darlegen, was die Berücksichtigung von weit über 500 € liegenden Teilungskosten rechtfertigen kann (BGH FamRZ 2021, 929; FamRZ 2015, 913 – ThyssenKrupp; 2015, 916 m Anm *Voucko-Glockner* NZFam 2015, 627 – NDR; Koblenz NZFam 2016, 76; Stuttgart FamRZ 2012, 711ff – Daimler/*Benz*). Insoweit darf der Versorgungsträger auf Daten (Teilungskostentabellen) eines externen Dienstleisters Bezug nehmen, ohne hierauf beschränkt zu sein (zuletzt BGH FamRZ 2021, 929 Rn 12). Zu berücksichtigen ist, dass der Versorgungsträger die gesamten Teilungskosten bis zum prognostizierten Versterben der ausgleichsberechtigten Person hochrechnet und kapitalisiert. Zeitl darf der Ansatz von Teilungskosten erst ab Wirksamwerden der Entscheidung beginnen; dieser Zeitpunkt kann nur geschätzt werden. Das Kapital muss dann allerdings auch – jedenfalls im Hinblick auf die erst bei Rentenbeginn entstehenden Kosten – auf den Zeitpunkt der Entscheidung abgezinst werden, und zwar mit demselben Rechnungszins, der bei der Berechnung des Kapitalwerts des Versorgung zugrunde liegt (vgl *Tausch* FamRZ 2019, 1912, 1913). Gegenläufig zu berücksichtigen ist die Preissteigerung. Im Anschluss an die konkrete Darlegung muss sodann das FamG prüfen, ob der Kostenabzug im Einzelfall die betroffenen Ehegatten/Lebenspartner über Gebühr belastet (BGH FamRZ 2012, 1546ff Rn 24; BT-Drs 16/10144, 125). Zur Prüfung seiner Mischkalkulation wird der Versorgungsträger regelmäßig die durchschnittlichen Teilungsstückkosten, die Bandbreite der Höhe der bei ihm bestehenden Versorgungen und die Zahl der Teilungsfälle darzulegen haben (BGH FamRZ 2015, 913 und 916 m Anm *Voucko-Glockner* NZFam 2015, 627). Die Pauschalierung muss nicht auf den 1,5-fachen Betrag der durchschnittlichen Teilungskosten begrenzt werden (BGH FamRZ 2015, 913 und 916 m Anm *Voucko-Glockner* NZFam 2015, 627; aA Nürnberg FamRZ 2014, 1703; Düsseldorf FamRZ 2013, 381). Die Mischkalkulation kann danach sogar den Verzicht auf einen Höchstbetrag rechtfertigen (aA Köln 8.5.2019 – 25 UF 138/11: 5.000 €). Selbstverständlich dürfen die kalkulierten Teilungskosten insg nicht mehr als auskömmlich sein. Auch bei höheren Teilungskosten halten sich die praktischen Auswirkungen allerdings in aller Regel in Grenzen (*Hauß* FamRB 2015, 243f; ähnl *Tausch* FamRZ 2019, 1912, 1915 m Bsp). In der Rspr werden beispielsweise Teilungskosten bis zu 3 000 € nach Prüfung akzeptiert (München FamRZ 2019, 25 und 2018, 584; großzügig Hamm FamRZ 2019, 445; strenger Hamm Beschl v 16.8.2016 – 13 UF 251/13).

Bei den öffentlich-rechtl Versorgungssystemen der GRV, Versorgung der Beamten und Soldaten des Bundes, der 5
Abgeordnetenversorgung und der Alterssicherung der Landwirte ist eine Verrechnung der Kosten gesetzl nicht geregelt. Die entspr Versorgungsträger dürfen deswegen, solange eine gesetzl Regelung hierzu nicht existiert, keine Kosten interner Teilung erheben (NK-VersA/*Götsche* Rn 4). Bei Anrechten der betrieblichen Altersvorsorge muss die Einführung einer Kostenregelung zu § 13 die Mitbestimmungsrechte des Betriebsrats (§ 87 I Nr 8 und 10 BetrVG) und den arbeitsrechtl Gleichbehandlungsgrundsatz wahren.

6 **IV. Verfahren.** Die vom Versorgungsträger geltend gemachten Teilungskosten fließen in seinen Vorschlag zur Bestimmung eines Ausgleichswertes (§ 5 III) ein. Der Versorgungsträger muss die Teilungskosten einschl einer übersichtlichen und nachvollziehbaren Berechnung nach § 220 IV FamFG dem FamG mitteilen. Hält das FamG die in Ansatz gebrachten Kosten für überhöht oder nicht nachvollziehbar begründet (dazu Hamm 16.8.2016 – 13 UF 251/13), kann es diese unberücksichtigt lassen und einen entspr höheren Ausgleichswert festsetzen. Das FamG kann bei der Angemessenheitsprüfung zwar im Bedarfsfall auch auf Sachverständigengutachten zurückgreifen (BGH FamRZ 2015, 916 m Anm *Voucko-Glockner* NZFam 2015, 627; FamR-Komm/*Wick* Rn 6). Damit kommen bemittelte Eheleute aber ggf „vom Regen in die Traufe", wenn sie die Kosten des Sachverständigengutachtens tragen müssen (§ 150 FamFG), weil diese die Ersparnis bei den letztlich anzusetzenden Teilungskosten idR erheblich übersteigen dürften. Die Rspr neigt zuletzt zur Anerkennung auch höherer Teilungskosten (zB München FamRZ 2019, 25). Gegen die Entscheidung des FamG steht dem betroffenen Versorgungsträger das Rechtsmittel der Beschwerde (§§ 58ff FamFG) zu, die nicht an das Erreichen eines Beschwerdewertes gebunden ist (§ 228 FamFG).

Unterabschnitt 3
Externe Teilung (§§ 14–17)

§ 14 Externe Teilung

(1) Das Familiengericht begründet für die ausgleichsberechtigte Person zulasten des Anrechts der ausgleichspflichtigen Person ein Anrecht in Höhe des Ausgleichswerts bei einem anderen Versorgungsträger als demjenigen, bei dem das Anrecht der ausgleichspflichtigen Person besteht (externe Teilung).

(2) Eine externe Teilung ist nur durchzuführen, wenn

1. die ausgleichsberechtigte Person und der Versorgungsträger der ausgleichspflichtigen Person eine externe Teilung vereinbaren oder

2. der Versorgungsträger der ausgleichspflichtigen Person eine externe Teilung verlangt und der Ausgleichswert am Ende der Ehezeit bei einem Rentenbetrag als maßgeblicher Bezugsgröße höchstens 2 Prozent, in allen anderen Fällen als Kapitalwert höchstens 240 Prozent der monatlichen Bezugsgröße nach § 18 Abs. 1 des Vierten Buches Sozialgesetzbuch beträgt; sind mehrere Anrechte im Sinne des Betriebsrentengesetzes bei einem Versorgungsträger auszugleichen, so ist die Summe der Ausgleichswerte der Anrechte maßgeblich, deren externe Teilung der Versorgungsträger verlangt.

(3) § 10 Abs. 3 gilt entsprechend.

(4) Der Versorgungsträger der ausgleichspflichtigen Person hat den Ausgleichswert als Kapitalbetrag an den Versorgungsträger der ausgleichsberechtigten Person zu zahlen.

(5) Eine externe Teilung ist unzulässig, wenn ein Anrecht durch Beitragszahlung nicht mehr begründet werden kann.

1 **I. Allgemeines.** Die externe Teilung ist im Wertausgleich bei Scheidung die Ausnahme (s § 9 III); Regelfall ist die interne Teilung. Abs I enthält zunächst die Legaldefinition des Begriffs „externe Teilung". Die Abs II und V enthalten die Fallgruppen und (nicht abschließend) Voraussetzungen für die externe Teilung. Abs III und IV regeln die Durchführung. Weitere Regelungen zu den Voraussetzungen enthalten §§ 15 und 17, weitere Fallgruppen fügt § 16 I und II hinzu. Erg gilt für das Verfahren § 222 FamFG. Im alten Recht war die externe Teilung ein Unterfall der Realteilung nach § 1 II VAHRG aF (Bsp: BGH FamRZ 2008, 1418ff); für öffentlich-rechtl Versorgungsträger waren das Quasisplitting (§ 1587b II BGB aF) und das analoge Quasisplitting (§ 1 III VAHRG aF) ebenfalls Fälle der externen Teilung. Hintergrund für die Konzeption als Ausnahmeregelung ist, dass nach der Vorstellung des Gesetzgebers die Halbteilung von Versorgungsanrechten durch die interne Teilung grds besser verwirklicht werden kann (BT-Drs 16/10144, 58; hierzu s auch die Komm zu § 17). Die Ausgestaltung der Ausnahmeregelungen stellt zudem sicher, dass gegen den Willen des Versorgungsträgers der mit der externen Teilung verbundene Kapitalabfluss (Abs IV mit § 222 III FamFG) nicht erfolgen kann (BT-Drs 16/10144, 43; Johannsen/Henrich/Althammer/*Holzwarth* Rn 1).

2 **II. Definition/Tenorierung der externen Teilung.** Im Unterschied zur internen Teilung wird nach Abs I bei der externen Teilung ein Anrecht für den Ausgleichsberechtigten **begründet** (nicht übertragen), und zwar bei einem **anderen Versorgungsträger** als demjenigen, bei dem das zu teilende Anrecht besteht. Der Wortlaut ist allerdings zu eng formuliert. Es liegt auch dann eine externe Teilung vor, wenn bei dem Versorgungsträger der ausgleichspflichtigen Person ein Anrecht für die ausgleichsberechtigte Person begründet wird, das aber abweichenden Regelungen unterliegt oder zu einem anderen Versorgungssystem gehört (vgl Brandenburg FamRZ 2016, 1276; aA offenbar Karlsruhe FamRZ 2017, 100; Bsp: der Lebensversicherer gleicht das betriebliche Anrecht seines ArbN extern aus, indem er zugleich als Zielversorgungsträger der ausgleichsberechtigten Person die Zahlung in eine Lebensversicherung anbietet). Die Entscheidung des FamG zur externen Teilung muss zu diesem Zweck das auszugleichende Anrecht, dessen Versorgungsträger, den Ausgleichswert (zumindest in einem **zweiten** Schritt; dazu vgl BGH FamRZ 2017, 1655 Rn 11ff; FamRZ 2018, 1745 Rn 14ff) als Kapitalwert (Abs IV mit § 222 III FamFG) sowie den Versorgungsträger, bei dem das Anrecht begründet wird, benennen (NK-VersA/*Götsche* Rn 10); bei Fonds mit Veröffentlichungspflicht nach § 170 KAGB kommt eine Tenorierung mit dem

Wert der Fondsanteile zZt der Rechtskraft in Betracht (BGH FamRZ 2017, 1655 Rn 27ff; 2018, 1745 Rn 20ff); bei fehlender Veröffentlichungspflicht soll die Tenorierung eines Internetportals samt Zugangscode genügen (BGH FamRZ 2021, 581 Rn 14 und FamRZ 2021, 1614; s auch § 5 Rn 2 und 12 sowie unten Rn 10; zu fondsgebundenen Anrechten s auch § 46 Rn 9f). Eine **garantierte Mindestleistung** ist dann als Untergrenze zu tenorieren (BGH FamRZ 2017, 1655); ist sie durch die Fondsentwicklung unterschritten, kann eine Tenorierung der Fondsanteile entfallen (Karlsruhe 5.10.2022 – 20 UF 98/22). Die iÜ teilw geforderte Bezugnahme auf das Ehezeitende im Tenor (zB NK-VersA/*Götsche* Rn 11; aA FamR-Komm/*Wick* Rn 30 unter Bezugnahme auf BGH FamRZ 2021, 581) darf nach hier vertretener Auffassung nicht als rückwirkende Anrechtsbegründung missverstanden werden (ebenso BGH FamRZ 2016, 1847; 2016, 1144 bei fester Verzinsung und externer Teilung in die GRV); sie hat vielmehr die Funktion eines offenen Tenors für den benannten Ausgleichswert (sehr str; näher § 9 Rn 5). Genauso ist eine Bezugnahme auf den Zeitpunkt der Rechtskraft der Entscheidung zur Konkretisierung des Ausgleichswerts möglich (so BGH FamRZ 2017, 1655; 2018, 1745). Ferner muss das FamG die Verpflichtung des abgebenden Versorgungsträgers zur Zahlung an den Versorgungsträger, bei dem das Anrecht begründet wird, aussprechen. Außerdem muss zudem das **Vertragsangebot des Zielversorgungsträgers** (nicht des Auffangversorgungsträgers iSd § 15 II) im Tenor benannt werden, weil dieses Grundlage der Angemessenheitskontrolle iSd § 15 II und IV ist (vgl BGH FamRZ 2019, 1775; vgl auch Koblenz FamRZ 2014, 309, 310; Ausnahme: GRV als Zielversorgungsträger, weil sich der „Umrechnungskurs" bereits aus dem Gesetz ergibt). **Unzulässig** ist es idR, die Teilungsordnung des abgebenden Versorgungsträgers in den Tenor aufzunehmen (Köln 21.1.2022 – 14 UF 166/21; ähnl schon BGH FamRZ 2013, 1546; zu einem Ausnahmefall s Hamm FamRZ 2019, 1783). Bei verzinslichen Anrechten darf aus Bestimmtheitsgründen kein Zinseszins tenoriert werden, bei längeren Zeiträumen ist aber eine Neuberechnung unter Einschluss von Zinseszinsen auf einen entscheidungsnahen Stichtag angezeigt (BGH FamRZ 2021, 1103 Rn 61). Zur **Bindung** des Zielversorgungsträgers an sein **Einverständnis** und sein **Vertragsangebot** s § 15 Rn 4.

III. Fallgruppen. Als Ausnahme ist die externe Teilung nur in den vom Gesetz geregelten Fallgruppen zulässig; liegen deren Voraussetzungen nicht vor, ist die Teilung intern durchzuführen. 3

1. Vereinbarung. Nach Abs II Nr 1 kommt eine externe Teilung aufgrund einer Vereinbarung zw dem Ausgleichsberechtigten und dem Versorgungsträger des auszugleichenden Anrechts in Betracht. Alleiniger notwendiger **Inhalt** der Vereinbarung ist der Ausgleichsweg (= externe Teilung; BT-Drs 16/10144, 58). Der Ausgleichspflichtige muss nicht notwendig an der Vereinbarung beteiligt werden (Bamberg FamRZ 2020, 1167); er muss allerdings ggf der Wahl der Zielversorgung zustimmen (§ 15 III; s § 15 Rn 5ff). Außerdem kann die externe Teilung zugleich Teil einer Vereinbarung nach den §§ 6–8 zw den Ehegatten/Lebenspartnern sein (Johannsen/Henrich/Althammer/*Holzwarth* Rn 11). Bezieht sich die Vereinbarung auch auf die Höhe des Ausgleichswertes, muss die ausgleichspflichtige Person beteiligt werden, wenn die Vereinbarung auch für und gegen sie wirken soll (vgl FamR-Komm/*Wick* Rn 13). Der Träger der Zielversorgung muss nicht an der Vereinbarung selbst beteiligt werden; er muss der externen Teilung allerdings zustimmen. **Formvorschriften** für die Vereinbarung existieren nicht; § 7 ist nicht anwendbar (Bamberg FamRZ 2020, 1167; NK-VersA/*Götsche* Rn 28f; FamR-Komm/*Wick* Rn 14; aA *Ruland* VersA Rn 723: Schriftform); lediglich aus der Notwendigkeit, die Vereinbarung dem Gericht nachzuweisen, ergibt sich eine mittelbare Notwendigkeit, sie schriftlich zu fixieren (ähnl NK-VersA/*Götsche* Rn 29; FamR-Komm/*Wick* Rn 14). Die Vereinbarung ist **nicht bedingungsfeindlich**; insb kann der Versorgungsträger des auszugleichenden Rechts ein Interesse daran haben, Bedingungen für den mit der externen Teilung verbundenen Kapitalabfluss zu stellen (Johannsen/Henrich/Althammer/*Holzwarth* Rn 8). Sind die Bedingungen zum Zeitpunkt der Entscheidung über den Wertausgleich bei Scheidung nicht erfüllt, verbleibt es bei der internen Teilung. Die Vereinbarung hat **nur mittelbare Wirkungen**: sie ist Voraussetzung für eine externe Teilung durch das FamG nach Abs I. Die Höhe des Ausgleichswertes des auszugleichenden Anrechts ist für die Vereinbarung irrelevant. 4

2. Verlangen des Versorgungsträgers. Bei **kleinen Ausgleichswerten**, welche die Grenze des Abs II S 2 nicht überschreiten, kann der Versorgungsträger – einseitig – die externe Teilung verlangen. Zweck ist es, dem Versorgungsträger übermäßigen Aufwand bei der Verwaltung kleiner Anrechte zu ersparen; zugleich kann der Ausgleichsberechtigte eine bestehende Versorgung aufstocken und so einer Zersplitterung seiner Altersversorgung begegnen. Die **Geringfügigkeitsgrenze** beträgt für einen Rentenbetrag 2 % der monatlichen Bezugsgröße nach § 18 I SGB IV und bei einem Kapitalbetrag 240 % derselben Bezugsgröße, bezogen auf das Ende der Ehezeit (2023: Bezugsgröße = 3.395 €; 2 % = 67,90 €; 240 % = 8.148 €; s § 1 I SV-Rechengrößen-VO 2023 v 28.11.2022, BGBl I 2022, 2128; Tabelle bei § 18 Rn 9; weitere Tabellen s FamRZ 2023, 179ff). Nur bei den sog internen Durchführungswegen der betrieblichen Altersversorgung (Direktzusage, Unterstützungskasse; hierzu s § 12 Rn 8, 11, 14) gilt nach § 17 eine wesentlich höhere Wertgrenze (s Komm zu § 17). Eine besondere Wertgrenze für das einseitige Bestimmungsrecht bei **angleichungsdynamischen** Anrechten existiert nicht, weil Abs II Nr 2 nur auf § 18 I SGB IV, nicht aber auf § 18 II SGB IV Bezug nimmt (*Ruland* VersA Rn 736). Maßgeblich für das Überschreiten der Wertgrenze ist der volle Wert des Anrechts einschl volatiler Anteile zum Stichtag Ehezeitende (aA Frankfurt FamRZ 2017, 881 für Anrechte iSd § 46; aber auch Schlussüberschussanteile und Bewertungsreserven sind bewertungsrelevant: BGH FamRZ 2016, 775 Rn 18). 5

Nach dem durch G zur Änderung des Versorgungsausgleichsrechts v 12.5.2021 (BGBl I 2021, 1085) neu eingefügten 2. Hs des Abs II Nr 2 sind die Ausgleichswerte mehrerer bei einem Versorgungsträger auf sein Verlangen extern zu teilender Anrechte zusammenzurechnen (s auch *Borth* FamRZ 2021, 1337). Das soll eine Umge- 5a hung des Grenzwerts durch die Versorgungsträger verhindern (BT-Drs 19/26838, 12ff). Zusammenzurechnen sind nur Anrechte iSd BetrAVG, die ausgleichsreif sind, bei demselben Versorgungsträger bestehen und deren externe Teilung er verlangt. Dies gilt jedenfalls für Anrechte aus den sog internen Durchführungswegen (Direktzusage, Unterstützungskasse), weil hier der ArbGeb als Versorgungsträger gilt. Für die Anrechte aus den externen Durchführungswegen (Pensionskasse, Pensionsfonds, Direktversicherung) wird eine Zusammenrechnung dagegen abgelehnt, sobald unterschiedliche externe Versorgungsträger vorliegen (*Borth* FamRZ 2020, 1801, 1803; FamR-Komm/*Wick* Rn 21). Für eine Zusammenrechnung spricht aber auch hier, dass der ArbGeb immer subsidiärer Versorgungsträger bleibt (s § 12 Rn 14f).

5b Anders als die Vereinbarung nach Abs II Nr 1 ist das Verlangen des Versorgungsträgers **bedingungsfeindlich** (BT-Drs 16/10144, 59; Johannsen/Henrich/Althammer/*Holzwarth* Rn 14). Nach wohl hM (Nürnberg FamRZ 2021, 271, 272; Johannsen/Henrich/Althammer/*Holzwarth* Rn 14; HK-VersA/*Götsche* Rn 50) ist es grds auch unwiderruflich. Zulässig ist ein Widerruf aber, wenn das FamG den vorgeschlagenen Ausgleichswert nicht akzeptiert (BVerfG FamRZ 2020, 1078 Rn 79, 81; dem folgend BGH FamRZ 2021, 1103 Rn 56), ebenso bei Vorliegen eines Restitutionsgrundes (vgl BGH MDR 1991, 1197 Rn 8) und bei Einverständnis der ausgleichsberechtigten Person (Frankfurt NZFam 2019, 389).

5c Zu einem Problem bei der Bildung des Ausgleichswerts als Kapitalwert – der letztlich auch an den Ziel- oder Auffangversorgungsträger zu zahlen ist – kann der verwendete Zinssatz für die Abzinsung auf das Ehezeitende werden. Bei den sog internen Durchführungswegen (Direktzusage, Unterstützungskasse) wurde hierbei über längere Zeit mit einem nicht marktgerechten, überhöhten Zinssatz gearbeitet, welcher prognostisch dazu führte, dass der Ziel- oder Auffangversorgungsträger aus dem übertragenen Kapital eine wesentlich geringere Rente(nzusage) leistete als der abgebende Versorgungsträger. Das Ergebnis konnte den Halbteilungsgrundsatz verletzen (vgl aber BVerfG FamRZ 2020, 1078; näher § 17 Rn 1). Aktuell (etwa seit 2017) stellt sich eine externe Teilung in die GRV als Zielversorgungsträger als vorteilhaft für die ausgleichsberechtigte Person dar.

6 **3. Ausschlussgründe für die externe Teilung. a) Grundversorgung.** Aus den bereits bei § 8 Rn 21 genannten Gründen können die Träger der gesetzl Grundversorgungssysteme (GRV, Beamten- und Soldatenversorgung, Altersversorgung der Landwirte, Schornsteinfegerversorgung) weder Vereinbarungen nach Abs I Nr 1 treffen noch unter den Voraussetzungen des Abs I Nr 2 eine externe Teilung verlangen (Brandenburg 5.5.2020 – 9 UF 31/20; *Ruland* VersA Rn 725, 735; Johannsen/Henrich/Althammer/*Holzwarth* Rn 8 aE; zweifelnd NK-VersA/*Götsche* Rn 26; nicht zu verwechseln mit der externen Teilung anderer Anrechte **in** eine Grundversorgung, welche die GRV bis zum Renteneintritt zulässt). Auf Seiten des Versorgungsträgers setzt die Gültigkeit der Vereinbarung die **Regelungsbefugnis** über den Ausgleichsweg voraus. Sie fehlt – derzeit – bei den gesetzl ausgestalteten Regelsicherungssystemen, die ausschließlich die interne Teilung vorsehen (*Ruland* VersA Rn 725; DRV-Komm-VersA Anm 1). **Berufsständische Versorgungen** können nur extern geteilt werden, wenn die Satzungen das ausdrückl zulassen (*Ruland* VersA Rn 644; zweifelnd NK-VersA/*Götsche* Rn 27). Zur externen Teilung von Anrechten **aus öffentlich-rechtl Dienst- oder Amtsverhältnissen** s § 16.

6a **b) Belastete Anrechte.** Ausgeschlossen ist die externe Teilung von zur Sicherheit abgetretenen, verpfändeten oder vom Insolvenzbeschlag erfassten Anrechten (*Siede* FamRZ 2021, 588, 589; FamR-Komm/*Wick* Rn 11). Str ist, wie bei Vorliegen der sonstigen Voraussetzungen des § 14 II Nr 2 zu verfahren ist (für fehlende Ausgleichsreife *Siede* FamRZ 2021, 588, 589; aA für intern zu teilende Anrechte BGH FamRZ 2021, 584 und FamR-Komm/*Wick* Rn 11 mwN zum Streitstand Fn 14). Das Gesetz lässt offen, ob dann eine interne Teilung oder ein Wertausgleich nach der Scheidung zu erfolgen hat oder das Verfahren insoweit auszusetzen ist.

7 **IV. Umsetzung der Entscheidung, Kosten.** Zur Umsetzung verweist Abs III auf § 10 III, welcher § 1 II 2 VAHRG aF entspricht. Die für das auszugleichende Anrecht geltende Versorgungsordnung muss nicht in den Tenor der gerichtlichen Entscheidung aufgenommen werden (BGH FamRZ 2015, 313 m zust Anm *Borth*; Ausnahme s Hamm FamRZ 2019, 1783); die Regelungen für den Vollzug der externen Teilung sollen sich aus dem Recht der beiden betroffenen Versorgungssysteme ergeben. Wie sich die Teilung auf das der ausgleichspflichtigen Person verbleibende Anrecht auswirkt, hat das Familiengericht deswegen nicht zu regeln (BGH FamRZ 2018, 894 Rn 42; 2015, 313 Rn 13ff; 2013, 1546ff Rn 11f; aA für die interne Teilung KG FamRZ 2013, 464; Stuttgart FamRZ 2012, 711f). Bei externer Teilung **parallelverpflichtender Anrechte** darf nur der vorrangig haftende Versorgungsträger zur Zahlung verpflichtet werden (BGH FamRZ 2016, 2076 Rn 22; 2016, 1245 Rn 13; Brandenburg FamRZ 2020, 1905. s auch § 12 Rn 14f). **Kosten** der externen Teilung kann der Versorgungsträger, bei dem das auszugleichende Anrecht besteht, anders als bei der internen Teilung, nicht auf die Ehegatten/Lebenspartner umlegen. Auf eine dem § 13 entspr Regelung hat der Gesetzgeber bewusst verzichtet, weil bei dem abgebenden Versorgungsträger lediglich ein Kapitalabfluss, aber kein Verwaltungsmehraufwand entstehe, während beim aufnehmenden System entweder schon ein Konto bestehe, das aufgestockt werde, oder ein neuer Kunde gewonnen werde (BT-Drs 16/10144, 57). Letztere Begründung hinkt; bei externer Teilung in eine neu zu gründende Lebensversicherung wird der aufnehmende Versicherer die aus dem Kapital zu erbringenden Leistungen idR unter Berücksichtigung seines Verwaltungsaufwandes berechnen (vgl BGH FamRZ 2016, 781 Rn 25; s § 46 Rn 6f); das verwehrt ihm das VersAusglG auch nicht.

8 **V. Zahlungspflicht.** In den Fällen des Abs II muss der Versorgungsträger der ausgleichspflichtigen Person an den Ziel- oder Auffangversorgungsträger nach Abs IV den Ausgleichswert als Kapitalbetrag leisten; den Ausgleichswert setzt das FamG in seiner Entscheidung gem § 222 III FamFG fest (zur offenen Tenorierung s § 9

Rn 5 und § 5 Rn 4). Diese Regelungen sind erst im Rechtsausschuss deutlicher konkretisiert worden. Entspr dem Willen des Gesetzgebers (BT-Drs 16/10144, 95) soll der Ziel- oder Auffangversorgungsträger aus der Entscheidung gegen den abgebenden Versorgungsträger die Zwangsvollstreckung betreiben können. Sinn macht das nur, soweit er auch ohne Erhalt der Kapitalzahlung ggü dem Ausgleichsberechtigten leistungspflichtig wird (Rn 15). **Keine Zahlungspflicht** besteht bei externer Teilung in den Fällen des § 16; dazu § 16 Rn 7. Der Kapitalbetrag ist nach der hM grds mit dem für die Versorgung maßgeblichen Rechnungszins zu **verzinsen**, allerdings nur bis zur Rechtskraft der Entscheidung; für die Zeit danach soll eine Verzinsung nach den gesetzl Verzugsregeln möglich sein (BGH FamRZ 2013, 773; 2014, 1182; 2016, 1144; vgl Rn 17 sowie § 9 Rn 5). Eine Verzinsungsanordnung kommt danach allerdings nur insoweit in Betracht, als sie der zu teilenden Versorgung fest zugesagt ist (Frankfurt FamRZ 2015, 1799; 2017, 881). Der Zinssatz muss demjenigen entsprechen, mit dem der Kapitalwert auf das Ehezeitende berechnet ist (BGH FamRZ 2016, 2076 Rn 24). Eine Teilhabe der ausgleichsberechtigten Person an positiven **volatilen** Wertentwicklungen (Bsp; **fondsgebundene** Anrechte) muss wegen des Ehezeitbezuges ebenfalls sichergestellt werden (so auch – bei Veröffentlichungspflicht nach § 170 KAGB – BGH FamRZ 2017, 1655 Rn 17 und FamRZ 2018, 1745 Rn 16; weitergehend BGH FamRZ 2021, 581 und 1614; s § 5 Rn 8, 12). Grds besteht ein Anspruch auf Verzinsung einschließl Zinseszinsen, jedoch muss vollstreckbar tenoriert werden (BGH FamRZ 2017, 1655 Rn 33ff, 36). Zur hier vertretenen Ansicht s Rn 17f.

VI. Altersgrenze. Ausgeschlossen ist die externe Teilung nach Abs V, wenn ein Anrecht durch Beitragszahlung nicht mehr begründet werden kann. Dies erzwingt eine interne Teilung (Karlsruhe FamRZ 2020, 749). Vorläufer der Regelung ist § 1587e III BGB aF. Maßgeblich ist das Recht des Ziel- oder Auffangversorgungsträgers. In der GRV können nach bindender Bewilligung einer Vollrente wegen Alters keine Anrechte mehr durch Beitragszahlung begründet werden, § 187 IV SGB VI. Dabei kommt es auf den Zugang des bindenden Rentenbescheides an (BGH FamRZ 1988, 936, 938; Johannsen/Henrich/Althammer/*Holzwarth* Rn 24). Abs V ist aber im Fall der zwingenden externen Teilung nach § 16 **unanwendbar**; dessen Anwendung liefe dann nämlich leer, wenn die ausgleichsberechtigte Person bereits das Rentenalter erreicht hat (BT-Drs 16/10144, 59). Nicht geregelt sind die Folgen, wenn eine Entscheidung zur externen Teilung rechtskräftig wird, zwischenzeitl aber eine anrechtsbegründende Einzahlung bei dem Ziel- oder Auffangversorgungsträger nicht mehr möglich ist, weil die ausgleichsberechtigte Person die Altersgrenze erreicht hat. Im alten Recht war dies ein Grund zur **Abänderung** der Entscheidung; das Anrecht war dann schuldrechtl auszugleichen (§ 1587f Nr 1 und 3 BGB aF; vgl Pal/*Brudermüller*[68] § 1587f BGB Rn 5ff). Im neuen Recht besteht nur dann ein Problem, wenn nicht die Entscheidung zur externen Teilung selbst anrechtsbegründend wirkt (Rn 11ff). Beruht die externe Teilung aber auf einer Vereinbarung der Beteiligten, so entfällt deren Geschäftsgrundlage, wenn eine anrechtsbegründende Einzahlung nicht mehr möglich ist. Dies sollte unter Abänderung der Vereinbarung, wie im alten Recht, einen schuldrechtl Ausgleich ermöglichen. 9

VII. Verfahren. Es besteht **kein Anwaltszwang** für Vereinbarungen über die externe Teilung (vgl Zöller/*Lorenz* § 222 FamFG Rn 2 unter Berufung auf BT-Drs 16/10144, 94; NK-VersA/*Götsche* Rn 30). Das FamG kann in den Fällen des Abs II nach § 222 I FamFG sowohl für eine Vereinbarung zur externen Teilung als auch für ein Verlangen des Versorgungsträgers nach externer Teilung **Fristen** setzen; ob deren Versäumung zum Ausschluss des Wahlrechts der externen Teilung und damit zur internen Teilung führt, ist str (vgl § 15 Rn 2). Ähnl gilt für die Auswahl des Zielversorgungsträgers durch die ausgleichsberechtigte Person nach § 15 I (§ 15 Rn 2f); benennt der Ausgleichsberechtigte keinen Zielversorgungsträger oder weist er dessen Einverständnis nicht rechtzeitig nach (§ 222 II FamFG), wird allerdings gleichwohl die externe Teilung unter Einbeziehung eines Auffangversorgungsträgers nach § 15 V durchgeführt; dazu § 15 Rn 12. Setzt das FamG keine Frist, so können die Erklärungen nach § 14 noch bis zur Entscheidung abgegeben werden. Das FamG hat nach § 222 III FamFG in der Entscheidung den nach Abs IV zu leistenden Kapitalbetrag festzusetzen; stattdessen kann beim Ausgleich fondsgebundener Anrechte der Gegenwert definierter Fondsanteile tenoriert werden, soweit für deren Kurse eine Veröffentlichungspflicht besteht (BGH FamRZ 2017, 1655 Rn 27ff; 2018, 1745 Rn 20ff) oder ein Internetportal samt Zugangscode verfügbar ist (BGH FamRZ 2021, 581 Rn 14 und FamRZ 2021, 1614; weitergehend Hamm FamRZ 2019, 438 und FamRZ 2019, 1783; zur hier vertretenen Auffassung s Rn 17f); eine Mindestzusage ist stets mitzutenorieren (BGH FamRZ 2021, 581 und FamRZ 2017, 1655 Rn 30; Nürnberg FamRZ 2021, 592; FamR-Komm/*Wick* Rn 45f mit Tenorierungsbsp). 10

VIII. Wirkungen. Die **Wirkungen der Entscheidung** treten bei der externen wie bei der internen Teilung mit Rechtskraft ein (§ 224 I FamFG). Im Scheidungsverbund können die Wirkungen nach § 148 FamFG nicht vor Rechtskraft der Scheidung eintreten. Die eintretenden Wirkungen sind allerdings im Detail str (vgl BGH FamRZ 2013, 773, 775 Rn 23). Die Entscheidung wird einerseits als **Gestaltungsentscheidung** verstanden, die mit Eintritt der Rechtskraft ein Rechtsverhältnis zw dem Ausgleichsberechtigten und dem Versorgungsträger des zu begründenden Anrechts schafft (NK-VersA/*Götsche* Rn 13; Johannsen/Henrich/Althammer/*Holzwarth* Rn 18; *Ruland* VersA Rn 548; *Hauß*/*Bührer* Rn 420). Diskutiert werden andererseits aber die Wirkungen eines verzögerten oder ausbleibenden Kapitaltransfers vom Träger der auszugleichenden Versorgung auf den Ziel- oder Auffangversorgungsträger; sie sind nur vereinzelt gesetzl geregelt. 11

1. Anrecht des Ausgleichspflichtigen. Dieses darf der Träger der auszugleichenden Versorgung mit Rechtskraft der Entscheidung zum Wertausgleich bei Scheidung kürzen (Johannsen/Henrich/Althammer/*Holzwarth* Rn 18; NK-VersA/*Götsche* Rn 19). 12

13 **2. Anrecht des Ausgleichsberechtigten.** Die Frage, ob der Ausgleichsberechtigte auch unabhängig von der Zahlung des Ausgleichswerts an den Ziel- oder Auffangversorgungsträger gegen diesen Leistungsansprüche aus dem übertragenen Anrecht erwirbt, ist im Gesetz nur unvollkommen geregelt.

14 Nur in der **GRV** herrscht Eindeutigkeit. Hier ist der VersA nach § 52 I 3 SGB VI durchgeführt, wenn die Entscheidung des FamG wirksam ist. Zu diesem Zeitpunkt bestimmt § 101 III SGB VI, dass eine laufende Rente zugunsten oder zulasten des Rentners geändert wird. Daraus folgt, dass in der GRV die Wirkung auch bei externer Teilung mit dem Wirksamwerden sofort eintritt (s auch BT-Drs 16/10144, 101 zu § 120g SGB VI). Dies gilt auch im Fall des § 16 VersAusglG, wenn zulasten einer Beamtenversorgung oder sonstigen Versorgung aus einem öffentlich-rechtl Dienstverhältnis Anwartschaften in der GRV begründet werden (vgl zum alten Recht BSG FamRZ 2008, 1845ff). Eine **Ausnahme** sieht § 120g SGB VI nur für den Fall vor, dass die GRV als **Auffangversorgungsträger** nach § 15 V VersAusglG herangezogen wird, weil der Berechtigte nicht selbst einen Versorgungsträger benannt hat. In diesem Ausnahmefall erwirbt der Berechtigte das Anrecht in der GRV erst mit **Zahlungseingang** des vom Gericht festgesetzten Kapitalbetrags. Hier soll die GRV geschützt werden, weil sie als Auffangversorgungsträger der externen Teilung nicht zugestimmt hat (BT-Drs 16/10144, 101; dazu krit *Häußermann* FPR 2009, 225).

15 **Auch außerhalb** der GRV tritt die anrechtsbegründende Wirkung nicht vor Rechtskraft und nur mit Wirkung für die Zukunft ein (so BGH FamRZ 2017, 1655 Rn 20f; Hk-BGB/*Kemper* Rn 7; *Norpoth* FamRB 2009, 292; *Borth* VersA[7] Rn 1144; wohl auch NK-VersA/*Götsche* Rn 15 und FamR-Komm/*Wick* Rn 36; anders die bisher hM: BGH FamRZ 2016, 1144; 2013, 773, 775 Rn 23; Johannsen/Henrich/Althammer/*Holzwarth* Rn 18; *Bergner* KomRefVA Anm 6; *Ruland* VersA Rn 548, 711; *Kemper* VersA § 8 Rn 426; offenbar auch *Borth* FamRZ 2013, 1020f; *ders* VersA Kap 9 Rn 22), nach hier vertretener Auffassung zudem erst nach Kapitaltransfer bei dem Ziel- oder Auffangversorgungsträger (aA NK-VersA/*Götsche* Rn 15; FamR-Komm/*Wick* Rn 36, 32). Selbst die Versorgungsausgleichskasse als nachträgl eingeführter Auffangversorgungsträger soll nach teilw vertretener Ansicht nicht durch eine Analogie zu § 120g SGB VI geschützt sein (NK-VersA/*Götsche* Rn 18; FamR-Komm/*Wick* Rn 32 aE). Nach ihrer eigenen Satzung (§ 7 Abs II) wird sie erst aufgrund des Kapitaltransfers leistungspflichtig (aA *Borth* FamRZ 2013, 1020 unter Verweis auf § 4 I 1 und 2 der Satzung: dort wird aber nach hier vertretener Ansicht nur die Anrechtsbegründung, nicht der Beginn der Leistungspflicht der Versorgungsausgleichskasse geregelt). Eine Leistungspflicht unabhängig vom Kapitaltransfer entspricht der Vorstellung des Gesetzgebers (BT-Drs 16/10144, 101), würde aber dazu führen, dass sich für eine externe Teilung wohl kaum ein Zielversorgungsträger finden lassen wird, welcher einer Übertragung von Anrechten auf sich zustimmen wird. Träte seine Leistungspflicht unabhängig von der Gegenleistung (Kapitaltransfer) ein, würde er mit dem Insolvenz- und Ausfallrisiko des abgebenden Versorgungsträgers belastet (so in der Tat Johannsen/Henrich/Althammer/*Holzwarth* Rn 17; FamR-Komm/*Wick* Rn 32; MüKo/*Recknagel* Rn 66; Soergel/*Häußermann* Rn 11). In der Praxis legen die (privaten) Zielversorgungsträger allerdings Vertragsangebote vor, die eine Leistungspflicht des Versorgungsträgers erst nach Erhalt des Kapitals vorsehen; bislang ist keine familiengerichtliche Entscheidung bekannt, die ein solches Vertragsangebot als unangemessen iSd § 15 II, IV abgelehnt hätte. Die Gestaltungswirkung beschränkt sich dann nach hier vertretener Ansicht darauf, ein Vertragsverhältnis zu begründen, welches den Versorgungsträger verpflichtet, entspr seinem – in den Tenor aufgenommenen (s Rn 2) – Vertragsangebot **nach** Kapitalerhalt die versprochenen Leistungen an die ausgleichsberechtigte Person zu erbringen.

16 **3. Anspruch des Ziel-/Auffangversorgungsträgers.** Dieser hat einen vollstreckbaren Anspruch auf Zahlung des vom FamG festgesetzten Ausgleichsbetrags gegen den Träger der Zielversorgung (BT-Drs 16/10144, 95; NK-VersA/*Götsche* Rn 57; MüKo/*Recknagel* Rn 66). Nach hier vertretener Ansicht tritt nicht nur ein vereinbarter fester Zinssatz bis zum Eintritt der Wirksamkeit und ab diesem Zeitpunkt ein eventueller Verzugsschaden hinzu (vgl BGH FamRZ 2013, 773, 775 Rn 22ff). Vielmehr sind – unter Verzicht auf die Vollstreckbarkeit des Tenors – sämtliche allg nachehezeitl Veränderungen des Anrechts bis zum Eintritt der Wirksamkeit der Entscheidung zu berücksichtigen (s § 5 Rn 4ff; § 9 Rn 5).

17 **4. Wertveränderungen nach Ehezeitende.** Die **Folgen von Wertveränderungen des zu zahlenden Kapitalbetrags** nach dem Ehezeitende sind gesetzl nur teilw geregelt, nämlich in der GRV als Auffang- oder Zielversorgungsträger (zum Begriff § 15 Rn 3, 11). Für diese „friert" § 76 IV 1 SGB VI die Berechnungsgrundlage des zu zahlenden Betrags und der sich aus ihm ergebenden Entgeltpunkte auf den Zeitpunkt des Ehezeitendes ein. Der Gesetzgeber hat allerdings auf die erste „Verzinsungs"-Entscheidung des BGH (FamRZ 2011, 1785ff; zur Rspr des BGH zur Verzinsung s Rn 8) mit Einfügung von § 76 IV 4 SGB VI reagiert. Ist der an die DRV zu zahlende Betrag nach der Entscheidung zum VersA zu verzinsen, wird er mit den zum Zeitpunkt der Einzahlung maßgeblichen Berechnungsfaktoren in Entgeltpunkte umgewandelt. Auch iÜ gilt § 76 IV 1 SGB VI nur für die von Amts wegen im Scheidungsverbund betriebenen Verfahren über den Wertausgleich bei Scheidung, solange sie nicht ausgesetzt worden sind. Bei ausgesetzten Verfahren wird die Einzahlung des Betrags zu dem Zeitpunkt der Wiederaufnahme fingiert. Bei Verfahren, die auf Antrag einzuleiten sind (Bsp: nach Auslandsscheidung) und bei Abänderungsverfahren wird der Zeitpunkt der Antragstellung zum maßgeblichen Berechnungszeitpunkt (§ 76 IV 3 SGB VI). Es kommt danach für die Höhe des erworbenen Anrechts nur dann auf den Zeitpunkt des Zahlungseingangs bei der GRV an, wenn eine Verzinsung tenoriert ist. Entspr tenoriert der BGH bei Verzinsungsanordnung inzwischen nicht mehr bezogen auf das Ehezeitende, sondern auf den Zeitpunkt der Rechtskraft (BGH FamRZ 2016, 1847; 2016, 1144).

18 Anrechte sind nach hier vertretener Auffassung grds nicht mit dem Wert zum Ehezeitende, sondern unter Berücksichtigung ihrer Weiterentwicklung bis zur Rechtskraft zu teilen (vgl BGH FamRZ 2017, 1655; 2018, 1745).

§ 76 IV 4 SGB VI gilt auch bei der externen Teilung fondsgebundener Anrechte mit einem auf die Rechtskraft aktualisierten Wert (BGH FamRZ 2021, 581; FamRZ 2018, 1745 Rn 28; Hamm FamRZ 2019, 1783; München FamRZ 2018, 994) – auch dann, wenn der Wert gesunken ist (Hamm, Beschl v 5.12.2022 – 13 UF 59/22; Karlsruhe FamRB 2023, 101; aA wohl BGH FamRZ 2018, 1816 Rn 23; Dresden, Beschl v 23.1.2023 – 21 UF 687/22).

IX. Steuerliche Auswirkungen. Zu den steuerlichen Auswirkungen externer Teilung vgl § 15 Rn 6ff. 19

§ 15 Wahlrecht hinsichtlich der Zielversorgung

(1) Die ausgleichsberechtigte Person kann bei der externen Teilung wählen, ob ein für sie bestehendes Anrecht ausgebaut oder ein neues Anrecht begründet werden soll.

(2) Die gewählte Zielversorgung muss eine angemessene Versorgung gewährleisten.

(3) Die Zahlung des Kapitalbetrags nach § 14 Abs. 4 an die gewählte Zielversorgung darf nicht zu steuerpflichtigen Einnahmen oder zu einer schädlichen Verwendung bei der ausgleichspflichtigen Person führen, es sei denn, sie stimmt der Wahl der Zielversorgung zu.

(4) Ein Anrecht in der gesetzlichen Rentenversicherung, bei einem Pensionsfonds, einer Pensionskasse oder einer Direktversicherung oder aus einem Vertrag, der nach § 5 des Altersvorsorgeverträge-Zertifizierungsgesetzes zertifiziert ist, erfüllt stets die Anforderungen der Absätze 2 und 3.

(5) Übt die ausgleichsberechtigte Person ihr Wahlrecht nicht aus, so erfolgt die externe Teilung durch Begründung eines Anrechts in der gesetzlichen Rentenversicherung. Ist ein Anrecht im Sinne des Betriebsrentengesetzes auszugleichen, ist abweichend von Satz 1 ein Anrecht bei der Versorgungsausgleichskasse zu begründen.

I. Allgemeines. § 15 gestaltet die Voraussetzungen für die Wahl der sog Zielversorgung durch den Ausgleichsberechtigten und regelt in Abs V zugleich die Folgen einer unterbleibenden oder unwirksamen Wahl. Die Vorschrift ist auf die externe Teilung nach § 16 nicht anwendbar. § 15 ist durch Art 9d Nr 1 und 2 des Gesetzes zur Änderung des Vierten Buches Sozialgesetzbuch, zur Errichtung einer Versorgungsausgleichskasse und anderer Gesetze v 15.7.2009 (BGBl I 2009, 1939) abgeändert worden. Zum einen wurde Abs III dahin präzisiert, dass die Zustimmung des Ausgleichspflichtigen auch dann erforderlich ist, wenn die externe Teilung zu einer „schädlichen Verwendung" iSd § 93 I EStG führt; zum anderen wurde Abs V S 2 – aufschiebend bedingt durch die Bek der Betriebserlaubnis für die Versorgungsausgleichskasse – eingefügt; er gilt seit dem 1.4.2010. Eine weitere Klarstellung durch Art 25 Jahressteuergesetz 2010 (BGBl I 2010, 1768, 1801; dazu *Münch* FamRB 2010, 284, 285) ist rückwirkend in Kraft getreten: in Abs IV werden nicht mehr pauschal alle Arten betrieblicher Altersvorsorge, sondern nur die nach § 82 II EStG geförderten genannt. Zahlungen an den ArbGeb als Träger einer Direktzusage oder Unterstützungskasse sind danach nicht steuerunschädlich. 1

II. Wahlrecht, Abs I. Im Fall der externen Teilung hat die ausgleichsberechtigte Person das Recht zu wählen, ob mit dem zu leistenden Kapitalbetrag eine bereits bestehende Versorgung ausgebaut oder ob – und bei welchem Versorgungsträger – für sie eine neue Versorgung begründet werden soll. Als Willenserklärung ist das Wahlrecht nicht frei widerruflich, sondern allenfalls anfechtbar (Frankfurt FamRB 2019, 474 = NZFam 2019, 795; FamRZ 2018, 501; aA KG NZFam 2022, 1137 bei Vereinbarung der Ehegatten). Setzt das FamG für die Wahl eine **Frist nach § 222 I FamFG**, so ist str, ob es sich bei dieser Frist um eine Ausschlussfrist handelt. In diesem Fall müsste das Wahlrecht innerhalb der Frist ausgeübt sein. Auch die Zustimmung des Zielversorgungsträgers – die unter bestimmten Umständen widerruflich ist (BGH FamRZ 2019, 1775; Zweibrücken FamRZ 2021, 273 m Anm *Adamus* FamRB 2021, 57) – müsste dann innerhalb der Frist eingeholt sein; andernfalls gälte Abs V (so *Wick* FuR 2009, 482, 491; Zöller/*Lorenz* § 222 FamFG Rn 6; NK-VersA/*Götsche* § 14 Rn 31; aA Karlsruhe FamRZ 2016, 1167; KG FamRZ 2014, 1114; Johannsen/Henrich/Althammer/*Holzwarth* Rn 7; MüKo/*Recknagel* Rn 8; Soergel/*Häußermann* Rn 28; diff FamR-Komm/*Wick* Rn 6 mwN zum Streitstand: das Gericht müsse auch ein nach Fristablauf ausgeübtes Wahlrecht akzeptieren, wenn keine Verzögerung eintritt). Der BGH hat die Frage bislang nicht entscheiden müssen, verwendet allerdings den Begriff „Ausschlussfrist" (BGH FamRZ 2013, 773, 774f Rn 17). Das scheint auch der Absicht des Gesetzgebers zu entsprechen (BT-Drs 16/10144, 95). Nach inzwischen hM (Frankfurt NJW-RR 2022, 1449 und FamRZ 2020, 680; Stuttgart FamRZ 2021, 1959; Dresden FamRZ 2021, 844; Brandenburg FamRZ 2020, 681; Oldenburg NZFam 2019, 1015; Frankfurt FamRB 2019, 474 = NZFam 2019, 795; Nürnberg FamRZ 2017, 873; Karlsruhe FamRZ 2016, 1167; KG FamRZ 2014, 1114) kann das Wahlrecht auch noch in der Beschwerdeinstanz ausgeübt werden. Für die Ausübung des Wahlrechts benötigt die ausgleichsberechtigte Person keine anwaltliche Vertretung, § 114 IV Nr 7 FamFG. Es bestehen gleichwohl mehrere Voraussetzungen, damit die von der ausgleichsberechtigten Person getroffene Wahl für das FamG maßgeblich ist (vgl NK-VersA/*Götsche* Rn 4): 2

- Die gewählte Zielversorgung muss eine angemessene Versorgung gewährleisten (Abs II);
- der Träger der gewählten Zielversorgung muss, ggf innerhalb der vom FamG gesetzten Frist, zustimmen (§ 222 II FamFG);
- bei steuerlichen Nachteilen oder drohendem Verlust von Zulagen für den Ausgleichspflichtigen muss dieser der Wahl zustimmen (Abs III und IV).

III. Mögliche Zielversorgungsträger. Es muss sich um einen **inl** Versorgungsträger handeln, weil dt Gerichte grds durch Gestaltungsentscheidung keine Anrechte bei ausl Versorgungsträgern begründen können. Für die 3

Träger der gesetzl Grundversorgungssysteme muss sich die Möglichkeit, Anrechte durch Beitragszahlung zu begründen, aus dem Gesetz bzw für berufsständische Versorgungswerke aus ihrer Satzung ergeben. Träger der Beamten-, Richter- und Soldatenversorgung und der Schornsteinfegerversorgung scheiden danach als Zielversorgungsträger aus (vgl *Ruland* VersA Rn 727 unter Verweis auf § 3 II BeamtVG). Bei der Altersversorgung für Landwirte ist nach § 43 III ALG erforderlich, dass der Ausgleichsberechtigte dort bereits über ein Anrecht verfügt. Dass die GRV gewählter Zielversorgungsträger sein kann, ergibt sich aus Abs IV und aus § 187 I Nr 2 lit a SGB VI (*Ruland* VersA Rn 727; *Bergner* rv 2013, 161ff; nach *Hauß* FamRB 2013, 223 und *Bergner* rv 2013, 161ff kann die GRV gegenwärtig als Zielversorgungsträger ggü privaten Versorgungsträgern und auch ggü der Versorgungsausgleichskasse ua wegen ihres Leistungsspektrums attraktiver sein). Diese darf ihre Zustimmung als gewählter Zielversorgungsträger nicht willkürlich verweigern (*Bergner* aaO, 161, 162). Die Versorgungsausgleichskasse existiert nur als Auffangversorgungsträger nach Abs V S 2; sie kann nicht gewählter Zielversorgungsträger sein (*Götsche* FamRB 2013, 151, 152; ausf zu den möglichen Zielversorgungsträgern NK-VersA/*Götsche* Rn 10–12).

4 **IV. Angemessene Versorgung, Abs II, IV.** Gegenstand der Angemessenheitsprüfung ist das **Vertragsangebot** des Zielversorgungsträgers. An dieses und sein erklärtes Einverständnis ist der Zielversorgungsträger grds **gebunden** (Brandenburg FamRZ 2016, 1276; MüKo/*Recknagel* Rn 9). Er kann es aber bis zum Erlass der letzten tatrichterlichen Entscheidung abändern, wenn der von ihm angebotene Tarif für eine Neuaufnahme von Versicherten nach Maßgabe aufsichtsrechtl Vorgaben geschlossen worden ist und es ihm aus versicherungsaufsichtsrechtl Gründen nicht mehr gestattet ist, neue Versicherte zu dem vormals angebotenen Tarif aufzunehmen (BGH FamRZ 2019, 1775). Die Bindung entfällt auch bei Einverständnis der ausgleichsberechtigten Person (Zweibrücken FamRZ 2021, 273; *Borth* VersA Kap 3 Rn 117).

4a Das Postulat der Angemessenheit dient vorrangig dem Schutz des Ausgleichsberechtigten, mittelbar aber auch dem Schutz der Allgemeinheit, die später ggf für ihn einstehen muss. Es gilt zunächst unwiderleglich die Angemessenheitsvermutung des Abs IV. Danach gelten begründete Anrechte in der GRV, bei einem Pensionsfonds, einer Pensionskasse oder einer Direktversicherung (Fassung nach Jahressteuergesetz 2010) oder einem Vertrag iSd § 5 AltZertG als angemessen (die GRV gilt insoweit aktuell als leistungsstärkster Zielversorgungsträger; vgl BGH FamRZ 2021, 1103, 1107 – juris Rn 36ff). Der Verweis auf das AltZertG betrifft ausdrückl nur zertifizierte Anrechte auf die sog Riesterrente, nicht dagegen die Basisrente (sog Rürup-Rente, § 5a AltZertG); auch letztere müssen aber grds als angemessen angesehen werden, wenn nur die Voraussetzungen einer Zertifizierung vorliegen (vgl Koblenz FamRZ 2014, 309, 310; Schleswig FamRZ 2013, 218, 219; Johannsen/Henrich/Althammer/*Holzwarth* Rn 10; Grü/*Siede* Rn 4; s aber Rn 8). In den übrigen Fällen (die sehr selten sein dürften) sind die Anforderungen an die Angemessenheit – ggf unter Einbeziehung des bereits vorhandenen Versorgungsniveaus des Ausgleichsberechtigten – nicht streng zu interpretieren (MüKo/*Recknagel* Rn 15). Die Zielversorgung muss ein eigenständiges Anrecht vorsehen, die Leistungen müssen der Altersvorsorge dienen und dürfen nicht außer Verhältnis zu dem zu transferierenden Kapitalwert stehen; sie brauchen keine Invaliditäts- oder Hinterbliebenenversorgung zu beinhalten (Johannsen/Henrich/Althammer/*Holzwarth* Rn 9; NK-VersA/*Götsche* Rn 14f unter Bezugnahme auf Schleswig FamRZ 2013, 218). Eine Dynamik im Leistungsstadium muss nicht zwangsläufig bestehen, da eine fehlende Dynamik dadurch ausgeglichen sein kann, dass von Anfang an höhere Rentenleistungen versprochen werden. Teilw wird bei privaten Renten- oder Lebensversicherungen eine Parallele zu § 1587l III 2 BGB aF gezogen; danach muss der Versicherungsvertrag vom Berechtigten auf seine Person für den Fall des Todes und des Erlebens des 67. oder eines niedrigeren Lebensjahres abgeschlossen sein, und Gewinnanteile müssen zur Erhöhung der Versicherungsleistungen bestimmt sein (vgl Grü/*Siede* Rn 4). Diese Voraussetzungen dürften aber schon zu eng sein; der Gesetzgeber selbst befand § 1587l III 2 BGB aF als „strukturell vergleichbare, aber nicht mehr zeitgemäße Bestimmung" (BT-Drs 16/10144, 59). Grds kann von der Angemessenheit sämtlicher privater Rentenversicherungen bei dt Lebensversicherungsgesellschaften ausgegangen werden (NK-VersA/*Götsche* Rn 17). Statt einer Versicherung kann aber auch in geeigneten Fällen eine Zusatzrente gegen Einmalzahlung, bspw in Form eines Banksparplans, mit dem Zielversorgungsträger vereinbart werden (BT-Drs 16/10144, 59). Ob die Versorgung ein Kapitalwahlrecht vorsehen darf, ist danach unklar, aber jedenfalls für den Fall zu bejahen, dass auch die auszugleichende Versorgung ein Kapitalwahlrecht vorsieht (NK-VersA/*Götsche* Rn 15); iÜ spricht für die Zulässigkeit eines Kapitalwahlrechts, dass dem Versorgungsträger auch bei interner Teilung eine Kapitalabfindung (zum Renteneintritt) erlaubt ist (vgl § 11 Rn 6; dazu s *Borth* VersA[7] Rn 636). Nach hier vertretener Ansicht ist für die Angemessenheit nicht erforderlich, dass die Zielversorgung eine Teilhabe an der Wertentwicklung vor Erhalt des Kapitals vorsieht (vgl dazu BGH FamRZ 2017, 1655 Rn 19f).

5 **V. Schädliche Auswirkungen für den Ausgleichspflichtigen.** In den Fällen, in denen die externe Teilung für die ausgleichspflichtige Person eine Steuerpflicht oder die Pflicht zur Rückzahlung erhaltener Zulagen für eine geförderte Altersvorsorge bewirkt, hängt die Durchführung nach Abs III – auch – von ihrer Zustimmung ab. Für die Erklärung der Zustimmung benötigt die ausgleichspflichtige Person keine anwaltliche Vertretung im Scheidungsverbundverfahren, § 114 IV Nr 7 FamFG.

6 **1. Allgemeines.** Ähnl wie die interne Teilung (s § 10 Rn 8f) ist auch die externe Teilung grds steuerlich neutral ausgestaltet, was bedeutet, dass keine der beteiligten Personen eine durch die Durchführung des VersA bedingte Steuerlast tragen soll (dazu grundlegend *Schmidt/Bührer* FamRZ 2010, 1608ff; ausf *Ruland* FamRZ 2009, 1456ff; *Münch* FamRB 2010, 284ff). Dazu waren Anpassungen im Steuerrecht notwendig, weil die Herauslösung von Kapital aus einer Altersversorgung für den Anrechtsinhaber (bei der externen Teilung ist das der Ausgleichs-

pflichtige) zumindest hinsichtl des **Ertragsanteils** zu steuerpflichtigen Einnahmen führen würde. Dasselbe gilt aber auch für den **Beitragsanteil**, wenn die für Beitragszahlungen verwendeten Einkünfte deshalb von der Steuerpflicht befreit waren, weil sie in die Altersvorsorge investiert worden sind (§ 3 Nr 55b EStG). Soweit für geförderte Altersvorsorge **staatliche Zulagen** gewährt werden, war zudem zu regeln, in welchen Fällen bei Durchführung der externen Teilung eine „schädliche", die Rückzahlungspflicht auslösende Verwendung iSd § 93 EStG vorliegt. Aus Sicht des Gesetzgebers irrelevant, für die ausgleichsberechtigte Person aber durchaus von Interesse ist zudem die Frage einer **Beitragspflicht zur gesetzl Kranken- und Pflegeversicherung** aus dem zu begründenden Anrecht sowie das Entstehen von **Abschluss- und Vertriebskosten** beim Zielversorgungsträger (dazu s ausf *Kirchmeier* FamRZ 2016, 2059, 2061ff).

2. Betriebliche und private Anrechte. Die **externe Teilung von betrieblichen und privaten Anrechten** bleibt nach § 3 Nr 55b S 1 EStG steuerlich neutral, wenn auch die Leistungen aus den begründeten Anrechten insg nachgelagert zu besteuern sind (§§ 19, 20, 22 EStG). Probleme ergeben sich, wenn aus betrieblichen Anrechten, die auch mit dem Beitragsanteil nachgelagert besteuert werden, ein Kapitaltransfer in eine (ungeförderte) private Rentenversicherung des Ausgleichsberechtigten erfolgt, welche dieser im Leistungsfall nur mit dem **Ertragsanteil** besteuern muss (§ 20 I Nr 6 S 1 EStG). Hier entstünde eine Besteuerungslücke, die der Gesetzgeber durch § 3 Nr 55b S 2 EStG vermeidet: der Ausgleichspflichtige muss in diesem Fall den vollen Ausgleichswert versteuern (*Ruland* FamRZ 2009, 1457; *Münch* FamRB 2010, 256). Gleichwohl kann diese Variante attraktiv sein, wenn die ausgleichsberechtigte Person bei hohem persönlichen Steuersatz nur den Ertragsanteil der künftigen Rente versteuern muss, während die ausgleichspflichtige Person über einen niedrigen Steuersatz verfügt, so dass ihre Zustimmung nur eine geringe Steuerlast auslöst. Die ausgleichsberechtigte Person kann diese Steuerlast ausgleichen und trotzdem profitieren (vgl *Götsche* FuR 2013, 8, 11). 7

Um die **Zulagen geförderter betrieblicher Altersversorgung** bei externer Teilung nicht durch eine „schädliche Verwendung" zu verlieren, muss für den Ausgleichsberechtigten ein Anrecht auf einen zertifizierten Altersvorsorgevertrag (§ 5 AltZertG) oder auf eine nach § 82 II EStG begünstigte betriebliche Altersversorgung übertragen werden (§ 93 Ia 1 EStG). In diesem Fall geht die steuerliche Förderung mit allen Rechten und Pflichten anteilig auf den Ausgleichsberechtigten über; eine spätere „schädliche Verwendung" führt also nur bei dem jew Anrechtsinhaber zum Verlust der Zulagen. Eine externe Teilung aus einem Riesterrentenvertrag iSd § 1 AltZertG in eine Basisrente („Rürup-Rente", § 2 AltZertG) ist eine schädliche Verwendung iSd § 93 EstG (Johannsen/Henrich/Althammer/*Holzwarth* Rn 10 mwN) und bedarf daher der Zustimmung der ausgleichspflichtigen Person. 8

3. Altverträge der privaten Lebensversicherung. Private Lebensversicherungsverträge, die bis Ende 2004 abgeschlossen worden sind und auf die bis Ende 2004 Beiträge gezahlt worden sind, waren nach altem Recht steuerlich besonders privilegiert: die Beitragszahlungen waren als Sonderausgaben steuerlich abziehbar, die Leistungen werden aber gleichwohl nur mit einem abgesenkten Ertragsanteil besteuert. Hier sieht § 52 XXVIII 9 EStG vor, dass dem Ausgleichsberechtigten bei **interner wie externer Teilung** der Steuervorteil des Ausgleichspflichtigen bei Begründung eines Lebensversicherungsvertrags ebenso zugutekommt, indem fingiert wird, dass der Vertrag zum gleichen Zeitpunkt abgeschlossen ist wie derjenige des Ausgleichspflichtigen (näher *Ruland* FamRZ 2009, 1462 unter 4.). 9

4. Sonderfall § 16. Bei der externen Teilung gem § 16 entstehen keine zu regelnden steuerlichen Probleme. In der GRV werden die begründeten Rentenanrechte nach § 22 Nr 1 S 3 lit a aa EStG bis 2040 sukzessiv in eine nachgelagerte Besteuerung überführt; parallel dazu wird für Anrechte auf eine Beamtenversorgung, zu deren Lasten sie begründet worden sind, ein vorübergehend eingeführter Versorgungsfreibetrag entsprechend abgebaut (§ 19 II EStG; vgl dazu *Borth* VersA Kap 3 Rn 241–245). 10

VI. Auffangversorgungsträger, Abs V. Für den Fall, dass die ausgleichsberechtigte Person ihr Wahlrecht nicht ausübt, hat der Gesetzgeber eine Auffanglösung geschaffen. Erforderlich war dies, damit eine externe Teilung auf Verlangen des Versorgungsträgers in den Fällen des § 14 II Nr 2 nicht scheitert. Es bleibt allerdings bei dem Vorbehalt des § 14 V, der auch für die Auffangversorgungsträger gilt. Ursprünglich galt nur die **GRV als Auffangversorgungsträger.** Mit der Begründung, dass der Kapitaltransfer in die GRV im Vergleich zu betrieblichen Anrechten aber regelmäßig zu einer deutlichen Verringerung der späteren Rentenleistungen führe, hat der Gesetzgeber mit dem „Versorgungsausgleichskassengesetz" (Art 9d Nr 1 und 2, 9e des 3. G zur Änderung des Vierten Buches Sozialgesetzbuch, zur Errichtung einer Versorgungsausgleichskasse und anderer Gesetze v 15.7.2009, BGBl I 2009, 1939) für Anrechte iSd BetrAVG die **Versorgungsausgleichskasse** als Auffangversorgungsträger nachträgl eingerichtet (vgl dazu und zu den Vor- und Nachteilen *Götsche* FamRB 2013, 151ff; krit *Hauß* FamRB 2013, 223, der die Leistungen der Versorgungsausgleichskasse allerdings nur auf Grundlage des Garantiezinses mit denjenigen der GRV vergleicht). Die Versorgungsausgleichskasse ist eine Pensionskasse. Sie wird in der Rechtsform des VVaG betrieben, § 2 I VersAusglKassG (näher MüKo/*Recknagel* Rn 35ff). Die Versorgungsausgleichskasse hat zunächst ein Genehmigungsverfahren durchlaufen; die Erlaubnis durch die Bundesanstalt für Finanzdienstleistungsaufsicht nach § 3 I 1 VersAusglKassG ist am 1.4.2010 erteilt worden (BGBl I 2010, 340). Zu diesem Zeitpunkt ist Abs V S 2 in Kraft getreten; zuvor war die GRV alleiniger Auffangversorgungsträger. Bei Anwendung des Abs V werden danach betriebliche Anrechte nunmehr automatisch bei der Versorgungsausgleichskasse geteilt, sämtliche anderen Anrechte bei der GRV. 11

12 Abs V kommt nicht nur dann zur Anwendung, wenn das Wahlrecht nicht ausgeübt worden ist, sondern auch dann, wenn die Wahl an dem Fehlen weiterer Voraussetzungen scheitert. Zu einer externen Teilung bei einem Auffangversorgungsträger kommt es daher in folgenden Fällen:
- die ausgleichsberechtigte Person hat keine Zielversorgung ausgewählt;
- die ausgewählte Zielversorgung hat nicht zugestimmt (Oldenburg NZFam 2019, 1015);
- die von der ausgleichsberechtigten Person gewählte Zielversorgung ist nicht angemessen;
- die externe Teilung in die von der ausgleichsberechtigten Person gewählte Zielversorgung führt zur Steuerpflicht der ausgleichspflichtigen Person und/oder zu einer schädlichen Verwendung iSd § 93 EStG und diese hat nicht zugestimmt;
- die ausgleichsberechtigte Person hat sich mit dem Versorgungsträger der ausgleichspflichtigen Person auf die externe Teilung bei einer bestimmten Zielversorgung geeinigt, ohne dass die Einigung in ihrem Bestand von dieser Wahl abhängt (§ 139 BGB), aber
  - die Zielversorgung stimmt nicht zu oder
  - die Zielversorgung ist nicht angemessen oder
  - die ausgleichspflichtige Person gibt eine nach Abs III erforderliche Zustimmung nicht.

13 Dagegen scheidet in denjenigen Fällen die externe Teilung unter Anwendung des Abs V aus, in denen die Wirksamkeit einer Vereinbarung (über § 139 BGB) mit der Inanspruchnahme eines gewählten Zielversorgungsträgers „steht und fällt" (vgl MüKo/*Recknagel* Rn 20).

§ 16 Externe Teilung von Anrechten aus einem öffentlich-rechtlichen Dienst- oder Amtsverhältnis

(1) Solange der Träger einer Versorgung aus einem öffentlich-rechtlichen Dienst- oder Amtsverhältnis keine interne Teilung vorsieht, ist ein dort bestehendes Anrecht zu dessen Lasten durch Begründung eines Anrechts bei einem Träger der gesetzlichen Rentenversicherung auszugleichen.

(2) Anrechte aus einem Beamtenverhältnis auf Widerruf sowie aus einem Dienstverhältnis einer Soldatin oder eines Soldaten auf Zeit sind stets durch Begründung eines Anrechts in der gesetzlichen Rentenversicherung auszugleichen.

(3) Das Familiengericht ordnet an, den Ausgleichswert in Entgeltpunkte umzurechnen. Wurde das Anrecht im Beitrittsgebiet erworben, ist die Umrechnung in Entgeltpunkte (Ost) anzuordnen.

1 **I. Allgemeines.** Verfestigte Anrechte aus öffentlich-rechtl Dienst- oder Amtsverhältnissen (insb Beamte, Richter und Soldaten) wurden im alten Recht, wenn deren Inhaber – per saldo – ausgleichspflichtig war, gem § 1587b II BGB extern im Wege des sog „Quasisplittings" durch Begründung gesetzl Rentenanwartschaften geteilt. Das aktuelle Recht sieht im BVersTG (s § 1 BVersTG Rn 1) für derartige Anrechte die **interne Teilung** vor; davon wird auch das auf Bundesebene mit Gesetz v 28.8.2013 eingeführte **Altersgeld** erfasst, das den auf eigenen Antrag vorzeitig ausscheidenden Beamten, Richtern und Soldaten unter bestimmten Voraussetzungen gewährt wird (dazu näher *Borth* FamRZ 2013, 1788; vgl auch § 44 Rn 11a). Die Regelungsbefugnis des (Bundes-)Gesetzgebers erstreckt sich nach der Föderalismusreform aber nicht mehr auf die öffentlich-rechtl Dienst- oder Amtsverhältnisse der Länder (s Art 125a GG). Diesem Umstand trägt Abs I Rechnung; er regelt dort, wo landesgesetzl Regelungen für eine interne Teilung dieser Anrechte fehlen, im Zusammenspiel mit Abs III eine **externe Teilung**, die auch in der Durchführung dem alten Recht entspricht und sich deshalb in wesentlichen Punkten von der externen Teilung nach § 14 unterscheidet. Auch für die nicht verfestigten Anrechte der Beamten auf Widerruf und Soldaten auf Zeit verbleibt es nach Abs II, wie nach altem Recht, bei der externen Teilung. Abs III, der die Umsetzung regelt, entspricht § 1587b VI BGB aF/§ 3 I Nr 5 VAÜG aF.

2 **II. Betroffene Anrechte.** Versorgung aus einem öffentlich-rechtl Dienstverhältnis meint zunächst die Anrechte von Beamten, Richtern und Soldaten bei einem **inl** Versorgungsträger. Erfasst werden zudem Anrechte aus öffentlich-rechtl Amtsverhältnissen, wie bspw die Versorgung von Ministern, parlamentarischen Staatssekretären oder Abgeordneten (BT-Drs 16/10144, 117, 126; Grü/*Siede* Rn 2). Erfasst werden damit nicht beamtenähnl Versorgungsanrechte bei **privaten** Versorgungsträgern (Bsp: Privatschulen). Auch ist Abs I weder direkt noch analog auf Anrechte anzuwenden, die nach beamtenrechtl Grundsätzen ausgestaltet sind, wenn ein privatrechtl Anstellungsverhältnis zugrunde liegt (BGH FamRZ 2013, 608 – Angestellter einer IHK; BGH FamRZ 2013, 1361 – Angestellter bei der Kirche; Brandenburg FamRZ 2014, 39f: IKK). Bei den öffentlich-rechtl organisierten **Religionsgemeinschaften** ist Abs I deshalb nur auf die im öffentlich-rechtl Dienstverhältnis stehenden Pfarrer und Kirchenbeamten anwendbar, nicht dagegen auf die Anrechte der sonstigen (privatrechtl) Beschäftigten (BGH FamRZ 2013, 1361 = FamRB 2013, 315 [*Wagner*]). Die externe Teilung wird nach Abs I auf diejenigen Anrechte beschränkt, für die der Träger der Versorgung noch keine interne Teilung vorsieht. Ausgenommen sind damit die Dienst- und Amtsverhältnisse beim Bund, bei einer bundesunmittelbaren Körperschaft, Anstalt oder Stiftung des öffentlichen Rechts; für diese sieht das BVersTG (s § 1 BVersTG Rn 1) die interne Teilung – zwingend (Brandenburg FamRZ 2022, 352) – vor. Erfasst werden damit bislang Dienst- und Amtsverhältnisse auf Länderebene und auf kommunaler Ebene. Bislang existieren noch keine landesgesetzl Regelungen, die dem BVersTG entsprechen.

3 **III. Nicht verfestigte Anrechte.** Entspr dem alten Recht kommt nach Abs II eine interne Teilung von noch nicht verfestigten Anrechten aus öffentlich-rechtl Dienst- oder Amtsverhältnissen nicht in Betracht. Bei **Beam-**

ten auf Widerruf und **Soldaten auf Zeit** ist noch offen, ob sie in ein Dienstverhältnis auf Lebenszeit wechseln. Ist dies nicht der Fall, sind sie nach § 8 II Nr 1 SGB VI **in der GRV nachzuversichern**. Sie verfügen also über eine alternativ ausgestaltete Versorgungsaussicht, die, wie auch nach altem Recht, mit dem **Wert** des Anrechts auf Nachversicherung in der GRV zu bewerten und auszugleichen ist (s § 44 IV; BT-Drs 16/10144, 60; BGH FamRZ 2016, 788; Brandenburg FamRZ 2022, 353 und NJW-Spezial 2022, 37; Saarbrücken FamRB 2020, 433). Entspr gilt nach der Rspr des BGH auch für **Wahlbeamte**, wenn zum Ehezeitende der **Erwerb** einer **gesicherten Versorgungsanwartschaft** noch von einer Wiederwahl abhängt (BGH FamRZ 2007, 30, 34 m abl Anm *Bergner* FamRZ 2007, 533ff; 2009, 1743, 1744); hiervon zu unterscheiden ist der Fall, dass sich durch Wiederwahl das Zeit-Zeit-Verhältnis einer bereits gesicherten Anwartschaft ändert (BGH FamRZ 2019, 191 und 1052; vgl auch § 44 Rn 7, 17). Die Nachversicherung führt regelmäßig zu einer deutlich geringeren Altersversorgung, weil Beamte im Vergleich zu Angestellten ein niedrigeres Bruttoeinkommen beziehen und im Zuge der Nachversicherung keine Ansprüche auf eine Zusatzversorgung erwerben (*Liebich* in Hauck/Noftz, § 8 SGB VI Rn 9f: sog. „goldene Fessel"). Dies hat der EuGH im Hinblick auf Beamte, die in ein anderes Land der EU wechseln wollen, für **europarechtswidrig** erklärt (FamRZ 2016, 1737 m Anm *Borth*), was Schadenersatzansprüche ausgelöst hat (hierzu s BVerwG FamRZ 2022, 1465); in Reaktion hierauf werden generelle **verfassungsrechtl** Bedenken gegen die Regelungen zur Nachversicherung erhoben (*Ruland* FamRZ 2016, 1831; *Borth* FamRZ 2016, 1737; *Wick* VersA Rn 221a), die sich auch auf das **Altersgeld** erstrecken (dazu s BT-Drs 18/10680, 45; *Wick* VersA Rn 221b). Soweit der Gesetzgeber hieran Änderungen vornimmt, können diese zum Anlass für ein Abänderungsverfahren (§ 225 FamFG) genommen werden. Anders stellt sich die Situation bei **Beamten/Richtern auf Probe** dar: Sie müssen vor der Übernahme in ein Dienstverhältnis auf Lebenszeit zwar eine Probezeit absolvieren (zB § 11 I Nr 2 BBG), haben aber spätestens nach fünf Jahren einen Anspruch auf Übernahme als Beamter/Richter auf Lebenszeit (§ 11 II BBG; vgl FamR-Komm/*Wick* Rn 11); ihr Versorgungsanrecht ist zwar noch nicht gesichert, gilt aber als **hinreichend verfestigt** (FamR-Komm/*Wick* Rn 11, § 44 Rn 3) und wird deshalb als solches geteilt (ähnl Koblenz FamRZ 2019, 959 – Bundesministerin, die nach Ehezeitende die Wartezeit ohne Wiederwahl erfüllte).

IV. Veränderungen nach Ehezeitende. Es können sich nach dem Ehezeitende sowohl nachteilige als auch 4
vorteilhafte Veränderungen ergeben: Der Beamte auf Probe kann (wider Erwarten) entlassen werden, der Soldat auf Zeit kann zum Berufssoldaten ernannt, der Widerrufsbeamte zum Beamten auf Probe oder auf Lebenszeit ernannt werden. Nach hM wirkt sich eine **nachträgl Verfestigung** auf den **Wert** des zu teilenden Versorgungsanrechts nicht mehr aus, so dass § 5 II 2 insoweit nicht zur Anwendung kommt (vgl BGH FamRZ 2009, 1743, 1744; Brandenburg FamRZ 2016, 55 und 821; Nürnberg FamRZ 2014, 40; *Ruland* VersA Rn 721; Ausnahmen s Rn 3 aE); allerdings ändert sich bei Bundesbeamten und Soldaten die **Ausgleichsform** (interne Teilung nach dem BVersTG: vgl Brandenburg 18.2.2021 – 13 UF 198/20 und 22.6.2015 – 9 UF 11/14 Rn 21; NK-FamR/*Hauß* Rn 12). Nachträgl **negative** Veränderungen wirken sich dagegen aus und sind – ggf auch in einem Abänderungsverfahren – zu berücksichtigen (BGH FamRZ 1989, 44).

V. Zuständiger Versorgungsträger. Bei der Teilung noch nicht verfestigter Anrechte ist das Anrecht zulasten 5
desjenigen Versorgungsträgers zu teilen, bei dem im Zeitpunkt der Entscheidung (§ 5 II 2) das auszugleichende Anrecht besteht. Ist im Zeitpunkt der Entscheidung eine Nachversicherung nach § 8 II Nr 1 SGB VI in der GRV bereits durchgeführt, ist keine externe Teilung nach § 16, sondern eine interne Teilung bei dem Rentenversicherungsträger nach § 10 durchzuführen (*Ruland* VersA Rn 721). Ist die Nachversicherung noch nicht durchgeführt, ist nach Abs II extern zulasten des Trägers der (Beamten-/Soldaten-)Versorgung zu teilen; ggf können sogar mehrere Dienstherren anteilig heranzuziehen sein (vgl Nürnberg FamRZ 2014, 40 mwN). Wird die Nachversicherung erst nach Durchführung des Wertausgleichs bei Scheidung durchgeführt, ist die Entscheidung nicht allein deswegen abzuändern (*Borth* VersA Kap 2 Rn 58 aE; vgl aber § 1 BVersTG Rn 3). Die Rechtsfolgen sind vielmehr in den §§ 181ff, 225 SGB VI geregelt (s Rn 7). Verfestigt sich das Anrecht eines Bundesbeamten/ Soldaten während des Verfahrens, so ist nicht mehr extern, sondern intern zu teilen (vgl NK-FamR/*Hauß* Rn 12).

VI. Besonderheiten bei der Durchführung der externen Teilung. Wie in den übrigen Fällen der externen 6
Teilung begründet das FamG zulasten der Versorgung der ausgleichspflichtigen Person ein Anrecht für die ausgleichsberechtigte Person bei einem anderen Versorgungsträger. Dieses Anrecht ist allerdings **zwingend** bei der **GRV** zu begründen; ein Wahlrecht der ausgleichsberechtigten Person besteht also nicht (s auch § 222 IV FamFG). § 14 V findet keine Anwendung (BT-Drs 16/10144, 59; *Ruland* VersA Rn 716), so dass eine externe Teilung nach § 16 auch dann durchzuführen ist, wenn der ausgleichsberechtigten Person bereits bindend eine Altersrente bewilligt worden ist (Bamberg FamRZ 2022, 779). Das FamG überträgt den Ausgleichswert als **Rentenbetrag**. Dieser ist nach Abs III in der GRV in **Entgeltpunkte** umzurechnen (s § 1587b VI BGB aF). Wenn das auszugleichende Versorgungsanrecht als **angleichungsdynamisches** Anrecht (vgl Dresden FamRZ 2011, 813) im Beitrittsgebiet erworben wurde, war der Rentenbetrag nach Abs III S 2 in Entgeltpunkte (Ost) umzurechnen. Seit dem 1.1.2010 beziehen die Beamten in den neuen Bundesländern jedoch keine abgesenkte Besoldung mehr; deswegen sind seitdem auch die in den neuen Bundesländern erworbenen Anrechte in Entgeltpunkte (West) umzurechnen (BGH FamRZ 2012, 941; Brandenburg NJ 2020, 448 mwN). Abs III S 2 wird mWz 1.7.2024 durch Art 9, 12 V des Rentenüberleitungs-AbschlussG v 17.7.2017 (BGBl I 2017, 2575) aufgehoben. **Maßgeblicher Zeitpunkt** für das Umrechnungsverhältnis ist (wie im alten Recht) das **Ehezeitende**. Deswegen muss das Ehezeitende als Umrechnungszeitpunkt in den **Entscheidungstenor** aufgenommen werden.

7 Das FamG setzt auch **keinen Kapitalbetrag** fest, den der Versorgungsträger der ausgleichspflichtigen Person an den Träger der GRV zu leisten hat (§ 222 IV FamFG). Vielmehr erfolgt der Ausgleich zw Versorgungs- und Rentenversicherungsträger über § 225 SGB VI (Brandenburg NJ 2020, 448). Nach dessen Abs I erstattet der Träger der auszugleichenden Versorgung dem Rentenversicherungsträger die Leistungen, die aus dem übertragenen Anrecht erbracht werden müssen. Nur bei geringfügigen Anrechten iHv nicht mehr als 1 % der zum Ehezeitende maßgeblichen monatlichen Bezugsgröße (s § 14 Rn 5 und § 18 Rn 9; 2023: 33,95 €) muss der Versorgungsträger an die GRV Beiträge zahlen (§ 225 II 1 SGB VI); das dient der Reduzierung des Verwaltungsaufwands. Wenn der **Ausgleichspflichtige** später aus dem Dienst- oder Amtsverhältnis ausscheidet und in der GRV nachversichert wird, muss der Versorgungsträger der GRV die für die Nachversicherung erforderlichen Beiträge zahlen. Damit endet zugleich (zum Ende des der Erstattung vorausgehenden Kalenderjahres) seine Pflicht zur Erstattung von Leistungen aus dem übertragenen Anrecht der ausgleichsberechtigten Person (§ 225 I 2 SGB VI).

8 **VII. Tenorierungsbeispiel.** „Zulasten der Versorgung des Antragstellers bei dem LBV NRW, Personal-Nr …, werden im Wege der externen Teilung für die Antragsgegnerin auf ihrem Versicherungskonto Nr … bei der DRV Bund in Berlin Rentenanwartschaften iHv monatlich 175 €, bezogen auf den 31.3.2023, begründet. Der Monatsbetrag der Rentenanwartschaften ist in Entgeltpunkte in der allgemeinen Rentenversicherung umzurechnen."

9 **VIII. Kritik.** Neben dem bereits oben (Rn 3) dargestellten Problem des Wertverlustes durch Nachversicherung ist umstr, ob die ungleiche Behandlung der Anrechte von Bundesbeamten (interne Teilung) und Landesbeamten (externe Teilung nach § 16) verfassungsgemäß ist (zweifelnd *Borth* FamRZ 2010, 1210, 1212f; bejahend dagegen BayVerfGH FamRZ 2014, 38 bezogen auf die Bayerische Verfassung). Ungleiche Ergebnisse entstehen, wenn beide Ehegatten/Lebenspartner Anrechte der Beamtenversorgung erworben haben, bei Dienstunfähigkeit oder Erreichen einer vorgezogenen Altersgrenze für die ausgleichsberechtigte Person. Bei interner Teilung kann sie in diesem Fall aus dem erworbenen Anrecht gem § 2 III BVersTG unmittelbar Leistungen beanspruchen; bei externer Teilung in die GRV gilt dies nicht, was durch die §§ 35f nur bis zur Höhe der selbst abgegebenen Anrechte ausgeglichen werden kann. Der BayVerfGH (FamRZ 2014, 38) sieht den Landesgesetzgeber nicht in der Pflicht, diese Unterschiede einzuebnen. Der BGH (FamRZ 2013, 1283ff Rn 18ff) hält idR auch die Durchführung der externen Teilung zugunsten eines dienstunfähigen Beamten (der davon also erst ab dem gesetzl Rentenalter etwas hat) nicht für unwirtschaftl iSd § 19 II Nr 3 (s § 19 Rn 17).

§ 17 Besondere Fälle der externen Teilung von Betriebsrenten

Ist ein Anrecht im Sinne des Betriebsrentengesetzes aus einer Direktzusage oder einer Unterstützungskasse auszugleichen, so darf im Fall des § 14 Abs. 2 Nr. 2 der Ausgleichswert als Kapitalwert am Ende der Ehezeit höchstens die Beitragsbemessungsgrenze in der allgemeinen Rentenversicherung nach den §§ 159 und 160 des Sechsten Buches Sozialgesetzbuch erreichen.

1 § 17 definiert eine von § 14 II Nr 2 abw, wesentlich höhere Wertgrenze für betriebliche Anrechte, wenn sie im Wege der Direktzusage oder unter Einschaltung einer Unterstützungskasse gewährt werden (zu den fünf Durchführungswegen der betrieblichen Altersversorgung s § 12 Rn 7ff). Bei diesen sog internen Durchführungswegen der betrieblichen Altersversorgung ist der ArbGeb der Versorgungsträger; ihm obliegt also auch die Verwaltung der Ansprüche betriebsfremder Versorgungsempfänger. Der Gesetzgeber hat den Schutz des ArbGeb hier – bis zur Wertgrenze – über das Interesse des ausgleichsberechtigten Ehegatten/Lebenspartners an einer internen Teilung gestellt. Für diese Anrechte ist gem § 45 I iVm § 4 V BetrAVG ein Barwert zu ermitteln. Dessen Höhe wird ua durch mögliche Steigerungen der künftigen Rente mit bestimmt (vgl § 16 BetrAVG; s BGH FamRZ 2018, 894 Rn 48ff mwN; FamR-Komm/*Wick* § 45 Rn 21 aE; *Kirchmeier* FamRZ 2016, 2059, 2060 mwN Rn 22). Weil das Kapital, das für die zugesagte Rente benötigt wird, erst bei Rentenbeginn zur Verfügung stehen muss, muss es auf den Bewertungsstichtag **abgezinst** werden; dem liegt die Annahme zugrunde, dass bis zum Renteneintritt (und auch noch danach) Zinszuwächse zu erwarten sind. Die Höhe dieser prognostizierten Zinszuwächse ist für die Wertbestimmung von entscheidender Bedeutung: Je höher der Zins, desto niedriger das benötigte Kapital. Die ArbGeb verwenden – zulässig (BT-Drs 16/10144, 85; BT-Drs 16/11903, 56) – den sog „BilMoG-Zinssatz" gem § 253 II HGB, den sie auch für die Bilanzierung ihrer Rückstellungen für zugesagte Betriebsrenten verwenden. Maßgeblich war bislang der von der Deutschen Bundesbank zu ermittelnde durchschnittliche Marktzinssatz der vergangenen sieben Geschäftsjahre, der noch im Dez 2015 bei 3,89 % lag; spätestens seit 2016 ist aufgrund Art 7 des Gesetzes zur Umsetzung der Wohnimmobilienkreditrichtlinie und zur Änderung handelsrechtl Vorschriften v 11.3.2016 (BGBl I 2016, 396) der durchschnittliche Marktzinssatz der vergangenen zehn Geschäftsjahre maßgeblich (Stand Dez 2015: 4,31 %). Weil dieser Zinssatz aber in der Vergangenheit (ca 2009–2017) deutlich über dem Zinssatz lag, welchen die ausgleichsberechtigte Person bei Anlage des Kapitalbetrags in eine eigene Altersvorsorge erzielen konnte, drohte der ausgleichsberechtigten Person bei Einzahlung in eine Zielversorgung eine deutlich niedrigere Rente; es war deshalb umstritten, ob der Kapitalwert zur Wahrung des Halbteilungsgrundsatzes, etwa durch Verwendung eines anderen, marktgerechten Zinssatzes, korrigiert werden musste. Der BGH (FamRZ 2016, 781 m ausf Darstellung des Sach- und Streitstandes, ferner FamRZ 2016, 1245; 2016, 1247; 2016, 1651) hat eine externe Teilung auf Grundlage des – bisherigen – BilMoG-Zinses nicht beanstandet, da die Berechnung nicht zu einer **strukturellen** Unterbewertung von betrieblichen Anrechten führe (gegen die Verwendung des „neuen" BilMoG-Zinses dagegen BGH FamRZ 2016, 2000 im Anschluss an *Kirchmeier* FamRZ 2016,

956). Verschärft wurde die dargestellte Problematik noch dadurch, dass mehrere Bausteine einer betrieblichen Altersversorgung zur Wahrung der Grenze des § 17 nicht zusammengerechnet werden sollten (BGH FamRZ 2016, 1435 m Anm *Norpoth* FamRB 2016, 339; dazu s aber § 14 Rn 5a). Das BVerfG (FamRZ 2020, 1078) hat auf eine Vorlage des OLG Hamm (Hamm FamRZ 2019, 688) § 17 aufgrund möglicher verfassungskonformer Auslegung für verfassungsgemäß erklärt. Danach reicht aber eine abstrakt-generelle Prüfung nicht aus: Weicht **im Einzelfall** die bei externer Teilung zu erwartende Leistung an die ausgleichsberechtigte Person bei dem gewählten Zielversorgungsträger oder dem in Betracht kommenden Auffangversorgungsträger (§ 15 V 2) um mehr als 10 % (BverfG FamRZ 2020, 1078 Rn 77) von dem Ergebnis interner Teilung ab (BverfG FamRZ 2020, 1078 Rn 67), muss der Versorgungsträger seinen errechneten Ausgleichswert soweit aufstocken, bis bei dem günstigsten erreichbaren Zielversorgungsträger eine Rentenanwartschaft entsteht, welche die 10 %-Grenze wahrt. Dem Quellversorgungsträger ist zuvor die Möglichkeit einzuräumen, angesichts des gerichtlich bestimmten Ausgleichsbetrags die interne Teilung zu wählen (BverfG FamRZ 2020, 1078 Rn 91). Der BGH (FamRZ 2021, 1103) hat nunmehr für die Praxis weitere Grundsätze festgelegt: Der Quellversorgungsträger darf nunmehr doch zunächst mit dem BilMoG-Durchschnittszins der letzten 10 Jahre und für die Zeit vor Inkrafttreten des neuen Rechts sogar mit dem steuerlichen Rechnungszins von 6 % rechnen. Ob die 10 %-Grenze gewahrt ist, bestimmt sich nach dem Angebot des günstigsten aufnahmebereiten Zielversorgungsträgers, derzeit idR die GRV, unabhängig von der Wahl der ausgleichsberechtigten Person. Vergleichsmaßstab ist die zu erwartende Rente, bei unterschiedlichem Leistungsspektrum von Quell- und Zielversorgung (also im Regelfall) wird aber ein versicherungsmathematischer Barwertvergleich erforderlich. Ein ggf anfallender Aufstockungsbetrag ist getrennt vom Ausgleichswert zu tenorieren, da ihn allein der Quellversorgungsträger leisten muss. Der Quellversorgungsträger muss analog § 220 IV FamFG das Ergebnis einer fiktiven internen Teilung mitteilen. Empfehlungen zur praktischen Umsetzung, auf die ausdrückl verwiesen wird, bietet ua die Versorgungsausgleichskommission des DFGT auf Grundlage von Berechnungen der Deutschen Aktuarvereinigung (FamRZ 2022, 154; vgl auch *Braun/Siede* FamRB 2021, 160). Danach können verfassungswidrige Transferverluste schon nicht entstehen, wenn das zu teilende Anrecht fondsgebunden ist (Ausnahme: Garantieleistung), wenn der Ausgleichswert den Grenzwert des § 14 II Nr 2 nicht übersteigt, oder wenn der Ehezeitanteil als Kapitalwert mit einem Rechnungszins von bis zu 3 % kalkuliert ist, die GRV als Zielversorgungsträger (noch) in Betracht kommt und der Leistungsumfang nicht durch eine festverzinsliche Rückdeckungsversicherung bestimmt wird (aaO, FamRZ 2022, 154).

Nicht anwendbar ist § 17 auf die Anrechte von Gesellschafter-Geschäftsführern, die nicht dem BetrAVG unterliegen (*Jaeger* FamRZ 2010, 1717).

Wertgrenze ist hier die jährliche Beitragsbemessungsgrenze in der GRV nach §§ 159f SGB VI. Im Jahr 2023 beträgt sie 87.600 €. Auf die Beitragsbemessungsgrenze für die neuen Bundesländer (§ 228a I 1 Nr 2 SGB VI, im Jahr 2023: 85.200 €) kommt es nicht an (*Ruland* VersA Rn 736). 2

Unterabschnitt 4
Ausnahmen (§§ 18–19)

§ 18 Geringfügigkeit

(1) Das Familiengericht soll beiderseitige Anrechte gleicher Art nicht ausgleichen, wenn die Differenz ihrer Ausgleichswerte gering ist.

(2) Einzelne Anrechte mit einem geringen Ausgleichswert soll das Familiengericht nicht ausgleichen.

(3) Ein Wertunterschied nach Absatz 1 oder ein Ausgleichswert nach Absatz 2 ist gering, wenn er am Ende der Ehezeit bei einem Rentenbetrag als maßgeblicher Bezugsgröße höchstens 1 Prozent, in allen anderen Fällen als Kapitalwert höchstens 120 Prozent der monatlichen Bezugsgröße nach § 18 Abs. 1 des Vierten Buches Sozialgesetzbuch beträgt.

I. Allgemeines. Die Regelungen in § 18 haben im alten Recht keinen direkten Vorgänger. In der Zeit von 1987–1991 existierte mit § 3c VAHRG aF ebenfalls eine Bagatellklausel, die jedoch wegen Auslegungs- und Anwendungsschwierigkeiten durch Art 30 Nr 1, 42 I des Renten-Überleitungsgesetzes v 25.7.1991 (BGBl I 1991, 1606) wieder aufgehoben worden war. Zweck des § 18 ist, eine unverhältnismäßige und aus Sicht der Beteiligten nicht vorteilhafte (BT-Drs 16/10144, 60) bzw wirtschaftl nicht erforderliche (BT-Drs 16/11903, 54) Durchführung des VersA sowie die Schaffung von „Splitterversorgungen" zu vermeiden. Hierbei sollen nach der Rspr des BGH entweder unverhältnismäßiger Verwaltungsaufwand des Versorgungsträgers oder unverhältnismäßige Teilungskosten vermieden werden (BGH FamRZ 2015, 2125 Rn 24, 32). § 18 hat seine endgültige Fassung erst durch den Rechtsausschuss erhalten. Abs I sah zunächst (zwingend) ein Absehen vom VersA vor, wenn die Differenz sämtlicher beiderseitigen Ausgleichswerte auf Kapitalwertbasis gering ist; eine Ausnahmeregelung enthielt der frühere Abs III (BT-Drs 16/10144, 10, 60). Mit der Neuregelung hat der Gesetzgeber den Bedenken Rechnung getragen, die gegen einen Vergleich sämtlicher Anrechte auf Kapitalwertbasis bestehen (BT-Drs 16/11903, 54; s § 5 Rn 16; Vor §§ 39ff Rn 4; § 47 Rn 15). Die Geringfügigkeitsregelung des § 18 tritt neben den Ausschluss des VersA bei kurzer Ehezeit (§ 3 III), bei dem es sich ebenfalls um eine Geringfügigkeitsklausel handelt (*Ruland* VersA Rn 561). 1

2 **II. Geringe Wertdifferenz bei Anrechten gleicher Art.** Nach Abs I soll ein Wertausgleich bei einer geringfügigen Wertdifferenz der **Ausgleichswerte** (nicht Ehezeitanteile) von **Anrechten gleicher Art** nicht stattfinden. Der ursprüngliche gesetzgeberische Gedanke, diejenigen Fälle sachgerecht zu entscheiden, in denen beide Ehegatten/Lebenspartner annähernd gleichwertige Anrechte erworben haben, etwa weil sie beide zu vergleichbaren Einkommen berufstätig waren (Jena NJW 2010, 3310, 3311; BT-Drs 16/10144, 60f), passt nicht mehr zu der Gesetz gewordenen Fassung des Abs I, weil keine Gesamtsaldierung auf Grundlage von Kapitalwerten erfolgt, sondern nur eine Saldierung von Anrechten gleicher Art. Durch die Beschränkung der Ausschlussmöglichkeit auf Anrechte gleicher Art wird berücksichtigt, dass annähernd gleiche Stichtagswerte iSd § 5 I sich hinsichtl Finanzierungsverfahren, weiterer Entwicklung und Umfang der Versorgungsleistungen stark unterscheiden können und aus annähernd gleichen Kapitalwerten höchst unterschiedliche Leistungen resultieren können (NK-FamR/*Hauß* § 47 Rn 8ff; Johannsen/Henrich/Althammer/*Holzwarth* Rn 4; eindrucksvoll *Jaeger* FamRZ 2010, 1714ff; auch § 5 Rn 16). Die Idee ist jetzt, wegen der wirtschaftl zu vernachlässigenden Auswirkungen für den per saldo Ausgleichsberechtigten eine Zersplitterung seiner Altersanrechte durch den Hin-und-Her-Ausgleich zu vermeiden. Außerdem soll der Verwaltungsaufwand bei den Versorgungsträgern reduziert werden; schließlich können so die bei interner Teilung entstehenden Kosten (§ 13) minimiert werden.

3 **1. Anrechte gleicher Art.** Der Begriff „Anrechte gleicher Art" ist wortgleich in § 10 II enthalten, so dass zunächst auf die Ausführungen dort (§ 10 Rn 6) verwiesen werden kann (zB zur Zusatzversorgung). Für die Prüfung der Gleichartigkeit ist – wie bei § 10 II – auf die tatsächlich erworbenen, zu belastenden Anrechte abzustellen, nicht aber auf die zu begründenden neuen Anrechte (BGH FamRZ 2016, 788; 2014, 549; Stuttgart FamRZ 2015, 584; aA Celle FamRZ 2014, 764; Schleswig FamRZ 2013, 1904; dazu § 10 Rn 6). Eine Verrechnungsmöglichkeit wie in § 10 II ist aber für § 18 I nicht erforderlich (vgl MüKo/*Recknagel* Rn 11). Nicht gleichartig sind idR Anrechte der privaten und der öffentlichen betrieblichen Altersvorsorge (Karlsruhe FamRZ 2011, 641ff; NK-VersA/*Götsche* § 10 Rn 32; FamR-Komm/*Wick* Rn 12) oder Anrechte aus der Zusatzversorgung des öffentlichen Dienstes und gesetzl Rentenanrechte (Stuttgart FamRZ 2011, 1733; FamR-Komm/*Wick* Rn 12). Gleiches gilt für Anrechte der GRV und solche aus der Hüttenknappschaftlichen Zusatzversicherung (Saarbrücken FamRZ 2014, 1113). Auch Anrechte der GRV und der Beamten- und Soldatenversorgung sind nach der Rspr des BGH nicht gleichartig (BGH FamRZ 2014, 549 m Anm *Bergmann* NZFam 2014, 379; FamRZ 2013, 1636 m krit Anm *Borth* = FamRB 2013, 351f [*Norpoth*]; so auch Brandenburg FamRZ 2022, 353); ebensowenig Anrechte in der GRV und die alternativ ausgestaltete Versorgung von Zeitsoldaten und Widerrufsbeamten entweder auf Nachversicherung in der GRV oder auf Dienstzeitanrechnung in einem öffentlich-rechtl Dienstverhältnis (BGH FamRZ 2016, 788; 2014, 549; aA noch Celle FamRZ 2014, 764). Wie weit iÜ die Übereinstimmung zw § 18 I und § 10 II hinsichtl der Anrechte in der GRV geht, war gerade im Hinblick auf die dort erfolgende Ausdifferenzierung zw West- und Ost-Anrechten sowie Anrechten der allg und der knappschaftlichen Rentenversicherung (§ 120f II SGB VI) unklar. Der BGH legt die Wertung des § 120f II SGB VI auch für die Gleichartigkeit in § 18 I zugrunde (BGH FamRZ 2013, 612; 2012, 192ff Rn 21f; 2012, 277ff Rn 14), so dass Ost- und West-Anrechte ebenso wenig gleichartig sind wie Anrechte in der allg Rentenversicherung und der knappschaftlichen Rentenversicherung oder wegen langjähriger Beschäftigung (Grundrente) oder aus privaten Rentenversicherungen im Verhältnis zu solchen iSd AltZertG (Brandenburg FamRZ 2017, 32). Zur hier vertretenen Gegenansicht im Hinblick auf Ost- und West-Anrechte vgl 16. Aufl; das Problem erledigt sich 2024 durch vollständige Angleichung.

4 **2. Wertdifferenz.** In die Differenzberechnung nach Abs I sind **sämtliche** beiderseitigen Anrechte gleicher Art einzubeziehen; nach Abs I ist es nicht möglich, Anrechte gleicher Art nur teilw zu saldieren (MüKo/*Recknagel* Rn 10). Die Werte sind **unbereinigt um Kosten interner Teilung** in die Berechnung einzusetzen (Hamm FamRZ 2018, 1749; Karlsruhe FamRZ 2016, 1088; Bremen FamRZ 2016, 549; FamR-Komm/*Wick* Rn 7; NK-VersA/*Götsche* Rn 8; ebenso nunmehr auch Johannsen/Henrich/Althammer/*Holzwarth* Rn 18).

5 **III. Geringer Ausgleichswert.** Nach Abs II sollen **einzelne Anrechte** nicht ausgeglichen werden, wenn ihr Ausgleichswert geringfügig ist. Hier stehen der Verwaltungsaufwand des Versorgungsträgers – und die möglichen Weiterungen, die sich aus § 37 bei durchgeführtem VersA ergeben können – in keinem Verhältnis zum wirtschaftl Wert für den ausgleichsberechtigten Ehegatten/Lebenspartner; außerdem besteht die Gefahr, dass der Berechtigte den übertragenen „Versorgungssplitter" vergisst. Bei interner Teilung können anstelle des Verwaltungsaufwandes die vom Versorgungsträger beanspruchten **Teilungskosten** treten und gerade geringfügige Anrechte über Gebühr entwerten (BGH FamRZ 2016, 2081 Rn 11; 2015, 2125 Rn 32f; 2012, 610ff Rn 31 aE). Nach dem Wortlaut ist zunächst auf **Tatbestandsebene** die Geringfügigkeitsprüfung für jedes einzelne Anrecht vorzunehmen. § 18 II, III begründen nicht etwa eine Obergrenze für den Ausschluss des Wertausgleichs mehrerer geringfügiger Anrechte (Karlsruhe FamRZ 2015, 1500; Brandenburg FamRZ 2014, 1781; Schleswig FamRZ 2013, 218; Frankfurt NJW 2012, 3316; KG NJW-RR 2011, 1372; Stuttgart FamRZ 2011, 1593; aA *Hauß* FPR 2009, 214; *Ruland*, VersA Rn 584). Verfügt ein Ehegatte über mehrere geringfügige Anrechte, ist dies auf der **Rechtsfolgenseite** im Rahmen der **Ermessensausübung** nach § 18 II zu berücksichtigen (BGH FamRZ 2015, 2125 Rn 25f; 2012, 192 Rn 43; Johannsen/Henrich/Althammer/*Holzwarth* Rn 36f; s Rn 8).

Str ist, ob Abs II auch für **Teile von Anrechten** in der GRV gilt, die wegen § 120f SGB VI getrennt ausgewiesen sind (EP allg, EP Ost allg, EP knappschaftliche RV, EP Ost knappschaftliche RV, EP für langjährige Versicherung und übrige EP; s Dresden FamRB 2010, 300 [*Norpoth*]). Die Problematik kann sich auch bei betrieblichen Altersversorgungen ergeben (Bsp Hamm FamRZ 2014, 131). Während es sich nach einer Ansicht trotz der Aufspaltung weiter um ein einheitliches Anrecht handelt (*Bergner* FamFR 2010, 221, 222f und NJW 2010, 3270;

Hamm FamRZ 2014, 131 für die betriebliche Altersversorgung), hält die auch vom BGH vertretene Gegenansicht hinsichtl der einzelnen Teile Abs II grds für anwendbar (vgl zB Nürnberg FamRZ 2023, 126 mwN). Weil gesetzgeberische Gründe für ein Absehen vom Wertausgleich (ersparter Verwaltungsaufwand, vergessene Mini-Anrechte) hier weitgehend wegfallen, sei der Ausgleich gleichwohl geboten (vgl statt vieler BGH FamRZ 2012, 192, 196f; 2012, 513, 514; Frankfurt NZFam 2016, 946; ebenso Johannsen/Henrich/Althammer/*Holzwarth* Rn 29; vgl FamR-Komm/*Wick* Rn 20 aE). Beide Ansichten laufen häufig, aber nicht zwangsläufig (s Celle FamRZ 2010, 979, 981) auf dasselbe Ergebnis hinaus. Schon die Diskussion um die Gleichartigkeit gesetzl Rentenanrechte (Rn 3) zeigt, dass Abs II grds auf getrennt ausgewiesene Anrechte der GRV angewandt werden kann. Einzuräumen ist, dass das „Aussortieren" geringfügiger Bestandteile in der GRV, wo weder Teilungskosten noch übermäßiger Verwaltungsaufwand anfallen, wenig Sinn macht. Das spricht grds für einen Gesamtausgleich trotz Geringfügigkeit einzelner Teile (vgl statt vieler Hamm FamFR 2013, 206; ebenso Saarbrücken FamRZ 2013, 307 für gleichartige gegenseitige Anrechte bei einem anderen Versorgungsträger). Jedoch ist nach hier vertretener Ansicht zu berücksichtigen, dass der Gesetzgeber in Kenntnis des Halbteilungsgrundsatzes hier eine **Soll-Regelung** formuliert hat (str; wie hier Stuttgart NJW 2010, 3312f; dem zust *Eulering* ZFE 2011, 95; aA *Bergner* NJW 2010, 3269, 3272; FamR-Komm/*Wick* Rn 19 mwN und die hM unter Verweis auf den Halbteilungsgrundsatz). Nach hier vertretener Ansicht ist Abs II daher grds dann auf Teile von Anrechten anzuwenden, wenn diese als selbständig anzusehen sind (GRV: West- und Ost-Anrechte, knappschaftliche Anrechte, Grundrentenanrechte; betriebliche Altersversorgung: Anrechte, die unterschiedlichen Versorgungsregelungen unterfallen wie zB die Anrechte „VBLklassik" und „VBLextra", ebenso BGH FamRZ 2015, 2125 Rn 18; Nürnberg FamRZ 2023, 126), dagegen nicht, wenn es sich um unselbständige Teile handelt (Bsp: Schlussüberschüsse und Bewertungsreserven in der privaten Rentenversicherung; dazu s München FamRZ 2011, 978). Zumindest dann, wenn auf der Gegenseite ebenfalls geringfügige Anrechte bestehen, kann vom Ausgleich der selbständigen Anrechtsteile wechselseitig abgesehen werden (BGH FamRZ 2015, 2125 Rn 33). Gerade bei privaten oder betrieblichen Versorgungsträgern können auch die Kosten interner Teilung der einzelnen geringfügigen Teile ein Absehen vom Wertausgleich rechtfertigen (vgl BGH FamRZ 2015, 2125 Rn 32; 2012, 610ff Rn 31 aE; s näher Rn 8).

IV. Prüfungsreihenfolge und Rangverhältnis. Das **Verhältnis** zw Abs I und II ist weder nach dem Wortlaut noch nach der Gesetzesbegr klar; allerdings formuliert der BGH in gefestigter Rspr ein Ausschlussverhältnis (dazu sogleich). Systematisch notwendig ist es jedenfalls, die Prüfung nach Abs I vor der Prüfung nach Abs II durchzuführen (*Ruland* VersA Rn 573; *Hauß* FPR 2009, 218; dem folgend Johannsen/Henrich/Althammer/*Holzwarth* Rn 21; ähnl MüKo/*Recknagel* Rn 17f; München FamRZ 2010, 1664, 1665; Jena NJW 2010, 3310ff), weil nur so ein Ausgleich von mehr als geringfügigen Ausgleichswerten im Rahmen einer Gesamtbilanz wegen geringer Wertdifferenz ausgeschlossen werden kann. Sind die wechselseitigen Anrechte auch einzeln geringfügig, erübrigt sich eine Prüfung der Gleichartigkeit und die Anwendung von Abs I (Brandenburg FamRZ 2021, 351). Ist die Differenz gleichartiger Anrechte nicht geringfügig, bleibt allerdings die Frage, ob für die einzelnen eingestellten Anrechte auch noch jew eine Geringfügigkeitsprüfung nach Abs II vorzunehmen ist. Dies wird vom BGH **abgelehnt** (zB BGH FamRZ 2016, 1654 Rn 34; 2013, 1636 Rn 8 m krit Anm *Borth* = FamRB 2013, 351f [*Norpoth*]; FamRZ 2012, 513, 514; dem folgend Karlsruhe FamRZ 2023, 191; Nürnberg FamRZ 2022, 521; **bejahend** dagegen Frankfurt FamRZ 2016, 1689; Karlsruhe FamRZ 2011, 979f; Frankfurt FamFR 2012, 254; MüKo/*Recknagel* Rn 18). Nach BGH FamRZ 2012, 513f Rn 20 stellen die Begriffe „beiderseitige Anrechte gleicher Art" und „einzelne Anrechte" iSd Abs II ein Gegensatzpaar dar. Sei die Differenz der Ausgleichswerte gleichartiger Anrechte nicht geringfügig, verletze der Nichtausgleich eines einzelnen von ihnen den Halbteilungsgrundsatz, ohne das Ziel einer Verwaltungsvereinfachung zu erreichen. Diese Rspr ist in der Lit auf Kritik gestoßen (vgl MüKo/*Recknagel* Rn 18; *Bergmann* FuR 2013, 301, 302; *Schwamb* FamRB 2016, 380f; 2012, 89ff mwN). 6

Das Wortlautargument des BGH, wonach jedes Anrecht ausschließlich nach Abs I oder Abs II geprüft werden kann, überzeugt nicht. Weil mit den Ausschlüssen nach Abs I und Abs II unterschiedliche Zwecke verfolgt werden, stellt die erneute Prüfung eines Anrechts nach Abs II auch keine Umgehung des Ergebnisses der Prüfung nach Abs I dar. Anrechte können zudem auch gleichartig sein, ohne dass Verrechnungsabreden der betroffenen Versorgungsträger nach § 10 II bestehen. Auch kann der Nichtausgleich eines geringfügigen Anrechts des einen Ehegatten/Lebenspartners nach Abs II wiederum zB den Nichtausgleich eines angleichungsdynamischen Anrechts das anderen Ehegatten/Lebenspartners rechtfertigen (s Rn 5; Rn 8). 7

V. Ausnahmen, Ermessen. Die „Soll"-Regelung räumt dem FamG einen Ermessensspielraum ein. Die Formulierung, die an die Stelle einer Regel-Ausnahmeformulierung im RegE getreten ist (BT-Drs 16/10144, 10, 61), spricht dafür, dass bei Vorliegen der Voraussetzungen grds vom Ausgleich abzusehen ist, wenn kein besonderer **sachlicher Grund** die Durchführung rechtfertigt (BT-Drs 16/11903, 54f; *Hauß/Bührer* Rn 524ff; *Ruland* VersA Rn 587ff, der aber von einem großen Gestaltungsspielraum des FamG spricht). Als Bsp hat der Gesetzgeber eine offenkundig herausragende Dynamik eines Anrechts oder besonders großzügige Leistungsvoraussetzungen genannt, außerdem den Fall, dass ein Ausgleichsberechtigter durch die Übertragung des geringfügigen Ausgleichswertes die Wartezeit für den Bezug einer Rente erfüllt oder sonst dringend auf den Ausgleich angewiesen ist (BT-Drs 16/10144, 61). Ein solcher Grund liegt außerdem dann vor, wenn der Ausgleichspflichtige über zwei oder mehr Anrechte verfügt, deren Ausgleichswerte zwar jew geringfügig sind, in ihrer Summe aber die Geringfügigkeitsgrenzen überschreiten, also immer dann, wenn die – mehrfache – Anwendung des § 18 I und/oder II in der **Gesamtheit** zu mehr als geringfügigen Auswirkungen führt (str; ebenso BGH FamRZ 2015, 2125; Brandenburg FamRZ 2017, 1831; *Ruland* VersA Rn 590; *Bergner* FamFR 2012, 553, 555; ähnl auch FamR-Komm/*Wick* Rn 25; 8

für Anrechte bei demselben Versorgungsträger auch Hamm FamFR 2013, 206 und FamRZ 2014, 131; einschränkend Johannsen/Henrich/Althammer/*Holzwarth* Rn 37f; aA Karlsruhe FamRZ 2015, 1500; Köln FamRZ 2015, 1108; Frankfurt FamRZ 2015, 505; FamRZ 2013, 551). Der BGH spricht insoweit nur von einem Gesichtspunkt, der in die Ermessensentscheidung einzubeziehen und gegen die Nachteile aufgrund entstehender Teilungskosten abzuwägen ist (FamRZ 2015, 2125 Rn 24ff; 2012, 610ff Rn 27ff – jew mehrere Bausteine einer betrieblichen Altersversorgung; ähnl Frankfurt NZFam 2016, 946). Die Teilung wertloser Elemente einer einheitlichen Versorgung kann aus steuerlichen Gründen geboten sein (Frankfurt FamRZ 2022, 1349: Zulagenversicherung) oder bei wechselseitiger Abhängigkeit (Nürnberg FamRZ 2021, 1703: Grund- und Ergänzungsbeihilfe). **Verfehlt** das Absehen vom Wertausgleich die in Rn 1 genannten Zwecke, gebietet nach der Rspr des BGH der Halbteilungsgrundsatz die Teilung (FamRZ 2015, 2125 Rn 24ff m Anm *Borth* FamRZ 2015, 2128; 2012, 513; 2012, 192). Die drohende **Entwertung** geringfügiger Anrechte durch **Kosten interner Teilung** kann das Absehen vom VersA aber rechtfertigen (BGH FamRZ 2017, 97 Rn 15; 2016, 2081 Rn 11; 2012, 610 Rn 31; Brandenburg FamRZ 2022, 952, 953). Sind beiderseitige Anrechte in der allgemeinen GRV auszugleichen und verfügen einer oder beide Ehegatten zudem über Anrechte in der allgemeinen GRV (Ost), die § 18 I oder II unterfallen, entstehen auch insoweit weder nennenswerter zusätzl Verwaltungsaufwand noch Splitterversorgungen (Naumburg 3.9.2012 – 4 UF 120/12; zust Johannsen/Henrich/Althammer/*Holzwarth* Rn 31; für Entgeltpunkte wegen langjähriger Versicherung (**Grundrente**) auch Braunschweig und Koblenz FamRB 2022, 256 (*Siede*); aA Nürnberg FamRB 2022, 256 (*Siede*) und FamRZ 2023, 126; Oldenburg, Beschl v 9.1.2023 – 11 UF 204/22 wegen möglicher Berechnungsprobleme im Leistungsstadium). Str ist, ob beiderseitige Anrechte in der GRV trotz geringer Wertdifferenz immer auszugleichen sind. Dies wird teilweise unter Hinweis auf geringen Verwaltungsaufwand bejaht, wenn für beide Ehegatten ein Versicherungskonto in der GRV geführt wird und beide noch keine Rente beziehen (statt vieler Bremen 4.11.2016 – 4 UF 95/16; Oldenburg NZFam 2016, 1196; Johannsen/Henrich/Althammer/*Holzwarth* Rn 31; aA Celle FamRZ 2016, 1370; Hamm FamRZ 2016, 1372 m krit Anm *Borth*; Köln FamRZ 2015, 146). Bei einer **bedeutungslosen** Wertdifferenz (bis 1 € monatlich) ist nach Ansicht des BGH auch hier vom Wertausgleich abzusehen (BGH FamRZ 2017, 97 Rn 17f; 2016, 2081 Rn 13f; verneint bei 8,57 € von BGH FamRZ 2017, 195; s auch Oldenburg NZFam 2016, 1196 – Kapitalwertdifferenz nahe der Wertgrenze). In den Fällen der **externen** Teilung steht die verhältnismäßige Geringfügigkeit des bei dem Versorgungsträger anfallenden Verwaltungsaufwandes der Teilung nicht entgegen, erzwingt sie aber auch nicht ohne Weiteres (vgl BGH FamRZ 2016, 1658 Rn 10ff; 2012, 189 Rn 22; Brandenburg FamRZ 2015, 928 Rn 9f; strenger Brandenburg FamRZ 2017, 1831). Bei Teilung in die Versorgungsausgleichskasse entsteht wegen der Abfindungsmöglichkeit nach § 5 I 3 VersAusglKassG jedenfalls bei der ausgleichsberechtigten Person auch keine Splitterversorgung (Saarbrücken NJW-Spezial 2019, 326; dazu *Breuers* NZFam 2019, 472). Auch in diesen Fällen hat eine umfassende Prüfung der gesamten Versorgungssituation der Ehegatten zu erfolgen und stellt der anfallende Verwaltungsaufwand nur einen bei der Ermessensentscheidung zu beachtenden Gesichtspunkt dar (BGH NJW-RR 2016, 967 Rn 10ff; Köln FamRZ 2015, 1108; Dresden NZFam 2014, 571; jurisPK/*Breuers* Rn 133ff). Weitere Kriterien, die im Rahmen der Ermessensentscheidung zu berücksichtigen sind, sind Wünsche der beteiligten Eheleute (BT-Drs 16/10144, 61; BGH FamRZ 2017, 195 Rn 12; 2012, 192, 196; Karlsruhe NZFam 2019, 832; Brandenburg 26.8.2021 – 13 UF 94/21 Rn 4; FamRZ 2020, 1822) und derjenige des Versorgungsträgers, bei dem das betreffende Anrecht besteht (Brandenburg FamRZ 2021, 351). **Kritik**: Der BGH kehrt das Regel-Ausnahme-Verhältnis unter Verweis auf die verfassungsrechtl Bedeutung des Halbteilungsgrundsatzes um. Nachdem das BVerfG (FamRZ 2020, 1078) dessen Bedeutung aber relativiert und Transferverluste bei externer Teilung innerhalb bestimmter Grenzen für verfassungsrechtl unbedenklich erklärt hat (BVerfG FamRZ 2020, 1078, 1084: 10 %-Schwelle; Irrelevanz von Transferverlusten in den Grenzen des § 14 II Nr 2), hat der Gesetzgeber nach hier vertretener Ansicht mit der Soll-Regelung in § 18 seinen Ermessensspielraum gewahrt. Danach ist die Teilung geringfügiger Anrechte oder gleichartiger Anrechte mit geringfügiger Wertdifferenz im Einzelfall rechtfertigungsbedürftig, nicht das Absehen davon (vgl Hamm NZFam 2023, 81 m krit Anm *Kirchmeier* sowie Hamm, Beschl v 23.2.2023 – 13 UF 144/22).

9 **VI. Geringfügigkeitsgrenzen.** Abs III regelt die Wertgrenzen für die Berechnung der Geringfügigkeit. Diese betragen für einen Rentenbetrag 1 % der monatlichen Bezugsgröße nach § 18 I SGB IV und bei einem Kapitalbetrag 120 % derselben Bezugsgröße, bezogen auf das Ende der Ehezeit (2023: Bezugsgröße = 3.395 €; 1 % = 33,95 €; 120 % = 4.074 €). Für die neuen Bundesländer gilt keine andere Geringfügigkeitsgrenze; auf die abw Bezugsgröße in § 18 II SGB IV wird ausdrückl nicht Bezug genommen (*Ruland* VersA Rn 565; vgl auch Stuttgart FamRZ 2011, 41). Bei beabsichtigter interner Teilung bemisst sich die Geringfügigkeit des Anrechts **vor** Abzug der Teilungskosten, um eine ungleiche Behandlung intern und extern zu teilender Anrechte zu vermeiden (s Rn 4; Koblenz FamRZ 2019, 962). Die Geringfügigkeitsgrenzen entsprechen der Hälfte der in § 14 II Nr 2 genannten Beträge. Zugleich hat der Gesetzgeber eine Harmonisierung mit § 3 II BetrAVG beabsichtigt, der für betriebliche Anrechte bis zu dieser Wertgrenze ein einseitiges Abfindungsrecht des ArbGeb vorsieht (BT-Drs 16/10144, 62). Maßgeblich ist stets **nur eine Wertgrenze**: ist ein Rentenbetrag die maßgebliche Bezugsgröße (auch bei **sämtlichen** Anrechten gleicher Art iSd Abs 1), kommt es auf die Geringfügigkeit des Rentenbetrags an; in allen anderen Fällen ist der (korrespondierende) Kapitalwert maßgeblich (krit dazu *Ruland* VersA Rn 567). Dies gilt also auch für Anrechte der **GRV**, weil hier die Entgeltpunkte die maßgebliche Bezugsgröße sind (*Bergner* KomRefVA, § 18 Anm 2.4 sowie Anm 4, Bsp 1; *Bergner* FamFR 2010, 221, 223; München FamRB 2010, 169f [*Norpoth*]; Celle FamRB 2010, 170f [*Gutdeutsch*]; Stuttgart NJW 2010, 3312f; *Gutdeutsch* FamRZ 2010, 949f; *Borth* FamRZ 2010, 1210, 1211). Die Geringfügigkeitsgrenze ist wandelbar; maßgeblich ist die Geringfügigkeits-

grenze zum Ehezeitende. Die nachfolgende Tabelle zeigt die Geringfügigkeitsgrenzen seit 1990, auch soweit sie für die Anwendung der § 14 II Nr 2, § 33 II, § 51 II (iVm § 225 III FamFG) und § 51 III 3 maßgeblich sind:

Jahr	Bezugsgröße	1 %	2 %	120 %	240 %
1990	(DM) 3290	(DM) 32,90	(DM) 65,80	(DM) 3948	(DM) 7896
1991	3360	33,60	67,20	4032	8064
1992	3500	35	70	4200	8400
1993	3710	37,10	74,20	4452	8904
1994	3920	39,20	78,40	4704	9408
1995	4060	40,60	81,20	4872	9744
1996	4130	41,30	82,60	4956	9912
1997	4270	42,70	85,40	5124	10 248
1998	4340	43,40	86,80	5208	10 416
1999	4410	44,10	88,20	5292	10 584
2000	4480	44,80	89,60	5376	10 752
2001	4480	44,80	89,60	5376	10 752
2002	(€) 2345	(€) 23,45	(€) 46,90	(€) 2814	(€) 5628
2003	2380	23,80	47,60	2856	5712
2004	2415	24,15	48,30	2898	5796
2005	2415	24,15	48,30	2898	5796
2006	2450	24,50	49	2940	5880
2007	2450	24,50	49	2940	5880
2008	2485	24,85	49,70	2982	5964
2009	2520	25,20	50,40	3024	6048
2010	2555	25,55	51,10	3066	6132
2011	2555	25,55	51,10	3066	6132
2012	2625	26,25	52,50	3150	6300
2013	2695	26,95	53,90	3234	6468
2014	2765	27,65	55,30	3318	6636
2015	2835	28,35	56,70	3402	6804
2016	2905	29,05	58,10	3486	6972
2017	2975	29,75	59,50	3570	7140
2018	3045	30,45	60,90	3654	7308
2019	3115	31,15	62,30	3738	7476
2020	3185	31,85	63,70	3822	7644
2021	3290	32,90	65,80	3948	7896
2022	3290	32,90	65,80	3948	7896
2023	3395	33,95	67,90	4074	8148

VII. Verhältnis zu anderen Vorschriften. 1. Fehlende Ausgleichsreife. Die Frage nach dem Verhältnis zw 10
§ 18 und § 19 stellt sich in beiden Konstellationen des § 18. Ein Anrecht kann zugleich geringfügig iSd Abs II und noch nicht ausgleichsreif iSd § 19 sein. Auch sind Konstellationen denkbar, in denen die Differenz gleichartiger Anrechte geringfügig ist, mehrere davon aber nicht ausgleichsreif iSd § 19 sind. Zu beachten ist dabei, dass in den Fällen des § 19 II Nr 1 und 2 die Gleichartigkeit der Anrechte davon abhängt, dass sie zur selben Fallgruppe nicht ausgleichsreifer Anrechte gehören. Der Gesetzgeber schweigt sich zu dem Verhältnis von § 18

zu § 19 aus. In der Rspr wird zT ein Vorrang des § 18 bejaht (Koblenz FamRZ 2015, 1504; AG Erfurt FamRZ 2014, 1850 m krit Anm *Borth* FamRZ 2014, 1852; ebenso Soergel/*Häußermann* Rn 14). Dem steht entgegen, dass im Rahmen des Wertausgleichs bei der Scheidung nicht rechtswirksam über den Wertausgleich nach der Scheidung entschieden werden kann (zutr Nürnberg FamRZ 2021, 1703; Brandenburg NZFam 2019, 926 Rn 11ff; *Borth* FamRZ 2014, 1852; bedenklich Brandenburg FamRZ 2022, 1682). Ist von mehreren geringfügigen Bausteinen einer einheitlichen Versorgung einer nicht ausgleichsreif, ist nach Ansicht von Brandenburg (NJW-Spezial 2020, 645) insg § 19 anzuwenden.

11 **2. Grobe Unbilligkeit.** § 18 und § 27 haben unterschiedliche Anwendungsbereiche und sind daher unabhängig voneinander anzuwenden. Allerdings ergibt sich bei systematischer Auslegung ein Vorrang der Prüfung nach § 18; der Überprüfung auf grobe Unbilligkeit iSd § 27 unterliegt der Wertausgleich in seiner Gesamtheit, also auch unter Beachtung des § 18 (so zu Recht *Hoppenz* FamRZ 2010, 1342; Nürnberg FamRZ 2021, 1960). Deshalb ist str, ob nach teilw Ausschluss des VersA nach § 27 noch einmal der verbleibende Restausgleich einer Prüfung nach § 18 unterzogen werden kann (so AG Kerpen FamRZ 2010, 981f m zust Anm *Borth*, 982f; abl *Hoppenz* FamRZ 2010, 1342, der eine Rückkehr zur Prüfung nach § 18 für ausgeschlossen hält; krit auch *Brudermüller* NJW 2010, 3198, 3201).

12 **3. Tod eines Ehegatten.** Zur (Nicht-)Anwendbarkeit des § 18 in den Fällen des § 31 vgl § 31 Rn 4a.

13 **VIII. Verfahren.** Das FamG muss die Voraussetzungen und Ausnahmen des § 18 zwar grds von Amts wegen ermitteln und mit den Beteiligten nach § 221 FamFG erörtern; jedoch müssen die Ehegatten/Lebenspartner selbst die nicht offenkundigen Umstände darlegen, die gegen die Anwendung des § 18 sprechen (Johannsen/Henrich/Althammer/*Holzwarth* Rn 2; MüKo/*Recknagel* Rn 43; Soergel/*Häußermann* Rn 15). Unterbleibt ein **Wertausgleich bei Scheidung** nach Abs I oder II, so ist dies nach § 224 III FamFG in die Beschlussformel des Tenors aufzunehmen (Bsp: „Hinsichtl des Anrechts des Antragsgegners bei der Vita-Versicherung in Greifswald findet ein Wertausgleich bei Scheidung nicht statt."). Die Entscheidung ist nach § 225 I FamFG nur für Anrechte aus den sog Primärversorgungen (§ 32) abänderbar; dem Wertausgleich nach Scheidung sind diese Anrechte entzogen (so zutr Johannsen/Henrich/Althammer/*Holzwarth* Rn 13). Gleicht das FamG ein geringwertiges Anrecht aus, hat es die maßgeblichen Gründe in seinem Beschluss darzulegen (BGH FamRZ 2015, 313 m zust Anm *Borth*).

14 **IX. Kritik.** Gegen die Geringfügigkeitsregelung wird eingewandt, sie sei nur für die ausgleichspflichtige Person vorteilhaft und solle deswegen nur zur Anwendung kommen, wenn Anrechte der betrieblichen Altersversorgung betroffen seien (*Bergner* KomRefVA, Anm 2.2, 4). Auch wurde zu Recht befürchtet, dass sie – ebenso wie § 3c VAHRG aF – zu einer erheblichen Komplizierung und einem Anwachsen von Rechtsmittelverfahren führen werde (*Ruland* VersA Rn 560). Kritisiert wird auch, dass die beiden Geringfügigkeitsgrenzen – bezogen auf die GRV – um nahezu 100 % voneinander abweichen (*Ruland* VersA Rn 567). Fakt ist, dass der durch die interne Teilung von Anrechten entstehende Verwaltungsmehraufwand, der nur von den Trägern der GRV und der Beamtenversorgung nicht geltend gemacht wird, gerade wegen § 13 geringwertige Anrechte erheblich entwerten kann. Auch die externe Teilung verursacht Verwaltungsaufwand beim Ziel-/Auffangversorgungsträger, welcher das zu begründende Anrecht der ausgleichsberechtigten Person belastet (so zutr Dresden FamRZ 2014, 1461). Hinzu kommt die drohende Zersplitterung von Anrechten durch interne Teilung, die jedenfalls bei geringfügigen Werten auf Klein(st)renten hinausläuft. Das zu vermeiden, verschafft § 18 nach hier vertretener Ansicht dauerhaft eine Daseinsberechtigung.

§ 19 Fehlende Ausgleichsreife

(1) Ist ein Anrecht nicht ausgleichsreif, so findet insoweit ein Wertausgleich bei der Scheidung nicht statt. § 5 Abs 2 gilt entsprechend.

(2) Ein Anrecht ist nicht ausgleichsreif,

1. wenn es dem Grund oder der Höhe nach nicht hinreichend verfestigt ist, insbesondere als noch verfallbares Anrecht im Sinne des Betriebsrentengesetzes,
2. soweit es auf eine abzuschmelzende Leistung gerichtet ist,
3. soweit sein Ausgleich für die ausgleichsberechtigte Person unwirtschaftlich wäre oder
4. wenn es bei einem ausländischen, zwischenstaatlichen oder überstaatlichen Versorgungsträger besteht oder
5. wenn sich bei einem Anrecht aus der betrieblichen Altersversorgung oder der privaten Altersvorsorge nach dem Ende der Ehezeit der Kapitalwert als maßgebliche Bezugsgröße und damit der Ausgleichswert verändert hat, weil die ausgleichspflichtige Person innerhalb der bisher bestehenden Leistungspflicht eine Versorgung aus dem Anrecht bezogen hat, und die ausgleichsberechtigte Person verlangt, dass das Anrecht vom Wertausgleich bei der Scheidung ausgenommen wird.

(3) Hat ein Ehegatte nicht ausgleichsreife Anrechte nach Absatz 2 Nr. 4 erworben, so findet ein Wertausgleich bei der Scheidung auch in Bezug auf die sonstigen Anrechte der Ehegatten nicht statt, soweit dies für den anderen Ehegatten unbillig wäre.

(4) Ausgleichsansprüche nach der Scheidung gemäß den §§ 20 bis 26 bleiben unberührt.

I. Allgemeines. § 19 fasst die wichtigsten Ausnahmen vom Wertausgleich bei Scheidung zusammen. Der Begriff der fehlenden Ausgleichsreife ist in doppelter Hinsicht irreführend. Zum einen suggeriert er eine Nähe zum Begriff der Verfallbarkeit in § 1587a II Nr 3 BGB aF, als handele es sich durchgehend um Anrechte, die in den Wertausgleich bei Scheidung gehörten, wenn weitere Voraussetzungen (zB Wartezeit, Dauer der Betriebszugehörigkeit) erfüllt sind. Tatsächlich gilt dies aber nur für Anrechte iSd Abs II Nr 1. Zum anderen vermittelt der Begriff den Eindruck, bei später erlangter Ausgleichsreife könnte die Entscheidung zum Wertausgleich bei Scheidung nachzuholen sein. Auch das ist nicht der Fall: die über § 19 aus dem Wertausgleich bei Scheidung verbannten Anrechte sind nach Abs IV unabänderlich erst im Wertausgleich nach Scheidung auszugleichen. Die Gemeinsamkeit der in Abs II enumerativ und abschließend aufgezählten Fallgruppen besteht also allein darin, dass sie (aus unterschiedlichen Gründen) aus dem Wertausgleich bei Scheidung herausgehalten und dem Wertausgleich nach der Scheidung (§§ 20ff) vorbehalten werden. In letzterem Punkt unterscheidet sich § 19 auch von den weiteren Ausnahmen zum Wertausgleich bei Scheidung (§ 3 III und § 18). 1

II. Maßgeblicher Zeitpunkt. Für die Beurteilung der (fehlenden) Ausgleichsreife ist der Zeitpunkt der Entscheidung maßgeblich, wie sich aus dem Verweis in Abs I auf § 5 II ergibt. Wird das Anrecht also zw Ehezeitende und dem Zeitpunkt der Entscheidung ausgleichsreif, unterfällt es dem Wertausgleich bei Scheidung. Es kann sich aber auch umgekehrt verhalten, wenn etwa durch eine Rechtsänderung nach dem Ehezeitende ein Teil einer Versorgungsanwartschaft iSd Abs II Nr 2 abgeschmolzen wird oder aufgrund sonstiger Veränderungen sich sein Ausgleich erst im Zeitpunkt der Entscheidung für die ausgleichsberechtigte Person als unwirtschaftl iSd Abs II Nr 3 herausstellt. 2

III. Fallgruppen. Die Aufzählung der in Abs II Nr 1–4 genannten nicht ausgleichsreifen Anrechte ist abschließend gemeint. Eine analoge Anwendung auf andere Fallgruppen ist restriktiv zu handhaben; sie widerspräche dem Ziel des Gesetzgebers, den Wertausgleich nach der Scheidung einzudämmen (vgl BT-Drs 16/10144, 35, 63; vgl BGH FamRZ 2017, 872 Rn 18 – Zusatzversorgung). 3

1. Nicht hinreichend verfestigte Anrechte. Der BGH definiert diese Voraussetzung einerseits positiv, andererseits negativ: hinreichend verfestigt sind Anrechte, die durch die künftige (zB betriebliche, berufliche) Entwicklung des Inhabers nicht mehr beeinträchtigt werden können und bereits endgültig gesichert sind (BGH FamRZ 2021, 1280 Rn 20; FamRZ 2013, 1021 Rn 9 – Gesamtzusage, verneint; NZFam 2014, 177 Rn 21f – Rentenanspruch aus Hofübertragung, ebenfalls verneint; dazu s näher *Borth* FamRZ 2014, 270ff). **Nicht** hinreichend verfestigt sind Anrechte, wenn der Bestand des Anrechts dem Grund oder der Höhe nach noch nicht feststeht, weil der Erwerbsvorgang entweder noch nicht abgeschlossen ist oder das Anrecht in seinem Bestand noch wegfallen kann (BGH FamRZ 2021, 1280 Rn 22; FamRZ 2017, 872 Rn 18: für VBL-Anrechte wegen Startgutschriftenproblematik verneint). In der ursprünglichen Fassung erfasste Nr 1 nur die noch verfallbaren Anrechte iSd BetrAVG (BT-Drs 16/10144, 10). Diese stellen auch die wichtigste Fallgruppe innerhalb der Nr 1 dar; der Gesetzgeber hat aber durch den Begriff des nicht hinreichend verfestigten Anrechts den Anwendungsbereich erweitert, um eine planwidrige Regelungslücke zu vermeiden (s BT-Drs 16/11903, 55). Abs II Nr 1 steht gleichwohl in einem – nur durch systematische, historische und teleologische Auslegung zu beseitigenden – Widerspruch zu § 2 III, wonach die Nichterfüllung einer Wartezeit oder Mindestbeschäftigungszeit der Einbeziehung eines Anrechts in den Wertausgleich nicht entgegensteht. Systematisch lässt sich der Widerspruch dahin auflösen, dass die von Nr 1 erfassten Anrechte durchaus dem VersA unterfallen; sie werden lediglich in den Wertausgleich nach der Scheidung verschoben (s Abs IV). Historisch und teleologisch ist aber zu beachten, dass Nr 1 eng auszulegen ist und nicht die allg Wartezeit für gesetzl Anrechte oder Anrechte der Beamtenversorgung meint (dazu § 2 Rn 12). Sie bezieht sich zunächst auf betriebliche und solche Anrechte, die den betrieblichen Anrechten vergleichbar sind, aber aus bestimmten Gründen nicht in den Geltungsbereich des BetrAVG fallen (zB Anrechte beherrschender Gesellschafter-Geschäftsführer: BT-Drs 16/11903, 55; *Bergner* NZFam 2014, 349, 351; s dazu *Hufer/Karst* BetrAV 2016, 297). Die Anwendung auf andere Anrechte steht unter dem Vorbehalt, dass das Anrecht nicht nach dem Willen des Gesetzgebers trotz bestehender Unsicherheit dem Wertausgleich bei Scheidung unterfällt (zB Anrechte der GRV vor erfüllter Mindestwartezeit; s aber BGH NZFam 2014, 177 Rn 21f: Anrecht aus privatem Hofübertragungsvertrag). Abs II Nr 1 ist daher nicht auf die Anrechte bei Zusatzversorgungen anzuwenden, die wegen der wieder aufgeflammten Startgutschriftenproblematik rentenferner Jahrgänge vorübergehend nicht aufgeklärt werden konnten (BGH FamRZ 2017, 872; aA München FamRZ 2011, 222f m abl Anm *Borth*; s Rn 15). 4

a) Betriebliche Anrechte. Es handelt sich um Anrechte der Alters-, Invaliditäts- und Hinterbliebenenversorgung, die einem ArbN aus Anlass des Arbeitsverhältnisses von seinem ArbGeb zugesagt werden (§ 1 I BetrAVG). Hierzu zählen auch die Anrechte aus einer Zusatzversorgung im öffentlichen/kirchlichen Dienst (§ 18 BetrAVG). Mögliche Rechtsgrundlagen sind Vertrag, Gesamtzusage des ArbGeb, betriebliche Übung, Gleichbehandlungsgrundsatz, Betriebsvereinbarung, Tarifvertrag oder Gesetz (vgl *Borth* VersA Kap 2 Rn 256). S auch § 12 Rn 5. 5

b) Verfallbarkeit/Unverfallbarkeit betrieblicher Anrechte. Scheidet der ArbN vor Erreichen der Anspruchsvoraussetzungen einer Betriebsrente aus dem Betrieb aus, so kann sein Anrecht hierauf, soweit es nicht aus eigenen Beiträgen oder umgewandeltem Arbeitsentgelt angespart ist, sondern auf Leistungen des ArbGeb beruht, verfallen. Nach dem BetrAVG muss es ihm aber auch in diesem Fall unter bestimmten Mindestvoraussetzungen erhalten bleiben. Liegen diese Voraussetzungen vor, spricht man von **Unverfallbarkeit**. Nach Abs II Nr 1 iVm Abs IV entscheidet die Frage der Verfallbarkeit darüber, ob das Anrecht im Wertausgleich bei Scheidung geteilt wird oder dem Wertausgleich nach Scheidung vorbehalten ist. Maßgeblicher Zeitpunkt für die Frage der (Un-)Verfallbarkeit ist – wie nach dem alten Recht – der **Zeitpunkt der Entscheidung** über den VersA (s Rn 2). 6

7 Zu unterscheiden sind die Unverfallbarkeit dem **Grunde** nach und die Unverfallbarkeit der **Höhe** nach. Die Voraussetzungen für die Unverfallbarkeit einer betrieblichen Rentenanwartschaft bestimmen sich grds nach der zugrunde liegenden (tarif- oder individualvertragl) Regelung; das BetrAVG formuliert nur Mindestbedingungen, von denen zugunsten des ArbN abgewichen werden darf und teilw auch wird (BGH FamRZ 2015, 124). Diese sind durch das AvmG v 26.6.2001 (BGBl I 2001, 1310, 1327) mWz 1.1.2001, durch das AltvFö/SGBIIIÄndG (BGBl I 2007, 2838) mWz 1.1.2009 und durch das Gesetz zur Umsetzung der Mobilitätsrichtlinie der EU (BGBl I 2015, 2553; dazu s *Scholer* FamRZ 2017, 1821ff) mWz 1.1.2018 geändert worden. Die Änderungen gelten aber nur für Versorgungszusagen, die nach dem 31.12.2000/31.12.2008/31.12.2017 erteilt worden sind. Zu unterscheiden ist deshalb der Rechtszustand für bis zu diesen Stichtagen erteilte und für die danach erteilten Versorgungszusagen.

8 **aa) Unverfallbarkeit dem Grunde nach.** Diese richtet sich nach § 1b BetrAVG; dazu existieren Übergangsregelungen. Voraussetzungen der Unverfallbarkeit sind für Anrechte aus der Zeit **bis zum 31.12.2000** nach dem Übergangsrecht (§ 30f I BetrAVG aF) max,
- dass der ArbN mindestens das 35. Lebensjahr vollendet hat und die Versorgungszusage für ihn mindestens 10 Jahre bestanden hat, oder
- dass der Beginn der Betriebszugehörigkeit mindestens 12 Jahre zurückliegt und die Versorgungszusage mindestens drei Jahre bestanden hat, oder
- dass der ArbN das 30. Lebensjahr vollendet hat und die Versorgungszusage seit dem 1.1.2001 mindestens fünf Jahre bestanden hat.

9 Für die **ab dem 1.1.2001** begründeten Anrechte gelten nach §§ 1b, 30f II BetrAVG folgende max Unverfallbarkeitsvoraussetzungen:
- dass der ArbN das 30. Lebensjahr vollendet hat und die Versorgungszusage mindestens fünf Jahre bestanden hat, oder
- die Versorgungszusage zwar noch keine fünf Jahre bestanden hat, der ArbN aber aufgrund einer Vorruhestandsregelung aus dem Betrieb ausscheidet, ohne die er die Unverfallbarkeitsvoraussetzungen und sonstigen Anspruchsvoraussetzungen hätte erfüllen können, oder
- dass der ArbN das 25. Lebensjahr vollendet hat und die Versorgungszusage seit dem 1.1.2009 mindestens fünf Jahre bestanden hat, oder
- wenn die betriebliche Altersversorgung durch Entgeltumwandlung (§ 1a BetrAVG) erfolgt, ohne jede Frist (§ 1b V BetrAVG).

10 Im letzteren Fall kann der ArbN beanspruchen, nach seinem Ausscheiden aus dem Betrieb die Versicherung oder Versorgung mit eigenen Beiträgen fortzusetzen; das Recht des ArbGeb, die Versorgung zu verpfänden, abzutreten oder zu beleihen, ist ausgeschlossen. Bei einer Direktversicherung muss dem ArbN mit Beginn der Entgeltumwandlung ein unwiderrufliches Bezugsrecht eingeräumt werden.

11 Ansprüche aus **ab dem 1.1.2009** begründeten Anrechten sind nach § 1b BetrAVG unter den Voraussetzungen unverfallbar,
- dass der ArbN das 25. Lebensjahr vollendet hat und die Versorgungszusage mindestens fünf Jahre bestanden hat, oder
- die Versorgungszusage zwar noch keine fünf Jahre bestanden hat, der ArbN aber aufgrund einer Vorruhestandsregelung aus dem Betrieb ausscheidet, ohne die er die Unverfallbarkeitsvoraussetzungen hätte erfüllen können, oder
- dass der ArbN bei Beendigung das 21. Lebensjahr vollendet hat und das Arbeitsverhältnis seit dem 1.1.2018 mindestens drei Jahre bestanden hat, oder
- wenn die betriebliche Altersversorgung durch Entgeltumwandlung erfolgt, ohne jede Frist (s oben).

Für **ab dem 1.1.2018** begründete Anrechte gelten folgende Unverfallbarkeitsvoraussetzungen:
- dass der ArbN das 21. Lebensjahr vollendet hat und die Versorgungszusage mindestens drei Jahre bestanden hat, oder
- die Versorgungszusage zwar noch keine drei Jahre bestanden hat, der ArbN aber aufgrund einer Vorruhestandsregelung aus dem Betrieb ausscheidet, ohne die er die Unverfallbarkeitsvoraussetzungen hätte erfüllen können, oder
- wenn die betriebliche Altersversorgung durch Entgeltumwandlung erfolgt, ohne jede Frist (s oben).

12 **bb) Unverfallbarkeit der Höhe nach.** Voraussetzung für die Einbeziehung einer betrieblichen Anwartschaft ist auch die Unverfallbarkeit der Höhe nach. Diese regelten bis Ende 2017 die § 2 V, § 18 II Nr 1 lit c BetrAVG: Nach § 2 V BetrAVG bleiben bei vorzeitigem Ausscheiden für das Anrecht spätere Änderungen der für das Anrecht maßgeblichen Versorgungsordnung und der Bemessungsgrundlagen unberücksichtigt. Wegen der Möglichkeit des jederzeitigen Ausscheidens aus dem Arbeitsverhältnis sind Zuwächse, die auf derartigen späteren Änderungen beruhen, nach der Rspr des BGH als verfallbar zu behandeln (zB BGH FamRZ 2001, 477). Ein Bsp sind endgehaltsbezogene Zusagen, bei denen die Anpassung der Zusage an die Gehaltsentwicklung vom Verbleib des ArbN im Betrieb abhängt. Wenn das Anrecht dem Grunde nach unverfallbar ist, nicht aber seine Anwartschaftsdynamik, so ist letztere bei der Bewertung des Anrechts, insb seines korrespondierenden Kapitalwertes, auszuklammern (vgl § 45 Rn 5). Für Anrechte, die ab dem 1.1.2018 erworben werden, schreibt § 2a BetrAVG nF iVm § 30g I BetrAVG nF vor, dass sie ebenfalls eine – ggf alternative – Anwartschaftsdynamik enthalten müssen. Sie können dann im Hinblick auf ihre Dynamik auch **teilweise** unverfallbar werden (vgl *Scholer* FamRZ 2017,

1821, 1823). Bis Ende 2017 erworbene Anrechte unterfallen aber weiter dem bisherigen Recht. Insoweit bleibt ein **Teil**, der nach hM ggf nach der Scheidung (§§ 20ff) auszugleichen ist (s § 20 Rn 4; dazu krit *Wick* BetrAV 2011, 132, 137; FamR-Komm/*Wick* Rn 14 mwN; *Ruland* VersA Rn 673; s § 11 Rn 4a). Tatsächlich kann nach der hM nach dem Wertausgleich bei Scheidung aber nur noch der Teil der Anwartschaft weiterwachsen, welcher der ausgleichspflichtigen Person verblieben ist; iÜ profitiert der ArbGeb vom Wertausgleich bei Scheidung. Nach hier vertretener Ansicht stellt die Betriebstreue des ArbN dagegen eine Gegenleistung für die Anwartschaftsdynamik dar. Letztere beruht deshalb auf einem nachehezeitl Erwerb und ist dann auch nicht auszugleichen (s § 5 Rn 8).

Eine Verfallbarkeit der Höhe nach besteht auch bei Anrechten aus sog. **Gesamtzusagen** oder **limitierten Versorgungen**, bei denen eine Grundversorgung (zB gesetzl Rente) bis zu einem bestimmten Höchstsatz aufgestockt werden soll oder auf das betriebliche Anrecht angerechnet wird (vgl BGH FamRZ 2013, 1021; s näher § 45 Rn 13ff). 12a

c) Beginn und Berechnung der Unverfallbarkeitsfristen. Die Unverfallbarkeitsfristen gelten nur, soweit die Finanzierung des betrieblichen Anrechts vom ArbGeb stammt. Stammen die Beiträge wirtschaftl vom ArbN, wie bei der Entgeltumwandlung, sind die Anrechte sofort unverfallbar. Auf die Unverfallbarkeitsfristen sind die §§ 187–193 BGB anzuwenden. Fristbeginn ist der Beginn der Erteilung der Versorgungszusage, frühestens der Beginn der Betriebszugehörigkeit; beruht das Anrecht auf betrieblicher Übung, ist der Beginn der Betriebszugehörigkeit maßgeblich. Verspricht der ArbGeb im Arbeitsvertrag, nach Ablauf einer Wartezeit (ohne sonstige weitere Bedingungen) eine Versorgungszusage zu erteilen, beginnt schon mit der Zusage die Unverfallbarkeitsfrist zu laufen (sog „Vorschaltzeit": BAG DB 2004, 1158 Rn 22 mwN). Entgegen der Ausnahmevorschrift des § 191 BGB muss die Frist in einem zusammenhängenden Zeitraum erfüllt werden (*Ruland* VersA Rn 437); jedoch sind gewisse Unterbrechungstatbestände der Betriebszugehörigkeit gleichgestellt (zB Mitgliedschaft im Bundestag nach § 4 AbgG; weitere Bsp bei Johannsen/Henrich/Althammer/*Siede* § 45 Rn 32). Unschädlich ist auch das Ausscheiden des ArbN aufgrund einer **Vorruhestandsvereinbarung**, wenn ohne das Ausscheiden die Wartezeit und die sonstigen Leistungsvoraussetzungen erfüllt würden (§ 1b I 2 BetrAVG); dieses ist allerdings für die Berechnung des **Ehezeitanteils** relevant (BGH FamRZ 2009, 1735; dazu § 45 Rn 8f). Es kann (zugunsten des ArbN) vereinbart werden, dass bestimmte Zeiten auf die Frist angerechnet werden („Vordienstzeiten"; Bsp BAG AP Nr 45 zu § 1 TVG Tarifverträge: Lufthansa). Für den Lauf der Frist darf eine Teilzeitbeschäftigung nicht über einen „Gesamtbeschäftigungsquotienten" mit einem geringeren Wert angesetzt werden (BGH FamRZ 2009, 1735). 13

d) Wartezeiten. Von den Unverfallbarkeitsfristen sind Wartezeiten zu unterscheiden (dazu ausf BAG DB 2004, 1158; *Ruland* VersA Rn 439). Der Anspruch auf die Leistung kann von der Erfüllung einer Wartezeit abhängig gemacht werden, die noch über die Unverfallbarkeitsfrist hinausgeht. Ist das Anrecht bereits unverfallbar, kann die Wartezeit auch bei einem Ausscheiden aus dem Betrieb noch zurückgelegt werden (§ 1b I 5 BetrAVG). Aus der Wartezeitregelung kann allerdings im konkreten Fall auch folgen, dass kein betriebliches Anrecht erworben werden kann (Bsp: Die Wartezeit für den Anspruch beträgt 10 Jahre; das Arbeitsverhältnis ist aber auf sechs Jahre befristet; BAGE 29, 227; BAG DB 2004, 1158 Rn 18). Das bedeutet: nur dann, wenn aufgrund der Wartezeitregelung nicht feststeht, dass der Versorgungsfall vor Ablauf der Wartezeit eintreten wird, besteht ein auszugleichendes Anrecht. Für dieses kann die Wartezeit nach Eintritt der Unverfallbarkeit auch noch bei vorzeitigem Ausscheiden aus dem Betrieb erfüllt werden. 14

e) Sonstige, nicht hinreichend verfestigte Anrechte. Abs II Nr 1 ist auch anwendbar auf sonstige Anrechte, die nicht dem BetrAVG, sondern vertragl oder tariflichen Vereinbarungen unterliegen, welche Verfallbarkeits- oder Widerrufsklauseln enthalten; ein Bsp sind Versorgungszusagen für herrschende Gesellschafter-Geschäftsführer (BGH FamRZ 2019, 1993 Rn 19ff m Anm *Borth*; FamRZ 2014, 731f; BT-Drs 16/11903, 55; *Borth* VersA Kap 3 Rn 160). Ein vom Verhalten des Berechtigten abhängender Widerrufsvorbehalt steht der Verfestigung aber nicht entgegen (Nürnberg FamRZ 2022, 1020, 1022: Pflicht-Ehrensold). Auch soweit die **Höhe** eines unverfallbaren Anrechts zum Zeitpunkt der Entscheidung auf unabsehbare Zeit nicht hinreichend sicher bestimmt werden kann, scheidet mangels Ausgleichsreife ein Wertausgleich bei Scheidung aus (BT-Drs 16/11903, 55; vgl BGH FamRZ 2021, 1280 Rn 27f – ausl Pensionszusage; FamRZ 2014, 282 Rn 20 – Hofübergabevertrag; s aber auch BGH FamRZ 2017, 872 Rn 18 – Zusatzversorgung). Anrechte auf Grundrente hält der BGH trotz möglicher Einkommensanrechnung (§ 97a SGB VI) für verfestigt (BGH FamRZ 2023, 761 = juris Rn 17-19; hierzu s auch § 43 Rn 23a). Als verfallbar können Invaliditätsrenten der gesetzl, betrieblichen oder berufsständischen Altersversorgung zu behandeln sein, wenn der Fortbestand der Invalidität unsicher ist (vgl MüKo/*Glockner*[6] § 41 VersAusglG Rn 5; s auch § 41 Rn 10). Trotz ihrer Volatilität sind **fondsgebundene** Anrechte ausgleichsreif (BGH FamRZ 2012, 694). In der Rspr wurden teilw sicherungsabgetretene, verpfändete oder gepfändete Anrechte als nicht ausgleichsreif behandelt (Karlsruhe FamRZ 2013, 885; Schleswig FamRZ 2012, 1220; Brandenburg FamFR 2013, 136 [*Bergmann*]). Der BGH (FamRZ 2013, 1715, 1716f; 2014, 635; ebenso Hamm FamRZ 2015, 583) stellt klar, dass fehlende Ausgleichsreife nach Abs II Nr 1 nur für Anrechte gilt, denen es an Rechtsbeständigkeit mangelt, weil noch nicht alle Voraussetzungen für die Begründung nach Grund und Höhe erfüllt sind. Die Sicherungsabtretung bewirkt aber nur einen Rangrücktritt des Versicherungsnehmers (s § 2 Rn 11a); sie stellt nicht das Anrecht als solches ggü dem Versorgungsträger in Frage. Gleiches gilt für verpfändete und gepfändete Anrechte (BGH FamRZ 2021, 584; Frankfurt FamRZ 2020, 678; Koblenz 20.11.2020 – 13 UF 508/20). Soweit die Übergangsregelungen für rentenferne Jahrgänge bei den Anrechten auf eine **öffentlich-rechtl/kirchliche Zusatzversorgung** wiederholt für unwirksam erklärt worden waren (s § 45 Rn 22), mangelte es diesen nach der dargestell- 15 ten Definition des BGH nicht an der Ausgleichsreife (BGH FamRZ 2017, 872 Rn 18). Die Verfahren waren ggf nach § 140 II Nr 2 FamFG abzutrennen und teilweise auszusetzen (dazu näher *Borth* FamRZ 2015, 548f; *Hauß* FamRB 2016, 238); bei kurz bevorstehendem Rentenbezug konnte aber auch eine Teilung auf Grundlage der unwirksamen Satzung in Betracht kommen (BGH FamRZ 2017, 872 Rn 19).

16 **2. Anrecht auf abzuschmelzende Leistung.** Die Regelung in Abs II Nr 2 geht auf die Rspr des BGH zurück, wonach auf degressive Anrechte nicht der öffentlich-rechtl VersA nach altem Recht anzuwenden war, sondern diese schuldrechtl auszugleichen waren (zB BGH FamRZ 2004, 259, 260f mwN). Als bekanntes Bsp sind hier die Abflachungsbeträge in der Beamtenversorgung (§ 69e BeamtVG) zu nennen, die infolge der Absenkung des Höchstruhegehaltssatzes durch das Versorgungsänderungsgesetz vom 20.12.2001 (BGBl I 2001, 3926) von 75 % bis auf 71,75 % in der Übergangszeit entstanden sind und die auch schon nach altem Recht nicht im öffentlichen VersA berücksichtigt werden konnten (BGH FamRZ 2007, 994f m Anm *Borth* 995f). Für die **GRV** enthält § 120h SGB VI einen Katalog von Ansprüchen auf eine abzuschmelzende Leistung, die auf dem Übergangsrecht nach der Wiedervereinigung beruhen (eingehend Johannsen/Henrich/Althammer/*Holzwarth* Rn 15ff; MüKo/*Recknagel* Rn 20). Ein weiteres Bsp sind zu Unrecht, aber bestandskräftig gewährte gesetzl Rentenbestandteile; die Abschmelzung bei Rentenerhöhungen ergibt sich hier aus § 48 III SGB X (Brandenburg FamRZ 2016, 1773; *Götsche* NZFam 2016, 685, 686).

17 **3. Unwirtschaftlicher Ausgleich.** Vorgängerregelung zu Abs II Nr 3 ist § 1587b IV BGB aF. Jedoch hängt die Anwendung der Nr 3, anders als bei der Vorgängerregelung, nicht von einem Antrag eines Beteiligten ab. Unwirtschaftl kann die Übertragung von **Zusatzversorgungsanrechten** aus Pflichtversicherung ausnahmsw sein, wenn die Wartezeit von 60 Monaten zwar im Zeitpunkt der Entscheidung, aber nicht zum Ehezeitende erfüllt ist. Scheidet eine Verrechnung mit eigenen Zusatzversorgungsanrechten der ausgleichsberechtigten Person aus (zB § 32a V VBLS), kommt eine Wartezeiterfüllung für diese nämlich nur bis zum Erreichen der Altersgrenze in Betracht (§ 32a III 4a iVm § 34 IV VBLS). Sie erwirbt ggf aus dem erworbenen Anrecht also nur einen Anspruch auf Erstattung der darin enthaltenen ArbN-Beiträge (§ 44 VBLS). Nr 3 erfasst nach der Gesetzesbegründung auch den in der Vorgängervorschrift ausdrückl geregelten Fall, dass sich die Durchführung des Wertausgleichs bei Scheidung nicht zugunsten des Ausgleichsberechtigten auswirkt (BT-Drs 16/10144, 62). Dieser Ausnahmefall konnte bspw dann eintreten, wenn der Ausgleichsberechtigte als Beamter durch die Übertragung von gesetzl Rentenanwartschaften durch interne Teilung trotz der Hinzurechnung von Wartezeitmonaten durch den Wertausgleich (§ 52 SGB VI) die für den Rentenbezug erforderliche Wartezeit nicht erfüllen konnte (vgl *Adamus* Besprechung von Bamberg FamRB 2022, 176). Hier besteht aktuell die Möglichkeit, unzureichende Anrechte durch freiwillige Leistungen soweit aufzustocken, dass daraus auch Rentenansprüche folgen; das gilt aber nur noch bis zum Erreichen der Regelaltersgrenze (§ 7 Abs II, § 232, § 282 II SGB VI; dazu Celle NJW 2011, 1888, 1889; Dresden FamRZ 2013, 41). Allerdings können die Satzungen **berufsständischer Versorgungswerke** ebenfalls die Erfüllung von Wartezeiten oder Mindestmitgliedschaftszeiten verlangen, welche die ausgleichsberechtigte Person durch die Anrechtsübertragung nicht in hinreichendem Ausmaß erwirbt (vgl Frankfurt FamRZ 2020, 1552 – juris Rn 62; Celle FamRZ 2018, 1664 und Brandenburg FamRZ 2013, 1039: Rechtsanwaltsversorgung). Unwirtschaftl kann der Ausgleich auch dann sein, wenn auf das erworbene Rentenanrecht des Ausgleichsberechtigten eine **Unfallrente** (§ 93 SGB VI) oder – beim Ausgleich von Entgeltpunkten für langjährige Versicherte (**Grundrente**) – das Einkommen des Ausgleichsberechtigten (§ 97a SGB VI; abl hierzu BGH FamRZ 2023, 761 = juris Rn 22f m zust Anm *Bachmann*/*Borth*, FamRZ 2023, 750/752; s näher § 43 Rn 23a) anzurechnen ist oder wenn das Anrecht auf eine **betriebliche Gesamtversorgung** (näher § 45 Rn 13ff) anzurechnen ist. Plant die ausgleichsberechtigte Person, ins Ausland zu verziehen, wo sie die Voraussetzungen für eine Grundrente erfüllen kann, auf welche die zu übertragenden Rentenanwartschaften angerechnet würden, steht der Annahme der Unwirtschaftlichkeit entgegen, dass bei einem erneuten Umzug der Anspruch auf Grundrente wieder entfallen kann. Kein Fall der Unwirtschaftlichkeit liegt vor, wenn das übertragene Anrecht aus der GRV dem Ausgleichsberechtigten als Beamten keinen Invaliditätsschutz bietet, weil er die erforderlichen Voraussetzungen (sog ⅗-Belegung) nicht erfüllt (BGH FamRZ 2013, 1283 m Anm *Borth*; FamRZ 2007, 30, 32ff).

18 **4. Nichtdeutsche Versorgungsträger.** Auch Anrechte bei nichtdt Versorgungsträgern unterfallen dem VersA, wenn die Voraussetzungen des § 2 gegeben sind (ausf Übersicht hierzu bei MüKo/*Recknagel* Rn 27). Die fehlende Ausgleichsreife beruht in den Fällen des Abs II Nr 4 darauf, dass dt Gerichte Anrechte bei ausl, zw- und überstaatlichen Versorgungsträgern typischerweise nicht verbindlich teilen können. Nr 4 erfasst aber auch die seltenen Fälle, in denen ausl Rechtsordnungen (zB Schweiz) Entscheidungen deutscher Gerichte zum VersA akzeptieren (BGH FamRZ 2016, 1576 Rn 12ff) oder selbst einen VersA durchführen (Naumburg FamRZ 2017, 365). Zugleich soll praktischen Problemen bei der Aufklärung dieser Anrechte Rechnung getragen werden. Nach Ansicht des Gesetzgebers sollen diese Anrechte zwar weiterhin grds aufgeklärt werden; dies soll jedoch nicht zwingend gelten, wenn mit der Aufklärung besondere Schwierigkeiten und/oder eine erhebliche Verfahrensverzögerung verbunden ist (BT-Drs 16/10144, 62; dazu sogleich Rn 19).

18a **5. Laufende betriebliche oder private Anrechte mit Kapitalwert als Bezugsgröße.** Der durch das VersAusglGÄndG zum 1.8.2021 neu geschaffene § 19 II Nr 5 begründet ein **Wahlrecht** (nur) der ausgleichsberechtigten Person zw einem Ausgleich bei der Scheidung und einem schuldrechtl Versorgungsausgleich. Dieses gilt für solche betriebl oder privaten Anrechte, deren Bezugsgröße ein Kapitalwert ist (BT-Drs 19/26838,13) und bei denen sich der Ausgleichswert nach dem Ende der Ehezeit verändert (nicht notwendig nur verringert, s BT-Drs

19/26838, 15; *Borth* FamRZ 2021, 1337, 1339) hat, weil die ausgleichspflichtige Person im Rahmen der bestehenden Leistungspflicht eine Versorgung aus dem Anrecht bezogen hat. Nach der auch vom BGH (FamRZ 2016, 775 Rn 42ff und FamRZ 2016, 2000 Rn 22ff) vertretenen hM muss nämlich die ausgleichsberechtigte Person das Absinken des Barwerts kapitalgedeckter oder rückstellungsfinanzierter Versorgungen durch den laufenden Rentenbezug mittragen (s § 5 Rn 10). Zum Schutz des Ausgleichsberechtigten vor derartigen Wertverlusten eröffnet ihm § 19 II Nr 5 die Wahl des schuldrechtl Versorgungsausgleichs. Wird das Wahlrecht ausgeübt, ist das Anrecht nicht ausgleichsreif und schuldrechtl auszugleichen. Dann bemisst sich die schuldrechtl Ausgleichsrente nach der Rente der ausgleichspflichtigen Person, auf deren Höhe sich der Leistungsbezug nicht auswirkt (BT-Drs 19/26838, 14).

Die Option für den schuldrechtl Versorgungsausgleich kann für den ausgleichsberechtigten Ehegatten mit erhebl **Risiken** behaftet sein, etwa durch eine fehlende Hinterbliebenenversorgung oder Wiederverheiratungsklauseln nach dem Tod der ausgleichspflichtigen Person (s § 25 Rn 5). Die Wahl des schuldrechtl Versorgungsausgleichs wird auch dann nicht sinnvoll sein, wenn die eingetretene Wertminderung nur geringfügig ist. Versicherungsmathematisch kann der Wertausgleich bei der Scheidung günstiger sein, wenn die ausgleichsberechtigte Person älter oder wesentlich jünger ist als die ausgleichspflichtige Person (angedeutet in BT-Drs 19/26838, 15; MüKo/*Recknagel* Rn 31). Dagegen wird die Wahl sich empfehlen, wenn die ausgleichsberechtigte Person aus der auszugleichenden Versorgung Unterhalt erhält und die schuldrechtl Ausgleichsrente erst zu einem deutlich späteren Zeitpunkt durchsetzen kann (§ 20 II), denn bei Ausübung des Wahlrechts wird die Versorgung nicht gekürzt (*Borth* FamRZ 2021, 1337, 1340). 18b

Für die Ausübung des Wahlrechts hat das FamG der ausgleichsberechtigten Person eine **Frist** zu setzen (§ 222 Abs I FamFG). Insoweit gelten die Grundsätze für das Wahlrecht gem § 15 I entspr (BeckOGK/*Fricke*, § 19 Rn 79; s § 15 Rn 2). Die ausgleichsberechtigte Person kann es ohne anwaltliche Vertretung erklären (§ 114 IV Nr 7 FamFG). Das ist angesichts der Komplexität nach hier vertretener Ansicht bedenklich. 18c

IV. Ausgleichssperre. Mit der Ausgleichssperre nach Abs III will der Gesetzgeber unbilligen Ergebnissen vorbeugen, die entstehen können, wenn ein Beteiligter inl, der andere dagegen nicht ausgleichsreife ausl Anrechte erworben hat. Die Durchführung des Wertausgleichs bei Scheidung würde sich auf die inl Anrechte beschränken; die ausl Anrechte könnten nur nach der Scheidung (§§ 20ff) ausgeglichen werden. Wegen der hiermit verbundenen Unsicherheiten wäre der Beteiligte mit den inl Anrechten benachteiligt (BT-Drs 16/10144, 63; Bsp Zweibrücken FamRZ 2015, 2063). Aus diesen Überlegungen wird deutlich, dass der Begriff „unbillig" in Abs III deutlich großzügiger zu handhaben ist als in § 27 (vgl BGH FamRZ 2021, 1280 Rn 36; MüKo/*Recknagel* Rn 39). § 19 III gilt auch, wenn beide Eheleute bereits inl Renten beziehen und ein Ehegatte zudem Anrechte bei einem ausl Versorgungsträger erworben hat (Stuttgart FamRZ 2015, 324 m Anm *Borth*). Nach der eindeutigen Formulierung („soweit") kommt bei Vorhandensein ausl Anrechte auch ein **nur teilw Absehen** vom Wertausgleich bei Scheidung in Betracht (vgl Zweibrücken FamRZ 2021, 25; Brandenburg FamFR 2013, 322; vgl auch Frankfurt FamRZ 2018, 184). Dieses ist in geeigneten Fällen auch geboten: eine zu großzügige Anwendung des Abs III gefährdet nämlich etwaige Ansprüche der ausgleichsberechtigten Person auf eine **Hinterbliebenenversorgung** nach § 25 (s § 25 II; Düsseldorf FamRZ 2022, 689 m Anm *Borth* und Anm *Breuers* FamRB 2021, 485; MüKo/Recknagel Rn 38). Das teilw Absehen vom Wertausgleich setzt allerdings die Kenntnis vom Wert des ausl Anrechts voraus (vgl BGH FamRZ 2021, 1609 Rn 34; FamRZ 2021, 1280 Rn 33 und FamRZ 2018, 1745 Rn 13, auch zur Mitwirkungspflicht des Ausgleichspflichtigen; Brandenburg FamRZ 2021, 593; Zweibrücken NZFam 2016, 1197; Karlsruhe FamRZ 2015, 754 m krit Anm *Borth*). Soweit möglich, ist die Bewertung ausl Anrechte deshalb mithilfe von Sachverständigengutachten vorzunehmen (vgl Karlsruhe FamFR 2010, 301 [*Voucko-Glockner*]; FamRZ 2013, 41f; zur Amtsermittlung s auch Saarbrücken FamRZ 2014, 41f); ggf reicht auch eine Schätzung (BGH FamRZ 2018, 1745 Rn 13; Karlsruhe, Beschl v 16.1.2023 – 5 UF 58/22, juris; Frankfurt FamRZ 2018, 1661; Karlsruhe FamRZ 2015, 754). Wollen die Ehegatten die Wirkungen des Abs III ausschließen, bietet sich eine Abfindung (§ 23) der ausl Anrechte oder eine Verrechnung mit inl Gegenrechten nach § 6 (*Bergner* FamFR 2012, 553, 556) an. Hat der Ehegatte mit dem ausl Anrecht zugleich die werthöheren inl Anrechte, bestand nach früherer hM kein Bedürfnis für die Anwendung der Ausgleichssperre (Brandenburg FamRZ 2012, 310; NK-VersA/*Götsche* § 19 Rn 42; *Wick* VersA Rn 403 mwN in Fn 57). Nach der Gegenansicht kommt dagegen auch dann die Anwendung des Abs III auf die inl Anrechte des anderen Ehegatten in Betracht (BGH FamRZ 2021, 1280 Rn 38; Düsseldorf FamRZ 2019, 440; KG FamRZ 2016, 982 m Anm *Borth*; vgl auch BT-Drs 16/10144, 63); dem ist auch deshalb zuzustimmen, weil bei einer wertgleichen Ausgleichssperre die spätere wechselseitige Durchführung des Wertausgleichs nach der Scheidung überflüssig werden kann. **Gegen die Annahme** einer Unbilligkeit kann sprechen, dass ein Anspruch auf Abfindung gem § 23 – erfolgreich – geltend gemacht wird (vgl *Siede* Anm zu BGH FamRZ 2021, 1280, 1284), ferner, dass das Anrecht im Ausland dinglich geteilt werden kann (dazu s BGH FamRZ 2016, 1576; *Borth* FamRZ 2016, 1638; für Anrechte der schweizerischen AHV/IV instruktiv Karlsruhe, Beschl v 16.1.2023 – 5 UF 58/22, juris Rn 15 mwN) oder das ausländische Anrecht geringfügig iSd § 18 III ist (Brandenburg 17.8.2021 – 13 UF 25/20; Celle 30.1.2020 – 19 UF 32/17; Frankfurt 18.8.2020 – 3 UF 30/18, juris Rn 82). 19

V. Vorbehalt des Wertausgleichs nach Scheidung. Eine Abänderung der Entscheidung zum Wertausgleich bei Scheidung wegen nachträgl erlangter Ausgleichsreife ist, anders als noch nach altem Recht (§ 10a VAHRG aF), nicht vorgesehen; fehlt die Ausgleichsreife im Entscheidungszeitpunkt, werden die betroffenen Anrechte 20 nach Abs IV unabänderbar in den Wertausgleich nach der Scheidung verschoben (BT-Drs 16/10144, 62; Johannsen/Henrich/Althammer/*Holzwarth* Rn 33ff).

21 **VI. Verhältnis zu § 18 und § 27.** Eine eindeutige gesetzgeberische Festlegung fehlt sowohl im Gesetz als auch in seiner Begründung. Da im Wertausgleich bei der Scheidung keine Entscheidungsbefugnis über die nicht ausgleichsreifen Anrechte besteht, hat § 19 Vorrang (s näher § 18 Rn 10). Vorstehendes gilt entspr für das Verhältnis zu § 27 (Koblenz FamRZ 2016, 468).

22 **VII. Verfahren.** Wie zu tenorieren ist, ist nach der gesetzl Regelung unklar. § 224 III FamFG, der die Fälle auflistet, in denen die Beschlussformel zu lauten hat, dass ein Wertausgleich bei Scheidung (iÜ) nicht stattfindet, erwähnt § 19 nicht. Aus § 19 I 1 ergibt sich aber, dass bei mangelnder Ausgleichsreife der Tenor entspr § 224 III FamFG zu lauten hat (aA offenbar BGH FamRZ 2016, 1576 Rn 10; Celle FamRZ 2018, 1581: keine Beschwer bei unterbliebener Tenorierung; Johannsen/Henrich/Althammer/*Holzwarth* Rn 34; vermittelnd Hamm FamRZ 2019, 445, 446: möglich, aber nicht zwingend; wie hier Naumburg FamRZ 2017, 365 m zust Anm *Borth*; Koblenz FamRZ 2017, 1213). Das FamG muss die nicht ausgleichsreifen Anrechte oder Teile von Anrechten nach § 224 IV FamFG zudem in den Entscheidungsgründen auflisten (str; wie hier Frankfurt FamRZ 2021, 592; Johannsen/Henrich/Althammer/*Holzwarth* Rn 34; aA Karlsruhe FamRZ 2015, 754 mwN). Diese Ausführungen haben Hinweis- und Erinnerungsfunktion für den Ausgleichsberechtigten (BT-Drs 16/10144, 96), sind aber nicht Voraussetzung dafür, dass später ein Wertausgleich nach Scheidung durchgeführt werden kann (zB BGH FamRZ 2015, 1688 Rn 21; s § 20 Rn 3). Fehlen sie, ist der ausgleichsberechtigte Ehegatte beschwerdebefugt (Frankfurt FamRZ 2021, 592).

Abschnitt 3
Ausgleichsansprüche nach der Scheidung (§§ 20–26)

Vorbemerkung vor § 20

1 **I. Allgemeines.** Die Überschrift des 3. Abschnitts „Ausgleichsansprüche nach der Scheidung" ist irreführend, weil die §§ 20ff nicht zwangsläufig erst nach der Scheidung, sondern bei Vorliegen der Voraussetzungen auch im Scheidungsverbund anzuwenden sein können (*Hauß/Bührer* Rn 587). Es war eines der wesentlichen Reformziele, die Verfahren, die im alten Recht noch als „schuldrechtl VersA" in den §§ 1587f ff BGB aF und den §§ 3a, 3b VAHRG aF geregelt waren, so weit wie möglich entbehrlich zu machen (BT-Drs 16/10144, 63). Die Gründe hierfür liegen darin, dass zwei wichtige Ziele des VersA (BT-Drs 16/10144, 30) hier verfehlt werden: Mit dem schuldrechtl VersA lassen sich weder die Versorgungsschicksale der Beteiligten voneinander trennen, noch führt er zu einem eigenständigen Anrecht der ausgleichsberechtigten Person (*Ruland* VersA Rn 759; Johannsen/Henrich/Althammer/*Holzwarth* § 20 Rn 1; *Eichenhofer* FPR 2009, 211f). Das Ziel einer eigenen und dauerhaft beständigen Absicherung des Berechtigten wird mit dem schuldrechtl VersA trotz der Abfindungsoption nach den §§ 23f nicht in einer dem Wertausgleich bei Scheidung gleichwertigen Form verwirklicht. Wie im alten Recht ist deshalb der Wertausgleich nach der Scheidung zum Wertausgleich bei der Scheidung **subsidiär** (§ 9 I; *Ruland* VersA Rn 759): spätere Wertänderungen von bei Scheidung geteilten Anrechten können trotz des eingeschränkten Anwendungsbereichs des Abänderungsverfahrens nach den §§ 225f FamFG ausschließlich dort berücksichtigt werden; das gilt nicht für Teile von Anrechten, hinsichtl derer der Wertausgleich nach der Scheidung vorzubehalten war (zB Abflachungsbeträge in der Beamtenversorgung; Johannsen/Henrich/Althammer/*Holzwarth* § 20 Rn 10; *Ruland* VersA Rn 778f). Die Folgen der Subsidiarität für den Wertausgleich „vergessener Anrechte" sind allerdings str (s § 20 Rn 3). Dem Gesetzgeber ist es gelungen, zwei Fallgruppen des früheren schuldrechtl VersA zu beseitigen und damit den Anwendungsbereich des Wertausgleichs nach der Scheidung zu verkleinern, indem er für Ausgleichsberechtigte, die bereits das Rentenalter erreicht haben, mit dem internen Ausgleich eine altersunabhängig mögliche Ausgleichsform geschaffen (früher § 1587f Nr 1 BGB aF) und die Höchstbetragsgrenzen (§ 1587b V BGB aF iVm § 76 SGB VI aF; § 3b I Nr 1 VAHRG aF; s § 1587f Nr 2 BGB aF) abgeschafft hat (zum Anwendungsbereich s näher § 20 Rn 5). Gegenläufig wirkt sich allerdings die Ausgleichssperre des § 19 III aus; sie erweitert den Anwendungsbereich der §§ 20ff (*Eichenhofer* FPR 2009, 213).

2 **II. Veränderungen.** In den Strukturen besteht weitgehende Übereinstimmung zw dem Wertausgleich nach der Scheidung und dem alten schuldrechtl VersA, wobei die Übersichtlichkeit der Regelungen im geltenden Recht deutlich verbessert ist. Erg Regelungen wurden notwendig für die nunmehr in den VersA einbezogenen Anrechte auf Kapitalzahlung (§ 22). Zudem ist eine häufige Fallkonstellation, die im alten Recht zu einer Kontroverse in Rspr und Literatur um die Anwendung von Härtefallregelungen geführt hatte, vom Gesetzgeber entschärft worden: Der Ausgleichspflichtige, der auch auf den Ausgleichswert Sozialversicherungsbeiträge oder vergleichbare Aufwendungen leisten muss, muss diese nicht mehr allein tragen, sondern kann sie von dem Ausgleichswert vorab abziehen (§ 20 I 2). Einen Verzicht auf den schuldrechtl Ausgleich geringfügiger Anrechte (§ 20 I 3) gab es im alten Recht nicht.

3 Gesetzl nicht mehr vorgesehen ist eine **Saldierung**, wenn **beide Beteiligte** noch über Anrechte verfügen, die schuldrechtl auszugleichen sind. Nach § 1 ist jedes dieser Anrechte separat schuldrechtl auszugleichen; nach hM steht dies einer Verrechnung im schuldrechtl VersA aber nicht entgegen (vgl BGH FamRZ 2015, 37 Rn 19; Zwei-

brücken FamRZ 2013, 304; Celle FamRZ 2011, 728, 729f; NK-VersA/*Götsche* Rn 26 mwN; FamR-Komm/*Wick* Rn 37 unter Verweis auf § 18; anders auch noch § 1587g I 1 BGB aF). Ein Hin-und-Her-Ausgleich ist in Bezug auf laufende Rentenleistungen weder sinnvoll noch notwendig. Deshalb liegt nötigenfalls zumindest eine gegenseitige Aufrechnung nach § 387 BGB nahe (*Ruland* VersA Rn 760; Soergel/*Ahrens* Vor § 20 Rn 7). Dies kann auch durch eine Vereinbarung geschehen. Anders als beim Wertausgleich bei Scheidung müssen beim Wertausgleich nach der Scheidung ieS (§§ 20–22) an einer Vereinbarung weder die Versorgungsträger beteiligt noch muss eine gerichtliche Entscheidung herbeigeführt werden. Ist der Wertausgleich bei Scheidung durchgeführt, sind für Vereinbarungen auch keine Formvorschriften zu beachten (Umkehrschluss aus § 7 I). Der Gesetzgeber hat offenbar auch die Folgen fehlender Saldierung übersehen, wenn einer der Beteiligten stirbt. Der andere behält dann sein Anrecht ungekürzt, kann aber ggf noch einen Anspruch auf Teilhabe an der Hinterbliebenenversorgung nach § 25 geltend machen (s § 31 III). Dieses Ergebnis kann durch Anwendung des § 27 vermieden werden (DFGT 2017, AK 6, These 3; Nürnberg FamRZ 2020, 1908 Rn 49), nach hier vertretener Ansicht durch analoge Anwendung des § 31 II (vgl Hamm, Beschl v 15.9.2022 – 11 UF 24/22, juris; offen Karlsruhe, Beschl v 8.3.2023 – 18 UF 206/22, juris Rn 28f).

III. Verhältnis zum nachehelichen Unterhalt. Die Ansprüche nach den §§ 20ff haben, insb im Fall des § 20, unterhaltsrechtl Charakter, sind aber nicht unterhaltsrechtl Natur: sie setzen nicht Bedarf und Bedürftigkeit der ausgleichsberechtigten Person und Leistungsfähigkeit der ausgleichspflichtigen Person voraus und können grds auch nicht befristet werden; lediglich in Härtefällen können unterhaltsrechtl Aspekte hereinspielen (s § 27 Rn 8). Dagegen beeinflusst das Ergebnis des durchgeführten Wertausgleichs nach der Scheidung mögliche nacheheliche Unterhaltsansprüche auf allen Ebenen (Bedarf, Bedürftigkeit, Leistungsfähigkeit). Das kann sich auch auf Ausgleichsansprüche für die Vergangenheit auswirken (vgl Hamm FamRZ 2008, 898ff). 4

IV. Steuerliche Auswirkungen. Für die ausgleichspflichtige Person sind die an die ausgleichsberechtigte Person zu zahlenden Beträge Sonderausgaben iSd § 10 Ia Nr 4 EstG, aber nur in dem Umfang, in dem die ausgleichspflichtige Person selbst Steuern hierauf hätte zahlen müssen (also bei Renten, die nicht nachgelagert besteuert werden, nur für den Ertragsanteil). Die ausgleichsberechtigte Person muss die bezogene Ausgleichsrente in genau demselben Umfang nach § 22 Nr 1 S 3 lit a aa EstG versteuern. Dasselbe gilt auch im Falle einer Abtretung nach § 21 und bei Kapitalzahlungen (*Münch* FamRB 2010, 287f unter Verweis auf BMF-Schreiben v 9.4.2010 – IV C 3 – S 2221/09/10024, Rn 6, BStBl I 2010, 323). Die ausgleichsberechtigte Person hat wegen der Steuern keine Erstattungsansprüche gegen die ausgleichspflichtige Person, weil die Rente als Bruttorente (abzüglich Sozialabgaben) geteilt wird (Hamburg FamRZ 2010, 1082; AG Bergisch Gladbach FamRZ 2008, 1867 m zust Anm *Borth*; Johannsen/Henrich/Althammer/*Holzwarth* § 20 Rn 12). Allerdings wird sie bei der Besteuerung der an sie gezahlten Rente beanspruchen können, dass das Verhältnis zw steuerpflichtigem und steuerfreiem Anteil in gleicher Weise bestimmt wird wie bei der ausgleichspflichtigen Person (BMF-Schreiben v 9.4.2010 – IV C 3 – S 2221/09/10024, Rn 13). Leistet die ausgleichspflichtige Person auf Verlangen der ausgleichsberechtigten Person an diese eine zweckgebundene Abfindung nach § 23, kann die ausgleichspflichtige Person diese Zahlung seit 2015 in Abstimmung mit der ausgleichsberechtigten Person – als Sonderausgabe geltend machen (s § 24 Rn 1). 5

V. Verfahren. Der Wertausgleich nach der Scheidung wird nur auf **Antrag** durchgeführt (§ 223 FamFG; zur Regelung des § 28 s die Komm dort); das gilt sogar dann, wenn er ausnahmsw im Scheidungsverbund durchgeführt werden kann (§ 137 II, § 223 FamFG). Grund ist, dass eine gerichtliche Entscheidung nicht rechtsgestaltend wirkt und daher zur Durchführung des Wertausgleichs nach der Scheidung nur erforderlich ist, wenn die Beteiligten sich nicht einig sind (s § 20 Rn 1). Der Antrag muss nicht beziffert werden, aber grds auf **Leistung** (*Borth* VersA Kap 11 Rn 106; BGH FamRZ 2015, 2130 Rn 19ff) gerichtet sein; an eine Bezifferung ist das Gericht iÜ nicht gebunden (Einzelheiten bei NK-VersA/*Götsche* § 223 FamFG Rn 8ff). Ein **Feststellungsantrag** ist nur ausnahmsw zulässig, wenn Streit besteht, ob überhaupt ein schuldrechtl VersA durchzuführen ist bzw welche Anrechte in ihn einzubeziehen sind (BGH FamRZ 2015, 2130). Ist erstinstanzlich der Wertausgleich bei der Scheidung Verfahrensgegenstand, darf der Antrag auf schuldrechtl Ausgleich nicht erstmals in der Rechtsmittelinstanz gestellt werden (BGH 5.10.2022 – XII ZB 74/20 Rn 22; FamRZ 1990, 606; NK-VersA/*Götsche* § 223 FamFG Rn 6 mwN Fn 1; aA für Anrechte mit str Zuordnung allerdings überzeugend Frankfurt FamRZ 2020, 1552, 1554). Üblicherweise handelt es sich um ein isoliertes Verfahren; ausnahmsw kann der Antrag zu seiner Einbeziehung in ein **Scheidungsverbundverfahren** führen, wenn zu diesem Zeitpunkt bereits die Voraussetzungen für die Durchführung vorliegen und eine Entscheidung für den Fall der Scheidung zu treffen ist (§ 137 II Nr 1 FamFG; BGH FamRZ 2021, 1280 Rn 19; vgl FamR-Komm/*Wick* Rn 2 mwN). Behandelt das Ausgangsverfahren nur den Wertausgleich bei der Scheidung, kann der Antrag auf Wertausgleich nach der Scheidung nicht erstmals im Beschwerdeverfahren gestellt werden (BGH FamRZ 2023, 117 mwN zum Streitstand); anders, wenn das FamG bewusst den Wertausgleich nach der Scheidung mit ausgeschlossen hat (BGH FamRZ 2023, 117, 120 Rn 26f). Das Verfahren ist **keine Familienstreitsache** nach § 112 FamFG. Deshalb kann der ausgleichspflichtige Ehegatte gegen den Anspruch auf Zahlung der Ausgleichsrente nicht mit Ansprüchen aufrechnen, für die gem § 113 FamFG die ZPO gilt (Frankfurt FamRZ 2016, 57). Außer im Scheidungsverbund (und beim BGH) besteht **kein Anwaltszwang.** Am Verfahren sind, mit Ausnahme der Verfahren nach § 25, **nur die Ehegatten/Lebenspartner zu beteiligen**, nicht die betroffenen Versorgungsträger, weil ihre Rechtsstellung durch die Entscheidung unberührt bleibt (BT-Drs 16/10144, 93; Johannsen/Henrich/Althammer/*Holzwarth* § 20 Rn 59). Entscheidungen über den Wertausgleich nach der Scheidung werden, wie im Wertausgleich bei der Scheidung, erst **mit** 6

Rechtskraft wirksam, § 224 I FamFG, was die Rechtskraft des Scheidungsausspruchs voraussetzt, § 148 FamFG. Auf die Rechtskraft einer Entscheidung zum Wertausgleich bei der Scheidung kommt es dagegen nicht an (NK-VersA/*Götsche* Vor § 20 Rn 18). IÜ gelten auch für das gerichtliche Verfahren zum Wertausgleich nach der Scheidung die Regelungen über verfahrensrechtl Auskunftspflichten (§ 220 FamFG) sowie Erörterung und Aussetzung (§ 221 FamFG), ferner das Amtsermittlungsprinzip (§ 26 FamFG). Das Verfahren kann mit einem Abänderungsverfahren kombiniert werden (§ 51 VersAusglG/§ 225 FamFG: Saarbrücken FamRZ 2016, 59), wobei das Abänderungsverfahren Vorrang hat (*Norpoth* BetrAV 2016, 199, 203). Die **örtliche Zuständigkeit** des FamG richtet sich vorrangig nach dem letzten gemeinsamen Wohnsitz der Ehegatten/Lebenspartner, wenn einer von ihnen dort noch wohnt (§ 218 Nr 2 FamFG), sonst nach dem gewöhnlichen Aufenthalt/Sitz des Antragsgegners (§ 218 Nr 3 FamFG), hilfsweise des Antragstellers (§ 218 Nr 4 FamFG). Haben beide keinen inl Wohnsitz, ist das AG Berlin-Schöneberg zuständig (§ 218 Nr 5 FamFG). Möglich ist ein Antrag auf **einstw Anordnung** nach den §§ 49ff FamFG (NK-VersA/*Götsche* Vor § 20 Rn 22; vor §§ 217ff FamFG Rn 21ff; Johannsen/Henrich/Althammer/*Holzwarth* § 20 Rn 64). Ob im Rahmen der einstw Anordnung auch ein Abtretungsanspruch aus § 21 gesichert werden kann, ist str (abl NK-VersA/*Götsche* Vor §§ 217ff FamFG Rn 23 mwN zum Streitstand; bejahend dagegen *Wick* VersA Rn 705; *Borth* VersA Kap 4 Rn 69 aE).

7 **VI. Abänderung.** Für die **Abänderung** der Entscheidungen, die insb wegen der **fehlenden Dynamik des Titels** (s dazu BGH FamRZ 2007, 2055, 2056; NK-VersA/*Götsche* Vor § 20 Rn 11, 21; *Bergner* KomRefVA, § 20 Anm 14) mehrfach erforderlich werden kann, verweist § 227 FamFG auf § 48 FamFG. Für das Abänderungsverfahren gilt nicht § 32 – dies wäre auch sinnlos, da die Anrechte iSd § 32 regelmäßig bereits bei Scheidung ausgeglichen werden –, so dass die wesentliche Wertänderung **jedes** Anrechts zu einer auf dieses bezogenen und beschränkten Abänderung führen kann. Str ist, ob in Anlehnung an § 225 III FamFG die Wertänderung bereits bei einer Abänderung eines Anrechts um 5 % wesentlich ist (so *Wick* VersA Rn 814; Johannsen/Henrich/Althammer/*Holzwarth* § 20 Rn 67; *Ruland* VersA Rn 1135), oder ob – wie sonst regelmäßig erforderlich – die Abänderung eine Wesentlichkeitsschwelle von 10 % erreichen muss (so *Borth* VersA Kap 4 Rn 106). Nach § 48 FamFG sind nur rechtskräftige Entscheidungen **mit Dauerwirkung** abänderbar; im Wertausgleich nach der Scheidung sind dies die Entscheidungen betreffend die schuldrechtl Ausgleichsrente (§ 20), deren Abtretung (§ 21) und die Beteiligung an der Hinterbliebenenversorgung des Ausgleichspflichtigen (§§ 25f). Nach dem Willen des Gesetzgebers (BT-Drs 16/10144, 98f) sind Regelungen der Kapitalzahlung nicht abänderbar (§ 22; ebenso Johannsen/Henrich/Althammer/*Holzwarth* § 20 Rn 67), ebenso wenig Entscheidungen betreffend die Abfindung eines Ausgleichsanspruchs (§ 23).

Unterabschnitt 1
Schuldrechtliche Ausgleichszahlungen (§§ 20–22)

§ 20 Anspruch auf schuldrechtliche Ausgleichsrente

(1) Bezieht die ausgleichspflichtige Person eine laufende Versorgung aus einem noch nicht ausgeglichenen Anrecht, so kann die ausgleichsberechtigte Person von ihr den Ausgleichswert als Rente (schuldrechtliche Ausgleichsrente) verlangen. Die auf den Ausgleichswert entfallenden Sozialversicherungsbeiträge oder vergleichbaren Aufwendungen sind abzuziehen. § 18 gilt entsprechend.

(2) Der Anspruch ist fällig, sobald die ausgleichsberechtigte Person

1. eine eigene laufende Versorgung im Sinne des § 2 bezieht,

2. die Regelaltersgrenze der gesetzlichen Rentenversicherung erreicht hat oder

3. die gesundheitlichen Voraussetzungen für eine laufende Versorgung wegen Invalidität erfüllt.

(3) Für die schuldrechtliche Ausgleichsrente gelten § 1585 Abs. 1 Satz 2 und 3 sowie § 1585b Abs. 2 und 3 des Bürgerlichen Gesetzbuchs entsprechend.

1 **I. Allgemeines.** § 20 fasst die Regelungen der §§ 1587f, 1587g, 1587k I BGB aF zur schuldrechtl Ausgleichsrente zusammen. Es handelt sich um eine **Anspruchsgrundlage** (NK-VersA/*Götsche* Rn 1, 3); das bedeutet, dass der Anspruch nicht von einem richterlichen Gestaltungsakt abhängt, sondern sich direkt aus dem Gesetz ergibt. Der Einschaltung des FamG bedarf es also nur bei einem Streit um die Ansprüche. Die schuldrechtl Ausgleichsrente muss deshalb auch nicht erst ab Rechtskraft der Entscheidung, sondern rückwirkend ab dem Zeitpunkt des **Verzugs** geleistet werden (Abs III mit § 1585b II BGB). Neu ist der Vorwegabzug der von der ausgleichspflichtigen Person zu leistenden Sozialversicherungsbeiträge von der zu teilenden Bruttorente (Abs I S 2) sowie das Unterbleiben des Ausgleichs bei Geringfügigkeit (Abs I S 3 iVm § 18).

2 **II. Anspruchsvoraussetzungen.** Die Anspruchsvoraussetzungen entsprechen im Wesentlichen denjenigen für den schuldrechtl VersA nach altem Recht. Bei Vorliegen sämtlicher Voraussetzungen ist der Anspruch auf die schuldrechtl Ausgleichsrente fällig; die Durchsetzung von Ansprüchen für die Vergangenheit regelt Abs III (s Rn 16).

1. Noch nicht ausgeglichenes Anrecht. Der Wortlaut ist weit gefasst. Es muss sich um ein Anrecht iSd § 2 handeln, das noch nicht anderweitig – also im Wertausgleich bei Scheidung oder aufgrund einer Vereinbarung der Beteiligten – ausgeglichen ist. Nach der Vorstellung des Gesetzgebers (BT-Drs 16/10144, 63f) sind zunächst die noch nicht ausgeglichenen Anrechte oder Teile von Anrechten iSd § 19 II, III hiervon erfasst, ferner die Anrechte, die durch Vereinbarung nach § 6 I 2 Nr 3 dem Ausgleich nach der Scheidung vorbehalten worden sind. Nach zutr, aber höchst str Ansicht kommt es – entspr der weiten Formulierung des Wortlauts und entgegen der Rspr des BGH – nicht darauf an, warum das Anrecht nicht „bei Scheidung“ ausgeglichen worden ist, so dass auch die dort **„vergessenen“ Anrechte** dem Anwendungsbereich des Abs I unterfallen (str; aA die inzwischen ganz hM, die darin eine Durchbrechung der Rechtskraft der Entscheidung zum Wertausgleich bei der Scheidung sieht: BGH FamRZ 2013, 1548; Naumburg FamRZ 2022, 1358; Karlsruhe FamRZ 2016, 1591, 1592; Oldenburg FamRZ 2013, 1042; Nürnberg FamFR 2013, 325 [*Hauptmann*]; MüKo/*Ackermann-Sprenger* Rn 50; NK-VersA/*Götsche* vor § 20 Rn 5; *Ruland* VersA Rn 767; Hoppenz/*Hoppenz* Rn 1; *Kemper* VersA § 9 Rn 15ff; Soergel/*Ahrens* Vor § 20 Rn 3 und § 20 Rn 17; eingehend *Bergner* KomRefVA, § 20 Anm 6; Johannsen/Henrich/Althammer/*Holzwarth* Rn 24; wie hier *Glockner/Hoenes/Weil* § 10 Rn 18 aE; *Holzwarth* FS Hahne, 407, 413; FamR-Komm/*Wick* Rn 8; *Bergner* NJW 2012, 3757; wohl auch München FamRZ 2012, 380): im Gesetz ist zwar der **Vorrang** des Wertausgleichs bei Scheidung (§ 9 I), nicht aber eine **Sperrwirkung** ggü dem Wertausgleich nach Scheidung geregelt. Zumindest die bei Alt-Entscheidungen vergessenen Anrechte, die nach altem Recht jederzeit nachträgl ausgeglichen werden konnten, müssen – entgegen der Ansicht des BGH – auch im neuen Recht einem Wertausgleich nach der Scheidung zugänglich sein (so überzeugend *Wick* VersA Rn 650). Folgt man der hM, entstehen ggf Schadenersatzansprüche gegen die ausgleichspflichtige Person oder gegen den eigenen Verfahrensbevollmächtigten (hierzu und zur Verjährungsproblematik AG Kirchhain FamRZ 2021, 1961 m krit Anm *Borth*; s auch *Borth* FS Dose, 25, 32ff). Auch nach Ansicht des BGH (FamRZ 2017, 197; dem folgend Nürnberg FamRZ 2020, 1908) sind aber Anrechte schuldrechtl auszugleichen, denen das FamG im Wertausgleich bei der Scheidung fehlerhaft die Ausgleichsreife abgesprochen und die es bewusst dem Wertausgleich nach der Scheidung vorbehalten hat. Nach hier vertretener Ansicht (im Anschluss an *Holzwarth* FS Hahne, 407, 413; FamR-Komm/*Wick* Rn 9ff) steht die Rechtskraft der Entscheidung zum Wertausgleich bei Scheidung der Berücksichtigung vergessener/verheimlichter Anrechte im Wertausgleich nach der Scheidung nicht entgegen (aA BGH FamRZ 2013, 1548ff Rn 25ff; *Borth* VersA Kap 4 Rn 46; *Kemper* VersA § 9 Rn 15ff). Grds sind zumindest **nur solche** Anrechte vom Ausgleich ausgeschlossen, die, wenn sie gesehen worden wären, öffentlich-rechtl bzw im Wertausgleich bei Scheidung **ausgeglichen worden wären.** Das gilt zB nicht für ein übersehenes Anrecht, das deshalb nicht öffentlich-rechtl ausgeglichen werden konnte, weil die Möglichkeit des erweiterten Splittings nach § 3b I Nr 1 VAHRG aF bereits anderweitig ausgeschöpft war (Celle FamRZ 2014, 1783). Der Wertausgleich nach der Scheidung ergibt sich aus dem Gesetz, muss also nicht vom FamG ausdrücklich vorbehalten werden (vgl BGH FamRZ 2015, 1688 Rn 21; 2016, 442 Rn 14 m zust Anm *Müller-Tegethoff*). Ist ein noch nicht ausgeglichenes Anrecht zwischenzeitl **vor** Inkrafttreten des neuen Rechts aufgrund einer Abfindung erloschen, scheidet ein schuldrechtl VersA aus; es können aber Schadensersatzansprüche der ausgleichsberechtigten gegen die ausgleichspflichtige Person aus § 280 I BGB bestehen (s AG Böblingen FamRZ 2010, 1905f m zust Anm *Borth*, allerdings unter Verweis auf § 162 BGB). Seit Inkrafttreten des neuen Rechts kann die Abfindung einen Anspruch nach § 22 auslösen (vgl BGH FamRZ 2019, 103; s näher § 22 Rn 2). 3

2. Teilweiser Wertausgleich bei Scheidung. Bei dem noch nicht ausgeglichenen Anrecht kann es sich auch um den **Teil eines Anrechts** handeln, der nicht dem Wertausgleich bei der Scheidung unterfällt (BT-Drs 16/10144, 64). Ist ein Anrecht bereits **teilw** im Wertausgleich bei Scheidung ausgeglichen worden, findet noch ein schuldrechtl Restausgleich statt (zum Verhältnis zu § 51 s § 51 Rn 15ff). Zwischenzeitl Wertänderungen des bereits ausgeglichenen Teils können hier aber wegen der Subsidiarität des Wertausgleichs nach der Scheidung nicht mit ausgeglichen werden; vielmehr ist insoweit, wenn möglich, ein Abänderungsverfahren nach den §§ 225f FamFG durchzuführen (s Vor § 20 Rn 1). Ist der teilw Ausgleich noch nach dem **alten Recht** unter Anwendung der BarwertVO erfolgt, gilt für die Berücksichtigung des Teilausgleichs § 53 (BGH FamRZ 2016, 442 Rn 38 m zust Anm *Müller-Tegethoff* und zust Anm *Kemper* NZFam 2016, 231; Frankfurt FamRB 2019, 216; s § 51 Rn 15ff). Ein nicht zu unterschätzender Anwendungsbereich kann sich nach hM für die nicht ausgleichsreife **Anwartschaftsdynamik von betrieblichen Anrechten** nach § 19 II Nr 1 ergeben, soweit diese nach § 2a I, § 30g I BetrAVG (bis 31.12.2017: § 2 V BetrAVG) verfallbar ist (vgl BT-Drs 16/10144, 64). Nach hier vertretener Ansicht werden dagegen die Wertzuwächse durch die Betriebstreue nach dem Ehezeitende erdient und sind daher nicht auszugleichen (vgl § 5 Rn 8). 4

3. Verhältnis zum alten öffentlich-rechtlichen Versorgungsausgleich. Nach § 20 sind aber auch Anrechte auszugleichen, die noch nach Durchführung des öffentlich-rechtl VersA auf der Grundlage **alten Rechts** dem schuldrechtl VersA verblieben sind. In diesen Fällen ist der schuldrechtl VersA allerdings auf diejenigen Anrechte zu beschränken, die nach dem alten Recht **dem VersA unterlagen.** Dadurch ist sicherzustellen, dass es nicht zu einem doppelten Ausgleich derartiger Anrechte (bspw über den Zugewinnausgleich oder über eine sonstige Vermögensauseinandersetzung) kommt (vgl Johannsen/Henrich/Althammer/*Holzwarth* Rn 22; s § 51 Rn 20). Die nachfolgende Übersicht zeigt Gemeinsamkeiten und Unterschiede zw dem Geltungsbereich des alten und neuen Rechts zum schuldrechtl VersA: 5

Altes Recht (§ 1587f BGB aF)	Neues Recht
Keine Begründung mehr möglich wegen Erreichens der Regelaltersgrenze (§ 1587f Nr 1 BGB aF)	Entfällt wegen Möglichkeit interner Teilung
Kein vollständiger öffentlich-rechtl VersA möglich wegen Höchstbetragsgrenzen (§ 1687f Nr 2 BGB aF: § 1587b V BGB aF iVm § 76 SGB VI aF; § 3b I Nr 1 VAHRG aF)	Höchstbetragsgrenzen sind entfallen
Der Ausgleichspflichtige hat die Beitragszahlungspflicht zur Begründung von Anwartschaften in der GRV nicht erfüllt; der Berechtigte hat inzw die Altersgrenze erreicht, so dass das Versäumnis nicht mehr nachzuholen ist (§ 1587f Nr 3 BGB aF; s auch Nr 1)	Fallgruppe bei Vereinbarung nach § 6 noch denkbar; unklar, ob auch dann möglich, wenn bei externer Teilung der Versorgungsträger des Pflichtigen nicht gezahlt hat (s § 14 Rn 9)
Noch verfallbare betriebliche Anwartschaft	§ 19 II Nr 1
Unwirtschaftlichkeit des öffentlich-rechtl VersA (§ 1587f Nr 5 BGB aF)	§ 19 II Nr 3
Vorbehalt des schuldrechtl VersA durch Parteivereinbarung (§ 1587f Nr 5 BGB aF)	§ 6 I Nr 3
Degressive Anrechte (zB BGH FamRZ 2004, 259)	§ 19 II Nr 2
Ausl, zw- oder überstaatliche Anrechte des Ausgleichspflichtigen, soweit nicht aufklärbar oder durch erweiterte Übertragung inl Anrechte auszugleichen	§ 19 II Nr 4: ausschließlich schuldrechtl auszugleichen
Sämtliche beiderseitigen Anrechte bei ausl, zw- oder überstaatlichen Anrechten des Ausgleichsberechtigten, soweit nicht aufklärbar	Vgl § 19 III: soweit Wertausgleich bei Scheidung wegen ausl, zw- oder überstaatlicher Anrechte unbillig
Vergessene Anrechte, § 10a VAHRG aF: Korrektur des öffentlich-rechtl VersA möglich	Nach BGH FamRZ 2013, 1548 weder im Wertausgleich bei Scheidung noch schuldrechtl auszugleichen (str; s Rn 3)

6 **4. Laufende Versorgung.** Die ausgleichspflichtige Person muss aus dem noch nicht ausgeglichenen Anrecht eine laufende Versorgung beziehen. „Laufend" ist eine Versorgung dann, wenn sie in regelmäßigen, meist monatlichen Abständen gewährt wird. Eine einmalige (oder in Raten mehrmalige) Kapitalzahlung wird nicht von § 20, sondern von § 22 erfasst. Dass die Anspruchsvoraussetzungen der Versorgung vorliegen, reicht hierfür grds nicht aus (Johannsen/Henrich/Althammer/*Holzwarth* Rn 13; str); etwas anderes kann sich ausnahmsw aus § 162 I BGB ergeben, wenn der Ausgleichspflichtige unter Verstoß gegen Treu und Glauben den erforderlichen Antrag nicht stellt (*Ruland* VersA Rn 771; Soergel/*Ahrens* Rn 5; NK-VersA/*Götsche* Rn 11; *Borth* VersA Kap 4 Rn 31 mwN zum Streitstand; aA Stuttgart FamRZ 2015, 324; Johannsen/Henrich/Althammer/*Holzwarth* Rn 13, der § 27 für vorrangig hält). Ausnahmsw ist der Bezug einer laufenden Versorgung aus dem auszugleichenden Anrecht nicht erforderlich, wenn diese durch eine andere Leistung (zB nicht ausgleichspflichtige Unfallrente der gesetzl Unfallversicherung) überlagert und damit substituiert wird; dasselbe gilt, wenn der Ausgleichspflichtige seine Ansprüche auf Versorgungsleistungen abgetreten hat und diese mit einer bestehenden Gegenforderung gegen ihn verrechnet werden (BGH FamRZ 1988, 936, 939; *Ruland* VersA Rn 772; Johannsen/Henrich/Althammer/*Holzwarth* Rn 13; NK-VersA/*Götsche* Rn 9f). Bei der laufenden Versorgung kann es sich auch um eine Erwerbsminderungsrente oder eine vorgezogene Altersrente handeln. Auszugleichen ist auch eine unter Widerrufsvorbehalt geleistete Rente; im Widerrufsfall kann der Ausgleichspflichtige eine Entscheidung zum schuldrechtl VersA nach § 227 I, § 48 I FamFG abändern lassen.

7 **5. Ausbezahlte, weggefallene Versorgungen.** Lässt sich der Ausgleichspflichtige seine noch nicht ausgeglichene Versorgung (nach dem Ehezeitende) ganz oder teilw ausbezahlen oder wird sie (zB nach § 3 BetrAVG) abgefunden, liegt kein laufender Rentenbezug iSd Abs I S 1 mehr vor; anstelle des Anspruchs aus § 20 kann ein solcher aus § 22 treten (näher § 22 Rn 2). Wird eine erteilte Versorgungszusage wegen einer nach dem Ehezeitende begangenen schweren Treuepflichtverletzung des (ausgleichspflichtigen) ArbN widerrufen, scheidet ein schuldrechtl VersA aus (*Borth* VersA Kap 2 Rn 293ff). Besteht auch auf Seiten des Ausgleichsberechtigten ein Anrecht, das noch schuldrechtl auszugleichen wäre, kann in derartigen Fällen ggf nach § 27 von einem Wertausgleich nach der Scheidung ebenfalls abzusehen sein.

8 **6. Keine Geringfügigkeit.** Auch der Anspruch auf eine schuldrechtl Ausgleichsrente ist nach Abs I S 3 bei Anrechten mit einem geringen Ausgleichswert nicht durchsetzbar. Dieser ist dann geringfügig, wenn er 1 % der monatlichen Bezugsgröße nach § 18 I SGB IV nicht übersteigt. Maßgeblicher Beurteilungszeitpunkt kann hier nicht das Ende der Ehezeit, sondern nur der Zeitpunkt der Fälligkeit der Ausgleichsrente sein (vgl Celle FamRZ 2011, 728, 730; Zweibrücken FamRZ 2013, 304), weil spätere Wertentwicklungen zu berücksichtigen sind und eine zunächst vorliegende Geringfügigkeit zwischenzeitl entfallen sein kann. Liegt der Zeitpunkt der Entscheidung im Jahr 2023, beträgt dieser Wert monatlich 33,95 € (s Tabelle bei § 18 Rn 9); maßgeblich ist insoweit zwangsläufig der Wert des Rentenbetrags. Zumindest im Rahmen der Geringfügigkeitsregelung kann auch eine

Saldierung der Ausgleichswerte gegenseitiger nicht ausgeglichener Anrechte erfolgen (§ 18 I; Zweibrücken FamRZ 2013, 304). Insoweit gelten für die **Gleichartigkeit** geringere Anforderungen als im Wertausgleich bei Scheidung: im schuldrechtl Ausgleich kommt es nicht mehr auf Prognosen, sondern allein auf die Zahlbeträge und ihre Wertentwicklung an (vgl Celle FamRZ 2011, 728, 730, m krit Anm *Borth*, 731); dass mögliche Rentenanpassungen (§ 16 I, II BetrAVG) ungleichmäßig sein und ständige Korrekturen erfordern können, sollte einer Saldierung aber auch iÜ nicht entgegenstehen, weil dieser Umstand auch ohne Saldierung ständigen Anpassungsbedarf erzeugt. Nicht maßgeblich ist deshalb der Umfang des Versicherungsschutzes; auch tritt der Aspekt der Absicherung des Insolvenzrisikos in den Hintergrund, weil in dem Moment, in dem Leistungen aus einem einbezogenen Anrecht nicht mehr erfolgen, eine Abänderung nach den §§ 227, 48 FamFG möglich ist. Ob die Wertentwicklung von Anrechten vergleichbar ist, lässt sich im Regelfall an dem Verhältnis der Entwicklung der Anrechte seit dem Ehezeitende erkennen. Im Ausnahmefall kann ein Ausgleich aber trotz geringen Ausgleichswertes oder geringer Wertdifferenz durchzuführen sein, etwa wenn die ausgleichsberechtigte Person auf den Ausgleich dringend angewiesen ist (BT-Drs 16/10144, 64).

III. Voraussetzungen bei dem Ausgleichsberechtigten. Abs II nennt drei Voraussetzungen, die bei der aus- 9
gleichsberechtigten Person **alternativ** vorliegen müssen.

1. Bezug einer laufenden Versorgung, Nr 1. Es muss sich dabei um eine Versorgung iSd § 2 handeln; diese 10
muss aber nicht selbst auszugleichen sein, dh, sie kann auch außerhalb der Ehezeit erworben worden sein (Johannsen/Henrich/Althammer/*Holzwarth* Rn 31). Ausreichend ist auch der Bezug einer vorgezogenen Altersrente oder einer Rente wegen teilw Erwerbsminderung, nicht hingegen einer Hinterbliebenenrente; der Bezug einer gesetzl Unfallrente ist nur dann ausreichend, wenn sie eine auszugleichende Versorgung iSd § 2 substituiert (*Ruland* VersA Rn 775). Auch der Bezug einer ausl Versorgung löst den Anspruch aus (BGH FamRZ 2001, 284, 285), wenn sie zu den Versorgungen iSd § 2 zählt.

2. Regelaltersgrenze der gesetzlichen Rentenversicherung, Nr 2. Unabhängig vom Bezug eigener Versor- 11
gungsleistungen kann der Berechtigte die Ausgleichsrente verlangen, sobald er selbst die Regelaltersgrenze der GRV erreicht hat. Die Bezugnahme hierauf erfolgt zur Vereinfachung (BT-Drs 16/10144, 64). Nicht ausreichend hierfür ist das Erreichen einer Altersgrenze für eine vorgezogene Altersrente oder eines sonst zuständigen Versorgungssystems; insoweit kann aber Nr 1 erfüllt sein.

3. Voraussetzungen einer laufenden Invaliditätsversorgung, Nr 3. Soweit die ausgleichsberechtigte Person 12
für den Fall der Invalidität selbst versichert ist, werden hier häufig die Voraussetzungen der Nr 1 vorliegen. Dann ist unerheblich, ob für die Annahme der Invalidität unterschiedliche Voraussetzungen gelten (Stuttgart FamRB 2021, 97 Rn 21 mwN). Nr 3 macht aber auch in diesen Fällen Sinn, weil die ausgleichsberechtigte Person ggf die versicherungsrechtl Voraussetzungen ihres eigenen Anrechts (zB § 43 SGB VI: sog ⅗-Belegung) nicht erfüllt und deswegen trotz bestehender Invalidität keine eigenen Versorgungsansprüche hat. Unklar ist, nach welchen Kriterien hier der Begriff der Invalidität zu definieren ist, weil unterschiedliche Versorgungssysteme durchaus mit wesentlich unterschiedlichen Definitionen arbeiten. Die Terminologie unterscheidet sich, anders als bei der Vorgängerregelung (§ 1587g I 2 BGB aF), erheblich vom Begriff der Erwerbsunfähigkeit in § 43 SGB VI. Trotzdem wird vorgeschlagen, weiter mit den hierfür geltenden Voraussetzungen zu arbeiten (*Ruland* VersA Rn 777; Johannsen/Henrich/Althammer/*Holzwarth* Rn 33; NK-VersA/*Götsche* Rn 37; Soergel/*Ahrens* Rn 34). Danach reicht aber jedenfalls eine teilw Erwerbsunfähigkeit aus, die bereits dann vorliegt, wenn der Berechtigte „wegen Krankheit oder Behinderung auf nicht absehbare Zeit außerstande" ist, „unter den üblichen Bedingungen des allg Arbeitsmarktes mindestens sechs Stunden täglich erwerbstätig zu sein" (§ 43 I 2 SGB VI).

IV. Rechtsfolgen. 1. Schuldrechtliche Ausgleichsrente, Abs I. Bei Vorliegen der Voraussetzungen hat die aus- 13
gleichsberechtigte Person Anspruch auf den Ausgleichswert als Rente. Für den Ausgleichswert gilt auch hier die Definition des § 1 II; Teilungskosten des Versorgungsträgers fallen mangels Teilung des Anrechts nicht an. Maßgeblich ist auch hier, wie im Wertausgleich bei Scheidung, der Ausgleichswert zum **Stichtag** Ehezeitende (aA wohl nur in der Terminologie *Bergner* KomRefVA, § 20 Anm 11.2, der als Stichtag den Beginn der Ausgleichsrente benennt), wobei **rechtl und tatsächliche Veränderungen**, die auf den Ehezeitanteil zurückwirken, zu **berücksichtigen** sind (§ 5 II; s § 5 Rn 3ff). Außerdem sind **allg** Wertanpassungen zu berücksichtigen (§ 5 IV 2). Eine **Minderung** der Rente, etwa wegen vorzeitigen Rentenbezugs durch die ausgleichspflichtige Person, wirkt sich nach hier vertretener Ansicht auch im Wertausgleich nach der Scheidung verschuldensunabhängig auf den Ausgleichswert aus, weil der VersA akzessorisch ist und nur das geteilt werden kann, was da ist (s § 5 Rn 6; vgl BGH FamRZ 2013, 1362ff); soweit Gegenrechte der ausgleichsberechtigten Person ebenfalls dem Wertausgleich nach der Scheidung vorbehalten sind, kommt eine Aufrechnung oder Verrechnungsabrede in Betracht (s Vor § 20 Rn 3). Wertverbesserungen aufgrund individueller Umstände, die keinen Bezug zur Ehezeit haben (Bsp: Karrieresprung, vgl Karlsruhe FamRZ 2019, 442), sind dagegen herauszurechnen (BGH FamRZ 2009, 1735, 1736f; 2009, 1738ff; Schleswig FamRZ 2021, 1285 Rn 49; Karlsruhe FamRZ 2021, 22; Hamm FamRZ 2013, 1895, 1896f; BeckOGK/*Fricke* Rn 55; aA Koblenz FamRZ 2020, 1906). Für die Wertbestimmung ist unter den allg Wertermittlungsvorschriften insb § 41 zu beachten. Ist das Anrecht nach altem Recht bereits **teilw ausgeglichen** (zB nach § 3b I VAHRG aF), erfolgt die Anrechnung des Teilausgleichs nach Maßgabe des § 53 (Einzelheiten s dort; instruktiv Frankfurt FamRZ 2019, 1413; vgl auch Johannsen/Henrich/Althammer/*Holzwarth* Rn 49).

Der Anspruch richtet sich auf die **Bruttorente**. Anders als noch nach dem alten Recht sind aber nach Abs I S 2 14
die auf den Ausgleichswert entfallenden (und vom Ausgleichspflichtigen zu tragenden) **Sozialversicherungsbei-**

träge oder vergleichbaren Aufwendungen vom Bruttobetrag der Rente (vom Ausgleichswert: BGH FamRZ 2014, 1529 Rn 33; Saarbrücken FamRZ 2016, 59 Rn 39; *Wick* VersA Rn 675) **abzuziehen.** So muss der Ausgleichspflichtige nach § 229 I Nr 5, § 226 II, § 248 SGB V auf eine Betriebsrente teilw (GKV-BRG v 21.12.2019, BGBl I 2019, 2913) Beiträge zur gesetzl Krankenversicherung zahlen, der Ausgleichsberechtigte dagegen idR nicht. Im alten Recht wurde dieser Umstand lediglich als **Härtefall** diskutiert (Nachw bei Erman/*Wellenhofer*[12] § 1587h BGB Rn 5). Vergleichbare Aufwendungen sind Aufwendungen für eine private Kranken- oder Pflegeversicherung (BT-Drs 16/11903, 109). Nicht dazu gehören die **Selbstbeteiligungen** an Krankenbehandlungskosten, ebensowenig Zuzahlungen zu Medikamenten in der GKV (BGH FamRZ 2016, 442 Rn 42f mwN zur hM; allerdings steht der BGH der Ansicht, wonach private KV/PV-Beiträge nur im Leistungsumfang der gesetzl KV/PV abzugsfähig sind – vgl statt vieler Frankfurt FamRZ 2019, 1413; Johannsen/Henrich/Althammer/*Holzwarth* Rn 36 – kritisch gegenüber; für volle Berücksichtigung auch Karlsruhe FamRZ 2019, 442). Muss ausnahmsw auch die ausgleichsberechtigte Person auf die schuldrechtl Ausgleichsrente Krankenversicherungsbeiträge leisten (§ 240 SGB V), kann das eine Korrektur nach § 27 erforderlich machen (vgl *Borth* FamRZ 2011, 432; FamR-Komm/*Wick* Rn 42 mwN). Überschreiten die Einkünfte der ausgleichspflichtigen Person auch nach durchgeführter Teilung noch die **Jahresarbeitsentgeltgrenze** nach § 6 VI, VII SGB V, so sind Krankenversicherungsbeiträge gleichwohl anteilig zu berücksichtigen, soweit sie im Verhältnis der Gesamteinkünfte auf den Ausgleichsbetrag entfallen (FamR-Komm/*Wick* Rn 40; Frankfurt FamRZ 2019, 1413; Karlsruhe FamRZ 2019, 442; wohl auch BGH FamRZ 2016, 442 Rn 46ff; aA Stuttgart FamRZ 2011, 1870 m Anm *Borth*). **Steuern** sind dagegen **nicht abzuziehen** (Saarbrücken FamRZ 2016, 59; Soergel/*Ahrens* Rn 27). Das ist auch nicht notwendig, weil Steuern, soweit sie anfallen, von jeder Person für den auf sie entfallenden Anteil der Rente zu entrichten sind (Hamburg FamRZ 2010, 1082; s Vor § 20 Rn 5). Auch **ausl** Steuern sind nicht automatisch abzuziehen (str; Koblenz FamRZ 2017, 2013 m Anm *Borth*; Karlsruhe FamRZ 2016, 1591, 1592; Bremen FamFR 2012, 375; aA BGH FamRZ 2019, 103 m krit Anm *Borth* FamRZ 2019, 98, 99; Koblenz FamRZ 2020, 1906 Rn 36); wenn die ausl Steuer der ausgleichspflichtigen Person sich nicht durch den Anspruch der ausgleichsberechtigten Person auf Wertausgleich verringert, kommt nach hier vertretener Ansicht aber eine Berücksichtigung über § 27 in Betracht (wie hier MüKo/*Ackermann-Sprenger* Rn 59).

14a Liegt ein Altverfahren zugrunde, in dem ein bereits durchgeführter Teilausgleich nach § 3b I Nr 1 VAHRG aF auf die Ausgleichsrente anzurechnen ist (vgl § 53), erfolgt die Anrechnung auf die noch ungekürzte Bruttorente vor Berücksichtigung von darauf entfallenden Sozialversicherungsbeiträgen (instruktiv Frankfurt FamRZ 2019, 1413; vgl auch Köln FamRZ 2012, 1808; Hamm FamFR 2013, 323 Rn 55 mwN).

15 Die **Vollstreckung** des Anspruchs als Geldforderung richtet sich gem § 95 I Nr 1 FamFG nach den §§ 802a ff ZPO; der Gläubiger hat keinen Vorrang und steht vollstreckungsrechtl schlechter als ein Unterhaltsgläubiger (Unanwendbarkeit des § 850d ZPO: BGH FamRZ 2011, 1938 Rn 7); in der Insolvenz des Schuldners stellt sich der Anspruch als einfache Insolvenzforderung dar (BGH FamRZ 2011, 1938 Rn 7; dazu vgl FamR-Komm/*Wick* Rn 61f).

16 **2. Nähere Leistungsbestimmung und Verzug, Abs III.** Liegen die Fälligkeitsvoraussetzungen vor, können laufende Leistungen monatlich im Voraus verlangt werden, Abs III iVm § 1585 I 2 BGB. Das kann mit den Fälligkeitsregeln der zu teilenden Versorgung kollidieren, wenn diese erst zum Monatsende fällig wird; in diesem Fall hat die Fälligkeitsregelung der Versorgung Vorrang (str; wie hier Frankfurt FamRZ 2012, 640; Hamm FamRZ 2019, 1692f m Anm *Borth*; Zweibrücken FamRZ 2022, 354 für Hinterbliebenenrente). Der – volle – Monatsbetrag kann letztmalig für den Monat verlangt werden, in dem die ausgleichsberechtigte Person stirbt (Abs III iVm § 1585 I 3 BGB). Für die **Vergangenheit** kann außer bei **Verzug** und bei **Rechtshängigkeit** auch von dem Zeitpunkt an Erfüllung verlangt werden, zu dem der Ausgleichspflichtige zwecks Geltendmachung des Anspruchs zur **Auskunft** aufgefordert worden ist (Abs III iVm §§ 1585b II, 1613 BGB), nur ausnahmsw aber für einen Zeitraum von mehr als einem Jahr vor Rechtshängigkeit (Abs III iVm § 1585b III BGB; s näher § 1585b BGB Rn 10f). Hat die ausgleichspflichtige Person für den vergangenen Zeitraum zugleich **Unterhalt** gezahlt, den sie bei Berücksichtigung der rückwirkend zu leistenden schuldrechtl Ausgleichsrente nicht hätte leisten müssen, sind die erbrachten Leistungen zu verrechnen (dazu s BGH FamRZ 2022, 1761 Rn 26; FamRZ 2014, 1529, 1533 Rn 36; 2011, 706, 712; Koblenz FamRZ 2017, 2013; Frankfurt FamRZ 2016, 57). Zur Aufrechnung mit **anderen** Ansprüchen aus Familien**streit**sachen s Vor § 20 Rn 6).

17 **V. Erlöschen des Ausgleichsanspruchs.** Dieser erlischt mit dem Tod eines Ehegatten nach § 31 III. Dazu und zu den weiteren Folgen s näher § 31 Rn 8.

§ 21 Abtretung von Versorgungsansprüchen

(1) Die ausgleichsberechtigte Person kann von der ausgleichspflichtigen Person verlangen, ihr den Anspruch gegen den Versorgungsträger in Höhe der Ausgleichsrente abzutreten.

(2) Für rückständige Ansprüche auf eine schuldrechtliche Ausgleichsrente kann keine Abtretung verlangt werden.

(3) Eine Abtretung nach Absatz 1 ist auch dann wirksam, wenn andere Vorschriften die Übertragung oder Pfändung des Versorgungsanspruchs ausschließen.

(4) Verstirbt die ausgleichsberechtigte Person, so geht der nach Absatz 1 abgetretene Anspruch gegen den Versorgungsträger wieder auf die ausgleichspflichtige Person über.

I. Allgemeines. § 21 übernimmt die Regelungen aus §§ 1587l, 1587k II 2 BGB aF. Die Vorschrift ist nicht zwingendes Recht, die einzelnen Regelungen können also vertragl abbedungen werden. § 21 ergänzt § 20 und verstärkt die Position der ausgleichsberechtigten Person, indem neben den Zahlungsanspruch gegen den Ausgleichspflichtigen ein Anspruch auf Abtretung gegen dessen Versorgungsträger tritt. Der Abtretungsanspruch macht insb bei fehlender Leistungsfähigkeit/Pfändbarkeit der ausgleichspflichtigen Person Sinn, weil für ihn keine Pfändungsfreigrenzen gelten (*Borth* VersA Kap 4 Rn 68; s Rn 5). Sind die Versorgungsansprüche schon anderweitig abgetreten, gehen diese Abtretungen dem Anspruch aus § 21 vor; die ausgleichsberechtigte Person ist aber durch Abs III ggü Drittgläubigern privilegiert, an die Ansprüche gegen den Versorgungsträger nur eingeschränkt abgetreten/verpfändet werden können (BGH FamRZ 2019, 785 Rn 18f; Johannsen/Henrich/Althammer/*Holzwarth* Rn 3). 1

II. Anspruch auf Abtretung. Der Anspruch auf Abtretung besteht nach Abs I, wenn die ausgleichsberechtigte Person gegen die ausgleichspflichtige Person einen Anspruch auf eine (laufende) Ausgleichsrente nach § 20 hat; er ist hierzu **akzessorisch**. Außerdem muss der Anspruch der ausgleichspflichtigen Person gegen ihren Versorgungsträger noch bestehen; das ist nicht der Fall, soweit er durch Zahlung bereits erloschen ist (Hamm FamRZ 2008, 898, 900; NK-VersA/*Götsche* Rn 4: dies betrifft insb die während des laufenden Verfahrens bestehenden Zahlungsansprüche). Abs I gilt auch bei ausl Versorgungsträgern (NK-VersA/*Götsche* Rn 5; Schleswig OLGRp 2006, 170, 172; aA *Glockner/Hoenes/Weil* § 10 Rn 49, die aber übersehen, dass nicht der Versorgungsträger, sondern der Ausgleichspflichtige zu der Abtretung verpflichtet wird); allerdings sind Grenzen und Möglichkeiten einer Abtretung nach dem ausl Recht zu beachten (zB Abtretungsverbote). Aus der Formulierung („gegen den Versorgungsträger iHd Ausgleichsrente") ist zu folgern, dass der Anspruch auf Abtretung auf den Ausgleichswert des jew Anrechts beschränkt ist. Bei mehreren Anrechten, die bei verschiedenen Versorgungsträgern bestehen, kann also nicht die Abtretung gegen nur einen Versorgungsträger über den Ausgleichswert hinaus verlangt werden (*Bergner* KomRefVA, § 21 Anm 3; Johannsen/Henrich/Althammer/*Holzwarth* Rn 6; aA *Borth* VersA Kap 4 Rn 70: Wahlrecht des Ausgleichsberechtigten). 2

III. Kein Abtretungsanspruch wegen Rückständen. Zur Durchsetzung rückständiger Ansprüche auf eine Ausgleichsrente kann die Abtretung nach Abs II nicht verlangt werden; soweit Ansprüche der ausgleichspflichtigen Person gegen ihren Versorgungsträger noch bestehen, kommt lediglich eine Pfändung in Betracht, für die aber Abs III nicht gilt (allerdings ist auch Abs II abdingbar, s Rn 1). Dies galt auch im alten Recht (zB Erman/*Wellenhofer*[12] § 1587i BGB Rn 2; Hamm FamRZ 1987, 290, 292), war dort aber sprachlich anders gefasst. Die neue Formulierung schafft Interpretationsspielräume, soweit Leistungsansprüche betroffen sind, die von der Rechtshängigkeit bis zur Rechtskraft der Entscheidung zu bescheiden sind. Fraglich ist, ob es sich auch insoweit um rückständige Ansprüche iSd Abs II handelt. Maßgeblich ist hier der Wille des Gesetzgebers, ggü dem alten Recht keine inhaltliche Änderung vornehmen zu wollen (BT-Drs 16/10144, 64). Damit ist die – sprachlich bessere – Fassung des § 1587i I BGB aF zur Auslegung heranzuziehen. Danach kommt die Abtretung für die laufende Ausgleichsrente in Betracht, soweit die Versorgungsansprüche für den gleichen Zeitraum fällig geworden sind oder fällig werden. Aus dem Kriterium der Zeitidentität folgt, dass die Ansprüche gegen den Versorgungsträger seit Rechtshängigkeit iHd monatlichen Ausgleichswerts abgetreten werden müssen, soweit sie nicht bereits durch Erfüllung erloschen sind (vgl Hamm FamRZ 2008, 898, 900; Frankfurt NZFam 2017, 1015; enger NK-VersA/*Götsche* Rn 10 mwN unter Verweis auf Abs II, wonach nur zukünftige, nach dem Entscheidungszeitpunkt entstehende Ansprüche erfasst seien). 3

IV. Wirkungen der Abtretung. Durch die Abtretung erlischt der Ausgleichsanspruch nicht, weil hierin keine Leistung an Erfüllungs Statt, sondern nur eine Leistung erfüllungshalber (§ 364 BGB) zu sehen ist; er erlischt erst durch die Leistung des Versorgungsträgers an die ausgleichsberechtigte Person (BGH FamRZ 2007, 2055, 2057; missverständlich Nürnberg FamRZ 2022, 1020, 1022: „Erfüllungswirkung"; eingehend Johannsen/Henrich/Althammer/*Holzwarth* Rn 12; *Borth* VersA Kap 4 Rn 69; NK-VersA/*Götsche* Rn 7 mwN Fn 10; aA Soergel/*Ahrens* Rn 7). IÜ richten sich die Wirkungen nach den §§ 398ff BGB, allerdings mit Ausnahme der §§ 399, 400 BGB (Abs III; Rn 5). Insb kann der Versorgungsträger sich ab dem Zeitpunkt der Kenntnis von der Abtretung nicht mehr auf Leistungen an die ausgleichspflichtige Person berufen, § 407 I BGB. 4

V. Abtretungsanspruch und Pfändungsschutz. Der Anspruch auf Abtretung besteht nach Abs III ungeachtet gesetzl (§ 400 BGB iVm §§ 850 II und III lit b, §§ 850a ff ZPO, §§ 53 f SGB I, § 51 BeamtVG, § 2 II 4 BetrAVG iVm § 851 ZPO, § 48 I SVG, ab 1.1.2025: § 65 I SVG), satzungsrechtl oder vertragl Beschränkungen der Übertragbarkeit oder Pfändbarkeit der abzutretenden Versorgungsansprüche (BGH FamRZ 2019, 785). Allerdings kommt in den Fällen, in denen Pfändungsschutzvorschriften zugunsten der ausgleichspflichtigen Person betroffen sind, ggf die Anwendung des § 27 auf den Ausgleichsanspruch nach § 20 in Betracht (im Einz § 27 Rn 8). 5

VI. Erlöschen bei Tod des Ausgleichsberechtigten. Ausgleichsansprüche nach der Scheidung erlöschen mit dem Tod eines Ehegatten/Lebenspartners, § 31 III (näher § 31 Rn 8). Stirbt zuerst die ausgleichsberechtigte Person, endet nach Abs IV die Abtretung kraft Gesetzes; eine familiengerichtliche Entscheidung muss nicht herbeigeführt werden. Um die Wirkung des § 407 I BGB zu vermeiden, ist die ausgleichspflichtige Person gehalten, den Versorgungsträger vom Versterben der ausgleichsberechtigten Person unverzüglich zu informieren. 6

7 **VII. Verfahren.** Der Anspruch auf Abtretung muss, ebenso wie der Anspruch auf die schuldrechtl Ausgleichsrente, nicht in einem gerichtlichen Verfahren geregelt werden; ausreichend ist ein Abtretungsvertrag zw ausgleichsberechtigter und ausgleichspflichtiger Person. Der Anspruch muss bei Einleitung eines gerichtlichen Verfahrens nicht in einem genauen Betrag geltend gemacht werden (Johannsen/Henrich/Althammer/*Holzwarth* Rn 7); allerdings hat ihn das Gericht bei seiner Entscheidung betragsmäßig festzulegen; wie der Anspruch auf die Ausgleichsrente selbst kann auch der Abtretungsanspruch mangels Bestimmtheit des sich daraus ergebenden Titels nicht in Höhe eines bestimmten Prozentsatzes der auszugleichenden Versorgung verlangt werden (BGH FamRZ 2008, 1841; 2007, 2055, 2057; KG FamRZ 2010, 1668; *Ruland* VersA Rn 803). Im Rahmen einer Vereinbarung der Beteiligten ist dies dagegen möglich (zB NK-VersA/*Götsche* Rn 22; NK-FamR/*Hauß* Rn 14). Der Anspruch auf Abtretung kann zeitgleich mit dem Anspruch auf die Ausgleichsrente (NK-VersA/*Götsche*Rn 16), aber auch nachträgl geltend gemacht werden (BGH FamRZ 2019, 785). Die Abtretung gilt mit der Rechtskraft der gerichtlichen Entscheidung als erfolgt, § 95 I Nr 5 FamFG iVm § 894 I ZPO (Johannsen/Henrich/Althammer/*Holzwarth* Rn 8ff mit Tenorierungsbsp).

§ 22 Anspruch auf Ausgleich von Kapitalzahlungen

Erhält die ausgleichspflichtige Person Kapitalzahlungen aus einem noch nicht ausgeglichenen Anrecht, so kann die ausgleichsberechtigte Person von ihr die Zahlung des Ausgleichswerts verlangen. Im Übrigen sind die §§ 20 und 21 entsprechend anzuwenden.

1 **I. Allgemeines.** § 22 hat im alten Recht keinen Vorgänger; er betrifft Ansprüche auf Kapitalzahlungen, die seit der Strukturreform in den VersA nach § 2 II Nr 3 einbezogen werden. Auch solche Zahlungen muss die ausgleichspflichtige Person ausgleichen, wobei sich im schuldrechtl VersA praktische Schwierigkeiten ergeben. Der Gesetzgeber erklärt die §§ 20f für entspr anwendbar. Diese enthalten aber nicht immer die passenden Regelungen.

2 **II. Anwendungsbereich.** Wie bei § 20, ist auch bei § 22 der Wortlaut weit gefasst. Er erfasst Kapitalzahlungen aus sämtlichen Anrechten, die weder bei Scheidung noch in sonstiger Weise ausgeglichen worden sind. Wird ein Anrecht teilw in Kapital, iÜ aber als Rente ausbezahlt, kommt § 22 neben § 20 zur Anwendung. Vorrangig hatte der Gesetzgeber die Anrechte iSd § 2 II Nr 3 Hs 2 im Auge, die auch schon zum Ehezeitende auf eine Kapitalzahlung gelautet haben. Dem Anwendungsbereich des § 22 unterfallen aber auch Anrechte iSd § 2 II Nr 3, die zum Ehezeitende noch auf eine laufende Rentenzahlung lauteten, nach Wirksamwerden der Entscheidung über den Wertausgleich bei Scheidung aber in Ansprüche auf eine Kapitalzahlung umgewandelt worden sind (Hamburg FamRZ 2020, 1087, 1089f; vgl *Götsche* FuR 2013, 71, 74), bspw aus einer zum Ehezeitende noch nicht ausgleichsreifen Direktversicherung. Das gilt sogar für Altentscheidungen (*Borth* FamRZ 2019, 98 unter Verweis auf BGH FamRZ 2019, 103). Dem Ausgleich nach § 22 können außerdem Anrechte unterliegen, die nach dem Ehezeitende durch Beitragserstattung oder Abfindung aufgelöst worden sind (*Ruland* VersA Rn 765, 808; Johannsen/Henrich/Althammer/*Holzwarth* Rn 3; NK-VersA/*Götsche* Rn 9; *Borth* FamRZ 2010, 1906); auch ein Abfindungsanspruch nach § 23 kommt in Betracht. **Voraussetzung** ist nach hier vertretener Ansicht aber, dass das Anrecht dem Wertausgleich nach der Scheidung vorbehalten war (str; wie hier *Götsche* FuR 2013, 71, 77f; aA *Hauß/Eulering* Rn 341; Hamm FamRZ 2013, 303f m krit Anm *Borth*; s § 2 Rn 11) oder – noch weiter – dem VersA im Zeitpunkt der Entscheidung darüber zuzuordnen war. Der Anspruch auf Wertausgleich nach der Scheidung richtet sich nämlich gegen die ausgleichspflichtige Person selbst (bzw gegen ihre Erben: Hamburg FamRZ 2020, 1087, 1090). Wie sich aus den §§ 22, 23f ergibt, kann ein Ausgleich auch noch nach Erlöschen des Anrechts stattfinden, wenn eine Wertschöpfung bei der ausgleichspflichtigen Person stattgefunden hat (ebenso BGH FamRZ 2019, 103 Rn 13f; Hamburg FamRZ 2020, 1087, 1089f). Die ausgleichsreifen Anrechte unterfallen dagegen dem Wertausgleich bei der Scheidung; sie werden bei dem Versorgungsträger geteilt. Eine Beitragserstattung oder Abfindung zw Ehezeitende und Wirksamwerden der Entscheidung zum Wertausgleich bei Scheidung lässt das Anrecht entfallen (s § 2 Rn 15); kann der Kapitalwert dann nicht mehr im Zugewinnausgleich berücksichtigt werden, kommt ggf eine Sanktionierung über § 27 in Betracht. Auch kann der Versorgungsträger gegen § 29 verstoßen haben und der ausgleichsberechtigten Person schadenersatzpflichtig geworden sein (s aber § 29 Rn 2 aE). Nach zutr Ansicht des OLG Stuttgart gilt § 22 nicht, wenn der öffentlich-rechtl VersA nach altem Recht durchgeführt worden ist und die betreffenden Kapitalzahlungen seinerzeit nicht diesem Ausgleich unterlagen (Stuttgart FamRZ 2015, 511).

3 **III. Entsprechende Anwendung der §§ 20 f.** Satz 2 ist erst auf Empfehlung des Rechtsausschusses in das Gesetz aufgenommen worden (BT-Drs 16/11903, 14, 55). Nicht alle in § 20 enthaltenen Regelungen passen für den Ausgleich der Kapitalzahlung.

4 **1. Bezug von Kapitalzahlungen.** Die ausgleichspflichtige Person muss Kapitalzahlungen aus einem noch nicht ausgeglichenen Anrecht tatsächlich **beziehen**. Diese Voraussetzung ist auch dann erfüllt, wenn aufgrund einer Abtretung oder Pfändung die Leistung an einen Dritten erfolgt (NK-VersA/*Götsche* Rn 12). Wird das Kapital in mehreren Raten ausbezahlt, ohne dass Rentenzahlungen iSd § 20 vorliegen, entsteht der Anspruch aus § 22 ebenfalls erst mit Auszahlung jeder Rate anteilig. Das kann dazu führen, dass der Anspruch der ausgleichsberechtigten Person erlischt, ohne auf ihre Erben überzugehen, wenn sie vor Auszahlung/Fälligkeit einer Teilzahlung stirbt (*Borth* VersA Kap 4 Rn 76; s § 31 Rn 8).

2. Kürzung um Sozialversicherungsbeiträge. Anwendbar ist § 20 I 2. Danach ist nur der um Sozialversicherungsbeiträge oder vergleichbare Aufwendungen reduzierte Kapitalbetrag auszugleichen (§ 22 S 2 iVm § 20 I 2; BT-Drs 16/11903, 55; s § 20 Rn 14). Zur Besteuerung s Vor § 20 Rn 5. 5

3. Kein Ausgleich bei Geringfügigkeit. § 20 I 3 ist ebenfalls anwendbar. Maßgeblich für die Beurteilung der Geringfügigkeit ist hier der (korrespondierende) Kapitalwert zum Zeitpunkt der Entscheidung, wonach die Kapitalzahlung 120 % der monatlichen Bezugsgröße nach § 18 I SGB IV überschreiten muss (s dazu Tabelle bei § 18 Rn 9); dieser Wert liegt für das Jahr 2023 bei 4074 €. Wird das Kapital in mehreren Raten gezahlt, ist für die Geringfügigkeit nicht die Höhe der einzelnen Rate, sondern der Ausgleichswert des gesamten Kapitalbetrags maßgeblich. Andernfalls könnte die ausgleichspflichtige Person durch eine Ratenzahlungsvereinbarung unter Anwendung des § 18 einer Ausgleichspflicht entgehen. Entspr gilt, wenn ein Anrecht teilw kapitalisiert, iÜ aber als Rentenbetrag ausbezahlt wird. 6

4. Voraussetzungen bei der ausgleichsberechtigten Person. Zur Fälligkeit ist davon auszugehen, dass der Verweis auf § 20 II (s § 20 Rn 9ff) gewollt ist (BT-Drs 16/11903, 55; *Borth* VersA Kap 4 Rn 77). 7

Bsp: E ist 20 Jahre älter als F. Er verfügt zum Ehezeitende über ein noch nicht ausgleichsreifes betriebliches Anrecht, das dem Wertausgleich nach der Scheidung vorbehalten bleibt. Als E 67 Jahre alt wird, erhält er 15 000 € ausbezahlt; der Ehezeitanteil beträgt 10 000 €, der Ausgleichswert 5 000 €. F ist 47 Jahre alt und steht noch im Erwerbsleben. 8

Im Beispielsfall muss F bis zu dem Moment, in dem sie selbst eine Rente bezieht, das gesetzl Renteneintrittsalter erreicht oder invalide wird, auf ihren Ausgleichsanspruch nach § 22 warten. Ihren künftigen Zahlungsanspruch kann sie ggf über eine einstw Anordnung iSd § 49 I FamFG sichern lassen; effektiver ist es in derartigen Fällen aber, einen Abfindungsanspruch nach § 23 geltend zu machen (*Borth* VersA Kap 4 Rn 79). 9

5. Höhe des Anspruchs. Maßgeblich ist entspr § 41 I der Ausgleichswert der tatsächlich bezogenen Kapitalzahlung als Zeitwert, entspr § 24 (so BGH FamRZ 2019, 103 unter Verweis auf BT-Drs 16/10144, 50). Erfolgt diese in mehreren Raten, besteht auch nur Anspruch auf einen dem Ausgleichswert entspr Anteil an der einzelnen Rate (NK-VersA/*Götsche* Rn 16 mit Rechenbsp). 10

6. Rückwirkende Geltendmachung. Hier stellt sich die Frage nach einer Anwendbarkeit des § 20 III iVm § 1585b II und III BGB. Ursprünglich wollte der Gesetzgeber die rückwirkende Geltendmachung des Anspruchs auf Ausgleich bei Kapitalzahlungen uneingeschränkt zulassen (BT-Drs 16/10144, 65); begründet wurde dies damit, dass Kapitalzahlungen nicht der Bestreitung des unmittelbaren Lebensunterhalts dienen, die ausgleichspflichtige Person um die Ausgleichspflicht wisse, die ausgleichsberechtigte Person aber den Auszahlungszeitpunkt nicht kenne und daher schutzwürdig(er) sei. Weil der Rechtsausschuss hiergegen mit dem Änderungsvorschlag keine Arg vorgebracht hat, ist davon auszugehen, dass der Verweis auf die §§ 20, 21 nicht den § 20 III erfasst. Der Wortlaut des § 22 lässt diese Auslegung zu und legt sie sogar nahe, weil danach die Auszahlung des Kapitalbetrags an die ausgleichspflichtige Person dem Verlangen der ausgleichsberechtigten Person nach Beteiligung vorausgeht. Der Ausgleichsanspruch kann also auch – bis zur Grenze der Verjährung/Verwirkung – rückwirkend geltend gemacht werden (ebenso Johannsen/Henrich/Althammer/*Holzwarth* Rn 7; NK-VersA/*Götsche* Rn 19). Für die Verjährung gilt seit dem 1.1.2010 eine Verjährungsfrist von drei Jahren, §§ 195, 199 BGB, nachdem § 197 I Nr 2 BGB aF durch das ErbVerjAnpG (BGBl I 2009, 3142) abgeschafft worden ist; diese Verjährungsfrist beginnt aber erst ab Kenntnis/grobfahrlässiger Unkenntnis vom Ausgleichsanspruch, § 199 I BGB, wozu auch der doppelte Rentenfall gehört (MüKo/*Ackermann-Sprenger* Rn 17). Daneben gilt eine absolute Verjährungsfrist von zehn Jahren ab Entstehen des Anspruchs, § 199 IV BGB (näher § 195 BGB Rn 10ff; § 199 BGB Rn 31ff). Zu **verzinsen** ist der Ausgleichsbetrag nur im Fall des Verzuges (§ 22 S 2, § 20 III iVm § 1585b II, § 1613 BGB; dazu Stuttgart FamRZ 2015, 511; Celle FamRZ 2014, 1783). 11

7. Abtretung, § 21. Der Anspruch auf Abtretung von Versorgungsansprüchen nach § 21 wird von dem Verweis in § 22 erfasst und besteht demnach auch bei Kapitalauszahlungen. Ist der Kapitalbetrag allerdings vom Versorgungsträger bereits ausbezahlt – was nach § 22 Anspruchsvoraussetzung ist –, geht der Abtretungsanspruch ins Leere, weil die Schuld des Versorgungsträgers durch Erfüllung erloschen ist (§ 362 I BGB). Anwendbar kann § 21 daher nur dann sein, wenn eine Kapitalzahlung in mehreren Raten erfolgt und deren Zahlungszeitpunkt sowie Höhe bereits feststehen (NK-VersA/*Götsche* Rn 20). 12

IV. Kritik. Vorhersehbare Probleme entstehen bei der Realisierung des Ausgleichsanspruchs nach § 22, weil die ausgleichsberechtigte Person über Kapitalzahlungen eines Versorgungsträgers an die ausgleichspflichtige Person nicht automatisch, sondern nur über einen – regelmäßig geltend zu machenden – Auskunftsanspruch Kenntnis erlangen kann. Ist das Kapital von der ausgleichspflichtigen Person bereits verbraucht und verfügt diese anschließend über kein pfändbares Vermögen/Einkommen, geht dies zulasten der ausgleichsberechtigten Person (ebenso NK-VersA/*Götsche* Rn 24). Weiterhelfen kann hier – neben dem Abfindungsanspruch aus § 23 (NK-VersA/*Götsche* Rn 24) – nur eine Informationspflicht des Versorgungsträgers ggü der ausgleichsberechtigten Person rechtzeitig vor der Kapitalauszahlung. Über eine entspr Gesetzesergänzung sollte daher ernsthaft nachgedacht werden. 13

Unterabschnitt 2
Abfindung (§§ 23–24)

§ 23 Anspruch auf Abfindung, Zumutbarkeit

(1) Die ausgleichsberechtigte Person kann für ein noch nicht ausgeglichenes Anrecht von der ausgleichspflichtigen Person eine zweckgebundene Abfindung verlangen. Die Abfindung ist an den Versorgungsträger zu zahlen, bei dem ein bestehendes Anrecht ausgebaut oder ein neues Anrecht begründet werden soll.

(2) Der Anspruch nach Absatz 1 besteht nur, wenn die Zahlung der Abfindung für die ausgleichspflichtige Person zumutbar ist.

(3) Würde eine Einmalzahlung die ausgleichspflichtige Person unbillig belasten, so kann sie Ratenzahlung verlangen.

1 **I. Allgemeines.** Die in den §§ 23f enthaltenen Regelungen zur Abfindung eines schuldrechtl auszugleichenden Anrechts entsprechen im Wesentlichen § 1587l BGB aF, allerdings mit Änderungen, welche die Attraktivität der Abfindung für die ausgleichsberechtigte Person steigern sollen. Im Unterhaltsrecht enthält § 1585 II BGB eine ähnl Regelung. Zweck ist eine endgültige Trennung der Versorgungsschicksale. Der Vorteil der Abfindung besteht darin, dass sie bereits verlangt werden kann, bevor die Fälligkeitsvoraussetzungen der schuldrechtl Ausgleichsansprüche erfüllt sind – ggf also auch bereits im Scheidungsverbund (BGH FamRZ 2021, 1280 Rn 19; 2013, 1021; Frankfurt FamRZ 2020, 1552, 1554; Johannsen/Henrich/Althammer/*Holzwarth* Rn 1; Ausnahme: Ausgleich noch verfallbarer Anrechte). Anlass, eine Abfindung zu verlangen, kann bei ausl Anrechten bestehen (*Bergmann* FuR 2013, 429) sowie in den Fällen, in denen die ausgleichspflichtige Person Einmalzahlungen erhält, lange bevor die ausgleichsberechtigte Person die Anspruchsvoraussetzungen des § 22 erfüllt. In den Wirkungen ähnelt sie einer externen Teilung, allerdings mit dem Unterschied, dass der Zielversorgungsträger an der Entscheidung nicht zu beteiligen ist (NK-VersA/*Götsche* Rn 4) und die Entscheidung auch keine unmittelbar anrechtsbegründende Wirkung hat. Die Abfindung ist für die ausgleichsberechtigte Person mit Vorteilen (Trennung der Versorgungsschicksale), für die ausgleichspflichtige Person dagegen mit Nachteilen verbunden (kein Erlöschen der Wirkungen bei Tod der ausgleichsberechtigten Person). Für beide Seiten wird die Abfindungsoption aber gleichermaßen interessant, wenn sie eine endgültige Regelung wünschen und dazu die Wirkungen des § 19 III vermeiden wollen. Im Unterschied zum alten Recht ist die Auswahl der möglichen Zielversorgung erweitert und muss die ausgleichsberechtigte Person mit dieser nicht bereits einen Vertrag abgeschlossen haben (NK-VersA/*Götsche* § 24 Rn 14). Auch besteht der Anspruch auf Abfindung selbst dann noch, wenn die Anspruchsvoraussetzungen für eine schuldrechtl Ausgleichsrente vorliegen (s Rn 2). Die in § 23 enthaltenen Regelungen sind abdingbar (vgl NK-VersA/*Götsche* Rn 3; NK-FamR/*Hauß* Rn 7).

2 **II. Anspruch auf Abfindung.** Der Anspruch auf Abfindung setzt zunächst nach Abs I S 1 voraus, dass die ausgleichspflichtige Person über ein **noch nicht ausgeglichenes Anrecht** verfügt. Nach hier vertretener Ansicht liegt diese Voraussetzung auch dann vor, wenn ein Anrecht, das dem Wertausgleich nach der Scheidung vorbehalten war, von der ausgleichspflichtigen Person gegen Abfindung oder Beitragserstattung aufgelöst worden ist (vgl § 22 Rn 2). Das noch nicht ausgeglichene Anrecht darf nicht mehr verfallbar sein, weil dann auch Leistungsansprüche der ausgleichspflichtigen Person noch unklar sind (BGH FamRZ 2021, 1280 Rn 20 und FamRZ 2013, 1021; Frankfurt 18.8.2020 – 3 UF 30/18; NK-VersA/*Götsche* Rn 11; *Eichenhofer* FPR 2009, 211, 214; Johannsen/Henrich/Althammer/*Holzwarth* Rn 4; Soergel/*Ahrens* Rn 6). Ähnl gilt für degressive Anrechte iSd § 19 II Nr 2: sie können erst im Leistungsstadium Gegenstand einer Abfindung werden, weil erst dann feststeht, ob aus ihnen auch Leistungsansprüche resultieren (Johannsen/Henrich/Althammer/*Holzwarth* Rn 4). Bei ausl Versorgungen, die eine Geschiedenenrente vorsehen, kann der Anspruch auf Abfindung an der Möglichkeit einer doppelten Belastung des Ausgleichspflichtigen scheitern (Hamm FamRZ 2002, 1568, 1569f; Johannsen/Henrich/Althammer/*Holzwarth* Rn 4); iÜ sind sie tauglicher Gegenstand einer Abfindung (BGH FamRZ 2016, 1576; Karlsruhe FamRZ 2013, 41f). Nicht erforderlich, aber auch nicht hinderlich ist, dass die Leistungsvoraussetzungen der §§ 20f schon vorliegen. Anders als nach dem alten Recht kann ein Abfindungsanspruch auch dann noch geltend gemacht werden, wenn ein Anspruch auf eine schuldrechtl Ausgleichsrente besteht und sogar dann noch, wenn eine solche Ausgleichsrente bereits geleistet wird (BT-Drs 16/10144, 65; Johannsen/Henrich/Althammer/*Holzwarth* Rn 5; NK-VersA/*Götsche* Rn 9 mwN Fn 6; zum früheren Recht vgl BGH FamRZ 2004, 1024).

3 **III. Zur Begründung eigener Altersvorsorge.** Im Unterschied zum Ausgleichsanspruch bei Kapitalzahlungen nach § 22 kann die Abfindung eines noch nicht (vollständig) ausgeglichenen Anrechts nur zu dem Zweck verlangt werden, ein eigenes Anrecht iSd § 2 zu begründen oder auszubauen. Die ausgleichsberechtigte Person kann deshalb, wie schon nach altem Recht (§ 1587l III 1 BGB aF), die Leistung der Abfindung nicht an sich selbst, sondern nur an den Versorgungsträger verlangen, bei dem das Anrecht begründet oder ausgebaut werden soll (Abs I S 2). Die in § 11 I vorgesehene Vergleichbarkeit wie bei der internen Teilung ist hierfür nicht erforderlich (*Ruland* VersA Rn 829). Bei dem Zielversorgungsträger muss die anrechtsbegründende oder -ausweitende Einzahlung der Abfindung auch möglich sein. Die gesetzl Versorgungssysteme enthalten nur eingeschränkte Möglichkeiten, einen Abfindungsbetrag einzuzahlen. In der GRV können seit dem 1.8.2021 anrechtsbegründende Beiträge aufgrund einer Vereinbarung oder gerichtlichen Entscheidung über einen Abfindungsanspruch nach

§ 187 I Nr 2 lit c SGB VI nF eingezahlt werden (idF des G zur Änderung des Versorgungsausgleichsrechts v 12.5.2018, BGBl I 2018, 1085), aber nur bis zur bindenden Bewilligung einer Vollrente wegen Alters (§ 187 IV, § 7 II SGB VI; s BGH FamRZ 2023, 117 Rn 35), max rückwirkend für ein Jahr (§ 197 II SGB VI). In der Beamtenversorgung kann eine Abfindung nur zum Ausgleich von Abschlägen wegen eines durchgeführten VersA eingezahlt werden (§ 58 BeamtVG; näher *Ruland* VersA Rn 830f). Zu den möglichen Zielversorgungsträgern s iÜ § 24 Rn 4.

IV. Zumutbarkeit. Die dem Verpflichteten aufzuerlegende Abfindungszahlung muss diesem **zumutbar** sein (Abs II). Dabei geht es zum einen um die Notwendigkeit, tatsächlich für den Ausgleichsberechtigten vorhandene Sicherungslücken zu schließen (*Ruland* VersA Rn 824, 828), zum anderen um die **wirtschaftliche** Zumutbarkeit (BGH FamRZ 2016, 1576 Rn 25ff; 1988, 936; Karlsruhe NZFam 2016, 36; Nürnberg FamRZ 2006, 711). Zu beachten ist, dass eventuelle Sicherungslücken durch die Ansprüche aus den §§ 25f geschlossen sein können; dann ist dem Ausgleichspflichtigen die Abfindung aber nur ausnahmsw zumutbar, weil ein Schutzbedürfnis des Ausgleichsberechtigten an der Abfindung nicht erkennbar ist (BGH FamRZ 2016, 1576 Rn 27; 1997, 166, 168f zum alten Recht). Ansprüche aus § 25 bestehen allerdings nicht gegen Versorgungsträger in den Fällen des § 19 II Nr 2–4; sie bestehen auch nicht nach Anwendung des § 19 Abs III (s § 25 Rn 6). Hinsichtl der wirtschaftl Zumutbarkeit kann iÜ nicht auf eine bestimmte Quote des einsetzbaren Vermögens abgestellt werden (Hamm FamRZ 1990, 1255; 1989, 400; aA München FamRZ 1998, 679). Erforderlich ist vielmehr eine individuelle Abwägung unter Berücksichtigung der Einkommens- und Vermögenssituation sowie der Verbindlichkeiten des Verpflichteten einerseits und des Sicherungsbedürfnisses des Berechtigten andererseits (BGH FamRZ 2016, 1576 Rn 27). Die Zumutbarkeitsklausel soll sicherstellen, dass dem Verpflichteten nur solche Belastungen auferlegt werden, die weder seinen angemessenen Unterhalt gefährden noch den Stamm seines Vermögens zu stark angreifen (Zweibrücken FamRZ 2007, 1178; Hamm FamRZ 1999, 929; NJWE-FER 1996, 28). Dabei ist kein zu strenger Maßstab anzulegen (BGH FamRZ 1997, 166; Hamm FamRZ 1996, 171; jew zu § 3b I Nr 2 VAHRG aF). Der Verpflichtete kann jedoch nicht verlangen, seinen Vermögensstamm völlig unangetastet zu lassen (BGH aaO; Karlsruhe NZFam 2016, 36; *Bergner* KomRefVA § 23 Anm 6) oder ihm nur solche Belastungen aufzuerlegen, die für ihn „praktisch nicht spürbar" sind (aA Oldenburg FamRZ 2003, 768). Hier kommt es auf die Höhe und Art des Vermögens, dessen Verwendungszweck und Verwertungsmöglichkeiten an. Hat die ausgleichspflichtige Person sich die abzufindende Versorgung bereits selbst als Kapitalbetrag ausbezahlen lassen, wird ihr idR auch die Zahlung einer Abfindung zumutbar sein. Unzumutbar ist dagegen die Veräußerung des Familienheims (Hamm FamRZ 1990, 1255; 1989, 400; Köln FamRZ 1987, 1156) oder der Einsatz des überwiegenden Teils des Zugewinns (BT-Drs 10/5447, 25). Dem Ausgleichspflichtigen ist nicht die Aufnahme eines Darlehens zur Finanzierung der Abfindung zuzumuten (BGH FamRZ 2016, 1576 Rn 33 mwN; aA NK-VersA/*Götsche* Rn 22 mwN auch zur Gegenmeinung; Brandenburg FamRZ 2013, 1039, 1041 mwN). Ggf ist dem Pflichtigen auch eine teilw Abfindungsleistung zuzumuten (BGH FamRZ 2016, 1576 Rn 22; NK-VersA/*Götsche* Rn 23; Soergel/*Ahrens* Rn 18; weitere Rspr-Bsp zur Zumutbarkeit bei *Borth* VersA Kap 4 Rn 94). 4

V. Ratenzahlung. Die Möglichkeit von Ratenzahlungen ist nach Abs III auf Verlangen der ausgleichspflichtigen Person einzuräumen, wobei zu bedenken ist, dass diese durch die Auferlegung niedriger Raten nicht zum Dauerschuldner gemacht werden soll (Hamm NJWE-FER 1996, 28; *Ruland* NJW 1987, 345, 348). Wenn die Abfindung nur in Raten aufzubringen ist, indiziert dies nicht die Unzumutbarkeit der Abfindung (BGH FamRZ 2016, 1576 Rn 29; aA München FamRZ 1998, 679 unter Verweis auf die durch Ratenzahlung auftretende Mehrbelastung; *Bergner* KomRefVA § 23 Anm 6 aE). Der BGH (FamRZ 2016, 1576 Rn 39) hält zum Schutz der ausgleichsberechtigten Person vor Sicherungslücken auch eine Ratenzahlung über einen Zeitraum von vier Jahren für zumutbar. 5

VI. Wirkungen, Rechtsfolgen der Abfindung. Die Abfindungszahlung ist eine Leistung an Erfüllungs statt iSd § 364 I BGB (Johannsen/Henrich/Althammer/*Holzwarth* Rn 19; NK-VersA/*Götsche* Rn 28; *Ruland* VersA Rn 819; Soergel/*Ahrens* Rn 11). Bei teilw Abfindung wie auch bei Ratenzahlung können der Ausgleichsanspruch und der Abfindungsanspruch zeitweise nebeneinander bestehen (NK-VersA/*Götsche* Rn 29). **Str** ist, ob die Abfindung auch etwaige Ansprüche aus einer **Hinterbliebenenversorgung** (§§ 25f) mit abgilt (bejahend Johannsen/Henrich/Althammer/*Holzwarth* Rn 19 aE; *Borth* VersA Kap 4 Rn 84; NK-VersA/*Götsche* § 25 VersAusglG Rn 12; nur bis zum Ablauf des für die Berechnung der Abfindung zugrunde gelegten Todesjahres des Ausgleichspflichtigen *Bergner* KomRefVA § 23 Anm 8.2; verneinend für § 25 *Ruland* VersA Rn 819 mN zum Streitstand in Fn 163, 164). Im geltenden Recht ist die Frage mit der hM zu bejahen. Schon der Begriff „Abfindung" impliziert einen vollständigen und abschließenden Ausgleich. Wesentlich ist nunmehr aber auch, dass die **Berechnung** der Abfindung gem § 24 I vom **Ausgleichswert** ausgeht. Sie orientiert sich also nicht an der möglichen Höhe und Dauer einer vom Ausgleichsberechtigten zu beanspruchenden schuldrechtl Ausgleichsrente, sondern beabsichtigt eine **Halbteilung** des Stammrechts, dessen Wert sich unter Einbeziehung einer Hinterbliebenenversorgung berechnet. Danach kann die Abfindung nur abschließend und endgültig wirken. Hinzu kommt, dass der Anspruch aus § 25 I sich der Höhe nach an dem zuvor bestehenden Anspruch aus § 20 orientiert; dieser ist aber durch die Abfindung entfallen. 6

VII. Erlöschen des Abfindungsanspruchs. Mit dem Tod der ausgleichspflichtigen oder der ausgleichsberechtigten Person erlischt nach § 31 III auch der Anspruch auf eine Abfindung. Hiervon nicht betroffen sind Ansprüche **aus** einer vereinbarten oder rechtskräftig erstrittenen Abfindung, § 31 III 2 iVm § 1586 II 1 BGB; diese können ggf noch von den Erben der ausgleichsberechtigten Person und gegen die Erben der ausgleichspflichti- 7 gen Person geltend gemacht werden (Johannsen/Henrich/Althammer/*Holzwarth* Rn 21) – allerdings mit offenen Folgeproblemen, weil für die ausgleichsberechtigte Person nach ihrem Tod kein Versorgungsanrecht mehr begründet werden kann.

8 **VIII. Verfahren.** Zur Einleitung des familiengerichtlichen Verfahrens über den Abfindungsanspruch ist ein **Antrag** notwendig, § 223 FamFG, auch, wenn der Abfindungsanspruch bereits (zulässig: BGH FamRZ 2016, 1576 Rn 10; nicht erstmals in der zweiten Instanz: BGH FamRZ 2023, 117 gegen Frankfurt FamRZ 2020, 1552) im Scheidungsverbund geltend gemacht werden soll, § 137 II 2 FamFG. Der Antrag braucht aber nicht beziffert zu werden (NK-VersA/*Götsche* Rn 33; Johannsen/Henrich/Althammer/*Holzwarth* Rn 13). Ein Anwaltszwang besteht nur bei Geltendmachung des Anspruchs im Scheidungsverbund, § 114 I FamFG. Die ausgleichsberechtigte Person muss bis zur Entscheidung das Einverständnis des von ihr benannten Zielversorgungsträgers mit der Begründung/Ausweitung von Anrechten durch Kapitaleinzahlung entspr § 222 II FamFG nachweisen (NK-VersA/*Götsche* § 24 Rn 16, 21). Zur Änderung einer vom Gericht angeordneten Ratenzahlungsverpflichtung ist ein Abänderungsverfahren nach den §§ 227, 48 I FamFG möglich (*Borth* VersA Kap 4 Rn 95; Johannsen/Henrich/Althammer/*Holzwarth* Rn 13; s auch Soergel/*Ahrens* Rn 20). Der Tenor der Entscheidung, mit welcher der Ausgleichspflichtige zur Zahlung eines Kapitalbetrags an den Zielversorgungsträger der ausgleichsberechtigten Person verpflichtet wird, hat selbst keine anrechtsbegründende Wirkung (zum Streitstand bei der externen Teilung s § 14 Rn 13ff).

9 **IX. Verhältnis zum Unterhaltsrecht.** Im alten Recht regelte § 1587n BGB den Einfluss der Abfindungszahlung auf den Unterhalt. Hintergrund war, dass der Ausgleichsberechtigte nach durchgeführter Abfindung über das hierdurch begründete Anrecht frei verfügen, also die begründete Lebensversicherung kündigen und sich den Rückkaufswert auszahlen lassen kann. § 1587n BGB aF sah vor, dass die ausgleichsberechtigte Person unterhaltsrechtl so behandelt wird, als bezöge sie die abgefundene schuldrechtl Ausgleichsrente. Interessant ist, dass der BGH bei der bestimmungswidrigen Verwendung von Altersvorsorgeunterhalt den § 1587n BGB aF nicht analog angewendet, sondern eine Unterhaltsverwirkung nur unter den Voraussetzungen des (jetzt) § 1579 Nr 4 BGB angenommen hat (BGH FamRZ 1987, 684; dem folgend Koblenz FamRZ 2003, 762f). Im VersAusglG existiert keine dem § 1587n BGB aF entspr Vorschrift mehr; dass damit eine Rechtsänderung verbunden sein sollte, lässt sich der Gesetzesbegründung aber nicht entnehmen. Die Ansicht, wonach sich die Anrechnung auch aus § 1577 I und IV BGB ableiten lässt (*Borth* VersA Kap 4 Rn 105), verdient Zustimmung.

§ 24 Höhe der Abfindung, Zweckbindung

(1) Für die Höhe der Abfindung ist der Zeitwert des Ausgleichswerts maßgeblich. § 18 gilt entsprechend.
(2) Für das Wahlrecht hinsichtlich der Zielversorgung gilt § 15 entsprechend.

1 **I. Berechnung der Abfindung.** Abzufinden ist nach Abs I S 1 der **Zeitwert** des **Ausgleichswertes** (BGH FamRZ 2019, 103). Das bedeutet ggü dem alten Recht eine Klarstellung. Mit dem Zeitwert ist der Wert zum **Zeitpunkt der Abfindungsentscheidung** gemeint; die genaue Festlegung des maßgeblichen Zeitpunktes obliegt dem FamG (Brandenburg FamRZ 2013, 1039, 1041f mwN). Der Ausgleichswert kann zwar auf verschiedene Arten berechnet werden (s § 1 Rn 4); die Berechnung folgt aber im Grundsatz denselben Regelungen wie im Wertausgleich bei der Scheidung. Maßgeblich ist danach jedenfalls nicht der Einkaufswert bei dem von der ausgleichsberechtigten Person gewählten Versorgungsträger für die Ausgleichsrente, die abgefunden werden soll (s *Borth* VersA Kap 4 Rn 98; weitere Nachw zu dieser Ansicht bei *Bergner/Schneider* FamRZ 2004, 1766, 1771f); vielmehr berechnet sich der Wert entsprechend § 47 II (vgl FamR-Komm/*Wick* Rn 3f unter Verweis auf BT-Drs 16/10144, 65; *Kemper* VersA § 9 Rn 160; NK-FamR/*Hauß* Rn 1f). Auch kommt es nicht auf die Frage an, ob und in welchem Umfang die ausgleichsberechtigte Person – wegen eines erheblichen Altersunterschiedes – in den Genuss einer schuldrechtl Ausgleichsrente nach § 20 gekommen wäre. In die Wertberechnung ist das gesamte Leistungsspektrum einschl Hinterbliebenenversorgung einzubeziehen (NK-FamR/*Hauß* Rn 3, 6; aA *Borth* VersA Kap 4 Rn 98); Letzteres ergibt sich nach hier vertretener Ansicht daraus bzw korrespondiert damit, dass die ausgleichsberechtigte Person nach Abfindung des Anrechts auch keine Ansprüche mehr aus § 25 hat. Bei betrieblichen Anrechten aus Direktzusage und Unterstützungskasse können sich Bewertungsprobleme ergeben (vgl § 17 Rn 1). Da die Abfindung nicht als Rente, sondern als Kapitalbetrag zu leisten ist, muss der Ausgleichswert als Kapitalwert oder als korrespondierender Kapitalwert (§ 47) zugrunde gelegt werden. Nach der Vorstellung des Gesetzgebers ist zunächst der Ausgleichswert zum Ehezeitende zu ermitteln und in einem zweiten Schritt der Ausgleichswert zum Zeitpunkt der Entscheidung über die Abfindung, wobei zwischenzeitl Wertveränderungen (Bsp: Überschussgutschriften oder bei bereits laufender Rente eingetretener Wertverzehr) zu berücksichtigen sind (BT-Drs 16/10144, 66; § 5 IV 2 analog). Auch Wertveränderungen durch Wegfall des Vorversterbensrisikos sind nach hier vertretener Ansicht zu berücksichtigen (str; wie hier *Ruland* VersA Rn 823; wohl auch *Borth* VersA Kap 4 Rn 92; *Wick* VersA Rn 720; vgl auch BGH FamRZ 2016, 775; aA NK-FamR/*Hauß* Rn 4ff m ausf Erläuterung). Die Wertermittlung auf das Ehezeitende (zweifelnd an der Notwendigkeit *Bergner* KomRefVA § 24 Anm 2.3) hat, wie auch sonst, den Zweck, berücksichtigungsfähige von nicht berücksichtigungsfähigen nachträgl Veränderungen zu trennen (§ 5 Rn 3ff). Bei Abfindung einer laufenden Rente können hierauf entfallende Sozialversicherungsbeiträge und **Steuern** mindernd berücksichtigt werden (FamR-Komm/*Wick* Rn 3; NK-FamR/*Hauß* Rn 9 unter Verweis auf § 27: Abschlag von rund 17 %); bei einem Anrecht in der Anwartschaftsphase ist dies zweifelhaft, weil § 24 nicht auf § 20 I 2 verweist (abl daher FamR-Komm/*Wick* Rn 3; bejahend da-

gegen NK-FamR/*Hauß* Rn 8). Seit 2015 kann die ausgleichspflichtige Person die gezahlte Abfindung steuerlich als **Sonderausgabe** absetzen, wenn die ausgleichsberechtigte Person die Einnahmen als sonstige Einkünfte versteuert (§ 10 Ia Nr 3, § 22 Nr 1a. EStG). Dazu ist eine Einigung auf die Höhe des zu berücksichtigenden Betrages auch unterhalb der tatsächlich gezahlten Abfindung möglich.

Weil zu der Berechnung des Abfindungsbetrags nur inl Versorgungsträger verpflichtet werden können (§ 5 III), wird bei ausl, zw- und überstaatlichen Versorgungsträgern die Abfindung häufig an der fehlenden Feststellbarkeit des (aktuellen) Ausgleichswertes scheitern. Die ausgleichsberechtigte Person muss in diesen Fällen Auskunftsansprüche gegen die ausgleichspflichtige Person geltend machen (§ 4 I), welche ihrerseits ihren Versorgungsträger in Anspruch nehmen kann. Reichen die Auskunftsansprüche der ausgleichspflichtigen Person gegen ihren Versorgungsträger aber nicht aus, um einen aktualisierten Ehezeitanteil und Ausgleichswert der Versorgung zu errechnen, bleibt die ausgleichsberechtigte Person auf die Ansprüche aus den §§ 20, 22 verwiesen. 2

II. Keine Geringfügigkeit. Ist der nach Abs I S 1 ermittelte Zeitwert geringfügig iSd § 18 III, soll das Anrecht der ausgleichspflichtigen Person nach Abs I S 2 nicht abgefunden werden (Bamberg FamRZ 2022, 1180). Maßgeblich ist, da wie bei der externen Teilung ein Kapitalbetrag geleistet werden muss, der Kapitalwert; dieser ist an 120 % der zum Zeitpunkt der Entscheidung maßgeblichen Bezugsgröße nach § 18 I SGB IV zu messen; im Jahr 2023 ist dies ein Betrag von 4.074 € (s Tabelle bei § 18 Rn 9). 3

III. Wahlrecht. Die ausgleichsberechtigte Person hat das Recht, den Zielversorgungsträger auszuwählen. Dazu verweist Abs II auf die Regelungen des § 15, die allerdings nur teilw passen. Im Gegensatz zum früheren Recht kommt als Zielversorgungsträger nunmehr jeder Träger eines Anrechts iSd § 2 in Betracht. Das erfasst – vorbehaltlich der entspr § 15 II erforderlichen Angemessenheitsprüfung – auch Anrechte bei einem ausl Versorgungsträger (NK-VersA/*Götsche* Rn 15). Die gewählte Zielversorgung muss angemessen iSd § 15 II und IV sein. Unanwendbar ist § 15 III, da die Kapitalzahlung durch die ausgleichspflichtige Person, anders als bei der externen Teilung, nicht, jedenfalls nicht zwangsläufig, zu steuerpflichtigen Einnahmen für diese führt. Wählt die ausgleichsberechtigte Person keine Zielversorgung oder ist die Wahl wegen fehlender Zustimmung/fehlender Angemessenheit nicht bindend, verpflichtet das FamG die ausgleichspflichtige Person, Anrechte bei einem der in § 15 V genannten Auffangversorgungsträger zu begründen. Handelt es sich bei dem abzufindenden Anrecht um ein betriebliches Anrecht, ist die Versorgungsausgleichskasse maßgeblicher Auffangversorgungsträger (Bamberg FamRZ 2022, 1180 m zust Anm *Borth*; BeckOGK/*Fricke* Rn 19.1; NK-VersA/*Götsche* Rn 19; Soergel/*Ahrens* Rn 6), sonst die GRV (BGH FamRZ 2023, 117, 121: allerdings bleibt es bei der Geltung des § 14 V). IÜ wird auf die Ausführungen zu § 15 verwiesen. 4

Unterabschnitt 3
Teilhabe an der Hinterbliebenenversorgung (§§ 25–26)

§ 25 Anspruch gegen den Versorgungsträger

(1) Stirbt die ausgleichspflichtige Person und besteht ein noch nicht ausgeglichenes Anrecht, so kann die ausgleichsberechtigte Person vom Versorgungsträger die Hinterbliebenenversorgung verlangen, die sie erhielte, wenn die Ehe bis zum Tod der ausgleichspflichtigen Person fortbestanden hätte.

(2) Der Anspruch ist ausgeschlossen, wenn das Anrecht wegen einer Vereinbarung der Ehegatten nach den §§ 6 bis 8 oder wegen fehlender Ausgleichsreife nach § 19 Abs. 2 Nr. 2 oder Nr. 3 oder Abs. 3 vom Wertausgleich bei der Scheidung ausgenommen worden war.

(3) Die Höhe des Anspruchs ist auf den Betrag beschränkt, den die ausgleichsberechtigte Person als schuldrechtliche Ausgleichsrente verlangen könnte. Leistungen, die sie von dem Versorgungsträger als Hinterbliebene erhält, sind anzurechnen.

(4) § 20 Abs. 2 und 3 gilt entsprechend.

(5) Eine Hinterbliebenenversorgung, die der Versorgungsträger an die Witwe oder den Witwer der ausgleichspflichtigen Person zahlt, ist um den nach den Absätzen 1 und 3 Satz 1 errechneten Betrag zu kürzen.

I. Allgemeines. Mit dem Tod der ausgleichspflichtigen Person erlöschen nach § 31 III die Ansprüche auf einen Wertausgleich nach der Scheidung. Hiervon ausgenommen sind die Ansprüche auf eine Hinterbliebenenrente nach den §§ 25f. Vorläufer dieser Regelungen ist der (in der Wortwahl missglückte) sog „verlängerte schuldrechtl VersA" nach § 3a VAHRG aF, dessen Zweck es war, die durch den Tod der ausgleichspflichtigen Person sonst entstehende Versorgungslücke zu schließen (BT-Drs 10/5447, 10f). Abs II enthält Ausnahmen entspr § 3a III VAHRG aF, geht aber teilw darüber hinaus. § 25 ist im Verhältnis zw den Beteiligten abdingbar; Vereinbarungen zw der ausgleichspflichtigen Person und ihrem Versorgungsträger über die Hinterbliebenenversorgung als solche sind möglich (Rn 4), jedoch kann in diesem Verhältnis nicht § 25 isoliert abbedungen werden (s näher Rn 5). Zum Problem fehlender **Saldierung** beiderseitiger nicht ausgleichsreifer Anrechte s Vor § 20 Rn 3. 1

II. Anspruchsvoraussetzungen. Die positiven Anspruchsvoraussetzungen ergeben sich aus Abs I und IV. Negative Anspruchsvoraussetzungen enthält Abs II. 2

3 **1. Tod der ausgleichspflichtigen Person, Abs I.** Nicht erforderlich ist, dass die ausgleichspflichtige Person bei ihrem Tod bereits eine Rente aus dem noch nicht ausgeglichenen Anrecht bezogen hat; Abs IV verweist nicht auf § 20 I.

4 **2. Noch nicht ausgeglichenes Anrecht, Abs I.** Gemeint ist ein im Wertausgleich bei Scheidung noch nicht (vollständig) ausgeglichenes Anrecht. Dieses muss **im Zeitpunkt des Todes der ausgleichspflichtigen Person** eine Hinterbliebenenversorgung vorsehen, weil nach Abs I nur diejenige Hinterbliebenenversorgung verlangt werden kann, die bei Fortbestand der Ehe auch bestanden hätte. Kein Anspruch gegen den Versorgungsträger besteht, wenn sich die ausgleichspflichtige Person vor ihrem Tod – auch nach dem Ehezeitende – die Versorgung ausbezahlen lassen oder mit dem Versorgungsträger eine Beendigung des Hinterbliebenenschutzes vereinbart hat. Einer solchen Vereinbarung muss die ausgleichsberechtigte Person nicht zustimmen; sie kann allenfalls bei kollusivem Zusammenwirken nach § 138 BGB unwirksam sein (Hamm FamRZ 2008, 2124ff). Ein Anrecht ist auch dann noch nicht (vollständig) ausgeglichen iSd § 25, wenn daraus bereits im Wertausgleich nach der Scheidung eine schuldrechtl Ausgleichsrente an die ausgleichsberechtigte Person geleistet worden ist. Der Anspruch aus § 25 tritt dann an die Stelle des weggefallenen Anspruchs aus § 20 (ebenso Frankfurt, Beschl v 17.2.2023 – 6 UF 193/22, juris Rn 23; Schleswig FamRZ 2021, 1285 Rn 32). Ihm steht nicht entgegen, dass das FamG das Anrecht zu Unrecht schuldrechtl ausgeglichen hat (Nürnberg FamRZ 2020, 1908). Str ist, ob ein Anspruch aus § 25 dann bestehen kann, wenn die ausgleichsberechtigte Person schon eine **Abfindung** nach §§ 23f erhalten hat. Dies verneint die hM zu Recht (s § 23 Rn 6 mwN). Für die Abfindung nach **altem** Recht (§ 1587l BGB aF), deren Berechnungsmaßstäbe str waren (eingehend *Bergner/Schneider* FamRZ 2004, 1766ff und 1838ff), wurde dagegen wohl berechtigt darauf abgestellt, inwieweit auch mögliche Ansprüche auf eine Hinterbliebenenversorgung mit abgefunden worden sind (*Bergner/Schneider* FamRZ 2004, 1838, 1843; die Grundsätze überträgt *Bergner* KomRefVA § 24 Anm 5, nach hier vertretener Auffassung aber unzutr auch auf das neue Recht).

5 **3. Vorliegen einer Hinterbliebenenversorgung.** Das noch nicht ausgeglichene Anrecht muss eine Hinterbliebenenversorgung für den überlebenden Ehegatten/Lebenspartner vorsehen, aus der die ausgleichsberechtigte Person ohne die Scheidung Ansprüche hätte. Eine lediglich auf Waisen beschränkte Hinterbliebenenversorgung reicht nicht aus (Johannsen/Henrich/Althammer/*Holzwarth* Rn 16; Soergel/*Ahrens* Rn 7). Die entspr Regelung kann vorsehen, dass bei einer **Wiederverheiratung** des überlebenden Ehegatten/Lebenspartners der Anspruch auf die Hinterbliebenenrente entfällt. Das wirkt sich dann auch nachteilig bei einer Wiederverheiratung der ausgleichsberechtigten Person aus (BGH FamRZ 2005, 189; 2011, 961; Soergel/*Ahrens* Rn 8). Sieht die Regelung des Versorgungsträgers bei Wiederverheiratung des überlebenden Ehegatten/Lebenspartners eine Abfindung vor, so kann der Anspruch auf die Abfindung auch von dem ausgleichsberechtigten Ehegatten/Lebenspartner aus § 25 I geltend gemacht werden (NK-VersA/*Götsche* Rn 8 mwN; *Borth* VersA Kap 5 Rn 10f; offengelassen von BGH FamRZ 2005, 189, 191 mwN). Ein Anspruch besteht aber dann nicht, wenn die ausgleichsberechtigte Person im Todeszeitpunkt der ausgleichspflichtigen Person bereits eine neue Ehe/Lebenspartnerschaft eingegangen war (BGH aaO). Die Versorgungsregelung kann nicht isoliert die Ansprüche aus § 25 ausschließen (BGH FamRZ 2011, 961 Rn 13; Karlsruhe FamRZ 2018, 1068; NK-VersA/*Götsche* Rn 10 mwN). Die Satzung des Versorgungswerks der Ärztekammer des Saarlandes schließt eine Versorgung für Hinterbliebene aus, die den Versicherten erst nach dem Eintritt in den Ruhestand geheiratet haben; das ist verfassungsgemäß (BVerfG FamRZ 2010, 1233).

6 **4. Kein Ausschluss, Abs II und § 26 I.** Ansprüche auf eine Hinterbliebenenversorgung bestehen dann nicht, wenn das Anrecht deswegen nicht bereits bei Scheidung ausgeglichen worden ist, weil

- die Beteiligten dies so vereinbart haben, §§ 6–8;
- das Anrecht sich auf eine abzuschmelzende Leistung bezieht, § 19 II Nr 2;
- der Wertausgleich bei Scheidung für die ausgleichsberechtigte Person unwirtschaftl gewesen wäre, § 19 II Nr 3;
- es sich um ausl, zw- oder überstaatliche Anrechte handelt, § 26 I (dann nur ggf Ansprüche gegen Witwe/Witwer);
- wegen ausl, zw- oder überstaatlicher Anrechte der ausgleichsberechtigten Person der Wertausgleich bei Scheidung hinsichtl des betroffenen Anrechts nach § 19 III unterblieben ist.

7 Eine ähnl Regelung enthielt bereits § 3a III 1 und 2 VAHRG aF. Ziel der genannten Beschränkungen ist es zum einen, Manipulationen der Beteiligten zulasten des Versorgungsträgers zu vermeiden, zum anderen, den Versorgungsträger dort vor einer Inanspruchnahme zu schützen, wo eine Teilhabe der ausgleichsberechtigten Person an der Hinterbliebenenversorgung nicht geboten erscheint. Die obergerichtliche Rspr wendet den Prüfungsmaßstab des § 25 II sinngemäß auf Entscheidungen nach altem Recht an (vgl Karlsruhe, Beschl v 8.3.2023 – 18 UF 206/22 Rn 22; Stuttgart FamRZ 2016, 554).

8 **a) Vereinbarung der Beteiligten.** Ist ein Anrecht wegen einer Vereinbarung der Eheleute/Lebenspartner vom Wertausgleich bei der Scheidung nach den §§ 9ff ausgenommen worden, besteht kein Anspruch auf eine Hinterbliebenenversorgung. Dahinter steht der Gedanke, die Träger solcher Anrechte vor der Inanspruchnahme auf Hinterbliebenenrente zu schützen, die üblicherweise dem Wertausgleich bei der Scheidung unterfallen (insb die gesetzl Versorgungssysteme). Die Vereinbarung der Beteiligten kann hier die Wirkungen eines Vertrags zulasten Dritter entfalten (Johannsen/Henrich/Althammer/*Holzwarth* Rn 6). Nach Sinn und Zweck der Regelung ist diese aber einschränkend auszulegen: die Vereinbarung muss **ursächlich** dafür sein („wegen"), dass das betroffene Anrecht nicht bei Scheidung ausgeglichen worden ist (vgl für einen öffentlich-rechtl VersA nach altem Recht

Hamm FamRZ 2013, 789). Wäre es auch ohne die Vereinbarung als nicht ausgleichsreif iSd § 19 II Nr 1 behandelt worden, steht die Vereinbarung dem Anspruch nicht entgegen (zB Stuttgart FamRZ 2016, 554). Auch wenn Anrechte nach **altem** Recht aufgrund einer Vereinbarung nicht über § 3b VAHRG aF ausgeglichen wurden, steht dies dem Anspruch auf eine Hinterbliebenenversorgung nicht entgegen, da § 3b VAHRG aF gar nicht dem Schutz der Versorgungsträger diente (AG Bayreuth FamRZ 2012, 1726f m zust Anm *Borth*).

b) Abzuschmelzende Leistung. Ist ein Anrecht nach § 19 II Nr 2 deswegen nicht bei Scheidung ausgeglichen worden, weil es auf eine abzuschmelzende Leistung gerichtet ist, bringt der Ausschluss eines Anspruchs auf die Hinterbliebenenversorgung der ausgleichsberechtigten Person zwar einen wirtschaftl Nachteil. Dieser kann ihr hier wegen des geringen Wertes des abzuschmelzenden Anrechts aber zugemutet werden. 9

c) Unwirtschaftlicher Wertausgleich. In den Fällen des § 19 II Nr 3 war auch nach dem alten Recht der Anspruch auf eine Hinterbliebenenversorgung ausgeschlossen. Hier soll den Regelungen (Anrechnungsvorschriften, Anspruchsvoraussetzungen des zu teilenden Anrechts) Geltung verschafft werden, die zu der Beurteilung des Wertausgleichs bei Scheidung als unwirtschaftl geführt haben (vgl BT-Drs 10/5447, 12; s näher § 19 Rn 17). 10

d) Ausländische Anrechte. Ansprüche gegen ausl Versorgungsträger kann der dt Gesetzgeber nicht regeln. Deswegen richten sich nach § 26 I in diesen Fällen die Ansprüche auf Hinterbliebenenversorgung gegen die Witwe oder den Witwer der ausgleichspflichtigen Person, wenn diese aus dem Anrecht eine Hinterbliebenenversorgung beziehen. 11

e) Ausgleichssperre. Ist wegen der Ausgleichssperre nach § 19 III ein Wertausgleich bei der Scheidung (teilw) nicht durchgeführt worden, würde der Anspruch auf die Hinterbliebenenversorgung die ausgleichsberechtigte Person (bei richtiger Anwendung des § 19 III; s § 19 Rn 19) besser stellen als ohne die Scheidung. Aus den eigenen, nicht geteilten Anrechten bezöge sie nach dem Tod der ausgleichspflichtigen Person die volle Versorgung, die Ansprüche auf die Hinterbliebenenversorgung träten hinzu. Diese ungerechtfertigte Besserstellung unterbleibt nach Abs II. Bei fehlerhafter Anwendung des § 19 III kann dies negative Folgen haben (vgl Düsseldorf FamRZ 2022, 689 m krit Anm *Borth*). Im Hinblick auf nicht ausgleichsreife Anrechte iSd § 19 II Nr 1 und 4 erscheint der Schutz vor Besserstellung unvollkommen (s Vor § 20 Rn 3). 12

III. Voraussetzungen bei der ausgleichsberechtigten Person. Die ausgleichsberechtigte Person muss die persönlichen Voraussetzungen für die Fälligkeit einer schuldrechtl Ausgleichsrente nach Abs IV iVm § 20 II erfüllen (näher § 20 Rn 9ff). Sie muss **zudem** auch die persönlichen Voraussetzungen erfüllen, welche nach der Versorgungsregelung für den Anspruch auf die Hinterbliebenenversorgung bestehen (mit Ausnahme der bis zum Tod der ausgleichspflichtigen Person fortbestehenden Ehe/Lebenspartnerschaft). Sieht die Versorgung der ausgleichspflichtigen Person keinen Rentenanspruch bei Erwerbsunfähigkeit vor, kann auch die ausgleichsberechtigte Person den Anspruch aus § 25 erst dann geltend machen, wenn sie die Voraussetzungen für die Altersrente nach der Versorgungsregelung erfüllt (Johannsen/Henrich/Althammer/*Holzwarth* Rn 17). Eine Wiederverheiratung der ausgleichsberechtigten Person steht dem Anspruch aus § 25 nur dann entgegen, wenn die der Versorgung zugrunde liegende Regelung eine entspr Wiederverheiratungsklausel enthält (*Borth* VersA Kap 5 Rn 31). 13

IV. Berechnung des Anspruchs, Abs III. Der Anspruch ist der Höhe nach in **zweifacher** Hinsicht begrenzt. Grds besteht er nach Abs III S 1 iHd Anspruchs auf eine Ausgleichsrente nach § 20 oder bei einem Kapitalbetrag iHd Ausgleichsbetrags nach § 22, so dass auf die dortigen Ausführungen zur Berechnung verwiesen werden kann. Allerdings ist der Bruttobetrag hier nicht um fiktive Sozialversicherungsbeiträge zu kürzen (BGH FamRZ 2017, 1660 Rn 16f mwN; Schleswig FamRZ 2021, 1285 Rn 59; Karlsruhe FamRZ 2018, 1068; vgl auch Grü/*Siede* Rn 6; Johannsen/Henrich/Althammer/*Holzwarth* Rn 18), weil Abs IV nicht auf § 20 I 2 verweist und die ausgleichsberechtigte Person hier – anders als bei § 20 – selbst Sozialversicherungsbeiträge auf ihre Rente leisten muss. Dieser Anspruch wird nicht auf den Prozentsatz der Hinterbliebenenrente (idR 60 %) gekürzt (Frankfurt, Beschl v 17.2.2023 – 6 UF 193/22, juris Rn 24; Karlsruhe FamRZ 2018, 1068). Ist die ausgleichspflichtige Person vor Bezug einer Rente verstorben, ist die Rente fiktiv zu berechnen (Hamm FamRZ 2001, 1221). Nachträgl allg Wertveränderungen sind im Rahmen des § 5 IV 2 beachtlich (vgl Karlsruhe FamRZ 2018, 1068; näher s § 5 Rn 17). Eine die schuldrechtl Ausgleichsrente beschränkende Vereinbarung bleibt beachtlich und ist ggf in einen Bruttobetrag umzurechnen (BGH FamRZ 2017, 1660 Rn 22ff; Schleswig FamRZ 2021, 1285 Rn 59). Ebenfalls beachtlich sind Wertverringerungen nach Ehezeitende, die auf zwischenzeitl Vereinbarungen (Bsp: Teilkapitalisierung) zw der ausgleichspflichtigen Person und ihrem Versorgungsträger beruhen. Grund: Die ausgleichspflichtige Person ist – bis zur Grenze des § 138 BGB (vgl Hamm FamRZ 2008, 2124ff) – berechtigt, mit ihrem Versorgungsträger Vereinbarungen über das noch nicht ausgeglichene Anrecht zu treffen. Etwaige Ansprüche der ausgleichsberechtigten Person richten sich bei einer Teilkapitalisierung allein nach § 22; die Auswirkungen auf einen Anspruch nach § 25 muss sie dagegen hinnehmen. Wurde bereits laufend eine Ausgleichsrente geleistet, kann auf deren Berechnung zurückgegriffen werden, ohne dass eine Bindung an die Berechnungsgrundlagen besteht. Der Anspruch ist der Höhe nach außerdem auf die vom Versorgungsträger **zugesagte Hinterbliebenenversorgung begrenzt** (*Borth* VersA Kap 5 Rn 17; NK-VersA/*Götsche* Rn 24 mit Beispielsfall). Diese kann wegen einer **Altersabstandsklausel** (vgl dazu BAG FamRZ 2019, 687 m Anm *Borth*), aber auch deshalb niedriger sein, weil eigene (nicht im Wertausgleich bei Scheidung erworbene) Anrechte der ausgleichsberechtigten Person anzurechnen sind (*Borth* VersA Kap 5 Rn 5, 17). Ist das betroffene Anrecht nach altem Recht bereits teilw über die GRV ausgeglichen, gilt für die Anrechnung des Teilausgleichs § 53 (ebenso BGH FamRZ 2017, 1919 Rn 27; Nürnberg FamRZ 2016, 550 Rn 92). Die **Anrechnung/Saldierung** eines dem Wertausgleich nach der Scheidung 14 verbliebenen Anrechts der ausgleichsberechtigten Person ist gesetzl nicht geregelt. Dies soll über § 27 zu beheben sein (Nürnberg FamRZ 2020, 1908 Rn 49; s Vor § 20 Rn 3 mwN); nach hier vertretener Ansicht gilt § 31 II analog.

15 **V. Nähere Leistungsbestimmung und Verzug.** Für die Geltendmachung von Rückständen verweist Abs IV auf § 20 III. Auf die dortigen Ausführungen (§ 20 Rn 16) wird verwiesen. Der Versorgungsträger, der an Witwe/Witwer der ausgleichspflichtigen Person geleistet hat, kann sich bis zum Ablauf der Übergangszeit des § 30 II auf Befreiung von der Leistungspflicht berufen (str; näher § 30 Rn 4). Die Regelung zur Fälligkeit (§ 20 III iVm § 1585 I 2 BGB: monatlich im Voraus) kann mit dem Regelwerk des betroffenen Versorgungsträgers kollidieren, wenn dieses eine Zahlung erst zum Monatsende vorsieht. Nach zutr Ansicht (Zweibrücken FamRZ 2022, 354; Schleswig FamRZ 2021, 1285 Rn 89ff; Hamm FamRZ 2019, 1692 m Anm *Borth*; Frankfurt FamRZ 2017, 33, 35; *Noe/Steffens* NZFam 2018, 150ff) gilt vorrangig die Satzung des Versorgungsträgers, da die ausgleichsberechtigte Person nicht bessergestellt werden kann als ohne die Scheidung (str, aA noch Nürnberg FamRZ 2016, 550 Rn 120; Bremen FamRZ 2012, 1723 Rn 40; *Wick* VersA Rn 745 mwN in Fn 272).

16 **VI. Schutz des Versorgungsträgers.** Der Versorgungsträger wird in zweifacher Hinsicht vor einer doppelten Inanspruchnahme geschützt. Sieht die Versorgungsregelung bereits eine Geschiedenenwitwenrente vor, wird deren Zahlung auf den Anspruch gem Abs III S 2 angerechnet. Anzurechnen sind aber auch sonstige Leistungen, welche die ausgleichsberechtigte Person vom betroffenen Versorgungsträger in ihrer Eigenschaft als Hinterbliebene erhält, wie zB eine Unterhaltsrente nach § 22 II BeamtVG (Koblenz FamRZ 2007, 483; näher dazu *Borth* VersA Kap 5 Rn 21). Hinterlässt die ausgleichspflichtige Person aus neuer Ehe eine Witwe/einen Witwer mit eigenem Anspruch auf Hinterbliebenenversorgung, wird der Versorgungsträger durch Abs V vor einer doppelten Inanspruchnahme geschützt. Vorrang hat in diesem Fall die ausgleichsberechtigte Person. Die Leistung an die Witwe/den Witwer der ausgleichspflichtigen Person darf der Versorgungsträger um den an die ausgleichsberechtigte Person zu leistenden Betrag kürzen. Vor Doppelleistungen für die Vergangenheit ist der Versorgungsträger durch § 30 geschützt (s § 30 Rn 4; zur Tenorierung BGH FamRZ 2022, 1517 Rn 22 und FamRZ 2017, 1919 Rn 13ff; Schleswig FamRZ 2021, 1285 Rn 86; Karlsruhe FamRZ 2018, 1068). Der Versorgungsträger kann die Hinterbliebenenversorgung von der Vorlage einer rechtskräftigen Entscheidung des FamG darüber abhängig machen und die Fälligkeit gem § 30 II regeln, jedoch nicht, wenn mangels einer Witwe/eines Witwers eine doppelte Inanspruchnahme ausgeschlossen ist (BGH FamRZ 2022, 1517 Rn 19ff m Anm *Borth*). Weiter können sowohl der Versorgungsträger als auch Witwe oder Witwer der ausgleichspflichtigen Person sämtliche **Einwendungen**, welche dieser gegen die Inanspruchnahme auf eine schuldrechtl Ausgleichsrente zugestanden hätten, geltend machen (BGH FamRZ 2017, 1660; Karlsruhe FamRZ 2021, 22 und FamRZ 2018, 1068; Schleswig FamRZ 2021, 1285 Rn 69); maßgeblich sind **bei Anwendung des § 27** aber immer die (wirtschaftl) Verhältnisse der verstorbenen ausgleichspflichtigen Person, nicht diejenigen ihrer Hinterbliebenen (Schleswig FamRZ 2021, 1285 Rn 69; ähnl Frankfurt, Beschl v 17.2.2023 – 6 UF 193/22, juris Rn 28; *Borth* VersA Kap 5 Rn 31 Nr 5).

17 **VII. Erlöschen.** Der Anspruch der ausgleichsberechtigten Person auf Hinterbliebenenrente nach § 25 erlischt mit ihrem Tod. Das ergibt sich zwar nicht aus § 31 III, folgt aber daraus, dass sie mit ihrem Tod aufhört, als ausgleichsberechtigte Person iSd § 25 zu existieren. Nur die zu diesem Zeitpunkt bestehenden Rückstände können auf die Erben übergehen.

18 **VIII. Ansprüche der Witwe/des Witwers.** Für diese Ansprüche sieht Abs V vor, dass sie um den nach Abs I und Abs III S 1 errechneten Betrag zu kürzen sind, was keine Härte iSd § 27 darstellt (Schleswig FamRZ 2021, 1285 Rn 76; Karlsruhe FamRZ 2021, 22 Rn 35). Str ist, was passiert, wenn die ausgleichsberechtigte Person stirbt. Im alten Recht verblieb es auch nach dem Tod der ausgleichsberechtigten Person bei der Kürzung zulasten der Witwe (§ 3a IV 2 VAHRG aF). Nach Ansicht von *Borth* (VersA Rn 937) wollte der Gesetzgeber insoweit im neuen Recht keine Veränderung vornehmen; nach der wohl herrschenden Gegenansicht (vgl *Ruland* VersA Rn 852; *Wick* VersA Rn 747 mwN zum Streitstand) liegt dagegen ein bewusster Verzicht des Gesetzgebers auf diese Einschränkung vor. Auch nach hier vertretener Ansicht liegt mangels ausdrückl gesetzl Klarstellung die entspr Anwendung des § 21 IV nahe, wonach die Witwe/der Witwer nach dem Tod der ausgleichsberechtigten Person wieder die ungeschmälerte Hinterbliebenenversorgung verlangen kann. Eine Benachteiligung des Versorgungsträgers ist darin nicht zu erkennen, weil dieser durchgehend keine weitergehenden Leistungen erbringt, als wenn immer nur die Witwe/der Witwer anspruchsberechtigt gewesen wäre.

19 **IX. Verfahren.** Eines gerichtlichen Verfahrens bedarf es für die Festlegung der Ansprüche aus § 25 nicht. Sachlich zuständig ist bei Streitigkeiten das FamG nach § 217 FamFG; die Zuständigkeit erstreckt sich auch auf Streitigkeiten über die Kürzung der Hinterbliebenenversorgung nach Abs V (*Wick* VersA Rn 749; NK-VersA/*Götsche* Rn 39; aA *Borth* VersA Kap 5 Rn 34 unter Verweis auf ArbG Stuttgart FamRZ 2014, 766). Zur Einleitung bedarf es nach § 223 FamFG eines Antrags, der nicht beziffert werden muss und an den das FamG nicht gebunden ist (Karlsruhe FamRZ 2018, 1068; Nürnberg FamRZ 2016, 550); diesen muss bei der Kürzung nach Abs V der Versorgungsträger oder die Witwe/der Witwer der ausgleichspflichtigen Person stellen. Der nach Abs I in Anspruch genommene Versorgungsträger ist nach § 219 FamFG am Verfahren zu **beteiligen**. Dasselbe gilt für die Witwe/den Witwer der ausgleichspflichtigen Person wegen der Auswirkungen auf deren Hinterbliebenenversorgung (BGH FamRZ 2022, 1517 Rn 23; Schleswig FamRZ 2021, 1285 Rn 24; NK-VersA/*Götsche* Rn 41). Str ist, ob ein von der ausgleichspflichtigen Person vor ihrem Tod gegen den Versorgungsträger erstrittenes Urt über die Höhe der Versorgung Rechtskraftwirkungen auch zugunsten der ausgleichsberechtigten Person entfaltet (verneinend Hamm FamRZ 2014, 1985ff m abl Anm *Borth*, 1987). Auskunftsansprüche ergeben sich aus § 4

(krit zum nur mittelbaren Auskunftsanspruch gegen den Versorgungsträger nach § 4 II Johannsen/Henrich/Althammer/*Holzwarth* Rn 35), verfahrensrechtl Auskunftsansprüche des FamG aus § 220 FamFG. Da es sich um einen eigenständigen Anspruch gegen den Versorgungsträger handelt, entfaltet eine familiengerichtliche Entscheidung zu Ausgleichsansprüchen nach den §§ 20, 22 nach dem Versterben der ausgleichspflichtigen Person keine Präjudizwirkung im Verfahren über Ansprüche nach § 25 (BGH FamRZ 2017, 1919 Rn 17; Karlsruhe FamRZ 2018, 1068; Stuttgart FamRZ 2016, 554, 555 mwN; *Borth* VersA Kap 5 Rn 24). Gleiches gilt im Hinblick auf die Berechnung des Ehezeitanteils für eine Alt-Entscheidung zum öffentlich-rechtl VersA, an welcher der Versorgungsträger nicht beteiligt worden ist (Nürnberg FamRZ 2016, 550, 553 mwN, ua Johannsen/Henrich/Althammer/*Holzwarth* Rn 1, 19).

Für einen **Feststellungsantrag** fehlt regelmäßig das **Feststellungsinteresse** (s Vor § 20 Rn 6; näher BGH FamRZ 2015, 2130 zu § 20; FamRZ 1996, 1465 zu § 3a VAHRG; *Borth* VersA Kap 5 Rn 37). Möglich ist eine einstw Anordnung nach den §§ 49ff FamFG. Die Abänderung der Entscheidung richtet sich nach § 227 I, § 48 I FamFG. Die Vollstreckung von Auskunftsansprüchen richtet sich nach § 95 I Nr 3 FamFG iVm § 888 ZPO, die Vollstreckung von Zahlungsansprüchen nach § 95 I Nr 1 FamFG iVm §§ 803ff ZPO. 20

§ 26 Anspruch gegen die Witwe oder den Witwer

(1) Besteht ein noch nicht ausgeglichenes Anrecht bei einem ausländischen, zwischenstaatlichen oder überstaatlichen Versorgungsträger, so richtet sich der Anspruch nach § 25 Abs. 1 gegen die Witwe oder den Witwer der ausgleichspflichtigen Person, soweit der Versorgungsträger an die Witwe oder den Witwer eine Hinterbliebenenversorgung leistet.

(2) § 25 Abs. 2 bis 4 gilt entsprechend.

I. Anspruch gegen die Witwe/den Witwer. Einen unmittelbaren Anspruch nach § 25 I kann der dt Gesetzgeber nicht gegen Versorgungsträger vorsehen, die der dt Gesetzgebung nicht unterliegen. Besteht ein noch nicht ausgeglichenes Anrecht bei einem solchen Versorgungsträger, regelt § 26 – wie die Vorgängervorschrift § 3a V 1 VAHRG – als Auffangnorm, dass sich die Ansprüche auf Teilhabe an der Hinterbliebenenversorgung gegen die Witwe oder den Witwer der ausgleichspflichtigen Person richten, soweit diese(r) eine Hinterbliebenenversorgung aus dem noch nicht ausgeglichenen Anrecht erhält. Anspruchsvoraussetzung ist der **tatsächliche Bezug** der Hinterbliebenenversorgung durch die Witwe/den Witwer (NK-VersA/*Götsche* Rn 5). 1

II. Entsprechende Anwendung von § 25 II–IV. Nach Abs II gelten für die weiteren Modalitäten des Anspruchs neben dem schon in Abs I erwähnten § 25 I auch § 25 II–IV entspr. Auf die Ausführungen hierzu wird verwiesen. 2

Abschnitt 4
Härtefälle (§ 27)

§ 27 Beschränkung oder Wegfall des Versorgungsausgleichs

Ein Versorgungsausgleich findet ausnahmsweise nicht statt, soweit er grob unbillig wäre. Dies ist nur der Fall, wenn die gesamten Umstände des Einzelfalls es rechtfertigen, von der Halbteilung abzuweichen.

I. Allgemeines. Wie im alten Recht (§§ 1587c und 1587h BGB aF, § 3a VI VAHRG), kann auch im geltenden Recht der VersA – ganz oder teilw – zu beschränken sein oder wegfallen, wenn seine Durchführung grob unbillig wäre. § 27 fasst – als Ausprägung des Grundsatzes von Treu und Glauben (BGH FamRZ 2007, 996, 1000) – die Härtefallregelungen des alten Rechts zusammen und vereinheitlicht sie. Während das alte Recht hierzu neben einem Auffangtatbestand (§ 1587c Nr 1 BGB aF) Fallgruppen bildete (§ 1587c Nr 2 und 3, § 1587h Nr 1–3 BGB aF), enthält § 27 nur noch eine Generalklausel, die im Wortlaut an den bisherigen Auffangtatbestand angelehnt ist. Auf die Bildung von Regelbeispielen wurde angesichts der zwischenzeitl entwickelten weitverzweigten Kasuistik bewusst verzichtet. Wie sich aus der Gesetzesbegründung ergibt, sollte damit aber – jedenfalls auf der Tatbestandsseite – keine Rechtsänderung verbunden sein. Vielmehr soll auf die Rspr zu den ausdrückl geregelten Härtefällen und den darüber hinaus gebildeten Fallgruppen zurückgegriffen werden können (BT-Drs 16/10144, 68). Für die Auslegung und Anwendung des § 27 bleiben deshalb die Fallgruppen und die Kasuistik, welche Rspr und Komm zum alten Recht entwickelt haben, maßgeblich (s Rn 6ff). Die Bandbreite der Reaktionsmöglichkeiten auf der **Rechtsfolgenseite** ist allerdings breiter geworden; darin liegt durchaus eine nicht unerhebliche Rechtsänderung. Die Vorgängervorschrift des § 1587c BGB aF wurde noch als reine **Schuldnerschutzvorschrift** zugunsten des Ausgleichspflichtigen verstanden, die nur eine Herabsetzung des nach Saldierung der beiderseitigen Versorgungsanwartschaften geschuldeten Ausgleichs, nicht aber eine Erhöhung rechtfertigen konnte (BGH FamRZ 1993, 175, 176 mwN; vgl dazu Erman/*Wellenhofer*[12] § 1587c BGB Rn 4 mwN). Von diesem Modell hat sich der Gesetzgeber auf der Grundlage der neuen, anrechtsbezogenen Ausgleichsformen, die auch Veränderungen zugunsten des Ausgleichsberechtigten zulassen, bewusst abgekehrt (BT-Drs 16/10144, 67f, 125). Zwar soll damit **anrechtsbezogen** das Halbteilungsprinzip nicht durchbrochen werden (vgl BGH FamRZ 2013, 1362); **per saldo** kann aber über die Halbteilung hinausgegangen werden, indem Anrechte der insg ausgleichsberechtigten Person nicht (oder nicht hälftig) geteilt werden, was insb in den Fällen in Betracht kommt, in denen ein Ehegatte/Le- 1 benspartner vor der Entscheidung über den Wertausgleich seine Versorgungsanrechte manipuliert, bspw eine Lebensversicherung „versilbert", ohne dass sich das güterrechtl auswirkt (s Rn 10).

2 **II. Zweck.** § 27 soll als Ausnahmeregelung eine am Gerechtigkeitsgedanken orientierte Entscheidung ermöglichen, zB dann, wenn die schematische Durchführung des VersA zur Prämierung einer groben Verletzung der aus der ehelichen Gemeinschaft folgenden Pflichten führen würde (BVerfG FamRZ 2003, 1173). Ein Eingriff in die durch Art 14 I bzw 33 V GG geschützten Rechte darf nur soweit reichen, wie dies durch Art 6 I, 3 II GG gerechtfertigt ist. Insb die Beschränkung auf Alters- und Invaliditätsversorgungen bei gleichzeitiger Außerachtlassung der sonstigen wirtschaftl Verhältnisse der Ehegatten, die Berücksichtigung ausschließlich des ehezeitbezogenen Versorgungserwerbs sowie die Erfassung der Verhältnisse nur zu einem bestimmten Bewertungsstichtag (Momentaufnahme) können zur Folge haben, dass der VersA seine in der ehelichen Lebens- und Versorgungsgemeinschaft liegende Legitimation verliert (BVerfG FamRZ 2003, 1173; 1993, 405, 406 mwN). Der Ausgleichsanspruch soll daher ganz oder teilw ausgeschlossen werden, wenn der legislatorische Sinn des VersA nicht erfüllt, sondern dessen uneingeschränkte Durchführung den Grundgedanken dieses Rechtsinstituts in unerträglicher Weise widersprechen würde (BGH FamRZ 2016, 35 m Anm *Holzwarth* FamRZ 2016, 37; statt vieler BGH FamRZ 2013, 690, 691; *Eichenhofer* FuR 1994, 65; s näher Rn 5).

3 **III. Anwendungsbereich.** § 27 ist sowohl auf den Wertausgleich bei Scheidung als auch auf den Wertausgleich nach Scheidung anwendbar. Er gilt nach § 226 III FamFG auch für das Abänderungsverfahren zum Wertausgleich bei der Scheidung und das Abänderungsverfahren über Vereinbarungen zum Wertausgleich (§ 227 II FamFG), bezieht sich dort aber **nicht** auf die Frage, ob der **Wertausgleich** grob unbillig ist, sondern ob seine **Abänderung** grob unbillig ist (Frankfurt, Beschl v 13.3.2023 – 6 UF 237/22; Hamm FamRZ 2018, 257; Zweibrücken FamRZ 2019, 880; aA wohl Oldenburg FamFR 2012, 372 [*Norpoth*]). Außerdem gilt er für die Abänderung von Altentscheidungen zum öffentlich-rechtl VersA nach den §§ 51, 52 (s § 52 I; § 226 III FamFG). Die Härteklausel führt nicht zu einer Rückgängigmachung des durchgeführten Wertausgleichs; sie kann nur einer Abänderung des Wertausgleichs wegen zwischenzeitl Wertänderungen von Anrechten entgegenstehen – dies allerdings auch wegen „alter" Härtegründe, weil die Rechtskraft der Entscheidung nur soweit reicht, wie der VersA durchgeführt worden ist (BGH FamRZ 2007, 360, 362; 2009, 1312, 1315f; *Borth* VersA Kap 6 Rn 11). Auch kann ein Abänderungsverfahren nicht auf den **nachträgl** Eintritt von Härtegründen gestützt werden (BGH FamRZ 2022, 262 Rn 15; FamRZ 1989, 725, 726f; 1996, 282; 1996, 1540, 1541ff; *Borth* VersA Kap 6 Rn 11; krit dazu Erman/*Wellenhofer*[12] § 1587c BGB Rn 7 mwN); Voraussetzung des Abänderungsverfahrens ist vielmehr, wie schon nach dem alten Recht, eine nachträgl Änderung, die sich auf den **Ausgleichswert eines Anrechts** auswirkt (§ 225 II FamFG); auf diese nachträgl Änderung beschränkt sich dann auch die Anwendung der Härteklausel (BGH FamRZ 2007, 360, 361f; 2009, 1312, 1315f; aA KG FamRZ 2005, 1487f; Erman/*Wellenhofer*[12] § 1587c BGB Rn 7 mwN). Das muss ebenso für die Abänderung einer Entscheidung zum Wertausgleich nach der Scheidung (§§ 227 I, 48 FamFG) gelten (s auch Johannsen/Henrich/Althammer/*Holzwarth* Rn 7 aE). Nur soweit diese nachträgl Veränderungen eine Abänderung des VersA zur Folge haben würden, kann die Härteklausel dem entgegenstehen (ebenso *Borth* VersA Kap 6 Rn 11).

4 **IV. Verhältnis zu anderen Härtefallregelungen.** Neben der Anwendung des § 27 kommt die **Anwendung anderer Generalklauseln** wie des § 242 BGB oder auch der §§ 1381, 1579 BGB **nicht** in Betracht. Die Regelung ist für den VersA sowohl hinsichtl der Voraussetzungen als auch in Bezug auf die Rechtsfolgen **abschließend** konzipiert. Das bedeutet, dass ein Anspruch auf Durchführung des VersA weder daraufhin zu überprüfen ist, ob er nach § 242 BGB **verwirkt** sein könnte (so aber Karlsruhe FamRZ 2002, 1633, 1634), noch darauf, ob sich die Durchführung des VersA als **unzulässige Rechtsausübung**, etwa durch Verwirkung, darstellt (BGH FamRZ 2014, 105ff Rn 21 zu Art 17 IV EGBGB; vgl zu den Vorgängervorschriften des § 1587c und § 1587h BGB BGH FamRZ 1993, 176, 178; 2007, 996, 1000). Der **regelwidrige VersA nach dt Recht gem Art 17 IV 2 EGBGB** hat ua zur Voraussetzung, dass die Durchführung des Ausgleichs im Hinblick auf die beiderseitigen wirtschaftl Verhältnisse während der gesamten Ehezeit, also auch während der nicht im Inland verbrachten Zeit, der Billigkeit nicht widerspricht (Grü/*Thorn* Art 17 EGBGB Rn 12). § 27 ist daneben ebenfalls anwendbar (BGH FamRZ 2021, 1609 Rn 38ff; FamRZ 2014, 105ff Rn 22ff; FamRZ 2007, 996, 1000; 1994, 825, 827); dem kann dann Bedeutung zukommen, wenn nicht nur wirtschaftl Gründe für eine grobe Unbilligkeit zu berücksichtigen sind. Zum Verhältnis zu § 18 s § 18 Rn 11. Zum Verhältnis zu § 42 s § 42 Rn 2. Zum Verhältnis zu anderen Vorschriften ausf NK-VersA/*Götsche* Rn 7–15. Zur Anwendung des § 1318 III bei Aufhebung einer Scheinehe s Rn 19.

5 **V. Grobe Unbilligkeit.** § 27 VersAusglG setzt voraus, dass die nach den übrigen Vorschriften vorgesehene Durchführung grob unbillig wäre. Für diese Wertung müssen die **gesamten Umstände des Einzelfalles** herangezogen werden, Satz 2. Das erfordert zuallererst die vollständige Aufklärung sämtlicher dem VersA unterfallenden Anrechte (zB BGH FamRZ 2005, 1238 mwN), darüber hinaus eine Einbeziehung der wirtschaftl, sozialen und persönlichen Verhältnisse beider Ehegatten/Lebenspartner (BGH FamRZ 2021, 1609 Rn 41; FamRZ 2016, 35; 2014, 461; 2013, 690 Rn 14 mwN, m Anm *Holzwarth*). Auch die **künftige Entwicklung** der Versorgungsanrechte kann zu berücksichtigen sein. Diese muss dann aber zum Zeitpunkt der Entscheidung nicht nur möglich, sondern annähernd sicher zu erwarten sein; das trifft auf künftige Anrechte, die noch durch Erwerbstätigkeit erworben werden müssen, nicht zu (BGH FamRZ 2013, 1200ff Rn 24; vgl auch BGH FamRZ 2015, 1001 Rn 24f zu der zu treffenden Prognoseentscheidung). Die **Gesamtbewertung** setzt eine Vergleichbarkeit der Anrechte voraus, welche nach der Vorstellung des Gesetzgebers annähernd anhand der (korrespondierenden) Kapitalwerte herbeigeführt werden kann (§ 47 VI). Zur Kritik hieran s § 5 Rn 16; Vor § 39 Rn 4; § 47 Rn 15). Der

Begriff der groben Unbilligkeit umschreibt einen strengeren Maßstab als denjenigen, der für eine Anwendung des § 242 BGB angelegt wird. Dies ist bei der Anwendung unbedingt zu beachten und beruht auf folgendem Grund: Der VersA soll den gerechten (hälftigen) Ausgleich einer gemeinsam erbrachten Lebensleistung herbeiführen, wobei insb Haushaltsführung und Kinderbetreuung den gleichen Wert haben wie eine Erwerbsarbeit (BVerfGE 66, 324). Durch die Bezugnahme auf die Ehezeit geht es – vergleichbar dem Zugewinnausgleichsverfahren – um einen Vermögensausgleich für einen **abgeschlossenen Zeitraum.** Der gemeinsame Erwerb dieses (Altersvorsorge-)Vermögens erfordert aus verfassungsrechtl Gründen grds die Halbteilung des erworbenen Vermögens (vgl BVerfG FamRZ 2006, 1000; 2003, 1173). Vom Halbteilungsgrundsatz im VersA soll deshalb nur aus schwerwiegenden Gründen abgewichen werden. Eine Abweichung ist möglich, soweit die rein schematische Durchführung des VersA **dem Gerechtigkeits- und Billigkeitsempfinden in unerträglicher Weise widerspricht** (so zum alten Recht BT-Drs 7/650, 162; BGH FamRZ 2007, 996, 1000; 2013, 690 Rn 14; 2015, 998; 2015, 1004; 2016, 35 m Anm *Holzwarth* FamRZ 2016, 37; weitere Nachw bei *Borth* VersA Kap 6 Rn 17). Ein Verstoß gegen die tragenden Prinzipien des VersA (Halbteilungsgrundsatz) reicht dafür – entgegen BGH FamRZ 2017, 26 Rn 20 – nicht aus (ähnl BGH FamRZ 2021, 1609 Rn 42; krit zur Aufweichung des Maßstabes *Norpoth* NJW 2018, 3627 mit Fallgruppen). Das schließt es nicht aus, im Einzelfall auch Umstände in die Betrachtung einzubeziehen, die **außerhalb** der Ehezeit liegen. Der Gesetzgeber nennt ausdrückl die gegenwärtige und zukünftige **wirtschaftl Situation** der Eheleute und alle bereits bekannten und vorhersehbaren Lebensumstände, die ihre **Versorgungslage** beeinflussen (BT-Drs 16/10144, 69). Gleichwohl ist bei der Berücksichtigung solcher Umstände Vorsicht geboten. Deshalb können Überlegungen, die im Unterhaltsrecht (§ 1579 BGB) entwickelt worden sind, nicht ungeprüft übernommen werden. Denn anders als der VersA, wird der Unterhalt nach Trennung und Scheidung in aller Regel aus laufenden Einkünften, nicht dagegen aus dem während der Ehe erwirtschafteten Vermögen(sstamm) geleistet. Deswegen können dort ua Gesichtspunkte, die nicht ehezeitbezogen sind, eine deutlich größere Rolle spielen als im VersA (vgl BGH FamRZ 2013, 690 Rn 18; *Borth* VersA Kap 6 Rn 17 mwN).

VI. Maßgebliche Umstände. 1. Wirtschaftliche Umstände. Mit den gesamten Umständen des Einzelfalles sind – entspr dem alten Recht – die **beiderseitigen** wirtschaftl, sozialen oder persönlichen **Verhältnisse** der Ehegatten/Lebenspartner gemeint (BGH FamRZ 2021, 1609 Rn 41; FamRZ 2014, 461; FamRZ 2013, 690 Rn 14 mwN, m Anm *Holzwarth*). Da es beim VersA um die Aufteilung zweckgebundenen Vermögens geht, hob § 1587c Nr 1 BGB aF noch den **Vermögenserwerb** während der Ehe und im Zusammenhang mit der Scheidung besonders hervor. Die Regelung war aber nicht abschließend gemeint, so dass auch nach § 27 vor oder nach der Ehe eingetretene Vermögenszuwächse oder -verluste zu berücksichtigen sind; künftiges Vermögen allerdings nur dann, wenn es mit ausreichender Gewissheit anfällt (BGH FamRZ 1996, 1540; 1988, 940). 6

Stets hat eine **wertende Gesamtbetrachtung** aller Umstände des Einzelfalls zu erfolgen (zB Hamm FamRZ 2022, 947; Brandenburg FamRZ 2015, 1033 Rn 25; Karlsruhe FamRZ 2015, 1968 Rn 13, jew mwN). Die Beurteilung der wirtschaftl Verhältnisse erstreckt sich bei noch erwerbstätigen Ehegatten zunächst auf die aktuellen beiderseitigen Erwerbs- und Versorgungsmöglichkeiten (BGH FamRZ 1982, 36), wobei das gesundheitliche Leistungsvermögen der Ehegatten, ihr Alter, ihre Ausbildung und die bisherige Berufspraxis zu berücksichtigen sind (BGH FamRZ 1984, 467; Karlsruhe FamRZ 2015, 1968; Hamburg FamRZ 2002, 1257), darüber hinaus aber auch fortwirkende Erwerbsbeeinträchtigungen infolge der gescheiterten Ehe (= ehebedingte Nachteile). Der Umstand, dass der Ausgleichspflichtige mit der Kinderbetreuung belastet ist, daher nur in Teilzeit arbeiten kann und somit in seinen Möglichkeiten, eine weitere Altersversorgung aufzubauen, begrenzt ist, begründet aber noch keine Unbilligkeit (Brandenburg FamRZ 2015, 930; Bremen FamRZ 2002, 466). Das gilt selbst dann, wenn der Ausgleichsberechtigte mangels Leistungsfähigkeit keinen Betreuungsunterhalt bzw Altersvorsorgeunterhalt leistet (Karlsruhe FamRZ 2005, 1839). Der Ausschluss des VersA kann gerechtfertigt sein, wenn es der Ausgleichsberechtigte trotz hohen Einkommens unterließ, Altersvorsorge zu betreiben, sein Vermögen dann durch extrem risikoreiche Anlage verliert und nun an der Versorgung des Ausgleichspflichtigen teilhaben will, der selbst auf eine ungekürzte Versorgung angewiesen ist (Karlsruhe FamRZ 2006, 1457). Regelmäßig berechtigt die unterlassene Altersvorsorge der ausgleichsberechtigten Person aber nicht zum Absehen vom VersA, insb bei einverständlicher Lebensgestaltung (Brandenburg FamRZ 2022, 1523 und FamRB 2020, 264) oder wenn die so ersparten Altersvorsorgebeiträge für die gemeinsame Lebensführung zur Verfügung gestanden haben (Hamburg FamRZ 2010, 1440, insoweit unvollständig abgedruckt; bedenklich Naumburg FamFR 2010, 302 [*Kemper*]). Zu den wirtschaftl Verhältnissen zählen auch die außerhalb der Ehezeit erworbenen Anrechte (BGH FamRZ 1995, 413) sowie nicht dem VersA unterliegendes Transfereinkommen, sofern es obj der Unterhaltssicherung dient (Köln FamRZ 2001, 31). Dies gilt etwa für die Verletztenrente aus der gesetzl Unfallversicherung mit ihrem dem Einkommensersatz dienenden Bestandteil (*Brudermüller/Klattenhoff* FuR 1993, 333) oder für Leistungen des sozialen Entschädigungsrechts (BGH FamRZ 1987, 255; Celle FamRZ 1989, 1098), **nicht** hingegen für die Conterganrente und solche Sozialleistungen, die zum Ausgleich eines Körper- oder Gesundheitsschadens erbracht werden (BGH FamRZ 2014, 1619 Rn 11f; vgl auch für Unterhalt BGH FamRZ 2018, 1506). 7

Vermögen kann unter Berücksichtigung der güterrechtl Scheidungsfolgen und der Unterhaltsregelung bei Prüfung der Härteklausel unabhängig davon berücksichtigt werden, woher es stammt (BGH FamRZ 1981, 394) und ob es auf gemeinsamer Leistung der Ehegatten beruht (BGH FamRZ 1981, 130). Für die Annahme einer groben Unbilligkeit genügt nicht, dass die ausgleichspflichtige Person wirtschaftl auf ihre Rente angewiesen ist, selbst wenn sie nach der Durchführung des VersA auf Sozialhilfe angewiesen ist (Köln FamRZ 2020, 1910). Unterhaltsrechtl erhebliche Selbstbehaltsgrenzen bestehen beim VersA nicht (BGH FamRZ 2007, 996, 1000 mwN; 8

BGH FamRZ 2013, 1200ff Rn 19). Nach § 21 III stehen selbst Pfändungsschutzvorschriften zugunsten der ausgleichspflichtigen Person der Abtretung im Rahmen des Wertausgleichs nach der Scheidung nicht entgegen. Ein Ausschluss aus wirtschaftl Gründen kann aber dann gerechtfertigt sein, wenn der Wertausgleich dem Verpflichteten Anrechte entziehen würde, auf die dieser auch unter Berücksichtigung seiner weiteren Versicherungszeit zur Sicherung seines **notwendigen Lebensbedarfs** dringend angewiesen ist, während der Ausgleichsberechtigte seinen **angemessenen Lebensunterhalt** aus eigenen Einkünften und Vermögen bestreiten kann (BGH FamRZ 2015, 37 m Anm *Borth* und Anm *Holzwarth* NZFam 2015, 77; FamRZ 2015, 1001 Rn 21; 1004 Rn 11, allerdings m jew unglücklicher Wortwahl). Eine Gefährdung des **angemessenen Selbstbehalts** des Pflichtigen, auf die der BGH in der Vergangenheit abgestellt hat (FamRZ 2011, 706, 711; FamRZ 2009, 205, 208), reicht danach nicht mehr aus. Das gilt auch für den schuldrechtl VersA; ist der notwendige **Eigenbedarf** des Pflichtigen gefährdet, während der angemessene Bedarf des Berechtigten gedeckt ist, liegt regelmäßig eine unbillige Härte vor (BGH FamRZ 2015, 37 m Anm *Borth* und Anm *Holzwarth* NZFam 2015, 77; FamRZ 2009, 205, 208 mwN). Die Voraussetzungen müssen allerdings bereits im Zeitpunkt der Entscheidung **feststehen**; es reicht nicht aus, dass sie aufgrund einer langjährigen Prognose künftiger Erwerbstätigkeit möglicherweise eintreten (BGH FamRZ 2015, 1001 m Anm *Holzwarth*; FamRZ 2013, 1200ff Rn 24). Beruht der ungleiche Erwerb von Anrechten auf einer deutlich längeren Lebensarbeitszeit der ausgleichsberechtigten Person, so steht auch dies der Annahme grober Unbilligkeit entgegen (BGH FamRZ 2013, 1200ff Rn 25).

9 **2. Persönliches Fehlverhalten.** Die grobe Unbilligkeit kann sich auch aus einem ehelichen Fehlverhalten im **immateriellen** Bereich ergeben (BGH FamRZ 2009, 1313, 1316; Brandenburg MDR 2019, 996 und FamRZ 2016, 377; Koblenz FamRZ 2016, 377; Hamm FamRZ 2015, 2066), wobei auch die Berücksichtigung selbst verschuldeter Lebenserschwernisse nicht ausgeschlossen ist. So können Versorgungsanrechte nicht zu berücksichtigen sein, die der Verpflichtete erworben hat, während der Berechtigte in Strafhaft saß (Nürnberg FamRZ 2004, 116). Eine **außereheliche Beziehung** rechtfertigt aber nicht ein Absehen vom Wertausgleich, solange sie sich nicht entscheidend auf die beiderseitigen Verhältnisse der Ehegatten ausgewirkt hat (BVerfG FamRZ 2003, 1173, 1175; ähnl, aber problematisch, wenn die Ehefrau während der Ehezeit mit Kenntnis, aber gegen den Willen des Ehemanns der Prostitution nachgegangen ist: Zweibrücken NZFam 2016, 996; bei fehlender Betroffenheit des Ehemannes von Brandenburg NJW-RR 2019, 330 zu Recht verneint). Persönliches Fehlverhalten, das wirtschaftl ohne – nennenswerte – Folgen bleibt, kann nur in besonderen Fällen die Durchführung des VersA grob unbillig machen (Zweibrücken FamRZ 2021, 1614 = juris Rn 23; Frankfurt 9.4.2020 – 4 UF 46/19, juris Rn 43). Dabei ist auch das Ausmaß des Verschuldens zu berücksichtigen. Anerkannt worden ist die grobe Unbilligkeit für Fehlverhalten von dem Gewicht einer – auch versuchten – **Straftat**, wenn es sich gegen den ausgleichspflichtigen Ehegatten oder seine nahen Angehörigen richtet und ihn so belastet, dass die unbeschränkte Durchführung des VersA unerträglich erscheint (BGH FamRZ 2009, 1313, 1316; FamRZ 2007, 360, 362 und Brandenburg FamRZ 2016, 377: sexueller Kindesmissbrauch; Stuttgart FamRZ 2010, 38: Tötung der gemeinsamen Kinder im Zustand verminderter Schuldfähigkeit; KG FamRZ 2004, 643: Inbrandsetzen des gemeinsamen Hauses unter schwerer Verletzung eines gemeinsamen Kindes; Brandenburg MDR 2019, 996 und FamRZ 2019, 1609; Koblenz FamRZ 2016, 377 und Frankfurt FamRZ 1990, 1259: schwere Körperverletzung oder versuchte Tötung des Ausgleichspflichtigen; großzügig Brandenburg NJW-RR 2018, 1477: versuchte Vergiftung). Nicht ausreichend ist dagegen eine schwere Verfehlung im Zustand der Schuldunfähigkeit (Düsseldorf FamRZ 2015, 1115: Tötung des gemeinsamen Kindes); erst recht nicht eine emotionale Distanzierung, wenn der andere Ehegatte die Ehe trotzdem fortsetzt (Hamburg NZFam 2022, 541 Rn 35). Die grobe Unbilligkeit kann grds auch damit begründet werden, ein als ehelich geltendes Kind sei untergeschoben (BGH FamRZ 2012, 845; 1983, 32; Hamm FamRZ 2015, 2066; Köln FamFR 2013, 278; Brandenburg FamRZ 1999, 932); das gilt trotz der Rechtsausübungssperre des § 1599 I BGB auch vor der Vaterschaftsanfechtung, soweit Kinder unstr nichtehelich sind (ausf BGH FamRZ 2012, 845; 2008, 1836, 1837f). Brandenburg bejaht eine unbillige Härte bei besonders schwerer Verletzung verfahrensrechtl Mitwirkungspflichten (NJW-Spezial 2020, 326; aA BeckOGK/*Maaß* Rn 88). Regelmäßig nicht ausreichend sind falsche Angaben im Unterhaltsrechtsstreit (BGH FamRZ 2009, 1312, 1316; Hamburg NZFam 2022, 541 Rn 37; Bamberg FamRZ 1998, 1376) oder ein Anschwärzen des Ausgleichspflichtigen (Hamm FamRZ 1997, 566f). Auch das Ablehnen einer Verrechnungsabrede reicht nicht (Bamberg FamRZ 2022, 779 Rn 31).

10 **3. Verringerung/Entziehung von Versorgungsanrechten.** Weiterhin wirksam bleiben die in § 1587c Nr 2 und 3 BGB aF noch ausdrückl genannten Fallgruppen, welche im neuen Recht nicht mehr einzeln aufgeführt sind (s Rn 1). Danach kann das schädliche Einwirken auf eigene – nicht nur geringfügige (s § 18 Rn 11) – Versorgungsanrechte mit Blick auf die Scheidung und deren Folgen dazu führen, dass die Durchführung des VersA grob unbillig ist (§ 1587c Nr 2 BGB aF). Während in der früheren Rspr maßgeblich war, ob der Ehegatte treuwidrig auf sein Anrecht eingewirkt hat, um den VersA in illoyaler Weise zugunsten der eigenen Person zu beeinflussen (Rechtsgedanke des § 162 BGB; BGH FamRZ 2013, 1362 m Anm *Norpoth* FamFR 2013, 420; FamRZ 1986, 658; Schleswig FamRZ 2015, 672), hat der BGH dieser Fallgruppe eine neue argumentative Grundlage gegeben. Danach besteht das treuwidrige Verhalten nicht darin, dass der Ehegatte sein Anrecht dem VersA kompensationslos, dh auch ohne Berücksichtigung im Zugewinnausgleich, entzieht, sondern darin, dass er gleichwohl in unverminderter Höhe an den Anrechten des anderen Ehegatten teilhaben will (BGH FamRZ 2016, 697 Rn 16; 2015, 998 Rn 19; ebenso Hamm NJW 2022, 2052; KG FF 2020, 498; Bremen FamRZ 2016, 557). Das verstoße gegen den Halbteilungsgrundsatz als tragendes Prinzip des Versorgungsausgleichs (so BGH FamRZ 2017, 26 Rn 20f; 2015, 998 Rn 17f). Bsp sind die Kündigung einer Lebensversicherung nach der Trennung, auf die der

Kündigende während des Zusammenlebens Beiträge gezahlt hat (Köln FamRZ 2006, 1042; Brandenburg FamRZ 2011, 722; NZFam 2014, 220, 222; Schleswig FamRZ 2015, 672), oder die Ausübung des Kapitalwahlrechts bei einer Lebensversicherung, wenn diese nicht im Zugewinnausgleich berücksichtigt werden können (BGH FamRZ 2015, 998). Ob eine grobe Unbilligkeit auch dann vorliegt, wenn das Anrecht im Zugewinnausgleich wegen eines hohen Anfangsvermögens oder negativen Endvermögens nicht vollständig geteilt werden kann (so Köln FamRZ 2016, 2015 = NZFam 2016, 709 m zust Anm *Ruland* und krit Anm *van Eymeren* NZFam 2016, 758), erscheint fraglich (krit wohl auch *Götsche* NZFam 2016, 635, 636). Weiteres Bsp ist der Verlust eines Anrechts wegen einer Straftat (Brandenburg NZFam 2015, 1068; Hamm FamRZ 2013, 1044; abl aber Bamberg FamRZ 2023, 685 bei Verlust eines Beamtenanrechts und Nachversicherung in der GRV wegen einer nicht gegen den Ehegatten gerichteten Straftat; ähnl Frankfurt, Beschl v 13.3.2023 – 6 UF 237/22, juris Rn 23 bei freiwilligem Ausscheiden aus nachvollziehbaren Gründen). Früher war dies stets eine Frage des Einzelfalls (zB Schleswig FamRZ 2015, 672; krit daher *Hoppenz* Anm zu BGH FamRZ 2015, 998, 1000f; näher *Kemper* NZFam 2014, 343, 346ff; *Götsche* FuR 2013, 71, 74; *Götsche* FamRB 2014, 65, 68). Ob und inwieweit das nach der aktuellen BGH-Rspr noch gilt, ist fraglich. Der BGH wendet diese Rspr – insoweit überzeugend – auch im **Abänderungsverfahren** (§ 51) auf inzwischen **abgefundene** Anrechte an (BGH FamRZ 2016, 697). Treuwidrigkeit wird regelmäßig nicht vorliegen, wenn das vorgeworfene Handeln keinen (zeitl) **Bezug zum Scheitern der Ehe** aufweist, zumindest früher ebenso dann, wenn sich das Handeln **obj rechtfertigen** lässt (BGH FamRZ 1988, 709, 710; Koblenz FamRZ 2015, 2065: Auflösung einer Lebensversicherung zur Überbrückung einer finanziellen Schieflage; Köln FamRZ 2015, 2062: Verlust von Rentenansprüchen nach dem Fremdrentengesetz infolge der Rückkehr eines Spätaussiedlers nach Polen). Dabei muss es nach hier vertretener Ansicht bleiben (s *Norpoth* NJW 2018, 3627; Prüfung auch bei Hamm NJW 2022, 2052). Im früheren Recht blieb das illoyale Einwirken des Ausgleichspflichtigen auf seine Altersversorgung nach hM solange sanktionslos, wie er dadurch nicht zum Ausgleichsberechtigten wurde (BGH FamRZ 1993, 175, 176; krit Erman/*Wellenhofer*[12] § 1587c Rn 4, 21). Nunmehr kann durch den anrechtsbezogenen Wertausgleich auch das illoyale Verhalten des per saldo Ausgleichspflichtigen sanktioniert werden, indem seine verbleibenden Anrechte geteilt, diejenigen des anderen Ehegatten/Lebenspartners aber ganz oder teilw vom Wertausgleich ausgenommen werden (BT-Drs 16/10144, 67, 126; näher Rn 24).

4. Unterhaltspflichtverletzung. Ein weiterer Sonderfall persönlichen Fehlverhaltens rechtfertigt – entspr 11 § 1587c Nr 3 BGB aF – die Anwendung der Härteklausel, wenn **während der Ehe** (auch nach der Trennung bis zum Ende der Ehezeit: Stuttgart FamRZ 2017, 795 Rn 68; Brandenburg FamRZ 1998, 299; Johannsen/Henrich/Althammer/*Holzwarth* Rn 52) der Ausgleichsberechtigte längere Zeit hindurch seine Pflicht, zum Familienunterhalt beizutragen, gröblich verletzt hat. In diesem Fall wird die Verletzung des Leistungsgleichgewichts in der Ehe sanktioniert. Dabei ist von der Gleichwertigkeit der aufgrund der individuellen Rollenverteilung zu erbringenden Leistungen auszugehen; erfasst werden sowohl Verletzungen der Barunterhaltspflicht als auch der Pflicht zur Leistung von Naturalunterhalt (§ 1360 BGB; Grü/*Siede* Rn 35; Johannsen/Henrich/Althammer/*Holzwarth* Rn 52). Die Pflichtverletzung muss aber durch Länge und Intensität von solchem Gewicht sein, dass sie die Durchführung des VersA grob unbillig macht; das ist nur zu bejahen, wenn ein Ehegatte und/oder Kind wegen der ausbleibenden Unterhaltsleistungen des leistungsfähigen anderen Ehegatten in erhebliche wirtschaftl Schwierigkeiten geraten (Hamburg NZFam 2022, 541; Brandenburg FamRB 2020, 264; Saarbrücken NZFam 2020, 884) oder die Ehefrau zu überobligatorischer zusätzl Erwerbstätigkeit gezwungen ist (Hamburg FamRZ 2019, 194; Düsseldorf FamRZ 2019, 197; Johannsen/Henrich/Althammer/*Holzwarth* Rn 53 mwN). Allein der Verzicht eines Ehegatten auf die Ausübung einer versicherungspflichtigen Beschäftigung bei kinderloser Ehe reicht nicht aus (Karlsruhe FamRZ 1997, 567). Gleiches gilt i Erg, wenn der ausgleichspflichtige Ehegatte gebilligt oder zumindest geduldet hat, dass der andere Ehegatte keiner (ausreichenden) Erwerbstätigkeit nachgegangen ist (Zweibrücken FamRZ 2021, 1614; Hamburg NZFam 2022, 541 Rn 29; Brandenburg FF 2016, 463; Hamm FamRZ 2016, 1372). In die erforderliche **Gesamtbetrachtung** sind auch etwaige unterhaltsrechtl Verfehlungen des anderen Ehegatten/Lebenspartners einzubeziehen (hierzu instruktiv Köln FamRZ 2008, 2285f).

5. Weitere Fallgruppen. a) Ungleiche Beiträge. Auch ohne vorwerfbares Fehlverhalten kann sich aus den 12 persönlichen Umständen eine grobe Unbilligkeit ergeben, etwa dann, wenn ein Ehegatte/Lebenspartner dem anderen ein **Hochschulstudium** oder eine sonstige Ausbildung finanziert hat und einen weit höheren Beitrag zur ehelichen Lebensgemeinschaft erbracht hat (BGH FamRZ 2004, 862f; Düsseldorf NJW-Spezial 2015, 420); gegen einen Härtefall kann aber sprechen, dass der Berechtigte während des Studiums BAföG-Leistungen bezogen hat (Hamm FamRZ 1994, 1472; Johannsen/Henrich/Althammer/*Holzwarth* Rn 57), oder dass die Ehe nach Beendigung des Studiums noch längere Zeit bestanden hat und der mit dem Studium verfolgte Plan sich zerschlagen hat (Hamburg FamRZ 2010, 1440, insoweit unvollständig abgedruckt; zur notwendigen Gesamtbetrachtung bei der Frage, ob ein Ehegatte durch Kinderbetreuung, Haushaltsführung und überobligatorische Erwerbstätigkeit so überwiegende Beiträge geleistet hat, dass eine Korrektur des VersA geboten ist, s auch Hamm FamRZ 2005, 38). Ungleiche Beiträge eines Ehegatten können auch in der Tragung hoher Verbindlichkeiten des anderen bestehen (Brandenburg NZFam 2015, 1068; Bamberg FamRZ 2015, 932 Rn 50).

b) Invalidität der ausgleichspflichtigen Person. Insb nach Wegfall des Rentnerprivilegs kann die Durchführung 13 des Wertausgleichs bei Scheidung dazu führen, dass ein Ehegatte, der bereits Leistungen wegen dauerhafter Invalidität bezieht, Anrechte abgibt, aus denen er leistungsberechtigt ist, im Gegenzug aber Anrechte übertragen bekommt, aus denen er nicht leistungsberechtigt ist. Diesen Sonderfall regeln für Anrechte der **Primärversorgung** die §§ 35f. **Der Wegfall des Rentner- und Pensionärsprivilegs** (§ 101 III SGB VI aF und § 57 I 2 BeamtVG aF; s näher § 33 Rn 1, § 33 Rn 16) rechtfertigt für sich keine befristete Aussetzung des VersA, sondern ist entschädigungslos hinzunehmen (BGH FamRZ 2015, 1004 m Anm *Holzwarth*; FamRZ 2015, 1001; 2014, 461ff Rn 17). In der GRV wächst auch während der Invalidität das Anrecht der ausgleichspflichtigen Person über Zurechnungszeiten (§ 59 SGB VI). Auch Invalidität allein rechtfertigt iÜ regelmäßig kein – teilw – Absehen vom VersA im Hinblick auf Primärversorgungsanrechte (Koblenz FamRZ 2015, 2065; Brandenburg FamRZ 2015, 1033; FamFR 2010, 132 [*Bergmann*]; Bamberg FamFR 2012, 541 [*Norpoth*]; vgl aber KG FamRZ 2013, 472; s auch Rn 15). Bei **betrieblichen/privaten** Anrechten mit Invaliditäts(zusatz)absicherung führt die Invalidität der ausgleichspflichtigen Person während der Ehezeit dagegen zu einer erheblichen Wertsteigerung des (korrespondierenden) Kapitalwerts; sie beruht allein darauf, dass die Rente auch schon vor dem Renteneintrittsalter geleistet wird. **Reine** private Invaliditätsrenten sind nur unter den Voraussetzungen des § 28 zu teilen. Deswegen kann die Teilung der invaliditätsbedingten Wertsteigerung eines **kombinierten** Anrechts – auch in Ermangelung eines Korrektivs über § 35 – grob unbillig sein (Zweibrücken FamRZ 2014, 768; für Beamtenversorgung s Rn 14). Wo § 28 nicht unmittelbar zur Anwendung kommt, kann sein Rechtsgedanke über § 27 zu berücksichtigen sein (BGH FamRZ 2017, 1914 Rn 34ff und 1749 Rn 30ff).

14 **c) Vorzeitiger Bezug.** Der vorzeitige Bezug **einer Beamtenversorgung**, etwa wegen Dienstunfähigkeit der ausgleichspflichtigen Person oder besonderen Altersgrenzen, kann bewirken, dass diese mehr von ihrem Anrecht abgeben muss als bei Erreichen der allg Altersgrenze (§ 41 Rn 8). Das ist zwar grds hinzunehmen, weil das Anrecht auch in kürzerer Zeit erworben worden ist (BGH FamRZ 2015, 1001; 2015, 1004; 2013, 1200ff Rn 18); das Ergebnis kann gleichwohl im Einzelfall wegen grober Unbilligkeit abzumildern sein, insb dann, wenn der Ausgleichsberechtigte durch die ungekürzte Teilhabe an dem infolge der Dienstunfähigkeit erhöhten Anrecht eine Altersversorgung erlangen würde, die gegenüber der Versorgung des Ausgleichspflichtigen unverhältnismäßig hoch wäre (BGH FamRZ 2015, 1001 Rn 27; FamRZ 2015, 1004; Brandenburg FamRB 2016, 260; Zweibrücken FamRZ 2014, 768; unklar insoweit Koblenz FamRZ 2019, 692; vgl auch BVerfG FamRZ 2001, 277). Ist der vorzeitige Bezug nach Ehezeitende mit Abschlägen in der Versorgung verbunden, ist dies nach der Rspr des BGH unbeachtlich, nach hier vertretener Ansicht dagegen zu beachten (s § 5 Rn 11). **In der GRV** führt der vorzeitige Rentenbezug nicht zu einer Verringerung des Teilungsgegenstands (Entgeltpunkte), sondern personenbezogen zu einer Verringerung der Rente über den Zugangsfaktor (s § 41 Rn 4ff). Das führt für sich genommen nicht zu unbilligen Ergebnissen, sondern allenfalls dann, wenn die ausgleichsberechtigte Person mit dem vorzeitigen Rentenbezug einverstanden war und davon auch profitiert hat (BGH FamRZ 2016, 1343 Rn 15ff; Johannsen/Henrich/Althammer/*Holzwarth*, § 41 Rn 17).

15 **d) Temporäre Unbilligkeit.** Unklar ist, ob über § 27 auch **temporär auftretende erhebliche Versorgungsunterschiede** zu korrigieren sind, indem die Durchführung des VersA **befristet ausgesetzt** wird (vgl BGH FamRZ 2005, 696, 698f mwN; im konkreten Fall verneint; abl *Hauß* Anm zu BGH FamRB 2013, 241, 242). Allerdings sind derartige Fallkonstellationen kaum denkbar. Beruht der Versorgungsunterschied darauf, dass nur die ausgleichsberechtigte Person schon die allg Altersgrenze erreicht hat, ist für die ausgleichspflichtige Person zu berücksichtigen, dass sie Einkommensunterschiede durch Erwerbstätigkeit ausgleichen kann (BGH aaO). Auch mildern die §§ 35f die Nachteile aus der Teilung von Anrechten, für die wegen einer besonderen Altersgrenze oder Invalidität bereits eine Leistung bezogen wird, ab.

16 **e) Kindererziehungszeiten.** Beruht die (höhere) Ausgleichspflicht der Ehefrau auf der Berücksichtigung von **Kindererziehungszeiten**, macht dies die Durchführung des VersA idR **nicht** grob unbillig (BGH FamRZ 2007, 1966; Saarbrücken FamRZ 2015, 1596).

17 **f) Lange Trennungszeit.** Leben die Ehegatten vor Rechtshängigkeit des Scheidungsantrags schon längere Zeit getrennt und ist dies zugleich mit einer wirtschaftl Verselbständigung beider Ehegatten einhergegangen, tritt auch im Alter oder bei Invalidität bei den Ehegatten keine **ehebedingte** Bedürftigkeit ein; dies kann die Durchführung des VersA – teilw – grob unbillig machen (zB BGH FamRZ 2004, 1181, 1182f mwN; Frankfurt FamRZ 2022, 955; Hamburg FamRZ 2019, 194; Düsseldorf NJW-RR 2018, 1350; Johannsen/Henrich/Althammer/*Holzwarth* Rn 34ff; *Borth* VersA Kap 6 Rn 39); das setzt aber voraus, dass die Trennungszeit eine gewisse Dauer erreicht oder im Verhältnis zur gesamten Ehezeit auch ins Gewicht fällt (vom BGH in FamRZ 2004, 1181ff bejaht bei 11 ½ Jahren Trennung und 34 Jahren Ehezeit; dagegen in FamRZ 2016, 37 verneint für eine Trennungszeit von sechs Jahren bei 43 Jahren Ehezeit; s auch Frankfurt FamRZ 2022, 955; bejaht bei 11 von 35 Jahren; Dresden NJW-RR 2021, 582 bejaht bei 21 von 32 Jahren; Hamburg NZFam 2016, 510: bejaht bei zehn von 29 Jahren; Düsseldorf NJW-RR 2018, 1350 bejaht bei acht von 21 Jahren; Brandenburg NZFam 2014, 220: verneint bei vier von 31 Jahren). Zudem muss eine **wirtschaftl Verselbständigung** stattgefunden haben. Diese kann bei langer Trennungszeit vermutet werden (Frankfurt FamRZ 2022, 955, 956; Dresden FamRZ 2021, 21 – juris Rn 10). Daran kann es aber insb dann fehlen, wenn die Ehefrau die aus der Ehe hervorgegangenen (BGH FamRZ 2008, 1836, 1837) Kinder betreut hat (BGH FamRZ 2005, 2052, 2053 mwN; Dresden NJW-RR 2021, 582; Koblenz FamRZ 2015, 1116; Stuttgart FamRZ 2012, 1882; KG FamFR 2013, 11), wenn der Ehemann jahrelang freiwillig Unterhalt gezahlt und die Ehefrau deswegen nicht gearbeitet hat (BGH FamRZ 2021, 1609 Rn 45; FamRZ 2006, 769, 770f; 2011, 706, 711; ähnl Koblenz FamRZ 2015, 1116 zu einem Fall zweifelhaften Getrenntlebens), sich ein Ehegatte an der Miete des anderen beteiligt sowie gemeinsame Urlaube und Anschaffungen bezahlt (Zweibrücken FamRZ 2021, 25) oder wenn trotz jahrelanger Trennung ua ein gemeinsames Konto beibehalten wird oder die Ehefrau beim Ehemann gemeldet ist und eine steuerliche Zusammenveranlagung erfolgt (Zweibrücken NZFam 2016, 899; Frankfurt FamRZ 2022, 955). Bei der gebotenen Gesamtabwägung kann zudem ein früherer

überobligatorischer Einsatz des Ausgleichsberechtigten im Einzelfall der Anwendung der Härteklausel entgegenstehen (Hamm FamRZ 2000, 160). Nach Ansicht von Brandenburg macht auch eine wirtschaftl Bedürftigkeit des Berechtigten die Durchführung in diesen Fällen nicht unzumutbar (FamRB 2020, 264 Rn 13). Dagegen spricht, dass mit der wirtschaftl Verselbständigung nach Ansicht des BGH auch die wechselseitige Verantwortung der Ehegatten für die Altersvorsorge entfällt (BGH FamRZ 2004, 1181 Rn 16).

g) Phasenverschobene Ehe (*Bergner* KomRefVA, § 27 Anm 3.2). Eine solche kann sich bei einem hohen Altersunterschied zw den Eheleuten ergeben und dazu führen, dass nur ein Ehegatte während der Ehezeit (nennenswerte) Versorgungsanrechte erwirbt. Dies rechtfertigt für sich allein kein Absehen vom VersA, wohl aber im Zusammenspiel mit einer langen Trennungszeit (BGH FamRZ 2004, 1181, 1183; 2007, 1084, 1087; 2013, 690 Rn 16; Saarbrücken FamFR 2013, 228) oder dann, wenn die Altersversorgung des ausgleichsberechtigten Ehegatten gesichert, die des ausgleichspflichtigen Ehegatten aber gefährdet wäre (BGH FamRZ 1988, 489, 491; Düsseldorf FamRZ 2016, 637; s auch Rn 8). 18

h) Kurze Ehedauer, Scheinehe. Bei einer bis zu dreijährigen Ehedauer findet ein VersA nur auf Antrag statt, § 3 III; außerdem werden geringfügige Anrechte oder Differenzen von Anrechten nach § 18 nicht ausgeglichen. Daneben kann eine kurze Ehedauer die Durchführung des VersA grob unbillig machen, wenn keine Versorgungsgemeinschaft entstanden ist (vgl BGH FamRZ 2005, 2052, 2053 zum alten Recht), so dass er trotz eines Antrags nach § 3 III nicht durchzuführen ist (zurückhaltend NK-VersA/*Götsche* Rn 7f: eine kurze Ehezeit allein reicht jedenfalls nicht aus). Dem kann aber entgegenstehen, dass der ausgleichsberechtigte Ehegatte gemeinsame Kinder betreut und dadurch an künftigem Versorgungserwerb gehindert ist. 17 Monate sind nach Ansicht von Saarbrücken MDR 2003, 510 zum alten Recht nicht mehr als kurz zu bewerten. Wird eine **Scheinehe** nicht geschieden, sondern nach § 1313 BGB aufgehoben, so gilt die besondere Unbilligkeitsregelung des § 1318 III BGB. Ist die eheliche Lebens- und Versorgungsgemeinschaft nie hergestellt worden, rechtfertigt dies bei Aufhebung wie bei Scheidung der Scheinehe regelmäßig den Ausschluss des VersA (Johannsen/Henrich/Althammer/*Holzwarth* Rn 40; *Borth* VersA Kap 6 Rn 59). 19

i) In-Prinzip. Führt das **In-Prinzip** – etwa bei ungenügender Abstimmung mit dem Güterrecht – zu einem grob unbilligen Ergebnis, kommt insoweit ein teilw Ausschluss des VersA gem § 27 in Betracht (BGH FamRZ 1987, 364: Der Ehemann hatte **nach dem Ehezeitende** für die Ehefrau Beiträge zur GRV nachentrichtet; die Beteiligten hatten Gütertrennung vereinbart); dagegen soll der Anrechtserwerb aus **vorehelichem** Vermögen keinen Ausschluss rechtfertigen (BGH FamRZ 2011, 877 m krit Anm *Hoppenz*; Frankfurt FamRZ 2020, 1637 Rn 19ff). 20

j) Selbständig/Unselbständig. Unterliegen nur die Anrechte eines Ehegatten dem VersA, während der andere auf Grundlage einer Selbständigkeit seine Altersvorsorge in Anlageformen betrieben hat, die nur güterrechtl auszugleichen sind (zB Immobilien), führt dies nicht ohne Weiteres zur groben Unbilligkeit (Hamm FamRZ 2022, 947; Koblenz FamRZ 2020, 988; Brandenburg FamRZ 2015, 1965; Karlsruhe FamRZ 2015, 1968; Hamm FamRZ 2015, 580). Etwas anderes kann zB gelten, wenn die Ehegatten den Zugewinnausgleich ausgeschlossen haben (BGH FamRZ 2005, 1238; Köln FamRZ 2012, 1881; NK-VersA/*Götsche* Rn 36f, 43). Dann kommt eine Vertragsanpassung in Betracht (s § 8 Rn 9). Allerdings bezweckt § 27 nicht, eine gleiche Vermögensverteilung zu erreichen (BGH FamRZ 2021, 1609 Rn 42). 21

k) Sozialversicherungsbeiträge/Steuern. Nach altem Recht war umstr, ob die Durchführung des schuldrechtl VersA auf der Grundlage der Bruttorente deswegen grob unbillig war, weil – nur – der Ausgleichspflichtige hierauf Sozialversicherungsbeiträge zu leisten hatte. Diese Problematik hat der Gesetzgeber im Rahmen der Neuregelung durch § 20 I 2 entschärft (s § 20 Rn 14; zur Nichtberücksichtigung bei Hinterbliebenenrenten s § 25 Rn 14). Eine unterschiedliche Besteuerung der Anrechte rechtfertigte nach altem Recht nur dann ein Abweichen vom Halbteilungsprinzip wegen grober Unbilligkeit, wenn die konkreten Folgen im Zeitpunkt der Entscheidung hinreichend sicher vorausgesehen werden konnten – was selten der Fall war (BGH FamRZ 2007, 627, 629). Nachdem schon durch das AltEinkG steuerliche Unterschiede zw gesetzl Renten und Beamtenpensionen – wenn auch mit einer Übergangsfrist – eingeebnet werden, hat im neuen Recht die Problematik auch wegen der steuerlichen Begleitregelungen, die für eine weitestgehende Gleichbehandlung beider Ehegatten/Lebenspartner sorgen, an Brisanz eingebüßt (*Ruland* VersA Rn 876; NK-VersA/*Götsche* Rn 45). 22

Bezieht die ausgleichspflichtige Person aus einem zu teilenden Anrecht, das aus einem **Deckungskapital** finanziert wird, **laufende Leistungen**, kann es dadurch zu einem Absinken des Kapitalwertes kommen. Nach Ansicht des BGH (BGH FamRZ 2016, 775) ist die Entwertung des in der Leistungsphase befindlichen Anrechts durch den Zeitablauf bei der Teilung auch insoweit zu berücksichtigen, als sie zw Ehezeitende und Rechtskraft der Entscheidung zum Wertausgleich eintritt (s ausf § 5 Rn 10). Diese Entwicklung soll in besonderen Fällen ebenfalls über § 27 zu kompensieren sein (BGH FamRZ 2016, 2000 Rn 26f; dazu krit *Norpoth* NJW 2018, 3627; s auch § 5 Rn 10). 22a

l) Vergessene/verschwiegene Anrechte. Ist in einem **Altverfahren** ein auszugleichendes Anrecht nicht in den Ausgleich einbezogen worden, weil der Anrechtsinhaber dieses **verschwiegen** hat, kann dieses Anrecht auch bei einer Totalrevision nach neuem Recht nicht im Wertausgleich bei Scheidung ausgeglichen werden. Wenn mit dem BGH auch ein Wertausgleich nach der Scheidung abgelehnt wird (vgl § 51 Rn 20 mwN; s auch § 20 Rn 3), soll dies zur Annahme einer groben Unbilligkeit im Hinblick auf die auszugleichenden Anrechte führen können (vgl *Kemper* FamFR 2013, 457, 459). Dagegen spricht, dass im **Abänderungsverfahren** keine **Fehlerkorrektur** wegen bei der Erstentscheidung unberücksichtigt gebliebener Härtegründe stattfindet. Allerdings dürfte demje- 23 nigen, dessen Anrecht nicht geteilt worden ist, **unterhaltsrechtl** zumindest im Umfang der dadurch ersparten Anrechtsteilung die Berufung auf § 1578b BGB verwehrt sein. Nach hier vertretener Ansicht bleibt für vergessene/verschwiegene Anrechte ein Wertausgleich nach der Scheidung eröffnet (s § 20 Rn 3 mwN zur Gegenansicht).

23a **m) Doppelberücksichtigung.** Soweit ein auszugleichendes Anrecht bereits unterhaltsrechtl berücksichtigt worden ist, kann die (rückwirkende) Teilung grob unbillig sein (BGH FamRZ 2022, 1761, 1763 mwN).

24 **VII. Rechtsfolge, Umfang des Ausschlusses.** Der Wertausgleich kann insg oder teilw ausgeschlossen werden. Ein teilw Ausschluss kann sich auf einzelne Anrechte beschränken; er kann sich auch (bei langer Trennungszeit) auf die in einem bestimmten, innerhalb der Ehezeit liegenden Zeitraum erworbenen Anrechte/Anrechtsteile beziehen; außerdem kann der VersA – zumindest theoretisch – auch zeitl befristet ausgeschlossen werden (näher Rn 15). **Nicht** möglich ist es dagegen, nach § 27 mehr als den Ausgleichswert eines einzelnen Anrechts zu übertragen (BT-Drs 16/10144, 68f; BGH FamRZ 2013, 1362). Weil auch ein anrechtsbezogener Ausschluss möglich ist, kann aber – anders als nach dem alten Recht – § 27 auch zum **Vorteil** der per Saldo ausgleichsberechtigten Person angewandt werden, indem ihre Anrechte teilw vom Wertausgleich ausgenommen werden; das kommt insb bei Verkürzung eigener Anrechte in Betracht (s Rn 10; BT-Drs 16/10144, 68f; BGH FamRZ 2017, 26; 2016, 697; 2015, 998; 2013, 1362ff Rn 10 mwN; Bremen FamRZ 2016, 557). § 27 bleibt aber dem Wesen nach Härteklausel und darf nicht in eine Strafvorschrift umfunktioniert werden (BT-Drs 16/10144, 69, 126). Dies ist nach der Vorstellung des Gesetzgebers (BT-Drs 16/10144, 69) dadurch sicherzustellen, dass die Umverteilung sich innerhalb des Wertunterschieds bewegt, der vor der Durchführung zw den beiderseitigen Anrechten bestanden hat. Der Ehegatte mit den wertniedrigeren Anrechten soll also hinterher nicht schlechter dastehen als vor der Durchführung, aber auch nicht besser als der andere Ehegatte und umgekehrt (dem folgend Johannsen/Henrich/Althammer/*Holzwarth* Rn 21). Dabei besteht aber offenbar Einigkeit, dass entzogene Anrechte in die Ausgleichsbilanz einzustellen sind, als existierten sie noch. Löst bei vereinbarter Gütertrennung der Ehemann im Vorfeld der Scheidung seine Lebensversicherung auf und erhält 100.000 € und bleiben danach auf beiden Seiten nur noch gleichwertige gesetzl Rentenanrechte übrig, so ist § 27 mit der Folge anzuwenden, dass die gesetzl Rentenanrechte der Ehefrau (ggf teilw) vom Wertausgleich ausgenommen werden (vgl BGH FamRZ 2015, 998; ähnl auch BGH FamRZ 2016, 697); dadurch wird § 27 nicht zur Strafvorschrift (ähnl *Borth* VersA Kap 6 Rn 7ff, 9; FamR-Komm/*Wick* Rn 28).

25 **VIII. Verfahren.** Für die Anwendung der Härteklausel des § 27 gilt, wie allg für das Versorgungsausgleichsverfahren, das **Amtsermittlungsprinzip** (§ 26 FamFG). Bei der tatrichterlichen Würdigung ist das FamG grds nicht an Vorstellungen der Ehegatten gebunden (zum Umfang der Amtsaufklärungspflicht eindrucksvoll BGH FamRZ 1988, 489ff; Brandenburg FamRZ 2015, 1965 und 1033). Allerdings ist die Amtsaufklärungspflicht eingeschränkt: es obliegt den Beteiligten, die für die Härteklausel erheblichen Umstände vorzutragen, soweit sie dem Gericht nicht bekannt sind (BGH FamRZ 2016, 1343 Rn 19; FamRZ 2014, 105ff Rn 18; FamRZ 2007, 366, 367; Hamburg NZFam 2022, 541 m Anm *Norpoth*; Saarbrücken NZFam 2020, 884). Im Rechtsmittelverfahren gilt zudem das Verbot der Schlechterstellung des Rechtsmittelführers (s § 1587 BGB Rn 26). Soweit der Wertausgleich von Anrechten nach § 27 unterbleibt, ist dies im Tenor festzuhalten (§ 224 III FamFG). Über die Anwendung des § 27 kann **nicht** vorab durch **Teilentscheidung** befunden werden (Oldenburg FamRZ 1992, 458; MüKo/*Weber* Rn 3).

Kapitel 3
Ergänzende Vorschriften (§§ 28–31)

§ 28 Ausgleich eines Anrechts der Privatvorsorge wegen Invalidität

(1) Ein Anrecht der Privatvorsorge wegen Invalidität ist nur auszugleichen, wenn der Versicherungsfall in der Ehezeit eingetreten ist und die ausgleichsberechtigte Person am Ende der Ehezeit eine laufende Versorgung wegen Invalidität bezieht oder die gesundheitlichen Voraussetzungen dafür erfüllt.

(2) Das Anrecht gilt in vollem Umfang als in der Ehezeit erworben.

(3) Für die Durchführung des Ausgleichs gelten die §§ 20 bis 22 entsprechend.

1 **I. Allgemeines.** Anrechte der Privatvorsorge wegen Invalidität sind sog Risikoversicherungen. Es gibt sie als Unfallversicherungen, als Berufsunfähigkeitsversicherungen und als Berufsunfähigkeits-Zusatzversicherungen (BUZ). Die Besonderheit bei der Risikoversicherung liegt darin, dass vor Eintritt des Versicherungsfalls kein Deckungskapital gebildet, sondern mit der Beitragszahlung ausschließlich ein Versicherungsschutz für einen festgelegten Zeitraum erworben wird. Verwirklicht sich in diesem Zeitraum das versicherte Risiko, entsteht der Anspruch auf die Versicherungsleistung. Erst in diesem Moment bildet der Versicherer ein Deckungskapital für die nunmehr zu erbringenden Leistungen (*Borth* VersA Kap 3 Rn 185; Johannsen/Henrich/Althammer/*Holzwarth* Rn 2; Bsp: Zweibrücken NZFam 2014, 179 für ein betriebliches Anrecht). Nach der gefestigten Rspr des BGH (FamRZ 1993, 299, 302; bestätigt in FamRZ 2005, 1530 und 2006, 260, 261) galt bereits zum alten Recht, dass Leistungsansprüche aus derartigen Anrechten nur dann in den VersA fielen, wenn der Versicherungsfall in die Ehezeit fiel. Mit § 28 nimmt der Gesetzgeber hinsichtl der privaten Anrechte wegen Invalidität, die regelmäßig nur bis zum Erreichen der vertragl definierten Altersgrenze geleistet werden, eine völlige Neuregelung des Aus-

gleichs vor (*Hauß/Bührer* Rn 193ff). Sie sind „nur" schuldrechtl auszugleichen und das auch nur dann, wenn zum Ehezeitende die ausgleichsberechtigte Person ebenfalls zumindest die gesundheitlichen Voraussetzungen für eine Invaliditätsrente erfüllt. Nach altem Recht wurden derartige Anrechte öffentlich-rechtl ausgeglichen, ohne dass die ausgleichsberechtigte Person ihrerseits invalide sein musste.

II. Anspruchsvoraussetzungen. Die Anspruchsvoraussetzungen ergeben sich aus Abs I. Die Abs II und III regeln die Art und Weise der Durchführung des VersA. 2

1. Anrecht der Privatvorsorge wegen Invalidität. Dabei kann es sich um eine private Berufsunfähigkeitsversicherung (BGH FamRZ 2022, 1761 Rn 12 m Anm *Borth*) oder um eine private Berufsunfähigkeitszusatzversicherung handeln. Ob auch die **private Unfallversicherung** erfasst wird, ist nach der Gesetzesbegründung zu § 2 fraglich geworden: nach der Vorstellung des Gesetzgebers unterfallen private Unfallversicherungen wegen ihres vermeintlichen „Entschädigungscharakters" überhaupt nicht mehr dem VersA (BT-Drs 16/10144, 46; dem zust *Bergner* KomRefVA, § 2 Anm 4.2); daraus wird gefolgert, Leistungen der privaten Unfallversicherung würden von § 28 nicht erfasst (NK-VersA/*Götsche* Rn 3; für eine Einbeziehung dagegen *Borth* VersA Kap 3 Rn 186; Grü/*Siede* Rn 2; Soergel/*Koch* Rn 2; diff FamR-Komm/*Wick* Rn 3 und MüKo/*Ackermann-Sprenger* Rn 5). Dem liegt allerdings ein Missverständnis vom Wesen der privaten Unfallversicherung zugrunde. Anders als die gesetzl Unfallversicherung, die tatsächlich reinen Entschädigungscharakter hat, beruht die private Unfallversicherung auf der bewussten Entscheidung des Versicherungsnehmers, **Vorsorge** für den Eintritt des versicherten Risikos zu betreiben; sie hat also gerade keinen Entschädigungscharakter. Deswegen unterfällt auch die private Unfallversicherung dem Anwendungsbereich des § 28; einzige Ausnahme sind Leistungen einer fremden Haftpflichtversicherung aufgrund eines Schadensereignisses, für das ein Dritter einstehen muss. Die Beschränkung auf **private** Anrechte beruht darauf, dass es sich bei den Anrechten aus der **gesetzl** Unfallversicherung (neben deren Entschädigungscharakter) nicht um Anrechte handelt, die durch Arbeit oder Vermögen eines Ehegatten/Lebenspartners erworben werden (näher § 2 Rn 6). Es muss sich um ein Anrecht auf eine **laufende Versorgung** handeln. Sieht der Versicherungsvertrag eine Kapitalzahlung vor, ist das Anrecht güterrechtl auszugleichen, weil derartige Anrechte nicht dem AltZertG iSd § 2 II Nr 3 unterfallen (Brandenburg FamRZ 2004, 27; *Borth* VersA Kap 3 Rn 186). Nach hier vertretener Ansicht ist § 28 nicht auf **kombinierte** Altersvorsorgeprodukte (Alters- und Invaliditätsversorgungen) anzuwenden; diese sind vielmehr insg intern oder extern zu teilen (Rückschluss aus § 11 I 2 Nr 3; aA unter Aufspaltung in Bausteine Köln FamRZ 2014, 755). 3

Nach hM unterfallen Anrechte der **betrieblichen** Invaliditätsvorsorge **nicht** dem Anwendungsbereich des § 28 (BGH FamRZ 2017, 1749 Rn 15ff; Grü/*Siede* Rn 2; FamR-Komm/*Wick* Rn 4; NK-VersA/*Götsche* Rn 4; *Kemper* VersA § 8 Rn 31; MüKo/*Ackermann-Sprenger* Rn 5; aA FA-FamR/*Gutdeutsch*/*Wagner* Kap 7 Rn 365). Dem Wortlaut nach ist die Beschränkung auf Anrechte der Privatvorsorge eindeutig; als Sonderregelung erscheint § 28 trotz durchaus fragwürdiger Differenzierung nicht analogiefähig. Bei betrieblichen kombinierten (s Rn 3 aE) Anrechten kann die Teilung der Wertsteigerung wegen eingetretener Invalidität der ausgleichspflichtigen Person allerdings grob unbillig iSd § 27 sein (BGH FamRZ 2017, 1749; vgl § 27 Rn 13). 3a

2. Eintritt des Versicherungsfalls in der Ehezeit. Erst durch den Eintritt des Versicherungsfalls entsteht das Anrecht. Der Versicherungsfall muss deshalb in der Ehezeit eingetreten sein. Es reicht nicht aus, dass er nach dem Ehezeitende eintritt, die Leistung aber aufgrund eines Beitrags erbracht wird, der noch in der Ehezeit geleistet worden ist. Grund hierfür ist, dass ohne Eintritt des Versicherungsfalls noch kein Deckungskapital gebildet worden ist, so dass es an einer für den VersA geeigneten Ausgleichsmasse fehlt (BT-Drs 16/10144, 69); vor dem Versicherungsfall besteht nicht einmal eine Versorgungsaussicht als Mindestvoraussetzung für ein im VersA zu berücksichtigendes Anrecht (zB *Borth* VersA Kap 3 Rn 186 mwN; zum Begriff der Versorgungsaussicht vgl auch § 2 Rn 2). Unklar ist nach dem Gesetzeswortlaut und der Gesetzesbegründung, ob ein Anrecht auch dann auszugleichen ist, wenn zwar der Versicherungsfall in der Ehezeit eingetreten ist, der zur Leistungspflicht des Versicherers führende Beitrag aber nicht in der Ehezeit, sondern noch davor gezahlt wurde. Nach hM (*Borth* VersA Kap 3 Rn 185; Johannsen/Henrich/Althammer/*Holzwarth* Rn 2; NK-VersA/*Götsche* Rn 12 aE; Soergel/*Koch* Rn 30) muss auch der die Leistungspflicht auslösende Beitrag in der Ehezeit geleistet worden sein, weil es sonst an einem Bezug des erworbenen Anrechts zur Ehezeit fehlt. Hat M also im Januar den Versicherungsbeitrag für das ganze Jahr geleistet, im April geheiratet und ist im Juni der Versicherungsfall eingetreten, ist danach das Anrecht nicht auszugleichen. Davon scheint wohl auch der Gesetzgeber stillschw auszugehen (BT-Drs 16/10144, 70). Nicht erforderlich ist, dass aufgrund des Versicherungsfalls bereits laufende Leistungen erbracht werden, solange nur die Voraussetzungen dafür vorliegen (ebenso Soergel/*Koch* Rn 23). So kann es zw dem Eintritt des Versicherungsfalls und der Leistung aufgrund umfangreicher Überprüfung der Leistungsvoraussetzungen durch den Versicherer zu Verzögerungen kommen. 4

3. Leistungsbezug oder Invalidität der ausgleichsberechtigten Person. Die ausgleichsberechtigte Person muss zum Ehezeitende selbst eine laufende Versorgung wegen Invalidität beziehen oder zumindest die **gesundheitlichen** Voraussetzungen dafür erfüllen. Liegen diese Voraussetzungen nicht **zum Ehezeitende** vor, so wird das Anrecht **nicht** ausgeglichen. Der Gesetzgeber begründet diese einem **Einsatzzeitpunkt** iSd §§ 1571ff BGB vergleichbare Voraussetzung mit einer spiegelbildlichen Regelung im Vergleich zur ausgleichspflichtigen Person (BT-Drs 16/10144, 69); diese Begründung erscheint wenig tragfähig und wird zu Recht als willkürlich kritisiert (*Bergner* KomRefVA § 28 Anm 2; DFGT 2013, AK 8, These I 5). Bei laufendem Leistungsbezug der ausgleichsberechtigten Person ist unerheblich, ob die Leistungsvoraussetzungen von denjenigen des auszugleichenden Anrechts abweichen (Stuttgart FamRB 2021, 97 (*Adamus*) – juris Rn 21 mwN). Welcher Maßstab für die Invalidität 5 gelten soll, wenn die ausgleichsberechtigte Person **keine** laufenden Leistungen bezieht, ergibt sich weder aus dem Gesetz noch aus seiner Begründung; naheliegt, sich an den entspr Definitionen in § 43 SGB VI oder § 56 SGB VII zu orientieren (BGH FamRZ 2022, 1761 Rn 29f m Anm *Borth*; *Borth* VersA Kap 3 Rn 187); dabei reicht es nach dem Gesetzeswortlaut aus, dass die **gesundheitlichen** Voraussetzungen der Erwerbsminderung vorliegen. Alternativ kommen die Voraussetzungen des eigenen Versorgungssystems der ausgleichsberechtigten Person oder die Bedingungen des auszugleichenden Anrechts in Betracht (Oldenburg FamRZ 2022, 178). Nicht erforderlich wird sein, dass eine vollständige Erwerbsunfähigkeit besteht; vielmehr wird eine Teilerwerbsunfähigkeit ausreichen müssen (ebenso BGH FamRZ 2022, 1761 Rn 29ff; Karlsruhe FamRZ 2016, 984; *Borth* VersA Kap 3 Rn 187). Das kann im Einzelfall zu ungerechten Ergebnissen führen, wenn die ausgleichspflichtige Person vollständig erwerbsunfähig, die ausgleichsberechtigte Person dagegen in der Erwerbsfähigkeit nur eingeschränkt ist. Der Gesetzgeber nimmt hier aber keine Differenzierung vor, so dass derartige Ungerechtigkeiten im Einzelfall hinzunehmen sind.

6 **III. Vollständiger Ausgleich des Anrechts, Abs II.** Nach Abs II gilt das auszugleichende Anrecht in vollem Umfang als in der Ehezeit erworben. Angesichts der besonderen Anspruchsvoraussetzungen für das auszugleichende Anrecht erscheint diese Regelung als zwangsläufig und gerecht. Es entfällt damit die Berechnung eines Ehezeitanteils (Johannsen/Henrich/Althammer/*Holzwarth* Rn 6; Soergel/*Koch* Rn 30).

7 **IV. Schuldrechtlicher Ausgleich, Abs III.** Der Ausgleich richtet sich nach den §§ 20ff, erfolgt also schuldrechtl. Das beinhaltet den Abzug von Krankenversicherungskosten vom auszugleichenden Anrecht (Stuttgart FamRB 2021, 97 (*Adamus*) – juris Rn 24; MüKo/*Ackermann-Sprenger* Rn 18). Der Gesetzgeber rechtfertigt dies damit, dass ein Ausgleich durch interne Teilung für die ausgleichsberechtigte Person wertlos sein könnte, wenn sie nicht die speziellen Anspruchsvoraussetzungen für das geteilte Anrecht erfüllt (BT-Drs 16/10144, 69; dem zust, aber eine externe Teilung anregend *Hauß*/*Bührer* Rn 196-199). Der Anspruch setzt lediglich die Rechtskraft der Ehescheidung, nicht aber die der VersA-Entscheidung voraus (BGH FamRZ 2022, 1761 Rn 33f m Anm *Borth*; aA MüKo/*Ackermann-Sprenger* Rn 18; *Borth* Kap 3 Rn 190). Die **Zahlungspflicht** beginnt bei Geltendmachung im Scheidungsverbund **mit Rechtskraft der Scheidung** (BGH FamRZ 2022, 1761, 1764). Der Verweis – auch – auf § 22 beruht wohl auf einem Redaktionsversehen, weil ein Ausgleich von Anrechten, die auf eine Kapitalzahlung gerichtet sind, ausscheidet (s Rn 3; *Bergner* KomRefVA § 28 Anm 3). Eine **Befristung** des Anspruchs sieht das Gesetz nicht vor, auch nicht auf den Zeitpunkt, in dem die ausgleichsberechtigte Person das Renteneintrittsalter erreicht (so aber Stuttgart FamRB 2021, 97 m abl Anm *Adamus* – juris Rn 25; anders auch Karlsruhe FamRZ 2016, 984).

8 **V. Verfahren.** Der Ausgleich nach § 28 erfolgt nicht nur auf Antrag, sondern im Scheidungsverbund von Amts wegen (§ 137 II 2 FamFG; vgl Stuttgart FamRB 2021, 97 [*Adamus*]); insoweit unterscheidet er sich vom schuldrechtl Wertausgleich, nach dessen Regeln er ansonsten durchgeführt wird.

§ 29 Leistungsverbot bis zum Abschluss des Verfahrens

Bis zum wirksamen Abschluss eines Verfahrens über den Versorgungsausgleich ist der Versorgungsträger verpflichtet, Zahlungen an die ausgleichspflichtige Person zu unterlassen, die sich auf die Höhe des Ausgleichswerts auswirken können.

1 **I. Allgemeines.** Vorläufer des § 29 ist § 10d VAHRG aF; mit der sprachlichen Neufassung sind keine inhaltlichen Änderungen verbunden (BT-Drs 16/10144, 70). Zweck des § 29 ist, die ausgleichsberechtigte Person vor Manipulationen zu ihren Lasten zu schützen, die dadurch erfolgen, dass auszugleichende Anrechte vor der Entscheidung über den VersA zum Erlöschen gebracht werden. Anrechte, die im Zeitpunkt der Entscheidung nicht mehr existieren, können – unabhängig davon, ob sie aE der Ehezeit existierten und werthaltig waren – grds nicht ausgeglichen werden (vgl § 2 Rn 15; § 5 Rn 6; zum Wertausgleich nach der Scheidung s § 22 Rn 2).

2 **II. Zu unterlassende Zahlungen.** Der Versorgungsträger muss Zahlungen unterlassen, die sich auf die Höhe des Ausgleichswerts auswirken können. Laufende Rentenleistungen sind von diesem Verbot allerdings nicht erfasst; das gilt auch für kapitalgedeckte oder rückstellungsfinanzierte Anrechte (BGH FamRZ 2016, 2000 Rn 19; FamRZ 2016, 775 Rn 47; krit *Schwamb* FamRB 2016, 240, 242; zu den Auswirkungen auf den Ausgleichswert s näher § 5 Rn 10). Das Leistungsverbot betrifft vielmehr sämtliche **Austrittsleistungen** in Form von Abfindungen, Kapitalisierungen und Erstattungen, die zum vollständigen oder teilw Erlöschen eines dem VersA unterliegenden Anrechts führen. Dies gilt unabhängig von der Qualität der Anrechte, der Art des Versorgungsverhältnisses, der Organisationsform des Versorgungsträgers und von der jew Ausgleichsform. Erfasst werden also insb Beitragserstattungen nach § 210 SGB VI (BSG 28.4.2022 – B 5 R 271/21, juris Rn 10; BGH FamRZ 1995, 31) oder § 76 ALG, Abfindungen nach § 3 BetrAVG, nicht jedoch Auszahlungen des Rückkaufwerts ausgleichsreifer Anrechte nach § 176 VVG aF/§ 169 VVG (vgl nur Nürnberg FamRZ 2011, 1737; Brandenburg 12.12.2006 – 10 UF 146/05) oder Umwandlungen einer Rentenversicherung (mit Kapitaloption) in eine Kapitalversicherung (BGH FamRZ 2003, 664, 665; Celle FamRZ 1999, 1200): in beiden Fällen liegt schon unabhängig von der Auszahlung im Zeitpunkt der Entscheidung über den Wertausgleich bei der Scheidung (§ 2 Rn 15) kein auszugleichendes Anrecht mehr vor, so dass § 29 nicht mehr anwendbar ist (zur Differenzierung zw ausgleichsreifen und nicht ausgleichsreifen Anrechten s § 22 Rn 2). Nach teilw vertretener Ansicht (*Götsche* FamRB 2014, 65, 69f; Brandenburg NZFam 2014, 743; *Lies-Benachib* Anm zu BGH FamRZ 2021, 1357, 1361) verbietet § 29 dem Versorgungsträger eine Auszahlung, wenn die ausgleichspflichtige Person erst nach Rechtshängigkeit den Vertrag

gekündigt hat. Teilw wird dazu vertreten, dass der Versorgungsträger alles mit Ausnahme des Ausgleichswertes auszahlen darf (Koblenz FamRZ 2016, 393 Rn 4; FamR-Komm/*Wick* Rn 5; Johannsen/Henrich/Althammer/*Holzwarth* Rn 2). Jedoch verändert bereits die **Kündigung**, welche § 29 nicht unterbindet (*Siede* FamRB 2021, 411) das Anrecht so, dass es dem § 2 nicht mehr unterfällt; das Zahlungsverbot kann die ausgleichsberechtigte Person also nicht mehr schützen (vgl BGH FamRZ 2021, 1357, 1360 – juris Rn 40 mwN; Grü/*Siede* Rn 2). Auch das nach Rechtshängigkeit gekündigte Anrecht unterfällt also insg dem güterrechtl Ausgleich; bei dessen Scheitern ist an § 27 zu denken (s § 27 Rn 10).

III. Unterlassungsgebot. § 29 begründet eine Unterlassungsverpflichtung für alle – dt (*Bergner* KomRefVA § 29 Anm 3) – öffentlich-rechtl und privatrechtl Versorgungsträger beider Ehegatten, bei denen auszugleichende Anrechte bestehen (Hoppenz/*Hoppenz* Rn 3). Die Unterlassungsverpflichtung wirkt rein schuldrechtl, nicht dagegen als relatives Verfügungsverbot iSd § 135 BGB (BGH FamRZ 1995, 31; 1986, 657; Brandenburg FamRZ 2011, 722; Johannsen/Henrich/Althammer/*Holzwarth* Rn 4; *Ruland* VersA Rn 554; Soergel/*Ahrens* Rn 15). Hat der Versorgungsträger einen Erstattungsbescheid nach § 210 SGB VI erlassen, aber noch nicht geleistet, muss er den Erstattungsbescheid nach § 45 SGB X aufheben (*Bergner* KomRefVA § 29 Anm 4). Hat der Versorgungsträger entgegen § 29 geleistet und kann der Erstattungsvorgang nicht beseitigt werden (vgl *Ruland* VersA Rn 554), kommen – soweit das Anrecht ohne die Leistung noch dem VersA unterfallen würde (s Rn 2) – Schadensersatzansprüche der ausgleichsberechtigten Person gem § 823 II BGB oder § 839 BGB iVm Art 34 GG in Betracht (BGH FamRZ 1992, 45; vgl *Kemper* FamRB 2017, 9, 10f; eingehend Soergel/*Ahrens* Rn 16ff). Der Versorgungsträger muss aber **Kenntnis** von dem Versorgungsausgleichsverfahren haben; dem steht das „Kennenmüssen" gleich (BSGE 54, 266; Johannsen/Henrich/Althammer/*Holzwarth* Rn 6; *Bergner* KomRefVA § 29 Rn 4). Es liegt kein Anwendungsfall des § 407 BGB vor (vgl Grü/*Siede* Rn 3; unklar NK-VersA/*Götsche* Rn 16, 17), bei dem lediglich positive Kenntnis des Versorgungsträgers schaden würde. Vielmehr löst hier der Verstoß gegen das Unterlassungsgebot des § 29 die Schadensersatzpflicht aus; dieser Verstoß kann auch fahrlässig begangen werden (ebenso Soergel/*Ahrens* Rn 16). Eine Verpflichtung des Versorgungsträgers, vor Zahlung von Erstattungsbeträgen nach dem Familienstand und einem laufenden Versorgungsausgleichsverfahren zu fragen (bejahend *Bergner* KomRefVA § 29 Anm 4; verneinend NK-VersA/*Götsche* Rn 17), geht zu weit und besteht daher nicht. 3

IV. Beginn und Ende des Unterlassungsgebots. Das Unterlassungsgebot gilt für die Zeit ab Rechtshängigkeit und bis zum wirksamen Abschluss eines Verfahrens über den VersA. Es beginnt damit mit Rechtshängigkeit des Scheidungsverbundverfahrens, soweit in dieses von Amts wegen der VersA einbezogen ist (zu den möglichen Besonderheiten bei Auslandsbezug s Grü/*Thorn* Art 17 EGBGB Rn 8ff). Nicht erfasst sind Erstattungsleistungen, die vor Rechtshängigkeit, aber nach dem nach § 3 III zu bestimmenden Stichtag für das Ehezeitende erbracht werden. Das Unterlassungsgebot endet mit Rechtskraft der Entscheidung zum Wertausgleich bei Scheidung; Abtrennung, Aussetzen oder Ruhen des Verfahrens reichen nicht aus (NK-VersA/*Götsche* Rn 6). Wird zu einem späteren Zeitpunkt ein Abänderungsverfahren oder ein Verfahren betreffend den Wertausgleich nach der Scheidung eingeleitet, so gilt auch insoweit das Unterlassungsgebot aus § 29 erneut bis zu dessen rechtskräftigem Abschluss (vgl NK-VersA/*Götsche* Rn 4). 4

§ 30 Schutz des Versorgungsträgers

(1) Entscheidet das Familiengericht rechtskräftig über den Ausgleich und leistet der Versorgungsträger innerhalb einer bisher bestehenden Leistungspflicht an die bisher berechtigte Person, so ist er für eine Übergangszeit gegenüber der nunmehr auch berechtigten Person im Umfang der Überzahlung von der Leistungspflicht befreit. Satz 1 gilt für Leistungen des Versorgungsträgers an die Witwe oder den Witwer entsprechend.

(2) Die Übergangszeit dauert bis zum letzten Tag des Monats, der dem Monat folgt, in dem der Versorgungsträger von der Rechtskraft der Entscheidung Kenntnis erlangt hat.

(3) Bereicherungsansprüche zwischen der nunmehr auch berechtigten Person und der bisher berechtigten Person sowie der Witwe oder dem Witwer bleiben unberührt.

I. Allgemeines. § 30 soll, ähnl wie § 407 BGB, die Versorgungsträger, die bereits laufende Leistungen erbringen, vor doppelter Inanspruchnahme durch die ausgleichspflichtige und die ausgleichsberechtigte Person schützen und gewährt ihnen für die organisatorische Umsetzung einer Entscheidung zum VersA eine Übergangsfrist. Die Vorschrift fasst den Inhalt von § 1587p BGB aF und § 3a VII, § 10a VII VAHRG aF zusammen. Durch das G zur Änderung des VersAusglG v 12.5.2021 (BGBl I 2021, 1085) ist Abs I klarer gefasst worden („… im Umfang der Überzahlung …"; s Rn 3). 1

II. Rechtskräftige Entscheidung über den Ausgleich. Der Gesetzeswortlaut ist insoweit ungenau, als es nicht auf die Rechtskraft, sondern auf die Wirksamkeit der Entscheidung ankommt (so zutr *Bergner* KomRefVA § 30 Anm 2). Die Entscheidung des FamG über den VersA wird nach § 224 I FamFG mit Rechtskraft wirksam. Im **Scheidungsverbund** setzt die Wirksamkeit aber nach § 148 FamFG zusätzl voraus, dass auch der Scheidungsbeschl rechtskräftig ist. Nach dem Inhalt der Entscheidung muss der Versorgungsträger verpflichtet sein, seine Leistungen nunmehr (teilw) an die ausgleichsberechtigte Person zu erbringen. Eine direkte Leistungspflicht des Versorgungsträgers (auch) ggü der ausgleichsberechtigten Person ergibt sich im Wertausgleich bei der Scheidung nur bei interner Teilung gem §§ 10ff (NK-VersA/*Rehbein* Rn 8; *Bergner* KomRefVA § 30 Anm 3). Im Wert- 2 ausgleich nach der Scheidung ist nach Abs I S 2 auch bei der Entscheidung über einen Anspruch aus § 25 gegen den Versorgungsträger, der an die Witwe oder den Witwer der ausgleichspflichtigen Person leistet, § 30 anzuwenden (vgl BGH FamRZ 2017, 1919 Rn 14ff; Frankfurt FamRZ 2020, 751; Karlsruhe FamRZ 2018, 1068). Schließlich kann eine Leistungspflicht ggü der ausgleichsberechtigten Person dadurch entstehen, dass die ausgleichspflichtige Person nach § 21 zur Abtretung der Ansprüche gegen den Versorgungsträger an die ausgleichsberechtigte Person verpflichtet worden ist. In diesem Fall schützt § 30 (vgl dessen Abs II) den Versorgungsträger in weiterem Umfang als § 407 BGB. Der Anwendungsbereich des § 30 erstreckt sich ferner auf **Abänderungsentscheidungen** zu den genannten Fallgruppen.

3 **III. Leistung an die bisher berechtigte Person.** Der Schutz des Versorgungsträgers vor doppelter Inanspruchnahme ist nur dann erforderlich, wenn bei Wirksamwerden der Entscheidung sowohl bei der ausgleichspflichtigen wie auch bei der ausgleichsberechtigten Person die Anspruchsvoraussetzungen für die Leistung vorliegen und der Versorgungsträger an die bisher (allein) berechtigte Person bzw ihre Witwe/ihren Witwer (§ 25 V) bereits Leistungen erbringt (so auch VG Stuttgart v 27.6.2012 – 8 K 4605/11; FamR-Komm/*Wick* Rn 2). Der Versorgungsträger ist auch nur schutzbedürftig, **soweit** er an die bisher berechtigte Person Zuvielleistungen erbringt (vgl BVerwG FamRZ 2017, 1566); dies hat der Gesetzgeber durch Ergänzung des Abs I angesichts divergierender verwaltungsgerichtlicher Rspr ausdrückl klargestellt (vgl BT-Drs 19/26838, 16; *Borth* FamRZ 2021, 1337, 1341; *Borth* FamRZ 2020, 1801, 1806 mit Rechenbsp). In **Abänderungsverfahren** nach § 51 ist der Versorgungsträger für die Zeit zw dem Abänderungszeitpunkt (§ 226 IV FamFG iVm § 52 I VersAusglG) und der Wirksamkeit der Abänderungsentscheidung deshalb nach wohl zutreffender Ansicht (*Glockner/Hoenes/Weil* § 14 Rn 92ff, 95) teilw selbst ungerechtfertigt bereichert.

4 **IV. Beginn und Ende der Übergangszeit.** Nach Abs II wird die Übergangszeit, in welcher der Versorgungsträger von seiner Leistungspflicht ggü der ausgleichsberechtigten Person durch Leistung an die ausgleichspflichtige Person befreit wird, durch die Kenntnis des Versorgungsträgers von der Rechtskraft der Entscheidung determiniert. Sie läuft von diesem Zeitpunkt an bis zum letzten Tag des hierauf folgenden Kalendermonats. Der Versorgungsträger ist nach ganz hM aber bereits ab dem Zeitpunkt geschützt, ab dem er, etwa im Verfahren nach § 25, in Verzug gesetzt worden ist (vgl BGH FamRZ 2022, 1517 – juris Rn 22; FamRZ 2017, 1919 mwN Rn 14 gegen Frankfurt FamRZ 2017, 33; so auch Frankfurt FamRZ 2020, 751; Nürnberg FamRZ 2016, 550 Rn 108ff; das kann hier eine „offene Tenorierung" hinsichtl der Rückstände erfordern: BGH FamRZ 2022, 1517 = juris Rn 22; FamRZ 2017, 1919; ebenso Schleswig FamRZ 2021, 1285). Die ausgleichsberechtigte Person ist auf bereicherungsrechtl Ansprüche gegen Witwe/Witwer der ausgleichspflichtigen Person verwiesen (vgl *Borth* Anm zu Frankfurt FamRZ 2017, 33, aaO, 37; s Rn 5) und kann ihre laufenden Ansprüche gegen diese(n) ggf durch eine einstweilige Anordnung schützen. Das gilt im Verfahren nach § 51 VersAusglG oder § 225 FamFG entspr (vgl VGH Baden-Württemberg FamRZ 2017, 102). Nach hM steht der Kenntnis des Versorgungsträgers ein Kennenmüssen gleich (NK-VersA/*Rehbein* Rn 18; Hoppenz/*Hoppenz* Rn 4; Johannsen/Henrich/Althammer/*Holzwarth* Rn 3; *Borth* VersA Kap 3 Rn 204; *Wick* VersA Rn 465; FamR-Komm/*Wick* Rn 6; sämtlich unter Berufung auf BSG FamRZ 1983, 699, 700; aA Soergel/*Ahrens* Rn 14). Die hierfür gegebene Begründung, der Versorgungsträger müsse nach § 17 SGB I für die Auszahlung einer Sozialleistung alsbald Sorge tragen, trifft aber nur auf die **öffentlich-rechtl** Versorgungsträger zu. Für **private** Versorgungsträger ist dagegen nach dem eindeutigen Wortlaut des Abs II, der entspr § 407 I BGB auszulegen ist, nur die **positive Kenntnis** maßgeblich. Versorgungsträger bekommen, wenn sie am Verfahren beteiligt worden sind, zwar die Entscheidung zugestellt, nicht aber automatisch den Zeitpunkt des Eintritts der Rechtskraft mitgeteilt (§ 46 FamFG). Während die öffentlich-rechtl Versorgungsträger gehalten sind, nach dem Eintritt der Rechtskraft nachzufragen (NK-VersA/*Rehbein* Rn 18), liegt es bei den privaten Versorgungsträgern im Interesse der ausgleichsberechtigten Person, diesen das erhaltene Rechtskraftzeugnis zu übersenden, um die Übergangszeit in Gang zu setzen. Der Versorgungsträger **kann** die Übergangszeit in Anspruch nehmen, er muss dies aber nicht (VG Berlin 15.1.2019 – 5 K 185.17; *Borth* FamRZ 2020, 1801, 1806f m Kritik; NK-VersA/*Rehbein* Rn 21; FamR-Komm/*Wick* Rn 5).

5 **V. Auswirkungen der Übergangszeit.** Die Übergangszeit bewirkt, wie Abs III klarstellt, keinen Aufschub der materiell-rechtl Wirkungen des durchgeführten VersA. Leistet der Versorgungsträger nach Eintritt der Wirksamkeit allein an die bisher berechtigte ausgleichspflichtige Person, obwohl nunmehr die ausgleichsberechtigte Person (ebenfalls) leistungsberechtigt wäre, so ist die ausgleichspflichtige ggü der ausgleichsberechtigten Person ungerechtfertigt bereichert iSd § 812 BGB und entspr Ansprüchen ausgesetzt; diese sind nach umstrittener Ansicht nicht als Versorgungsausgleichssache iSd § 217 FamFG, sondern als sonstige Familienstreitsache iSd § 266 FamFG geltend zu machen (Frankfurt FamRZ 2021, 1292 Rn 22 m zust Anm *Borth*, 1296). Dasselbe gilt für die Witwe/den Witwer der ausgleichspflichtigen Person im Fall des § 25. Bereichert ist die ausgleichspflichtige Person aber nur um die Differenz der Nettobeträge ihrer Versorgung mit und ohne Kürzung (Frankfurt FamRZ 2021, 1292, 1295; Koblenz FamRZ 2015, 1719 m Anm *Borth*; *Bergmann* FamRB 2015, 472, 476); auch kann die ausgleichsberechtigte Person nicht mehr verlangen, als sie bei sofortiger Umsetzung der Entscheidung netto erhalten hätte. Der Beginn der Bereicherungsansprüche knüpft nicht immer taggenau an den Eintritt der Wirksamkeit der Entscheidung an; so sieht § 101 III 1 SGB VI die Berücksichtigung einer internen Teilung erst mit dem Ersten des auf die Wirksamkeit folgenden Monats vor. Erst ab diesem Zeitpunkt können auch Bereicherungsansprüche gegen die ausgleichspflichtige Person entstehen (NK-VersA/*Rehbein* Rn 23).

6 **VI. Rückabwicklung und § 51.** Im Verfahren nach § 51 wirkt die Entscheidung auf den Monatsersten nach Antragseingang zurück (s § 52 Rn 3). Das gilt auch bei externer Teilung (zur Situation im Ausgangsverfahren

vgl dagegen § 14 Rn 13ff). Für die von diesem Zeitpunkt bis zum Eintritt der Rechtskraft der Abänderungsentscheidung erbrachten Leistungen sind die Versorgungsträger durch § 30 geschützt (vgl VGH Baden-Württemberg FamRZ 2017, 102). Der Schutz ist allerdings unvollkommen geregelt (s *Glockner/Hoenes/Weil*, § 14 Rn 90ff). Im alten Recht wurden Beamtenanrechte (§ 1587b II BGB aF; sog Quasisplitting) und weitere Anrechte bei öffentlich-rechtl Versorgungsträgern (§ 1 III VAHRG aF; sog analoges Quasisplitting; Bsp: berufsständische Anrechte) für die ausgleichsberechtigte Person zulasten der Versorgungsträger in der GRV übertragen. Die von der GRV aus diesen Anrechten erbrachten Leistungen waren von den fremden Versorgungsträgern zu erstatten (§ 225 I SGB VI). Da die fremden Versorgungsträger nicht direkt an einen Ehegatten gezahlt haben, können sie sich nicht auf § 30 I berufen (hM: VG Würzburg 8.12.2020 – W 1 K 20.1368; VG Berlin 15.1.2019 – 5 K 309.16; VG Berlin, Beschl v 8.4.2019 – 5 K 275.18; VG Würzburg FamRZ 2015, 1297; VG Sigmaringen FamRZ 2015, 1298; aA VG Regensburg FamRZ 2015, 414 m abl Anm *Borth*). Folglich müssen erbrachte Leistungen im Dreieck zwischen Ehegatten, DRV und fremdem Versorgungsträger rückabgewickelt werden. Ein weiteres Problem ist, dass die Versorgungsträger nur die Option, nicht aber die Pflicht haben, sich auf die Vorschrift des § 30 zu berufen. Machen sie davon in unterschiedlicher Weise Gebrauch, kann dies zulasten der ausgleichspflichtigen Person gehen (Bsp: OVG Berlin-Brandenburg 20.12.2022 – OVG 6 B 10/22). Nach hier vertretener Ansicht sollte der Gesetzgeber auf die Problematik mit einer Reform reagieren, die zu einer Verringerung der Rückabwicklungsschritte führt (dazu s *Norpoth* BetrAV 2016, 199, 202 m Vorschlag). Ein weiteres Problem stellt die Teilung von Anrechten im Abänderungsverfahren auf Basis eines **Barwertes** dar: hier kann die Versorgung der ausgleichspflichtigen Person um einen anderen Betrag zu kürzen sein, als der ausgleichsberechtigten Person ab dem Abänderungszeitpunkt aus dem Anrecht zusteht (dazu vgl *Glockner/Hoenes/Weil* § 14 Rn 30). Steht dem Berechtigten mehr zu, als beim Pflichtigen gekürzt worden ist, muss er sich bei interner Teilung teils an den Pflichtigen, teils an dessen Versorgungsträger halten.

§ 31 Tod eines Ehegatten

(1) Stirbt ein Ehegatte nach Rechtskraft der Scheidung, aber vor Rechtskraft der Entscheidung über den Wertausgleich nach den §§ 9 bis 19, so ist das Recht des überlebenden Ehegatten auf Wertausgleich gegen die Erben geltend zu machen. Die Erben haben kein Recht auf Wertausgleich.

(2) Der überlebende Ehegatte darf durch den Wertausgleich nicht bessergestellt werden, als wenn der Versorgungsausgleich durchgeführt worden wäre. Sind mehrere Anrechte auszugleichen, ist nach billigem Ermessen zu entscheiden, welche Anrechte zum Ausgleich herangezogen werden.

(3) Ausgleichsansprüche nach der Scheidung gemäß den §§ 20 bis 24 erlöschen mit dem Tod eines Ehegatten. Ansprüche auf Teilhabe an der Hinterbliebenenversorgung nach den §§ 25 und 26 bleiben unberührt. § 1586 Abs. 2 Satz 1 des Bürgerlichen Gesetzbuchs gilt entsprechend.

I. Allgemeines. § 31 regelt die Rechtsfolgen, die sich bei Tod eines Ehegatten **nach** Rechtskraft der Scheidung 1
für den VersA ergeben. Ob das VersA-Verfahren bereits eingeleitet ist, ist irrelevant (BGH FamRZ 2021, 668 Rn 17; KG 1.7.2020 – 3 UF 27/20). Stirbt einer der Ehegatten **vor** Rechtskraft der Scheidung, so besteht kein Regelungsbedarf, weil das Scheidungsverfahren nach § 131 FamFG in der Hauptsache erledigt ist, die Ehe nicht geschieden wird und ein VersA nicht stattfindet (vgl dazu BGH FamRZ 2011, 31; Nürnberg FamRZ 2018, 341). Das gilt selbst dann, wenn ein Ehegatte zw Verkündung des Scheidungsbeschl und Eintritt der Rechtskraft stirbt (BGH FamRZ 2011, 31; Düsseldorf FamRZ 2005, 386; NK-VersA/*Götsche* Rn 3 mwN Fn 1). Die in § 31 enthaltenen Regelungen haben ihren Vorgänger für den Wertausgleich bei Scheidung in § 1587e II und IV BGB aF, für den Wertausgleich nach der Scheidung in § 1587k II, § 1587m BGB aF und in § 3a VI VAHRG aF. Anders als im alten Recht werden nunmehr aber ausdrückl auch die Folgen des Todes der ausgleichspflichtigen Person bestimmt (Erlöschen, Abs III S 1), und zwar entspr dem Auslegungsergebnis des BGH zum alten Recht (BGH FamRZ 1989, 950). Besonderheit: eine **Teilrechtskraft** der Entscheidung zum Wertausgleich bei der Scheidung bleibt unangetastet (BGH FamRZ 2023, 765 = juris Rn 14 mwN). Für den Wertausgleich nach der Scheidung enthält § 21 IV eine Ergänzung im Hinblick auf abgetretene Ausgleichsansprüche. Zum Schutz der ausgleichspflichtigen Person bei frühem Versterben der ausgleichsberechtigten Person nach Rechtskraft der Entscheidung zum Wertausgleich bei Scheidung s auch §§ 37f. Die Folgen des Versterbens eines Ehegatten/Lebenspartners während eines **Abänderungsverfahrens** regelt schließlich § 226 V FamFG (NK-VersA/*Götsche* Rn 4). Zur Anwendung des § 31 bei einer **Totalrevision nach § 51** s § 51 Rn 14, 19. § 31 ist auch im Verfahren nach Art 17 IV EGBGB anwendbar (BGH FamRZ 2021, 668 Rn 21; KG 1.7.2020 – 3 UF 27/20; Saarbrücken FamRZ 2018, 1075).

II. Tod und Wertausgleich bei der Scheidung. Stirbt ein Ehegatte/Lebenspartner nach Rechtskraft der Schei- 2
dung, aber noch bevor eine Entscheidung zum Wertausgleich bei Scheidung rechtskräftig wird, **beschränkt sich** nach der Vorstellung des Gesetzgebers der Wertausgleich bei Scheidung nach Abs I auf die **Anrechte des Verstorbenen**. Diese werden als fortbestehend fingiert und können nicht wegen des Todes mit Null angesetzt werden (BGH FamRZ 2021, 668 Rn 18; KG 1.7.2020 – 3 UF 27/20; Braunschweig FamRZ 2019, 29; Frankfurt FamRZ 2022, 1100 und FamRZ 2018, 179); im Verfahren sind auf Seiten der verstorbenen per Saldo **ausgleichspflichtigen** Person deren Erben zu beteiligen, die in einer Art Verfahrensstandschaft Beteiligte gem § 219 Nr 4 FamFG werden (*Ruland* VersA Rn 556; FamR-Komm/*Wick* Rn 4 mwN; NK-VersA/*Götsche* Rn 10 mwN; Braunschweig FamRZ 2019, 29). Auch die Hinterbliebenen des Verstorbenen sind zu beteiligen, wenn sie aus den noch

auszugleichenden Anrechten des Verstorbenen Ansprüche auf Witwen- oder Waisenrenten haben (Köln FamRZ 1998, 169; NK-VersA/*Götsche* Rn 10 mwN; FamR-Komm/*Wick* Rn 4). Die Erben/Hinterbliebenen können alle Einreden der verstorbenen Person geltend machen, auch Härtegründe nach § 27 (*Ruland* VersA Rn 556 mwN); sie können selbst aber keinen Anspruch auf Durchführung des Wertausgleichs geltend machen (bezogen auf die Anrechte der überlebenden Person), etwa mit dem Ziel, ihre Ansprüche als Hinterbliebene zu erhöhen. Ist die per Saldo **ausgleichsberechtigte** Person verstorben, sind deren Erben oder Hinterbliebene hingegen mit Blick auf Abs I S 2 **nicht** zu beteiligen (Karlsruhe NZFam 2023, 34 = juris Rn 15 mwN; ähnl Grü/*Siede* Rn 4; anders aber im Abänderungsverfahren nach § 51: BGH FamRZ 2023, 358).

3 **1. Beschränkung des Wertausgleichs.** Abs II vermeidet eine **Besserstellung** der überlebenden Person durch den neuen Hin-und-Her-Ausgleich. I Erg darf sie nicht besser stehen, als wenn der Wertausgleich insg, also auch in Bezug auf ihre eigenen Anrechte, durchgeführt worden wäre. Deswegen werden nicht einfach sämtliche Anrechte der verstorbenen Person geteilt. Vielmehr muss in einem ersten Schritt im Rahmen einer **Gesamtbetrachtung** festgestellt werden, ob und ggf in welchem Umfang die überlebende Person **per saldo ausgleichsberechtigt** gewesen wäre.

4 **Bsp:** E hat ehezeitl gesetzl Rentenanrechte iHv 16 EP (Ausgleichswert: 8 EP), F solche iHv 8 EP (Ausgleichswert 4 EP) erworben. Stirbt E nach rechtskräftiger Scheidung, so kann F die Durchführung des Wertausgleichs bei Scheidung nach Abs I und II im Umfang von 4 EP (Differenz beider Ausgleichswerte) verlangen. Stürbe stattdessen F, würde der vollständige Wertausgleich den E benachteiligt haben. Deshalb findet auch hinsichtl der Anrechte der F ein Wertausgleich nicht statt.

4a Str war, ob geringfügige Anrechte, die normalerweise nach § 18 nicht ausgeglichen worden wären, in diese Saldierung einzubeziehen sind. Der BGH (FamRZ 2017, 960) hat sich für die Einbeziehung auch geringfügiger Anrechte (ohne Vorwegabzug von fiktiven Teilungskosten; so auch Schleswig 24.8.2020 – 15 UF 41/19) ausgesprochen, soweit bei einer Gesamtsaldierung die Zwecke des § 18 gar nicht berührt sind, weil die Anrechte nur Rechnungsposten sind (vgl auch Oldenburg NZFam 2017, 32 Rn 22). Aber auch auf den Gesamtsaldo darf § 18 nur bei Gleichartigkeit der saldierten Anrechte angewendet werden (vgl Stuttgart FamRZ 2015, 507 Rn 33ff; aA Celle FamRZ 2013, 383, 385 mwN zum Streitstand; Schleswig FamRZ 2014, 1782; Hamm 11.9.2013 – 8 UF 113/13; FamR-Komm/*Wick* Rn 9).

4b Nach Nürnberg FamRZ 2013, 1046f ist bei einem bereits erfolgten **Teilausgleich** die Gesamtbetrachtung des § 31 nur auf die noch nicht ausgeglichenen beiderseitigen Anrechte zu beschränken. So kann zwar die per saldo insg ausgleichspflichtige Person als Überlebende einen Restausgleich realisieren, der den Umfang ihrer Belastung durch den bereits erfolgten Teilausgleich vermindert. Sind aber bei dem Teilausgleich zunächst nur die Anrechte der zwischenzeitl verstorbenen Person ausgeglichen worden, profitiert die überlebende Person von der Anwendung des § 31 (*Götsche* Anm zu Nürnberg FamRB 2013, 243f). Das ist offenbar nicht beabsichtigt und spricht für die Einbeziehung auch der bereits ausgeglichenen Anrechte in die Gesamtsaldierung (str; offengelassen von BGH FamRZ 2023, 765, juris Rn 19 mwN zum Streitstand). Ein dem Sinn und Zweck des § 31 entspr Ergebnis kann dabei ggf nur noch durch einen Hin-und-Her-Ausgleich auch zugunsten der bereits verstorbenen Person zu realisieren sein (str; s Rn 6).

5 **2. Gesamtbetrachtung und § 19. Offen** ist, ob in die notwendige Gesamtbetrachtung auch **nicht ausgleichsreife** Anrechte iSd § 19 einbezogen werden können. Nach einer Ansicht (NK-VersA/*Götsche* Rn 23) sind nur im Anwendungsbereich des § 19 III ausl Anrechte bei der Saldierung zu berücksichtigen. Dem ist zuzustimmen; praktische Probleme können sich hier aber ergeben, wenn sich Ehezeitanteil und Ausgleichswert dieser Anrechte nicht bestimmen lassen; sie können insoweit – schon im Hinblick auf die Ausgleichsform (s Rn 7) – nur in Höhe ihres feststellbaren Mindestwertes berücksichtigt werden. Gegen die Einbeziehung von Anrechten der verstorbenen Person iSd § 19 II Nr 1 und 2 spricht, dass erstere mit dem Tod endgültig verfallen sind und letztere wegen ihres Wertverlustes in den schuldrechtl VersA verschoben werden, der wegen des Todes nicht mehr durchgeführt wird. Die mangelnde Ausgleichsreife von Anrechten iSd § 19 II Nr 3 und 4 steht dagegen ihrer Einbeziehung in eine Gesamtsaldierung nicht zwingend entgegen, weil der Ausgleich nach Billigkeit über andere Anrechte der verstorbenen Person erfolgen kann. Zwar mag gegen die Einbeziehung von Anrechten, deren Ausgleich für die ausgleichsberechtigte Person unwirtschaftl wäre (§ 19 II Nr 3), das systematische Argument sprechen, dass für diese Anrechte auch ein Anspruch auf eine Hinterbliebenenversorgung nach § 25 II nicht vorgesehen ist, nach dem Willen des Gesetzgebers ein Ausgleich also ausschließlich schuldrechtl möglich sein soll. Überzeugend ist dies allerdings nur insoweit, als die Unwirtschaftlichkeit auf Anrechnungsvorschriften beruht (s hierzu § 19 Rn 17); beruht sie darauf, dass die ausgleichsberechtigte Person die Anspruchsvoraussetzungen der betroffenen Anrechte (Bsp: Wartezeiten) nicht erfüllt, ermöglichen die besonderen Ausgleichsformen des § 31 gerade eine wirtschaftl Form der Teilung. Soweit nicht ausgleichsreife Anrechte der verstorbenen Person in die Gesamtbewertung einbezogen werden, muss dasselbe auch für Anrechte der überlebenden Person gelten: alles andere widerspräche auch dem Halbteilungsgrundsatz.

6 **3. Schwierigkeiten bei der Gesamtbetrachtung.** Die Gesamtbetrachtung bietet dann Probleme, wenn auf beiden Seiten **nicht gleichartige** Anrechte iSd § 10 II vorhanden sind. Sogar bei scheinbar gleichartigen Anrechten in der öffentlich-rechtl Zusatzversorgung können sich wegen unterschiedlicher Berechnungsfaktoren Verwerfungen ergeben (KG FamRZ 2016, 133). Im ursprünglichen Gesetzentwurf war der Gesetzgeber noch davon ausgegangen, dass sich der Wertvergleich anhand der (korrespondierenden) **Kapitalwerte** vornehmen lassen

könne. Weil der korrespondierende Kapitalwert aber den Einkaufspreis des Anrechts bei dem jew Versorgungsträger widerspiegelt (§ 47 II), fehlt es gerade an einer solchen Vergleichbarkeit (vgl *Bührer* FamRZ 2019, 1846, 1849f; NK-FamR/*Hauß* § 47 VersAusglG Rn 7ff; aA Bremen FamRZ 2016, 51; Koblenz FamRZ 2015, 1295; Dresden FamRZ 2014, 1639; offenbar auch NK-VersA/*Götsche* Rn 24; *Borth* VersA Kap 3 Rn 217; bedenklich Brandenburg FamRZ 2011, 1299 und KG FamRZ 2013, 703f; krit auch *Holzwarth* FamRZ 2011, 944f). Der BGH (FamRZ 2017, 960 Rn 28; FamRZ 2017, 26; FamRZ 2016, 697) akzeptiert zwar die Saldierung eines abgefundenen Anrechts mit Gegenrechten auf Grundlage von Kapitalwerten (großzügig auch Johannsen/Henrich/Althammer/*Holzwarth* Rn 6); fraglich ist aber, ob das verallgemeinerungsfähig ist. Müssten (ausschließlich) regeldynamische mit angleichungsdynamischen gesetzl Anrechten verrechnet werden, lässt sich ein gerechtes Ergebnis nach AG Erfurt FamRZ 2012, 876f nur durch einen Hin- und Her-Ausgleich erreichen (zust *Borth* FamRZ 2012, 877; *Bergner* FamFR 2013, 29ff mit Übersicht zum Stand der Rspr; abl dagegen Stuttgart FamRZ 2015, 507; Jena FamRZ 2013, 382; Celle FamRB 2013, 210 [*Götsche*], welche stattdessen nach Umrechnung der EP [Ost] entspr § 3 II VAÜG aF eine Saldierung vornehmen; damit wird aber nach den überzeugenden Ausführungen von *Bergner* FamFR 2013, 29, 30ff die Halbteilung verfehlt). Nach BGH FamRZ 2013, 1287, 1288 Rn 25 (m zust Anm *Holzwarth*, 1289; für eine Gesamtsaldierung auch BGH FamRZ 2016, 1062 Rn 16) scheitert die Lösung des AG Erfurt daran, dass die mit dem Hin-und-Her-Ausgleich verbundene Begründung von Anrechten zugunsten Verstorbener dem Sozialversicherungsrecht fremd sei. Dem kann entgegnet werden, dass die Wirkung des Tenors insoweit allein darauf abzielt, Anrechte des überlebenden Ehegatten entspr zu reduzieren und die Begründung von Anrechten Verstorbener beim betroffenen Versorgungsträger keine Leistungspflichten erzeugt; die „Belastung" des Versorgungsträgers hält sich also in Grenzen. Fraglich erscheint, ob ein Hin-und-Her-Ausgleich auch dann vorgenommen werden kann, wenn weitere – insb private – Versorgungsträger beteiligt sind; diese werden durch einen Hin-und-Her-Ausgleich möglicherweise unzumutbar belastet (abl *Bergner* FamFR 2013, 29, 30). Nach hier vertretener Ansicht steht aber auch das einem Hin-und-Her-Ausgleich nicht entgegen: auskunftspflichtig sind alle beteiligten Versorgungsträger ohnehin. Die Versorgungsträger des Verstorbenen müssen eine Halbteilung seiner Anrechte akzeptieren; sie haben keinen Anspruch, von seinem Tod zu profitieren. Die Versorgungsträger des überlebenden Ehegatten profitieren im Zweifel finanziell, wenn eine interne Teilung zugunsten des Verstorbenen „ins Leere geht". Besteht man stattdessen auf einer Saldierung, lässt sich eine Vergleichbarkeit der Anrechte am ehesten darüber herbeiführen, dass für sie nach einer einheitlichen Berechnungsmethode ein Barwert ermittelt wird (s § 5 Rn 16; § 47 Rn 15).

4. Besondere Ausgleichsform. Ist nach der Gesamtbetrachtung ein Wertausgleich teilw durchzuführen und sind auf Seiten der verstorbenen Person **mehrere Anrechte** vorhanden, so bestimmt das FamG nach billigem Ermessen, welches der Anrechte in welchem Umfang ausgeglichen wird – jedoch nicht über seinen Ausgleichswert hinaus (Bremen FamRZ 2016, 51 Rn 7). Maßgebend kann sein, die Anzahl der Teilungsvorgänge gering zu halten und daher nur ein möglichst werthaltiges Anrecht zu teilen (*Götsche* NZFam 2016, 685, 688 mwN). Nach hier vertretener Ansicht kann der Umstand eine Rolle spielen, dass in die Ausgleichsbilanz ein ausl Anrecht einbezogen worden ist, welches selbst nicht bei Scheidung ausgeglichen werden kann. Gleiches gilt für Anrechte, deren interne Teilung unwirtschaftl wäre (s Rn 5). Nach *Ruland* VersA Rn 558 sind bevorzugt gesetzl Rentenanrechte der verstorbenen Person auszugleichen (dem folgend Soergel/*Ahrens* Rn 10). 7

III. Tod und Wertausgleich nach der Scheidung. Ausgleichsansprüche nach der Scheidung erlöschen nach Abs III unabhängig davon, welcher Ehegatte stirbt. Es bleiben dem überlebenden Ehegatten die Ansprüche aus den §§ 25 f, die auch nicht davon abhängig sind, ob er im Rahmen einer Gesamtbetrachtung ausgleichsberechtigt gewesen wäre. Im Fall des § 22 können, wenn das Kapital in mehreren Raten ausbezahlt wird, die Ansprüche der ausgleichsberechtigten Person erlöschen, wenn sie vor Fälligkeit einer Teilzahlung verstirbt; die Folge ist, dass sie nicht auf deren Erben übergehen (*Borth* VersA Kap 4 Rn 76). 8

Kapitel 4
Anpassung nach Rechtskraft (§§ 32–38)

§ 32 Anpassungsfähige Anrechte

Die §§ 33 bis 38 gelten für Anrechte aus
1. **der gesetzlichen Rentenversicherung einschließlich der Höherversicherung,**
2. **der Beamtenversorgung oder einer anderen Versorgung, die zur Versicherungsfreiheit nach § 5 Abs. 1 des Sechsten Buches Sozialgesetzbuch führt,**
3. **einer berufsständischen oder einer anderen Versorgung, die nach § 6 Abs. 1 Nr. 1 oder Nr. 2 des Sechsten Buches Sozialgesetzbuch zu einer Befreiung von der Sozialversicherungspflicht führen kann,**
4. **der Alterssicherung der Landwirte,**
5. **den Versorgungssystemen der Abgeordneten und der Regierungsmitglieder im Bund und in den Ländern.**

I. Allgemeines. Die §§ 32–38 behandeln im Wesentlichen diejenigen Regelungsbereiche, die in den §§ 4–9 VAHRG aF geregelt waren. Es geht – entgegen der missverständlichen Überschrift – nicht primär um Anpassung iS einer Abänderung der Entscheidung über den Wertausgleich bei Scheidung (dieser Aspekt ergibt sich erst über 1 die Bezugnahme des § 225 I FamFG auf § 32), sondern darum, seine Rechtsfolgen zur Vermeidung unbilliger Härten abzumildern. Entspr Regelungen hatte für das alte Recht das BVerfG (FamRZ 1980, 326, 335) eingefordert,

- wenn der Ausgleichsberechtigte starb, ohne aus dem übertragenen Anrecht wesentliche Leistungen erhalten zu haben;
- wenn die Wirkung des VersA beide Beteiligte benachteiligte, weil der Ausgleichspflichtige bereits – durch den VersA gekürzte – Versorgungsleistungen bezog, während der Berechtigte noch nicht leistungsberechtigt war, aber nunmehr weniger Unterhalt beanspruchen konnte.

Inzwischen hält das BVerfG (FamRZ 2014, 1259 = BVerfGE 136, 152; FamRZ 2015, 389) Härtefallregelungen für nicht mehr erforderlich, aber zulässig. Es hat die Beschränkung von Härtefallregelungen auf sog Primärversorgungsanrechte ebenso gebilligt wie die Abschaffung des sog Rentner- und Pensionistenprivilegs (s § 33 Rn 16f).

2 Einen weiteren Härtefall kann der Wertausgleich nach neuem Recht für den Ausgleichspflichtigen bedeuten, wenn dieser Leistungen wegen Invalidität in Anspruch nimmt, deren Leistungsvoraussetzungen er aber nur für seine eigenen Anrechte, nicht für die ihm übertragenen Anrechte des anderen Ehegatten erfüllt (s § 35). Im Gegensatz zur nachträgl Abänderung nach den §§ 225ff FamFG setzt die Abänderung nach den §§ 33ff nicht eine nachträgl Wertänderung von Anrechten voraus (MüKo/*Ackermann-Sprenger* Rn 12).

3 **II. Anwendungsbereich.** Die Härteregelungen der §§ 32ff betreffen nicht den (schuldrechtl) Wertausgleich nach Scheidung; sie gelten nur für die Folgen des durchgeführten Wertausgleichs bei Scheidung. Das gilt auch dann, wenn der Wertausgleich bei Scheidung auf einer Vereinbarung nach den §§ 6–8 beruht (*Ruland* VersA Rn 924; *Borth* VersA Kap 8 Rn 4; MüKo/*Ackermann-Sprenger* Rn 11). Für die Abänderung rechtskräftiger Entscheidungen zum Wertausgleich bei der Scheidung nimmt § 225 I FamFG auf § 32 Bezug.

4 **III. Anpassungsfähige Anrechte.** § 32 enthält eine abschließend gemeinte (BT-Drs 16/10144, 71), aber wohl planwidrig unvollständige (*Ruland* VersA Rn 937; aA BVerwG FamRZ 2012, 1565; Soergel/*Schmeiduch* Rn 12) Aufzählung derjenigen Anrechte aus den sog Regelsicherungssystemen, für welche die Härtefallregelungen der §§ 33–38 gelten sollen. Zugleich nehmen die für die Abänderung von Entscheidungen zum Wertausgleich bei Scheidung geltenden Regelungen in § 225 I FamFG auf § 32 Bezug. Anpassungsfähig sind zunächst einmal nur solche Anrechte, welche im Wertausgleich bei der Scheidung geteilt worden sind. Dazu gehört nicht das vom Bundesamt für Wirtschaft und Ausfuhrkontrolle (BAFA) gezahlte Anpassungsgeld für Bergleute (Hamm FamRZ 2011, 1951); dieses zählt auch iÜ nicht zu den Anrechten iSd § 32 (BGH FamRZ 2013, 778).

5 **1. Gesetzliche Rentenversicherung, Nr 1.** Erfasst sind neben den dynamischen Anrechten auch Anrechte aus der – statischen und auslaufenden – Höherversicherung nach § 269 SGB VI (vgl DRV-Komm-VersA Anm 2.1; *Ruland* VersA Rn 936) und der hüttenknappschaftlichen Zusatzversorgung (BT-Drs 16/10144, 72; *Ruland* VersA Rn 937; *Borth* VersA Kap 8 Rn 5; *Wick* VersA Rn 856; krit *Kemper* VersA, § 10 Rn 9).

6 **2. Beamtenversorgung und sonstige, Nr 2.** Zur Nr 2 gehören die Anrechte der Beamten und Richter auf Lebenszeit, der Beamten und Soldaten auf Zeit, der Beamten auf Probe und auf Widerruf, der Berufssoldaten, der Hochschullehrer, der Beamten sonstiger Körperschaften, Anstalten und Stiftungen des öffentlichen Rechts, ferner Anrechte der **beamtenähnl Beschäftigten** in öffentlich-rechtl Dienstverhältnissen (Geistliche, Kirchenbeamte) oder mit einem dem Beamtenverhältnis angenäherten Versorgungsstatus (Dienstordnungsangestellte von Sozialversicherungsträgern, Beschäftigte des Deutschen Städtetages), schließlich die Anrechte der satzungsmäßigen Mitglieder geistlicher Genossenschaften, Diakonissen und Schwestern (DRV-Komm-VersA Anm 2.2). Auch das auf Bundesebene und in einigen Ländern neu eingeführte **Altersgeld** für freiwillig aus dem Dienst ausscheidende Beamte, Richter oder Soldaten unterfällt dem Anwendungsbereich der Nr 2 (*Borth* FamRZ 2013, 1788, 1790; vgl auch § 44 Rn 11a).

7 **3. Berufsständische Versorgung oder sonstige, Nr 3.** Neben den Anrechten von Angehörigen der verkammerten freien Berufe (Ärzte, Apotheker, Architekten, Ingenieure, Rechtsanwälte, Steuerberater, Wirtschaftsprüfer/vereidigte Buchprüfer) erfasst Nr 3 die Anrechte von Lehrern und Erziehern an privaten Einrichtungen.

8 **4. Anrechte der Alterssicherung der Landwirte, Nr 4.** Diese Anrechte sind im ALG geregelt (s § 39 Rn 11).

9 **5. Anrechte aus den Versorgungssystemen der Abgeordneten und Regierungsmitglieder, Nr 5.** Letztere sind die Bundes- und Landesminister sowie die Parlamentarischen Staatssekretäre (DRV-Komm-VersA Anm 2.5), ebenso Senatoren und Europaabgeordnete (*Ruland* VersA Rn 936).

10 **6. Weitere Anrechte.** Nicht erfasst, aber in analoger Anwendung in den Anwendungsbereich aufzunehmen sein sollen Anrechte aus der **Schornsteinfegerversorgung**, der **Zusatzversorgung in der Land- und Forstwirtschaft** und der **Seemannskasse** (*Ruland* VersA Rn 937; *Borth* VersA Kap 8 Rn 5; offen *Kemper* VersA § 10 Rn 14; aA BVerwG FamRZ 2012, 1565; *Gutdeutsch* FamRB 2010, 149, 150; Soergel/*Schmeiduch* Rn 12). Dagegen bestehen zwar deshalb Bedenken, weil die enumerative Aufzählung in § 32 eigentlich abschließend gemeint ist und damit keinen Raum für Analogien lässt; hinzu kommen Bedenken, soweit die betroffenen Versorgungssysteme nicht der Primärversorgung zuzuordnen sind (MüKo/*Ackermann-Sprenger* Rn 20). Trotzdem sind die genannten Versorgungen einzubeziehen, nachdem der Gesetzgeber auch die Anrechte der hüttenknappschaftlichen Zusatzversorgung, die er offensichtlich mit einbeziehen wollte, nur in der Gesetzesbegründung aufführt (BT-Drs 16/10144, 72). Anrechte der öffentlich-rechtl Zusatzversorgung sind dagegen jedenfalls nicht erfasst (BVerfG FamRZ 2014, 1259; BGH FamRZ 2013, 852 im Anschluss an FamR-Komm/*Wick* Rn 5; Köln FamRZ 2012, 1569; BeckOGK/*Maaß* Rn 29). Offen und klärungsbedürftig ist, ob § 32 analog auf Basisrenten iS § 5a AltZertG, § 10 I

Nr 2 lit b EStG („Rürup-Renten") anzuwenden ist. Nach hier vertretener Auffassung ist dies zu bejahen, da es sich bei ihnen um Primärversorgungen handelt, die nach Art 3 GG in gleicher Weise wie die in § 32 genannten Primärversorgungen zu behandeln sind.

IV. Verfassungsrechtliche Bedenken. Die **Beschränkung von Härtefallregelungen** und **Abänderungsmöglichkeiten** auf Anrechte aus den Regelsicherungssystemen ist umstritten und sieht sich erheblichen verfassungsrechtl Bedenken ausgesetzt (zB *Bergner* KomRefVA § 32 Anm 2; *Ruland* VersA Rn 927ff, 930 mwN; *Rehme* FamRZ 2008, 738, 741; *Bergner/Borth* FamRZ 2013, 589ff; Soergel/*Schmeiduch* Rn 3ff; zweifelnd auch *Borth* VersA Kap 8 Rn 8f; *Borth* FamRZ 2010, 1210, 1213f). Dabei musste Gegenstand einer verfassungsrechtl Prüfung wohl nicht § 32 allein sein; vielmehr sind diejenigen Vorschriften zu untersuchen, die ihren Anwendungsbereich auf die Anrechte iSd § 32 beschränken. Das sind § 33 (für die Aussetzung der Kürzung wegen Unterhalt), § 35 (für die Aussetzung der Kürzung wegen Invalidität), § 37 (Beendigung der Kürzung nach Tod der ausgleichsberechtigten Person) und §§ 225, 226 FamFG (Abänderung des Wertausgleichs bei der Scheidung). Das BVerfG (BVerfGE 136, 152 = BVerfG FamRZ 2014, 1259) hat die Beschränkung der §§ 33 und 37 auf Anrechte iSd § 32 für verfassungsgemäß erklärt. Der BGH (VersR 2019, 380 und FamRZ 2015, 1104; 2015, 50; 2013, 189 Rn 13) hält sie nicht nur diesbzgl, sondern allg für verfassungsgemäß (ähnl BVerwG FamRZ 2012, 1565, allerdings ohne Prüfung; Köln FamRZ 2012, 1569; Hamm FamRZ 2013, 1305, 1308). Es verbleiben aber grundlegende Zweifel. Wenn etwa für private und betriebliche Anrechte ein Wertausgleich bei Scheidung nicht für den Fall rückgängig gemacht wird, dass der ausgleichsberechtigte Ehegatte vor dem Empfang nennenswerter Leistungen gestorben ist (s §§ 37f), entspricht das nach hM dem Versicherungsprinzip. Wären Härtefallregelungen auch auf betriebliche und private Anrechte anwendbar, handelte es sich dabei nach hier vertretener Ansicht aber selbst um versicherbare Risiken; es wäre den Versorgungsträgern zumutbar und möglich, die Belastungen in ihre Produkte einzupreisen; das würde zwar die Versichertengemeinschaft auf der einen Seite belasten, auf der anderen Seite aber auch den Leistungskatalog erweitern. Das Versicherungsprinzip würde deshalb durch die Härtefallregelungen nach hier vertretener Ansicht nicht berührt (vgl *Norpoth* FamFR 2013, 387; ebenso BVerfGE 136, 152ff Rn 74). Deshalb wird hier weiterhin ein Verstoß gegen Art 3 GG durch Ungleichbehandlung der gesetzl Versicherten, Beamten, Richter etc einerseits und der Selbständigen oder stark privat/betrieblich Abgesicherten andererseits gesehen (vgl *Ruland* NZS 2008, 225, 237; *Ruland* VersA Rn 928). Bereits im Gesetzgebungsverfahren wurde deswegen teilw gefordert, § 32 ersatzlos zu streichen. Zu kritisieren ist zudem, dass in den Unterhaltsfällen (§§ 33f) die Beschränkung der Ausgleichsberechnung auf Anrechte der Regelsicherungssysteme zu reinen Zufallsergebnissen führen muss und damit systematisch völlig missglückt ist (s näher § 33 Rn 13f). Die Entscheidung des BVerfG ist zu respektieren; der Gesetzgeber sollte gleichwohl seinen Spielraum nutzen und die Beschränkung auf Primärversorgungsanrechte beseitigen. 11

§ 33 Anpassung wegen Unterhalt

(1) Solange die ausgleichsberechtigte Person aus einem im Versorgungsausgleich erworbenen Anrecht keine laufende Versorgung erhalten kann und sie gegen die ausgleichspflichtige Person ohne die Kürzung durch den Versorgungsausgleich einen gesetzlichen Unterhaltsanspruch hätte, wird die Kürzung der laufenden Versorgung der ausgleichspflichtigen Person auf Antrag ausgesetzt.

(2) Die Anpassung nach Absatz 1 findet nur statt, wenn die Kürzung am Ende der Ehezeit bei einem Rentenbetrag als maßgeblicher Bezugsgröße mindestens 2 Prozent, in allen anderen Fällen als Kapitalwert mindestens 240 Prozent der monatlichen Bezugsgröße nach § 18 Abs. 1 des Vierten Buches Sozialgesetzbuch betragen hat.

(3) Die Kürzung ist in Höhe des Unterhaltsanspruchs auszusetzen, höchstens jedoch in Höhe der Differenz der beiderseitigen Ausgleichswerte aus denjenigen Anrechten im Sinne des § 32, aus denen die ausgleichspflichtige Person eine laufende Versorgung bezieht.

(4) Fließen der ausgleichspflichtigen Person mehrere Versorgungen zu, ist nach billigem Ermessen zu entscheiden, welche Kürzung ausgesetzt wird.

I. Allgemeines. Die §§ 33f sind an die Stelle des früheren sog **Unterhaltsprivilegs** (§ 5 VAHRG aF) getreten. Im alten Recht wurde der Ausgleichspflichtige zusätzl durch das sog **Rentner- und Pensionärsprivileg** geschützt. Während § 101 III SGB VI aF und § 57 I 2 BeamtVG aF denjenigen vor den negativen Folgen des VersA schützten, der **bereits bei der Scheidung Rentner/Pensionär** war, ermöglichte § 5 VAHRG aF eine (vollständige) Aussetzung des VersA, wenn nach der Scheidung bei dem Ausgleichspflichtigen der Rentenfall eingetreten war, dieser seinem Ehegatten aber noch **Unterhalt** schuldete. Unabhängig von der Höhe des geschuldeten Unterhalts wurde die Rentenkürzung solange vollständig ausgesetzt, bis auch der Ausgleichsberechtigte aus dem ihm übertragenen Anrecht Rentenleistungen bezog. Die alten Regelungen sind übergangsweise noch in den Fällen anwendbar, in denen der Antrag auf Aussetzung des VersA vor dem 1.9.2009 beim Versorgungsträger gestellt worden ist (§ 268a SGB VI, § 57 I 2 BeamtVG). Das neue Recht hat diese Privilegierungen massiv eingekürzt (s Rn 16f). Das Rentner- und Pensionärsprivileg hätte wegen der Abkehr vom Saldierungsprinzip in der bisherigen Form nicht aufrechterhalten werden können, weil der per saldo Ausgleichspflichtige ja zugleich Anwartschaften des Berechtigten übertragen bekommt und deshalb durch § 101 III SGB VI aF besser gestellt worden wäre, als er ohne die Scheidung stünde. Der Gesetzgeber hat den durch das Rentnerprivileg generierten Bestandsschutz aber auch insg als übertrieben und für den Versorgungsträger zu belastend angesehen (BT-Drs 16/10144, 100). 1

Geblieben ist der Schutz des Rentenempfängers in Unterhaltsfällen. Dieser ist allerdings, um Manipulationen vorzubeugen, abgeschwächt.

2 Die §§ 33f regeln einheitlich für diejenigen, die schon eine Rente beziehen, und diejenigen, die erst später Rentner werden, den Fall, dass die Rente des – per saldo – Ausgleichspflichtigen gekürzt ist, während der Ausgleichsberechtigte nicht im Rentenbezug steht und ohne die Kürzung einen Unterhaltsanspruch gegen den Ausgleichspflichtigen hätte. In diesem Fall wirkt die Durchführung des VersA auch für den Berechtigten idR zeitweise kontraproduktiv, weil sein Unterhaltsanspruch gekürzt wird oder sogar völlig wegfällt. Der Pflichtige ist durch die Rentenkürzung und die Unterhaltspflicht doppelt belastet. Davor schützt auch das neue Recht; es sieht für diese Fälle allerdings nicht mehr zwingend vor, dass der Pflichtige seine Versorgung ungekürzt beanspruchen kann. Vielmehr wird die Kürzung nur bis max zur Höhe des ohne sie geschuldeten Unterhalts ausgesetzt. Die Aussetzung erfolgt in Höhe eines **Bruttobetrages** (Düsseldorf MDR 2016, 1339; Frankfurt FamRZ 2014, 1116).

3 Das – verkürzte – Unterhaltsprivileg ist, anders als noch das Unterhaltsprivileg nach altem Recht – auch auf **Lebenspartnerschaften** anwendbar, nachdem auf Initiative des Bundesrats (BT-Drs 16/11903, 132f) der alte § 20 IV LPartG abgeschafft worden ist. Im Hinblick auf die Unterhaltsansprüche **anderer Personen**, etwa gemeinsamer Kinder, sind die Regelungen dagegen **nicht** analog anwendbar (BGH FamRZ 2014, 461 Rn 20ff).

4 **II. Voraussetzungen. 1. Grundvoraussetzungen.** Über den Wertausgleich bei der Scheidung muss – zumindest bezogen auf das Anrecht, für das die Anwendung des § 33 begehrt wird – **rechtskräftig entschieden** sein (Koblenz FamRZ 2017, 964; Stuttgart FamRZ 2014, 1304 mwN; Celle FamRZ 2013, 1313, 1314f; NK-VersA/*Götsche* Rn 7; aA wohl Schleswig FamFR 2013, 155); vor Rechtskraft der Entscheidung liegt kein durch den VersA gekürztes Anrecht der ausgleichspflichtigen Person bzw im VersA erworbenes Anrecht der ausgleichsberechtigten Person vor. Der Ausgleichspflichtige muss bereits eine Rente **aus einem Anrecht iSd § 32** beziehen. Dazu reicht aus, wenn der Ausgleichspflichtige erst aus **einem** von mehreren Anrechten eine (gekürzte) Versorgung bezieht. Es kann sich um eine – auch vorgezogene – Altersrente oder eine Rente wegen Erwerbsminderung handeln (Johannsen/Henrich/Althammer/*Holzwarth* Rn 6). Die Rentenkürzung kann nur solange ausgesetzt werden, wie der Ausgleichsberechtigte aus **dem ihm übertragenen Anrecht** selbst noch keine laufende Versorgung erhalten kann (irrelevant ist auch hier, ob er aus anderen Anrechten bereits Renten bezieht; vgl *Ruland* VersA Rn 1026). Das gilt nicht nur bei Bezug einer Altersrente, sondern auch, wenn der Berechtigte eine Rente wegen Erwerbsunfähigkeit bezieht. Str ist, ob das Übergangsgeld nach §§ 20f SGB VI eine Versorgung iSd § 33 ist (verneinend Johannsen/Henrich/Althammer/*Holzwarth* Rn 6; bejahend *Ruland* VersA Rn 1028 unter Verweis auf § 118 I 1 SGB VI). Dafür spricht, dass ohne den VersA ein gleichzeitiger Bezug von Rente und Übergangsgeld nicht möglich ist; § 33 will ebenfalls vermeiden, dass aus dem betroffenen Anrecht parallel doppelte Leistungen fließen. „Erhalten kann" bedeutet zwar, dass ausreicht, wenn der Berechtigte die Anspruchsvoraussetzungen erfüllt; auch wenn er den Antrag nicht stellt, kommt eine Aussetzung der Rentenkürzung bei dem Pflichtigen grds nicht in Betracht (aA *Bergner* KomRefVA § 33 Anm 3.1 und *Müller* FamRZ 2005, 1721ff, die nur bei tatsächlichem Rentenbezug einen Härtefall verneinen). Dies gilt aber nicht für die Erwerbsunfähigkeitsrente und die vorgezogene Altersrente (diese Renten muss der Berechtigte also **tatsächlich** beziehen), weil der Berechtigte durch den Bezug dieser Renten Abschläge bei der Altersrente hinnehmen muss (§ 77 II Nr 2 lit a und 3 SGB VI). Ihm bleibt die Entscheidungsfreiheit, deswegen auf den Rentenantrag zu verzichten (vgl Grü/*Siede* Rn 4; *Borth* VersA Kap 8 Rn 19 mwN; Johannsen/Henrich/Althammer/*Holzwarth* Rn 8; *Ruland* VersA Rn 1027). Hat der Ausgleichsberechtigte zunächst eine (Invaliditäts-)Rente bezogen, ist diese aber wieder weggefallen, liegen die Voraussetzungen des § 33 wieder vor (*Ruland* VersA Rn 1027). Bezieht der Berechtigte aus einem übertragenen Anrecht nur deswegen keine Rente, weil darauf eigene Einkünfte oder eine Unfallrente (§ 93 SGB VI) angerechnet werden, scheidet eine Anwendung des § 33 ebenfalls aus (*Ruland* VersA Rn 1027).

5 **2. Gesetzlicher Unterhaltsanspruch.** Der Ausgleichsberechtigte muss, wenn man sich die Anrechtskürzung aus dem betroffenen Anrecht bei dem Pflichtigen hinwegdenkt, einen gesetzl Unterhaltsanspruch gegen diesen haben. Nach BGH FamRZ 2020, 833 Rn 16 und FamRZ 2013, 189 Rn 18, 20 ist aber nicht notwendig, dass sich die Anrechtskürzung auf den Unterhaltsanspruch auswirkt, dass also ein bestehender Unterhaltsanspruch ohne Anrechtskürzung **höher** ist als mit ihr; entscheidend ist vielmehr die doppelte Belastung des Ausgleichspflichtigen mit der Unterhaltsverpflichtung und der Anrechtskürzung (ebenso Karlsruhe FamRZ 2022, 1183 Rn 26; Schleswig FamRZ 2020, 1995). Unerheblich ist auch, ob diese Doppelbelastung im konkreten Einzelfall eine unzumutbare Härte für die ausgleichspflichtige Person darstellt (BGH FamRZ 2020, 833 Rn 16; FamRZ 2013, 1547; Karlsruhe FamRZ 2022, 1183 Rn 26; Schleswig FamRZ 2020, 1995). Der Unterhaltsanspruch kann sich aus den §§ 1570ff BGB oder einem nach Art 18 EGBGB aF bzw dem UnthProt maßgeblichen ausl Recht ergeben. Bei Prüfung des Unterhaltsanspruchs sind sämtliche laufenden Versorgungen des Ausgleichspflichtigen zu berücksichtigen, auch wenn sie nicht zu den Primärversorgungen nach § 32 gehören (*Bergner* NJW 2010, 3545, 3546). Ausreichend ist – nach erneuter Heirat der Beteiligten – ein Anspruch aus § 1360 BGB, ebenso wie ein wieder aufgelebter Unterhaltsanspruch nach § 1586a BGB (Johannsen/Henrich/Althammer/*Holzwarth* Rn 9). Ein rein **vertragl** Unterhaltsanspruch reicht wegen der Manipulationsmöglichkeit zulasten des Versorgungsträgers nicht aus (s näher § 34 Rn 5). Nach ganz hM kommt es **nicht** darauf an, dass der Unterhaltsanspruch auch **geltend gemacht ist** oder erfüllt wird (Johannsen/Henrich/Althammer/*Holzwarth* Rn 13; Grü/*Siede* Rn 3; FamR-Komm/*Wick* Rn 8; *Ruland* VersA Rn 1035; *Bergner* KomRefVA § 33 Anm 3.2.1 aE; Soergel/*Schmeiduch* Rn 21); das begegnet Bedenken, weil § 34 V auf tatsächliche Unterhaltszahlungen abstellt; dem kann nach hier vertretener Ansicht nur die Geltendmachung des Unterhalts gleichgestellt werden (ebenso *Kemper* VersA § 10 Rn 35

mwN). Macht der Ausgleichsberechtigte gegen den Pflichtigen keine Unterhaltsansprüche geltend (dafür reicht eine unstr Aufforderung), benötigt der Pflichtige nicht den Schutz durch § 33. Haben die Beteiligten Unterhaltsansprüche durch eine Vereinbarung iSd § 1585c BGB ausgeschlossen (Verzicht), kann auch kein gesetzl Unterhaltsanspruch bestehen (NK-VersA/*Götsche* Rn 18; Johannsen/Henrich/Althammer/*Holzwarth* Rn 12; *Borth* VersA Kap 8 Rn 25). Ist der Unterhaltsanspruch hingegen **abgefunden** worden, wird das FamG die Grundlagen der Abfindungsvereinbarung ermitteln müssen, um die Abfindung auf den Zeitraum zu verteilen, für den Unterhaltsansprüche abgefunden worden sind (AG Euskirchen FamRZ 2017, 707; *Ruland* VersA Rn 1035 mwN; *Bergner* KomRefVA Anm 3.2.1; FamR-Komm/*Wick* Rn 8; *Borth* VersA Kap 8 Rn 25; Johannsen/Henrich/Althammer/*Holzwarth* Rn 12; NK-VersA/*Götsche* Rn 18; vom BGH FamRZ 2013, 1364 und FamRZ 2013, 1640 offengelassen; aA KG v 24.10.2012 – 25 UF 50/12, Rn 17 mwN zum Streitstand; zurückhaltend auch *Kemper* VersA § 10 Rn 39); dabei wird ggf auch eine etwaige Abzinsung wegen der vorschüssigen Zahlung der Abfindung mit zu berücksichtigen sein. Ist aber nicht allein der Unterhalt abgefunden worden und lässt sich deshalb nicht ermitteln, in welchem Umfang sich die Abfindung auf den Unterhalt bezieht und welche Unterhaltshöhe und -dauer der Vereinbarung zugrunde liegen, scheidet eine Anwendung des § 33 aus (BGH FamRZ 2013, 1364; FamRZ 2013, 1640). Zu verfahrensrechtl Problemen mit dem Unterhaltsanspruch s näher § 34 Rn 3ff.

3. Geringfügigkeitsgrenze. Eine Kürzung kann nur ausgesetzt werden, wenn sie die zum Ehezeitende maßgebliche (FamR-Komm/*Wick* Rn 10) Geringfügigkeitsgrenze des Abs II überstiegen hat. Diese beträgt bei einer Rente 2 % und bei einem Kapitalbetrag 240 % der monatlichen Bezugsgröße nach § 18 I SGB IV (Abs II: in 2023 sind dies 67,90/8.148 €; Tabelle bei § 18 Rn 9). Der Kürzungsbetrag entspricht dem Ausgleichswert der betroffenen Versorgung iSd § 5 III. Maßgeblich ist der Ausgleichswert auch bei (nachfolgender) interner Verrechnung gem § 10 II; vor einer Besserstellung des Ausgleichspflichtigen durch den Hin-und-Her-Ausgleich des neuen Rechts schützt Abs III (str; ebenso *Bergner* FPR 2011, 483, 484; MüKo/*Ackermann-Sprenger* Rn 30; aA *Götsche* ZFE 2010, 407, 409; NK-VersA/*Götsche* Rn 25; FamR-Komm/*Wick* Rn 10). Handelt es sich um mehrere Anrechte, so reicht es nach hier vertretener Ansicht aus, wenn deren Kürzung **insg** die Geringfügigkeitsgrenze überschreitet; die wohl hM folgert aus dem Zweck des Abs II als Schutzvorschrift zugunsten der Gerichte, dass zumindest ein betroffenes Anrecht mehr als geringfügig gekürzt worden ist (vgl Bamberg FamRZ 2021, 27 – mehrere Bausteine einer Versorgung; *Bergner* KomRefVA Anm 2; FamR-Komm/*Wick* Rn 10; aA *Götsche* ZFE 2010, 407, 409; NK-VersA/*Götsche* Rn 25; Soergel/*Schmeiduch* Rn 9). Zumindest soweit in der GRV angleichungsdynamische und regeldynamische sowie Anrechte der allgemeinen und der knappschaftlichen Rentenversicherung geteilt worden sind, dürfte aber der Gesamtbetrag der Kürzung maßgeblich sein, da nur ein Versorgungsträger betroffen ist und eine einheitliche Rente gekürzt ist. 6

4. Beschränkung auf Höhe des Unterhalts. Weiter kann die Rentenkürzung nach Abs III nur noch max bis zu derjenigen Höhe ausgesetzt werden, in welcher der Pflichtige ohne die Kürzung der Primärversorgungen iSd § 32 Unterhalt zahlen müsste. Der Pflichtige profitiert also nur noch eingeschränkt von der Unterhaltspflicht. Auch der Unterhaltsanspruch des Berechtigten verringert sich. 7

Bsp (vgl BT-Drs 16/10144, 72f): E hat vor Durchführung des VersA eine gesetzl Rente von brutto 2.450 €, netto 2.100 €, die vollständig in der Ehezeit erworben ist. Im VersA gibt er Anrechte im Wert von brutto 1.225 € an die F ab und erhält von ihr Anrechte im Wert von brutto 475 €. Es verbleiben ihm brutto 1.700 €, netto 1.450 €. F hat aus Erwerbstätigkeit – bereinigte – Einkünfte von 1.100 €. Ohne die Rentenkürzung müsste E an F Unterhalt iHv (2.100 € – 1.100 € = 1.000 €; ½ =) 500 €, zahlen. In Höhe dieses Betrages kann nunmehr die Rentenkürzung des E ausgesetzt werden. Danach verbleiben ihm brutto 2.200 €, das mögen netto 1.900 € sein. Nunmehr kann F Unterhalt iHv (1.900 € – 1.100 € = 800 €; ½ =) 400 € beanspruchen. Nach dem alten Recht hätte E an F 500 € zahlen müssen und würde selbst 1.600 € netto behalten haben. Beide Beteiligte hätten also noch einmal 100 € mehr. Nach hM ist der fiktive Unterhaltsanspruch nach einer unbereinigten **Brutto**rente zu berechnen (Karlsruhe FamRZ 2022, 1183 = juris Rn 41; Bamberg FamRZ 2019, 1319; Frankfurt FamRB 2019, 11 Rn 32 mwN; *Borth* VersA Kap 8 Rn 35f; *Wick* VersA Rn 872; NK-VersA/*Götsche* § 33 Rn 30ff; BeckOGK/*Maaß* Rn 32). Nach hier vertretener Ansicht widerspricht das dem Zweck und Wortlaut des § 33 (**gesetzl** Unterhaltsanspruch), weshalb von der Nettorente auszugehen ist (so auch MüKo/*Ackermann-Sprenger* Rn 33). 8

5. Kausalität. Scheitert der gesetzl Unterhaltsanspruch auch **ohne** die Kürzung (zB an mangelnder Leistungsfähigkeit des Ausgleichspflichtigen oder an mangelnder Einkommensdifferenz), fehlt es an der notwendigen Kausalität zw Rentenkürzung und Beeinträchtigung des Unterhaltsanspruchs, so dass eine Aussetzung der Kürzung nach § 33 ausscheidet (BT-Drs 16/10144, 72f; zweifelhaft daher AG Waiblingen NJW 2011, 1684f). 9

Bsp (BT-Drs 16/10144, 73): Auf Grundlage einer ungekürzten Versorgung von netto 1.400 € würde E der F, die über bereinigte Einkünfte von 1.200 € verfügt, einen Unterhalt iHv monatlich 100 € schulden. Nach der Kürzung bleiben dem E monatlich netto 1.000 €. Selbst wenn diese Kürzung iHv 100 € ausgesetzt würde, würde er der F nicht unterhaltspflichtig werden. In diesem Fall unterbleibt die Aussetzung ganz. Nach dem alten Recht wären dem E dagegen ungekürzte 1.400 € monatlich verblieben, wovon er an F monatlich 100 € hätte zahlen können/müssen. 10

Nach der Rspr des BGH hängt dagegen die Aussetzung der Kürzung nicht mehr davon ab, dass dadurch der tatsächlich zu zahlende Unterhalt höher wird (BGH FamRZ 2020, 833 Rn 16 und FamRZ 2013, 189; ebenso Karlsruhe FamRZ 2022, 1183 = juris Rn 26; Schleswig FamRZ 2020, 1995 = juris Rn 13; Stuttgart FamRZ 2012, 721; Frankfurt FamRZ 2011, 1595; Karlsruhe FamRZ 2012, 452; FamR-Komm/*Wick* Rn 17; str; aA zB *Bergner*/*Borth* FamRZ 2013, 589, 592f).

11 **6. Differenz bei Primärversorgungen.** Eine weitere Grenze/Bedingung für die Aussetzung der Kürzung ist die Differenz der beiderseitigen Anrechte der Beteiligten nach § 32. Durch diese Grenze wollte der Gesetzgeber eine Besserstellung des Ausgleichs- und Unterhaltspflichtigen vermeiden, die durch den Hin-und Her-Ausgleich bedingt ist. Es kommt aber nur auf die Differenz derjenigen Anrechte an, aus denen die ausgleichspflichtige Person auch laufende Leistungen bezieht; maßgeblich sind dabei die jeweils aktuellen Werte (Schleswig FamRZ 2020, 1995 = juris Rn 15ff).

12 **Bsp** (BT-Drs 16/10144, 73): Die Versorgung des E beträgt ungekürzt 2.000 € monatlich. Er würde danach der F monatlich 600 € Unterhalt schulden. Im Wertausgleich bei Scheidung gibt E 800 € Versorgungsanrechte ab und erhält Anrechte der F im Wert von 400 € monatlich übertragen. Ihm bleiben also 1600 € und per saldo wird seine Rente nur um 400 € gekürzt. Deswegen soll die Kürzung bei ihm auch nicht in größerer Höhe als 400 € ausgesetzt werden. Anrechte der GRV werden in der Bezugsgröße „Entgeltpunkte" (EP) geteilt. Maßgeblich ist die Rente, die sich aus der Differenz beiderseitiger EP bei Berücksichtigung des für den Ausgleichspflichtigen geltenden Zugangsfaktors ergibt (Hamm FamRZ 2013, 1905, 1906). Liegt dem VersA eine **Saldierungsvereinbarung** zugrunde, ist der Ausgleichsbetrag maßgeblich, sofern er die Differenz der beiderseitigen Ausgleichswerte der Primärversorgungen nicht übersteigt (großzügiger Karlsruhe FamRZ 2019, 882: Bindung an die Entscheidung zum VersA).

12a Str ist, ob diese Voraussetzung bei der Anwendung des § 33 auf Altfälle ersatzlos entfällt, in denen ja nur ein Saldo übertragen worden ist. Nach Ansicht des BGH ist zu differenzieren: beruht der öffentlich-rechtl VersA nach altem Recht teilw auf einem Supersplitting nach § 3b I Nr 1 VAHRG aF oder einem Quasi-Splitting gem § 1 III VAHRG aF, so komme insoweit eine Aussetzung der Kürzung wegen § 32 VersAusglG nicht in Betracht (BGH FamRZ 2017, 1662 Rn 17; 2013, 189ff Rn 13; aA *Bergner/Borth* FamRZ 2013, 589, 593). Nachdem das BVerfG die Beschränkung von Härtefallregelungen auf Anrechte des § 32 für verfassungsgemäß erklärt hat, verbleibt es insoweit bei der Rspr des BGH.

13 **Kritik.** Die Beschränkung des Blickwinkels auf die Anrechte iSd § 32 führt zu Zufallsergebnissen und benachteiligt Selbständige, die ihre Altersvorsorge im Wesentlichen privat organisiert haben. Nur wenn der Unterhaltspflichtige vor dem Wertausgleich die höheren Primärversorgungsanrechte hatte, kann die Kürzung im Umfang dieser Differenz ausgesetzt werden. Das wirkt sich negativ aus, wenn die Differenz der beiderseitigen Altersversorgungen im Wesentlichen darauf beruht, dass der Pflichtige betriebliche/private Altersvorsorge betrieben hat.

14 Wenn im obigen **Bsp** (Rn 8) beide Beteiligte über ehezeitl gesetzl Rentenanrechte iHv 1.700 € verfügt haben, E darüber hinaus aber über eine private Rentenversicherung und eine betriebliche Altersversorgung im Umfang einer Bruttorente von monatlich 750 €, ergibt sich aus den beiderseitigen Anrechten iSd § 32 keine Differenz. Die Kürzung der gesetzl Rente von E kann dann nach § 33 III Hs 2 nicht ausgesetzt werden. Auch wenn das verfassungsgemäß ist (s § 32 Rn 11), sollte der Gesetzgeber nachbessern.

15 **III. Kürzung bei mehreren Versorgungen.** In den – wohl eher seltenen – Fällen, in denen der Ausgleichspflichtige mehrere gekürzte Versorgungen iSd § 32 bezieht, kann das FamG gem Abs IV nach billigem Ermessen darüber entscheiden, bei welchem Versorgungsträger die Kürzung in welchem Umfang ausgesetzt wird. Die Kürzung kann danach anteilig oder auch insg bei nur einer der beteiligten Versorgungen ausgesetzt werden (Bsp bei Bamberg FamRZ 2021, 27, 28).

15a **IV. Verhältnis zu den §§ 35, 36.** Gibt ein Ehegatte Anrechte aus einer bereits laufenden Primärversorgung wegen Invalidität oder einer besonderen Altersgrenze ab und erhält im Gegenzug Anrechte aus einer Primärversorgung, deren Voraussetzungen (Invalidität/Altersgrenze) er (noch) nicht erfüllt, kann zugleich ein Anwendungsfall der §§ 35 f vorliegen (vgl Schleswig FamRZ 2020, 1995, besprochen von *Norpoth* NZFam 2020, 1026; *Norpoth* FF 2022, 98, 101f). Nach hM hat dann die Anwendung der §§ 35 f Vorrang (Johannsen/Henrich/Althammer/*Holzwarth* § 35 Rn 2 mwN; *Borth* VersA Kap 8 Rn 33; Grü/*Siede* § 35 Rn 1; FamR-Komm/*Wick* § 35 Rn 10). Es kann aber sinnvoll sein, beide Verfahren nacheinander zu betreiben (vgl *Norpoth* FF 2022, 98, 101f).

16 **V. Anhang: Rentner- und Pensionärsprivileg.** Das sog Rentner- und Pensionärsprivileg (§ 101 III SGB VI aF und § 57 I 2 BeamtVG aF) schützte denjenigen vor den negativen Folgen des VersA, der **bereits bei der Scheidung Rentner/Pensionär** war, solange sein Ehegatte noch nicht im Rentenbezug stand. Beide Regelungen sind zum 1.9.2009 – auf Bundesebene – abgeschafft worden. Die alten Regelungen sind übergangsweise noch in den Fällen anwendbar, in denen sowohl der Rentenbezug als auch das VersA-Verfahren vor dem 1.9.2009 begonnen haben (§ 268a SGB VI, § 57 I 2 BeamtVG). Das gilt auch für die öffentlich-rechtl Zusatzversorgung (dazu vgl BGH FamRZ 2016, 532). Probleme entstehen, wenn das vor dem 1.9.2009 eingeleitete VersA-Verfahren ausnahmsw nach neuem Recht durchgeführt wird. § 101 III SGB VI aF ist nicht für den Hin-und-Her-Ausgleich des neuen Rechts konzipiert, nach hM in diesen Fällen aber gleichwohl anzuwenden (aA *Göhde* FamFR 2010, 555 mwN zur hM). Entspr gilt für das Pensionärsprivileg auf Bundesebene (Karlsruhe FamRZ 2013, 1912). Die Anwendung muss dann aber sicherstellen, dass der Rentner/Pensionär durch das neue Recht nicht bessergestellt wird (Einzelheiten bei *Göhde* aaO). Für **Landesbeamte** kann sogar für nach dem 1.9.2009 begonnene VersA-Verfahren eine vergleichbare Problematik entstehen. Dort ist das Pensionärsprivileg nur teilw abgeschafft worden; dies ist Aufgabe der Länder, die mittlerweile recht unterschiedliche Regelungen getroffen haben (vgl dazu *Norpoth* FamRB 2014, 109; *Voucko-Glockner/Vogts* FamRZ 2010, 950f; *Hauß* FamRB 2010, 251f; *Borth* FamRZ 2010, 1213). Die Länder Schleswig-Holstein, Hamburg (jew § 68 BeamtVG) und Sachsen (§ 77 VI SächsBeamtVG) haben mittlerweile die bundesrechtl Übergangsregelungen übernommen, Bremen mit dem Stichtag 1.1.2011

(§§ 69, 89 I Nr 6 BeamtVG), Mecklenburg-Vorpommern mit dem Stichtag 1.8.2011 (§ 57 BeamtVG) und Niedersachsen mit dem Stichtag 1.12.2011 (69, 88 VI BeamtVG). Berlin (§ 57 BeamtVG) behält das Pensionärsprivileg bei. In Hessen ist am 1.3.2014 ein neues BeamtVG in Kraft getreten, dessen § 63 das Pensionärsprivileg auf die Differenz der beiderseitigen Versorgungen iSd § 32 VersAusglG begrenzt; diese Regelung begegnet der oben geschilderten Problematik. Bayern (Art 92, 102 BeamtVG) und Baden-Württemberg (§§ 13, 105 BeamtVG) privilegieren nur diejenigen Pensionäre, die vor dem 1.1.2011 einen Versorgungsanspruch hatten, wenn die Entscheidung zum VersA vor dem 1.1.2011 **wirksam** geworden ist. Sachsen-Anhalt arbeitet insoweit mit dem Stichtag 1.4.2011 (§ 72 V LBeamtVG), Thüringen (§§ 75, 87 III ThürBeamtVG) mit dem 31.12.2011, Rheinland-Pfalz mit dem 1.1.2012 (§§ 81, 87 VI BeamtVG), Brandenburg mit dem 31.12.2013 (§§ 81, 84 Nr 6 Bbg BeamtVG), NRW mit dem 1.6.2013 (§ 72 I BeamtVG NRW) und das Saarland mit dem Stichtag 1.1.2022 (§§ 69, 95 I Nr 2 SBeamtVG).

Für **Soldaten** hat der Bund durch das Bundeswehr-Attraktivitätssteigerungsgesetz v 13.5.2015 (dazu *Borth* FamRZ 2016, 99) mit § 55c I 3 SVG eine dem Pensionärsprivileg vergleichbare Regelung erlassen: Danach wird bei Soldaten, die wegen Erreichens der für sie geltenden besonderen Altersgrenze in den Ruhestand versetzt worden sind, die Kürzung der Versorgung bis zum Ende des Monats ausgesetzt, in dem sie die Altersgrenze für **Polizeivollzugsbeamte** auf Lebenszeit gem § 5 BPolBG erreichen. Diese Altersgrenze hat der Gesetzgeber zum 12.2.2009 von 60 auf 62 Jahre erhöht, wobei für Polizeivollzugsbeamte, die vor dem 1.1.1952 geboren sind, die Altersgrenze von 60 Jahren fortgilt und diese für die Beamten, die 1952 bis 1963 geboren sind, schrittweise angehoben wird. § 55c I 4 SVG befristet die Aussetzung der Kürzung bis zu dem Zeitpunkt, zu dem der ausgleichsberechtigte Ehegatte eine Versorgung bezieht. Mit dieser Neuregelung trägt der Bund der Tatsache Rechnung, dass Soldaten wesentlich früher als andere Beschäftigte in den Ruhestand treten und deshalb von der Kürzung ihrer Versorgungsbezüge besonders betroffen waren (BT-Drs 18/3697, 61f). 17

§ 34 Durchführung einer Anpassung wegen Unterhalt

(1) Über die Anpassung und deren Abänderung entscheidet das Familiengericht.

(2) Antragsberechtigt sind die ausgleichspflichtige und die ausgleichsberechtigte Person. Die Abänderung einer Anpassung kann auch von dem Versorgungsträger verlangt werden.

(3) Die Anpassung wirkt ab dem ersten Tag des Monats, der auf den Monat der Antragstellung folgt.

(4) Der Anspruch auf Anpassung geht auf die Erben über, wenn der Erblasser den Antrag nach § 33 Abs. 1 gestellt hatte.

(5) Die ausgleichspflichtige Person hat den Versorgungsträger, bei dem die Kürzung ausgesetzt ist, unverzüglich über den Wegfall oder Änderungen seiner Unterhaltszahlungen, über den Bezug einer laufenden Versorgung aus einem Anrecht nach § 32 sowie über den Rentenbezug, die Wiederheirat oder den Tod der ausgleichsberechtigten Person zu unterrichten.

(6) Über die Beendigung der Aussetzung aus den in Absatz 5 genannten Gründen entscheidet der Versorgungsträger. Dies gilt nicht für den Fall der Änderung von Unterhaltszahlungen.

I. Allgemeines. § 34 beinhaltet die Verfahrensregelungen für die Anpassung nach § 33. Die wichtigste Neuerung ggü dem alten Recht stellt die Zuständigkeit des FamG für die Anpassung und deren Abänderung dar (Abs I und Abs V S 2). Weil jetzt nicht mehr nur das **Ob** eines Unterhaltsanspruchs, sondern auch dessen **Höhe** relevant ist, geht der Gesetzgeber von einer höheren Fachkompetenz der FamG für das Verfahren aus. Weitere Neuerungen sind, dass ein Antragsrecht der Hinterbliebenen (auch) formell nicht mehr existiert (Abs II) und der Antrag nur noch für die Zukunft wirkt (Abs III). 1

II. Verfahrensfragen. Der Antrag auf Aussetzung der Rentenkürzung ist bei dem FamG zu stellen, Abs I. Dasselbe gilt für den Antrag auf **Abänderung** einer Entscheidung nach § 33 (dazu s Düsseldorf FamRZ 2017, 105). Er hat nur verfahrenseinleitende Funktion; eine Bindung des FamG an den gestellten Antrag besteht nicht (Celle FamRZ 2013, 1313, 1314; FamR-Komm/*Wick* Rn 9); dieser muss also weder beziffert noch sonst konkretisiert werden (BGH FamRZ 2014, 827); an eine trotzdem erfolgte Bezifferung ist das FamG nicht gebunden (Nürnberg FamRZ 2016, 559, 560). Die örtliche Zuständigkeit ergibt sich aus § 218 FamFG (Frankfurt FamRZ 2010, 916 m Anm *Borth*; *Borth* FamRZ 2010, 1210, 1214; *Schwamb* NJW 2011, 1648, 1649), und zwar vorrangig nach Nr 3 (Wohnsitz des Antragsgegners), nachrangig nach Nr 4 (Wohnsitz des Antragstellers). Der ausgleichsberechtigte Ehegatte/Lebenspartner ist wegen der unmittelbaren Auswirkung auf einen Unterhaltsanspruch weiterer **Beteiligter** (*Borth* FamRZ 2010, 1210, 1214; BGH FamRZ 2017, 1662 Rn 13); der Versorgungsträger ist **Antragsgegner** iSd § 218 Nr 3 FamFG (vgl BGH FamRZ 2017, 1662 Rn 13; 2016, 1438; FamR-Komm/*Wick* Rn 3). Ist zugleich an anderer Stelle ein **Unterhaltsverfahren** anhängig, besteht nach umstr Ansicht die Möglichkeit, dieses aus wichtigem Grund nach § 4 FamFG an das für die Anpassung nach § 33 zuständige FamG abzugeben (Johannsen/Henrich/Althammer/*Holzwarth* Rn 3; *Götsche* ZFE 2010, 413; krit zur Anwendbarkeit des § 4 FamFG *Schwamb* NJW 2011, 1648, 1649), was aber die Übernahmebereitschaft des anderen Gerichts erfordert. Nach zutr Ansicht (FamR-Komm/*Wick* Rn 4; MüKo/*Ackermann-Sprenger* Rn 5) kann aber nur das VA-Verfahren nach § 4 FamFG an das für den Unterhaltsstreit zuständige Gericht abgegeben werden, weil das Unterhaltsverfahren Streitverfahren ist, für das gem § 113 I 2 FamFG § 4 FamFG nicht gilt. 2

2a Str ist, ob im Rahmen eines **Scheidungsverbundverfahrens** auch über einen Antrag nach § 33 entschieden werden kann, wenn die ausgleichspflichtige Person bereits Versorgungsempfänger ist (so Karlsruhe NZFam 2016, 373 = FamRB 2016, 226 [*Kemper*]; Zweibrücken FamRZ 2012, 722, 723; bejahend auch *Weil* Anm zu Hamm FamRB 2016, 223; *Gutdeutsch* FamRZ 2010, 1140; Soergel/*Schmeiduch* Rn 9; aA Hamm FamRZ 2017, 367; Stuttgart FamRZ 2014, 1304; KG FamRB 2013, 179 [*Weil*]; Celle FamRZ 2013, 1313, 1314 mwN; *Borth* VersA Kap 8 Rn 16; FamR-Komm/*Wick* Rn 3, 9; MüKo/*Ackermann-Sprenger* Rn 6); dies ist schon deshalb zu verneinen, weil der Antrag nach den §§ 33 f erst zulässig wird, wenn die Entscheidung zum VersA rechtskräftig geworden ist (so zutr FamR-Komm/*Wick* Rn 3; zweifelnd Stuttgart FamRZ 2021, 352 – juris Rn 25f). Im **Tenor** ist nach Ansicht des BGH der Aussetzungsbetrag grds **konkret zu beziffern** (BGH FamRZ 2012, 853, 856; dem folgend Bremen FamRZ 2020, 685; Dresden NZFam 2015, 217; ebenso FamR-Komm/*Wick* Rn 6; das führt zur **gestaffelten** Aussetzung bei Anpassungen der GRV infolge längerer Verfahrensdauer, s Frankfurt FamRB 2019, 11). Auch in eindeutigen Fällen soll eine Aussetzung der Kürzung in voller Höhe nicht möglich sein. Sinn einer Aussetzung in voller Höhe ist es, der ausgleichspflichtigen Person in Fällen, in denen der geschuldete Unterhalt weit über der Rentenkürzung liegt, ständige Anpassungen wegen der jährlichen Rentendynamik zu ersparen. Der BGH befürchtet gleichwohl, dass aufgrund eines derart dynamischen Titels die Aussetzung der Kürzung den geschuldeten Unterhalt irgendwann übersteigen könne (FamRZ 2012, 853, 856 Rn 31). Zur Lösung der Problematik in der GRV hat Frankfurt (FamRZ 2013, 43 (LS) und FamRB 2020, 95 sowie Beschl v 2.3.2016 – 2 UF 362/15) einen dynamischen Tenor entwickelt: Danach wird die Kürzung iHv x Entgeltpunkten, multipliziert mit dem jew maßgeblichen aktuellen Rentenwert und dem maßgeblichen Zugangsfaktor, höchstens jedoch iHd geschuldeten Unterhalts von y €, ausgesetzt. Diese Lösung trägt den Bedenken des BGH ebenso Rechnung wie dem Bedürfnis nach einem dynamischen Tenor (ebenso FamR-Komm/*Wick* Rn 6; aA Bremen NZFam 2020, 134; Hamm FamRZ 2018, 754). Sie ist vom BGH bestätigt worden (BGH FamRZ 2020, 833).

3 **III. Verhältnis zum Unterhaltsverfahren.** Problematisch ist das Verhältnis des Aussetzungsverfahrens und der die Aussetzung abändernden Verfahren zu dem Unterhaltsverfahren zw den Beteiligten. Während das Unterhaltsverfahren zu den Familienstreitsachen nach § 112 FamFG gehört, für das nach § 114 I FamFG Anwaltszwang, nach § 113 I FamFG aber nicht der Amtsermittlungsgrundsatz des § 26 FamFG gilt, zählen Versorgungsausgleichssachen nicht zu den Familienstreitsachen. Ein Anwaltszwang besteht nicht, dafür gilt der Amtsermittlungsgrundsatz des § 26 FamFG. Soweit eine **Verbindung** beider Verfahren für möglich gehalten wird und auch erfolgt (s Rn 2), relativieren sich die nachfolgend aufgeführten Probleme. Solche Probleme entstehen, wenn isoliert ein Verfahren über die Anpassung wegen Unterhalts anhängig ist.

4 **1. Amtsermittlung zum Unterhaltsanspruch.** Unklar ist vor diesem Hintergrund zwar nicht, ob, wohl aber, **inwieweit** das FamG in den Fällen, in denen die Ehegatten über den Unterhaltsanspruch einig sind oder ein Unterhaltstitel (Beschl, Vergleich) vorliegt, wegen des Amtsermittlungsgrundsatzes (§ 26 FamFG) von sich aus Fragen nach dem **Ob** und der **Höhe** sowie der **Befristung** (§ 1578b BGB) und **Verwirkung** (§ 1579 BGB) des nachehelichen Unterhalts klären und berücksichtigen muss.

5 Grds kann bei Bestehen eines Unterhaltstitels von dessen Gültigkeit ausgegangen werden (*Ruland* VersA Rn 1035); dies gilt zumindest für einen Unterhaltstitel, der schon auf der Grundlage des (noch ungekürzten) Versorgungsbezugs gebildet worden ist (BGH FamRZ 2012, 853ff Rn 25; Karlsruhe FamRZ 2022, 1183 – juris Rn 26 und FamRZ 2019, 882). Das gilt aber nur, solange keine Anhaltspunkte dafür bestehen, dass der Titel nicht (mehr) den gegenwärtigen Umständen entspricht, etwa wegen einer nachträgl Veränderung abänderbar gem § 238 FamFG ist (zB Renteneintritt der unterhaltspflichtigen Person; vgl BGH FamRZ 2017, 1662 Rn 20; Karlsruhe FamRZ 2022, 1183 Rn 26; Dresden NZFam 2015, 217). Beruht eine Unterhaltsvereinbarung erkennbar nicht auf der Grundlage eines **gesetzl** Unterhaltsanspruchs, ist sie auch im Rahmen des Verfahrens nach den §§ 33f VersAusglG unbeachtlich (BGH FamRZ 2012, 853; 2013, 189; FamRZ 2020, 833 Rn 15). Eine Unterhaltsvereinbarung ist aber insoweit beachtlich, als der gesetzl geschuldete Unterhalt darin **eingeschränkt** wird (BGH FamRZ 2016, 1438 Rn 13; 2013, 189 Rn 22; FamRZ 2015, 1364 Rn 14; Koblenz FamRZ 2015, 1721 m zust Anm *Borth*; Nürnberg FamRZ 2016, 559; missverständl BGH FamRZ 2020, 833 Rn 15 m Anm *Norpoth* NZFam 2020, 483; aA Bamberg FamRZ 2021, 27, wonach immer der gesetzl Unterhaltsanspruch maßgeblich sei); bei einer gestaffelten Unterhaltsvereinbarung kann dann sogar über die Aussetzung der Kürzung **gestaffelt** zu entscheiden sein (BGH FamRZ 2016, 1438). Dies gilt ausnahmsw dann nicht, wenn nicht die ungekürzte Versorgung, sondern die gekürzte oder nach Teilaussetzung der Kürzung verbleibende Versorgung Grundlage der Unterhaltsvereinbarung geworden ist (Düsseldorf FamRZ 2017, 105; Nürnberg FamRZ 2016, 559; Koblenz FamRZ 2015, 1721 m zust Anm *Borth*). Auch wird man den Beteiligten eines Unterhaltsvergleichs die Möglichkeit einräumen müssen, Zweifelsfragen wie die Höhe erzielbarer Einkünfte des Unterhaltsberechtigten und die Berücksichtigungsfähigkeit von Ratenzahlungen auf Kredite sowie die Anwendung der §§ 1578b, 1579 BGB verbindlich zu regeln (Oldenburg FamRZ 2012, 1569ff m zust Anm *Borth*; FamR-Komm/*Wick*, § 33 Rn 16 mwN). Das FamG muss daher bei einem Unterhaltsvergleich neben möglichen nachträgl Veränderungen die möglichen Abweichungen vom gesetzl geschuldeten Unterhalt prüfen, soweit sie nicht auf der Regelung von Zweifelsfragen beruhen; bei einem Beschl muss es mögliche Veränderungen aufklären und berücksichtigen, soweit sie von den Beteiligten vorgetragen sind (Hamm FamRZ 2011, 815ff m zust Anm *Borth*; aA Hamm FamRZ 2011, 814). Zugleich muss es aber möglicherweise unabänderbare Festlegungen im Titel zur Begrenzung nach den §§ 1578b, 1579 BGB berücksichtigen (Hamm FamRZ 2011, 815, 817; Karlsruhe FamRZ 2022, 1183 Rn 40; *Borth* FamRZ 2010, 1210,

1214; wohl auch BGH FamRZ 2016, 1438 Rn 13; Bsp: Der Unterhaltsanspruch ist nach § 1578b II BGB bis zum 31.12.2022 begrenzt).

Fraglich ist, was gilt, wenn ein Titel fehlt. Entspr dem Sinn und Zweck, die Belastung des Versorgungsträgers des Ausgleichspflichtigen durch die Aussetzung des Wertausgleichs gering zu halten und vor **Manipulationen** zu schützen, müsste das FamG von Amts wegen auch die Umstände ermitteln, die für eine Befristung, Verwirkung oder Herabsetzung des Ehegattenunterhalts sprechen. Im Unterhaltsrechtsstreit sind solche Umstände zwar als rechtshindernde/-vernichtende Einwendungen von Amts wegen zu beachten. Sie müssen dem Gericht aber zur Kenntnis gebracht werden, was Aufgabe des Unterhaltspflichtigen ist; ihre Berücksichtigung unterliegt also insoweit seiner **Disposition** (Karlsruhe FamRZ 2022, 1183, 1186 = juris Rn 59f; so wohl Grü/*v Pückler* § 1578b BGB Rn 18 und § 1579 BGB Rn 42; weitergehend Frankfurt FamRZ 2011, 1595ff Rn 14ff; FamR-Komm/*Wick* § 33 Rn 16; *Bergmann* FuR 2013, 431: der Unterhaltspflichtige müsse sich auf eine Unbilligkeit nach § 1578b BGB berufen; aA OVG Koblenz FamRZ 2014, 1306 Rn 32ff – Amtsermittlung). Zu beachten ist auch, dass der Unterhaltspflichtige den Einwand der Verwirkung/Befristung/Begrenzung infolge Präklusion dadurch verlieren kann, dass er ihn in einem Unterhaltsrechtsstreit oder bei Abschluss einer Unterhaltsvereinbarung nicht geltend macht (vgl statt vieler BGH FamRZ 2008, 134; 2008, 151; 2008, 1325; Grü/*v Pückler* § 1578b BGB Rn 20 mwN). Ist dies geschehen, besteht weiterhin ein gesetzl Unterhaltsanspruch iSd § 33 I. Das spricht dafür, Einwendungen iSd §§ 1578b, 1579 BGB nur dann zu prüfen, wenn und soweit die maßgeblichen Umstände von dem unterhaltspflichtigen Ehegatten geltend gemacht werden (so Karlsruhe FamRZ 2022, 1183; Stuttgart FamRZ 2019, 1320; aA offenbar Frankfurt FamRB 2019, 11 Rn 39), ansonsten nur, wenn Anhaltspunkte für eine Schädigungsabsicht zum Nachteil des Versorgungsträgers bestehen (KG FamRZ 2018, 1749 Rn 7; aA bei obj Umständen Oldenburg NZFam 2019, 34). Macht der Ausgleichspflichtige – neue – Einwendungen erst im nachfolgenden Unterhaltsstreitverfahren erfolgreich geltend, ist der Versorgungsträger durch Abs V geschützt. 6

2. Präjudizwirkungen. Für das Unterhaltsverfahren ist das Verfahren nach § 33 – allerdings allein wegen der Höhe der Aussetzung – vorgreiflich, so dass ggf das Unterhaltsverfahren gem § 113 I FamFG, § 148 ZPO auszusetzen ist (vgl *Wick* VersA Rn 860; *Borth* FamRZ 2010, 1210, 1214; *Götsche* ZFE 2010, 413 mwN; aA KG FamRZ 2021, 1193 m krit Anm *Borth*). Sonstige Präjudizwirkungen auf ein parallel weiterlaufendes Ehegattenunterhaltsverfahren ergeben sich aus einer Entscheidung nach Abs I nicht. Verfahrensgegenstand im Verfahren nach den §§ 33f ist ausschließlich die Frage nach der Aussetzung des Wertausgleichs bei Scheidung und seiner Höhe. Hat in einem Unterhaltsverfahren das FamG einen Unterhaltsantrag des Ausgleichsberechtigten (rechtskräftig) abgewiesen, bindet dies bei einem etwaigen Streit über eine Aussetzung der Kürzung nach § 33 das FamG. 7

3. Divergierende Entscheidungen. Verneint das FamG im Verfahren nach § 33 einen Unterhaltsanspruch, bejaht ihn aber im nachfolgenden Unterhaltsstreit zw den beteiligten Eheleuten, so kann der Ausgleichspflichtige ein neues Verfahren nach den §§ 33f einleiten; die Voraussetzungen für einen Restitutionsantrag nach § 48 II FamFG iVm § 580 ZPO liegen dagegen nicht vor. Kommt eine Entscheidung im Unterhaltsverfahren zu dem Ergebnis, dass kein Unterhalt mehr geschuldet wird, ergeben sich die Auswirkungen der Entscheidung auf die Aussetzung mittelbar aus den Abs V und VI (dazu Rn 12f). 8

IV. Antragsrecht. Antragsberechtigt sind nach Abs II sowohl der Ausgleichspflichtige als auch der Ausgleichsberechtigte. Verringert sich die Unterhaltspflicht des Ausgleichspflichtigen später (zB wegen höherer eigener Einkünfte des Ausgleichsberechtigten), ist die Aussetzung der Kürzung gem § 48 I FamFG abzuändern (dazu s Düsseldorf FamRZ 2017, 105). Dies liegt im alleinigen Interesse des betroffenen Versorgungsträgers, der deshalb in diesen Fällen ein Antragsrecht hat. Die **Hinterbliebenen** des Ausgleichsberechtigten können die Aussetzung dagegen **nicht** (mehr) beantragen (anders noch § 9 II VAHRG aF). Zum alten Recht wurde die Ansicht vertreten, dass wegen der Kürzung der Hinterbliebenenversorgung für diese § 5 VAHRG entspr anwendbar sei. Der Gesetzgeber sieht für die Hinterbliebenen aber keine auszugleichende Härte (BT-Drs 16/10144, 73; krit *Ruland* VersA Rn 1044). 9

V. Eintritt der Wirkungen. Nach Abs III wird die Kürzung erst ab dem Monat ausgesetzt, welcher der Antragstellung (= Eingang des Antrags bei Gericht: *Schwamb* NJW 2011, 1648, 1649; ebenso Oldenburg FamRZ 2016, 63 für Antrag nach § 51) folgt. Dasselbe gilt für die Anpassung nach Abs V S 1. Nach altem Recht war unter Anwendung der §§ 44, 48 SGB X noch eine bis zu vier Jahre rückwirkende Aussetzung möglich (vgl *Maier/Michaelis*[8] § 5 VAHRG Anm 5). Ist der Antrag von der Bewilligung von VKH abhängig gemacht, ist er erst mit der – positiven – Entscheidung über die VKH gestellt. 10

VI. Stellung der Erben. Die Erben haben, wie die Hinterbliebenen, kein eigenes Antragsrecht, jedoch geht nach Abs IV – wie nach altem Recht (§ 9 III VAHRG aF) – der Anspruch auf Anpassung auf die Erben über, wenn der Erblasser den Antrag nach § 33 I gestellt hatte (*Ruland* VersA Rn 1044; Johannsen/Henrich/Althammer/*Holzwarth* Rn 11). 11

VII. Auskunftspflicht. Ist die Kürzung ausgesetzt worden, muss der Ausgleichspflichtige seinen Versorgungsträger nach Abs V über alle Umstände informieren, die eine Abänderung oder Beendigung der Aussetzung rechtfertigen. Die Regelung entspricht – in angepasster Form – § 9 V VAHRG aF. Bezieht der Ausgleichsberechtigte ebenfalls eine Rente aus dem gekürzten Anrecht, was zum Wegfall der Kürzung nach § 33 führen muss, dann bestehen auch Auskunftsansprüche der Versorgungsträger untereinander nach § 4 III. Eine Pflicht zur ungefragten Information resultiert hieraus aber nicht. 12

13 **VIII. Entscheidung des Versorgungsträgers.** Über die Beendigung der Aussetzung entscheidet nach Abs VI in eindeutigen Fällen (Wegfall des Unterhaltsanspruchs, Rentenanspruch – auch – des Berechtigten, Tod oder Wiederheirat des Berechtigten) der Versorgungsträger selbst. Besteht zw den Beteiligten und dem Versorgungsträger Streit darüber, ob der Unterhaltsanspruch des Berechtigten weggefallen ist, ergibt sich spätestens aus der Gesetzesbegründung (BT-Drs 16/10144, 74), dass die Entscheidung des **FamG** zu suchen ist, die Vorrang vor einer Entscheidung des Versorgungsträgers hat. Ist sie rechtskräftig, bindet sie Versorgungsträger und Fachgericht, selbst im Fall ihrer Unrichtigkeit (LSG Baden-Württemberg 30.4.2020 – L 10 R 1177/16). Der Versorgungsträger ist nur in eindeutigen Fällen befugt, die Aussetzung zu beendigen.

§ 35 Anpassung wegen Invalidität der ausgleichspflichtigen Person oder einer für sie geltenden besonderen Altersgrenze

(1) Solange die ausgleichspflichtige Person eine laufende Versorgung wegen Invalidität oder Erreichens einer besonderen Altersgrenze erhält und sie aus einem im Versorgungsausgleich erworbenen Anrecht keine Leistung beziehen kann, wird die Kürzung der laufenden Versorgung aufgrund des Versorgungsausgleichs auf Antrag ausgesetzt.

(2) § 33 Abs. 2 gilt entsprechend.

(3) Die Kürzung ist höchstens in Höhe der Ausgleichswerte aus denjenigen Anrechten im Sinne des § 32 auszusetzen, aus denen die ausgleichspflichtige Person keine Leistung bezieht.

(4) Fließen der ausgleichspflichtigen Person mehrere Versorgungen zu, so ist jede Versorgung nur insoweit nicht zu kürzen, als dies dem Verhältnis ihrer Ausgleichswerte entspricht.

1 **I. Allgemeines.** Zu den §§ 35, 36 existiert keine Vorgängervorschrift im alten Recht; sie behandeln einen Härtefall, der durch den Hin-und-Her-Ausgleich nach neuem Recht für die Invaliditätsversorgung und in den Fällen vorgezogener Altersgrenzen entstehen kann. Im Gegensatz zu den eigenen Anrechten kann der Invaliditätsschutz bei durch Teilung erworbenen Anrechten von Voraussetzungen abhängen (zB sog 3/5-Belegung in der GRV, § 43 I Nr 2, II Nr 2 SGB VI), die der Erwerber trotz Invalidität nicht erfüllt (zB als Beamter). § 35 vermittelt ihm für diesen Härtefall – eingeschränkt (Abs III) – weiterhin den Invaliditätsschutz aus den Anrechten, die er als Ausgleichspflichtiger hat abgeben müssen. Dasselbe gilt für Versorgungsleistungen wegen Erreichens einer besonderen, vorgezogenen Altersgrenze (Bsp: Polizeibeamte, Soldaten; BT-Drs 16/11903, 55; *Borth* VersA Kap 8 Rn 50). Auch für diesen Härtefall gilt die Beschränkung auf Anrechte der Primärversorgung iSd § 32. Das Verfahren regelt § 36. Zu den **Informations- und Beratungspflichten** der Versorgungsträger s § 36 Rn 5.

2 **II. Voraussetzungen. 1. Bezug einer laufenden Versorgung.** Nach Abs I muss die **ausgleichspflichtige** Person aus **eigenem** Anrecht/eigenen Anrechten iSd § 32 eine **laufende Versorgung** wegen **Invalidität** oder Erreichens einer **besonderen Altersgrenze** beziehen. In der GRV haben langjährig Versicherte (§§ 36, 236 SGB VI), Schwerbehinderte (§§ 37, 236a SGB VI), langjährig unter Tage beschäftigte Bergleute (§§ 40, 238 SGB VI), Geburtsjahrgänge bis 1951 auch wegen Arbeitslosigkeit oder nach Altersteilzeit (§ 237 SGB VI) und Frauen bis Geburtsjahrgang 1951 (§ 237a SGB VI) Anspruch auf eine vorgezogene Altersrente; hinzu kommt die knappschaftliche Ausgleichsleistung nach § 239 SGB VI (DRV-Komm-VersA Anm 3.1.1). Für Soldaten ergeben sich vorgezogene Altersgrenzen aus § 45 SG, für Beamte zB aus § 51 III BBG. § 35 ist aber nach dem Willen des Gesetzgebers auch auf den vorzeitigen Bezug von Altersrenten unter Hinnahme von Abschlägen anwendbar (BT-Drs 16/11903, 55; str; wie hier VGH Mannheim NZFam 2018, 87; MüKo/*Ackermann-Sprenger* Rn 12; FamR-Komm/*Wick* Rn 5; NK-VersA/*Rehbein* Rn 8; *Kemper* VersA § 10 Rn 100; nunmehr auch Johannsen/Henrich/Althammer/*Holzwarth* Rn 4; aA BGH FamRZ 2013, 690, 692; VG Berlin 10.3.2023 – 5 K 490.19; *Borth* FamRZ 2014, 1245; *Bergmann* FamRB 2015, 314, 317; zweifelnd auch VGH Mannheim 19.11.2019 – 4 S 488/19; offen BGH FamRZ 2020, 169). Die Anwendbarkeit auf Versetzungen in den einstweiligen Ruhestand, zB nach §§ 54, 55 BBG, wird weitgehend abgelehnt (auch von *Kemper* VersA § 10 Rn 100; NK-VersA/*Rehbein* Rn 8); jedoch spricht die vergleichbare Interessenlage nach hier weiterhin vertretener Ansicht für eine Analogie. Ob auch die ausgleichsberechtigte Person bereits aus dem übertragenen Anrecht Leistungen bezieht, ist irrelevant (*Kemper* VersA § 10 Rn 103). Auch das Erreichen der **Regelaltersgrenze** kann die Anwendung des § 35 auslösen, wenn für die wechselseitigen Anrechte unterschiedliche Regelaltersgrenzen gelten (NK-VersA/*Rehbein* Rn 10 mwN).

3 **2. Keine Leistung aus erworbenem Anrecht.** Die ausgleichspflichtige Person muss im Wertausgleich bei Scheidung ein Anrecht iSd § 32 erworben haben, aus dem sie keine Leistung wegen derselben Invalidität oder Erreichens der besonderen Altersgrenze beziehen kann. Dabei reicht nach zutr weiter Auslegung des Wortlauts aus, dass die ausgleichspflichtige Person aus einem übertragenen Anrecht iSd § 32 noch keine Leistungen erhält; unschädlich ist, wenn sie teilw aus sonstigen übertragenen Anrechten bereits Leistungen bezieht (str; wie hier *Kemper* VersA, § 10 Rn 107; FamR-Komm/*Wick* Rn 7). „Erworben" meint eine Teilung im Wertausgleich bei der Scheidung. Nicht ausreichend ist, wenn der schuldrechtl Ausgleich vorbehalten worden ist (MüKo/*Ackermann-Sprenger* Rn 7; FamR-Komm/*Wick* Rn 7; aA VG Aachen FamRZ 2012, 1727 m abl Anm *Hoppenz* FamRZ 2013, 135f; s auch *Kemper* VersA § 10 Rn 108). Dass aus dem erworbenen Anrecht keine Leistung bezogen werden kann, muss nach dem Gesetzeswortlaut („kann") daran liegen, dass die Leistungsvoraussetzungen nicht vorliegen (s BT-Drs 16/10144, 75). Es reicht nicht aus, dass lediglich der **erforderliche Antrag** bei dem Versorgungsträger des übertragenen Anrechts **nicht gestellt** ist (BayVGH 11.3.2020 – 3 ZB 19.2425; VGH Mannheim v

19.11.2019 – 4 S 488/19; NZFam 2018, 87; MüKo/*Ackermann-Sprenger* Rn 7; DRV-Komm-VersA Anm 3.2; NK-VersA/*Rehbein* Rn 11; Soergel/*Schmeiduch* Rn 19f). Das gilt auch dann, wenn ein **vorgezogener** Leistungsbezug unter Abschlägen möglich ist (BayVGH 11.3.2020 – 3 ZB 19.2425, juris Rn 13). Wenn in den übrigen Fällen der Träger einer übertragenen/begründeten Versorgung vor Auskehrung einer Rente die Anspruchsvoraussetzungen sorgfältig prüft, können für den Bezieher einer gekürzten Invaliditätsrente allerdings im Einzelfall längere Wartezeiten entstehen; das widerspricht dem Schutzzweck des Gesetzes, wenn klar ist, dass **ein** Versorgungsträger jedenfalls leisten muss. Interessengerecht wäre eine Ergänzung des Gesetzes dahin, dass der Träger des gekürzten Anrechts in Vorleistung geht, bei Vorliegen der Anspruchsvoraussetzungen aus dem übertragenen/begründeten Anrecht aber bei dessen Versorgungsträger Regress nehmen kann. Den Betroffenen ist jedenfalls zu empfehlen, **parallel** bei dem Träger des übertragenen Anrechts den Rentenantrag und bei dem eigenen Versorgungsträger den Antrag auf Aussetzung der Kürzung zu stellen (aA NK-VersA/*Rehbein* Rn 12, wonach in diesen Fällen der Anspruch aus § 35 besteht).

3. Geringfügigkeitsgrenze. Das zulasten der ausgleichspflichtigen Person übertragene Anrecht iSd § 32 muss nach Abs II die Geringfügigkeitsgrenze des § 33 II überschreiten (in 2023 sind dies 67,90 € monatlicher Rente bzw 8148 € als Kapitalbetrag; Einzelheiten s § 33 Rn 6). Findet eine interne Verrechnung gleichartiger Anrechte iSd § 10 II statt, so entspricht es Sinn und Zweck der Regelung, auf den **nach der Verrechnung verbliebenen Ausgleichswert** abzustellen (ebenso MüKo/*Ackermann-Sprenger* Rn 15; DRV-Komm-VersA Anm 4; *Kemper* VersA § 10 Rn 110); denn soweit die Verrechnung stattgefunden hat, entstehen der ausgleichspflichtigen Person keine Nachteile für ihre Invaliditäts- oder vorgezogene Altersversorgung. Nicht maßgeblich ist, ob durch die Aussetzung der Kürzung eine mehr als geringfügige Wirkung für die ausgleichspflichtige Person erzielt wird. Sind mehrere Anrechte übertragen worden, kommt es darauf an, ob die Geringfügigkeitsgrenze durch die Kürzungen insg überschritten wird (enger NK-VersA/*Rehbein* Rn 14: keine Zusammenrechnung von Anrechten bei unterschiedlichen Versorgungsträgern). Zwar ist der Zweck der Geringfügigkeitsgrenze, unverhältnismäßigen Verwaltungsaufwand bei den Versorgungsträgern zu vermeiden (*Borth* VersA Kap 8 Rn 51). Die Frage der Geringfügigkeit ist aber eine Frage der Auswirkungen, die bei dem Ausgleichspflichtigen eintreten; hier kann sich bei einer Mehrzahl von Anrechten die mehr als geringfügige Auswirkung auch aus der **Kumulation** der Kürzungen ergeben. Auch ergibt sich aus Abs IV, dass die Anwendung des § 35 nicht unter dem generellen Vorbehalt eines verhältnismäßigen Verwaltungsaufwands der Versorgungsträger steht. 4

4. Antrag. Die Aussetzung der Kürzung setzt nach Abs I einen **Antrag** der ausgleichspflichtigen Person voraus. Hierzu näher § 36 Rn 2f. 5

III. Rechtsfolgen. 1. Aussetzung und ihre Grenze. Die Kürzung wird nach Abs I ausgesetzt, allerdings gem Abs III max bis zur Höhe der Ausgleichswerte derjenigen Anrechte iSd § 32, welche die ausgleichspflichtige Person im Gegenzug erhalten hat, aus denen sie aber keine Versorgung bezieht. Hinter dieser Regelung steht der Gedanke, dass nur die Nachteile aus dem Hin-und-Her-Ausgleich, nicht aber die Nachteile aus der Durchführung des Wertausgleichs bei Scheidung insg beseitigt werden sollen; die ausgleichspflichtige Person soll nicht bessergestellt werden als nach altem Recht (BT-Drs 16/10144, 75). Unklar ist, ob in diese Bilanz auch Anrechte einzubeziehen sind, die im Wege der **externen** Teilung eines nicht geschützten Anrechts (zB private Rentenversicherung) in einer Primärversorgung begründet worden sind (zB § 15 V). Weil das Gesetz auf die Ausgleichswerte abstellt, dürfte aber entscheidend sein, ob das (extern) geteilte Anrecht ein solches der Primärversorgung darstellt. 6

Bsp (nach *Borth* VersA Kap 8 Rn 52): Vor dem Wertausgleich verfügt E als Soldat über Anrechte iHv monatlich 800 €, F über gesetzl Rentenanrechte im Wert von monatlich 400 €. Beide Anrechte werden intern geteilt. E verbleiben eigene Anrechte in Höhe einer monatlichen Pension von 400 €; zudem werden ihm 6,0514 EP in der GRV übertragen, entspr Rentenanrechten iHv 200 €. E wird mit 58 Jahren wegen Dienstunfähigkeit in den vorzeitigen Ruhestand versetzt. Aus dem ihm übertragenen Anrecht hat er noch keine Ansprüche, weil er die Voraussetzungen des § 43 SGB VI (insb 3/5-Belegung) nicht erfüllt. Nach § 35 III wird die Kürzung iHv 200 € ausgesetzt. 7

Probleme bei der Anwendung des Abs III können sich aus der mangelnden Vergleichbarkeit der Ausgleichswerte ergeben; Ausgleichswerte in Form von Kapitalwerten führen in unterschiedlichen (Primär-)Versorgungssystemen zu unterschiedlich hohen Rentenleistungen (§ 5 Rn 16; § 47 Rn 15). Maßgeblich muss nach Sinn und Zweck der gesetzl Regelung der **Rentenbetrag** sein, den der Ausgleichspflichtige aus dem ihm übertragenen Anrecht beziehen würde, wenn er die Anspruchsvoraussetzungen erfüllen würde. Hat der Versorgungsträger von der Möglichkeit Gebrauch gemacht, nach § 11 I 2 Nr 3 gegen einen Aufschlag bei der Altersversorgung Ansprüche bei Invalidität auszuschließen, muss nach Sinn und Zweck des Abs III diejenige Leistung maßgeblich sein, die ohne diese Veränderung zu erbringen wäre. 8

2. Anteilige Aussetzung. Sind von der Kürzung und ihrer Aussetzung mehrere Versorgungen der ausgleichspflichtigen Person betroffen, soll nach Abs IV die Aussetzung entspr dem Verhältnis der Ausgleichswerte anteilig erfolgen. Der Gesetzgeber legt hier, abw von der Regelung in § 33 IV, das Verhältnis fest, in dem die Kürzung ausgesetzt wird, weil die Entscheidung über die Aussetzung nicht bei dem FamG gebündelt wird, sondern von jedem betroffenen Versorgungsträger selbst zu treffen ist, § 36 I. Hier schlagen allerdings ebenfalls die Probleme mangelnder Vergleichbarkeit der Ausgleichswerte auf Kapitalwertbasis durch. Maßgeblich sollte hier das Verhältnis der dem Ausgleichspflichtigen wegen des durchgeführten VersA entgehenden Rentenzahlungen sein. Da- 9 mit der Versorgungsträger die anteilige Kürzung vornehmen kann, ist er auf Informationen über den Stand der übrigen Versorgungsanrechte und über deren Kürzung durch den vorgenommenen Wertausgleich bei Scheidung angewiesen. Die erforderlichen Auskunftsansprüche hat er nach § 4 III (Johannsen/Henrich/Althammer/*Holzwarth* Rn 10; Soergel/*Schmeiduch* Rn 32).

10 **IV. Kritik.** Die Beschränkung des Anwendungsbereichs auf Anrechte der Primärversorgung ist verfassungsgemäß (s § 32 Rn 11), sorgt aber für erhebliche Verzerrungen; das legt in geeigneten Fällen **Verrechnungsvereinbarungen** nahe (*Borth* FamRZ 2010, 1214). Selbständige, die ausschließlich private Vorsorge wegen Alters und Invalidität betreiben, können von der Regelung nicht profitieren – ebenso wenig wie ihre abhängig beschäftigten Ehegatten/Lebenspartner, denen keine Anrechte iSd § 32 übertragen worden sind (zur Problematik s auch § 32 Rn 11).

§ 36 Durchführung einer Anpassung wegen Invalidität der ausgleichspflichtigen Person oder einer für sie geltenden besonderen Altersgrenze

(1) Über die Anpassung, deren Abänderung und Aufhebung entscheidet der Versorgungsträger, bei dem das aufgrund des Versorgungsausgleichs gekürzte Anrecht besteht.

(2) Antragsberechtigt ist die ausgleichspflichtige Person.

(3) § 34 Abs. 3 und 4 gilt entsprechend.

(4) Sobald die ausgleichspflichtige Person aus einem im Versorgungsausgleich erworbenen Anrecht eine Leistung im Sinne des § 35 Abs. 1 beziehen kann, hat sie den Versorgungsträger, der die Kürzung ausgesetzt hat, unverzüglich darüber zu unterrichten.

1 **I. Entscheidung des Versorgungsträgers.** Die Entscheidung über die Aussetzung der Kürzung trifft nach Abs I der Versorgungsträger. Das gilt auch für die Abänderung oder Aufhebung der Entscheidung (s näher Rn 4). Bei Streitigkeiten über die Aussetzung oder deren Höhe ist nicht das FamG, sondern die jew Fachgerichtsbarkeit zuständig (vgl BGH FamRZ 2013, 852 für die §§ 37f; FamR-Komm/*Wick* Rn 2; *Borth* VersA Kap 11 Rn 12; vgl auch BT-Drs 16/10144, 73 für die Ausnahmezuständigkeit der FamG in Unterhaltsfällen nach §§ 33f); das bezieht sich auch auf gerichtliche Auseinandersetzungen um Auskunftsansprüche nach § 4 III, die im Zusammenhang mit der Aussetzung der Kürzung nach § 35 geführt werden.

2 **II. Antrags- und Anspruchsberechtigung.** Antrags- und anspruchsberechtigt ist nach Abs II grds allein der Ausgleichspflichtige. Hat er einen Antrag gestellt und ist sodann verstorben, geht der Anspruch auf Aussetzung der Kürzung, soweit er bis zum Tod des Ausgleichspflichtigen noch bestanden hat, auf seine Erben über, Abs III iVm § 34 IV. Eine vergleichbare Regelung enthielt § 9 III VAHRG aF.

3 **III. Eintritt der Wirkungen.** Die Kürzung wird erst ab dem Ersten des Monats ausgesetzt, welcher der Antragstellung (beim zuständigen Versorgungsträger, OVG Saarland FamRZ 2022, 866 = juris Rn 38) folgt, Abs III iVm § 34 III. Erwirbt der Ausgleichspflichtige erst nach durchgeführtem VersA in der GRV Ansprüche auf eine Rente wegen Erwerbsminderung oder eine vorgezogene Altersrente, gilt mit dem Rentenantrag auch der Antrag auf Aussetzung der Kürzung als gestellt; deshalb bedarf es dort eines gesonderten Antrags nur, wenn der Ausgleichspflichtige bei Durchführung des VersA bereits Rentner ist (DRV-Komm-VersA Anm 3). In letzterem Fall kann es daher geboten sein, den Antrag auf Aussetzung der Kürzung spätestens mit Rechtskraft der Entscheidung über den Wertausgleich bei Scheidung zu stellen; für Sozialleistungsträger besteht aus § 14 SGB I eine entspr Beratungspflicht.

4 **IV. Informationspflichten und Abänderung.** Kann die ausgleichspflichtige Person später aus einem ihr übertragenen Anrecht iSd § 32 eine Leistung beanspruchen (zB wegen Erreichens einer Altersgrenze), berechtigt dies den Versorgungsträger, der die Kürzung ausgesetzt hat, seine Entscheidung abzuändern oder aufzuheben (Abs I). Er muss aber von der Veränderung Kenntnis erlangen. Abs IV verpflichtet den Ausgleichspflichtigen, seinen Versorgungsträger unverzüglich zu informieren. Der Ausgleichspflichtige kann sich also nicht auf die gegenseitige Auskunftspflicht der Versorgungsträger untereinander (§ 4 III) berufen (BayVGH 11.3.2020 – 3 ZB 19.2425; NK-VersA/*Rehbein* Rn 6). In der GRV kann nach § 101 IIIb 1 Nr 2 SGB VI die Abänderung oder Aufhebung der Anpassung rückwirkend auf den Zeitpunkt erfolgen, in dem die Abänderungsvoraussetzungen eingetreten sind. Eine vorherige Anhörung des Ausgleichspflichtigen (§ 24 SGB X) muss dabei nicht erfolgen; auch gilt die Vertrauensschutzregelung des § 48 SGB X für den Betroffenen nicht (§ 101 IIIb 2 SGB VI). Weniger rigide sind die Regelungen in § 52 II–IV BeamtVG (Bund), wonach die Rückforderung zuviel gezahlter Beiträge sich nach den Regelungen der §§ 812ff BGB richtet. Allerdings kommt bei unvollständigen Angaben auch verschuldensunabhängig die Rücknahme des Bewilligungsbescheides nach dem jew Verwaltungsverfahrensrecht in Betracht (vgl BayVGH 11.3.2020 – 3 ZB 19.2425).

5 Die **Informations- und Beratungspflicht der Versorgungsträger** über die Antragsmöglichkeit ist unterschiedlich geregelt. Sie besteht in der GRV aus den §§ 14, 15 SGB I (die Verletzung kann einen sozialrechtl Herstellungsanspruch auslösen; vgl BSG SGb 2022, 247, 252 = juris Rn 54), nicht aber in der Beamtenversorgung (vgl OVG Saarlouis FamRZ 2022, 866 unter Bezugnahme auf BVerwG 27.12.2016 – 2 B 3.16).

§ 37 Anpassung wegen Tod der ausgleichsberechtigten Person

(1) Ist die ausgleichsberechtigte Person gestorben, so wird ein Anrecht der ausgleichspflichtigen Person auf Antrag nicht länger aufgrund des Versorgungsausgleichs gekürzt. Beiträge, die zur Abwendung der Kürzung oder zur Begründung von Anrechten zugunsten der ausgleichsberechtigten Person gezahlt wurden, sind unter Anrechnung der gewährten Leistungen an die ausgleichspflichtige Person zurückzuzahlen.

(2) Die Anpassung nach Absatz 1 findet nur statt, wenn die ausgleichsberechtigte Person die Versorgung aus dem im Versorgungsausgleich erworbenen Anrecht nicht länger als 36 Monate bezogen hat.

(3) Hat die ausgleichspflichtige Person im Versorgungsausgleich Anrechte im Sinne des § 32 von der verstorbenen ausgleichsberechtigten Person erworben, so erlöschen diese, sobald die Anpassung wirksam wird.

I. Allgemeines. § 37 regelt, zusammen mit § 38, die Härtefälle, in denen der Ausgleichsberechtigte verstorben ist, bevor er (über einen nennenswerten Zeitraum) Leistungen aus dem übertragenen Anrecht bezogen hat. Die Regelung verpflichtet den Versorgungsträger, auf Antrag von der an sich gebotenen Kürzung der Versorgung des Verpflichteten aufgrund des VersA (vgl etwa § 76 III SGB VI, § 57 BeamtVG, § 24 II ALG) abzusehen. Vorgängerregelungen im alten Recht waren die §§ 4, 7 und 8 VAHRG, jedoch enthält das neue Recht hierzu teilw erhebliche Abweichungen, die sich für die Betroffenen teils nachteilig, teils positiv auswirken. Zum Nachteil der Betroffenen beschränkt sich auch die Anwendung der §§ 37f auf Anrechte nach § 32, wirkt ein Antrag nur für die Zukunft und sind die **Hinterbliebenen** des Ausgleichspflichtigen, deren Ansprüche vom durchgeführten Wertausgleich betroffen sind, nicht mehr antragsberechtigt und auch nicht geschützt (BSG FamRZ 2021, 1794; VGH München FamRZ 2018, 98). Zum Vorteil der ausgleichspflichtigen Person wirkt sich aus, dass ein **Versorgungsbezug** durch den Ausgleichsberechtigten von bis 36 Monaten – statt, wie bisher, ein **Leistungsbezug** im Umfang von zwei Jahresbeträgen einer Vollrente wegen Alters – der Anpassung nicht entgegensteht und dass ein Leistungsbezug durch die Hinterbliebenen des Ausgleichsberechtigten in diese Frist nicht mehr einzurechnen ist. Die Hinterbliebenen des Ausgleichsberechtigten können aus dem übertragenen Anrecht auch nach Anwendung des § 37 weiter Leistungen beziehen (vgl BT-Drs 16/10144, 75; krit dazu *Ruland* VersA Rn 1061, 1064, 1073). Die §§ 37f sind auch auf Lebenspartnerschaften anwendbar; die zuvor entgegenstehende Ausnahmeregelung in § 20 IV LPartG ist auf Initiative des BR (BT-Drs 16/11903, 61) gestrichen worden (Art 12 Nr 3 des VAStrRefG, BGBl I 2009, 721). § 37 erfasst nur gekürzte Rentenansprüche, nicht dagegen den seltenen Anspruch auf Erstattung der Beiträge nach § 210 SGB VI (LSG München FamRZ 2018, 1751). Zur Anwendung des § 37 in **Altverfahren** und zum Übergangsrecht s iÜ die 15. Aufl, § 49 Rn 4f. Zur möglichen Umgehung der Voraussetzungen des § 37 durch eine Totalrevision s § 51 Rn 19. 1

II. Betroffene Anrechte. § 37 gilt nur für im Wertausgleich bei Scheidung ausgeglichene Anrechte iSd § 32. Diese können intern oder extern geteilt worden sein (*Borth* VersA Kap 8 Rn 56). Nach Abs I S 2 werden auch diejenigen Fallkonstellationen erfasst, in denen die ausgleichspflichtige Person Beiträge zur Abwehr der Kürzung ihrer Anrechte (zB nach § 187 I Nr 1 SGB VI, § 58 BeamtVG oder § 55d SVG) gezahlt hat. Dasselbe gilt auch für gezahlte Beiträge zur Begründung von Anrechten zugunsten der ausgleichsberechtigten Person. Die Beitragszahlung kann noch auf **altem** Recht (§ 3b I Nr 2 VAHRG; § 1587o BGB) beruhen. Der Gesetzgeber (BT-Drs 16/10144, 76) hat hier wohl übersehen, dass eine solche Beitragszahlung auch nach neuem Recht aus einer **Vereinbarung** nach den §§ 6–8 resultieren kann. Hat die ausgleichspflichtige Person, um die Teilung eines Anrechts iSd § 32 zu vermeiden, für die ausgleichsberechtigte Person Beiträge zur Begründung von Versorgungsanrechten gezahlt, wird auch dieser Fall von Abs I S 2 erfasst; unklar ist allerdings, ob dies nur dann gilt, wenn auch das begründete Anrecht ein solches iSd § 32 ist (bejahend wohl *Borth* VersA Kap 8 Rn 61). Der Wortlaut lässt eine großzügigere Auslegung zu (Bsp: Der Ausgleichspflichtige hat aufgrund einer Vereinbarung mit dem Berechtigten für diesen Beiträge in eine private Lebensversicherung eingezahlt, um seine berufsständischen Versorgungsanwartschaften zu behalten). Angesichts der bestehenden gravierenden verfassungsrechtl Bedenken gegen die Beschränkung der Härtefallregelungen auf Primärversorgungsanrechte (s Rn 7 sowie § 32 Rn 11) ist von der weiten Auslegungsmöglichkeit Gebrauch zu machen. 2

III. Tod des Berechtigten nach kurzzeitigem Leistungsbezug. Die Kürzung der Versorgung des Verpflichteten unterbleibt, wenn der Berechtigte verstorben oder verschollen (§ 49 SGB VI; § 29 BeamtVG) ist und ihm keine Versorgungsleistungen aus einem im VersA erworbenen Anrecht für mehr als 36 Monate erbracht worden sind (Abs I und II; das erfasst auch Nachzahlungen: LSG Stuttgart FamRZ 2018, 96). Diese Fristenregelung ist verfassungsgemäß (vgl VG Ansbach FamRZ 2022, 956 unter Verweis auf BVerfG FamRZ 1989, 827). Leistungen an Hinterbliebene des Berechtigten sind dem, anders als nach früherem Recht (§ 4 VAHRG), nicht mehr hinzuzurechnen (OVG Münster FamRZ 2018, 1076), sondern allenfalls bei der Rückzahlung geleisteter Beiträge der ausgleichspflichtigen Person nach Abs I S 2 zu berücksichtigen (LSG Stuttgart FamRZ 2018, 96). Abzustellen ist auf die **tatsächlichen** (VGH München ZBR 1992, 382) und **materiell rechtmäßigen** Versorgungsleistungen (vgl Erman/*Wellenhofer*[12] § 4 VAHRG Rn 2). Zu berücksichtigen sind alle an den Berechtigten oder – im Rahmen von § 30 (§ 1587p BGB aF) – den Verpflichteten (BSG FamRZ 2016, 49; vgl zum alten Recht BSGE 66, 162 und 198) erbrachten **Versorgungs**leistungen der GRV iSv § 33 SGB VI (vgl DRV-Komm-VersA Anm 3.2; nach altem Recht waren noch sämtliche Leistungen iSd § 23 I Nr 1 lit a–e SGB I erfasst; BSG FamRZ 1993, 1430). Sind auf Seiten des Ausgleichspflichtigen mehrere Versorgungen iSd § 32 betroffen, so sind die Voraussetzungen für jede von ihnen gesondert zu prüfen. 3

4 **IV. Rückgewähr von Beitragszahlungen.** Soweit der Ausgleichspflichtige zur **Wiederauffüllung** seines geteilten Anrechts Beiträge gezahlt hat (Bsp: § 187 SGB VI, § 58 BeamtVG, § 55d SVG; vgl NK-VersA/*Rehbein* Rn 12), sind ihm diese nach Abs I S 2 zurückzuerstatten. Dasselbe gilt für Beitragszahlungen, welche die ausgleichspflichtige Person zur **Begründung** von Anrechten der ausgleichsberechtigten Person erbracht hat, um die Kürzung ihrer Versorgung zu vermeiden. Auf die Beitragszahlung anzurechnen sind jew nur die Leistungen, die durch die Beitragszahlung finanziert worden sind, nicht also auch die aus dem übertragenen Anrecht erbrachten Leistungen (NK-VersA/*Rehbein* Rn 16f). Insoweit beschränkt sich der Wortlaut allerdings nicht auf Versorgungsleistungen, so dass, wie nach altem Recht, auch Rehabilitationsleistungen sowie Leistungen an Hinterbliebene anzurechnen sind (wie hier *Ruland* VersA Rn 1069; NK-VersA/*Rehbein* Rn 17). Nach dem Wortlaut können nur bereits erbrachte, nicht hingegen noch zu erbringende Leistungen (weiterlaufende Leistungen an Hinterbliebene) gegengerechnet werden; erbrachte Leistungen sind damit bis zum Ersten des Monats zu berücksichtigen, welcher der Antragstellung folgt (§ 38 II iVm § 34 III). Eine Dynamisierung oder Verzinsung der gezahlten Beiträge sieht das Gesetz nicht vor; nach § 44 SGB I können aber Zinsen auf die gezahlten Beiträge iHv 4 % ab Fälligkeit des Rückzahlungsanspruchs verlangt werden (*Borth* VersA Kap 8 Rn 61; *Bergner* KomRefVA, § 37 Anm 3 aE).

5 **V. Erlöschen eigener erworbener Anrechte.** Durch die Anpassung soll die ausgleichspflichtige Person nicht bessergestellt werden als ohne den Wertausgleich. Der Hin-und-Her-Ausgleich des neuen Rechts macht deshalb den Abs III erforderlich, wonach die im Rahmen des Wertausgleichs bei Scheidung erworbenen Anrechte iSd § 32 erlöschen. Deshalb muss die ausgleichspflichtige Person vor Antragstellung zunächst prüfen, ob sie in der Gesamtbilanz mehr Anrechte iSd § 32 abgegeben als übertragen bekommen hat; sonst kann der Antrag nach § 37 für sie nachteilige Folgen haben.

6 **VI. Hinterbliebene.** Hinterbliebene sind durch § 37 nicht mit geschützt. Die Aussetzung der Kürzung setzt sich nicht zu ihren Gunsten fort (BSG FamRZ 2021, 1793; VGH München FamRZ 2018, 98). Zu ihrem Nachteil bleibt es aber bei dem Erlöschen eigener erworbener Anrechte der ausgleichspflichtigen Person gem Abs III (MüKo/*Ackermann-Sprenger* Rn 23 unter Verweis auf VG Sigmaringen 24.2.2021 – 8K 5169/19, juris). In der GRV kann sich aber die Besitzstandsregelung des § 88 SGB VI zu ihren Gunsten auswirken. Das setzt voraus, dass die ausgleichspflichtige Person vor ihrem Tod Rente aus einem Anrecht mit ausgesetzter Kürzung bezogen hat (BSG FamRZ 2021, 1793, 1795 unter Verweis auf BSG FamRZ 2014, 1631; MüKo/*Ackermann-Sprenger* Rn 24 mwN).

7 **VII. Kritik.** Die Beschränkung der Anpassung wegen Todes der ausgleichsberechtigten Person auf Anrechte iSd § 32 ist nach hier vertretener Auffassung nicht durch das Versicherungsprinzip zu rechtfertigen (s § 32 Rn 11). Sie benachteiligt Selbständige, die nicht über Anrechte iSd § 32 verfügen; für deren Ehegatten/Lebenspartner kann sie, wenn sie über Anrechte iSd § 32 verfügen, erhebliche, dem Sinn und Zweck des VersA widersprechende Vorteile erzeugen, weil sie die übertragenen Anrechte behalten, die Kürzung der eigenen Anrechte aber über § 37 beenden können. Sie ist zwar verfassungsgemäß (s § 32 Rn 11). Der Gesetzgeber sollte gleichwohl die Härtefallregelungen nicht auf Primärversorgungen beschränken.

§ 38 Durchführung einer Anpassung wegen Tod der ausgleichsberechtigten Person

(1) Über die Anpassung entscheidet der Versorgungsträger, bei dem das aufgrund eines Versorgungsausgleichs gekürzte Anrecht besteht. Antragsberechtigt ist die ausgleichspflichtige Person.

(2) § 34 Abs. 3 und 4 gilt entsprechend.

(3) Die ausgleichspflichtige Person hat die anderen Versorgungsträger, bei denen sie Anrechte der verstorbenen ausgleichsberechtigten Person aufgrund des Versorgungsausgleichs erworben hat, unverzüglich über die Antragstellung zu unterrichten. Der zuständige Versorgungsträger unterrichtet die anderen Versorgungsträger über den Eingang des Antrags und seine Entscheidung.

1 **I. Entscheidung des Versorgungsträgers.** Wie bei der Anpassung wegen Invalidität ist nach Abs I der Versorgungsträger für die Entscheidung über die Anpassung zuständig (s § 36 Rn 1). Sind zur Abwendung der Kürzung Beiträge in eine andere Versorgung gezahlt und geht es um deren Rückerstattung, bestimmt das Gesetz keinen Versorgungsträger als entscheidungszuständig. Dies ist auch entbehrlich, weil der **Rückzahlungsanspruch** nach dem Versterben der ausgleichsberechtigten Person in seiner Höhe **nicht** vom Zeitpunkt einer Antragstellung abhängt (s § 37 Rn 4). Bei Rechtsstreitigkeiten entscheidet das für den Versorgungsträger zuständige Fachgericht, nicht das FamG (BGH FamRZ 2013, 852; VG München FamRZ 2013, 792; *Borth* VersA Kap 11 Rn 12).

2 **II. Antragsberechtigung.** Ggü dem alten Recht hat insoweit eine Veränderung stattgefunden, als nach Abs I S 2 nur noch der Ausgleichspflichtige selbst antragsberechtigt ist; das Antragsrecht seiner Hinterbliebenen wurde aufgegeben, weil der Gesetzgeber diese nicht für schutzwürdig hält (BT-Drs 16/10144, 75f; vgl BSG FamRZ 2021, 1793, 1795; LSG Berlin-Brandenburg NZFam 2021, 565 m Anm *Breuers*; BayVGH 18.11.2019 – 14 ZB 18.2584). Zum Anspruchsübergang auf die Erben des Ausgleichspflichtigen s § 36 Rn 2.

3 **III. Wirkungseintritt.** Die Wirkungen nach § 37 I 1 und III treten, wie bei der Anpassung wegen Unterhalts oder wegen Invalidität der ausgleichspflichtigen Person, nach Abs II iVm § 34 III nur noch für die Zukunft ein, und zwar ab dem Monat, der auf die Antragstellung folgt (vgl BVerwG FamRZ 2016, 539; VG München FamRZ 2013, 792; 2011, 1798; s auch § 36 Rn 3). Zu Hinweis- und Beratungspflichten des Versorgungsträgers und etwaigen Ansprüchen aus dessen Pflichtverletzungen LSG Rheinland-Pfalz NZS 2021, 935; LSG Essen 27.6.2017 – L 18 R 1112/15 und OVG Lüneburg FamRZ 2014, 343 sowie § 36 Rn 5.

IV. Informationspflichten. Die Informationspflichten des Ausgleichspflichtigen aus Abs III S 1 und des betroffenen Versorgungsträgers aus Abs III S 2 korrespondieren mit § 37 III; sie sollen dessen zeitnahe Umsetzung sicherstellen. Der Gesetzgeber geht davon aus, dass der Versorgungsträger, der die Kürzung beenden oder die Beiträge zurückerstatten soll, von der ausgleichspflichtigen Person neben der Sterbeurkunde der ausgleichsberechtigten Person (und der Vorlage der Entscheidung über den Wertausgleich bei Scheidung) den Nachw verlangt, dass die Versorgungsträger iSd § 37 III informiert worden sind (BT-Drs 16/10144, 76f). Weil im neuen Recht die Anpassung nur mit Wirkung ex nunc erfolgt (so Rn 3), besteht ein Interesse der ausgleichspflichtigen Person, vom Versorgungsträger über den Tod der ausgleichsberechtigten Person informiert zu werden. Zumindest bei interner Teilung dürfte eine entsprechende Informationspflicht des Versorgungsträgers bestehen, deren Verletzung einen sozialrechtl Herstellungsanspruch begründen kann (vgl dazu SG Lüneburg NZFam 2016, 760 m Anm *Eichenhofer*; Hamm NZFam 2014, 268, 270 m Anm *Riewe*). 4

V. Verhältnis zum alten Recht. Hatte im Geltungsbereich des alten Rechts der Ausgleichspflichtige einen Antrag nach § 4 II VAHRG aF gestellt und war dieser abgelehnt worden, weil die – strengeren – Voraussetzungen des alten Rechts nicht erfüllt waren (dazu s Erman/*Wellenhofer*[12] § 4 VAHRG Rn 2f), kann nach dem Inkrafttreten des aktuellen Rechts (1.9.2009) ein neuer Antrag gestellt werden, über den auf Grundlage des jetzt anwendbaren Rechts zu entscheiden ist (*Borth* VersA[7] Rn 1122 aE; *Ruland* VersA Rn 1062). 5

Teil 2
Wertermittlung (§§ 39–47)

Vorbemerkung vor § 39

I. Einleitung. Die Wertermittlung von Anrechten ist das notwendige Verfahren zur Berechnung des Ehezeitanteils (s §§ 1, 5 I und V) und des Ausgleichswerts (§ 1 II). Die Bewertung von dem VersA unterfallenden Anrechten war im alten Recht in § 1587a II–VIII BGB geregelt. Die Neuregelung in jetzt neun Wertermittlungsvorschriften bewirkt zuallererst einen erheblichen Zuwachs an Übersichtlichkeit und Verständlichkeit. Vorangestellt sind allgemeingültige, nicht mehr auf spezielle Anrechte bezogene Bewertungsregeln. Die beiden möglichen Bewertungsmethoden (unmittelbar oder zeitratierlich) enthalten die §§ 39 und 40 für Anrechte, die sich noch nicht im Leistungsstadium befinden. Deren entspr Anwendung auf laufende Versorgungen regelt jetzt ausdrückl § 41. Eine Billigkeitsvorschrift enthält § 42: sie soll sicherstellen, dass die Bewertung eines Anrechts den Halbteilungsgrundsatz nicht verletzt. Es folgen in Kapitel 2 erg Regelungen für gesetzl Rentenanrechte (§ 43), Anrechte aus öffentlich-rechtl Dienstverhältnissen (§ 44), betriebliche Anrechte (§ 45) sowie Anrechte aus Privatversicherungen. Mit der Berechnung des korrespondierenden Kapitalwerts als Hilfsgröße befasst sich im dritten Kapitel § 47. Die §§ 39ff werden ergänzt durch die in den §§ 1–5 enthaltenen Regelungen. Dort werden der Ehezeitanteil (§ 1 I; § 3), die auszugleichenden Anrechte (§ 2) und der maßgebliche Bewertungsstichtag (§ 5 II) definiert. 1

II. Anwendungsbereich. Die §§ 39–42 gelten nicht nur für Anrechte, die bei dt Versorgungsträgern bestehen, sondern auch für ausl Anrechte (vgl *Borth* VersA Kap 2 Rn 24, 420f). Zwar können ausl Versorgungsträger vom dt Gesetzgeber nicht verpflichtet werden, zur Durchführung des VersA den Wert der bei ihnen bestehenden Anrechte – noch dazu nach vorgegebenen Bewertungsregeln – zu bestimmen. Die Bewertung der Anrechte ist aber bspw für die Anwendung des § 19 III erforderlich. Sie ist hier Aufgabe der FamG, die sich der Hilfe von Sachverständigen bedienen können. 2

III. Stellung im Gesetz. Die Stellung der Bewertungsregeln im Gesetz entspricht nicht ihrer zeitl Bedeutung im Versorgungsausgleichsverfahren: Die Bewertung von Anrechten geht ihrer Teilung zwangsläufig voraus. Allerdings weist das VersAusglG anders als das alte Recht die Aufgabe, den Wert der Anrechte zu ermitteln, den (dt) Versorgungsträgern zu (§ 5 I); das FamG muss „nur noch" die Richtigkeit der Berechnung überprüfen. Die Einbindung der Versorgungsträger in die Wertermittlung ist aus zwei Gründen möglich und zumutbar: zum einen erfolgt die Bewertung jedes Anrechts nach den für das jew Versorgungssystem geltenden Regeln. Hierfür sind die Versorgungsträger kompetent. Zum anderen entfällt idR die nach dem alten Recht noch erforderliche Vergleichbarmachung von Anrechten (§ 1587a III BGB aF iVm der BarwertVO), weil diese grds nicht mehr saldiert werden. Zwar müssen auch die Versorgungsträger, wenn der Anrechtswert nicht von vornherein als Kapitalwert ausgewiesen ist, im Wertausgleich bei Scheidung einen korrespondierenden Kapitalwert mitteilen (§§ 5 III, 47); jedoch richtet sich auch dessen Berechnung allein nach den für die jew Versorgung geltenden Bewertungsregeln (§ 47 II). 3

IV. Problematik mangelnder Vergleichbarkeit. Der Verzicht auf eine Vergleichbarmachung von Anrechten ist vom Gesetzgeber einerseits mit dem Systemwechsel vom Einmalausgleich zum Hin-und-Her-Ausgleich begründet worden. Zum anderen ging der Gesetzgeber für diejenigen Fälle, in denen ein Vergleich der Anrechte auch im neuen Recht erforderlich ist (s § 47 VI), zunächst von einer Vergleichbarkeit auf Grundlage der korrespondierenden Kapitalwerte aus (zB BT-Drs 16/10144, 77). Im weiteren Verlauf des Gesetzgebungsverfahrens wurde dies zwar als Trugschluss erkannt; der Gesetzgeber hat allerdings hierauf nur halbherzig reagiert: die (korrespondierenden) Kapitalwerte sind – wegen ihrer unterschiedlichen Berechnung nach § 47 II zu Recht – als (wenig hilfreiche) „Hilfsgröße" gekennzeichnet worden. Die erkennbare Tendenz des BGH, von der Vergleichbarkeit 4 bis zum Nachweis des Gegenteils auszugehen (FamRZ 2017, 26 Rn 34; 2016, 697; zurückhaltender BGH FamRZ 2020, 169, 171 Rn 26f), ist daher nicht unbedenklich. Für einen Vergleich von Anrechten, die unterschiedlichen Bewertungsmethoden unterliegen (Bsp: private und betriebliche Anrechte – Problem des Rechnungszinses), sind und bleiben sie praktisch unbrauchbar. Die Folge ist, dass es nunmehr in den Fällen, in denen ein Gesamt-Wertvergleich der beiderseitigen Anrechte maßgeblich für die Rechtsfolge ist (zB §§ 6–8; § 27; § 31 II), an gesetzl Vorgaben für die Vergleichbarmachung fehlt (vgl näher § 47 Rn 15).

Kapitel 1
Allgemeine Wertermittlungsvorschriften (§§ 39–42)

§ 39 Unmittelbare Bewertung einer Anwartschaft

(1) Befindet sich ein Anrecht in der Anwartschaftsphase und richtet sich sein Wert nach einer Bezugsgröße, die unmittelbar bestimmten Zeitabschnitten zugeordnet werden kann, so entspricht der Wert des Ehezeitanteils dem Umfang der auf die Ehezeit entfallenden Bezugsgröße (unmittelbare Bewertung).

(2) Die unmittelbare Bewertung ist insbesondere bei Anrechten anzuwenden, bei denen für die Höhe der laufenden Versorgung Folgendes bestimmend ist:

1. **die Summe der Entgeltpunkte oder vergleichbarer Rechengrößen wie Versorgungspunkten oder Leistungszahlen,**
2. **die Höhe eines Deckungskapitals,**
3. **die Summe der Rentenbausteine,**
4. **die Summe der entrichteten Beiträge oder**
5. **die Dauer der Zugehörigkeit zum Versorgungssystem.**

1 **I. Allgemeines.** § 39 definiert zunächst in Abs I die Voraussetzungen für die unmittelbare Bewertung und listet sodann in Abs II Regelbeispiele auf. Er ist direkt nur auf Anrechte anzuwenden, die sich noch in der Anwartschaftsphase befinden. Über § 41 gilt § 39 zwar ebenso für laufende Versorgungen. Die Berechnungsergebnisse im Anwartschafts- und im Leistungsstadium entsprechen sich aber idR nicht. Für die Anrechte verstorbener Rentenbezieher bleibt im Fall des § 51 dann § 41 maßgeblich (Frankfurt FamRZ 2022, 1100). § 39 wird schließlich für die in den §§ 43ff genannten Anrechte durch Spezialregelungen ergänzt. Für die Abgeordneten des Bundes schreibt § 25a III AbgG die unmittelbare Bewertung ausdrückl vor (dazu ausf FamR-Komm/*Wick* Rn 20ff). Maßgebender **Bewertungsstichtag** ist das Ehezeitende (§ 5 II; s die Komm dort).

2 **II. Voraussetzung der unmittelbaren Bewertung.** Da es grds nur zwei Bewertungsmethoden gibt, dient die Definition der unmittelbar zu bewertenden Anrechte zugleich der Abgrenzung zur zeitratierlichen Bewertung iSd § 40. Der Wert des Anrechts muss sich, um unmittelbar bewertet werden zu können, nach einer **Bezugsgröße** richten, die unmittelbar bestimmten Zeitabschnitten zugeordnet werden kann. Gut nachvollziehbar ist dies bei einer Versorgung, deren Wert durch die eingezahlten Beiträge bestimmt wird (Abs II Nr 4). Der Ehezeitanteil der Anwartschaft, die zum Stichtag „Ehezeitende" besteht, ergibt sich aus den **innerhalb** der Ehezeit geleisteten Beiträgen einschl eines etwaigen hierauf bezogenen zwischenzeitl Wertzuwachses (im Detail str; s § 46 Rn 12). In der GRV ist die Bezugsgröße der Entgeltpunkt; die eingezahlten Rentenversicherungsbeiträge werden nach ihrem Verhältnis zu einem (jährlich neu zu bestimmenden) Durchschnittsentgelt in Entgeltpunkte umgerechnet; deshalb ist auch hier eine unmittelbare Bewertung möglich (eingehender § 43 Rn 21ff). Existiert – wie in der GRV – eine Bezugsgröße, so wird bei interner Teilung auch der Ausgleichswert in dieser Bezugsgröße angegeben, ohne dass deswegen eine Halbteilung der Bezugsgröße selbst verpflichtend wäre (str; s § 1 Rn 4; § 5 Rn 2); eine Umrechnung in einen Geldwert für die Rente entfällt (s § 5 Rn 2; § 10 Rn 2; zur Bewertung bei vorzeitiger Inanspruchnahme der Rente § 5 Rn 11; § 41 Rn 4ff).

3 **1. Vorrang der unmittelbaren Bewertung.** Die unmittelbare Bewertung gilt als die exaktere Methode zur Erfassung des Ehezeitanteils; ihr wird der Vorrang vor der zeitratierlichen Bewertung gegeben. Nach der zeitratierlichen Bewertungsmethode ist der Ehezeitanteil der Anteil an der noch erreichbaren Altersversorgung, welcher dem Verhältnis der in die Ehezeit fallenden Zugehörigkeit zum Versorgungssystem zur max Zugehörigkeit bis zum Erreichen der Altersgrenze entspricht (näher s § 40 Rn 2). Der Vorrang der unmittelbaren Bewertung drückt sich in einem Regel-Ausnahme-Verhältnis aus; nur solche Anrechte, die die Voraussetzungen des § 39 I nicht erfüllen, sind nach § 40 (hilfsweise) zeitratierlich zu bewerten. Der Vorrang der unmittelbaren Bewertung gilt ggf auch für **abtrennbare Teile von Anrechten**, wenn diese nur teilw einer unmittelbaren Bewertung zugänglich sind (BT-Drs 16/10144, 78; Brandenburg FamRZ 2022, 780 und Nürnberg FamRZ 2022, 1525 juris Rn 16: Kindererziehungszeiten bei Beamten). Ein Bsp hierfür sind die Zusatzversorgungen des öffentlichen und kirchlichen Dienstes, weil dort – weitestgehend zum 1.1.2002 – eine Umstellung von einem Gesamtversorgungssystem auf ein Punktemodell stattgefunden hat. Die seit dieser Umstellung erworbenen Anrechte können unmittelbar bewertet werden. Fallen in die Ehezeit auch Anrechte aus der Zeit bis zum 31.12.2001, für die Versicherte eine Startgutschrift erhalten haben, so kann diese nicht unmittelbar, sondern nur zeitratierlich bewertet werden (s Johannsen/Henrich/Althammer/*Holzwarth* Rn 15f mit Beispielsfall; zur Problematik der Zusatzversorgung eingehender § 45 Rn 20ff).

2. Abgrenzung zur zeitratierlichen Bewertung. Die klare begriffliche Formulierung suggeriert zu Unrecht eine klare Unterscheidbarkeit der unmittelbar zu bewertenden von den zeitratierlich zu bewertenden Anrechten (vgl *Bergner* KomRefVA Anm 2, der die zutr Bewertungsmethode nach dem Kriterium der **Sachgerechtigkeit** auswählen will). Deutlich wird dies an Abs II Nr 5: die Dauer der Zugehörigkeit zum Versorgungssystem bestimmt zB auch in der Beamtenversorgung die Höhe der Versorgung, weil das Ruhegehalt nach § 14 I BeamtVG für jedes Jahr ruhegehaltsfähiger Dienstzeit 1,79375 % der ruhegehaltsfähigen Dienstbezüge beträgt. Die unmittelbare Bewertung scheitert aber in der Beamtenversorgung daran, dass für sie ein **Höchstbetrag** von 71,75 % gilt, der nach spätestens 40 Dienstjahren erreicht wird (krit zur zeitratierlichen Bewertung der Beamtenversorgung *Hauß/Bührer* Rn 926). Erreicht der Beamte mehr als 40 Jahre ruhegehaltsfähiger Dienstzeit, erhöht sich das Ruhegehalt nicht mehr; es gilt aber gleichwohl als in der gesamten Dienstzeit erworben (*Borth* VersA Kap 2 Rn 11; *Bergner* KomRefVA § 39 Anm 2 mit Rechenbsp), wodurch sich faktisch der Anteil jährlich erworbener Anwartschaften verschlechtert. In der Sache besteht deswegen weitgehend Einigkeit, dass in bestimmten Fallgruppen eine unmittelbare Bewertung nicht – oder nicht vollständig – möglich ist, nämlich dann (s *Bergner* KomRefVA § 39 Anm 2), 4

- wenn in der zugrunde liegenden Versorgungsregelung die versorgungsrechtl Zeiten nicht gleichmäßig, sondern entweder degressiv (absteigend) oder progressiv (aufsteigend) bewertet werden,
- wenn, wie in der Beamtenversorgung, ein Höchstbetrag vorgesehen ist, oder
- wenn die Versorgungsregelung feste Bestandteile wie zB einen Grundbetrag (vgl Brandenburg FamRZ 2022, 1356 – juris Rn 18) oder einen Zuschlag (vgl BGH FamRZ 1996, 95, 96 für die Ärzteversorgung Westfalen-Lippe; FamRZ 2011, 1214 für die Rechtsanwaltsversorgung Rh-Pf), eine Zusatzzeit (BGH FamRZ 2023, 117 Rn 37f für die Rechtsanwaltsversorgung in Baden-Württemberg) oder, wie in der Zusatzversorgung des öffentlichen/kirchlichen Dienstes, für einen abgeschlossenen Zeitraum eine Startgutschrift (MüKo/*Scholer* § 40 Rn 18f) vorsieht.

III. Regelbeispiele. Abs II listet Bsp für unmittelbar zu bewertende Anrechte auf; wie sich aus dem Begriff „insb“ ergibt, ist die Aufzählung aber nicht abschließend, sondern hat nur Regelbeispielcharakter. Ob es sich in den genannten Fällen um unmittelbar zu bewertende Anrechte handelt, ist, wie am Bsp der Beamtenversorgung dargelegt, immer nur anhand der gesamten Versorgungsordnung zu beurteilen. 5

1. Entgeltpunkte oder vergleichbare Rechengrößen. Wichtigstes Bsp für diese Fallgruppe ist die **GRV**, bei der die Summe der Entgeltpunkte für die Höhe der späteren Rente maßgeblich ist. Die erworbenen Entgeltpunkte werden nach der Rentenformel (§ 64 SGB VI) mit dem Zugangsfaktor, aus dem sich insb bei vorzeitiger Inanspruchnahme der Rente deren Kürzung ergibt, mit dem (für den Inflationsausgleich zuständigen) aktuellen Rentenwert und mit dem Rentenartfaktor multipliziert; letzterer hat bspw für Altersrenten den Wert 1, für Erwerbsminderungsrenten den Wert 0,5 (näher § 43 Rn 13). Die Rentenanwartschaft kann aber auch aufgrund beitragsabhängiger Höherversicherung, die nur bis 1997 möglich war (§§ 269, 280 SGB VI; näher *Borth* VersA Kap 2 Rn 151f), Elemente enthalten, die unter Abs II Nr 4 fallen. Ferner können im Beitrittsgebiet erworbene Rentenanrechte abzuschmelzende Anteile enthalten (§ 120h SGB VI); diese beruhen ebenfalls nicht auf gebildeten Entgeltpunkten (näher § 43 Rn 30). Auch in der **Zusatzversorgung** des öffentlichen/kirchlichen Dienstes erwerben Versicherte seit 2002 aufgrund der Versicherungspflicht sog Versorgungspunkte (dazu eingehend *Wick* FamRZ 2008, 1223, 1226). Mit den auf ähnl Grundlage ermittelten „Steigerungszahlen“ arbeiten teilw die berufsständischen Versorgungswerke (*Ruland* VersA Rn 280; zu einer Mischform s BGH FamRZ 1996, 95, 96), ebenso die Alterssicherung für Landwirte (Rn 11). 6

2. Deckungskapital. Das Deckungskapital ist vor allem maßgeblich bei den klassischen privaten Lebensversicherungen, die entweder der Ausgleichspflichtige selbst unmittelbar abgeschlossen hat (näher § 46 Rn 4), oder die für ihn im Rahmen der betrieblichen Altersvorsorge abgeschlossen worden sind (§ 12 Rn 9). Das Deckungskapital setzt sich zusammen aus gezahlten Beiträgen, zugesagten Zinserträgen hieraus und vom Versicherer erzielten Überschussanteilen; es verringert sich um Risiko-, Verwaltungs- und sonstige Kosten. Kontrovers diskutiert wird die Frage, ob bei Anrechten, die auf angesammeltem Kapital beruhen, die Verzinsung des bei Ehezeitbeginn schon vorhandenen Kapitals aus der späteren Wertentwicklung herauszurechnen ist, weil sie insoweit auf einem schon vor der Eheschließung erworbenen Vermögen beruht (dazu eingehend *Hauß/Bührer* Rn 817-847; abl auch Johannsen/Henrich/Althammer/*Holzwarth* Rn 22 und *Ruland* VersA Rn 166; verneinend auch Soergel/*Koch* § 46 Rn 52); gegen die wohl hM ist die Verzinsung vorehelichen Deckungskapitals nicht in den VersA einzubeziehen (s näher § 46 Rn 12). 7

3. Rentenbausteine. Vor allem in der betrieblichen Altersversorgung gibt es Versorgungen, in denen aus einem jährlichen Beitrag ein Rentenbaustein entweder als Kapitalbetrag oder in anderer Form, etwa als Fondsanteil, gebildet wird (Bsp: Beteiligungsrente I der VW AG: Frankfurt FamRZ 2008, 1349; grundlegend *Glockner* FamRZ 2003, 1233, 1234; MüKo/*Scholer* Rn 19f). Eine unmittelbare Bewertung wurde im alten Recht analog § 1587a II Nr 4c BGB vorgenommen. Sie ist hier im Jahr des Ehezeitbeginns und des Ehezeitendes regelmäßig schwierig, weil regelmäßig ein Anteil des jew Rentenbausteins zu bilden ist. Der Gesetzgeber hat das Problem gesehen (BT-Drs 16/10144, 78) und geht davon aus, dass die jew Rentenbausteine durch 12 Monate zu teilen und mit der Anzahl der in die Ehezeit fallenden Monate zu multiplizieren sind (zust *Borth* VersA Kap 2 Rn 10; Johannsen/Henrich/Althammer/*Holzwarth* Rn 24). Steht der Wert eines Rentenbausteins im Jahr des Ehezeitendes noch nicht fest, kann er durch Hochrechnung (Extrapolation) ermittelt werden (BT-Drs 16/10144, 78). 8

9 **4. Summe der Beiträge.** Nach der Summe der entrichteten Beiträge (oder Umlagen) richten sich Anrechte, wenn der Berechnungsformel der Versorgungsleistung ein fester Multiplikator einerseits und ein bestimmter Bezugsbetrag (Gesamtsumme der Beiträge oder Umlagen) andererseits zugrunde liegen (BGH FamRZ 2005, 1455, 1456 zu § 1587a II Nr 4c BGB aF). Dem VersA wird hier der Betrag der Altersrente zugrunde gelegt, der sich aus den der Ehezeit nach dem In-Prinzip zuzuordnenden Beiträgen ergäbe, wenn bei Ehezeitende der Versorgungsfall eingetreten wäre. Der Bewertung nach dieser Regelung unterliegen seit 2002 als Besitzstandsrente weitergezahlte (einfache) Versicherungsrenten aus der öffentlich-rechtl Zusatzversorgung (hinsichtl der zugleich in das Versorgungspunktemodell übergeleiteten Ansprüche auf qualifizierte Versicherungsrente Rn 3), Anrechte aus den bis Ende 1997 möglichen Höherversicherungsbeiträgen zur GRV, Anrechte bei der Versorgungsanstalt der dt Bühnen (Nürnberg FamRZ 1996, 551) oder der dt Kulturorchester (BGH FamRZ 1985, 1119 und 1235) sowie bei bestimmten berufsständischen Versorgungseinrichtungen (Bsp bei Johannsen/Henrich/Althammer/*Holzwarth* Rn 25).

10 **5. Zugehörigkeit zum Versorgungssystem.** Hierunter fallen solche Versorgungen, in denen allein die Dauer der Zugehörigkeit zum Versorgungssystem ohne weitere Verfälschungen (Höchstbetrag, Grundbetrag, Zuschläge; s Rn 4) für die Höhe des Anrechts maßgeblich ist (Bsp: Alterssicherung der Landwirte: s Rn 11; eingehend Erman/*Wellenhofer*[12] § 1587a BGB Rn 59; Altersentschädigung für Bundestagsabgeordnete: Brandenburg FamRZ 2022, 1356 = juris Rn 18; Johannsen/Henrich/Althammer/*Holzwarth* Rn 26). Maßgebend ist das Anrecht, das sich aus der in die Ehezeit fallenden Zugehörigkeit zum Versorgungssystem ergäbe.

11 **IV. Alterssicherung für Landwirte.** Die Alterssicherung für Landwirte in ihrer heutigen Form beruht auf dem 1995 in Kraft getretenen Gesetz zur Reform der agrarsozialen Sicherung (Agrarsozialreformgesetz 1995) v 29.7.1994 (BGBl I 1994, 1890). Dessen Art 1 enthält das Gesetz über die Alterssicherung für Landwirte (ALG), das an die Stelle des Gesetzes über eine Altershilfe für Landwirte (GAL) getreten ist. Träger ist seit dem 1.1.2013 die Sozialversicherung für Landwirtschaft, Forsten und Gartenbau (LSV-Neuordnungsgesetz v 12.4.2012, BGBl I 2012, 579). Für die Landwirte führt sie weiter die Bezeichnung als landwirtschaftl Alterskasse (§ 49 ALG). Versichert sind nach § 1 I–III Landwirte, Ehegatten (oder Lebenspartner, § 1a ALG) und mitarbeitende Familienangehörige, wenn der Betrieb eine Mindestgröße (§ 1 V ALG) erreicht. Ziel des ALG ist eine **Teil**sicherung für landwirtschaftl Unternehmer (neben dem Altenteil), die voraussetzt, dass sie ihr Unternehmen abgegeben, das 67. Lebensjahr vollendet (zur schrittweisen Anhebung der Altersgrenze auf das 67. Lebensjahr vgl §§ 11, 87a f ALG) und eine Wartezeit von 15 Jahren erfüllt haben. Landwirte zahlen einen jährlich neu festgelegten Monatsbeitrag (2023: 286 € in den alten Bundesländern, 279 € in den neuen Bundesländern). Denselben Beitrag zahlen Ehegatten, während für mithelfende Familienangehörige 143/139,50 € zu zahlen sind. Die Altersrenten werden aber zu über 80 % vom Bund finanziert (§ 78 ALG; *Ruland* VersA Rn 283). Für die Höhe der Rente spielt, anders als in der GRV, das Einkommen keine Rolle; maßgeblich ist die Dauer der Versicherungszugehörigkeit, die sich für die Versicherten in Steigerungszahlen ausdrückt (§ 23 ALG). Die Dauer der Versicherungszugehörigkeit setzt sich aus Beitragszeiten (§ 18 ALG) und Zurechnungszeiten für Zeiten der Erwerbsminderung (§ 19 ALG) zusammen. Auf am 1.1.1995 bereits laufende **Bestandsrenten** ist das ALG nicht anzuwenden (§ 94 IV, § 98 I ALG); sie sind daher **zeitratierlich** zu bewerten (*Borth* VersA Kap 2 Rn 417). Diese Renten können einen 50 %igen **Ehegattenzuschlag** enthalten, wenn der Ehegatte keinen eigenen Rentenanspruch hat (§ 4 GAL aF). Der Ehegattenzuschlag ist entgegen § 40 V aufgrund der spezielleren Vorschrift des § 97 XIII 2 ALG in die Anrechtsbewertung einzubeziehen. Grundlegend zur Altersrente für Landwirte *Greßmann/Klattenhoff* FamRZ 1995, 577ff; *Borth* VersA Kap 2 Rn 415ff; *Wick* VersA Rn 358ff; *Ruland* VersA Rn 283ff.

12 **V. Berufsständische Versorgungen.** Für die Angehörigen der verkammerten freien Berufe (Ärzte, Apotheker, Architekten, Notare, Rechtsanwälte, Steuerberater, -bevollmächtigte, Tierärzte, Wirtschaftsprüfer, vereidigte Buchprüfer, Zahnärzte, Psychotherapeuten, Ingenieure) stellt die berufsständische Versorgung ein auf Landesrecht beruhendes Pflicht-Alterssicherungssystem dar (*Ruland* VersA Rn 261; *Glockner/Hoenes/Weil* § 7 Rn 1). Im Gegenzug können sie sich (als unselbständig Beschäftigte) von der Versicherungspflicht in der GRV nach § 6 I 1 Nr 1 SGB VI befreien lassen. Die berufsständischen Versorgungswerke (Anschriften der Versorgungswerke s www.abv.de) bestehen teils als selbständige rechtsfähige Anstalten/Körperschaften des öffentlichen Rechts; teils beruhen sie als rechtl unselbständiges Sondervermögen auf dem Satzungsrecht der jew berufsständischen Kammern, bei denen es sich ihrerseits um Körperschaften des öffentlichen Rechts handelt (*Ruland* VersA Rn 273).

13 Die Leistungen der Versorgungswerke werden ausschließlich über die Mitgliedsbeiträge finanziert. Einige Versorgungswerke arbeiten mit dem „Anwartschaftsdeckungsverfahren", in dem aus den geleisteten Beiträgen für jedes Mitglied ein individuelles Deckungskapital gebildet wird (*Glockner/Hoenes/Weil* § 7 Rn 4). Die **unmittelbare Bewertung** dieser Anrechte ergibt sich aus Abs II Nr 2 (*Glockner/Hoenes/Weil* § 7 Rn 4–6 mit Bsp aus der hessischen Ärzteversorgung). Die meisten Versorgungswerke arbeiten mit dem „offenen Deckungsplanverfahren", das dem Umlagesystem der GRV ähnelt. Aus den eingezahlten Beiträgen wird hier nur teilw Kapital gebildet; iÜ werden sie zur Finanzierung laufender Leistungen verwendet (*Ruland* VersA Rn 277). Auch diese Anrechte sind unmittelbar zu bewerten, soweit die Höhe der Versorgung aus den entrichteten Beiträgen abgeleitet wird; die Versorgungswerke arbeiten insoweit wie in der GRV mit Steigerungszahlen, Leistungszahlen, Punktewerten oder vergleichbaren Bezugsgrößen (*Ruland* VersA Rn 280; *Glockner/Hoenes/Weil* § 7 Rn 7f mit Bsp aus der Baden-Württembergischen Versorgungsanstalt für Ärzte, Zahnärzte und Tierärzte). Nicht unmittelbar, sondern **zeitratierlich** nach § 40 zu bewerten sind die teilw vorkommenden festen Bestandteile von Anrechten wie Grundbeträge oder Zuschläge (s Rn 4; *Glockner/Hoenes/Weil* § 7 Rn 9f mit Bsp aus dem Versorgungswerk der

Architektenkammer NRW; *Kemper* VersA VI Rn 54f). Insoweit liegen nach dem geltenden Recht **Mischformen** vor, die, anders als nach dem alten Recht (BGH FamRZ 1996, 95, 96 für die Ärzteversorgung Westfalen-Lippe), soweit es geht, unmittelbar zu bewerten sind. Diese Mischformen konnten nach dem früheren Recht nur zeitratierlich bewertet werden (BGH FamRZ 2011, 547, 548; 2011, 1214; s FAKomm-FamR/*Wick*[5] § 40 Rn 3). **Nicht** dem **VersA**, sondern dem Zugewinnausgleich unterfallen mögl Ansprüche auf **Kapitalleistungen** wegen der bis Ende 2004 erworbenen Anrechte. Die Zuordnung hängt hier ggf von der (Nicht-)Ausübung eines Wahlrechts ab (s § 2 Rn 9 und *Borth*, Anm zu BFH BetrAV 2014, 91 in FamRZ 2014, 386).

§ 40 Zeitratierliche Bewertung einer Anwartschaft

(1) Befindet sich ein Anrecht in der Anwartschaftsphase und richtet sich der Wert des Anrechts nicht nach den Grundsätzen der unmittelbaren Bewertung gemäß § 39, so ist der Wert des Ehezeitanteils auf der Grundlage eines Zeit-Zeit-Verhältnisses zu berechnen (zeitratierliche Bewertung).

(2) Zu ermitteln ist die Zeitdauer, die bis zu der für das Anrecht maßgeblichen Altersgrenze höchstens erreicht werden kann (n). Zudem ist der Teil dieser Zeitdauer zu ermitteln, der mit der Ehezeit übereinstimmt (m). Der Wert des Ehezeitanteils ergibt sich, wenn das Verhältnis der in die Ehezeit fallenden Zeitdauer und der höchstens erreichbaren Zeitdauer (m/n) mit der zu erwartenden Versorgung (R) multipliziert wird (m/n × R).

(3) Bei der Ermittlung der zu erwartenden Versorgung ist von den zum Ende der Ehezeit geltenden Bemessungsgrundlagen auszugehen. § 5 Abs. 2 Satz 2 bleibt unberührt.

(4) Die zeitratierliche Bewertung ist insbesondere bei Anrechten anzuwenden, bei denen die Höhe der Versorgung von dem Entgelt abhängt, das bei Eintritt des Versorgungsfalls gezahlt werden würde.

(5) Familienbezogene Bestandteile des Ehezeitanteils, die die Ehegatten nur aufgrund einer bestehenden Ehe oder für Kinder erhalten, dürfen nicht berücksichtigt werden.

I. Allgemeines. Die zeitratierliche Bewertungsmethode ist vom Gesetzgeber als Auffangregelung konzipiert, 1
soweit eine unmittelbare Bewertung – auch teilw – nicht möglich ist. Auch hier beschränkt Abs I die Anwendung auf Anrechte, die sich noch in der Anwartschaftsphase befinden; für Anrechte, die sich in der Leistungsphase befinden, verweist § 41 aber ebenfalls auf § 40. Abs II enthält die Berechnungsformel zur Bestimmung des Ehezeitanteils. Abs III enthält – dem § 5 II entspr – Bestimmungen zum maßgeblichen Stichtag. Als Hauptanwendungsfall benennt Abs IV die sog endgehaltsbezogenen Anrechte. Nach Abs V sind familienbezogene Bestandteile aus der Bewertung auszuklammern.

II. Berechnungsformel. 1. Grundsatz. Für die zeitratierliche Bewertung wird der Ehezeitanteil in ein Verhält- 2
nis zu der gesamten Anwartschaftszeit bis zum Erreichen der maßgeblichen Altersgrenze für das betroffene Anrecht gesetzt. Anstelle der Altersgrenze kann eine andere zeitl Grenze des Anrechtserwerbs treten (vgl BGH FamRZ 2019, 1993 m Anm *Borth*, Rn 30ff). Für Anrechte, die sich bereits im Leistungsstadium befinden, sind das tatsächliche Ende der Anwartschaftsphase und die tatsächlich bezogene Versorgung maßgeblich (§ 41 II; näher § 41 Rn 7). Das gilt ausnahmsw auch dann, wenn ein Anrecht, wie bspw bei der Zusatzversorgung des öffentlichen Dienstes aufgrund eines Systemwechsels, bis zu einem bestimmten Zeitpunkt zeitratierlich und danach unmittelbar zu bewerten ist. Die Handhabung der Berechnungsformel in beiden Fällen erläutert das folgende Bsp (wobei bei der VBL ein weiterer, dann unmittelbar zu bewertender Anteil für die Zeit von 1/2002 bis 3/2010 hinzukäme):

	„Normales Anrecht"	**VBL-Anrecht**
Ehezeit:	1.9.1990–31.3.2010	dto.
Beginn der Zugehörigkeit zum Versorgungssystem:	April 1988	dto.
Erreichen der regulären Altersgrenze/Umstellungszeitpunkt:	Juni 2020	Dezember 2001
Am Ende zu erwartende Versorgung (**R**):	2500 €	700 €
Gesamtdauer in Monaten (**n**):	387	165
Davon fällt in die Ehezeit (**m**):	235	136
Ehezeitanteil (**m/n × R**):	1518,09 €	576,97 €

2. Maßgebliche Altersgrenze. Maßgeblich ist grds die **Regelaltersgrenze** des betroffenen Anrechts. Besondere 3
(aber nicht zwingende) Altersgrenzen gelten in der Soldatenversorgung (§§ 44, 45 SG); diese sind nicht nur dann maßgeblich, wenn der Soldat sich zum Entscheidungszeitpunkt bereits im Ruhestand befindet (zB BGH FamRZ 2009, 303), sondern auch dann, wenn von einem vorzeitigen Ruhestand aufgrund der besonderen Altersgrenze prognostisch auszugehen ist (vgl BGH FamRZ 2013, 435; 2013, 121; Stuttgart FamRZ 2010, 734ff). Bei einer **Altersteilzeitvereinbarung** ist jedenfalls dann, wenn sie vor dem Ehezeitende getroffen worden ist, die vereinbarte Altersgrenze maßgeblich; würde man dies anders sehen, ergäben sich Widersprüche zu § 41 II (Hamm

FamFR 2012, 184 Rn 7f). Zur Frage der Berücksichtigung einer nach Ehezeitende eingetretenen tatsächlichen Veränderung s § 5 Rn 5ff.

4 **3. Billigkeitsprobleme.** Bei der zeitratierlichen Berechnung kann ein unzutr hoher Wert für die Ehezeit ermittelt werden, der daraus resultiert, dass ein Ehegatte während der Ehezeit – zB wegen der Kinderbetreuung – nur teilzeitbeschäftigt gewesen ist und deshalb in der Ehezeit geringere Anrechte erworben hat. In der Beamtenversorgung kann dieses Problem nicht entstehen, weil während einer Teilzeitbeschäftigung nach § 6 I 3 BeamtVG geringere „ruhegehaltsfähige Dienstzeiten" iSd § 44 II erworben werden (BGH FamRZ 2009, 1738, 1741). Soweit aber die einem auszugleichenden Anrecht zugrunde liegende Regelung hier keine Differenzierung über das Merkmal „Dienstzeit" vornimmt, kann die zeitratierliche Bewertung i Erg zu einer – ggf deutlichen – Überbewertung der in der Ehezeit erworbenen Anrechte kommen (*Hauß/Bührer* Rn 925ff). Dies kann eine Korrektur über § 42 erforderlich machen (vom BGH FamRZ 2009, 1738, 1741 für den Fall der Startgutschrift bei der VBL abgelehnt).

5 **III. Maßgeblicher Stichtag.** Abs III wiederholt den bereits in § 5 II niedergelegten Grundsatz, dass der für die Bewertung maßgebliche Stichtag das Ehezeitende ist, dass aber nachehezeitl rechtl oder tatsächliche Veränderungen, welche die Bewertung des Ehezeitanteils rückwirkend auf den Stichtag beeinflussen, zu berücksichtigen sind. Es bestehen insoweit die bereits zu § 5 (s § 5 Rn 5ff) dargelegten Auslegungsprobleme. Nach der hier vertretenen Ansicht sind, entspr dem Gesetzeswortlaut, grds alle – auch die nachehezeitl Veränderungen, die sich erst nach dem Stichtag auf die Bewertung auswirken – zu berücksichtigen; ausgeschlossen sind allein Wertsteigerungen, die erst nach dem Ehezeitende erarbeitet worden sind.

6 **IV. Endgehaltsbezogene Anrechte.** Einen Hauptanwendungsfall für die zeitratierliche Berechnung sieht der Gesetzgeber in endgehaltsbezogenen Anrechten und verweist dabei insb auf die Beamtenversorgung (BT-Drs 16/10144, 79). Wie dargelegt (§ 39 Rn 4), scheitert bei der Beamtenversorgung die unmittelbare Bewertung aber an der Höchstbetragsregelung (max 71,75 % nach 40 Dienstjahren); sie scheitert dagegen nicht daran, dass die Versorgung bezogen auf das Endgehalt des Beamten ermittelt wird (zur Teilhabe an der Anwartschaftsdynamik in der Beamtenversorgung s § 44 Rn 3; zur problematischen Teilhabe an der Dynamik endgehaltsbezogener betrieblicher Anrechte s § 5 Rn 8). Abs IV steht deshalb einer unmittelbaren Bewertung von endgehaltsbezogenen Versorgungsanrechten nicht entgegen.

7 **V. Familienbezogene Bestandteile.** Die Ausklammerung familienbezogener Bestandteile bei der zeitratierlichen Bewertung nach Abs V liegt, wie im alten Recht (§ 1587a VIII BGB), darin begründet, dass derartige Bestandteile des Anrechts – auch im Leistungsstadium – familienbezogene Lasten ausgleichen sollen. Nach der Scheidung trägt jeder derartige Lasten allein; deshalb sollen ihm auch die entspr Zuschläge – für Kinder, für die Unterhaltslast ggü dem geschiedenen Ehegatten oder für eine neue Ehe – allein verbleiben (vgl BGH FamRZ 2018, 681 zum Unterhalt). Soweit Zuschläge für Kinder betroffen sind, werden diese zudem regelmäßig nur bis zu einem bestimmten Alter des Kindes gewährt und fallen dann weg. Die Regelung betrifft vor allem die Bewertung der Anrechte von Beamten, Richtern und Berufssoldaten, bei denen nur das Grundgehalt ohne Familienzuschlag (§§ 39ff BBesG; § 5 I 1 Nr 2 BeamtVG) der Wertermittlung zugrunde zu legen ist und während des Versorgungsempfangs ein Erhöhungsbetrag nach § 50 I 2 BeamtVG unberücksichtigt bleibt, und zwar auch dann, wenn der geschiedene Versorgungsinhaber aufgrund seiner nachehelichen Unterhaltspflicht weiterhin Anspruch auf Familienzuschlag hat (Frankfurt FamRZ 1988, 404). Sind Anrechte der Alterssicherung der Landwirte auszugleichen, kann bei Bestandsrenten und in Übergangsfällen nach spezialgesetzl Regelungen (vgl § 97 XIII 2, § 98 VII ALG) auch der Ehegattenzuschlag dem VersA unterliegen (*Klattenhoff* NZS 1995, 393).

8 Rentenanrechte aufgrund von Kindererziehungszeiten und Zuschläge nach § 70 IIIa SGB VI sind ebenso wie die entspr beamtenrechtl Leistungen (§§ 50a, 50b BeamtVG) **keine familienstandsbezogenen Leistungsbestandteile** iSv Abs V (vgl Celle FamRZ 1999, 861). Ebenso findet Abs V keine Anwendung, wenn das Anrecht – etwa durch Ermittlung von Entgeltpunkten aufgrund des versicherten Arbeitsentgelts (§ 70 I SGB VI) – dauerhaft durch familienbezogene Bestimmungsgrößen des Entgelts geprägt wird (vgl BGH FamRZ 1985, 797; Köln FamRZ 1998, 1364; *Bergner* KomRefVA, § 40 Anm 2.3). Zur Einbeziehung des Ehegattenzuschlags bei der Besitzschutzrente in der **Alterssicherung der Landwirte** entgegen Abs V s § 39 Rn 11.

§ 41 Bewertung einer laufenden Versorgung

(1) Befindet sich ein Anrecht in der Leistungsphase und wäre für die Anwartschaftsphase die unmittelbare Bewertung maßgeblich, so gilt § 39 Abs. 1 entsprechend.

(2) Befindet sich ein Anrecht in der Leistungsphase und wäre für die Anwartschaftsphase die zeitratierliche Bewertung maßgeblich, so gilt § 40 Abs. 1 bis 3 entsprechend. Hierbei sind die Annahmen für die höchstens erreichbare Zeitdauer und für die zu erwartende Versorgung durch die tatsächlichen Werte zu ersetzen.

1 **I. Allgemeines.** § 41 erklärt für laufende Versorgungen dieselben Bewertungsregeln für anwendbar wie für Anrechte, die sich noch in der Anwartschaftsphase befinden. Im alten Recht fehlte eine ausdrückl Regelung für die Bewertung laufender Versorgungen. Besonderheiten ergeben sich bei den zeitratierlich zu bewertenden Anrechten für den Endstichtag und die zu erwartende Versorgung. Die Bewertung laufender Versorgungen stellte sich nach altem Recht aber auch für unmittelbar zu bewertende Anrechte in mancher Hinsicht als problematisch dar. Es reicht für die Anwendung des § 41 aus, dass es sich um eine **zum Zeitpunkt der Entscheidung** laufende

Versorgung handelt (BGH FamRZ 2019, 1314 Rn 22; 2018, 894 Rn 16; 2018, 1500 Rn 16; vgl *Wick* VersA Rn 175; Johannsen/Henrich/Althammer/*Holzwarth* Rn 1; Grü/*Siede* Rn 1); das Leistungsstadium muss nicht schon zum Ehezeitende erreicht sein (s aber auch § 5 Rn 10f). Ist nach dem **Tod** des Versorgungsempfängers eine Anrechtsbewertung weiterhin erforderlich, verbleibt es bei der Bewertung des Anrechts im Leistungsstadium (vgl Frankfurt FamRZ 2022, 1100 m zust Anm *Borth* – GRV).

II. Unmittelbar zu bewertende Anrechte. Nach Abs I sind Anrechte, die im Anwartschaftsstadium unmittelbar zu bewerten wären, auch dann unmittelbar zu bewerten, wenn sie sich zum Zeitpunkt der Entscheidung im Leistungsstadium befinden. Damit ist es für die anzuwendende Bewertungsmethode nicht von Bedeutung, ob das Leistungsstadium vor oder nach dem Ehezeitende erreicht worden ist. 2

III. Bestandsschutz in der GRV. Der vorzeitige Bezug einer gesetzl Rente – etwa wegen Erwerbsminderung – kann sich wegen der Besitzschutzregelung des § 88 I 2 SGB VI dahin auswirken, dass der späteren Altersrente mehr Entgeltpunkte zugrunde gelegt werden als der fiktiv zu berechnenden Altersrente, und sie dadurch höher ausfällt. Dann sind die dieser Rente zugrunde liegenden Entgeltpunkte auch für die Berechnung des Ehezeitanteils maßgeblich (BGH FamRZ 2022, 686 m Anm *Bachmann*; weitere Nachw bei *Borth* VersA Kap 2 Rn 194f). Voraussetzung ist, dass nicht damit zu rechnen ist, dass die Erwerbsunfähigkeitsrente der ausgleichspflichtigen Person wieder entzogen wird (BGH FamRZ 1989, 723, 724; 2005, 1461f); dies ist Gegenstand einer Prognose, die ggf vom Gericht von Amts wegen (§ 26 FamFG) unter Einschaltung eines Sachverständigen zu prüfen ist (NK-VersA/*Rehbein* Rn 8; *Borth* VersA Kap 2 Rn 216). Ist dagegen die Summe der dem fiktiven Anrecht zugrunde liegenden Entgeltpunkte insg **höher** als die der gezahlten Rente zugrunde liegenden Entgeltpunkte, ist von den Wertverhältnissen des fiktiven Anrechts auszugehen, das der Ehegatte spätestens mit Wegfall der bis zur Regelaltersrente befristeten Rente und Eintritt der Voraussetzungen für eine Altersrente realisieren wird (BGH FPR 2002, 142). Regelmäßig errechnet sich aus dem höherwertigen Anrecht auch ein **höherer Ehezeitanteil**; es bleibt aber auch dann für den VersA maßgeblich, wenn der darin liegende Ehezeitanteil einen **geringeren Wert** aufweist als bei der Alternative; andernfalls droht eine Verletzung des Halbteilungsgrundsatzes (BGH FamRZ 1997, 160, 161; *Borth* VersA Kap 2 Rn 195). Der Bestandsschutz gilt – was bei einer **Erziehungsrente** insb zu beachten ist – nur dann, wenn innerhalb von 24 Kalendermonaten nach dem voraussichtlichen Anspruchsverlust (§ 100 III SGB VI) eine Regelaltersrente beginnen kann (§ 88 I 2 SGB VI). Die Rente ist mit ihrem auf die – im Leistungsfall als Anrechnungszeit zu berücksichtigende – Zurechnungszeit entfallenden **ehezeitbezogenen** Wertbestandteil zu berücksichtigen, und zwar auch dann, wenn der Leistungsfall für diese Rente vor Beginn der Ehezeit eingetreten ist (BGH FamRZ 1989, 721; 1988, 489; 1986, 337). 3

IV. Zugangsfaktor. Im Diskussionsentwurf zum VersAusglG war für § 41 noch ein Abs III enthalten, welcher ausdrückl klarstellte, dass bei der Bewertung laufender Renten der GRV der Zugangsfaktor unberücksichtigt bleiben sollte. Wird die gesetzl Rente vor Erreichen der Regelaltersgrenze in Anspruch genommen, wirkt sich das nicht auf die Anzahl der erworbenen Entgeltpunkte aus; das Rentenanrecht verringert sich aber wegen eines verminderten **Zugangsfaktors** pro Kalendermonat um 0,3 % (§ 77 II 1 Nr 2 lit a SGB VI); technisch wird dies durch Umrechnung der Entgeltpunkte in „persönliche Entgeltpunkte" bewirkt (§ 66 SGB VI). 4

Das alte Recht sah in § 1587a II Nr 2 BGB ausdrückl vor, dass der Zugangsfaktor unberücksichtigt zu bleiben hatte. Der BGH hatte insoweit eine korrigierende verfassungskonforme Auslegung für geboten gehalten, als die Zeiten des vorzeitigen Rentenbezugs, die zu Abschlägen führten, **in die Ehezeit fielen** (vgl zuletzt BGH FamRZ 2012, 769 Rn 15), war damit aber auf Kritik in der Literatur gestoßen (Nachw bei BGH FamRZ 2009, 948 und *Ruland* VersA Rn 383). Der BGH hatte moniert, der Halbteilungsgrundsatz bleibe nicht gewahrt, wenn nicht zumindest diejenigen Abschläge aufgrund der vorzeitigen Inanspruchnahme berücksichtigt werden, die noch in die Ehezeit fallen. Die Gegenansicht hält den Halbteilungsgrundsatz für nicht berührt, weil die erworbenen Entgeltpunkte (als Stammrecht) gerecht geteilt würden und die Abschläge wegen des vorzeitigen Rentenbezugs lediglich eine – individuell – längere Rentenbezugsdauer ausgleichen (statt vieler *Ruland* VersA Rn 384; MüKo/*Weber* § 43 Rn 29ff). Der Gesetzgeber geht (trotz Streichung des Abs III aus dem Diskussionsentwurf) davon aus, dass das neue Recht eine Berücksichtigung des Zugangsfaktors ganz ausschließt (BT-Drs 16/10144, 80), weil die Entgeltpunkte zu teilen sind; dementspr bestimmt § 109 VI SGB VI, dass die vom Träger der GRV mitzuteilenden Entgeltpunkte aus einer **Vollrente** wegen Erreichens der Regelaltersgrenze zu berechnen sind (*Ruland* VersA Rn 382f). 5

Der BGH hat seine bislang entgegenstehende Ansicht für das neue Recht aufgegeben (FamRZ 2016, 35; 2016, 1343; ebenso Johannsen/Henrich/Althammer/*Holzwarth* Rn 9ff; MüKo/*Weber* § 43 Rn 32; Soergel/*Borchert* Rn 8ff; Soergel/*Schmeiduch* § 43 Rn 78ff; aA Hamm FamRZ 2015, 1801). Der Halbteilungsgrundsatz wird auch nach hier vertretener Ansicht durch die Außerachtlassung des Zugangsfaktors in der GRV nicht verletzt. Das Stammrecht – Entgeltpunkte – wird gerecht geteilt, so dass dem Ausgleichspflichtigen aE die Hälfte seines Ehezeitanteils verbleibt (dazu s ausf Erman[14] § 41 Rn 6). Nur ausnahmsw kann die Teilung der Entgeltpunkte zu einem grob unbilligen Ergebnis führen (BGH FamRZ 2016, 1343 Rn 15ff; s § 27 Rn 14). 6

V. Zeitratierlich zu bewertende Anrechte. Bei laufenden zeitratierlich zu bewertenden Anrechten ist für das Zeit-Zeit-Verhältnis als Endzeitpunkt der tatsächliche Zeitpunkt des Versorgungsbeginns maßgeblich. Hinter dieser Regelung steht der gesetzgeberische Wille, nach Möglichkeit nicht fiktive, sondern reale Anrechte gerecht zu teilen. Im alten Recht war dies nicht ausdrückl festgelegt. Problematisch waren insb die Fälle des **vorzeitigen** Versorgungsbezugs, die einerseits zu Abschlägen bei der Versorgung führen (zB § 14 III BeamtVG), was anderer- 7 seits – insb in der Beamtenversorgung – durch eine Höherbewertung des Ehezeitanteils teilw kompensiert wird, weil die max Versorgung dort nach 40 Jahren erreicht wird und zusätzl Zeiten die Versorgung nicht mehr erhöhen, sondern nur im Hinblick auf das Zeit-Zeit-Verhältnis „den Quotienten verwässern" (näher s Rn 8); über Zurechnungszeiten bei Dienstunfähigkeit kommt sogar eine Höherbewertung trotz vorzeitigen Bezugs in Betracht (vgl § 44 Rn 22). Die obergerichtliche Rspr zum alten Recht hat sich für eine (vollständige) Berücksichtigung des (im Regelfall vorliegenden) Abschlags ausgesprochen, wenn die Versetzung in den Ruhestand **vor** dem Ende der Ehezeit wirksam geworden ist (Celle FamRZ 2007, 560f; Stuttgart FamRZ 2007, 1024f). Aber auch wenn eine vorzeitige Versetzung in den Ruhestand **nach dem Ende der Ehezeit** erfolgt, sind die hierdurch bedingten Wertveränderungen nach Ansicht des Gesetzgebers (BT-Drs 16/10144, 49) und der – früher – hM (zB BGH FamRZ 1991, 1415, 1416; so nunmehr auch Johannsen/Henrich/Althammer/*Holzwarth* Rn 13ff; Grü/*Siede* Rn 1, jew mwN) grds zu berücksichtigen. Abs II S 2 scheint dies ausdrückl für das geltende Recht festzuschreiben (so auch Celle FamRZ 2014, 211 Rn 35). Der Gesetzgeber hat sich hierzu nicht eindeutig positioniert: Veränderungen nach dem Ehezeitende, die keinen Bezug zur Ehezeit haben, sollen nicht berücksichtigt werden (BT-Drs 16/10144, 80). Eine vorzeitige Versetzung in den Ruhestand wegen Dienstunfähigkeit nach dem Ehezeitende soll aber offenbar zu berücksichtigen sein (BT-Drs 16/10144, 49; vgl Karlsruhe FamRZ 2022, 23, 25).

8 Der BGH hat im früheren Recht Veränderungen berücksichtigt, wenn der vorzeitige Eintritt in den Ruhestand sogar zu einer höheren Bewertung des Ehezeitanteils führte (zB BGH FamRZ 2007, 891). Im Beamtenrecht ist das zB der Fall, wenn pensionierte Soldaten wegen einer besonderen vorgezogenen Altersgrenze und aufgrund von **Zurechnungszeiten** eine ungekürzte Versorgung beziehen (BGH FamRZ 1996, 215, 216f). Entspr Regelungen können auch für betriebliche Anrechte gelten (MüKo/*Scholer* Rn 12). Daraus können im Einzelfall Ergebnisse resultieren, die nach § 27 zu korrigieren sind; allerdings folgt die grobe Unbilligkeit nicht allein aus dem Umstand, dass der Wert des Ehezeitanteils der Versorgung sich durch die vorgezogene Altersgrenze erhöht (BGH FamRZ 2009, 303, 306f; s auch § 27 Rn 14; § 44 Rn 22). Führt der vorzeitige Bezug zeitratierlich zu bewertender Anrechte **nach dem Ehezeitende** dagegen zu Abschlägen, sollen diese für den VersA unbeachtlich sein (BGH FamRZ 2009, 1303: Anrechte bei der VBL bis zum 31.12.2001; BGH FamRZ 2020, 169 Rn 22; FamRZ 2012, 769ff – Beamtenversorgung; BGH FamRZ 2011, 1214ff – Rechtsanwaltsversorgung Rh-Pf; s auch BGH FamRZ 2018, 1500 Rn 18; Celle NZFam 2021, 1057 mwN und krit Anm *Siede*; ebenso FamR-Komm/*Wick* § 5 Rn 14; krit *Bergner* KomRefVA Anm 3; aA Hamm FamRZ 2012, 551). Das ist dort problematisch, wo, anders als in der GRV, der Teilungsgegenstand (Zahlbetrag) durch die vorzeitige Inanspruchnahme teilw erlischt (Bsp: Beamtenversorgung); der BGH bürdet dann die Folgen, auch soweit sie auf den Ausgleichswert entfallen, allein der ausgleichspflichtigen Person auf. Das Akzessorietätsprinzip gebietet nach hier vertretener Auffassung die Teilung des verringerten Anrechts (s § 5 Rn 11; ähnl MüKo/*Scholer* § 41 Rn 8). Unberücksichtigt bleiben **Wertsteigerungen** gesetzl Rentenanrechte, die wegen späteren Rentenbeginns durch den Zugangsfaktor eintreten (BGH FamRZ 2008, 1602, 1603ff: allerdings sollen die in die Ehezeit fallenden Wertsteigerungen berücksichtigt werden; dazu Rn 4ff).

9 **VI. Laufende kapitalgedeckte Versorgung.** Der Barwert einer kapitalgedeckten Versorgung in der Leistungsphase verändert sich zum Nachteil, was nicht auf die fließenden Leistungen, sondern auf die sinkende Lebenserwartung der ausgleichspflichtigen Person mit deren zunehmendem Alter zurückgeht (vgl BGH FamRZ 2016, 775 Rn 40). Handelt es sich um eine private Versicherung, kommt eine Bewertung anhand des Rückkaufwertes (§ 46 iVm § 169 VVG) nicht mehr in Betracht, weil eine laufende Rente nicht rückkauffähig ist; vielmehr bestimmt sich der Wert unter Berücksichtigung der gegebenen Leistungszusage, des Alters und der durchschnittlichen Lebenserwartung des Leistungsempfängers zum Stichtag gem § 47 V nach versicherungsmathematischen Grundsätzen (BGH FamRZ 2016, 775 Rn 39; MüKo/*Glockner*[6] Rn 7). Betroffene Anrechte sind mit dem Wert im Zeitpunkt der Wirksamkeit der Entscheidung zum VersA zu teilen (s § 5 Rn 10).

10 **VII. Laufende Renten wegen Invalidität.** Dem Anwendungsbereich des § 41 unterfallen auch solche laufenden Versorgungen, die nicht wegen Alters, sondern wegen Invalidität geleistet werden. Nur für **private** laufende Anrechte wegen Invalidität gilt § 28 (s Komm dort, aber auch § 27 Rn 13 aE). Die Bewertung **betrieblicher** oder **berufsständischer** Anrechte, aus denen Leistungen wegen Invalidität erbracht werden, konnte im alten Recht Schwierigkeiten bereiten, wenn sie nicht dauerhaft bewilligt waren (zur Problematik zum alten Recht BGH FamRZ 2005, 1461, 1462). Im geltenden Recht ist zu berücksichtigen, dass für den Invaliditätsfall ein Deckungskapital gebildet wird, das bei Wiederherstellung der Berufsfähigkeit wieder aufgelöst wird. Ist der Fortbestand der Berufsunfähigkeit nicht gesichert und die Invaliditätsrente daher befristet, ist sie bis zum Fristende als laufende Rente und danach als Anwartschaft zu bewerten (MüKo/*Scholer* Rn 14; Aufgabe der bis zur 16. Aufl vertretenen Auffassung). Die Teilung einer Wertsteigerung wegen einer unverfallbaren Invaliditätsrente kann im Einzelfall grob unbillig sein (s § 27 Rn 13). In der GRV beeinflusst der Umstand, dass eine laufende Leistung wegen Invalidität erbracht wird, den Wert des zugrunde liegenden Anrechts nur dann, wenn infolge Bestandsschutzes der Wert einer späteren Altersversorgung aus demselben Anrecht erhöht wird (s Rn 3).

§ 42 Bewertung nach Billigkeit

Führt weder die unmittelbare Bewertung noch die zeitratierliche Bewertung zu einem Ergebnis, das dem Grundsatz der Halbteilung entspricht, so ist der Wert nach billigem Ermessen zu ermitteln.

1 **I. Allgemeines.** § 42 soll Korrekturen bei den Ergebnissen der unmittelbaren oder zeitratierlichen Bewertung ermöglichen, wenn diese dem Halbteilungsgrundsatz im Einzelfall nicht entsprechen. Er geht auf § 1587a V

BGB aF zurück. § 42 ist subsidiär. Die Entscheidung über die Anwendung obliegt dem FamG; sie ist **anrechtsbezogen** zu treffen, und zwar auf der Grundlage der Auskünfte, die das FamG nach § 220 FamFG einzuholen hat (*Ruland* VersA Rn 525). Soweit nur die Bewertung von **Teilen** eines Anrechts problematisch ist, ist die Anwendung des § 42 auf diese Teile zu beschränken (BT-Drs 16/10144, 80). Ergibt sich die Unbilligkeit nicht als Folge der Bewertung, ist § 42 nicht anzuwenden; ggf kommt aber die Anwendung des § 27 in Betracht.

§ 42 ist insb von § 27 abzugrenzen. Für eine Anwendung des § 27 ist Voraussetzung, dass die Ehezeitanteile und Ausgleichswerte der betroffenen Anrechte berechnet sind, jedoch der Ausgleich als solcher – ggf teilw – grob unbillig ist. § 42 greift dagegen ein, wenn schon die Berechnung eines Anrechts Schwierigkeiten bereitet und hat insoweit Vorrang vor § 27. 2

II. Dem Halbteilungsgrundsatz widersprechendes Ergebnis. Schon im alten Recht war der Anwendungsbereich des § 1587a V BGB nicht groß; durch die allg Bewertungsregeln der §§ 39–41 ist er noch kleiner geworden, weil die Wahl der Bewertungsmethode vom Gesetz nur noch in wenigen Fällen (§§ 43ff) vorgegeben wird. Die Vorschrift ermöglicht keinen willkürlichen Wechsel der Bewertungsmethode (Brandenburg FamRZ 2022, 1356 = juris Rn 19 mwN). Nach Ansicht von *Ruland* (VersA Rn 526) sind drei Ursachen denkbar, die zur Anwendung des § 42 führen können: 3

- die gesetzl Bewertungsmethoden erfassen das auszugleichende Anrecht nicht;
- durch die Typisierung der Bewertungsmethode bedingt entsteht im Einzelfall ein mit dem Halbteilungsgrundsatz nicht zu vereinbarendes Ergebnis;
- es besteht Unsicherheit über die Qualität des auszugleichenden Anrechts.

1. Nicht erfasste Anrechte. Zu der ersten Fallgruppe ist eigentlich kein Fall denkbar. Die gesetzl Bewertungsmethoden erfassen grds jedes Anrecht (aA Nürnberg FamRZ 2022, 1020 für den kommunalen Pflicht-Ehrensold in Bayern unter Berufung auf *Borth* VersA § 2 Rn 56, welches in der Sache aber doch eine zeitratierliche Bewertung nach § 40 vornimmt). Richtig ist aber, dass die unmittelbare oder die zeitratierliche Bewertung ggf für ein **ausländisches** (auch zw- oder überstaatliches) Anrecht nicht **passt**; diese wurden bereits im alten Recht mit § 1587a V BGB in Verbindung gebracht (zB BGH FamRZ 1996, 98; vgl auch *Borth* VersA Kap 2 Rn 24; MüKo/*Scholer* Rn 3). 4

2. Ungerechte Bewertungsergebnisse. a) Eine der wenigen über § 1587a V BGB aF geregelten Fallgruppen waren die – alternativ ausgestalteten – Anrechte von Zeitsoldaten, Widerrufsbeamten und Wahlbeamten – letztere, wenn zum Ehezeitende die **Verfestigung** einer Versorgungsanwartschaft noch von der Wiederwahl abhing (zB BGH FamRZ 2003, 29, 30; 2009, 1743; näher § 44 Rn 7, 10). Für diese Fallgruppen finden sich nun gesetzl Regelungen in den § 16 II, § 44 IV, so dass die Anwendung des § 42 nicht mehr notwendig ist. Bei politischen Beamten, deren Verweildauer in ihrem Amt mittelbar durch Wahlen bestimmt wird (Bsp: parlamentarische Staatssekretäre), wird allerdings, soweit der Erwerb eines Versorgungsanrechts bereits feststeht, die Anwendung des § 42 für geboten gehalten, weil die Dauer der Amtszeit, welche für die **Bewertung des Ehezeitanteils** maßgeblich ist, unsicher ist (*Bergner* KomRefVA, Anm 2.4; *Borth* VersA Kap 2 Rn 133 aE). 5

b) Eine Bewertungskorrektur kann bei **zeitratierlich** zu bewertenden Anrechten vorzunehmen sein, wenn nach der zugrunde liegenden Versorgungsordnung Zeiten einer **Teilzeitbeschäftigung** in der Ehe schlechter bewertet werden, ohne dass dies über den Faktor „Beschäftigungszeit" geregelt wird (vgl zu den möglichen Nachteilen der zeitratierlichen Bewertung *Hauß/Bührer* Rn 925ff, allerdings mit unzutr Bsp aus der Beamtenversorgung; dazu § 44 Rn 18). BGH FamRZ 2009, 1738, 1741 hat dies für den Fall einer so ermittelten Startgutschrift bei der VBL abgelehnt (grds gegen eine Korrektur zeitratierlich ermittelter Anrechte auch Karlsruhe FamRZ 2022, 23, 29 unter Verweis auf MüKo/*Scholer* Rn 3; Zurückhaltung anmahnend auch Johannsen/Henrich/Althammer/*Holzwarth*[6] Rn 4, wonach keine Korrektur systembedingter Ungleichbehandlungen erfolgen könne, die auf der Struktur des VersA als eines formalisierten Massenverfahrens beruhen). 6

c) Kürzungen von Ehezeitanteil und Ausgleichswert eines Anrechts nach dem Ehezeitende durch vorzeitigen Bezug sind nach Ansicht des BGH unbeachtlich (FamRZ 2009, 1303: Anrechte bei der VBL bis zum 31.12.2001; FamRZ 2018, 1500 Rn 18 und FamRZ 2012, 769ff – Beamtenversorgung; FamRZ 2011, 1214ff – Rechtsanwaltsversorgung Rh-Pf). Das ist nicht unproblematisch, da es sich in der Beamtenversorgung und der Rechtsanwaltsversorgung in Rh-Pf – anders als in der GRV und in der öffentlich-rechtl Zusatzversorgung – um ein Teilerlöschen des Anrechts selbst handelt. Geht die ausgleichspflichtige Person als Beamter nach dem Ehezeitende unter Inkaufnahme eines Abschlags von 10 % vorzeitig in Ruhestand und beträgt der Ehezeitanteil ihres Anrechts 1.000 €, so erhält sie vor der Teilung 900 €, muss im VersA 500 € abgeben und behält nach der Teilung noch 400 € von dem in der Ehezeit erworbenen Anrecht; der Abschlag beträgt insoweit jetzt 20 % und hat sich verdoppelt. Nach hier vertretener Ansicht sind derartige Anrechtsverringerungen ohne Anwendung des § 42 aufgrund des Akzessorietätsprinzips zu berücksichtigen (s § 5 Rn 11). 7

d) Bei **betrieblichen** Anrechten aus den sog **internen Durchführungswegen** (Direktzusage, Unterstützungskasse) kann die Anwendung des Zinssatzes gem § 253 II HGB zu erheblichen Wertverzerrungen führen, soweit diese Anrechte **extern** geteilt werden sollen (*Jaeger* FamRZ 2010, 1714ff; *Hauß* FamRZ 2011, 88; s auch § 17 Rn 1; § 45 Rn 12); diese Wertverzerrungen waren nach umstrittener Ansicht des BGH (FamRZ 2016, 781) hinzunehmen. Dem ist das BVerfG (FamRZ 2020, 1078) entgegengetreten; danach sind im Einzelfall Wertverzerrungen von mehr als 10 % zu vermeiden (s näher § 17 Rn 1). Dazu bedarf es der Anwendung des § 42 aber nicht, da es sich um eine Frage der richtigen Anrechtsbewertung handelt (MüKo/*Scholer* Rn 4). 8

9 e) **Kein Anwendungsfall** des § 42 sind untergesetzl Regelungen, die bei der internen Teilung für das auszugleichende Recht keine gleichwertige Teilhabe iSd § 11 I 2 vorsehen (so aber DRV-Komm-VersA Anm 3). Würde diese Problematik über § 42 gelöst, führte dies zu einer Entwertung des Anrechts und damit zu einer Verletzung des Halbteilungsgrundsatzes. Tatsächlich ist eine unzureichende Regelung iSd § 11 I 2 wegen Verstoßes gegen ein gesetzl Verbot unwirksam und wird für die ausgleichsberechtigte Person durch die Regelungen ersetzt, die auch für das Anrecht der ausgleichspflichtigen Person gelten (s § 11 Rn 7).

10 f) Ebenfalls nicht korrekturbedürftig sind nach der Rspr des BGH die positiven Wirkungen **vorgezogener Altersgrenzen** in der Beamten-/Soldatenversorgung auf die Bewertung der erworbenen Anrechte: Weil das Anrecht zu einem früheren Zeitpunkt ungekürzt bezogen werden kann, wird auch der Wert des Ehezeitanteils nach der zeitratierlichen Methode gesteigert. Dies ist aber nach Ansicht des BGH auch gerecht (zB FamRZ 2013, 435; 2009, 303, 306f; 2007, 891; 1996, 215, 216f).

11 **3. Unsichere Anrechte.** Wenn Unsicherheit über die Qualität eines (zB nicht insolvenzgeschützten oder ausl) auszugleichenden Anrechts besteht, kann dies ggf über die unmittelbare oder zeitratierliche Bewertung nicht angemessen eingefangen werden. Dies kann einen versicherungsmathematischen Abschlag rechtfertigen. Ggf ist aus diesen Gründen ein **Leibgedinge/Altenteil**, soweit daraus ein Anspruch auf Rentenzahlung (s § 2 Rn 9: keine Anwendung des VersAusglG auf Sachleistungen) resultiert, (erg) nach § 42 zu bewerten (Grü/*Siede* Rn 3). Nach Ansicht von Oldenburg (FamRZ 2021, 1796: Seelotsenbrüderschaft) kann die nachträgl Entwertung des Deckungskapitals eines privaten Anrechts durch Sanierung des Versorgungsträgers nach § 42 zu bewerten sein.

12 **III. Billiges Ermessen.** Die Billigkeitskorrektur darf nicht auf freien Gerechtigkeitserwägungen beruhen, sondern muss ihrerseits das Ergebnis einer nachvollziehbaren Berechnung unter Berücksichtigung versicherungsmathematischer Grundsätze sein (BT-Drs 16/10144, 80). Soweit wie möglich sind die Anrechte zunächst unmittelbar bzw. zeitratierlich zu bewerten.

Kapitel 2
Sondervorschriften für bestimmte Versorgungsträger (§§ 43–46)

§ 43 Sondervorschriften für Anrechte aus der gesetzlichen Rentenversicherung

(1) Für Anrechte aus der gesetzlichen Rentenversicherung gelten die Grundsätze der unmittelbaren Bewertung.

(2) Soweit das Anrecht auf eine abzuschmelzende Leistung nach § 19 Abs. 2 Nr. 2 gerichtet ist, ist der Ehezeitanteil für Ausgleichsansprüche nach der Scheidung nach dem Verhältnis der auf die Ehezeit entfallenden Entgeltpunkte (Ost) zu den gesamten Entgeltpunkten (Ost) zu bestimmen.

(3) Besondere Wartezeiten sind nur dann werterhöhend zu berücksichtigen, wenn die hierfür erforderlichen Zeiten bereits erfüllt sind.

1 **I. Allgemeines.** § 43 enthält Ergänzungen für die Bewertung von Anrechten aus der GRV. Abs I, der die unmittelbare Bewertung dieser Anrechte anordnet, bestätigt und wiederholt, was sich bereits aus § 39 II Nr 1 ergibt. Abs II befasst sich mit der – nur für den Wertausgleich nach der Scheidung relevanten – Wertermittlung von abzuschmelzenden Anrechten, die ausnahmslos aus Bestandsschutzregelungen in den neuen Bundesländern nach der Wiedervereinigung resultieren. Durch Art 9, 12 V Rentenüberleitungs-Abschlussgesetz v 17.7.2017 (BGBl I 2017, 2575) wird Abs II mWz 1.7.2024 dahin geändert, dass der Zusatz (Ost) entfällt. Die Regelung in Abs III schränkt für die GRV § 2 III ein. Sie soll nach der Gesetzesbegründung über die Vorgängervorschrift des § 1587a VII 2 BGB aF hinausgehen und neben der Rente nach Mindesteinkommen iSd § 262 SGB VI auch die Rente nach § 70 IIIa SGB VI erfassen (BT-Drs 16/10144, 81).

2 **II. Versorgungsträger und versicherter Personenkreis. 1. Versorgungsträger.** Seit dem Gesetz zur Organisationsreform in der GRV v 9.12.2004 (BGBl I 2004, 3242) wird (nur noch) zw allg Rentenversicherung und knappschaftlicher Rentenversicherung unterschieden. Träger der knappschaftlichen Rentenversicherung ist die DRV Knappschaft-Bahn-See mit Sitz in Bochum. Träger der allg Rentenversicherung sind neben 14 regionalen Trägern die DRV Bund mit Sitz in Berlin und die DRV Knappschaft-Bahn-See in Bochum (s §§ 125, 126 SGB VI; dazu näher und mit Adressenliste *Ruland* VersA Rn 203 und Fn 329).

3 **2. Versicherter Personenkreis.** Der Kreis der versicherten Personen ergibt sich im Einz aus den §§ 1–3 SGB VI. Bekannteste Gruppe sind abhängig Beschäftigte (Arbeiter, Angestellte); versichert sind aber auch viele Selbständige (zB eingetragene Handwerker, Selbständige, wenn sie im Wesentlichen nur für einen Auftraggeber arbeiten und keinen ArbN mehr als geringfügig beschäftigen). Erfasst sind ferner auch besondere Personengruppen (zB Auszubildende, Künstler und Publizisten, Bezieher von Krankengeld, Arbeitslosengeld und sonstigen Sozialversicherungsleistungen, Seelotsen, Küstenschiffer und Küstenfischer, Privatlehrer, Personen, die Pflegeleistungen nach dem SGB XI erbringen). **Ausnahmen** von der Pflichtmitgliedschaft in der GRV sind in den §§ 5f SGB VI geregelt. Wichtigste Ausnahmen sind **Beamte/Richter** auf Lebenszeit, Zeit oder auf Probe, **Berufssoldaten** oder Soldaten auf Zeit sowie Beamte auf Widerruf im Vorbereitungsdienst sowie Beschäftigte von Körperschaften, Anstalten und Stiftungen des öffentlichen Rechts, die Anspruch auf eine Versorgung nach beamtenrechtl Grundsätzen oder entspr **kirchenrechtl** Regelungen haben, **geringfügig Beschäftigte** und auf Antrag

versicherungsfreie Personen, wenn der ArbGeb eine der Beamtenversorgung gleichende lebenslange Versorgung zugesichert hat, oder die sog Freiberufler, wenn sie Mitglied einer **berufsständischen Versorgungseinrichtung** sind, wie angestellte oder selbständige **Ärzte, Rechtsanwälte** und **Architekten**.

III. Bewertung der dynamischen Anrechte der GRV. 1. Allgemeines. a) Anwendungsbereich. Nach Abs I iVm § 39 I, II Nr 1 sind dem VersA die in der Ehezeit erworbenen **Entgeltpunkte** zugrunde zu legen (s auch § 109 VI SGB VI). Die nach altem Recht (§ 1587a II Nr 2 BGB) erforderliche Umrechnung in einen Rentenbetrag entfällt. Grundlage auch der neuen Regelung ist das RRG 1992 v 18.12.1989 (BGBl I 1989, 2261, ber I 1990, 1337). Erfasst werden nur Anrechte in der allg Rentenversicherung (§ 23 II Nr 1 SGB I iVm §§ 126ff SGB VI) sowie der knappschaftlichen Rentenversicherung (§ 23 II Nr 2 SGB I iVm §§ 132ff SGB VI), die der Alters- und Invaliditätssicherung dienen (§ 2 II Nr 2). **Nicht dem Ausgleich unterliegen** Kindererziehungsleistungen (§§ 294ff SGB VI; BGH FamRZ 1991, 675f; Jena FamRZ 1998, 1438); ferner nicht die Knappschaftsausgleichsleistung (§ 33 V, § 239 SGB VI), da diese einen arbeitsmarktorientierten Zweck verfolgt (*Wick* VersA Rn 102; Erman/*Wellenhofer*[12] § 1587a BGB Rn 25; *Borth* VersA Kap 1 Rn 123 mwN; aA AG Essen FamRZ 2007, 292; *Ruland* VersA Rn 200). **Nicht** zur GRV iSv Abs I zählt die **Alterssicherung der Landwirte**, bei der es sich um eine berufsständische Sondersicherung Selbständiger und ihrer Familienangehörigen handelt (BSG SozR 3-2200 § 1246 Nr 3, 6; Bamberg FamRZ 1991, 1065; Zweibrücken FamRZ 2000, 965); sie unterliegt nach § 39 II Nr 5 der unmittelbaren Bewertung (näher § 39 Rn 11). Die in den Sonderversorgungssystemen des **Beitrittsgebiets** erworbenen Anrechte auf Alters-, Erwerbsminderungs- und Hinterbliebenenversorgung sind mit der Schließung und Überführung dieser Rechte zu Anrechten der GRV geworden. Für die **statischen Anrechte** aus der (bis längstens 1997 zulässigen) **Höherversicherung** (hierzu *Gessner* DAngVers 1998, 48) und vergleichbare Anrechte (vgl § 248 III 2 Nr 3, § 269 SGB VI) werden keine Entgeltpunkte gebildet (*Borth* VersA Kap 2 Rn 151f); ihre unmittelbare Bewertung folgt aus § 39 II Nr 4. Dasselbe gilt für statische Leistungen aus Beiträgen, die im Beitrittsgebiet gezahlt worden sind (vgl § 315b SGB VI). Zur Behandlung **degressiver** Ausgleichsbeträge aufgrund des RÜG (§ 120h SGB VI) s Rn 30. 4

b) Auslandsbezug. Für Anrechte, die bei einem **ausl Rentenversicherungsträger** erworben und nicht in der dt GRV wie nach dt Recht erworbene Anrechte abzugelten sind, gilt nicht § 43; sie sind nach den §§ 39–42 zu bewerten (*Borth* VersA Kap 2 Rn 24, 174; Kap 10 Rn 33). Diese Anrechte sind nach § 19 II Nr 4 schuldrechtl auszugleichen. Soweit eine Bewertung im Rahmen des Wertausgleichs bei Scheidung ausnahmsw erforderlich ist, wird regelmäßig ein versicherungsmathematisches Sachverständigengutachten einzuholen sein. 5

Grds wirken sich im Ausland zurückgelegte Versicherungszeiten nicht auf Anrechte in der GRV aus, § 113 I SGB VI. Es existieren aber zum einen aufgrund von zw- und überstaatlichen Sozialversicherungsabkommen und EG-Verordnungen Ausnahmen, wonach die dt Rentenversicherung auch zurückgelegte Versicherungszeiten bei ausl Versicherungsträgern berücksichtigt. Beitragszeiten innerhalb der EU sind nach Art 45 VO/EWG 1408/71 bzw seit 1.5.2010 VO (EG) Nr 883/2004, Nr 987/2009 und Nr 1231/2010 weitgehend anrechenbar (DRV-Komm-VersA § 39 Anm 4.10; näher Johannsen/Henrich/Althammer/*Siede* Rn 4). Das führt aber **nicht** dazu, dass in dem dt Rentenanrecht auch der Wert des ausl Anrechts enthalten ist. Vielmehr geht es darum, die Anteile der verschiedenen nationalen Sozialversicherungsträger an der Rente des Betroffenen zu bestimmen (sog „Zunächst-Teilrenten-Prinzip"). Die ausl Anrechte beeinflussen also nur den Wert des dt Rentenanrechts (dazu s DRV-Komm-VersA § 39 Anm 4.10 m Rechenbsp). Zwischenstaatliche Abkommen innerhalb der EU werden weitgehend von VO (EG) Nr 883/2004 und Nr 987/2009 verdrängt (s DRV-Komm-VersA § 39 Anm 4.10). Eine Ausnahme bildet das **dt-polnische Sozialversicherungsabkommen** v 9.10.1975 (BGBl II 1976, 396): Danach erbringt jew das Land Rentenleistungen, in dem der Versicherte wohnt, unabhängig davon, in welchem Land die Versicherungszeiten zurückgelegt wurden (sog **Eingliederungsprinzip**; DRV-Komm-VersA § 39 Anm 4.10; näher *Borth* VersA Kap 10 Rn 35; Johannsen/Henrich/Althammer/*Siede* Rn 4). Das kann dazu führen, dass in Deutschland erworbene Anrechte sich nach dem Umzug des Ausgleichspflichtigen nach Polen in polnische Anrechte umwandeln (BGH FamRZ 1989, 949) und umgekehrt. Außerhalb der EU gibt es Sozialversicherungsabkommen mit Australien, Brasilien, Chile, Israel, den Nachfolgestaaten der ehemaligen Republik Jugoslawien, Kanada, Korea, Liechtenstein, Marokko, der Schweiz, Tunesien, der Türkei und den USA (vollständige Auflistung, auch der noch nicht in Kraft getretenen Abkommen, bei DRV-Komm-VersA § 39 Anm 4.10; vgl auch *Borth* VersA Kap 10 Rn 35; Johannsen/Henrich/Althammer/*Siede* Rn 4). 6

Einen weiteren Sonderfall stellt die rentenrechtl Berücksichtigung von Kriegsfolgen dar. Nach dem **Fremdrentengesetz** vom 25.2.1960 (BGBl I 1960, 93) werden im Ausland zurückgelegte Versicherungszeiten von anerkannten Vertriebenen nach dem Bundesvertriebenengesetz oder Spätaussiedlern (Deutschen iSd Art 116 I GG) erfasst, wenn sie Versicherungszeiten im Ausland zurückgelegt haben und ihren dort zuständigen Versorgungsträger aufgrund von Kriegseinwirkung oder sonstigen Umständen nicht mehr in Anspruch nehmen können (dazu eingehend *Borth* VersA Kap 2 Rn 179). 7

Schließlich können aus einer ausl Sozialversicherung aufgrund sog Kleinst**rentenregelungen** des intern Sozialrechts Versicherungszeiten bis 18 Monate in die Versicherungslast eines dt Rentenversicherungsträgers fallen (*Borth* VersA Kap 10 Rn 35). Diese Regelungen sollen verhindern, dass aus nur kurzen, lediglich durch die Zusammenrechnung mit ausl Zeiten aktivierten rentenrechtl Zeiten „Minirenten" zu zahlen sind, so dass der Bagatellanspruch vom zuständigen Rentenversicherungsträger des anderen Staates zu erfüllen ist. 8

9 Bei Verlegung des gewöhnlichen Aufenthalts in das Ausland konnten sich aus dem mWz 1.10.2013 abgeschafften § 113 III SGB VI aF **Leistungsbeschränkungen** für den Rentenberechtigten ergeben (BGH FamRZ 1991, 421; 2007, 366). Diese Leistungseinschränkungen betrafen aber nicht das Stammrecht (= die erworbenen Entgeltpunkte), sondern lediglich die daraus herzuleitenden Ansprüche. Weil die Entgeltpunkte Teilungsgegenstand sind und die verringerte Auszahlung nur soweit galt, wie der Rentenempfänger seinen Aufenthalt im Ausland hatte, wirkte sich dieser Umstand nicht auf den Wert des zu teilenden Anrechts aus. Das wirtschaftl Ergebnis der Anwendung dieser Vorschriften konnte allerdings im Rahmen von § 19 II Nr 3 oder bei Anwendung des § 27 von Bedeutung sein. Führt der Wegzug ins Ausland zum Verlust eines Anspruchs nach dem Fremdrentengesetz, ist diese Anrechtsverringerung dagegen zu berücksichtigen und nicht nach § 27 zu kompensieren (Köln FamRZ 2015, 2062).

10 **c) Allgemeine Bewertungsregeln.** Nach § 124 II SGB VI ergibt sich die auf einen Zeitabschnitt entfallende Rente oder Anwartschaft, indem nach Ermittlung der Entgeltpunkte für alle rentenrechtl Zeiten die Rente oder Anwartschaft aus den auf diesen Zeitabschnitt entfallenden Entgeltpunkten berechnet wird. Das auf die Ehezeit entfallende Anrecht soll danach nicht ausschließlich aufgrund der **während der Ehezeit** zurückgelegten rentenrechtl Zeiten ermittelt werden, da dem Rentenrecht die Betrachtung der **Lebensleistung** des Versicherten eigen ist. Eine isolierte Erfassung und Bewertung der auf die Ehezeit entfallenden rentenrechtl Zeiten würde zu verzerrten Ergebnissen führen, da die Bewertung sog beitragsfreier oder beitragsgeminderter Zeiten sich nach dem Verhältnis der insg geleisteten Beiträge zu der Gesamtzeit richtet, in der die ausgleichspflichtige Person hätte Beiträge leisten können (§ 71 I SGB VI; sog „Beitragsdichtemodell"; vgl *Bergner* § 43 Anm 2.6). Auf die Erfüllung der **Wartezeit** (Mindestversicherungszeit, vgl § 34 I SGB VI) kommt es nach § 2 III nicht an. Jedoch sind nach Abs III die sonstigen Anrechnungs- und Ausschlussvorschriften des SGB VI und der rentenversicherungsrechtl Nebengesetze grds nach Maßgabe der im Beurteilungszeitpunkt gegebenen tatsächlichen Verhältnisse zu berücksichtigen (vgl etwa § 70 IIIa 1, § 262 I SGB VI; § 18 II, III FRG; dazu Rn 31).

11 **d) Bruttobetrag.** Ehezeitanteil und Ausgleichswert eines Rentenanrechts bestimmen sich grds nach dessen Bruttobetrag (vgl BGH FamRZ 2007, 120, 122; 2008, 1833). Im Wertausgleich nach der Scheidung werden aber Sozialversicherungsbeiträge und vergleichbare Abzüge, die bei der ausgleichspflichtigen Person anfallen, vorab abgezogen, § 20 I 2; s § 20 Rn 14.

12 **2. Rentenformel. a) Grundsätze.** Stark vereinfacht errechnet sich die monatliche Rente als Produkt aus den erworbenen **Entgeltpunkten** und dem **aktuellen Rentenwert**. Die während des Arbeitslebens geleisteten Beiträge werden in Entgeltpunkte umgerechnet. Diese werden mit dem **aktuellen Rentenwert** multipliziert. Der im Grundsatz einkommensindexierte (§ 63 VII SGB VI) aktuelle Rentenwert (§ 68 SGB VI) hat die Funktion einer allg Bemessungsgrundlage. Er dient dazu, die in der Summe der Entgeltpunkte zum Ausdruck kommende relative Rentenhöhe durch Einbindung in einen aktuellen wirtschaftl Bezugsrahmen, in dem sich die gegenwärtigen Einkommen repräsentieren, in einem wirtschaftl Verkehrswert (als Nominalwert) auszudrücken. Er gilt für sämtliche Rentenansprüche aus allen Versicherungszweigen aufgrund rentenrechtl Zeiten im früheren Bundesgebiet und diesen gleichstehender Zeiten. Für die Ermittlung von Ansprüchen aus rentenrechtl Zeiten in den neuen Bundesländern und diesen gleichstehenden Zeiten gilt – vorbehaltlich § 254d II SGB VI – der aktuelle Rentenwert (Ost) iSv § 255a SGB VI. Er gibt die besonderen wirtschaftl Verhältnisse im Beitrittsgebiet wieder; sein Verhältnis zum aktuellen Rentenwert drückt den Verlauf der Einkommensangleichung in den beiden früheren dt Staaten aus. Diese wird zum 30.6.2024 vollendet sein (§ 254b I SGB VI).

13 Das Ergebnis kann durch die notwendige Einbeziehung zweier weiterer Faktoren, nämlich eines **Zugangsfaktors** und eines **Rentenartfaktors**, verändert sein. Mit dem **Zugangsfaktor** sollen Vor- und Nachteile einer unterschiedlichen Rentenbezugsdauer ausgeglichen werden (§ 63 V SGB VI). Er hat für die normale Altersrente den Wert 1; bei vorzeitigem Bezug der Altersrente verkürzt er sich für jeden Monat um 0,3 %, bei hinausgeschobenem Rentenbezug erhöht er sich für jeden Monat um 0,5 % (§ 77 SGB VI). Der **Rentenartfaktor** (§§ 67, 308 I SGB VI) drückt das Sicherungsziel der jew Rente aus und bestimmt ihr Verhältnis zur Altersrente. Auch der Rentenartfaktor hat für die normale Altersrente, ebenso wie für die Rente wegen voller Erwerbsminderung, den Wert 1; bei Renten wegen teilw Erwerbsminderung hat er dagegen nur den Wert 0,5, bei Halbwaisenrenten den Wert 0,1 und bei Vollwaisenrenten den Wert 0,2 (weitere Einzelheiten: § 67 SGB VI). Ein erhöhter Rentenartfaktor von 1,3333 gilt für die knappschaftliche Rente (Einzelheiten: § 82 SGB VI).

14 Bei Anrechten aus dem **Beitrittsgebiet** und gleichstehenden Anrechten treten – voraussichtlich bis zum 30.6.2024 – an die Stelle des aktuellen Rentenwerts und der Entgeltpunkte der (niedrigere, jedoch einer gesteigerten Dynamik unterliegende) aktuelle Rentenwert (Ost) sowie die Entgeltpunkte (Ost), vgl § 254b I SGB VI. Weist die Versicherungsbiografie sowohl Bezüge zum früheren Bundesgebiet als auch zum Beitrittsgebiet aus, sind grds die **Entgeltpunkte getrennt zu berechnen**; dasselbe gilt, wenn neben Anrechten der allg Rentenversicherung auch Anrechte in der **knappschaftlichen Rentenversicherung** erworben wurden. Im Leistungsfall ergibt sich aber nur eine Monatsrente, und zwar aus der Summe der Teilrenten (§§ 80, 254b II SGB VI). Entspr findet eine getrennte Berechnung auch im VersA statt (s § 120f SGB VI; Bsp: Dresden FamRB 2010, 300 [*Norpoth*]). Die kalendermonatliche Rente wird auf Grundlage der Verhältnisse im Zeitpunkt des Rentenbeginns errechnet, indem die unter Berücksichtigung des Zugangsfaktors ermittelte Zahl **persönlicher Entgeltpunkte** (= Zugangsfaktor × Entgeltpunkte, § 66 I SGB VI) mit dem Rentenartfaktor (§ 67 SGB VI) und dem aktuellen Rentenwert multipliziert wird (zu den Rechenregeln vgl § 121 II, § 123 I SGB VI). Die Anknüpfung an den ak-

tuellen Rentenwert bewirkt, dass Anrechte aus der GRV unter Berücksichtigung von Belastungsveränderungen für den Alterssicherungsaufwand der Entwicklung der ArbN-Einkommen folgen (§ 63 VII, § 255a II SGB VI).

b) Beiträge und Zeiten als wertbestimmende Faktoren für die Entgeltpunkte. Die wesentliche individuelle Bestimmungsgröße der Rentenberechnung sind die **Entgeltpunkte**, in denen sich sowohl die Versicherungsdauer als auch die relative Entgeltposition des Versicherten im Gefüge der Versichertengemeinschaft ausdrücken. Ein Entgeltpunkt entspricht dem Wert der von einem Durchschnittsverdiener für ein Kalenderjahr geleisteten Beiträge (§ 63 II 2 SGB VI). Entgeltpunkte werden aber nicht allein durch Beitragszahlung erworben; vielmehr gibt es eine Fülle von zusätzl Regeln, welche für die Ermittlung der Entgeltpunkte gerade in Zeiten ohne oder mit geringen Beiträgen zu beachten sind. Die Summe der Entgeltpunkte ergibt sich aus der Addition der Entgeltpunkte für **Beitragszeiten** und **beitragsfreie** Zeiten sowie der Zuschläge an Entgeltpunkten für **beitragsgeminderte** Zeiten. Sie kann sich um Zuschläge für besondere Beiträge oder einen VersA erhöhen oder aufgrund eines VersA vermindern (§ 66 I Nr 4–11 SGB VI). Wie der VersA kann auch das Rentensplitting unter Ehegatten (§ 120a SGB VI) als eine Art rentenversicherungsinterner VersA zu Zu- und Abschlägen (und zwar auch bei demselben Ehegatten) führen. 15

Zeiten spielen in der GRV in verschiedener Hinsicht eine Rolle. Zum einen werden geleistete Beiträge den Zeiträumen zugeordnet, für die sie erbracht worden sind. Aus dem Vergleich der für einen Zeitraum geleisteten Beiträge mit dem für diesen Zeitraum maßgeblichen Durchschnittseinkommen wird die Anzahl der erworbenen Entgeltpunkte ermittelt. Zudem gibt es Zeiten ohne oder mit geringer Beitragszahlung, die aus sozialpolitischen Gründen aufgewertet werden, indem ihnen der Gegenwert von nicht geleisteten Beiträgen gutgeschrieben wird (Bsp: Kindererziehungszeiten; dazu eingehend sogleich Rn 18). In der GRV spielen zudem **Wartezeiten** (§ 50 SGB VI) als Anspruchsvoraussetzungen für Renten eine Rolle. Außerdem gibt es besondere zeitl Voraussetzungen für **Zuschläge** (§ 70 IIIa SGB VI: wegen Kindererziehung; § 85 SGB VI: für ständiges Arbeiten unter Tage; § 262 SGB VI: für die Aufwertung von Zeiten mit geringen Beiträgen). 16

c) In-Prinzip (vgl hierzu ausf § 3 Rn 6ff). Grds werden Beiträge den Zeiten zugeordnet, für die sie erbracht werden. Wenn die ausgleichspflichtige Person Beiträge **nachentrichtet** (Bsp: §§ 187–187b SGB VI), können der Zahlungszeitpunkt und der Zeitraum, für den die Beiträge nachentrichtet werden, weit auseinanderfallen. Für den VersA sind die auf nachentrichteten Beiträgen beruhenden Entgeltpunkte nach dem „In-Prinzip" zu berücksichtigen, wenn die Beitragszahlung in die Ehezeit fällt, auch wenn sie für außerhalb der Ehezeit liegende Zeiträume erfolgt (BGH FamRZ 2007, 1719). Da die Ehezeit mit dem Ersten des Monats der Eheschließung beginnt, kann auch ein noch vor Eheschließung gezahlter Beitrag in die Ehezeit fallen; berücksichtigt werden aber nur die Wirkungen von nach der Eheschließung gezahlten Beiträgen (BGH NJW-RR 1993, 194; DRV-Komm-VersA § 39 Anm 4.4.11). Umgekehrt bleiben Entgeltpunkte für in der Ehezeit liegende Zeiten unberücksichtigt, wenn sie auf Beiträgen beruhen, die außerhalb der Ehezeit nachentrichtet worden sind (vgl *Borth* VersA Kap 1 Rn 137f). 17

3. Rentenrechtliche Zeiten. Nach § 54 SGB VI sind rentenrechtl Zeiten Beitragszeiten, beitragsfreie Zeiten und Berücksichtigungszeiten. **Beitragszeiten** sind Zeiten mit vollwertigen Beiträgen und beitragsgeminderte Zeiten. Maßgebend für die Begründung einer Beitragszeit und den Anspruchserwerb ist die tatsächliche Beitragszahlung (BSG SozR 3-2400 § 25 Nr 6), und zwar auch im Rahmen der Nachversicherung (BGH NJW-RR 1988, 1410; aA BSG SozR 3-2600 § 8 Nr 4), es sei denn, die Beiträge gelten aufgrund einer gesetzl Fiktion als gezahlt (etwa § 203 II SGB VI). Vollwertige Beitragszeiten sind Beitragszeiten aufgrund Pflichtversicherung oder freiwilliger Versicherung, die nicht beitragsgeminderte Zeiten (§ 54 III SGB VI) sind. Hierzu zählen im VersA auch die auf der Nachzahlung für Zeiten einer **Heiratserstattung** beruhenden Beitragszeiten (BGH NJWE-FER 1999, 3). Pflichtbeitragszeiten sind Zeiten, für die nach Bundesrecht oder gleichstehendem Recht Pflichtbeiträge wirksam gezahlt worden sind oder als gezahlt gelten (§ 55 I 1 und 2 SGB VI). Als Beitragszeiten gelten auch Zeiten, für die nach § 70 IIIa S 2 lit b SGB VI Entgeltpunkte gutgeschrieben worden sind, weil gleichzeitig Berücksichtigungszeiten für mehrere Kinder vorliegen. Auch Zeiten der **Kindererziehung** (§ 56 I 1 SGB VI) sind Beitragszeiten, weil für sie nach § 70 II SGB VI Entgeltpunkte gutgeschrieben werden. Werden während Kindererziehungszeiten Beiträge, zB aus abhängiger Beschäftigung, geleistet, werden die Entgeltpunkte für Kindererziehungszeiten und die Entgeltpunkte aus der Beschäftigung bis zu einer Höchstgrenze zusammengerechnet (§ 70 II SGB VI). Für ab 1992 geborene Kinder werden drei Jahre als Kindererziehungszeiten berücksichtigt, für Geburten davor bis zum 30.6.2014 nur zwölf Monate (§ 249 I, § 56 I SGB VI idF v 15.7.2009), bis zum 31.12.2018 aufgrund des Gesetzes über Leistungsverbesserungen in der GRV v 23.6.2014 (sog Mütterrente I) 24 Monate (§ 249 I, § 56 SGB VI idF v 23.6.2014) und seither 30 Monate (§ 249 I, § 56 SGB VI idF des RV-Leistungsverbesserungs- und -StabilisierungsG v 28.11.2018, sog Mütterrente II). Es werden idR nur Zeiten der Erziehung im Inland berücksichtigt; eine Ausnahme gilt für im Ausland Wohnende, die unmittelbar vor der Geburt oder während der Kindererziehung arbeiten und Pflichtbeitragszeiten in der dt Rentenversicherung zurücklegen (weitere Einzelheiten: § 56 III SGB VI). Für die Erziehung von Kindern ab dem 3. Lebensjahr bis zum 10. Lebensjahr (bei Pflege von pflegebedürftigen Kindern sogar bis zum 18. Lebensjahr) gibt es eine weitere privilegierte Phase nach § 57 SGB VI (sog **Berücksichtigungszeit**), die nach Erwerb einer Anwartschaft von 25 Jahren mit rentenrechtl Zeiten durch die Zurechnung weiterer Entgeltpunkte nach § 70 IIIa SGB VI aufgewertet werden kann und auch darüber hinaus im Rahmen der Gesamtleistungsbewertung (§ 71 III SGB VI) und als anspruchsbegründende Zeit für die Mindestentgeltpunktbewertung (§ 262 I SGB VI) mittelbar anspruchserhöhend wirkt. 18

Hinzu können sog **Anrechnungszeiten** (§§ 58, 252ff SGB VI; §§ 21, 29 FRG) treten. Als Anrechnungszeiten werden Zeiten ohne Beitragszahlung rentenrechtl aufgewertet, in denen eine beitragspflichtige Beschäftigung 19 aus sozial anerkannten Gründen nicht ausgeübt werden kann: Krankheit, Rehabilitation, Arbeitslosigkeit oder Ausbildungssuche, Ausbildung (max drei Jahre, § 74 S 3 SGB VI), Bezug einer Erwerbsminderungsrente. Wer eine Rente wegen verminderter Erwerbsfähigkeit bezieht, erwirbt bis zur Vollendung des 67. Lebensjahres **Zurechnungszeiten** nach § 59 SGB VI. Diese Zeiten sichern – ua bei frühem Eintritt von verminderter Erwerbsfähigkeit – durch „Streckung" der Versicherungsdauer längstens bis zum 67. Lebensjahr ein dem Sicherungsziel der Rente angemessenes Leistungsniveau (BVerfGE 59, 287, 296). Sie ist im VersA nur insoweit von Bedeutung, als sie Merkmal einer leistungssteigernden, der Berechnung einer Altersrente zugrunde zu legenden Anrechnungszeit (§ 58 I 1 Nr 5 SGB VI) ist.

20 Wer während Anrechnungszeiten oder Zurechnungszeiten oder sog Ersatzzeiten (§ 250 SGB VI) zugleich Beiträge aus einer Beschäftigung leistet, erwirbt hierdurch sog **beitragsgeminderte Zeiten**, § 54 III SGB VI. Daneben sind einzelne Zeiten aufgrund gesetzl Fiktion wie beitragsgeminderte Zeiten zu bewerten (vgl etwa § 246 SGB VI). Weitere **beitragsfreie Zeiten**, die – vorbehaltlich der für Ersatzzeiten maßgebenden Konkurrenzregelung des § 250 II SGB VI – ohne weitere Voraussetzungen angerechnet werden, jedoch in besonderen Fällen nicht an der Gesamtleistungsbewertung teilnehmen (§ 71 IV, § 74 S 3 SGB VI), sind die **Ersatzzeiten** (§§ 250f SGB VI). Diese gewähren einen rentenrechtl Ausgleich für Zeiten, in denen vom Versicherten eine Altersvorsorge jedenfalls nicht zu erwarten war (zB Wehrdienst vor dem 8.5.1945, Vertreibung, NS-Verfolgung usw). Sie haben Entschädigungsfunktion für ein vom Staat verlangtes oder von ihm letztlich zu verantwortendes Sonderopfer (BVerfG SozR 2200 § 1251 Nr 90) und können grds längstens bis 1991 angerechnet werden.

21 **4. Ermittlung von Entgeltpunkten. a) Entgeltpunkte für Beitragszeiten.** Für Beitragszeiten werden Entgeltpunkte ermittelt, indem die Beitragsbemessungsgrundlage (§§ 161ff SGB VI) eines Kalenderjahres durch das Durchschnittsentgelt für dieses Kalenderjahr geteilt wird (Sonderregelung für Nachzahlungsbeiträge: § 70 V, § 256 VI SGB VI). Das Durchschnittsentgelt für das aktuelle Jahr des Ehezeitendes und das Vorjahr ist regelmäßig bei Einleitung des VersA-Verfahrens noch nicht bekannt; deswegen wird hier zunächst ein vorläufiges Durchschnittsentgelt bestimmt (§ 70 SGB VI). Aus Gründen der Praktikabilität hat der BGH (FamRZ 2012, 509, 511; 2012, 847, 849; vgl FamR-Komm/*Wick* Rn 23) entschieden, dass im Erstverfahren über den VersA mit diesem vorläufigen Durchschnittsentgelt auch dann zu rechnen ist, wenn das endgültige Durchschnittsentgelt wegen der längeren Verfahrensdauer bereits bekannt ist; Ausnahmen sollen für lange ausgesetzte und dann wieder aufgenommene Verfahren gelten. **Kindererziehungszeiten**, die Pflichtbeitragszeiten sind (§§ 3, 56, 177 SGB VI) und ohne weiteres dem VersA unterliegen (Brandenburg FamRZ 2000, 891; Zweibrücken FamRZ 2000, 890; Grü/*Siede*Rn 4), werden – ggf additiv und dann limitiert durch die Beitragsbemessungsgrenze – mit kalendermonatlich 0,0833 (in der knappschaftlichen Rentenversicherung: 0,0625) Entgeltpunkten berücksichtigt (§ 70 II, § 83 SGB VI). Auch die Entgeltpunkte aus für Pflegepersonen nach § 44 SGB XI entrichteten Beiträgen sind im VersA zu berücksichtigen (KG FamRZ 2006, 210; Stuttgart FamRZ 2006, 1452). Lohnnachteile werden durch die **Mindestentgeltpunkte** bei geringem Arbeitsentgelt (§§ 262, 307a II 4 SGB VI) ausgeglichen, was allerdings ua voraussetzt, dass 35 Jahre mit rentenrechtl Zeiten belegt sind. Bei der Ermittlung der Entgeltpunkte sind nach § 70 I 2 iVm § 69 II Nr 2 SGB VI für das Jahr des Rentenbeginns und das vorausgegangene Jahr vorläufig bestimmte (dh auf der Grundlage feststehender Werte aktualisierte) Durchschnittsentgelte zugrunde zu legen (als Rentenbeginn ist von dem Tag nach dem Ehezeitende auszugehen). Das gilt nach der Rspr des BGH (FamRZ 2012, 509; 1991, 173) aus praktischen Erwägungen im Erstverfahren auch dann noch, wenn das „endgültige" Durchschnittsentgelt aus der Anl 1 zum SGB VI im Zeitpunkt der Entscheidung bereits bekannt ist. Nur wenn – wegen langer Verfahrensdauer – sowieso neue Auskünfte zu allen betroffenen Anrechten eingeholt werden müssen, soll bereits im Erstverfahren auch das endgültige Durchschnittsentgelt maßgeblich sein. Steht für das Jahr des Endes der Ehezeit ein vorläufiges Durchschnittsentgelt nicht zur Verfügung, so ist von dem jew maßgebenden „endgültigen" Wert auszugehen (BGH FamRZ 1993, 294; *Kemnade* FamRZ 1992, 331). Das Rentenversicherungsrecht kennt neben den zeit- und entgeltbezogenen Beiträgen, die zum Erwerb von Beitragszeiten führen, **Beiträge eigener Art**, die durch einen Zuschlag an Entgeltpunkten abgegolten werden (§ 66 I Nr 4–11 SGB VI), der sich im Einz nach § 70 III, § 76 IV, §§ 76a ff SGB VI errechnet.

22 **b) Beitragsfreie und beitragsgeminderte Zeiten.** Beitragsfreie Zeiten werden grds einheitlich mit einem Durchschnittswert der Entgeltpunkte aus den Beitragszeiten und Berücksichtigungszeiten aller Versicherungszweige (also einschl der knappschaftlichen Rentenversicherung) als Gesamtleistung während des insg belegungsfähigen Zeitraums bewertet (§ 63 III, § 71 I SGB VI). Die Gesamtleistungsbewertung sieht die Ermittlung des individuellen Durchschnittswerts aus den Entgeltpunkten für Beitrags- und Berücksichtigungszeiten des Versicherten (Wertfaktor) vor und setzt die tatsächliche eigene Beitragsleistung in Verhältnis zur möglichen und zumutbaren Beitragsleistung während des gesamten Versicherungslebens (Zeitfaktor). Sie schließt zwei **Alternativberechnungen** (Grundbewertung und Vergleichsbewertung, vgl §§ 72, 73 SGB VI) ein, um negative Auswirkungen beitragsgeminderter Zeiten auf die Gesamtleistungsbewertung auszuschließen. Die Bewertung erfolgt mit dem höheren Wert (§ 71 I 2 SGB VI). Der Zeitfaktor drückt sich in der Zahl der mit Beiträgen belegungsfähigen Monate während der Gesamtzeit grds vom 17. Lebensjahr bis zum Leistungsfall aus. Für Anrechnungszeiten wegen Arbeitsunfähigkeit oder Arbeitslosigkeit wird der Gesamtleistungswert individuell und absolut begrenzt, zT sind sie von der Gesamtleistungsbewertung ausgeschlossen, während Zeiten der Schulausbildung nur zeitl beschränkt bewertet werden (vgl §§ 74, 263 SGB VI). **Beitragsgeminderte Zeiten** sind Beitragszeiten (§ 54 I Nr 1 lit b SGB VI), sollen jedoch nicht schlechter bewertet werden als beitragsfreie Zeiten (vgl BSG SozR 2200 § 1255 Nr 16). Nach § 71 II SGB VI ist daher ein Zuschlag an Entgeltpunkten zu gewähren, wenn die Summe der Ent-

geltpunkte aus den auf alle beitragsgeminderten Zeiten entfallenden Beiträgen niedriger ist als die Summe der Entgeltpunkte, die sich aus der Bewertung aller beitragsgeminderten Zeiten als beitragsfreie Zeiten im Rahmen der Vergleichsbewertung ergibt. Entgeltpunkte (Ost) werden beitragsfreien Zeiten in dem Verhältnis zugeordnet, wie die der Ermittlung des Gesamtleistungswerts zugrunde gelegten Entgeltpunkte (Ost) zu der Summe aus Entgeltpunkten und Entgeltpunkten (Ost) stehen (§ 263a SGB VI).

Nach früherer Rspr des BGH (FamRZ 2012, 509; 2012, 847; ebenso *Borth* VersA Kap 2 Rn 209) schließt der belegungsfähige Gesamtzeitraum iSv § 72 II SGB VI bei der Anwartschaftsbewertung stets mit dem Ehezeitende ab. Dies war zuvor unklar (abl *Bergner* NJW 2012, 1330, 1332 unter Verweis auf BT-Drs 16/10144, 77). Nunmehr vertritt der BGH die Ansicht, dass ab Eintritt in die **Leistungsphase** für die Gesamtleistungsbewertung auch nacheheliche Zeiten zu berücksichtigen sind (BGH FamRZ 2016, 1649 Rn 20; 2016, 791 Rn 22ff; dem folgend FamR-Komm/*Wick* Rn 35; wohl auch *Borth* VersA Kap 2 Rn 210). Nach hier vertretener Ansicht sind nur negative Veränderungen wegen des Akzessorietätsprinzips zu berücksichtigen („Was weg ist, ist weg"; s § 5 Rn 6); nachehezeitl positiven Veränderungen fehlt dagegen der Ehezeitbezug. Anders ist dies für die schlichte Erfüllung von besonderen Wartezeiten zu sehen (vgl Braunschweig FamRZ 2016, 547, 548; *Norpoth* FamRZ 2016, 677, 680; s Rn 31). 23

c) Grundrente. Mit dem **Grundrentengesetz** v 18.8.2020 (BGBl I 2020, 1879) hat der Gesetzgeber eine Aufwertung von Zeiten unterdurchschnittlicher Einkünfte bei **langjährig Versicherten** (mindestens 33 Jahre) eingeführt (dazu ausf *Bachmann/Borth* FamRZ 2020, 1609; vgl MüKo/*Weber* Rn 120f). Zu diesen Zeiten gehören insb Beschäftigungszeiten und Zeiten der Kindererziehung und Pflege von Angehörigen sowie Zeiten der Krankheit und Rehabilitation (§ 76g II SGB VI nF; dazu *Bachmann/Borth* FamRZ 2020, 1609, 1610; MüKo/*Weber* Rn 120). Zudem muss in diesen Zeiten ein Verdienst iHv mindestens 30 % und höchstens 80 % des Durchschnittsverdienstes erzielt worden sein (§ 76g III SGB VI nF; *Bachmann/Borth* FamRZ 2020, 1609, 1610). Es handelt sich um einen **Zuschlag** an Entgeltpunkten; Leistungen hieraus erfolgen nur bei Bedürftigkeit, was durch eine Anrechnung aktueller Einkünfte (§ 97a SGB VI) erreicht wird. Wegen dieser Besonderheiten wird der Zuschlag getrennt ausgewiesen und geteilt (§ 120f II Nr 3 SGB VI nF). Im VersA ist der Zuschlag nach dem eindeutigen Willen des Gesetzgebers zu teilen (BGH FamRZ 2023, 761; ganz hM; vgl auch Hamm FamRZ 2023, 124; Bamberg FamRZ 2023, 125; Frankfurt FamRB 2022, 477 mwN; aA Frankfurt FuR 2023, 238 und NJW 2022, 2763). Bei **gesichert** (Bamberg FamRZ 2022, 1769 Rn 9ff und 18.11.2022 – 7 UF 193/22 sowie FamRZ 2023, 132; zu großzügig Frankfurt FamRZ 2022, 1351, 1352) hohen Einkünften der ausgleichsber Person kann die Teilung unwirtschaftl iSd § 19 II Nr 3 sein (str; abl unter Verweis auf bleibende Unsicherheiten BGH FamRZ 2023, 761 = juris Rn 22f m zust Anm *Bachmann/Borth*, FamRZ 2023, 750, 752; wie hier Bamberg FamRZ 2022, 1769 = juris Rn 10 mwN). Str ist, ob geringfügige Zuschläge im Hinblick auf den mit der Ermittlung des anrechenbaren Einkommens nach § 97a SGB VI verbundenen Aufwand gem § 18 vom Wertausgleich auszunehmen sind, wenn die ausgleichsberechtigte Person keinen eigenen Zuschlag erworben hat (dafür Nürnberg FamRZ 2022, 1353 = juris Rn 13; dagegen Bamberg FamRZ 2022, 1769 = juris Rn 19). 23a

5. Ermittlung des auf die Ehezeit entfallenden Anrechts. a) Individuelle Bestimmungsgrößen (Entgeltpunkte). Grds ist der Bewertung des auf die Ehezeit entfallenden Anrechts der gesamte Versicherungsverlauf unter Berücksichtigung der bis zum Ehezeitende zurückgelegten rentenrechtl Zeiten zugrunde zu legen. Jedem **Monat mit einer rentenrechtl Zeit** wird – ggf in einem pauschalen Verfahren (vgl etwa § 71 II 2, § 262 II SGB VI) – ein Wert an **Entgeltpunkten** zugeordnet. Die auf die Ehezeit entfallenden Entgeltpunkte können daher – abgesehen von Anrechten, die in Anwendung des In-Prinzips dem ehebezogenen Erwerb hinzuzurechnen oder von ihm auszunehmen sind – grds auf der Basis der der Ehezeit zuzuordnenden rentenrechtl Zeiten bestimmt werden. Nach hM sind Rentenanrechte, die ein ArbN erworben hat, der aufgrund einer **flexiblen Arbeitszeitregelung** von der Arbeit freigestellt ist und Arbeitsentgelt aus einem von ihm zuvor (durch Einkommensverzicht) angesparten oder später wiederaufzufüllenden Wertguthaben erhält, dem Zeitraum zuzuweisen, für den das Guthaben verwendet wird (*Borth* VersA Kap 1 Rn 125 unter Verweis auf BT-Drs 16/10144, 48; *Schmeiduch* FamRZ 1999, 1035, 1037; aA noch *Borth* FamRZ 2001, 877; s auch § 3 Rn 7). Da der Zuschlag an Entgeltpunkten für Arbeitsentgelt aus einer **versicherungsfreien geringfügigen Beschäftigung** iSv § 5 II 1 Nr 1 SGB VI auf die Bewertung anderer Zeiten ohne Einfluss ist, kann dieser gem § 76b III iVm § 124 II SGB VI unmittelbar auf der Grundlage der aus der Beschäftigung erzielten Entgelte der Ehezeit zugeordnet werden (Pal/*Brudermüller*[68] § 1587a BGB Rn 41). Die auf einem früheren **Rentensplitting unter Ehegatten** (§ 120a SGB VI) beruhenden Wertveränderungen haben immer einen Bezug zum ehelichen Versorgungserwerb und sind ohne Besonderheiten im VersA zu berücksichtigen. Der **Zuschlag an Entgeltpunkten für beitragsgeminderte Zeiten** ist auf die Kalendermonate mit beitragsgeminderten Zeiten gleichmäßig zu verteilen (§ 71 II 2 SGB VI). Ist in den Versicherungsunterlagen das versicherte Entgelt für das volle Kalenderjahr eingetragen, entfällt die Ehezeit aber nur auf einen Teil des Kalenderjahres, so hat die Ermittlung des auf diesen Abschnitt entfallenden Anrechts aufgrund des nach dem pauschalen Verteilungsschlüssel des § 123 III SGB VI ermittelten Teilentgelts zu erfolgen. 24

Die für Zeiten vor 1957 mindestens zu berücksichtigende **pauschale Anrechnungszeit** (§ 253 SGB VI) ist zeitl nicht fixiert, so dass § 253 II SGB VI die auf einen Teilzeitraum entfallende Pauschalzeit individuell zuordnet (die Regelung trägt damit den verfassungsrechtl Bedenken gegen das vor 1992 geltende Recht Rechnung; vgl BGH FamRZ 1996, 406, 407). Als eine Folge der begrenzten Gesamtleistungsbewertung sind nachgewiesene Anrechnungszeiten vor 1957 gem § 263 IV SGB VI wenigstens mit dem Wert zu berücksichtigen, der sich für die pauschale Anrechnungszeit ergeben würde. Die sich hieraus ergebenden zusätzl Entgeltpunkte sind auf die der 25 begrenzten Gesamtleistungsbewertung unterliegenden Anrechnungszeiten vor 1957 zu verteilen. hinsichtl der **Mindestentgeltpunkte bei geringem Arbeitsentgelt** gilt nach § 262 II SGB VI ein sehr pauschales Verteilungsverfahren: Sie werden den Kalendermonaten mit vollwertigen Pflichtbeiträgen vor 1992 zu gleichen Teilen zugeordnet, also auch solchen, die mit wenigstens 0,0625 Entgeltpunkten bewertet worden sind und damit für eine Aufstockung auf den Mindestentgeltpunktwert nicht in Frage kommen. Die Pauschalierung ist nicht unproblematisch, da sie Versorgungswerte Tatbeständen (Zeiten) zuordnet und damit über deren Einbeziehung in den VersA entscheidet, die für den Anspruchserwerb nicht kausal sind (Erman/*Wellenhofer*[12] § 1587a Rn 35). Der Zuschlag für die Mindestentgeltpunktbewertung bei Bestandsrenten nach Art 82 RRG 1992 ist auf die Pflichtbeitragszeiten von 1973–1991 zu verteilen, die nicht mit mindestens 0,0625 Entgeltpunkten bewertet worden sind, soweit es sich nicht um die Pflichtbeiträge der ersten fünf Kalenderjahre oder um Kindererziehungszeiten handelt. In Bezug auf den **Zuschlag an Entgeltpunkten** nach § 70 IIIa SGB VI **für Zeiten der Kindererziehung oder der Pflege eines behinderten Kindes** gilt: Zusätzl Entgeltpunkte nach Satz 2 lit a der Regelung sind mit ihrem jew auf einen konkreten Zeitabschnitt entfallenden Wert den ihnen zugrunde liegenden Pflichtbeitragszeiten zuzuordnen, während die Gutschrift an Entgeltpunkten nach Satz 2 lit b derselben Regelung mit 0,0278 Entgeltpunkten monatlich, ggf reduziert um die zusätzl Entgeltpunkte nach lit a, zu berücksichtigen ist.

26 **b) Zugangsfaktor.** Zur (Nicht-)Berücksichtigung des Zugangsfaktors bei vorzeitiger oder nachzeitiger Verrentung (§ 63 V, § 77, § 86a SGB VI) s § 41 Rn 4ff.

27 **c) Rentenartfaktor.** Der Rentenartfaktor spielt für die Wertermittlung des Ehezeitanteils insoweit keine Rolle, als lediglich die Entgeltpunkte ermittelt und geteilt werden. Allerdings werden die Entgeltpunkte für knappschaftliche Anrechte, für die ein höherer Rentenartfaktor gilt als für Anrechte aus der allg Rentenversicherung, getrennt ausgewiesen und geteilt (§ 120f SGB VI), so dass auch die ausgleichsberechtigte Person an dem höheren Wert dieser Entgeltpunkte partizipiert. Dies ist bei der Tenorierung zu beachten (s § 10 Rn 2). Bei der Bildung des korrespondierenden Kapitalwertes wirkt sich der Rentenartfaktor dagegen aus (s § 18 Rn 3).

28 **6. Konkurrierende Rentenansprüche.** Nach dem SGB VI können parallel die Anspruchsvoraussetzungen verschiedener Renten vorliegen (Bsp: Berufsunfähigkeitsrente für Bergleute nach § 45 SGB VI – bis zur Regelaltersgrenze – und Altersrente für langjährig unter Tage beschäftigte Bergleute nach § 40 SGB VI – ab dem 62. Lebensjahr). Gezahlt wird nur die höchste Rente; bei mehreren gleich hohen Renten gilt eine Rangfolge (§ 89 I SGB VI). Für die Bewertung ist dies lediglich im Zusammenhang mit der Bestandsschutzregelung des § 88 I 2 SGB VI von Bedeutung (dazu § 41 Rn 3). Der Bewertung der vor 1992 zugegangenen, auf der Grundlage des im früheren Bundesgebiet geltenden Rechts berechneten Renten ist das mit dem RRG 1992 geschaffene Recht zugrunde zu legen (BGH FamRZ 1997, 160; 1996, 406). Die gesetzl Rente wird gekürzt, wenn sie mit einer Verletztenrente der gesetzl Unfallversicherung zusammentrifft (zB §§ 93, 266f, 311f SGB VI); das hat aber auf die Bewertung des auszugleichenden Anrechts keinen Einfluss, weil die Verletztenrente der gesetzl Unfallversicherung ihrerseits nicht auszugleichen ist (Johannsen/Henrich/Althammer/*Siede* Rn 20; Celle FamRZ 1989, 1098; vgl auch § 44 III 2; aA Hamm FamRZ 1987, 493f m abl Anm *Kemnade*). Konkurrieren gesetzl Rentenanrechte mit Anrechten aus der Beamtenversorgung, wird dies über Ruhens- und Anrechnungsvorschriften in der Beamtenversorgung gelöst (§§ 54–56 BeamtVG und entspr landesrechtl Regelungen; s § 44 Rn 25ff).

29 **7. Wertberechnung bei Bestandsschutz.** Erhält der Ehegatte im Zeitpunkt der Entscheidung über den VersA eine Erwerbsminderungs- oder Erziehungsrente, können sich aus der **Bestandsschutzregelung** des § 88 I 2 SGB VI Besonderheiten ergeben; dazu § 41 Rn 3.

30 **IV. Degressive Anrechte, Abs II.** Degressive (abzuschmelzende) Anrechte sind nach § 19 II Nr 2 nicht ausgleichsreif und können daher nach § 19 IV nur im Wertausgleich nach der Scheidung ausgeglichen werden. In der GRV sind die degressiven Anrechte in § 120h SGB VI aufgelistet. Es handelt sich um besitzgeschützte Leistungen aus Anrechten, die vor der Wiedervereinigung in den neuen Bundesländern erworben wurden. (Einzelheiten: Johannsen/Henrich/Althammer/*Siede* Rn 35). Weil der Erwerb dieser Anrechte nicht zeitl zugeordnet werden kann, sind sie zeitratierlich zu bewerten, und zwar – entspr § 3 I Nr 6 S 3 VAÜG aF – nach dem Verhältnis der auf die Ehezeit entfallenden Entgeltpunkte (Ost – bis 30.6.2024, s Rn 1) zu den gesamten Entgeltpunkten (Ost).

31 **V. Wartezeiten, Abs III.** Rentenanwartschaften werden auch dann geteilt, wenn im Zeitpunkt der Entscheidung über den Wertausgleich die allg Wartezeit noch nicht erfüllt ist (§ 2 III; s § 2 Rn 12); der Gesetzgeber geht davon aus, dass die Wartezeit für gesetzl Rentenanrechte grds immer erfüllt wird. Nur ausnahmsw, wenn feststeht, dass die allg Wartezeit für den Rentenbezug nicht mehr erfüllt werden kann, ist das Anrecht nicht zu teilen (BGH FamRZ 1996, 98; Hoppenz/*Hoppenz* § 2 Rn 10). Nach Abs III sind besondere Wartezeiten – entgegen § 2 III – nur dann werterhöhend zu berücksichtigen, wenn sie – im nach § 5 II 2 maßgeblichen Zeitpunkt der Entscheidung (BT-Drs 16/10144, 81; BGH FamRZ 2016, 1649 Rn 22; Braunschweig FamRZ 2016, 547, 548; s § 5 Rn 8) – bereits erfüllt sind. Von dieser Regelung erfasst werden auch die zusätzl Entgeltpunkte für ständiges Arbeiten unter Tage (§ 85 SGB VI), die nach mindestens sechs Jahren ständiger Arbeit unter Tage geleistet werden (Erman/*Wellenhofer*[12] § 1587a BGB Rn 29 unter Berufung auf BGH FamRZ 1986, 975).

§ 44 Sondervorschriften für Anrechte aus einem öffentlich-rechtlichen Dienstverhältnis

(1) Für Anrechte
1. aus einem Beamtenverhältnis oder einem anderen öffentlich-rechtlichen Dienstverhältnis und
2. aus einem Arbeitsverhältnis, bei dem ein Anspruch auf eine Versorgung nach beamtenrechtlichen Vorschriften oder Grundsätzen besteht,
sind die Grundsätze der zeitratierlichen Bewertung anzuwenden.

(2) Stehen der ausgleichspflichtigen Person mehrere Anrechte im Sinne des Absatzes 1 zu, so ist für die Wertberechnung von den gesamten Versorgungsbezügen, die sich nach Anwendung der Ruhensvorschriften ergeben, und von der gesamten in die Ehezeit fallenden ruhegehaltfähigen Dienstzeit auszugehen.

(3) Stehen der ausgleichspflichtigen Person neben einem Anrecht im Sinne des Absatzes 1 weitere Anrechte aus anderen Versorgungssystemen zu, die Ruhens- oder Anrechnungsvorschriften unterliegen, so gilt Absatz 2 sinngemäß. Dabei sind die Ruhens- oder Anrechnungsbeträge nur insoweit zu berücksichtigen, als das nach Satz 1 berücksichtigte Anrecht in der Ehezeit erworben wurde und die ausgleichsberechtigte Person an diesem Anrecht im Versorgungsausgleich teilhat.

(4) Bei einem Anrecht aus einem Beamtenverhältnis auf Widerruf oder aus einem Dienstverhältnis einer Soldatin oder eines Soldaten auf Zeit ist der Wert maßgeblich, der sich bei einer Nachversicherung in der gesetzlichen Rentenversicherung ergäbe.

I. Allgemeines. 1. Regelungsgehalt. § 44 enthält, entspr dem alten Recht, erg Regelungen für Anrechte, die sich nach beamtenrechtl Vorschriften/Grundsätzen errechnen, unabhängig davon, gegen welchen Versorgungsträger sie sich richten. Abs I sieht die zeitratierliche Bewertung für diese Anrechte ausdrückl vor. Die Abs II und III befassen sich mit den Ruhensvorschriften des Beamtenrechts, die sowohl für miteinander konkurrierende beamtenrechtl Versorgungsanrechte als auch für die Konkurrenz zw Beamtenversorgung und sonstigen Versorgungssystemen existieren. Abs IV lässt sich als Sondervorschrift zu § 2 III verstehen, indem er für die – nicht verfestigten – Anrechte von Widerrufsbeamten und Zeitsoldaten die Bewertung auf den sich bei einer Nachversicherung in der GRV ergebenden Wert begrenzt. 1

2. Grundlagen der Beamtenversorgung. Bis zur Föderalismusreform, die am 1.9.2006 in Kraft getreten ist (Gesetz zur Änderung des Grundgesetzes v 28.8.2006, BGBl I 2006, 2034), war die Regelung der Versorgung der Beamten und Richter insg Gegenstand der konkurrierenden Gesetzgebungskompetenz des Bundes (Art 74a GG aF); die Regelungen befanden sich einheitlich im **BeamtVG**. Nach der Föderalismusreform liegt die Gesetzgebungskompetenz für Laufbahnen, Besoldung und Versorgung der Landesbeamten und -richter bei den Ländern (Art 74 Nr 27 GG). Lediglich für die sonstigen Statusrechte und -pflichten hat der Bund die konkurrierende Gesetzgebungskompetenz; davon hat er mit dem **Beamtenstatusgesetz** v 17.6.2008 (BGBl I 2008, 1010) Gebrauch gemacht. Nach der Grundgesetzänderung gilt das BeamtVG in der bis zum 31.8.2006 geltenden Fassung für die Beamten und Richter der Länder sowie für Kommunalbeamte als Bundesrecht so lange fort, bis es durch Landesrecht ersetzt wird; spätere Änderungen des BeamtVG werden also nicht automatisch auch Landesrecht (zu den Auswirkungen auf das im BeamtVG des Bundes abgeschaffte **Pensionärsprivileg** vgl *Voucko-Glockner/Vogts* FamRZ 2010, 950f; *Hauß* FamRB 2010, 251f; § 33 Rn 16f). Sämtliche Bundesländer haben mittlerweile eigene Regelungen erlassen und darin die wesentlichen Strukturen des BeamtVG beibehalten (Übersicht bei *Ruland* VersA Rn 247). Die im BBG (§ 51 I, II) und im BeamtVG (§ 69h) vollzogene Anhebung der Altersgrenze auf 67 Jahre wird von den Ländern nicht einheitlich nachvollzogen (s Rn 17; *Ruland* VersA Rn 247, 249). Für die Soldaten gilt das SVG, das weitgehend mit dem BeamtVG übereinstimmt. Zu der nur für Soldaten geltenden Sonderregelung des § 55c I 3 SVG s § 33 Rn 17. 2

3. Stichtag und Dynamik. Das beamtenrechtl oder -rechtsähnl Anrecht muss grds zum **Ehezeitende** vorliegen. Ist es zuvor erloschen, hat der VersA auf der Grundlage des sich aus der Nachversicherung (§ 8 II SGB VI) ergebenden Anrechts zu erfolgen (BGH FamRZ 1989, 42; 1996, 98, 99). Dies gilt auch, wenn die Voraussetzungen für die Nachversicherung dem Grunde nach bereits eingetreten sind, die Zahlung der Beiträge jedoch gem § 184 SGB VI aufgeschoben ist (BGH FamRZ 1988, 1253). Für die Berücksichtigung des neu eingeführten **Altersgeldes** (Altersgeldgesetz v 28.8.2013, BGBl I 2013, 3386; näher s Rn 11a) reicht aus, dass bei Vorliegen der Voraussetzungen zum Ehezeitende der Antrag gestellt ist (*Borth* FamRZ 2013, 1788, 1789). Wird das beamtenrechtl oder -rechtsähnl Anrecht dagegen erst nach dem Ehezeitende begründet, so ist es auch dann nicht nach § 44 zu berechnen, wenn ruhegehaltfähige Dienstzeiten zT auf die Ehezeit entfallen; es unterfällt dann vielmehr dem Abs IV (BGH FamRZ 2009, 1743; 2007, 30; näher Rn 7, 10). Von der Frage nach der Höhe (und Bewertung) eines Anrechts ist die Frage zu unterscheiden, bei welchem **Versorgungsträger** es zu teilen ist. Diese Frage entscheidet sich nach den Verhältnissen im **Zeitpunkt der Entscheidung** über den VersA (vgl BGH FamRZ 1999, 221). Die **Wertsteigerungen** beruhen in der Beamtenversorgung im **Anwartschaftsstadium** wegen der Endgehaltsbezogenheit auf mehreren Grundlagen: neben der Anpassung der Beamtenbesoldung bestimmt das Erreichen höherer Dienstalters- oder Erfahrungsstufen sowie eines Beförderungsamtes den Wert des Anrechts mit. Die ausgleichsberechtigte Person partizipiert im Versorgungsausgleich ab dem Ehezeitende nur an der **allg** Entwicklung mittelbar, und zwar entweder bei interner Teilung über § 3 BVersTG (s § 3 BVersTG Rn 1), oder bei externer Teilung über die Anpassung des aktuellen Rentenwerts in der GRV. Von der Wertentwicklung durch 3

Erreichen höherer Dienstaltersstufen oder Erfahrungsstufen oder durch Beförderung ab dem Ehezeitende wird sie abgekoppelt; insoweit bleiben die Werte zum Ehezeitende festgeschrieben (statt vieler BGH FamRZ 2012, 847 Rn 18 mwN; *Ruland* VersA Rn 398; *Borth* Rn 242).

4 **II. Erfasste Anrechte. 1. Anrechte aus einem öffentlich-rechtlichen Dienstverhältnis.** Das öffentlich-rechtl Dienstverhältnis ist eine durch Ernennung oder Wahl begründete (vgl zB § 10 BBG, § 118 LBG NRW), gegenseitig berechtigende und verpflichtende Rechtsbeziehung öffentlich-rechtl Natur zw einem Beschäftigten und einem Dienstherrn iSv § 121 BRRG, § 2 BeamtStG (§ 3 BeamtStG). In einem solchen Dienstverhältnis stehen insb **Beamte im staatsrechtl Sinne**, also Berufsbeamte einer Körperschaft, Anstalt oder Stiftung des öffentlichen Rechts, ohne dass es darauf ankommt, ob konkret hoheitliche Aufgaben wahrgenommen werden. In einem öffentlich-rechtl Dienstverhältnis stehen zudem **Ehrenbeamte** (zur Bewertung vgl aber Rn 11), **Berufs- und Zeitsoldaten** der Bundeswehr (zur Bewertung der Anrechte der Zeitsoldaten vgl aber Rn 10) sowie **Berufsrichter** des Bundes und der Länder, und zwar sowohl die Richter auf Zeit und auf Lebenszeit als auch die ehrenamtlichen Richter (§§ 44ff DRiG), die nicht lediglich von Fall zu Fall zur Wahrnehmung des Richteramtes hinzugezogen werden. Nicht in einem öffentlich-rechtl Dienstverhältnis stehen – abgesehen von den regionalen Besonderheiten Baden-Württembergs (§§ 114f BNotO) – die **Notare** (s *Borth* VersA Kap 2 Rn 53). Auch das **Altersgeld** für auf eigenen Wunsch ausgeschiedene Beamte, Richter und Berufssoldaten beruht auf einem öffentlich-rechtl Dienstverhältnis (*Borth* FamRZ 2013, 1788, 1790).

5 **2. Anrechte aus öffentlich-rechtlichen Amtsverhältnissen.** Diese Anrechte werden vom Wortlaut des Abs I nicht erfasst. Dies betrifft insb Inhaber eines parlamentarischen Mandats auf der Ebene des Bundes oder der Länder sowie Mitglieder des Europäischen Parlaments (vgl hierzu § 25a AbgG und § 10b EuAbgG), Bundesbeauftragte (zB für den Datenschutz), Angehörige der Bundes- oder einer Landesregierung (Brandenburg FamRZ 2022, 1356) einschl der Parlamentarischen Staatssekretäre sowie den Wehrbeauftragten des Deutschen BT. Diese Anrechte sind aber nach § 40 ebenfalls zeitratierlich zu bewerten; die zugrunde liegenden Versorgungsregelungen lehnen sich weitgehend an das BeamtVG an (vgl §§ 13ff BMinG, § 6 ParlStG; Johannsen/Henrich/Althammer/*Holzwarth* Rn 12). Für Amtsverhältnisse auf Bundesebene gilt das BVersTG, so dass die Anrechte intern geteilt werden können (s § 1 BVersTG Rn 1); auf Landesebene ist dies derzeit nicht möglich. Die Anrechte von **Bundestagsabgeordneten** sind dagegen gem § 25a III AbgG unmittelbar zu bewerten. Hängt das Entstehen des Anrechts aus einem Amtsverhältnis noch von einer Wiederwahl ab, die erst nach dem Ehezeitende erfolgt, ist nach der gefestigten Rspr des BGH das Anrecht nur iHd (fiktiven) Anspruchs auf Nachversicherung nach § 8 SGB VI (statt vieler BGH FamRZ 2009, 1743) oder eines anderen Anrechts als Beamter, auf das die Zeit in dem Amtsverhältnis anzurechnen ist (BGH FamRZ 2007, 30), zu berechnen; die Wiederwahl soll danach also kein zu berücksichtigender Umstand iSd § 5 II 2 sein (aA mit beachtlichen Arg *Bergner* FamRZ 2007, 533ff; zur Problematik s Rn 7 und § 5 Rn 14).

6 **3. Beamtenähnliche Versorgungsanrechte.** Nach Abs I Nr 2 werden ferner Anrechte von Personen bewertet, denen Anspruch auf Versorgung nach beamtenrechtl Grundsätzen zugesichert ist. Hierbei kommt es nicht auf die Organisationsform des ArbGeb an, der die Versorgung zugesagt hat (BGH FamRZ 2016, 617; 1994, 232; 1985, 794). Neben Bund, Ländern und Gemeinden, Sozialversicherungsträgern und öffentlich-rechtl Religionsgemeinschaften kommen auch privatrechtl ArbGeb wie der Deutsche Städtetag, der Deutsche Landkreistag und Privatschulen als Versorgungsträger in Betracht (Johannsen/Henrich/Althammer/*Holzwarth* Rn 8; BGH FamRZ 2011, 1216ff Rn 15; 2013, 608: IHK). Die beamtenähnl Versorgung beruht auf (Kirchen-)Gesetz, Dienstordnung, Satzung, Statut oder Einzel- oder Kollektivvertrag und muss dem Alimentationsprinzip folgen sowie nach Voraussetzungen, Art und Umfang ungeachtet gewisser Abweichungen dem Beamtenrecht entsprechen (BGH FamRZ 2011, 1216; NJWE-FER 1999, 25; FamRZ 1994, 232). Sie muss auf einem Rechtsanspruch beruhen und wenigstens nach dem letzten Arbeitsentgelt sowie der Beschäftigungsdauer ausgerichtet sein (BGH FamRZ 1994, 232, 233). Schuldner der Versorgung muss der ArbGeb selbst sein; leistet er lediglich für den ArbN Beiträge an eine Versorgungseinrichtung mit eigener Rechtspersönlichkeit, entspricht dies nicht dem beamtenrechtl Fürsorge- und Alimentationsprinzip (BGH FamRZ 1994, 232, 233). Besteht für die ausgleichspflichtige Person Versicherungsfreiheit oder Befreiung von der Versicherungspflicht nach **§ 5 I Nr 2 bzw § 6 I 1 Nr 2 SGB VI**, so sind auch die Voraussetzungen des Abs I Nr 2 erfüllt (BGH FamRZ 2016, 617, 618f m Anm *Borth*; 1994, 232, 233). Die Bewertung nach Abs I Nr 2 geht der im Bereich betrieblicher Vorsorgemaßnahmen konkurrierenden Regelung des § 45 vor (BGH FamRZ 2016, 617, 618 Rn 22 m Anm *Borth*; 1994, 232). **Bsp:** Beamtenähnl Versorgungsanrechte liegen im Allg vor bei Beschäftigten der öffentlich-rechtl Religionsgemeinschaften (Celle FamRZ 1983, 191; Frankfurt FamRZ 1987, 719; Nürnberg FamRZ 1995, 98), bei Lehrern an **Privatschulen** und nichtstaatlichen Hochschulen (BGH FamRZ 1987, 918; 1985, 794), bei Angestellten öffentlich-rechtl Banken (BGH FamRZ 2016, 617, 618 m Anm *Borth*; NJW-RR 2006, 865; NJWE-FER 1999, 22; FamRZ 1994, 232) sowie bei Dienstordnungsangestellten der Sozialversicherungsträger und ihrer Verbände (vgl etwa § 144 SGB VII; AG Tempelhof-Kreuzberg FamRZ 2001, 483; Schleswig SchlHA 1982, 136).

7 **4. Besonderheiten. a)** Bei **Beamten auf Zeit** iSv § 6 II BBG, §§ 4 II, 6 BeamtStG (zB kommunale **Wahlbeamte**; vgl BGH FamRZ 1995, 414; 1992, 46) liegen nach Abs I Nr 1 zu bewertende Anrechte vor. Dies gilt jedoch nicht, wenn sie bei Ablauf ihrer Amtszeit nicht die Wartezeit für einen Versorgungsanspruch erfüllen (s § 23 I Nr 2 BeamtStG) und sodann in der GRV gem § 8 II Nr 1 SGB VI **nachversichert** werden. In diesen Fällen ist entspr Abs IV die Nachversicherungsaussicht in der GRV im VersA zu berücksichtigen (BGH FamRZ 2016, 788 Rn 10; Schleswig 10.1.2020 – 15 UF 71/19 und 9.9.2020 – 15 UF 96/20; Brandenburg FamRZ 2000, 538), die

nach § 43 zu bewerten ist (zu den europa- und verfassungsrechtl Problemen der Nachversicherung s § 16 Rn 3). Die **anrechtsbegründende** Wiederwahl eines kommunalen Wahlbeamten nach dem Ehezeitende ist nach der Rspr des BGH kein Abänderungsgrund iSd §§ 225, 226 FamFG (BGH FamRZ 2007, 30; dazu krit *Bergner* FamRZ 2007, 533 und *Borth* FamRZ 2008, 2065, 2069f). Ist das Anrecht dagegen schon entstanden und verändert sich durch die Wiederwahl nur der für die zeitratierliche Berechnung maßgebliche Erwerbszeitraum, handelt es sich um eine nach § 5 II 2 beachtliche Veränderung, die ggf in einem Abänderungsverfahren zu berücksichtigen ist (str; vgl BGH FamRZ 2019, 191 m krit Anm *Borth*; FamRZ 2019, 1052; s auch Rn 17 und § 5 Rn 6, 14 sowie § 16 Rn 3).

b) Der Bewertung nach Abs I Nr 1 unterliegen auch Anrechte eines **Beamten auf Probe** (BGH FamRZ 1982, 362), da das – versorgungsrechtl noch labile – Probebeamtenverhältnis auf die Überleitung in ein Beamtenverhältnis auf Lebenszeit angelegt ist, die im Regelfall auch stattfindet. Nur wenn feststeht, dass der Probebeamte nicht übernommen, sondern entlassen wird, ist – entweder entspr Abs IV oder unter Anwendung des § 42 – das Anrecht mit dem Wert der Nachversicherung in der GRV zu bewerten (*Ruland* VersA Rn 394). Keine nach Abs I Nr 1 auszugleichenden, sondern atypische, auf der Grundlage einer Nachversicherungsaussicht in der GRV zu bewertende Anrechte haben dagegen **Beamte auf Widerruf** iSv § 4 IV BeamtStG (Abs IV; vgl BGH FamRZ 1987, 921, 922; 1982, 362; 1981, 856). Es handelt sich um eine alternativ ausgestaltete Versorgungsaussicht; denn in Abhängigkeit von der weiteren Berufslaufbahn wird deren Dienstzeit entweder einer künftigen Versorgung iSv Abs II Nr 1 als ruhegehaltfähig zugrunde gelegt oder für ihre Dauer eine Nachversicherung (regelmäßig) in der GRV vorgenommen. Daher ist bei Widerrufsbeamten wie ggf bei Beamten/Soldaten auf Zeit (s Rn 7, 10) von dem Wert auszugehen, der sich ergeben würde, wenn der Beamte in der GRV nachversichert worden wäre (Abs IV). Umstr ist die Frage, ob auch eine nach dem Ende der Ehezeit erfolgte Berufung des Widerrufsbeamten in ein Probebeamtenverhältnis und die darauf beruhende Verbesserung des Versorgungsstatus – ggf im Abänderungsverfahren nach § 225 FamFG – zu berücksichtigen ist. Sie wird von der wohl hM verneint (vgl BGH FamRZ 2003, 29; 2007, 30; Brandenburg NJW-Spezial 2022, 37; FamRZ 2016, 821 und 2016, 55; Nürnberg FamRZ 2014, 40), da die spätere Entwicklung keinen Bezug zu den ehelichen Verhältnissen mehr haben soll (dazu krit *Bergner* FamRZ 2007, 533ff mwN; abl auch Erman/*Wellenhofer*[12] § 1587a BGB Rn 10). 8

c) Hinsichtl des wissenschaftlichen **Hochschulpersonals im Beamtenverhältnis** ist danach zu unterscheiden, ob sich dessen versorgungsrechtl Stellung nach dem aufgrund des HRG v 26.1.1976 (BGBl I 1976, 185, mehrfach geändert) geschaffenen Recht oder nach früherem Recht (§ 75 HRG aF, § 91 I BeamtVG) beurteilt. Nach **neuem Recht** gilt, dass Professoren als Beamte auf Probe, Zeit oder auf Lebenszeit und Hochschuldozenten, die zu Beamten auf Lebenszeit ernannt worden sind, wie andere Beamte auch Anrechte iSv Abs I Nr 1 haben (§ 67 BeamtVG). Hingegen sind die Anrechte der wissenschaftlichen und künstlerischen Assistenten, Oberassistenten und -ingenieure sowie der Hochschuldozenten auf Zeit entspr Abs IV auf der Grundlage ihrer Nachversicherungsaussicht in der GRV zu bewerten; eine Übernahme in ein Beamtenverhältnis auf Lebenszeit nach dem Ehezeitende ist nicht mehr zu berücksichtigen (vgl *Borth* VersA Kap 2 Rn 63; Johannsen/Henrich/Althammer/*Holzwarth* Rn 7). hinsichtl des wissenschaftlichen Hochschulpersonals, dessen versorgungsrechtl Stellung nach **altem Recht** zu beurteilen ist, gilt, dass ordentliche und außerordentliche Professoren als Lebenszeitbeamte Anrechte iSv Abs I Nr 1 haben, und zwar auch außerplanmäßige Professoren, obgleich diese Beamte auf Widerruf sind. Beziehen Hochschullehrer **Emeritenbezüge** oder stehen ihnen (solange sie nicht gem § 76 II HRG auf die Emeritierung verzichtet haben) solche in Aussicht, waren diese nach § 1587a II Nr 1 S 5 BGB aF wie Beamtenversorgungen zu bewerten. Dies soll auch weiter gelten; der Gesetzgeber hat wegen des Auslaufens dieser Fallkonstellationen lediglich kein praktisches Bedürfnis für eine ausdrückl gesetzl Regelung mehr gesehen (BT-Drs 16/10144, 81; zur Dienstzeit s *Borth* VersA Kap 2 Rn 112). Verzichtet der Hochschullehrer auf das Privileg der Emeritierung, so tritt er mit Erreichen der Altersgrenze in den Ruhestand und erwirbt nach näherer Maßgabe von § 67 BeamtVG einen Ruhegehaltsanspruch wie andere Beamte auch. 9

d) Anrechte der **Berufssoldaten der Bundeswehr** (§ 14 I Nr 1 iVm §§ 15ff SVG) sind wie die Anrechte der Beamten auf Lebenszeit nach Abs I Nr 1 zu bewerten. Das SVG kennt hingegen keine Alters- und Invaliditätsversorgung (in Form von Ruhegehalt oder Unterhaltsbeitrag) für **Zeitsoldaten.** Die rentenversicherungsfreie Dienstzeit als Zeitsoldat wird nach dem Ausscheiden aus dem Dienstverhältnis in der GRV nachversichert; tritt der Zeitsoldat – ausnahmsw – in ein Dienstverhältnis als Berufssoldat oder als Beamter über, so wird er nicht nachversichert, seine Dienstzeit wird vielmehr bei der Begründung und Bemessung des künftigen Ruhegehaltsanspruchs berücksichtigt. Da Zeitsoldaten jedoch nicht regelmäßig in eine Beschäftigung einrücken, die ihnen eine verfestigte Aussicht auf Versorgung nach beamtenrechtl Vorschriften oder Grundsätzen vermittelt (BGH FamRZ 1981, 856, 857), lag hier nach hM zum alten Recht kein Anrecht iSv Abs I Nr 1 vor. Dem VersA war – wie beim Widerrufsbeamten – die Nachversicherungsaussicht in der GRV zugrunde zu legen (BGH FamRZ 2003, 29, 30). Dies hat der Gesetzgeber in Abs IV übernommen. 10

e) **Ehrenbeamte** erhalten keine Versorgung nach beamtenrechtl Vorschriften oder Grundsätzen (früher ausdrückl in § 115 II 1 BRRG aF geregelt). Bei einem Dienstunfall haben sie zwar Anspruch auf Leistungen der Dienstunfallfürsorge (§ 68 BeamtVG), die aber wegen ihres **Entschädigungscharakters** nicht ausgleichspflichtig sind. Der für verschiedene Gruppen von Ehrenbeamten nach spezialgesetzl Vorschriften vorgesehene **Ehrensold** ist ebenfalls **keine Versorgung iSv Abs I.** Str ist, ob es sich bei dem Ehrensold um ein **auszugleichendes Anrecht** handelt (abl BGH FamRZ 2011, 1287f für den rheinland-pfälzischen Ehrensold; Koblenz FamRZ 2010, 212f, jew mN zum Streitstand; dem folgend *Brudermüller* NJW 2010, 3198, 3200; MüKo/*Maaß* Rn 30 und § 2 11

Rn 39; differenzierend *Borth* VersA Kap 2 Rn 56; unklar *Ruland* VersA Rn 527; diff nach Zweck – Altersvorsorge oder Anerkennung – *Kemper* VersA § 4 Rn 17; bejahend für den bayrischen Ehrensold Nürnberg NZFam 2022, 847). Nach der von Erman/*Wellenhofer*[12] § 1587a BGB Rn 13 vertretenen Auffassung handelt es sich um ein auf Arbeit beruhendes Anrecht iSv (jetzt) § 2, das jedenfalls dann auszugleichen und gem § 40 zu bewerten ist, wenn die zeitl Mindestvoraussetzungen für die Zahlung eines Ehrensoldes erfüllt sind (ebenso *Bergner* KomRefVA § 2 Anm 5.2; *Ruland* VersA Rn 527). Diese Argumentation erscheint zwingend, löst allerdings Probleme aus: Koblenz FamRZ 2010, 212, 213 hat seine abl Ansicht auch damit begründet, dass das Landes-Ehrensoldgesetz für eine (interne oder externe) Teilung des Ehrensoldes im VersA keine Regelungen enthält.

11a **f)** Seit dem 4.9.2013 besteht für Beamte auf Lebenszeit und Richter des Bundes sowie Berufssoldaten unter bestimmten Voraussetzungen (altersgeldfähige Dienstzeit von mindestens sieben Jahren, davon fünf im Bundesdienst) die Möglichkeit, bei einem Ausscheiden auf eigenen Wunsch vor Erreichen der Altersgrenze statt einer Nachversicherung in der GRV einen Antrag auf Gewährung von **Altersgeld** zu stellen (Altersgeldgesetz, BGBl I 2013, 3386). Das soll im Wesentlichen Spitzenbeamten mit Einkünften jenseits der Beitragsbemessungsgrenzen in der GRV nützen; Ziel der Neuregelung ist es, den Austausch von Arbeitskräften mit der Wirtschaft zu fördern (BT-Drs 17/12479, 1). In einigen Bundesländern ist diese Möglichkeit – unter zT abweichenden Voraussetzungen – auch gegeben (vgl §§ 83ff BremBeamtVG: seit 1.1.2015; §§ 89a ff HmbBeamtVG seit 1.6.2014; §§ 76, 77 BeamtVG Hessen nF: seit März 2014; §§ 84–86 BeamtVG Baden-Württemberg: seit 1.1.2011; §§ 81–87 BeamtVG Nds: seit 1.1.2013; Thüringer AltersgeldG: seit 1.11.2021; §§ 1ff LAltGG Mecklenburg-Vorpommern: seit 1.6.2021; §§ 88a ff SHBeamtVG: seit 1.1.2021; § 92 SächsBeamtVG: seit 1.11.2018). Für die Berechnung des Anspruchs auf Altersgeld gelten – mit Modifizierungen verkürzender Art (ua 15 %ige Kürzung, § 7 I AltGG) – vergleichbare Regelungen wie für die Beamtenversorgung. Auf Bundesebene unterliegt das Altersgeld der internen Teilung (§ 1 II Nr 4 BVersTG nF), auf Länderebene erst nach Einführung eines dem BVersTG entspr Gesetzes. Der Anspruch auf Altersgeld ist dann – anstelle des Anspruchs auf Nachversicherung in der GRV – zu berücksichtigen, wenn zum Ehezeitende bei Vorliegen der Voraussetzungen der Antrag gestellt ist; wird der Antrag nach Ehezeitende, aber vor der Entscheidung zum VersA gestellt, ist anstelle der bis dahin bestehenden Versorgungsanwartschaft der Anspruch auf Altersgeld zu teilen (Einzelheiten bei *Borth* FamRZ 2013, 1788, 1789f).

12 **III. Auszugleichende Leistungen.** Dem Ausgleich unterliegen beamtenrechtl und -ähnl Versorgungsanrechte unter Einbeziehung einer evtl jährlichen **Sonderzahlung** (Rn 14) sowie eines etwaigen Anpassungszuschlags. Zu berücksichtigen ist auch ein bereits zuerkannter **Unterhaltsbeitrag** nach § 2 Nr 1 iVm § 15 BeamtVG, jedoch nur dann, wenn er unwiderruflich gezahlt wird (vgl etwa Johannsen/Henrich/Althammer/*Holzwarth* Rn 15; *Borth* VersA Kap 2 Rn 67). **Nicht** einbezogen werden als Entschädigung für einen Dienstunfall geleistete Zahlungen (Unterhaltsbeiträge nach §§ 38, 38a BeamtVG und unfallbedingte Erhöhungen des Ruhegehalts gem §§ 34–37, 43 BeamtVG, § 5 II BeamtVG; vgl hierzu Köln FamRZ 2020, 990 und Celle FamRZ 2003, 1291), wegen eines Dienstunfalls gewährte Unterhaltsbeiträge an Ehrenbeamte (§ 68 S 2 BeamtVG), der Ausgleich bei **vorgezogenen Altersgrenzen** nach § 48 BeamtVG (BGH FamRZ 1982, 999), auf §§ 14a, 50e BeamtVG beruhende **vorübergehende** Versorgungserhöhungen sowie – wegen § 40 V – der kindbezogene Erhöhungsbetrag nach § 50 I 2 BeamtVG. Die nach rentenrechtl Grundsätzen bemessenen **Zuschläge** zum Ruhegehalt nach §§ 50a, 50b, 50d BeamtVG wegen **Kindererziehungszeiten** sind keine familienbezogenen Bestandteile iSd § 40 V, so dass sie ebenfalls auszugleichen sind (s § 40 Rn 7). Sie sind zwar Bestandteil der Versorgung (§ 2 I Nr 9 BeamtVG), stehen jedoch nicht im Zusammenhang mit der ruhegehaltfähigen Dienstzeit (Nürnberg FamRZ 2022, 1525; Brandenburg FamRZ 2022, 780 m Anm *Borth*). Wegen ihrer Anlehnung an das Rentenversicherungsrecht (monatsanteiliger Erwerb, s § 50a I und IV, § 50b I und II BeamtVG) sind sie grds unmittelbar zu bewerten (vgl Nürnberg FamRZ 2022, 1525; Celle FamRZ 1999, 861; dem folgend *Ruland* VersA Rn 360; Johannsen/Henrich/Althammer/*Holzwarth* Rn 19).

13 **IV. Ruhegehaltfähige Dienstbezüge. 1. Bestandteile nach § 5 I BeamtVG.** In die Bewertung einzubeziehen ist zunächst das **Grundgehalt** nach dem Amt, das der Ehegatte aE der Ehezeit innegehabt hat. Ist der Beamte vor dem Ehezeitende **befördert** worden, so ist das Beförderungsamt auch dann maßgeblich, wenn die zweijährige Wartezeit des § 5 III BeamtVG noch nicht erfüllt ist (§ 2 III; *Ruland* VersA Rn 398); das gilt ausnahmsw dann nicht, wenn der Beamte – wegen Erreichens der Altersgrenze – die Wartezeit nicht mehr erfüllen kann. Erfolgt die Beförderung erst **nach dem Ehezeitende**, ist sie nach der Rspr des BGH stets unbeachtlich (zu dieser Problematik § 5 Rn 8); während eine **rückwirkende allg Besoldungserhöhung** zu berücksichtigen ist (BGH FamRZ 1984, 565; Saarbrücken FamRZ 1994, 758; *Ruland* VersA Rn 398). Ein **Beförderungsamt auf Probe** (§ 22 II, § 24 BBG; § 4 IIIb BeamtStG) ist nach den in Rn 8 dargelegten Grundsätzen maßgeblich; bei einem **Beförderungsamt auf Zeit** hängt die Berücksichtigung davon ab, ob die Besoldung nach Ablauf der zum Ehezeitende laufenden Amtszeit ruhegehaltsfähig ist (s Rn 7; Johannsen/Henrich/Althammer/*Holzwarth* Rn 32). Für die Bewertung maßgeblich ist die zum Ende der Ehezeit erreichte Altersstufe oder Erfahrungszeit (§ 27 I BBesG; NK-VersA/*Rehbein* Rn 27; FamR-Komm/*Wick* Rn 21; Johannsen/Henrich/Althammer/*Holzwarth* Rn 28). Nicht zu berücksichtigen ist der Familienzuschlag nach § 5 I Nr 2 BeamtVG wegen § 40 V (s § 40 Rn 7). Im Wertausgleich nach der Scheidung kann dies anders zu beurteilen sein, wenn der Familienzuschlag – zumindest auch – auf einer Unterhaltsberechtigung der ausgleichsberechtigten Person beruht (vgl BGH FamRZ 2011, 706, 708). Hatte der Beamte früher für mindestens zwei Jahre ein höher besoldetes Amt inne, das er nicht lediglich auf eigenen Antrag verloren hat, berechnet sich sein Ruhegehalt nach diesem Amt (§ 5 V BeamtVG). **Sonstige ruhegehaltfähige Dienstbezüge** iSd § 5 I Nr 3 BeamtVG sind bspw **Amtszulagen**, deren Voraussetzungen der Beam-

te bei Ehezeitende erfüllt (BGH FamRZ 1995, 27). **Stellenzulagen** und die nach ihrem unverschuldeten Wegfall für fünf Jahre gezahlten Ausgleichszulagen (§ 13 BBesG) sind regelmäßig nicht ruhegehaltsfähig (näher *Ruland* VersA Rn 260, 402 mN); sind sie es ausnahmsw doch, sind sie auch auszugleichen (BGH FamRZ 1986, 975, 976: Strahlflugzeugführer). Nach § 5 I Nr 4 BeamtVG sind ggf auch variable Leistungsbezüge nach § 33 I, III BBesG ruhegehaltsfähig.

2. Sonderzahlung. Die nach Maßgabe der Gesetze über die Gewährung einer jährlichen Sonderzuwendung zu zahlende **Sonderzahlung** unterliegt dem Ausgleich nach Abs I Nr 1 (st Rspr, zB BGH FamRZ 2007, 994). Sie wird im VersA dem vollen laufenden Ruhegehalt mit einem Zwölftel ihres Wertes hinzugerechnet (BGH FamRZ 1999, 713; 1991, 1415). Das Bundesbesoldungs- und -versorgungsanpassungsgesetz 2003/2004 v 10.9.2003 (BGBl I 2003, 1798) hatte schon vor der Föderalismusreform (s Rn 2) eine Neugestaltung der jährlichen Sonderzahlungen durch die Länder ermöglicht (vgl § 67 BBesG aF, § 50 IV, V BeamtVG aF). Die Entscheidung über die Gewährung einer Sonderzahlung, deren Höhe, Ruhegehaltfähigkeit und Anpassung steht grds im Ermessen der zuständigen Körperschaft. Bei der Bemessung der Sonderzuwendung, die daraufhin unterschiedlichen landesgesetzl Veränderungen – regelmäßig diminuierender Natur – unterworfen war, ist der im **Entscheidungszeitpunkt** geltende Bemessungsfaktor maßgeblich (vgl statt vieler BGH FamRZ 2007, 994, 995; 2008, 1833, 1834). Auf **Bundesebene** ist die Sonderzahlung seit dem 1.7.2009 in die Grundgehaltstabellen eingearbeitet worden. Das Bundessonderzahlungsgesetz (BSZG) ist durch Art 17 X 2 des Dienstrechts-Neuordnungsgesetzes (v 5.2.2009, BGBl I 2009, 160) mWz 1.1.2011 aufgehoben worden. Seitdem sind auf Bundesebene keine Sonderzahlungen mehr zu berücksichtigen. Durch die Einarbeitung in die Besoldungstabellen würden Versorgungsempfänger allerdings besser gestellt als bisher, weil sie nur eine geringere Sonderzahlung beanspruchen konnten (Johannsen/Henrich/Althammer/*Holzwarth* Rn 29). Dies gleicht der – ebenfalls zu berücksichtigende – **Verminderungsfaktor** nach § 5 I 1 BeamtVG aus; seit dem 1.1.2012 beträgt er 0,9901 % (auf Länderebene – Bsp NRW seit 1.1.2017, § 91 VIII LBesG, § 5 I 3 BeamtVG NRW – sind zT entspr Regelungen erlassen worden). 14

3. Abzug für Pflegeleistungen. Str ist, ob der – früher in § 4a BSZG aF geregelte, jetzt nach § 50f BeamtVG (§ 55f SVG) vorzunehmende – Abzug für Pflegeleistungen, der dem vom Rentner nach § 55 I 1 SGB XI zu tragenden Pflegeversicherungsbeitrag entspricht, bei der Bewertung der Versorgung zu berücksichtigen ist. Rentenanrechte in der GRV werden im Wertausgleich bei der Scheidung mit ihrem Bruttobetrag berücksichtigt; im Wertausgleich nach der Scheidung sind die von der ausgleichspflichtigen Person zu erbringenden Leistungen für Sozialversicherungsbeiträge dagegen nach § 20 I 2 vorab abzuziehen (s § 20 Rn 14). Der BGH hat den auf der Grundlage des § 4a BSZG aF vorzunehmenden Abzug bei der Bewertung berücksichtigt (zB BGH FamRZ 2009, 211, 213; 2008, 1833 mN zum Streitstand; ebenso Karlsruhe FamRZ 2022, 23, 27), weil es sich nicht um einen zweckbestimmten Versicherungsbeitrag handele (so schon Erman/*Wellenhofer*[12] § 1587a Rn 15; dem BGH zust Johannsen/Henrich/Althammer/*Holzwarth* Rn 30; FamR-Komm/*Wick* Rn 24; krit *Ruland* VersA Rn 401); es ist davon auszugehen, dass dies auch für den Abzug nach § 50f BeamtVG so gesehen wird (Johannsen/Henrich/Althammer/*Holzwarth* Rn 30 und *Ruland* VersA Rn 401). 15

V. Ruhegehaltfähige Dienstzeit. 1. Allgemeines. Nach der Berechnungsformel des § 40 II ist bei Anrechten im Anwartschaftsstadium eine Hochrechnung der bis zur maßgeblichen Altersgrenze höchstens zu erwartenden Versorgung vorzunehmen. Der dem VersA unterliegende Teil des (fiktiven) vollen Anrechts wird berechnet, indem das fiktive Ruhegehalt mit der ruhegehaltfähigen Dienstzeit in der Ehe multipliziert und durch die Gesamtzeit dividiert wird – **pro-rata-temporis-Methode**. In diesem System führt eine **vorgezogene Altersgrenze** oftmals zu einem höheren Ehezeitanteil der Versorgung, da die kürzere Lebensarbeitszeit regelmäßig nicht mit einer proportional geringeren Versorgung korrespondiert. Dieses Ergebnis ist – auch verfassungsrechtl – gerechtfertigt (BVerfG FamRZ 2001, 277), weil hier jeder Zeiteinheit – und damit auch jedem auf die Ehezeit entfallenden Monat der Dienstzeit – versorgungsrechtl eine höhere Wertigkeit zukommt (BGH FamRZ 1993, 302; Karlsruhe FamRZ 2022, 23, 29). 16

2. Altersgrenze. Die maßgebliche allg Altersgrenze, bis zu der hochzurechnen ist, wird im BeamtVG für die Bundesbeamten schrittweise von 65 auf 67 Jahre angehoben (§ 51 I und II BBG). Für die Altersgrenzen der **Landesbeamten** sind die Bundesländer zuständig (s Rn 2). Diese haben – mit Ausnahme von Berlin– die allg Altersgrenze ebenfalls auf 67 Jahre erhöht, wobei die Übergangsregelungen teilw von derjenigen nach § 51 II BBG abweichen. Werden die Altersgrenzen während des laufenden VersA-Verfahrens angehoben, ist dies zu berücksichtigen (BGH FamRZ 2012, 941). Für bestimmte Beamtengruppen (Schwerbehinderte, Soldaten, Polizei, Bundeswehr, Feuerwehr) existieren besondere, **vorgezogene** Altersgrenzen (zB § 51 III BBG; § 5 BPolBG; §§ 44, 45 SG). Solche Altersgrenzen sind dann auch für die Bewertung maßgeblich (BGH FamRZ 2013, 435; 2013, 121; 2009, 303, 306; Karlsruhe FamRZ 2022, 23, 29 mwN; Celle FamRZ 2010, 37; Stuttgart FamRZ 2010, 734; Zweibrücken FamRZ 2010, 977, 978; *Ruland* VersA Rn 407; Soergel/*Minz* Rn 38), soweit sie nicht zum Zeitpunkt der Entscheidung bereits überschritten sind oder von ihrer Überschreitung auszugehen ist (vgl Stuttgart FamRZ 2010, 734f mwN). Für Lehrer verschieben sich die Altersgrenzen regelmäßig bis zum nächsten Halbjahresende. Auf Antrag können die Altersgrenzen hinausgeschoben werden (§ 53 BBG: drei Jahre; § 132 VII BBG: bei Professoren bis zum 75. Lebensjahr); ist dies passiert, ist die hinausgeschobene Altersgrenze auch für die Bewertung zugrunde zu legen, sonst nicht. Für **Beamte auf Zeit**, die mit Ablauf der bei Ehezeitende laufenden Amtszeit die Wartezeit für eine Versorgung erfüllen, ist das Ende der Amtszeit maßgeblich. Dabei soll nach der Rspr des BGH immer maßgeblich sein, wenn sich die Amtszeit nach Ehezeitende aufgrund einer Wiederwahl verlängert und sich dadurch der Wert des Ehezeitanteils verringert (BGH FamRZ 2019, 1052; 2009, 1743, 1744; krit *Borth* 17

VersA Kap 1 Rn 79f; *Bergner* FamRZ 2007, 533; aA Stuttgart NZFam 2017, 220: nur bei Vorhersehbarkeit; dazu § 5 Rn 8). Dem BGH ist zuzustimmen („Was weg ist, ist weg"; § 5 Rn 6).

18 **3. Zu berücksichtigende Zeiten.** Zuerst maßgeblich sind die Zeiten vom Tag der Berufung in das Beamtenverhältnis (§ 6 I BeamtVG). Erfasst sind alle Zeiten, die im Dienst eines öffentlich-rechtl Dienstherrn zurückgelegt wurden (§ 6 I 1 BeamtVG). Hinzu treten sog **Muss**-Anrechnungszeiten (Bsp: Wehrdienst; §§ 8f BeamtVG), **Soll**-Anrechnungszeiten (Bsp: privates Arbeitsverhältnis im öffentlichen Dienst; § 10 BeamtVG) und **Kann**-Anrechnungszeiten (Bsp: Ausbildungszeiten, Zeiten als Rechtsanwalt; §§ 11f BeamtVG, vgl BGH FamRZ 2019, 1052 Rn 33). Die Kann-Anrechnungszeiten sind grds auch dann in die Bewertung einzubeziehen, wenn die entscheidungsbefugte oberste Dienstbehörde (§ 49 I, II BeamtVG) über die Berücksichtigung noch nicht entschieden hat; das gilt nicht, wenn die Berücksichtigung nach pflichtgemäßem Ermessen auch unterbleiben kann. Ggf muss das FamG zur beabsichtigten Entscheidung Auskünfte einholen (§ 26 FamFG; BGH FamRZ 2005, 1531). Ist die max Dienstzeit schon erreicht, verwässern zusätzl Kannzeiten den Ehezeitanteil. Trotzdem sind sie zu berücksichtigen (BGH FamRZ 2018, 1500 Rn 16). Zeiten der **Teilzeitbeschäftigung** sind nach § 6 I 3 BeamtVG nur im Verhältnis Teilzeit/Vollzeit ruhegehaltfähig; für Altersteilzeit gilt nach § 6 I 3 BeamtVG ein günstigerer Maßstab (90 %). Das gilt auch für den VersA (vgl Karlsruhe FamRZ 2022, 23, 25f). Bei der Fortschreibung bis zum Erreichen der Altersgrenze ist nur für diejenigen Zeiten, für welche der Dienstherr die Fortsetzung der Teilzeitbeschäftigung bewilligt hat, diese zugrunde zu legen; das gilt auch für eine Bewilligung nach dem Ende der Ehezeit (BGH FamRZ 1989, 1060f). IÜ ist bis zur Altersgrenze auf Grundlage einer Vollbeschäftigung hochzurechnen (BGH FamRZ 1989, 1060f; 1988, 940; 1986, 563; Johannsen/Henrich/Althammer/*Holzwarth* Rn 63). Auch Zeiten der Beurlaubung ohne Dienstbezüge sind grds nicht ruhegehaltfähig (§ 6 I 2 Nr 5 BeamtVG). Hier gilt für die Fortschreibung dasselbe wie für die Teilzeitbeschäftigung.

19 **VI. Höhe des Ruhegehalts.** Der Ruhegehaltssatz beträgt nach § 14 BeamtVG pro Dienstjahr 1,79375 %; max können 71,75 % erdient werden, wozu 40 Dienstjahre erforderlich, aber auch ausreichend sind. Mehr Dienstjahre bis zum Erreichen der maßgeblichen Altersgrenze ergeben keine höhere Versorgung(sanwartschaft); durch sie verschlechtert sich aber rechnerisch der Quotient der pro Dienstjahr erworbenen Anwartschaften. Diese Unsicherheit über den Wert der (ehezeitl) Dienstjahre ist der Grund, warum Anrechte von Beamten nicht unmittelbar bewertet werden können (s § 39 Rn 4).

20 Der unter Einbeziehung der ruhegehaltfähigen Dienstzeiten errechnete Ruhegehaltssatz wird mit den ruhegehaltfähigen Dienstbezügen multipliziert; das Produkt ist das maßgebliche Ruhegehalt. Der Ehezeitanteil errechnet sich, indem das fiktive Ruhegehalt mit der in die Ehezeit fallenden ruhegehaltfähigen Dienstzeit multipliziert und durch die Gesamtdienstzeit dividiert wird.

21 Der Ruhegehaltssatz ist durch das Versorgungsänderungsgesetz 2001 von monatlich 1,875 % und max 75 % abgesenkt worden. Soweit nach dem Übergangsrecht aufgrund der Besitzstandsregelung in § 69e BeamtVG noch abzuschmelzende Anrechte bestanden, waren diese gem § 19 II Nr 2 dem Wertausgleich nach der Scheidung vorbehalten; sie waren daher getrennt zu bewerten.

22 **VII. Sonderfälle. 1. Vorzeitige Dienstunfähigkeit.** Die vorzeitige Dienstunfähigkeit des Beamten führt, wenn er aus diesem Grund in den Ruhestand versetzt wird, zu einer laufenden Versorgung iSd § 41 II. Der Bewertung sind die tatsächlich bezogene Versorgung und die tatsächliche Zeitdauer zugrunde zu legen. Weil der Beamte aufgrund einer **Zurechnungszeit** nach § 13 I BeamtVG zu ⅔ so gestellt wird, als hätte er vom Zeitpunkt der Versetzung in den Ruhestand bis zum 60. Lebensjahr gearbeitet, stellt sich die Frage, ob die Zurechnungszeit nur den Wert der Versorgung erhöht oder für die Bewertung des Ehezeitanteils auch die ruhegehaltsfähige Dienstzeit (fiktiv bis zum 60. Lebensjahr) verlängert. Der BGH hat im Fall eines Soldaten, der aufgrund einer solchen Zurechnungszeit eine ungekürzte Versorgung bezog (FamRZ 1996, 215, 216; bestätigt in FamRZ 2009, 296, 299 und 1735, 1737; zust *Ruland* VersA Rn 412), entschieden, dass es sich um eine bloße **Berechnungsvorschrift** ohne Auswirkung auf die ruhegehaltsfähige Dienstzeit handelt (ebenso Karlsruhe FamRZ 2022, 23, 26); dem entspricht der Wortlaut des § 41 II, der auf den tatsächlichen Beginn des Ruhestandes und nicht auf einen rechnerisch nach hinten geschobenen Ruhestand abstellt. Dadurch kann sich der Wert des Ehezeitanteils nicht unerheblich erhöhen (vgl Brandenburg NZFam 2014, 35), was die Anwendung des § 27 rechtfertigen kann (vgl § 27 Rn 14). Beruht die vorzeitige Dienstunfähigkeit auf einem **Dienstunfall**, sind die dadurch bedingten Versorgungserhöhungen wegen ihres Entschädigungscharakters herauszurechnen (näher Johannsen/Henrich/Althammer/*Holzwarth* Rn 60; Karlsruhe FamRZ 2022, 23, 28). Offen ist, wie mit möglichen Abschlägen wegen der vorzeitigen Versetzung in den Ruhestand (zB § 14 III Nr. 3 BeamtVG) umzugehen ist. Der Gesetzgeber geht offenbar davon aus, dass diese zu berücksichtigen sind (BT-Drs 16/10144, 49). Der BGH hat sich hierzu in dieser Fallkonstellation noch nicht positioniert (s aber zur vorzeitigen Pensionierung auf Antrag Rn 23).

23 **2. Vorzeitige Pensionierung.** Wie in der GRV, führt auch in der Beamtenversorgung die vorzeitige Pensionierung (auf Antrag) zu Abschlägen (§ 14 III BeamtVG). Fraglich ist, ob und inwieweit sich die vorzeitige Pensionierung auf den Ehezeitanteil auswirkt, wenn sie vor oder nach dem Ehezeitende erfolgt ist. Anders als in der GRV wirkt die Kürzung **anrechtsbezogen**; obwohl sie also ein Teilerlöschen des Anrechts bewirkt, hat der BGH (FamRZ 2009, 1303: Anrechte bei der VBL bis zum 31.12.2001; BGH FamRZ 2020, 169; FamRZ 2018, 1500 Rn 18 und 2012, 769ff – Beamtenversorgung; FamRZ 2011, 1214ff – Rechtsanwaltsversorgung Rh-Pf) sich gegen die Berücksichtigung einer nach Ehezeitende eingetretenen Anrechtskürzung durch vorzeitigen Ruhestand ausgesprochen. Dem ist aus den in § 5 Rn 11 genannten Gründen nicht zu folgen.

3. Mehrere Ehen. Wird ein Beamter mehrfach geschieden und ist seine Versorgung aufgrund eines zuvor 24
durchgeführten VersA gekürzt worden, so ermittelt sich der Ehezeitanteil bei Scheidung einer späteren Ehe aus einem ungekürzten (§ 57 BeamtVG) Versorgungsanrecht (BGH FamRZ 1997, 1534); nur so kann ein dem Halbteilungsgrundsatz entspr Ergebnis auch in dem späteren Scheidungsverfahren erreicht werden.

VIII. Ruhens- und Anrechnungsvorschriften. 1. Allgemeines. Die Konkurrenz von Versorgungsanrechten 25
der Beamtenversorgung untereinander, mit gesetzl Renten und sonstigen Versorgungsbezügen wird über Ruhens- und Anrechnungsvorschriften in der Beamtenversorgung (§§ 54–56 BeamtVG, § 55a SVG) gelöst. Abs II und III (früher: § 1587 VI BGB aF) erklären diese Ruhens- und Anrechnungsvorschriften auch bei der Wertbestimmung im VersA für maßgeblich, Abs III verlangt aber zum Schutz der ausgleichsberechtigten Person, dass diejenige Versorgung, die zur Anwendung der Ruhens- und Anrechnungsvorschrift führt, ihrerseits auszugleichen ist. Aus letzterem lässt sich ein allg Rechtsgedanke entnehmen, der bspw für das Zusammentreffen von gesetzl Rente und Unfallrente (§ 93 SGB VI) ebenfalls angewendet wird (s § 43 Rn 28).

Zweck der §§ 54ff BeamtVG ist es, eine wegen des Zusammentreffens mehrerer Versorgungen möglicherweise 26
entstehende Überversorgung auf den Höchstsatz der Beamtenversorgung von 71,75 % zu begrenzen (*Borth* VersA Kap 2 Rn 126). **Unberücksichtigt** bleibt eine Kürzung wegen einer Kollision mit einer Versorgung, die ihrerseits nicht mit der ausgleichsberechtigten Person zu teilen ist (III 2; s zum alten Recht BGH FamRZ 1996, 98, 100), ebenso eine Kürzung nach § 53 BeamtVG wegen der Kollision einer Versorgung mit **Erwerbseinkünften.** (Zu berücksichtigen bleibt die Kürzung aber auch dann, wenn das anzurechnende Anrecht seinerseits gem § 18 vom Wertausgleich ausgenommen wird, Celle FamRZ 2016, 987). Bevor der Ehezeitanteil eines Anrechts in der Beamtenversorgung ermittelt werden kann, ist deshalb zu prüfen, ob das Anrecht durch Ruhens- und Anrechnungsvorschriften beeinflusst wird. Geregelt sind folgende Fälle:

- Zusammentreffen mehrerer beamtenrechtl Versorgungen (§ 54 I, II BeamtVG, § 55 I, II SVG),
- Zusammentreffen einer Beamtenversorgung mit einer gesetzl Rente, ersetzenden Versorgung und/oder einer Zusatzversorgung des öffentlichen Dienstes (§ 55 I, II BeamtVG, § 55a II SVG),
- Zusammentreffen mit Versorgungen aus zwischen- oder überstaatlicher Verwendung (§ 56 I BeamtVG, § 55b SVG).

2. Zusammentreffen beamtenrechtlicher Versorgungen. Verfügt der Ausgleichspflichtige über zwei Beam- 27
tenversorgungen, die er auch (anteilig) in der Ehezeit erworben hat, wird nur die frühere der beiden Versorgungen gekürzt. Um die Kürzung zu errechnen, ist in einem ersten Schritt **für jede Versorgung der volle Wert** zu bestimmen. Eine Hochrechnung der Dienstzeit auf eine Altersgrenze findet dabei nur bei einer Anwartschaft aus einem noch bestehenden Dienstverhältnis statt. In einem zweiten Schritt wird zur Bestimmung der **Höchstgrenze des § 54 II BeamtVG** der Ruhegehaltssatz aus allen Dienstzeiten beider Versorgungen (ohne Doppelanrechnungen) mit den ruhegehaltsfähigen Dienstbezügen der **früheren** Versorgung multipliziert, wobei die jew **Endstufe der Besoldungsgruppe** maßgeblich ist. Übersteigt die Summe der im ersten Schritt ermittelten Werte diese Höchstgrenze, so wird die frühere Versorgung um den entspr Betrag gekürzt. Anschließend werden die gekürzte und die ungekürzte Versorgung addiert. Aus der Gesamtsumme ist der Ehezeitanteil im Verhältnis der insg berücksichtigten Dienstzeiten (ohne Doppelberücksichtigung) zu den in die Ehezeit fallenden Dienstzeiten zu errechnen (Grü/*Siede* Rn 14; *Borth* VersA Kap 2 Rn 128).

3. Zusammentreffen mit sonstigen deutschen Versorgungsanrechten. Treffen Beamtenversorgung und **Ren-** 28
te aus der GRV, aus einer **Zusatzversorgung** des öffentlichen Dienstes, einer **berufsständischen Versorgungseinrichtung** oder einer **befreienden Lebensversicherung** zusammen, bleiben hiervon die genannten Anrechte, weil sie auf Beitragsleistungen beruhen (*Borth* VersA Kap 2 Rn 130), in ihrem Bestand unberührt. Die Beamtenversorgung wird dagegen gekürzt, § 55 I und II BeamtVG. Weil die Systeme, nach denen in der GRV und in der Beamtenversorgung Anwartschaften erworben werden, miteinander unvereinbar sind, bereitet die Berücksichtigung im VersA erhebliche Schwierigkeiten (vgl dazu *Borth* VersA[7] Rn 292ff m zahlr Nachw zum Streitstand in Literatur und Rspr). Der BGH, der seine Rspr im Geltungsbereich des alten Rechts auf die in der Literatur geäußerte Kritik hin weiterentwickelt hat, verfährt wie folgt (vgl BGH FamRZ 2000, 746ff; 2005, 511, 512f; vgl Karlsruhe FamRZ 2022, 23, 28): Die Kürzung der Beamtenversorgung ist **nur insoweit** für den VersA **relevant**, als auch die konkurrierende Anwartschaft, welche die Kürzung verursacht hat, in der Ehezeit erworben worden ist. Auf dieser Grundlage wird zunächst der Ehezeitanteil der **ungekürzten** Beamtenversorgung ermittelt. Von diesem wird der **Kürzungsbetrag** (wegen Rentenanwartschaft oder Anwartschaft auf Zusatzversorgung) insoweit abgezogen, wie er seinerseits in der Ehezeit erworben worden ist. Die **Berechnung des Kürzungsbetrags nach § 55 I und II BeamtVG selbst** orientiert sich, wie beim Zusammentreffen zweier Beamtenversorgungen, an der **vollen** Beamtenversorgung; dazu ist die **Endstufe** der maßgeblichen Besoldungsgruppe zugrunde zu legen und die Dienstzeit bis zum Eintritt des Versorgungsfalls zu berechnen. Dem so errechneten Anrecht wird das konkurrierende Anrecht (zB gesetzl Rentenanrecht) hinzuaddiert; übersteigt die Summe den Höchstruhegehaltssatz, wird die Beamtenversorgung entspr gekürzt. Weil der **Kürzungsbetrag** durch die Anrechnung von insg, also auch möglicherweise **außerhalb der Ehezeit**, erworbenen Rentenansprüchen verursacht wird, ist sein **Ehezeitanteil** zu berechnen. Dies ist der problematische Schritt: der BGH errechnet den Ehezeitanteil nach dem Verhältnis der in der Ehezeit erworbenen Entgeltpunkte zu den gesamten Entgeltpunkten der Rentenanwartschaft. Der Ehezeitanteil der gekürzten Versorgung berechnet sich aus dem Ehezeitanteil der ungekürzten Versorgung, von dem der Ehezeitanteil des Kürzungsbetrags abgezogen wird (BGH FamRZ 2000, 746, 747f; 2005, 511, 512f; 2006, 397, 399; 2011, 706, 709; anschauliches Berechnungsbsp bei *Kemper* VersA § 6 Rn 133). Diese

Berechnungsmethode liegt Abs III zugrunde; ihre ausdrückl Übernahme in das Gesetz entspricht der gesetzgeberischen Absicht (BT-Drs 16/10144, 81). Die Kürzung ist auch dann maßgeblich, wenn ein Ausgleich des weiteren Anrechts, das zur Kürzung geführt hat, nach § 18 I unterbleibt (Celle FamRZ 2016, 987 = NZFam 2016, 173 m krit Anm *Ruland*). Beruht die Kürzung allein auf einem nachehezeitlichen Wechsel der Besoldungsstufe, bleibt sie unberücksichtigt (Karlsruhe FamRZ 2022, 23, 29).

29 Entspr ist mit den sonstigen kollidierenden Anrechten zu verfahren. Bei Anrechten aus einer **Zusatzversorgung des öffentlichen Dienstes** gilt die Besonderheit, dass die Zusatzversorgung nach bisheriger Anschauung im Anwartschaftsstadium eine wegen Verfallbarkeit nicht zu berücksichtigende Dynamik (Wertsteigerung) aufweist. Auf der Grundlage des alten Rechts wurde deshalb für die Frage, ob Höchstbeträge nach § 55 I, II BeamtVG überschritten wurden, die Zusatzversorgung zunächst mit Hilfe der BarwertVO dynamisiert (Nachw bei *Borth* VersA Kap 2 Rn 132). Nach dem geltenden Recht ist eine Vergleichbarmachung über einen gemeinsamen Nenner (BarwertVO) nicht mehr vorgesehen. Ob sie überhaupt noch erforderlich ist, ist fraglich (verneinend *Borth* VersA Kap 2 Rn 132). Entwickelt sich eines der anzurechnenden Anrechte anders als der Berechnung zugrunde gelegt, kann dies Gegenstand eines Abänderungsverfahrens (§§ 225f FamFG) werden; dem steht die Beschränkung des Abänderungsverfahrens auf die in § 32 genannten Anrechte nicht entgegen, weil sich der Wert der gekürzten Beamtenversorgung ändert.

30 **4. Versorgungen aus über- und zwischenstaatlicher Verwendung.** Trifft eine Beamtenversorgung mit einer Versorgung des öffentlichen Dienstes aus einer zw- oder überstaatlichen Verwendung zusammen, richtet sich die Kürzung der Versorgung nach § 56 BeamtVG bzw § 55b SVG. Dies ist kein Anwendungsfall des Abs II, weil dieser nur das Zusammentreffen mehrerer inl Versorgungsanrechte regelt. Die Kürzung ist aber nach Abs III zu berücksichtigen. Das gilt, obwohl die zw- oder überstaatlichen Anrechte nicht ausgleichsreif sind (§ 19 II Nr 4; Johannsen/Henrich/Althammer/*Holzwarth* Rn 82; *Ruland* VersA Rn 422; Soergel/*Minz* Rn 54). Ist das zw- oder überstaatliche Anrecht, das die Kürzung verursacht, schon **abgefunden** worden, kann es nicht im VersA berücksichtigt werden und Abs III ist unanwendbar. Hat die ausgleichsberechtigte Person aber an der Abfindung partizipiert, kann die Teilung des ungekürzten Stammrechts grob unbillig iSd § 27 sein (BGH FamRZ 2017, 192 Rn 17f m Anm *Borth*).

31 **5. Öffentliches Amtsverhältnis.** Die Ruhensregelung des § 54 BeamtVG gilt nicht für die Konkurrenz mit öffentlichen Amtsverhältnissen (s Rn 5), etwa von Abgeordneten: hier wird nicht die Beamtenversorgung, sondern ggf die Versorgung aus dem Amtsverhältnis gekürzt (zB § 29 IV AbgG; dazu s *Borth* VersA Kap 2 Rn 133), was entspr Abs II und III dort zu berücksichtigen ist.

32 **IX. Beamte auf Widerruf, Soldaten auf Zeit.** Zur Bewertung dieser Anrechte s Rn 7f, Rn 10 und Rn 17.

§ 45 Sondervorschriften für Anrechte nach dem Betriebsrentengesetz

(1) Bei einem Anrecht im Sinne des Betriebsrentengesetzes ist der Wert des Anrechts als Rentenbetrag nach § 2 des Betriebsrentengesetzes oder der Kapitalwert nach § 4 Abs. 5 des Betriebsrentengesetzes maßgeblich. Hierbei ist anzunehmen, dass die Betriebszugehörigkeit der ausgleichspflichtigen Person spätestens zum Ehezeitende beendet ist.

(2) Der Wert des Ehezeitanteils ist nach den Grundsätzen der unmittelbaren Bewertung zu ermitteln. Ist dies nicht möglich, so ist eine zeitratierliche Bewertung durchzuführen. Hierzu ist der nach Absatz 1 ermittelte Wert des Anrechts mit dem Quotienten zu multiplizieren, der aus der ehezeitlichen Betriebszugehörigkeit und der gesamten Betriebszugehörigkeit bis zum Ehezeitende zu bilden ist.

(3) Die Absätze 1 und 2 gelten nicht für ein Anrecht, das bei einem Träger einer Zusatzversorgung des öffentlichen oder kirchlichen Dienstes besteht.

1 **I. Allgemeines.** § 45 enthält Sonderregeln für die Bewertung betrieblicher Anrechte. Der Anwendungsbereich ist in zweifacher Hinsicht eingeschränkt: § 45 gilt nach dem Willen des Gesetzgebers nur für **Anwartschaften**, nicht für bereits laufende Anrechte. Für die laufenden Anrechte gelten über § 41 die §§ 39f (BT-Drs 16/10144, 82). Auch die **Zusatzversorgung** des öffentlichen/kirchlichen Dienstes nimmt Abs III aus dem Anwendungsbereich des § 45 aus; für sie gelten die allg Bewertungsregeln. Für die verbleibenden betrieblichen Anrechte werden die Bewertungsmethoden des BetrAVG für maßgeblich erklärt, was den betrieblichen Versorgungsträgern die Erteilung der geschuldeten Auskunft erleichtert (ermöglicht). Sind für die betrieblichen Anrechte die §§ 2 und 4 BetrAVG durch Tarifvertrag abbedungen (§ 19 I BetrAVG), scheidet eine unmittelbare Anwendung von § 45 aus; die Anrechte sind nach den §§ 39f zu bewerten (AG Meldorf FamRZ 2010, 1806 – Anrechte bei der SOKA-Bau; FamR-Komm/*Wick* Rn 14). Zum Vorrang des § 44 bei Anspruch auf eine Versorgung nach beamtenrechtl Grundsätzen vgl § 44 Rn 6. Abs II regelt den – für alle Anrechte geltenden – Vorrang der unmittelbaren Bewertung vor der zeitratierlichen Bewertung. Nach § 1587a II Nr 3 BGB aF waren betriebliche Anrechte noch stets zeitratierlich zu bewerten. Für die zeitratierliche Bewertung gilt in Abweichung von § 40 II das Ehezeitende als – spätestes – fiktives Ende der Betriebszugehörigkeit. Der wesentliche Unterschied zum alten Recht ergibt sich für betriebliche Anrechte aus § 2 II Nr 3: für die Einbeziehung in den VersA kommt es nicht mehr darauf an, ob eine Rente oder eine Kapitalzahlung zugesagt ist (s näher § 2 Rn 10).

2 **II. Anrechte iSd Betriebsrentengesetzes. 1. Legaldefinition.** Nach der Legaldefinition des § 1 I BetrAVG liegt ein betriebliches Anrecht dann vor, wenn einem ArbN Leistungen der Alters-, Invaliditäts- oder Hinterbliebe-

nenversorgung aus Anlass seines Arbeitsverhältnisses vom ArbGeb zugesagt werden. Zu diesen Voraussetzungen und zur Abgrenzung von Leistungen, die keine betriebliche Altersversorgung darstellen, s näher § 12 Rn 3f. Das BetrAVG ist aber nach seinem § 17 I 2 auch auf Personen ohne ArbN-Eigenschaft anzuwenden, denen aus Anlass ihrer Tätigkeit für ein fremdes Unternehmen betriebliche Versorgungsleistungen zugesagt worden sind (Bsp: Handels-/Versicherungsvertreter; FamR-Komm/*Wick* Rn 2). Beherrschende Gesellschafter-Geschäftsführer sind nicht erfasst, da sie für ein eigenes Unternehmen tätig sind (vgl statt vieler BGH FamRZ 2020, 1549 Rn 13 m Anm *Scholer*; FamRZ 2019, 1993 m Anm *Borth* Rn 19 mwN). Ein Statuswechsel des Anrechtsinhabers vom ArbN zum Unternehmer erfordert deshalb eine getrennte Anrechtsbewertung dergestalt, dass § 45 nur für den als ArbN erdienten Anrechtsteil gilt und iÜ die allg Bewertungsvorschriften anzuwenden sind (BGH FamRZ 2022, 945 Rn 14 und FamRZ 2020, 1549 Rn 10ff).

3 **2. Durchführungswege.** Es existieren fünf Durchführungswege der betrieblichen Altersversorgung: Neben der sog Direktzusage gibt es die Möglichkeit der Direktversicherung (§ 1b II BetrAVG), die Pensionskassen, die Pensionsfonds (§ 1b III BetrAVG) und die Unterstützungskasse (§ 1b IV BetrAVG; näher § 12 Rn 7ff).

4 **3. Arten der Versorgungszusagen.** Die Variationsbreite der Versorgungszusagen ergibt sich aus § 1 I und II BetrAVG (dazu grundlegend *Glockner/Goering* FamRZ 2002, 282ff; Bsp bei *Glockner/Hoenes/Weil* § 6 Rn 96ff). Neben der – nicht näher umschriebenen – Leistungszusage enthält § 1 II BetrAVG Legaldefinitionen für die beitragsorientierte Leistungszusage (Nr 1), die Beitragszusage mit Mindestleistung (Nr 2), die reine Beitragszusage (Nr 2a) und die Entgeltumwandlung (Nr 3, erweiternd Nr 4). Für die Bewertung – und damit für den VersA – maßgeblich ist insb die Unterscheidung zw **leistungsabhängigen** und **beitragsabhängigen** Versorgungen. Im ersten Fall wird eine konkrete Leistung zugesagt; die zugesagte Leistung bestimmt den Wert des Anrechts unmittelbar. Im zweiten Fall ist die Leistung von Beiträgen in konkreter Höhe zugesagt. Hier bestimmt (mittelbar) die zugesagte Leistung **aus den zugesagten Beiträgen** (§ 2 VI BetrAVG idF seit 1.1.2018) den Wert des Anrechts. Ausnahmen ergeben sich, soweit das Anrecht wirtschaftl aus Beiträgen des ArbN gebildet wird (Entgeltumwandlung): hier sind für den Wert allein die **tatsächlich** geleisteten Beiträge maßgeblich (§ 2 V BetrAVG idF seit 1.1.2018).

4a **4. Dem Versorgungsausgleich unterfallende Anrechte.** Besonderheit bei den betrieblichen Anrechten ist, dass nicht nur zugesagte Rentenleistungen, sondern auch Einmalzahlungen dem VersA unterfallen; Sachleistungen wie Wohnrechte oder Kohledeputate werden aber nicht erfasst (s näher § 2 Rn 9). Ebenfalls nicht erfasst werden Zuwendungen des ArbGeb ohne Versorgungscharakter (Bsp: Tantiemen, Vorruhestands- und Übergangsgelder; näher MüKo/*Weber* Rn 9 mwN), wohl aber ein regelmäßig mit der Rente gezahltes Weihnachtsgeld (Hamm FamRZ 1998, 628).

5 **III. Unverfallbarkeit.** Die Frage, ob bzw inwieweit betriebliche Anrechte im Zeitpunkt der Entscheidung über den Wertausgleich bei Scheidung bereits unverfallbar sind, entscheidet abschließend darüber, ob bzw inwieweit sie bereits im Wertausgleich bei Scheidung oder erst im Wertausgleich nach der Scheidung ausgeglichen werden (§ 19 II Nr 1, IV). Eine wichtige Unterscheidung ergibt sich hier insb daraus, ob und inwieweit das Anrecht aus Beiträgen des ArbN (insb Entgeltumwandlung) oder des ArbGeb besteht. Soweit das Anrecht aus Beiträgen des ArbN besteht, ist es zwangsläufig von Anfang an unverfallbar (§ 1b V BetrAVG). In Betracht kommt auch, dass nur die Dynamik eines Anrechts (Bsp: endgehaltsbezogenes Anrecht) noch verfallbar ist. Die Folge kann sein, dass betriebliche Anrechte teilw im Wertausgleich bei Scheidung und teilw erst im Wertausgleich nach der Scheidung auszugleichen sind. Für eine verfallbare Dynamik kann das nach hier vertretener Ansicht aber nur gelten, soweit sie nicht erst nach dem Ehezeitende erarbeitet wird. Zur Unverfallbarkeit betrieblicher Anrechte vgl im Einz § 19 Rn 6ff, 12.

6 **IV. Untergang durch Abfindung oder Widerruf.** Für Anrechte auf eine Betriebsrente besteht in den Grenzen des § 3 BetrAVG die Möglichkeit der Abfindung. Erfolgt eine solche Abfindung vor dem Ehezeitende, so fällt das Anrecht nicht in den VersA. Wenn ein Anrecht nach dem Ehezeitende, aber vor der Entscheidung über den VersA abgefunden wird und damit erlischt, unterfällt es nicht mehr dem VersA, sondern ggf dem Zugewinnausgleich (vgl § 2 Rn 11; § 29 Rn 2). Wird es nach der Entscheidung zum VersA abgefunden, kann dies nach hier vertretener Ansicht ggf einen Ausgleichsanspruch nach § 22 oder einen Abfindungsanspruch nach § 23 auslösen (s § 22 Rn 2; § 23 Rn 2; str), über den aber nur auf Antrag entschieden wird. Alternativ kann das FamG auch im Rahmen des § 27 reagieren, wobei die Folgen – anders als nach dem alten Recht – auch den per saldo Ausgleichspflichtigen treffen können (näher § 27 Rn 24). Bei einem Widerruf von Versorgungszusagen wegen einer schwerwiegenden Treueverletzung des ArbN scheidet ein Wertausgleich aus, worauf das FamG nur über § 27 reagieren kann; ein solcher Widerruf kann für ein vom ArbGeb finanziertes Anrecht ausnahmsw nach § 242 BGB in Betracht kommen (näher Johannsen/Henrich/Althammer/*Siede* Rn 34).

7 **V. Bewertung. 1. Allgemeines.** Nach Abs I orientiert sich die Bewertung betrieblicher Anrechte am Betriebsrentengesetz, und zwar für eine Rente an § 2 und für einen Kapitalbetrag an § 4 V BetrAVG. Diese alternative Vorgabe modifiziert die Auskunftspflicht aus § 5 I (*Bergner* KomRefVA § 45 Anm 3.1). Der Gesetzgeber geht davon aus, dass in aller Regel die Versorgungsträger einen Kapitalwert mitteilen werden, weil sie hierzu nach § 5 III sowieso verpflichtet sind und sich dadurch Arbeit sparen können (BT-Drs 16/10144, 82); die Praxis verfährt aber auch deswegen so, weil sich auf Kapitalwertbasis eine Fehlbewertung von Anrechten vermeiden lässt (vgl *Ruland* VersA Rn 450 mwN). Die Festlegung der **Bewertung** auf Rente oder Kapital (vgl hierzu BGH FamRZ 2018, 1574 Rn 9ff; Stuttgart FamRZ 2020, 493) steht allerdings einer internen Teilung in der maßgeblichen Be-

zugsgröße (Bsp: Fondsanteile) nicht entgegen (BGH FamRZ 2015, 236). Nach Abs II sollen betriebliche Anrechte vorrangig unmittelbar bewertet werden; nur wo das nicht möglich (oder im Einzelfall nicht zumutbar: BT-Drs 16/10144, 82) ist, soll die Bewertung zeitratierlich erfolgen. Auch das muss in der Praxis dazu führen, dass Ehezeitanteil und Ausgleichswert betrieblicher Anrechte häufiger als Kapitalwert ausgewiesen werden (Rn 8).

8 **2. Bewertung als Rentenbetrag.** Bei der Bewertung als **Rentenbetrag** kommt eine unmittelbare Bewertung zunächst in den Fällen der Entgeltumwandlung und der beitragsorientierten Leistungszusage (zB BGH FamRZ 2012, 1550: VW-Beteiligungsrente I) in Betracht; für die Bewertung kommt es hier nach § 2 V BetrAVG idF ab 1.1.2018 auf die in der Ehezeit umgewandelten Entgeltbestandteile bzw geleisteten/zu leistenden Beiträge an. Für die übrigen Fälle sieht die anzuwendende Bewertungsvorschrift des § 2 BetrAVG **ausschließlich** eine **zeitratierliche** Bewertung vor (vgl *Bergner* KomRefVA § 45 Anm 3.2, der aber § 2 Va BetrAVG aF nicht einbezieht). Dies kollidiert mit dem vom Gesetzgeber geregelten Vorrang der unmittelbaren Bewertung; nach hM ist die Kollision iS eines Vorrangs der unmittelbaren Bewertung zu lösen (so für die beitragsorientierte Leistungszusage und für die auf Entgeltumwandlung beruhenden Anrechte BGH FamRZ 2013, 773, 774 Rn 13; dazu ausführlich *Ruland* VersA Rn 452ff; *Borth* VersA Kap 2 Rn 323; NK-FamR/*Hauß* Rn 26f; FamR-Komm/*Wick* Rn 16; für Ausnahmen bei Altzusagen vor 2001 *Scholer* Anm zu BGH FamRZ 2013, 773, 776f; *Budinger/Wrobel* FamRZ 2013, 933f); praktisch erzwingt dies ggf, den Ehezeitanteil nicht als Rentenwert, sondern als Kapitalwert anzugeben. Die unmittelbare Bewertung ist bei allen versicherungsförmigen Durchführungswegen sowie dann, wenn der Versorgungserwerb sich über Einheiten wie Entgeltpunkte, Versorgungspunkte, Rentenbausteine oder auch Fondsanteile vollzieht, möglich und damit vorrangig (*Ruland* VersA Rn 455ff; für Fondsanteile s auch BGH FamRZ 2015, 313; 2015, 236). Die zeitratierliche Bewertung nach § 2 BetrAVG entspricht derjenigen nach § 40 II. Die zu erwartende Rente bei Erreichen der maßgeblichen Altersgrenze ist durch die gesamte Zeit der Betriebszugehörigkeit zu teilen und mit der in die Ehezeit fallenden Betriebszugehörigkeit zu multiplizieren (Bsp s § 40 Rn 2). Das Gesetz schreibt allerdings einen komplizierteren Berechnungsweg vor, ohne dass sich in der Sache etwas verändert. Nach Abs I S 2 soll die bis zur Altersgrenze erreichbare Rente zunächst durch die **bis zum Ehezeitende erreichte Betriebszugehörigkeit** geteilt und mit der in die Ehezeit fallenden Betriebszugehörigkeit multipliziert werden. Anschließend wird über Abs II S 3 die bis zum Ehezeitende erreichte Betriebszugehörigkeit wieder aus der Formel herausgelöst und gegen die Betriebszugehörigkeit bis zum Erreichen der Altersgrenze ausgetauscht; es handelt sich insoweit um eine überflüssige, missglückte Regelung (*Bergner* KomRefVA § 45 Anm 3.2; ähnl FamR-Komm/*Wick* Rn 29; Frankfurt FamRZ 2013, 1308, 1309f). Ist im Zeitpunkt der Entscheidung die Betriebszugehörigkeit beendet, ist anstelle der bei Erreichen der Altersgrenze erreichbaren Versorgung mit der tatsächlich erworbenen Versorgung und mit der tatsächlichen Dauer der Betriebszugehörigkeit zu rechnen (FamR-Komm/*Wick* Rn 30).

9 Die bei der zeitratierlichen Berechnung maßgebliche **Betriebszugehörigkeit** beginnt – jedenfalls für die Bewertung des Anrechts im VersA – stets mit der tatsächlichen Beschäftigungsaufnahme (vgl BGH FamRZ 1989, 844, 846; 1997, 166, 167; 2016, 442 Rn 30). Unterbrechungszeiten können gleichgestellt sein (zB Abgeordnetentätigkeit, § 4 AbgG; weitere Bsp bei Johannsen/Henrich/Althammer/*Siede* Rn 32; *Bergner* KomRefVA Anm 3.2). Bei Anrechten, die nicht dem BetrAVG unterfallen (zB Pensionszusage für Gesellschafter-Geschäftsführer), ist auf den Inhalt der Versorgungszusage abzustellen; im Zweifel ist der Zeitpunkt der Versorgungszusage maßgeblich (BGH FamRZ 2019, 1993 Rn 27ff mwN). Sog **Vordienstzeiten** (= Zeiten vor Beginn des Arbeitsverhältnisses), die nach der einzelvertragl oder satzungsmäßigen Regelung bei der betrieblichen Altersversorgung mitberücksichtigt werden, werden für die Berechnung des Zeit-Zeit-Verhältnisses dagegen nur dann als Zeiten der Betriebszugehörigkeit mit einbezogen, wenn sie auch für die **Höhe** der Versorgung Bedeutung haben, also anwartschaftssteigernde Wirkung haben und nicht lediglich für die Unverfallbarkeit oder eine Wartezeit relevant sein sollen (BGH FamRZ 2017, 705; FamRZ 2014, 280 = MDR 2014, 162 Rn 29; FamRZ 1991, 1416, 1417; Nürnberg FamRZ 2016, 550 Rn 78; Frankfurt FamRZ 2013, 1308, 1310 mwN); das kann bei einer pauschalen Anerkennung von Vordienstzeiten im Stil einer Bonusregelung der Fall sein (s näher *Bergner* KomRefVA Anm 3.2). Die Hochrechnung der Betriebszugehörigkeit auf die gesetzl Altersgrenze entfällt, wenn die ausgleichspflichtige Person tatsächlich bereits ausgeschieden ist, das Versorgungssystem geschlossen oder die Zusage begrenzt wird (BGH FamRZ 2019, 1993 Rn 30ff). Zur Altersgrenze nimmt § 2 BetrAVG Bezug auf die **Regelaltersgrenze**, die derzeit stufenweise auf das 67. Lebensjahr angehoben wird, alternativ auf eine anderweitig festgelegte „feste Altersgrenze", bei deren Erreichen das Ausscheiden des ArbN aus dem Betrieb festgelegt ist. Nach Ansicht des BAG (BAGE 141, 259) wirkt sich die Anhebung der Regelaltersgrenze in der GRV auch auf betriebliche Versorgungsordnungen aus, die bis dahin das 65. Lebensjahr als Altersgrenze angegeben haben. Damit sei im Zweifel die gesetzl Altersgrenze gemeint gewesen. Das erfordert zumindest für bis März 2007 erteilte Rentenzusagen eine Überprüfung von Angaben zu betrieblichen Anrechten, ob von einer zutreffenden Altersgrenze ausgegangen wird (*Hauß/Bührer* Rn 1223). Liegt die festgelegte Altersgrenze vor der Regelaltersgrenze, besteht aber die Option, bis zur Regelaltersgrenze zu arbeiten, ist der Wert der Versorgung nach dem frühest möglichen Zeitpunkt zu berechnen, zu dem sie ungekürzt bezogen werden kann (Köln NJW-RR 2015, 454), soweit dieser Zeitpunkt zum Ehezeitende nicht bereits überschritten ist.

10 **3. Bewertung als Kapitalwert.** Für die Bewertung als Kapitalwert ist keinesfalls der Eintritt des Versorgungsfalls zum Ehezeitende zu fingieren. Die Bewertung orientiert sich vielmehr am sog „Übertragungswert" nach § 4 V BetrAVG (BGH FamRZ 2021, 1103 Rn 16; FamRZ 2013, 773, 774 Rn 11). Dieser Wert wird anlässlich eines Arbeitsplatzwechsels gebildet, wenn der neue ArbGeb die Versorgungszusage des alten ArbGeb übernimmt.

Für eine solche Übertragung ist das Einverständnis des alten und neuen ArbGeb sowie des ArbN erforderlich. Der neue ArbGeb muss in diesem Fall dem ArbN eine dem Übertragungswert „wertgleiche Zusage" erteilen. Nach § 4 V BetrAVG ist der Übertragungswert als Barwert nach den anerkannten Regeln der Versicherungsmathematik zu berechnen, wenn eine Direktzusage vorliegt oder die Leistung über eine Unterstützungskasse erfolgen soll. In den anderen Fällen (Pensionsfonds, Pensionskasse, Direktversicherung) ist das gebildete Kapital zum Stichtag maßgeblich. Der Ehezeitanteil an diesem Kapitalwert kann in folgenden Fällen grds unmittelbar anhand der in der Ehezeit geleisteten Beiträge oder erworbenen Werteinheiten bewertet werden:

- bei Direktversicherungen und Pensionskassen wegen der Option des ArbGeb, eine möglicherweise über die Leistungen des zwischengeschalteten Versorgungsträgers hinausgehende Leistungszusage „abzulösen" (§ 2 II und III BetrAVG; s *Bergner* KomRefVA § 45 Anm 3.3);
- bei Anrechten aus Entgeltumwandlung (§ 2 V BetrAVG idF ab 1.1.2018);
- im Fall der Beitragszusage mit Mindestleistung (§ 2 VI BetrAVG idF ab 1.1.2018).

Hat der Versorgungsträger aus den Beiträgen unter Vorwegnahme einer Verzinsung auf das Renteneintrittsalter des ArbN Bausteine gebildet, muss diese Verzinsung wieder herausgerechnet und das Kapital auf das Ehezeitende abgezinst werden (BGH FamRZ 2013, 773, 774f Rn 12, 21f). Nach hier vertretener Ansicht ist aber (entgegen BGH FamRZ 2013, 773) iÜ nicht eine Verzinsung (bis zum Eintritt der Rechtskraft der Entscheidung) anzuordnen; vielmehr ist der Anspruch der ausgleichsberechtigten Person auf Halbteilung durch eine offene Tenorierung zu realisieren (vgl § 9 Rn 5). 10a

Ausnahmsw kommt auch hier eine zeitratierliche Bewertung in Betracht, wenn die unmittelbare Bewertung nicht möglich oder im Einzelfall nicht zumutbar ist (BT-Drs 16/10144, 82). 11

4. Bewertungsprobleme bei internen Durchführungswegen. Die Bewertung nach § 4 V BetrAVG barg in der Vergangenheit bei den internen Durchführungswegen (Direktzusage, Unterstützungskasse) erhebliche Gefahren für die angestrebte Halbteilung. Grund hierfür war, dass diese Anrechte gem § 4 V BetrAVG mit einem deutlich höheren Zinssatz (um 5 %) kalkuliert und damit auch abgezinst wurden als sonstige kapitalgedeckte Anrechte; bei Einzahlung in die Versorgungsausgleichskasse wird seit 2022 nur noch mit einem Garantiezins von 0,25 % kalkuliert. Das Zinsgefälle lief in der Vergangenheit auf eine erhebliche Entwertung von Anrechten aus internen Durchführungswegen bei externer Teilung hinaus (*Jaeger* FamRZ 2010, 1714; vgl auch MüKo/*Scholer* § 47 Rn 14ff; zur Barwertberechnung s auch § 47 Rn 7ff). Derartigen Wertverzerrungen bei externer Teilung ist grds zu begegnen (BVerfG FamRZ 2020, 1078; BGH FamRZ 2021, 1103 Rn 21ff; vgl § 17 Rn 1). Aufgrund der aktuellen Zinsentwicklung dürfte dieses Problem künftig entfallen. 12

5. Gesamtversorgungszusagen, limitierte Versorgungen. Betriebliche Anrechte können so konzipiert sein, dass sie – unter Berücksichtigung einer Grundversorgung, meist aus der GRV – nur bis zu einer Höchstgrenze gewährt werden. Diese Versorgungszusagen sind selten geworden, weil das Absinken des Rentenniveaus sie für die ArbGeb teuer und schwer kalkulierbar gemacht hat (*Eichenhofer* FamFR 2013, 277; *Ruland* VersA Rn 488 mit Bsp). Solange die Höhe der anrechenbaren Grundversorgung nicht bekannt ist, können derartige Anrechte mangels Ausgleichsreife nicht öffentlich-rechtl ausgeglichen werden; aus demselben Grund können sie aber auch nicht gem § 23 vorzeitig abgefunden werden (BGH FamRZ 2013, 1021f). 13

a) Bei der **Gesamtversorgung** wird die Beziehung zur Grundversorgung von Beginn an zB durch die Verwendung des Begriffs „aufstocken" hergestellt. **Bsp** (nach BGH FamRZ 1991, 1416): Anrechte aus der GRV werden zunächst auf 35 % des letzten Monatsgehalts **aufgestockt**; in Abhängigkeit von der Dauer der Betriebszugehörigkeit erhöht sich dieser Prozentsatz auf max 75 % des letzten Monatsgehalts. 14

Bei der **limitierten Versorgung**, die vom BGH terminologisch als Unterfall der Gesamtversorgung behandelt wird, ist der Anrechtserwerb zunächst losgelöst von sonstigen Anrechten geregelt. Im Leistungsstadium ist das Anrecht aber unter Anrechnung der Grundversorgung (gesetzl Rente) auf einen Höchstbetrag begrenzt (limitiert), um eine Überversorgung zu vermeiden. **Bsp** (nach BGH FamRZ 1995, 88f): Die erworbene Betriebsrente darf, zusammen mit der Rente aus der GRV, nach 35 Dienstjahren 78 % des ruhegehaltsfähigen Diensteinkommens nicht überschreiten. 15

b) Schwierigkeiten bereitet hier im Rahmen der Ermittlung des Ehezeitanteils die Anrechnung der Grundversorgung, solange deren endgültige Höhe noch nicht bekannt ist. Die Gesamtversorgung als solche muss **zeitratierlich** bewertet werden, weil wegen der Begrenzungen in beiden Spielarten eine Zuordnung des Anrechtserwerbs zu bestimmten Zeiträumen nicht möglich ist (Johannsen/Henrich/Althammer/*Siede* Rn 67; *Bergner* KomRefVA § 45 Anm 5). Für den Abzug des eigentlich **unmittelbar** zu bewertenden gesetzl Rentenanrechts werden zwei Berechnungsmethoden vertreten: 16

aa) Nach der **Betriebsrenten- oder Hochrechnungsmethode**, die sich auf § 2a III 1 BetrAVG (bis zum 31.12.2017: § 2 V 2 BetrAVG) stützt, muss die gesetzl Rentenanwartschaft in einem Näherungsverfahren auf den Wert hochgerechnet werden, den sie bei Erreichen der Altersgrenze haben wird. Nur so könne festgestellt werden, ob die Grenze erreicht werde, welche zu einer Anrechnung der Rente auf die Gesamtversorgung führe (vgl Karlsruhe FamRZ 1989, 292 mwN). Bei der limitierten Versorgung sei dieses Verfahren sogar zwingend (*Glockner* FamRZ 1988, 777, 780f). Überstiegen hochgerechnete Rente und hochgerechnete Gesamtversorgung die maßgebliche Grenze, so sei der Ehezeitanteil des Kürzungsbetrags zeitratierlich zu ermitteln und vom Ehezeitanteil der ungekürzten Gesamtversorgung abzuziehen. 17

18 **bb)** Der BGH hat dagegen zum alten Recht in st Rspr die (für die Zusatzversorgung des öffentlichen Dienstes entwickelte) sog **VBL-Methode** angewendet (grundlegend FamRZ 1985, 363, 365; 1991, 1416; 1995, 88, 89; 2005, 1664). Danach wird nur die Gesamtversorgung ohne Abzüge hochgerechnet und der Ehezeitanteil gebildet. Hiervon wird nunmehr der Ehezeitanteil der gesetzl Rente abgezogen. Diese Methode wendet der BGH auch in ähnl gelagerten Fällen an (vgl BGH FamRZ 2017, 192 Rn 16; 2017, 705 Rn 20). Soweit vor Beginn der Betriebszugehörigkeit Anrechte in der GRV erworben worden sind, wird vertreten, diese insg vorweg abzuziehen, weil die Gesamtversorgungszusage von vornherein insoweit eingeschränkt war (*Bergner* KomRefVA, § 45 Anm 5). Zu berücksichtigen sind sie aber nach zutr Ansicht nur im Verhältnis zw ehezeitl Betriebszugehörigkeit und Gesamtbetriebszugehörigkeit (vgl BGH FamRZ 1991, 1416, 1420; 1995, 88, 90; *Borth* VersA Kap 2 Rn 337).

19 cc) Im Schrifttum wird weitgehend davon ausgegangen, dass auch weiterhin die VBL-Methode anzuwenden ist (dazu eingehend *Bergner* KomRefVA Anm 5; Johannsen/Henrich/Althammer/*Siede* Rn 67f; *Borth* VersA[8] Kap 2 Rn 338; *Hauß/Bührer* Rn 945). Der Gesetzgeber schreibt, ohne in der Begründung hierauf konkret einzugehen, auch für Gesamtversorgungen die Anwendung der betriebsrentenrechtl Bewertungsvorschriften vor (s Abs I). Nach § 2a III 1 BetrAVG (bis zum 31.12.2017: § 2 V 2 BetrAVG) darf die Hochrechnungsmethode nur verwendet werden, wenn der ArbN nicht die Höhe der bei Ausscheiden erreichten Entgeltpunkte nachweist. Weil diese Höhe im VersA typischerweise aufgeklärt wird, ist mit der hM weiterhin die VBL-Methode maßgeblich. Dies gilt nicht für die Zusatzversorgung im öffentlichen Dienst (Rn 20ff).

20 **VI. Zusatzversorgung im öffentlichen/kirchlichen Dienst. 1. Allgemeines.** Die Zusatzversorgung des öffentlichen oder kirchlichen Dienstes ist zwar ebenfalls Teil der betrieblichen Altersversorgung. Für sie gelten jedoch besondere Regeln (§ 18 BetrAVG). Es handelt sich um eine **Pflichtversicherung**, die alle Arbeiter und Angestellten des öffentlichen Dienstes mit Ausnahme der Beamten erfasst. Grundlage sind Tarifverträge (Johannsen/Henrich/Althammer/*Siede* Rn 69), welche in den Satzungen der Zusatzversorgungsträger umgesetzt werden. Die wichtigsten **Träger der Zusatzversorgung** sind die Versorgungsanstalt des Bundes und der Länder (VBL) sowie kommunale und kirchliche Zusatzversorgungseinrichtungen (Einzelheiten: § 18 I BetrAVG). Sie sind als rechtsfähige Anstalten des öffentlichen Rechts (Pensionskassen) organisiert. Die Leistungen der Zusatzversorgung werden regelmäßig über **Umlagen** finanziert (zB § 64 VBL-Satzung; *Borth* VersA Kap 2 Rn 381; ausgenommen sind Leistungen im Rahmen der freiwilligen Versicherung); diese werden zum großen Teil von den ArbGeb, zu einem kleinen Teil auch von den ArbN erbracht. Das Vertragsverhältnis zw ArbGeb, ArbN und Zusatzversorgungskasse ist **privatrechtl** Natur (vgl BGH FamRZ 2017, 515 Rn 13; 2013, 852 Rn 12). Die Beseitigung von gerichtlich festgestellten Mängeln der Tarifverträge obliegt nach Art 9 GG den Tarifvertragsparteien (BGHZ 174, 127, 138ff). Bei einem Wechsel von einem zum anderen öffentlichen ArbGeb sichern teilw **Überleitungsabkommen** die Übernahme erworbener Anrechte in die Zusatzversorgung bei dem neuen ArbGeb.

21 **2. Versorgungsträger.** Als zuständiger Versorgungsträger wurden schon nach dem alten Recht (allein) die Zusatzversorgungskassen behandelt. Weil es sich dabei um juristische Personen des öffentlichen Rechts handelt, wurden die dort bestehenden Anrechte des Ausgleichspflichtigen ggf extern geteilt, indem zulasten der Versorgungsanwartschaft des Pflichtigen bei der Zusatzversorgungskasse Rentenanwartschaften für den Berechtigten in der GRV begründet wurden (sog analoges Quasisplitting, § 1 III VAHRG aF). Insoweit können die beschriebenen Probleme, die sich aus dem Dreiecksverhältnis zw ArbGeb, Versorgungsträger und ArbN ergeben (vgl § 12 Rn 15), nicht auftreten, weil der ArbN nach Eintritt der Unverfallbarkeit **kraft Gesetzes** einen **Anspruch** auf die Leistungen der Zusatzversorgungskasse erwirbt, den der ArbGeb nicht mehr entwerten kann (§ 18 II BetrAVG).

22 **3. Systemwechsel zum 1.1.2002.** Die Zusatzversorgung ist zum 1.1.2002 von einem Gesamtversorgungssystem auf ein Punktemodell ähnl der GRV umgestellt worden (dazu ausf *Wick* FamRZ 2008, 1223ff). Im früheren Gesamtversorgungssystem wurde zw einer endgehaltsbezogenen, volldynamischen **Versorgungsrente** für Mitglieder, die bis zur Regelaltersgrenze im öffentlichen Dienst verblieben, und einer statischen **Versicherungsrente** iHv 0,4 % des letzten Einkommens vor dem Ausscheiden pro Pflichtversicherungsjahr unterschieden. Als unverfallbar wurde nur die Versicherungsrente angesehen, so dass im alten Recht die darüber hinausgehenden Anrechte auf die Versorgungsrente erst nach Rentenbeginn – ggf in einem Abänderungsverfahren nach § 10a VAHRG aF oder im schuldrechtl VersA – berücksichtigt werden konnten (ausf hierzu *Wick* FamRZ 2008, 1224–1226; vgl auch Johannsen/Henrich/Althammer/*Siede* Rn 70ff). Seit der Systemumstellung werden bereits laufende Leistungen als Besitzstandsrenten weitergezahlt (§§ 75 f VBLS) und unterliegen den künftigen Rentenanpassungen (§ 39 VBLS). Entspr gilt für die Anrechte auf laufende Leistungen von „rentennahen" Jahrgängen (vor dem 1.1.1947 geboren), die auf Grundlage der zu erwartenden Gesamtversorgungsrente in Versorgungspunkte umgerechnet worden sind. Für „rentenferne" Versicherte sollte die nach dem alten Recht zu erwartende Gesamtversorgung bei Berücksichtigung der gesetzl Rentenanrechte hochgerechnet werden; vom errechneten Betrag sollte den Versicherten für jedes Pflichtversicherungsjahr 2,25 % dieses Betrages gutgeschrieben werden. Diese Regelung benachteiligte nach Ansicht des BGH (BGHZ 174, 127, 172ff; dazu s die Zusammenfassung von *Borth* FamRZ 2008, 395) insb Akademiker mit langen Ausbildungszeiten, welche die notwendigen 44,44 Pflichtversicherungsjahre für die volle Versorgung nicht erreichen können, und verstieß deswegen gegen Art 3 GG; sie musste von den Tarifparteien durch eine neue Regelung ersetzt werden; das ist im Mai 2011 geschehen (vgl FamR-Komm/*Wick* Rn 47). Auf dieser Grundlage konnten nach Ansicht des XII. ZS des BGH die zwischenzeitl ausgesetzten Verfahren nunmehr beendet werden (BGH FamRZ 2012, 1130). Nachdem der IV. ZS die Neuregelungen wiederum für unwirksam erklärt hatte, (MDR 2016, 522; NZA-RR 2016, 315), war der Streit um die Ausgleichsreife dieser Anrechte wieder offen (vgl § 19 Rn 15). In der Lit wurde vorgeschlagen, sich wegen der er-

wartbar geringen Auswirkungen zur Verfahrensbeschleunigung auf die mitgeteilten Werte zu einigen (*Borth* FamRZ 2015, 548; *Hauß* FamRB 2016, 238, 239; FamR-Komm/*Wick* Rn 47; ähnlich BGH FamRZ 2022, 349 Rn 23). Die aktuelle Satzung trägt den Beanstandungen des BGH Rechnung (vgl Karlsruhe BetrAV 2022, 73 – anhängig bei dem BGH unter IV ZR 483/21; ebenso Johannsen/Henrich/Althammer/*Siede* Rn 88; Grü/*Siede* Rn 18; *Wick* FuR 2019, 371).

4. Leistungen im neuen System. Mit der Systemumstellung zum 1.1.2002 stellt sich die Zusatzversorgung des öffentlichen Dienstes nicht mehr als Gesamtversorgung dar; der Anrechtserwerb erfolgt ähnl der GRV in Form von Versorgungspunkten und unabhängig von der Frage, wie hoch die gesetzl Rentenanrechte der Versicherten sind. Zu unterscheiden sind die **Pflichtversicherung**, die **beitragsfreie Versicherung** und die **freiwillige Versicherung**. Die Pflichtversicherung gilt für Versicherte ab dem 17. Lebensjahr, die im öffentlichen Dienst beschäftigt sind und aufgrund der Dauer des Beschäftigungsverhältnisses und bei Berücksichtigung der Regelaltersgrenze die fünfjährige Wartezeit des § 34 VBLS noch erfüllen können. Die Versicherten erwerben – in Abhängigkeit vom Einkommen und vom Alter zum Zeitpunkt der Beitragszahlung aus ihrem Einkommen – **Versorgungspunkte** (§§ 35f VBLS; Tabelle zum Altersfaktor bei *Ruland* VersA Rn 495). Zusätzl Versorgungspunkte können aus sozialen Komponenten resultieren, nämlich Elternzeiten, Zeiten der Erwerbsminderung und mindestens 20 Jahren Versicherungszeit vor der Systemumstellung (Einzelheiten: § 37 VBLS). Für Versicherte, die 120 Monate Pflichtversicherung erfüllt haben, treten weiter Versorgungspunkte (**Bonuspunkte**) aus tatsächlicher oder fiktiver Verzinsung ihrer Beiträge hinzu (Einzelheiten: § 36 Ic, §§ 68, 69 VBLS). Bei vorzeitigem Ausscheiden aus dem öffentlichen Dienst wandelt sich die Pflichtversicherung in eine **beitragsfreie** Versicherung (§ 30 VBLS). Neben der Pflichtversicherung kann der ArbN aus eigenen Beiträgen unter Inanspruchnahme staatlicher Förderung in der freiwilligen Versicherung (§ 54 VBLS) weitere Altersvorsorge betreiben; er kann dabei nach eigener Wahl Versorgungspunkte oder Fondsanteile innerhalb einer fondsgebundenen Rentenversicherung hinzu erwerben. Für Ansprüche aus der freiwilligen Versicherung besteht keine Wartezeit, da sie aus eigenen Beiträgen der Versicherten unterhalten wird. 23

5. Regelungen zum Versorgungsausgleich. Für den VersA nach aktuellem Recht enthält § 32a VBLS folgende Regelungen: Im Wertausgleich bei der Scheidung kommt nur eine **interne Teilung** in Betracht (Abs I). Der (Ehezeitanteil und der) Ausgleichswert wird **versicherungsmathematisch** berechnet, indem zunächst ein **Barwert** ermittelt wird; anschließend wird der Ausgleichswert in Versorgungspunkten ausgewiesen (Abs II). Für die ausgleichsberechtigte Person wird iHd Ausgleichswertes eine beitragsfreie Versicherung begründet; eine Verrechnung mit gleichartigen Anrechten (§ 10 II) ist nur innerhalb desselben Abrechnungsverbandes möglich (Abs V); ansonsten stehen übertragene und eigene Anrechte unverbunden und ohne jede Wechselwirkungen nebeneinander (Abs III S 7 und 8). hinsichtl der Wartezeit wird die ausgleichsberechtigte Person wie die ausgleichspflichtige Person zum Ehezeitende gestellt. Ist die Wartezeit noch nicht zum Ehezeitende, sondern erst zum Zeitpunkt der Entscheidung über den VersA (wegen § 19 II Nr 1) erfüllt, so erwirbt die ausgleichsberechtigte Person aus dem übertragenen Anrecht ggf nur einen Anspruch auf Erstattung der (geringen) ArbN-Beiträge zu dem ihr übertragenen Anrecht (§ 44 VBLS). Dies kann die Durchführung des Wertausgleichs bei Scheidung **unwirtschaftlich** iSd § 19 II Nr 3 machen (s § 19 Rn 17). Soweit die Träger der öffentlich-rechtl Zusatzversorgung mit Unisex-Tarifen arbeiten, bei der internen Teilung aber den Ausgleichswert für die ausgleichsberechtigte Person nach einem **geschlechtsspezifischen Tarif** umrechnen, benachteiligt das Frauen und ist durch verfassungskonforme Auslegung der Satzung zu korrigieren (BGH FamRZ 2017, 863 m Anm *Borth*; 2017, 871 m Anm *Borth* und *Schwab* NZFam 2017, 402; vgl FamR-Komm/*Wick* Rn 48 und § 10 Rn 30; s auch § 11 Rn 1). Die Zusatzversorgungsträger müssen zwar den Ausgleichswert in der maßgeblichen Bezugsgröße „Versorgungspunkte" angeben; sie müssen aber nicht eine Halbteilung der Versorgungspunkte selbst vornehmen (BGH FamRZ 2017, 870 m Anm *Borth*; so schon Celle FamRZ 2014, 305; aA Frankfurt FamRZ 2014, 755 und 24.11.2016 – 6 UF 229/16; dem zust *Bergner* NZFam 2014, 49ff). 24

6. Bewertung. Nach Abs III gelten für Anrechte aus der Zusatzversorgung nicht die Sonderregeln in den Abs I und II; sie sind daher nach den §§ 39–41 zu bewerten. Da für die bis zum 31.12.2001 erworbenen Anrechte und die seit dem 1.1.2002 erworbenen Anrechte unterschiedliche Bewertungsmethoden anwendbar sind, hat die Bewertung getrennt zu erfolgen. 25

a) Anrechte vor der Systemumstellung. Die **Besitzstandsrenten**, die allein auf der Berücksichtigung der bis zum 31.12.2001 zurückgelegten Pflichtversicherungszeit beruhen, sind **zeitratierlich** zu ermitteln (zB BGH FamRZ 2009, 1312; 2009, 1397). Dasselbe gilt für Anrechte, soweit sie auf einer **Startgutschrift** für bis zum 31.12.2001 zurückgelegte Versicherungszeiten beruhen. Maßgeblich ist das Verhältnis zw der gesamtversorgungsfähigen Zeit bis Ende 2001 und den in diese Zeit fallenden Ehezeitmonaten (vgl FamR-Komm/*Wick* Rn 46). 26

b) Anrechte nach der Systemumstellung. Die nach der Systemumstellung erworbenen Anrechte sind unmittelbar zu bewerten. Die unmittelbare Bewertung von **Bonuspunkten** (Rn 23), die für ein Geschäftsjahr erst aE des Folgejahres festgestellt und gutgeschrieben werden (§ 68 VBLS), setzt voraus, dass diese schon gutgeschrieben sind (*Wick* FamRZ 2008, 1223, 1228; Grü/*Siede* Rn 20; Johannsen/Henrich/Althammer/*Siede* Rn 96). Betrifft ein Teil einer solchen Gutschrift noch einen Zeitraum, der teilw vor Beginn der Ehezeit liegt, ist der in die Ehezeit fallende Anteil zeitratierlich zu ermitteln (*Wick* FamRZ 2008, 1223, 1228). Versorgungspunkte wegen **vorzeitiger Erwerbsminderung** (§ 37 II VBLS) sind insg einzubeziehen, wenn die vorzeitige Erwerbsminderung in der Ehezeit eingetreten ist (Johannsen/Henrich/Althammer/*Siede* Rn 97). 27

28 **7. Dynamik und Übergangsrecht.** Im alten Recht wurden Anrechte aus der Zusatzversorgung des öffentlichen/kirchlichen Dienstes mit Ausnahme der Besitzstandsrenten als Versorgungsrenten (BGH FamRZ 2007, 1238, 1241) als im Anwartschaftsstadium statisch und im Leistungsstadium dynamisch behandelt. Sie wurden daher mithilfe der BarwertVO in volldynamische Anrechte umgerechnet, um mit der GRV vergleichbar zu sein (grundlegend BGH FamRZ 2004, 1474). Im neuen Recht spielt die Art der Dynamik von Anrechten bei der internen Teilung keine Rolle mehr, weil die ausgleichsberechtigte Person ein Anrecht erhält, das in gleicher oder vergleichbarer Weise wächst wie der bei der ausgleichspflichtigen Person verbliebene Teil (s § 11 I). Soweit nach altem Recht bei der Durchführung des VersA Anrechte auf eine Zusatzversorgung des öffentlichen/kirchlichen Dienstes dynamisiert worden sind, kommt ein Abänderungsverfahren nach § 51 III in Betracht (näher § 51 Rn 11).

§ 46 Sondervorschriften für Anrechte aus Privatversicherungen

Für die Bewertung eines Anrechts aus einem privaten Versicherungsvertrag sind die Bestimmungen des Versicherungsvertragsgesetzes über Rückkaufswerte anzuwenden. Stornokosten sind nicht abzuziehen.

1 **I. Allgemeines.** Für die Bewertung von Anrechten aus privaten Versicherungen ergänzt § 46 die §§ 39ff; dass diese Anrechte unmittelbar zu bewerten sind, ergibt sich aus § 39 II Nr 2, bei fondsgebundenen Versicherungen auch aus Nr 3. Die Ergänzung in § 46 weicht von der im alten Recht maßgeblichen Bewertungsmethode (§ 1587a II Nr 5 lit a BGB aF) ab. Danach mussten diese Anrechte immer in Rentenbeträge umgerechnet werden; das ist jetzt nach § 5 nicht mehr notwendig (BT-Drs 16/10144, 83). Das geltende Recht stellt auf die Bewertungsregelungen aus dem VVG (§ 169 VVG bzw für Altfälle § 176 VVG aF) ab. Zu der Einbeziehung **kreditfinanzierter** und **sicherungsabgetretener** Anrechte in den VersA s § 2 Rn 5, 11a.

2 **II. Anrechte aus einem privaten Versicherungsvertrag. 1. Kapital- und Risikoversicherung.** § 46 gilt nur für die Anrechte aus Kapitallebensversicherungen; isolierte Risikoversicherungen sind nur unter den Voraussetzungen und nach Maßgabe des § 28 auszugleichen. Zu beachten ist, dass die Leistungen aus dem Vertrag als Einkommensersatz für den Fall des Alters oder der Erwerbsminderung bestimmt sein müssen; daran fehlt es bei Verträgen, aus denen Leistungen zu einem erheblichen Teil schon während des Erwerbslebens erbracht werden (BGH FamRZ 2007, 889; Oldenburg FamRZ 2008, 2038; Grü/*Siede* Rn 2).

3 **2. Rente und Kapital.** Erfasst werden grds nur Anrechte, die auf eine **Rentenzahlung** lauten (§ 2 II Nr 3); nur Anrechte iSd AltZertG (Riester-Renten; dazu vgl Johannsen/Henrich/Althammer/*Siede* Rn 8) werden unabhängig von der Auszahlungsform nach dem VersAusglG ausgeglichen. Hierzu und zur Berücksichtigung von Anrechten, bei denen ein **Wahlrecht** zw Kapital- und Rentenzahlung besteht, s näher § 2 Rn 10f. Nicht nach § 46, sondern nach § 39 zu bewerten sind die sog **Rürup-Renten** iSd § 10 I Nr 2 lit b EStG (BT-Drs 16/10144, 84); für diese Renten kann, da sie nicht kapitalisiert werden dürfen, kein Rückkaufswert ermittelt werden.

4 **III. Ausgleichspflichtige Person.** Lebensversicherungsverträge werden zw einem **Versicherungsnehmer** und einem **Versicherer** geschlossen. Sie können auf das Leben des Versicherungsnehmers oder einer anderen Person (**versicherte Person**) geschlossen werden (§ 150 I VVG). Im Versicherungsvertrag kann schließlich auch eine dritte Person zum **Bezugsberechtigten** bestimmt werden, und zwar wahlweise widerruflich oder unwiderruflich (§ 159 VVG). Ist das Bezugsrecht widerruflich eingeräumt, erwirbt die bezugsberechtigte Person den Leistungsanspruch erst mit Eintritt des Versicherungsfalls (§ 159 II VVG); davor hat sie nur eine ungewisse Aussicht auf den Erwerb eines künftigen Anspruchs (MüKo-VVG/*Heiss*, § 159 VVG Rn 70). Daraus folgt, dass ausgleichspflichtige Person eines Lebensversicherungsvertrags entweder der Versicherungsnehmer ist oder eine andere Person, wenn dieser ein **unwiderrufliches Bezugsrecht** (§ 159 III VVG) eingeräumt ist oder bei einem widerruflichen Bezugsrecht der Versicherungsfall eingetreten ist (so auch BGH FamRZ 2013, 1715, 1717; Celle FamRZ 2022, 1921). Ist einem der Ehegatten/Lebenspartner ein unwiderrufliches Bezugsrecht von einem Dritten eingeräumt worden, fällt dieses nur dann in den VersA, wenn es **durch Arbeit oder Vermögen eines der Ehegatten** erworben worden ist (Bsp: Direktversicherung im Rahmen betrieblicher Altersvorsorge). Wer die versicherte Person ist, ist dagegen nicht von Belang (Grü/*Siede* Rn 3; Celle FamRB 2023, 15 [*Adamus*]; aA Zweibrücken FamRB 2011, 170 [*Weil*]; München FamRZ 2018, 255). Ist eine Lebensversicherung zur Sicherung einer Forderung abgetreten, verpfändet oder gepfändet, bleibt nach Ansicht des BGH eine **interne Teilung** trotzdem möglich. Der Begriff „Sicherungsabtretung" ist hier nämlich untechnisch zu verstehen. Dem Sicherungsnehmer wird lediglich ein vorrangiges Bezugsrecht eingeräumt; das nachrangige Bezugsrecht der ausgleichspflichtigen Person bleibt teilbar (BGH FamRZ 2013, 1715, 1716; 2014, 279); diese Überlegung ist nicht unbedingt auf den Fall der Verpfändung oder Pfändung eines Anrechts übertragbar (näher § 2 Rn 11a). Bei sicherungsabgetretenen Anrechten muss der schuldrechtl Rückgewähranspruch, bezogen auf das vorrangige Bezugsrecht, im Tenor der Entscheidung beiden Ehegatten/Lebenspartnern als Mitgläubiger übertragen werden (BGH FamRZ 2013, 1715, 1717; 2014, 635). Unklar ist, ob und wie – etwa im Fall des § 14 II Nr 2 – eine externe Teilung durchzuführen ist.

5 **IV. Bestimmungen des VVG über Rückkaufswerte.** Die Bestimmungen über Rückkaufswerte sind in der seit Januar 2008 geltenden Fassung durch das Gesetz zur Reform des Versicherungsvertragsrechts v 23.11.2007 (BGBl I 2007, 2631) in **§ 169 VVG** enthalten. Für die Bewertung von **vor dem 1.1.2008** geschlossenen Verträgen gilt nach Art 4 II EGVVG noch **§ 176 VVG aF**; für bis zum 31.12.1994 geschlossene Versicherungsverträge ist

§ 176 in der bis 1994 geltenden Fassung anzuwenden (Einzelheiten: *Reiff* in Prölss/Martin § 169 VVG Rn 46 und § 165 VVG Rn 4).

1. Altverträge. Bei der Anwendung des § 176 VVG aF auf Altverträge ist nach der Gesetzesbegr zum Reformgesetz die hierzu ergangene Rspr zu berücksichtigen (BT-Drs 16/5862, 101). Nach § 176 III VVG aF war der Rückkaufswert „... nach den anerkannten Regeln der Versicherungsmathematik für den Schluss der laufenden Versicherungsperiode als Zeitwert der Versicherung zu berechnen". Das ließ erhebliche Spielräume, insb im Hinblick auf den Abzug von einmaligen Abschluss- und Vertriebskosten, welche die Versicherer im Wege der sog „Zillmerung" auf die ersten Versicherungsjahre verteilen und von den geleisteten Beiträgen abziehen. Weil das zu einer weitgehenden Entwertung gezahlter Versicherungsbeiträge in den ersten Jahren führen kann, hat der BGH (BGHZ 164, 297) die insoweit intransparenten Vertragsklauseln, die bis Ende 2001 verwendet wurden, gerügt und durch erg Vertragsauslegung die Spielräume für die Zillmerung begrenzt. Auch in den ersten Versicherungsjahren muss der Rückkaufswert zumindest 50 % des ungezillmerten Deckungskapitals, bei fondsgebundenen Lebensversicherungen 50 % des ungezillmerten Fondsguthabens betragen (*Reiff* in Prölss/Martin § 169 VVG Rn 49f mwN). Diese Rspr ist vom BVerfG (NJW 2006, 1783f) bestätigt und vom BGH auch auf die in der Zeit von Januar 2002 bis Ende 2007 verwendeten Klauseln erstreckt worden (BGH NJW 2013, 3240; 11.9.2013 – IV ZR 114/13). 6

2. Verträge ab dem 1.1.2008. a) Grundsatz. Nach § 169 III 1 VVG entspricht der Rückkaufswert dem **Deckungskapital**. Dieses ist nach den anerkannten Regeln der Versicherungsmathematik mit den Rechnungsgrundlagen der Prämienkalkulation, also mit demjenigen Diskontierungszinssatz, der dem Vertrag zugrunde liegt, zu berechnen (*Ruland* VersA Rn 521). Zur Anrechnung von Abschluss- und Vertriebskosten bestimmt § 169 III 1 VVG, dass diese gleichmäßig auf die ersten fünf Vertragsjahre zu verteilen sind; das entspricht in dieser Phase knapp der Hälfte des eingezahlten Kapitals. Eine weitere Begrenzung enthält § 169 II VVG, wonach der Rückkaufswert nicht über die Leistung hinausgeht, die bei Eintritt eines Versicherungsfalls zum Stichtag zu erbringen wäre. Zu dem Deckungskapital kommen die bereits zugeteilten **Überschussanteile** nach § 153 VVG und der nach den AVB bei Kündigung vorgesehene **Schlussüberschussanteil** (§ 169 VII) sowie **Bewertungsreserven.** Auch diese Werte sind bewertungsrelevant (BGH FamRZ 2016, 775 Rn 18; 2012, 694 Rn 22). Weil sie schwanken und nicht Teil der garantierten Leistung sind, sind sie bei interner Teilung unter Bezugnahme auf das Ehezeitende getrennt auszuweisen und zu teilen (München FamRZ 2011, 978f, unvollständig abgedruckt). Bei externer Teilung fließen sie aber in der Höhe in die Bewertung ein, in der sie zum Stichtag „Ehezeitende" bestanden haben (Frankfurt FamRZ 2015, 1799 m krit Anm *Többen* NZFam 2015, 1159; Nürnberg FamRZ 2014, 394; *Hoffmann/Raulf/Gerlach* FamRZ 2011, 333, 335). Nach hier vertretener Ansicht ist allerdings die Weiterentwicklung der Werte bis zur Rechtskraft der Entscheidung zum VersA zu berücksichtigen (aA Nürnberg FamFR 2013, 539; vom BGH FamRZ 2016, 775 Rn 18f offengelassen; vgl § 5 Rn 5ff). 7

b) Ausnahmen. Nach § 169 III 3 VVG können **Versicherer mit Sitz in einem Mitgliedstaat der EU** oder einem anderen Vertragsstaat des Abkommens über den Europäischen Wirtschaftsraum anstelle des Deckungskapitals den in diesem Staat geltenden vergleichbaren Bezugswert zugrunde legen. Zugrunde liegt dieser Regelung, dass auf solche Versicherungsverträge, wenn sie mit dt Versicherungsnehmern geschlossen werden, regelmäßig dt Recht Anwendung findet (Art 7 III VO (EG) Nr 593/2008 (Rom I), Art 8 EGVVG; Langheid/Wandt/*Mönnich* § 169 VVG Rn 106; *Reiff* in Prölss/Martin § 169 VVG Rn 45). Gleichwohl handelt es sich in diesen Fällen um **nicht ausgleichsreife** Anrechte bei einem **ausl** Versorgungsträger iSd § 19 II Nr 4, die dem Wertausgleich nach der Scheidung vorbehalten sind. Ausl Versicherer sind auch den dt FamG nicht zur Auskunft verpflichtet. 8

Soweit bei **fondsgebundenen Rentenversicherungen** für nicht garantierte Leistungen kein Deckungskapital gebildet wird, ist der Rückkaufswert nach § 169 IV VVG grds als **Zeitwert** nach den anerkannten Regeln der Versicherungsmathematik zu bewerten. **Soweit** der Versicherer aber eine bestimmte Leistung **garantiert**, muss er dafür auch ein Deckungskapital bilden; insoweit ist zunächst dieses maßgeblich (BGH FamRZ 2017, 1655; Karlsruhe FamRB 2023, 50; Frankfurt FamRB 2013, 242 [*Wagner*]; MüKo/*Scholer* Rn 14; *Ruland* FamFR 2013, 243, 244f; Soergel/*Koch* Rn 53); darüber hinaus ist für den nicht garantierten Teil der Versorgung ein weiterer Wert zu bilden. Dieser ist – bei interner Teilung separat – ebenfalls zu übertragen (München FamRZ 2011, 377). Auch hier gilt, dass Abschluss- und Vertriebskosten auf einen Fünf-Jahres-Zeitraum zu verteilen sind und dass dem Zeitwert oder garantierten Wert die in der Ehezeit zugeteilten Überschüsse nach § 169 VII VVG hinzuzurechnen sind (Einzelheiten: *Reiff* in Prölss/Martin § 169 VVG Rn 57ff). Unklar ist, ob das Anrecht außer Ansatz bleibt, wenn es auf der Basis der **Zeitwerte** in der Ehezeit einen Wertverlust erleidet (so wohl Grü/*Siede* Rn 6; zweifelnd *Hauß/Bührer* Rn 964). Nach hier vertretener Ansicht sind dagegen allein die in der Ehezeit erworbenen Fondsanteile maßgeblich (so offenbar auch BGH FamRZ 2012, 694ff Rn 21); deren Wert kann zwar schwanken, aber nicht negativ werden (vgl *Gutdeutsch/Hoenes/Norpoth* FamRZ 2012, 597, 598). Bei interner Teilung wird der übertragene Zeitwert im Hinblick auf § 11 I (nach Abzug von Teilungskosten) in Fondsanteile umzurechnen sein, so dass insoweit die in der Ehezeit erworbenen Fondsanteile geteilt werden (Nürnberg FamRZ 2019, 872, 875f; Saarbrücken FamRZ 2012, 1717; Zweibrücken FamRZ 2012, 1717; Celle FamRZ 2013, 468; vgl *Wick* BetrAV 2011, 138). Diese sind maßgebliche Bezugsgröße iSd § 39. 9

Erhebliche Probleme bereitete bislang der Umgang mit Wertverlusten, aber auch Wertsteigerungen zw dem Ehezeitende und der Entscheidung zum Wertausgleich bei **externer** Teilung. Der BGH hielt bei fondsgebundenen Anrechten zunächst nur die Wertverluste für berücksichtigungsbedürftig („Was weg ist, ist weg"), die Wertsteigerungen dagegen für irrelevant (vgl BGH FamRZ 2012, 694 Rn 20ff; FamRZ 2013, 1635). Zwischenzeitl bejaht er den Ehezeitbezug der Wertschwankungen in beide Richtungen (BGH FamRZ 2017, 1655). Die Verringerung 10 des Wertes von Anrechten, die auf Kapitalbasis geteilt werden, in der Leistungsphase ist ebenfalls zu berücksichtigen. Nach Ansicht des BGH kann dies die Anwendung des § 27 auf Gegenrechte der ausgleichsberechtigten Person erfordern (vgl zu beidem näher § 5 Rn 10 und 12).

11 **3. Stornokosten.** Nach S 2 dürfen Stornokosten nicht abgezogen werden, selbst wenn sie nach dem Versicherungsvertrag zur Berechnung des Deckungskapitals zu berücksichtigen sind. Dahinter steht der gesetzgeberische Gedanke, dass Stornokosten bei einer internen Teilung nicht anfallen, weil das Kapital bei dem Versicherer bleibt, während eine externe Teilung nur mit dessen Zustimmung möglich ist (BT-Drs 16/10144, 84).

12 **4. Berechnung des Ehezeitanteils.** Nach der bis zur 14. Aufl hier vertretenen Auffassung kann der ehezeitl Rückkaufswert aus der Differenz der Rückkaufswerte am Anfang und aE der Ehezeit bestimmt werden. Hiergegen kann ua eingewandt werden, dass dann auch (Zins-)Erträge aus dem zu Anfang der Ehezeit bereits angesammelten Deckungskapital in die Bewertung einfließen, während etwa in der GRV das Anwachsen der vor der Ehezeit erworbenen Entgeltpunkte über den aktuellen Rentenwert unberücksichtigt bleibt (ausf hierzu *Hauß/Bührer* Rn 818ff). Für die Berücksichtigung der Zinserträge aus vorehelichem Deckungskapital spricht, dass nach § 2 II Nr 1 Anrechte auch insoweit auszugleichen sind, als sie aus Vermögen gebildet worden sind (hM, vgl FamR-Komm/*Wick* § 39 Rn 15 mwN und § 46 Rn 12; Johannsen/Henrich/Althammer/*Siede* Rn 19; näher s § 2 Rn 5, § 39 Rn 7). Wenn aber bei fondsgebundenen Anrechten die Wertschwankungen vorehelich erworbener Fondsanteile den Wert des Ehezeitanteils nicht beeinflussen (s Rn 9), muss dies auch für die Zinsgewinne des vorehelich erworbenen Deckungskapitals gelten; diese sind danach herauszurechnen, weil sie nicht zu teilen sind. Diesem Zinsgewinn fehlt der Ehezeitbezug (s § 5 Rn 8).

Kapitel 3
Korrespondierender Kapitalwert als Hilfsgröße (§ 47)

§ 47 Berechnung des korrespondierenden Kapitalwerts

(1) Der korrespondierende Kapitalwert ist eine Hilfsgröße für ein Anrecht, dessen Ausgleichswert nach § 5 Abs. 3 nicht bereits als Kapitalwert bestimmt ist.

(2) Der korrespondierende Kapitalwert entspricht dem Betrag, der zum Ende der Ehezeit aufzubringen wäre, um beim Versorgungsträger der ausgleichspflichtigen Person für sie ein Anrecht in Höhe des Ausgleichswerts zu begründen.

(3) Für Anrechte im Sinne des § 44 Abs. 1 sind bei der Ermittlung des korrespondierenden Kapitalwerts die Berechnungsgrundlagen der gesetzlichen Rentenversicherung entsprechend anzuwenden.

(4) Für ein Anrecht im Sinne des Betriebsrentengesetzes gilt der Übertragungswert nach § 4 Abs. 5 des Betriebsrentengesetzes als korrespondierender Kapitalwert. Für ein Anrecht, das bei einem Träger einer Zusatzversorgung des öffentlichen oder kirchlichen Dienstes besteht, ist als korrespondierender Kapitalwert der Barwert im Sinne des Absatzes 5 zu ermitteln.

(5) Kann ein korrespondierender Kapitalwert nach den Absätzen 2 bis 4 nicht ermittelt werden, so ist ein nach versicherungsmathematischen Grundsätzen ermittelter Barwert maßgeblich.

(6) Bei einem Wertvergleich in den Fällen der §§ 6 bis 8, 18 Abs. 1 und § 27 sind nicht nur die Kapitalwerte und korrespondierenden Kapitalwerte, sondern auch die weiteren Faktoren der Anrechte zu berücksichtigen, die sich auf die Versorgung auswirken.

1 **I. Allgemeines.** Nach § 5 I müssen die Versorgungsträger Ehezeitanteil (und Ausgleichswert) der Anrechte in Form der für das jew Versorgungssystem maßgeblichen Bezugsgröße berechnen. Handelt es sich bei dieser Bezugsgröße nicht um einen Kapitalwert, müssen die Versorgungsträger dem FamG für den Ausgleichswert im Wertausgleich bei Scheidung nach § 5 III einen korrespondierenden Kapitalwert vorschlagen (vgl § 5 Rn 16f). Dessen Funktion, Notwendigkeit und Berechnung erläutert § 47. Nach Abs I hat der korrespondierende Kapitalwert die Funktion einer **Hilfsgröße** für die Wertbestimmung von Anrechten, deren Ausgleichswert nicht bereits als Kapitalwert berechnet worden ist. Die Notwendigkeit für korrespondierende Kapitalwerte besteht nach Abs VI in den Fällen, in denen – trotz Hin-und-Her-Ausgleichs – ausnahmsw ein **Wertvergleich** der einbezogenen Anrechte erforderlich ist. Abs II verweist zur Berechnung des korrespondierenden Kapitalwertes auf die für den **zuständigen Versorgungsträger** maßgebliche Bewertung. Nach Abs III gelten für die Anrechte iSd § 44 die Bewertungsvorschriften der GRV, nach Abs IV gilt für betriebliche Anrechte § 4 V BetrAVG, soweit nicht die Zusatzversorgung im öffentlichen/kirchlichen Dienst betroffen ist. Abs V sieht als Auffangregelung für die Ermittlung des korrespondierenden Kapitalwertes den versicherungsmathematischen Barwert vor.

2 **II. Sinn und Zweck.** Der Wertausgleich neuen Rechts beruht zwar auf dem gesetzgeberischen Ziel, den VersA so umzugestalten, dass eine Vergleichbarmachung und diesbzgl Umwertung von Anrechten unnötig wird. Im alten Recht wurden nämlich gerade die Regelungen, die für eine solche Umwertung sorgten, für missglückt gehalten; sie galten als ursächlich dafür, dass das gesetzgeberische Ziel einer Halbteilung der beiderseitigen Anrechte regelmäßig verfehlt wurde. Auch im neuen Recht gibt es aber Situationen, in denen ein Wertvergleich der beiderseitigen Anrechte erforderlich wird. Verzichten die Beteiligten auf die Durchführung des Wertausgleichs bei Scheidung, hängt die Beurteilung der Frage, ob der Verzicht sittenwidrig iSd § 138 BGB oder die Berufung auf

ihn treuwidrig iSd § 242 BGB ist, eng mit der Frage zusammen, welcher Beteiligte **per saldo** verzichtet und worauf. Diese Frage erfordert einen Wertvergleich der beiderseitigen Anrechte. Ähnl gilt für die Beurteilung der Geringfügigkeit des Wertunterschieds gleichartiger Anrechte (§ 18 I) und für die Frage der groben Unbilligkeit bei § 27. Ursprünglich sollten die Kapitalwerte unter Einbeziehung des korrespondierenden Kapitalwerts Grundlage des Wertvergleichs sein (BT-Drs 16/10144, 84); der Gesetzgeber hielt diese Lösung für so überzeugend, dass nach einer ersten Entwurfsfassung des § 18 I bei einer geringfügigen Differenz der beiderseitigen Anrechte **auf Kapitalwertbasis** vom Wertausgleich insg abgesehen werden sollte. Im weiteren Gesetzgebungsverfahren setzte sich dann aber die Erkenntnis durch, dass die Kapitalwerte eine solche Vergleichbarkeit nicht herstellen konnten, weil es für die unterschiedlichen Anrechte systembedingt unterschiedliche Berechnungsweisen für den Kapitalwert gibt. (Die größten Unterschiede bestanden zunächst wohl zw den Kapitalwerten gesetzl Rentenanrechte und denjenigen aus internen Durchführungswegen der betrieblichen Altersversorgung; vgl *Jaeger* FamRZ 2010, 1714ff. Nach dem erheblichen Absinken des Zinsniveaus dürften nunmehr die privaten Versorgungsanrechte am schlechtesten bewertet sein und die größte Differenz zu den betrieblichen Anrechten iSd § 17 aufweisen; dazu s *Hauß* FamRB 2013, 223.) Daraufhin wurde erwogen, § 47 ersatzlos zu streichen. Letztlich ist es bei der Bestimmung geblieben; jedoch wurde Abs I mit dem deutlichen Hinw eingefügt, dass es sich bei dem korrespondierenden Kapitalwert nur um eine Hilfsgröße für den Wertvergleich handelt (zur Kritik s Rn 15).

III. Funktion. Nach Abs I muss der korrespondierende Kapitalwert von solchen Anrechten gebildet werden, 3
deren Ausgleichswert nicht bereits als Kapitalwert ausgewiesen ist. Dies gilt grds nicht im Verfahren über den Wertausgleich nach der Scheidung (§ 5 IV), weil dort bei laufenden Renten idR lediglich der Betrag der tatsächlichen Rente maßgeblicher Gegenstand der Halbteilung ist. Die Bestimmung des korrespondierenden Kapitalwerts soll namentlich in den in Abs VI genannten Fällen einen Vergleich der beiderseitigen Anrechte erleichtern.

IV. Berechnung. 1. Grundsatz. Nach Abs II ist der korrespondierende Kapitalwert der **Einkaufswert** des Aus- 4
gleichswerts bei dem **betroffenen Versorgungsträger**. Für die Bewertung müssen deswegen die Berechnungsgrundlagen dieses Versorgungsträgers für das betroffene Anrecht verwendet werden. Maßgeblich ist der Einkaufswert für **die ausgleichspflichtige Person**; diese Klarstellung war erforderlich, weil aufgrund der biometrischen Unterschiede (Alter, Geschlecht) zw ausgleichspflichtiger und ausgleichsberechtigter Person (s Rn 9) die Einkaufswerte für beide unterschiedlich hoch sein können.

2. Gesetzliche Rentenversicherung und Beamtenversorgung. Für die GRV ergibt sich der Rechenweg für die 5
Umrechnung einer Rente in einen Barwert aus § 187/§ 281a SGB VI. Auch für Anrechte nach § 44 sind gem Abs III die Berechnungsmethoden der GRV anzuwenden. Der Grund hierfür ist, dass die Beamtenversorgung den Erwerb von Anrechten durch freiwillige Beitragszahlung nicht vorsieht und deshalb kein eigenes Berechnungsverfahren für den korrespondierenden Kapitalwert der Anwartschaft bereithält. Sie ist aber mit der GRV vergleichbar (BT-Drs 16/10144, 85).

Bsp: GRV: Der Ehezeitanteil beträgt 5 Entgeltpunkte. Das Ehezeitende ist der 31.10.2022. Der Beitragssatz beträgt 18,6 %, das (vorläufige) Durchschnittsentgelt für 2022 beträgt 38.901 €. Der Kapitalwert der 5 Entgeltpunkte beträgt danach 38.901 € × 18,6 % × 5 EP = 36.177,93 €.

Beamtenversorgung: Die Anwartschaft beträgt monatlich 150 €. Sie muss zunächst mithilfe des aktuellen Rentenwerts (36,02 €) in Entgeltpunkte umgerechnet werden: 150/36,02 = 4,1644 EP. Danach wird wie bei der GRV weiter gerechnet: 38.901 € × 18,6 % × 4,1644 EP = 30.131,87 €.

3. Betriebliche Anrechte. Nach Abs IV ist der korrespondierende Kapitalwert für betriebliche Anrechte nach 6
§ 4 V BetrAVG zu ermitteln (s § 45 Rn 10). Ausgenommen hiervon sind Anrechte der öffentlichen oder kirchlichen Zusatzversorgung, was im Wesentlichen technische Gründe hat. Für diese Anrechte ist nämlich die Bewertungsvorschrift des § 4 V BetrAVG nach § 18 I BetrAVG weitgehend unanwendbar. Ihr Barwert soll deshalb nach Abs V berechnet werden. Nach § 4 V BetrAVG bestimmt sich der „Übertragungswert" von Anrechten, die unmittelbar über den ArbGeb (Direktzusage) oder über eine Unterstützungskasse abgewickelt werden, prinzipiell nach denselben Grundsätzen, die in der Auffangvorschrift des Abs V niedergelegt sind, als Barwert nach den Rechnungsgrundlagen und den anerkannten Regeln der Versicherungsmathematik (Rn 7ff). Problematisch war, dass über einen mehrjährigen Zeitraum bei der Bewertung nach § 4 V BetrAVG mit erheblich höheren Zinssätzen gerechnet und abgezinst wurde als bei sonstigen kapitalgedeckten Anrechten; daraus konnten bei externer Teilung erhebliche Wertverzerrungen resultieren Diese Wertverzerrungen müssen aber korrigiert werden (BVerfG FamRZ 2020, 1078; s § 17 Rn 1; § 42 Rn 8; § 45 Rn 12). Wird die betriebliche Altersversorgung über einen Pensionsfonds, eine Pensionskasse oder eine Direktversicherung durchgeführt, ist das gebildete Kapital zum Stichtag Ehezeitende maßgeblich für den korrespondierenden Kapitalwert (zu den Durchführungswegen der betrieblichen Altersversorgung s näher § 12 Rn 7ff).

4. Versicherungsmathematischer Barwert. Abs V ist als Auffanglösung für die Ausnahmefälle gedacht, in de- 7
nen der korrespondierende Kapitalwert nicht nach Abs II–IV ermittelt werden kann. Auf ihn kann aber auch im Rahmen einer Billigkeitskorrektur nach § 42 zurückzugreifen sein (vgl § 42 Rn 8, 12). Der versicherungsmathematische Barwert gilt als eine dem Deckungskapital analoge Größe; er verkörpert als „Erwartungswert" den aktuellen Wert aller künftig zu erwartenden Leistungen aus einem Anrecht (vgl BGH FamRZ 2016, 775 Rn 31ff; 1992, 165, 166 aE; *Ruland* VersA Rn 347). Bestimmt wird der Barwert durch Höhe und Umfang der **zugesagten Leistungen**, durch die **Wahrscheinlichkeit**, diese Leistungen **erbringen** zu müssen und den für die Anlage des Kapitals erzielbaren **Rechnungszins**. Hieraus werden altersabhängige sog **Barwertfaktoren** gebildet. Der Barwertfaktor ist der Multiplikator für einen € jährlicher Rente (*Voucko-Glockner/Weil*, § 2 Rn 16). Beträgt der Barwertfaktor zB 6 und die Rente monatlich 100 €, resultiert daraus ein Barwert von 100 × 12 × 6 = 7.200 €.

8 **a) Zugesagte Leistungen.** Maßgeblich ist die Höhe der zugesagten Rente oder Kapitalzahlung, ferner, ob diese nur im Alter oder auch bei Invalidität und für Hinterbliebene geleistet wird (vgl *Glockner/Hoenes/Weil* § 16 Rn 22f; dazu auch § 11 Rn 5; eine Hinterbliebenenversorgung ist in die Bewertung jetzt einzubeziehen, vgl *Ruland* VersA Rn 147, 347). Auch der Anwartschafts- und Rententrend, also die Entwicklung des Anrechts im Anwartschafts- und/oder Leistungsstadium, sind für die Bewertung maßgeblich (BGH FamRZ 2018, 894 Rn 48ff und 1233 Rn 36 m Anm *Borth*; Köln FamRZ 2018, 1242); diese Entwicklung ist, soweit ein Anspruch hierauf besteht (s § 19 Rn 12), für die Zukunft zu schätzen, was mit Unsicherheiten verbunden ist (*Glockner/Hoenes/Weil* § 3 Rn 56ff).

9 **b) Wahrscheinlichkeit.** Der Wert eines Anrechts errechnet sich auch nach der Wahrscheinlichkeit, die Leistungen künftig erbringen zu müssen (*Voucko-Glockner/Weil*, § 2 Rn 16). Eine Altersrente muss nur geleistet werden, wenn der Berechtigte das Rentenalter auch erreicht; sie muss nur solange geleistet werden, wie er lebt. Eine Rente wegen Invalidität muss nur geleistet werden, wenn der Berechtigte vor Erreichen der Altersgrenze erwerbsunfähig wird. Für die Wahrscheinlichkeitsberechnung (dazu grundlegend *Glockner/Hoenes/Weil*, § 16; *Bergner/Schneider* FamRZ 2004, 1838, 1840ff) werden statistische Daten (Bsp: Sterbetafeln) benötigt, die als **biometrische Rechnungsgrundlagen** bezeichnet werden. Aktuell wird mit den Richttafeln des Büros *Heubeck* (Stand 2018) gerechnet (*Voucko-Glockner/Weil*, § 2 Rn 40 Fn 43: ab Juli 2019; vgl auch *Ruland* VersA Rn 348; *Glockner/Hoenes/Weil* § 16 Rn 30; Periodensterbetafeln des Statistischen Bundesamtes für 2019/2021 unter www.destatis.de). Je stärker die biometrischen Rechnungsgrundlagen individualisiert werden (zB Mann/Frau, Berufsgruppe), desto genauer wird die Bewertung. Soweit allerdings nach EU-Recht die Unterscheidung zw Männern und Frauen nicht zulässig ist (dazu s EuGH BetrAV 2011, 168ff; MüKo/*Scholer* Rn 23), müssen sog Unisex-Tafeln verwendet werden (*Glockner/Hoenes/Weil* § 16 Rn 30). Versicherungen und berufsständische Versorgungswerke verwenden teilw modifizierte Tabellen. Sie müssen diese Rechnungsgrundlagen auch im Versorgungsausgleichsverfahren nicht offenlegen (BT-Drs 16/10144, 94; vgl *Glockner/Hoenes/Weil* § 16 Rn 32), was der Nachvollziehbarkeit der Bewertung Grenzen setzt.

10 **c) Rechnungszins.** Der Barwert wird ermittelt, indem der Gesamtbetrag der künftig wahrscheinlich zu erbringenden Leistungen auf den Bewertungszeitpunkt **abgezinst** wird. Ausgangspunkt dieses Berechnungsvorgangs ist die Annahme eines erzielbaren Zinses für das später benötigte Kapital. Dieses muss aber einschl Zins erst im Leistungszeitpunkt den errechneten Wert erreichen. Durch Abzinsung wird der Betrag ermittelt, der heute angelegt werden muss, um im Leistungszeitpunkt sämtliche wahrscheinlich zu erbringenden Leistungen daraus finanzieren zu können. Auch bei Rentenbeginn wird der Rechnungszins für die Berechnung des Leistungsumfangs benötigt, wenn die Leistung sukzessive erbracht wird, so dass das Kapital teilw weiter verzinst werden kann. Lässt man den Effekt der vor- oder nachschüssigen Verzinsung außer Acht, berechnet sich die Abzinsung eines Kapitalbetrags bei einem Zinssatz von 5 % für ein Jahr mit 1/1,05 = 0,95238095 (vgl *Glockner/Hoenes/Weil* § 16 Rn 33ff). Mit diesem Faktor muss das im Leistungszeitraum erforderliche Kapital für jedes Jahr aufgeschobener Rentenzahlung einmal multipliziert werden.

11 **Bsp:**

Zinssatz in %	5	3
Jahre bis Rentenbeginn	5	5
Benötigtes Kapital bei Rentenbeginn	30 000 €	30 000 €
Abzinsungsfaktor (1/1,05 bzw. 1/1,03)	0,95238095	0,970873786
1 Jahr	28 571,42857 €	29 126,21 €
2 Jahre	27 210,88429 €	28 277,88 €
3 Jahre	25 915,12783 €	27 454,25 €
4 Jahre	24 681,07406 €	26 654,61 €
5 Jahre	23 505,78476 €	25 878,26 €

11a Das Bsp zeigt die Auswirkungen des Rechnungszinses, die sich durch die Fortschreibung in die Rentenphase noch erheblich potenzieren, weil für dieselbe Rentenzusage bei einer nur 3 %igen Verzinsung ab Renteneintritt – und einer prognostizierten Laufzeit von rund 20 Jahren – erheblich mehr Kapital benötigt wird als bei einer 5 %igen Verzinsung. Eine Dynamik (Anpassung) im Anwartschafts- und/oder Leistungsstadium (s Rn 8) wirkt gegenläufig zum Rechnungszins; eine 1 %ige Steigerung im Anwartschaftsstadium kann durch entspr Absenkung des Rechnungszinses einberechnet werden (*Borth* VersA Kap 2 Rn 43 aE). Zugesagte Leistungen wegen Invalidität oder an Hinterbliebene werden entspr dem Alter der leistungsberechtigten Person zum Stichtag mit weiteren Zuschlägen berücksichtigt (*Glockner/Hoenes/Weil* § 16 Rn 22f; *Hauß/Bührer* Rn 735ff).

12 Je höher der Rechnungszins liegt, desto niedriger muss der Barwert des jew Anrechts sein (*Glockner/Hoenes/Weil* § 8 Rn 44ff, § 16 Rn 33ff mit Bsp; *Hauß/Bührer* Rn 985; zur Problematik bei Anrechten aus betrieblichen Direktzusagen s *Jaeger* FamRZ 2010, 1714ff; *Hauß* FamRZ 2011, 88f). Nach der Vorstellung des Gesetzgebers (BT-Drs 16/10144, 85; BT-Drs 16/11903, 56) soll einheitlich der für die Bewertung von Pensionsrückstellungen in Han-

delsbilanzen nach § 253 II HGB ermittelte und monatlich von der Deutschen Bundesbank bekannt gegebene Rechnungszins verwendet werden; maßgeblich ist der zum Stichtag Ehezeitende bekannt gegebene Wert. Die gesetzgeberische Vorgabe gilt aber nur für Direktzusagen und Unterstützungskassen. IÜ ist sie nicht zwingend ausgestaltet; bei Lebensversicherungen, berufsständischen Versorgungswerken und Pensionskassen wird idR mit einem Garantiezins gerechnet, der deutlich unter dem realistisch zu erwartenden Zins angesetzt ist; er lag bis zum 31.12.2016 bei 1,25 %, bis zum 31.12.2021 bei 0,9 % und beträgt seither 0,25 % (BGBl I 2016, 1231). Bei umlagefinanzierten Versorgungssystemen entfällt ein Kapitalertrag vollständig, so dass hier mit dem Rechnungszins einer fiktiven Kapitalanlage zu rechnen ist. Vor dem Vergleich von Anrechten auf Kapitalwertbasis und in den Fällen externer Teilung nach § 17 können insoweit Berechnungskorrekturen erforderlich sein.

V. Wertvergleich. Abs VI listet die Fälle auf, in denen der Gesetzgeber die Notwendigkeit eines Wertvergleichs gesehen hat. Die Aufzählung ist jedoch nicht abschließend. Unter Einschluss der in Abs VI genannten Fälle wird ein Wertvergleich notwendig, wenn 13
- die Wirksamkeit einer vertragl Regelung des VersA (§§ 6–8) vom Umfang des darin enthaltenen Verzichts eines Beteiligten abhängt;
- wegen der Einbeziehung von ausl Anrechten ein – teilw – Absehen vom Wertausgleich bei Scheidung nach § 19 III in Betracht kommt;
- ein (auch teilw) Ausschluss des VersA nach § 27 zu erwägen ist;
- ein Ehegatte nach Rechtskraft des Scheidungsbeschlusses, aber vor Durchführung des VersA bei Scheidung stirbt (§ 31 II);
- Anrechte **gleicher Art** nicht ausgeglichen werden sollen, weil die Differenz dieser beiderseitigen Anrechte gering ist (§ 18 I).

Der Gesetzgeber hat trotz der Erkenntnis, dass der Vergleich der Anrechte auf Grundlage der (korrespondierenden) Kapitalwerte nur ausnahmsw möglich ist, hieran festgehalten. Er bringt in Abs VI aber zugleich zum Ausdruck, wie wenig ein Vergleich von Anrechten allein auf korrespondierende Kapitalwerte zu stützen ist. Maßgeblich sollen vielmehr auch die anderen wertbildenden Faktoren sein. In der Gesetzesbegründung (BT-Drs 16/11903, 56) werden als wertbildende Faktoren neben dem Leistungsspektrum (Alters-, Invaliditäts-, Hinterbliebenenversorgung) und der Dynamik von Anrechten die Finanzierungsverfahren (Kapital-, Abschnittsdeckungsverfahren, umlage- oder steuerfinanzierte Anrechte) und sonstige Faktoren (Insolvenzschutz, Teilkapitalisierungsrechte) genannt. Die Berücksichtigung dieser Gesichtspunkte ändert aber nichts daran, dass korrespondierende Kapitalwerte keine systemübergreifende Vergleichbarkeit von Anrechten herbeiführen können (krit daher *Voucko-Glockner/Weil*, § 2 Rn 34ff; *Glockner/Hoenes/Weil* § 3 Rn 56ff, 59f; *Hauß/Bührer* Rn 994f). Gleichwohl will der BGH (FamRZ 2017, 26 Rn 34; 2016, 697) bei Anwendung des § 27 auf entzogene Anrechte bis zum Nachw des Gegenteils aus Praktikabilitätsgründen hiervon ausgehen; eine Verpflichtung der Ehegatten auf eine Saldierungsvereinbarung lehnt er dagegen unter Verweis auf die mangelnde Vergleichbarkeit der Kapitalwerte ab (BGH MDR 2020, 38 Rn 26f). Insb bei hohen Kapitalwerten drohen dadurch erhebliche Wertunterschiede verkannt zu werden. 14

VI. Kritik und Lösungsvorschlag. Um die Vergleichbarkeit von auszugleichenden Anrechten herzustellen, ist die Figur des korrespondierenden Kapitalwertes unverzichtbar. Es reicht nicht aus, die Anrechte nur auf der Basis vergleichbar gemachter Rentenwerte miteinander zu vergleichen (dazu s *Bergner* KomRefVA, Anm 7.4), weil dies noch keinen systemübergreifenden Vergleich mit sonstigen, dem Zugewinnausgleich unterliegenden Vermögenswerten ermöglicht. Dieser ist aber oft notwendig, bspw dann, wenn in einem Ehevertrag der Verzicht auf einen Wertausgleich durch die Übertragung eines Vermögensgegenstandes (zB Immobilie) ausgeglichen werden soll. In der gegenwärtigen Gestalt ist aber der korrespondierende Kapitalwert für den Wertvergleich nicht nur untauglich, sondern geradezu gefährlich, weil er mögliche erhebliche Wertunterschiede wahlweise suggeriert oder verschleiert (vgl *Bergner/Schnabel* rv, Sonderbeil 7/2011, 53f). Problematisch ist, die Berechnung des Ausgleichswertes an das jew Versorgungssystem anzubinden. Eine Vergleichbarkeit kann aber nur hergestellt werden, wenn mit einer **einheitlichen Berechnungsmethode** gearbeitet wird. Die **Lösung** des Problems liegt deshalb darin, für sämtliche Anrechte, ausgehend von der zugesagten Leistung und unter Berücksichtigung ihrer wertbildenden Faktoren (wie zB Dynamik im Anwartschafts- und Leistungsstadium, Insolvenzschutz, spätere Versteuerung) einen **Barwert** entspr Abs V nach **versicherungsmathematischen Grundsätzen** zu errechnen (*Norpoth* FamRB 2009, 290; *Kemper* VersA § 6 Rn 189f; *Glockner/Hoenes/Weil* § 9 Rn 14; krit aber *Glockner/Hoenes/Weil* § 3 Rn 54ff; *Bührer* FamRZ 2019, 1846, 1850, wenn auch ohne eigenen Lösungsweg; mögliche Berechnungsgrundlagen bei *Hauß* FamRB 2011, 156ff; s dazu auch das Programm „Kapitalwertkontrolle" von *Hauß*, abrufbar unter https://www.anwaelte-du.de/kapitalwertkontrolle.html); dabei wird ein **einheitlicher Zinssatz** zu verwenden sein (zu den sonst bestehenden Bewertungsproblemen s *Jaeger* FamRZ 2010, 1714ff). In dieser Methode liegt aus zwei Gründen keine Rückkehr zum alten System: Zum einen wird der Barwert nicht, wie nach altem Recht, fiktiv in die GRV eingezahlt. Zum anderen ist die Barwertberechnung nicht an festliegende – und damit zwangsläufig immer wieder veraltende – Sterbetafeln und Berechnungszinssätze gebunden; sie kann auch genauer ausgestaltet werden, als nach der BarwertVO vorgesehen. Der versicherungsmathematische Barwert entspricht dann demjenigen Betrag, den der Ausgleichspflichtige aufwenden müsste, wenn er sein Anrecht iHd Ausgleichswertes bei einem privaten Versorger einkaufen wollte. Zwar sind einer exakten Barwertberechnung Grenzen gesetzt, wo Versorgungsträger ihre Berechnungsgrundlagen nicht offenlegen müssen (vgl *Glockner/Hoenes/Weil* § 16 Rn 32); gleichwohl wird man sich mit dieser Methode dem tatsächlichen Wert eines Anrechts so weit annähern können, dass auf dieser Grundlage ein Wertvergleich noch am ehesten vertretbar erscheint. 15

Teil 2a
Ergänzende Vorschriften (§ 47a)

§ 47a Erstattung nach interner Teilung von Anrechten aus einem öffentlich-rechtlichen Dienst- oder Amtsverhältnis

(1) Ist ein Anrecht aus einem öffentlich-rechtlichen Dienst- oder Amtsverhältnis intern geteilt worden und wechselt die ausgleichspflichtige Person danach den Dienstherrn oder scheidet aus dem Dienst- oder Amtsverhältnis aus, ohne dass ein Anrecht bei dem bisherigen Versorgungsträger für sie fortbesteht, so hat der bisherige Versorgungsträger einen Anspruch auf Erstattung der Zahlungen, die er nach dem Dienstherrenwechsel oder Ausscheiden aus dem Dienst- oder Amtsverhältnis an die ausgleichsberechtigte Person geleistet hat.

(2) Der Erstattungsanspruch richtet sich bei einem Dienstherrenwechsel gegen den nunmehr zuständigen Träger der Versorgungslast und bei einer Nachversicherung in der gesetzlichen Rentenversicherung gegen den zuständigen Träger der gesetzlichen Rentenversicherung. § 2 der Versorgungsausgleichs-Erstattungsverordnung gilt entsprechend.

1 § 47a ist durch Art 12 des Besoldungsstrukturenmodernisierungsgesetzes v 9.12.2019 (BGBl I 2019, 2053) mWz 1.1.2020 eingefügt worden. Er entspricht inhaltlich dem – im gleichen Gesetz abgeschafften – § 5 BVersTG, weitet dessen Anwendungsbereich aber auf die Träger der Landesbeamtenversorgung aus, um diesen die Einführung der internen Teilung zu ermöglichen (BT-Drs 19/13396, 163). Wechselt die ausgleichspflichtige Person nach durchgeführtem VersA den Dienstherrn, wird dieser auch für ihre Beamtenversorgung alleinzuständig. Der frühere Dienstherr leistet dem neuen eine Abfindung. Er bleibt aber ggü der ausgleichsberechtigten Person zur Leistung verpflichtet, ohne dies durch Kürzung der Versorgung der ausgleichspflichtigen Person kompensieren zu können. § 47a verschafft ihm nunmehr auch auf Landesebene einen Erstattungsanspruch gegen den neuen Dienstherrn oder im Falle der Nachversicherung gem § 8 SGB VI gegen den Rentenversicherungsträger (vgl auch § 1 BVersTG Rn 3). § 47a ist nicht anwendbar, wenn ein Beamter bei seinem Ausscheiden einen Anspruch auf Altersgeld (s § 16 Rn 1 und § 44 Rn 11a) gegen seinen Dienstherrn erwirbt, weil es dann nicht zu einem Wechsel des Dienstherrn kommt (BT-Drs 13/13396, 163).

Teil 3
Übergangsvorschriften (§§ 48–54)
Vorbemerkung vor § 48

1 Die Übergangsregelungen zum neuen Recht sind recht ausführlich. Ursächlich hierfür ist, dass neben der Frage, ab wann die neuen Regelungen gelten, die Anwendbarkeit des neuen Rechts auf Altfälle eingehend zu regeln war. Mit dem erstgenannten Aspekt befassen sich die §§ 48–49, mit dem letzteren die §§ 51–53. § 50 regelt die Behandlung von Verfahren, die nach § 2 I 2 VAÜG aF ausgesetzt worden sind. § 54 betrifft schließlich „Uralt-Fälle".

2 Ihre endgültige Fassung haben die Übergangsvorschriften erst in der Beschlussempfehlung des Rechtsausschusses erhalten (BT-Drs 16/11903, 23ff; 56ff). Ziel der letzten Änderungen war, den Übergang zum neuen Recht noch klarer und stringenter zu fassen und ihn noch weiter zu beschleunigen. So sollte ein langes Nebeneinander von altem und neuem Recht vermieden werden; es war der Praxis nach Ansicht des Gesetzgebers nicht zuzumuten.

3 Verfassungsrechtl Aspekte des Vertrauensschutzes erforderten hier (nach Ansicht des Gesetzgebers) keine Übergangsfrist. Das VersAusglG regelt wie das alte Recht die Halbteilung der ehezeitl Versorgungsanrechte und will diesem Ziel sogar besser gerecht werden als die abgelösten Regelungen. Soweit die Übergangsregelungen also auch für die Zeit nach dem Inkrafttreten des VersAusglG die Anwendung des alten Rechts vorsehen, spielten dabei mehr Praktikabilitätserwägungen eine Rolle: es geht darum, übertriebenen Mehraufwand zu vermeiden. Allerdings muss es aus Gründen des Vertrauensschutzes dabei verbleiben, dass für Scheidungen, die bis zum 31.12.1991 im Beitrittsgebiet erfolgt sind, auf Grundlage des alten Rechts kein VersA durchgeführt wird (Art 234 § 6 EGBGB; vgl hierzu BT-Drs 16/10144, 85, 86).

4 Da mit dem neuen materiellen Recht auch neue Verfahrensregelungen im FamFG (insb §§ 217ff FamFG) korrespondieren, sind die Übergangsregelungen harmonisiert worden: Art 111 FGG-RG ist durch Art 22 VAStrRefG um die Abs II–IV erweitert worden.

§ 48 Allgemeine Übergangsvorschrift

(1) In Verfahren über den Versorgungsausgleich, die vor dem 1. September 2009 eingeleitet worden sind, ist das bis dahin geltende materielle Recht und Verfahrensrecht weiterhin anzuwenden.

(2) Abweichend von Absatz 1 ist das ab dem 1. September 2009 geltende materielle Recht und Verfahrensrecht anzuwenden in Verfahren, die

1. am 1. September 2009 abgetrennt oder ausgesetzt sind oder deren Ruhen angeordnet ist oder
2. nach dem 1. September 2009 abgetrennt oder ausgesetzt werden oder deren Ruhen angeordnet wird.

(3) Abweichend von Absatz 1 ist in Verfahren, in denen am 31. August 2010 im ersten Rechtszug noch keine Endentscheidung erlassen wurde, ab dem 1. September 2010 das ab dem 1. September 2009 geltende materielle Recht und Verfahrensrecht anzuwenden.

Nachdem sich über zehn Jahre nach Inkrafttreten des neuen Rechts für diese Vorschrift kein Anwendungsbereich mehr ergibt, wird hier auf eine Komm verzichtet. Auf die Komm bis zur 14. Aufl wird verwiesen. 1

§ 49 Übergangsvorschrift für Auswirkungen des Versorgungsausgleichs in besonderen Fällen

Für Verfahren nach den §§ 4 bis 10 des Gesetzes zur Regelung von Härten im Versorgungsausgleich, in denen der Antrag beim Versorgungsträger vor dem 1. September 2009 eingegangen ist, ist das bis dahin geltende Recht weiterhin anzuwenden.

Für die §§ 49 f ergibt sich über 10 Jahre nach Inkrafttreten des neuen Rechts kein Anwendungsbereich mehr. 1
Daher wird hier auf eine Komm verzichtet und auf die Komm zur 15. Aufl verwiesen. Zum Rentner- und Pensionärsprivileg s § 33 Rn 16f.

§ 50 Wiederaufnahme von ausgesetzten Verfahren nach dem Versorgungsausgleichs-Überleitungsgesetz

(1) Ein nach § 2 Abs. 1 Satz 2 des Versorgungsausgleichs-Überleitungsgesetzes ausgesetzter Versorgungsausgleich

1. ist auf Antrag eines Ehegatten oder eines Versorgungsträgers wieder aufzunehmen, wenn aus einem im Versorgungsausgleich zu berücksichtigenden Anrecht Leistungen zu erbringen oder zu kürzen wären;
2. soll von Amts wegen spätestens bis zum 1. September 2014 wieder aufgenommen werden.

(2) Der Antrag nach Absatz 1 Nr. 1 ist frühestens sechs Monate vor dem Zeitpunkt zulässig, ab dem aufgrund des Versorgungsausgleichs voraussichtlich Leistungen zu erbringen oder zu kürzen wären.

S § 49 Rn 1. 1

§ 51 Zulässigkeit einer Abänderung des öffentlich-rechtlichen Versorgungsausgleichs

(1) Eine Entscheidung über einen öffentlich-rechtlichen Versorgungsausgleich, die nach dem Recht getroffen worden ist, das bis zum 31. August 2009 gegolten hat, ändert das Gericht bei einer wesentlichen Wertänderung auf Antrag ab, indem es die in den Ausgleich einbezogenen Anrechte nach den §§ 9 bis 19 teilt.

(2) Die Wertänderung ist wesentlich, wenn die Voraussetzungen des § 225 Abs. 2 und 3 des Gesetzes über das Verfahren in Familiensachen und in den Angelegenheiten der freiwilligen Gerichtsbarkeit vorliegen, wobei es genügt, dass sich der Ausgleichswert nur eines Anrechts geändert hat.

(3) Eine Abänderung nach Absatz 1 ist auch dann zulässig, wenn sich bei Anrechten der berufsständischen, betrieblichen oder privaten Altersvorsorge (§ 1587a Abs. 3 oder 4 des Bürgerlichen Gesetzbuchs in der bis zum 31. August 2009 geltenden Fassung) der vor der Umrechnung ermittelte Wert des Ehezeitanteils wesentlich von dem dynamisierten und aktualisierten Wert unterscheidet. Die Aktualisierung erfolgt mithilfe der aktuellen Rentenwerte der gesetzlichen Rentenversicherung. Der Wertunterschied nach Satz 1 ist wesentlich, wenn er mindestens 2 Prozent der zum Zeitpunkt der Antragstellung maßgeblichen monatlichen Bezugsgröße nach § 18 Abs. 1 des Vierten Buches Sozialgesetzbuch beträgt.

(4) Eine Abänderung nach Absatz 3 ist ausgeschlossen, wenn für das Anrecht nach einem Teilausgleich gemäß § 3b Abs. 1 Nr. 1 des Gesetzes zur Regelung von Härten im Versorgungsausgleich noch Ausgleichsansprüche nach der Scheidung gemäß den §§ 20 bis 26 geltend gemacht werden können.

(5) § 225 Abs. 4 und 5 des Gesetzes über das Verfahren in Familiensachen und in den Angelegenheiten der freiwilligen Gerichtsbarkeit gilt entsprechend.

I. Allgemeines. § 51 ist für die nach **altem** Recht durchgeführten **öffentlich-rechtl Versorgungsausgleichsverfahren** an die Stelle des § 10a VAHRG aF getreten. Für den VersA nach altem Recht war nach Ansicht des BVerfG (zB FamRZ 1993, 161) die Möglichkeit einer Nachbesserung des öffentlich-rechtl VersA deshalb geboten, weil dieser regelmäßig auf einer Prognose künftiger Wertentwicklung von Anrechten beruhte, die sich als falsch herausstellen konnte. Die gleichberechtigte Teilhabe am Altersversorgungsvermögen (Art 3 II und Art 6 GG) bezieht sich aber auf das tatsächlich Erworbene und nicht auf fiktive Anrechte (BVerfG FamRZ 1993, 161, 163). Der Gesetzgeber hielt es deshalb verfassungsrechtl für geboten, für Altverfahren eine ähnl weitgehende Korrekturmöglichkeit zuzulassen. Unter den in § 51 enthaltenen Regelungen verdient insb **Abs III** besondere 1

Aufmerksamkeit; er ermöglicht die Korrektur von erheblichen Wertverzerrungen, die durch Umrechnung nicht volldynamischer Anrechte in Anrechte der GRV entstehen konnten (Bsp bei *Weil* FF 2010, 195, 197f).

2 **II. Anwendungsbereich.** Die Vorschrift befasst sich mit den Fällen, in denen ein nach **altem** Recht durchgeführter VersA **nach Inkrafttreten des neuen Rechts** abgeändert werden soll. Dabei kommt es nicht darauf an, wann die abzuändernde Entscheidung getroffen worden ist; erfasst werden auch solche Entscheidungen, die nach dem Inkrafttreten des neuen Rechts aufgrund der Übergangsregelung des § 48 I nach altem Recht ergangen sind (vgl *Kemper* FuR 2010, 189, 190). Kein Abänderungsverfahren, sondern ein Erstverfahren ist durchzuführen, wenn nach altem Recht wegen unaufklärbarer (ausl) Anrechte nur die Feststellung ausgesprochen worden ist, dass ein VersA nicht stattfindet (Karlsruhe FamRZ 2019, 286 m zust Anm *Borth*; aA Frankfurt FamRZ 2018, 338). Sonst ist eine Altentscheidung, wonach ein VersA nicht stattfindet, abänderbar; das gilt auch, wenn sie auf einem damaligen Vergleich beruht (*Hauß* NJW 2013, 1761, 1762).

3 **Nicht** anwendbar ist § 51 auf Abänderungsverfahren, die noch **vor Inkrafttreten des neuen Rechts eingeleitet** worden sind. Für diese gilt nach § 48 I noch altes Recht (§ 10a VAHRG aF). Das kann zu dem widersinnigen Ergebnis führen, dass direkt nach Beendigung des Abänderungsverfahrens ein weiteres Abänderungsverfahren, diesmal auf Grundlage des § 51, zulässig und begründet ist (zur möglichen Vermeidung dieses Ergebnisses s 14. Aufl Rn 21). Ebenfalls nicht anwendbar ist § 51 auf Verfahren betreffend den **schuldrechtl** VersA nach altem Recht; für die Abänderung dieser Verfahren gilt § 48 I FamFG. Ist danach eine Abänderung berechtigt, wird darauf grds neues Recht und nur unter den Voraussetzungen des § 48 VersAusglG altes Recht angewendet. § 51 ist auch dann nicht anwendbar, wenn eine nach altem Recht ergangene Entscheidung bereits nach neuem Recht abgeändert worden ist (BGH FamRZ 2022, 262 Rn 13).

4 **III. Voraussetzungen.** Das Abänderungsverfahren wird nur **auf Antrag** eingeleitet (näher § 52 Rn 3). Der in Abs I geregelte Grundsatz lautet, dass, wenn ein Abänderungsgrund besteht, eine **Totalrevision** unter Anwendung des **neuen Rechts** stattfinden soll. Diese Überführung in das neue Recht soll verhindern, dass auf Abänderungsverfahren für nach altem Recht durchgeführte VersA noch uneingeschränkt altes Recht neben dem neuen Recht anwendbar bleibt. Im Hinblick auf die Voraussetzungen für eine Totalrevision auf Grundlage des § 51 empfiehlt sich folgende **Prüfungsreihenfolge:**
- Wertänderung nach dem Ende der Ehezeit (Abs II iVm § 225 II FamFG)?
- Wesentliche Wertänderung (Abs II mit § 225 II, III FamFG; Abs III) oder hilfsweise wesentliche Auswirkung „Wartezeiterfüllung" (Abs V iVm § 225 IV FamFG)?
- Wertänderung zugunsten eines Ehegatten (Abs V iVm § 225 V FamFG)?
- Kein Verweis in den Wertausgleich nach der Scheidung (Abs IV)?

5 **1. Wertänderung.** Es muss eine Wertänderung bei zumindest einem Anrecht eingetreten sein. Dabei muss es sich um ein Anrecht handeln, das auch in den öffentlich-rechtl VersA einbezogen war (s Rn 20). Die Ursache der Wertänderung kann tatsächlicher oder rechtl Art sein. Bsp sind die Veränderung bei der Bewertung von Kindererziehungszeiten in der GRV, die Absenkung des Ruhegehaltssatzes in der Beamtenversorgung (vgl FamR-Komm/*Wick* Rn 14 mwN) oder die rückwirkende Erhöhung der Besoldung eines Beamten (*Borth* VersA Kap 12 Rn 14ff, 17 mit weiteren Bsp), aber auch das Ausscheiden aus dem Beamtenverhältnis unter Nachversicherung in der GRV mit wertverringernden Folgen (Frankfurt, Beschl v 13.3.2023 – 6 UF 237/22). Die Veränderung muss sich auf den Ehezeitanteil auswirken. Allerdings sind nur solche Veränderungen beachtlich, deren Grundlagen auch in der Ehezeit gelegt worden sind; dazu gehören nach hM nicht die Veränderungen individueller Bemessungsgrundlagen wie der Wechsel der Besoldungsgruppe nach dem Ehezeitende bei einem Beamten (BGH FamRZ 1995, 92, 94f; s näher § 5 Rn 3ff). Eine Abänderung kann mangels Wertänderung nicht zum Zweck einer **reinen Fehlerkorrektur** betrieben werden (s Rn 6), und auch nicht allein wegen der Höchstbetragsregelung nach § 1587b V BGB aF (BGH FamRZ 2016, 620). Die Abänderung einer Härtefallentscheidung nach § 27 kann auch nicht allein auf veränderte Einzelfallumstände gestützt werden (BGH FamRZ 2022, 262).

6 **2. Nachträglichkeit.** Die zugrunde liegende tatsächliche oder rechtl Veränderung muss **nach dem Ende der Ehezeit** eingetreten sein (Abs II iVm § 225 II FamFG). Das bedeutet, dass nicht mehr, wie nach altem Recht, mit dem Abänderungsantrag eine reine Fehlerkorrektur der Erstentscheidung betrieben werden kann (BGH FamRZ 2015, 125; 2013, 1548ff Rn 18ff; Grü/*Siede* Rn 5f; *Borth* FamRZ 2010, 1215). Eine solche Fehlerkorrektur findet nach der Intention des Gesetzgebers nur **anlässlich** einer wesentlichen Wertänderung eines Anrechts statt (BT-Drs 16/10144, 96, 97 zu § 225 FamFG; *Kemper* FuR 2010, 191; BGH FamRZ 2016, 620; 2015, 1279 m Anm *Holzwarth* FamRZ 2015, 1281; 2015, 125; Hamm NJW 2015, 1972; München FamRZ 2015, 1302; Celle FamRZ 2014, 211 Rn 38 mwN; so wohl auch BGH FamRZ 2013, 1289, 1290 Rn 13ff). Ausnahmsw berechtigen aber Wertänderungen, die nach dem Ehezeitende eingetreten sind, wohl auch dann noch zur Abänderung, wenn sie schon bei der Erstentscheidung hätten berücksichtigt werden können.

7 **3. Wesentlichkeit.** Die Wertänderung muss **wesentlich** sein. Hierzu gibt es zwei Fallgruppen, die in den Abs II und III geregelt sind. Abs II enthält mit dem Verweis auf § 225 II und III FamFG die allg Regelung, Abs III befasst sich mit dem Sonderfall der Wertverzerrungen durch die „Dynamisierung" von Anrechten nach altem Recht mit Hilfe der BarwertVO.

8 **a) Anrechtsbezogene Wesentlichkeit.** Nach Abs II ist erforderlich, aber auch – im Gegensatz zum alten Recht – zunächst ausreichend, dass sich der Wert **nur eines einzigen in den VersA einbezogenen Anrechts** wesentlich geändert hat, Hs 2. In einem solchen Fall ist eine Abänderung der Entscheidung zum Wertausgleich bei Schei-

dung auch nach neuem Recht künftig, und zwar wegen des Hin-und-Her-Ausgleichs allein **anrechtsbezogen**, möglich. Erfasst sind hier auch die Wertänderungen solcher Anrechte, die nach neuem Recht (§ 225 I FamFG iVm § 32 VersAusglG) nicht mehr zur Abänderung einer Entscheidung über den Wertausgleich bei Scheidung berechtigen. Für die Frage, wann eine Wertänderung wesentlich ist, verweist Abs II auf § 225 II und III FamFG. Nach § 225 III FamFG handelt es sich um eine **doppelte Wesentlichkeitsschwelle**. Die Wertänderung muss mindestens 5 % des bisherigen **Ausgleichswerts** (s § 1 II 2: halber Ehezeitanteil) des Anrechts betragen (sog relativer Schwellwert; *Hauß* NJW 2013, 1761, 1763). Bei Anrechten, die mit der BarwertVO umgewertet worden sind, ist von dem in der Ausgangsentscheidung festgestellten Nominalwert vor Dynamisierung auszugehen (BGH FamRZ 2022, 516 Rn 16ff m Anm *Siede*). Darüber hinaus muss die Wertänderung des Ausgleichswerts bei einem Rentenbetrag 1 % der maßgeblichen Bezugsgröße nach dem SGB IV, bei einem Kapitalwert 120 % dieser Bezugsgröße übersteigen (sog absoluter Schwellwert; *Hauß* NJW 2013, 1761, 1763). Nach jetzt hM kommt es immer auf einen Rentenwert an, weil im alten Recht alle Anrechte auf Rentenbasis berechnet worden sind (BGH FamRZ 2023, 764 Rn 11; FamRZ 2020, 743 Rn 11; FamRZ 2019, 1604 Rn 14; FamRZ 2019, 1314 Rn 20; FamRZ 2018, 176 mwN; ebenso zB *Wick* VersA Rn 814f; FamR-Komm/*Wick* Rn 15f; MüKo/*Recknagel* Rn 79; Grü/*Siede* Rn 9). Die Gegenansicht stellt auf eine Unterscheidung nach maßgeblicher Bezugsgröße iSd § 5 wie bei § 18 ab (vgl für § 225 FamFG BGH FamRZ 2016, 1649 Rn 16f; 2013, 1287; Dresden FamRZ 2016, 469f; Frankfurt NJW-RR 2014, 450 Rn 6). Die hM führt zu Wertungswidersprüchen in der GRV (vgl Frankfurt NJW-RR 2014, 450 Rn 6), was kritisch zu sehen ist (für eine Rechtsänderung daher *Siede* FamRZ 2018, 729). Maßgeblich sind nach § 225 III FamFG die entspr Werte **zum jew Ehezeitende** (Tabelle bei § 18 Rn 9; *Bergner* KomRefVA, Anm 5.2.2; Celle FamRZ 2014, 479, 480). Die letzten denkbaren maßgeblichen Beträge stammen aus dem Jahr 2009 und betrugen als Renten-/Kapitalbetrag 25,20/3.024 € (s Tabelle bei § 18 Rn 9).

b) Wesentliche Wirkung. Eine **Ausnahme** von der Wesentlichkeitsschwelle gilt nach Abs V iVm § 225 IV FamFG 9
dann, wenn die Wertänderung zwar unwesentlich, ihre Auswirkung aber in der Weise wesentlich ist, dass der Ausgleichsberechtigte nunmehr eine Wartezeit für den Bezug einer bereits bestehenden Anwartschaft (BGH FamRZ 2022, 1522 Rn 16ff; FamRZ 2022, 258 Rn 20 m Anm *Borth*; NZFam 2022, 942; Nürnberg FamRZ 2021, 849) erfüllt. Es reicht dabei nicht aus, dass die Anwartschaft, um deren Wartezeit es geht, erst durch den Hin-und-Her-Ausgleich des neuen Rechts erworben wird (BGH FamRZ 2022, 1522). In der GRV geht es um folgende Wartezeiten (*Bergner* KomRefVA § 51 Anm 8.1):

- die Wartezeit von fünf Jahren nach § 50 I SGB VI in den Fällen der §§ 35, 43, 45 und 240 SGB VI;
- die Wartezeit von 15 Jahren (§ 243b SGB VI) in den Fällen der §§ 237, 237a SGB VI;
- die Wartezeit von 20 Jahren nach § 43 VI SGB VI;
- die Wartezeit von 35 Jahren in den Fällen der §§ 36, 37, 236, 236a SGB VI.

Nach vorzugswürdiger Ansicht (*Bergner* KomRefVA § 51 Anm 8.1 aE; ebenso wohl Nürnberg FamRZ 2021, 849 10
Rn 14; Celle FamRZ 2014, 479, 480; aA noch *Maier/Michaelis*[8] § 10a VAHRG Anm 3.2) besteht insoweit aber kein Rechtsschutzbedürfnis für eine Abänderung, wenn der Ausgleichsberechtigte auch ohne die Abänderung auf andere Art und Weise die Wartezeit erfüllen kann oder trotz Wartezeiterfüllung keinen Versorgungsanspruch hat, weil ihm andere Anspruchsvoraussetzungen hierfür fehlen.

c) Dynamisierte Anrechte. Einen Sonderfall regelt **Abs III**. Es handelt sich um die zahlreichen Verfahren, in de- 11
nen Anrechte der berufsständischen, betrieblichen oder privaten Altersvorsorge auf der Grundlage des alten Rechts – auch, aber nicht notwendig mithilfe der **BarwertVO** – dynamisiert worden sind (zu Unrecht nimmt *Götsche* ZFE 2010, 328 private Anrechte, die aufgrund eines Barwerts/Deckungskapitals nach § 1587a II Nr 5, III BGB aF dynamisiert worden sind, vom Anwendungsbereich aus; s BT-Drs 16/10144, 89. Allerdings kann es in diesen Fällen erforderlich sein, den aus dem ehezeitl Deckungskapital folgenden Rentenanspruch zu ermitteln). Im Abänderungsverfahren wird überprüft, ob die Dynamisierung fehlerhaft war. Diese Überprüfung ist so ausgestaltet, dass für die Frage, ob abzuändern ist, zunächst noch **keine neuen Auskünfte** benötigt werden (diese werden dann aber ggf für die Abänderung benötigt: *Kemper* FuR 2010, 189, 192). Dazu wird der damalige Wert des Ehezeitanteils **vor** der Dynamisierung mit demjenigen verglichen, der sich **nach** der Dynamisierung bei Ansatz des **heutigen aktuellen Rentenwerts** in der GRV ergibt (seit 1992 § 68 SGB VI; für die Zeit davor § 32 I AVG aF, § 1255 RVO aF, § 54 I RKG aF; nichtamtl Tabellen seit 1976 bei *Ruland* VersA Rn 1152). Das erfordert also die Umrechnung des dynamisierten Anrechts nach der Formel „Dynamisiertes Anrecht/aktueller Rentenwert zum Ehezeitende × aktueller Rentenwert jetzt", oder vereinfacht:

„Summe der damals nach Dynamisierung ermittelten Entgeltpunkte × aktueller Rentenwert jetzt".

Mit dem Ergebnis dieser Berechnung wird das **damalige** Anrecht **vor** der Dynamisierung verglichen. Beträgt die 12
Abweichung bei der Rente mindestens 2 % der maßgeblichen Bezugsgröße nach § 18 SGB IV (2023: 67,90 €; s Tabelle bei § 18 Rn 9), ist der Antrag auf Abänderung **zulässig** und die Abänderung wird durchgeführt (zur Ausnahme nach Abs IV s Rn 15). Sind **mehrere** Anrechte der ausgleichspflichtigen Person betroffen, ist die Wesentlichkeitsschwelle für die festgestellten Abweichungen nicht anrechtsbezogen zu prüfen, sondern nach **Addition** der Abweichungen (so zu Recht Saarbrücken NJW 2010, 2222f; *Götsche* ZFE 2010, 329; FamR-Komm/*Wick* Rn 19; zust auch *Hauß* NJW 2013, 1761, 1764). Im Rahmen der Zulässigkeitsprüfung wird **fingiert**, dass sich der seinerzeit ermittelte Ehezeitanteil der Versorgung vor der Dynamisierung nicht geändert hat. Ist danach die Wesentlichkeitsschwelle des Abs III überschritten, müssen für die Totalrevision nach neuem Recht neue Auskünfte der Versorgungsträger eingeholt werden, um nunmehr auch relevante Wertänderungen der einzubeziehenden Anrechte zu erfassen (BT-Drs 16/10144, 89).

13 **Bsp** (nach BT-Drs 16/10144, 89): Ende der Ehezeit am 30.9.2000. Die ausgleichspflichtige Person ist 55 Jahre alt und verfügt über ein nur im Leistungsstadium dynamisches Anrecht auf eine Betriebsrente von 469,40 DM/240 €. Dieses war mithilfe der seinerzeit gültigen BarwertVO in 4,3688 Entgeltpunkte und mithilfe des damaligen aktuellen Rentenwertes von 48,58 DM (24,84 €) in eine dynamische Rente der GRV von 212,24 DM/108,52 € umgerechnet worden. Im Juli 2022 wird ein Abänderungsantrag gestellt. Der nunmehr gültige aktuelle Rentenwert beträgt 36,02 €. Multipliziert man die 4,3688 Entgeltpunkte mit diesem Rentenwert, beträgt der Wert jetzt 157,36 €. Er liegt also um 82,64 € unter dem damaligen, nicht dynamisierten Wert. 2 % der zum Zeitpunkt der Antragstellung maßgeblichen Bezugsgröße nach § 18 I SGB IV sind 65,80 €. Der Wert ist überschritten, der Abänderungsantrag ist also zulässig und eine Totalrevision nach neuem Recht ist durchzuführen.

14 **4. Wirkung zugunsten eines Ehegatten/Hinterbliebenen.** Die Abänderung muss sich nach Abs V iVm § 225 V FamFG zugunsten eines, nicht notwendig des antragstellenden Ehegatten/Lebenspartners oder seiner Hinterbliebenen auswirken; es findet also keine Abänderung auf Antrag eines Versorgungsträgers statt, die sich nur zu dessen Gunsten auswirken würde (BGH FamRZ 2022, 1177 Rn 10f m Anm *Bührer*; FamRZ 2022, 258 Rn 13f; FamRZ 2020, 743 Rn 19f; Bsp bei *Kemper* FuR 2010, 189, 192). Im Fall des § 31 (Rn 19) kann der überlebende Ehegatte die Abänderung nur auf solche Wertänderungen stützen, die ihn begünstigen **und** bei einer **Gesamtbetrachtung** zu einem ihm günstigeren Ausgleichsergebnis führen, wobei die mögliche Anwendung des § 31 I 2 außer Betracht bleibt (BGH FamRZ 2022, 1177 Rn 14; FamRZ 2022, 258 Rn 16ff; FamRZ 2020, 743 Rn 21ff m Anm *Borth*; Stuttgart FamRB 2022, 14 m Anm *Adamus*; Frankfurt FamRZ 2021, 1362; Rostock FamRZ 2021, 847; aA Koblenz FamRZ 2021, 1191: Wertänderung eines Anrechts genügt). Dies gilt auch, wenn Hinterbliebene den Antrag stellen (BGH FamRZ 2023, 358, 360). In die Gesamtbetrachtung ist auch der Anspruch auf einen Wertausgleich nach der Scheidung einzubeziehen (Nürnberg FamRZ 2023, 775 = juris Rn 20).

15 **5. Ausnahme von der Totalrevision bei Dynamisierung.** Nach Abs IV findet **in den Fällen des Abs III** ausnahmsw dann keine Totalrevision des öffentlich-rechtl VersA statt, wenn private Anrechte seinerzeit teilw im Wege des sog „Supersplittings" nach § 3b I Nr 1 VAHRG aF durch erweiterte Übertragung gesetzl Rentenanwartschaften ausgeglichen worden sind. In diesen Fällen ist ein Rest verblieben, der noch schuldrechtl – oder jetzt: im Wertausgleich nach Scheidung nach den §§ 20ff – auszugleichen ist (Bsp BGH FamRZ 2015, 37). Zur Vereinfachung sieht Abs IV vor, dass die Begradigung von Dynamisierungsfehlern hier nur über den Wertausgleich nach Scheidung herzustellen ist. Voraussetzung hierfür ist aber, dass das FamG in der alten Entscheidung tatsächlich nur einen Teilausgleich vorgenommen hat; sonst bleibt es bei der Totalrevision (Celle FamRZ 2013, 1587; BGH FamRZ 2015, 1100 Rn 11; vgl *Bergner* KomRefVA, § 51 Anm 7, der im Interesse der Beteiligten und des FamG aber eine Vereinbarung zur Durchführung des Wertausgleichs nach Scheidung vorschlägt). Ein solcher Teilausgleich liegt nach der Rspr des BGH – entgegen § 3b I Nr 1 VAHRG aF – auch dann vor, wenn das FamG seinerzeit alles Unverfallbare vollständig ausgeglichen hat, dabei aber ausdrückl oder stillschw vom Ausgleich eines verfallbaren Teils abgesehen hat (BGH FamRZ 2019, 1314 Rn 20; FamRZ 2018, 1233 Rn 20; FamRZ 2015, 1688). Von dem teilw Ausgleich durch Supersplitting waren private, betriebliche und berufsständische Anrechte betroffen, welche durch erweiterte Übertragung gesetzl Rentenanrechte bis zu einer Höchstgrenze (2 % der aE der Ehezeit maßgeblichen Bezugsgröße nach § 18 SGB IV) ausgeglichen werden konnten. Überschritt der Wert der Anrechte (ggf nach Umrechnung in eine dynamische Rente) diese Höchstgrenze, verblieb ein Rest, der schuldrechtl auszugleichen war. In diesen Fällen soll es auch nach neuem Recht bei einem Wertausgleich nach der Scheidung iSd §§ 20ff verbleiben, um den Aufwand für eine Totalrevision nach neuem Recht zu reduzieren. Kein Teilausgleich liegt dagegen vor, wenn die ausgleichspflichtige Person hinsichtlich des Rests zu einer Beitragszahlung gem § 3b I Nr 2 VAHRG aF verpflichtet worden ist (BGH FamRZ 2016, 1050, 1051 Rn 15 m zust Anm *Wagner* FamRB 2016, 258f; so schon *Borth* FamRZ 2015, 1692f). Nicht selten sind die verbleibenden, vermeintlich kleinen Anrechtsteile entweder **abgefunden** oder ist auf ihren Ausgleich **verzichtet** worden. Der BGH behandelt diese Fälle nicht wie einen vollständigen Ausgleich. Die Vereinbarung oder der Verzicht ist danach über § 227 II FamFG abzuändern, wobei der Antragsteller klarstellen muss, ob er insoweit eine höhere Abfindung oder unter Rückzahlung der Abfindung einen Wertausgleich nach der Scheidung anstrebt; ein Restausgleich des betroffenen Anrechts ist letztlich nur im Verfahren nach den §§ 20ff zu erreichen (BGH FamRZ 2016, 1050 Rn 17ff; 2015, 1100 Rn 14). Zu kritisieren ist, dass die vom Gesetzgeber erstrebte Vereinfachung in der Praxis zu Verunsicherung und zu unzulässigen Anträgen führt (BGH FamRZ 2016, 1050; 2015, 1100); die bisherige Rspr des BGH lässt weiterhin Fragen offen (s Anm *Norpoth* zu BGH FamRZ 2016, 1050, 1052).

15a Wurde bei **endgehaltsbezogenen** Anrechten die Anwartschaftsdynamik nach altem Recht nicht ausgeglichen, weil sie noch verfallbar war, läge – auf Grundlage der hM zur Ausgleichspflicht dieser Anwartschaftsdynamik – wohl ein Teilausgleich iSd Abs IV vor (so BGH FamRZ 2019, 1314 Rn 18; 2018, 1233 Rn 24; 2015, 1688 m Anm *Borth* FamRZ 2015, 1692; München FamRZ 2012, 1944f; FamR-Komm/*Wick* Rn 21; MüKo/*Recknagel* Rn 89; *Bergner* FamFR 2013, 75ff; aA Celle FamRZ 2013, 1587 m Anm *Borth*; *Borth* FamRZ 2012, 601ff mit Berechnungsbsp). Nach hier vertretener Ansicht (vgl § 11 Rn 4a; § 19 Rn 12) ist die nachehezeitl Anwartschaftsdynamik dagegen überhaupt nicht auszugleichen, weil sie durch eine Gegenleistung der ausgleichspflichtigen Person (Betriebstreue als ArbN) und damit durch einen nachehelichen Erwerbstatbestand erdient worden ist.

16 Die tatsächliche Höhe des noch auszugleichenden Anrechts muss das Gericht bei der Entscheidung selbst ermitteln. Eine Bindung an die Berechnung in der Ausgangsentscheidung zum öffentlich-rechtl VersA besteht nicht (BGH FamRZ 2016, 442 Rn 14). Der bereits durchgeführte Teilausgleich muss berücksichtigt werden. Hierfür gibt § 53 den Rechenweg vor (Einzelheiten s dort).

In allen anderen Fällen, in denen im Rahmen der Entscheidung zum öffentlich-rechtl VersA alten Rechts Anrechte dynamisiert worden sind, bleibt es dagegen auch dann bei der Totalrevision nach neuem Recht, wenn noch nicht ausgeglichene Anrechte bestehen, die dem schuldrechtl VersA vorbehalten sind (vgl BT-Drs 16/11903, 57f). Erfasst sind daher sowohl die Fälle, in denen öffentlich-rechtl Anrechte nach Dynamisierung durch sog analoges Quasisplitting nach § 1 III VAHRG aF ausgeglichen worden sind. Anwendbar ist Abs III aber auch, wenn Anrechte der Beamtenversorgung und der berufsständischen Versorgung wegen Überschreitens der Höchstbetragsgrenze in der GRV nicht vollständig ausgeglichen werden konnten (§ 1587b V BGB aF iVm § 76 II 3 SGB VI aF). 17

Der Verweis des Abs IV auf den Wertausgleich nach der Scheidung bezieht sich ausschließlich auf die Regelung des Abs III, **nicht auf die Fälle des Abs II.** Ein teilw ausgeglichenes Anrecht iSd Abs III kann also trotz Abs IV eine Totalrevision nach Abs I und II auslösen (BGH FamRZ 2020, 743 Rn 17; FamRZ 2019, 1314 Rn 17 mwN; 2018, 1233 Rn 27). 18

IV. Rechtsfolge. Ist der VersA nach neuem Recht durchzuführen, tritt an die Stelle des öffentlich-rechtl VersA der Wertausgleich bei der Scheidung nach den §§ 9–19, allerdings erst mit Wirkung auf den Abänderungsstichtag (s Rn 21). Zum anwendbaren neuen Recht gehört in den nicht seltenen Fällen, in denen zwischenzeitl ein Ehegatte verstorben ist, auch die **Anwendung des § 31** (BGH FamRZ 2022, 1177 Rn 13ff; FamRZ 2022, 258 Rn 16ff; FamRZ 2020, 743 Rn 22ff; FamRZ 2018, 1496 Rn 10ff und 1238 Rn 14ff; 2013, 1287 m Anm *Holzwarth*; vorgehend KG FamRZ 2013, 703 mwN zur hM; Stuttgart FamRB 2022, 14; Koblenz FamRZ 2021, 1191; Nürnberg FamRZ 2021, 849; Frankfurt FamRB 2021, 486 und NZFam 2016, 710 [*Norpoth*]; KG FamRZ 2016, 133; Hamm NZFam 2015, 1067). Das kann aber, wie der BGH FamRZ 2013, 1287 Rn 22f ausführt, zu ungewollten Ergebnissen führen. So kann die per saldo ausgleichspflichtige Person über § 51 auch jenseits der Voraussetzungen der §§ 37f den VersA alten Rechts rückgängig machen, was sich zum Nachteil der Hinterbliebenen der ausgleichsberechtigten Person auswirken kann (dem zust Frankfurt FamRB 2021, 486; KG NZFam 2016, 470; Stuttgart NZFam 2016, 900; FamRZ 2015, 759; *Holzwarth* FamRZ 2013, 1289; abl Schleswig FamRZ 2016, 822 = FamRB 2016, 303f m zust Anm *Siede*; Schleswig FamRZ 2015, 757; *Borth* FamRZ 2015, 719). Da die Totalrevision zu einer neuen Entscheidung über den VersA führt, kann ein übergangsweise für die Altentscheidung noch geltendes Pensionistenprivileg entfallen (VGH Mannheim NZFam 2023, 82). 19

Problematisch in diesem Zusammenhang ist die Totalrevision im Hinblick auf private Anrechte Verstorbener, die in den VersA nach altem Recht nur als Berechnungsposten einbezogen waren. Die betroffenen Versorgungsträger sind nach hier vertretener Ansicht dann vor einer Inanspruchnahme nach neuem Recht geschützt, wenn die ausgleichspflichtige Person vor dem Inkrafttreten des neuen Rechts (1.9.2009) verstorben ist und soweit aus dem Anrecht zu diesem Zeitpunkt auch keine laufende Hinterbliebenenversorgung geleistet worden ist, weil das Anrecht dann bereits (ggf teilweise) erloschen war und der Versorgungsträger nicht mit seiner nachträgl Teilung rechnen musste. Unberührt bleibt in derartigen Fällen nur ein etwaiger Anspruch der ausgleichsberechtigten Person auf Teilhabe an einer Hinterbliebenenversorgung nach § 25 (vgl dazu *Gutdeutsch/Hoenes/Norpoth* FamRZ 2013, 414, 415). Ein erloschenes Anrecht kann aber nach hier vertretener Ansicht noch in eine Saldierung nach § 31 einbezogen werden und die Teilung der übrigen Anrechte des Verstorbenen beeinflussen. 19a

1. Betroffene Anrechte. In die Totalrevision werden nur diejenigen Anrechte einbezogen, die auch der abzuändernden Entscheidung **zugrunde gelegen haben** (s Abs I: „… die in den Ausgleich einbezogenen Anrechte …"), nicht dagegen solche Anrechte, die nach neuem Recht in den VersA einzubeziehen sind, nach altem Recht aber nicht (also diejenigen Anrechte nach § 2 II Nr 3, die auf eine Kapitalzahlung lauten; *Götsche* ZFE 2010, 332; ähnl Johannsen/Henrich/Althammer/*Holzwarth* Rn 5). Es muss nämlich davon ausgegangen werden, dass die nach altem Recht nicht dem VersA unterfallenden Anrechte anderweitig in eine Vermögensauseinandersetzung einbezogen sind. Sie dürfen aber nicht doppelt geteilt werden (s auch § 2 IV). Ob dies auch für den Grundrentenzuschlag gilt (so jetzt BGH FamRZ 2023, 764 Rn 15f unter Verweis auf *Strube* NZFam 2022, 717), erscheint zweifelhaft (aA MüKo/*Recknagel* Rn 60). Auch Anrechte, die damals **vergessen, verschwiegen** oder aus anderen Gründen nicht berücksichtigt worden sind, können nach dem eindeutigen Wortlaut und gesetzgeberischen Willen (BT-Drs 16/10144, 89) nicht in die Abänderungsentscheidung einbezogen werden (BGH FamRZ 2013, 1548 und 1642; Brandenburg NZFam 2023, 274; Naumburg FamRZ 2022, 1358; München FamRZ 2015, 1302; KG FamRZ 2013, 1945, 1946f mwN zum Streitstand; *Kemper* FuR 2010, 189, 196; *Weil* FF 2010, 195, 196; *Götsche* ZFE 2010, 332; krit dazu *Bergner/Schnabel* rv, Sonderbeil 7/2011, 47). Das gilt auch für Anrechte der betrieblichen Altersversorgung, die seinerzeit als nicht unverfallbar vollständig dem schuldrechtl VersA vorbehalten worden sind (vgl FamR-Komm/*Wick* Rn 10 mwN); sie können nur schuldrechtl ausgeglichen werden (anders für **teilw** öffentlich-rechtl ausgeglichene Anrechte BGH FamRZ 2019, 1314 Rn 18; FamRZ 2018, 1233 Rn 27; FamRZ 2015, 1688: diese sollen ggf vollständig in den Wertausgleich bei Scheidung einbezogen werden können; ebenso FamR-Komm/*Wick* Rn 10; MüKo/*Recknagel* Rn 72; wieder anders BGH BetrAV 2016, 355). Das gilt auch für zu Unrecht als verfallbar behandelte Anrechte (BGH FamRZ 2017, 197). Nicht mehr bestehende (zB zwischenzeitl **abgefundene**) Anrechte können aber nicht mehr ausgeglichen werden (BGH FamRZ 2016, 697; zur Anwendung des § 27 s § 27 Rn 10). Vergessene oder verheimlichte Anrechte können aber nach hier vertretener Ansicht auch dann im Wertausgleich nach der Scheidung ausgeglichen werden, wenn sie nach altem Recht eigentlich öffentlich-rechtl auszugleichen gewesen wären (aA BGH FamRZ 2013, 1548ff Rn 21ff; dazu § 20 Rn 3; s auch § 27 Rn 23). Nach München FamRZ 2013, 1586f (m zust Anm *Borth*) sind ausnahmsw An- 20 rechte in der Alterssicherung für Landwirte, die durch nachträgl Gesetzesänderung rückwirkend auf das Ehezeitende entstanden sind, nach Sinn und Zweck des § 51 I in die Abänderungsentscheidung einzubeziehen.

21 **2. Bewertungsstichtag.** Als Bewertungsstichtag gilt auch im Abänderungsverfahren das **Ende der Ehezeit** (§ 5 II 1; einen anderen Stichtag hat der Gesetzgeber nicht vorgesehen. Nach inzwischen hM ist aber der Ehezeitanteil schon im Ausgangsverfahren zu aktualisieren; (s BGH FamRZ 2019, 1314 Rn 29 und 2016, 775 Rn 50, 56; s auch § 5 Rn 4ff). Nach hier vertretener Ansicht muss die Aktualisierung auf den Abänderungszeitpunkt erfolgen (§ 226 IV FamFG iVm § 52 I VersAusglG: Monatserster nach Antragstellung; FamR-Komm/*Wick* Rn 12; *Wick* Rn 828ff; *Bergner* KomRefVA, § 51 Anm 9.2; Johannsen/Henrich/Althammer/*Holzwarth* Rn 20; aA wohl BGH FamRZ 2019, 1314 Rn 29; dem folgend Grü/*Siede* Rn 16; NK-FamR/*Hauß* Rn 24). Dem entsprechen die Regelungen in der GRV (§ 76 IV 3 SGB VI), wonach eine Umrechnung begründeter Anrechte nicht auf das Ehezeitende, sondern auf den Zeitpunkt der Antragstellung vorgenommen wird. Eine entspr Aktualisierung kann zu einer gewünschten Beschleunigung und Verfahrenskonzentration führen. So kann auch die Unterscheidung zw relevanten und irrelevanten zwischenzeitl Wertänderungen (Bsp: Karrieresprung) getroffen werden.

22 **3. Rückwirkung und zu berücksichtigende Veränderungen.** Anders als im Ausgangsverfahren (s § 5 Rn 3ff) ordnet das Gesetz für das Abänderungsverfahren eine **Rückwirkung** auf den Monatsersten nach Antragseingang an (s § 52 I VersAusglG iVm § 226 IV FamFG und § 101 III 1, 3 SGB VI; vgl Koblenz FamRZ 2017, 517; OVG Berlin-Brandenburg 20.12.2022 – OVG 6 B 10/22). Die zu diesem Zeitpunkt maßgeblichen Stichtagswerte verändern sich zwar ebenso wie im Ausgangsverfahren. Die Wertveränderungen nach dem Stichtag müssen die Versorgungsträger aber aufgrund einer rückwirkenden Teilung **für die jew geteilten Anrechte** nachvollziehen. Zu den Veränderungen gilt zunächst bis zum Abänderungsstichtag das oben (Rn 21 und § 5 Rn 5ff) Gesagte. Bei Anrechten in der GRV ist die nachehezeitl Erfüllung besonderer Wartezeiten ebenso zu berücksichtigen (Nürnberg FamRZ 2016, 372; Dresden NZFam 2015, 870) wie die Auswirkungen der Mütterrente (vgl BGH FamRZ 2016, 791: das kann einen gespaltenen Tenor erfordern). Die veränderte **Gesamtleistungsbewertung** gesetzl Rentenanrechte (s § 5 Rn 8; § 43 Rn 23) durch die nachehezeitl Erwerbsbiographie war nach früherer BGH-Rspr (FamRZ 2012, 509, 511; 2012, 847, 848f) wegen fehlenden Ehezeitbezugs nicht zu berücksichtigen. Für Anrechte im Leistungsstadium soll das nicht mehr gelten (BGH FamRZ 2016, 1649; 2016, 791; ebenso zuvor KG FamRZ 2016, 308; Nürnberg FamRZ 2016, 372). Nach hier vertretener Ansicht fehlt es bei einer Aufwertung von Anrechten am Ehezeitbezug; eine Abwertung muss dagegen nach dem Akzessorietätsprinzip berücksichtigt werden (näher § 5 Rn 6ff; zur möglichen Anwendung des § 27 s § 52 Rn 5 einerseits, § 27 Rn 10 und BGH FamRZ 2016, 697 andererseits). Die Wertänderungen kapitalgedeckter Anrechte im Leistungsstadium sind zu berücksichtigen (BGH FamRZ 2016, 775), allerdings nach hier vertretener Ansicht nur, soweit sie bis zum **Abänderungsstichtag** eingetreten sind (anders offenbar BGH FamRZ 2019, 1314). Für die Zeit danach sind die Versorgungsträger grds durch § 30 geschützt und im Umfang bereits erbrachter Leistungen an die ausgleichspflichtige Person auch von der Leistungspflicht gegenüber der ausgleichsberechtigten Person befreit (s § 30 Rn 6). Probleme entstehen, wo die Versorgungsträger von der Schutzvorschrift des § 30 nicht einheitlich Gebrauch machen (Bsp: OVG Berlin-Brandenburg 20.12.2022 – OVG 6 B 10/22). Die rückwirkende externe Teilung begründet in der GRV als Zielversorgungsträger ggf eine rückwirkende Leistungspflicht (§ 101 III 3 SGB VI; s aber auch § 120g SGB VI; s § 14 Rn 14). Nach hier vertretener Ansicht gilt dies – anders als im Ausgangsverfahren – auch für andere Zielversorgungsträger (s § 14 Rn 14f). Ist ein Zielversorgungsträger nach seinem Vertragsangebot hierzu nicht bereit, genügt das Angebot den Anforderungen des § 15 nicht.

V. Anhang – § 225 FamFG

23 **§ 225 FamFG Zulässigkeit einer Abänderung des Wertausgleichs bei der Scheidung**

(1) Eine Abänderung des Wertausgleichs bei der Scheidung ist nur für Anrechte im Sinne des § 32 des Versorgungsausgleichsgesetzes zulässig.

(2) Bei rechtlichen oder tatsächlichen Veränderungen nach dem Ende der Ehezeit, die auf den Ausgleichswert eines Anrechts zurückwirken und zu einer wesentlichen Wertänderung führen, ändert das Gericht auf Antrag die Entscheidung in Bezug auf dieses Anrecht ab.

(3) Die Wertänderung nach Absatz 2 ist wesentlich, wenn sie mindestens 5 Prozent des bisherigen Ausgleichswerts des Anrechts beträgt und bei einem Rentenbetrag als maßgeblicher Bezugsgröße 1 Prozent, in allen anderen Fällen als Kapitalwert 120 Prozent der am Ende der Ehezeit maßgeblichen monatlichen Bezugsgröße nach § 18 Abs. 1 des Vierten Buches Sozialgesetzbuch übersteigt.

(4) Eine Abänderung ist auch dann zulässig, wenn durch sie eine für die Versorgung der ausgleichsberechtigten Person maßgebende Wartezeit erfüllt wird.

(5) Die Abänderung muss sich zugunsten eines Ehegatten oder seiner Hinterbliebenen auswirken.

§ 52 Durchführung einer Abänderung des öffentlich-rechtlichen Versorgungsausgleichs

(1) Für die Durchführung des Abänderungsverfahrens nach § 51 ist § 226 des Gesetzes über das Verfahren in Familiensachen und in den Angelegenheiten der freiwilligen Gerichtsbarkeit anzuwenden.

(2) Der Versorgungsträger berechnet in den Fällen des § 51 Abs. 2 den Ehezeitanteil zusätzlich als Rentenbetrag.

(3) Beiträge zur Begründung von Anrechten zugunsten der ausgleichsberechtigten Person sind unter Anrechnung der gewährten Leistungen zurückzuzahlen.

I. Inhalt. § 52 enthält die verfahrensrechtl Regelungen zum Abänderungsverfahren nach § 51. Abs I verweist hierzu auf § 226 FamFG. Abs II ergänzt die Regelungen zur Auskunftspflicht des Versorgungsträgers. Abs III enthält notwendige Ergänzungen für die Abwicklung von Änderungen. 1

II. Verfahrensregelungen. Der umfassende Verweis in Abs I auf § 226 FamFG führt dazu, dass die Abänderung nach § 51 nach denselben Regeln abläuft wie die Abänderung von Entscheidungen zum Wertausgleich bei der Scheidung nach neuem Recht. 2

1. Antragsberechtigung, Datum der Antragstellung. Antragsberechtigt sind nach § 226 I FamFG neben den Ehegatten/Lebenspartnern auch deren Hinterbliebene (soweit sich die Änderung ggf auf eine Witwen- oder (Halb-)Waisenrente auswirken kann, vgl BGH FamRZ 2023, 358, 359 m Anm *Siede*; dagegen nicht die Erben: Celle NJW 2011, 1888f) und die Versorgungsträger, letztere aber nur zugunsten eines Ehegatten/Lebenspartners (§ 51 V iVm § 225 V FamFG). Ein Sozialhilfeträger ist nicht in Verfahrensstandschaft für einen Ehegatten antragsbefugt (BGH FamRZ 2017, 515; ebenso schon Nürnberg FamRZ 2016, 1374). Das **Datum** der Antragstellung ist für den Beginn der Abänderung maßgeblich: nach § 226 IV FamFG (Vorgänger: § 10a VII 1 VAHRG) wirkt die Abänderung ab dem ersten Tag des auf die Antragstellung folgenden Monats. Gestellt ist der Antrag mit Eingang bei dem FamG, nicht erst mit Zustellung an die übrigen Beteiligten (BGH FamRZ 1998, 1504, 1505; Oldenburg FamRZ 2016, 63). Der Zeitpunkt des Wirkungseintritts muss im Tenor festgelegt werden, weil er sich nicht notwendig anderweitig aus der Entscheidung erschließt (vgl statt vieler BGH FamRZ 2016, 791; Celle FamRZ 2015, 2057; Dresden NZFam 2015, 870; Oldenburg FamRZ 2016, 63). Bei bereits laufenden Rentenzahlungen können während der Verfahrensdauer Überzahlungen an die ausgleichspflichtige Person erfolgen. Hier sind die Versorgungsträger, wenn sie unmittelbar an die ausgleichspflichtige Person geleistet haben, vor einer rückwirkenden Inanspruchnahme durch die ausgleichsberechtigte Person durch § 30 geschützt, so dass die Beteiligten etwaige Überzahlungen untereinander bereicherungsrechtl abwickeln müssen (§ 30 III; vgl *Hauß* NJW 2013, 1761, 1766; s näher § 30 Rn 5f). 3

2. Zeitliche Einschränkung des Antragsrechts. Der Konzentration der Abänderungsgründe in einem einzigen Verfahren dient die zeitl Einschränkung des Antragsrechts auf den Zeitraum von **frühestens 12 Monaten vor dem voraussichtlichen Rentenbeginn** (§ 226 II FamFG nF). Durch Art 2 Nr 3 des Gesetzes zur Änderung des Versorgungsausgleichsrechts v 12.5.2021 (BGBl I 2021, 1085) ist der Zeitraum von sechs auf zwölf Monate verlängert worden. Dadurch sollte die Möglichkeit erweitert werden, in komplexeren Fällen eine Abänderung vor dem Leistungsbeginn herbeizuführen. Ein zuvor gestellter Antrag ist unzulässig (BGH FamRZ 2015, 2130). Diese Einschränkung gilt auch, wenn ein Ehegatte verstorben ist (Stuttgart FamRZ 2015, 1810; s auch Rn 6). Maßgeblich ist damit regelmäßig der Zeitpunkt, zu dem die Altersgrenze für eine Regelaltersrente wegen Alters (§ 35 SGB VI) erreicht wird. Ausreichend ist aber auch der Bezug einer Invaliditätsrente (bzw Antrag hierauf: DRV-Komm-VersA § 226 FamFG Anm 3; *Borth* VersA Kap 11 Rn 152; *Musielak/Borth/Frank* § 226 FamFG Rn 4) oder Hinterbliebenenversorgung. 4

3. Härtefallregelung. § 226 III FamFG, der dem § 10a III VAHRG aF entspricht, verweist auf die **Anwendung des § 27 VersAusglG**. Die Prüfung richtet sich hier nicht auf die Frage, ob der Wertausgleich grob unbillig ist, sondern ob die **Abänderung** grob unbillig ist (BT-Drs 16/10144, 98; s § 27 Rn 3; Frankfurt, Beschl v 13.3.2023 – 6 UF 237/22; Zweibrücken FamRZ 2019, 880; aA offenbar Oldenburg FamFR 2012, 372 [krit *Norpoth*]). Insoweit können, wie bisher, nur Härtefallgründe berücksichtigt werden, die nachträgl entstanden sind (BT-Drs 16/10144, 98); jedoch kann sich im Rahmen einer durchzuführenden Totalrevision auf einen schon seinerzeit bestehenden Härtefall derjenige berufen, der bei der Abänderungsentscheidung noch mehr Anrechte abgeben soll als nach der Ausgangsentscheidung (BGH FamRZ 2007, 362 zum alten Recht). Der Verweis auf § 27 darf nicht missverstanden werden: Im Abänderungsverfahren bei einer **Totalrevision** ist das **gesamte VersAusglG anwendbar**. Dazu gehören auch die Regelungen, wonach in bestimmten Fällen ein Wertausgleich überhaupt nicht stattfindet, wie § 3 III und § 18. 5

4. Tod eines Ehegatten, Beteiligung. Stirbt der Antragsteller vor Rechtskraft der Endentscheidung, so hängt die Fortsetzung des Abänderungsverfahrens gem § 226 V FamFG (Vorgängervorschrift: § 10a X VAHRG) davon ab, ob auf Hinw des FamG ein anderer antragsberechtigter Beteiligter dies binnen eines Monats durch Erklärung ggü dem Gericht verlangt; andernfalls gilt es als in der Hauptsache erledigt. Hingegen ist das Verfahren gegen die Erben desjenigen Ehegatten/Lebenspartners fortzusetzen, der den Abänderungsantrag nicht gestellt hat. Ist ein Ehegatte schon vor Beginn des Verfahrens gestorben, so sind nach Ansicht des BGH zwingend seine Erben, darüber hinaus ggf auch seine Hinterbliebenen am Verfahren zu beteiligen, auf deren Versorgung sich die Abänderungsentscheidung auswirken kann (BGH FamRZ 2023, 358 Rn 14ff m Anm *Siede*; str; ebenso Schleswig FamRZ 2021, 1364; Braunschweig FamRZ 2019, 29; FamR-Komm/*Wick* Rn 8; aA Celle NJW 2011, 1888; Johannsen/Henrich/Althammer/*Holzwarth* Rn 5; ähnl Koblenz FamRZ 2015, 1808 Rn 7). 6

III. Auskunftspflicht des Versorgungsträgers. Nach Abs II ist der Versorgungsträger verpflichtet, den Ehezeitanteil in den Fällen des § 51 II, ggf zusätzl, als Rentenbetrag zu berechnen. Dazu wäre er sonst nach § 5 I nur dann verpflichtet, wenn der Rentenbetrag nach dem zugrunde liegenden Versorgungssystem die maßgebliche Bezugsgröße darstellt. Der Rentenbetrag wird nach der Vorstellung des Gesetzgebers im Abänderungsverfahren benötigt, um feststellen zu können, ob eine wesentliche Wertänderung vorliegt, weil nach dem alten Recht der 7

Ehezeitanteil eines Anrechts immer als Rentenbetrag berechnet worden ist (s § 51 Rn 8). Er ist auf das Ehezeitende bezogen zu berechnen (BT-Drs 16/10144, 90).

8 **IV. Rückabwicklung bei Änderungen.** Nach Abs III sind Beiträge, die zugunsten der ausgleichsberechtigten Person zur Begründung von Rentenanrechten gezahlt worden sind, an die ausgleichspflichtige Person zurückzuerstatten. Dabei sind bereits gewährte Leistungen, zu denen neben Renten auch Übergangsgelder oder Rehabilitationsleistungen gehören (FamR-Komm/*Wick* Rn 11 mwN), anzurechnen. Grundlage für die Beitragszahlungen des Ausgleichspflichtigen können § 3b I Nr 2 VAHRG aF (dazu s Erman/*Wellenhofer*[12] § 3b VAHRG Rn 7–9) oder § 1587b III und IV BGB aF (dazu Erman/*Wellenhofer*[12] § 1587b BGB Rn 15ff) gewesen sein. Vorläufer des Abs III ist § 10a VIII VAHRG aF (dazu Erman/*Wellenhofer*[12] § 10a VAHRG Rn 28). Rückzahlungspflichtig ist idR der Versorgungsträger der ausgleichsberechtigten Person; im Einzelfall kann diese aber auch selbst rückzahlungspflichtig sein (dazu vgl FamR-Komm/*Wick* Rn 12 mwN). Eine **Verzinsung** des Rückzahlungsbetrages sieht das Gesetz nicht automatisch vor; (vgl Hamm 14.10.2015 – 13 UF 119/14 Rn 25; *Ruland* VersA Rn 1159; Johannsen/Henrich/Althammer/*Holzwarth* Rn 9). Der Anspruch ergibt sich für in der GRV begründete Anrechte erst ab Fälligkeit des Rückzahlungsanspruchs (§ 44 I SGB I; vgl BGH FamRZ 2018, 1233 Rn 31); dieser Umstand kann die Anwendung des § 27 nicht rechtfertigen (Hamm 14.10.2015 – 13 UF 119/14 Rn 25; aA *Hauß* NJW 2013, 1761, 1766). Im Gegensatz zum alten Recht ordnet nach Abs III nicht das FamG die Rückzahlungspflicht an; diese tritt vielmehr **kraft Gesetzes** als Folge der Abänderung ein. Dadurch sollen die FamG entlastet und zugleich dem Umstand Rechnung getragen werden, dass nur die Versorgungsträger in der Lage sind, den Anrechnungsbetrag zu ermitteln, wenn sie bereits Leistungen auf das jetzt geänderte Anrecht erbracht haben (BT-Drs 16/10144, 91). Daraus folgt, dass Streitigkeiten über die Höhe der zurückzugewährenden Leistungen vor die jew Fachgerichte gehören.

V. Anhang – § 226 FamFG

9 **§ 226 FamFG Durchführung einer Abänderung des Wertausgleichs bei der Scheidung**

(1) Antragsberechtigt sind die Ehegatten, ihre Hinterbliebenen und die von der Abänderung betroffenen Versorgungsträger.

(2) Der Antrag ist frühestens 12 Monate vor dem Zeitpunkt zulässig, ab dem ein Ehegatte voraussichtlich eine laufende Versorgung aus dem abzuändernden Anrecht bezieht oder dies aufgrund der Abänderung zu erwarten ist.

(3) § 27 des Versorgungsausgleichsgesetzes gilt entsprechend.

(4) Die Abänderung wirkt ab dem ersten Tag des Monats, der auf den Monat der Antragstellung folgt.

(5) Stirbt der Ehegatte, der den Abänderungsantrag gestellt hat, vor Rechtskraft der Endentscheidung, hat das Gericht die übrigen antragsberechtigten Beteiligten darauf hinzuweisen, dass das Verfahren nur fortgesetzt wird, wenn ein antragsberechtigter Beteiligter innerhalb einer Frist von einem Monat dies durch Erklärung gegenüber dem Gericht verlangt. Verlangt kein antragsberechtigter Beteiligter innerhalb der Frist die Fortsetzung des Verfahrens, gilt dieses als in der Hauptsache erledigt. Stirbt der andere Ehegatte, wird das Verfahren gegen dessen Erben fortgesetzt.

§ 53 Bewertung eines Teilausgleichs bei Ausgleichsansprüchen nach der Scheidung

Ist bei Ausgleichsansprüchen nach der Scheidung gemäß den §§ 20 bis 26 ein bereits erfolgter Teilausgleich anzurechnen, so ist dessen Wert mithilfe der aktuellen Rentenwerte der gesetzlichen Rentenversicherung zu bestimmen.

1 **I. Anwendungsbereich.** § 53 erfasst alle Fälle, in denen Anrechte nach altem Recht teilw durch Begründung von Anrechten in der GRV ausgeglichen worden sind, iÜ aber der schuldrechtl VersA vorbehalten worden ist. Wird dieser nunmehr geltend gemacht, gilt für das Verfahren nach § 48 I neues materielles Recht und neues Verfahrensrecht. Gerade im Wertausgleich nach der Scheidung stimmen die Strukturen des alten und des neuen Rechts weitgehend überein (s Vor § 20 Rn 2). Wenn Anrechte nach altem Recht nur teilw ausgeglichen wurden, beruhte dies im Wesentlichen darauf, dass für die Begründung von Anrechten in der GRV nach § 1587b V BGB aF, § 76 II 3 SGB VI aF eine Höchstbetragsgrenze galt (dazu vgl Erman/*Wellenhofer*[12] § 1587b BGB Rn 24). Auch die Möglichkeit des sog Supersplittings nach § 3b I Nr 1 VAHRG aF war höhenmäßig begrenzt und konnte so ebenfalls zu einem Teilausgleich führen. § 53 regelt, wie der erfolgte Teilausgleich anzurechnen ist. Hat sich der Wert des nur teilw ausgeglichenen Anrechts zwischenzeitl geändert, ist § 53 zugleich in den Fällen des § 51 IV anzuwenden, der eine Totalrevision des öffentlich-rechtl VersA nach neuem Recht zugunsten eines Wertausgleichs nach der Scheidung ausschließt.

2 **II. Bewertung des erfolgten Teilausgleichs.** Soweit der Ausgleich des Anrechts teilw öffentlich-rechtl stattgefunden hat, ist die Anrechnung des bereits übertragenen/begründeten Teils erforderlich, um einen doppelten Ausgleich zu vermeiden (*Kemper* FPR 2009, 227, 231). Ein in der GRV übertragenes/begründetes Anrecht verändert sich allerdings durch die Wertsteigerungen in der GRV, an denen es teilnimmt, weil auch nach altem Recht die übertragenen/begründeten Rentenanrechte stets in Entgeltpunkte umzurechnen waren (§ 1587b VI BGB aF). In dem Umfang, in dem der – zur Bestimmung der Rentenhöhe mit den Entgeltpunkten zu multiplizierende – aktuelle Rentenwert steigt, steigt auch der Wert des übertragenen/begründeten Rentenanrechts. Diese Wertsteigerung ist nach § 53 bei der Anrechnung zu berücksichtigen (Bsp bei Schleswig FamRZ 2021, 1285 – juris Rn 43f). Dazu wird das übertragene/begründete Rentenanrecht durch den aktuellen Rentenwert zum Ehezeitende geteilt und mit dem aktuellen Rentenwert zum Zeitpunkt der Entscheidung über den Wertausgleich nach der Scheidung multipliziert (vgl Nürnberg FamRZ 2016, 550 Rn 92ff). Nicht von Bedeutung ist dabei, ob die Dynamisierung im Ausgangsurteil fehlerhaft war: relevant ist das über die GRV ausgeglichene Anrecht in seiner tat-

sächlichen Höhe (BGH FamRZ 2016, 442 Rn 39 m zust Anm *Müller-Tegethoff* Rn 39 und zust Anm *Kemper* NZFam 2016, 231). Insoweit kann es über den Wertausgleich nach der Scheidung also zu einer Fehlerkorrektur kommen. Verändert sich während des laufenden Verfahrens der aktuelle Rentenwert (aRW), so ergeben sich auch unterschiedliche Werte für das bereits übertragene gesetzl Anrecht; entspr sind bei der Tenorierung unterschiedliche Zeiträume zu bilden (dazu s Nürnberg FamRZ 2016, 550 Rn 92ff).

Bsp: Zum Ehezeitende am 30.9.2008 verfügte M neben höheren gesetzl Rentenanwartschaften über eine Anwartschaft auf eine Betriebsrente mit einem Ehezeitanteil von monatlich 700 €. F hat nur gesetzl Rentenanwartschaften. Das FamG hat das Anrecht des M mithilfe der BarwertVO in eine dynamische Rentenanwartschaft von 320 € umgerechnet und durch erweiterte Übertragung gesetzl Rentenanwartschaften bis zum seinerzeitigen Höchstwert von 48,30 € ausgeglichen. IÜ hat es den schuldrechtl VersA vorbehalten. Im August 2022 beziehen beide eine Rente, und F beantragt die Durchführung des schuldrechtl VersA. Der Ehezeitanteil der Betriebsrente des M beträgt jetzt 720 €. Es ist wie folgt zu rechnen: 3

Ehezeitanteil der Betriebsrente des M jetzt:	720,00 €
Hälftig auszugleichen, also iHv:	360,00 €
Bereits übertragene gesetzl Anrechte damals:	48,30 €
zu aktualisieren nach § 53: 48,30 €/aRW 2008 (26,56 €) × aRW seit 7/2022 (36,02 €)	65,50 €
noch schuldrechtl auszugleichen (360 € – 65,50 € =)	294,50 €

Liegt das Ehezeitende vor dem 1.1.1992, muss wegen der zu diesem Zeitpunkt geänderten Rentenformel mit einem fiktiven aktuellen Rentenwert gearbeitet werden (dazu s Tabelle bei *Ruland* VersA Rn 1152 mit Berechnungsmethode in Fn 182). Die Methode wird als Rentenwert- oder Hochrechnungsmethode bezeichnet (BT-Drs 16/10144, 91; BGH FamRZ 2016, 442 Rn 38 m zust Anm *Müller-Tegethoff* und zust Anm *Kemper* NZFam 2016, 231) und beruht auf der Entscheidung Karlsruhe FamRZ 2000, 235, 238. Sie liegt auch der Aktualisierung im Fall des § 51 III zugrunde (§ 51 Rn 11f). 4

Der Gesetzgeber folgt damit nicht der früheren Rspr des BGH (Überblick bei *Holzwarth* FamRZ 2009, 1884, 1890). Dieser hatte in den Fällen, in denen bei dem Teilausgleich nicht volldynamische Anrechte unter Verwendung der BarwertVO über die GRV ausgeglichen worden waren, mit der sog Rückrechnungsmethode gearbeitet (FamRZ 2000, 89, 92). Dazu wurde das übertragene Rentenanrecht zunächst mithilfe der BarwertVO in ein statisches Anrecht zum Ehezeitende zurückgerechnet. Dieses wurde anschließend ggf den zwischenzeitl im Versorgungssystem erfolgten Wertsteigerungen angepasst. Mit diesem Wert – er lag regelmäßig über dem Wert des tatsächlich übertragenen Anrechts – wurde es auf den noch durchzuführenden schuldrechtl VersA angerechnet (krit dazu insb *Bergner* NJW 2007, 2668). Der BGH war zwar zuletzt selbst in denjenigen Fällen zu seiner Methode auf Distanz gegangen, in denen die ursprüngliche Dynamisierung im öffentlich-rechtl Wertausgleich noch auf Grundlage einer Altfassung der BarwertVO erfolgt war, wollte sie aber in den Fällen weiter anwenden, in denen die Dynamisierung im öffentlich-rechtl VersA auf der Grundlage der zuletzt aktuellen BarwertVO erfolgt war (BGH FamRZ 2007, 363, 364 mwN). 5

Die Rückrechnungsmethode des BGH macht nur in den Fällen Sinn, in denen nach § 1 III VAHRG aF zulasten eines bestehenden Anrechts, etwa bei einer Zusatzversorgungskasse, gesetzl Rentenanrechte begründet worden sind. Das Anrecht des Ausgleichspflichtigen bei der Zusatzversorgungskasse war früher entspr § 57 BeamtVG um einen – nicht dynamisierten – Betrag gekürzt worden, der jetzt im Zweifel nominal deutlich höher ist als das für den Ausgleichsberechtigten begründete Rentenanrecht. Rechnete man in diesem Fall auf den auszugleichenden Betrag nur das Rentenanrecht mit seinem aktuellen Wert an, musste i Erg der Ausgleichspflichtige mehr als die Hälfte seines Anrechts bei der Zusatzversorgungskasse ausgleichen (vgl BT-Drs 16/10144, 90; *Ruland* VersA Rn 1155). Dieses Problem existiert nicht mehr, nachdem die Zusatzversorgungskassen eine über den tatsächlich ausgeglichenen Rentenbetrag hinausgehende Kürzung nicht mehr vornehmen dürfen (vgl zuletzt BGH FamRZ 2018, 497). Der Gesetzgeber hat diesen Fall aber bereits in § 51 III geregelt: wenn die Abweichung zw dem dynamisierten und aktualisierten Wert und dem nicht dynamisierten Wert wesentlich ist, findet auf Antrag eine Totalrevision nach neuem Recht statt (s § 51 Rn 11ff). Andernfalls muss der Ausgleichspflichtige die leichte Verletzung des Halbteilungsgrundsatzes hinnehmen, soweit dies nicht ausnahmsw grob unbillig ist (§ 27). 6

§ 54 Weiter anwendbare Übergangsvorschriften des Ersten Gesetzes zur Reform des Ehe- und Familienrechts und des Gesetzes über weitere Maßnahmen auf dem Gebiet des Versorgungsausgleichs für Sachverhalte vor dem 1. Juli 1977

Artikel 12 Nr. 3 Satz 1, 4 und 5 des Ersten Gesetzes zur Reform des Ehe- und Familienrechts vom 14. Juni 1976 (BGBl. I S. 1421), das zuletzt durch Artikel 142 des Gesetzes vom 19. April 2006 (BGBl. I S. 866) geändert worden ist, und Artikel 4 § 4 des Gesetzes über weitere Maßnahmen auf dem Gebiet des Versorgungsausgleichs vom 8. Dezember 1986 (BGBl. I S. 2317), das zuletzt durch Artikel 143 des Gesetzes vom 19. April 2006 (BGBl. I S. 866) geändert worden ist, sind in der bis zum 31. August 2009 geltenden Fassung weiterhin anzuwenden.

I. Allgemeines. § 54 verfolgt den alleinigen Zweck, bereits bestehende Übergangsregelungen für **vor dem 1.7.1977 geschlossene Ehen** zur besseren Übersichtlichkeit in das Übergangsrecht des VersAusglG zu integrieren. Er korrespondiert mit Art 21 und Art 23 Nr 3 VAStrRefG, welche die Aufhebung bzw das Außerkrafttreten 1 der in § 54 genannten Regelungen anordnen. Dabei geht es um folgende vier Regelungen (Wortlaut abgedruckt bei MüKo/*Recknagel* Rn 2):

2 **II. Fallgruppen.** Art 12 Nr 3 S 1 1. EheRG bestimmt zunächst allg, dass ein VersA grds auch dann durchzuführen ist, wenn die Ehe vor Einführung des VersA im Juli 1977 **geschlossen** worden ist. Hiervon macht Art 12 Nr 3 S 4 1. EheRG eine Rückausnahme, wenn die Ehe noch nach dem bis zum 30.6.1977 geltenden Recht **geschieden** worden ist. Eine weitere Rückausnahme von der Durchführung des VersA gilt nach Art 12 Nr 3 S 5 1. EheRG, wenn die – per saldo – ausgleichspflichtige Person die ausgleichsberechtigte Person hinsichtl künftiger Unterhaltsansprüche durch Übertragung von Vermögensgegenständen endgültig **abgefunden** hat. Auch wenn die Beteiligten vor dem 1.7.1977 einen **Vertrag** geschlossen haben, der ihre Vermögensauseinandersetzung unter Einschluss der in den VersA fallenden Anrechte betrifft, ist ein VersA nicht durchzuführen. Voraussetzung ist aber, dass dieser Vertrag, der nach dem seinerzeit geltenden Recht formlos geschlossen werden konnte (*Maier/Michaelis*[8] Art 12 1. EheRG Anm 3.2 mwN; offengelassen von BGH FamRZ 1995, 1482, 1484), einer Inhalts- und Ausübungskontrolle standhält (BT-Drs 16/10144, 91; zur Inhalts- und Ausübungskontrolle § 8 Rn 2ff). Für die Inhaltskontrolle ist das bis zum 30.6.1977 geltende Recht maßgeblich; danach war auch ein kompensationsloser Verzicht auf den Ausgleich von Altersvorsorgeanrechten möglich (BGH FamRZ 1995, 1482, 1483f; *Maier/Michaelis*[8] Art 12 1. EheRG Anm 3.2).

3 **III. Wiedervereinigung und Versorgungsausgleich.** Für Scheidungen, die bis zum 31.12.1991 im Beitrittsgebiet erfolgt sind, wird kein VersA durchgeführt. Das ergibt sich aber nicht aus Art 12 EheRG, sondern aus Art 234 § 6 EGBGB (vgl hierzu BT-Drs 16/10144, 85, 86).

4 **IV. Monatliche Bezugsgröße in Altfällen.** Weiter anwendbar bleibt schließlich Art 4 § 4 VersAusglMaßnG. Danach ist in den Fällen, in denen noch die §§ 3b I Nr 1, 10a II 2 oder 10b VAHRG aF Anwendung finden, als monatliche Bezugsgröße (§ 18 SGB IV) der Wert von 1850 DM zu verwenden, wenn das Ende der Ehezeit vor dem 1.7.1977 liegt (DRV-Komm-VersA Anm 3). Die Zahl der betroffenen Verfahren dürfte im einstelligen Bereich liegen.

Gesetz über die interne Teilung beamtenversorgungsrechtlicher Ansprüche von Bundesbeamtinnen und Bundesbeamten im Versorgungsausgleich (Bundesversorgungsteilungsgesetz – BVersTG)

vom 3. April 2009 (BGBl I 2009, 700, 716),
zuletzt geändert durch Art 10 des Gesetzes vom 9. Dezember 2019 (BGBl I 2019, 2053)

§ 1 Zweckbestimmung

(1) Dieses Gesetz regelt die Ansprüche von ausgleichsberechtigten Personen und deren Hinterbliebenen gegenüber den Versorgungsträgern der ausgleichspflichtigen Personen, wenn nach § 10 Abs. 1 des Versorgungsausgleichsgesetzes Anrechte übertragen wurden.

(2) Es ist nur anzuwenden, wenn die ausgleichspflichtige Person
1. **Beamtin oder Beamter des Bundes oder einer sonstigen bundesunmittelbaren Körperschaft, Anstalt oder Stiftung des öffentlichen Rechts ist,**
2. **Richterin oder Richter des Bundes ist,**
3. **Versorgungsempfängerin oder Versorgungsempfänger aus einem der in Nummer 1 oder Nummer 2 genannten Dienstverhältnisse ist oder**
4. **Anspruch auf Leistungen nach dem Altersgeldgesetz vom 28. August 2013 (BGBl. I S. 3386) hat.**

(3) Dieses Gesetz gilt entsprechend, wenn die ausgleichspflichtige Person in einem öffentlich-rechtlichen Amtsverhältnis des Bundes steht oder stand.

1. Allgemeines. Das BVersTG ebnet den Weg zu einer internen Teilung von (gesicherten oder hinreichend verfestigten) Versorgungsanrechten derjenigen Personen, die zum Bund oder den bundesunmittelbaren Körperschaften, Anstalten und öffentlich-rechtl Stiftungen in einem Dienst- oder Amtsverhältnis stehen bzw Versorgungsempfänger sind. Es ist auf die Abgeordneten des Bundestags (§ 25a AbgG) und die Soldaten (§ 55e SVG) entspr anwendbar und gilt auch für das auf Bundesebene mit Gesetz v 28.8.2013 (BGBl I 2013, 3386) eingeführte Altersgeld (s § 1 II Nr 4). Die Regelung der internen Teilung in einem eigenen Gesetz außerhalb des BeamtVG soll verdeutlichen, dass der ausgleichsberechtigte Ehegatte mit seinen Ansprüchen außerhalb des Schutzbereichs des durch Art 33 V GG geschützten Alimentationsprinzips steht (BT-Drs 16/10144, 103; *Ruland* VersA Rn 638). Dies gilt unabhängig von zwangsläufig bestehenden Wechselwirkungen, wie bspw bei der Dynamik des übertragenen Anrechts im Anwartschafts- und Leistungsstadium nach § 3 II. Durch Art 10 des BesoldungsstrukturenmodernisierungsG v 9.12.2019 (BGBl I 2019, 2053) sind mWz 1.1.2020 die §§ 2 und 3 geändert und ist § 5 gestrichen worden (s Rn 3). 1

Die ausgleichspflichtige Person muss **zum Ehezeitende** (vgl *Borth* VersA Kap 3 Rn 72) **und zum Zeitpunkt der Entscheidung über den Wertausgleich bei Scheidung** (vgl § 5 II 2 VersAusglG) in einem Dienst- oder Amtsverhältnis iSd § 1 II Nr 3 stehen, einen Anspruch auf Leistungen nach dem Altersgeldgesetz haben oder Versorgungsempfänger sein. Die interne Teilung wird nach § 10 VersAusglG durchgeführt. Denkbar ist auch die Anwendung von § 10 II VersAusglG, wenn beide Ehegatten/Lebenspartner Anrechte bei demselben Versorgungsträger erworben haben (*Borth* VersA Kap 3 Rn 78); ausreichend, aber auch erforderlich hierfür ist, dass entweder beide Ehegatten in einem unmittelbaren oder in einem mittelbaren Dienst-/Amtsverhältnis zum Bund stehen (*Ruland* VersA Rn 637). 2

2. Nachträgliche Veränderungen. Scheidet der Ausgleichspflichtige nach Durchführung der internen Teilung nach dem BVersTG aus dem maßgeblichen Dienst- oder Amtsverhältnis **aus** und wird er in der GRV oder einem anderen Primärversorgungssystem **nachversichert**, behält die ausgleichsberechtigte Person ihre Ansprüche gegen den Träger der ausgeglichenen Versorgung (*Borth* VersA Kap 3 Rn 77); dieser kann aber wegen der an die ausgleichsberechtigte Person zu erbringenden Leistungen vom jetzt zuständigen Träger der Versorgungslast Erstattung verlangen, was anstelle des bisherigen § 5 seit dem 1.1.2020 § 47a VersAusglG iVm § 2 VersA-ErstattungsVO regelt. Die Regelung entspricht § 225 SGB VI für den Fall der externen Teilung nach § 16 VersAusglG. Die GRV kann im Fall der Nachversicherung ihrerseits das Anrecht des Ausgleichspflichtigen kürzen; zu diesem Zweck fingieren § 185 II 3, § 76 IV SGB VI, dass die interne Teilung zulasten des Anrechts erfolgt ist, das der Ausgleichspflichtige durch Nachversicherung erworben hat. Diese Regelungen haben nach der Vorstellung des Gesetzgebers (BT-Drs 16/10144, 101) nur temporäre Bedeutung, weil in diesen Fällen auch nach altem Recht regelmäßig ein **Abänderungsverfahren** (jetzt: § 225 FamFG) durchgeführt worden ist (vgl *Ruland* VersA Rn 648). Die Nachversicherung in der GRV kann einen erheblichen Wertverlust der Versorgungsanrechte bewirken (s § 16 VersAusglG Rn 3). Da § 5 nur für die Fälle galt, in denen der Bund Träger der Versorgungslast ist, fehlte ein Pendant zu den Fällen, in denen die Bundesländer eine interne Teilung entspr dem BVersTG einführen. Deshalb wurde § 5 durch die allg wirkende Regelung des § 47a VersAusglG ersetzt (s § 47a VersAusglG Rn 1). 3

§ 2 Anspruch

(1) Anspruchsberechtigt ist die Person, zu deren Gunsten ein Anrecht nach § 10 Abs. 1 des Versorgungsausgleichsgesetzes übertragen worden ist.

(2) Mit dem Tod der ausgleichsberechtigten Person geht der Anspruch auf die Hinterbliebenen über. Als Hinterbliebene nach diesem Gesetz gelten die nach den §§ 46 und 48 Abs. 1 bis 3 des Sechsten Buches Sozialgesetzbuch Leistungsberechtigten unter den dort für den Leistungsanspruch im Einzelnen bestimmten Voraussetzungen; die Erfüllung der allgemeinen Wartezeit ist unbeachtlich. Nicht leistungsberechtigt sind Waisen, wenn das Kindschaftsverhältnis durch Annahme als Kind begründet wurde und die ausgleichsberechtigte Person zu diesem Zeitpunkt bereits das 65. Lebensjahr vollendet hatte.

(3) Zahlungen aus dem übertragenen Anrecht werden von Beginn des Kalendermonats an geleistet, in dem die ausgleichsberechtigte Person Anspruch auf Leistungen wegen Alters oder wegen Dienst- oder Erwerbsunfähigkeit aus einem gesetzlichen Alterssicherungssystem hat oder, wenn sie einem solchen System nicht angehört, in der gesetzlichen Rentenversicherung gehabt hätte. Zahlungen an Hinterbliebene beginnen mit dem Ablauf des Sterbemonats der ausgleichsberechtigten Person.

(4) Entsteht der Zahlungsanspruch erstmals nach dem 31. Dezember 2019, aber bevor die ausgleichsberechtigte Person die für sie geltende Altersgrenze erreicht hat, so vermindert sich der Anspruch entsprechend den Regelungen, die für das nach Absatz 3 Satz 1 maßgebliche gesetzliche Alterssicherungssystem gelten.

(5) Der Anspruch ist schriftlich oder elektronisch geltend zu machen. § 49 Abs. 4 bis 8, 10 und § 62 Abs. 2 Satz 2 des Beamtenversorgungsgesetzes gelten entsprechend.

(6) Der Anspruch der ausgleichsberechtigten Person endet spätestens mit Ablauf des Monats, in dem sie verstirbt. Für Hinterbliebene gilt § 61 Abs. 1 Satz 1 Nr 1 bis 3, Abs. 2 und 3 des Beamtenversorgungsgesetzes entsprechend.

1 **1. Anspruchsberechtigte.** § 2 regelt die Anspruchsberechtigung der ausgleichsberechtigten Person (Abs I) und ihrer Hinterbliebenen (Abs II) aus dem übertragenen Anrecht. Der Anspruch ist **schriftlich oder elektronisch geltend zu machen,** § 2 V. Der Begriff des Hinterbliebenen wird in Anlehnung an die Regelungen in den §§ 46, 48 I–III SGB VI gewählt, wobei auf die Anspruchsvoraussetzung der allg Wartezeiterfüllung nach dem SGB VI (fünf Jahre) verzichtet wird. Zweck ist die Vereinheitlichung der Regelungen zum Kreis der Leistungsberechtigten. Der Leistungsausschluss nach § 2 II 3 für Kinder, die der Ausgleichsberechtigte erst nach Vollendung des 65. Lebensjahres adoptiert hat, unterscheidet sich von den für ausgleichspflichtige Beamte selbst geltenden Bundes- und Landesregelungen (zB § 23 BeamtVG), welche auf eine Adoption jenseits der zwischenzeitlich hinausgeschobenen Regelaltersgrenze abstellen.

2 **2. Anspruchsvoraussetzungen.** Zum **Beginn** des Anspruchs auf eine Versorgung wegen Alters oder Invalidität verweist § 2 III auf die Anspruchsvoraussetzungen eines **gesetzl Alterssicherungssystems,** welche der Ausgleichsberechtigte erfüllen muss. Gemeint sind die Anspruchsvoraussetzungen desjenigen Systems der **primären Altersversorgung,** dem der Ausgleichsberechtigte angehört, hilfsweise diejenigen der GRV. Gerade die GRV und die Beamtenversorgung definieren die Voraussetzungen der Invalidität sehr unterschiedlich, woraus sich bei dem früher durchgeführten Quasisplitting für den ausgleichsberechtigten Ehegatten Nachteile ergeben konnten, wenn er ebenfalls Beamter war (vgl BGH FamRZ 2007, 30ff). § 2 III vermeidet diese Nachteile – im Anwendungsbereich des BVersTG (s § 16 VersAusglG Rn 9). Für gesetzl Versicherte gehört zu den Voraussetzungen bei Invalidität nach § 43 I Nr 2 SGB VI auch die sog ⅗-Belegung (in den letzten fünf Jahren drei Jahre mit Pflichtbeiträgen). Liegt sie nicht vor, besteht auch kein Anspruch auf Leistungen nach dem BVersTG (VGH Baden-Württemberg 12.5.2015 – 4 S 1198/14). Offen ist, ob auch ein **berufsständisches Versorgungswerk** ein „gesetzl Alterssicherungssystem" iSd § 2 III ist, oder ob für die Angehörigen der berufsständischen Versorgungswerke die Anspruchsvoraussetzungen der GRV gelten. Für ersteres spricht sich *Ruland* (VersA Rn 641; dem folgend Johannsen/Henrich/Althammer/*Holzwarth* § 10 VersAusglG Rn 26) aus, weil auch die Satzungen der Versorgungswerke auf gesetzl Grundlage beruhen und Gesetze im materiellen Sinne sind, die eine Pflichtmitgliedschaft begründen. Gehört der Ausgleichsberechtigte mehreren gesetzl Alterssicherungssystemen an, ist dasjenige maßgeblich, dessen Anspruchsvoraussetzungen der Ausgleichsberechtigte zuerst erfüllt (*Ruland* VersA Rn 642). Den frühest möglichen Beginn definiert § 2 I scheinbar in Abhängigkeit von der Wirksamkeit der Entscheidung zum VersA. Allerdings kommt im Fall des § 51 VersAusglG oder des § 225 FamFG auch eine Rückwirkung nach § 226 IV FamFG in Betracht (vgl VG Berlin 15.1.2019 – 5 K 185.17). Der neue § 2 IV vermeidet ab Januar 2020 eine Ungleichbehandlung. Führt Invalidität zum vorzeitigen Bezug einer Rente oder Beamtenversorgung, ist das idR mit Abschlägen verbunden (§ 14 BeamtVG, § 77 SGB VI). Dass dies entspr für die ausgleichsberechtigte Person gilt, stellt § 2 IV erstmals ab Januar 2020 sicher.

3 Der Anspruch endet (spätestens) mit Ablauf des Monats, in dem die ausgleichsberechtigte Person verstirbt, § 2 VI. Für Witwen und Waisen verweist § 2 VI 2 auf die Regelungen in § 61 I 1 Nr 1–3, II und III BeamtVG.

§ 3 Anpassung

(1) Der durch Entscheidung des Familiengerichts zugunsten der ausgleichsberechtigten Person festgesetzte oder sich in den Fällen des § 10 Absatz 2 des Versorgungsausgleichsgesetzes nach Verrechnung zugunsten der ausgleichsberechtigten Peron ergebende monatliche Betrag erhöht oder vermindert sich um die Prozentsätze der nach dem Ende der Ehezeit bis zum Zeitpunkt des Eintritts der ausgleichspflichtigen Person in den Ruhestand eingetretenen Erhöhungen oder Verminderungen der Versorgungsbezüge nach dem Beamtenversorgungsgesetz, die in festen Beträgen festgesetzt sind.

(2) Vom Zeitpunkt des Eintritts der ausgleichspflichtigen Person in den Ruhestand an oder, sofern sich die ausgleichspflichtige Person zum Zeitpunkt der Entscheidung des Familiengerichts bereits im Ruhestand befindet, vom ersten Tag des auf das Ende der Ehezeit folgenden Monats an erhöht oder vermindert sich der Betrag in dem Verhältnis, in dem sich das Ruhegehalt der ausgleichspflichtigen Person vor Anwendung von Ruhens-, Kürzungs- und Anrechnungsvorschriften durch Anpassung der Versorgungsbezüge erhöht oder vermindert. Gleiches gilt für die Zeit ab dem ersten Tag des auf den Tod der ausgleichspflichtigen Person folgenden Monats.

(3) Handelt es sich um ein Anrecht nach dem Altersgeldgesetz, erhöht oder vermindert sich der Betrag nach den Absätzen 1 und 2 um die Prozentsätze, um die sich die altersgeldfähigen Dienstbezüge nach § 7 Absatz 4 des Altersgeldgesetzes erhöhen oder vermindern.

(4) Hinterbliebene nach § 2 Absatz 2 erhalten den Betrag nach den Absätzen 1 bis 3 in entsprechender Anwendung der §§ 20, 24 und 25 Absatz 1 und 2 des Beamtenversorgungsgesetzes.

§ 3 befasst sich mit der **Dynamik** der übertragenen Anrechte – oder des positiven Saldos bei Hin- und Her-Ausgleich und Anwendung des § 10 II VersAusglG (s Neufassung des § 3 I) – im Anwartschafts- und im Leistungsstadium, die sich in Übereinstimmung mit der Dynamik des geteilten Versorgungsanrechts nach dem BeamtVG richtet. § 3 III bezieht sich auf das mit G v 28.8.2013 auf Bundesebene und sodann in einigen Ländern eingeführte Altersgeld. Bis zum Eintritt der ausgleichspflichtigen Person in den Ruhestand folgt die Anpassung der allg Entwicklung der Ruhestandsbezüge (§ 3 I), danach orientiert sie sich an der Entwicklung der Pension der ausgleichspflichtigen Person (§ 3 II). Das korrespondiert mit der Regelung zur Kürzung der Ruhestandsbezüge der ausgleichspflichtigen Person (§ 57 II BeamtVG). Auch für die Hinterbliebenen des Ausgleichsberechtigten erfolgen die Anpassungen nach denselben Regelungen, die für die Hinterbliebenen des Ausgleichspflichtigen gelten. Lediglich Veränderungen bei dem Ruhegehaltssatz oder bei Sonderzahlungen müssen im Wege des Abänderungsverfahrens nach § 225 FamFG geltend gemacht werden (*Borth* VersA Kap 3 Rn 76). 1

§ 4 Rückforderung

Für die Rückforderung zu viel gezahlter Leistungen gilt § 52 Abs. 2 bis 4 des Beamtenversorgungsgesetzes entsprechend.

Leistet der Träger der Versorgungslast an den Ausgleichsberechtigten zuviel, gilt für Ansprüche auf Rückzahlung § 52 II–IV BeamtVG (dazu vgl VG Berlin 15.1.2019 – 5 K 184.17; zu Rückabwicklungsproblemen auch VG Berlin 15.1.2019 – 5 K 309.16). 1

§ 5 Erstattung

(aufgehoben)

Titel 8
Kirchliche Verpflichtungen (§ 1588)

§ 1588 (Kirchliche Verpflichtungen)

Die kirchlichen Verpflichtungen in Ansehung der Ehe werden durch die Vorschriften dieses Abschnitts nicht berührt.

Schrifttum: *Becker*, Der sogenannte Kaiser-Paragraph (§ 1588 BGB), FS Schwab, 2005, 269.

1 **1. Geschichte.** Der sog **Kaiser-Paragraph** verdankt seinen Namen der Entstehungsgeschichte, denn eine Vorgängervorschrift aus dem Reichspersonenstandsgesetz von 1875 war damals auf Wunsch Kaiser Wilhelm I. im Rahmen des damaligen sog Kulturkampfes normiert worden, um der katholischen Kirche entgegen zu kommen, die sich durch die Einführung der Zivilehe brüskiert sah. Noch im Rahmen der Entstehung des BGB wurde heftig um die kirchliche Kompetenz in Ehesachen gestritten, und mit der in § 1588 gewählten Formulierung war schließlich ein Kompromiss gefunden, mit dem die Befürworter und Gegner der obligatorischen Zivilehe versöhnt werden sollten. Die Norm soll zum Ausdruck bringen, dass das staatliche Eherecht keinen Christen hindern will, dem kirchlichen Eherecht gemäß zu leben.

2 **2. Inhalt.** Die aktuelle Vorschrift hat fast keine praktische Bedeutung. Sie drückt aus, dass Staat und Kirche getrennt sind und dass die Religionsgemeinschaften eigene Regelungen haben können, die jedoch das staatliche Eherecht nicht berühren, das letztlich allein für die weltlichen Rechtswirkungen maßgeblich ist. Die früher festgelegte Reihenfolge, wonach die kirchliche Eheschließung der staatlichen nachfolgen soll, wurde 2009 gestrichen; das Gesetz zur Bekämpfung von Kinderehen (BGBl I 2017, 2429) untersagt aber gem § 11 II PStG eine religiöse oder traditionelle Handlung, die darauf gerichtet ist, eine der Ehe vergleichbare dauerhafte Bindung zweier Personen zu begründen, von denen eine das 18. Lebensjahr nicht vollendet hat.